FRANCIA
Garonne
Adour
Tolosa
Montpellier
de Vizcaya
San Sebastián(Donostia)
ilbao(Bilbo)
ís Vasco
uskadi)
Pirineos
ANDORRA
Perpiñán
Vitoria
(Gasteiz)
Pamplona
Navarra
Andorra la Vella
ogroño
a Rioja
Aragón
Ebro
Segre
Cabo de Creus
Golfo de Rosas
Huesca
Gerona(Girona)
Cardoner
Costa Brava
Soria
Zaragoza
Lérida(Lleida)
Montserrat
Cataluña
(Catalunya)
Barcelona
Jalón
Jiloca
Aragón
Sitges
Sistema Ibérico
Tarragona
Costa Dorada
Ebro
Golfo de San Jorge
Cabo Tortosa
ajara
Costa del Azahar
Teruel
Cuenca
Cabo de Formentor
Menorca
Mijares
Castellón de la Plana(Castelló de la Plana)
Mallorca
Mar Baleares
Palma de Mallorca
Turia
Valencia
o de Criptana
Cabriel
Bahía de Palma
Baleares (Balears)
Júcar
Ibiza(Eivissa)
ncha
Golfo de Valencia
Valencia
Albacete
Islas Baleares
Cabo de la Nao
Formentera
Alicante(Alacant)
Béticos
Segura
Murcia
Costa Blanca
Murcia
Mar Mediterráneo
Cabo de Gata
Almería
Orán
Aïn Temouchent
ARGELIA
2°
0°
2°
4°
42°
40°
38°
36°

まえがき

　近年，スペインとラテンアメリカ諸国を中心とするスペイン語圏のさまざまな分野に対する関心が高まり，同時に世界でも有数の話者数を誇るスペイン語に興味を持つ人もますます増えています．そうした中で，本書は長い伝統のあるデイリーコンサイス・シリーズの1冊として新たに刊行されました．その基本方針は，どこにでも持ち運びできる携帯の便利さを保ちながら，実務，学習，観光など多様な目的を持つどんな利用者にも対応できる実用性と十分な語彙を提供するという両立するのが難しい目標を追求することでした．

　西和の部は見出し・成句を含め7万7千項目を収録しました．サイズは小型ですが，十分実用に耐える語数を収めています．見出しの選定に当たっては，クラウン西和辞典の語彙リストを基礎としつつ，時事用語や専門語，とりわけ IT 関係など科学技術分野の新語を大幅に増強し，中南米のスペイン語語彙も追加しました．逆に現代では使用がまれな古語や語義，成句などは整理し，語義の記述についても可能な限り実用という観点から現代化を図りました．一方，スペイン語には必ずしも必要ではない音声表記は省きましたが，重要語にはカナ表記を付してあります．動詞や形容詞がとる前置詞などの連語関係は詳しく記述し，基本語については文例を多数載せました．携帯用でありながら語数が豊富なだけではなく，成句・用例が多く，連語の記述も詳しい点は類書にない特長と言えるでしょう．

　和西の部は見出し・用例2万5千項目を収録しました．西和の部よりも小規模ですが，日本語の見出しはこれまでのシリーズのノウハウを生かして使用頻度の高いものを選択し，より自然なスペイン語の訳語を充てるよう努めましたので，かなりの実用に応じられると考えます．

　本書の刊行に際しては担当の三省堂辞書編集部柳百合氏およびスタッフの方々にさまざまの面で非常に御尽力をいただきました．記して感謝の意を表します．

　西和・和西の部とも日本人と母語話者の編者が全体に目を通してできるだけ誤りや遺漏のないよう校閲を行いましたが，もし不適切な点や不十分な点があれば読者のご意見やご指摘をお待ちしたいと思います．何よりも，この辞典が多くの利用者に受け入れられ，そのご期待に少しでも応えられるよう願っています．

2010年 3月

編者　寺崎 英樹
Enrique Contreras

凡　例

1. 見出し語

- 54,000 の見出し語をアルファベット順に配列し, 2つ以上の品詞がある場合は, ― で区分した.
- 同じつづりの語は, 原則として語源を異にする場合に右肩に番号を付して別見出しとした.

> **canto**[1] 男 **1** 歌, 歌曲. — ~ gregoriano グレゴリオ聖歌.

> **canto**[2] 男 **1**(板状のものの)へり, 縁(ふち); 角(かど), 先端. **2**(ナイフ・刀などの)背, 峰; (本の)小口(こぐち).

- 見出し語は性によって変化する部分をイタリック体で示した.

> **cafetero, ra** 形 **1** コーヒーの[に関する]. **2**《話》コーヒー好きの.

- 最重要語 1,400 余は 2 行取り大字で示しアステリスクを 3 つ付けた. それ以外の重要語 6,000 にはアステリスクを 1 つまたは 2 つ付けた.

> **‡base**[2] [バセ] 女 **1** 土台, 基礎, 基部; 台座; (物事の)基礎, 根本, 基本.

2. 発音

- 見出し語には強勢のある音節の母音に下点を付けた. ただし, 動詞活用形の見出し語や借用語では省略した場合もある. 最重要語にはカタカナによって発音の目安も示した(詳細については「文字と発音」を参照).

> ***abonar** 他 **1** を保証する, …の保証人を引き受ける. **2** を決済する, 支払う. — ~ en cuenta を貸方勘定に記入する.

> **‡edición** 女 **1 a**)(本・新聞などの)…版. — primera ~ 初版. ~ revisada y aumentada 改訂増補版. ~ crítica 校訂版.

3. 動詞の活用

- 不規則動詞の場合, 巻末の動詞活用表の番号を示して検索の便をはかった.

> **‡abrazar** [アブラサル] [1.3] 他 **1 a**)(人)を抱く, 抱擁する. — *Abrazó emocionada a su amiga.* 彼女は感動のあまり女友だちを抱擁した. **b**)をかかえる, かかえ込む. **c**)(ツタなどが物に)巻きつく.

デイリーコンサイス
西和・和西辞典

SANSEIDO'S DAILY CONCISE DICCIONARIO ESPAÑOL

SANSEIDO'S
DAILY
CONCISE
DICCIONARIO
ESPAÑOL

寺崎英樹・Enrique Contreras [編]

三省堂

Ⓒ Sanseido Co., Ltd. 2010
Printed in Japan

[編　者]　　寺崎　英樹／Enrique Contreras

[編修委員]【西和】阿部　三男／山村ひろみ
　　　　　　　　　上野　勝広／菊田和佳子

　　　　　【和西】木村　琢也／斎藤　華子

[編集協力]　青山　典裕／小早川世子／崎山　　昭
　　　　　　佐々木憲子／高木　信子／村岡　直子
　　　　　　村上眞美子／山本　洵一
　　　　　　三省堂辞書編集システム
　　　　　　三省堂データ編集室

[地　図]　ジェイ・マップ

[装　丁]　三省堂デザイン室

SANSEIDO'S DAILY CONCISE DICCIONARIO ESPAÑOL

Español-Japonés

西和辞典

西游补

4. 過去分詞形と慣用語

・見出し語が過去分詞形の形容詞の場合、元の動詞を [→] で示し
た。

despejado, da [→ despejar]
圏 1 快晴の。—Hoy [El] cielo] está ~.
今日は晴天だ／よく晴れている。 2 油断のない。

・答えにスペイン語以外のものを採る、借用語には元の言語名を [ ]
で示した。ただし、以下の言語には元を示した。英：英語、独：ドイツ
語、仏：フランス語、伊：イタリア語、蘭：オランダ語、日：日本語、中：
中国語。

cámping [＜英] 圏 圏 ［複 ~s］ 1 キャンプ
／露営。2 キャンプ地[場]、野営地。

frac [＜仏] 圏 ［複 ~s, fraques] 燕尾
服。

5. 品詞

・見出し語の品詞・様態などを次のように略語で示した。

名 名詞	動 動詞の他動性
固 固有名詞	他 他動詞
形 形容詞	自 自動詞
副 副詞	代 代名詞
前 前置詞	人 人称代名詞
接 接続詞	所 所有代名詞
間 間投詞	指 指示代名詞
冠 冠詞	関 関係代名詞
(定) 定冠詞 (不定) 不定冠詞	疑 疑問代名詞
代形 代名詞的形容詞	不 不定代名詞
(所) 所有代名詞的形容詞	数 数詞
(指) 指示代名詞的形容詞	助 助動詞
(疑) 疑問代名詞的形容詞	(人) 人称代名詞
(関) 関係代名詞的形容詞	(疑間) 疑問代名詞
(不定) 不定代名詞的形容詞	略 略語

6. 専門分野と代用語

・語彙の専門分野を（ ）内に示した。そのうち、以下のものは略語で示
した。(スポ): スポーツ、(カト): カトリック、(ギ神): ギリシャ神話、
(ロ神): ローマ神話、(化学): 化学等。

enceste [スポ] (バスケットボールの)
シュート、得点。

fotosíntesis 図 [（単複同形）] (生化)
光合成。

・〈 〉内に説明を示した。そのうち、以下のものは略語で示した。

(父): 父親、(母): 母親、(男): 男性、(女): 女性、(中): 中性、
(親): 親愛体、(口): 口語、(圏): 圏語、(侮): 侮蔑語、(雅): 雅語、
(俗): 俗語、(方): 方言（スペイン国内）。

7. 見出しと活用形

・語彙の区分は、**1, 2, 3, a), b), c), ...**、そしてコロン(:)、コンマ(,) …を用いて表示した。
・使用頻度の高い語彙は、**Ⅰ, Ⅱ, Ⅲ** を用いた。
・使用頻度の高い類義語、類其大字で示した。

[ ] 内に使用例を挿入した。

( ) 内に語彙の類義語を入れた。

acomedirse [6.1] 国《中米》《仕事など》進んで助ける.

drogueria 囡 1《スペイン》雑貨、文工用品店など)の雑貨店、**2《南米》薬局**、ドラッグストア.

[ ] 内に、見出し語と活用する前置詞、動詞など、および文法的注意事項を示した。

【メモ】[18] 国 1 **+ en**
に/+ **por ぁら)**(人・物が)入
り込む (参えると)(人を受動使用法がある.

caber

8. 用 例

・用例は**太字**のことのの順に示した。
・用例の配列に関しては、見出し語と同じ回帰の時は ~で、語末は **-s, -es** などを付くだけの語様変化は ~**s, ~es** で示した。語層変化が大きな場合は **A ~ N ~ B** のように示した。また、文字後は全部また一つとして一体で示した。

・用例中、スペイン人とラテンアメリカで語法がsu, LE などは人情によって変化することを表す。

9. 成 句

・8,000 余の成句は用例欄の最後の箇所に、 **キーワード**につつ示した。
・成句の配列は (1), (2) ...で表示した。
・成句中では見出し語を省略し、その部分をチェントで表示した。
・キーワードをモットーしキャラ又で示し、他周と者合されたものがある。
・用例中に使用する su, LE などは人情によって変化することを表す。

10. 発音・アクセント類

( )〈置換の親密な記述、省略可な形
[ ] 類句(句)の交換等
( ) 逆語音を置ち場合、専門用語、表技的な注意事項など
《 》専門分野
《 》収録
◆ : 百科的・文化的な情報
/ :2つ以上の事項する事項の区切り

文字と発音

1. アルファベット

文字	名称	文字	名称
A a	[á] アー	Ñ ñ	[éɲe] エニェ
B b	[bé] ベー	O o	[ó] オー
C c	[θé] セー	P p	[pé] ペー
D d	[dé] デー	Q q	[kú] クー
E e	[é] エー	R r	[ére/ére] エレ
F f	[éfe] エフェ	S s	[ése] エセ
G g	[xé] ヘー	T t	[té] テー
H h	[átʃe] アチェ	U u	[ú] ウー
I i	[í] イー	V v	[úβe] ウベ
J j	[xóta] ホタ	W w	[úβeðóβle] ウベドブレ
K k	[ká] カー	X x	[ékis] エキス
L l	[éle] エレ	Y y	[íɣɾi̯éɣa] イグリエガ
M m	[éme] エメ	Z z	[θéta] セタ
N n	[éne] エネ		

2. 母音

2.1. 単母音

a [ア], e [エ], i [イ], o [オ], u [ウ] の5つ.

2.2. 二重母音, 三重母音

a, e, o を閉母音と呼び, i, u を閉母音と呼び,「開＋閉」「閉＋開」「閉＋閉」の組み合わせ (ただし閉母音にアクセント記号がない場合) を二重母音,「閉＋開＋閉」の組み合わせを三重母音と呼ぶ. 二重母音と三重母音は音節の分け方 (4. 参照) に関しては1つの母音として扱われ, 発音の際には2つ (3つ) の母音の間を区別せずに続けて発音する. 以下, 必要に応じて音節の境界をハイフン (-) で示す. カナ発音では最も強く発音すべき部分を太字で示す.

ai-re [**ア**イレ]「空気」, cau-sa [**カ**ウサ]「原因」, tiem-po [ティ**エ**ンポ]「時間」, rui-do [**ル**イド]「騒音」, es-tu-diáis [エストゥディ**ア**イス]「君たちは勉強する」.

二重母音・三重母音の中の i が語末に来る時はそれを y と書く.

voy [ボイ]「私は行く」, U-ru-guay [ウルグ**ア**イ]「ウルグアイ」.

3. 子音

3.1. 子音字の発音

- b　バ行音. boca [ボカ]「口」, cabra [カブラ]「ヤギ」.
- c　カ行音, ただし ce [セ], ci [シ] (スペインでは英語の th のような発音, 中南米では s と同じ発音). campo [カンポ]「野原」, cena [セナ]「夕食」. ch はチャ行音. chaqueta [チャケタ]「上着」.
- d　ダ行音, ただし di [ディ], du [ドゥ]. dolor [ドロル]「痛み」, todo [トド]「すべて」. 語末の d はきわめて弱く, 発音されないことも多い. usted [ウステ(ド)]「あなた」.
- f　ファ行音 (英語の f の音). fama [ファマ]「名声」, tifón [ティフォン]「台風」.
- g　ga [ガ], go [ゴ], gu [グ] / gue [ゲ], gui [ギ] / güe [グエ], güi [グイ]. goma [ゴマ]「ゴム」, guitarra [ギタラ]「ギター」, lingüística [リングイスティカ]「言語学」. ge [ヘ], gi [ヒ]. 口の奥から強く出すハ行音で. gente [ヘンテ]「人々」, gigante [ヒガンテ]「巨人」.
- h　無音. hospital [オスピタル]「病院」, hierba [イェルバ]「草」.
- j　口の奥から強く出すハ行音. joven [ホベン]「若い」, hoja [オハ]「葉」.

文字と発音

k	カ行音(外来語のみに使われる). kimono [キモノ]「着物」.
l	舌先を上の歯茎につけて出すラ行音(英語の l の音). lago [ラゴ]「湖」, clavel [クラベル]「カーネーション」. ll という綴りの時はヤ行音またはジャ行音. lluvia [ユビア・ジュビア]「雨」, calle [カジェ・カジェ]「通り」.
m	マ行音. mano [マノ]「手」, humo [ウモ]「煙」.
n	ナ行音, 母音が後続しない時は[ン]. nave [ナベ]「船」, manga [マンガ]「袖」.
ñ	ニャ行音. uña [ウニャ]「爪」, niño [ニニョ]「男の子」.
p	パ行音. punto [プント]「点」, mapa [マパ]「地図」.
q	que [ケ], qui [キ]. queso [ケソ]「チーズ」, aquí [アキ]「ここ」.
r	下記以外の場合, 歯茎のやや後ろを舌先で1回はじくラ行音. cara [カラ]「顔」, árbol [アルボル]「木」. r が語頭または l, n, s の直後にある場合, または rr という綴りの場合には, 歯茎のやや後ろで舌先を2～3回震わせる巻き舌の音. rosa [ロサ]「バラ」, perro [ペロ]「犬」, alrededor [アルレデドル]「周りに」.
s	サ行音. saco [サコ]「袋」, martes [マルテス]「火曜日」.
t	タ行音, ただし ti [ティ], tu [トゥ]. tapa [タパ]「蓋」, tinta [ティンタ]「インク」.
v	b と同じ発音. vino [ビノ]「ワイン」, uva [ウバ]「ブドウ」.
w	外来語にのみ用いられ, 語によってV行またはW行で読まれる. Kuwait [クバイ(ト)]「クウェート」, Wáshington [ワシントン]「ワシントン」.
x	[クス], ただし子音の前では[ス]と発音されることも多い. examen [エクサメン]「試験」, explicar [エ(ク)スプリカル]「説明する」.
y	ヤ行またはジャ行, ただし語末では[イ]. yo [ヨ(ジョ)]「私」, mayo [マヨ・マジョ]「五月」, rey [レイ]「王」.
z	サ行音(スペインでは英語の th のような発音, 中南米では s と同じ発音). zapatos [サパトス]「靴」, zona [ソナ]「地域」.

3.2. 二重子音

pl, pr, bl, br, fl, fr, tr, dr, cl, cr, gl, gr の 12 種の子音連続を「二重子音」と呼ぶ. 二重子音は音節の分け方(4. 参照)に関しては1つの子音として扱われ, 発音の際には2つの子音の間を区切らずに続けて発音する.

pla-to [プラト]「皿」, es-cri-bir [エスクリビル]「書く」.

4. 音節の分け方

単語は以下の規則に従って音節に分けられる. その際, 二重母音・三重母音はそれぞれ1つの母音, 二重子音および ch, ll, rr はそれぞれ1つの子音と見なされる.

1) 母母 → 母 - 母
   le-o [レオ]「私は読む」, pa-ís [パイス]「国」.
2) 母子母 → 母 - 子母
   te-lé-fo-no [テレフォノ]「電話」, a-gra-da-ble [アグラダブレ]「快適な」.
3) 母子子母 → 母子 - 子母
   car-ta [カルタ]「手紙」, es-tre-lla [エストレヤ・エストレジャ]「星」.
4) 母子子子母 → 母子子 - 子母
   ins-tin-to [インスティント]「本能」, cons-truc-ción [コンストルクシオン]「建設」.

5. アクセント(強勢)の位置

1) 母音字, n, s で終わる語 → 最後から2番目の音節にアクセント.
   pa-ta-ta [パタタ]「ジャガイモ」, lu-nes [ルネス]「月曜日」.
2) n, s 以外の子音字(y を含む)で終わる語 → 最後の音節にアクセント.
   ho-tel [オテル]「ホテル」, jer-sey [ヘルセイ]「セーター」.
3) アクセント記号のある語 → 記号のついた音節にアクセント.
   mú-si-ca [ムシカ]「音楽」, lá-piz [ラピス]「鉛筆」.

A, a

A, a 囡 **1** スペイン語アルファベットの第1文字. **2**《音楽》イ音(ラ, la), イ調. ▶ **a por a y be por be** 詳細に, 逐一.

A.《略号》=Amperio アンペア.

a [ア] 前《無強勢; a+el は al となる》

I〖補語〗 **1**〖間接補語〗 a）…に. —Pedro regaló un reloj a su madre. ペドロは父親に時計をプレゼントした. b）〖付加する対象〗…に. —agregar una oficina a la fábrica 工場に事務所を増設する. c）〖自動詞の間接補語〗…にとって. —A José le gusta la música moderna. ホセは現代音楽が好きだ. d）〖奪取〗の動詞とともに〗…から. —He comprado estas rosas a esa niña. 私はこのバラをその女の子から買った. **2**〖直接補語〗 a）…を. 〖直接補語が人の場合〗. —¿Conoce usted al señor López? あなたはロペスさんをご存じですか. b）…を〖直接補語が擬人化された動物等の場合〗. —Teme a la muerte. 彼は死を恐れている. c）〖主語と直接補語の混同を避けるために, 補語の前に用いる〗. —Venció el entusiasmo a la dificultad. 熱意が困難を克服した.

II〖場所, 方向, 距離〗 **1**〖場所, 位置〗 a）…に［で］. …の近くに. —El baño está al final del pasillo. 浴室は廊下の突き当たりにある. a la derecha 右側に. a la orilla del mar. 海岸沿いに. b）〖離れずに〗…について, …の前で. —sentarse a la mesa 食卓につく. al sol 日なたで. c）〖体の一部〗につけて. —Se cargaba los sacos a las espaldas. 彼は袋を背中についでいた. **2**〖方向, 目的地, 到達点〗…まで；へ, …に. —de Tokio a Osaka 東京から大阪まで. Llegó a una conclusión errónea. 彼は誤った結論に達した. b）〖対象〗…に対する. —amor a la patria 祖国愛. miedo a los gatos 猫に対する恐怖. c）〖範囲〗…まで. —pasar el río con el agua a las rodillas ひざまで水につかって川を渡る. **3**〖距離〗. —La ciudad está a diez kilómetros de aquí. 町はここから10kmのところにあります.

III〖時点〗…に, …の時に. —¿Vas a salir a estas horas? こんな時間に君は出かけるのかい. Se casó a los treinta años. 彼は30才のときに結婚しました.

IV〖数量, 値段, 配分〗 **1**〖数量, 程度〗…で. —El tren marchaba a mucha velocidad. 列車は高速で進んで行った. **2**〖価格, 数値〗…で. —La habitación sale a 150 euros por día. 部屋代は1日150ユーロになる. a cuatro por ciento 4パーセントで. **3**〖配分〗…ずつ, 毎に. —repasar el pasaje línea a línea 文章を1行ずつ見直す. **4**〖接尾〗…に［つき〗. —fumar cinco o seis cigarrillos al día 1日に5, 6本のタバコを吸う.

V〖手段, 方法, 材料〗…で, …によって. —coser un vestido a mano 服を手で縫う. a pie [caballo] 徒歩で［馬に乗って］. suave al tacto 手ざわりがなめらかな.

VI〖準拠, 様態〗 **1**〖準拠〗…によって, …にしたがって. —castigar a ley islámica イスラム法に従って罰する. **2**〖様態〗…風に. —vestir a la moda de París パリの流行にあわせて服を着る.

VII〖比較〗…よりも〖superior, inferior, anterior, posterior 等の形容詞や動詞 preferir と共に〗. —Sus conocimientos son superiores a los míos. 彼の知識の方が私のよりも優っている.

VIII〖対比〗…に対して, …対…. —El equipo nacional derrotó a su oponente dos a uno. ナショナルチームは2対1で敵を破った.

IX〖臭い, 味〗…の〖臭い［味］がする. —un sabor a mostaza からしの味. Huele a mierda. 糞の臭いがする.

X〖a＋不定詞の用法〗 **1**〖条件〗…であれば, …すれば. —A decir verdad, no quiero ir con ellos. 本当のことを言えば, 私は彼らと行きたくない. **2**〖目的, 指向〗…するために, …しに. —Se dispuso a partir. 彼は出発しようとした. Les enseñó a escribir. 彼は彼らに書き方を教えた. **3**〖未来, 予定〗…になるはずの, …すべき. —problemas a resolver 解決すべき問題. **4**〖命令〗…しなさい. —¡Callar a! 黙りなさい. ▶ a 〖＋物〗〖商品を呼び売りする際のかけ声〗…だよ, …はいかが. —¡A las ricas sardinas! おいしいイワシだよ. **al**〖＋不定詞〗…する時, …すると. —Al salir de casa se encontró con sus padres. 彼は家を出た時, 両親と出くわした. **a lo...** …のように. —Conduce siempre a lo loco. 彼はいつもすさまじい運転をする. **a por...** …を探しに, …を求めて. —Vete a por el vino. ワインを取って来てちょうだい. **a que...** きっと…だろう. —¡A que llueve esta noche! きっと今晩雨になるだろう. 〖数詞＋a＋数詞〗…ずつ. —comer las cerezas dos a dos サクランボを2つずつ食べる.

a- 接頭 **1**「否定(非・無)」の意. —anormal, ateo. **2**「傾向, 近接」の意. —anaranjado, atraer. **3**「他動詞化」の意. —acostar, alargar.

a.《略号》=área アール.

a/a.《略号》=a la atención de …担当者御中.

abacá 男《植物》アバカ; マニラ麻(の布地).

abacería 囡 食料品店.

abacero, ra 男女 食料品店主.

abacial 形 修道院［長］の.

ábaco 男 **1** 百玉計算器. **2** そろばん; 計算図表. **3**《建》アバクス, 柱頭板.

abad 男 修道院長.

abadejo 男 **1**《魚類》タラ. → bacalao; (塩漬けにした)タラ. **2**《鳥類》ミソサザイ.

abadesa 囡 尼僧院長.

abadía 囡 **1** 修道院[尼僧院]長の職(管区). **2** 修道院, 教会, 神父の家.

abajeño, ña 形名 [中南米] 低地帯の(人), 沿海地域の(人).

abajero, ra 形 [中南米] (何かの)下に置く, 下の.

abajo [アバホ] 副 **1** 下に[へ], 階下に[へ]. —desde ～ 下から. por ～ 下側[下面]に. la parte de ～ 下部. los vecinos de ～ 階下の住人. Tu amigo está ～, en la cafetería. 君の友だちは下のコーヒー店にいる. Hay un gato por ahí ～. そこの下の方にネコがいる. Me miró de arriba ～. 彼は上から下まで私を眺めました. **2** 下って, 降りて. —Cayó rodando escaleras ～. 彼は階段を転がり落ちた. **3** (文書で)下記で, 後で. —el ～ firmante (下記の)署名者. Véase ～, página veinte. 後の20ページを参照. **4** ～反対, 打倒せよ. —¡A～ el dictador! 独裁者打倒. *abajo de ～* …の下へ[に]. *río [aguas] abajo* 下流へ.

abalanzar [1.3] 他 を釣り合わせる. — se 再 [+ a/hacia/sobre] …に突進する, 飛びつく.

abalaustrado, da 形 手すりのついた.

abalear [1.3] 他 [中米] (穀粒と藁(わら)かすを)掃き分ける.

abalizar [1.3] 他 (海などに)浮標[ブイ, 標識]を設ける.

abalorio 男 **1** 〘主に 複〙 ビーズ, ビーズのアクセサリー; 安物のアクセサリー.

abanderado 男 **1** (連隊などの)旗手; (行列の)旗持ち. **2** リーダー.

abanderar 他 〘海事〙 **1** (外国船)の国籍を登録する; (船)の船籍を証明する. **2** (運動・組織など)を主導する.

abanderizar [1.3] 他 (集団)を小グループに分断する. — se 再 [+ a に] 加盟する, 入党する.

abandonado, da 過分 [→ abandonar] 形 **1** 見捨てられた, 放棄された. **2** だらしない, なげやりな.

abandonamiento 男 →abandono.

abandonar 他 **1** (人・動物)を見捨てる, 捨てる. —El padre *abandonó* a su familia. 父親は家族を見捨てた. **2** (物)を放置する, 捨てる. —～ las basuras ごみを捨てる. **3** を放棄する, 断念する. **4** (場所)を離れる, 去る; (乗物)を降りる. **5** [+ a に] を任せる, 譲る. **6** (活動・使用などを)やめる, 放棄する. —～ los estudios 学業を放棄する. **7** (運命などが人)を見放す, (人が人)から離れていなくなる. —自 (試合を)棄権する, 放棄する (チェスなどで)負けを認める. — se 再 **1** [+ a に] a) 身を任せる, ふけりおぼれる. —～ se en manos de la suerte 運命の手を身をゆだねる. b) (悪習などに)ふける, おぼれる. (感情などに)ふける. —～ al sueño 睡魔に負ける. **2** だらしなくなる. **3** 自暴自棄になる, あきらめる.

abandonismo 男 悲観的な態度; 敗北主義.

abandonista 形 (態度などが)敗北主義の, 悲観論の. — 男女 敗北主義者, 悲観論者.

abandono 男 **1** 放置, 放棄. **2** だらしなさ, 投げやり. **3** 〘スポ〙 棄権, 試合放棄.

abanicar [1.1] 他 **1** を扇などであおぐ, …に風を送る. **2** (野球で)三振させる. — se 再 (扇などで)自分をあおぐ.

abanicazo 男 扇子で打つこと.

abanico 男 **1** 扇子, 団扇(うちわ), 扇. —～ eléctrico [中米] 扇風機. **2** 扇形, 扇状のもの. —～ aluvial 扇状地. **3** (可能性・選択などの)範囲, 選択の幅. **4** サーベル, 〘隠〙 刀剣. **5** 〘海事〙 デッキ起重機. *en abanico* 扇形に[の].

abaniqu- 動 →abanicar [1.1].
abaniquear 他 →abanicar [1.1].
abaniqueo 男 **1** 扇子などをせわしくあおぐこと. **2** (話す時の)大げさな手振り.

abaniquero, ra 名 扇子製造者[職人]; 扇子販売者[商人].

abanto 男 〘鳥類〙 エジプトハゲワシ. — 形 **1** とんまな. **2** 〘闘牛〙 (雄牛が)怖気(おじ)ついた.

abaratamiento 男 値下げ[下がり].

abaratar 他 (商品などの)を値下げする.

abarca 囡 革[ゴム]製のわらじ.

abarcamiento 男 抱くこと, (両腕で)かかえること.

abarcar [1.1] 他 **1** を包含する, 含む, (範囲が)…まで及ぶ. **2** を見渡せる, 一望できる. **3** (両手で)を抱える, 抱きかかえる. **4** (仕事など)を抱え込む, 引き受ける. —Quien mucho *abarca* poco aprieta. 〘諺〙 二兎を追うものは一兎をも得ず. **5** [中南米] を買い占める, 独占する.

abaritonado, da 形 バリトンの音色の.

abarloamiento 男 (桟橋や他の船への)横付け.

abarloar 他 (船)を横付けにする.

abarquillado, da 形 反り返った, 曲がった.

abarquillar 他 を反(そ)らせる. 曲げる. — se 再 反る, 曲がる.

abarraganarse 再 同棲する.

abarrancar [1.1] 他 **1** (雨水などが地面に)細い溝を作る. **2** を泥の中に沈める. — se 再 **1** 座礁する. **2** 窮地[苦境]に陥る.

abarrotar 他 **1** (何か)を棒で固定する. **2** 〘海事〙 (積荷のすき間)を小荷物で埋める. **3** [+ de で] を埋め尽くす, 一杯にする. — se 再 [中南米] (品物が過剰で)値崩れする.

abarrotero, ra 名 [中南米] 食料品店主.

Abásidas 固名 アッバース朝(750-1258, イスラムの王朝, 首都 Bagdad).

abastecedor, dora 形 (必要なものを)供給する. — 名 供給者.

abastecer [9.1] 他 [+ con/de (食料など)を] …に供給する, 補給する. —～ de víveres a los damnificados del seismo 地震の被害者たちに食糧を供給する. — se 再 [+ de を] 調達する, 入

abjurar

深淵. **2** (悲しみ・絶望などの)どん底, 極み. —un dolor de ～ 計り知れない苦しみ[疲労]. **3** (心・考え・理論などに)計り知れない深いもの, 計り知れないもの. 4大きな隔たり[相違]. **5** 〔カト〕《雅》奈落, 地獄. ► *al borde del abismo* (1) 深淵の縁に. (2) 危機に瀕して〔*estar*/*poner* +〕.

abjurar 他 (信仰・主義などを)宣誓して捨てる, を公然と捨てる. —— 自〔＋*de*〕(信仰・主義などを)宣誓して捨てる, 公然と捨てる.

ablación 女 **1**〔地質〕浸食, 削磨. **2**〔医学〕(外科手術による)切除, 剥離(⅟₂).

ablandabrevas 男女 →ablandahígos.

ablandahígos, ablandahigos 男女《単複同形》《話》役立たず, 意気地なし.

ablandamiento 男 柔らかくする[なる]こと, 軟化; 和らぐ[和らげる]こと, 緩和.

*ablandar 他 **1 a**) を柔らかくする. —El calor *ablanda* la cera. 熱によって蠟(⁽)は柔らかくなる. **b**) を柔らかめする, 和らげる. —～ *las exigencias* 要求を軟化させる. **2 a**) を和らげる, (怒りなど)を静める, (恐怖心など)をなだめる. **b**) を〈人〉に親切心を起こさせる. ——～*se* 再 **1** 風・寒さなどが)和らぐ, 柔らかくなる, 弱まる. **2** 柔らかくなる. **3** ひるむ, おじけつく.

ablande 男〔アルゼンチン, ウルグアイ〕《自動車》慣らし運転.

ablativo 男〔言語〕奪格.

ablución 女 **1** 身体を洗うこと, 沐浴(もく). **2 a**)〔宗教〕みそぎ, 洗浄. **b**)〔カト〕洗浄に用いた水とブドウ酒.

ablusado, da 形 (服が)ブラウス風の, ゆとりのある.

***abnegación** 女 自己犠牲, 献身.

abnegado, da 形 献身的な, 犠牲的な.

abobado, da 過分〔→*abobar*〕形 ばかみたいな, 愚鈍な.

abobamiento 男 **1** 睡気(⁽ま)とさせる[となる]こと, 茫然(⁾). **2** 愚かさ.

abobar 他 **1** 〈人〉を睡気(⁽ま)とさせる, 仰天させる. **2** 〈人〉を愚鈍にする, 鈍らせる.

abocado, da 過分〔→*abocar*〕形 **1** (ブドウ酒が)口あたりのよい. **2**〔＋*a*〕(危険などに)さらされる, を運命づけられた.

abocar [1.1] 他 **1** を口にくわえる. **2**〔＋*de*〕〈人〉の口から(口へ)移す. **3**〔＋*a*〕に近づける. —— 自〔海事〕〔＋*en*〕(船が海峡などに)入る. ——～ *se* 再〔商談などのために)集まる, 会合する.

abocetado, da 過分〔→*abocetar*〕形 素描めの, (絵について)素描した.

abocetar 他 を素描する, 下絵をかく.

abochornar 他 **1** (暑さが)を暑苦しくさせる, のぼせさせる. **2** を赤面させる, 恥をかかせる. ——～ *se* 再 **1**〔＋*de*/*por* のことで〕恥じる, 恥ずかしく思う. **2**〔農業〕〔植物が〕焼ける, 枯れる.

abocinado, da 形 **1** ラッパ形の, 筒の. **2**〔馬術〕(馬が)前かがみに歩く. **3**〔建築〕(アーチなどが)扁円の, 低半円の.

abofetear 他 〈人〉の頬を張る[たたく].

abogacía 女 弁護士業; 弁護士団.

abogaderas, abogaderías 女 複〔中南米〕《話》屁理屈.

***abogado, da** 名 **1**〔法律〕弁護士[人], 法律家. — defensor 被告弁護人. ～ *de oficio* 国選弁護人. ～ *del Estado*〔スペイン〕国家弁護士(行政訴訟などで国側を弁護する公務員). ～ *fiscal* 検事. ～ *general* 欧州司法裁判所法官. *recibirse de* ～〔中南米〕弁護士の資格を得る. ～ *de secano* 三百代言; 知ったかぶりする人. **2** 仲裁者, 調停者. **3** 擁護者; 代弁者. **4**〔宗教〕守護聖人, 守り神. ► *abogado del diablo* (1)《話》〔カト〕列聖調査審問検事. (2) (議論を尽くすため)敢えて異論を唱える人.

abogar [1.2] 自〔＋*a favor de*/*en favor de*/*por*〕を弁護する, (人のために)取りなす.

abolengo 男 **1** (有名な)先祖, 祖先. —*de rancio* ～ 旧家の. **2**〔法律〕世襲財産.

abolición 女 (法律・習慣などの)廃止, 取消し.

abolicionismo 男 (特に奴隷制の)廃止論.

abolicionista 形 (奴隷制などの)廃止論の. —— 男女 (奴隷制などの)廃止論者.

abolir 他〔欠如動詞. 活用語尾に -i- の残る活用形だけ使用〕(法律・習慣などの)を廃止する.

abolladura 女 **1** くぼみ, へこみ. **2** (金・銀細工などの)浮彫り.

abollar 他 **1** をくぼませる, でこぼこにする. **2** (金属に)浮彫りを施す; 丸ひだ装飾をつける.

abollón 男 (表面の)へこみ.

abolsado, da 過分〔→*abolsarse*〕形 袋状の. —*ojeras abolsadas* 目の下のたるんだ隈(⁽).

abolsarse 再 **1** 袋状になる. **2** (壁紙などが)たるむ.

abombado, da 過分〔→*abombar*〕形 **1** 凸状の, 反った. **2** 茫然となった. **3**〔中南米〕**a**) 腐りかけた. **b**) 酔っぱらった.

abombar 他 **1** を凸状にする, 反らせる. **2** を茫然とさせる, くらくらさせる. ——～ *se* 再〔中南米〕**1** 腐りはじめる. **2** 酔っぱらう.

abominable 形 嫌悪すべき, 不快な. **2** 巨大な.

abominación 女 嫌悪, 嫌悪すべきものの[こと].

abominar 他 を嫌悪する, 忌み嫌う, 憎む. —— 自〔＋*de*〕を嫌悪する, 憎む.

abonado, da 過分〔→*abonar*〕形 **1** (金銭的に)保証された. **2** (土地の)施肥(⁽)された. **3** 予約[加入]している. —— 名 (新聞などの)予約[定期]購読者, (ガス, 水道などの)利用者, (電話などの)加入者. —— 男〔農業〕施肥.

***abonar** 他 **1** を保証する, …の保証人を

abastecimiento 男 供給, 補給.
abastero 男 [チリ] (食肉用の)家畜買い付け業者.
abastionar 他 (建築) を稜堡(りょう)で強化する.
abasto 男 食糧の蓄え；[主に複] 食料品の供給. ▶ dar(se) abasto [+a+名詞/para+不定詞] …の必要を満たす, を賄う.
abatanar 他 1 (縮絨(しゅく)機で)(布地)を搗(つ)く. 2 をなぐる.
abate 男 1 (下級の)聖職者. 2 (特にフランス人・イタリア人の)僧侶.
abatible 形 折り畳める. —silla [mesa]— 折り畳み式の椅子.
*abatido, da 過分 [→abatir] 形 みじめな; 落胆した.
abatimiento 男 1 (心身の衰弱, 意気消沈. 2 (海事, 航空) 風圧偏位, 偏流.
*abatir 他 1 を倒す, 破壊する. 2 を撃ち落す, 撃ち倒す. 3 を気落ちさせる. 4 を降ろす, 下げる.
—— 自 船が進路からそれる. —— se 再 1 [+sobre+] 襲いかかる. 2 落胆する, がっかりする.
abazón 男 (動物) (猿・リスなどの)頬(ほう)袋.
Abderramán 固名 1 (~ I) アブド・アッラフマーン1世(731-788, スペイン・ウマイヤ朝 Omeya の創立者). 2 (~ III) アブド・アッラフマーン3世(891-961, スペイン・ウマイヤ朝の第8代君主, 初めてカリフ califa の称号を用いた).
abdicación 女 1 譲位, 退位. 2 (権利・信念などの)放棄.
abdicar [1.1] 他 1 [+en+] (王位など)を譲る. 2 (権利・信念など)を放棄する, 捨てる. —— 自 1 [+en+] に譲位する. 2 [+de+] (権利・信念など)を放棄する.
abdomen 男 (解剖) 腹部.
abdominal 形 腹部の; 腹腔の. ——
男 複 腹筋.
abducción 女 1 (特に女性・子どもの)誘拐, 拉致(ら). 2 (解剖) 外転. 3 (論理) (アリストテレスの)アブダーシー.
abductor, tora 形 (解剖) 外転の.
—— 男 (解剖) 外転筋.
abecé 男 1 アルファベット. 2 初歩(の知識); いろは.
abecedario 男 1 アルファベット. 2 伝達手段として使われる記号の絵本. —— manual 手話. 3 (文字を習うための)初歩読本. 4 アルファベット順の表. 5 初歩(の知識); いろは.
abedul 男 (植物) シダカンバ; カンバ材.
abeja 女 [アベハ] [虫類] ミツバチ (蜜蜂), ハチ (蜂). ——
reina 女王バチ. ~ obrera 働きバチ. 2 働き者. 3 (A~) (天文) 蝿 座(はえ).
▶ nido de abeja 蜂の巣; (技術) 蜂の巣形, ハニカム構造; (刺繍) ハニカムステッチ; (織物) 蜂巣(はち)編み.
abejar 男 養蜂場.

abejarrón 男 →abejorro.
abejaruco 男 1 (鳥類) ヨーロッパハチクイ. 2 うわさ好きの人.
abejera 女 (植物) ヤマハッカ.
abejón 男 (虫類) 雄ミツバチ; マルハナバチ.
abejorreo 男 1 (ミツバチなどの)ぶんぶんいう音. 2 (人声による)ざわめき.
abejorro 男 1 (虫類) マルハナバチ; コフキコガネ. 2 話が長くて迷惑な人.
aberenjenado, da 形 ナス色の; ナス形の.
aberración 女 1 常軌の逸脱. ~ mental (医学) 精神異常. 2 (天文) 光行差; (光学) (レンズの)収差. ~ cromática 色収差. 3 (生物) 変異, 異状, 異状.
aberrante 形 常軌を逸した, 異常な.
aberrar 自 常軌を逸脱する, 誤る; 道にそれる.
*abertura 女 1 隙間, 割れ目, 亀裂. 2 (抜け)穴, 入口. 3 開ける[開く]こと. 4 (服装) (上着・スカートなどのパンツ, スリット. 5 [言語] (調音点での調音器官の)開き, 開口度. 6 (建物の正面の)開口部(窓・戸・空気孔など). 7 心が広いこと, 率直さ. ~ de espíritu 心の広いこと, 率直さ. 8 (地面のひび割れ, 地割れ, 9 (地理) 入り江. 10 (レンズの)口径; (写真) 開口部, (カメラの)絞り. 11 (電気) アパーチャ.
aber(t)zale 形男女 (政治) バスク民族主義の支持者.
aber(t)zalismo 男 (政治) バスク民族主義運動.
abetal, abetar モミ(樅)林.
abeto 男 (植物) モミ(樅); モミ材.

abierto, ta 過分 [アビエルト, タ] [→abrir] 形 1 開いた, あいている. —La puerta está abierta. ドアが開いている. con las piernas abiertas 脚を開いて. 2 公開された, 開かれている. —carta abierta 公開状. curso ~ 公開講座. 3 (視界をさえぎるものがなくて)広々とした, 開けた(土地). 4 (城壁などで)囲まれていない, 無防備の. —ciudad abierta 無防備[非武装]都市. 5 (海事) デッキで[甲板の]ない(船). 6 (人の性格が)開放的な; 寛容な. 7 [言語] 開口音の, 開音節の. 8 (スポ) オープン(トーナメント).
abigarrado, da 形 1 雑色の, ごたまぜの色の. 2 雑多な, 統一のない.
abigarrar 他 を雑多な色で彩る.
ab initio [ラテン] 最初から.
abisal 形 深海の.
abisinio, nia 形名 アビシニア (Abisinia, 現在のエチオピア)の(人). —— 男 アビシニア語.
abismado, da 過分 [→abismar] 形 没頭した, ふけった.
abismal 形 1 深淵(ふち)の; 深海の. 2 深遠な, はかり知れない.
abismar 他 1 [+en(深み)に] を沈める. 2 を当惑[混乱]させる. —— se 再 [+en(深み)に] 没頭する.
*abismo 男 1 深淵(ふち), 底知れぬ深み,

引受け。**2**を決算する、支払う。**～ en cuenta** を貸方勘定に記入する。**3**〔+ a を〕(人)のために予約する。**4**(土地)に肥料をやる。**5**改善[改良]する。—— **⸺** 〔(風)がなく、(しけなどが)静まる。—— **se** 〔+ a〕芝居などの〕前売券を買う、(新聞・雑誌などの)定期購読の申込をする。

*abono 男 **1**(新聞・雑誌などの)定期購読の申込み(料)、(催し物などの)予約申込み。—tomar un ～ a una revista 雑誌の定期購読を申込む。**2**(演劇・コンサート・闘牛・スポーツなどの)定期入場券、シーズンチケット、(鉄道などの)定期券。—～ de autobús de tal día〔地下鉄の〕定期券。**3**支払い、〔中米〕〔話〕分割払い、賦金・水道などの)支払金、(月賦の)分割払い金。**4**〔簿記で〕貸方記入。—～ en cuenta 貸方。**5**〔農業〕肥料、堆肥 $(^{た い})$; 施肥。—～ orgánico [mineral] 有機[無機]肥料。**6**〔商業〕保証金、内金、手付金、改善、改良。▶ **ser de abono para...**（人)のためになる、有効である。

\:abordaje 男 **1**(海事、軍事)(敵船などに)乗込むこと、接舷；衝突。**2**(難しいテーマ・問題に)取組むこと；(人への)接近。**3**接岸、入港。—**al abordaje** ―"¡Al abordaje!"『命令』敵船に接舷せよ。

\:abordar 他 **1**(難問・難題)に取り組む、(問題)を取り上げる。**2**(ある目的をもって、人)に近づく。**3**〔海事〕(他の船など)に接舷する。—～ **un avión [un barco, un tren]** 他の飛行機[船、列車]に接舷する。**4**(he)を接岸させる。

aborigen 形 〔複 aborígenes〕(人)の先住の、(動植物などの)土着(いちゃく)の。—**pueblo ～** 先住民。 —— 男女 先住民、原住民。

aborrecer [9.1] 他 **1**(人・物)を嫌う、忌み嫌う。**2**(動物がその卵)を見捨てる。
aborrecible 形 嫌悪すべき、忌まわしい。
aborrecimiento 男 **1**嫌悪、反感。**2**倦怠 $(^{け ん})$, 退屈。
aborregado, da 形 **1**白いまだら雲〔うろこ雲〕で覆われた。**2**付和雷同的な、自主性のない。
abortar 自 **1**流産する、妊娠中絶する。**2**(計画などが)失敗する、挫折する。**3**(植物などが)発育不全となる。
abortista (人工妊娠)中絶支持の。—— 男女 (人工妊娠)中絶支持者。
abortivo, va 形 **1**流産の、月足らずの。**2**流産を起こさせる。—— 男 堕胎薬。
aborto 男 **1**流産、妊娠中絶、——provocado 堕胎。**2**(計画などの)失敗、挫折。**3**(植物などの)発育不全。
abota(r)garse [1.2] 再 (身体またはその一部が)腫(は)れる、むくむ。
abotinado, da 形 ショートブーツ型の。
abotonadura 女 → botonadura.
abotonar 他 (衣服)のボタンをかける。—— **⸺** 自 (植物が)つぼみをつける。
abovedado, da 形 [過分 → abovedar] アーチ(ドーム)形天井の、アーチ(ドーム)形の。
abovedar 他 …にアーチ(ドーム)形天井を作る、をアーチ(ドーム)形にする。
aboyar 自 水面に浮ぶ。
abra 女 **1**入江。**2**(山間の)開けた土地、谷間。**3**(土地の)亀裂。**4**〔中南米〕(茂みの中の)小道。
abracadabra 男 (厄除けの呪文)アブラカダブラ。
abracadabrante 形 奇妙な、ちんぷんかんぷんな。
abracé, abrace(-) 動 → abrazar [1.3].
abrasador, dora 形 焼ける[焦げる]ような；熱烈な。
abrasar 他 **1**(火・熱などが)を焼く、焼きつくす。—**El incendio ha abrasado el bosque.** 火事で森が焼けた。**2**を焼けるような感じにさせる、…をひりひりさせる。**3**(感情など)を燃え立たせる、燃えつかせる。—**Los celos la abrasaban.** 彼女は嫉妬で燃え上っていた。**4**(暑さ・寒さで植物)を枯らす、しおれさせる。—— 自 焼け焦げしそうである、熱くて焼けそうである。—**Este caldo abrasa.** このスープはやけどするくらい熱い。—— **se** **1**焼ける、焦げる。**2**〔+ de/en〕で身を焦がす；熱くて焼けそうである。—～ **se en [de] amor [odio]** 愛情[憎悪]で身を焦がす。—**se de calor** 暑さで苦しむ。
abrasión 女 **1**磨耗、すりへること。**2**〔医学〕表皮剥脱。**2**〔地学〕浸食(風食、海食など)。
abrasivo, va 形 研磨用の。—**papel** ～ 紙やすり。
abrazadera 女 **1**(はめ輪・鉄たがなどの)留め具。**2**〔印刷〕大括弧(||)、角括弧(|).

\:**abrazar** 〔アブラサル〕[1.3] 他 **1 a)**（人）を抱く、抱擁する。—**Abrazó** emocionada a su amiga. 彼女は感動のあまり女友だちを抱擁した。**b)** をかかえる、かかえ込む。**c)** (ツタなどが)物に巻きつく。**2**を含む、包含する。**3**(主義など)を奉じる、信奉する。**4**(職務など)を引受ける、担当する。—— **se 1** 〔+ a〕〕を抱きつく、しがみつく。**2**を抱き合う、抱擁し合う。

\:**abrazo** 男 〔アブラソ〕 **1**抱擁、抱きしめること。—**dar un** ～ 抱擁する、抱きしめる。**2**(un ～; ～s)〔手紙、電話〕(親しい間柄での別れの挨拶・結語)さようなら、お元気で；(第三者への挨拶)によろしく。—**Un (fuerte) ～ de...**〔手紙で〕…より愛情を込めて。
abreboca 男〔エクアドル, ベネズエラ〕食前酒、アペリティフ。
abrebotellas 男〔単複同形〕栓抜き。
abrecartas 男〔単複同形〕ペーパーナイフ。
abrecoches 男〔単複同形〕(ホテルなどで来賓客用に対応する)ドアマン。
ábrego 男 南風, 南西風。
abrelatas 男〔単複同形〕缶切り。
abrevadero 男 (動物の)水飲み場。
abrevar 他 **1**(家畜)に水を飲ませる。**2** (なめすために皮)を水にひたす。**3**(人)にまずい

飲物を飲ませる. ━━ 国 (家畜が)水を飲む.
abreviación 囡 **1** 短くすること, 短縮; 略語. **2** 要約.
abreviadamente 副 概略的に, 簡単に.
abreviado, da 過分 [→abreviar] 形 **1** 短縮された, 短い. **2** 要約された, 簡略な.
abreviamiento 男 →abreviación.
***abreviar** 他 **1** (期間・距離・分量などを)短くする, 短縮する. **2** 早める, 急がせる. **3** 要約する.
abreviatura 囡 **1** 略号, 省略形; ━ "afmo." es la ━ de "afectísimo". afmo. は afectísimo の略語だ. **2** 要約, 短縮.
abridor, dora 形 (物を)開ける(道具など). ━━ 男 **1** 缶切り; 栓抜き. **2** 接ぎ木用ナイフ. **3** 穴空け用ピアス.
abrigadero 男 **1** 風よけの場所, 避難所. **2** (海事)避難所, 停泊所.
abrigado, da 過分 [→abrigar] 形 **1** (風・寒さから)守られた; (寒さから守られて)暖かい. **2** (寒さを防ぐために)着込んでいる; (着込んで)暖かく感じる. ━━ 男 風よけの場所.
***abrigar** [1.2] 他 **1** [+de (風や寒さなどから)を守る, 保護する. ━Esta chaqueta *abriga* mucho. この上着はとてもあたたかい. **2** (考え・感情などを抱く, 内に秘める. ━*Abriga* la esperanza de volver. 彼は戻れるという期待を抱いている. ━━ se 再 [+de (風や寒さなどから)身を守る, 厚着をする.

abrigo [アブリゴ] 男 **1** オーバーコート, 外套. **2** de piel(es) 毛皮のコート. **2** 防寒; (服による)暖かさ. **3** 庇護, 保護. ━buscar ━ en los amigos 友人に助けを求める. **4** 避難所, 退避所. ━ antiatómico 核シェルター. **5** (海事) (天然の)港, 退避港. ▶**al abrigo de...** …に守られて, (寒さや風などを避けて. **de abrigo** 話 ひどい, 大変な; 本当の.

abril 男 **14**月 (略) abr.). **2** 話 (特に若い女性について)…歳, 年齢. ━muchacha de quince ～es 15歳の少女. ▶**estar hecho un abril** 若くて美しい.
abrileño, ña 形 **4**月の, **4**月らしい.
abrillantador, dora 形 つや出しの. ━━ 男 **1** 宝石細工師. **2** 研磨器, 光沢剤.
abrillantar 他 **1** …に光沢を与える, を輝かせる. **2** (宝石・貴金属を)ブリリアントカットにする. **3** (文章・演説など)を華美にする, 飾る.

abrir [アブリル] [3.1] 他 **1 a)** を開(あ)ける, 開(ひら)く. ━━ un grifo 蛇口を開ける. ━ la llave del gas ガス栓を開く. **b)** (掛け金などが)はずす. ━━ la cerradura 錠前を開ける. **c)** (道などが)(切り)開く; (穴などを)開ける. ━━ un túnel トンネルを掘る. **2 a)**(両腕・両膝・指などを)広げる; (ハサミ・刃などを)広げる. ━━ unas tijeras はさみを広げる. **b)** (手)を差し伸べる. ━━ la mano 手を差し伸べる. **3** を切る; (果物などを)割る; (はれものなどを)切開する. ━━ un tumor 腫瘍を切開する. **4 a)** (営業・儀式などを)開始する, 開会する. ━━ un bar バルを開店する. ━ el curso escolar 開講する. ━ la manifestación デモの先頭に立つ. **b)** (口座などを)開く, 開設する. ━━ una cuenta en un banco 銀行に口座を開く. **5** …を掘る, 刻む; 彫刻する. ━━ una lámina 金属板に彫る. **6** (食欲を)起こさせる. ━ el apetito 食欲をそそる. ━━ 自 **1** 開(あ)く, 開(ひら)く; (花が)咲く. ━Los bancos *abren* a las ocho. 銀行は8時に開店する. **2** (空が)晴れる, 明るくなる. ━━ se 再 **1** 開(あ)く, 開(ひら)く; (花が)咲く; 裂ける, 割れる; 広がる, 展開する. ━*Se abrió* el telón y dio comienzo la obra. 幕が上がって, 芝居が始まった. **2** [+a/con に] 本心を打明ける. ━━ se con sus padres 両親に本心を打明ける. **3** [+a/sobre (場所・方向)に] 面している, 向いている. ━Mi cuarto *se abre* a un patio. 私の部屋は中庭に面している. **4** 晴れる. ━El día *se abrió*. 天気がよくなった. **5**(車がカーブで)大回りする. **6** (話)立ち去る, 逃げ出す.

abrochador 男 (靴の)ボタンかけ.
***abrochar** …のボタン[ホック]をはめる, 留め金をかける. ━━ se 再 (自分の服の)ボタン[ホック]をはめる, シートベルトを締める. ━━ se los cinturones de seguridad シートベルトを締める.

abrogación 囡 (司法)(法令などの)廃止, 撤廃.
abrogar [1.2] 他 (司法)(法令・規則など)を廃止[撤廃]する.
abrojal 男 アザミの生い茂った土地.
abrojo 男 (植物)アザミ.
abroncar [1.1] 他 **1** を激しく叱る. **2** をやじる, のろしる.
abroquelar 他 **1** (海事)(船首から風を受けるように)帆を操作する. **2** を守る. ━━ se 再 **1 [+con で] 身を守る. **2** [+con/de/en を]盾に取る, 利用する.
abrótano 男 (植物)ヨモギ類.
abrumado, da 過分 [→abrumar] 形 圧倒された, 打ちのめされた.
***abrumador, dora** 形 **1** 圧倒的な, 決定的な. ━victoria *abrumadora* 圧勝. **2** 耐え難い, 打ちのめされるような. ━calor ━ ひどい暑さ.
***abrumar** 他 **1 [+con で]** を悩ませる, 困惑させる. **2** …の重荷になる, 負担となる. ━La responsabilidad lo *abruma*. 責任が彼には重荷になっている.
abrupto, ta 形 **1** (土地・道などが)険しい, 起伏のある, 不規則な. **2** 粗野な, 粗野な.
absceso 男 (医学)膿瘍(ようう).
abscisa 囡 (数学)横座標.
absentismo 男 **1** 不在地主制. **2** 常習的欠勤[欠席].
absentista 形 **1** 不在地主(制)の. **2**

absolución 囡 **1** 免皇. **2**(カト) 罪のゆるし, 免罪. (=~ sacramental). **3**(司法) 免訴, 釈放.
absoluta 囡 **1** 絶対的な肯定. **2**(軍事) 兵役の全面免除 (=licencia ~).
absolutamente 副 **1** 絶対に, 完全に. **2** まったく, 全然.
absolutismo 男 (政治, 歴史) 専制主義, 絶対主義.
absolutista 形 (政治, 歴史) 専制[絶対]主義の. ━ 男女 (政治, 歴史) 専制[絶対]主義者.
absoluto, ta 形 **1** 絶対的, 絶対的な. ―mayoría absoluta 絶対多数. **2** 完全な, 無条件の; 無制限の. **3** 専制的, 専横な. ―monarquía absoluta 絶対王制. **4** (言語) 独立的な, 独立の. ► el Absoluto 神. **en absoluto** まったく, 全然.
absolutorio, ria 形 (司法) 免訴の, 放免の. **1**(カト) 赦免の.
absolver [5.11] 他 **1** …に無罪を宣告する, を釈放する. **2**(カト) 〖+ de (罪)を〗…に赦[ゆる]す, を救宥する.
absorbencia 囡 **1** 吸収. **2**(物理, 化学) 吸収性[力].
absorbente 形 **1** 吸収する, 吸収力のある. **2** 夢中にさせる; 関心[時間]を奪う. **3** 要求がましい, 横柄な, 独占欲の強い. ━ 男 吸収材, 吸収剤.
absorber 他 **1** 吸収する. **2** 使い果たす, 消費する. **3** a)(時間などを)奪う, 取る. b) …の注目を引く, を夢中にさせる. **4**(企業を)吸収合併する.
absorción 囡 **1** 吸収, 吸収合併. **2** 没頭, 無我夢中.
absorto, ta 形 **1**〖+ en に〗没頭した, 心を奪われた. **2** 驚嘆した, 魅了された.
abstemio, mia 形名 酒を飲まない(人), 禁酒している(人).
abstención 囡 自制, 節制; (選挙などでの)棄権.
abstencionismo 男 棄権主義[論], 不介入の態度.
abstencionista 形 棄権の, 棄権主義[論]の. ━ 男女 棄権者, 棄権主義[論]者.
abstenerse [10.8] 再 **1**〖+ de を〗断ち, 差し控える; つつしむ. ━ ~se de tomar carne 肉食を断つ. **2** 棄権する.
abstinencia 囡 **1** (宗教的・道徳的・医学的理由の)禁欲, 節欲. ―síndrome de ~ 禁断症状. **2**(カト) 小斎.
abstracción 囡 **1** 抽象(化), 〔文〕抽象概念. **2** 捨象, 除外. ―hacer ~ de 除外する. **3** 没頭, 熱中.
abstracto, ta 形 **1** 抽象的な, 抽象の. ―nombre ~ 抽象名詞, número ~ 〔数学〕無名数. **2** 観念[理論]的な; (抽象的に)難解な. **3**〔美術〕抽象(派)の. ―pintura abstracta 抽象画. **en abstracto** 抽象的に, 純理論上.
abstraer [10.4] 他 **1**〖を抜きだす, 抽象する. ━ ~ las ideas principales 主要な概念を抜き出す. **2** を抽象的に考える. ━ se 再〖+ de を〗忘れて夢中になる, ふけり込む.
abstraído, da 過分〔→ abstraer〕形 うわの空の, 放心した.
abstruso, sa 形 難解な, 晦渋[かいじゅう]な.
absuelto, ta 過分〔→ absolver〕形 釈放された, 赦免された. ━ 名 釈放された人.
absurdidad 囡 **1** ばかげたこと, 非常識. **2** 不条理, 不合理.
absurdo, da 形 **1** 不条理な, 不合理な. **2** ばかげた, 非常識な. ━ 男 不条理, ばかげたこと.
abuchear 他 を野次[やじ]る, …に不満を表す.

abuela 〔アブエラ〕囡 **1** 祖母, おばあさん. ―abuela paterna [materna] 父方[母方]の祖母. tía ~ 大伯母, 大叔母. **2**〔話〕(一般に) 老人, おばあさん. **3**¡su ~, tu ~ の形で〕〖否定・拒絶の強め〗絶対…しない. ―La comida la va a hacer tu abuela. 食事を作るのはおまえだ. **¡Cuéntaselo a tu [la] abuela! / ¡Que se lo cuente a su [la] abuela!** 〔話〕うそつけ, そんなことあるものか. **no necesitar [no tener] abuela** 〔皮肉〕自慢し過ぎる. **habérsele muerto su abuela** (=no necesitar [no tener] abuela).

abuelo 〔アブエロ〕男 **1** 祖父, おじいさん. ―abuelo paterno [materno] 父方[母方]の祖父. tío ~ 大伯父, 大叔父. **2**〔複〕祖父母. **3**〔複〕先祖. **4**〔話〕(一般に)年寄り, 長老, 老人.
abuhardillado, da 形 屋根裏部屋の.
abulia 囡 意志[活力]の欠如, 無気力.
abúlico, ca 形名 無気力な(人), 意志の欠如した(人).
abultado, da 過分〔→abultar〕形 **1** かさばった, ふくらんだ. **2**(スポーツ, 選挙などで)大きな, 完全な. ―sufrir una abultada derrota 完敗を喫する.
abultamiento 男 **1** かさばること, かさ. **2** ふくらみ, 出っ張り. **3** 増大, 誇張.
abultar 他 **1** …の空間を占領する, をふくらませる, かさばらせる. **2** を誇張する. ━ 自 ふくらむ, かさばる.
abundamiento 男 → abundancia. ► **a mayor abundamiento** その上, さらに.
abundancia 囡 **1** 豊富, 多量. ―año de ~ 豊年. **2** 裕福, 富裕. ―vivir en la ~ 裕福な暮らしをする. **3**〔天文〕(元素の)存在量. ► **en abundancia** (1) 豊富に, あり余るほど. (2) 裕福に. **nadar en la abundancia** 裕福に暮らす, 金があり余っている.
abundante 形〖+ en が〗豊富な, 沢山の.
abundar 自 **1** a) …がたくさんある,

abundoso, *sa* 形 《中南米》→ abundante.

abur 間 さよなら、じゃあまた.

aburguesamiento 男 ブルジョワ化(すること).

aburguesarse 再 ブルジョワ化する、ブルジョワ(風)になる.

aburrido, da 過分 [→aburrir] 形 **1**〖estar+〗…に退屈した、うんざりした. **2**〖ser+〗退屈である、つまらない.

aburrimiento 男 **1** 退屈、倦怠. **2** 退屈なもの[こと]、不快なもの.

aburrir 他 (人)を退屈させる、うんざりさせる. —Esa obra me *aburría*. その芝居は私には退屈だった. **~se** 再〖+con/de/en〗…に退屈する、飽き飽きする. —Me *aburrí de* esperarla y me marché. 私は彼女を待ちくたびれて帰ってしまった.

abusar 自 **1**〖+de〗 **a**) 乱用する、悪用する. —~ *de* la bebida 酒を飲みすぎる. **b**) はしいままにする、こき使う. **2**〖+de〗暴行する、虐待する. —~ *de* una menor 未成年の少女に暴行する.

abusivo, va 形 **1** 不当な、限度を越えた. **2** 権利を乱用する.

abuso 男 **1** (職権・地位・人の好意などの)乱用、悪用. —~ *de* confianza 背信、背任. **2** (食物の摂り過ぎ)飲み過ぎ、食べ過ぎ、使い過ぎ、乱用. —~ *de* televisión テレビの見すぎ. **3** (性的)虐待；暴行. —~ *sexual infantil* 児童の幼児虐待. **4** 野蛮、悪習. ▶ *abuso de autoridad* [*poder*] 《法律》職権[権力]乱用、越権行為. *abusos deshonestos* [*sexuales*] 《法律》性的虐待、強制猥褻(する)行為.

abusón, sona 形 男 度を越す(人)、権利を乱用する(人); (好意などに)つけ込む(人).

abyección 女 **1** 卑劣[下劣]さ. **2** 堕落、悲惨.

abyecto, ta 形 卑劣[下劣]な.

a.C. (略号) =antes de Cristo (西暦)紀元前、BC.

acá [アカ] 副 《中南米では aquí と同じ意味で用いられる》 **1**(空間的・時間的に)ここへ、こちらへ[に]. —Vente más para ~. もっとこっちの方へ来いよ. más ~ もっとこちらへ. de entonces ~ その時以来. **2**《話》《自分または自分の近くの人を指して》この人、—A~ tiene mucha razón. こっちの人の言うことはもっともだ. ▶ *de acá y allá* あちこちに[で]. *de acá para allá* あちらこちらへ、あちこちと. *de* [*desde*] … *acá* …以来(今まで). —De mayo *acá* no ha llovido. 5月以来雨が降っていない.

acabado, da 過分 [→acabar] 形 **1** 終わった、完成した、仕上がった. **2** 熟達した、完璧な. **3** 衰弱した、傷んだ、古びた. —— 男 仕上げ、仕上がり.

acaballado, da 過分 [→acaballar] 形 (顔・鼻などが)馬に似た、馬のような.

acabamiento 男 **1** 完成、実現. **2** 終わり、完了. **3** 死.

acabar [アカバル] 他 **1** ～を終える、～を仕上げる、完成する. —~ la carrera 大学を終える. ~ el cuadro 絵を仕上げる. **2** ～を食べ終える、飲み終える：使い切る. **3** ～を殺す. —— 自 **1** 終わる、終了する. —Ese drama *acaba* bien. そのドラマはハッピーエンドで終る. **2**〖+con〗終らせる、こわす、だめにする. —La diabetes *acabó con* su vida. 糖尿病で彼は命を失った. **3**〖+de+不定詞〗 **a**) …したばかりである. —*Acabo de* llamarle. 私は今彼に電話したばかりだ. **b**)〖no を前に置いて婉曲表現〗どうも…しない. —*No acaba de* gustarnos la proposición. その申し出はどうも私たちにはうれしいというわけにはいきません. **4**〖+por+不定詞〗とうとう[最後に、ついに]…する. —~ *por ceder* 最後に譲歩する. **5**〖+現在分詞〗とうとう[最後に、ついに]…する. **6** 死ぬ、絶滅する. ▶ *¡acabara ya!* /*¡acabáramos!* やっとわかったか. **~se** 再 **1** 終る、終了する、完成する. **2**〖～が尽きる〗使い切る. **3** …が死ぬ、絶滅する. ▶ *se acabó lo que se daba*/*sanseacabó* 万事終わりだ、これで終わりだ；(相手の発言を止めるように)そこまで.

acabose 男 ▶ *ser el acabose* 最悪である.

acachetar 他 (闘牛の牛に)短剣でとどめを刺す.

acacia 女 《植物》アカシア属の植物；アカシア材.

academia 女 **1** (A~) (科学者・芸術家・文学者などの)協会、アカデミー、学士院. —Real *A~* Española スペイン王立学士院. **2**(私立の)専門学校、学院、塾. —~ de idiomas 外国語学校. ~ *military* 陸軍士官学校. **3**《歴史、哲学》(プラトンの)アカデメイアの園.

académicamente 副 **1** (時に軽蔑)学問的に；正統的に. **2** 学問的観点から.

academicismo 男 《美術・文芸の》伝統主義、形式尊重、アカデミズム.

academicista 形 伝統[形式]尊重主義の、型にはまった. —— 男女 伝統[形式]尊重主義者.

académico, ca 形 **1** 学士院[芸術院]の、アカデミーの. **2** 大学の、学術研究の. —*título ~* 学位. *año ~* 学年. **3** (文体・様式が)伝統的な、古典的な. —— 男 学士院[芸術院]会員、アカデミー会員. ~ *de número* 学士院会員. ~ *correspondiente* 学士院準会員.

acaecer [9.1] 自 《単人称·動詞》(事件などが)起こる.

acaecimiento 男 出来事、事件.

acalenturarse 再 発熱する.

acallar 他 **1** を黙らせる, を静める. **2** をなだめる, 落着かせる. **3** (痛み)をやわらげる.

acaloradamente 副 熱心に, 熱烈に.

acalorado, da 形 **1** とても興奮した, 激昂した. **2** (討論などが)熱気に満ちた.

acaloramiento 男 **1** 熱くなる[熱くする]こと; 熱中. **2** 興奮, 激昂.

acalorar 他 **1** を熱くする, 暖める. **2** (暑さなどが人)を赤くする, ほてらせる. **3** を怒らせる, 興奮させる. **— se** 再 **1** (激しい運動などで)赤くなる, ほてる. **2** (話に)熱中する, (討論などで)興奮する.

acamar 他 (風雨が作物)をなぎ倒す.

acampada 女 **1** キャンプ(をすること), 野営. **2** キャンプ地[場], 野営地.

acampanado, da 過分 〔→acampanar〕 形 **1** 鐘(かね)の形をした. **2** 口が広い, 裾(すそ)の広い.

acampanar 他 **1** を鐘(かね)の形にする. **2** 裾(すそ)広がりにする.

acampar 自 キャンプをする, 野営する. **—** 他 を野営させる. **— se** 再 野営する.

acanalado, da 形 **1** 溝を通る, 溝のある. **2** 《建築, 土木》縦溝のある; 《織物》畝(うね)織りの.

acanaladura 女 《建築》(柱などの)縦溝, フルーティング.

acanalar 他 **1** …に溝をつける. **2** 《建築》(柱など)に溝彫りをする, 縦溝をつける.

acanallado, da 形 下劣な, いやしい.

acanelado, da 形 肉桂色(薄茶色)の, 肉桂(シナモン)の風味の.

acantáceo, a 形 《植物》キツネノマゴ科の. **—** 女複 《植物》キツネノマゴ科(の植物).

acantilado, da 形 **1** 切り立った, 急傾斜の. **2** (海底が)階段状になった. **—** 男 (主に海岸の)断壁, 絶壁.

acanto 男 **1** 《植物》アカンサス. **2** (コリント式柱頭の)アカンサス葉飾り.

acantonar 他 《軍事》(部隊)を宿営させる.

acantopterigios 男複 《魚類》棘鰭(きょくき)類.

acaparador, dora 形名 買占める(人). 独り占めにする(人).

acaparamiento 男 買占め; 独占.

acaparar 他 **1** を買占める; を独占する. **2** (注意・関心)を独り占めする, (時間など)を取る.

acápite 男 〔中南米〕段落.

acaramelar 他 …にカラメルをかぶせる[塗る]. **— se** 再 《俗》(男女が)いちゃつく.

acariciador, dora 形 **1** 愛撫する, (人が)やさしい. **2** (風などが)やさしく触れる, 心地よい. **—** 名 **1** 愛撫する人. **2** やさしい人.

＊acariciar 他 **1** a) を愛撫する, そっとさわる. —Ella le *acaricia* la mano. 彼女は彼の手をそっと撫でている. b) をかわいがる, …にやさしくする. **2** (考えなど)を抱く, 内に秘める.

ácaro 男 《動物》ダニ, 複 ダニ目.

acarreador, dora 形名 運搬する(人).

acarreamiento 男 →acarreo.

＊acarrear 他 **1** (不愉快なこと・損害)を引起こす, もたらす. **2** を運ぶ; を馬車で運ぶ.

＊acarreo 男 **1** 運搬, 運送(費). **2** 《地質》沖積, 堆積. —tierras [terrenos] de ～ 沖積土[層]. ► ***de acarreo*** (1) よそから運ばれてきた. (2) さまざまな情報源から得た.

acartonado, da 過分 〔→acartonarse〕 形 **1** 厚紙のように固い. **2** 老いてやせた.

acartonarse 再 **1** 厚紙のように固くなる. **2** 老いてやせる.

＊＊＊acaso [アカソ] 副 **1** 〖文頭で〗ことによると, ひょっとすると, おそらく〖+接続法, 時に直説法未来(完了)・過去未来(完了)〗. —*A*～ venga mi padre mañana. もしかすると父は明日来るかもしれない. **2** 〖疑問文の文頭で〗もしかして, ひょっとして〖+直説法〗. —¿*A*～ hice algo que no debía? もしかすると私はするべきではないことをしてしまったのだろうか. ► ***por si acaso*** (1) もしかすると…かもしれないから〖+直説法/接続法〗. —Llévate el abrigo, *por si acaso* hace frío. もしかすると寒いかもしれないからコートを持って行きなさい. (2) 万一に備えて. —No le digas nada, *por si acaso*. 万一ということもあるから彼には何も言うな. ***si acaso*** (1) 万一…なら〖+直説法/接続法〗. —*Si acaso* te falta dinero, avísame. 万一金が足りない場合は知らせてくれ. (2) たとえそうであっても. —No sé si podré ir hoy; *si acaso*, a última hora. 今日行けるかどうか分からない. 行けたとしても遅い時間になるよ. **—** 男 偶然(のこと). ► ***al acaso*** 成り行き任せで.

acatamiento 男 **1** 尊敬, 敬意. **2** 尊重, (法などの)遵守.

acatar 他 **1** …に敬意を表す. **2** を遵守する, 尊重する. **3** 〔中南米〕…に気づく.

acatarrar 他 に風邪をひかせる. **— se** 再 風邪をひく.

acaudalado, da 形 金持ちの, 資産家の.

acaudalar 他 (金)をためこむ, (知識など)を蓄える.

acaudillar 他 (軍隊など)を指揮する, を主導する. **— se** 再 (集団が)頭(かしら)・長を選ぶ.

＊acceder 自 **1** 〖+a に〗同意する, 聞き入れる. —～ *a* la petición 頼みを聞き入れる. **2** 〖+a に〗昇進する, (地位・状態に)達する. **3** 〖+a (場所など)に〗 a) 接近する, 立入る. b) 《情報》アクセスする. **4** 〖+a を〗入手する.

accesibilidad 女 **1** (場所への)近づきやすさ. **2** 入手の可能性.

accesible 形 **1** 〖+a に〗到達[接近]することのできる, 入ることのできる. **2** 入手

accesión 囡 **1** 同意. **2** 付属物. **3**（医学）（間欠熱の）発作. **4**（法律）（果実などの）取得. a) 取得原始. b) 取得従物. **5** 性交, 交尾.

accésit 圐（コンクールなどの）次席賞.

acceso 圐 **1** [＋a に、への] 出入り, 到達; 接近, 接触. —〜 prohibido 立入禁止. **2** [＋a への] 入口, 通路; 進入（路）. —puerta de 〜 al comedor 食堂に通じるドア. **3**（病気の）発作, （感情の）激発. **4** 交接, 性交. **5**（情報）アクセス, ヒット. —〜 al azar [aleatorio] ランダムアクセス.

accesoria 囡 付属建築物.

accesoriamente 副 付属して, 付随して; [副次]的に.

accesorio, ria 形 付属の, 付随的な. —puerta accesoria 脇戸, 通用門. — 圐 **1**（機械などの）付属品, アクセサリー. —〜s de automóvil 車の付属品. **2** 圏（演劇）小道具.

accidentado, da 形 **1** 事故[トラブル]の多い, 事故にあった. **2** 波瀾に富んだ. **3**（土地が）起伏に富んだ. — 名 事故の犠牲者.

accidental 形 **1** 偶然の, 思いがけない. **2** 本質的でない, 付随的な. **3** 臨時の. —empleo 〜 臨時雇用. — 圐（音楽）臨時記号.

accidentalidad 囡 偶然性.

accidentalmente 副 偶然に, 思いがけず.

accidentar 他（事故・トラブルを）起こす. —se 再 事故にあう.

accidente 圐 [アクシデンテ] 圐 **1** 事故, 不慮の出来事. —〜 de tráfico 交通事故. sufrir un 〜 事故に遭う. causar un 〜 事故を起こす. 〜 laboral [de trabajo] 労働災害, 労災事故. **2** 非本質的なこと, 偶然（性）; （哲学）偶有（性）. **3**（土地の）起伏, でこぼこ. —〜s del terreno 土地の起伏. **4**（言語）屈折, 語尾変化. **5**（医学）偶発症状. 発作. 6（音楽）臨時記号（♯, ♭など）. ▶**por [de] accidente** 偶然, たまたま; 事故で.

acción 囡 [アクシオン] 囡 **1** 行動, 活動, 実行. —poner en 〜 …を実行[行動]に移す; 作動させる. hombre de 〜 行動的な人. campos de 〜 行動範囲. **2** 作用, 働き, 影響. —la 〜 del ácido sobre los metales 金属に及ぼす酸の影響. **3**（小説・映画などの）ストーリー, 筋. **4**（商業）株, 株式. **5**（法律）訴訟. **6** 戦闘, 戦い. **7** 体の動き, 身振り. —¡acción! スタート[撮影開始]. acción de gracias 〘宗教〙神への感謝. acciones cotizadas 上場株式. acciones en circulación 発行済株式. acciones liberadas 無償株, ボーナス株. 景品株. acciones nominales [nominativas] 記名株.

accionar 他（機械など）を作動させる, 働かせる. — 自 身振り[手振り]をする. —se 再（機械などが）作動する. 働く.

accionariado 圐〘集合的に〙株主.

accionista 男女 株主. —junta general de 〜 株主総会.

acebo 圐〘植物〙セイヨウヒイラギ（西洋柊）; ヒイラギ材.

acebuche 圐〘植物〙野生オリーブの木（材）.

acebuchina 囡〘植物〙野生オリーブの実.

acechanza 囡 **1** 見張り, 監視. 内偵. **2** 伏せ.

acechar 他 **1** を見張る, 監視する; を待伏せする. **2** を脅かす.

acecho 圐 見張り, 監視; 待伏せ. ▶**al [en] acecho** 見張って, 待伏せて.

acecinar 他（肉）を燻製にする. —se 再（年老いて）やせ細る, しなびる.

acederaque 圐〘植物〙センダン.

acedía 囡 **1** 酸っぱさ, 酸味. **2** 胸やけ. **3**（態度の）荒々しさ. **4**（植物の）黄ばみ. **5**〘魚類〙カレイ（類）.

acedo, da 形 **1** 酸っぱい, 酸性の. **2**（物が）荒々しい, とげとげしい. **3**（物が）ざらざらした. — 圐 酸っぱい果汁.

acefalía 囡 頭のないこと, 無頭であること.

acéfalo, la 形 **1** 無頭の. **2**（集団が）指導者[首長]のいない. **3**〘貝類〙無頭綱の. — 圐〘貝類〙無頭綱.

aceite 圐 [アセイテ] 圐 **1**〘料理〙油, （特に）オリーブ油. —〜 de colza 菜種油. 〜 de oliva オリーブ油. 〜 de ricino ヒマシ油. 〜 esencial（植物からとる）精油, エッセンス. 〜 virgen バージン・オイル. **2**（機械, 技術）油. —〜 ligero [pesado] 軽[重]油. **3**（薬用の）油. —〜 solar ヨタ油. ▶**echar aceite al fuego** 火に油を注ぐ.

aceitera 囡 **1** 油を入れる容器, 油差し. **2**圏（食卓以外の）酢と油を入れる容器.

aceitería 囡 **1** 油の販売店, 油屋. **2** 油屋の仕事.

aceitero, ra 形 油の, 油に関する. — 圐 油商. — 囡 円錐形の油入れ.

aceitón 圐 **1** どろどろした油. **2**（容器の底にたまる）不純物の混じった油.

aceitoso, sa 形 油質の, 油を（多く）含んだ. ベとついた.

aceituna 囡 オリーブの実. —〜s rellenas スタッフド・オリーブ. —〜 sin hueso 核を除いたオリーブ.

aceitunado, da 形（顔色などが）オリーブ色の, 緑っぽい.

aceitunero, ra 名 オリーブを摘む[運搬する, 売る]人. — 圐（収穫後の）オリーブ貯蔵所.

aceituno 圐〘植物〙オリーブの木.

aceleración 囡 **1** 加速, スピードアップ; 促進. **2**（映画）クイック・モーション.

acelerado, da 過分 [→acelerar] 形 速い, 急いだ; 加速度の.

aceleradora, dora 形 加速する, 促進する. — 圐 **1**（自動車などの）加速装置, アクセル. —〜 de partículas（物理）粒

aceleramiento 子加速装置. pisar el ～ アクセルを踏む; (物事)を促進する. **2**《情報》アクセラレータ.

aceleramiento 男 加速, 急ぐこと; 促進.

acelerar 他 **1** を速める, 加速する. —～ la marcha del coche 車を加速する. **2**(時期)を早める, 促進させる. — 自 加速する; 急ぐ. — se 再 あわてる, 急ぐ.

acémila 女《動物》(荷運び用の)ラバ(騾馬);まぬけ.

acemilero, ra 男 ラバ(騾馬)引き.

acendrado, da 形 純粋な, 純化された.

acendramiento 男 **1**(金属の)精練. **2** 洗練, 改良.

acendrar 他 **1**(金属)を精錬する. **2** を洗練する, 改良する. — se 再 [+ con/en で] 磨きがかかる.

acensuar [1.6] 他 に課税する.

acento 男 **1**《音声》アクセント (= ～ prosódico). アクセント記号 (= ～ ortográfico). —～ agudo 揚音符(´). ～ grave 抑音符(`). ～ circunflejo 曲折音符(ˆ). **2** 訛(なまり)方.—～ andaluz アンダルシア訛り. **3**(話などの)強調(点), 力説(点). —poner (el) ～ en ... に専心する. **4** 口調, 抑揚. —con ～ solemne もったいぶった口調で. **5**《文》《詩学》詩(歌), 詩句. **6**《音楽》アクセント.

acentuación 女 **1** アクセント(記号)をつけること. **2** 強調, 際立たせること.

acentuadamente 副 **1** アクセントを置いて, 強調して. **2** 際立って.

acentuado, da 形 **1** アクセント(記号)のついた. **2** 際立った.

acentual 形《音声》アクセント[強勢]の.

acentuar [1.6] 他 **1** にアクセントを置く, にアクセント記号をつける. **2** を強調する, きわ立たせる. **3** 強める, を増大させる. — se 再 きわ立つ; 強まる.

aceña 女(製粉用の)水車.

acepción 女 **1**(語の用法的な)意味, 語義. **2** 偏愛, 特別扱い.

aceptabilidad 女 受け入れられること, 容認[許容]できること.

aceptable 形 受け入れられる, 許容できる, まずまずの.

aceptablemente 副 **1** かなり良く, 受け入れられるほど. **2**(量的に)かなり, 充分に.

aceptación 女 **1** 受け入れ(られること), 受理. **2**(提案などの)承認, 受諾, 応諾. **3** 評判, 好評. —tener (una) buena ～ 評判が良い. **4**《商業》(手形などの)引受け.

aceptar [アセプタル] 他 を受け入れる, 受理する; を承認する, 引き受ける. —～ el cargo de rector 学長職を引き受ける. ～ un desafío 挑戦を受けて立つ. **2**《商業》(手形)を引き受ける. —～ letras 手形を引き受ける.

acepto, ta 形 [+ a に] 快い, 歓迎される.

aceptor 男《物理, 化学》アクセプター, 受容体.

acequia 女 用水路.

acera 女 **1** 歩道. **2** 家並み; 片側. —tomar la ～ (通りを)家壁寄りに歩く. **3**(建築)(壁の)仕上げ面; (壁面仕上げ用の)装飾用石材[タイル]. ► ser de la acera de enfrente [de la otra acera]《話, 軽蔑, 蝋曲》同性愛者である, ホモである.

acerado, da 形 **1** 鋼の, 鋼のような. **2** 辛辣(しんらつ)な.

acerar 他 **1** を鋼鉄にする, 鋼を張る. **2**(性格など)を強くする, 強固にする. **3** を辛辣にする, とげとげしくする.

acerbo, ba 形 **1** 苦い, 渋い. **2** 辛辣な, 耐えがたい.

acerca de [アセルカデ] 前 ... について, 関して.
—Nos habló acerca de Don Quijote. 彼は私たちにドン・キホーテについて話した.

acercamiento 男 **1** 近づく[近づける]こと, 接近. **2** 歩み寄り, 和解.

acercar [1.1] 他 **1** [+ a に] 近づける, 接近させる. **2** を送って行く, (いっしょに)運んで行く. — se 再 [+ a に] 近づく, 接近する. —Me acerqué a aquel gentío a ver qué ocurría. 私は何が起こっているのか見ようとあの人の群に近づいた. **2** ... に立寄る.

acerería 女 = acería.

acería 女 製鋼所.

acerico 男 針刺し, 針山.

acero 男 **1** 鋼鉄, 鋼. —～ inoxidable ステンレス鋼. materiales de ～《文》剣, 刀剣類. —～ homicida 凶器. cruzar el ～ 一戦を交える, 争う. **3**複(焼き入れ), 切れ味. —espada de buenos ～s 十分に焼きを入れてある刀. **4**複 勇気, 気迫. —tener muchos ～s 非常に勇気がある, 豪胆である. ► de acero 鉄の(ように), 硬い. —tener nervios de acero 豪胆である, 図太い.

acerola 女《植物》西洋サンザシの実, アセロラ.

acerolo 男《植物》西洋サンザシの木.

acérrimo, ma 形《acre の絶対最上級》(信者や支持者などが)強力な, 頑固な.

acerrojar 他 に掛け金をかける.

acertadamente 副 当を得て, 適切に.

acertado, da 過分 [→ acertar] 形 当を得た, 適切な, 賢明な.

acertante 形 (くじ・懸賞で)当てる, 当たる. — 男 当たりの人, 正解者.

acertar [4.1] 他 **1** の中させる, に命中させる. —～ una adivinanza なぞなぞの答えを当てる. ～ el blanco 的に命中させる. **2**(偶然)見つける, 行き当たる. — 自 **1** [+ en/a に] 命中[的中]する, (的などに)当たる. **2** [+ con/en を] 言い当てる, (ふと)見つける, (偶然

見つかる。**3**［＋現在分詞/al＋不定詞/con/en］うまく…する、…するのは適切である。—*Acertaste marchándote ayer.* 君は昨日は外出していてよかったね。**4**［＋a＋不定詞］うまく…する［し遂げる］、偶然…する。—*Acertó a ser domingo aquel día.* あの日はたまたま日曜日だった。

acertijo 男 **1** なぞなぞ、クイズ。**2** 謎、疑わしいこと。

acervo 男 **1**（豆類のような）小さな物の山［堆積］。**2** 資産、財産、遺産。

acetato 男 **1**《化学》酢酸塩。**2**（繊維の）アセテート。

acético, ca 形《化学》酢酸性の、酢の。

acetileno 男《化学》アセチレン。

acetona 女《化学》アセトン。

acetre 男 **1** 小型のひしゃく。**2**《カト》（携帯用の）聖水容器。

:achacar [1.1] 他 ［＋a］（悪いこと）を(…の)せいにする、…に帰する、責任転嫁する。—*Me achacó la culpa para eludir su responsabilidad.* 彼は責任逃れのため私に罪があるとした。

achacoso, sa 形 軽度［慢性］の病気をわずらっている、病弱な。

achaflanar 他 角をとる、面取りをする。

achampañado, da 形 シャンペン風の。

achantar 他 を怖がらせる、気後れさせる。— **se** 再 **1** 身を隠す、隠れる。**2** おとなしくなる、おじけづく。

achaparrado, da 形 低くて太い、小太りの、(人が)ずんぐりした。

achaque 男 **1** 軽度［慢性］の病気、持病。**2** 口実、弁解。—con (el) ~ de …という口実で。en ~ de …に関して。**3** 月経；妊娠。

achares 男複 嫉妬、やきもち。—dar achares a... …にやきもちをやかせる。

achatamiento 男 平らにする［なる］こと。

achatar 他 を平たくする、ぺちゃんこにする。

achicador 男 （船底にたまった水をかい出す）ひしゃく。

achicamiento 男 **1** おじけつかせること。**2** 小さくすること、縮小。**3**（船底や坑内にたまった水の）排水、かい出し。

achicar [1.1] 他 **1** をおじけづかせる。**2** を小さくする、縮小する。**3**（船底や坑内にたまった水）を排除する、かい出す。

achicharradero 男 焼きつくように暑い所。

achicharrante 形 （暑さなどが）焼けつくような、燃えるような。

achicharrar 他 **1**（食物）を強火で焼く。**2**（太陽などが）を焼きつける、しおれさせる。**3** をうんざりさせる、悩ませる。

achichincle, achichinque, achichintle 男［メキシコ］子分、下働き。

achicoria 女《植物》チコリー。

achiguarse 再［中南米］ふくれる、たるむ、肥満する。

achinado, da 形 **1** 中国人［東洋人］
のような。**2**［中南米］（白人とインディオの）混血の。**3**［中南米］卑しい、下品な。

achique 男 （船底や坑内にたまった水の）排水、かい出し。

achiquitar 他［中南米］を小さくする、縮小する。

achispar (人)をほろ酔いにさせる。— **se** 再 ほろ酔いになる。

acholado, da 形［中南米］**1**（白人とインディオの）混血の。**2** 恥じている。**3** おびえた。

achubascarse 再 雨模様になる、空が雨雲でおおわれる。

achuchado, da 形 困難な、込み入った。

achuchar **1**［＋a/contra に］をけしかける。**2**（話）を抱き締める、締めつける、押しつぶす。— **se** 再（話）押し合う、いちゃつく。

achuchón 男 **1** 乱暴に押す［突く］こと。**2** 軽い病気［体調のくずれ］。

achulado, da 形 **1** 空威張りの、無礼な。**2** 粋(いき)な、優美な。**3** うぬぼれた、粋がった。

achularse 再 マドリードの下町っ子のように振舞う、粋がる。

achura 女［中南米］（四足獣の）臓物。

achurar 他［中南米］**1**（四足獣の）臓物を取り出す。**2**（俗）を刺し殺す。

aciago, ga 形 不幸をもたらす、不運な。

acíbar 男 **1**《植物》アロエ；アロエ汁。**2** 苦渋、苦い思い。

acibarar 他 **1** …にアロエ汁を加える、を苦くする。**2** …に悲しみをさせる、を不快にする。

acicalado, da 過分 [→acicalar] めかしこんだ。— 男 磨くこと。

acicalar 他 **1**（主に刀剣など）を磨く。**2** を飾りたてる、めかしこませる。— **se** 再 着飾る、おめかしをする。

acicate 男 **1** 拍車。**2** 刺激、励み。

acíclico, ca 形 周期的でない。

acicular 形 針状の、針状の——hoja ~ 針葉。

acidez 女 **1** 酸味、酸っぱさ。**2**《医学》胃酸過多。**3**《化学》酸(性)度。**4** とげとげしさ、辛辣(しんらつ)さ。

acidia 女 怠惰、物ぐさ、無気力。

acidificar [1.1] 他 を酸っぱくする、酸性にする。

:ácido, da 形 **1** 酸っぱい。—*uvas ácidas* 酸っぱいブドウ。**2**《化学》酸の、酸性の。—*lluvia ácida* 酸性雨。**3** 辛辣な；厳しい。—*opinión ácida* 辛辣な意見。— 男 **1**《化学》酸。— ~ acético 酢酸。~ desoxirribonucleico デオキシリボ核酸。~ ribonucleico リボ核酸(RNA)。~ sulfúrico 硫酸。~ úrico 尿酸。**2**（話）LSD、麻薬。

acidosis 女［単複同形］《医学》アシドーシス。

acidular 他 をやや酸っぱくする。

acídulo, la 形 多少酸味のある。

acientífico, ca 形 非科学的な；反科学的な。

:acierto 男 **1** 的中、命中；正解、大当

たり．—Ha sido un ~ prevenirle. 彼に警告したのは正解だった． **2** 成功, 成果． **3** 巧みさ, 器用さ． **4** 慎重さ, 思慮分別．

ácimo 形 酵母を入れない, 無酵母の．
—pan 男 種なしパン．

acimut 男 《天文》方位角．

acimutal 形 方位角の．

acinesia 囡 《医学》無動症．

acirate 男 **1** 土地の境界を示すあぜ． **2** (小さな)並木道．

acitrón 男 レモンピール．

aclamación 囡 喝采, 歓呼．—por ~ 満場一致で．

aclamar 他 **1** を歓呼してたたえる．…に拍手喝采する． **2** を満場一致で(ある地位に)指名[推戴]する．—Lo aclamaron jefe de la banda. 彼は仲間のボスになった．

aclaración 囡 **1** 明らかにすること． **2** 説明, 解明．

aclarado 男 すすぐこと, すすぎ．

aclarar 他 **1** を明らかにする, 解明する．—~ las ideas 考えを説明する． **2** (色・液体などを)薄める; を澄ませる．—~ el chocolate con leche ココアをミルクで薄める． **3** (植物など)をまばらにする, 間引く． **4** (声)をはっきりとさせる, すすぐ, 水洗いする． **5** (意味など)を明瞭にする．— 自 **1** (天気)がよくなる, 晴れる．—La niebla ha empezado a ~. 霧が晴れ始めた． **2** 夜が明ける．— **se** 再 **1** 明らかになる, はっきりする, (考えが)まとまる．—Mis ideas sobre el tema siguen sin ~se. その件についての私の考えはまだまとまっていない． **2** 晴れる, 明るくなる． **3** 澄む; (色などが)薄くなる． **4** 〖+con〗に心の内を打ち明ける．

aclaratorio, ria 形 説明のための, 解明の．—nota aclaratoria 注記．

aclimatación 囡 **1** (環境への)順化． **2** (環境的・風習など)に順応．

aclimatar 他 〖+a 環境に〗 **1** を順応させる． **2** (思想・風習など)を移植する．— **se** 再 〖+a 環境に〗順応[順化]する．

acné 男 《医学》にきび, 吹き出物．

ACNUR 頭字 (<Alta Comisaría [Alto Comisionado] de las Naciones Unidas para los Refugiados>) 国連難民高等弁務官事務所(英 UNHCR)．

acobardamiento 男 恐怖を感じること, ひるむこと．

acobardar 他 **1** を怖がらせる, おびえさせる． **2** の勇気[気力]をくじく, を落胆させる．— **se** 再 〖+de+不定詞; +ante を〗怖がる, (に)おじけづく．

acodado, da 形 **1** 肘(ひじ)形[L字状]に曲がった． **2** 肘をついた．

acodadura 囡 **1** 肘をつくこと; 肘形のもの． **2** 《園芸》取木, 圧条．

acodalar 他 《建築》を横木で支える．

acodar 他 **1** を肘(ひじ)形[L字状]に曲げる． **2** 肘をつく． **3** 《建築》を支柱で支える．— **se** 再 肘をつく．

acodillar 他 を肘形[L字状]に曲げる． **2** (四足獣が)前にひざをつく．

acodo 男 **1** 《園芸》取木; 取木された枝．

2 《建築》(ドアや窓の)側形(ふち)．

acogedor, dora 形 **1** 喜んで迎える, 愛想のいい． **2** (場所・雰囲気)気心が快適な, 居心地のよい．

acoger [2.5] 他 **1** を受け容れる, 歓迎する．— ~ a los exiliados políticos 政治的亡命者たちを受け入れる． **2** を収容する, 保護する． **3** (考えなど)を取り入れる, 採用する．— **se** 再 〖+a に〗保護を求める, 避難する．—Se acogieron a la protección del consulado. 彼らは領事館に保護を求めた．— 〖 に〗口実にする．

acogida 囡 **1** 迎え[受け]入れること: 歓迎．—dar [dispensar] una ~ cálida 熱烈に歓迎する／recibir una ~ cordial 温かい歓迎を受ける． **2** 評判, 人気．—tener buena [mala] ~ entre… …の間で好[悪]評を博する． **3** 保護, 収容(施設)．—casa de ~ 《慈善施設などに》〖収容〗施設．

acogido, da 過分 → acoger 形 **1** 迎えられる, もてなされた． **2** 保護された．— 名 《慈善施設などに》収容された人．

acogimiento 男 = acogida．

acogollado, da 形 (キャベツなどが)結球した．

acogotar 他 **1** (後頭部を打って)を撲殺する; (えり首をつかんで)を転倒させる． **2** を圧倒する, 屈服させる．

acojinar 他 に綿を入れる．

acojonante 形 (俗) すごい, とんでもない, 驚くべき．

acojonar 他 (俗)を怖がらせる, おじけづかせる．— **se** 再 おじけづく．

acolchado, da 過分 → acolchar 形 キルティングした, 詰め物をした．— 男 キルティング, 詰め物をすること．

acolchar 他 キルティングする, に詰め物をする．

acólito 男 **1** 《カト》侍祭, ミサつかえ． **2** 仲間, 子分．

acollador 男 《海事》締め綱, ラニヤー．

acollar 他 **1** 《農業》の根元に土をかける, に土寄せをする． **2** 《海事》コーキングする．

acollarar 他 **1** (動物)に首輪をはめる, にくびきをつける; (動物)を首輪でつなぐ．— **se** 再 《中南米》同棲(どうせい)する．

acomedirse [6.1] 再 《中南米》(仕事・助けを)進んで申し出る．

acometedor, dora 形 攻撃的な; 進取的な．

acometer 他 **1** を襲う, 急襲する． **2** (病気・眠気・欲望などが)不意に襲う．—Le acometió un ataque de nervios. 神経発作が彼を襲った． **3** を企てる, 着手する．

acometida 囡 **1** 襲撃, 攻撃． **2** 連結部．

acometimiento 男 **1** 襲撃, 攻撃． **2** 着手すること． **3** (水道)の支管．

acometividad 囡 **1** 攻撃性, 闘争性． **2** 進取の気性, 果敢な性格．

acomodable 形 適応[順応]できる, 妥協できる．

acomodación 囡 **1** 適応, 順応．

配置, 整理. **3** 和解, 妥協. **4**(目などの)調整.

acomodadizo, za 形 順応しやすい. 妥協的な.

acomodado, da 過分 [→ acomodar] 形 **1** 適合した, 適切な. **2** 裕福な, 富裕な. **3**(値段が)手頃な, ほどよい. **4** 設備の整った, 居心地のよい.

acomodador, dora 名 (劇場, 映画館などの)案内係. ── 形 (生理, 機械)調節の, 順応の.

acomodamiento 男 **1** 適応, 順応; 調整. **2** 和解, 妥協. **3** 好都合, 便宜.

acomodar 他 **1**〔+a/con (場所など)に〕を適合させる, 適応させる; を据える, を落ち着かせる. **2**〔+de として, +en に〕を就職させる, 世話する. ──La *acomodaron* de cajera *en* un supermercado. 彼女はあるスーパーにレジ係として配置された. ── 自 ぴったり合う, 都合が良い. ── **se** 再 **1**〔+a に〕適応[順応]する; 妥協する. **2**〔+en に〕落ち着く, 座る; 就職する.

acomodaticio, cia 形 **1** 順応性のある, 融通のきく. **2** 妥協的な.

acomodo 男 **1** 職, 勤め口. **2** 落ち着き先, 住まい. **3** 配置, 調整; 適合. **4**〔中南米〕コネによる職務[地位].

acompañado, da 過分 [→acompañar] 形 **1**〔+de に〕伴われた, (を)添えた. **2**〔bien [mal] +〕よい[悪い] 仲間とつきあう. ── 名 補佐人.

acompañamiento 男 **1** 同伴, 随行; 付随する物. ──salir sin ~ 誰も連れずに外出する. **2**〔集合的に〕お供, 随員. **3**〔料理〕付け合せ. ──de〔como〕~ 付け合せとして. **4**〔音楽〕伴奏(曲). ──cantar sin ~〔con ~ de piano〕無伴奏で[ピアノの伴奏で]歌う. **5**〔演劇〕エキストラ, 脇役, 端役.

acompañanta 女 お付きの女性, 女性の伴奏者.

acompañante 形 いっしょに行く, 同行する; 付随する. ── 男女〔女性形 acompañanta も用いる〕**1** 同行者; 付き添い, 随行者. **2** 伴奏者.

acompañar [アコンパニャル] 他 同行する, …と一緒に行く[いる]; つきまとう, つきものである. ──*Acompañó a* su suegro hasta la estación. 彼は義理の父と駅まで同行した. **2**〔+con に〕を同封する, 添付する. ──*Con* esta circular *acompañamos* un folleto explicativo. この回状に説明書を同封します. **3**〔+en 感情などに〕…と共にする, 分かち合う. ──Le *acompaño en* el sentimiento. ご愁傷さまです. **4**〔+a に, +a/con 〈に〉〕(音楽)…の伴奏をする. ── **se** 再 **1**〔+con/de に〕同伴される. ──El rey *se acompaña* de su séquito. 国王には側つきの人々がつき従っていた. **2**〔+a/con で〕弾き語りする.

acompasado, da 過分 [→acompasar] 形 **1** リズミカルな; 規則的な. **2** ゆっくりした.

acompasar 他 〔+a/con に〕(調子)を合わせる, 適合させる.

acomplejado, da 過分 [→ acomplejar] 形 コンプレックス[劣等感]を持った.

acomplejar 他 にコンプレックス[劣等感]を持たせる. ── **se** 再 〔+por に〕コンプレックス[劣等感]を持つ.

Aconcagua 固名 (el ~) アコンカグア山(アルゼンチン北西部, アンデス山脈の最高峰).

aconchabarse 再 徒党を組む, ぐるになる.

aconchar 他 **1**(危険から)をかくまう, をかくす. **2**〔海事〕(風・潮流と船)を岸に押し流す. ── **se** 再 **1** 近づく, 身を寄せる. **2**〔海事〕(船が)近づく, 流される; 横倒しになる.

acondicionado, da 過分 [→ acondicionar] 形 **1** 条件の整った, 整えられた. **2**(室内の空気などが)調節された.

acondicionador 男 エアコン, 空気調節器; (洗髪用の)リンス.

acondicionamiento 男 条件を整え, 調整; (空気の)調節.

acondicionar 他 **1** の条件を整える, を整備する. **2**(室内の空気などを)調節する.

aconfesional 形 特定宗派に属さない, 無宗教的.

aconfesionalidad 女 特定宗派に属さないこと, 無宗教性.

acongojar 他 …の心を痛ませる, …に苦痛を与える.

acónito 男〔植物〕トリカブト.

aconsejable 形 勧められる; 得策な.

aconsejado, da 過分 [→aconsejar] 形 分別のある, 思慮深い.

aconsejar 他 **1**〔+不定詞/que +接続法(…するように)〕…に助言する, 忠告する, 勧告する. ──Le *aconsejé* que no se casara con ella. 私は彼に彼女とは結婚しないよう忠告した. **2** を示唆する, うながす. ── **se** 再 〔+con/de に〕助言を仰ぐ, 相談する.

aconsonantar 自〔詩学〕韻を踏む. ── 他〔詩学〕で韻を踏ませる.

acontecedero, ra 形 起こる可能性のある, ありうる.

acontecer [9.1] 自〔+不定詞・過去分詞・現在分詞および3人称単・複数形でのみ活用〕起こる, 起きる. ──*Aconteció* lo que era de esperar. 予想されたことが起きた. ── 男 出来事, 事件.

acontecimiento 男 **1** 重大な出来事, 大事件, 大変なこと. ──~ político 政治上の大事件. **2** 出来事, 事件; 行事. ──los ~s de hoy 今日の出来事. ──casual 偶然の出来事.

acopiar 他 を蓄える, を集める.

acopio 男 蓄え(ること), 寄せ集めること.

acoplado 男〔中南米〕トレーラー, 牽引車.

acoplador, dora 形 接合[連結]

acoplamiento 男 連結[結合]具.

acoplamiento 男 1 接合, 連結. 2 交尾, 交配.

acoplar 他 1 (2つの物を)接合[結合]する, 適合させる; 調和させる. 2 を交尾させる. 3 …に軛を見つける, …を採用する. 4 [中南米] (車などに)連結する. ── se 再 1 [＋a］に適合され, うまく行く, になじむ. 2 (動物が)交尾する.

acoquinamiento 男 怖れ, おびえ.

acoquinar 他 怖がらせる, おびえさせる. ── se 再 怖がる, おびえる.

acorazado, da 過分 [→ acorazar] 形 1 鋼鉄の, 鋼板で覆われた. 2 動じない, 無神経な. ── 男 戦艦.

acorazar [1.3] 他 (船体などを)装甲する, 鋼板で覆う. ── se 再 ［＋contra 〜〕…に対して］動じない.

acorazonado, da 形 ハート形の.

acorchamiento 男 1 軟化. 2 (感覚の)麻痺, 感受性の鈍化.

acorchar 他 をコルクで覆う. ── se 再 1 (コルクのように)軟らかく[ふわふわに]なる. 2 (身体の一部が)しびれる. 3 感受性が鈍る.

acordada 女 1 (司法) (上級裁判所が下級裁判所に出す)命令. 2 確認状.

acordadamente 副 全員一致で; 熟慮して.

acordado, da 過分 [→ acordar] 形 1 合意された, 決議された. 2 熟考された, 分別のある. —lo ── 男 (司法) 同意事項.

acordar ［アコルダル］ [5.1] 他 1 …に決定する, 合意する. —Hemos acordado que es mejor esperar. 待つ方がいいと決定した. 2 (音楽)［＋con 〜〕を音合わせる, 調律する;《美術》(色)を調和させる. ►el violín con el piano ヴァイオリンの音をピアノに合わせる. ── 自 1 致する. 2 ［＋con と］ 調和する. ── se 再 1 ［＋de を］思い出す, 覚えている. —Siempre me acordaré de aquella noche. 私はいつもあの晩を思い出すでしょう. 2 意気投合する. ►si mal no me acuerdo 私の記憶に間違いがなければ. ¡Te vas a acordar!/¡Ya te acordarás! おぼえてろよ, 今に見てろ.

acorde 形 ［＋con 〜〕調和した, 適応した; 合致［一致］した. ── 男 (音楽)和音. ► a los acordes de ... …の伴奏で.

acordemente 副 一致[合意]して.

acordeón 男 (音楽) アコーデオン.

acordeonista 男女 (音楽) アコーディオン奏者.

acordonado, da 形 1 組(%)の[縄］形の; 紐で締められた. 2 包囲された. 3 ［メキシコ］やせた, ぎすぎすした.

acordonamiento 男 包囲, 非常線.

acordonar 他 1 を紐で締める. 2 を包囲する. 3 (硬貨)の縁にぎざぎざをつける.

acornear 他 を角で突く.

ácoro 男 (植物) ショウブ(菖蒲).

acorralar 他 1 追いつめる;（家畜を追い）追いこむ[閉じこめる]. 2 を窮地に追いつめる; をとまどわせる.

acortamiento 男 短縮, 削減.

acortar 他 を短くする, を短縮する, を減らす. ── se 再 短くなる, 縮む.

acosador, dora 形 名 追跡する(人); (うるさく)責め立てる(人).

acosar 他 1 を追跡する, 追いかける. 2 (しつこく)追い回す, (うるさく)責め立てる.

acoso 男 1 追跡, 追いつめること. 2 悩ますこと, いやがらせ. ► ～ escolar [laboral] 学校[職場]でのいじめ. ～ moral [psicológico] 精神的ないじめ. ～ sexual セクハラ.

acostar ［アコスタル］ [5.1] 他 を横たえる, 寝かせる. 2 (海事) (船)を横付けする. ── 自 1 (船が)接岸する. 2 傾く. —Ya es hora de ～nos. 私たちはもう寝る時刻だ. 3 ［話］［＋con (異性)と］寝る, 関係を持つ. 4 (船が)接岸する.

acostumbrado, da 過分 [→ acostumbrar] 形 1 ［estar ＋, ＋a, ＋a que ＋接続法] …に慣れた, 習慣になっている; 訓練された. —bien [muy] ～ しつけの良い. mal ～ しつけの悪い. 2 習慣的な, いつもの; 熟達した.

acostumbrar ［アコストゥンブラル］ 他 ［＋a に] を慣らす, 慣れさせる. ── 自 ［＋a/不定詞］…するのを常とする, …する習慣である. ── se 再 ［＋a に］慣れる, 適応する. —Se acostumbró enseguida a la vida en España. 彼はスペインの生活にすぐ慣れた.

acotación 女 1 境界(の画定). 2 注, 注釈. 3 (演劇) ト書き. 4 (地理) 標高.

acotamiento 男 境界の画定.

acotar 他 1 の境界を定める, …の限界[範囲]を定める. 2 (文書などに)注釈をつける. 3 (地理) に標点を記す.

acotiledóneo, a 形 (植物) 無子葉の.

acracia 女 無政府主義.

ácrata 形 無政府主義(者)の. ── 男女 無政府主義者.

acre[1] 形 1 (味・匂いが)つんとくる, 刺激性の. 2 (言葉などが)辛辣(%2)な, とげとげしい.

acre[2] 男 エーカー(面積の単位).

acrecencia 女 1 増加, 増大. 2 (司法) 相続[受贈]分の増加; 付加財産.

acrecentamiento 男 増加, 増大.

acrecentar [4.1] 他 を増やす, 増加させる. ── se 再 増える, 増大する.

acrecer [9.1] 他 を増やす, 増大[増加]させる. ── 自 (法律) 相続[受贈]分が増加する.

acrecimiento 男 増加, 増大.

acreditación 女 身分証明書, 信任状. 2 評判.

acreditadamente 副 1 公認[認可]されて, 権威をもって. 2 ［＋形容詞]保証[証明]された.

acreditado, da 過分 [→ acreditar(se)] 形 **1** 信用［信頼］のある，評判の高い．**2**（外交官が）信任状を与えられた，公認の．

acreditar 他 **1** …に信用を与える，を保証する．— Esta marca *acredita* la calidad del producto. この商標は品質を保証するものだ．**2**［＋ de/como として］…に名声［評判］を与える，…を信頼させる，信任する．**3**（外交官に）信任状を与える．**4**（商業）…の貸方勘定に記入する．—— **se** 再 評判になる，信用［名声］を得る．

acreditativo, va 形［＋ de］保証［証明］する．

acreedor, dora 形［＋ a に］値する，ふさわしい．—— 名 債権者．

acreencia 女《中南米》信用（供与），貸付．

acremente 副 辛辣に，とげとげしく．

acribillar 他 **1** を穴だらけにする，を（刺し）傷だらけにする．**2** を責めたてる．—— ~ a preguntas［a（＋人）］＝を質問攻めにする．

acrílico, ca 形《化学》アクリルの．—— 男 アクリル繊維．

acriminar 他 **1** を告発［告訴，起訴］する．**2** の責任にする，…に責任を負わせる．**3**（過失などを）誇張する．

acrimonia 女 →acritud．

acriollarse 再《中南米》（外国人が）移住した国の習慣を身につける．

acrisolado, da 過分 [→ acrisolar] 形 **1**（金属が）精錬された，純粋な．**2** 全く確かな，立証された．

acrisolar 他 **1**（金属）を精錬する．**2** を純化する，洗練する．**3**（真実・美徳などを）確かめ明らかにする，実証する．

acristalado, da 過分 [→acristalar] 形 ガラス張りの．

acristalamiento 男 **1** 大型のガラス．**2** ガラスの設置．

acristalar 他（隙間などに）ガラスを入れる．

acritud 女 **1**（味・匂いが）つんとくる感覚，刺激臭；（痛みの鋭さ．**2**（言葉などの）辛辣（しんらつ）さ，とげとげしさ．

acrobacia 女 軽業，アクロバット．

acróbata 男 軽業師．

acrobático, ca 形 軽業（師）の，アクロバットな．

acrobatismo 男 軽業，アクロバット．

acrocefalia 女《医学》尖頭（せんとう）症．

acrofobia 女 高所恐怖症．

acromático, ca 形《光学》収色性の，無色にする；無色の．

acromatismo 男 収色［色消し］性，無色．

acromatopsia 女《医学》色覚異常．

acromegalia 女《医学》末端肥大症．

acromion, acromion 男《解剖》肩峰（けんぼう）．

acronimia 女 頭字語化．

acrónimo 男 頭文字による略語．—UE（＝Unión Europea）．

acrópolis 女〖単複同形〗（古代ギリシャの）アクロポリス．

acróstico, ca《詩学》折句（おりく）形式の．—— 男《詩学》折句．

acta 女〖単数定冠詞は el〗 **1**〖主に 複〗（会議・交渉などの）議事録，覚書，記録．—constar en ~ 議事録に残る．**2**〖主に 複〗（学会などの）発表論文集，会報．**3**《法律》証明書，証書．— ~ notarial 公正証書． ~ de nacimiento 出生証明書．**4**《政治》当選証．**5**〖主に 複〗《宗教》聖人伝，殉教録．**▶ levantar acta** ［＋ de の］議事録を作成する，証書［調書］を作成する．

actante 男（物語を支える）劇的人物［力］．

actinia 女《動物》イソギンチャク．

actínico, ca 形《物理》光化学作用の，化学線の．

actínido, da 形《化学》アクチノイド系の．—— 男複 アクチノイド．

actinio 男《化学》アクチニウム（元素記号 Ac）．

actinomicosis 女〖単複同形〗《医学》放線菌症．

actitud 女 **1** 態度，心構え．—tomar una ~ firme [flexible, agresiva] 強硬な［柔軟な，けんか腰の］態度を取る．cambiar de ~ 態度を変える．**2** 姿勢，様子．—mostrar una ~ pensativa 考える様子である．**▶ en actitud de...** …する様子で，…しようとして．

activación 女 活性［活発］化，促進，起動．

activador, dora 形 活性化する．—— 男《化学》活性剤．

activamente 副 積極的に，活発に．

activar 他 **1** を活発にする，活性化する，促進する．**2**《情報》アクティブにする，起動させる．

actividad 女 **1** 活動，働き；作用．— ~ volcánica [sísmica] 火山［地震］活動．— política [cultural, social] 政治［文化，社会］活動．**2** 活発な行動，行動力．**3** 活気，（市場の）活況．—periodo de baja ~ 閑散期．desplegar una gran ~ 活躍する．**4**（個人・職業・社会などの）事業，仕事．**5**〖主に 複〗課外活動，実習，宿題．**6**《化学，物理》活性．— ~ óptica 光学活性，旋光性．**▶ en actividad** 活動中の，活動中で；〖中南米〗現役の［で］．—volcán *en actividad* 活火山．

activismo 男 **1** 行動主義．**2**（社会政治的・組合）活動．

activista 男 直接行動主義（者）の，活動家の．—— 男女（政党などの）活動運動家．

activo, va 形［アクティボ，バ］**1** 活動的な，活動中の，現役の．—volcán ~ 活火山．población *activa* 労働人口．**2** 活発な，積極的な．**3**（薬などが）効きめのある．—oxígeno ~ 活性酸素．**4**（言語）能動の．—voz *activa* 能動態．—— 男

（商業）資産. **—— y pasivo** 資産と負債. **—— fijo [flotante]** 固定[流動]資産. ▶ **en activo** 現役の[で]. **por activa y por pasiva** 手段をつくして, できる限りのことをして.

acto [アクト] 男 **1** 行為. **——bélico** 戦争行為. **—— carnal [sexual]** 《文》性行為. **—— ilícito** 違法行為. **hacer —— de presencia** 出席する. **morir en —— de servicio** 殉職する. **—— religioso** 教会の礼拝. **2** 行事, 儀式. **—— inaugural [de clausura]** 開会[閉会]式. **——s oficiales** 公式行事. **3** 《演劇》幕, 段. **una comedia en tres ——s** 3幕から成るコメディー. ▶ **acto seguido** ただちに, すぐに. **en el acto** 即座に, その場で.

actor¹ 男 **1** 俳優, 男優, 役者 (「女優」は actriz). **—— de reparto** 脇役. **—— de carácter** 老け役. **2**《比喩》役者, 演技上手の人. **3**（事件などの）行為者, 当事者;（文学作品中の）人物.

actor², tora 形《法律》原告の. ── 名《法律》原告.

actriz 女 [複 actrices] 女優（「男優」は actor）.

actuación 女 **1** 演技; 上演; 演奏. **2** 行動, 行為, 振舞い. **——disponer la línea de ——** 行動基準を定める. **3** 活動, 働き; 作用; 効能. **4**《法律》訴訟手続き; 手続き. **5**《言語》言語運用.

actual [アクトゥアル] 形 **1** 現在の, 現代の, 今日 (記)の. **——las ——es circunstancias**. 現在の状況. **2** 時事的な, 今日的な.

actualidad 女 **1** 現在. **——en la —— de** 今では. **2** 現状, 現実. **——la —— cubana** キューバの現状. **3** ニュース;【主に複】時事問題. ▶ **de actualidad** 今日(記)的な; 流行の.

actualización 女 **1** 現実[具体]化, 現代化.《情報》アップデート. **—— de los datos** データの更新.

actualizador, dora 形 現実[具体, 現代]化する.

actualizar [1.3] 他 **1** を今風[現代風]にする, 現代化する, 実情に合わせる. **2**（哲学）を現実化する. **3**《言語》（冠詞などを付けて名詞）を現前化する. **4**《情報》更新する, アップデート[アップグレード]する.

actualmente 副 現在, 今, 目下.

actuar [アクトゥアル] [1.6] 自 **1 [+ de または como として] 働く, 活動[行動]する. **2**【+ de の】役を演じる; 上演する, 演奏する. **—— de Santa Teresa en la película** 映画でサンタ・テレサの役を演じる. **3**【+ de/como として】機能する. 役立つ; 効く. **——Esta medicina actúa como somnífero**. この薬は睡眠薬として作用する. **4**【+ en を】受験する. **5**《法律》訴訟手続をとる. ── 他（機械などを）動かす, 働かす.

actuarial 形 保険会計[数理]士の.

actuario, ria 名 **1**（裁判所の）書記. **2** 保険会計[数理]士. **—— de seguros** 保険数理士.

acuarela 女《美術》水彩画, 水彩画法.

acuarelista 男女《美術》水彩画家.

acuario 男女《無変化》形 魚座の生まれの（人）. ── 男 **1**（魚・水草を入れる）水槽. **2** 水族館. **3**（A～）《天文》水瓶座;（十二宮の宝瓶(%))宮.

acuartelado, da 過分 [→ acuartelar(se)] 形 **1**（部隊などが）宿営[待機]した. **2**《紋章》盾形紋が縦横に4等分された.

acuartelamiento 男 **1** 宿営(地), 駐屯(地). **2**（兵隊の）待機.

acuartelar 他 **1**（兵士・部隊などを）兵舎に潜在させる, を待機させる. **2**（土地）を区画に分ける. ── **se** 再（兵士・部隊が）駐営する, 野営する.

acuático, ca 形 水生[水棲]の, 水の. **——aves acuáticas** 水鳥. **esquí ——** 水上スキー. **parque ——** 水上公園.

acuátil 形 水生の, 水の.

acuatinta 女 アクアチント版画.

acuatizar [1.3] 自 着水する.

acuchillado, da 過分 [→ acuchillar(se)] 形 **1** 刃物で切られた[刺された, 殺された]. **2**（衣服の）スリットの入った. **3**（人が）経験を積んだ, 苦労をした.

acuchillar 他 **1** を刃物で切る[刺す, 殺す]. **2**（衣服に）切れ込み[スリット]を入れる. **3** の表面を滑らかにする, 表面を仕上げる. ── **se** 再 刃物で切り合いをする.

acucia 女 **1** 熱心さ; 性急さ, 焦燥. **2** 渇望, 激しい欲求.

acuciador, dora 形 **1** 急を要する, せき立てる. **2** を渇望[切望]している. **3** 熱心な.

acuciamiento 男 **1** 急がせること. **2** 渇望, 切望, 熱心さ.

acuciante 形 急を要する, せき立てる.

acuciar 他 **1** を急がせる, せき立てる. **2** を渇望[切望]する.

acucioso, sa 形 **1** 熱心な, ひたむきな. **2** 急を要する, 緊急の.

acuclillarse 再 しゃがむ, うずくまる.

acudir [アクディル] 自 **1** [+ a（場所）に] 出向く, 駆けつける. **—— puntualmente a la oficina** 定時に会社に出かける. **2** 【+ a に】通じう, （よく）出入りする. **——A esa cafetería acuden muchos artistas**. その喫茶店には多くの芸術家が出入りしている. **3** [+ a に] 起きる;（考えが）思い浮かぶ. **4** [+ a（手段）に] 訴える, 頼る. **—— a la violencia** 暴力に訴える.

acueducto 男 導水管, 水道[水路]橋.

ácueo, a 形 水の, 水性の.

acuerd- 動 →acordar [5.1].

acuerdo [アクエルド] 男 **1** 同意, 合意, 合点. **——llegar a un ——** に達する, 意見の一致を見る. **de común ——** 満場一致で. **—— básico** 基本的合意. **de mutuo ——** 合意の上で.

2 協定, 取決め; 決議. —firmar [concertar] un ～ 協定を結ぶ. tomar el ～ de ... ...の決議をする. ～ marco 基本協定. **3** de los colores 色彩の調和. **4** 決断, 決意. **5**《アルゼンチン》閉講; 上院による指名の承認;《中南米》諮問委員会, 審議会. ▶ de acuerdo 承知しました, よろしい, 賛成です. de acuerdo con [a]... (1)《+en について》…に同意して, …と意見が一致して. (2) …に従って[従えば]. estar [quedar] de acuerdo con ... en ... …について…と意見が一致している, 同意見である. ponerse de acuerdo 意見が一致する.

acuest- → acostar [5.1].

acúfeno, acufeno 男《医学》耳鳴り, 耳鳴.

acuidad 女 (音・感覚などの)鋭さ.

acuitar 他 を窮地に追いこむ, 悲しませる, 心配させる. — se 再《por+を》悲しむ, (に)苦しむ.

acular 他 をバックさせる, を後退させる.

acullá 副《まれ》あちらへ[に], 向こうへ[に]. —acá y ～ あちこちに.

aculturación 女 異文化受容; 文化変容.

acumulable 形 蓄積できる.

*acumulación 女 **1** 蓄積, 累積, 積み重ね. ～ de arena 砂山. ～ de capital 資本蓄積. ～ de endeudamiento 債務の累積. ～ de dividendos 配当金の積み立て. **2**《地質》堆積. **3**《法律》併合. ～ de acciones 訴訟の併合 **4** 兼職, 兼任. **5**《修辞》列叙法.

acumulador, dora 形 蓄積する. — 男 蓄電池;《情報》アキュムレータ, 累算器.

:acumular 他 **1** を積み重ねる, 積み上げる; を蓄える. ～ una fortuna 財産を蓄える. ～ experiencia 経験を重ねる. **2**(罪)を重ねる, 転嫁する. — se 再 積み重なる, 蓄積される; つらなる.

acumulativo, va 形 累積[加]的な.

acuñación 女 **1**(硬貨などの)鋳造. **2**(新表現を)定着させること.

acuñador, dora 形 (硬貨などを)鋳造する. — 名 鋳造工.

acuñar 他 **1** 硬貨を鋳造する, (金属)に刻印を打つ. **2**(表現などを)流行させる, 定着させる. **3** ...にくさびを打つ.

acuosidad 女 水気(水分)の多いこと.

acuoso, sa 形 水(水分)を多く含んだ; 水性の. —disolución acuosa 水溶液.

acupresión 女 指圧(療法).

acupuntor, tora 名 鍼(はり)医.

acupuntura 女 鍼(灸)療法, 針治療.

acurrucarse [1.1] 再 縮こまる, 身をすくめる, しゃがむ.

:acusación 女 **1**《法律》告発, 告訴, 起訴(状). —acta de ～ 起訴状. cargo de ～ 告訴箇条, 訴因. **2** [la+](法律)検察, 起訴者側. **3** 非難, 言いがかり. —lanzar acusaciones contra el árbitro 審判に非難を浴びせる. **4** [+de/por... の](法律)容疑. ～ por homicidio 殺人容疑. bajo (la) ～ de ... ...の容疑で.

acusadamente 副 際立って, 明らかに, 顕著に.

*acusado, da 過分 (→acusar) 形 際立った, 目立った. — 名 (el ～)(刑事で)被告人, (民事で)被告.

acusador, dora 形 告発[告訴]する; 非難する, 責める. — 名 告発者; 非難する人. ～ público 検察官.

:acusar [アクサル] 他《+de... のかどで》を告発する, 非難する. —Le acusan de estupefacientes. 彼は麻薬取引のかどで告訴されている. **2** を示す, 知らせる. —Su cara acusa un gran dolor. 彼の顔の表情は苦痛を訴えている. Acuso recibo de su grata carta. お手紙を拝受したことをお知らせします. — se 再《+de ... の》罪を認める, (を)自白する.

acusativo, va 形《言語》対格の. — 男《言語》対格.

acusatorio, ria 形 告発[告訴, 起訴]の.

acuse 男 (受け取ったという)通知. ～ de recibo 受領通知.

acuseta 男女《南米》《話》密告者, 告げ口屋.

acusetas [単複同形]《中南米》告げ口屋.

acusete 男《中南米》告げ口屋.

acusica 形 男女 告げ口屋(の).

acusón, sona 形 告げ口をする.

— 名 告げ口屋.

acústica 女 音響学; (室内の)音響効果[状態].

acústico, ca 形 音の, 音響(学)の; 聴覚の. —trompetilla [corneta] acústica 補聴器.

acutángulo, la 形 鋭角の.

adagio 男 格言, 諺.

adagio 男《音楽》アダージョ; アダージョの曲, 緩徐曲.

adalid 男 指揮[司令]官, 指導者, リーダー; 首唱者.

adamado, da 形 **1**(男が)女性的な, 柔弱な. **2** 優美な, 上品な, 繊細な. **3** 貴婦人のような.

adamantino, na 形《文》ダイアモンドのような.

adamascado, da 形《織物》ダマスク織り風の.

adamascar [1.1] 他 をダマスク風の紋織りにする.

adámico, ca 形 →adánico.

Adán 名男《聖書》(旧約聖書の)アダム. —manzana [nuez, bocado] de ～ のどぼとけ.

adán 男 (身だしなみに)だらしない人, ぶざまな人, 無精者.

adánico, ca 形 アダムの(ような); 楽園の.

adaptabilidad 女 **1** 適応[適合]性, 順応性. **2** 翻案[脚色]の可能性.

adaptable 形 〖+a に〗 **1** 適合[適応]できる, 順応できる. **2** 翻案[脚色]できる.

:adaptación 女 **1**〖+a への〗適応, 順応. —~ *al medio ambiente [a las circunstancias]* 環境への適応. **2**〖+de〗(作品), 翻案(物); 編曲. —*hacer una* ~ *de la novela al cine* 小説を映画化する. **3** 調節, 調整; 改造. **4** 取付け, 装着.

adapta*dor*, *dora* 形 適合させる. — 男 翻案者, 脚色者; 編曲者. — 男 アダプター.

:adaptar 他 **1**〖+a に/para のために〗適応[適合]させる, 合わせる. —~ *el antiguo almacén para restaurante* 古い倉庫をレストランに改装する. **2**〖+a に〗脚色する, 翻案する; 編曲する. —~ *una novela al cine* 小説を映画に脚色する. **3**〖+a に〗取付ける, 装着する. —~ *un brazo artificial* 義手を付ける. —**~ se**〖+a に〗適応する, 合う. —~ *al nuevo ambiente* 新しい環境に適応する.

adarga 女 (楕円形・ハート形の)革製の盾.

adarme 男 《主に否定語と用いられて》ごくわずかな量. —*no tener un* ~ *de vergüenza* 羞恥心のかけらもない.

adarve 男 城壁の通路.

adecentar 他 (物を)整理[整頓]する. —**~ se** 自 身なりを整える.

adecuación 女 適合[適応]させる[する]こと.

adecuadamente 副 適切に, 適宜に.

:adecua*do*, *da* 過分〖→adecuar〗〖+a/para に〗適した, 適合した; 妥当な.

adecuar 他〖+a に〗を適合[適応]させる.

adefesiero, ra 形《話》《南米》ばかげた, 愚かな.

adefesio 男 **1** 突飛な格好をした人[物], とても醜い人[物]. **2** 常軌を逸したこと, でたらめ.

adehala 女 チップ, 祝儀; 本給以外の報酬.

adehesar 他 を牧草地にする.

:adelanta*do*, *da* 過分〖→adelantar〗形 **1** 進んだ, 進歩した; 早熟な. —*Tengo bastante* ~ *el proyecto.* 私は計画をかなり進めている. *Llevas el reloj* ~. 君の時計は進んでいる. **2** 前払いの, —*pago* ~ 前払い. ▶*por adelantado* 前もって. — 男〖歴史〗先遣総督(レコンキスタ, 新大陸の発見時の辺境地域の司政官).

adelantamiento 男 **1** 前に進めること, 前進. **2** (車などの)追い越し, 先んじること. **3** 早めること; 前払い, 前金. **4** 〖歴史〗先遣総督(前項参照)の職務.

:adelantar 他 **1** 前に出す, 前に進める. —~ *la silla* 椅子を前に動かす. **2** を追い越す, (人を)追い抜く; 上回る. —*a sus compañeros* 仲間を追い抜く. **3** を早める; に前払いをする, 前貸しする. —~ *el viaje* 旅行日程を早める. **3** …に前払いをする, 前貸しをする. —~ *la paga* 給料を前払いする. **4** (時計の針)を進める. —~ *el reloj* 時計の針を進める. —— 自 **1** 前進する, 進歩する. **2**〖+en が〗進歩する; (病気が)快方に向かう. **3**〖+con によって〗得[し]する. **4**(時計が)進む. **5** 追い越す, 追い抜く. —*Prohibido* ~. 追い越し禁止. —**~ se** 自 **1** 前に出る, 進み出る, 出っ張る. —*Se adelantó un poco para ver mejor.* 彼はよく見ようとして前に出た. **2**〖+a に〗先んじる, …の先を越す; 〖~+不定詞〗先に~する. **3** (時期が)早まる, くり上る. —*El invierno se ha adelantado.* 冬の来るのが早まった.

:adelante [アデランテ] 副 前(方)に[で], 先へ; 向こうへ. —*seguir* ~ 前進する, 先へ進む. *hacia* ~ 前の方へ. ▶*camino [calle/carretera] adelante* 道[通り/街道]のもっと先に[で]. *de aquí [ahora/hoy] en adelante* ここ[今・今日]から先, 今後. *en adelante* これから先, 今後. *más adelante* もっと前方に[へ], もっと先に; 後で, 後ほど. *para más adelante* もっと先へ[向うへ]. —間 **1** (外にいる人)お入り, (中へ)どうぞ. *–¿Se puede?–¡A–!* 入ってもいいですか. –どうぞ. **2**(号令として)進め; 続けなさい. —*A~ con la idea.* 続けて考えてください.

:adelanto 男 **1** 進歩, 前進. —*los* ~*s de la ciencia* 科学の進歩. **2** 先行; 前進. —*Lleva un* ~ *de unos cinco metros con respecto a los dos corredores.* 彼は他の選手たちに約5メートルの差をつけている. **3** 前払い金額. —*abonar un* ~ *del 5%* 5%の手付け金を払う.

adelfa 女 《植物》キョウチクトウ.

adelgaza*dor*, *dora* 形 やせさせる.

adelgazamiento 男 やせること, 細くなること. —*dieta de* ~ やせるためのダイエット.

adelgazar [1.3] 他 **1** を細くする, 薄くする. **2** をやせさせる. —— 自 やせる, 細くなる. —*He adelgazado diez kilos en un mes.* 1か月で私は10キロやせた. —**~ se** やせる. 体重が減る.

ademán (*ademanes*) 男 **1** 身振り, しぐさ, 態度; 表情, 顔つき. **2** 振舞い. —*severo* 厳しい表情[態度]. 男 行儀, 振舞い. —*ademanes elegantes [groseros]* 上品な[不作法な]振舞い. ▶*en ademán de* … (1)〖~+不定詞〗…しそうな様子で, …するかのように[するつもりで]. (2)〖~+名詞〗…のしるしとして. *hacer ademán de* … (1)〖~+不定詞〗…する素振りをする. (2)〖~+que+接続法〗…するように合図する.

:además [アデマス] 副 その上, さらに. —*La calidad es excelente y*, ~, *el precio es razonable.* 品質はすばらしいし, その上値段も手頃

adenda 女 補遺, 付録, 追加.

adenitis 女〖単複同形〗〖医学〗リンパ［腺］炎.

adenoideo, a 形〖解剖〗腺様［状］の. ― **vegetaciones adenoideas** 扁桃［腺］肥大.

adenoides 女複〖医学〗アデノイド.

adentellar 他 …に歯をたてる.

adentrarse 再〖＋en に〗深く入り込む, を深くきわめる.

adentro ［アデントロ］副 中へ, 内(側)へ, 奥へ. ― *Pase* ~. 中へ[屋内に]入ってください. ▶ **entrar** [*llegar, sentir*] **muy adentro** 強い印象を残す. **mar adentro** 外海へ, 沖の方に. ―男複 内心. ―*decir* [*hablar*] *para sus* ~*s* 心の中でつぶやく, 独り言を言う. ―間 (外にいる人に)お入り.

adepto, ta 形 1〖＋a に/所属〗している. 2〖＋a に/de を〗に賛同している, を支持[信奉]している. ―名 加入者, 賛同者, 支持者.

aderezamiento 男 1 美しく飾ること. 2 調理, 調味. 3 準備, 用意.

aderezar [1.3] 他 1 美しく飾る, 整える; (話などを)面白くする. 2 を調理する, を調味する; (食事の)用意をする. 3 を準備[用意]する. 4 (布)を糊(%)付けする. ― *se* 再 身支度をする, 着飾る.

aderezo 男 1 調理, 調味; 調味料. 2 準備, 用意. 3 美しく飾ること; 装身具類一式 (ネックレス・イヤリング・ブローチ・ブレスレット).

adeudar 他 1 …に…の借金がある. 2 〖商業, 簿記〗(金額)を借方に記入する. ― *se* 再 借金をする.

adeudo 男 1 借金, 負債; 〖商業, 簿記〗借方に記入すること.

ᵃ**adherencia** 女 1 粘着性, くっつくこと. 2 くっついたもの, 付属物. 3〖自動車〗ロードホールディング. 4〖医学〗癒着.

ᵃ**adherente** 形 1 付着[粘着]する, くっつく. 2〖＋a を〗を支持する, …に味方する. ―男女 支持者, 追随者. ―男 接着剤.

ᵃ**adherir** [7] 他（を貼(ʰ)りつけ
る, くっつける. ― ~ *un sello al sobre* 切手を封筒に貼る. ―自〖＋a に〗くっつく. ― *se* 再〖＋a に〗1 くっつく 2 賛成する, を支持する; 加入する. ― ~*se al partido socialista* 社会党に入党する.

ᵃ**adhesión** 女 1 粘着(性, 力), 接着. 2〖＋a への〗支持; (団体・組織・条約など)への加入. ― *mensaje de* ~ 支持声明. *manifestar su* ~ *incondicional a*… …への無条件支持を表明する. 3〖物理〗(異種間の物体間に働く)付着力.

adhesivo, va 形 粘着性の, くっつく. ―男 接着剤.

ad hoc 副〖ラテン語特別に[の], アドホックに[の], 特にこの問題[目的]のみにつての[の]. ― *comité* ~ 特別委員会.

adiar [1.5] 他 (日付)を定める.

adicción 女 (麻薬などの)中毒.

adición 女 1 追加, 付加; 加えられたもの, 付記. 2〖数学〗加算.

adicional 形 追加[付加]の, 補足的な. ― *cláusula* ~ 付加条項.

adicionalmente 副 1〖＋a に〗加えて. 2 さらに, その上.

adicionar 他 1〖＋a に〗を加える, 追加[付加]加算する. 2〖数学〗を加算する.

adictivo, va 形 中毒性の, 病み付きになる.

adicto, ta 形〖＋a に〗1 (に)傾倒している; (に)忠実な〖ser＋〗. 2 (麻薬などに)中毒の. ― ~ *a la cocaina* コカイン中毒の. ―名 1 信奉者. 2 (麻薬などの)中毒者.

adiestramiento 男 訓練, 調教, 練習.

adiestrar 他〖＋en を〗訓練する, 教える. ― ~ *a los soldados en el manejo de las armas* 兵士達に武器の使用訓練をほどこす. ― *se* 再〖＋en に〗訓練[練習]する.

adinerado, da 形 富裕な, 大金持ちの. ―名 大金持ち, 財産家.

adintelado, da 形〖建築〗(アーチのカーブが)平らな.

ᵃ**adiós** ［アディオス］間 1 さようなら, では, さようなら. ― *A*~, *hasta mañana*. さようなら, またあした. *A*~ *a todos*. 皆さん, さようなら. 2 (驚き・不快・失望などを表す)あれ, あっ, ああ, おお ― *¡A*~! *Me han robado la cartera*. あれ, 財布を拐(ミǎ)られた. ―男複 *adioses* 別れ(の言葉), 別離. ▶ **decir adiós a…** …に別れを告げる. を諦める, 断念する. **y, adiós, muy buenas** (制止, 拒否を表して)そこでおしまい, もう結構.

adiposidad 女〖生理〗肥満(症).

adiposis 女〖単複同形〗〖医学〗脂肪症.

adiposo, sa 形 脂肪(性)の; 脂肪太りの. ― *tejido* ~ 脂肪組織.

aditamento 男 付加物; 〖言語〗状況補語.

aditivo, va 形 付加[添加]される. ―男 添加物, 添加剤.

adivinable 形 察知できる, 見抜くことのできる.

adivinación 女 1 占い(の術), 予言, 推測. ― *por* ~ 推測で. 2 見抜くこと; 謎解き.

adivinador, dora 形 察知する, 占いをする. ―名 見抜く人, 占い師.

ᵃ**adivinanza** 女 なぞなぞ, クイズ, 謎々. ― *acertar* [*proponer*] *una* ~ 謎を解く[かける]. *jugar a las* ~*s* なぞなぞ遊びをする.

ᵃ**adivinar** 他 1 を言い当てる, 見抜く; (謎)を解く. ― ~ *sus intenciones* 彼の意図を見抜く. 2 を占う, 予言する, 推測する. 3 …かすかに見える. ― *se* 再 かすかに[ほの]見える.

adivinatorio, ria 形 占いの, 予言の, 推測の.

adivino, na 名 占い師.

adjetivación 女 1形容. 2《言語》形容詞化.

adjetival 形 形容詞の, 形容詞縁の.

adjetivar 他 1《+ de と》を形容する. 2《言語》を形容詞化する. —— se 再 《言語》形容詞化する.

adjetivo, va 形 1《言語》形容詞の. 2付随的な. —una circunstancia *adjetiva* 付随的状況. —~ demostrativo 指示形容詞. ~posesivo 所有形容詞.

adjudicación 女 1《商業》競売, 落札. —*adjudicaciones* administrativas (官公庁の)競争入札. competir por la ~ de... …の入札を争う. 2《特に競売による賞などの》授与. 3《法律》裁定, 判決. —— se 再 競売人, 譲与する人.

adjudicador, dora 形 競売を行う; (賞などを)授与する. —— 名 競売人, 譲与する人.

adjudicar [1.1] 他 1《+ a に》(賞など)を授与する;を落札させる. —~ el primer premio 一等賞を授与する. —— se 再 をわがものとする, 手中にする; 横取りする.

adjudicatario, ria 名 受賞者; 落札者.

adjuntar 他 を同封する, を送付する.

adjuntía 女 (昔の)助教授の職[地位].

adjunto, ta 形 1《+ a に》同封した, 添付した; 付属の. —*catálogo* ~ 同封のカタログ. 2補佐の, (職務的)補助の. —*director* ~ 助監督, 次長. —— 男 1《言語》付加語[詞]. 2《情報》添付ファイル. —— 名 補佐. —— 副 同封[添付]して.

adlátere 男女 側近の者, 取り巻き.

adminículo 男 1(緊急に役立つ)安全ピンのような便利な小物. 2(必要に備えて)用意する道具.

administración 女 1(会社などの)経営, 管理; 管理者側, 経営陣; 管理職. —~ de personal 労務管理. consejo de ~ (会社の)重役会. 2《政治》行政; 統治; 行政機関, 官公庁; 《集合的に》(ある役所の)全職員. —~ pública 行政. ~ autonómica [municipal] 自治市[市町村]行政. ~ local 地方行政. ~ central 中央行政(庁). ~ de aduanas 税関(事務所), 税関勤務者. la A— del Estado 政府. 3事務所, オフィス. 4宝くじ発売所. 5《医学》(薬剤の)投薬, 服用. —~ por vía oral 経口投与. ~ por vía rectal 肛門からの投与. 6《カト》(秘跡の)授与. 7《資金などの》供給, 配分.

administrador, dora 形 管理する. 統治する. —— 名 1管理者, 経営者; 管財人. —~ de un edificio 建物の管理者[人]. 2《情報》アドミニストレーター.

administrar 他 1を管理する, を運営する, を経営する. 2を統治する, を支配する; (職務などを)執行する, を遂行する. —~ justicia 裁判を行う. 3《+ a に》を投薬する, (薬)を服用させる; 《カト》(秘跡)を授ける; (殴打などに)を食らわす. —— se 再 1倹約する. 2(薬)を服用する.

administrativamente 副 管理上.

administrativo, va 形 管理[経営](上)の, 行政(上)の. —*derecho* ~ 行政法. *reforma administrativa* 行政改革. ~ *personal* ~ 事務職員. —— 名 事務職員, 事務官.

admirable [アドミラブレ] 形 感嘆[賞賛]すべき, 見事な.

admirablemente 副 見事に, 立派にしばらく.

admiración 女 1感嘆, 賞賛; 賞賛[憧れ]の的; すばらしい事[物]. —tener [sentir] ~ por [hacia] ... …に感心する, 賞賛する. causar [producir] ~ 驚かせ, 感嘆の念を呼び起こす. no salir de su ~ 非常に驚く. 2《言語》感嘆符(¡...!).

admirador, dora 形 賞賛する, 崇拝する. —— 名 賞賛する人, ファン.

admirar [アドミラル] 他 1を感嘆する, を称賛する; に見とれる. —La *admiro* por su inteligencia. 私はその知性ゆえに彼女に敬服する. ~ el paisaje 景色に見とれる. 2を驚嘆させる, 驚かせる; 奇異にも思わせる. causar ~ 驚かせる. —Me ha admirado tu valor. 私は君の勇気に驚いた. —— se 再 《+ de に》驚嘆する, 驚く, びっくりする. —*Me admiro de su inteligencia.* 私は彼の頭のよさに驚いている. ▶ ser de admirar …は驚くべきことだ.

admirativo, va 形 感嘆した, 感嘆を表す. —*mirada admirativa* 感嘆のまなざし.

admisibilidad 女 容認[許容]できること.

admisible 形 容認される, 受け容れられる.

admisión 女 1入学[入会, 入場]許可; 合格, 採用. —*examen* [*prueba*] *de* ~ 採用試験; 入学試験. 2受け入れ, 容認, 承認. —*el plazo de* ~ *de solicitudes* 願書受付期限. 3《機械》(混合気の)吸入, 吸気. 4《法律》子受理. 5《経済》~ *temporal* 一時的保税輸入, 仮免税輸入許可. ▶ *Reservado el derecho de admisión.* 《表示》御来店[御入場]をお断りすることがあります.

admitidamente 副 確かに.

admitir [アドミティル] 他 1《+ en へ》入業[入会, 入学]を…に認める. (入ること)を許可する. —~ *la en* el *club* de *golf* 彼女がゴルフ・クラブに入ることを認める. 2を認める, を許容[容認]する; を受け入れる. —No *admitimos tarjetas de crédito.* 当店ではクレジット・カードはお受けいたしません. —~ *su negligencia* 自分の怠慢を認める. 3を収容する.

admonición 女 説諭, 訓戒; 叱責(しっせき).

admonitor, tora 名 《カト》教戒師. —— 男 説諭[訓戒]する人.

admonitorio, ria 形 説諭の, 訓戒の.

ADN 《略》《< *ácido desoxirribonucleico*》 男 《生化》デオキシリボ核酸(英

adobar 他 1 《料理》(肉・魚を)マリネにする. 2 (皮を)なめす. 3 (話などを)変える, 歪曲(ホミン)する.

adobe 男 日乾(ホシ)しれんが.

adobera 女 日乾(ホシ)しれんが(状)の型.

adobo 男 1 《料理》マリネ; マリネにした肉[魚]. 2 皮をなめすこと; 皮をなめす液.

adocenado, da 形 凡庸な, ありふれた.

adocenar 他 ダースを[12ずつ]に分ける. **— se** 再 凡庸になる.

adoctrinamiento 男 教え込むこと, 教化.

adoctrinar 他 に教え込む, たたきこむ.

adolecer [9.1] 自 **— de** 1 (病気を)患う. **—** 2 (…という)欠点[悪習]を持っている.

‡adolescencia 女 青年期; 思春期 (14〜18歳).

‡adolescente 形 若々しい, 青春期の. **—** 名 青少年, 未成年者.

Adolfo 固名 《男性名》アドルフォ.

‡adónde [アドンデ] 副 《関係》 [先行詞は方向を表す名詞 句・副詞句. a donde と表記されることもある] 1 《制限用法》…である…, …する…. —¿Cómo se llama el museo — fuimos el otro día? この間行った美術館は何という名前ですか. 2 《説明用法》そしてそこに…. —Ahora mi marido está en Tokio. — iremos también nosotros en breve. 夫は今東京にいますが, 私たちもまもなくそちらへ行きます. 3 《独立用法》…の場所[ところ]へ[に]. —Iré a donde tú me digas que vaya. 君が行けというところならどこでも行くよ. 4 [+ 不定詞] 《独立用法》…すべきところ[場所]に. —No sabemos — ir. 私たちはどこに行ったらよいか分からない. 5 [+ 名詞句, 前置詞的]…のいる[ある]場所へ, …のいる[ある]場所へ. —Voy un momento — la tía Teresa. ちょっとテレサおばさんのところに行ってきます.

‡adónde [アドンデ] 副 《疑問》 [a dónde と表記されることもある] どこに. —¿A~ vamos? 我々はどこへ行くのだろうか.

adondequiera 副 《関係》 [+ que + 接続法] どこへ[どこで]…しても. **—~ que vayas** 君がどこへ行こうとも.

adonis 男 《単複同形》美少年, 美しい若者.

‡adopción 女 1 採用, 取入れ, 採択. **—~ de nuevas técnicas** 新技術の取入れ. **—~ de una decisión** 決議の採択. 2 《法律》養子縁組. ▶ **de adopción** 帰化した.

adopcionismo 男 《原始キリスト教の》養子論.

adopcionista 形 養子論(派)の.

‡adoptar 他 1 を採用する, 取り入れる; 採択する. **—~ la nacionalidad japonesa** 日本国籍を取得する. 2 を養子にする. —Ella *adoptó* a dos huérfanas vietnamitas. 彼女はベトナムの2人の女の孤児を養子にした. 3 を採択する, 可決する.

‡adoptivo, va 形 養子関係の, 養子の. —hijo ~ 養子. padres ~s 養父母. 2 (自分のものとして)受け入れた, 採用した. —hijo ~ de la ciudad 名誉市民. patria adoptiva 帰化国.

adoquín 男 1 (舗装用の)舗石, 敷石. 2 にぶい人.

adoquinado 男 1 (舗石による)舗装, 舗装された場所; 石畳.

adoquinar 他 を敷石で舗装する, 石畳にする.

adorable 形 崇(ホ)むべき, 魅力的な.

adoración 女 1 《宗教》礼拝, 崇拝. **—~ de ídolos** 偶像崇拝. **la A~ de los (Reyes) Magos** 《宗》東方の三博士の幼子キリスト礼拝, 御公現の祝日 (1月6日). 2 [+ por の] 崇敬. —sentir ~ por... …を崇敬[熱愛]する.

adorador, dora 形 崇拝する, 熱愛する. **—** 名 1 崇拝者. 2 熱愛する人.

‡adorar [アドラル] 他 1 を崇拝する, あがめる, 礼拝する. 2 を熱愛する, …が大好きである. —Yo te *adoro*. 私は君が大好きだ. **—** 自 1 祈る, お祈りをする. 2 [+ en で] 熱愛する.

adoratriz 女 アドラトリス会の修道女.

adormecedor, dora 形 眠気を催させる, 眠気を誘う.

adormecer [9.1] 他 1 を眠らせる, に眠気を催させる. 2 (苦痛などを)鎮静する. 3 の感覚を麻痺させる. **— se** 再 1 眠りはじめる, うとうとする. 2 (手足が)かじかむ, しびれる.

adormecimiento 男 1 眠気, 眠り, まどろみ. 2 (苦痛などの)鎮静, 和らぐこと. 3 感覚の麻痺, しびれ.

adormidera 女 《植物》ケシ(の実).

adormilarse 再 うとうとする.

adormitarse 再 うとうとする.

adornamiento 男 装飾(すること).

‡adornar 他 1 [+ con/de で] を飾る, 飾りつける. **—~ las paredes con cuadros** 壁を絵で飾る. 2 (美点などが)…に備わっている, 身に付いている. **— se** 再 自分を飾る, めかす.

‡adorno 男 1 飾り, 装飾(品); (料理の)添え物. **—~s navideños** クリスマスの飾り. **vestido con ~s de encaje** レース飾りのついたドレス. 2 《複》《植物》ホウセンカ (鳳仙花). 3 《闘牛》アドルノ (牛に奇をてらい, 牛の奥を誘う技). ▶ **de adorno** (1) 飾りもの, (皮肉で)お飾りの. (2) 《必修ではない》教養的な.

adosado, da 形 [+ a に] 接した, くっついた; テラスハウスの. **—~** 男 テラスハウス, 棟続きの住宅 (=casa *adosada*).

adosar 他 [+ a に] をもたせかける, くっつける; (を背にして)物を置く.

adquier- 動 →adquirir [4.7].

‡adquirido, da 形 《過分》 (→adquirir) 1 取得した. **—derechos ~s** 既得権. 2 後天性の[的な]. **—carácter ~** 後天的

adquiridor, dora 形 取得する、購入する。── 名 取得者、購入者。

adquirir [アドキリル] [4.7] 他 1 を獲得する、手に入れる;（習慣などを）身に付ける。── En un año ha adquirido un notable dominio del español. 1年間で見事にスペイン語をマスターした。2 を購入する、取得する。

*adquisición 女 1 取得(物)、購入(品)。── precio de ～ 購入価格。～ de divisas 外貨獲得、外貨購入。～を買い物。3《経済》吸収合併、乗っ取り。── oferta pública de ～ 株式公開買付(略) OPA。

*adquisitivo, va 形 取得［購買］の。── poder ～ 購買力。

adragante 形《植物》トラガカントゴムの。── goma ～ トラガカントゴム。

adrede 副 1 故意に、わざと、意図的に。2 そのためにだけ、わざわざ。

adredemente 副 わざと、意図的に。

adrenalina 女《生化》アドレナリン。

Adriana 固名《女性名》アドリアーナ。

Adriano 固名 1《男性名》アドリアーノ。2 ハドリアヌス (Publio Elio ～)(76-138、ローマ皇帝、スペインのイタリカ生まれ、在位 117-138)。

Adriático 固名 (Mar ～) アドリア海。

adriático, ca 形 アドリア海の。── Mar ～ アドリア海。

adscribir [3.3] 他『+a に』1 を割り当てる、割りふる。── ～ los bienes a sus hijos 息子たちに財産を譲る。2 を任命する、を配属する。── se 再『+a に』加入する。

adscripción 女 1 帰属させること、割りふること。2 任命、配属。3（団体などへの）加入。

adscrito, ta 過分 [→ adscribir] 形 1『+a に』割り当てられた、帰せられた。2 任命［配属］された。3 加入した。

adsorbente 形《物理、化学》吸着する、吸着性の。── 男 吸着剤。

adsorber 他《物理、化学》吸着する。

adsorción 女《物理、化学》吸着。

adstrato 男《言語》傍層（影響を与える隣接言語）。

*aduana 女 1 税関、税関事務所。── pasar (por) la ～ 税関を通る。oficial [agente] de ～ (s)／【中南米】despachante de ～ 税関吏、税関職員。2《商業》関税。── sin ～／libre de derechos de ～ 免税の[で]、無関税の[で]。

aduanero, ra 形 関税の、関税の。── trámites ～s 通関手続。── 名 税関職員、税関検査官。

aduar 男 小屋・テントからなる小集落。

aducción 女《解剖》内転。

aducir [9.3] 他 を口実にする;（証拠・証拠などを）提示する。

aductor 男《解剖》内転の。── 男《解剖》内転筋。

adueñarse 再『+de を』1 不当に［力ずくで］わが物にする、奪い取る。── ～ se del poder político 政権を奪う。2（感情が）人をとらえる。

aduja 女《海事》（ロープ・鎖・帆）のひと巻き。

adujar 他《海事》（ロープ・鎖・帆）をぐるぐると巻く、巻きつける。── se 再 うずくまる、しゃがむ。

adulación 女 追従、へつらい。

adulador, dora 形 名 へつらう(人)、おべっか使いの(人)。

adular 他 を大げさにほめる、…にへつらう。

adulón, lona 形 名 卑屈にへつらう(人)、おべっか使いの(人)。

adulonería 女 → adulación。

adulteración 女 1 不純物の混入、偽物、変造。2 歪曲、改竄(かいざん)。

adulterador, dora 形 1 異物を混ぜる、偽造する。2 歪曲(わいきょく)する、改竄する。── 名 1 混ぜ物をする人、偽造者。2 歪曲(わいきょく)する人。

adulterar 他 1『+con を』に混ぜる;を偽造する。── ～ el vino con agua ワインに水を混ぜる。2 を歪曲する。── 自『+con と』姦通する。

adulterino, na 形 姦通の、不貞、不純物の混入した［粗悪］化、偽造。

adulterio 男 1 不貞の行為、姦通。2 異物の混入［不純］化、偽造。

adúltero, ra 形 姦通の、不貞の。── 名 不貞の夫［妻]、姦通者。

*adulto, ta 形 1 成人した、おとなの;成熟した。── país ～ 成熟した国。personas adultas 成人 2 成人［おとな］向きの。── 名 1 大人、成人、成年者。2 成体(成熟した動植物）。

adulzar 他 を軟化させる、可鍛性(かたんせい)にする;を和らげる。

adunar 他《文》をひとつに集める、統合する。

adustez 女 無愛想、そっけなさ。

*adusto, ta 形 1 厳しい、無愛想な、しかつめらしい。── rostro ～ しかつめらしい顔。paisaje ～ 殺風景、2（気候が）酷暑の、灼熱の。

advenedizo, za 形 1 成り上がりの。2 よそから来た。── 名 1 成り上がり者。2《軽蔑》よそ者。

advenimiento 男 1（時期・時代の）到来、出現。── el Santo A～ キリストの降臨。2（王の）即位。● esperar el Santo Advenimiento （来るか来ないかわからないものを)待ちこがれる。

advenir [10.9] 自 1 到来する;（出来事が）起る。2（王が）即位する。

adventicio, cia 形 1 偶然の、偶発の。2《植物》不定の、偶生の。

adventismo 男《宗教》（キリスト）再臨説。

adventista 形《宗教》（キリスト）再臨説（派）の。── 男女《宗教》（キリスト）再臨説の信者。

adverbial 形《言語》副詞の, 副詞的の.

adverbializar 他 を副詞化する, 副詞として使う.

adverbio 男《言語》副詞.

adversario, ria 形 敵の, 反対派の. ── 名 敵対者, 競争相手; 反対者. ── 男 敵, 反対者.

adversativo, va 形《言語》(接続詞・節などが)反意の.

adversidad 女 不都合, 不利, 逆境. ──Se conoce a los amigos en la ～. 〖諺〗逆境のときの友こそ真の友.

adverso, sa 形 逆の, 反対の; 好ましくない, 不都合な. ──viento ～ 逆風, 向い風. suerte adversa 不運.

advertencia 女 **1** 忠告, 警告; 予告. ──hacer [dar] una ～ a... …に忠告する, 注意する. sin ～ 警告[予告]なしに. **2** 注意書き, はがき. **3** 戒告(処分).

advertidamente 副 知っていながら, 承知の上で.

advertido, da 過分 [→ advertir] 形 **1** 通知[警告]を受けた. **2**〖+ de に〗気付いた, を心得た. **3** 熟達した, 経験豊かな; 抜かりのない.

advertir [アドベルティル] [7] 他 **1** …に気づく, 注意する, 留意する. ──He advertido que habla inglés con acento francés. 私は彼がフランス語なまりの英語を話すことに気づいた. **2**〖+ de/ + de que (+直説法)について〗…に知らせる, 注意する. ── del peligro 危険を知らせる. Te advierto que hoy volveré tarde a casa. 言っとくけど, 今日は帰りが遅いよ. **3**〖+ que (+接続法) …するよう〗…に忠告する, 警告する. ──Te advertí mil veces que no intervinieras. 干渉するなと君には何度も警告した. ── 自〖+ de について〗知らせる, 警告する.

adviento 男 (主としてA～)《宗教》待降節(クリスマス前の4週間).

adviert-, advirt- 動 → advertir [7].

advocación 女《宗教》(教会などに付けられる)守護聖人の名; 加護, 庇護.

adyacencia 女 隣接, 接近.

adyacente 形〖+ a に〗隣接した, (の)近くにある. ── 男《言語》付加語.

AEA〔頭字〕(<*A*utomovilística *E*uropea *A*sociada) 女 ヨーロッパ運転者協会.

AEB〔頭字〕(<*A*sociación *E*spañola de la *B*anca) 女 スペイン銀行協会.

AECID〔頭字〕(<*A*gencia *E*spañola de *C*ooperación *I*nternacional para el *D*esarrollo) 女 スペイン国際開発協力局.

AEE〔頭字〕(<*A*gencia *E*uropea del *E*spacio) 女 欧州宇宙機関.

aeración 女 換気, 通気;《技術》エアレーション.

aéreo, a 形 **1** 空気の, 気体の. ──globo ～ 風船, 気球. **2** 空中の, 空軍の. ──correo ～ 航空便(郵便). base aérea 空軍基地. líneas aéreas 定期航空路; 航空会社. **3** 空中の, **4** 軽やかな; 軽くて薄い. ──velo ～ 軽やかなベール. **5** 空想的な, 夢のような.

aeriforme 形 空気に似た, 気体状の.

aeróbic, aeróbic 男《スポ》エアロビクス.

aerobio, bia 形《生物》好気性の. ── 男《生物》好気性生物[菌].

aerobús 男《航空》エアバス.

aeroclub 男 民間航空パイロットの養成機関; 飛行クラブ.

aerodeslizador 男 ホバークラフト.

aerodinámico, ca 形 **1** 空気[航空]力学の, **2** (車体などが)流線形の. ── 女《航空》力学.

aeródromo 男 飛行場(設備).

aeroespacial 形 航空宇宙の.

aerofagia 女《医学》空気嚥下(ᄼᅀ)症.

aerofaro 男 航空標識灯.

aerofotografía 女 航空写真.

aerogenerador 男 風力発電機.

aerografía 女 エアブラシを使った画法.

aerógrafo 男 エアブラシ.

aerograma 男《郵便》エアログラム, 航空書簡.

aerolínea 女 (主に複)航空会社.

aerolito 男《天文》石質隕石(ᄂᆨ).

aerómetro 男 気量計(気体の密度を測定する).

aeromodelismo 男 模型飛行機製作[操縦](技術).

aeromodelista 形 模型飛行機製作[操縦]の. ── 男女 模型飛行機製作[操縦]する人.

aeromodelo 男 模型飛行機.

aeromotor 男 空気圧モーター.

aeromozo, za 名《中南米》客室乗務員, キャビンアテンダント.

aeronauta 男女 気球・飛行機の搭乗者[操縦者].

aeronáutico, ca 形 航空(機, 学, 術)の. ──industria aeronáutica 航空産業. ── 女 航空(学, 術).

aeronaval 形《軍事》海軍と空軍の, 海空の.

aeronave 女 飛行船, 飛行機.

aeronavegación 女 航空, 航行.

aeroplano 男 (機械として見た)飛行機.

aeropuerto 男 空港, 飛行場.

aerosol 男 **1**《化学》エアゾール, 煙霧質, **2** スプレー, 噴霧器.

aerostación 女 気球による航空.

aerostático, ca 形《物理》空気静力学の, 気球(飛行)の. ── 女《物理》空気静力学.

aeróstato 男 気球; 飛行船.

aerotaxi 男 (小型の)チャーター便.

aeroterrestre 形《軍事》空陸の, 空地の.

aerotransportado, da 形 空輸された.

aerotransportar 他 を空輸する.

aerotrén 男 エアロトレイン(プロペラ推進の高速列車).

aerovía 女 航空路.

afabilidad 女 愛想のよさ, 物腰の柔らかさ.

afable 形〔+con/para/para con に対して〕愛想のよい, 物腰の柔らかな.

afamado, da 過分〔→ afamar〕形 有名な, 名高い.

afamar 他 有名にする. ── **se** 再 有名[評判]になる.

afán〔アファン〕複 afanes 男 1〔+ de/por に対する〕熱望, 意欲; 熱心, 熱意. ── de superación 向上心. poner todo su ~ en... …に全力力を傾ける. con ~ 熱心に, 一生懸命に. 2〔主に複〕苦労, 刻苦. ──los *afanes* cotidianos 日々の労苦.

afanador, dora 男女〔メキシコ〕〔話〕清掃員.

afanar 他〔俗〕を盗む, だまし取る. ── 自 精を出す; 体を使って働く. ── **se** 再〔+ en/por に〕精を出す, 懸命になる.

afanoso, sa 形 1 熱心な, 懸命の. 2 骨のおれる, つらい.

afarolado, da 形 1 街灯のような形の. ──pase ~〔闘牛〕ケープを高く振りかざす技. 2〔中南米〕ほろ酔いの; 興奮した.

afasia 女〔医学〕失語[症].

afásico, ca 形〔医学〕失語症の(患者).

afeamiento 男 1 醜くする[なる]こと. 2 咎(とが)めること.

afear 他 1 を醜くする. 2 を咎(とが)める, を非難する.

afección 女 1〔医学〕疾患, 病気. 2 愛着, 好み.

afectación 女 装うこと; 気取ること, 見せかけ. ──con ~ 気取って. sin ~ 気取らずに.

afectado, da 過分〔→afectar〕形 1 見せかけの, わざとらしい. 気取った. ── enfermedad *afectada* 仮病. 2 被害を受けた; 障害などにおかされた. ── 名 被害者. ──los ~s del atentado テロの被害者.

afectar 自〔+ a に〕1 影響を及ぼす. 被害を与える. ──Este medicamento *afecta* al estómago. この薬は胃に害がある. 2 関係がある, かかわる. ── 他 1…のふりをする; を気取る. ──~ ignorancia 無知を装う. 2 …に(悪い)影響を及ぼす, 害を与える. ──Las prolongadas lluvias han *afectado* la cosecha de uva. 長雨はブドウの収穫に被害を及ぼした. 3 動転させる, 悲しませる. ── **se** 再 動転する, 悲しくなる.

afectísimo, ma 形〔afecto の絶対最上級〕(手紙で)《文》─A~ amigo 親愛なる友人. suyo ~ 敬具.

afectividad 女 愛情, 優しさ; 情緒, 感受性.

afectivo, va 形 1 愛情の, 情緒的な. 2 感受性の強い, 傷つきやすい.

afecto 男 1 親愛の情, 愛情. ──tener gran ~ a... …が大好きである. 2 複(死亡広告で)友人. ──familiares y ~s 家族および友人たち.

afecto, ta〔アフェクト, タ〕形 1 好きな(に)傾倒している. 2〔+ a に〕配属された, 割り当てられた. 3〔+ de を〕患った, の病気におかされた.

afectuosidad 女 愛情, 思いやり.

afectuoso, sa 形〔+ con に対して〕愛情の深い, 優しい.

afeitada 女 → afeitado.

afeitado 男〔毛を〕剃ること; ひげ剃り.

afeitadora 女 電気かみそり, シェーバー. ── recargable 充電式電気かみそり.

afeitar 他 1 …のひげ[毛]をそる; (植木)を剪定(せんてい)する, 刈り込む. ──El barbero me ha *afeitado* en cinco minutos. その床屋は5分間で私のひげをそってくれた. 2(闘牛の牛)の角の先を切る. 3(車などお)をかぶせる, …にすれすれになる. 4 …に化粧をする, を美しくする. ── **se** 再(自分の)ひげをそる.

afeite 男 化粧; 化粧品.

afelio 男〔天文〕遠日点.

afelpado, da 過分〔→afelpar〕形 フラシ天[状]の.

afelpar 他 をフラシ天のようにする, をフラシ天で覆う.

afeminación 女(男が)女性的になること, 女性的なこと.

afeminado, da 過分〔→ afeminar〕形(男が)女っぽい, 女々(めめ)しい. ── 名 女っぽい男, 女々(めめ)しい男.

afeminamiento 男 → afeminación.

afeminar 他(男)を女性的にする, を女々(めめ)しくする. ── **se** 再(男が)女っぽくなる, 女々(めめ)しくなる.

aferente 形〔医学〕(血管が)輸入の; (神経が)求心性の.

aféresis 女〔単複同形〕〔言語〕語頭音消失(例: enhorabuena → norabuena).

aferrado, da 形 1 頑固な. 2(考えなどが)定着した.

aferramiento 男 1 しっかりつかむこと. 2〔海事〕錨泊(びょうはく). 3 固執.

aferrar〔4.1〕他 1 をしっかりつかむ[刺さる]. 2〔海事〕(船)を錨泊(びょうはく)させる. ── **se** 再〔+ a に〕しがみつく, 固執する.

Afganistán 固名 アフガニスタン(首都 Kabul).

afgano, na 形 アフガニスタンの; アフガニスタン人の. ── 名 アフガニスタン人.

afianzamiento 男 1 補強, 強化; 確立. 2 確信すること. 3 保証.

afianzar〔1.3〕他 1 を補強[強化]する, を確実なものにする, 強固にする. ──~ las patas de una *mesa* con unos clavos くぎでテーブルの脚を補強する. 2〔+ en について〕に確信を与える. ──Los resultados le *afianzaron en* su intento. その結果から彼は自分の試みに確信を得た. **3** の保証をする. — **se** 再【＋ sobre/en/a を】つかむ,(…に)しみつく;(立場・地位を)確立する. **2**【＋ en】確信を持つ.

afiche 男【中南米】ポスター,ビラ.

*__afición__ 女 **1**【＋ a/hacia/por に対する】愛着,趣味,趣味.—cobrar [coger] ~ a... …が好きになる. por ~ 趣味として. **2** (la ~) 【集合的に】(特に闘牛・サッカーの)ファン,観衆. **3** 熱心さ,熱中.—trabajar con ~ 熱心に働く.

aficionado, da 過分〔→ aficionar〕形〔ser＋〕**1**【＋ a を】愛好している,(に)熱中している. **2** アマチュアの,素人の.—名 **1**【＋ a の】愛好家,ファン. **2** アマチュア,素人.

*__aficionar__ 他【＋ a に】を好きにさせる,趣味[愛着]を持たせる.— **se** 再【＋ a が】好きになる,(…に)凝る.—~ al fútbol サッカーに熱中する.

afiebrado, da 形 熱のある,熱っぽい.

afijo, ja 形【言語】接辞の.—男【言語】接辞.

afilado, da 過分〔→ afilar〕形 **1** 鋭利な;(鉛筆などが)とがった. **2** 細い,やせ細った.—nariz afilada つんとした鼻. **3** (声が)鋭い,(言葉などが)辛辣な.—lengua afilada 毒舌

afilador, dora 形 (刃物などを)研ぐ.— 名 研ぎ師,研削工.—~ 研磨用具;革砥(など).

afilar 他 **1** をとがらせる,研ぐ.— unas tijeras はさみを研ぐ.—~ un lápiz 鉛筆を削る. **2** をやつれさせる. **3** (声を)鋭くする,かん高くする.—~ la voz. 声をかん高くする. **4**【中南米】(女性)に言い寄る.— **se** 再 **1** とがる,やつれる. **2**【中南米】入念に準備する.

afiliación 女【＋ a への】加入,入会,加盟.

afiliado, da 過分〔→ afiliar〕形【＋ a】(団体などに)加入[加盟]した.—los países ~s a la ONU 国連加盟国. **2** (会社などの)系列下の.—名 加入者,会員.

*__afiliar__ 他【＋ a に】を加入[加盟]させる,入会させる.— **se** 再【＋ a に】加入[加盟]する,入会する.

afiligranado, da 形 金[銀]線細工を施したのような),ほっそりした,とても繊細な.

afiligranar 他 **1** に金[銀]線細工を施す. **2** を美しく磨く,を美しく飾る.

afilón 男 革砥(など),鋼砥(など).

*__afín__ 形 **1**【＋ a に】類似の,似ている. **2** 関連のある,隣接した.—男女 姻戚(いんせき),親類.

afinación 女 **1** 仕上げ,洗練,精錬. **2**【音楽】調律,音合せ.

afinador, dora 名【音楽】調律師.

afinamiento 男 → afinación.

afinar 他 **1** 仕上げする,を洗練させる,を精錬する.—~ el gusto 趣味を洗練させる. **2**【音楽】(楽器)を調律する,…の音を合せる. **3** を鋭く[細く]する.— 自 **1** 正確である. **2**【音楽】正確な音程で歌う[演奏する].— **se** 再 **1** 細くなる. **2** 洗練される.

afincar [1.1] 自 地所を買う.— 他【＋ en】を住みつかせる.— **se** 再【＋ en】に住みつく,定住する.

*__afinidad__ 女 **1**【＋ con/entre との】類似性,相似性.—tener [guardar] ~ con... …と似ている. **2**【＋ con との】(法律)姻戚(いんせき)関係.—pariente [deudo] por ~ 姻戚. **3**【物理,化学】親和力[性]. ▶ __afinidad espiritual__〔カト〕名付け親と子の間柄.

afino 男 (金属の)精錬.

afirmación 女 **1** 言明,主張,断言,肯定. **2** 固定,補強.

afirmado 男 (道路の)路床;路面.

afirmar

言する,明言する.—Afirma que puede correr cien metros en once segundos. 彼は100メートルを11秒で走れると断言している. **2** を肯定する. **3** を固定させる,強固にする.— ~ la ventana 窓を補強する.— 自 肯定する,はいと言う.— **se** 再 **1**【＋ en】確信を持つ.— ~ *en* sus declaraciones 自分の明言したことを改めて言う. **2**【＋ en で】しっかりと立つ,踏んばる.— ~ *en* el bastón 杖にすがる.

afirmativo, va 形 **1** 肯定的な,賛成の,断定的な.—en caso ~ 賛成の場合には,もし事実であれば.— 名 **1** 肯定,賛成,承諾.—contestar con la afirmativa 肯定の返事をする.

aflamencado, da 形 ジプシー風の.

aflatarse 再【中南米】悲しむ,憂鬱(ゆううつ)になる.

aflautado, da 形 (音が)笛のような;(声・音が)甲高い.

aflautar 他 (声)を甲高くする,(音)を高くする.

aflicción 女 苦悩,悲嘆,苦痛.

aflictivo, va 形 **1** 悲しませる. **2**【法律】苦痛を与える.—pena *aflictiva*

afligido, da 過分〔→ afligir〕形 **1** 悲嘆にくれた,【＋ de に】苦悩する;思っている先に立たれた. **2**【中南米】悲嘆にくれた人,病人,遺族.

afligir [3.6] 他 **1** を悲しませる,苦悩させる. **2** に肉体的苦痛を与える.— **se** 再【＋ con/por によって】悲しむ,苦しむ,悲嘆にくれる.

aflojamiento 男 緩み,弱まり,弛緩(しかん),緩和.

*__aflojar__ 他 **1** を緩める,緩和する;弱くする.— ~ un tornillo [el nudo de la corbata] ねじ[ネクタイの結び目]を緩める.— el paso 歩調を緩める. **2**《話》(金などを)手渡す,手渡す.— 自 **1** 緩む,たるむ. **2** 譲歩する,妥協する. **3** (関心・意欲などが)衰える,低下する.— **se** 再 **1** (自分の…)を緩める,緩む.— ~ *se* el cinturón バンドを緩める. **2** 緩む,衰える.

afloramiento 男 **1** 露出; 露出した鉱物; 湧出(ﾖｳｼｭﾂ). **2**〖問題などの〗表面化, 表出.

aflorar 自 **1** 露出する, わき出る. **2**〖考え・問題などが〗表面に現れる. — 他〖粉〗をふるいにかける.

afluencia 女 **1** 殺到, 多量 [多数]. —~ de manifestantes デモ参加者の大群. **2**〖川・液体の〗流入. **3** 能弁, 流暢(ﾘｭｳﾁｮｳ).

afluente 形 **1**〖川などが〗流入する, 合流する. **2** 能弁な, 流暢(ﾘｭｳﾁｮｳ)な. — 男 支流.

afluir [11.1] 自 [+a に] **1** 流入する, 流れ込む; 殺到する. **2**〖道が〗（ある場所に）通じる.

aflujo 男〖液体の〗流入, 流れ. —~ de sangre 充血.

afonía 女〖医学〗失声(症).

afónico, ca 形 失声(症)の, 声の出ない; 無音の.

áfono, na 形 →afónico.

aforador 男 検量者; 検量（測定）器.

aforar 他 **1**〖部屋・容器などの〗容量を測る; を測量する. **2** の数量と価格を計算する. **3** の価格を査定する.

aforismo 男 格言, 警句, 箴言(ｼﾝｹﾞﾝ).

aforístico, ca 形 格言の, 警句の, 箴言(ｼﾝｹﾞﾝ)の.

aforo 男 **1** 流量（容量）の測定. **2**〖在庫品・商品の〗査定, 評価. **3** 収容能力.

aforrar 他 **1** [+con/de/en で]〖衣服〗などに裏打ちする. **2**〖海事〗〖太綱の一部〗を細網で巻く. — se 再 **1** たくさん着込む. **2**〖俗〗暴飲暴食する.

afortunadamente 副 幸運にも, 運よく; 幸いにも.

afortunado, da 形 **1** 幸運な, 運のいい; 幸運をもたらす, 幸いな. —acontecimiento ~ 幸福なできごと. hogar ~ 幸せな家庭. **2** 適切な, 時宜にかなった. — 男 幸運な（運のいい）人.

afrancesado, da 過分 [→afrancesar] 形 **1** フランス風の. **2** フランスびいき [かぶれ]の. — 名 **1** フランスびいき[かぶれ]の人. **2**〖歴史〗（スペイン独立戦争時の）親仏派.

afrancesamiento 男 フランス風にすること, フランス化; フランスびいき[かぶれ].

afrancesar 他 をフランス風にする, フランス化する. — se 再 フランスびいきになる.

afrecho 男 麩(ﾌｽﾏ), ぬか.

afrenta 女 **1** 侮辱. —hacer ~ a ... に侮辱を加える. **2** 恥, 不面目, 不名誉.

afrentar 他 **1** を侮辱する. **2** の名誉を汚す, —に恥をかかせる. — se 再 **1** [+de/por を] 恥ずかしく思う, 不名誉に感じる.

afrentoso, sa 形 **1** 屈辱的な, 侮辱する. **2** 恥となる, 不名誉な.

África 固名 アフリカ.

africado, da 形〖音声〗破擦音の. — 女 破擦音.

africanismo 男 アフリカ志向; アフリカ学, アフリカ主義.

africanista 形 アフリカ学〖研究〗の. — 男女 アフリカ学者〖研究者〗.

africanizar 他 をアフリカ化する. アフリカ風にする.

africano, na 形 アフリカ（産）の, アフリカ人の. —continente ~ アフリカ大陸. — 名 アフリカ人.

áfrico, ca 形《雅》→ africano. — 男 南風, 南西風.

afrikaans, afrikaans 男 アフリカーンス語.

afro 形〖無変化〗**1** アフリカ系黒人文化の. **2** アフロヘアの.

afroamericano, na アフリカ系アメリカ人の, アメリカ系黒人の. — 名 アフリカ系アメリカ人, アメリカ系黒人.

afroasiático, ca 形 アジア・アフリカの.

afrodisiaco, ca, afrodisíaco, ca 形 性欲を高める, 催淫(ｻｲｲﾝ)性の. — 男 催淫剤.

afrontamiento 男 **1**〖困難などに〗立ち向かうこと;〖意見などの〗対立. **2** 向かい合わせること, 向かい合っていること.

afrontar 他 **1** ...に立ち向かう, 直面する. —~ al enemigo 敵に立ち向かう. **2** を向かい合わせる, 対決させる. —~ a los dos testigos 2人の証人を対決させる. — 自 [+con と] 向かい合う.

afrutado, da 形〖味, 香りが〗フルーティーな.

afta 女〖医学〗アフタ, 鵞口瘡(ｶﾞｺｳｿｳ).

afuera [ｱﾌｴﾗ] 副 外(側)に[へ]; 戸外[屋外]に[で]. —A~ hace un frío horrible. 外はすごく寒い. Vete ~. 外に出て行け. Lo llevé de dentro ~ de la casa. 私はそれを家の中から外へ運び出した. — 女 複 郊外; 町はずれ. — 間 出て行け, 立ち去れ.

afuereño, ña 形〖中南米〗よそ者の, 見知らぬ. — 名 よそ者.

afuerino, na 形〖南米〗→ afuereño.

afuste 男〖軍事〗砲架.

afutrarse 再〖南米〗着飾る, めかし込む.

agabachar 他〖俗〗をフランス風にする.

agachada 女 **1**〖主に複〗術策, ごまかし. **2** 上半身〖頭〗をかがめること.

agachadiza 女〖鳥類〗タシギ. —hacer la ~ 身を隠す.

agachado, da 過分 [→agachar] 形 **1** しゃがんだ, かがんだ. **2**〖中南米〗卑屈な, ぺこぺこした. 本心を隠した, 陰険な.

agachar 他 を下げる, （身）をかがめる. —~ la cabeza 頭を下げる. — se 再 **1** かがむ, うずくまる. —Agáchate, o te verán. しゃがめ, そうしないと見つかるぞ. **2**〖逆境などに〗やすくする, 屈伏(ｸｯﾌﾟｸ)する.

agalla 女 **1**〖植物〗虫こぶ, 虫癭(ﾁｭｳｴｲ). **2** 鰓(ｴﾗ), （鳥の）側頭部. **3** 勇気, 度胸. —tener ~s 勇気がある. **4**〖中南米〗貪欲.

agallón 男 首飾り用の銀の玉; 木製の大きな数珠玉.

agalludo, da 形〖中南米〗**1** ずるい, 貪欲な. **2** 大胆な, 向こう見ずな.

agamí 男〖鳥類〗ラッパチョウ.

ágape 男 **1** 愛餐(さん)(初期キリスト教徒の会食). **2** 宴会, 会食.

agar-agar, agaragar 男 寒天;〖植物〗テングサ.

agarbanzado, da 形 **1** 通俗的で古くさい. **2**(エジプト豆のような)淡いベージュ色の.

agarbillar 他 (小麦などを)束ねる.

agareno, na 形 中世スペインのイスラム教徒の; アガールの子孫の. —— 名 中世のスペインを占領した)イスラム教徒; アガールの子孫.

agárico 男〖植物〗ハラタケ, アガリクス.

agarrada 女 **1**〖話〗激しい口論, 口げんか. **2**〖スポ〗タックル.

agarradera 女 **1** 取っ手. **2** 複 コネ, 手づる.

agarradero 男 **1** つかむところ, 取っ手, 握り; フック. **2** 口実, 言い訳, 理由. **3** 複 コネ, 手づる. **4**〖海事〗投錨(びょう)地.

agarrado, da 週分 (→ agarrar) 形 **1** つかまった, つかまれて離れない;〖+de を〗つかんで. **2**〖俗〗けちな〖ser +〗. **3**〖俗〗いいコネを持った〖estar +〗. **4**〖舞踊〗(ダンスが)身体をくっつけて踊る. —— 名 すてきな人. —— 男〖舞踊〗ペアが身体をくっつけて踊るダンス(タンゴなど).

agarrador, dora 名 **1** つかむ人, 取りつく. **2**〖中南米〗(酒が)強い. —— 男 取っ手; 鍋つかみ; つかむところ.

agarrar 他 **1** つかむ, 手に取る; 捕まえる. —— a... por [de] el pelo …の髪をつかむ. **2**(病気)にかかる, (悪い状態)になる. —— la gripe 風邪をひく. **3** を手に入れる, 獲得する. **4**〖中南米〗(coger の代わりに使われて), 取る, 拾う. —— 自 **1**〖植物〗が根づく. **2** しっかりくっつく〖取りつく〗. ▶ *agarrar y*〖+動詞〗〖話〗いきなり[さっさと]…する. — *Agarró y se fue.* 彼はさっさと帰ってしまった. —— **se** 再 **1**〖+a/de に〗しがみつく, つかまる; くっつく, 取りつく. —— *se a [de] la cintura* 腰にしがみつく. **2**(病)が取りつく. — *Se le agarró la tos durante varios días.* 彼は数日間せきが止らなかった. **3**(つかみ合いの)けんかをする. **4**〖+a で〗口実にする. ▶ *agarrarse a un clavo ardiendo* 窮余の策に打って出る, 切羽詰まってあえて危険を冒す. *¡Agárrate!*〖話〗驚くなよ; 覚悟しておけよ.

agarre 男 **1** つかまること; コネ. **2**〖自動車〗ロードホールディング.

agarrón 男 **1** つかんで引っ張ること. **2**〖中南米〗→agarrada.

agarrotamiento 男 **1** 強く縛ること; 締めつけ, 束縛. **2**(筋肉などの)麻痺, 硬直. **3**(エンジン等の)焼き付き.

agarrotar 他 **1** を締める, 強く縛る; 束縛する. **2**(手足など)を麻痺させる, 硬直させる. **3**(潤滑油の不足で)を詰まらせる, 動かなくする. **4**(人)を絞殺する. —— **se** 再 **1**(筋肉が)硬直する, こわばる. **2**(機械などが)焼き付く.

agasajado, da 週分〖→agasajar〗形 歓待された, 手厚くもてなされた. —— 名 来賓, 招待客.

agasajador, dora 形 歓待の〖歓迎の〗; 歓迎する人, 接待役〖係〗.

agasajar 他 を歓待する, 手厚くもてなす. —— a... con... …を…でもてなす.

agasajo 男 **1** 歓待, 手厚いもてなし. **2** 贈り物.

ágata 女〖単数定冠詞は el〗〖鉱物〗瑪瑙(めのう).

agatas 副〖南米〗〖話〗かろうじて, やっと.

agateador 男〖鳥類〗キバシリの一種.

agauchado, da 形〖中南米〗ガウチョのような.

agaucharse 再〖中南米〗ガウチョ風になる.

agavanzo 男〖植物〗野バラ.

agave 女〖植物〗リュウゼツラン(竜舌蘭).

agavilladora 女〖農業〗バインダー.

agavillar 他 **1**(穀物)を束ねる. **2** を集団化させる.

agazapar 他 を捕まえる, つかむ. —— **se** 再〖隠れるために〗うずくまる; 身を隠す.

agencia 女 **1** 代理店, 取次店. — de viajes [de turismo] 旅行案内所, 旅行代理店. ~ de seguros 保険代理店. ~ de prensa [de noticias] 通信社. **2**(会社, 組合等の)支店, 出張所. **3**(官公の)機関, 機構, 官庁. —A~ Internacional de Energía Atómica. 国際原子力機関. ~ de patentes 特許局〖庁〗. ~ de aduanas 税関. **4** 代理〖代行〗業務.

agenciar 他〖+a に〗を見つけてやる; 世話する. —— **se** 再 を何とか手に入れる;〖+para +不定詞〗…するためにやりくりする.

agenciero, ra 名〖中南米〗質屋; 宝くじの販売店主〖売り子〗; 代理業者.

agenda 女 **1**(日付入りの)手帳. —— electrónica 電子手帳. **2** 予定された仕事; 予定表. —tener una ~ apretada 予定がつまっている.

agente 男 **1** 作用する, 要因の. —elemento —要因. **2**〖言語〗行為者の, 動作主の. —complemento —動作主補語. —— 男女 **1**(商業, 金融)代理業者, ディーラー. —— de bolsa〖e cambio〗株式仲買人. ~ de negocios 業務代理業〖仲介〗業者. ~ de ventas 販売代理店員〖人〗. ~ de viajes 旅行業者. **2**〖文〗従業員, 係員. ~ ejecutivo 執行官. ~ fiscal 税務官. ~ secreto 秘密工作員, スパイ. **3** 刑事, 警官; 捜査官, スパイ. ~ del orden 警官. ~ de policía 警官. ~ de tráfico 交通警官. ~ especial 特別捜査官. ~ provocador 過激な行為を扇動する当

局側のスパイ. ——男 1 (医学, 技術) 要因, 作用物; 薬剤. ~ contaminante 汚染物質. 2 (言語) 行為者, 動作主. 3 (化学) 薬品, のり. ~ oxidante [químico] 酸化剤 [化学薬品].

ageusia 女 《医学》無味覚症.

agible 形 実現できる.

agigantado, da 過分 (→agigantarse) 形 巨大な; 並外れた. ▶**a pasos agigantados** 飛躍的に, 長足に.

agigantar 他 1 を巨大にする. 2 を誇張する. —— **se** 再 巨大になる.

ágil 形 [+ de/en のが] 敏捷(びんしょう)な, 鋭敏な. 2 軽快な, 酒脱(しゃだつ)な.

agilidad 女 (人に関して) 敏捷さ, 鋭敏さ; 警戒さ, 軽やかさ. –tener mucha ~ en... …によく気がつく.

agilipollar 他 《俗》を馬鹿にする, 頭を悪くする. —— **se** 再《俗》馬鹿になる, 頭が悪くなる.

agilitar 他 →agilizar.

agilización 女 敏捷[軽快]にすること; 迅速化.

agilizar [1.3] 他 1 を敏捷(びんしょう)にする. 軽快にする. 2 を迅速にする, 容易にする.

agio 男 《商業》1 為替差益; (手形の割引・通貨の両替の) 手数料. 2 投機売買.

agiotista 男女 《商業》相場師, 投機家.

agitación 女 1 揺れ, 揺らぐこと. 2 煽動, アジテーション. 3 不安感. 興奮. —sembrar la ~ en el ánimo de... …を不安にさせる. 4 (街や都市の) 喧騒, ざわめき.

agitado, da 過分 (→ agitar) 形 1 (海が) 荒れた. 2 (日々生活が) 忙しい, あわただしい. 3 (政治的に) 不安定な, 動揺した, 興奮している.

agitador, dora 形 揺り動かす; 煽動(せんどう)する. ——名 1 煽動者, アジテーター. ——男 1 《化学》攪拌(かくはん)棒. 2 攪拌機.

agitanado, da ロマ (ジプシー) に似た, ジプシー風の.

agitanar 他 をジプシー [ロマ] 的にする. —— **se** 再 ジプシー [ロマ] 的になる.

agitar 他 を振る, 振り動かす, 攪拌(かくはん)する. ~ un pañuelo ハンカチを振る. ~ una coctelera シェーカーを振る. 2 を動揺させる. 不安にさせる. ~ el ánimo …を心を乱す. 3 を扇動する. —— **se** 再 1 揺れる, 揺れ動く. [+ por と] 動揺する, そわそわ [いらいら] する. 3 (海などが) 波立つ, 荒れる.

aglomeración 女 集積 (すること), 集塊; 群衆. ~ de tráfico 交通渋滞.

aglomerado 過分 (→ aglomerarse) 形 塊になった, 寄り集まった. ——男 1 練炭. 2 《建築》ブロック, 合板. ~ de madera 合板.

aglomerante 形 結合材の. ——男 結合材.

aglomerar 他 を寄せ集める, 積み重ねる; 塊にする. —— **se** 再 (人が) 寄り集まる, 群れる; 塊になる.

aglutinación 女 1 くっつける [くっつく] こと. 接着, 粘着. 2 《医学》癒着; 凝集. 3 (意見などの) 一体化, 統合. 4 《言語》膠着(こうちゃく)する.

aglutinador, dora 形 接着 [粘着] する; 一体化させる, 統合する.

aglutinante 形 1 粘着性の, 接着する. 2 《医学》癒着 [凝集] させる. 3 《言語》膠着(こうちゃく)性の. ——男 接着剤.

aglutinar 他 1 を接着する, くっつける. 2 《医学》(傷口などを) を癒着させる. 3 (意志などの) 一体化する, 統合する. 4 《言語》膠着(こうちゃく)させる. —— **se** 再 1 を接着する, くっつく, 一体化する. 2 癒着する

agnosia 女 失認症.

agnosticismo 男 《哲学》不可知論.

agnóstico, ca 形 《哲学》不可知論(者)の. ——名 《哲学》不可知論者.

agnusdéi 男 1《宗教》神の子羊 (キリストの意), 神の子羊の像 2 Agnus Dei で始まる祈り, 神羊(しんよう)誦.

agobiador, dora 形 →agobiante.

agobiante 形 重くのしかかる, 骨の折れる; 疲労困憊(こんぱい)させる, 耐えがたくさせる.

agobiar 他 (重さや負担で) を曲げさせる, をたわませる; を疲労困憊(こんぱい)させる, 打ちひしぐ. —— **se** 再 [+ con/por で] 疲労困憊(こんぱい)する, 打ちひしがれる.

agobio 男 1 (物理的・精神的の) 重荷・重圧. 2 疲労困憊(こんぱい); 心労.

agolpamiento 男 1 集める [集まる] こと. 2 (出来事などが) 同時に生じること.

agolpar 他 (多くの物を) 一か所に集める. —— **se** 再 1 一か所に集まる. 2 (多くの事が) 同時に起こる [生じる].

agonía 女 1 死に際(ぎわ)の, 断末魔の苦しみ. 2 終末, 最期. 3 苦闘, 苦しみ. 4 切望, 熱望. ——男女 1 気の小さい者, 臆病者.

agónico, ca 死に際(ぎわ)の, 断末魔の; 末期(まつご)の.

agonista 男女 1 格闘技の選手. 2 ライバル.

agonizante 形 1 瀕死(ひんし)の, 臨終の. —un herido ~ 瀕死(ひんし)の負傷者. 2 臨終に立ち会う. ~ 瀕死の人. ——男 臨終に立ち会う聖職者.

agonizar [1.3] 自 1 死に瀕(ひん)する [している]; 滅亡する; 消えようとしている. ——他 (聖職者が人の) 臨終に立ち会う.

ágora 女 [単数定冠詞は el] 《歴史》古代ギリシャの市民広場 [集会].

agorafobia 女 《医学, 心理》広場恐怖症.

agorar 他 (主に災難を) を予言する.

agorero, ra 形 不吉な, 縁起の悪い. ——名 予言者, 占い師.

agostamiento 男 (暑さが植物を) 枯らす.

agostar 他 1 (暑さが植物を) 枯らす. 2 (生気・活力をも) 枯渇(こかつ)させる, 衰弱させる. —— **se** 再 1 枯れる. 2 衰弱する.

agosteño, ña 形 8月の.

agostizo, za 形 1 8月の. 2 (植物が) 夏枯れしている. 3 (動物が) 8月生まれの.

agosto 男 1 8月 (略 ago.). 2 収穫(物, 地), 刈り入れ. —tener un buen

～ 収穫が多い．▶hacer su [el] agosto 《話》[+con] (…で)大いに稼ぐ，大もうけする．

agotado, da 過分 [→agotar] 形 空になった，売り切れた，絶版の；疲れきった．

agotador, dora 形 ひどく疲れさせる．

agotamiento 男 1 枯渇，品切れ．2 疲労，消耗．

:agotar 他 1 を使いきる，売りつくす．—*Agotadas* todas las entradas. 全席売り切れ．**2** を空にする，枯渇させる．— ～ la paciencia de... の堪忍袋の緒を切らせる．**3** を消耗させる，疲労困憊(こんぱい)させる．— **se** 再 1 品切れとなる；絶版となる．2 空になる，枯渇する．3 疲れ切る，疲労困憊する．

agracejo 男 《植物》メギ属の一種；熟さなかったブドウ．

agraciado, da 過分 [→agraciar] 形 1 優美な，可愛らしい．2〈抽選・宝くじなどで〉当選した．— 名 当選者．

agraciar 他 1 を優美にする，可愛らしくする；に恩恵をほどこす．2【+con 賞など】を授与する．

:agradable 形 1 楽しい；[+a /para に]気持のいい，快い．— ～ *a la vista* 見た目に気持のいい．un vino de sabor ～ 味のいいブドウ酒．2 [+con/para に]優しい，親切な．

:agradar 自 [+a に]気に入る，うれしい，喜ばしい．—si le *agrada* もしよろしければ．

:agradecer [アグラデセル] [9.1] 他 1 [+a に]を感謝する；[+a に/+que+接続法]を…のことで謝意を表す．—Le *agradezco* su oferta. お申し出を感謝します．Te *agradezco* que hayas venido a visitarle. 君が彼を訪問してくれたことに感謝する．**2**〈好意・配慮など〉にこたえる，よい見返りがある．—Esta puerta *agradecería* una mano de pintura. このドアは塗り直すとよくなるだろう．

:agradecido, da 過分 [→agradecer] 形 1 [+a /de /por に]感謝している．—Le estoy [quedo] a usted muy ～ por el favor. あなたのご好意に感謝いたしております．¡(Muy) A～! どうもありがとう．**2**〈努力・好意に〉報いる，応える．—Es una tierra muy *agradecida*. それは大変肥沃な土地だ．

agradecimiento 男 [+por に対する]感謝（の念）．—en señal de ～ 感謝のしるしとして．expresar su ～ 感謝の意を表す．

agradezc- 動 →agradecer [9.1].

agrado 男 1 喜び，楽しみ，好み．—hallar ～ en... …が楽しい，…して楽しむ．ser de su ～ の好みである．**2** 愛想のよさ，親切．

agrafia, agrafía 女 《医学》失書症．

ágrafo, fa 形 1 文字を持たない〔知らない〕．2 文字を持たない，無文字の．

agramatical 形 《言語》文法規則にかなっていない，非文法的な．

---

agrandamiento 男 拡大，拡張．

agrandar 他 1 を大きくする，拡大〔拡張〕する．**2** を大きく見せる．— ～ los defectos 欠点を誇張して言う．— 再 大きくなる，広くなる．

agrario, ria 形 農地の，農業の．—reforma [política] *agraria* 農地改革［農業政策］．

agrarismo 男 農地改革運動．

agravación 女 →agravamiento.

agravamiento 男 悪化，深刻化（病状などが）重くなること．

agravante 形 悪化させる，深刻化する．—circunstancia(s) ～(s) 《法律》加重情状．— 名 1《法律》加重情状，**2** 悪化させるもの．

agravar 他 を悪化させる，を深刻化する．— **se** 再 悪化する，深刻になる．

agraviar 他 1 を侮辱する，に無礼をはたらく．**2** に不利をもたらす．— **se** 再 [+de に]腹を立てる；[+por に](侮辱などで)感情を害する．

agravio 男 1 侮辱，無礼．**2**《法律》損害，被害．

agraz 男 1 未熟のブドウの酸味の強い果汁．**2**《話》不快．— *en agraz* 未熟な．

agredir 他《欠如動詞：活用語尾に i が残る形でのみ使われる》を襲う（言葉・暴力で）；を攻撃する．

agregación 女 付加；付記；追加；集合．

agregado, da 名 1（大使館の）随行員，担当官．— ～ comercial 大使館付商務官．**2**[スペイン]〈profesor ～〉《昔の》準教員，准教授．**3**《中南米》小作人．— 男 集塊，集合体；付加物．

agregaduría 女 1 大使館職員の職［ポスト］．**2** 准教授職の職務．

agregar [1.2] 他 [+a に] 1 を付け加える，追加する；を言い［書き］添える．— ～ seis *a diez* 10 に 6 を足す．— ～ una posdata 追伸を書く．**2** を配属する，（一時的に）任命する．— **se** 再 [+a に]参加する，加入する．

agremiar 他 を職業組合に加入させる，を集めて職業組合を結成する．— **se** 再 職業組合に加入する，職業組合を結成する．

agresión 女 1 襲撃，攻撃；殴打，傷害．～ *guerra de* ～ 侵略戦争．pacto de no ～ 不可侵条約．

agresividad 女 攻撃性；挑戦［挑発］的な性格．

agresivo, va 形 1 攻撃的な；〈態度などが〉挑戦的な，挑発的な．**2** 積極果敢な．**3** 有害な，刺激的な．

agresor, sora 形 襲撃する，攻撃する，侵略する．— 名 攻撃する人，侵略者．

agreste 形 1 田舎の，田園の．**2** 未開拓の，険しい．**3**〈動植物が〉野生の．**4** 粗野な，教養のない．

agriado, da 過分 [→agriar] 形 1 酸っぱくなった．**2** 気難しい，不機嫌な．

agriar 【規則活用；ただし[1.5]の活用もある】他 **1** を酸っぱくする. **2** を気難しくする, 不機嫌にする. ― **se** 再 **1** 酸っぱくなる. **2** 不機嫌になる.

agrícola 形 農業の, 農耕の. ― productos *agrícolas* 農産物. ― 男女 農民, 農業者.

agricultor, tora 名 農民, 耕作者.

agricultura 女 農業, 農耕；農学. ― *biológica* [*ecológica, orgánica*] 有機農業. *Ministerio de A*~, *Silvicultura y Pesca* 農林水産省.

agridulce 形 **1** (味が)甘酸っぱい. **2** (比喩的に)ほろ苦い.

agriera 女 【中南米】胸やけ, 胃酸過多.

agrietamiento 男 亀裂, 割れ目；(皮膚の)ひび, あかぎれ.

agrietar 他 …に亀裂(きれつ)を入れる, 割れ目を作る, (手など)にひびを切らす. ― **se** 再 亀裂(きれつ)が入る.

agrimensor, sora 名 測量技師, 測量士.

agrimensura 女 土地測量(術).

agrimonia 女 【植物】キンミズヒキ.

agringarse 再 [1.2] 【中南米】米国人(*gringo*)風になる.

agrio, ria 形 **1** 酸っぱい, 酸味の. ― *frutas agrias* 柑橘(かんきつ)類. *volverse* ~ 酸っぱくなる. **2** きびしい, 辛辣(しんらつ)な. ― *agrias críticas* 痛烈な批判. **3** 気難しい, 取っ付きにくい. ― *carácter* ~ 気難しい性格. **4** (色彩が)けばけばしい, 不調和な. ― 男 **1** 酸味. **2** 複 柑橘(かんきつ)類(の果物). **2** 酸味, 酸っぱさ.

agrisado, da 過分 [→ *agrisar*] 形 灰色がかった, 灰色の.

agrisar 他 を灰色にする.

agro 男 農地.

agroalimentario, ria 形 農業と食料の.

agroambiental 形 農[業]環境の, 農業と環境に関する.

agrobiología 女 農業生物学.

agroflación 女 食料品[農産物]価格の高騰.

agroindustria 女 農産品加工業.

agrología 女 応用土壌学.

agrónico, ca 形 農業用コンピューターシステムの. ― 名 農業用コンピューターシステムの専門家.

agronomía 女 農学.

agronómico, ca 形 農学の, 農学に関する.

agrónomo, ma 形 農業に従事する. ― 名 農学者.

agropecuario, ria 形 農業と牧畜の, 農牧の.

agroquímica 女 農芸化学.

agroturismo 男 農業参加ツアー.

agrupación 女 **1** グループ分け, 組み分け. **2** (物の)集まり, 連合体. ― ~ *de empresas* 共同事業体. **3** (同じ目的を持つ人々の)団体, グループ. ― ~ *coral* 合唱団. **4** 【軍事】(臨時編成の)特別混成部隊.

agrupamiento 男 **1** 1つに集めること；集団, グループ. **2** 【情報】クラスタリング.

agrupar 他 (グループに)を集める；グループ分けをする. ― ~ *las fichas por temas* カードをテーマ別にまとめる. ― **se** 再 集まる, グループになる.

agrura 女 **1** 酸味；複 柑橘(かんきつ)類. **2** 胸やけ.

agua 【アグワ】[単数定冠詞は el, 単数不定冠詞は un(a)] 女 **1** (一般に)水, 湯. ― ~ *caliente* 湯. ~ *blanda* [*dura*] 軟[硬]水. ~ *corriente* 流水, 水道水. ~ *fría* 冷水, 水. ~ *potable* 飲料水. **2** 水溶液；(果物・植物などの)汁. ― ~ *de Seltz* 炭酸水. ~ *mineral* [*de mesa*] ミネラルウォーター. ~ *de Colonia* オーデコロン. **3** 複 鉱泉(水), 温泉(の湯). **4** 雨, 雨水. ~ *lloveize* [*de lluvia*] 雨水. ~ *nieve* 水, 水雨(みぞれ). **5** 複 海域, 水域, 近海. ― ~*s internacionales* 公海. ~*s jurisdiccionales* [*territoriales*] 領海. **6** 海流, 潮流；(干満の)潮. ― ~*s llenas* 満潮. ~*s mayores* [*menores*] 大潮[小潮]. **7** 複 航跡. **8** ~*s* 汗；尿；涙；複 小[大]便. ― *hacer* ~*s mayores* [*menores*] 大便[小便]をする. **9** (屋根やひさしの)斜面, 傾斜. ― *tejado de* [*a*] *dos* ~ 切妻屋根. *cubrir* ~*s* 屋根をかける(ふく). **10** 複 (宝石・生地などの)光沢；光沢のある波紋；(刀剣の)刃文. ― *un diamante de hermosas* ~*s* 光沢の美しいダイヤ. **11** (宗教上の)聖なる水. ― ~ *bendita* (カト) 聖水. ~*s bautismales* 洗礼水. **12** 【中南米】ソーダ水；ハーブ水. ▶ *agua(s) abajo* 川下[下流]へ. *agua(s) arriba* 川上[上流]へ；(比喩)流れに逆らって. *agua de borraja* [*de cerrajas*] 話 つまらぬ物. *agua pasada no mueve molino.* 【諺】覆水盆に返らず. *agua sucia* 話 まずいスープ[コーヒー, 飲物]. *ahogarse en un vaso de agua* 何でもないことにつまずく. *como (el) agua* 豊富に, 大量に；感じないで. *como (el) agua de mayo* [*en mayo*] 5月の雨のようにありがたい；折りよく. *dar agua a...* 【中南米】(人)を殺す. *echar agua arriba a...* 【中南米】をこっぴどく叱りつける. *echar el agua a...* (人)に洗礼を施す. *entre dos aguas* (迷って)どっちつかずで, 決めかねて. *estar (con el) agua al cuello* [*hasta el cuello*] (特にお金がなくて)苦境に陥っている. *hacer agua* (1) (海事)(船が)漏れる；浸水する. (2) (経済・商売などが)衰える[すたれる]. *hacerse (una) agua en la boca* 舌にとろけるほど柔らかい. *hacérsele a... (una) agua la boca* (欲しいもの, おいしいものを見たり思い出したりして)よだれが出る, 口につばがたまる. *irse al agua* (計画などが)失敗する. *llevar las aguas* [*(toda) el agua] al molino* 話 我田引水である, 自分の都合のいいようにする. *más claro que el agua/(tan*

claro como el agua 《話》火を見るより明らかな，極めて明白な．**meterse en agua el tiempo** (何日も)雨がよく降る．**romper aguas** 《医学》羊膜が破水する．**sacar agua de las piedras** ひどく欲深い．**ser agua pasada** もう過ぎた[どうでもいい]ことである．**ser hombre al agua** 陸(š)に上がった河童である．**tomar las aguas** (1)(医療用に)鉱泉水を飲む．(2)屋根をつける．**volver las aguas a** su **cauce** (変化・混乱の後)元の状態から，元通りになる．**volverse [quedar(se) en] agua(s) de cerrajas [de borrajas]** (計画などが)水泡に帰す，無駄になる．

aguacate 男 《植物》アボカドの木[実]．
aguacero 男 にわか雨，どしゃ降り．
aguachar 他 《中南米》(動物)を飼いならす．—— se 再 《中南米》おとなしくなる．
aguachento, ta 形 《中南米》水気の多い，水っぽい．
aguachinar 他 (水が多すぎて)をだめにする．
aguachirle 女 まずい飲み物[スープ]，安ブドウ酒，水っぽいスープ．
aguada 女 1《美術》水彩絵の具；水彩画；グワッシュ画．2 水飲み場；《海事》(船舶の)貯蔵飲料水．——hacer ~ (船が)飲料水を補給する．
aguaderas 女 複 (水がめ・水壺を積む)荷鞍．
aguado, da 過分 [→aguarse] 形 1 (酒などが)水っぽい，水で薄められた．2 (楽しみなどが)水を差された，興をそがれた．3 《中南米》退屈な，活気のない．
aguador, dora 名 水売り，水の運び屋．(水車の水受け)．
aguaducho 男 水飲み物の売店[売場]．
aguafiestas 男女 《単複同形》座を白けさせる人，人の楽しみの邪魔をする人．
aguafuerte 男女 《複 ~s》《美術》エッチング，腐食銅版(画)．
aguafuertista 男女 《美術》エッチング画家．
aguaitar 他 《中南米》見張る，見る．
aguaje 男 1《海事》潮流，海流；高潮；航跡．2 水飲み場．
aguamala 女 《動物》クラゲ．
aguamanil 男 1(手洗い用の)取手のついた水差し．2(手洗い用の)洗面器．
aguamanos 男 《単複同形》1 手洗い用の水．2(手洗いの)水差し，洗面器．
aguamar 男 《動物》クラゲ．
aguamarina 女 《鉱物》藍玉(欵)，アクアマリン．
aguamiel 女 蜂蜜水，砂糖水；《中南米》リュウゼツランの汁．
aguanieve 女 《気象》みぞれ．
aguanoso, sa 形 水気の多い；水を含んだ．
aguantaderas 女 複 《俗》忍耐，我慢強さ；耐久性，強度．
aguantar 他 1 を我慢する，に耐える．

—— el dolor 痛みをこらえる．~ la respiración 息を殺す．~ bromas 冗談を受け流す．2 を支える，しっかり持つ；(重さ)に耐える．—— la escalera 梯子をしっかり支える．3《闘牛》(闘牛士)が姿勢を変えずに下に止めを刺す．—— se 再 1 我慢する，じっとこらえる；あきらめる．——~ la risa 笑いをこらえる．~se con... ~で我慢する．Aguántate. 我慢しなさい，あきらめなさい．
aguante 男 忍耐力，我慢強さ；(物の)耐久性，強度．—tener mucho ~ とても我慢強い；非常に耐久性に富む．
aguapié 男 水っぽいワイン．
aguar [1.4] 他 1(ワインなど)を水で薄める，…に水を加える．—— el vino ワインを水で薄める．2 に水を差す，に不快にさせる．—— se 再 1 水びたしになる．2 台無しになる．

aguardar [アグワルダル] 他 1 を待つ，待ち受ける，待ちかまえる．—— el autobús バスを待つ．2 を猶予する，(支払い)を待ってやる[くれる]．—— 自 《+a+不定詞/que+接続法》(…するのを)待つ．Aguarda a que venga tu padre. お父さんが来るまで待ちなさい．—— se 再 その場で待つ，じっとしている．
aguardentería 女 蒸留酒を売る酒屋．
aguardentoso, sa 形 蒸留酒の入った，蒸留酒を飲んだような．—bebidas aguardentosas 蒸留酒．aliento ~ 酒くさい息．voz aguardentosa 酔っ払ったような[しゃがれ]声．
aguardiente 男 蒸留酒，焼酎(たまる)．—— de caña ラム酒．
aguardo 男 待ち伏せ，見張ること；(狩りで)獲物を待ち伏せる場所．
aguarrás 男女 テレビン油．
aguasarse 再 《南米》田舎者になる，野暮くなる．
aguatero, ra 名 《中南米》水売り，水の運び屋．
aguatinta 女 アクアティント．
aguaviva 女 《中南米》クラゲ．
aguazal 男 水たまり，沼地．
agudeza 女 1(感覚の)鋭さ，敏感さ．2 機知，頭脳の冴え，(鋭い)洞察力．—tener mucha ~ 機知に富んでいる．3(痛みなどの)激しさ，激烈；(批評などの)痛烈さ．4 刃先の鋭さ，鋭利．
agudizar [1.3] 他 1 を鋭くする．2 (状況など)を深刻化[激化]させる．—— se 再 (病気などが)悪化する．
agudo, da 形 1 鋭い，先のとがった．——filo ~ 鋭い刃．2 (音・精神・視線など)が鋭い，激しい．——una voz aguda かん高い声．~ dolor 激しい痛み．3 (知性・感性が)鋭敏な，明敏な；機知に富んでいる．——~ dicho ~ 警句，名文句．un hombre ~ de ingenio 機知に富んだ人，気の利いた人．4 (病気などが)急性の，急激な．5《音楽》高音の，高い．6《言語》最後の音節にアクセントのある．—— 男 複《音楽》高音部[域]．

2 《言語》鋭アクセント記号, 揚音符 (´).

agüer- 動 →agorar [5.7].

agüero 男 **1** 予兆, 前兆, 縁起(よ). ▶ *pájaro de mal agüero* いつも不吉なことを言う人. *ser de buen* [*mal*] *agüero* 縁起の良い[悪い], 吉兆[凶兆]を表す.

aguerrido, da 形 鍛錬された, 勇敢な. —soldado — 百戦錬磨の兵士.

aguijada 女 (家畜を駆り立てる)突き棒.

aguijar 他 **1** (家畜などを)突き棒[声など]で追い立てる; を駆りたてる, せかせる. — *el paso* 足を速める.

aguijón 男 **1** 突き棒の先. **2** (虫などの)針, 毒針. (植物の)とげ. **3** 刺激, 衝動, 誘い(☆).

aguijonazo 男 **1** (突き棒の穂先で突くこと; 針(☆)の一刺し; 痛烈な批判.

aguijonear 他 **1** (家畜など)を突き棒で追い立てる. **2** を駆り立てる, せかせる; を不安にさせる.

águila [単数冠詞は el, un(a)] 女 **1** (鳥類) ワシ(鷲). — *imperial* カタジロワシ. — *pescadora* ミサゴ, オジロワシ. — *real* [*caudal*] イヌワシ. **2** 敏腕家, 切れ者, やり手. —*ser un* — *para...* …のやり手である. **3** (紋章) 翼を広げた) 鷲の紋章); (軍事) 鷲印の軍旗. — *agrifada* (紋章) グリフィン(胴体がライオンで頭や翼などが鷲の想像上の動物). — *bicéfala* (紋章) 双頭の鷲. **4** イーグル金貨, (メキシコの)20ペソ金貨. **5** (el A~) 《天文》鷲座. ▶ *vista de águila* 遠くまで見える目. — 男 《魚類》トビエイ.

aguileña¹ 女 《植物》オダマキ.

aguileño, ña² 形 ワシ(鷲)の(ような). —*nariz aguileña* 鷲鼻[かぎ鼻]. *rostro* ~ あごのとがった細面.

aguilón 男 **1** 《鳥類》大ワシ(鷲). **2** (紋章) くちばしと鉤爪(\\\\)のない鷲. **3** クレーン(起重機)のジブ. **4** 《建築》切妻(\\\\)(壁), (屋根の稜角(\\\\))(切妻).

aguilucho 男 **1** 《鳥類》チュウヒ属(タカ科)の一種; ワシのひな.

aguinaldo 男 **1** (クリスマスに郵便配達人などに与える)心付け, チップ. **2** クリスマスキャロル.

agüista 男女 湯治客.

agüita 女 ハーブティー.

agüitarse 再 《メキシコ》《話》落ち込む, がっかりする.

aguja [アグハ] 女 **1** (裁縫などの)針, 縫い針, 編み針. —*labor*(*es*) *de* ~ 針仕事. — *de gancho* かぎ針. — *colchonera* 布団針. — *de bitácora* [*marear*] 羅針盤. — *de punto* [*media*] 編み棒[針]. **2** 注射針. **3** (時計・計器類の)針. — *de la balanza* (ばかりの)針. — (*de pino*) 松葉. **5** 《鉄道》転轍(☆)機, ポイント. —*cambio de* ~*s* 転轍機の切換え. *dar* ~*s* 転轍する, ポイントを切り換える. **6** 《料理》あばら肉, スペアリブ, ミートパイ; ワインの泡. —*vino de* ~(*s*) 発泡性のワイン. **7** 《建築》(鐘楼の)尖塔: オベリスク. **8** 《魚類》(地中海や北大西洋産の)細長い魚の総称; ダツ科の魚の一種. **9** 針状のもの; 《化粧》ヘアピン; 《服飾》飾りピン, ブローチ. —*tacón* (*de*) ~ スパイクヒール. — *de corbata* ネクタイピン. **10** 《情報》ピン. **11** 《中南米》(垣根・塀・欄(☆))の杭(☆), 丸太. ▶ *buscar una aguja en un pajar* 見つけられそうもないものを探す; 不可能なことをしようとする.

agujazo 男 針で刺すこと; 針による刺し傷.

agujereаr 他 …に穴をあける. —*se* 再 …に穴があく. —*Se me han agujereado las suelas de los zapatos con el uso*. 私の靴は使い古して底に穴が開いてしまった.

agujero 男 **1** (洋服・壁などの)穴, 破れ目, 孔. —*abrir* [*hacer*] *un* ~ *en la pared* 壁に穴をあける. *tapar un* ~ 穴をふさぐ. — *negro* 《天文》ブラックホール. — *de ozono* 《天文》オゾンホール. **2** 欠損, 赤字. **3** 《話》部屋, 家. —*encerrarse en su* ~ 自分の部屋に閉じこもる.

agujeta 女 **1** (運動の後の)筋肉痛, だるさ. —*tener* ~*s* 筋肉痛がする. **2** (両端に金具のついた)紐(☆), 靴紐.

agujón 男 大きな針, 女性用の帽子の留めピン; ヘアピン.

aguosidad 女 体液.

agur 間 さよなら, されじゃあね.

agusanarse 再 うじがわく.

Agustín 固名 (San ~)聖アグスティン[アウグスティヌス](354-430, 初期キリスト教会の教父・哲学者). **2** (男性名)アグスティン.

agustiniano, na 形 《カト》**1** 聖アウグスティヌスの. **2** →*agustino*. 名 《カト》**1** 聖アウグスティヌスの教義の信奉者. **2** →*agustino*.

agustino, na 形 《カト》アウグスティヌス会 (Orden de San Agustín) の. 名 《カト》アウグスティヌス会の修道士[修道女].

agutí 男 《動物》アグーチ, オオテンジクネズミ.

aguzado, da 形 (刃物などが)鋭い, とがった; (知性などが)鋭い.

aguzadora 女 砥石.

aguzanieves 男 『単複同形』 《鳥類》セキレイ.

aguzar [1.3] 他 ~ を鋭くする. (刃物などを)研ぐ. — ~ *un cuchillo* ナイフを研ぐ. **2** (感覚などを)鋭敏にする, 研ぎ澄ます. — ~ *el oído* 聞き耳を立てる. ~ *la vista* 目を凝らす.

¡ah! [ア] 間 **1** (幻滅, 同情, 驚きなどを表して)ああ, おお, おや. ~ (同意, 賛成を表して)ああ, はい, うん. —*¡Ah! ¿no viene Ana? ¿No voy a verla?* ああ, アナは来ないの? 会えないの? *¡Ah, sí, ahora me acuerdo!* ああ, そうだ, 今思い出した. **2** 《中南米》(警告を表して)さあ, ほら; (確認, 聞き返しを表して)そうだろう, え?

ahechar 他 (小麦などを)ふるいにかける.

aherrojamiento 男 **1** 鎖でつなぐこと。**2** 服従させること、抑圧。

aherrojar 他 **1** を鎖でつなぐ。**2** を束縛する、服従させる。

aherrumbrarse 再 さびる、鉄色になる。

ahí [アイ] 副 **1** そこに[へ、で]、そちらに[へ、で]《本来相手の近くの場所を表す。→ aquí, allí》。La estación está ~ mismo. 駅はすぐそこにある。—A~ tienes los billetes. 切符はそこにあるよ。A~ viene Alfonso. ほらあそこにアルフォンソが来るよ。A~ está precisamente el problema. まさにそこが問題なのだ。— arriba [abajo] その上[下]に。desde ~ そこから、その時。—A~ fue cuando comenzaron los problemas. その時から問題が始まったのだった。**3** その点で(は)、それについて(は)。—A~ no es problema. その点は問題ありません。▶ *Ahí es nada*. 《話》おや大変だ、そんなことってあるかい。*Ahí me las den todas*. 《話》まったく気にしない、痛くもかゆくもない。*¡Ahí va!* わあ、驚いた[すごい、しまった]。*de ahí que* [+接続法] そこで、したがって。*por ahí* (1) その辺で[に]、そのあたりに[で]。(2) そこを通って。(3) [o +] だいたい、およそ。—Pagó por la casa 70.000 euros *o por ahí*. 彼はその家にだいたい70万ユーロかそこら払った。(4) 世間では、*por ahí*, *por ahí* 《話》よよそう、そのとおり。

ahijado, da 過分 [→ahijar] 形 養子[養女]にされた。— 名 **1** 名付け子、教子(ホテン)、代子(☆)。**2** お気に入り、被保護者。**3** 養子、養女。

ahijar [1.7] 他 **1** を養子にする。**2**《特に羊が自分の子でない子羊》を育てる。— 自《植物が》芽を出す。

ahilar [1.7] 自 列を作る。— **se** 再 **1**《病気で人が》やせ細る。**2**《植物が》ひょろひょろと伸びる。

ahínc- 動 →ahincar [1.10].

ahincado, da 形 熱心な、一所懸命な、執拗な。

ahincar [1.10] 他 熱心に主張する。

ahínco 男 **1** 熱心さ。**2** 執拗さ。—pedir con ~ しつこく頼む。

ahinq- 動 →ahincar [1.10].

ahíto, ta 形 **1** [estar +] (食べすぎで)消化不良を起こした。**2** [+ de] うんざりした、(…で)いっぱいの。— 男 消化不良。

ahogadero, ra 形 (空間などが)息の詰まるような。— 男 **1** 人の密集している場所。**2** 絞首用のロープ。**3** (馬具の)の革。**4** (服傷) チョーカー。

ahogado, da 過分 [→ahogarse] 形 **1** 溺れかけた、窒息(死)した。—morir ~ 溺死(ポ)する。**2** 息の詰まりそうな。—respiración *ahogada* 苦しそうな息づかい。**3** [+ de ☆] 行き詰まった。—estar ~ *de* deudas 借金で首が回らない。**4** (声が)詰まった。— 名 溺死者、窒息死した人。

ahogamiento 男 **1** 溺れること、溺死(ポ); 窒息(死)。**2** 息が詰まること、息苦しさ。

ahogar [1.2] 他 **1** を溺死させる、窒息(死)させる; 絞殺する。**2** を息苦しくさせる; を苦しめる、悩ませる。—La profesora nos *ahoga de* deberes. 先生はわれわれに宿題で悩ませる。**3** (感情・活動などを) 抑える、抑圧する; (火・音などを) 消す。— el llanto 泣き声を押し殺す。**4** (水のやりすぎで) 植物を枯らす、枯死させる。**5** (自動車) (キャブレターに燃料を送りすぎてエンジン)を不調にさせる。**6** (チェスで相手)を手詰りにする [ステイルメイト] にする。— **se** 再 **1** 溺死する、溺れる; 窒息する、窒息死する。**2** 息苦しくなる。—~ *se de* calor 暑くて息が詰まる。**3** 悲嘆にくれる、不安でたまらまれる。**4** (水のやりすぎで植物が) 枯れる、枯死する。**5** (エンジンが) かぶる。

ahogo 男 **1** 窒息、呼吸困難; (暑さなどによる)息苦しさ。—perecer por ~ 窒息死(ポ)する。Le dio un ~. 彼は息が詰まった。**2** 窮乏、困窮。—pasar ~s económicos 金に困る、貧窮に陥る。**3** 困難、苦しみ; 不安。**4** (ゲーム) (チェスの) ステイルメイト。

ahondamiento 男 掘り下げ; (問題などの) 検討。

ahondar 他 **1** (穴など)を深くする; 掘り下げる; を深く埋める。**2** を検討する。— 自 [+ en] (ある所に) 深く入る。**2** (何かを) 深く調べる、探求する。— ~ *en* un problema ある問題を掘り下げて調べる。

ahora [アオラ] 副 **1** 今(では)、現在 (は)。—A~ estamos en otoño. 今は秋だ。**2** 今すぐ; 今しがた。—A~ voy. 今行くよ。**3** さて、ところで。—Y ~, ¿qué quieren ustedes? ところで、あなた方は何がご用ですか。**4** (相手そうながたりに) さあ、そら; 今だ。—*¡A~, date prisa!* さあ、急いでくれ。▶ *ahora... ahora...* (1) [+ 直説法] …したり…したり、…かあるいは…。(2) [+ 接続法] …しても…しても。*ahora bien* さ、ところで; でも、しかし。*ahora mismo* 今すぐ、たった今、今しがた。*ahora que* (1) [+ 直説法] …する今となって、今は…だから。(2) [しかし]、*ahora si que* [+ 直説法] 今度こそ…する。—*Ahora sí que* me devuelves el dinero. 今度こそ金を返してもらうよ。*hasta ahora* (別れの挨拶) また後で、また後ほど。*por ahora* 今のところ、さしあたり。

ahorcado, da 過分 [→ ahorcar] 形 名 絞首になった(人)、絞殺(☆)した(人)。

ahorcamiento 男 絞首刑。

ahorcar [1.1] 他 **1** を絞首刑にする。縛り首にする。**2** (聖職など)を放棄する。— **se** 再 首をつる、絞殺(☆)する。

ahorita 副 《中南米》今、たった今、今すぐに。

ahormar 他 (靴など)を型で調整する。**2** (人)を道理に従わせる。

ahornar 他 をオーブンに入れて焼く。— **se** 再 (火が強すぎてパンの)外側だけが焼ける。

ahorquillado, da 過分 [→ahorqui-

ahorquillar 35 **airear**

llarse) 形 二股(またまた)に分れた.

ahorquillar 他 **1**を二股(また)にする. **2**(木の枝)を又木で支える. ── **se** 再 (…が)二股(また)に分れる.

ahorrador, dora 形 節約する, つましい. ─ 男 節約[倹約]する人; 貯蓄家.

ahorrar 他 **1**(金)を蓄える, 貯蓄する. **2**を節約する, 倹約する. ── energía エネルギーを節約する. **3**(問題などを避け, なしで済ます. ── saliva 余計な議論を避ける. **4**(労力など)を出し惜しむ, 省く. ── **se** 再 **1**(問題·困難などを)避ける, 回避する. **2**を節約[倹約]する.

ahorrativo, va 形 倹約家の, けちな.

ahorrista 男女 〖南米〗銀行預金者.

ahorro 男 **1**貯蓄, 貯金, 貯え. ─caja de ~s 貯蓄銀行, 信用金庫. cartilla [libreta] de ~(s) 貯金通帳, 預金通帳. **2**(時間·エネルギーなどの)節約, 倹約. ── de energía 省エネ.

ahuasarse 再 →aguasarse.

ahuecamiento 男 **1**凹ませること. **2**ふくらませること.

ahuecar [1.1] 他 **1**…に凹みをつくる. **2**(綿など)をふくらませる. **3**(声)を重々しくする. ─ ▶ *ahuecar el ala* 立ち去る. ── 自 立ち去る〖特に命令文で〗. ── **se** 再 **1**凹む. **2**ふくらむ. **3**うぬぼれる.

ahuehué, ahuehuete 男 〖中南米〗〖植物〗ラクウショウ, メキシコサイプレス.

ahuesado, da 形 (色·固さが)骨のような, 骨に似た.

ahuevar 他 **1**卵形にする. **2**〖中南米〗呆然とさせる; 怖がらせる. ── **se** 再 卵形になる.

ahuizote 男 〖中南米〗呪術師; しつこくて迷惑な人.

ahulado 男 〖中南米〗**1**ゴム引き布. **2**覆 オーバーシューズ.

ahumado, da 過分 [→ ahumar] 形 **1**燻のたちこめた, 燻(けむ)製の. ─salmón ~ スモークサーモン. **2**(すすのような)ぼけた色の. ─gafas de cristales ~s グレーのレンズのメガネ. **3**《話, 俗》酔っぱらった. ── 男 **1**いぶすこと, 燻製にすること. **2**覆 燻製の魚[肉]. ── 女 ぼろし.

ahumar [1.8] 他 **1**(ある場所)を燻でいっぱいにする, (ハチの巣など)をいぶす. **2**(肉·魚など)を燻(けむ)製にする. **3**をすすで汚す. ── 自 燻が出る. ── **se** 再 **1**燻が充満する. **2**燻製っぽい味がする. **3**すすで汚れる. **4**《話》酔っぱらう.

ahusado, da 形 (手紡(つむ)ぎ用の)紡錘(ぼうすい)形の, 先細の.

ahuyentar 他 **1**を追い払う, 寄せつけない. **2**(悩み·心配事などを振り払い, 払いのける. ── **se** 再 逃げ去る.

aikido 男 合気道.

ailanto 男 〖植物〗ニワウルシ属の一種.

aimara, aimará 形 アイマラの, アイマラ語の. ── 男女 アイマラ人. ── 男 アイマラ語.

aindiado, da 形 (外観が)インディオに似た.

airado, da 過分 [→ airarse] 形 **1**怒った, 怒り狂った. ─con gesto ~ 怒った顔をして. **2**不道徳な, 堕落した.

airar [1.7] 他 を怒らせる. ── **se** 再 〖+ con/contra 〗に怒る; 〖+ por 〗で怒る.

airbag 男 覆 ~s または単複同形〖自動車〗エアバッグ.

aire [アイレ] 男 **1**空気, 外気, 大気. ─ liquido 液体空気. respirar el ~ fresco 新鮮な空気を吸う. El ~ está cargado. 空気が淀んでいる. **2**〖時に 覆〗空, 空中, 航空. ─ejército del ~ 空軍. **3**風. ─Sopla un ~ fresco [suave]. 涼しい[そよ]風が吹いている. ¿Qué ~s le traen por aquí? どういう風の吹き回しでいらしたのですか? **4**様子, 外見, 態度. ─con (un) ~ triste 悲しげな様子で. tener un ~ severo 厳しそうである. **5**〖時に 覆〗くだらないこと. ─tener la cabeza llena de ~ 頭が空っぽである. **6**〖+ a 〗に似たところ, 似かよい. ─un ~ de familia 親族間の似寄り. **7**(動き·振舞いの)優雅さ, 気品; 覆 気取り. ─Se da un buen ~. 彼女は身のこなしが上品である. **8**(馬の歩き[駆け]方. **9**〖音楽〗曲, 節, 民謡曲. **10**〖医学〗〖話〗(心臓·脳の)発作; 風邪. ─coger (un) ~ 風邪を引く. **11**〖医学〗空気嚥下(えん)症. ─ *aire acondicionado* エアコン, 空調装置. *al aire* (1)〖lanzar/disparar +〗空に向けて, 空中に. (2)〖quedar +〗むき出しに, 露出した. ─llevar el pecho *al aire* 胸をあらわにする. (3)根拠のない: 出まかせに. ─hablar *al aire* いい加減なことを言う, 口から出まかせを言う. *al aire libre* 戸外で〖で〗, 野外で〖で〗. *alimentarse* [*sustentarse*] *del aire* 《話》(1)食うや食わずの生活をする. (2)むなしい期待をする. *a su aire* 自己流に. ─ir *a su aire* 自分の好きなように する, 自己流でする. *cambiar* [*mudar*] *de aires* 転地保養〖静養, 療法〗する; 転勤する. *cogerlas* [*matarlas*] *en el aire* 飲み込みが早い, 理解が早い. *dar aire a ~* を扇などであおいでやる. *darse aires* 〖+ de 〗を気取る; もったいぶる. *de un aire* びっくり仰天する. *en el aire* (1)〖estar +〗宙に浮いて, 未決定〖未解決〗の. (2)根拠のない, 出まかせの. (3)〖estar +〗不安に心配〖で〗. (4)〖estar +〗〖ラジオ, テレビ〗(特にラジオ番組が)放送中の, オンエアの. *guardar* [*llevar, seguir*] *el aire a ~* に調子を合わせる, 従う. *hacer aire* (1)〖単人称で〗風が吹く. (2)(涼しくするために)扇ぐ. *llevar*(se) *el aire* 消えうせる, 忘れられる. *quedarse sin aire* 息苦しくなる. *tomar el aire* 外気に当たる, 外の空気を吸う; 散歩に出る. *vivir del aire* (1)食うや食わずの暮らしをする. (2)夢に生きる. ── 《話》出て行け; さっさと仕事しなさい.

aireación 女 通風; 換気, 通気.

airear 他 **1**に風を通す, 外気を入れる.

airón ... la casa 家の中を換気する. **2**《秘密など》を漏らす, 公けにする. — **se** 再 **1** 外気に当たる. **2** 風邪をひく.

airón 男 **1**《鳥類》アオサギ. **2**《鳥の冠毛；(かぶと，帽子の)羽飾り.

airosamente 副 優雅に, さっそうと.

airoso, sa 形 **1**(人が) 優雅[優美]な; (樹木などが)すらりとしてしなやかな. **2**(場所が) 風通しのよい, 風邪をひきやすい. **3** …に成功した. —quedar [salir] ~ de … に見事成功する.

aísl- 動 →aislar [1.7].

aislacionismo 男《政治》孤立主義, 不干渉主義.

aislacionista 形《政治》孤立[不干渉]主義の. — 男女 孤立[不干渉]主義者.

aisladamente 副 孤立して, 別々に.

aislado, da 過分 (→aislar) 形 **1** ~ de から 隔離された, 特殊な. **2** 他に例のない, 特殊な. —un caso ~ 特殊なケース. **3**《電気》絶縁された.

aislador, dora 形《電気》絶縁する. — 男《電気》絶縁体, 碍子(がいし).

aislamiento 男 **1** 隔離, 孤立. **2**《電気》絶縁(すること).

aislante 絶縁の; 断熱の. — 男 絶縁体; 断熱材.

aislar [1.7] 他 **1** を孤立させる, 隔離する. — ~ a un infectado 感染者を隔離する. **2**《電気・熱などから》絶縁する, 断熱する. **3**《化学》(成分などを)分離する, 抽出する. — **se** 再 孤立する, 引きこもる.

aizcolari 男 (スペイン・バスク地方の) 制限時間内にできるだけ多く丸太を切る競技の選手.

ajá 間（満足して）いいぞ；（了解して）なるほど；（驚いて）ああ.

ajado, da 過分 (→ajar) 形 擦り切れた；やつれた, しおれた. —tez ajada しわくちゃの顔. — 男《料理》ニンニクソース.

ajajá, ajajay 間 →ajá.

ajamonarse 再（特に女性が）丸々と太る.

ajar 他 **1** (布・衣服などを)よれよれにする, しわくちゃにする. **2** しおれさせる, 色あせさせる. — **se** 再 **1** よれよれになる, 擦り切れる. **2** しおれる, 色あせる. — 男 ニンニク畑.

ajardinar 他（土地を）庭にする, 造園する.

ajedrea 女《植物》シソ, キダチハッカ.

ajedrecista 男女 チェスの棋士.

ajedrecístico, ca 形 チェスの.

ajedrez 男 (ajedreces [複])《ゲーム》チェス；[集合的] チェスセット一式. —jugar al ~ チェスをする.

ajedrezado, da 形《紋章》チェック[市松]模様の.

ajenjo 男《植物》ニガヨモギ；アブサン（ニガヨモギを原料としたリキュール）.

ajeno, na 形 **1** ~ a の, (に) 無縁の; 異質の. — ~ a propiedad ajena 他人の所有物. asuntos ~ 他人の問題. **2**[+ a と] 無関係の, (に) 無縁の. — ~ a la especialidad 専門外の. ~ a su estado 身分にふさわしくない. **3**[+ a に] そぐわない, 合わない. — ~ a su carácter 性格に合わない. **4**[estar +] ~ a/de … を知らない, …に気付かない. **5**[+ de の] ない, (を) 欠いている. — ~ de prejuicios 偏見のない. ▶ *amigo de lo ajeno* 《話》すり, かっぱらい. — 名 他人, よそ者, 門外漢.

ajete 男 **1**《植物》緑色の若いニンニク. **2**《料理》ニンニクソース, ガーリックソース.

ajetreado, da 過分 →ajetrear) 形 (仕事で) 多忙な, 忙しく動き回る.

ajetrear 他 を働かせる. — **se** 再 (仕事で) 忙しく動き回る.

ajetreo 男 **1** あわただしいこと, 多忙. **2** にぎわい, 往来の激しさ.

ají 男《中南米》[複 —es] **1**《植物》トウガラシ. **2**《料理》チリソース.

ajiaceite 男《料理》ニンニクソース.

ajiaco 男《中南米》《料理》**1** チリソース. **2** トウガラシ.

ajilimoje, ajilimójili 男《料理》辛口のニンニク(ガーリック)ソース. **2** 雑然としていること. **3**[複] 付け合わせ, 付加物. —con todos sus ~s いっさいがっさい込みで.

ajillo 男《料理》炒めたニンニクのソース.

ajimez 男《建築》中央の柱で区切られた二連アーチ形の窓.

ajipuerro 男《植物》野生のポロネーギ.

ajo¹ 男 **1**《料理》ニンニク. — una cabeza de ~ ニンニク玉. un diente de ~ ニンニクの一片. **2**《話》企み, 陰謀. —andar [estar] en el ajo [metido en el ajo] …に関与している, 巻き込まれる. ▶ *El que se pica, ajos come.* 【諺】人に何か言われて腹を立てるのは思い当たるふしがあるからだ.

ajo² 男《話》(carajo の婉曲語) 野卑な言葉. —echar [soltar] ~s ののしる, 毒づく.

ajó, ajó 間（赤ん坊に話しかけて）ばぶば.

ajoaceite 男 ニンニクソース.

ajoarriero 男《料理》ニンニクで味付けした干しダラの煮込み料理.

ajolote 男《動物》アホロートル, メキシコサンショウウオ.

ajonjolí 男《植物》ゴマ, 白ゴマ(白胡).

ajorca 女 ブレスレット；アンクレット.

ajornalar 他 を日給で雇う.

ajuar 男[集合的] **1** 嫁入り道具. **2** 家財道具.

ajumar 他 を酔っぱらわせる. — **se** 再 酔っぱらう.

ajuntar 他 **1**《話》を集める. **2**『幼児語』を仲間に入れる. — **se** 再 **1**[+ con と] **1** 同棲する. **2**『幼児語』仲良しになる.

ajustado, da 過分 (→ajustar) 形 **1** (衣服などが) ぴったりの, 窮屈な. **2**[+ a に] 適合した, ぴったり合った. **3** (価格などが) 妥当な, 適切な. —un precio ~ 妥当な価格. — 男 調整.

ajustador, dora 形 調整する, 仕上

ajustamiento 男 →ajuste.

ajustar 他 1《+ a に》ぴったりと合わせる, 適合[適応]させる. —— un tornillo ねじをはめ込む. 2 を調整する. 調節する. —— una balanza [un motor] はかり[エンジン]を調整する. 3《+ a/en に》(値段・条件などを)取り決める. 4 …に合意する, (取引などを)まとめる. —— una tregua 休戦を取り決める. 5 を決済する, 支払う. —— las cuentas 勘定を決済する. 6《印刷》を組版する, ページに組む. —— 自 ぴったり合う[一致する]. —— se 再 1《+ a に》ぴったり合う, 適合する. はまる. 2《+ en で》合意する, 折り合う. 3(自分の体に)ぴったり合わせる. ——se el cinturón ベルトをきちんと締める. ▶ajustarLE las cuentas a … …に仕返しをする, …に借りを返す.

ajuste 男 1 合わせること, 適合させること, 調整. 2 合意, 取り決め. —llegar a un ~ 合意の一致をみる. 3《商業》(勘定)の清算. ▶ajuste de cuentas 仕返し, 報復.

ajusticiado, da 過分 [→ ajusticiar] 形 処刑された, 死刑に処せられた. —— 名 処刑された人.

ajusticiamiento 男 処刑, 死刑執行.

ajusticiar 他 を処刑する. …に死刑を執行する.

al [前置詞 a + 定冠詞 el の縮約形]→a.

ala' 女 →hala.

ala² 女《単数定冠詞は el》1(鳥・飛行機の)翼(つばさ), (昆虫などの)羽. —batir sus ~s (鳥や虫が)羽ばたく. — delta ハンググライダー. 2《建築》(建物の)張り出し部分; ひさし. 3(帽子, 屋根の)ひさし. 4《解剖》鼻翼(び), 小鼻. 5《政治で》翼(よく), 派. —— izquierda [derecha] 左翼 [右翼], 左派 [右派]. 6《スポ》ウイング. 7《軍隊》側面部隊. ▶ahuecar el ala《話》立ち去る; 逃散する. caerse a … las alas《話》…の気力が衰える. cortar las alas a …《話》…の気力をそぐ, やる気をなくさせる. dar alas a …《話》…にやる気を起こさせる, 勢い付かせる. del ala《話》[金額を強調して] —diez mil euros del ala 1万ユーロもの金額. estar tocado del ala《話》気のふれた, 頭がいかれた.

alabador, dora 形 賞賛する(人).

alabamiento 男 →alabanza.

alabancioso, sa 形 自慢癖のある, うぬぼれた.

alabanza 女 1 賞賛, 賛辞. —merecer [ser digno de] la ~ 賞賛に値する. 2 自慢, 自画自賛.

alabar 他 をほめる, 賞賛する. —— se 再《+ de/por を》自慢する, うぬぼれる.

alabarda 女《歴史》矛槍(ほこ).

alabardero 男《歴史》矛槍兵. 2《話》(劇場などの)拍手屋, さくら.

alabastrado, da 形 →alabastrino.

alabastrino, na 形 1 雪花石膏(せっこう)(のような). 2(肌が)白い.

alabastro 男《鉱物》雪花石膏(せっこう), アラバスター. —— oriental 霰石(あられいし).

álabe 男(水車の)水受け板; (水車・ターピンの)羽根; (歯車の)歯.

alabeado, da 過分 [→ alabear] 形(板などが)反(そ)った, 歪(ゆが)んだ.

alabear 他 を反(そ)らせる, 歪(ゆが)める. —— se 再 反る, 歪む.

alabeo 男(板などの)反(そ)り, 歪(ゆが)み.

alacena 女 はめ込みの食器棚.

alacrán 男《動物》サソリ. — cebollero《虫類》ケラ. — marinero《魚類》アンコウ.

alacridad 女《文》快活さ, 陽気で生気のある状態.

alada 女 羽ばたき.

aladar 男《主に複》こめかみに垂れた髪の房.

alado, da 形 1 翼 [羽] のある. —hormiga alada 羽アリ. 2(動きが)軽やかな, 俊敏な.

aladrar 他《地方》耕(たがや)す.

alagartado, da 形 1《中南米》けちな, 欲ばりな; ひとり占めする. 2 トカゲの皮膚のような, 色とりどりの. —— 名 けちな人, 欲ばり.

alajú 男《料理》アーモンド・クルミ・蜂蜜等の入った菓子.

alalia 女 失声性, 失語症.

alamar 男《服飾》1(マントなどに飾りとしてつける)ボタンとループ. 2(衣服の)飾り紐, 房飾り.

alambicado, da 過分 [→ alambicar] 形 1 凝(こ)りすぎた, 微に入り細をうがった. 2 最低限の.

alambicamiento 男(文章などに)凝(こ)りすぎること; 緻密すぎること.

alambicar [1.1] 他 1(文章・文体などに)凝(こ)りすぎる; よくわからせる. 2(価格)を最低限に抑える. 3(液体)を蒸留する.

alambique 男《化学》蒸留器.

alambrada 女《軍事》鉄条網; 金網のフェンス.

alambrado 男 1 金網のフェンス; 金網. 2 フェンスで囲むこと.

alambrar 他 を針金 [鉄線] で囲む, …に金網を張る.

alambre 男 1 針金, ワイヤー, 電線. —red de ~ 金網. — de púas [de espino] 有刺鉄線. 2 有刺鉄線, 鉄条網. ▶de alambre (手足が)針金のように痩せた.

alambrera 女 金網, 金網の覆い.

alambrista 女 綱渡り芸人; メキシコから米国への不法移民.

alameda 女 ポプラ並木; 並木道.

álamo 男《植物》ポプラ(材).

alancear 他 を槍(やり)で突く [刺す].

alano, na 形 アラン人の. アラン人の(5世紀初頭スペインへ侵入したゲルマン系の民族). —— 男《動物》マスティフ犬.

alantoides 女《複 なし》《解剖》尿膜, 尿嚢(のう).

alar 男 軒, ひさし.

Alarcón 固名 アラルコン (Pedro Antonio de ~)(1833-91, スペインの作家・政治家).

alarde 男 誇示, みせびらかすこと. ► *hacer alarde de* ~ を誇示する, 自慢する.

alardear 自 [+de と] 誇示する, 自慢する.

alardeo 男 →alarde.

alargadera 女 《化学》(蒸留器の)継足し管; 器具を長くする部品.

alargado, da 過分 (→ alargar) 形 長くなった, 細長い.

alargador, dora 形 長くする, 延長用の. —— 男 延長ケーブル.

alargamiento 男 長くすること, 延長.

:alargar [1.2] 他 **1** 長くする, 伸ばす; を延長する, 引き延ばす. ~~ ~ un cable ロープを伸ばす. ► *el brazo* 腕を伸ばす. **2** を手渡す, 差し出す. —*Alárgame los guantes.* 手袋を取ってくれ. **3**《給料・配給量など》を増やす. ► *el salario* 給料を上げる. **4**《感覚》を集中させる. ► *la vista* 目をこらす. ► *el oído* 聞き耳を立てる. —— *se* 再 **1** 長くなる, 伸びる. **2**[+en と] 長々と引き延ばして, だらだら行う. **3**[+a に/hasta まで] 立寄る; 足を延ばす.

alarido 男 **1**(恐怖・苦痛・怒りなどを表す)叫び声, 悲鳴. —*dar un* ~ 叫び声をあげる. **2**モーロ人のときの声.

alarife 男 建築現場の親方, れんが積み職人.

:alarma 女 **1** 警報; 警報装置, アラーム. —*dar la* ~ 警報を出す. *dar la voz de* ~ 危険を知らせる[ほのめかす], 警報を出す. ► *aérea* 空襲警報. *estado de* ~ 緊急(非常)事態. *sistema de* ~ 警報装置. **2**(危険に対する)不安, 恐れ. —*cundir la* ~ 不安が広がる.

***alarmador, dora** 形 不安を与える, 人を驚かせる. —— 男 警報器. ► ~ *de fuego* 火災警報器.

:alarmante 形 気懸かりな, 心配な; 人を驚かせる. —*noticias* ~*s* 憂慮すべきニュース.

alarmar 他 を警戒させる, …に危険を知らせる; を不安にさせる. —— *se* 再 警戒する, 不安になる.

alarmismo 男 《軽蔑》人騒がせなこと, 不安をあおること.

alarmista 形 人騒がせな, 不安の種をまく; 心配性の. —— 男女 人騒がせな人, 不安の種をまく人; 心配性の人.

alauita, alauí 形 [複 alauitas, alauíes] 《宗教》(イスラム教の)アラウィー派の(人).

alavense 形名 →alavés, vesa.

alavés, vesa 形名 アラバ (Álava, スペイン北部の県)の(人).

alazán, zana 形 《馬が》栗毛の, 赤褐色の. —— 男 栗毛の馬.

:alba 【単数定冠詞は el】女 **1** 暁(ぁゕっき), 夜明け; 曙光(しょこう). —*levantarse antes del* ~ 夜明け前に起きる. *lucero del* ~

明けの明星. **2**《宗教, 服飾》司祭が着る白衣, アルバ. ► *al alba* 夜明けに, 明け方に; 夜明けとともに, 早朝に. *rayar [quebrar, reír] el alba* 夜が明け始める. —*al rayar [romper] el alba* 夜明けに, 明け方に.

albacea 男 遺言執行人.

albaceazgo 男 遺言執行人の職務.

albacetense 形 アルバセーテ (Albacete, スペイン南東部の県)の. —— 男女 アルバセーテの人.

albaceteño, ña 形名 →albacetense.

albacora 女《魚類》ビンナガ(マグロ).

albahaca 女《植物》メボウキ, バジル.

albalá 男/女《公私の》証書; 王の勅許状.

albanés, nesa 形 アルバニア (Albania)の(人). —— 男 アルバニア語.

Albania 固名 アルバニア (首都 Tirana).

albano, na 形名 →albanés.

albañal, albañar 男 **1** 下水道, 下水溝. **2** 非衛生で汚い場所.

albañil 男 石工(ぃくぅ), 左官, れんが職人.

albañilería 女 **1** 石工(ぃく)[左官]の仕事[技術]. **2** 石・れんが等の建造物.

albar 形《動植物が》白い.

albarán 男 **1**《商業》商品の受領済[受領伝票]. **2** 証書 →albalá.

albarca 女 底革とひもでできたサンダル.

albarda 女《馬・ロバなどにつける》荷鞍(にぐぃ). ► *albarda sobre albarda* くどくど.

albardar 他《馬・ロバなどに》荷鞍(にぐぃ)をつける; 馬具をつける.

albardear 他《中米》《人》に迷惑をかける, を困らせる.

albardilla 女 **1**《小馬》調教用の鞍. **2**《建築》(塀の上部の)笠石. **3**《料理》(揚げ物の)衣(ころも); (鳥肉を焼く時に上に乗せる)薄切りのベーコン. **4** 鍋つかみ.

albardón 男 **1** 乗馬用の大きな荷鞍(にぐぃ), 前後が突出した鞍. **2**《中南米》水没しない高い土地.

albaricoque 男《植物》アンズ(の実, 木).

albaricoquero 男 アンズの木.

albariño 男 ガリシア産の軽い白ワイン.

albarizo, za 形《土地が》白っぽい.

albarrada 女 **1**(セメントを使わず積み重ねて作った)石の壁. **2**(傾斜を利用し石の壁で支えられた)テラス. **3** 畑の囲い. **4** 防御壁.

albarrana 女 **1** 城壁の外に付き出した塔. **2**《植物》カイソウ(海葱).

albatros 男 [単複同形] **1**《鳥類》アホウドリ. **2** ゴルフのアルバトロス.

albayalde 男《化学》鉛白, 白鉛.

albazano, na 形《馬が》濃い栗毛の.

albazo 男 **1** 夜明けの攻撃. **2**《中南米》朝方の音楽(恋歌).

albear 自 **1** 白くなる; 白っぽくなる. **2**《中南米》早起きする.

albedrío 男 意志, 気まぐれ. —*libre* ~ 自由意志. ► *a [según] su albe-*

albéitar 男 獣医.
albeitería 女 獣医学.
Albéniz 固名 アルベニス (Isaac 〜) (1860-1909, スペインの作曲家・ピアニスト).
alberca 女 1 貯水槽. 2《中米》プール. ►**en alberca**《建造物が》屋根がなくて壁だけの.
alberchigo 男《植物》モモの一種; アンズの一種.
alberchiguero 男《植物》モモの木; アンズの木.
albergar [1.2] 他 1 を泊める, 宿泊させる; を収容する. 2《感情・考えなど》を抱く. —— **se** 再 泊まる; 避難する.
albergue 男 1 宿, 宿屋, ロッジ, 〜 juvenil ユースホステル. 2 避難所. 3《野生動物の》隠れ場.
albero 男 1 白っぽい乾いた土地. 2《闘牛場の》砂場. 3 廛土.
Alberto 固名《男性名》アルベルト.
albigense 形 1 アルビ (Albi, フランス南部の都市) の. 2《宗教》アルビジョア派 (カタリ派の一派) の. —— 名 1 アルビの住民. 2《宗教》アルビジョア派の人.
albillo, lla 形 小粒で甘い白ブドウの.
albina 女 潟; 潟の塩.
albinismo 男 1《医学》白皮症. 2《生物》白化現象.
albino, na 形 1《医学》白皮症の. 2《生物》白化した. —— 名《医学》白皮症の患者, 白色種.
albitana 女 1《植木を保護するための》囲い, 棚. 2《造船》副舵首材.
albo, ba 形《文, 詩》白い.
albogue 男 1 ドゥルサイナ (木管楽器の一種). 2 羊飼いの笛. 3 真鍮(しんちゅう)製の小型シンバル.
albóndiga 女 1《料理》肉だんご, ミートボール. 2《幼》丸めた鼻くそ.
albondiguilla 女《料理》肉だんご, ミートボール.
albor 男 1《文, 詩》白さ. 2 夜明け, 暁; 曙光(しょこう). 3《文》《主に 複》始まり, 初期. ►**albor(es) de la vida** 幼少[青春]時代. **quebrar albores** 夜が明ける.
alborada 女 1 夜明け時, 暁. 2 暁に演奏する曲; 朝方の音楽. 3《軍事》起床ラッパ; 夜明けの攻撃.
alborear 自 1《単人称動詞》夜が明ける. 2《主語は動詞の後に来る》兆候が現れる.
albornoz 男 1 バスローブ. 2《アラビア人の》フード付きマント, バーヌース.
alboronía 女《料理》ナス・トマト・カボチャなどを使った野菜料理.
alboroque 男《売買が成立した時仲介者に渡す》謝礼, 祝儀; 接待.
alborotado, da 過分 [→ alborotar] 形 1 興奮した; せっかちな, 軽率な; 多忙な, あわただしい. 2 荒れた, 乱れた.
alborotador, dora 形 1 騒々しい. 2 扇動的な. —— 名 1 騒ぎを起こす人. 2 扇動者.
alborotar 自 騒ぐ, 大騒ぎする. —— 他 1 を混乱させる, …に騒ぎを引き起こす. 2 を乱れさす, かき乱す. 3 を扇動する, 興奮させる. —— **se** 再 1 騒ぐ, 大騒ぎする. 2 動揺する, とり乱す. 3《海が》荒れる.
alboroto 男 1 騒動, 暴動, 騒ぎ; 騒音. 2《中米》《喜びの》騒ぎ. 3《中米》ポップコーン. 4 a) 騒乱, 擾乱. b) 暴動.
alborotoso, sa 形《中南米》→ alborotador.
alborozar [1.3] 他 大喜びさせる, うれしがらせる. —— **se** 再 とても喜ぶ, 大喜びする.
alborozo 男 大喜び, 歓喜.
albricias 女複 1 祝福の言葉[品]. —dar— 〜 a …《人》に祝福を述べる. 2 吉報を伝えた人に与える祝儀. —— 間 おめでとう; 《歓喜の》やった, わーい.
Albufera 固名 アルブフェーラ (スペインのバレンシア地方の湖).
albufera 女《地理》潟, 潟湖(せきこ).
álbum 男 〖複 〜es〗《写真・CD などの》アルバム.
albumen 男 1《動物》卵白. 2《植物》胚乳.
albúmina 女《生化》アルブミン.
albuminoide 男《生化》アルブミノイド, 硬蛋白質. —— 形 → albuminoideo.
albuminoideo, a 形《生化》アルブミン性の.
albuminoso, sa 形《生化》アルブミンを含んだ.
albuminuria 女《医学》蛋白尿.
albur[1] 男《魚類》ディス, ニシウグイ.
albur[2] 男 偶然性. —al 〜 成り行きに任せて. correr [jugar] un 〜 危険を冒す, 一か八かやってみる. ►**al albur de** …に任せて.
albura 女 1 白さ, 純白. 2《植物》《木の》白太(しらた).
alca 女《鳥類》オオハシウミガラス.
alcabala 女 1《中南米》警官の詰所[検問所]. 2《歴史》売上税.
alcacel 男 → alcacer.
alcacer 男《植物》青い大麦.
alcachofa 女 1《植物》アーティチョーク, チョウセンアザミ. 2《吸水管の先端の濾過(ろか)器》; 《シャワー・じょうろの》散水口.
alcahuete, ta 名 1 売春[不倫な関係]の仲介者, ぽん引き. 2 他人のプライバシーを吹聴する人.
alcahuetear 自 1 売春[不倫]の仲介をする. 2 他人のプライバシーを言いふらす, うわさをして回る.
alcahuetería 女 1 売春[不倫]の仲介. 2 陰口.
alcaicería 女《歴史》スペインイスラム統治時代の絹用屋街; 市場.
alcaide 男 1《歴史》城の警備隊長. 2《中南米》《刑務所の》看守長.
alcaidía 女 1《歴史》城の警備隊長の職[管轄区域]. 2《中南米》看守長の職;

alcalaíno 看守室,刑務所長室.

alcalaíno, na 形 アルカラ・デ・エナーレス (Alcalá de Henares) の(人).

alcaldada 女 職権乱用, 横暴.

alcalde 名《政治》市長, 町[区, 村]長. **—~** pedáneo 下町村[村の]区長.

alcaldesa 女 1 女性の市[町, 村]長. 2 市[町, 村]長夫人.

alcaldía 女 1 市[町, 村]長の職[行政区域]. 2 市役所, 町[村]役場.

álcali 男 [複 ~s] 《化学》アルカリ. (→ ácido「酸」).

alcalinidad 女《化学》アルカリ性[度].

alcalinizar [1.3] 他 をアルカリ化する.

alcalino, na 形《化学》アルカリ性の.

alcalinotérreo, a 形《化学》アルカリ土類の.

alcaloide 男形《化学》アルカロイド(の).

alcalosis 女《単複同形》《医学》アルカローシス.

alcamonías 女複 1 スパイスとして使われる種子. 2《俗, 話》陰口.

alcance 男 1 [+ de の] 届く距離[範囲]; (能力・感覚などの及ぶ) 有効範囲. —proyecto de mucho ~ 非常に広範囲にわたるプロジェクト. estar más allá del ~ de su inteligencia …の理解の範囲を超えている. 2 主に複 [主に否定的内容の文で] 能力, 知能, 知性. —persona de pocos [de cortos] ~s あまり聡明でない人, 頭の悪い人. 3 (出来事・言動の) 重要性; 影響力, 意義. —acontecimiento de mucho ~ 重大な出来事. 4《軍事》射程(距離). —misil de largo ~ [de corto ~] 長距離[短距離]ミサイル. 5 (車の軽い)衝突; (同じ方向へ向かう列車の) 追突事故. 6《ボクシング, フェンシングの》リーチ. 7《新聞》最新ニュース[欄]; (印刷) 分割原稿. 8《商業》赤字, 欠損, 不足額. ▶ **al alcance de...**/su alcance (1) …の手の届く所に. (2) (購買力・可能性などの) …の手の届く範囲内に. **al alcance de la mano** (容易に) 手の届く所に, すぐ近くに, 手に入る. **dar alcance a...** …に追いつく; 捕まえる. **ir [andar] a [en] los alcances de...** (1) を尾行[追跡]する, (2) もう少しで…を達成するところである.

alcance(-), alcancé(-) 動 → alcanzar [1.3].

alcancía 女《中南米》貯金箱, (教会の) 献金箱.

alcándara 女 1 (タカなどの) 止まり木. 2 ハンガー.

alcandía 女《植物》モロコシ.

alcanfor 男 樟脳(しょう).

alcanforado, da 形 樟脳(しょう)を混ぜた.

alcanforar 他 …に樟脳(しょう)を混ぜる.

alcanforero 男《植物》クスノキ(樟).

alcantarilla 女 1 下水道; 排水溝. 2 小さな橋.

alcantarillado 男 下水施設[設備], 下水道.

alcantarillar 他 …に下水設備を設ける.

alcantarillero 男 下水道係; 下水道職人.

alcanzable 形 到達[達成]することのできる; 害の届く.

alcanzadizo, za 形 到達[達成]しやすい, 手に入れやすい.

alcanzado, da 過分 [→alcanzar] 形 [+ de で] 負債[借金]を抱えた, 窮迫した.

alcanzar [アルカンサル][1.3] 他 1 …に追いつく; 手が届く. —Corriendo mucho logré ~ el autobús de las ocho. うんと走って私は8時のバスに乗ることができた. 2 …に到達する, 達する; (影響・効果などが)…に及ぶ, 届く. —Este fusil alcanza trescientos metros. この銃は射程が300メートルある. 3 を獲得する, 達成する. 4 ~ la fama 名声を得る. 5 を手渡す, 渡す. 5 …がわかる, を理解できる. 6 …と同時代に生れ合わせる. —Su bisabuelo alcanzó a Alfonso XII. 彼の曾祖父はアルフォンソ12世の時代に生きていた. 自 1 [+ a に] 達する, 及ぶ. **—~** con la jabalina a 70 metros 槍投げで70メートルに達する. 2 [+ a + 不定詞] (…することが)できる. —No alcanzo a comprender por qué ha tomado esa decisión. なぜ彼がそんな決定をしたのか私にはわからない. 3 [+ para に] 十分である, 足りる. —El vino no alcanzaba para todos. ワインは全員に行き渡らない. **—se** 再 [+ a に] …がわかる, 理解できる. —a lo que se me alcanza 私の理解するところでは.

alcaparra 女《植物》フウチョウボク. 《料理》ケーパー.

alcaparrón 男《植物》フウチョウボクの実;《料理》ケーパー.

alcaptonuria 女《医学》アルカプトン尿症.

alcaraván 男《鳥類》イシチドリ.

alcaravea 女《植物》ヒメウイキョウ, キャラウェー.

alcarraza 女 素焼きの水差(みず).

alcarreño, ña 形 アルカリア (La Alcarria) 地方の(人).

alcarria 女 (平坦で草地の少ない) 台地, 高原.

alcatraz 女 1《鳥類》シロカツオドリ. 2《植物》アルム.

alcaucil 男《植物》野生のアーティチョーク; アーティチョーク.

alcaudón 男《鳥類》モズ(百舌).

alcayata 女 鉤(かぎ)状の釘(くぎ), フック.

alcazaba 女 城郭都市内の砦(とりで), 城塞(さい).

alcázar 男《建築》(特にアラビア風の)王宮, 王城; 城塞(さい), 砦.

alce[1] 男《動物》ヘラジカ.

alce[2] 男 (トランプゲームで)カットしたカードの束(たば).

alción 男《鳥類》カワセミ;《動物》ウミトサカ.

alcista 形《株式》(株価・相場が)上昇

alcoba 女 《古式の家の》寝室; 寝室用家具一式.

alcohol 男 **1** アルコール飲料, 酒類. **2** 《化学》アルコール, 酒精.

alcoholar 他 《化学》(ある物質)をアルコール化する, …からアルコールを採る.

alcoholemia 女 血中アルコール濃度.

alcoholera 女 酒造工場.

alcoholero, ra 形 **1** アルコール製造の. — 女 酒造工場.

alcohólico, ca 形 **1** アルコール(性)の, アルコールによる. **2** アルコール中毒の. — 名 アルコール中毒者.

alcoholímetro 男 アルコール計.

alcoholismo 男 《医学》アルコール中毒[依存症].

alcoholista 男女 《中南米》アルコール中毒者.

alcoholización 女 **1** アルコール化; アルコールの添加. **2** アルコールの摂取; アルコール中毒.

alcoholizado, da 過分 [→alcoholizar] 形名 《医学》アルコール中毒[依存症](の患者).

alcoholizar [1.3] 他 **1** にアルコールを混ぜる. **2** 《化学》アルコール化する. — se アルコール中毒になる.

alcor 男 小さな丘, 小山.

alcornocal 男 コルクガシの林.

alcornoque 男 **1** 《植物》コルクガシ; コルク材. **2** 《話》頭が空っぽの人, まぬけ.
▶ *pedazo de alcornoque* →*pedazo*.

alcorque 男 (灌漑(ガイ)用に)木の根元に掘った穴.

alcorza 女 **1** 《料理》《洋菓子》の砂糖衣, アイシング. **2** 砂糖衣をまぶした菓子.

alcotán 男 《鳥類》チゴハヤブサ.

alcotana 女 片つるはし.

alcurnia 女 家系, 血統, 血筋.

alcuza 女 **1** 油入れ. **2** 《中南米》複 酢とオリーブ油を入れる調味料スタンド.

alcuzcuz 男 《料理》クスクス.

aldaba 女 **1** ドアのノッカー. **2** 《馬などをつなぐ壁につけた》鉄の環; (扉・窓用の)かんぬき.

aldabilla 女 《扉・窓》の止め金.

aldabón 男 **1** 大型のドアのノッカー. **2** 大きな取っ手.

aldabonazo 男 **1** ドアのノッカーでたたくこと[音]. **2** 通知, 警告.

aldea 女 《小さな》村, 村落.

aldeanismo 男 **1** 《軽蔑》排他的な村意識. **2** 無作法, 下品.

aldeano, na 形 **1** 村の, 村民の. **2** 田舎の, 田舎者の; 粗野な. — 名 **1** 村人, 村民. **2** 田舎者.

aldehído 男 《化学》アルデヒド.

aldehuela 女 小さな村.

ale 間 →*hala*.

aleación 女 合金を作ること, 合金.

alear 他 [+ con] を合金にする: (2種類以上の金属)を合金化する. — 自 **1** 羽ばたく. **2** 元気を取り戻し, 回復する《主に ir+現在分詞で使われる》.

aleatorio, ria 形 偶然に左右される, 運次第の. —acceso ~ 《情報》ランダムアクセス. número ~ 《数学》乱数.

alebrarse [4.1] 再 (身を隠すために)地面に伏せる. **2** おじけづく.

alebrestarse 再 **1** いらいら[興奮]する.

aleccionador, dora 形 教訓的な; 戒めとなる.

aleccionamiento 男 教育, 訓練.

aleccionar 他 **1** [+ en/para/sobre について] に教える, を訓練する. **2** に教訓を与える. — se [+ con/por から] 学ぶ, 懲(ﾘ)りる.

alechugar [1.2] 他 にひだ[フリル]をつける.

aledaño, ña 形 [+ de/a に] 隣接した. — 男 複 隣接地, 周辺部.

alegación 女 **1** 申し立て; 引証. **2** 《法律》弁論, 弁駁.

alegador, dora 形 《中南米》議論好きの, 理屈っぽい.

alegar 他 申し立てる, 主張する. — 自 《中南米》議論する.

alegato 男 **1** 《法律》《主に弁護士の》陳述書, 口頭弁論; 申し立て, 主張. **2** 《中南米》口論, 言い争い.

alegoría 女 **1** 寓(ﾊ)意, アレゴリー; 寓話, 象徴.

alegórico, ca 形 寓(ﾊ)意的な, アレゴリーの.

alegorizar [1.3] 他 を寓(ﾊ)意的に表現[解釈]する.

alegrar [アレグラル] 他 **1** を喜ばせる, うれしがらせる. —El éxito de José *alegró* a sus padres. ホセの成功を彼の両親は喜んだ. **2** (雰囲気)を楽しくする, 明るくする. **3** 《火》を燃え立たす, かき立てる. — ~ el fuego 火をかき立てる. **4** を酔わす気分よくさせる. — se **1** [+ de/con/por で; de que + 接続法] 喜ぶ, うれしく思う. — *Me alegro de* verle otra vez. 再びお会いできてうれしいです. *Me alegro de que* vuelvas. 君が戻って来るとうれしいです. **2** 元気になる, 陽気になる. **3** ほろ酔い気分になる, 上機嫌になる.

alegre [アレグレ] 形 **1** [ser +] 快活な, 陽気な. **2** [estar +] うれしい, 喜んでいる; 楽しい. —Está ~ con la noticia. 彼はその知らせを聞いて喜んでいる[うれしいそうだ]. Estoy ~ de tenerte aquí otra vez. 君がまたここにいてくれてうれしい. **3** (色彩, 部屋などが)明るい; 派手な; 《天気・空》明るい, 晴朗の, 明るい. **4** [estar +] ほろ酔いの, 御機嫌な. **5** 軽率な, 軽はずみな. **6** ふしだらな, みだらな. —de vida ~ 《話》(性的に)みだらな.

alegría [アレグリア] 女 **1** 喜び, うれしさ, 喜悦, 楽しみ. —falsa ~ ぬか喜び. **2** 陽気, 快活さ; 明るさ. **3** 喜びの種, 喜びを与えてくれる人[物事]. **4** 軽率さ, 無責任. **5** 複 アレグリーアス(陽気なフラメンコリズムの一つ). **6** 《植物》胡麻(ｺﾞﾏ)(の実). ▶ *saltar de alegría*

喜んで飛び跳ねる、小躍りして喜ぶ。 **estar loco de alegría** うれしくてたまらない。

alegro 副 《音楽》アレグロで、快速に。—— 男 《音楽》アレグロの曲。

alegrón, grona 形 《話》ほろ酔いの；ほれっぽい。—— 男 1《話》思いがけない大きな喜び。 2 ぱっと燃え上がる炎。

Aleixandre 固名 アレイクサンドレ (Vicente ～)(1898-1984. スペインの詩人, 1977年ノーベル文学賞).

*****alejado, da** 〘過分〙 (→alejar) 形 〔+ de から〕遠い、離れている。

*****alejamiento** 男 遠ざける[遠ざかる]こと、疎遠。

Alejandra 固名 《女性名》アレハンドラ。

alejandrino, na 形 1 アレキサンドリア (Alejandría) の。 2 アレキサンダー大王 (Alejandro Magno) の。 3 《詩》 アレキサンドリア格の詩句。—— 男 《詩学》アレクサンドリア格の詩句。

Alejandro 固名 《男性名》アレハンドロ。

*****alejar** 他 1 〔+ de から〕遠ざける、引き離す。 2 を振り払う、払いのける；を追い払う。—— se 再 〔+ de から〕遠ざかる、遠のく。

alelado, da 形 〔estar +〕ぼうっとした、間の抜けた。

alelamiento 男 ぼうっとすること、茫然自失。

alelar 他 をぼうっとさせる。—— se 再 ぼうっとする。

alelí 男 →alhelí。

aleluya 男 《宗教》ハレルヤ。 ◆ヘブライ語で主をほめたたえよの意。 2《歓喜の叫び》ありがたや。—— 男 《宗教》復活祭の時期。—— 男/女 《宗教》ハレルヤ唱。—— 男 1《宗教》宗教画。 2《俗》下手な詩人。 3 とてもやせた人[動物]。 4《植物》カタバミ。

Alemán 固名 アレマン (Mateo ～)(1547-1615頃、スペインの小説家)。

:**alemán, mana** 形 [アレマン, マナ] ドイツの (Alemania) の、ドイツ人[語]の。—— 名 ドイツ人。—— 男 ドイツ語。

Alemania 固名 ドイツ(公式名 República Federal de Alemania, 首都ベルリン Berlín)。

alentada 女 一息。 **de una ～** 一気に。

alentador, dora 形 元気づける。

:**alentar** [4.1] 他 1 を元気づける、励ます。 2 (希望など)を燃やし続ける、抱いたたえる。—— 自 《文》呼吸する。 2 (希望などが)生き続ける。

aleonado, da 形 黄褐色の。

alerce 男 《植物》カラマツ(唐松)。

alérgeno 男 アレルゲン。

alergia 女 1《医学》アレルギー。 **tener ～ al polen** 花粉アレルギーである。 2 〔+ a に対する〕反感、毛嫌い。

alérgico, ca 形 1《医学》アレルギー(性)の；〔+ a に対する〕アレルギー反応を示す。 2

〔+ a を〕毛嫌いする、(に)反感を持つ。—— 名 《医学》〔+ a に対して〕アレルギー体質の人。

alergólogo, ga 名 アレルギー専門医。

alero 男 1《建築》軒(のき)、ひさし。 2《自動車》泥よけ。 3《スポ》ウイング。

alerón 男 1《航空》補助翼；フラップ。 2 (自動車の後部の)ウイング。 3《話》わきの下。

alerta 女 警戒、警報。 **—en estado de ～** 警戒態勢の。 **—— amarilla** 《気象》注意報。 **～ roja** 《気象》警報；非常事態。—— 形 警戒[用心]している、油断のない。—— 副 警戒[用心]して、注意深く。—— 間 警戒せよ。

alertar 他 〔+ de/sobre について〕…に警告[注意]する。

aleta 女 1 (魚などの)ひれ；(潜水用の)足ひれ。 2《航空》(飛行機の)補助翼；(スクリューなどの)羽根。 3《自動車》泥よけ。 4 小鼻、鼻翼。

aletada 女 羽ばたき。

aletargamiento 男 《医学》嗜眠(しみん)、昏睡(こんすい)(状態に陥ること)。 2 無気力(になること)；眠くなること、冬眠。

aletargar [1.2] 他 を無気力にける[くする]；を眠くさせる。—— se 再 無気力になる、眠くなる。

aletazo 男 羽ばたき；(魚の)ひれ打ち。

aletear 自 1 (鳥が)羽ばたく；(魚が)ひれを動かす。 2 はためく；時々ちらっと見える。 3《話》活力を取り戻す、元気になる。—— 他 パタパタ振り動かす。

aleteo 男 1 羽ばたき；(魚が)ひれを動かすこと；はためき。 2 動悸(どうき)。

aleve 形 →alevoso。

alevín 男 1 (放流用の)稚魚、幼魚。 2 (スポーツなどの)初心者、新人。

alevino 男 →alevín。

alevosía 女 1 (犯罪の)計画性；《法律》予謀(よぼう)。 2 裏切り、背信。

alevoso, sa 形 1 (犯罪が)計画的な；《法律》予謀(よぼう)の。 2 裏切りの、背信的な。

alexia 女 《医学》失読症。

:**alfa** 女 アルファ(ギリシャ語アルファベットの第1字: Α, α)。 **—— y omega** 始めと終わり。 **rayos [partícula] ～** アルファ線[粒子]。

alfabéticamente 副 アルファベット順に。

:**alfabético, ca** 形 アルファベット(順)の。

alfabetización 女 1 アルファベット順に並べること。 2 識字教育、読み書き教育。

alfabetizado, da 形 〔→ alfabetizar〕1 アルファベット順に配列された。 2 読み書きのできる。

alfabetizar [1.3] 他 1 をアルファベット順に並べる。 2 …に読み書きを教える。

:**alfabeto** 男 《言語》アルファベット、字母(表)。 2 記号体系、信号；《情報、通信》文字符号、信号。 **—— manual** 手話アルファベット。 **el ～ Morse** モールス信号。

▶ **alfabeto fonético internacional**

alfaguara 〘音声〙国際音声〘音標〙文字 (IPA).

alfaguara 囡 豊かな泉.

alfajor 男 〘料理〙アルファホール(アーモンド・クルミ・松の実・蜂蜜などの入ったケーキ).

alfalfa 囡 〘植物〙アルファルファ.

alfalfal 男 アルファルファの草原.

alfalfar 男 →alfalfal.

alfandoque 男 〘中南米〙〘料理〙蜂蜜入りのチーズケーキ.

alfanje 男 **1** 三日月〘新月〙刀. **2**〘魚類〙メカジキ.

alfanumérico 形 〘情報〙アルファニューメリック, 文字数字式.

alfaque 男 〘主に複〙〘河口の〙砂州.

alfaquí 男 イスラム教の法学者.

alfar 男 陶器工場; 陶土, 粘土.

alfarería 囡 陶業; 陶器製造, 陶器店.

alfarero, ra 名 陶工, 焼物工.

alfarje 男 〘建築〙(彫り物を施した木材で造った)格(ごう)天井.

alféizar 男 〘建築〙(窓・扉用の)壁面の開口部; (窓枠の)水切り.

alfeñique 男 **1** 棒状のねじり菓子. **2**〘俗〙やせて弱々しい人.

alferecía 囡 〘俗〙〘医学〙癲癇(てんかん).

alférez 男 〘軍事〙陸軍〘空軍〙少尉. —~ de fragata 海軍少尉. —~ de navío 海軍中尉.

alfil 男 (チェスの)ビショップ.

alfiler 男 **1** ピン, 留め針; 〘中南米〙安全ピン. **2**〘複〙〘服飾〙飾りピン, ネクタイピン; ブローチ. —~ de sombrero ハットピン(婦人帽の留めピン). —~ de corbata ネクタイ留め. ▶ *no caber (ni) un alfiler* 〘話〙満員〘ぎゅうぎゅう詰め〙である, 立錐(りっすい)の余地もない. *pegado* 〘*cogido, prendido, preso, sujeto*〙*con alfileres* 〘話〙不安定な〘で〙, いいかげんな〘に〙; あやふやにしか分かっていない.

alfilerazo 男 ピンの一刺し; 辛辣(しんらつ)な皮肉, 毒舌.

alfiletero 男 (筒状の)針入れ.

alfolí 男 穀物庫〘塩蔵〙.

alfombra 囡 **1** 絨毯(じゅうたん), カーペット, 敷物. —una ~ de flores 〘de hierba〙花〘草〙の絨毯, 一面の花〘草〙畑.

alfombrado, da 過分 〘→ alfombrar〙形 **1** 絨毯〘カーペット〙+ de で〙覆われた. —— 男 絨毯を敷くこと; 〘集合的に〙絨毯〘類〙, 敷物類.

alfombrar 他 **1** 絨毯〘じゅうたん〙を敷く, 絨毯で覆う. **2**〘+ con/de〙覆い尽くす.

alfombrero, ra 名 絨毯〘じゅうたん〙職人〘商人〙.

alfombrilla 囡 **1** 敷物, バス〘ドア〙マット. **2**〘医学〙風疹(ふうしん).

alfombrista 男女 絨毯〘じゅうたん〙商人; 絨毯職人.

alfónsigo 男 →alfónsigo.

alfonsí 形 →alfonsino.

alfónsigo 男 〘植物〙ピスタチオの木〘実〙.

alfonsino, na 形 〘歴史〙アルフォンソ賢王〘10世〙の. —— 男 〘歴史〙アルフォンソ賢王時代の硬貨.

Alfonso 固名 〘男性名〙アルフォンソ.

alforfón 男 〘植物〙ソバ(蕎麦).

alforja 囡 **1** 鞍袋, (振り分けに担ぐ)荷物袋. **2** 旅行用の食料. **3**〘俗〙だぶだぶの服. ▶ *para este viaje no se necesitan alforjas* 大騒ぎするほどのことはない; そこまで大層なことではない.

alforza 囡 **1**〘服飾〙タック, ひだ. **2**〘俗〙傷跡.

Alfredo 固名 〘男性名〙アルフレード.

alga 囡 (el ~) **1**〘植物〙藻(も), 海藻(かいそう), 海草; 海苔(のり). **2**〘複〙〘植物〙藻(そう)類.

algalia 囡 じゃこう(香料), ムスク.

algara 囡 〘歴史〙襲撃を行う騎馬隊; 騎馬隊による襲撃.

algarabía 囡 **1** ざわめき, 騒ぎ声. **2** アラビア語; わけのわからない言葉〘文章〙.

algarada 囡 **1**〘歴史〙騎馬隊による襲撃; 騎馬襲撃隊. **2** 騒動, 暴動.

algarrobo 男 **1** オオキハズエンドウの一種. **2** イナゴマメの実.

algarrobal 男 **1** オオキハズエンドウの畑. **2** イナゴマメの畑.

algarrobilla 囡 〘植物〙オオキハズエンドウの一種.

algarrobo 男 〘植物〙イナゴマメの木.

algazara 囡 歓声, 叫び声.

álgebra 囡 **1**〘数学〙代数学. **2**〘医学〙接骨術.

algebraico, ca 形 〘数学〙代数(学)の.

algecireño, ña 形名 アルヘシラス(Algeciras)の(出身者).

algidez 囡 〘医学〙悪寒(おかん), 寒け.

álgido, da 形 **1**〘医学〙悪寒(おかん)を伴う, ぞくぞくする. **2** とても寒い. **3** 最高頂の, 頂点に達した; 重大な〘大事な〙.

[アルゴ] 形 〘不定〙〘無変化〙
algo 代 **1**〘不定の事物を示す〙何か, あるもの, あること. —Cuéntanos ~ de tu viaje. 私達に君の旅行の話を何かしてください. —¿Desea ~ más? 他に何かご入り用のものはございませんか. —Hay ~ que no comprendo. どこか私の理解できない点がある. **2**〘不定の量を示す〙多少, 少し, 少々, いくらか. —tomar ~ de vino ワインを少々飲む. entender ~ de japonés 日本語がいくらか分かる. **3**〘+形容詞〙何か…のもの. —tomar ~ caliente 何かあたたかいものを飲む. **4**〘反語〙かなり, さすがに. —Aún falta ~ para conseguirlo. それを手にするにはまだかなりある. ▶ *... algo así como ...* …か何か, …とか何とか. —Es eslovena o algo así. 彼女はスロベニア人か何かだ. Él mide algo así como uno ochenta. 彼の身長は180センチ程度だ. *algo es algo* 少しだけでも役に立つ, ないよりましである. *darle algo a ...* 〘話〙(人)の気分が悪くなる, 失神する. *por algo* 何かわけがあって. —— 副 **1** ひとかどの人物, 立派な人. —Se cree algo. 彼は自分がひとかどの人物だと思っている. **2** 何か得体の知れないもの. —Noté un algo raro en el ambiente. 私はその雰囲気に

何か変なものを感じた。——副 1 すこし、や や、いくらか。—Estaba *algo* nerviosa. 彼女はいくらか気持ちが高ぶっていた。2 [強調]【感情・評価を表す補語ととも に】—Ese espectáculo es *algo* impresionante. そのショーは本当に印象的だ。

algodón 男 1 綿(毛). 木綿; 綿糸 [布, 織物]. 2 脱脂綿; 綿(); [複] (綿の) 耳栓. 3 [植物] ワタの木, 綿花; 綿実. 4 [料理] 綿菓子, 綿飴. ● **entre algodones** (育児などで) 真綿で包むように, 大事に; 甘やかして.

algodonal 男 綿畑.

algodonero, ra 形 綿の. ——名 1 綿の栽培者. 2 綿商人, 綿糸紡績工. ——男 [植物] ワタノキ(棉).

algodonoso, sa 形 1 綿のような, ふわふわした; 綿毛(うぶげ)で覆われた. ——女 [植物] ハハコグサの類.

algoritmo 男 [数学, 情報] アルゴリズム, 計算法.

alguacil 男 1 [裁判所の] 執行官, (市役所などの) 下級職員. 2 [虫類] ハエトリグモ.

alguacilillo 男 [闘牛] (入場行進の) 騎馬先導役.

alguien [アルギエン] 代 (不定) [無変化] 1 [不定の人を示す] 誰か. —Buscan a ~ que hable chino. 誰か中国語の話せる人を探している. ¿Hay ~ en casa? 家に誰かいますか. 2 ひとかどの人物, 立派な人. —Se cree ~. 彼は自分がひとかどの人物だと思っている. 3 (漠然とある人). —Me ha dicho ~ que piensas divorciarte. ある人から君が離婚するつもりだと聞いた.

algún 形 (不定) →alguno.

alguno, na [アルグノ, ナ] 形 (不定) [複 algunos, algunas] [男性単数名詞の前では algún] 1 [不定を意味する] ある, 何かの…. —Espero que *algún* día volverás. 君がいつの日か帰ってくることを期待します. ¿Me has visto borracho *alguna* vez? あなたはかつて私が酔払っているのを見たことがありますか. 2 [不定の量を表す] いくつ[人]かの, 何らかの, 多少の. —Necesito ganar *algún* dinero. 私は金を少々かせがなくてはならない. 3 [名詞のあとにおき, 否定の意味を強調する] 何も, 何の…もない. —No le he hecho daño *alguno*. 私は彼女に何も傷つけたことはない. En modo *alguno* puedo admitir eso. どうしても私はそれを容認できない. 4 かなりの, 相当の. —Necesito resolver un problema de *alguna* importancia. 私はかなり重要な問題を解決しなければならない. ● **algún que otro** 1人や2人の, 1つか2つの, 何人[いくつ]かの, いくつかの. —Sólo salgo con *algún que otro* amigo. 僕は1人か2人の友人としか出歩かない. ——代 (不定) 1 [不定の人を示すある人, 誰か, あるもの. —*Alguno* de mis amigos viene. 私の友人の誰かが来ます. *Algunos* dicen que sí y otros dicen que no. ある人たちはそうだと言い, 別の人たちは違うと言う. ● **alguno que otro** 1人か2人, 1つか2つ, 何人か, いくつか. **hacer alguna** (話) ろくなことをする.

alhaja 女 1 宝石. 2 大切な人, 価値ある人; (皮肉) たいした[もの]. ● **¡buena** [vaya] **alhaja!** 偽善者め, 役立たず.

alhajar 他 1を宝石で飾る. 2 (家) に必要な家具を備えつける.

alhajera 女 [中南米] 宝石箱[ケース].

Alhambra 固名 (la ~) アランブラ[アルハンブラ] (スペイン, グラナダ市の丘上にあるイスラム時代の宮殿).

alharaca 女 [主に 複] 大げさな感情表現, 大げさな振り[言い方].

alharaquiento, ta 形 (身振り・言い方が) 大げさな.

alharma 女 [植物] ヘンルダ (ハマビシ科).

alhelí 男 [複 ~es] [植物] アラセイトウ.

alheña 女 [植物] イボタノキ, ヘンナ(ヘンナ染料).

alhóndiga 女 公設の穀物市場[倉庫].

alhucema 女 ラベンダー.

aliáceo, a 形 ニンニクの属[匂い]の.

aliado, da 過分 [→aliar] 同盟した, 提携した. ——名 提携者, 盟友; 同盟した人[もの]. ——男 複 [歴史, 政治] (第1次・第2次大戦の) 連合国, 連合軍.

aliaga 女 [植物] ハイエニシダ.

alianza 女 1 同盟, 協定. 2 結婚指輪; [文] 婚姻. 3 結びつき; [宗教] (神との) 契約.

aliar [1.5] 他 1 [+con と] を同盟させる, 連携させる. 2 [+a に/con と] を結びつける, 結合させる. ● **—se** 再 [+con と] 1 同盟する, 連携する. 2 結びつく, 結合する.

álias 副 …という別名の, 別名は…. —Alfonso Tostado, ~ el Abulense. アルフォンソ・トスタードことエル・アブレンセ. ——男 [軍], [軍] 1 あだ名, 別名. 2 [情報] エイリアス.

alicaído, da 形 (肉体的に) 衰弱した, (精神的に) 元気がない.

alicantino, na 形名 アリカンテ (Alicante) (の出身の人).

alicatado, da 形 タイルを張った, タイル張りの. ——男 タイル張り.

alicatar 他 (壁など) をタイル張りにする.

alicates 男 複 プライヤー, ペンチ.

Alicia 固名 [女性名] アリシア.

aliciente 男 1 励み, 刺激. 2 (土地の持つ) 魅力, 引きつけるもの.

alícuota 形 1 [数学] 割り切れる, 整除できる. —parte ~ 約数. 2 等分した.

alienación 女 1 [法律] (財産・権利などの) 譲渡. 2 [医学] 精神異常. 3 (心理) 疎外感.

alienado, da 過分 [→alienar] 形 1 [医学] 精神異常の, 精神の錯乱した. 2 (心理) 疎外された. ——名 [医学] 精神異常者.

alienar 他 1《法律》(財産・権利などを)譲渡する. 2 を狂わせる, …の理性を失わせる. 3 を非人間化する, 疎外する.

alienígena 形 異星の, 宇宙の.
— 男女 宇宙人, 地球外生命体.

alienista 男女《医学》精神科医.

aliento 男 1 呼気, 息. —tener mal ~ 息が臭い. aguantar [contener] el ~ 息を凝らす. 2 呼吸, 息をすること. —recuperar el ~ 一息入れる. 3《比喩》元気, 気力; 活力. —un hombre de ~ 元気のある人. 4 励まし, 激励(となるもの). —decir unas palabras de ~ 励ましの言葉をかける. ▶ **dar** [**infundir**] **aliento a…** を元気づける, 励ます. **quedarse sin aliento** (1) 息切れがする; 元気がなくなる. (2) 大変驚く, びっくりする.

alifafe 男 1 軽い病気, 持病. 2《数学》混合法.

aligátor 男《動物》アリゲーター, アメリカワニ.

aligeramiento 男 1 (荷物・負担などを)軽くすること, 軽減. 2 緩和, 削減. 3 急ぐこと.

aligerar 他 1 を軽くする, 軽減する. 2 (苦痛などを)和らげる, 緩和する. 3 (足どりなどを)速める. — 自 急ぐ. — **se** 再 1〖+de を〗取り除いて身軽になる. —~ *se de ropa* 服を脱いで身軽になる. 2 軽くなる.

alígero, ra 形 1《詩》翼のある, 身の軽い. 2 速い.

aligustre 男《植物》イボタノキ.

alijar 他 1 (船の積荷を降ろす[陸揚げする]. 2 (密輸品)を陸揚げする, 密輸する. 3 をサンドペーパーで磨く.

alijo 男 1 (船の積荷の)陸揚げ, 軽減. 2 密輸, 密輸品.

alimaña 女《軽蔑》(家畜などを荒らす)害獣; 人でなし.

alimentación 女 1 食物[栄養]の摂取[補給]. —tienda de ~ 食品食料店. 2 (原料や燃料の)供給, 補給; 電源. —fuente de ~ eléctrica 電源, 動力源. 3《情報》送り, フィード.

alimentador, dora 形 (食料・燃料などを)供給[補給]する. —bomba *alimentadora de agua* 給水ポンプ. — 男《機械》フィーダー, 供給機;《電気》給電線.

alimentar 他 1 …に食物(栄養)を与え, 養う. 2〖+con/de を〗…に補給する, 供給する. 3 を助長する, 促進する. 4 (情報)を入力する. — **se** 再 〖+con/de を〗食べて生きる, 糧とする, (…で)栄養をとる.

alimentario, ria 形 栄養のある, 食物の.

alimenticio, cia 形 1 食物の, 食品の. —productos ~*s* 食料品. 2 栄養の, 栄養になる.

alimento 男 1 食物, 食品, 食料; 栄養. —congelado 冷凍食品. de mucho [poco] ~ 栄養価の高い[低い]. 2 (精神的な)支え. 3 複《法律》別居[離婚]手当て, 扶養料.

alimoche 男《鳥類》エジプトハゲワシ.

alimón 男 ▶ **al alimón** (1) 2 人で, いっしょに. (2)《闘牛》2 人の闘牛士が 1 枚のカポーテを操って.

alindamiento 男 境界を定めること.

alindar 他 (地所などの)境界を定める.
— 自〖+con〗隣接している.

alinderar 他《中南米》(地所などの)境界を定める, 境界標を立てる.

alineación 女 1 整列. 2《スポ》(チームの)ラインアップ. 3《政治》同盟, 連合. —política de no ~ 非同盟政策. 4《電気》アラインメント, 調整.

alineado, da 過分〖→alinear〗形 1 真っ直ぐに並んだ, 整列した. 2《政治》同盟した, 連合した. —países no ~*s* 非同盟諸国.

alineamiento 男 1 整列すること. 2《政治》同盟, 連合. 3《考古》列石, メンヒルの列.

alinear 他 1 を真っ直ぐに並べる, 整列させる. 2《スポ》(チーム)を結成する;(選手)をチームに入れる. 3 の位置[方向]を調整する. — 自 1 整列する, 並ぶ. 2《スポ》〖+en に〗加わる[入る]. 3《政治》〖+con と〗同盟を結ぶ, 連合する.

aliñado, da 過分〖→aliñar〗形 こざっぱりした.

aliñar 他 1《料理》の味つけをする, ドレッシングをかける. 2 を飾る, 身繕いをする. 3 を用意[準備]する, あらためる. — **se** 再 身繕いをする.

aliño 男 1《料理》味つけ, 調味料, ドレッシング. 2 飾ること, 身繕い.

alioli 男《料理》アリオリソース(ニンニクにオリーブ油を加えたソース).

alionín 男《鳥類》アオガラ.

alirón 間 男 (スポーツで勝利を祝う歓声)万歳. —cantar el ~ 万歳を唱える.

alisado 過分〖→alisar〗男 滑らかで[平らに]すること; (板に)鉋(*な*)をかけること, 磨くこと.

alisador, dora 形 滑らかで[平らに]する, 削る[磨く]のに役立つ. — 男 滑らかにする道具.

alisal 男 ハンノキの林.

alisar 他 1 表面を滑らかで[平らに]する, (板に)鉋(*な*)をかける, 磨く. 2 髪を軽くとかす. — **se** 再 (自分の髪を)軽くとかす.

aliseda 女 →alisal.

alisios 複《気象》貿易風の. —vientos ~ 貿易風. — 男複《気象》貿易風.

aliso 男《植物》ハンノキ.

alistamiento 男 1《軍事》入隊, 徴兵. 2《集合的に》1 年間補充兵.

alistar 他 1 を名簿に登録する; をリストに記入する. 2《軍事》を兵籍簿に登録する. — **se** 再《軍事》〖+en に〗志願する, 登録する.

aliteración 女《修辞》頭韻(法).

aliterado, da 形《修辞》頭韻を踏ん

aliviadero 男 (ダム・運河などの)水はけ口,溢(い)水口.

aliviador, dora 形 ほっとさせる,楽にさせる.

aliviar 他 **1** 軽くする,軽減する;緩和する. **2** [+de/en] を取り除いて~を楽にする. **3** (足どりなどを)速める. **4** 《話》盗む,くすねる. ━ **se** 再 **1** ほっとする,楽になる. **2** (病人が)快方に向かう. **3** 《俗》排便する.

:alivio 男 **1** (痛みや症状の)緩和,軽減. **2** (問題や心配からの)安堵,安心感. ▶ **de alivio** 《スペイン》《話》ひどい,やっかいな.

aljaba 女 矢筒,箙(えびら).

aljama 女 イスラム教徒(ユダヤ人)の集会[礼拝所,居住区].

aljamía 女 **1** 《歴史》(イスラム教徒から見た)スペイン語. **2** 《歴史》アラビア文字で書かれたスペイン語文献. **3** ヘブライ文字で書かれたユダヤ・スペイン語文献.

aljamiado, da 形 《歴史》アラビア文字で書かれたスペイン語の.

aljibe 男 **1** (雨水の貯水槽,(運搬用の)貯水タンク. **2** 《海事》給水船; タンカー; 船の貯水槽.

aljófar 男 **1** 小粒で形の整っていない真珠,その粒. **2** (真珠のような)涙,露.

aljofifa 女 《床用の》モップ.

:allá [アヤ] 副 **1** あちらに[へ,で],あの辺に[へ,で],かなたに[へ] 《allí よりも方向性があり,副詞 más による修飾も可能》. ━ abajo あの下の方に[へ],ずっと下に[へ]. ━ en Perú あちらペルーでは. de ... para ~ ...から先は. hacia ~ あちらの方へ. para ~ あちらへ. **2** 《時を表す副詞句の前で》昔,(かつて)...の頃. ━ en mi juventud 昔私の若い頃. **3** 《話》[+主語人称代名詞] ...の勝手である; [+接続法] 勝手に...しろ. ━ Si insistes tanto, ~ tú. そんなに言い張るんなら,勝手にしろ. A~ se arreglen ellos solos. 彼らに勝手にやらせておけ. ▶ **allá** 〈[+1人称以外の人称代名詞・不定代名詞]〉...の責任だ[勝手]だ. ¡**Allá va!** (1)(離れた人に向かって)ほら投げるぞ,落とすぞ. (2)まさか (驚き,不信). **el más allá** あの世,来世. **no ... muy allá** あまり良くない.

allanamiento 男 **1** 平らにすること,地ならし. **2** (障害物などの)除去; (困難などの)克服; (暴動などの)鎮圧. **3** 《法律》家宅侵入.

*allanar 他 **1** 平らにする,地ならしする; (建物などを取り壊す,(道)を切り開く. **2** (困難・障害)を取り除く,克服する. ━ los problemas 問題を克服する. **3** (家などに)侵入する,押し入る,踏み込む. ━ **se** 再 **1** 平らになる; 崩れる **2** [+a を] しぶしぶ受け入れる, (...と)折り合いをつける.

allegado, da 形 [→allegar] 形 **1** 近い,接近した. **2** 親族の; とても親しい,親密な. **3** 支持[支援]する,味方の. ━ 名 親戚,近親者; 親友. **2** 支持[支援]者,側近.

allegar [1.2] 他 **1** を集める,寄せ[かき]集める. **2** [+a に] を近づける. ━ **se** 再 [+a に] **1** 近づく. **2** 同意[賛成]する.

Allende 固名 **1** アリェンデ (Salvador ~) (1908-73, チリの大統領, 在任 1970-73). **2** アリェンデ (Isabel ~) (1942-, ペルー生れ,チリの女性作家).

allende 前 《古, 文》 ...の向こうに,あちら側に. ━ 再 [+de の] 他に,上に.

:allí [アジ] 副 **1** あそこに[で, へ] 《遠称の指示副詞》. —**por** ~ あの辺に,向こうに. Vete ~. あっちへ行け. hasta [desde] ~ あそこまで[から]. **2** その時[折]. —**Hasta** ~ **todo marchó bien.** その時[そこ]までは万事うまく行っていた.

:alma [アルマ] 女《単数定冠詞は el》 **1** 魂,霊魂; 心,精神. —**inmortalidad del** ~ 霊魂の不滅. **rezar por el** ~ **de un difunto** 故人の冥福を祈る. **en cuerpo y** ~ 心身ともに. **en el fondo de su** ~ 心の奥底に[で]. ~ **inocente** 無垢な心. ~ **de cántaro** 《話》ばか,間抜け,とんま. ~ **de Dios** 純朴で善良な人. **2** 人,人間. —**No hay ni un** ~ **por la calle.** 通りには人っ子ひとりいない. **ciudad de cien mil** ~**s** 人口10万の都市. ~ **gemela** 気心の合った人,気の合った人. **3** (ある場所・状況での)中心人物,真髄; 要,中枢. **5 es el** ~ **del equipo.** 5番がチームの要だ. **4** 生命(力); 元気,活力,精力. —**hablar con mucha** ~ 熱弁をふるう. **tener mucha** ~ 実に生き生きしている. **5** 《機械》ウェブ; 胎軸; 《建築》支柱; 《音楽》魂柱; 《植物》髄; (銃・砲の)内腔. ▶ **abrir el** [SU] **alma a ...** (人)に心を打明ける,胸襟を開く. **alma en pena** (1)(カト)煉獄で苦しむ霊魂; さまよえる亡霊. (2)一人ぼっちで寂しい人,孤独な人,魂の抜けた人. **alma mía** (1)(愛情を込めた呼びかけ)いとしい人,ねえあなた. (2)(驚きを示すこと)は驚いた,まあ,なんということ. **arrancar el alma a ...** の命を奪う,を殴る をひどく悲しませる. **caérsele a ... el alma a los pies** 《話》がっかりする,落胆する. **clavársele a ... en el alma** (人)につらい[痛い]思いをさせる. **como alma que lleva el diablo** 《話》あわてて,一目散に. **con el alma en un hilo** 心配して,気をもんで. **con toda el alma (y la vida)/con alma y vida** 《話》大変喜んで; 精一杯,心から. **con el [todo el] alma** 本当に心から,誠心誠意. **dar (entregar/exhalar/rendir) el alma (a Dios)** 息を引き取る,亡くなる. ... **del alma/de mi alma** 私の好きな~,心からの~. **en el alma** 心から,心底から. —**agradecer en el alma** 心から感謝する. **entregar el alma (a Dios)** (=dar el alma (a Dios)). **írsele a ... el alma por [detrás de, tras] ...** 《話》をとても欲しがる,...が欲しくてたまらない. **llegar a ... al alma/tocar a ... en el alma** を深く感動させる,の心を打つ. **llevar a ... en el alma** 《話》を深く[心から]愛する. **ser el alma** (=alma mía). **no poder con

almacén

su alma ひどく疲れている. **no tener alma**《話》薄情である, 冷酷である. **partir el alma a...**《話》をひどく悲しませる; をめった打ちにする. **partirse** [partirse**LE a...**] **el alma** 事故に遭う, 怪我をする. **perder el** [su] **alma**《宗教》地獄に落ちる.《話》大変貴重なものを失う. **pesar**LE **a... en el alma** 後悔する. **poner el alma en...** 全力を尽くす, 全精力を注ぐ. **rendir el alma (a Dios)** (= dar el alma (a Dios)). **romper el alma a...**《話》をめった打ちにする, 叩きのめす. **sin alma** 薄情な(人); 情感のない.**tocar**LE **a... en el alma**《話》(人)の心の琴線に触れる. 心をうつ. **volver**LE **el alma al cuerpo**《話》安心する, 安堵する, ほっとする.

almacén 男《複 almacenes》**1** 倉庫, 貯蔵庫. **2**《主に複》〈grandes almacenes〉デパート, 百貨店. **3**《南米》食料品店. **4** 卸問屋, 卸売店. **5**《銃の》弾倉.

almacenaje 男《商業》倉敷料, 倉庫料, 保管料; 貯蔵, 保管.

almacenamiento 男 **1** 保管, 貯蔵. **2**《商業》在庫品, ストック. **3**《情報》(データの)記憶, ストレージ.

almacenar 他 **1** を倉庫に入れる, 貯蔵する. **2** を集める, 保管する. **3**《情報》(情報)を入力する, 保存する.

almacenero 男 倉庫番;《中南米》食料品店主[店員].

almacenista 男女《商業》卸売り業者; 倉庫業者.

almáciga¹ 女 苗床.

almáciga² 女 マスティック樹脂, 乳香.

almácigo 男 **1**《植物》マスティックトゥリー(ウルシ科). **2** 苗床.

almádana 女 →almádena.

almádena 女 (石割り用の)大型ハンマー.

almadía 女 いかだ.

almadraba 女《漁業》**1** マグロ漁[漁場, 網]. **2** マグロ漁期.

almadreña 女 (ぬかるみ用の)木靴.

almagre 男《鉱物》赤土色の顔料, 代赭(たいしゃ).

alma máter〈ラテン〉女 母校; 推進力, 原動力.

almanaque 男 暦(こよみ), カレンダー. **— ~ exfoliador** [**de taco**] 日めくり, 柱暦.

almazara 女 オリーブ油工場; 油搾り機.

almeja 女《貝類》食用の二枚貝(アサリ・ハマグリなど).

almena 女 城壁の上部にある狭間(はざま)[銃眼].

almenar 他 (城壁上)に狭間(はざま)[銃眼]をつける.

almenara 女 **1** (合図のための望楼の)かがり火. **2** 枝付きの燭台(しょくだい).

almendra 女 **1**《植物》アーモンド(の実), 扁桃(へんとう); 核果の種(たね). **2**(アーモンド形のダイヤモンド(シャンデリア用のカットグラス;《話》小石.

47

almohade

almendrado, da 形 アーモンド形の, アーモンド入りの. **—ojos ~s** 切れ長の目. **—** 男《菓子》アーモンド入りクッキー. **—** 男 アーモンドミルク.

almendral 男 アーモンド園;《植物》アーモンドの木.

almendrero 男《植物》→almendro.

almendro 男《植物》アーモンドの木.

almendruco 男 (熟していない)グリーンアーモンド.

almeriense 形 アルメリア(Almería)の. **—** 男女 アルメリアの住民[出身者].

almete 男《軍事, 歴史》(金属製の)かぶと, かぶとをつけた兵士.

almez 男《複 almeces》《植物》ヨーロッパハックベリー; ハックベリー材.

almezo 男《植物》→almez.

almiar 男《農業》わら[干し草]の山.

almíbar 男 **1** シロップ, 糖蜜. **2**(言葉などの)度を越した優しさ, 甘さ. ▶ **estar hecho (un) almíbar** いやに親切だ, やけに愛想が良い.

almibarado, da 形 **1** シロップ漬けの, シロップをかけた. **2**(言葉などが)やけに優しい, 甘ったるい.

almibarar 他 (果物など)をシロップ[糖蜜]漬けにする. **2**(言葉など)をやけに優しくする.

almidón 男 澱粉(でんぷん); 糊(のり).

almidonado, da 形 **1**(衣服が)糊の利いた. **2**《話》めかし込んだ; つんとした. **—** 男 糊つけ.

almidonar 他 (洗濯物)を糊(のり)づけする. **— se** 再 入念に身支度をする.

alimimbar 男 (イスラム教寺院の)説教壇.

alminar 男 (イスラム教寺院の)尖塔, ミナレット.

almirantazgo 男《軍事》海軍大将[提督]職[地位]; 海軍大将[提督]の管轄区域. **2**《軍事》海外裁判所.

almirante 男《軍事》海軍大将, 提督;《軍事》海軍将官の位[職]. **—** 男《軍事》旗艦.

almirez 男《複 almireces》金属製のすり鉢[乳鉢].

almizcle 男 じゃこう(麝香).

almizcleño, ña 形 じゃこう(麝香)の; じゃこうの香りのする. **—** 男 ムスカリ(ユリ科の多年草).

almizclero, ra 形 → almizcleño. **—** 男《動物》ジャコウジカ(麝香鹿).

almocafre 男《農業》除草用の鋤(すき).

almodóvar 男《軍事》陣地, 要塞.

almófar 男《歴史》(かぶとの下に着けた)鎖ずきん.

almogávar 男《歴史》(中世の)遊撃兵.

almohada 女 **1** 枕, 枕カバー. **2**(椅子用の)クッション, 座布団. **3**《建築》(切り石面の)切出し野面, 積桁石. ▶ **aconsejarse** [**consultar**] **con la almohada** (即答せずに)熟考する, 一晩じっくり考える.

almohade 形《歴史》ムワッヒド[アルモ

almohadilla 女 **1** 小さなクッション, 座布団. **2** 針刺し, スタンプ台. **3** パッド(馬の鞍裳(くら)の). **3** 〖建築〗石の浮彫り, 積擬石.

almohadillado, da 過分 [→ almohadillar] 形 **1** 詰め物をした. **2** 〖建築〗浮彫りを施された. — 男 **1** 詰め物; 詰め物をすること. **2** 〖建築〗浮彫り.

almohadillar 他 **1** (椅子などに)詰め物をする. **2** 〖建築〗(切り石に)浮彫りを施す.

almohadón 男 〖複 almohadones〗 **1** クッション;(教会で跪(ひざまず)いて祈る時の)膝布団. **2** 〖建築〗(アーチの迫(せ)り台.

almoneda 女 競売;安売り, バーゲンセール.

almonedar 他 →almonedear.

almonedear 他 **1** 競売にかける. **2**(商品)を安売りする.

almorávide 形 〖歴史〗ムラービト[アルモラビド]朝の. — 男女 〖歴史〗ムラービド朝の人. — 男 〖歴史〗ムラービド朝.

almorranas 女 複 〖医学〗痔疾(じしつ), 痔核.

almorta 女 〖植物〗レンリソウ属の一種.

almorzar [アルモルサル] [5.5] 自 昼食をとる; 午前の軽食を取る. — 他 を昼食にとる.

almuecín 男 →almuédano.

almuédano 男 (イスラム教寺院の)祈りの時刻を知らせる人.

almuerc-, almuerz- 動 → almorzar [5.5].

almuerzo [アルムエルソ] 男 **1** 昼食. (地域によっては)朝食. —tomar el — 昼食をとる. **2** 《話》午前中のおやつ, 軽食. ◆ 朝食 desayuno と「昼食」comida の間に取る. ▶ *almuerzo de trabajo [de negocios]* ビジネス[ワーク]ランチ, 昼食接待.

almunia 女 農場.

alo, aló 間 〖中南米〗もしもし (電話の応答で).

alocadamente 副 軽率に; 狂ったように.

alocado, da 過分 [→ alocar] 形 軽率な, 思慮分別が足りない; 狂ったような. — 名 軽率に行動する人.

alocar 他 気を動転させる; 狂わせる.

alocución 女 短かい演説, 訓辞.

alodio 男 〖歴史〗(領主等への租税を免除された)自由地.

áloe, aloe 男 〖植物〗アロエ, ロカイ; アロエ汁(緩下剤として用いる).

aloja 女 **1** アロハ(水・蜂蜜・香料を混ぜた飲料). **2** 〖中南米〗イナゴマメの発酵酒.

alojamiento 男 宿泊所[先], 宿泊施設; 宿泊料, 宿泊料金. —tomar — en un hotel ホテルに泊まる. pagar [subir] el — 宿泊料金を払う[上げる]. **2** 〖軍事〗民家での宿営.

alojar 他 **1** [+ en に] を泊める, 宿泊させる; (軍隊)を宿営させる. **2** [+ en に] を入れる, はめ込む. — se 再 **1** 宿泊する; (軍隊)が宿営する. **2** 入る, はまり込む, 納まる.

alomorfo 男 〖言語〗異形態.

alón 男 (羽を取り除いた)鳥の翼; 手羽, 手羽先. — 形 〖中南米〗帽子のつばが広い.

alondra 女 〖鳥類〗ヒバリ.

Alonso 男 **1** 〖男性名〗アロンソ (姓でもある). **2** アロンソ (Dámaso ~)(1898-1990, スペインの詩人・批評家).

alópata 形 〖医学〗逆症療法を用いる. — 男女 〖医学〗逆症療法医.

alopatía 女 〖医学〗逆症療法.

alopecia 女 〖医学〗脱毛症.

aloque 形 薄赤色の; (ワインが)淡紅色の, ロゼの. — 男 淡紅色のワイン; ロゼワイン.

alotropía 女 〖化学〗同素体, 同質異形.

alotrópico, ca 形 〖化学〗同素体の, 同質異形の.

alpaca¹ 女 〖動物〗アルパカ, 〖織物〗アルパカの毛織物.

alpaca² 女 〖金属〗洋銀(ニッケル, 亜鉛, 銅の合金).

alpargata 女 〖主に 複〗アルパルガータ(麻製のスペインの履物).

alpargatería 女 アルパルガータの工場[販売店].

alpargatero, ra 名 アルパルガータ職人; その販売者.

alpende 男 **1** (建物の)庇(ひさし), 軒(のき). **2** (鉱山・土木工事の)道具小屋.

Alpes 男 (los ~)アルプス山脈.

alpestre 形 高山性の, 山地に育つ.

alpinismo 男 **1** (スポ)アルピニズム, 高山登山. **2** 山登り, 登山.

alpinista 名 (スポ)アルピニスト, 登山家. **2** 登山者. — 形 高山登山の; 登山の.

alpino, na 形 **1** アルプス (los Alpes) の. **2** 高山の, 山の. —flora alpina 高山植物. deportes ~s 山岳スポーツ. **3** 高山登山の.

alpiste 男 **1** 〖植物〗クサヨシ; クサヨシの種子(鳥の餌になる). **2** 《俗》酒. ▶ *dejar sin alpiste* 《話》(人)の生活手段を奪う.

alpujarreño, ña 形 アルプハラス (Alpujarras)の. — 名 アルプハラス(アンダルシアの山地帯)の出身者[住民].

alquequenje 男 〖植物〗ホウズキ(の実).

alquería 女 **1** 農場にある家[小屋]. **2** 農村.

alquilador, dora 名 **1** 貸し主. **2** 借り手.

alquilamiento 男 賃貸, 賃借.

alquilar 他 **1** を賃貸しする. —Se alquilan pisos. 賃貸アパートあり. **2** を賃借りする. —el traje de novia ウエディング・ドレスを借りる. — un coche レンタカーを借りる. — se 再 《文》報酬を

alquiler 男 **1**賃貸,賃借.—casa de ~ 借家,貸家. coche de ~ レンタカー. piso de ~ 賃貸マンション. dar [dejar] en ~ 賃貸する. **2**賃貸[賃借料,使用料,地代;(主に 複)家賃,部屋代. —pagar el ~ 家賃を払う. ▶ *de alquiler* (1)賃貸用の[で]. (2)賃貸料として.

alquimia 女 〖歴史〗錬金術.

alquimista 男女 〖歴史〗錬金術師.

alquitara 女 蒸留器.

alquitarar 他 **1** 〜を蒸留する. **2** (文章など)に凝りすぎる.

alquitrán 男 タール, 瀝青(せき). — ~ de hulla [mineral] コールタール. ~ de petróleo 石油タール.

alquitranado 男 タール塗布.

alquitranar 他 …にタールを塗る.

alrededor [アルレデドル] 副 [+de] **1** (…の)まわりに, 周囲に. —La Tierra gira ~ del sol. 地球は太陽のまわりを回っている. **2**約, ほぼ. —Volverá ~ de las seis. 彼は6時頃帰って来るだろう. — 男 複 郊外, 近郊. —los ~*es* de Madrid マドリードの郊外.

alsaciano, na 名形 アルザス地方(Alsacia)の(住民[出身者]). — 男 〖言語〗アルザス方言(ドイツ語の方言).

*alta 女 [単数定冠詞は el] **1**退院許可(書);原隊復帰命令. —dar el ~ a un enfermo 患者に退院許可を出す, 患者を退院させる. **2**(クラブ・団体・結社などへの加入登録), **3**(税務当局に提出する)営業届, 開業申請. ▶ *ser* [*causar*] *alta en* …に入会入届, 入隊する;〖軍事〗現役に復帰する. *dar de* [*el*] *alta a*… (1)(人)に退院許可[命令]を出す. (2)(人)に加入,入隊,入会を認める. *darse de alta en*… (1) …に加入,入会,入隊)登録する. (2)(人)営業届を出す.

altamente 副 高く;とても,非常に.

Altamira 固名 アルタミラ(スペインの洞窟遺跡).

altanería 女 **1**高慢, 横柄. **2**(タカなどの)高空飛行. **3**タカ狩り. **4**高度,高さ.

altanero, ra 形 **1**高慢な, 横柄な. **2**(鳥が)高く飛ぶ.

*altar 男 **1**〖キリスト教〗祭壇, 聖壇;正餐(さん)台. — ~ mayor 主[中央]祭壇. ministro del ~ 〖文〗司祭. sacramento del ~ 聖体の秘跡. **2**〖カト〗(祭壇周囲を含む)内陣. **3**(古代宗教・その他の宗教の)祭壇, 供物台, 生贄(いけにえ)台. **4** 宗教, 教会, 司祭職. **5**(溶鉱炉口の)火棚(ほ). **6**(天文)祭壇座. ▶ *elevar a*… *a los altares* (カト)を列聖する. *llevar* [*conducir*] *a*… *al altar* (話)…と結婚する, を妻にめとる. *pasar por el altar* (話)結婚する. *poner*… *en un altar / elevar*… *a un altar* (話)を誉めちぎる, 高く評価する.

altavoz 男 (複 altavoces) **1**スピーカー. — ~ de agudos ツイーター. ~ de graves ウーファー. ~ dinámico ダイナミックスピーカー. **2**拡声器.

altea 女 〖植物〗タチアオイの植物.

alterabilidad 女 変わりやすさ, 変質[悪化]の可能性.

alterable 形 **1**変化[変質]する. **2**(食品が)傷みやすい. **3**(人が)動揺しやすい.

*alteración 女 **1**変化, 変更. —Se han producido *alteraciones* en el horario de trenes. 列車の時間表に若干の変更があった. — de los colores 変色. **2**動揺, 驚き. **3**(治安や平和の)乱れ, 混乱. — del orden público 治安の乱れ. **4**けんか.

alterado, da 過分 [→alterar] 形 **1**変化[変質]した. **2**(食品が)傷んだ, 腐敗した. **3**(人が)動揺した;(顔・声が)変色[変化]させる. **4**腹を立たせる. — se 再 **1**変わる, 変化する. **2**とり乱す, 動揺する. **3**腐る, 腐敗する.

alterador, dora 名形 (秩序などを)かき乱させる(人), (秩序などを)かき乱す(人).

*alterar 他 **1**変える, 変化させる. **2**を腐らせる. **3**を混乱させる, かき乱す. **4**を変質させる. —El calor *altera* los alimentos. 暑さはあらゆる食物を腐らせてしまう. **4**(人を)動揺させる, 不安にさせ;いら立たせる. **5**(顔色などを)変える. — se 再 **1**変わる, 変化する, 変更する. **2**腐る, 変質する.

alterativo, va 形 (良い方向に)変える, 変化させる, 変質させる.

altercado 男 激しい口論.

altercar [1.1] 自 激しく口論する, 言い争う.

álter ego 〈ラテン〉男 **1**分身, もうひとつの自己. **2**腹心.

alternación 女 規則的な交替, 交替で.

alternadamente 副 交互に, 交互で.

alternado, da 交替する, 交互の.

alternador 男 〖電気〗交流発電機.

alternancia 女 **1**規則的な交替, 交互. **2**〖生物〗世代交番. 世代交代.

alternante 形 交替する, 交互の.

*alternar 自 **1**[+con と] 交替する, 交互に現れる. —*Alternan* los días claros con los lluviosos. 晴れた日と雨の日が交互にめぐって来る. **2**[+con と]が接触する, 交際する, 社交を行う;(女性が)応対する. — 他 [+con と]を交替させる, 交互に行う. — se 再 交代する, 交代して行う.

*alternativa 女 **1**[+de の事態], どちらか1つを選ぶこと. **2**(2つ以上の中から)選択肢;代わる余地, 2つの方法. —No tienes otra ~ que marcharte. 君は出て行く以外に手はない. **3**交替, 交代. **4**(闘牛)闘牛士正格式(下級の闘牛士が正闘牛士になる儀式). —tomar [dar] la ~ 正闘牛士に昇格する.

alternativamente 副 交互に.

*alternativo, va 形 **1**交互の, 交替の, かわるがわるの. —*movimiento* ~ *del émbolo* ピストンの往復運動. horario

alterne 男 〖話〗 1 社交. 2 (女性による)接客. —bar de ～ (売春婦のいる)出会いバー. local de ～ 売春婦のたまり場.

alterno, na 形 1 交互の. 2 (年・月・日などが)1つおきの. —en días ～s 1日おきに. 3〖電気〗交流の. —corriente *alterna* 交流. 4〖植物〗互生の. —hojas *alternas* 互生葉. 5〖数学〗錯角の. —ángulos ～s 錯角.

*****alteza** 女 1 〖文〗(感情や思想の)高貴さ,気高さ. —de miras 崇高な志. 2 (A～)〖敬称, 称号〗殿下. —su *Alteza Real* (特に王族に関して)殿下.

altibajo 男 1 〖複〗(土地の)起伏,(地面の)凸凹. 2 (運命などの)浮沈,変動,急激な変化. —～s en la bolsa 株式市場での株価の乱高下.

altillo 男 1 丘. 2 中2階. 3 天袋. 4〖中南米〗屋根裏部屋.

altimetría 女 高度測定.

altímetro 男 高度測定器,高度計.

altiplanicie 女 〖地理〗高原,台地.

altiplano 男 = altiplanicie.

*****altísimo, ma** 〖絶対最上級(<alto)〗 形 至高の,(背・建物などが)非常に高い. —男 (El A～)全能の神.

altisonancia 女 (言葉・話し方の)仰々しさ,もったいぶった[大げさな]話し方.

altisonante 形 (言葉・話し方が)仰々しい, もったいぶった, 大げさな.

altísono, na 形 〖雅〗→ altisonante.

altitud 女 1 高さ,高度. 2 海抜,標高. —a dos mil metros de ～ sobre el nivel del mar 海抜2000メートルの所に.

altivez 女 高慢,横柄,高貴.

altiveza 女 → altivez.

altivo, va 形 1 (人が)高慢な,横柄な,高貴な. 2 とても高い,そびえ立つ.

▶**alto¹, ta** 〖アルト,タ〗 形 1 a) 高い,高さのある. —*alta torre* 高い塔. *árbol* ～ 高い木. *tacón* ～ ハイヒール. b) 背の高い. —Es 10 centímetros más que yo. 彼は私より10センチ背が高い. 2 〖限定的に主に名詞の前で〗a) (程度・評価の)高い,高度の. —～ porcentaje 高いパーセンテージ. —precio de *alta* 値段. —cable de *alta tensión* 高圧線. —tener la presión de *alta* 血圧高である. Le tengo en *alta* estima. 私は彼を高く評価している. —*alta costura* オートクチュール. —*alta definición* [resolución] 高解像度. —*alta frecuencia* 高周波. —*alta traición* 大逆罪, 国家反逆罪. b) (地位・等級が)高級な,高位の,上級の. —puesto 高い地位. —*alta sociedad* 上流社会. —funcionario 高級官吏. —cámara *alta* 上院. c) (人格・思想などが)高遠な,高尚な,高潔な. —estilo 高尚な文体[様式]. —～s pensamientos 高遠な思想. 3 〖限定的に〗a) (位置が)上の,上部の. 高所にある. —pisos ～s 上階. 2階以上の住居[部屋]. —barrio ～ 山手(山の手). 高地の. —(川の)上流の. —el ～ Guadalquivir グワダルキビール川上流. el A～ Egipto 上エジプト地方. —alemán 高地ドイツ語. 4 大声の. —en voz *alta* 大声で. leer en *alta* voz 音読する. 5 a) (音・声が)高い, 鋭い, かん高い. b) (音楽)アルトの. —saxofón ～ アルト・サックス. 6〖名詞の前で〗a) (時間・時期が)遅い,深まった;(時代が)古い. —a *altas* horas de la noche 夜ふけに. la *alta* Edad Media 中世初期. b) 最盛期の, たけなわの. —la *alta* temporada turística 観光の繁忙期. 7 増水した, 深い; 波の高い. —El río viene muy ～. 川が増水している. Hoy hay mar ～. 今日は海が荒れている. —*alta mar* 公海〖外洋〗. *lo alto* 〖口〗1 高い所;頂上,てっぺん. 2 空,空中;頭上. *por todo lo alto* 盛大に. —副 1 高く,上に. 2 大声で,声高に. —gritar ～ 大声で叫ぶ.
—男 1 高さ. —El muro tiene [es de] 3 metros de ～. その壁は高さが3メートルある. 2 高み,高所;上部. —de ～ abajo 上から下へ(まで). 3 丘, 高地. —los ～s de Golán ゴラン高原. 4〖建物〗上階(2階以上). 5〖音楽〗アルト. a) アルト歌部(ビオラなど). 6 〖中南米〗(物の)山, 積み木重ね. ▶ *altos y bajos* = altibajo. *en alto* 高く,上に. *pasar por alto* → pasar.

alto² 男 (行進, 活動などの)停止,休止, 中止. —¡A～! 止まれ(号令). ¡A～ ahí! (1)(行進に対し)止まれ. (2)(演説などにかけて)中止. —el [al] fuego (1)命令とする. (2)停戦. ▶ *dar el alto* (1)行進を止めさせる. (2)誰何(すいか)する,停止を命ずる. *hacer (un) alto* (1)立ちどまる,休止する. (2)熟考する.

altoparlante 男 〖中南米〗スピーカー,拡声器.

altozano 男 1 丘, 小山. 2〖中南米〗(教会の)前庭.

altramuz 男 〖植〗 altramuces 〖植物〗ルピナス.

altruismo 男 利他[愛他]主義,利他的態度.

altruista 形 利他的な,利他[愛他]主義の. —男女 利他[愛他]主義者.

▶**altura** 女 1 〖垂直に測った〗高さ;身長. —～ de un triángulo 三角形の高さ. *salto de* ～ 走り高跳び. ～ *de caída* 落差. *edificio de gran* ～ 非常に高いビル. José tiene [mide] 1,80 m de ～. ホセは身長が180センチある. 2 〖地理〗海抜,標高. —～ *de un astro* 天体の高度. *volar a una* ～ *de diez mil metros* 高度1万メートルを飛行する. 3 〖主に複〗高所;(大気・住居の)高部部. 4 頂上;高台,丘. 5〖複〗山頂,高地(リスト教).7 卓抜さ,優秀;重要性,価値. —*atleta de* ～ *internacional* 国際

級の運動手. **8**(感情・思想・言葉などの)気高さ, 高尚, 高貴さ. **9**複 幹部, 上層部. —orden de las ~s 上からの命令. **10**ноз 声の高さ, ピッチ. — de la voz 声の高さ. ▶a estas alturas この時点[段階]で. a la altura de... (1) …のあたりに. (2) …と同じ高さ[レベル]に. (3)(困難な状況)に対処できる, …に耐えられる. **altura de miras** 寛大さ, 広い視野. **coger altura** (飛行機・鳥などが)上昇する, 高度を上げる. **de altura** (1) 深海の, 外洋[遠洋]の, 沖合いの, 深い. —navegación de altura 外洋[遠洋]航海. pesca de altura 沖合い漁業. (2) 極めて重要な. **estar a la altura de las circunstancias** 期待にそえる. **mal de altura [de las alturas]** 高山病. **perder altura** (飛行機・鳥などが)高度を下げる, 降下する. **quedar a la altura del betún** 最悪[最低]である.

alubia 女 〖植物〗インゲンマメ(隠元豆).

alucinación 女 **1** 幻覚. —~ auditiva [visual] 幻聴[幻視]. **2** 魅了.

alucinador, dora 形 **1** 幻覚を起こさせる, 幻覚を伴う. —efecto ~ 幻覚作用. **2** 魅了する.

alucinamiento 男 →alucinación.

alucinante 形 **1** 幻覚を起こさせる. **2** 目がくらむ程の, すばらしい.

alucinar 他 **1** …に幻覚[錯覚]を起こさせる. **2**(人)を魅了する. — se 再 **1** 幻覚を起こす, 錯覚する. **2** 魅了される.

alucinógeno, na 形 (物質などが) 幻覚を誘発する. —sustancia *alucinógena* 幻覚誘発物質. — 男 幻覚剤.

alud 男 **1** 雪崩(なだれ). —un ~ de nieve [piedras] 雪崩[石なだれ]. **2** 殺到, どっと押し寄せるもの. —un ~ de protestas [quejas] 抗議[苦情]の雨.

aludido, da 過分 [→aludir] 話題にした, 当該の, 前述の. ▶darse por aludido 自分のことを言われたと思う.

aludir 自 **1**[+a を](暗に)ほのめかす, それとなく言う. **2**[+a で](ついでに)触れる, 言及する, (…について)述べる.

alumbrado, da 過分 [→alumbrar] 形 **1** 照らされた, 照明の当たった. **2**《話》ほろ酔い機嫌の. — 男 **1** 照明, 照明装置. —~ eléctrico 電気による照明. —~ público 街灯. **2**(宗教)照明派.

alumbramiento 男 **1** 明かりをつけること, 照明. **2** 出産, 分娩(ぶんべん).

alumbrar 他 **1** (場所)を照らす, 照明する. **2** …に照明(装置)をつける. **3** を出産する. **4** を啓蒙する, 啓発する; 解明する. — 自 **1** 光る, 輝く. —Esta linterna *alumbra* bien. この懐中電灯はとても明るい. **2** 出産する. — se 再 《話》ほろ酔い気分になる.

alumbre 男 〖化学〗明礬(みょうばん).

alúmina 女 〖化学〗アルミナ(酸化アルミニウムの別名).

aluminio 男 〖化学〗アルミニウム(元素記号 Al). —papel de ~ アルミ箔(はく).

alumnado 男 (集合的に)生徒, 生徒 全体.

alumno, na [アルムノ, ナ] 名

1 生徒, 学生. —~ externo [interno] 通学生[寄宿生]. antiguo ~ 卒業生. asociación de antiguos ~ 同窓会. **2**(先生から見た)教え子, 生徒, 弟子.

alunarse 再 月面が腐る.

alunizaje 男 月面着陸.

alunizar [1.3] 自 月面着陸する.

alusión 女 **1**[+a への]ほのめかし, 暗示, 言及; 当てこすり. —hacer *alusiones* ofensivas [maliciosas] a… …を当てこする. en ~ a… …に関して, **2**《修辞》引喩.

alusivo, va 形 [+a] **1**(を)暗示する, ほのめかす. **2**(に)当てつけた.

aluvial 形 **1** 洪水の. **2**〖地質〗沖積層の, 沖積の.

aluvión 男 **1** 洪水, 氾濫(はんらん). **2**〖地質〗沖積土, 沖積土. —terreno de ~ 沖積地. **3**(人・物などの)殺到, どっと押し寄せること. ▶de aluvión (1)〖地質〗沖積の. (2) 様々なところからきた, 寄せ集めの.

Álvaro 固名 〖男性名〗アルバロ.

álveo 男 川床.

alveolar 形 **1**〖解剖〗a) 歯槽(しそう)の. —arco ~ 歯槽弓. pirorrea ~ 歯槽膿漏(のうろう). b) 肺胞の, ハチの巣状の. **2**〖言語〗歯茎音の. —consonante ~ 歯茎音.

alveolo 男 →alvéolo.

alvéolo 男 **1**〖解剖〗a) 歯槽(しそう)の. b) 肺胞(= ~ pulmonar). **2**(ハチの巣の)育房(いくぼう).

alverja 女〖植物〗→arveja.

alza 女 **1** a)(価格の)上昇, 高騰. —el ~ de los precios 物価の値上がり. b)(気温などの)上昇. **2**(靴の木型の上に入れる)革. **3**(銃の)照門, 照準器. **4**(水門の)堰板(せきいた), **5**〖印刷〗(むら取り用の)紙. ▶en alza (1)[estar/ir+] (価格などが)上昇中の. (2)(評判などが)高まっている. **jugar al alza**《商業》騰貴を見込んで買い方に回る.

alzacuello, alzacuellos 男 (宗教)(聖職者の服の襟飾り), カラー.

alzado, da 過分 [→alzar] 形 **1** 上げた, 持ち上げられた. **2** 反乱を起こした. **3** (価格が)請負いで定めた. **4**(商業)計画倒産した. — 男 反乱者. **2** 縦断面, 正面図. **3**(印刷)丁合. — 女 **1** 馬高, 馬の背丈. **2**〖法律〗控訴, 上告.

alzamiento 男 **1** 上げる[上がる]こと, 上昇. **2**(競売での)競り上げ. **3** 反乱, 蜂起, 決起. —~ popular [militar] 民衆[軍]の蜂起. **4**《商業》計画倒産.

alzapaño 男 カーテンの留め具[ひも].

alzaprima 女 **1** てこ. **2**(物を持ち上げるための)木製[金属製]のくさび. **3**(弦楽器の)駒(こま).

alzaprimar 他 **1**(何か)をてこで持ち上げる. **2** 活気づける.

alzar [1.3] 他 **1** を上げる, 持ち上げる.

(旗など)をかかげる. ―～ la mano 手を上げる. ～ la vista 視線を上げる. **2**を立てる, 直立させる. **3**(声などを)大きくする. ―～ la voz 声をはり上げる. ～ を建てる, 建立(えん)する, 設立する. ―～ un monumento 記念碑を建てる. **5**を取り去る, はずす; 持ち去る. **6**を反乱させる, 蜂起させる. **7**〖ゲーム〗(カードの束)をカットする. **8**〖カト〗(ミサで司祭が聖杯)を奉挙する. ―**se** 再 **1**立つ, そびえ立つ. **2**〖+con を〗持ち去る, 持ち逃げする. ―～ con la victoria 勝利をさらって行く. **3**反乱を起こす, 蜂起する. **4**(法律)上訴する. **5**〖中南米〗(家畜)が野生化する.

alzhéimer 男 アルツハイマー病(=enfermedad de A～).

alzo 男 〖中南米〗**1**盗み, 窃盗. **2**闘鶏での勝利.

¡**ama**〖単数定冠詞は el〗女 **1**(一家の)主婦, 奥さん; 女主人. **2**持ち主, 所有者(女); (動物などの)女性飼い主. **3**女中頭; 家政婦. **4**乳母. ―～ seca 乳母, 育児係, 子守り. ～ de brazos [**南米**]子守り女. ▸ *ama de casa* 主婦. *ama de cria* [*de leche*] 乳母. *ama de llaves* [*de gobierno*] 家政婦.

¡**amabilidad** 女 **1**親切(な行為), 好意, 厚情. ―Tenga la ～ de hablar más bajo. もっと小さな声で話してください. ¿Tendría la ～ de[+不定詞]? …していただけませんでしょうか? **2**親切さ, 愛想[感じ]のよさ.

¡**amable** 〖アマブレ〗形 **1**親切な, 愛想がよい, やさしい. ―Es Ud. muy ～. (人に感謝して)どうも御親切に. Es ～ con todos. 彼はだれに対しても親切だ. ¿Sería Ud. tan ～ de cerrar la puerta? ドアを閉めていただけませんか? **2**愛すべき. ―a mi ～ hijo (手紙などで)愛する息子へ.

Amadeo de Saboya 固名 アマデーオ(デ・サボーヤ)(スペインの国王, 在位1871-73).

amado, da 過分 〖→amar〗愛される, 愛している, 最愛の. ―～ hijo 愛する息子. ―名 愛する人, 恋人.

amador, dora 形名 愛する(人).

amadrinar 他 **1**…の代母になる. **2**(馬を)2頭立てにする.

amaestrador, dora 形 (動物などを)調教(訓練)する. ―名 調教師.

amaestramiento 男 (動物の)調教, 調練.

¡**amaestrar** 他 (動物の)を調教する, 訓練する, 仕込む. ―～ perros 犬を調教する.

amagar [1.2] 他 **1**…の素振りを見せる. ―～ una sonrisa かすかに徴笑する. 〖+con で〗(人)を脅す. ―自 **1**〖3人称で用いられる〗〖+con は直接名詞・不定詞が来て〗(何かが)起ころうとする, …の兆候[気配]がある. ―Amaneció amagando nevar. 夜が明けて朝雪降りそうだった. **2**(人に)(病気の)兆候が現れる. **3**(軍事)陽動作戦をとる. **4**殴る[攻撃する]素振りをする. **5**〖+a+不定詞〗(…する)素振りを見せる.

amago 男 **1**兆候, 気配. **2**素振り, ―hacer un ～ de … の素振りをする. **3**威嚇, 脅し. **4**(軍事)陽動作戦.

amainar 自 **1**(風雨などが)弱まる. **2**(欲望, 怒りなどが)静まる. **3**〖他〗抑える, 抑制する, 抑える. ―他 〖海事〗(帆)を降ろす.

amalgama 女 **1**〖化学〗アマルガム(水銀と他の金属との合金). **2**〖鉱物〗アマルガム鉱. **3**混合物, 結合; 混合体.

amalgamación 女 a) 〖化学〗アマルガム化. b) 〖冶金〗アマルガム法. **2**(異なるものの)結合, 混合.

amalgamar 他 **1**〖化学〗(金属)をアマルガムにする, 水銀と化合させる. **2**(異なるもの)を結合[合併]する, 混ぜ合わせる.

amalgamiento 男 → amalgamación.

amamantador, dora 乳を与える.

amamantamiento 男 授乳.

amamantar 他 …に乳を与える, 授乳する.

amán 男 (イスラム教徒が降伏した時に求める)助命, 恩赦.

amancebamiento 男 同棲, 内縁関係. ―vivir en ～ 同棲する. unirse en ～ 内縁関係になる.

amancebarse 再 (男女が)同棲する. 〖+con と〗同棲する.

amancillar 他 **1**を汚す. **2**(名誉など)を傷つける, 汚す.

amanecer [9.1] 自 〖無主語. 3人称単数形のみ〗夜が明ける. ―Amanece a las seis. 6時に夜が明ける. **2**(人・物事が)夜明けを迎える; 夜明けに…にいる[…の状態にある]. ―Salí de Madrid a las diez de la noche y amanecí en Sevilla. 私は夜の10時にマドリードを出て, セビーリャで夜明けを迎えた. **3**(時代が)夜明けを迎える, 始まる, 現れ出る. ―Amanecía el Siglo de Oro. 黄金世紀があまろうとしていた. **4**(話)(意外な形に)出現する, 現れる. ―男 夜明け, 明け方, 朝. ―al ～ 夜明けに, 明け方に.

amanecida 女 夜明け.

amanerado, da 過分 〖→amanerarse〗形 **1**気取った, 不自然な. **2**(作風などが)マンネリ化した. 型にはまった.

amaneramiento 男 **1**気取り, 不自然さ. ―obrar con ～ 気取った振る舞いをする. **2**マンネリズム, 型にはまること. ―caer en ～ マンネリに陥る.

amanerarse 再 **1**気取る, 不自然に振る舞う. **2**(芸術家などが)マンネリに陥る.

amanita 女 (植物)テングダケ(きのこ).

amanojar 他 を束にする.

amansador, dora 形名 〖中南米〗(馬の)調教師.

amansadura 女 〖中南米〗**1**調教されていない馬をつなぐ柱. **2**待合室: 長時間待つこと.

amansamiento 男 **1**(動物の)調教,

飼いならすこと。**2**〈性格が〉穏やかになること。**3** 鎮静, 和むこと。
amansar 他 **1 a**)〈動物を〉飼いならす, 調教する。**b**)〈凶暴な性格を〉穏やかにする。**2**〈情熱などを〉しずめる;〈苦痛を〉和らげる。**— se** 再 **1**〈性格が〉柔和になる。**2**〈情熱・痛みなどが〉しずまる, 落ち着く。
:**amante** 形 〈を〉愛する。愛情深い。—Es muy ~ del orden. 彼は何もかもきちんとしておくのが好きだ。—男女 **1** 愛人;〈文〉恋をする人。**2** 愛好家, ファン。—los ~s del teatro 芝居愛好家, 劇場に通う人。
amantillo 男《造船》(帆桁(ほたに)の)吊りなわ。
amanuense 男女 **1** 代書人, 筆耕。**2** 書記。
amañador 男《情報》ハッカー。
amañar 他 **1**〈事柄の〉体裁を整える, を不正に工作する。**2**〈を〉でっち上げる, 偽造する。**— se** 再《+ con/para が〉うまくやりくりする, 《に》慣れる。 ► **amañarse bien con ...** 〈人〉と気が合う, 折り合いがよい。
amaño 男 **1** 巧みさ, 器用さ, 才覚。—con ~ 巧みに。**2** 策略, 工作, 陰謀。**3** 複 道具, 工具。
:**amapola** 女《植物》ヒナゲシ（雛罌粟）, ケシ, 虞美(ぐ)人草。
amar [アマル] 他 **1**〈を〉愛する。好む。**2** ...〈と〉愛し合う, セックスする。
amaranto 男《植物》ハゲイトウ。
amarar 自《航空》（水上飛行機が）の着水。
amargado, da 過分 [→amargar] 形 **1** 落ち込んだ, 幻滅した。**2** すねた, ひがみっぽい, 恨みを抱いた。
amargamente 辛(から)そうに, 悲痛にして。
amargar [1.2] 自 苦い, 苦い味がする; まずい, 悩ませる, 悲しませる。— 他 **1** 〈を〉苦くする。**2** 〈を〉苦しめる, 悲しくする。**— se** 再 **1** 苦くなる。**2**《+ con に》苦しむ, 悩む。
:**amargo, ga** 形 **1** 苦い。—Este café está ~. このコーヒーは苦い。**2** つらい, 苦しい; 悲しい。— dolor ひどい苦痛。experiencias amargas 苦い経験。**3** 辛辣(しんらつ)な, きびしい。—ironía amarga 手きびしい皮肉。— 男 **1** 苦み。**2** 苦いもの。**3** 複 ビターズ（カクテルなどに混ぜる）。
amargón 男《植物》タンポポ。
amargor 男 **1** 苦味(にがみ)。**2** 悲しみ, 苦しみ, 不快さ。
amargura 女 **1**（失望などによる）苦しさ, 辛(つら)さ; 悲しみ。—lágrimas de — 悲痛の涙。**2** 苦味(にがみ)。—la medicina 薬の苦味。 ► **con amargura** 苦々しく, つらく。**llevar [traer] a ... por la calle de la amargura**〈人〉をひどく苦しめる。
amaricado, da 形《隠, 俗》(男が)女っぽい
amariconado, da 形 → amaricado.
amarillear 自 **1** 黄色くなる; 黄ばむ。**2**

(顔が)青ざめる。
amarillecer [9.1] 自 黄色くなる。
amarillento, ta 形 **1** 黄色っぽい, 黄色がかった。黄ばんだ。—~ arrozales 黄色く色付いた稲田。**2**（顔色が）青い, 血の気のない。
amarilleo 男 黄色くなること; 黄ばむこと, 黄ばみ。
amarillez 女（特に皮膚が）黄色いこと。

amarillo, lla [アマリリョ, ヤ] 形 黄色の。—limón — 黄色いレモン。**2** 黄色人種の。—raza amarilla 黄色人種。**3**（病気・恐怖などで）血の気を失った, 青白い。 ► **fiebre amarilla** 黄熱病。**Mar Amarillo** 黄海（中国東岸の海域）。**ponerse amarillo** —〈顔が〉青白くなる。**Río Amarillo** 黄河。— 男 **1** 黄色。**2** 黄色いもの, 黄色い絵の具。
amariposado, da 形 **1 a**) 蝶の形をした。**b**)《植物》（花冠が）蝶形の。**2**《俗》（男が）女っぽい。
amaro 男《植物》クラリセージ, オニサルビア（ハーブの一種）。
amarra 女 **1**《海事》もやい綱, 係留用ロープ。**2**（馬具の）胸がい。**3** 複《話》コネ, 縁故関係。—tener buenas ~s よいコネがある。 ► **soltar las amarras** (1)（船が）出港するためにもやい綱を解く。(2)（人が）依存から脱する。
amarradero 男 **1**《海事》係船柱 [杭]。**2**（物を繋(つな)ぐための）支柱。
amarrado, da 過分 [→amarrar] 形 **1**（ロープなどで）縛られた。**2**《海事》（船が）係留した。**3**（人が）束縛された。**4**《俗》〈estar/ir +〉猛勉強した。**5**〈estar/ir +〉コネがある。**6**《中南米》けちな。
amarradura 女 **1**（ロープなどで）縛ること。**2**《海事》**a**)（船の）係留。**b**) 巻いたロープなどの一巻き。
amarraje 男《海事》停泊料。
amarrar 他 **1 a**)（ロープなどで）〈を〉つなぐ, 縛りつける, 縛る。**b**)《+ a に》〈を〉つなぐ, 縛りつける。**2**《海事》（船を）係留する, (もやい綱で) 碇泊(ていはく)させる。**3**〈を〉束(たば)ねる。**4**（人を）拘束[束縛]する。**5**《ゲーム》(カード)〈を〉いかさまに切る。**6**《海事》停泊する。**2**（試験前に）猛勉強する。 ► **amarrárselas**《中南米》酔っ払う。
amarre 男 **1**（ロープなどで）縛ること。**2**《海事》（船の）係留; 係留場。
amartelado, da 過分 [→amartelar] 形 **1**〈estar +〉（恋人たちが）愛し合っている, 恋に夢中である。**2**（恋人たちが）とても仲睦(むつ)まじい, いちゃつく。
amartelamiento 男 **1** 恋に夢中になっていること。**2**（恋人たちが）いちゃつくこと, 仲睦(むつ)まじいこと。
amartelar 他（人に）恋心を抱かせる。**— se** 再 **1**（恋人たちが）いちゃつく。**2**《+ de に》恋をする, 夢中になる。
amartillar 他 **1**〈を〉槌(つち)[ハンマー]で打つ。**2**（銃の）撃鉄を起こす。**3**（取引きなどの）確認をする。
amasadera 女（パンの粉を練る）練り

桶(#).

amasadura 女 1 (パンなどを)こねること, 練ること. 2 練った生地.

amasamiento 男 1 (パンなどを)こねること, 練ること. 2《医学》マッサージ.

amasar 他 1 a) こねる, 練る, 練り合せる. b) マッサージをする. 2《俗》(悪事などを)たくらむ. 3 (財産などを)蓄積する, ため込む. —— una fortuna 財産を築く.

amasijo 男 1 (パンなどを)こねること. 2 (パン生地の)かたまり. 3《建築》モルタル. 4《俗》たくらみ. 5 (考えなどの)寄せ集め, ごた混ぜ.

amate 男《中南米》《植物》イチジクの一種.

amateur 形 アマチュア[素人]の. —equipo ~ アマチュアのチーム. 男女 アマチュア, 素人.

amatista 女《鉱物》アメジスト, 紫水晶.

amatorio, ria 形 恋愛の, 性愛の, 愛欲の. —poesía amatoria 恋愛詩.

amaurosis 女《単複同形》《医学》黒内障.

amauta 男《中南米》(古代ペルーの)賢者.

amazacotado, da 形 1 ぎっしり詰まった, (ぎっしり詰まって)固くなった. —cojín ~ 固いクッション. 2 a)(文章などが)くどい, ごてごてした. b)(芸術作品が)飾りすぎた. 3 (食べ物が)こってりした, もたれる.

amazona 女 1《神話》アマゾン, 女戦士, 女武者. 2 女性乗馬者, 女性騎手; 婦人用乗馬服.

Amazonas 固名 (el ~) アマゾン川.

amazónico, ca 形 1 アマゾン川 (el Amazonas) 流域の, アマゾン地方の. 2 アマゾン族の; 女戦士 (amazona) のような, 勇ましい.

ambages 男複 遠回しな[回りくどい]言い方. —gastar [venir con] ~ 遠回しに言う. hablar sin ~ 単刀直入に言う.

ámbar 男 1 琥珀(ﾋﾞ). 2 竜涎(ﾘﾕ)香.
▶ *ámbar negro*《鉱物》黒玉.

ambarino, na 形 琥珀(ﾋﾞ)色の, 琥珀の.

Amberes 固名 アントワープ (ベルギーの都市).

ambición 女 [+ de/por ~]野心, 大望, 野望. —hombre dominado por la ~ de poder 権力欲にとりつかれた人.

ambicionar 他 を切望する, 激しく望む.

ambicioso, sa 形 1 (計画などが)野心的な, 大きな. 2 a) (人が)野心を抱いている. b) [+ de] を切望している. —*estar ~ de fama y riqueza* 名声と富を強く望んでいる. 名 野心家.

ambidextro, tra 形名 両手利きの(人).

ambientación 女 1 (演劇の)舞台装置, 背景; 音響効果. 2 雰囲気を作ること. 3 環境に馴れること.

ambientador, dora 名 (映画, 演劇) 舞台装置係. (放送) 音響効果係.
男 芳香剤, 消臭剤.

ambiental 形 周囲の, 環境の; 大気の. —música ~ バックグラウンドミュージック. problema ~ 環境問題. circunstancias —es 周囲の環境. contaminación ~ 大気汚染.

ambientar 他 1 …の雰囲気を作る. 2 (場面や舞台を)設定する. —— el escenario 舞台を設定する. ——se 再 [+ a/en] (環境などに)順応する.

ambiente 男 1 (自然) 環境; (社会的, 文化的な) 環境. —contaminación del (medio) ~ 環境汚染. 2 雰囲気, 気分; 活気. —hacerle buen [mal] ~ a …(人)を愉快な[いやな]気持ちにさせる. Había mucho ~ en la fiesta. パーティーはとても活気があった. 3 社会階層, グループ; 縄張り. ——s intelectuales [populares] 知識[庶民]階級, 大衆. 4《中南米》部屋.

ambigú 男 1 盛り合わせの夜食. 2 (劇場などの)軽食室.

ambiguamente 副 曖昧(於)に.

ambigüedad 女 1 曖昧(於)さ, 曖昧なこと, 不明瞭. 2 両義性.

ambiguo, gua 形 1 曖昧(於)な, 不明瞭な. 2《言語》両性(共有)の, 男性形・女性形のいずれでも使える: mar, arte など). 4 (男が) 女性のような.

ámbito 男 1 区域, 境界内, 構内. —en todo el ~ nacional 全国に. en el ~ de la universidad 大学の構内で. 2 (活動・学問などの)分野, 領域, 世界, 範囲. ——s — artístico [literario, del cine] 芸術[文学, 映画]界で. en el ~ legal 法律の枠内で. 3 (社会的な)グループ, 派. 4《音楽》音域.

ambivalencia 女 両義性, 両面性.

ambivalente 形 両義的な, 両面性のある.

ambladura 女 (馬などの)側対歩.

amblar 自 (馬などが) 側対歩で歩く.

ambliopía 女《医学》弱視.

ambo 男《中南米》スーツ. 2 (昔の富くじの)当選番号と2つの数字が重複していること.

ambón 男 (教会の) 朗読台, 説教壇.

ambos, bas [アンボス,バス] 形 (不定) (常に 複) 両方の. —A ~ lados del camino hay olivares. 道の両側にはオリーブ畑がある. 代 (不定) 両方, 2人とも, 2つとも. ámbos には冠詞がつかないが, 指示対象は문脈の中で特定されている. ▶ *ambos [ambas] a dos* 両方とも.

ambrosía 女 1《神》神々の食物, 神肴(ﾋﾞ). 2《文》美味な食物, 佳肴(ﾋﾞ). 3《植物》アンブロシア, マリティマ(ブタクサ属).

ambulancia 女 1 救急車. 2《軍事》野戦病院; 衛生隊; 傷病者運搬者.

ambulante 形 1 歩き回る, 売って歩く, 旅回りの. —vendedor ~ 露天商, 呼び売り商人, 行商人. músico ~ 街頭音楽家, ストリート・ミュージシャン. 2 移動する, 巡回する: 巡業の. —biblioteca

移動図書館. circo [teatro] ~ 移動サーカス[劇場]. puesto ~ 屋台. — 男女 物売り, 行商人.

ambulatorio, ria 形 **1**〈生物〉〈器官などが〉歩行のための. **2**〈医学〉〈治療が〉通院の, 外来の. —tratamiento ~ 通院治療. **3**〈病気などが〉入院不要の,〈患者が〉歩行できる. — 男 保健室, 診療所.

ameba 女 〈動物〉アメーバ.

amedrentar 他 を怖がらせる, 脅かす. — se 再〖+ de/ por 〗おじけづく,〈を〉怖がる.

amelga 女 〈農業〉〈畑の〉畝(ｳﾈ).

amelocotonado, da 形 モモ(桃)に似た.

amelonado, da 形 メロンの形をした.

amén 間 **1**〈祈りの言葉〉アーメン. **2** 〖話〗そうだといいね. ► *decir a todo amén* 何人でも同意する. *en un decir amén* あっという間に.

amenaza 女 **1** 脅し(の言葉), 脅迫, 恐喝(ｷｮｳｶﾂ). —recibir varias ~s de muerte 殺すぞと数回脅される. **2**〖+ para〗…に対する脅威. —~ para la paz 平和に対する脅威. **3**〈悪いことの〉兆し, 前兆, 恐れ. ► *bajo amenaza(s)* 脅迫されて, 脅されて.

amenazador, dora 形 脅迫的な, 威嚇(ｲｶｸ)的な.

amenazante 形 →amenazador.

amenazar [1.3] 他 **1**〖+ con/ de 〗を脅迫する, おどす. —Le han amenazado de muerte. 彼は殺しでそるとおどされた. **2**…の恐れ[危険]がある, …しそうである. —Vamos volviendo, que *amenaza* lluvia. そろそろ帰ろう。雨が降りそうだから. — 自 〖+ con + 不定詞〗〈望ましくないことが〉…しそうである, …する恐れがある. —Muchas especies de animales *amenazan* con desaparecer. 多数の種の動物が絶滅の危機に瀕している.

amenguar [1.4] 他 **1** を減らす, 小さくする. **2**〈名誉などを〉傷つける, を中傷する.

amenidad 女 心地よさ, 楽しさ.

amenizar [1.3] 他 を楽しくする, 活気づける

ameno, na 形 〈物事・場所が〉心地よい, 快適な;〈物事・人が〉楽しい.

amenorrea 女 〈医学〉無月経.

amento 男 〈植物〉尾状花序.

América 図名 アメリカ[大陸]. ◆特に中南米を指すことが多い。アメリカ合衆国のことは (los) Estados Unidos と言う. —*A*~ del Norte 北米. *A*~ del Sur 南米. *A*~ Latina ラテンアメリカ. las *A*~s 南北両アメリカ.

americana 女 〈服飾〉男性用ジャケット, 上着.

americanada 女 〖軽蔑〗**1** 典型的なアメリカ映画. **2** いかにもアメリカ人の振舞い.

americanismo 男 **1**〈言語〉**a)** ラテンアメリカ特有のスペイン語(法). **b)** アメリカインディアン語からの借用語. **c)** アメリカインディアン語(法). **2** アメリカ気質[精神]. **3** アメリカかぶれ[ひいき]. **4** アメリカ研究[学].

americanista 男女 アメリカ研究者, ラテンアメリカ研究者.

americanización 女 アメリカ[米国]化.

americanizar [1.3] 他 をアメリカ[米国]化[風に]する. — se 再 アメリカ[米国]化する.

americano, na [アメリカノ, ナ] 形 **1** アメリカ(人)の; ラテン・アメリカ(人)の. —continente ~ アメリカ大陸. **2** アメリカ合衆国の, 米国の. — 名 アメリカ人(場所によりアメリカ大陸人, ラテン・アメリカ人または米国人).

amerindio, dia 形 アメリカインディアンの. —lenguas *amerindias* アメリカインディアン諸語. — 名 アメリカインディアン.

ameritar 他 〈中南米〉→merecer.

amerizaje 男 〈航空〉着水.

amerizar [1.3] 自 〈航空〉着水する.

amestizado, da 形 白人とインディオの混血(メスティソ)の人のような. — 名 白人とインディオの混血児のような人.

ametrallador, dora 形 〈軍事〉銃弾を浴びせる. —fusil ~ 自動小銃. — 男 〈軍事〉機関銃手[兵].

ametralladora 女 〈軍事〉機関銃.

ametrallar 他 **1** を機関銃で撃つ. **2** 〖+ con を 〗…に浴びせる.

ametropía 女 〈医学〉非正視.

amianto 男 〈鉱物〉アミアンタス(石綿の一種).

amiba 女 →ameba.

amida 女 〈化学〉アミド(アンモニアの水素をラジカル基で置換した化合物).

amigable 形 **1** 好意的な, 友人のような. **2**〈情報〉ユーザーフレンドリ(の).

amigablemente 副 好意的に.

amigacho 男 〖軽蔑〗悪友.

amigar [1.2] 他 …と親しくさせる, 和解させる. — se 再 **1** 仲良くなる. **2** 〖俗〗同棲する.

amígdala 女 〈解剖〉扁桃(ﾍﾝﾄｳ), 扁桃腺.

amigdaláceo, a 形 〈植物〉バラ科ハタンキョウ属の.

amigdalitis 女 〖単複同形〗〈医学〉扁桃(ﾍﾝﾄｳ)腺炎.

amigo, ga [アミゴ, ガ] 名 **1** 友人, 友だち. —íntimo ~ 親友. una *amiga* de la infancia 子どものときの友だち. —del alma 彼女の親友. **2**〖友だちでない場合にも用いる〗友人; 人. —¡Un momento, ~! 君, あなた; 人. —¡Un momento, ~! 君, 少し待ってくれ. El ~ aquí podrá orientarle. ここにいる人があなたにお教えします. **3** 恋人, 愛人. **4** 味方. — 形 **1** 仲のよい, 友人の. **2** 〖+ de 〗好きの, 好んでいる. —Es muy ~ de fiestas [de viajar]. 彼はパーティー[旅行]が大好きだ. **3** 味方の, 友好的な. —un país ~ 友好国. **4** 好ましい. —Me dio una

amigote 彼は私に好ましい印象を与えた.

amigote, ta 男女 1《俗》仲の良い友人. 2《軽蔑》悪友.

amiguete 男女 →amigote.

amiguismo 男《話》コネを使うこと, 縁者びいき.

amiláceo, a 形《化学》澱粉(%&)質[性]の, 澱粉を含む.

amilanamiento 男 1怖がらせること; 恐怖. 2落胆させること, 落胆.

amilanar 他 1怖がらせる. 2を落胆させる. — **se** 再 怖がる, ひるむ.

amílico, ca 形《化学》アミルの — alcohol 〜 アミルアルコール.

amillaramiento 男《課税のための住民の財産の》査定, 土地台帳の作成.

amillarar 他《課税のために財産を》査定する, 土地台帳を作成する.

amilo 男《化学》アミル.

amiloidosis 女《単複同形》《医学》アミロイド症.

amina 女《化学》アミン.

aminoácido 男《化学》アミノ酸.

aminoración 女 減少, 縮小, 軽減, 削減, 低下.

aminorar 他 を減らす, 少なくする, 縮小する. — 〜 la velocidad 速度を落とす. — 自 減少する, 低下する.

amistad [アミスタ] 女 1友情, 友愛; 友好; 友情, 親善. — 〜 firme 固い友情. granjearse la 〜 de... 〔人〕と近づきになる. estrechar los lazos de 〜 友情の絆(%)を結ぶ. pacto de 〜 友好条約. relaciones de 〜 entre dos países 二国間の友好関係. 2愛, 友人, 友だち, 知り合い. — hacer muchas 〜es 友人をたくさん作る. 3 複 コネ, 伝手(%). 4情交. ▶**hacer amistad con...** 〔人〕と親しくなる, 親交を結ぶ, 友達ができる. **hacer la(s) amistad(es)** 仲直りする. **romper la amistad** 絶交する.

amistar 他 1を親しくさせる, 友達にする. 2を和解させる. — **se** 再 1親しくなる, 友達になる. 2和解する.

amistosamente 副 友好的に, 仲よく.

amistoso, sa 形 友情のこもった, 友好的な. —relaciones amistosas 友好関係. un arreglo 〜 和解. un partido 〜 親善試合.

amito 男《宗教》アミクトゥス(ミサの時司祭が用いる白い布).

amnesia 女《医学》記憶喪失, 健忘症.

amnésico, ca 形名《医学》記憶喪失[健忘症]の(人).

amnios 男《単複同形》《解剖》羊膜.

amniótico, ca 形《化学》羊膜の. —líquido 〜 羊水.

amnistía 女 恩赦(欠), 特赦, 大赦 —conceder la 〜 a... ...に恩赦を与える. A〜 Internacional アムネスティ・インターナショナル.

amnistiar [1.6] 他 ...に恩赦[特赦, 大赦]を与える.

amo 男 1持主, 所有者; 〔動物などの〕飼い主. — 〜 de una finca [de una fábrica, de una tienda] 農場[工場, 店]主. 2《使用人から見て》主人, 雇い主. 3有力者, 実力者; 親方. 4《一家の》主人, 主人. 家長; 家主. — 〜 de casa 主人, 主夫. ▶**hacerse el amo** 〔+ de を〕取り仕切る, 支配する; 掌握する. **ser el amo (del cotarro)**《話》一切を取り仕切っている, 中心[指導]的役割を果たす.

amoblar [5.1] 他 →amueblar.

amodorrado, da 過分 (→ amodorrarse) 形 異常な眠気に襲われた, 眠り込んだ.

amodorramiento 男 異常な眠気, 眠り込むこと.

amodorrarse 再 異常な眠気を催す, 眠り込む.

amohinar [1.7] 他 を不快にする, いらいらさせる. — **se** いらいらする.

amojamamiento 男 やせ細っていること.

amojamar 他 《マグロ》を塩干しにする. — **se** 再 (人が年をとって)やせこけて皺(%)だらけになる.

amojonamiento 男 1境界標で境界を定めること. 2〔集合的〕境界標.

amojonar 他 (土地などの)境界を境界標で定める.

amojosarse 再《中南米》→enmohecerse.

amoladera 女 砥石(%).

amolado, da 形 1〔刃物などが〕研いである. 2(人が)うんざりした. — 男 研ぐこと, 研磨.

amolador 男 研ぎ師.

amolar [5.1] 他 1を研ぐ. 2《話》(人)を悩ませる. — **se** 再《話》我慢する.

amoldamiento 男 1型に合わせること. 2適応.

amoldar 〔+ a〕 1(型などに)...を合わせる — 〜 un sombrero a la cabeza 帽子を頭に合わせる. 2(...に)(人)を適応させる. — **se** 再〔+ a に〕(人)が適応する.

amollar 自 譲歩[妥協]する. — 他《海事》(帆)綱)を緩める.

amonal 男《化学》(強力な爆薬の)アンモナール.

amonarse 再《話》酔っ払う.

amonedar 他 (金属)を貨幣に鋳造する.

amonestación 女 1 戒告, 叱責. 2 (教会での)婚姻の公示[予告]. — **correr las amonestaciones** (教会が)婚姻の公示[予告]をする. 3 (サッカーの)警告, イエローカード.

amonestador, dora 形 (人が)訓戒[叱責]する.

amonestar 他 1(人)を訓戒[叱責]する. 2(教会で)...の婚姻を公示[予告]する. — **se** 再 (教会で)婚姻の公示[予告]を

してもらう.

amoniacal 形 《化学》アンモニアの. —olor 〜 アンモニア臭. solución 〜 アンモニア溶液.

amoníaco, ca 形 《化学》アンモニアの. —**sal** *amoníaca* 塩化アンモニウム. —男 《化学》**1** アンモニアガス. **2** アンモニアゴム.

amonio 男 《化学》アンモニウム.

amonita 女 《古生物学》アンモナイト, 菊石.

amontillado, da 形 (ワインの)モンティーリャ風の. —男 モンティーリャ風シェリー酒.

amontonadamente 副 山積みになって.

amontonamiento 男 《話》(物体の)山, 堆積. —un 〜 de gente [de basura] 山のような人だかり[ごみ].

*amontonar 他 **1** を山積みする, 積み上げる, 積み重ねる. —〜 los libros Los Libros を本積み重ねる. —disculpas y pretextos sin ton ni son 訳と口実を並べ立てる. **2** をかき集める, 蓄える. —riquezas 富を蓄積する. —se 再 **1** 積み重なる, 山積する; (出来事が)集中する. **2** むらがる, 群れ集まる. **3** 《+ con と》同棲する.

amor [アモル] 男 **1** 《+ a/por/hacia 〜 への》愛, 愛情, 慈愛. —〜 materno 母性愛. 〜 fraternal 兄弟愛. —al prójimo [a la patria] 隣人[祖国]愛. el 〜 de Dios 神の愛; 神への愛. 〜 a la verdad 真理を愛する心. Los hijos sienten 〜 hacia sus padres. 子どもたちは両親が好きだ. **2** (異性間の)愛, 恋, 恋愛. —mi primer 〜 私の初恋(の人). 〜 pasajero かりそめの恋, 浮気. 〜 a primera vista 一目惚れ, poesía de 〜 恋愛詩. 〜 griego 同性愛. **3** (物に対する)好み, 愛着, 愛欲. 〜 a la música [al lujo] 音楽[贅沢](に)好き. 〜 al dinero 金銭欲. **4** 愛する人, 恋人; 愛児[愛着]する物. —¡A〜 (mío)!/¡Mi 〜! (恋人・妻・夫への愛を込めた呼びかけ)あなた, 君, お前, 坊や. **5** 覆 恋愛関係, 情事; 愛の言葉, 口説き. —decir mil 〜es 甘い言葉を言う. **6** 熱意, 専念; 丹精, 入念さ. —trabajar con 〜 入念[丹念, 丁寧]に仕事をする. **7** 優しさ. ● **al amor de la lumbre** [del fuego] (暖まる場所として)火のそばで[に], 炉端に[で]. **amor libre** 自由恋愛. **amor platónico** プラトニックラブ(精神的な恋愛). **amor propio** (1) 自尊心, 自負心, プライド. (2) 根性, 競争心, 負けん気. (1)愛情を込めて, 心から, 優しく. (2)入念に, 丁寧に; 熱心に. **con [de] mil amores** 大喜びで, 心から, 進んで. **en amor y compañía** (1)仲良く. **hacer el amor** (1) 《+ a/con》《話》…と性交渉を持つ. (2)《古》口説く, 求愛する. **por amor al arte**《話》ただで, 無報酬で, 無料で. **por (el) amor de Dios**《話》(物乞いの)どうかお願い

(2)(懇願・抗議・驚き・怒りなどで)どうかお願いだから, 後生だから. **requerir de amores a ...**《文》…を口説く, …に求愛する. **tener amores con ...** …と恋愛関係にある, 情事をもつ.

amoral 形 道徳観念のない.

amoralidad 女 道徳観念の欠如, 無道徳.

amoralismo 男 《哲学》無道徳主義.

amoratado, da 形 (一部分が)[→ amoratar] 形 紫色の; あざのできた.

amoratar 他 (体の一部などを)紫色にする, …にあざをつける. —se 再 (体の一部が)紫色になる.

amorcillo 男 キューピー人形.

amordazar [1.3] 他 **1** …に猿ぐつわをはめる, (動物に)口輪をはめる. **2** …の口を封じる.

amorfo, fa 形 **1** 無定形の, 特徴のない, 個性のない.

amorío 男 《主に 覆》《話》一時的な恋, たわむれの恋, ゆきずりの恋.

amoroso, sa 形 **1 a)**《+ con と》愛情のこもった, 情愛の深い. **b)**《話》愛情をこめた, 優しい. **2** 愛の, 恋愛の, 愛情表現の, 恋愛の. —una carta *amorosa* 恋文. —miradas *amorosas* なまめかしい目つき. **3**(天候が)温暖な. —un invierno 〜 暖冬. **4**(仕事や加工が)しやすい. —una tierra *amorosa* 耕しやすい土地.

amorrar 他《+ a に》顔を近づける. —se 再《+ a に》前かがみになって顔を近づける.

amortajamiento 男 死衣(しい)に包むこと.

amortajar 他 を死衣に包む.

amortecer [9.1] 他 を弱める, 和らげる.

amortiguación 女 和らげる[弱くする]こと, 緩和, 軽減.

amortiguador, dora 形 《衝撃などを》和らげる, 弱める. —男 《機械》緩衝装置, ダンパー.

amortiguamiento 男 → amortiguación.

amortiguar [1.4] 他 **1** (衝撃などを)和らげる, 弱くする. —el dolor 痛みを和らげる. **2**(色・光などを)弱める. —se 再 弱まる, 弱くなる.

amortizable 形 《商業》償却[償還]できる. —valores públicos 〜s 償還公債.

amortización 女 **1 a)**(借金に対する)返済. **c)**(貸し付けの)回収, 償還. **2**(決算)減価積もり償却. —acelerada 加速償却. **3**(場所からの)排除.

amortizar [1.3] 他 **1** ー una deuda を償還する, 返済する. —(商業) を減価償却し負債を償還する. **2**(商業)《法律》(財産を法人・教会に)死手譲渡[永代寄付]する. **4**(職を)廃止する. **5** を最大限に利用する.

amoscamiento 男 立腹(すること).

amoscarse [1.1] 再 《話》腹を立て

amostazar [1.3] 他 《話》(人)を怒らせる、いら立たせる。— **se** 再 1《話》怒る、いら立つ。2《中南米》恥じる。

amotinado, da 過分 [→ amotinar] 形 反乱[暴動]に加わった。— 名 反乱[暴動]の参加者。

amotinador, dora 形 (人が)反乱に駆り立てる。— 名 反乱の扇動者。

amotinamiento 男 反乱、反逆、暴動。

amotinar 他 を反乱に駆り立てる。— **se** 再 [+contra に対して] 反乱[暴動]を起こす。

amover [5.2] 他 [+de (職務)から] (人)を解任する[解雇]する。

amovible 形 1 移動可能な、取り外しできる。2 a) (人)が解任可能な、配置転換できる。b)(職務が)在職者を替えることのできる。

amovilidad 女 1 移動可能[取り外し]可能。2 解任可能。

ampalagua 女 《南米》(アルゼンチン北部に生息する)ボアの一種。

amparador, dora 形 保護する、庇護を与える。— 名 保護する人。

amparar 他 を保護する、庇護する、かばう。—Dios le ampare. あなた[彼]に神の御加護がありますように。— **se** 再 1 [+en に] 保護[庇護]を求める、すがる。2 [+de/contra から] 身を守る、身を隠す。

Amparo 固名 (女性名)アンパーロ。

amparo 男 1 庇護、保護、援助。—pedir [buscar] el ~ de... (人)の保護を求める。2 頼り(になるもの)、保護者；避難所。3 保証、裏付け。▶ **al amparo de...** (1) …に保護されて、…に守られて、…に頼って。(2) …から保護されて、免れて。**recurso de amparo** (憲法裁判所への)保護申立て。

amperaje 男 《電気》アンペア数。

amperímetro 男 《電気》電流計。

amperio 男 《電気》アンペア(電流の単位、《略》A)。

ampliable 形 拡大[拡張]可能な。

ampliación 女 1 (場所や道路の)拡張、拡大、延長。2 (知識や範囲の)拡大、増強；増員。3 (期限、期間)の延長。4 (写真やコピーで)拡大、引き伸ばし。

ampliador, dora 形 (写真)大きく見せる。— 男 《写真》引き伸ばし機。

ampliamente 副 1 たっぷり、十二分に。2 余裕を持って、楽々と。3 広く、広範に[汎]に、こと細かに。

ampliar [1.5] 他 1 (大きさ・程度)を広げる、拡張[拡大]する、(数量)を増大させる。2 (写真)を引き伸ばす。— una foto 写真を引き伸ばす。— **se** 再 広がる、増大する。

amplificación 女 1 拡大。2 《物理》増幅。3 《修辞》敷衍(ふ.)。

amplificador, dora 形 (大きさなどを)拡大する。2 《物理》増幅する。— 男 《物理、電気》増幅器、アンプ。

amplificar [1.1] 他 1 (大きさなど)を拡大する。— una fotografía 写真を拡大する。2 (音量)を上げる。— el volumen del televisor テレビの音を大きくする。3 《物理》を増幅する。4 《修辞》を敷衍(ふ.)する。

amplio, plia 形 1 (範囲が)広い、広範囲の、広い[幅]な。—en el sentido ~ de la palabra その言葉の広い意味で。**amplia mayoría** 圧倒的多数。2 (衣服が)ゆったり[たっぷり]した；だぶだぶした。—una falda **amplia** たっぷりとしたスカート。3 (空間が)広々とした、広大な。

amplitud 女 1 (幅・面積などの)広いこと、広さ、幅；空間。—tener mucha [poca] ~ 広い[狭い]。2 (心・知性などの)広さ、程度。— ~ de espíritu 心の広さ。3 (規模の)大きさ、規模；重要性。— ~ de un desastre 災害の大きさ[規模]。4 《物理》《天文》振幅；出没方位角。《数学》複素数の偏角。《軍事》射程。5 《気象》気温などの較差。

ampo 男 1 (雪の)輝くような白さ。2 複 雪片。

ampolla 女 1 (火傷などによる)水ぶくれ、水泡、(手足にできる)まめ。2 (水が沸騰した時に生じる)泡、気泡。3 (注射液などの)アンプル、(口が細くて胴が丸い)ガラスびん。4 《宗教》聖油入れ(容器)。

ampolleta 女 1 砂時計のガラス容器。2 砂時計の砂が落ちる時間。3《チリ》電球。

ampón, pona 形 《軽蔑》(服などが)だぶだぶの。

ampulosidad 女 (文体などの)粉飾、誇張。

ampuloso, sa 形 (文体などが)飾りすぎた、大げさな。—estilo ~ 仰々しい文体。

ampurdanés, nesa 形 アンプルダン(Ampurdán, カタルーニャの一地方)の(人)。

amputación 女 1 《医学》(手足などの)切断。2 (文章などの)削除。

amputar 他 1 《医学》(手足など)を切断する。2 を削除する。

amuchachado, da 形 男の子のような、子どもっぽい。

amueblado, da 過分 [→ amueblar] 形 家具付きの。—un piso ~ 家具付きのマンション。

amueblar 他 (部屋)に家具を備え付ける。

amujerado, da 形 女のような。

amulatado, da 形 (白人と黒人の混血児)ムラートのような。

amuleto 男 お守り、護符、魔よけ。

amuñecado, da 形 (容貌や身なりが)人形のような。

amura 女 (船舶) 1 船首の側面。2 (帆の風上側の)下隅索。

amurada 女 (船舶) (船の内側の)側面。

amurallar 他 (町など)を城壁で囲む。

amurar 他 (海事)(帆)をタックする、引き切る。

amurrarse 再 《中南米》ふさぎ込む。

amusgar [1.2] 他 (牛や馬が)(耳)を後

Ana 固名 《女性名》アナ.

ana 固名 《冠詞は単数形の直前で el, un(a)》アナ(長さの単位、約 1m).

anabaptismo 男 《宗教》再洗礼派の教義.

anabaptista 形 《宗教》再洗礼派の. ——男女 再洗礼派の人.

anabólico, ca 形 《生物》同化(作用)の.

anabolismo 男 《生物》同化(作用).

anabolizante 形 《医学》同化を促す. ——男 《医学》同化物質.

anacarado, da 形 真珠のような光沢の, 真珠色(い)で飾った.

anacardo 男 《植物》カシューの木; カシューナッツ.

anacoluto 男 《言語》破格構文.

anaconda 女 《動物》アナコンダ(南米産の大蛇).

anacoreta 男女 《雅》隠者, 独居修行僧; 世捨て人.

anacreóntico, ca 形 《詩学》アナクレオン (Anacreonte) 風の. ——女 《詩学》アナクレオン体の詩.

anacrónico, ca 形 時代錯誤の; 時代遅れの.

anacronismo 男 1 時代錯誤. 2 時代遅れのもの.

anacuá 男 《中南米》悪魔.

ánade 男 《鳥類》カモ(鴨); アヒル.

anadear 自 カモのようによちよち歩く.

anadeo 男 カモのようなよちよち歩き.

anadiplosis 女 《単複同》《修辞》前辞反復.

anadón 男 カモ[アヒル]のひな.

anaerobio, bia 形 《生物》(菌類など)嫌気性の.

anafe 男 携帯用こんろ.

anafilaxis 女 《医学》アナフィラキシー, 過敏症.

anafrodisíaco, ca 形 《薬学》性欲を抑制する, 制淫の. ——男 《薬学》制淫剤.

anagrama 男 1 アナグラム, 語句の綴(?)り換え(例: arroz → zorra). 2 文字を組合せたシンボルマーク.

anal 形 《医学》肛門(ミネ)の. —músculo ~ 肛門筋. fístula ~ 痔瘻(ﾟ?).

analectas 女複 選集.

anales 男複 1 年代記, 年史. 2 (学術的な)定期刊行物, 年報, 紀要.

analfabetismo 男 読み書きのできないこと, 非識字; 無学. —tasa [índice] de ~ 非識字率.

analfabeto, ta 形 1 非識字の, 読み書きのできない. 2 無学の, 無教養の. ——名 1 非識字者, 読み書きのできない人. 2 無教養な人.

analgesia 女 《医学》無痛覚(症).

analgésico, ca 形 《医学》無痛覚の. ——男 《薬学》鎮痛の. ——男 《薬学》鎮痛剤.

análisis [アナリシス] 男 《単複同形》1 分析, 分解. 2 分析結果. —~ científico 科学的分析. ~ del mercado 市場分析. ~ cualitativo 定性分析. ~ cuantitativo 定量分析. ~ espectral スペクトル分析[分光]. ~ dimensional 次元解析. ~ químico 化学分析. 3 《医学》検査; 検査結果. ~ clínico 臨床検査. 3 《数学》解析(学). — infinitesimal 微積分. — factorial 因子分析. — armónico 調和解析. — de Fourier フーリエ解析.

analista¹ 男女 年代記編者.

analista² 男女 1 分析者, アナリスト. —~ político 政治評論家. 2 《数学》解析学者. 3 《医学》精神分析医.

analítico, ca 形 1 分析的な. —lengua analítica 《言語》分析的言語. 2 《数学》解析的な. —geometría analítica 解析幾何学. 3 《医学》精神分析の. ——女 《医学》《医療》検査.

analizable 形 《分析》分析できる.

analizador, dora 形 分析[分解]する. ——男 分析装置.

analizar [1.3] 他 を分析する, 分解する. 解析する.

analogía 女 1 類似, 類推. 2 《論理》類推, アナロジー. 3 《生物》相似.

analógico, ca 形 1 類似の, 類推による. 2 《言語》類推の. 3 《情報》アナログの.

análogo, ga 形 〖+a に〗類似した, 相似の. ——男 類似物[体], 《生物》相似器官.

ananá 男 →ananás.

ananás 男 《複 ananaes, ananases》《植物》パイナップル.

anapelo 男 《植物》トリカブト.

anapéstico, ca 形 《詩学》短短長 [弱弱強]格の. —verso ~ 短短長格の詩.

anapesto 男 《詩学》短短長格, 弱弱強格.

anaquel 男 棚(な), 棚板.

anaquelería 女 1 《集合的に》棚. 2 棚家具.

anaranjado, da 形 オレンジ色の. —blusa de color ~ オレンジ色のブラウス. ——男 オレンジ色.

anarco, ca 形 名 《話》→anarquista.

anarquía 女 1 《国家の》無政府(状態). —estar en un estado de ~ 無政府状態にある. 2 《話》無秩序, 混乱; 乱れ. —~ económica 経済的混乱.

anárquico, ca 形 1 無政府(状態)の, 無政府主義の. 2 無秩序な, 乱雑な; 無法道な生活をする. —llevar una vida anárquica 無法な生活をする. 1 無政府主義者. 2 だらしのない人, 無軌道[無規律]な人.

anarquismo 男 1 《政治》無政府主義(運動), アナーキズム. 2 大混乱.

anarquista 形 無政府主義(者)の. ——男女 無政府主義者.

anarquizar 他 を無政府[混乱]状態に

anastomosis 囡 〖単複同形〗〖解剖〗吻合; 〖医学〗吻合術(血管や臓器のつなぎ合わせる手術).

anatema 男 **1** 呪い; 非難. —lanzar un ~ contra …に非難を浴びせる. **2** 《宗教》破門, 異端排斥. —pronunciar un ~ contra … (人)に破門を宣告する.

anatematizar [1.3] 他 **1** (人を)呪う; 非難する. **2** 《宗教》(人を)破門する.

anatomía 囡 **1** 解剖学. ~ humana [animal, vegetal] 人体[動物, 植物]解剖学. ~ patológica 病理解剖学. ~ comparada 比較解剖学. **2** 解剖, 分解. —hacer la ~ de un cadáver 死体を解剖する. **3** (人体・動物物の)構造, 組織; 解剖学(的)知識, 解剖学的知識 el cuerpo humano 人体構造. **4** 〖話〗(特に審美的な観点から見た)体つき, 体形, 体格. **5** (問題・事件などの)分析[検討, 研究].

anatómico, ca 形 **1** 解剖の, 解剖学(上)の, 解剖組織上の. —cuadro ~ 解剖図. **2** 解剖学[人間工学的]に設計された. —asiento ~ 人間工学的にデザインされた椅子. —囲 解剖学者. —~ forense 検死解剖医.

anatomista 男囡 解剖学者.

anatomizar [1.3] 他 **1** (人体などを)解剖する. **2** 《美術》(解剖的な筋肉を際立たせて)描く.

anca 囡 〖単数定冠詞は el〗【主に 複】 **1** (馬などの)臀部(でんぶ), 尻(しり). **2** (動物の)股関節部. —~s de rana カエルの足. **3** 〖俗〗(人の)尻. ▶ *a las ancas* (馬に乗る時に)人の後ろに乗って.

ancestral 形 先祖代々の, 祖先の. —costumbre ~ 昔からの習慣.

ancestro 男〖主に 複〗→antepasado.

anchamente 副 広く, 広範囲に; ゆったりと.

ancho, cha [アンチョ, チャ] 形 **1** 幅の広い, 広い. —calle *ancha* 広い通り. Es ~ de espaldas. 彼は肩幅が広い. *alcoba ancha* 広い寝室. **2 a)** (衣服が)ゆったりした, たっぷりした; だぶだぶの. —La chaqueta te está *ancha*. その上着は君にだぶぶだ. **b)** (入れ物などが)大きい, 広すぎる: ゆとりがある. —En estos asientos vamos muy ~s. この座席に座るとくつろげる. **3** (心・視野などが)広い, 寛大な, (精神的に)幅ある. —Es un hombre de mente *ancha*. 彼は心の広い人だ. **4** (気持が)ほっとした, のびのびした, 気楽な〖estar+〗. **5** 得意になった, うぬぼれた〖estar+〗. ▶ *a lo ancho* 幅は…; 横方向に. *a sus anchas* (1) 気楽に. (2) 好きなように, 気ままに. *quedarse tan ancho [más ancho que largo]* 平然としている. *todo a [todo] lo ancho de ~* の幅いっぱいに. *venir*(LE) *ancho a ~...* (1)…には大きすぎる. (2)…の手に余る. —男

1 幅, 横幅, 横. —~ de banda 《通信》帯域幅. medir 3 metros de ~ 横が3メートルある. **2** (一定幅の)布地. —doble ~ ダブル幅. tres ~s de tela 三幅(みの)の切れ. **3** 《鉄道》のゲージ, 軌間. —~ de vía 鉄道ゲージ.

anchoa 囡 **1**《魚類》アンチョビー. **2**《料理》塩とオリーブ油で漬けたアンチョビー.

anchova 囡《魚類》→anchoa.

anchoveta 囡《魚類》(ペルー沿岸産の)カタクチイワシ.

anchura 囡 **1** 幅, 差し渡し. —~ de pecho [espaldas] 胸囲[肩幅]. —~ de banda (周波数)帯域幅. **2** (空間的)余裕, スペース. **3** 自在さ, ゆとり, 気まま.

anchuroso, sa 形 広々とした, 広大な. —*anchurosa* llanura 広大な平原.

ancianidad 囡 老年期, 老齢. —en la [su] ~ 老年期に, 年をとってから.

anciano, na [アンシアノ, ナ] 形 年老いた, 年寄りの. —pariente ~ 年老いた親戚. —名 老人, お年寄り; 長老.

ancla 囡《海事》錨(いかり). —echar ~s 錨を下す, 投錨(ちょう)する. levar ~s 錨を上げる, 抜錨する. **2**《建築》(切り石などを固定する)埋め金具, アンカー. **3**《情報》アンカー.

ancladero 男《海事》投錨(ちょう)地, 停泊地. **2**《情報》アンカー.

anclaje 男《海事》**1** 投錨(ちょう), 停泊. **2** 停泊料.

anclar 自《海事》(船が)投錨(ちょう)する, 停泊する. — 他〖+a〗をしっかり固定する. —se〖+en〗に固執する, こだわる.

anclote 男 小型の錨(いかり).

ancón 男 **1**(船が投錨(ちょう)できる)小さな入江. **2**《建築》(壁などの蛇腹を支える)渦形持送り. **3**《中南米》

anconada 囡 小さな入江.

áncora 囡〖単数定冠詞は el〗 **1** (時計の)アンクル. **2** ▶ *áncora de salvación* 頼みの綱, 最後の手段.

andada 囡 ▶ *volver a las andadas* 昔の悪い癖が出る.

andaderas 囡〖複〗(赤ん坊の)歩行器.

andadero, ra 形 (道などが)歩行可能な, 容易に歩ける.

andado, da(過分) [→andar¹] 形 **1** (距離などを)歩いた, 走破した. **2** (場所が)人通りの多い. —un camino poco ~ 人通りの少ない道. **3** (衣服が)着古した.

andador, dora 形 **1** たくさん[速く]歩く, 健脚の. **2** あちこち歩き回る. —男 **1** 健脚の人. **2** あちこち歩き回る人. — 男 **1** (赤ん坊や老人用の)歩行器. **2** (よちよち歩きの幼児を支える)ひも. **3** 畦(あぜ)道.

andadura 囡 **1** 歩くこと, 歩行. **2** (馬の)足並み. —paso de ~《乗馬》側対歩, 3. 過程.

Andalucía 固名 アンダルシーア(スペインの自治州).

andalucismo 男 **1 a)** アンダルーシアび

andalucista いき. b)〖政治・経済・文化にわたる〗アンダルシーア地方主義. **2** アンダルシーア特有の言い回し〖語彙(ﾁｭ)〗; アンダルシーアなまり.

andalucista 形 男女 アンダルシーア地方主義の(人); アンダルシーアびいきの(人).

:andaluz, luza 形 アンダルシーアの, アンダルシーア〖地方〗の. ― 男女 アンダルシーア人. ― 男 アンダルシーア方言.

andamiaje 男〖集合的〗〖建築現場などの〗足場.

:andamio 男 **1**〖建築現場などの〗足場〖組み〗. ―~s suspendidos [colgantes] 吊り足場. **2** 仮設展覧場, 仮設ステージ. **3**〖話〗履物, 靴.

andana 女 **1**〖煉瓦(ﾚﾝｶﾞ)などの〗列, 層. **2** 畳〖のヘリ〗.

andanada 女 **1**〖軍事, 海事〗舷側砲の一斉射撃. **2** 叱責. **3**〖闘牛〗最上部の席. **4** 列, 層. →andana 1.

andancia 女〖中南米〗〖軽度の〗伝染病.

andancio 男〖軽度の伝染病〗.

andando 間 急げ. →andar¹.

andante 形 **1** 歩く, 動く. ―cadáver~ 生ける屍(ｶﾊﾞﾈ). **2** 遍歴の. ―caballero~ 遍歴の騎士. ― 男〖音楽〗ゆるやかに, 歩くように. ― 男〖音楽〗アンダンテ.

andanza 女〖主に 複〗**1**〖いろいろな所を回る〗旅. **2**〖危険をはらむ〗出来事, 事件, 冒険. ―meterse en ~s 事件に首を突っ込む.

:andar [アンダル] [20] 自 **1** 歩く, 歩いて行く. ―Regresó a su casa *andando*. 彼は歩いて帰宅した. **2** 行く, 移動する. ―~ a caballo 馬で行く. **3** 動く, 作動する. ―Esta aspiradora no *anda* bien. この掃除機は調子が悪い. **4** ある状態にある. ―El negocio *anda* muy bien. 仕事は非常にうまくいっている. ―~ mal de dinero o の 金に困っている. **5**〖+現在分詞〗…している. ―Siempre *andaba* pidiendo dinero. 彼はいつも金をねだっていた. **6**〖+por〗a) およそ…である. ―Este ordenador *anda* por los 1.500 euros. このコンピュータは 1.500 ユーロくらいだ. b) …あたりにある〖いる〗. c) ほぼ…に達する. ―*Anda* por los cuarenta años. 彼は 40 才くらいだ. **7**〖+en〗a) …〖歳に〗なろうとする. ―*Anda* en los treinta años. 彼は 30 歳になるところだ. b) …に触る. ―No vuelvas a ~ en los cajones de mi escritorio. 二度と私の机の引出しに手を触れるな. c)…にかかわる. ―En pleitos *anda* mi tío. 私のおじは訴訟ざたである. **8**〖時間〗経過する. **9**〖+con〗a)〖+ 人〗付き合う. ―¿Con quién *andas*? te diré quién eres.〖諺〗交友関係を見れば人柄が分かる. **10**〖+ con/sin〗の状態にある, 言動をする. ―*Anda* siempre sin tiempo. いつも暇がない. No *andes* con bromas, que el asunto es serio. 冗談を言うな, 問題は深刻なのだ. **11** …の状態にある, 特に の状態にある. ―~ malo [triste] 病気

である〖悲しんでいる〗. **12** いる, ある. **13**〖+ a + 行為の複数名詞〗―*Andaron* a cuchilladas. 彼らは切りつけた. **14**〖+ tras/detrás de~〗a)追い求める. b) 捜索する. ―La policía *anda* tras un asesino. 警察は殺人犯を捜索している. **15**〖+ con〗を取扱う. ―Es peligroso *andar* con pólvora. 火薬を取扱うのは危険だ. ▪ *¡anda!, ¡ande!* 〖*usted*に〗〖呼びかけ, 元気付け, 驚き, 感嘆, 失望などの〗おい, さあ, ねえ, なんだ. *¡andando!* 急げ, さあ〖始めよう〗. *andar a la que salta* その日暮しをする. *andar bien* [*mal*] *con* ... (人)と仲が良い〖悪い〗. ▪ *pues anda que tú* [*él, ella*] 君〖彼, 彼女〗の方こそだ. ― 他 を歩く. ―Me *anduve* 50 kilómetros. 私は50キロを歩いた. **2** 振舞う, 行動する. ―~ con mucho cuidado 非常に用心している. ▸ *andarse por las ramas* 婉曲に言う, 遠回しに表現する. *Todo se andará*. もうじきうまくいくよ. ― 男 **1** 歩くこと. **2**〖主に 複〗歩き方. **3** 振舞い.

andariego, ga 形 **1** 健脚の; よく歩く, はっつきの. **2** 放浪の, さまよい歩く. ― 男女 **1** 健脚の人, 足の丈夫な人. **2** 歩くのが好きな人. **3** 浮浪者, 放浪者. ―~ empedernido 常習的な放浪者.

andarín, rina 形 健脚の, よく歩く. ― 男女 健脚の人, よく歩く人.

andarivel 男 **1** 渡し綱〖川の両岸に張って舟を渡す〗; 渡し舟, ケーブルフェリー. **2**〖かごを誘導するの〗運搬索. **3**〖船の各所に張られた〗綱, 索, ロープ.

andas 女〖聖像などをのせる〗輿(ｺｼ), 担ぎ台. **2** 担架. ▸ *llevar en andas a...* (人)を大切に扱う, 丁重にもてなす.

:andén 男 **1**〖駅のプラットホーム. **2**〖海事〗〖港の〗波止場, 埠頭. **3**〖中南米〗〖話〗〖街路の〗歩道. **4**〖橋などの〗歩道; 路肩, 路側帯.

Andes 固名 (los~) アンデス山脈.

andinismo 男 **1**〖中南米〗アンデス登山. **2** 登山.

andinista 男女 **1**〖中南米〗アンデス登山家. **2** 登山家.

andino, na 形 アンデス山脈の. ―la cordillera ~a アンデス山脈. países ~s アンデス諸国. ― 名 アンデスの住民.

andoba, andóbal 男女〖話, 軽蔑〗やつ, やから, 人.

andolina 女 →andorina.

andorga 女〖話〗おなか, 腹.

andorina 女〖鳥類〗ツバメ.

Andorra 固名 アンドラ(首都 Andorra la Vella).

andorrano, na 形 アンドラの. ― 名 アンドラの住民.

andrajo 男 **1** ぼろ切れ. **2**〖軽蔑〗つまらないもの; 軽蔑すべき人.

andrajoso, sa 形 (人が)ぼろをまとった.

Andrés 図名 (男性名)アンドレス.
androceo 男 (植物)雄(ゆ)しべ群.
andrógeno 男 (生化)アンドロゲン,雄性ホルモン物質の総称.
andrógino, na 形 1両性を備えた. 2(植物)雌雄両花のある. ——男 1男女両性具有者. 2(植物)雌雄両花をつける植物.
androide 男 アンドロイド,人造人間. ——形 男性的な.
andrómina 女 (話)大ぼら,大うそ.
andropausia 女 (医学)(男性の性的な)減退,更年期.
andullo 男 1巻きタバコの大きな葉. 2タバコの葉の束. 3(船舶)(船の滑車につける)摩擦防止の布.
andurrial 男 (主に 複)へんぴな所,人里離れた所.
anduv- ⇒andar [20].
anea 女 (植物)ガマ.
aneblar [4.1] 他 1を曇らせる. 2を霧で覆う. ——再 (単人称動詞)1曇る. 2霧がかかる.
anécdota 女 1逸話,奇事,エピソード,秘話. 2瑣末(まっ)事,枝葉末節.
anecdotario 男 逸話集.
anecdótico, ca 形 1逸話の,逸話的な. 2付随的な,本質からはずれた.
anegación 女 1水浸しにすること. 2洪水,冠水.
anegadizo, za 形 (土地が)洪水になりやすい. ——男 洪水になりやすい土地.
anegamiento 男 ⇒anegación.
anegar [4.4] 他 1 《+de 》(ある場所)を水浸しにする,(液体で)あふれさせる. 2(人)を溺(お)れさせる. 3《+de》(人)を圧倒する,うんざりさせる. —— a ...de preguntas (人)を質問攻めにする. —— se 再 1浸水[冠水]する. 2《+de/en》で)いっぱいになる. 3溺れる. ⇒anegarse en llanto 泣きぬれる.
anejar [4.1] 他 《+a》に》を付加[添付]する. 2(土地)を併合する.
anejo, ja 形 《+a》付属の,付加[添付]された,併随する. ——男 1付属物. 2付属建物,別館. 3付録,添付書類. 4(他の村に属する)村落.
anélido, da 形 (動物)環形動物の. ——男 (動物)環形動物.
anemia 女 (医学)貧血(症). —— perniciosa [hemolítica] 悪性(溶血性)貧血.
anémico, ca 形 (医学)貧血(症)の,貧血症の. ——男女 貧血症の人.
anemófilo, la 形 (植物)風媒の.
anemógrafo 男 自記風速計.
anemometría 女 (気象)風力[風速]測定(法).
anemómetro 男 風力[風速]計.
anémona, anemone, anémone 女 (植物)アネモネ,アネモネ属の花. ⇒ anémona de mar (動物)イソギンチャク.
anencefalia 女 (医学)無脳症.
aneroide 形 (気圧計が)アネロイド式の. —— barómetro ~ アネロイド気圧計.
anestesia 女 (医学)麻酔. ——

local [general] 局部[全身]麻酔. 2無感覚.
anestesiar 他 (医学)…に麻酔をかける.
anestésico, ca 形 (医学)麻酔を引き起こす,麻酔の(ような). ——男 (医学)麻酔剤[薬].
anestesista 男女 (医学)麻酔専門医.
Aneto 図名 (Pico de ~)アネート山(スペイン,ピレネー山脈の最高峰).
aneurisma 男 (時に 女)(医学)動脈瘤(ゅう).
anexar 形 ⇒anexionar.
anexión 女 1(土地などの)併合. 2付加(物),添付(書類).
anexionar (土地など)を併合する. —— se 再 を併合する.
anexionismo 男 (政治)(領土の)併合主義.
anexionista 形 (政治)併合主義の,併合論の. ——男女 (政治)併合主義者,併合論者.
anexo, xa 形 《+a》付属の,付加[添付]された. —— documentos ~s 添付書類. ——男 1付属物. 2付属建物,別館. 3付録,添付書類.
anfeta 女 (話)⇒anfetamina.
anfetamina 女 (薬学)アンフェタミン(覚醒剤).
anfibio, bia 形 1(動物,植物)水陸両生の,両生類の. 2水陸両用の. —— vehículo ~ 水陸両用車. ——男 (動)両生類.
anfibología 女 (修辞)あいまい語法;(表現の)あいまいさ.
anfiboi 形 (鉱物)角閃(かく)石.
anfibología 女 (修辞)あいまい語法;(表現の)あいまいさ.
anfípodo 形 (動物)端脚類(の).
anfisbena 女 1(動物)アシナシトカゲ. 2(神話)両頭が頭の蛇.
anfiteatro 男 1(古代ローマの)円形劇場. 2(劇場・映画館の)階段席,天上桟敷. 3階段教室. 4すり鉢状に凹んだ地形.
anfitrión, triona 男女 (客をもてなす)主人,接待役. ——形 主催する. —— país ~ 主催国.
ánfora 女 1(歴史)アンフォラ(古代ギリシャ・ローマの取っ手の2つある壺). 2(歴史)アンフォラ(古代ギリシャ・ローマの体積の単位). 3(カト)聖油壺.
anfractuosidad 女 1《主に 複》(土地などの)起伏,でこぼこ. 2《主に 複》曲がりくねり,曲折. 3(解剖)大脳溝.
anfractuoso, sa 形 1(土地などが)起伏の多い. 2曲がりくねった.
angarillas 女 複 1担架. 2(馬などにつける)荷鞍(にを),荷かご. 3(酢と塩の薬味スタンド.
Ángel 図名 1(男性名)アンヘル. 2 (Salto del ~)アンヘル[エンジェル]滝(ベネズエラの大滝).
ángel 男 1天使;天使の像. —— caído (天国を追われた)堕天使,悪魔. 2 (特に女・子どもの)魅力,愛らしさ,愛嬌[愛

じ]のよさ, 優しさ. —tener mal ~ 全然魅力がない, 意地が悪い. bailar con mucho ~ 大変魅力的に踊る. **3** 天使のような人. **4** —~ de mar《魚類》エンジェルフィッシュ. ►***ángel custodio*** [***guardián, de la guarda***] 守護の天使. ***ángel malo*** [***rebelde, de las tinieblas***] 悪天使, 悪魔; 悪魔のような人, たちの悪いやつ. ***ángel patudo*** 見かけだけよい人, 猫かぶり, 偽善者, 陰険な人. ***como los ángeles*** (天使のように)大変上手に, 申し分なく, 完璧に. ***Ha pasado un ángel.*** 天使のお通りだ(会話が途切れた).

Ángela 固名《女性名》アンヘラ.
Ángeles 固名《女性名》アンヘレス.
Angélica 固名《女性名》アンヘリカ.
angélica 女 **1**《植物》アンゼリカ. **2**《宗教》聖土曜日に歌われる宗教歌.
*__angelical__ 形 天使の(ような). —cara [niño] ~ 天使のような顔[子ども].
angélico, ca 形 **1** 天使の. —la salutación *angélica* アベマリア, 天使祝詞. **2** 天使のような.
angelito 男 **1** 幼児. **2** 無邪気を装う大人. **3** 死んだばかりの幼児. ►***estar con los angelitos*** (1) ぼんやりしている. (2) 眠っている.
angelote 男 **1** 丸々と太っておだやかな子. **2**《話》お人好し.
ángelus 男《宗教》お告げ[アンジェラス]の祈り[鐘].
angina 女《医学》〔主に 複〕アンギナ(狭心症, 口峡炎, 扁桃炎など). ►***angina de pecho*** [***cardíaca***]《医学》狭心症.
angiografía 女《医学》血管造影(法).
angiología 女《医学》脈管学.
angioma 男《医学》血管腫.
angiomatosis 女〔単複同形〕《医学》血管腫症.
angioneurosis 女〔単複同形〕《医学》血管運動神経症.
angiopatía 女《医学》血管障害.
angioplastia 女《医学》血管形成術.
angiospermo, ma 形《植物》被子植物の. —— 女複《植物》被子植物.
anglicanismo 男《宗教》英国国教会主義.
anglicano, na 形《宗教》英国国教(徒・会)の. —La Iglesia *Anglicana* 英国国教会. —— 名《宗教》英国国教徒.
anglicismo 男《言語》**1**(外国語に入った)英語の語句[表現]. **2** 英語特有の語法.
anglicista 男女 英語学者, 英文学者, 英国文化研究家.
anglo, gla 形 →anglosajón.
angloamericano, na 形 **1** 英米の. **2** 英国系アメリカ人の. —— 名 英国系アメリカ人.
anglófilo, la 形 イギリスびいきの, 親英の. —— 名 イギリスびいきの人.
anglófobo, ba イギリス嫌いの. —— 名 イギリス嫌いの人.
anglófono, na 形 英語を話す. —— 名 英語を話す人.
anglomanía 女 イギリスびいき.
anglómano, na 形 イギリスびいきの. —— 名 イギリスびいきの人.
anglonormando, da 形 ノルマン朝の.
anglosajón, jona 形 **1** アングロサクソン(人・系)の. **2** 英国系の. —— 名 **1** アングロサクソン人. **2** 英国人. —— 男 アングロサクソン語.
Angola 固名 アンゴラ(首都 Luanda).
angoleño, ña 形名 アンゴラの(人).
angolés, lesa 形 アンゴラの. —— 名 アンゴラ人.
angora 形〔無変化〕《動物》アンゴラ種の. —— 女《動物》アンゴラ種(ネコ・ウサギ・ヤギ). —conejo de ~ アンゴラウサギ.
angorina 女 (繊維の)合成アンゴラ.
angostar 他 を狭く[細く]する. —— se 再 狭く[細く]なる.
*__angosto, ta__ [アンゴスト, タ] 形 (幅が)狭い.
angostura 女 **1** 狭さ, 狭いこと. **2**《地理》狭い道, (川幅の)狭い所. **3**《植物》アンゴスツラ(南米産のミカン科の木); その樹皮(強壮剤の原料).
angrelado, da 形 **1**《紋章》波形で縁取られた. **2**《建築》(装飾物が)周囲が波形の. **3**(硬貨などが)周囲にぎざぎざのある.
*__anguila__ 女 **1** ウナギ(鰻). **2** 複《海事》船架, 進水台.
angula 女《魚類》ウナギの稚魚, シラスウナギ.
angular 形 角(かど)の; 角にある; 角をなす. —piedra ~《建築》隅石(すみいし), 礎石. distancia ~ 角距離. gran ~ 広角レンズ. —— 男 L形鋼.
angulero 男 ウナギ稚魚漁業者.
*__ángulo__ 男 **1** 角, 角度. —~ acimutal 方位角. ~ agudo [obtuso] 鋭[鈍]角. ~ cóncavo 凸角. ~ convexo 凹角. ~ de vista (カメラの)画角. ~ interno [externo] 内[外]角. ~ muerto 死角. ~ óptico [visual]《光学》視角. ~ recto [oblicuo] 直[斜]角. **2** 隅(すみ), コーナー. —~ del ojo 目尻; 目頭. **3** 角(かど). **4**(物事を見る)角度, 観点, 見方. —desde un ~ diferente 違った観点から. mirar desde otro ~ 別の見方をする. ►***en ángulo*** 角度をなして; 傾斜して.
anguloso, sa 形 **1**(輪郭が)角張った. **2**(道などが)曲がりくねった.
angurria 女 **1**《医学》排尿困難. **2**〔中南米〕《話》強い欲求. **3**〔中南米〕《話》空腹.
angurriento, ta 形〔中南米〕けちな, 欲の深い.
*__angustia__ 女 **1** 苦悶, 苦悩, 苦痛. **2**(危険・不幸を気遣っての)不安, 心配, 恐怖. **3**《医学》(呼吸困難などを伴う)胸部[腹部]圧迫感, 息苦しさ. **4** 吐き気, むかつ

angustiado

き．**5**《医学》不安．**6**《哲学》不安．━━ existencial [vital] 存在の苦悩，実存[形而上学]的不安．

angustia̱do, da 過分〔→angustiar〕形 **1** 苦しんでいる，悲しんでいる，悲嘆に暮れた．**2** 不安な，心配している．**3** みじめな，哀れな．**4** 窮屈な．

angustiar 他 〔人を〕不安にする；悲しませる，苦悩を与える．━━ se 再 **1**〔+ de〕苦悩する．**2**〔+ por〕…しようとやっきになる．

angustiosamente 副 不安に陥って，苦悶して．

angustio̱so, sa 形 **1** 苦悩させるよう な，不安に満ちた；苦しい．**2** 苦しんでいる，苦しそうな．

anhelante 形 **1** 息切れした，呼吸が荒 い．**2**〔+ por を〕強く望む，渇望する．

anhelar 自 **1** 息をはずませる，喘ぐ．**2**〔+ por を〕渇望する．━━ 他 を渇望する．

anhelo 男 **1**《文》強い願望，切望，熱望．━━ de superación 向上心．**2** 切望的の，切望．**con anhelo** 切望[熱望]して，憧れて．

anhelo̱so, sa 形 →anhelante．

anhídrido 男《化学》無水物．━━ sulfúrico 無水亜硫酸．

anhidrosis 女《単複同形》《医学》無(汗)汗症．

Aníbal 固名 ハンニバル(前247頃-183頃，カルタゴの将軍)．

anidar 自 **1**〔鳥が〕巣を作る．**2**〔+ en〕〔感情が〕宿る，（心に）巣食う．**3**〔人・生物が〕住みつく．

ani̱dro, dra 形《化学》無水の．

anilina 女《化学》アニリン．

ani̱lla 女 **1**〔カーテンなどの〕輪，リング；〔鳥の〕脚環．**2**〔スポ〕つり輪(競技)．

anilla̱do, da 形 **1** 輪の形をした，環状の．**2**〔動物〕環形動物の．**3**〔鳥の〕環をはめられた．**4** 巻き毛の，〔髪の毛が〕カールした．━━ 男《動物》環形動物．

anillar 他 **1**〔特に鳥に〕脚環をつける．**2** を輪で留める．

anillo 男 **1** 指輪．━━ de boda 結婚指輪．━━ de compromiso 婚約指輪．━━ pastoral 司教指輪．**2** 輪型環状のもの，輪，環．**3**《植物》年輪；《動物》〔環形動物の〕環．**4**〔物〕〔天文〕〔土星などの〕環．━━ s de Saturno 土星の環．**5**《建築》(円柱の)環繰(じり)，円形(ぎ)．**6**〔闘牛〕砂場．**7**〔缶詰の〕プルトップ，プルリング．**8**《数学》環形．**9**複《歴史》足かせ．**10**複〔医〕━━ vaginal 膣リング．**11**《機械》リング．━━ de rodadura（軸受けの）軌道．

▸ **cáerseLE los anillos** 《主に否定文で，+ por》《話》〔人の〕体面［品位］に傷がつく，威信が失墜する．**como anillo al dedo** 折りよく，時宜を得た；ぴったり（合う），あおうらえ向き（である）．

ánima 女《直前の単数定冠詞は el》**1** 魂，（特に煉獄(炎)の）霊魂．**2**（銃砲の）内腔．**3** 複 晩鐘（の時刻）．

---

animación 女 **1**（行動・言葉の）活気，元気；（雰囲気などの）盛り上がり．**2**（人の）賑わい，人出；活況．**3**〔映画〕アニメーション，動画．**4**（活動の）推進，指導，促進．**5**〔美術〕（色彩の）鮮やかさ．

animadamente 副 活気に満ちて，にぎやかに．

anima̱do, da 過分 形 **1** 悲しませる生命のある．━━ seres 〜 s 生きとし生けるもの．**2** 活気のある，元気がよい．**3**〔+ a + 不定詞〕…しようと張り切った，その気になる．**4**〔+ de/por〕に元気づけられた[た]，励まされた．

animador, dora 形 活気を与える，元気[勇気]づける．━━ 男 **1** 芸人，エンターテイナー．**2**（テレビ番組などの）司会者．**3**〔中南米〕応援団のリーダー，チアガール．**4** アニメ制作者，アニメーター．

animadversión 女 **1**〔+ a, hacia, por に対する〕反感，敵意，嫌悪感．**2** 批判，批評．

animal ［アニマル］男 動物；（人間以外の）動物．━━ de compañía ペット．〜 doméstico 家畜；ペット．〜 salvaje 野生動物，野獣．comer como un ～ たくさん食べる，大食する．━━ 名《話》**1** 粗野な人，粗暴な人；下品な人．**2** 愚か者，頑固者，ろくでなし．**3** すごいやつ，優れた人；頑強な人．━━ ¡Qué 〜! すごいやつだ．▸ **animal de bellota(s)** (1) 豚．(2)《軽蔑》粗暴な人；間抜け，あほう．━━ 形 **1** 動物の；動物性質の．━━ reino 〜 動物界．**2** 動物的な，獣的な，本能的な．━━ instinto 〜 動物的な本能．apetito 〜 獣欲．**3**《話》乱暴な，粗暴な，荒っぽい．**4**《話》頑強な．**5**《話》ばかな，愚かな，ろくでない．

animala̱da 女《話》ばかげたこと，愚行．

animálculo 男《動物》極微(ごく)動物．

animalejo 男 **1**（愛情を込めて）動物．**2**（軽蔑的に）虫けら．

animalidad 女 **1** 動物の特性，獣性．**2**（人間の）獣性．

animalizar［1.3］他 **1**（人間）を動物化する．**2**（食物）を同化する．━━ se 再 動物のように野蛮になる．

animalote 男 大きな動物．

animalucho 男（軽蔑的に）気味の悪い動物．

animar 他 **1** を元気づける，…に元気を与える，を励ます．**2**〔+ a + 不定詞〕（…するように）その気にする，…する気にさせる．**3** をにぎやかに［陽気に］する，活発にする，（雰囲気などを）盛り上げる．**4**（…）に生命を吹き込む，魂を入れる．━━ se 再 **1** 元気が出る，活気づく，生き生きとする．━━ ¡Anímate! 元気を出せ．**2** にぎわう，盛り上がる．**3**〔+ a + 不定詞〕…する気になる．━━ No me animo a ir. 私は行く気になれない．

anímico, ca 形 精神の，心の，魂の．━━ estado 〜 精神状態．

animismo 男 《宗教》アニミズム, 霊魂信仰.

animista 形 《宗教》アニミズムの. — 男女 《宗教》アニミズム論者(信奉者).

ánimo 男 **1** 魂, 心. —estado de ～ 精神状態, 気分. **2** 《時に複》勇気, 元気, 気力. —darle ～(s) a... (人)を励ます, (拍手や歓声で人)を元気づける. **3**〔+ de〕(…する)意図, やる気. —asociación sin ～ de lucro 非営利団体. ——間 がんばれ, さあ. — ¡A ～! 頑張れ.

animosidad 女 **1** 反感, 敵意. **2**《まれ》活気.

animoso, sa 形 **1** 勇ましい, 元気がよい; 意欲的な. **2** 決然とした.

aniñado, da 形 **1** 子どものような, 子どもじみた, 幼稚な. —rostro → 童顔.

aniñarse 再 子どもっぽくする, 子どものように振る舞う.

anión 男 《物理》陰イオン.

aniquilación 女 →aniquilamiento.

aniquilador, dora 形 無に帰させる, 全滅[消滅]させる.

aniquilamiento 男 無に帰すること, 全滅, 消滅.

aniquilar 他 **1** を全滅[消滅, 壊滅]させる. **2** ひどく損ねる. **3** 気落ちさせる. — **se** 再 **1** 全滅する. **2** 体を壊す. **3** 気落ちする.

anís 男 **1**《植物》アニス; アニスの実. **2** アニス酒. **3** アニス菓子.

anisado, da 形 アニス(酒)で香りをつけた. ——男 アニス酒.

anisete 男 アニス酒.

anisófilo, la 形 《植物》不等葉の.

anisopétalo, la 形 《植物》不等花弁の.

Anita 固名 《女性名》アニータ (Ana の愛称).

aniversario 男 **1**(出来事の)記念日, 記念祭. —～ de boda 結婚記念日. **2** 〖メキシコ〗誕生日.

ano 男 《解剖》肛門(ﾎﾟﾉ).

anoche 副 昨晩, ゆうべ, 昨夜. ▶ **antes de** ～ 一昨夜, おとといの晩[夜].

anochecer [9.1] 自 **1**〔無主語〕3人称単数形のみ〕夜になる, 日が暮れる. **2**(人･物事が)夜を迎える, 日暮れに…にいる […の状態にある]. —Anochecí en Lérida. レリダで夜になった. ——男 日暮れ時, 夕方. —al ～ 日暮れに, 夕方に.

anochecida 女 夕暮れ, たそがれ. —a la ～ 夕暮れに.

anochecido 副 夜になって, 日が暮れて.

anódico, ca 形 《電気》陽極の.

anodino, na 形 **1** 内容のない; (人が)取るに足らない, 人畜無害の. **2**《医学》鎮痛の, 痛み止めの. ——男 《医学》鎮痛薬[剤].

ánodo 男 《物理》陽極.

anófeles, anófeles 形 男〔単複同形〕《虫類》ハマダラカ(の).

anomalía 女 **1** 変則, 異例, 異常. **2** 《生物》異形. 《言語》変則. 《物理》偏差. 《天文》近点離角.

anómalo, la 形 変則的な, 異例の, 普通と違った.

anón 男 →anona.

anona 女 《植物》バンレイシ(熱帯アメリカ原産の半落葉低木).

anonadación 女 **1** 全滅, 壊滅. **2** 意気消沈, 呆然.

anonadamiento 男 → anonadación.

anonadar 他 **1** を全滅[壊滅]させる. **2** (人)を圧倒する. **3**(人)を打ちひしぐ. **4**(人)を呆然とさせる.

anonimato 男 匿名(ﾄﾞﾒｲ); 無名; 作者不詳.

anonimia 女 **1** 匿名, 無記名. **2** 作者不明.

anónimo, ma 形 **1 匿名**の, 名のわからない; 作者不明の. —sociedad anónima 株式会社. **2** 無名の, 名もない. ——男 **1** 匿名の手紙[投書](告発･脅迫などの). **2** 作者不明の文書[作品].

anorak 男 《服飾》アノラック.

anorexia 女 《医学》食欲不振症, 摂食障害, 拒食症.

anoréxico, ca 形 《医学》食欲不振症[拒食症]にかかった. ——名 食欲不振症の患者.

anormal 形 **1** 異常な, 普通ではない, 変則の. **2**(知能･発育が)普通[標準]以下の, 発育不全の; 知恵遅れの. ——名 **1** 異常者. **2** 知恵遅れの人.

anormalidad 女 異常さ; 精神異常; 《政治》非常事態.

anosmia 女 《医学》無嗅覚(ﾑｷｭｳｶｸ)症.

anotación 女 **1** メモ, 書き込み, 注釈. —～ preventiva 登録商標. **2**《スポ》得点, スコア.

anotador, dora 形 記録する, メモする. ——名 **1** 記録係. **2** 《映画》スクリプター.

anotar 他 **1** 書き留める, メモする. **2** を注釈する, …に注をつける; 注は書をつける. **3** を得点する. —～ dos goles 2ゴール得点する. **4** を記録[記載]する, 登録する, 記帳する. **5** を採点する. — **se** 再 《スポ》(勝･敗)を達成する, 記録する. —El equipo más débil se anotó la victoria. 最も弱いチームが優勝を達成した.

anovulatorio, ria 形 《医学》(性の)排卵を抑制する. ——男 排卵抑制剤, ピル.

anoxia 女 《医学》(血液の)無酸素症.

anquilosamiento 男 **1**《医学》関節が強直すること. **2** 停滞, 麻痺.

anquilosar 他 《医学》(関節)を強直させる. — **se** 再 **1**《医学》(関節が)強直する. **2** 停滞する, 麻痺する.

anquilosis 女〔単複同形〕《医学》(関節･骨などの)強直(症).

anquilostoma 男 《動物》十二指腸虫, 鉤虫(ｺｳﾁｭｳ).

ansa 女 →hansa.

ánsar 男 《鳥類》ガチョウ; ガン.

anseático, ca 形 《歴史》ハンザ同盟

ansia 女 [単数冠詞は el, un(a)] 1 [時に複] 強い欲求, 切望, 渇望. 2 心配, 不安, 気がかり. 3 苦しみ, 苦悶, 息苦しさ. ──s de la muerte 死[断末魔]の苦しみ. 4 [複] 吐き気, むかつき. ─provocar s a ... (人)に吐き気を催させる.

ansiar [1.5] 他 を熱望する, 切望する.

ansiedad 女 1 (危険・恐怖などによる一時的な)不安, 心配, 焦燥. 2 (医学) (多くの病気, 特にノイローゼに伴う)不安, 苦悶. 3 切望, 熱望.

ansiolítico, ca 形 不安を抑制する. ── 男 精神安定剤.

ansioso, sa 形 1 [estar +; + de/ por +名詞/不定詞] a)(を)心配して, 案じて, 気にして. b)(を)切望して, しきりにしたがって. 2 貪欲な, 欲ばりな. ── 名 貪欲な人, 欲ばり.

anta¹ 女 [直前の単数定冠詞は el] (動物)ヘラジカ.

anta² 女 [直前の単数定冠詞は el] 1 メンヒル(新石器時代の巨石立柱). 2 (建築)壁隅柱.

antagónico, ca 形 対立する, 相反する.

antagonismo 男 (思想などの)対立, 敵対関係.

antagonista 形 1 敵対[対立]する. 2 (解剖)(筋肉が)拮抗(きっこう)する. ── 男女 1 敵対者. 2 (映画などの)悪役, 敵(かたき)役.

antaño 副 はるか昔に.

antañón, ñona 形 とても古い.

antártico, ca 形 南極の.

Antártida 固女 南極大陸.

ante¹ 男 1 (動物)ヘラジカ. 2 ヘラジカの皮, バックスキン.

ante² [アンテ] 前 1 [場所] …の前で[に]. ─Se detuvo ~ la puerta de la oficina. 彼は事務所のドアの前で立ち止まった. 2 [対面] …に直面して, …を前にして, 眼(め)のあたりにして. 3 [比較] …と比べて[比べれば]. 4 [原因] …を前にして, …のために. 5 …に関して, …について. ▶ *ante todo* →todo.

anteanoche 副 一昨日の晩.

anteayer 副 一昨日, おととい.

antebrazo 男 1 前腕. 2 (馬などの)前肢の上部.

antecámara 女 控えの間, 次の間. ▶ hacer antecámara 面会を待つ.

antecedente 形 [+a より] 先立つ, 先行する, (より)前の. ── 男 1 a) 主に複 いきさつ, 経緯, 先行する事情. b) 先行する事件, 前例. 2 [複] 前歴, 履歴, 素性. ──s penales 犯罪歴. 3 a) (言語) 先行詞. b) (数学) (比の)前項. c) (論理) 前件. ▶ *antecedentes penales* 犯罪歴, 前科. *estar en antecedentes* よく事情に通じている, 経緯を知っている. *poner en antecedentes a* (人)に事情を知らせる.

anteceder 自 [+a に] 先行する, 先立つ.

antecesor, sora 形 [+a より] (時間的に)以前の, (…に)先行する. ── 名 1 前任者. 2 [主に複] 祖先, 先祖.

antecocina 女 食器室; 配膳室.

antedatar 他 (法律)(小切手などに)実際よりも早い日付を記す.

antedicho, cha 形 前述[前記]の, 上記の.

antediluviano, na 形 1 ノアの大洪水 (el Diluvio) 以前の. 2 (俗) 大昔の; 時代遅れの.

antefirma 女 1 (署名の前に書く)肩書き[役職名]. 2 (手紙などの)儀礼的な結辞.

anteguerra 女 →preguerra.

antelación 女 (時間・順序で)先立つこと, 先行. ─con ~ a … の前[先]に. con un mes de ~ 1 か月前に.

antelina 女 スエード, 人造バックスキン.

antemano 副 ▶ *de antemano* 前もって, あらかじめ.

ante meridiem 副 午前中.

antemural 男 1 自然の要害. 2 (精神的な)防壁, 砦(とりで).

antena 女 1 アンテナ. ~ emisora 送信用アンテナ. ~ receptora 受信用アンテナ. ~ parabólica パラボラアンテナ. ~ colectiva 集合アンテナ. 2 (動物)触角. 3 (船舶) 帆桁. ▶ *estar en antena* (番組が)放送されている. *poner en antena* (番組を)放送する.

antenatal 形 出生前の.

antenoche 副 →anteanoche.

antenombre 男 (名前の前につける)敬称 (don, doña, san, fray など).

anteojera 女 1 眼鏡ケース. 2 (馬などの両側面の視界を遮るための)目隠し.

anteojero 男 眼鏡を作る職人; 眼鏡を販売する人.

anteojo 男 1 [複] 眼鏡, メガネ. 2 [複] 双眼鏡. ~s prismáticos プリズム双眼鏡. 3 望遠鏡. 4 (馬の)側面目隠し (革), 遮眼帯. ▶ *serpiente de anteojos* (動物)コブラ, メガネヘビ.

antepalco 男 (劇場のボックス席の)控えの間.

antepasado, da 形 (時間的に)前に, ─el año ~ 一昨年. ── 男女 祖先, 祖先.

antepecho 男 1 (建築) 欄干, 手すり. 2 (建築) 窓台. 3 (馬の革製の胸当て.

antepenúltimo, ma 形 終わりから3番目の.

anteponer [10.7] 他 [過分 antepuesto] [+a よりも] 1 を前に置く. 2 を優先させる.

anteportada 女 (本の)前扉.

anteportal 男 玄関の前の空間, ポーチ.

anteposición 女 1 前に置くこと. 2 優先させること.

anteproyecto 男 草案, 草稿; 青写真.

antepuerto 男 1 峠の前のでこぼこした土地. 2 (海事) 外港.

antepuesto, ta 過分 [→anteponer] 形 [+a] **1**(の)前に置かれた. **2**(…より)優先された.

antequerano, na 形名 アンテケーラ (Antequera, スペインの都市)の(人).

antera 女 《植物》葯.

anterior [アンテリオル] 形 **1** [+a より] (時間・順序が)前の, 先の. —texto ~ a 977 977年より前の文献. el día ~ (過去または未来の時点から見て)前日. el año ~ の前年. **2** [+a より] (空間的に)前の, 前方の, 前部の.

anterioridad 女 《文》(時間・順位などが)前であること, 先行; 優先. —con tres días de ~ 3日前から[に]. ~ con **anterioridad 1**(1) 前に, 以前に. (2) 前もって, あらかじめ. **con anterioridad a ...** …よりも前に[優先的に], …に先立って.

anteriormente 副 **1**(時間的に)前に, 先に, 以前に. **2** 前もって, あらかじめ.

antes [アンテス] 副 **1** a)(時間的に)前に, 以前に. —Me lo ha dicho ~. 以前彼は私にそれを言ったことがある. mucho [poco] ~ de Navidad クリスマスよりずっと[少し]前に. [時を表す名詞の後で] …un año ~ 一年前に. **2**(時間・順序が)先に, 前に. ► **antes al [por el, por lo] contrario** (=antes bien). **antes bien** それどころか, むしろ. **antes de** (1)(時間・順序の上で)…の前に, …する前に. …する手前に. **antes de anoche** 一昨晩, おとといの晩[夜] **antes de ayer** 一昨日, おととい. **antes de Jesucristo** 西暦紀元前(略語 a. de J.C.). **antes de nada** 何よりもまず, まず最初に. **antes (de) que** [+接続法]…する前に, …しないうちに. **antes que** [+名詞・代名詞・不定詞] (1)(時間・順序の上で)…より前に. (2)…するよりむしろ. **antes que nada** (1)(=antes de nada). (2)何よりも先の. **cuanto antes** なるべく早く[できるだけ]早く. **de antes** (時間・順位の)前の, 以前の. —la noche **de antes** 前の晩. **lo antes posible** (=cuanto antes). —No facilitaste mi labor, ~ me molestaste. 君は私の仕事をやりやすくしてくれるどころか私のじゃまをした. —形 [時を表す名詞の後で] 前の. —el día ~ de su partida 彼の出発の前日.

antesala 女 (病院などの)待合室. **2** 前兆れ, 前段階. ► **hacer antesala** 待つ, 待たされる.

antevíspera 女 前々日. 2日前.

antiabortista 形 中絶反対の. —名 中絶反対論者.

antiacadémico, ca 形名 反アカデミー[学術的]な(人).

antiácido, da 形 《化学》制酸の, 耐酸性の. —男 《医学》制酸剤.

antiadherente 形 (フライパンなどの)こびりつかない.

antiaéreo, a 形 《軍事》対空の, 防空の. —artillería **antiaérea** 高射砲. —男 《軍事》高射砲.

antiafrodisiaco, ca, antiafrodisíaco, ca 形 性欲を抑える. —男 性欲抑制剤.

antialcalino, na 形 《化学》反アルカリ性の.

antialcohólico, ca 形 禁酒主義の, 飲酒反対の.

antialérgico, ca 形 《医学》抗アレルギーの. —男 《医学》抗アレルギー剤.

antiálgico, ca 形 →analgésico.

antiamericano, na 形 反米主義の.

antiarrugas 形 [無変化形](肌などの)しわ予防の. —男 しわ予防剤.

antiartrítico, ca 形 《医学》関節炎に効能がある. —男 《医学》抗関節炎剤.

antiasmático, ca 形男 《医学》喘息止めの(薬).

antiatómico, ca 形 **1** 放射能を防ぐ, 対原爆の. —refugio ~ 核シェルター. **2** 核兵器反対の.

antibacteriano, na 形 抗菌の. —男 抗菌剤.

antibalas 形 [無変化形]防弾の. —chaleco ~ 防弾チョッキ.

antibelicista 形名男女 反戦主義の(人).

antibiótico, ca 形 《医学》抗生の. —男 《医学》抗生物質.

antibloquear 他 …の凍結[封鎖]を解除する.

antibloqueo 形 [無変化形](車のブレーキが)アンチロック式の. —男 アンチロックシステム.

anticancerígeno, na 形 《医学》抗癌性の, 制癌効力のある.

anticanceroso, sa 形 《医学》抗癌の, 制癌効力のある(=anticancerígeno). —男 制癌剤.

anticarro 形 [無変化形] 男 対戦車砲(の).

anticelulítico, ca 形 《医学》抗フレグモーネ[蜂巣炎]の. —男 《医学》抗フレグモーネ[蜂巣炎]剤.

anticiclón 男 《気象》高気圧.

anticiclónico, ca 形 《気象》高気圧(性)の.

anticipación 女 **1** 早めるる[早まる]こと, 先行. —con ~ 前もって. con varios meses de ~ 数か月前から. **2**《修辞》予許法.

anticipadamente 副 前もって, あらかじめ.

anticipado, da 形 予定より早い, 期限前の. —pago ~ 前払い. elecciones **anticipadas** 繰り上げ選挙. ► **por anticipado** 前もって, あらかじめ.

anticipar 他 **1** a)(予定より)早める, 早くする. 繰り上げる. **2** a)前払い[先払い]する, 前貸する. b)を手付金として払う. **3**を予告る, 前もって言う. **4**を予告する, 予測する. —**se** 再 [+a に] **1** 先んじて, 先を越す. **2** 早まる, 早くなる.

anticipo 男 1 前払い金. 2 前触れ, 前兆.

anticlerical 形 反聖職者主義の, 教権反対の. —— 男女 反教権主義者.

anticlericalismo 男 反聖職者主義, 反教権主義.

anticlímax 男 〖修辞〗漸降法, アンチクライマックス.

anticlinal 形 〖地質〗背斜の. —— 男 〖地質〗背斜.

anticoagulante 形 〖医学〗抗凝血の, 抗凝固の. —— 男 〖医学〗抗凝血剤.

anticolonialismo 男 〖政治〗反植民地主義.

anticomunismo 男 〖政治〗反共主義.

anticomunista 形 〖政治〗反共主義の. —— 男女 反共主義者.

anticoncepcional 形 → anticonceptivo.

anticonceptivo, va 形 避妊の. —métodos ~s 避妊法. píldora anticonceptiva 避妊用ピル. —— 男 避妊具[薬].

anticongelante 形 〖機械〗凍結防止の. —— 男 〖機械〗不凍液.

anticonstitucional 形 憲法に違反する, 違憲の.

anticorrosivo, va 形 耐食性の, 防錆(さび)の.

anticorrupción 形 〖無変化〗汚職[腐敗]防止[取締の]. —leyes ~ 贈収賄防止法. fiscal ~ 贈収賄担当検事.

anticresis 女〖単複同形〗〖法律〗収益権付きのローン契約.

anticrético, ca 形 〖法律〗収益権付きのローン契約の.

anticrisis 形 〖無変化〗危機回避の.

anticristiano, na 形 反キリスト教の.

anticristo 男 〖宗教〗キリスト教の敵, 反キリスト.

anticuado, da 過分 [→anticuar] 形 1 古めかしい, 古臭くなった; 流行[時代]遅れの. 2 廃れた. —palabra anticuada 廃語.

anticuar [1.6] 他 を廃れさせる. —— 再 廃れる, 時代遅れになる.

anticuario 男 1 骨董(こっとう)商, 古美術商. 2 古物研究家.

anticucho 男 〖南米〗肉や臓物の串焼き.

anticuco, ca 形 〖中米〗非常に古臭い.

anticuerpo 男 〖医学〗抗体.

antidemocrático, ca 形 民主主義に反対する; 非民主的な.

antideportivo, va 形 スポーツマン精神に反する, スポーツマンらしくない.

antidepresivo, va 形 〖医学〗抗うつ(薬)の. —— 男 〖薬学〗抗うつ薬.

antideslizante 形 滑り止めの(付いた), 滑り止め加工された. —— 男 滑り止め具.

antideslumbrante 形 (対向車の前照灯による)眩惑(げんわく)を防止する, 〈自動車〉眩惑防止装置.

antidetonante 形 制爆性の, ノッキング防止の. —— 男 〖内燃機関の〗制爆剤, アンチノック剤.

antidisturbios 形 〖無変化〗暴動鎮圧の. —fuerzas [policía, unidad] ~ 機動隊. —— 男女 機動隊員.

antidopaje 男 〖スポ〗ドーピング[興奮剤使用]防止の.

antídoto 男 1 〖医学〗解毒剤. 2 (悪いことを)防止する手段.

antidroga 形 〖無変化または 複〗~s. 麻薬反対[取締り]の. —campañas ~(s)/lucha ~ 麻薬撲滅運動.

antidumping 形 〖無変化〗〖経済〗ダンピング防止の. —medidas ~ ダンピング防止策.

antieconómico, ca 形 経済の原理に反する, 採算の合わない.

antiemético, ca 形 〖医学〗吐き気を鎮める. —— 男 〖医学〗鎮吐剤.

antiepiléptico, ca 形 〖医学〗てんかん治療の. —— 男 〖医学〗てんかん治療薬.

antiescorbútico, ca 形 〖医学〗抗壊血病の. —— 男 〖医学〗抗壊血病剤.

antiespasmódico, ca 形 〖医学〗抗痙攣(けいれん)性の. —— 男 〖医学〗鎮痙剤.

antiestético, ca 形 美的でない, 見た目が悪い.

anti-estrés 形 ストレス解消の.

antifascismo 男 反ファシズム.

antifascista 形 反ファシズムの. —— 男女 反ファシズムの人.

antifaz 男〖複 antifaces〗1 (仮装用の)仮面, マスク. 2 (日光を避けるための)目隠し布.

antifebril 形 〖医学〗解熱性の. —— 男 解熱剤.

antifeminista 形名 反男女同権主義の(者).

antífona 女 〖宗教〗交唱聖歌(聖歌の前後に歌われる).

antifonario 男 1 〖宗教〗交唱聖歌集. 2 〖俗〗尻.

antífrasis 女 〖修辞〗反語.

antifricción 女 〖機械〗減摩メタル, 減摩材.

antigás 形 防毒ガス用の. —careta [máscara] ~ 防毒マスク.

antígeno 男 〖医学, 生物〗抗原.

antiglobal 形 反グローバリズムの.

antiglobalización 女 反グローバリゼーション.

antigripal 形 インフルエンザ予防[治療]の. —— 男 インフルエンザ治療薬.

antigualla 女 〖軽蔑〗1 古い物, 古道具, 骨董(こっとう)品. 2 時代[流行]遅れのもの. 3 古い慣習. —— 男 老人.

antiguamente 副 昔(は), かつて.

Antigua y Barbuda 固名 アンティグア・バーブーダ(首都 Saint John's).

antigubernamental 形 反政府の.

antigüedad 女 1 古さ, 古いこと. 2

(漠然と)昔, 古代, 上古;《集合的に》古代人. —A~ clásica 古典時代, ギリシャ・ローマ時代. **3**(A~)(ギリシャ・ローマ時代の)古典. **4**動続年数, 年功, 古参. **5**圏骨董品, 古美術品; 古代の遺物[遺跡, 記念碑].

antiguo, gua [アンティグオ, グワ] 形 **1** 古代の, 古い時代の, 昔の. —*antigua* 古代史. *español* ~ 古期スペイン語. **2** 古い, 古くからの; 年代のついた. —~ *continente* 旧大陸. **3**《主に名詞の前で》a)前の, 元の. —~ *ministro* 元[前]首相. b)古参の, 先輩の, 先任の. —~ *alumno* 卒業生, 先輩; 古い教え子. **4** 古風な, 旧式の, 時代遅れの. ►*a la antigua* [*lo antiguo*] 古風に[の], 昔風に[の]. *de antiguo* 昔から, 久しく. *en lo antiguo* 昔[は], 以前[は]. —图 **1** 先輩, 古参の[古くからいる]人. **2** 昔からいる人; 時代遅れの人. —圈 阁 古代人; 古代ギリシャ・ローマ人.

antihemorrágico, ca 形《医学》凝血作用[促進]の. —圏 凝血剤.
antihemorroidal 形《医学》痔疾治療の. —圏 痔疾治療薬.
antihéroe 圏 アンチヒーロー.
antihigiénico, ca 形 非衛生的な, 健康に悪い.
antihistamínico, ca 形《医学》抗ヒスタミン性の.
antiimperialismo 圏《政治》反帝国主義.
antiinflamatorio, ria 形《医学》炎症止めの. —圏 抗炎症剤.
antiliberal 形 反リベラルの.
antillano, na 形 アンティル諸島 (Antillas) の. —*archipiélago* ~ アンティル諸島. —图 アンティル諸島の人.
Antillas 固名 **1** (las Pequeñas) ~ 小アンティル諸島. **2** (las Grandes) ~ 大アンティル諸島.
antilogaritmo 圏《数学》(対数の)真数.
antilogía 囡 自己矛盾.
antilógico, ca 形 矛盾した, 論理に合わない.
antílope 圏《動物》レイヨウ(羚羊), アンテロープ.
antimacasar 圏 (汚れ防止のためにソファーなどの背もたれにつける)背布.
antimateria 囡《物理》反物質.
antimicrobiano, na 形 抗(細)菌の. —圏 抗(細)菌剤.
antimilitarismo 圏《政治》反軍国主義.
antimisil 形《無変化または圏 ~es》ミサイル迎撃の. —圏 ミサイル迎撃ミサイル.
antimonárquico, ca 形 反君主制の, 王制反対の.
antimonio 圏《化学》アンチモン(元素号 Sb).
antimonopolio 形《経済》反独占.
antinacional 形 反国家的な.
antinatural 形 反自然的な.
antiniebla 形《無変化》濃霧用の. —*faros* ~ フォグランプ, 霧灯. —圏 対濃霧装置.
antinomia 囡 (2つの原則などの)矛盾, 二律背反.
antinómico, ca 形 矛盾した, 二律背反の.
antinuclear 形 =antiatómico.
antioxidante 形 酸化防止の, さび止めの. —圏 酸化防止剤.
antipalúdico, ca 形《医学》抗マラリアの, マラリア予防の. —圏 抗マラリア薬.
antipapa 圏《歴史》(正統のローマ教皇に対する)対立教皇.
antipara 囡 **1** ついたて, 屏風(家). **2**《主に圏》すね当て.
antiparasitario, ria 形《医学》寄生虫駆除[防止]の. —圏 寄生虫駆除薬.
antiparásito, ta 形 → antiparasitario.
antiparlamentario, ria 形 反議会(主義)の.
antiparras 囡圏《戯》メガネ, 眼鏡.
antipartícula 囡《物理》反粒子.

antipatía [アンティパティア] 囡 反感, 嫌悪, 反発. —*tener* [*sentir*] ~ *a* [*por*] … …が嫌いである, …に反感を持っている.

antipático, ca [アンティパティコ, カ] 形 **1** (人・物事が)感じの悪い, 付き合いにくい, 気にくわない. —圏 感じの悪い人, 不愉快な人.
antipatriota 男女 反愛国主義者.
antipatriótico, ca 形 愛国心の欠如した, 反愛国的な.
antipedagógico, ca 形 **1** 非教育的な. **2** 教育効果の上がらない.
antipersona, antipersonal 形 対人(用)の. —*mina* ~ 対人地雷.
antipirético, ca 形《医学》解熱性の, 解熱作用のある. —圏《医学》解熱剤.
antipirina 囡《薬学》アンチピリン(解熱・鎮痛剤).
antípoda 形 **1** 対蹠(家)地の, 地球の反対側の. —*países* ~ *s* 地球の裏側にある国々. **2** 正反対の. —*opiniones* ~ *s* 正反対の意見. —圏囡 対蹠地に住む人. —囡 **1** 対蹠地. **2** 正反対の事柄.
antipolilla 形《無変化または圏 ~s》殺虫の. —圏 殺虫剤.
antiquísimo 形 とても古い, 大昔の.
antirrábico, ca 形《医学》狂犬病治療の, 狂犬病予防の.
antirradar 形《レーダー妨害用[対レーダー]の. —圏 レーダー妨害[感知]装置.
antirreglamentario, ria 形 規則[法規]に反する, 違法の.
antirreligioso, sa 形 反宗教的な.
antirreumático, ca 形圏 抗リウマ

antirrobo 形 [無変化または (廈) ~s] 盗難防止の. —sistema ~ 盗難防止装置. —男/女 盗難防止装置[器具].

antiscio 男 [主に 廈] 赤道の両側で同一子午線上に住む人.

antisemita 形 反ユダヤの. — 男/女 反ユダヤ人.

antisemítico, ca 形 反ユダヤの.

antisemitismo 男 反ユダヤ主義, ユダヤ人排斥主義.

antisepsia 女 防腐(法), 消毒(法).

antiséptico, ca 形 防腐の, 消毒の, 殺菌の. — 男 防腐剤, 消毒剤.

antisocial 形 1 反社会的な, 社会秩序を乱す. —ideas ~es 反社会的な思想. 2 社会性のない, 非社交的な. 3 [南米] 犯罪的な. — 男/女 反社会的な人; 社会性のない人.

antistrofa 女 [詩学] アンチストロペ(古代ギリシア詩の第2連).

antisubmarino, na 形 [軍事] 対潜水艦の.

antitabaco 形 [無変化] 禁煙の, 喫煙反対の.

antitanque 形 [軍事] 対戦車用の.

antitérmico, ca 形 断熱の; 解熱の. —cristales ~s 断熱ガラス. — 男 解熱剤.

antiterrorista 形/名 反テロの; 反テロ運動家.

antítesis 女 [単複同形] 1 正反対(の物・人), 対照(となる物・人). 2 [哲学] アンチテーゼ, 反定立. 3 [修辞] 対句, 対照法.

antitetánico, ca 形 [医学] 破傷風治療の. — 男 破傷風治療薬.

antitético, ca 形 1 正反対の, 対照的な. 2 [哲学] アンチテーゼの. 3 [修辞] 対照法の.

antitóxico, ca 形 [医学] 抗毒性の. — 男 抗毒素.

antitoxina 女 [医学] 抗毒素.

antituberculoso, sa 形 [医学] 抗結核性の, 結核予防の.

antitumoral 形 [医学] 抗腫瘍の.

antiviral 形 抗ウイルス性の. — 男 抗ウイルス物質.

antivirus 形 [単複同形] [情報] ウイルスを検出する. — 男 [情報] アンチウイルスソフト, ウイルス除去プログラム.

antojadizo, za 形 気まぐれな, 移り気な.

antojado, da 形 [+de] 欲しがる.

antojarse 再 [3人称の活用形のみ] [+a にとって] **1** …したい気がする [+不定詞], …が欲しいと思う. **2** [+que+接続法] …のような気がする. —*Se me antoja que nos están engañando.* 私には私たちがだまされているように思える.

antojitos 男複 [メキシコ] 酒のつまみ, 前菜.

antojo 男 **1** 気まぐれ, 思いつき, むら気, わがまま. —seguir sus ~s 気の向くままにする, 勝手気ままに振舞う. **2** (特に妊婦の)気まぐれな[変わった]嗜好. **3** 🅟 または 廈 (新生児の母斑(注)), あざ.

antología 女 **1** [文学] 選集, 詞華集. **2** [音楽] 名曲集. ▶ *de antología* (話) すばらしい.

antológico, ca 形 **1** 選集の. **2** (話) すばらしい.

Antonia 图名 [女性名] アントニア.

antonimia 女 [言語] 反意[反義](性).

antónimo, ma 形 反意語の, 反義語の. — 男 反意語, 反義語.

Antonio 图名 [男性名] アントニオ.

antonomasia 女 [修辞] 換称. ▶ *por antonomasia* 言わずと知れた, とりわけすぐれた.

antorcha 女 **1** たいまつ, トーチ. **2** (道徳的な導きの光, 何かを照らし出すもの).

antraceno 男 [化学] アントラセン.

antracita 女 [鉱物] 無煙炭.

ántrax 男 [単複同形] [医学] 炭疽 (たんそ) (病), 癰(よう).

antreno 男 [虫類] マルカツオブシムシ.

antro 男 **1** 洞窟, ほら穴. **2** 悪所; (…の)ようなところ, 雰囲気や居心地の悪い店. — *de perdición* 悪徳の巣窟 (そうくつ).

antropocéntrico, ca 形 人間中心の.

antropocentrismo 男 [哲学] 人間中心主義.

antropofagia 女 人食いの風習, 食人.

antropófago, ga 形 食人の. — 名 食人種.

antropoide 形 **1** 人類似の. **2** 類人猿の. — 男 類人猿.

antropoideo, a 形 [動物] 類人猿の.

antropología 女 人類学. —~ cultural 文化人類学.

antropológico, ca 形 人類学の.

antropólogo, ga 形 人類学者.

antropometría 女 人体測定(法).

antropomímico, ca 形 人名(研究)の.

antropomórfico, ca 形 擬人観の; 神人同形論の.

antropomorfismo 男 **1** 擬人観. **2** [宗教] 神人同形論.

antropomorfo, fa 形 人間の形をした. — 男複 類人猿.

antroponimia 女 **1** 人名研究学. **2** [集合的] 人名.

antropónimo 男 人名.

antruejo 男 カーニバル, 謝肉祭.

anual 形 **1** 1年の, 年間の. —*ventas es* 一年間売上高. **2 a)** 毎年の, 年次の, 年々の. —*anillo* ~ 年輪. **b)** 1年間の, 年刊の. —*memoria* ~ 年報, 年次報告書. **3** [植物] 1年生の. —*planta* ~ 1年生の植物.

anualidad 女 **1** 毎年行われること; 年間. **2** 年会費; 年間の支払い額. **3** 年金.

anualmente 副 毎年, 年に1回ずつ.

anuario 男 年報, 年鑑.
anubarrado, da 形 (空が)雲で覆われた, 曇った. 2 (絵画で)雲に似せて描いた.
anublar 他 1 (空を)雲で覆う. 2 (評判などを)汚す, 傷つける. ── **se** 再 1 (空が)曇る. 2 (評判などが)汚される. 3 (植物が)しおれる, 枯れる. 4 (希望などが)消える.
anublo 男 →añublo.
anudadura 女 結び目を作ること, 結び目.
anudamiento 男 →anudadura.
anudar 他 1 …に結び目をつける, 結ぶ. ─ la corbata ネクタイを結ぶ. 2 (傷などを)結合する. 3 (友情などを)結ぶ, 交わす. 4 (声を)詰まらせる. 5 (中断していたことを)続ける, 再開する. ── **se** 再 1 を結ぶ. ─ se los cordones de los zapatos 靴のひもを結ぶ. 2 (声が)詰まる.
anuencia 女 承諾, 同意.
anuente 形 承諾を意味する, 同意する.
anulable 形 (契約などが)取消[解約]可能な, 無効にできる.
anulación 女 (契約などの)取り消し, 解約, (法律の)失効, 破棄.
anular[1] 他 1 を取り消す, 取りやめる, 無効にする. 2 をだめにする. (人)を無能にする, 抑え込む. ── **se** 再 1 無効になる, 取消[取りやめ]になる. 2 だめになる, 無になる, むなしくなる.
anular[2] 形 指輪の, 指輪の形をした. ─dedo ─ 薬指. eclipse ─ 金環食. ── 男 薬指.
anunciación 女 1 (la A ~) 《カト》受胎告知: (聖母マリアお告げの祝日 (3月25日). 2 知らせ, 告知, 予告. 3 (A ~) (女性名)アヌンシアシオン.
anunciador, dora 形 →anunciante.
anunciante 形 1 告げる, 知らせる. 2 広告の, 宣伝の. ── 男女 広告主, スポンサー.
anunciar [アヌンシアル] 他 1 a)を知らせる, 通告する, 通報する. b)を発表する, 告知する, 公表[公示]する. c)(来訪)を取り次ぐ. 2 を予言する, …の前兆となる. 3 を宣伝する, 広告する. ── **se** 再 1 (自己を)宣伝する, 広告する. 2 現れ出す, …の兆しがある. ─Se anuncia buen tiempo mañana. 明日はよい天気になりそうだ.
anuncio [アヌンシオ] 男 1 知らせ, 発表, 通知. 2 a) 広告, コマーシャル. ─ s de la televisión. テレビコマーシャル. hombre ─ サンドイッチマン. b)掲示, 貼紙. c)(情報の)パナー. 3 掲示板, 広告板, 立て看板. 4 前兆, 前触れ, 予兆. ▶ **anuncios por palabras** (新聞などの)三行広告, 求人広告.
anuo, nua 形 (植物が)一年生の.
anuria 女 《医学》無尿.
anuro, ra 形 《動物》無尾の. ── 男 無尾類(カエルなど).
anverso 男 1 (硬貨・メダルなどの)表, 表面. 2 (印刷)(本の)表[右]ページ, (紙の)表.

anzuelo 男 1 釣り針. 2 (人を引きつけるための)誘惑, 餌(ぷ). ▶ **caer [picar] en el anzuelo** だまされる, 策略にかかる. **echar el anzuelo** だます, わなにかける. **morder [tragar] el anzuelo** (= caer en el anzuelo).
añada 女 1 (農業での)1年間. 2 ワインの年間の収穫.
añadido, da 形 【+a に】付け加えられた, 追加された. ── 男 1 付加[追加](すること・したもの), 加筆. 2入れ毛, ヘアピース.
añadidura 女 1 追加, 付加: (原文への)加筆. 2 追加物; (量り売りなどの)おまけ, サービス. 3 (衣服などの)継ぎ足し部分. ▶ **por [de] añadidura** その上, さらに, おまけに; チップとして.
añadir [アニャディル] 他 1 (言葉)を付け加える, 言い添える. 2 (言い足す; (情報)をアペンドする. 3 を付け足す, 増補する.
añagaza 女 1 (鳥を捕るための)おとり. 2 策略, ごまかし.
añal 形 1 1年間の, 毎年の. 2 (牛・羊などが)生後1年の. ── 男 1 生後1年の子羊[子牛, 子ヤギ]. 2 (1周忌に供えるための)供物.
añalejo 男 《カト》(年間の聖務を記した)教会暦.
añejar (酒などを)熟成させる, 寝かす. ── **se** 再 (酒が)熟成する.
añejo, ja 形 1 (酒が)熟成した, 年代ものの. ─ vino ─ 年代もののワイン. 2 (慣習など)昔からの, 古い.
añicos 男(複) (物が壊れた時の)破片. ▶ **hacer añicos...** を粉々にする. **hacerse añicos (a...)** (人)を疲労困憊(ぷん)させる. 打ちのめす.
añil 男 1 《植物》アイ(藍). 2 藍色. ── 形 藍色の.
año [アニョ] 男 1 年, (紀元)…年. 2 (期間)年. ─en los ~ s 50 50年代で. el ~ pasado 去年. el ~ que viene 来年. Hoy se cumplen 100 ~ s de su nacimiento. 今日は彼の生誕100年目だ. Hace ~ s que no lo veo. この何年も彼に会っていない. 3 年齢. ─¿Cuántos ~ s tienes? あなたは何歳ですか. Tengo 14 ~ s. 私は14歳です. ¿Cuándo cumples ~ s? お誕生日はいつですか. en sus ~ s mozos 彼が若い頃では. ¿Qué ~ haces? あなたは何年生です [En qué ~ estás?] か. Perdí el ~. 留年する羽目になった. ~ académico [escolar] 学年. ~ fiscal 会計年度. 4 (暦の)年. ~ bisiesto 閏年. ~ astronómico 天文年. ~ civil 暦年, カレンダーの1年. ~ de vacaciones [sabático (大学教授の)休暇年度. サバティカル. (古代ユダヤの)安息の年. ~ santo (カトリックの25年ごとの)聖年. ~ solar (恒星年に対して)太陽年. ~ lunar 太陰年. ▶ **año (de) luz** 光年; 男

añojo

とても離れていること。**—estar [encontrarse] a años luz de** …からとてつもなく離れている。**Año Nuevo** 新年。**—día de Año Nuevo** 元日。**año y vez**（耕作と休耕が）1年交代の。**de buen año** 太って健康な。**echárseLE [venírseLE] los años encima** 急に老け込む。**el año catapún [de la nana, de la pera, de la polca]** 昔々その昔; 時代に古くさい、時代おくれ。**entrado en años** 年配の。**ganar año** 試験に合格する。**perder año** 学年末試験に落ちる、留年する。**por los años de** …年に。**quitarse años** 年齢を若く言う(見せる)、歳のさばをよむ。

añojo 男 満1歳の子牛[子].
añoranza 女 郷愁、懐旧の念.
añorar 他 を懐しむ。**—** 自 郷愁[懐旧の念]にかられる.
añoso, sa 形 (樹木など)年を経た、高齢の.
añublo 男 《植物》胴枯れ病;（麦などの）銹（さび）病.
añudar 他 →anudar.
añusgar 自 1 喉(のど)を詰まらせる。2 憤慨する.
aojamiento 男 →aojo.
aojar 他 1 …に目で呪いをかける。2 を台無しにする.
aojo 男 目で呪いをかけること;呪詛（じゅそ）の目つき.
aoristo 男 《言語》(ギリシャ語文法の)アオリスト、不定過去点.
aorta 女 《解剖》大動脈.
aórtico, ca 形 《解剖》大動脈の。**—aneurisma** → 大動脈瘤（りゅう）.
aortitis 女 《単複同形》《医学》大動脈炎.
aovado, da 形 (葉が)卵形の、長円形の.
aovar 自 (鳥・魚などが)卵を産む、産卵する.
aovillarse 再 (寒さなどで)体を丸くする、身を縮める.
APA 《頭字》《<Asociación de Padres de Alumnos》《スペイン》父母連盟(全国PTA).
apabullamiento 男 圧倒すること;驚愕させること.
apabullante 形 圧倒的な;驚愕させるような.
apabullar 他 1 《話》を押しつぶす。2 を圧倒する.
apacentadero 男 放牧地、牧草地.
apacentamiento 男 1 放牧、2 牧草.
apacentar [4.1] 他 1 (家畜)を放牧する、(家畜)に牧草を食べさせる。2 (人)を教え導く。3 (感情など)をかき立てる。**— se** 再 [(家畜が)草を食(は)むの。2 [＋con, de] (糧)とする.
apache 男 1 アパッチ族(北米の先住民)。2 (大都市の)ならず者者。**—** 形 アパッチ族の.
apachurrar 他 →despachurrar.

apandar

apacibilidad 女 1 (気候・海の)穏やかさ、のどけさ;(生活の)平穏、安穏。2 (性格の)温和、温厚、優しさ.
apacible 形 (人柄・天候・自然現象などが)穏やかな、静かな、穏やかな.
apaciguador, dora 形 なだめる、和らげる;調停する。2 男 調停する人.
apaciguamiento 男 1 なだめること、平静、2 鎮静.
apaciguar [1.4] 他 1 をなだめる。2 (痛みなどを)鎮静させる。**— se** 再 静まる;穏やかになる.
apadrinamiento 男 1 (洗礼で)代父[代母親]になること。2 (結婚式で)付添人になること。3 後援, 庇護.
apadrinar 他 1 …の代父[名付け親]となる。2 (結婚式で)…の付添人になる。3 …の後援者のために援助する。4 (馬術で)(調教のために子馬)に伴走する。**— se** 再 [＋a/bajo de] 庇護(ひご)を受ける、（…に)身を寄せる.
apagado, da 過分 (→apagar) 形 1 (火・明かりが)消えた、電源が切れた。2 (人が)生気[元気]のない、気弱な。3 (声などが)弱々しい。4 (色が)くすんだ。**—** 男 《情報》シャットダウン.
apagador 男 1 ろうそく消し。2 《音楽》(ピアノの)ダンパー, 止音器.

[アパガル] [1.2]
apagar 他 1 (火・明かりなど)を消す、止める。**—el motor** エンジンを止める。**—el televisor** テレビを消す。2 (欲望, 感情など)を静める、和らげる、(かわきなど)をいやす。**—el entusiasmo** 熱狂をさます。**—el odio** 憎しみを和らげる。**—la sed** かわきをいやす。3 (色・音)を弱め、薄める。**— se** 再 1 (火・明かりなどが)消える、切れる。2 (欲望・感情などが)おさまる、弱まる、衰える。3 (色が)あせる、薄くなる。►**apaga y vámonos** 《話》もうおしまいにしよう、もう切り上げよう.
apagavelas 男 《単複同形》ろうそく消し.
apagón 男 停電.
apague(-), apagué(-) 動 → apagar [1.2].
apaisado, da 形 横長の、長方形の.
apalabrar 他 を口頭で約束する、口頭で取り決める。**— se** 再 [＋con] と口頭で約束する.
apalancamiento 男 1 てこを利用して動かすこと。2 支援, 援助.
apalancar [1.1] 他 1 をてこで持ち上げる[動かす、開ける]。2 を支援[援助]する。**— se** 再 [＋en に] 落ち着く.
apaleamiento 男 1 棒でたたくこと。2 棒でたたいて果実を落とすこと。3 《農業》穀物のふるい分け.
apalear 他 1 棒でたたく、2 (果樹)を棒でたたいて実を落とす。3 《農業》(穀物)をふるい分ける。►**apalear oro [plata, dinero]** 大金をかせぐ.
apaleo 男 →apaleamiento.
apampar 再 《中南米》当惑する.
apandar 他 《話》を盗む、くすねる.

apandillar 他 を一味[仲間]にする。 ― **se** 再 徒党を組む。

apantallar 他 1 [スペイン] をスクリーン[防壁]でおおう[隠す]。2 [中米] を印象づける、…の目をくらませる。3 見せびらかす。

apantanar 他 (土地)を水浸しにする。

apañado, da 過分 [→apañar] 形 1 有能な、熟練した。2 (形や大きさが)格好の、あつらえ向きの、実用的な。3 着飾った。4 [estar/ir+〜] 困った、間違えした。

apañamiento 男 =apaño.

apañar 他 1 …の応急修理をする、(衣類を)繕う。2 《話》うまくごまかす、とりつくろう。3 …の身支度をする、…にきちんとし た身なりをさせる。4 をくすねる、盗む。5 を調理する、…に味付けをする。6 [南米] (人)をかばう、かくまう。― 自 [+con を] 盗む、くすねる、ちょろまかす。― **se** 再 1 身支度をする、身繕いをする。2 [+con に] 満足する、(…が)気に入っている。3 [+con (人) と] うまくやって行く、仲良くなる。▸ *apañárselas* やりくりをする、(苦しい中で)うまくきりぬける、頭を働かす。

apaño 男 1 修繕。2 準備。3 身支度。4 盗み。5 一時しのぎの策。6 熟練、手腕。7 情事。

apañuscar [1.1] 他 [apañar の軽蔑語] を握りつぶす；くすねる。

apapachar [1.1] 他 [メキシコ] を愛撫[抱擁]する。

apapacho 男 [メキシコ] 愛撫；抱擁。

*apador** 男 1 食器戸棚、サイドボード。2 (店の)ショーウィンドー、陳列棚。3 仕事台、作業場。4 (祭壇わきの)卓。

aparato [アパラト] 男 1 (一組の)器具、機械、装置。〜 de aire acondicionado 空調設備。〜s de electrodomésticos 家庭電化製品。〜 de precisión 精密機械。〜 salvavidas 救命具。un 〜 para destilar agua 蒸留器。2 《放送》受像機、受信機；カメラ。3 《話》電話、受信器。―¡Diga!, ¿quién está al 〜? もしもし、どちらさまでしょうか。4 《集合的に》《解剖》…器官。〜 circulatorio [digestivo, respiratorio] 循環[消化、呼吸]器。〜 reproductor [genital] 生殖器。〜 locomotor 運動器官。5 主に 履 [(スポーツ)(体操の)用具一式；(理化学・医療用の)器具[装置]。6 《文》飛行機。7 (儀式・行列などの)華美さ、壮観；厳々しさ、大げさ。8 《話》大騒ぎ。9 《医学》矯正具、医療補助具(ギプス・義肢・義歯など)。10 (政治)(政党・組合などの)執行部、中枢機関；(政府・国家・行政などの)機関、機関、組織。el 〜 del partido 党の執行部[中枢部]。〜 del estado 国家機構。〜 administrativo 行政機構。11 (ある現象・出来事に先行・付随する)兆候、しるし；徴候、症状。12 《婉曲》男性器。▸ *aparato crítico* 〔言語〕(本・文献の)注解、注記、考証資料。*aparato escénico* 〔演劇、映画〕演出、上演。

aparatosamente 副 派手に、華々し く。

aparatosidad 女 華々しいこと、派手さ、人目を引くこと。

aparatoso, sa 形 華々しい、派手な、人目を引く。

aparcacoches 男女 [単複同形] (客の車を)駐車するもの。

aparcamiento 男 1 駐車。2 駐車場。

aparcar [1.1] 他 1 (車を)駐車する。2 (軍事)(軍需品)を集積[配置]する。3 《話》(計画など)を延期する、後回しにする。― 自 駐車する。

aparcería 女 1 〔農業〕分益小作商法；分益小作契約。2 [南米] 友情。

aparcero, ra 名 1 〔農業〕小作人、分益小作農。2 [南米] 友達。

apareamiento 男 1 対にすること、組にすること。2 (動物の)交配、交尾。

aparear 他 1 を対にする。2 (動物)を交配させる。― **se** 再 1 対になる。2 交尾する。

aparecer [アパレセル] [9.1] 自 1 現れる、出る、出現する。2 (不明だった人・物が)出て来る、出てくる。―El reloj *apareció* en un cajón. 時計は引き出しの中から出てきた。3 (市場・新聞などに)出る、載る；刊行される。― **se** 再 [+a/ante の前に] (神・幻影などが)現れる、姿を現わす。

aparecido 男 幽霊。

aparejado, da 過分 [→aparejar] 形 1 準備[用意]のできた。2 適切な、ふさわしい。▸ *ir aparejado con* … …と緊密な関係にある。*llevar* [*traer*] *aparejado* … …を必然的に伴う。

aparejador, dora 名 建築施工士、現場監督。

aparejar 他 1 を準備[用意]する。2 (馬)に馬具をつける。3 《船舶》(船)を艤装(ぎそう)する。― **se** 再 1 準備が整う。3 着飾る。

aparejo 男 1 準備、用意。2 馬具。3 道具、用具。〜s de pescar 釣り道具。4 (船舶)(索具などの)艤装(ぎそう)。5 (機械)滑車装置。6 《美術》下塗り。7 《建築》(煉瓦などの)積上げ、石積み。

aparentar 他 1 を装(よそお)う、…と見せかける、いつわる。2 (外見が)…に見える。―*Aparenta* más edad de la que tiene. 彼は実際の年齢よりふけて見える。― 自 見えをはる。

aparente 形 1 見せかけの、見かけの；もっともらしい。2 [+para に] ふさわしい、適当な、格好の。3 目に見える、明らかな。―sin motivo 〜 はっきりとした理由もなく。4 《話》見ばえする、目立つ。

aparentemente 副 1 外見上は、見かけは。2 見たところ、おそらく。

aparezc- 動 =aparecer [9.1].

aparición 女 1 出現、現れること。2 出版、出版。―libro de próxima 〜 近刊図書。3 幽霊、妖怪。4 発見。5 《カト》御公現。

apariencia 女 1 外見、外観；見かけ、風采(ふうさい)。―chico de buena 〜 見た目

のいい男の子. con ~ de mendigo 乞食のような姿で[の]. **2** 複 気配, 徴候, 形勢. **3** ありそうなこと. **4** 複 (昔の舞台装置の)書き割り. ▶ **en apariencia** 見たところ, 外見上は, うわべは. **guardar [cubrir, salvar] las apariencias** 体裁を繕う, 体面を保つ, うわべを飾る. *Las apariencias engañan.*《話》見かけは当てにならない.

apartadero 男 **1** (鉄道の)待避線. **2** (道路の)車の待避所. **3** (道の脇にある移牧用の)放牧地. **4** 羊毛の仕分け場. **5** (闘牛)牛の囲い場.

apartadijo 男 **1** 離れた場所. **2** (軽蔑)細分化して小さくなったもの.

apartadizo, za 形 一人の思索の, 内向的な. → apartadijo 1.

*apartado, da 過分 [→ apartar] 形 **1** [+ de から] (空間的に)離れた, 引き離された, 別にされた. **2** (場所が)人里離れた, 辺鄙(^ぴ)な. **3** (他人から)隔絶した, (人)と没交渉の, 孤立した. **4** 異なる, 違った. ── 男 **1** (郵便の)私書箱. **2** (郵便の)私書箱番号. ── de correos 私書箱. **3** (法律・条約などの)条項, 条, 項, 節. **4** (文章の段落, 節. **5** (闘牛)牛分け(闘牛開始前に囲い場に入れること);(家畜などの)選別. **6** (鉱業)(金・銀の)精錬; (金・銀の)純度検定. **7** 財室, 離れ(部屋); 離れた場所. ▶ **apartado de localidades** (コンサート, 演劇などの)チケット売り場.

apartamento 男 アパート.

*apartamiento 男 **1** 引退, 退戦, 孤立, 分離. **2** (法律)(権利などの)取り下げ, 放棄. **3** 辺鄙(^ぴ)な所.

*apartar [アパルタル] 他 **1** [+ de から] を離す, 遠ざける; 振り払う, 2 をどける, 取り除く. **3** [+ de を] …に断念させる, あきらめさせる. **4** (物)を別にする, 取りのけておく. **5** [+ de から]をそらせる, 外れさせる. ── se 再 **1** [+ de から] 離れる, 遠ざかる, はずれる. —*No te apartes del tema.* 話題をそらさないでくれ. **2** どく, あとずさりする. —*Apártese un poco, por favor.* すみません, ちょっと下がってください. **3** 引き返る, 隠棲(炭)する.

*aparte [アパルテ] 副 **1** 別に, 分けて; 離れて. **2** [名詞・代名詞の後で] を別にして, わきにおいて. —*bromas ~* 冗談はさておき. **3** 別々に, 別れて, 単独に. **4** その上, さらに, 別に. **5** 傍白で, わきぜりふで; こっそりと. ▶ **aparte de** [+ 名詞/代名詞/*que* + 直説法] (1) を別にすれば, を別として. (2) …のほかに, … の上に. **hacer rancho aparte** → rancho. **poner aparte** (1) を分ける, 別にする. **2** をわきにおく, とっておく, のける. ── 形 **1** (演劇)傍白, わきぜりふ. **2** ひそひそ話. **3** 改行. —*Punto y ~.*（書取りで)終止符[ピリオド]を打って改行しなさい. ── 男 **1** 別の, 独自の, 特別の. **2** 内密の.

apartheid 男 (歴史) (南アフリカの)(有色)人種隔離政策, アパルトヘイト.

apartotel 男 アパート式ホテル(長期滞在者用ホテル).

aparvar 他 **1** (脱穀するために麦)を集める. **2** (脱穀した麦)を積む.

*apasionadamente 副 **1** 熱烈に, 情熱的に, 熱心して. **2** 不公平に, 偏って.

*apasionado, da 過分 [→ apasionar] 形 **1** 情熱的な, 熱烈な. **2** [+ estar, + por/con に] 熱中している. ── 名 熱狂的なファン.

apasionamiento 男 **1** 熱中, 情熱. —discutir con ～ 熱心に議論する. **2** 偏負.

*apasionante 形 熱中[興奮]させる.

*apasionar を興奮させる, 熱中させる. —*Me apasiona el fútbol.* 私はサッカーが大好きだ. ── se 再 **1** [+ por/con/en に] 夢中になる, 熱中する.

apatía 女 **1** 無気力, 消極性. **2** 無関心, 無感動.

apático, ca 形 [+ a, en に] 無関心の.

apátrida 形 無国籍の, 国籍[祖国]のない. ── 男女 無国籍者.

apdo., aptdo.《略号》= apartado (de correos).

apeadero 男 **1** (玄関先にある乗馬用の)踏み台. **2** (客用の)休憩所. **3** (乗降専用の)小さな駅, 無人駅. **4** 仮の宿.

apeador 男 (土地の)測量技師.

*apear 他 **1** [+ de から] **a)** (車や馬車から)降ろす, 降ろしてやる. **b)** (高い場所から)を降ろす. **2** (人)を辞めさせる, 引きずり降ろす. **3** [+ de を] (人)に断念させる. **4** (木)を切り倒す. **5** を支柱で支える, 補強する. ── se 再 **1** [+ de から] 降りる. **2**《話》引き下がる, 引き込められる, 撤退する. ▶ **apear del burro** 非を認めさせる.

apechar 他 → apechugar 1.

apechugar [1.2] **1** [+ con に] 引き受ける, 我慢する. **2** 胸をぶつける.

apedazar [1.3] **1** …に継ぎを当てる. **2** を細かくする.

apedreamiento 男 **1** 投石. **2** 石で打ち殺すこと. **3** 雹(^ひょう)が降ること.

*apedrear 他 **1** (人)に石を投げる, 石で打ち殺す. **2** 雹(^ひょう)が降る. **3** を石で打ち殺す. ── se 再 **1** (作物が)雹で被害を受ける.

apedreo 男 → apedreamiento.

*apegadamente 副 献身的に, 一心に.

apegado, da 形 [+ a に] 愛着を持った, 執着した.

*apegarse [1.2] 再 [+ a に] 愛着を感じる, 執着する; 傾倒する.

*apego 男 **1** [+ a/por/hacia へ] 愛情, 情愛. **2** 愛着, 執着; 関心, 傾倒. **3** 敬意, 尊重, 重視.

apelable 形 (法律)上訴できる.

*apelación 女 **1** (法律)上訴, 控訴, 上告. —*tribunal de ～* 上訴裁判所. **2** [+ a への] 呼び掛け, アピール, 訴え. ── a la conciencia 良心に訴える. ▶ **no haber [no tener] apelación** (1)

apelambrar 他 《皮革》を石灰水につけて脱毛する.

apelante 形 《法律》上訴する. — 男女 《法律》上訴する人.

apelar 自 1《[+a に]訴える, 頼る. 2《[+de/ante に]上訴[控訴・上告]する. — 他 《[+de に]…上訴[控訴・上告]する.

apelativo, va 形 《言語》呼称の. — 男 呼称, 呼び名.

apellidar 他 1 を…という名前[あだ名]で呼ぶ. 2《[+de で]…と呼ぶ[見なす]. 3 《氏》を召集する. — **se** 再 …という姓である. —¿Cómo *se apellida* usted? あなたの姓は何ですか.

apellido 男 1 姓, 名字. —~ materno [paterno] 母方[父方]の姓. —~ de soltera (結婚女性の)旧姓. 2 家名(ポ), 異名. 3《軍事》召集令. 4 叫び, 喚声.

apelmazado, da 過分 [→ apelmazar] 形 1 固まった, 固い. 2《文学作品など》難解で, 分かりにくい.

apelmazar [1.3] 他 1 を固くする. 2 を分かりにくくする. — **se** 再 固くなる.

apelotonar 他 1 を塊(紫)にする. 2 を一箇所に集める. — **se** 再 1 一箇所に集まる, 群れる. 2 玉状になる.

apenar 他 を悲しませる, つらい思いをさせる. —Me *apena* su muerte. 私は彼の死を悲しむ. — **se** 再 1《中南米》恥じ入る, はずかしがる.

apenas [アペナス] 副 1《動詞の前, または no+動詞の後で》ほとんど…ない. No la oigo. 私には彼女の言っていることがほとんど聞こえない. 2 やっと, やっと. —El estudiante ~ aprobó las matemáticas. その学生はかろうじて数学の試験に受かった. 3《動詞の前で》…するやっとで…, …したとたん. —A~ sentado a la mesa, se puso a comer. 彼は食卓に着くとすぐ食べ始めた. 4《数詞の前で》せいぜい, わずかに. —Hace ~ ocho días que la vi. 私はわずか1週間ほど前に彼女に会った. ● **apenas... cuando** (1)…するかしないうちに, …するとすぐに. (2) …する時ちょうど. **apenas si** (1)《動詞の前で》《話》ほとんど…ない. (2) かろうじて, やっと.

apencar [1.1] 自 →apechugar.

apendectomía 女 《医学》虫垂切除(術).

apendejamiento 男 《中米》呆けること; おじけづくこと.

apendejarse 再 《中米》呆ける, ばかになる; おじける, ひるむ.

apéndice 男 1《本などの》付録, 補遺. 2《解剖》突出部; 虫垂. 3 付属物. 4 取り巻き, 子分. 2. ● *apéndice cecal [vermicular, vermiforme]* 《解剖》虫垂, 虫様突起.

apendicitis 女《単複同形》《医学》虫垂炎, 盲腸炎.

apeo 男 1 土地の測量. 2 伐採. 3《建築》支柱で支えること; 支柱.

apeonar 自 《ウズラなど, 鳥が》地面を走る.

apepsia 女 《医学》消化不良.

aperar 他 1《農具》の用意する. 2《[+de に]》を装備する. — **se** 再《[+de]》準備する.

apercibimiento 男 1 警告. 2 準備, 用意. 3 知覚.

apercibir 他 1《[+de を]》(人)に知らせる, 警告する. 2《[+con/por で]》(人)を脅かす. 3 を準備[用意]する. — **se** 再 1《[+de に]》気付く. 2《[+a/para の]》準備をする.

apergaminado, da 過分 [→ apergaminarse] 形 (皮膚などが)しなびた, 色つやがなくなった. 2 羊皮紙のような.

apergaminarse 再 (皮膚が)しなびる, 色つやがなくなる.

aperitivo, va 形 1 食欲を増進する. 2《医学》通じをつける. 緩下作用のある. — 男 食前酒, アペリチフ; 食欲を増進する物(つまみ・飲み物).

apero 男 1 主に(複)《農業》農具, 道具. 2《農耕用の》家畜. 3 家畜小屋.

aperreado, da 形 [→ aperrear]《話》(生活などが)多忙な, 大忙しの.

aperrear 他 1 人に対して犬をけしかける. 2《話》をへとへとにさせる, 悩ます. — **se** 再 1《[+en で]》言い張る. 2 働きすぎる; 疲れ果てる.

aperreo 男 《俗, 話》1 迷惑をかけること. 2 疲労困憊(冷).

apersonado, da 形 風采(紀)の良い. —bien [mal] ~ 風采の良い[風采のあがらない].

apersonarse 再 1 出頭する. 2 面会する.

apertura 女 1 開く[開かれる]こと. —de ~ retardada タイムロック式の. 2《活動・期間などの》開始, 開設. —discurso de ~ 開会の辞. ~ de crédito《商業》信用状の開設. hora de ~ 開店[開場, 開始]時間. 3 開設[開通]式; 始業式, 開講式. 4 開放(性), 門戸開放主義, 開国; 《異なる思想・政治的姿勢への》寛容. 5 遺書の開封. 6《株式の》寄付き. —precio de ~ 寄り値. 7《チェスの》初手. 8《光学》口径. 9《解剖》開口. 孔.

aperturismo 男 開放主義, 寛大.

aperturista 男女 開放主義者, 寛大な人.

apesadumbrado, da 形 悲しんでいる.

apesadumbrar 他 (人)を悲しませる, 苦悩させる. — **se** 再《[+ con/de/por と]》悲しむ, (に)気の毒がる.

apesarar 他 →apesadumbrar.

apestado, da 形 [→ apestar] 1 悪臭のある, とても臭い. 2 ペストに感染した. 3《話》《[+de で]》~でいっぱいになった, あふれた.

apestar 他 1 を悪臭で満たす。2 [+ con (人)] でうんざり[いらいら]させる。3 を ペストに感染させる。4《話》[+ de で] を一杯にする。— 自 悪臭を放つ。— se ペストに感染する。

apestillar 他 を掛け金[スライド錠]で閉める[閉じ込める]。

apestoso, sa 形 1 強い悪臭のある、とても臭い。2《話》うんざり[いらいら]させる。

apétalo, la 形《植物》花弁のない、無弁の。

apetecedor, dora 形 人の心をそそる、望ましい。

apetecer [9.1] 自 1 [与格代名詞を伴って](人の)食欲をそそる。— Me apetece una cerveza bien fría. 私はよく冷えたビールが飲みたい。2 [+ 不定詞, que + 接続法](…する)気にさせる。— ¿No te apetece ir a la piscina esta tarde? 今日の午後プールに行かないか。— 他 を欲しいと思う、望む。

apetecible 形 1 食欲をそそる。2 望ましい、魅力的な。

apetencia 女 1 [+ de への]欲望、欲求; 切望、渇望。2《文》食欲。

apetitivo, va 形 1 食欲をそそる、おいしそうな。2 欲求の。— facultad apetitiva 欲望。

apetito [アペティト] 男 1 食欲 — tener buen [mucho] ~ 食欲旺盛である。abrir el ~ 食欲をそそる。2 [+ de への]欲望、欲求。

apetitoso, sa 形 1 食欲をそそる、うまそうな。2 うまい。3 心をそそる、魅力的な。

apezonado, da 形 乳first[乳首]の形をした。

apiadar 他 (人)に哀れみの気持ちを起こさせる。— se 再 [+ de を]かわいそうと思う。

apiario 男 →colmenar.

apical 形 1《音声》舌尖(ぜつせん)の。2《植物》先端の。3 頂点の。— 女《音声》舌尖音。

apicararse 再 悪党[ならず者]になる。

ápice 男 1《文》先端、頂点。2 絶頂、ピーク。3(アクセント符号や ñ の波印などの)符号。4 [否定文で] みじん、かけら。— No tiene ni un ~ de vergüenza. 彼は恥のかけらもない。

apícola 形 養蜂(ようほう)の。

apicultor, tora 男 養蜂(ようほう)家、養蜂業者。

apicultura 女 養蜂(ようほう)(業)。

apilamiento 男 積み重ね、山積み。

apilar 他 を積み重ねる、山積みにする。— se 再 山積みになる。

apiñado, da 形 1 ぎっしりと詰まった、ぎゅうぎゅう詰めの。2 松かさ状の。

apiñamiento 男 詰め込み、ぎゅうぎゅう詰め。

apiñar 他 をぎっしりと詰め込む。— se 再 ぎっしりと詰まる。

apio 男《植物》セロリ。

apiolar 他 1(動物)の脚を縛る;(獲物)を吊るす。2《隠》を殺す。

apiparse 再《話》[+ de を]たらふく食べる[飲む]。

apiporrarse 再 →apiparse.

apirexia 女《医学》無熱、発熱間欠。

apisonadora 女 1 ローラー車、地ならし機。2《話》反対意見を退ける人。

apisonamiento 男 地ならし、地固め。

apisonar 他 …の地ならしをする、…にローラーをかける。

apitonar 自 1(動物)の角が生える。2(植物)が芽を出す。—他(ひな)が(卵のから)を破る。— se 再《話》腹を立てる。

apizarrado, da 形 石板の色をした、青みがかった黒の。

aplacamiento 男 和らげること; 鎮静、緩和。

aplacar [1.1] 他 を和らげる、静める。— se 再 和らぐ、静まる。

aplanacalles 男女《単複同形》《南米》(街をぶらつく)怠け者。

aplanadera 女《機械》ランマー(地盤を縮め固める機械)。

aplanador, dora 形 1(地面などを)平らにする。2(人)を気落ちさせる。—男《中南米》ローラー車。

aplanamiento 男 1 地ならし、平らにすること。2《医学》気落ち、意気消沈。

aplanar 他 1 を平らにする、地ならしをする。2(精神的に)打ちのめす、落胆させる、がっかりさせる。— se 再 1 落胆する、がっかりする、まいってしまう。

aplasia 女《医学》形成不全。

aplastamiento 男 1 押しつぶすこと。2 打ち負かすこと、論破。

aplastante 形 圧倒的な、文句なしの。— victoria ~ 圧倒的勝利。

aplastar 他 1 を押しつぶす、ぺちゃんこにする。2(敵など)を打ち負かす、圧倒する。— ~ la sublevación 反乱を制圧する。3(人)を萎縮させる、混乱させる。— se 再 1 つぶれる、ぺちゃんこになる。2 体を伏せる。

aplatanado, da 過分(→aplatanar) 形 やる気のない。

aplatanamiento 男 やる気をなくすこと。

aplatanar 他(人の)やる気をなくさせる。— se 再(人が)やる気をなくす。

aplaudir [アプラウディル] 他 1 …に拍手喝采(かっさい)する。2 を称賛する、ほめたたえる; 賛同する。

aplauso [アプラウソ] 男 1 拍手喝采。— recibir con un cerrado ~ 万雷の拍手喝采で迎える。¡Aplausos! 拍手をお願いします。2 賞賛、賛同。

aplazamiento 男 延期。

aplazar [1.3] 他 1 を延期する、延ばす。2 を日時を定めて召集する、日時を…に指定する。3《中南米》を不合格にする、留年させる。

aplebeyar 他 を俗悪[下品]にする。— se 再 俗悪[下品]になる。

aplicabilidad 女 適用性。

aplicable 形 〚+a に〛適用[応用]でき
る, 当てはまる.

aplicación 女 **1**〚+a への〛適用, 応
用;(金銭の)充当. **2**〚+a/en〛(勉強など
への)専念, 熱中, 勤勉. **3**《文》《医学》
(薬などを)塗る[貼る]こと, 塗付, 貼付. **4**
〘主に 複 〙アップリケ(飾り付け), 付属物.
5《数学》写像. **6**《情報》アプリケーショ
ン. **7**《中南米》申込(書), 申請(書), 出
願(書).

aplicacioncịta 女 《情報》アップレット.

aplicạdo, da [アプリカド, ダ] 過分 〔→
aplicar〕形 **1** 勤勉な. **2** (学問や技術が)
応用の, 応用された. —lingüística *apli-
cada* 応用言語学. matemáticas *apli-
cadas* 応用数学.

aplicạr [アプリカル] [1.1] 他 〚+
a に〛 **1** a) を適用する,
応用する;あてはめる. —~ *una ley* 法律
を適用する. b) を充当する, (努力などを)
注ぎ込む, 向ける. **2** を取り付ける, くっつける,
塗り[貼り]付ける. — **se** 再 **1**〚+a
に〛適用[応用]される;あてはまる. **2**〚+en
に〛精を出す, 励む. —~ *se en los
estudios* 勉強に励む.

aplique 男 **1** 壁に取り付ける照明ラン
プ. **2** 壁・家具などの)飾り. **3**《演劇》(幕
を除いた)舞台装飾.

aplique(-), apliqué(-) 直 → apli-
car [1.1].

aplomạdo, da 形 **1** 鉛の, 鉛色の. **2**
垂直の. **3** 冷静[沈着]な, 落ち着いた.

aplomạr 1《建築》a) (壁などが)垂
直かどうかを調べる. b) を垂直にする. **2**
を重くする. — **se** 再 **1** (人が)冷静にな
る, 自信を持つ. **2** 垂直になる.

aplọmo 男 **1** 冷静, 沈着, 落ち着き;
自信. **2** 垂直性. **3**《馬術》複 馬の脚つ
き.

apnẹa 女 《医学》無呼吸, 呼吸停止,
窒息.

apocạdo, da 過分 〔→apocar〕形 **1**
(人が)内気な, 気が小さい, 自信がない. **2**
卑しい.

apocalịpsis 男 〘単複同形〙 **1**《聖
書》(A~)(ヨハネの)黙示録. **2** 啓示, 黙
示. **3** 世界の終末.

apocalịptico, ca 形 **1**《聖書》黙示
録の. **2** 世界の終末を思わせる, 身の毛のよ
だつ. **3** 非常にひどい.

apocamiẹnto 男 **1** 内気, 自信のなさ. **2**
落胆, 意気消沈.

apocạr [1.1] 他 **1** を小さく[少なく]す
る, 減らす. **2** (人)をおじけさせる. **3** (人)を
卑屈にする. — **se** 再 **1** おじける, 内
気になる. **2** 卑屈になる.

apocopạr 他 《言語》(語)の語尾の文
字[音]を消失させる.

apọcope 女 《言語》語尾音消失
(bueno→buen, grande→gran など).

apọcrifo, fa 形 **1**《聖書》(聖書の)正
典外の, 外典の. —evangelios ~s 外典
福音書. **2**(文献が)典拠の疑わしい, (作品
などが)偽の.

apodạr 他 (人)にあだ名をつける.

apoderạdo, da 形 **1** 代理(人), 代表
者;支配人. **2**(スポーツ選手・... 闘牛士など
の)マネージャー, 代理人. — 男 《情報》
ブロキシ. — 過分 〔→apoderar〕 **1**
委任された, 代理の. **2**〚+por に〛取り付
かれた, (感情・思考に)とらわれた.

apoderạr 他 …に権限[代理権]を与え
る. — **se** 再 〚+de に〛(不法に・力ず
くで)が物とする, 占拠する;(…に)取りつく.

apodịctico, ca 形 《論理》必然的;
〘無条件に〙確かな, 正当な.

apọdo 男 あだ名, ニックネーム;《通信》
ハンドル・ネーム.

ápodo, da 形 《動物》 無足の.
— 複 《動物》無足類.

apódosis 女 〘単複同形〙《言語》(条
件文の)帰結節.

apófisis 女 〘単複同形〙《解剖》(骨
の)突起.

apogẹo 男 **1**《天文》遠地点. **2** 最盛
期, 絶頂, 頂点.

apolillạdo, da 過分 〔→apolillar〕形
1(衣類などが)虫に食われた. **2** 古くなった,
時代遅れの.

apolilladụra 女 (衣類などの)虫食い.

apolillạr 他 (衣類などを)虫が食う.
— **se** 再 **1** (衣類などが)虫に食われる.
2 古くなる, 時代遅れになる.

apolịneo, a 形 **1**《ギ神》アポロン
(Apolo)の. **2** (男性が)アポロンのように美
しい, 美男子の.

apoliticịsmo 男 非政治性, 政治的
無関心.

apolịtico, ca 形 非政治的な;政治に
関心のない, ノンポリの.

apọlo 男 美男子.

apologẹtico, ca 形 **1** 弁明[弁護]の,
賞賛の. **2**《宗教》護教の. — 女 《宗
教》護教論.

apologịa 女 弁明, 弁護;賞賛.
—hacer una ~ de… …を弁護[賞賛]す
る.

apolọgico, ca 形 寓話(ぐぅ)の.

apologịsta 男女 弁護[擁護]する人,
支持[賞賛]者.

apọlogo 男 寓話(ぐぅ).

apoltronạdo, da 形 **1** ゆったりと座っ
た. **2** 怠けた, 無精な.

apoltronamiẹnto 男 怠惰, 無精.

apoltronạrse 再 〚+en に〛 **1**(ソファー
などに)ゆったりと座る. **2**(…に)安住して何
もしない, 怠ける.

apomazạr [1.3] 他 を軽石でこする[磨
く].

aponeurọsis 女 〘単複同形〙《解剖》
腱膜(筋肉に付着する線維膜).

apoplejịa 女 《医学》卒中, 溢血(いっけつ).
— ~ cerebral 脳卒中.

apoplẹico, ca 形 → apoplético.

apoplẹtico, ca 形 《医学》**1** 卒中の.
2 卒中体質の. — 名 《医学》卒中患

apoquinạr 他《話, 俗》(金)をしぶしぶ

aporcar 他 （農業）（木の根元・野菜などに）土をかぶせる，土寄せする．

aporcar [1.1] 他 （農業）（木の根元・野菜などに）土をかぶせる，土寄せする．

aporrar 自 《話》言葉に詰まる．— **se** 再 《話》(人）の迷惑がられるようになる．

aporreado, da 過分 [→ aporrear] 形 1 殴られた，打ちのめされた． 2 貧しい，悲惨な．

aporreamiento 男 →aporreo．

aporrear 他 1 を棍棒で殴る．2 打つ，たたく．— la puerta ドアをドンドンたたく．3 を困らせる，うるさがらせる．— **se** 再 1 度を越して働く．2 棍棒で殴り合う．

aporreo 男 殴打（すること），打つ[たたく]こと．

aportación 女 1【+a への】貢献，寄与，助け．2【+a への】寄付（金）；出資（金，分担金）．3（必要物の）提供，提示．

aportar 他 1（ある事を）もたらす，持って来る，…に寄与［貢献］する．2（証拠・理由などを）提示［提供］する．— pruebas irrebatibles 反論する余地のない証拠を提出する．3（婚資）を持参する；出資する，拠出[分担]する．— 自 【+en に】1 たどり着く，現れる．2 入港する．

aporte 男 1 寄与；寄付金．2 出資（金）．3（地理）沖積土．

aportillar 他 1（壁などに）穴を開ける．2 を壊す．— **se** 再 （壁の一部が）崩れる．

aposentamiento 男 1 宿泊．2 宿泊する場所，宿．

aposentar 他 （人）を泊める，宿泊させる．— **se** 再 【+en に】泊まる，宿泊する．

aposento 男 1 部屋．2 宿泊．3《演劇》（昔の）桟敷席．

aposición 女 （言語）同格．

apositivo, va 形 （言語）同格の．

apósito 男 （医学）外傷の手当て；（ガーゼ・包帯などの）外傷の治療品．

aposta 副 故意に，わざと．

apostadero 男 1（軍事）駐屯地．2（軍事）軍港，海軍補給地．

apostador, dora 形 →apostante．

apostante 形 （賭け）をする．— 男女 賭ける人，ばくち打ち．

apostar[1] [5.1] 他 1【+a に】を賭ける．— mil euros 1000ユーロ賭ける．2 …と賭けてもいい，断言できる．— A puesto que llegará tarde. きっと彼は遅刻してくるだろう．— 自 1 賭け[賭博]をする．2【+por に】賭ける．3【+por を】（確かなものと）あてにする，頼みにする．4【+por を】選ぶ．— **se** 再 【+a に】を待機させる．

apostar[2] 他 を待機させる，配置する．— **se** 再 【+en に】待機する，（…の）位置に付く．

apostasía 女 （宗教）背教，棄教，背信．

apóstata 形 （宗教）背教[背信]する．— 男女 （宗教）背教[背信]者．

apostatar 自 （宗教）【+de 以下（信仰）を】捨てる，背教する．

apostema 女 （医学）膿瘍．

a posteriori 副 帰納[経験]的に；後天的に．

apostilla 女 注，注記，注釈．

apostillar 他 （文書に）注をつける．— **se** 再 （医学）かさぶたができる．

apóstol 男 1（宗教）使徒（キリストの12人の弟子）．— el A～ de las gentes [de los gentiles] 異邦人の使徒，聖パウロ．2 伝道者，布教者．3（主義・思想の）主唱者，唱道者．

apostolado 男 （宗教）1 使徒の任務．2 布教，伝道．3 12使徒，使徒団．4 宣伝活動．

apostólico, ca 形 1（キリストの）使徒の，12使徒の，使徒伝承の．2 ローマ教皇の．— sede apostólica 聖座，教皇庁，ローマ・カトリック教会．3（歴史）使徒派の．— （歴史）使徒派党員．

apostrofar 他 1（修辞）話を中断して（頓呼法に）呼びかける．2 をののしる．

apóstrofe 女 1（修辞）解呼びかけ法，頓呼[と]法．2 罵[ば]倒，ののしり．

apóstrofo 男 （言語）省略符号，アポストロフィ（'）．

apostura 女 （態度・様子などの）優雅さ，気品．

apotegma 男 格言，警句．

apotema 女 （数学）辺心距離（正多角形の中心から中心までの長さ）．

apoteósico, ca 形 熱狂的な，華々しい．

apoteosis 女 【単複同形】1（英雄などの）神格化，崇拝．2（ショーなどの）フィナーレ，大詰め．

apoyar [アポヤル] 他 1【+en/sobre に】をもたせかける，寄りかからせる，載せる．— la escalera en la pared はしごを壁にもたせかける．2【+con/en に】を基づかせる，根拠づける，依拠させる．3 を支える，裏付ける．4 を支持[支援]する．— 自 【+en に】寄りかかる，支えられる．— **se** 再 【+en に】よりかかる，もたれる．— en un bastón 杖にすがる．

apoyatura 女 1（音楽）前打音．2 支柱．

apoyo 男 1【+a への】支え，支柱；【支えられること】— vocal [consonante] de ～ （言語）語中添加母音[子音]．2【+a［…に対する］支持，援助，支援．3（理論・思想などの）論拠，根拠，裏付け．

APRA （頭字）〈Alianza Popular Revolucionaria Americana〉女 （ペルーの）アプラ党（アメリカ革命人民同盟）．

apreciable 形 1 目につくほどの，感じられる[くらい]の，かなりの．2 価値ある，評価[尊重]に値する．

apreciación 女 1 評価，鑑定，判断．2（価格の）決定，査定．3（芸術の）鑑賞．4 見分け，認識，識別．5（経済）（通貨・株・評価額の）値上がり，高騰．

apreciar 他 1 を評価する，価値を認める；鑑定する．2 …に親しみ[敬意]を感じる，

apreciativo

尊敬する。**3** を見分ける, 識別する, 感づく。
— se 再 （通貨などが）引き上げられる, 値上がりする。

apreciativo, va 形 **1** 評価中の, 査定の。—valor → 査定額。**2** 価値を認める, 好意的な。

aprecio 男 **1** 敬意, 尊敬。**2** 評価する(こと), 価値を認めること。

aprehender 他 **1** (人)を逮捕する, 2 を押収する, 差し押さえる。**3** (概念などを)理解する。

aprehensible 形 理解できる。

aprehensión 女 **1** 逮捕, **2** 押収, 差し押さえ。**3** 理解, 感知。

apremiador, dora 形 → apremiante.

apremiante 形 急を要する, 緊急の, 急ぎの。—trabajo [tarea] ～ 急ぎの仕事。

apremiar 他 **1** (人)をせきたてる, 急がせる。**2** (人)を強制する。**3** 《法律》 ─ 自 急を要する。Apremia que se solucione el problema. ―その問題の解決が急がれる。

apremio 男 **1** せきたてること, 急がせること。**2** 督促, 催促。**3** 《法律》 [道徳]金: 強制執行。**4** (時間・金などの)不足, 欠如, 逼迫(ひっぱく)。

aprender [アプレンデル] 他 **1** を学ぶ, 習う;【＋a＋不定詞 (…すること)を習う。—a tocar el piano ピアノを弾くことを習う。**2** を覚える, 暗記する。**— se** 再 を覚える, 暗記する。

aprendiz, diza 名 (複 aprendices, zas) **1** (手仕事や芸術の)見習い, 弟子: 初心者。**2** (同職組合の一番下の序列)徒弟 (→ oficial「職人, 熟練工」, maestro「親方」)。

aprendizaje 男 **1** 習得, 学習, 修業。**2** 見習い期間。

aprensar 他 **1** を圧縮[圧搾]する, 絞る。**2** (人)を苦悩させる。

aprensión 女 **1** 懸念, 心配, 不安。
複 妄想, 思い込み。**3** 気配り, 配慮。

aprensivo, va 形 心配症の, 神経質な; 懸念する。

apresamiento 男 捕獲, 拿捕(だほ), 逮捕。

apresar 他 **1** (獲物)を捕まえる。**2** (人)を逮捕する。(船)を拿捕(だほ)する。**3** (人)を投獄する。

aprestar 他 **1** を準備[用意]する。**2** (布などに)糊(のり)付けをする。**— se** 再 【＋a の準備[用意]をする。

apresto 男 **1** 準備, 用意, 支度。**2** 仕上げ糊(のり);(織物の)仕上げ加工。

apresuración 女 → apresuramiento.

apresuradamente 副 大急ぎで, あわてて。

apresurado, da 過分 (→apresurar)形 急いでいる, 慌てている。

apresuramiento 男 **1** 急ぐこと。**2** 急がせること, せきたてること。

apresurar 他 を急がせる, せかす; 早める。**— se** 再 急ぐ,【＋a＋不定詞 急いで…する。

apretadamente 副 **1** きつく, しっかりと。**2** ぎりぎりで。

apretadera 女 **1** ひも, 縄, バンド。**2** 複 《話》 督促, 催促。

apretado, da 過分 (→apretar)形 **1** 締めつけられた。**2** a) 固く締った, ぴったりした, きつい。—nudo — 固く結び目。La chaqueta me queda apretada. 上着が私にはきつめだ。b) (文字などが)ぎっしり詰まった。c) 読みにくい。—letra apretada 読みにくい文字。**3** 困難な。**4** 困窮した。—situación apretada 難局。estar ～ de dinero 金に不足している。**5** 《話》けちな。

apretamiento 男 締めつけること, 圧迫。

apretar [4.1] 他 **1** a) を抱き締める, 握り締める, 締めつける。—Me apretó la mano. 彼は私に握手をした。b) を強く引く, 引きしめる。**2** を押さえつける, 圧迫する, 詰め込む。—～ la ropa en la maleta 衣類をスーツケースに詰め込む。—～ el botón ボタンを押す。**3** を責め立てる, …に厳しくする, 圧力をかける。**4** を速める; せき立てる。—～ el paso 歩を速める。—自 (程度が)ひどくなる, 強くなる, 増す。—Hoy aprieta el sol. 今日は日射しがきつい。**2** 頑張る。**3** 厳しくする, 圧力をかける, 締めつける。▶ apretar a correr 走り出す。**— se** 再 ぎゅうぎゅう詰めになる, ひしめく。

apretón 男 **1** (急な)締め付け, 握り締め; 強く押すこと。—～ de manos 握手。**2** (…に)複 人のぎゅうぎゅう詰め, 押し合いへし合い。**3** 急な便意。**4** 《話》追い込み, 突っ走り, 突進。

apretujamiento 男 → apretujón.

apretujar 他 を強く押す, 押しつぶす。**— se** 再 押し合いへし合いする。

apretujón 男 強く押すこと, 押し合いへし合い。

apretura 女 **1** 満員, すし詰め。**2** 窮地, 困窮。**3** (食料などの)不足。

aprieto 男 **1** 窮地, 困窮, 苦境。**2** 締め付け,(人の)ぎゅうぎゅう詰め。▶ estar en un aprieto 窮地に陥っている, 困っている。poner a…en un aprieto を窮地に陥れる, 困らせる。

a priori 〈ラテン〉 副 先験的に, 演繹的に。

apriorismo 男 先験(先天)説。**2** 演繹(えんえき)の推理。

apriorístico, ca 形 先験説の; 演繹(えんえき)の推理の。—razonamiento ～ 演繹的な推理。

aprisa 副 速く, 急いで, すぐ。

apriscar [1.1] 他 (家畜)を囲い場に入れる。

aprisco 男 (家畜を寒さなどから守るための)囲い場。

aprisionamiento 男 投獄, 収監; 束縛。

aprisionar 他 **1** (人)を刑務所に入れ

aproar 他 《海軍》(ある方向に)船首を向ける。

aprobación 囡 **1** (計画, 法律, 動議などの)可決, 承認. **2** (貸し付けや協定の)承認, 賛成. **3** (行動やふるまいの)同意.

aprobado, da 過分 [→ aprobar] 形 **1** 承認された, 認可された; 可決された. **2** 合格した. ― 男 **合格, 可.**

aprobar [アプロバル] [5.1] 他 **1** a) …を承認する, 容認する, 認可する. b) …に同意する, 賛成する. ― una opinión 意見に賛成する. **2** …に合格する; を合格させる. ― 自 合格する.

aprobatorio, ria 形 承認[同意]の.

aproches 男複 《軍事》敵の要塞攻略の準備.

aprontar 他 (処置・対策など)を急いで行う. ― la solución 解決を急ぐ. **2** (お金を遅れずに)支払う.

apropiación 囡 **1** 私物化, 横領; 占有. ― indebida de bienes 違法な財産の横領. **2** 適合.

apropiadamente 副 適切に.

apropiado, da 形 [+ para に] ふさわしい, 適切な.

apropiar 他 **1** [+ a に] を適合させる. **2** を所有物にする. ― se 再 [+ de を] 自分のものにする, 横領[私物化]する.

aprovechable 形 **1** 利用[使用]できる, 役に立つ. **2** 着用できる, 着られる.

aprovechadamente 副 抜け目なく.

aprovechado, da 過分 [→ aprovechar] 形 **1** 抜け目のない; 金に汚い. **2** (学生が)勤勉な. **3** [+ bien [mal]] …― Es dinero [tiempo] mal ―. それは時間[金]の浪費だ. ― 男 **1** 勤勉な人, 仕事熱心な人. **2** 金に汚い人, 抜け目ない人.

aprovechamiento 男 **1** 利用, 開発. **2** 《主に複》産物, 資源. ― forestal 森林開発. **3** (学習などの)成果, 向上, 進歩.

aprovechar [アプロベチャル] 他 を利用[活用]する, 役立たせる. ― una ocasión 機会を利用する. ― 自 **1** 役立つ, 有用である. **2** (営業などで)進歩する, 上達する. ― en los estudios 勉強が進む. ▶ *Que aproveche*. (食事中の人に対する挨拶)おいしく召しあがれ. ― se 再 **1** [+ de を] つけ込む, つけ入る; (を)悪用する. **2** (だましたり, 力ずくで相手に)みだらな事をする.

aprovisionamiento 男 **1** (食糧などの)供給, 調達, 補給. **2** 供給されたもの, 糧食.

aprovisionar 他 [+ de を] …に供給[支給]する. ― se 再 [+ de を] 調達する.

aproximación 囡 **1** (数学)近似値, 概算. **2** 接近, 和解, 歩み寄り. **3** (宝くじなどの)前後賞. **4** 《航空》接近.

aproximadamente 副 およそ, ほぼ, だいたい.

aproximado, da 過分 [→ aproximar] 形 ―hora *aproximada* de llegada al hotel ホテル到着予定時刻.

aproximar 他 [+ a に] 近づける, 接近させる, 近寄せる. ― el sofá *a* la pared ソファーを壁に近づける. ― se 再 [+ a に] 近づく, 接近する, 近寄る.

aproximativo, va 形 概算の, おおよその.

aprueb- 動 → aprobar [5.1].

ápside 男 《天文》軌道極点(楕円軌道の長軸端; 近点または遠点).

áptero, ra 形 **1** (虫類, 鳥類) 無翅(し)の, 無翼の. **2** 《建築》側柱のない.

aptitud 囡 《主に複》[+ para の] 素質, 天分; (獲得した)能力. **2** [+ para の] 適性, 素質. ―el certificado de ― para entrar en la Universidad 大学入学の資格証明書. **3** (環境への)適応性. ▶ *prueba* [*examen*] *de aptitud* 適性検査.

apto, ta 形 [+ para に] **1** 能力が向いた, 有能な. **2** ふさわしい, 適した. ―película *no apta para menores de dieciocho años* 18歳未満お断りの映画.

apuesta 囡 **1** 賭(事). ―los juegos de ―s 賭け事, ギャンブル. **2** 賭金, 賭け物. **3** [+ por (危ういものへ)の] 支持, 信頼.

apuesto, ta 形 (人が)優雅で端正な, さっそうとした.

apunarse 再 《南米》高山病にかかる.

apuntación 囡 **1** 書き留めること. **2** 《音楽》記譜法; 音譜. **3** 照準を合わせること.

apuntado, da 形 先のとがった.

apuntador, dora 名 プロンプター, (劇で俳優に影からセリフをつける人. ― *automático* テレプロンプター.

apuntalamiento 男 支柱で支えること, 補強.

apuntalar 他 **1** を支柱で支える. **2** を補強[強化]する. **3** (人)を支える, 助ける.

apuntamiento 男 **1** 照準を合わせること. **2** 書き留めること. **3** 《法律》公判書.

apuntar [アプンタル] 他 **1** [+ a に] …の狙いをつける, …に照準を合わせる. **2** を書き留める, メモする; 記入する. **3** を指摘する; 指摘する, ほのめかす. **4** (プロンプターが)…にせりふを教える, こっそり教える. **5** をリスト・アップする, …の名前を記載する. **6** を仮縫いする, 仮に打ちつける. **7** [+ a に] …の狙いをつける, 照準を合わせる. **8** (を)目指している. **3** 現れはじめる, 現れ出す. ―Ya *apuntan* los trigales. もう麦の芽が出始めている. ― el día 日が昇る. ― se 再 [+ a/en に] 申し込む, 参加する, 加わる. ―*se al paro* ストに参加する. **2** を獲得する, 自分のものにする.

apunte 男 **1** メモ, 覚書; 複 (学生などとるノート; ノートのコピー. ―tomar ― s ノートを取る. **2** 《美術》スケッチ, 素描; 《文学》概略, アウトライン. **3** 《商業》記

帳,記入,登録. **4**〖演劇〗プロンプター.

apuntillar 他 〖闘牛〗(牛)に短剣でとどめを刺す.

apuñalamiento 男 刃物で刺すこと.

apuñalar 他 を短刀で刺す.

apuñar 1 他 を握る,つかむ. **2** → apuñear. — 自 こぶしを握る.

apuñear 他 をげんこつで殴る.

apuradamente 副 **1** 困窮して,貧乏して. **2** かろうじて,やっとの思いで. **3** 入念に,正確に. **4**〖中南米〗急いで.

apurado, da 形 **1** 困窮した. —encontrarse en una situación *apurada* 窮地に立たされている. **2**（金・時間が）不足した. —andar [estar] ~ de dinero 金に困っている. **3** 入念な,正確な. **4**〖中南米〗急いでいる.

apuramiento 男 **1** 困窮（すること）. **2** 真相の究明. **3** 浄化.

apurar 1 他 **a)** を使い切る,使い果たす,しつくす. **b)** を飲み干す,空にさせる. — una jarra de cerveza ジョッキ1杯のビールを空にする. **2** を詳しく調べる,発表する. **3** をせき立てる,急がせる. **4** …にうるさく言う,を悩ます；…に恥ずかしい思いをさせる. **5** を怒らせる. — **se** 再 **1** 〖+ por〗心を痛める,（を）心配する. **2** 急ぐ. —*Apúrate*, o perderás el tren. 急がないと列車に乗り遅れるよ.

apuro 男 **1** 困惑,窮地,苦境. **2**〖主に 複〗(金銭上の)困窮,困窮,窮乏. **3** 苦難,苦労,難儀. —con grandes ~s 大変苦労して. **4** 恥ずかしさ,きまり悪さ,心苦しさ. **5**〖中南米〗大急ぎ,せきたて.

apurón, rona 形 〖中米〗心配性の. — 名 〖中南米〗大急ぎ.

aquejar 他（病気などが）(人)を苦しめる,悩ませる.

aquel, aquella 〖アケル,アケヤ〗形 〖指示〗《 複 aquellos, aquellas 》**1** 〖+ 名詞〗(空間的・心理的に話し手からも聞き手からも遠いものに)(人)を指すあの [→este, ese]. —¿Ves ~ pequeño lago? あの小さな湖が見えますか. **2**〖+ 時の名詞〗（現在から遠い過去のことを指す)あの. —A~s años fueron los más felices de mi vida. あの頃が私の人生の中で一番幸せなときだった. por ~ entonces あの頃. **3**〖+ 名詞〗(文脈上で前に述べたものや人を指す)前者の,前の. **4**〖名詞の後〗(強調・怒り・軽蔑を示す)あの,あんな. —No me gusta nada el hombre ~. あんな男は全然好きではない. — 代 〖指示〗あれ,あのもの,あの人 [→❶ aquello. 中性を除く指示代名詞は,指示形容詞と誤解される恐れがある場合にはアクセント記号を付ける. → éste]. —A~ que ves allí es mi coche. あそこに見えるのが私の車です. **2** (文脈上で先に述べた)(人)を指す前者.
— 名 〖特に女性の)魅力,性的魅力.

aquelarre 男 **1** 魔女〖魔法使い〗の夜の集まり. **2** 大騒ぎ,どんちゃん騒ぎ.

aquello 代 〖指示〗〖中性〗(空間的・心理的に話し手からも聞き手からも遠い事柄を

指す)あれ,あのこと,例のこと. —¿Qué es ~? あれは何ですか. ¿Qué hay de ~? あのことはどうなりましたか. Me gustaba ~ de pasear con mi abuelo. 私はおじいさんと散歩するのが好きだった.

aquende 副 〖文〗…のこちら側で[に]. —~ los Pirineos ピレネー山脈のこちら側で.

aquenio 男 〖植物〗痩果(ｿｳｶ).

aqueo, a 形 (古代ギリシャの)アカイヤ(Acaya)の；古代ギリシャの. — 名 アカイア人.

aquerenciarse 再 〖+ a に〗(主に動物が)住み着く,好む.

aqueste, ta 形 〖指示〗〖文〗= este, esta.

***aquí** 〖アキ〗副 **1 a)** ここに[で,へ],ここへ(話し手のいる場所か近くの場所,またはその場所の方向を示す). —~ en Tokio ここ東京では. ~ cerca この近くに. Ven ~. こっちへ来い. A~ estoy. ただ今着きました. los de ~ ここの人たち. **b)** この点で,ここで. **2 a)** この時(に),今. —Por lo que se ha dicho hasta ~, no hay nada claro. これまで述べられたことでは全然はっきりしない. **b)** その時(に),そこで. —A~ es cuando le aplaudieron. その時,皆が彼に拍手した. **3 a)** (話し手の近くの人を指して)こちら,この人. —A~, Pepe, un amigo. こちらが友だちのぺぺです. **b)** (話し手を指して)こちら,当方. —Oiga. ~ Pablo García. （電話で)もしもし,こちらはパブロ・ガルシーアです. ▶ *aquí mismo* このすぐ近くに[で,へ]. aquí se hable 手渡しして下さい. *aquí y allí [allá]* あちらこちらで[に]. *de aquí a [en]... * 今から…たてば,今から…以内に. *de aquí en adelante* 今度は,これからは. *de aquí para allí [allá]* あちらこちらに. *hasta aquí* (1) ここまで. (2) 今まで,これまで. *por aquí* (1) このあたりに,この辺に. (2) こちらに[へ]. (3) ここを通って,ここを経由して,これによって.

aquiescencia 女 承諾,同意.

aquiescente 形 承諾[同意]する.

aquietar 他 **1** (興奮などを)静める. **2** (痛みなどを)和らげる. — **se** 再 **1** (興奮などが)静まる. **2** (痛みなどが)和らぐ.

aquilatamiento 男 **1** (金などの)カラット数を調べること；試金. **2** 充分な調査,評価,吟味.

aquilatar 他 **1** (金・真珠・宝石)のカラット数を調べる,試金する. **2** を吟味する. **3** (文章などを)磨き上げる,純化する.

aquilino, na 形 〖詩〗ワシの(ような). —nariz *aquilina* 鷲(ﾜｼ)鼻.

aquillado, da 形 **1** 竜骨[キール]の形をした. **2** (船舶)竜骨[キール]の長い.

aquilón 男 〖詩〗北風.

Aquisgrán 固名 アーヘン（ドイツの都市）.

aquistar 他 〖古〗を征服する,獲得する.

ara〖直前の単数定冠詞は el〗女 **1** 祭壇. **2** 祭壇の聖石. **3** (A~)〖天文〗

árabe 壇座. ▶**en aras de ...** ...のために.

árabe 形 アラブ(人)の, アラビア(人)の, アラビア語の. — 男女 アラブ人, アラビア人. — 男 アラビア語.

arabesco, ca 形 アラビア(風)の. — 男 アラビア風様式の装飾.

Arabia 固名 アラビア. —Península de ~ アラビア半島.

Arabia Saudí 固名 サウジアラビア(首都 Riyad).

arábigo, ga 形 アラビア(人)の. —Península *arábiga* アラビア半島. número ~ アラビア数字. Mar A~ アラビア海. — 男 アラビア語.

arabismo 男 《言語》アラビア語風の表現[言い回し]. 《言語》アラビア語の語.

arabista 男女 アラビア学者, アラビア語[文学]の研究者.

arabizar [1.3] 他 をアラビア風にする.

arable 形 《農業》(土地が)耕作に適した.

arácnido, da 形 《動物》クモ形類の. — 男 《動物》クモ形類.

aracnoides 女《単複同形》《解剖》クモ膜.

arada 女 《農業》1 耕作, 耕すこと. 2 a) 耕地. b) 1日に耕作できる広さの耕地.

arado 男 《農業》(耕作用の)すき. 2《中南米》耕地.

arador, dora 形 耕す. — 名 耕す人, 農夫, 農婦. — 男 《動物》ヒゼン(皮癬)ダニ.

Aragón 固名 アラゴン(スペインの自治州).

aragonés, nesa 形 アラゴンの, アラゴン人[方言, 語]の. —dialecto ~ アラゴン方言. — 名 アラゴン人[住民], アラゴン出身者. — 男 《スペイン語の》アラゴン方言; アラゴン語. — 女 ブドウの1品種(大粒で赤い).

aragonesismo 男 1 アラゴン方言, アラゴン方言特有の表現. 2 アラゴン自治主義.

araguato 男 《動物》ホエザル.

arambel 男 1 掛け布. 2 ぼろきれ.

arameo, a 形 《歴史》アラム(人・語)の. — 名 《歴史》アラム人. — 男 アラム語.

araña 女 ぺてん, 詐欺.

arancel 男 関税; 関税率.

arancelario, ria 形 関税の. —derechos [impuestos] ~s 関税.

arándano 男 《植物》ブルーベリー, コケモモ; ブルーベリーの実, コケモモの実.

arandela 女 1《機械》座金(ざがね), ワッシャー. 2(ろうそく立ての)ろうの受け皿. 3 (樽の)口径. 4(木に取り付けられた)プリュイト.

arandillo 男 《鳥類》ヨシキリ属の一種.

aranés, nesa 形 (カタルニャ自治州レリダ県のアラン渓谷の)(人). — 男 アラン語(ガスコン語の方言).

Aranjuez 固名 アランフエス(マドリードの南東にある町).

araña 女 1《虫類》クモ. —tela de ~ クモの巣. 2 シャンデリア. 3(小鳥を捕える)

かすみ網. 4《話》抜け目のない人. 5 売春婦. 6《植物》クロモジソウ. ▶**araña de agua** アメンボウ. **araña de mar** クモガニ.

arañar をひっかく, こする, ...にひっかき傷[擦り傷]をつくる. — se 再 1(自分の体に)ひっかき傷[擦り傷]をつくる, すりむく. —~se la mano 手に擦り傷をつける. 2 をかき集める, けずり取る. — 男 dinero 金をかき集める.

arañazo 男 引っ掻き, かすり傷, 爪跡痕. — ~s del coche 車の擦り(り)傷.

arañuela 女 《植物》クロタネソウ(キンポウゲ科の草花).

arañuelo 男 (果樹などにつく)毛虫.

arar¹ 他 (地)を耕す. ●畑を耕す; ...にせをかむ.

arar² 男 《植物》1 アフリカカラマツ. 2 ヨウシュネズ(洋種杜松), セイヨウビャクシン(西洋柏檀).

Arauca 固名 (el ~)アラウカ川(コロンビア, ベネズエラの河川).

araucano, na 形 アラウコ(人・語)の. — 名 アラウコ人(チリ中部に住む先住民). — 男 アラウコ語.

araucaria 女 《植物》ナンヨウスギ.

arbitrador, dora 名 仲裁[調停]者.

arbitraje 男 1 a)仲裁, 調停. b)《スポーツなどの》審判. 2(仲裁者の)裁定; (審判の)判定.

arbitral 形 1《法律》仲裁の, 調停の. —juicio ~ 仲裁裁定. 2《スポ》審判の.

arbitrar 他 1《法律》を仲裁[調停]する. 2《スポ》の審判をする. 3(手段などを)見つける. — 自 1 思うままにふるまう. 2 [+ entre の間で] 仲裁[調停]をする. 3(試合の)審判を務める.

arbitrariamente 副 気ままに, 独断的に, 恣意的に.

arbitrariedad 女 1 独断的な行為,(職権の)濫用. 2 気まぐれ, 恣意(し)性.

arbitrario, ria 形 1 a)勝手気ままな, 独断的な. b)不法な, 不正な. 2 任意の; 恣意(し)的な, 気まぐれな.

arbitrio 男 1《法律》判決, 裁定. 2 a)意志, 裁量, 判断. b)気まぐれ, 恣意(し). 3 手段, 方法. 4▼税 税金. ▶**estar al arbitrio de ...** ...次第である, ...に依存している.

arbitrista 男 夢想的な社会改革家.

árbitro, tra 名 1《スポ》審判員, アンパイヤ, レフェリー. 2 仲裁[調停]者. 3 自分の意志で行動する人. 4 特定の分野で影響力のある人.

árbol [アルボル] 男 1 木, 樹木. — ~ frutal 果樹. ~ de Navidad クリスマス・ツリー. ~ de la cera 《植物》シロヤマモモ. ~ del Paraíso タイワンセンダン. ~ del cielo 《植物》ニワウルシ. ~ del pan パンの木. ~ del pie 実生(みしょう)の植物. ~ de María 照樹(しょうじゅ). ~ de hoja perenne 常緑樹. 2 樹木状のもの; 《言語》樹形図. — ~ genealógico 系図, 系譜図(家系などの). ~ respiratorio 呼吸器系統図.

arbolado

3（機械）軸，シャフト．－～ motor ドライブ・シャフト，駆動軸．－ de levas カムシャフト．－ de transmisión 伝導シャフト．4（海事）マスト，帆柱．－ mayor メイン・マスト．5（建築）（螺旋(ﾗｾﾝ)）階段の中心にある）軸柱．▶ **árbol de la ciencia [del bien y del mal]**（聖書）〔善悪を知る〕知恵の木，禁断の木．**árbol de la vida**（1）（聖書）生命の樹．（2）（解剖）小脳活樹．（3）（植物）ニオイヒバ．**Por el fruto se conoce el árbol.**『木の価打ちはその実を見れば分かる』（人は行いで判断される）．**árbol de Judas [del amor]** セイヨウハナズオウ．

arbolado, da 形 1（土地が）木が植えられた，樹木の茂った．2（海が）高波の．
― 男 木立．

arboladura 女〖集合的に〗（船舶）（船の）帆柱．

arbolar 他 1（船舶）（船）にマストを立てる．2（旗などを）高く上げる，掲揚する．3（武器などを）振り回す．4（地に）木を植える．
― se 自 1高波が立つ．2（馬が）棹(ｻｵ)立ちになる．

arboleda 女 木立，雑木林．

arborecer 自 成木になる．

arbóreo, a 形 1木の，樹木の．－vegetación arbórea 樹木群．2樹木状の．3（動物）樹上生活をする．

arborescencia 女 樹木状，樹枝状．

arborescente 形 樹木状の，木のように枝分かれした．

arboricultor, tora 男 女 樹木栽培者．

arboricultura 女 樹木栽培，育樹．

arborización 女（結晶などの）樹枝状，樹状分枝．

arborizar 他 …に植樹［植林］する．

arbotante 男 1（建築）飛び控え壁．2（船舶）舷外(ｹﾞﾝｶﾞｲ)浮材．

arbustivo, va 形 潅木(ｶﾝﾎﾞｸ)の，低木の．－vegetación arbustiva 潅木の群生．

arbusto 男 潅木(ｶﾝﾎﾞｸ)，低木．

arca 女〖直前の単数定冠詞は el〗1（衣類用などの蓋付き）大箱，櫃(ﾋﾂ)．－ de agua 水槽，揚水タンク．－ de la Alianza [del Testamento]（聖書）契約の櫃(ﾋﾂ)．2 a）金庫．b）複 財源．－～s públicas 国庫．～s municipales 市［町，村］の金庫，地方財政．3（解剖）胸郭，胸腔；（体の）胴部，胴体．▶ **Arca de Noé [del diluvio]**（1）（聖書）ノアの箱舟．（2）乱雑な場所．（3）（貝類）フネガイの一種．

arcabucear 他 を火縄銃で撃つ．

arcabucería 女 1火縄銃兵の軍団．2（総称的に）火縄銃．3火縄銃の発砲．

arcabucero 男 火縄銃兵．

arcabuz 男〖複 arcabuces〗1火縄銃．2火縄銃兵．

arcabuzazo 男 火縄銃の一撃．

arcada 女 1（建築）アーケード，拱廊(ｷｮｳﾛｳ)．2（土木）（橋のスパン）梁身の痛み．

arcadia 女 桃源郷，理想郷．

arcádico, ca 形 1アルカディア(人)の．2牧歌的な．

arcaduz 男〖複 arcaduces〗1水道管．2（揚水機の）バケット．3手段，方策．

arcaico, ca 形 1古風な，擬古的な．－estilo － 古風な文体．2古代の，古い．－español － 古期スペイン語．3古めかしい，時代遅れの．4（地質）始生代の．

arcaísmo 男 1古語(法)，古い表現；古風なこと．2擬古主義．

arcaizante 形 懐古趣味の，擬古派の．

arcaizar［1.3］他 を古風擬古的にする．
― 自 古い表現を使う．

arcángel 男（宗教）大天使．

arcano, na 形 秘められた，神秘的な．
― 男 奥義，秘密，神秘．

arce 男（植物）カエデ(楓)．

arcediano 男（宗教）司教座聖堂助祭長．

arcén 男 1（道路の）路肩(ﾛｶﾞﾀ)，縁(ﾌﾁ)の部分．2井戸の縁石，井戸柵．

archicofradía 女（カト）大兄弟会．

archiconocido, da 形《話》とても有名な．

archidiácono 男 →arcediano．

archidiócesis 女（宗教）（カトリック）の大司教区；（プロテスタント）の大監督区；（ギリシャ正教の）大主教区．

archiducado 男 1大公領．2大公国．3大公の地位．

archiducal 形 大公の，大公領の．

archiduque 男 大公．

archiduquesa 女 大公妃．

archimandrita 男（宗教）ギリシャ正教の大修道院長．

archipámpano 男《話，戯》お偉方．－～ de las Indias [de todas las Rusias]（皮肉で）偉大な王様．

archipiélago 男 1群島，諸島，列島．－～ del Japón 日本列島．2多島海；（A～）エーゲ海．3無数，多数．

archisabido, da 形《話》誰でも知っている，知れ渡った．

archivador, dora 形 文書を保管する．― 男 女 保管者．― 男 書類キャビネット，ファイル保管庫．－～ CD CDケース．

archivar 他 1（文書）を保管する，綴(ﾄ)じ込む，ファイルする．2を記録する．3（問題など）を棚上げする，握りつぶす．

archivero, ra 男 女 文書保管係．

archivo 男 1（公文書）保管所，文書館，史料館．－A～ de Indias（セビーリャの）インディアス古文書館．2書類州キャビネット，ファイル，文書保管棚．3（集合的に）古文書，公文書，（古い）記録；史料集．4（情報）アーカイブ，ファイル．－adjunto 添付ファイル．－ autoextraíble 自己解凍ファイル．5模範，典型，お手本．6口の固い人．

archivología 女 古文書学，公文書学．

archivolta 女（建築）飾り迫縁(ｾﾘﾌﾞﾁ)，アーキボルト．

arcilla 女 1粘土．－～ figulina 陶

arcilloso, sa 形 粘土質の.

arciprestazgo 男《カト》首席司祭の職務とその管轄区.

arcipreste 男 大祭司, 祭司長, (カトリックの)首席司祭.

arco 男 1《建築》アーチ, 迫持(殼), 拱門(殼). —~ apuntado [ojival] 尖頭アーチ. ~ de herradura 馬蹄(呂)形アーチ. ~ de medio punto 半円アーチ. 2《武器等の》弓. —tirar [cazar] con ~ 弓を射る[弓で狩をする]. 3《音楽》(弦楽器の)弓, 弓状のもの. instrumento de ~ 弓奏弦楽器. 4 弧[アーチ]型のもの, 弓状. —tiro con ~ アーチェリー, 弓術. 5《数学》弧, 弓形. ~ de círculo 円弧. 7《解剖》弓. ~ alveolar 歯列弓. ~ branquial 鰓(菱)弓. ~ reflejo 反射弓(反射の経路). 8《電気》アーク, 電弧. —lámpara de ~ (voltaico) アーク灯. 9《地理》— insular 島弧, 弧状列島. 10《樽・桶などの》たが. 11《中南米》《スポ》(サッカーなどの)ゴール. ▶ **arco triunfal [de triunfo]** 凱旋門. **arco iris**《気象》虹.

arcón 男 大櫃(?), 大箱.

arconte 男《歴史》アルコン(古代アテネの執政官).

ardentía 女 1 胸焼け. 2《荒れた海の波間の燐光(殼)》.

arder 自 1 燃える, 燃焼する, 焼ける. 2 熱く感じる, 燃えるように熱い. —Me arde la cara [el estómago]. 私は顔がほてっている[胃が焼けそうだ]. 3《+por》《+en/de で》(人が)燃えている. a) 《+ por + 名》… に燃えている. b) 《+ por + 不定詞》…したくてたまらない, 熱心に…しようとする. 4《+ en》(争い・祭りなどで)沸き立つ, 騒然となる. ▶ **estar que arde**《話》(1)燃えるようである. (2)激烈している. —他 燃やす, 焼く. —se 自 1 燃え, 焼ける. 2 (わらなどが)発酵する, むれる.

ardid 男 策略, 計略.

ardido, da 形 1 勇敢な, 大胆な. 2《中南米》怒った.

ardiente 形 1 a) 燃える, 燃え立つ. —llama ~ 燃え上るほのお. b) 熱い, 燃えるような, 焼けつくような. —fiebre ~ 燃えるような高熱. 2 熱心な, 熱烈な, (欲望などが)激しい. —deseo [amor] ~ 激しい欲望[愛]. 3 (色が)燃えるような, 鮮やかな. —rosa ~ 燃えるようなバラ色.

ardientemente 副 熱烈に, 情熱的に.

ardilla 女 1《動物》リス(栗鼠). —~ voladora モモンガ, ムササビ. 2《話》機敏な人; 頭の切れる人.

ardimiento 男 1 燃焼. 2 熱意. 3 勇気, 勇猛さ.

ardite 男 1《歴史》アルディーテ(スペインの少額の古銭). 2 値打ちのないもの.

ardor 男 1 酷暑, 猛暑, 灼熱. 2 (熱のほてり, 熱, ひりひりする痛み. 3 情熱, 熱意, 熱烈さ. 4 (火・色などの)輝き, 光. ▶ **ardor de estómago** 胸焼け.

ardoroso, sa 形 1 燃えるような, 灼熱の, 暑い. 2 熱烈な, 激しい.

arduidad 女 とても困難なこと.

arduo, dua 形 とても困難な, 骨の折れる.

área [アレア] 女 1 a)区域. —~ francófona de África アフリカのフランス語圏. ~ de descanso 高速道路のパーキングエリア. ~ de servicio サービスエリア. ~ metropolitana 大都市圏, 首都圏. b)《スポ》c)《スポ》— ~ de castigo [de penalty] ペナルティーエリア. 2 面積; アール(面積の単位). 3《解剖》面, 野, 領.

areca 女《植物》ビンロウジュ(の実).

arena 女 1 砂, 砂粒; 金属粉. —reloj de ~ 砂時計. bajo de ~ (海・川・湖の)砂州, 浅瀬. banco de ~ 砂州. 2 砂地, 砂浜. 3《古代ローマの》闘技場. 4《闘牛》(闘牛場の)砂場. 5《医学》砂粒. —gravas [膀胱などの砂状の結石. 6 論争[闘争]の場. ▶ **arenas movedizas** 流砂. **edificar [construir, escribir] sobre arena** 砂上に楼閣を築く. **sembrar en arena** 無駄骨を折る.

arenal 男 1 砂地, 砂原. 2 流砂.

arenar 他 1 …に砂をまく. 2 を砂で磨く.

arenero 男 1 (機関車の)砂箱. 2 《闘牛》闘牛場の整備員.

arenga 女 1 (特に士気を高めるための)演説, 熱弁. —dirigir [echar, pronunciar] una ~ 熱弁をふるう. 2 長くて不快な演説.

arengar [1.2] 自 演説をする, 熱弁をふるう.

arenilla 女 1 細かい砂. 2《医学》結石.

arenisca 女 砂岩.

arenisco, ca 形 砂質の, 砂の混じった.

arenoso, sa 形 1 砂の, 砂質の. 2 砂のような.

arenque 男《魚類》ニシン. —~ ahumado [en salazón] 燻製の[塩漬け の]ニシン.

areola, aréola 女 1《医学》(皮疹の)紅輪. 2 乳輪.

areolar 形 紅輪の[乳輪の].

areómetro 男《物理》液体比重計, 浮き秤(殼).

areópago 男《歴史》(古代アテネの)アレオパゴス会議.

arepa 女《中南米》トウモロコシ・バター・卵で作ったパン.

arestín 男 1《植物》ヒゲタイサイコ, エリンギウム. 2《獣医》馬の足首の表皮剥離.

arete 男 (輪状の)小さなイヤリング.

argallera 女 (樽板の溝のこぎり.

argamandijo 男 小さな道具一式.

argamasa 女《建築》モルタル.

argamasón 男 モルタルの塊.

árgana 女〖直前の単数定冠詞は el〗《機械》クレーン, 起重機.

árganas 女複 1（2個のかごでできている）荷かご. 2 鞍袋.

arganeo 男〖船舶〗錨環(ビょぅ).

Argelia 固名 アルジェリア(首都 Argel).

argelino, na 形 1 アルジェリアの. 2 アルジェしの. ── 名 アルジェリア人.

argén 男〖紋章〗銀(白)色.

argentado, da 形 1 銀めっきをした. 銀をかぶせた. 2 銀色の.

argentar 他 …に銀めっきをする, 銀をかぶせる.

argénteo, a 形 1（輝き・光沢が）銀色の, 銀のような. ─ **brillo** ~ 銀色の輝き.

argentería 女 1 銀細工店, 銀細工師の職. 2 銀[金]糸刺繍(しゅう). 3（美術品などの）華麗さ. 4 美辞麗句.

argentero 男 銀細工師.

argentífero, ra 形 銀 を 含 む. ─ **mina** argentifera 銀鉱山.

Argentina 固名 アルゼンチン(公式名 República Argentina, 首都 Buenos Aires).

argentina 女〖植物〗ヘビイチゴの類.

argentinismo 男〖言語〗アルゼンチン特有の語[表現・用法].

argentino 形 1 アルゼンチンの. ─ **tango** ~ アルゼンチン・タンゴ. República Argentina アルゼンチン共和国. 2 銀色の. ─ **brillo** ~ 銀色の輝き. 3（さえた, 鈴を振るような. ─ **voz** argentina 鈴を振るような声. risa argentina ほがらかな笑い声. ─ 名 1 アルゼンチン人. 2〖植物〗キジムシロ属の一種.

argento 男〖文, 詩〗銀. ─ ~ **vivo** 水銀.

argivo, va アルゴス(Argos)の; ギリシャの. ─ 名 アルゴスの人; ギリシャ人.

argo 男 →**argón**.

argolla 女 1 金輪(船・馬などをつなぐ). 2 木製の玉を鉄の輪に通過させる球技. 3 a）首輪. b）腕輪. ─〖歴史〗（見せしめのため罪人に首輪(ぶ)をはめる）さらし刑. 5 束縛. 6〖中南米〗結婚指輪. 7〖中南米〗不正な政治的取り引き.

argón 男〖化学〗アルゴン(元素記号 Ar).

argonauta 男 1（ギ神）（金の羊毛を求めて航海に出た）アルゴ船の一行. 2〖動物〗カイダコ.

argot 男（pl. ~s）隠語, 仲間内の言葉. ─ ~ **juvenil** 若者言葉.

argucia 女 へ理屈, 詭弁(きべん).

árguenas 女複 1 担架. 2 鞍(くら)袋.

argüir [11.2] 他 1 …と推論する. 2 立論[証明]する. …と弁解する. 4 を非難する. ─ 自 論じる.

argumentación 女 1 論じること. 2 論拠, 理屈.

argumentador, dora 形 1（人が）論争する, 議論好きの. 2 議論好きの. ─ 名 議論する人; 議論好きの人.

argumentar 他 を論証する；主張する. ─ 自 主張する, 論じる.

argumentativo, va 形 1 論議の, 論証の. ─ **ensayo** ~ 議論文, 小論文. 2（物語の）筋の, プロットの.

argumentista 男女 1 論者, 論争する人. 2 台本作家, シナリオライター.

argumento 男 1 論拠, 論証; 主張, 議論. ─ ~ **de autoridad** 権威者を引合いに出す論法. 2（小説・映画などの）筋, ストーリー, 構想. 3〖数学〗独立変数, 引数; （的物の）偏角. ─ **argumento ad hóminem**〖哲学, 論理〗対人論法, 両刀論法. **argumento cornuto** ジレンマ, 両刀論法. **argumento ontológico**〖哲学, 神学〗本体[存在]論的証明.

arguy- 動 →**argüir** [11.2].

aria 女〖直前の単数定冠詞は el〗〖音楽〗アリア, 詠唱.

aridecer [9.1] 他（土地）を乾燥させる, 干上がらせる.

aridez 女 1（土地などの）乾燥, 不毛. 2 無味乾燥, 味気なさ.

árido, da 形 1（土地などが）乾燥した, 乾ききった; 不毛の. 2 無味乾燥な, つまらない. ─ 男 1 複 穀類・豆類・乾果類(果実を含む), 乾物類. 2（コンクリートの）骨材.

aries 形 男女〖無変化〗牡羊(ひつじ)座生まれの(人). 男（A～）〖天文〗牡羊座; (十二宮の)白羊宮.

ariete 男 1（昔の）破城槌(つち). 2〖俗〗(サッカーの)センターフォワード. 3 有能な戦闘員[論客].

arillo 男（法衣の立襟を留める)木製の輪.

arilo 男〖植物〗種衣(しゅい).

ario, ria 形〖歴史〗アーリア人の, アーリア語の. ─ 名〖歴史〗アーリア人.

arisco, ca 形 1（人が）無愛想な, 不親切な, 付き合いづらい. 2（動物が）人に馴(な)れない.

arista 女 1（麦などの）芒(のぎ). 2 出張り, 角(かど), へり. 3〖数学〗稜(りょう). 4〖地学〗鋭い岩山稜. 5 複 困難. 6 複 無愛想.

aristado, da 形 1 稜[リブ][角]のある. 2（麦などが)芒(のぎ)のある.

aristarco 男 痛烈に批判する人.

aristocracia 女 1〖集合的に〗貴族, 貴族階級[社会]. 2〖集合的に〗一流の人々, エリート. ─ ~ **intelectual [del saber]** 知的エリート, 一流の知識人たち. 3〖政治〗貴族政治(の社会). 4（貴族的な)上品さ, 気品.

aristócrata 男女 1〖政治〗貴族. 2〖政治〗貴族主義者. 3 一流の人, エリート, 特権階級の人. ─ 形 貴族の, 貴族的な.

aristocrático, ca 形 貴族の, 貴族的な, 貴族政治の. ─ **título** ~ 高貴な爵位. 2 高貴な, 上品な.

aristoloquia 女〖植物〗ウマノスズクサ.

aristón 男〖音楽〗(携帯用の)手回しオルガン.

Aristóteles 固名 アリストテレス(前 384-322, ギリシャの哲学者).

aristotélico, ca 形 《哲学》アリストテレス (Aristóteles) の; アリストテレス学派の. ― 名 アリストテレス学派の人.

aritmética 女 算数, 算術.

aritmético, ca 形 算数[算術]の. —*operación aritmética* 四則演算. *progresión aritmética* 等差級数. ― 名 算術家.

arlequín 男 **1** 《演劇》アルレッキーノ(イタリア喜劇の道化役). **2** おどけ者.

arlequinada 女 道化芝居; おどけた行為.

:arma [アルマ] 女 **1 a)** 武器. —¡A las ～s! 武器を取れ, 戦闘用意. ¡Presenten ～s! 捧げ銃! alzarse [levantarse] en ～s 蜂起する. rendir las ～s 武器を置く, 戦いをやめる. ～ arrojadiza 飛び道具. ～ atómica 原子兵器. ～ bacteriológica 細菌兵器. ～ biológica 生物兵器. ～ blanca 刃物. ～ convencional 通常兵器. ～ de destrucción masiva 大量破壊兵器. ～ de fuego 火器. ～ corta 小火器. ～ ligera [pesada] 軽[重]火器. ～ nuclear 核兵器. ～ química 化学兵器. ～ reglamentaria 制式兵器. ～ secreta 秘密兵器. **b)** 道具, 手段, 方策. **2** 部隊. —el ～ de artillería [infantería] 砲兵隊, 歩兵隊. **3** 《軍》軍隊. ～s aliadas 同盟軍. **4** 紋 甲冑(かっちゅう)の紋章. *― de armas tomar* 《性格が》大胆な, 豪放な. *llegar a las armas* 戦いになる, 争う. *pasar a ... por las armas* 銃殺する（人の命ずるままに). *poner en armas* 武装蜂起させる. *rendir armas* 《兵士が》団体に向かってひざまずいて銃を置く. *ser un arma de doble filo [de dos filos]* 両刃の剣となる. *tomar las armas* 武器を取る. *velar las armas* (叙任式の前に騎士になる者が)武器の前で寝番をする.

:armada 女 **1** 《軍事》海軍(力). **2** 《軍》狩りの勢子. **3** ━── **4** 《南米》(投げ縄の)輪あげ.

armadía 女 いかだ(筏).

armadijo 男 (獲物用の)罠(わな), 落とし穴.

armadillo 男 《動物》アルマジロ.

armado, da 過分 ━ armar 形 **1** 《軍事》武装した, 武器を持った. *―intervención armada* 武力干渉. *―― de* 《鉄骨などで》補強された.

armador 男 **1** 《船舶》船主. **2** 《歴史》私掠船, 海賊.

armadura 女 **1** 鎧 甲(よろいかぶと). 武具. **2** 枠(わく); 縁. *―gafas con ～ de plata* 銀縁のメガネ. **3** 《建造物などの》骨組み, 枠組み. **4** 骨格. **5** 《物理, 電気》電機子, 電動子. **6** 《音楽》調号.

armamentista 形 軍備拡張の, 兵器産業の. ━ 男女 軍備拡張主義者, 兵器製造業者.

armamento 男 **1** 軍備, 武装. ―*carrera de ～s* 軍拡競争. *reducción de ～* 軍縮. **2** (集合的に)武器, 兵器.

:armar 他 **1 a)** ～s を武装させる. **b)** ...に軍備を持たせる; 戦闘準備をさせる. **2** 《銃》に装填(てん)する, 弾を込める, 射撃の準備をする. **3** [+ de] 《人》に持たせる, 与える. **4** を組み立てる: を据えつける. **5** を準備する, 用意する: 組織する. **6** (騒ぎなどを)引き起こす, まき起こす. ― *ruido* 騒音を立てる. **7** 《罠を》仕掛ける. **8** 《金銀などを金属》にかぶせる. ━ se 再 **1** 起こる, 持ち上がる. ― *se una tormenta* 嵐が起こる. **2** 武装する. **3** [+ de] ～を備える, 準備する. ― *se de valor [paciencia] 勇気[忍耐]を備えている. *► armarla* (1) 騒ぎを起こす. (2) (トランプで)いかさまをする. *armar(se) la de Dios es Cristo/ armar(se) la gorda/ armar(se) la de San Quintín* 《話》大騒動をひき起こす. 大騒ぎになる.

:armario 男 **1** 洋服だんす, 衣装戸棚, ロッカー. **2** (台所・浴室などの)戸棚, キャビネット. ― ～ *de (la) cocina* 食器戸棚. ～ *trastero* 不用品入れ. *► armario empotrado* (壁の中などに)作り付けの食器棚, 押入れ.

armatoste 男 **1** 大きくて役に立たないもの(家具など). **2** 《話》でくのぼう, うどの大木.

armazón 女/男 **1** 枠組み, 骨組み. ― ～ *del sillón* 肘掛け椅子のフレーム. **2** 基本, 基盤.

armella 女 《機械》アイボルト, 輪のついたねじ.

Armenia 固名 **1** アルメニア(首都 Ereván). **2** アルメニア(コロンビアの都市).

armenio, nia 形 アルメニア(人・語)の. ━ 名 アルメニア人. ━ 男 アルメニア語.

armería 女 **1** 兵器博物館. **2** 銃砲店. **3** 兵器製造[販売, 修理, 管理]する人. **4** 木製の兵器棚[銃架].

armero 男 **1** 兵器製造[販売, 修理, 管理]する人. **2** 木製の兵器棚[銃架].

armilar 形 《天文》環状の. *―esfera ～* (古代の)天球儀の一種.

armiño 男 **1** 《動物》アーミン, オコジョ. **2** アーミンの毛皮. **3** 純白; 無垢.

armisticio 男 《軍事》休戦, 停戦; 休戦条約[協定].

armón 男 《軍事》《砲車の》前車.

armonía 女 **1** (部分・色・形などの)調和, 釣り合い **2** (音・言葉の)諧調, ハーモニー, 快い響き. **3** (人間同士の)調和, 和合. **4** 《音楽》和声(法・学). —*tabla de ～* (楽器などの)共鳴板, 反響板. *► en armonía (con ...)* (...と)調和して, 釣合って.

armónica 女 《音楽》ハーモニカ. —*tocar la ～* ハーモニカを吹く.

armónicamente 副 調和して.

armónico, ca 形 **1** 和声の; 倍音の. ―*sonido ～* 倍音. **2** 調和した, 調和の取れた. ━ 男 《音楽》倍音.

armonio 男 《音楽》ハルモニウム, リードオルガン.

armonioso, sa 形 **1** 調和のとれた. **2** 耳に快い.

armonización 女 **1** 調和させること.

2《音楽》和音をつけること.

armonizador, dora 形 1 調和させる, 調和する. 2《音楽》和声をつける; 音程を変える.

armonizar [1.3] 他 1 〔+con と〕を調和させる. 2《音楽》(旋律)に和音をつける. ── 自 〔+con と〕調和する. 2《音楽》和声を奏する.

armuelle 男《植物》ハマアカザ.

ARN〔頭字〕男《<acido ribonucleico》《生化》リボ核酸(英 RNA).

arnés 男 1 甲冑(かっちゅう). 2 馬具. 3 備品, 道具.

árnica 女〔直前の単数定冠詞は el〕1《植物》アルニカ. 2 アルニカチンキ〔エキス〕.

aro[1] 男 1 輪状の部品. ── ~ de un tonel 樽のたが. 2 フラフープ, 輪回しの輪. 3《中南米》イヤリング. 4《スポ》(新体操の)フープ(輪). ► pasar [entrar] por el aro《話》妥協する, 屈服する.

aro[2] 男《植物》アルム(サトイモ科).

aroma 男 1(香水や植物などの)芳香, よい香り, 香気. 2(食品の香り). 3《皮肉》くさい臭い, 悪臭. 4 香料; 香草, 香木. ── 女《植物》キンゴウカンの花.

aromaticidad 女 1 芳香(性); かぐわしさ. 2《化学》芳香族性.

aromático, ca 形 芳香を放つ, 香りのよい. ──plantas *aromáticas* 香草.

aromatizante 男 香料. ── 形 香りをつける, 風味をつける.

aromatizar [1.3] 他 …に香りをつける.

aromo 男《植物》キンゴウカン(金合歓)(マメ科, アカシアの仲間).

arpa 女〔直前の単数定冠詞は el〕《音楽》ハープ, 竪琴.

arpado, da 形 1(武器などの)のこぎりの歯状の. 2《雅, 詩》(鳥が)美しい声でさえずる.

arpar 他 1 を爪で引っかく. 2 を引き裂く.

arpegio 男《音楽》アルベジオ.

arpía 女 1《ギ神》ハルピュイア(女面鷲身の怪物). 2 性悪女.

arpillera 女 粗麻の布.

arpista 男女《音楽》ハープ演奏者.

arpón 男 1《漁業》銛(もり). 2《闘牛》(牛の首, 肩に刺す)銛. 3《建築》かすがい.

arponar 他 →arponear.

arponear 他 を銛(もり)で突く, …に銛を打ち込む.

arponero 男《漁業》銛(もり)打ち師, 捕鯨砲手.

arqueado, da 過分〔→arquear[1]〕弓形の, 湾曲した. ──*piernas arqueadas* がに股.

arquear[1] 他 を弓形に曲げる, 湾曲させる. ── ~ *las cejas* 眉をひそめる. ── 自 吐き気がする.

arquear[2] 他 1《船舶》(船舶の積載量)を測定する. 2《商業》(金庫の現金)を数える.

arqueo[1] 男 弓形〔アーチ形〕にする〔なる〕こと, たわみ, 湾曲.

arqueo[2] 男 1《船舶》積載量, 容積トン数. 2《金庫の現金を数えること, 会計検査.

arqueolítico, ca 形 石器時代の.

arqueología 女 考古学.

arqueológico, ca 形 考古学(上)の. ──museo ~ 考古学博物館.

arqueólogo, ga 名 考古学者.

arquería 女〔集合的に〕《建築》アーケード.

arquero 男 1 弓兵, 弓の射手. 2(樽の)たが師職人. 3 現金出納係. 4《中南米》《スポ》ゴールキーパー.

arqueta 女 小形の櫃(ひつ), 小箱.

arquetípico, ca 形 原型の, 典型的な.

arquetipo 男 1 原型. 2 典型, 代表例; 理想像. 3《心理》古態型(ユングの用語).

arquimesa 女 ライティング・デスク, 整理棚付きの机.

arquitecto, ta 名 建築家. ── ~ técnico (aparejador) 建築技師.

arquitectónico, ca 形 建築学の, 建築の.

arquitectura
[アルキテクトゥラ] 女 1 建築(術・学). ── ~ civil (militar) 一般建築(術・学). ── ~ naval 造船(術・学). 2 建築様式. ── ~ gótica (barroca) ゴシック〔バロック〕建築様式. 3〔集合的に〕建築物, 建築様式. 4《建築などの》構造, 構成, 骨組み.《情報》アーキテクチャ. ── ~ cerrada クローズド・アーキテクチャ.

arquitrabe 男《建築》アーキトレーブ, 台輪, 柱頭.

arquivolta 女《建築》飾り迫縁(せり), アーキボルト.

arrabal 男 1〔主に 複〕町外れ, 郊外, 市外地区. 2《中南米》スラム街.

arrabalero, ra 形 1《話》町外れの. 2(人が)育ちの悪い, 品のない. ── 名 1《話》町外れに住む人. 2《軽蔑》育ちの悪い人.

arrabio 男《冶金》鋳鉄(ちゅうてつ), 銑鉄.

arracacha 女 1《植物》アラカチャ(セリ科, 白い根が食用). 2《中南米》ばかげたこと.

arracada 女 下げ飾りのあるイヤリング.

arracimado, da 過分〔→arracimarse〕1 房の形をした. 2 群がった, 鈴なりになった.

arracimarse 再 1 房の形になる. 2 群がる, 鈴なりになる.

arraclán 男《植物》クロウメモドキ属の一種.

arraigadamente 副 根を下ろして, 根付いて, 固まって.

arraigado, da 過分〔→arraigar〕形 1(植物が)根づいた, 根を張った. 2(慣習などが)定着した, 根を下ろした. 3(人のある地域に)定住して良い評判を得た, 顔の広い. ── 名 地主. ── 男《海事》係留, 停泊.

arraigar [1.2] 自 1《植物》(植物が)根づく, 根を張る. 2〔+en(場所)に〕(慣

arraigo

習などが)定着する, 根を下ろす. **3**《+ en (場所に)》(人が)定住する, 住みつく.
— **se** 再 **1** 根を下ろす. **2** 住みつく.

arraigo 男 **1**《植物》根を張ること. **2** (慣習などの)定着; 定住. **3** 不動産. **4** 影響力. —tener (mucho) ~ (大きな)影響力がある.

arramblar 他 **1** (洪水などが土地を)土砂で埋める. — **2**《+ de から》(人が)持ち逃げする, 強引に奪う.

arrancaclavos 男《単複同形》くぎ抜き(道具).

arrancada 女 **1** 急発進, 急に加速すること. **2**《スポ》(重量挙げの)スナッチ.

arrancado, da 形 **1** 根こそぎにされた, 引き抜かれた. **2**《話》無一文の, 破産した.

arrancador 男 **1**《自動車, 電気, 機械》起動装置, スターター. **2** 根株を掘り起こす道具.

arrancadura 女 根から引き抜くこと; その跡.

arrancamiento 男 →arrancadura.

arrancar《アランカル》[1.1] 他 **1** を根こそぎにする, 引き抜く, 抜く. — ~ un clavo 釘を抜く. **2** を取り去る, ひったくる. **3**《+ de から》を引き離す, 遠ざける, やめさせる. **4** (巧妙に・力ずくで)を引き出す, 手に入れる. — ~ aplausos 拍手喝采を巻き起こす. ~ lágrimas 涙を誘い出す. **5** (エンジン)を始動させる. — ~ el coche 車を発車させる. — 自 **1** 動き出す, 始動する. **2**《+ de を》出発する, あとにする. — de Madrid マドリードを出発する. **3**《+ de から》始める, 発する. (…に)由来する. **4**《+ a + 不定詞》(…し)始める. — ~ a llorar 泣き出す. — **se** 再 急に始める.

arranchar 他《海事》**1** (海岸の近くの浅瀬)を航行する. **2** (帆のロープ)を最大限に引く.

:**arranque** 男 **1**《機械》(車・機械の)始動, 発進, 発車. —botón de ~ 始動ボタン. **2** (感情などの)激発, 発作, 狂気. —en un ~ de ira 突然怒りが爆発して, かっとなって. **3** 初め, 始まり; 根源. **4**《時に複》決断力, 決心, 気力. **5** (突然の)思いつき, 機知(のひらめき). **6** 引きこと. **7**《機械》スターター, 起動機. — automático セルフ・スターター. **8**《建築》最下部, 基部, 起点(ホ₁). —línea de ~《情報》スプリングアップ. **9**《スポ》スタート: スパート; 助走. **11**《解剖, 植物》(身体部分などの)付け根, 基部. **12**《鉱業》採掘. — **punto de arranque** 出発点, 起点; 始まり.

arranque(-), arranqué(-) 動 → arrancar [1.1].

arrapiezo 男 **1**《話》腕白小僧. **2** ぼろ切れ.

arras 女複 **1** (結婚式の際花婿が花嫁に贈る)13枚の硬貨; 贈り物. **2**《商業》手付金, 保証金.

arrasado, da 過分 [→arrasar] **1** 破壊された. **2** (土地が)平らな, ならされた.

88

arrebatar

3 (涙などで)あふれた, 満たされた.

arrasamiento 男 **1** 破壊. **2** (土地を)平らにすること, 地ならし.

:**arrasar** 他 **1** をなぎ倒し, 倒壊[壊滅]させる. **2** (眼)を涙でいっぱいにする. **3** を平らにする, ならす. — la tierra 地面をならす. — 自 **1** 圧勝する. ● **arrasarse en lágrimas** 目に涙であふれる.

arrastradero 男 **1** (運搬するため)木材を引きずってできた道. **2**《闘牛》殺された牛の保管所.

arrastradizo, za 形 **1** 引きずることのできる. **2**《農業》脱穀された.

arrastrado, da 形 **1**《話》惨めな, 悲惨な. **2**《俗》《ir +》(人が)お金のない. **3** (トランプで)同じ組の札を続ける. — 名《話》ごろつき.

arrastramiento 男 →arrastre.

:**arrastrar** 他 **1** を引きずる. 引っ張っていく; 運び去る. —andar arrastrando los pies 両足を引きずって歩く. **2** を引っ張る, 引きつける. **3** を駆り立てる, 導いていく. **4** を引き起こす, 生じさせる, もたらす. —La separación arrastró dolor a los hijos. 別居は子どもに苦痛をもたらした. **5** (苦難)を背負っていく, 苦しみ続ける. **6**《情報》(をドラッグする. — 自 **1** (床まで)垂れる; (地面を)引く; すそを引きずる. —Las cortinas arrastran. カーテンが床まで垂れている. **2** (カルタで)ある組の札を打ち出す. — **se** 再 **1** はう, はって行く. **2** 卑屈になる, 卑下する.

arrastre 男 **1** 引きずること, 引っ張ること. **2** (伐採した木材の)運搬. **3** (トランプで)同じ組の札を出すこと. **4**《闘牛》死んだ牛を闘牛場から片づけること. ● **estar para el arrastre** 心身ともに衰弱している.

arrastrero, ra 形《漁業》(船舶が)網を引く. — 男 引き網漁船.

arrayán 男《植物》ギンバイカ.

arre 間 はいどう, それ(馬を歩かせるかけ声).

arreador 男 **1** (オリーブの実を)棒でたたき落とす人. **2**《方》農園の現場監督. **3**《中南米》むち.

arrear 他 **1** (馬など)を駆り立てる, 追い立てる. — un burro ロバを追い立てる. **2** をせき立てる, 急がせる. — 自《話》**1** 急ぐ. **2**《+ con》を強引に奪う, 持ち去る.

arrear 他 (殴打など)を食らわせる.

arrebañaduras 女複 (食べ物などの)残り物.

arrebañar 他 **1** を全て拾い集める. **2** (料理の入った皿)をきれいに平らげる.

arrebatado, da 過分 [→arrebatar] 形 **1** 慌ただしい, あたふたした. **2** 怒った, 逆上した. **3** (顔)が赤らんだ.

arrebatador, dora 形 魅惑的な, 人を魅了する.

arrebatamiento 男 **1** 奪い取ること, 強奪. **2** 激怒. **3** 魅惑, 魅了すること.

:**arrebatar** 他 **1**《+ a/de から》を奪い取る, もぎとる; 吹き飛ばす. **2** …の心を奪う, 魅了する. **3** 憤慨[激高]させる. **4** (早

さが植物)を枯らす. **── se** 再 1 憤慨[激高]する. 2 [料理が]生焼け[生煮え]になる.

arrebatiña 女 つかみ合い, 奪い合い.
▶ **a la arrebatiña** 奪い合いになって.

arrebato 男 1 a) 感情の爆発. **──** de cólera 怒りの爆発. b) 激怒. 2 忘我, 忘恍.

arrebol [関] 1 a) 夕焼け, 朝焼け. b) 複 夕[朝焼け雲. 2 (頬(ﾎｵ)の)赤味.

arrebolar 他 を赤く染める. **── se** 再 赤く染まる, 赤くなる.

arrebozar [1.3] 他 1 (衣類)を覆う. **── se** 再 1 [+con/en (コートなどに)]に身を包む, くるまる. 2 (虫が)群がる.

arrebujar 他 1 (衣類)を無造作に詰め込む, くしゃくしゃに丸める. 2 (衣類で)くるむ, 包む. **── se** 再 1 [+en/entre (に)]くるまる. **──se entre** las mantas 毛布にくるまる.

arrechar(se) 自再 《中南米》 1 かっとなる, 怒り狂う. 2 《俗》(性的に)興奮する.

arrechera 女 《中南米》《俗》 1 怒り, 腹立ち. 2 性的な興奮.

arrecho, cha 形 1 直立した, 立った. 2 意気込んだ, やる気のある. 3 性的に興奮した. 4 《中南米》怒り狂った, いきりたった. 5 《南米》勇敢な.

arrechucho 男 1 発作; 一時的な体の不調. 2 (感情の)爆発.

arreciar 自 (雨・風・怒りなどが)強まる, 激しくなる.

arrecife 男 1 岩礁. **──** de coral さんご礁. 2 石畳みの道.

arrecirse 再 [欠如動詞 →**abolir**] かじかむ, (寒さで)感覚がなくなる.

arredramiento 男 おじけづくこと.

arredrar 他 1 をおじけづかせる. 2 を引き離す. **── se** 再 おじけづく, しり込みする.

arregazar [1.3] 他 衣類の裾・袖)をまくる.

*****arreglado, da** 過分 [→**arreglar**] 形 1 a) 清潔な, 整頓された. b) 身なりがきちんとした. 2 有能な. ▶ **estar** [**ir**] **arreglado** 期待はずれだ, 見当違いもいいところだ.

*****arreglar** [アレグラル] 他 1 修理[整頓]する, 片付ける. **──** la habitación 部屋の片付けをする. 2 を直す, 修理[修繕]する, 調整する. **──** el televisor テレビを修繕する. 3 を仕立て直す; 編曲する; 脚色する. **──** los pantalones ズボンを仕立て直す. 4 を解決する. **──** el asunto その件を解決する. 5 (書類などを)整える, 用意[準備]する; 支度をする. **──** los papeles 書類を用意する. 6 …に味付けをする. **──** una ensalada サラダに味付けする. 7 《話》をこらしめる, 叩き直す. **──** Ya te *arreglaré* yo a ti. 覚えていろ, もう許さないぞ. **── se** 再 1 身支度をする, 身だしなみを整え, おめかしをする. **──**se el pelo 髪を整える. 2 うまく事を運ぶ, 何とかする. 3 取り決める, 合意に達する. 4 [+con (人)と] うまくやっていく. ▶ **arreglárselas** うまく事を運ぶ, 何とか片付ける.

arreglista 男女 《音楽》編曲家, アレンジャー.

*****arreglo** [アレグロ] 男 1 修理, 修繕, 調整. 2 整理, 整頓, 片付け. **──**s florales 生け花. 3 (外出前などの)身支度, 身だしなみ, 身繕い. 4 合意, 和解, 折り合い. 5 (問題などの)解決, 決着. 6 《主に 複 《音楽》編曲, アレンジ. **── hacer ──**s musicales 編曲する. 7 [料理] (味の)調整, 味付け. 8 《話》不倫関係, 情交 [愛人] 関係.
▶ **arreglo de cuentas** 復讐. **con arreglo a…** …に従って, 準拠して, …によって. **no tener arreglo** どうしようもない, 直しようがない.

arrejuntarse 再 《俗》 [+con と] 同棲(ﾄｳｾｲ)する.

arrellanarse 再 1 [+en に] ゆったりと座る, 深々と座る. 2 [+en] (仕事に)安住する, 満足する.

arremangar [1.2] 他 1 (ズボンの裾)をたくし上げる, (衣類の)袖をまくり上げる. **── se** 再 1 裾[袖]をまくり上げる. 2 (努力を要すること)する決意を固める.

*****arremeter** 自 1 [+contra に] 強襲する, 攻撃する, (…に)襲いかかる. 2 (目や耳)を強く刺激する. 3 (強い決意で) 取り組む, 対処する.

arremetida 女 襲いかかること, 襲撃; 攻撃.

arremolinarse 再 1 (水などが)渦巻く, ぐるぐる回る. 2 (人・動物が)ひしめき合う.

arrempujar 他 《俗》 =**empujar**.

arrendable 形 賃貸借可能な.

arrendador, dora 名 1 家主, 地主. 2 借地[借家]人. 3 (馬をつなぐ)鉄輪.

arrendajo 男 1 《鳥類》カケス. 2 人のまねをする人. 3 下手な模倣.

arrendamiento 男 1 賃貸借. 2 賃貸[賃借]契約. 3 賃貸[賃借]料.

*****arrendar**[1] [4.1] 他 を賃貸し[賃借り]する.

arrendar[2] [4.1] 他 1 (牛馬)をつなぐ, つなぎとめる. 2 (馬)を調教する, しつける.

arrendatario, ria 形 賃貸借の. **──** 名 借地[借家]人.

arreo 男 1 装飾品, 飾り. 2 複 馬具. 3 複 身の回りのもの, 小物.

arrepanchigarse [1.2] 再 (ソファーなどに) 深々と座る.

arrepentido, da 形 [+de を] 後悔した, 悔やんだ. **──** 名 司法取引をして当局に協力する元犯罪者.

arrepentimiento 男 1 後悔, 悔恨. 2 (絵の)補筆.

*****arrepentirse** [7] 再 [+de が] 1 a) 後悔する, 悔やむ. **──** Ahora me *arrepiento* de no haber ido a España. 今私はスペインへ行かなかったことを後悔している. b) 《カトリック》悔い改める, 痛悔する. 2 (…の)約束を破る, 決心を変える.

arrequives 男複 **1** よけいな飾り, 度を越した飾り. **2**（公式行事などの）細々とした形式.

arrestar 他（人）を逮捕する. ― **se** 再〖＋a＋不定詞〗(を)思い切って実行する,（…に）大胆に立ち向かう.

arresto 男 **1** 逮捕, 検挙. **2** 監禁, 抑留, 投獄. **3** 激 大胆さ, 勇気. ― **tener ~s para**（＋不定詞）…する勇気がある.

arrezagar [1.2] 他 **1**（衣服）の袖を〔捲り〕まくり上げる. **2**（腕）を上げる.

arriada¹ 女 洪水, 氾濫（はんらん）.

arriada² 女〖海事〗帆を下ろすこと, 索を緩めること.

arrianismo 男〖宗教〗アリウス派.

arriano, na 形〖宗教〗アリウス派の. ― 名〖宗教〗アリウス派の人.

arriar [1.5] 他 **1**（旗など）を降ろす. ― **~ las velas** 帆を下ろす. **2**〖海事〗（索）を緩める. ― **se** 再（川が氾濫（はんらん）する, 洪水になる.

arriate 男 **1**（庭園の塀に沿った）細長い花壇. **2** 通路, 歩道.

arriba [アリバ] 副 **1** 上へ〔に〕, の方へ〔に〕; 高く. ―**hacia ~** 上の方へ. ―**Huyó escaleras ~**. 彼は階段の上の方へ逃げた. **2** 上の階へ〔に〕, 上へ〔に〕. ―**la vecina de ~**. 上の階に住む女性. **3**（本・手紙などの）前の部分で, 上で. ―**Véase más ~**. 上記参照. **el párrafo de ~** 上〔前〕の段落. **4** 上部で, 上流〔階級〕で. ―**los de ~** 上流〔上層〕の人々. ― 間投 **a ~ de** (1) …の上へ〔に〕. ―**arriba del todo** 頂上〔てっぺん〕で. (2)（主に否定文で）…以上. ―**No tendrá arriba de veinte años**. 彼は20歳をこえてはいないだろう. **boca arriba** →boca. **de arriba abajo** (1) 上から下まで〔へ〕. (2) 始めから終りまで; くまなく, すっかり. 見下して. ―**mirar de arriba abajo**〔見下すように〕ながめる. ― 間 **1**（人を励まして）さあ, それ, 頑張れ. ―**¡A esos ánimos!** それ元気を出せ. **2**（乾杯的に）a) 立て, 起きろ. b)（杯などを上げよ,（ある物）を上げろ. ―**¡Manos ~!** 手を上げろ.

arribada 女〖海事〗（船の）入港, 到着. ― **~ forzosa**〖海事〗緊急入港.

arribaje 男 →arribada.

arribar 自〖＋a〗入港する; 到着する.

arribazón 男 魚群が岸に来ること.

arribeño, ña 形〖中南米〗（沿岸部の住民から見て）山間部の, 山間部に住む. ― 名〖中南米〗山間部の住民.

arribista 形 出世至上の. ― 男女 出世至上主義の人, 成り上がり者.

arribo 男 **1**〖海事〗（船の）入港. **2** 到着.

arriendo 男 →arrendamiento.

arriero 男 馬引き, 荷車引き.

arriesgadamente 副 危険を冒して, 大胆に.

arriesgado, da 過分〔→arriesgar〕形 **1** 危険な, 冒険的な. **2** 大胆な, 向こう見ずな.

arriesgar [1.2] 他 **1** を危険にさらす. ― **~ la vida** 命を危険にさらす. **2**（仮説など）を思い切って試みる. ― **se** 再 **1** 危険を冒す. ―**Quien no se arriesga no pasa el río [la mar]**. 〖諺〗虎穴に入らずんば虎児を得ず. **2**〖＋a＋不定詞〗を思い切ってする.

arrimadero 男 **1** 支えとなる人〔物〕. **2** 踏み台.

arrimar 他〖＋a〗を近づける, 近寄せる. ― **la silla a la pared** いすを壁に近づける. ― **se** 再〖＋a〗 **1** 近づく, 近寄る, 接近する. **2** 寄りかかる, もたれかかる. **3** 頼る,（人）を頼りにする. **4**〖話〗同棲（どうせい）する. **5**〖闘牛〗（牛）に接近する.

arrimo 男 **1** 支え, 援助, 庇護（ひご）. **2** 仕切り壁, 境界壁. **3** 愛着, 好み. **4** 接近. ― **al arrimo de** …の庇護（ひご）を受けて.

arrinconado, da 過分〔→arrinconar〕形 **1** 隅に押しやられた; 追い詰められた. **2** 見捨てられた, 用済みになった.

arrinconamiento 男 **1** 隅に押しやること. **2** 見放し, 忘却.

arrinconar 他 **1** を隅に押しやる. **2** を追い詰める, 追い込む. **3** を使うのをやめる. **4** を仕事から降ろす, 仲間外れにする, 見放す. ― **se** 再 人との交際を避けて閉じこもる.

arriñonado, da 形 腎臓（じんぞう）の形をした.

Arrio 固名 アリウス（256頃-336頃, リビア出身の神学者）.

arriscadamente 副 大胆に, 勇敢に.

arriscado, da 過分〔→arriscar〕形 **1**（土地が）岩の多い, 険しい. **2** 冒険的な;（人が）大胆な. **3** 張り切った; 跳ね上がった. **4** 勇ましい; 気品のある.

arriscamiento 男 危険を冒すこと, 大胆さ.

arriscar [1.1] 他 **1** を危険にさらす. **2** を突き落とす. ― **se** 再 **1**（金額が）達する. **2** 危険を冒す. **2**（四足獣が）岩場から転落する. **3** 思い上がる. **4** 激奮する. **5**〖中南米〗着飾る.

arritmia 女 **1** リズムの不整. **2**〖医学〗不整脈. ― **~ sinusal [ventricular]** 洞性〔心室性〕不整脈.

arrítmico, ca 形 **1** リズムが不整な. **2**〖医学〗不整脈の.

arroba 女 **1** アローバ（重量または容量の単位, 地方により異なる. 11〜12キログラム, ワインは16.1リットル, 油は12.5リットル.〖略〗@）. **2**（電子メールの）アットマーク（〖略〗@）. ― **por arrobas**〖話〗大量に, 山ほど.

arrobador, dora 形（人を）魅了する, うっとりとさせる.

arrobamiento 男 恍惚（とした状態）.

arrobar 他 **1**（人）を魅了する. **2** をアローバ(arroba)で計量する. ― **se** 再〖＋ante〗に うっとりする.

arrobo 男 →arrobamiento.

arrocero, ra 形 米の. ― **campo ~** 水田. **zona arrocera** 稲作地帯.

arrodillamiento

图 米の生産者.

arrodillamiento 男 ひざまずくこと.

arrodillar 他 をひざまずかせる. —**se** 再 ひざまずく.

arrogación 女 **1** 不正取得, 横領. **2**《法律》養子の入籍.

arrogancia 女 **1** 傲慢(ごう), 横柄. —con — 横柄に. **2** 颯爽(そう)とした様子, 勇敢. **3** 自尊心, 誇り.

arrogante 形 **1** 傲慢(ごう)な, 横柄な. **2** 颯爽(そう)とした, 勇ましい.

arrogar [1.2] 他 **1** (人)を養子にする. —**se** 再 **1** を不正に取得する, 横領する.

arrojadizo, za 形 投げることのできる. —arma arrojadiza 飛び道具.

arrojado, da 形 勇敢な, 大胆な.

arrojar [アロハル] 他 **1** を投げる, 投げつける, ぶつける. —~ piedras contra los cuervos カラスに石を投げつける. ~ la jabalina (槍投げの)槍を投げる. **2** を(投げ)捨てる. —~ la basura al río 川にごみを投げ捨てる. **3**《+de から》を追い出す, 追放する. **4** を出す, 放つ, 放出する. —~ humo [lava] 煙を出す[溶岩を噴き出す]. **5** を吐く, 吐き出す, 嘔吐(おう)する. —**se** 再 **1**《+a に》飛び込む, 飛び降りる. **2**《+sobre/contra に》飛びかかる. **3**《+a +不定詞》思い切って…する, 身を投じる.

arrojo 男 勇気, 大胆さ.

***arrollado** 男《南米》《料理》肉のロール巻き.

***arrollador, dora** 形 **1** 席巻する, 一掃する; 破壊的な. **2** 圧倒的な, 強烈な.

arrollamiento 男 **1** 巻くこと. **2**《電気》巻線.

arrollar 他 **1** を巻く. **2** (車などが)をひく. —~ a un peatón 歩行者をひく. **3** を打ち負かす, やり込める. —~ al enemigo 敵を一掃する. **4** を踏みにじる. **5** (風などが)をなぎ倒す.

aromanzar [1.3] 他 をロマンス語に翻訳する; (特にラテン語)をスペイン語に翻訳する.

arropamiento 男 包むこと, くるむこと.

arropar 他 **1** …に衣服を着せる, を包む, くるむ. **2** を保護する. —**se** 再《+con に》身をつつむ.

arrope 男 **1** 発酵前のブドウ液を煮たもの. **2** シロップ. **3** 糖蜜.

arropía 女 糖蜜を煮つめてあめにしたもの.

arrostrar 他 (不幸・危険)に立ち向かう, 敢然と挑む. —**se** 再《+con に》立ち向かう.

arroyada 女 **1** (小川の)川床. **2** 雨水できた溝. **3** (川の)増水.

arroyar 他 (雨水が)…に流れ[溝]を作る.

***arroyo** 男 **1** 小川. **2** 川床. **3**《話》惨めな境遇[生活]. **4**(涙・血などの)多量の流出. **5**(道路わきの)排水[下水]溝, 側溝, どぶ.

arroyuelo 男 小川, せせらぎ.

***arroz** [アロス] 男 **1** 米. —~ a la cubana 目玉焼きやバナナを乗せて, トマトソースをかけたご飯. ~ abanda 米と魚・エビなどを炊き込んだ後, 分けて供するバレンシアの料理. ~ blanco 白米, 炊いた白米[ご飯]. ~ con leche ライスディング(米を牛乳で炊いたデザート). ~ integral 玄米. **2**《植物》イネ(稲). —~ salvaje ワイルドライス, アメリカマコモ.

arrozal 男 水田, 稲田.

arrufadura 女《船舶》舷弧(げん).

arruga 女 **1** (皮膚の)しわ. **2** (服などの)しわ. **3**《中南米》詐欺, ぺてん. **4**《南米》借金.

arrugamiento 男 しわ; しわを作る[寄せる]こと.

arrugar [1.2] 他 **1** (顔など)にしわを寄せる. —~ el ceño (眉の間に)しわを寄せて)顔をしかめる. **2** (服など)にしわをつける, しわくちゃにする. **3** (人)を萎縮させる. —**se** 再 **1** しわが寄る; しわになる. **2** (人)が萎縮する.

arruinado, da 過分 [→arruinar] 形 **1** 破滅した. **2**《中南米》病弱な, 病気がちの.

arruinamiento 男 破滅(させること). **2** 破産.

arruinar 他 **1** を破壊する, 荒廃させる; …に大損害を与える. **2** を破産させる, 倒産させる. —**se** 再 **1** 荒廃する; 大損害を蒙る. **2** 破産する, 倒産する.

arrullador, dora 形 (音が)耳に心地よい.

arrullar 他 **1** (雄バトが)(雌バト)にクークー鳴いて求愛する. **2**《話》…に甘い言葉をささやく. **3** (子守歌で子どもを)寝かしつける. **4** (心地よい音が)(人)をなごませる. —自 (ハトが)クークーと鳴く. —**se** 再 (男女が)いちゃつく.

arrullo 男 **1** (ハトが)クークーと鳴くこと. **2** (男女の)甘いささやき. **3** 子守歌. **4** 心地よい音.

arrumaco 男《話》**1** おべっか, 甘い[優しい]言葉. **2** 安物の装飾品.

arrumaje 男 (船舶に)積み荷を配置すること.

arrumar 他《海事》(船に)(積み荷)を振り分けて置く. —**se** 再《海事》(空が)雲で覆われる.

arrumbar[1] 他 **1** (不用になった物)を片付ける, しまう. **2** (人)を無視する, 敬遠する.

arrumbar[2] 自《海事》針路を定める.

arrurruz 男《植物》クズウコン, アロールート. **2 a)** の根茎からとった澱粉(だく), くず粉.

arsenal 男 **1** 造船所. **2**《軍事》**a)** 海軍工廠(しょう). **b)** 兵器庫. **3** 蓄積, 宝庫.

arseniato 男《化学》砒酸(ひ)の塩.

arsénico, ca 形《化学》砒(ひ)素の. —男《化学》砒(ひ)素(元素記号 As).

***arte** [アルテ] 男/女 定冠詞の単数定冠詞は el. 複数の女. 単数では普通は 男. **1** 芸術; 美術;《集合的に》(一国・一時代の)芸術[美術]作品. —aca-

artefacto

demia de ~ 美術学校. ~s decorativas 装飾美術. ~ dramático 舞台芸術. ~ figurativo 具象芸術. ~s gráficas グラフィックアート. ~s plásticas 造形美術(絵画・彫刻・建築). bellas ~s 美術, 芸術(絵画, 彫刻, 建築, 音楽, 詩, 舞踊). séptimo ~ 第7芸術(映画). **2**(職業独自に特有の)技術, 技法, 技能; [el + de + 不定詞]…する術[こつ]. ~s marciales (スポ)(東洋の)武術, 武道. ~ militar 戦術, 戦法. ~ poética 詩法. **3**(中世の)学芸, 学術, 人文科学. ~s liberales 教養科目(課程), 教養7科目(中世の大学で雄弁に必要な3学: 文法, 弁証法, 修辞学, 自由科目4科: 算術, 幾何学, 天文学, 音楽). **4** 巧みさ, 熟練. —con mal ~ 不器用に. **5**(主に《軽蔑》狡)(的な)策, 策略. **6**(自然にせよ)人工, 人為. **7** 複(漁業)釣り道具. **8**(詩学)詩型. — mayor [menor] ~ 各詩行が12音節以上[8音節以下]の詩. ▶ *como) por arte de magia [de birlibirloque, de encantamiento]*(話)まるで手品のように, まるで魔法のように, 突然, *malas artes* 策略, ずる. —con [a base de] *malas artes* 策略を用いて, *no tener [no ser] arte ni parte en...* (話)…に全く関与しない; …と何の関係もない, 縁もゆかりもない, *por amor al arte* 無料で, 趣味で, *sin arte ni parte en...* (…の中で)ただ無意味に, 大したこともなく. *tener arte* 上手である, 巧みである.

artefacto 男 **1** 装置, 仕掛け, 機械. —~ explosivo 爆発装置. **2**(話)ぽんこつ. **3**(考古)人工の遺物.

artejo 男 **1**(解剖)指の関節, 指節(骨). **2**(虫類)体節.

artemisa 女(植物)ヨモギ.

arteria 女 **1**(解剖)動脈. —~ coronaria [carótida] 冠状[頚]動脈. **2** 幹線(道路), 主要河川.

arteríа 女 抜け目のなさ, 狡猾(ぢ).

arterial 形(解剖, 医学)動脈の. —presión [tensión] ~ 血圧.

arterio(e)sclerosis 女[単複同形](医学)動脈硬化症.

arteriola 女(解剖)小動脈, 細動脈.

arterioso, sa 形 =arterial.

arteritis 女[単複同形](医学)動脈炎.

artero, ra 形 抜け目のない, ずる賢い, 狡猾(ぢ).

artesa 女 **1** 木製の桶(パンをこねたり, 家畜にえさをやったり, 洗濯用に使う). **2**(地理)くぼ地.

artesanado 男 [集合的に] **1** 職人(階級). **2** 手工芸品.

artesanal 形 手工芸の, 職人の.

artesanía 女 **1** 工芸品; 工芸の技術. —~ tradicional 伝統工芸. **2** [集合的に] 職人.

artesano, na 名 職人, 手工芸家. —~ de madera 木工職人.

92

artificio

artesiano, na 形(井戸が)掘り抜きの. —pozo ~ 掘り抜き井戸, 噴き出井戸.

artesón 男 **1** =artesa. **2**(建築)(天井の)格間(⁽⁾⁾); 格天井.

artesonado, da 過分 [→artesonar] 形(建築)格間(⁽⁾⁾)で飾られた. —techo ~ 格天井. **2**男(建築)格天井.

artesonar 他(建築)に格間(⁽⁾⁾)を施す.

ártico, ca 形 北極の, 北極地方の. —Océano Á~ 北極海. círculo polar ~ 北極圏. —男(el A~)北極(地方).

articulación 女 **1**(解剖)関節. **2**(言語)調音, 発音. —punto de ~ 調音点. **3**(機械)連結(部), 継ぎ手. —~ universal 自在継ぎ手. **4**(植物)節.

articuladamente 副(話し方が)明瞭に, はっきりと.

articulado, da 過分 [→ articular¹] 形 **1** 連結した, ジョイントでつながった. —camión ~ トレーラー. **2** 関節のある, 関節でつながった. **3**(言語)分節の, 有節の. —男 **1**(法律)条項. **2**(動物)節足動物.

articular¹ 他 **1** を連結する, つなぎ合せる. **2**(言語)を調音する; (言葉)を明瞭に発音する. **3**(法律)を条項にまとめる. **4** を陳述する.

articular² 形(解剖)関節の. —reúma ~ リウマチ関節炎.

articulatorio, ria 形(言語)調音の, 発声の. —movimiento ~ 調音運動.

articulista 男女 **1** 論説記者. **2** 投稿者.

artículo 男 **1**(新聞・雑誌などの)記事, 論説. **2**(科学・人文雑誌の)論文. **3** [para] に 品物, 商品. —~ de [para] regalo ギフト商品. ~s en oferta お買得品, 特売品. **4**(条約・法律などの)条項, 箇条, 項目. —~ adicional 追加条項. **5**(言語)冠詞. —~ determinado [definido] 定冠詞. —~ indeterminado [indefinido] 不定冠詞. **6**(辞書の)見出し語[項目]. **7**(解剖)関節, 節(⁽⁾); (動物)体節. ▶ *artículo de fe* (1)(カト)信仰箇条, 信条. (2)絶対真理, 金科玉条. *artículo de fondo* (1)社説, 論説. (2)記事. *artículo de primera necesidad* 必需品(生きていく上で最も欠かせないもの: 水, パンなど).

artífice 男女 **1** 作った人. —el ~ de este triunfo この勝利の立役者. **2** 工芸家, 職人, 芸術家.

artificial 形 **1** 人工の, 人造の, 人為的な. —fecundación [inseminación] ~ 人工授精, flores ~*es* 造花. inteligencia ~ 人工知能. mano ~ 義手. fuegos ~*es* 花火. respiración ~ 人工呼吸. satélite ~ 人工衛星. mármol ~ 人造大理石. **2** 不自然な, わざとらしい.

artificiero, ra 名 **1** 花火師. **2** 爆薬の専門家.

artificio 男 **1** 装置, 仕掛け, 1

artificiosidad 囡 人工的なこと；不自然さ，わざとらしさ．

artificioso, sa 厖 **1** ずる賢い，狡猾(ぶ)な；見せかけの．**2** 技巧的な；不自然な．

artillar 他《軍事》…に大砲[砲兵隊]を配備する．

artillería 囡 **1**《軍事》《集合的》大砲，砲兵隊．— antiaérea 高射砲．~ ligera [pesada] 軽[重]砲．~ naval 艦砲．**2**《軍事》砲術．**3**《話》(目的達成の有力な)手段；論拠．**4**《スポ》フォワード，攻撃陣．

artillero 男 **1**《軍事》砲兵．**2**《スポ》ストライカー．

artilugio 男 **1** 簡単な装置[仕掛け]．**2** 策略，わな．**3** 道具．

artimaña 囡 **1** 策略，狡猾(ぶ)さ．**2** わな，仕掛け．

artista [アルティスタ] 男女 **1** 芸術家，アーティスト；画家．**2** 俳優，芸能人，タレント．— de cine [de teatro] 映画[舞台]俳優．**3**《運》達人，名人．**4** 美の感覚のある人，芸術家肌の人．

artístico, ca 厖 **1** 芸術(家)の，美術(家)の．—director ~ (劇団の)美術監督．**2** 芸術的な，美的な；芸術がわかる．

arto 男《植物》ユコ．

artolas 囡 **2** 人乗り用の鞍．

artrítico, ca 厖《医学》関節炎の；関節痛を持病とする．—囡 関節炎患者；関節痛を持病とする人．

artritis 囡《単複同形》《医学》関節炎．— reumatoide crónica 慢性関節リウマチ．

artritismo 男 関節病体質，リウマチ素質．

artropatía 囡《医学》関節症．

artrópodo, da 厖《動物》節足動物の．—男 節足動物[昆虫・カニ・クモなど]．—男《集合的》節足動物門．

artroscopia 囡《医学》関節の内視鏡検査．

artrosis 囡《単複同形》《医学》関節症．

Arturo 固名《男性名》アルトゥーロ．

arúspice 男《歴史》(古代ローマの)腸ト(ホキー)師(動物の内臓を見て占いをした)．

arveja 囡 **1** ヤハズエンドウ．**2**《中南米》エンドウ豆，グリンピース．

arvejal 男 **1** ヤハズエンドウの畑．**2**《中南米》エンドウ豆の畑．

azobispado 男《宗教》大司教[監督，主教]の地位[管轄区]．

arzobispal 厖《宗教》大司教(監督，主教)の．—palacio ~ 大司教の館．

arzobispo 男《カト》大司教，《プロ》主教，大監督．

arzolla 囡 **1**《植物》ヤグルマギク属のもの．**2**《植物》はオオアザミ，ミルクシスル．**3** アーモンドの青い実．

arzón 男（馬術）鞍橋(⌘).

as¹ 男 **1 a**（トランプのエース．—de espadas（スペインのトランプの)剣のエース．b（さいころの)1．**2** 第一人者，エース．

as² 男《歴史》(古代ローマの)青銅貨．

asa 囡 **1**（直前の単数定冠詞は el）**1** 取っ手，柄．**2** 口実，よりどころ．**3**（植物）樹液，汁．

así 副 →así.

asadero, ra 厖 焼いて食べる，あぶり焼き用の．—男 **1**→asador．**2** とても暑い所．

asado, da 厖（過分）[→asar] 厖 焼いた．—pollo ~ ローストチキン．—男《料理》焼き肉，ステーキ；バーベキュー，アサード．— de cerdo 豚の焼肉．

asador 男 **1**（肉の)あぶり焼き器，ロースター．**2** 焼き串．**3** アサード専門のレストラン．

asadura 囡 **1**《主に複》（動物の)内臓（肝臓・心臓・肺など)．**2** 怠慢な人．

asaetear 他 **1**…に矢を射る；(人)を矢を射って殺す．**2**（人)を困らせる，うんざりさせる．

asalariado, da 厖 給与所得者の，サラリーマンの．—trabajador ~ サラリーマン．—男女 **1** サラリーマン．**2**《軽蔑》雇い主の言いなりになる人．

asalariar 他（人)に給料を支払う，雇用する．

asalmonado, da 厖 **1** サケに似た．**2** サーモンピンクの．

asaltador, dora 厖 男女→asaltante.

asaltante 厖 襲撃する．—男女 襲撃者，強盗．

asaltar 他 **1** を攻撃する，襲撃する．— la fortaleza 要塞を攻撃する．**2** を急襲する，…におそいかかる．**3**（病気・死・ある考えなどが）(人)を襲う．

asalto 男 **1 a**（強盗(行為)．—un ~ a mano armada 武装強盗．**b**）攻撃，急襲．—tomar por ~ 急襲して奪う．**2 a**（ボクシングの)ラウンド．**b**（フェンシングの)試合．

asamblea 囡 **1** 会議，集会．— de vecinos 住民集会．**2** 議会．

asambleísta 男女 **1** 会議参加者．**2** 議会議員．

asar 他 **1** を焼く，焙(ホッ)る．—cordero asado 子羊の焼肉．**2** を（しつこく）悩ませる，困らせる．— se 剾 とても暑く感じる，火焙りになる．

asaz 副《雅》かなり，十分に．

asbesto 男《鉱物》石綿，アスベスト．

asbestosis 囡《単複同形》《医学》石綿沈着症，アスベスト肺．

ascalonia 囡《植物》ワケギ，エシャロット．

ascariasis 囡《単複同形》《医学》回虫症．

ascáride 囡《動物》回虫．

ascendencia 囡 **1**《集合的》先祖，祖先；家系．**2** 支配権，影響力．

ascendente 厖 **1** 上(2)る，上昇する，上向きの．—marea ~ 上げ潮．**2**（鉄道

で)上(のぼ)り,上り線の(首都方面に向かう).—línea ~ 上り線. **3**《情報》昇順(の).—男《占星術》の星位.

ascender [アセンデル] [4.2] 自 **1**《+a に/hasta まで》昇る,上る.—El termómetro ha ascendido hasta los 40 grados. 温度かは40度まであがった. 他 **1**《+a に》を昇進させる. **2**を登る,上がる.

ascendiente 形 上昇する,上向きの.—男女 先祖,祖先.—男 影響力.

ascensión 女 **1**上昇,登ること. **2**昇進,昇任,昇格. **3**(A~)《宗教》キリストの昇天;昇天祭.

ascensional 形 上昇する,上向きの,押し上げる.

ascensionista 男女 **1**登山家,アルピニスト. **2**飛行士.

:ascenso 男 **1**《+a への》昇進,昇格,台頭.—《+por méritos [por antigüedad] 業績[年功序列]による昇進. **2**上昇;騰貴;向上. **3**登山,登攀(とうはん);上り坂.

ascensor 男 **1**エレベーター,昇降機. **2**貨物用リフト.

ascensorista 男女 エレベーター係;エレベーター技術者.

ascesis 女《単複同形》苦行,修業,禁欲生活.

asceta 男女 **1**苦行者,禁欲主義者. **2**とても質素な生活を送っている人.

ascético, ca 形 **1**苦行の,禁欲的な. **2**とても質素な.—女 →ascetismo 1.

ascetismo 男 **1**苦行,禁欲生活;禁欲主義. **2**質素,簡素.

asciend- 動 →ascender [4.2].

ascitis 女《単複同形》《医学》腹水,腹水病.

asco 男 **1**嫌悪感,不快感,嫌気.—¡Qué ~ de tiempo! 嫌な天気だ. poner cara de ~ 嫌な顔をする. **2**大嫌い,反感,忌避.—Le tengo ~ al queso. 私はチーズが大嫌いだ. 3大嫌いな,嫌いなもの,大嫌いな人. ▶ **dar asco a ...** (1)(人)に吐き気を催させる. (2)(人)に嫌悪を催させる,不快にする,うんざりさせる. **hacer ascos a [de]...**《話》(物・人)を軽蔑する,鼻先であしらう;拒絶する. **hecho un asco** (1)(人・物が)ひどく汚れている,ひどく汚い. (2)(物が)ひどい状態で,傷んで. **no hacer ascos a ...**《話》喜んで受け取る[受け入れる]. ¡Qué asco!《話》ああ,何て嫌な,ああ,気持ち悪い,何てまずそうだ. **ser un asco**《話》(1)出来が悪い,最低である. (2)嫌なことである,不快で[下品で]ある. (3)ひどく汚い,不潔である.

ascomiceto 男 子嚢(のう)菌;複 子嚢(のう)菌類.

ascua 女《直前の単数定冠詞は el》真っ赤に焼けた炭火. ▶ **arrimar el ascua a su sardina** 自分の利益になるように事を運ぶ. **estar en [sobre] ascuas** (人が)落ち着かないでそわそわしている.

aseadamente 副 清潔に,身だしなみを整えて.

aseado, da 形 →asear] **1**清潔な. **2**身だしなみの整った,きちんとした.

asear 他 をきれいにする,清潔にする,清掃する.—— la casa 家を掃除する.—**se** 再 身だしなみを整える.

asechanza 女 わな,計略,悪だくみ.—tender ~s わなを仕掛ける.

asecho 男 →asechanza.

asediador, dora 形 **1**包囲する. **2**しつこく攻め立てる.

asediar 他 **1**(ある場所)を包囲[攻囲]する. **2**(人)をしつこく攻め立てる.

asedio 男 **1**《軍事》包囲,攻囲,封鎖. **2**しつこく攻め立てること.

aseguración 女 保険契約.

aseguradamente 副 確実に,確固として.

asegurado, da 過分 →asegurar] **1**保証された,確実な. **2**《+contra de/ に対して》保険が掛かっている,付保された;保険に入っている.—tener el piso ~ contra incendios マンションに火災保険を掛けてある.—名 被保険者,契約者;付保物件.

asegurador, dora 形 **1**固定する. **2**保証する.—名 保証人;保険会社.

aseguramiento 男 **1**固定,取り付け. **2**保証. **3**保険.

:asegurar [アセグラル] 他 **1**確かなものにする,しっかりと固定する,確実に保証する.—El paquete con dos cordones 2本のひもで小包をしっかりとしばる. **2**を確言する,確約する,保証する.—Me aseguró que vendría mañana. 彼は私に明日来ると確約した. **3**《+contra に対して》保険を…にかける.—— la casa contra incendios. 家に火災保険をかける.—**se** 再 **1**《+en に》しっかりと立ち,身体の安定を確保する. **2**《+de を》たしかめる,確認する;必ず…する. **3**《+contra に対して》保険に加入する.

asemejar 他《+a に》を似せる;たとえる,なぞらえる.—— la vida al sueño 人生を夢になぞらえる.—**se** 再《+a に》似る.—Sus opiniones se asemejan. 彼らの意見は似ている.

asendereado, da 形 **1**(道が)踏み固められた,人がよく通る. **2**疲れ果てた. **3**経験の豊富な.

asenso 男 同意,承認.

asentaderas 女複《話》尻(しり).

asentado, da 過分 →asentar] **1**《+en に》位置している. **2**《+en に》定着した,固定した. **3**(人が)分別のある,思慮深い.

asentador 男 **1**卸売り商,仲買人. **2**(かみそりの刃用の)革砥(と). **3**(車輪の)輪止め. **4**鋼鉄製のかすがい.

asentadura 女 定着,定住.—~s de judíos (パレスチナの)ユダヤ人入植地. **2**設置,据え付け,固定.

asentar [4.1] 他 **1**を設置する,据え

asentimiento 95 **así**

る。 **—** los reales 陣営を敷く。**2**〔場所〕に置く,〔地位〕につける。**3**〔殴打〕をくわせる。**—** una bofetada 平手打ちをくらせる。**4**を平らにする, ならす, 固める。**5**〔刃物〕を研ぐ。**6**を取り決め, に合意する。**7**〔商業〕記載する。**— se** 再 **1**位置につき, 立つ, つく。**2**〔+ en に〕定住する, 定着する。

asentimiento 男 同意, 承認.

asentir [7] 自 〔+ a に〕同意[賛成]する.

asentista 男女 （公的機関の）指定業者, 御用商人.

aseñorado, da 形 紳士〔淑女〕の(ような).

aseo 男 **1**身支度。**—** personal 身繕い(みづくろい)。**2**清潔さ。**3**浴室, 洗面所.

asépalo, la 形 〔植物〕無萼片の.

asepsia 女 〔医学〕 a) 無菌。 b) 無菌法。**2**冷淡, 沈着.

aséptico, ca 形 〔医学〕無菌の。**2**感情のない, 淡々とした.

asequible 形 **1**入手可能な。**2**〔値段が〕そこそこな, 手の届く。**3**〔人が〕気さくな, 接しやすい。**4**理解しやすい。**5**〔計画など〕が実行可能な.

aserción 女 断言, 主張.

aserradero 男 製材所.

aserrado, da 過分 〔→ aserrar〕形 のこぎりの歯状の, ぎざぎざの。**—** 男 のこぎりで切ること.

aserrador, dora 形 のこぎりで切る。**—** 男 のこぎりで切る人。**—** 女 製材所.

aserradura 女 **1**のこぎりで切ること。**2**切り口。**3**複 おがくず.

aserrar [4.1] 他 をのこぎりで切る。

aserrín 男 おがくず.

asertivo, va 形 断定的な, 断定的な.

aserto 男 断言, 主張。—hacer un ~ 断言する.

asertórico, ca 形 →asertorio.

asertorio, ria 形 断定的な。**2**〔哲学〕実然〔確然〕的な.

asesinar 他 を暗殺する, 謀殺する;殺す。**2**を台無しにする, ぶちこわす.

asesinato 男 **1**暗殺, 謀殺。—premeditado 謀殺。cometer un ~ 暗殺する;殺人を犯す。**2**殺人, 殺害.

asesino, na 形 暗殺者, 刺客, 人殺し, 殺人犯。**1**暗殺の, 殺人の, 殺意のある。—intenciones asesinas 殺意。arma asesina 凶器。**2**〔話〕残忍な, 恐ろしい, 敵意のある。**3**ものすごい, 猛烈な, 激しい.

asesor, sora 形 顧問, 相談役, コンサルタント, カウンセラー。— jurídico 〔técnico〕 法律〔技術〕顧問。— administrativo 経営コンサルタント。▶**asesor de imagen** （政治家・俳優などの）イメージメーカー。**1**助言を与える, 忠告する。—abogado —顧問弁護士。comisión asesora 諮問委員会.

asesoramiento 男 助言, 勧告, 指

asesorar 他 （人に）助言する。**— se** 再 〔+ con/de に〕助言を求める.

asesoría 女 **1**コンサルタント〔顧問〕の職〔仕事, 事務所〕。**2**顧問料.

asestar 他 **1**〔武器など〕を的に向ける, …の狙いを定める。**2**を発射する。**3**〔打撃など〕を加える。**—** una bofetada 平手打ちを食らわす.

aseveración 女 断言, 主張.

aseverar 他 を断言する, 主張する.

aseverativo, va 形 **1**断定の, 確言的な。**2**〔言語〕平叙文の。—oraciones aseverativas 平叙文.

asexuado, da 形 中性的な, 性別のない。—insecto — 無性の昆虫.

asexual 形 〔生物〕無性の, 無性生殖の。—reproducción — 無性生殖.

asfaltado 男 アスファルト舗装.

asfaltar 他 をアスファルトで舗装する.

asfáltico, ca 形 アスファルトの.

asfalto 男 アスファルト.

asfixia 女 〔医学〕窒息, 呼吸困難;仮死〔状態〕, 気絶。—muerte por ~ 窒息死〔状〕。**2**〔暑さなどによる〕息が詰まるような気持ち。—sentir ~ 息苦しい。**3**〔機関の〕停滞, 障害, 妨げ.

*asfixiante 形 **1**窒息させる, 窒息性の。—gas — 窒息性ガス。**2**息の詰まるような, 息苦しい.

*asfixiar 他 を窒息させる。**— se** 再 窒息する.

asfódelo 男 〔植物〕アスフォデル(ユリ科の多年草).

asg- 動 →asir [10.3].

así 〔アシ〕副 **1**その〔この〕ように, そう〔こう〕いう風に。—No me hables ~. 私にそんな口のきき方をしないでくれ。¿Cómo ~? そうだろうか, それはどういうわけか。No es ~. そんなことはない。Las cosas están ~. 事情はこんな具合だ。A ~ es la vida. 世の中はそんなものだ。**2**〔名詞の後で形容詞的に〕その〔この〕ような, …は今までなかった desastre ~ desde hace muchos años. このような災難は長年なかった。▶**así** así まあまあ, 良くも悪くもない;まずまずの。**así como** (1)…と同様に。(2)〔…así como …〕…も…も。—los japoneses así como los españoles スペイン人も日本人も。(3)〔未来を表す場合には＋接続法〕…すると—Así como empezó a caminar, se mareó. 彼は歩き始めたとたんにめまいがした。**así como…**, …と同様に, …も…も。—El problema te afecta así a ti como a mí. 問題は君にも私にも影響が及ぶ。**así como así** (1)何でもないように, 軽々しく。(2)いずれにせよ, どうしても。**así de**〔＋形容詞〕それほど, そんなに。**Así es.** その通りだ。**así o〔que〕asá** どちらともつかず, どちらにしても。**así pues** そこで, だから。**así que …** (1)〔未来を表す場合＋接続法〕…するとすぐ。(2)〔＋直説法〕そこで, だから。**así… que**〔＋直説法〕それほど〔そのように〕…なので, …で。**así (es) que …**（＝así que...(2))。**así y todo**

れでもやはり，たとえそうだとしても．**como [según]..., así...** …と同様に…も．**...o así** …かその位，およそ… **por decirlo así** …と言って．**y así** (1)そこで，そして．**y así (sucesivamente)** …など，等々．── 接 1 そこで，だから，それでは；そうすると．─¿A ~ me abandonas? それじゃ私を見棄てるのか．【＋接続法】たとえ…でも．─Protestaré ~ me echen de la compañía. たとえ会社から放り出されても私は抗議をする．3《間投詞的に，＋接続法》どうか…であるように，…であればいいのに．─¡A ~ sea! (1)そうならいいんだけど．(2)それならそれでいい．

Asia 固名 アジア．
:**asiático, ca** 形 アジアの，アジア人の，アジア的な．─el Sureste *A* ～ 東南アジア．── 名 アジア人．
asidero 男 1 取っ手，握り．2 後ろだて，コネ．3 口実．
asiduidad 女 1 勤勉．2 頻繁．
:**asiduo, dua** 形 1 常連の，しょっちゅう出入りする；いつもの．── cliente 常連の客．2 精勤な，几帳面な；根気のよい．── 名 常連，常客．
:**asiento** 男 1 〘乗り物などの〙座席，席，椅子．── plegable [giratorio] 折畳み[回転]椅子．── reclinable リクライニングシート．reservar un ～ 席を予約する．～s de platea 平土間席．2《椅子の》座部；〘自転車のサドル．3《法廷などの》裁判官席；役職．4《町・村・建物などの》所在地，場所．5《建物の基礎，土台／《機械などの》台座．6《容器などの》底，台《鍋の敷物》．7 覚え書き，メモ．8 安定(性)，定着，落ち着き．9 分別，良識．10〘商業〙記帳；《帳簿の》記載項目．11《液体の》澱(ﾉ)，沈澱物．12〘歴史〙アシエント(スペインが外国(人)と結んだ黒人奴隷などの供給契約)．▶ **de asiento** (1)《ある場所に》落ち着いて，定住して．(2)分別のある．(3)座る．─**localidad de asiento** 座席，座席．**hacer asiento** (1)定住する．落ち着く．(2)《建物が》沈下する．**no calentar el asiento** 《職・任務を》よくする，腰が落ち着かない．**tomar asiento** (1)腰掛ける．座る．(2)《ある場所に》落ち着く，定住する．**pegárseLE a ... el asiento** 長居する，居座る．
asignación 女 1 割り当て，配分．2 手当，給料．── familiar 家族手当．3《会合などの》約束．
:**asignar** 他【＋a に】1 を割り当てる，指定する，差し向ける．2 を支出する，与える，あてがう．
asignatario, ria 名《中南米》遺産受贈人．
:**asignatura** 女 〘学校の〙科目，教科．── obligatoria [opcional] 必修［選択］科目．～ pendiente 再履修〘追試〙科目；未解決問題，要検討事項．
asilado, da 名 収容されている人．
asilar 他 1《人を》保護する，かくまう．2《人を》保護施設に収容する．── **se** 再

避難する．
:**asilo** 男 1 収容所，保護施設；避難所．── de ancianos 老人ホーム．2 保護，収容．── político 政治亡命．derecho de ～ 〘政治〙庇護権．
asilvestrado, da 過分 [→ asilvestrarse] 形 1《動物・植物》野生化した．2 粗野で，品性のない．
asilvestrarse 再 野生化する；粗野になる．
asimetría 女 不均整，非対称．
asimétrico, ca 形 不均整な，非対称の．
asimiento 男 つかむこと，握ること．
asimilable 形 1【＋a に】同化できる，吸収できる．2 理解できる．
asimilación 女 1 同化(作用)，吸収．2〘言語〙同化．
asimilar 他 1【＋a と】を同格に扱う，同一視する，〘…に〙同等の扱いをする．2 a)を消化吸収する．b)を学習理解する，ものとする．3【＋a と】を似させる；くらべる，たとえる．4〘言語〙を同化させる．── **se** 再〘言語〙【＋a に】同化する．
asimilativo, va 形 同化する，同化力のある．

:**asimismo** [アシミスモ] 副 1 同様に，同じように；…もまた．2 そのまま．
asincronismo 男 非同時[同期]性．
asíndeton 男 〘修辞,言語〙連辞[接続詞]省略．
asintomático, ca 形 〘医学〙病気が無症候性の，無症状の．
asíntota 女 〘数学〙漸近線．
asir [10.3]〘口語では特に -g- の現れる形はまれ．〙他〘文〙をつかむ，手に取る，とらえる．── **se** 再【＋a に】1 つかまる．2 こだわる，固執する．
Asiria 固名 〘歴史〙アッシリア．
asirio, ria 形 アッシリア(Asiria)の．── 名 アッシリア人．── 男 アッシリア語．
:**asistencia** 女 1【＋a への】出席．2〘文〙援助，救援(活動)；看護．── jurídica 法律相談．～ médica 医療，治療．～ pública 〘チリ〙救急病院．～ social 社会福祉．～ técnica 〘商業〙アフターサービス，〘情報〙テクニカルサポート．3《スポ》アシスト．
asistencial 形 福祉の，支援の．
asistenta 女 1 家政婦，〘通いの〙お手伝いさん．2《修道院の》院長の補佐．
:**asistente** 形 1 出席している，立ち会っての．【＋a に】付き添いの．── 男女 1 a)助手，補佐．b)補助教員，語学補助員．2《軍事》当番兵，従卒．── social ソーシャルワーカー，社会福祉活動家．2〘文〙《集会の》出席者，《ショーなどの》観客，聴衆．
asistido, da 過分 [→ asistir] 形 1 出席した；援助された．2 機械[装置]の助けを借りた．── respiración *asistida* 人工呼吸器による呼吸．dirección *asistida* 〘自動車〙パワーステアリング．

asistir [アシスティル] 自 [＋a に] 出席する, 顔を出す. ～ a clase 授業に出席する. ― 他 1 …につき添う, 随伴する. 2 a) を助ける, 介抱する, 看護する. ～ a un enfermo 病人を看護する. b) …に仕える, 応対する. を世話する.

askenazí, askenazi 形 アシュケナージの, (東欧系の)ユダヤ人の. ― 男女 アシュケナージ, (東欧系の)ユダヤ人.

asma 女 《直前の単数定冠詞は el》 (医学) 喘息(ﾃ*).

asmático, ca 形 (医学) 喘息(ﾃ*)の. ―ataque ～ 喘息の発作. ― 名 (医学) 喘息(ﾃ*)患者.

asna 女 《直前の単数定冠詞は el》 雌ロバ.

asnada 女 《話》 愚かなこと.

asnal 形 1 ロバの(ような). 2 《話》 愚かな.

asnería 女 1 ロバの群れ. 2 《話》 愚かなこと.

asno, na 名 1 (動物) ロバ. ～ silvestre 野生のロバ. 2 《話, 軽蔑》 ばか, まぬけ. ― 形 2 ばかな, 間抜けな, 愚かな.

asociación 女 1 協会, 結社, 学会, 連合. ～ cooperativa 共同組合. ～ de vecinos 町内会. A～ Europea de Libre Comercio 欧州自由貿易連合. 2 連合, 協力; 関係. ～ de ideas 連想[観念連合]によって. método de ～ libre (心理) 自由連想法. 3 (生物) 群集, 群叢(ﾃ*). 4 (情報) 関連付け.

asociacionismo 男 1 (哲学, 心理) 観念連合論. 2 (政治) 結社主義.

asociado, da 過分 [→ asociar] (事業やプロジェクト等に)協力した, 参加した, 共同の. ―miembro ～ 準会員. ― 名 1 (協会・学会等の)会員, 組合員, 仲間, 2 (商業) (事業や会社の)提携者, 共同者, 共同経営[出資]者.

asociar 他 1 [＋a/con と] を関連づける, 結びつける. ―Asocio el calor a mi llegada a Sevilla. 私は暑さというとセビーリャへ着いた時のことを思い出す. 2 [＋a に] (人を参加[関与]) させる; 結集させる. ― se 再 1 [＋a/con と] 結びつく. 2 [＋a/con に] 参加[関与]する; 協力する.

asocio 男 (中米) 協力, 提携. ―en ～ de… …と協力して.

asolador, dora 形 破壊[荒廃]させる, 破壊的な.

asolamiento 男 破壊, 荒廃させること.

asolar[1] 他 を破壊する.

asolar[2] 他 (日照りが)(植物)を枯らす.

asoleada 女 1 日光浴をすること. 2 (中米) (医学) 日射病.

asolear を日光にあてる. ― se 再 1 日光浴をする, 日に焼ける. 2 (獣医) (家畜が)日射病になる.

asomada 女 1 (何かが)少しの間現れること. 2 何かが見渡せる場所.

asomar 自 1 のぞく, 出る. ―Las lágrimas asomaban a sus ojos. 涙が彼の目に浮んだ. 2 現れる, 現れ始める. ― 他 をのぞかせる, 出す. ～ la cabeza por la ventanilla del tren 列車の窓から顔を出す. ― se 再 1 姿を現わす, 現れる, 出る. ―se a la ventana 窓に姿を現す. 2 (話) [＋a に] 首を突っ込む, (を)生かじりにする, 鵜呑(ｳ)みにする.

asombrar 他 1 を驚かす, びっくり仰天させる. 2 影影をつける, 陰を落す. ― se 再 驚く, びっくり仰天する.

asombro 男 1 (突然の激しい)驚き, 驚愕, 仰天. 2 驚嘆, 賛嘆, 感嘆. 3 驚くべき[人], 驚嘆すべきもの[人]; 感嘆[賛嘆]すべきもの[人].

asombrosamente 副 驚くほど, 目覚ましく.

asombroso, sa 形 1 驚くべき, びっくりさせるような, 2 (悪い意味で)途方もない, あきれるばかりの.

asomo 男 様子, 兆候. ► ni por asomo 少しも…でない.

asonada 女 反乱, 暴動, 蜂起.

asonancia 女 (詩学) 類音韻. 母音の一致.

asonantar 他 (詩学) 類音韻を踏ませる. ― 自 (詩学) 類音韻を踏む.

asonante 形 (詩学) (詩が)類音韻の. ―rima ～ 類音韻.

asonar [5.1] 自 (詩学) 類音韻を踏む.

asordar 他 …の耳を聾(ﾛ*)する.

asorocharse 再 (南米) (医学) 高山病にかかる.

aspa 女 《直前の単数定冠詞は el》 1 X形の十字架. 2 (風車などの)羽根. 3 糸を巻く器具. 4 (鉱物) 鉱脈の交わる所.

aspado, da 形 1 X形の. ― cruz aspada X形の十字架. 2 両腕を棒に縛られた.

aspaventero, ra 形 態度[身振り]が大げさな.

aspaviento 男 (恐怖・喜びなどを)大げさな態度で表すこと.

aspecto [アスペクト] 男 1 (物の)外観, 様子; 景色. ― del cielo 空模様. 2 (人の)様子, 顔色, 表情, 健康状態. ―Tienes ～ cansado. 君は疲れた[疲れている]みたいだね. 3 (問題などの)側面, 観点, 見方, 様相. 4 (言語) (動詞の)相, アスペクト. ― perfectivo 完了相. 5 (占星術で)星(の)相. 6 (生物) (植生の)季観. ► tener buen [mal] aspecto (1) 顔色がよい[悪い], (2) 外見が立派[みすぼら]しい.

aspereza 女 1 a) (手触りなど)粗さ, ざらざらしていること. b) (声の)しわがれ, c) (味の)酸っぱさ, 渋さ, 2 (土地のでこぼこ, 険しさ. 3 (性格・言動の)無愛想, 乱暴さ. ―con ～ つっけんどんに. 4 (天候・風土の)厳しさ, 苛酷さ. ► limar asperezas 事を丸く収める; 対立関係[緊張感]を和らげる.

asperges 男 《単複同形》 1 (宗教)

asperilla 女 《植物》クルマバソウ（アカネ科）.

asperjar 他 **1** …に水を振りかける. **2** 《宗教》…に聖水を振りかける. 灌水(かんすい)する.

áspero, ra 形 **1 a)**（手ざわりが）ざらざらした, きめの粗い. —piel áspera 荒れた肌. **b)**（土地が）でこぼこの; 険しい. —terreno ~ でこぼこの土地. **2**（味が）酸っぱい, 渋い; すえたにおいがする. —sabor ~ 酸味. **3**（声が）耳ざわりな, しわがれた. 荒々しい. **4 a)**《+con に対して》（性格・態度などが）きつい. 荒々しい, 無愛想な. **b)**（気候・状況などが）厳しい, 苛酷な.

asperón 男 《砥石として使われる》砂岩.

aspérrimo, ma 形 áspero の絶対最上級.

aspersión 女 **1** 散水. —riego por ~ 散水器による水まき. **2**《宗教》灌水(かんすい).

aspersor 男 散水器.

aspersorio 男 **1**《宗教》灌水(かんすい)器. **2** →aspersor.

áspid, áspide 男 《動物》アスプクサリヘビ; エジプトコブラ.

aspidistra 女 《植物》ハラン（葉蘭）.

aspillera 女 《砦(とりで)の》銃眼, 狭間(はざま).

aspiración 女 **1** 息を吸うこと. 2 望み, 願望; 覆 野心. **3**《言語》（帯）気音, 息(息)音; 帯気(化). **4**《機械》（ガスなどの）吸引, 吸い込み. **5**《音楽》（ポーズより短い）息つぎ. **6**《神学》神への渇望.

aspirado, da 形 《言語》帯気音の.

aspirador, dora 形 吸入する. —— 男/女 電気掃除機. —— ~ de mano 肩掛け式掃除機, ハンドクリーナー.

aspirante 男女《+a》（仕事・地位・資格等への）志願者, 応募者; 候補者. —— a un empleo 求職者. —— 形 **1** 吸う, 吸い込む, 吸い上げの. —bomba ~ 吸い上げポンプ. **2**《+a を》熱望した, (…に)あこがれた.

aspirar 他 **1**（空気）を吸う, 2 を吸い上げる, 吸い込む. ~ el agua 水を吸い上げる. **3**《言語》を帯気音として発音する. —— 自《+a を》志す, 志望する, (…に)なりたいと望む.

aspirina 女 《薬学》アスピリン.

asquear 他 **1**（人）に吐き気を催させる. **2**（人）に不快感を抱かせる, 嫌悪感を感じさせる;（人）をうんざりさせる. —— se 再 **1** 吐き気を催す. **2** 嫌悪を感じる. **3**《+de に》うんざりする.

asquenazí →askenazi.

asquerosamente 副 吐き気を催すぐらい.

asquerosidad 女 **1** 不快感を抱かせるものごと］. **2** 不潔さ. **3** 下劣, 卑劣.

asqueroso, sa 形 **1** 吐き気を催させる. **2** とても汚い. **3** 下劣な, 卑しい. **4** (人が)吐き気を催す, 神経質だ.

asta 女 《直前の単数定冠詞は el》**1** （槍(やり)の）柄(え). **2** 旗竿(はたざお). **3**（古代ローマの）投げ槍. **4** 主に 複（牛・シカなどの）角(つの)（櫛(くし)などの材料として使う）. **5**（船舶）肋材(ろくざい). ▶ **a media asta** 半旗で.

astado, da 形 《動物》角(つの)がある. —— 男［闘牛の］雄牛.

astasia 女 《医学》起立不能(症).

astático, ca 形 《化学》アスタチンの.

astato 男 《化学》アスタチン（放射性同位元素の1つ）.

astenia 女 《医学》無力症.

asténico, ca 形 《医学》無力症の. —— 男/女 《医学》無力症の患者.

aster 男 《植物》シオン.

asterisco 男 星印, アステリスク, アスタリスク(*).

asteroide 形 《天文》星形の, 星状の. —— 男 《天文》小惑星.

astigmático, ca 形 《医学》乱視の. —— 男/女 《医学》乱視の人.

astigmatismo 男 **1**《医学》乱視. **2**（光学）（レンズの）非点収差.

astil 男 **1**（斧(おの)・鍬(くわ)などの）柄(え). **2**（羽根の）軸.

astilla 女 **1** 木屑, 木片;（石・骨などの）かけら, **2**（話）（人への）賄賂(わいろ). ▶ **De tal palo, tal astilla**《諺》カエルの子はカエル, **hacer astillas...**（何か）を粉砕する. **3**. 粉々にする.

astillar 他 **1** をばらばらにする. 粉砕する. 砕く. **2**（評判など）を損なう. —— se 再 ばらばらになる, 割れる.

astillero 男 **1** 造船所. **2** 槍(やり)掛け. **3** 木材置場.

astilloso, sa 形 砕けやすい.

astracán 男《服飾》アストラカン.

astracanada 女《演劇》茶番劇, 通俗化芝居.

astrágalo 男 **1**《解剖》距骨(きょこつ), かかとの骨. **2**《建築》玉縁. **3**《植物》トラガカントゴム.

astral 形 星の(ような). —carta ~ 占星図.

astreñir [6.5] 他 →astringir.

astricción 女 《医学》収斂(しゅうれん)作用, 便秘.

astringencia 女 《医学》収斂(しゅうれん)性.

astringente 形 **1**《医学》収斂(しゅうれん)性の. **2** 便秘を生じさせる. —— 男《医学》収斂剤, アストリンゼン.

astringir [3.6] 他 **1**《医学》を収斂(しゅうれん)させる. **2** 便秘させる.

astro 男 **1**《天文》天体, 星. —el ~ rey 太陽. **2**（映画・スポーツなどの）スター; 人気俳優［選手］. —— ~ del cine [de la pantalla] 映画スター.

astrobiología 女 宇宙生物学.

astródomo 男 **1** ドーム型ホール［競技場］, ドーム, **2**《航空》天測窓.

astrofísica 女 《物理》宇宙物理学.

astrofísico, ca 形 宇宙物理学の.

astrolabio 男 《天文》（昔の）天体観測儀.

astrología 女 占星術, 星占い.

astrológico, ca 形 占星術の.
astrólogo, ga 男女 占星術師.
astronauta 男女 宇宙飛行士.
astronáutica 女 宇宙航行学.
astronáutico, ca 形 宇宙工学の.
astronave 女 宇宙船.
*__astronomía__ 女《天》天文学.
astronómico, ca 形 1《天》天文学の. 2（値段・数字が）天文学的な. ―cifras astronómicas 天文学的な数字.
astrónomo, ma 男女 天文学者.
astroso, sa 形 1（身なりなどが）汚らしい, みすぼらしい. 2卑劣な.
astucia 女 1抜け目なさ, 悪知恵, 悪賢いこと. 2悪巧み, 策略, 計略.
astur 形 1《歴史》アストゥル人の. 2→asturiano.
asturiano, na 形 アストゥリアスの, アストゥリアス人の. ―habla asturiana アストゥリアス方言. ―男 1アストゥリアス人（住民）, アストゥリアス出身者. 2アストゥリアス方言. ―男（レオン方言の）アストゥリアス方言.
Asturias 固名 1アストゥリアス（スペイン の自治州）. 2アストゥリアス（Miguel Ángel ～）(1899-1974, グアテマラの作家).
*__astuto, ta__ 形 1利口な, 明敏な, 抜け目のない. 2ずるい, 狡猾(こうかつ)な, 悪賢い. ―～ como un zorro キツネのようにずる賢い.
asueto 形 短い休暇, 休息.
asumir 他 1（責任・仕事）を引き受ける, とる, 負う. 2を受け入れる, 容認する, 認める. 3を獲得する, ...に達する.
Asunción 固名 1アスンシオン（パラグアイの首都）. 2(La ～)アスンシオン（ベネズエラの首都）. 3《女性名》アスンシオン.
asunción 女 1《雅》就任. 2即位式. 3(A～)《宗教》(聖母の)被昇天.
*__asunto__ [アスント] 男 1（何かに関する）事柄, 件; こと; 問題, 事件. ―Ese es otro ～. それは別問題だ. meterse en ～s ajenos 他人の事に口出しする. No es ～ mío. それは私の知ったことではない. 2（やるべき）仕事, 事務; 用事, 商売. ―～ personales [públicos] 私事[公務]. 3（絵・彫刻・演説などの）テーマ; 題材. 4（映画・文学作品などの）筋. 5《軽蔑》（秘めた）情事, 浮気, 恋愛関係. ―～ de faldas 女性問題, 女性スキャンダル.
asurar 他（暑さが）（作物）を枯らす.
asustadizo, za 形 臆病な, びくびくし た, おびえやすい.
*__asustar__ 他 1をおどかす, びっくりさせる, ...にショックを与える. 2をおびえさせる, おじけづかせる, こわがらせる. 3...のひんしゅくを買う, まゆをひそめさせる. ― se 再 [＋de/con/por に] 1びっくりする, たまげる, こわがる. 2おびえる, こわがる.
atabacado, da 形 タバコのような色をした.
atabal 男 1《音楽》1ティンパニー. 2（一本のばちで鳴らす）細長い小太鼓.
atabalear 自 1（指で）トントンたたく. 2（馬が速く走る時に）蹄(ひづめ)で地面を鳴らす.
atacado, do 形 1(→atacar) 形 1物怖(ものお)じした, 躊躇(ちゅうちょ)した. 2臆病な.
atacador 男 1（大砲に弾薬を詰める）込め棒[矢], 梁杖(さくじょう)（銃の内部を掃除するための細長い棒). 2（パイプに葉タバコを詰める）タンパー.
atacante 形 攻撃する. ―男女 攻撃する人.
*__atacar__[1] [アタカル] [1.1] 他 1 ...に襲いかかる. a)を攻撃する, 襲う, ...に襲いかかる. b)を論難する, ...に反論する. 2a)を害する; 損う. ―El tabaco atacará tus pulmones. タバコは肺に害がある. b)（病気などが）を（突然）捉える. ―La ha atacado una fuerte pulmonía. 彼女は重度の肺炎にかかった. c)（化学）を腐食する. 3...にとりかかる, を始める.
atacar[2] 他 を詰め込む; （弾薬）を装塡(そうてん)する.
atadera 女（ストッキング用の）靴下留め.
atadero 男 1つなぐもの. 2つなぐ箇所. 3（つなぐための）鉤(かぎ), ホック, 輪.
atadijo 男 1小さな包み. 2つなぐもの（ひも・縄など).
atado, da 過分[→atar] 形 1縛られた, 制限された. 2（人が）内気な. ―男 束(たば).
atador, dora 形 縛る, 束ねる. ―una máquina atadora 結束機.（農業用の)バインダー. ―名（穀物などの）束を作る人. ―女《農業》バインダー, 結束機.
atadura 女 1縛ること, 結ぶこと. 2結ぶためのもの（ひも, 縄). 3複 束縛, 拘束.
atafagar[1.2] 他 1（強い臭いが）息苦しくさせる, ぼうっとなる. 2（人）をしつこく悩ます.
ataguía 女《土木》1（河川工事用の）締め切り堰(せき). 2小さな堤防.
*__atajar__ 自 [＋por を通って] 近道する. ―他 1をせき止める, （火）を消す. ―el fuego 消火する. 2...の前に立ちふさがる. 3...の話を遮(さえぎ)る, 話の腰を折る.
atajo 男 1近道; てっとり早い方法. 2[＋de]《軽蔑》（人・物の）集まり, 群れ; （嘘・中傷などの）連発. ―un ～ de disparates 多くのでたらめ. 3（文書での）削除, カット; 分割. 4（フェンシングの）フェイント攻撃. ▶No hay atajo sin trabajo. [諺] 学問に王道なし.
atalaya 女 1望楼, 監視塔. 2見晴らし台. 3（物事を判断するのに）有利な立場[状況].
atalayar 他 を見張る, 監視する.
atañedero, ra 形 ...に関する, 属する.
atañer[2.7] 自 [3人称で][＋a に] ...に関する, 関係する. ▶en [por] lo que atañe a... ...に関しては.
*__ataque__ 男 1攻撃, 襲撃. ―aéreo 空襲. un ～ por sorpresa 奇襲攻撃. 2（言葉による）攻撃, （激しい）非難. ―

A

personal 個人攻撃. 3《医学》(病気の)発作; (感情などの)激発; ヒステリー. —～ al corazón 心臓発作. en un ～ de celos [de risa] 嫉妬に燃えて[おかしくて吹き出して]. 4《スポ》攻撃, アタック.

ataque(-), ataqué(-) 動 → atacar [1.1].

**atar 他 1〔+a に〕を結びつける, ゆわえつける, 縛る. —～ un caballo *al* tronco 馬を木の幹につなぐ. 2 a) を結ぶ. —～ los cordones de los zapatos 靴のひもを結ぶ. b) …にひもをかける. —～ un paquete 小包にひもをかける. 3 をまとめる, 関連させる. 4 を束縛する, 妨害する, じゃまする. —— 自 自由がきかない, 束縛が多い. —Los hijos *atan* mucho. 子どもはとても世話が焼ける. —— se 再 1〔+a に〕拘束される, しばられる. 2 (身に着けるものを)結ぶ; (体の一部をひもなどで)縛る. ▶ *atar corto a...* (人)をきびしく管理する, しっかりと押えつける. *atar de pies y manos a...* (1)(人)の手足を縛る. (2) 身動きをとれなくする.

atarantar 他 (人)を呆然(ぼうぜん)とさせる.

ataraxia 女《哲学》心の平静, 精神の安定.

atarazana 女 (軍艦の)造船所.

atardecer [9.1] 自〔3人称単数のみ〕日が暮れる. —— 男 夕方, 日暮れ.

atareado, da 形 (人が)多忙な.

atarearse 再〔+con/en に〕(人が)精を出す, 一所懸命になる.

atarjea 女 1 (水道管を保護する)レンガの覆い. 2 下水管.

atarugamiento 男 1 詰め込むこと. 2 満腹になること. 3 木片・木釘で固定すること.

atarugar [1.2] 他《話》〔+de を〕…に詰め込む; たらふく食べさせる. —～ el saco de patatas 袋にじゃがいもを詰め込む. —— se 再 1 たらふく食べる. 2《話》ぼうっとする, 呆然とする.

atascadero 男 1 ぬかるみ, 泥沼. 2 苦境.

atascamiento 男 →atasco.

*atascar [1.1] 他 1 を詰まらせる, 詰める, …に詰め物をする. 2 をじゃまする. —— se 再 1 詰まる. 2 a) はまりこむ, 動かなくなる. b) ことばに詰まる, 立ち往生する.

atasco 男 1 詰まること, つかえること, 滞ること. 2 妨害物, 障害. 3 交通渋滞.

**ataúd 男 棺桶(かんおけ), 柩(ひつぎ).

ataurique 男 浮き彫り細工.

ataviar [1.5] 他〔+con/de を〕(人)に着せて飾る. —— se 再〔+con/de で〕盛装する, 着飾る.

atávico, ca 形 1《生物》隔世遺伝の. 2 先祖から受け継いだ.

atavío 男 1 着飾ること, 盛装. 2〔単 または 複〕衣装, 装身具.

atavismo 男 1《生物》隔世遺伝, 先祖返り. 2 遺伝的本能, 先祖から受け継いだ習慣.

ataxia 女《医学》運動失調症. —～ locomotora 歩行運動失調.

*ateísmo 男 無神論; 無神論的行為[態度].

*ateísta 男女 無神論者. —— 形 無神論(者)の, 無神論的な.

atelaje 男〔集合的に〕1 引き馬の馬具一式. 2 (砲車の)引き馬.

atelectasia 女《医学》無気肺.

atemorizar [1.3] 他 (人)を怖がらせる, おびえさせる. —— se 再 怖がる, おびえる.

atemperación 女 1 (感情などを)和らげること, 抑制. 2 適合させること.

atemperar 他 1 (感情などの激しさ)を和らげる. 2〔+a に〕を適合させる. —— se 再 和らぐ.

atemporal 形 →intemporal.

atenacear 他 →atenazar.

Atenas 固名 アテネ(ギリシャの首都).

atenazar [1.3] 他 1 (ペンチなどで)を締め付ける. 2 (人)を拷問する. 3 (感情などが)(人)を苦しめる.

***atención [アテンシオン] 女 1 注意(力), 注目; 入念さ. —atraer la ～ 注意を引く. ¡Gracias por su ～! ご清聴ありがとうございました. 2〔主に 複〕心づくし, 配慮; 敬意. 3 (お客への)応対. —horario de ～ al público 営業[受付]時間. ▶ *atención primana*《医学》初期診療[手当]. *a la atención de...* (手紙で)…(様)宛に. *en atención a...* を考慮[配慮]して, に留意して. *toque de atención* 警告. —— 間 1 (危ない)気をつけろ; (アナウンスで)皆さまにお知らせします; (荷物の張紙で)取扱い注意. —¡A～ a los pies! 足元に注意. 2《軍事》(軍隊で)気をつけ!

***atender [アテンデル] [4.2] 自〔+a に〕1 注意を払う, を傾聴する. 2 …の世話をする, 接待をする. —¿Le *atienden* ya? ご用を伺っておりますでしょうか. 3 …に応じる, 応(こた)える. —～ *al* pedido. 注文に応じる. —— 他 1 …の世話をする, 面倒をみる, …に応待する. —～ a los enfermos 患者の面倒を見る. 2 a) …に耳をかす, を聞き入れる, 考慮に入れる. —～ los consejos 忠告に耳をかす. b) …に応じる, 応(こた)える. 3 …に身を入れる, 精力を注ぐ.

atendible 形 考慮に値する. —una razón ～ 傾聴すべき理由.

ateneísta 男女 文芸協会会員.

*ateneo 男 文芸[学芸]協会; その組織, 建物.

atenerse [10.8] 再〔+a 規則などに〕従う, 順守する; (結果を)甘受する.

ateniense 形 アテネ(Atenas)の. —— 男女 アテネの住民[出身者].

*atentado 男 1 謀殺, (生命・資産等を狙った)テロ行為, テロ事件, 襲撃. —～ suicida 自爆テロ. ～ terrorista テロ行為. 2〔+contra に対する〕侵害, 侵略, 侵害[侵略]行為.

atentamente 副 1 注意深く. 2 a) 丁重に, 礼儀正しく. b) (手紙で)(A～)敬具.

atentar — atlántico

atentar 自 **1**〚+ contra を〛乱す, 背く, 侵害する. **2**〚+ a/contra を〛襲撃する.

atentatorio, ria 形〚+ contra を〛侵害する.

:atento, ta 形〚+ a に〛注意深い, 気をつけている. **2**〚+ con に対して〛親切な, 思いやりのある; 丁寧な. ▶ *su atenta (carta)* お手紙, 貴書(相手の手紙に対する)丁寧語. 商業文での略記. su atta. *(Quedo) su atento y seguro servidor* (主に商業文で)敬具〚略語 s.a. s.s.〛.

atenuación 女 緩和, 軽減.

atenuante 形 和らげる, 軽減する. —*circunstancias* ~s〚法律〛情状酌量. —男/女〚主に複〛〚法律〛情状酌量.

atenuar [1.6] 他 **1** を和らげる, 軽減〔緩和〕する. **2**〚法律〛(罪などを)軽減〔酌量〕する. — **se** 再 和らぐ, 弱まる.

:ateo, a 形 無神論(者)の. —名 無神論者.

aterciopelado, da 形 ビロードのような.

aterimiento 男 凍(ミ)え. —*causar* ~ 凍えさせる.

aterir [7] 他 を凍(ミ)えさせる〚不定詞と過去分詞のみ用いる欠如動詞〛. — **se** 再 凍える; かじかむ. —~ *se de frío* 寒さで凍える.

ateroma 男〚医学〛アテローム.

aterotrombosis 女〚単複同形〛〚医学〛アテローム性血栓症.

aterrador, dora 形 恐ろしい.

aterrar[1] [4.1] 他 **1** を倒す. **2** …に土をかぶせる.

aterrar[2] 他 →aterrorizar.

aterrizaje 男 着陸. — *forzoso* 不時着. *tren de* ~ (飛行機の)車輪. — *de emergencia* 緊急着陸.

aterrizar [1.3] 自 **1** (飛行機などが)着陸する. **2** (人が)予告なしにやってくる. **3**〚話〛理解する; 気づいてやってくる.

aterronarse 再 (土などが)塊(診)になる.

aterrorizador, dora 形 恐ろしい.

aterrorizar [1.3] 他 (人を)怖がらせる, おびえさせる. — **se** 再〚+ con で〛怖がる.

atesoramiento 男 **1** 蓄財. **2**(文化財などの)所蔵.

atesorar 他 **1** (お金・財産)を蓄える. **2** (文化財など)を所蔵する. **3** (才能など)を持つ.

atestación 女 証言(すること).

atestado 男〚法律〛証明書; 調書.

:atestar [4.1] 他 **1**〚+ de で〛をいっぱいにつめる, ぎゅうぎゅう詰めにする; 満員にする. **2**〚+ de で〛を満腹させる. — **se** 再〚+ de で〛いっぱいになる, いっぱいに詰まる; 満腹する.

atestiguar [1.4] 他 **1** を(証人として)証言する, を証明する, を証拠立てる, 立証する.

atetosis 女〚単複同形〛〚医学〛アテトーシス.

atezado, da 過分 〚→atezar〛 形 日に焼けた, 肌が褐色になった.

atezar [1.3] 他 **1** (特に太陽が)(肌)を褐色にする, 日焼けさせる. **2** を滑らかにする.

atiborrar 他 **1**〚+ de で〛を詰め込む, 押し込む. **2** を満たす. — **se** 再〚+ de で〛満腹になる. **2** …で一杯になる.

aticismo 男〚雅〛簡潔で典雅な表現.

ático, ca 形 **1** (ギリシャの)アッティカ(Ática)の. **2** 機知に富んだ. **3** 洗練で優雅な. —男 **1**〚歴史, 言語〛(古代ギリシャ語の)アッティカ方言. **2**〚建築〛屋根裏部屋; ペントハウス.

atiend- 動 →atender [4.2].

atiesar をぴんとさせる; (ひげなどを)固める.

atigrado, da 形 虎縞模様の. —*gato* ~ 虎縞のネコ.

atildado, da 形 **1** めかし込んだ, 上品な. **2** (文章などが)凝った.

atildamiento 男 めかし込むこと.

atildar 形 (人)をごてごてと着飾らせる. — **se** 再 めかし込む.

atinado, da 過分 〚→atinar〛 形 適切な, 的確な.

:atinar 自 **1**〚+ con を〛(ふと・幸運にも)見つける, 見つけ出す. **2**〚+ con/en を〛言い当てる, わかる. **3**〚+ a/con/en; 現在分詞〛正しい行いをする. 正しい, 正解である. **4**〚+ con に〛の中させる. 命中させる. — *en* el blanco 的に命中させる.

atingencia 女 関連.

atípico, ca 形 非典型的な, 型破りの.

atiplado, da 過分 〚→atiplar〛 形 (声が)甲高い, 金切り声の, (音が)高い. —*voz atiplada* 甲高い声.

atiplar 他 (楽器など)の音を高くする. — **se** 再 (音が)高くなる.

atirantar 他 **1** (テントなど)をぴんと張る. **2** (関係など)を緊張させる, 緊迫させる.

atisbar 他 **1** をのぞく, こっそり観察する. **2** …がおぼろげに見える, なんとか見える. — **se** 再 おぼろげに見える.

atisbo 男 **1** しるし, 兆候, 兆し. **2** 監視, 見張り.

Atitlán 固名 *(Lago de* ~*)* アティトゥラン湖(グアテマラの湖).

atiza 間 うわあ, こりゃおどろいた.

atizador, dora 形 **1** (火を)かき立てる. **2** (喧嘩などを)あおり立てる, 扇動する. —男 火かき棒.

atizar [1.3] 他 **1** (火)をかき立てる. — ~ *el fuego* 火をかき立てる. **2**〚話〛の激情をあおる, (不和などを)つのらせる. **3** (一撃を)与える, くらわせる. — ~ *una patada* 足蹴にする. — 再〚話〛を過食〔飲〕する, 食べ〔飲み〕過ぎる.

atlante 男〚建築〛男像柱.

Atlántico 固名 *(el Océano* ~*)* 大西洋.

atlántico, ca 形 **1** 大西洋の. —*costa atlántica* 大西洋岸. **2** アトラス山脈

Atlas 固名 1 《ギ神》アトラス(地球を両肩にかつぐ巨人神). 2 (Cordillera de ~)アトラス山脈(アフリカ北部の大山脈).

atlas 男 《単複同形》 1 地図帳. 2 図鑑, 図解集. 3 《解剖》環椎(かんつい), 第一頚椎(けいつい).

atleta 男女 《スポ》(主に)陸上(競技)選手, 運動選手, スポーツマン. — de decatlón 十種競技選手. ▶ *pie de atleta* 《医学》(足にできる)水虫, 汗疱状白癬(かんぽうじょうはくせん). — 男 (古代ギリシャ・ローマの)競技[闘技]者.

atlético, ca 形 《スポ》運動[陸上]競技の, 運動[陸上]選手の. —ejercicios ~s 運動. pruebas *atléticas* 陸上競技. 2 筋骨隆々の, 頑健な.

atletismo 男 《スポ》運動[陸上]競技.

atmósfera 女 1 (地球を取巻く)大気(圏), 空気(天体を取巻く)ガス体. 2 (特定の場所内の)空気. —ventilar la ~ de la habitación 部屋の空気を入れ換える. 3 雰囲気, 気分; 情況, 環境. — amistosa [acogedora] 和やかな雰囲気. 4 《物理》気圧.

atmosférico, ca 形 大気の, 大気中の.

atoar 他 《航海》(船)を引っ張る, 曳航(えいこう)する.

atocha 女 《植物》アフリカハネガヤ, エスパルト.

atocinar 他 1 をベーコンにする. 2 (豚)を切り裂く. 3 (人)を殺す. — se 再 1 太りすぎる. 2 怒る.

atol 男 →atolón.

atole 男 《中米》トウモロコシの粉を水や牛乳でといた飲料.

atolladero 男 1 ぬかるみ, 泥沼. 2 窮地, 難局.

atollarse 再 ぬかるみにはまる; 立往生する.

atolón 男 環礁(かんしょう).

atolondrado, da 過分 [→ atolondrar] 形 軽率な; 呆然とした.

atolondramiento 男 困惑, 呆然とすること.

atolondrar 他 (人)を困惑させる, 呆然とさせる. — se 再 困惑する, 呆然となる.

atómico, ca 形 原子の. —energía *atómica* 原子力. 2 原子力の, 原子力利用の. —bomba *atómica* 原子爆弾. país [potencia] ~ 核(兵器)保有国.

atomismo 男 《哲学》原子論.

atomización 女 原子化; 粉砕; 霧状にすること.

atomizador 男 噴霧器, スプレー.

atomizar [1.3] 他 1 を微粒子化する, 霧状にする. 2 を粉砕する, ばらばらにする. — se 再 (物理的に)霧状(さんじょう)になる, ばらばらになる.

átomo 男 1 (物理化学)原子. — gramo [複 ~s gramo] グラム原子. 2 《話》微量, かけら; 《否定語を伴って》少しも [微塵も] (~ない). —no tener ni un *átomo de sentido común* 常識のひとか

けらもない.

atonal 形 《音楽》無調の. —música ~ 無調音楽.

atonalidad 女 《音楽》無調(性).

atonía 女 1 無気力, 活力の欠如. 2 《医学》弛緩(しかん)症, アトニー. — *gástrica* 胃アトニー, 胃弛緩症.

atónito, ta 形 [+ con/de/por に]びっくり仰天した.

átono, na 形 《言語》無強勢の, アクセントのない.

atontado, da 形 ぼんやりした, ぼうっとなった.

atontamiento 男 1 ぼうっとなること. —producir ~ a ... (人)をぼうっとさせる. 2 ぼけること.

atontar 他 1 (人)をぼうっとさせる. 2 (人)をぼけさせる.

atontolinar 他 →atontar.

atopia 女 《医学》アトピー.

atópico, ca 形 アトピー性の. —dermatitis *atópica* アトピー性皮膚炎.

atorar 他 を詰まらせる, ふさぐ. — se 再 1 詰まる. 2 言葉に詰まる.

atormentar 他 (人)を拷問にかける; 苦しめる, 痛めつける.

atornillador 男 《中南米》ドライバー, ねじ回し.

atornillar 1 をねじで締める. 2 (人)に圧力をかける. — 自 (ねじが)締まる. — se 再 (地位などに)居座る.

atoro 男 1 詰まること. 2 窮地.

atorrante, ta 名 《南米》《軽蔑》 1 浮浪者. 2 恥知らず.

atosigamiento 男 せきたてること; 焦り.

atosigar [1.2] 他 1 (人)をせきたてる, 焦らせる. 2 (人)に迷惑をかける. 3 に毒を盛る. — se 再 心配する.

atrabancar [1.1] 他 を急いでとびこえ乗り越える.

atrabiliario, ria 形 (人が)怒りっぽい, 短気な, かんしゃく持ちの.

atrabilioso, sa 形 →atrabiliario.

atrabilis 女 1 《医学》黒胆汁. 2 短気な性格.

atracadero 男 桟橋(さんばし), 船着き場.

atracador, dora 名 強盗.

atracar 他 1 《海事》を接岸[接舷]させる, 係留する. 2 に強盗を働く, を襲撃する. 3 [+ de に]をたらふく食わせる, 満腹にさせる. 4 《チリ》を殴りつける; 抱きつく. — 自 (船が)停泊する, 接岸[接舷]する. — se 再 [+ de に]たらふく飲食する.

atracción 女 1 引きつけること, 引き寄せること; 《物理》引力. — *universal* 万有引力. 2 魅力的なこと[もの]; 魅力. 3 [主 複] 出し物, 演目; アトラクション. 4 (遊園地など娯楽施設の)乗り物, 施設, 装置. 5 (行事や集会の)注目の的, 主役, 華(はな). ▶ *parque de atracciones* 遊園地.

atraco 男 強盗, 強奪.

atracón 男 1 《話》たらふく食べること, 飽食. —darse [pegarse] un ~ de ... を

atractivo, va 形 **1** 人を引きつける, 魅力的な. **2**（物事を引きつける）引力のある. —— 男 魅力, 人を引きつける力.

atraer [10.4] 他 **1** 引き寄せる, 引きつける；吸いつける. ～ las miradas 人目を引きつける. **2** 魅惑する, 魅了する. **3** 引き起こす, 惹起（じゃっき）する. —— **se** 再 ［＋a の］心をとらえる, 引きつける.

atrafagar(se) 自再 精を出す；疲れ切る.

atragantarse 再 **1** 喉が詰まる. **2** 口ごもる, 言葉を詰まらせる. **3**（人を）気に入らない,（人・事物）が苦手である.

atraillar 他（犬）を紐でつなぐ.

atrampare 再 **1** わなにはまる. **2**（管）が詰まる. **3**（ドアの掛け金が）動かなくなる.

atrancar [1.1] 他 **1**（ドア・窓）にかんぬきをかける. **2**（管）を詰まらせる；（道を）遮断する. —— **se** 再 ［＋en に］内側から鍵をかけて閉じこもる.

atranco, atranque 男 障害, 難局.

atrapamoscas 男 【植物】ハエトリグサ.

atrapar 他 **1** 捕らえる, つかまえる. **2** 獲得する, まんまと手中に収める. **3** 欺く, ごまかす.

atraque 男 **1**（海事）（船の）接岸. **2** 桟橋(さんばし).

atrás ［アトラス］副 **1** 後ろに[へ], あとに[へ], 背後に[へ]. —ir ～ 後ろへ下がる, 後戻りする；後ろについて行く. dar un paso ～ 一歩後ろへ下がる；後退する. mirar hacia [para] ～ 後ろをふり返る. ¡A～! 後ろへ下がれ, 反れ. con las manos cogidas ～ 手を後ろに組んで. **2** 後部に[の]；奥に[へ]. **3**（時間を）さかのぼって, 以前に.（現在では過去の時点より以前に, 以前に. —tres años ～ 3年前. años ～ 何年も前に. ▶ **de atrás** 後ろの, 後部の；奥の. —ruedas de atrás 後輪. **dejar atrás** 追い抜く, 置き去りにする. **echarse para atrás** 前言を翻す；約束に背く. **estar muy atrás**（発達・流行などの上で）遅れている. **marcha atrás** 後退,（車の）バック. —hacer [dar] marcha atrás 後退[バック]する. **quedarse atrás** 後に残る, ついて行けなくなる. **venir de atrás** (1) 後ろから来る. (2) 昔にさかのぼる. **volverse atrás** 引き返す；約束に背く.

atrasado, da 過分 [→atrasar] 形 **1** ［estar＋］（時間に）遅れた. —Tengo sueño ～. 私はこのところあまり寝ていない. **2** ［estar＋］（進度が）遅れた.

atrasar 他 **1** を遅らせる, 遅くする. **2** を延期する. —— 自 遅れる. —— **se** 再 **1** 遅れる, 延着する, 遅刻する. **2** 支払などが滞納する.

atraso 男 **1**（時間・進度の）遅れ, 遅滞. —llevar ～ 遅れている. **2** 複 滞納金, 未納金. **3** 遅れていること.

atravesado, da 過分 [→atravesar] 形 **1** 横切った, 横断した. **2** 貫通した. **3** 悪意のある, 意地の悪い, 根性の曲がった. ▶ **tener atravesado** …に反感を持つ, いやだと思う.

atravesar ［アトラベサル］[4.1] 他 **1 a)** を横切る. 渡る, 越える. —～ la calle [el río] 通り[川]を横断する. **b)** を置いてさえぎる. —autobuses en la carretera 道路にバスを並べて通行を遮断する. **2 a)** を貫く, 貫通する；…にしみとおる. **b)**（心）をよぎる. **3** を経過中である. —— **se** 再 **1 a)**（横切って）横たわる, 遮る, たちはだかる. **b)**（不祥事が）起こる. **2** 刺さる. **3** ［＋en に］干渉する, 介入する, 話の中に割って入る. **4** 鼻持ちならない, 気に入らない, 不愉快になる.

atravies- 動 →atravesar [4.1].

atrayente 形 引きつける；人を引きつける, 魅力的な.

atresia 女【医学】閉鎖症. —～ pulmonar 肺動脈閉鎖症.

atreverse ［アトレベルセ］再 ［常に再帰形で］**1** ［＋a］思い切って…する；厚かましくも…する. **2** ［＋con］とかかかる,（を）始める；平らげる.

atrevido, da 過分 [→atreverse] 形 **1** 大胆な, 冒険的な, 無謀な. —— chistes ～s きわどい冗談. **2** 不遜な, 横柄な, 厚かましい. —— 名 **1** 大胆な人, 冒険的な人, 向こう見ずな人. **2** 不遜な人, 横柄な人, 厚かましい人.

atrevimiento 男 **1** ずうずうしいこと, 厚かましいこと；大胆. **2** 厚かましい[不遜な]言動, 横柄な態度.

atrezo 男（映画, 演劇）大道具, 道具.

atribución 女 **1** ［＋a に］帰すること, 帰属. **2** 主に複 権限, 職権.

atribuir [11.1] 他 ［＋a に］**1** を帰する,（原因などが）あるとする, を（…の）せいにする. —～ un robo a un empleado 社員を盗難の犯人とみなす. **2** を授与[付与]する, を与える. —— **se** 再 **1** を自分のせいにする：自分のものとする. **2** ［＋a に］帰せられる,（…の）ものとされる. —Este cuadro se atribuye a Zurbarán. この絵はスルバランの作とされている.

atribulación 女 心痛.

atribular 他（人）を精神的に苦しめる, 悩ます. —— **se** 再 心を苦しめる, 悩む.

atributivo, va 形【言語】（形容詞などの修飾が）限定的な, 属性を示す.

atributo 男 **1** 属性, 特性, 特質. —— del archivo【情報】ファイル属性. **2**（身分・身分などの）象徴, しるし, 持ち物. **3**【言語】属詞, 属語, 限定辞（句）（形容詞など）. **4**【論理】濱辞(ひんじ).

atrición 女【宗教】（神の罰の恐れからくる）痛悔.

atril 男 譜面台, 書見台.

atrincar 他【中南米】を縛り上げる；抑えさせる.

atrincheramiento 男【軍事】**1** 塹壕(ざんごう)で固めること. **2**【集合的に】塹壕.

atrincherar 他【軍事】を塹壕で

atrio 固める. —**se** 再 [+ en/tras] (…で)身を守る. 立てこもる. —~ *en el mutismo* 黙りこくって返事をしない. **2**《軍事》(塹壕などに)立てこもる.

atrio 男 **1**《建築》アトリウム(四方を柱廊で囲まれた中庭); 中庭. **2**《建築》(教会などの)前廊, 玄関.

atriquia 女《医学》無毛(症).

atrocidad 女 **1** 残虐さ; 残虐行為. **2**《主に複》《話》暴言. **3** でたらめ. **4**《話》あまりにひどいこと. 度外れの異常さ, 無謀. **5** [una] ~ 《話》《副詞的に》ひどく, すごく.

atrofia 女 **1**《医学》萎縮(いしゅく)症. —~ *muscular* 筋萎縮症. **2** 衰退.

atrofiar 他 **1**《医学》を萎縮(いしゅく)させる. **2** を衰退させる. —*los músculos* 筋肉を衰退させる. **2** を衰える.

atronado, da 過分 [→ atronar] 形 そそっかしい. 軽率な.

atronador, dora 形 (音や声が)耳をつんざくような.

atronar [5.1] 他 **1**(轟音が)(場所に)鳴り響く. **2**(轟音が)(人)の耳をつんざく, (人)をぼうっとさせる. —自 鳴り響く.

atropar 他 を一団にまとめる. **2**(収穫した)穀物を束にする.

atropellado, da 過分 [→atropellar] 形 あわてふためいた. 急いでいる.

atropellar 他 **1** を轢(ひ)く, 踏みつける; を押し倒す. **2** をふみにじる, 蹂躙(じゅうりん)する; を無視する. **3** を侮辱する, 罵倒する, 口汚くののしる. **4** をやっつけ仕事で片付ける. **5**(精神的に)打ちのめす, …に精神的打撃を与える, を苦しめる. —**se** 再 **1** ひしめきあう, 殺到する. **2** あわてふためく; せきこんで話す, 早口でしゃべる.

atropello 男 **1**(車が)轢(ひ)くこと, 轢くこと; 踏みつけ. **2** [+ contra a] 蹂躙(じゅうりん), 侵害, 違反. —~ *de los derechos humanos* 人権蹂躙. **3**(職権乱用による)侮辱, 無礼, 虐待.

atropina 女《化学》アトロピン(鎮痙(けい)などに用いる).

atroz 形[複 atroces] **1** ひどい, ひどく悪い; ものすごい. **2** おそろしく大きい, ばかでかい. **3** 恐ろしい, 残虐な, 非道な.

atrozmente 副 **1** 残虐に, 残酷に, むごたらしく. **2** 実にひどく, ものすごく.

atuendo 男 装い, 服装. —~ *deportivo* スポーツウェア.

atufar 他 **1**(人)を悪臭で不快にする, (人)に中毒を起こす. **2**(人)をいらいらさせる. —自 **1** 悪臭を放つ. **2**《軽蔑》[+ a] …気味である, …臭い. —**se** 再 **1**(悪臭で)気分が悪くなる. **2**(人)が怒る.

atún 男 [複 atunes]《魚類》マグロ(鮪).

atunero, ra 男女 マグロ売り. —男《漁業》マグロ漁師. **2** マグロ漁船.

aturdido, da 形 **1**(人)がそわそわしている. **2** [estar/quedar + 3](人)が呆然として.

aturdimiento 男 **1** 困惑[当惑](すること). **2** そそっかしいこと, 軽率さ.

aturdir 他 を茫然(ぼうぜん)とさせる. 唾然(だぜん)とさせる. 眩惑(げんわく)する. —**se** 再 茫然となる, 唖然となる.

aturquesado, da 青緑色の, ターコイズブルーの.

aturrullamiento 男 (頭が)混乱すること.

aturrullar 他 (人の)頭を混乱させる. —**se** 再 頭が混乱する.

aturullamiento 男 → aturrullamiento.

aturullar 他 →aturrullar.

atusar 他 (髪・ひげ)を手[くし]でなでつける. —~ *el bigote* 口ひげを手でなでつける.

audacia 女 **1** 大胆不敵, 勇敢さ; 大胆な行為. **2** 厚かましさ, 図々しさ. **3** 斬新さ, 新機軸.

audaz 形 [複 audaces] **1** a) 大胆な, 思い切った. b) 向こう見ずな, 無謀な. **2** 厚かましい, ずうずうしい. —名 大胆な人, 向こう見ずな人; ずうずうしい人.

audibilidad 女 聞き取りが可能なこと, 可聴度.

audible 形 聞き取れる.

audición 女 **1** 聞くこと, 聴取. **2** 聴覚, 聴力. **3** コンサート, リサイタル. **4** オーディション.

audiencia 女 **1**(国王・王女・高官などの)謁見(えっけん), 接見, 引見. —*conceder* [*dar*] ~ *a…*(人)に謁見を許す, 接見する. **2**《放送》聴衆者, 聴衆; 観客; 視聴率. —*el programa de mayor* ~ 最高視聴率番組. *tener mucha* ~ 視聴率が高い. **3**(A~)《法律》裁判所, 法廷; 司法管区. —~ *provincial* [*territorial*] 地方[高等]裁判所. *la A* ~ *Nacional* 全国管区裁判所(全国的の規模の事件を扱うスペインの高等裁判所). **4**《法律》(法廷での)審問. —~ *pública* 公判. *sala de* ~ 法廷. *hacer* ~ 裁判を行う. **5**《法律》(建物・場所としての)裁判所.

audífono 男 **1** 補聴器. **2**《中南米》イヤホーン.

audimetría 女 **1**(テレビなどの)視聴率測定. **2** 聴力測定.

audio 男 オーディオ. —*aparatos de* ~ オーディオ機器. —形 オーディオの. —*técnica* ~ オーディオ技術.

audiofrecuencia 女《電気》可聴周波数.

audiolibro 男《情報》オーディオブック.

audiometría 女 聴力検査.

audiómetro 男 聴力測定器.

audioprótesis 女 [単複同形] 聴覚器官補綴; 補聴器.

audioprotesista 男女 補聴器士.

audiovisual 形 視聴覚の, オーディオビジュアルの. —*educación* [*enseñanza*] ~ 視聴覚教育.

auditar 他 …の会計を監査する.

auditivo, va 形 耳の, 聴覚の, 聴力の. —*conducto* ~ (解剖)耳道, *nervio* ~ 聴神経. *sensación auditiva* 聴覚.

auditor 男 **1** 司法官 **2**(企業の)会計監査官.

auditoría 女 **1** 司法官の職. **2**(企業の)会計監査の職. **3** 会計監査事務所. **4** 会計監査の報告書; 会計監査.

auditorio¹ 男 **1**(集合的に)(特にコンサート・講演の)聴衆, 観衆. **2**(式典・コンサート用の)講堂, ホール, 公会堂. **3**(劇場の)観客席.

auditorio², ria →auditivo.

auditórium 男 講堂, ホール.

auge 男 **1** 絶頂, 頂点, 極み. —Ella está en el ～ de su belleza. 彼女は今美しい盛りだ. **2**《商業》ブーム, 繁栄, 好景気. **3**《天文》遠地点.

augur 男《歴史》(古代ローマの)ト占(ﾎﾞｸ)官.

augurar 他 **1** を予言する. **2** …の前兆を示す.

augurio 男 前兆, 兆候.

Augusto 固名 アウグストゥス (César Octavio ～)(前63- 後14, 初代ローマ皇帝, 在位前27- 後14). **2**《男性名》アウグスト.

augusto, ta 形 威厳のある, 荘厳な; 高貴な(王族への敬語として用いる). —la *augusta* pareja 国王[親王]御夫妻. —男 **1** 道化師, ピエロ. **2**《歴史》ローマ皇帝の尊称.

aula(直前の単数女性冠詞は el)女 **1** 教室, 講義室. —～ *magna* 大教室. **2**《詩》御殿.

aulaga 女《植物》ハリエニシダ.

áulico, ca 形《歴史》宮廷の. —名《歴史》宮廷人.

aullador, dora 形(犬・オオカミが)遠吠えする.

aullar [1.8] 自(犬などが)吠(ﾎ)える, 遠吠えする; (風が)うなる.

aullido, aúllo 男 **1**(狼などの)遠吠え. **2**(苦痛などの)うめき声; (風のうなり声.

aumentar[アウメンタル]他 **1** を増す, 増加させる, ふやす. —～ *la velocidad* 速度を上げる. **2** を上げる, 値上げする, 高める. —～ *el sueldo* 給料を上げる. **3** を拡大する. —自 **1**《+de》を増す, 増加する, 拡大する. **2** ふえる. —**se** 再 **1** 増す, 増加する, 拡大する, ふえる. **2** ふえる.

aumentativo, va 形《言語》拡大辞の. —*sufijos* ～*s* 拡大接尾辞. —男《言語》拡大辞.

aumento 男 **1** 増大, 増加; 増量. —～ *de población* 人口増加. **2**(物価などの)上昇, 値上がり, 値上げ. —～ *de precios* 物価の上昇, 値上がり. **3**《光学》拡大, 倍率. **4**《中南米》(手紙での)追伸.

aun[アウン]副 **1** …さえ, …でも, …すら. —～ *en pleno verano* 真夏でさえ. **2**《+現在分詞, 過去分詞》…だけれども, …なのに; たとえ…でも. —*A*～ *estando enferma siguió trabajando*. 彼女は病気だったが, 働き続けた. ▶ *aun cuando*(1)《+接続法》たとえ…でも. (2)《+直説法》…にもかかわらず, …の時でも. *aun así* それでもなお, たとえそうとし

ても. *aun si*(1)《+直説法》たとえ…でも. (2)《+接続法過去・過去完了》たとえ…だとしても《非現実的仮定》. —*A*～《+現在分詞》…さえ…ではない. (2)《+現在分詞, 過去分詞》たとえ…でも…ではない. —*Ni aun yendo en taxi, llegarás a tiempo*. タクシーで行っても君は間に合わないだろう. *ni aun así* それでもなお…ではない.

aún[アウン]副 **1** まだ, なお, いまだに. —*A*～ *es pronto*. まだ早い. **2**《*no* の前で》まだ…(ではない). —*A*～ *no han salido*. まだ彼らは出発していない.

aun- 動 →aunar[1.8].

aunar[1.8] 他 **1** を一つにする, 結合する. —～ *esfuerzos* 力を合わせる. —**se** 再 一つになる, 結合する.

aunque[アウンケ] 接 **1**《逆接 +直説法》(実際に)…だが. だけれど. —*Aunque no va él, yo sí iré*. 彼は行かないけれど, 私は行きます. **2**《譲歩, +接続法》たとえ…でも, …であるかもしれないが. —*Aunque llueva mañana, partiremos*. 明日雨が降っても, 私たちは出発します. **3**《追加・補足の, +直説法》とは言っても, ただし…. —*No he visto el museo, aunque sí otras cosas*. 私は美術館は見なかったが, 他の物なら見た. ▶ *ni aunque*《+接続法》たとえ…であっても.

aúpa 間《幼》肩車して, 抱っこして; それ, がんばれ. ▶ *de aúpa*《話》(1) すごい, ひどい. (2) 気難しい, 要注意の.

aupar[1.8] 他 **1**(人)を抱き上げる. **2**《+a》(人)を押し上げる; (ほめて人)を持ち上げる. —*Lo auparon al poder*. 彼に権力の座に押し上げられた. —**se** 再 上にあがる.

aura 女《直前の単数女性冠詞は el》 **1** 霊気, オーラ. **2**《詩》そよ風, 微風. **3**《医学》(てんかんの発作などの)前兆.

áureo, ea 形《詩》金色の, 黄金の. —*Siglo A*～ 黄金世紀の. —男《歴史》ローマ時代の金貨.

aureola 女《宗教》(神が聖人に与える)天上の宝冠; (聖像の)後光, 光背. **2**(天文》(月などの)かさ. **3** 栄誉, 名声.

aureolar 他 **1**(人)を後光で包む. **2**(人)を栄光で包む.

aureomicina 女《医学, 薬学》オーレオマイシン(抗生物質).

áurico, ca 形《医学》(心臓の)心耳の, 金を含む.

aurícula 女 **1**《解剖》(心臓の)心耳, 心房. **2**《解剖》外耳(ﾒ), 耳たぶ. **3**《植物》耳状葉. **4**《植物》アツバタケリウ.

auricular 形 聴覚の; 耳の. —*lesión* ～ 聴覚障害. —形《医学》心耳の. —男 **1** 受話器; イヤフォン; 《両耳用のイヤフォン, ヘッドフォン. **3** 小指.

auriense 形 オレンセ (Orense)の. —男女 オレンセの人.

aurífero, ra 形 金を含む, 金を産出する. —*yacimiento de mineral* ～ 金の

鉱脈.

auriga 男 1 〔歴史〕(競争用二輪馬車の)御者(ﾋﾞ). 2 (A~) 〔天文〕御者座.

auriñaciense 形 〔考古〕オーリニャック文化の. —男 (A~) オーリニャック文化.

Auròra 固名 〔ロ神〕アウローラ[オーロラ](曙)の女神.

auròra 女 1 曙(ﾋﾞ), 曙光(ｼﾞ); 明け方. 2 〔気象〕オーロラ, 極光. —~ austral [boreal] 南極[北極]光. 《文》初め, 初期, 黎明(ﾚｲ)期. —~ de la civilización 文明の夜明け.

auscultación 女 〔医学〕聴診.
auscultar 他 〔医学〕聴診する. 2 を探る.

ausencia 女 1 不在, 留守, 欠席, 欠勤. 2 不在[欠席, 欠勤]期間, 留守の間. —en tu ~ 君の留守中に. 3 [+ de の] 欠如, 不足, ないこと. —~ de buen sentido 良識の完全な欠如. 4 〔法律〕失踪(ｿｳ), 行方不明. 5 放心(状態), 上の空, ぼんやり. 6 〔医学〕(一時的な)記憶喪失, 度忘れ; 欠伸癲癇(ﾎｯ)などによる一時的な軽い意識喪失. ● **brillar por su ausencia** …がない[いない]のがとても目立つ. **en ausencia de ...** …がいない時には(は), …の留守中に, …がない[いない]ので.

ausentarse 再 1 留守にする. 2 [+ de を] 欠席[欠勤]する, 留守にする.

ausente [アウセンテ] 形 1 [+ de の] 欠席の, 欠勤の, 不在の. 2 [+ de](場所・人から)離れて, 留守の; 在外の. 3 〔法律〕失踪した, 行方[生死]不明の. —男 1 欠席者, 欠勤者, 不在者. 2 〔法律〕失踪者.

ausentismo 男 1 不在地主制, 地主の長期不在. 2 欠勤の多いこと.

auspiciar 他 1 を予言する. 2 〔中南米〕を後援する, 援助する.

auspicio 男 1 〔主に複〕兆し, 前兆, 前触れ, 吉兆. 2 〔時に複〕後援, 賛助, 保護. 3 予言, 占い.

auspicioso, sa 形 幸先(ﾔﾚﾋ)の良いこと, 吉兆の.

austeridad 女 1 厳格, 厳粛, 厳しいこと. 2 質素, 簡素, 節制.

*au**stero, ra** 形 1 厳格な, 厳しい. 2 簡素な, 無駄のない, 禁欲的な.

austral 形 南の, 南方の, 南部の. —hemisferio ~ 南半球. —男 アルゼンチンの旧通貨単位.

Australia 固名 オーストラリア連邦(首都 Canberra).

australiano, na 形 オーストラリア(人)の. —名 オーストラリア人.

australopiteco 男 (人類学の)アウストラロピテクス.

Austria 固名 オーストリア(首都ウィーン Viena).

austríaco, ca 形 オーストリア(人)の. —名 オーストリア人.

austro 男 〔文〕南風.

autarquía 女 1 〔政治〕独裁政治. 2 〔経済〕自給自足制度, 自給自足の.

autárquico, ca 形 1 〔政治〕独裁制の, 専制政治の. 2 〔経済〕自給自足の.

autenticar 他 1 〔聖書などが本物であることの〕証明書. 2 謄本.

autenticación 女 認証.
autenticar [1.1] 他 → autentificar.

autenticidad 女 本物であること, 真正であること; 真実性, 信憑(ﾋﾟｮｳ)性.

*au**téntico, ca** 形 1 本物の, 真の, 正真正銘の. —Es un Goya ~. それは本物のゴヤの絵だ. 2 真実の, 本当の. 3 真正の, 正式の; 元の, 元(ではない)元の. —copia *auténtica* 公正謄本.

autentificar [1.1] 他 〔法律〕(署名や書類が本物であることを)証明する.

autillo 男 〔鳥類〕コノハズク.
autismo 男 〔医学, 心理〕自閉症.
autista 男女 自閉症患者.

*au**to**[1] 男 〔主に中南米〕〔話〕自動車 (automóvil の省略形). —~s de choque (遊園地の)バンパー・カー, 電気豆自動車. — lavado 自動洗車機.

*au**to**[2] 男 1 〔法律〕宣告, 判決, 決定. —~ de procesamiento 起訴状, 告訴状. dictar ~ de prisión 収監[拘留(ｺｳﾘｭｳ)], 逮捕)状を出す. 2 〔複〕(集合的に)〔法律〕訴訟記録; 訴訟行為, 訴訟手続き. —constar en [de] ~s 訴訟記録に載っている, 判決で認められている. 3 〔文学〕聖史劇, アウト. —~ de comparecencia 召喚状, 出頭命令. ● **auto de fe** (1) 〔歴史〕宗教裁判所[異端審問所]の死刑宣告と死刑執行, (特に異教徒の)火刑. (2) 焚書(ﾌﾝ). (3) auto sacramental 聖体神秘劇, —~ **de autos** 問題の, 用件の. —día [lugar] **de autos** 犯行日[現場]. **estar en (los) autos** 知っている, よく事情に通じている.

autoabastecerse [9.1] 再 [+ de の] を自給する.

autoacusación 女 自己告発, 自責の念.

autoadhesivo, va 形 (シールなどが)接着剤つきの. —男 接着剤付きのシール.

autoafirmación 女 自己肯定.
autobiografía 女 自叙伝, 自伝.
autobiográfico, ca 形 自叙伝(風)の.

autobiógrafo, fa 自伝作家.
autobomba 女 1 (消防用の)ポンプ車. 2 自動車爆弾.

autobombo 男 自画自賛. —**darse ~** 自画自賛する.

*au**tobús** 男 〔自動車〕バス. —~ escolar スクールバス. ~ de línea (長距離の)路線バス. ~ de largo recorrido 長距離バス.

autobusero, ra 形 バス運転手.
autocar 男 長距離バス, 観光バス.
autocaravana 女 〔スペイン〕キャンピングカー.

autocarril 男 〔南米〕→autovía.
autocartera 女 〔経済〕自社株.

autocierre 男 巾着式の. —bolsa ~ 巾着式ポリ袋.

autocine 男 ドライブインシアター.

autoclave 女 1《機械》高圧釜. 2 加圧蒸気滅菌器(医療用).

autocomplaciente 形 自己満足の, 自分に甘い.

autocontrol 男 自己抑制, 自制.

autocracia 女《政治》専制政治, 独裁政治.

autócrata 男女《政治》専制君主, 独裁者.

autocrático, ca 形《政治》専制の, 独裁者の.

autocrítico, ca 形 自己批判の, 自省的な. —形 自己批判, 自己評価.

autotonía 女 土着性.

autóctono, na 形 1 土着の. —música *autóctona* 土着の音楽. 2 自生の. —planta *autóctona* 自生の植物. —名 原住民, 先住民.

autodefensa 女 自己防衛, 自衛. —Fuerzas Armadas de A~(日本の)自衛隊.

autodegradación 女 卑下(すること).

autodestrucción 女 自己破壊, 自滅.

autodeterminación 女《政治》(民族の)自決, 自己決定.

autodidactismo 男 独学であること, 独習性.

autodidacto, ta 名 独学者, 独習者. —形 独学の, 独習の.

autodisciplina 女 自己鍛練, 自己規律.

autódromo 男 (自動車レース用の)サーキット.

autoedición 女 DTP, デスクトップパブリッシング.

autoeditar 他 を DTP で刊行する.

autoenfoque 男 →autofoco.

autoescuela 女 自動車教習所, 運転教習所.

autoestéreo 男 カーステレオ.

autoestima 女 自尊(心).

autoestop 男 →autostop.

autoestopista 形男女 → autostopista.

autofinanciación 女 自己金融.

autofoco 男《写真》オートフォーカス.

autogamia 女《生物》自家生殖, 自家受粉.

autógeno, na 形 自然発生の, 自生の. —soldadura *autógena* 自生溶接.

autogestión 女 自主管理.

autogiro 男《航空》オートジャイロ.

autognosis 女〖単複同形〗自己認識.

autogobierno 男 自主管理, 自治(制).

autogol 男《スポ》オウンゴール.

autogolpe 男 自主クーデター.

autografía 女《美術, 印刷》自画石版, 石版印刷.

autógrafo, fa 形 自筆の. —男 自筆の原稿, 自署; (有名人の)サイン.

autoguiado, da 形 自動誘導[操作]の.

autoinducción 女《電気》自己誘導.

autoinducir 他《電気》を自己誘導する.

autoinjerto 男《医学》自己移植, 自家移植.

autoinmunidad 女《医学》自己免疫.

autointoxicación 女《医学》自家中毒症.

autolesión 女《医学》自傷(行為).

autolesionarse 再 自らを傷つける.

autoliquidación 女 (税金などの)自己査定[申告].

autólisis, autolisis 女〖単複同形〗《生物》自己分解.

automación 女 →automatización.

autómata 男 1 ロボット, 自動人形. 2《話》他人のいいなりになる人. 3《情報》オートマトン.

automático, ca 形 1 自動の; (装置・制度などが)自動的な. 2 無意識的な, 機械的な, 習慣的な. —reflejo ~ 無意識の反射運動. 3 必然的な, 不可避の. —男 1 (衣服の)ホック, スナップ(ボタン). 2《電気》ブレーカー.

automatismo 男 1《機械の》自動作用. 2 無意識の行動. 3《生理》自動性.

automatización 女 自動制御, オートメーション化.

automatizar [1.3] 他 1 を自動化する, オートメーション化する. 2 (体の動きなど)を自然にできるようにする.

automedicación 女 処方箋なしの薬品使用.

automedicarse 再 処方箋なしで薬品を使用する; 自己診断で治療を行う.

automoción 女 自動車工学; 自動車産業.

automotor, tora 形《女性形は automotriz もある》(機械が)自動推進する. —男 1《鉄道》気動車, ディーゼルカー. 2《中南米》自動車.

automotriz 形《女性形のみ》(機械が)自動推進する; 自動車(関連)の.

automóvil [アウトモビル] 男 自動車. —~ de turismo 乗用車. ~ deportivo スポーツカー. —形《機械》自動の, 自動推進の.

automovilismo 男 1 自動車運転. 2《スポ》カーレース. 3 自動車産業.

automovilista 形 自動車の. —男女 自動車運転者, ドライバー, カーレーサー.

automovilístico, ca 形 自動車の.

autonomía 女 1《政治》自治(権), 自主独立. —~ regional 地方自治. 2 自治体, 自治州. 3 自立. 4《航空, 船舶》航続距離; (自動車)走行距離.

autonómico, ca 形《政治》自治の.

—gobierno ～ 自治政府.

autónomo, ma 形 **1** 自治の, 自治権のある. —comunidad *autónoma* (スペインの)自治州. movimiento ～ 自治権運動. **2** 自主[自立]の; 独立の, 自営の. —fotógrafo ～ フリーのカメラマン. —— 名 自営業者.

autopista 女 高速道路.

autopista de datos 女 《情報》データハイウェイ.

autoplastia 女 《医学》自家移植.

autopropulsado, da 形 (ロケットなどが)自動推進の.

autopropulsión 女 (ロケットなどの)自動推進.

autopsia 女 **1**《医学, 法律》死体解剖, 検屍. **2** 綿密な分析.

autor, tora [アウトル, トラ] 名 **1** 本の著者, 作者, 作家; (絵画・音楽・彫刻などの)製作者. **2**《法律》原因; (事件・事故・企みなどの)張本人. **3** 発明[発見]者; 創始者の, 考案者.

autoría 女 **1**(芸術作品などの)作者であること. **2**(犯罪などの)犯人であること.

autoridad 女 **1** 権力, 権威; 職権. —～ estatal 国家権力. ～ divina 神権. **2** (行政などの)当局, 権力機関[機構]; 官憲, 警察. —～ gubernativa [judicial, militar, administrativa] 政令[司法, 軍, 行政]当局. **3** 権威(者). **4** 複 典拠, 出典.

autoritario, ria 形 **1** 権威主義の, 独裁的な. —régimen ～ 権威主義的な体制. **2** 横暴な, 押しつけがましい, わがままな. —— 名 **1** 権威主義者, 独裁者. **2** 横暴な[わがままな]人.

autoritarismo 男 権威主義; 専横, 横暴.

autoritativo, va 形 権威[権力・権限]のある.

autorización 女 **1** 権能[権限](の授与[委任]), (権力・権能を有する人からの)許可, 認可. **2** 許可書, 認可書, 免許.

autorizado, da 過分 [→ autorizar] 形 **1** 認可された, 公認の, 正式の. —precio ～ 公定価格. **2** 権威のある, 信頼できる. **3** (映画などが)未成年者向けに許可された.

autorizar [1.3] 他 **1**《 +a/para +不定詞》(…する)権限を…に与える, 2 を認可する, 許可する, 承認する. **3** を権威つける, 正当化する. **4** を適法[公式]なものとする, 有効にする. —～ un documento ある書類を正式のものとする.

autorradio 男/女 《自動車》カーラジオ.

autorregulación 女 自動制御[調節].

autorregulador, dora 形 自動制御[調節]の.

autorretrato 男 《美術》自画像.

autoservicio 男 **1**(レストランや商店などの)セルフサービス方式. **2** セルフサービスのレストラン[商店].

autostop 男 ヒッチハイク.

autostopista 名 ヒッチハイクをする人.

autosuficiencia 女 **1** 自給自足. **2** 自信過剰.

autosuficiente 形 **1** 自給自足の, 自分で何でもできる. **2** (人が)自信過剰な.

autosugestión 女 自己暗示.

autosugestionarse 再 自己暗示にかかる.

autoventa 女 《経済》巡回販売員, 外回り営業.

autovía 女 自動車専用道路, 幹線道路.

autumnal 形 《文》秋の.

auxiliador, dora 形 助ける, 補助する. —— 名 補助する人, 援助する人.

auxiliar[1] 形 補助の, 補佐の. —personal ～ 補助要員. servicios ～*es* 補助業務. verbo ～ 助動詞. —— 男/女 助手, 補助者; (平の)係員. —～ de vuelo (旅客機の)客室乗務員. —～ técnico 技官, 技術職員. —— 男 助動詞.

auxiliar[2] 他《規則活用; ただし[1.5]の活用もある》**1**(人)を助ける, (人)を援助[援助]する. **2**《言語》(動詞に)複合時制を作る.

auxilio 男 助け, 援助, 救援. —¡Ａ～! 助けてくれ! prestar ～ a... を助ける. pedir ～ 助けを求める. —en carretera (ハイウェーなどの)修理サービス(センター). ▶ *primeros auxilios* 応急手当.

aval 男 《商業》**1** 保証書. **2** 保証[担保]書類. —～ bancario 銀行の保証. **2** 保証人, 担保. **3** 保証人の署名.

avalador, dora 形 保証する. —— 名 保証人.

avalancha 女 **1** 雪崩. **2**(人・物の)殺到.

avalar 他 **1** を保証する. **2**《商業》(融資などの)保証人になる.

avalista 男/女 保証人.

avalorar 他 **1** …の価値を高める. **2** を激励する, (人)を励ます.

avaluación 女 評価, 鑑定.

avaluar [1.6] 他 を評価する, 鑑定する.

avalúo 男 →avaluación.

avance 男 **1** 前進, 進行; 進歩, 向上. —～s de la ciencia 科学の進歩. **2** 前払い, 前貸し. **3** ほのめかし, 暗示, 予報. **4**《放送》ニュース予告, ヘッドライン(=～informativo); (映画の)予告編.

avance(-), **avancé**(-) → avanzar [1.3].

avante 副 《航海》前方へ. ▶ *avante toda*《航海》全速力で.

avanzada 女 **1**《軍事》前哨(しょう), 先発隊, 警戒隊.

avanzadilla 女 **1**《軍事》尖兵(せんぺい). **2**(上陸用の)桟橋(さんばし). **2** 前衛.

avanzado, da 過分 [→avanzar] 形 **1** 進んだ, 進歩した. —países ～*s* 先進国. **2**(時が)経過した, 遅くなった; (病気が)手遅れの. —a una hora *avanzada* de la noche 夜更け時に. **3**(年齢が)高い,

高齢の. —personas de edad *avanzada* 高齢者ら.

avanzar [アバンサル] [1.3] 自 **1** 前進する, 前へ進む. **2** 進歩する. **3 a**)(時間が)進む, 経過する. **b**)年を取る. —estar *avanzado* en edad 老年である. — 他 **1** 前進させる, 前へ進める. ～ el cuerpo 身をのり出す. **2** を早める. —～ la salida 出発を早める.

avaricia 女 貪欲, 強欲; けち. ▶ con avaricia 〖話〗極度に, ひどく.

avaricioso, sa 形 →avaro.

avariento, ta 形 →avaro.

avaro, ra 形 **1** 欲深い, 貪欲な. **2** けち, 出し惜しみする〖+de〗. — 名 欲深な人, けちん坊.

avasallador, dora 形 圧倒的な, 威圧的な, 服従を強いる. — 名 威圧する人.

avasallamiento 男 威圧すること, 服従させること.

avasallar 他 **1** (人)を服従させる. **2** 〖話〗(人)を圧倒[威圧]する.

avatar 男 **1** 主に 〖複〗(人生の)浮き沈み, 変転. —los ～*es* de la vida 人生の浮き沈み. **2** 〖通信〗アバター.

AVE 〖頭字〗 [<(tren de)Alta Velocidad *E*spañola] 男 スペイン高速鉄道, 新幹線.

ave 女〖直前の単数定冠詞は el〗鳥; 〖擬〗烏類. ▶ ave del Paraíso ゴクラクチョウ(極楽鳥); 〖天文〗風鳥(座). ave de paso 渡り鳥; 流れ者, 渡り歩く人. ave fría タゲリ(田鳧); 覇気のない退屈な人. ave migratoria [pasajera] 渡り鳥, 候鳥(ﾟゅぅ). ave rapaz [de presa, de rapiña] 猛禽(ﾒﾞん); かっ飛い, 劫掠家. ave tonta [zonza] 〖烏類〗キノドアオジ; 間抜け, のろま.

avechucho 男 〖軽蔑〗**1** 醜い鳥. **2** 馬鹿で機転のきかない人.

avecilla 女 小さな鳥. ▶ avecilla de las nieves 〖鳥類〗ハクセキレイ

avecinarse 再 **1**(出来事が)近づく, (悪天候などが)接近する. **2**〖+en に〗居を定める.

avecindar 他〖+en に〗(人)を居住[定住]させる. — se 再〖+en に〗居を定める.

avefría 女〖鳥類〗タゲリ.

avejentar 他 **1** (人)を老けて見せる. — se 再 (人)が老ける, 年をとる.

avellana 女〖植物〗ハシバミの実, ヘーゼルナッツ.

avellanado, da 形 **1** しわの寄った, (皮膚が)干からびた. **2** ハシバミの実の.

avellanar[1] 他〖機械〗(ネジ穴の開口部)を広げる, …に皿穴をあける. — se 再 干からびる.

avellanar[2] 男 ハシバミの林.

avellaneda 女 →avellanar.

avellano 男〖植物〗ハシバミの木.

avemaría 女〖単数定冠詞は el, un となることが多い〗**1**〖カト〗天使祝詞, アベマリア. — 間〖¡Ave María!! と表記される〗(驚きを示す)おやおや, まあ. ▶ en un [una] *avemaría* 〖話〗あっという間に, 瞬時に. saber…*como* el *avemaría*《話》を完全に諳(ｿら)んじている, きっちり[はっきり]覚えている；を熟知している.

avena 女〖植物〗**1** エンバク(燕麦). —～ loca [morisca] カラス麦. **2** エンバクの種子.

avenal 男〖植物〗エンバク(燕麦)の畑.

avenamiento 男 (土地の)排水.

avenar 他 (土地)の水を排水溝を作って流し出す.

avenate 男 エンバクから作る咳止めの飲料.

avenencia 女 **1** 合意, 同意. **2** 協定, 和解. ▶ en buena ～ 仲良く.

avenida 女 **1**(並木の)大通り, 並木道. …通り (〖略〗 Avda., Ave.). **2**(急な)増水, 洪水, 氾濫. **3**(人・物の)殺到, 大勢の人, 大量.

avenido, da 形 —bien [mal] ～ con…(人)と仲がよい[悪い], (運など)と折り合いがよい[悪い].

avenimiento 男 合意, 一致; 和解. —buen [mal] ～ con……と仲がよい[悪い]こと.

avenir [10.9] 他 を仲直りさせる, 和解させる, 調停する. — se 再 **1**〖+en について〗折り合う, 意見が一致する. **2**〖+con と〗**a**) 協調する, うまくやる. **b**) と一致する, 矛盾しない, 合致する. **3**〖+a に〗同意する, 満足する.

aventador, dora 形 (穀物)を吹き分ける. — 名 (穀物)を吹き分ける機械.

aventajado, da 過分 [→aventajar] 形 **1** 抜きん出た, 優秀な. **2** (状況などが)有利な.

aventajar 他 **1** を追い抜く, 追い越す. **2** を凌駕する, しのぐ, 上回る.

aventar 他 **1**(穀物)を吹き分ける. —el trigo en las eras 脱穀場で小麦を吹き分ける. **2**(風が)吹き飛ばす. **3**(人)を追い払う. — se 再 **1** 風で膨らむ. **2**〖俗〗あわてて立ち去る.

aventón 男 **1**〖中米〗ヒッチハイク. **2**〖中南米〗押すこと.

aventura 女 **1** 冒険. 異常な[珍しい]体験. —película de ～ 冒険映画. **2** 危険(な試み), 賭け. **3** 偶然, 運. —a la ～ 行き当たりばったりに, 成り行きに任かせて. **4**〖話〗(束の間の)情事, 火遊び, 浮気. ▶ embarcarse en aventuras 冒険に乗り出す, 冒険を企てる; 危険なことに手を出す.

aventurado, da 形 **1** 冒険的な, 危険な, 無謀な. **2**(意見などが)根拠に乏しい.

aventurar 他 **1** を危険にさらす, 犠牲にする. —～ la vida 生命を投げ出す. **2** を大胆に主張する. — se 再〖+a + 不定詞〗あえて[思い切って]…する.

aventurero, ra 形 冒険好きの, 向こう見ずな, 大胆な. — 名 **1** 冒険家, 向こう見ずな人. **2** 山師, 投機家; 不法に金を稼ぐ人. — 名 男たらし, 浮気者.

average [<英] 男 平均(値); [スポ] アベレージ; (クリケットの)得点率.

avergoncé(-), avergüence(-), avergüenz- 動 →avergonzar [5.5].

avergonzado, da 過分 (→avergonzar) 形 1 (人が)恥じ入った. 2 (人が)困った, どぎまぎした.

:avergonzar [5.6] 他 1 …に恥をかかせる, を嘲弄(ちょうろう)する, 侮辱する. **— se** 再 1 [+de/por] 恥じる, 恥ずかしく思う.

:avería 女 1 (機械, 自動車)故障, 破損. —tener una ～ 故障している. 2 (商品・積荷の)損傷, 損害; (海事)海損. 3 《話》不運な出来事; 悪事, 犯罪. 4 《歴史》アベリア, 護衛船料.

averiar [1.5] 他 1 (機械)を故障させる. 2 …に損傷を与える, 破損する. **— se** 再 1 (機械が)故障する. 2 損傷を受ける.

:averiguación 女 1 [主に 複]調査, 調べ, 捜査. 2 確認, 点検.

:averiguar [1.4] 他 1 を調べる, 調べあげる, 調査する. 2 を確かめる, 確認する.

averigüe(-), averigüé(-) 動 →averiguar [1.4].

averío 男 [集合的に]家禽(かきん).

averno 男 《詩》地獄; [神話]黄泉(よみ)の国.

Averroes 固名 アベロエス(1126-98, コルドバ生まれのイスラムの哲学者・医者).

averroísmo 男 《哲学》アベロエス(派)の思想[主義].

aversión 女 嫌悪感. —sentir ～ [por]… …に嫌悪を感じる. tener ～ a… …を嫌う.

avestruz 男 [複 avestruces] 1 (鳥類)ダチョウ. ～ de América アメリカダチョウ. 2 無愛想で非社交的な人. ▶ **táctica [política] del avestruz** 《話》不快なことや困難を直視しない態度.

avetado, da 形 木目[縞模様]のある.

avetoro 男 (鳥類)サンカノゴイ(山家五位)(サギ科).

avezado, da 形 [+a/en に]習熟した, 経験豊かな, 慣れた.

avezar [1.3] 他 [+a に] (人)を慣れさせる. **— se** 再 [+a に]慣れる.

:aviación 女 1 飛行, 航空(術); [集合的に]航空機. ～ civil 民間機; 民間航空. ～ militar 空軍; 軍事. 2 《軍事》空軍, 航空隊. —capitán [coronel] de ～ 空軍大尉[大佐].

aviador, dora 名 (飛行機の)操縦士, パイロット.

aviar[1] [1.5] 他 1 を準備する, …の用意をする. ～ la cena 夕食の仕度をする. 2 を整理整頓する. ～ la habitación 部屋を片付ける. 3 [+de で] (人)に与える, 供給する. **— 自** 急ぐ. **— se** 再 1 身支度をする. 2 急ぐ. ▶ **estar [ir] aviado** 困っている.

aviar[2] 形 《文》鳥の, 鳥類の. —gripe ～ 《医学》鳥インフルエンザ.

aviario, ria 形 →aviar[2].

avícola 形 養鶏の, 鳥類飼養の. —granja ～ 養鶏場. **— 女** 養鶏条.

avicultor, tora 名 養鶏家, 鳥類飼養家.

avicultura 女 養鶏, 鳥類飼育.

:avidez 女 強い欲望, 貪欲, 切望, 熱心さ.

:ávido, da 形 1 [+de が]欲しくてたまらない, を渇望する, 貪(むさぼ)欲に求める. 2 貪欲な, むさぼるような.

aviejar 他 老けさせる, 老けて見せる.

avieso, sa 形 1 (視線などが)歪(ゆが)んだ. 2 邪悪な, 悪意のある.

avifauna 女 (動物)鳥相, 鳥類.

avilantez 女 厚かましさ. —tener ～ de… [+不定詞] 厚かましくも…する.

avilés, lesa 形 アビラ (Ávila) の, アビラの [出身者].

avinagrado, da 過分 (→avinagrar) 形 1 酸味のある, 酸っぱい. 2 (人・性格が)気難しい, 無愛想な, (言動などが)とげとげしい.

avinagrar 他 1 を酸っぱくする. 2 (人・性格)を無愛想にする. 3 を台無しにする.

avío 男 1 準備, 用意. 2 整理整頓. 3 (羊飼い・農民の)弁当. 4 (個人的な)利益. 5 《話》道具, 用具. — de coser 裁縫用具. ▶ **hacer** (**un**) [**gran**] **avio** (とても)役に立つ.

:avión [アビオン] 男 1 飛行機. —ir en [por] ～ 飛行機で行く. ～ de pasajeros 旅客機. ～ de caza 戦闘機. ～ de [a] reacción ジェット機. ～ sin motor. ～ supersónico 超音速機. ～ anfibio 水陸両用機. ～ de hélice プロペラ機. ～ de reconocimiento 偵察機. ～ nodriza [cisterna] 空中給油機. 2 (鳥類)イワツバメ.

avioneta 女 軽飛行機, 小型飛行機.

aviónica 女 《航空》航空電子工学, アビオニクス, 航空エレクトロニクス.

avisado, da 形 1 抜け目のない, 賢明な, 思慮深い. —mal ～ 軽率な. 2 (人が何かを)知らされた, 通告された. 3 用心した.

avisador, dora 形 1 《演劇》(劇場で)役者の登場を告げる人. **— 男** 警報装置.

:avisar [アビサル] 他 1 を知らせる, 通知する, 通告する. 2 …と告げる, 警告する, 注意する. 3 を呼ぶ. —～ al médico 医者を呼ぶ.

:aviso 男 1 知らせ, 通知, 予告; 通達. —mandar ～ a… (人)に知らせる, 伝える. ～ de recibo (書留郵便などの)受領通知書. 2 掲示, 告示; メモ, ことづけ. —Me dejó el ～ en la mesa. 彼女は私の机の上にメモを残して置いた. 3 (危険などの)警告, 注意, 忠告. 4 前兆, 前触れ. — de tormenta 嵐の前触れ. 5 《闘牛》 (規定時間内に牛を殺せない時、主催者が闘牛士に発する)警告. 6 [主に中南米]広告. —～s clasificados [limitados, económicos (新聞の)項目別小広告. ▶**dar (un [el] aviso a...** (1)(人)に知らせる, 通知する. (2)[+por] (…で)警告[注意]する. **estar [andar] sobre aviso** (1)[+de について] あらかじめ聞いて知っている. (2)[+de について] (警戒して)待ち構えている. **poner sobre aviso a...** [+de について] (人)に警戒させる, 警告する；(人)に前もって知らせる.

avispa 囡 〖虫類〗スズメバチ.

avispado, da 圏 (人が)飲み込みの良い, 賢い.

avispar 他 **1** (馬)に拍車をかける. **2** (人)に拍車をつける. 賢くする. ── **se** 再 (人が)賢くなる.

avispero 囲 **1** スズメバチの巣；スズメバチの群れ. **2** 群れ. **3** 〖医〗厄介事, 面倒. **4** 〖医学〗化膿したできもの.

avispón 囲 〖虫類〗モンスズメバチ.

avistar 他 …を遠くに見る.

avitaminosis 囡〔単複同形〕〖医学〗ビタミン欠乏症.

avituallamiento 囲 糧食[食糧]の補給.

avituallar 他 …に糧食を補給する.

avivamiento 囲 活気づくこと, 高揚, 興奮.

avivar 他 **1** …に活気を与える. ── **la discusión** 議論を活発にする. **2** (火)をかき立てる. ── **el fuego** 火をかき立てる. **3** (色など)を鮮やかにする. **4** (足取り)を速める. ── **el paso** 足を速める. ── **se** 再 強まる.

avizor 圏 ▶**ojo avizor** 警戒して.

avizorar 他 **1** を注視する, 注意して見る. **2** を見張る, 監視する.

avoceta 囡 〖鳥類〗ソリハシセイタカシギ.

avutarda 囡 〖鳥類〗ノガン(野雁).

axial 圏 軸の. ──**simetría** ~ 〖数学〗軸対称.

axil 圏 →axial.

axila 囡 **1** 〖解剖〗腋(わき)の下, 腋窩(えきか). **2** 〖植物〗葉腋(ようえき).

axilar 圏 **1** 〖解剖〗腋(わき)の下の. **2** 〖植物〗葉腋の.

axiología 囡 〖哲学〗価値論.

axiológico, ca 圏 価値論の.

axioma 囲 原理, 自明の理, 公理.

axiomático, ca 圏 自明的な, 公理の. ──**definición axiomática** 公理の定義.

axis 囲〔単複同形〕〖解剖〗軸椎(じくつい), 第2頸椎(けいつい).

ay 間 **1** (特に, 驚き, 痛み, 困惑, 悲しみ等を表す)ああ, おお, あっ. ──*¡Ay, ay!* ああ痛い. *¡Ay qué alegría!* ああ, うれしい. **2** [+de 名詞/代名詞] (…に対する哀れみ, 悲嘆, 同情を表すかわいそうな；(…に対する脅(おど)し…)ひどい目にあうぞ. ──*¡Ay de mí!* ああ, かわいそうな私. ── 囲 **1** うめき(声), 嘆息, 嘆き声. ──*tiernos [desgarradores] ayes* 弱々しい[心を引き裂くような]うめき声.

ayatola, ayatolá アヤトラ(イスラム教シーア派の最高指導者).

ayer [アイエル] 副 **1** きのう, 昨日. ── ~ **por la noche** [**noche**] 昨夜. *Llegó* ~ *temprano.* 彼はきのう早く着いた. **2** つい先の方；昨今. **3** 以前, 昔. ──*Ya no es lo que era* ~. 彼は以前の彼ではない. ▶**antes de ayer** 一昨日. **de ayer acá** [**a hoy**] つい最近, 近頃. ── 囲 きのう；以前, 昔. ──*la España de* ~ 過去のスペイン.

ayllu 囲 〖南米〗(ケチュア人の)血族, 血縁集団.

ayo, ya 図 家庭教師, 養育係.

ayote 囲 〖中米〗〖植物〗カボチャ, ひょうたん.

ayuda [アユダ] 囡 **1** 助け, 手伝い, 援助；救援. ── ~ **humanitaria** 人道援助. *Muchas gracias por su* ~. どうもありがとう, おかげで助かりました. **con** ~ **de...** …の助けを借りて. ~ **condicionada** 〖経済〗ひもつき援助. ~ **de costa** 資金援助(カンパ). ~ **estatal** 国庫補助. **2** 援助[救援]物資；援助[手助けする]人. **3** 手当て, 補助の報酬. **4** 〖腕曲〗浣腸(かんちょう)液. **5** 〖縮小辞を伴って〗施し物, 施し, お恵み. ──*Déme una ayudita, señor.* だんな, お恵みを. **6** 〖馬術〗騎手が馬勒(ばろく)や拍車などで馬に与える鼓舞. ▶**ayuda de cámara** 囲 主人の衣服の世話をする使用人.

ayudado, da 過分 [→ ayudar] 囲 援助[支援]された. ── 囲 〖闘牛〗ムレータを両手で持って行うパセ.

ayudante 囲囡〔女性形は時に ayudanta〕**1** 助手, アシスタント；補助教員, (大学の)助手. ──**profesor** [**médico**] ~ 補助教員[アシスタントドクター]. ~ **técnico sanitario** 看護士(〖略〗ATS). ~ **de dirección** [**operador**] 助監督[撮影助手]. *ayudanta de peluquería* 見習い美容師. **2** 〖軍事〗副官.

ayudantía 囡 助手の職；助手の地位.

ayudar [アユダル] 他 **1** を助ける, 手伝う, …の手助けをする. ── ~ **a su padre** 父親を手伝う. **2** を救う, 救助する, 援助する. ── **se** 再 〖con/ de〗を用いる, 利用する. ▶***Ayúdate y Dios te ayudará.*** 〖諺〗天は自ら助くる者を助ける.

ayunar 自 断食をする, 絶食をする.

ayuno 囲 断食, 絶食.

ayuno, na 圏 **1** 何も食べていない, 断食している. **2** [+de に] 欠けている, わからない.

ayuntamiento 囲 **1** 〖大文字で表記されることが多い〗市[町・村]の自治体, 市[町・村]の議会. **2** 〖大文字で表記されることが多い〗市役所[町役場, 村役場], 市庁舎, 役所. **3** 〖文, 腕曲〗性交, 交媾, 交尾. ── ~ **carnal** 性交. **4** 〖文〗集まり, 集会；会議, 会合.

ayuntar 他 〖文〗**1** を集める. **2** を付け加える. ── 自 性交する. ── **se** 再 性交する.

azabachado, da 圏 漆黒(しっこく)の.

azabache 男 **1**《鉱物》黒玉. **2**《鳥類》ヒダラ.

azacán, cana 重労働に従事する, 苦役をする. —— 男 苦役をする人.

azacanarse 再 精を出す.

azacanear 自 一所懸命働く.

azada 女《農業》鍬(ちう).

azadilla 女《農業》小さな鍬(ちう).

azadón 男《農業》刃が横長の大きな鍬(ちう).

azadonada 女 鍬(ちう)による一撃.

azadonar 他（土地）を鍬(ちう)で掘る［耕す］.

azafata 女 **1**（旅客機）の女性客室乗務員, フライトアテンダント. **2 a**（展示会などの）接客係, コンパニオン. **b**（テレビ番組の）女性アシスタント. **3**《歴史》女官, 侍女.

azafate 男 **1** 平たいかご. **2**《話》（旅客機）の男性客室乗務員, フライトアテンダント, パーサー.

azafrán 男《植物》サフラン.

azafranado, da 過分 [→ azafranar] 形 **1** サフラン色の. **2**《料理》サフランで風味をつけた.

azafranal 男 サフラン畑.

azafranar 他《料理》（料理）にサフランで風味をつける.

azagaya 女 小型の投げ槍.

azahar 男（オレンジ・レモンなど）柑橘類の花.

azalea 女《植物》ツツジ, アザレア.

:**azar** 男 **1**（偶性）成り行き, 巡り合わせ. — dejar ... al ~ を成り行きに任せておく. **2** 運, 幸運. — juego(s) de ~ 博打(ばくち), 運任せの勝負事. **3** 不慮の出来事, 不幸, 事故. **4** 変（人生などの）浮沈, 波乱, 変転. ► **al azar** (1) 行き当たりばったりに, でたらめに, 無作為に. (2) 当てもなく.

azaramiento 男 当惑（すること）.

azarar 他 を当惑させる. —— **se** 再 当惑する, 恥ずかしがる.

azarbe 男（灌漑(かんがい)）の余剰水の排水溝.

:**azaroso, sa** 形 **1** 危険な, 危険の多い, 冒険な. **2** 不運な, 波瀾の.

Azerbaiyán 固名 アゼルバイジャン（首都 Bakú）.

azerbaiyano, na アゼルバイジャンの. —— アゼルバイジャン人.

azerí 男女 = azerbaiyano. —— 男 アゼルバイジャン語.

ázimo, ma 形 = ácimo.

azimut 男 → acimut.

ázoe 男《古》《化学》窒素.

azófar 男《金属》真鍮(しんちゅう).

azogado, da 過分 [→ azogar] 形 **1** 水銀を塗った. **2** 水銀中毒にかかった. **3** 落ち着きのない, 絶えず動く.

azogamiento 男 **1**《化学》水銀の塗布. **2**《医学》水銀中毒. **3** 落ち着きのなさ.

azogar [1.2] 他 **1**（鏡を作るためにガラスなど）に水銀を塗る. **2**（石灰）を消和する. —— **se** 再 **1**《医学》水銀中毒になる. **2** そわそわする.

azogue 男《化学》水銀. ► **ser un azogue** 落ち着きのない, 絶えず動き回る.

azoico, ca 形 **1**《化学》窒素を含む. **2**《地質》無生代の.

azolar [5.1] 他（木材）を手斧(ちょうな)で削る.

azoospermia 女《医学》無精子症.

azoospérmico, ca 形《医学》無精子症の.

azor 男《鳥類》オオタカ（大鷹）.

azoramiento 男 **1** 当惑 **2** 恥ずかしさ.

azorar 他 **1**（人）を当惑させる. **2**（人）を恥ずかしがらせる. —— **se** 再 当惑する, どきどきする.

Azores 固名 (Islas) ～ アゾレス諸島.

Azorín 固名 アソリン (1873-1967, スペインの作家).

azorrarse 再 まどろむ, うとうとする.

azotaina 女《話》むち打ち；（子どもの）お尻をびしっと叩くこと.

azotamiento 男 **1** むちを打つこと. **2**（雨風などが）激しく吹きつけること.

azotar 他 **1** をむちで打つ. **2** を激しく叩く, （雨, 風が）吹きつける. **3** に打撃を与える, 被害をもたらす.

azotazo 男 むち打ち.

azote 男 **1 a**) 鞭(むち), むち打ち. **b**) お尻を手の平で叩くこと. — **dar** [propinar] **un** ~ むちで打つ；手の平でお尻を叩く. **2** 鞭（雨風の）吹きつけ. **3** 天災, 災害. **4**（複）《歴史》むち打ちの刑.

:**azotea** 女 **1** 屋上, 陸(ろく)[平]屋根. **2**《話》（主に中南米）（レンガ作りの）平屋根家屋. ► **estar** [**andar**] **mal de la azotea**/**tener pájaros en la azotea**《話》頭がおかしい, 頭がどうかしている.

azteca 形 アステカ（メキシコの先住民族）の, アステカ人［語］の. **2** メキシコの. —— 男女 **1** アステカ人. **2** メキシコ人. —— 男 アステカ語族.

azúcar ［アスカル］男/女 ※単数では主に（男）, 複数では（女）になり, 定冠詞はどちらの場合も el と なることが多い, 複数では（男）**1** 砂糖. — **un terrón de** ~ 角砂糖1個. — **de malta** (de uva, de remolacha). 麦芽ブドウ, 甜菜(てんさい)糖. — **refinado** 精糖. **2**《化学, 生理》糖. ► **azúcar blanco** 白砂糖. **azúcar cande** [**candi**] 氷砂糖. **azúcar glasé** 粉砂糖, パウダーシュガー. **azúcar granulado** グラニュー糖.

azucarado, da 過分 [→ azucarar] 形 **1** 砂糖の入った. **2**（味）が砂糖のような. **3**（言葉や態度）が甘美な, 優しい.

azucarar 他 **1**《料理》…に砂糖を入れる, 砂糖をまぶす. **2**（言葉や態度）を優しく整える, 甘えた感じにする.

azucarera 女 **1** 砂糖入れ（容器）. **2** 製糖工場.

azucarero, ra 砂糖の, 製糖の. — **industria** *azucarera* 製糖産業. —— 男 **1** 砂糖職人. **2**《鳥類》ミツドリ. **3** 砂糖入れ.

azucarillo 男 **1** 糖蜜・卵白・レモンで作ったスポンジケーキ. **2** 角砂糖.

azucena 女 〖植物〗シラユリ(白百合); シラユリの花. **— de agua** 水揚げ車.

azud 男 **1** 堰($\frac{}{セき}$). **2** 水揚げ車.

azuela 女 手斧($\frac{}{ちょう}$).

azufaifa 女 〖植物〗ナツメの実.

azufaifo 男 〖植物〗ナツメの木.

azufrar 他 〖植物〗に硫黄($\frac{}{いおう}$)を散布する.

azufre 男 〖化学〗硫黄($\frac{}{いおう}$).

azufrera 女 〖地学〗硫黄($\frac{}{いおう}$)の鉱床.

azufroso, sa 形 硫黄($\frac{}{いおう}$)を含む.

azul [アスル] 形 青い, 空色の, 紺色の. **—color —** 青色. **—** 男 **1** 青色, 空色, 紺色. **— celeste** 空色. **— claro** 淡青色. **— de cobalto** コバルト色, 濃い青色. **— marino** 濃紺色, ネーヴィー・ブルー. **— oscuro** 紺. **— turquí** 藍色. **2** 青色の絵の具[ペンキ, 染料]. **3** 青色のもの(服, 布など), 青色の服[制服]を着た人

azulado, da 過分 [→azular] 青みをおびた, 青っぽい.

azular 他 を青に染める.

azulear 自 青みをおびる, 青くなる.

azulejar 他 〖建築〗…にタイルを張る.

azulejo[1] 男 〖建築〗タイル, 化粧タイル, つや出しタイル.

azulejo[2], **ja** 形 〖中南米〗青みがかった. **—** 男 **1** 〖鳥類〗ハチクイ(鳥). **2** 〖鳥類〗中南米のシジュウカラの一種. **3** 〖植物〗ヤグルマギクの一種.

azulenco, ca 形 青みをおびた, 青っぽい.

azulgrana 形 青とえんじ色の.

azulino, na 形 青みをおびた, 青っぽい.

azulón, lona 形 鮮やかな青の. **—** 男 **1** 鮮やかな青. **2** 〖鳥類〗大きなカモの一種.

azuloso, sa 形 青みをおびた, 青っぽい.

azumbre 女 アスンブレ(昔の液量の単位, 約2リットル).

azur 男 〖詩〗〖紋章〗紺色の.

azurita 女 〖鉱物〗藍($\frac{}{あい}$)銅鉱.

azuzar [1.3] 他 **1** (犬など)をけしかける. **— al perro** 犬をけしかける. **2** (戦う人や動物)をあおる.

B, b

B, b 女 **1** スペイン語アルファベットの第2文字. **2** 〖音楽〗ロ音ないし, ロ調.

baba 女 **1** よだれ, つば; (動物の)口の泡. **2** (動物, 植物の) 粘液; 樹液. ▶ **caérsele a ... la baba** 《話》[+con](見・聞き・話したりする時)…が(人に)うっとりする, 可愛いくてたまらない. **mala baba** 《話》悪意, 意地悪; ねたみ. **—con muy mala baba** 大変意地悪く.

babada 女 →babilla.

babaza 女 **1** (動物の)よだれ, (植物の)分泌液. **2** 〖動物〗ナメクジ.

babear 自 **1** よだれを垂らす. **2** 《話》(女性や子供の)機嫌をとる.

babel 男 女 大混乱.

babélico, ca 形 **1** バベルの塔の. **2** とても混乱した.

babeo 男 **1** よだれを垂らすこと. **2** 《話》(女性や子供の)機嫌をとること.

babera 女 **1** (兜($\frac{}{かぶと}$)の)あご当て. **2** よだれ掛け.

babero 男 **1** よだれ掛け; (料理を食べる時の)胸当て. **2** (子どもの)上っ張り, スモック.

Babia 固名 バビア地方(レオンの山岳地帯). ▶ **estar en Babia** 《話》ぼうっとして上の空である.

babieca 形 《話》(人が)頭の足りない, 愚かな. **—** 男女 頭の足りない人, 愚かな人.

babilla 女 (食用動物の)腿($\frac{}{もも}$)の肉.

babilonia 女 大混乱している所.

babilónico, ca 形 **1** 〖歴史〗バビロニア (Babilonia) の. **2** 豪華な, 奢侈($\frac{}{しゃし}$)な.

babilonio, nia 形 〖歴史〗バビロニア(人)の. **—** 名 〖歴史〗バビロニア人.

bable 男 〖言語〗アストゥリアス(Asturias)の方言.

babor 男 〖船舶〗左舷.

babosa 女 〖動物〗ナメクジ.

babosear 他 **1** をよだれで汚す. **2** 〖中南米〗をからかう, 嘲笑する. **—** 自 《話》 (女性に)惚($\frac{}{ほ}$)れ込む.

baboseo 男 **1** よだれで汚すこと. **2** 《話》 女性に惚($\frac{}{ほ}$)れ込むこと.

baboso, sa 形 **1** よだれを垂らす. **2** 《話》 (女性に)惚($\frac{}{ほ}$)れっぽい. **3** まぬけ, とんま. **—** 名 **1** よだれを垂らす子ども. **2** 《話》 青二才, 生意気な子ども. **3** 《話》おべっかを使う人. **4** まぬけ, とんま. **—** 男 〖魚類〗イシギンポ.

babucha 女 スリッパに似た上履き.

babuino 男 〖動物〗ヒヒ.

baca 女 (車の屋根の上の)荷台, ラック.

bacalada 女 塩ダラ.

bacaladero, ra 形 〖漁業〗タラの, タラ漁の.

bacaladilla 女 〖魚類〗小さなタラの一種.

bacalao 男 **1** 〖魚類〗タラ(鱈); 特に干鱈($\frac{}{ひだら}$). **— al pil-pil** タラのニンニク煮込み(バスク料理). **2** 〖音楽〗《話》(ディスコ音楽で)強烈なビートの曲. ▶ **cortar [partir] el bacalao** 《話》実権を握る, 支配する. **te conozco, bacalao** 《話》君の意図[下心]がよく見えてある.

bacán, cana 名 〖南米〗**1** 《話》すばらしい(人), 有名な(人). **2** 金持ちの(人). **—** 男 〖キューバ〗〖料理〗バカン(豚肉・トマト・トウガラシをバナナの皮で包んだ料理).

bacanal 形 〖ロ神〗酒の神バッカスの. **—** 女 **1** 〖歴史〗酒の神バッカスの祭り. **2** どんちゃん騒ぎ.

bacante 女 **1** 〖歴史〗酒の神バッカスの巫女($\frac{}{みこ}$). **2** 《まれ》節度のない女.

bacará, bacarrá (トランプゲームの)バカラ.

bachata 囡 **1**《音楽》バチャータ(ドミニカのポピュラー歌謡). **2**《中米》→juerga.

bache 男 **1**〖路面の穴,へこみ,くぼみ. **2**《航空》エアポケット. **3** 精神的な落ち込み,気落ち.

bachear 他〖路面の穴に〗を埋める.

bachicha 囲 《中南米》《軽蔑》イタリア人. ── 囡《メキシコ》**1** タバコの吸殻. **2** 圈 (コップに残った)飲み残し.

bachiche 《軽蔑》イタリア人.

*bachiller 男 1 高等学校教育課程修了者;高校生. 2《話》高等学校教育課程. 3《古》学士,得業士(大学前期課程修了者).

bachillerato 男 **1** 高等学校教育課程. **2** 高等学校教育課程の修了資格[学位]. **3**《歴史》(昔の)学士[得業士]の資格[学位].

bacía 囡 **1** (家畜用の)木製の飼秣桶(ばけつ). **2** (昔の床屋が用いた客のあご下に置く)ひげ剃り用の受け皿.

bacilar 圏《医学》バチルス性の, 桿菌(かんきん)の.

*bacilo 男《医学》桿菌(かんきん), バチルス;細菌.

bacín 男 漫器(じん), 尿器.

bacinete 男 **1**《歴史》兜(かぶと). **2** かぶとを身に着けた兵士.

backup 男《情報》バックアップ.

Baco 固名《ロ神》バッコス(酒の神).

bacón 男《料理》ベーコン.

bacteria 囡 バクテリア, 細菌.

bacteriano, na 形 バクテリアの, 細菌の.

bactericida 形 殺菌(性)の. ── 男 殺菌剤.

bacteriófago 男《生物》バクテリオファージ(ウイルスの一種).

bacteriología 囡《医学》細菌学.

bacteriológico, ca 形《医学》細菌学の,細菌の.

bacteriólogo, ga 名 細菌学者.

báculo 男 **1**《文》杖; (司教などの権威の象徴としての)杖 (= pastoral), 司教杖. **2** 支え, 助け.

badajo 男 **1**(鐘の)舌. **2** 能無しのおしゃべり. **3**《話》よく動いて不安定なもの.

badajocense 形 バダホス (Badajoz)(の人)の. ── 男女 バダホスの出身者[住民].

badajoceño, ña 形名 → badajocense.

badana 囡 (質の悪い)羊のなめし革. ▸ *zurrar* [*zumbar, sacudir*] *la badana (a...)* 《話》を殴る. ── 男女《話》《主に》なまけ者.

badén 男 **1** 雨水によってできた溝. **2** (道や道路のくぼみ,溝. **3** (車を通るための)歩道のくぼみ,車両出入口.

badián 男《植物》ダイウイキョウ(実を香味料とする,セリ科).

badiana 囡 → badián.

badil 男 **1**(暖炉の灰をかき出す)シャベ ル. **2**(暖炉の)火かき棒.

badila 囡 → badil.

bádminton 男《スポ》バドミントン.

baduláque 男女 軽々しい, 間抜け.

baffle, bafle 男《スピーカーボックスの》バッフル.

baga 囡《植物》アマ(亜麻)の種子の莢(さや).

bagaje 男 **1** 軍の移動用の荷物.(旅行時の)荷物. **2**(知識の)蓄え. **3**《中南米》手荷物.

bagatela 囡 つまらないこと[物], 価値のない物, 役に立たない物.

bagazo 男 (オリーブ, サトウキビなどの)絞りかす.

bagre 男《中南米》《魚類》アメリカ産のナマズ.

bagual, guala 形《中南米》《話》不作法な, 粗野な. ── 男 野生の馬.

baguala 囡 アルゼンチンの民謡.

bah 間 (不信・無関心・軽蔑を表す)ふん, へん, ばかばかしい. ─¡*B*~! No le hagas caso. Estaba bromeando. ふん, 彼の言った事など気にするな. 冗談だったんだから.

Bahamas 固名 バハマ(首都 Nassau).

bahameño, ña 形名 バハマ (Bahamas)の(人).

baharequé 男 → bajareque.

baharí 男《鳥類》ハイタカ.

*bahía 囡《地理》湾, 入り江.

Bahrain 固名 バーレーン(首都 Manamah).

bailable 形 (音楽が)踊ることのできる, ダンス用の. ── 男 ダンス音楽.

bailador, dora 形 踊りの; 踊り好きの. ── 名 踊り子, ダンサー.

bailaor, ora 名 フラメンコダンサー.

*bailar 〔バイラル〕自 **1** 踊る, ダンスをする. **2** ぶかぶかで, ぐらぐらする. ─Le *baila* una muela. 彼は奥歯がぐらぐらしている. **3**(コマなどが)回る. ▸ *otro que tal baila* 似たり寄ったりのこと, 変わりばえがしない. ── 他 **1** を踊る. ─~ *un tango* タンゴを踊る. **2** を廻す. (コマなどを)回す. ─~ *el trompo* コマを回す.

bailarín, rina 名 ダンサー, 舞踊家; バレエダンサー. ── 形 踊る, 踊り好きな. ─*ojos* ~*es* 動く目. **2**(靴の)バンプス.

*baile 男 **1** 踊り, 舞踊, ダンス, バレエ. ─*dar un* ~ ダンスパーティーを催す. ─*de sociedad* 社交舞踏会; ダンスパーティー. **2** 舞踏会場, ダンスホール. **3**《音楽》ダンス音楽. 舞(踏)曲 (=música de ~). **4**《話》神経質な動き, 貧乏揺すり; (波などの)規則のない揺れ. ─~ *de ministros* 大臣たちのくるくる変わる昇進. **5**《話》2つの数字[文字]の書き間違い (例: 26を62と). ─~ *de cifras* [*letras*] 数字[文字]の書き間違い. **6**《話》(思考・知識の)混乱, 揺れ, 乱れ. **7**《話》(選挙が接戦で)なかなか当選確実にならないこと. ▸ *baile de salón* 社交ダンス. *baile de*

bailón, lona 形 踊るのが好きな. —
名 踊り好きの人.

bailongo, ga 形 踊り好きの人.

bailotear 自 形式にこだわらずに踊る.

bailoteo 男 形式にこだわらずに踊ること.

baja 女 **1** 下がること, 低くなること, 降下, 減少. —— de la natalidad 出生率の低下. **2** 休職(者), 退職(者); (仕事・活動等の)休止, 停止; 選手の欠場. —estar de — 休職中である. —— incentivada [voluntaria] 希望退職. —— temporal (病気や負傷などによる)一時休職. **3** 休職[休業]の保証書. **4** 休職[休業]の申請書. **5** (軍事) (戦闘における)死傷兵, 行方不明者; (戦闘の)被害[損害]. **dar baja** 大いに評価[価値]が下がる[落ちる]. **dar de baja** 解雇する, 退職させる. **darse de baja** 休職[休業]する, (仕事・活動等で)休止する, 停止する; 退職する, 仕事・活動等を辞める. **estar [ir] de [en] baja** 〈話〉(人が)元気がない, 調子が悪い; (物の評価[評判]が)下がっている[落ちている]. **jugar a la baja** (商業)株・相場の下落を予想して投機する[相場を張る].

bajá 男 パシャ(トルコ軍司令官などの高官に与えられる称号).

bajada 女 **1** 下ること, 下降, 降下. **2** 下り坂. **3** (情報)ダウンロード. **bajada de bandera** (タクシーの運転手が客を乗せた時にメーターを倒すこと, 初乗料金).

bajada de aguas 雨樋.

bajamar 女 **1** 干潮. **2** 干潮時.

bajante 女/男 下水管, 排水管.

bajar 1 自 (気温・値段・水位などが)下がる. **2** 自 (＋de から)降りる; 〔＋a ヘ・に〕降り立つ, 降りてくる[いく]; (幕・カーテンなどが)下りる. —¿Dónde baja usted? あなたはどこで降りますか? **3** 自 (たくわえなどが)減る; 衰える. **4** 自 (潮が)引く; (川が川下へ)流れる. **5** 他 〔＋de から〕下げる, 落とす. —— **1** を下ろす, 下(お)ろす; (番地の若い方へと通りを)行く. **2** を下ろす; (熱・頻・値段などを下げて)安くする. — ¿Me bajas la basura, por favor? ゴミを降ろしてくれますか. **3** (声・音などを)低くする, (頭)を垂れる. **4** (情報) …をダウンロードする (= descargar). — **se** 再帰 〔＋de から〕降りる, 下がる. 身をかがめる, 前かがみになる.

bajareque 男 〔中南米〕土壁.

bajativo 男 食後酒.

bajel 男 〔雅〕船.

bajero, ra 形 下に置く, 下で使う. —*falda bajera* ペチコート.

bajete 男 (音楽) バリトン(歌手). **2** (和音練習用の)低音部記号で書かれた主題.

bajeza 女 **1** 下劣な行為. **2** 品のないこと, 卑しいこと. —— *moral* モラルの低さ.

bajini, bajinis ▶ *por lo bajini(s)* 〈話〉小声で, こっそりと.

bajío 男 **1** 浅瀬, 砂州. **2** 〔中南米〕低地.

bajista 男女 **1** (金融)弱気筋の人. **2** (音楽)ベース奏者. — 形 値下がりする. —tendencia 値下がり傾向.

bajo¹ [バホ] 前 **1** (場所, 位置) …の下[に]. —*pasear la sombra de los árboles* 木陰を散歩する. *Estamos a cinco grados cero.* 気温は零下5度です. *caminar la lluvia* 雨の中を歩く. **2** (従属) …の下[で]; …に従属して, …の指揮[命令, 支配] の下[で]. —— *el reinado de Felipe II* フェリペ2世の治世下に. **3** (意見, 観点) …によれば. —— *mi punto de vista* 私の見方によれば. **4** (保護, 庇護) …の下[に]. —— *la tutela de* …の保護[監督]下に. **5** (状況) …に[で]. **6** (法令, 規則) …を科して. **7** (理由, 口実) …ということで, …で. —— *libertad fianza* 保釈. **8** (主義・思潮など) …の下に.

bajo², **a** [バホ, ハ] 形 **1** (高さが)低い, 低い所にある; (背が)低い. —*chico* —— 背の低い少年. *nubes bajas* 低い雲. *con la cabeza baja* 頭を垂れる, うつむいて. **2** 1階の. —*planta baja* 1階. **3** 下品な, 粗末な, 下層の; (川の)下流の. —*barrios* ——*s* 貧民街, スラム. *clase baja* 下層階級. — Ebro エブロ川下流. **4** (地位・身分などが)低い, 下級の, 卑しい; (程度・速度などが)低い; (音・声が)低い, 小声の. —*velocidad baja* 遅いスピード. *en voz baja* 低く, 小声で. **5** (値段・費用が)安い. —*precio* — 安値. 不景気. —*La Baja Edad Media* 中世後期. **7** (色が)くすんだ, 鈍い; (金属が)混ざり物のある, 劣位の. — 副 **1** (低い調子で, 小声で. **2** (高さを)低く, 低い所に. —*volar* — 低空飛行する. **3** (値段が)安く, (程度が)低く. —*bajo* 男 **1 1** 階. —— *de un edificio* 建物の1階. **2** 低地. **3** (音楽)チェロ; チェロ奏者; ベース(男声の最低音域). **4** (主に複)(服飾)下着; (ズボン・スカートの)裾(t). (複), 折返し上. **5** 複 地階, 地下室. **▶ por bajo de...** …の下を. *por lo bajo* 小声で, 秘密に.

bajón¹ 男 **1** (水量・健康・知能などの)顕著な衰退[落ち込み]. **2** (商業)暴落. **3** (音楽)バスーン, ファゴット.

bajón² 男 **1** → *bajón*. **2** (闘牛) 牛の首から肺への突き刺し.

bajonazo 男 → *bajón*².

bajonista 男女 (音楽)バスーン[ファゴット]奏者.

bajorrelieve 男 (建築, 美術)浅浮き彫り.

bajuno, na 形 卑しい, 下劣な.

bajura 女 低さ, 低い所[部分]. ▶ *pesca de bajura* 沿岸漁業.

bakalao 男 (音楽) バカラオ(アップテンポのディスコ).

bala 女 **1** 弾丸, 弾, 銃弾. *a prueba de* — 防弾の. **2** (藁(ú)・綿・羊毛などを圧縮して縛った)梱(b), 梱包. **3** 10連の紙巻 (→ *resma*; 10 *resmas* = 5,000枚).

▶ **como una bala** 《話》(鉄砲玉のように)すばやく,あっという間に. **tirar con bala (rasa)** 悪意を込めて話す,(悪意で)ずけずけ言う. ― 男女 《主に 男》1 ごろつき,ろくでなし,どうしようもない人. 2《話》優れた人,強者. ― 名 **bala perdida** 流れ弾,道楽者,思慮分別のない人;流れ弾. **bala rasa**《話》放蕩(ほうとう)者,道楽者.

balacear 他〔中米〕→tirotear.
balacera 女〔中南米〕銃による撃ち合い.
balada 女 1《音楽》バラード. 2《詩学》バラード.
baladí 形《複》baladíes つまらない,取るに足りない,ささいな.
baladrar 自 叫び声をあげる.
baladrón, drona 形 (人が)虚勢を張る,強がる. ― 名 虚勢を張る人,強がり,はったり屋.
baladronada 女 虚勢を張ること,強がること.
baladronear 自 虚勢を張る,強がる.
bálago 男 1 (脱穀した後の穀物に残る)長いわら. 2 石鹸の泡.
balaj 男〔鉱物〕バラス・ルビー,紫色のルビー.
balaje 男 →balaj.
*__**balance**__ 男 1《商業》決算,収支勘定;バランスシート;(収支の)結果. 2 (プラス面とマイナス面の)検討,分析,比較検討[分析]. 3《海事》(船の)横揺れ,ローリング;(体の)揺れ;交互の揺れ. 4《スポ》フェンシングで足元を動かさず体だけを前後に揺らす動作. 5 ためらい,迷い. ► **hacer el balance (de...)** (情勢などを)検討する;帳尻を合わせる,決算する.
*__**balancear**__ 他 1 ...の平衡をとる. ―► **los gastos con los ingresos** 支出と収入の釣合を合わせる. 2 ...を揺する. ― 自 1 揺れる. 2 ちゅうちょする,ためらう,迷う. ― **se** 1 揺れ・振子などが揺れる. 2 (ブランコなどで)揺られる.
balanceo 男 1 揺れ. 2《海事》(船の)横揺れ.
balancín 男 1 揺り椅子,ロッキングチェアー. 2 シーソー. 3 (綱渡り用の)バランス棒. 4 (馬車の)横木. 5《機械》(エンジンの)揺り腕,ロッカーアーム.
balandra 女《船舶》一本マストの帆船.
balandrán 男 聖職者用の丈の長い上着.
balandro 男《船舶》(スポーツ用の)細長い一本マストの帆船.
bálano, baláno 男《解剖》亀頭.
balanza 女 1 秤(はかり);天秤(てんびん)(しばしば正義のシンボルとして用いられる). ― ― **de cruz [Roberval]** 腕の両端に皿をつるした(のせた)天秤. ― ― **romana [de muelle]** 竿(さお)秤. 2 (経済)収支勘定. ― ― **comercial** 貿易収支. ― ― **de pagos** (国際)収支. ► **caer la balanza** (人の意見等がある方向に)傾く,なびく. **inclinar la balanza** 片方の肩を持つ,有利にする. **inclinarse la balanza** (対立する2者の片方が)有利になる,形勢が傾く.
balar 自 (ヒツジ・ヤギ・シカが)鳴く.
balarrasa 男《話》1 強い安酒. 2 分別のない人.
balastar 他 (道などに)砂利を敷く.
balasto, balastro 男 (線路・舗装用の)砂利.
balaustrada 女 (手すり子のある)手すり,欄干(らんかん).
balaustero, baláustre 男 手すり子.
balay 男〔中南米〕(ヤナギ・アシで作った)ざる.
*__**balazo**__ 男 1 (銃弾の)発射,発砲;銃声. 2 弾傷,弾創. ► **ni a balazos**〔中南米〕まったく...しない. **ser (un) balazo para...**〔中南米〕...に対して実行力にある.
Balboa 固名 バルボーア (Vasco Núñez de ~)(1475-1519,スペインの探検家・植民地統治者).
― 男 バルボーア(パナマの貨幣単位).
balbuceante 形 →balbuciente.
balbucear 自 たどたどしく話す,途切れ途切れに話す. ― 他 を途切れ途切れに言う.
balbuceo 男 1 たどたどしく話すこと. 2 (幼児などの)片言. 3《主に 複》(歴史的事件の発瑞,はじまり.
balbuciente 形 (話し方が)たどたどしい,途切れ途切れの.
balbucir [9.2] 自 他 →balbucear.
balcánico, ca 形名 バルカン半島(諸国)の(住民).
balcanización 女 バルカン化,小国への分裂.
balcanizar 他 (国)をバルカン化する,小国に分裂させる.
*__**balcón**__ 男《複》balcones 1《建築》バルコニー,露台. ► **salir [asomarse] al ~** バルコニーに出る. 2 (バルコニーの)手すり. 3 見晴らし台,展望台.
balconada 女 (手すりが共通の)ひと続きのバルコニー.
balconaje 男《集合的に》(1つの建物全体の)バルコニー,一続きのバルコニー.
balconcillo 男《闘牛》牛の囲い場の上の手すり付きの席.
balconear 他〔中南米〕《話》(通りの出来事をバルコニーから眺める.
balda 女 (戸棚の)板,棚板.
baldado, da 形 1 (手足が)不自由になった. 2 疲れ果てた. ― **quedarse ~** へとへとになる.
baldaquín, baldaquino 男 (ベッド・祭壇などの)天蓋(てんがい).
baldar 他 1 (病気・事故が)(手足の一部)を不自由にする. 2 (人)を弱らせる. ― **se** 1 手足が不自由になる. 2 疲れ果てる,くたくたになる.
*__**balde**__¹ 副 ▶ **de balde** 無料で[の],ただで,報酬 無しに[の],...したが無駄だった. **no en balde** 当然である,不思議ではない.
balde² 男 水桶,バケツ.

baldear 他 **1**(甲板)に水をまく，(甲板)を水で掃除する．**2**(溝などの)水をバケツで汲み出す．

baldeo 男 **1**(甲板)にバケツで水をまくこと．**2** バケツで水を汲み出すこと．

baldío, a 形 **1**(行為などが)無駄な．**2**(土地が)未開墾の，荒れた，不毛な．**3**(人が)役立たずの，怠惰な．── 男 不毛な土地，未開墾の土地．

baldón 男 **1**汚名，恥，不名誉．**2** 侮辱．

baldosa 女 (庭・床の)タイル，敷石．

baldosado 男 **1** 敷石を敷くこと，(床に)タイルを張ること．**2** 敷石を敷いた地面，タイル張りの床．

baldosar 他 (地面に)敷石を敷く，(床に)タイルを張りにする．

baldosín 男 (壁に張る)小さなタイル．

baldrágas 男 [単複同形] 無気力な怠け者．

balduque 男 **1** 書類をたくさん必要とする事務手続き．**2**(書類をまとめる赤い)細いひも．

balear¹ 他 《中南米》に発砲する，(人)を射撃する．

balear² 形 男女 バレアーレス諸島の(住民)．

Baleares 固名 (Islas ～)バレアーレス諸島(スペインの自治州)．

baleárico, ca 形 男女 →**balear**².

baleo 男 《中南米》発砲，銃による撃ち合い．

balero 男 《中南米》けん玉 (→ **boliche**).

balido 男 (ヒツジ・ヤギ・ロバの)鳴き声．── dar ～s (ヒツジ・ヤギが)鳴く．

balín 男 **1** 小口径の銃の弾．**2** 空気銃の弾，散弾．

balística 女 《軍事》弾道学．

balístico, ca 形 《軍事》弾道(学)の．

baliza 女 **1**《海事》浮標，ブイ．**2**《航空》(滑走路の)標識灯．

balizaje 男 《航空》滑走路の照明．

balizamiento 男 →**balizaje**.

balizar 他 [1.3 他] **1**《海事》...に浮標を設ける．**2**《航空》(滑走路)に航路標識を設ける．

ballena 女 **1**《動物》クジラ(鯨)．**2** 鯨の髭(ひげ)，鯨鬚(げいしゅ)．

ballenato 男 《動物》子どものクジラ(鯨)．

ballenero, ra 形 捕鯨の．── 男 捕鯨船に乗る人，捕鯨船員．**1** 捕鯨船 (=barco ～)．── 女 (捕鯨用の)キャッチャーボート．

ballesta 女 **1** 石弓，大弓(おおゆみ)(石をはじき飛ばすのに用いた大形の弓)．**2**《機械》(車輪の)板ばね，スプリング．

ballestero 男 大弓(おおゆみ)の射手．

ballestilla 女 **1**(馬車の)小形の横木．**2** 釣り針付きの釣糸．

ballet 男 《仏》男 《複》ballets] **1** バレエ．**2** バレエ団．

ballico 男 《植物》ライグラス．

balneario, ria 形 温泉の，湯治の．── 男 温泉，湯治場．

balneoterapia 女 温泉療法．

balompédico, ca 形 《スポ》サッカーの．

balompié 男 《文》《スポ》サッカー，蹴球．

balón 男 《複 balones》**1**(大型の)ボール，球，毬(まり)．**2** 気嚢，風船．**3**《化学》球形[丸底]フラスコ，ガラス瓶．▶ **a balón parado** 試合を中断してボールをルール違反の場所に置いた状態で．▶ **balón de oxígeno** 酸素ボンベ；援助，救済．**balón medicinal** メディシンボール(筋肉鍛錬・リハビリ用の重いボール)．**balón muerto** (球技で)アウトボール．**echar balones fuera**《話》まずい質問をはぐらかす［かわす］，曖昧な返事をする，逃げ口上を言う．

baloncestista 男女 《スポ》バスケットボール選手．

baloncesto 男 《スポ》バスケットボール．

balonmano 男 《スポ》ハンドボール．

balonvolea 男 《スポ》バレーボール．

balotaje 男 《中南米》(投票の)集計，開票作業．

balsa¹ 女 **1** 筏(いかだ)．── neumática ゴムボート．**2**《植物》バルサ，バルサ材．

balsa² 女 **1** 水たまり，溜池．**2** 搾りかすを廃棄する池．▶ **balsa de aceite** 静まりかえっている場所[集まり，状況]．

balsadera 女 (川にある筏(いかだ)の)渡し場．

balsadero 男 →**balsadera**.

balsámico, ca 形 **1** バルサムの，バルサムを含む，かぐわしい．**2** 苦痛を和らげる．

balsamina 女 《植物》ホウセンカ．

bálsamo 男 **1** バルサム，香油．**2** 芳香性の液体[樹脂]．**3** 苦痛を和らげるもの．

balsear 他 筏(いかだ)で川を渡る．

balsero, ra 男女 筏(いかだ)の船頭；(筏などで海を渡る)不法入国者．

báltico, ca 形 バルト海の．── 名 バルト海沿岸諸国の住民．

baluarte 男 要塞，後ろ盾．

balumba 女 (物が散らばって)乱雑な状態．

bamba 女 **1**《音楽，舞踊》バンバ(メキシコの民族舞踊)．**2**(生)クリームの入った丸菓子パン．**3** 主に 《複》スニーカー．

bambalear 自 →**bambolear**.

bambalina 女 《演劇》舞台正面の上方の横に長い幕，一文字(いちもんじ)．▶ **detrás de las [entre] bambalinas** 舞台裏で；《演劇》演劇界で；見世物の世界で；陰で．

bambarria 男女 まぬけ．

bambolear 自 《俗》**1**(木・船・建物などが)揺れる，揺らぐ，ぐらつく．**2**(人が)よろよろ歩く．── 他 …を揺らす．── se 再 →**bambolear**.

bamboleo 男 揺れ，ぐらつき，よろめき．

bambolla 女 《話》(富・地位などを)ひけらかすこと，虚勢．**2**《中南米》おしゃべり．**3**《中南米》虚勢．

bambú 男 《複 ～(e)s》《植物》タケ(竹)．

banal 形 陳腐な,月並みな,平凡な.

banalidad 女 陳腐さ,平凡さ.

banana 女 〖中南米〗〖植物〗バナナ(の木・実)(スペインでは plátano).

bananal 男 〖中南米〗バナナ園.

bananero, ra 形 〖中南米〗1 バナナの.2 バナナに依存した(主にカリブ諸国について言う).—— 男 1 〖植物〗バナナの木.2 バナナ貿易船;バナナの持ち出し船.

banano 男 →banana.

banasta 女 大きな籠(かご).

banasto 男 深い丸籠.

banca 女 1 〖集合的に〗銀行,銀行業界;銀行業務(→banco〈個別的な〉銀行).2 〖中南米〗ベンチ,席.3 〖賭博・トランプの〗胴元,席.4 〖賭博〗親の持ち金,場銭,親の金.5 〖中南米〗〖政治〗議会の議席(数). ► **tener banca** 〖中南米〗影響力[権力,勢力]がある,顔がきく,コネがある.

bancada 女 1 〖船,ボートの〗漕ぎ座.2 〖機械〗(旋盤などの)ベッド,フレーム.3 〖中南米〗〖集合的に〗の議席,議員.

bancal 男 〖農業〗1 (畑の)区画.2 〖棚(段々畑)の〗段.

bancario, ria 形 銀行(業)の.

bancarrota 女 1 破産,倒産.2 完全な失敗,破綻(はたん).

banco 〖バンコ〗 男 1 銀行.—— depositar [meter] el dinero en el ~ 銀行にお金を預金する.~ central 中央銀行.~ por Internet ネットバンク.2 ベンチ,長椅子;(教会の)座席;(法律)陪審席,証人席.—— azul (議会の)大臣席.3 〖医学〗(臓器などの)銀行,貯蔵所.~ de sangre 血液銀行.~ de ojos アイバンク.4 〖大工などの〗仕事台,作業台[板](=mesa ~).5 〖海事〗(海・川・湖の)浅瀬,洲(す),礁(しょう).~ de coral サンゴ礁.~ de arena 砂州.6 〖魚〗(魚の)群れ,魚群.7 〖地理〗地層,堆積層;(厚い)層. ► **banco de datos** 〖情報〗データバンク. **banco de hielo** 氷山,流氷. **banco de memoria** 〖情報〗記憶装置. **pata de banco** へま,失言. **estar en el banco** 〖スポ〗(選手が)ベンチに控えている.

banda¹ 女 1 〖服飾〗(肩から反対側のわき腹にかけて身につける)飾り帯,サッシュ(と綬(じゅ)),懸章.2 リボン,リボン状のもの.(ひも,縁どり,絵飾り).3 〖服飾〗太い線(す),太いストライプ,縞模様,縞模様状のもの.4 幅,帯域.~ de frecuencia 〖通信〗周波数帯.~ ancha ブロードバンド,広帯域.~ sonora 〖音響〗(映画)サウンドトラック.5 車線,自動車レーン.~ **arriar en banda** 〖海事〗(ロープ[綱,索]を)完全に解く[放つ]. **banda magnética** クレジットカードなどの裏面にある褐色の磁気帯. **banda de rodadura** (車輪の)接地面,トレッド. **caer [estar] en banda** 〖海事〗…が宙に垂れる[垂れている].

banda² 女 1 (非合法行為を行う)一団,一味,徒党;若者の集団.—— una de narcotraficantes 麻薬密輸の一味.2 〖音楽〗(主に吹奏楽の)楽隊,バンド,楽団;軍楽隊.3 〖鳥,動物の〗群れ,一団.4 (物・場所の)側,側面,面.—— del otro lado del río 川の対岸に.5 〖スポ〗サイドライン,タッチライン.——fuera de ~ (サッカー,ラグビーで)タッチラインを割る[割った].**saque de ~** (サッカーの)スローイン,(ラグビーの)ラインアウト.7 〖海事〗舷側(げんそく)の. ► **cerrarse en [de, a la] banda** 〖俗〗強情を張る,自分の考えに固執する. **dar a la banda** 〖海事〗(船底の点検,清掃,修理等のために)片舷に傾ける[傾けた]. **de banda a banda** 端から端へ,貫いて;一方からもう一方へ. **a dos [tres] bandas** 2 [3]者が参加した. **jugar a dos bandas** 二股をかける:相手の対立を利用して自分の利益を計る.

bandada 女 1 (鳥・魚の)群れ.2 人の群れ.

bandazo 男 1 〖海事〗(船が)急に傾くこと;(車が)急に方向を変えること.2 左右に激しく揺れること,ふらつき.3 態度・方向などの急激な変化.3 〖話〗散歩(= paseo).

bandear 他 〖中南米〗(川などを)渡る,横切る.—— se 再 1 困難などを切り抜ける,何とかやっていく.2 〖中南米〗鞍替えする,意見などを変える.

bandeja 女 1 盆(ぼん).トレー.2 〖中南米〗大皿,配食皿.3 (トランクなどの仕切り板,懸子(か).4 (家具の)トレー状の引き出し,5 〖自動車〗リアボード. ► **bandeja de entrada** 〖情報〗電子メールの受信トレイ. **bandeja de salida** 〖情報〗(電子メールの)送信トレイ. **pasar la bandeja** 献金を集める. **servir [poner] en bandeja (de plata)** 〖話〗(人に)お膳立てをする.便宜をはかる.

bandera 女 1 旗,国旗,軍旗,チーム[グループ]の旗.—— a media asta 半旗.2 信号・合図を示す旗.—— blanca [de paz] 降伏[平和]を示す白旗.~ azul 海岸と海水の清潔さに関して EU が定めた条件を満たした海岸地域に与えられる評価.3 艦隊.4 (主義主張の象徴としての)旗;理念,信条.5 (本の)折りこみページ.6 〖情報〗フラッグ. ► **a banderas desplegadas** 凱旋満帆に,何の障害もなく. **arriar [bajar la bandera]** 〖船中〗降伏する. **dar ~ la bandera** (船に)一目を置く. **de bandera** 〖話〗とびきりの,すばらしい,すごい. **jurar bandera [la bandera]** (軍人,士官が)国家に忠誠を誓う. **lleno hasta la bandera** 〖話〗(場所が)いっぱいの,満ちた. **rendir la bandera** 〖海事〗(敬意を表して)旗を降ろす.

banderia 女 党派,徒党.

banderilla 女 1 〖闘牛〗バンデリーリャ(牛の首・肩に刺す飾り付きのもの).2 〖印刷〗校正用につける小さい紙,付箋(ふせん).3 〖料理〗(スペインのバルで見られる)楊子にさしたおつまみ類.

banderillear 自 〖闘牛〗バンデリーリャ

(banderilla)を打つ,突刺す. ——他 [闘牛](牛に) banderilla を打つ,突刺す.
*banderillero 男 [闘牛] バンデリリェーロ(バンデリーリャ banderilla を使う闘牛士).
banderín 男 1(一般に)小旗, ペナント. 2[軍事](銃砲に付ける)三角形の小旗, ペナント; 旗手兵. ● banderín de enganche 志願兵募集所.
banderita 女 小旗,(募金者に付ける)バッジ.
banderizo, za 形 派閥の,派閥に属する.
banderola 女 1[軍事](槍・マストなどの)先端の小旗. 2[スポ] 小旗,フラッグ.
bandidaje 男 1 略奪行為,山賊行為. 2 不法行為.
*bandido, da 名 1[話] 悪党,ならず者; 詐欺師. 2 山賊,追いはぎ. 3 お尋ね者,指名手配者. 4(時に親愛の情を込めて)いたずら者,悪たれ. ―― 形 (時に親愛の情を込めて)いたずらの,ろくでなしの.
*bando[1] 男 1 布告,公示,法令. ―publicar un ――布告を出す,布告する. 2 [主に] 結婚告示,結婚公示.
bando[2] 男 1 党,党派. 2(魚の)群れ. 3 鳥の群れ.
bandola 女 [音楽] マンドリン.
bandolera 女 1 弾薬帯,負い革. 2 肩掛けかばん,ショルダーバッグ. ● en bandolera 肩から斜めに掛けて.
bandolerismo 男 山賊行為.
bandolero, ra 名 山賊,追いはぎ.
bandolina 女 1[音楽] マンドリン. 2(昔の)整髪料.
bandoneón 男 [音楽] バンドネオン(アルゼンチン音楽で用いられるアコーディオンの一種).
bandurria 女 [音楽] 大型マンドリン.
bangaña 女 [中米] ウリ科の植物の実(の器).
Bangladesh 固名 バングラデシュ(首都 Dacca).
banjo 男 [音楽] バンジョー.
banquero, ra 名 1 銀行家,銀行経営者. 2[賭博の] 親元.
banqueta 女 1(背のない)腰掛け,ベンチ. 2[中米] 歩道.
*banquete 男 1(大勢の客を招いての)宴会,祝宴,晩餐会. 2 ご馳走,豪華な料理.
banquetear 他 を宴会でもてなす,饗応する. ―― se 再 宴に列する.
banquillo 男 1 ベンチ,背のない腰掛け; 踏み台(=banqueta). 2[法律] 裁判廷の被告席. 3[スポ] ベンチ. ● calentar [chupar] el banquillo 《スポ》ベンチにいる,予備の選手である.
banquina 女 [南米] →arcén.
banquisa 女 氷原,氷山.
bantú 形 [複] bantúes, bantús] バントゥー族[語]の. ―― 名 バントゥー族の人. ―― 男 バントゥー語.
banzo 男 1 刺繍台の枠. 2(はしごや椅子の背の)支柱.

bañadera 女 [中米] 浴槽.
*bañado, da 過分 [→ bañar] 形 [estar +, + con/de/en] ...でぬれた, ...にまみれた; (海岸などに) ...の波に洗われた. ――~ en sudor 汗にまみれた. 2(菓子が)糖衣で覆われた. ―― 男 [中南米] 沼地, 湿地帯.
*bañador 男 1 水着,海水パンツ. 2 たらい,容器. ―― , dora 形 海水浴する人,海水浴客.

:bañar [バニャル] 他 1 を入浴させる,風呂に入れる. 2[+ con/de/en で] を塗る,つける,まぶす; をコーティングする,メッキする. ――~ de plata 銀メッキする. 3(海水・川の水が)を洗う. 4(光などが) ...に降り注ぐ,を照らす. ―― se 再 入浴する; 水浴する,泳ぐ.
bañera 女 浴槽.
bañero, ra 名 (プール・海岸の)監視員.
bañista 男女 1 海水浴客,水泳客. 2 湯治客,温泉客. 3(水泳の)ライフセーバー,監視員.

:baño [バニョ] 男 1 入浴,風呂に入ること; [+de] ...浴; ...風呂. ―― ~ de sol [arena] 日光浴[砂浴]. traje de ~ 水着. 2 浴室(= cuarto de ~), バスルーム; トイレ,洗面所. ―habitación con ~ completo バス・トイレ付きの部屋. 3 浴槽,湯ぶね. 4 [複] 温泉,温泉場,湯治場. ――~ s termales [medicinales] 温泉. 5 上塗り,メッキ,コーティング; (食物の)衣,糖衣,皮. ――~ de oro [plata] 金銀メッキ. 6 みかけ,うわべ. ――Tiene un cierto ~ de distinción. 彼女の上品さはうわべだけだ. 7[歴史] モーロ人の牢獄. ● al baño (de) María 《料理》湯煎(ﾀﾝ)で. baño de multitudes 熱狂した群衆の中に入り込むこと. baño de sangre 大虐殺,血の粛清. dar un [el] baño a... 《話》 ...に圧勝する,を打ち負かす. darse un baño de... 《話》 ...を一浴びする; ...の表面的な知識を身に着ける.

bao 男 [海事](船の)横梁(ｵｳﾘｮｳ),ビーム.
baobab 男 [植物] バオバブ.
baptista 形 [宗教] バプテスト派(の人).
baptisterio 男 [宗教] 1 洗礼場. 2 洗礼用の水槽.
baque 男 [擬音](転落,転倒の際の)ドシン,ドシン,バタン.
baqueano, na 形名 → baquiano, na.
baquelita 女 ベークライト(合成樹脂の商品名).
baqueta 女 1[音楽](太鼓の)ばち. 2(銃の)槊杖(ｻｸｼﾞｮｳ),洗い矢. 3[建築] 玉縁(ﾀﾏﾌﾞﾁ)飾り.
baqueteado, da 過分 [→ baquetear] 形 [estar +, + en] ...に熟達した, 経験豊かな. 2[estar +] 痛めつけられた, 酷使された.
baquetear 他 1 を虐待する. 2《話》を悩ます,うるさがらせる,困らせる. 3《話》

baqueteo 男 **1** 虐待. **2** 〘話〙悩ますこと. **3** 〘話〙しごき、鍛錬.

baquía 女 〘中南米〙 **1** 土地勘, 土地の起伏などについての知識. **2** 手先の器用さ.

baquiano, na 形 **1** 〘中南米〙熟練した(人), ベテランの. **2** 土地の事情に詳しい(人).

báquico, ca 形 **1** バッカス神の. **2** 酔っ払った, お祭り騒ぎの.

bar 男 バル, 居酒屋, カフェ, スナックバー. ♦カウンターでアルコール類・コーヒー・清涼飲料水・軽食などを立ち飲み・立ち食いするのが普通. ➤ *bar de alterne [de citas]* ハントバー.

bar² 男 〘物理〙バール(気圧の旧単位).

barahúnda 女 騒ぎ, 混乱, がやがや.

baraja 女 **1** (1組の)トランプ. —*jugar a la ~* トランプをする. *peinar la ~* トランプを切る. **2** (選択できる可能性・解決法などの)多様性, 幅. ➤ *jugar con dos barajas* 〘話〙二枚舌を使う, 二心を抱く, 二股(をかける. *romper la baraja* 〘話〙(怒って突然)約束[協定]を取消す; 交渉を打ち切る.

barajadura 女 〘ゲーム〙札のシャッフル.

barajar 他 **1** (トランプのカード)を切る. **2** (名前)を並べ立てる, 列挙する. **3** (多くの可能性)を検討する, 考慮する. **4** をごたまぜにする, 一緒にしておく. —自 [+con と] けんかする, 言い争う, 口論する. —*se* 再 ごたまぜになる, 一緒になる.

baranda 女 〘建築〙手すり, 欄干(%).

barandal 男 〘建築〙 **1** 手すり, 欄干(%). **2** (手すりの)横木.

barandilla 女 〘建築〙手すり, 欄干(%).

baratear 他 を安売りする.

baratería 女 **1** 〘法律〙訴訟教唆罪. **2** 〘法律〙詐欺, 不正行為.

baratija 女 〘主に複〙安い小物, つまらない物, ちょっとした物.

baratillero, ra 名 安い小物を売る人, 格安品の露店商.

baratillo 男 **1** 〘集合的に〙がらくた, 安物品. **2** 安物を売っている店, 中古品屋, のみの市. **3** 安物大売り出し.

barato, ta [バラト, タ] 形 (品・店・物価などが) **1** 安い, 安く売る. **2** 安っぽい, 安物の, 下品な, くだらない. **3** たやすい, わけない. —副 **1** 安く. —*En ese restaurante se come ~*. そのレストランでは安く, 軽めしく. —男 **1** 安売り, 大売り出し, バーゲンセール. ➤ *de barato* ただで, 無利子で. *Lo barato es caro.* 〘諺〙安物買いの銭失い.

báratro 男 〘詩〙冥府, 冥土; 地獄.

baratura 女 値段の安さ, 安価.

baraúnda 女 →*barahunda*.

barba 女 [バルバ] **1** 〘頭(%)先と頬(%)の〙ひげ, あごひげ. **2** あごひげ, 特にヤギのあごひげ. —*afeitarse la ~* ひげをそる. *llevar ~* ひげを生やしている. —*cerrada* 濃いひげ. *~ corrida* 伸び放題 にしたひげ. **2** ひげ先, 顎(#). **3** 〘主に複〙(動物・魚のひげ状のもの, (鳥類の)羽枝(%); (植物の)根状の毛), **4** (紙や布の縁に残ったぎざぎざ, でこぼこ); 細糸, 繊維. —男 **1** 〘劇〙ひげをはやした男性, ひげ役の人物. ➤ *con toda la barba* 〘話〙一人前の, 十分な資質を持つ. *en las barbas de...* 〘話〙…に面と向かって, …の目の前で. *hacer la barba* ひげをそる. —*hacerse la barba* 自分のひげをそる. *por barba* 〘話〙(特に女性を除いた場合の)一人あたり. *subírse(le a...a las barbas)* 〘話〙…に対する礼を欠く, を侮る. *tirarse de las barbas* 憤怒の情をあらわにする. —男 〘演劇〙老け役.

barbacana 女 **1** (城の)銃眼, 狭間(?2*). **2** (楼門, 橋楼などの)外防備, 物見やぐら.

barbacoa 女 〘中南米〙 **1** 〘料理〙バーベキュー(の肉, 焼板); 鉄板焼きグリル. **2** (木の上の)小屋.

barbada¹ 女 〘馬の下顎. **2** (馬具の)はみ.

barbado, da² 形 ひげのある. —男 **1** 苗木, 若木. **2** 種から大きくなった草木, 実生(%2*).

Barbados 固名 バルバドス(首都 Bridgetown).

barbar 自 **1** ひげを生やす. **2** (植物が)根づく.

Bárbara 固名 〘女性名〙バルバラ.

bárbaramente 副 **1** 〘話〙に; 乱暴に, 不作法に. **2** ものすごく, すごく(よく).

bárbarico, ca 形 野蛮人の, 未開人の.

barbaridad 女 **1** 野蛮, 残酷, 非道な行為, 蛮行. —*cometer [hacer] una ~* 残虐行為をする. **2** 〘話〙ばかげたこと, 無茶, でたらめ, 無分別なこと. —*decir [hacer] una ~* ばかげたことを言う[する]. **3** 〘una +〙〘話〙けた外れな数量, 値段. —*beber una ~* ものすごく飲む. —*¡Qué barbaridad!* (感嘆, 驚嘆, 悲嘆, 不満を表す)何とまあ, まあまあまあまあ.

barbarie 女 **1** (共同体, 民族が)未開なこと, 野蛮なこと. **2** 蛮行, 残虐行為.

barbarismo 男 **1** 〘言語〙破格な[正しくない語]構文. **2** 野蛮, 残虐.

barbarizar [1.3] 他 を残虐にする. **2** (母語+外来語によって)乱す. —自 でたらめを言う.

bárbaro, ra 形 **1** 残酷な, 残忍な. **2** 粗野な, 乱暴な, 下品な, 無教養な. **3** 〘歴史〙蛮族の; 未開な, 野蛮な. **4** 〘話〙すごい, とてもすばらしい. —副 〘話〙とてもよく, 最高に. —*pasarlo ~* とても楽しく過ごす. **5** とてもよい. **2** 〘歴史〙(主にローマ帝国に侵入した)蛮族, 外夷, 粗野な人, ぶこつ者. ➤ *¡Qué bárbaro!* 〘話〙何とひどい, まあまあきれた, すごい(驚き・不快を表す; 逆に賞賛を表すことも ある).

barbear 他 〘中南米〙…にごまかする, へつらう.

barbechar 他 (農業)(土地)をすき返しただけで休めておく.

barbechera 女 (農業) 休耕中の畑, 休耕田.

barbecho 男 (農業) 休閑[地], 休耕[地]. ▶ **estar en barbecho** (農業)(土地)が休耕中である.

barbería 女 理髪店, 床屋.

barbero, ra 名 1 理容師, 理髪師, 床屋. —ir al ~ 床屋に行く. 2〖中南米〗へつらう人.

barbián, biana 形名〘話〙陽気な(人).

barbicano, na 形 あごひげが白髪の, 白ひげの.

barbijo 男〖中南米〗(帽子などの)あご紐.

barbilampiño, ña 形 ひげのうすい.

barbilindo 形男〘文〙気取った(男), きざな(男).

barbilla 女 あご(先).

barbinegro, gra 形 あごひげが黒い, 黒ひげの.

barbiponiente 形〘話〙ひげが生えかけの; 若い, 未熟な.

barbirrojo, ja 形 赤ひげの.

barbitaheño, ña 形 赤ひげの.

barbitúrico, ca 形 (化学)バルビツル酸塩[誘導体]の. — 男 (化学)バルビツル酸塩(鎮痛・睡眠剤).

barbo 男 (魚類)ニゴイ(似魚).

barboquejo 男 (服飾)(帽子の)あごひも.

barbotar, barbotear 自 ぶつぶつ言う, (怒りの言葉などと)ひげの下でつぶやく, 音をたてる. — 他 (不明瞭な言葉や音)を発する, 吐く.

barboteo 男 つぶやき, ざわめき, 不明瞭な声[音].

barbudo, da 形名 ひげをはやした(人), ひげの濃い(人), ひげもじゃの(人).

barbuquejo 男 →barboquejo.

barca 女 小舟, ボート.

barcada 女 1 一回の渡し, 航行. 2 (船一杯分の)船荷.

barcaje 男 1 (船の)渡し. 2 船賃, 渡し賃.

barcarola 女 (音楽)(ゴンドラの)船歌.

barcaza 女 大型ボート.

Barcelona 女 バルセロナ(スペインの県・市; ベネズエラの都市).

barcelonés, nesa 形名 (スペインの)バルセロナ(Barcelona)の(人).

barcia 女 もみ殻.

barcino, na 形 1 (犬や牛が)葦毛の, 2〖中米〗(動物物が)縞(の)の.

***barco**[1] 男 [バルコ]1 船. —ir en ~ 船で行く. 2 (宇宙船の)カプセル. 3 (気球の)つりかご, ゴンドラ. ▶ **estar en el mismo barco** 興味, 関心, 利害関係等を共有している分かち合う】. **escote [cuello] barco** ボートネック.

barco[2], **ca** 形〖中南米〗〘話〙甘い先生.

barda 女 (建築)小枝や藁などで作った屋根, 壁屋根.

bardal 男 →barda.

bardana 女 (植物)ゴボウ.

bardo 男 1(歴史)(ケルト族の)楽人. 2 (詩)歌人, 詩人.

baremo 男 1 基準表, 指標. 2 価格早見表, 計算表.

barguéño 男 バルゲーニョ(足付き飾り箪笥(だんす)).

baricentro 男 (数学)重心.

bario 男 (化学)バリウム(元素記号 Ba).

barisfera 女 (地球の)重圏.

barísfera 女 (化学) →barisfera.

barita 女 (化学)酸化バリウム.

baritina 女 (鉱物)重晶石.

baritonal 形 (音楽)バリトンの.

barítono 男 (音楽)バリトン(歌手).

barjuleta 女 背負い袋, リュックサック.

barloventear 自 (海事)風上に帆走をする, 間切り走をする.

barlovento 男 (海事)風上.

barman 男女 [複 barmans, bármanes] バーテン.

barnacla 女 (鳥類)カオジロガン.

***barniz** 男 [複 barnices] 1 ワニス, ニス;(陶器の場合)釉(うわぐすり). —dar una capa de ~ a ... にニスを塗る. 2 上べだけの見せかけ, 見てくれ; 生かじりの知識. — ~ de cultura 上べだけの教養. 3 (植物)— del Japón ウルシ(漆)の木, ニワウルシ. 4 マニキュア液.

barnizado 男 ニス塗り; 釉(うわぐすり)がけ.

barnizador, dora 名 ニス塗り職人; 釉かけ職人.

barnizar [1.3] 他 ...にワニスを塗る.

barógrafo 男 自記気圧計.

Baroja バローハ (Pío ~)(1872–1956, スペインの小説家).

barométrico, ca 形 気圧(計)の.

barómetro 男 1(気象)気圧計, バロメーター, 晴雨計. 2 (~として)指標, バロメーター.

barón 男 1 男爵 (→nobleza). 2 (政党・会社・組織などの)実力者, 幹部, ボス.

baronesa 女 1 男爵夫人, 女男爵. 2 →barón 2.

baronía 女 男爵の位, 男爵領.

baroscopio 男 バロスコープ, 気圧計.

barquero, ra 名 (ボートの)漕ぎ手, 船頭, 舟人.

barquilla 女 1 (気球に吊り下げる)ゴンドラ, かご. 2 小鉢. 3 (細長い)ケーキの焼型.

barquillero, ra 名 コーン型ウエハース売り, コーン型ウエハースを作る人. — 女 コーン型ウエハースを入れる金属容器.

barquillo 男 (料理)巻きせんべい, (ソフトクリームの)コーン.

barquinazo 男 (乗り物の)激しい揺れ, 転覆.

***barra** 女 1(金属などの)棒, 棒状の物[塊]; 延べ棒. —~ de chocolate チョコ

バー, 棒チョコ. **2** 棒パン, バゲット. **~ de pan** パゲット, 棒パン. **3** (スポ) 棒. (バレエ練習用の)棒. **~s paralelas** 平行棒. **~s paralelas asimétricas** 段違い平行棒. **4** (スポ) 平均台 (= ~ de equilibrio). **5** (酒場などの)カウンター, 売り場, 売り台. **6** 分節の記号, スラッシュ (/); (音楽)(楽譜の小節を区切る)縦線; (習字の)棒. **7** (布·紙·紋章·肩章などの)縞(模様), 棒線. **8** (法廷の仕切り欄(手すり)(裁判官と傍聴人を隔てる); 証人席(台). **9** (情報) バー. espaciadora [de espaciado] スペースバー. **10** (中南米) ファン, 応援団; 仲間, 友人グループ. ▶ **barra americana** (ホステスのいる)バー, クラブ. **barra de labios** リップスティック, 口紅. **barra fija** (スポ) 鉄棒; (舞踊) (練習用の)バー. **barra libre** (バルやディスコでの)無料の飲み放題. 無料の飲みもの(など). **sin parar(se) [reparar, mirar, tropezar] en barras** (不都合·障害·危険など)何事も考えずに, 後先を考えずに, 敢然と.

barrabás 男 **1** ならず者. **2** いたずらっ子(話).

barrabasada 女 《話》ひきょうな手口, 悪質ないたずら, ばかげた言動.

barraca 女 **1** バラック, あばら屋. **2** (建築) バラーカ(バレンシア地方特有の萱(ちがや)茸き屋根の農家. **3** (市, 祭り等の)仮設小屋.

barracón 男 (多人数を収容する)宿舎, 仮設小屋; 兵舎.

barracuda 女 (魚類) バラクーダ, オニカマス.

barragana 女 内縁の妻, 愛人.

barraganería 女 同棲, 内縁関係.

barranca 女 崖(がけ), 絶壁, 峡谷.

barrancal 男 崖(がけ)の多い土地, 峡谷.

barranco 男 **1** 崖(がけ), 絶壁, 峡谷. **2** 《話》障害, 困難.

barredera 女 → barredero.

barredero, ra 形 **1** 一掃する, さらう. **2** 掃く, 掃除の. — 男 パン焼き窯の中を掃くためのはたき. — 女 道路清掃車.

barredor, dora 形 **1** 清掃する, 掃く. **2** 一掃する. — 名 **1** 清掃人. **2** (スポ) (サッカーの)スイーパー.

barredura 女 **1** 掃除. **2** 複 掃き寄せたもの, ごみくず.

barreminas 男 (単複同形) (海事) 掃海艇.

barrena 女 **1** きり(錐), 穴(あな)開器, ドリル. **2** (航空) (飛行機の)きりもみ降下.

barrenar 他 **1** に穴をあける, をくり抜く. **2** のじゃまをする, をくじく, 失敗させる. **3** (法律·規則などを破る, 犯す, 侵害する.

barrendero, ra 名 道路清掃(清掃)人.

barrenillo 男 **1** (虫類) キクイムシ. **2** (植物) キクイムシによる被害.

barreno 男 **1** おちぎり, 錐(きり), ドリル. **2** (ドリルの)穴. **3** 発破孔, 発破. **4** 傲(ごう)慢, 横柄, うぬぼれ.

barreño 男 (土器製の)桶, 洗い鉢.

barrer 他 **1** を掃く, 掃除する. **2** を一掃する, を消し去る. **3** にさっと目を通す. **4** に圧勝する. — 自 《+en de》圧勝する. —**Ese partido barrió en las elecciones.** その党は選挙で圧勝した. ▶ **barrer hacia [para] dentro** 自分のことしか考えない, 自分本位の行動をとる.

barrera¹ 女 **1** 陶土採掘場. **2** 瀬戸物棚.

barrera² 女 **1** (通行を阻む)柵, 防壁. **~ de seguridad** ガードレール. **2** 障壁, 障害(物). **~s arancelarias** 関税障壁. **superar la ~ del idioma** 言葉の障壁を乗り越える. **3** (踏切·駐車場などの)遮断機. **4** (闘牛) (闘牛場のフェンス; 最前列の席. **5** (スポ) (ディフェンスの)壁. ▶ **barrera del sonido** 音速の壁. **ver [mirar] los toros desde la barrera** 高見の見物をする, 傍観する.

barrero, ra 男 陶工, 陶芸家. — 男 **1** 陶土採掘場. **2** ぬかるみ, 泥土地.

barreta 女 小さな棒, てこ.

barretina 女 (服飾) バレティーナ (カタルーニャ地方の帽子).

barriada 女 **1** (都市や大きな町を構成する)地区, 区域; 界隈, 街. **2** (中南米) スラム街(地区).

barrial 男 → barrizal.

barrica 女 (中型の)樽(たる).

barricada 女 バリケード, 防柵; 障害物.

barrida 女 (中南米) **1** (警察の)手入れ, 一斉捜査. **2** 一斉解雇; 大量の落部. **3** ほうきで掃くこと, 掃き掃除.

barrido 男 **1** 掃くこと, 掃除. **2** 徹し, 再検査. **3** (物理) 走査. **4** (映画) 一定点から水平方向にカメラを動かす撮影技法.

barriga 女 **1** 《話》おなか, 腹. **tener ~** おなかが出ている. **2** 大きなおなか, 太鼓腹. **3** (腹のように)ふくらんだ部分, ふくらみ, (樽の)胴. ▶ **hacer una barriga a una mujer** 《俗》を妊娠させる. **rascarse [tocarse] la barriga** 《話》のらくらと暮らす.

barrigón, gona 形 → barrigudo.

barrigudo, da 形 《話》腹の出た, 大きなおなかをした.

barriguera 女 馬車馬用の腹帯.

barril 男 **1** 樽(たる). **2** (陶器製の)大瓶, 土瓶, 水がめ. **3** (石油の容量単位)バレル (= ~ de petróleo). ▶ **un barril de pólvora** 火薬樽(庫), 一触即発の危険状態(物).

barrilero, ra 形 名 **1** 樽(たる)職人(の), 樽製造者(の). **2** 樽商人(の), 樽販売者(の).

barrilete 男 **1** 小さな樽(たる). **2** (銃の)弾倉. **3** (建築) (材木を固定する)留め金.

barrillo 男 にきび.

barrio 男 [バリオ] **1** (都市の)地区, 区..., 区; 街, 界隈. **~ popular** 下町. **2** 町(の人々). — **gente del ~** 町内の人々. **3** 近郊, 郊外住宅地区, 周辺地区 (= periférico). ▶ **barrio chino** 《話》(一般に)港町などの)歓楽街, 売春地区. **barrio histórico** 旧市街. **de barrio** 近所の. ▶ **en otro barrio** 《話》あの世, 来世.

barriobajero, ra 形 下品な.

barritar 自 (象が)鳴く.

barrizal 男 ぬかるみ, 泥沼.

barro[1] 男 **1** 泥, ぬかるみ. **2** 粘土, 陶土; 土器, 陶器; 《話》(ビールの)ジョッキ.

barro[2] 男 面皰, にきび, 面皰(にきび).

barroco, ca 形 **1** 《美術, 音楽》バロック(様式)の. **2** 装飾過剰の, (趣味をかく)くどい. — 男 **1** 《建築, 美術》バロック様式; バロック時代; 《音楽》バロック音楽. **2** 装飾過剰.

barroquismo 男 バロック調[様式].

barroso, sa 形 **1** 粘土質の, ぬかるみやすい. **2** 赤褐色の, 泥色の. **3** にきびの, にきびの多い.

barrote 男 **1** (補強用の)棒. **2** 横木. **3** はしごの横木.

barruntar 他 ▶ barrunto.

barrunte 男 ▶ barrunto.

barrunto 男 推量, 推測, 予感. **2** 兆候, 兆し.

bartola ▶ **a la bartola** 《話》不注意に, 無頓着に, のらくらと.

bartolillo 男 小型のミート[クリーム]パイ.

bártulos 男複 《集合的》 **1** 道具, 器具. **2** (人の)持ち物. ▶ **liar los bártulos** 《話》出て行くために急いで[怒って]荷物をまとめる.

barullo 男 《話》混乱, 大騒ぎ, 騒音. ▶ **a barullo** 《話》たくさん, どっさり.

basa 女 **1** 基礎, 土台, 礎(いしずえ). **2** (柱の)基壇. **3** 起源, 元.

basada 女 (造船) 進水架, クレードル.

basado, da 過分 [+ en + basarse) 形 [+ en] …に基づいた, 基礎を置いた.

basáltico, ca 形 (鉱物) 玄武岩のような[を含む].

basalto 男 (鉱物) 玄武岩.

basamento 男 《建築》(構造物の)基礎; (柱の)台脚.

basar 他 **1** [+ en] …を …にのらせる, の根拠を置く. **2** [+ en/sobre] を置く, 定置する, 据える. — **se** 再 [+ en] に基づく.

basca 女 **1** (主に 複) 吐き気, むかつき. **2** (話) 感情の激発, 衝動, むら気. **3** (話) (集合的に) 遊び仲間.

bascosidad 女 **1** 汚物, 不潔物. **2** むかつき.

báscula 女 秤(はかり), 台秤.

basculante 形 上下に動く.

bascular 自 上下に動く.

base[1] 男女 (バスケットボールで)ゲームメイカー; ガード.

base[2] 女 **1** 土台, 基礎, 基礎. 根本, 基本. — **salario** ~ 基本給. **3** 根拠, 論拠. **4** 主要素, 主成分. **5** 複 (コンクール・競技などの)ルール, 条件. **6** (軍事)

基地. — aérea [naval] 空軍[海軍]基地. — militar 軍事基地. **7** 複 (政党・労組などの)下部組織. **8** (数学) 底辺[面]; (数学) 基数. (果・対数の)底. — sistema de ~ diez 10進法. **9** (化粧のクロデボーの下地. (≒ — de maquillaje). **10** (野球の)塁, ベース. ▶ **a base de...** …のお陰で; を用いて; を基礎[根拠]にして; を主成分とする. **base de datos** (情報) データベース. **base de operaciones** (軍事) 作戦本部. **base espacial** 宇宙管制施設. **base imponible** 課税の基礎, 課税標準. **caer por su base** (物事に)根拠[論拠]がない. **de base** 基本の, 基礎的な. **partiendo de la base de que** [+ 直説法] …だとすれば, …ならば.

básicamente 副 **1** 基本的には. **2** 元来, そもそも.

básico, ca 形 **1** 基礎の, 基本的な. **2** 必要不可欠な, 根本的な. **2** (化学) 塩基(性)の.

basilar 形 基部の; (解剖) 頭蓋底の.

basílica 女 **1** バシリカ. ◆古代ローマで裁判・集会に用いられた公会堂. **2** バシリカ風建築. **3** (宗教) 大寺院, 大聖堂, バシリカ.

basilical 形 バシリカ(風建築)の.

basilisco 男 (動物) バシリスク(熱帯アメリカ産の大トカゲ). ▶ **hecho [como] un basilisco** 怒り狂って, 激怒して.

básquet, básquetbol, basquetbol 男 (中南米) バスケットボール.

basquiña 女 (黒い)スカート.

basta 女 **1** 仮縫い, しつけ縫い, しつけ糸. **2** (クッションやふとんの)綴じ縫い.

bastante [バスタンテ] 形 (不定) **1** [+ 名詞] かなりの, 相当な. — Hoy hace ~ frío. 今日はかなり寒い. **2** [主に + 名詞] 十分な, [+ para] …に十分な. — No tiene ~ inteligencia para entenderlo. 彼にはそれが分かるだけの知性がない. — 代 (不定) 十分な人[物・事], かなりの人[もの・こと]. — 副 かなり, 十分に. — He comido ~. 私は十分いただきました. ▶ **lo bastante como para...** …には十分に[かなり].

bastar [バスタル] 自 **1** [+ para には] に十分である. 足りる; [+ con で] 十分である. 無主語. **2** [+ de は] たくさんだ, もういらない. 無主語. — ¡Basta ya de cháchara y a dormir! おしゃべりはたくさんだ. 寝よう. ▶ **¡Basta!** もうたくさんだ, もう終わりにしよう, おだまり. — **se** 再 [+ para に] 十分な自力がある.

bastardear 自 悪くなる, 堕落する; 劣化する. — 他 堕落させる, 劣化させる.

bastardía 女 **1** 見下げた行い, 堕落. **2** 庶出, 私生児であること.

bastardilla 女 (印刷) イタリック体 (= letra ~). **2** (音楽) フルートの一種. — 形 (印刷) イタリック体の.

bastardo, da 形 **1** (軽蔑) 私生児の, 非嫡出子の. **2** (動植物の) 雑種の. **3** (文) (意図などが) 堕落した, 卑劣な.

bastedad 图 **1**《軽蔑》非嫡出子, 私生児. **2**《動植物の》雑種.

bastedád 囡 **1** 粗悪さ. **2** 粗野, 下品さ.

bastéza 囡 **1** 粗野, 下品, 不作法. **2**《物について》粗雑さ, 粗末さ, 粗悪さ.

***bastidór** 男 **1**《一般に》枠, フレーム, 枠型. —un ～ para bordar 刺繍用フレーム. **2**《演劇》書割(がき); 舞台裏. **3** 車台, シャシー, 《機械の》台枠. ▶ entre bastidores 演劇関係者の間での; 舞台裏の; 《話》内密に, ひそかに, こっそり.

bastilla 囡《服飾》かがり縫い, まつり縫い.

bastimento 男 **1**《主に 複》《軍隊などの》食糧, 糧食. **2** 船舶.

bastión 男 稜堡(りょうほ), 要塞.

*bastoˈ, ta 形 **1** 粗末な, 粗雑な, 粗い. **2**《人柄・言葉などが》粗野な, 下品な, 不作法な.

***basto**² 男《スペイントランプの》棍棒(に); 《トランプのクラブのエース.

bastón 男 **1** 杖, ステッキ. —～ de esquí スキーのストック. **2**《官位を象徴する》権力, 支配権. —～ de mando 指揮棒.

bastonázo 男 杖の一撃.

bastoncíllo 男 **1** 細棒; 軸状のもの. **2**《解剖》《網膜の》杆(かん)状体.

bastonéro, ra 图 **1**《中南米》パレードの先導者. **2**《中南米》《スポ》サポーターのリーダー, チアガール. **3** 社交ダンスを取り仕切る人. **4** バトントワラー. —囡 傘立て.

basúra 囡 ごみ, くず, 廃物. —camión de la ～ 清掃車. **2** ごみ箱. だらなものも, 役に立たないもの. —bono basura 《商業》ハイイールド債, 投機的格付債, ジャンク債.

basurál 男《中南米》ごみ捨て場.

basuréro, ra 图 ごみ収集夫. —camión ～ ごみ回収収集車. —囡 **1** ごみ箱, ごみ捨て. **2** ごみ収集場.

báta 囡 **1**《服飾》ガウン, 化粧着, 部屋着. **2** 仕事着, 作業衣; 白衣. ▶ bata de cola すその長いフラメンコドレス.

batacázo 男 **1** どしんと落ちること. **2** 潰落, 壊滅. ▶ darse [pegarse] un batacazo どしんと落ちる, どしんと倒れる.

bataholaa 《話》騒ぎ, 騒音, がやがや.

:**batálla** [バタヤ] 囡 **1**《軍事》《特定地域での》戦闘, 戦い, 会戦. —campo de ～ 戦場. **2**《軍事》戦闘隊形, 陣形. **3** 争い, 戦い; 試合. **4**《心の》葛藤(とう), 迷い, 苦しみ. **5**《自動車》ホイールベース, 軸距. ▶ batalla campal 野戦; 《多人数の》喧嘩, 論争. dar [presentar] (la) batalla 《問題に》取り組む, 戦いを挑む, 決起する. de batalla 《話》《衣服が》普段の, 日常用の.

batallador, dora 图 戦士, 兵士, 闘士. —形 戦う, 戦いの.

batallár 自 **1**〔+con/contra と〕戦う, 闘う, 戦争する. **2** 骨折る, 奮闘する.

batallón, llona 形 **1** 議論を巻き起こす; 議論好きな, 闘争的な. **2**《話》《子どもが》手に負えない. **3**《話》普段の, 作業用の. —男 **1**《軍事》《数個の中隊(compañías) からなり中佐 [少佐] によって指揮される》大隊. **2**《話》大人数, 大勢.

batán 男《毛織物の縮絨(しゅく)》機.

batanéro 图 縮絨(しゅく)技術者, 縮絨業者.

bataóla 囡 →batahola.

batasúno, na 形《バスクの政党》Herri Batasuna の党員.

batáta 囡 **1**《植物》サツマイモ. **2**《中南米》はにかみ, 内気, 人見知り. —男女 意気地のない人.

báte 男《スポ》《野球・クリケットの》バット.

batéa 囡 **1** ぼん《盆》. **2**《海事》平底小舟, 箱舟. **3** 平台台貨車《無蓋で側面がつ いている》. **4** 鉢, たらい.

bateador, dora 图《スポ》《野球の》バッター, 打者.

bateár 他《スポ》《ボールを》《バットで》打つ, 当てる.

batél 男 小舟, 小型ボート.

batelero, ra 图 船頭, 《小舟・ボートの》こぎ手.

batería 囡 **1**《電気》バッテリー, 蓄電池. —～ solar 太陽電池. **2**《人の》力, 体力, 勢い. **3**《音楽》《集合的に》《オーケストラなどの》打楽器部門の総称; 《ジャズやロックの》ドラム. **4**《集合的に》台所用品一式 (= ～ de cocina). **5** 同質, 同類のもの《人》の集合; 〔+ de〕一連の……, ……式, ……隊. **6**《演劇》フットライト. **7**《軍事》砲列; 砲兵隊; 《軍艦の》備砲. —男女 ドラマー, 打楽器奏者. ▶ en batería 平行に, 並列に. batería de test 《教育, 心理, 医学》総合テスト.

baterísta 男女《音楽》ドラム[打楽器]奏者, ドラマー.

batiál 形《地質》深海の.

batiburríllo, batiborríllo 男 ごたまぜ, 混乱.

baticóla 囡《馬術》尻繋(しりがい).

batída 囡 **1** 獲物の狩り出し. **2**《警察の》手入れ, 捜索, 追跡, 探索.

batidéro 男 でこぼこ道.

batído, da 過分 [→batir] 形《料理》《クリームなどが》泡立てられた, ホイップした. —huevos ～s かき卵. —男 **1** ミルクセーキ. ～ シェイク. **2**《牛乳・鶏卵・パンなどの》こねもの, 練り粉.

batidór 男 **1**《軍事》斥候(せっこう), 偵察兵. **2**《狩猟の》勢子(せこ). **3** あわ立て器, 撹拌(はん)器. —囡《料理》ミキサー. —, dora 图 撹拌する, かき混ぜる.

batiénte 男 **1**《建築》《入口・窓などの》両側のだき, わき柱. **2**《建築》扉板. **3** 波打ち際, なぎさ《海岸, 防波堤など》. **4**《音楽》《ピアノの》ダンパー, 止音器. —形 打つ, たたく.

batihója 男 箔(はく)打ち職人; 箔打ち人.

batimetría 囡 水深測量(法).

batimiento 男 **1** 打つ[打ち当てる]こと. **2** 撹拌(芬).

batín 男 《服飾》短いガウン, 作業衣, 白衣.

batintín 男 銅鑼(芬).

batir [バティル] 他 **1** を打つ, 叩く; 打ち延ばす (風などが)に当ち延ばす. を打ちる, かきまぜる. ━ el metal 金属を打ち延ばす. **2** をかき回す, 撹拌(芬)する. ━ los huevos 卵をかきまぜる. **3** をぶち壊す, 倒す; を打ち破る; 打ち負かす, をバタバタさせる, 激しく振り動かす. **5** を探し回る, 探索する. ━ 自 (心臓が) 激しく打つ. ━ **se** 戦う.

batiscafo 男 深海潜水艇, バチスカーフ.

Batista 固名 バティスタ (Fulgencio~)(1901-73. キューバ大統領, 在任1940-44, 1955-58).

batista 女 《服飾》バチスト布, キャンブリック.

bato 男 うすのろ, まぬけ.

batón 男 《足首までの》ガウン.

batracio, cia 形 《動物》両生類[無尾類]の. ━ 名 《動物》両生類[無尾類]の動物.

baturrillo 男 →batiburrillo.

baturro, rra 形 《スペインのアラゴン地方の農民の, 田舎の; 無骨な. ━ 名 アラゴン地方の農民.

batuta 女 《音楽》指揮棒. ▶ **llevar la batuta** 《話》指揮する, 牛耳る.

baúl 男 **1** トランク, (大型の)旅行用バッグ(＝~ de viaje). **2** 《俗》(大きな)腹, 太鼓腹. **3** 《中南米》(車の)トランク.

bauprés 男 《海事》バウスプリット, 船首斜檣(ょう).

bautismal 形 《宗教》洗礼の.

bautismo 男 **1** 《宗教》(秘跡としての)洗礼(式), バプテスマ. ━administrar [recibir] el ~ 洗礼を施す[受ける]. fe [partida] de ~ 洗礼証明書. **2** 洗礼, 初体験. **3** 命名(式). **4** 《俗》酒. ▶ *bautismo de fuego* 《軍事》砲火の洗礼, 初陣. *bautismo de sangre* 血の洗礼; 戦場で初めて負傷すること.

bautista 男女 **1** 《宗教》洗礼者, 洗礼をおこなう人. **2** (el B~)聖ヨハネ.

bautisterio 男 →baptisterio.

bautizar [1.1] 他 **1** に洗礼を施す; に洗礼名をつける. **2** に名前をつける, 命名する. ━ un barco 船に命名する. **3** 水で薄める, 水で割る. **4** に水をかける.

bautizo 男 《宗教》洗礼.

bauxita 女 《鉱物》ボーキサイト.

bávaro, ra 形名 バイエルン (Baviera) の (人).

baya 女 食用小果実, 漿果(と³).

bayadera 女 (インドの)ダンサー[アーティスト].

bayeta 女 **1** 床雑巾(蒙), モップ. **2** フランネル.

bayo, ya 形 (馬が)鹿毛(ザ)の, 黄色がかった白色の. ━ 名 鹿毛(ザ)の馬.

bayonesa 女 パンプキンパイ.

bayoneta 女 《軍事》銃剣.

bayonetazo 男 銃剣による一刺し.

bayunco, ca 形 《中南米》粗野な, 無作法な.

baza 女 **1** (トランプの)でき役, 強い札. **2** 利点, 採用, 強み. **3** 利益. ━ sacar ~ [de/en]... ━ でもうける, をうまく利用する. ▶ *meter baza en...* ...に干渉する, おせっかいをする, を詮索(芥)する.

bazar 男 **1** (東洋の)市場, マーケット. **2** バザー, 慈善市, 商店.

bazo, za 形 黄色がかった茶色の. ━ 男 《解剖》脾臓.

bazofia 女 《軽蔑》 **1** かす, くず; まずい食べ物. **2** 駄作, 価値のないもの.

bazuca 女 《軍事》バズーカ砲.

BCE 《頭字》 (＜ *Banco Central Europeo*》 欧州中央銀行(英 ECB).

be[1] 男 文字 B の名称. ▶ *be alta [larga]* (＝be) 文字 B, b. *tener las tres bes* 申し分ない, 「よい」(bueno)・「美しい」(bonito)・「安い」(barato) の三拍子そろっている.

be[2] 男 《擬音》(羊, ヤギ, シカなどの鳴き声)メエメエ.

beatería 女 信心家ぶること, 偽善.

beaterio 男 《宗教》女子修道院.

beatificación 女 《宗教》 授福, 列福(式).

beatificar [1.1] 他 《宗教》を列福する.

beatífico, ca 形 **1** 穏やかな, 邪気のない. **2** 至福の, 幸福な.

beatísimo, ma 形 至聖の, この上ない祝福を与えられた. ▶ *Beatísimo Padre* (ʔ¹) 聖下, 法王聖下.

beatitud 女 **1** 《宗教》至福, 天福. **2** 幸福, 平安. **3** (Su B~)聖下(教皇に与えられる称号).

beatnik [＜英] 男 beatniks または beatnik ビート族(1950年代のアメリカなどに見られた物質文明に背を向けた若者たち).

beato, ta 形 **1** 祝福された, 幸せな. **2** 敬虔(ʔ¹)な, 信心深い. **3** 《宗教》神聖な, 清められた. **4** 信じ込んだ, 宗教に凝り固まった. ━ 《宗教》福者, 福人. **2** 敬虔(ʔ¹)な人. **3** 《話》宗教に凝り固まった人. ━ 男 平修道士.

Beatriz 固名 《女性名》ベアトリス.

bebe, ba 名 《南米》赤ん坊, 赤ちゃん.

bebé 男 /男女 《主に1才未満の》赤ん坊, 赤ちゃん.

bebedero, ra 形 飲める, 飲用に適する. ━ 男 **1** 動物用水桶; 水飲み場. **2** (土瓶(ビ゙)の)口, 飲み口.

bebedizo, za 形 飲用に適する. ━ 男 **1** 《医学》水薬. **2** 毒薬の一服. **3** 惚(ʔ¹)れ薬.

bebedor, dora 形 飲める. ━ 名 (人をとくに)酒飲み.

beber [ベベル] 他 **1** (水・酒など)を飲む. ━ *agua* 水を飲む. **2** [＋de/en から] の知識を得る. **3** を貪(ぷ)り尽くす, に傾聴する. ━ *Bebía las* palabras del profesor. 私は先生の言葉を一心に聞いていた. ─ 自 1 酒を飲む. ─~ demasiado 飲み過ぎる. 2 [+ por/a のために] 乾杯する, 祝杯をあげる. ─Vamos a ~ por nuestra salud. われわれの健康のために乾杯しよう. ─ se 再 飲み干す.

bebible 形《話》(飲み物が)まずくない.
bebida 女 1 飲み物, 飲料. ─ alcohólica アルコール飲料, 酒類. 2 飲酒(癖); 飲むこと. ▶ *bebida larga* 蒸留酒と氷, 水, ソフトドリンクを組み合わせたカクテルの種類. *tener mala bebida* 酒癖が悪い.
bebido, da 過分 [→beber] 1 飲んだ, 飲まれる. 2 酔いのまわった, 酔った [estar +].
beca 女 1 奨学金, 給費. 2 《服飾》(学生の)V字型襷章.
becacina 女 →agachadiza.
becada 女《鳥類》ヤマシギ.
becado, da 名 奨学金受給者, 奨学生. ─ 形 奨学金を受けている.
becar 他 に奨学金を出す.
becario, ria 名 奨学生, 奨学金受給者.
becerrada 女《闘牛》子牛の闘牛.
becerrillo 男 カーフスキン, 子牛のなめし革.
becerrista 男女《闘牛》子牛と闘う闘牛士.
becerro, rra 名 (2歳までの)子牛. ─ 男 1《闘牛》(2歳から3歳の)若い牛. 2 カーフスキン, 子牛のなめし革. ▶ *becerro de oro* (旧約聖書の)金の子牛; (物質的)富. *becerro marino*《動物》アザラシ.

bechamel, bechamela 女 → besamel, besamela.
Bécquer 固名 ベッケル (Gustavo Adolfo ~)(1836-70, スペインの詩人・小説家).
becuadro 男《音楽》本位記号, ナチュラル(♮の記号).
bedel 男 (学校の)用務員.
bedelía 女 用務員の職.
beduino, na 名形 ベドウイン人(アラビアの遊牧民)(の).
befa 女 やじ, あざけり. ▶ *hacer befa de...* をあざける, ばかにする.
befar 他 をあざける, ばかにする. ─ 自 (馬が)口を伸ばす.
befo, fa 形 1 厚い(下)唇の. 2 (足が)内曲がりの, X脚の. ─ 男 厚い(下)唇.
begonia 女《植物》ベゴニア.
behaviorismo 男《心理》行動主義.
behetría 女 1《歴史》(中世, 領主を選べた)自由農民. 2 混乱, 無秩序.
beicon 男《料理》ベーコン.
beis, beige 形 ベージュ色(の).
béisbol 男《中南米》→béisbol.
:beisbol 男《スポ》野球.
beisbolista 男女 野球選手.
bejuco 男《植物》ヨシ, カズラ, トウ(藤).

bel 男 →belio.
belcebú 男 悪魔.
beldad 女《文》(特に女性の)美しさ, 美. 2 絶世の美女.
Belén 固名 1 ベツレヘム (パレスチナの古都). 2《女性名》ベレン.
belén 男 (クリスマスに飾る)キリスト降誕の場面を表現した馬小屋と人形の模型.
belenista 男女 ベレン人形製作者.
beleño 男《植物》ヒヨス.
belfo, fa 形 (下)唇が厚い(人). ─ 男 (馬, 犬, 狼などの)垂れ下がった唇.
belga 形 ベルギー (Bélgica)(人)の. ─ 男女 ベルギー人.
Bélgica 固名 ベルギー (首都 Bruselas).
Belice 固名 ベリーズ (首都 Belmopan).
beliceño, ña 形名 ベリーズ (Belice)(の)人.
belicismo 男《政治》主戦論.
belicista 男女《政治》主戦論者. ─ 形《政治》主戦論の.
bélico, ca 形 戦争の, 軍事の.
belicosidad 女 攻撃性, 好戦的気質.
belicoso, sa 形 好戦的な, 戦闘的な.
beligerancia 女 1 交戦状態, 戦争. 2 交戦国であること. ▶ *dar* [*conceder*] *beligerancia a...* を重視する.
beligerante 形 交戦中の. ─ 男 1 交戦国. 2 戦闘員.
beligero, ra 形《詩》戦いの, 戦闘的な.
belio 男《物理》ベル (音の大きさの単位).
bellaco, ca 形 1 ごろつきの, いたずらな, 悪党の. 2 抜け目のない, ずるい. ─ 男女 ごろつき, やくざ者, 悪党.
belladona 女《植物》ベラドンナ.
bellaquería 女 1 いたずら, 狡猾(さ). 2 かたり, ペテン, 悪事.
:belleza 女 1 美しさ, 美. 2 美人; 美しいもの. ─*concurso de* ~ 美人コンテスト. 3 美容. ─*salón de* ~ 美容院, エステティックサロン.
bellido, da 形 美しい, 優美な.
Bello 固名 ベーリョ (Andrés ~)(1781-1865, ベネズエラ出身の作家・文献学者・法学者).

bello, lla [ベ.ヨ, ヤ] 形《文》1 美しい, うるわしい. ─el ~ sexo 女性. 2《主に名詞の前》立派な, 高潔な. ─una *bella* persona 立派な人物. ▶ *bellas artes* 美術. ─ 名 美男[美女].
bellota 女《植物》ドングリの実. 2 (どんぐりの形をした)玉房. 3《俗》(陰茎の)亀頭. ▶ *animal de bellota* 豚 (─o animal). *bellota de mar*《動物》フジツボ.

belvedere 男 見晴台, 展望台, 眺望のよい建物.
bemba 女《中南米》厚ぼったい唇の人.
bembo, ba 形《中南米》《話》唇の厚い. ─ 男 厚い唇, めくれた唇.

bemol 男 《音楽》変音, フラット(半音低い音, 記号は♭; →sostenido「嬰音」). ── 《音楽》変音の, 半音下のフラットの. ▶**tener《tres《muchos》bemoles** 《話》〖3人称で〗とても困難である, 腹立たしい限りである.

Benavente 固名 ベナベンテ(Jacinto ~)(1866-1954, スペインの劇作家, 1922年ノーベル文学賞受賞).

bencedrina 女 →anfetamina.
benceno 男 《化学》ベンゼン.
bencina 女 《化学》ベンジン.
bencinera 女 《デリ》ガソリンスタンド.
bendecir [10.12] 他 **1** …を称賛する, ほめたたえる. **2** 《宗教》を祝福する; 《+ con で》…に祝福を与える. ▶¡*Que Dios le* [*te*] *bendiga*! あなたに神の恵みがありますように.

bendic- 動 →bendecir [10.12].
bendición 女 **1** 《宗教》(神の)祝福, 祝別; 祝別式, 祝福式, 承認, 祝福. **3** 神の恵み, 天恵, 喜ばしい事, 満足な事. ▶**echar la bendición a...** …を祝福する; (仕事などを)やめる, 手を引く; (人)と絶交する. *...que es una bendición* (*de Dios*) 本当にすばらしい, 豊富である. *ser una bendición* (*de Dios*) 本当にすばらしい, 豊富である, ありがたい.

bendig- 動 →bendecir [10.12].
bendito, ta 形 **1** 《宗教》神聖な, 清められた. ―*agua bendita* 《宗教》聖水. **2** 祝福された, 恵まれた. **3**〖+ 名詞〗ありがたい, 喜ばしい. **4** お人好しの. ── 名 **1** 《宗教》聖人. **2** 《話》お人好し, ばか. ▶¡*Bendito sea Dios*! 《話》ああ有りがたいことか(不快を表す); ああ助かった, ああいやんなっちゃう. *dormir como un bendito* 《話》すやすや眠る. *reír como un bendito* 《話》大笑いする.

benedictino, na 形 《宗教》ベネディクト会の. ── 男 《宗教》ベネディクト会修道士. ── 男 ベネディクティン(フランス産リキュールの一種).

benefactor, tora 名 慈善家. ── 形 慈善心に富む, 奇特な.
beneficencia 女 **1** 慈善行為〖事業〗, 慈善. **2** 社会福祉〖施設〗, 生活保護. ―*acogerse a la* ～ 生活保護を受ける.
beneficiado 男 《カト》(主に下級の)聖職禄受領者.
beneficiar 他 **1** …によいことをする, …のためになることをする, を益する. **2** (鉱物)を採掘する; 精錬する. **3** 《中南米》を畜殺する. ── **se** 利益になる, 有利になる.
beneficiario, ria 形 受益者, 受取人. ── ～ *de la seguridad social* 社会保険の受益者. ── 男 利益〖恩恵〗を受ける.
beneficio 男 **1** 益, 利益; 有益. ―*Lo hice sólo en* ～ *tuyo*. 僕はただ君のためにそうしただけだ. **2** 《商業》〖主に 複〗利益, 収益, 利潤. ―～ *neto* 純益〖利益〗. **3** 善行; 親切, 世話. ―*Le debemos muchos* ～*s*. 私たちは彼にずいぶんお世話になっています. **4** チャリティーショー, 慈善興行. ▶*a beneficio de inventario* 《法律》(相続の)限定承認付きで(故人が残した遺産以上の負債を支払う義務のない相続方法); 無頓着に, のんきに, 軽率に. *beneficios penitenciarios* 《法律》刑の軽減. *conceder LE el beneficio de la duda* 証拠なしに…を疑わない, 疑わしきを罰しない.

beneficioso, sa 形 〖+ para に〗有益な, 利益をもたらす.
benéfico, ca 形 **1** 善行の, 慈善心に富む. ―*institución* [*función*] *benéfica* 慈善団体〖興行〗. **2** 〖+ a/para〗…によい, 好都合な, ありがたい.
benemérito, ta 形 称賛に値する, 功績のある, 名誉ある. ▶**La Benemérita** 《スペイン》治安警察隊.
beneplácito 男 賛成, 是認, 許可.
benevolencia 女 慈悲心; 親切, 好意.
benevolente 形 思いやりのある, 親切な.
benévolo, la 形 〖+ con/hacia〗…に優しい, 親切な, 好意的な.
bengalí 形 複 bengalíes または bengalís バンガル地方の. ── 男女 ベンガル人. ── 男 ベンガル語.
benignamente 副 親切に, 優しく, 寛大に.
benignidad 女 **1** 優しさ, 温情, 仁愛. **2** 《医学》(疾患の)良性.
benigno, na 形 **1** 恵み深い; 〖+ con〗…に親切な, 優しい. **2** 穏やかな, のどかな, 適度の. **3** 《医学》(疾患が)良性の.
Benín 固名 ベナン(西アフリカ).
Benito 固名 《男性名》ベニート.
benito, ta 形 《宗教》ベネディクト会の. ── 男 ベネディクト会の修道士〖修道女〗.
benjamín, mina 名 **1** 末っ子. **2** (グループの)いちばん若手.
benjuí 男 《化学》ベンゾイン, 安息香.
bentonita 女 《地質》ベントナイト.
benzol 男 《化学》ベンゾル.
beocio, cia 形 名 《話》馬鹿な(人), 無知な(人).
beodez 女 酔い, 酩酊.
beodo, da 形 名 酔った(人), 酔客, 酔っぱらい.
berberecho 男 《貝類》ザルガイ.
berberisco, ca 形 名 ベルベル人(の). ── 男 ベルベル語.
berbiquí 男 回し錐, ハンドドリル.
Berceo 固名 ベルセーオ(Gonzalo de ~)(1180頃 -1264頃, スペインの詩人・聖職者).
beréber, bereber 形 ベルベル地方〖人・語〗の. ── 男女 ベルベル人. ── 男 ベルベル語.
berebere 形 →beréber.
berenjena 女 《植物》ナス.
berenjenal 男 **1** ナス畑. **2** 《話》面倒, やっかい. ▶**meterse en un berenjenal** 面倒なことに巻き込まれる.
bergamota 女 **1** 《植物》ベルガモット. **2** 洋ナシの一種.

bergante, ta 名 《話》ならず者, ごろつき.

bergantín 男 《海事》ベルガンチン船(2本マストの帆船).

beriberi 男 《医学》脚気(かっけ).

berilio 男 《化学》ベリリウム.

berilo 男 《鉱物》緑柱石(エメラルドなど).

berlina 女 **1** 四輪箱馬車. **2** 《自動車》セダン車.

berlinés, nesa 形名 ベルリン(の人).

berma 女 《中南米》路肩.

bermejizo, za 形 朱色がかった, 赤みを帯びた.

bermejo, ja 形 朱色の, 赤い.

bermellón 男 朱, 辰砂(しんしゃ); 朱色.

bermudas 男 複 バミューダ・ショーツ.

bernardo, da 形 聖ベルナルド会の, シトー会の. ── 名 聖ベルナルド会[シトー会]修道士[修道女]. ── 男 《動物》セントバーナード犬.

bernés, nesa 形 ベルン(Berna)の.

berrear 自 **1** (子牛などが)モーと鳴く. **2** (子供が)金切り声をあげて泣き叫ぶ, きいきい声で話す. **3** 調子はずれに歌う.

berrendo, da 形 ぶちの, まだらの. ── 男 《動物》(北米の)レイヨウの一種.

berreo 男 **1** (子牛などの)鳴き声. **2** (子供の)泣き叫び.

berrido 男 **1** (子牛などの)鳴き声. **2** 調子はずれの歌声.

berrinche 男 **1** 《話》金切り声, かん高い声. **2** 《話》かんしゃく, 怒気, むか っ腹.

berro 男 《植物》クレソン, オランダガラシ.

berrocal 男 花崗(かこう)岩だらけの土地.

berroqueña 女 花崗(かこう)岩.

berroqueño, ña 形 **1** 花崗(かこう)岩でできた. **2** 堅い, 頑固な.

berrueco 男 花崗(かこう)岩の大岩.

Berta 固名 《女性名》ベルタ.

berza 女 《植物》キャベツ, 玉菜. ▶ **estar con la berza** ぼんやりしている.

berzal 男 キャベツ畑.

berzas, berzotas 男女 《単複同形》《話》馬鹿, 間抜け.

besalamano 男 《無署名の》挨拶状, 招待状, 通知状.

besamanos 男 《単複同形》**1** (国王の)接見, 謁見. **2** 手の甲に接吻をする挨拶.

besamel, besamela 女 《料理》ベシャメルソース.

besana 女 《農業》畝(うね)上げした農地, 耕作予定地.

besar [ベサル] 他 **1** …にキスをする, 接吻する. **2** 《物が》…に触れる, (水が)洗う. ── **se** 再 **1** キスし合う. **2** 不意にぶつかる, (2つの物が)触れ合ってこわれる.

besito 男 軽いキス.

beso [ベソ] 男 **1** キス, 接吻(せっぷん), くちづけ. ─ dar un ～ [＋a に] キスをする. tirar [echar, mandar] un ～ a... …に投げキスをする. **2** 接触, 衝突. ▶**beso de Judas** 裏切りのキス, 偽りの親愛の情. **comer**[**se**] *a besos a*... 《話》…にキスの雨を降らせる. *un beso/muchos besos* (手紙の最後や電話での会話の最後に付け加える決まり文句)愛情を込めて.

bestia 女 **1** (四つ足の)獣. **2** 家畜, 牛馬. ── 男女 《話》粗暴な人, 無知な人. ▶**bestia negra** (**parda**) トラブルメーカー. *a lo bestia* 乱暴に, 何の配慮もなく. *como bestias* [*una bestia*] 《話》途方もなく, とても.

bestial 形 **1** 獣の, 動物的な. **2** 《話》ものすごい, 法外な, 巨大な.

bestialidad 女 **1** 獣性, 野蛮. **2** 蛮行, 野蛮な行為, ひどいこと. ─ **decir** [**hacer**] ～ **es** ひどいことを言う[する]. **3** 《話》膨大な量.

bestialismo 男 獣姦(じゅうかん).

bestiario 男 動物寓話(中世ヨーロッパの寓話).

best seller 男 ベストセラー(→superventas).

besucón, cona 形名 《話》キス好きな(人), やたらにキスをする(人).

besugo 男 **1** 《魚類》タイ(鯛). **2** 《話》ばか, まぬけ.

besuguera 女 《魚を煮込む》楕円形の鍋.

besuquear 他 《話》…にキスを浴びせる, 何回もキスをする.

besuqueo 男 《話》キスを浴びせること.

beta[1] 女 **1** ベータ(ギリシャ語アルファベットの第2字; B, β). **2** 《物理》ベータ粒子.

beta[2] 女 《海事》太索(ふとづな).

betarraga 女 《植物》ビート, サトウダイコン, テンサイ.

betel 男 《植物》キンマ(コショウ科の木).

bético, ca 形 ベティカ(Bética)の(人), (古代)アンダルシアの(人).

betuláceo, a 形 《植物》カバノキ科の. ── 女 《植物》カバノキ科.

betún 男 複 *betunes*) **1** 靴墨. **2** 《鉱物》瀝青(れきせい), タール, アスファルト.

betunero, ra 名 靴磨き人, 靴墨売り.

bezo 男 **1** 厚い下唇. **2** (傷が癒えて生じる)肉芽, ふくらみ.

bezoar 男 《獣医》胃石(消化器官中の結石).

bezudo, da 形 厚い唇の(人).

bianual 形 年2回の.

biatlón 男 《スポ》バイアスロン.

biaxial 形 二軸(性)の.

bibelot [＜仏] 男 複 *bibelots*) 飾り物, 置物.

biberón 男 哺乳(ほにゅう)瓶.

biblia [ビブリア] 女 **1** 《宗教》(la B～)聖書, バイブル. ─ jurar sobre la B～ 聖書にかけて誓う. **2** (一般的な)聖典. **3** 上質紙, インディア・ペーパー(=papel ～).

bíblico, ca 形 聖書の[に関する], 聖書のような.

bibliobús 男 (バスの)移動図書館.

bibliofilia 囡 蔵書癖, 書物道楽.

bibliófilo, la 图 愛書家, 蔵書道楽家.

bibliografía 囡 1 (本・論文・出版物などの)参考文献, 参考書目一覧, 文献目録. 2 著者目録: 図書目録. 3 書誌学, 書籍解題.

bibliográfico, ca 形 書誌(学)の; 参考文献の, 文献目録の.

bibliógrafo, fa 图 参考文献作成者, 書籍解題者, 書誌学者.

bibliología 囡 書誌学, 図書学.

bibliomancia, bibliomancía 囡 本占い.

bibliomanía 囡 蔵書癖, 書籍狂.

bibliómano, na 图 蔵書(愛好)家.

biblioteca 囡 1 図書館[室]; 書庫; (図書館や個人の)蔵書. ~ móvil [circulante] 巡回図書館, 移動図書館. ~ viviente 生き字引, 博学な人(≒). ~ de autores clásicos 古典作家叢書. 3 書棚, 書架, 本棚.

bibliotecario, ria 图 司書, 図書館員. — 形 司書の, 図書館員の.

bibliotecología 囡 図書館学.

bibliotecólogo, ga 图 図書館学者.

biblioteconomía 囡 図書館経営学.

bicameral 形 《政治》(上下)二院制の.

bicameralismo 男 《政治》(上下)二院制.

bicarbonato 男 《化学》重炭酸塩. ▶ *bicarbonato sódico* 重炭酸ソーダ, 重曹.

bicefalia 囡 (組織などでリーダーが2人いる)二頭性.

bicéfalo, la 形 双頭の.

bicentenario 男 200 年記念, 200年祭.

bíceps 男《単複同形》《解剖》二頭筋, 力こぶ.

bicha 囡 1《話, 婉曲》蛇. 2 半獣半人の想像上の生き物(の象徴). 3 → *bicho*.

bichero 男 《海事》鉤竿(な).

bicho 男 1 気持ちの悪い虫, 不快感をもたらす小動物(特に, 昆虫, 爬虫(は)類). 2《話》動物(特に家畜). 3《軽蔑》《しばしば *mal*~/+ *malo*》たちの悪い人, 性悪, 嫌なやつ. 4《軽蔑》風体の変な人, 醜い人. ▶ *bicho raro* (性格や行動が)異常な人, 変人, 変わり者. *¿qué bicho* LE *ha picado?* 《軽蔑》一体一にどうしたんだ? *todo bicho viviente* 《話》すべての人, 生きとし生けるものすべて.

bici 囡 1《<*bicicleta*》《話》自転車.

bicicleta 囡 自転車《略》*bici*).

biciclo 男 (大きな前輪に直接ペダルのついた)自転車.

bicoca 囡 《俗》1 つまらないもの, くだらないもの. 2 掘出し物, 見切品.

bicolor 形 1 2色の, ツートンカラーの. 2《印刷》二色刷の.

bicóncavo, va 形 両凹(勢)の.

biconvexo, xa 形 両凸(芬)の.

bicorne 形《文》二角の, 双の角, 二つの角(弯)を持つ.

bicornio 男 二角帽.

bicromía 囡 《印刷》二色刷り.

bicúspide 形 《解剖》二尖頭の. — 男 二尖頭歯, 小臼歯. ~ 囡 《心臓》の左房室弁, 二尖弁, 僧帽弁.

bidé 男 ビデ.

bidón 男 (液体用の)金属製容器, ドラム缶.

biela 囡 《機械》連接棒, ロッド.

bieldar 他 《農業》(穀物・もみがら)をあおぎ分ける.

bieldo 男 《農業》(干し草などをすくう)すまた.

Bielorrusia 固名 ベラルーシ(首都Minsk).

bien [ビエン] 副 《比較級→*mejor*》 1 良く, 申し分なく. —*Me parece* ~. 私はいいと思う. 2 うまく, 上手に. —*Habla español muy* ~. スペイン語を話すのがとても上手い. 3 正しく, 立派に. 4 きちんと, 十分に. —*¿Has comido* ~? よく食べましたか. *No lo oigo* ~. よく聞こえません. 5 元気に. *—¿Cómo está usted?—B*~. お元気ですか. —はい, 元気です. *¡Que le vaya* ~! どうかお元気で. 6 心地良く. —*Aquí se está muy* ~. ここはとても居心地が良い. 7 都合良く, 適切に. —*Esa camisa te está* ~. そのシャツは君に似合っている. *Has hecho* ~ *en no ir*. 君が行かなかったのは良かった. 8 とても, かなり. —*Me gusta el café* ~ *caliente*. 私はとても熱いコーヒーが好きだ. 9 おそらく, およそ. —*El muy B*~ *tardará una semana más*. それはまだ少なくとも一週間はかかるだろう. 10《感嘆》*—¡Qué* ~! 良かったですね. *¡Ojalá que todo salga* ~! 万事上手く行くといいですね. 11《同意》いいですよ, 分かりました. —*¿Profesor, podría ir al baño?—B*~. 先生, トイレに行ってもいいですか. —いいです. 12《名詞の後で形容詞的に》上流の, 立派な, 良い家の. ▶ *bien que mal* 何と か, どうにかこうにか. *mal que* ~, ~ *que mal* まずまず. **bien que** [+接続法]/**bien sea** {*que*+接続法} たとえ…であっても. **hacer** (**el**) **bien** {+ 人}に よいことをする, 助ける, 役立つ. **más bien** むしろ. **no bien**…《中南米》 …するとすぐ. **pues bien** さて, それでは. **si bien**… [+直説法] たとえ…であっても. **tener a bien** [+不定詞]…してくださる, …していただく. **y bien** ところで, それはそうと. **¡ya está bien!** もう結構, もうたくさんだ. —— 形 上流の, 良家の, 立派な. *—gente* ~ 上流の人たち. —— 男 1 幸福, 利益. —*el* ~ *público* 公共の利益. 2 善, よいこと. —*hacer* (*el*) ~ 正しいことをする. *hombre de* ~ 誠実な人. 3《複》財産. —~*es comunes* [*comunales*] 共有財産. —~*es gananciales* 夫婦の共有財産. —~*es inmuebles* [*raíces*] 不動産. —~*es muebles* 動産. 4《複》商品.

bienal 形 2 年ごとの, 2 年に 1 度の; 2 年続く. —— 囡 2 年に 1 度の催し, ビエン

bienandanza 女 幸運，幸運；繁栄．

bienaventurado, da 形 **1** 幸運の(人)，幸せな(人)．**2** 《宗教》祝福された(人)，恵まれた(人)．

bienaventuranza 女 **1** 《宗教》(天国の)至福．**2** (B~) 《宗教》キリストが山上の垂訓中に説いた福音．—Las ocho B~s 《宗教》真福八端．**3** 繁栄，幸福．

bienestar 男 **1** 福祉，繁栄．—~ social [público] 社会[公共の]福祉．**2** (精神的·肉体的な)楽，心地よさ．**3** (物質的な)豊かさ，豊かな生活．**4** 幸福，満足．

bienhablado, da 形 うまくしゃべる．はっきりとしゃべる．

bienhadado, da 形 幸運の，運のよい．

bienhechor, chora 形 恩を施す，援助する；情け深い．—名 恩人，後援者；慈善家．

bienintencionado, da 形 好意の，善意の．

bienio 男 **1** 2年間．**2** 2年ごとの昇給．

bienmandado, da 形 素直な，従順な．

bienoliente 形 香りのよい，いい匂いのする．

bienquerencia 女 好意，好感；愛情，愛着．

bienquerer [4,8] 他 に好意[愛情]を抱く．—名 **1** 好意，好感．**2** 愛情，愛着．

bienquistar 他 [+con と] …を和解させる，和解する．—se 再 [+con と] 仲良くなる，和解する．

bienquisto, ta 形 [+ con/de/por に] 評判のいい，尊ばれる，尊まれる，気に入られる．

bienvenido, da 形 (人が)歓迎されている，喜んで迎えられる．—Sea usted ~. ようこそいらっしゃいました．—間 [+ a へ] ようこそ! —B~ a Japón! ようこそ日本へ．—女 **1** 歓迎，歓迎の言葉．▶ *dar la bienvenida a* … …に歓迎の言葉を述べる．

bies 男 《服飾》バイアス(テープ·布)．▶ *al bies* 斜めに，はすに．

bifásico, ca 形 《電気》二相性の．

bife 男 《中南米》 **1** ビーフステーキ．**2** 《話》殴打，パンチ．

bífido, da 形 《生物》2裂の，二股の．

bifloro, ra 形 《植物》双花の．

bifocal 形 (レンズの)二焦点の，遠近両用の．

bifronte 形 2つの顔の．

bifurcación 女 **1** 二股に分かれること，分岐．**2** 分岐点，合流点．

bifurcado, da 過分 (→ bifurcarse) 形 二股の，2つに分かれた．

bifurcarse [1,1] 再 分岐する，二股に分かれる．

bigamia 女 《法律》二重結婚，重婚；重婚罪．

bígamo, ma 形 《法律》重婚の．—名 《法律》重婚者．

bigardo, da 形名 **1** 怠け者(の)，遊び人(の)．**2** 《話，軽蔑》体つきのがっしりした(人)，でかい(人)．

bígaro 男 《貝類》タマキビガイ．

bigornia 女 二角の金鎚(てき)[金床]．

bigote 男 **1** 口ひげ．**2** 《主に 複》《話》上唇に付着した飲食物の跡．▶ *de bigote(s)* 《話》大変すばらしい，ものすごい．*hombre de bigotes* 男らしい男，勇猛果敢な男．*mover el bigote* 《話，戯》食べる．

bigotera 女 **1** 《技術》スプリングコンパス．**2** (口のまわりの)飲食物の跡．**3** (口ひげ保護用の)ひげ当て．

bigotudo, da 形 口ひげの豊かな[濃い]．

bigudí 男 [複 ~(e)s] (髪の毛を巻く)カーラー．

bija 女 **1** 《植物》ベニノキ．**2** ベクシン(ベニノキから取れる赤色染料)．

bikini, biquini 男 《服飾》ビキニ(水着)．

bilabial 形 《音声》両唇(りょう)(音)の．—女 《音声》両唇音([p]，[b]，[m]など)．

bilateral 形 **1** 両者の，二者間の．**2** 《音声》両側音の．—女 《音声》両側音．

bilbaíno, na 形名 ビルバオ(Bilbao，スペイン·バスク地方·ビスカヤ県の県都)の(人，出身者)．

bile, bilet 男 《中南米》リップスティック，口紅．

biliar 形 胆汁の．

bilingüe 形名 2言語併用の(人)，バイリンガルの(人)．

bilingüismo 男 《言語》2言語併用，バイリンガリズム．

bilioso, sa 形 胆汁の；胆汁過多の．**2** 怒りっぽい，気むずかしい．

bilis 女 [単複同形] **1** 胆汁．**2** かんしゃく，不機嫌．▶ *descargar la bilis* 怒りをぶつける．*revolvérseLE* [*alterárseLE*] *a* … *la bilis* 《話》いら立つ，激怒する．*tragar bilis* 《話》怒りを抑える．

billar 男 **1** ビリヤード，玉突き．—*jugar al* ~ ビリヤードをする．**2** 複 ビリヤード場，玉突き場．

billarista 男女 《スポ》ビリヤードプレイヤー．

billetaje 男 [集合的に] (劇場，乗り物の)切符，入場券類．

billete 男 [ビイェテ] **1** 切符，乗車券，券，チケット．—~ abierto オープンチケット．~ de abono 回数券．~ circular 周遊券．~ de ida y vuelta [sencillo] 往復[片道]切符．~ electrónico 電子チケット．**2** 紙幣，札，銀行券．(= ~ de banco)．—~ de cincuenta euros 50ユーロ札．**3** (劇場·催し物の)入場券，切符，チケット．**4** (10個に分けてばら売りのできる)宝くじ券．(= ~ de lotería，~ verde)．

billetera[1] 女 札入れ，財布．→*bille-*

billetero, ra² 图 〖中南米〗宝くじ売り. —— 男 財布, 札入れ.
billón 男 〖数詞〗1兆 (100万の100万倍).
billonésima 囡 1兆分の1.
billonésimo, ma 围 **1** 1兆分の1の. **2** 1兆番目の.
bilobulado, da 围 〖植物〗(葉が)2裂の.
bimembre 围 2つ[2人]構成の.
bimensual 围 月2回の, 半月ごとの.
bimestral 围 →bimestre.
bimestre 围图 2か月ごとの, 隔月の. —— 男 2か月間[分].
bimetalismo 男 〖経済〗(金銀)複本位制.
bimetalista 围 〖経済〗(金銀)複本位制度の.
bimotor 围 〖機械〗(エンジンが)双発の. —— 男 〖航空〗双発機 (=avión ～).
bina 囡 〖農業〗2回の耕作.
binadera 囡 〖農業〗(除草や鋤(*)など起こし用の)鍬(½).
binar 他 **1**〖農業〗(畑)を2回耕す, (畑)に2回鍬を入れる. **2**(一般に)を2回する. —— 自 〖カト〗一日にミサを2回行う.
binario, ria 围 **1** 〖数学〗2進の; 〖情報〗バイナリの). —sistema ～ 2進法. **2** 2〔双, 複〕の.
bingo 男 ビンゴ(ゲーム). —— 間(ビンゴで)当たり, の中, その通り.
binocular 围 覆 双眼鏡の. —— 围 両眼の, 2つのレンズの.
binóculo 男 鼻メガネ.
binomio 男 **1**〖数学〗二項式. **2** コンビ.
bínubo, ba 围 再婚の(人).
binza 囡 (卵・タマネギなどの)膜, 薄膜, 薄皮.
biocenosis 囡 〖単複同形〗〖生物〗生物共同体.
biochip 男 〖覆 biochips〗〖情報〗生物化学素子, バイオチップ.
biocombustible 男 バイオ〔有機〕燃料.
biodegradable 围 生(物)分解性の, 土にかえる.
biodegradación 囡 **1**〖化学〗生物分解. **2**(木材・木造建築物などの)生物劣化.
biodiésel 男 〖単複同形〗〖自動車〗バイオディーゼルエンジン; バイオディーゼル車.
biodiversidad 囡 生物多様性.
bioelemento 男 〖生物〗生(体)元素.
bioestadística 囡 生物統計学の.
bioetanol 男 バイオエタノール.
bioética 囡 生命倫理学.
biofísica 囡 生物物理学.
biofísico, ca 围 生物物理学の.
biogénesis 囡 生物発生説.
biogeografía 囡 生物地理学.
biografía 囡 伝記, 一代記 (→autografía, hagiografía).
biografiar [1.5] 他 …の伝記を書く, 伝記にする.
biográfico, ca 围 伝記(体)の.
biógrafo, fa 图 伝記作家[作者].
biología 囡 生物学.
biológico, ca 围 生物(学)の. —armas biológicas 生物兵器.
biólogo, ga 图 生物学者.
bioluminiscencia 囡 生物発光.
biomasa 囡 〖生物〗生物体量, バイオマス.
biomaterial 男 バイオ[有機]素材.
biombo 男 (折り畳み式の)ついたて, 屏風(ビ♣*).
biomecánico, ca 围 生物力学の. —— 囡 生物力学.
biomedicina 囡 〖医学〗生物医学.
biomédico, ca 围图 生物医学(の).
biometría 囡 生物測定学.
biométrico, ca 围 生物測定学の.
biónica 囡 生体工学, バイオニクス.
biónico, ca 围 生体工学[バイオニクス]の.
bioplástico 男 バイオプラスチック.
biopolímero 男 バイオポリマー.
bioprótesis 囡 〖単複同形〗〖医学〗移植用動物組織.
biopsia 囡 〖医学〗(実験・診断などのための)生検(法), バイオプシー.
biopsiar 他 〖医学, 生物〗…のバイオプシー[生検]をする.
bioquímica 囡 生(物)化学.
bioquímico, ca 围 生化学の, 生化学的な. —— 图 生化学者.
biorritmo 男 バイオリズム.
biosfera 囡 〖生物〗生物圏, 生活圏.
biosíntesis 囡 〖単複同形〗〖生物〗生合成.
biota 囡 〖生物〗生物相.
biotecnología 囡 生物工学, バイオテクノロジー.
biotecnológico, ca 围 生物工学の, バイオテクノロジーの.
bioterapia 囡 〖医学〗生物学的療法.
biótico, ca 围 生命の, 生物の.
biotipo 男 〖生物〗生物型; 同遺伝子型同species群体.
biotopo 男 〖生物〗バイオ[ビオ]トープ, 生物生息空間.
bióxido 男 〖化学〗二酸化物.
bipartición 囡 **1** 2分割. **2**〖植物〗葉の2裂.
bipartidismo 男 二大政党制.
bipartidista 围 二大政党制の.
bipartido, da 围 →bipartito.
bipartito, ta 围 **1**〖政治〗2党間の. **2** 2部[2通]に分かれた.
bipedación 囡 二足歩行.
bipedestación 囡 二足立ち.
bípedo, da 围 〖動物〗2本足の. —— 男 (特に)人間.
biplano 男 〖航空, 歴史〗複葉機.
biplaza 围男 複座式(の), 2人乗り(の); 〖航空〗複座式[2人乗り]の乗り物.

bipolar 複座機.
bipolar 形 二極(式)の.
bipolaridad 女 二極性, 両極性.
biquini 男 →bikini.
birimbao 男 《音楽》ビヤボン, 口琴.
birlar 他 1《話》【+a alguno】を奪い取る, 盗む. 2《スポ》(ボーリングで)2回目に球を転がす. 3《話》を一発[一撃]で殺す.
birlibirloque 男 por (el) arte de birlibirloque 魔法のように, あっという間に.
birlocho 男 (4人乗りの)無蓋四輪馬車.
birmano, na 形 ミャンマー(人)の, ビルマ(Birmania)(人・語)の. — 名 ミャンマー人, ビルマ人. — 男 ビルマ語.
birome 女 《南米》ボールペン.
birreactor, tora 形 双発ジェットエンジンの. — 男 双発ジェット機.
birreme 形 《海事》二段オールの. — 女 《海事》二段櫂船.
birrete 男 1(裁判官, 弁護士, 大学教授などが用いる)角帽. 2聖職者の帽子.
birria 女 1《話》役に立たないもの, くだらないもの. 2《話》醜いもの[人].
bis 副 1, 2, …の2(同一番号の下位区分). —la calle Serrano, 40 ~ セラーノ通り40番地の2. 2再び, もう一度. 3《音楽》繰り返し. — 間 アンコール.
bisabuelo, la 名 1曾祖父, 曾祖母, ひいおじいさん, ひいおばあさん. 2複 曾祖父母.
bisagra 女 蝶番(ちょうつがい).
bisar 他 (アンコールに応じて)を再演[奏]する.
bisbisar, bisbisear 他 自 《話》つぶやく, ささやく, ぼそぼそ言う.
bisbiseo 男 《話》もぐもぐ[ぶつぶつ]言うこと.
biscuit 男 1ビスキット, クッキー. 2カステラ, ケーキ. 3陶磁器製品.
bisecar [1.1] 他 《数学》を2等分する.
bisección 女 《数学》2分, 2等分.
bisector, triz 形 《数学》2等分する. — 男 《数学》2等分線.
bisel 男 斜面, 斜断面.
biselado, da 過分 [→biselar] 形 面取りした. — 男 《技術》(厚板ガラスなどの)面取り加工.
biselar 他 に斜面を付ける, 面取りする.
bisemanal 形 2週間に1回の.
bisexual 形 1《生物》両性の, 雌雄同体の. 2両性愛者の. — 男女 両性愛者.
bisiesto 男 うるう年 (=año ~). — 形 うるう年の.
bisílabo, ba 形 《言語, 詩学》2音節の.
bismuto 男 《化学》ビスマス(元素記号 Bi).
bisnieto, ta 名 曾孫(ひまご).
bisojo, ja 形 《話》(内)斜視の, やぶにらみの.
bisonte 男 《動物》バイソン, アメリカ野牛.
bisoñé 男 前頭部用のかつら.
bisoño, ña 形 1新米, 未熟な. 2《軍事》新米, 新兵. — 名 1新米の, 未熟な. 2《軍事》新兵の.
bistec, bisté 男 (複 bistecs, bistés) 《料理》ビフテキ, ステーキ(用の肉) (=filete).
bistorta 女 《植物》イブキトラノオ.
bisturí 男 《医学》(外科用)メス.
bisurco, ca 形 《動物》双蹄の, ひずめの割れた.
bisutería 女 1模造宝石, 人造装身具. 2人造装身具店.
bit 男 《情報》ビット.
bita 女 《海事》係柱.
bitácora 女 1《海事》羅針盤箱. 2《情報》個人のウェブサイト, ブログ.
bíter 男 (苦味のある食前酒の)ビター.
bitoque 男 樽の栓.
bituminoso, sa 形 アスファルトの[を含む], タールの.
bivalente 形 《化学》2価の.
bivalvo, va 形 《動物》両弁の, 二枚貝の.
Bizancio 固名 ビザンティウム(ビザンチン帝国の主都, 現在の Istanbul).
bizantinismo 男 1ビザンチン文化研究. 2ささいな問題の議論に明け暮れること.
bizantino, na 形 1《歴史》ビザンチウムの. 2《建築, 美術》ビザンチウム様式の.
bizarría 女 1勇敢, 武勇. 2高潔さ, 寛大さ.
bizarro, rra 形 1勇敢な, 雄々しい. 2寛大な, おうような.
bizco, ca 形 1斜視の(人), やぶにらみの(人). 2《話》睡然とした.
bizcocho 男 1スポンジケーキ, カステラ (→galleta 「ビスケット」). 2《海事》(保存用の)乾パン, 堅(かた)パン. 3素焼きの陶器, 素焼きの器.
bizcotela 女 《料理》ラスク.
bizma 女 《医学》パップ, 湿布剤, 膏薬.
biznaga 女 《植物》タマサボテン.
biznieto, ta 名 →bisnieto.
bizona 女 《自動車》2(バイ)ゾーン式の.
bizquear 自 1目を細める. 2目くばせする. — 他 1斜視である. 2横目で見る.
bizquera 女 《話》やぶにらみ, 斜視.
Blanca 固名 《女性名》ブランカ.

blanco, ca [ブランコ, カ] 形 1白い; 無色の; 薄色の. —Casa Blanca ホワイトハウス. oso ~ シロクマ. vino ~ 白ワイン. 2白人の. 3空白の, 白紙の, 何も書いていない. 4(顔色が)青白い, まっさおの. ▶no distinguir lo blanco de lo negro 白黒の区別もつかない, 全くの無知である. — 男 1白色, 白さ; 白い物. —foto en ~ y negro 白黒写真. 2空白, 空欄; 余白. 3的, 標的の; 目標.

—tiro al ～ 射撃, 射的. errar el ～ 的をはずす. ►**ser el blanco de todas las miradas**《話》(人が)注目の的(ﾏﾄ)である. **cheque en blanco** ～ cheque. **hacer** [**dar en el**] **blanco** 的中する, 的を射る, うまく当てる. **en blanco** 白紙の[で], 書いて[印刷して]ない; 何もしないで, 全だの[に]; 眠らずに, まんじりともしないで. **quedarse en blanco** 理解できない, 分らない. ─ 男 1《音楽》2分音符. 2 ドミノの牌(ﾊｲ), ストン; 《古》白の駒. ►*no tener* [*estar, quedarse sin*] *blanca* 《話》すっからかんである.

blancor 男 白さ, 純白, 真っ白.
blancura 女 白さ, 白いこと. ─ del ojo《解剖》角膜白斑(ﾊｸ).
blancuzco, ca 形 白っぽい.
blandear 他 1 を和らげる, 穏和にする. 2 を納得させる. ─ 自 屈服する, 譲る. ─ **se** 再 [＋con に] 屈服する, 譲る.
blandengue 形《話, 軽蔑》気の弱い, おとなしい, 弱々しい.
blandicia 女 1 へつらい, 甘言. 2 軟弱, 柔弱.
blandir 他《刃物などを》振り回す, 振る.

[ブランド, ダ]
blando, da 形 1 柔らかい, ソフトな. ─ al tacto 手触りの柔らかい. carne *blanda* 柔らかい肉. 2 [＋con に]《性格などが》優しい, 寛大な. ─ *leyes blandas* 寛大な法律. clima ～ 暑くも寒くもない気候. 3《力・意志が》弱い, 小心の, 臆病な. 4 のんびりした, 安楽な, 気ままな. ─ 副 やさしく, 穏やかに.
blandón 男 大ろうそく; 大きな燭台.
blanducho, cha 形《話, 軽蔑》柔らかい, 手ごたえがない, 軟弱な.
***blandura** 女 1 柔らかさ, ソフトであること. 2《人の》穏やかさ, 優しさ, 温和さ. 3《人の》軟弱さ, 無気力, 怠惰. 4《医学》腫れものを柔らかくするためのパップ剤.
blanqueador, dora 形 漂白する, 白くする. ─ 男 漂白剤; 白くするもの.
blanqueadura 女 →blanqueo.
***blanquear** 他 1 を白くする. 漂白する; を白く塗る. 2《金属》を磨く, 光らせる. 3《不法な金》を合法的に見せかける, マネーロンダリングをする. ─ 自 白く光る, 白く見える.
blanquecino, na 形 白っぽい, やや白い.
blanqueo 男 1 白くすること, 漂白. 2《砂糖の》精製. 3《ブラックマネーの》浄化, 隠蔽. ─ de dinero マネーロンダリング.
blanquete 男 (昔の) 漂白剤.
blanquillo, lla 形 1 白い, 白っぽい. 2《スポ》(スペインのサッカーチーム)レアル・サラゴサの. ─ 男 1 白パン; 白小麦. 2《中南米》白桃. 3《中南米》鶏卵.
blanquinegro, gra 形 白と黒の2色からなる, 白黒の.
blanquinoso, sa 形 →blanqueci no.
blanquizco, ca 形 →blanquecino.
blasfemador, dora 形 不敬な言葉を吐く, 冒瀆する. ─ 名 不敬な言葉を吐く人, 冒瀆者.
blasfemar 自 1 [＋contra/de]《神・神聖なものに》不敬な言葉を吐く, 《人を呪う》, をののしる.
blasfematorio, ria 形 →blasfemo.
blasfemia 女 1 神への不敬, 冒瀆(ﾄｸ), 悪罵. 2 侮辱, 悪態.
blasfemo, ma 形 1 不敬な, 冒瀆(ﾄｸ)的な. 2 不敬な言葉を発する人, 冒瀆者.
blasón 男 [複 blasones] 1 (主に盾形の)紋章, 紋章図形[図案]; 紋章学. 2 複 高貴な家柄, 名門. 3 名誉, 栄光, 誉れ. ►*hacer blasón de ...* を自慢[誇示]する.
blasonar 自 [＋de を] 自慢する, 誇る. ─ 他 を紋章で飾る.
bledo 男 1《植物》アカザ科の植物. 2《話》無意味なこと, 価値のないこと. ►*importarLE* [*dárseLE*] *a ... un bledo* ...にとって少しも重要でない.
blefaritis 女《単複同形》《医学》眼瞼(ｹﾝ)炎.
blenda 女《鉱物》閃(ｾﾝ)亜鉛鉱.
blenorragia 女《医学》淋菌性尿道炎(による膿漏)ﾛｳ; 淋病.
blenorrea 女《医学》淋病.
blindaje 男《軍事》(整塞(ｻｲ)内の)防弾壁, 装甲.
blindar 他《軍事》を装甲する, に鋼鉄を張る. 2《話》《人や物》をしっかりと防御する, をしっかりと守る.
bloc 男［＜英］［複 blocs］(はぎ取り式の)紙のつづり, メモ用紙.
blocao 男《軍事》小要塞, トーチカ.
blocar [1.1] 他《スポ》を妨害する, をブロックする.
blog 男［複 blogs］《情報》ブログ.
blogosfera, blogósfera 女 ブログ圏, ブロゴスフィア, ブログ界.
bloguero, ra 形《情報》ブログの. ─ 名 ブロガー.
blonda 女《服飾》絹レース; (紙製の) テーブルセンター.
blondo, da 形 金髪の, ブロンドの.
bloque 男 1 (未加工の大きな)石・木などの塊; (建築用石材)木材], ブロック. ─ de hielo 氷塊. 2 (政治・経済上の)陣営, ─団, 連合. ─ ～ dólar ドル圏. 3 (大きな建物の)─棟. 4 ─そろい, ─組, ─続き. 5 主要部, 中心部分. 6 (市街地の)ブロック, ─区画, 街区. 7《情報》情報ブロック. ►*en bloque* 一括して, まとめて, 全体として.
bloquear 他 1 を封鎖する, 遮る. 2《商業, 経済》《資産などを》凍結する, を封鎖する. 3《機械》を止める, 動かなくする. 4《スポ》を妨害する, をブロックする. ─ **se** 再 1 ふさがる, 遮断する. 2《機械》が故障する, 動かなくなる. 3《頭が》ぼうっとする, 鈍くなる.
bloqueo 男 1 封鎖, 遮断, 妨害. ─B─ de Berlín《歴史》ベルリン封鎖 (1948年). ～ económico 経済封鎖.

blues

2（商業）〔資産などの〕凍結, 封鎖. **3**（スポ）妨害, ブロック. **4**（心理, 医学）器官・精神の遮断, ブロック, 停止. ～ **mental** 精神薄弱.

blues ［＜英〕男［単複同形］（音楽）ブルース.

bluetooth 男（情報）ブルートゥース.

bluff ［＜英〕男［複 **bluffs**］はったり, まやかし.

blúmer 男［中南米］→ **braga**.

blusa 女（服飾）ブラウス;（襟も袖口もない）作業服, 仕事着.

blusón 男（服飾）スモック, ブルゾン.

bluyín 男［中南米］→ **pantalón vaquero**.

boa¹ 女（動物）ボア.

boa² 男（服飾）ボア（婦人用の毛皮または羽毛でできた襟巻き）.

boardilla 女 → **buhardilla**.

boato 男（豊かさの）見せびらかし, 見栄.

bobada 女 **1** ばかげた言動. **decir [hacer] ～s** ばかげたことを言う[する]. **2** どうでもいいもの, 取るに足らないもの.

bobalicón, cona 形 （話）ばかな, 愚かな. ──名 （話）ばか, 愚か者.

bobería 女 → **bobada**.

bóbilis ▶ **de bóbilis bóbilis** (話）努力なしで, ただで.

bobina 女 **1** 糸巻き, ボビン. **2**（電気）コイル. ──～ **de encendido**（自動車）イグニッション・コイル. **3**（写真）巻き取り軸.

bobinado 男 **1**（糸巻きなどへの）巻きつけ. **2**（電気）(回路中の）コイル.

bobinar 他（糸などを）巻き取る.

bobo, ba 形 愚かな, ばかな; あまりに無邪気な. ── 名 愚か者, まぬけ（愛情をこめて）おばかさん. ── 男（演劇）道化役. ▶ **a lo bobo** （話）何気なさを装って. **hacer el bobo** （話）ばかなことをする. **hacerse el bobo**（＝ **hacerse el TONTO**).

boca ［ポカ］女 **1** 口, 口もと; 唇. ──**Cierra la ～**. 口を閉じなさい. **No abrió la ～**. 彼は口を開かなかった（何も言わなかった）. **Me dio un beso en la ～**. 彼は私の唇にキスをした. **Lo oí de ～ de una amiga**. それは女友達の口から聞いた. **2**（話）扶養すべき人, 養い口. ──**Tengo cinco ～s en casa**. 私は家に5人の養い口がある. **3** 口状のもの, 出入り口, 開口部; [主に（地理）]河口. ～ **de metro [puerto, túnel]** 地下鉄［港, トンネル］の入口. ～ **del estómago**（俗）みぞおち. ～ **de incendio [riego]** 消火［散水］栓. **4**（話）穴, 破れ目, 裂け目. **5**（ワインの）味, 口あたり, 風味. **6**（鋏（はさみ）, 斧（おの）, のみ, たがねなどの）刃先,（ハンマー, 金槌（かなづち）などの頭,（万力, やっとこ等の）狭台部分. **7**（動物）（エビ・カニ等の）はさみ. ～ **de** [**jarro** 至近距離で, 間近に; 出し抜けに. **a boca llena** 包み隠さず, あからさまに; 歯に衣を着せず. **abrir** [**hacer**] **boca**（話）食欲を呼び起こす, アペリティフをとる. **andar** [**correr**] **de boca en boca**（知らせ, 噂等が）公になる. **andar de boca de...**（話）…の噂になる, …の口にのぼっている. **a pedir de boca** 期待通りに; 的確に, 正しく. **a qué quieres, boca** 思い通りに, 望み通りに. **boca abajo** うつぶせになって;（容器等を）裏返しにして. **boca a boca** マウス・ツー・マウス方式の人工呼吸. **boca arriba** 仰向けに. **buscarLE la boca a...** …（人）の口を割らせる, を挑発する. **calentárseLE la boca a...**（話）口に夢中になる, 激しく話す. **callar**(**se**) **la boca** (話）黙る, 沈黙する, 口を閉じる. ─**¡Cállate la boca!** 黙れ. **cerrarLE la boca a...**（話）（人）を黙らせる, …の口を封じる. (**como**) **boca del lobo**（狼の口のように）とても暗い場所. **con la boca abierta**（話）睡眠（すいみん）とした, 呆然（ぼうぜん）とした,（驚きで）開いた口がふさがらない. **coserse la boca**（話）黙る, 口を閉じる. **de boca** [**boquilla**]（話）口先だけの[で]; 口約束の[で]. **decir... con la boca chica**（話）礼儀として…と言う, 心にもなく…と言う. **dejar mal sabor de boca** …の後味を悪くする. **echar por** [**de**] **aquella** [**la**] **boca** 罵詈雑言（ばりぞうごん）をはく, 悪態をつく. **En boca cerrada no entran moscas**.（諺）口は災いのもと. **haber boca a... boca un fraile**（話）執拗にせびる人である, しつこく無心する人である. **hablar por boca de ganso** [**de otro**]（話）他人の受け売りをする, 他人の考え[意見]にしたがって話す. **hacérseLE a... la boca agua**（話）（人）が（食べ物ある事柄の）ことを考えて）よだれが出る. **irse de** [**la**] **boca** 口が軽い, しゃべりすぎる. **irseLE la boca a...**（人）が口が軽い, しゃべりすぎる. **meterse en la boca del lobo** （話）あえて危険に身を投じる, 無謀なことをする. **no caérseLE a... de la boca** …は（人）の口癖である,（人）の口によくのぼる. **no decir esta boca es mía**（話）押し黙る［黙っていう］, 何も言わない. **pasar por la boca de...**（人）の顔を殴る（主に脅し文句として使用される）. **poner bocas** [中南米]仕事の口利きを求める. **quitar... a la boca** （話）（人）に先んじて…を口に出す, …より先に…を言う. **quitarse... de la boca**（話）（他人のために）…をがまんする, …なしですます. **romper la boca**（＝ **partir la boca**). **saber... de** [**la**] **boca de...** …（人）から聞く, 直接…から知る. **tapar la boca a...**（話）（人）の口を封じる, …の反論を断つ. **tener a... sentado en la boca del estómago**（話）（人）が大嫌いである,（人）に嫌悪を抱いている. **venirse a... a la boca**（話）（人）が頭に浮かんだことを口にしたくなる.

bocabajo 副 うつぶせに.

bocacalle 女 曲がり角; わき道, 枝道.

bocadillo 男 **1**（料理）ボカディーリョ（小型フランスパンにハムやトルティーリャをはさんだサンドイッチ）. ──～ **de jamón** ハムのボカディーリョ. **2**（朝食と昼食の間に食べる）午前のおやつ, 軽食, 間食. **3** 漫画のせりふを囲む吹出し. **4**（演劇）(俳優の台

bocadito 詞(ﾄﾞｳ)の少ない役. **5** 〖中南米〗(牛乳・ココナツ・グアバ・バナナなどで作った)砂糖菓子.

bocadito 男 **1**〔クリームなどをはさんだ〕プチシュークリーム. **2**〖中南米〗おつまみ, 小皿料理.

bocado 男 **1** ひと口(分). —de [en] un —／de [en] dos — s 一口で. あっという間に. **2** かみつき. **3** 軽い食事, おやつ. **4**〔料理〕カナッペ, つまみ. **5**〔馬の〕くつわ(のはみ). ▶ **bocado de Adán** のどぼとけ. **irse [marcharse, salir] con el bocado en la boca** 食事が終わったとたんに出かける. **no probar [sin probar] bocado** 全く何も食べない〔全く何も食べないで〕.

bocajarro 男 ▶**a bocajarro** 間近で, 至近距離で. **2** いきなり, だしぬけに.

bocal 男 **1**(広口の)水差し, 細い壷(ﾂﾎﾞ). **2**(井戸の)水路, 水道. **3**〔楽器の〕マウスピース.

bocallave 女 鍵穴.

bocamanga 女 〔服飾〕袖口.

bocamina 女 坑道の入り口, 抗口.

bocana 女 **1** 港口, 湾口. **2**〖中南米〗河口.

bocanada 女 **1**〔煙・息・風などの〕ひと吹き(の量); 噴出. —una ～ de viento 一陣の風. una ～ de gente 一団の人々. **2** ひと口いっぱい, 一口分; ひと飲み(の量). ▶ **a bocanadas** (煙が)もくもくと, (血が)どくどくと.

bocata 男 《話》→ bocadillo.

bocazas, bocazas 男·女 《話, 軽蔑》 《単複同形》おしゃべり, 口が軽い人, はったりを言う人.

bocel 男 〔建築〕大玉縁(ﾍﾞﾘ), トーラス.

bocera 女 **1**〔しばしば複〕口のまわりの食べものの汚れ. **2**〔医学〕口角炎.

boceras 男·女 《単複同形》《話》おしゃべり, ほら吹き, 自慢家.

boceto 男 **1** スケッチ, 下絵, 習作; 〔彫刻で〕粗削り. **2** 草稿, 草案.

bocha 女 《複》〔ゲーム〕木柱遊び(立てた柱に玉を近くなるようにころがす遊び), (木柱遊び用の)木球.

boche 男 〖中南米〗口論, けんか; 騒ぎ.

bochinche 男 《話》騒ぎ, 騒動; 混乱.

bochorno 男 **1**(夏の)熱風, 蒸し暑さ, うだるような暑さ. **2** 恥, 恥ずかしい思い, 赤面. —tener [sentir, pasar] ～ 恥ずかしい思いをする.

bochornoso, sa 形 **1** 蒸し暑い, うっとうしい. **2** 恥ずかしい, 赤面の.

bocina 女 **1**(自動車の)警笛, クラクション. **2** 角笛(ﾌﾞｴ); メガホン.

bocinazo 男 **1** 大きくクラクションを鳴らす音. **2**《話》怒鳴り声, 叱責.

bocio 男 〔医学〕甲状腺腫.

bock 男 (250ccの)ジョッキ, ビアグラス.

bocón, cona 形·名 **1**《話》口の大きい, 大口をたたく(人). **2**《話, 軽蔑》口が軽い(人)口は達者な(人).

bocoy 男 大樽(ﾀﾙ).

bocudo, da 形 口の大きい, 大口の.

boda 女 **1**〔複〕結婚式, 婚礼; 結婚披露宴. —～ civil 民事婚(役所での結婚式をする). —～ religiosa 宗教婚, 教会婚 婚. **2**〔複〕結婚記念日 —aniversario de ～). —～s de oro [plata] 金〔銀〕婚式. ▶ **lista de boda(s)** (新郎新婦が選び, 招待客が支払う婚礼品目録), **noche de bodas** 新婚初夜.

bodega 女 **1** 酒倉, ワインセラー, ワイン貯蔵室. **2** ブドウ酒店, 酒屋. **3**(特定地域・年号ものの)ワイン(生産); ブドウ〔ワイン〕の出来具合; ワイン醸造所. —la riojana de 1970 1970年もののリオハ産ワイン. **4**(地下の)食糧貯蔵室; 穀物倉; 船倉. **5**〖中南米〗食料品店.

*bodegaje 男 〖中南米〗〔商業〕倉敷料, 倉庫〔保管〕料.

bodegón 男 **1**《美術》静物画. **2** 安料理店, 居酒屋.

bodeguero, ra 名 **1** ワイン蔵担当者〔所有者〕; 酒屋, ワイン業者. **2**〖中南米〗飲食店主; 食料品店主.

bodoque 男 **1** 球状の刺繍(ﾕｳ). **2**〖中南米〗小さい球状のもの. **2** こぶ, もれん. **3**〖中南米〗こぶ, はれもの. **4**《話》ばか, 間抜け.

bodorrio 男 《話, 軽蔑》貧しい結婚式.

bodrio 男 《話》**1** 失敗作, へたくそ. **2** 粗末な食事.

BOE (頭字)〈Boletín Oficial del Estado〉(スペインの)官報.

bóer 男·女 形 ボーア人(の).

bofe 男〔ふつう～s〕〔料理〕(牛などの)肺. ▶ **echar el bofe [los bofes]** 《話》たいへん働く, 精を出す; しきりに求める.

bofetada 女 **1** 平手打ち, ぴしゃりと打つこと. —dar [pegar, lanzar] una ～ a ... に平手打ちを食らわせる, たたく. **2** 侮辱, 恥辱. ▶ **darse de bofetadas con ...** 《話》... と合わない, 調和しない.

bofetón 男 強くぴしゃりと打つこと.

boga 女 **1** 流行, はやり. —estar en ～ 流行している. **2**〔海事〕漕ぐこと. **3**〔魚類〕ブリーム(ヨーロッパ産のコイ科の淡水魚).

bogada 女 〔海事〕ひと漕ぎ.

bogador, dora 男·女 〔海事〕漕ぎ手.

bogar [1.2] 自 漕ぐ.

bogavante 男 〔動物〕ウミザリガニ, ロブスター.

Bogotá 固·名 ボゴタ(コロンビアの首都, 公式名 Bogotá, D.C.).

bogotano, na 形·名 ボゴタ (Bogotá)の(人).

bohardilla 女 → buhardilla.

bohemio, mia 形 **1**(芸術家などが)慣習にとらわれない, 自由奔放な. **2** ボヘミア (Bohemia) の. **3** → gitano. —名 **1** 慣習に縛られない人, ボヘミアン.

bohío 男 〖中南米〗掘っ建て小屋.

bohordo 男 **1**〔歴史〕(槍試合で使われた)投げ槍. **2**〔植物〕花茎.

boicot〈＜英〉[男][複] boicots.] ボイコット，不買運動．

boicotear[他] をボイコットする，阻止する，敵視する．

boicoteo[男] →boicot.

boina[女]〔服飾〕ベレー帽．── azul〈話〉ブルーベレー[国連平和維持軍の兵士]．[複] 国連平和維持軍．

boîte〈＜仏〉[女] ナイトクラブ．

boj[男]〔植物〕ツゲ(木)．

bojar[男] →bojear.

boje[男] **1** →boj. **2**〔鉄道〕ボギー(車軸が回転する台車)．

bojear[自]〔海事〕島・岬の周辺を航行する．

bojedal[男] ツゲの林．

bojote[男]〔中南米〕包み，束．

bol[男] どんぶり，椀，ボール．

bola[女] **1** 玉，球(状体)．── de vidrio ガラス玉，ビー玉．**2**[複]〔ゲーム〕ビー玉遊び．**3**〈話〉うそ，作り話．── contar [meter] 〜s でたらめを言う，うそをつく．**4** 靴墨．**5**〈俗〉睾丸(ジン)．**6**〔中南米〕騒乱，騒動．**7**〈話〉群れ，塊．**► bola de nieve** 雪の球，雪玉．〔植物〕カンボク(肝木)．手鞠(ｼ)花；雪だるま式に大きくなるもの．**bola del mundo** 地球．**correr la bola**〈話〉噂[ニュース]を広める．**dar** [darLE] **bola a ...**〔中南米〕…を気にかけ る，…に注目する．**dejar rodar [que ruede] la bola**〈話〉成り行きに任せる．**en bolas**〈話，俗〉裸で，身を着けないで．**hacerse bolas**〔中南米〕混乱する，紛糾する．**no dar pie con bola/no rascar bola** へまばかりする．**pasar la bola**〈話〉(他人に)責任をなすりつける[転嫁する]，仕事を他人に回す．

bolada[女] **1**〔中南米〕好機，チャンス．**2**〔中南米〕デマ，うそ，作り話．**3** 投球．(ビリヤードの)ストローク．

bolado[男] **1**〔海事〕係船柱，ボラード．**2**(自動車の)進入禁止柱，駐車防止の鉄柱．

bolazo[男] **1** ボールを当てること，ボールによる一撃．**2**〔中南米〕うそ，でたらめ．

bolchevique[形][男女]〔政治〕ボルシェビキ(の一員)．

bolchevismo, bolchevismo[男]〔歴史〕ボルシェビズム，ボルシェビキの政策[思想]．

boleadoras[女複]〔中南米〕投げ縄(玉)．

bolear[自] **1** ボールを打つ，ボールを投げる．**2**〔中南米〕うそをつく．──[他] **1**〈話〉(ボールなどを)投げる．**2**〔メキシコ〕(靴)を磨く．── **se**[再] キャッチボールをする．

bolera[女] ボウリング場．

bolero, ra[形] **1**〔中南米〕うそつきの，ずるい．── [名]〔中南米〕うそつき，ずる．**2**〈話〉うそつき，ずる．── [男] **1**〔音楽〕ボレロ．**2**〔服飾〕(婦人用の)短い上衣，ボレロ．**3**〔中南米〕靴みがきの人．

boleta[女] **1**〔中南米〕入場券，切符．**2**(くじ・賭け事の)札，抽選券．

boletería[女]〔中南米〕切符売り場．

boletero, ra[名]〔中南米〕切符[入場券]売り．(車内の)検札係．

boletín[男][複] boletines **1** 公報，(公的な)報告書，告示．── Oficial del Estado 官報，公報（略）BOE．**2**(学会・団体などの)定期報告書，会報，紀要．── B〜 de la Real Academia Española スペイン王立アカデミー紀要．**3**〔放送〕(時間の短い簡潔な)ニュース番組．**4** 申込書 (〜 de inscripción)．**5**(学校の)通信簿，成績表 (〜 escolar [de notas]).．**► boletín informativo** [**de noticias**]〔放送〕(時間の短い)ニュース番組；ニュースレター．

boleto[男] **1**〔中南米〕切符，入場券．**2** 宝くじ券．**3**〈一般に〉券．

boli[男]〈話〉ボールペン（→bolígrafo)．

boliche[男] **1**〔スポ〕〔中南米〕ボウリング，ボウリング場．**2** 小さなボール[球]．**3**〔ゲーム〕けん玉(遊び)．**4** 居酒屋，バル，ディスコ．

bolichear[自] **1** 小さな商売をする．**2**〔中南米〕〈話〉飲み屋に入り浸る．

bólido[男] **1**〔天文〕火球，大流星．**2** 競技用自動車，レーシングカー．

bolígrafo[男] ボールペン．

bolilla[女]〔中南米〕**1**(くじ引きで用いられる)玉．**2** 授業シラバスの項目．**► dar bolilla a ...** …に耳を傾ける，注意を払う．

bolillo[男] **1**[主に複]〔服飾〕(レース編み用の)糸まきぼう，ボビンレース．**2**[複]〔中南米〕〔音楽〕(太鼓の)ばち，スティック．**3**〔中南米〕小型フランスパン．

bolina[女]〔海事〕はらみ綱，ボウライン．

Bolívar[固名] **1** ボリバル(エクアドルの県；コロンビアの県；ベネズエラの州)．**2** ボリバル (Simón 〜)(1783-1830，ベネズエラ出身の独立運動指導者).

bolívar[男] ボリバル(ベネズエラの貨幣単位)．

Bolivia[固名] ボリビア(公式名 Estado Plurinacional de Bolivia，首都 La Paz)．

boliviano, na[形] ボリビア (Bolivia) (人)の．── [名] ボリビア人．── [男] ボリビアーノ(ボリビアの貨幣単位，ボリビア通貨)．

bollería[女] 菓子パン (bollo) を売る店；[集合的に] 菓子パン．

bollero, ra[名] 菓子パン売り；菓子パン製造者．── [女]〈俗，軽蔑〉レズビアン．

bollo[男] **1**〔料理〕ロールパン，菓子パン．**2**(ぶつかってできた)こぶ(瘤)．**3**〈話〉混乱，騒動，けんか．**4** へこみ，傷．**► No estar el horno para bollos**〈文〉→horno.

bollón[男] 飾り鋲(ピッ)．

bolo[男] **1**〔ボウリング〕のピン．**2**〔スポ〕ボウリング．**3**〔建築〕(らせん階段の)柱石．**3**〔演劇〕地方巡業，巡回り．── hacer unos 〜s 巡業する．**► bolo alimenticio** ── バの飲み込み食物塊．

bolo², la[形]〔中米〕酔った(人)，酔っ払った(人)．

bolón[男] **1**〔中米〕大量；たくさんの人．

2 [チリ]《建物の基礎に用いる》石材.

boloñés, ñesa 形名 ボローニャの(人).

bolsa 女 1《布, 紙等の》袋, 手提げ, バッグ; [中南米] ハンドバッグ. —— de aseo 洗面用具入れ, 化粧ポーチ. —— de plástico ビニール[ポリ]袋. 2《時にB～》《商業》相場, 株[商品]取引; 株式市場. —— de comercio [valores] 商品[証券]取引所. bajar [subir] la ~ 相場[株]が下がる[上がる]. jugar a la ~ 株売買をする. 3 [+ de]《新聞等の》…売り欄; [+ de] … 市, …市場. —— de trabajo 職業[仕事]紹介所. —— filatélica 切手の市. 4《文》懐(ᠼᠠ)具合; 財産, 所持金. 5 給費金, 助成金, 補助金. —— de estudios 奨学金. 6《衣服等の》たるみ, しわ; 目の下などのたるみ[しわ]. 7《解剖》囊(ᠼᠠ), 包; 陰囊(ᠼᠠ). —— lacrimal《解剖》涙囊(ᠼᠠ). 8《鉱業》鉱囊, 鉱脈瘤(石油やガス等の球状のかたまり). 9気体, 液体等のかたまり. —— de aire《航空》エアーポケット. 10《社会からの》疎外された)集団. —— de marginalidad 社会的疎外されたグループ. ▶aflojar la bolsa《話》財布の紐を緩める, 金を出す, 金を支払う. la bolsa o la vida 金を出せ.

bolsear 他[中南米] 1金をちょろまかす, 掏(ᠼ)る. 2《話》をねだる, せがむ.

bolsero, ra 名[中米]《俗》すり;《話》たかり, 人の懐を当てにする人. 2カバン職人[業者].

bolsillo [ボルシジョ] 男 1《服飾》ポケット. —— de pecho [parche] 胸[パッチ]ポケット. 2《個人の》所持金; ポケットマネー, 財布. —— consultar con el —— 懐[財布]と相談する. tener buen —— 懐具合がよい. ▶aflojar(se) el bolsillo《話》(特にいやいや)金を払う(=rascarse el bolsillo). de bolsillo ポケットサイズの, 小型の. meter(se) a … en el bolsillo《話》…の気持ちをうまく掴む, 支援[信頼]を得る, 味方に付ける. no echarse [meterse] nada en el bolsillo 何の得にもならない, 何の金も支払う. rascarse el bolsillo《話》いやいやながら金を出す. tener a … en el bolsillo《話》…に全幅の信頼を寄せている.

bolsín 男《経済》(株)場外取引(所).

bolsista 男女《商業》株式仲買人, 株屋.

bolsita 女 小袋, 小さい袋.

bolso 男 1ハンドバッグ, バッグ; 《革, キャンバス地の》かばん. —— de mano《機内持込み用》手荷物. 2《衣服の》ポケット.

bolsón, sona 形名 [南米] 愚かな(人), 忘れる(人). —— 男 [中南米] ハンドバッグ.

boludo, da 形名 [南米]《俗》ばかな(人).

bomba 女 1爆弾, 砲弾. —— atómica 原子爆弾. ～ Molotov [incendiaria] 火炎瓶. coche ～ 自動車爆弾, 車爆弾. ～ de mano 手榴弾. ～ de tiempo [relojería] 時限爆弾. ～ lapa 車体の下に貼りつけられた爆弾. 2ポンプ. —bomba de calor ヒートポンプ. 3《思いもよらない衝撃的な出来事; 形容詞的に》《話》ひどく驚く, すばらしい. —noticia ～ 衝撃的なニュース. éxito ～ 空前の大成功. 4《中南米》ガソリンスタンド. 5《電球の》球形の笠, グローブ, ほや. 6《中南米》酔い, 酩酊(ᠼᠠ). —pegarse [agarrar] una ～ ひどく酔っ払う. 7《中南米》電球. ▶caer como una bomba《話》(発言やニュースなどが)衝撃的である, 愕然とさせる. pasarlo [pasárselo] bomba 心ゆくまで楽しむ, 非常に楽しい時を過ごす.

bombacha 女[中南米]《服飾》(すそを絞った)幅広パジャマ.《服飾》パンティー.

bombacho 男《服飾》ニッカーボッカー.

bombarda 女《歴史, 軍事》1(昔の)射石砲. 2《音楽》(オルガンの)ボンバルドン(低音)音栓.

bombardear 他 1を爆撃する, 砲撃する. 2(要求・要求等)を浴びせ立てる. 3《物理》(原子核に)を粒子で衝撃を与える.

bombardeo 男 1《軍事》爆撃, 砲撃, 爆弾投下. —— aéreo 空爆, 空襲. 2(質問・要求・情報などを)浴びせること, 攻め立て. 3《物理》(原子核の)衝撃; 《放射線の》照射.

bombardero, ra 形《軍事》爆撃(用)の. —— 男《軍事》爆撃機, 爆撃手.

bombardino 男《音楽》ユーフォニアム, バリトン・サクソルン(金管楽器の一種).

bombasí 男 ファスチャン織り.

bombástico, ca 形 (話し方, 文体が)大げさな, もったいぶった.

bombazo 男 1《爆弾の》爆発. 2《話》衝撃, ショック, ビッグニュース.

bombear[1] 他 1ポンプで(水を)揚げる, 吸い出す. 2《スポ》(ボールを)ロブで送る, 高く打ち上げる.

bombear[2] 他 を砲め立てる.

bombeo 男 1(ポンプでの)吸い出し, 汲み上げ. 2反(ᠼ)り, 凸状.

bombero, ra 男 1消防士, 消防隊員; 複 消防隊[員] (=cuerpo de ～s). 2ポンプ操作係. 3[中南米] ガソリンスタンドの店員.

bombilla 女 1《電気》電球. 2[中南米](マテ茶の)パイプ. ▶encendérsele [iluminársele] la bombilla a …《話》…に不意にいい考えが浮かぶ.

bombillo 男 1防臭弁. 2(液体を移す)管, ピペット. 3小型ポンプ, 吸水器. 4[中南米] 電球.

bombín 男《話》山高帽子.

bombita 女[中南米] 電球.

bombo 男 1《くじ引きの番号を入れる》回転式箱, 回転し抽選器. 2ほめ立てること, 誉す(宣伝), 騒ぎ立て. 3《音楽》(大)太鼓; (大)太鼓奏者. 4《話》妊婦の大きなおなか. ▶a bombo y platillo 大げさに, 詩大に. darse bombo 自慢する, うぬぼれる. tener [ponerse] la cabeza como un bombo《話》頭がぼうっとしている.

bombón 男 1《料理》チョコレートボン

bombona 女 **1** ボンベ. **2** 細口大瓶(²).

bombonera 女 **1** ボンボン入れ. **2** おしゃれな小部屋.

bombonería 女 チョコレート販売店 [工場], 菓子屋[工場].

bonachón, chona 形 《話》人のよい(人), お人好し(の).

bonaerense 形男女 ブエノスアイレス (Buenos Aires)の(人).

bonancible 形 **1** 静かな, 穏やかな; (海が)凪(°)いだ.

bonanza 女 **1**〖海事〗(海上の)平穏時, なぎ. **2** 繁栄, 繁盛. ▶ *ir en bonanza* 順調にいく.

bonapartista 形男女 ナポレオン支持の(者), ボナパルティズムの(者).

bondad 女 **1** 善良さ;〖主に 複〗よい行い. — Es un hombre de gran ~. 彼は非常に善良な人だ. **2** 優しさ, 温和さ. — ~ *del corazón* 心の優しさ **3** (気候の)よさ, 穏やかさ. **4** (物事の)よさ, 利点. ▶ *tener la bondad de* [+不定詞]〖丁寧表現〗…してくださる (= tener la amabilidad de, hacer el favor de).

*****bondadoso, sa** 形 善良な, 親切な. — *ser de un natural* ~ 気立てがよい.

bonete 男 **1** ビレッタ帽(カトリックの聖職者がかぶる四角い帽子); (学生などがかぶった)角帽; 縁なし帽. **2** (反芻動物の)第二胃, 網胃. **3** [中南米] 【動物の】ボンネット. ▶ *valer puro bonete* [中南米] ほとんど価値がない.

bonetería 女 **1** [中南米] (下着などの)洋品小物店. **2** 帽子屋; 帽子工場.

bongo 男 [中南米] 小舟, カヌー.

bongó 男 〖音楽〗ボンゴ.

bonhomía 女 →bondad.

boniato 男 〖植物〗サツマイモ (→ batata).

bonificación 女 **1** 特別手当, ボーナス. **2** 〖商業〗割引, 値下げ. **3** 改良, 改善.

bonificar [1.1] 他 **1** を割引する, を割増する. **2** [スポ] (ボーナスポイント)を与える.

bonísimo, ma 形 →buenísimo.

bonitamente 副 **1** 巧妙に, まんまと. **2** きれいに, かわいらしく.

*****bonito¹, ta** 形 **1** きれいな, かわいらしい, すてきな. — *Tu novia es muy bonita.* 君の恋人はとてもかわいい. **2** 《話》かなりの, 相当の. — *una bonita cantidad de dinero* 相当のお金. **3** (皮肉)ひどい, 大変な. — ~ *resfriado* ひどい風邪. **4** 《話》(特に女性が子どもや親しい人に対して呼びかける際に用いる)ねえ, あなた. — 副 [中南米]〖話〗よく, 上手に. ▶ *¡Muy bonito!* (非難・叱責のために用いられる)それはどうも. *¿Te parece bonito?* (= ¡Muy bonito!).

bonito² 男 〖魚類〗カツオ(鰹).

bono 男 **1** クーポン券, 配給券, 引き換え券. **2** 定期券, 回数券. **3** 〖商業〗債券, 証券. — ~ *del Tesoro* 国債.

bonobús 男 [スペイン] バスの回数券.

bonoloto 女 [スペイン] ボノロト(同一の券で1週間のうち何回も引ける国営宝くじ).

bonómetro 男 [スペイン] 地下鉄の回数券.

bonsái, bonsai ⟨日⟩ 男 〖複〗bonsais〗 盆栽.

bonus 男 〖単複同形〗ボーナス, 特別配当.

bonzo 男 (仏教の)坊主, 僧. ▶ *suicidarse* [*quemarse*] *a lo bonzo* 焼身自殺する.

boñiga, boñigo 男 糞(⁸)のかたまり.

boom 男 →bum².

boqueada 女 臨終のあえぎ, 末期(⁸²). ▶ *dar las* (*últimas*) ~*s* 今わの際(⁸)にいる, 死にかける.

boquear 自 **1** 口をぱくぱくする. **2** 最後の息を引き取る, 死に際である. **3** 終わりつつある.

boquera 女 **1** 〖農業〗(用水路の)水門. **2** 〖医学〗口角炎.

boquerón 男 **1** 〖魚類〗カタクチイワシ(片口鰯). **2** 大きな裂け目, 開き口.

boquete 男 **1** 裂け目, 割れ目. **2** 狭い入口.

boquiabierto, ta 形 **1** 口をあけた, 口のあいた. **2** [*estar* +] (驚いて)あっけに取られた, ぽかんとした. — *quedarse* ~ 驚いてぽかんとする.

boquilla 女 **1** 〖音楽〗(楽器の)マウスピース. **2** (パイプなどの)吸い口, (巻きタバコの)フィルター, (巻タバコ用)パイプ; (哺乳瓶の)乳首. **3** ほぞ穴. **4** 水口(ガスなどの火口, ノズル. **5** [中南米] ソケット. **6** (爆弾の火薬をつめる)口. **7** 〖ハンドバッグの〗留め金. ▶ *de boquilla* 口先だけの[で].

boquituerto, ta 形 口の曲がった, 口のゆがんだ.

borato 男 〖化学〗ホウ酸塩.

bórax 男 〖鉱物〗ホウ砂.

borbollar 自 煮えたぎる, 泡立つ.

borbollear 自 →borbollar.

borbollón 男 →borbotón.

borbollonear 自 →borbollar.

borbónico, ca 形 **1** ブルボン家の. **2** 〖政治〗ブルボン王家主義の. — 名 〖政治〗ブルボン王家主義者.

borborigmo 男 〖主に 複〗〖医学〗お腹がごろごろ鳴ること[音].

borbotar 自 →borbotear.

borbot(e)ar 自 泡立つ, 煮えたぎる, ぐらぐら沸騰する.

borboteo 男 (沸騰水, 湧き水などの)泡立ち, ぶくぶくいうこと.

borbotón 男 泡立つこと. ▶ *a borbotones* 慌てて, とぎれとぎれに, 息を切らして; ドクドクと, ブクブクと.

borceguí 男 〖複〗borceguíes〗 (古)〖主に 複〗ハーフ・ブーツ.

borda 女 **1** 〖海事〗船べり. **2** 〖海事〗(ガレー船の)主帆. ▶ *arrojar* [*echar*, *tirar*] *por la borda* 《話》見捨てる, 台

bordada 女 《海事》斜航路，間切り（風に向かってジグザグに進むこと）．▶ dar bordadas 《海事》間切る，ジグザグに進む．

bordado, da 《過分》[→bordar] 形 **1** 刺繍(ﾆｭｳ)した，刺繍入りの．**2** 完了した，完璧な [quedar/salir +]．— 男《服飾》刺繍(ﾆｭｳ)．

bordador, dora 名《服飾》刺繍(ﾆｭｳ)家，刺繍細工．

bordadura 女《服飾》刺繍(ﾆｭｳ)，縫い取り．

bordar 他 **1** [+ con/de で] (布)に刺繍(ﾆｭｳ)を施す．[+ en/sobre に] (模様)を刺繍する．**2** をちょうどに仕上げる，巧妙に演ずる．— la interpretación 演技を見事にこなす．

borde[1] 男 **1** 縁，へり，端．**2** 水辺，岸辺，海岸，川岸，湖岸．**3** 《海事》舷(ｹﾞﾝ)，船べり．▶ al borde de... …の縁に，…のへりに．…の瀬戸際に，…に瀕して (=al borde del).

borde[2] 形 **1** 《話》意地が悪い，悪意のある，感じが悪い；(人が)やっかいな．—ponerse ～ con... …に不機嫌になる．**2** (植物が)自生の，野生の．— 男女《話，俗》意地悪，悪意のある人．うんざりする人．

bordear 他 **1** …と境を接する，を囲む．**2** …の寸前である，間近にある．**3** 《海事》…の沿岸を進む．**4** …に縁をつける；[+ de/con で] …の縁を飾る．— 自 《海事》斜航する，ジグザグに進む．

bordelés, lesa 形 名 ボルドー (Burdeos) の(人).

bordillo 男 (歩道などの)縁石(ｲｼ)．

bordo 男 **1** 《海事》舷側(ｹﾞﾝ)，船上，船内．**2** 《海事》斜めに進むこと(航法)，斜航路．▶ a bordo 船内で，船上に，機内に[で].—subir a bordo 乗船する，飛行機に乗る．de alto bordo 大きな船，重要な(人)(取引).

bordón 男 **1** (巡礼用の)長い杖．**2** 折り返し文句；何回も繰り返す言葉，口ぐせ．**3** 《音楽》低音弦．**4** 代わりの人，他人を支える人．

bordona 女 《南米》ギターの(最)低音弦．

bordonear 自 **1** 《音楽》低音弦を鳴らす．**2** (虫などが)ぶんぶんいう．**3** 杖で地面を探る，杖をついて歩く；杖でたたく．**4** 物乞いをして歩く．

boreal 形 北風の，北の．—aurora ～ 北極光．hemisferio ～ 《地理》北半球．

bóreas 男《単複同形》《詩》北風．

Borges 固名 ボルヘス (Jorge Luis ～) (1899–1986，アルゼンチンの詩人・小説家).

borgoña 男 ブルゴーニュワイン．

borgoñón, ñona 形 名 ブルゴーニュ (Borgoña) の(人).

bórico, ca 形 《化学》ホウ酸の．—ácido ～ ホウ素．

boricua 形 男女 →puertorriqueño.

borincano, na 形 →borinqueño．

borinqueño, ña 形 名 プエルトリコの(人) (→puertorriqueño).

borla 女 **1** (服飾)玉房，飾り房(大学の角帽・式帽，軍帽などの)．**2** (化粧の)パフ．**3** 《植物》ハゲイトウ(葉鶏頭)，アマランサス．▶ tomar la borla 大学を卒業する，博士号を取る．

borne 男 **1** 《軍事》槍先．**2** 《電気》ターミナル，端子．— positivo [negativo] プラス[マイナス]端子．

bornear 他 をねじる，曲げる．— se 再 曲がる，反る．

boro 男 《化学》ホウ素(元素記号B)．

borona 女 **1** 《植物》キビ；トウモロコシ．**2** 《料理》トウモロコシパン．**3** 《中南米》パンくず．

borra 女 **1** 《動物》(雌の)子羊，**2** 羊毛の毛くず，綿くず．**3** 綿ぼこり，綿ごみ，おがくず．**4** かす．**5** 《話》よけいな言葉．

borrachera 女 **1** 酔い，酩酊(ﾃｲ).—agarrar una ～/《中南米》pegarse una ～ 酔っ払う．**2** 陶酔，有頂天；どんちゃん騒ぎ．

borrachín, china 形 名 《話》酒飲みの，飲んだくれの．

borracho, cha [ボラチョ，チャ] 形 **1** [estar +] (酒に)酔った，酔っぱらった；[ser +] 酒飲みの，飲んだくれの．**2** [estar +] 夢中になって，うっとりして，我を忘れて．—estar ～ de ira 怒りで我を忘れている．**3** 《料理》(菓子が)酒に浸した，酒入りの．—bizcocho ～ サバラン．▶ ni borracho 《話》(否定の強め)決して，絶対に(…ない)．— 男 酔っぱらい，大酒飲み，飲んだくれ．

borrador 男 **1** 草稿，下書き，草案．**2** 消しゴム；黒板ふき．**3** 《商業》取引日記帳．

borradura 女 (線を引いて)消すこと，抹消．

borraja 女 《植物》ルリジサ．▶ quedar(se) en agua de borrajas 水泡に帰する．

borrajear 他 をいたずら書きする，を走り[殴り]書きする．

borrar [ボラル] 他 **1** を消す，(線を引いて)抹消する；(情報)を削除する．— a ... de la lista …の名前をリストから消す．**2** (輪郭)をぼかす；(人)の姿を薄くする．▶ borrar del mapa 殺す，消滅させる．— se 再 **1** 消える，忘れられる．**2** [+ de を] やめる，退会する．

borrasca 女 **1** 《気象》嵐，暴風雨，吹雪．**2** 混乱，危険，危機．**3** 《話》大げんか，口論，騒動．

borrascoso, sa 形 **1** 嵐の，暴風雨の，吹雪の．**2** 嵐のような，波乱の．

borregada 女 子羊の群れ，羊の群れ．

borrego, ga 名 **1** 《動物》子羊．**2** うぶな人よし，世間知らず．**3** 無知な人，単純な人．— 男 羊雲．

borreguil 形 子羊の，子羊に関する．

borricada 女 **1** ばかな言動．**2** ロバの群れ．

borrico, ca 形 1《話,軽蔑》ばかな.頭の悪い. 2《話》頑固な,融通のきかない. 3《話》よく働く,辛抱強い. ── 名 1(動物)ロバ. 2《話》ばかな人;頑固な友,働き者,辛抱強い人. ── 男〔技術〕木びき台.

borriqueño, ña 形 ロバの,ロバに関する.

borriquero, ra 形 ロバの. ▶ cardo borriquero (植物) オオレアザミ. ── 名 ロバ追い.

borriquete 男〔技術〕木びき台.

borrón 男 1(インクの)汚れ,しみ. 2(経歴のうえの,心の)汚点,汚名. 3(美術)(最初の)素描[スケッチ],下絵. ▶ [hacer] borrón y cuenta nueva 過去のことを忘れる,過去のことを水に流す.

borronear 他 走り[なぐり]書きをする.

borroso, sa 形 1ぼんやりした,ぼやけた,不鮮明な. 2濁った,汚い.

borujo 男 1(うまく混ざらないでできた)かたまり(塊), つぶつぶ. 2(オリーブ・ブドウなどの)絞りかす.

boscaje 男 1小さい森,林,木立ち. 2(美術)森の風景.

boscoso, sa 形 樹木の茂った, 森の多い.

bosníaco, ca, bosnio, nia 形 名 ボスニアの(人); ボスニア・ヘルツェゴビナの(人).

Bosnia-Hercegovina 固名 ボスニア・ヘルツェゴビナ(首都 Sarajevo).

bosque [ボスケ] 男 1 森,森林,林(一般に selva より小さい). ── (pluvial) tropical 熱帯雨林. 2 錯雑,錯綜[錯雑]したもの,林立. 3もじゃもじゃの髪(の毛).

bosquecillo 男 小さい森,林,木立.

***bosquejar** 他 1 …のスケッチをする,素描する. 2(プラン・計画)を立てる. 3 …の概略を述べる.

***bosquejo** 男 1(美術) スケッチ,デッサン,素描. 2(考え・計画・状況などの)概略,概要. ▶ en bosquejo 未完成の.

bosquimano, na 形 名 ブッシュマン(南アフリカの民族)の.

bosta 女 1(肥料として用いられる)牛糞, 馬糞. 2《話》やっつけ仕事.

bostezar [1.3] 自 あくびをする.

bostezo 男 あくび(をすること).

bot (<robot>) 男〔情報〕インターネットボット,(Web) ボット.

bota¹ 女 1(ワイン用の)皮袋,酒袋. 2樽, 酒樽.

***bota**² 女 1長靴,ブーツ;(女性用の)編み上げ靴. ──s de montar 乗馬靴. 2 (スポ)(サッカーやバスケットボールの)シューズ. ──s de fútbol サッカーシューズ. ▶ ponerse las botas 《話》大もうけする;腹一杯食べる[飲む].

botado, da (過分)(→botar) 形 〖中南米〗 1《話》《estar +》ひどく安い;(試験などの)楽勝の. 2気前のよい,浪費家の. 3《話》ふんだんにある,羽振りのよい;最高の.

botador, dora 形 名 〖中南米〗金遣いの荒い(人);浪費家の(人). ── 男 1〔建築〕釘抜き. 2〔医学〕抜歯鉗子.

botadura 女〔海事〕(船の)進水,進水式.

botafumeiro 男〔宗教〕(教会の)提げ香炉. ▶ manejar el botafumeiro 《話》こびる,へつらう.

botalón 男 1〔海事〕帆げた,ブーム. 2 〖中南米〗(動物をつなぐ)杭.

botamanga 女 〖中南米〗(ズボンの)折り返し.

botamen 男〔海事〕(飲料水の)タンク.

botana 女 1栓,ふた. 2 〖中南米〗酒のつまみ. 3《話》絆創膏(ばんそうこう). 4《話》傷跡.

botánica 女 植物学.

***botánico, ca** 形 植物の,植物学上の. ──jardín ── 植物園. ── 名 植物学者.

botanista 男女 植物学者.

botar 他 1《話》〖+ de から〗を追い出す,放り出す,解雇する. 2を投げ捨てる,捨てる. 3〔海事〕(船)を進水させる. 4(スポ)(ボール)をバウンドさせる,キックする. ── 自 1(スポ)(ボール)が跳ね返る,跳ぶ. 2飛び上がる. ▶ estar que bota 2飛び上がる怒っている.

botarate 男女 1《話》とっぴな人,馬鹿者. 2〖中南米〗浪費家.

botarel 男〔建築〕→contrafuerte.

botarga 女 1〔服飾〕(道化師の)まだら服;道化師. 2腸詰の一種.

botavara 女〔海事〕スパンカーブーム.

bote¹ 男 ボート,こぎ舟.

bote² 男 1バウンド,飛び跳ねること,弾み. ──dar [pegar] un ── 跳び上がる,弾むびっくりする. ▶ a bote pronto 急に,いきなり,瞬間気味に. dar a...el bote 《話》を追い出す. darse el bote 《話》立ち去る,ずらかる,行ってしまう.

bote³ 男 1〖スペイン〗(円筒形の)容器,広口瓶,缶. ──un ── de mermelada 1瓶のジャム. 2(バルなどのチップ入れ,チップ. 3(当たりが出なかった時の)次回への繰り越し. ▶ bote de basura 〖中南米〗ごみバケツ. chupar del bote 〖スペイン〗《話》甘い汁を吸う,いい目にあう.

bote⁴ 男 ── de bote en bote 《話》ぎゅうぎゅう詰めの,すし詰めの.

***botella** [ボテヤ] 女 1 ビン(瓶),ボトル. ── termo 魔法瓶. cerveza de [en] ── 瓶詰めのビール. 2 1 ビンの量. ──Media ── de vino, por favor. ワインのハーフボトルをください. 3ボンベ;(特殊用途の)ビン(瓶). ── de oxígeno 酸素ボンベ. ▶ no es soplar y hacer botellas はたで見るほど容易ではない.

botellazo 男 ビンでの殴りつけ.

botellero, ra 名 1ビン製造[販売]業者. 2〖中南米〗くず屋,ぼろ屋. ── 男 ボトルスタンド,ボトルラック.

botellín 男 小瓶(ぴん).

botellón 男 1 大瓶(の). 2 [スペイン] 1990年代頃から若者たちの間で広まった公共の場で集団で行う飲酒習慣.

bote pronto 《サ》バウンド直後のキック[ショット], (ラグビーの)ドロップキック, (サッカーの)ハーフボレー, (テニスなどの)ライジングショット.

botería 女 (ワイン用皮袋などの)皮革加工品; 皮革加工工場.

botero, ra 名 1 皮袋職人. 2 《海事》船頭.

botica 女 薬局, 薬屋; 〘集合的に〙薬品類. ▶ *Hay de todo en ... como en botica.* 《話》…にはいろんな物の品ぞろえがある.

boticario, ria 名 薬剤師.

botija 女 1 (口が細くて小さい)素焼の水差し, つぼ, かめ. 2 [中南米] 隠された財宝, 埋蔵金. —— 男女 [中南米] 《話》小さい子ども, 幼子. ▶ *estar hecho una botija* (子どもが)怒って泣いた.

botijo 男 1 (取っ手つきの)素焼の水差し, 水がめ. 2 《話》(女性の)豊かな胸.

botillería 女 [中南米] 清涼飲料水店; 酒屋.

botín[1] 男 〘軍事〙戦利品, 略奪品; 盗品.

botín[2] 男 [主に 複] 1 半長靴, (くるぶしあたりまでの)ブーツ, ハーフブーツ. ——~ de piel 革製ショートブーツ. 2 《服飾》スパッツ, ゲートル(かかとの少し上まである短いゲートル). 3 [中南米] 《服飾》短い靴下, ソックス.

botiquín 男 1 救急箱, 救急用の薬一式. 2 (学校などの)医務室 (→enfermería).

botivoleo 男 《サ》ボールをバウンドさせてから打つこと.

boto, ta 形 1 鈍い, なまくらの. 2 愚鈍な. 3 先が丸い.

boto 男 1 [主に 複] 《服飾》(乗馬用の)ブーツ. 2 (ブドウ酒を入れる)皮袋.

botón 男 [複 botones] 1 《服飾》(衣服の)ボタン; 飾りボタン. ——~ automático スナップ, ホック. 2 (電気器具の)ボタン, スイッチ; (ベルの)押しボタン. 3 《サ》(フェンシングのフルーレ florete などの剣先に付けるたんぽ). 4 《植物》つぼみ; 《植物》芽. 5 (吹奏楽器のキー, 鍵口). ▶ *botón de oro* 《植物》ミヤマキンポウゲ. *botón de muestra* 見本, 例, サンプル. *botón de mando* コントロール・ボタン.

botonadura 女 〘集合的に〙《服飾》(服1着分の)ボタン.

botonazo 男 《サ》(フェンシングの)先留め付き剣による突き.

botonero, ra 名 ボタン屋, ボタン製造[販売]業者.

botones 男 [単複同形] (ホテル・銀行の)ボーイ.

Botswana 固名 ボツワナ (首都 Gaborone).

botulismo 男 〘医学〙ボツリヌス菌中毒, ボツリヌス症.

bou 男 《海事》引き網漁.

bóveda 女 〘建築〙穹窿(きゅうりゅう), 丸天井, ボールト. ——~ de [en] cañón 筒形穹窿. ~ de crucería リブボールト. claustral 交差穹窿. 2 丸天井形のもの. ——~ palatina 〘解剖〙口蓋. ▶ *bóveda craneal* 〘解剖〙頭蓋骨(ずがいこつ). *bóveda celeste* 天空, 大空.

bovedilla 女 1 〘建築〙小型のアーチ型[丸屋根]天井. 2 《海事》船尾突出部.

bóvido, da 形 《動物》ウシ科の. —— 男 《動物》ウシ科.

bovino, na 形 《動物》ウシ(牛)の. —— 男 《動物》ウシ科の動物.

box[1] 『《中南米》ボクシング.

box[2] 男 1 (競馬厩舎の)馬房. 2 (カーレースでサーキットの)ピット. 3 救急治療室.

boxeador, dora 名 《サ》ボクサー, 拳闘家.

boxear 自 《サ》ボクシングをする, 拳闘する.

boxeo 男 《サ》ボクシング, 拳闘.

bóxer 男 《動物》ボクサー(犬).

boxístico, ca 形 ボクシングの.

boya 女 ブイ, 浮標; (魚網の)浮き.

boyada 女 雄牛の群.

boyal 形 牧牛の, 牛の.

boyante 形 1 繁栄する, 繁盛する, 幸運な. 2 《海事》浮揚性のある. 3 〘闘牛〙(雄牛が)勇猛で堂々たる攻撃を見せる.

boyar 自 《海事》(船が)再び浮む, 浮ぶ.

boyardo, da 名 〘歴史〙ボヤーリン (ロシアの古い大貴族).

boyera 女 →boyeriza.

boyeriza 女 牛小屋; 牛舎; 牛の囲い場.

boyero, ra 名 牛飼い. —— 男 (B~) 〘天文〙牛飼い座; 〘鳥類〙ムクドリモドキ科の鳥.

boy scout [< 英] 男 〘複 boys scouts〙ボーイスカウト(の一員) (=escultista).

boyuno, na 形 《動物》ウシ(牛)属の, ウシの.

bozal 形 1 (馬が)野生の. 2 《話》無経験な, 不慣れな, 新米の. —— 男 1 (家畜用の)はめ口具, 口綱; 《中南米》端綱(はづな). —— 男女 《話》未熟者, 新米, 初心者.

bozo 男 1 (上唇の上にはえる)うすひげ; 口のまわり. 2 (馬の)端綱(はづな).

braceada 女 腕を振り動かすこと.

braceaje 男 1 《海事》水深, 尋数. 2 貨幣の鋳造.

bracear 自 1 腕を振り動かす; もがく, 苦闘する. 2 クロール[抜き手]で泳ぐ. 3 (馬が)だく足で走る. 4 《海事》帆げたを回す.

braceo 男 1 腕の動き; (水泳の)ストローク. 2 《海事》帆げた回し.

bracero, ra 名 労働者, 肉体労働者, 日雇い人夫. —— 男 ひじ掛け.

bracista 男女 《サ》平泳ぎ選手.

braco, ca 名 形 1 《動物》セッター犬(の). 2 しし鼻の(人).

bráctea 女 《植物》包葉(ﾊﾟ), 苞(ﾎｳ).
bradicardia 女 《医学》徐脈.
braga 女 **1** おむつ, おしめ. **2**《スペイン》《服飾》(女性の)パンツ, パンティー; (男性用の)トランクス. **3**《中南米》ニッカーボッカー. **4**《中南米》オーバーオール. **4**《話》つまらない[くだらない]もの. **5** 張り綱, 吊り綱.
bragado, da 形《話》勇敢な, 果敢な.
bragadura 女 《身体の》股(ﾏﾀ); 《服飾》股(ﾏﾀ)の部分.
bragazas 形《無変化》《話》おとなしい, 素直な. —— 男《単複同形》《話》おとなしい人, 妻の言いなりになっている男.
braguero 男 《医学》ヘルニア[脱腸]帯.
bragueta 女 (ズボンの)チャック, 前開き.
braguetazo 男《俗》金目当てで金持ちの女と結婚すること.
brahmán 男 **1**《宗教》ブラフマン, 梵(ﾎﾞﾝ)《インド, バラモン思想の中心概念》. **2** バラモン《インドの四種姓の最上位》.
brahmánico, ca 形《宗教》バラモン教の.
brahmanismo 男《宗教》バラモン教.
braille 男 点字, (ブライユ)点字法.
brama 女 《動物》(鹿などの)さかりの鳴き声, 発情(期).
bramadero 男 (野生動物が)つがう場所.
bramante 男 (麻)ひも, 麻糸.
bramar 自 **1**(牛・鹿などが)大声で鳴く. **2**(風などが)うなる, ヒューヒューいう. **3** 怒号する, わめく.
bramido 男 **1**(牛などの)鳴き声. **2**(動物の)うなり声. **3** うなり音, 風などがヒューヒューいう音. **4**《話》(怒り, 痛み, 無念さからの)叫び声, 大声.
brandi 男 〘複 ~s/ brandies〙 ブランディー.
branquia 女 《魚類》(魚の)えら.
branquial 形 《魚類》えらの, えらに関する.
braña 女 夏に生える湿った牧草.
braquial 形 《解剖》腕の.
braquicefalia 女 《医学》短頭症.
braquicéfalo, la 形 名 《医学》短頭症(の人).
braquiópodos 男《単複同形》《動物》鰓脚(ｻｲｷｬｸ)類.
brasa 女 (火の)おき火, 真っ赤に焼けた炭火. ► *a la brasa*《料理》炭火焼きの. *pasar como sobre brasas por [sobre]…* …には軽く触れるだけにする.
brasear 他 をとろ火で煮込む.
brasero 男 **1** 火鉢. **2** 火あぶり場.
Brasil 固名 ブラジル《公式名 República Federativa de Brasil, 首都 Brasilia》.
brasil 男 **1**《植物》ブラジルスオウ(材). **2** 口紅, 頬紅.
brasileño, ña 形 名 ブラジル (Brasil)(人)の. —— 名 ブラジル人.

brasilete 男《植物》ブラジルボク(材), ブラジルウッド.
bravamente 副 荒々しく, 猛々しく; 勇敢に.
bravata 女 虚勢, 空威張り, おどし, すかし.
bravear 自 見栄を張る, 空威張りする; 荒れ狂う.
braveza 女 **1** 勇ましさ, 勇敢さ. **2**(暴風雨などの)激烈さ, 猛威.
bravío, a 形 **1**(動植物が)野生の, (土地・海などが)荒々しい. **2**(人が)粗野な, 粗暴な; 反抗的な. —— 男 (主に動物の)野生, 凶暴性, 荒々しさ.

bravo, va 形 〘ブラボ, バ〙 **1** 勇敢な, 勇気のある. —*luchador* ~ 勇敢なレスラー. **2** 荒れた, 獰猛(ﾄﾞｳﾓｳ)な, 激しい. *—mar* ~ 荒海. *—toro* ~ 闘牛用の牛. **3** 野生の, 自然のままの.《*estar* ~》《話》(味が)辛い. **5**《話》自慢げな, 空いばりの; (性格が)乱暴な, 荒っぽい. **6**《中南米》激怒した; 怒りっぽい. **7**《詩》すばらしい. —— 男 悪党, 歓声, 応援. —— 間 **1** ばんざい, うまいぞ, でかした. ¡*Bien hecho* [*dicho*]! うまいぞ, お見事. **2** ブラボー《演奏者などをほめる叫び》. ► *a* [*por* la(s) *brava*(s) 軽率に, 軽はずみに; 乱暴に.
bravucón, cona 形 名 《話》自慢する(人), ほら吹き(の), 空威張りの(人).
bravuconada, bravuconería 女 自慢(の種), ほら, 自慢話, 空威張り.
bravura 女 **1**(動物の)獰猛(ﾄﾞｳﾓｳ)さ; (人の)勇猛さ, 勇敢さ. **2** 強がり, 虚勢, 空威張り.
braza 女 **1**《スポ》平泳ぎ, ブレスト. —*nadar a* ~ 平泳ぎで泳ぐ. **2**《海事》尋《1.67m》; 操舵(ｿｳﾀﾞ)索.
brazada 女 **1** ストローク, (水泳の)一かき; (ボートの)一漕ぎ. **2** →brazado. **3** →braza.
brazado 男 一抱えの量, 両腕[片腕]で抱えられる分量.
brazal 男 **1**(よろいの)腕甲. **2** 腕章. **3**《農業》(灌漑用の)水路.
brazalete 男 **1** 腕輪, ブレスレット. **2** (よろいの)腕甲. **3** 腕章.

brazo 男 〘ブラソ〙 **1** 腕, 四足動物の前肢, (イカなど)頭足類の触手. —*coger al niño del ~* 子どもの腕をつかむ. *llevar un libro bajo el ~* 本を小脇に抱えている. **2**(椅子, ソファーなどの)腕, アーム; 腕木, 腕状のもの. **3** 天秤(ﾃﾝﾋﾞﾝ)のさお, 棒秤(ﾎﾞｳﾊﾞｶﾘ)のさお; 十字架の横木. **4** 木の枝, 枝状のもの; (燭台, 電灯, スタンド等の)枝. **5**《地理》(川の)支流, 分岐; 入り江. —~ *de mar* 入り江. ~ *de tierra* 中洲. **6**〘複〙労働力[者], 人手. **7**(命令, 指揮に従って動く)機動部隊, 機動部門. **8** 威力, 権力, 力; 保護者, 擁護者. ► *a brazo* 手作りの, 機械を用いない. *a brazo partido* 必死に; 素手で. *brazo a brazo* 体と体をぶつけた. *brazo armado* (組織の)武装部隊, 戦闘部隊. *brazo derecho* (信

brazuelo 男 (動物の)前肢の部分, 肩の部分.

brea 女 **1** タール, ピッチ, 瀝青(セキ)物質. **2** タール塗りの防水布, 油布.

break [く英] 男 (複 breaks) **1** (テニス・ボクシングなどの) ブレイク. **2** 《音楽》 (ジャズの) ブレイク; ブレイクダンス. **3** ステーションワゴン.

brear 他 《話》をひどい目にあわせる; からかう, ひやかす.

brebaje 男 まずい飲物, 安物の飲物.

breca 女 《魚類》 ギンヒラウオ; タイの一種.

brecha 女 **1** (壁・砦などの) 裂け目, 突破口. **2** 突破口, チャンス. —abrir 〜 突破口を開く. ▶ estar en la brecha いつも攻撃に対して身構えている. hacer brecha en... …に感銘を与える. morir en la brecha 戦死する, 仕事中に死ぬ, 殉職する.

brécol 男 《植物》 ブロッコリー.
brecolera 女 《植物》 ブロッコリーの一種.

brega 女 **1** 努力, がんばり, 戦い. **2** けんか, いさかい, 口論. ▶ andar a la brega がんばる, 努力する.

bregar [1.2] 自 **1** [+ con と] 戦う, けんかする. **2** がんばる, 苦闘する: [+ en/por に] 精を出す.

breña 女 荒れ地, 雑草のはえた荒れ地.

breñal, breñar 男 → breña.

breñoso, sa 形 岩だらけで雑草の多い, 荒地の.

bresca 女 ミツバチの巣, 巣板.

Bretaña 固女 **1** ブリタニア (ローマ時代のローマの属州). **2** ブルターニュ地方 (フランスの地方).

brete 男 **1** 《歴史》 (囚人の) 足かせ. **2** 窮地, 窮状.

bretón, tona 形名 ブルターニュ (Bretaña) の(人). —— 男 ブルターニュ語.

breva 女 **1** 《植物》 (初物の) イチジク. **2** 《話》 思いがけない幸運. **3** ブレーバ (やわらかく巻いた葉巻). **4** 《中南米》 噛みタバコ. ▶ no caerá esa breva 《話》 (期待していることが) そう簡単には行かない.

breve 形 **1** 短い, 短時間の. —un 〜 silencio 短い沈黙. **2** 簡潔な, 手短かな. —— 女 《音楽》 2 全音符. —— 男 (新聞, 雑誌などの) コラムの短い記事. ▶ en breve すぐに,

まもなく.

brevedad 女 (時間の) 短さ; 簡潔さ. —con 〜 手短かに [簡潔に]. para mayor 〜 簡単に言えば, 要するに.

brevemente 副 簡潔に, 手短に (言うと).

breviario 男 **1** 《宗教》 日課祈禱(キ ホウ)書. **2** 要約, 概論.

brezal 男 ヒースの茂る荒野, ヒースの群生地.

brezo 男 《植物》 ヒース.

briago, ga 形名 《メキシコ》 → ebrio.

bribón, bona 形名 **1** 悪党(の), ならず者(の), ごろつき(の). **2** 《話》 いたずらもの(の), 腕白(の).

bribonada 女 不良生活, いたずら, 悪党の仕事, わるさ.

bribonería 女 放蕩(トウ)な暮らし; 悪行.

bricolaje 男 日曜大工.

*****brida** 女 **1** 馬勒(バロク); 手綱. —a la 〜 鐙(アブミ)を長くして. **2** 《技術》 (管などの) 継ぎ手, フランジ; 留め金, 締め金. **3** 《医学》 (傷口・膿瘍(ヨウ)などの) 線維性癒着痕.

bridón 男 **1** 《馬術》 小勒(ショウロク) 馬 衛(ハミ), 小型の轡(クツワ). **2** 馬勒(バロク)をつけた馬; 騎手.

brigada 女 **1** 《軍事》 旅団. —Brigadas Internacionales 《スペイン史》 国際旅団 (スペイン内戦時の国際義勇軍). **2** 《軍事》 分隊, 隊. **3** 《警察・役所等の》 …班, …組. 〜 antidroga 麻薬取締班. —— 男女 《軍事》 **1** (陸・空軍の) 曹長. **2** (海軍の) 上等兵曹.

brigadier 男 《軍事》 旅団長; 准将.

brigadista 男女 旅団員.

*****brillante** [ブリヤンテ] 形 **1** (宝石・星などが) 光輝く, きらびやかな, 明るい. —luz 〜 明るい光. **2** 立派な, 華々しい, 優れた. —porvenir 〜 輝かしい将来. —— 男 (ブリリアントカットの) ダイヤモンド.

brillantez 女 **1** 輝き, 明るさ. **2** 華々しさ, すばらしさ: 卓越.

brillantina 女 整髪料, ヘアリキッド.

*****brillar** 自 **1** 光り輝く, きらめく, きらきら [ぴかぴか] 光る. **2** [+ por で] ぬきん出る, 目立つ. —— 他 《中南米》 (靴) を磨く.

*****brillo** 男 **1** 輝き, 光輝. —papel de 〜 光沢紙. 〜 de labios リップグロス. **2** 栄光, 栄誉; 傑出, 卓越. **3** 《物理》 輝度. **4** 《情報》 グレア.

brilloso, sa 形 《中南米》 光り輝く, きらめく.

brincar [1.1] 自 跳ねまわる, 飛び回る.

brinco 男 跳躍, 飛ぶこと. ▶ dar [pegar] brincos [un brinco] de alegría とても喜ぶ. dar [pegar] un brinco/ darLE [pegarLE] a... un brinco el corazón びっくりする, 恐怖で驚く. en un brinco/en dos brincos たちまちのうちに, 素早く.

*****brindar** 自 [+ por のために] 乾杯する. —— 他 **1** を授与する, 提供する, 申出る.

2《闘牛》(闘牛師が…に)牛を捧げる. **—se** 再《+a+不定詞》(…しようと)自ら申し出る.

brindis 男《単複同形》**1** 乾杯, 祝杯; 乾杯の音頭《挨拶》. —hacer un ~ por …を祈念して乾杯する. ¡B~! 乾杯! **2**《闘牛》闘牛士を捧げること《挨拶》.

brío 男《主に複》**1** 意気込み, 活力. —hombre de ~s 意気盛んな人, エネルギッシュな人. **2** りりしさ, 気品, さっそうとしていること. **3** 決意, 決断力; 勇気. —luchar con ~ 勇戦闘敗する.

briófito, ta 形《植物》コケ類の. — 男複《植物》コケ類.

brioso, sa 形 **1** 力強い, 勇ましい. **2** さっそうとした, りりしい.

briqueta 女 煉炭, たどん.

brisa 女 **1** そよ風, 微風. — marina 海風, 海軟風. **2** 北東の風 (→vendaval「南西の風」). **3**《中南米》貿易風.

brisca 女 ブリスカ(トランプゲームの一種).

británico, ca 形 英国(Inglaterra) (人)の. — 男女 英国人. —las Islas Británicas イギリス諸島.

britano, na 形 名 **1**《歴史》(古代)ブリトン人(の), ブリタニア(の). **2** イギリス(の), イギリス出身(の); 大ブリテン(の).

brizna 女 繊維, 細い線条のもの; ごく小さなもの.

broca 女 **1**《技術》穴あけ工具, きり(先). **2**(靴の)釘(ぎ). **3** 糸巻き, つむ, ボビン.

brocado, da 形 (布が)錦の. — 男《服飾》錦織り, 金襴(きん), ブロケード.

brocal 男 **1** 井戸(口), 井筒, 縁石. **2** 酒袋の吸い口. **3**《鉱業》たて杭の入口.

brocamantón 男 (宝石などの)ブローチ.

brocatel 男 **1**《装飾用色紋入り》大理石. **2**《服飾》浮き織り錦.

brocha 女 (太めの)はけ(刷毛); 化粧用ブラシ; ひげ剃り用ブラシ. ► **de brocha gorda** ペンキ屋の, 塗装工の;《話》下手くそな, 芸術性のない.

brochada 女 →brochazo.

brochazo 男 (刷毛などによる)一塗り.

broche 男 **1** ブローチ, 婦人用の胸の飾りピン. **2**《服飾》留め金, ホック. **3**《中南米》(紙をはさむ)クリップ. **4**《服飾》《中南米》カフスボタン. **5**《儀式・行事の》フィナーレ. ► **broche de oro** フィナーレ, 有終の美.

brocheta 女 →broqueta.

brócoli, bróculi 男《植物》ブロッコリー.

broma〔ブロマ〕女 **1** 冗談, しゃれ, ジョーク. —¡Basta ya de ~s! 冗談はもうやめて! **2** いたずら, からかい. —Le han escondido la cartera por ~. 彼らはふざけて彼の財布を隠した. **3**《話, 危険》予想に反して高くついたもの〔こと〕, 結果的に不快になったもの〔こと〕. —La ~ de la boda les salió por un pico. 彼らの結婚式は思いのほか高くついた. **4**《動物》フナクイムシ. ► **gastar broma[una broma] a …** …をからかう, …にいたずらする. **de[en] broma** 冗談で. **estar de broma** 冗談を言う. **en[por] broma** 決して…しない. **no estar para bromas** 不機嫌である. **tomarse[echar]… a[en] broma** 本気にしない, 重視しない, 冗談だと思う.

bromato 男 臭素酸塩.

bromatología 女 食物学, 栄養学.

bromatológico, ca 形 食物学の.

bromatólogo, ga 男女 食物学者.

bromazo 男 ひどい冗談, 悪ふざけ.

bromear 自 冗談を言う, ふざける. **—se** 再 =自.

bromeliáceo, a 形《植物》パイナップル科の. — 女 パイナップル科の植物;《複》パイナップル科.

bromista 形 冗談を言う(人), 冗談好きな(人).

bromo 男《化学》臭素(元素記号 Br).

bromuro 男《化学》臭化物, (特に)臭化カリ.

bronca 女 **1** 叱責, 叱ること. —echar[armar] una [la] ~ 叱りつける. **2** けんか, 口論, 反目. **3** やじ, ブーイング. **4**《中南米》怒り, 激怒.

bronce 男 **1** ブロンズ, 青銅. **2**《美術》ブロンズ像; ブロンズ製品. **3**《スポ》銅メダル.

bronceado, da 過分 (→ broncear) 形 **1**〔estar+〕青銅色の. **2**〔estar+〕日に焼けた. — 男 **1** 青銅仕上げ. **2** 日焼け.

bronceador, dora 形 日焼け用の. — 男 サンオイル, 日焼け用オイル.

broncear 他 **1** を青銅色にする. **2** を日に焼けさせる. **—se** 再 (体を)日に焼く.

broncíneo, a 形 青銅[ブロンズ]の; 青銅色の.

broncista 男女 青銅鋳物(いもの)屋, 鋳造職人.

bronco, ca 形 **1** 耳ざわりな, がらがらの, しわがれ声の. **2**《性格・態度が》無愛想な, とげとげしい, ぶっきらぼうの.

bronconeumonía 女《医学》気管支肺炎.

bronquial 形《解剖》気管支の.

bronquio 男《主に複》《解剖》気管支.

bronquiolo, bronquíolo 男《主に複》《解剖》細気管支.

bronquitis 女《単複同形》《医学》気管支炎.

broquel 男 **1** (木製の)小さな盾. **2** 庇護を与えるもの, 盾.

broqueta 女 (肉などを刺す)串, ブロシェット; 串焼き料理.

brotadura 女 **1**《植物》発芽, 芽吹き. **2** 噴出, 発生, (突然の)出現.

brotar 自 **1** …の芽が出る, …の葉が出る, (花が)咲く. **2** (水が)湧き出る, (血, 涙, 火花が)出る. **3** 考え, 疑いなどが)浮かぶ. **4** (症候が皮膚に)出る, 現れる.

brote 男 **1**《植物》芽, 新芽; 発芽. —~s de soja (verde) モヤシ. **2**《危険なものの》出現, 発生; 兆候. **3**《医学》発熱; 発疹(ほっ).

broza 女 **1** 藪(ヤ), 茂み. **2** 枯葉, 落ち葉; 木から持ちくずをごみ. **3** 廃物, ごみ, くず. **4**《話》付け足し, 埋め草.

brucelosis 女《単複同形》《医学》ブルセラ症.

bruces ▶ *darse de bruces con...* …と正面衝突する. *de bruces* うつ伏せに.

bruja 女 **1** 魔女. **2**《話, 軽蔑》意地悪な女; 醜い老婆. **3**《鳥類》フクロウ(梟).
▶ *estar bruja*《中南米》お金がない.

Brujas 固名 ブリュージュ(ベルギーの都市).

brujear 自 魔術を使う.

brujería 女 魔法, 妖術.

brujo 男 **1** 男の魔法使い, 魔術師. **2** まじない師, 呪(ロッ)い医.

brujo, ja 形 (目や眼差しが)魅惑的な, 魅力的な.

brújula 女 **1**《海事》羅針盤, 羅針儀, コンパス (= ~ marina). **2** コンパス, 磁石.
▶ *perder la brújula* 仕事[取引]で分別を失う.

brujulear 他《話》たくらむ, ねらう.

brulote 男 **1**《爆発物を積んで敵船に向ける》火船, 焼き討ち船. **2**《中南米》非難, 中傷; 辛らつな批判.

bruma 女 **1**《気象》《海》(特に海の)霧, もや. **2**《複》混乱, 乱雑.

brumoso, sa 形《気象》霧のかかった.

Brunéi 固名 ブルネイ(公式名は Negara Brunei Darussalam, 首都 Bandar Seri Bagawan).

bruno, na 形 暗色の, 黒の.

bruñ– 動 ▶bruñir [3.10].

bruñido, da 過分 (▶bruñir) 形 つやのある, ぴかぴかの. — 男《金属や石の》つや出し, 磨き.

bruñidor, dora 形 つや出しをする(人), 磨く(人). — 男 研磨器, つや出し器.

bruñir [3.10] 他 を磨く, …のつやを出す.

bruscamente 副 **1** 突然に, あわただしく, 不意に. **2** ぶっきらぼうに, 無愛想に.

brusco, ca 形 **1** 不意の, 突然の, 唐突な, 慌ただしい. **2**(性格が)ぶっきらぼうな, 無愛想な.

Bruselas 固名 ブリュッセル(ベルギーの首都).

bruselense 形男女名 ブリュッセル (Bruselas) の.

brusquedad 女 **1** ぶっきらぼう, 無愛想. **2** 唐突, だしぬけ, 突然.

brut 男《複 bruts》《シャンパン・カバが》辛口の. —. 男 極辛口シャンパン[カバ].

brutal 形 **1** 野蛮な, 乱暴な, 獣のような. **2**《話》ひどい, すごい, でかい.

brutalidad 女 **1** 乱暴(な行為), 残忍(な行為), 野蛮. —*con* — 手荒に, 乱暴に, 無謀に, 乱行に. **3**《話》《una+》たくさん, ものすごい量.

brutalizar [1.3] 他 性格を野蛮に[粗野]にする. — *se* 自 野蛮になる, 粗野になる.

brutalmente 副 **1** 野蛮に, 乱暴に, 獣のように. **2**《話》ひどく, すごく.

bruto, ta 形 **1** 粗野な, 乱暴な. **2**《経済》総計の, 総体の. —*producto nacional* ~ 国民総生産 (P.N.B. と略される). *peso* ~ 総重量. **3** ばかな, 無知な. **4** 天然のままの, 加工していない. — 名 粗野な, 粗野でない; 愚鈍な人. — 男 動物, 家畜. ▶ *a lo bruto* とてつもない, 風変(ミカ)わりの. *en bruto* **(1)** 税[諸経費]込みで, **(2)** 未加工の, 精製されていない.

bruza 女 ブラシ.

bruzar [1.3] 他 にブラシをかける, をブラシする.

bu 男《複 búes》《幼》おばけ, 化け物.

bubón 男《主に複》《医学》横根; 膿を伴う腫れ.

bubón 男《主に複》《医学》よこね(横根).

bubónico, ca 形《医学》横根の.

bucal 形《解剖》口の, 口内の.

bucanero 男《歴史》バッカニア(17–18世紀アメリカ大陸のスペイン領沿岸を荒した海賊).

búcaro 男 **1** 芳香性粘土. **2**(芳香性粘土の)壺(言), 花瓶.

buccino 男《貝類》エゾバイ.

buceador, dora 形 潜水する, 潜水の. — 名 潜水夫, ダイバー.

bucear 自 **1** 水中にもぐる, 潜水する. **2**《+en》探求する, 詮索する.

buceo 男 潜水, ダイビング.

buchaca 女 **1** 袋; 財布. **2**《中南米》(ビリヤードの)ポケット.

buchada 女 ▶bocanada.

buche 男 **1** とりロ中の水. **2**(鳥の)餌袋. **3**《話》胃. ▶ *hacer buches*《話》腹すすぐ. *llenar(se) el buche*《話》いっぱい食べる.

bucle 男 巻き毛, カール(の毛).

buco 男 ▶cabrón.

bucodental 形《解剖》歯科口腔の.

bucofaríngeo, a 形《解剖》口腔と咽頭の.

bucólico, ca 形 田園の, 牧歌的な. — 名 田園詩人. — 女《詩学》牧歌, 田園詩.

bucolismo 男 (特に芸術作品の)田園趣味; 牧歌調.

Buda 固名 仏陀(前463–383頃, インドの宗教家, 仏教の開祖).

búdico, ca 形 仏教の.

budín 男《料理》プディング.

budión 男《魚類》ベラの一種.

budismo 男《宗教》仏教, 仏法.

budista《宗教》形 仏教の. — 名 仏教徒の, 仏教の.

buen 形《男性単数名詞の前で用いられる語尾脱落形》▶bueno.

buenamente 副 1 主に poder と共に できる範囲で. —Hazlo como ～ puedas. できるだけやってごらん. 2 快く, 自発的に.

buenaventura 女 1 幸運. 2 運勢, 占(うらな)い.

buenazo, za 形名 《話》お人よし(の).

buenísimo, ma 形 【bueno の絶対最上級】この上なく良い (=bonísimo).

bueno, na 【比較級は mejor; 単数名詞の前では buen】 1 《ser+》よい. —buena idea いい考え. No es decir mentiras. うそをつくのはよくないことだ. 2 《+para》…のために適切な; 役立つ, 有用な. —Es ～ para la salud el mantener un horario fijo. 早起きは健康にいい. 優しい, 親切な. —una persona buena いい人. 4 上手な, 上等の, 有能な, 優秀な. —Es muy ～ cocinando. 彼の料理の腕前は大したものだ. 5 十分な, かなりの, 相当な. —una buena cantidad かなりの量. iB～ está! もういい. 6 楽しい, 快い. —un buen fin de semana 楽しい週末. 7 《estar+》《食品などの》うまい, おいしい. —Esta sopa está realmente buena. このスープはなかなかおいしい. 8 《estar+》健康な, 元気な. —ponerse ～ 元気[健康]になる. —間 1 そうですね, ええええ(相手の言葉を受けて言う). —B～, pues en el lugar de siempre, ¿de acuerdo? じゃ, いつもの所では. 2 《承認》承知しました, オーケー, うん. —¿Vienes a mi casa?—B～. 私の家に来る? うん. 3 ところで, さて, それでは(話を続けたり, 気分を変えようとするとき). —B～, es hora de volver. さて, そろそろ帰らなくてはなりません. 4 《中南米》《電話でかける方も受ける方も》もしもし. —¿B～? Es la casa del Sr. Martínez? もしもし, マルティネスさんのお宅ですか. 5 まあ, おや, えっ, ささて《驚き, 諦め, 安心の気持ちを表す》 —iB～! Por fin hemos llegado. やれやれ, やっと着いたぞ. 6 もう結構, やれやれ《いらいらした気持ちを表す》—iPero ～! ¿Quieres dejar de molestarme? もう! いい加減じゃまするのはやめてくれないか! —男 よいこと, 善. ▶ **a buenas** 喜んで, 快く. **iBuen día!** 《中南米》こんにちは. **iBuenas!** 《話》やあ, こんにちは. **iBuenas noches!** こんばんは; おやすみなさい. **iBuenas tardes!** 今日は(午後, 昼食後); さようなら(午後, 昼食後). **iBueno!** もうたくさんだ. **iBuenos días!** お早うございます, 今日は(午前, 昼食前); さようなら(午前, 昼食前). **de buenas a primeras** 突然, だしぬけに. **estar a buenas con…** …と仲がよい. **estar de buenas** 《話》機嫌がよい, 陽気である. **estaría bueno** 《que+接続法》《懸念, 非難の意味を込めて》ひどいことだ, 困ったことだ. **hacer bueno** 《3人称単数形で無主語》…な天気である. **lo bueno es 《está en** 《que+直説法》《皮肉》面白い《奇妙な》ことに…だ; …とは面白い《奇妙だ》. **lo que es bueno** 《話, 皮肉》不快[不運]な状況. **por las buenas** 進んで, 快く, 喜んで. **por las buenas o por las malas** 喜んでであろうがいやいやであろうが.

Buenos Aires 固名 ブエノスアイレス(アルゼンチンの首都).

Bulgaria 固名 ブルガリア(首都 Sofia).

:buey 男 〜s 1 《動物》《去勢された》雄ウシ(牛) (→toro 《去勢されていない》雄牛, 《=》vaca 《雌牛》. 2 《魚類》オマールエビ (= ～ del mar). 3 《中南米》ばか, 愚か者. ▶ **ojo de buey** 《丸い》窓窓.

bufa 女 冗談, おどけ, 悪ふざけ.

búfalo, la 名 《動物》水牛, バッファロー.

:bufanda 女 《服飾》マフラー, 襟(えり)巻き, スカーフ.

bufar 自 1 《動物が》鼻をならす. 2 《話》《人が》《不満・怒りなどで》鼻をならす.

bufé 男 1 立食, 立食用テーブル. —～ libre バイキング(式のレストラン). 2 《駅や空港などの》軽食を取ることのできる場所, カフェテリア.

bufete 男 1 書き物机. 2 法律事務所, 弁護士事務所.

bÜffer 男 《複 〜s》《情報》バッファ.

bufido 男 1 鼻をならすこと, 鼻息. 2 《話》怒りの表情[声].

bufo, fa 形 1 《演劇》喜劇の. —ópera bufa 《演劇》喜歌劇. 2 おどけた, 滑稽な. —名 《演劇》道化師, 道化役.

bufón, fona 形 おどけた, 滑稽な. —名 1 《演劇》道化師. 2 《歴史》《宮廷内の》道化.

bufonada 女 冗談, 悪ふざけ, おどけること.

bufonearse 再 1 ふざける. 2 《+de》 をからかう.

bufonería 女 →bufonada.

bufonesco, ca 形 道化師の, こっけいな; 《冗談などが》趣味の悪い.

buganvilla 女 《植物》ブーゲンビリア.

bugle 男 《音楽》ビューグル(ラッパの一種).

buglosa 女 《植物》ウシノシタグサ(ムラサキ科の塞草の一種).

buharda 女 →buhardilla.

buhardilla 女 《建築》屋根窓; 屋根裏部屋.

:búho 男 1 《鳥類》《ミミズクを含む》フクロウ. 2 非社交的な人, 人嫌い, 無愛想な人. 3 《話》夜ふかしする人, 夜型の人. 4 《話》《南米》夜間バス.

buhonería 女 《集合的に》《行商人の売る》安物雑貨.

buhonero, ra 名 《安物雑貨の》行商人, 呼び売り商人.

buido, da 形 鋭い, とがった.

buitre 男 1 《鳥類》ハゲワシ, ハゲタカ. 2 他人を食いものにする強欲な人.

buitrear 自 《話》…にたかる, を利用する. 失敗する.

buitrero, ra 形 ハゲタカの, ハゲタカのよ

うな. ― 女 ハゲタカの巣.
buitrón 男 **1**〖漁業〗仕掛けかご, 仕掛け, 網. **2**〖冶金〗溶鉱炉(溶鉱炉の)灰受け.
bujarrón 形 (男性の)同性愛(者)の. ― 男 男性の同性愛者.
buje 男 〖機械〗軸受.
bujería 女 安ぴかもの, (安価な)金属・ガラス製品.
bujía 女 **1**ろうそく. **2**〖機械〗(エンジンの)点火栓, 点火プラグ. **3**〖物理〗燭光(光の強さの単位). **4**〖中南米〗電球.
***bula** 女 〖カト〗教皇教書, 大教書; 大勅書に押された教皇印.
bulbo 男 **1**〖植物〗球根. **2**〖解剖〗毛球, 髄, 球. **3**〖電球や温度計などのガラスの丸いふくらみ.
bulboso, sa 形 〖植物〗球根の, 球根のある; 球根状の.
buldog 男 →bulldog.
bulerías 女〖歴史〗免罪符のブレリアス(アンダルシア地方の民俗音楽, 舞踊).
bulero 男 〖歴史〗免罪符売り.
bulevar 男 (広い)並木路, 遊歩道.
búlgaro, ra 形名 ブルガリア(Bulgaria)の. ― 男 ブルガリア語.
bulimia 女 〖医学〗過食症.
bulímico, ca 形名 過食症の(人); 過食症を患った人.
bulín 男 〖スポ〗登山用ザイルの結び目.
bull- 動 →bullir [3.9].
bulla 女 **1**騒ぎ, 騒音. **2**群衆, 人ごみ.
bullabesa 女〖<仏〗〖料理〗ブイヤベース.
bullanga 女 騒ぎ, 騒音, がやがや.
bullanguero, ra 形名 騒がしい(人). お祭り好きの(人).
bulldog 男 〖動物〗ブルドッグ.
bulldozer 男 ブルドーザー.
bullebulle 男女〖話〗落ち着かない様子.
bullicio 男 **1**ざわめき, 喧噪(%). **2**雑踏, 人の波.
bullicioso, sa 形 騒々しい, にぎやかな, 混雑した. ― 名 騒々しい人.
bullidor, dora 形 活発な, 活力のある.
bullir [3.9] 自 **1**(液体が)沸く, 沸騰する, たぎる. **2**(人・動物などが)騒ぐ, そわそわする; 動き回る. **3**(人が)せわしなく動き回る. **4**しきりに…する. ― **se** 再 動く, 動き回る.
bulo 男 《話》流言飛語, デマ.
***bulto** 男 **1**(小)荷物, (小)包み. ~ de mano 手荷物. **2**くらみ, こぶ状のもの. **3**(空間に占める)大きさ, かさ, ボリューム. **4**その形が判然としない物影, 人影. **5**〖中南米〗書類入れ, ブリーフケース. ▶ **a bulto** 大体のところ, 目分量で, ざっと; いい加減に. **de bulto** (過失が)重大な, 重い. **bulto redondo** (美術)彫像, 塑像. **escurrir** [**escabullir**, **guardar**, **hurtar**] **el bulto** (話)(嫌なものから)逃れる. **hacer bulto** 《話》(催し物の)頭数を揃える, (催し物の)さくらになる. **poner de bulto** をひけらかす, 誇示する.

bum[1] 間〖擬音〗(打撃や爆発の)ドン, バン.
bum[2] 〖<英〗 男 ブーム.
bumerán 男 ブーメラン.
búmeran 〖単複同形〗〖南米〗→bumerán.
buna 女 合成ゴム.
búngalo 男 →bungalow.
bungalow, bungaló 男 バンガロー.
buniato 男 →boniato.
búnker 男 **1**〖防空壕. **2**〖政治〗ブンケル(スペインの極右派). **3**(ゴルフの)バンカー.
buñolería 女 ブニュエロ専門店.
buñolero, ra 名 ブニュエロ売り.
Buñuel 固名 ブニュエル(Luis ~) (1900-83, スペインの映画監督).
buñuelero, ra 名 〖中米〗→buñolero.
buñuelo 男 **1**〖料理〗ブニュエロ(長い揚げパン). **2**《話》へま, 不器用, へたな仕事.
***buque** 男 〖海事〗**1**(大型の)船, 船舶, 艦船. ~ nodriza 母船, 補給船. ~ cisterna タンカー. ~ mercante 商船. ~ escuela 練習船. ~ escolta 監視船. ~ insignia [almirante] 旗艦; (グループの)象徴, 要, 中心.
burbuja 女 **1**泡, あぶく. **2**無菌室, 気密室. **3**〖経済〗バブル状態.
burbujear 自 泡立つ, 沸騰する, たぎる.
burbujeo 男 泡立ち.
burdégano 男 〖動物〗ケッティ(雄ウマと雌ロバとの交配種).
burdel 男 売春宿.
burdeos 男〖単複同形〗**1**(ボルドー産)ブドウ酒(の). **2**ワインレッド(の).
burdo, da 形 **1**粗雑な, 粗悪な. **2**粗野な, 教養のない.
bureo 男 〖話〗娯楽, 遊戯, 気晴らし.
bureta 女 〖化学〗ビュレット.
burga 女 鉱泉, 温泉.
burgado 男 〖動物〗食用カタツムリの一種.
burgalés, lesa 形名 ブルゴス(Burgos)の(人).
burgo 男 〖歴史〗(中世の)城市; 小村落, 村.
burgomaestre 男 (オランダ・ベルギー・ドイツなどの)市長.
burgués, guesa 形 **1**ブルジョワの, 中産階級の, 市民階級の. **2**小市民的な, 保守の. ― 名 ブルジョワ, 中産階級の人, 市民階級の人.
burguesía 女 ブルジョアジー, 有産階級, 中産(市民)階級. ―alta ~ 有産階級, 上層ブルジョアジー(資本家・高級官僚など). pequeña ~ プチブル, 下層中産階級.
buril 男 〖技術〗たがね, 彫刻刀.
burilar 他 (たがね・彫刻刀で)彫る, 刻む.
Burkina Faso 固名 ブルキナ・ファソ(首都Ouagadougou).
***burla** 女 **1**ひやかし, からかい; 嘲笑. ―hacer ~ a [de] (人・物)をからかう, ひやかす, 嘲笑する. **2**複 冗談, 軽口.

—decir entre ～s y veras《話》冗談半分で言う. **3** 欺くこと, 欺瞞(🈁), ぺてん. ▶ **burla burlando**《話》知らないふりをして, しらばくれて; 知らないうちに, 気づかないうちに. **de burlas** 冗談で.

burladero 男《闘牛》待避柵.

burlador, dora 形 誘惑者; 女たらし. ━ 男, *dora* 女 からかう者, 欺す者.

burlar 他 **1** をだます, あざむく; の目をかすめる. **2** を避ける, かわす. **3** を嘲笑する, 愚弄する. ━ se 再 [+ de に] 愚弄する, 嘲笑する, からかう.

burlesco, ca 形 **1**《演劇》おどけた, 道化の, 戯作者の. **2**《話》おかしな, こっけいな, からかうような.

burlete 男《建築》(窓・ドアの) 目張り.

burlón, lona 形 ふざけた, からかうような; あざけりの. ━ 男, *lona* 女 からかい屋, おどけ者.

buró 男 **1** 事務机. **2** 事務局. **3**《メキシコ》ナイトテーブル.

burocracia 女 **1**《政治》官僚政治［主義, 制度］. **2** お役所仕事, 形式主義.

burócrata 男女 **1** 官僚, 役人. **2** 官僚式の人, 官僚主義者.

burocrático, ca 形 官僚の, お役所的な.

burocratismo 男 →burocracia.

burocratización 女 官僚主義化.

burocratizar 他 を官僚主義化する.

burofax 男 《商標 burofaxes》郵便局のファックスサービス; これにより送付された文書.

burrada 女《話》**1** ばかげた言動, 行い. **2**《una +》たくさん.

burrajo 男 (乾燥させて燃料にする) 馬糞(🈁).

burrero, ra 名 **1** ロバの乳売り; ロバの持ち主. **2**《中南米》《話》競馬ファン. **3** (麻薬などの) 運び屋.

burriciego, ga 形《話, 軽蔑》目がよく見えない.

burrito 男《中南米》タコスの一種.

burro, rra 名 **1**《動物》ロバ. **2**《話》乱暴な人, 下品な人, 粗野な人; 頑固な人. 《話》《忍耐強い働き者 (＝ de carga). ▶ *apear [bajar] del burro* 誤りを認めさせる. *apearse [bajarse, caerse] del [de su] burro*《話》自分の誤りを認める. 納得する, 承服する. *burro [burra] de carga*《話》《忍耐強い》働き者, あくせくと働く人. *hacer el burro* 乱暴［ばか］なことをする, 下品な振舞いをする. **3**《中南米》トランプの一種 (負けた人はロバという名がつく). **2**《中南米》アイロン台; 折畳み式台じご. ━ 形 乱暴な; 下品な, 粗野な; 頑固な; 働き者の.

bursátil 形《商業》株式取引の.

burujo 男 →borujo.

Burundi 固名 ブルンジ (首都 Bujumbura).

bus 男 **1**《話》バス. **2**《情報》バス, 母線.

busca 女 **1** 探すこと, 捜索, 探索. **2** 廃品あさり. ▶ *en [a] la busca de...* を探して［求めて］, …に会いに. *ir a la busca* 探しに行く; ゴミあさりする. ━ 男 ［＜ *buscapersonas*］《話》ポケベル; 救難信号発信装置.

buscador, dora 形 捜索する, 探索する;《情報》検索する. ━ 名 探す人, 探索者. ━ 男《情報》検索(サーチ)エンジン.

buscan**iguas** 男《単複同形》《中南米》→buscapiés.

buscapersonas 男《単複同形》ポケ(ット)ベル.

buscapiés 男《単複同形》ねずみ花火.

buscapleitos 男女《単複同形》《中南米》けんか好きな人, トラブルメーカー.

buscar ［ブスカル］ [1.1] 他 **1** を捜す, 探し求める. **2** を出迎える. **3** を挑発する. **4**《情報》を検索する. ━ se 再 自ら〜を招く.
—Tú te lo has *buscado*. それは君が自ら招いたことだ.

buscavida, buscavidas 男女《単複同形》《話》やり手, 世慣れた人.

buscón, cona 形《話》捜索する, 探索する. **2** 騙す, ごまかす. ━ 名 **1** 追求する人, 探索する人. **2** 詐欺師, ぺてん師. **3** すり. ━ 女 売春婦.

busero, ra 名《中米》バスの運転士.

buseta 女《中南米》小型バス, マイクロバス.

bushido ［＜日］男 武士道.

busilis 男《単複同形》《話》問題点, ネック. ▶ *dar en el busilis* 核心をつく.

busque(-), busqué(-) 動 ← buscar [1.1].

búsqueda 女 探求, 捜索. ▶ *en búsqueda de...* を求めて, 探して.

busto 男 **1**《美術》胸像, 半身像. **2** 上半身. **3** (女性の) バスト, 胸部.

butaca 女 **1** (時にリクライニング式の) 肘掛け［安楽］椅子. **2**《劇場・映画館の》座席;(特に)平土間席, 1階席 (＝～ de patio [de platea]). **3**《劇場・映画館の, 特に平土間の》座席券.

butacón 男 大型の肘掛け［安楽］椅子.

Bután 固名 ブータン (首都 Timbu).

butanero 男 **1** ブタンガスボンベの集配人. **2** ブタンガス輸送船.

butanés, nesa 形 名 ブータン(人)の. ━ 名 ブータン(人).

butano 男《化学》ブタン.

bute, buten ▶ *de bute [buten]* 《話》すばらしく.

butifarra 女《料理》ブティファーラ (カタルーニャ地方のソーセージ).

butilo 男《化学》ブチル(基).

butírico, ca 形《化学》酪酸の.

butrón 男 泥棒が侵入のため開けた穴.

butronero, ra 名 穴を開けて侵入する泥棒.

butuco 男女《中南米》《話》太った人.

buxáceo, a 形《植物》ツゲ科の. ━ 女 ツゲ科の植物;《個》ツゲ科.

buyo 男 ベテルナッツ (東南アジアなどに見られる嚙みタバコの一種).

buzamiento 男《地学》地層［鉱層］の傾斜.

buzar 自 **1** →bucear. **2**《地学》(地層〔鉱層〕が)傾斜する.

buzo 男 **1** 潜水夫, ダイバー. **2** つなぎの作業衣. **3**《南米》セーター.

***buzón** 男 [複 buzones] **1**(郵便)ポスト;(各家庭の)郵便受け口. **2**(穀, 樽)大きな口. **3**《情報》メールボックス.

buzonear 自 (各戸にチラシ[広告]を配布する.

buzoneo 男 (各戸への)チラシ[広告]配布, ポスティング.

buzonero 男 《中南米》郵便集配人, (家庭へのチラシ配布人.

bypass〔<英〕《医学》バイパス.

byte〔<英〕《情報》バイト.

C, c

***C, c** 女 **1** スペイン語のアルファベットの第3文字. **2**《音楽》ハ音(F, do), ハ調. **3**(大文字で)ローマ数字の100. **4**《化学》炭素の元素記号.

C（略号）=centígrado〔Celsius〕摂氏(℃).

c/（略号）**1**=calle 通り. **2**=cargo 負担;貨物. **3**=cuenta 勘定.

¡ca! 間《話》(否定・拒否・不信を表す)とんでもない, まさか, ばかな.

cabal 形 **1** 完全な; 申し分ない, 立派な. **2**(長さ・重さが)ちょうどの, 正確な. ▶ *no estar en sus cabales* 正気を失っている.

cábala 女 **1** カバラ, ヘブライ神秘哲学. **2** 推測, 憶測. —*hacer ~s* 憶測をめぐらす.

cabalgada 女 **1** 乗馬での遠出. **2**《軍事》騎馬隊, 騎兵隊.

cabalgador, dora 名 (馬の)乗り手.

cabalgadura 女 《動物》荷物運搬用〔騎乗用〕の家畜.

***cabalgar** [1.2] 自 **1**〔+ en/sobre 〕に乗る, 乗馬する. **2**〔+ sobre 〕に馬乗りになる.
— 他 (馬などに)乗る.

***cabalgata** 女 騎馬行進, パレード.

cabalista 男女 カバラ学者.

cabalístico, ca 形 **1** 神秘的な, 難解な. **2** カバラの, ヘブライ神秘哲学の.

caballa 女 《魚類》サバ.

caballada 女 **1** 馬の群れ. **2**《中南米》ばかげたこと, でたらめ.

caballar 形 《動物》馬の, 馬に関するの; 馬のような.

caballeresco, ca 形 **1** 騎士(道)の. **2** 紳士的な.

caballerete 男 《話, 軽蔑》きざな若者, 若僧.

***caballería** 女 **1**《動物》乗用馬, 乗用動物. **2**(中世の)騎士道. **3** 騎兵隊. **4**《歴史》騎士団. —*~ ligera* 軽騎兵. ▶ *caballería andante*〔集合的で〕遍歴の騎士.

caballerizo, za 名 厩務(きゅうむ)員.
— 女 馬小屋, 厩舎.

***caballero** [カバリェロ] 男 **1** 紳士. **2**(女性に対し)男性; (丁寧語として)殿方, 男の方. —*C~*s (トイレなどの表示)男性用, 殿方. **3**(男性に対する呼びかけで)あなた, だんな様. 複 caballeros, 皆様. —*¡C~, por favor!* あの, すみませんが. *Señoras y ~s* 紳士淑女の皆様(→ señoras y caballeros). **4**《歴史》(中世の)騎士;《軍事》騎兵. —*un ~ andante* 遍歴(回国)の騎士. ▶ *armar caballero a...* を騎士に叙する. *caballero de (la) industria*〔一見紳士風のいかさま師;詐欺〕師. *de caballero a caballero* 率直に, 腹蔵なしに, じかに. —, **ra** 形〔+ en/sobre〕(馬・ロバなど)に跨(またが)った, 騎乗の.

caballerosidad 女 紳士らしさ; 騎士道精神.

caballeroso, sa 形 紳士的な, 紳士らしい.

caballete 男 **1**《美術》画架, イーゼル. **2**《建築》棟(むね). **3** 鼻ばしら.

caballista 男女 **1**(チェスの)ナイト, (スペイントランプの)馬(数字で11). **2**《スポ》(体操競技の)鞍馬(あんば). **5**《俗》~ルビー. ▶ *a caballo*〔ir/montar 起〕馬に乗って,(馬・乗物に)乗って; 〔+ entre... y... と... の〕間に跨って. *a mata caballo*《俗》全速力で, 大急ぎで. *caballo de batalla* 論点, 難関. *caballo de buena boca*（良くも悪くも）他人の言いなりになる人. *caballo de mar [marino, de agua]*《魚類》タツノオトシゴ(→hipocampo);《動物》カバ(河馬)(→ hipopótamo). *caballo de Troya*（トロイの木馬のたとえから）ある目的のためにこっそりと当該の媒体に自分の主張を導入すること. *de caballo* 多くの, ひどい (病気・薬・治療が)強い, 大量の, ひどい.

caballito 男 **1**《動物》小馬. **2** 複 回転木馬, メリーゴーラウンド(→ tiovivo). ▶ *caballito de mar*《動物》タツノオトシゴ. *caballito del diablo*《虫類》トンボ.

***caballo** [カバリョ] 男 **1**《動物》ウマ, 馬; 雄馬(→「雌馬」yegua, 「子馬」potro, potra). —*montar a ~* 馬に乗る, 乗馬をする. **2**《物理》馬力(= ~ *de vapor [de fuerza]*). —*motor de ocho ~s* 8 馬力のエンジン. **3**《ゲーム》(チェスの)ナイト, (スペイントランプの)馬(数字で11). **4**《スポ》(体操競技の)鞍馬(あんば). **5**《俗》~ルビー.

caballón 男 《農業》畝(うね), 盛り上.
caballuno, na 形 馬の, 馬のような.
cabalmente 副 ちょうど, 正確に, きっかり.

cabaña 女 **1** 小屋, 掘っ建て小屋. **2**〔集合的で〕(家畜・羊などの)家畜.

cabañal 男 家畜の, 牧舎の. — 男 村落.

cabañuelas 女 複 (特定の日の天候に基づく)年間気象予報; 降雨量の予測.

cabaret, cabaré〔<仏〕男 [複 cabare(t)s] キャバレー.

cabaretero, ra 形 キャバレーの; (キャバレーの)ショーの. — 名 キャバレーに出

演ずる芸人，ショーダンサー．

cabás 男 学童かばん．

cabeceador, dora 形 《スポ》 (サッカーで) ヘディングが上手な．

cabeceamiento 男 →cabeceo.

cabecear 自 **1** うとうとする，舟をこぐ．**2** 頭を左右[上下]に振る，振り動かす．**3** (海事) (船が) 上下に揺れる，(荷物などが) がたがた揺れる．**4** 《スポ》 ヘディングする．

cabeceo 男 **1** (船・車の) 大きな揺れ．**2** 居眠りで頭をこっくり動かすこと．**3** 《スポ》 ヘディング．

cabecera 女 **1** 枕元，(ベッドの) ヘッドボード．**2** 始め，先頭．**3** (食卓などの) 上座，上席．**4** (地方の) 行政中心地．**5** 表題, (新聞記事などの) 見出し．**6** (情報) ヘッダー．

cabecero 男 (ベッドの) ヘッドボード．

cabeciblanco, ca 形 (動物) 頭の白い．

cabeciduro, ra 形 →testarudo.

cabecilla 男女 首謀者，頭目，(犯罪組織の) ボス．

cabellera 女 **1** (集合的に) 頭髪，髪．**2** たから，入れ毛．**3** (天文) (彗星の) 尾．

cabello [カベリョ] 男 (集合的に) 髪の毛，頭髪；毛髪状のもの．▸ *cabello de ángel* (料理) カボチャの砂糖漬け菓子；バーミセリ(極細のパスタ)．*estar pendiente de un cabello* 危険に瀕している．*ponérsele a uno los cabellos de punta* (恐怖・嫌悪で) 人の毛を逆立てる．

cabelludo, da 形 毛の多い，毛深い，毛むくじゃらの．

caber [カベル] [18] 自 **1** [＋en ＋por から] [人・物が] 入りうる; (考えなどが) 入る余地がある．—Ya no *cabe* más ropa *en* la maleta. スーツケースにもうこれ以上衣類は入らない．**2** [＋a に] 当る，…の番である．**3** [＋名詞／不定詞/que＋接続法] (…が) できる，可能である．—No me *cabe* decirlo. 私にはとてもそんなことは言えない．▸ *en* [*dentro de*] *lo que cabe* できるだけ，可能な範囲で．*no caber en sí* [*de gozo, alegría, satisfacción*] (喜びにあふれている，有頂天になっている．[*que*] *no cabe más* これ以上ない (ほど). 最高だ．

cabero, ra 形 (メキシコ) しんがりの，最後の．

cabestrante 男 →cabrestante.

cabestrillo 男 (医学) 吊り包帯．

cabestro 男 **1** 端綱(はな), (牛の口につける綱)．**2** (牛の群れを導く) 先頭の牛．

cabeza [カベサ] 女 **1** (人・動物の) 頭, 頭部．—asentir [afirmar] con la ～ 首を縦に振る，うなずく．Le sacas una ～ más. 君は彼より頭ひとつ背が高い．**2** 頭脳，知力，思考．—*ser duro de* ～ 頑固である，*un hombre de* ～ [*de poca* ～] 思慮分別のある人[のない人]．Juan tiene una buena ～ [una gran ～]. フアンは頭がいい．**3** 先頭，先端, (物の) 頭部：最

上位，頂上．—Ana está a la ～ de la clase de inglés. アナは英語のクラスで一番だ．*llevar* la ～ 主導する．*terminar en* ～ 一位でゴールする．▸ ～ *de un rio* 川の源．～ *de familia* 家長，世帯主．**4** 一頭，(家畜の) 1頭，1匹．¿A cuánto tocamos por ～? 一人あたりいくらになるのか．*una* ～ *de ganado* 100頭の家畜．*una* ～ *de ajo* ニンニク一玉．**5** (音響) ～ *grabadora* [*de grabación*] 録音ヘッド．～ *lectora* [*reproductora*] (磁気テープ用の) 再生ヘッド．**6** 《スポ》 ヘディング．—*marcar un gol de* ～ ヘディングシュートを決める．— 男女 **1** 形容詞(女性形) …な頭の人．— *rapada* スキンヘッドの人．**2** 先頭[首位]の人；トップ，リーダー．— ～ *s del país* 国の首脳たち．▸ *abrirLE a ... la cabeza* …を descalabrar. *agachar* [*bajar*] *la cabeza* 頭を下げる[垂れる]，(口答えせずに) 従う，屈服する．*a la cabeza* (*de*...) (…の) 先頭に[で], 《スポ》(順位表の) …位に, 首位に (= en cabeza (de ...)). *alzar la cabeza* 頭[顔]を上げる, 胸を張る；(経済面・経済面で) 立ち直る，回復する．*andar* [*estar*] *mal* [*tocado*] *de la cabeza* 頭がおかしい，気がおかしい．*apostarse la cabeza a que* [＋直説法] (話) …に首を賭ける，きっと…だ，断言する．*cabeza cuadrada* (話，軽蔑) 頑固，頭の固い人．*cabeza de chorlito* (話) おっちょこちょい，軽薄な人．*cabeza de puente* 橋頭堡(ほう)．*cabeza de serie* 《スポ》 シード (選手・1チーム・校)．*cabeza de turco* 贖(しょく)罪の山羊，スケープゴート, 身代わり．*calentarLE la cabeza* を悩ます，うんざりさせる．*calentarse la cabeza* よく考える，うんざりするほど考える．*con la cabeza alta* 毅然と，堂々として．*con la cabeza baja* 頭を下げて，うつ向いて．*darse* [*con*] *la cabeza en la pared* [*las paredes*] (話) (絶望・悔しさなどで) 壁に頭を打ちつける，(へきとして) 怒り狂う，やけになる．*dar vueltas en* [*a*] *la cabeza a* ... をよく考える，脳みそをしぼる，熟考する．*de cabeza* 頭から (突っ込んで); 迷わずに; 暗記して．*doblar la cabeza* 死ぬ．*en cabeza* (*de*...) (…の) 先頭に[で], 《スポ》(順位表の) …位に，首位に．*escarmentar en cabeza ajena* (話) 他人の過ちから学ぶ，他山の石とする．*irse a* ... *la cabeza* (話) 頭がくらっとする，めまいがする．*jugarse la cabeza a que* [＋直説法] (= apostarse la cabeza a que [＋直説法]). *levantar la cabeza* 頭[顔]を上げる; (話) 生き返る，よみがえる．*llevar a* ... *de cabeza* (話) を煩わす，心配させる．*meter a* ... *en la cabeza* (人) に…を理解させる，分からせる，説得する．*meter la cabeza en* ... (話) (場所・組織に) 入れることを許可される．*meterse de cabeza en* ... (仕事などに) 決然と着手する，身を打ち込む．

metérsele a ... en la cabeza 《話》思い込む. **no entrarle [caberle] a ... en la cabeza** ...にはとうてい理解できない,考えられない. **no levantar cabeza** 《話》(読み書きに)多忙な; (経済的・健康面・精神的に)苦境から脱せない. **pasarle [pasársele] a ... por la cabeza** 思いつく,…が頭に浮かぶ,…したい気分になる. **perder la cabeza** 《怒り・恐怖に》分別[理性]を失う;〖+ por〗 すっかり惚れ込む,夢中になる. **ponérsele a ... en la cabeza** (=metérsele a ... en la cabeza). **quebrarse la cabeza** (= calentarse la cabeza, romperse la cabeza). **quitarle a ... de la cabeza** (説得して)…を思い止まらせる,やめさせる. **romperse la cabeza** 《話》よく考える,うんざりするほど考える. **sacar a ... de la cabeza** (=quitarle a ... de la cabeza). **sentar (la) cabeza** 《放蕩生活の後》真面目になる,分別がつく,腰[腰]を落ち着ける. **subírsele a ... a la cabeza** 《話》が酔っ払う; 頭[腰]を上気させる. **tener la cabeza a pájaros** 《話》分別[判断力・良識]に欠ける,頭がおかしい; ぼんやりしている. **tener la cabeza como una olla de grillos** 困惑している. **tener la cabeza en su sitio** 分別がある, 足が地に着いている. **tener mala cabeza** 《話》《記憶力が》分別[良識]がない. **tener poca cabeza** 頭[記憶力]が悪い, 分別[良識]がない. **tocado [tocada] de la cabeza** 《話》頭の変な, 気がふれた, 常軌を逸した. **traer a ... de cabeza** を煩わす, 心配させる; を夢中にさせる, 魅了する.

cabezada 女 (居眠りのこっくり,うなずくこと. 2 頭をぶつけること. 3 《馬の》面懸(あずら). 4 《海事》《船の》縦揺れ, ピッチング. ▸ **dar cabezadas** 《話》居眠りをして舟をこぐ.

cabezal 男 1 《機械》(テープレコーダーの)ヘッド. 2 長枕.

cabezazo 男 1 頭(で)突き,頭をぶつけること. 2 〖スポ〗ヘディング.

cabezo 男 1 山頂,小山. 2 《海事》(小さな)岩礁.

cabezón, zona 形名 1《話》頑固な(人),強情な(人). 2《話》大きな頭の(人). 3 (酒が)悪酔いさせる. — 男 1 (衣服の)頭を入れるところ. 2 オタマジャクシ. 3 《馬の面懸(あずら)》.

cabezonada 女 《話》言い張ること,強情な行動.

cabezonería 女 《話》頑固,強情.

cabezota 女 → cabezón.

cabezudo, da 形名 1 頭が大きい(人). 2 頑固な(人),強情な(人)(= cabezón). — 男 1 カーニバルなどの頭の大きな被り物,張り子. — **gigantes y ~s** (カーニバルの)巨人と張り子と. 2 《魚類》ボラ.

cabezuela 女 1 小さな頭. 2 粗い小麦粉. 3 《植物》頭状花, 小蕊花.

cabida 女 1 容量, 収容力. 2 空間, 広がり, スペース. ▸ **dar cabida [tener cabida] a ...** …に余地を残す, …の収容力がある.

cabila 女 《北アフリカの》カビル族.

cabildante 男 〖南米〗市[町, 村]議会議員.

cabildear 自 1 たくらむ. 2 (組織の中で)暗躍する.

cabildeo 男 陰謀, 画策; 根回し.

cabildero, ra 形名 利益を画策する(人), ロビー活動をする(人).

*cabildo** 男 1 《カト》〖集合的に〗司教座聖堂参事会[員], 司教座聖堂参事会会議[会議場]. 2 《政治》市[村, 村]議会; 市庁舎, 市[村]役場. 〖集合的に〗市[町, 村]議会の議員団.

cabilla 女 《船舶》索止め栓, ビレーピン.

cabillo 男 《植物》花梗(かおう); 果柄[葉柄].

cabina 女 1 仕切られた場所[部屋], 一室. — **~ telefónica [de teléfono]** 電話ボックス. 2 (飛行機の)操縦室. 3 (船・飛行機の)キャビン, 客室.

cabio 男 《建築》根太(ねた)(床・天井の支える横木); (屋根の)垂木, (ドア・窓の上下に渡す)横木.

cabizbajo, ja 形 〖estar +〗うなだれた, 頭を下げた.

cable 男 1 太綱, ロープ; (電話・電力などの)ケーブル. 2 海底電信. ▸ **cruzársele los cables a ...** 《話》…の頭が混乱する, なる.

cableado 男 〖集合的に〗ケーブル(工事).

cablear 他 《電気》(ケーブルで)つなぐ.

cablegrafiar 他 (海底電信で)通信する.

cablegrama 男 海底電信.

cablero, ra 形 《海事》海底ケーブル敷設[修理]の. — 男 《海事》海底ケーブル敷設船.

Cabo 固名 1 (Ciudad del ~) ケープタウン(南アフリカの都市). 2 (~ de Buena Esperanza) 喜望峰(アフリカ最南端の岬).

*cabo** 男 〖カボ〗《話》1 端, 先端; 切れ切り, 縒り, 糸. 2 《地理》岬. 3 《軍事》綱, ロープ, (特に綱船の)索具. 4 《軍事》(陸軍の)伍長; (海軍の水兵長; (警察の)巡査部長. 5 《農機具などの》柄, 取っ手. 6 終わり, 結局, 末. **al cabo de ...** (時間)...後に, ...の終わりに. **al fin y al cabo** → fin. **atar cabos** 色々な情報を突き合わせる, あれこれ考え合わせる. **cabo suelto** 〖主に 複〗未解決の問題[事実, 糸口など]. **de cabo a rabo / de cabo a cabo** 始めから終わりまで, 全部. **echar un cabo** 手を貸す, 助ける, 助け舟を出す. **estar al cabo de ...** 知って[通じて]いる, ...に精通している. **llevar a [al] cabo ...** を実現する, 実行する, 成し遂げる.

cabotaje 男 《海事》近海[国内]航行, 沿岸貿易.

Cabo Verde 固名 カボベルデ(首都 Praia).

cabr- 動 →caber [18].

cabra 囡 (動物)ヤギ, 雌ヤギ(「雄ヤギ」は macho cabrío). ～ montés (動物)アイベックス. ▶ *estar como una cabra* [*más loco que una cabra*] 《話》気が変だ, 頭が狂っている. *La cabra (siempre) tira al monte.* 《諺》山羊は常に山に登ろうとする(生まれつきの性分は決して治らない).

cabracho 男 (魚類)カサゴ.

cabrahígo 男 (植物)カブリ(野生イチジク); カブリ野生イチジクの実.

cabrales 男〘単複同形〙 カブラレスチーズ(アストゥリアスのヤギの乳を混ぜたチーズ).

cabrear 他《話》を怒らせる, いらだたせる. —se《話》〖+con に〗いらだつ, かんかんになる.

cabreo 男《話》腹立ち, 激怒, むかつき. —agarrar [coger, pillar] un ～ 激怒する.

cabrerizo, za 形 ヤギの. —名 ヤギ飼い.

cabrero, ra 名 1 ヤギ飼い. 2〖中南米〗怒りっぽい人, 機嫌の悪い人. —形〖中南米〗《話》機嫌が悪い, いらだっている.

cabrestante 男 (海事)キャプスタン, 立て車地(ぢ).

cabria 囡 (機械)起重機, クレーン.

cabrilla 囡 1 低温やけど. 2 (技術)木(ぎ)びき台. 3 複 波泡, 白波. 4 (魚類)カブリラニラミ.

cabrillear 自 1 白波がたつ. 2 (水面が光できらきら輝く.

cabrilleo 男 白波が立つこと; 波頭がきらきら光ること.

cabrio 男 (建築)垂木(たるき).

cabrío 形 ヤギの(ような). —macho ～ 雄ヤギ. — ヤギの群れ.

cabriola 囡 1 跳躍, ジャンプ. —hacer ～s 宙返りをする. 2 〖スポ〗(馬術で)カブリオール. 3 宙返り, とんぼ返り.

cabriolar 自 →cabriolear.

cabriolear 自 1 (舞踊)カブリオールをする. 飛び上がって両足を打ち合わせる. 2 宙返りをする, とんぼ返りをする. 3〖スポ〗(馬術で)カブリオールをする.

cabriolé〈仏〉男 コンバーチブル型自動車.

cabriolear 自 →cabriolar.

cabritera 囡 ヤギ(山羊)用の —navaja ～ 皮なぎナイフ.

cabritilla 囡 子ヤギ(山羊)のなめし革.

cabrito, ta 形名 1《話》嫌な(やつ), ろくでもない(やつ). —男 (動物)子ヤギ. —名 覆〖中南米〗《話》子供.

cabro, bra 男囡〖南米〗子ども, 若者. —囲 (俗)この野郎, くそそれ.

cabrón, brona 形名 1〖スペイン〗《俗》卑劣な(やつ); 〖間投詞的に〗この野郎. —男 1〖スペイン〗《俗》この野郎. 2《俗》不貞の妻をもった夫, 妻を寝取られた男.

cabronada 囡 《俗》汚い手口, 卑劣な行為.

cabruno, na 形 (動物)ヤギの(ような).

cabujón 男 カボション(丸く磨いた宝石).

cabuya 囡 (植物)リュウゼツラン, リュウゼツランの繊維, ひも. —dar cabuya 〖南米〗結ぶ, 縛る; つなぎとめる.

caca 囡 1《幼》うんち. 2《話》くずらけた; 汚物, 不潔物.

cacahual 男 カカオ農園, カカオ畑.

cacahuatal 男 カカオ農園, カカオ畑.

cacahuate 男〖メキシコ〗1 →cacahuete. 2 取るに足らない人.

cacahué, cacahuete 男 (植物)ピーナツ (→maní).

cacalote 男〖中米〗ポップコーン.

cacao 男 1 (植物)カカオ樹, カカオの豆. 2 ココア(カカオの豆の粉末). 3 カカオバターで作ったリップクリーム. 4《話》混乱, 大騒ぎ. —armar un ～ 大騒ぎを起こす.

cacaotal 男 カカオ農園.

cacaraña 囡 あばた, (顔の)発疹跡.

cacarear 自 (ニワトリが)コッコッと鳴く. —他 (話)を自慢する, 大げさに話す.

cacareo 男 1 ニワトリがコッコッと鳴くこと. 2《話》自慢話をすること, 大ぼらを吹くこと.

cacaseno 男 ばか, まぬけ.

cacaste 男〖中米〗→ cacastle. ▶ *dejar el cacaste* 死ぬ.

cacastle 男〖中米〗1 背負い子. 2 骸骨.

cacatúa 囡 (鳥類)ボタンインコ. 2〖話〗若造りの醜い老婆.

cacé(-), cace(-) 動 →cazar [1.3].

cacera 囡 (農業)用水路.

cacereño, ña 形名 (スペイン)カセレスの(人).

Cáceres 固名 カセレス(スペインの県・首都).

cacería 囡 1 狩猟(隊). 2〖集合的に〗(狩猟の)獲物.

cacerola 囡 (料理)シチューなべ, 平なべ, キャセロール.

cacerolada 囡 なべなどをたたきながら行進するデモ.

cacha 囡 1 (折りたたみナイフなどの)柄(え), (ピストルの)握り. 2《話》尻(→nalga); 筋骨たくましい男. 3〖南米〗角(っの). ▶ *hasta las cachas* 《話》すっかり, とことん.

cachada 囡 1〖中南米〗(牛などの)角による一撃, 一突き. 2〖南米〗《話》からかうこと, 悪ふざけ.

cachafaz 形男女〖女性形は cachafaza もあり〗〖中南米〗恥知らずの(人), 悪党の(人).

cachalote 男 (動物)マッコウクジラ.

cachapa 囡〖中米〗トウモロコシ粉ベースのパンケーキ.

cachapera 囡〖中米〗女性の同性愛者, レズビアン.

cachar 他 1 (農業)をすき起こす. 2〖中南米〗を角でつつく. 3〖中南米〗をだます, からかう. 4〖中南米〗(空中で)うまく捕らえる, つかまえる; つかむ, 取る. 5〖中

米] 盗む, くすねる. **6**《南米》《話》分かる, 理解する. ── 自 《南米》《俗》セックスする.

cacharpas 女《中南米》がらくた, (値打ちのない)道具類.

cacharpaya 女《南米》(アンデス地方の)お別れパーティー.

*__cacharrería__ 女 **1** 瀬戸物[陶磁器]店. **2**《集合的に》瀬戸物, 陶磁器類.

cacharrero, ra 名 瀬戸物売り; 瀬戸物職人.

*__cacharro__ 男 **1**(安物の)瀬戸物容器, (鍋などの)台所用具類. **2**《話, 軽蔑》おんぼろ, がらくた, ポンコツ. **3**《陶器類》かけら.

cachava 女 (持ち手の部分が湾曲した)杖, 牧杖.

cachaza 女 のろま, ぐず, 悠長さ.

cachazudo, da 形《話》のろい(人), のんびりした(人), のんきな(人).

caché 男《複 ~s》**1** 品質が高いこと. **2**(芸能人などの)格, ギャラ. **3**《情報》キャッシュ.

cachear 他 をボディーチェックする.

cachemir 男《服飾》カシミヤ(織り).

Cachemira 固女 カシミール(インド北西部とパキスタン北東部の地方).

cachemira 女《服飾》カシミヤ.

cacheo 男 身体検査, ボディーチェック.

cácher 名男女《中南米》(野球の)キャッチャー(→pícher).

cachetada 女《話》平手打ち.

cachete 男 **1**《話》平手打ち, びんた. **2**《話》(ふくらんだ)頬. **3**《南米》尻.

cachetear 他《中南米》に平手打ちを食わす, ひっぱたく.

cachetero 男 **1** 短剣, あいくち. **2**《闘牛》カチェテーロ(とどめを刺す闘牛士).

cachetón, tona 形《中南米》頬のふっくらした, 丸ぽちゃの.

cachetudo, da 形 頬のふっくらした.

cachicamo 男《中南米》→armadillo.

cachicán, cana 名 農場管理人. ── 男 →capataz.

cachicuerno, na 形 (ナイフなどの)柄が角の[製の].

cachifollar 他《話》を台無しにする, ぶちこわす.

cachimbo, ba 名形《中南米》(大学などの)新入生(の), 新入りの. ── 男《中南米》(タバコ用の)パイプ. **2** 金属製の大きな容器. **3**《軽蔑》警官. **4**《チリ》民俗舞踊の一種. ── 女 **1**(タバコ用の)パイプ. **2**《中南米》井戸.

cachipolla 女《虫類》カゲロウ.

cachiporra 女 (先端が大きな)棍棒.

cachiporrazo 男 (棍棒での)一撃.

cachirul 男《メキシコ》**1** 小さな飾り櫛. **2** 私生児.

cachirulo 男 **1**(スペイン, アラゴン地方の男性が頭に巻くスカーフ. **2**《海事》3本マストの小型帆船. **3** がらくた; ポンコツ車.

cachivache 男《主に 複》くず, がらくた.

cacho[1] 男《話》一片, 一つ, 一かけら. **2**《名詞・形容詞を強調して》何という…. ─ de tonto 何という馬鹿だ. ▶ ser un cacho de pan 《話》とてもいい人である.

cacho[2] 男《中南米》(動物の)角(ツノ); 角でできたさいころ壺; 角でできたコップ. ▶ pillar cacho 《話》《影響力》を得る.

cacho[3] 男《魚類》バーベルの一種.

cachón 男《主に 複》(打ち寄せてくだける)波; 水しぶき.

cachondearse 再《話》〖+ de〗をからかう.

cachondeo 男《話》**1** からかい, 冗談, 悪ふざけ. ─ estar de ~ ふざけている. **2** ばか騒ぎ, お祭り騒ぎ.

cachondez 女《俗》色情, 欲情, (動物の)さかり.

cachondo, da 形 **1**《俗》〖estar +〗欲情をもった, むらむらした. **2**《話》〖ser +〗楽しい, おもしろい.

cachorrillo 男 小型ピストル.

cachorro, rra 名 子犬; (ライオン, トラなどの)子.

cachucha 女 **1**《音楽》カチューチャ(アンダルシアの民族舞踊・音楽・民謡). **2**《服飾》(ひさし付きの)帽子. **3**《中南米》サトウキビの蒸留酒; 混合酒.

cachudo, da 形《中南米》(動物の)大きな角の.

cachuela 女 **1**(スペイン, エクストレマドゥーラ Extremadura 地方の)豚肉料理. **2** ウサギの内臓料理, モツ煮込み. **3**(鳥の)砂嚢(砂ぎも), 砂袋.

cachumbo 男《中南米》巻き毛, カールした髪の毛.

cachupín 男 →gachupín.

cachurear 自《チリ》中古品や余り物を入手[獲得]する.

cacicada 女 暴君的な振る舞い; 権力乱用.

cacicato 男《政治》ボス支配, ボスの権力.

cacicazgo 男 →caicato.

cacillo 男 玉じゃくし.

cacique 男 **1**《政治》(金と権力で地方の政界・財界を牛耳る)ボス, ドン, 有力者. **2**(グループやコミュニティーの)暴君, 親玉, 独裁者. ── 形 名男女 横暴な(人), 独裁的な(人).

caciquear 自 暴君的に振舞う; 権力を乱用する.

caciquil 形 ボス[ドン・有力者・親玉]の.

caciquismo 男《政治》ボス支配, 地方の有力者による政治.

cacle 男《メキシコ》(皮製の)サンダル.

caco 男《話》泥棒, スリ.

cacofonía 女 **1**《音楽》不協和音. **2**《言語》同音の反復, 語呂の悪さ.

cacofónico, ca 形 語呂が悪い, 不協和音の.

cacografía 女 誤綴(ごてつ).

cacomite 男 (メキシコ原産の)トラユリ.

cactáceo, a, cácteo, a 形《植物》

サボテン科の.

cacto, cactus 男《植物》サボテン.

cacumen 男《話》《頭の》鋭角, 明敏さ.

cada [カダ] 形 《不定》《無変化》 1 [+単数名詞] おのおのの, それ
ぞれの, 各…. ―Tome esta pastilla después de ~ comida. この錠剤を毎食後に飲んでください. 2 [+数詞]…ごと(に), 毎…. ―Los Juegos Olímpicos se celebran ~ 4 años. オリンピックは4年ごとに開かれる. ― dos días 1日おきに, 毎日. 3 [比較級とともに]…ごとにますます…. ―Esta chica está ~ día más guapa. この女の子は日ごとに美しくなっていく. 4《話》[強調] すごい, あまりの [強調された内容が省略されていることが多い]. ―¡El arma ~ juerga! 彼はほんとうにどんちゃん騒ぎをするんだから. ▶**a cada uno** [**cual**] **lo suyo** ひとそれぞれ, 各人各様. **cada cual** [**uno**] 各人, めいめいに; それぞれ, おのおの. **cada dos por tres**《話》しょっちゅう. **cada (cada vez) que** …するときはいつでも, …するたびに. **cada vez más** [**menos**] …ますます…だ […ではない).

Cadalso 固名 カダルソ (José ~) (1741-82, スペインの評論家・詩人).

cadalso 男 絞首台; 演壇.

cadáver 男 (人の)死体, 遺体.

cadavérico, ca 形 青ざめた, 死人のような; 死体の.

cadena [カデナ] 女 1 鎖, チェーン; 2 ―続き, 連鎖; (共同作業を行う) 人の列[輪]; (工場の) ライン. ―sierra de ~ チェーンソー. reacción en ~ 連鎖反応. 2《商業》(ホテル・スーパー・レストランなどの)チェーン店, 系列; (キー局を中心とする) 放送網, ネットワーク, チャンネル. ― ~ pública [privada] 公共[民放] チャンネル. 3《音楽》鎖, 拘束, 枷(せ). ― ~ perpetua《法律》終身刑. 4《オーディオ》のステレオセット, コンポーネント (= ~ de música). 5《地理》山脈, 山系 (= ~ de montañas). ▶**cadena alimentaria**《生物》食物連鎖. **cadena de montaje** 組み立てライン. **en cadena** 連鎖的に[な], 連続的に[な], 次々と. **tirar de la cadena** 鎖を引く(トイレの)水を流す.

cadencia 女 1《音楽》リズム, 調子, 拍子. 2《詩学》韻律. 3《音楽》楽章の終止法, カデンツァ.

cadencioso, sa 形 律動的な, リズミカルな, 抑揚のある.

cadeneta 女《服飾》チェーンステッチ; 鎖編み. 2 (部屋を飾る)鎖状の紙細工.

cadera 女 [主に 複] 臀部(でん), 尻, 腰. 2 (動物の)尻, 腰.

cadete 男 1《軍事》士官学校の生徒, 士官候補生. 2《南米》見習い.

cadí 男 カーディー (イスラム国家の裁判官).

cadillo 男 1《植物》クリノイガ(イネ科). 2《植物》オトミミ.

Cádiz 固名 カディス(スペインの県・県都).

cadmio 男《化学》カドミウム(元素記号 Cd).

caducar [1.1] 自 1 期限が切れる, (法律が)失効する. 2《古くて》使いものにならなくなる; 賞味期限が切れる. 3 老いる, もうろくする.

caduceo 男 神の使者ヘルメス [マーキュリー]の杖(平和・医術・商業の表象).

caducidad 女 1《法律》(法律・権利などの)失効, 期限切れ. 2 老衰, 老化, もうろく.

caducifolio, lia 形《植物》一年生の.

caduco, ca 形 1《植物》落葉の. 2《話, 軽蔑》老衰の, おいぼれの. 3 失効した, 無効の. 4 過去の, 過ぎ去った; はかない.

caedizo, za 形 1 倒れやすい, 落ちやすい. 2《植物》落葉性の.

caer [カエル] [10.1] 自 1 落ちる. (雨が)降る, (毛が)抜ける. ― las hojas de los árboles 木の葉が落ちる. 2 倒れる; 陥落する; 失脚する, 失敗する. ―Se resbaló y cayó de espaldas. 彼は滑って倒れた. ― de cabeza 頭から倒れる. En este país cayó la dictadura y volvió la democracia. この国は独裁政が倒れ, 民主主義が戻ってきた. 3 下がる; 落ちる; (髪が)垂れる. ―El pelo *cae* sobre la frente. 髪の毛が額にたれている. 4 消滅する, 消える; 死ぬ, 斃(たお)れる. ―Cayeron todas mis ilusiones. 私の夢は全て消えた. ~ por la patria 祖国のために戦死する. 5 衰え, 弱まる. ―Cayó mucho su salud al llegar a España. スペインに着いたとき, 彼の健康は著しく衰えた. 6 [+ en]…に陥る, 見舞われる. ― ~ **en el error** [**en la tentación**] 誤りを犯す[誘惑に負ける]. 7 [+ en] …(日付け・行事)に当たる, なる, 相当する. [+ por/en あたりに]ある, 位置する. ―El día de mi santo *cae* este año en domingo. 私の霊名の祝日は今年は日曜日だ. 8 [+ sobre/a/en の上に] (不幸が)襲いかかる, 起こる, のしかかる. 9 察する, 思い当たる, 思い出す, 合点がいく. ―¡Ah, ya caigo! そうだ, わかったぞ. 10 (くじが)当る. ―Nunca me ha caído ningún premio en la lotería. 私は宝くじで一度も当たったことがない. 11 [+ bien [mal], + a にとって] 気に入る[入らない]; 馬(き)に合う[合わない]; 似合う[似合わない]. ―Le *cae* mal todo lo que le digo. 私の言うことすべてが彼にいやな感じを与える. Ese profesor no me *cae* bien. その先生は私の気に入らない. Este sombrero te *cae* muy bien. この帽子は君によく似合っている. 12 [+ en/por に][ひょっこり]姿を現す, 現れる. ▶**caer enfermo** 病気になる, 病に倒れる. **caer gordo** 好きになれない, きらいである. **con la (lo) que está cayendo**《話》こんな状況では. **estar** [**andar**] **al caer** 間近[もうすぐ]である.
― se 1 落ちる; 倒れる. ―Por poco me caigo. 私はもう少しで転ぶところだった. 2 [+ a/de から]落ちる. ―Se cayó de la

escalera. 彼は階段から落ちた. *Se le ha caído el pañuelo.* 彼女からハンカチが落ちた. **3** [+ de] 《話》すごく…である. —*Me caía de sueño.* 私はすごく眠かった. ▶ **caerse muerto de …**（恐怖・驚きなどで）ほとんだ死にそうである. **caerse redondo**（失神・事故などで）床に倒れる. **de caerse/que te caes**《話》すごく，倒れそうなほどの. —*Es guapa de caerse.* 彼女は卒倒するほどの美人だ.

café [カフェ]男 **1** コーヒー. ~ solo [puro] ブラックコーヒー. ~ con leche カフェオレ. ~ cortado ミルクが少し入ったコーヒー. ~ descafeinado カフェインを抜いたコーヒー. ~ instantáneo インスタントコーヒー. **2** 喫茶店, カフェ. —~ cantante カフェ・シアター. **3**（植物）コーヒーの木；コーヒー豆（=~ en grano）. **4**［形容詞的］コーヒー色（の）.

cafeína女（化学）カフェイン.
cafetal男 コーヒー農園.
cafetalero, ra コーヒー園を所有する. —名 コーヒー園園主.
cafetera女 **1** コーヒー沸かし［ポット］, コーヒーメーカー. **2**《俗》ぽんこつ車；がらくた.
cafetería女 喫茶店, カフェテリア. ◆アルコール類や軽食もある.
cafetero, ra 1 コーヒーの（に関する）. **2**《話》コーヒー好きの. —名 **1** 喫茶店主. **2** コーヒー商人. **3** コーヒー園労働者.
cafetín男《話》簡易コーヒー店, 小さなコーヒー店.
cafeto男（植物）コーヒーの木.
cafiche男『チリ』《軽蔑》= proxeneta.
cafichear自『チリ』《軽蔑》ポン引きをやる.
caficultor, tora名 コーヒー栽培者.
caficultura女『中南米』コーヒー栽培.
cáfila女《話》行列；1列のもの, ひと続き.
cafre 男女 **1**（南アフリカのバントゥー族）カフィル人の. **2** 野蛮な（人）, 残忍な（人）. **3** 粗野な（人）, あか抜けない（人）.
caftán男（服飾）カフタン（トルコ人などの着る帯のついた長そでの服）.
cagaaceite男（鳥類）ヤドリギツグミ.
cagada女《卑》 **1** 糞（ホン）, 大便. **2** 失敗, へま.
cagadero男《卑》（汚い）便所.
cagado, da 過分［→ cagar］形男《卑》臆病な（人）.
cagafierro男（鉱物）鉱滓（ホウ）, スラグ.
cagajón男（牛馬などの）糞（ホン）.
cagalera女《卑》腹下し, 下痢.
cagar [1.2] 自《卑》くそをする. —他 をだめにする. —**se** 再[自] **1** [+ de/en el]～におじけづく, びくつく, ひるむ. **2**《人・物に悪態をつくとの表現》下痢をする. ~くそっ. ▶ **cagarla**《卑》大失敗をやらかす. **cagarse de miedo**《卑》ひどくおびえる. **de cagarse [para cagarse]**

《卑》［強調の意味で］本当に…, とてもな〈…. *¡Me cago en diez [en la mar]!*《卑》くそ, くそったれ.

cagarruta女（ウサギなどの）ころころした糞（ホン）.
cagatinta, cagatintas男（複 cagatintas）《話, 軽蔑》事務員.
cagón, gona 形名《卑》 **1** 臆病な（人）. **2** 何度も糞をする（人）, 下痢をしている（人）.
caguama女（動物）アオウミガメ；べっ甲.
cagueta 形 男女《卑》臆病な（人）, 弱気なの（ない）人.
cahíz男 穀物の単位.
caíd男 カーディ（イスラム法を執行するイスラム教国の裁判官）.
caída 1 落下, 転倒, 脱落. **2** 陥落, 失陥. **3**（相場などの）下落；（温度などの）低下；傾斜. **4** 日暮れ. **5**（服飾）ドレープ. ▶ *a la caída de la noche* 夜の帳（ミネ）が降りると, 夜になると. *a la caída de la tarde [del sol]* 日暮れ（時）に, 夕暮れに, 黄昏（ﾀｿｶﾞﾚ）時に. *caída libre* 自由落下［下］;（パラシュートが開くまでの）自由落下.（スポ）スカイダイビング. *caída de ojos* 流し目, 色目；伏し目. *ir [andar] de caída* 衰える, 減少する;（人が）勢いを失う, 落ち目になる.
caído, da 過分［→caer］形 **1** 落ちた, 倒れた；垂れた. **2**［主に 複］戦没した, 殉死した, 殉難した. **3** 気落ちした, 意気消沈した. **4**（戦争などが始められた, しばれた. **5** [+ en] …が分かった, …が腑（ぅ）に落ちる. —男［主に 複］戦死者, 戦没者；殉死者, 殉難者.
caiga(-), caigo 動 →caer [10.1].
caimán男（動物）カイマン（中米・南米産のワニ）.
caimito男（植物）スターアップル.
Caín 固名【聖書】カイン（アダム Adán とエバ Eva の子, 弟アベル Abel を殺した）. ▶ *las de Caín* 邪（ジャ）な心. *pasar las de Caín* 辛酸をなめる, ひどく苦労する.
cainismo男 身内に対する憎悪.
cainita 形 男女 **1** グノーシス派カイン主義の（人）. **2**（哲学）身内を憎悪する（人）.
cairel男（服飾）房飾り.
cairota 形 男女 カイロの（人）.

caja [カハ]女 **1** 箱, ケース. ~ *de herramientas* 道具箱. **2** 金庫；（銀行の）貸し金庫；（金融機関としての）金庫, 銀行. ~ *fuerte [de caudales]*/『中南米』 ~ *de hierro* 金庫. ~ *de ahorros* 貯蓄銀行, 信用金庫. **3** レジ, 会計課；出納窓口. —*libro de* ~ 現金出納帳. *pagar [por] ~* レジで支払う. **4** 枢（ひっ）, 棺桶（= ~ de muerto）. **5** 箱状のもの；（車両の）車体；（時計の）側（ガヮ）, ケース；（ベッドの）台枠；（建築）ぼぞ穴；（階段の）吹き抜け；（エレベーターの）立て枠, シャフト. ~ *de la cama* ベッドの台枠. **6**（音楽）（弦楽器の）胴, 共鳴箱；（ピアノなどの）脚部；太鼓. **7**（印刷）活字箱, ケース. —*letra de* ~ *alta*

[baja] 大[小]文字. ►**caja de cambios [de velocidades]** (自動車,機械) ギアボックス, ギア, 変速機. **caja de música** (音楽) オルゴール. **caja de Pandora** (ギ神) パンドラの箱. **caja de reclutamiento [de reclutamiento]** 徴兵本事務所, 徴兵所. **caja negra** (航空) フライトレコーダー. **caja registradora** レジスター. **caja tonta** [boba] (話, 軽蔑)テレビ(受像機). **echar** [arrojar, despedir] **a** …**con cajas destempladas** (話)(怒って)を叩き出す, 追い出す. **hacer caja** (商業)売上を決算をする; (店・個人が)売り上げる, 稼ぐ, 収入がある.

cajero, ra 图 (店舗の)レジ係; (銀行などの)出納係, 金庫番. ── ATM, 現金自動預け払い機 (= ~ automático).

cajetilla 囡 (タバコの) 1 箱, 1 包み.

cajetín 男 1 (書きこみ欄のある)ゴム印, 判こ. 2 小箱; 箱の仕切り. 3 (電気)分電器[箱]. 4 (公衆電話などの)硬貨受け入れ口.

cajista 男女 (印刷)植字工.

cajón 男 1 (箪笥(だんす)・机などの)引き出し. 2 (主に木製の)大箱, 木箱; (本箱などの)棚. 3 (路上・市場内などの)屋台, 露店, 売店. 4 (印刷)(活字の)ハーフケース. 5 [中南米]店; 食料品店; 峡谷, 山道; 棺(ひつぎ). ►**cajón de sastre** [de turco] 色々な物が乱雑に散らかった状態[場所]. **de cajón** (話)当然の, 明らかな.

cajonera 囡 1 (教室の机の)引き出し. 2 整理ダンス.

cajuela 囡 [中南米](車の)トランク.

cal 囡 石灰. ── ~ **apagada** [muerta] 消石灰. ── **a cal y canto** 頑丈に, しっかりと, 密閉して. ── **cerrar a cal y canto** しっかり閉じる. **dar** [echar] **una de cal y otra de arena** (話)妥協[迎合]するために一方ではよく言い, 他方では逆に相反する行動をする. **de cal y canto** 頑丈な, 強固な.

cala[1] 囡 (地理)(小さな)入り江.

cala[2] 囡 1 (試食用の)スライス, 薄い一切れ. 2 (鉱業)試掘.

cala[3] 囡 (植物)カラー.

calabacear 他 (話) 1 を落第させる. 2 (恋愛で相手)を振る, …にひじ鉄をくらわせる.

calabacera 囡 (植物)カボチャ, ヒョウタン.

calabacín 男 (植物)ズッキーニ. 2 (話)馬鹿な人.

calabaza 囡 1 (植物)カボチャ; ヒョウタン, ヒョウタン製の容器. 2 (話)間抜け, 薄のろ. 3 (話)(試験で)不可, 落第. 4 (話)肘鉄(ひじてつ). 5 (話)(人間の)頭. ►**dar calabazas a** …(試験で)を落とす, 落第させる; (申し出・プロポーズなどで)を振る.

calabazada 囡 (話)頭突き.

calabazar 男 カボチャ畑.

calabazazo 男 →calabazada.

calabazo 男 (植物)カボチャ; ヒョウタン.

calabobos 男 [単複同形] (話)小雨, 霧雨.

calabocero 男 看守, 牢屋の番人.

calabozo[1] 男 牢獄, 刑務所, 拘置所.

calabozo[2] 男 (農業)鎌(かま).

calabrés, bresa 形 (イタリアの)カラブリア (Calabria) の(人), カラブリア出身の(人).

calabrote 男 (海事)(9本縒(よ)りの)大索, 係船索.

calaca 囡 [メキシコ] 1 (骸骨の姿の)死. 2 頑固者.

calada 囡 1 (タバコの)一服. 2 水に浸すこと. 3 投網(とあみ).

caladero 男 (漁業)網を下ろす場所, 漁場.

calado 男 (服飾)(刺繍などの)透かし模様, レース. 2 (海事)水深; 喫水.

calador 男 [チリ]穀物の抜き取り検査用錐.

caladura 囡 びしょぬれになること.

calafate 男 (海事)(船板の隙間に)植皮(ふ)を詰める人.

calafateado 男 (海事)コーキング, (水漏れを防ぐために)詰め物をすること.

calafateador 男 →calafate.

calafatear 他 (海事)(船の板の隙間)に詰める.

calafateo 男 (海事)コーキング.

calamar 男 (動物)イカ. ── ~**es fritos** イカフライ. ~**es en su tinta** (料理)イカの墨煮.

calambre 男 1 (医学)(筋肉の)痙攣(けいれん), こむらがえり. 2 (電気のしびれ, ショック感電.

calambur 男 (修辞)語呂合わせ(単語の区切りを変えて異なった意味にすること). 例: plátano es, plata no es).

calamento 男 (植物)イヌハッカ.

calamidad 囡 1 (洪水・流行病・戦災などの)大災害, 災難; 不幸. ── ~ **natural** 天災. 2 (話)役立たず; (病弱・不注意などで)不運続きの人; 失敗作, できそこない.

calamina 囡 (鉱物)異極鉱, カラマイン.

calamita[1] 囡 (動物)アマガエル.

calamita[2] 囡 →imán.

calamitoso, sa 形 1 不幸な. 2 災難の多い.

cálamo 男 1 (詩)(羽根つき)ペン. 2 (音楽)アシ笛, 牧笛.

calamocano, na 形 ほろ酔い状態の.

calamoco 男 つらら(氷柱).

calamón 男 1 (鳥類)セイケイ(青鷺)属の鳥(クイナ科). 2 飾り釘[鋲(びょう)].

calandria 囡 (車の)フロントグリル.

calandrar 他 (紙・布)をつや出し機にかける.

calandria 囡 1 (鳥類)クロエリコウテンシ. 2 (機械)カレンダー, つや出し機. 3 (機械)ウィンチ, ドラム.

calaña 囡 (軽蔑)性質, たち. ── **sujeto de buena** [mala] ~ たちの良い[悪い]人物.

calanés 男 カラーニャス帽 (=sombrero～).

calar¹ 自 石灰質の, 石灰石の. — (石灰岩の)石切場.

calar² 他 **1** …にしみ通る, しみ込む. —El agua caló los zapatos. 水が靴にしみ込んだ. **2**(心中)を見抜く, 見通す. —El profesor lo caló desde el primer día. 先生は初日から彼のことを見抜いた. **3** を深くかぶせる, 深目にかぶせる. **4**(試食などに)…の小片を切り取る, **5** を貫く, 貫き通す, **6** …にすかし編みをほどこす. **7**(車)をエンストさせる. **8**(銃に銃剣)を装着する. **9**(漁網)を水中に入れる. **10**《中南米》(車)の抜き取り検査をする. — 自 **1**〔＋en を〕えぐる, 掘り下げる. **2**(船の吃水が)深い. — se 再 **1** ぬれる, びしょぬれになる; 凍える, 凍(こご)りつく; しみ込む, 濡れる. **2**(帽子などを)目深(まぶか)にかぶる, (眼鏡など)をかける. **3**(車)がエンストする. **4**〔＋en に〕かかわる, 関わり合う.

calasancio, cia 形 →escolapio.

calato, ta 形《南米》裸の, 文無しの.

calavera 女 **1**《解剖》頭蓋(ずがい)骨, どくろ. **2**(昆虫)ドクロメンガタスズメガ(雀蛾の一種), スズメガのテールランプ. — 男 **1**《メキシコ》(車の)テールランプ. **2** 放蕩(ほうとう)者; 無分別な男, 愚か者.

calaverada 女 無分別[無謀]な行為.

calcado, da 過分 [→calcar] **1**〔estar＋〕写された, なぞった, トレースした. **2**〔ser＋/＋a と〕(人が)そっくりの. — 男 透写, トレース. — 名 そっくりの人.

calcador, dora 名 トレース工.

calcáneo 男《解剖》踵骨(しょうこつ).

calcañal, calcañar 男 踵(かかと).

calcar [1.1] 他 **1** を敷写しにする, 複写する, 透写する. **2** を真似する.

calcáreo, a 形 石灰質の, 石灰質の.

calce 男 **1** くさび; 輪どめ. **2**《中南米》(文書の下の)余白.

calce(-), calcé(-) 動 →calzar [1.3].

calcedonia 女《鉱物》玉髄.

calceta 女 **1** 主に複《服飾》靴下, ストッキング. **2** 編物.

calcetero, ra 名 靴下製造[販売]者.

calcetín 男 主に複 calcetines で《服飾》(かかとまでの短い)靴下, ソックス.

cálcico, ca 形《化学》カルシウムの, 石灰の.

calcificación 女 石灰化, 石灰沈着.

calcificar [1.1] 他《化学》を石灰化する. — se 再《化学》石灰化する.

calcina 女《建築》漆喰(しっくい), コンクリート.

calcinación 女《化学》煅焼(たんしょう), 石灰焼成; 焙焼.

calcinamiento 男 →calcinación.

calcinar 他 **1** を灰にする, 焼く. **2**《化学》を焼いて石灰にする, 煅焼(たんしょう)する; (金属)焙焼する. — se 再 黒焦げになる, 全焼する.

calcio 男《化学》カルシウム(元素記号 Ca).

calcipenia 女《医学》カルシウム欠乏症.

calcita 女《鉱物》方解石.

calco 男 **1** 透写, トレーシング. **2** 模倣. **3**《言語》翻訳借用. ◆英語の hotdog に対するスペイン語の perro caliente など.

calcografía 女《美術》銅版印刷[彫刻]術.

calcografiar 他 を銅版で印刷する.

calcográfico, ca 形 銅版印刷の.

calcomanía 女 **1**《美術》デカルコマニア(ガラス・陶器などに図案・絵などを写すことのできる画法). **2** 移しつけた図案[絵], 転写絵.

calcopirita 女《鉱物》黄銅鉱.

calculable 形 計算できる; 予想できる.

calculador, dora 形 **1** 打算的な, 計算高い. **2** 計算する, 計算のできる. — 名 打算的な人, 計算高い人. — 女 計算機, 電子計算機.

calcular 他 **1** を計算する, (…の数)を算出する. **2** …と予想する, を見積もる, 予想する. —Le calculo unos sesenta años. 私は彼はおよそ60歳だと思う.

cálculo 男 **1** 計算, 見積り, 概算. **2** 推定, 予想, 予測; 見込み. **3**《医学》結石, 胆石; 膀胱 尿結石.

calculosis 女《単複同形》《医学》結石症.

calculoso, sa 形《医学》結石(症)の. — 名 結石症患者.

calda 女 **1** 加熱(作用); (炉などに)燃料をくべること. **2** 複 温泉.

caldeamiento 男 **1** 加熱; 暖房. **2** 熱く(興奮)させること; 扇動.

caldear 他 **1** を熱する, 暖める. **2** を熱中させる, 興奮させる. — se 再 **1** 熱くなる, 暖かくなる. **2** 興奮する, 熱中する.

caldeo 男 **1**《機械》加熱(作用); 暖房.

caldera 女 **1**《機械》ボイラー. **2** 料理用の大鍋, 大釜(がま); 一大鍋分, 一釜分. **3**《音楽》ティンパニー(timbal)の胴. **4**《地質》カルデラ.

calderada 女 大鍋1杯の量;《話》大量[多量]の食べ物.

calderería 女 **1** 鍋釜製造[販売]所. **2** 鍋釜製造業.

calderero, ra 名 ボイラー製造者, 釜職人; 鍋製造者.

caldereta 女 **1** 小さい釜. **2**《料理》魚・肉の煮込み.

calderilla 女 **1**〘集合的に〙小銭. **2**《宗教》聖水器.

caldero 男 **1** 持ち手のついた小さい鍋. **2** 鍋1杯分.

calderón 男 **1**《動物》ザトウクジラ. **2**《音楽》フェルマータ, ポーズ, 延音記号(⌒の記号). **3** 段落標, 行替えをしるすマーク(¶の記号).

Calderón de la Barca 固名 カルデロン・デラ・バルカ(Pedro ～)(1600-81, スペインの劇作家・詩人).

caldillo 男 **1** 煮込み料理のソース. **2**《メキシコ》シーフードスープ.

caldo 男 **1**《料理》(肉・魚・野菜などを煮て、実を除いた残りの)スープ煮汁、ブイヨン. —tomar un ～ スープを飲む. ～ gallego ガリシア風スープ(野菜・白インゲン・ジャガイモ・肉などからなるポタージュ). **2**《料理》(ワイン・油・酢などの)植物性の液体食品、果汁；(特級の)ワイン.**3**《料理》(サラダの)ドレッシング. ▶ **caldo de cultivo**《生物、化学》培養基；温床. **hacer a el caldo gordo**《俗》知らぬ間に(人)を利する.

caldoso, sa 形《料理》汁気の多い、汁気のよい.

calducho 男《話、軽蔑》まずいスープ.

calé 男女 ジプシー(ロマ)の.

caledoniano, na 形《地質》カレドニア造山運動の.

calefacción 女 **1**《建築・乗り物などの》暖房；暖房装置(=aparato de ～). **2** 加熱(作用)、暖めること.

calefaccionar 他《南米》を暖房する.

calefactor, tora 男 暖房[装置]の. —名 暖房器具の製造[設置・修理]業者. —男 暖房器具[装置]；温風ヒーター.

calefón 男《南米》湯沸かし器.

caleidoscópico, ca 形 万華鏡のような.

caleidoscopio 男 万華鏡.

calendario 男 **1** カレンダー、暦(こよみ). **2** 日程、スケジュール、予定表. —— de trabajo 仕事のスケジュール.

caléndula 女《植物》キンセンカ.

calentador 男 **1** 湯沸かし器(=～ de agua)；ヒーター、電熱器. **2** レッグウォーマー. ——, **dora** 形 暖める、熱する.

calentamiento 男 **1** 加熱. ——**del planeta** 地球温暖化. **2**《スポ》ウォーミングアップ.

calentar [カレンタル] [4.1] 他 **1** を暖める、熱くする、熱する. —— la habitación 部屋を暖める. **2** を元気づける、興奮させる；を性的に興奮させる. —— 自 **1** 熱を出す；(日光などが)暖かい. **2**《スポ》ウォーミングアップする. ——**se** **1** 体を暖める、暖まる、熱くなる. **2** 興奮する、(性的に)興奮する.

calentito, ta 形 **1** 暖かい. **2**《話》できたての、ホットな.

calentón, tona 形《俗》性的に興奮した、むらむらした. —男 **1**《機械》オーバーヒート. **2** 急な過熱. **3**《俗》性的興奮.

calentura 女 **1**《医学》熱；(高熱で唇にできる)熱のはね. **2**《俗》性的興奮.

calenturiento, ta 形 **1**《医学》微熱のある、熱っぽい. **2** 熱狂した、とんでもない. ——imaginación *calenturienta* とんでもない想像. **3**《俗》欲情しやすい.

calenturón 男 高熱、大熱.

calero, ra 形 石灰(岩)の. —名 石灰製造[販売]業者.

calesa 女 幌つき軽二輪馬車.

calesera 女 アンダルシア民謡の一種.

calesero 男 calesa の御者.

calesín 男 一頭立て二人乗り四輪馬車.

calesita 女《南米》メリーゴーランド、回転木馬.

caleta 女 **1**《地理》(小さな)入江. **2** 沿岸巡航船.

caletear 自《チリ》(船が)沿岸すべての港に寄る；(飛行機・列車などが)目的地に着く前にたくさん停まる.

caletero, ra 形《チリ》(船が)沿岸巡航の.

caletre 男《話》常識、判断力、思慮.

calibración 女 **1**(口径などの)測定. **2**(高い)評価、判断.

calibrador 男《技術》口径[目盛り]測定器、ゲージ.

calibrar 他 **1** を(高く)評価する、判断する. **2** を測定する、…の口径を測定する.

calibre 男 **1**(鉄砲などの)口径、(弾丸の)口径. **2** ゲージ. **3** 重要性、重大さ. **4**《話》性質.

calicanto 男《建築》石れんが工術、石造建築.

calicata 女《鉱業》探鉱、ボーリング調査.

caliche 男 **1** 壁面から剥離した石灰. **2** 陶土に交じった小石. **3**(果物の)傷み. **4**《南米》チリ硝石.

caliciforme 形《植物》ガク状の.

calicó 男 キャラコ.

calidad [カリダ] 女 **1** 品質、(物・人の)質、性能；(→「量」cantidad). ——**de vida** 生活の質[高さ]. **tela de buena [mala]** ～ 品質のよい[悪い]布. **2**(人の)質のよさ、良質、長所. —**de** ～ 良質[上質]の. **3** 重要性. **4** 高貴な血筋[家柄]；(社会的な)資格、身分、地位. ——**persona de** ～ 身分の高い人、偉い人. ▶ **en calidad de** [＋無冠詞の名詞] …として、…の資格[肩書].

calidez 女 **1** 暑さ. —— **del verano** 夏の暑さ. **2** 親愛さ、心暖かさ. **3**(色の性質としての)赤味、暖色.

cálido, da 形 **1**(気候・地域が)暑い. ——**clima** ～ 暑い気候. **2** 主に名詞の前で) 熱心さ、心暖かい. ——**una** *cálida* **acogida** 暖かい歓迎. **3** 暖色の、赤味を帯びた.

calidoscópico, ca 形 → caleidoscópico.

calidoscopio 男 → caleidoscopio.

calient- 動 → calentar [4.1].

calientapiés 男《単複同形》足温器.

calientaplatos 男《単複同形》《料理》保温器.

calientapollas 男女《単複同形》《卑》きわどい誘惑をしながら最後には許さない女[男].

caliente [カリエンテ] 形 **1**(体が)暖かい、熱した；(部屋・衣服などが)暖かい. ——**agua** ～ 湯、熱湯. **2**[estar＋]怒った、腹を立てている；興奮

した．——**ponerse** — 興奮する．**3**《話》(動物・人が)性的に興奮した［estar＋］，好色な［ser＋］．**4**（議論などが）激した，激しい，熱っぽい．**5**暖色の，色が暖かい．**6**［間投詞的に］《話》(クイズなどで)答に惜しい．——*iC~! iC~!* (正解に)近い，近い．
▶ **en caliente** その場で，即座に．

califa 男 《歴史》**1**カリフ，ハリル（初期イスラム国家の首長）．**2**カリフ（後ウマイヤ朝のアブデラマン Abderramán 3世が929年以降自らに用いた称号）．

califal 形 カリフ（統治時代）の（に関する）．

califato 男 《歴史》カリフ国，ハリハ領（時代）．

calificable 形 評価できる．

:**calificación** 女 **1**成績，評価．**2**形容；［言語］修飾．**3**（労働者の）能力，熟練度．

:**calificado, da** 過分 ［→calificar］ **1**［+para］…の資格のある，…に適格な，…に向いた．——*para un trabajo* 仕事に向いた．**2**熟練した，有能な．**3**すべての要件を備えた，条件のそろった．**4**権威のある，著名な，一流の．

calificador, dora 形 審査の，試験の．——名 審査員，試験官．

:**calificar** [1.1] 他 **1**［+ como/ de と］を評定する．…的にみなす．——*Yo la calificaría de irreflexiva.* 私なら彼女を無反省な女と評するでしょう．**2**［+ como/de と］を見なす，格付けする．**3**［言語］に評点(点数)をつける，採点する．**4**［言語］を修飾する．

*:**calificativo, va** 形 性質(性状)を示す，修飾する，形容する．——男 修飾語(句)，品質形容詞．

California 固名 カリフォルニア（アメリカ合衆国の州）．——*Golfo de* — カリフォルニア湾（メキシコ太平洋岸の湾）．

californiano, na 形 名 カリフォルニア（California）の人．

californio 男 《化学》カリホルニウム（元素記号 Cf）．

calígine 女 《詩》**1**霧．**2**暗がり，暗闇．

caliginoso, sa 形 《詩》霧がかかった．

caligrafía 女 書道，能書，筆跡．

caligrafiar 他 を美しい字体で書く．

caligráfico, ca 形 書道の，書の，達筆の．

calígrafo, fa 名 能書家，書家．

caligrama 男 《文学》カリグラム．

calilla 女 《中南米》《話》迷惑，厄介こと．

calima 女 →calina.

calimocho 男 赤ワインのコーラ割り．

calina 女 《気象》もや，もや．

calinoso, sa 形 もやのかかった．

calipso 男 《音楽》カリプソ（トリニダード島の民族音楽・舞踊）．

calistenia 女 美容体操．

cáliz 男 《複 cálices》**1**《宗教》聖餐杯；《詩学》杯．**2**《植物》萼(がく)．**3**苦難，苦杯．

caliza 女 《鉱物》石灰岩．

calizo, za 形 《鉱物》石灰石の，石灰質の．

:**callado, da** 過分 ［→ callar］形 **1**［ser＋］だまっている，おとなしい；静かな．**2**［estar＋］（一時的に）黙りこくった，口数の少ない．——*Hoy estás muy* —, *¿Te pasa algo?* 今日君はとても無口だね．どうかしたの．▶ *dar la callada por respuesta* 《話》答えないで示す．

callampa 女 **1**《南米》（食用）キノコ．**2**《チリ》尽家，あばら家．

callandico 副 《話》黙って，音を立てずに；こっそり．

callandito 副 《話》→callandico．

:**callar** ［カヤル］自 **1**黙る，黙り込む，ものを言わずにいる．——*hacer* — 黙らせる，静かにさせる．*iA* —! 黙りなさい．**2**話すのをやめる，（音・泣き声が）やむ；（海・風）が凪(なぎ)ぐ．—— 他 を押し隠す，言わないで［秘密に］しておく．—— **se** 再 黙る，静かになる；［言いかけて］を言わずにおく．——*iCállate (la boca)!* 黙れ．

:**calle** ［カイェ］女 **1**通り，街路，（散歩・遊歩）道；街．——*cruzar la* — 通りを渡る．—— *sin salida*/［中米］— *ciega*/［メキシコ］— cerrada 袋小路，行止まり（道）．— *de dirección única* ［*de sentido único*］ 一方通行の道路．— *mayor* ［*principal*］ 大通り，メインストリート．— *peatonal* 歩行者専用道．**2**…通り，—街［略］c./．——*C*— *de Alcalá* アルカラ通り．**3**［la —］街中の人々；一般大衆[民衆]．——*hombre* [*gente*] *de la* — 世間一般．*opinión de la* — 世論．**4**（家の中以外の）外，戸外，町中．——*ir* [*salir*] *a la* — 外出する，出かける．**5**（自動車道路の）車線，［スポーツ］（プール・陸上競技場の）コース，走路；（ゴルフの）フェアウェイ．——*Circule por la* — *de la derecha.* 右側車線を走りなさい．▶ *abrir* [*hacer*] *calle* 《話》人をかき分けて進む，（通れるように）道を開ける．*coger la calle* 《話》突然立ち去る．*de calle* 外出用の：簡単［容易］に．*dejar a … en la calle* (人)を解雇する；路面に迷わす．*doblar la calle* 街角を曲がる．*echar a … a la calle* (= *dejar a … en la calle*, *poner* [*plantar*] *a … en la calle*) 《話》(人)を追い出す；解雇する．*echarse a la calle* 外出する；（デモ隊が）街頭へ繰り出す；暴動［反乱］を起こす．*echar* [*tirar*] *por la calle del medio* [*de en medio*] 《話》（窮地を脱するために）あれこれ迷わずに突進する，やみくもに突き進む．意を決して行動する．*estar en la calle* 外出中である；釈放されている，失業中である．*hacer (la) calle* （娼婦が）通りで客引きをする．完春する．完春生活をしている．*llevar(se) de calle a …* 《話》(人)の心を引きつける，とりこにする；（議論で）(人)を納得させる，言い負かす；打ち負かす．*llevar* [*traer*] *a … por la calle de la amargura* （絶えず）(人)に心配・苦労をかける，つらい目にあわせる．*quedarse en la calle* 職を失う，家を失う，路頭に迷う．

calleja 囡 路地, 細道, 裏道.

callejear 自 [+ por を] ぶらつく, 出歩く, 遊び歩く.

callejeo 男 そぞろ歩き, ぶらつくこと.

callejero, ra 形 街頭の, 路上の; 街を歩き回る. —venta *callejera* 街頭販売. — 男 街路図, 都市ガイドブック.

callejón 男 1 路地, 小路; (両側に塀壁のある)通路. 2《闘牛》フェンスと観客席との間の通路. ▶ *callejón sin salida* 袋小路, 行き止まり. 2《俗》苦境, 行詰り.

callicida 男《医学》うおのめ[めいたこ]の薬.

callista 男女《医学》足専門医.

callo 男 1《医学》うおのめ, (足の)たこ. 2複《料理》(牛などの)胃袋の煮込み料理, 臓物料理. —>s a la madrileña マドリード風臓物料理. 3《蹄鉄の》とがり金. 4《俗, 軽蔑》ぶ男, ぶす.

callosidad 囡 1《医学》1 皮膚の硬結, たこ, まめ. 2複 慢性潰瘍(ポネぅ)の固くなった組織.

calloso, sa 形 (皮膚が)固くなった, たこになった.

calma [カルマ] 囡 1 静けさ, 平穏, 穏やかさ. 2 平静, 落着き; 悠長さ. 3《海事》無風状態. 4《経済》(商売などの)不振, 停滞. ▶ *calma chicha* 大凪(ホネ), 全くの無風. *en calma* 静かな, 穏かな; (海が)凪(ハッ)で; (経済》(商売などが)不振で, 停滞した. — 間 —¡*Calma*! 静かに, 落ち着いて.

calmante 形 落ち着かせる; 鎮痛[鎮静]作用のある. — 男《医学》鎮痛剤, 鎮静剤.

calmar 他 を落着かせる, 鎮静させる; をやわらげる. — la sed どのかわきをいやす. — se 再 落着く; やわらぐ; (風が)凪(ハッ)ぐ.

calmazo 男 →calma chicha.

calmo, ma 形《文》1 静かな, 穏やかな. 2 (土地が)耕作していない, 休耕中の.

calmoso, sa 形 1 静かな, 穏やかな, 平穏な. 2 のんびりした, のんきな.

caló 男 (スペインの)ジプシーの言語[方言].

calomel 男 →calomelanos.

calomelanos 男複《化学》カロメル, 甘汞(カネ).

calor [カロル] 男 (ときに 囡) 1《気象》(frio「寒さ」に対して, 気温上昇による)暑さ. —Hace mucho ~ aquí en verano. ここの夏は非常に暑い. 2《病気·衣類·暖房などによる体温の上昇》熱さ, 暑さ, 暖かさ. —Si tienes ~, quítate la chaqueta. 暑かったら上着を脱ぎなさい. 3 温気, 熱気さ, 熱っぽさ. 4 (家庭·付き合い·歓迎での)温かみ, ぬくもり. 5《物が》熱. ▶ *al calor de* …のそばに; …の助けを借りて, …に守られて. *calor negro* (電気器具による)暖かさ. *dar calor* 暖める; 元気づける. *entrar en calor* (寒かった人が)暖まる, 暖かくなる; 《スポ》ウォーミングアップする; (議論などが)白熱する, 活気を帯びる.

caloría 囡《物理》カロリー(熱量の単位, 略: cal.).

calórico, ca 形 熱の, カロリーの.

calorífero, ra 形 熱を生じる, 熱を伝える. — 男 電熱器, 放熱器, 暖房器.

calorífico, ca 形 熱を生じる の, カロリーの.

calorífugo, ga 形 1 断熱[耐熱]性の, 耐火性の. 2 不燃性の, 燃えない.

calorimetría 囡《物理》熱量測定(法).

calorímetro 男 熱量計.

calorina 囡 蒸し暑さ.

calostro 男《生理》(分娩後の)初乳.

calote 男《南米》《俗》詐欺, かたり.

calotear 他 →timar.

caluga 囡《チリ》(四角い柔らかな)キャラメル; (化粧品用の)四角い小さな容器.

calumnia 囡 1 中傷, 誹謗(ホゥ). 2《法律》誣告(ポ)罪, 名誉毀損(キン)(罪).

calumniador, dora 形 男囡 中傷[誹謗(ポッ)]する(人), 中傷的な.

calumniar 他 をそしる, 中傷[誹謗(ポッ)]する, のしる.

calumnioso, sa 形 人を中傷する(ような), 中傷的な.

calurosamente 副 温かく, 熱烈に.

caluroso, sa 形 1 (気候·気温が)暑い, 暖かい. 2 心のこもった; 熱烈な.

calva 囡 1 はげ, はげた部分. 2 (森林の)開けた場所, 空き地.

calvados 男《単複同形》フランス·カルバドス(Calvados)地方のリンゴの蒸留酒.

calvario 男 1 (C~)《宗教》されこうべの場(キリスト磔(タ)刑の地). 2 試練, 受難.

calvero 男 (森林の)開けた場所, 空き地.

calvicie 囡 はげ頭, はげ, 脱毛.

calvinismo 男《歴史》カルバン主義, カルビニズム(カルバンが始めた宗教改革思想).

calvinista 形 男女《歴史》カルバン主義の(者).

Calvino 固名 カルバン(Juan ~) (1509-64, フランス生まれのスイスの宗教改革者).

calvo, va 形 1 (頭などが)はげた, 毛のない. 2 (土地が)不毛の, 木[葉]のない, むき出しの, はげ山の. (布地·毛皮などがすり切れた. — 名 《話》 はげた人. ▶ *ni tanto ni tan calvo* 《話》ほどほどに.

calza 囡 1 複 《話》《服飾》靴下. — medias ~s ハイソックス. 2 複 《歴史, 服飾》(昔の)ももひき. 3 楔(ㅅき), 歯止め.

calzada 囡 1 車道, 車線 (→ acera 「歩道」). 2 道路, 舗装道路, 街路.

calzado, da [カルサド, ダ] 過分 (→ *calzar*) 形 1 靴を履いた. 2 (馬などが)足先だけ毛の違う. 3 (鳥が)脚までが毛で覆われた. — 男 《集合的に》履物, 靴類, 靴. —tienda de ~ 靴屋, 靴店. 2《宗教》(跣足(ロ゙ン)会)修道士に対し)履足[履物

修道士.

calzador 男 靴べら. ►**entrar con calzador**《話》ひどくやっかいである[面倒である], 無理やりである.

***calzar** [1.3] 他 **1** 靴を履く, 履かせる; …に靴を履かせてやる. —¿Qué número calza usted? あなたの靴の寸法はいくつですか. **2**《の履物[靴]》を作る. **3** …につっかい棒をする, 車輪止めを置く. —**se** 再 **1** 靴を履く. **2**（スキー・拍車を）付ける.（手袋をはめる. **3**《話》手に入れる. 獲得する. **4**《話》（人）を支配する,（人）を操作する.

calzo 男 楔（くさび）, 止め木.

calzón 男《主に 複》**1**《服飾》トランクス;（昔の）ズボン. **2**《歴史, 服飾》女性の下着. **3**《中南米》女性の下着のパンティ. ►**a calzón quitado**《話》無遠慮に, ずけずけと. **llevar los calzones bien puestos**《話》(ある場所を)とり仕切る, 亭主関白である. **ponerse los calzones**《話》(特に, 家庭で妻が)指図する, いばる. **tener bien puestos los calzones [muchos calzones]**《話》勇気がある, 勇敢である.

calzonazos 形 男《単複同形》《話》気弱な(男), たよりない(男), 妻の尻にしかれる(男).

calzoncillos 男 複《服飾》（男性用下着の）パンツ, ブリーフ, トランクス.

calzonudo 男《中南米》《軽蔑》気弱な(男), 妻の尻にしかれる(男).

***cama**[1] [カマ] 女 **1** ベッド, 寝台. ~ **de matrimonio** ダブルベッド. **saltar de la** ~ 飛び起きる. **2**（鉄道）寝台. **coche** ~ 寝台車. **3**（蚕の）床に敷く)寝わら, 敷きわら(=~ **de paja**):（野性動物の)巣(穴). ねぐら. **4**（地質）層（チュタ）;（園芸で）苗床. ~ **de roca** 基岩, 床岩, 岩床. ►**caer en (la) cama** 病気になる; 疲れて寝込む. **cama elástica**《スポ》トランポリン. **cama mueble** 家具の形式の簡易ベッド. **cama nido**（ソファーの下にある）引き出し式ベッド, 入れ子式ベッド. **cama redonda**（3・4人用の）大型ベッド,《俗》スワッピング. **cama turca**（背・腕・足のない）ソファータイプの, 頭板のないベッド. **estar de cama**《中南米》死んでいる. **estar [guardar] en (la) cama** 病気で寝ている (= guardar (la) cama, hacer cama). **hacer la cama** ベッドメイクする, 床をとる;［+a］(人)を陥れる, に対して裏工作をする. **irse a la cama** →acostarse.

cama[2] 女 **1**（農業）(~ **del arado**) 鋤(スキ)の長柄, ねり木(鋤の柄から刃で湾曲した部分). **2**（技術）(~ **de freno**)(馬車の, 手綱を巻きつけての)ブレーキ体.

camachuelo 男《鳥類》ギンザンマシコ.

camada 女 **1**（動物の）一腹の子. **2** 層. **3**《話》（悪党の）一味, 軍団.

camafeo 男 カメオ, カメオ細工.

camal 男 **1**（馬などの）端綱(はづな). **2**《中南米》畜殺場.

camaleón 男 **1**（動物）カメレオン. **2**《話》無節操な人,（都合日和見）主義者.

camaleónico, ca 形 **1** カメレオンの. **2**（態度が）ころころ変わる.

camalote 男《植物》ホテイアオイ.

camama 女《俗》大うそ, べてん.

camamila 女 →camomila.

camanchaca 女《中南米》濃霧.

camándula 女 **1** ロザリオ, 数珠. **2** 偽善, 猫かぶり.

camandulear 自《中南米》陰謀をめぐらす, 偽善のふるまいる.

camandulería 女《話》狡猾（こうかつ）, 偽善.

camandulero, ra 形 名《話》**1** ごまかす(人), ずるい(人). **2** 偽善の(者), 信心深いふるをした(人).

***cámara** 女 **1**（写真）カメラ, 写真機 (=~ fotográfica). — **de video** ビデオ・カメラ. — **digital** デジタル・カメラ. **2** 部屋,（国王などの）私室, 寝室; 船室, 房. — ~ **de gas** ガス室. **3** 議会, 議院: 会議所, 組合. —**C**~ **Alta[Baja]** 上[下]院. — ~ **de comercio (e industria)** 商工会議所. **4**（タイヤ・ボールのチューブ (~ **de aire**). **5**（銃の）薬室, 弾倉. **6**（船舶）~室, 船室; 上級船員室. ►**ayuda de cámara** 侍従, 召使い; 付き人. **cámara acorazada [blindada]** 金庫室, 大金庫. **cámara lenta**（写真, 映像）スローモーション. **cámara oscura**（写真）暗室; 暗箱. **chupar cámara**（写真, 放送）《話》テレビに出たがる, 写真に映りたがる, 目立ちたがる. **de cámara** 室内の; 宮廷の. —**música [orquesta] de cámara** 室内楽[オーケストラ]. **médico de cámara** 侍医. **pintor de cámara** 宮廷画家. ——男女（映画・テレビなどの）カメラマン.

camarada 男女 **1** 仲間, 同僚. **2**（政）同志, 党員, 組合員.

camaradería 女 仲間意識.

camaranchón 男《話》屋根裏部屋.

***camarera** 女 **1** ウエートレス, 女性の給仕 (→camarero「ウエーター」). **2**（ホテル・客船の）部屋係, メイド, 客室係. **3**（王妃の）侍女, 女官; 女中頭. **4**（料理などを給仕る）ワゴン. **5**《中南米》飛行機の客室乗務員.

***camarero** 男 **1** ウエーター, ボーイ, 給仕 (→camarera「ウエートレス」). — **trabajar de [como]** ~ **en un bar** バルでウエーターをしている. **2**（ホテル・客船の）部屋係, ボーイ, 客室係. **3**（国王・教皇・貴族の）侍従, 側近, 世話係.

camareta 女 **1** 小型船の船室, 小さな船室. **2** 海軍士官候補生用の船室.

camarilla 女 圧力団体, 黒幕; 派閥.

camarín 男 **1**（演劇）（劇場の）楽屋. **2**《宗教》付属礼拝堂.

camarista 男 侍女, 女官.

camarlengo 男《宗教》最高枢機卿, カルドレンゴ（ローマ教皇庁の侍従長）.

camarógrafo, fa 名《中南米》（テレビ・映画などの）カメラマン.

camarón 男 **1**《動物》(食用の)小エビ, エビ(蝦). ◆長さ3〜4cm.gamba「芝エビ」に似ているが, それよりも小さい. →langosta 次発. langostino「車エビ」. **2**《中米》臨時の仕事.

camaronero, ra 小エビ(獲り)の. ── 名 エビ獲り[売り]人. ── 男 エビ獲り船.

camarote 男 《海事》(船の)客室, キャビン.

camastro 男 粗末なベッド, 簡易ベッド.

camastrón, trona 形名《話》ずるい, 狡猾(ごう)な(人).

cambalache 男 **1**《話》交換, やり取り, 取りかえっこ. **2**《南米》古物商.

cambalachear 他《話》を交換する, 取りかえっこする.

cámbaro 男《動物》(食用の)海ガニ.

cambiable 形 変われる; 取り替えられる.

cambiadizo, za 形 変わりやすい.

cambiador, dora 替える: 交換する; 変える. ── 男 **1** 交換器. **2** おむつ交換用の毛布. **3**《チリ》《鉄道》転轍(てん)手.

cambiante 形 変化する, 変わる, 変わりやすい. ── 男 複 (布などの)玉虫色のきらめき, 光沢.

cambiar [カンビアル] 他 **1** [+ por/con と] を取り代える, 交換する. ──*Cambiaría* mi trabajo *por* el tuyo. 私なら自分の仕事を君のと取り代えるのに. **2** [+ en に] を変える, 変化させる; [+ a へ] を移す, 移動させる. ──~ el amor *en* odio 愛を憎悪に変える. **3** [+ en に] を両替する, くずす. ──~ yenes *en* euros 円をユーロに換える. ── 自 **1** 変える. 変化する. ──Juan *ha cambiado* mucho. ファンはとても変わった. **2** [+ de を] 変える, (列車などを)乗り換える. ──~ *de* tren 列車を乗り換える. ~ *de* opinión 意見を変える. ── **se** 再 **1** [+ en に] 変わる. **2** [+ de を] 着替える, はきかえる. ──~ *de* ropa 衣服を着替える. **3** [+ a へ] 引越しする, 転居する.

cambiario, ria 形《経済》為替の.

cambiavía 男《中南米》《鉄道》転轍(てん)手; 転換機; ポイント (→guardagujas).

cambiazo 男 ▶*dar el cambiazo*《話》品物をすり替える.

cambio [カンビオ] 男 **1** 変化, 変更, 変革. ~ *radical* 急激[抜本的]な変革. ~ *de sentido* Uターン. **2** 交換, 交替; 更迭. **3** 小銭; お釣り, 釣銭 (→*vuelta*, *vuelto*). ──Quédese con el ~. お釣りはいりません. **4**《商業》両替; 為替, 為替相場, ── ¿A cuánto está el ~ *del* dólar? 今日ドルの為替レートはいくらですか? **5**《自動車》変速装置, ギヤ. ── *automático* オートマチック. ~ *de velocidades* ギヤチェンジ. ▶*a cambio* (*de...*) (…と)交換[引き替え]に; [*de que* + 接続法] を条件に. *a la*(*s*) *primera*(*s*) *de cambio* 早々に, 突然; 都合の次第, 機会があり次第. *cambio de estado*《物理》状態の変化. *soltero* (独身)・*casado* (既婚)・*viudo* (寡夫)の別の変化. *cambio de vía*《鉄道》(機関車・電車などの)転轍(てん)ポイント. *en cambio* それに引き換え, 反対に; その代わり, 引き替えに.

cambista 男女《商業》両替屋.

Camboya 固名 カンボジア (首都Phnom Penh).

camboyano, na 形 カンボジア(Camboya)の(人). ── 男 カンボジア[クメール]語.

cambray 男《服飾》キャンブリック.

cambriano, na 形《地質》カンブリア紀の.

cámbrico, ca 形 **1**《地質》カンブリア紀の. **2** カンブリア(イギリス, ウェールズの古名)の, カンブリア人の. ── 男《地質》カンブリア紀.

cambrón 男《植物》クロウメモドキ.

cambronera 女《植物》クコ.

cambucho 男《チリ》 **1** 紙くずかご. **2** 非常に小さな部屋. **3** 三角の紙袋. **4** (びん用の)わらなみ.

cambuj 男 仮面.

cambullón 男《中南米》(社会・政治を乱す)陰謀, 策略.

cambur 男《中南米》バナナに似た実のなるカブの植物.

camelar 他《話》 **1** …におべっかを使う, へつらう. **2**(女性)を誘惑する,(女性)に言い寄る. **3**《中南米》(女性)にへつらう, 取り入る.── *se* 再 [+ a へ]へつらう.

camelia 女《植物》ツバキ(椿)(の花).

camélido, da 形《動物》ラクダ科の. ── 男《動物》ラクダ科.

camelista 男女 中身に欠けるはったり屋.

camella 女《動物》(雌の)ラクダ.

camellero, ra 名 ラクダ引き.

camello 男 **1**《動物》(雄の)ラクダ, フタコブラクダ. **2**《話》麻薬密売人.

camellón 男 **1**《農業》畝(うね). **2**(道路の)中央分離帯.

camelo 男 **1** うそ, でたらめ. **2**(意図的に)意味のない発言. **3**《話》見せかけ, ペテン.

camelote 男《服飾》キャムレット.

camembert (<仏) 男《単複同形》カマンベールチーズ.

cameraman 男 カメラマン (→cámara).

camerino 男《演劇》楽屋.

camero, ra 形 (ベッドが)セミダブルの, セミダブル用の.

Camerún 固名 カメルーン (首都Yaoundé).

camerunés, nesa 形 カメルーンの(人).

Camila 固名《女性名》カミーラ.

camilla 女 **1** 担架. **2** (足元に火鉢がはめ込んであある)丸テーブル.

camillero, ra 名 担架を運ぶ人;《軍事》担架兵.

Camilo 固名《男性名》カミーロ.

caminador, dora 形 よく歩く, 健脚の.

caminante 形 歩く, 旅行する. ―― 男女 歩く人, 通行人. 2 旅人.

caminar 自 1 歩く,（歩いて）移動する, 向かう. 2（川が）流れる;（天体が）運行する. ► *caminar derecho* 正しい行いをする, 正道を歩む. ―― 他《距離》歩く, 進む.

caminata 女 1《話》(疲れるほど長距離を)歩くこと. 2 (徒歩の)遠足, ハイキング.

caminero, ra 形 道の, 道路に関する. ―― 名 道路工夫. ► *péon caminero* →péon.

camino 男［カミノ］1 道, 道路. ~ ―ir por este ~ この道を行く. ~ vecinal 市(町・村)道. equivocar el ~/ equivocarse de ~ 道を間違える. perderse en el ~ 道に迷う. seguir su ~ 道をゆく; 我が道を行く. 2 道のり, 距離; 道程. 3《+para》…のための》方向, 進路; 手段, 方法. ―ir ~ de Toledo トレドへ向かって行く. ~ para hacerse rico 金持ちになる方法. 4《情報》パス, 経路. 5 旅行. ―*traje de ~* 旅行着. ► *abrir camino* 《+a に》道を切り開く, 道を作る; 先駆けとなる,（…を）始める. *–abrir(se) camino entre la gente* 人ごみをかき分ける. *abrirse camino* 道を切り開く, 道を作る; 出世(成功)する, 出世街道を行く;（意見・ファッションなどが）認められる, 流行する;（物事が)進展する. *a medio camino* 中間に; 道の途中で; (物事の)中途で. *a mitad del camino* 道のり半ばで, 途中で (=a medio camino). *camino de [a]…* …に向かって; …へ行く途中で［に］. *camino de hierro* 鉄道 (= ferrocarril). *camino de rosas* 苦労のない容易な過程［経緯］. *Camino de Santiago*《宗教》サンティアーゴ・デ・コンポステラ巡礼路;《天文》銀河 (= vía láctea). *camino trillado* 常套［慣］手段. *de camino*《+a へ》行く途中で; 行きがけに, 通りがかりに (→ de paso). *echar cada cual por su camino* 別れる. *en camino de…* …への途中［途上］で. *ir cada cual [cada uno] por su camino* それぞれ勝手な道を行く. *llevar camino de*《+不定詞》…することになると予想される, …のようである,（将来）しそうである. *no llevar camino* 道を踏み外す. *pillar de camino a…* = (coger [pillar, venir] de camino a…). *ponerse en camino* 出発する; 旅行に出かける, 旅立つ. *por buen [mal] camino* 正しい［誤った］方法で. *salir al camino de…* …を迎えに出る, 会いに行く; を待ち構えて襲う.

camión 男 1 トラック. ―― ~ cisterna《cuba》タンク・ローリー. 2《中南米》(乗合)バス (→autobús).

camionaje 男 トラック輸送(料).

camionero, ra 名 トラック運転手.

camioneta 女 1 バン, ワゴン車, 軽トラック. 2 バス (→autobús).

camisa 女［カミサ］1《服飾》ワイシャツ, シャツ; 下着, シュミーズ, スリップ. ~ de manga larga [corta] 長袖［半袖］シャツ. ~ de fuerza (囚人・狂人に着せる)拘束衣［服］. 2 本・などのカバー, ジャケット, 覆い. 3《機械》(シリンダー・炉などの)内張り, 裏張り. 4（ガス灯・石油ランプの）火炎網, マントル. ► *cambiar [mudar(se)] de camisa* 《話》主義主張を変える, 変節する, 寝返る. *dejar a… sin camisa* 《話》を一文無しにする, 破産[破滅]に追いやる. *en mangas de camisa* ワイシャツ姿[下着なし]で. *hasta la camisa*《話》［perder/jugarse +］すっからかんに, 無一文に(なる). *meterse en camisa de once varas*《話》口出しをする, 干渉する, お節介をやく.

camisería 女 ワイシャツ店; ワイシャツ工場.

camisero, ra 名 ワイシャツ製造［販売］業者. ―― 形 ワイシャツ(型)の.

camiseta 女 1《服飾》（下着の）シャツ, アンダーシャツ; Tシャツ. 2《スポ》サッカー・ラグビー選手などの半袖のジャージ, ユニフォーム (= ~ deportiva). ► *sudar la camiseta*《スポ》《話》（試合で）精一杯闘う, 全力を尽くす; 猛勉強する.

camisola 女 1《服飾》(女性用下着の)キャミソール. 2《服飾》男性用でフリル・レース飾りのシャツ. 3《スポ》(チームの)ジャージ, シャツ.

camisolín 男《服飾》ディッキー, 取りはずしのできる胸当て.

camisón 男（主に女性用の）寝間着, ネグリジェ.

camita 形《聖書》ハム人の. ―― 男女《聖書》ハム人.

camítico, ca 形 ハム人［語族］の. ―― 名 ハム人. ―― 男 ハム語族.

camomila 女《植物》カミツレ; カモミール.

camón 男 ガラス張りのテラス, 出窓.

camorra 女 1《話》口論, けんか. 2 ナポリのマフィア組織.

camorrear 自《南米》口論する, 大声でけんかする.

camorrero, ra 形名《話》けんか早い(人), けんか好きな(人).

camorrista 形 男女《話》けんか早い(人), けんか好きな(人).

camote 男《中南米》1《植物》サツマイモ (=batata, boniato); 球根. 2《話》恋心, 惚れ込み. 3《話》愛人, 恋人. 4 嘘. 5［メキシコ］《卑》ペニス. ► *tomar camote a…* を好きになる, …に惚れる. *tragar camote* いやいや話す.

campal 形 野原の.

campamento 男 1 キャンプ(場);《軍

campana 女 1 (教会などの)鐘, 釣り鐘; 鐘の音; 晩鐘. 2 (学校などの)ベル. 3 釣鐘形のもの; (釣鐘型の)覆い, ふた, カバー. ~ de chimenea (暖炉のマントルピース; フード. 4 [音楽] ベル, グラスハーモニー. 5 [中南米] 鐘 (泥棒仲間の)見張り, 監視(役). ► echar [lanzar] las campanas al [a] vuelo 《話》(ニュースを喜んで)触れ回る, 吹聴する; 大喜びする. oír campanas y no saber dónde 《話》あまり正確には知らない, 肝心な点が分かっていない; 誤解する. vuelta de (la) campana (人・飛行機の)宙返り.

campanada 女 1 鐘の音, (時計の)時報; 鐘の一突き. 2 スキャンダル, 醜聞, 物議. —dar la [una] ~ 物議をかもす, 驚かす.

campanario 男 鐘楼(しょうろう), 鐘塔. ► de campanario 狭量な, 視野[見方]の狭い.

campanear 自 1 鐘を打ち鳴らす. 2 肩や腰を振りながら気取って歩く. 3 事実を暴露する. —se 再 肩や腰を振りながら気取って歩く.

campaneo 男 1 (連打される)鐘の音; 鐘を繰り返し鳴らすこと. 2 肩や腰を振る気取った歩き方.

campanero, ra 名 1 鐘つき番. 2 鐘鋳造師.

campaniforme 形 釣り鐘形の.
campanil 男 鐘楼, 破風鐘楼.
campanilla 女 1 (手で振る釣鐘形の)ベル, 鈴, チャイム. —tocar [sonar] la ~ ベルを鳴らす, 呼び鈴を鳴らす. 2 [植物] 釣鐘状の花, 釣鐘形のモール飾り. —fleco de ~ 釣鐘形の房飾り. 4 [解剖] 口蓋垂(こうがい), 喉(のど)ひこ. ► de (muchas) campanillas 《話》一流の, 優れた; 有力な, 重要な.

campanillazo 男 ベル[呼び鈴, 小さい鐘]を強く[激しく]鳴らすこと, その音.
campanillear 自 ベル[呼び鈴, 小さい鐘]を繰り返して鳴らす.
campanillero, ra 名 1 (教会などで)小さい鐘[鈴]を鳴らす係. 2 (アンダルシア地方で鈴やギターに合わせて歌う)聖歌隊の一員.

campanólogo, ga 名 ハンドベル演奏者.
campante 形 《話》[主に tan ~] 1 平然とした, 落ち着いた. 2 得意げな, 自慢げな; 自己満足した.
campanudo, da 形 1 (話し方・文体が)仰々しい, 大げさな, もったいぶった. 2 鐘[釣り鐘]の形をした.

campánula 女 [植物] ホタルブクロ.
campanuláceas 女複 [植物] キキョウ科の植物.

campaña 女 1 (政治的・経済的・社会的な)キャンペーン, 運動, 活動. ~ antitabaco 禁煙運動. ~ electoral 選挙運動. 2 [軍事] (一地域で行われる一連の)軍事行動, 野戦; (軍隊の)遠征. —traje de ~ 野戦[戦闘]服. —teatral 演劇シーズン. 3 平野, 平原, 平地. 4 [中南米] 田舎, 郊外; 畑. ► estar [hallarse] en campaña 戦闘[交戦]中である. misa de campaña [宗教] 野外ミサ.

campañol 男 [動物] ヤチネズミ.
campar 自 [+ sobre より] 傑出する, 目立つ, (に)勝る. ► campar por su(s) respeto(s) a sus anchas 自分の好きなようにする[行動する].

campeador, dora 形 (戦場において)勇敢な, 勇ましい. —男 (戦場における)勇者, 勇士. 猛者(もさ).

campear 自 1 突出する, 抜きん出る, 目立つ. 2 (動物が野原で)牧草を食べる.
campechanía 女 《話》気さくさ, 気[愛想]のよさ, 率直さ.
campechano, na 形 《話》気さくな, 気取らない; 率直な.
campeche 男 [植物] ログウッド; ログウッド材.

campeón, ona 名 1 [スポ] チャンピオン, 優勝者, 選手権保持者. 2 (主義・主張の)擁護者, 代弁者. 3 一流の人, 第一人者. —男 (戦争の)英雄, 勇者. 2 (昔の闘技場の)戦士, 闘士.

campeonato 男 選手権(大会・試合). ~ mundial 世界選手権. ► de campeonato 《話》ものすごい, 並外れた.

campero, ra 形 1 野天の, 野外の; 田園の, 田舎の. 2 (家畜などが)夜間放し飼いにされた. —男 ジープ. —女 1 [主に複] 農作業用の長靴. 2 [中南米] ジャンパー (→cazadora).

campesinado 男 [集合的に] 農民, 農民階級.

campesino, na 形 1 田舎の, 田園の, 農村の. —vida campesina 田園生活. 2 野生の. —名 1 農民, 農夫[婦], 農村の人. 2 《軽蔑》田舎者.

campestre 形 野原[野外]の, 田園の, 田舎の.

camping [く英] 男 [複 ~s] 1 キャンプ, 野営. 2 キャンプ地[場], 野営地. ► hacer camping キャンプ[野営]する. ir de camping キャンプに行く.

campiña 女 1 [農業] 耕地, 畑. 2 田園, 平原.

campismo 男 [スポ] 野外キャンプ.
campista 男女 キャンプ[野営]をする[している]人, キャンパー.

campo [カンポ] 男 1 『都会 ciudad に対して』田舎, 地方, 郊外. —vivir en el ~ 田舎で暮らす. casa de ~ 別荘. 2 野原, 田園; 野外. 3 畑, 田畑, 農地; 農作物. —labores del ~ 農作業, 畑仕事, 農耕. 4 (一定の目的に使用される)場所, ~場. ~ de aviación 飛行場. ~ de refugiados 難民収容所. ~ de acogida (特に)移民の収容施設. ~ de concentración 強制収容所. 5 [スポ] 競技場, グラウンド, コート; (ゴルフの)コース; (グラ

ウンド の)サイド. 陣地. **—~ de deportes** スポーツ競技場, フィールド. **medio ~** ミッドフィールド. **6** 分野, 領域; 範囲. **—Es una autoridad en el ~ de la cirugía.** 彼は外科分野の権威だ. **~ de actividad [de acción]** 活動範囲. **7** 《軍事》陣地, 陣営. **8**《光学, 写真》視界, 視域, ～界; 《磁気力・電気力などの…》場[界, 野]. **9**《情報》フィールド. **▶ a campo raso** 野外で. **(a) campo traviesa/ a campo través** [traviesa] 野原を横切って. **—carrera a campo través** クロスカントリー競技. **campo santo** 墓地 (→camposanto). **campo visual [de visión]** 視野, 視界.〔名詞+〕**de campo** 実地(現地)の. **dejar el campo libre [abierto]** 下りる, 身を引く, (後進に)道を譲る. **levantar el campo** 《軍事》野営を解く, 陣地を撤退する; (議論・争い・問題などで)諦める, 断念[譲歩]する. **reconocer el campo** 仕事上の不都合を用意する.

camposantero, ra 形 墓の管理人.

camposanto, campo santo 男 墓地, 墓場.

campus 男 〔単複同形〕(大学の)構内, キャンパス.

camuesa 女 〔植物〕リンゴの一種.

camueso 男 〔植物〕リンゴの木の一種.

camuflaje 男 **1**《軍事》(武器・戦車などの)〔擬〕装迷彩. **2** 偽装, ごまかし, カムフラージュ.

camuflar 他 **1**《軍事》(武器・戦車などを)偽〔擬〕装する, 迷彩する. **2** をカムフラージュする, 偽〔擬〕装して隠す.

can 男 **1**《文》犬. **2**(銃の)引き金. **3**《建築》(軒)持ち送り.

cana[1] 女 〔主に 覆〕白髪 (→ cano, na). **▶ echar una cana al aire** 《話》気晴らしをする. **peinar canas** 《話》かなりの年齢である, 老いている.

cana[2] 女 (カタルニーャ地方などで使われた約2バラに相当する長さ).

canaco, ca 形 男 (南太平洋諸島の原住民の俗称)カナカ人(の).

Canadá 固名 カナダ(首都 Ottawa).

canadiense 形 男女 カナダ (Canadá)の(人). **—** 女 〔服飾〕ムートンジャケット.

canal 男 **1** 運河, 水路, 掘割り. **—el C~ de Suez** スエズ運河. **~ de riego** 灌漑用水路. **2**〔地理〕(広い)海峡 (~ estrecho). **3**〔放送, 通信, 情報〕チャンネル, 回路 (~ cadena). **4**(ガス・水道などの)管 (~ cañería). **5**(屋根の)雨樋(とい). **—~ de desagüe [de drenaje]** 排水管・溝・路. **5**〔解剖, 植物〕(食道・気管などの); 喉(のど); 咽頭, 管. **—~ digestivo** 消化管. **6**《商業》(販売・流通の)ルート, 経路. **7**〔料理〕枝肉. **▶ abrir en canal** を空中割りにする, 真二つにする.

canaladura 女 〔建築〕(柱の装飾用)縦溝.

canalera 女 〔南米〕雨樋(とい)(を流れる水).

canaleta 女 〔南米〕雨樋(とい).

canalete 男 (カヌーの)櫂(かい), パドル.

canalización 女 **1** 運河[水路]を作ること, 運河[水路]開設. **2** 運河[水路]のシステム; (ガス・水道などの)配管, 配管システム. **3**《通信》パイプ.

canalizar [1.3] 他 **1** に運河[水路]を開設する. **2**(航行, 灌漑のために)川の流れを整備する. **3**(意見や行動)を誘導する, 導く.

canalizo 男 〔海事〕狭い水路, 航路筋; 溝(みぞ).

canalla 女 〔集合的に〕《話》悪党, やくざ連中; ならず者. **—** 男女 ごろつき, ならず者.

canallada 女 悪辣(あくらつ)な言動, やくざな言動.

canallesco, ca 形 卑劣な, やくざな, 悪辣(あくらつ)な.

canalón 男 〔建築〕雨樋(とい), 樋(とい).

canana 女 弾薬帯.

cananeo, a 形 〔聖書〕カナン (Canán)の. — 男女 カナン人(の).

canapé 男 **1** 長椅子, 寝椅子, ソファー. **2**〔料理〕カナッペ.

canaria 女 〔鳥類〕(雌の)カナリア.

Canarias 固名 **1** カナリア (スペインの自治州). **2** (Islas ~) カナリア諸島 (スペイン領の諸島).

canario, ria 形 名 カナリア諸島 (Islas Canarias) の(人). **—** 男 **1**〔鳥類〕カナリア. **2**〔言語〕カナリア諸島方言.

canasta 女 **1** かご, バスケット. **2**〔スポ〕バスケットボールのゴール, ゴール. **—hacer [meter] ~** ゴールする, ゴールを決める. **3**〔トランプゲーム〕のカナスタ.

canastero, ra 名 **1** かごを作る[売る]人. **2**〔チリ〕果物や野菜の行商人.

canastilla 女 **1** 小さいかご. **2** 新生児用衣類, 産着.

canastillo 男 (平たくて広口の)小かご, 花かご.

canasto 男 (両取っ手付きで口が狭く深めの)大きいかご. **▶ ¡Canastos!** (驚き・怒り・抗議の)何だって.

cáncamo 男 〔機械, 海事〕輪つきボルト, アイボルト.

cancamurria 女 《話》意気消沈, 憂鬱(ゆううつ), 陰鬱.

cancamusa 女 《話》ごまかし, いかさま, ペテン.

cancán 男 **1**(フレンチ)カンカン. **2**〔服飾〕フリル付きペチコート.

cancanear 自 〔中米〕どもる, 口ごもる.

cáncano 男 《話》〔虫類〕シラミ.

cancel 男 **1**〔建築〕(二重扉の)内扉. **2** 間仕切り.

cancela 女 (門の)鉄欄, 鉄格子扉.

cancelación 女 **1** 取り消すこと, 取り消し; キャンセル. **2**《経済》清算.

cancelar 他 **1** を取り消す, 撤回する. **2**(負債, 借金)を清算する, 完済する.

cáncer 男 **1**〔医学〕癌(がん), 悪性腫

cancerado, da 過分 [→ cancerar] 形 **1** 癌(がん)の, 癌にかかった. **2** 堕落した, 不正の.

cancerar 自 癌(がん)性腫瘍(しゅよう)になる, 癌にかかる. ― **se** 再 【医学】癌性腫瘍になる, 癌にかかる.

cancerbero 男 **1** (ギ神)3つの頭を持った地獄の入口の番犬ケルベロス. **2** 厳しい[厳格な]守衛, 管理人, 警備員. **3** (スポ) サッカーのゴールキーパー.

cancerígeno, na 形 【医学】発癌(がん)性の, 発癌性物質.

cancerólogo, ga 名 【医学】癌専門医.

canceroso, sa 形名 【医学】癌(がん)性の, 癌に冒された(人).

cancha[1] 女 **1** (スポ) (テニスなどをする際の) コート, フィールド, (特に) 球技場. ― **de tenis** テニス・コート. **2** 【中南米】平らな空地; (物の) 置き場. ― **de maderas** 木材置き場. **3** 【中南米】競馬場. **4** 【中南米】小道, 道. ▶ **abrir cancha** 【中南米】道を譲る, 場所をあける. **dar cancha a...** 【中南米】に便宜を図る. **estar en su cancha** 【中南米】本領を発揮している, 水を得た魚のようである.

cancha[2] 女 【中南米】焼き崩(くず)りトウモロコシ; 煎り豆. ― **blanca** ポップコーン.

canchal 男 岩だらけの土地, 岩場.

canchar 他 【南米】を焼く, 炒る.

canche 形 【中南米】金髪の人.

canchero, ra 形 【南米】 **1** 熟練した, 精通した. **2** (スポーツの) コート[フィールド] を担当した. ― 名 (ス) コート[フィールド] のオーナー; 管理人.

cancho[1] 男 大岩. 【主に複】岩だらけの土地.

cancho[2] 男 【中南米】《話》 (弁護士や聖職者に支払う)謝礼金, チップ.

cancilla 女 (庭や農園の柵にある)格子戸, 木戸.

canciller 男女 **1** 政府高官, (ドイツなどの)首相. **2** 大使館, 領事館の書記官. **3** (中南米などの)外務大臣. **4** 【昔】 (旧)国璽(じ)尚書.

cancilleresco, ca 形 外交(上)の; 儀礼的な.

cancillería 女 **1** 首相 [大統領] の職 [地位, 官邸]. **2** 大使館 [領事館] 事務局. **3** 外務省.

canción [カンシオン] 女 **1** (一般に)歌, 歌謡, 歌曲. ― **de cuna** 子守歌. **2** (詩学) (中世の) 叙事詩; 詩, 叙情詩. ― **de gesta** 武勲詩. **3** 歌謡詩; 言い訳. ― **No me vengas con canciones.** 言い訳はやめてくれ. ▶ **ser otra canción** 話が違う, 別問題である.

cancionero 男 (詩)歌集, 詩集, アンソロジー.

cancro 男 **1** 【医学】癌(がん), 悪性腫瘍(しゅよう). **2** 【植物】(果樹の病気), 腫瘍(しゅよう)病.

candado 男 南京錠(なんきんじょう), 錠前. ▶ **echar [poner]... un candado a la boca [a los labios]** 《話》黙る, 秘密を守る[保つ].

cande 形 結晶した (→candi).

candeal 形 (小麦が)良質で白い. ― **pan** ― (良質の)白パン. ― 男 良質で白い小麦粉, それでできたパン.

candela 女 **1** ろうそく; 燭台(しょくだい), ろうそく立て. **2** 《話》(タバコなどの)火. ― **¿Me da usted ~?** タバコの火をいただけますか. **3** 【植物】クリの花. **4** (光学)カンデラ(光度の単位). ▶ **acabarse la candela** 競売の入札の時間が終了する;《話》(人の)死ぬ, (人の)死期が迫る. **arrear [atizar, dar] candela** 殴る, 殴打する.

candelabro 男 (2, 3本の)枝付き燭台(しょくだい).

candelaria 女 (カト)聖燭(しょく)節. ◆2月2日の聖母マリア清めの祝日.

candelejón, jona 形 【南米】= cándido.

candelero 男 **1** 燭台(しょくだい), ろうそく立て. **2** ランプ; 漁獲用のトーチライト. **3** (海事)支柱, スタンション. ▶ **estar en (el) candelero** 名を得ている, 著名である.

candelilla 女 **1** 小さいろうそく, ろうそく. **2** 【医学】ブジー(尿道検査や尿道拡張に用いられる器具). **3** 【中南米】(虫製)ツチボタル. **4** 【南米】鬼火, キツネ火, 燐火(りんか).

candente 形 **1** (金属や石灰が熱せられた時の)白熱の, 白色光を発する, 真赤に熱した. **2** (問題, 関心などについて)ホットな, 話題の; (議論が)白熱した.

candi 形 結晶した. ― azúcar ― 氷砂糖.

candidato, ta 名 [+ a への] (立)候補者, 志願者; (ある職, 地位に)推挙された人. **2** 【中南米】《話》だまされやすい単純(うぶ)な人.

candidatura 女 **1** [+ a への] 立候補, 志願; (誰かを候補者として)推挙すること. **2** 集合的に] (立)候補者リスト, (立)候補者名簿.

candidez 女 純真さ, 無邪気; 単純, 世間知らず.

candidiasis 女 【単複同形】【医学】カンジダ症.

cándido, da 形 **1** 純真な, 無邪気な, 純朴な. **2** 《軽蔑》単純な, うぶな, 世間知らずの.

candil 男 **1** 石油ランプ, カンテラ. **2** 鹿(しか)の角先, 角. **3** 【メキシコ】シャンデリア. ▶ **ni buscado con un candil** (人が)うってつけの; 最適の. **pescar al candil** (トーチを使って)夜釣りをする.

candileja 女 **1** (演劇)(舞台の)フットライト. **2** (ランプの)油皿; 石油ランプ.

candinga 女 【チリ】愚かな言動, 戯擬(ぎきょう)さ. ― 男 【中米】悪魔.

candiota 形 男女 (地中海クレタ島にあ

candombe 女 (ワインやリキュールを運ぶための)酒樽(さかだる).

candombe 男 主に南米のカーニバルで踊られるアフリカ起源の激しい踊り; この踊りに用いられる太鼓.

candongo, ga 形 1《話》口がうまくて狡猾な(人), 悪賢い(人). 2 サボリ上手(の), 怠け者(の).

candor 男 1 無邪気, 無垢(むく), 純真. 2 単純, 素朴. 3 白さ, 純白.

candoroso, sa 形 1 純真な, 無垢(むく)な, 無邪気な. 2 素朴な.

caneca 女 1 (ジンなど蒸留酒用の)陶磁器製の円筒状の瓶. 2《中南米》木製の手桶[バケツ]; ゴミ捨用のバケツ. 3 湯たんぽ用の素焼きの瓶.

canecillo 男《建築》(軒)持送り.

canela 女 1 (主に菓子作りの香辛料として使われる)桂皮, シナモン. 2 冠詞なしで《話》(上の以下の): 最高[一流]の人. —Este jamón es ~. このハムは絶品だ. ▶ **canela blanca**《植物》ニッケイ(肉桂). **canela fina**《話》最高級[一流]品, 最高級[一流]の人.

canelo, la 形 (主に馬の毛色に使われる)肉桂[シナモン]色の. — 男《植物》ニッケイ(肉桂), (特に)セイロンニッケイ.

canelón 男 1 雨樋(あまどい). 2 (雨樋から下がった)長く尖ったつらら. 3 (軍服などの)飾りひも, 房飾り. 4 (肉味やシトロンが入った)細長い飴, キャンディー. 5 《料理》カネローニ.

canesú 男〔複 ~(e)s〕《服飾》(ワイシャツ・ブラウスの)スカヨーク.

caney 男《中南米》1 (川の)湾曲(部). 2 掘っ建て小屋. 3 インディオの首長の屋敷.

cangilón 男 (井戸などの)釣瓶(つるべ), (揚水機[浚渫(しゅんせつ)]機の)バケット.

cangreja 女《海事》スパンカー.

cangrejero, ra 名 カニを捕る[売る]人. — 男《鳥類》サギに似た渉禽(しょうきん)類の一種.

cangrejo 男 1《動物》カニ (→ de mar). — ~ de río ザリガニ. 2《海事》斜桁(しゃこう), ガフ. 3 (C ~)《天文》カニ座; 巨蟹(きょかい)宮.

cangüelo 男《俗》恐れ, 恐怖.

canguis 男〔単複同形〕《話》恐れ, 恐怖.

canguro 男 1《動物》カンガルー. 2《話》《服飾》(大きな胸ポケット付きのアノラック, パーカ; 赤ん坊をかかえて運ぶためのベルト[ハーネス]. — 男女《話》ベビーシッター, 子守り. —hacer de ~ 子守りをする.

caníbal 形 1 食人種の, 食人の. 2 食人の. 3《話》残酷な, 残忍な. — 男女 1 食人種. 2《話》残酷な人, 残忍な人.

canibalismo 男 1 カニバリズム, 人食いの風習. 2 共食い.

canica 女〔主に複〕ビー玉遊び; ビー玉.

caniche 男 形《動物》プードル(犬)(の).

canicie 女 髪の白さ, 白髪(交じり)状態.

Canícula 固名 女《天文》シリウス, 天狼星.

canicular 形 1 盛夏の, 盛暑の, 大暑の. 2《天文》シリウスの, 天狼星の.

cánido《動物》イヌ科の. — 男 イヌ科の動物; 複 イヌ科.

canijo, ja 形 1《話》(人や動物が)病弱な, 虚弱な, 発育不全の. 2《話, 軽蔑》大勢小さい, ちっぽけな. 3《メキシコ》悪賢い, 残酷な; いじわるな, 厄介な; 強烈な, ひどい. — 名 1《話》病弱[虚弱]な人. 2 小柄な人. 3《メキシコ》悪人, 残酷な人; いじわるな者.

canilla 女 1《解剖》(足や腕の)長骨, 脛(すね), 細い足[腕]. 2 (樽などの)栓, 蛇口. 3 (ミシンなどの)ボビン, 糸巻き. 4《南米》蛇口.

canillera 女 1 (甲冑の)脛当て; (スネ)脛当て. 2《中米》(恐怖による)足の震え; 恐怖.

canillita 男《中南米》《話》(街の)新聞売り.

canilludo, da 形《中南米》足[脚]が細くて長い.

canino, na 形 犬科の, 犬の(ような). — 男 犬歯 (=diente ~). ▶ **hambre canina** ひどい空腹. — 男 犬の糞(ふん).

canje 男 (外交・軍隊・取引などにおける)交換, 取り替え, 代用.

canjeable 形〔+ por と〕交換しうる, 取り替えのできる.

canjear 他〔+ por と〕(外交・軍隊・取引などを)交換する, 取り替える.

cannabáceo, a 形《植物》アサ科の. — 女《植物》アサ科.

cánnabis, cannabis 男〔単複同形〕《植物》大麻, インドアサ.

cano, na 形 1 (髪や髭が)白髪の (→ cana¹). —cabello ~ 白髪の髪. —ponerse ~ 白髪になる. 2 年老いた, 古い. 3《詩学》(雪のように)白い.

canoa 女 1 カヌー. 2 (船長, 指揮官用の)小型ラッチ. 3《中南米》木製の水道管,(主に亜鉛製の)雨樋(あまどい).

canódromo 男 ドッグレース場.

canoero, ra 名 カヌーの漕ぎ手. — 男《中南米》カヌーの持ち主.

canon 男〔複 cánones〕 1 規範, 基準, 規則. —~ de conducta 行動規範. —~ de la moral 道徳律. 2《美術》(人体のプロポーションの)規範, 模範, 手本. 3《商業》使用料; 小作料. 4《カト》(聖書の)法典, ミサ典文(てんぶん); 教会法. 5《音楽》カノン, キャノン, 追復曲. ▶ **canon de vertidos** 公共の水域にゴミを投棄する際に課される保証金.

canonical 形《カト》司教座聖堂参事会員の.

canonicato 男《カト》司教座聖堂参事会員の地位, 職権.

canónico, ca 形 1 教会法による[にかなった]. 2 規範的な, 正規の, 正統の.

canónigo 男《カト》司教座聖堂参事

会員. ◆司教座聖堂[大聖堂]のある教会に役職を持ちその職禄を得ている聖職者のこと.

canonista 男女 教会法学者.

canonización 女 《宗教》列聖.

canonizar [1.3] 他 **1** 《宗教》…を聖人の列に加えする,列聖する. **2** (人や物を)大げさに賛美[賞賛]する,過分に褒め称える.

canonjía 女 **1** 《カト》司教座聖堂参事会員の職務・権限とその職禄. **2** 《話》楽で割りのいい仕事.

canoro, ra 形 **1** 《詩》(鳥が)よく鳴く,美しく歌う. **2** (声や音が)快い,美しい音の,歌うような.

canoso, sa 形 白髪の多い,白髪(混じり)の.

canotié (<仏) 男 《服飾》かんかん帽.

canotier 男 →canotié.

cansadamente 副 疲れて,だるそうに.

cansado, da [カンサド, ダ] 過分 (→cansar) 形 **1** [estar+ +de/por] …に疲れた,くたびれた. **2** [estar+ Past] …に倦怠きた,うんざりした. —Ya estamos ~s de vivir en la ciudad. 私たちはもう都会に住むのに飽き飽きしている. **3** [ser+] (仕事,行動などが)つかれさせる,骨の折れる. —Esta vez el trabajo ha sido muy ~. 今回の仕事はとても骨が折れた. **4** [ser+] 退屈な,うんざりする. ▶ **vista cansada** 老眼.

cansador, dora 形 疲れさせる,うんざりさせる.

cansancio 男 **1** 疲れ,疲労. —caer-se [morirse] de ~ 疲労で倒れる[死にそうだ]. **2** 飽き飽き[うんざり]すること,退屈,倦怠.

cansar [カンサル] 他 **1** を疲れさせる,を疲労させる. **2** を飽きさせる,うんざりさせる. — se 自 **1** 疲れる,疲労する. **2** [+de に] 退屈する,飽き飽きする. ▶ **no cansarse de** [+不定詞] 執拗に…する,…するのに飽きない.

cansera 女 《話》(人や物のしつこさによる)煩わしさ,不快感. **2** 疲労,疲労さによる怠惰. **3** 《南米》無駄な時間.

cansino, na 形 **1** ゆっくりした,のろい. **2** (疲れて)生気のない,疲れた.

cantable 形 **1** 歌うことのできる,歌える. **2** 《音楽》ゆっくり歌われる,カンタービレの. —(男) **1** サルスエラの歌の場面;(音楽に合わせるために作られた)サルスエラの台本の韻文部分. **2** カンタービレの曲,その一節[楽章].

Cantabria 固名 カンタブリア(スペインの自治州).

cantábrico, ca 形 カンタブリアの.

cántabro, bra 形名 カンタブリア(Cantabria)の(人),カンタブリア出身の(人).

cantado, da 過分 (→cantar) 《話》[estar+] 簡単に予想[予測]できる. —女 カンタータ.

cantador, dora 名 (特に民謡[ロマンセ])の歌い手,歌手.

cantal 男 **1** 小石,石ころ. **2** 石ころだらけの土地.

cantaleta 女 **1** 《歴史》人をからかう風刺歌. **2** 《中南米》反復句,(語句のくり返し,文句)はやし立て. **3** 《中南米》しつこい叱責.

cantaletear 他 **1** 《中南米》(を)しつこく繰り返す. — 自 《中米》くどくど愚痴る.

cantamañanas 男女 《単複同形》《話》無責任ないい加減な人.

:**cantante** 形 歌手の. — 名 歌手,オペラ歌手,声楽家. — ~ de ópera [de rock, de moda] オペラ[ロック,流行]歌手.

cantaor, ora 名 フラメンコの歌い手,歌手.

cantar [カンタル] 他 **1** を歌う. **2** — ~ la lotería 宝くじの当選番号を読み上げる. **3** をほめたたえる,賞賛する. — ~ la belleza del paisaje 景色の美しさをたたえる. **4** 《話》(秘密などを)告白する,白状する,暴露する. **5** (トランプ・ゲームの持ち点)を宣言する. — 自 **1** 歌う. **2** (虫,鳥が)鳴く,すだく,さえずる. **3** 音を立てる,きしむ. **4** 《話》嫌な臭いを放つ. ▶ **cantar de plano** 知っていることをすべてさらけ出す. **cantarlas claras** ずばりと言う,直言する. — 男 **1** (ファンダンゴなどの民謡で歌われる)短い詩歌,歌. **2** (農民の歌う)労働歌,民謡. **3** 叙事詩. —《C~ de mio Cid》『わがシードの歌』. ▶ **ser otro cantar** 《話》異なっている,別物である,違っている.

cántara 女 **1** 壷(っぽ),瓶(ぐ). **2** (容量の単位)カンタラ(約16.13リットル).

cantarela 女 《音楽》(バイオリン・ギターなどの)第1弦.

cantarería 女 壷(つぼ)[瓶(ぐ)]の販売店[製造所].

cantarero, ra 名 陶工;陶器商.

cantárida 女 **1** 《虫類》スペインミドリゲンセイ. **2** 《薬学》カンタリス.

cantarilla 女 陶土でできた小さな壷(つぼ).

cantarín, rina 形 **1** 《話》歌好きの. **2** (鳥の声,泉・川の流れが)耳に心地よい. — 名 (まれ) 歌手.

cántaro 男 **1** (粘土や金属でできた柄の壷(つぼ),瓶(ぐ). **2** 1瓶,1壷に入る液体の量. ▶ **a cántaros** たくさん,多量に;大変激しく.

cantata 女 《音楽》カンタータ.

cantatriz 女 [複 cantatrices] 女性歌手.

cantautor, tora 名 シンガーソングライター.

cantazo 男 投石,石による一撃,石つぶて.

cante 男 **1** 《音楽》民謡,(特に)フラメンコ歌謡. **2** 歌うこと,歌唱. ▶ **cante flamenco** 《音楽》フラメンコ歌謡,(アンダルシーア地方の)ジプシーの歌. **cante jondo [hondo]** 《音楽》カンテホンド. ◆単複

なリズムと哀愁をおびた調子で歌われるフラメンコ歌謡.

cantear 他 **1** …の縁を加工する. **2** (れんが)を縦積みにする. **— se** 再 少し動く.

cantera 囡 **1** 採石場, 採石場. **2** 優秀な人材を輩出する場所[養成所].

cantería 囡 **1** 〖建築〗石材の切り出し; 截石[石切]術. **2** 〖建築〗石材建築物. **3** 切り石.

cantero 男 **1** 石工, 石の切り出し職人. **2** (長い)固いパンの切れ端. **3** 耕地[農地]の小区画. **4** 〖中南米〗(庭の)花壇.

cántico 男 **1** 〖カト〗祈歌[うた]; 聖歌. **2** 世俗的な詩[歌].

cantidad [カンティダ] 囡 **1** 量, 数量, 分量. —mucha ～ de leche たくさんの牛乳. **2** 〖(una) ～ de の形式で〗《話》多数, 大量, 多額. —una ～ de dinero 大金. **3** 金額, 額, 金銭. **4** 数字. **5** 〖音, 詩学〗音量, 音長 (母音・子音・音節の長短). ► **cantidad alzada** 総金額. **cantidad de...** 《話》たくさんの, 大量の; 非常に. **en cantidad** 大量[多量]に, 非常に, とても. — 副 《話》非常にたくさん, ひどく, ずいぶん. → en cantidad.

cantiga, cántiga 囡 (中世の)俗のための詩. —**C～s de Santa María** 聖母マリア頌(¹⁾⁾歌集.

cantil 男 **1** (海岸の)岩棚; 海底棚. **2** 〖中南米〗崖[断崖]の縁, 崖っぷち.

cantilena 囡 **1** (主に歌われるための)短い詩歌, カンティレーナ. **2** 《話》迷惑な繰り返し, 繰り言.

cantimplora 囡 **1** 水筒. **2** (液体を移し替えるための)サイフォン. **3** (水を冷やすための)金属製の水差し.

cantina 囡 **1** (駅などの)飲物と軽食を売る店 (イタリアの清涼飲料水やサラミなどを売る店. **2** 〖中南米〗居酒屋, 酒場, 飲み屋.

cantinela 囡 → cantilena.

cantinera 囡 飲み物の給仕をするために従軍していた女性.

cantinero, ra 名 **1** cantina の店主[従業員]. **2** 〖中南米〗居酒屋, 酒場の主人[従業員].

cantista 形 歌う, 唄う.

cantizal 男 石ころの多い土地.

canto¹ 男 **1** 歌, 歌曲. —— **gregoriano** グレゴリオ聖歌. **2** 歌唱(法), 歌うこと, 声楽. **3** (小鳥・虫などの)さえずり, 鳴き声; (人の)歌声. —— **de sirena** セイレンの歌声. **4** 〖＋a〗…へ寄せる歌. —Tu discurso es un ～ a la vida. 君の演説は生への賛歌である. **5** (叙事詩などの構成要素としての)編, 歌. **6** 〖文〗(未来取られる)詩, 歌詞[叙事詩, …のための]詩, 歌詞[叙事詩, …]. ► **al canto del gallo** 夜明けに, 明け方に. **el canto del cisne** (芸術家などの死・退陣の前の)最後の作品[ことば], 絶筆.

canto² 男 **1** (板状のものの)へり, 縁(⁴ɕ); 角(ⁿ), 先端. **2** (ナイフ・刀などの)背, 峰; (本の)小口(⁽ᵕᵕ⁾). **3** (パンの)耳, 切れ端;

(物の)厚み. **4** 小石, 石ころ: 石投げ遊び. ► **al canto** 緊急に, すぐに; (強調)決まって, 必ず. **darse con un canto en los dientes [en los pechos]** 《話》思っていたようにすごくいって とても満足する, 大喜びする. **de canto** (最か細面を手前に向けて)縦にして, 立てて; 横から. **por el canto de un duro** 《話》よく否定文で]かろうじて, きわどいところで, 間一髪で.

cantón 男 **1** 行政区分割地域, または, それに対する名称; (特にスイス・フランスの)州. **2** (建物の)角.

cantonal 形 **1** 行政区分割の, 州の. **2** 〖男名〗もある 連邦制主義の(者), 州権分立主義の(者).

cantonalismo 男 州権分立主義; 特にスイスの連邦制.

cantonalista 男女 → cantonal.

cantonera 囡 **1** (本の表紙の角や家具の隅を補強するための)コーナーピース. **2** (机や棚などの)コーナーバー, 角.

cantonés, nesa 形名 広東 (Cantón) 省の(人), 広東省出身の(人). — 男 広東語.

cantor, tora 形 **1** よい声でさえずる, 鳴く. **2** 歌う. — 名 **1** 歌手, 歌う人 (→ cantante). **2** 〖+de〗(作品で…)を賛め歌う人, 賛美者, 詩人 (特に叙事詩人・宗教詩人). — 男 鳴禽(ʸʰ).

cantoral 男 〖カト〗聖歌集.

cantueso 男 〖植物〗アカラヴェンダーの一種.

canturrear 自 《話》小声で歌う, 鼻歌を歌う.

canturreo 男 鼻歌, ハミング.

canturriar → canturrear.

cánula 囡 〖医学〗管状のゾンデ[探針], カニューレ.

canutero 男 **1** 筒状の針を入れるケース. **2** 〖中南米〗万年筆の柄[筒]部分.

canutillo 男 **1** (刺繍や飾りひもに使われる)ガラス管のビーズ. **2** 細くて凸状の刺形(ɕʸ⁾). **3** コイル巻.

canuto 男 **1** 〖植物〗(茎などの)2つの節の間の部分, 節間. **2** (いろいろな用途の)丈が短く細い管; (特に)針入れ. **3** 《俗》マリファナ[ハッシッシュ]を混ぜたタバコ. **4** 中にカスタード冬生クリームの詰まった筒状のパイ. **5** 〖中南米〗万年筆の柄[筒]部分.

canzonetista 囡 〖ガリシスモ〗女性歌手.

caña 囡 **1** 〖植物〗茎. —— **del trigo** 麦わら. **2** 〖植物〗アシ(葦), ヨシ[蘆]; トウ(籐)(の茎). **3** 釣り竿 (= ～ de pescar). **4** (ビール・ワイン用の細長い)グラス, コップ; それ1杯. —— de cerveza 生ビール2杯くだい. **5** (長靴・長靴下の)胴. **6** 〖解剖〗(脚・腕の)長骨, すね骨, 胫(⁾ⁿ)骨; 骨髄. **7** 〖料理〗カニーメ (細長い筒状のバイキーキ). —una ～ de crema クリームケーキ. **8** サトウキビから作る焼酎. ► **caña de azúcar/caña dulce [melar]** 〖メキシコ〗**caña de Castilla** 〖植物〗サトウキビ. **caña de la dirección** 〖自動車〗ステアリング・

コラム、かじ取り柱。 *dar*LE [*meter*LE] **caña a...** 《話》を殴る、たたく、攻撃する; アクセルを一杯に踏む、スピード[ボリューム]を上げる。

cañada 囡 **1** 小さい峡谷、谷間。**2** 家畜の季節移動のための道。

cañadilla 囡 《貝類》アクキガイの一種。

cañafístola, cañafístula 囡 《植物》カシア[の木][実]。

cañal 男 →cañaveral.

cañamar 男 麻畑、大麻畑。

cañamazo 男 **1** 麻くず、粗麻;(刺繍用の)目の粗い布。**2** スケッチ、下絵。

cañamelar 男 サトウキビ畑[農園].

cañamiel 囡 サトウキビ。

cáñamo 男 **1**《植物》アサ、大麻。**2** 麻糸、麻布。**3**《中南米》麻ひも。► ***cáñamo índico*** インド大麻、ハッシッシ、マニラ麻。

cañamón 男 (主に鳥の餌になる)アサ(麻)の種。

cañavera 囡 《植物》アシ(葦)、ヨシ(蘆)(→carrizo).

cañaveral 男 アシ(葦)の茂る土地[沼、川辺]、葦原; サトウキビ畑[農園].

cañería 囡 **1**(水道・ガスなどの)管、導管、パイプ。**2**〖集合的に〗管類、配管系。

cañí 男女名〖複〗~s〗ジプシー[ロマ](の人).

cañizal, cañizar 男 →cañaveral.

cañizo 男 **1** アシ(葦)を編んだ簀(す)。**2**(車の幌や日除けのために)細いアシを編んだもの。

caño 男 **1** 短い管、(特に接続可能な)管、パイプ。**2**(噴水の)噴出口、ノズル。**3**(水のほとばしり。**4** パイプオルガンのパイプ。**5**《海事》澪(れい);(島、浅瀬の間にある)航路筋、水路。**5** 坑道、地下道。

cañón¹ 男 峡谷。―El Gran C~ del Colorado グランドキャニオン。

cañón² 男 **1**《軍事》大砲; 砲身、銃身。―*disparar el* ~ 大砲を撃つ、*cargar el* ~ 大砲に弾丸を込める。**2**(長い)管、筒、パイプ。(暖炉などの)煙道;(階段の)吹き抜け; 坑道。**3** 下水道;(羽根の)羽軸(はねう)、羽柄; 羽ペン。**4**(鷲(たか)の根元近くの固い部分。**5**(芝居、ショーなどの)スポットライト。► ***cañón electrónico*** 〔情報〕 プロジェクター。*cañón de nieve* 人工雪を降らせる機械、人工降雪機。*carne de cañón*〖集合的に〗危険の矢面に立たされる人、粗略に扱われる人。―― 形〖estar/ser +〗《話》大変魅力的な、すばらしい、傑出している。―― 副《話》すばらしく、大変楽しく。

cañonazo 男 **1** 砲撃、発砲; 砲声。**2**《スポ》(サッカーなどの)強烈なシュート。**3**《俗》思いがけないニュース。

cañonear 他 砲撃する。

cañoneo 男 砲撃、炮火を浴びせること。

cañonera 囡 **1**(銃弾を発射するための)狭間(はざ)、銃眼。**2**(要塞を守るための砲車。**3**《海事》砲門; 砲艦。

cañonero, ra 形 (船、ランチなど)大砲を 備えた。―lancha cañonera 砲艦。―― 名《スポ》(サッカー等の)ストライカー。

cañutillo 男 →injerto.

cañuto 男 **1**(茎の節と節の間。**2** 短い管。**3**《話》密告者、告げ口屋、たれ込み屋。

cao 男《中南米》カラスの一種。

caoba 囡《植物》マホガニー; その木材。

caolín 男《植物》高陵土、白陶土。**2**《化学》カオリン。

*caos 男〖単複同形〗**1** 無秩序、大混乱。**2**《宗教、神話》(天地創造以前の)カオス、混沌(こん).

caótico, ca 形 混沌(こん)とした、混乱した、無秩序の。

*capa 囡 [カバ]**1**《服飾》ケープ、袖なしマント[コート];《中南米》レインコート(= ~ de agua). **2** 層、皮膜、覆い。 ~ de ozono オゾン層。**3**《料理》衣、コート、糖衣。**4** 口実、表向き、見せかけ。**5**〖地質〗地層(= ~ geológica). **6**(社会の)階層、階級。**7**(馬などの)毛色。► ***a capa y espada*** 〔defender, mantener などと共に〕必死に、なんとしても。*andar de capa caída*(仕事・健康などが)思わしくない、落ちぶれている。*hacer de su capa un sayo* 好き放題にする、思いのままにする。*so capa de...* を口実に、を装って。

capacete 男《歴史》かぶと。

capacha 囡 **1**(果物や小さい物を運ぶふた)のヤシ製の小さいかご。**2**《南米》《話》刑務所。

capacho 男 **1**(果物を運ぶために使われる)縄を編んだかご。**2**(赤ん坊用の)かご、大かご。

*capacidad 囡 **1**〖+ para/de〗(個人の) ~ の才能、能力、適性。―*tener* ~ *para...* ...する能力がある。**2** 容量、容積。 ~ *de carga*〔情報〕記憶容量。**3**(建物・乗物などの)収容能力、定員。**4**〖法律〗(権利・義務のための)法的能力、資格。

capacitación 囡 **1** 養成、訓練、研修。 ~ *profesional* 職業訓練。**2** 資質、技能、能力。

capacitado, da 過分 [→capacitar] 形 **1** 能力のある、有能な。**2**〖+ para〗(...する)資格[権利]がある。

capacitar 他 **1** ~ を訓練[養成]する。**2**〖+ para〗(...する)資格[権限]を...に与える。―― ~ *se*〖+ para/con〗の準備をする;(...する)資格[権利]を得る。

capador, dora 名 去勢手術を職とする人。

capadura 囡 **1** 去勢; 去勢の傷痕。**2**(刻みタバコ用の)質の悪いタバコ。

capar 他 **1**《俗》(人や動物を)去勢する。**2**《話》を減らす、削減する、切りつめる。

*caparazón 男 **1**《動物》(カメ・甲殻類の)甲皮、甲羅; 貝殻。**2**(保護用のカバー、覆い、包む物。**3**(心などの)殻、鎧(よろい)、防御物。

caparrosa 女《化学》硫酸塩, 礬(ばん)類.

capataz, taza 名 [複 capataces]（農場や工事現場などの）監督, 責任者, 親方.

capaz [カパス] 形 [複 capaces] **1** 《+ de》…の能力のある, …（すること）ができる. **2** 有能な, 才能のある；《+ para》に適任の,（…の）資格がある. —No soy ~ de tal bajeza. 私はそんな下劣なことはできない. **3** 《+ para》入れる, 収容できる. ▶ **ser capaz de ...** …をしかねない, …かもしれない. **es capaz que** 《+ 接続法》[中南米] …かも知れない.

capazo 男 **1** 大かご. **2**（乳児を運ぶための）手提げかご.

capciosidad 女 あげ足とり, 狡猾さ；巧妙さ.

capcioso, sa 形（論法・論拠・質問などが）あげ足とりの, 巧妙な, 誘導尋問の.

capea 女 闘牛ファンによる子牛相手の闘牛.

capear 他 **1**《闘牛》カパ (capa) で牛をあしらう. **2** をだます,（人の）気をそらせる. **3** 困難・不愉快なことをうまくかわす, 巧みに回避する. **4**《海事》（悪天候を乗り切る）：（悪天候のとき船）を停船状態にする.

capela 副 ▶ **a capela** アカペラで, 伴奏なしで.

capelina 女 **1** 頭を覆うための衣類, 頭巾(きん). **2**《医学》（頭に巻く）帽子型包帯, ヒポクラテス帽.

*****capellán** 男《カト》礼拝堂付きの司祭；（一般に）司祭, 僧.

capellanía 女《宗教》礼拝堂付き司祭の職に対する報酬.

capellina 女 → capelina.

capelo 男 枢機卿(きょう)のかぶるつばが平らで深紅の帽子；枢機卿の位［職, 権威］.

capeo 男 **1**《闘牛》カパで牛をあしらうこと. **2**《闘牛》素人による子牛相手の闘牛.

caperucita 女 小さい頭巾(きん)［とんがり帽子］.

caperuza 女 **1** とんがり頭巾(きん), フード. **2**（煙突などの）かさ, フード；（鉛筆, ペンなどの）キャップ. **3** [中南米] 自動車のボンネット.

capí 男 [中南米] トウモロコシ.

capia 女 [主に南米]（菓子用の）白くて甘いトウモロコシ；それでできた菓子.

capialzado, da 形《建築》窓裏ボールト（穹窿）の.

capibara 女《動物》カピバラ.

capicúa 形 左右どちらから読んでも同じ（数字）.

capilar 形 **1** 髪の, 毛髪の. **2** 毛（細）管の；毛管（現象）の. **3**《解剖》毛細血管の. — 男《解剖》毛細管.

capilaridad 女 **1** 毛状, 毛管状. **2**《物理》毛管現象；表面張力現象.

*****capilla** 女 **1**《カト》礼拝堂, 小聖堂, チャペル；祈祷室. **2**《話, 軽蔑》派, 党派, グループ. **3**《服飾》（修道士のかぶる）頭巾(きん), フード. **4**《印刷》校正刷り, 試刷り. ▶ **capilla ardiente** 遺体安置所, 霊安室. **capilla mayor**（教会の）内陣, 聖歌隊席. **estar en capilla** (1) 死刑執行を待っている. (2)《話》（どきどきしながら）運命の時を待っている.

capillo 男 **1** 赤ん坊用の縁なし帽（洗礼式の時などにかぶる）.

capirotada 女 **1**《料理》卵・ニンニク・ハーブからなる調味料（フライの衣用）. **2** [中南米]《料理》肉, 焼きトウモロコシ, チーズ, バターからなる煮込み料理.

capirotazo 男 頭を軽く指［爪(つめ)]ではじくこと.

capirote 男 **1**（聖週間の行列でかぶる）長いとんがり頭巾(きん). **2**（大学教授の）フード付き式典用耳衣. **3**《狩猟》タカにかぶせる目隠し. ▶ **tonto [bobo] de capirote** 大ばか者.

capirucho 男 **1** フード；フード付肩衣. **2** [中南米] けん玉.

capisayo 男 **1**（前の開いた）マント状の短い上着. **2**《カト》司教など高位聖職者の祭服. **3** [中南米] Tシャツ, アンダーシャツ.

cápita 〈ラテン〉 ▶ **per cápita** 一人当たりの.

capitación 女 人頭税.

*****capital** [カピタル] 形 **1** 主要な, 重要な, 重大な；致命的な. —error ~ 重大な誤り. **2** 死刑の；死刑の. —pena ~ 死刑. **3** 大文字の, 頭文字の. —letra ~ 大文字. — 女 **1** 首都, 首府,（ある地域の）中心都市. **3** 大文字. — 男 **1** 資本(金), 資金, 元本. —~ riesgo ベンチャーキャピタル. **2**《集合的に》資本(家), 経営者.

capitalidad 女 首都としての特質, 機能.

capitalino, na 形 首都の(人).

capitalismo 男 **1** 資本主義. **2**《集合的に》資本, 資本家.

*****capitalista** 形 資本主義的の, 資本家の, 資本の. —economía [régimen] ~ 資本主義経済[体制]. — 男女 **1** 資本家, 出資者. **2** 資本主義支持者.

capitalización 女 **1** 資本化, 資本組入れ, **2** 原価計上. **3** 利用すること.

capitalizar [1.3] 他 **1** を資本化する, 資本に組み入れる. **2** を運用する. **3** …の資本価値を決める, 原価計上する. **4** を利用する.

*****capitán, tana** 名 **1** 指揮官, 隊長, ボス. —~ del avión 飛行機の機長. **2**（スポ）（チームの）キャプテン, 主将. **3**《軍事》（陸軍・空軍の）大尉, 中隊長；（海軍の）佐官, 艦長. **4**《海事》（商船の）船長；（船舶・港湾関係の）管理者. ▶ **capitán general**《軍事》陸軍大将, 軍司令官；（海軍の）総司令官；（軍管区の）最高司令官.

*****capitana** 女 **1**《軍事》（艦隊の）旗艦 (=nave ~). **2**《俗》船長の妻.

capitanear 他 **1**《隊長として》指揮する, 統率する. **2** 導く, 指導する.

capitanía 女 **1** 隊長の職[地位]. **2** 軍

capitel 男 【建築】 **1** 柱頭. **2** (塔などの)頂華(${}^{とう}_{か}$).

capitolio 男 **1** 荘厳なる建物. **2** 【考古】アクロポリス.

capitoné 形 クッション[詰め物]を入れた. ━ 男 家具運搬車.

capitoste 男 【軽蔑】ボス, 頭(${}^{かし}_{ら}$).

capitulación 女 **1** (深刻な問題についての)協定, 協約, 取り決め. **2** 降伏, 降参, 屈服. **3** 婚姻財産協定書.

capitular¹ 形 (司教座聖堂・修道会・市役所などの)参事会(員)の, 総会(員)の. **2** 【印刷】大文字の; (章の始めの)飾り文字の. ━ 男女 (司教座聖堂・修道会・市役所などの)投票権を持つ参事会員. ━ 男 【印刷】大文字; (章の始めの)飾り文字.

capitular² 自 **1** 協定[協約]を結ぶ. **2** (条件つきで)降伏[降参]する, 譲歩する. **3** 負ける, 屈服する; 従う. ━ 他 [+ de] …について告発する, 非難する.

capítulo 男 **1** (本・論文・法律などの)章. **2** 【放送】(連続ドラマでシリーズもの の)1回. **3** (修道会・騎士団の)総会, 参事会. **4** 問題, テーマ, 主題. **5** 【植物】頭(状)花. ► **llamar [traer] a capítulo a ...** (人)に問いただす, (人)を非難する, 叱責する. **ser otro capítulo / ser capítulo aparte** 別問題である, 別の話である.

capo 男 (特に, 麻薬取引のマフィアのボス).

capó 男 (自動車の)ボンネット.

capón¹, pona 形 去勢された. ━ 男 **1** 去勢された人[動物]. **2** 去勢された若鶏.

capón² 男 【話】中指の関節で額を打つ[叩く]こと.

caponera 女 **1** 雄鶏を先導する雌鶏; (去勢若鶏を飼育するための)木の檻(${}^{お}_{り}$)[かご]. **2** (無料で歓待される)居心地のいい場所[家]. ━ 形 馬の群れを先導する. ► **estar metido en caponera** 【話】刑務所に入っている.

caporal 男 **1** 長, 指導者, リーダー. **2** (農業用の)家畜の世話係.

capot 男 →capó.

capota 女 **1** (乗り物・自動車の)折畳み式幌(${}^{ほ}_{ろ}$). **2** 【服飾】(女性用の)ボンネット.

capotar 自 **1** (自動車が)ひっくり返る, 転覆する. **2** (飛行機が)機首から地面に突っ込む.

capotazo 男 【闘牛】カポーテで牛をじらす技.

capote 男 **1** 袖(^{そで})付きマント. ━ **de monte** ポンチョ. **2** 【軍事】ベルトで締める長い外套. **3** 【闘牛】カポーテ. **4** 【話】(嵐が来る前の)暗雲, 曇り空. **5** 【話】しかめ面. ► **de capote** 隠れて, ひそかに, こっそりと. **echar un capote a ...** 【話】(窮地にある人)に救いの手を差し伸べる, 助ける.

capotear 他 **1** 【闘牛】カパ(capa)で牛をあしらう. **2** 【話】だまして[言い逃れを言って]引き留める; 引き伸ばす. **3** (困難などを)巧妙にかわす.

capotera 女 【中南米】ハンガー, 洋服掛け.

capotillo 男 (昔の)腰までの長さのマント.

capricho 男 **1** 気まぐれ, 思いつき; その対象になった物[人]. **2** 奇抜な作品[装飾品]. **3** 【音楽】カプリッチョ, 狂想[奇想]曲.

caprichoso, sa 形 **1** 気まぐれな, 移り気な; 変りやすい. **2** (物事が)風変りな, 奇抜な, 突飛な.

caprichudo, da 形 気まぐれな.

capricorniano, na 形名 【中南米】 →capricornio.

capricornio 形男女 【無変化】山羊座生まれの(人). ━ 男 (C~) 【天文】山羊座; (十二宮の磨羯(${}^{まかつ}_{}$)宮).

caprino, na 形 ヤギの.

cápsula 女 **1** (瓶などの)口金. **2** 【薬学】カプセル; カプセル状の薬. **3** 【工学】宇宙船の区画[仕切り], カプセル. **4** 【植物】朔(^{さく}), 朔果. **5** 【解剖】包(^{ほう}), 嚢(^{のう}).

capsular 形 カプセルになった, カプセルのような, カプセルに入った.

captación 女 **1** 獲得. **2** 理解, 把握. **3** (電波や映像の)受信. **4** 水を集めること, 水の利用.

captar 他 **1** 水を獲得する, 得る; (特に, 水)を集める. **2** (電波や映像)を受信する, 感じる, 知覚する. **3** (人の注意・関心)を引く, 捕える. **5** を理解する, 把握する. ━ **se** (人の注意・関心など)を引く, 引きつける.

captor, tora 形名 捕獲する(人), 獲得する(人). ━ 男 【中南米】(海で)海賊する人.

captura 女 逮捕; (動物の)捕獲.

capturar 他 **1** を逮捕する. **2** (動物)を捕獲する.

capucha 女 **1** 【服飾】(マントやコートなどについた)フード; フード付きの衣服. **2** 万年筆などのキャップ. **3** 【印刷】曲折アクセント符号(^).

capuchina 女 **1** 【植物】(ペルー原産の)キンレンカ. **2** 【料理】フード状の形をした卵黄と砂糖で作った菓子. **3** 【印刷】植字台のセット.

capuchino, na 形 (カト)カプチン修道会の. ━ 男女 (カト)カプチン会修道士[女]. ━ 男 カプチーノ・コーヒー.

capuchón 男 **1** 【服飾】フード; フード付きの衣服. **2** (聖週間の行列でかぶる)とんがりずきん. **3** 万年筆, ボールペンなどのキャップ.

capulí 男 【植物】カプリンチェリー.

capullo 男 **1** (蚕などの)繭(^{まゆ}). **2** (特にバラの)つぼみ, 花芽. **3** (俗】亀頭(^{きとう})[陰茎の]包皮. **4** 【話】間抜けの, お人好しの人. **5** 【話】新参者, 未経験者. ► **en capullo** (3) (大成する前の)つぼみの状態.

capuz 男 [capuces] **1** 頭巾(^{ずきん}), フード. **2** (貴服として着用された)フード付きの長めのマントした衣服.

capuzar [1.3] 他 (水中に頭から)突っ込む[入れる]. ━ **se** 頭から水中に

飛び込む.

caquéctico, ca 形 〖医学〗悪液質の.

caquexia 女 **1**〖医学〗悪液質，悪液症. **2**〖植物〗(光の欠如による緑色の)退色.

caqui¹ 男 〖植物〗カキ(柿)の木，その実.

caqui² 男 カーキ色の布地(一般に軍服に使用される); カーキ色. ── 形 カーキ色の.

cara [カラ] 女 **1**顔; 顔つき, 表情. ～ larga 細長い顔. cara de circunstancias もったもらい，うわべだけ取繕った. ～ de pocos amigos 不機嫌な顔，怒った顔. ～ de póker ポーカーフェイス. ～ de vinagre 不機嫌な顔，怒った顔，こわばった顔. poner ～ de disgusto 不快そうな顔をする. tener buena [mala] ～ 顔色がいい[悪い]. En la ～ se le conoce. 顔を見ているよ，表情でそれが分かる. **2**(立方体・二面角・山などの)表面, (紙などの)表. ──por ambas ～ (紙などの)両面に. **3** 外見，見た目; (物事の)面; 様相. ──Esta paella tiene muy buena ～. このパエリャは見たところとても美味しそうだ. **4**{}厚かましさ，図々しさ，厚顔. ──tener mucha ～ とても厚かましい. Lo dijo con toda la ～ del mundo. 彼は図々しくもそう言った. **5**〖スペイン〗(硬貨・メダルの)表(「裏」は cruz). ── 男女〖冠詞は un〗恥知らずの(人), 図々しい(人), 鉄面皮 (～ dura). ▶ **a cara descubierta** 顔を隠さずに; 堂々と, 公然と. **caérse**LE **a la cara (de vergüenza)** 〖話〗…が恥ずかしい思いをする. **cara a...** …の方へ; …に向かって. **cara abajo** うつ伏せになって; 裏返しにして, 伏せて. **cara a cara** 面と向かって, 真正面から. **cara arriba** 仰向けに; 表を上にして, 上向きにして. **cara dura** 厚顔無恥, 図々しさ; 〖話〗恥知らずな人, 面の皮の厚い人(～ caradura). **cruzar**LE **la cara a...** (人)を平手打ちする, 殴る. **dar la cara a...** …に立ち向かう, …に向き合う; 自分の行動に責任をもつ. **dar la cara por...** …を守る, 擁護する, の責任を持つ. **de cara** 正面から, 面と向かって. **de cara a...** …に向かって, 面して; …に向けて, を目指して. **echar a cara o cruz** 〖a cara y cruz〗 コイントスをする, コインを投げて表か裏を当てる. **echar**LE **en cara** [a la cara] **a...** …のこと(で人)を非難する, 責める; …のことで(人)に思を着せる. **echarse a una cara** 〖話〗…に会う, 出会う. **en la cara** 面と向かって (=cara a cara); 〖＋de〗…のいる前で, の面前で. **escupir a la cara a...** …につばを吐きかける, をひどく侮辱する. **guardar la cara** 顔を隠れる, 目立たないようにする. **lavar la cara a...** (中身は変えずに)…の表面を取り繕う; …におべっかを使う, お世辞を言う, おだてる. **no mirar** [**no volver**] **la cara a...** 〖話〗…に挨拶も交わさない, 怒っている, 避けている.

no tener a quién volver la cara 頼る相手が誰もいない. **no volver la cara atrás** (始めたことは)断固続ける. **partir**LE **[romper**LE**] la cara a...** 〖話〗…の顔をなぐる, …の頭をたたき割る. **plantar**LE **[hacer**LE**] cara a...** (人・物)に立ち向かう, 直面する, 対処する. **poner al mal tiempo buena cara** 逆境に耐える[くじけない]. **poner buena** [**mala**] **cara a...** 〖話〗…を快く受け入れるに否定的な態度を見せる), …に愛想よくする[いやな顔をする]. **por su linda** [**bella**] **cara** 〖話〗容易に, やすやすと. **verse las caras** 〖話〗(けんかや試合で2人が)対決する, 見[え]る.

caraba 女 ▶ **ser la caraba** 〖話〗途轍もなくひどい[よい]こと.

carabao 男 フィリピンのバッファローに似た水牛.

carabela 女 〖海事〗カラベラ船.

carábido 男 〖昆虫〗オサムシ科の(昆虫). ── 男複 〖昆虫〗オサムシ科.

carabina 女 **1**カービン銃. **2**〖話〗(若未婚の女性の)付き添いの年配女性.

carabinero 男 **1**密輸団遷撃のために組織されたた警備兵. **2**カービン銃で武装していた兵士. **3**〖動物〗クルマエビの一種.

cárabo 男 **1**〖昆虫〗オサムシ, ゴミムシ. **2**〖鳥類〗モリフクロウ.

Caracas 国名 カラカス(ベネズエラの首都).

carachoso, sa 形名 〖南米〗疥癬(かいせん)にかかった人.

caracol 男 **1**〖貝類〗巻貝, カタツムリ; その卵. **2**〖解剖〗内耳の蝸牛($_{か ぎゅう}$)殻. **3**(髪い)巻き毛, カール. **4**〖馬術〗騎手が馬を旋回させること, 馬が興奮して旋回すること. **5**〖間〗caracoles という語をリフレインに用いるアンダルシア民話.

caracola 女 **1**〖貝類〗ホラガイ: ホラガイの殻. **2**〖料理〗コルネ(巻貝状の形をしたパン菓子).

caracolada 女 カタツムリを使った料理.

caracolear 自 〖馬術〗(馬が)旋回する.

caracoleo 男 〖馬術〗馬の旋回[回転].

caracoles 間 (驚き・怒り・抗議・不快を表す)なんだって; おや, まあ.

caracolillo 男 **1**〖植物〗インゲンマメの一種, その花. **2**豆が小さく丸い良質のコーヒー.

carácter [カラクテル] 男 〖複 caracteres〗 **1**性格, 人柄, 人格. ──Tiene un ～ difícil. 彼は気難しい性格をしている. **2**(事物の)性質. ──una visita de ～ oficial 公式訪問. **3**個性, 特徴. **4**意志〖芯〗の強さ, しっかりしていること, 気骨. ──Ana tiene mucho ～. アナは大変しっかりしている. **5**〖主に 複〗文字, 字体; 〖情報〗文字, 記号. ──caracteres chinos 漢字. ～ ilegal 文字化け. **6**(カトリ)(秘跡の)刻印, 霊印. ▶ **con** [**en**] **carácter de...** …の

característica 女 **1** 特色, 特徴, 個性. **2**〖数学〗(対数の)指標. ~ **de un logaritmo** 対数の指標. **3**〖南米〗市外局番.

característico, ca 形 特徴的な, 特有の; [+ de の] 特徴を示す; ～を特徴, 特質. ── 名〖映画, 演劇〗老(ふ)け役.

caracterización 女 **1** 特徴づけ, 性格づけ. **2**〖演劇〗扮装, 役作り.

caracterizado, da 過分〖→ caracterizar〗形 (人が)著名な, 卓越した, 権威のある.

caracterizar [1.3] 他 **1** を特徴づける, 特色づける, …の特徴を描く[表す]. **2** …の役をうまく演じる[迫真の演技を見せる], …になり切る. **3**〖+ de の〗メーキャップをする, 扮装をする. ── 自 〖+ por〗…という特徴がある, …によって特徴づけられる. 〖+ de の〗扮装をする, メーキャップをする.

caracterología 女〖心理〗性格学.

caracú 男 ── (e)s〖南米〗〖料理〗髄付きの骨.

caracul 男 **1**〖動物〗(羊の)カラクール種の. ── 男〖動物〗カラクール(アジア産の羊の一種); その毛皮.

carado, da 形〖bien, malを伴って〗人相[愛想]がいい[悪い].

caradura 形 男女 恥知らずの(人), 図々しい(人). ── 女 図々しさ.

carajillo 男 ウィスキーなどのアルコール入りの熱いコーヒー.

carajo 男〖卑〗ペニス, 陰茎. ► **al carajo**〖卑〗(怒り・拒絶を表す)もういやだ, たまらない. **¡Carajo [Qué carajo]!**〖驚き怒り・侮辱を表す〗何だって, ちくしょう. **del carajo**〖卑〗すごい. **irse al carajo**〖卑〗失敗する, 頓挫(とんざ)する, だめになる. **no vale un carajo**〖卑〗何の価値もない, 何の役にもたたない. **¡Vete al carajo!**〖卑〗くたばってしまえ. **un carajo**〖卑〗(否定文で)少しも…ない.

caramba 間〖驚き・猿狼を表現して〗へえ, おや, あらまあ, ちぇっ, なんだって.

carámbano 男 つらら, 氷柱.

carambola 女 **1**〖ゲーム〗(ビリヤードの)キャノン. **2**〖話〗一石二鳥. **3**〖話〗偶然のもたらしたよい結果, まぐれ. ► **de [por] carambola**〖話〗偶然に.

carambolo 男〖植物〗ゴレンシ.

caramelizar [1.3] 他 …にカラメルをかける.

caramelo 男 **1** キャラメル, あめ, キャンディ. **2**〖料理〗カラメル(ソース). **3**〖話〗大変すばらしいもの[人]. ► **a punto de caramelo** →punto.

caramillo 男 **1**〖音楽〗(葦・木・骨などでできた)鋭い音を出す小さな笛. **2**〖音楽〗サンポーニャ.

carancho 男〖南米〗〖鳥類〗 **1** カラカラ. **2** フクロウ.

carantoña 女〖主に 複〗(言葉や愛撫による)おべっか, へつらい.

carao 男〖中米〗〖植物〗カシア.

carapacho 男 (亀や甲殻類の)甲羅(こうら).

caraqueño, ña 形 カラカス(Caracas)の(人), カラカス出身の(人).

carátula 女 **1** 仮面, マスク; (道化師などの)厚化粧. **2**(本や書類の)扉, 表紙; (レコードや CD の)ジャケット.

caravana 女 **1** 隊商, キャラバン; 一団, 一行. **2** 車の渋滞. **3** トレーラーハウス, 移動住宅, キャンピングカー. **4**〖メキシコ〗(特に挨拶の仕事の)お辞儀. **5**〖中南米〗(下げ飾りのついた)イヤリング. ► **en caravana** 一列縦隊で, 隊列を組んで.

caravanero 男 隊商[キャラバン]の隊長.

caravasar 男 キャラバンのための宿, 隊商宿.

caray 間〖俗〗(不快・怒り・抗議・驚きの)おや, いやはや; ちくしょう, ちぇっ.

carbohidrato 男〖化学〗炭水化物, 含水炭素.

carbólico, ca 形〖化学〗石炭酸の.

carbón 男 炭, 木炭. ── **mineral [de piedra]** 石炭. ～ **vegetal [de leña]** 木炭. **2** カーボン紙(= **papel** ～). **3**〖美術〗デッサン用木炭.

carbonada 女 **1**(一度に燃焼される)石炭の量. **2**〖料理〗カルボナーダ(煮込んだ肉を細かく刻み焼き網などで焼いた料理). **3**〖南米〗〖料理〗細かく刻んだ肉, トウモロコシ, カボチャ, ジャガイモ, 米などを煮込んだ料理.

carbonado 男〖鉱物〗カーボネード, 工業用黒色ダイヤ.

carbonara 形〖料理〗カルボナーラの. ► **a la carbonara**〖料理〗カルボナーラ(スパゲティ).

carbonario, ria 形〖歴史〗カルボナリ党の. ── 名 **1** カルボナリ党員. **2** 図 女 カルボナリ党(19世紀初頭, 主にイタリアで活動した革命秘密結社).

carbonatado, da 形〖化学〗炭酸塩の.

carbonatar 他 **1**〖化学〗を炭酸塩化する. **2**(飲み物を)ソーダ化する.

carbonato 男〖化学〗炭酸塩.

carboncillo 男 デッサン用木炭; 木炭画.

carbonear 他 …から木炭を作る, を炭にする. ── 自〖海事〗石炭を船積みする.

carboneo 男 炭焼き.

carbonera 女 **1**(粘土で覆われた)炭焼き用の薪(まき)の山. **2**〖石炭〗置き場.

carbonería 女 炭屋, 木炭[石炭]販売店.

carbonero, ra 形 石[木]炭の, 炭の. ── 名 **1** 炭焼き(職人); 炭屋. **2** 石炭商. ── 女〖鳥類〗ヒガラ.

carbónico, ca 形〖化学〗炭素の, 炭酸の. **anhídrido** ～ 二酸化炭素, 炭酸ガス.

carbonífero, ra 形 **1** 石炭[炭素]を生ずる[含む]. **2**〖地質〗石炭紀の.

carbonilla 男 〖地質〗石炭紀.

carbonilla 女 1 石炭[木炭]の粉. 2〖南米〗デッサン用木炭.

carbonización 女 焼いて炭にすること, 炭化.

carbonizar [1.3] 他 を炭化させる; 焼いて炭にする. ── se 再 炭化する; 炭になる.

carbono 男 〖化学〗炭素.

carbonoso, sa 形 炭素を含む; 炭に似た.

carborundo 男 〖化学〗炭化珪素(けいそ); (商標) カーボランダム.

carbunclo 男 1 〖鉱物〗紅玉, 紅大晶; ルビー. 2 〖医学〗炭疽(たんそ)熱.

carbunco 男 〖医学〗炭疽(たんそ)熱.

carbúnculo 男 〖医学〗ルビー.

carburación 女 1 〖化学〗(ガス・空気)を炭化水素[燃料]と混合すること. 2 〖冶金〗炭素と鉄を化合させて鋼鉄を作ること. 3 〖内燃機関〗での気化.

carburador 男 気化器, キャブレター.

carburante 男 内燃機関用の燃料(ガソリン, ベンジンなど).

carburar 他 〖化学〗(ガス・空気)を炭化水素[液化炭化水素]と混合する. ── 自 〖話〗〖主に否定文で〗正常に機能する, よく動く.

carburo 男 〖化学〗炭化物; カーバイド.

carca[1] 形 1 保守的な, 頭の古い. ─política → 反動政治. 2 〖歴史〗〖軽蔑〗カルロス党の. ── 男女 〖歴史〗〖軽蔑〗カルロス党員. →carlista. 3 〖話〗保守的な人, 時代遅れな人.

carca[2] 女 〖中南米〗チチャ(南米産トウモロコシ酒)を作るための深鍋.

carcaj 男 1 矢筒, 箙(えびら). 2 〖中南米〗ライフル用の革ケース.

carcajada 女 大笑い, 高笑い, 爆笑. ─soltar una [la] ~/estallar en ~s どっと笑い出す, 噴き出す, 大笑いする. ▶ a carcajada limpia 大笑いで.

carcajear 自 高笑いをする, 大笑いをする. ── se 再 1 高笑いをする, 大笑いをする. 2 [+ de を] 馬鹿にして笑う.

carcajeo 男 大笑い, 爆笑.

carcamal 形 男女 〖軽蔑〗老いぼれ(の), よぼよぼの(老人).

carcamán, mana 名 1 〖南米〗老いぼれ, よぼよぼの老人. 2 うぬぼれが強く役に立たない人.

carcasa 女 1 (人・動物の)骨格; (建物などの)骨組み. 2 焼夷(しょうい)弾.

cárcava 女 1 (雨水が流れてできた地面の)溝, 雨裂. 2 溝, 穴; (特に要塞の)壕(ごう).

cárcel 女 牢獄, 刑務所, 監獄.

carcelario, ria 形 刑務所の, 監獄の; 刑務所[監獄]のような.

carcelero, ra 名 看守.

carcinógeno, na 形 〖医学〗発癌(がん)性の.

carcinoma 男 〖医学〗癌(転移の原因になる)上皮組織にできる癌[癌腫].

cárcola 女 機織(はたおり)機の踏み板[ペダル].

carcoma 女 1 〖虫類〗キクイムシ. 2 キクイムシが食べた後に出る木くず. 3 (深刻な)心配事, 懸念.

carcomer 他 1 (キクイムシが)をかじる, 食いつぶす. 2 をむしばむ; さいなむ. ── se 再 1 キクイムシに食われる[食いつぶされる]. 2 [+ con/de に] さいなまれる, 身を焼く; むしばまれる.

carda 女 1 梳毛機, 起毛機. 2 (織物の繊維を)梳毛(そもう)[起毛]すること.

cardada 女 一度に梳毛(そもう)[起毛]された羊毛の量.

cardado 男 〖鉱物〗梳毛(そもう)[起毛]すること.

cardador, dora 名 梳毛(そもう)[起毛]職人. ── 男 〖虫類〗ヤスデの一種. ── 女 梳毛機.

cardamomo 男 〖植物〗カルダモン.

cardán 男 〖機械〗カルダン自在継ぎ手.

cardar 他 1 (織物繊維を)梳(す)く, 梳毛(そもう)する. 2 (毛織物)をけばだてる, 起毛する. 3 (髪)を逆毛にする.

cardenal[1] 男 〖カト〗枢機卿.

cardenal[2] 男 1 (打身などによる)あざ. 2 〖鳥類〗(北米産の)ショウジョウコウカンチョウ.

cardenalato 男 〖カト〗枢機卿(きょう)の職[地位, 権威].

cardenalicio, cia 形 〖カト〗枢機卿(きょう)の.

cardencha 女 〖植物〗オニアザミ.

cardenillo 男 1 〖化学〗緑青(ろくしょう). 2 (絵画に用いられる)緑青; 緑青色.

cardeno, na 形 1 紫[暗紫]色の. 2 (牛の毛色の)白黒混ざった.

cardiaco, ca, cardíaco, ca 形 心臓(病)の, 心臓病患者の.

cardias 男 〖単複同形〗〖解剖〗噴門.

cárdigan 〖英〗 男 〖単複同形〗〖服飾〗カーディガン.

cardillo 男 〖植物〗キバナアザミ.

cardinal 形 1 基本的な, 主要な. 2 〖言語〗基数の. 3 〖気象〗基本方位の.

cardiocirugía 女 〖医学〗心臓外科.

cardiocirujano, na 名 心臓外科医.

cardiografía 女 〖医学〗心拍(動)記録法.

cardiógrafo 男 〖医学〗心拍記録器.

cardiograma 男 〖医学〗心電図.

cardiología 女 〖医学〗心臓病学.

cardiológico, ca 形 心臓(病)学の.

cardiólogo, ga 名 心臓病専門医, 心臓病学者.

cardiópata 形 心臓病の, 心臓病を患った. ── 名 心臓病患者.

cardiopatía 女 〖医学〗心臓病, 心臓疾患.

cardiorrespiratorio, ria 形 〖医学〗心肺の.

cardiotónico, ca 形 〖医学〗強心の.

cardiovascular 形 〖医学〗心臓血管の.

cardizal 男 アザミが茂った場所.

cardo 男 1 〖植物〗カルドン; その花. 2

(植物)アザミ. **3** 無愛想な人, 気難しい人.

cardoncillo 男 (植物)オオアザミ.

cardume, cardumen 男 魚群.

carear 他 **1** 〔特に裁判で〕を対面[対決,対質]させる. **2** を比較する, 照合する.
—— se 再 会談(会見)する.

carecer [カレセル] [9.1] 自 〔+ de に〕欠ける, (を)欠いている, (…が)ない.

carena 女 (海事) **1** (船の)喫水部. **2** 船体の修理[修繕].

carenar 他 **1** (海事) (船体)を修理[修繕]する. **2** (自動車) (自動車やオートバイ)を改造する.

carencia 女 **1** 不足, 欠乏, 欠如. **2** (金融) (返済の)猶予(期間).

carencial 形 (医学) 欠乏性の.

carenero 男 (海事) 船体修理所.

carente 形 〔+ de に〕欠けた, 不足したい.

careo 男 (法律) 〔+ de/entre の〕対面, 対決, 対質(尋問).

carero, ra 形 名 (話)物を高く売りつける(人).

carestía 女 **1** (生活必需品の)高騰, 高値. **2** (主に食糧の)欠乏, 不足.

careta 女 **1** 仮面, マスク; (仮装舞踏会用の)半仮面. **2** (養蜂家のかぶる)ネット. **3** 見せかけ, うわべ.

careto, ta 形 **1** (牛や馬が)白顔の. **2** (中米)(人の)顔が丑い.

carey 男 (複 careyes, caréis) **1** (動物) ウミガメ, タイマイ. **2** べっ甲.

carezca(-), carezco 動 → carecer [9.1].

carga 女 **1** 荷積み, 積載; 積み荷 — barco de ～ 貨物船. **2** 積載量, 積載能力. **3** (構造や柱・梁・壁が耐え得る)重さ, 重量. **4** 荷重, 負荷;(電気)(物体の持つ)電荷, 電気量. **5** (火薬・爆薬の)装填(そう)量, 充填. **6** (ボールペンや万年筆の)カートリッジ, スペア. **7** (精神的・肉体的な)負担, 心配, 負担. **8** 務め, 義務, 責任. **9** (軍事)突撃, 攻撃;(デモ隊などの)制圧. **10** (スポ)チャージング, タックル, 体当たり. ● *carga de profundidad* (軍事)(水中)爆雷, 対潜爆弾. *de carga* 荷役(運搬)用の. *echar las cargas a…* (話)に罪を着せる. *llevar la carga de…* の責任を持つ, …の面倒をみる, (人)を扶養する. *volver a [sobre] la carga* 固執する.

cargadero 男 荷積み[降ろし]場, 荷揚げ場.

cargado, da 過分 [→cargar] 形 〔+ de で〕積んだ, 詰めた, …でいっぱいの. **2** (人)肩が曲がった, 曲がり(大気が)ずうとするような. **3** (コーヒー・茶などが)濃い, 強い —— café ～ 濃いコーヒー. **4** (軍事) 実弾が入っている. **5** 酔った.

cargador, dora 形 荷積みの; 荷搬入(の). — 名 荷積み[担ぎ]人, 運搬人; 沖仲仕. — 男 **1** (農業)(干し草用の)大型フォーク. **2** (抽出可能な銃

の)薬室, 弾倉. **3** (チリ) 剪定(せんてい)で若干刈り込まれたドブの愛(な).

cargamento 男 (集合的) 積み荷.

cargante 形 男女 うるさい(人), うっとうしい(人), 煩わしい(人).

cargar [カルガル] [1.2] 他 **1** (車・船などに)荷を積む, 積み込む. 〔+ con/de に〕…に積む; 〔+ a/en/sobre に〕…を積む, 載せる; …を充塡する. —— una pluma estilográfica 万年筆を装填する. ～ a [sobre] las espaldas 背負う, 担(かつ)ぐ; 担がせる, 背負わせる. **2** 〔+ a/sobre に, + con (税金)に〕課する, 課税する; (料金などの)を負担させる. —— tres euros por gastos de envío 送料として3ユーロを課す. **3** を上乗せする, 追加する. **4** 〔+ a/en/sobre に〕を帰する, 転嫁する. **5** を困らせる, 悩ませる. 不快にさせる. **6** (試験・科目で)を落とす, 不合格にする. **7** (商業)を借方に記帳する. **8** (武器)に弾丸をチャージさせる. **9** (情報) (プログラムなど)をロードする. — 自 〔+ sobre に〕(負担・責任などが)かかる; 重みがかかる. **2** 〔+ con を〕担(かつ)ぐ, 持つ, 運ぶ. **3** 〔+ con を〕負う, 引き受ける. —— con los gastos 費用を負担する. **4** 〔+ con を〕奪う, うばう, 盗む. **5** 〔+ contra に〕攻撃する, 襲撃する, に襲いかかる. **6** 片寄る, 傾く, 向かう. **7** 〔+ sobre/en に〕アクセントがある. —— se 再 **1** 〔+ de で〕充満する, (…が)いっぱいになる. —— se de años で年を重ねる. ～se de hijos 子だくさんである. **2** 〔+ de に〕群島(ぐんとう)になる, 退屈する, 飽きる. **3** (話)に不可をつける, を落とす, を不合格にする. **4** (話)をこわす, 破壊する; 殺す. **5** (空が黒雲で)暗くなる.

cargazón 女 **1** (頭の)重苦しさ, (胃の)もたれ, (目の)疲れ. **2** (海事)積荷, 積み荷. **3** (気象)雨雲の塊.

cargo [カルゴ] 男 **1** 職務, 任務, 責任. **2** 地位, 職. — alto ～ 要職(の人). **3** 担当, 管理, 指揮. **4** (主に複)非難, 告発. **5** (商業)借金額, 借り; 借方. —— y data 借方と貸方. ● *a* [al] cargo de… の世話になって, …の担当[管理]下に; (費用などが)…の負担[払い]で. *cargo de conciencia* 良心の呵責(かしゃく), 良心のとがめ. *cargo público* (信任・選出による)公務職. *con cargo a…* の費用[払い]で. *hacerse cargo de…* を受け持つ, 引き受ける; を把握する, 理解する.

cargoso, sa 形 (話)うるさい, うっとうしい, 煩わしい.

cargue(-), cargué(-) 動 → cargar [1.2].

carguero, ra 形 輸送の, 運搬の. — 男 **1** 荷物運搬人. — 男 貨物船[列車], 輸送船[機].

carguío 男 積荷, 積載.

cariacontecido, da 形 (話)悲しそうな, しょげた; しょぼくれた.

cariado, da 過分 [→cariar] 形 虫歯になった; (骨が)カリエスにかかった.

carialegre 笑顔の; よく笑う.

cariancha, cha 形 《話》顔の広い[大きい].

cariar 他 をカリエスにする; (歯)を虫歯にする. **— se** 再 カリエスにかかる; 虫歯になる.

cariátide 女 《建築》女人像柱.

Caribe 固名 (Mar 〜) カリブ海.

caribe 形男 (の), カリブ海(の). —Mar C〜 カリブ海. **2** カリブ人[族・語](の). **3** 《話》野蛮な(人), 残忍な(人). **4** 《言語》カリブ語.

caribeño, ña 形名 カリブ海(諸国, 沿岸)の(人).

caribú 男 (複 〜(e)s) 《動物》カリブー.

caricato, ta 形 風刺漫画化された, 喜劇役者の. **—** 男 《音楽》オペラで道化役をするバス歌手.

caricatura 女 **1** (風刺)漫画, 風刺(画, 文); カリカチュア. **2** 滑稽[下手]な模倣(作品), パロディー. **3** [主に複] 《中南米》短編アニメ, コミック, 漫画.

caricatural 形 →caricaturesco.

caricaturar 他 →caricaturizar.

caricaturesco, ca 形 風刺のきいた, (風刺)漫画の, 戯画化した.

caricaturista 男女 風刺画家[作家], 漫画家; 戯画家.

caricaturización 女 風刺化, 漫画化, パロディー化; 滑稽な物真似.

caricaturizar [1.3] 他 を風刺する, 滑稽に描く, 漫画[戯画, パロディー]化する.

:**caricia** 女 **1** 愛撫, 撫でること. —hacer 〜s [una] al gato 猫を撫でる. **2** (風などが)優しく触れること, (音が)心地よく響くこと.

caricioso, sa 形 →cariñoso.

Caridad 固名 《女性名》カリダー.

:**caridad** 女 **1** 慈愛心, 親切, 思いやり. **2** 慈善, 施し(物), お恵み. —obra (colecta) de 〜 慈善事業募金). **3** 《キリスト教》愛徳, カリタス. ▶ *por caridad* 《話》どうぞお願い[後生]だから.

caries 女 [単複同形] 《医学》カリエス; 虫歯.

carigordo, da 形 《話》顔の太った, 丸ぽちゃの.

carilampiño, ña 形 ひげのない, ひげの薄い.

carilargo, ga 形 《話》**1** 顔の長い. **2** 不機嫌な[浮かぬ]顔をした.

carilla 女 (紙の表・裏の)面, ページ.

carillón 男 **1** (教会の塔・時計台の)カリヨン, 組み鐘(の音). **2** チャイム時計.

cariñena 男 (スペイン・サラゴサの)カリニェーナ産赤ワイン.

:**cariño** [カリニョ] 男 **1** [+ a/hacia/por] ... (に対する)愛情; 愛着. —tomar [coger] 〜 a ... が好きになる, 気に入る. **2** [主に複] 愛情の表現, 愛の仕草; 慈愛に満ちた行為. **3** 愛顧, 丹精. **4** (夫婦・恋人などの親愛の呼びかけ)あなた, お前. —No llores, 〜. ねえ, 泣かないで. ¡C〜 mío! 私の愛しい人.

:**cariñosamente** 副 愛情を込めて, 優しく.

:**cariñoso, sa** 形 **1** 愛情深い. [+ con/para con に] 優しい. **2** 愛情のこもった, 思いやりのある.

carioca 形男女 リオデジャネイロ (Rio de Janeiro)の(人).

cariópside 女 《植物》頴果(えい), 穀果.

cariparejo, ja 形 《話》ポーカーフェイスの.

carisma 男 《神学》カリスマ, 特能(神より授けられた特別の恩恵). **2** カリスマ性.

carismático, ca 形 カリスマ的な, カリスマ性を持った.

caritativo, va 形 [+ con/para/para con に] 慈悲深い; 慈善の, 寛大な.

cariz 男 [複 carices] 《話》(事柄, 問題などの)状況, 様相.

carlanca 女 **1** (狼から犬を守るための)とげ付きの首輪. **2** 《話》悪賢さ, ずる賢さ.

carlinga 女 **1** 《海事》檣座(しょう). **2** 《航空》機内; 操縦室, コックピット.

carlismo 男 《歴史》カルロス主義, カルロス党.

:**carlista** 形男女 《歴史》カルロス党(の), カルロス支持派(の), (カルリスタ)の.

Carlomagno 固名 シャルルマーニュ, カール大帝 (742–814, フランク国王, 在位 768–814).

Carlos 固名 (〜 V) カルロス5世 (1500–58, 神聖ローマ皇帝在位 1519–56, スペイン王カルロス1世在位 1516–56).

Carlota 固名 《女性名》カルロータ.

carmañola 女 《服飾》(フランス革命時に革命家たちが着た)カルマニョール服.

Carmela 固名 《女性名》カルメラ.

carmelita 形 **1** 《カト》カルメル修道会の. **2** [チリ] 茶色の. **—** 男女 《カト》カルメル会修道士[女].

carmelitano, na 形 《カト》カルメル(修道会)の. **—** 名 《カト》カルメル会修道士[女].

Carmen 固名 《女性名》カルメン (正式には María del Carmen).

carmen 男 [複 cármenes] (グラナダの庭園)果樹園付きの別荘.

carmenar 他 **1** (髪・毛・絹などを)梳く, ときほぐす. **2** 《話》髪を引っ張る. **3** 《話》(金品)を奪い取る, 巻き上げる.

carmesí 形 [複 〜es] 深紅の. **—** 男 **1** コチニール粉末[染料]. **2** 深紅色.

carmín 男 **1** 洋紅[深紅]色. **2** (化粧)口紅. **—** 形 [無変化] 洋紅[深紅]色の.

Carmina 固名 《女性名》カルミーナ (Carmen の愛称).

carminativo, va 形 《医学》胃腸内のガスの排出を助ける, 駆風の. **—** 男 《医学》駆風剤.

carmíneo, a 形 深紅色の, 洋紅色の.

carnada 女 **1** (魚釣り・狩猟に使う)

carnadura 囡 **1** 傷が治癒する力. **2** たくましさ; 肉付きのよさ.

carnal 形 **1**（精神に対する）肉体の，肉欲の. —**acto** 〜 性行為, 性交. **amor** 〜 淫乱(^{らん})な, みだらな. **3** 血を分けた, 実の. —**primo** 〜 実のいとこ.

carnalidad 囡 肉欲, 情欲; 官能.

carnaval 男 **1** 謝肉祭, カーニバル（カトリック教会暦で灰の水曜日 Miércoles de Ceniza に先立つ3日間に催される）. —**el C**〜 **de Río** リオのカーニバル. **2**（仮装・騒ぎなどからなる）謝肉祭のお祭り騒ぎ, どんちゃん騒ぎ.

carnavalada 囡《軽蔑》**1** 謝肉祭［カーニバル］期間のお祭り騒ぎ. **2** 悪ふざけ, 茶番.

carnavalesco, ca 形 **1** 謝肉祭の, カーニバルの. **2** ふざけた, 茶番の.

carnaza 囡 **1**（釣りや猟の）餌(^{えさ})，囮(^{おとり}). **2**《軽蔑》スケープゴート, 身代わり.

carne ［カルネ］囡《料理》食肉, 肉, 肉類. 〜 **cruda** 生肉. 〜 **de cerdo**/［中南米］〜 **de chancho** 豚肉. 〜 **de ternera** 子牛の肉. 〜 **de vaca**/［中南米］〜 **de res** 牛肉. 〜 **de cordero** 子羊の肉. 〜 **picada**/［中南米］〜 **molida** 挽き肉. 〜 **a la plancha** 肉の鉄板焼き. **2**《解剖》肉, 身体. 肉 **3** 肉付き具合, 肥満. —**perder** 〜**s** 痩せる, 肉が落ちる. **persona de abundantes** 〜**s** 太った人. **persona de pocas** 〜**s** 肉付きの悪い, 痩せた. **4** 肉体, 肉欲, 情欲. **los placeres de la** 〜 官能的な悦び, 肉体的な快楽. **5**《植物》果肉. ▶**carne de cañón** 最前線の兵士;《話》（集合的に）危険の先端に立たされる人たち. **carne de gallina** 鳥肌. —**ponérsele a uno la** 〜 **de gallina** 鳥肌が立つ. **carne de membrillo** マルメロ（カリン）のペーストゼリー. **carnes frías**/**carne fiambre** ［中南米］冷肉（ハム・ソーセージ類）. **de carne y hueso** 生身の, 実存の. **en carne viva** 皮膚がむきだの; 神経過敏の, 感じやすい（つらい思い出・侮辱などの）記憶が生々しい. **metido** [**metida**] **en carnes** 肥満とは言えないもののふ太っている. **no ser (ni) carne ni pescado**《話》どっちつかずで言えりがない, 優柔不断である. 捕えどころがない. **poner [echar] toda la carne en el asador**《話》あらゆる手を尽くす, 全力を傾ける, 一か八かの勝負に出る. **ser uña y carne** 切っても切れない仲である. **temblar a ...las carnes** 怖い, 恐れおののく.

carné 男（複 〜**s**）（身分などの）証明書. —〜 **de identidad** 身分証明書. 〜 **de conducir** 運転免許証. 〜 **de estudiante (de socio)** 学生［会員］証.

carneada 囡［中南米］畜殺（場）.

carnear 他［中南米］（食肉用に）を畜殺する.

carnecería 囡《俗》→**carnicería**.

carnero 男 **1**《動物》雄羊, 羊のなめし革. ◆「子羊」は cordero,「1歳から2歳の子羊」は borrego. **2**［中南米］《動物》リャマ（→llama）. **3**《古》(C〜)《天文》（黄道十二宮の）白羊宮. ▶**carnero de la sierra [de la tierra]**［中南米］《動物》アルパカ, ビクーニャ, リャマ, グアナコの総称. **carnero del Cabo**《鳥類》アホウドリ. **carnero marino**《動物》アザラシ.

carnestolendas 囡複 [las +] 謝肉祭［カーニバル］の日々.

carnet 男 →**carné**.

carnicería 囡 **1** 肉屋, 精肉店. **2**《話》（戦争・大惨事による）大量死, 大虐殺; 血の海.

carnicero, ra 形 **1**（動物が）肉食（性）の. **2**《話》残虐な, 血に飢えた. —男 **1** 肉屋, 肉を売る人. **2**《話》残虐な人. —男《主に複》《動物》肉食動物, 肉食類.

cárnico, ca 形 食肉の.

carnívoro, ra 形 **1**（動物が）肉食（性）の. —**animal** 〜 肉食動物. **2**（植物が）食虫（性）の. —男《主に複》《動物》肉食動物, 肉食類. —囡《植物》食虫植物.

carnosidad 囡 **1**《医学》（傷口などにできる）肉芽. **2** ぜい肉.

carnoso, sa 形 **1** 肉の, 肉質の. **2** 肉付のよい, 太った. **3**《植物》果肉の多い, 多肉質の.

carnudo, da 形 肉付のいい, 果肉の多い.

caro, ra ［カロ, ラ］形 **1**（値段の）高い, 高価な; 費用のかかる. **2** 親愛な, 愛する; 大切な. —¡Mi 〜 **amigo!** 親愛なる友よ. —副（値段が）高く, 高価に.

Carolina 固名《女性名》カロリーナ.

Carolinas 固名 (Islas 〜) カロリン諸島.

carolingio, gia 形《歴史》カール大帝［シャルルマーニュ］(Carlomagno) の, カロリング王朝の.

carona 囡《軍》鞍下(^{くら})（しき）.

carota 男女《話》厚顔無恥な人, 図々しい人.

caroteno 男《化学》カロチン.

carótida 囡形《解剖》頸(^{けい})（動脈）の.

carotina 囡 →**caroteno**.

carozo 男 **1**（トウモロコシの）穂軸. **2**（果物の）芯;［中南米］果物の固い部分.

carpa[1] 囡《動物》コイ.

carpa[2] 囡 **1**（サーカスなどの）テント;［中南米］（キャンプ用の）テント. **2**［中南米］（テント張りの）露店, 屋台.

carpanel 形《建築》が三心の.

carpanta 囡《話》激しい空腹感. —男女《話》がつがつ食べる人, 腹ぺこの人.

carpelo 男《植物》心皮.

Carpentier 固名 カルペンティエ(-ル) (Alejo 〜) (1904–80, キューバの小説家).

carpeta 囡 **1** フォルダー, ポートフォリオ;

(情報) フォルダ. —cerrar ～ (情報) フォルダーを閉じる. **2** ブリーフケース, 書類かばん. **3** デスクマット.

carpetano, na 形名 《歴史》カルペタニ人の.

carpetazo 男 ▶ **dar carpetazo a...** を打ち切る[中止する].

carpetovetónico, ca 形 《話》《話》(スペイン人が)国粋主義的な. —名 《話》国粋主義的なスペイン人, 心底スペイン気質の人.

carpiano, na 形 《解剖》手根(しゅこん)(骨)の.

carpincho [中南米]《動物》カピバラ, ミズブタ.

carpintear 自 (職業・趣味として)大工仕事をする.

*__**carpintería**__ 女 **1** 大工仕事, 大工職, 大工の仕事場. **2** (集合的に)建具類, 建材.

‡**carpintero, ra** 名 大工.

carpir 他 [中南米](土地を)除草する, 雑草を取る.

carpo 男 《解剖》手根(しゅこん)(骨), 手首の骨.

carraca[1] 女 **1** 《歴史, 海事》カラック船. **2** 古くて遅い船. **3** 《話》がらくた, ぽんこつ.

carraca[2] 女 《音楽》(聖週間や試合の応援などに使う)がらがら.

Carracuca 固名 ▶ *más... que Carracuca* この上ない…な.

carrada 女 荷車1台分の積荷.

carraleja 女 《虫類》ツチハンミョウ(属).

carrasca 女 **1** 《植物》ケルメスナラ. **2** [中南米]《音楽》カラスカ(民族楽器の一種).

carrascal 男 ケルメスナラの林.

carrasco 男 → carrasca.

carraspear 自 咳(せき)払いをする.

carraspeo 男 咳(せき)払い.

carraspera 女 **1** 《話》喉のいがらっぽさ. **2** 咳(せき)払い.

carraspique 男 《植物》グンバイナズナ.

carrasposo, sa 形 **1** (慢性的に)声のかすれた, よく咳(せき)払いをする. **2** [中南米]手触りが粗い, ざらざらした. ——名 **1** (慢性的に)声のかすれた人, よく咳払いをする人.

‡**carrera** [カレラ] 女 **1** 《スポ》競走, レース. —— de cien metros lisos 100メートル走. ——s de caballos 競馬. ～ contra reloj タイムトライアル (→ contrarreloj). ～ de fondo 長距離走, 耐久レース. ～ de medio fondo 中距離走. ～ ciclista 自転車レース. ～ de relevos リレー競走. **2** 走ること; 急ぐこと. —ir de una ～ al colegio 学校へ走って行く. **3** (専門職の)経歴, 履歴, キャリア. —mujer de ～ キャリアウーマン. ～ diplomática (militar) 外交[軍人]としてのキャリア. **4** (生涯とるべき)職業, 道, 人生. 生涯. —abandonar su ～ de actriz 女優をやめる. **5** (大学の)専門課程, 学業. —acabar [terminar] la ～ universitaria 大学の課程を終える, 大学を卒業する. **6** (乗り物の)経路, 行程, ルート. —pagar la ～ del taxi タクシー料金を払う. **7** 《天文》軌道, 運行. **8** 《機械》(ピストンなどの)ストローク, 一突き, 行程. **9** (ストッキングの)伝線. —Llevas [Tienes] una ～ en la media. 君のストッキングが伝線してる. **10** [固有名詞として] 道. —la ～ de San Jerónimo de Madrid マドリードのサン・ヘロニモ通り. **11** 《野球》でホームベースを踏むこと, 得点. ▶ *a la carrera* 大急ぎで, フルスピードで, 走って. *cubrir la carrera* パレード[行列]の道筋を警備する. *dar (la) carrera a...* に学資を出してやる; に教育を授ける. *de carrera* すらすらと; 素早く, 機敏に. *hacer carrera* 《話》成功する, 出世する, 昇進する. *tomar carrera* 助走する.

carrerilla 女 **1** 短い走り, 一走り; 《スポ》助走. **2** 《音楽》ルラード. ▶ *de carrerilla* 《話》丸暗記[暗記]で; すらすらとよどみなく. *tomar [coger] carrerilla* (跳躍の前などに)助走する.

carrerista 男女 **1** 立身出世主義者. **2** 自転車競技の選手; 競馬の騎手. **3** 競輪[競馬]ファン.

carrero 男 車引き, 荷(に)車引き.

carreta 女 (二輪の)荷車, 荷馬車.

carretada 女 **1** 荷車1台分の荷物. **2** 《話》大量, たくさん. ▶ *a carretadas* 《話》大量に, 豊富に.

carrete 男 **1** 《写真》フィルム, ロール・フィルム, フィルムの巻き筒. **2** 糸車, 糸巻き, ボビン. **3** (釣り具用の)リール. ▶ *dar carrete a...* …の要請をぐずぐずと引き延ばす[延期する]. *tener carrete* よくしゃべる.

carretear[1] 他 **1** を荷車で運ぶ. **2** (荷車)を引く.

carretear[2] 自 [中南米](飛行機が)滑走路を移動する.

carretel 男 **1** 《海事》ウィンチ, 巻き揚げ機. **2** [中南米]糸巻き, ボビン; (釣り用の)リール.

carretela 女 **1** 4人乗りの折畳み幌(ほろ)馬車. **2** [中南米]乗合馬車[バス]; (二輪の)荷車.

‡**carretera** 女 (自動車の)道路, 街道; (都市間を結ぶ)幹線道路. —— nacional 国道. ▶ *luz de carretera* (自動車)ハイビーム.

carretería 女 **1** 車大工の仕事場, 車大工. **2** (職業としての)荷車引き; 荷車で運ぶこと.

carretero 男 **1** (荷)車大工. **2** 馬車引き, 荷車引き. ▶ *hablar [jurar] como un carretero* 《話》口汚くののしる.

carretilla 女 **1** (一輪の)手押し車; (小型)運搬車, 台車. —— elevadora フォークリフト. **2** (幼児の)歩行器. **3** 《料理》(歯車のついた)パイカッター. **4** ねずみ花火. ▶ *de carretilla* 《話》丸暗記して, そらで.

carretón 男 **1** 小型の荷車, 台車, 手

押し車. **2**〖鉄道〗ボギー車.

carricoche 男 **1**《話》おんぼろ[ぼんこつ]車. **2**幌(ほろ)馬車.

carricuba 女 散水車;タンクローリー.

carriel 男 〖中米〗(旅行用の)皮バッグ.

carril 男 **1**(道路の)車線, レーン. ~ bus [de taxi] バス[タクシー]専用レーン. **2**轍(わだち). **3**〖鉄道〗レール, 線路. ▶ **carril de aceleración** (幹線道路の)高速レーン.

carriola 女 〖南米〗鉄道具.

carrilera 女 **1**轍(わだち). **2**〖中南米〗〖鉄道〗線路; 待避線.

carrilero, ra 名 **1**〖スポ〗(サッカーの)ウイング. **2**〖中南米〗路上生活者, 浮浪者; 詐欺師.

carrillada 女 豚の両頬(ほお)の脂肪.

carrillera 女 **1**(動物の)顎(あご), 顎骨. **2**(軍帽などの)顎ひも.

carrillo 男 頬(ほお). ▶ **comer** [masticar] **a dos carrillos** 《話》急いでがつがつ食べる.

carrilludo, da 形 (人が)頬(ほお)のふっくらした.

carriola 女 **1**キャスター付きの低いベッド. **2**〖中南米〗乳母車.

carrito 男 **1**ワゴン・テーブル. **2**カート, ショッピングカート.

carrizal 男 葦(あし)原.

carrizo 男 〖植物〗アシ(葦), ヨシ(蘆).

carro 男 **1**(主に二輪の)荷車, 馬車, 車. ~ de caballos [de bueyes] 馬[牛]車. ~ de grúa クレーン車. **2**〖中南米〗(一般に)車, 自動車. ~ sport スポーツカー. ~ colectivo 乗合バス[タクシー]. **3**カート, 荷物運搬車. **4**〖軍事〗タンク, 戦車; (古代の)二輪式戦車[馬車]. **5**〖機械〗(タイプライターなどの)キャリッジ(文字送り台); 〖印刷〗版床, 版台. ▶ **parar el carro** 怒りを抑える, 冷静になる, 黙る. **subirse al carro**《話》うまくいきそうなことに協力する. **tirar del carro**《話》先頭に立ってやる, 一番つらい仕事を引き受ける.

carrocería 女 **1**(車・列車の)車体, ボディ. **2**車[馬車]の製造所[修理場, 販売所].

carrocero, ra 名 車(体)製造 [修理] 業者.

carrocha 女 〖集合的に〗(昆虫の)卵.

carromato 男 **1**大型の幌(ほろ)馬車. **2**大型で乗り心地の悪いぽんこつ車.

carroña 女 **1**(動物の)腐肉, 死肉. **2**〖主に無冠詞で〗卑劣で軽蔑すべき人[物・行為・考え].

carroñero, ra 形 腐肉の, 腐肉をえさとする. ── 男 腐肉をえさとする動物.

carroza 女 **1**豪華な大型四輪馬車, 儀典用馬車. **2**(祭り・パレード用に飾った)山車(だし). **3**〖南米〗霊柩車. ── **carroza fúnebre** 霊柩車. ── 男女 《話》年寄りじみた(人), 古くさい(人).

carrozar 他 (乗り物)に車体[ボディ]を付ける.

carruaje 男 車, 乗り物.

carrusel 男 **1**騎馬隊のパレード. **2**メリーゴーランド, 回転木馬[遊木](→tiovivo).

cárstico, ca 形 〖地質〗カルスト(地形)の (=kárstico, ca).

carta [カルタ] 女 **1**手紙, 書簡. ~ de recomendación 推薦状. ~ de presentación 紹介状. ~ circular 回状, 回覧状. ~ urgente [certificada] 速達[書留]の手紙. **2**(公式の)書状, 証書. ~ ...状. ── ~ de crédito (商業)(銀行などの)信用状(英語L/C). ~ de embarque 搭乗券. ~ de pago 受領証, レシート. ~ de solicitud 願書, 申込書, 申請書. **3**憲章, 憲法. ─C~ Magna 〖歴史〗(英国の)大憲章, マグナカルタ. **4**〖ゲーム〗トランプ(の札), カード. ─jugar a las ~s トランプ遊びをする. **5**地図. ~ meteorológica 気象図, 天気図. ~ de vuelo (航空)フライトプラン, 飛行計画書. **6**メニュー, 献立(表). ワインリスト (= ~ de vinos). **carta cabal** 完璧な, 非のうちどころない; 完璧に, 全く. **a la carta** (料理)(定食でなく)アラカルトで[の], お好みの料理を選んで. **carta abierta** 公開状. **carta astral** 星座図. **carta de ajuste** 〖放送〗(テレビの)テストパターン. **carta blanca** 白紙委任状; 白紙[全権]委任. **carta de ciudadanía** 市民権証書, 国籍証明書. **carta de naturaleza** 帰化承認状. **cartas credenciales** (外交の)信任状. **echar las cartas** トランプ占いをする, 運勢を占う. **enseñar** [mostrar] **las cartas** (= poner) sus cartas boca arriba). **jugar** [jugarse] **la última carta** 最後の切り札を出す; 奥の手を使う. **jugárselo todo a una** (sola) **carta** 一つの可能性にすべてを賭ける, 一か八かの勝負をする. **no saber a qué** [con qué] **carta quedar**(se) 決心し兼ねる, どっちにどう変えていいのか分からない, 途方にくれる. **perder con buenas cartas** 《話》目的を達成するための手段がありながら失敗する. **poner las cartas boca arriba** 本心を明かす, 隠し立てしない, 腹蔵なく振る舞う. **tomar** [tener] **cartas en el asunto** (権限をもって)関わる, 参加[介入]する.

cartabón 男 (線画用の)三角定規; (大工用の)直角定規, さしがね, 曲尺.

Cartagena 固名 カルタヘーナ(スペインの都市; コスタリカの都市; コロンビアの都市; チリの都市).

cartagenero, ra 形名 **1**(ムルシア県の)カルタヘーナ (Cartagena) の(人). **2**(コロンビアの)カルタヘーナ・デ・インディアス (Cartagena de Indias) の(人).

cartaginense 形名 カルタゴ(の人).

cartaginés, nesa 形名 **1**カルタゴ (Cartago) の(人). **2**(ムルシア県にある)カルタヘーナ(の人).

cartapacio 男 **1**書類入れ[かばん], ファイル. **2**手帳, メモ帳, ノート.

cartearse 再 《+ con と》文通する, (お互いに)手紙をやりとりする.

cartel[1] [カルテル] 男 **1** ポスター, 貼り紙, 広告ビラ. **2**(劇)予告声明書. —un torero de ～ 有名な闘牛士. **3**(教室で壁に掛ける教材用の)図表, チャート, 掛け図. ▶ **en cartel**（演劇・映画などが）上演[公演, 上映]中で. **tener cartel** 有名である, 評判がよい.

cartel[2], **cártel** 男 《経済》カルテル, 企業連合.

cartela 女 **1**(厚紙や板などでできた)ラベル, 張り札. **2**《建築》コンソール, 持ち送り, ヒジキ.

cartelera 女 **1**(新聞などの)演劇映画案内欄, 芸能娯楽欄;(映画などの)看板. **2**掲示板, 広告板.

cartelero, ra 形 演劇・映画・俳優・作家・闘牛士などが)人気を博している, 大当たりを取っている.

cartelismo 男 《美術》ポスター[広告]製造業; ポスター芸術.

cartelista 男女 ポスター[広告]製造業者.

cartelístico, ca 形 《美術》ポスター芸術[製作・製造]の.

carteo 男 文通, 手紙による通信.

cárter 男 **1**(機械)(機械の)ハウジング, ケース. **2**(自動車の)クランクケース. **3**(自転車の)チェーンガード.

cartera 女 **1**財布, 札入れ, 名刺入れ. —～ de bolsillo 札入れ. **2**書類かばん; 学生かばん; 書類入れ, ファイル. **3**大臣の職[地位]. —ministro sin ～ 無任所大臣. **4**《商業》《集合的に》(銀行・証券・商店などの)保有有価証券の一覧表, ポートフォリオ, 金融資産組合せ. **5**《商業》《集合的に》(会社の)顧客. **6**《中南米》ハンドバッグ (→bolso). **cartera de clientes** 《商業》《集合的に》(会社の)顧客. **cartera de pedidos** 受注残高; 受注総量. **cartera de valores** 《商業》(特定の個人・機関投資家・金融機関が保有する)各種有価証券の明細一覧表, 株券のポートフォリオ. **en cartera** を計画[検討]中である.

cartería 女 **1**(職業としての)郵便配達. **2**郵便物集配所(小さな郵便局).

carterista 男女 すり.

cartero, ra 名 郵便配達人[集配人].

cartesianismo 男 《哲学》デカルト(Descartes)哲学[思想], デカルト主義, 合理主義.

cartesiano, na 形 《哲学》デカルト(哲学)の, デカルトの説の. **2**合理的な, デカルト的な. —名 《哲学》デカルト主義者, 合理主義者.

cartilaginoso, sa 形 《解剖》軟骨(性, 質)の.

cartílago 男 《解剖》軟骨.

cartilla 女 **1**手帳, 通帳, 証明書. —～ de ahorros 預金通帳, 貯金通帳. ～ de la seguridad social 健康保険証. **2**文字教本, 初級読本. **3**入門書 ▶ **cantar**LE [**leer**LE] **a... la cartilla** 《俗》(を)厳しく戒める, 叱りつける; に教える, 心得を手ほどきする. **saberse** [**tener aprendida**] **la cartilla** ふるまい方[やり方]をすべて心得る.

cartografía 女 地図作成(法, 術); 地図学.

cartográfico, ca 形 地図作成(法, 術)の; 地図学の.

cartógrafo, fa 名 地図作成者; 地図学者.

cartomancia, cartomancía 女 トランプ[カード]占い.

cartomántico, ca 形 トランプ[カード]占いの. —名 トランプ占い師.

cartón 男 **1**厚紙, ボール紙. —～ ondulado 段ボール. ～ piedra 紙粘土. **2**《美術》(タペストリー・フレスコ画などの)下絵. **3**(10箱入りのタバコの)カートン; (卵・牛乳などの)紙パック. **4**(ビンゴなどの)数字が書いてある厚紙. ▶ **ser de cartón piedra** 《人が》偽物である; 《人が》無感覚である, 冷淡である.

cartonaje 男 《集合的に》厚紙製品.

cartoné 男 《印刷》厚紙装丁.

cartonero, ra 形 厚紙の(製造者, 販売者).

cartuchera 女 **1**《軍事》弾薬帯. **2**(話)太ももぜい肉.

cartucho 男 **1**薬莢(さや), 弾薬筒. **2**(紙・厚紙製の)円錐状の包み, (同じ種類の)硬貨を包装するための円錐状の包み; 円錐形の包み, 包装. **3**(インク・フィルムなどの)カートリッジ. ▶ **quemar el último cartucho** 最後の手段を使う.

cartuja 女 《カト》カルトゥジオ[カルトジオ]修道会[院].

cartujano, na 形 《カト》カルトゥハ[カルトジオ]修道会の. —名 《カト》カルトゥハ[カルトジオ]修道会士[修道女].

cartujo, ja 形 《カト》カルトゥハ[カルトジオ]修道会[修道士]の. —名 《カト》カルトゥハ[カルトジオ]修道会士[修道女].

cartulario 男 (教会や修道院などの)記録簿, 特許状[権利証書]台帳.

cartulina 女 **1**(名刺・カード・免許用の)上質の厚紙. **2**(スポーツ)(反則に対して警告・退場を示すカラー)カード. —～ amarilla [roja] イエロー[レッド]カード.

carúncula 女 **1**《動物》(鶏や七面鳥などの)とさか, 肉垂(くい). **2**《解剖》丘(きゅう), 小丘. —～ lagrimal [lacrimal] 涙丘.

casa [カサ] 女 **1**家, 住宅, 住まい. —Su ～ está en el n.º 8, 2.ªB. 彼がまは8番地の2-B(3階B号室)です. ～ de dos pisos 2階建ての家. ～ de alquiler 貸家, 借家. ～ adosada テラスハウス. ～ natal 生家. ～ de campo 別荘. **estar en [fuera de]** ～ 在宅[外出]している. **Estás en tu** ～. (お客さんに対して)楽にしてね. **2**家族, 家族, **3**《集合的に》家系, (特に王族・貴族などの高貴な)一家, … 家. —La ～ de Habsburgo [de Austria] ハプスブルグ家. **4**(公共・娯楽な

と特定用途の]建物, 施設, …家; (社会・文化的な)機関, 協会. **～ de beneficencia** 救貧院(孤児院・養老院など). **～ de cambio** 両替店. **～ de maternidad** 産院. **～ de reposo** 保養施設. **C～ de Galicia** ガリシア文化協会. **5** 会社, 商店; 支社, 支店; (飲食関係の)店. **～ comercial [de comercio]** 商社. **～ editorial** 出版社. **～ central** 本社, 本店. **especialidad de la ～** 店のおすすめ料理. **6** (使用人・召使いの)働き口, 職, 奉公先; 住居先, 届け先. **7** 《スポ》 ホームグラウンド; 地元の試合; (野球の)本塁. **—jugar en ～** 地元で戦う. **8** 《チェスの》升目. **9** (占星術で)宿, 宮; 十二宮の一つ. ▶ **Cada uno en su casa y Dios en la de todos.** [諺]《話》 各人は自分のことを考えて, 他人のことは神様に任せておけばよい. / 人のことに干渉するな. **caérsele a uno la casa encima** 《話》 [強調表現] 家にじっとしていられない, 家にいるのが嫌だ; に災難[不幸, 問題]がふりかかる, 困難に陥る. **casa abierta** 住まい, 住居. **casa consistorial** 市役所. **casa cuartel** 駐在所. **casa de baños** 公衆浴場. **casa de citas** 売春宿 (→ burdel). **casa de comidas** (安い)飲食店, 大衆食堂. **casa de Dios [de oración, del Señor]** 教会 (= iglesia). **casa de empeño(s) [de préstamos]** 質屋. **casa de huéspedes** 下宿屋. **casa de juegos** 賭博場 (→ casino). **casa de (la) Moneda** 造幣局[所]. **casa de locos** 精神病院 (= manicomio). [強調表現] (みんな好き勝手なことをしている)無秩序な所, 騒々しい所. **casa del rey** 王直属の従者たち. **casa de putas** 売春宿 (→ burdel). **casa militar** 王宮付武官. **casa parroquial** (教会の)主任司祭用の家. **casa real** [la + ～] 王室, 王家; [集合的に] 王族, 皇族. **casa solariega [solar]** (田舎などの)大邸宅, 旧家, 館. **de andar por casa** 一時しのぎの, 雑な (= para andar por casa). **de la casa** (バル・レストランなどの)自家製の, 当店特製の; 自国の; 家族[身内]同然の; 会社の. **—vino de la casa** ハウスワイン. **echar la casa por la ventana** 金を湯水のように使う, 金を浪費する. 金に糸目をつけない. **empezar la casa por el tejado** 《話》 本末を転倒する, 順序をあべこべにして行う. **En casa del herrero, cuchillo [cuchara] de palo.** [諺] 紺屋の白袴. **no parar en casa** 《話》 ほとんど家にいない. 家に寄りつかない, 家から出ていることが多い. **para andar por casa** (解決・説明が)一時しのぎの, 応急処置的な, 大ぎっぱな. **poner la casa** (住むために)家具をそろえる[備え付ける]. **quedar todo en casa** 《話》 よそ者に門戸を開かず. **ser (como) de casa** 《話》 (人が)大変信用できる, 大変信の[信]を持てる. **ser (muy) de su casa** (人が)とても家庭的である, 家庭を大切にす

る, マイホーム主義である. **sin casa ni hogar** 決まった住まいを持たないで[の], 放浪生活の[で], 住所不定の[で]. **Unos por otros y la casa por [sin] barrer.** [諺] 船頭多くして船山に登る.

*casabe 男 《料理》 (tapiocaの原料となる)キャッサバ粉粥; キャッサバ粉で作ったパン. → cazabe.

casaca 女 **1** 《服飾》 (モーニングコートに似た18世紀に流行した男性用)丈長(な)上着. **2** (主に女性用)ジャケット, ショートコート.

*casación 女 《法律》 (特に判決の)破棄.

*casadero, ra 形 (結婚)適齢期の, 年頃の.

*casado, da 過分 (→ casar) 形 **1** [estar + / ser + / con と] 結婚した, 既婚の. **2** [+ con と] 調和した, 合った. — 名 既婚者. —**recién ～s** 新婚夫婦.

*casal 男 **1** (耕地付き)別荘, 農家. **2** 旧家, 名家. **3** 《南米》 (動物, 特に鳥の)つがい.

Casals 固名 カザルス (Pau [Pablo] ～) (1876-1973, スペインの作曲家, チェロ奏者).

casamata 女 《軍事》 (トーチカ状の)砲台; (軍艦の)砲郭.

casamentero, ra 形名 仲人好きな(人).

*casamiento 男 **1** 結婚, 婚姻. **2** 結婚式, 挙式. —**celebrar el ～** 結婚式を挙げる, 挙式する.

casanova 女 (女性遍歴で有名なイタリア男性カサノバから)女たらし.

casapuerta 女 (家の)玄関.

casaquilla 女 丈の短い昔の礼服.

*casar[1] [カタル] 他 **1** を結婚させて行う; (司祭が)結婚式をとり行う. **2** [+ con と] を組み合わせる, 結びつける. —**～ la oferta con la demanda** 需要と供給を見合わせる. — 自 [+ con と] つり合う, 調和する. —**se** 再 [+ con と] 結婚する. —**～ se por la iglesia** 教会で挙式する. —**～ se por lo civil** (教会を介さずに)民法上の結婚をする. ▶ **no casarse con nadie** だれにも影響されない.

*casar[2] 他 《法律》 (判決を)破棄する, 破棄[取消]する.

casar[3] 男 集落, 部落.

casatienda 女 店舗付き住宅.

casba, casbah 女 カバス(北アフリカのアラブの都市の旧市街).

*cascabel 男 **1** (金属製の)鈴, ベル, 鐘; (牛や馬の首につける)ベル, 鈴. —**serpiente de ～** 《動物》 ガラガラヘビ. **2** 《話》 陽気な人. ▶ **poner el cascabel al gato** 《話》 難事をあえて行う, 危険の伴うことをあえて行う.

cascabelear 自 **1** 鈴[ベル・鐘など]を鳴らす. **2** 《話》 軽率に振る舞う, 軽はずみな行動を取る.

cascabeleo 男 鈴[ベル・鐘など]の音;

cascabelero（鈴の音に似た）笑い声．

cascabelero, ra 形名《話》おっちょこちょいな（人），そそっかしい（人），思慮の浅い（人）．

cascabillo 男《植物》**1**（穀物の）殻，籾殻(^{もみ})．**2**（ドングリなどの）殻(^{から})．

cascada 女 **1** 滝．**2**《情報》カスケード．▶ **en cascada** 次々と連続した．*reacción en cascada* 連鎖反応．

cascado, da 過分 (→ cascar) 形 **1** 疲れた，やつれた，衰弱した；消耗した，損われた，古くなった．**2**（声が）かすれた，しわがれた．—*tener la voz cascada* しゃがれた声をしている．

cascadura 女 **1** 衰弱，消耗．**2**（声などが）しわがれる［かすれる］こと．**3** ひび割れ．

cascajal, cascajar 男 **1** 小石（砂利）の多い場所．**2**（ブドウを搾った後の）皮の捨て場．

cascajo 男 **1**《集合的に》（石・レンガ・ガラスなどの）破片，かけら．**2**（舗装などに用いられる）砂利，砕石．**3**（木の）がらくた．▶ *estar hecho un cascajo*《話》（人が）ぼろぼろになった［なっている］．

cascajoso, sa 形 砂利，小石の多い．

cascanueces 男《単複同形》クルミ割り器．

cascar [1.1] 他 **1**（割れやすいものを）割る；ひびを入らせる．— *una nuez* クルミを割る．**2**《話》（人を）殴る，たたく．**3**《話》べちゃくちゃしゃべる．—— 自 **1**（物が）割れる，壊れる．**2**《話》死ぬ．—— se 再 **1** 割れる；ひびが入る．**2**（声がしわがれる，かすれる．**3** 体が衰える．

cáscara 女（卵や乾果の）殻；（バナナ・オレンジ・メロンなどの厚みのある）皮．▶ *Cáscaras*, 感《驚き・怒りなどを表すが》なんだって．*de (la) cáscara amarga* 左翼［進歩］の思想の；ホモセクシュアルな．

cascarilla 女 **1**（穀類の）殻，（ピーナッツ・アーモンドなどの）皮，さや．**2** 金属メッキ；金属などの薄片．

cascarón 男（ひよこの卵の）殻，**cascarón de nuez**《話》小さくて脆(^{もろ})い船．*recién salido del cascarón*《話》経験の浅い，未熟な，くちばしの黄色い．

cascarrabias 男女《単複同形》《話》おこりっぽい人，短気な人．

cascarria 女 →cazcarria.

cascarriento, ta 形（服が）はねた泥だらけの．

:casco 男 **1** ヘルメット，兜(^{かぶと})．— *protector*（作業員などの）保安帽，安全ヘルメット．**2** 複 ヘッドホーン．**3** 複 破片，かけら．**4** 複 （飲み物用の空の）空き瓶［樽］．**5**（馬の）蹄(^{ひづめ})．**6**《話》（人の）頭，頭蓋(^{ずがい})骨．**7** 旧市街．— *viejo de Barcelona* バルセロナ旧市街．**8**（船舶）船の本体，**9**（オレンジなどの厚皮をむいて分けた）一房，一袋．▶ *ligero de cascos*《話》軽薄な，軽率な，軽はずみな．*calentarse [romperse] los cascos*《話》猛勉強［ガリ勉］する；［＋con/por に］頭を悩ます，あれこれ考える，知恵を絞る．*cascos azules* 国連平和維持軍．*casco urbano [de población]* 市街地．

cascote 男 **1**《主に 複》《集合的に》瓦礫(^{がれき})，石くず，残骸．**2**（炸(^{さく})裂した弾の）破片．

caseína 女《化学》カゼイン，乾酪素．

caseoso, sa 形 **1** チーズの，チーズ質［状］の，チーズのような．**2**《医学》（組織の）乾酪様の．

casería 女 農家．

***caserío** 男 **1**（村より小さい）小集落，小部落．**2**（点在する）農家．

casern 男《軍事》（堡塁(^{ほうるい})内の）地下倉庫［営舎］，防空陣地．

***casero, ra** 形 **1** 自家製の，手製の．— *pan* 〜 自家製のパン，家で飼っている，手飼いの．— *animal* 〜 家畜．**3** 家庭の，家族の，家庭的な．**4**（衣服などの）普段の，家庭用の．**5**（人が）家庭的な；家にいるのが好きな，出不精の．**6**《話》《審判が》地元びいきの；（サッカーで）ホームチームの．—— 名 **1** 家主，大家．**2**（家・土地の）管理人，**3** 家賃取りな人；出不精の人．**4**《南米》顧客，得意先．

caserón 男 だだっ広い家，大きなぼろ家．

caseta 女 **1**（主に木でできた）粗末な小さい家，小屋．— *del perro* 犬小屋．— *de baño* 海水浴場，プールなどの脱衣場．**2**（祭りなどの）小屋，スタンド，ブース．**3** スポーツ選手用の更衣室．

casete 男女 カセット（テープ）．—— 男 カセットデッキ；《話》ラジカセ．

casetera 女《中米》ラジカセット．

:casi [カスィ]《前後に倒置の語が来ると無強勢になることがある》副 **1** ほとんど，もう少しで；およそ．—*Sabía* 〜 *todo.* 彼はほとんど何でも知っていた．*Llegué allí* 〜 *a las once.* 私は大体11時頃にあちらに着いた．**2** ＋直説法現在 もう少しで．—*Tropecé y* 〜 *me caigo.* 私はつまずいて，すんでのところでころびそうになった．**3** どちらかと言えば．—*C*〜 *estoy por no ir.* どちらかと言えば行きたくない．▶ *casi, casi*《強調》大体，ほぼ，もう少しで…しそう．—*Casi, casi pierdo el tren.* もう少しで列車に乗り遅れるところだった．*casi nada* ほとんど何も…ない；［反語的に感心して］それくらい何だ．*casi que*《話》ほとんど…する．

casia 女《植物》カシア（クスノキ属．樹皮は香辛料）．

cásida 女《文学》カシーダ（アラビア・ペルシャの単一韻詩）．

casilla 女 **1** 小屋，小さい家；（市場などの）売店，スタンド．**2**（劇場などの）切符売場．**3**（紙，万組みの）桝目．**4**（棚，箱の）小仕切り．**5**《情報》チェックボックス．▶ *casilla postal*《中米》（郵便の）私書箱．*sacar a... de sus casillas*…の生活習慣を変化させる，…の生活のリズムを狂わせる；いらいらさせる，いらだたせる．*salir* [*salirse*] ... *de* sus *casillas* 《話》度を越して怒る、激怒する。

casill|ero 男 **1** 整理棚、分類棚、ファイルボックス。**2**《スポ》得点表示板、スコアボード。

casimir 男 《織物》カシミア。

casimira 女 →*casimir*.

casino 男 **1** カジノ、賭博(⅕)場 (→ *casa de juego*)。**2**《社交・娯楽などの》クラブ、サークル、同好会、交友会。**3**（クラブの集会所、クラブハウス、会館。

casis 男《単複同形》**1**《植物》カシス、クロフサスグリ。**2** カシス酒。—— 男《貝類》トウカムリ。

*casita 女 小さな家; 拙宅。

casiterita 女《鉱物》スズ石。

caso [カソ] 男 **1** 場合。en ciertos ~s ある場合には。en el ~ contrario 逆の場合には。en cualquier ~ どんな場合にも。**2** 機会、時期、チャンス。Lo haré si el ~ se presenta. 時機が到来したら、私はそうする。**3** 出来事、事件; 《犯罪などの》事件。—investigar un ~ de homicidio 殺人事件を捜査する。**4**（提起される・解決すべき）問題。— de honra 名誉にかかわる問題。**5**《法律》訴訟（事件）。—Este abogado lleva ~s de divorcios. この弁護士は離婚訴訟を扱っている。**6** 状況、事情。—Él era el único que conocía bien el ~. 事情をよく知っていたのは彼だけだった。**7** 立場。—Yo, en tu ~, no lo haría. 私が君の立場になればそんなことはしないだろう。**8** 事例、ケース、実例; 人、やつ。—~ excepcional 稀な［例外的な］ケース。**9**《医学》症例、症状。①+de〗...（病の）患者。**10**《言語》格。— ~ acusativo 対格。— ~ dativo 与格。— ~ nominativo 主格。 ▶ *a caso hecho* 故意に。*caso clínico*《医学》（普通ではないように変わった）臨床例。*caso de conciencia*（戒律・法律では是非が決められない個人的な）良心の問題。*caso de*〖+不定詞〗...の場合には (=en caso de〖+不定詞〗)。*caso (de) que*〖+接続法〗...の場合には (=en caso de que〖+接続法〗, en el caso (de) que〖+接続法〗, dado el caso (de) que〖+接続法〗)。*caso perdido* 手の施しようのない人［こと］、絶望的な人［こと］。*caso por caso* ケースごとに、ケースバイケースで。*caso que...* (=*caso (de) que*〖+接続法〗)。*dado el caso* そういうことになった場合。*el caso es que...*〖+直説法〗実は...なのである、つまり (=es QUE...)。〖+接続法〗大切［肝要］なのは...ということ。*en cada caso* 場合［状況］によって、ケースバイケースで。*en caso de*〖+名詞/不定詞〗...の場合には。—*en caso de emergencia* 緊急の場合に。*en (el) caso de que*〖+接続法〗...の場合には。*en cualquier caso* とにかく、いずれにしても。*en el peor de los casos* 最悪の場合には。*en todo caso* とにかく、いずれにしても (=en cualquier caso)。〘前の否定文を受けて〙もしもうだとしても、しかしながら (=si acaso)。*en último caso* 他に打つ手がなければ、最悪の場合には、いざとなったら。*hacer al caso* 適切である、ふさわしい、あてはまる: 目的にかなった、（ある目的に）...にとって重要である (= venir al caso, ser del caso)。*hacer caso*〖+de/a+人・事〗...の（言動・意見・噂など）を気に留める［掛ける］、意に介する; （指示などに）従う、守る; （噂などを）信じる、信用する。—*Haz caso al médico*. 医者の指示に従いなさい。*hacer caso omiso de*...を気に留めない、意に介さない、無視する (=no hacer (ni) caso de...)。*ir al caso* 本題に入る。*llegado el caso* いざという時には、必要とあれば; そういう状況では、その場合には。*ni caso*《話》（人の言動や噂を）気にも留めない、問題にしない。*no hay caso*《中南米》無駄である［無駄だった］、どんなことがあっても...する可能性はない。*no tener caso*〖メキシコ〗無駄である、必要がない。*poner por caso*〖+que+接続法または直説法〗を仮定する、推量する。*ser del caso*《話》適切である、ふさわしい。*ser un caso (aparte)*《話》（良くも悪くも）並外れている、どうしようもないやつだ、変わったやつだ。*si acaso* もし都合がよければ。*si llega (el) caso* いざという時には、必要になれば。*venir al caso*《話》適切である、あてはまる、ふさわしい; （ある目的に）都合がよい、重要である (=hacer al caso, ser del caso)。

*casona 女 古くて広い豪邸。

casori|o 男 **1** 思慮分別のない結婚; ぱっとしない結婚。**2** 結婚式の大騒ぎ。

caspa 女 ふけ; （皮膚にできる白いふけ状の）かさぶた。

Caspio 固名 (Mar ~) カスピ海。

caspio, pia 形名 カスピ族の(人)、カスピ海の人。

caspiroleta 女《中米》（熱い牛乳などと混ぜ合わせた）飲酒。

cáspita 間 (驚き・賞賛・怒りなどを表す)おやまあ、これはこれは; ちくしょう。

casposo, sa 形 ふけの多い、ふけ性の。

casquería 女 臓物店。

casquero, ra 名 臓物商人。

casquete 男 **1**（かぶと・ヘルメットの）カバー、頭巾。**2** 部分かつら、3 入れ毛、かもじ。▶ *casquete polar*《地理》極冠。

casquijo 男 砂利、バラス。

casquillo 男 **1**（先端部を補強、保護するための）金具の環、留め金。**2**《電気》（電球の）口金。**3**《中米》蹄鉄(✦)。

casquivano, na《話》形 思慮分別のない、軽薄な; （女性に対して）尻軽な、ふしだらな。—— 名《話》思慮分別のない人、軽薄な人。—— 女 尻軽女。

casta 女 **1** (特に上流階級の)血統、家系、血筋。**2**（インドの）カースト制; 階級制。**3**（生物）種(✦)。品種、種類。**4**（人・動物の）性質、性格、種族。**5**（一般に）閉鎖的な特権階級、種族。 ▶ *de casta* 純血種の、名門の。

castaña 女 **1** クリの実. —～ pilonga 干しクリ. **2**《クリの実のように束ねた髪の型》シニョン. **3**《話》平手打ち, びんた. **4**《話》殴打, 衝突. **5**《話》酔い, 酩酊. ▸ *meter una castaña a ...*《話》に法外な金を払わせる. *sacar las castañas del fuego* 火中の栗を拾う, 他人の問題を解決してくる. *Toma castaña.* 間《話》さあ参ろ.

castañal, castañar 男 クリ林.

castañazo 男 殴打; 衝突.

castañeda 女 → castañal, castañar.

castañero, ra 男女 クリ売り.

castañeta 女 **1** 指をパチンと鳴らす音. **2**《音楽》カスタネット. **3**《闘牛》闘牛士の東髪につける黒いリボン.

castañeteado 男《踊りのための》カスタネットの音.

castañetear 自 **1** カスタネットを打ち鳴らす. **2** 歯がガチガチ鳴る; 関節がポキポキ鳴る.

castañeteo 男 **1** カスタネットを鳴らすこと. **2** 指をパチンと鳴らすこと, 歯をガチガチいわせること; 骨をポキポキ鳴らすこと.

castaño, ña 形 **1**《植物》クリの木. クリ材. **2** 栗色. ▸ *castaño de Indias*《植物》マロニエ, セイヨウトチノキ. *pasar de castaño oscuro*《物事が主調》やり過ぎである, 度が過ぎる. **—, ña** 男 栗色の; 栗毛の.

castañuela 女 **1**《音楽》カスタネット. —*tocar las ~s* カスタネットを打ち鳴らす. **2**《植物》スゲ, カヤツリグサ. ▸ *estar como unas castañuelas*《話》とても陽気である, 心が弾んでいる.

castellanismo 男 **1** カスティーリャ (Castilla) 地方特有の言葉, 言い回し. **2** スペイン語風の表現, 言い回し. **3** カスティーリャ気質《特質》.

castellanización 女《言語》カスティーリャ化, 外国語のスペイン語化.

castellanizar [1.3] 他 **1**《外国語》をスペイン語化する. **2** にスペイン語教育を行う. **3** をカスティーリャ《地方》風にする. —**se** 再 **1**《外来語》がスペイン語化される. **2** スペイン語話者になる. **3** カスティーリャ風になる.

castellano, na [カステヤノ, ナ] 形 カスティーリャ(人・語)の; スペイン風の. —*lengua castellana* カスティーリャ語, スペイン語. —**名 1** カスティーリャ人, カスティーリャ出身の人; スペイン人. **2**《歴史》城主. —**男** カスティーリャ語, スペイン語: カスティーリャ方言. ◆歴史的には旧カスティーリャ地方のロマンス語方言 (castellano) がスペインの国語 (español) となったので, この2語は同義語として用いられる. ただし, スペイン語の中でカスティーリャ地方の方言を他の方言と区別して castellano と呼ぶ場合もある.

castellanohablante 形 男女 スペイン語を話す(人).

castellano-leonés, nesa, castellanoleonés, nesa 形 名 カスティーリャ・レオンの(人).

castellano-manchego, ga, castellanomanchego, ga 形 名 カスティーリャ・ラマンチャの(人).

castellanoparlante 形 男女 → castellanohablante.

castellers 男 複《カタルーニャ》人間の塔, 人間ピラミッド.

castellonense 形 カステリョン・デ・ラ・プラナ (Castellón de la Plana) の(出身の). —**男女** カステリョン・デ・ラ・プラナの人(出身者).

casticismo 男《言語・慣習などの》純粋[生粋, 純正]主義; 伝統主義.

casticista 形《言語・慣習などの》純粋[生粋, 純正]主義の(の人), 伝統尊重主義者の.

castidad 女 **1** 純潔, 貞操, 貞節. —～ *conyugal* 夫婦の貞操, 貞節. **2** 清純さ, 純粋さ.

castigado, da 過分 [→castigar] 形 罰せられた, 懲らしめられた; 《地域が》被害を受けた.

castigador, dora 形 **1** 罰する, 懲らしめる. **2**《話》魅惑的な, 悩殺する. —**名 1** 処罰をする人, 懲らしめる人. **2**《話》男[女] 殺かせ.

castigar [1.2] 他 **1** を罰する, 処罰する. **2** を苦しめる, さいなむ;《自然が》をいためつける; …に損害を与える. **3**《鞭などで馬》を急がせる, 拍車をかける.

castigo 男 **1** 罰, 処罰, 刑罰. **2** 悩み[苦痛]の種, 苦しみ. **3**《サ》節約. ▸ *máximo castigo*《スポ》ペナルキック.

Castilla 固名 カスティーリャ(スペインの地方).

Castilla-La Mancha 固名 カスティーリャ・ラマンチャ(スペインの自治州).

Castilla y León 固名 カスティーリャ・イ・レオン(スペインの自治州).

castillejo 男《重いものを引き上げるための》足場, 足場組み.

castillete 男《高圧線・ケーブルカーなどの》鉄塔.《鉱業》《油井 (セド) などの》櫓 (ヤーラ), 支柱.

castillo 男 **1** 城, 城塞(ヒニラ), 砦(ヒフ). **2**《海事》船首楼[甲板]. —～ *de popa* 船尾楼[甲板]. ▸ *castillo de fuego* [*de fuegos artificiales*]《集合的に》仕掛け花火. *castillo de naipes* 空中楼閣, 絵空事, 夢のようなこと (=*castillos en el aire*). *castillos en el aire* 空中楼閣, 絵空事, 夢のようなこと. *hacer* [*levantar*] *castillos* [*en el aire*] [*en el aire*] 砂上の楼閣を描く; 甘い期待を抱く.

castizo, za 形 **1** 生っ粋の, 純粋の; 本物の. —*madrileña castiza* 生っ粋のマドリード女. **2**《言語が新語・外来語などを用いず, 混じり気のない, 純血の, 純粋種の. **4**《人柄が》気取りのない, 気さくな. **5**《中南米》カスティーソ(スペイン人とメスティーソとの混血の人).

casto, ta 形 **1** 純潔な, 貞節な; 《特に》

castor 男 **1**《動物》ビーバー; ビーバーの毛皮. **2** ビーバーの毛でできたフェルト(毛織物).

castoreño 男 **1**《服飾》ビーバーハット(=sombrero ~); フェルト帽. **2**《闘牛》ピカドールの帽子.

castóreo 男 海狸(^か)香, カストリウム.

castración 女 **1** 去勢. **2** 無気力化. **3**(植木などの)剪定, 刈り込み. **4**(養蜂業で)採蜜.

castrado 男 去勢された男子;(中国の)宦官(なん).

castrador, dora 名 去勢を行う人.

castrar 他 **1** を去勢する. **2** …の気力を奪う[弱める]. **3** を剪定する, 刈り込む. **4**(養蜂で)…から採蜜する.

castrato 男《音楽》カストラート(去勢された男性歌手).

castrense 形 軍隊の, 軍隊に関する.

castro 男(ローマ時代の砦のような集落).

casual 形 **1** 偶然の, 思いがけない. —accidente ~ 偶発的な事故. **2**《言語》格の. ▶**por un casual** 偶然に.

casualidad 女 偶然(の出来事), 巡り合わせ. —¡Qué ~ encontrarnos aquí! ここで会うなんて偶然ね. ▶**por** [a] **casualidad** 偶然, たまたま; もしかして, ひょっとして.

casualmente 副 偶然に, たまたま; ちょうど.

casuario 男《鳥類》ヒクイドリ.

casucha, casuca 女《軽蔑》ちっぽけなあばら家, バラック.

casucho 男 →casucha.

casuista 男女 形《神学》(良心問題の)決疑論者(の);詭弁家(の).

casuístico, ca 形《神学》決疑論的な; 詭弁的な. **2** 個別的な; 事例研究の. — 女 **1**《集合的に》(条約や理論などを研究する)事例; 事例研究. **2**《神学》決疑論.

casulla 女《カトリック, 服飾》上祭服, カズラ(司祭がミサの時着用する式服).

cata¹ 女 **1** 試食[試飲]すること. **2** 試供品, サンプル. **3**《中南米》《鉱業》試掘, ボーリング.

cata² 女《中南米》《鳥類》インコ.

catabolismo 男《生物》異化(作用).

cataclismo 男 **1**(大洪水・大地震などの)天変地異, 大異変. **2**(社会的[政治的]な)大変動. **3**《話》(日常生活を変える)災難, 不都合.

catacumbas 女複 カタコンベ, 地下墓地.

catador, dora 名 **1** 味利き, 味の鑑定家. **2** ワイン鑑定人 (=~ de vinos). **3** 鑑定家, 目利き.

catadura 女 **1**(主に mala, fea を伴って)顔つき, 容貌, 表情.

catafalco 男(教会の)葬式用の棺台.

catáfora 女《言語》後方照応.

catafórico, ca 形《言語》後方照応の.

catalán, lana 形 カタルーニャ(Cataluña)(地方)の, カタルーニャ人[語]の. — 名 カタルーニャ人, カタルーニャ出身の人. — 男 カタルーニャ語.

catalanidad 女 カタルーニャ気質, カタルーニャ的特質.

catalanismo 男 **1**《政治》カタルーニャ分離[独立]主義. **2**《言語》カタルーニャ語風の表現[言い回し], カタルーニャ語からの借用語. **3** カタルーニャ人気質.

catalanista 形 カタルーニャ分離主義(運動)の. — 男女 カタルーニャ分離[独立]主義者.

catalanización 女 カタルーニャ化; カタルーニャ[文化]の普及.

catalanizar 他 をカタルーニャ化する. — **se** 再 カタルーニャ化する.

catalejo 男 望遠鏡.

catalepsia 女《医学》強硬症, カタレプシー.

cataléptico, ca 形《医学》強硬症[カタレプシー]の(患者).

Catalina《女性名》カタリーナ.

catalina 女《話》牛の糞, (子どもの)便.

catálisis 女《単複同形》《化学》触媒作用.

catalítico, ca 形《化学》触媒の.

catalizador, dora 形《化学》触媒作用の, 触媒の; きっかけとなる. — 男 触媒; きっかけ.

catalizar [1.3] 他 **1**《化学》に触媒作用を及ぼす. **2**(反応)を引き起こす, 活性化する.

catalogación 女 目録[カタログ]作成; 分類.

catalogar [1.2] 他 **1** …の目録[カタログ]を作る; を目録[カタログ]に載せる. **2**(+ de/como として)を分類する, 見なす.

catálogo 男(商品などの)目録, カタログ. **2**(図書館の)図書目録, 蔵書目録.

Cataluña《国名》カタルーニャ[カタロニア](スペインの地方・自治州).

catamarán 男(2 艘の小船を並べてつないだ)双胴船.

catana 女 新月刀.

cataplasma 女 **1**《医学》(鎮痛・刺激軟化剤として用いられる)湿布. **2**《話》厄介な人, うるさい人.

cataplexia 女《医学》脱力発作.

cataplum, cataplún 男《擬音》ドスン, ガチャン.

catapulta 女 **1** 投石機, 弩(^{いしゆみ}). **2**《航空》カタパルト, (軍艦などから)飛行機を発進させるための装置; グライダー始走機.

catapultar 他 **1**《航空》(カタパルトを使って飛行機)を発進させる. **2** を一躍有名にする.

catapún 男 ▶**del año catapún**《話》大昔の.

catar 他 **1** 味見する, 試食する, 試飲する; 初めて経験する. **2** 調べる, 調査する. **3**《古》(少しの量だけ)食べる, 口にする.

catarata 女 **1**《地理》(大きな滝, 大滝, 瀑布(ば)). **2**《医学》白内障, 白そこひ.

cátaro, ra 形 〘宗教〙 カタリ派の. —— 名 〘宗教〙 カタリ派の人; [男性複数形で] カタリ派.

catarral 形 〘医学〙 カタル性の, カタルの.

catarro 男 〘医学〙 (特に鼻・喉の)炎症で鼻水・咳の出る)風邪, 感冒, カタル. —— nasal 鼻風邪, 鼻カタル.

catarroso, sa 形 カタル[風邪]にかかりやすい; カタル[風邪]にかかっている.

catarsis 女 〘単複同形〙 **1** 〘哲学〙 感情の浄化作用, 鬱積(うっせき)の解放; カタルシス. **2** 〘医〙 有害物質の排除[排出].

catártico, ca 形 **1** カタルシスの, カタルシスを起こさせる. **2** 〘薬学〙下剤の. —— 男 〘薬学〙下剤.

catastral 形 土地台帳の, 地籍の.

catastro 男 **1** 土地台帳. **2** 〘歴史〙貴族, 平民が納めていた租税の一種.

catástrofe 女 大惨事, 大災害, 破局; 〘演劇〙大団円.

catastrófico, ca 形 **1** 破滅的な, 破局的な, 大惨事の. **2** 悲惨な, とんでもない.

catastrofismo 男 はなはだしい悲観主義.

catastrofista 形男女 はなはだしい悲観主義の(人).

catatonia 女 〘医学〙カタトニー, 緊張型精神統合失調症.

catatónico, ca 形名 緊張型精神統合失調症の(人).

cataviento 男 〘海事〙風見.

catavino 男 **1** (ワインの)利き酒用の杯(ワインの利き酒用の樽の穴. **2** ワインを取り出すための棒, スティングラバー).

catavinos 男 〘単複同形〙 **1** ワインの鑑定家. **2** 〘話〙はしご酒のよっぱらい.

catcher [〈英〙男女 〘スポ〙(野球の)キャッチャー.

catchup 男 →ketchup.

cate 男 **1** 平手打ち, びんた, パンチ. **2** 〘話〙落第, 不合格.

catear 他 **1** 〘話〙(試験で人を)落とす, 落第させる. **2** 〘話〙(試験科目を)落とす. **3** 〘中南米〙…の身体検査をする, 所持品をチェックする; 家宅捜索する. **4** 〘中南米〙〘鉱業〙を試掘する, 採鉱する.

catecismo 男 **1** 〘カト〙公教要理, (キリスト教)教理問答書. **2** (学問・芸術の)問答形式による入門, 入門書, マニュアル.

catecú 男 [〜es] 〘薬学〙カテキュ, 阿仙(あ せん)薬.

catecumenado 男 〘カト〙公教要理教育; その期間.

catecúmeno, na 名 **1** 〘カト〙洗礼志願者, 公教要理受講者. **2** 初心者, 入門者.

cátedra 女 **1** 教壇; 説教壇. **2** 正教授職. **3** (教授の)講義室, 教室; 研究室, (教授の)担当講座. ▶ **cátedra de San Pedro** 教皇位, 教皇庁 (= papado). **poner** [**sentar**] **cátedra** 権威がある, 精通[通暁]する; 独断的に言う, 偉そうに言う (振る舞う).

catedral 女 (司教座のある)大寺院, 大聖堂, カテドラル (= iglesia 〜 司教区内の最高の権威を持つ教会).

catedralicio, cia 形 〘カト〙司教座の(ある), 司教座に属する.

catedrático, ca 名 **1** (大学の)正教授[講座の主任教授]. **2** (高校の)正教諭.

categoría 女 **1** 等級, ランク; 階級. ── **de primera** ─ 一流の. **2** 〘言語〙範疇(はん ちゅう), カテゴリー. ── **s gramaticales** 文法範疇[品詞・性・数など]. **3** 〘哲学, 論理〙(種々の物・人の)部類, 種類, 部門; (学問などの)区分. ▶ **de** (**gran**) **categoría** 〘話〙(人について)上流階級の, 社会的地位の高い; 一流の; (職務・地位について)重要な, 大事な; (物について)高級な, 豪華な, 一流の. **tener categoría** 優れている, 立派である.

categóricamente 副 きっぱりと.

categórico, ca 形 (肯定・否定が)断定的な, 明確な, きっぱりとした.

categorización 女 分類, 範疇(はんちゅう)化.

categorizar 他 を範疇(はんちゅう)化する, カテゴリーに分類する.

catenario, ria 形 〘鉄道, 電気〙懸垂線(状)の, カテナリーの. ── 女 **1** 〘鉄道, 電気〙カテナリー吊架線. **2** 〘鋼・鎖・ケーブルなどの)たわみ.

catequesis 女 〘単複同形〙 **1** 〘宗教〙信仰[教理]教育; 問答式信仰教育. **2** 〘カト〙公教要理, カテキスム.

catequismo 男 → catequesis.

catequista 男女 〘カト〙公教要理を教える人, 教理問答教師.

catequístico, ca 形 **1** 〘カト〙公教要理の. **2** 問答形式の.

catequización 女 〘カト〙公教要理指導.

catequizar [1.3] 他 **1** 〘カト〙…に公教要理を教える, カトリックの教理を授ける. **2** [+ **para que** + 接続法](…するように)(人を)説得する, 納得させる, 説き伏せる.

catering 男 ケータリング, 仕出し業[料理].

caterva 女 〘軽蔑〙烏合(うごう)の衆, 群れ; (がらくたの)山, たくさん.

catéter 男 〘医学〙カテーテル.

cateterismo 男 〘医学〙カテーテル挿入法.

cateto, ta 名 **1** 〘俗, 軽蔑〙田舎っぺ, 無知で粗野な人. ── 男 〘数学〙直角三角形の直角を作る2辺の1つ.

catilinaria 女 激しい糾弾文書[演説], 激しい批判.

catinga 女 〘南米〙 **1** (動物や植物の発する)悪臭. **2** 体臭.

catingoso, sa 形 〘南米〙悪臭を放つ; 体臭の強い.

catingudo, da 形 → catingoso.

catión 男 〘化学〙陽イオン.

catire, ra 形名 〘中南米〙金髪の(人).

catiro, ra 形名 → catire.

catita 女 〘南米〙〘鳥類〙パタンインコと同種の一種.

catleya 女 〘植物〙カトレア.

cato 男 〖中米〗げんこつでの殴打, げんこつ.

catódico, ca 形 〖電気〗陰極の.

cátodo 男 〖電気〗陰極.

catolicidad 女 **1** カトリック教義〖教会〗の普遍性, カトリック性, カトリシズム. **2** 〖集合的に〗カトリック信者.

:**catolicismo** 男 **1** カトリック教, カトリシズム〖教義, 思想〗. **2** カトリック教徒〖実践〗. **3** カトリック教会.

católico, ca 形 **1** 〖ローマ〗カトリック教(徒)の, 旧教の. **2** 普遍的な. **3** 〖話〗健康で完全な. ── 名 〖ローマ〗カトリック教徒〖信者〗, 旧教徒.

catolizar [1.3] 他 をカトリック教化する, カトリックに改宗させる. ── **se** 再 カトリックになる, カトリックに改宗する.

catón[1] 男 厳しい検閲官〖批評家〗.

catón[2] 男 初心者用の読本.

catóptrica 女 〖光学〗反射光学.

:**catorce** 〖カトルセ〗形 〖数〗**1** 14 の, 14人〖個〗の. **2** 〖序数詞の〗14番目の. ── 男 **1** 14; 14人〖個〗, 14(の数字)〖ローマ数字: XIV.〗〖las +〗14時; 14分; 14日. **3** 14番目〖号室〗.

catorceavo, va 形〖男〗14分の1(の).

catorceno, na 形 14番目の, 第14の.

catorzavo, va 形〖男〗 →catorceavo.

catre 男 **1** (1人用の)簡易ベッド, 折畳式簡易ベッド(~ de tijera). **2** 〖話〗ベッド.

catrera 女 〖南米〗〖話〗(粗末な)ベッド.

catrín, trina 形〖名〗〖中米〗しゃれた(人), エレガントな(人), 気取った(人).

Caucasia 固名 カフカス〖コーカサス〗地方.

caucasiano, na 形〖名〗カフカス〖コーカサス〗(地方, 山脈)の(人).

caucásico, ca 形 **1** カフカス〖コーカサス〗(地方, 山脈)の, カフカス〖コーカサス〗産の. **2** 白色人種の, インドヨーロッパ語族の. ── 名 カフカス〖コーカサス〗人.

Cáucaso 固名 (el ~)カフカス〖コーカサス〗山脈.

cauce 男 **1** 河床, 川底; 用水溝. **2** 方法, 手段, 手続き. ──**s legales** 〖constitucionales〗法的〖合憲的〗手段. **3** 流れ, 方向, 軌道.

cauchera 女 〖植物〗ゴムノキ.

cauchero, ra 形 〖天然〗ゴムの. ── 名 ゴム採取人, ゴム園の労働者, ゴム商人.

caucho 男 ゴム; 〖植物〗ゴムノキ. ── **natural** 〖crudo, sintético〗天然〖生, 合成〗ゴム.

caución 女 〖法律〗保証(金), 担保; 保釈(金).

:**caudal**[1] 形 〖動物〗尾の, 尾部の. ──**aleta** ~ 尾びれ.

:**caudal**[2] 男 **1** (川・泉などの)水量, 流量. **2** 資産, 財産, 富. ──**caja de** ~**es** 金庫. **3** 豊富, 多量; 量. ── 形 (川・泉などの)水量の多い〖豊かな〗.

caudaloso, sa 形 水量の多い.

caudillaje 男 〖政治〗caudillo による政治. **2** 〖中南米〗caudillo による独裁政治, ボス政治. **3** 〖中南米〗〖集合的に〗カウディーリョ.

caudillismo 男 〖政治〗caudillo による政治体制, 専制, 独裁制.

caudillo 男 **1** (主に軍事的集団の)統領, 指導者, 総statesman; (ゲリラ等の)リーダー. **2** 〖歴史〗(El C~またはC~)フランコ(Franco)総統, フランコ将軍.

caulescente 形 〖植物〗有茎の, 茎のある.

cauri 男 〖貝類〗コヤスガイ, タカラガイ.

:**causa**[1] 〖カウサ〗女 **1** (結果を生み出す)原因, 元(→「結果」は efecto). **2** (正当な)理由, 根拠; (行動などの)動機. ──**esclarecer la** ~ **del delito** 犯行の動機を糾明する. **3** (何かの利益を守る)大義, 主義主張, 運動. ──**luchar por la** ~ 大義のために闘う. **4** 〖法律〗訴訟〖事件〗. ► **a** 〖**por**〗**causa de...** …が原因で, …のために, …の理由で. **causa perdida** 成功の見込みのない計画〖主張, 運動〗. **hacer causa común con ...** (同一目的の達成のため)…と手を結ぶ, 一致協力する, 共同戦線を張る.

causa[2] 女 〖中南米〗**1** (おやつ代わりの)軽食, スナック. **2** ポテトサラダ, クレオル風ピューレ.

causahabiente 男女 〖法律〗(財産などの)承継人.

causal 形 **1** 原因の, 因果関係の. ──**relación** ~ 因果関係. **2** 〖言語〗原因〖理由〗を表す.

causalidad 女 **1** 〖哲学〗因果律, 因果関係. ──**relación de** ~ 因果関係. **2** 原因(性), 作因, 発端.

causante 形〖男女〗原因となる(人). ── 名 **1** 〖法律〗権利授与者(例えば遺言者). **2** 〖メキシコ〗納税者.

causar 他 をひき起こす, 生じる, …の原因となる.

causativo, va 形 **1** 原因となる, もととなる. **2** 〖言語〗使役の.

causticidad 女 **1** 〖化学〗腐食性, 苛性(燒蝕), 焼灼(燒灼)性. **2** 辛辣さ, 痛烈さ.

cáustico, ca 形 **1** 〖化学〗腐食性の, 苛性(燒蝕)の, 焼灼(燒灼)性の. **2** 辛辣(燒蝕)な, 痛烈な. ── 男 〖化学〗腐食剤, 焼灼剤.

cautela 女 用心, 警戒, 慎重. ──**con** ~ 用心して. **2** ずるさ, 悪賢さ, 狡猾さ.

cautelar 形 予防の. ── 他 に用心する, 警戒する. **2** 用心する, 備える, 警戒する. ── **se** 再 〖+ **de** に〗用心する, 警戒する.

cauteloso, sa 形 〖**ser** +, + **en/con** に〗用心深い, 慎重な; 狡りの多い.

cauterio 男 **1** 〖医学〗焼灼(燒蝕)器; 焼灼器具; 焼灼療法. **2** 荒療治, 思い切った手段.

cauterización 女 〖医学〗焼灼(燒蝕)療法.

cauterizar [1.3] 他 1《医学》に焼灼(しょう)する. 焼灼治療を施す. 2 荒療治する, 思い切った手段を取る.

cautivador, dora 形 魅力的な, 魅惑的な, うっとりさせる.

cautivante 形 →cautivador.

cautivar 他 1 を捕える, 捕虜にする. 2 を魅了する, を魅する, (人の心)を奪う. 3 …の歓心を買う, 意に従わせる.

cautiverio 男 捕われの身, 捕虜生活〔状態〕.

cautividad 女 →cautiverio.

cautivo, va 名 1 捕虜, 捕囚. — 形 1 捕虜になった; (鳥獣などが)捕らえられた, つながれた. 2 [+ de]《恋・恐怖などの》とりこになった; …に縛られた.

cauto, ta 形 用心深い, 慎重な; 抜け目ない.

cava¹ 女 1 (特にブドウ畑の)掘り溝(みぞ)き起こし. 2 (地下の)酒蔵, ワイン貯蔵所〔室〕. — 男 (特にカタルーニャ産発泡ワインの)カバ.

cava² 女 形《解剖》大静脈(の).

cavador, dora 形 (土を)掘る. — 名 土掘り人夫, 穴掘り人.

cavadura 女 掘ること, 土掘り.

cavar 他 (くわなどで)を耕す, 掘り返す. 1 (穴・溝)を掘る. ➤ **cavar su propia tumba** 墓穴を掘る.

cavatina 女《音楽》カバティーナ.

caverna 女 1 (一般に自然の)洞穴, 洞窟. 2《医学》(特に肺の)空洞.

cavernario, ria 形 洞窟の.

cavernícola 共 1 洞穴に住む, 穴居生活の. 2《話》反動的な, 時代遅れの. — 男女 1 穴居生活者. 2《話》反動的な人, 時代遅れの人.

cavernoso, sa 形 1 洞穴の, 洞窟の; 洞穴のような. 2 洞穴〔洞窟〕の多い. 3 (声や音が)低くこもった.

caveto 男《建築》四分円凹面(おうめん)型(だ)。

caviar 男《料理》キャビア.

cavidad 女 くぼみ, 空洞. 2《解剖, 医学》(体・器官などの)腔(くう), 窩(か), 空洞. — ~ **bucal** 口腔.

cavilación 女 1 沈思黙考. 2 杞憂(きゆう), くよくよと考え込むこと.

cavilar 他 を沈思する, 熟考する. 2 をくよくよと考える. — 自 1 沈思黙考する. 2 くよくよと考える.

caviloso, sa 形 くよくよと考える, 心配性の.

cavo, va 形 →cóncavo.

cay- 動 →caer [10.1].

cayado 男 1 (羊飼いが羊を誘導する際に用いる)上端の湾曲した杖. 2 司教の牧杖, 司教杖. 3 (水道管や管などの)湾曲部, カーブ. — ~ **de la aorta**《解剖》大動脈弓.

Cayetano 固名(男性名) カジェターノ.

cayo 男《地理》(砂が多くその大部分をマングローブが覆った)小島.

cayuco 男 1《中南米》(カヌーより小さい)インディオの平底の丸木舟. 2 (アフリカの漁師の用いる)平底の丸木舟.

caz 男 複 **caces** 導水路, 用水路.

caza 女 1 狩猟, 狩り. [+ de] …狩り, …探し. — **escopeta** [**perro**] **de** ~ 銃猟〔犬〕. **coto** [**vedado**] **de** ~ 禁猟区. — **de brujas** 魔女狩り. 2《集合的に》獣猟の獲物, 猟果. 3 追跡, 追撃, 探求. ➤ **levantar la caza**《俗》(事前に計画などを)うっかり漏らす, 気づかれてしまう; 獲物を狩り出す. **andar a** [**la**] **caza** [**de caza**] **de** … を探し求める, 探しに行く. **dar caza a** … (人)を追跡〔追撃〕する; 捕まえる; (職などを)捜し求める, 探求〔追求〕する. — 男《軍事》戦闘機 (= **avión de** ~).

cazabe 男《中南米》《料理》1 タピオカで作ったケーキ, パイ. 2 (タピオカの原料となる)キャッサバ澱粉.

cazabombardero 男《軍事》戦闘爆撃機.

cazadero 男 猟場, 狩り場.

cazador, dora 形 1 猟師, 狩人, ハンター. 2 狩猟兵, 軽歩兵. — 女 1《服飾》ジャンパー, ブルゾン. — 形 1 狩猟する. 2《犬・猫など》野生動物を追跡する.

cazadotes 男《単複同形》金持ちの女性と結婚しようとする男.

cazalla 女 (スペイン Cazalla de la Sierra 産の)アニスの蒸留酒〔焼酎〕.

cazar [1.3] 他 1 (動物)を狩る, 狩猟する. 2 をうまく手に入れる, をうまく捕える. 3《話》をすぐに悟る〔理解する〕. 4《話》…の不意をつく, 現場を押さえる.

cazarrecompensas 男女《単複同形》(犯人を追う)賞金稼ぎ(人).

cazasubmarinos 男《単複同形》《海事》駆潜艇.

cazatalentos 男女 ヘッドハンター, タレントスカウト.

cazatesoros 男女《単複同形》(特に沈没船の)トレジャーハンター (人・団体).

cazatorpedero 男《海事》(魚雷)駆逐艦.

cazcarria 女《主に 複》(歩く時などに衣服に付く)泥のはね.

cazo 男 1《料理》(長い柄のついた)片手鍋, ソースパン. 2《料理》お玉, 玉杓子(ひしゃく), 柄杓(ひしゃく). 3《話》不器用者.

cazoleta 女 1 小型の鍋. 2 (パイプ・火縄銃の)火皿. 3 (刀剣の)つば.

cazón 男《魚類》小型のサメの総称.

cazuela 女 1 (金属や陶器でできた底の浅い)鍋, キャセロール. 2 (野菜, 豆, 肉で作る)鍋料理. 3 (ブラジャーの)カップ. 4 (昔の劇場で)女性専用の場所. 5《演劇》天井桟敷.

cazurrería 女 無口で狡猾なこと; 粗野; 頭が鈍いこと.

cazurro, rra 形 名 1《話》無口で狡猾な(人), 陰気な(人). 2 頭の鈍い(人), 不器用な(人). 3 頑固な(人), 強情な(人).

c/c 女 略 1 = **cuenta corriente** 当座預金(口座). 2 = **carta de crédito** 信用状.

CCOO.《略号》女〔スペイン〕= Comisiones Obreras 労働者委員会(共産党系労組連合).

CD 《頭字》〔<英 Compact Disc〕男 コンパクトディスク.

CD-ROM 〔頭字〕〔<英 Compact Disc Read Only Memory〕男〔情報〕シーディーロム.

ce 女 文字 c の呼称. ▶**ce por be [ce]/c por b** 《話》詳細に, 微に入り細をうがって. *por ce o por be/por c o por b* 《話》何のかんの言って, いずれにせよ.

ceba 女 **1**〔家畜の〕飼育, 肥育. **2**〔家畜の飼料, 餌(えき).

cebada 女〔植物〕オオムギ.

cebadal 男 大麦畑.

cebadera 女〔首に下げておく〕秣(ぼ)袋, 飼い葉袋.

cebadero 男 給餌(き゛う)場, 餌(き゛う)場;〔狩りの〕餌をまく場所.

cebadilla 女 **1**〔植物〕野生の大麦の一種. **2**〔メキシコ〕ユリ科の薬用植物(下剤・吐瀉(さ)薬・殺虫剤に使用).

cebado, da 過分 (→cebar) 男 **1** とても太った, よく肥えた, 肥満した. **2**〔中南米〕(獣が)人食いの.

cebador, dora 名 **1** 餌(を)をやる人. **2**〔南米〕マテ茶を入れる人. ── 男〔電気〕(特に蛍光灯の)点灯装置.

cebadura 女 **1** 肥育. **2**〔釣針・罠(き)に餌(を)を付けること. **3**〔雷管:点火薬〕の装着: 火薬の装填(えき). **4**〔南米〕1回分のマテ茶葉の量.

cebar 他 **1**〔家畜に〕餌(を)をやる, 太らせる. **2**〔釣針〕に餌をつける. **3** をかき立てる 活気づける. ── la envidia 嫉妬心をかき立てる. **4**〔機械〕の始動準備を整える, を始動させる. **5**〔南米〕マテ茶を入れる. ── se 再 **1** ＋en/con に〕激しく襲いかかる, 荒れ狂う, 暴威をふるう. **2**〔＋en/de に〕熱中する, 夢中になる.

cebellina 女[形]〔動物〕クロテン(の).

cebiche 男〔南米〕〔料理〕(ライム果汁を使った)生魚介のマリネ.

cebo 男 **1**〔漁業, 狩猟〕(釣・猟などの)餌(を), **2**〔動物の〕飼料, 餌. **3** おとり, 誘引(えき)物. **4**〔火器の〕導火線, 信管, 点火薬.

cebolla 女〔植物〕**1** タマネギ(玉葱). **2** 球根.

cebollana 女〔植物〕アサツキ.

cebollar 男 タマネギ畑.

cebolleta 女〔植物〕**1** ネギ. **2** 春タマネギ.

cebollino 男 **1**〔移植用の〕小タマネギ; タマネギの種. **2**〔植物〕エゾネギ. **3** 愚かな人, 無分別な人.

cebollón 男 タマネギの一種.

cebón, bona 形名 肥満した[太った]動物, ── 男〔動物〕ブタ.

cebra 女〔動物〕シマウマ. ──paso (de) ~ 横断歩道.

cebrado, da 形 (馬が)縞のある, 縞模様の.

cebú 男 [複 ~ (e)s]〔動物〕(アフリカやインドにいる)コブウシ.

Ceca ▶ *de la Ceca a la Meca* 《話》あちこち.

ceca 女 貨幣鋳造所.

ceceante 形 男女〔言語〕スペイン語の s を[s]でなく z(θ)で発音する(人).

cecear 自〔言語〕スペイン語の s を z(θ)音で発音する.

ceceo 男〔言語〕スペイン語の s [s] 音を z(θ)で発音すること.

ceceoso, sa 形 s [s] を z(θ)で発音する.

Cecilia 固名〔女性名〕セシリア.

cecina 女 塩漬けの乾燥肉, 干し肉.

cedacillo 男〔植物〕コバンソウ.

cedazo 男 **1** 篩(ふるい). **2** 大きな魚網.

cedé 男 →CD.

ceder 〔セデル〕他〔＋a に〕を譲る, 譲渡する, 引き渡す. ── el paso a... …に道を譲る. *ceda el paso*〔交通標識〕の一時停止. ── 自 **1** 弱まる, 衰える, やわらぐ. ── Va *cediendo* el calor. 暑さは峠を越しつつある. **2**〔＋a/en/ante に〕屈伏する, 譲歩する. **3**〔圧力で〕たわむ, ゆるむ; 壊れる.

cedilla 女〔言語〕c の文字の下につけられる記号 ' ¸ '. セディーユのついた文字 'c.' の名.

cedizo, za 形 (肉などが)腐りはじめた, 腐りかけた.

cedro 男〔植物〕ヒマラヤスギ; シーダー材, 杉材.

cédula 女 **1** 身分証明・借用などの公的な]証書, 文書. ── *de identidad*〔中南米〕身分証明書 (→ carné de identidad). **2**〔商業〕証書, 証券. **3**〔図書館などの〕目録[索引]カード.

cefalalgia 女〔医学〕偏頭痛.

cefalea 女〔医学〕偏頭痛.

cefálico, ca 形〔解剖〕頭(部)の.

cefalópodo, da 形 (タコやイカなど)頭足類の. ── 男〔動物〕頭足綱, 頭足類動物.

cefalorraquídeo, a 形 脳脊髄(液)の.

cefalotórax 男〔単複同形〕〔動物〕頭胸部(クモ類や甲殻類の頭部と胸部が合体した体の前部).

céfiro 男 **1**〔地中海特有の暖かい〕西風. **2**〔詩学〕そよ風, 微風.

cegador, dora 形 まぶしい, 目が眩(くら)む.

cegar [4,4] 他 **1** を盲目にする, …の目をくらませる. **2** …の理性を失わせる, を別人にする. **3** をふさぐ, …に詰め物をする. ── 自 盲目になる; ─ ＋de/con で〕急に目を失う. ── ─ *de furia* 怒りで分別を失う. ── se 再 **1**〔＋de/con で〕急に目を失う, 目がくらむ. **2** (穴などが)つまる, ふさがる.

cegarra 形《話》→cegato.

cegato, ta 形《ser/estar＋》《話, 軽蔑》近視の(人), 近眼の(人).

cegesimal 形〔物理〕C.G.S. 単位系の.

ceguedad 女 →ceguera.

ceguera 女 **1** 盲目, 失明. **2**

cromática 色盲. **2**《情熱で》目が眩(ﾏﾗ)むこと, 眩(ﾏﾋﾞ)惑; 無分別.

ceiba 囡 〖植物〗カポックノキ, パンヤ.

ceibo 男 〖植物〗アメリカデイコ.

ceilandés, desa 形 セイロン (Ceilán) の(人) ⦅スリランカ Sri Lanka の旧称⦆.

:**ceja** [セハ] 囡 **1**〖解〗眉, 眉毛. **2**《傷口・縫い目などの》盛り上がり, 突出部. **3**〖音楽〗《弦楽器の》上駒(ﾐﾎﾞ); 糸枕(ﾐﾄﾞﾏ); 《ギターなどの》カポタスト, 棚(ﾀﾞ). ▶ *arquear las cejas* 《驚き・疑いなどで》眉を上げる. 眉を丸くする. *metérseLE [ponérseLE] a ... entre ceja y ceja* 《俗》《考えなどが》…の頭にこびりついて離れない. *no entre ceja y ceja [entre cejas]* に我慢できない. 気に入らない, 好みに嫌う. *quemarse las cejas* 《俗》猛勉強する, 一生懸命勉強する.

cejar 自 《主に否定文で, + *en*》譲歩する; 取り下げる, 放棄する.

cejijunto, ta 形 **1**《*ser* +》ほとんど眉がつながった《寄った》. **2**《*estar* +》眉間(ｹﾝ)にしわを寄せた, しかめ面の.

cejilla 囡 〖音楽〗《弦楽器の》上駒; 《ギターなどの》カポタスト.

cejudo, da 形 眉が濃く長い.

Cela 固名 セラ (Camilo José ~) (1916-2002, スペインの小説家. 1989年ノーベル文学賞).

celacanto 男 〖魚類〗シーラカンス.

celada 囡 **1** 罠(ﾜﾅ), 策略, 落とし穴. **2**〖軍事〗待ち伏せ. **3**〖歴史, 軍事〗かぶと, 鉄かぶと, サレット.

celador, dora 形名 監視する(人), 管理する(人), 見張り(をする).

celaje 男 **1**《主に pl.》〖文〗様々な色合いの薄い雲, 夕焼け雲〖空〗; 彩雲.

celar 他 **1**《法律や相手を》監視する, 見張る; を監督する. **2**を隠す, 秘密にする.

:**celda** 囡 **1**《宗教》《修道院の》独居房, 僧房; 《狭むどの》個室. **2**《刑務所の》独房, 監房. **3**《蜂の巣の》巣房, 蜜房.

celdilla 囡 **1**《ハチなどの》巣房, 平屋(ﾍﾏ), 壁のくぼみ. **2**〖植物〗《種子の》室.

celebérrimo, ma 形 〖*célebre* の絶対最上級〗大変有名な, 大変著名な.

celebración 囡 **1**《儀式・祭典・行事会について》挙行, とり行うこと, 挙式; 《ミサの》執行. **2**《記念日などを祝うこと》祝賀(会), 祝典. **3** 称賛, 称揚.

:**celebrado, da** 過分 [→*celebrar*] 有名な, 高名な.

celebrante 男 〖カト〗ミサを執行する人. ── 〖カト〗ミサ執行司祭 (=*cura* ~).

[セレブラル] 〖ラテン語〗

:**celebrar** 他 **1** を祝う. ~ un cumpleaños 誕生日を祝う. **2** を開催する, とり行う, 行う. **3**《+ *que* + 接続法》+ *si* 不定詞》を, うれしく思う. ─*Celebro que hayas aprobado.* 君が合格したことをうれしく思う. **4** を賞賛する, ほめたたえる. ── 自 〖宗教〗ミサをあげる. ── 再 開催される, 祝われる, 《式》が行われる.

:**célebre** 形 〖絶対最上級 *celebérrimo, ma*》〖+ *por*》有名な, 名高い, 著名な.

celebridad 囡 **1** 有名, 名声. **2** 有名人, 高名な人.

celemín 男 **1** セレミン《穀類・豆類の容量単位=4.625リットル》. **2**〖歴史〗セレミン《昔の農地面積単位》.

celentéreo 形男 〖動物〗腔腸動物 (の).

celeque 形 《中米》《果実が》まだ青い, 未熟な.

celeridad 囡 すばやさ, 速さ, 迅速さ.

celesta 囡 〖音楽〗チェレスタ.

:**celeste** 形 **1** 天の, 天空の, 空の. ── *cuerpo* ~ 天体. **2** 空色の. ── 男 空色 (=*azul* ~).

celestial 形 **1** 天国の, 天上の. **2** 絶妙な, 完璧な.

celestina[1] (Fernando de Rojas 作の『カリストとメリベーアの悲喜劇』(1499年) に登場するやり手婆さんの名に由来する) 売春斡旋人, 売春仲介人.

celestina[2] 囡 〖鉱物〗天青(ﾃﾝ)石, セレスタイト.

celestinaje 男 色事の取り持ち.

celestinear 自 色事を取り持つ.

celestino 男 色事の取り持ち.

celestinesco, ca 形 〖セレスティーナ (*Celestina*) の》やり手婆(ﾊﾞ)の; 男女の仲を取り持つ.

celiaco, ca, celíaco, ca 形 **1**《解剖》腹腔(ｺｳ)の, 腸の, 腹部の. **2**《医学》脂肪便の. ── *f.* セリアック病; 小児脂肪便症. ── 名 小児脂肪便症患者.

celibato 男 **1**《特に宗教の誓いに基づく》独身, 独身生活. **2**《話》独身男性.

célibe 形 〖文〗独身の. ── 男女 〖文〗独身者.

celidonia 囡 〖植物〗クサノオウ.

celinda 囡 〖植物〗バイカウツギ.

celista 男女 → *violoncelista*.

cellisca 囡 〖気象〗みぞれ交じりの吹雪.

cellisquear 自 〖気象〗《3人称単数形で》みぞれ交じりに吹雪く.

celo[1] 男 セロテープ, 透明粘着テープ (= *papel* (*de*) ~).

:**celo**[2] 男 **1**《複》《+ *de*》《…に対する》嫉妬(ﾄﾞ), ねたみ, 焼きもち. **2** 熱心さ, 熱意, 熱意. **3**《動物の》発情, さかり; 発情期. ─*época de* ~ 発情期. ▶*dar celos a ...* を嫉妬させる, に焼きもちを焼かせる.

celofán セロハン (=*papel* (*de*) ~).

celoma 男 〖解剖〗体腔(ｺｳ).

celomado, da 形 〖解剖〗体腔のある動物の.

celosía 囡 《窓の》目の詰んだ格子.

:**celoso, sa** 形 **1**《+ *de/en*》に》熱心な, 熱意のある. **2** 嫉妬深い; 《+ *de*》をねたんでいる, 嫉妬している. ─*Está* ~ *de su hermano menor.* 彼は弟に嫉妬している.

celotipia 囡 激しい嫉妬心.

celta 形 ケルト族(系)の, ケルト人の; ケルト語の. ── 男女 ケルト人. ── 男 **1**

celtibérico, ca 形 →celtíbero.

celtíbero, ra, celtibero, ra 形 (古代の)ケルト・イベリア (Celtiberia) 人(族)の. ― pueblo ～ ケルト・イベリア族. ―名 ケルト・イベリア人. ―男 1 (los ～s) 複 ケルト・イベリア族. 2 ケルト・イベリア語.

céltico, ca 形 ケルト族(人)の; ケルト語の. ―名 ケルト人. ―男 (los ～s) ケルト人.

celtismo 男 《言語》ケルト語の特徴.

celtista 男女 ケルト語(文化)研究者.

celtolatino, na 形 ケルト語からラテン語に入った.

célula 女 1《生物》細胞. ― embrionaria [germen] 生殖細胞. ― madre 母細胞. 2 (共産党・ゲリラなどの)細胞, 支部; (社会組織などの)構成単位. ― ～ comunista 共産党細胞. 3《電気》電池. 4《航空》(航空機の)機体. ▶ **célula fotoeléctrica**《光学》光電池, 光電管.

celular 形 1《生物》細胞の, 細胞状の; 蜂窩(ほうか)性の. 2《法律》独房の. ―男《中南米》携帯電話 (=teléfono ～).

celulitis 女《単複同形》1《医学》蜂窩織炎(ほうかしきえん). 2《話》セルライト.

celuloide 男 1《商標》セルロイド. 2 フィルム, 映画. ―llevar al ～ 映画化する.

celulosa 女《化学》セルロース, 繊維素.

cementación 女 1 セメントで固めること. 2《冶金》浸炭(法), セメンテーション.

cementar 他 1 をセメントで固める. 2《冶金》(鋼鉄など)を浸炭する, にセメンテーションを施す.

cementera 女 セメント製造業.

cementerial 形 墓地の.

cementerio 男 1 (共同)墓地, 墓場. 2 廃棄物置場, 廃棄場.

cementero, ra 形 セメントの.

cementista 男女 セメント製造業者; セメント工職人.

cemento 男 1 セメント, 接合剤. 2 コンクリート. ― armado 鉄筋コンクリート. 3 歯用セメント; (歯の)白亜質. ▶ **cara de cemento** ものすごく冷たい, 厚顔無恥の.

cementoso, sa 形 セメント質の, セメントのような.

cena [セナ] 女 夕食, ディナー, 晩餐(ばんさん)(会). ―¿Qué vamos a tomar de ～? 夕食は何ですか. La Última C～《聖書》最後の晩餐.

cenacho 男 (食料品を運ぶための)手提げかご.

cenáculo 男 1 キリストの最後の晩餐(ばんさん)が行われた部屋. 2 (芸術家や文学者などの)サロン.

cenador, dora 形名 夕食を取る(人), 夕食を食べ過ぎる(人). ―男 (庭園内のつる草などに覆われた)四阿(あずまや), 休憩所.

cenagal 男 1 ぬかるみ, 泥沼. 2《話》窮地, 困難.

cenagoso, sa 形 ぬかるんだ, 沼地の.

cenar [セナ] 自 夕食をとる(食べる). ―他 を夕食にとる(食べる).

cenceño, ña 形 やせた, 細身の.

cencerrada 女 金物などをたたいて抗議すること(からかうこと).

cencerrear 自 1 鈴をじゃんじゃん鳴らす, 鈴がじゃんじゃん鳴る. 2《話》楽器(特にギター)を調子はずれに弾く. 3《話》ドア(窓・差し錠)などが風でギイギイ音をたてる.

cencerro 男 (家畜が首から下げる金属製の)鈴, カウベル. ▶ **a cencerros tapados**《話》こっそりと, ひそかに.

cendal 男 1 (絹・麻などの)薄布; ベール. 2《文》薄絹, ベール状のもの.

cenefa 女 1 (シーツ, タオル, カーテンなどの)縁飾り, 縁取り. 2《建築》帯状装飾, フリーズ.

cenestesia 女《心理》体感.

cenestésico, ca 形《心理》体感の.

cenicero 男 1 灰皿. 2 (ストーブ・炉・かまどなどの)灰受け, 灰だめ.

ceniciento, ta 形 灰色の, 灰の. ―女 不当に虐げられている(人)(もの).

cenit, cénit 男 1《天文》天頂(任意地点の真上の天). 2 (名声・成功などの)頂点, 絶頂.

cenital《天文》天頂の, 頂点の.

ceniza 女 1 灰. 2 複 遺灰, 遺骨. 3 (複) 聖灰. ―Miércoles de C～ 灰の水曜日(四旬節 Cuaresma の第1日目). ▶ **reducir a [convertir en] cenizas** を灰にする, 灰燼(かいじん)に帰させる; (徹底的に)を破壊する(やっつける).

cenizo, za 形 灰色の. ―男《話》縁起(運)の悪い人, 疫病神. 2 悪運, 不運.

cenizoso, sa 形 灰色の.

cenobial 形 修道院の, 僧院の.

cenobio 男 修道院, 僧院.

cenobita 男女 1 隠遁僧, 修道女. 2 隠遁(いんとん)者, 世捨て人.

cenobítico, ca 形 修道士(女)の.

cenotafio 男 慰霊碑.

cenote 男《中米》ユカタン半島などにある天然の井戸.

cenozoico, ca 形名《地質》新生代(の).

censal 形 国勢調査の, 人口調査の. ―男 人口調査.

censar 他 を国勢調査(人口調査)に含む(登録する). ―自 国勢調査(人口調査)を実施する.

censatario, ria 形 地代, 借地料を払わなければならない. ―名 貢(み)(租(年貢))上納者, 借地人.

censista 男女 国勢調査(人口調査)を実施する公務員.

censitario, ria 形 制限選挙の.

censo 男 1 人口調査, 国勢調査. ― ～ de población 人口調査. 2 住民

[選挙人]名簿;土地台帳;名簿,リスト. **3**〖法律〗地代,借地料;賃貸契約. **4**〖歴史〗(中世の領主に納めた)地代,年貢;(古代ローマの)人頭税. ▸ **censo electoral** 有権者[選挙人]名簿;〖集合的に〗選挙民.

censor, sora 名 **1** 検閲官,審査官. **2** 批評家,聴評家. ― 形 〖歴史〗古代ローマの監察官. ― 形 検閲される,非難される.

censorio, ria 形 検閲の,検査の.

censual 形 →censal.

censualista 男女 地代・借地料を受け取る者,土地の貸し主.

censura 女 **1** 非難,批判;〖政治〗不信任,譴責(けんせき). ― moción de ~ (議会での)不信任[問責]動議. **2** (出版物・映画などの)検閲;検閲係[機関]. **3** 〖古代ローマ〗の監察官の職.

censurable 形 非難すべき,とがめるべき,けしからぬ.

censurador, dora 形 検閲する;非難する.

censurar 他 **1** を検閲する. **2** (検閲によって)を削除[修正]する. **3** を非難する,酷評する.

cent <英> 男 〖複〗〜s 100分の1ユーロ.

centaura 女 〖植物〗センタウリウム.

centaurea 女 →centaura.

centavo 男 **1** センターボ(中米諸国の単位貨幣 1 peso, 1 córdoba, 1 bolívar, 1 sol などの100分の1). **2** セント(1ドル dólar の100分の1). **3** 100分の1. ▸ **estar sin un centavo** 一銭[一文]もない. ― , **va** 形 〖分数詞〗100分の1の.

centella 女 **1** (小規模の)稲妻,閃(せん)光,電光. **2** 火花,スパーク. **3** 〖主に複〗(強い感情の)目の光. **4** 迅速に[素早く]電光石火のもの. ▸ **como una centella** 電光石火のように[に].

centellar 自 →centellear.

centelleante 形 火花を発する,きらめく.

centellear 自 **1** 火花を出す,ぴかっと光る;きらめく. **2** きらきら光る,きらめく,瞬く.

centelleo 男 火花を出すこと,きらめき,瞬き.

centena 女 100個[人]ずつのまとまり.

centenada 女 100個[人]ずつの単位. ▸ **a centenadas** 何百と,たくさん.

centenal 男 ライムギ畑.

centenar 男 **1** 100ずつにまとめたもの(100個[人]). ― **un ~ de personas** 100人もの人. **2** ライムギ畑. ▸ **a [por] centenares** 何百も,たくさん.

centenario, ria 名 100歳(くらい)の. ― 形 **1** 100歳(くらい)の. ― **anciano** ~ 100歳の老人. **árbol** ~ 100年の木. **2** 100の,100分の,3とての. ― 男 **1** 100周年祭.

centeno 男 〖植物〗ライムギ. **2**〖集合的に〗ライムギの種子.

centeno, na 100番目の.

centesimal 100分の1, 100分法.

centésima, の100進法の.

centésimo, ma 〖数〗**1** 100番目の. **2** 100分の1の. ― 名 **1** 100番目の(人・物). **2** 100分の1. **3** センテシモ(中南米諸国の基本通貨の100分の1).

centiárea 女 センチアール, 1アールの100分の1.

centígrado, da 形 (温度計の)摂氏の(記号は℃); 100分度の.

centigramo 男 センチグラム, 100分の1グラム.

centilitro 男 センチリットル, 100分の1リットル.

centímetro 男 **1** センチメートル. ― **cuadrado [cúbico]** 平方[立方]センチメートル. **2** 〖南米〗巻尺,メジャー.

céntimo 男 **1** センティモ(単位貨幣 1 euro などの100分の1). ― の ― 一文の価値も無い. **2** セント(1ドル dólar の100分の1). **3** 100分の1. ▸ **estar sin un céntimo** 一銭一文もない. ― , **ma** 形 〖分数詞〗100分の1の. ― **una [la] céntima parte** の1.

centinela 男女 **1** 〖軍事〗哨兵,歩哨. **2** 見張り番,監視人.

centolla 女 〖動物〗ヨーロッパケガシガニ.

centollo 男 →centolla.

centón 男 **1** パッチワークキルト. **2** 他の作品の部分や句を集めからなる文学作品.

centrado, da 形 **1** 中心の,中心にある. **2** (立場・地位・環境などに)きちんとおさまっている,慣れた. **3** 「+ en に」焦点を合わせた.

central [セントラル] 形 **1** 中心の,中央の,中枢の. ― **casa** ~ 本店,本社. **2** 中心的な,主要な. ― **Interpretó el personaje** ~ **de la obra.** 彼はその作品の中心人物を演じた. ― 女 **1** 発電所. **2** 本部,本社,本局. **3**〖中米〗精糖(せいとう)工場. ― 男 〖スポ〗(サッカーの)センターバック.

centralidad 女 中心化,中央集権化.

centralismo 男 〖政治〗中央集権主義,中央集権制度.

centralista 形 中央集権主義の,中央集権主義者の. ― 男女 中央集権主義者.

centralita 女 電話交換台.

centralización 女 中央集権化,中央集権化.

centralizado, da 過分 [→centralizar] **1** 中央に集められた;集中した. **2** 中央集権化した.

centralizador, dora 形 集中化する,中央集権化の.

centralizar [1.3] 他 を中心に集める,集中させる;中央集権化する. ― **se** 再 中心に集まる,集中する;中央集権化する.

centrar 他 **1** を中心に置く,中央に

く. **2**《+en/sobre に》を集中させる, 焦点を合わせる. **3**（人の関心・注意）を引きつける, 集める. **4**を精神的に安定させる. —⃞他 ⚽（サッカーなどで）センタリングする. — **se** ⃞再 **1**《+en に》集中する, 集まる. **2**《+en》…で要領をつかむ, …に慣れる. **3**精神的に安定する.

céntrico, ca 形 中心にある, 中心［中央］部の; 都心の.

centrífuga 女 →centrífugo.

centrifugación 女 遠心分離.

centrifugador, dora 形 遠心性の, 遠心力による. —⃞男 遠心分離機.

centrifugar [1.2] ⃞他 を遠心分離する.

centrífugo, ga 形 遠心性の, 遠心力による. —fuerza *centrífuga* 遠心力. —⃞女 遠心分離機.

centrípeto, ta 形 求心性の, 求心力による.

centrismo 男 《政治》中道主義.

centrista 形 男女 《政治》中道の, 中道派の.

centro ［セントロ］男 **1**中心, 中央; 中心部, 中心地 —Vive en pleno *~* de la ciudad. 彼は街のど真ん中に住んでいる. **2**（町の）中心部, 都心, 繁華街. **3**（中心となる）機関, センター, 施設; 本部. *~* comercial ショッピングセンター. *~* de control コントロール［管制, 制御］センター. *~* cultural [deportivo] 文化[スポーツ]センター. **4**（興味・注目・話題などの）的, 中枢; 中心人物. *~* de interés [de atención] 関心の的. **5**（活動の中心）地, 都市. —Málaga es un importante *~* turístico. マラガは重要な観光地である. **6**《政治》中道派. **7**圏 界, 社会. *~s* diplomáticos 外交界. **8**⚽（サッカーなどの）センター; （ボールの）センタリング(相手ゴール前に蹴ること). —delantero *~* センターフォワード. línea de *~* センターライン.

▶ *centro de gravedad* 《物理》重心, *centro de mesa* （テーブルの中央に置く）テーブルセンター. *centro nervioso* 《医学》神経中枢. *estar en su centro* 居心地のいい, くつろぐ. *hacer centro*《中南米》目を射る.

Centroafricana 国名 中央アフリカ（公式名 República Centroafricana, 首都 Bangui）.

centroafricano, na 形名 中央アフリカの(人), 中央アフリカ出身の(人).

Centroamérica 女 中央アメリカ[中米]（北アメリカ大陸のうちアメリカ以南の地域）.

centroamericano, na 形名 中央アメリカの(人), 中米の(人).

centrocampista 男女 ⚽（サッカーなどの）ミッドフィールダー.

centroderecha 女 《政治》中道右派.

Centroeuropa 国名 中央ヨーロッパ[中欧].

centroeuropeo, a 形名 中央ヨーロッパの(人).

centroizquierda 女 《政治》中道左派.

centrosfera 女 《生物》(細胞の)中心球.

centrosoma 男 《生物》中心体.

centunvirato 男 《歴史》(古代ローマの)百人法院.

centunviro 男 《歴史》(古代ローマの)百人法院の構成員.

centuplicar [1.1] ⃞他 **1**を100倍にする. **2**《数学》（ある数値）に100を乗じる［掛ける］. — ⃞再 100倍になる.

céntuplo, pla 形 男 《まれ》《数学》100倍(の).

centuria 女 **1**《文》100年, 1世紀. **2**(古代ローマ軍団の)百人隊.

centurión 男 《歴史》(古代ローマの)百人隊の長.

cenutrio, tria 男女 《話》のろま, 間抜け.

ceñido, da 過分 〔←ceñir〕形 **1**（衣服が体に）ぴったりした, きっちりした, きつい. **2**（お金・支出が）必要最小限度の, かつかつの.

ceñidor 男 （帯・ベルトなどの）腰［ウエスト］を締めるもの.

ceñiglo 男 《植物》アカザ.

ceñir [6.5] ⃞他 **1**（服などが）…にぴったりつく, を締める. **2**《+con/de で》を締める, 抱き締める. **3**を取り巻く, 取り囲む. —El río *ciñe* la ciudad. 川がその街を取り囲んでいる. **4**（海事）（風上に）ラフする. — **se** ⃞再 **1**《+a に》従う, 合わせる. **2**(言葉・言葉なとを)慎む, 抑える. **3**《+a に》接近する, ぴったりつく. **4**を身に帯びる［まとう］. *~se* la espada 剣を帯びる.

ceño 男 しかめ面, 眉間(ｸﾞﾝｶﾝ)にしわを寄せること. —fruncir el *~* 眉間にしわを寄せる.

ceñudo, da 形 しかめ面をした, 怒った様子の.

cepa 女 **1**（木・植物の）根茎, 株. **2**ブドウの木［株］. **3**家系, 祖先. ▶ *de buena cepa* 良質の, 良い家柄の. *de pura cepa* 正真正銘の, 生粋(ﾋｯｽｲ)の.

cepellón 男 《農業》植え替えのために根についたままにしておく土の塊.

cepillado 男 **1**かんながけ. **2**ブラシをかけること.

cepilladura 女 →cepillado.

cepillar ⃞他 **1**にブラシをかける; …の髪をとかす. **2**にカンナをかける. **3**《中南米》におべっかを使う, へつらう. **4**《話》…から盗む, …の金を巻き上げる. — **se** ⃞再 **1**自分の…にブラシをかける. **2**《話》殺す. **3**《話》（仕事・飲食などを）片付ける, さっさと始末する. **4**《話》を落第させる, 不可を付ける. **5**《俗》（性的に人）をものにする.

cepillo 男 **1**ブラシ, 刷毛(ﾊｹ). *~* de dientes 歯ブラシ. **2**（特に教会の喜捨箱, 賽銭(ｻｲｾﾝ)箱. **3**鉋(ｶﾝﾅ). ▶ *a* [*al*] *cepillo* （髪を）短く刈った, クルーカットの,

cepo 男 **1** (動物を捕えるための)わな. **2**《話》策略, 好計(ぎ). —caer en el ～ わなに(策略に)かかる. **3** (刑具としての)枷(せ) 固定器具.

ceporro 男 **1** 愚鈍な人, のろま. **2** 薪(た)用のブドウの木.

cequí 男 〖歴史〗ツェッキーノ金貨.

cera 女 **1** 蝋(ろう), ワックス. —～ virgen 生(き)蝋. **2** 〖集合的に〗蝋燭(るう). **3** 耳垢(みみあか). ▶ *hacerLE la cera* ワックス脱毛を施す. *hacerse la cera* (自分の体の)ワックス脱毛をする.

cerámica 女 **1** 〖集合的に〗陶磁器. 磁器. **2** 陶芸, 製陶; 窯業.

cerámico, ca 形 陶磁器の, 陶器の.

ceramista 男女 陶芸家, 陶芸研究家; 窯業者.

cerbatana 女 (狩猟に用いる)吹き矢筒, 豆鉄砲筒.

cerca² セルカ 副 **1** (空間的に)近くに, 近所に[で]; 接近して. —aquí ～ この近くに[で]. **2** (時間的に)近くに, 間近で. —Las vacaciones ya están muy ～. 休暇はもうすぐだ. ▶ *cerca de...* …の近くに[で]; (ある数量に)近い, ほぼ…(ある数量に達していない場合). —Son cerca de las ocho. もう少しで8時だ. *de cerca* 近くから, 間近で.

cercado 男 **1** 柵・塀などで囲まれた土地. **2** 柵, 囲い, フェンス.

*cercanía 女 **1** 近いこと, 近接, 近隣. **2** 〖複〗(都市の)郊外, 近郊; 周囲. —tren de ～s 近郊線[郊外]電車.

cercano, na 形 **1**〖+ a に〗近い, 近くの; 隣接する. **2** 親しい, 親近な. —pariente ～ 近い親族. **3** (危険などが)間近の, 差し迫った.

cercar [1.1] 他 **1** (垣や柵で)囲む, 取り囲む. **2** (大勢の人達が)取り囲む, 取り巻く. **3** 〖軍事〗包囲する, 取り囲む.

cercén 副 ▶ *a cercén* 元から完全に, すっかり.

cercenadura 女 切断, 切断部.

cercenamiento 男 切り取ること, 切断.

cercenar 他 **1** ばっさりと[切断する], (余分なものを)切り落とす, 切り取る. **2** を削減する, 縮少する.

cerceta 女 〖鳥類〗シマアジ.

cercha 女 〖建築〗**1** アーチ枠. **2** 湾曲面を調えるための物差し.

cerciorar 他 〖+ de に〗確信させる, 保証する; (保証して)納得させる. — se 再 〖+ de に〗確かめる, 確信する; 納得する.

cerco 男 **1** 輪(状)の物(形), 環. —～ de luz 光の輪, 光輪. **2** 人の輪, 人垣, 取り巻き. **3** 欄, 囲い, 柵. **4** 〖軍事〗包囲(陣), 攻囲. **5** (ドアや窓の)枠, 枠組み, 縁(き). **6** 〖天文, 気象〗(太陽・月の)暈, 暈輪(か)り. **7**〖宗教〗(聖人像などの)光輪. ▶ *cerco policial* (警察の)非常線.

警戒線. *levantar el cerco* 包囲を解く. *poner cerco a...* …を包囲する.

*cerda 女 **1** (ブタ・豚・馬などの)剛毛, 硬毛. **2** (動物の細くて短い)毛. **3** (ブラシ・絵筆などの)毛. **4** 〖動物〗雌ブタ(豚). —ganado de ～ 〖集合的に〗豚.

cerdada 女 **1** 下品な行為, 下劣な行い. **2** 卑劣なやり方, ひどい仕打ち, 汚い手口.

cerdear 自 (弦楽器が)耳障りな音を出す.

Cerdeña 国名 サルデーニャ[サルジニア](イタリア領の島).

*cerdo 男 **1**〖動物〗(雄の)ブタ. **2**〖料理〗豚肉(=carne de ～). **3**《話》汚い人, 不潔な人. **4**《話》意地悪いやつ, 卑劣なやつ; 下品なやつ. ▶ *como un cerdo* 《話》(豚みたいに)たくさん[がつがつ](食べる);《話》(豚みたいにすごく)ぶくぶく太った. —comer *como un cerdo* たくさん食べる, がつがつ食べる.

cerdo, da 形 **1** 不潔な, 汚い. **2** 意地悪い, 卑劣な; 下品な.

cerdoso, sa 形 **1** 剛毛で覆われた, 剛毛の多い. **2** (ブタやイノシシの剛毛のように)毛の多い, 粗い. —**3** 〖動物〗イノシシ.

cereal 〖主に複〗**1** (麦・稲・トウモロコシなどの)穀物, 穀類; 穀草. **2**〖料理〗シリアル, 穀物食. —〖神話〗(ローマ神話の)ケレス (Ceres) の祭日 (4月19日). **3**〖集合的に〗穀物の, 穀類の. **2** ケレス(豊穣の女神)の; ケレスの祭日の.

cerealista 形 穀物の, 穀物生産者[輸送]の. — 男女 穀物生産者, 穀物商人.

cerebelo 男 〖解剖〗小脳.

cerebelosa 形 小脳の.

cerebral 形 **1** 脳の, 大脳の. —infarto ～ 脳梗塞の. *muerte* ～ 脳死. **2** (人などの)頭脳的な, 理知的な. — 男女 理知的な人; 冷たい人.

cerebro [セレブロ] 男 〖解剖〗**1** 大脳, 大脳, 脳. **2** 頭脳, 知力. **3** 《文化・科学分野の》知的指導者, 優れた頭脳の持ち主; 首謀者, (グループの)指導者, リーダー; 〖話〗(グループの)知的指導者, ブレーン; 〖軍〗. ▶ *cerebro gris* (組織・グループの)指導者, ブレーン; *cerebro de mosquito* 《話》頭がよくないこと, 知力が低いこと. *lavar el cerebro a...* 《話》…の気分を洗う, 頭がおかしくなる. *secárseLE ...el cerebro* 《話》…の気がおかしくなる, 頭がおかしくなる.

cerebroespinal 形 〖解剖〗脳脊髄(せきずい)の.

*ceremonia 女 **1** 儀式, 式(典). **2** (社交上の)儀礼, 作法; 堅苦しさ. **3** 盛大, 豪華さ, 華美(なもの). ▶ *de ceremonia(s)* 儀礼的な, 盛大に, 儀式的な.

ceremonial 形 儀式(上)の, 儀礼的な, 儀式ばった. — 男 儀礼, 礼法, 作法. **2** 儀礼集, 儀典, 作法読本.

*ceremonioso, sa 形 **1** 形式張った, 堅苦しい. **2** 儀礼にかなった, 作法どおりの, おごそかな.

céreo, a 形 蝋(ろう)の、蝋のような。

cerería 女 蝋(ろう)、ろうそくを売る店、ろうそく屋。

cerero, ra 名 蝋(ろう)製品商；蝋職人、ろうそく職人。

cereza 女 サクランボ、桜桃。━━男 赤暗色(の)、鮮紅色(の)。

*__cerezal__ 男 サクランボ園[畑]。

cerezo 男 1 《植物》セイヨウミザクラ。2 サクラの木材。

*__cerilla__ 女 1 マッチ。2 耳垢(みみあか)。

cerillero, ra 名 マッチ売り。━━男 マッチ箱。

cerillo 男 1 細長いろうそく。2 《メキシコ》マッチ。

cerio 男 《化学》セリウム(希土類元素；記号 Ce)。

cermeño 男 《植物》セイヨウナシの一種。

*__cerner__ [4.2] 他 1 (小麦粉などを)ふるいにかける; 精選する。2 (考えや行動を)洗練する、磨く。━━ **se** 再 1 [+ sobre に]さし迫る、降りかかる、近づく。2 (鳥などが)旋回する；ホバリング[空中停止]する。

cernícalo 男 1 《鳥類》チョウゲンボウ、マグソタカ。2 《話》無教養で粗野な人。

cernidillo 男 《話》気取ってちょこまかと腰を振って歩くこと。

cernido 男 (小麦粉・粉を)篩(ふるい)にかけること。

cernidor 男 《中南米》篩(ふるい)。

cernidura 女 篩(ふるい)にかけること、篩(ふるい)がけ。

*__cernir__ [4.3] 他 →cerner.

cero 男 1 (数字の) 0、零。2 (温度計などの)零度、零点。━━ Estamos a tres (grados) bajo ~. 気温は零下3度だ。3 (las ~) (時間の)零時。4 無、皆無；無価値な人［物］。
▶ **a cero** 《スポ》0対0で。━ **empatar a cero** 0対0で引き分ける。**al cero** 坊主刈りの。**cero absoluto** 絶対零度(摂氏マイナス273.15)。**de [desde] cero** ゼロから、裸の状態から。**cero (a la izquierda)** 《話》役立たずである、無能[不器用]である。━ **ser un cero (a la izquierda)** 《話》役立たずである、無能[不器用]である。━ **obtener ~ puntos en la prueba** 試験で0点を取る。

ceroplástica 女 蝋(ろう)細工。

ceroso, sa 形 蝋(ろう)の、蝋のような。

cerote 男 蝋(ろう)(靴の縫い糸に塗る蝋)と松脂から成る)ワックス。

cerotear 自 《チリ》ろうそくから蝋(ろう)が垂れる。

cerquero, ra 形 《漁業》旋網漁(旋網漁)の。━━男 1 旋網漁師。2 旋網漁船。

cerquillo 男 1 《カト》剃冠(ていかん)《頭頂部だけを剃髪し周囲の髪を円形に残した髪型》。2 《南米》前髪。

cerquita 副 すぐ近くに。

cerradero 男 (ドアや窓の)差し錠[かんぬき]を受ける金具，差し錠の穴。

cerrado, da [セラド、ダ] 過分 [→ Ce-rrar] 形 1 閉じた、閉鎖された、閉まっている。━ C~ por obras. 工事につき休業中。2 どんより曇った、暗い。━ noche cerrada 暗い夜。3 (リスト・文書などが)変更のきかない；完全な、厳しい、厳密な、断固とした。━ un criterio muy ~ 厳格な規律。5 (なまりが)きつい。6 《話》無口な、閉鎖的な；愚鈍な。7 《音》閉音の。━━男 柵で囲った農園。

cerrador, dora 形名 閉める(もの)、閉じる(もの)。

cerrador 男 留め金具、錠。

cerradura 女 錠、錠前(→「南京錠」candado,「差し錠」cerrojo, pestillo)。

cerraja¹ 女 錠、錠前、かんぬき。

cerraja² 女 《植物》ノゲシ、ハルノノゲシ。

cerrajería 女 錠前業、錠前屋。

cerrajero, ra 名 錠前職人、錠前修理屋。━━男 《鳥類》クロミソサザイ。

cerramiento 男 1 閉める［閉まる］こと、閉じること。2 塞ぐもの、遮るもの、遮断するもの。3 囲い、仕切り。4 《建築》屋上階の建華(けんか)。

*__cerrar__ [セラル] [4.1] 他 1 を閉める、閉じる；を閉鎖する；をふさぐ。━ Es hora de ~ la tienda. 閉店の時間だ。2 を消す；を遮断(しゃだん)する。━ ~ el tráfico 交通を遮断する。3 を終らせる、閉会する；を締切る。4 を閉じ込める；を取り囲む。━━自 1 閉まる、閉じる、閉店する。2 夜になる。3 [+ contra を]攻める、攻撃する。4 (馬の歯が生えそろう。━━ **se** 再 1 閉まる、閉じる。2 ━ Esta puerta **se cierra** automáticamente. このドアは自動的に閉まる。2 [+a を]受け入れない、拒む。3 [+ en に]固執する、かたくなに…する。4 (空が)黒雲におおわれる。5 (車が)急カーブを切る。

cerrazón 女 1 愚鈍、血の巡りが悪いこと。2 (嵐の前の)黒雲、嵐(あらし)雲。3 頑固、強情。

cerrero, ra 形 1 (動物が)野生の、飼い馴らされていない。2 《中南米》 (コーヒーなどの飲物が)苦い、甘みが足りない。3 《中南米》無教養な、粗野な、無愛想な。

cerril 形 1 頑固な、強情な；粗野な。2 (動物が)野生の、飼い馴らされていない。3 (土地が)でこぼこの、荒れた。4 粗野な、無作法な。

cerrilidad 女 1 頑固、強情。2 粗野、無作法。3 (動物が)野生であること。

cerrilismo 男 →cerrilidad.

cerro 男 丘、小山；複 険しい土地、起伏の多い土地。━▶ **irse [echar, ir] por los cerros de Úbeda** 《話》話題[本題]からそれる。

cerrojazo 男 1 荒々しくかんぬきを掛けること。2 (突然の)中止、閉鎖、終了。━▶ **dar el cerrojazo a...** (活動・集会・話し合いを突然中止する[打ち切る、中断する]。

cerrojillo, cerrojito 男 《鳥類》ヒガラ。

cerrojo 男 1 かんぬき、差し錠。2 (銃の)遊底。3 《スポ》サッカーのカテナチオ(固い

certamen 男 **1** (芸術・文学・科学分野での)懸賞付きコンクール. **2** 文学論争, 文学議論.

certeramente 副 確かに, 的確に.

certero, ra 形 **1** (射撃で)正確な, 的を外さない, 腕のよい. ～ de un disparo ～ 正確な一発で. **2** (判断・憶見などの)確な, 的を射た, 正確な. **3** よく知っている, 熟知した.

:certeza 女 **1** 確かさ, 確信(性); 確実なこと. **2** 確信.

*certidumbre 女 **1** 確実性, 確かなこと. **2** 確信.

certificable 形 保証できる, 証明できる. **2** 書留にできる.

certificación 女 **1** 保証, 証明. **2** 証明書, 証書.

*certificado 1 証明書; 認定書, 修了書. ～ de residencia 居住証明書, 住民票. **2** 書留郵便である. **3** 《情報》認証. **—, da** 過分 (→certificar) 形 **1** 書留の, 書留郵便にされた. **2** 証明[保証, 認定]された; 裏書きのある.

:certificar [1.1] 他 **1** (文書で)証明する, 保証する. **2** を書留にする.

certísimo, ma [cierto の絶対最上級] 形 《まれ》絶対確実な.

certitud 女 →certeza

cerúleo, a 形 真っ青な, 紺碧の.

cerumen 男 耳あか.

cerusa 女 《化学》白鉛.

cerval 形 シカの, シカのような. ～-gato ～ 《動物》オオヤマネコ. ▶ **tener un miedo cerval** 恐怖におびえる[震え上がる].

Cervantes Saavedra 固名 セルバンテス(サーベドラ) (Miguel de ～) (1547-1616, スペインの小説家, 『才知あふれる郷士ドン・キホーテ・デ・ラ・マンチャ』《El ingenioso hidalgo Don Quijote de la Mancha》の作者).

cervantino, na 形 セルバンテス(Cervantes)の, セルバンテスに関する; セルバンテス風の.

cervantismo 男 **1** セルバンテス風, セルバンテス風文体. **2** セルバンテス研究, セルバンテス学.

cervantista 形 セルバンテス研究の, セルバンテス学の. **— 男女** セルバンテス研究者.

cervatillo 男 《動物》ジャコウジカ.

cervato 男 《動物》6か月以下の子ジカ.

:cervecería 女 **1** ビヤホール. **2** ビール工場.

cervecero, ra 形 ビールの, ビール好きの. **— 男 1** ビール醸造業者; ビヤホールのオーナー. **2** ビール好きの人.

:cerveza 女 ビール. ～ de barril 生ビール.

cervical 形 うなじの, 襟首の; 《解剖》頚部(けいぶ)の. **— 女** 《主に複》頚椎(けいつい).

cérvido, da 形 《動物》シカ科の.

— 男複 《動物》シカ科の動物.

cerviguillo 男 太い首, 猪首(いくび).

cerviz 女 うなじ, 襟首; 首, 頚部(けいぶ). ▶ **bajar** [**doblar**] **la cerviz** 屈服する, 服従する, 従う. **ser de dura cerviz** 不従順な, 剛しがたい.

cervuno, na 形 シカの, シカのような.

cesación 女 中止, 停止, 中断.

cesamiento 男 →cesación

cesante 男女 **1** (公務員・政府職員が)停職中の(人), 免職された(人); 休職中の(人). **2** 『チリ』失業中の(人), 失職した(人).

cesantía 女 **1** 停職, 休職. **2** 『チリ』失業.

César 固名 **1** カエサル (Cayo Julio ～) [ジュリアス・シーザー] (前100-44, ローマの政治家, 前44年終身独裁官). **2** 《男性名》セサル.

:cesar [セサル] 自 **1** やむ, 終る. 中止になる. ～ sin ～ 絶えず, ひっきりなしに. **2** [+ como/de/en] 辞職する, 辞(しん)める. **3** [+ de + 不定詞] (…するのを)やめる. ～ **de** correr 走るのをやめる. **4** 他 《話》解雇する, 首にする.

cesáreo, a 形 **1** (ローマ)皇帝の, 帝国の. **2** 《医学》帝王切開の. **— 女** 《医学》帝王切開.

cesarismo 男 専制君主制, 独裁君主制.

cese 男 **1** 停止, 中止, 休止. **2** 停職, 解職. ～ del fuego [de las hostilidades] 戦闘停止, 戦闘中止. **3** 解任[停職]命令書, 解任[停職]処分. — dar el cese a... を解雇する.

cesio 男 《化学》セシウム (元素記号 Cs).

cesión 女 **1** 譲ること, 譲渡, 引き渡し. **2** 《法律》(債務者が債権者への財産などの)譲渡. **3** 〖スポ〗短いパス.

cesionario, ria 名 《法律》譲受人(の).

cesionista 男女 《法律》譲渡人, 譲与人.

césped 男 **1** 芝, 芝生; 芝地. **2** 〖スポ〗(サッカー・ラグビーの)芝グランド.

:cesta 女 **1** (広口で取っ手付きの)バスケット, 手かご. (スーパーの)買い物かご; かご一杯分. **2** 〖スポ〗(バスケットボールの)バスケット; ゴール(=canasta). **3** 〖スポ〗セスタ (ハイアライの細長いかご状ラケット). ▶ **cesta de la compra** 《経済》マーケットバスケット(方式), 生計費.

cestada 女 ひとかご分の量, かご1杯.

cestería 女 かご製作所, かご販売店; かご細工.

cestero, ra 名 かご細工職人, かご売り.

:cesto 男 **1** (大きく深い)かご. **2** 〖スポ〗(バスケットボールの)バスケット, ゴール, 得点. ▶ **cesto de los papeles** くずかご (→papelera).

cesura 女 《詩学》(行中の)中間休止, 行中休止; 区切り.

ceta 女 →zeta

cetáceo, a 形 〖動物〗クジラ類の. ― 男 複 〖動物〗クジラ類.
cetaria 女 〖エビなどの〗養殖場.
cetario 男 クジラなどが子育てをする海域.
cetme 男 軽量ライフル.
cetona 女 〖化学〗ケトン.
cetonemia 女 〖医学〗ケトン血症.
cetonia 女 〖虫類〗ハナムグリ.
cetrería 女 タカ狩り用のタカの訓練技術; タカ狩り.
cetrero, ra 名 鷹匠(たかじょう), タカ狩り士.
cetrino, na 形 1 黄緑色の; 〖顔色が〗黄ばんだ. 2 憂鬱(ゆううつ)な, ふさぎこんだ, むっつりとした.
cetro 男 1 〖皇帝, 国王の〗笏(しゃく); 王権; 王位. 2 可参加団体や教会の代表者が持つ杖. 4 至高, 最高, 優越性.
ceugma 女 →zeugma.
Ceuta 固名 セウタ(アフリカの北西端にあるスペインの自治都市).
ceutí 形 セウタ (Ceuta) の(人). ― 名 セウタ出身の(人).
ch 女 スペイン語旧アルファベット第4文字.

chabacanada, chabacanería 女 粗野[下品・悪趣味]なもの[言行].
chabacanear 自 粗野[下品・悪趣味]なことを言う[する].
chabacano, na 形 粗野な, 下品な, 悪趣味な. ― 男 1 チャバカノ語(フィリピンで話されるスペイン語とマレー語言語とのクレオール言語). 2 〖メキシコ〗〖植物〗アンズ(の木).
chabola 女 1 〖スラムに建てられた〗あばら家, バラック; 〖集合的に〗スラム. 2 〖特に野原の〗小屋, 掘立小屋.
chabolismo 男 スラム(的な状態・生活), スラム化.
chabolista 男女 スラム街に住む人.
chacal 男 〖動物〗ジャッカル.
chacalín 男 〖中米〗エビ(→ camarón).
chácara 女 〖中南米〗→chacra.
chacarero, ra 形 〖中南米〗農場の, 農園の. ― 名 〖中南米〗農場主, 農夫. ― 女 〖アルゼンチンの〗民俗的な舞曲の一種.
chacha 女 《話》家政婦, 子守, お手伝い.
chachachá 男 〖音楽〗チャチャチャ; その踊り.
cháchara 女 おしゃべり, 無駄話. 2 複 〖中南米〗つまらないもの, がらくた.
chacharear 自 おしゃべり[無駄話]をする.
chacharero, ra 形 名 1 《話》おしゃべりな人.
chacharse 再 〖中南米〗〖学校を〗サボる.
chachi 形 1 〖スペイン〗すばらしい, とてもよい (→chanchi). 2 エクアドルのカヤパ (Cayapa) の. ― 男女 カヤパ (Cayapa) 出身者. ― カヤパ語. ― 副 〖スペイン〗すばらしく.

chacho, cha 名 1《話》→muchacho, cha. 2 複 〖中南米〗双子, 双生児. ― 女 1 《話》子守り. 2 〖中南米〗手綱. ― 形 1 双子の, 双生児の. 2(二つのものが)くっついている.
chacina 女 1 保存用塩漬け[豚肉 (→cecina). 2 ソーセージ用に調理した豚肉; 〖集合的に〗豚肉ソーセージ.
chacinería 女 調理豚肉 (chacina) [ソーセージ]を売る店.
chacinero, ra 名 豚肉の加工職人, 販売業者.
Chac Mool 固名 チャク・モール; アステカ, トルテカ, マヤの神と人間を仲介する神格, その像.
Chaco 固名 1 (Gran ~) グラン・チャコ(アルゼンチン・パラグアイ・ボリビアにまたがる平原). 2 チャコ(アルゼンチンの州).
chaco 男 〖歴史〗巻き脚絆, 〖昔の軍帽の一種〗(主に騎兵用のシャコー帽.
chacolí 男 チャコリー(バスク産の酸味のあるワイン).
chacoloteer 自 (蹄鉄などがゆるんで)ガチャガチャ鳴る.
chacoloteo 男 ガチャガチャ(鳴ること).
chacona 女 〖音楽〗シャコンヌ(スペインとフランスで16-17世紀に舞曲として広まったイタリア起源の音楽).
chacota 女 笑い, 冗談, からかい. ▶ **echar** [**tomar**(**se**)] **a chacota** 本気にしない, 冗談と取る. **hacer chacota de ...** をからかう, ...のことを笑う.
chacotear 自 ふざける, からかう; 楽しむ. ― **se** 再 〖+ de〗笑う, あざける, からかう.
chacoteo 男 からかう[あざける]こと; ふざけて楽しく騒ぐこと.
chacotero, ra 形 名 からかう[あざける]ような; 冗談好きな.
chacra 女 〖中南米〗農場, 農園.
chacuaco 男 〖メキシコ〗煙突.
chadiano, na 形 名 チャド (Chad) の(人).
chador 男 チャドル(イスラム教徒の女性が顔・頭を覆うベール).
chafalonía 女 〖集合的に〗使い古して役に立たない金銀製品.
chafallar 他 〖南米〗下品な, 通俗的な. ― 男 →chafarote.
chafar 他 1 潰す, 押し潰す. 2 〖布・髪などを〗しわくちゃ[くしゃくしゃ]にする. 3 をだめにする, 台無しにする. ― **se** 再 潰される; 打ちのめされる.
chafardero, ra 形 名 陰口[うわさ]の好きな(人).
chafarote 男 1 刃が広く湾曲した, アラブ人の使った刀の一種. →alfanje. 2 刀, 広刃のナイフ.
chafarrinada 女 →chafarrinón.
chafarrinar 他 ...にしみをつける, 汚す.
chafarrinón 男 1 しみ, 汚れ. 2 下手な絵.

chafirete 男 [メキシコ]〖軽蔑〗→ chófer.

chaflán 男 **1**〖建物・十字路などの角(か)を切り取ってできた〗面取り部分, 斜角;建物の出隅. **2** [中南米] 歩道の車両出入口.

chaflanar 他 …の面取りをする, …に斜角をつける.

chagra 女 [中南米] 農園, 農地, 畑. —— 男女 いなか者, 農民. —— 形 **1** いなか者の, 無教養な, 粗野な. **2** 趣味の悪い.

chagual 男 [中南米]〖植物〗パイナップル科の植物, その実.

chahuistle 男 [メキシコ] トウモロコシのどん粉病.

chaira 女 **1** 刃物研ぎ用鋼棒. **2**〖靴屋の〗革切りナイフ.

chajá 男 [中南米]〖鳥類〗サケビドリ.

chal 男〖服飾〗**1** ショール, 肩掛け. **2**〖赤ん坊の〗おくるみ.

chala 女 [南米] トウモロコシの穂を包む皮.

chalado, da 過分 [→ chalar] 形〖話〗**1**〖estar +〗気が狂っている, いかれた(人). **2**〖estar +/+ por に〗夢中になった(人), 恋した(人).

chaladura 女〖話〗**1** 常軌を逸した言動(こと), 狂気, 妄想. **2** 恋すること, 恋慕.

chalán, lana[1] 形名 家畜(特に馬)の売買の(商人). —— 男 [中南米] 馬の調教師.

chalana[2] 女〖貨物用の小型の平底運搬船〗, はしけ.

chalanear 他 **1**〖売手に対してうまく値切って買う〗, (売買)を巧みに行う. **2** [中南米]〖馬〗を調教する.

chalaneo 男〖手の良い[巧みな]売り買い[取り引き]〗. **2** [中南米] 調馬.

chalanería 女 商売[取り引き]がうまい[ずる賢い]こと, 巧みさ.

chalanesco, ca 形 商売がうまい[ずる賢い].

chalar 他〖話〗**1** …の気を狂わせる. **2** 夢中にさせる, 惚れさせる. —— se 再 **1** 気が狂う, 頭がおかしくなる. **2**〖+ por/con に〗夢中になる, 惚れる.

chalaza 女〖動物〗卵帯, カラザ.

chalchal 男〖植物〗(ムクロジ科の)アロフィルス.

chalé 男〖複〗~s 庭付き一戸建て, 山荘, 別荘.

chaleco 男〖服飾〗チョッキ, ベスト. ~ salvavidas 救命胴着.

chalet 男〖複〗~s → chalé.

chalina 女 **1**〖男女兼用の幅広のネクタイ〗. **2** [中南米] 小さな肩掛け[ショール].

chalota 女 → chalote.

chalote 男女〖植物〗エシャロット.

chalupa 女 **1**〖2本マストの〗小船, ランチ; [中南米] カヌー, 丸木船. **2** [メキシコ] トウモロコシのトルティーリャの一種. → tortilla.

chamaco, ca 名 [中南米] 子ども; 少年, 少女.

chamagoso, sa 形 [メキシコ]〖人が〗汚ない, あかじみた, みすぼらしい.

chamal 男 [チリ] アラウカ系インディオが身につける布.

chamán 男 シャーマン.

chamánico, ca 形 シャーマン[シャーマニズム]の.

chamanismo 男 シャーマニズム.

chamanístico, ca 形 → chamánico.

chamarilear 自 古物を売買[取り引き]する. —— 他 (古物)を売買する.

chamarileo 男 古物[古着]の売買[取引, 交換].

chamarilero, ra 名 古物[古着]商.

chamariz 男〖鳥類〗マヒワ, アオカワラヒワ.

chamarra 女 **1**〖粗い毛織りの〗チョッキ, ジャケット. **2** [中南米] ジャンパー(→ cazadora). **3** [メキシコ] 策略, トリック.

chamarro 男〖粗い毛織りの〗毛布.

chamba 女〖話〗幸運な偶然, まぐれ当たり. —de [por] ~ まぐれで. ¡Vaya ~! なんて運がいいんだ. **2** [中南米] 池, 水たまり; 溝. **3** [中南米] 仕事;働き口.

chambeador, dora 形名 [メキシコ] 働き者の(人), よく働く.

chambelán 男 侍従.

chambergo, ga 形〖歴史〗(兵士や服装, 特に帽子が)近衛隊の. —— 男〖近衛隊のつばの広い帽子〗.

chambismo 男 [メキシコ] 兼任, 兼職.

chambón, bona 形名〖話〗**1**〖ゲームなどで, 下手なのにたまたま勝ってしまう〗運の良い. **2** 下手な, 不器用な. —— 名 **1** 運の良い人. **2**〖特にゲームで〗へたくそ, 不器用者.

chambonada 女〖話〗まぐれ当たり.

chambra 女〖服飾〗オーバーブラウス.

chambrana 女 **1**〖ドア・窓・暖炉などの〗枠飾り. **2**〖テーブル・椅子などの〗横木.

chamelo 男〖ゲーム〗ドミノの一種.

chamiza 女〖植物〗カヤ. **2** 小さな木.

chamizo 男 **1** 生焦げの木[枝, 薪]. **2** かやぶきの小屋.

chamorro, rra 形 (動物の頭が)毛を刈られた.

champa 女 **1** [南米] からみあった根; 根にひっきある土. **2** [チリ] たきつけ用の薪[草].

champán[1] 男 シャンペン.

champán[2] 男〖複〗champanes〖海事〗サンパン(中国・東南アジアの小型の木造平底船).

champaña 男 シャンペン. ◆普通 champán. 商品に付ける名としては現在フランス産のものだけをこう呼び, スペイン産の発泡ワインは cava と言う.

champar 他〖話〗を無遠慮がましく言う.

champiñón 男〖植物〗マッシュルーム.

champú 男〖複〗~(e)s シャンプー.

champudo, da 形 [南米] 髪がもつれ

た.

chamuchina 女 〔中南米〕庶民, 一般大衆.

chamullar 他〔俗〕話す, 喋る (→ hablar).

chamuscar [1.1] 他 (表面的に)を焦がす. **── se** 再 焦げる.

chamusquina 女 焦げる[焦がす]こと. ▶ **oler a chamusquina**〔話〕きな臭い, もめそうである; 胡散(うさん)臭い

chancaca 女〔中南米〕黒砂糖; 砂糖または蜜を固めたもの.

chancadora 女〔中南米〕粉砕機, グラインダー, (鉱物の)破砕機.

chancar [1.1] 他〔中南米〕**1** (特に鉱物)を砕く, 潰す, 碾(ひ)く (→triturar). **2** いいかげんにやる.

chance 男/女〔中南米〕チャンス, 好運.

chancear 自 冗談を言う. **── se** 再〔+de〕をからかう, 冗談の種にする.

chancero, ra 形 冗談好きの(人), ひょうきんな(人).

chanchería 女〔中南米〕豚肉店[店].

chanchero, ra 名〔中南米〕豚肉屋(の店主).

chanchi 形〔俗〕**1** 素晴らしい, すごく良い. **2** 本物の, 本当の. **──** 副 素晴らしく, すごく良く.

chancho, cha 形〔中南米〕汚い, 不潔な. **──** 名〔中南米〕**1** 豚. **2** 不潔な人, 汚い人.

chanchullero, ra 形名〔話〕不正をする(人).

chanchullo 男〔話〕不正行為, 詐欺.

chancillería 女 (昔の)大法廷, 高等法院.

chancla, chancleta 女 **1** 複 スリッパ; サンダル. **2** 〔中南米〕女の赤ちゃん. **──** 男女 役立たずな人[物]. ▶ **en chanclas [chancletas]** かかとを踏んで.

chancletear 自 靴のかかとを踏んで歩く; スリッパの音をたてながら歩く.

chancleteo 男 パタパタとスリッパの音をたてながら歩くこと.

chanclo 男 (泥地などを歩くための底の)厚い木靴; オーバーシューズ.

chancomer 他〔中米〕をむしばむ, 消費する.

chancro 男 (特に性病による)皮膚の潰瘍, 下疳(かん).

chandal 男〔服飾〕スポーツウエア, ジャージー.

chanfaina 女 **1** 臓物の煮物. **2** 〔中南米〕紛糾, ごたごた.

chanflón, flona 形 粗野な, 出来損ないの.

changa 女〔南米〕**1** 冗談. **2** 臨時の仕事.

changador, dora 名〔南米〕荷物担ぎ者, ポーター.

changar 他 を壊す, ばらばらにする.

chango, ga 形名 冗談好きの(人), ふ

ざけた(人). **──** 名〔南米〕子ども; 少年, 少女. **──** 男〔メキシコ〕小さな猿.

changuí, changüí 男〔複〕**-es〕 1** 〔話〕からかい; だますこと. **2** 〔中南米〕〔話〕(スポ, ゲーム〕チャンス; アドバンテージ. ▶ **dar changuí** [**changüí**] **a...** 〔話〕…を美しがらせる, だます.

changurro 男 チャングーロ(バスクのカニ料理).

chanquete 男〔魚類〕シラスの一種.

chantaje 男 恐喝, ゆすり, おどし.

chantajear 他 を恐喝する, ゆする.

chantajista 男女 恐喝者, 脅迫犯人.

chantarse 〔チリ〕固執する.

chantillí 男〔料理〕泡立てた生クリーム.

chantre 男 教会の合唱指揮僧, 先唱者.

chanza 女〔主に複〕冗談, からかい, おどけ.

chañar 男〔植物〕ネムノキ.

chao 間〔話〕じゃまたね, バイバイ.

*****chapa** 女 **1** (金属・木などの薄い)板, 板金, 化粧板. **2** (クロークなどの)番号札, 付け札; バッジ. **3** (瓶の)口金. **4**〔中南米〕車体, ボディー. **5** お金; 複 銭投げ(コインを2枚投げて, 表・裏を当てるゲーム). **6** 複 (頬にできる)赤み, 赤いしみ(斑); 頬紅(ほうこう). **7** 〔中南米〕錠, 錠前 (→cerradura); (車の)ナンバープレート. ▶ **no pegar** [**dar**] **ni chapa**〔話〕働かない, 怠ける.

chapado, da 過分 〔→ chapar〕 形 〔+ de/en〕を張った, メッキした, 化粧張りした. **──** 男 **1** 上張り, 化粧板り; (壁に)タイルを張ること. **2** 金[銀]メッキ. ▶ **chapado a la antigua** (習慣・考え方の)古風な, 古めかしい.

chapalear 自 (水や泥の中を)バシャバシャいをして歩く; 水や泥がはねる.

chapaleo 男 バシャバシャさせる[する]こと.

chapaleta 女 ポンプの弁, バルブ.

chapaleteo 男 波打際の水音, 雨音.

chapapote 男 タール; アスファルト.

chapar 他〔+ con/de/en を〕…に張る; 金[銀]メッキする: 化粧板りをする; (壁に)タイルを張る. **──** 自〔話〕猛勉強する, 一生懸命働く.

chaparra 女〔植物〕カシの一種.

chaparrada 女 →chaparrón.

chaparral 男 カシ (chaparra)の茂み, やぶ.

chaparreras 女複〔中南米〕ズボンの上からつける革製のおおい, 上はきズボン.

chaparro, rra 形 ずんぐりした. **──** 男 **1** →chaparra. **2** 茂み.

chaparrón 男 **1** にわか雨. **2** 多量.

chape 男〔もつ〕**1** 三つ編み(の毛房). **2** なめくじ, 軟体動物; 食用貝類.

chapeado, da 形 **1** → chapado. **2** 〔メキシコ〕血色の良い.

chapear 他 **1** →chapar. **2** 〔中米〕…の除草をする, 草刈りする.

chapela 女〔服飾〕ベレー帽.

chapeo 男 帽子.

chaperia 女 薄板 (chapa) による装飾, 化粧張り.

chapeta 女 頬の赤み, 紅潮.

chapetón, tona 形名 不慣れな(人), 新米の(人). —— 男 1 → chaparrón. 2 → chapetonada.

chapetonada 女 中南米に来たばかりのスペイン人がかかる病気.

chapín 男 (昔, 女性が使った)コルク製の靴. ——, **pina** 形名〖中米〗グアテマラの(人).

chapinería 女 コルク靴 (chapín) を作って売る店; その仕事.

chapinismo 男〖中南米〗グアテマラ特有の語法[表現].

cháchapiro 男〖戯〗帽子. —— ¡Por vida del ～ (verde)!/¡Voto al ～! 〖話〗くそっ, こん畜生, まったく.

chapista 男女 板金工, (自動車の)車体板金工.

chapistería 女 板金加工業[工場], 鋼板製造業.

chapitel 男 1 尖(と)塔. 2 柱頭 (= capitel).

Chapó（感嘆表現として）恐れ入りました.

chapó 男 玉突き競技の一種.

chapodar 他 (木)の枝を切る, 剪定する（→ podar）.

chapopote 男〖メキシコ〗アスファルト.

chapotear 自 1 (水が)バシャバシャ音を立てる. 2 (手足などを動かして)水をバシャバシャいわせる.

chapoteo 男 水がバシャバシャいうこと[音]; 水をバシャバシャいわせること[音].

chapucear 他〖話〗(仕事などを)雑にやる, いいかげんにする.

chapucería 女 1 やっつけ[いいかげんな・ずさんな]仕事・作品. 2 (仕事・作品の)いいかげんさ, ずさんさ.

chapucero, ra 形 1 仕事が雑な, いいかげんな, ずさんな. 2 雑に[いいかげんに, ずさんに]作られた. 3 嘘つきな, 人をだます. —— 男 1 仕事が雑な[いいかげんな]人. 2 嘘つき, ぺてん師.

chapulín 男〖中南米〗〖虫類〗イナゴ, バッタ.

*****chapurrear, chapurrar** 他 (外国語を)片言で話す. —— 自 (外国語で)片言で話す.

chapurreo 男 外国語を片言で話すこと, 片言.

chapuz 男 → chapuza.

chapuza 女 1 雑な[いいかげんな, ずさんな]仕事・作品. 2 ちょっとした仕事, 片手間仕事. 3〖中南米〗詐欺, ペテン. —— 男女〖話〗(仕事が)いいかげんな人.

chapuzar [1.3] 他 (人)を頭から水に入らせる[飛び込ませる], (物)を水に投げ込む. —— 自 水に飛び込む. —— se 水に(頭から)飛び込む.

chapuzón 男 頭から水に飛び込む[飛び込ませる]こと.

chaqué 男 モーニングコート.

chaqueta 女 1〖服飾〗(スーツの)上着,

ジャケット, 背広. 2〖メキシコ〗マスターベーション.

chaquete 男〖ゲーム〗バックギャモン, 西洋馬すごろく; その盤[ゲーム].

chaquetear 自 1〖話〗意見・党派を変える, 意見を翻す, 転向する. 2 おじけづく, (敵を前にして)逃げる. 3〖メキシコ〗マスターベーションする.

chaqueteo 男〖話〗意見・党派を変えること, 変節.

chaquetero, ra 形名 意見・党派を変える(人), 変節する(人).

chaquetilla 女〖服飾〗丈の短い飾りのついたジャケット. —— torera [de torero] 闘牛士のジャケット.

chaquetón 男〖服飾〗丈の長い(厚手の)ジャケット, ハーフコート, ショートコート.

chaquira 女〖中南米〗(ビーズ珠や貝殻の)ネックレス, ブレスレット.

charada 女 言葉当て遊び.

charamusca 女 1 細い枝の薪; その火. 2〖メキシコ〗ねじりキャンディー.

charanga 女〖音楽〗ブラスバンド, コミックバンド.

charango 男〖音楽〗チャランゴ(南米インディオの使う, ギターに似た小さな5弦の楽器, 胴はアルマジロの甲).

charapa 女〖中南米〗〖動物〗ヨコクビガメの一種.

charca 女 池, 貯水池.

charcal 男 水たまりの多い場所.

charco 男 水たまり.

charcutería 女 豚肉食料品店.

charcutero, ra 男 豚肉食料品店主[員].

charla 女 1〖話〗おしゃべり, 雑談, 世間話;〖情報〗チャット. —— de ～ おしゃべりして. 2 (形式ばらない)講演, トーク, スピーチ. 3〖鳥類〗ヤドリギツグミ.

charlador, dora 形名 おしゃべりな(人) (→ charlatán).

*****charlar** 自 おしゃべりをする, 無駄話[雑談]をする.

*****charlatán, tana** 形 おしゃべりな, 多弁な, 口が軽い. —— 名 1 おしゃべり, 口の軽い人. 2 いかさま師, 詐欺師; ニセ医者. 3 呼び売り人; テキ屋, 香具師(?).

charlatanear 自 ぺらぺらしゃべる, 無駄話をする.

charlatanería 女 1 おしゃべり, 饒舌(%%%). 2 (商売人の)口のうまさ, でまかせ.

charlatanismo 男 → charlatanería 1.

charlestón 男 チャールストン(1920年代に米国南部の黒人の間に起こった踊り).

charleta 女〖話〗気楽なおしゃべり, 雑談.

charlista 男女（形式張らない）講演 (charla) の演者者.

*****charlotada** 女 1 道化闘牛. 2 こっけい[異様]な演技.

charlotear 自 → charlar.

charloteo 男 しゃべること.

charnego, ga 形名《軽蔑》カタルーニャへ, 州外から移住した人(の).

charnela 女 蝶番(ちょうつがい).

Charo 固名 《女性名》チャーロ (Rosario の愛称).

charol 男 **1** 光沢ワニス, エナメル. **2** エナメル皮. —zapatos de ～ エナメル靴. **3** 《中南米》盆 (→bandeja).

charola 女 《中南米》盆 (→bandeja).

charolado, da 過分 [→charolar] ワニス[エナメル]を塗った, 光沢のある.

charolar 他 …に光沢ワニス[エナメル]を塗る.

charquear 他 《南米》(肉)を干す, 乾かす, 干し肉にする.

charqui 男 《南米》(牛・リャマなどの)干し肉, ジャーキー.

charquicán 男 《南米》干し肉 (charqui) とジャガイモ等の野菜を入れた煮物.

charrada 女 悪党・ならず者の行い, 悪事.

charranada 女 悪党・ならず者の暮しをする, やくざな生き方をする[行いをする].

charrar 他 (ある事件・出来事を)うっかりもらす.

charrasca 女 **1** 《話》サーベル; ジャックナイフ. **2** 《南米》金属棒で叩くリズム楽器[打楽器].

charrasquear 他 (ギターなどを)かき鳴らす, 弾く.

charretera 女 (軍服の房飾り何)肩章, 正肩章.

charro, rra 形 **1** (スペインの)サラマンカ地方の, こてこてけばけばしい, どぎつく飾り立てた. **3** 《メキシコ》乗馬の巧みな. —— 名 (スペインの)サラマンカ地方の出身者. —— 男 《メキシコ》(刺繍(ししゅう)付の上着とつばの広い帽子などの服装をした)騎手.

charrúa 形男女 (ラプラタ川北岸に住んでいた)チャルア族の(人). —— 男 チャルア語.

chárter 形男 [複 ~es] (飛行機などが)チャーター便の(の).

chartreuse 女 シャルトルーズ, 薬草のリキュール.

chasca 女 **1** 薪. **2** 《中南米》もじゃもじゃの髪の毛.

chascar [1.1] 他 **1** (割れやすいものを)割る, 砕く. **2** (舌・指などを)鳴らす, (鞭)を振ってピシッと鳴らす. —— 自 舌を鳴らす, 舌鼓を打つ; (物が)パチッパキッ, パチパチと鳴る, (鞭などが)ピシッと鳴る.

chascarrillo 男 小話, しゃれ, 笑い話.

chasco[1] 男 **1** 失望, 期待はずれ. **2** からかうこと, だますこと, かつぐこと.

chasco[2], **ca** 形 《中南米》(髪・毛が)もつれた, からんだ.

chascón, cona 形名 《チリ》髪がぼさぼさの(人).

chasconear 他 《チリ》(人)の髪をぼさぼさにさせる, 髪をもつれさせる.

chasis 男 [単複同形] **1** シャシー, 車台. **2** (写真機の)乾板取枠. ▶ *estar* [*quedarse*] *en el chasis* 《話》やせ細って

いる, やせこけている.

chasquear 他 **1** をかつぐ, からかう, だます. **2** との約束を破る, の期待を裏切る. **3** (鞭・舌・指などを)鳴らす. —— 自 **1** (鞭・木などが)ピシッと鳴る, (薪・栗などが)パチパチと音をたてる. **2** 鳴らす, 約束を破る. **3** 舌打ちする, 舌鼓を打つ; (歯が)ガチガチ鳴る.

chasqui 男 《中南米》 **1** 《歴史》(インカの)使者, 特使. **2** 特使, 郵便.

chasquido 男 (鞭などの)空を切る音; (物が裂ける時の)乾いた音; 舌打ちの音; (薪の)パチパチ燃える音.

chat 男 《情報》～s 《情報》チャット.

chata 女 **1** →chato. **2** 室内用便器, 溲瓶(しゅびん). **3** 平底船. **4** 《南米》大型四輪荷車.

chatarra 女 **1** くず鉄, 廃物. **2** がらくた, 価値のない物.

chatarrería 女 くず鉄[廃材]売買店.

chatarrero, ra 名 くず鉄屋.

chatear 自 《話》 **1** 《情報》チャット (chat) で会話する. **2** バルをはしごする.

chateo 男 **1** 《情報》チャット (chat) すること. **2** 酒場のはしご, はしご酒.

chato, ta 形 **1** 鼻が低い, しし鼻の, 団子鼻の. **2** (物が)低い, 浅い, 平たい; (品質が)低い; つまらない, 出来の悪い. —— 名 **1** 鼻の低い人, 鼻ぺしゃ. **2** (親しみを込めた呼びかけとして)かわい子ちゃん, 坊や, お前, あなた. —¡Oye, chata! ねえ, おまえ. —— 男 (平たくて, 口の広い)ワイングラス(1杯分).

chatungo, ga 形 →chato. 【親しみを込めて, 特に女性や子どもへの呼びかけに使う】

chaucha 女 《南米》 **1** 小銭. **2** 《植物》サヤインゲン. **3** 小型ジャガイモ, 種イモ.

chauvinismo 男 →chovinismo.

chauvinista 形男女 →chovinista.

chaval 男 《話》子ども, ちびっ子, 男の子(20代ぐらいの青年を指すこともある). 【軽蔑】餓鬼(がき).

chavala 女 《話》女の子 (→chaval).

chavalería 女 《集合的に》《話》子ども, 若者.

chaveа 女 《話》→chaval.

chaveta 女 **1** 割りピン. **2** 《話》(人の)頭. ▶ *estar mal de la chaveta* 《話》頭がおかしい. *perder la chaveta* 《話》頭がおかしくなる, 気が狂う. —— 形 《話》頭が狂った, 頭がおかしい.

chavo 男 (昔の)小額貨幣(10センチモ銅貨)の名. ▶ *estar sin un chavo* 《話》一文無しである. *quedarse sin un chavo* 《話》一文無しになる.

chavo[2], **va** 形 《メキシコ》 **1** 少年(の), 少女(の), 若者(の). **2** 恋人 (→novio).

chavó 男 《隠》→chaval.

chayote 男 《植物》ハヤトウリの実.

chayotera 女 《植物》ハヤトウリ.

che 女 スペイン語旧アルファベットの文字 ch の名称. —— 間 **1** 《南米》(呼びかけ・驚き・不快・喜び等を表す)おい, おや; へえ.

checa 女 (旧ソ連などの)秘密警察.

checar 他 《中南米》→chequear.

Chechenia 固名 チェチェン(ロシア連邦の共和国,首都 Grozny).

checheno, nia 形名 →checheno.

chechẹno, na 形名 チェチェン(の人). ── 男 チェチェン語.

chécheres 男複 がらくた,道具類,安物.

checo, ca 形名 チェコ(の人). ── 男 チェコ語.

chef [<仏] 男名〔複〕~s〔料理〕シェフ,料理長.

cheira 女 靴屋のナイフ (→chaira).

chẹle 形〔中南米〕白人(の). ── 男〔中南米〕目やに.

cheli 男〔スペイン〕マドリードの若者の隠語.

chelín 男 シリング(1971年まで続いたイギリスの通貨単位.1/20ポンド.他に,ケニア,ソマリア,タンザニア,ウガンダの通貨単位;ユーロ導入前のオーストリアの通貨単位).

chẹlo 男〔音楽〕チェロ. ── 男女〔音楽〕チェロ奏者.

chẹpa 女〔話〕背のこぶ,背中の湾曲,猫背. ── 形男女〔話〕背骨の湾曲した(人).

chẹpe 男〔中南米〕カンニングペーパー (→chuleta).

cheposo, sa 形名 背骨の曲がった(人).

chẹque 男 1〔商業〕小切手. ── ~ de viajero [de viaje] トラベラーズ・チェック. ── al portador 持参人払い小切手. 2 ── regalo ギフト券. ── comida お食事券. ▸ cheque-bebé 〔スペイン〕赤ちゃん小切手(赤ちゃんを出産した,または養子を得た片親に支給された援助金). ── dar a ── un cheque en blanco 〔話〕…に白紙委任する,一切を任せる.

chequeador, dora 名〔中南米〕(車内の)検査係.

chequear 他 1 …をチェックする,検査する,点検する. 2 (荷物を)預ける,チッキに出す. ── se 自 健康診断を受ける.

chequẹo 男 1 検査,チェック,点検. 2〔医学〕健康診断,検査.

chequẹra 女〔中南米〕小切手帳 (= talonario).

Chequia 固名 チェコ(公式名 República Checa, 首都 Praga).

chẹrna 女〔魚類〕ギンムツ.

chéster 男 チェシャーチーズ(イギリス Cheshire 州の首都 Chester から).

chévere 形〔中南米〕1 優雅な,素敵な,美しい. 2 すばらしい,とびきり上等の. 3 寛大な,優しい. ── 男 おしゃれな人. ── 副 すばらしく,完全に.

cheviọt, cheviọt 男〔複〕cheviós (スコットランド産チェビオット羊からとれる)チェビオット羊毛;チェビオット羊毛織物.

cheyẹne 形〔複〕(北米先住民の)シャイアンの(人).

Chiạpas 固名 チアパス(メキシコの州).

chibalẹte 男〔印刷〕組版台,植字台.

chibcha 形男女 (コロンビア,ボゴタ高原に住んでいた)チブチャ族(の人). ── 男 チブチャ語.

chibọlo, la 名〔南米〕子ども. ── 男〔中米〕1 (頭にできた)瘤(こぶ). 2 小さくて丸い物,ビー玉. ── 男〔南米〕1 小さくて丸い物,ビー玉. 2 瘤(こぶ).

chic 形 (特に服装が)シックな,エレガントな,上品な.

▸chica [チカ] 女 1 女の子,少女,子ども; 娘 (→chico「男の子,少年」). 2 若い女; 恋人. 3〔話〕年輩に関係なく親愛の呼び掛けで 君,あなた,お前. ──¿Qué tal, ~? やあ,元気? 4 お手伝い,家政婦. ── 形 → chico.

chicana 女 1 詭弁,言いくるめ. 2 アメリカ合衆国西部に住むメキシコ系女性 (→chicano).

chicanear 自 詭弁を弄する,言いくるめる.

chicanero, ra 形名 詭弁を弄する(人),言いくるめる(人).

chicano, na 形名 アメリカ合衆国(特に西部)に住むメキシコ系住民,チカノ(人).

chicarrón, rrona 名 大柄でたくましい青年・少年. 大柄で健康な少女〔若い女〕. ── 形 (若者について)大柄でたくましい.

chicha 女〔話〕チーチャ(中南米のトウモロコシから作る酒);(ブドウやリンゴなどの果汁から作る)果実酒. ▸ de chicha y nabo つまらない,取るに足りない. no ser ni chicha ni limonada〔話〕何の役にも立たない,取るに足りない.

chícharo 男〔植物〕エンドウ豆,エジプト豆,インゲン豆.

chicharra 女 1〔虫類〕セミ (=cigarra). 2 クリスマスに子どもが使う玩具の一種,セミの声のような音を出す. 3 ブザー. 4 おしゃべりな人.

chicharro 男 1〔魚類〕アジ. 2 → chicharrón.

chicharrón 男 1 豚肉のラードを取った後のかりかりの部分. 2 焦げた肉料理. 3 色々な部位の豚肉を使った冷肉(ハム・ソーセージ類). 4〔話〕真っ黒に日焼けした人. 5〔中南米〕〔料理〕チチャロン(豚皮の唐揚げ).

chiche 男〔中南米〕1 おもちゃ,玩具. 2 女性の胸 (乳 もある). 3〔話〕小さくて素敵なもの. ── 形 1〔中南米〕きれいな,エレガントな; 上等な. 2〔中南米〕容易な,3〔メキシコ〕(人が)色白い,金髪の.

chichear 目 しっしっと言う (ch と s の音を出すこと. 人を呼び止めたり,舞台や演説に対する不満足を表すのに使う) (→sisear).

Chichén-Itzá 固名 チチェンイツァ(メキシコ,マヤ文化の遺跡).

chichería 女〔中南米〕チーチャ (chicha) 酒販売[製造]店.

chichi 男〔俗〕女性性器.

【中南米】女性の胸,乳房. ― 形【中南米】容易な,簡単な.

chichigua 囡 1【中南米】乳房. 2【中南米】凧(k). 3【南米】取るに足らないこと[量].

chichimeca 形 チチメーカ族(メキシコ北部のインディオ)の. ― 男女 チチメーカ・インディオ.

chichón 男 (頭にできる)瘤(s),たんこぶ.

chichonera 囡 1(頭を保護するための)子ども用帽子. 2(スポ)ヘルメット.

chicle 男 チューインガム.

chiclé 男 (自動車)(キャブレターの)ジェット.

chiclear 自【中南米】ガムをかむ.

chico [チコ] 男 1 男の子,少年,子ども;息子(→ chica「女の子,少女」). 2息子. 3 青年,若者;恋人. 4《話》(年齢に関係なく信頼・親愛・軽蔑の呼び掛け)君,あなた,お前,ねえ,やあ.―¿Qué tal, ~? やあ,元気? 5(会社・店・レストラン・ホテルなどの)使い走りの子,メッセンジャーボーイ,給仕. ― ~ de los recados 使い走りの子,メッセンジャーボーイ. ― 形 1(大きさが)小さい. 2幼い. ▶ quedarse chico (精神的に)萎縮する,気後れする,たじろぐ.

chicolear 自 女性に気のきいた褒め言葉を言う.

chicoleo 男 (女性に対する)気のきいた褒め言葉[お世辞].

chicoria 囡 【植物】チコリ(→ achicoria).

chicotazo 男【中南米】鞭による一撃.

chicote, ta 男女 大柄で丈夫な(子ども)青年. ― 男 1 葉巻の吸い差し;《話》葉巻. 2【中南米】鞭(%). 3【海事】ロープの先端.

chicotear 他【中南米】鞭で打つ.

chicozapote 男【植物】サポジラ,チューインガムノキ.

chicuelina 囡【闘牛】カポーテ(capote)の連続技.

chifla 囡 1 笛(呼び子)を吹くこと[音],口笛;笛,呼び子,ホイッスル. 2 革剥ぎ用ナイフ.

chiflado, da 過分 [→ chiflarse] ― 形 名 1 気が変な(人),頭がおかしい(人). 2[+ con/por に]夢中の(人).

chifladura 囡 1 気が変なこと,頭がおかしいこと;気違いじみた行動. 2[+ por に]夢中なもの.

chiflar 他 1(人)をひやかす,あざける. 2《話》(酒)をがぶ飲みする. ― 自《話》とても～の気に入る. Me chiflan los pasteles. 私はケーキに夢中. 2 口笛[呼び子]を吹く; ― se 自 1《話》気が変になる,頭がおかしくなる. 2[+ por に]夢中になる.

chifle 男 1 呼び子,笛. 2(狩猟)(鳥をおびき寄せるための)鳥笛. 3 角(2)製火薬入れ.

chiflido 男 口笛[笛]の音.

chiflón 男【中南米】すきま風,微風.

chifonía 囡【音楽】ハーディ・ガーディ(中世から18世紀頃まで使われた,リュートに似た弦楽器.ハンドルを回して演奏する)(→ zanfonia).

chifonier 男 トールチェスト.

Chihuahua 固名 チワワ(メキシコの州・州都).

chihuahua 男【動物】チワワ(メキシコ原産のイヌ).

chií 形 男女 (複)~(e)s →chiita.

chiíes 男複【宗教】シーア派.

chiismo 男【宗教】シーア派.

chiita 形 男女【宗教】イスラム教シーア派の(信者).

chilaba 囡【服飾】(モロッコなどのアラブ人が着る)フード付きで足まで達する長い着物.

chilacayote 男【植物】フィチフォリア.

chilaquil 男【中南米】【料理】チーズなどを詰めたトウモロコシのトルティーヤ.

chilaquiles 男複【中南米】【料理】チラキレス(砕いたトルティーヤをチリソースなどで煮た料理).

chilar 男【中南米】トウガラシ畑.

chilate 男【中南米】トウガラシ・焼きトウモロコシ・カカオで作った飲料.

chilca 囡【中南米】【植物】キク科の樹脂性低木.

chilco 男【中南米】【植物】野生のフクシア.

Chile 固名 チリ(公式名 República de Chile,首都 Santiago de Chile).

chile 男 (中南米産)トウガラシ,チリトウガラシ.

chilena 囡 (スポ)(サッカーの)オーバーヘッドキック.

chilenismo 男 チリ方言特有の語法[言い回し,単語].

chileno, na 形 名 チリ(Chile)の,チリ人(の).

chilindrina 囡 1《話》つまらない物,くだらない物. 2《快》冗談・小話.

chilindrón 男【料理】チリンドロン(トマトとトウガラシなどを妙めて煮たソース).

chilla 囡 1(狩猟)おとり笛,呼び子笛. 2品質の劣る薄い板材.

chillador, dora 形 ほえる,叫ぶ,きいきい言う.

chillar 自 1 金切り声をあげる,叫ぶ;泣きわめく. 2 大声で話す,わめく. 3 軋(t)み音を発する,軋(t)む. ― 他 に怒鳴り立てる.

chillería 囡 1《集合的に》金切り声,叫び声,わめき. 2 大声でしかりつけること,叱責.

chillido 男 1 鋭い叫び声,金切り声;(動物の)鋭い鳴き声. 2(ドア・車輪などの)軋(t)み,軋み音,キーキーいう音.

chillón, llona 形 1(声・音が)かん高い,金切り声の,けたたましい. 2やかましい,うるさい,騒々しい. 3(色彩が)けばけばしい,どぎつい. ― 名 うるさい[騒々しい]人.

chilmolero, ra 形 名【中南米】うるさい(人),厄介な人.

chilpayate, ta 名 (メキシコ)幼児,子ども.

chimango 男 〖鳥類〗チマンゴカラカラ.

chimbambas 女複 ▶**en las chimbambas** 《話》遠くで、あいまいな場所で.

chimbo, ba 形 〖中南米〗**1**(物の)質がよくない、(人の)性質がよくない. **2**《話》砂・アーモンド・シロップでできた菓子(の). ── 女 手作りの火器.

chimenea 女 **1** 煙突; 排気用ダクト. **2**(壁material)暖炉、マントルピース. **3**〖地質〗(火山の)火道、マグマ噴出道 (= ~ volcánica). **4**(パラシュートのベンツ; (登山でのチムニー. **5**《話》(人の)頭. ▶**estar fuera de la chimenea**《話》気が変である、頭がおかしい.

chimiscolear 自 〖メキシコ〗うわさ話をする、陰口をたたく.

chimpancé 男 〖動物〗チンパンジー.

chimuelo, la 形男 〖中南米〗歯の抜けた(人).

China 固名 中国[中華人民共和国](公式名 República Popular de China, 首都 Pekín).

china 女 **1** 小石. 石ころ. **2** 子どものゲーム: 一方の手の中に小石を入れ、左右の握りこぶしを見せる. 小石の入った握りこぶしを示した者が勝ち. **3**〖鉱〗金(白). **4**磁器, 陶磁器. **5**《話》大麻, ハシシ(の小さな塊). ▶**tocar**LE **la china**《話》貧乏くじを引く.

chinaca 女 〖メキシコ〗《集合的に》貧乏人.

chinampa 女 〖中南米〗〖農業〗メキシコの伝統的灌漑農法(で作られた農園).

chinarro 男 大きめの小石.

chinazo 男 **1** 石ころ. **2** 小石をぶつけること、つぶて.

chinchar 他《話》を困らせる、邪魔する、迷惑をかける. ── **se** 再 辛抱する、我慢する.

chinche 女 **1** 〖虫類〗トコジラミ、南京虫. **2** 画鋲. ▶**caer [morir] como chinches**《話》大量に[ばたばた]死ぬ. ── 形 うるさい[しつこい](人); 口やかましい(人).

chincheta 女 画鋲.

chinchilla 女 〖動物〗チンチラ(南米産のリスに似た小動物); その毛皮.

chinchín 男 **1** 乾杯(グラスの触れ合う音から). ── hacer ~ 乾杯する. **iCh~!** 乾杯. **2** 大衆音楽. **3**〖擬音〗(シンバルみたいな楽器の音を模倣する際のジャンジャン.

chinchón 男 **1** Chinchón 産のアニス酒. **2** トランプゲームの一種.

chinchona 女 キナ皮: キニーネ.

chinchorrear 他 を困らせる、に迷惑をかける. ── 自 噂話をたたく、陰口をたたく.

chinchorrería 女 **1** うるさい[しつこい、細かいことうるさい、口やかましい]こと. **2** 下らない分け話・陰口.

chinchorrero, ra 形《話》**1** 態度が[しつこい、うるさい、迷惑な. **2** (人が)怒りっぽい、短気な.

chinchorro 男 **1**(櫂(*)でこぐ)小舟, ボート. **2** ハンモックの一種.

chinchoso, sa 形《話》(人が)うるさい、しつこい、口やかましい.

chinchulín 男 〖中南米〗(牛・羊の食用)小腸.

chincol 男 〖中南米〗〖鳥類〗アカエリシトド.

chiné 形男 (多色の糸で織られた)まだら模様織りの(絹布).

chinear 他 〖中南米〗**1** を腕に抱く; 背負う、おぶさる. **2** を甘やかす. **3** ベビーシッターとして(子どもの)面倒をみる. **4** を気つかう、に目を配る.

chinela 女 スリッパ.

chinero 男 (磁器やガラス器を入れる)食器戸棚.

chinesco, ca 形 中国の, 中国風の. ── **sombras** chinescas 影絵芝居. ──〖音楽〗クレセント.

chingo 男 〖中南米〗**1** 〖動物〗スカンク. **2** (タバコの)吸い差し、吸い殻. **3**〖車〗股打.

chingado, da 過分 [→ chingar] 形 〖メキシコ〗《卑》ひどい目にあった. ── 男 〖車〗売春婦. ▶**iAh, chingado!** 〖メキシコ〗《卑》(驚き・抗議の表現として)何てこった. **de la (gran) chingada** 〖メキシコ〗《卑》最低の、最悪の. **mandar [echar, enviar]... a la chingada** 〖メキシコ〗《卑》を厄介払いする. **vete [váyase] a la chingada** 〖メキシコ〗《卑》くたばってしまえ.

chingana 女 〖中南米〗(歌や踊りのある)酒場、安酒場.

chingar [1,2] 他 **1**《話》をうんざりさせる、困らせる、悩ませる. **2**《卑》〖中南米〗…と性交する. **3**《話》(ワイン・リキュール)をがぶ飲みする. **4**〖中南米〗〖動物〗の尾を切る. ── 自 〖中南米〗**1**《俗》性交渉を持つ. **2**《話》うんざりさせる[困らせる]. **3**(服)が片側だけにたれ下がる. ── **se** 再 **1** 酔っ払う. **2**《中南米》失敗する、あてにならない、うまく行かない.

chingo, ga 形 〖中南米〗**1** (鼻が)低い, 鼻ぺちゃの. **2**(動物の)尾が短い. **3**(服の丈が)短い. ── 男 〖車〗大量、多量.

chinguirito 男 〖中南米〗品質の悪いラム酒.

chino, na[1] [チノ, ナ] 形 中国 (China) の. ── 名 中国人[中国語]の; 中国流の. ── 名 中国人. ── 男 **1** 中国語: 意味の分からない言葉. **2**〖料理〗シノワ(円錐形のこし器). ▶**de chinos**(仕事や労働が)大変きつい、大変辛苦[忍耐]がいる. **engañar a... como (a) un chino** (人)をまんまとだます.

chino, na[2] 形名 〖中南米〗**1**(人が)目の細い人. **2** 先住民(の); 教養ない(人). ── 形 〖中南米〗**1**(親しい相手への呼びかけ)あなた、おまえ. **2** 使用人; 家政婦. ── 女 ベビーシッター.

chip 男 〖情報〗チップ.

chipá 男 〖中南米〗トウモロコシ[タピオカ]とチーズのパン.

chipichipi 男 〖中米〗小雨、ぬか雨.

chipirón 男 〖動物〗ホタルイカ.

chipote 男 〖中米〗**1** 平手打ち. **2**

こぶ.

chipotle 男 燻製にする辛いトウガラシの一種.

Chipre 固名 キプロス(首都 Nicosia).

chipriota 形 男女 キプロス(島)の(人).

chipriote 形 男女 →chipriota.

chiqueadores 男[単複同形]《中南米》頭痛止めの貼り薬.

chiquear 他《中米》甘やかす.

chiquero 男 **1**《闘牛場で牛を闘牛が始まるまで入れておく》囲い場. **2** 豚小屋; 子山羊を入れる小屋.

chiquilicuatre 男女 →chiquilicuatro.

chiquilicuatro 男女《話》ちゃらんぽらんな人.

chiquilín, lina 名《話》小さい子ども, いわっぱ.

chiquilla 女 女の子. →chiquillo.

chiquillada 女 幼児らしい言動.

chiquillería 女 **1**[集合的に] 子どもたち. **2**《話》子どもっぽいふるまい.

:**chiquillo, lla** 形 (小さな)子ども, 餓鬼(ﾁ); 少年, 少女. —— 形 子どもの; 子どもじみた.

chiquitín, tina 形 ちっちゃい, たいへん小さい, かわいらしい.

chiquito, ta 形 小さい, ちっちゃい; 子どもの. —— 名 子ども, 男の子, 女の子, 子どもっ子. —— 男 (ワインを入れる)小型のコップ, 小さいコップ一杯のワイン. ► **no andarse con [en] chiquitas** あれこれ迷わず決断する, ぐずぐずしない; 単刀直入に言う.

chiribita 女 **1** 火花. **2** 復 (疲れ目などの時に現れる)目の前でチラチラする光. ► **echar chiribitas** 怒っている.

chiribitil 男 狭い部屋, 物置部屋.

chirigota 女 **1** 冗談, 悪意のないからかい. **2** カーニバルに面白い歌を歌う楽団.

chirimbolo 男《話》へんてこな物.

chirimía 女《音楽》ショーム(リード付10穴の木管楽器). —— 男女《音楽》ショーム奏者.

chirimoya 女《植物》チリモーヤ(バンレイシの実).

chirimoyo 男《植物》チリモーヤの木(バンレイシ科).

chiringa 女《中南米》凧(ﾀｺ).

chiringuito 男 (野外の)飲食店, スタンド.

chiripa 女 (ビリヤードで)偶然うまく行くこと, 好運, まぐれ当たり. ► **de chiripa / por (pura) chiripa** まぐれで[の], 偶然に, 運良く.

chiripá 男《服飾》(ガウチョが身に着ける)腰から下に巻く布(股の間に通してズボンのようにする). **2** (赤ちゃんの)おむつ.

chirivía 女 **1**《植物》パースニップ, アメリカボウフウ(根は食用). **2**《鳥類》セキレイ.

chirla 女 アサリ(小型のもの).

chirle 形 **1**《話》味のうすい, まずい. **2**《南米》つまらない, 面白くない.

chirlo 男《話》**1** (顔の)切り傷, 刀傷. **2** (顔の)傷跡.

chirola 女 **1**(アルゼンチン, ボリビアの)20センターボ銀貨. **2** 復《中南米》刑務所.

chirona 女《話》監獄, 刑務所.

chirriador, dora 形 (鳥が)鳴きたてる, うるさく鳴く.

chirriante 形 (物が)きしむ, ぎしぎしする.

chirriar [1.5] 自 **1** (ドアのちょうつがいや車輪の軸などが)キーキーいう, ぎしぎしいう, きしむ. **2** (鳥たちが)鳴き立てる, うるさく鳴く. **3** 歌が下手である.

chirrido 男 キーキーいう気持の悪い音.

chirrión 男 **1** 二輪の荷車. **2**《中南米》革製の鞭.

chirula 女 バスク地方の小型の笛.

chirusa, chiruza 女《南米》《軽蔑》(地方出身で)教養のない女性.

chis 間 (静かにさせようとして)しっ, し; 《話》(呼び掛けて)ちょっと.

chiscar 他 (火打金と火打石で)火花を出す.

chiscón 男 粗末な狭い部屋.

chisgarabís 男[単複同形]《話, 軽蔑》ちゃらんぽらんな人, おっちょこちょい.

chisguete 男 **1**《話》(酒の)ひと口, ひと飲み. **2** 液体の噴出.

chisme 男 **1** 陰口, (悪意のある)うわさ話. **2**《話》(名前が分からない)物, あれ, それ. **3**《話》がらくた.

chismear 自 陰口を言う, うわさ話をする.

chismería 女 **1** 陰口を言う[うわさ話をする]こと. **2** 陰口, うわさ話.

chismero, ra 形 →chismoso.

chismografía 女 **1**《話》陰口を言うこと, 陰口, うわさ話. **2**[集合的に] 陰口, うわさ話, ゴシップ.

chismorrear 自《話》陰口をたたく, うわさ話をする.

chismorreo 男《話》陰口をたたくこと, うわさ話をすること.

chismoso, sa 形 うわさ好きな(人), 陰口ばかり言っている(人).

***chispa** 女 **1** 火花, 火の粉, 飛び火. **2**《電気》スパーク, 火花 (=~ eléctrica). **3** (知性などの)ひらめき, 才知, 機知. **4**《話》(主に否定文で)少量, ほんの僅(ｷﾞ)か, かけら, Una ~, nada más. ほんの少しだけ. **5**[主に 復] 雨滴(ﾃｷ), 雨粒, 小雨. **6**《話》酒酔い(状態). ► **dar chispa(s)**《話》激しい, 生き生きしている. **echar chispas**《話》烈火のごとく怒る. **estar que echa chispas**《話》烈火のごとく怒っている, 怒り狂っている.

chispazo 男 **1** 火花が飛ぶこと; その焦げ. **2** (大事件の)前兆. **3**《電気》放電.

chispeante 形 **1** 火花を散らす, きらめく. **2** 才気のある, 気のきいた.

chispear 自 **1** 火花を発する[散らす]. **2** 輝く, きらめく. **3** 小雨が降る.

chispero 男 **1**《話》マドリードの下町 Maravillas の男性. **2**《中米》ライター.

chispo, pa 形 酔っ払った. —— 男 (酒の)ひと口, ひと飲み.

chisporrotear 自《話》(薪などが)火

花を出してパチパチ燃える.

chisporroteo 男 《話》(薪などが)パチパチ火花を出して燃えること[音].

chisquero 男 ポケットライター.

¡chist! 間 しっ静かに!.

chistar 自 1［否定文で］話す, 喋る, 口を利く. ―**sin ~** 一言も言わずに. 2［主に否定文で］(人の言葉に)答える; 口答えする. 3 ちょっと(¡chis!)と人を呼ぶ.

chiste 男 1 笑い話, 小話; しゃれ, ジョーク. 2【中南米】コミック, 漫画. 3 冗談事, 面白いこと. 4 面白み, おかしみ, 機知. 5 からかい, 嘲笑, 冷やかし. 6［主に否定文で］困難, 障害. ► **caer en el chiste** 《話》動después分かる[合点がいく]. **tener chiste** 《話》(皮肉)面白い, お笑いぐさである.

chistera 女 1 シルクハット. 2 (釣った魚を入れる)かご, びく(魚籠).

chistorra 女 ナバラ産の細いソーセージ.

chistoso, sa 形 1 しゃれ好きな, 人を笑わせる, 機知に富んだ. 2 (事柄が)しゃれている, 面白い, 笑わせる; 皮肉な. ― 名 しゃれ好きな人, 機知に富んだ人.

chistu 男 チストゥ(バスク地方の民族楽器. 高音の笛).

chistulari 男女 《音楽》チストゥ奏者.

chita 女 《解剖》距骨. ► **a la chita callando** 《話》こっそりと, 気づかれないように.

chito 男 (ゲーム)賭け金を乗せた円柱に石を当てて倒すゲーム.

¡chitón! 間 しっ, 静かに.

chiva 女 1 雌の子山羊(→chivo). 2【中南米】山羊ひげ. 3【中南米】毛布, 掛けぶとん. 4【メキシコ】家財道具; 商売道具. 5【南米】(コロンビア・エクアドルの山間を走る)乗合いバス. ― 男【中南米】密告者. ► **estar como una chiva** 《話》気が変だ; 頭が狂っている.

chivar 他【中南米】を困らせる, 悩ます, 邪魔する. ― **se** 再 《俗》密告する, 告げ口する.

chivatada 女 《話》→chivatazo.

chivatazo 男 《話》密告, 告げ口.

chivatear 自【南米】(子どもが)はしゃぎ回る, 騒ぎ回る. ― 他 …のことを密告する, …の告げ口をする.

chivato, ta 名 1 密告者. 2 子ヤギ(6か月以上1歳未満). ― 形 告げ口する.

chivo 男 1 雄の子山羊(乳離れしてから生殖できる年齢まで). 2【中南米】カニンググペーパー. ► **chivo expiatorio** スケープゴート.

chivudo, da 形【中南米】長いひげの.

chocante 形 1 奇妙な, 驚かせる. 2【中南米】感じが悪い, 厄介な. 3 (人が)突飛な, 変わった.

chocar [チョカル] [1.1] 自 1［+ con/contra と］衝突する, (に)ぶつかる. 2［+ con と］けんかする, 言い争う; 対立する. 3［+ a と］驚きである; ぎょっとさせる. ― 他 1［+ con,

contra に］をぶつける, 衝突させる. 2［+ la(s) mano(s) con と］握手をする, …の手を握る. 3 (乾杯のためグラス)を合わせる, カチンと鳴らす.

chocarrería 女 下品な[きわどい]冗談.

chocarrero, ra 形 下品な冗談ばかり言う. ― 名 下品な冗談ばかり言う人.

chocha 女 1【鳥類】ヤマシギ. 2【貝類】小型のアサリの一種.

chochear 自 1 (年をとって)ぼける, もうろくする. 2［+ por］を溺愛する, (に)夢中になる.

chochera, chochez 女 1 ぼけ, もうろく. 2［+ por への］(盲目的な)溺愛.

chocho[1] 男 1【植物】ルピナス, ハウチワマメ. 2 (卑)女性性器.

chocho[2], **cha** 形 1［estar +］(年をとって)ぼけた, もうろくした. 2［estar +, + con/por］に心を奪われている, 溺愛している, 夢中である.

choclo 男 1 木靴. 2【中南米】(トウモロコシの)柔らかい穂軸. 3【中南米】心配; 厄介事.

choclón 男【中南米】烏合の衆.

choco, ca 形【中南米】1 片脚[片耳, 片目]の無い. 2 巻き毛[ちぢれ毛]の. 3 尾が短い. 4 金髪の; 肌が浅黒い. ― 男 1【南米】【動物】ウオーター・スパニエル犬. 2【動物】コウイカ.

chocolatada 女 ホットココアが主の食事.

chocolate 男 1【料理】チョコレート. 2 (飲み物の)ココア(= ~ caliente [a la taza]). 3 《話》ハッシッシ. ► **estar para mojar en chocolate** 美男[美女]である. **el chocolate del loro** 《話》[ser/ahorrar +](買い物でのしみったれた[けちくさい]節約). ― 形 チョコレート色の.

chocolatera 女 ココア用ポット.

chocolatería 女 1 チョコレート屋; ココア専門の喫茶店. 2 チョコレート工場.

chocolatero, ra 形 名 チョコレート[ココア]好きの(人). ― 名 チョコレート屋[メーカー, 職人, 売り].

chocolatín 男 (小さい)固形チョコレート(板チョコや粒状のものなど).

chocolatina 女 →chocolatín.

chofer 男女 →chófer.

chófer 男女 1 (職業としての)運転手, お抱え運転手. 2 (一般に)車の運転手.

chola[1] 女 《話》頭 (→cholla).

cholga, cholgua 女【中南米】大きなムール貝の一種.

cholla 女 《話》1 (人の)頭. 2 理解, 判断.

chollo 男 《話》掘り出し物, 買い得品, もうけ物.

cholo, la[2] 形 名【中南米】1 ヨーロッパ人と先住民の混血の(人). 2 (先住民が)ヨーロッパの風習を身につけた(人).

chomba 女【服飾】セーター.

chompa 女【中南米】《服飾》1 セーター. 2 ジャンパー.

chongo 男 1【中南米】(束ねた)髪, 髪の房; 巻き毛. 2【メキシコ】揚げパンに凝乳と

蜜をからめたデザート菓子.
chonta 囡 〖中南米〗〖植物〗ヤシ類の一種.
chontal 形男女 チョンタル族(中米のインディオ)の(人).
chóped 男 モルタデーラに似た太いソーセージ.
chopera 囡 ポプラ林.
chopo 男 〖植物〗ポプラ, クロポプラ.
choque 囡 1 衝突; 衝撃, ショック. ～ frontal 正面衝突. 2(精神的な)打撃, 衝撃, ショック. ～ cultural カルチャーショック. 3 口論, 喧嘩, 言い争い. 4〖軍事〗小戦闘, 小競り合い, 衝突. 5〖医学〗ショック(症・状態).
choque(-), choqué(-) 動 → chocar [1.1].
choquezuela 囡 膝の骨, 膝蓋(ﾋﾞ)骨.
chorear 他 〖中南米〗〖話〗を盗む, くすねる.
choricería 囡 チョリーソ(chorizo)屋[店].
choricero, ra 1 チョリーソ職人[売り]. 2〖話〗こそ泥, すり. ── 形 チョリーソ(chorizo)の.
chorizo¹ 男 1〖料理〗チョリーソ(香辛料をきかした豚肉の腸詰). 2〖中南米〗〖建築〗(壁塗り用の)藁(ﾜﾗ)にねばい土を混ぜた壁土.
chorizo², za 〖話〗こそ泥, すり, 置引き.
chorla 囡 〖鳥類〗シロハラサケイ.
chorlito 男 〖鳥類〗チドリ, ムナグロ.
choro¹ 男 〖俗〗こそ泥, すり.
choro² 男 〖中南米〗ムール貝.
chorote 男 1〖中南米〗チョローテ(ココア・トウモロコシ粉・砂糖・各種スパイスで作った飲み物). 2 ココア用つぼ.
chorra 囡 1〖話〗好運. 2〖卑〗ペニス. ── 男女 馬鹿, まぬけ.
chorrada 囡 1〖話〗馬鹿げたこと, 間抜けなこと. 2(決まった量に加えられる)おまけのひと注ぎ.
chorreado, da 過分 [→ chorrear] 形 1(牛の)縦じまの. 2〖中南米〗汚れた, 汚い.
chorreadura 囡 (液体の)滴り; そのしみ.
chorrear 自 1(液体が)噴き続ける, 流れ出る, 迸(ﾎﾄﾊﾞﾙ)る. 2(液体が)ポタポタ落ちる, したたる. 3(主に現在分詞で)びしょびしょ[ずぶぬれ]である, しずくをしたたらせる. 4 徐々に集まる. ── 他 1(液体を)噴き出す, 流す, したたす. 2をきつく叱る, ガミガミ言う.
chorreo 男 1(主に液体)噴出, 流れ出し, 2(液体の)したたり, ポタポタ落ちること. 3 絶え間ない出費, 4 叱責.
chorrera 囡 1 シャツのレースの胸飾り. 2 水などがしたたり落ちる場所; その跡. 3 早瀬; 滝.
chorretón 男 (液体の)噴出; その跡.
chorrillo 男 1(液体の)したたり, しずく. 2 継続的に費される[入ってくる]物の(普通はお金). 3〖中南米〗〖話〗下痢.

chorro 男 1(狭い口から出る液体などの)噴出, ほとばしり, 流れ出し. ～ de voz あらん限りの声. 2(気体などの)噴出, ジェット. ▶ a chorros 多量に, 豊富に, ふんだんに. beber a chorro (飲み口に口をつけないで)流し飲みする. soltar el chorro 急に笑い出す「喋り始める, ののしり出す」. propulsión a chorro ジェット推進.
chota 囡 雌の子山羊[子牛] (→choto). ── 形 〖話〗密告者, 告げ口屋. ▶ estar como una chota 頭がおかしい, いかれた, 狂った.
chotacabras 男/囡〖単複同形〗〖鳥類〗ヨタカ.
chotear 他 1〖メキシコ〗(人)の信用を失わせる. 2〖中南米〗をからかう, 馬鹿にする. ── 再 〖俗〗《+de》 をからかう, 馬鹿にする.
choteo 男 〖俗〗からかい, 冷やかし.
chotis 男 〖単複同形〗〖音楽, 舞踊〗チョティス. ◆19世紀ドイツで生まれたポルカ風の舞曲. 20世紀初頭のスペインに入って流行し, マドリードを代表する踊りとされている.
choto 男 1(乳離れ前の)子山羊. 2(乳離れ前の)子牛. 3〖中南米〗〖卑〗ペニス.
choto, ta 形 1〖中南米〗1〖卑〗醜い, 不快な. 2 従順な, おとなしい.
chotuno, na 形 (子山羊に)乳離れ前の.
chova 囡 〖鳥類〗ベニハシガラス, ミヤマガラス.
chovinismo 男 〖俗〗狂信的愛国主義, 狂信的排外主義.
chovinista 形男女 〖俗〗狂信的愛国主義の(人), 狂信的排外主義の人.
choza 囡 1(羊飼いなどの)小屋, 山小屋, 掘っ立て小屋. 2 あばら家, バラック, みすぼらしい家.
chozo 男 小さな小屋.
chubasco 男 1 にわか雨, スコール. 2(一時的な)逆境, 不運. 3〖海事〗(時に雨を伴う)黒雲, スコール.
chubasquero 男 レインコート.
chubesqui 男 〖商標〗円筒型石炭ストーブ.
chúcaro, ra 形 〖中南米〗1(人)がつっけんどんな, 無愛想な. 2(牛や馬などが)飼い馴らされていない.
chucha 囡 〖中南米〗〖卑〗外陰部.
chuchear 他 ひそひそ話をする.
chuchería 囡 1(安いがしゃれた)小物. 2 ちょっとした食べ物, お菓子.
chucho, cha² 名 〖話, 蔑〗〖動物〗犬. ── 他 (犬を追い払うために)しっ, しっ. ── 男 〖中南米〗1〖魚類〗ニシンに似た小魚. 2(電気の)スイッチ. 3 悪寒. 4〖話〗怖気.
chuchumeca 囡 〖南米〗〖俗〗売春婦.
chucrut <仏> 男 〖複~s〗〖料理〗シュークルート.
chueca 囡 チュエカ; チュエカの球.
chueco, ca 形 〖中南米〗1 曲がった, ねじれた. 20脚の, がに股の. 3欠陥のあ

chueta 图 〖中南米〗O脚の人, がに股の人.

chueta 图 (バレアレス諸島やレバンテ地方の)改宗ユダヤ人(の子孫).

chufa 图 1〖植物〗キハマスゲ; カヤツリグサの塊茎 (horchata の材料). 2 平手打ち, びんた.

chuflá 图 冗談, からかい.

chulada 图 1 生意気[横柄, 下品]な言動[振舞い]. 2〘話〙素晴らしい物, 格好の良い[きれいな]物. 3 (言動・振舞いの)粋, 魅力.

chulapo, pa 图 生粋のマドリード生まれ, マドリードの下町っ子.

chulapón, pona 图图 マドリードの下町生まれの(人), 生粋のマドリード育ちの(人).

chulear 他 1〘話〙(機知・冗談で人を)からかう. 2〘話〙(人を)悪用する, 搾取する. 3〖メキシコ〗お世辞を言う, こびへつらう. ── se〘話〙〖+ de 〗 1 からかう. 2 自慢する.

chulería 图 1 (言動・振舞いの)粋, 魅力. 2 生意気な[気取った]言動. 3〘集合的に〙あんちゃん, ちんぴら.

chulesco, ca 圈 (言動・振舞いが)粋な気取った, 生意気な.

chuleta 图 1〖料理〗(骨付きの)あばら肉, チョップ, スペアリブ. 2〖試験〗カンニング・ペーパー. 3〘話〙平手打ち, パンチ ─dar un par de ~s 往復びんたを食らわす. ── 圈〘話, 軽蔑〙生意気な(人), 尊大な(人), 厚かましい(人).

chulla 圈〖中南米〗(一対のもので)片方だけの.

chulo, la 圈 1 横柄な(人); 生意気な(人). 2〘話〙素敵な(人), いかした(人). 3〘話〙しゃれた(人). 4 マドリードの下町の(人), 生粋のマドリード生まれの(人). ── 圐 ひも, 女引き; ごろつき, 悪党.

chumacera 图 1〖機械〗軸受け, ベアリング. 2〖海事〗櫓受け.

chumbe 圐〖南米〗(特にインディオ女性が巻う)紐, ベルト.

chumbera 图〖植物〗ウチワサボテン, タンシウチワ.

chumbo, ba 圈 higo ~ ウチワサボテンの実(食用). higuera **chumba** ウチワサボテンの木[実](→chumbera). ── 圐 1 ウチワサボテンの実. 2〖中南米〗弾丸, ピストル; ミサイル.

chungarse 再 →chunguearse

chungo, ga 圈〘話〙1 形の悪い, 質が悪い, よくない状態の. 2 難しい, 複雑な. ── 囡〘話〙冗談, からかい. ▶ **de** [en, por] **chunga** 冗談で, からかって. **tomar a** [en] **chunga...** ...を冗談と取る. 本気にしない.

chunguearse 再〖+ de 〗ひやかす, からかう.

chuña 图〖鳥類〗ハイイロノガンモドキ.

chuño 圐〖中南米〗ジャガイモの澱粉.

chupa 图 1〖服飾〗ジャンパー; ジャケット. 2〘話〙大雨. ▶ **poner como chupa de dómine** (人)をこっぴどく叱る, 強く非難する.

chupa-chup, chupa-chups,
chupachús 圐〖単複同形〗〖商標〗チュッパチャプス, 棒つきキャンデー.

chupada 图 吸う[しゃぶる, なめる]こと, ひと吸い.

chupado, da 過分 〔→chupar〕圈 1 やせこけた, やせおとろえた. 2〖estar +〗〘話〙簡単な, やさしい. 3〖中南米〗酔った.

chupador, dora 圈 1 吸う, 吸引する. 2 (人から金を)吸い吸う, 巻き上げする. 3〖動物〗吸盤の; 〖植物〗吸根の. ── 圐 おしゃぶり.

chupar 他 1 吸う, 吸い込む, 吸い取る. 2 なめる, しゃぶる. 3 (人から金・財産などを)徐々に[吸い取る, 巻き上げする, だまし取る. 4〖スポ〗〘話〙(ボール)を独占する. 5〖中南米〗(酒)を飲む, 浴びるように飲む. ── 圄〖+ de 〗1 吸う. ── 再〖+ de 〗利益を巻き上げる[吸い取る]. 2〖スポ〗〘話〙スタンドプレーに走る. 3〘話〙酒を飲む. ── se 再 1 (自分の体の一部を)吸う, しゃぶる, なめる. 2 (人・体が)やせ細る. 3 耐える, 忍ぶ. 4〖中南米〗〘話〙恥じる. ▶ **Chúpate ésa** **[ésta]**.(他人に対するちくりの, 確かな受け答えに対して)その通り, いいぞ; (困った・不快な状況で)まいったな.

chupatintas 圐囡〖単複同形〗〘軽蔑〙事務員.

chupe 圐 1 おしゃぶり. 2〖中南米〗煮込み料理の一種.

chupeta 图 1 おしゃぶり, 哺乳ビンの吸い口. 2〖船舶〗(主甲板の船尾側にある)小さな船室.

chupete 圐 1 おしゃぶり. 2 哺乳ビンの吸い口. 3〖中南米〗棒つきキャンデー.

chupetear 他 を少しずつ(チュウチュウ)吸う, しゃぶる. ── 圄 (少しずつチュウチュウ)吸う, しゃぶる.

chupeteo 圐 吸うこと, しゃぶること.

chupetín 圐 小さな裾の付いた胴衣の一種.

chupetón 圐 強く吸うこと.

chupinazo 圐 1 花火の打ち上げ. 2〖スポ〗強烈なキック[シュート].

chupito 圐 (ワインなどの)ひと口.

chupo 圐〖中南米〗根太(ねぶと), おでき.

chupón, pona 圈 1 吸う, 吸収する. 2 金を吸い取る[たかる], 寄生虫のような. ── 圐 1 金を吸い取る人, たかり屋. 2〖スポ〗〘話〙スタンドプレーが目立つ選手. ── 圐 1 棒状のキャンデー. 2 おしゃぶり, 哺乳ビンの吸い口. 3〖植物〗吸枝.

chupóptero, ra 图 働かずに給料だけせしめる人, 寄生虫のような人.

churo 圐〖中南米〗1 縮れ毛. 2〖虫類〗カタツムリ.

churra 图 1〖鳥類〗クロハラサケイ. 2 毛の粗い羊. 3〖中米〗刑務所, 監獄.

churrasco 圐〖料理〗シュラスコ, バーベキュー(直火焼きの焼き肉).

churrasquear 圄〖南米〗(直火焼き

の)焼肉を作る[食べる]. バーベキューをする.
churre 男 ベトベトの脂汚れ.
churrería 女 チューロ(揚げ菓子)屋[店].
churrero, ra 名 チューロ (churro) 製造[販売]業者. — 男 チューロを作る機械.
churrete 男 (顔や手についた)汚れ.
churretón 男 (顔や手についた)ひどい汚れ.
churretoso, sa 形 (一面に)汚れのついた, 汚れた.
churrigueresco, ca 形 《建築, 美術》 **1** チュリゲーラ様式の. **2** (軽蔑) 飾り過ぎ[装飾過多]の, ごてごてした, 悪趣味な.
churriguerismo 男 《建築, 美術》 **1** チュリゲーラ様式. **2** チュリゲーラ様式であること, 装飾過多.
churro¹ 男 **1** チューロ, チュロス. ◆小麦粉を練って棒状に絞り出して油で揚げた菓子. **2** 《話》失敗作, 出来の悪い作品. **3** 《話》(ゲームや賭けなどでの)好運, まぐれ当り. ►*como churros* とても容易に. *mandar a freír churros* 《話》(人)を怒り[軽蔑]を込めて拒絶する, 追い払う.
churro², rra 形 (羊毛がメリノよりも)粗い; (羊が)毛の粗い.
churruscar [1.1] 他 (パンや火にかけた料理などを)焦がす. — *se* 再 焦げる.
churrusco¹ 男 焦げたトースト.
churrusco², ca 形名 《中南米》(髪が)縮れ毛の(人), カールした(人).
churumbel 男 子ども, 赤ん坊.
churumbela 女 《音楽》ショームに似た小型の木管楽器.
chus ►*sin decir chus ni mus* 《話》何も言わずに, うんともすんとも言わずに.
chuscada 女 しゃれ, 機知, 冗談.
chusco, ca 形 **1** (人が)おもしろい, 機知のある; (物事が)面白い, おかしい. — 名 おもしろい人, 機知のある人. — 男 堅い(乾いた)パン.
chusma 女 《軽蔑》〖集合的に〗俗人, 大衆.
chusmaje 男 《中南米》→chusma.
chuspa 女 《南米》袋, (肩かけ)カバン.
chut 男 《スポ》(サッカーで)ボールを蹴ること, キック; シュート.
chutar 自 《スポ》(サッカーで)ボールを蹴(ケ)る. キックする; シュートする. ►*ir que chuta* (予想以上に)うまくいく.
chute 男 《隠》(一回分の)麻薬注射.
chuza 女 **1** 《メキシコ》(ボーリングの)ストライク. ►*hacer chuza con ...* 《メキシコ》を叩きのめす, 大破する.
chuzo 男 **1** (夜警などが使う先端に鉄の穂先がついた)棍棒(ぼう). **2** 《チリ》鞭(むち). ►*caer chuzos (de punta)* ひょう[雨, 雪]が激しく降る.
chuzón, zona 形名 《話》面白い(人), 冗談屋の.
cía 女 《解剖》寛骨.
ciaboga 女 《海事》(船の)旋回.
cianhídrico, ca 形 《化学》シアン化水素の.

cianosis 女 《単複同形》《医学》チアノーゼ.
cianótico, ca 形 《医学》チアノーゼの(患者).
cianotipo 男 《写真》青写真, ブループリント.
cianuro 男 《化学》シアン化物.
ciar [1.5] 自 **1** 《海事》船を後進させる. **2** [+*en*] (仕事, 企てを)断念する, 止める.
ciático, ca 形 座骨の, 座骨神経の. — 男 座骨神経. — 女 《医学》座骨神経痛.
ciberacoso, ciber-acoso 男 《情報》ネット[サイバー]いじめ.
cibercafé 男 サイバーカフェ, インターネットカフェ.
cibercharla 女 《情報》チャット.
ciberdelincuente 男女 《情報》ネット犯罪者.
ciberespacio 男 《情報》サイバースペース.
ciberetiqueta 女 《情報》ネチケット.
ciberjuego 男 《情報》オンライン[ネット]ゲーム.
ciberlector, tora 名 《情報》ネット小説読者.
cibernauta 男女 《情報》サイバースペース使用者.
cibernético, ca 形 サイバネティックスの, 人工知能の. — 女 サイバネティックス, 人工知能学(生物と機械との通信と制御の比較理論).
cibernovela 女 《情報》ネット[オンライン, ウェブ, Web] 小説, オンライン(ノベル).
ciberpágina 女 《情報》ホームページ (→página web).
ciberplática 女 《情報》チャット.
ciberpolicía 女 《情報》サイバーポリス[警察].
ciberpunk 形男女 サイバーパンクの(人).
cibersexo 男 《情報》サイバーセックス.
ciberspanglish 男 サイバー・スパングリッシュ.
ciberurbanidad 女 →ciberetiqueta.
ciborg [<英] 男 [複~s] サイボーグ, 改造人間.
ciborio 男 **1** (教会の)祭壇の飾り天蓋. **2** 《考古》(ギリシャ・ローマ時代の)台付き杯.
cicatear 自 《話》けちる, けちけちする, 切りつめる.
cicatería 女 **1** けち, 貪欲. **2** さもしい[卑しい]行為.
cicatero, ra 形名 **1** さもしい(人), 卑しい(人); けち(な). **2** 小うるさい(人).
***cicatriz** 女 [複 cicatrices] **1** 傷跡; 《医学》瘢痕(はん). **2** (心痛・苦労などの)跡, 心の痛.
***cicatrización** 女 (傷の)癒合; 瘢痕(はん)[化].
***cicatrizar** [1.3] 自 (傷が)癒合する, ふさがる, 癒える. — 他 (傷を)癒合させる, ふさぐ, 癒す. — *se* 再 (傷が)癒合する.

cícero ふさがる，《医学》瘢痕(はんこん)化する．

cícero 男《印刷》バイカ活字．

cicerón, rona 名 雄弁家．

cicerone 男 観光ガイド．

ciceroniano, na 形 キケロのように雄弁な［荘重典雅な］．

cicindela 女《虫類》ハンミョウ．

ciclamen, ciclamino 男《植物》シクラメン．

ciclamor 男《植物》セイヨウハナズオウ．

ciclán 形［男］睾丸(こうがん)が1つしかない(人)．

cíclico, ca 形 1 周期的な，循環の．2《化学》環状の．3 課程の．

ciclismo 男《スポ》サイクリング；自転車競技．

ciclista 形 自転車の，サイクリングの．—— 男女 自転車に乗る人，自転車競技選手．

ciclístico, ca 形 → ciclista.

ciclo 男 1 周期，サイクル，循環．2 (画期的の)一時代，一時期．3《文学》(特に叙事詩の)一群の史詩［伝説］，一群．—— troyano トロイ伝説．4 (同じテーマの)連続講演；《映画》連続上映．5 課程，コース．6《電気，物理》サイクル(ヘルツの古い言い方)．

ciclocrós 男《スポ》クロスカントリー(自転車)レース．

cicloide 女《数学》サイクロイド，擺線(はいせん)．

ciclomotor 男 原動機付き自転車．

ciclón 男 1《気象》サイクロン，台風；暴風雨．◆ インド洋方面で発生する熱帯低気圧，メキシコ湾方面で発生するものは huracán，東シナ海方面のものは tifón と呼ばれる．2 遠心分離器．

ciclonal 形 サイクロンの．

ciclónico, ca 形 サイクロンの．

cíclope 男《神》キュクロプス(キ《Cielo》と地《Tierra》の子で片目の巨人)．

ciclópeo, a 形 1《ギ神》キュクロプスの．2 巨大な，巨人のような．3 (古代建築が)漆喰(しっくい)なしの巨石で作られた．

ciclópico, ca 形 → ciclópeo.

ciclorama 男 パノラマ，円形パノラマ．

ciclostil, ciclostilo 男《印刷》輪転騰写版［機］．

ciclóstomos 男(複)《魚類》円口類．

ciclotimia 女《医学》躁鬱(そううつ)質．

ciclotímico, ca 形 名《医学》躁鬱(そううつ)質の(人)．

ciclotrón 男《物理》サイクロトロン．

cicloturismo 男 自転車旅行．

cicloturista 形 自転車旅行の．—— 男女 自転車旅行をする人．

cicuta 女《植物》ドクニンジン，ヘムロック．

Cid 固名 (EL ~) エル・シード (1043頃-99，中世スペインの英雄的騎士，叙事詩『わがシードの歌』(Cantar de Mio Cid) の主人公).

cid 男 強くて勇敢な男性．

cidra 女《植物》クエン［シトロン］の実，マルブッシュカンの実．

cidrada 女 クエン［シトロン］の実の砂糖煮［缶詰，瓶詰め］．

cidro 男《植物》クエン［シトロン］の木．

ciego, ga 形［シエゴ，ガ］1 盲目の，目の見えない．2 (＋a) (…に対して) 盲目になっている．(物事が)わからない．3 (＋de) 目のくらんだ，分別を失った．[（＋con/por に) 夢中になった．—— Está ~ de ira [amor]. 彼は怒り[恋]で分別を失っている．3 (管などが)ふさがった，詰った．4 (壁や塀に)穴が開いていない．5 (パン・チーズに)穴が開いていない．5《話》(食べ物・飲物で)腹いっぱいな．▶ a ciegas 盲目的に，やみくもに，無分別に．ponerse ciego《話》(飲食物などで)腹がいっぱいになる，満腹になる．—— 名 1 盲人，目の不自由な人．—— 男《医学》盲腸．

cielito 男 1《間投詞的に》『愛しい[かわいい]人よ，ねえ』．2《南米》ガウチョたちのダンス，その曲．

cielo 男［シエロ］1 空，天．—— tierra「地」．—— azul 青空．2《主に複》天国，天，—— el reino de los ~ 天国，神の国．3 天使，神様，幸福．4 《建築》天井，天，—— rogar al C ~ 神に祈る．5《海；摂理，(解剖》口蓋．6《通例，ser un ~》魅力的な(可愛らしい人[動物，物)，優しい人．7 (親愛の呼び掛け)ねえ，あなた．—— ¡Mi ~!/¡C~ mío! ねえ君[あなた]．8《驚き・感心・奇異・不快などを表す》まあ，へえ，おやおや，しまった．—— ¡Oh, ~s! ¡Qué horror! これはなんてことだ．▶ a cielo abierto [descubierto, raso] 野外で，屋外で；青天井の．caído [bajado, llovido, venido] del cielo 願ってもない時に，丁度いい時[所]に；棚からぼたもち式に，何の苦労もなしに．cielo de la boca [del paladar]《解剖》口蓋．cielo raso《建築》(梁を覆う平らな)張り天井，平天井．clamar al cielo 不当である，言語道断である，天罰に値する．estar [vivir] en el (séptimo) cielo 天にも昇る心地である，うれしい，満足している．ganar(se) el cielo 天国へ行ける．juntársele a... el cielo con la tierra 苦境に陥る，危険に挟まれる．poner a... por los cielos (人)を褒めちぎる，持ち上げる．remover [mover] cielo y tierra《話》あらゆる手段を講じる，八方手を尽くす．Santo cielo. なんてこった，大変だ．ver el cielo abierto/ver los cielos abiertos 希望の光を見る．

ciempiés 男《単複同形》《動物》ムカデ．

*****cien** 形《名詞と mil (千)，millones (百万)の前での ciento (百)の語尾消失形．》▶ a cien とても興奮して，我を忘れて．cien por cien 絶対に，終始，百パーセント．cien (mil) veces 何度も何度も，繰り返し繰り返し，頻繁に．—— 男 100，100人［個］．—— sacar un ~ 100点を取る．El coche hacía ~ ~ por hora. 車は時速100キロを出していた．

ciénaga 女 泥地，泥沼地．

ciencia [シエンシア] 女 **1** 科学. **2** 《主に 複》(個別の)学問, 科学. —~s económicas 経済学. ~s químicas 化学. ~s de la información 情報科学. **3** 複 理系の学問[科目], 自然科学, 理学. —facultad de ~s 理学部. **4** 知識, 学問, 学識. —un pozo de ~ 博識な人. **5** 技術, 方法. —~ del editor 編集のノウハウ. **a [de] ciencia cierta** 確実に. ***ciencia ficción*** 空想科学小説[映画], サイエンスフィクション (略 S.F.). ***ciencia infusa*** 《神学》アダムが神から授かった知識. ***ciencias ocultas*** (錬金術・占星術などの)神秘学, 秘教学. ***gaya ciencia*** (中世南仏の吟遊詩人風の)詩, 詩学, 作詩法. ***tener poca ciencia/no tener (ninguna) ciencia*** 《話》簡単[容易]である.

cienmilésimo, ma 形 10万分の1の. — 男 10万分の1.

cienmillonésimo, ma 形 1億分の1の. — 男 1億分の1.

cieno 男 **1** (特に)川底・沼などにたまる泥, 柔らかい泥土. **2** 不名誉, 不面目.

cientificismo 男 科学万能主義.

cientificista 形 男女 科学万能主義の(人).

científico, ca 形 **1** 科学の, (特に)自然科学の; 科学的な. —método ~ 科学的方法. **2** 学術的な, 学問の. — 名 科学者, (特に)自然科学者; 学者.

cientifismo 男 →cientificismo.

ciento [シエント] 形 《ciento + 1~9. 後に直接名詞とmil (千), millones (百万) が来た時のみ cien となる.》 **1** 100の. —un 101. **2** 《序数詞的に》100番目の. —el número ~ 100番 (= el número cien). — 男 **1** 100 (番目). **2** 複 数百, たくさん. **3** 複 《ゲーム》(トランプの)ピケット (2人用ゲームで先に 100点獲得した方が勝ち). ► **ciento por ciento** 100パーセント, 完全に. ***cientos de...*** 数百の... *el* [un] [+数字+] *por ciento* ...パーセント(%).

cierne 男 《植物の》開花, 受粉. ► **en cierne(s)** 《職業名詞と共に》新米の, 駆け出しの; 初期の, 初期の. —un abogado en ciernes 新米の弁護士.

cierr- 動 →cerrar [4.1].

cierre 男 **1** 閉める[閉まる]こと, 閉鎖, 終了. —~ de una herida 傷口ふさぎ. **2** 閉店, 終業, 休業. **3** 閉鎖, 廃業, 廃止. **4** 留め金, 閉じる装置; 《服飾》ファスナー, チャック. —~ relámpago 《南米》《服飾》ファスナー. **5** 《新聞・雑誌の》締切り(時間). **6** 《商業》(相場の)大引け; 決済, 締め. **7** 囲い, 仕切り, 柵. ► **cierre centralizado** 集中管理されたドアの閉鎖. ***cierre de ejercicio*** 会計年度の終わりに. ***cierre de seguridad*** 安全錠. ***cierre metálico*** (店の)シャッター. ***cierre patronal*** ロックアウト, 工場閉鎖. ***echar el cierre*** (店を)閉める.

cierro 男 **1** 《情報》シャットダウン. **2** 《チリ》囲い, 棚(き), 垣.

ciertamente 副 **1** 確かに, きっと. **2** (肯定の答として)もちろん, そうだとも, その通り.

cierto, ta [シエルト, タ] 形 **1** 《名詞の後, または叙述補語として》確かな, 確実な; 本当の. —Es ~ 本当にそれは確かだ, 全くだ. Es que no lo sabía. 彼がそれを知らなかったことは確かだ. **2** 《副詞的に》確かに; もちろん, そうだとも. —¿Tú habías salido?—C~, pero volví enseguida. 君は出かけていたのか.—そうだ, でもすぐに戻ったよ. **3** 《+ de/de que + 直説法》確信して. —Está *cierta de lo que dice*. 彼女は彼の言うことを信じている. *Estoy ~ de que él no estaba allí.* 私は彼がそこにいなかったことを確信している. **4** 《無冠詞の名詞の前で》ある, ある種の; いくらかの, 多少の; ある程度の. — ~ día ある日. en ~ s casos ある場合には. *cierta importancia* ある程度の重要性. **5** 《un ~ + 単数名詞》一定の. —un ~ tiempo 一定の時間. **6** 《人名の前で》...という人. — Carlos カルロスという人. ► *de* [*al*] *cierto* 確かに, 確実に. *estar en lo cierto* もっともだ, 正しい; 確かである. *lo cierto es que* 《+ 直説法》確かに...である, 事実は...である. *por cierto* 確かに, そう言えば; ところで. *sí* [*no*] *por cierto* (皮肉・怒りなどをこめて)まあ確かにそうだ[違う]けれども.

cierva 女 《動物》雌ジカ.

ciervo 男 《動物》(一般に)シカ; 雄ジカ. —~ volante 《虫類》クワガタムシ.

cierzo 男 強く冷たい北風.

CIF 男 《スペイン》納税者番号. **2** 《商業》運賃・保険料込み条件.

cifosis 女 《単複同形》《医学》後椎(ボ)後湾症.

cifra 女 **1** (9までの)数字; 桁(ヒ). **2** 数, 量, 額. **3** 暗号. **4** 概要, 要約. **5** (名前のイニシャルなどの)組合せ文字, モノグラム. **6** 略語. **7** 《音楽》略譜, 数字譜. ► *en cifra* 簡単に言えば, 要するに.

cifrado, da 過分 →cifrar 形 **1** 数字の, 暗号化された. **2** 《情報》暗号化.

cifrar 他 **1** (数字や記号で)暗号化する, 暗号にする. **2** 《+ en》に限定する. **3** (特に)収支を見積もる, 査定する.

cigala 女 《動物》アカザエビ.

cigarra 女 《虫類》セミ.

cigarral 男 (スペインのトレド郊外にある)果樹園に囲まれた別荘.

cigarrería 女 **1** 《南米》タバコ[葉巻]を売る店, タバコ屋. **2** タバコ[葉巻]工場.

cigarrero, ra 男 **1** タバコ[葉巻]作りの人, タバコ[葉巻]売り. — 女 **1** タバコ[葉巻]ケース, タバコ[葉巻]入れ.

cigarrillo 男 シガレット, 紙巻きタバコ. —un paquete de ~s タバコ1箱.

cigarro 男 **1** タバコ[葉巻], シガー. —~ puro 葉巻. **2** 《話》紙巻きタバコ.

cigarrón 男 **1** 大きなセミ. **2** 《虫類》バッタ, イナゴ.

cigomático, ca 形 《解剖》頬(ﾎｵ)骨の.

cigoñal 男 (川や井戸の)釣瓶(ﾂﾙﾍﾞ)つるべ.

cigoñino 男 コウノトリの雛(ﾋﾅ).

cigoto 男 《生物》接合子[体].

cigüeña 女 **1**《鳥類》コウノトリ. **2**《機械》クランク, 曲がり柄. ►*venir la cigüeña/traer a... la cigüeña* 《話》に子どもが生まれる.

cigüeñal 男 《機械》クランク軸.

cigüeñuela 女 《鳥類》セイタカシギ.

cilantro 男 《植物》コエンドロ.

ciliado, da 形 **1**《植物、動物》繊毛のある, 繊毛をそなえた. **2**《動物》繊毛虫の.
— 男 《動物》繊毛虫.

ciliar 形 **1**《解剖》《目》の毛様体の. **2**眉毛(ﾏﾕｹﾞ)の, 繊毛の.

cilicio 男 (苦行者の着用するシリス帯.

cilindrada 女 《機械》シリンダー容積[排気量].

cilindrar 他 **1**をローラーで圧縮する[圧搾する]. **2**(旋盤で)を円筒形にする.

cilíndrico, ca 形 円筒形[状]の, 円柱形[状]の.

cilindro 男 **1**円柱, 円筒; 円柱[円筒]形のもの. **2**《機械》シリンダー, 気筒. **3**《印刷》ローラー, インキローラー. ►*cilindro compresor* 地ならし機.

cilindroeje 男 《解剖》軸索.

cilio 男 《生物》繊毛.

cillero 男 貯蔵室, 倉庫.

cima 女 **1**(山の)頂上, 頂き. **2**(木の)梢; 波頭. **3**絶頂, 頂点, ピーク. **4**《植物》集散花序. ►*dar cima a*... (仕事・計画など)を達成[成就]する.

cimacio 男 《建築》S字形の列(ﾚﾂ)形, 波刳形.

cimarrón, rrona 形 《中南米》**1**(家畜が)野生化した. **2**(動物・植物が)野生の, 自然の. **3**(奴隷が)逃亡した. — 名 **1**《中南米》野生化した動物. **2**《中南米》逃亡奴隷. **3**怠惰な船員. — 男 《南米》砂糖の入っていないマテ茶.

cimbalero, ra 男女 《音楽》シンバル奏者.

cimbalillo 男 小さい鐘.

címbalo 男 **1**《歴史》シンバルの一種. **2**小さい鐘.

cimbel 男 **1**囮(ｵﾄﾘ)用の鳥をつなぐひも. **2**囮用の鳥.

cimborio, cimborrio 男 《建築》**1**丸屋根, ドームの基底になる円塔の部分. **2**(ロマネスク・ゴシック様式の)丸屋根, ドーム.

cimbra 女 《建築》**1**アーチ枠, 丸天井の骨組み. **2**アーチ, 丸天井内部の湾曲.

cimbrar 他 をしならせる, 震えさせる, 振り動かす.
— *se* 再 **1**しなう, 揺れる, 振れる. **2**優雅に体を動かす.

cimbreante 形 **1**よくしなう, しなやかな, 柔軟な. **2**揺れている, 揺れ動く.

cimbrear 他 →*cimbrar*.

cimbreño, ña 形 **1**(棒が)よくしなう. **2**(人が)柳腰の, しなやかな.

cimbreo 男 **1**しなうこと, 揺れること; しなわせること, 揺らすこと. **2**身体をしなやかに動かすこと.

cimbrón 男 《中南米》**1**刺すような痛み. **2**(綱などを)ぐいと引っぱること.

cimbronazo 男 **1**激しい振動. **2**《中南米》激しい神経的動揺. **3**《中南米》→*cimbrón*.

cimentación 女 基礎固め, 基礎工事.

cimentar 他《規則活用と7.1の活用がある》**1**(建物)の基礎固めをする, 土台作りをする. **2**(町・建物など)を築く, 創る. **3**…の原則を打ち立てる[固める].

cimera 女 **1**頂上の, てっぺんの. **2**最上の, 最高の. — *conferencia cimera* トップ会談. — 男 **1**(羽飾りなどの装飾が施された)兜(ｶﾌﾞﾄ)の上部. **2**《紋章》兜飾り.

cimiento 男 《主に 複》**1**《建築》(地下部分の)基礎, 土台. **2**基礎, 土台, 基盤.

cimitarra 女 (トルコ人などが用いた)三日月刀.

cinabrio 男 《鉱物》辰砂(ｼﾝｼｬ), (水銀の)原鉱.

cinacina 女 《中南米》《植物》パーキンソニア.

cinamomo 男 **1**《植物》センダン. **2**シナモン, ミルラの香り.

cinc 男 《化学》亜鉛(元素記号 Zn); トタン.

cincel 男 鑿(ﾉﾐ), 鏨(ﾀｶﾞﾈ).

cincelado, da 過分 [→*cincelar*] 形 鑿(ﾉﾐ)で彫られた[削られた]. — 男 鑿(ﾉﾐ)で彫ること.

cincelador, dora 名 彫刻家, 彫版工, 石工.

cinceladura 女 鑿(ﾉﾐ)で彫ること, 彫刻, 彫版.

cincelar 他 を鑿(ﾉﾐ)で彫る[刻む].

cincha 女 (馬の)鞍帯(ｱﾝﾀｲ), 腹帯. ►*a revienta cinchas* フルギャロップで, 疾走して; 大急ぎで.

cinchar 他 **1**(鞍帯・腹帯で)を締める. **2**(たが・鉄輪で)を締める, 巻く. — 自 《中南米》**1**忍耐強く努力する. **2**強制されて働く.

cincho 男 **1**(樽(ﾀﾙ)・桶(ｵｹ)用の)たが; (車輪などの)鉄輪, 金輪. **2**帯, 腹帯, ベルト. **3**《中南米》(馬の)鞍帯, 腹帯.

cinco [シンコ] 形 《数》**1**5の, 五つの, 5人[個]の. **2**[序数詞の5]5番目の. — *habitación número ~* 5号室. — 男 **1**5; 五つ, 5人[個]; 5の数字. **2**[las ~] 5時; 5分; 5日. —Han dado las ~. 5時の時報[鐘]が鳴った. *el ~ de mayo* 5月5日. **3**5番目; 5番地[号室]. **4**(スペインのトランプの)5の札. ►*Choca* [*Choque Ud., Vengan*] *esos cinco*. 仲直りしよう; (交渉成立)手を打とう. *decir a... cuántas son cinco* にずばずばり言う, を叱る. *estar sin cinco/no tener ni cinco* 無一文である, 一銭もない.

cincoenrama 女 《植物》キジムシロ.

cincuenta [シンクエンタ] 形(数) **1** 50の, 50人[個]の. **2**[序数詞的に] 50番目の. —Haces el número ~. 君は50番目である. — 男 **1** 50; 50人[個]. **2** [los años) +] (20世紀の) 50年代. **3** 50番目; 50番地[号室].

cincuentavo, va 形 50分の1(の).

cincuentena 女 50個(人, 年) ごとの集まり[組み].

cincuentenario 男 50周年, 50周年記念.

cincuenteno, na 形 **1** 50番目の; 50分の1の. **2** [中南米] 50歳の, 50台の.

cincuentón, tona 形名 50歳の(人), 50歳台の(人).

cine [シネ] [cinematógrafoの略] 男 **1** 映画館. —ir al ~ 映画を見に行く. **2** [総称的に] (芸術としての) 映画; 映画芸術[技術]. —~ mudo 無声[サイレント]映画. ~ de terror ホラー映画. ▸ *de cine* [話] すばらしく, すごい.

cineasta 男女 **1** 映画業界人, 映画人. **2** 映画評論家, 映画研究者.

cineclub 男 映画同好会.

cinefilia 女 映画好き.

cinéfilo, la 形名 映画好きな(人).

cinegético, ca 形 狩猟術の, 狩猟術に関する. — 女 狩猟(術).

cinema 男 →cine.

cinemascope 男 [商標, 映画] シネマスコープ.

cinemateca 女 映画フィルム・ライブラリー; 映画フィルム保管所.

cinemática 女 [物理] 運動学.

cinematografía 女 [映画] 映画撮影術[法].

cinematografiar [1.5] 他 (映画)を映画に撮る, 映画撮影する.

cinematográfico, ca 形 映画の, 映画撮影術的の.

cinematógrafo 男 **1** [映画] 映写機, 映画撮影機. **2** 映画館. **3** 映画製作技術, 映画撮影上映技術.

cinerama 男 [商標, 映画] シネラマ; 立体映画技術, 立体映画術.

cinerario, ria 形 遺灰を入れる, 納骨の. — 女 [植物] サイネリア.

cinestesia 女 [生理, 心理] (体の位置・平衡などの) 運動感覚.

cinético, ca 形 [物理] 運動の. — 女 [物理] 動力学.

cingalés, lesa 形名 セイロン(島) (Ceilán, 現在のスリランカ)出身の(人), セイロンの(人). — 男 シンハラ語.

cíngaro, ra 形名 (特に中央ヨーロッパの) ジプシーの(人).

cingiberáceo, a 形 [植物] ショウガ科の. — 女 [植物] ショウガ科.

cíngulo 男 [服飾] 司祭がアルバ[白衣]の時に着用する白麻の長衣)を締める際に使用するひも.

cínico, ca 形 **1** 冷笑的な(人), 皮肉な(人). **2** 厚顔な(人), 恥知らずの(人), 平気でうそをつく(人). **3** [哲学] キニク[犬儒]学派の(人).

cínife 男 [虫類] 力(蚊).

cinismo 男 **1** 皮肉癖, 冷笑的な態度. **2** 恥知らず, 厚顔無恥, 鉄面皮. **3** [哲学] 犬儒哲学, キニク主義.

cinocéfalo 男 [動物] ヒヒ.

cinoglosa 女 [植物] オルリソウ.

cinquillo 男 トランプゲームの一種.

cinta 女 **1** リボン, リボン状のもの; テープ; ひも. ~ magnética ビデオテープ. ~ aislante 絶縁テープ. ~ adhesiva 粘着テープ. ~ métrica 巻尺. **2** [建築] リボン状の装飾[浮き彫り]. **3** [映画] 映画フィルム, フィルム. —~ cinematográfica 映画フィルム. **4** [機械] ベルト. —~ transportadora ベルトコンベヤー.

cintarazo 男 **1** 刀を平らにして叩くこと. **2** 剣帯, 鞭(ぐ)などで帯中を叩くこと.

cintilar 他 を磨く, 輝かせる.

cintillo 男 **1** 帽子の飾りひも. **2** 金, 銀の小さい指輪.

cinto 男 **1** ベルト, 革帯. **2** 腰, ウエスト. **3** [中南米] 小銭入れのついたベルト[バンド].

cintra 女 [建築] アーチ[丸天井]の湾曲.

cintura 女 **1** 腰, ウエスト, 胴回り. **2** [服飾] (衣服の)ウエスト, 胴回り. ▸ *cintura de avispa* 大変細いウエスト, くびれた腰. *meter a ~ en cintura* [話] (人)をきちんと行儀よくさせる, …に言うことを聞かせる.

cinturilla 女 [服飾] インサイドベルト.

cinturón 男 **1** ベルト, 帯; 剣帯. —~ de seguridad (車・飛行機などの) シートベルト. ~ salvavidas [de salvamento] 救命帯. ~ negro (武道の)黒帯. **2** 帯状に周囲を取巻くもの, 囲い; 帯状のもの. —~ de Madrid マドリード周辺. **3** 地帯. —~ verde 緑地帯. ~ industrial 工業地帯. ▸ *cinturón de ronda* 大都市の環状幹線道路. *apretarse el cinturón* [俗] (貧乏で特に食費の) 出費を切り詰める, 食うや食わずの生活をする.

cipayo 男 [歴史] (英国インド陸軍の) インド人傭兵.

ciperáceo, a 形 [植物] カヤツリグサ科の(植物).

cipo 男 **1** 記念碑, 墓碑. **2** 道標.

cipote 男 **1** [俗] ペニス, 陰茎. **2** こん棒. **3** 棍棒.

ciprés[2], **ta** 名 [中米] 子ども.

ciprés 男 [植物] イトスギ(糸杉); イトスギ材. —~ japonés ヒノキ.

cipresal 男 イトスギ林.

circense 形 **1** サーカスの. **2** (古代ローマの)円形競技場の.

circo 男 **1** サーカス(団・一座). —~ ambulante 巡回移動サーカス. **2** サーカス小屋[劇場]. **3** (古代ローマの)円形競技場[闘技場]. **4** [地質] カール, 圏谷. **5** [話] (滑稽な) 目立つ行動, 大騒ぎ, 見世

circón 男 (鉱物) ジルコン.

circona 女 (化学) 酸化ジルコニウム.

circonio 男 (化学) ジルコニウム (元素記号 Zr).

circonita 女 ジルコニア.

circuir [11.1] 他 を囲む, 取り囲む, 巡らす.

circuito 男 1 (交通機関・公共施設などの) 網, ネットワーク, 周遊, 巡回. 2 (自動車[オートバイ・自転車などの]サーキット, 周回路. 3 (電気) 回路, 回線.

circulación 女 1 交通, 通行; 交通量. 2 (血液・空気などの) 循環. 3 (経済) (貨幣・商品などの) 流通. 4 (思想・情報などの) 伝播 [普及]; 流布, 流通. ▶**poner... en circulación** (貨幣などを) 流通させる, 発行する; 流布 [普及] させる.

circulante 形 流通する, 循環 [巡回] する.

circular¹ 形 1 円形の, 円を描く. 2 巡回の. 3 回覧の. — 男 1 (上位機関からの) 通達, 通知. 2 回覧.

circular² 自 1 循環する; (車などが) 流れる, 通行する. — *Circulen por la derecha*. (掲示) 右側通行. 2 流通する, 流れる, 出回る. — を回覧させる; 流通[流布]させる.

circulatorio, ria 形 (特に血液の) 循環の, 循環系の.

círculo 男 1 (数学) 円; 円周; 丸. —~ *concéntrico* 同心円. 2 (人・物などが形作る) 輪, 円陣. 3 (文化やスポーツの同好の士の) 集まり, サークル, クラブ; クラブハウス. —~ *literario* 文学サークル. 4 (複) ...界, 筋, 社会. —~*s políticos* [*económicos*] 政 [経済] 界. 5 (地理) 圏. —~ *polar ártico* [*antártico*] 北極 [南極] 圏. ▶*círculo vicioso* (論理) 循環論法; 悪循環, 堂々巡り. *en círculo* 輪になって, 円形に.

circumpolar 形 1 (天文) (天体が) 天極付近の, 周極の. 2 (地理) 極地付近にある, 極地の.

circuncidar 他 (宗教) (ユダヤ人・イスラム教徒などが宗教儀式として) に割礼を行う.

circuncisión 女 1 (宗教) (ユダヤ教・イスラム教などの宗教儀式としての) 割礼. 2 (キリスト教) イエスキリストの割礼の祝日 (以前は割礼日 (1月1日)).

circunciso, sa 形 名 割礼を受けた (人). — 男 ユダヤ人, モーロ人, イスラム教徒.

circundante 形 取り囲む; 周囲の, 周辺の.

circundar 他 を取り巻く, 取り囲む.

circunferencia 女 1 (数学) 円周. 2 周囲, 周辺.

circunferir [7] 他 ...の周囲を囲む, 周囲を区切る, 周囲を限定する.

circunflejo 形男 (音声) 曲折アクセント(の).

circunlocución 女 (修辞) 回りくどい表現, 婉曲表現; 迂言(うげん)法.

circunloquio 男 遠回しな言い方, 持って回った言い方.

circunnavegación 女 周航, 一周航海; (船での) 周航.

circunnavegar [1.2] 他 を周航する, (船で)を一周する.

circunscribir [3.3] 他 1 (数学) に外接させる, に外接する. 2 (文) [+a に] を制限する, 限定する. — *se* 再 [+a に] 限定される, とどめられる.

circunscripción 女 1 限定, 制限, 限界. 2 (行政・軍事・教区上の) 境界, 区画, 区域.

circunscripto, ta 形 (南米) → circunscrito.

circunscrito, ta 過分 [→ circunscribir] 1 制限された, 限定された. 2 (数学) 外接した.

circunspección 女 1 (行為・行動の) 慎み, 節度, 矜持(きょうじ). 2 思慮分別.

circunspecto, ta 形 1 慎重な, 節度のある; 厳粛な, 重々しい.

circunstancia 女 1 (一般に周囲の) 状況, 事情, 情勢. —*en las* ~*s presentes* 現状では. *por las* ~*s del caso* 事の成行き上. 2 (状況を決定する個々の) 事実, 事情, 出来事. —*Si por alguna* ~ *no puedes venir, avísame*. もし何か あって来れない時は, 私に知らせてよ. 3 (法律) 情状, 事由. —~ *agravante* [*eximente*] 加重 [免除] 情状. — ~ *atenuante* 情状酌量. ▶*de circunstancias* もっともらしい, 神妙な, 真剣な; 応急の.

circunstanciado, da 形 詳しい, 詳細な.

circunstancial 形 1 状況の [による], 事情による. —~*pruebas* ~*es* 状況証拠. 2 一時的な, 偶然の.

circunstancialmente 副 一時的に, 状況に応じて, 事情により.

circunstante 形名 複 居合わせた人; 出席者, 参加者. — 男 1 周りにある [いる]. 2 (人) が居合わせた.

circunvalación 女 1 周りを取り囲むこと [もの]; 道路網. —*línea de* ~ (鉄道・バスの) 循環線. 2 (軍事) 塁壁(るいへき), 城壁, 塹壕.

circunvalar 他 (町や要塞などを) 囲む, 取り囲む.

circunvecino, na 形 周囲の, 近くの, 付近の.

circunvolar [5.1] 他 ...の周りを飛ぶ, 飛行する; ...の周りを舞う.

circunvolución 女 1 くるくる巻いた状態, 回旋. 2 (解剖) 脳回 (大脳表面の屈曲したひだ).

cirial 男 (宗教) 教会儀式の際に侍者が持ち運ぶ高い燭台.

cirílico, ca 形 キリル文字の. —*alfabeto* ~ キリル文字.

cirineo, a 男 キレネの人. — 男 (話) 辛い仕事を手助けする人.

cirio 男 1 教会用の大ろうそく. 2 (話) 騒ぎ, 騒動.

cirro 男 1《気象》絹雲,巻雲. 2《植物》巻ひげ.

cirrocúmulo 男 絹層雲.

cirrópodo, cirrípedo 形 男複《生物》ツルマン類動物(の).

cirrosis 女〖単複同形〗《医学》肝硬変.

cirrótico, ca 形 《医学》肝硬変の;肝硬変を患っている(人).

ciruela 女 プラム,セイヨウスモモ.

ciruelo 男 1《植物》プラム(ciruela)の木,セイヨウスモモの木. 2 間抜け,ばか.

cirugía 女 《医学》外科,外科医学. ~ estética [plástica] 美容整形[形成]外科.

cirujano, na 名 外科医.

cisalpino, na 形 (ローマから見て)ローマとアルプス山脈の間に位置した.

cisandino, na 形 (太平洋側から見て)アンデス山脈のこちら側の.

ciscar [1.1] 他《俗》汚す,汚くする. —**se** 再 排便する,排泄する.

cisco 男 1 粉炭,くず炭. 2《俗》騒ぎ,騒動. ▶ *hacer* ~ *cisco...*《俗》粉々にする[…が粉々になる],を粉砕する[…が粉砕される].

cisma 男 1 (団体・組織内の)分離,分裂;分離派. 2《神学》(カトリックで)離教,(正教会で)岐教,(プロテスタントで)分派.

cismático, ca 形 1 (宗教の教義が)分離の,分派の;分裂を起こす. 2 (共同体・組織内に)分裂を引き起こす. —名 (教義上の)分離派の人.

cisne 男 1《鳥類》ハクチョウ,コクチョウ. 2 優れた詩人,音楽家. 3 (C~)《天文》白鳥座. ▶ *canto de [del] cisne* →canto.

cisoria 形《女性形のみ》《文》肉[魚]を切り分ける.

cisterciense 形 シトー修道会の. —男女 シトー修道会の修道士[女].

cisterna 女 1 地下貯水槽. 2 (便所用の)貯水槽. 3 タンカー,タンクローリー. —barco [buque] ~ タンカー.

cisticerco 男《動物》ノウビムシ.

cístico, ca 形 ▶ *conducto cístico*《解剖》胆嚢(のう)管.

cistitis 女〖単複同形〗《医学》膀胱(ぼう)炎.

cisura 女 裂け目,割れ目,亀裂.

cita 女 1 (恋人・友人などと)会う約束,デート. 2 (医者・弁護士との)診察・面会などの)予約. 3 引用,引用文[語句]. 4 召喚,呼び出し. ▶ *cita a ciegas* ブラインドデート.

citación 女 1《法学》(法廷への)召喚(状),出頭命令. 2 引用,引き合いに出すこと.

:**citado, da** 過分 [→citar] 形 1 引用された,言及された. 2 会う約束をした,予約をした.

citador, dora 名 引用者. —形 引用の.

citar [タタル] 他 1 …に会う約束をする. 2 を引用する,引き合いに出す. —*Citó un ensayo de Octavio Paz.* 彼はオクタビオ・パスのエッセイを引用した. 3《法律》を召喚する,…に出頭を命じる. 4《闘牛》(牛)をけしかける,挑発する. —**se** 再 (互いに)会う約束をする.

cítara 女《音楽》チター,ツィター.

citarista 男女《音楽》チター[ツィター]奏者.

citatoria 女《法律》召喚状.

citatorio, ria 形《法律》召喚(状)の.

citerior 形 こちら側の. —España ~ エブロ川を境にしてローマ寄りのイベリア半島地域.

citogenética 女《生物》細胞発生学.

cítola 女 (水車の歯車の)歯止め.

citología 女《生物》細胞学.

citólogo, ga 名 細胞学者.

citoplasma 男《生物》細胞質.

citrato 男《化学》レモン酸. 2《化学》クエン酸の,.

cítrico, ca 形 1 レモンの. 2《化学》クエン酸の. —男複 柑橘(きつ)類. 2 柑橘類のみ.

citricultura 女 柑橘類の栽培.

citrino, na 形 緑がかった黄色の.

citrón 男《植物》レモン.

Ciu〖頭字〗(<カタルーニャ Convergència i Unió)⇒ カタルーニャ結束連合(党).

ciudad [シウダ] 女 1 都市,市,町. — ~ universitaria 大学都市. ~ dormitorio ベッドタウン. ~ satélite 衛星都市. ~ hermana 姉妹都市. ~ deportiva スポーツ複合施設. 2 (田舎における)都会,街. 3《歴史》都市国家.

:**ciudadanía** 女 1 市民[公民]の資格,市民[公民]権;国籍. —derechos de ~ 市民権. 2 公徳心,公民精神,市民意識. 3〖集合的に〗国民,公民,住民.

ciudadano, na 形 1 市民,(都市の)住民,都会人. 2 公民,(ある国家の)国民. —名 1 市民の,公民の. —*vida ciudadana* 市民生活. 2 市の,都市[都会]の.

ciudadela 女 要塞,砦(とりで).

ciudadrealeño, ña 形 名 シウダー・レアルの(人).

civercharla 女 →ciberplática.

civeta 女《動物》ジャコウネコ.

civeto 男 ジャコウ,シベット.

cívico, ca 形 1 市民の,市の;市民の. 2 公共心の,市民意識の. —*sentido* ~ 公徳心.

:**civil** 形 1 市民の,公民の. —derechos ~*es* 市民[公民]権. 2 国内の,市民間の. —*guerra* ~ 内乱,内戦. 3《軍人・聖職者ではない》民間の,一般市民の;世俗の. 4《法律》民事の. —*derecho* ~ 民法. 5 礼儀正しい,丁重な. —男女〖主に 複〗《話》治安警備隊員 (guardia civil の略). 2 民間人,一般市民.

civilidad 女 1 公徳心,公共心;社交性. 2 礼儀正しさ,丁重さ;都会風.

civilista 形 男女 民事専門の(法律家).

民法学者.

civilización 囡 **1** 文明, 文化. **2** 文明社会《世界, 生活》. **3** 文明化, 開化, 教化.

civilizado, da 過分 [→ civilizar] 形 文明化した, 文明の発達した; 文化的な, 文明開化した.

civilizador, dora 形 文明化する, 文明化の. 男,女 文明化する人, 文明人.

civilizar [1.3] 他 **1** を文明化する. 〜 をしつける, 行儀よくさせる. — a los niños 子どもたちをしつける. — se 再 **1** 文明化する. **2** 行儀が良くなる.

civilmente 副 **1** 礼儀正しく, 社交的に. **2**《法律》民法に則って.

civismo 男 **1** 公共心, 公徳心; 市民意識. **2** 礼儀正しさ, 丁重さ.

cizalla 囡 **1**《複》(金属用の)大ばさみ, 裁断機, カッター. **2**(金属の)切りくず, 金くず.

cizallar 他 大ばさみ[裁断機]で(物)を切る.

cizaña 囡 **1**《植物》ドクムギ. **2** 不和(の種), 敵意, 反目. —meter [sembrar] 〜 不和の種をまく.

cizañar 他 …の間に不和の種をまく, 反目させる.

cizañero, ra 形名 不和の種をまく(人).

clac[1]〈仏〉男《複》〜s →claque.

clac[2] 男《擬音》ポキッ, ポキッ(何かが折れる時の音).

clamar 自 **1**(助けを求めて)叫び嘆く; [+ por を] 求めて大声で叫ぶ. **2** [+ por を](物)が求める, 必要とする. — 他 を切に要求する, を叫び求める.

clámide 囡《服飾》ギリシャ人・ローマ人たちが騎乗の際に着用した短いマント[コート].

clamor 男 **1** 叫び声, 大声, 喚き声. **2** (群衆の)叫び声, 喚き声. **3** 弔鐘.

clamorear 他 悲痛な声で(物)を要求する, 嘆願する; 叫び声をあげて(物)を要求する.

clamoreo 男 **1** いつまでも続く叫び声, 執拗な喚き声. **2**《話》しつこい懇願, 哀願.

clamoroso, sa 形 **1** 叫び声[喚き声]を伴った, 騒々しい. **2** 並外れた.

clan 男 **1** 一門. **2**(共通の利害関係で結ばれた)一味, 徒党, 閥(ばつ), 徒党.

clandestinidad 囡 **1** 秘密, 内密. **2** 非合法, 非合法性.

clandestino, na 形 当局の目を盗んだ, 非合法の; 地下の.

claque 〈仏〉囡 **1**《集合的に》(雇われて拍手する劇場の)さくら.

claqueta 囡《映画》カチンコ.

Clara 固囡《女性名》クラーラ.

clara 囡 **1** 卵白. **2** 森の木のまばらな部分. **3** 炭酸でわったビール.

claraboya 囡《建築》天窓, 明かり取り, 採光窓.

claramente 副 **1** はっきりと, 明瞭に. **2**《文全体を修飾して》明らかに, 明白に.

clarear 他 を明るくする. — 自 **1**《3人称単数形のみ》夜が明けはじめる. **2**《3人称単数》霧や雲が消えて明るくなる. **3**(ある物が)薄くなる, 透ける. —El pelo le empieza a 〜. 彼は髪が薄くなり始めている. — se 再 **1**(織物や薄物が)透けて見える, 透き通る. **2**《話》自分の本心が見える.

clareo 男 (山や森の)間伐.

clarete 〈仏〉形 (ワインの)クラレットの. — 男 (飲料の)クラレット(=vino 〜).

claretiano, na 形名《宗教》クラレチアン修道会の修道士[女].

claridad 囡 **1** 明るさ; 明かり, 光. **2** 澄んでいること, 透明さ. **3**(頭脳などの)明晰さ. **4**(説明・文体・事実などの)明快さ, 明白さ. **5**(視聴覚的な)明瞭さ.

clarificación 囡 **1** 明らかにすること. **2** 解明. **3**(液体の)清澄化, 浄化.

clarificar [1.1] 他 **1** を明らかにする. **2**(液体を)浄化する, 透明にする, 清澄にする. **3** を解明する, 説明する.

Clarín 固男 クラリン(1852-1901, スペインの小説家・評論家. 本名 Leopoldo Alas).

clarín 男 **1**《音楽》らっぱ; その奏者. **2**《音楽》オルガンのストップの一種, クラリオン・ストップ. **3**《チリ》スイートピー.

clarinete 男《音楽》クラリネット. — 男,女《音楽》クラリネット奏者.

clarinetista 男,女《音楽》クラリネット奏者.

clarión 男 白墨, チョーク.

clarisa 囡 クララ会修道女会の(修道女).

clarividencia 囡 **1** 洞察力の鋭さ, 眼識の高さ, 明敏さ. **2** 予知能力, 予見力.

clarividente 形 洞察力のある, 眼識の高い, 明敏な.

claro, ra [クラロ, ラ] 形 **1** 明るい, 光があたった; 晴れ渡った. —día 〜 明るい日. — piso muy 〜 明るい部屋. cielo 〜 雲ひとつない空. **2** 鮮明な, 明瞭な, はっきりした. —voz clara はっきりした声. sonido 〜 はっきりした音. **3** 透明な, 澄んだ. —agua clara 澄んだ水. **4**(物事が)明らかな, 明白な. —Está 〜 lo que dice. 彼が言うことは明らかである. **5** 明朗な, 明確な; (人)が明敏な. —Su razonamiento estaba muy 〜. 彼の論説はとても明解だった. ideas claras 明晰な考え. **6**(濃度が)薄い, (色彩が)淡い, (濃淡が)まばらな. —chocolate 〜 薄いココア. verde [gris] 〜 ライトグリーン[グレー]. pelo 〜 薄い髪. **7**《文》著名な. — claro está もちろん. dejar [en] claro... を([…]と)言明する, 明らかにする. estar claro 明らかだ, 明白だ. más claro que el agua 《話》火を見るよりも明らかな. por lo claro はっきりと, 明白に, 率直に. quedar [en] claro …が疑問の余地を残しない, 明らかである. tener ... claro 《話》(物・事)を確信している.

— 男 **1** 森林などの開けた場所, 空き地. **2** 間, 間, 切れ目. **3** 晴れ間, 雲

間. **4**《美術, 写真》明るい部分, ハイライト. ▶ *claro de luna* 月光, あたりを照らす月の光. *a las claras* はっきり, 明白に; 公然に. —— はっきりと, 明確に, 明瞭に. —— **1**(肯定・承認を表す)もちろん, 当然.《語調によっては肉の含みがある》. *—¡Claro que sí [no]!* もちろんそうだ[そうではない]. **2**《何かに気づいた時の表現》あっ, そうだ; あっ, わかった. *—¡Claro! Por eso no vino ayer.* ああ, そうか, だから彼は昨日来なかったんだ.

claroscuro 男 **1**《美術》明暗の配分, 明暗のコントラスト. **2**(態度や状況の)両極端, 二面性.

:**clase** [クラセ] 女 **1** クラス, 学級, 組. *—compañero de* ~ 同級生, クラスメート. **2** 授業, 講義, 教室. ~ *nocturna* 夜間授業. *ir a* ~ 授業[学校]に行く. *dar* ~*s particulares* 個人教授[家庭教師]をする. *Hoy no hay* ~. 今日は授業がない. **3** 種類, 部類. *—toda* ~ *de cosas* あらゆる種類のもの, **4**(乗り物などの)等級, クラス, ランク. *—viajar en primera* ~ ファーストクラスで旅行する. ~ *turista [económica]* ツーリストクラス, エコノミークラス. **5**(社会)階級, 階層. ~ *social* 社会階級. ~ *alta [media, baja]* 上流[中流, 下層]階級. ~ *obrera [trabajadora]* 労働者階級. ~*s pasivas* 年金・恩給受給者階級. **6** 品位, 気品. *—mujer con mucha* ~ 非常に上品な女性. **7**《生物》(動植物分類上の)綱(ϲ̄ϧ). ▶ *clase magistral* 講義形式の授業.

clasicismo 男 **1** 古典主義, 擬古主義. **2** 古代ギリシャ・ローマ時代の文芸精神.

clasicista 形 古典主義の. —— 名 古典主義者.

:**clásico, ca** 形 **1**(芸術・文化・言語が)古典的な, 標準的な, 代表的な. **2**(西洋古典の, 古代ギリシャ・ローマの. **3** 古典派の, 古典主義の. *—música clásica* クラシック音楽. **4**(服装・流儀が)伝統的な, 正統派の. **5** 典型的な, 型通りの. —— 男 **1**(ギリシャ・ラテンなどの)古典作家. **2** 古典的といえる作家[芸術家]. **3** 古典主義者. —— 男 古典. ~ *del cine italiano* イタリア映画の名作.

clasificable 形 分類可能な, 類別できる.

:**clasificación** 女 **1** 分類(法), 整理. **2**(スポーツなどの)順位, ランク(付け), 格付け. **3**(スポーツなどの)出場資格, 決勝進出.

*****clasificado, da** 過分 (→ clasificar) 形 (情報・文書等が)秘密の, 機密の. —— 名 (スポーツなどの)出場資格を得た者, 決勝進出者.

clasificador, dora 形名 分類する(人), 類別する(人). —— 男 ファイリング・キャビネット, ファイル.

:**clasificar** [1.1] 他 《+ en/entre/para に》を分類する, 類別する. 整理する. **2**《+ a/en に》を位置づける, ランクする. ——se 再(順位・等級に)位置する, ランクされる; (決勝などに)進出する.

clasismo 男 階級差別.

clasista 形男女 **1** 階級差別をする(人), 階級差別支持の(人). **2** ある階級に特有な.

Claudia 固名 《女性名》クラウディア.

claudia 形名《女性形で》淡い緑色の西洋スモモ(の).

claudicación 女 **1**(義務・原則の)不履行, 放棄. **2** 降参, 屈服. **3**《医学》跛行(はこう).

claudicante 形 **1**(義務・原則の)不履行の. **2** 降参した, 屈服した.

claudicar [1.1] 自 **1**《+ de を》捨てる. **2** 降参する, 屈服する.

Claudio 固名 《男性名》クラウディオ.

claustral 形《宗教》回廊の, 修道院の. —— 男女 修道士, 修道女.

claustro 男 **1**《建築》(修道院・教会・大学などの)回廊, 歩廊. **2** 修道院(生活), 僧院[庁]生活. **3**《集合的に》教授会, 教授団[陣]. ~ *de profesores* 教授団[会]. ▶ *claustro materno*《解剖》子宮(= matriz).

claustrofobia 女《医学》密室恐怖症, 閉所恐怖症.

claustrofóbico, ca 形名《医学》密室恐怖症の(患者), 閉所恐怖症の(患者).

cláusula 女 **1**(条約・契約などの)条項, 箇条, 約款(ぷん). ~ *penal* 制裁条項. **2**《言語》文, 節. ~ *simple [compuesta]* 単[複]文.

clausura 女 **1**(会議などの)終了, 閉会(式). **2** 閉鎖, 閉業. **3**《宗教》(修道院内の)禁域; (修道士の外出禁止; 修道院生活.

clausurar 他 **1** を閉会させる, 終了させる. **2**(施設などを)閉鎖する; 休業にする.

clavado, da 過分 (→ clavar) 形 **1** 釘で留められた. **2**《+ a に》そっくりな, 生き写しの. **3** 正確な, ちょうど, きっかり. **4**《+ en に》釘づけになった, 固定された. **5** 適切な, ぴったりの. ▶ *dejar clavado a ...* を当惑させる. 狼狽させる.

clavar 他 **1**《+ en に》(くぎなどを)打ちこむ, を刺す; をくぎで留める, くぎで打ちつける. *—Clavó el espejo en la pared.* 彼は壁に鏡をくぎで取り付けた. **2**《+ en に》を止める, 定める, 置く. *—Clavó la mirada en Carmen.* 彼はカルメンに視線を止めた. **3**《話》(高い金)をとる, ふっかける. *—Le clavaron tres euros por un helado.* 彼はアイスクリームに3ユーロもぼられた. ——se 再 刺さる.

clave 女 **1**(謎・暗号・問題などを解く)鍵(ﾀﾟ); 手掛かり; (成功などの)秘訣(ﾋﾟ). **2** 暗号, コード; 暗証番号, パスワード. *—hablar en* ~ 暗号[符丁(ꜜょ)]で話す. **3**(音楽》(長・短)調, 音部記号. **4**《建築》(アーチやボールトの頂上にある)要(なめ)石. ▶ *dar con [en] la clave* 解決を見出す. *en clave de ...* ... の調子で, 口調で.

形《無変化》重要な,主要な.—palabra [punto] ~ キーワード[ポイント]. hombre ～ 鍵を握る人物,中心人物.—男《音楽》ハープシコード.

clavecinista 男女《音楽》ハープシコード奏者,クラブサン.

clavecinista 男女《音楽》ハープシコード[チェンバロ]奏者.

:**clavel** 男《植物》カーネーション.

clavelito 男《植物》(花の小さい)ナデシコの一種.

clavellina 女《植物》(特に一重咲きの)カーネーション,ナデシコ.

clavelón 男《植物》1 センジュギク. 2 キンセンカ.

clavero¹ 男《植物》チョウジノキ,クローブ.

clavero², ra 形 鍵番. —男《歴史》(騎士団の)城代,管長.

clavete 男(マンドリンなどの)ピック.

claveteado 過分 [→ clavetear] 形 飾り鋲(びょう)を打った. —男 飾り鋲を打つこと.

clavetear 他 1 に飾り鋲(びょう)を打つ. 2 に釘を打つ. 3 (靴ひも,飾りひもに)金具をつける.

clavicembalista 男女《音楽》ハープシコード奏者,チェンバロ奏者.

clavicémbalo 男《音楽》クラビチェンバロ,ハープシコード.

clavicordio 男《音楽》クラビコード.

clavícula 女《解剖》鎖骨.

clavicular 形《解剖》鎖骨の.

clavija 女 1 木くぎ,金くぎ;(板をつなぐために埋木される)小ぎ,ジベル. 2《電気コードの)プラグ,差し込み. 3《音楽》弦楽器の弦を締める糸巻き. ▶ apretar [ajustar] las clavijas a ... 《話》(ある事を強要するために)人を締め付ける,締め上げる.

clavijero 男《音楽》ピアノやチェンバロの糸倉. 2 ハンガー.

clavillo 男 1(扇子・はさみの)芯,ピン. 2《音楽》(ピアノの)調弦ピン.

:**clavo** 男 1 釘(ぎ),鋲(びょう),飾り鋲. 2《植物》丁子(ちょうじ),クローブ. 3 偏頭痛. 4 心痛,悲嘆,苦悩. —Tiene el ～ de ese hijo inútil. そのダメ息子が彼の頭痛の種だ. 5 損害,害. 6《中南米》うんざりすること,厄介なこと;欠陥品,役立たず. —Su secretaria es un ～. 彼の秘書は役立たずだ. ▶ agarrarse a [de] un clavo ardiendo 《話》溺(おぼ)れる者はわらをもつかむ. como un clavo 時間に正確な. dar en el clavo (言うこと・すること が)当をえる,言い当てる. no dar (ni) una en el clavo 一度もうまくいかない,いつも失敗する. no tener un clavo 《話》お金がない. Por los clavos de Cristo 《話》お願いだから,どうか. remachar el clavo 《話》誤りを正そうとしてさらに大きな誤りを犯す,さらに間違いを重ねる. sacarse el clavo 《話》長年の願いを果たす;埋め合わせをする,仕返しをする.

claxon 男《複 cláxones》(自動車)クラクション,警笛. —tocar el ～ クラクションを鳴らす.

clemátide 女《植物》クレマチス.

clembuterol 男《薬学》クレンブテロール(気管支拡張薬,筋肉増強剤として用いられることもある).

clemencia 女 寛大,慈悲,情け深さ.

Clemente 固有《男性名》クレメンテ.

clemente 形 寛大な,慈悲深い,哀れみのある.

clementina 女《植物》クレメンタイン(小型ミカンの一種)(の).

clepsidra 女 (古代の)水時計.

cleptomanía 女《医学》(病的)盗癖.

cleptómano, na 形 (病的)盗癖のある(人),窃盗狂の(人).

clerecía 女 1《集合的に》聖職団,聖職者. 2 聖職者の地位,身分.

clerical 形 1 聖職者の,僧侶の. 2 聖権[教権]至上主義の. —男女 聖権[教権]至上主義者.

clericalismo 男《政治,宗教》聖職権至上主義,教権拡張主義.

clerigalla 女《軽蔑》《集合的に》聖職者,坊主ども.

:**clérigo** 男 1《宗教》聖職者;《カト》司祭. 2(中世の)学者,知識人,頭学者. ▶ clérigo de misa 司祭.

:**clero** 男 1《集合的に》《宗教》聖職者. 2《カト》聖職者階級. ▶ clero regular 律修聖職者. clero secular 教区付[在俗]聖職者.

clerofobia 女 聖職者嫌い;反聖職者主義,反教権主義.

clerófobo, ba 形名 聖職者嫌いの(人).

clic 男《複 ～s》1《擬音》カチッ,カチャン,パチン(スイッチ・銃の引き金・カメラのシャッター・指などの音). 2《情報》クリック.

cliché <仏> 男 1《写真》ネガ,陰画. 2《印刷》版,ステロ版. 3 決まり文句,紋切り型.

clienta 女 女性のお客,顧客.

:**cliente** 男女 ※女性 clienta も使用される》1《商業》お客,顧客;(特に)得意客[取引先],常連. 2《情報》クライアント.

clientela 女《集合的に》1《商業》顧客(層),客筋;得意客[先],馴染(なじ)みの客. 2《政治》信奉者,支持者,派閥.

clientelismo 男《政治・経済的な》恩顧主義,支持者ひいき.

:**clima** 男 1 気候. 2 雰囲気,情勢;(精神的)風土. — ～ intelectual 知的雰囲気. 3(気候上から見た)地方,地帯.

climatérico, ca 形 1《生理》(男女の)更年期の,性欲減退期の;閉経期の. 2 (時期が)危機的な,困難な;厄年の. —año ～ 厄年.

climaterio 男《生理》(男女の)更年期,性欲減退期;(女性の)閉経期.

climático, ca 形 気候の,気候上の. —cambio ～ 気候変動.

climatización 女 空気調節[調和].

climatizado, da 過分 [→ climatizar] 形 空調完備の.

climatizador, dora 形 空調を行う.

climatizar 220 **coalición**

—— 男 空調設備, エアコン.

climatizar [1.3] 他 …に空気調和[空調]を行う, 空調設備を設置する. 冷暖房を設置する.

climatología 女 **1** 気候学, 風土学. **2** 気候.

climatológico, ca 形 気候(学)の, 風土学の.

climatólogo, ga 名 気候学者, 風土学者.

clímax 男 [単複同形] **1** (出来事などの)絶頂, 頂点, 極致. **2** (劇・文学などの)最高の山場, 最高潮, クライマックス. **3** (修辞)漸層法.

clínica 女 **1** 診療所, クリニック. **2** 病院. **3** (医学)臨床医学[講義]; 臨床講義室, 検査室. **4** (医学)(病気の)症状, 徴候.

*clínico, ca 形 **1** 臨床(医学)の, 臨床実習中の; 臨床(用)の. —caso ~ 臨床例. historia *clínica* カルテ. **2** 診療所の. —— 名 臨床医; 臨床医学者. ▶ *ojo clínico* (1)〈話〉鑑識眼. (2)洞察力.

clip 〈英〉男 [複 ~s] **1** 紙ばさみ, クリップ; ペーパーホールダー. **2** 髪どめ, ヘアクリップ. **3** クリップ式の装身具.

clíper 男 **1** (海事) 快速大型帆船. **2** (航空) 大型快速旅客機.

cliquear 他 (情報)クリックする.

clisar 他 (印刷)をステロ版にする.

clisé 男 → cliché.

clíster 男 (医学)浣腸(診**ミ**)(液).

clítoris 男 [単複同形] (解剖)陰核, クリトリス.

cloaca 女 **1** 下水溝, 排水溝, 下水道. **2** 汚い場所, 不潔な所. **3** (動物)総排出腔(☆), 排泄腔.

cloacal 形 下水(管)の.

cloche 男 《中南米》(自動車などの)クラッチ.

clon 《生物》クローン.

clonación 女 《生物》クローン技術, クローニング.

clonar 他 (生物)をクローン化する, クローニングする.

clónico 形 《生物》クローンの, クローン化された.

cloquear 自 (卵を抱いた雌鶏が)コッコッと鳴く.

cloqueo 男 (卵を抱いた雌鶏の)コッコッと鳴く声.

cloración 女 《化学》水の塩素処理.

cloral 男 《化学》クロラール.

clorar 他 **1** (化学)(化合物分子に塩素原子を入れる. **2** (水)を塩素で消毒する.

clorato 男 《化学》塩素酸塩.

clorhídrico, ca 形 《化学》塩酸の, 塩酸から誘導された.

clórico, ca 形 塩素の.

cloro 《化学》塩素(ハロゲン元素の一つ, 記号は Cl.).

clorofila 女 《生物》葉緑素.

clorofílico, ca 形 《生物》葉緑素の.

cloroformar 他 《化学,薬学》にクロロホルムで麻酔をかける, にクロロホルムをつけ

る.

cloroformo 男 《化学,薬学》クロロホルム.

cloroplasto 男 《植物》葉緑体.

clorosis 女 [単複同形] **1** (医学)萎黄(ホゥ)病. **2** (植物)白化現象.

clorótico, ca 形 **1** (医学)萎黄(ホゥ)病の. **2** (植物)白化現象の, 白化した. —— 名 萎黄病患者.

cloruro 男 《化学》塩化物.

clóset 男 [複 ~s] 《中南米》(作り付けの)戸棚, クローゼット.

clown 〈英〉男 道化, 道化役者.

*club 男 [複 ~(e)s] **1** (政治・スポーツ・文化・社交などの)クラブ, 同好会, サークル. **2** (クラブ会員の集まる)集会所, クラブ会館, クラブ. **3** (集合的に)(劇場・映画館の)舞台前1階の奥の方の席. ▶ *club nocturno* ナイトクラブ.

clueco, ca 形 (鳥, 特に鶏が)卵を抱いた, 巣についた. —— 男 卵を抱いた鶏[鳥].

cluniacense 形 《宗教》クリュニー修道会の(修道士).

cluster, clúster 〈英〉男 [複 ~s] (情報)クラスター.

coa¹ 《中南米》**1** インディオが耕作用に使用した先を火で固く尖らせた棒. **2** 耕作用のシャベルの一種.

coa² 女 《チリ》(やくざ者の)隠語, 仲間言葉; スラング.

coacción 女 **1** 強制, 強要. **2** (法律)強制力.

coaccionar 他 を強制する, 強要する, 無理強いする.

coacervar 他 を積み上げる, 集める.

coactividad 女 強制性.

coactivo, va 形 強制的な, 無理強いする.

coadjutoría 女 助手[補佐]の職.

coadjutor, tora 名 助手, 補佐. —— 男 助任司祭.

coadunar 他 を結びつける, 混ぜる. — **se** 再 結びつく, 混ざる.

coadyuvador, dora 名 援助する人, 協力者.

coadyuvante 形 助ける, 手伝う, 補助する. —— 男女 **1** 助手, 協力者. **2** (法律)検事助手.

coadyuvar 自 [+ a/en に]協力する, (を)助ける.

coagulación 女 凝固(作用), 凝結; 凝血.

coagulante 形 凝固[凝結]させる, 凝固[凝結]性の. —— 男 (医学)凝血剤, 凝結剤.

coagular 他 を凝固させる, 凝結させる, 固まらせる. — **se** 再 凝結する, 凝血する.

coágulo 男 凝固したもの, 塊状, 凝血.

coala 男 《動物》コアラ.

coalescencia 女 合体, 融合.

coalescente 形 合体[融合]させる(体:融合)する.

coalición 女 (国・政党などの)同盟, 連盟, 連合.

coalicionista 名女 同盟[連盟,連合](の賛同)者.

coaligado, da 過分 [→coaligar] 名 同盟[連盟・連合]に加わった(者).

coaligar 他 を団結同盟,連合させる. **— se** 再 [+ contra に対して/+ con と]連合する. 同盟を結ぶ.

coartación 女 (自由な行動の)阻止,妨害,制限.

coartada 女 1《法律》現場不在証明,アリバイ. 2 言い訳.

coartar 他 を妨げる. 邪魔する; を制限する.

coatí 男[複 ~(e)s]《動物》ハナグマ.

coautor, tora 名 1 共著者. 2《法律》共犯者.

coaxial 形 同軸の.

coba 女《話》1おべっか, へつらい, 追従. 2 冗談, 軽いうそ.

cobalto 男《化学》コバルト(元素記号 Co).

cobaltoterapia 女《医学》コバルト照射療法.

cobarde [コバルデ] 形 名男女 臆病な(人), 小心な(人), 怖がり(な). — una actitud ~ 臆病な態度. 2 卑怯な(人), 卑劣な(人). — una ~ agresión 卑怯な襲撃.

cobardear 自 臆病になる, 怖がり(に)なく怖がる.

cobardía 女 1 臆病. 2 卑怯(ʎょう), 卑劣(な行為).

cobaya 男(または 女)《動物》テンジクネズミ, モルモット.

cobayo 男《動物》テンジクネズミ, モルモット.

cobertera 女 1(鍋などの)ふた. 2(鳥の)覆い羽(ばね), 羽.

cobertizo 男 1(玄関・窓の)庇(ʊsū), 雨よけ, 日よけ. 2 掘っ立て小屋, 納屋, 物置.

cobertor 男 ベッドカバー; 寝台毛布.

cobertura 女 1 覆うもの, カバー(する); 覆うこと, カバーすること. 2《金融》保険担保; 正貨準備. 3《電話・電信・テレビなどの》遠距離通信がカバーする地域. 4《マスコミの》報道陣, 報道チーム.

cobija 女 1《建築》牡瓦(\ぎか), 棟瓦(ʊなか). 2 《地方の女性が身につける》短いマンティーリャ. 3《中南米》毛布, マント. 4《中南米》寝具.

cobijar 他 1 を覆う, かぶせる, 遮(\ぎ)る. 2 を泊める, 宿を提供する. 3 (ある感情を)抱く, 感じる. 4 を保護する, 守る. **— se** 再 1 [+ en に] 避難する. 2 [+ con/en に] 保護を求める.

cobijo 男 1 避難所, 宿. 2 保護, 庇護.

cobista 名男女《話》おべっか使い, ごますり.

cobla 女 サルダーナを演奏する楽隊.

cobra[1] 女《動物》コブラ.

cobra[2] 女《狩猟》猟犬が射止めた獲物を探して持ってくること.

cobrador, dora 名 集金人, 徴収人.

cobranza 女 1 取り立て, 回収, 徴収, 集金. 2《狩猟》獲物の回収.

cobrar [コブラル] 他 1(金銭)を受け取る; を取り立てる, 請求する. — ~ el sueldo 給料をもらう. ¿Me cobra usted? 会計をしてもらえますか. 2(名声・信用など)を得る, 獲得する. — ~ fama mundial 世界的な名声をかち得る. 3(愛情・憎しみ)を抱く, 感じる; を取り戻す, 回復する. — ~ afecto 愛情を抱く. 4(獲物)を捕える, つかまえる. 5(気力などを)回復する. ━━ 自 殴られる, ひっぱたかれる. —Como no te calles, vas a ~. 黙らないと痛い目に会うぞ. **— se** 再 1 [+ de から] 回復する, もとに戻る. 立ち直る. 2(貸金などを)受取る. 3(人命)を奪う. —El incendio *se cobró* decenas de víctimas. その火事で何十人もの犠牲者が奪われた.

cobre 男 1《化学》銅(元素記号 Cu). 2 銅製の台所用品. 3《音楽》金管楽器. ▶ *batir(se) el cobre*《話》(商売などに)全力を傾ける.

cobreño, ña 形 1《まれ》銅の. 2 銅色の.

cobrizo, za 形 1 銅色の, 赤褐色の. 2 銅を含んだ.

cobro 男 1 (金銭の)受取り. 2 (借金・代金などの)徴収, 取立て, 集金. 3 (小切手・手形の)現金化. — ~ en metálico 現金化. ▶ *a cobro revertido* コレクトコールで, 料金受信者払いの. *en cobro* 安全な場所に.

coca[1] 女 1《話》頭. 2《話》げんこつ. 3《ゲーム》独楽(ʊま)をもうひとつの独楽に当てること. 4 両耳の後ろに束ねた髪のそれぞれ. 5《海事》ねじれによるロープの回転.

coca[2] 女 1《植物》コカ; コカノキ. 2 乾燥したコカの葉. 3《隠》コカイン.

cocacho 男《中南米》(握りこぶしの中指で)頭をこつくこと.

cocada 女 ココナツの菓子.

cocaína 女《薬学》コカイン.

cocainomanía 女 コカイン中毒.

cocainómano, na 形 名 コカイン中毒の(人).

cocal 男 1《中南米》コカ畑. 2《中南米》ココヤシの林, ヤシ園.

cocalero, ra 形 コカ栽培(地)の. ━ 名 コカ栽培者.

coccígeo, a 形《解剖》尾(底)骨の.

cocción 女 1 煮炊き, 調理. 料理. 2(パン・煉瓦などを)焼くこと.

cóccix 男《解剖》尾骨, 尾骶骨.

coceador, dora 形 (馬などが)よく蹴る, 蹴り癖のある.

cocear 自 1(馬などが)蹴る, 蹴飛ばす. 2《話》抵抗する, 反対する, はねつける.

cocedero 男 発酵場; 煮炊きする場所. — ~ de mariscos 魚介類を調理して売る店.

cocedura 女 煮ること, 炊くこと.

cocer [5,9] 他 1 を煮る, 炊く; 料理する. 2 を沸かす, 沸騰させる. — ~ agua 湯を沸かす. 3 を焼く, 熱処理する; に加熱

cocha 囡《中南米》沼, 沼湖; 水たまり.

cochambre 男/囡 **1**《話》汚れ, 不潔; 汚物. **2**《話》くず.

cochambroso, sa 形名《話》汚れにまみれた(人), 汚らしい(人).

cochayuyo 男《植物》《南米》海藻の一種.

coche [コチェ] 男 **1** 車, 自動車. ~ de alquiler レンタカー. ~ bomba 車爆弾. ~ celular 囚人護送車. ~ de carreras レーシングカー. ~ de línea 長距離バス; 定期観光バス. ~ de plaza 《メキシコ》(乗場で乗る)タクシー. ~ fúnebre 霊柩(ホャゥ)車. ~ patrulla パトロールカー. ~ utilitario 軽自動車. **2**《鉄道》車両, 車. ~ cama《複》~s cama)普通寝台車. ~ litera《複》~s literas 簡易寝台車, クシェット. ~ comedor [restaurante] 食堂車. **3** 馬車(=~ de caballos). **4**《運搬用の》車, 荷車. ▶ **coche de punto**(乗り場で乗る)タクシー.

cochecillo, cochecito 男 **1** おもちゃの自動車, 車. **2** 乳母車. ——*cochecito de bebé* [niño] 乳母車, ベビーカー. **3** 身障者用車椅子.

cochera 囡 車庫. —— 形《女性形のみ》車用の.

cochero, ra 名(馬車の)御者(ඡ゚̃ѧ).

cochifrito 男《料理》牧童や羊飼いの作る小羊の揚げ料理.

china 囡 **1** 雌豚. **2**《話》汚らしい女.

cochinada, cochinería 囡 **1**《話》汚らしいもの, 不潔なもの. **2**《話》下品な言葉, 卑劣な行動. **3** 卑劣な行為.

cochinilla 囡 **1**《虫類》ワラジムシ. **2**《虫類》コチニール. **3** コチニールの雌を乾燥させたものから採る赤色色素.

cochinillo 男《動物》(離乳前の)子豚; 《料理》子豚の丸焼き.

cochino, na 名 **1**《動物》ブタ. **2**《話》汚らしい人, むさくるしい人. **3** いまわしい奴, ひどい奴. —— 形 **1** 汚れた, 汚らしい, 不潔な.

cochiquera 囡 **1**《話》豚小屋. **2** 汚い場所.

cochitril 男《話》**1** 豚小屋. **2** 汚い部屋.

cocho 男《動物》ブタ(=*cerdo*).

cochura 囡 →*cocción*.

cocido, da 過分 (→*cocer*) 形 煮炊きされた, 調理された. —— 男《料理》コシード(スペインの煮込み料理).

cociente 男 **1**《数学》(割算の)商. **2**《数学》係数率. **3**《スポ》得点率.

cocimiento 男 **1** 煮炊き, 調理. **2** 薬草の煎じ汁, 煎じ薬. **3** 羊毛染色用の処理液.

cocina 囡 **1** 台所, キッチン, 炊事[調理]場. **2**《集合的に》(ある地域の)料理. ~ casera 家庭料理. ~ española [italiana] スペイン[イタリア]料理. **3**《料理》レンジ, 調理台, コンロ. ~ electrónica 電子レンジ. ▶ **cocina americana** ダイニングキッチン.

cocinado 男 料理, 調理.

cocinar 他 **1** を料理する, 調理する, 煮炊きする. **2** を密かにたくらむ. —— 自 **1** 料理する, 調理する. **2**《話》お節介を焼く.

cocinero, ra 名 コック, 料理人, 調理師; [形容詞+]料理が~な人.

cocinilla, cocinita 囡 **1**(アルコール・ガスなどの)携帯用コンロ. **2** 暖炉, ストーブ.

cocker 男《動物》コッカースパニエル.

cóclea 囡 **1**《解剖》(内耳の)蝸牛(ボケ゚̃). **2** らせん揚水機.

coclearia 囡《植物》トモシリソウ.

coco[1] 男 **1**《植物》ココナッツ, ココヤシ; ココヤシの実. **2**《メキシコ》げんこつ; 頭への投打. **3**《中南米》バーケール. ▶ **comer el coco a...**《話》をうまく丸め込む. **comerse el coco**《話》頭を悩ます, あることを考え過ぎる. **estar hasta el coco**《話》うんざりしている.

coco[2] 男 **1**(子どもをおどかす)お化け. **2**《話》しかめ面, 渋面. ▶ **ser un coco**《話》とても醜い, 醜悪である.

coco[3] 男 **1**《虫類》(種子や果実につく)青虫, 幼虫. **2**《医学》球菌.

cococha 囡 メルルーサやタラの下顎部分.

cocodrilo 男《動物》ワニ, 本ワニ, ワニの総称. —*lágrimas de* ~ 空涙.

cocoliche 男 **1**《植物》イタリア訛(キ̃)りのスペイン語. —— 男女 イタリア訛りのスペイン語を話す人.

cócora 形 男女《話》煩わしい(人), うんざりさせる(人), うっとうしい(人).

cocorota 囡《話》頭頂部.

cocotal 男 ココヤシ林, ココヤシ園.

cocotero 男《植物》ココヤシの木.

cóctel, coctel 男《複》**cócteles, cocteles** **1** カクテル; カクテルパーティー. **2** いろんなものの混合. ▶ **cóctel molotov** [**incendiario**] 火炎瓶. **cóctel de mariscos**《料理》ソースを添えた冷たい魚介類の盛り合わせ.

coctelera 囡 カクテルシェイカー.

coctelería 囡 **1** カクテルの製法. **2** カクテルバー.

cocuy 男《中南米》=*cocuyo*.

cocuyo 男《虫類》ホタルメツキ.

coda 囡 **1**《音楽》コーダ; 舞曲の最後の繰り返し. **2**《音声》音節末子音, 語末.

codal 男 **1** 鎧(ょろ)の肘あて. **2**《建築》壁や梁を支える棒. **3**《建築》堀・土工事用の型枠を支える棒.

codaste 男《海事》船尾骨材, 船尾材.

codazo 男 肘でのつつき.

codear 自 肘で押しながら動く[進む]. —— 他 『中南米』をたかる, せびる. ——**se** 再 [+con と] 親しくする, 付き合いがある

codeína 女 『薬学』コデイン.

codeo 男 **1** 肘で押すこと. **2** 『中南米』(金の)たかり, 無心.

codera 女 **1** (衣服の)肘部分の形くずれ, 肘部分の擦り切れ. **2** 肘当て **3** 『海事』係留用の大綱.

codeso 男 『植物』キングサリ.

codeudor, dora 名 『法律』共同債務者.

códice 男 (特に古典・聖書などの)写本.

codicia 女 **1** 貪欲, 強欲, 欲ばり. **2** 渇望, 切望, 熱望.

codiciable 形 欲望をそそる.

codiciado, da 過分 [→codiciar] 形 切望された, 渇望された.

codiciar 他 を切望する, 渇望する.

codicilo 男 『法律』 **1** 遺言補足書. **2** (スペイン民法発布以前の)遺言状.

codicioso, sa 形 **1** 欲深い, 強欲な. **2** [+de と] を切望した, 渇望した. —— 名 欲深い人, 強欲な人, 欲ばり.

codificación 女 **1** 『法律』成文化, 法典化. **2** 『情報』コード化, エンコード, コーディング.

codificador, dora 形 『情報』(データ)をコード化する. —— 男 『情報』エンコーダ, データをコード化するソフトウエアやハードウエア.

codificar [1.1] 他 **1** 『法律』を法典に編纂する, 成文化する, 法典化する. **2** 『情報』をコード化[符号化]する, エンコードする; 体系化する.

código 男 **1** 『法律』法典, 法, 法規(集). —C~ Civil [Penal] 民法[刑法]典. C~ de Comercio 商法典. ~ de (la) circulación 道路交通法. **2** 信号(表), 暗号(法), コード; 『言語, 情報』コード. —~ de barras バーコード. ~ genético 『生物』遺伝子情報, 遺伝暗号. ~ postal 郵便番号. ~ secreto 暗号; 暗証番号, パスワード. ~ de señales 『海事』国際旗信号, 国際信号書. **3** (社会的な)規範, 作法, 掟(ニム).

codillo 男 **1** 四足動物(特に馬)の前脚の体の付け根に近い関節, この関節から膝までの部分. **2** 木のこぶ.

codirección 女 (映画などの)共同監督(作品).

codirector, tora 名 共同監督, 共同経営者.

codo¹ 男 **1** [コド] 肘(2); 『服飾』肘部分. **2** 『技術』(パイプの)L字継ぎ手, エルボ. **3** (道・川などの)曲がり角, カーブ, 湾曲部. **4** (動物の)前足の膝(2). **5** 指先から肘までの長さ. ● **codo a codo** 並んで, 協力[団結]して. **codo con codo** (= codo a codo). **de codos** 肘をついて. **empinar el codo** [de codo] 『話』大酒を飲む, 痛飲する. **estar metido hasta los codos en** … に深く係わっている, すっかり没頭している. **hablar (hasta) por los codos** 『話』よくしゃべる, しゃべりまくる. **hincar [clavar(se)] los codos** 『話』猛勉強する, ガリ勉する.

codo², da 形 『中米』けちな(人).

codorniz 女 [複 codornices] 『鳥類』ウズラ.

coeducación 女 男女共学.

coeficiente 男 **1** 『数学』係数, 率, 指数. **2** 『物理, 化学, 機械』係数, 率. **3** 『経済』係数, 比率. —~ de caja 現金率. **4** 『数学』定数, 不変数. **5** 『地理』—~ de escorrentía (河川全流域の)流出係数. ► **coeficiente intelectual** 知能指数 (IQ).

coercer [2.4] 他 を抑制する, 制止する, 抑える.

coerción 女 『法律』抑制, 制止.

coercitivo, va 形 抑制する, 制止する.

coetáneo, a 形 [+de と] 同時代[時期]の; 現代の. —— 名 同時代人; 現代人.

coexistencia 女 同時に存在すること, 共存. ► **coexistencia pacífica** (政治)平和的共存.

coexistente 形 共存の[する].

coexistir 自 同時に存在する, 共存する.

cofa 女 (船舶)(帆船の)檣楼(ﾋﾞｮｳ), トップ, 檣上見張所.

cofia 女 **1** (看護師・ウエートレスなどの)白いキャップ. **2** ヘアネット, 髪押さえ. **3** 『植物』根冠.

cofrade 男女 (団体・協会などの)会員, 組合員, メンバー.

cofradía 女 **1** 宗教的慈善団体, 信徒団体. **2** 団体, 仲間; 同業組合.

cofre 男 **1** 櫃(2), トランク. **2** (貴重品・宝石などを入れる)箱, ケース. **3** 金庫. **4** 『メキシコ』車のボンネット.

cofundador, dora 名 共同創設者.

cogedor, dora 形 取る, 集める. —— 男 ちり取り, 灰取り.

coger [コヘル][2.5] 他 **1** をつかむ, 取る, 握る. —~ la cartera カバンをつかむ[手に取る]. **2** を手に入れる, 取り入れる, 取り込む. —~ entradas 入場券を手に入れる. **3** を収穫する. 摘む, 拾う. —~ la aceituna [la uva] オリーブの実[ブドウ]を摘む. **4** を奪う, 取り上げる, 押収する. —~ un kilo de heroína 1キロのヘロインを押収する. **5** を捕える, 捕まえる; …に追いつく. —~ a los ladrones どろぼうを捕まえる. Si corres, le *cogerás*. 走っていれば彼に追いつくだろう. **6** (習慣などを)身に付ける, …に染まる, (病気に)かかる. —He *cogido* frío. 私は風邪を引いた. **7** を受け取る, 受ける, 獲得する. —~ velocidad 加速する. —~ fuerzas 力を入れる. **8** (乗物に)乗る; (進路を)取る. —~ un taxi [un avión] タクシー[飛行機]に乗る. ~ la segunda a la derecha 2番目の通りを右に行く. **9**

(車が)を轢(%)。、はねる;(闘牛)(牛が人)を引っかける。—Lo cogió un coche. 彼は車に轢(%)かれた。**10** …の不意を突く、意表をつく、(ある事を人)にふりかかる。—Lo cogió de sorpresa. …の不意を突く。Me cogió la tempestad. 私は嵐に見舞われた。**11** (ある事に)出会う、居合わせる、を見つける。—Le cogí de buen humor. 私は彼が上機嫌のときにぶつかった。**12** 理解する、会得する、…に気づく。—No he cogido el chiste. 私はその冗談がわからなかった。**13** (住居などを)賃借りする、…と契約する、を雇う。**14** (話)(場所)を占める、取る、…にわたる。—La alfombra coge todo el cuarto. そのじゅうたんは部屋中をおおっている。…と交尾する。▶ coger ⃝ [+動詞] 思い切って[にわかに]…する。cogerla con [+人] …に反感を持つ、…が嫌いになる。no haber [tener] por donde cogerlo どうしようもない、良いところが何もない;申し分ない。— 1 位置する。—Su chalet coge muy lejos de la ciudad. 彼の別荘は町から大変遠方にある。**2** [+ en] に収容できる、入る。—En este autocar cogen ochenta personas. この観光バスは80人乗りだ。**3** [+ por] …の方向に進む。— por la izquierda 左に進む。**4** 〔中南米〕〔俗〕セックスする、性交する。— se 再 **1** [+ de に] つかむ、(…に)しがみつく、つかまる。—La niña se cogió de la chaqueta de su padre. 女の子は父親の背広の上着にしがみついた。**2** つかまれる;はさまれる。—Se cogió los dedos en la puerta. 彼はドアで指をはさまれた。

cogestión 囡 〔法律〕共同経営[管理]、全員参加経営。

cogida 囡 〔話〕収穫、採集;収穫物。**2** 〔闘牛〕牛が闘牛士を角で突くこと。

cogido ひだ、プリーツ、ギャザー。

cogitabundo, da 形 考え込んだ、物思いにふけった。

cogitación 囡 考え込むこと、沈思黙考。

cogitativo, va 形 熟考力のある。

cognación 囡 女系の親族関係(親族)。

cognado, da 形 **1** 〔言語〕同語族の;同語源の。**2** 女系の親族の。— 名 女系の親族。

cognición 囡 認識、認知。

cognitivo, va 形 認識[認知]の。

cognomento 男 通り名、異名。

cognoscible 形 〔哲学〕認識しうる、認知しうる。

cognoscitivo, va 形 〔哲学〕認識することのできる、認知の。

cogollo 男 **1** (キャベツ・レタスなどの野菜の)芯、**2** (木・草の)新芽、芽。**3** 最上のもの(部分)、精髄。

cogorza 囡 〔俗〕酔っ払うこと、酔い、酩酊(%)。

*cogote 男 (解剖)項(%)、首筋、襟首。▶ estar hasta el cogote 飽き飽き[うんざり]している。

cogotera 囡 日差し・雨・寒さからうなじを守る布[帽子]。

cogotudo, da 形 首の太い、猪首(%)の。**2** 〔中南米〕成りあがり、成金。

cogujada 囡 〔鳥類〕カンムリヒバリ。

cogulla 囡 修道士の着るフード付きの僧服。

cohabitación 囡 **1** 同棲、同居する。**2** (政治)政治的立場の異なる者どうしによる政権運営。

cohabitar 自 **1** 同棲する、同居する。**2** 夫婦として暮らす。**3** (政治)共存する。

cohechar 他 を買収する、賄賂(%)を贈る。

cohecho 男 買収、贈賄(%)、収賄。

coheredar 他 を共同で相続する。

coheredero, ra 名 共同相続人。

coherencia 囡 **1** 一貫性、連関性、統一性、**2** 調和、統一、まとまり。**3** 〔物理〕凝集力。**4** 〔言語〕結束関係。

coherente 形 **1** 一貫性のある、統一のある、まとまりのある。**2** 密着した、凝集性のある。

cohesión 囡 **1** 結合、粘着、密着。**2** つながり、連関。**3** 〔物理〕凝集力。

cohesionar 他 を団結させる、まとめる。— se 再 団結する。

cohesivo, va 形 粘着性のある、結合力のある。

cohete 男 **1** ロケット(弾)。— espacial 宇宙ロケット。— sonda 観測ロケット。**2** 打上げ花火。— borracho ネズミ花火。▶ como un cohete 電光石火のごとく、全速力で、勢いよく。

cohetería 囡 **1** 花火工場、花火店。**2** 花火の打ち上げ;打ち上げ花火。

cohetero, ra 名 花火師、花火販売業者。

cohibido, da 過分 [→cohibir] 形 ものおじした、おどおどした、萎縮(%)した。

cohibir [3.11] 他 をおじけづかせる、萎縮(%)させる;抑制[制約]する。

cohombrillo 男 〔植物〕キュウリの一種。**2** 〔料理〕チューロ。

cohonestar 他 **1** を取りつくろう、弁解する。**2** [+ con と] 調和させる、一致させる。

cohorte 囡 **1** 〔歴史〕古代ローマの歩兵隊。**2** 〔雅〕大勢の、多数、大群。

cohué 男 〔植物〕ノトファーガス。

coima 囡 内縁の妻、愛人。

coima[1] 囡 〔中南米〕賄賂(%)、その下。

***coincidencia** 囡 **1** 偶然、巡り合わせ、偶然の一致。**2** 一致、符号、合致。**3** 同時発生。**4** 〔数学〕(図形の)合同。

coincidente 形 **1** 一致する、合致する。**2** 同時に起こる。

***coincidir** 自 **1** [+ con と/en で] 一致する、符合する。**2** [+ con と] 合う、ぴったりとする。**3** 同時に起こる。**4** [+ con と] 偶然出会う、出くわす。

coipo 男 〔中南米〕〔動物〕ヌートリア。

coito 男 性交、交接。

coj- 動 →coger [2.5]。

cojear 圓 **1** 片足を引きずって歩く. —Anda *cojeando*. 彼は片足を引きずって歩いている. **2**《家具の脚》がたつく; 不安定である. **3**《話》『+ de 』(欠点)を持つ.

cojera 囡 足の不自由なこと, 跛行(はこう).

cojijo 男 不愉快.

cojín 男 **1** 針山, 針刺し. **2**《機械》軸受け, ベアリング. **3**《鉄道》クッションチェア. **4**《印刷》圧限筒[版用筒]を支える金属板.

cojitranco, ca 形名 跛行(はこう)でよく歩きまわる(人).

cojo, ja [コホ, ハ] 形 **1**(人・動物が)足[脚]の不自由な; 足をひきずる. —andar ~ 足をひきずって歩く. estar ~ (一時的に)足をひきずっている. **2**(テーブルなどが)ぐらぐらする. **3** 欠陥のある, 不完全な, 根拠のない. —图 足[脚]の不自由な人.

cojón 男《卑》**1** 《主に 複》睾丸(こうがん). **2** 勇気, 気力, 度胸. ► *con cojones* 《卑》勇気がある, 勇ましい. *de cojones* 《卑》すばらしい, すごい, 見事な. *de los cojones* 《卑》耐えがたい, 不快な, ひどい. *estar hasta los [mismísimos] cojones* 《卑》うんざりしている. *no haber [tener] más cojones que...*《卑》他に方策がない, 仕方がない. *ponérseLE [a] los cojones de corbata [en la garganta]*《卑》(人)がひどく怖がる, たまげる. *por cojones*《卑》無理やり, 強制的に. *tener los cojones bien puestos*《卑》勇気がある, ガッツがある. *tocarse los cojones*《卑》何も仕事をしない. —間投 怒り・喜び・驚きを表す下品な間投詞.

cojonudo, da 形《俗》すばらしい, すごい, 見事な. **2** 勇気のある, 勇敢な.

cojudez 囡《中南米》ばかげた行動, 愚かさ.

cojudo, da 形 **1**(動物が)去勢されていない. **2**《中南米》愚かな.

cok 男《化学》→coque.

col 囡《植物》キャベツ, 玉菜(たまな). — morada 紫キャベツ. — china 白菜. ► *col de Bruselas*《植物》芽キャベツ.

cola¹ 囡 **1**(動物の)尾, しっぽ, 尾羽根. **2** 最後尾, 後部;(彗星の)尾;(風の)尾. —vagón de ~ 最後尾の車両, 殿(しんがり). plano de ~ 尾翼. **3**《髪型の》ポニーテール. **4**《服飾》(ウェディングドレスなどの)引き裾(ず), トレーン,(裁判官などの)垂れ, 燕尾. **5**(順番を待つ人の)列, 行列, 並び. —ponerse en (la) ~ 列に加わる, 並ぶ. **6**《器》ペニス. **7**《話》余り, 残余, 残り. ► *a la cola* 列の後ろの, 後尾の. *cola de caballo*《髪型の》ポニーテール;《植物》トクサ(木賊). *hacer [formar, guardar] cola* (順番を待つために)列を作る, 並ぶ. *piano de cola*《楽》グランドピアノ. *ser cola*《話》びりである. *tener [llevar, traer] cola*《話》大変な影響を与える, 重大な結果が伴う.

cola² 囡 **1**《植物》コラノキ; コラナッツ. **2**(飲料の)コーラ.

cola³ 囡 (接着剤の)膠(にかわ), 糊(のり). — ~ *de pescado* ニベにかわ. ► *no pegar ni con cola con...*《話》一致しない, 調和しない.

colaboración 囡 **1** 協力, 共同; 共同作業. **2** 助け, 支援; 寄付, 寄与. **3** (新聞・雑誌への定期的な)寄稿, 投稿. ► *en colaboración (con...)* (…と)協力して, (…と)共同で.

colaboracionismo 男 占領軍[敵]との協力.

colaboracionista 男女 敵との協力者.

colaborador, dora 名 **1** 共同執筆 [研究, 制作]者, 合作者; 協力者. **2** 寄稿者, 投稿者. — 形 協力する, 共同で働く.

colaborar 圓 **1**『+con 』と/en で』(特 定期的な活動で)協働する, 力を合わせる, 協力する. 『+en に』寄稿する, 投稿する. —*Colabora en muchas revistas*. 彼は多くの雑誌に寄稿している. **3**『+a に』役立つ, 貢献する.

colação 男 →kolaçao.

colación 囡 **1**《宗教》聖職任命. **2** 学位授与. **3** 軽食; (特に修道院での)軽い食事. **4** 接待や祝いのための菓子と料理. **5** 比較, 照合. ► *colación de bienes* 《法律》被贈与財の申告. *sacar [traer] a colación a...*《話》を話題にする, …に言及する.

colacionar 他 **1** を比較する, 照合する. **2**《法律》(被贈与分)を遺産の遺留分に含める. **3**《宗教》を聖職に任命する.

colada 囡 **1** 衣類の漂白, 漂白された衣服, 漂白剤. **2**(定期的な)洗濯, 洗濯物. **3** 漉(こ)すこと, 濾過(ろか). **4**《冶金》 溶鉱炉から溶鉄を流出させること.

coladera 囡 **1** 液体用の小さい漉(こ)し器. **2**《中南米》下水溝, 排水溝.

coladero 男 **1** 液体用の漉し器. **2** 評価の甘い学校[試験・教師]. **3** 侵入がとても簡単な場所.

colado, da 過分 [→ colar] 形 **1**(風が)すきまから吹く. — *aire* ~ すきま風. **2**《話》『+por に』べた惚れの, を熱愛する.

colador 男 液体の漉(こ)し器.

coladura 囡 **1** 液体を漉(こ)すこと, 濾過(ろか)すること; 漉したあとの残余物. **2**《話》間違い, あやまり.

colágeno, na 形 コラーゲン(の). — 男《医学》膠原質.

colagenopatía 囡《医学・血流》を停止させる, 麻痺させる.

colapsar 他 (交通や血流) を停止させる, 麻痺させる. — *se* 再 麻痺する.

colapso 男《医学》 虚脱, 崩壊状態; 衰弱. **2**(活動の)麻痺, 麻痺状態, 停滞.

colar¹ [5.1] 他 **1** を漉(こ)す, 濾過(ろか)する. **2**《話》をだまして持ち込む, こっそり持ち込む. **3**《話》(嘘)を信じ込ませる. **4** を入れる, 入れ込む, 通す. — *se* 再 **1** こっそり入り込む, いつのまにか忍び込む;《話》間違える, 過ちを犯す. **3**《話》『+por を』を熱愛する, …にべた惚れする. **4**(スポ)ボールを素早くゴールに入れる.

colar 5 〔+ por〕〔狭い所〕を通る.

colar² [5.1] 他 〔宗教〕を聖職に任命する.

colateral 形 1 両側の, 側面にある. 2 〔親戚が〕傍系の. ——男女 傍系の親戚.

colcha 女 ベッドカバー, ベッドスプレッド.

colchón 男 1 〔寝台用〕マットレス. —— de muelles スプリング(入り)マットレス. —— de lana 羊毛の布団. 3 緩衝材; 〔特に経済的な窮状への〕備え. —servir a … de … …にとってクッションになる. ▶colchón de agua ウォーターベッド〔マットレス〕. colchón de aire エアマット; エアバッグ; 〔壁の遮音・断熱用などの〕空気層; エアクッション.

colchonería 女 マットレス販売〔製造〕店, 寝具店.

colchonero, ra 名 マットレス職人, マットレス販売業者. ▶aguja colchonera 布団針.

colchoneta 女 1 〔ソファーなどの上に置く〕細長いクッション. 2 〔体操競技に用いられる〕マット, 長く幅の狭いマットレス. 3 〔浜辺などで使用される〕空気マット.

cole 男 〔colegio の省略形〕〔話〕学校.

coleada 女 1 動物が尾を振ること, 尾で叩くこと; 魚が尾鰭(び)を動かすこと. 2〔メキシコ〕動物が相手の尾を引っ張って倒す行為.

colear 自 1 尾を振る, 尾を動かす. 2 〔話〕〔ある出来事・話題が〕尾を引く. ——他 1 〔闘牛〕〔牛がピカドールを襲う時などに〕その尾を押さえる. 2〔中南米〕〔走りながら, あるいは, 騎乗しながら動物の尾を引っ張って動物〕を倒す.

colección 女 1 収集(品), コレクション, 採集. 2 〔服飾〕〔新作の〕コレクション. 3 たくさん, 多数. —decir una ~ de mentiras さんざん嘘をつく. 4 叢書, 双書.

coleccionable 形 収集の対象となる. ——男 保存版の雑誌.

coleccionador, dora 名 収集家, コレクター. ——形 収集の.

coleccionar 他 収集する, 集める, …のコレクションをする. —Juan colecciona obras de arte. フアンは美術品を収集している.

coleccionismo 男 1 収集癖. 2 収集術.

coleccionista 男女 収集家, コレクター.

colecistitis 女 〔単複同形〕〔医学〕胆嚢(?)炎.

colecta 女 1 〔慈善のための〕募金, 寄付金集め; 寄付金. 2 〔カト〕集祷(しゅう)文.

colectar 他 1 を徴収する. 集金する. 2 〔散逸したもの〕を集める, 収集する.

colectivero, ra 名 〔中南米〕バスの運転手.

colectividad 女 集団, 団体, 共同体; 社会.

colectivismo 男 集産主義.

colectivista 形 集産主義の, 集産主義者(の).

colectivización 女 〔政治〕集産化, 共有化, 国有化.

colectivizar [1.3] 他 〔経済・産業など〕を集産主義化する, 集産化する. —— se 再 集まる, まとまる.

colectivo, va 形 集団の, 団体の, 共同の. —intereses ~s 共通の利害. ——男 1 集団, 集会, 団体. —— agrario 農業団体. 2 〔言語〕集合名詞. 3 〔南米〕バス.

colector, tora 形 集める, 収集する, 回収する. ——男 1 〔電気〕〔電車のパンタグラフなどの〕集電装置. 2 〔下水道・排水溝の〕下水本管, 配水管. ——男 3 集める人; 収集家, コレクター. ▶colector de basuras ダストシュート. colector solar 太陽エネルギーを収集するための装置.

colega 男女 1 〔職場・仕事の〕同僚, 仲間, 同業者. 2 同じ官職〔職務〕の人. 3 〔話〕友人, 仲間(呼び掛け語としても使われる). 4 学友, 学校の友達.

colegiación 女 同業組合〔団体〕への加入; その組織.

colegiado, da 過分 〔→ colegiar〕形 1 同業団体組合化した, 同業団体〔組合〕の, 同業団体〔組合〕に属した. 2 集団の, 集団体制の. ——名 1 同業組合員, 同業団体に加入した人. 2 〔スポ〕正式の競技団体に属する審判.

colegial 形 1 学校の, 学校に関する. 2 同業組合の. ——男 1 男子生徒〔学生〕, 2 昔の学寮の学生. ——男 聖堂参事会の管理する教会.

colegiala 女 女子生徒〔学生〕.

colegiar 女 を同業団体〔組合〕に加入〔参加〕させる. —— se 再 同業団体〔組合〕に加入〔参加〕する.

colegiata 女 〔宗教〕聖堂参事会の管理する教会, 参事会会堂.

colegio 男 〔コレヒオ〕 1 学校, 小学校, (スペイン) 小中学校; 〔私立の〕高等学校. —— privado 私立学校. —— religioso 〔宗教団体経営の〕宗教学校, ミッションスクール. 2 〔話〕授業. 3 〔医者・弁護士などの〕協会, 団体, 〔同業者〕組合. —— de abogados 弁護士会. —— 〔特殊な専門学校〕. —— militar 士官学校. 5 〔宗教〕 —— cardenalicio 〔カト〕〔教皇を選挙する〕枢機卿会. 6 — electoral 〔政治〕〔集合的に〕選挙区内の全有権者; 投票所. ▶colegio mayor 〔大学の〕学生寮. colegio menor 〔中等・職業学校の〕学生寮. Colegio Universitario 〔総合大学付属で基礎教育を行う〕カレッジ.

colegir [6.2] 他 〔+ de/por から〕を推定する, 推測する, 推量する.

coleóptero, ra 形 〔虫類〕鞘翅(しょうし)目の. ——男 〔虫類〕鞘翅目の昆虫; 覆翅目.

cólera 女 1 怒り, 激怒, 憤怒. 2 〔医学〕胆汁 (→ bilis). ▶montar en cólera 激怒する, かっとなる. ——男 〔医学〕コレラ. —— asiático [morbo,

genuino）真性コレラ．

colérico, ca 形 **1** 怒った，憤慨した，立腹した．**2** 怒りっぽい，激怒する，短気の．**3**《医学》コレラの．── 名《医学》コレラ患者．

colesterina 女《医学》→ colesterol.

colesterol 男《医学》コレステロール．

coleta 女 **1**（髪型の）ポニーテール，闘牛士の後ろにたれ下がった短い編み髪，辮髪(べんぱつ)．**3** 追加，補遺，補足．▶ **cortarse la coleta** 闘牛士が引退する；引退する，退職する，やめる．

coletazo 男 **1** 尾で叩くこと，尾の一撃．**2** 最後のあがき，断末魔．

coletilla 女 **1** ポニーテール．**2**《話》注記；補遺，補足．

coleto 男《服飾》体にぴったりした革製のチョッキ．▶ **decir para su coleto**《話》心に思う，自分自身で言って聞かせる，独り言を言う．**echarse ... al coleto**《話》を食べ尽くす，飲み尽くす；を読み切る，読破する．

colgadizo, za 形（突っかい棒だけで支えられる壁から突き出した）小屋根．

***colgado, da** 過分［→colgar］**1** ぶら下がった，宙ぶらりんの．**2**《話》[estar [quedar]+]（人が期待していた物事に裏切られた，だまされた；失望した．**3** 麻薬中毒の，麻薬依存症の；麻薬でラリった．**4**《情報》ハングした．── 名 麻薬中毒者，麻薬常習者．

colgador 男 ハンガー，洋服かけ．

***colgadura** 女《主に複》壁掛け，垂れ幕；カーテン類，掛け布．

colgajo 男 **1** ぶら下がった布切れ，ぼろ切れ．**2**《医学》皮膚弁，組織片．

colgamiento 男 吊ること，掛けること；垂れ下がった状態．

colgante 形 吊された，ぶら下がった．── 男 **1**《服飾》ペンダント．**2**《建築》懸花装飾．

▶ **colgar** ［コルガル］[5.4] 他 **1** を吊るす，ぶら下げる，掛ける．**2**（電話）を切る，（受話器）を置く．── el teléfono 電話を切る．**3** ...のせいにする，...に責任転嫁する．**4** を落第させる，不合格にする．**5** を縛り首にする，絞首刑にする．── 自 **1** たれ下がる，垂れる．**2**（服がずり落ちている．**3** 電話を切る，受話器を置く．**4**［+de と］（人が）依存する，たよりにする．**5**《情報》ハングする，フリーズする．── **se** 再 **1** 首つり自殺をする．**2** 薬物中毒になる．**3**《情報》ハングする，フリーズする．

colibacilo 男《生物》大腸菌．

colibrí 男《鳥類》ハチドリ．

cólico, ca 形《医学》結腸の；下痢をしている．── 男《医学》仙痛(せんつう)，さしこみ．──~ **miserere**《医学》腸閉塞(へいそく)．

coliflor 女《植物》カリフラワー，ハナキャベツ．

coligación 女 **1** 同盟，連盟，連合．**2** 結合，接合，つながり．

coligado, da 過分［→coligarse］同盟を結んだ，連合した，提携した．── 名 同盟国；同盟を結んだ提携した相手．

coligarse [1.2] 再 同盟する，連合で提携する．

colilla 女 タバコの吸いさし，吸い殻．

colillero, ra 名 タバコの吸いさし［吸い殻］を集めてまわる人．

colimador 男《物理》**1** コリメーター．**2** 視準器

colimbo 男《鳥類》カイツブリ．

colín, lina[1] 形 **1**（動物が）尾を切られた，尾の短い．── 男 **1** 指の太さほどの棒状の細長いパン．**2** 縮小サイズのグランドピアノ．

***colina**[2] 女 **1** 丘，小山．**2**《生化》コリン．

colinabo 男《植物》コールラビ，カブラタマナ．

colindancia 女 隣接．

colindante 形（土地・建物が）境界を接した，隣接した．

colindar 自 ［+con と］境界を接する，隣接する．

colirio 男《医学》目薬；洗眼水，点眼剤．

colirrojo 男《鳥類》ジョウビタキ．

coliseo 男《文》大劇場，劇場，コロセウム．

colisión 女 **1** 衝突．**2**（意見・利害などの）対立，軋轢(あつれき)．

colisionar 自 **1**［+con/cotra と］衝突する．**2**（意見・利害などが）衝突[対立]する．

colista 形 男女《スポ》最後の，最下位の（選手・チーム）．

colitis 女《単複同形》《医学》大腸炎，結腸炎．

collada 女 →collado.

collado 男 **1** 小さい丘，小山．**2** 通行可能な山間のくぼ地．

collage［<仏］男《美術》コラージュ．

***collar** 男 **1** ネックレス，首飾り．**2**（勲章の）頸飾(けいしょく)，頸章．**3**（犬などの）首輪．**4**（鳥の首回りの斑紋(はんもん)状の）色帯，首項羽．

collarín 男 **1**（爆弾・ミサイルなどの）信管口のリム．**2**《建築》柱頸(ちゅうけい)．**3**《医学》頸椎(けいつい)カラー．

collarino 男《建築》柱頸(ちゅうけい)．

colleja[1] 女《植物》西洋タンポポ（野菜として食用にされる）．

colleja[2] 女《俗》冗談でうなじを叩くこと．

collera 女 **1** 馬の首輪．**2**《複》《中南米》カフスボタン．

collerón 男 馬車馬用の飾り首輪．

colmado, da 過分［→colmar］**1**［+de で］いっぱいの，あふれた，満ちた．── 男 **1** 食料品店．**2**（特にシーフードの）食堂．

***colmar** 他 **1**［+de で］をいっぱいにする，満たす．**2**（人）を満足させる．**3**［+de と］にたっぷり与える．

colmena 女 **1** ハチの巣，ハチの巣箱[板]．**2** たくさんの人が密集して住んでいる場

所.
colmenar 男 養蜂場, 養蜂舎.
colmenero, ra 名 養蜂家.
colmenilla 女 〖植物〗食用キノコの一種.
colmillada 女 牙(ポ)による一突き, 牙によ る傷.
colmillo 男 1〖解剖〗犬歯. 2〖象〗. ►enseñar los colmillos 《話》牙をむ く, 威嚇する.
colmilludo, da 形 1 大きな牙(ポ)を 持った. 2〖メキシコ〗抜け目のない, ずる賢い.
colmo[1] 男 1 容器から盛り上がった部分 〖量〗. 2 最高点, 頂点. 3 限界. al colmo ふんだんに, 豊富に. para colmo おまけに. ser el colmo 《話》耐えられない, 我慢できない; (人が)異常だ, 並はずれた.
colmo[2] 男 1 屋根ふき用のわら. 2 わらぶき屋根.
colocación 女 1 配置, 配列, 置き方. 2 置くこと, 設置. 3 職, 就職口, 仕事; 就職. 4《商業》投資, 出資. —— de una emisión de acciones 株式発行投資. ►colocación de la primera piedra 定礎; 起工(式).
colocado 過分 [→ colocar] 形 [estar +] 1 職のある, 仕事についている. 2《俗》酒〖麻薬〗でラリっている, 酒〖麻薬〗で いい気分の.
colocar [コロカル][1.1] 他 1 を置く, 設置する. 位置 づける. 2 を就職させる; (女性)を結婚させ る, 嫁がせる. 3 を押しつける, 強制する. ——Nos coloco un discurso de dos horas. 彼は2時間ものスピーチを私たちに 聞かせた. 4《+en》に投資する. —— se 再 1《+en》に位置する, 着席する. 2《+en》に就職する. ——Logró ~se en una casa comercial. 彼はある商社に就 職することに成功した. 3《話》(酒・麻薬)で 酔う.
colocho, cha 形名〖中米〗縮れ毛の (人). —— 男 1〖中米〗縮れ毛. 2(木・ 金属などの)削りくず.
colocolo 男〖中南米〗《動物》ヤマネコ の一種.
colocón ►tener un colocón 《話》 酔っぱらっている; 麻薬でいい気分になってい る.
colodión 男《化学》コジオン.
colodrillo 男《解剖》後頭(部).
colofón 男 1《印刷》奥付(氵). 2 締 めくくり, フィナーレ.
colofonia 女《化学》ロジン, コロホニウム.
coloidal 形《化学》膠質(ミ゙)の, コロイ ド性の.
coloide 形男《化学》コロイド(性)の, 膠質(ミ゙)(の).
Colombia 固名 コロンビア(公式名 República de Colombia).
colombianismo 男 コロンビア特有の 表現語彙, 話し方.
colombiano, na 形 コロンビア(Colombia)の. —— 名 コロンビア(Colombia)の人).

colombicultura 女 ハトの飼育〖繁殖〗.
colombino, na 形 コロンブスの.
colombofilia 女 ハト(特に伝書バト)の 飼育, その技術.
colombófilo, la 形 ハト(特に伝書バト)の飼育の. —— 名 伝書バト飼育家〖愛 好家〗.
colon 男《解剖》結腸.
Colón 固名 コロン (Cristóbal ~)〖クリストファー・コロンブス〗(1451-1506, アメリカ 大陸への航海者).
colón 男 コロン(コスタリカの通貨単位).
colonato 男 小作制度.
Colonia 固名 1 ケルン(ドイツの都市). 2 コロニア(ウルグアイの都市).
colonia[1] 女 オーデコロン. —— echarse —— オーデコロンをつける.
colonia[2] 女 1 植民 地, 植民都市; 開拓 地. 2〖集合的に〗植民団, 入植者, 移民団. 3〖集合的に〗(外国人)居留民, 同郷 人グループ. —— japonesa en Perú ペ ルーの日系人コロニー. 4(郊外の)住宅団 地. —— obrera 労働者住宅団地. 5 〖集〗(子どもたちの)サマーキャンプ, 林間〖臨海〗 学校. ——ir de ~s/ir a las ~s サマー キャンプに行く. ~ de verano サマーキャ ンプ. 6《生物》(同一種生物の)群れ, 群 落; 群集, コロニー. 7〖メキシコ〗《話》市 の)…区, 住宅地区.
coloniaje 男《中南米》スペインの植民 地時代.
colonial 形 1 植民地の, 植民地風の. ——arquitectura ~ コロニアル(式)建築. 2 輸入された, 海外の; 植民地産の. ——frutos —es 輸入果物. —— 男複《輸入》 食品.
colonialismo 男 植民地政策, 植民 地主義.
colonialista 植民地主義の. —— 男女 植民地主義者.
colonización 女 植民地化, 植民, 植 民地開拓.
colonizador, dora 形 植民地化す る, 植民する; 入植する. —— 名 植民地化 建設者, 植民者.
colonizar [1.3] 他 1 を植民地にする. 2 …に植民する.
colono 男 1 植民者, 入植者, 開拓者. 2《中南米》移民労働者.
coloque(-), coloqué(-) 動 →colocar [1.1].
coloquial 形 口語の, 会話体の, 話しこ とばの.
coloquialismo 男 1 口語, 口語体の 表現. 2 口語〖口語体〗表現を好むこと.
coloquíntida 女《植物》コロシント.
coloquio 男 1 会談, 対話, おしゃべり. 2 討論会, パネルディスカッション, 談話会. 3《文学》(戯曲ではない)会話体の文学作 品.
color [コロル] 男 1 色, 色彩. ¿De qué ~ es su coche? —Es de ~ blanco. あなたの車は何

色ですか。—白です。**2**《白黒に対して》色，カラー，色物。—televisión de [en] ～ カラーテレビ。**3** 顔料，塗料，絵の具。《美術》配色，色調，色合い。**4** 血色，血色。—Tienes mal ～. 君は顔色が悪い。**6** 様相，外観。**7**《土地・団体などの》地方色，特色。**8**《情景・描写・行動などの》精彩，生き；活気。**9** 口実，言い訳。**10** 声の調子，音色。**11**《思想的・政治的》傾向，主義，意見。**12**《スポーツのチーム・クラブ・団体などの》シンボル［チーム］カラー；チーム［クラブ，団体］。▶ **a todo color** 豪華絢爛の，多彩な。*colores del espectro solar* 太陽スペクトルの(七)色。*dar color(es) a ...* …を盛り上げる，活気づける。*de color* (白黒でない)カラーの，色(柄)の；(人間について)有色の，黒人の。*de color de rosa* 楽観的な。*en color*（写真・映画について）カラーの。*mudar de color*《話》顔色を変える。*no haber color*《話》比べものにならない。*perder el color* 色が蒼となる；顔面蒼白となる。*ponerse de mil colores*（恥ずかしさ・怒りなどで）顔を赤らめる，顔色を変える。*sacaRLE a ... los colores a la cara [al rostro]* （人）を赤面させる，恥ずかしい思いをさせる。*salIRLE [subirSELE] a ... los colores a la cara]* (人)を赤面させる。*tomar color* (果実などが)色づく，熟す。

coloración 女 **1** 色をつけること，染色；その色。**2** 色，色調，色合い。

colorado, da 形 **1**（顔などが）赤い，(赤く)色づいた。—*ponerse ～* 赤面する，恥じる。**2** 着色された，色の染まった。— 男 赤，赤色。

colorante 形 色つける，染める。— 男 着色剤，染料。

colorar 他《+ de (...色)に》を染める，彩色する，色づける。

colorear 他 ...に色を塗る，着色する，染色する。— 自（果実などが)色づく，赤くれる。

colorete 男 頬紅(紅).

colorido 男 **1**（絵や布地などの）色調，色合；配色。**2** 活気，活況，生気。**3** 特色。

colorimetría 女《化学》比色，測色。

colorimétrico, ca 形《化学》比色[測色]の。

colorímetro 男 比色計，測色計，色彩計。

colorín 男 **1**複 派手な色，けばけばしい色。**2**《鳥類》ヒワ。▶ *colorín colorado este cuento se ha acabado*《話》この話はこれでおしまい，めでたしめでたし。

colorinche 男《中南米》(配色の)けばけばしい(こと)，どぎつい(こと)。

colorismo 男 **1**《美術》色彩主義，色彩偏重。**2**《文学》修飾語偏重主義。

colorista 形 男女 **1**《美術》色彩主義［偏重］の(画家)。**2**《文学》修飾語偏重主義の(作家)。

colosal 形 **1** 巨大な。**2** 途方もない，すごい。—*éxito ～* 大成功。

coloso 男 巨大な像，巨像。—*～ de Rodas* ロードスのコロッソス。— 男女 巨大な物，巨人；偉大な物，偉大な人。

cólquico 男《植物》イヌサフラン，コルチカム。

colúbrido 男《動物》ヤマカガシ。

columbario 男《考古》古代ローマの骨壺を収納した壁穴。

columbino, na 形 ハトの，ハトのような。

columbrar 他 **1**（遠くから）かすかに見える，...がほの見える；（遠くかすかに)見える(ことを)認める。**2**（手がかり・しるし・形跡をもとに）...と推測する，推量する。

columna 女 **1**《建築》円柱，柱；記念柱［塔］；塔。—*～ dórica [jónica, corintia]* ドーリア式［イオニア式，コリント式］円柱。**2**（煙・火・液体などの）柱，柱状のもの。—*～ de humo* 一条の煙。**3** 物事などの積み重ね，堆積；《数学》積み重ねた数の縦行；円柱の形。**4** 支え，支柱，大黒柱。**5**《印刷》(新聞などの)欄，コラム，記事。**6**《軍事》縦隊，縦列，（艦隊の）縦陣。**7**《情報》カラム，列。▶ *columna vertebral [dorsal]*《解剖》脊柱(きず)，脊椎；支え，支柱。*en columna* 縦に。*quinta columna*[集合的に]第五列，敵地潜入のスパイ。

columnata 女《建築》コロネード，柱廊。

columnista 男女《新聞・雑誌の》コラムニスト，特別欄執筆者。

columpiar 他（を揺する，揺り動かす；（ブランコに乗せて）を揺する，揺り動かす。—*se* **1** 体を揺する，揺れ動く，揺れる；ブランコに乗る。**2**《話》肩・腰を揺すって歩く。**3**《話》間違う，失態を演じる，へまをする。

columpio 男 ブランコ。

coluro 男《天文》分至経線。

colutorio 男《医学》うがい薬。

colza 女《植物》セイヨウアブラナ。

coma¹ 女 **1**（句読点の）コンマ。**2** 小数点。**3**《音楽》コンマ。▶ *sin faltar una coma/con puntos y comas*《話》委細漏らさず，綿密に，詳細に。

coma² 男《医学》昏睡(ひこ)，昏睡。

comadre 女 **1** 産婆，助産婦。**2**（洗礼に立ち合う)代母，女の名付け親，教母。**3** 信頼のおける近所の女友達。**4**複《話》うわさ好きな女，おしゃべりな女。

comadrear 自《話》（特に女性が)うわさ話をして回る，うわさを立てて歩く。

comadreja 女《動物》イタチ。

comadreo 男《話》うわさ話をすること，うわさを立てて歩くこと。

comadrería 女《話》うわさ話，ゴシップ。

comadrón, drona 名 助産婦。

comal 男《中米》トルティーリャを作るための素焼き薄皿。

comanche 形 男女 コマンチ族の(人)。— 男 コマンチ語。

comandancia 女《軍事》**1**（職分と）

comandante 男女 **1**《軍事》(ある部隊・地区などの)指揮官, 司令官. **2** ~ general [en jefe] 総司令官, 司令長官. **3**《軍事》陸軍[空軍]少佐. **3**《航空》機長, パイロット.

comandar 他《軍事》(軍・部隊・艦隊などの)指揮をする, 統率する.

comandita 女《商業》合資会社. ▶ **en comandita**《話》一緒に, 集団で.

comanditario, ria 形《商業》合資の, 合資会社の. — 名《商業》合資会社への出資者.

comando 男 **1**《軍事》指揮, 統率, 司令. **2**《軍事》特別奇襲部隊, コマンド. **3** テロリスト集団の実行部隊, コマンド. **4**《情報》(コンピューター操作の)コマンド.

comarca 女 地方, 地区, 地域(普通 región より狭い).

comarcal 形 地域の, 地方の.

comarcano, na 形 (田畑・村などが)すぐ隣の, 隣接する, 近くの.

comatoso, sa 形《医学》昏(え)睡の, 昏睡状態の.

comba 女 **1**(鉄・木材などの)湾曲, カーブ, 反り. **2** 縄跳び遊び, 縄跳びに使われる縄. ▶ **no perder comba**《話》機を逸さない.

combadura 女 湾曲, 反り.

combar 他(鉄・木材などを)曲げる, 湾曲させる, 反らせる. — **se** 再(鉄・木材などが)曲がる, 反る, たわむ.

combate 男 **1**《軍事》戦闘, 戦い. **2**(人間・動物同士の)格闘, 戦い;(ボクシングなどの)試合. — deporte de ~ 格闘技. **3**(病気・悪などとの)闘い, 闘争. ~~ contra la droga 麻薬との闘い. **4** 苦悩, 苦悶(もん). ▶ **fuera de combate** (1) 戦闘能力を失った, ノックアウトされた. (2) 使いものにならない.

combatiente 男女 **1**(軍隊の)兵士, 戦士; 戦闘員. **2** 戦う人々. — 形 戦う, 戦いの, 戦闘する.

combatir [コンバティル] 自《+ contra と》戦う. — 他 **1** …と戦う, 争う. ~~ la injusticia 不正と戦う. **2** …に反対する.

combatividad 女 攻撃性, 闘争性.

combativo, va 形 攻撃的な, 闘争的な, けんか腰の.

combés 男《海事》メーンマストから船首楼までの甲板部分.

combi 名 **1**《話》《服飾》スリップ. **2**《中南米》ワゴン車, バン. — 男 冷凍冷蔵庫.

combinación 女 **1** 組み合わせ, 結合, 配合. **2** ダイヤル[組み合わせ]錠;(金庫のダイヤルの)数字の組み合わせ. — cerradura de ~ ダイヤル錠, コンビネーション・ロック. **3**《服飾》(女性の)スリップ, シュミーズ. **4**《交通》の接続, 連絡, 便. **5**(飲み物等の)カクテル. **6**《数学》組合せ. **7**《化学》化合物.

combinada 女《スポ》複合競技.

combinado 男 **1** カクテル. **2**《スポ》混成チーム. ▶ **plato combinado** 盛り合わせ定食.

combinar 他 **1**《+ con と》を結び付ける, 結合させる, 組み合わせる;調和させる. **2**《化学》を化合させる. **3** …の段取りを決める;《南米》日取りを決める. **3**《スポ》(ボールを)パスする. — 自《+ con と》調和する, 合う. —La camisa no combina con el traje. シャツが上着と合っていない. — **se** 再 **1**《para +》《…しようと》意見が一致する, 取り決める. **2**《化学》化合する.

combinatoria 女 **1** 組み合わせの箱, 組み合わせ. **2**《数学》組み合わせ論の. — 女《数学》組み合わせ論.

combo, ba 形 曲がった, 湾曲した, 反った. — 男 **1**《中南米》大ハンマー. **2**《南米》げんこつで打つこと.

comburente 形《化学, 物理》燃焼を促進する. — 男《化学, 物理》燃焼促進剤.

combustibilidad 女 可燃性, 燃焼性.

combustible 形 可燃性の, 発火性の. — 男 燃料;可燃物. — nuclear 核燃料.

combustión 女 **1**《文》燃焼, 酸化. **2**《化学》燃焼, 酸化.

combustor 男《航空》(ガスタービン・ジェットエンジンなどの)燃焼器, 燃焼室.

comedero, ra 男 **1**(鳥や動物の)餌箱, 餌入れ;家畜の餌場. **2**《話》食堂, 食事室.

comedia 女 **1**《演劇, 文学》喜劇. **2**(一般に)演劇(作品), 芝居;劇場. **3**《演劇, 文学》(黄金世紀の)演劇, コメディア. — de carácter [de costumbres] 性格[風俗]劇. **4** お芝居, 茶番. — montar una ~ 一芝居打つ. **5**《話》滑稽な出来事, 笑い事. ▶ **hacer (la) comedia** 一芝居を打つ, 見せかける, 振りをする.

comediante, ta 名 **1**《演劇, 映画》俳優, 女優;喜劇俳優. **2** 役者, 嘘つき.

comedidamente 副 慎み深く, 節度をもって.

comedido, da 過分 〔→ comedirse〕 形 慎み深い, 慎重な, 控えめな.

comedimiento 男 節度, 慎重さ, 丁重さ.

comediógrafo, fa 名 劇作家;喜劇作家.

comedirse [6.1] 再 **1** 慎む, 自制する. **2**《中南米》助けを買って出る.

comedón 男《医》にきび, 吹出物.

comedor[1] 男 **1** 家・寮・ホテル・大学などの食堂. — coche ~ 食堂車. **2**[集合的に]食堂家具[セット].

comedor[2], **dora** 形名 大食漢[家](の), 大食い(の), 食欲旺盛な(人).

comején 男《虫類》南米に生息するシロアリの総称.

comelón, lona 名 〔中南米〕→ comilón.

comemierda 男女《卑》くそったれ野郎[女].

comence(-), comencé(-) 動 → co-

menzar [4.5].
comendador 男 **1**《歴史》騎士団長. **2**《宗教》(特にメルセス会・聖アントニウス会の)修道院長.
comendadora 女 **1**《宗教》メルセス会の女子修道院長; 騎士団所属の女子修道院長. **2** 騎士団附属修道院の修道女.
comendatario 男《宗教》委託によって一定の聖職禄を受ける在俗司祭.
comensal 男女 **1** 食卓を共にする人, 会食者. **2**《生物》共生動物[植物].
comentad_or, dora 名 解説者, コメンテーター.
comentar 他 **1** …に論評を加える, 解説[コメント]を加える, を話題にする. **2** …に注釈を加える.
comentario 男 **1** 論評, 批評, コメント. —Es sólo un ~ personal. それは個人的な意見に過ぎません. **2**(テキストなどの)注釈, 注解, 解釈. **3**《主に 複》《話》噂(うわさ)，[軽い]陰口(がくち)，ゴシップ. **4**《新聞・ラジオ・テレビでのニュース[実況]解説, 時事解説. **5**(情報) コメント. ►Sin co-mentarios. 《話》ノーコメント. sin (más) comentarios. 《話》何も言わずに, 何の説明もなく.
comentarista 男女 注解者, 評釈者.
comento 男 **1** 論評すること; 注釈すること, 解説すること. **2** 注釈, 解説, 論評.
[コメンサル] [4.5]
comenzar 他 …を始める, 開始する. — 自 **1** 始まる. **2**[+ a + 不定詞]〈…し〉始める. —Ha comenzado a nevar. 雪が降り始めた. **3**[+ por + 不定詞] まず…から始める.
[コメル]
comer 他 **1** …を食べる. —Hoy he comido sopa y pescado. 今日私はスープと魚を食べた. **2** を食べる, 消費する. —Este coche come mucha gasolina. この車はガソリンをたくさん食う. **3** を腐食させる, すり減らす; をむしばむ, 蝕(むしば)む. —El agua come las piedras. 水は石を浸食する. Le come la envidia. 彼は嫉妬の念に駆られている. **4** …の色をあせさせる, 色を薄くする. **5** を小さく見せる. **6** (チェスで相手の駒)を取る. — 自 **1** 昼食をとる. **2** 食事をする. —Hoy no como en casa. 今日私は家で食事をしない. — se **1** を食べつくす, 平らげる; (金)を使い果たす. —Se comió un filete de ternera. 彼は子牛のヒレ肉のステーキ500グラムをぺろりと平らげた. **2** を台無しにする, 損なう, 損失を与える. —Los cipreses se nos comen la vista del mar. 糸杉のために海が見えない. **3**(音)を発音しない; (文字)を読まない; をうっかり抜かす. —~se las eses finales de silaba 音節末の-sを発音しない. **4**(色)をあせさせる. —se el color de la persiana ブラインドの色があせる. **5** (靴)をひどく履く, 靴が減るほど履き込む. ►comerse unos a otros いがみ合う, 奪い合いを演じる. comerse vivo a … (人)のことを怒る. dar [echar] de comer 食べ物を与える. no comer ni dejar comer 意地悪である. sin co-merlo ni beberlo 何もしないのに, 出し抜けに. tener qué comer 生活の糧を充分持つ. — 男 食事; 食べ物. ►ser de buen comer 食欲旺盛(おうせい)である.
comerciable 形 商売になる, 取引できる; 売れる, 売れやすい.
comercial 形 **1** 商業の, 貿易の, 通商の. —operación ~ 商取引. zona ~ 商業地域. balanza ~ 貿易収支. tratado ~ 通商条約; 商品協定. **2** 商業的な, 商利的な, 商売になる. —Es una película muy ~. それは非常に商業主義的な映画である. — 男《中南米》(テレビ・ラジオの)コマーシャル, 広告放送.
comercialismo 男 営利主義.
comercialización 女 **1** 商業化, 商品化. **2**《経済》マーケティング.
comercializar [1.3] 他 …を商業化する, 営利化する.
comerciante 男女 **1**《商業》商人, 商店主, 業者. **2**《軽蔑》計算高い人, 儲(もう)け主義の人. — 形 **1**《商業》〖+ en の〗商売をする, 商業界, 業界. **2**《軽蔑》計算高い, 商売を営む, 商人の.
comerciar 自 商売をする, 取引する; 通商する, 貿易をする.
comercio 男 **1** 商売, 商業, 取引; 通商, 貿易. —Cámara de C~ e Industria 商工会議所. ~ al por mayor [al por menor] 卸[小]売り. convenio bilateral de ~ 二国間貿易[通商]協定. **2** 店, 商店, 商社. **3**《集合的》商店, 商人; 商業界, 業界. **4** 肉体関係, 性交渉; 情交 (=~carnal). **5**(主に不法の)交際, 付き合い, 交換.
comestible 形 食用の, 食べられる. — 男 複 食料品, 食品.
cometa 男《天文》彗星(すいせい), ほうき星. — 女 凧(たこ).
cometer 他 (罪・過ちなど)を犯す. —un delito 犯罪を犯す.
cometido 男 **1**(果たすべき)使命, 任務, 役目. —cumplir su ~ 任務を果たす. **2** 仕事, 職務; 義務.
comezón 女 **1** かゆみ, 掻痒(そうよう)感. **2**(望みが叶わない時の)もどかしさ, はがゆさ, 焦燥感.
comible 形《話》それほどまずくない.
cómic 男 複 ~s 漫画, コミック. **2** 漫画雑誌.
comicastro 男 大根役者, へぼ役者.
comicial 形 選挙の, 投票の.
comicidad 女 喜劇の質; おかしさ, 滑稽さ.
comicios 男 複 **1** 古代ローマの公民会議. **2** 選挙, 選挙活動.
cómic_o, ca 形 **1** 喜劇の. —actor [autor] ~ 喜劇俳優[作者]. **2** 喜劇的な, こっけいな; ひょうきんな. —tiras cómicas (数こま)の続き漫画. — 名 **1** (喜劇)俳優; 道化役者, コメディアン. —de la legua 旅役者. **2** ひょうきんな人, おどけた人.
[コミダ]
comida 女 **1** 食事, 食べること. —La ~ ya

está servida. 食事の支度はもうできています。**2** 昼食; 夕食. —La ～ es [se sirve] a las tres. 昼食は3時です. **3**（調理した）食べ物, 料理. — japonesa 和食, 日本料理. ～ corrida《中南米》定食. **4**（お祝い·商談などの）食事会. —El martes tenemos una ～. 火曜日私たちは食事会をする. ▶ **comida rápida** ファーストフード. **reposar la comida**（消化をよくするため）食後に休息する.

comidilla 囡 うわさ[ゴシップ]の種となる話題[人].

comido, da 過分 [→ **comer**] 形 **1**（人が）もう食事を済ませた. **2**（衣服·衣類の一部分が）擦り切れた. **3** 栄養がいきとどいた. ▶ **lo) comido por (lo) servido** 働いて食い扶持を得るのがやっとの状況.

comience(-), comiencé(-), comienz- 動 → **comenzar** [4.5].

comienzo 囲 初め, 始まり, 開始. ▶ **al comienzo** 初めには; 当初は. **a comienzos de...** …の初めを. **dar comienzo a...** …を始める. [+a を取る].

comillas 囡複 引用符（'…', "…".《を指す》. ▶ **entre comillas** 括弧つきの; 強調して.

comilón, lona 形 囲《話》食いしん坊（の）, 大食漢（の）.

comilona 囡《話》たくさんの食べ物, ごちそう.

cominería 囡 **1** ささいなことへのこだわり. **2** ささいなこと, 些事.

cominero, ra 形 囲《話》口やかましい（人）, 小うるさい（人）.

comino 囲 **1**《植物》ヒメウイキョウ; その果実·種子. **2**《話》（特に子どもに愛情を込めて）おちびさん, ちび. ▶ **importar un comino**《話》全然構わない. **no valer un comino**《話》全く価値がない.

Comintern 固囡 コミンテルン（1919-43, レーニンらがモスクワで結成した共産党の国際機関, Communist International の略）.

comisar 他《法律》没収する, 押収する, 差し押える.

comisaría 囡 **1** 警察署（= ～ de Policía）. **2** comisario の職[事務所].

comisariato 囲《中米》生活協同組合の店舗（→ **economato**）.

comisario, ria 囲囡 **1** 警察署長, 警視（= ～ de Policía）. **2**（委員, 代表）委員, 弁務官. —alto ～《国連などの》高等弁務官. ～ **europeo** EU 委員. **3**（スポ）競技監視員, 運営委員. **コミッショナー**. **4**《軍事》主計官. **5**（旧ソ連などの）人民委員.

comiscar [1.1] 他 いろいろな物を少しずつ食べる. — 他 を少しずつ食べる.

comisión 囡 **1** 委員会; 代表団. —C～ **de Comercio Justo** 公正取引委員会. **2** 任務, 職務. **3**（任務などの）委任, 委託;（人に）頼まれた用事. **4**《商業》手数料, コミッション; 代理業務, 仲買. **5**（犯罪·過失などを）犯すこと, 違反. ▶ **a [con] comisión** 歩合制で. **Comisión comunitaria** ヨーロッパ連合の行政機構内にある共同体権に関する委員会. **comisión de servicio(s)** 公務員の出向.

comisionado, da 過分 [→ **comisionar**] 形 委任された, 委託された; 任務を受けた. — 囲囡（委員会·理事会などの）委員, 理事; コミッショナー. ▶ **comisionado de apremio** 滞納税による強制徴収執行官.

comisionar 他 **1** …に委任する, 委任し, 依頼する. **2** …に手数料を与える.

comisionista 男女《商業》委託販売業者, 仲買人, 取次[代理]業者. — ～ **de Bolsa** 証券取引業者, 株式仲買人.

comiso 囲《法律》没収（品）, 押収（品）, 差し押え品.

comisquear 他 を少しずつ食べる.

comistrajo 囲《話》ごたまぜのまずい食べ物; 残飯.

comisura 囡《解剖》**1**（唇·目蓋·骨などの）接合部. **2** 頭蓋骨の縫合線.

comité 囲 委員会. ▶ **comité de empresa** 労働者協議会（企業内で労働者を代表する会議）.

comitente 男女 **1** 委任者, 委託者. **2** 権威をふりかざす人, にらみをきかす人.

comitiva 囡《集合的に》随行（員）, お伴, 一行.

cómitre 囲《歴史》ガレー船漕刑囚の長.

como［コモ］副（関係）《先行詞は主に方法·様態を表す名詞句·副詞句》**1**《制限用法》…である…, …する…. —Así es ～ lo llamaban. 彼はそんなふうに呼ばれていた. Preguntando es ～ se aprende. 質問することによって人は学ぶ. **2**《説明用法》…そしてそのように. —Ella vivía sola, ～ siempre había deseado estar. 彼女はひとりで生活していたが, 彼女はずっとそうなることを望んでいたのだった. **3**《独立用法》…する方法で, …するように; …と同じように, …のように. —Hazlo ～ quieras. あなたの好きなようにやって. Ella baila ～ nadie (baila). 彼女は誰もないような踊り方をする. C～ dice Juan, la vida es una tómbola. フアンが言うように, 人生は宝くじだ. **4** **tan [tanto] ... como ...**, 相関的用法》…と同じくらい…. —Ella es tan simpática ～ su madre. 彼女は母親と同じくらい感じがいい. Tiene tanto dinero ～ tú. 彼は君と同じくらいお金を持っている. **5**《主に＋数量表現》およそ…, 約…;《話》だいたい, 少し, —Éramos ～ cincuenta. 私たちは約50名だった. Llegué a las diez. 私は10時頃に到着した. Es ～ demasiado formal, ¿no? それは少し形式的すぎるんじゃない. **6**《接続法＋como＋接続法》…するのがそうであれ. —Lo hagas ～ lo hagas, no te saldrá bien. それをどうやるにしても, 君はうまく行かないだろう. ▶ **así como ...** …と同様に, …のように; …だけれども; …のような, …に似た. **como para [＋不定詞]** …するためであ

かのように. **como que**〖+直説法〗まるで…かのように;〖話〗〖理由〗…なのだから,《話》〖前文に続いて〗だから….**como si**〖+接続法過去形/過去完了形〗まるで…するかのように〖…したかのように〗. ——腰 **1**〖理由〗…なので,…だから. —C~ era tarde, se marchó. もう遅かったので,彼女は帰ってしまった. **2**〖+接続法,条件〗もし…ならば. —C~ no te calles, te voy a echar de clase. もし黙らなければ教室から追い出しますよ. **3**〖時〗…するとすぐ. —C~ le vio venir salió corriendo. 彼女は彼が来るのを見るとすぐ駆けて行った. **4**〖主に ver 等の知覚動詞の従属節として〗…ということ. —Verás como Paco si viene. パコが必ずやって来るのが今に分かるよ. **5**〖形容詞句/過去分詞付,譲歩または理由〗…だけれども,…なのに; …なので. —Escaso de tiempo = estaba, aún pudo visitarnos. 時間がわずかしかなかったけれど, それでも彼は私たちを訪ねてくることはできた. ——他 **1**〖資格〗…として,…の資格で. —Trabaja ~ médico. 彼は医者として働いている. **2**〖例示〗…のような, …といった. —Me gustan las grandes ciudades, ~ Madrid o Barcelona. 私はマドリードやバルセロナのような大都市が好きだ.

cómo ［コモ］腰 〖疑問〗〖様態・方法・理由について用いられる〗**1**〖直接疑問文で〗a)〖様態〗どのように,いかに. —¿C~ está usted? ご機嫌いかがですか. ¿C~ te llamas? お名前は何ていうの. b)〖方法・手段〗どうやって, どのようにして. —¿C~ vais a Francia? 君たちフランスへはどうやって行くの. c)〖理由〗どうして, なぜ. —Pero, ¿~ no me lo dijiste antes? でも, どうして前もって私にそれを言ってくれなかったの. d)〖+ de 形容詞/副詞, 程度〗どれほど, どのくらい. —¿C~ es el barco de ancho? その船は幅はどのくらいですか. **2**〖間接疑問文で〗a) どのように; どうやって; どうして. —Dime ~ se llama aquella chica. あの女の子は何ていう名前なのか教えて. b)〖+ 不定詞〗…の仕方/方法. —No sé ~ agradecértelo. 何とお礼を言っていいか分かりません. **3**〖感嘆文で〗何とか. —¡C~ llora! 何という泣き方だ. ▶**¿A cómo...?**〖値段〗…はいくらか. ¿C~ asi?〖相手の発言が聞き取れない場合の聞き返し〗何, 何ですか; 〖驚異・怒りの表現〗何だって. ¿Cómo así?〖前述の内容を受けて〗どうしてそうなんだ, なんでまたそうなんだ; まさか. **¿Cómo es que...?** 一体なぜ…か, 一体どうして…か. **¡Cómo no!** 《話》もちろん, 当然. **¿Cómo que...?**〖感嘆文で〗…とは何だ! ——腰 **1** 方法, やり方. **2** 原因. —Queremos saber el ~ de lo sucedido. 私たちは事件がどのように起こったかを知りたい.

cómoda 囡 整理ダンス, チェスト.

:: **comodidad** 囡 **1** 快適さ, 心地よさ, 安楽. **2** 便利さ, 便宜, 好都合. ——**es de pago** 分割払い. **3**〖主に 複〗（生活に快適・便利な）設備, 便利なもの.

comodín 男 **1**〖ゲーム〗トランプゲームのジョーカー, 万能札. **2** 何にでも使える万能品, いつでも使えるもの.

:: **cómodo, da** ［コモド, ダ］彫 **1**（家具・部屋などが）快適な, ~ **sillón** — 座り心地のよいひじ掛け椅子. **2**（人が）楽な, 気楽な, 気持のよい〖estar +〗. ——**ponerse** ~ くつろぐ. **3**（物が）便利な, 扱いやすい. **4**（仕事などが）楽な; 都合のよい. ——**empleo** ~ 楽な職業.

comodón, dona 形名 安楽志向の（人）, 快適主義の（人）; 無精な（人）.

comodoro 男〖海事〗（英海軍などにおける）戦艦隊長, 代将.

comoquiera 副 **1**〖+ que + 接続法〗…にせよ, …であっても. —¿~ que sea いずれにしても, とにかく. **2**〖+ que + 直説法〗…であるから, …なので.

Comoras 固 コモロ（首都 Moroni）.

compa 男女 仲間, 同僚（→ **compañero**）.

compacidad 囡 ぎっしり詰まった状態, 緊密な状態, 堅く締まった状態.

compactación 囡 ぎっしり詰め込むこと, 凝縮, 圧縮.

compactar 他 をぎっしり詰める, 固める; 凝縮する, 圧縮する.

compactera 囡〖中南米〗CD プレーヤー.

compactibilidad 囡 ぎっしり詰まっていること, 密集.

compacto, ta 彫 **1** ぎっしり詰まった, 堅く締まった; 密集した. **2**〖印刷〗印字が詰まった, 活字が詰まった. ▶ **disco compacto** コンパクト・ディスク, CD.

compadecer〖9.1〗他 …に同情する, を哀れむ. —Te compadezco. お気の毒さま. ——**se** ~ **1**〖+ de〗に同情する, を哀れむ. **2**〖+ con〗と合致する, 両立する.

compadraje 男 共謀, 陰謀; その仲間［一味］.

compadrazgo 男 **1** 代父と子どもの両親との間に結ばれる関係. **2** 共謀, 陰謀; 共謀［陰謀］仲間.

compadre 男 **1** 代父, 男の名付け親. **2**（正）男性同士の友人・知人などに対する呼称.

compadrear 自 よこしまな目的で仲間になる, 共謀する. ——他〖南米〗を挑発する, いらいらさせる.

compadreo 男〖軽蔑〗なれ合い.

compadrito 男〖南米〗〖話〗誇示癖のある人, 見栄っぱり.

compaginación 囡 **1** 調整, 整理; 一致, 調和, 両立. **2**〖印刷〗組版.

compaginada 囡〖印刷〗組版をしたページ.

compaginado, da 過分 〔→ **compaginar**〕形〖印刷〗組版をした.

compaginador, dora 名〖印刷〗割付けを組む人, 組版する人.

compaginar 他 **1** を調整する, 調和する, 整理する. **2**〖+ con と〗を調和させる,

companaje

合させる, 両立させる. **3**《印刷》《割付けを組む, 組版する.
— se 再《+ con と》調和する, 合致する, 合う.
companaje 男 (チーズ・タマネギなど)パンの副菜.
compango 男 →companaje.
compaña 女《俗》一緒にいる人, 仲間.
compañerismo 男 **1** 仲間［友達］間のつながり, 友情. **2** 仲間意識.
compañero, ra [コンパニェーロ, ラ]《略 compa.》名 **1** (仕事や学校・スポーツなどの)仲間, 同僚, 相棒. **2**《政治》党友; (同じ組合などの)仲間. —~s del sindicato 労働組合の仲間. **3** 連れ, 同伴者, パートナー. **4**(対の)片方, 一方. —Estos zapatos no son ~s. この靴は右と左が違う. **5** 愛人, 同棲相手. **6**《ゲーム, スポーツ》パートナー.
compañía [コンパニア] 女 **1**《商業》会社, 商会. **2** 同伴者, 仲間, 一緒にいること[人], 連れ(動物・物についても用いられる). —El perro es su única ~. 犬が彼の唯一の伴侶である. **3**《複》仲間, 友達; 交際, 交遊. —frecuentar malas ~s 悪い仲間と付き合う. **4** 一緒にいること, 相手を務めること. —señora de ~ (人の)付き添い婦人, お供の婦人. La radio le hace ~. ラジオは彼の相手をしてくれる. **5**《演劇》一座, 劇団. **6**《軍事》(歩兵・工兵の)中隊. ►*Compañía de Jesús*《カト》イエズス会(=la C~). *de compañía*(人・動物が)付き添いの, お供の.
comparable 形《+ a に/con と》比較できる, 匹敵する; たとえられる. —Es un vino ~ a los mejores de Francia. それはフランスの最上のものにひけをとらないワインだ.
comparación 女 **1** 比較, 対比, 対照; 類似. **2**《修辞》直喩, 比喩.
comparado, da 過分 (→comparar) 形 比較した. —lingüística *comparada* 比較言語学. **2**《+ con と》比較すると; 比較すれば.
comparar [コンパラル] 他 **1**《+ con と》を比較する, 比べる. **2**《+ a に》をなぞらえる, たとえる.
comparativamente 副 比較的に.
comparativo, va 形 **1** 比較の, 比較による. —lingüística *comparativa* 比較言語学.《言語》(形容詞・副詞の)比較級の.
comparecencia 女《法律》出廷, 出頭.
comparecer [9.1] 自《法律》《+ ante の前に》出頭する. 出廷する. **2** (遅れて・思いがけず)姿を現わす, ひょっこり現われる.
compareciente 男女《法律》出頭[出廷]する人.
comparendo 男《法律》召喚, 出頭

234

compatricio

[出頭]命令; 召喚状.
comparsa 〈+ 名〉女 (カーニバルや祭りなどで)同じ衣裳をつけて街を練り歩く一団.
—男 **1** コンパルサの参加者. **2** 劇[映]画などのエキストラ役の人, 脇役, 端役.
comparsería 女 劇[映]画などのエキストラ役の一団.
compartimentación 女 区画, 区割.
compartimentar 他 を区画する, 区分する.
compartimento, compartimiento 男 **1** 区画された部分, 仕切り部分; 区切られた空間. —dividido en cuatro ~s 4つに仕切られた引き出し. **2** 列車のコンパートメント. ►*compartimento estanco*《海事》水密区画.
compartir 他 **1** を分かち合う, 分配する. **1.** — *una afición* 共通の趣味を持つ. **2** を共有する, 共有する; を共にする; …に加担する. — *un piso con ...* …とマンションを共有する.
compás 男 **1** コンパス, 両脚規; カリブス. ~ *de corredera* 挟み尺, ノギス. **2**《建築》羅針盤, 羅針儀, 磁石. **3**《音楽》拍子; リズム. — ~ *binario* [*ternario*] **2**[**3**]拍子. *danzar al* ~ *de un vals* ワルツのリズムで踊る. **4**《活動のリズム, ペース. **5**《音楽》小節; その縦線. ► *a[al] compás* 拍子を(正しく)取って, 拍子に合わせて. *al compás de ...* …に合わせて, …のリズムで. *compás de espera*《音楽》休止(符). (何か始めるのを待つての)小休止. *llevar el compás* 拍子[リズム]をとる; リズムに合わせた[歌う]; (楽団・合唱団を)指揮する, タクトをとる. *marcar el compás* 拍子[リズム]をとる.
compasado, da 過分 (→compasar) 形 控えめな, 穏当な.
compasar 他 **1** をコンパスで測る. **2** 調整する, …の釣り合いを取る. **3**《音楽》を小節に分ける.
compasear 他 →compasar **3**.
compaseo 男《音楽》小節に分けること.
compasillo 男《音楽》4分の4拍子.
compasión 女《+ por に/ de に対する》哀れみ, 同情, 憐憫(はん). — por — 哀れに思って.
compasivamente 副 同情して, 哀れんで.
compasivo, va 形《+ con に対して》思いやりのある, 同情心のある, 情け深い. —mirada *compasiva* 同情のまなざし.
compatibilidad 女 **1** 両立できること, 共存できること; 調和, 適合性. **2**《情報》互換性.
compatible 形《+ con と》両立できる, 併存できる, 協調できる. **2**《情報》互換性のある, コンパチブルの.
compatibilizar 他 を両立させる;《情報》…に互換性を持たせる.
compatricio, cia 名 →compatriota.

compatriota 男女 同国人, 同郷の人, 同胞.

compeler 他 〔+a 不定詞/+a que +接続法〕(力・権力などによって)(人)を…に強いる, (人)を…するように強要する.

compendiador, dora 形 要約する, まとめる. — 名 要約者[まとめる人].

compendiar 他 **1** を要約する, まとめる; かいつまんで言う. **2** …の要点(概要・骨子)を示す.

compendio 男 **1** 要約, 概略; 抜粋, 抄録. **2** 総括, 総合, 総論.

compendioso, sa 要約された; 簡潔な, 簡明な.

compenetración 女 **1** 相互に混じり合うこと, 相互浸透, 相互貫通. **2** 一体化;(人と人との)相互理解, 一体感.

compenetrarse 再 **1** (物質が)相互に混ざり合う, 相互に浸透する. **2** 一体化する;(人が)互いに理解し合う, 一体感を持つ.

compensación 女 **1** 相殺(ざい), 埋め合わせ, 帳消し. **2** 償い, 補償; 補償金, 賠償金. **3**〖金融〗(銀行・国家間の)手形交換. **4**〖法律〗相殺. **5** 代償作用, 補償作用.

compensador, dora 形 埋め合わせをする, 償いをする; 埋め合わせの, 償いの. — 男 補整振り子.

:**compensar** 他 **1** を埋め合わせる, 相殺(ざい)する, 補う. **2**〔+con で〕(人)に…を償う, 弁償[補償]する. **3** …で見合う, 価値がある, それだけの値打ちがある.—No me *compensa* madrugar tanto. そんなに早起きしても私には何にもならない. — **se** 再 相殺(ざい)する.

compensativo, va 形 → compensatorio.

compensatorio, ria 形 償う, 補償する.

:**competencia** 女 **1** 競争, 張り合うこと. **2**〖集合的に〗競争相手. — Vendemos más barato que la ~. 私たちは競争相手よりも安売りしている. **3**〔+para の〕能力, 力量, 適性. **4**〖言語〗言語能力, コンピテンス. **5** 管轄, 権限, 責務(範囲). **6**〖法律〗(裁判所の)管轄(権), 法的権限. **7**〖中南米〗(スポーツの)試合.

competencial 形 管轄[権限]の.

:**competente** 形 **1** 有能な, 能力のある. —una secretaria muy ~ 大変有能な秘書. **2**〔+en に〕詳しい. **3**〔+para の〕資格のある, 適格な, 適格な. **4** 適切な, 充分な, 実力相応の. **5**〔+para の〕(行政・司法機関が)権限のある, 所轄の, 管轄の. —juez ~ 管轄の判事.

competer 自〔+a〕…に関わることである, …の責任である, …の管轄権に属する.

competición 女 **1** 競争, 競合; 張り合い. **2**(賞品・名誉などを争う)試合, 競技会.

:**competidor, dora** 名 競争相手. — 形 競争する, 張り合う. —espíritu ~ 競争心.

:**competir** [6.1] 自 **1**〔+con と〕争う, 競争する, …にひけをとらぬ. **2**〔+por を〕争う, 取り合う, 奪い合う.

competitividad 女 競争力, 競合.

competitivo, va 形 **1** 競合する, 張り合う; 競争力のある価格. —precios ~s 競争力のある価格. **2**(人が)競争心のある.

compilación 女 **1** 編集, 編纂(ざん). **2** 編集[編纂]された物.

compilador, dora 形 編集する, 編纂(ざん)する. — 名 編集者, 編者. — 男〖情報〗コンパイラ.

compilar 他 **1** を1冊にまとめる, 編集する, 編纂(ざん)する. **2**〖情報〗をコンパイルする.

compilatorio, ria 形 編集[編纂]の.

compincharse 再 (2人以上が)ぐるになる, 共謀する.

compinche 男女〖話〗(犯罪・悪巧みの)一味, 仲間.

complacencia 女 **1** 満足, 満足感; 喜び. **2** 過度の寛容さ, 甘やかし.

:**complacer** [9.1] 他 **1** を喜ばせる. —Me *complace* tener el honor de conocerle. お知り合いになれてうれしく思います. を甘やかす, …の言うことを何でもきく. — **se** 再 **1**〔+en+不定詞〕…をさせていただく, 謹んで…する. **2**〔+en+不定詞/名詞の〕を喜ぶ, うれしく思う, 楽しむ. —Se *complace* en molestar a los demás. 彼は他人を困らせては楽しんでいる.

complacido, da 過分〔→ complacer〕形〔+de に〕満足した, を喜んだ.

:**complaciente** 形 **1**〔+con/para に対して〕親切な, 面倒見のいい. **2**(態度などが)愛想のよい, 好意的な. **3** 寛容な, (人に)甘い.

compleción 女 完成すること; 完全.

complejidad 女 複雑さ.

:**complejo, ja** 形 **1** 複雑な, 入り組んだ, こみ入った. —problema ~ 複雑な問題. **2** 複合の, 合成の. —número ~ 複素数. — 男 **1**(組織・部の)複合体, 集合体. —~ industrial コンビナート. **2**〖心理〗コンプレックス, 複合観念[強迫観念]. —~ de inferioridad [superioridad] 劣等[優越]感. —~ de Edipo エディプス・コンプレックス. **3**〖化学〗合成物, 複合体.

complementación 女 補完, 補足.

complementar 他〔+con で〕を補う, 補充する, 補足する. — **se** 再 補い合う. —Sus caracteres *se complementan*. 彼らの性格は互いに補い合っている.

complementariedad 女 補完性.

:**complementario, ria** 形 補足の, 補完的な; 補い合う. —distribución *complementaria*〖言語〗相補分布.

:**complemento** 男 **1** 補足(物), 補完(物), 欠かせないもの. **2**〖言語〗補語. —~ directo 直接補語[目的語]. —~ indirecto 間接補語[目的語]. —~ circunstancial 状況補語. **3**〖数学〗余角, 余弧. 〖情報〗補数. **4**〖生物〗(血液・リンパ液中の)補体.

completamente 副 完全に,全く,すっかり.

completar 他 を完全(なもの)にする,完成する. ━ **se** 再 完全になる,完成する.

completas 女複〔宗教〕終禱(ょぅ)〔1日7回の聖務日課の最後のもの〕.

completez 女 →completitud.

completitud 女 完全,完璧.

completivo, va 形〔言語〕補充の.

completo, ta [コンプレト,タ]形 **1** 完全な,欠けた所のない.━ obras completas 全集. familia completa 家族全員. **2** 完璧(ミき)な,申し分のない.━ Disfruta de completa salud. 彼は申し分のない健康を享受している. **3** 満員の.━ teatro ～ 満員の劇場. **4** 全くの,徹底した.━ un fracaso completo 完全な失敗. ▶ por completo 完全に. ━ 男 全員. ▶ al completo 全員の(で),満員の(で).

completud 女 →completitud.

complexión 女 **1**〔生理〕体格,体質. **2**〔修辞〕最初と最後の語句を反復する技法.

complexo, xa 形 →complejo.

complicación 女 **1** 複雑さ,錯綜. **2** 複雑化. **3** 厄介[面倒]なこと,支障. **4**〔医学〕併発[合併]症,余病.

complicado, da 形〔過分〕→complicar〕形 **1** 複雑な,入り組んだ;(細部が)凝った.━ argumento ～ 込み入った筋. **2** 扱いにくい,分かりにくい,解決の難しい.━ un tipo ～ むずかしい人. **3**〔+en〕巻き込まれた,関わった.

complicar [1.1] 他 **1** を複雑にする,困難にする,難しくする.━～ las negociaciones 交渉を難しくする. **2**〔+en〕に巻き込む,陥れる. ━ **se** 再 複雑になる,困難になる.

cómplice 男女〔+en/de de〕の共犯者,従犯者,幇助(ほぅ)犯. ━ 形〔眼差し・微笑み・沈黙などが〕秘密を共有する,同意を示す.━ silencios ～s 事を知りながらの沈黙.

complicidad 女〔+en〕の共犯,共謀,加担.

complot 男〔複 ～s〕**1**〔政治的・社会的な〕陰謀,策略. **2**〔話〕ひそかな企み,陰謀,悪巧み.

complotado, da 形 →conjurado.

complotar 自 陰謀[策略]を企てる.

complutense 形 **1** アルカラ・デ・エナーレス(Alcalá de Henares)出身の,アルカラ・デ・エナーレスの. **2** マドリード大学の. ━ 男女 アルカラ・デ・エナーレス出身の人.

compón, compondr-, compong- 動 →componer [10.7].

componedor, dora 名 **1** 構成者,作製者. **2** 修理人,修理屋. **3** 調停人,仲裁役. **4**〔南米〕接骨医. **5**〔印刷〕植字工. ━ 男〔印刷〕ステッキ,植字盆. ▶ amigable componedor〔法律〕正式に権限を与えられた調停者[仲裁人].

componenda 女 **1**〔話〕その場しのぎの策〔調整〕. **2** 公明正大でない取り決め〔取引〕.

componente 男 **1** 成分,構成要素;〔化学〕成分;〔数学〕(ベクトルなどの)成分;〔物理〕分力.━ viento de ～ (南東,南南西などの)南風.━ ～s físicos [lógicos]〔情報〕ハード[ソフト]ウエア. **2**〔機械〕構成部品,コンポーネント. ━ 男女 構成員. ━ 形 構成する,成分の.

componer [コンポネル] [10.7] 他 **1** を作り上げる,作成する,形成する. **2** …の一部を形成する,を構成する.━ Tres catedráticos componían el tribunal. 3人の教授が審査委員会を構成していた. **3** を作曲する,〔作品〕を書き上げる.━～ una ópera オペラを作曲する. **4** を整理する,片付ける;を修繕する,直す.━～ la casa 家の片付けをする.━～ la televisión テレビを修理する. **5** を飾る,飾り立てる. **6**〔印刷〕を活字に組む. **7** …に味つけをする. **8** …の調子を回復させる. ━ **se** 再 **1** 着飾る,おめかしする. **2**〔+de から〕成る,で構成される. ▶ componérselas 工夫する,対策を練る,知恵を絞る.

compong- 動 →componer [10.7].

comportamiento 男 態度,振るまい;素行.

comportar 他 を含む,伴う;意味する. ━ **se** 再 振る舞う,行動する.

composición 女 **1** 構成,構造,合成. **2**〔化学〕組成,(薬品などの)成分. **3** 作文. **4** 作曲,作詞,創作. **5**〔音楽,美術,文学〕作品,楽曲. **6**〔美術〕構図. **7**〔印刷〕植字,組版. **8**〔言語〕(語の)合成,複合. **9** 調停,調整. **10**(列車の)編成全体. ▶ hacer(se) su composición de lugar 状況・情勢を把握する.

compositivo, va 形〔言語〕語を構成する.

compositor, tora 名 **1** 作曲家. **2**〔南米〕接骨医.

compost 男〔単複同形〕コンポスト,堆肥(たぃ).

compostaje 男 コンポスト[堆肥(たぃ)]化.

compostelano, na 形 名 サンティアーゴ・デ・コンポステーラ(Santiago de Compostela)(出身)の(人).

compostura 女 **1** 構成,組み立て;構造. **2** 修繕,修繕;補正. **3** 身だしなみ,身だしなみ. **4** 控えめな態度,節度,慎重さ.

compota 〈縮〉女〔料理〕デザート用の砂糖煮の果物,コンポート.

compotera 女 コンポート用の盛り皿.

compra 女 **1** 買物,買うこと. **2** 買った物,買収,贈物. ▶ cesta de la compra → cesta. hacer la compra/ir a la compra (日常の食料品の)買物をする. ir [salir] de compras 買物に行く,買物に出かける.

comprador, dora 名〔商業〕買い

手, 購入者, バイヤー. **2**《店のお客, 顧客.
──形《商業》買う, 購入する, 買い手の.

comprar [コンプラル] 他 **1**《+ a から/のために》を買う, 購入する. **2**《話》を買収する, …に贈賄する.

compraventa 女 売買, 売買行為.

comprehensión 女 → comprensión.

comprehensivo, va 形→comprensivo.

comprender [コンプレンデル] 他 **1**を理解する, …が分かる. ─Tú no me comprendes. 君はぼくのことが分かっていない. **2**を含む, 包含する. ─La pensión comprende tres comidas y la cama. 宿泊料は3度の食事代とベッド代を含んでいる. ── se 再 **1**理解し合う. **2**понятен.

***comprendido** 過分 [→comprender] 他 分かった, 了解した. ─¿C-? –Sí, jefe. 分かったかね. –はい, 了解です, 課長.

comprensibilidad 女 理解可能性.

***comprensible** 形 **1**《+ a/para に》分りやすい, 理解できる. **2**納得できる, 無理もない.

comprensión 女 **1**理解, 了解, 理解力. **2**理解(力), 思いやり, 寛容. ─Pidió la ~ de sus jueces. 彼は裁判官の理解を求めた. **3**《論理》内包; 意味の範囲.

comprensivo, va 形 **1**物わかりがよい, 理解がある, 思いやりのある. **2**包括的な, すべてを含む, 網羅的な.

compresa 女 **1**生理用ナプキン. **2**《医学》圧定布, パップ.

compresibilidad 女 圧縮性, 圧縮率.

compresible 形 圧縮できる, 圧搾できる.

compresión 女 **1**圧縮, 圧搾. **2**《音声》合音(母音連続を二重母音化すること). **3**《機械》内燃機関での圧縮.

compresivo, va 形 圧縮[圧搾]する; 圧縮[圧搾]力のある.

compresor, sora 形 圧縮[圧搾]する, 圧縮[圧搾]に役立つ. ──男 **1**《機械》圧縮機; 圧縮機械装置, エアコンプレッサー. **2**《医学》圧迫器, コンプレッサー.

comprimible 形 圧縮できる.

comprimido 過分 [→comprimir] 形 **1**圧縮された, 圧搾された. **2**《動物》幅の狭い, 偏偏形の. ── 男《薬学》丸薬, 錠剤.

comprimir 他 **1**を圧縮する, 圧搾する; 縮める, 押さえつける. **2**を抑制する, 抑える. ── se 再 **1**圧縮される, 圧搾される. **2**《人が》体を詰め込む, ひしめき合う. **3**感情を抑える, 自制する, こらえる.

comprobable 形 確かめることができる, 証明[立証]することができる.

***comprobación** 女 **1**確認, 点検, 照合; 《印刷》校正. **2**立証, 証明, 検証.

comprobante 形 確かめる, 証明[立証]する. ──男 **1**証拠書類. **2**領収書, 受領書; レシート. **3**《法律》証拠, 証拠書類.

***comprobar** [5.1] 他 **1**を確認する, 確かめる; 調査する. **2**を証明[立証]する.

comprobatorio, ria 形 証明[立証]する, 証拠の.

comprometedor, dora 形 危険にさらす, 危うい.

comprometer 他 **1**を危険にさらす, 窮地に陥れる, 危うくする. ─Con tus indiscreciones me *has comprometido*. 君の無分別で私は窮地に陥った. **2**《+ a に》義務づける, 責任分担させる, 余儀なくさせる. **3**《+ en に》を巻き込む, 引っ張り込む, 加える. **4**《+ en に》をゆだねる[任せる]. ── se 再 **1**《+ a + 不定詞》…に身を投じる. **2**《+ a + 不定詞》…する義務がある; …と約束する. ─*Se ha comprometido a pagar*. 彼は返済すると約束した. **3**《+ en に》係わる, 巻き込まれる. **4**加担する, **4**《+ con と》妥協する, 協調する, 歩調を合わせる. **5**《+ con と》婚約する.

comprometido, da 過分 [→ comprometer] 形 **1**難しい, 危険な; 微妙な. ─situación *comprometida* 厄介な状況. **2**《+ en/con に》巻き込まれた. **3**約束している, 引き受けている.

compromisario, ria 形 代表の, 代理の, 代議員の. ──男 代表者, 代理人; 《米国などにおける》代表選挙人.

***compromiso** 男 **1**約束, 取り決め; 《人に会う》約束. ─~ verbal 口約束. ─~ escrito 契約書. **2**婚約. ─~ matrimonial 婚約. **3**責任. **4**困った立場, 窮地. **5**《法律》仲裁, 調停; 妥協. ▶ *por compromiso* 義理で, 儀礼的に, お義理で[の]. ─*sin compromiso* 婚約者のいない; 何の束縛[義務]もなく.

compromisorio, ria 形 約束[契約]の; 契約[取り決め]の.

comprovinciano, na 名 同県[州]人, 同郷人.

compru-eb- → comprobar [5.1].

compueblano, na 形 同村[町]生まれの(人).

compuerta 女 **1**《運河·用水路·堰などの》水門, 流量調節弁. **2**半ドア.

***compuesto, ta** 過分 [→ componer] 形 **1**組み立てた, 複合の, 混合の. ─interés ~ 《金融》複利. oración *compuesta*《言語》複文. tiempo ~《言語》複合時制. **2**組み立てられた, 修理された. ─estar ~ de [por] … …から組み立てられている. **3**きちんと身繕いをした, 身だしなみの整った. **4**慎み深める, 控えめな, 慎重な. **5**《植物》キク科の. **6**《建築》コンポジット式の, 混合柱式の. ──男 **1**合成物, 複合物; 《化学》化合物. ─~ orgánico 有機化合物. **2**《植物》頭状花序; 榎 キク科.

compulsa 女 《法律》 **1**照合, 比較.

compulsación 囡 ... 2 謄本,写し.

compulsar 他 1〖謄本〗を(原本と)照合する,突き合わせる,比較する. 2〖法律〗…の謄本[写し]を作成する.

compulsión 囡 1 強制,強迫;強迫観念. 2〖法律〗強制執行.

compulsivo, va 形 1 強制的な,強要する. 2 強迫観念の,強迫観念的な.

compunción 囡 1 良心の呵責(かしゃく),後悔. 2 悲しみ,心痛,苦しみ.

compungido, da [過分]→compungir] 形 1 苦しい,つらい. 2 悔やんでいる,後悔している.

compungir [3.6] 他 1 を悲しませる,…につらい思いをさせる. 2 を悔やませる,苦しめる,あいせる. — **se** 再 1 悲しい,悲嘆にくれる,つらい思いをする. 2 後悔する,自責の念にかられる.

compus- →componer [10.7].

computable 形 数えることのできる,算出可能な.

computación 囡 《情報》コンピューティング.

computador 男 コンピューター,電子計算機. —— personal 《中南米》パソコン(→ordenador personal).

computador, dora 形 計算する,計算(のための).

computadora 囡 《中南米》コンピューター,電子計算機. —— anfitriona ホストコンピューター. —— personal パソコン.

computadorizar 他 《情報》(データ)をコンピューターで処理する(→computarizar).

computar 他 1〖+ en で〗を数える,計算する,算出する. 2〖+ con/por〗を…と数える,数に入れる,考慮する.

computarización 囡 《情報》コンピューター処理.

computarizar 他 →computadorizar.

cómputo 男 計算,算定.

comulgante 形 1〖宗教〗聖体を拝領する,聖体を受ける. 2〖+ con/en を〗共有した. —— 男女〖宗教〗聖体拝領者.

comulgar [1.2] 自 1〖宗教〗聖体を拝領する,聖体を受ける. 2〖+ con/en を〗共有する,分かち合う.

comulgatorio 男〖宗教〗祭壇の前に置かれた聖体拝領台.

:**común** [コムン] 形 1〖+ a に〗共通の,共有の;共有の. —género ~ 通性. bienes comunes 共有[公有]財産. 2 普通の,一般の,ありふれた. —poco ~ 異常な,普通ではない. 3 平凡な,ありきたりの;並(以下)の. —expresión ~ 陳腐な表現. ▶**común denominador** 〖数学〗公分母;〖比喩〗最大公約数,共通点. **en común** 共通して;共同で. **fuera de lo común** 並外れた,異常な. **por lo común** 一般に,通常. —— 男 1 (一般)民衆,公衆. 2 自治体,共同体. 3 便所. ▶**el común de las gentes** 一般の人々,大多数の人. (la Cámara de) los Comunes (英国議会の)下院.

comuna 囡 1《中南米》自治体,市町村;自治体の住民,市町村の住民. 2 コミューン,共同体.

comunal 形 1 共同の,共通の,共有の. 2《中南米》同市社会の,自治体の.

comunero, ra 形〖歴史〗コムニダーデスの反乱の. —— 名〖歴史〗コムニダーデス派の人. —— 男 共同所有者,共有者.

comunicabilidad 囡 伝達可能性.

comunicable 形 1 伝達できる,伝えられる. 2 人付き合いのよい,社交的な,友好的な.

:**comunicación** 囡 1 (情報・意見などの)伝達;コミュニケーション,意志の疎通. 2 通報,知らせ,メッセージ. 3 通信,連絡,接触. —— entre iguales《情報》ピアツーピア通信. Se ha interrumpido la ~ telefónica. 電話が切れた. 4 交通,(連絡)通路. 5 覆 通信[交通]機関. —nudo de *comunicaciones* 通信[交通]の要所. satélite (artificial) de *comunicaciones* 通信衛星. 6 覆 (仕事などの)関係. 7 (学会などでの)研究発表,報告. ▶**comunicación de masas** マスコミ,マスメディア. **medio de comunicación** マスメディア,マスコミ. **ponerse en comunicación con...** …と連絡を取る,接触がある.

comunicacional 形 伝達[コミュニケーション]の.

comunicado 男 (新聞・テレビ・ラジオなどに対する)公式声明(書・文),コミュニケ,(外交上の)公式発表. —**, da** [過分]→comunicar] 形 **bien[mal]** を伴い)交通の便が良い[悪い].

comunicador, dora 形 伝達の;伝達力のある. —— 名 コミュニケーション力がある人.

comunicante 形 伝える,連絡する;通じている. —vasos ~s《物理》連通管. —— 男女 情報提供者,報告者.

:**comunicar** [コムニカル] [1.1] 他 1 …に(情報)を知らせる,通知する,通告する. 2 を伝える,伝達する. —— una triste noticia 悲報を伝える. 3 (感情・病気)を伝染させる. —— una terrible enfermedad 恐ろしい病気を伝染させる. 4〖+ con〗をつなぐ,つなげる,連絡させる. —— 自 1〖+ con と〗通話する,交信する. 2〖+ con と〗つながる,連絡する. —Su despacho *comunicaba* con el dormitorio. 彼の書斎は寝室とつながっていた. 3 (電話が)通話中である,話し中である. —El teléfono *comunicaba*. 電話は話し中だった. —— **se** 再 1〖+ con と〗知らせる,連絡する. 2〖+ con と〗付き合う,交際する. 3〖+ a に〗伝わる,広まる,広がる. —El incendio *se comunicó* a

comunicatividad 囡 **1** 伝達性。**2** 打ち解けやすさ, 率直さ。

comunicativo, va 形 **1** 打ち明けた, あけっぴろげな, 率直な。**2** 伝わりやすい, 移りやすい。

comunicología 囡 コミュニケーション学[論]。

comunicólogo, ga 名 コミュニケーション学者。

:**comunidad** 囡 **1** 共同体, 共同社会。—~ de propietarios（マンションなどの）自治会, 共有者の会。C~ Europea 欧州共同体。~ lingüística（同一言語を話す）言語共同体。**2**（スペインの）自治州（= ~ autónoma）。**3**〖宗教〗宗教団体, 修道会。—~ de base〖キリスト教〗基礎共同体, 一般信徒生活共同体。**4** 共通性, 共有。—~ de bienes 財産を共有する。**5**（*~es*）〖歴史〗コムニダーデスの反乱。
▶ *de comunidad*〘文〙共同で, 一緒に。

comunión 囡 **1**〖宗教〗聖体拝領, 聖体拝領の儀式。**2**（思想・感情などの）共感, 共有。**3** 交際, 親交。**4**（思想・信条を同じくする）団体, 共同体。

comunique(-), comuniqué(-) → comunicar [1.1].

:**comunismo** 男 共産主義, コミュニズム。—~ primitivo 原始共産制。~ libertario アナーキズム。

comunista 男女 共産主義者, 共産党員。—— 形 共産主義(者)の。

comunitario, ria 形 共同体の, 地域共同体の。

:**comúnmente** 副 普通, 一般に, 通常。

:**con** [コン] 前〖con + mí/tí/sí は conmigo/contigo/consigo になる〗**1**〖随伴〗…と, …と一緒に。—Voy a salir esta tarde *con* mi padre. 私は今日の午後父と出かけます。¡Oiga!, *con* el jefe del departamento, por favor! もしもし, 部長に（電話を）つないでください。**2**〖所有・付属・内容物〗を持った, …のある, …がついている。—un señor *con* un enorme bigote 立派なひげを生やした紳士。Es una chica *con* muy mal humor. 彼女は気だてのよくない娘だ。**3**〖道具・手段〗…で, …を使って。—¿Se puede pagar *con* tarjeta? カードで払えますか。**4**〖原因・理由〗…で, …のために。—Me desperté *con* el ruido de la explosión. 私は爆音で目が覚めた。**5**〖一致〗…に, …と, …と。—Estoy de acuerdo *con* usted. 私はあなたに賛成です。**6**〖感情や動作の対象〗…に, …を, …に対して。—Estoy encantada *con* el nuevo profesor de piano. 私は今度のピアノの先生をとても気に入っている。**7**〖時〗…の時に, …と同時に。—*con* la caída de la dictadura 独裁の崩壊とともに。**8**〖比較・同列〗…に比べれば。—Mi fortuna es escasa comparada *con* la suya. 私の財産は彼のものに比べればわずかなものだ。**9**〖付帯状況・様態〗…の様子[状態]で, を伴って。—Llovía *con* mucha fuerza. 雨が激しく降っていた。**10**〖条件・譲歩〗…すれば, …でるならば; …であっても, …にもかかわらず。—*Con* quejarte no conseguirás nada. 文句を言ってもどうにもならない。**11**〖結果〗…という結果で。—La crisis política terminó *con* la dimisión del primer ministro. 政治危機は首相の辞任という形で結末を迎えた。
▶ *con lo*〖＋形/副＋que〗…（譲歩・不平・非難で）とても…なのに。—Es lástima que tu padre no pueda jugar al tenis, *con lo* aficionado *que* es. 君のお父さんがテニスがあれほど好きなのに, できないとは残念です。*con mucho* はるかに, ずっと。*con tal [de] que*〖＋接続法〗という条件で…ならば。*con todo* しかし, とはいえ。*para con*… …にとって, …に対して反。

conato 男 **1**〖法律〗未遂。**2** 未遂行為; 意図したが成就しなかった企て[試み]。—Fue un ~ de incendio. それはぼやだった。**3**（なし遂げようとする）努力, 熱意。**4** 傾向, 性向。

concatenación 囡 連結, 連鎖, つながり, 連係。

concatenar 他 をつなぐ, 連鎖する; 関連づける。

concavidad 囡 **1** 凹状, くぼんでいること。**2** 凹面, 凹形のもの, 凹状の場所; くぼみ, へこみ。

cóncavo, va 形 凹面の, 凹形の, くぼんだ。

:**concebible** 形 考えられる, 想像できる; 納得がいく。

:**concebir** [6.1] 他 **1** を考えつく, 思いつく, 理解する。—~ la idea del suicidio 自殺を考えつく。**2** を感じる,（ある感情）を抱く。—~ esperanzas 希望を抱く。**3**（概念など）を形成する,（計画など）を立てる。—~ un proyecto プロジェクトを打ち立てる。**4** を懐妊する, 身ごもる, はらむ。—— 自 懐妊する, 身ごもる, はらむ。

conceder 他 **1** を与える, 融通する, 供与する。—~ un crédito 信用を供与する, 信任する。—~ un premio 賞を授与する。**2** …に同意する, を認める。

concejal, jala 名（市町村）議会議員。

concejalía 囡（市町村）議会議員の職・地位; 議会議員の職務分掌。

concejil 形 **1** 役場の,（市町村）役所の,（市町村）議会の。**2** 地方共同体の, 住民の。

concejo 男 **1** 市役所, 町村役場。**2** 市議会, 町村議会。

concelebrar 他〖宗教〗（2人以上の司祭がミサ）を共同で執り行う。

:**concentración** 囡 **1**（人口・産業・権力などの）集中;（兵力の）結集。**2**〖心理〗精神[注意力]の集中; 専念。**3**（抗議・要求などの政治的行動への）集中, 集結, 集会。(スポーツ) 合宿, 練習キャンプ, キャンプ[宿舎]入り。**5**〖化学〗（液体の）濃度, 濃

縮. ► *campo de concentración* 強制収容所. *concentración parcelaria* 耕地の整理統合.

concentrado, da 〔過分〕〔→concentrar〕形 **1** 一か所に集まった, 集中した. **2** 凝縮された, 濃縮された. **3**(人が何かに)集中した, 熱中した, 専念した. ── 男 (スープ・ジュースなどの)濃縮物; 濃縮飲料.

concentrar[1]〔+en に〕他 **1** 集める. 集中させる; を合宿させる. ── los rayos del sol 太陽光線を集中させる. **2** 〔+en に〕(精神的に)集中させる, 傾注する. ── la atención en... ...に注意を集中させる. **3** を濃くする, 濃縮する. ── 再 **1** 集まる; 合宿する. ── La gente *se concentró* en la plaza. 人々は広場に終結した. **2**〔+en に〕集中する. **3** 濃くなる.

concéntrico, ca 形《数学》同心の, 中心を共有する.

Concepción 固名《女性名》コンセプシオン.

concepción 女 **1** 着想, 構想, 思いつき. **2** 考え(方), 見方, 把握; 理解力. **3** 妊娠, 受胎. **4**(C〜)《カト》(聖母 María の処女懐胎, 聖母の受胎; 無原罪の聖マリアの祝日(12月8日).

*conceptible 形 想像できる, 理解できる.

conceptismo 男《文学》コンセプティスモ, 奇知主義.

conceptista 形 男女《文学》コンセプティスモの, 奇知主義の(作家).

concepto 〔コンセプト〕男 **1** 概念, 考え, 意見; 評価, 判断, 認識. ── en mi ─ 私の考えでは. **2** 概念. ── *puro* 純粋概念. **2** 警句, 金言. **3**(商業)(請求・予算などの)細目, 品目. ► *en concepto de...* ...として. *formar(se) (un) concepto de...* (物事が)大体分かる, (人)を評価する. *por [bajo, en] ningún concepto* 決して[どう見ても]…ない. *tener buen concepto de...* (人)をよく思う, 高く評価する.

conceptuación 女 →conceptualización.

conceptual 形 概念の, 概念上の, 概念に関する.

conceptualismo 男《哲学》概念論.

conceptualista 形 男女 概念論の(者).

conceptualización 女 概念化.

conceptualizar 他 を概念化する.

conceptuar[1.6] 他 を…と判断する, 考える, みなす.

conceptuosidad 女 **1** 機知に富んでいること. **2**《軽蔑》難解, 晦渋.

conceptuoso, sa 形 (話し方・文体が)もったいぶった, 気取った; 機知に富んだ, あまりに凝った.

concerniente 形〔+ a に〕関する, 関係する. ► *en lo concerniente a...* ...に関して.

concernir[4.3]〔3人称のみの活用〕自〔+ a に〕関わる, 関係する, 該当する. ► *en lo que concierne a...* ...に関して言えば, については.

concertación 女 **1** 合意, 一致. **2** 協調, 協定.

concertado, da 〔過分〕〔→concertar〕形 (学校・機関が)助成を受けた, 後援を受けた. ── 名《中南米》使用人, 奉公人.

concertar[4.1] 他 **1** を取り決める, 決定する. **2** を調整する, 調整する, まとめる. ── los esfuerzos 一致して努力する. **3**〔+con と〕を一致させる, 合意させる. **4**《音楽》(声・楽器の音あわせ)をする, 調音する. **5**《言語》を一致させる. ── 自 **1**〔+con と〕合う, 合う(言語) 一致する. **2**《音楽》音が合う, 調子が合う. ── 再 合意に達する.

concertina 女《音楽》コンチェルティーナ.

concertino 男《音楽》コンサートマスター, ファーストバイオリン.

concertista 男女《音楽》独奏者, ソリスト.

concesión 女 **1**(土地・権利などの)委譲, 譲渡, 許可. ── *arancelaria* 関税譲渡. **2**(官許の)権利, 利権; (公共事業などの)委託, 許可. **3**(意見などの)譲歩. ──*hacer concesiones a...* ...に譲歩する. **4**(企業が他の企業などに譲る)販売権. **5**(賞・勲章・奨学金などの)授与. **6** 租界, 租借地, 専賣認可地.

concesionario, ria 形 (政府・監督機関から)免許・特許・特権を与えられた人[店, 事業体]; 販売特約店, 総代理店. ── 名 免許・特権を与えられた, 特約者.

concesivo, va 形 **1**《言語》譲歩を表す, 譲歩の. **2** 譲歩させる, 譲歩されうる.

Concha 固名《女性名》コンチャ (Concepción の愛称).

concha 女 **1** 貝殻, 殻. **2** 甲羅, べっこう. **3** 貝殻状の物. **4**《中南米》《卑》女性器. **5**《演劇》プロンプター席. **6**《解剖》耳殻(じ), 外耳. **7**《紋章》ホタテガイ形の記章(→ venera). ► *meterse en su concha* 引きこもる, 自分の殻に閉じこもる.

conchabanza 女《話》結託, 共謀, ぐる.

conchabar 他《中南米》(女中・下働きとして)を契約する, 雇う. ── 再 結託する, ぐるになる, 共謀する.

Conchita 固名《女性名》コンチータ (Concepción の愛称).

concho¹ 男《中南米》食べ物のかす(沈殿物).

concho² 男 果実の皮.

concho³ 間 (*coño* の婉曲用法)くそ, ちくしょう.

conchudo, da 形 **1**《南米》《俗》運がよい. **2**《中南米》《話》恥知らずな. **3**《メキシコ》《話》のろまな.

conciencia 〔コンシエンシア〕女 **1** 意識, 自覚. ── *de clase* 階級意識. **2** 良心,

道徳心. —**hombre de ~** 良心の人. **3** 信仰, 信条. —**libertad de ~** 良心[信仰, 思想]の自由. **4** 度量, 寛大さ. ▶**a conciencia** 良心的に, 念入りに; 意識して, 自覚して. **acusarLE a ... la conciencia** (人の) 良心の呵責に苦しむ, 気がとがめる. **cobrar conciencia** 意識を回復する; [+ de に] 気づく, 自覚する (= tomar conciencia). **en conciencia** 良心的に, 正直に, 誠実に. **tomar conciencia de ...** を自覚[意識]する, …に気づく.

concienciación 囡 意識化, 意識[自覚]させること.

concienciar 他 [+ de を] 意識[自覚]させる. — **se** 再 [+ de を] 意識[自覚]する.

concientización 囡 〖中南米〗 → concienciación.

concientizar 他 〖中南米〗 → concienciar.

concienzudo, da 形 (人柄・仕事などが) 良心的な, 誠実な; 念入りな. —**trabajo ~** 良心的な丹念な仕事.

***concierto** 男 **1** 〖音楽〗音楽会, コンサート, 演奏会. **2** 〖音楽〗協奏曲, コンチェルト. **3** 協調, 合意; 協定, 取り決め. —**~ de cooperación cultural** 文化協力協定. **~ económico** 経済協定. **4** 調和; 秩序. ▶**de concierto** 合意によって, 満場一致で.

conciliable 形 [+ con と] 和解されうる, 調和される, 共存されうる.

conciliábulo 男 **1** 非公式の会議; (特に) 非合法な会議. **2** 〖陰謀・非合法な企てのための〗秘密会議, 密談.

***conciliación** 囡 **1** 調停, 和解; 融和. —**acto de ~** 〖法律〗調停. **tribunal de ~** 調停裁判所. **2** 調和, 調整.

conciliador, dora 形 融和をはかる, 調停的な.

conciliar[1] 他 **1** 和解させる. 仲裁する. **2** 調停する. **3** 和解させる, 調和させる. **3** (好感・嫌悪などの感情を) 得る, 獲得する. — **se** 再 **1** 和解する, 仲直りする. **2** (何らかの感情を) 得る, 獲得する. ▶**conciliar el sueño** 寝入る, 寝つく.

conciliar[2] 形 **1** 会議の, 集会の. **2** 〖宗教〗宗教会議の, 公会議の. — 男女 宗教会議の出席者.

concisamente 副 簡潔に, 簡明に.

concisión 囡 簡潔, 簡明.

conciso, sa 形 簡潔な, 簡明な.

concitar 他 を挑発する, 扇動する, かき立てる.

conciudadano, na 男女 同郷人, 同国人; 同じ町[村]の市民.

cónclave, cónclave 男 〖宗教〗教皇選挙のための秘密会場[室]; その会議.

***concluir** 他 [コンクルイル] [11.1] **1** を終了する, 終える; 仕上げる. **2** …と結論する, 推論する, 判断する. —*Concluimos que era inocente.* 我々は彼は無罪であると結論した. — 自 **1** 終了する, 終わる. —*El año escolar concluye en junio.* 学年は6月に終了する. **2** [+ 現在分詞 / + por + 不定詞] とうとう [最後に] …する. — **se** 再 終了する, 終わる.

***conclusión** 囡 **1** 結論, 決定, 推断. **2** 終了, 終わり, 結末. —**~ de las obras** 工事の完了. **3** 〖論理〗(三段論法の) 断案, 結論, 帰結. **4** (協定などの) 締結, 成立. ▶**en conclusión** 結論としては, 結局, 要するに. **sacar en conclusión** [+ de から] …という結論を引き出す.

conclusivo, va 形 最終的な, 結論の, 決定的な.

conclu- 動 → concluir [11.1].

***concluyente** 形 **1** 決定的な, 最終的な; 反論の余地がない. —**pruebas ~s** 決定的な証拠. **2** 断定的な, 有無を言わせない, 絶対的な.

concoide 形 → concoideo.

concoideo, a 形 貝殻状の, 貝殻状断面の.

concomerse 再 **1** (焦燥感・悔恨・嫉妬などの感情に) 駆られる, 身を焦がす. **2** 〖話〗(かゆみなどによって) 肩[背中]を動かす.

concomitancia 囡 随伴, 共存; 同一性, 同効果の同一性, 一致.

concomitante 形 随伴する, 同時に起こる.

concordancia 囡 **1** 一致, 対応; 調和. **2** 〖言語〗一致. **3** 〖音楽〗和音, 和声. **4** 用語索引, コンコーダンス.

concordante 形 一致する, 合致する; 調和する.

concordar [5.1] 他 を一致させる. — 自 **1** [+ con と / + en で] 一致する, 合致する. **2** 〖言語〗[+ en で] 一致する.

concordatario, ria 形 政教条約の.

concordato 男 〖政治〗政教条約.

concorde 形 [+ con と / + en で] 一致した, 合致した.

concordia 囡 **1** 一致, 調和, 和合. **2** 合意書, 協定書.

concreción 囡 **1** 具体化, 実体化; 具体性. **2** 凝固(物), 凝結(物).

concrecionar 自 …の凝固物[結石]を作る. — **se** 再 凝固物[結石]になる.

concretamente 副 **1** 具体的(には), 明確に(言うと). **2** 特に, とりわけ.

concretar 他 **1** を具体化する, より正確にする. はっきりとさせる. —**~ la fecha de salida** 出発日をはっきりさせる. **2** [+ a/en に] を限る, 制限する. — **se** 再 **1** 具体化する, 正確になる, はっきりする. **2** [+ a に] 限る, 制限する, 止めおく.

concretización 囡 → concreción.

concretizar 他 → concretar.

***concreto, ta** 形 **1** 具体的な, 有形の, 明確な. —**caso ~** 具体例. **2** 実在する, 実際の; 特定の. —**buscar un libro ~**

特定の本を探す. ― 男 1凝結物. 2 《中南米》コンクリート. ▶ **en concreto** 具体的に, 明確に.

concubina 女 内縁の妻, 情婦, 愛人.

concubinato 男 内縁関係, 同棲.

concúbito 男 性交, 交接.

conculcación 女 1踏みつけること, 踏みにじること. 2《法・規則・規律などの》蹂躙(じゅうりん), 毀損(きそん), 無視.

conculcador, dora 形 《法・規則を》蹂躙(じゅうりん)する, 踏みにじる.

conculcar [1.1] 他 1を踏む, 踏みつける. 2《法・規則など》を犯す, 破る, 蹂躙(じゅうりん)する.

concuñado, da 名 義理の兄弟[姉妹]の配偶者; 義理の兄弟[姉妹]である人の兄弟姉妹.

concupiscencia 女 1情欲, 色欲, 肉欲. 2《物に対する》強欲, 貪欲.

concupiscente 形 1情欲にふける, 好色な. 2強欲な, 貪欲な.

concurrencia 女 1《集合的に》《行事などへの》参加者, 出席者; 聴衆, 観衆. 2《事件・事情などの》同時発生, 併発. 3《商業》競争, 競争《相手》.

concurrente 形 1集まる, 寄り集まる; 《言語》共起の, 共起する. 2出席した, 参加した. ― 男女 参加者. ― 名 1太陽年と太陰年の日数差.

concurrido, da 過分 [→concurrir] 形 人のよく集まる, にぎわった.

concurrir 自 1〖＋a/en に〗集まる, 参加する. 合わさる, 合流する. ― Las tres calles **concurren** en la plaza. 3つの通りは広場で一緒になる. 2偶然一緒に起こる, 共起する. 3〖＋a に〗影響する, 貢献する. 4〖＋a に〗応募する, 志願する.

concursado, da 過分 [→concursar] 形 《法律》債権者会議で正式に破産宣告を受けた. ― 名 《法律》破産宣告を受けた人, 破産者.

concursante 形 《仕事・役職を》志願する; 《競技会に》参加する, 出場する. ― 男女 《仕事・役職の》志願者; 《競技会の》参加者, 出場者.

concursar 他 1を競う, 競争する, を志願する. 2《法律》《債権者会議で正式に》に破産宣告をする. ― 自 志願する, 応募する; 参加する, 出場する.

concurso 男 1コンクール, コンテスト, 競技会. 2選抜[採用, 資格]試験. 3《スポ》競技〔会〕. 4《状況・出来事などの》一致, 符合, 同時発生. ― por un ～ de casualidades 様々な偶然の巡り合わせで. 5押し寄せた群衆, 人だかり. ― Había un gran ～ de manifestantes. デモ参加者が大勢いた. 6《商業》競争入札. 7《放送》クイズ番組. 8援助, 協力, 貢献. 9《法律》競合. ― ～ de acreedores 債権者の競合.

concusión 女 《公務員の》横領, 公金横領.

concusionario, ria 形 《公務員が》横領[ゆすり]をする. ― 名 《公務員で》横領[ゆすり]をした者.

condado 男 1伯爵の称号(地位・身分). 2伯爵領. 3《米国の》郡.

condal 形 伯爵の.

conde 男 伯爵.

condecoración 女 1叙勲, 表彰〔式〕, 勲章の授与式. ― **acto** [ceremonia] **de ～** 表彰式, 勲章授与式. 2勲章, メダル.

condecorar 他 を叙勲する, 表彰する, …に勲章を授ける.

condena 女 1《法律》有罪判決. 2《法律》刑, 刑罰, 罰. 3非難, 不承認.

condenable 形 《法律》刑罰に値する, 罰に値する; 非難されるべき, 譴責(けんせき)に値する.

condenación 女 1《法律》有罪宣告[判決]. 2《宗教》永遠の断罪《罪の結果として永遠の罰に定められること》.

condenado, da 過分 [→condenar] 形 1《法律》〖＋a の〗判決を受けた, 刑を宣告された. ― ～ **a muerte** 死刑判決を宣告された. 2《話》いまいましい, ひどい, 厄介な. 3《話》いたずらの, 腕白な. 4《カト》地獄に落とされた. ― 名 1《法律》有罪判決を受けた人, 既決囚. 2どうしようもないやつ, 厄介な人物; いたずらっ子. ― Este ～ **sólo me da disgustos**. この腕白坊主にはうんざりする. 3《カト》地獄に落ちた人. ▶ **...como un condenado** [**condenados**] 《話》ひどく《ものすごく, 非常に》…する.

condenar 他 1〖＋a (刑罰)に〗…に宣告する, 《刑に》処する. 2を非難する, とがめる. 3〖＋a に〗を強制する, 余儀なくさせる. ― ～ **a no salir durante una semana** 1週間軟禁する. 4《戸口などを》ふさぐ, 閉鎖する. ― **se** 再 1《宗教》地獄に落ちる, 地獄の責苦を味わう. 2自白する. 3〖＋a＋不定詞〗…せざるを得ないと感じる.

condenatorio, ria 形 有罪宣告の, 処刑の; 非難の.

condensación 女 1凝縮《状態》, 圧縮《状態》. 2《ガス・水蒸気などの》液化, 固体化, 凝結. 3要約, 簡約.

condensado, da 過分 [→condensar] 形 1凝縮された, 濃縮された. 2液化された, 凝結した. 3要約された, 簡約化された, 縮められた.

condensador, dora 形 1凝縮の. 2液化する. ― 男 1濃縮器, 圧縮装置. 2《電気》蓄電器, コンデンサー. 3《光学》集光レンズ.

condensar 他 1を凝縮する, 濃縮する, 圧縮する. 2を液化する, 固体化する, 凝結させる. 3〖＋en に〗を要約する, 簡約化する. ― **se** 再 1凝縮する, 濃縮する; 濃くなる, 2液化する, 凝結する.

condesa 女 1女伯爵. 2伯爵夫人.

condescendencia 女 親切心, 《人の願いなどに》親切に従う行う行為, 譲歩.

condescender [4.2] 自 〖＋a に〗1《願い従った》…に対して, 合意する, 順応する. 2《へり下って》…して下さる.

condescendiente 形 親切な, 従順な; 謙虚な.

condestable 男 1《歴史》(中世の)元帥. 2《海事》海軍艦船下士官.

condición [コンディシオン] 女
1 条件. ~ indispensable 不可欠[必須]条件. *condiciones* laborables 労働条件. ~ (契約などの)条件, 条項. — ~ casual 《法律》偶成条件. *condiciones de pago*《商業》支払い条件. — ~ 《国》状態; 状況. — ~ física 体調. *condiciones climatológicas* 気候条件. 3 本性, 性格, 性質. —*hombre de ~ alegre* 明るい性格の人. 4《主に》複》素質, 適性. —*muchacho de excelentes condiciones* 優れた才能に恵まれた子. 5(社会的)地位, 身分. —*de ~ humilde* 身分の低い, 下層[階級]の. ▶*a [con la] condición de* [＋不定詞]*a [con la] condición de que* [＋接続法] —(する)という条件で, もし…ならば. *condición humana* 人間性, 人間の本性, 人間の条件. *condición sine qua non* 必須条件 (=condición absolutamente necesaria). *en condiciones* 良い[適した, できる]状態で. *sin condiciones* 無条件で.

condicionado, da 過分 [→ condicionar] 形 1 条件づけられた; 条件の整った. 2 条件つきの, 制約つきの.

condicional 形 1《言語》条件(法)の, 条件に基づく. 2《言語》条件[仮定]を表す の. — 男《言語》過去未来形[条件法].

condicionamiento 男 1 条件づけ, 調節. 2 限定, 制約.

condicionante 形 条件付ける[制約する](もの).

condicionar 他 1〖＋a に〗を合わせる, 依存させる. 2 …に影響を及ぼす, を決める.

condigno, na 形 それ相当の, しかるべき.

cóndilo 男《解剖》骨頭.

condimentación 女 調味, 味付け.

condimentar 他 …に味つけする, …の味を整える.

condimento 男 調味料, 香辛料; ドレッシング.

condiscípulo, la 名 同級生, 同窓生, 学友; 相弟子. —Fuimos ~ con don Ignacio. 私たちはイグナシオ先生の相弟子だった.

condolencia 女 悔やみ, 哀悼, 弔意. 2 同情, 憐憫.

condolerse [5.2] 再〖＋de に〗同情する, (を)気の毒に思う.

condominio 男 1 共有, 共有された物. 2《法律》共同領有(地), 共同統治(地). 3《中南米》分譲アパート(マンション), コンドミニアム.

condón 男 コンドーム.

condonación 女 1(罪・罰を)許すこと, 容赦. 2(負債の)帳消し, 免責.

condonar 他 1(罪)を許す, 容赦する. 2(負債)を免責する, 帳消しにする.

cóndor 男 1《鳥類》コンドル. 2(エクアドル・コロンビア・チリの)コンドル金貨.

condotiero 男〈古〉《歴史》イタリア[それ以外の国]の傭兵隊長. 2 傭兵.

conducción 女 1(乗り物の)運転, 操縦. 2 運送, 輸送. 3〖集合的に〗(ガス・水道などの)管, 導管, 配管. 4 案内, 指導, 指揮.

conducente 形〖＋a に〗導く, 適した. 繋がる.

conducir [コンドゥシル] [9.3]
他 1〖＋a に〗を導く, 案内する; を至らせる, …の原因となる. — ~ el país al desastre その国を破滅へと導く. 2 を運搬する, 操縦する. 3 を運ぶ, 運搬する, 伝える. 4 を統治する, 指導する, 経営する. — 自 1 車を運転する. 2〖＋a に〗導く, 至る, 通じる. — se 再 振る舞う, 行動する. —Se condujo como un caballero. 彼は紳士然と振る舞った.

conducta [コンドゥクタ] 女
行動, 振舞い, 行い. — ~ ejemplar [intachable] 模範的な[申し分のない, 賞賛すべき]行動. 2 (医者との)ホームドクター契約, 嘱託契約(報酬). 3 統治, 運営; 指導, 指揮. — ~ de una empresa 企業の経営.

conductibilidad 女 1《物理》(熱・電気・音の)伝導性, 伝導力. 2《電気》導電率.

conductismo 男《心理》行動主義.
conductista 形《心理》行動主義(派)の. — 共《心理》行動主義者.

conductividad 女 1《物理》(熱・電気・音の)伝導性, 伝導力, 伝導率.

conductivo, va 形 伝導性の, 伝導力のある.

conducto 男 1 導管, パイプ. 2《解剖》管. — ~ lagrimal 涙管. — ~ auditivo externo [interior] 外[内]耳管. 3〈文〉(伝達・事務処理などの)経路, 手順, (情報)パイプライン. — ~ regular [reglamentario] 正規の手続き[ルート]. ▶*por conducto de* …を介して[通じて], …の手うで.

conductor, tora 名 1 運転手, 操縦者. 2 指導者, 統率者. 3《中南米》(バスの)車掌; 〖オーケストラの〗指揮者. — 男《物理, 電気》(熱・電気の)導体, 伝導体, 導線. — 形 1 導く, 指導する. 2 運転の, 運転する. 3《物理, 電気》伝導(性)の.

conductual 形 行動の, 振舞いの.
condueño, ña 名 共同所有者, 共有者.

conduj- 動 →conducir [9.2].
condumio 男〈話〉1 おかず, パンと一緒に食べる副食物. 2 日々の糧, 食べ物.

conduzc- 動 →conducir [9.2].
conectado, da 過分 (→ conectar) 形 1 結合した, 接続した; (情報)オンライン(で). 2 関係した, 関連のある.

conectar 他 1〖＋a に〗を連結する,

結び合わす，つなぐ．━～ la impresora a la unidad central プリンターを中央コンピュータに接続する．**2**〔＋con と〕を結びつける，連絡する．━自〔＋con と〕連絡をとる，接触する．━se 再 つながる；スイッチが入る；〔＋a に〕接続する．━～se a Internet インターネットに接続する．

conectivo, va 形 結びつける，接続する．

conector, tora 形 接続[連結]する．━男 **1** 接続器具，コネクター．**2**〘言語〙連結詞．

coneja 女 **1**〘動物〙雌ウサギ．**2**〘話〙多産の女性．▶ *correr la coneja*〘南米〙〘話〙ひもじい思いをする，困窮な生活を送る．

conejar 男 ウサギ小屋．

conejera 女 **1** ウサギの巣[ねぐら]．**2** ウサギの飼育小屋．**3**〘話〙狭くて細長い穴；たくさんの人が住む狭い家．

conejero, ra 形 〘猟犬が〙ウサギ狩り用の，ウサギを獲る．━名 ウサギの飼育業者．

conejillo 男 ▶ ～ *de Indias* (1)〘動物〙テンジクネズミ，モルモット．(2) 実験台になる動物[人]．

conejo 男 **1**〘動物〙ウサギ，雄ウサギ．**2**〘俗〙〘女性の性器．

conejo², ja 形 〘中南米〙味のない．

conexión 女 **1**〔＋con と〕接続，結合．━*vuelo de* ～ 接続便．**2** つながり，関連，関係．**3**〘機械，電気〙接続，連結；接続部分，連結部分．**4**〘電気〙コンセント．**5**複 コネ，つて，人脈．

conexionarse 再 〔＋con と〕つながる，関係を結ぶ；親交を結ぶ．

conexo, xa 形 関連する，関係のある；結ばれた．

confabulación 女 共謀，結託．

confabulador, dora 名 共謀者，結託者．

confabularse 再 〔＋con と〕共謀する，結託する．

confalón 男 軍旗，隊旗．

confección 女 **1**〘服飾〙(洋服の)仕立て，縫製．━*corte y* ～ 〘服の〙仕立て．**2**複〘服飾〙既製服；既製服販売店．**3** 作成，製作；(要素の組み合わせによる)製造．━～ *del presupuesto* 予算の作成．**4** 薬・香水などの調合，調剤；混合飲料．▶ *de confección*〘服飾〙既製[品]の．

confeccionador, dora 形 製造の，調整の．━名 **1** 仕立屋，製造者．**2** (薬の)調剤士，合剤士．**3** 作成者，製作者．

confeccionar 他 **1** (料理・衣服など)を作る，こしらえる，仕立てる．**2** (計画・文書など)を作成する，作る．**3** (薬)を調合する．

confeccionista 形 既製服製造の，既製服業の．━男女 既製服業者，既製服製造業者．

confederación 女 **1**(労働組合・スポーツ団体などの)連盟，同盟，連合．**2** 同盟[連合]すること．**3** 連邦；連合国．━*la C*～ *Helvética* スイス連邦．

confederado, da 過分 〔→confederar〕 形 同盟の，同盟した．━名 同盟者，同盟国．

confederar 他 を同盟させる，連合させる．━se 再 **1** 連合する，同盟を結ぶ；協定を結ぶ．**2** (人・集団が)統合する．

confederativo, va 形 同盟の，連合の．

conferencia 女 **1**(主に国際的な)会議，協議，会談；会見．━～ (en la) *cumbre* サミット，首脳会議．**2** 講演会，講演会．**3**(電話の)長距離電話，市外通話．▶ *conferencia de prensa* 記者会見．

conferenciante 男女 **1** 講演者[家]，講師．**2** (会議・講演会への)参加者．**3** (会議への)参加国．

conferenciar 自 話し合う，会談する，協議する．

conferencista 男女〘中南米〙講演者，講師．

conferir [7] 他 **1** を授ける，授与する．**2** を帯びさせる，与える．

confesar [4.1] 他 **1** (罪など)を白状する．━*Ha confesado su delito*. 彼は自分の罪を白状した．**2** を告白する，打ち明ける．**3**〘カト〙…に告解をする；(司祭が)…の告解を聴く．━se 再 **1**〘カト〙〔＋a/con に対して，＋de について〕告解をする．**2** …と認める．━*Se confesó culpable*. 彼は自分に責任ありと認めた．

confesión 女 **1** 告白，自白；複 告白の書．**2**〘カト〙告解(ਫ਼), 告白，懺悔(ざん)．**3** (宗教)(信仰の)告白，公言；(告白した)信仰(箇条)，信条．━*hacer* ～ *de fe* 信仰の告白をする．

confesional 形 **1** 告白の，信仰告白の．**2** 特定の宗派に属す．

confesionalidad 女 所属している宗派．

confesionario 男〘カト〙**1** (教会の)告解(場)，告白場．**2** (信者への)告解の手引書，告解規範．

confeso, sa 形 **1** (罪を)告白した，自白した．**2**〘歴史〙(ユダヤ教徒が)回心した，改宗した，転向した．━名〘歴史〙キリスト教に回心[改宗]したユダヤ教徒．

confesonario 男〘カト〙告解室．

confesor 男〘カト〙**1** 聴罪師，聴罪司祭．**2** 証聖者．

confeti〈＋伊〉〘集合的に〙紙ふぶき．

confí-動 →confiar [1.5]．

confiable 形 信頼できる，信ずるに足る．

confiado, da 過分 〔→confiar〕形 **1** 信じやすい，だまされやすい，人よしの．**2** 〔＋en を〕信頼[信用]している，確信している．**3** 自負する，うぬぼれの強い，うぬぼれる．━*actitud confiada* うぬぼれの強い態度．

confianza 女 **1**〔＋en に対する〕信頼，信用，信任．━*inspirar* ～ 信頼感を抱かせる．**2** 自信，確信；うぬぼれ．**3** 親密，親しみ，気を許すこと．**4** 複 勝手に馴れしき，図々しさ．▶ *abuso de confianza* →abuso．*de confianza* 信頼[信用]できる，腹心の；親しい，親密な．*en con-*

fianza 内密に, 内緒で; 信splendid[信用]して, 気を許して.

confianzu̱do, da 形 1 馴れ馴れしい. 2 信じやすい.

confia̱r [コンフィアル] [1.5] 形 ――他 1 を信任[信託]する, 預ける. 2 を打ち明ける, 告白する. ――~ un secreto 秘密を打ち明ける. ――圏 [+en を] 信用する, 信頼する; 当てにする. ――*Confío en su sinceridad.* 私は彼のまじめさに信を置いている. ――**se** 再 1 [+a/en を] 身をゆだねる; に信を置く. 2 [+a/en に] 自分の意中を打ち明ける. 3 自信過剰になる.

confidẹncia 女 1 内密の話, 打明け話. 2 (秘密を)明かすこと. 3 信頼.

confidencial 内密の, 秘密の. ――*carta* ―― 親展の手紙. *información* ―― 秘密情報[報告書].

confidencialmente 副 内密に, 内々に, 密かに.

confidẹnta 女 1 信頼のおける人(女性), 女性の親友. 2 女性スパイ.

confidẹnte 男女 [女性として confidẹnta も用いられる] 1 打ち明け話のできる人, 信頼できる人, 腹心. 2 情報提供者, 密告者, スパイ. ――男 二人用の長椅子, ラブチェア.

configuración 女 1 外形, 形状, 形態. 2 (情報) 構成, コンフィギュレーション.

configurạr 他 1 を形づくる, 形成する. ――**se** 再 形成される, 形づくられる.

confị̱n 男 1 圏 [+ de/ entre の] 境界, 境界線. 2 [+ de の] 視界の果て, はるか彼方.

confinación 女 追放, 流刑.

confinạdo, da 名 (法律) 流刑人, 追放された者.

confinamiẹnto 男 1 追放, 流刑. 2 監禁, 幽閉. 3 境を接すること.

confinạr 自 [+con と] 接する, (に)境接する, 境を接する. ――他 1 を追放する, 流刑にする. 2 を監禁する, 幽閉する. ――**se** 再 閉じこもる.

confinidad 女 隣接, 近接; 近隣, 近所.

confir- 動 →conferir [7].

confirmación 女 1 確認(状), 確認. 2 (判決などの)是認, 追認. 3 (キリスト教) 堅信の秘跡, 堅信礼.

confirmạndo, da 名 (カト) 堅信を受ける人.

confirmạr 他 1 を確認する, …の正しさを証明する. ――~ *la noticia* ニュースを確認する. ――~ *el vuelo* フライトを確認する. 2 [+*en* について] …に確信を深めさせる, 自信を強くさせる. 3 [+*de* como として] …の地位を不動のものにする [確立する]. 4 を再認する, 追認する. ――~ *la sentencia* 判決を追認する. 5 (カト) …に堅信礼を施す. ――**se** 再 1 [+*en* に] 自信を深める. 2 (カト) 堅信礼を受ける.

confirmatọrio, ria 形 1 (法律) (判決・審判の)確認の. 2 確かめる,

確認の, 確証的な.

confiscación 女 没収, 押収.

confiscạr [1.1] 他 1 を没収する, 押収する. 2 (財産)を差し押さえる.

confitạr 他 1 をシロップ漬けにする. 2 を砂糖でまぶす, 砂糖で覆う.

confịte 男 [主に圏] 砂糖菓子.

confiterịa 女 砂糖菓子 (confite) を入れる容器[箱].

confiterịa 女 1 (キャラメル・ボンボン菓子・砂糖菓子を売る)菓子屋. 2 砂糖菓子を作る工場.

confitẹro, ra 名 砂糖菓子職人, 砂糖菓子屋.

confitụra 女 砂糖漬け[煮]されたもの [果物], 砂糖をまぶされたもの[果物].

conflagración 女 戦争による騒乱, 動乱; 戦争.

conflictividad 女 争い[対立]などを生む可能性があること.

conflictị̱vo, va 形 1 紛争の, 争いの, 抗争の. 2 紛争のもととなる, 争いのもととなる.

conflịcto 男 1 (国家間などの)紛争, 争い, 衝突. ――~ *fronterizo* 国境紛争. 2 (利害・意見などの)衝突, 対立, 争い. ――~ *de poderes* 権力争い. 3 (解決策のない)問題; 葛藤, 煩悶される心. ――*poner en un* ~ 窮地に陥れる[追い込む]. 4 (情報) コンフリクト. ――*conflicto colectivo* (法律) 労働争議.

confluẹncia 女 (河川・道などの)合流 (地点), 人の合流(場所).

confluẹnte 形 1 合流する, 一つになる. 2 (医学) 融合性の, 融合発疹の.

confluị̱r [11.1] 自 1 (河川・道などが)合流する, 一つになる. 2 (人がある場所に)集まる, 集合する; (様々な要素が特定の現象に)集中する, 収斂(する.

conformación 女 形態, 形状, 形. 構造, 組織; (全体に対する部分の)配置, 配列.

conformạr 他 1 [+*a* に] を順応[適合]させる, 一致させる. 2 を形作る, 形成する. 3 …に承認のサインをする; (銀行が小切手を)発行する. ――~ [+con と] 同意する, 賛成する. ――**se** 再 1 [+*con* を] 甘受する, …で我慢する, 満足する. 2 [+*con* に] 同意する, 賛成する. 3 [+*a* に] 順応する, 従う, …に合う.

confọrme 形 1 [+*a* に] 一致した, 則した. 2 [+*a* に] 応じた, 適合した. 3 [+*con* に] 満足した, 甘んじた. ――*estar conforme con* [*en*] …と合意[一致]している, 同意見である. ――副 1 [+*a/con*] に)従って, (の)通りに. ――~ *con lo planeado* 計画した通りに. 2 …に応じて, …に次第で. ――*Te pagamos ~ a tu trabajo.* 君の仕事に応じて我々は金を払う. ――接 1 [+*直説法/接続法*] 1 …のように, …の通りに. ――*Lo hice todo ~ me dijeron.* 私は彼らが言った通りにすべてやった. 2 …に従って, に応じて. 3 …次第に, …するとぐに. ――間 よろしい, けっこう, 賛成. ――男 承認済み(文書を承認された

conformidad 際記す表現), 同意. ► dar [poner] el conforme 同意する, 承認する.

conformidad 囡 **1** 同意, 承認. —dar su ~ a... を承認する[認める]. に同意する. **2** (意見などの)一致, 調和, 合致. **3** 忍従, 我慢, 諦め. ~ de [en] conformidad con... に従って, 応じて. en esta [tal] conformidad このような場合には, こういう状況では.

conformismo 男 順応主義, 順応的な態度.

conformista 形男女 **1** 順応的な(人), 順応主義の(人). **2** (宗教) 英国国教の(信徒).

confort [< 仏] 男 快適さ, 心地よさ.

confortable 形 **1** 元気にする, 強壮にする. **2** 快適な, 心地よい.

confortablemente 副 快適に, 心地よく.

confortación 囡 元気づけ, 激励; 強壮.

confortante 形 元気づける, 励ます.

confortar 他 **1** を丈夫にする, 強健にする. **2** を元気づける, 勇気づける, 元気を与える, 慰める, 励ます. —— se 再 **1** 体を丈夫にする. **2** 元気になる, 元気づく.

confortativo, va 形 強壮する, 丈夫にする; 元気づける. — 男 強壮剤.

confraternidad 囡 兄弟愛, 同胞愛, 友愛. **2** 兄弟のように親しい友情関係.

confraternización 囡 親交, 友好関係になること.

confraternizar [1.3] 自 兄弟のように親しく交わる(親交を深める).

confrontación 囡 **1** 比較, 照合. **2** 対面, 直面; 対決.

confrontar 他 **1** 〔+ con と〕を比較する, 照合する **2** 〔+ con と〕を対面させる, 対決させる. **3** …に直面する, …に面と向かう. —— 自 〔+ con と〕に接する, 隣接する. —— se 再 〔+ con と〕直面する, 向き合う; (に)立ち向かう.

confucianismo 男 (宗教) 儒教, 儒学.

confuciano, na 形 孔子の; 儒教の, 儒教的な. — 名 儒者, 儒教徒.

Confucio 固名 孔子(前 551-479, 中国の思想家, 儒学の始祖).

confucionismo 男 → confucianismo.

confucionista 形男女 → confuciano, na.

confundible 形 混同する, 混同しやすい, 間違いやすい.

***confundido, da** 過分 [→ confundir] 形 **1** 混同した, 間違えた. —Perdón, pero está usted ~. すみませんが, お間違えです. **2** 当惑した.

confundir 他 **1** 〔+ con と〕を混同する, 取り違える, 間違える; を混同[混合, 間違]させる. **2** を混ぜる; を紛れ込ませる. **3** を悪化させる, かき乱す. **4** を戸惑わせる, 当惑させる. —— se 再 **1** 〔+ de と〕間違える, 間違う. —Usted se ha confundido. あなた, お間違いです. ~ se de piso 階を間違える. **2** 混じり合う; 紛れ込む. **3** 乱れる, 混乱する, めちゃくちゃになる. **4** どぎまぎする, 当惑する, 取り乱す.

confusamente 副 **1** 混乱して, 雑然として; 乱雑に. **2** 曖昧に, 漠然と. **3** 当惑して; 恥じ入って.

:**confusión** 囡 **1** 混乱, 混雑, 紛糾. **2** 混同, 間違い, 誤解. **3** 当惑, 困惑, 狼狽(ばい).

confusionismo 男 (概念や言語の)混乱, 曖昧さ.

confusionista 形男女 (概念や言語が)混乱した; 混乱させる(人).

***confuso, sa** 形 **1** 混乱した, 乱雑な, 雑然とした. **2** ぼんやりした, はっきりしない, 不明瞭な. —una explicación confusa 曖昧な説明. **3** 当惑した, まごついた, どぎまぎした.

confutación 囡 反駁(ばく), 反論.

confutar 他 …に反駁(ばく)する, 反論する.

conga 囡 **1** (舞踊) コンガ. ◆ キューバの民族舞踊. **2** (音楽) コンガのための音楽.

congelación 囡 **1** 氷結, 凍結; 冷凍. **2** (商業, 経済) (物価・賃金・預金などの)凍結, 据え置き, 封鎖.

congelado, da 過分 [→ congelar] 形 **1** 凍った, 凝固した, 冷凍された. **2** (商業, 経済) 凍結された, 封鎖された. **3** 冷えきった. **4** (医学) 凍傷にかかった. —— 男 〔主に 複〕 冷凍食品.

congelador 男 **1** 冷凍室, 冷凍庫. **2** 冷凍機, 冷凍装置.

congelamiento 男 → congelación.

congelar 他 **1** を凍らせる. 氷結させる, 凍結する. **2** を冷凍する, 急速冷凍する. **3** (商業, 経済) を現金化できなくする, 封鎖する; (賃金など)を凍結する. **4** (医学) を凍傷にする. **5** …の進行[経過]を止める, を中断する. —— se 再 **1** 凍る, 凍結する. **2** (医学) 凍傷になる.

congénere 形 同物の, 同種の, 同族の. — 男女 (軽蔑) 仲間, 同類.

congeniar 自 〔+ con と〕折り合いがいい, 気が合う.

congénito, ta 形 生得の, 生まれつきの; 先天的な.

congestión 囡 **1** (人・車両などの)密集, 込み合い, 混雑. **2** (医学) 鬱血(けつ), 充血.

congestionar 他 **1** (医学) を鬱血(けつ)させる, 充血させる. **2** を密集させる, 混雑させる. —— se 再 **1** (充血して)顔が赤くなる. **2** (人や車両が)密集する, 混雑する.

congestivo, va 形 (医学) 鬱血(けつ)性の, 充血(性)の.

conglobar 他 (球状にするために)を集める, 合わせる; (全体を作るために)集める, 合わせる. —— se 再 (球状・全体を作るために)集まる.

conglomeración 囡 凝集, 塊; 寄せ集め, 寄せ集まり.

conglomerado 男 **1** 寄せ集まり, 集合, 塊. **2** (地質) 礫岩(れき). **3** (雑多なものの)

conglomerante の))混合体, 集積体, 集合体. **4** 合板.

conglomerante 形 凝集させる. — 男 凝集剤.

conglomerar 他 を寄せ集める, 凝集する; 塊にする. — se 再 凝集する; 塊になる.

conglutinar 他 →aglutinar.

Congo 固名 **1** コンゴ共和国(公式名 República del Congo, 首都 Brazzaville). **2** コンゴ民主共和国(公式名 República Democrática del Congo, 首都 Kinshasa).

congoja 女 **1** 激しい苦痛, 苦悶, 苦悩. **2** 気絶, 卒倒, 失神.

congoleño, ña 形固名 コンゴ(コンゴ共和国, コンゴ民主共和国)の, コンゴ人(の).

congolés, lesa 形名 → congoleño.

congraciador, dora 形 人の好意を得ようとする, 人を引きつけようとする.

congraciar 他 〖+ con の〗好意〖関心, 愛着〗を引き寄せる, かち得る, つかむ. — se 再 〖+ con に〗気に入られる, 〖の〗好意をかち取る.

congratulación 女 祝うこと, 祝福すること, 祝辞.

congratular 他 〖+ por について〗を祝う, 祝辞を述べる. — se 再 〖+ de/que + 接続法〗喜ぶ, 祝う.

congratulatorio, ria 形 祝いの, 祝賀の, 祝辞の.

congregación 女 **1** 集まり, 集団; 集合, 集合体, 集会, 会合. **2** 宗教会議. **3** 〖宗教〗(司祭や信者の)信心会, 修道会, 信徒団;〖集合的〗会衆, 信徒. **4** 〖宗教〗(ローマ教皇庁の)聖省. — **congregación de (los) fieles** カトリック教会.

congregacionalista 形 男女 〖中南米〗〖宗教〗組合教会主義の〖主義者〗, 会衆派の.

congregacionista 男女 〖宗教団体・結社などの〗会員, メンバー.

congregante, ta 名 〖宗教団体・結社などの〗会員, メンバー.

congregar [1.2] 他 集める, 集合する. — se 再 集まる, 集合する.

congresista 男女 **1** (会議・学会などの)参加者, 参会者, 会議のメンバー. **2** 議員, 代議員, 下院議員.

congreso 男 **1** (政治)(米国・中南米など)国会, 議会. (2) (スペインの)下院(= C~ de los Diputados). **2** (政治)国会議事堂. **3** (外交・学術などの)会議, 大会, 学会, 党大会. — **internacional** 国際会議. ~ **eucarístico** (宗教)聖体会議.

congresual 形 会議〖学会, 国会〗の.

congrio 男 〖魚類〗アナゴ, アナゴ科の魚の総称.

congruencia 女 **1** 一致, 適合性, 調和. **2** (数学)(2数または2図形の)相合, 合同. **2** 円義(ぎ)の.

congruente 形 **1** 〖+ con と〗一致する, 適合する, 調和した. **2** (数学)(2図形が)合同の; (2数または)相合の, 合同の.

congruo, grua 形 **1** 一致する, 適合する. **2** 適切な, ふさわしい.

cónico, ca 形 **1** (数学)円錐(形)の. **2** 円錐状の.

conífero, ra 形 〖植物〗(マツ・モミ・ヒノキなど)針葉樹の, 球果植物の. — 女 〖植物〗針葉樹. — 女複 球果植物の総称.

coniforme 形 (数学)円錐形の.

conjetura 女 〖主に複〗推測, 憶測, 推量.

conjeturable 形 推量できる, 推測できる.

conjetural 形 推測に基づいた, 憶測による.

conjeturar 他 …と推量する, 推測する, 憶測する.

conjugación 女 **1** 〖言語〗(動詞の活用, 変化)法. **2** — regular [irregular] 規則〖不規則〗活用. **2** 結合, 連結, 連携. **3** 〖生物〗(生殖細胞・原生動物の)接合, 合体.

conjugado, da 過分 (→ conjugar) — 形 **1** 〖言語〗(動詞が)活用した. **2** (数学)共役の. **3** (機械)連携した, 連動した. **4** (植物)接合藻類の. — 女複 (植物)接合藻類.

conjugar [1.2] 他 **1** 〖言語〗(動詞・不定詞)を活用させる. **2** を結び合わせる, 一致させる, なげる. — ~ **el trabajo con los estudios** 仕事と勉強をうまく両立させる.

conjunción 女 **1** (様々な出来事・状況などの)結合, 連結. — ~ **de esfuerzos** 努力の結集. **2** (言語) 接続詞. — **coordinante** 等位接続詞 (y, o, ni など). — **subordinante** 従位接続詞 (porque, aunque など). **3** (天文)(天体の合(ごう), (月の)朔(さく).

conjuntamente 副 いっしょに.

conjuntar 他 を調和させる, 釣り合わせる; 協調させる. — se 再 結合する, いっしょになる, 集まる.

conjuntiva 女 〖解剖〗結膜.

conjuntivitis 女 〖単複同形〗〖医学〗結膜炎.

conjuntivo, va 形 **1** 合わせる, 結合する, 接合する. **2** 〖言語〗接続(詞)の.

conjunto 男 **1** 集合, 集まり, 集団. — un ~ **de circunstancias** 一連の状況. — ~ **deportivo** スポーツチーム. **2** 全体, 全貌, 全景. — La casa y el jardín forman un ~ armónico. 家と庭がうまく調和している. **3** 家具・調度品などのひとそろい; 一群の建物. **4** (服飾)アンサンブル, (上下)一揃いの服. **5** (音楽)アンサンブル, バンド, (小編成の)合奏団. **6** (数学)集合. — **el ~ de los números primos** 素数の集合. ■ **en conjunto** 全体的に, 全体として, 概して. — , **ta** 形 **1** 結合した, 一つになった. — **trabajo ~** 協力. **2** 共同の, 共有の; 合同の; 連帯の. —una obra **conjunta** 共同作品. — **comité ~** 合同委員会. **3** 〖+ a に〗隣接した, 隣の.

conjura 女 陰謀, 謀反.

conjuración 女 陰謀, 共謀, 謀反.

conjurado, da 過分 [→conjurar] 形 名 陰謀[共謀]に加担した(人).

conjurador, dora 名 **1** 悪魔払いの祈禱師. **2** 陰謀[共謀]を企てる人.

conjurar 自 [+ contra に対して] 陰謀する, 謀議する. —— **1** (悪魔)を追い払い, 払い清める. **2** (霊)を呼び出す. **3** [+ a que + 接続法] …するよう懇願する. **4** を防止する, 回避する. — **se** 再 陰謀をたくらむ, 共謀する.

conjuro 男 **1** 悪魔払い, 魔除け. **2** 呪文, 呪い. **3** 嘆願, 懇願. ▶ **al conjuro de...** …の効力で.

conllevar 他 **1** (病気・逆境など)に耐える, を我慢する, 忍従する. **2** (気難しい人)とうまく付き合う. **3** を伴う,含む.

conmemorable 形 記念すべき.

conmemoración 女 記念[記念の祭式・祝典], 追悼(祭). — ~ **de los (fieles) difuntos** (カト) 諸死者の記念日, 万霊祭 (11月2日).

conmemorar 他 **1** を祝う, 祝賀する. **2** を記念する.

conmemorativo, va 形 記念の, [+ de] …を記念する. —acto ~ 記念行事.

conmensurable 形 **1** 測定可能な, 評価することができる. **2** 〖数学〗 通約できる, 同じ数で割り切れる.

conmensurar 他 を同じ単位で測定する.

conmigo 前 + 代 (人称) [con mí の結合形] 私といっしょに, 私に対して. — ¿Vienes ~ al cine? 君はぼくといっしょに映画を見に行くかい? C~ no valen amenazas. 私に対して脅しはきかないよ.

conmilitón 男 戦友.

conminación 女 **1** (罪・報復等に)脅(*)すこと, 脅し, 威嚇(**). **2** 〖法律〗 (強い)要求[通告, 通達].

conminar 他 **1** [+ con で]を脅(*)す, 脅迫する. **2** 〖法律〗 [+ a + 不定詞/ que + 接続法] …するよう(人)に通告…するように通達する.

conminativo, va 形 **1** 脅(*)しの, 脅迫の, 威嚇の. **2** 通告の, 通達的な.

conminatorio, ria 形 **1** 脅(*)しの, 脅迫の, 威嚇の. **2** 通告の, 通達の.

conmiseración 女 同情, 憐憫(_h).

conmoción 女 **1** (精神的な)動揺, 狼狽(*), ショック. **2** (政治的・社会的な)変動, 動乱. **3** 地震.

conmocionar 他 **1** を動転させる, 動揺させる, 衝撃を与える. **2** 〖医学〗 …に脳震盪(*)を起こさせる. — **se** 再 **1** 動転する, 動揺する. **2** 〖医学〗 脳震盪を起こす.

conmovedor, dora 形 人を感動させる, 感動的な, 心をゆり動かすような.

conmover [5.2] 他 **1** を感動させる, 感激させる, …に衝撃を与える. **2** を揺さぶる, 震動させる. — **se** 再 **1** 感動する, 感激する. **2** 震える, 震動する.

conmovido, da 過分 [→conmover] 形 動揺した, ショックを受けた, 感動した. —con voz **conmovida** 動揺した声で.

conmuev- 動 →conmover [5.2].

conmutable 形 交換可能な, 代替可能な. —penas ~s 軽いものと代替可能な刑罰.

conmutación 女 取り替え, 交換, 変換. ▶ **conmutación de pena** 〖法律〗 減刑.

conmutador, dora 形 取り替えの, 交換の, 代替の. — 男 **1** 〖電気〗 整流器; 転換器; 〖電気〗 スイッチ, トグル. **2** [中南米] 電話交換台.

conmutar 他 **1** [+ por に] 〖刑罰・責務〗などを減刑する, 軽くする. **2** [+ con/por と] を取り替える, 交換する, 変換する. **3** [+ en に] を変える, 転換する.

conmutativo, va 形 **1** 取り替えの, 交換の; 交換性のある. **2** 〖数学〗 可換の.

connatural 形 生まれつきの, 生得の, 先天的な.

connaturalizar [1.3] 他 [+ con に] を慣れさせる. — **se** 再 [+ con に] 慣れる.

connivencia 女 **1** 共謀関係, 共謀. **2** (過ち)を大目に見ること, 見逃し; 寛容[寛大]なこと.

connotación 女 **1** 〖言語〗 含意, 言外の意味, 暗示的意味. **2** 〖論理〗 内包.

connotado, da 形 [中南米] 著名な, 有名な.

connotar 他 **1** 〖言語〗 を含意する, 言外に含む, 暗示する. **2** 〖論理〗 を内包する.

connotativo, va 形 **1** 〖言語〗 含意している, 暗示的な. **2** 〖論理〗 内包的な.

connubio 男 〖詩〗 結婚, 婚姻; 夫婦.

cono 男 **1** 〖数学〗 錐(*), 円錐, 錐面. **2** (一般に) 円錐状のもの. **3** 〖植物〗 毬果(**), 松ぼっくり, 円錐果. ▶ **Cono Sur** チリ・アルゼンチン・ウルグアイを含む地域.

conocedor, dora 形 [+ de に] 精通した, 詳しい. — 名 [+ de に] 精通した人, 詳しい人.

conocer [9.1] 他 **1** (人)と知り合いである, 面識がある; (場所)を知っている, 行ったことがある. —Hoy **he conocido** a Marisa. 今日私はマリサと知り合った. No **conozco** París. 私はパリに行ったことがない. **2** (見聞・経験により)を知っている, 分かっている; 〖文〗 (異性)を知る, …と(肉体)関係を持つ. —Le **conozco** de oídas [de vista]. あなたのうわさだけはうかがっており[お顔だけは存じあげて]おりました. no ~ el fracaso 失敗を経験したことがない. Murió sin ~ varón [mujer]. 彼女[彼は]男[女]を知らずに死んだ. **3** (体験により)…に精通している, を熟知している. **4** [+ de から] 見分ける, 識別する, 見て[聞いて]分かる. —Le **conocí** por la voz. 私は声で彼だと分かった. —— 自 **1** [+ de に] 詳しい, 精通している. **2** 〖法律〗 事件を担当[審理]する. —— ~ **del pleito** 訴訟を担当する. — **se** 再 **1** 自分を知る. —**Conócete** a ti mismo. なんじ自身を知れ. **2** 知り合いになる; 知り合いである. —Hace tiempo que *nos conocemos*. 私たちは長い間知り合い同士だ. **3**〔+ *que* +直説法〕…だと分かる, 認められる. —En la cara *se le conocía* que estaba preocupado. 彼の顔で心配していることが分かった. ▶ *dar a conocer* を(人)に知らせる, 通知する. *darse a conocer* 自分がどんな人間かを明らかにする. *se conoce que...*〔話〕…のようである.

:**conocido, da** 過分〔→ conocer〕形 よく知られた, 有名な, 著名な. —名 知人, 知り合い.

:**conocimiento** [コノシミエント]男 **1**〔主に複〕〔+ *de* についての〕知識, 造詣; 理解, 認識. **2** 意識, 知覚. —perder [recobrar] el ~ 意識を失う[回復する]. **3** 分別, 判断力, 知性. **4** 身をもって知ること, 体験. **5**(人と)知り合うこと, 面識, 交友. **6**〔話〕知合い, 知人, 知己. **7** 認識, 識別, 概念;〔哲学〕認識. —teoría del ~ 認識論(→epistemología). ▶ *tener conocimiento de...* …のことを知る[聞く], 知っている. *venir en conocimiento de...* (人)の知るところとなる, …の耳に入る.

cónoide 男〔数学〕円錐曲線体.

conopial 形〔建築〕円葉曲線の.

conozc- 動 →conocer [9.1].

:**conque** [コンケ]接〔+直説法; 結果を示す〕で, それで, だから. —Ya es muy tarde, ~ a dormir. もう遅いから, さあ寝ましょう. **2**〔話〕〔+直説法; 文頭で驚き・非難を示す〕結局, それじゃ. —¿Cómo te han dado el premio! 何で君が賞をもらったんだ.

conquense 形 男女 クエンカ(Cuenca)のクエンカ出身の(人).

:**conquista** 女 **1** 征服, 征服された土地[人々]. **2**(名声・成功などの)獲得(物). **3**(異性を口説き落とすこと; ハントした相手, 手に入れた男[女]. **4**(人の)心をつかむこと, 魅了.

conquistable 形 征服することのできる, 獲得することのできる, 取ることのできる.

conquistador, dora 形 **1** (一般に)征服者. **2**〔歴史〕コンキスタドル(16世紀に新大陸の Azteca や Inca などを征服したスペイン人征服者). **3**〔話〕(異性を口説き落とす)人; ドン・ファン, プレイガール. —男 **1** 征服者, 征服(者)の. **2**(異性を)口説き落とす人.

:**conquistar** 他 **1** を征服する. **2** をかち得る, 獲得する. —*un cargo* ある地位を獲得する. **3** …の心を捕える, を魅惑する.

consabido, da 形 **1** いつもの, 言い古された, 古くさい. **2** よく知られた, 周知の. **3** 上述[前述]の.

:**consagración** 女 **1**〔カト〕(教会・祭壇などの)聖別(式), 奉献; (司教の)叙階(式). **2**〔カト〕聖変化(ミサ聖祭でパンとぶどう酒がキリストの体と血に変化すること). **3** (地位・名声の)確立, (社会的な)認知, 公認. —~ *de una costumbre* 慣習の確立.

4 献身, 精進; 奉納, 献納.

:**consagrado, da** 過分〔→ consagrar〕形 **1** 名声のある. **2**〔+ *a* に〕(社会的に)認められた. **2**〔+ *a* に〕捧げられた, 身を捧げた. **3**〔カト〕聖別化された, 神聖化された.

:**consagrar** 他 **1**〔+ *a* に〕を捧げる, 充てる. —~ *la vida a la enseñanza* 全生涯を教育に捧げる. **2** を有名にする, …の名声を上げさせる. **3** を建立(記念碑)を建てる. **4**〔カト〕(パンとブドウ酒を)聖変化させる; を叙階する. —**se** 再 **1** 身を捧げる:〔+ *a* +不定詞〕身を抛(なげう)ちして…する, 献身的に…する. **2** 名声になる, 名を上げる;〔+ *como* として〕地位を確立する. —*Se ha consagrado como un gran científico*. 彼は大科学者として有名になった.

consanguíneo, a 形 **1** 血族の, 血縁の, 同族の. **2** (兄弟が)異母の. —名 **1** 血族, 血族. **2** 異母兄弟.

consanguinidad 女 同族(関係), 血族(関係), 血縁(関係).

consciencia 女 →conciencia.

:**consciente** 形〔*ser* +/+ *de* を〕意識している, …に気がついている, 自覚している. **2**〔*estar* +〕意識のある. 正気の. —*El enfermo ya no está* ~. もう病人は意識がない. **3** 責任感のある, 良心のある.

conscientemente 副 意識的に, 意識して.

conscripción 女〔中南米〕〔軍事〕徴兵, 徴募, 召集.

conscripto 男〔中南米〕〔軍事〕徴集兵, 補充兵.

consecución 女 **1** 手に入れること, 獲得. **2** 達成, 到達; 実現.

:**consecuencia** 女 **1** 結果, なりゆき. **2**(結果・影響などの)重大さ, 重要性. —*sufrir heridas de* ~ 重傷を負う. **3** 結論, 帰結. **4**(言行・思想・主義などとの)一貫性. ▶ *a [como] consecuencia de ...*…の結果として, …によって. *en [por] consecuencia* 従って, それゆえ, その結果(として). *sin consecuencias* 後で影響[危険, 被害]のない[もなく]. *sufrir las consecuencias* 報いを受ける, 痛い目に遭う. *tener [traer] consecuencias* 重大な結果をもたらす, 重大な影響を及ぼす.

consecuente 形 **1**(言行に)一貫性のある, 一定のつながりがある. **2**〔+ *a* に〕続く; 必然の, 当然の. —形 **1**〔論理〕後件. **2**〔数学〕比の後項.

consecuentemente 副 **1** その結果として, 従って. **2** 首尾一貫して.

consecutivamente 副 連続して, 引き続いて.

consecutivo, va 形 **1** 連続した, 引き続く. **2**〔言語〕結果を表す結果の.

:**conseguido, da** 過分〔→ conseguir〕形 よくできた, 完成した, 達成した.

:**conseguir** [コンセギル] [6.3] 他 **1** を獲得する, 得る, かち得る. —~ *entradas para el concierto* コンサートのチケットを入手する.

2 〔+不定詞〕…することに成功する，どうにか…する，を成し遂げる．

conseja 囡 寓話，おとぎ話；伝説．

consejería 囡 **1** 理事会〔審議会・評議会・諮問会議〕が開催される場所〔建物〕．**2** (スペイン自治州の)顧問〔評議員・理事，参与〕の職務．**3** (スペイン自治州の)省〔局，部〕．**4** 〔中南米〕助言，コンサルティング．

consejero, ra 图 **1** 助言者，相談相手，忠告者．**2** 顧問，コンサルタント，相談役；カウンセラー．**3** 審議会委員，理事，参与〕；審議会委員．**4** 〔政治〕(大使館の)参事官；(スペイン自治政府の)大臣，閣僚；議員．~ de embajada 大使館参事官．

consejo [コンセホ] 男 **1** 助言，忠告，アドバイス．**2** 重役・審議会〕の会議，会議；審議会，評議会．—C~ de Administración 取締役会(議)，重役会(議)，理事会．~ de redacción 編集会議．C~ de Estado 国務院．C~ de Europa ヨーロッパ評議会(1949年設立)．C~ de la Inquisición 〔歴史〕宗教裁判所，異端審問所．C~ de Seguridad 安全保障理事会．C~ Superior de Investigaciones Científicas 高等学術研究院〔略称 CSIC〕．► Consejo de Guerra (軍事)軍法会議．Consejo de Ministros 内閣，閣議．

consenso 男 **1** 同意，承認，承諾．**2** (全員の)合意，意見の一致，コンセンサス．

consensual 形 〔法律〕合意の，合意だけで成り立つ．

consensuar 他 合意を採択する．

consentido, da 過分 〔→consentir〕形 **1** 同意した，許容した．**2** (子どもなどが)わがままされた，わがままな．**3** (夫が)妻の不倫を許している(→marido ~)．—图 甘やかされた子ども．

consentidor, dora 形 寛大〔寛容〕すぎる，(子どもなどを)甘やかす．—图 寛大〔寛容〕すぎる人，(子どもなどを)甘やかす人．

consentimiento 男 同意，承諾．—~ tácito 暗黙の同意，黙認．~ informado 〔医学〕インフォームドコンセント．

consentir 〔7〕他 **1** を許す，了承する，認める．**2** を甘やかす，猫かわいがりする．**3** (物)が…に耐える，を支える．—自〔+en について〕意見の一致をみる，同意する．—No consintió en cooperar. 彼は協力に同意しなかった．**4** (建築物・家具の)がたが来る，ぶたがたする〔になる〕．

conserje 男女 (公共施設などの)管理人，守衛，門番．

conserjería 囡 **1** (公共施設などの)管理人〔守衛，門番〕の職．**2** 管理人〔守衛，門番〕の詰め所．

*__conserva__ 囡 **1** 缶詰，瓶(びん)詰．**2** 保存，保存にすること，保存方法．**3** 〔海事〕護衛(船)船団．► en conserva 缶詰〔瓶詰〕にした．

*__conservación__ 囡 **1** 保存，貯蔵． **2** (生命などの)保存．—instinto de ~ 自己保存本能．**3** (建物などの)維持，管理，メインテナンス．**4** (資源・環境の)保護，保全．—~ de la Naturaleza 自然保護．

conservador, dora 形 **1** 保守的な，伝統尊重の，保守主義の．—ideas conservadoras 保守的な思想．**2** 〔保存〔保管，保護〕する，保守党員．**2** (博物館などの)管理人，主事，学芸員．

conservaduría 囡 (博物館・美術館などの)学芸員〔館長〕の職〔身分〕；その事務室．

conservadurismo 男 **1** (政治の)保守主義．**2** (考え方・行動に見られる)保守的傾向，保守性．

conservante 形 保存する，保存用の．—男 (食品の)保存料，防腐剤．

conservar [コンセルバル] 他 **1** を維持する，保持する，保つ．—un buen recuerdo de… …の良い思い出を持ち続けている．**2** を大事にしまう，とっておく．**3** を缶詰にする．—se 自 (身体の若さを)保つ，(…の状態を)保つ．—Mi abuela se conserva joven y delgada. 私の祖母は体を若々しく細目に保っている．**2** 保存〔維持〕される．

conservatismo 男 〔中南米〕(政治の)保守主義．(考え方・行動の)保守的傾向，保守性．

conservatorio, ria 形 保存に役立つ，保存の．—男 (主に公的な)音楽学校，演劇学校，芸術関係の学校．

conservería 囡 缶詰〔瓶(びん)詰〕製造法，缶詰〔瓶詰〕製造業．

conservero, ra 形 缶詰〔瓶(びん)詰〕の，缶詰〔瓶詰〕業の．—图 缶詰〔瓶詰〕業者，缶詰〔瓶詰〕製造業者．

considerable 形 **1** (数量・大きさ・程度が)かなりの，相当の，大した．—una ~ suma de dinero かなりの金額．**2** 重要な，考慮に値する．

considerablemente 副 かなり，相当に，大いに．

*__consideración__ 囡 **1** 考慮，顧慮；熟慮，熟考．**2** 〔主に 複〕〔+ a/con/hacia/por に対する〕配慮，気配り；思いやり，気遣い．—falta de ~ 配慮不足，思いやりのなさ，軽視．**3** 〔主に 複〕〔hacia/+ por 人に対する〕尊敬．**4** 丁重な扱い，厚遇；特別待遇．**5** (事物の扱い方に対する)注意，注目；配慮，丁寧さ．—prestar ~ a …に注目する．**6** 判断，評価，意見．► de consideración 重大な，重要な；かなりの，相当な．De mi [nuestra] consideración 〔中南米〕(手紙で)拝啓，謹啓．en [por] consideración a …を考慮〔斟酌〕して，…に配慮して．tener [tomar] … en consideración …を考慮に入れる，斟酌する，重視する；を尊敬する．

considerado, da 過分 〔→considerar〕形 **1** 〔ser〕+〔+ con に〕思慮深い，理解のある，を敬う．**2** 〔estar〕+〕尊敬されている，敬われている，人望がある．**3** 検討された，考慮された．

considerando 男《法律》判決[裁定]の根拠となる各要件.

considerar [コンシデラル] 他 **1** をよく考える, 熟慮する, 検討する. —— las posibilidades 可能性を熟慮する. Te ruego que *consideres mi propuesta.* お願いだから私の提案を検討してもらいたい. **2** …と考える, 見なす. **3** …に敬意を払う, を尊敬する. —— **se** 再 自分を…と考える[見なす].

consient- 動 →consentir[7].

consig- 動 →conseguir[6.3].

consigna 女 **1**（駅・空港などの）一時預り所. —— automática コインロッカー. **2** 命令, 指示, 指図. **3**《軍事》（歩哨・看守などへの）指令, 調令; 宣誓. **4**（チモキャッチなどの）スローガン, モットー, 標語.

consignación 女 **1**（予算などの）割当て額; 配分, 計上. —— de créditos 予算の割当て. **2**（商業）（商品などの）委託, 委託販売; 供託（金）. —— **mercancías a [en]** —— 委託販売品. **3** 明記, 記入.

consignado, da 過分 [→ consignar] 形 **1** 予託された, 供託された. **2**（商品の）委託された, 送られた. **3**（住所等が）書き留められた, 記載された. **4**（予算に）計上された.

consignar 他 **1** を計上する, 割り当てる. **2** を記載する, 明記する. **3** を預ける, 託す; 供託する. **4** を委託する; を発送する. **5**《法律》を供託する.

consignatario, ria 名 **1**（商業）（商品の）引受人, 荷受人, 2（法律）委託を受けた人. **3** 船主代行人, 船舶代行業.

consigo 前＋代（人称）《con sí 結合形》自分とともに, 自分自身で, 自分に対して. —Siempre lleva ~ una cartera. 彼はいつも肌身離さず書類カバンをもっている.

consiguiente 形 〖＋a〗 …の結果として起きる, …に由来する, に引き続く. —Recibí la noticia de su muerte con la ~ pena. 私は彼の訃報を受けて悲しみに沈んだ. —— 男《論理》帰結, 後件. ▶ **por [de] consiguiente** 従って, それ故.

consiguientemente 副 従って, それ故.

consiliario, ria 名 助言者[役], 顧問.

consint- 動 →consentir[7].

consistencia 女 **1**（固形物・液体の）粘り気, 粘性; 濃度. **2** 堅さ, 堅固さ, 耐久性[力]. **3**（理論などの）確実さ; 一貫性, まとまり; 内容. **4** 安定性. —— **tomar consistencia**《話》（液体などが）粘つく, 固まる;（考え・計画などが）具体化する, 確実性を帯びる.

consistente 形 **1**（物が）堅い, 堅固な, しっかりした. —material ~ 堅固な素材. **2**（液体などが）堅実な, 手堅い; —貫した. **3**（クリームなどが）濃厚な, ねばり強い, 腰のある. **4**〖＋en から〗成り立つ, 構成する. —Es un drama ~ en dos actos. それは2幕から成り立っている芝居である.

consistir [コンシスティル] 自 〖＋en〗 **1** …（から）成る. **2** …（に）ある, …（に）帰する. **3** …の義務[役目]である.

consistorial 形 **1**（カト）教皇枢密会議の. **2**（歴史）古代ローマ帝の審議会[評議会]の. **3** 市議会の, 町議会の.

consistorio 男 **1**（カト）教皇枢密会議. **2** 市[町]議会; 市庁舎, 町役場.

consocio, cia 名 **1**（商業）共同出資者, 共同経営者. **2** 仲間, 同業.

consola 女 **1** 壁に固定されるテーブル. **2** コンソール（バイオルガンを含む演奏座）. **3**（建築）コンソール. **4**（情報）コンソール, 制御卓, 操作台.

consolación 女 慰めること, 慰め. ▶ *premio de consolación* 選外佳作; 残念賞.

consolador, dora 形 慰めになる, 慰めの. —palabras consoladoras 慰めの言葉. —— 女 慰める人. —— 男《隠》（性)用のバイブレター, 張り形.

consolar [5.1] 他 を慰める. —— **se** 再 自らを慰める.

consolidación 女 **1** 固めること, 固定化; 強固にすること, 強化. **2** 流動負債を長期負債にすること. **3**（経済）整理統合.

consolidar 他 **1** を固定する, 補強する; 確固たるものとする. —— **un muro** 壁を補強する. **2**（流動負債）を長期負債にする. **3**（経済）を整理統合する. —— **se** 再 固まる, 強固になる.

consomé 男《料理》コンソメ, 澄ましスープ.

consonancia 女 **1**（音の）一致, 調和. **2**（音楽）協和, 協和音. **3**（詩学）同音韻.

consonante 形 **1** 子音の, 子音字の. —letra ~ 子音字. **2**（詩学）同音韻を踏んだ. —rima ~ 同音韻. **3**《音楽》協和音の; 共鳴する. **4**〖＋con と〗調和［一致]する. —— 女 **1** 子音字, 子音字. —— sorda [sonora] 無声[有声]子音.

consonántico, ca 形 **1**（音声）子音の, 子音節の. **2** 協和の, 調和の.

consonar [5.1] 自 **1**（音楽）協和する, 調和音となる. **2**（詩学）同音韻になる. **3** 一致する, 調和する.

consorcio 男 **1** 結合, 連合, 組合. **2** 夫婦. **3**（経済）合弁企業.

consorte 男女 **1**《文》配偶者（夫または妻）. —principe [rey] ~ 女王の夫君. **2**（法律）共犯者, 共謀者. **3**複（法律）同訴訟人, 原告団, 被告団. **4**（運命を共にする）仲間, 相棒.

conspicuo, cua 形 著名な, 高名な, 傑出した.

conspiración 女 陰謀, 謀反, 共謀.

conspirador, dora 名 共謀者, 陰謀者.

conspirar 自 **1**〖＋contra に対して〗陰謀をたくらむ;（悪事のために）力を合わせる, 協力する, 共同する. **2**〖＋a に〗（悪事のために）大きく役立つ, 貢献する.

constancia 囡 **1** 根気, 粘り強さ, 頑張り. **2**［＋de の］証拠, 証明, 確かなこと. **3**（証拠・証明となる）記録, 記載. —dejar ～ de ... ...ということを記録に残す. **4** 変わらないこと, 不変, 一様なこと. **5**（感情や考えが）堅固, 志操堅固.

constante 形 **1** 一定不変の, 一貫した; 志操 堅固 な. —Es una persona poco ～. 彼はあまり意志強固な人ではない. **2** 絶えまない, ひっきりなしの, 不断の. —囡 **1** 不変のこと, 常に変らないこと. —El lirismo es una ～ en su obra. 抒情性は彼の作品に一貫しているものだ. **2**《数学》定数, 不変数.

constantemente 副 絶えず, 常に, ひっきりなしに.

Constantinopla 固名 コンスタンティノープル(イスタンブールの旧称).

constar 自 **1** 明らかでる, 明白である, 確かである. —Me consta que estaba en casa aquel día. 彼がその日家にいたことは私には確かだと思える. **2**［＋de から］成る. —Nuestra clase consta de treinta alumnos. 私たちのクラスは30人の生徒から成っている. **3** 記録［記載］されている, 出ている, 現われる. —En el documento no consta su firma. その書類には彼のサインがない. ►hacer constar 明らかにする; 明記する. **Que conste que ...** ...ということを明記せよ. **y para que así conste** 上記の通り相違ありません.

constatación 囡 確認, 確証, 検証.
constatar 他 ～を確かめる, 確認する; 立証する, 確証する.
constelación 囡 **1**《天文》星座; 星座の位置. **2** 傑出した人々の集団.
constelado, da 形 **1** 星をちりばめた. **2**［＋de で］いっぱいの, 満ちた.
consternación 囡 動揺, 狼狽(ろうばい); 心痛, 悲嘆.
consternado, da 過分［→consternar］形 動揺した, 狼狽した; 悲嘆にくれた, 苦しんだ. —dejar ～ 動揺［狼狽］させる, 苦しませる.
consternar 他 （突然的な事柄が）を動揺させる; 意気消沈させる, 悲嘆にくれさせる. —**se** 再［＋con に］動揺する; ...（で）悲嘆にくれる, ...に意気消沈する.
constipación 囡《医学》**1** 便秘(＝ ～ de vientre). **2** 風邪, 鼻カタル.
constipado 男《医学》風邪, 鼻カタル.
constiparse 再 風邪をひく.
constitución 囡 **1**（主にＣ～）《政治》憲法. **2**《政治》政体, 体制. **3** 複（会の）規約, 定款(ていかん); (カト) 教令. **4** 構成, 組成, 構造. —～ del jurado 審査員の構成. **5** 設立, 制定, 設定. **6** 体格, 体質. —niño de ～ robusta 丈夫な子.
constitucional 形 **1** 憲法の［による］, 立憲的な; 合憲の. —monarquía ～ 立憲君主制（国家）. **2** 立憲主義の; 護憲論の. **3** 体格の, 体質上の.
constitucionalidad 囡 **1** 立憲的であること, 立憲性. **2** 合憲的であること, 合憲性.
constitucionalismo 男《政治》護憲精神, 立憲政体.
constitucionalista 形 **1** 立憲主義の, 立憲的な; 立憲派の. **2** 護憲論［派］の. —男女 立憲主義者; 護憲憲法論者.
constitucionalización 囡《法律》立憲制化, 立憲主義化; (法令などの)合憲化.
constitucionalizar 他《法律》（法令など）に合憲性を与える, 合憲化する.
constitucionalmente 副《法律》憲法上, 憲法から見て.
constituir [11.1] 他 **1** 構成する, 形成する. **2** ...である, ...になる. —Constituye para nosotros un gran honor ... ...は我々にとって大変な名誉である. **3** を設立する, 樹立する. **4**［主に＋en に］を定める, 設定する. **5** を...に任命する, 指名する. —**se** 再 **1**［＋en に］出頭する, 姿を現わす. **2**［3人称］構成される; 設立される. **3**［＋en を］引き受ける; (...)になる. —～**se en fiador** 保証人になる.
constitutivo, va 形［＋de を］構成する, ...の要素である, の成分となる. —男 成分, 構成要素, 構成分.
constituy- 動 →constituir [11.1].
constituyente形《政治》**1** 憲法制定の, 憲法改正の. **2** 構成する, 構成の, 成分の. —囡複《政治》憲法制定［改正］議会. —男女《政治》憲法制定［改正］議会のメンバー.
constreñimiento 男 **1** 強制, 強迫. **2** 抑制, 抑止, 制限.
constreñir [6.5] 他［＋a＋不定詞／＋a que＋接続法］...することを(人に)強制する, 強要する, 無理強いする. **2** を抑制する, 制限する. **3**《医学》を(包帯などで)締める, 圧迫する. —**se** 再［＋a＋不定詞］...に限る, とどめる; 抑制する.
constricción 囡 **1** 締めつけ, 緊縮, 圧迫. **2** (幹や茎の)圧縮された部分, くびれ.
constrictivo, va 形 締めつける, 圧迫する.
constrictor, tora 形《医学》収縮する, 圧迫する. —男 収縮剤, 収斂(しゅうれん)剤.
construcción 囡 **1** 建築, 建設（工事）; 建造; 製造, 組立て. **2** 建築［建設］業. **3** 建築［建造］物, 建物, ビル. **4**《言語》構文; 《文・語句の》組立て, 構造. —～ gramatical [sintáctica] 文法［統語］構造. **5**《数学》作図. **6**（おもちゃの）積木. —juego de construcciones 積木遊び.
constructivismo 男 **1**《美術, 演劇, 哲学》構成主義. **2**《教育方法の》構成主義.
constructivista 形 男女 **1**《美術, 演劇, 哲学》構成主義派の. **2**《教育方法》が構成主義的な.
constructivo, va 形 (意見・批判などが)建設的な.
constructor, tora 名 建設者, 建造者, 建設業者; （自動車・船・大型機械など

の)製造業者,メーカー. ― 形 建造[建設]する. —compañía *constructora* 建設会社.

construido, da 過分 [→ construir] 形 組み立てられた,構成された;建てられた,建築された.

construir [コンストルイル]
[11.1] 他 1 を建設する,建造する,樹立する. 2 (作品・理論など)を構築する,作成する. ―~ una teoría [una hipótesis] 理論[仮説]を構築する. 3 《言語》(文など)を組み立てる. 4 を描く.

construy- 動 → construir [11.1].
consubstanciación 女 《宗教》両体共存説.
consubstancial 形 1 生来の,生得の;本来の,固有の. 2 《宗教》同質の,同体の.
consubstancialidad 女 1 生得性,本来的であること;固有であること,本質. 2 《宗教》同質性,同体性.
consuegro, gra 名 自分の子の配偶者の父親[母親],嫁[婿]の親.
consuel- 動 → consolar [5.1].
Consuelo 固名 《女性名》コンスエロ.
consuelo 男 慰め(となる物・人),楽しみ,喜び. ▶ *sin consuelo* むちゃくちゃに,際限なく.
consuetudinario, ria 形 慣習の,慣例の.
cónsul 男女 領事 (→ consulesa「女性領事;領事夫人」). ―~ general 総領事. ― 男 《歴史》(古代ローマの)執政官,コンスル.
*consulado** 男 1 領事館. ―~ general 総領事館[職]. 2 領事の職[任期,管区]. 3 (古代ローマの)執政官の地位[任期].
consular 形 1 領事の,領事職の,領事館の. 2 《歴史》執政官の.
consulesa 女 女性領事,領事夫人.
consulta 女 1 相談,協議,諮問;(弁護士との)相談. 2 (文献などの)参照,参考. —libro de ~ 1 《医師の》診察. —horas de ~ 診察[診療]時間. 4 《医師団の》協議,診断. 5 《弁護士・専門家の》鑑定,意見(書),答申. 6 医院,診療所,診察室.
consultante 形 1 相談する,意見を求める. 2 相談役の,顧問の.

consultar [コンスルタル]
他 1 …に相談する; [+ con に]を相談する; (医師の)診察を受ける. ―~ un asunto a ... …に問題を相談する. 2 を参照する,参考にする,見る. ―~ un diccionario 辞書を参照する.
consulting 男 コンサルタント業(会社).
consultivo, va 形 相談の,助言の,顧問の;諮問の.
consultor, tora 形 相談の,協議の,顧問の. ― 名 相談役,コンサルタント,顧問. ― 男 《教》(枢機卿の叙任を受けていない)ローマ聖省顧問.
consultoría 女 コンサルタント業[会社].

consultorio 男 1 (専門的な)相談所,(弁護士の)事務所. ―~ *fiscal* 税務相談所. 2 (小規模の)医院,診療所. 3 診察室,診察室. 4 (ラジオ・テレビ・新聞などの)悩み事相談室[欄],身上相談室[欄].
consumación 女 1 完遂,成就,実現. 2 消滅,終了,終焉.
consumado, da 過分 [→ consumar] 形 1 完璧な,非の打ちどころのない,完全な. 2 [名] 全く,とてつもない. ▶ *hecho consumado* 既成事実.
consumar 他 1 を完了する,完遂する. 2 《法律》(契約などを)履行する,完成させる,執行する. ▶ *consumar el matrimonio* 法的な夫婦の最初の性交渉を行う.
consumible 形 消費できる,消耗する. ― 男 複 消耗品.
consumición 女 1 消費,消費,消尽. 2 すべて込みの飲食代,食事代. 3 飲み物,ドリンク.
consumido, da 過分 [→ consumir] 形 1 衰弱した,やつれた,痩せた. 2 (水分がなくなって)しなびた,鎖(し)のよった.
consumidor, dora 名 消費者. ― 形 消費する,消耗する.
consumir 他 1 を消費する,使う. 2 《話》を悲しませる,苦しめる. —La *consume la envidia*. 嫉妬心が彼女を苦しめている. 3 を不安にさせる,やきもきさせる. 4 を破壊する,絶滅させる,消耗させる. ―se 再 1 [+ en で] 悲嘆にくれる;消耗する,憔悴(しょうすい)する. 2 不安になる,やきもきする. ―*Se consume de celos*. 彼女は嫉妬に身をこがす.
consumismo 男 消費主義.
consumista 形 消費型の,消費重視[型]の. —*bienes de ~* 消費財. 2 複 消費用品人的資財. ▶ *de consumo* (社会・文化が)消費型の,消費経済型の. *índice de precios al consumo* 《経済》消費者物価指数.
consunción 女 1 消費,消耗. 2 消耗,憔悴,衰弱.
consuno 動 ▶ *de consuno* 一致して,一緒に.
consuntivo, va 形 消費することができる,消耗することができる.
consustancial 形 生来の,生得の,本来の.
consustancialidad 女 1 生得性,本来的であること. 2 《宗教》同質性.
contabilidad 女 1 簿記,会計,経理;会計学. 2 会計[経理]の職.
contabilizar [1.3] 他 1 …の勘定をする,を帳簿につける. 2 [+ *como*] を…と見なす,考える. 3 《商業》を帳簿につける,記帳する.
contable 形 1 数えることができる,計算可能な. 2 会計の,簿記の. 3 物語ることができる;会計の. ― 男女 簿記係,帳簿係,会計係;会計士.
contactar 自 [+ *con* と] 連絡を取る,接触する.

contacto 男 **1** (人との)接触, 触れ合い, 交際. —perder el ~ con... …との接触[関係]を失なう. ponerse en ~ con …と連絡を取る. ~ sexual 性交. **2** (物との)接触, 触れること. **3** (機器による)交信, 通話. **4** (秘密組織などの)連絡員, 仲介者. **5** 主に [話] コネ, つて, 縁故. **6** [電気] 接触, 接点. **7** [自動車] (エンジンの)点火, 点火スイッチ. —llave de ~ イグニッションキー, エンジンキー. **8** [鉄道] 接続. **9** [写真] 密着焼き. ▶**entrar [ponerse] en contacto con...** (人・物に)接触する, 連絡を取る.

contactología 女 コンタクトレンズ製造術.

contado, da 形 [→contar] 形 **1** ほんのわずかの, 数少ない, まれな. —Podemos vernos en contadas ocasiones. 我々はたまにしか会えない. **2** 必要最小限の, 最低限の. ▶**al contado** 即金で, 現金で. **de contado** ただちに, すぐに. **por de contado** もちろん, 確かに.

contador, dora 形 **1** 数える, 計算する, 勘定の. — 男 **1** 会計係[官], 簿記係. **2** 経理士, 会計士; 会計検査官. —~ diplomado 公認会計士. **3** 計算し手. — 男 メーター, カウンター. —~ del agua 水道のメーター. — ~ de gas ガスのメーター. — ~ eléctrico [de la luz] 電気のメーター.

contaduría 女 **1** 会計係[課], 経理事[課]. **2** 会計士[計理士]の職[業務], 会計[経理]事務所. **3** (劇場・映画館の)前売切符販売所.

contagiar 他 **1** (病気)を移す, 感染させる. **2** (悪習・悪癖など)を広める, 蔓延させる, 伝染させる. — **se** 再 **1** [+de に] (病気)感染する; (悪習・悪癖など)に染まる. **2** [3人称で] 感染する, 移る.

contagio 男 **1** [医学] (接触)感染, 感染. **2** (主に軽い)伝染版(原). **3** (感情・態度・習慣などの)感化, 伝播.

contagioso, sa 形 **1** 伝染性の, 伝染する. —enfermedad contagiosa 伝染病. **2** 伝染病にかかっている. **3** [習慣・動作などが]感染する, 移りやすい. —risa contagiosa つられ笑い.

contaminación 女 **1** 汚染, 汚すこと, 公害. **2** (悪習・悪癖などの)伝染, 悪影響.

contaminador, dora 形 汚染する, 汚す, 不純にする.

contaminante 形 汚染する, 汚染性の. — 男 汚染物質.

contaminar 他 **1** を汚染する, 汚す; を駄目にする, 不純にする. **2** [+ con/de] …に(悪習・悪癖など)を移す, 感染させる. **3** (信条や習慣)を堕落させる, 駄目にする. **4** (情報)をウイルスに感染させる. — **se** 再 [+ con/de で] **1** 汚染される, 汚れる. **2** …に染まる.

contante 形 現金の. —dinero ~ 現金. ▶**en dinero contante y sonante** 現金[即金]で.

contar [コンタル] [5.1] 他 **1** を数える, 勘定する; を計算する. —~ las horas [los días] 時間[日数]を数える. Asistieron cien personas sin ~ los niños. 子どもを入れないで100人が出席した. **2** 物語を語る, 語る, 話す. —~ un cuento 物語を語る. ¿Qué me cuentas? どうしたの. **3** [+ por と] を見なす; 評価[判断]する; 確信する. —Cuento por terminado este trabajo. 私はこの仕事を済んだものと考える. **4** を含める, 加える, 数える. —Lo cuento entre mis mejores amigos. 私は最良の友の中に彼を数える. **5** (歳・年齢)に達する. —Mi abuela cuenta ya noventa años. 私の祖父はもう90歳になる. — 自 **1** 数を数える, 計算する. —~ de uno a diez 1から10まで数える. **2** [+ con で] 持つ. —El pueblo cuenta ahora con sólo doscientos habitantes. その村は今わずか200人しかない. **3** [+ con を] 当てにする, 頼りにする; 考慮[計算]に入れる. —Cuente usted conmigo. 私を頼りにしてください. **4** 重要である, 価値がある. —Un error tan pequeño no cuenta. そんな小さな誤りは問題にならない. **5** [+ por に] 値する. —Come tanto que cuenta por tres. 彼は大食漢で3人前平らげる. **6** 計算に入る. —Los niños menores de cinco años no cuentan. 5歳未満の子どもは数に入らない. — **se** 再 数えられる; 含まれる. —Entre los detenidos se contaba su marido. 逮捕者の中に彼女の夫が含まれていた.

contemplación 女 **1** 眺めること, 熟視, 凝視. **2** 覆 甘やかし, (過度の)寛大さ, 遠慮, 配慮, 丁寧さ. **3** (宗教)黙想. ▶**con contemplaciones** (話)黒心を加えて, 気配りして. **no andar(se) con contemplaciones** 手荒くやる, びしやる, ずけずけものを言う.

contemplar [コンテンプラル] 他 **1** をじっと見詰める, 見据える, 凝視する. —~ el mar 海を見入る. **2** を考える, 思考する, 熟慮する. —~ la posibilidad de... …の可能性を検討する. **3** を物語る, 語る. **4** を優遇する, 甘やかす, をちやほやする. — 自 瞑想(穩½)する, (宗教)黙想する.

contemplativo, va 形 瞑想(穩½)にふける, 黙想[観想]的な; 静観する. —actitud contemplativa 物思いにふけった態度. — 名 瞑想にふける人, 観想修道士 [修道女].

contemporaneidad 女 同時代性, 同時性.

contemporáneo, a 形 **1** [+ de と] 同時代の, 同時期の. **2** 現代の, 現代的な. —~ arte — 現代芸術. historia contemporánea 現代史. — 名 **1** 同時代人. **2** 現代人.

contemporización 女 妥協, 迎合.

contemporizador, dora 形名 妥協する(人), 迎合する(人).

contemporizar [1.3] 自 [+ con] **1** …(と)妥協する, 折り合いをつける, …に歩み寄る. **2** …(に)迎合する, おもねる.

contención[1] 囡 争い, 闘い; 《法律》訴訟.

contención[2] 囡 1 抑制, 抑止. 2 自制, 節度.

contencioso, sa 形 1 議論好きの, 文句をつけたがる. 2 《法律》係争中の, 訴訟上の. —**asunto** — 訴訟事件. — 男 《法律》訴訟(事件). ▶ **contencioso administrativo** 行政訴訟.

contender [4.2] 自 1 争う, 闘う; 競う. 2 言い争う, 論争する, 議論する.

contendiente 形 争う, 競う. —男女 対抗者(相手), 競争者(相手), 論争者(相手).

contendr- →contener [10.8].

contenedor, dora 形 入れた, 含む. —男 1 輸送用コンテナ. 2 路上に置かれたガラス・瓦礫(_{がれき})回収用のごみ箱.

contener [10.8] 他 1 を含む, …が入っている. 2 を抑える, 抑制する, なだめる. —~ el gasto público [la inflación] 公共支出[インフレ]を抑制する. — **se** 再 〖+ de〗 を慎む, 我慢する; 自分を抑える.

contenga(-), **contengo** → contener [10.8].

contenido 男 1 (文書・講演などの)内容, 中身, 意味. 2 (入れ物の)中身. 3 (本の)目次, 内容一覧. 4 含有量. 5 《言語》(記号・発話の)意味内容. —, **da** 過分 (→contener) 形 1 (入れ物に)入った, 含まれた; 内容の. 2 (感情が)抑制された, 抑えられた, 控えめな.

contentadizo, za 形 満足させやすい.

contentamiento 男 満足, 喜び.

contentar 他 1 を満足させる, 喜ばせる. 2 《商業》(小切手など)に裏書きする. — **se** 再 〖+ con〗に満足する; 〖… で〗我慢する. 2 和解する.

contento, ta [コンテント, タ] 形 〖+ de/con に〗満足した; 甘んじた〖estar +〗. 2 〖+ de〗(が)うれしい; 〖で〗幸せな. —Estoy ~ de verte. 君に会えてうれしい. ▶ **darse por contento** 一応満足する, まあまあだと思う. ▶ **quedarse contento con** …に満足する. —男 満足; 喜び. —sentir gran ~ 大変うれしく思う. ▶ **no caber (en sí) de contento** 《話》非常に満足している, うれしくてたまらない.

conteo 男 1 見積もり, 査定. 2 《中南米》計算.

contera 囡 1 (傘・杖などの)石突き. 2 (刀の)こじり.

conterráneo, a 形 →coterráneo.

contertuliano, na 男 tertulia の常連[仲間], tertulia のメンバー.

contertulio, lia 男 tertulia の常連[仲間], tertulia のメンバー.

contesta 囡 《中南米》1 答え, 答え, 回答. 2 会話, おしゃべり.

contestable 形 1 反駁(_{はんばく})[論破]できる, 反駁の余地がある. 2 答えることができる, 返事が出せる.

contestación 囡 1 返事, 答え, 回答. 2 抗議, 不満の表明, 異議. —~ politica [social] 政治的[社会的]抗議. 3 《法律》(被告の)反訴, 抗弁(書), 答弁(書).

contestador 男 留守番電話 (= ~ automático).

contestar [コンテスタル] 自 1〖+ a に〗答える. 2 …に言い返す, 口答えする. —No está bien ~ a los padres. 両親に口答えするのはよくない. —他 1…に答える, 応える, 返事する. —Contestó que no lo sabía. 彼はそれを知らないと答えた. 2…に反対する, 反対する, 反抗的な態度をとる.

contestatario, ria 形 反体制的な, 反抗的な.

contestón, tona 形 男 《話》口答えする(人).

contexto 男 1 文脈, コンテキスト. 2 前後関係, 背景, 状況.

contextual 形 文脈の[による], (文の)前後関係の.

contextualizar 他 を文脈の中で解釈する.

contextura 囡 1 組織, 構成, 構造; (織物の)織り方. 2 体格, 体つき; 体質.

contienda 囡 1 争い, 闘い, 戦い; けんか. 2 口論, 言い争い, 議論.

contiene(-) → contener [10.8].

contigo 前+代 (人称) 〖con と ti の結合形〗君[おまえ]といっしょに, 君[おまえ]に対して. —C~, pan y cebolla. 《諺》君となら手鍋さげてもいとわない. No quiero ir ~. 君といっしょには行きたくない.

contigüidad 囡 隣接, 接触, 隣り合わせ.

contiguo, gua 形 〖+ a に〗隣接する, (と)隣り合っている. 境界を接する. —casa contigua 隣の家.

continencia 囡 1 自制, 節制. 2 (特に性欲の)禁欲.

continental 形 大陸の, 大陸性の.

continental[2] 男 《歴史》1 郵便の代理店; 宅配便. 2 郵便代理店[宅配便]によって配達された手紙.

continente 男 1 《地理》大陸. —Antiguo C~ 旧大陸. Nuevo C~ 新大陸. 2 顔つき, 外見, 様子. —hombre de ~ sereno いかめしい顔の人. 3 入れ物, 箱, 建物. — 形 自制的な, 控え目な; 禁欲(生活)の.

contingencia 囡 1 ありうること, 可能性, 見込み. 2 起こるかもしれないこと, 偶発事. 3 危険, 恐れ.

contingente 形 起こるかもしれない, 起こりうる, 不確かな. — 男 1 《歴史》担税額, 割り当て額. 2 《軍事》各地域に割り当てられた徴兵の人数. 3 《軍事》分遣隊, 分隊. 4 《商業》輸出入割当金額.

continú- → continuar [1.6].

continuación 囡 1 (小説・話などの)続き, 続編. 2 続ける〖続〗こと, 続行, 継続. ▶ **a continuación** 引き続き; (書き

物で)以下に.

continuador, dora 形名 引き継ぐ(人), 継承する(人).

continuamente 副 1 絶え間なく, 連続して, 始終. 2 頻繁に, 繰り返して, しょっちゅう. —Fumaba ~. 彼は引っ切りなしにたばこを吸っていた.

continuar [コンティヌアル] [1.6] 他 継続する. — 自 1 続く, 継続する. —*Continúa* en la página siguiente. 次のページに続く. *Continuará.* 次号に続く. 2 [助動詞的に, + 現在分詞] …し続ける. 3 [+ por を] たどる, のびている, 広がっている. 4 [+ 形容詞] 続けて…(の状態)である. 5 [+ en に] 居続ける. — se 再 [+ en に] 連なる, つながる. —El jardín *se continúa* en el huerto. 庭は野菜畑につながっている.

continuativo, va 形 継続的な, 続きの, 継続の.

continuidad 女 連続(性·状態), 継続性; 一続き.

continuismo 男 (政治体制などの)現状維持主義.

continuista 形男女 現状維持に賛成する(人).

continuo, nua 形 1 (時間的·空間的に)連続した, 絶え間のない, 切れ目[継ぎ目]のない. —línea *continua* 連続する線. bajo ~ (音楽)通奏低音. 2 絶えずくり返される, 頻繁な. —*continuas* llamadas ひっきりなしの電話. 3 (電気)直流の. —corriente *continua* 直流. ⸺ 男 1 連続. 2 (数学)連続体. 3 (音楽)通奏低音. ▶ de continuo 副 いつも, 絶え間なく.

contonearse [5.9] 再 (気取って肩や腰を動かしながら)歩く.

contoneo 男 歩く時に気取って肩や腰を動かすこと.

contorcerse [5.9] 再 (手足などを)くじく, 捻挫(ﾈﾝｻ)する.

contornear 他 1 を巡る, …のまわりを回る. 2 (美術)の輪郭を描く[とる, つける].

contorno 男 1 輪郭, 周囲, アウトライン. 2 主に 複 周辺(都市圏の近郊, 郊外.

contorsión 女 1 身体を突然よじる[ねじる]こと, 身体の一部をねじる[曲げる]こと. 2 (笑いをとるための)滑稽(ｺｯｹｲ)な身振り[身の動き].

contorsionarse 再 身をよじる, 身を引きつらせる; 身悶(ﾓﾀﾞ)える.

contorsionista 形男女 (サーカスなどの)軽業師, 曲芸師.

contra[1] [コントラ] 前 1 [反対·敵対] …に対して(の). —Hoy juega el Real Madrid ~ el Valencia. 今日レアル·マドリードがバレンシアと対戦する. una campaña ~ el SIDA エイズ撲滅キャンペーン. 2 [方向·目標] …に(向けて). —disparar ~ una manifestación デモ隊に発砲する. 3 [接触] …にもたれかかって, …によりかかって.

—Puso la escalera ~ la pared. 彼ははしごを壁にもたせかけた. 4 [逆方向] …に逆らって. —nadar ~ corriente 流れに逆らって泳ぐ. 5 [違反·不服従] …に反して, …に従わないで. —No pagaron el dinero ~ lo acordado. 彼らは契約に反して金を支払わなかった. 6 [防衛] …に備えて, を防いで. —*un*..., —medicina ~ la tos 咳止めの薬. 7 [比較·対比] …に比べれば. —Se aprobó la propuesta por diez ~ ocho. その提案は10対8で可決された. 8 [交換] …と引き換えて. —una entrega ~ reembolso 代金引換えの渡し. ⸺ 男 (音楽)パイプオルガンのペダル. ⸺ 女 1 反対, 故障, 難点, 不利な点. 2 (音楽)反革命派, コントラ[カラグアなどの反政府右派勢力]. ▶ a la contra 反して(の), (スポ)反撃しての. ¡Contra! くそっ [驚き, 怒りを表す. coño の婉曲表現]. en contra 反対の, 逆らった. en contra de... …に反して, …に逆らって. llevar [hacer] la contra (いつも)反対にかかりする.

contra[2] 女 [*contraventana* の脱落形] よろい戸.

contraalmirante 男女 海軍少将.

contraanálisis 男 [単複同形] (医学的な)再検査; その結果.

contraargumentación 女 反論[反対の主張]をすること.

contraargumentar 自他 (に)反論する, 反対の主張をする.

contraargumento 男 反論, 反対の主張.

contraatacar [1.1] 他 (軍事)…に逆襲する, 反撃する. ⸺ 自 (軍事)逆襲する, 反撃する.

contraataque 男 逆襲, 反撃.

contraaviso 男 取り消しの命令.

contrabajete 男 (音楽)バスのための楽曲.

contrabajista 男女 (音楽)コントラバス奏者.

contrabajo 男 (音楽) 1 コントラバス. 2 低音歌手, バス歌手. ⸺ 男女 (音楽)コントラバス奏者.

contrabajón 男 (音楽)コントラバスーン, コントラファゴット.

contrabajonista 男女 (音楽)コントラバスーン[コントラファゴット]奏者.

contrabalancear 他 を釣り合わせる, 平衡させる; を補う, 埋め合わせる; 相殺する.

contrabandear 自 密輸をする.

contrabandeo 男 密輸行為.

contrabandista 形男女 密輸業者[密輸入者, 密商]の; 密売者, 密商人, 密売人. —La policía ha detenido a dos ~s de armas. 警察は武器の密輸業者を2人逮捕した.

contrabando 男 1 密輸, 密輸入[輸出], 密売買; 密造. 2 [集合的に]密輸品, 密売品, 密造品. 3 不法, 不正, 内密. —llevar de ~ (物)を不法所持する. ▶ de con-

contrabarrera 密輸で[の];《話》こっそりと，密かに[な]，不法に[な].

contrabarrera 囡 闘牛場の2列目の座席.

contrabatería 囡 《軍事》対砲兵火力.

contrabloqueo 男 《軍事》対封鎖作戦.

contracambio 男 《商業》戻り為替手形.

contracampo 男 《映画》カウンターショット.

contracara 囡 反面.

***contracción** 囡 **1**《神経・筋肉の》収縮，縮小；引きつり，こわばり. —~ muscular 痙攣する. **2**《義務・責任・債務などを》負うこと，引き受け；《約束・条約などの》締結. **3**《言語》(語の)縮約(形)(例: a+el→al, de+el→del など). **4**《音声》縮音，融音.

contracepción 囡 → contraconcepción.

contraceptivo, va → contraconceptivo, anticonceptivo.

contrachapado, da, contrachapeado, da 形 合板(の)，ベニヤ板(の).

contracifra 囡 暗号解読の鍵，暗号解読コード.

contraclave 囡 《建築》アーチ[丸天井]の要石(かなめいし)に隣接する迫石(せりいし).

contraconcepción 囡 避妊.

contraconceptivo, va 形 避妊の. — 男 避妊用具.

contracorriente 囡 逆風，逆流. ▶a contracorriente 流れに逆らって，反対の方向に向かって. —ir [nadar] a contracorriente 流れに逆らって行く[泳ぐ].

contractibilidad 囡 → contractilidad.

contráctil 形 収縮できる，収縮性のある.

contractilidad 囡 収縮性.

contractivo, va 形 収縮性の；緊縮の.

contracto, ta 形 《言語》縮められた，縮めた，縮約の.

contractual 形 契約の，契約上の.

contractura 囡 **1**《医学》痙攣(けい)，引きつり. **2**《建築》(円柱上部の)細くなること.

contracubierta 囡 (本などの)裏表紙.

contracultura 囡 反文化，カウンターカルチャー.

contracultural 形 カウンターカルチャーの，反体制文化の.

contracurva 囡 (道路で別のカーブに後続する)逆向きカーブ.

contradanza 囡 **1** コントラダンス. **2** コントラダンス用の音楽.

***contradecir** [10.11] 他 **1**…に反論する，を否定する. **2**…に反する，矛盾する. —Sus palabras contradicen sus actos. 彼は言行不一致だ. — **se** 再 **1** 矛盾したことを言う. **2**《+con と》矛盾する，(…に)反する.

contradic- 動→contradecir [10.11].

contradicción 囡 **1** 矛盾，食い違い. **2** 反論，反対，否認. ▶**espíritu de contradicción** 天邪鬼(あまのじゃく)，つむじまがり.

contradictor, tora 名 形 反対[反論]する(人).

contradictorio, ria 形 矛盾する，相容れない；正反対の. —declaraciones contradictorias 矛盾する陳述. — 囡 《論理》矛盾命題.

contradiós 男 非難すべきばかげた行ない.

contraejemplo 男 反例.

contraer [10.4] 他 **1** を収縮させる，縮める. —~ los músculos 筋肉を引きつらせる. **2**《+a を》限る，限定する，制限する. **3**《契約を》結ぶ；《義務》を負う. —~ matrimonio 結婚する. **4**《病気》にかかる；《悪癖》を身につける；《借金》をつくる，抱え込む. —~ una pulmonía 肺炎にかかる. **5**《言語》《複数の音・文字など》を縮約する；短縮する. — **se** 再 **1** 収縮する，縮まる. **2**《+a に》限られる. **3**《言語》縮約される.

contraescarpa 囡 《軍事》壕(ごう)，堀の外側の傾斜した崖[斜面].

contraespionaje 男 逆スパイ活動.

contrafagot 男 《音楽》コントラファゴット.

contrafallar 他《ゲーム》…の切札よりも上の切札で切る.

contrafigura 囡 (芝居などの)替え玉.

contrafilo 男 (刀剣の)峰，切っ先.

contrafuego 男 火事の延焼を防ぐために風下の場所を焼くこと，迎え火.

contrafuerte 男 **1**《建築》控え壁，バットレス. **2**(馬の腹帯を固定するために鞍枠に打ちつけられた)革バンド. **3** 靴のかかとの革の芯. **4**《軍事》対抗的要塞[砦]. **5**《地質》山腕.

contragolpe 男 **1** 反撃，逆襲. **2**《医学》反衝.

contraguerrilla 囡 対ゲリラ戦(部隊).

contrahacer [10.10] 他 **1** を偽造する，贋造(がんぞう)する，模造する. **2** を模倣する，まねる.

contrahecho, cha 過分 [→contrahacer] **1** 模造の，偽物の. **2** 身体が曲がった，背中にこぶのある. — 名 猫背の人.

contrahechura 囡 偽造，贋造物，偽造物，贋造物.

contrahílo ▶**a contrahílo** 〖副詞句〗として〗布目と反対向きに.

contrahuella 囡 階段の蹴込(けこみ).

contraindicación 囡 《医学》禁忌.

contraindicado, da 形 《医学》(特定の疾患に)禁忌とされた.

contraindicante 男 〔医学〕禁忌を示す兆候.

contraindicar [1.1] 他 〔医学〕を禁忌とする.

contrainsurgencia 女 反乱鎮圧作戦〔工作〕.

contrainteligencia 女 → contraespionaje.

contralmirante 男女 → contraalmirante.

contralor 男 〔中南米〕会計検査官.

contraloría 女 〔中南米〕会計検査局.

contralto 男 〔音楽〕コントラルト. ― 男女 〔音楽〕コントラルトの歌手.

contraluz 男 〔複 contraluces〕 逆光; 逆光によって見せる様相. —— 逆光で取られた写真, 逆光で描かれた絵.

contramaestre 男 1 〔海事〕甲板長, 水夫長; 〔軍艦〕の掌帆手. 2 〔工場・工事現場などの〕監督, 責任者.

contramandar 他 〔前の命令を〕撤回する, 取り消す.

contramanifestación 女 〔同時に行われる〕対抗デモ.

contramano 副 ▶ *a contramano* 逆方向に, 反対方向に; 逆らって.

contramarcar 他 1 〔荷物などに〕副票を添える. 2 〔貨幣〕に検印を押す.

contramarcha 女 1 後退, 後戻り. 2 〔車の〕バックギア. 3 〔軍事〕回れ右行進.

contramarchar 自 〔軍事〕回れ右して前進する, 背面行進する; 逆行する.

contramarco 男 〔建築〕内枠.

contramarea 女 逆潮.

contramina 女 〔鉱業〕連絡坑道.

contranatural 形 反自然の.

contraofensiva 女 〔軍事〕反攻, 攻勢転移.

contraoferta 女 1 反対申込み, 反対提案. 2 〔商業〕カウンターオファー.

contraorden 女 前の命令の取り消し命令.

contrapar 男 〔建築〕〔屋根の〕垂木.

contrapariente 形 男女 親戚の親戚(の).

contrapartida 女 1 〔商業〕〔複式簿記で〕間違いを訂正するための記載. 2 償い, 埋め合わせ, 代償.

contrapás 男 コントラダンスのステップ.

contrapaso 男 1 〔舞踊〕前のと逆方向に行われるステップ. 2 〔音楽〕歌唱における第二旋律.

contrapear 他 〔建築〕を木目が交差するように合板する.

contrapelo 副 ▶ *a contrapelo* 毛[髪]の生えた方向とは逆に; 常識に逆らって, 自分の意志に反して; 無理やりに, 力ずくで.

contrapesar 他 1 を釣り合わせる, 平衡させる. 2 を補う, 埋め合わせる. 相殺する.

contrapeso 男 1 釣り合いを取るための重り, 平衡錘(す). 2 綱渡りのバランス棒. 3 〔効果・影響の〕補償, 埋め合わせをするもの.

contrapicado 男 〔放送, 映画〕ローアングル.

contrapié ▶ *a contrapié* 逆足で; 折悪しく.

contrapilastra 女 〔建築〕〔柱形の両側の〕壁の面の突出部.

contrapoder 男 対抗勢力.

contraponer [10.7] 他 1 〔+a/con に〕を対立させる, 対置する; 〔意見・態度〕を対立させる. 2 を対照させる, 比較する, 対比する. —— *se* 〔+a/con に〕対抗する, 対立する, 反対する.

contraportada 女 1 〔本の〕裏表紙. 2 〔雑誌・新聞の〕最終ページ.

contraposición 女 1 比較, 対比, 対照. 2 対立, 対抗, 対置. —en ~ 反対に, 対照的に.

contraprestación 女 〔法律〕〔契約者間の〕対価, 見返り.

contraproducente 形 1 逆効果の, 自滅的な. 2 〔薬・治療方法が〕禁忌の.

contraprogramación 女 〔テレビで他局に対抗するための〕番組編成戦略.

contraproposición 女 反対提案, 代案提案.

contraprueba 女 〔印刷〕再校.

contrapuerta 女 1 補助扉. 2 玄関扉〔玄関を家の他の部分と区切る扉〕. 3 〔軍事〕要塞の内扉.

contrapuesto, ta 過分 〔→ contraponer〕形 1 対置した, 対立した, 対抗した. 2 〔紋章〕〔二つの像の一方がもう一方に対して〕逆向きの.

contrapuntear 他 〔音楽〕を対位法で歌う. 2 〔中南米〕即興の歌を歌って競う. 3 競う, 張り合う. —— *se* 再 互いにとがめる, 憤慨する.

contrapunteo 男 1 むっとすること, 憤慨. 2 意見の対立. 3 〔中南米〕即興の歌での競い合い.

contrapuntista 男女 〔音楽〕対位法をよく用いる作曲家.

contrapuntístico, ca 形 〔音楽〕対位法の.

contrapunto 男 1 〔音楽〕対位旋律, 対位法. 2 同時に起こる二つのことのコントラスト. 3 〔中南米〕即興の詩の競技. ▶ *de contrapunto* 競って.

contrariado, da 過分 〔→ contrariar〕形 不機嫌な, 腹を立てた. —Aquel fracaso lo dejó profundamente ～. あの失敗により彼女は非常に不機嫌になった.

contrariamente 副 反対に, 逆に.

contrariar [1.5] 他 1 を困らせる, 悩ます. 2 を妨害する, 妨げる, ...のじゃまをする. 3 ...に反対する, ...と矛盾する.

contrariedad 女 1 妨害, 障害. 2 不愉快さ, 不機嫌; 失望. 3 対立, 矛盾.

contrario, ria 形 1 〔+a/en〕...と反対の, 逆の; 〔+en〕...の点で相反する, 対立する. 2 〔+a〕に反する, 害がある; 不利な. —suerte contraria 不運. —— 名

contrarreforma

相手(側), 対抗者, 敵. ►**al contrario** まるで反対に, それどころか. **al contrario de ...** …の反対に, …に反して. **de lo contrario** 「接続詞的」そうでなはれば, そうでない場合には. **en contrario** 反対して, 逆らって. **llevar la contraria** …に反対する, 逆らう, 邪魔をする. **por el [lo] contrario** (= al contrario). **todo lo contrario** 正反対(のこと).

contrarreforma 囡 1〖歴史, 宗教〗 (C~)(カトリック教会の)対抗[反]宗教改革. 2 反対改革.

contrarreloj 形〖無変化〗〖スポ〗タイムトライアルの. ►**a contrarreloj** 〖スポ〗タイムトライアルで.

contrarrelojista 男女 (自転車などで)タイムトライアル競技を専門にする選手.

contrarréplica 囡 1 反論に対する返答, 再反論. 2〖法律〗被告の第二訴答.

contrarrestar 他 (効果・影響などを)無効にする, 相殺する, 中和する. 2 …に耐える, 立ち向かう, 対抗する. —— 自 〖スポ〗(ボール競技で)サービスの側から返球する.

contrarresto 男 1〖スポ〗ボール競技のレシーバー, サーブを受ける人. 2 (効果・影響などの)無効, 相殺, 中和.

contrarrevolución 囡 反革命(革命直後の政府に対する革命); 反革命運動.

contrarrevolucionario, ria 形 反革命の, 反革命的な, 反革命運動の. —— 名 反革命主義者.

contrasentido 男 1 非論理的なこと, 矛盾. 2 語や表現に対する逆の解釈. 3 当然導かれるはずの推論とは逆の推論.

contraseña 囡 1 合言葉, 符丁, パスワード. —dar la ~ 合言葉を言う. 2 (預かり物に添えられた)副票.

contrastar 他 〖+con と〗対照的である, 好く対照をなす, 正反対である. —— 自 1 対立する, 反する. 2 (計器を)検定する. 3 (金銀等の品質を)検証する.

contraste 男 1 対照, コントラスト, 差異. 2 対比, 比較. 3 (金属の純度検証)刻印, 極印. 4〖放送, 写真〗(明暗の)コントラスト, 鮮明度. 5〖医学〗造影剤.

contrastivo, va 形 〖言語〗対照的な.

contrata 囡 1 (特に公共事業の)請負い, 契約, 下請け. 2 (芸能人・闘牛士・労働者などの)雇用(契約), 上演[演奏]の契約.

contratación 囡 1 (売買・譲渡・請負などの)契約したこと. 2 雇用, 雇い入れ.

contratante 形 契約の, 契約する. —— 男女 契約人, 請負人.

contratapa 囡 牛の腿と外腹の間の肉.

contratar 他 1 …と契約する, 契約を結ぶ. 2 を雇う, 雇い入れる.

contratenor 男 〖音楽〗カウンターテナー.

contratiempo 男 不慮の出来事, 思いもかけない災難[災害]. ►**a contratiempo** 〖音楽〗シンコペーションで.

contratista 男女 契約人, 請負人; 契約業者, 請負業者.

259

control

:**contrato** 男 契約; 契約書. ~ leonino 一方的[不平等]な契約. renovar el ~ 契約を更新する. ~ bilateral [unilateral] 双務[片務]契約. ~ blindado 補償付き契約. ~ de compraventa 売買[賃貸]契約. ~ de trabajo 労働[雇用]契約. ~ enfitéutico (不動産の)永代借地契約. ~ gratuito [oneroso] 無償[有償]契約.

contratorpedero 男 駆逐艦.

contratuerca 囡 〖機械〗止めナット, ロックナット.

contravalación 囡 〖軍事〗(後陣同様の)前線の防護強化.

contravalar 他 〖軍事〗(後陣同様に)前線の防護強化をする.

contravalor 男 〖商業〗対価.

contravención 囡 〖法律・権利・義務などの〗違反, 違犯.

contraveneno 男 解毒剤.

contravenir [10.9] 他 1 (規則などに)違反する, 違背する. 2 (命令などに)背く, 逆らう. —— 自 〖+a に〗違反する, 違背する; 背く, 逆らう.

contraventana 囡 1 光を遮るための鎧戸(よ), 雨戸, 板戸.

contraventor, tora 形 違反する者; 背く者. —— 名 違反者, 違背者.

contrayente 形 婚約している. —— 男女 婚約者.

contreras 男女 〖単複同形〗〖話〗へそ曲がり, 何にでも反対する人.

:**contribución** 囡 1 〖+a に〗(…に対する)貢献, 寄与, 協力. 2 寄付, 寄贈; 寄付金, 分担金. 3 国税, 税金. ~ directa [indirecta] 直接[間接]税. ~ territorial 不動産税. ~ (territorial) urbana [municipal] (都市部的)地価. ► **poner ... a contribución** を用いる, …に訴える.

:**contribuir** [11.1] 自 1 〖+a に〗貢献する, 寄与する. 2 〖+con と〗(分担金として)拠出する. 分担する. —— 他 (経済)を納税する.

contributivo, va 形 納税の, 租税の.

:**contribuyente** 形 納税する; 寄付する. —— 男女 納税者; 寄付者.

contrición 囡 〖カト〗痛悔; 悔恨, 悔悟.

contrincante 男女 競争相手, ライバル; 対立候補者.

contristar 他 〖文〗を悲しませる, 悲嘆にくれさせる. —— **se** 自 悲しむ, 悲嘆にくれる.

contrito, ta 形 悔悟している, 後悔している, 悔悛(??)の意を示す.

:**control** 男 1 統制, 管理, 支配. ~ torre de ~ コントロールタワー, 管制塔. ~ de precios 物価統制. ~ de calidad 品質管理. 2 制御, 調節, 操作. ~ de sí mismo 自己制御, セルフコントロール. 3 検問, 検査; 検査所. ~ de aduanas 税関[通関]検査所. ~ de seguridad (空港などの)身体・所持品検査. ~ de frontera 国境検問所.

~ de pasaportes 出入国管理. **4** 健康診断. **5** 監視, 見張り. **6** [主に 複] 《機械の》操縦[制御]装置. ── automático 自動制御装置. ── sorpresa 抜き打ち小テスト. ▶ **bajo control de...** …の管下[支配, 統制, 監視]下に. **control remoto** リモコン. **llevar el control** 制御[管理, 支配]する. **perder el control de...** を制御できなくなる. **sin control** 制御できなくなって.

controlador, dora 形 指揮する, 管理する, 統制する. ── 名 〖航空〗管制官.

:**controlar** 他 **1** を管理する, 支配する; を調節する. **2** を見張る, 監視する; 検査する. **3** を抑える. ── un incendio 火事を鎮火する. ── se 再 自制する.

controversia 女 論争, 議論.
controversial 形 →controvertido.
controversista 男女 論争家, 論客.
controvertido, da 過分 〔→controvertir〕形 議論のための, 反対意見を引き起こす.
controvertir [7] 他 …と論争する, 議論する. ── 自 論争する, 議論する.
contubernio 男 **1** 同棲, 内縁関係. **2** 共謀, 結託.
contumacia 女 強情, 頑固, 頑迷.
contumaz 形 強情な, 頑固な; 反抗的な.
contumelia 女 《文》侮辱, 無礼, 罵詈雑言(ぞうごん).
contundencia 女 **1** 打撃性のあること; 打撃, 打擊. **2** 強い說得力のあること, 決斷性のあること.
contundente 形 **1** 《道具・行為が》打擊を与える. **2** 《論爭などが》決定的な, 強い說得力のある, 絕對的な.
contundir 他 …に打撲傷を負わせる.
── se 再 打撲傷を負う.
conturbación 女 動揺, 當惑, 不安.
conturbado, da 過分 〔→conturbar〕形 動揺した, 不安な.
conturbador, dora 形 動揺させる, 不安にさせる.
conturbar 他 **1** を動揺させる, 当惑させる. **2** を不安にする, 心配させる. ── se 再 **1** 動揺する, 取り乱す, 当惑する. **2** 不安になる, 心配する.
contusión 女 打ち身, 打撲傷, 〖医学〗挫(ざ)傷. ── cerebral 脳挫傷.
contusionar 他 →contundir.
contuso, sa 形 打ち身を負った, 打撲傷の.
conurbación 女 連合都市, 都市圏.
convalecencia 女 **1** 《病気の》快復; 快復期, 予後. **2** 快復期にある人たちの療養施設.
convalecer [9.1] 自 [＋de から] 徐々に健康を快復する, 快方に向かう. **2** 立ち直る.
convaleciente 形 男女 徐々に健康を快復しつつある(人).
convalidación 女 **1** 《単位の》読み替え. **2** 《真正であることの》認定[認可].

convalidar 他 **1** 《学単位などを》読み替える, 代替する. **2** 《法的に》を有効にする, 認定する, 認可する.
convección 女 〖物理〗対流.
convecino, na 形 近くの, すぐ隣の, 隣接した. ── 名 隣人, 近所の人.
convector 男 対流暖房器[裝置].
:**convencer** [2.4] 他 [コンベンセル] [＋de について] を納得させる, 説得する, 説き伏せる; [＋para/de que＋接続法] 《…するように》を說得する. **2** [特に否定文・疑問文において] を滿足させる, 喜ばせる. ── se 再 [＋de と] を納得する. ── *Se ha convencido de* la utilidad del teléfono móvil. 彼は携帯電話が役立つことを納得した. **2** 確信する.
:**convencido, da** 過分 〔→convencer〕形 **1** [estar＋, ＋con/de を] 信じた, 納得した, 確信した. **2** 確かな, 確固とした.
:**convencimiento** 男 **1** 確信, 納得. **2** 《意見・態度の》變更についての信念. ──actuar por ～ 信念に基づいて行動する. **3** 說得(すること).
:**convención** 女 **1** 取り決め, 合意, 協定. **2** 世間の慣習, しきたり. **3** 協議会, 大會, 代表者會議.
:**convencional** 形 **1** 慣習的な, 因習的な. **2** 《發想や表現が》月並みな, 平凡な. **3** 取り決めによる, 合意による. **4** 〖軍事〗通常の.
convencionalismo 男 **1** 因習性, 慣習性. **2** 風習, しきたり, 慣例. **3** 慣例主義, 因習踏襲.
convencionalmente 副 **1** 慣習的に. **2** 合意によって, 協定によって.
convendré [＋de se], convenga(-), convengo 動 →convenir [10.9].
conveniencero, ra 形 自分の都合だけ考え, 打算的な.
convenible 形 →conveniente.
convenido, da 過分 〔→convenir〕形 同意で決められた, 合意された. ▶ **según lo** ～ 副 決定事項に従って.
:**conveniencia** 女 **1** 好都合, 便利, 利益. ──matrimonio de ～ 打算的な[政略]結婚. **2** 適切さ; 適時, 適宜. ── de una gestión ある処置の適切性. **3** [主に複] 《社会の》慣習, しきたり. **4** 一致, 合意.
:**conveniente** 形 [コンベニエンテ] 形 **1** 都合のよい, 便利な; 有利な. ── por precio ～ 手ごろな価格で. **2** 適当な, ふさわしい; 望ましい. ▶ **ser conveniente** [＋不定詞/＋que＋接続法] 《…するのは適当だ[いいことだ].
:**convenio** 男 **1** 《特に国家・団体間の》協定, 協約. **2** 協定書, 協約書. ▶ **convenio colectivo/convenio laboral** 《労使間の団体》労働協約.
:**convenir** [コンベニル] [10.9] 自 **1** 望ましい, 適当である, 好都合である. ── *Conviene que*

vayas. 君は行く方がよい. Te **conviene** descansar. 君は休養した方がよい. **2** [＋en で] 意見が一致する, 合意する; [＋con と] 一致する, 符合する. **3** 向いている, 適している. ── 他 …で意見が一致する, 合意する. ──*Hemos convenido el precio de la venta*. 私たちは販売価格について取り決めをした. ── **se** 自 意見が一致する, 合意する.

conventículo 男 非合法の集会, 密談, 陰謀.

conventillear 自 《中南米》陰口を言う, うわさ話をする.

conventillero 男 《中南米》陰口うわさ話.

conventillero, ra 形 《中南米》陰口[うわさ話]の好きな.

conventillo 男 安アパート, 共同住宅.

:**convento** 男 **1** 《宗教》修道院, 女子修道院, 僧院. **2** [集合的に] (一修道院の)修道士全員. 修道院生活. ▶ *convento de clausura* (修道者が禁域から出ることを許されない)隠修修道院.

conventual 形 修道院の. ── 男 **1** 修道士. **2** 《カト》年金を受けているフランシスコ会修道士.

convenz- 動 →convencer [2.4].

convergencia 女 **1** 一点に集まること, 集中; 一致. **2** 集合点[地点], 一致点[地点].

convergente 形 収束する, 収斂(いれん)性の.

converger [2.5] 自 →convergir.

convergir [3.6] 自 **1** (複数の)線・道路などが)一点に集まる, 一点に集中する. **2** (意見・判断・行動などが)共通の目的に向かう, 共通の目的を持つ[持っている].

conversa 女 《話》おしゃべり, おしゃべり.

conversable 形 付き合いやすい, 社交的な.

:**conversación** [コンベルサシオン] 女 **1** 会話, おしゃべり, 対話. ──*tener mucha [poca]* ── おしゃべり好きである(あまり話好きでない). **2** 会談, 交渉, 討論会, 《情報》チャット. ──*iniciar conversaciones de paz* 和平交渉を開始する. **3** 話し方, 話術. ──*Es de difícil* ── . 彼はに話が少ない. ▶ *dar conversación a...* (人)の話相手になってやる, 談笑する. *dejar caer en la conversación* (口を滑らしたかのように)さりげなく言う, うっかりしゃべる. *sacar la conversación de...* を話題にして持ち出す.

conversacional 形 会話の; 会話体の, 口語の.

conversador, dora 形名 話し上手(な), 話し好きな(な).

:**conversar** 自 [＋con と, sobre/de について] **1** 会話する, 話し合う, 話をする. ── 《中南米》…について話す.

conversión 女 **1** 転換, 変換, 変化. **2** 《宗教・主義などの》転向, 改宗. **3** 《言語》結句反復.

converso, sa 形 (特にキリスト教に)改宗した, 転向した. ── 名 特にキリスト教にに改宗[転向]したユダヤ教徒あるいはイスラム教徒; 改宗者, 転向者. ── 男 平修士, 助修士.

conversor *texto-voz* 男 《情報》テキスト合成器(文字入力で音声を合成する).

convertibilidad 女 **1** 変換性, 転換性. **2** 《経済》通貨の兌換(だかん)性.

convertible 形 **1** 変換[転換]できる. **2** 転向させられる, 改宗させられる. **3** 兌換(だかん)できる. **4** 《自動車》幌(ほろ)付きの, コンバーチブル型の (→descapotable).

:**convertido, da** 過分 (→ convertir) 形 **1** [＋en に] 変わった, 変化した, 変換された. **2** 《宗教》[＋a に] 改宗した.

convertidor 男 **1** 《冶金》転炉. **2** 《物理》転換器. **3** 《電気, 情報》変換器, コンバータ.

:**convertir** [7] 他 **1** [＋en に] を変化させる, 変える. ──*La locura le convirtió en un criminal*. 狂気のために彼は犯罪者になってしまった. **2** [＋a に] 改宗させる; 転向させる. **3** 《情報》をコンバートする. ── **se** 再 **1** [＋en に] 変わる. **2** [＋a に] 改宗する; 転向する.

convexidad 女 凸(とつ)状, 凸状部, 凸状面.

convexo, xa 形 凸(とつ)状の, 凸面の.

:**convicción** 女 **1** 確信, 納得, 自覚. **2** 説得. ──*poder de* ── 説得力. **3** [主に《宗教的・倫理的・政治的な》]信念, 信条. ──*convicciones políticas* 政治的信条.

convicto, ta 形 《法律》犯行が証明された.

convictorio 男 イエズス会の寄宿舎.

convidado, da 名 [＋a の] (特に宴会の)招待客, 来客, 客. ▶ *convidado de piedra* 《話》(会議・パーティーなどで)黙りこくった人. ── 女 《話》(主に飲み物のおごる, 酒).

:**convidar** 他 [＋a に] **1** を招く, 招待する; おごる. **2** を誘う, を…する気にさせる. ──*La agradable tarde convidaba a pasear*. 心地よい夕方が散歩する気持ちを誘った. ── **se** 再 [＋a に] (招かれないのに)押し掛ける.

conviene- 動 →convenir [10.9].

conviert- 動 →convertir [7].

convin- 動 →convenir [10.9].

convincente 形 説得力のある, 納得させる.

convincentemente 副 説得力のある方法で.

convirt- 動 →convertir [7].

:**convite** 男 **1** 招待, 招待すること. **2** 饗宴(きょうえん), 宴会. ──*hacer un* ── 宴会をする.

convival 形 招待の; 宴会の.

convivencia 女 **1** 共同生活, 同居, 同棲. **2** 共存, 共生. **3** 合宿.

:**convivir** 自 **1** [＋con と] 一緒に住む, 生活する, 共同生活を営む. **2** 仲良く暮ら

convocación 囡 1 召集, 召集される会議. 2 公募, 募集.

convocante 男囡 召集する(人).

convocar [1.1] 他 1 を召集する, …の開催を通知する; (ストライキなどを)指令する. 2 (競争・試験など)を公示する.

convocatoria 囡 1 (会議・議会などの)召集; 召集の告示, 召集状. — *~ de elecciones* 選挙の告示. 2 (競争試験・コンクールの)公示, 公募, 募集要項. 3 選考; 試験期間.

convocatorio, ria 形 召集する, 呼び集める意の.

convolvuláceo, a 形《植物》ヒルガオ科の. — 囡複《植物》ヒルガオ科の植物.

convoy 男 1 護送, 護衛; 護送されている車両[船団]. 2 護衛隊, 護送隊. 3《話》酢とオリーブ油の瓶がセットになった薬味立て. 4《話》随員, 供人の人々. 5 列車.

convoyar 他 を護送する, 護衛する.

convulsión 囡 1 痙攣(ﾚﾝ), 引きつけ. 2 (社会的・政治的)動乱, 動揺, 激動. 3《地理》(地震などによる)地面海面の振動.

convulsionante 形 けいれん療法の.

convulsionar 他 1《医学》(痙攣(ﾚﾝ))を起こさせる. 2 を(社会的・政治的)に揺さぶる, 動乱させる. 3《地理》(地震・津波)を振動させる.

convulsionario, ria 形 痙攣(ﾚﾝ)を患った.

convulsivo, va 形 発作的な, 痙攣(ﾚﾝ)性の.

convulso, sa 形 1 痙攣(ﾚﾝ)を起こしている, 引きつけを起こしている. 2 動揺した, 興奮した.

conyugal 形 婚姻[結婚]の, 夫婦間の. — *débito* ⇒《宗教》夫婦の務め.

cónyuge 男囡 1《法律》《文》配偶者. 2複 夫妻.

coña 囡《俗》1 冗談, からかい, 悪ふざけ, — *tomar a ~* 冗談と取る. 2 面倒なこと, 退屈なこと, うっとうしいこと. ▶ *dar la coña*《話》(人が)しつこい, うっとうしい. *de coña* 冗談で, ふざけて. *ni de coña*《話》決して, 絶対に.

coñac 《仏》男 コニャック.

coñazo 男 1 つまらないもの[人], やっかいなもの[人]. 2 ひとしごと. ▶ *dar el coñazo* いらだたせる, (くだらなくて)うんざりさせる.

coñete 形《南米》→ tacaño.

coño 男 1《卑》女性性器. 2 くそっ, ちくしょう《句の途中に挟まれて, 怒りや不快感・驚きなどを表す》. — *¿Quién — ha hecho esto? —* 一体どこのどいつがこんなことをしたのか. 3《南米》《軽蔑》スペイン人. — 形《南米》《南米》けちな. — 間《俗》あら, くそっ, ちくしょう《驚き・怒り・喜びなどを表すために様々な場面で用いられる》. — *¡C~! ¿Cómo que estás aquí?* あら, なんでまた君がここにいるんだ! ▶ *estar en el quinto coño*《卑》とても遠い.

estar hasta el [mismísimo] coño《卑》これ以上我慢できない, うんざりする. *tomar a ... por el coño de la Bernarda*《卑》を侮辱する, 馬鹿にする.

cooficial 形《言語》併用[公用]の.

cooficialidad 囡《言語》併用[公用]であること.

cooperación 囡 協力, 協同, 支援. — *~ económica* 経済協力.

cooperador, dora 形 協力する, 協調する. — 男囡 協力者, 共同者.

cooperante 男囡 国際協力活動家[ボランティア]. — 形 協力する, 協力的な.

cooperar 自《+ con と/a, en のために》に協力する, 協同する.

cooperativa 囡 1 協同組合. 2 生協ストア.

cooperativismo 男 協同組合運動.

cooperativista 形 1 協同組合の. 2 協同組合運動支持の; 協同組合に参加している.

cooperativo, va 形 協力の, 協同の, 協力的な. — *sociedad cooperativa* 協同組合.

cooptación 囡 (団体の新会員の)選出.

cooptar 他 (法人・団体などの新会員)を選択する, 選ぶ.

coordenado, da 形《数学》(線・軸が)座標となる, 座標の. — 囡《数学》座標.

coordinación 囡 1 調整, 整合. 2《言語》等位関係, 等位. 3 連携すること, 力を合わせること.

coordinadamente 副 整然と.

coordinado, da 過分 (→ coordinar) 1 調整された, 整えられた; 整理された. 2《言語》等位関係にある, 同格の.

coordinador, dora 形 調整する, 整える. — 男囡 調整役, コーディネーター. — 囡 調整委員会.

coordinamiento 男 → coordinación.

coordinante 形 1 調整する, 連携させる. 2《言語》等位の.

coordinar 他 1 を一定の秩序に整える, 調整する, 整える. 2 を協調させる, 調和させる, 連携させる. — 自《話》頭の調子を整える.

coordinativo, va 形 連携する.

copa 囡 1 (広口の脚付きの)グラス, コップ, 盃(ﾎｶｽ). 2 グラス1杯分の飲み物. — *tomar una ~* 1杯飲む. *convidar* [*invitar*] *a una ~* 1杯おごる. 3 (ｽﾎ)優勝杯[カップ], トロフィー; 優勝杯争奪戦. — *~ mundial* ワールドカップ. 4 (木の)梢(ﾆｽ), 樹冠. 5 (服飾)(帽子の)山, クラウン; (ブラジャーの)カップ. 6 カップ《スペイントランプのコパ, 聖杯, 盃(ﾊｶｽ)(4種類の札の1つ). 7 カクテルパーティー, 小宴会. — *dar una ~* カクテルパーティーを開く. 8 (椀(ﾜﾝ)の)小型の火鉢. ▶ *apurar la copa del dolor* [*de la desgracia*] 不幸に耐える. *como la copa de un pino*《話》並外れた, 途方もない. *ir*(*se*) [*salir*] *de*

copas 飲みに行く. **tener [llevar] una copa de más** ほろ酔い気分になっている.

copado, da 形 1 枝葉の茂った: いっぱいの, ぎっしり詰まった. 2《中南米》楽しい; 素敵な, 良い. 3《中南米》仕事を背負い過ぎた.

copaiba 女《植物》コパイバ, コパイバ・バルサム.

copal 男 1《植物》コーバル(天然樹脂). 2 ワニスやラッカー用の固い樹脂.

Copán 固名 コパン(ホンジュラスのマヤ遺跡がある).

copar 他 1〔賭博で胴元の持ち金と同額〕を賭ける. 2〔選挙で全議席[地位]〕を獲得する;〔試合で〕圧勝する. 3《軍事》…の退路を断つ.

coparticipación 女 共同参加.

copartícipe 形 共同所有の, 共同参加の. ── 男女 共同所有者, 共同参加者.

copartidario, ria 形 同じ政党の(人).

copatrocinador, dora 形名 共同スポンサー(の).

copatrocinar 他 …の共同スポンサーである, を共に後援する.

copear 自《話》飲み歩く.

copec, copeck 男〔貨幣〕男 複 ~s コペイカ(ロシアの補助通貨単位).

copela 女《冶金》灰吹き皿.

copelación 女 金・銀精錬のための灰吹き作業.

copelar 他《冶金》を灰吹き皿で吹き分ける.

Copenhague 固名 コペンハーゲン(デンマークの首都).

copeo 男《話》飲み歩き.

copeópodo, da 形《動物》撓じゃく脚類の. ── 男《動物》撓脚類.

copero, ra 形 1 優勝カップ[トロフィー]のかかった. 2 優勝カップ[トロフィー]を取るにふさわしい. ── 男 1《歴史》(宮廷・貴族の)酌人. 2 グラス用キャビネット. ── 女《南米》(接待の)ホステス.

copete 男 1〔額の上に立てた〕前髪;〔鳥類〕羽冠; 馬の前毛. 2 (特にアイスクリームやシャーベットのコップの渕から盛り上がった部分. 3 鏡や家具の表面に被せられる飾り. ▶ **bajar a ... el copete** 《話》…の鼻を折る. **de alto copete** 《話》名門の, 家柄の立派な.

copetín 男《中南米》1 カクテル. 2 食前酒, アペリティフ.

copetón, tona 形 1《鳥類》ゴイサギの雌. ── 男《南米》ほろ酔いの.

copetudo, da 形 1 立てた前髪を持っている; 羽冠のある. 2《話》名門の, 家柄自慢の.

copia 女 1〔文書などの〕写し, コピー, 複写. ▶ **sacar una ~ de ...** …のコピー[写し, 控え]を取る, 複写する. **una ~ del contrato** 契約書の写し[控え]. **~ legalizada** 原本証明のある謄本. **~ de seguridad**《情報》バックアップコピー. 2〔映画・テープの〕コピー, ダビング(したテープ). 3〔写真〕プリント, 印画. 4《美術, 建築》模写(した絵), 複製. **── una ~ de la llave** 合鍵. 5〔文体・様式などの〕模倣, 模造(品), イミテーション. 6 生き写し, そっくりな[もの]. 7〔同じ本・新聞などの〕…冊[部, 枚, 通]. 8《文》豊富, 多量, 大量.

copiador, dora 複複写する. ── 名 複写する人, 筆耕. ── 男 手紙のコピーを綴じ込んだ信書控え帳. ── 女 コピー機.

copiante 形 複写する, 写す, コピーの. ── 男女 → copista.

copiar 他 1 を写し, 複写[コピー]する, 模写する. 2 を書き写す; 筆記する; を描写する, 描く. 3 をまねる, 模倣する. 4 をカンニングする.

copihue 男《植物》ツバキ[ユリ]カズラ.

copilador, dora 形名 → compilador.

copilar 他 → compilar.

copiloto 男女《航空》副操縦士.

copión, piona 形《話》1 人をまねる, 模倣する. 2《話》(他人の作品や行動をまねる人, 模倣者.

copiosidad 女 豊富, 多量.

copioso, sa 形 豊富な, 大量の, おびただしい. **── comida copiosa** たっぷりした食事.

copista 男女 筆耕, 転写係, 写字生.

copistería 女 コピーセンター[屋].

copla 女 1《詩学, 音楽》コプラ, 歌謡. 民謡. 2〔話〕またいつもの話, しつこい繰返し, 繰り言. 3《詩学》(韻文の)連, 節. 4 複 詩. 5 複《話》噂話, くだらない話[こと], 批評. ▶ **andar en coplas** 世間の評判[噂]になっている, みんなに知られている. **coplas de arte mayor** 各行 12 音節 8 行詩. **coplas de arte menor** 各行 8 音節 8 行詩.

coplear 自 copla を歌う[作る].

coplero, ra 名 1 copla の歌手[作家]. 2 へぼ詩人.

copo 男 1 雪の一片[ひとひら]; (形状・性質・軽さが雪に似たものの)一片[ひとひら]. 2 (綿・麻などの)だま, 凝塊. ▶ **copo de maíz** コーンフレーク.

copo 男 袋網, 袋網漁.

copón 男〔カト〕聖体を保管するための大きな杯. ▶ **del copón** 《卑》ひどい, ものすごい.

copra 女 コプラ(ココヤシ油の原料となる).

coproducción 女 (映画などにおける)共同製作, 合作.

coproducir 他 (映画などにおいて)を共同製作する.

coproductor, tora 形 (映画などにおいて)共同製作の. ── 名 共同製作者.

coprofagia 女 食糞, 糞食.

coprófago, ga 形名 食糞性の(動物).

coprolalia 女 卑猥なことを言う病的傾向.

coprolito 男 1 糞の化石. 2〔医学〕糞石, 腸石.

copropiedad 女 共同所有物, 共有所有.

copropietario, ria 形 共有の, 共同所有の. ― 男 女 共同所有者, 共有所有者.

coprotagonista 男女 [映画, 演劇] 共に主役を張る俳優.

coprotagonizar 他 …の主役を共にする.

copto, ta 形 男 **1** [宗教] コプト教の, コプト教徒(の). **2** コプト人(の). ― 男 コプト語.

copucha 女 [中南米] 流言, デマ.

copudo, da 形 (樹木が)大きな樹冠を持った, 枝葉がよく茂った.

cópula[1] 女 **1** (特に生物学における)連結, 結合. **2** 性交, 交接, 交尾. **3** [言語, 論理] 連結詞, 連辞, 繋辞(%).

cópula[2] 女 [建築] 丸屋根, ドーム.

copulación 女 性交, 交接, 交尾.

copular(se) 自再 性交する, 交接する, 交尾する.

copulativo, va 形 **1** 結びつける, 連結する. **2** [言語] 連結的な, 繋辞(%)的な. ―verbos ~s 繋辞動詞(例えば ser, estar).

copyright [＜英] 男 [複 ~s] 著作権, 版権; そのマーク印ⓒ.

coque 男 [化学] コークス.

coquear 自 [中南米] コカの葉をかむ.

coquero, ra 形 男 [中南米] **1** コカイン中毒の(人). **2** コカを栽培している(人)

coqueta 女 化粧台, 鏡台.

coquetear 自 [+con に] **1** (女性が)愛嬌を振りまく, (…と)なれなれしくする, 媚(5)を売る. **2** 色気を使う; ちょっと手を出す.

coqueteo 男 女性が男性に対して見せる媚態(%), いちゃつき, 艶っぽさ.

coquetería 女 **1** 女性が男性に対して見せる媚態(%), いちゃつき. **2** 女性の艶っぽさ, なまめかしさ.

coqueto, ta 形 **1** [話] 魅力的な, 愛嬌のある. **2** しゃれた, 小粋(%)な. ― 名 過度におしゃれな. **3** 媚(5)を売る. ― 名 **1** 男性に対して媚びを売る女性 [男性]. **2** 過度におしゃれな人.

coquetón, tona 形 **1** [話] 魅力的な, 小粋(%)な, 気の利いた. **2** 色男の, 優男の. ― 男 (軽蔑)色男, 優男, プレイボーイ.

coquina 女 [貝類] 食用の斧足(%)鰓(%)類の貝の一種.

coquito 男 [中南米] ブラムの大きなヤシの実の一種.

coracero 男 [歴史] coraza (胴よろい)をつけた騎兵.

coracha 女 (中南米でタバコやカカオを輸送する際に使われる)皮の袋.

coracoides 形 女 [単複同形] 肩甲骨の烏口部(の).

coraje 男 **1** [話] (激しい)怒り, 激怒, 立腹. **2** 勇気, 気力. ―hombre de ~ 勇気ある人.

corajina 女 《話》かんしゃく, 激怒.

corajudo, da 形 **1** 怒りっぽい, 短気な. **2** 勇気のある, 勇敢な.

coral[1] 男 **1** サンゴ, サンゴ製品. **2** [動物] サンゴ質を分泌するサンゴ虫. **3** 複 [装飾用のサンゴ玉の飾り. **4** 七面鳥の頭と赤い肉垂れを合わせた部分. ▶ *fino como un coral, más fino que un coral* 目端が利く, 明敏な.

coral[2] 形 [音楽] 合唱の, コーラスの; 合唱用の. ― 男 [音楽] コラール. ― 女 合唱団, 合唱隊.

coralífero, ra 形 サンゴを含む, サンゴを生じる.

coraligeno, na 形 サンゴを作る.

coralillo 形 [動物] サンゴヘビ.

coralina 女 **1** [植物] サンゴ藻, 石灰藻. **2** [動物] サンゴ虫. **3** サンゴ状動物.

coralino, na 形 サンゴの, サンゴ質の, サンゴ性の.

corambre 女 **1** [集合的に] 皮, 革, 皮革. **2** (酒などを入れる)革袋.

Corán 男 コーラン(イスラム教の聖典).

coránico, ca 形 コーランの, コーランに関係する.

coraza 女 **1** 胴よろい. **2** [海事] 船の装甲用鋼板. **3** [動物] カメ目の動物の甲羅(%).

corazón [コラソン] 男 **1** [解剖] (人間・動物の)心臓. ―~ artificial 人工心臓. *latidos del ~* 心臓の鼓動. *ataque de ~* 心臓発作. **2** (理性・思考に対する)感性としての心, 感情, 心情. ―~ sensible 感じ [傷つき]やすい心, 優しい心. **3** 優しさ, 寛大さ; 同情, 愛情. ―hombre de buen ~ 心優しい [親切な] 人. **4** 勇気, 気力, 熱意. ―Es un hombre de ~. 彼は勇気のある人物だ. **5** (様々な情動を表す)心, 気分, 胸. **6** 本心, 胸の内, 心底. ―en el fondo del ~ 心の底で. **7** 中心, 中央, 核心; 奥. ―dedo (del) ~ 中指. *vivir en el ~ de la ciudad* 市の中心部に住んでいる. **8** (恋人・子どもなどへの親愛の呼び掛け)ねえ, お前, あなた. ―ihijo de mí ~! 私のかわいい子よ, ねえ坊や. **9** (果物・木材などの)芯. **10** 中指. **11** ハート形(のもの), ハートマーク. **12** (トランプの)ハート; 複 ハートの組札. **13** (紋章)紋章盾の中心. ▶ *abrir su corazón a... (人)に心[胸]開きを打ち明ける, 本心を打ち明ける. *anunciar el corazón* =(decirLE[anunciarLE] a...el corazón, darLE a...el corazón). *arrancarLE [atravesarLE, desgarrarLE, destrozarLE, partirLE, traspasarLE] a...el corazón* (人)に胸の張り裂ける思いをさせる, 悲痛に感ぜさせる, 同情を誘う. *blando de corazón* 心の優しい, 思いやりのある. *clavárseLE a ...en el corazón* (人)につらい思いをさせる, (人)の胸[心]に焼きつく. *con el corazón en la mano [en un cubo]* 心から, 正直に, 腹を割って. *con (todo) el corazón* 心から, 心底, 本当に, 正直に. *con la mano en el corazón* 心の底から, 心から, 正直に. *corazón de piedra* 石のように冷たい心(の持ち主), 無

情. **dar**LE **a... el corazón** (人)に虫が知らせる,予感する. **dar**LE **a... un vuelco el corazón** 《話》(人)の胸がドキッとする. **decir**LE [**anunciar**LE] **a... el corazón** (人)に虫が知らせる,予感がする. **de corazón** 心から. 本当に,正直に[な]. **del corazón** (=revista [prensa] del corazón). **de todo corazón** (= de corazón). **encoger**LE **a... el corazón** 《話》(人)をぞっとさせる.(苦悩で)胸を締めつけるのを感じる. **encogérse**LE **a... el corazón** 《話》ぞっとされる,怖くなる; (悲しみ・苦悩で)胸を締めつけられる,同情心をかきたてられる. **helársele a... el corazón** (恐怖・悪い知らせで)ぞっとする. **llegar**LE **a ... al corazón** (人)を感動させる,(人)の胸にこたえる. **llevar el corazón en la mano** 心の内をさらけ出す,口の上なく率直である,はっきり顔に出る. **no caber**LE **el corazón en el pecho** 寛大である,とても優しい[よい]人である;(知らせ・出来事などで)うれしくてしく[心配で]たまらない. **no tener corazón** 薄情[冷酷]である,つれない. **no tener corazón para** [+不定詞] …する気になれない; …するだけの勇気がない. **no tener corazón para** [+名詞] …に耐えられそうにない,できそうにない. **partir** [**romper**] **corazones** 《話》魅了する,恋心をそそる. **partir**LE [**romper**LE] **a... el corazón** (人)に胸が張り裂ける思いをさせる,心を痛ませる,悲嘆に暮れさせる. **partírse**LE [**rompérse**LE] **a... el corazón** 胸が張り裂ける思いがする. **ser duro de corazón** (=no tener corazón). **ser todo corazón** 大変思いやりのある[大変寛大な]人である. **sin corazón** 冷酷な,薄情な,心が冷たい. **tener un corazón en un puño** 心配[不安]でたまらない,ひどくいている. **tener mal corazón** 冷酷な[薄情な,心の冷たい]人である. **tener un corazón de oro** [**un gran corazón**] とても優しい[とても寛大な,心の美しい]人である. **tocar**LE **a... en el corazón** (人)の心を打つ,(人)の心の琴線に触れる,感動させる.

corazonada 囡 **1** 予感,虫の知らせ. **2** 衝動,弾み,勢い.

:**corbata** 囡 **1**《服飾》ネクタイ. **—** ~ **de moño** [**pajarita**] 蝶(*ち*ょ*う*)ネクタイ. **2** (旗竿や紋の柄先に付ける)飾り章,リボン;(騎士団などの)勲章,勲章. **3**《中南米》(コキで得られる)割のいい仕事.

corbatería 囡 ネクタイ専門店.

corbatero, ra 形 ネクタイ職人,ネクタイ業者.

corbatín 男《服飾》蝶ネクタイ,ボウタイ. ▶ **irse** [**salirsel**] **por el corbatín** 《話》大変死ぬ(*)ことる.

corbeta 囡《海事》コルベット艦.

Córcega 固名 コルシカ(島)(フランス領,地中海の島).

corcel 男《詩》駿馬(*しゅんめ*).

corchar 他 **1**《中南米》《隠》(学生を)落第させる. **2**《海事》(縒り糸からロープを)縒る.

corchea 囡《音楽》八分音符.

corcho 男 **1** コルク(製造),コルクに関する. **—** 名 コルク樫の樹膚をはぐ作業をする労働者. **—** 囡 **1** コルク製のワインクーラー. **2**《スポ》(プールの)コースロープ.

corcheta 囡 鉤(*か*ぎ)ホックの受け,木工の留め木の受け.

corchete 男 **1** 鉤(*か*ぎ)ホック,ホック; 留め金. **2**《印刷》[ ]の記号,角括弧. **3**《中南米》ホッチキスの針.

corcho 男 **1** コルク,コルクガシの樹皮. **2** コルク製の栓. **3** コルク底のサンダル. **4** ミツバチの巣,箱. **5** コルク製のブイ,浮き. ▶ **¡Corcho!** Coño の婉曲的表現.

córcholis 間《話》(驚き・怒りを示す)えっ,まあ,何だって.

corchoso, sa 形 コルクのような,コルク質の.

corchotaponero, ra 形 コルク栓産業の.

corcito 男《動物》ノロの子.

corcova 囡 こぶ,くる病の背中のこぶ.

corcovado, da 過分 [→ corcovar] 形 **1** (人・動物が)背骨の湾曲した; 猫背の. **2** (物が)ゆがんだ,形が悪い. **—** 名 背骨の湾曲した人[動物]; 猫背の人.

corcovar 他 背を曲げる,湾曲させる.

corcovear 自 (特に馬が)背を曲げて飛びはねる.

corcoveo 男 (馬や猫などが)背を曲げて飛びはねること.

cordada 囡 同じ一本のザイル[ロープ]につかまって登る登山パーティー.

cordado, da 形《動物》脊索動物の. **—** 男《動物》脊索動物.

cordaje 男 **1** 糸[弦, ガット]などの集まり. **2**《海事》索具, 綱具.

cordal¹ 男《音楽》弦楽器の駒(*こ*ま),柱(*じ*).

cordal² 形 (歯が)親知らずの.

cordel 男 **1** 細い綱,ひも. **2** 移牧家畜用のために定められた通り道. ▶ **a cordel** (建物や道が)直線に,まっすぐに.

cordelería 囡 ロープ[ひも]製造業,ロープ[ひも]販売業; ロープ[ひも]販売店.

cordelero, ra 形 ロープ[ひも]製造業の,ロープ[ひも]販売業の. **—** 名 ロープ[ひも]製造業者,ロープ[ひも]販売業者.

cordellate 男 羊毛の粗い生地.

cordera 囡 **1** 1年未満の雌の小羊. **2** 従順でおとなしい女性.

corderil 形 子羊の.

corderillo 男 毛のついた小羊のなめし革.

cordero 男 **1** 1年未満の小羊; その肉,ラム,マトン. **2** 従順でおとなしい人. **3** (C~)イエス・キリスト. ▶ **cordero pascual** 過越(*す*ぎ*こ*し)の最初の夜,ユダヤ人たちが殺して食べた小羊.

:**cordial** 形 **1** 心からの,心のこもった,親切な. **—**Un ~ saludo. (手紙の末尾で)心からの御挨拶を送ります,敬具. **2** 強壮

[強心]作用のある. ▶ **dedo cordial** 中指. ── 男 強心剤;(医学)強心剤.

cordialidad 女 **1** 温かい心[友情],誠意,真心. **2** 率直,正直.

cordialmente 副 **1** 心から,真心をこめて. **2**(手紙の結び文句)敬具.

cordiforme 形 ハート形の.

cordilla 女 (ネコのえさ用の)羊の臓物.

cordillera 女 〔地理〕山脈,山系.

cordillerano, na 形 《主に中南米》アンデス山脈の,アンデス山系住民の.

cordino 男 《スポ》(登山用)補助ロープ.

corditis 女 《単複同形》〔医学〕声帯炎.

Córdoba 固名 コルドバ(アルゼンチンの州・州都;スペインの都市).

córdoba 男 ニカラグアの通貨単位.

cordobán 男 山羊(やぎ)のなめし革,コルドバ革.

cordobés, besa 形 名 コルドバ(Córdoba)の,コルドバ人の.

cordón 男 **1**(布製の細い)紐(ひも),リボン. **2**(電気)コード. **3**《警察・軍隊など》非常線,警戒線. **4**(軍服などの肩にかけた飾り紐,飾緒(しょちょ)). **5**《南米》(歩道の)縁石;切り立った岩山[丘]の連なり. ▶ **cortar el cordón umbilical** へその緒を切る. **cordón sanitario** 防疫線.

cordonazo 男 ひもで打つこと. ▶ **cordonazo de San Francisco** 秋分の頃に起こる嵐[暴風雨]または船員用語.

cordoncillo 男 **1** 細いひも,小さいひも. **2**(織物の)うね. **3**〔服飾〕パイピング,ブレード. **4** 硬貨のへりに施されるギザ.

cordonería 女 **1** ひも製品,組ひも[飾り]ひも類. **2** ひも製造;ひも製品[飾り]販売店.

cordonero, ra 名 ひも製造[販売]者.

cordura 女 **1** 分別,賢明さ,慎重さ. **2** 正気.

Corea 固名 **1** 韓国[大韓民国](公式名 República de Corea,首都 Seúl). **2** 北朝鮮[朝鮮民主主義人民共和国](公式名 República Popular Democrática de Corea,首都 Pyongyang).

coreaa 女 〔医学〕舞踏病.

coreano, na 形 朝鮮(Corea)(人・語)の,韓国(人)の,朝鮮系の. ── 名 朝鮮人,韓国人. ── 男 朝鮮語,韓国語.

corear 他 **1**(言葉や歌などを)一斉に言う[歌う]. **2** を喝采(かっさい)する,称賛する.

coreografía 女 (舞踊の)振り付け,構成.

coreográfico, ca 形 (舞踊の)振り付けの.

coreógrafo, fa 名 (舞踊の)振り付け師.

coriáceo, a 形 皮[革]のような.

coriandro 男 〔植物〕コリアンダー.

corifeo 男 **1** 古典ギリシア悲劇の合唱指揮者. **2**《軽蔑》代弁者,スポークスマン.

corimbo 男 〔植物〕散房花序.

corindón 男 〔鉱物〕コランダム.

corintio, tia 形 **1**(ギリシアのコリントの,コリント出身の. **2**〔建築〕コリント式の.

──名 ギリシアのコリント人.

corinto 形 名 干しブドウ[濃い赤紫]色(の).

corista 男女 (オペラの)合唱歌手. ── 女 コーラスガール.

coriza 女 〔医学〕鼻風邪.

cormorán 男 〔鳥類〕ウ.

cornac, cornaca 男 インドの象使い.

cornada 女 **1**(動物の)角による突き. **2**《闘牛》闘牛の角による突き傷.

cornadura 女 《集合的に》(動物の)角.

cornalina 女 紅瑪瑙(めのう),紅玉髄.

cornalón 形 《闘牛》大きい角を持った,角の大きい.

cornamenta 女 **1**《集合的に》動物の角. **2**《俗》寝取られた夫の象徴[印].

cornamusa 女 **1**〔音楽〕バグパイプ. **2**〔音楽〕ホルンの一種. **3**〔海事〕ロープをとめるクリート,綱止め.

córnea 女 〔医学〕角膜.

cornear 他 を角で突く,…に角で襲いかかる.

corneja 女 〔鳥類〕**1** ハシボソガラス. **2** コノハズク.

córneo, a 形 角の,角状の,角の形をした.

córner 男《英》《スポ》サッカーのコーナーキック.

corneta 女 **1**〔音楽〕コルネット;軍隊ラッパ. **2**(竜騎兵などの)軍旗,ペナント. ── 男 コルネット奏者;(軍隊の)ラッパ手. ▶ **corneta de monte** 狩りに用いるラッパ. **corneta de órdenes** 指令ラッパの係.

cornete 男 〔解剖〕鼻介骨.

cornetín 男 〔音楽〕(ピストンバルブのついた)コルネット;その奏者. **2** 軍隊ラッパ手.

cornezuelo 男 **1** 麦角(ばっかく)菌. **2**〔植物〕細長いオリーブの一種.

corniabierto, ta 形 (牛の)角と角の間が離れている.

corniforme 形 角の形をした,角状の.

cornijal 男 角,隅,端.

cornisa 女 〔建築〕コーニス,蛇腹. **2** 断崖,岩場.

cornisamento, cornisamiento 男 〔建築〕柱廊の上にのっている装飾部分.

corniveleto, ta 形 (牛の)角が上を向いた.

corno 男 〔音楽〕ホルン.

cornucopia 女 **1** 豊饒(ほうじょう)の角. **2** 華やかな装飾.

cornudo, da 形 **1** 角を生やした. **2**《話》(夫が)不貞な妻を持った,妻を寝取られた. ── 男《話》寝取られ亭主.

cornúpeta 男女 角を持った動物;闘牛の牛. ── 形 (動物が)角で襲いかかろうとしている.

coro 男 **1**〔音楽〕合唱団[隊],コーラス;(教会・修道院の)聖歌隊. **2**〔音楽〕合唱曲;合唱. ── **cantar a** [**en**] ～ 合唱する. **3**〔宗教〕(教会などの)聖歌隊席,内陣. **4**

(同一行動をとる)一団, 一群. **5** 《歴史, 演劇》(古代ギリシア悲劇の)合唱隊, コロス. **6** 《カト》天使の階級. ▶ **a coro** 声[口]をそろえて, 一斉に, 同時に. — **responder a coro** 異口同音に答える, 一斉に答える. **hacer coro a...** 《話》…に口をそろえて賛同する.

corografía 女 地記[地形図]作成.

coroides 女《単複同形》《解剖》脈絡膜.

corojo 男《植物》アブラヤシ.

corola 女《植物》花冠.

corolario 男 当然の結果, 必然的帰結.

corona 女 **1** 冠(かんむり), 王冠. —rey sin ~ 無冠の帝王. ~ de espinas いばらがかぶらされた)茨(いばら)の冠, 荊冠(けいかん). tapón ~ (瓶の)王冠, 口金. **2** 王位, 帝位, 王権. —El rey abdicó la ~ en su hijo. 王は息子に譲位した. **3** 王国: 王室: 王制. —la C~ española スペイン王国[王家, 王制]. C~ de Aragón 《史》アラゴン連合王国. **4** 花冠; 花輪. —~ mortuoria 葬儀の花輪. **5** 栄光, 栄誉; 絶頂. —~ del heroísmo 英雄の行為の栄華. Esa novela fue la ~ de su labor. その小説は彼の仕事の頂点をなすものだった. **6** (聖像の頭上の)円光, 後光. **7** 《話》頭頂, 脳天. **8** 《天文》コロナ, 光冠; 《気象》(太陽・月の周りの)光環, 暈(うん). **9** クローネ(北欧諸国の貨幣単位), (王冠の刻まれた)貨幣. **10** 《機械》(時計の)竜頭(リュウズ). **b**(自転車などの)歯車, 冠歯車. **c**) 座金, ワッシャー. **11** 《カト》ロザリオの玉. **12** 《医学》歯冠. —poner una ~ a una muela 歯に(金)冠をかぶせる. ▶ **corona cívica** [**civil**] 《史》(古代ローマの)市民の栄冠(市民の命を救った兵に与えられた樫のオークの冠). **corona de rey** (1) 王冠. (2)《植物》エビラハギ, シナガワハギ. **corona imperial** (1) 皇帝の冠. (2)《植物》アミガサユリ, ウラクユリ.

coronación 女 **1** 戴冠(式), 即位(式), 冠をかぶせること. **2** 栄光の頂点; 完成. **3** 頂上を極めること, 登頂.

coronamiento 男 **1**《建築》建物の最上部付近の飾り. **2** 完成, 終了. **3** 《海事》舷檣・船の斗手の船尾部分.

coronar 他 **1** 冠(かんむり)をかぶせる, 戴冠(たいかん)させる; 王位につかせる. **2** …の有終の美を飾る. —El éxito coronó su esfuerzo. 成功が彼の努力に報いた. **3** …の頂上を極める; …の最上部にある, …の頂上にある. —el Everest エベレスト山頂上を極める. **4** —の頂上を…でおおう. — **se** 再 **1** 戴冠する, 王位につく. **2** [+ **de** を]頂く, 上にのせる. **3** (胎児が産道から頭をのぞかせる.

coronario, ria 形 (器官などが)冠状の, 冠のような形の. —arteria coronaria 冠状動脈. — 男 ①(時計の)秒針を動かす輪. **2**[集] 冠状動物.

corondel 男 **1**《印刷》インテル. **2**(紙に透かしが入っている)縦の線.

coronel 男女 **1**《軍事》陸軍[空軍]大佐. —teniente ~ 陸軍[空軍]中佐. **2** 《建築》冠刑形(がんけい).

coronela 形 (隊・旗などの)大佐の. — 女《話》大佐の妻.

coronilla 女 頭頂部; (修道士の)剃髪部分. ▶ **estar hasta la coronilla** 飽き飽きしている, うんざりしている.

coronta 女《中南米》トウモロコシの芯.

corotos 男複《中南米》がらくた; 道具, 用品.

coroza 女 (罪人にかぶせる)円錐形の紙の帽子.

corozo 男 **1** トウモロコシの芯. **2**《中南米》プブラン(の実).

corpachón 男 **1** 大きな図体, 太っ太った体. **2**(胸・ももなどの肉を取った後の)鳥のガラ.

corpiño 男 胴着.

corporación 女 **1** 同業者団体, 同業組合. **2** 会社. **3** 法人, 公社. ▶ **corporación municipal** 地方自治体.

corporal 形 肉体の, 身体の. —trabajo ~ 肉体労働. castigo ~ 体罰. — 男 聖体布(祭壇に敷く布).

corporativismo 形 《政治, 経済》協調組合主義(職業団体の設立を支持する立場).

corporativista 形 協調組合主義の. — 男女 協調組合主義者.

corporativo, va 形 法人の, 団体の.

corporeidad 女 肉体性, 物質的であること; 有形.

córpore insepulto 《ラテン》《ミサ・葬儀が》遺体を前にした; 埋葬しないで.

corpóreo, a 形 肉体的な, 物質的な, 有形の.

corps 《仏》《歴史》国王に仕える官職.

corpulencia 女 体の大きいこと, 太くがっしりすること; 大きい体.

corpulento, ta 形 体の大きい, 背が高く太っている; がっしりした.

corpus 男《単複同形》**1** 集成, 大全; 資料集, コーパス. **2**(C~)《キリスト教》聖体の祝日.

corpuscular 形 小体の, 微粒子の, 分子の.

corpúsculo 男 小体; 微粒子; 《物理》微粒子.

corral 男 **1**(家畜・家禽を飼う)囲い場, 飼育場. **2**《歴史, 演劇》(16-17世紀の劇場用の)中庭, 中庭の劇場. **3**《中米》ビーサークル. **4**(川などの)囲(かこい), 簗(やな).

corrala 女 (旧式の各戸が中庭に面した)集合住宅.

corralito 男 ベビーサークル.

corraliza 女 → corral.

corralón [→ corral] 男 **1**(広い)囲い地; 裏庭. **2**《中南米》空地. **3**《中南米》倉庫, 貯蔵所; 貯木場.

correa 女 **1** ベルト, バンド, 革紐(かわひも); 犬の引き綱. —~ del pantalón ズボンのベルト. **2**《機械》ベルト. —~ conductora [transportadora] ベルトコンベア. **3**

しなやかさ, 柔軟性; 隠忍. **4**〘〙(皮製の)はたき. **5**(かみそりの)皮砥(%). **6**〘建築〙母屋桁(%%). ▶ **correa de transmisión**〘機械〙伝動ベルト. **tener correa**〘話〙我慢強い; (重労働に耐え得る)体力がある. タフである.

correaje 男〘器具·装備などの〙革製品一式; (特に兵隊の)革装具.

correazo 男 (革ひも·革ベルトなどで)打つこと.

corrección 囡 **1**訂正, 修正. **2**添削, 採点, 加筆; (印刷)校正(箇所). **3**完璧, (言葉遣いなどの)正確さ. **4**矯正. **5**礼儀正しさ, 端正さ. —**hombre de una gran ~** 大変礼儀正しい人. **6**叱責, 懲戒, 譴責(%%). ~ **disciplinaria** 懲戒.

correccional 形 訂正用(修正)の(ための); 矯正·懲戒(のための). —男 感化院, 少年院, 教護院(= ~ de menores).

correctamente 副 **1**正しく, 正確に; 適切に. **2**(服装などが)きちんと, 折目正しく.

correctivo, va 形 訂正(修正)の(ための); 矯正的な. —男 **1**懲戒処分, 罰. **2**治療薬.

correcto, ta [コレクト, タ] 形 **1**正しい, 正確な; 端正な. **2**礼儀正しい, 規範通りの, 非の打ち所のない. —**comportamiento** ~ 礼儀にかなったふるまい. **3**〘間投詞的, 無変化〙よろしい, その通り.

corrector, tora 形 訂正(修正)する; 矯正する. —男 **1**校正係, 校正者. **2**矯正具. **3**矯正具. チェック装置. ~ **ortográfico** スペル·チェッカー.

corredera 囡 **1**(機械·窓枠などの)溝, レール, ころ. **2**(挽き臼などの)回転石, 回転部分. **3**(蒸気機関の)すべり弁, スライド部分. **4**(競技場·馬場などの)走路, トラック. **5**〘海事〙(船の速度を測る)測定器. ▶ **de corredera**(ドア·窓が)スライド式の.

corredero, ra 形 (扉や窓が)スライド式の, 滑りに滑る. —男 牛の闘場.

corredizo, za 形 ほどけやすい; 滑りやすい. スライド式の.

corredor[1] 男 **1**〘建築〙廊下, 通路. ~ **aéreo** 〘航空〙国際空中回廊(国際協定による特定空域). **2**〘建築〙回廊. **3**〘地理〙回廊地帯.

corredor[2]**, dora** 形 **1**〘スポ〙走者, ランナー; (競輪·カーレースなどの)選手. ~ **de fondo** 長距離走者. **2**〘商業〙仲買人, ブローカー; (一般に)周旋屋, 不動産業者. ~ **de bolsa** 株式仲買人. ~ **de comercio** 商事仲買人. ~ **de** 形 **1**よく走る, 足の速い. **2**〘鳥類〙走鳥(走禽)類の. —囡 複〘鳥類〙走鳥(走禽)類.

correduría 囡 **1**仲買, 仲介業, 周旋業. **2**仲買人手数料.

corregente 形,男女 共同摂政を務める(人).

corregible 形 直しうる, 矯正できる.

正せる.

corregidor 男 **1**(昔のスペインで)司法官, 判事; 司法権を持つ行政長官, 知事. **2**(昔の)市長補; 市町, 村長.

corregimiento 男 **1**(昔の)司法官·市町, 村長の職務. **2**司法官司(市長)の所領地, 支配下の領土. **3**司法官(市長)の職場, 役所.

corregir [コレヒル] [6.2] 他 **1**直す, 訂正する, 修正する; 校正する. **2**採点する, …に欠点をつける. ~ **un examen** 試験の採点をする. **3**(身体的欠陥·欠点などを)矯正する. ~ **el astigmatismo** 乱視を矯正する. **4**…を教えさとす, たしなめる, …に調戒を垂れる. —**se** 再 **1**[+**de**+名]を改める, 過ちを直す. **2**(欠点などが)治る.

corregüela, correhuela 囡 〘植物〙**1**つり鐘形の花をつける性の植物. **2**タデ科の植物.

correlación 囡 相互関係, 相関関係, 比例関係.

correlacionar 他 を相互に関係づける. —**se** 再 相互に関連する, 相補的である.

correlativo, va 形 **1**相関の, 相互に関連のある. **2**〘言語〙(接続詞などが)相関的な(**tan..., cuanto más..., tanto más** など). **3**〘数学〙(数字が)連続の, 隣り合った. **4**(図形が)相似の, 相関の.

correlato 男 相関関係にあるもの, 相関語.

correligionario, ria 形 同教の, 同教信者の; 同党派の, 同派閥の. —名 **1**同教信者; 同政党支持者.

correlón, lona 形 〘中南米〙**1**走る, 足の速い. **2**臆病な.

correntada 囡 〘中南米〙急流, 早瀬.

correntón, tona 形 **1**遊び好きの, よく遊び歩く. **2**冗談好きの, からかう, ふざける.

correntoso, sa 形 〘中南米〙急流の, 流れの速い.

correo [コレオ] 男 **1**郵便. —**oficina de ~s** 郵便局. ~ **certificado** 書留. ~ **urgente** 速達. **por ~ aéreo** [**marítimo**] 航空[船]便で. **apartado de ~s** 私書箱. **2** 〘主に複〙郵便局. **3**〘集合的に〙郵便物, メール. ~ **electrónico** 電子メール. ~ **basura** 迷惑メール[ジャンクメール]. **4**郵便ポスト. —**echar una carta al ~** 手紙を投函(%%)する. **5**郵便配達人, 公文書送達使; (伝言などを持った)使者, 特使. **6**郵便列車(= **tren** ~). ▶ **a vuelta de correo** 折返し便で; 直ちに. **lista de Correos** 局留め(郵便). —形 郵便の.

correoso, sa 形 **1**引き伸ばせる. 柔軟な. **2**(肉などが)固くて噛みにくい.

correr [コレル] 自 **1**走る, 急ぐ. **2**(作業などを)素早く行う, 急ぐ. —**Hay que ~ más si queremos**

correría

terminar hoy. 本日中に終りたいのならもっと急がねばならぬ。**3**〖水などが〗出る、流れる；〖風が〗吹く。—El agua *corre* por esa tubería. 水はその配管を流れる。**4**〖時などが〗過ぎる。— ~ el tiempo [las horas, los días] 時[時間，日]は過ぎ去る。**5**広まる、伸びる、及ぶ。—La cordillera *corre* de este a oeste. 山脈は東西に伸びている。**6**〖+a+不定詞〗急いで…する。—*Corrió* a abrir la puerta. 彼は急いでドアを開けた。**7**伝わる、広まる、広がる。— ~ un rumor 噂が広まる。**8**支払われる。**9**〖+con を〗引き受ける、(…の)費用を負担する。— ~ *con* la cuenta 勘定をもつ。**10**〖価格が〗…になる。**11**〖助けを求めて〗駆けつける。**12**滑る、滑らかに動く。—No *corren* bien los cajones de mi escritorio. 私の仕事机の引き出しは滑りがよくない。**13**〖貨幣が〗通用する。— 他 **1**〖距離・道などを〗走る、行く。**2**〖動物を〗追いかける、攻め立てる；〖牛で〗闘牛をする。**3**〖鍵・かんぬき・錠前などを〗かける。— ~ el pestillo 掛け金をかける。**4**〖カーテンを〗引く。— ~ la cortina カーテンを引く。**5**〖危険を〗冒す。— ~ peligros 危険を冒す。**6**を歩き回る、見て回る。— ~ *toda España* スペイン全土を歩き回る。**7**を移す、移動する。**8**〖雨・インキなどが〗…にしみ通る、にじむ。— ~ los colores 色がにじむ、赤ـ面させる。**9**〖馬などが〗を走らせる。— ~ un caballo 馬を走らせる。**10**〖馬などが〗を走らせる。**11**〖情報〗をスクロールする。**12**を寄せる。—*Corre* un poco esa silla a la derecha. その椅子を右に寄せておくれ。▶ *a más [todo] correr* 全速力で，大急ぎで。*al correr del tiempo* 時が経って。*dejar correr (las cosas)* そのまま放置する。なりゆきにまかせる。— se 再 **1**身体を動かす、移る、移動する。—¿Quiere ~*se* un poco? 少し詰めてくださいますか。**2**〖雨・インキなどが〗しみ込む、にじむ。—La tinta *se ha corrido*. インクがにじんだ。**3**〖+de で〗恥じ入る、赤面する；当惑する。— ~*se de* vergüenza 恥かしさのあまり赤面する。**4**〖靴下が〗伝線する。**5**〖俗〗オルガスムスに達する、いく。**6**〖話〗度を過ごす、やり過ぎる。—*Se ha corrido* en la propina. 彼はチップをやり過ぎた。

correría 囡 **1**〖軍事〗侵入、侵略、(略奪目的での)急襲。**2**〖主に 複〗小旅行；遠足；巡り歩くこと。

correspondencia 囡 **1**〖+ con〗交通、通信、連絡；〖商業〗取引関係。— *curso por* ~ 通信講座。**2**〖集合的に〗郵便物、手紙、書簡。— ~ *comercial* 商業通信文。**3**〖+ con〗一致、対応するもの。**4**〖+ con〗(交通機関の)乗換え、接続、(2地点間の)交通(の便)。**5**〖数学〗対応。— ~ *unívoca* 一意対応。▶ *en [justa] correspondencia* 仕返しに、返礼に、お礼に。

corresponder 自 **1**〖+ a/ con に〗応える、応じる、報いる。**2**〖+ a に〗当たる、相当する、対応する。**3**〖+ a に〗属する；(…の)担当である。—Hoy te *corresponde a* ti guisar. 今日は君に料理当番だ。**4**〖+ con と〗一致する、対応する。— se 再 **1**〖+ con と〗対応する、関係が深い、…にふさわしい。**2**応え合う、応じ合う；愛し合う。**3**文通し合う。**4**(部屋などが)連絡し合う、つながっている。

correspondiente 形 **1**〖+ a に〗対応する、該当する。**2**それ相応の、ふさわしい。—Me llevé el ~ susto. 私はそれ相応にびくっとした。**3**通信[文通]の。— 男女 (学士院などの)通信会員。

corresponsal 男女 **1**〖新聞社・テレビ局などの〗通信員、特派員、支局員。**2**〖(商)業〗(商社などの)海外駐在員、代理人。**3**通信[文通]の相手、ペンフレンド。

corresponsalía 囡 **1**〖新聞・テレビなどの〗特派員の職務、ポスト。**2**通信員、支局。

corretaje 男 〖商業〗**1**仲介手数料、幹旋料。**2**仲介、周旋；仲介業。

corretear 自 **1**(子どもなどが)走り回る、駆け回る。**2**当てもなく歩き回る、ぶらつく、うろうろする。— 他 〖中南米〗を執拗に追い回す、しつこく悩ませる。

correteo 男 走り回ること；うろつくこと。

corretón, tona 形 歩き回る、歩き回るのが好きな。

correvedile, correveidile 男女 うわさ話をする人、ゴシップ好き；お節介やき；陰口を言う人。

corrida 囡 **1**〖闘牛〗闘牛 (= ~ *de toros*)。**2**走ること、ひと走り。**3**〖俗〗オルガスムス。▶ *dar(se) una corrida* ひと走りする、流暢に。— *de corrida* 暗記して；すらすらと、流暢に。— *leer de corrida* すらすら読む。*en una corrida* すぐに、瞬く間に、たちまち。

corrido¹ 男 **1**(アンダルシア地方の)民謡、物語歌。**2**〖中南米〗物語詩、バラード。**3**家の脇にひさしを張り出して作った小屋。**4**〖南米〗(警察などからの)逃亡者、脱走者。▶ *de corrido* 流暢に、すらすらと；暗記して。— *saber de corrido* 精通している。

corrido², da 過分 [→ correr] 形 **1**(幕などを)引いた；当惑した。—Las cortinas están *corridas*. カーテンが閉まっている。**2**(重量が)少しオーバーした、多めの。— *un kilo* ~ 1キロちょっと、たっぷり1キロ。**3**(建物の部分に関して)続きの、通しの。**4**世間ずれした、世馴れた、場数を踏んだ；抜け目ない。— *una mujer corrida* 海千山千の女。

corriente [コリエンテ] 形 **1**普通の、ありふれた；流行している。— *una casa* ~ よくあるような家。Eso no es lo ~. それは普通ではない。**2**現在の、目下の；最新の。—el día 2 del mes ~ 今月2日。**3**(水・空気などが)流れる。— *agua* ~ 流水。**4**流通している、現行の、通用している、通貨。**5**並の、平凡な。—Es un hombre ~. 彼はどこにでもいるような人だ。**6**(文体などが)流れるような、流麗な、軽妙な。▶ *corriente y*

moliente ありふれた, ごく普通の, 平凡な. ―― 囡 **1** (水・空気などの)流れ; 気流; 風通し. ～ marina 海流, 潮流. ～ de aire 気流; すきま風. ～ sanguínea [eléctrica] 血流[電流]. **2** 電流. ～ alterna [continua] 交流[直流]. **3** 時世, 風潮, 動向. ► *dejarse llevar [por] la corriente* 大勢に従う, 付和雷同する (= dejarse llevar con la corriente). *irse con [tras] la corriente* 大勢に従う. *llevar la corriente a...* ...に調子を合わせる, 迎合する. *navegar [ir] contra la corriente* 大勢に逆らう, 時流に抗する. *seguir la corriente* 時流に乗る, 大勢に従う. ―― 男 (通信文などで)今月, ―el 23 del ～ 今月23日. ► *al corriente* (1) 時期に遅れずに, 期限通りに. *estar al corriente* [[+ de を] 分っている, 知っている. (2) [+ de/en に] 遅滞がない. *poner [tener] al corriente de...a...* を...に知らせる.

***corrientemente** 副 **1** 普通, 通常. **2** 普通に, 正常に. **3** 平易に, 気軽らずに.
corrig-, corrij- 動 → *corregir* [6.2].
corrillo 男 **1** 人の輪, 人垣. **2** (ある特別な)グループ, 同人; (排他的な)一派, 仲間.
corrimiento 男 すべること, 流れ出ること.
corro 男 **1** 人の輪. ―*hacer ～* 輪になる, 人垣を作る. **2** 円形の場所[空間]. **3** 輪になって回りながら children の遊戯. **4** (株式取引所の)円形場, 立会所. ► *hacer corro aparte* (集団の中で)別のグループを作る.
corroboración 囡 (陳述・説などを)確証すること, 裏付けること.
corroborante 形 力づけるような; 確証するような, 補強的な. ―― 男 強壮剤.
***corroborar** 他 を確証する, 実証する. ―― *se* 再 裏付けられる.
corroborativo, va 形 確証するような, 補強的な.
corroer [10.1] 他 【ただし直・現 corroyo; 接・現 corroya(-) の活用もある】 **1** (鉄などを)浸食する, (身体の)をむしばむ, (虫が布などを)食う. **2** (精神や健康を)むしばむ, 損なう. ―― *se* 再 腐食する, むしばまれる.
***corromper** 他 **1** を腐らせる, 腐敗させる. **2** を堕落させる. **3** を悪くする, 乱す. ～ *las costumbres [el habla]* 習慣[話し方]をだめにする. **4** ...に贈賄(*3)する, 賄賂(*3)を贈る. ―― 自 (話) 腐る; 悪臭を放つ. ―― *se* 再 **1** 腐る, 腐敗する. **2** 悪くなる, 堕落する.
corrompido, da 過分 [→ *corromper*] 形 **1** 腐った, 腐敗した. **2** 堕落した, 腐敗した; 悪徳の.
corrosión 囡 浸食, 腐食; 錆.
corrosivo, va 形 **1** 腐食させる, 浸食性の. **2** 辛辣な, 痛烈な; 皮肉な.
corroy- → *corroer* [10.1].
***corrupción** 囡 **1** 汚職, 贈収賄, 買収. ―*caso de ～* 汚職事件. **2** (食物などの)腐敗, 腐乱. (空気・水などの)汚染; 悪臭. **3** 堕落, 退廃; 素乱(\%). **4** (言葉・言語の)転訛, 改訛; (原文)の改悪, 変造, 改竄(*3). ► *corrupción de menores* (法律) 未成年者に対する性犯罪, 未成年者を堕落させる犯罪.
corruptela 囡 腐敗, 堕落; 違法行為; (特に政治などの)腐敗, 汚職.
corruptibilidad 囡 堕落し易いこと, 買収され易いこと; 腐れ易さ.
corruptible 形 買収され易い, 賄賂のきく, 堕落し易い; (物が)腐れ易い.
corruptivo, va 形 腐敗[堕落, 頽廃]させる(ような), 汚す(ような).
corrupto, ta 形 腐敗した, 堕落した, 頽廃した. ―― 名 腐敗[堕落, 頽廃]した人.
corruptor, tora 形 腐敗[堕落, 頽廃]させる(ような), 汚す(ような). ―*ideas [costumbres] corruptoras* 頽廃的な考え[習慣]. ―― 名 腐敗[堕落, 頽廃]させるもの, 汚すもの, 道を誤らせるもの.
corruscante → *curruscante*.
corsario, ria 形 私掠(ヴ)の, 商船拿捕(ミ)の. ―― 名 私掠船, 海賊船; 私掠船の船長.
corsé 男 コルセット. ～ *ortopédico* 脊柱(!)矯正用コルセット.
corsetería 囡 コルセットを製造する工場; コルセットを売る店.
corsetero, ra 名 コルセットを作る[売る]人.
corso[1] 男 私掠, 敵船捕獲. ► *patente de corso* (政府による)商船拿捕(ミ)の認可.
corso[2], **sa** 形名 コルシカ島 (Córcega)の(人), コルシカ島出身の(人).
corta 囡 (木・植物)を切ること, 伐採; 刈込み, 剪定.
cortaalambres 男 [単複同形] ワイヤーカッター.
cortabolsas 男女 [単複同形] すり, かっぱらい, 財布泥棒.
cortacésped 男 芝刈り機.
cortacircuitos 男 [単複同形] (電気) 回路遮断機, ブレーカー.
cortacorriente 男 スイッチ.
cortada 囡 **1** (パンなどの)1切れ, 1枚, スライス. **2** [中南米] 切り傷. **3** [南米] 近道.
cortadera 囡 [中南米] (植物) カヤツリグサ科の一種.
cortadillo 男 **1** (小型の)グラス, コップ; (特に細長い円筒形の)グラス. **2** 角砂糖.
***cortado, da** 過分 [→ *cortar*] 形 **1** 困惑した, 当惑した. **2** もおじした, 恥ずかしがりの, 内気な. **3** 遮られた, 中断された; 止められた. **4** 途切れた, 断続した, 間欠性の. **5** [スペイン] 少し(ミルクが)入った. ―*Un café ～, por favor.* コルタード(=少しミルクが入ったコーヒー)を下さい. **6** (文体的)肉の軽妙な. ► *quedarse cortado* 当惑する, 困惑する, 動揺する. ―― 男 [スペイン] ミルクが少量入ったコーヒー.

2 〖舞踊〗激しく飛び跳ねること.

cortador, dora 形 1 切る, 裁つ; 切るための. — 名 〖仕立屋・靴屋などで〗生地などを裁つ人, 裁断工.

cortadora 女 〖切る〗ための機械, 切断機.

cortadura 女 1 切れ目, 裂け目, 亀裂. 2 地割れ, 峡谷. 3 切り傷.

cortafiambres 男 〖単複同形〗 ハム切り器.

cortafierro 男 →cortafrío.

cortafrío 男 〖金属を切るための〗たがね.

cortafuego, cortafuegos 男 1 〖農業〗防火帯. 2 〖建築〗防火壁. 3 〖複〗〖情報〗ファイアウォール.

cortalápices 男 〖単複同形〗鉛筆削り.

cortante 形 1 切る, 切断の; よく切れる. 2 〖風・寒さなどが〗身を切るような. 3 ぶっきらぼうな, そっけない.

cortapapel 男 〖中南米〗ペーパーナイフ.

cortapapeles 男 〖単複同形〗1 ペーパーナイフ. 2 断裁機, 裁断機.

cortapelos 男 〖単複同形〗バリカン.

cortapicos 男 〖虫類〗ハサミムシ.

cortapisa 女 1 制約; 拘束; 障害. —poner ~s 制限を加える, 条件を付ける. 2 〖衣服につける〗布飾り, ひだ.

cortaplumas 男 〖単複同形〗〖折りたたみ式の〗小型ナイフ, ポケットナイフ.

cortapuros 男 〖単複同形〗シガーカッター.

cortar [コルタル] 他 ★を切る, 切り分ける. 2 ★を二分する, 分ける. —El río *corta* la provincia. 川が州を二分している. 3 ★を遮る（*さえぎ*る）, 遮断する; 〖流れなどを〗止める. ~ el agua [la luz] 水〖電気〗を止める. ~ la hemorragia 〖医学〗出血を止める. 4 ★を削除する, カットする. 5 ★を裁つ, 裁断する. 6 〖牛乳など〗を分離させる, だめにする. —*Has cortado* la mayonesa. 君はマヨネーズを分離させてしまった. 7 〖飲み物や食物〗を薄める; 薄める（混ぜる）. ~ el café con la leche コーヒーに少しミルクを入れる. 8 〖スポ〗〖ボール〗をカットする. 9 〖トランプでカードを〗カットする. 10 〖風・寒さが肌〗を刺す. — 自 1 ★が切れる. —Este cuchillo no *corta*. このナイフはよく切れない. 2 ★が近道する. —Hacía un frío que *cortaba*. 身を切られるような寒さだった. 3 〖＋ por 名〗の方に近道をする. — *por un atajo* 近道する. 4 〖トランプで〗カードをカットする. ► *cortar por lo sano* 殺（*そ*）然とした態度をとる, 思い切った処置を取る. — *se* 再 1 切り傷をつける. —~ *se* en el dedo 指を切る. 2 〖自分の髪・爪など〗を切ってもらう. —~ *se* el pelo 散髪する. 3 切れる, 途絶える. — ~ *se* la comunicación 通話が途絶える. 4 分離する, だめになる. —Se ha *cortado* la leche. 牛乳が分離してしまっ

た. 5 どぎまぎする, 物が言えなくなる. —Al ver aparecer a su padre, se quedó *cortado*. 父親が出てきたのを見て, 彼は言葉に詰まった. 6 〖人に〗…がひけ目れする, あがきがわれする. 7 〖線などが〗交差する.

cortasetos 男 〖単複同形〗生け垣剪定機.

cortaúñas 男 〖単複同形〗爪切り.

cortavidrios 男 〖単複同形〗ガラス切り器.

Cortázar 固名 コルタサル (Julio ~) (1914-84, アルゼンチンの小説家).

corte[1] 男 1 宮廷. 2 首都, 都. 3 〖王の〗廷臣, 随行員; 側近; 取り巻き. 4 〖複〗〖スペインの〗国会, 議会; C~s) 〖昔のスペインの〗議会. 5 〖中南米〗裁判所, 法廷. ► *corte celestial* 天使と聖人たち; 七月と星, 天体群. *Cortes Constituyentes* 憲法制定議会, 改憲議会. *Corte Penal Internacional* 〖法律〗国際刑事裁判所. *hacer la corte* 御機嫌とりをする, お世辞を言う; 女を口説く.

corte[2] 男 1 切ること, 切断; 削除. 2 〖ナイフなどの〗切り口, 断面 〖図〗. 3 裁断, カッティング. —~ y *confección* 服の仕立て. *tener buen ~* 仕立てが良い. 5 切片, 一切れ; 〖一着［足］分の〗布地, 革. 6 伐採; 刈り取り. 7 散髪; 髪型. 8 中断, 遮断. —~ *de luz* [electricidad] 停電. ~ *de agua* 断水. 9 中米 10 タイプ, スタイル, 傾向. 11 〖スペイン〗恥ずかしさ; 驚き, 思いがけない拒絶の返事. —Me da ~ decir mi peso. 体重を言うのが恥ずかしい.

cortedad 女 1 短いこと, 短さ; 簡潔さ. ~ *de miras* 視野の狭さ. 2 〖才能・勇気・教養などが〗不足, 欠乏. 3 気後れ, 恥ずかしがり, 臆病.

cortejar 他 1 〖女性〗を口説く, 言い寄る, 求愛する. 2 …の機嫌をとる, …に追従する, おべっかを使う.

cortejo 男 1 〖女性に〗言い寄ること, 口説くこと. 2 行列. *participar en un ~* 葬儀・宗教上などの行列, 参列者一同. 3 〖集合的に〗〖王侯・貴族の〗随行員, 従者たち, 供回り.

Cortés 固名 コルテス (Hernán ~) (1485-1547, スペイン人でアステカ王国の征服者).

cortés [コルテス] 形 〖人・言葉・行動が〗礼儀正しい, 丁寧な, 丁重な. —*lenguaje* ~ 非常に丁重な言葉遣い.

cortesanía 女 礼儀正しさ, 慇懃; 気品, 洗練, 上品.

cortesano, na 形 1 宮廷の. —*vida cortesana* 宮廷生活. 2 礼儀正しい, 丁重な; 優雅な. — 名 廷臣, 宮廷人. — 女 〖貴族・金持相手の〗高級娼婦.

cortesía 女 1 礼儀正しさ, 丁重さ; 丁重, 礼節. —*por* ~ 礼儀として. *por* ~ 好意, 親切による行為〖言葉〗. —*por* ~ *del hotel* ホテルの好意で. 3 〖商店などの〗贈物, お土産. 4 〖印刷〗本の始めと終わり

[章末, 章間]の余白. **5** 《商業》(期),(期日)の支払い猶予期間. ▶ **de cortesía** 儀礼的な, 形式的な. —**fórmula de cortesía** 儀礼上(上)の決まり文句.

cortésmente 副 礼儀正しく, 丁重に; 上品に, 優雅に; 親切に.

corteza¹ 囡 《鳥類》サケイ.

corteza² 囡 **1** 《植物》樹皮(の). 皮. (果物の) 皮. **2** (人物の)外観, 外見. **3** (パン・チーズなどの)堅い外皮. **4** 《解剖》皮質; (植物) 皮層. —~ cerebral 大脳皮質. **5** (地質) 地殻 (=~ terrestre). **6** (料理) 油でこんがり揚げた豚の皮 (~ de cerdo). **7** 粗野, がさつ, 無骨. **8** 《物理》(原子を構成する電子の殻(から))(=~ núcleo 「核」). —~ atómica 原子の殻.

cortical 形 《植物》樹皮の, 皮層の; 《解剖》皮質の.

corticoide, corticoesteroide 男 《生化》コルチコステロイド.

cortijero, ra 形 **1** 農民, 農夫, 農耕者. **2** (農園の)監督者, 経営者, 親方.

cortijo 男 (特にアンダルシーアの)農園, 農場; 農家.

cortina 囡 **1** カーテン, (垂れ)幕. **2** 幕状にさえぎるもの. —~ de aire エアカーテン. ~ de fuego 弾幕. **3** 《建築》カーテンウォール; (城の)幕壁. **4** 煙幕. ▶ **correr la cortina** カーテンを引く, 隠す. **cortina de humo** 煙幕. —**echar una cortina de humo** 煙幕を張る.

cortinaje 男 《集合的に, 複数も可》(特に装飾用としての)カーテン(一式), 垂れ幕, 飾り布類.

cortinilla 囡 (特に車窓などの)小さいカーテン.

cortisona 囡 《薬学》コルチゾン, コーチゾン.

corto, ta [コルト, タ] 形 **1** (寸法・分量・距離・時間が)短い. —**novela corta** 短編小説. **viaje ~** 短い旅行. **onda corta** 短波. **El pantalón te está ~.** そのズボンは丈が足らずにいる. **2** [+de ~] 足りない, 不足した, 不十分な. —~ **de oído** [vista] 耳が遠い(近眼の). **3** 知能が不足している. **4** 小心な, 内気な. **5** 口下手な, 口が重い. ▶ **la corta o la larga** 遅かれ早かれ, とどのつまりは: **ni corto ni perezoso** ためらわずに, ただちに, さっさと. **quedarse corto** 目標(目的)に届かない, 見積りが足りない, 不足である. — 男 **1** 短編映画. **2** (スペイン)(飲み物の)小グラス. **3** (話)(電気の)ショート.

cortocircuito 男 (電気)ショート, 短絡.

cortometraje 男 (映画)短編映画.

cortón 男 (虫類)ケラ, オケラ.

Coruña 固名 (La ~) ラ・コルーニャ(スペインの県・県都).

coruñés, ñesa 形名 コルーニャ(La Coruña, スペイン北西部の港町)の(人), コルーニャ出身の(人).

coruscante 形 《詩》きらびやかな, 目もくらむような.

coruscar [1.1] 自 《詩》輝く, きらめく, 光る.

corva 囡 膝の裏, ひかがみ.

corvadura 囡 **1** 湾曲, カーブ. **2** (天井・アーチなどの)湾曲部, カーブした部分.

corvato 男 カラスの幼児, 子ガラス.

corvejón¹ 男 (犬・馬などの)後脚の膝部分の関節.

corvejón² 男 (鳥類)ウ, カワウ.

corveta 囡 クルベット, 騰躍(馬術で, 馬が前脚を上げたままする跳躍などの動作).

corvetear 自 (馬が)クルベット(corveta)をする, 騰躍する, 後脚で跳ねる.

córvido, da 形 (鳥類)カラス科の. — 男 複 カラス科, カラス科の鳥.

corvina 囡 (魚類) ~s; ニベ科の魚.

corvo, va 形 湾曲した, カーブした. — 男 鈎, フック.

corzo, za 形 (動物)ノロ, ノロジカ.

cosa [コサ] 囡 **1** (実在・想像上の)物, もの, 事物, もの事. —**alguna ~** 何か, ある物. **2** (生物に対して)無生物, 品物. **3** 事, 事柄, 問題; (漠然とした)事, もの事. —**Eso es otra ~.** それは別問題だ. **Esto es ~ mía.** これは私自身の問題だ. **La ~ anda mal.** うまく行かない. **¿Sabe una ~?** ¿Qué? ねえ. —何. 4 出来事, 事件. —~ **nunca vista** 前代未聞のこと. **5** 複 事情, 情勢, 状況. —**Las ~s no van bien.** 事態は芳しくない. **6** 主に複 (人の)仕事, 用事, 役目. —**Métete a tus ~s.** 君の頭の蠅を追え. **7** 複 所持品, 携帯品, 財産; 道具, 用具. —**Llévese sus ~s de aquí.** ここにある私物を持っていってください. **las ~s de afeitarse** ひげそり. **8** [否定文で] (何事)も(…ない). —**No hay ~ que él no sepa.** 彼が知らないことは何もない. **9** 思いつき, 気まぐれ. —**¡Qué ~s tienes!** 君はすごいことを思いついたね. **10** [+de] (奇行・欠点などの)(…に)特有の言動, 特徴. —**らしさ.** —**Son ~s de jóvenes.** いかにも若い人のやり[言い]そうなことだ. **11** (法律) (主人の)所有物, (主人・主体に対して法律関係をもつ)物・客体, (権利・夫役に対して)物. **12** (軽蔑)取るに足らない人, 事物同然の人. **13** (文学・芸術などの)作品, 小説, 番組. **14** (哲学)—**la ~ en sí** 実体自体. **15** (腕の)隊. **16** (腕の)大小便. ▶ **a cosa hecha** 前もって全部決めて, 成り行き任せではなく; 成功を確信して. **a otra cosa, mariposa** (これで終わりにして)何か別の話をしよう (mariposa は押し韻的に語呂合わせで使用). **como cosa de...** 約…, およそ… (= cosa de...). —**Tardé como cosa de media hora.** 私は約30分かかった. **como el que no quiere la cosa** (= como el que no quiere la cosa). **como quien no quiere la cosa** (話) 事もなげに, 何食わぬ顔で; いつの間にか, 知らないうちに. **como si tal cosa** 何事もなかったように, 平然と; いとも簡単に, 事もなげに. **cosa de...** (話) [単数扱い] (小

さな数の概数)約…, およそ…. —Éramos *cosa de* 20 personas. 私たちは20人位だった. **cosa fina**《話》すばらしい, 大変よい; おいしい. **cosa fuerte [dura]**《話》(堪えられない)きついこと, つらい状況. —decir *cosas fuertes* きついことを言う. **cosa no [nunca] vista** 前代未聞の[もの], 大変驚くべきこと[もの]. **cosa perdida**《軽蔑》(無責任なじどうしようもないやつ. **cosa pública** 国事. **cosa rara** 変わったこと[物], 不思議なこと[物]; 《感心・奇妙さなどを表す表現》驚いたね. —¿Tú estudiando mucho?. ¡cosa rara! 君が猛勉強をしているって? 驚いたね. **decir*le* a... cuatro cosas (bien dichas)** 本当のことを言う, 真情を吐露する. **dejarlo como cosa perdida**《話》もう見限る. **dejar correr las cosas** 成り行きに任せる, そのままにしておく. **gran cosa**《否定文》あまり(…ない). **lo que son las cosas...** 驚いた[驚く], 奇妙な[こと], 実は…. **Ni cosa que valga.** とんでもない, 冗談じゃない. **no hay tal (cosa)**《反論して》そんなことはない, それはうそだ. **no sea (cosa) que**〖+接続法〗…するといけないから, …しないように, …の場合の用心に. **no ser cosa del otro jueves [del otro mundo]**《話》大したこと[もの]ではない, 騒ぎ立てるほどのことでもない. **no ser (la cosa) para menos** 無理もない, それもそのはずである, 正当な行動である. **...o (alguna) cosa así** (数量・時間・程度等が)…のまこと, 大体, 辺り…のこと. **otra cosa es [seria] si...** …ならば話[問題]は別だ. **poca cosa** 少ない, 痩せた; 元気のない. **por una(s) cosa(s) o por otra(s)** いつも, 常に. **¡Qué cosa (s) más** 〖+形容詞〗**!** なんて…なんだろう, ひどく…だ. **ser cosa de**〖+人〗…の問題[仕事, 責任, 資分]である. **ser cosa de** 〖+時間〗(時間が)およそ…かかる. **ser cosa de ver [oir]** 信じられない, 見る[聞く]に値する. **ser cosa hecha** とてもたやすいことである. **ser cosas de** 〖+人〗(人)のやり[言い]そうなことだ, …らしい. **(una) cosa mala** とてもたくさん, 非常に. **¡Vaya cosa!** 大したことない, ご心配なく. **...y cosas así** …など, …等々.

cosaco, ca 形 名 コサック南部の(民族, 騎兵), コサック族(の). ▶ *beber como un cosaco* (コサック人のように)大酒飲みする.

coscoja 女 1《植物》ケルメスナラ, エンジガシ. 2 カシ類の枯葉[落葉].

coscojal, coscojar 男 ケルメスナラ(coscoja)の林, エンジガシの生えている所.

coscojo 男 《ケルメスナラに寄生するエンジムシによる)虫こぶ.

coscorrón 男 1 頭を打つ(ぶつける)こと. 2《握りこぶしの中指で頭をこづくこと. 3《話》(未熟さゆえの)困難, 障害.

coscurro 男 →cuscurro.

cosecante 女 《数学》コセカント, 余割.

cosecha 女 1《農業》収穫, 取り入れ. 2《農業》収穫物[高], 作柄. —— *de vino* ワインの生産高. 3《農業》収穫の時期, 収穫年, (豊富な収穫物, 収集物. —— *de aplausos* 拍手喝采. ▶ *ser de la cosecha de...*《話》(人)の創作[思いつき, 考え出したもの]である.

cosechador, dora 形 収穫する, 刈り入れする. 名 刈り入れ人, 収穫の作業をする人.

cosechadora 女 コンバイン, 刈取り[脱穀]機.

cosechar 他 1 を収穫する, 刈り入れる, を穫れる. 2 獲得する, 得る; 勝ちとる. — 自 収穫がある, 刈り入れをする.

cosechero, ra 名 収穫人, 取り入れをする人, 刈り入れ人.

coselete 男 1 胴よろい; 胴よろいを着けた兵士. 2《虫類》(昆虫などの)胸部, 胸甲.

coseno 男 《数学》コサイン, 余弦.

coser [コセル] 他 1 を縫う, 縫いつける. 2 を ぶち抜く, 穴だらけにする. —Le cosieron a balazos. 彼は銃撃でハチの巣にされた. 3《ホッチキスで)を留める, とじる; を縫合する. —— *una herida* 傷を縫合する. —— 自 裁縫をする. **— se** 自 くっつく, きわめつく, つべり合う. ▶ *ser coser y cantar* 朝飯前である, お安い御用だ.

cosido 男 縫うこと, 縫製, 裁縫; 縫ったもの.

cosido, da 過分 [→coser] 形 1 縫った. 2 ぴったりついた.

cosificación 女 モノ化すること.

cosificar 他 をモノにする; (人)をモノにする, (人)をモノ化する. —La medicina actual *cosifica* a los enfermos. 現代医療は病人をモノ化する.

cosmético, ca 形 化粧用の, 美容の. — 男 化粧品. — 女 美容術.

cosmetólogo, ga 名 美容師, メークアップ・アーティスト.

cósmico, ca 形 宇宙の, 宇宙的な; 全世界的な. —*rayos ~s* 宇宙線.

cosmódromo 男 (旧ソ連の)宇宙ロケット基地.

cosmogonía 女 宇宙発生論, 宇宙進化論.

cosmogónico, ca 形 宇宙発生論の.

cosmografía 女 宇宙形状誌, 宇宙構造論.

cosmográfico, ca 形 宇宙形状誌の.

cosmógrafo, fa 名 宇宙構造論の専門家[研究家].

cosmología 女 宇宙論.

cosmológico, ca 形 宇宙論の, 宇宙論に関する.

cosmólogo, ga 名 宇宙論の専門家.

cosmonauta 男女 →astronauta.

cosmonáutico, ca 形 →astronáutico, ca.

cosmonave 女 →astronave.

cosmopolita 形 **1** 全世界的な，国際的な．**2** 世界主義的，世界主義者の．**3**《生物》汎存[普遍]種の，全世界に分布している．— 男女 世界人，世界を股に掛ける人；世界主義者．

cosmopolitismo 男 世界主義，国際主義，全世界的であること．

cosmos[1] 男〖単複同形〗宇宙，万物，世界．

cosmos[2] 男〖単複同形〗《植物》コスモス．

cosmovisión 女 世界観．

coso 男 **1**（祭りなどのための）広場，（競技場など一定の広さをもつ）囲い地．**2**《文》闘牛場．

cospel 男（貨幣に鋳造するための）円形の金属．

cosque, cosqui 男《話》頭を打つ[ぶつける，殴る]こと．

cosquillas 女複 くすぐったいこと．► **buscar cosquillas** 怒らせる，いらだたせる．**hacer cosquillas a ...**（人）をくすぐる；…の好奇心をそそる；わくわくさせる．

cosquillear 他 **1**（人）をくすぐる，くすぐったがらせる．**2**（…の）気をひく，わくわくさせる[する]．**3** 今にも笑い[泣き]出しそうになる．

cosquilleo 男 **1** くすぐったいこと，くすぐったさ，くすぐること．**2** くすぐること，くすぐり．**3** 落ち着かないこと，不安．

cosquilloso, sa 形 **1** くすぐったい．**2** くすぐったがりやの．**3** 怒りっぽい，かっとなりやすい，過敏な．

:costa[1] 女 海岸，沿岸（地方）．— acantilada 切り立った海岸．Costa Blanca コスタ・ブランカ（スペイン南東部の海岸）．Costa Brava コスタ・ブラバ（スペイン北東部の海岸）．Costa de la Luz コスタ・デ・ラ・ルス（スペイン南部の海岸）．Costa del Azahar コスタ・デル・アサール（スペイン東部の海岸）．Costa del Sol コスタ・デル・ソル（スペイン南部の海岸）．Costa Dorada コスタ・ドラーダ（スペイン北東部の海岸）．

costa[2] 女 **1**（時間・労力などの）犠牲，代償，努力．**2**《主に》〖複〗費用，負担．—a ~ ajena 他人の費用で．**3**〖複〗《法律》訴訟費用．► **a costa (de) ...** 犠牲にして；…のお陰で；（人）の費用[負担]で，世話になって．**a toda costa / a costa de lo que sea** どんな犠牲[費用]を払っても何としてでも，ぜひとも．

Costa de Marfil 固名 コートジボワール（首都 Yamoussoukro）．

costado 男 **1** 脇，脇腹，わき．**2** 側面，脇，横側．**3**《軍事》（部隊・艦隊・船舶などの）側面，翼(^^^)．► **por los cuatro costados** 完全に，全くの，どこもかしこも．

costal 男（穀物などの）大袋，布袋．**2**（建築）（土壁を支えるための）枠木，骨組み．► **estar [quedarse] hecho un costal de huesos** やせ細っている[やせ衰える]，骨と皮ばかりである[になる]．— 形 脇の，肋骨の．

costalada 女（仰向け又は横向きに）倒れる[落ちる]こと；倒れて[落ちて]体を打つこと．

costalazo 男 → costalada．

costalero 男（聖週間の行列で）キリストやマリアの像を担ぐ人．

costana 女 坂道．

costanera 女 **1** 坂，斜面．**2**《南米》海岸通り．

costanero, ra 形 **1** 傾斜した，坂になった．**2** 沿岸の．

costanilla 女 細い[短い]坂道．

costar [コスタル] [5.1] 自 **1**（金額・費用が）かかる，値段が…である．—¿Cuánto **cuesta**? いくらですか．**2**（時間・労力などを）要する，必要とする．—Me **costó** mucho trabajo convencerle. 彼を説得するのは私にはとても骨が折れた．**3**（努力を要する，難しい，骨が折れる．► **costar**LE **caro**（人）に高くつく，高価な損害を与える．**cueste lo que cueste** どんな犠牲を払っても，どうしても．

Costa Rica 固名 コスタリカ（公式名 República de Costa Rica, 首都 San José）．

costarricense 形男女 コスタリカ (Costa Rica) の(人)，コスタリカ出身の(人)．

costarriqueñismo 男 コスタリカに特有の言葉遣い[言い回し]．

costarriqueño, ña 形 → costarricense．

:coste 男 **1** 値段，費用，経費．**2** 原価，コスト，元値．——s de producción 生産コスト．**3** 代償，報い．► **a precio de coste** 原価で，仕入れ値段で．

costear[1] 他 **1** を負担する，支払う．**2** 出費する；融資する，援助する．— 再 赤字が出ない，採算がとれる．

costear[2] 他 **1**（海岸）に沿って航行する．**2** …に沿って行く，縁取るように歩く，近くを通る．**3**（困難・危険）を回避する，避ける，よける．

costeño, ña 形 海岸の，沿岸の．— 名 沿岸部に住む人．

costero, ra 形 海岸の，沿岸の，沿岸航行の．— 男 **1** 背板．**2** 溶鉱炉の側壁．**3**（鉱物）坑道の側壁．**4**（漁業）（鮭などの）漁期，漁獲の時期．

costilla 女 **1**（解剖）肋骨．**2**（料理用の）あばら骨付きの肉，チョップ．**3**（建築）リブ（アーチなどを支える横木）．**4** 肋骨状のもの．**5**〖複〗背．**6**《話》背中，両肩．

costillaje 男〖集合的に〗肋骨（，船の肋材．**2** → costillar．

costillar 男〖集合的に〗肋骨．**2** 肋骨のある所，あばら，脇部，胸部．

costo[1] 男 **1** 費用，経費，原価；代価．**2** 努力，犠牲．**3**《俗》大麻．**4**（植物）コスタス．

costosamente 副 高い代償を払って；骨折って．

:costoso, sa 形 **1** 費用のかかる，値段の高い，高価な．**2**（仕事などが）骨の折れる，苦労の多い．

costra 囡 **1** 外側の固まった部分, 外側のこびりついた部分. **2** かさぶた.

costroso, sa 形 **1** (固い)表皮のような; (パンなどが)固い. **2** (傷が)かさぶたのある, かさぶたになっている. **3** 〖話〗汚い.

costumbre [コストゥンブレ]

囡 **1** 習慣, 習性; 慣習. **2** 慣習, 習わし, 伝統. **3** [主に複][集合的に] 慣習, 風習, しきたり. ―novela de ～s 風俗小説. ▶ de costumbre いつもの, 大抵; いつもの. ―Cenamos en el sitio de costumbre. 我々はいつもの場所で夕食をとった. tener (la) costumbre de [＋不定詞] …するのが習慣[癖]である, いつも…する. tener por costumbre …するのが習慣[癖]である, いつも…する.

costumbrismo 男 〖文学〗(ある国や地域に特有の)風俗習慣の描写, 実生活描写; 風俗習慣描写の文学.

costumbrista 形 〖文学〗(文学作品が)風俗習慣を扱う, 実生活描写の, 民俗的な. ――男女 風俗習慣描写の作家.

costura 囡 **1** 裁縫, 縫い物を縫うこと. ―alta ～ オートクチュール. **2** 縫い目, ステッチ; (ホッチキス・釘などでとめた)継ぎ目. **3** 傷痕, 傷. ▶ meter a ... en costura …に分別を持たせる; 納得させる.

costurero, ra 名 裁縫職人, 針仕事[縫い物]をする人. ――男 **1** 針箱, 裁縫箱. **2** 針仕事をする部屋, 裁縫部屋.

costurón 男 **1** 雑な縫い目, 粗い針目, 下手な縫い方をした物. **2** 目立つ傷跡.

cota¹ 囡 **1** 鎖かたびら; よろい.

cota² 囡 **1** 海抜; 標高; (基準点からの)高さ. **2** (測量の際の)水準点, 基準. **3** 到達点, 水準.

cotangente 囡 〖数学〗コタンジェント, 余接.

cotarro 男 **1** 崖の斜面. **2** 〖話〗(騒いでいる)人の群れ, (ざわついている)集団; 人の輪. **3** 事, 件. ▶ dirigir el cotarro 牛耳る, 取り仕切る.

cotejar 他 [＋ con と] を比べる, 対照する; (書き写したもの)を原本と照合する.

cotejo 男 引き比べること, 対照, 照合.

coterráneo, a 形名 同郷の(人), 同国の(人), 同じ地方出身の(人).

cotidianeidad 囡 →cotidianidad

cotidianidad 囡 日常性.

cotidiano, na 形 日々の, 毎日の, 日常の. ―pan ～ 日々の糧(ﾃ). vida cotidiana 日常生活.

cotiledón 男 〖植物〗子葉, 二葉.

cotiledóneo, a 形 〖植物〗子葉のある. ――囡 〖植物〗顕花植物.

cotilla 囡 コルセット. ―――男女 噂好きの(人), ゴシップ好きの(人).

cotillear 自 〖話〗噂話をして回る, 陰口をきく.

cotilleo 男 〖話〗噂話をして回ること, 陰口うわさ話.

cotillería 囡 〖話〗→cotilleo.

cotillón 男 **1** (大晦日(ﾐ)などに行われる)パーティー. **2** コティヨン(パーティーの最後に踊られたダンスの一種).

cotiza 囡 〖南米〗(田舎の人が履く)サンダルの一種.

*** cotización** 囡 **1** 〖商業〗(株・商品・為替などの)相場, 時価; (為替の)レート. **2** 分担[割当]金; (社会保険などの)保険料, 組合費. **3** 評価.

cotizado, da 過分 ⟨→cotizar⟩ 形 **1** (市場で)値のついた, 相場のきめられた. **2** 需要の多い, 売れ筋の, 人気の高い. **3** 評価されている, 尊重されている.

*** cotizar** [1.3] 他 **1** [＋a と] 値段[相場]を定める, …と評価する. **2** を高く評価する, 尊ぶ. **3** 会費を払う, 分担金を払う. ―― a [en] la Seguridad Social 社会保険料を払いこむ. **2** 〖経済〗値うけされる, 上場される. ―Ese banco cotiza en la Bolsa de Londres. その銀行はロンドン市場に上場されている.

～se 再 **1** 〖経済〗値うけされる. **2** 評価される.

coto¹ 男 **1** 境界の定まった土地[区画], 囲い地; (特に)一定の猟区; 禁猟区. **2** 境界石, 境界を示す印. **3** 限度, 限界, 境界. ▶ poner coto a ... …に歯止めをかける.

coto² 男 〖南米〗〖医学〗甲状腺腫(ｼ).

cotón 男 **1** 木綿のプリント生地, 綿織物. **2** 〖中南米〗作業着用のシャツ; 下着, アンダーシャツ.

cotona 囡 〖中南米〗丈夫なシャツ; 革のジャケット.

Cotopaxi 国名 **1** コトパクシ(エクアドルの県). **2** コトパクシ山(エクアドルの最高峰火山).

cotorra 囡 **1** 〖鳥類〗インコの類. **2** 〖鳥類〗カササギ. **3** 〖話〗おしゃべりな人.

cotorrear 自 〖話〗ぺちゃくちゃしゃべる, 無駄話をする, しゃべりまくる.

cotorreo 男 〖話〗おしゃべり, 無駄話.

cotorrera 囡 **1** 〖鳥類〗のオウム, インコ. **2** おしゃべりな人. **3** 売春婦.

cotorro, rra 形 〖中南米〗(物が)素敵な, 魅力的な. ―― 男 〖中南米〗独身用または子どものいない夫婦用の質素なアパート.

cotorrón, rrona 形 (年寄りが)若者ぶっている.

cototo, ta 形 〖中南米〗〖俗〗並外れた, 良い, 素晴らしい. ―― 男 〖中南米〗こぶ.

cotudo, da 形 〖南米〗〖医学〗甲状腺腫(ｼ)の, 甲状腺の腫れた.

cotufa 囡 **1** 〖植物〗キクイモ. **2** ポップコーン. **3** おいしいもの, 甘いもの. ▶ pedir cotufas (en el golfo) ないものねだりする, 高望みする.

coturno 男 **1** (古代ギリシャ・ローマの編みあげ靴. **2** (古代ギリシャ・ローマ劇で背を高く見せるためにはく)底の厚い靴. ▶ de alto coturno 高級な, 高尚な; 詩的な.

covacha 囡 **1** 小さい洞穴・ほら穴. **2** 〖軽蔑〗あばら屋, 掘っ建て小屋.

covachuela 囡 〖歴史〗(昔の)省, 局,

covachuelista 事務局; (一般に)役所.

covachuelista 男女 〖歴史〗〖軽蔑〗事務員, 公務員.

coxa 女 〖虫類〗基節.

coxal 形 〖解剖〗腰の.

coxalgia 女 〖医学〗腰関節痛.

cóxis 男 [単複同形] 〖解剖〗尾骨, 尾骶骨(びていこつ).

coy 男 〖海事〗吊床, ハンモック.

coyotaje 男 →coyoteo.

coyote 男 1 〖動物〗コヨーテ. 2 〖メキシコ〗密入国あっせん業者.

coyotear 自 〖メキシコ〗〖話〗仲介業 [ブローカー業]を営む.

coyoteo 男 〖メキシコ〗密入国あっせんをすること.

coyunda 女 1 (牛などをつなぐ)縄, 綱, 紐. 2 (昔のサンダルの)革紐. 3 束縛, 圧迫;服従. 4 夫婦の結びつき.

coyuntura 女 1 関節. 2 機会, チャンス, 好機. 3 状況, 事情.

coyuntural 形 一時的な, 現在の; 景気の.

coyunturalmente 副 状況に応じて, 成り行きとして.

coz 女 [複 coces] (馬などが後足で)蹴ること, 蹴り. ▶ **dar [tirar] coces contra el aguijón** 悪あがき[無駄な抵抗]をする.

crac¹ 男 (擬音)バキッ, ガチャン, パリッ(壊れるときなどの音).

crac² 男 (株の)大暴落; (経済的)破綻.

crac³, crack [<英] 男 [複 ~s] 1 クラック(コカインから作る強力な麻薬等). 2 (サッカーなどの)名選手; 名馬.

crampón 男 (スポ)(登山用の)アイゼン.

cran 男 〖印刷〗ネッキ.

craneal 形 〖解剖〗頭蓋の, 頭の.

craneano, na 形 →craneal.

cranear 他 〖中南米〗(問題)に解決策を考える[見つける]. — 自 〖中南米〗よく考える, 熟考する.

cráneo 男 1 〖解剖〗頭蓋(骨). — fractura del ~ 頭蓋骨骨折. 2 〖南米〗〖話〗非常に頭のいい人.

craneoencefálico, ca 形 〖解剖〗頭蓋(がい)脳の.

craneopatía 女 〖医学〗頭蓋の病気.

crápula 女 1 放蕩(とう)生活, 放埒(らつ). 2 酒浸り. — 男 放蕩(とう)生活を送っている人.

crapuloso, sa 形名 放蕩(とう)生活を送っている(人), 放縦(しょう)な(人), 自堕落な(人).

craquear 他 〖化学〗をクラッキング[熱分解]する.

craqueo 男 〖化学〗熱分解, クラッキング.

crascitar 自 (カラスが)カアカア鳴く.

crasitud 女 脂肪; 肥満; 脂っこいこと.

craso, sa 形 1 脂肪の多い; 肥満した, 太った;(液体などが)濃い. 2 (誤り・無知などが)ひどい, はなはだしい.

cráter 男 1 (火山の)噴火口, 火口; クレーター. 2 (C~) 〖天文〗コップ座.

cratera, cratera 女 〖考古〗(古代ギリシャ・ローマで)ブドウ酒と水を混ぜた)器.

crawl [<英] 男 →crol.

crayón 男 クレヨン.

creación 女 1 (神による)創造, 天地創造, 創世; 創造物. 2 (機関・役職などの)創設, 創立, 建設. 3 (芸術・文化などの)創作; (芸術的・文学的な)創作品. 4 〖服飾〗新作, ニューモード, 新製品. 5 (神が創造した)世界, 宇宙, 万物.

creacionismo 男 〖生物, 物理, 宗教〗創造説. ◆ダーウィンの進化論に対して宇宙や生命の起源を聖書の創世記に求める考え方.

creacionista 形男女 創造論の, 創造論を支持する(人).

creador, dora 形 1 創造する, 創造力のある, 創造[創作]の. — talento ~ 創造[創作]の才能. facultad **creadora** 創造力, 創造主の, 神の. — 名 創造者, 創始者, 創案者. — el C~ 創造主, 造物主, 神.

crear [クレアル] 他 1 を創造する, 作り出す. 2 を創作する, 制作する, 初めて提唱する. — una sinfonía 交響曲を作曲する. 3 を創設する. — empleo 雇用を創出する. 4 を作る, 作り出す. — un ambiente acogedor 歓迎ムードを作る. — necesidades 必要を作る(教皇・枢機卿)に選任する. —**se** 再 1 生じる. 2 (自分のために)作り上げる.

creatividad 女 創造性.

creativo, va 形 創造力のある, 創造性に富む; 創作的な. — 名 (広告などの)クリエーター.

crecedero, ra 形 成長力のある; 増大しうる, (服が)調節可能な.

crecepelo 男 育毛剤, 養毛剤.

crecer [クレセル] [9.1] 自 1 成長する, 育つ, 大きくなる. 2 増大する, 量が増える; 増水する. 3 (価値が)上昇する, 高まる. 4 広がる, 広まる, 伝わる. — un rumor 噂が広がる. 5 (月が)大きくなる. — 他 (編み物を編み)目を増す. —**se** 再 1 高慢になる, 鼻高になる. 2 強くなる, 大胆になる; 勇気が出る. — Se crece ante los obstáculos. 彼は障害を前にして奮起する.

creces 女複 ▶ **con creces** 豊富に, 十二分に.

crecida 女 (川などの)増水, 水位の上昇.

crecido, da 過分 (→crecer) 形 1 成長した, 大きくなった. — un hijo ya ~ も う成長した息子. 2 『名詞に前置』相当の, 多量の, 多数の. — un ~ número de clientes 相当数のお客. 3 (川が)増水した, 氾濫(らん)した. — 男 〖編み物〗編み目の増やし目.

creciente 形 成長する, 増大する. — luna (en cuarto) ~ 上弦の月. — 男 1 増水, 満潮. 2 上弦の月.

crecimiento 男 1 (動植物の)成長, 発育. 2 増大, 増加; 成長率. — ~ económico 経済成長. tasa de ~

長率，増加率．**3**（川の）増水，洪水，氾濫．**4**（月が）満ちること．**5**（商業）（貨物価値の）騰貴．

credencial 形 信任の，保証の，証明となる．—— 女 身分証；複（大使などの）信任状．

credibilidad 女 信じられること，信憑性，信用．

crediticio, cia 形 信用貸しの；借款の，融資の．

crédito 男 **1** 信用，信頼；信望，人望．**2**（商業）（支払い能力の）信用．—documento de ～ 信用証書．**3**（商業）信用貸し，クレジット，ローン．—～ blando ソフトローン（低利長期ローン）．**4**（商業）貸付け金，借款（慕幾）；貸方．——cuenta de ～ 貸方勘定．**5**（商業）信用状．—abrir un ～ a... 人に信用状(LC)を開設する．**6** 評判，名声．**7**（授業の）単位．**8**（商業）資産．—～s activos 資産．—～s pasivos 負債．▶**a crédito** クレジットで，掛けで；分割払いで．**dar a crédito**（担保なしで金を）貸す，（商業）信用貸しをする．**dar crédito a...**（物事・人）を信用する，信じる．

credo 男 **1** 信条，信念．**2**（宗教）使徒信条；クレド．▶**en un credo** すぐに，わずかな時間で．

credulidad 女 何でも信じてしまうこと；馬鹿正直，人好し．

crédulo, la 形 信じやすい，だまされやすい．

creencia 女 **1** 信じていること，確信．**2**（主に複）（宗教）信仰．**3**（主に複）（政党などの）信条，信念，信奉．▶**creencia popular** 民間[世俗]信仰．

creer ［クレエル］[2.3] 他 **1** を…と信じる，を信用する．—Cree todo lo que le dicen. 彼は自分に言われることをすべて信じてしまう．**2**（＋que＋直説法；否定の場合は＋接続法）と思う，考える．—Creo que aprobará el examen. 彼はその試験に合格するだろうと私は思う．No creo que llueva mañana. 私は明日雨が降るとは思わない．—— 自 **1**（＋en a）を信じる，を信仰する．—Yo creo en Dios. 私は神の存在を信じる．**2** 信仰を持つ．—**se** 再 **1** を信じてしまう，を信じ込む．**2** 自分が…と思う．—Se cree muy listo. 彼は自分がとても利口だと思っている．▶**dar en creer**（軽率に）を信じ込む．**no (te) creas**（話）本当に［実際に］…なんだよ．**¡Que te crees tú eso!** そんなばかな，信じられないよ．**¡Ya lo creo!** もちろん，その通り．

creí(-) → creer [2.3]．
creíble 形 信じられる，信用できる．
creído, da 過分 [→creer] 形 **1**（話）思い上った，自惚れの強い，自信過剰の．**2** 信じやすい，お人好しの．**3** 思い込んでいる，信じている．

crema[1] 女 **1**（言語）クレマ，分音符号，変母音記号；güe, güi のようにつける記号（¨)．

crema[2] 女 **1**（料理）クリーム，乳脂．
(熱した牛乳にできる）乳皮．**2**（料理）カスタードクリーム；クリーム状の菓子．—～ catalana カラメルソースをかけたカスタードクリーム．**3**（料理）クリームポタージュ[スープ]；ピュレー；クリーム状のチーズ．—～ de espárragos アスパラガスのクリームポタージュ．**4**（飲物）クレマ（濃口で甘口のリキュール）．**5**（化粧品・薬品などの）クリーム，乳液；靴クリーム．▶～ **hidratante** モイスチャークリーム．—～ **dental** 練り歯磨き．**6** エリート，選り抜き，精華．—la ～ **y nata de la sociedad** 最上流階級の人たち，社交界の花形．**7**（無変化）（形容詞的に）—camisa (de) color ～/camisa ～ クリーム色のシャツ．

cremación 女 **1** 火葬．**2**（ゴミなどの）焼却．

cremallera 女 **1** ファスナー，ジッパー．**2**（機械）ラック，歯棹．

cremar 他（中南米）を焼却する．

crematístico, ca 形 **1** 利殖論の．**2** 金儲けの，経済的な．—～ **1**（経済）財貨[経済]学．**2**（話）金銭問題，お金に関する話．

crematorio, ria 形 火葬の；焼却の．—— 男 火葬場，火葬炉；焼却炉．

crémor 男（化学）酒石英，酒石酸．

cremoso, sa 形 クリームの；クリーム状の．

crencha 女 **1** 頭髪の分け目．**2**（2つに分けた髪の各々の）毛．

creosota 女（化学）クレオソート．

crep(e) 男（料理）クレープ．

crepé 男 **1** ちりめん，縮み織りの生地，クレープ生地．**2** クレープゴム．**3** 付け毛，入れ毛．**4** クレープクッション．

crepería 女 クレープ屋．

crepitación 女 **1** パチパチいう音，パリパリと乾いた音をたてること．**2**（医学）（骨折時の）骨同士の摩擦する音；（空気が肺に入って来るときの）捻髪音．

crepitante 形 パチパチ鳴る；捻髪音の．

crepitar 自（薪が）パチパチいう，パリパリと音をたてる，乾いた音がする．

crepuscular 形 薄明の，黄昏の．

crepúsculo 男 **1**（日出・日没前後の）薄明かり；黄昏（蕊）（時），夕暮れ；明け方．**2**（文）衰退期，末期，晩年．—～ **de la vida** 人生の衰退期，晩年．

cresa 女（特にハエ・蜂などの）虫の卵．

crescendo（音楽）クレッシェンド．—— 男 だんだん強く．▶**in crescendo** だんだん［次第に］，次第に程度を増して．

creso 男 大富豪．

crespo, pa 形 **1**（髪が）縮れた，縮れ毛の．**2** が病気当ちで縮れた，しなのよった．—— 男 縮れ毛；巻き毛．

crespón 男 **1** ちりめん，クレープ布，ちぢみ織りの布．**2**（弔意を表す）黒いクレープ布，喪章．

cresta 女 **1**（鶏などの）とさか；（一般に鳥類の）頂毛．**2** 波頭．**3** 山頂；頂点．**4** 前髪（かぶとの前立て，羽毛か）．▶**alzar [levantar] la cresta** 鼻にかける，偉ぶる．

dar en la cresta (高慢な人・偉ぶっている人の鼻をへし折る, やっつける, 屈辱を与える. ***~~se sano*** 健やかに成長する. **2** [+en で] 教育を受ける.

cresteria 囡 **1** 〖建築〗(特にゴシック様式で)建物の最上端に連なり彫りの飾り. **2** 〖凸凹状の〗城壁の最上部.

crestomatía 囡 選集, 詩文集, アンソロジー.

crestón 男 **1** かぶとの頭頂部. **2** 〖地表に露出した〗鉱脈[岩]など.

creta 囡 白亜.

cretáceo, a 形 **1** 白亜の. **2** 〖地質〗白亜質の, 白亜紀の. ── 男 白亜紀, 白亜層.

cretácico, ca 形 〖地質〗白亜紀の.

cretense 形男女 クレタ島の(人), クレタ島出身の(人).

cretinismo 男 **1** 〖医学〗クレチン病; 知的発達の遅れ. **2** 馬鹿なこと, 愚かなこと.

cretino, na 形名 **1** クレチン病の(人), クレチン病にかかっている(患者). **2** 頭の弱い(人), 知能の低い(人).

cretona 囡 クレトン(プリント地)の丈夫な木綿布.

crey- 動 →creer [2.3].

creyente 形 〖宗教〗信仰する, 信じている, 信心のある. ── 男女 信者, 信奉する人.

crezc- 動 →crecer [9.1].

crí- 動 →criar [1.5].

cría 囡 **1** 飼育, 飼養; 養殖. **2** (動物の)子, 雛, 稚魚. **3** 一腹の子. **4** 赤ん坊, 乳飲み子. ► ***ama de cría*** 乳母.

criada 囡 お手伝い, メード, (女性の)使用人.

criadero 男 **1** 苗床. **2** 養殖[養鶏, 養蚕]場. **3** 鉱脈, 鉱床.

criadilla 囡 **1** 〖料理〗(牛などの)睾丸. **2** ジャガイモ. ► ***criadilla de tierra*** 〖植物〗トリュフ.

criado 男 (男性の)使用人, 召使, 下男. ── **, da** 過分 [→ criar] 形 **1** [bien [mal] +] しつけがよい[悪い], 育ちのよい[悪い]. **2** 育てられた, (動物が)飼育された. ─Tiene a los hijos ya ~s. 彼にはもう大きい子がいる.

criador, dora 形 **1** 育てる人, 飼育係; 養殖[養鶏, 養蚕]家. **2** ワイン製造業者, ブドウ農家. ── 男 (C~)神, 創造主, 造物主. ── 形 飼育の, 飼育する.

criandera 囡 〖中南米〗乳母 (→ nodriza).

crianza 囡 **1** 育てること, 養育; 飼育; 栽培. **2** 授乳期, 授乳; 保育. **3** (幼少期の)躾, 教育. ─buena [mala] ~ 良い[悪い]躾(´º;). sin ~ 育ちの悪い, 無作法な.

criar [1.5] 他 **1** 育てる, …に授乳する, 餌をやる. **2** を栽培する. **3** を飼う, 育てる. **4** (動物が)仔を産む, 出産する. **5** をしつける, 教育する, 育てる. ── **a los niños** 児童を教育する. **6** (ワイン)を熟成させる. **7** を生じさせる. ─La ropa cría polilla. 衣服には虫がつく. ── 自 (動物が)子を産む. ── ***se*** 再 **1** 育つ, 生育する. **2** ~~***se sano*** 健やかに成長する. **2** [+en で] 教育を受ける.

criatura 囡 **1** 〖宗教〗(神の)創造物, 被造物; 森羅万象; 人. **2** 〖話〗(行動・考え方が)子ども; 子どもっぽい人. ─¡No seas ~! 子どもみたいなことを言う[する, 考える]な. **3** 赤ん坊, 乳児, 幼児. ──***~ preciosa*** かわいい赤ちゃん. **4** 胎児. **5** 〖像〗(想像上[架空]の生物, 創作された生き物, 想像力の産物. **6** お陰をこうむっている人, お気に入り, 取巻き.

criba 囡 **1** ふるい. **2** (鉱物などをより分ける)選別機. **3** 選別の手段. ► ***estar como [hecho] una criba*** 穴だらけである, 穴がたくさんあいている.

cribado 男 ふるいにかけること, 選別; 取捨選別, 精選.

cribar 他 **1** をふるいにかける; より分ける. **2** を選別する, 取捨選択する, 精選する.

cric 男 〖複 ~s〗〖機械〗ジャッキ.

cricket 〖英〗男 → criquet.

cricoides 形 〖単複同形〗(肺の下部にある)輪状の軟骨. ── 男 輪状の, 環状の.

cricrí 〖擬音〗チロチロ(コオロギの鳴き声).

crimen 男 〖複 crímenes〗**1** (殺人・傷害など重大な)犯罪(行為), 重罪(事件). ── ***~ organizado*** 組織犯罪. **2** 〖話〗悪い行い, ひどい[けしからん]こと.

criminal 形 **1** 犯罪の, 犯罪になる, 犯罪的な. **2** 刑事上の. ─***causa ~*** 刑事訴訟. **3** 〖話〗犯罪的な, ひどい. ── 男女 犯罪者, 犯人. ── ***de guerra*** 戦争犯罪人.

criminalidad 囡 **1** 犯罪であること, 犯罪性. **2** 犯罪件数, 犯罪発生率.

criminalista 男女 **1** 犯罪学者, 刑法学者. **2** 刑事事件[訴訟]を扱う弁護士. ── 形 犯罪学の, 刑事事件[訴訟]の.

criminalístico, ca 形 犯罪学の.

criminar 他 **1** を訴える, 告発する. **2** を非難する, とがめる.

criminología 囡 犯罪学, 刑事学.

criminólogo, ga 男女 犯罪学者.

crin 囡 **1** 馬のたてがみ, 尻尾; 〘豚・猪などの首や尾の〙剛毛. **2** 〘茅・苔・藻などの〙植物の繊維.

crío, a 名 赤ん坊, 乳飲み子; 幼児, 子ども. ► ***ser un crío*** (子どものように)分別のない(天真らんまんな)振る舞いをする; 無思慮な.

criocauterio 男 〖医学〗超低温焼灼器具.

criocirugía 囡 〖医学〗超低温外科.

criogenia 囡 超低温(学).

criogénico, ca 形 超低温(学)の.

criollismo 男 クレオール (criollo) の性質[特徴].

criollo, lla 名 **1** クレオール(中南米生まれのスペイン人, スペイン人の血をひく中南米の人). **2** ヨーロッパ以外で生まれ育ったヨーロッパ人. **3** 〖アフリカから連れて来られた黒

人に対し)アメリカ大陸生まれの黒人. ━形 (食事・習慣など)クレオール特有の, クレオール風の.

crioscopía 囡 〖物理〗氷点法.

crioterapia 囡 〖医学〗寒冷療法.

cripta 囡 **1** 地下の埋葬所[墓], 地下納骨室. **2** (教会の)地下礼拝堂. **3** 〖解剖〗(器官の)腺, 凹み, 空洞.

críptico, ca 形 **1** 暗号作成[解読用]の. **2** 謎(なぞ)のような, 暗い.

criptógamo, ma 形 〖植物〗隠花植物, 無子葉植物の, 種子植物でない. ━囡 〖植物〗隠花植物類.

criptografía 囡 暗号で書くこと, 暗号文の作成(法); 暗号の解読(術).

criptográfico, ca 形 暗号の; 暗号作成の; 暗号解読の.

criptograma 男 暗号文, 暗号で書かれたもの.

críquet (英) 男 クリケット.

crisálida 囡 〖虫類〗さなぎ.

crisantema 囡 →crisantemo.

crisantemo 男 〖植物〗キク.

crisis 囡 〖単複同形〗**1** (政治・経済・人生などの)危機, 難局; 恐慌. ～ de gobierno 政権の危機. ～ económica 経済危機. ～ ministerial (組閣までの)内閣空白期; 内閣総辞職, 政変. **2** (容態の)急変; (病気の)やま, 峠; (感情の激発); 〖医学〗発作. ～ cardíaca 心臓発作. **3** (大幅な)不足, 欠乏. ～ de la vivienda 住宅難.

crisma[1] 囡 〖宗教〗聖油.

crisma[2] 囡 〖話〗頭. ━romper la ～ a... …の頭を殴る, ぶちのめす. romperse la ～ 頭を悩ませる, 頭を痛める.

crismón 男 キリストを表すモノグラム.

crisol 男 **1** るつぼ; 〖冶金〗火床, 炉床. **2** (愛情・美徳などを)試す[強める]もの; 試練.

crisólito 男 〖鉱物〗かんらん石; ペリドット.

crispación 囡 **1** (筋肉などの)収縮, ひきつれ. **2** 怒り, いらだち.

crispadura 囡 →crispación.

crispamiento 男 →crispación.

crispante 形 いらだたせる.

crispar 他 (筋肉などを)収縮させる, 縮める; を痙攣(けいれん)させる. ━El dolor le crispó la mano. 痛みの余り手を握りしめた. **2** をいらだたせる, …の神経にさわる. ━se 再 **1** 収縮する, 緊張する. **2** いらいらする.

cristal 男 **1** 〖化学, 鉱物〗結晶, 結晶体. ━～ de sal (de cuarzo) 塩[石英]の結晶. ～ de nieve 雪の結晶. **2** 水晶. **3** (クリスタル)ガラス(製品); 〖複〗板ガラス, ガラス窓. ━bola de ～ (占いの)ガラス球, 水晶球. ～ tallado カットグラス[ガラス]. ～ esmerilado すりガラス. **4** レンズ, メガネ, 眼鏡. **5** 〖物理〗～ líquido 液晶. **6** 鏡, 鏡面. **7** 〖詩〗澄んだ水, 透明さ. ━～es del Tajo タホ川の清流. ━**cristal de roca** 水晶.

cristalera 囡 **1** (大きな)ガラス戸[窓, 天井]. **2** ガラス戸棚, 食器棚; サイドボード, ショーケース. ━～ para la vajilla 食器棚.

cristalería 囡 **1** ガラス(販売)店; ガラス工場[製造所]. ━En las ～s venden espejos. ガラス店では鏡を売っている. **2** (クリスタル)グラスセット. **3** 〖集合的に〗ガラス製品, ガラス器. **4** ガラス工芸.

cristalero, ra ガラス商(販売人・工事人); ガラス工(細工職人, 吹き工).

cristalino, na 形 **1** 水晶の(ような); 透明な, 澄んだ. ━agua cristalina 透きとおった水. **2** 結晶(質)の, 結晶状の. ━男 (眼球の)水晶体.

cristalización 囡 **1** 結晶化, 晶析, 晶出. **2** 結晶体, 結晶物. **3** 明確化, 具体化.

cristalizado, da 過分 〔→ cristalizar〕形 **1** 結晶化した. **2** 具体化した, はっきり形になった.

cristalizar [1.3] 自 **1** 結晶する, 晶出する. 〔+en〕 結晶となる. **2** (考え・計画などが)具体化する, 現実となる. ━他 **1** を結晶化する, 晶析する. **2** を具体的な形にする, を明確にする. ━se 再 **1** 結晶化する. **2** 具体化する.

cristalografía 囡 結晶学.

cristalográfico, ca 形 結晶学の; 結晶状の.

cristaloide 男 〖化学〗晶質.

cristianar 他 〖話〗…にキリスト教の洗礼を授ける, をキリスト教徒にする(→ bautizar).

cristiandad 囡 〖集合的に〗**1** 〖宗教〗キリスト教徒[教会]. **2** キリスト教国[世界].

cristianísimo, ma 形 〖cristianoの絶対最上級〗非常に敬虔(けいけん)な. ♦フランス国王に対する敬称として用いられた.

cristianismo, ma 男 **1** 〖宗教〗キリスト教(信仰). **2** 〖集合的に〗キリスト教徒[教会, 教国]; キリスト教世界.

cristianización 囡 キリスト教化, キリスト教の布教.

cristianizar [1.3] 他 をキリスト教化する, キリスト教に改宗させる.

cristiano, na [クリスティアノ, ナ] 形 **1** キリスト教(徒)の, キリスト教(徒)的な. ━doctrina cristiana キリスト教の教義[教理]. mundo ～ キリスト教世界. **2** 〖話〗(ブドウ酒を)水で割った. ━男囡 **1** キリスト教徒(信者), キリスト者. ━～ nuevo 〖歴史〗新キリスト教徒(ユダヤ人・イスラム教などから改宗した信者). ～ viejo 〖歴史〗旧キリスト教徒(ユダヤ人・モーロ人を祖先に持たない生粋の信者). **2** (キリスト教を中心に考えて)人間, 人; 同胞. ━Cualquier ～ lo sabe. 人ならだれでもそれを知っている. ♦ **hablar [decir] en cristiano** 〖話〗人によくわかる言葉で話す[言う].

cristianodemócrata 形男女 democristiano.

Cristina 固名 〖女性名〗クリスティーナ.

Cristo 固名 (イエス)キリスト (=Jesu-

cristo, **Jesús** 〔前04?‐後30?, キリスト教の始祖〕.

crísto 男 十字架に磔(はりつけ)にされたキリストの像, キリスト磔刑(たっけい)図像. ▶ **donde Cristo dio las tres voces** 遠く離れた場所に, へんぴな所に. **poner**LE **a ... como un cristo** を汚れさせる, 虐待する, 辱める. **todo cristo** すべての人, みんな.

Cristóbal 固名 《男性名》クリストバル.

cristología 囡 《神学》キリスト論.

cristológico, ca 形 《神学》キリスト論の.

criterio 男 1 《判断・分類などの》基準, 尺度, 目安. 2 観点, 見方. 3 判断力, 見識, 良識. —hombre de buen ~ 見識のある人. 4 意見, 見解, 考え. 5 《哲学》標識.

critérium 〔<ラテン〕 男 〖競〗 ~ス ポ〗 非公式の選抜競技会.

crítica 囡 1 批評, 論評, 評価. — literaria 文芸評論. 2 非難, 批判. 3 《集合的に》批評家たち. 4 陰口, 中傷.

criticable 形 批判に値する; 批判の余地がある.

criticador, dora 形 1 批判的な, 非難するような. 2 批評する, 評価する. — 名 批評家; 批判者, あら探しばかりする人.

criticar [1.1] 他 1 を批評する; 批判する; 評価する. 2 を批判する, 非難する; 責める. — 自 悪口をいう, 批判する.

criticastro 男 《軽蔑》えせ評論家, でたらめ批評家をする人.

criticidad 囡 批判[批評]性.

criticismo 男 《哲学》《カントの》批判哲学.

crítico, ca 形 1 批評の, 批判的な, 批評[評論]家の. —análisis ~ 批判的分析. espíritu ~ 批判精神. 2 危機的な; 決定的な, 時宜を得た. 3 危篤の, 《生命が》危険な. —Está en estado ~. 彼は危篤状態にある. 4《物理》臨界の. —punto ~ 臨界点. — 名 批評家, 評論家.

criticón, cona 形 批判する, 酷評する; あら探しの. — 名 あら探しばかりする人, 批判家, やかま屋.

critiqueo 男 陰口, 中傷.

Croacia 固名 クロアチア〔首都 Zagreb〕.

croar 自 蛙が鳴く, ケロケロいう.

croata 形 男女 クロアチアの(人). — 男 クロアチア語.

crocante 形 《パスタが噛むと》パリパリする. — 男 アーモンドスイ.

crocanti 男 チョコとアーモンドをかけたアイスクリーム.

croché, crochet 〔<仏〕 男 ~s 1 かぎ針編み; かぎ針. 2 《スポ》 《ボクシングの》 フック.

crocitar 自 カラスが鳴く, カアカアいう.

croco 男 《植物》サフラン.

crocodilo 男 →cocodrilo.

croissant 〔<仏〕 男 ~s クロワッサン.

crol 〔<英〕 男 《スポ》《水泳の》クロール.

crolista 男女 《スポ》クロール選手.

cromado, da 形 クロームでめっきした. — 男 クロームめっき(すること).

cromar 他 をクロームでめっきする.

cromático, ca 形 1 《音楽》半音階の, 半音の. 2 《光学》《光学機械・レンズなどが》色収差を補正していない, 緑が虹色の像を結ぶ. 3 色彩の, 色の.

cromatina 囡 《生物》染色質.

cromatismo 男 1 色彩. 2 《音楽》半音階性. 3 《光学》色収差.

cromatografía 囡 《化学》色相分析.

cromatógrafo 男 《化学》色相分析器.

crómlech 男 《考古》環状列石.

cromo 男 1 《化学》クロム, クローム〔銀白色の金属元素, 記号 Cr〕. 2 →cromolitografía. 3《おまけなどの》カード. ▶ **hecho un cromo** 《話》《主に皮肉で》きれい過ぎた, きらんとしすぎた.

cromolitografía 囡 多色刷りの石版術[画], 色つきのリトグラフ.

cromosfera 囡 《天文》彩層.

cromósfera 囡 →cromosfera.

cromosoma 男 《生物》染色体.

cromosómico, ca 形 《生物》染色体の.

cromoterapia 囡 《医学》色彩療法.

crónica 囡 1 《新聞の》記事, 時評欄, …欄, …面; 《ラジオ・テレビの》報道番組, ニュース. — de sucesos 社会面, 三面記事. ~ deportiva スポーツ欄[番組]. ~ política 政治欄. ~ de sociedad 社交界消息欄, 社交欄. 2 年代記, 編年史, 記録. 3 《複》(C~)《聖書》《旧約の》歴代志.

cronicidad 囡 常習, 習慣性, 慢性.

cronicismo 男 《医学》《病気の》慢性.

crónico, ca 形 1《病気が》慢性の, 長引く. —estreñimiento ~ 慢性的な便秘. 2《悪弊などが》長年の, 習慣性の, 常習的な.

cronicón 男 短い年代記, 略年譜.

cronificación 囡 《医学》《病気の》慢性化.

cronificar 他 《医学》《病気を》慢性化する. — se 《医学》《病気が》慢性化する.

cronista 男女 1 年代記作者[編者], 記録作家. 2 時事解説者, 報道記者, コラムニスト.

cronístico, ca 形 1 記事[報道番組]の; 時事解説者[報道記者]の. 2 年代記作者[編者]の.

crónlech 男 《考古》環状列石, クロムレック.

crono 男 《クロノメーターで計る》時間, タイム; クロノメーター.

cronoescalada 囡 《スポ》《自転車競技の》上り坂でのタイムトライアル.

cronografía 囡 →cronología.

cronógrafo, fa 名 年代学者. — 男 1 ストップウォッチ. 2 クロノグラフ.

cronología 囡 1 年代学. 2 年代記, 年表, 年譜. 3 暦, 暦の算定方法.

cronológicamente 副 年代順に.
cronológico, ca 形 年代学の; 年代記の; 年代[年月日]による.
cronologista 男女 年代学者.
cronólogo, ga 男女 年代学者.
cronometrador, dora 男女 タイムを計る(ための). ― 男 タイムキーパー, 計時係.
cronometraje 男 タイムを計ること, 計時.
cronometrar 他 (特にスポーツなどで)…のタイムを計る.
cronometría 女 時間を正確に計ること, 時刻測定(法).
cronométrico, ca 形 (時刻が)正確な, 狂いのない.
cronómetro 男 クロノメーター; (国際的な機関の公認を得た)精密時計; ストップウォッチ.
croque 男 頭への[での]打撃.
croquet [<英]男[複〜s] [スポ]クロッケー(球技の一種).
croqueta 女 [料理]コロッケ.
croquis [<仏]男[単複同形] 1 スケッチ, 素描, デッサン; 下絵, 下書き. 2 見取図, 略図.
cross [<英]男[単複同形] (スキーなどの)クロスカントリー競技.
crótalo 男 1 [音楽] クロタルム(カスタネットに似た古代の打楽器). 2 [複] [詩]カスタネット. 3 [動物] ガラガラヘビ.
crotón 男 [植物] トウダヰ.
crotorar 自 (コウノトリなどが)くちばしを鳴らす.
cruasán 男 [料理] クロワッサン.
cruce 男 1 (道路の)交差点, 十字路; 交点. ― de peatones 横断歩道. 2 横断歩道, 通りの横切り, 横切る行為, 交差. ―luces de ― 《自動車》下向きにしたヘッドライト, ロービーム. 4 (電話などの)混線. 5 (生物の)(異種)交配, 交雑; 支配種, 雑種. 6 (言語)交差混交. 7 (電気)ショート.
cruce(-), crucé(-) 動→cruzar[1.3].
cruceiro 男 クルゼイロ(ブラジルの旧貨幣単位).
crucería 女 (建築)交差リブ.
crucero 男 1 交差点, 袖廊. 2 [葬儀の行列などに]十字架を持つ人. 3 石の十字架; 十字路, 四つ角. 4 [天文] 南十字星. 5 巡洋艦. 6 (船舶の)周航, 巡洋; (あちこち寄港しながらの)船旅, クルージング; 舟下り.
cruceta 女 1 クロスステッチ. 2 [機械] クロスヘッド. 3 [海事] 橋[十字]桁(げた).
crucial 形 決定的な, 重大な, 明確を分けるような.
crucífera 女 →crucífero.
cruciferario 男 (行列などで)十字架を持つ係.
crucífero, ra 形 [植物] 十字形に花をつける種類の. ― 女[複] [植物] アブラナ科.
crucificado, da 形 十字架にかけられた(人).

crucificar [1.1] 他 **1** を十字架にかけ る, 磔(はりつけ)にする. **2** を苦しめる, 悩ます; 拷問にかける.
crucifijo 男 キリスト磔刑(たっけい)図[像].
crucifixión 女 **1** 十字架にかけること, 磔(たっけい). **2** キリスト磔刑(たっけい)図[像], キリスト磔刑の場面.
cruciforme 形 十字形の.
crucigrama 男 クロスワードパズル.
crucigramista 男女 クロスワードパズルの作成者[出題者].
cruda 女 [中米] 二日酔い.
crudelísimo, ma 形 cruel の絶対最上.
***crudeza** 女 **1** (気候・現実などの)厳しさ, 過酷さ. **2** 粗雑さ, ぞんざいさ, ぶっきらぼう. **3** (表現・描写などの)生々しさ, 露骨さ, どぎつさ. ― de una expresión 表現のどぎつさ. **4** [料理] 生(なま), 半煮えし; (生糸などの)未加工. **5** (果物などが)熟していないこと; 未熟さ.
crudillo 男 (芯地・ポケット用の)堅くて粗い布地.

***crudo, da** [クルド, ダ] 形 **1** 生(なま)の, 調理してない; 生煮えの. **2** 未加工の, 未処理の, 原料のままの. ―seda cruda 生糸, petróleo ― 原油. **3** (表現などが)粗野な, どぎつい; 残酷な. **4** (天候が)厳しい, 過酷な. ―un invierno muy ― 大変厳しい冬. **5** 生(き)成りの, ベージュ色の. **6** (人が)未熟な, 経験不足の. **7** (果物などが)熟していない, 未熟の; (はけ物が)煮えていない. **8** (水が)硬質の. **9** [メキシコ] 二日酔いの. ► **en crudo** 生の; ぶっきらぼうに, 無遠慮に. ― 男 **1** 原油. **2** [中米] ズック, 粗布.

***cruel** [クルエル] 形 **1** [+ con/para/para con に対して] (人・行為が)残酷な, むごい, 無慈悲な. **2** (物事が)厳しい, つらい, 苦しい. ―Hace un frío ~. 厳しい寒さだ.
***crueldad** 女 **1** (人・行為などの)残酷さ, 残虐さ, むごさ; 残酷[虐待]行為. **2** (運命・状況・苦しみなどの)過酷さ, つらさ, 悲惨さ; 厳しさ. ► **con crueldad** 残酷に, 残虐に; 厳しく.
cruento, ta 形 《文》血の; 血なまぐさい, 流血の.
crujía 女 **1** (大きな建物の)廊下. **2** (建築)聖歌隊通路, ベイ, 柱間. **3** (船舶)中央甲板.
***crujido** 男 **1** (特に木などが)裂ける音(バリバリ, メリメリ); きしむ(音); 歯ぎしり. **2** (鞭などの)ビシッという音. **3** (枯れ葉・衣服の)サラサラ[カサカサ]という音; (火の)パチパチという音.
crujiente 形 (物が)短く乾いた音を出す. ―pan ~ (焼きたての)パリパリのパン.
***crujir** 自 **1** きしる, きしむ音を発する, キーキー音がする. **2** バリバリ[カサカサ]と音がする. ― la seda 絹がサラサラする. **3** パリパリ[バチバチ]と音を立てる.
crup 男 [複~s] [医学] ジフテリア, 喉

頭ジフテリア.
crupier 男女 クルピエ(カジノでルーレットやトランプを管理する係).
crural 形 大腿の, 太ももの.
crustáceo, a 形 〖動物〗甲殻類の. ━ 男 〖動物〗甲殻類.
Cruz 固名 **1** クルース(Ramón de la ~)(1731–94, スペインの劇作家). **2** クルース (Sor Juana Inés de la ~)(1651–95, メキシコの詩人).

:cruz [クルス] 女 (複 cruces) **1** 〖宗教〗〖磔刑〗用の十字架―suplicio de la ~ 十字架磔刑, 磔(はりつけ)刑. **2** a) 十字架形のもの, 十文字. ―C~ Roja 赤十字(社). punto de ~ 〖縫いもの〗クロスステッチ. b) 十字勲章, 十字章. c) 〖スペイン〗硬貨の裏側. ―decidir a cara o ~ コイントスで決める. d) (お祈りで切る)十字の印. ―hacer la señal de la ~ 十字を切る. e) (字の書けない人が署名代わりに書く)十字印, バツ印. f) (名前の前に付けて故人を示す)ダガー, 短剣符号(†の記号). **3** 〖C~〗〖天文〗十字星. ―C~ del Sur 南十字星. **4** 〖宗教〗十字架にかかること. ― ~ del matrimonio 結婚生活の苦労. **5** 〖動物〗(馬・牛・犬の肩甲骨間の隆起)き甲, 背峰. **6** (木の枝の)二股. **7** 〖海事〗錨(いかり)の頂部, アンカークラウン. ● **con los brazos en cruz** (十字架にかけられたように)両手を横に広げて. *cruz de Jerusalén* 〖植物〗アメリカ[ヤグルマ]センノウ. *cruz de Malta* 〖紋章〗マルタ十字. *cruz gamada* 〖紋章〗ハーケンクロイツ, 鈎十字(＝*esvástica*). *cruz griega* 〖紋章〗ギリシャ十字. *cruz latina* 〖紋章〗ラテン十字. *cruz y raya* 〖話〗それでおしまい, もうこりごり. *en cruz* 十字形に, 斜めに; 交差して. *hacerle la cruz a...* 〖話〗~をボイコットする. *hacerse cruces* 〖+de+不定詞/+de que+接続法〗驚いて十字を切る, 仰天する, そっとする. *por esta cruz/por éstas que son cruces* 〖話〗神にかけて.

***cruzada** 女 〖歴史〗(11–13世紀の)十字軍(の遠征), 聖戦. **2** 〖歴史〗(聖戦に軍を派遣する国王らに教皇が与える)教免(状). **3** (改革・撲滅のための)運動, キャンペーン. ― antinuclear 反核運動.

cruzado 男 十字軍(戦士).

***cruzado, da** 過分 (→ *cruzar*) 形 **1** 交差した, 十字の, 十字形の. **2** 〖服飾〗ダブルの. **3** (動植物が)交配された, 交配種の, 雑種の. **4** 〖歴史〗十字軍に参加した; 十字架を受けた. ━ 男 **1** 〖歴史〗十字軍の兵士(戦士). **2** クルサード(ブラジルの旧通貨単位). **3** (動植物の)交配種, 雑種.

cruzamiento 男 横断, 渡航; 妨害, 妨げ; 交配, 交雑.

:cruzar [1.3] 他 **1** を横断する, 渡る. ━ ~ *la calle* 通りを横断する. **2** ~と交差する, をまたぐ; で交差させる, 組む. **3** (言葉・笑み・あいさつ)を交わす, 交換する. **4** 〖商業〗(小切手)を線引きにする. ━ ~ un *cheque* 小切手を線引きにする. **5** 〖+con と〗を交配させる, 交配する, 掛け合わせる. ━ 自 〖服飾〗(服の)前が合う. **2** 交わる. **3** 通り過ぎる, 行き交う, 通る. ― **se** 再 交差する, すれ違う.

CSIC 〖頭字〗[<Consejo Superior de Investigaciones Científicas] 男 〖スペイン〗高等科学研究協議会.

cu アルファベットの文字Q, qの名称.

cuache, cha 形 〖中米〗双子の.

cuaco 男 〖中南米〗〖話〗馬; やせ馬, 駄馬.

cuaderna 女 (船の)肋材, フレーム(枠組み), リブ. ● ***cuaderna vía*** クアデルナ・ビーア(1行14音節からなり四つ韻をふむ4行1連からなる詩型).

cuadernal 男 〖海事〗(船の)枠組みの中に平行に取り付けてある複数の滑車.

cuadernillo 男 **1** 全紙5枚(紙の単位). **2** クアデルニーリョ.

cuaderno** 男 **1** ノート, 帳面. ― *de apuntes de clase* 講義ノート. **2** (印刷)4枚重ね折. **3** 〖俗〗トランプ一組. ● ***cuaderno de bitácora 〖海事〗航海日誌. *cuaderno de Cortes* 〖歴史〗国会議事録(16世紀に始まる).

cuadra 女 **1** 馬小屋, 馬屋, 厩舎. **2** (競争馬など)同じ厩舎に所属する馬, 同じ馬主の持ち馬. **3** 汚ない場所, むさくるしい部屋. **4** 〖中南米〗街区, 区画, ブロック; 1区画分の距離. ― *a dos ~s de aquí* ここから2ブロック行った所に, 2丁先に.

***cuadrado, da** 形 **1** 正方形の, 四角の. **2** 〖数学〗2乗の, 平方の. ―*metros* ~*s* 平方メートル. **3** 〖体〗(体格の)がっしりした, 頑丈な, ごつごつした; 角ばった. **4** 完全な, 完璧な. ―*El negocio nos ha salido* ~. その取り引きは私たちにとって完璧な結果を収めた. ━ 男 **1** 〖数学〗正方形, 四角形. **2** 〖数学〗2乗, 平方. ―*elevar...al* ~ を2乗する. **3** 直定規, 四角定規. **4** 〖印刷〗クワタ(字間のスペースに挿入される埋め込み). ━ 女 〖音楽〗二全音符.

cuadragenario, ria 形 名 40歳(位)の(人).

cuadragésimo, ma 形 〖数〗**1** 40番目の, **2** 40分の1の. ━ 名 40分の1(のもの).

cuadrangular 形 四角形の, 四辺形の.

cuadrángul/o, la 形 四角形の, 四辺形の. ━ 男 四角形, 四辺形.

cuadrante 男 **1** 〖数〗四分円; (地平線・経緯などの)円形をなす線の四半分. **2** 日時計. **3** 四分儀. **4** 〖建築〗筋交い. **5** (正方形の)枕.

***cuadrar** 自 **1** 〖+a に/con と〗一致する, ぴったりする; 都合が良い, 合う. ―*Esta cuenta no cuadra*. この計算は間違っている. **2** 〖+con と〗調和[適合]する. **3** (勘定が)合う. ━ 他 **1** を四角にする. **2** 〖数学〗を2乗する. **3** を清算する, 帳尻を合わせる. **4** (線)を碁盤目に引く, 方眼に

く. **5** 〖中南米〗を駐車する. ━━ **se** 再 **1** 直立不動の姿勢をとる(闘牛の牛が)動かずにたたずむ. ━━**se** el toro (闘牛の牛が)動かずにたたずむ. **2** いやになる.

cuadratura 女 **1** 方形を作ること, 四角形にすること. **2** 〖天文〗矩象(くしょう).
▶ la ~ del círculo (話)万有解決法(「与えられた円と同面積の正方形を作れ」という理屈不能問題). **5** 4頭の.

cuadríceps 男 〖単複同形〗〖解剖〗大腿4頭筋.

cuadrícula 女 **1**目限, 碁盤目, 升目. **2** (情報)グリッド.

cuadriculado, da 過分 [→ cuadricular] 形 **1**升目のある, 縦横に線の入った. **2** 〘規格・秩序の〙頭が固い.

cuadricular 他 **1** …に升目をつける, 格子状の線を引く. **2**厳しく管理する. ━━ 形 升目の, 碁盤目状の, 方形の.

cuadrienal 形 4年に1度の, 4年毎の.

cuadrienio 男 4年間, 4年にわたる期間.

cuadriga 女 〘歴史〙4頭立の馬車.

cuadril 男 **1** 馬の尻の骨. **2**馬の臀部.

cuadrilátero, ra 形 **1**〘数学〙四辺形の. ━━ 男 **1**〘数学〙四辺形. **2**(ボクシング・プロレスの)リング.

cuadrilla 女 **1**グループ; 仲間; チーム (→ pandilla). **2**〘軽蔑〙(ギャングなどの)一味, 徒党. **3**〘闘牛〙(正闘牛士 matador と共に出場する槍方・銛方などの)闘牛士グループ, 一行.

cuadrilongo, ga 形 〘数学〙長方形の. ━━ 男 **1**〘数学〙長方形. **2**〘軍事〙長方形の部隊, 歩兵隊.

cuadrimotor, tora 形 → cuatrimotor.

cuadringentésimo, ma 形 〘数〙400番目の, 400分の1の. ━━ 男 400分の1.

cuadriplicado, da 形 → cuadriplicado.

cuadriplicar 他 自 再 → cuadriplicar.

cuadrivio 男 四学, 四科(中世の大学教育で, 算術・幾何・天文・音楽の4科目).

*<big>**cuadro**</big> [クワドロ] 男 **1**(通例, 額入りの)絵, 絵画;(絵の)額, 額縁. **2**表, 図表. ~ estadístico 統計表. **3**(生き生きとした)描写, 叙述;(演劇)場面. **4**(感動的な・悲しい・ひどい)光景, 情景. ¡Qué ~! 〘iVaya un ~!〙何という有り様だ. **5**欄 格子じま, チェック. **6**〘集合で〙スタッフ, 管理職, 幹部. ━━ facultativo [médico] 医師団, 医療スタッフ. **7**. 四角なもの, 四角形;(畑などの)区画, 花壇, 苗床. **8**盤, 計器盤, スイッチ. **9**(自転車などの)フレーム, 車体, 骨組み. **10**(医学)(病気の)症状, 徴候. ━━ patológico 病理学的症状. **11**(軍事)陣形, 隊形. **12**(情報)チェックボックス, フレーム. ▶ **a** [**de**] **cuadros** チェックの, 格子模様の. **cuadro clínico**(医学)病気・病人の症状, 徴候, 症候. **cua-**

dro de distribución(電気)配電盤;(電話)交換台. **cuadro de mandos** [**de instrumentos**](飛行機・車などの)制御盤, 計器盤, ダッシュボード. (軍事)司令室, 首脳部, 指導部. **cuadro flamenco** フラメンコ音楽を奏しながら披露する一団. **cuadro sinóptico** 一覧表, チャート. **en cuadro** 四角に, 方形に. **estar** [**quedarse**] **en cuadro**(会社・チームなどが)少人数になってしまう, 残り僅かになる.

cuadrumano, na, cuadrúmano, na 形 (動物)四手の. ━━ 名 (動物)四手類の動物.

cuadrúpedo, da 形 (動物)四つ足の. ━━ 名 四足類, 四肢動物(特に馬など).

cuádruple 形 4倍の, 4重の, 4連続の; 4つの部分からなる. ━━ 男 4倍, 4重.

cuadruplicado, da 形 4倍の, (文書など)4通に作成した.

cuadruplicar [1.1] 他 を4倍にする;(文書など)を4部作成する, 4つ作る. ━━ (**se**) 自 再 4倍になる.

cuádruplo, pla 形 男 → cuádruple.

cuajada 女 (牛乳に酸などを加えてできる)凝固部分, 凝乳;〘料理〙クアヘダ.

cuajado, da 過分 [→ cuajar] 形 **1**(牛乳などが)凝固した, 固まった. **2** [+ de] におおわれた, 満ちあふれた. **3**唖然とした. **4** [estar [quedarse] +] 眠り込んだ, 眠りについた, 眠っている.

cuajaleche 男 〘植物〙ヤエムグラ.

cuajar[1] 男 〘動物〙(牛などの反芻動物の)第四胃, 胃袋の第4室.

***cuajar**[2] 自 **1**凝固する, 凝結する, 固まる. **2**(雪が)積もる. **3**実を結ぶ, 結実する;実現する. ━━ un acuerdo 協定が成立する. **4** [+a (人)に] 気に入る, 受け入れられる. ━━Ese chico no me cuaja. その子は私の性に合わない. ━━ 他 **1** [+ de で] を覆う, 一杯にする, 満たす. **2**を凝固させる, 凝結させる, 固まらせる. ━━ la mayonesa マヨネーズを固まらせる. ━━ **se** 再 **1** [+ de で] 一杯になる, 満ちる; 覆われる. **2**凝固する, 固まる.

cuajarón 男 凝結した塊;(特に血液の)血塊, 凝血.

cuajo 男 **1**凝固剤, 凝固作用のあるもの, (特に)レンネット. **2**凝固した[させる]こと. **3**〘俗〙落ち着き, 冷静; 遅鈍. ▶ **de cuajo** 根こそぎ, 完全に.

cuáquero, ra 形 → cuáquero.

*<big>**cual**</big> [クワル] 形 (関係)〘複〙~es; 強勢語 〘制限用法〙…するような…. ━━Una situación política tan inestable, ~ es la que tenemos ahora, requiere elecciones generales. 我々が今直面している政治状況はこれほど不安定なのだから総選挙が必要とされる. ▶ **a cual** [**cual**] **más** [+ 形容詞単数形] いずれ劣らず…. ━━Son a cual más embustero. 彼らはいずれ劣らず嘘つきだ. **sea** [**sean**] **cual** [**cuales**] **fuere** [fueren] それがどうであろうと．——（関係）【無強勢】《文》…するように，…と同じように．—Lo hizo [tal] ～ ella quería. 彼女はそれを好きなようにやった．▶ **cual si** 〖+接続法過去［過去完了］〗《文》まで…かのように［…だったかのように］（→como）．—*Cual si* hubiera visto a un fantasma, se puso a temblar de repente. まるで幽霊でも見たかのように，彼女は突然震え始めた．**cual..., tal...** 〖相関句〗のように，…．—*Cual* es la madre, *tal* la hija. 母も母なら娘も娘だ．**— el cual, la cual**（関係）男 los cuales, 女 las cuales; 強勢語〖先行詞は人・物．先行詞の性数により定冠詞が変化する〗**1**〖制限用法，前置詞がつく場合のみ〗…である…，…する…．—el motivo por el ～ lo hizo 彼がそれをやった理由〖制限用法では前置詞なしでは用いられない〗．**2**〖説明用法〗そして［しかし］それ［その人］は…，ところで［その人］は…なのが［なので］．—Debajo de la mesa vi un gato, *los ojos del* ～ brillaban. テーブルの下に一匹の猫が見えたが，その目は輝いていた〖説明用法では前置詞つきでも用いられる〗．**3**〖名詞句+de の後．名詞句は先行詞の一部分を示す．説明用法のみ〗そしてそれら［その人たち］の…，—Un grupo de jóvenes, la mayoría de los ～es universitarios, forman la banda. 若者のグループが，その大部分は大学生だが，バンドを組んでいる．**4**〖過去分詞+，分詞構文〗そしてそれ［その人］が…すると，そしてそれ［その人］が…すると，—Tendremos que superar una última prueba, superada *la* ～, ya el premio estará asegurado. 私たちは最後のテストを突破しなければならないだろうが，それを突破すればもう賞は確実だ．**— el cual, la cual**（形）《稀れ》《小説などの語りの文の中で用いられる》この［その］…．**— lo cual**（代）（関係）【無変化，強勢語】**1**〖前文の内容全体が先行詞，説明用法のみ〗それは，そしてそのことは，—Nuestro plan terminó en fracaso, de lo ～ se alegraron mucho. 我々の計画は失敗に終わったのだが，彼らはそのことを大いに喜んだ．**2**〖文脈で前文の内容あるいは前文の語句を指して〗それ［その人］は…．—Tu padre está muy enfadado. *Lo* ～ quiere decir que esta noche te quedas en casa. お父さんはとても怒っている．ということは今夜お前は家で留守番するということだ．▶ **por lo cual** 従って，そのために．—Usted no tiene carta de invitación, *por lo cual* no puede entrar. あなたは招待状をお持ちではありません．したがって，お入りになれません．

:cuál ［クワル］（代）（疑問）cuáles **1**〖直接疑問文で〗〖選択〗どれ，どちら．—¿C～ es más interesante, esta novela o aquélla? この小説とあれとどっちが面白いですか．**2**〖+ ser 動詞，同定〗何，誰，どこ．—¿C～ es su nombre? あなたのお名前は? **3**〖間接疑問文で〗**a**）どれ，どちら; 何［誰，どこ，どのくらい，いくら］．—Dime ～ es su apellido. 彼の苗字が何かを言って．**b**）〖+不定詞〗どちらを［に］…すべきか．▶ **a cuál [cuál]**〖+形容詞・副詞の比較級〗いずれ劣らず…，．—Los que estudian son a cuál más. その二人はいずれ劣らずよく勉強する．**cuál [cuál]..., cuál [cuál]...** …やら…やら，…もあれば…もある．**—** （疑問）〖複〗cuáles 〖主に中南米〗どれが，何が．—¿C～ equipo te gusta más? 君はどっちのチームが好きですか．**—** 〔副〕〖感嘆文で〗…はいかばかりか，何と，どんなに．—¡C～ [no] sería mi sorpresa, cuando vi la carta abierta! 手紙が開封されているのを見たときの私の驚きはいかばかりだったか．

cualesquier（代）（不定）→cualquier.
cualesquiera（代）（不定）→cualquiera.
cualidad 女 **1** 特性，特質，特徴．**2** 資質，素質，品性．**3** 長所，美点，強み．**4** 質，品質．
cualificado, da（形）熟練した，技術のある; 資格を持った（→calificado）．
cualificar（他）…に資格を与える．を評価する．
cualitativo, va（形）性質(上)の，質的な; 定性の．—análisis ～ 定性分析．
cualquier（代）（不定）〖cualquiera が名詞の前に置かれるときの形〗→cualquiera. ～ **día** どの日［何曜日］でも．～ **persona** 誰でも．

:cualquiera ［クワルキエラ］（形）（代）〖複〗cualesquiera; 名詞の前では cualquier, cualesquier〗**1**〖主に+名詞〗どんな…でも，いかなる…でも〖任意の人・物を示す〗．—Se queja por *cualquier* cosa. 彼はどんなことにも不平を言う〖*cualquier+名詞*〗あれ，あまり重要でない．普通の．—Su novio no es un chico ～. 彼女の恋人はそんじょそこらの男ではない．▶ **a cualquier hora** 好きなときに，いつでも．**cualquier día** いつか，いつかその日でも．**—** （代）（不定）**1**〖任意の人・物を示す〗どんな人［もの］でも．—Puedes comprar ～ que quieras. お前は何でも好きなものを買っていいよ．**2**〖感嘆文で反語的に〗…いやできない…するだろうか．—¡C～ sabe lo que él piensa! 彼の考えていることなどか分かるものか! ▶ **cualquiera que sea...** …がどうであれ，…が何であれ．**cualquiera sabe** さあ…だからどうだか．**—** 女 〖俗〗〖軽蔑〗〖不定冠詞+〗ありふれた人，取るに足らない人，並みの人．**—** 女（稀）〖～る〗〖不定冠詞+〗〖話〗売春婦，淫売．
cuan ［cuanto が形容詞・副詞の前に置かれるときの形〗→cuanto.
cuán ［cuánto が形容詞・副詞の前に置かれるときの形〗→cuánto. —No puedes imaginarte ～ feliz soy. 私がどれほど幸せか，あなたには想像もつかないほどだ．

:cuando ［クワンド］（接）**1**〖直説法〗**a**）…する（とき，

…すると。—C～ yo era joven…. 私は若いときには…『cuando 節および主節が直説法現在形または不定了過去形の場合には、全体として習慣的行為・継続的内容を表す』C～ llegamos a casa, ya era de noche. 私たちが家に着いたときにはもう夜だった。b)…する時に、…するのに、—Sigue malgastando el dinero, ～ el negocio va tan mal. 事業があんなにうまく行っていないというのに彼は無駄遣いをやめない。c) 〖apenas…, cuando…〗…するとすぐに…。—Apenas había empezado a hablar ～, de repente, se oyó un grito en la sala. 彼が話し始めると、突然会場に叫び声が聞こえた。2〖条件, +接続法〗…する時には、…するのなら、…すれば、—C～ haga buen tiempo, iremos a la playa. 天気がよければ私たちは海岸に行きます。『cuando 節の行為・状態が未来に言及する場合でも直説法未来形は用いられない』。3〖譲歩, +接続法〗たとえ…でも、4〖理由, +直説法〗…するのだから、…するからには。—C～ ella lo dice, será verdad. 彼女がそう言うのだから本当だろう。 ▶ **aun cuando…** 〖+接続法〗たとえ…でも；〖[+直説法〗…だけれども。 **cuando más** [**mucho**] 多くても、せいぜい。 **cuando menos** 少なくとも。 **cuando no** そうでなければ、…でないにしても。 **de cuando** [**vez**] **en cuando** 時々、時折。**siempre y cuando** 〖+接続法〗…するときはいつでも。 —副〖関係〗先行詞は時を示す名詞句・副詞句〗1〖制限用法〗…である…、…する…。—Nunca olvidaré el día ～ la vi por primera vez. 僕は彼女に初めて会った日を決して忘れないだろう。2〖説明用法〗そしてその時には…、—Volvemos al pueblo en primavera, ～ los prados se cubren de flores. 私たちは春に町に戻ってくる。その時期牧草地は花でおおわれる。3〖強調構文〗…する時。—Entonces fue ～ lo supe. それを私が知ったのはその時でした。 —前 1〖+定冠詞付き名詞句〗…の時、…の頃、…の間。—C～ la guerra, todos se trasladaron al campo. 戦時中はみんな田舎に転居した。2〖+年齢を示す形容詞〗〈話〉…の時、…の頃、…の間。—C～ niña, vivía con mis abuelos. 私は子どもの頃、祖父母と暮らしていました。

cuándo [クワンド]（疑問）〖時を表すのに用いられる〗1〖直接疑問文で〗いつ。—¿C～ se construyó este edificio? この建物はいつ建設されたのですか。2〖間接疑問文で〗いつ。—Dígame para ～ lo tendrás todo listo. いつごろまでに全部の用意ができているか教えてください。—No sabíamos ～ empezar. 私たちはいつ始めたら分かりませんでした。 ▶ **cada cuándo** どのくらいの時間の間隔で。 —男 いつ, 時, 時機。—el cómo y el ～ 方法と時機。

cuandoquiera 副 いつでも。〖[+ que〗 …の時はいつでも。—C～ *que* vengas,

serás bien recibido. いつ来ても大歓迎よ。

***cuantía** 囡 1 量, 分量；金額, 総額；程度。2 重要性, 優秀さ；重大さ。 ▶ **de mayor cuantía** 重要な, 重大な, 重要人物の。**de menor** [**poca, escasa**] **cuantía** 重要でない, 取るに足りない, ごくつまらない.

cuántico, ca 形〖物理〗量子の, 量子論の。

cuantificación 囡 1 数量化, 定量化。2〖物理〗量子化。

cuantificador 男〖言語〗数量詞。

cuantificar [1.1] 他 1 を数量で表す, 数値に置き換える。2〖物理〗を量子化する。

cuantioso, sa 形 豊富な, 莫大な, 多くの。

cuantitativo, va 形 数量の, 量的な；定量の。

***cuanto, ta** [クワント, タ]形（関係）1複 ～s；後続する先行詞の性数に一致〗〖先行詞は人・物〗1〖主に制限用法〗…するすべての…、…するかぎりの…。—C～s le conocían, le admiraban. 彼を知っている人は皆彼を賞賛していた。2〖cuanto 比較表現, (tanto) 比較表現〗…すればするほどますます…。—C～ más dinero se tiene (*tanto*) más se desea. お金は持てば持てるほどもっと欲しくなる。3〖tanto…, cuanto…の相関的用法〗…するのと同じくらい…。—*Tanta* fama recogerás *cuanta* honradez siembres. 誠実に振る舞えばその分名声を得ることができる。 ▶ **unos** [**unas**] **cuantos** [**cuantas**] …, いくらかの…, 若干の…。 —代（関係）1〖独立用法〗…するかぎりのもの[人]すべて, …するすべてのもの[人]—Podéis tomar ～ queráis. 君たち好きなだけ持っていきなさい。2〖cuanto 比較表現, (tanto) 比較表現〗…すればするほどますます…。—C～ más se tiene (*tanto*) más se quiere. 持てば持つほどますます欲しくなるものだ。3〖tanto…, cuanto…の相関的用法〗…するのと同じくらい…。—Ganaré *tanto* dinero ～ necesites. 君が必要なだけのお金を稼ぐよ。 ▶ **en cuanto…** (1) …としては、…として。—Me dirijo a usted en cuanto presidente de la asociación. 会長として お手紙をさしあげます。(2) …するやいなや、…するとすぐに。(3) …だから、…の で。—Debes firmarlo tú, en cuanto dueño legal que eres. それにはあなたがサインすべきだ、法的所有者なのだから。**en cuanto a…** …に関しては、…については、 **en cuanto que** …するやいなや、…するとすぐに；…するという限りにおいて、…するという点において。**por cuanto**〖+直説法〗〈文〉…ということにより、…であるから(には)。 —副〖形容詞・副詞の前で (cuan)〗…するだけたくさん、…するだけいっぱいに、…するだけ長い間。—Ella lloró ～ pudo, pero no consiguió lo que quería. 彼女は泣くだけ泣いたが欲しいものは得られな

かった。**2**『cuanto 比較表現, (tanto) 比較表現, 接続詞的』…すればするほど…. —C~ más ganas, (tanto) más gastas. 君は稼げば稼ぐほど使ってしまう. **3**『tanto... cuanto... の相関的用法』…と同じくらい…. —Tanto vales ~ tienes. お金を持ってばそれだけ値打ちが上がる. ▶ *cuanto antes* できるだけ早く *cuanto más* いっそう, なおさら; せいぜい, 多くても. —男 [複]~s/cuanta] (物理)量子.

¡cuánto, ta [クワント, タ] 形 (疑問)[複]~s
[数·量について用いられ, 後続の名詞と性数一致] **1**『直接疑問文』いくつの…, いく人の…. —¿C~ años tiene usted? お歳はいくつですか. **2**『間接疑問文』いくつの…, いく人の…. —Dime *cuántas* personas van a venir a la fiesta. そのパーティに何人来るかのか教えてちょうだい. **3**『感嘆文で』何と多くの…, 何と多くの…. —¡C~ tiempo sin verte! 久しぶり. —代 (疑問)『数·量について用いられ, 先述の名詞と性数一致』いくつ, 何人, どれだけ. —Buenas tardes, señores, ¿~ son ustedes? 今晩は, お客様は何人でいらっしゃいますか. ▶ *¿A cuánto está [están] + 名詞句?* …はいくらですか. —¿A cuánto están las fresas? イチゴはいくらですか. *¿A cuántos [qué] estamos?* 今日は何日ですか. —¿A cuántos [qué] estamos? —Estamos a catorce. 今日は何日ですか?-14日です. —副 (疑問)[無変化]『数·量について用いられる』『副詞·副詞の前では cuán を用いるが現代では qué を使用するのが一般的』**1**『直接疑問文』どれだけ, どのくらい. —¿C~ se tarda de aquí a la estación? ここから駅までどのくらいかかりますか. ¿C~ es en total?-Son 15 euros. 全部でいくらですか. —15ユーロです. **2**『間接疑問文』どれだけ, どれほど, どのくらい, いくら. —Dime ~ gana tu marido al mes. あなたのご主人がお月いくら稼ぐのか教えて. **3**『+ 不定詞』どれだけ…すべきか. **4**『感嘆文で』どれだけ大くさん…であることか, いかに…であることか. —¡C~ me alegro de verte! 君に会えてほんとうれしいよ.

cuaquerismo 男 クエーカー教の教義 [習慣].

cuáquero, ra 形 クエーカー教の. —名 クエーカー教徒, フレンド派の会員.

cuarcita 女 (鉱物)珪岩(ﾊﾞﾝ).

¡cuarenta [クワレンタ] 形 (数) **1** 40の, 40人の. **2**『序数詞的に』40番目の (→cuadragésimo). **1** 40; 40人[個]; 40の数字[記号](ローマ数字: XL). **2** 40番目; 40番地[号]. **3**『los (años) +』1940年代. ▶ *cantar [acusar] las cuarenta a...* 《話》…に遠慮なく不満を述べる, 耳の痛いことを言ってやる.

cuarentavo, va 形 40分の1の. —男 40分の1.

cuarentena 女 **1** 40の物のまとまり, 40. **2** 40年(40か月, 40日 等)の期間. **3**『病気などの観察のための』隔離期間; 検疫, 検疫停船期間.

cuarentón, tona 形 40歳位の, 40代の. —名 40代の人.

cuaresma 女 (ｶﾄ)四旬節.
cuaresmal 形 四旬節の.
cuarta 女 **1** スパン(手の親指から小指まで拡げた長さ). **2** (音楽)四度の, 4度. **3** (車の)4速. **4** (海事)羅針盤の32の方位. **5** カルト(フェンシングの構えの1つ); ピケット(トランプゲームで同マークの続き番号4枚組の札).

cuartago 男 中[小]型の馬, ポニー.
cuartana 女 『主に 複』(医学)四日熱.

cuartear 他 **1** を4等分する, 4つに分ける. **2** を幾つかに分ける, ばらばらにする. — *se* 再 (表面に)ひびが入る, ひび割れる, 亀裂が生じる.

cuartel 男 **1** (軍事)兵営, 兵舎; 宿営地. **2** (軍事)(降伏者に対する)寛大な処置, 助命, 容赦. **3**(敵に与える)休息, 休戦, 休憩. **4** 四半分地区, 区画; (紋章)盾の紋章を縦横に4等分した四半分. **5** (都市·町)の地区, 区. ▶ *cuartel general* (軍事)総司令部, 本営, 本部; 《話》(チーム·会社·政党などの)本部, 本社. *dar cuartel a...* …の命を助けてやる, を寛大に扱う.

cuartelada 女 (軍の)反乱, 蜂起, 暴動.
cuartelar 他 (紋章)(盾形の紋章を)縦横4つに区分する.
cuartelazo 男 (中南米) →cuartelada.
cuartelero 男 **1** (海事)荷役船員, 積荷の管理をする水夫. **2** (軍事)雑役兵, 掃除や部屋番をする兵隊.
cuartelero, ra 形 **1** 兵営の, 兵舎の; 軍の. **2** (言葉が)下品な, 粗野な, 不作法な.
cuartelillo 男 軍の部隊[警官隊, 消防隊]が滞在する場所[建物].

cuarteo 男 **1** (4つに)分けること, ばらばらにすること. **2** ひび割れ, 亀裂(が入ること).
cuarterón 男 **1** 4分の1. **2** (重さの単位)4分の1ポンド(約125g). **3** (窓の)鎧戸, 雨戸.
cuarterón, rona 形 メスティソ(mestizo, 白人とインディオのハーフ)と白人との混血の. —名 白人と黒人との間に生まれた人.

cuarteta 女 (詩学)8音節の4行詩.
cuarteto 男 **1** (音楽)四重奏(団, 曲), 四重唱(団, 曲). — ~ *de cuerda* 弦楽四重奏(団, 曲). **2** (詩学)クワルテート(11音節の4行詩).
¡cuartilla 女 (本·ノートなどの)四つ切りの紙.

cuartillo 男 **1** (液体の容量の単位)約2分の1リットル. **2** (穀物量の単位)4分の1celemín, 約1.16リットル.

cuarto[1] [クワルト] 男 **1** 4分の1．四半分；15分．—un ~ de kilo 4分の1キロ．un ~ de hora 15分．**2** (牛・鳥など)前四半身；(本・紙の)四つ折判．**3** 部屋，個室．—~ de aseo 洗面所［トイレ］．~ de baño 浴室(通常，便所/洗面所を兼ねる)．洗面所．~ de estar 居間．**4** 〘天文〙弦，月の公転の4分の1期間．**4**分の1時間．お金．—No tiene un ~．彼は一文なしだ．► **cuartos de final** 準々決勝．**cuarto delantero** [**trasero**] (家畜などの)前［後］四半部；(家の)正面［背面］．**de tres al cuarto** (人・物が)低級［下等］の，程度の低い．**echar su cuarto a espadas** (人の話に)くちばしを入れる．**estar sin un cuarto** 一文なしである．**no dársele un cuarto a uno** (あることが)人に大したことはない．**tres cuartos** (衣類の長さが)七分の．**tres cuartos de lo mismo** [**de lo propio**] (人・物事が)そっくり他の人［事］にあてはまる．

cuarto[2], **ta** [クワルト, タ] 形 **1** 第4の，4番目の．**2** 4分の1の．—名 4番目(の人，物)．

cuartofinalista 形 男女 準々決勝進出の(選手・チーム)．

cuartón 男 **1** 角材．**2** 四角形の畑．

cuarzo 男 〘鉱物〙石英．

cuąsi 副 〘古〙ほとんど(→casi)．

cuasia 女 〘植物〙ニガキ，ニガキ科の木．

cuasicontrato 男 〘法律〙準契約．

cuate, ta 形 〘中南米〙**1** 双子の，よく似た．—名 **1** 双子．**2** (呼びかけ)君，あんた，お前．**3** 仲間，友達．

cuaternario, ria 形 **1** 4つの要素を持つ，4成分からなる．**2** 〘地質〙第四紀の．—男 **1** 4要素からなるもの；第四紀．

cuatralbo, ba 形 (馬などの)四脚が白い．

cuatreño, ña 形 (牛が)4歳の．

cuatrero, ra 形 男 馬泥棒(の)；家畜泥棒(の)．

cuatrienal 形 →cuadrienal．

cuatrillizos, zas 形 四つ子の．—名 〘主に複〙四つ子．

cuatrimestral 形 **1** 4か月におよぶ，4か月間続く．**2** 4か月に一度の，4か月毎の．

cuatrimestre 男 4か月間，4か月にわたる期間．

cuatrimotor 形 男 4つのエンジンを持つ(飛行機)．

cuatro [クワトロ] 形 〘数〙**1** 4の，四つの；4人［個］の．2 〘序数詞的に〙4番目の．**3** 〘少〙僅かな，少しばかりの．—en ~ palabras 非常に簡潔に，ごく手短に(言えば)．► **cuatro ojos** → ojo．—名 **1** 〘数詞〙**4**，四つ；4人；4の数字［記号］(ローマ数字：IV)．—de ~ en ~ 4人［個］ずつ．**2** 4番；4番地［号室］．**4**日．**3** (スペイン・トランプの)4の札．**4** 〘las+〙4時．

► **más de cuatro** 〘話〙多くの人々．

cuatrocientos, tas 形 〘数〙400の；400番目の．—男 400；1400年代．

Cuauhtémoc 固名 クアウテモク(1495頃 –1525，アステカ最後の王)．

Cuba 固名 キューバ(公式名 República de Cuba，首都 La Habana)．

cuba 女 樽，酒樽；一樽分．► **estar como una cuba** 〘話〙へべれけに酔っ払っている．

cubalibre 男 クバリブレ(ラムとコーラで作るカクテル)．

cubanismo 男 キューバのスペイン語特有の言葉遣い，キューバ風のやり方．

cubano, na 形 名 キューバ(Cuba)の，キューバ人(の)．

cubata 男 →cubalibre．

cubero 男 樽［桶］職人，樽［桶］を作る［売る］人．► **a ojo de buen cubero** ざっと，概算で，簡単に．

cubertería 女 (ナイフ・フォーク・スプーンなどの)食卓用器具類，カトラリー．

cubeta 女 **1** 樽形の容器，バケツ，手桶．**2** (浅い長方形の)トレー，水洗器．**3** (気圧計の下部についている)水銀球．

cubicación 女 〘数学〙3乗すること，3乗；〘幾何，物理〙体積［容積］(をはかること)．

cubicar [1.1] 他 **1** 〘数学〙3乗する．**2** 〘幾何，物理〙…の体積［容積］を求める．

cúbico, ca 形 **1** 立方体の(形)の，立方の．**2** 3乗の．

cubículo 男 小寝室；小部屋；(部屋用に)仕切った場所．

cubierta 女 **1** 覆い，カバー，蓋(た)．**2** (本・雑誌の)表紙．**3** 〘建築〙屋根．**4** 〘自動車〙タイヤの外皮，外包，ケース(チューブを除いた部分)．**5** 〘海事〙甲板，デッキ．— ~ superior [inferior] 上［下］甲板．salir a ~ 甲板に出る．**6** 言い訳，口実．**7** 封筒．**8** 〘情報〙オーバーレイ．► **bajo cubierta** 〘商業〙別封で，別便で．

cubierto, ta [クビエルト, タ] 過分 [→ cubrir] 形 **1**［+de de］おおわれた，…で一杯の．—piscina cubierta 室内プール．**2** 補充された．**3** 曇った．—男 **1** 定食(食卓で)一人前の給仕，一食分の料額，ガーチャージ．**2** 食事用具一式，カトラリーセット，(1人分の)食器セット．—poner los ~s 食卓の用意をする．► **a cubierto** 避難して．

cubil 男 **1** (特に獣の)巣，寝ぐら．**2** 隠れ家，潜伏先．

cubilete 男 **1** カップ，ゴブレット；ダイス・カップ．**2** カップケーキ．**3** 〘南米〙シルクハット．

cubileteo 男 **1** ダイス・カップを振ること；カップを使って手品をすること．**2** いんちきをすること；計略，陰謀．

cubilote 男 キューポラ，溶銑炉．

cubismo 男 〘美術〙キュービズム，立体派．

cubista 形 キュービズムの, 立体派の.
—— 男女 キュービズムの芸術家.

cubital 形 1ひじの. 2 〖解剖〗尺骨の.

cubitera 女 1製氷皿. 2アイスペール.

cubito 男 1角氷. 2 (おもちゃの)バケツ, ビーチバケツ.

cúbito 男 〖解剖〗尺骨.

cubo 男 1バケツ, 手桶. 2ハブ, (車輪の)中心部. 3 〖数学〗立方体. 4 〖数学〗3乗, 立方.

cuboides 男 〖単複同形〗〖解剖〗立方骨.

cubrecabeza, cubrecabezas 男 頭巾(ᵏⁱⁿ).

cubrecadena 男 (自転車の)チェーンガード, チェーンカバー.

cubrecama 男 ベッドカバー, ベッドスプレッド.

cubrecorsé 男 〖歴史, 服飾〗コルセットカバー.

cubreobjetos 男 〖単複同形〗カバーガラス, スライドカバー.

cubrepiés 男 〖単複同形〗足掛け布団.

cubretetera 男 ティーポットカバー.

cubrimiento 男 覆うこと; 覆い.

:**cubrir** 〖クブリル〗[3.2] 他 1 〔+con/de で〕覆う, 覆い隠す, かぶせる. 2 〔+de で〕を一杯にする, 満たす, …の対象とする. 3を守る, 庇護する;〖軍事〗を援護する. 4 (必要)を満たす, 充足する; (出費)を償う, まかなう. 5 (通信, 放送)を受信可能範囲にする. 6 (ニュース)を取材する, (報道・ルポ)を引き受ける. 7 (欠員・空席)を埋める. 8 (動物)が… と交尾する. 9 (保険で損害)を保証する. 10 〖スポ〗(相手チームの選手)をマークする; (あるエリア)を守る. —— se 再 1 〔+de で〕覆われる, 一杯になる, …だらけになる. 2 〔+de から〕身を守る, 身を守る, 身をまもう. —*Cúbrete, que hará frío esta tarde.* 厚着しろよ, 今日の午後は寒くなるから. 3 (空が)曇る. 4 〔+de で〕…で覆われる. ▶ *cubrir el expediente* → expediente. *cubrir las apariencias* → apariencia.

cuca 女 1毛虫, 蛾の幼虫. 2 〖植物〗(ナッツ・ドライフルーツ・飴などの)菓子類. 3 〖話〗お金, 銭, ペセタ. 4 〖話〗女性性器. ▶ *cuca y matacán* トランプゲームの一種.

cucaña 女 脂棒(脂などを塗って行き易くした棒の先に賞品を置き, その棒に登ったり上を歩いたりして取るゲーム; またその棒).

cucar [1.1] 他 ウインクする. (合図などのため)片目をつむる.

cucaracha 女 1 〖虫類〗ゴキブリ. 2 〖虫類〗(一般に地を這う)甲虫. 3 〖中南米〗〖話〗ぼんこつ車. 4 〖メキシコ〗牽引(ᵏʸʰⁱⁿ)された部隊.

cucarachero 男 〖中南米〗ゴキブリがたくさんいる所.

:**cuchara** 女 1スプーン, 匙(ᵏᵃⁱ); おたま. 2スプーン[さじ]一杯. 3 (ゴルフの)スプーン; (釣りの)スプーン(金属製擬似餌). 4 (機械)(ショベルカーなどの)ショベル, バケット. 5 〖中南米〗左官のこて. ▶ *de cuchara* (軽蔑)たたき上げの, 兵卒から出世した. *meter a …con cuchara* (de palo) 〖話〗(人に懇切丁寧に[手取り足取り]教える) ▶ *meter la* [su] *cuchara en …* …に余計な口出しをする, お節介をやく.

:**cucharada** 女 スプーン[匙(ᵏᵃⁱ)]1杯(の量).

cucharadita 女 小さじ1杯(の量).

cucharear 他 (さじで)を取り出す. —— 自 1スプーンでかき回す. 2 〖話〗他人のことに口出しする.

cucharilla 女 ティースプーン, コーヒースプーン.

cucharón 男 1おたま, おたま杓子, レードル. 2 〖機械〗ショベル, バケット.

cuché 形 *papel* ~ アート紙.

cuchi 男 豚.

cuchichear 自 小声で話す, (耳もとで)ささやく, ひそひそ話をする.

cuchicheo 男 ささやき, 内緒話, 耳うち.

cuchilla 女 1 (大型の)ナイフ; 切断器具; 肉切り包丁. 2 (…に刃物・切断器具の)刃; カミソリの刃. 3 (スケート靴の)ブレード, 滑走部. 4 険しい山の斜面;〖中南米〗山頂, 尾根; 山脈; 丘陵, 丘.

cuchillada 女 1 (ナイフなどで)刺すこと, 切りつけること, (刃物での)一撃, 2刀傷, 刀傷; 深傷. 3 (衣服の切り込み, スリット.

cuchillazo 男 → cuchillada.

cuchillería 女 刃物工場[製造業, 販売店].

cuchillero, ra 男 女 刃物を作る[売る]人, 刃物職人. 刃物屋.

:**cuchillo** 男 1ナイフ, 小刀, 短剣; 包丁. 2 (食事用のナイフ. 3 (楔(ᵏˢᵛ))形のもの; (主に)〔服飾〕裾(ᵏˢᵛ), ゴア; (船舶)三角帆. 4 (冷たい)隙間(ᵏˢᵛ)風, 冷気.〖建築〗屋根や棟の破風(ᵏᶠ), 切妻(ᵏⁱᶻˢᵐᵃ)(棟). ▶ *pasar a cuchillo* (戦争で敵・捕虜・住民などを)刃にかける, 殺す, 虐殺する.

cuchipanda 女 〖話〗宴会, どんちゃん騒ぎ.

cuchitril 男 〖話〗狭苦しい部屋; 汚い部屋, むさくるしい部屋.

cucho, cha 形 名 〖メキシコ〗〖俗〗兎唇(ᵏˢⁿ)(の人).

cuchufleta 女 〖話〗冗談, しゃれ, おふざけ.

cuclillas 女 ▶ *ponerse* [*sentarse*] *en cuclillas* しゃがむ.

cuclillo 男 〖鳥類〗カッコウ, ホトトギス.

cuco, ca 形 1 〖話〗ずるい, 抜け目のない, 悪賢い. 2かわいい, きれいな, 魅力的な. —— 名 ずる賢い[抜け目ない]人. —— 男 〖鳥類〗カッコウ, ホトトギス.

cucú 男 1 (擬音)カッコー(カッコウの鳴き声), 2鳩時計.

cucufato 形 〖中南米〗偽善者, 信心家ぶった人, 猫かぶり.

cucúrbita 女 〖化学〗蒸留器, レトルト.

cucurbitáceo, a 形 〖植物〗ウリ科

の,カボチャ属の. ―― 囡 覆 ウリ科.

cucurucho 男 **1** 円錐形に丸めた紙. **2** とんがり帽子. **3** [中南米] 頂点, 頂上, てっぺん; 先端. ―― 囡 [南米] (音楽, 舞踊) ククルーチョ (チリ・ボリビアの民族舞踊).

cueca 囡 [南米] (音楽, 舞踊) クエカ (チリ・ボリビアの民族舞踊).

cuece(-) 動 →cocer [5.9].

cuelg- 動 →colar [5.4].

cuelga 囡 **1** (果物などを) 吊るすこと; 吊るした果物 [野菜]. **2** [話] 誕生日プレゼント.

cuelgaplatos 男 [単複同形] (飾り皿を掛ける) 皿掛け, ラック.

cuellicorto, ta 形 首の短かい.

cuellilargo, ga 形 首の長い.

cuello [クエヨ] 男 **1** [解剖] 首, 頚(≦ʊ). **2** (服飾) 襟(≦ʋ), カラー; 首回り (サイズ), ネック. ―― jersey de ～ alto [cisne, vuelto] ハイネック [Ｖネック, タートルネック] セーター. **3** (瓶などの口, くびれた部分. ―― uterino (医学) 子宮頸部(≦). ▶ **cuello de botella** ボトルネック, 障害, 隘路(≦). **estar con el agua al cuello** 窮地に陥っている. **estar metido en ... hasta el cuello** (厄介事など) にすっかりはまりこんでいる. **meter el cuello** せっせと [あくせく] 働く.

Cuenca 固名 クエンカ (スペインの県・県都; エクアドルの都市).

cuenca 囡 **1** [地理] (川の) 流域, 谷合い. ―― del Ebro エブロ川流域. **2** [地理] 盆地; 海盆. **3** [鉱業] 鉱床. ―― carbonífera 炭田. **4** [解剖] 眼窩(≦ʔ) (= ～ de los ojos).

cuenco 男 **1** (陶器・木などの) ボウル, 椀; どんぶり一杯分の量. **2** くぼみ, へこみ, 凹(≦) 部.

cuent- 動 →contar [5.1].

cuenta [クエンタ] 囡 **1** 計算, 数えること, 勘定; 計算. **2** [商業] (レストラン・商店などの) 勘定(書), 会計, 請求書. ―― ¡Camarero, la ～, por favor! ボーイさん, お勘定をお願いします. ―― estado de ～s 勘定 [取引] 明細書, 財務表. **3** (金銭の) 貸借勘定, 決算, 会計. ―― de balance 貸借対照表, バランス・シート. **4** (商業) (銀行などの) 預金口座, 取引. ―― abrir (una) ～ 口座を開く. ―― corriente 当座預金 (口座) ((略) c.c.). ～ de ahorro(s) 普通預金口座, 貯蓄口座. **5** 預金残高. **6** 責任, 義務, 役目. ―― Eso es ～ mía. それは私の責任 [問題] だ. No te preocupes y déjalo todo de mí ～. 君は心配しないで, すべて私に任せなさい. **7** [主に 覆] 説明, 報告, 理由. **8** [主に 覆] もくろみ, 計画, 打算. **9** [主に 覆] (ロザリオ・首飾りの) 珠, 飾珠, ビーズ. **10** (スポ) (ボクシングの) カウント. **11** (情報) アカウント. ―― de usuario ユーザー・アカウント. ▶ **a cuenta de ...** ―― と引き替えに, ―― の代わりに. **¿A cuenta de qué?** いったいどういう訳で. **ajustar [arreglar] (las) cuentas** [＋a/con] [話] (人) と話 [けり, 決着] をつける. **caer**

en la cuenta de ... [話] ―― に気づく, ―― が分かる, 悟る. ―― Ya **caigo en la cuenta**. ああ, 分かった. **con cuenta y razón** (話) (行動に) 注意深く; 時間を正確に, きちんと狂いなく. **cuenta a plazo (fijo)** 定期預金. **cuenta atrás** 秒読み, カウントダウン. **cuentas del Gran Capitán** 高く吹っ掛けた勘定; 現実性のない計画, 途方もない夢. **dar (buena) cuenta de ...** (話) (飲食物を) 平らげる, 飲み干す; 使い果たす. **darse cuenta de (que) ...** (話) ―― に気づく, ―― が分かる, 悟る. **de cuenta de ...** ―― の負担 [費用, 責任] で [の], ―― 払いの, ―― の持ちで. **de cuenta y riesgo de ...** (= por cuenta y riesgo de...). **echar cuentas de ...** を計算 [勘定] する, 見積もる; を熟慮する, 検討する. **en fin de [resumidas] cuentas** 要するに, 結局 (のところ), つまり. **entrar en las cuentas de ...** [物事が主語] (人) に考慮される, あてにされる, 予想される. **estar fuera de cuenta(s)** 臨月を過ぎている. **habida cuenta de ...** を考慮して [れば]. **hacer(se) (la) cuenta de ...** (話) ―― と思う [思われる], 想像する [される], 仮定する [される]. **llevar las cuentas de ...** ―― の会計を担当する, 帳簿をつける. **más de la cuenta** あまりに, 過度に, 度を越して. **menos de la cuenta** しかるべき量より少なく. **no querer (tener) cuentas con ...** (話) (人) と付き合いたくない, ―― と関わり合いたくない. **pasar la cuenta (de ...)** (―― の) 請求書を送付する, 請求する; (話) (人) に (―― の) 見返り [恩返し, 返礼] を求める [期待する]. **pasar (una [la]) cuenta/pasar (las) cuentas** 会計検査をする, 帳簿を監査する (= tomar la(s) cuenta(s)). **pedir cuenta(s) a ... de ...** (―― に) ―― について説明・釈明を求める; 責任を問う. **perder la cuenta de ...** を思い切せない, の数を忘れる, ―― の数が分からなくなる. **por cuenta de ...** (―― の) 負担 [責任] で [の], ―― 払いの, ―― 持ちの. **por cuenta propia** 自分の責任で, 独立して, 自営で. **por cuenta y riesgo de ...** (人) の責任で [において]; ―― の支払いと危険負担で. **por la cuenta que LE trae** 自分のために, 自分自身のためを思って. **por SU cuenta** 自分の考え [判断, 責任] で, 勝手に, 一人で. **salir de cuenta(s)** (1) (話) (現在形で) (妊婦が) 出産予定日である. (2) (現在完了形で) 出産予定日を過ぎている (= estar fuera de cuenta(s)). **sin darse cuenta** 気づかずに, 知らないうちに, あっという間に. **tener ... en cuenta** を考慮に入れる, 心に留めておく. **tomar ... en cuenta** を気にかける. **tomar la(s) cuenta(s)/tomar cuentas** 会計検査をする, 帳簿を監査する; (人の) 行いを綿密に調べる. **vivir a cuenta de ...** ―― に依存している, ―― の世話になって生活している.

cuentacorrentista 男女 当座預金者, 当座預金の口座を持っている人.

cuentagotas 男 [単複同形] スポイ

ト, ピペット; (点滴の)液瓶. ▶a [con] *cuentagotas* けちけちと, ごくわずかずつ.

cuentahílos 男《単複同形》(糸を数えるための)拡大鏡.

cuentakilómetros 男《単複同形》走行距離計, オドメーター.

cuentapasos 男《単複同形》万歩計.

cuentarrevoluciones, cuentavueltas 男《単複同形》(車などの)積算回転計, 回転速度計, タコメーター.

cuentero, ra 形容 噂好きな(人); 人の陰口ばかり言う(人).

cuentista 男女 1 短編作家. 2 《軽蔑》大げさに話す人, ほら吹き, はったり屋. 3 《話, 軽蔑》陰口屋, 悪口を言う人, おしゃべり. —— 形 1 《話》おしゃべりな, 噂好きな, よく陰口を言う. 2 《話》大げさな, 嘘つきの, ほらふきの. 3 短編を書く.

cuento¹ 男 1 (ステッキ・槍などの)石突き. 2 支柱, 支え.

cuento² 男 1 物語, 昔話, 話; 短編小説. —— infantil 童話. ～ de hadas おとぎ話. contar un ～ 物語を話す. 2 《話》作り話, 大嘘, でたらめ. —No me vengas con ～s. でたらめ言うなよ. でたらめ言い訳はよせ. 3 《主に複》(他人を陥れる)うわさ話, ゴシップ, 陰口. 4 《主に複》煩しい話, くだらない話, 前置き. —Déjate de ～s y dinos sólo lo que viste. 前置きはいいから君が見たことだけを話してくれ. 5 《話》面倒なこと, もめごと. —No quiero ～s con él. 私は彼とかかわりたくない. 6 笑い話, ジョーク. 7 《まれ》計算, 数えること. ▶a cuento 適切な, ふさわしい. a cuento de... …に関して. ¿a cuento de qué? 《話》(不都合・不当な抗議として)一体どんな理由で, なぜ. aplicar(se) el cuento 《通例命令文で》戒めとする, 他山の石とする. cuento chino 《話》大嘘, でたらめな話, まゆつばもの. cuento de viejas でたらめな話, まゆつばもの, たわいもない話. dejarse de cuentos 《通例命令文で》回りくどい前置きを省く, 余計なことを言わない, さっさと本題に入る. el cuento de la lechera 《話》取らぬ狸の皮算用. el cuento de nunca acabar 《話》複雑で容易に決着しない問題, 際限のない事柄. estar (metido) en el cuento 《まれ》よく知っている. no venir a cuento 適切でない, 要点からはずれている, 関連がない. ser de cuento おとぎ話のようである. sin cuento 《名詞に後置して》無数の[に], 多くの, 数々の. tener (mucho) cuento 《話》大げさ, 大仰, 不平屋である. traer a cuento 《話》(唐突な・場違いな話などを)持出す, (別の話と)一体化する. venir a cuento 《多くは否定文で》適切である, 関連がある. —Me insultó sin venir a cuento. 彼は私をいわれもなく侮辱した. venirLE a... con cuentos くだらないことを言って来る, 興味もなく知りたくもないことを(人)に話す. vivir del cuento 《話》働かずに[何もしないで], 怠けて暮らす.

安逸をむさぼる.

cuera 女 《中南米》1 革の上着. 2 複 レギンス; すね当て. 3 鞭で打つこと.

cuerazo 男 《中南米》鞭打つこと.

cuerda 女 1 綱, ロープ, 縄. —escala de ～ 縄ばしご. tirar de la ～ 綱を引く. 2 (時計などの)ぜんまい, ねじ; (時計の)振り子鎖. —la ～ de un reloj 時計のねじ. 3 《音楽》弦(⅔), ガット; 《まれ》弦. —instrumentos de ～ 弦楽器. 4 《音楽》弦楽器. 5 《音楽》声域, 音域; 和音. 6 《解剖》帯; 腱(½); 索, 束. — dorsal《動物》脊索. 7 《数学》弦. 8 《スポ》(陸上競技場のインコースの長さ); リンググローブ;(新体操の)ロープ. ▶andar [bailar, estar] en la cuerda floja 《話》危険的状況[難局, 微妙な立場]にある. bajo cuerda 密かに, こっそり, 陰で, 袖の下を使って. cuerda floja (綱渡りの用の綱), ロープ. cuerdas vocales 《解剖》声帯. dar cuerda a... (時計などの)ネジ[ぜんまい]を巻く; 《話》(人)をその気にさせる. poner a...contra las cuerdas を追い詰める. ser de la misma cuerda 同じ意見[思想]を持っている. tener cuerda para rato 《話》長話しする癖がある, 話がくどい; (人)がまだまだ元気である; (物)が長持ちする. tener mucha cuerda 元気である; (物)が長持ちする.

cuerdo, da 形 1 正気の, 精神が正常の. 2 (人・行動などが)賢明な, 分別のある, 慎重な. —— 名 正気[分別のある]人.

cuereada 女 1 《中米》(鞭で)打つこと, 殴打, ぶちのめすこと. 2 《南米》皮をはぐこと.

cuerear 他 1 《南米》(動物などの)皮をはぐ. 2 《中米》(鞭で)打つ, たたく.

cueriza 女 《中南米》(鞭で)打つこと, 殴打.

cuerna 女 1 《集合的に》角; (特に鹿などの)枝角. 2 (角をくりぬいて作った)器, 杯. 3 角笛.

cuerno 男 1 (動物などの)角(⅔); (虫類)触覚; 《解剖》角状突起. 2 (材料としての)角, 角製品; 角状の容器. 3 《音楽》ホルン; 角笛. —tocar el ～ 角笛を吹く. 4 (三日月の)先端, 弦角; (隊形の)翼. 5 《話》浮気. 6 《話, 軽蔑》(一形で否定を表す)少しも…ない. ▶¡Al cuerno!《話》出て行け. importar un cuerno 少しも構わない, どうでもいい. irse al cuerno (計画・商売などが)失敗に終わる, だめになる. 《命令文など》¡Vete al cuerno! 《話》(怒りの表現)とっとと消えうせろ, くたばれ, 何だと. llevar [tener] cuernos 妻[夫]に不貞を働かれる, 浮気をされる. mandar a...al cuerno を追い出す; (仕事などを)投げ出す, 放棄する. ponerle a...(los) cuernos 《話》(妻[夫])を裏切る, 不貞を働く, 浮気をする. ¡Qué cuernos (ni qué nada)! =(i(y) un cuerno!) romperse los cuernos 《話》骨が折れる, 大変努力[苦労]する, 頑張る. oler...a cuerno quemado うさんくさい, 不審の念を抱かせる. i(y) un *cuerno!* 《話》【拒絶・否定】いやだ,何を言うんだ. — ■ 《C~》《話》驚き・感嘆】おや,まあ,いやはや,へえ;(怒り)ちぇっ,畜生.

:cuero 男 **1** なめし革, 革, 皮革. ~ curtido なめし革. **2**(ワインやオリーブ油などを入れる)革袋, 酒袋. **3**[解剖]《話》(体)の皮, 皮膚;(動物の)(生)皮. ~ cabelludo 頭皮. **4**《スポ》(サッカーなどの)ボール. **5**《中南米》鞭(ポ). **6**《中南米》《軽蔑》オールドミス(中年過ぎの独身女性); 老女. **7**《中南米》《軽蔑》売春婦; 情婦.
▶ *en cueros (vivos)* 《話》真っ裸で[の], 素っ裸で[の]; 無一文で[の], すっからかんで[の].

cuerpear 自 《南米》身をかわす, すり抜ける; ごまかす, 言い逃れる.

:cuerpo [クエルポ] 男 **1**(人間・動物の)体, 身体; 胴体, 胴. ~ fuerte [atlético] たくましい体, がっしりした体. **2** スタイル, プロポーション, 体型. —Tiene un ~ fabuloso. 彼女はグラマーだ. **3** 死体, 遺体, 亡骸(㌢). —enterrar el ~ 遺体を埋葬する. **4**(人間[動物]の頭[手足]に対しての)胴, 胴部. **5**(衣服の)胴部, ウエスト, 上身頃. **6**(物質の)物体, …物, 物質. ~ sólido [gaseoso, líquido] 固[気, 液]体. **7**《数学》立体;《数学》体. ~ esférico 球体. **8**《天文》天体. **9**(家具・建物などの)独立部分, 部屋;(ロケットなどの)段. **10**[集合的に] **a)**(同じ組織・職業の)団体, 集団; 機関. ~ de bomberos 消防隊[団]. ~ diplomático 外交団. **b)**《軍事》部隊, …部, …隊. **11**(物の)本体, 主要部分, ボディー. ~ de bomba シリンダー. **12**(目次・序文などを除いた)本文, 主要部分. ~ de una carta 手紙の本文. **13**(法・教義などの)集大成, 大全, 全体. ~ legal 法典, 法律全書. **14**(ソース・スープなどの)濃度, とろみ, (酒・味のこく)(パン生地などの)粘性. **15**(布地・紙などの)厚さ, 腰. **16**[印刷]活字の大きさ, ポイント, 号数. **17**[解剖]体, 腺.
▶ *a [como] cuerpo de rey* 王様のように, 丁重に, 至れり尽くせりで. *a cuerpo descubierto [limpio]* 武器を持たずに, 無防備で. *a cuerpo (gentil)* コート[オーバー]を着ないで. —ir a cuerpo コートを着ないで行く. *cuerpo a cuerpo* 白兵戦(で), 取っ組み合いで. —combate cuerpo a cuerpo 白兵戦, 格闘, 一騎討ち. *cuerpo a tierra* 《軍事》(兵士など)地面に体を伏せて, 腹這(ポ)で. *cuerpo de ejército* 《軍事》軍団, 方面軍. *cuerpo del delito* 《軍事》犯罪事実, 罪体(犯罪を裏付ける決定的証拠). *cuerpo extraño* 《医学》異物, 障害となるもの. *cuerpo muerto* 《海事》係留ブイ. *cuerpo sin alma* 活気でない人, 生気のない人, 愚か者. *dar con el cuerpo en tierra* はったりと倒れる, 平伏する. *dar cuerpo a ...* (液体を濃くする, とろみをつける) 具体化する. *de cuerpo entero* (写真などが)全身の; (人が)完全無欠の, 誠実な, 嘘のない. *de cuerpo presente* (遺体が)安置された[で]. *de medio cuerpo* 上半身の, 体半分だけ. *en cuerpo y (en) alma* 《話》身も心も, 心身ともに, すっかり. *hacer de [del] cuerpo* 《話》排便する. *mal cuerpo* 《話》(体)の不調, 不快感, 気持ち悪さ. *no poder con el [su] cuerpo* 大変疲れている, くたびれている. *no quedarse con nada en el cuerpo* 《俗》胸のうちをすべてぶちまける, すべて白状する. *pedirLE el cuerpo ... a ...* 《話》(人)は…が欲しくて[したくて]たまらない. *sacarLE ... del cuerpo* 《俗》(人)に…を言わせる, …の口を割らせる. *tomar [cobrar] cuerpo* (液体が)濃くなる, とろみ[こし, 粘り]が出る; 具体化する, 実現する.

cuervo 男 **1**《鳥類》カラス. **2**《天文》カラス座.
▶ *cría cuervos y te sacarán los ojos* 飼い犬に手を噛まれる. 恩を仇で返される.

cuesco 男 **1**(桃・オリーブの実などの)種. **2**《卑》(音の大きい)おなら.

cuest- →costar [5.1].

cuesta¹ 女 (慈善目的の)募金(→ cuestación).

:cuesta² 女 **1** 坂, 坂道, 斜面; 勾配. **2**[地理]《アメリカ南西部の》ケスタ, 傾斜台地.
▶ *a cuestas* 背負って;(責任・義務・苦労などが)重くのしかかって. *cuesta abajo* 坂を下って;(事業などが)下り坂で, 低調で. *cuesta arriba* 坂を上って; 上り坂で. —ir cuesta arriba 坂を上る; 上り坂である. *cuesta de enero* 《話》1月の金欠(状態)(クリスマスに出費がかさみ, 金に困る時期). *hacérseLE a ... cuesta arriba* …にとってとても辛(ぽ)い, 大変困難である.

cuestación 女 寄付金[義援金]集め, 募金.

:cuestión [クエスティオン] 女 **1** (解決すべき)問題, 問題点, 話題. —Eso es ~ mía. それは私の問題だ(君の知ったことではない). Eso es otra ~. それとは別の問題だ. **2** 質問, 問題. **3** 口論, 論争. **4** トラブル, 係争, いざこざ. **5**《法律》係争問題, 案件; 審理.
▶ *cuestión de confianza* (内閣・政府などの)信任問題. *cuestión personal* 特定の個人に係わる問題. *en cuestión* 問題の, 当該の, 話題になっている. —persona en cuestión 問題の人. 例の人, 当人. *en cuestión de ...* (1) …に関して[言えば]. (2) 約[ほぼ]…で[かかって].

cuestionable 形 疑わしい, 不審な, 議論の余地がある. —Ese proyecto es ~ desde una perspectiva legal. その計画は法的観点から見ると議論の余地がある.

cuestionador, dora 形 疑問を呈する. 疑問視する.

cuestionar 他自 (を)問題視する, 疑う;(を)議論する, 討論する.

cuestionario 男 **1**(アンケートなどの)質問表, 質問事項. **2**(試験の)問題, 問題集. **3**(会議などの)討議事項一覧, 問題点のリスト.

cuestor 男 **1** (古代ローマの)財務官. 蔵相. **2** 募金を集める人.

cuestura 女 (古代ローマの)財務官職.

cueto 男 **1** 高く険しい岩山. **2** 三角にとがった岩山. **3** 高く攻撃されにくい場所, 要害の地.

*‡**cueva** 女 **1** 洞窟(穴), 洞穴(穴). **2** (話) 巣窟(窟), 隠れ家; (野獣のすみか). **3** 地下室, 穴蔵, 地下貯蔵室. ▶ *cueva de ladrones* 泥棒[悪党]の巣窟; 客をぼる店[会社].

cuévano 男 荷かご, 背負いかご.

cuez- 動 ► *cocer* [5.9].

cuezo 男 ► *meter el cuezo* (俗) 横から口出しする.

cuj 男 [動物] テンジクネズミ.

cuico, ca 形名 [中南米] よそから来た(人); 外国の(人). ── 男 [メキシコ] (軽蔑) 警官, おまわり.

*‡**cuidado**[1] 男 **1** 注意, 用心; 心遣い. 配慮; 入念さ. ── *i*C~! 気をつけなさい. **2** 世話, 手入れ; [複] (医師などの)手当て, 看護, 治療. **3** [+*por* への] 心配, 懸念. ─ *vivir libre de ~s* 気遣いのない気楽な生活をおくる. **4** 責任, 担当, 役目. ─*Eso no es ~ mío.* それは私には関係ないことだ, それは私の知ったことではない. ▶ *al cuidado de...* …の世話になって, …の保護のもとに. *andar(se)* [*ir*] *con cuidado*/*llevar cuidado* 用心している, 気をつける. *con cuidado* 用心して, 注意深く, 慎重に; 入念に, 丁寧に; きちんと; 心配して. *cuidados intensivos* [医学] (重症者への)集中治療. IC. ─ *unidad de cuidados intensivos* 集中治療室, ICU. *de cuidado* 危険な, 要注意な; 大変な, 重大な, 重病[重態]の. ─*agarrar un catarro de cuidado* ひどい風邪をひく. *salir de cuidado* (病人が)危機を脱する. *tener cuidado* (1) [+*con*/*de* + 名詞/不定詞] …に気をつける, 注意する. (2) [+*de que* + 接続法] …するよう注意する. *traer* [*tener*] (*a*) ... *sin cuidado* を全く気にかけない, 気にしない. ── 間 ─ *i*C~! 気をつけなさい, 注意しなさい, 危ない. **2** [*C~ que ...* の形で] [強意] ─ *iCuidado que es listo este chico!* この子なんてずいぶん賢い. ▶ *iCuidado con ...!* …に注意[用心]して. ─ *iCuidado con el perro!* 犬に注意.

*‡**cuidado**[2], **da** 過分 [→*cuidar*] 形 **1** 念の入った, 手入れの行き届いた, きちんとした.

cuidador, dora 形 世話をする, 面倒を見る. ── 男 **1** (スポ) トレーナー, コーチ, (ボクシングの)セコンド. **2** 介護士; (動物の)飼育係.

*‡**cuidadosamente** 副 **1** 注意深く, 用心して, 念を入れて, 綿密に.

*‡**cuidadoso, sa** 形 **1** [+*con*/*de*/*en*] に注意深い, 用心深い. **2** [+*con* に] 念入りな, 注意を払う. **3** [+*de* を] 気にする, (に)気をつかう.

*‡**cuidar** [クイダル] 他 **1** …に気をつける, 注意を払う. ── *la presentación de los platos* 料理の見た目に気を配る. **2** …の世話をする, 面倒を見る. ─ *la salud de los hijos* 子どもたちの健康を気にかける. ～ *a un enfermo* 病人の面倒を見る. ── 自 **1** [+*de* の] 世話をする, (を)気にかける. ─*No cuida de su salud.* 彼は自分の健康を省みない. **2** [+*de* + 不定詞/*que* + 接続法] …するよう気をつける, …であるように気をつける. ─ *se* 再 **1** 体に気を配る, 健康に留意する. ─ *Cuídese bien.* 体によく気をつけなさい. **2** [+*de* を] 気を配る, (を)心配する. **3** [+*de* を] 用心する.

cuita[1] 女 **1** 心配, 不安; 苦悩. **2** 苦痛, 悲嘆; 苦労, 不幸.

cuita[2] 女 [中米] 鳥の糞; 鳥もち.

cuitado, da 形 **1** 心配な, 悩んでいる. **2** 苦しんだ, 不幸な, みじめな.

cuja 女 [中南米] ベッド(の枠組), 寝台架.

culada 女 しりもち.

culantrillo 男 [植物] アジアンタム, ダジアンタム属のシダ類.

culantro 男 [植物] コリアンダー, コエンドロ.

culata 女 **1** 銃床, 床尾, 台尻; (大砲の)砲尾. **2** [機械] シリンダーヘッド. **3** (馬などの)腰臀部, 尻, 尻周. **4** (車などの)後部, 最後部. **5** [中南米] 切妻造(アファミ)の正面積.

culatazo 男 **1** 銃床で殴りつけること. **2** (発砲した際の)反動, 後座.

culear 自 **1** (話) 尻を動かす. **2** (カーブで)車の後部を左右に揺らす. **3** [南米] (性)交する.

culebra 女 **1** [動物] ヘビ. ～ *de anteojos* ～ *de cascabel* ガラガラヘビ. **2** (蒸留器などの)らせん管, コイル. **3** [海事] (小型の帆を留めるための)細ロープ.

culebrear 自 **1** 蛇行する, 曲がりくねって進む.

culebreo 男 蛇行, (川や道が)曲がりくねっていること; (人がふらふらと歩くこと).

culebrilla 女 **1** [医学] 帯状疱疹(呂), **2** (砲身の亀裂), ひび割れ. **3** [動物] アシナシトカゲ, ミミズトカゲ.

culebrina 女 (ジグザグ形の)稲妻, 稲光.

culebrón 男 **1** (話) 長編テレビ小説 [メロドラマ]. **2** 大蛇.

culera 女 (ズボンの尻部分の)継ぎ当て; 擦り切れ, しみ, 汚れ.

culero, ra 形 **1** 怠ける者の, 怠慢な. **2** [メキシコ] 臆病な, 怖がりの. ── 男 **1** (昔のおむつ), おしめ. **2** (小鳥の)腫れ物. **3** [中米] 男性同性愛者. **4** 麻薬を肛門に隠して運ぶ運び屋.

culibajo, ja 形 (話) ずんぐりした, 背の低い.

culillo 男 [中米] 恐怖症.

culinario, ria 形 料理[調理]の.

culmen 男 [文] 頂(シス), 頂点.

*‡**culminación** 女 **1** 頂点[最高潮]に達すること; 頂上, 絶頂. **2** [天文] 南中, 子午線通過; 南中高度. **3** (仕事の)終わ

culminante 形 **1** 最も高い、最上の、絶頂の、究極の。**2**〖天文〗南中時の、子午線通過の。

culminar 自 **1** 頂点[最高潮]に達する、最大[最高、絶頂]となる。満喫になる。**2**〖天体が〗南中する、子午線を通過する。**3**〖+en/conのうちに〗終わる、最後は…となる。— 他 …を終える、締めくくる、完成させる。

culo 男 **1**〖俗〗尻、けつ。**2**くそ。**3**〖びん・壺などの〗尻、底の丸み。**4**〖底にわずかに残った〗飲み物、飲み残し。▸ **culo de mal asiento**〖話〗住居や仕事などを変えてばかりいる人、根無し草。**culo de pollo**〖話〗〖破れた服などの〗下手な繕い目、雑なかがり目。**de culo** 背後から、仰向けに。**con el culo al aire** 一文無しで、おけら状態で;窮地に陥って。**ir de culo**〖俗〗〖物事が悪くなる; 人が失敗に対して〗覚悟ができている。**caerse de culo**〖俗〗〖話〗驚く、あっけにとられる、呆然とする。**dar por [el] culo**〖卑〗アナルセックスをする; を煩わせる、をうんざりさせる。**ir [mandar, enviar] a tomar por [el] culo**〖卑〗嫌悪感[怒り、侮辱]などを表す。**lamer el culo a…**〖卑〗…にへつらう、取り入る。**mojarse el culo**〖俗〗危険を冒す、大胆なことをする、賭けにでる。**ojo del culo**〖卑〗尻の穴。**pensar con el culo**〖俗〗節操のない考え方をする、常識を持たず、無茶な考えを持つ。**perder el culo por…**〖俗〗…に夢中になる、恋い焦がれる。**que me [te, le など] den por [el] culo**〖卑〗くそ食らえ.

culómbio 男 〖物〗クーロン（電気量の国際単位、記号C）。

culón, lona 形 〖俗〗尻の大きい。

culote 男 **1** 〖軍事〗英底。**2** ナイロン製の短パン。

culpa 〖クルパ〗女 **1**〖過ちの〗責任、せい、過失。— ¿De quién es la ~? — Es ~ mía. 誰のせいだ。— 私のせいです。**2**〖刑法・宗教・道徳上の〗罪科(‐か)。▸ **echar la culpa a…** …に罪を着せる、…のせいにする、…に責任を負わせる。**por culpa de…** …のせいで、…のために。**tener la culpa de…** …の責任である、…のせいである、…が悪い。

culpabilidad 女 過失[責任]のあること、有責; 有罪。

culpabilizar 他 → culpar.

culpable 形 **1**〖+de の〗罪のある、責任がある;〖人・行為が〗非難されるべき。**2**〖法律〗有罪の。— declararse ~ 自分が有罪だと認める。— 名 **1** 自分のせいである人、責任を負うべき人; 非難されるべき人。**2** 被疑者、被告人; 犯罪者。

culpado, da 過分 [→ culpar] 形 有責の; 告訴された。— 名 被告人; 犯罪者。

culpar 他 〖+de/por の〗罪を…にきせる、合わせる。— **se** 再 自分のせいにする、自らを責める。

culteranismo 男 **1** 詩飾主義、ゴンゴリズム。**2**〖詩飾主義的な〗気取った文体。

culterano, na 形 詩飾主義の、驕飾な。名 詩飾主義者、詩飾主義の書き方[言い回し]をする人。— 名 詩飾主義者、詩飾主義の書き方[言い回し]をする人。

cultismo 男 **1**〖言語〗教養語。**2** → culteranismo.

cultivable 形 耕しうる、耕作で[栽培]しうる; 啓発[育成]しうる。

cultivado, da 過分 [→ cultivar] 形 **1** 栽培[養殖、培養]された、耕作[開発]された。— perlas **cultivadas** 養殖真珠。**2** 教養のある、洗練された。

cultivador, dora 名 **1**〖農業〗耕作[栽培、開拓]者; 農夫、農婦。**2** 研究[芸術]に励む人。**3** 耕作[栽培、開拓]する、**2** 研究[芸術]に励む。— 男/女 耕うん(機)。

cultivar 他 **1** を耕す、耕作する;を開拓[開墾]する。**2** を栽培する。**3** を養殖する、培養する。**4** を養成する。**5** 〖能力などを〗開発する;〖研究・芸術〗に励む。— ~ **la amistad** 友情をはぐくむ、親交を深める。

cultivo 男 **1**〖農業〗栽培; 養殖、培養。— **extensivo [intensivo]** 粗放[集約]農業。~ **hidropónico** 水耕法。~ **orgánico** 有機栽培。**2** 耕作、開拓。**3** 作物。**4**〖能力・親交などを〗育てること、養成、開発; 〖学問・芸術に〗励むこと、修養、研究。— ~ **de la amistad** 親交を深めること。**5**〖生物〗培養。~ **microbiano** 細菌[微生物]の培養。▸ **caldo de cultivo**〖比喩的に〗温床;〖化学〗培養基。

culto, ta 形 **1** 教養[学識]のある; 洗練された。**2**〖語彙・表現が〗文化的な、学術的な。— **palabra culta** 文化語、教養語。**3** 耕作[栽培]された。— 男 **1** [+aに対する] 信仰、崇拝; 崇敬。— ~ **al Sol** 太陽信仰。~ **a la Virgen** 聖母信仰[崇敬]。**2**〖+aの〗礼賛、…への傾倒。**3** 礼拝、祭儀。— ~ **católico** カトリックの典礼。

cultrún 男〖中南米〗マプーチ人の儀式で使う太鼓。

cultura 〖クルトゥラ〗女 **1**〖一民族・一時代・一地域に固有の〗文化、カルチャー。**2** 教養;〖学芸の〗素養、造詣。**3**〖心身の〗修養、鍛錬、錬磨。— **física** 体育。~ **intelectual** 知育。▸ **cultura clásica**（ギリシャ・ローマの）古典文化; 古典の素養。**cultura de masas** 大衆文化、マスカルチャー。**cultura popular** 庶民[民衆]文化。

cultural 形 文化の、文化的な; 教養の。

culturismo 男 ボディービル。

culturista 男女 ボディービルダー。

culturización 女 文明化。

culturizar [1.3] 他 を文明化させる、教化する; …に教養をつける。

cumbia 女〖音楽、舞踊〗クンビア（コロンビア・パナマの民族舞踊）。

cumbre 女 **1**〖山などの〗頂上、頂、山頂。**2** 頂点、絶頂、ピーク。**3**〖政治〗首脳会談、サミット。 — (政府の) 首脳。

cumbrera 女 **1**〖建築〗〖屋根の〗棟、棟木;〖窓や戸口の〗梁(はり)。**2**〖山の〗頂上。

cúmel 男 キュンメル(クミンを使ったドイツ・ロシアで飲まれる酒).

cumiche 男 『中米』末っ子.

cum laude <ラテン> (成績が)優秀の.

cumpleaños 男 『単複同形』誕生日; 誕生パーティー.

cumplidamente 副 **1** しかるべく, 適切に, 正当に. **2** 完全に.

cumplidero, ra 形 **1** …に期限の切れる, 期日…の. ─~ el día 20 de este mes 今月の20日で満期になる. **2** 好都合な; 大事な.

cumplido, da [過分](→cumplir) 形 **1** 完璧な, 非の打ち所のない, 完全な, 気のいく. ─una victoria *cumplida* 完勝. **2** (衣服等が)ゆったりした, だぶだぶの; ありあまるほどの, 多量の; 〔数量＋〕を過ぎた[越えた]. ─Eran las nueve *cumplidas*. もう9時を過ぎていた. **3** 折り目正しい, 礼儀正しい. **4** 完了した, 果たした, 履行した;〖年齢＋〗満─. ─Tiene treinta años ~s. 彼は30歳である. 5 礼儀, 配慮, 心遣い. ─Dar un parabién es (hacer) un ~. お祝いをいうのは礼儀である. **2** 賛辞, ほめ言葉; お世辞. ▸*de cumplido* 儀礼上の, 儀礼的な. ─una visita *de cumplido* 表敬訪問. *por cumplido* 義理で, 儀理で. *sin cumplidos* 形式ばらない, 非公式の.

cumplidor, dora 形 (義務などを)よく果たす, 履行する; 頼りになる, 信頼できる. ─ 名 よく実行する人; 頼りになる人.

cumplimentar [4.1] 他 **1** …に敬意を表する; (儀礼的な)挨拶をする. **2** (成功などを)祝す, 祝辞を述べる. **3** (手続き・任務を)遂行する, 果たす. ─~ una solicitud (申し込み書などに)記入する, 申し込み手続きをする.

cumplimiento 男 **1** 命令・義務などの)遂行, 実行, 果たすこと. ─ ~ de la condena 服役, **2** (規律などを)守ること,(法の)遵守(ﾌﾟｽﾞ). **3** 礼儀正しさ. **4** 賛賞. **5** (願の)満了, 満期.

cumplir 他 (責任・義務などを)果たす, 実行する, 履行する. ─~ una orden 命令を実行する. **2** 満─歳になる. ─Mañana *cumple* treinta años. 彼は明日満30歳になる. **3** (兵役・刑期)を終える. **4** (条件・要件を)満たす. ─ 自 〔＋con〕…への義務・任務を果たす, 成し遂げる; (人への)義理を果たす, 礼儀をつくす. ─~ con el deber 義務を果たす. **2** 責任[義務]を果たす, 職務を遂行する. **3** 期限になる, 満期になる, 支払い日になる. **4** 兵役を終える. **5** 〖＋a〗義務がある; 望ましい, 都合が良い. ▸*por cumplir* (人に)儀礼的に, お義理で. ─ *se* 再 **1** 満期になる, 満…年となる. **2** (希望などが)実現する.

cumulativo, va 形 累積の, 累加する, 蓄積する.

***cúmulo** 男 **1** 山積み, 積み重ね, 山;〖un ~ de＋無冠詞名詞〗たくさんの, 多量の, 〔数量＋〕を超す. ─un ~ *de papeles* 書類の山. **2** (状況・特性などの)一致, 符号. ─*por un ~ de errores* 色々なミスが重なって. **3** 〖気象〗積雲, 入道雲. **4** 〖天文〗─~ *estelar* 星雲, 星団.

cumulonimbo 男 積乱雲, 入道雲.

cuna 女 **1** 揺りかご, ベビーベッド. ─*canción de* ~ 子守唄.(文化・民族などの)発祥地, 揺籃(ﾋﾞﾝ)地. **3** 家柄, 血筋, 家系. ─*de ilustre* ~ [*de humilde* ~] 名門の出である[生まれが卑しい]. **4** 出生地. **5** 乳児期, 幼児期. **6** 育護施設, 孤児院. **7** 〖ゲーム〗綾(ｱｬ)取り.

cundir 自 **1** (情報などが)広まる, 行きわたる. ─~ *el pánico* パニックが広がる. **2** 広まる, のびる; ふくらむ. **3** 長持ちする; 役立つ; 食べて(使いで)がある. **4** 能率が上がる, はかどる; 生産性がある.

cunear 他 揺りかごを揺らす. ─ *se* 再 体を左右に揺らす; 体を左右に揺らすって歩く.

cuneiforme 形 くさび形の.

cuneo 男 **1** 揺りかごを揺らすこと. **2** 体を揺らすこと; 体を揺らすって歩くこと.

cunero, ra 形 **1** 捨て子の, 孤児の. **2** (議員立候補者が)地元民でない, 出身地以外の選挙区に出た. ─ 名 捨て子.

cuneta 女 **1** (車道と歩道の境目にある)側溝, 排水溝. **2** (高速道路にある緊急避難用の)路肩.

cunicultura 女 (食用などにする)ウサギの飼育, 養兎(ﾖｳﾄ).

cuña 女 **1** くさび; くさび形の切断具[止め具]. **2** (道路の舗装に用いる)三角形の敷石. **3** 〖解剖〗(足首にある)楔状(ｹｯｼﾞｮｳ)骨. **4** (患者用の室内用便器. **5** 〖印刷〗(版面のあきを埋める)くさび. **6** 邪魔, 介入物, 口出しをする人. **7** 影響力(を持つ人), 顔がきくこと[人]. **8** 〖新聞・雑誌のページの端などに出る〗囲み記事, ミニ・トピック. **9** 〖放送〗スポット・コマーシャル.

cuñado, da 名 **1** 義兄[弟], 義姉[妹], 小舅(ｺﾞｳﾄﾞ), 小姑(ｺﾞｳﾄﾞ). **2** 〖中南米〗友人に呼びかける際の語.

cuño 男 **1** (貨幣・メダルなどの)打ち型. **2** 印章, スタンプ, (印鑑の文字[図柄]. **3** 鋳造; (新語などの)創造[定着]; くさびを打つこと. ▸*de nuevo cuño* (言葉などが)最近の, 新しい.

***cuota** 女 **1** 会費, 納付金, 料金. **2** 割当分, 分担金; 常用量[額]. **3** 〖中南米〗割賦払い込み金(一回分), 割賦金; 料金. ▸*cuota de audiencia* (テレビ・ラジオ・新聞などの)マスメディアに占める割合. *cuota de pantalla* 〖放送〗テレビ番組の視聴率.

cuotidiano, na 形 日常の.

cup─ 動 → caber [18].

cupé 男 **1** (二人乗りの)四輪馬車. **2** (昔の乗合馬車で)屋根の前の部分にある座席. **3** (二人から四人乗りの)2ドア自動車, クーペ.

cupido 男 (C─) キューピッド. **2** キューピッドの絵[影像]. **3** 惚れっぽい男, 女好き, 女たらし.

cuplé 男 クプレ(1900-30年頃に流行した短くて平易な歌).

cupletista 男女 **1** クプレ (cuplé) の歌

cupo い手. **2** クブレの作曲者.

cupo 男 **1** 割当分, 割り当てられた金銭［割当額］. **2**《軍事》（各地域ごとの部隊にくじ引きで召集される）徴兵の数. **3**（配給物資などの）割り当て量, 支給量. **4**《中米, メキシコ》容量.

cupón 男 **1** 利札. **2**（切り取り式の）切符；券片. **3**（一般に）クーポン券, 引換券. **4** 宝くじの券.

cuponazo 男 当たりくじ.

cupresáceo, a 形《植物》ヒノキ科（の植物）.

cúprico, ca 形《化学》銅の,（特に）第二銅の.

cuprífero, ra 形 銅を含む.

cuproníquel 男 銅とニッケルの合金.

cúpula 女 **1**《建築》（半球の）丸屋根, 丸天井, ドーム（の内側）. **2**（政党・企業・軍・組織などの）幹部, 上層部, 執行部. **3**《植物》殼斗 (ᎩᎩ), へた.

cuquería 女 **1** かわいらしいこと［もの］, 愛らしさ. **2** ずるい［腹黒い］こと［もの］.

cura¹ 男〘カト〙（教区の）主任司祭；（一般に）司祭, 聖職者.

cura² 女 **1**《医学》治療, 手当て. **2**《医学》治療法, 健康法. **3** 治ること, 治癒, 回復. ▶ alargar la cura《話》事を不必要に長引かせる. 引き延ばし, 職権乱用. cura de almas《宗教》魂の救済（信者の精神的苦痛を救済する主任司祭の務め）. hacerle a... las primeras curas [curas de urgencia] ...に応急手当をする. no tener cura《話》治らない, 病人が治る見込みがない；《話》手のつけ［施し］ようがない.

curable 形 回復可能な, 治癒しうる. 治せる, 治る.

curaçá 女〘中米〙（インディオの）首長, 部族長.

curación 女 **1**《医学》治療, 手当て. **2** 治癒, 平癒, 回復. **3**（燻製 (ᎩᎩ)・塩漬けなどによる）保存加工. **4**（皮を）なめすこと.

curado, da 過分（→curar）形 **1** 治癒した, 治った. **2**［+ de に］慣れっこになった, 平気な. **3**（肉や魚の）保存加工された. **4**（皮が）なめされた, なめした. **5**〘南米〙酔った, 酔っぱらった. ー 男 **1**（肉や魚の）乾燥保存加工；燻製. **2**《皮》なめし加工.（皮を）なめすこと. ▶ curado de espanto(s)《話》何事にも動ぜない, 驚かない.

curador, dora 形 世話をする, 面倒を見る；手当ての, 治す. ー 名 **1** 保護者の, 後見人；世話人. **2**（肉や魚などの）貯蔵者；加工者.

curalotodo 男《話》万病に効く薬, 万能薬.

curanderismo 男 いんちき医療, やぶ医者.

curandero, ra 形 **1** もぐりの医者, 無免許医；（もぐりの）接骨医. **2** 呪術や祈祷によって治療をする人（民間療法師.

curar〘クラル〙他 **1**...の傷［病］を治す［治療する］, ...の手当をする. **2**（悲しみなど）をいやす, 及を燻製じする. **3** 塩漬けする. **4**（皮）をなめす. **5**（材木）を寝かせておく. ー 自 治る, 治癒する,

全快する. ー se 再 **1** 治る, 治癒する, 全快する. **2**［+ de で］気にかける. ▶ curarse en salud →salud.

curare 男 クラレ（南米のインディオが矢に使う樹脂状の毒）.

curasao, curazao 男 キュラソー, オレンジキュラソー（オレンジの皮をベースにしたリキュール酒）.

curativo, va 形 治療に役立つ, 病気に効く；治癒力のある.

curato 男 **1** 司祭職；聖職者の任務. **2**（小）教区.

curco, ca 形〘南米〙くる病の.

curcuncho, cha 形 名〘南米〙くる病の（人）.

curda 女《話》酔っぱらうこと, 酔い. ー 形 酔った.

curdo, da 形 名 クルド人［族］（の）(= kurdo, da). ー 男 クルド語.

cureña 女 **1**（大砲を乗せる）砲架車, 砲車. **2** 銃床, 銃の台木. ▶ a cureña rasa（軍隊が）野天で, バリケードなしで.

cureta 女《医学》キュレット.

curia 女 **1**《裁判所付きの）弁護団. **2**〘カト〙教皇庁（= ~ pontificia [romana]）.

curialesco, ca 形 裁判所独特の, 裁判方式の；裁判所関係の.

curio 男 **1**《化学》キュリウム（元素記号 Cm）. **2**《物理》キュリー（放射能の単位）.

curiosamente 副 **1** 物珍しそうに, 不思議そうに；〔通常文頭に置いて〕奇妙なことには, 不思議なことだが. **2** きちんと, こぎれいに, 清潔に.

curiosear 他 **1** を嗅ぎ回る, 詮索する. **2** を見て回る；眺める. ー 自 **1** 見て回る, 眺め歩く. **2** 嗅ぎ回る, 詮索する.

curiosidad〘クリオシダ〙女 **1**［+ por/de に対する］好奇心. 興味；詮索好き. ー ~ malsana 病的なまでの好奇心. por ~ 好奇心から, 物好きで. picar la ~ 好奇心をそそる, 之はがそれる. 珍しい物. **2** 骨董 (ᎩᎩ)品. **3** 小奇麗 (ᎩᎩ)さ, 清潔［綺麗］好き. **4** 入念さ, 細心さ, 丹念.

curioso, sa〘クリオソ, サ〙形 **1**［+ por/de に対する］好奇心の強い,（...を）知りたがる. **2** 好奇心をそそる, 奇妙な, 珍しい. ー Es un dato muy ~. それは非常におもしろいデータである. **3** きれい好きな, きちんとした. 注意深い. ー 名 **1** 見物人, 野次馬. **2** おせっかい屋, 詮索好き. **3** 好事家 (ᎩᎩ), 物好きな人.

curita 女 絆創膏, バンドエイド.

currante 男女《話》働く人.

currar 自《話》働く.

curre 男《話》仕事.

currelar 自《話》働く.

currican 男 一本釣り用具.

curricular 形 カリキュラムの.

currículo 男 **1** カリキュラム, 教育課程. **2** 履歴書.

currículum vitae〘<ラテン>〙男 履歴（書）.

currinche 駆け出しの記者.
currito, ta 图《話》〔下級〕労働者.
Curro 固名《男性名》クロ (Francisco の愛称).
curro¹, rra 形《話》しゃれた, 美しい, 感じがいい.
curro² 图《話》仕事.
currucca 囡《鳥類》ノドジロムシクイ.
curruscante 形《トーストした食べ物が》パリパリ音を立てる.
currusco 男 →cuscurro.
currutaco, ca 形 图《話》流行に敏感な(人), おしゃれな(人).
curry [＜英] 男 カレー.
cursado, da 過分〔→cursar〕形 慣れた, 精通した, 熟知した.
*cursar 他 …を学習する, 履修する. —Ella *cursa* tercero de filología románica. 彼女はロマンス語学科の第3学年に在学している. **2** …を発送する, (電報)を打つ. **3** …の手続きをする, …の書類を提出する.
cursera 囡《中南米》下痢.
cursi 形《軽蔑》上品ぶった, きざな, 嫌味な. **2**《文章などが》技巧にはしった, 気取りすぎの, わざとらしい. — 男女《軽蔑》気取り屋, きざな人.
cursilada 囡《軽蔑》**1** 気取り屋特有の振舞い, きざ. **2** 気取ったもの, きざなもの.
cursilería 囡 わざとらしい物事, きざ, わざとらしさ.
cursillista 男女《短期講座・連続講演の》受講生.
*cursillo 男 短期講義, 講演会; 研修.
cursilón, lona 形《軽蔑》→cursi.
cursiva 囡 イタリック体の文字. —en ～ イタリックで.
cursivo, va 形 イタリック体の, 斜字体の.
*curso 男 **1**(ひと続きの)講義, 授業; コース, 講座, 講習会. —～ de verano 夏期コース[講座]. —～ por correspondencia 通信教育講座. **2**(学期の)課程, 年度, 学年;《集合的に》同学年の生徒. —alumno de primer ～ 1年生. **3**(水・川・液体などの)流れ, (流れの)方向, 進路. **4**(時や物事の)経過, 推移, 成り行き; 進路. —en un asunto en curso 進行[成り行き]中の問題. **5**《天体の》運行, 動き. **6**《商業》(貨幣の)流通, 通用; (言語)通用; (本などの)流布. —dinero [moneda] de ～ legal 法定通貨. **7**《商業》(変動する)相場. ▶dar libre curso a… (感情)をとうとうあふれさせる, (想像力など)を自由に働かせる; を扱う, 処理する. en curso 進行中の; 現在の. —asunto en curso 審議[検討]中の問題. el año [el mes] en curso 今年[今月]. en el curso de… …の間に, …の途中で 最中に. seguir su curso (物事が)順調に運ぶ[進む], 正常に推移する.
cursor 男《機械》スライド, すべり面;《情報》カーソル.
curtido, da 過分〔→curtir〕形 **1**《皮》がなめした; 固く[丈夫に]した, 耐久性を持たせた. **2** 日に焼けた. (風雪や労働で)皮膚の固くなった. **3**《労苦に》慣れた, 鍛えられた, 風雪に耐えた. — 男 **1**(皮を)なめすこと, 加工. **2** [集合的に]なめし皮.
curtidor, dora 形 **1**(皮を)なめす, 皮革加工の. **2** 日焼けさせるような. — 名 皮なめし職人.
curtiduría 囡 皮なめし工場.
curtiembre 囡《中南米》→curtiduría.
*curtir 他 **1**(革)をなめす. **2**(日などが)(皮膚)を焼く. **3** を鍛える, 鍛え上げる, …に慣らす. — se 再 **1**(日・雪に)焼ける. **2** …で鍛えられる, (苦難)に慣れている; 強くなっている.
curul 形《中南米》議員席, 議席.
curuyo 男《中南米》《動物》コロルネズミ.
*curva 囡 **1** 曲線. **2**《統計》(グラフの)曲線, グラフ. —～ de temperatura 温度曲線. **3**(道路・川などの)カーブ, 曲がり, 湾曲部. —～ muy cerrada ヘアピンカーブ. **4**《話》《女性の美しい》体の曲線[丸み], ボディーライン. **5**《スポ》《野球の》カーブ. ▶curva abierta [cerrada] 緩やかな[急]カーブ. curva de nivel《地理》等高[等深]線. tomar [coger] una curva (車のカーブを切る.
curvado, da 過分〔→curvar〕形 曲がった, カーブした.
curvar 他 を曲げる, カーブさせる, 湾曲させる. —～ las cejas 眉を弓なりにする, つり上げる. — se 再 曲がる, 湾曲する, しなう.
curvatura 囡 湾曲, たわみ; 曲げる[曲がる]こと.
curvilíneo, a 形 曲がった, 湾曲した, 凹凸のある.
*curvo, va 形 **1** 曲がった, カーブした. —línea *curva* 曲線. **2**(表面が)湾曲した.
cusca 囡 困らせること, 不快にさせること. ▶hacer la cusca a… …にいやがらせをする.
cuscurro 男(固い)パンの耳, パンのかけら; クルトン.
cuscús 男《料理》アラブ料理のクスクス.
cúspide 囡 **1** 山頂, 頂上. **2** てっぺん, 最上部. **3**《数学》(角錐・円錐などの)頂点. **4**《俗語》弁願尖, (歯の)先端. **5** 絶頂, 極み, 高み.
custodia 囡 **1** 保護; 監視; 拘留. **2**《カト》聖体顕示台; 聖櫃(せいひつ).
custodiar 他 を保護する; 監視する, 見張る.
custodio 形《男性形のみ》保護の, 警護の; 監視の. — 男 管理者, 警備員; 監視役.
cususa 囡《中米》ラム酒.
cutáneo, a 形 肌の, 皮膚の.
cúter 男《海事》カッター.
cutí 男 [～es] (マットレスなどに用いる厚手の)木綿布.
cutícula 囡 **1**《解剖》表皮, 上皮, 皮

cutis 男 外皮, 膜; キューティクル.

cutis 男〖単複同形〗肌, 皮膚; (特に)顔の皮膚.

cutre 形 1 〖話, 軽蔑〗みすぼらしい(人), 貧相な(人), 劣悪な(人). 2 けちな(人).

cuy 男〖中南米〗〖動物〗モルモット, テンジクネズミ.

cuye 男〖中南米〗→cuy.

cuyo, ya [クヨ, ヤ] 形 (関係)―s; 後につづく語の性数に一致)〖先行詞は人・物〗 1 (制限的用法, 主に文語)その…である(する)…. ―Hay dos problemas *cuya* solución ignoramos. 私たちがその解決法を知らない二つの問題がある. 2 〖説明的用法, 主に文語〗そしてその…の…. ―De la habitación, *cuyas* ventanas estaban cerradas, salían suspiros y sollozos. その部屋からは, その窓が閉まっていたも拘らず, ため息とすすり泣きが聞こえていた. 3 〖指示形容詞的用法〗その…. ―Yo temía que fuera él, en *cuyo* caso no tendría más remedio que huir. 私はそれが彼ではないかと心配した. もしそうなら私は逃げ出すほかなかった.

Cuzco 固名 クスコ(ペルーの都市, インカ帝国の首都).

cuzcuz 男 →alcuzcuz, cuscús.

cuzqueño, ña 形名 クスコ(の人).

cyber punk 形[男] 〖文学, 映画〗サイバーパンク(の).

D, d

D, d 女 1 スペイン語アルファベットの第4文字. 2 〖音楽〗二音(ν, re), 二調. 3 (D)ローマ数字の500.

D. 〖略号〗=don …さん(男性の個人名に).

da(-) 動 →dar [15].

dable 形 可能な, できる, ありそうな.

da capo [<伊] 〖音楽〗初めから繰り返して.

dacha 女 (ロシア式の)別荘.

dacio, cia 形 ダキア(古代ローマの属州, 現在のルーマニアにあたる)の.

dactilar 形 指の. ―huellas ~*es* 指紋.

dactílico, ca 形〖詩学〗長短短(強弱弱)格の.

dáctilo 男〖詩学〗(ギリシャ・ローマ詩の)長短短格(長音節1つの後に短音節2つが続く); (強アクセントを持つ言語の詩で)強弱弱格, 揚抑抑格.

dactilografía 女 タイプライティング.

dactilógrafo, fa 形 タイピスト.

dactilología 女 手話術.

dactiloscopia 女 指紋照合(による個人の識別法), 指紋学.

dadá 形男女 → dadaísta. ― 男 ダダ.

dadaísmo 男 ダダイズム.

dadaísta 形 ダダイズムの. ― 男女

ダダイスト.

dádiva 女 贈り物; 寄贈, 喜捨. ―hacer ~s 贈り物をする.

dadivosidad 女 気前のよさ.

dadivoso, sa 形 気前の良い(人), 気前良く物を与える(人).

dado[1] 男 1 さいころ. 2 (複)さいころ遊び・勝負, ダイス. 2 さいころ状(のもの). 3 〖建築〗(柱の)台座.

dado[2], **da** 過分 [→dar] 与えられた; (後だに名詞を従え, 性数一致して) …のある.―Dada su situación en la compañía… 会社内での彼の立場を考えれば…. ―*Dado que* (1) 〖+直説法〗…だから. ―*Dado que* no puedes venir, iré yo solo. 君が来られないから僕一人で行くよ. (2) 〖+接続法〗…ならば. ―*dado que* no puedas venir 君が来られないならば. ― 男 1 〖+a+〗 熱中した, 没頭した, 大好きな 〖ser+〗. ―Es ~ *a* quejarse. 彼は不平ばかり言っている. 2 与えた, 許された 〖ser+〗. ―No sé si serán ~ *averiguarlo*. 私にそれが調べられるかどうか分からない.

▶ **dado que**

dador, dora 形 与える. ― 名 1 (あるものを)与える人(物). 2 (手紙の)使い, 使者, 持参人. ― 男〖商業〗(手形の)振出人.

daga 女 (昔の)短剣.

daguerrotipia 女〖歴史〗銀板写真法.

daguerrotipo 男 銀板写真法; 銀板写真機; 銀板写真法によって撮った写真.

daifa 女 情婦; 売春婦.

daiquiri 男 ダイキリ(カクテルの一種).

daimio 〖<日〗男〖歴史〗日本の大名.

dalai-lama, dalái lama 男〖宗教〗ダライ・ラマ.

dalia 女〖植物〗ダリア(の花).

dallar 他 (草を)大鎌で刈る.

dalle 男 (柄の長い)大鎌.

dálmata 形 1 ダルマチアの. 2 (―s)男ルメシアン種の. ― 男 ダルマチア人. 3 ダルマチア語. 2 ダルメシアン犬.

dalmática 女〖服〗ダルマティカ.(丈の長いゆったりした服).

daltoniano, na 形名 色覚異常の(人).

daltónico, ca 形名 色覚異常の(人).

daltonismo 男 色覚異常.

dama [ダマ] 女 1 (一般に)婦人, 女のかた, 女性 (señora, mujer の丁寧語). ―"Dー~s" (複合) 御婦人用(トイレなど). 2 貴婦人, 淑女, 上流婦人. ―La *D*~ de Elche エルチェの貴婦人像. 3 (中世騎士の敬愛の対象としての)意中の婦人, 思い姫. 4 (女王・王女の)女官, 侍女; (富豪婦人などの)侍女. 5 〖演劇〗主演女優, 主役; (道化役・老け役を除く)助演女優, 脇役. 6 〖ゲーム〗チェッカー: (トランプ・チェスの)クイーン. ▶ *dama* de honor (結婚式で)花嫁の付添い; (美人コンテストなどの)準ミス. *dama* de noche 〖植物〗ヤコウカ(夜香花), ヤコウボク. *dama* joven 〖演劇〗娘役の女優.

primera dama (演劇)主演女優; (政治)ファースト・レディ(大統領夫人・首相夫人).

damajuana 女 (かごに入った細首の)大びん.

damasana 女 [中南米]→damasana.

damasceno, na 名 ダマスカスの(人).

Damasco 固名 ダマスカス(シリアの首都).

damasco 男 **1** ダマスク織り, 緞子(どんす). **2** 西洋スモモ, アンズ(木, 実とも).

damasquina 女 (植物)フレンチマリーゴールド.

damasquinado 男 金銀象眼細工.

damasquinar 他 …に金銀の象眼細工をする.

damasquino, na 形 **1** ダマスカスの. **2** (刀剣の)ダマスカス鋼製の(美しい波形模様がある), ダマスク織りの.

damisela 女 **1** (皮肉)淑女(気取りの娘), うぶな御嬢さん. **2** 高級娼婦.

damnificado, da 過分 (← damnificar) 形 名 (主に災害で)害を受けた(人), 被害をこうむった(人).

damnificar [1.1] 他 …に害を与える.

dan 男 [スポ](日本の武術の等級を示す)段.

dandi [←英] 男 ダンディー, 伊達(だて)男.

dandismo 男 ダンディズム, 伊達.

danés, nesa 形 デンマークの(人). ─ 男 **1** デンマーク語. **2** (動物)グレートデン(犬).

Daniel 固名 (男性名)ダニエル.

danta 女 (動物) **1** バク(貘). **2** ヘラジカ.

dantesco, ca 形 **1** ダンテの, ダンテ風の. **2** (ダンテの書いたもののように)恐ろしい, そうとする.

Danubio 固名 (el ~) ドナウ(ジニュビブ)川(ヨーロッパ南東部を流れる河川).

danza 女 **1** 踊り, 舞, 舞踊, ダンス; 輪舞. **2** 舞(踊)曲, ダンス音楽. **3** 舞踊団, バレエ団, (人・物が)せわしなく動き回ること. **5** [俗]ごたごた, 厄介事, 事件. ─entrar [andar, estar] en ~ 厄介事にかかわる[かかわっている]. ● **danza de espadas** 剣舞; けんか, 乱闘. **danza macabra** [de la muerte] 死の舞踊. **danza prima** アストゥリアス, ガリシア地方に伝わる伝統的な舞踊.

danzador, dora 名 踊る人, 踊り手; 踊り好き. ─ 形 踊る.

danzante, ta 形 **1** ダンサー, 踊り手, 舞踊家. **2** [話]軽薄な人, 落ち着きのない人, おっちょこちょい. **3** [話]お節介焼き, 出しゃばり. ─ 形 踊る, 踊りながらの, ダンスの, 踊りの.

danzar [1.3] 自 **1** 踊る. **2** あちこち(無駄に)動き回る. ─ 他 踊る.

danzarín, rina 名 **1** (主にプロの)ダンサー, 舞踊家. **2** 踊りのうまい人.

danzón 男 ダンソン(ハバネラに似たキューバの踊り, その曲).

dañar 他 …に害を与える, を損なう, を傷つける. ─~ la fama de… …の名誉を傷つける. ─**se** 再 損害を被る, 台無しになる, 駄目になる.

dañino, na 形 有害な, (動物の)害をなす.

daño [ダニョ] 男 **1** 害, 損害, 被害, 損傷. ─pagar [reclamar] los ~s y perjuicios (法律)損害賠償(金)を支払う[請求する]. **2** 痛み, 苦痛. ● **en daño de…** (人・物)を犠牲にして, …に(損)害を与えて. **hacer daño** [+ a/en に] 損害[被害]を与える; (人)の体質に合わない; 痛みを与える, (…が)痛む, 傷つける. ─Me hace daño el zapato. 私は靴を はきつくて足が痛い. **hacerse daño** けがをする. 痛める.

dañoso, sa 形 [+ para に] 有害な, 害を及ぼす. ─Fumar es ~ para la salud. 喫煙は健康に害である.

dar [ダル] [15] 他 **1** [+ a に] …を与える, あげる, やる; を手渡す. ─Deme tres kilos de tomates. トマトを3キロください. ¿Me das tu teléfono? 君の電話(番号)を教えてくれるかい. ¿Me das la sal? 塩を取ってくれないか. **2** を生じる, 生む, 産む; (水・ガスなどを)出す; (明かり)をつける, を申し述べる, 表明する; (感情など)を引き起こす. ─Este peral da unas peras riquísimas. このナシの木にはすごくおいしいナシがなる. ~ la luz [el agua] 明かりをつける[水道を出す]. ~ el pésame [las gracias] 哀悼[感謝]の意を表す. ~ las buenas noches こんばんはと挨拶する. ~ una opinión 意見を述べる. ~ asco a… …をぞっとさせる. **3** (テレビなどが)を報道する, 伝える; (映画)を上映する; (劇)を上演する; (曲)を演奏する, を演じる. ─En el cine Palafox dan El último samurái. パラフォス映画館では『ラスト・サムライ』を上映している. **4** [動作動詞とともに] (ある動作)をする. ─~ un paseo por el parque 公園を散歩する. ~ una bofetada 平手打ちを食わせる. ~ gritos 叫び声を上げる. ~ un suspiro ため息をつく. **5** を行う, 開催する. ─~ clases de español スペイン語の授業を行う. **6** [+ por + 形容詞/過去分詞] を…とみなす, 考える. ─El jurado le dio por inocente. 陪審員は彼を無罪と判定した. **7** (時計が) …時を打つ. ─El reloj dio las doce. 時計が12時を打った. **8** (授業などを)受ける. **9** [+ a に] (ある時間)を不愉快[に嫌な]にする. ─El niño me ha dado el día. その子のために私はその日が嫌になった. **10** [+ de で] …を塗る, つける. ─~ de barniz una tabla 木材にニスを塗る. ─ 自 **1** 重要である, 価値がある, 意味がある. ─Da igual. どっちでも同じことだ, どっちでもいい. **2** (感情・様態・体調の変化が)…に突然起こる, 生じる. ─Le dio un ataque cardíaco. 彼は心臓発作に襲われた. **3** (時計が)…時が鳴る, …時になる. ─Han dado las dos. 時計が2時を打った. **4** [+ a に] 向いている, 面して

いる。—La ventana **da a**l sur. その窓は南向きだ。**5**〔+a〕打つ,押す,回す;(機械を)始動させる,動かす。—**a** la pelota con un palo ボールをバットで打つ。— **al** botón ボタンを押す。**6**〔+con に〕出くわす,出会う,(を)見つける。—Al salir de casa, **di con** Juana. 私は家を出た途端フアナに会った。**7**〔+en に〕落ちる,倒れる;〔+en に〕落とす,倒れさせる。—*Dio con* su hermano *en* la cama. 彼は弟をベッドに倒した。〔+contra に〕ぶつかる, 衝突する;〔+con を contra に〕ぶつける。— *con* la cabeza *contra* la pared 頭を壁にぶつける。**9**〔+sobre に〕襲いかかる。—Dieron sobre los enemigos. 彼らは敵に襲いかかった。**10**〔+de 飲食の動詞不定詞〕(食べ物・食事を)出す, (食べ物・食事の)費用を出す。— *de* cenar a los niños 子どもたちに夕食を出す。**11**〔+en に〕的中する;陥る,犯す;(日・風)が当たる。— *en* el blanco 的に当たる。— *en* un error ミスを犯す。 El sol le *daba* de lleno en la cara. 日が彼の顔一杯に当たっていた。**12**〔+en に〕思いつく,見つけ出す。—No *dio en* ninguna solución. 彼には一つの解決法も見つからなかった。**13**〔+en +名詞/不定詞に〕こだわる,しつこく…する。—*Dio en* decir que nosotros *le* engañábamos. 彼は私たちが彼をだましていると言い張った。**14**〔+para に〕を必要とする。**15**〔+ por …として〕認める。—Este negocio no *da para* más. この商売はこれ以上うまからない。**15**〔+tras (人)を〕追及する。—Dieron tras él con suma crueldad. 彼らは非常に酷に彼を追及した。—*¡Dale!; ¡Y dale!* さあい;いいかげんにしろ,また…。*dale que dale/dale que te pego* もういい加減にしろ,もう聞き飽きたよ,もう沢山だ。**dar a conocer** を知らせる。**dar a entender** をほのめかす, 理解させる。**dar de cuchilladas a…** (人)を刺す。**dar de patadas a…** (人)を蹴る。**dar de sí** (1)広がる, 大きくなる, だぶだぶになる。(2)生む, 益(ま)する, 大いに効果がある。**dar a…en qué pensar** …に物事の深層を考えさせる。*dar*LE 勉強し続ける,一所懸命…に努力する。—*darle* fuerte a las matemáticas 数学を猛勉強する。*dar*LE **a…mascado** (話)(人)のために…を予め分かりやすくしておく[下準備をしておく]。**dar por supuesto [sentado]** を当然と思う。**dar que decir [hablar]** うわさの種になる,とやかく言われる。**para dar y tomar** ありあまるほどの。

—**se** 再 **1**〔+名+名詞/不定詞に〕…に夢中になる,ふける,おぼれる。—*se al* estudio 勉強に打ち込む。—*se a* beber 酒におぼれる。**2**屈服する,譲歩する。—*Se dieron* a la policía. 彼らは警察に投降[自首]した。**3**〔+con/contra に〕ぶつかる。**4**ある, 存在する;起こる。**5**〔中南米〕屈伏する,負ける。**6**〔+por +形容詞/過去分詞〕自分を…と思う,自認する。—*Me daré por* contento con que apruebes. 君が合格すれば私はうれしいと思うだろう。**7**〔+a 精神活動の動詞〕…する,…するようになる。—*se a* creer 思えて[信じるようにに]なる。—**darse a conocer** (1)デビューする;名声を上げる。(2)自分の性質[性格]をさらけ出す。**darse a entender** 自分の言うことをわからせる。**dársela** だます。**dárselas de…** …(人)が得意[苦手]である, 上手[下手]である。*dárse*LE **bien** [*mal*] **a …** (人)が得意[苦手]である, 上手[下手]である。**darse por vencido** 降伏(降参)する, 敗北を認める。**no darse por entendido** 知らぬふりをする。

dardo 男 **1** 小さい投げ槍;ダーツ。**2**鋭い皮肉,きつい風刺(言葉)。

Darío 固名 **1**〈男性名〉ダリーオ。**2** ダリーオ (Rubén 〜)(1867-1916, ニカラグアの詩人)。

dársena 女 内港, 船着場, 桟(さん)橋。

darviniano, na 形 ダーウィンの;ダーウィン主義の。

darvinismo, darwinismo 男 ダーウィン主義, 進化論。

dasonomía 女 林学。

data 女 **1**(手紙や文書に記す)日付・場所。**2**(商業)貸方。

datación 女 **1**日付の記入。**2**年代の特定。

datar 他 **1** …に日付(場所)を記入する。**2**(古い文献などの)年代を特定する。**3**(商業)を貸方に記入する。— 自〔+de から〕存在する,(…)にさかのぼる。

dátil 男 **1**〔植物〕ナツメヤシの実。**2**〔主に 複〕〔話〕(手の)指。— *dátil de mar*〔貝類〕ヨーロッパシャゴウ, イシマテ。

datilera 女〔女性形のみ〕— palmera 〜 ナツメヤシ。 = 〜 ナツメヤシ。

dativo 男〔言語〕与格。

:**dato** 男 **1**〔主に 複〕資料,データ,情報;論拠,事実。**2**〔情報〕データ。— procesador de 〜**s** データ処理装置。**3**〔数字〕既知数。*▶ datos personales* 個人情報,履歴書。*banco de datos* → **banco**。*base de datos* → **base**。*protección de datos* → **protección**。

David 固名 **1**〔聖書〕ダビデ(旧約聖書, イスラエル王国の建設者)紀元前1010頃 -970 頃。**2** ダビデ像。**2**〈男性名〉ダビード。

dcha.〔略号〕= derecha 右(側)。

d.C.〔略号〕= después de Cristo (西暦)紀元, AD.

de¹ 〔女文字 d の名称〕

de² 〔前〕〔無強勢; de + el は del となる〕

1〔…の〕**1**〔所有,所属〕…の,…に属する。— Este libro es *de* Carmen. この本はカルメンのものだ。**2**〔材料〕…の。— bolso *de* cuero 革のハンドバッグ。**3**〔土地,場所〕…の。— la gente *de* Andalucía アンダルシアの人々。**4**〔時〕…の。— las vacaciones *de* verano *del* año pasado 去年の夏休み。**5**〔主題〕…(について)の。— clase *de* historia española スペイン史の授業。**6**〔作者〕…の。— los

deambular

cuadros de Picasso ピカソの絵. **7**［期間］…の. —Hoy haré un trabajo de tres horas. 今日は3時間の仕事をするつもりだ. **8**［値段, 価値］…の. —Necesito tres sellos de un euro. 私は1ユーロの切手が3枚必要だ. **9**［全体の一部］…の, …のうちの. —Dos de las manzanas están podridas. リンゴのうち2つは腐っている. **10**［性質, 特徴］…の, …をした, …のような. —anciana de cien años 100 歳のおばあさん. el hombre de la chaqueta negra 黒い上着を着た男. **11**［数量, 容量］…の. —un coche de diez mil euros 1万ユーロの車. **12**［目的地, 到達点］…(行き)の. —la Carretera de la Coruña ラ･コルーニャ(へ向かう)街道.

II［…から］ **1**［起点］…から(の). —¿Cuánto cuesta el viaje de Madrid a Córdoba? マドリッドからコルドバまでの旅費はいくらですか? **2**［出身, 生産地］…の出身, …から(の). —Yo soy de Tokio. 私は東京の出身です. **3**［原因, 理由, 根拠］…から, …のうちから, …のために. —Murió de cáncer. 彼は癌(がん)で死んだ. **4**［材料］…から. —De cerezo se hace una jarra. 土から瓶(かめ)が作られる.

III［手段･方法］…で. —Actuó de mala fe. 彼は悪意を持って行動した.

IV［資格, 役割］…として, …の仕事をして. —trabajar de carpintero 大工として働く. **2**［評価を表す動詞とともに］…として, …のうちに. —Lo tachan de pedante. 彼はペダンチックだと非難されている.

V［同格］ **1**…の, …という. —el aeropuerto de Barajas バラーハス空港. **2**［定冠詞･指示形容詞＋評価の形容詞に後続して］…の. —El tonto de Emilio lo hizo. エミリオの馬鹿がそれをやった.

VI［基準, 観点］…が(は), …の点で, …に関して. —Es cojo de la pierna izquierda. 彼は左足が不自由だ.

VII［目的, 用途］…(のため)の. —…用の［固定した名詞になっている場合が多い］. —máquina de escribir タイプライター. barco de pesca 釣り舟. gafas de sol サングラス.

VIII［動作名詞とともに］ **1**…の(主語を示す場合). —Se alegró de la llegada de su padre. 彼は父親の到着を［父親が到着して］喜んだ. **2**…の(目的語を示す場合). —Se dedica al estudio de Cervantes. 彼はセルバンテスの研究［セルバンテスを研究すること］に打ち込んでいる.

IX［受動文の行為者］…に(よる), …によって. —Ese profesor era siempre estimado de los alumnos. その先生はいつも生徒たちに尊敬されていた.

X［比較］ **1**［比較対象の切る節で表されるとき］…よりも. —Es más inteligente de lo que pensaba. 彼は思っていたよりも頭が良かった. **2**…の中で. —Rafael es el más aplicado de toda la clase. ラファエルはクラスの中で一番勉

300

deber

だ.

XI［感嘆］〈悲嘆･嫉妬などを表す語に後続してその言及対象を示す〉. —¡Pobre de Paloma! パローマなんて可哀想んでしょう!

XII［副詞句を作る］ **1**［時の副詞句］—Trabaja de día y estudia de noche. 彼は日中働いて, 夜勉強をする.［主語の性数と一致した形の形容詞とともに］…の頃, …の. —De niño era muy callado. 彼は幼い頃は大変無口だった. **2**［様態の副詞句］…で. —De un trago se bebió la cerveza. 彼は一口でビールを飲み干した.

XIII［de＋不定詞］ **1**…ならば. —De haberlo sabido, te lo habría avisado. それを知っていたなら, 君に知らせたのだが. **2**…すべき. —Ya es hora de acostarse. もう寝る時間です. **3**［形］＋de＋不定詞］…するのが…. —Este coche es fácil de manejar. この車は運転操作が簡単です.

▶ **de...a...** (1) …から…まで. —De aquí a la estación hay dos kilómetros. ここから駅まで2km あります. (2) …と…で. —de hombre a hombre 男同士で. **de... en...** (1) …から…へと. —de calle en calle 町から町へ. (2) …ずつ. —de año en año llueve menos. 年々雨が降らなくなっている. **de lo más** …最も…

deambular 自 ぶらぶら歩く, 散歩する.

deambulatorio 男〈建築〉(教会の)主祭壇の後ろを巡る周歩廊.

deán 〈カト〉司教地方代理, 大聖堂主任司祭.

debacle 〈《仏》女〉《主に戯》めちゃくちゃな(結果), 惨敗(ざんぱい)な有様 結末.

debajo ［デバホ］副 下側に; 下(の)に. —Dame el libro que está ~. 下の方にある本を渡してくれ. ▶ **debajo de...** …の下(の方)に, …より下に, …の下側に. **por debajo** 下に［に］, 下の方（下側）に［に］; 下から. **por debajo de...** …の下(の方)に［に］, の下を通って; を下回って, …以下で.

debate 男 討議, 議論; 討論会. **2** 戦い, 闘争.

debatir 他 ［＋sobre について］討議する, 議論する, 審議する. 議論する. —— 自 ［＋sobre について］討議する, 議論する. —— **se** 再 もがく, 躍起になる, 苦闘する.

debe 男〈商業〉借方. —— ~ y haber 借方と貸方.

debelador 男〈文〉(武力による)勝者, 征服者.

debelar 〈文〉を武力で打ち負かす, 征服する.

deber ［デベル］他 **1**［＋不定詞］…すべきである, しなければならない［否定文で］…すべきではない, …してはいけない. —Debo hacer más ejercicio para no engordar. 私は太らないようもっと運動をしなければならない. Eres menor de edad y no debes fumar. 君は未成年だからタバコを吸ってはいけないよ. **2**［＋a＋(金額)］を借りている, 支払う［返す］義務がある. —Le debo 60 euros. 私は

彼に60ユーロ借りている．**3**〖+a に〗恩恵をこうむっている，(…の)おかげである，義務を負っている，をしなければならない．—*A mi tío le debo todo lo que soy*. 私が今日あるのはすべて私の叔父のおかげである．―〖+ de + 不定詞〗…に違いない．—*Debe de haber llegado ya a Lisboa*. 彼はもうリスボンに着いているはずだ．—— **se** 再 **1**〖+a に〗献身する〖つくす〗義務がある．—*Se debe a esta causa*. 彼はこの大義に身を捧げる義務がある．**2**〖+ a に〗原因がある．

debido 男 **1** 義務．—*sentido del ~* 義務感．*cumplir con el ~* 義務を果たす．**2** 覆 宿題．

*debidamente 副 適切に，正しく，しかるべく．

*debido, da 過分 [→deber] 形 しかるべき，当然の．▶ *como es debido* 適切に，きちんと．*debido a...* 〖原因〗…のために，…によって．

débil [デビル] 形 **1** 弱い，力のない，もろい〖ser ～〗．—*punto ～* 弱点．*sexo ～* 弱き性(かつて女性のことを指した)．**2** 体が弱い，虚弱な〖ser ～〗．—*Es un niño ～*. 彼は体の弱い子だ．**3** 弱った，衰弱した，弱々しい〖estar ～〗．〖+ con (人)に対して〗甘い，気弱な．—*Ella es muy ～ con su hijo*. 彼女は息子に非常に甘い．**5**〖知覚的に〗かすかな，わずかな，ぼんやりとした．—*luz ～* ぼんやりとした光．**6**〖言語〗無強勢の，弱勢の，弱い(音節・母音)．—*vocal ～* 弱母音．—— 男女 (体・力などが)弱い人，虚弱者；弱者．

*debilidad 女 **1** 弱さ，虚弱，衰弱．—*～ de carácter* 性格の弱さ．**2** 気弱さ，無気力，無力．—*～ moral* 精神的弱さ．**3** 弱点，欠点．〖+ con に対する〗偏好．▶ *tener [sentir] debilidad por...* …に目がない，弱い，甘い．

*debilitación 女 →debilitamiento.
*debilitamiento 男 **1** 衰弱，衰え，虚弱(化)，弱まること．**2**〖音声〗弱化(例えば母音間での子音の有声化など)．**3**(相場などの)弱含み，軟化．

debilitar 他 を弱くする，弱化する．—— **se** 再 弱くなる，弱化する．

*débilmente 副 弱々しく，力なく，かすかに．

debitar 他〖中南米〗を借方に記入する．

débito 男 **1** 負債．**2** 夫婦の務め (= *débito conyugal*).

debut 〖<仏〗男〖複〗~s〛デビュー，初舞台．

debutante 男女 デビューする人，新人．—— 女 社交界に初めて出る若い女性．

debutar 自 デビューする，初舞台を踏む；社交界に出る．

*década (= *diez*) 女 **1** 10年間．〖+ de〗…年代．—*la primera ～ del siglo XIX* 19世紀初めの10年間．*en la ～ de los noventa* 1990年代に．**2** 10日間，旬日．—*la primera ～ de abril* 4月初旬．**3** 10巻[10章]からなる書；10人伝．

decadencia 女 **1** 衰退，衰え，凋落(ちょうらく)；(芸術・道徳などの)退廃．**2**(国家・芸術などの)衰退期，退廃期．

decadente 形 **1** 衰退している，(芸術・道徳などが)退廃的な；(19世紀末の芸術上の)デカダン派の．—*época ～* 衰退期，退廃期．*poeta ～* デカダン派の詩人．**2** 弱っている，衰弱した〖estar ～〗．—— 男女 退廃的な人；デカダン派の芸術家．

decadentismo 男 (19世紀末の)デカダンス(主義)．

decadentista 形 男女 デカダンス派の(人)．

decaedro 男〖数学〗十面体．

*decaer [10.1] 自 **1** 衰える，すたれる．

decágono 男〖数学〗十角形．

decagramo 男 デカグラム(=10グラム)．

decaído, da 過分 [→decaer] 形 (肉体的あるいは精神的に)衰えた，衰弱した，意気消沈した．

decaimiento 男 (肉体的あるいは精神的な)衰え，衰弱；意気消沈．

decalcificación 女 →descalcificación.

decalcificar 他 →descalcificar.

decálogo 男〖聖書〗(神がモーセに与えた)十戒．

decámetro 男 デカメートル(=10メートル)．

decampar 自 (軍隊が)陣地をひき払う．

decanato 男 **1**(大学の)学部長職(その期間)；(ある種の団体の)長の職．**2** 学部長室，(団体の長の)執務室．

decano, na 男女 **1**(大学の)学部長；(ある種の団体の)長．**2**(団体や社の)最年長者，長老．

decantación 女 **1** 上澄みを他の容器に移すこと．**2**(ある思想などへの)傾斜，指向．

decantar 他 **1**(液体の)上澄みを移し注ぐ．**2** を称賛する．—— **se** 再〖+ hacia/por に〗(思想的に)傾く．

decapado 男 さび取りの；塗装はがし．

decapante 形 さび取りの；塗装はがしの．—— 男 さび取り[塗装はがし]剤．

decapar 他 …のさび取りをする；…の塗装をはがす．

decapitación 女 斬首(ざんしゅ)，首切り．

decapitar 他 …の首をはねる，を打ち首にする．

decápodo 形〖動物〗脚[腕]が十本の．—— 男 十脚類の動物(カニなど)；十腕類の動物(イカなど)．

decasílabo, ba 形〖詩学〗(詩行が) 10音節から成る．—— 男 10音節から成る詩行．

decatleta 男女〖スポ〗十種競技の選手．

decatlón 男〖スポ〗十種競技．

deceleración 女 減速すること．

decena 女 **1** 10個，10個のまとまり，約10．**2**〖音楽〗10度(音程)．

decenal **1** 10年に1度の，10年ご

decencia との。**2** 10年間の、10年続く。

decente 形 **1**(道徳や礼儀の上で)見苦しくない、慎みのある；(話などが)みだらでない。—una conversación poco ~ あまり品がいいとは言えない会話。**2**(住居・身なりなどが)ちゃんとした、恥ずかしくない、しかるべき。**3**(収入などが)まずまずの、悪くない。—un sueldo ~ まずまずの給料。**4**(住居などが)きちんとした、きれいな。

decenio 男 10年間。

decepción 女 失望、当てはずれ；失望させるもの。

decepcionante 形 失望させる、がっかりさせる、幻滅させる。

decepcionar 他 をがっかりさせる、…の期待を裏切る。

deceso 男 死ぬこと、死去。

dechado 男 **1** 見本、手本、モデル。**2** 模範的な物(人)(しばしば皮肉の意で)。▶ **dechado de perfecciones** 完璧な人、非の打ちどころがない人(しばしば皮肉の意で)。

decibel, decibelio 男〔物理〕デシベル(音の強度の単位)。

decididamente 副 **1** 決然と、きっぱりと。**2** 最終的に、結局。

decidido, da 過分〔→decidir〕決定した、決心した。—El plan ya está ~. その計画はもう決定済みだ。— 形 きっぱりと、決然とした、敢然とした。

decidir [デシディル] 他 **1** を決定する、決心する、決断する。—Decidieron mudar de casa. 彼らは転居を決心した。**2** (命運・将来)を決する；(人)に決心させる。—Un penalty decidió el partido. 一つのペナルティー・キックで試合が決まった。— 自 **1**〔+de/sobre について〕決める。—Decidiremos sobre el tema después de discutirlo. 我々は議論をしてからテーマを決めることになるだろう。**2**〔+en について〕決定を下す。— **se** 再〔+a+不定詞〕…することに決する、〔+por に〕決心する。—Por fin se ha decidido a colaborar. やっと彼は協力する決心をした。

decidor, dora 形名 話の上手な[面白い](人)。

decigramo 男 デシグラム(10分の1グラム)。

decilitro 男 デシリットル(10分の1リットル)。

décima 女 **1** 10分の1。**2**(体温計の)分(10分の1度)；複 微熱。**3**〔詩学〕デシマ(各行8音節の10行詩)。

decimal 形 **1** 十進法の。—sistema de numeración ~ 十進法。**2** 小数の。—fracción [número] ~ 小数。**3** 10等分した、10分の1の。— 男〔数学〕小数。

decímetro 男 デシメートル(10分の1メートル)。

---

décimo, ma [マデシモ、マ] 形 **1** 第10の、10番目の。世代・世紀などはローマ数字Xで表わされる。**2** 10分の1の。— 男 **1** 10番目の(人・物)。— 女 **1** 10分の1、(宝くじの)10分の1番(同一番号が10枚1組で発売されるもの1枚)。

decimoctavo, va 形〔数〕18番目の。

decimocuarto, ta 形〔数〕14番目の。

decimonónico, ca 形 **1** 19世紀の。**2** 古臭い、流行遅れの。

decimonono, na, decimonoveno, na 形〔数〕19番目の。

decimoprimero, ra 形〔数〕11番目の。

decimoquinto, ta 形〔数〕15番目の。

decimoséptimo, ma 形〔数〕17番目の。

decimosexto, ta 形〔数〕16番目の。

decimotercer 形〔男性単数名詞の前で〕→decimotercero。

decimotercero, ra, decimotercio, cia 形〔数〕13番目の。

decir [デシル] [10.11] 他 **1** を言う、述べる、伝える。—~ la verdad [mentira] 本当のこと[うそ]を言う。¿Qué quieres ~? 何を言いたいの；どういう意味?〔+que+直説法〕…と言う、…と話す、を物語る；〔+que+接続法〕…するように言う、…と言いつける、命じる。—Dice que estará en casa mañana. 彼は明日在宅していると言っている。Dice que vayas ahora mismo. 彼は君が今すぐ行くようにと言っている。**2** を示す、表す。—Su cara decía su buen genio. 彼女の顔は上機嫌であることを示していた。**4** …と呼ぶ。—Generalmente me dicen Maite. 普通私はマイテと呼ばれている。**5** を唱える、朗誦する。▶ **a decir verdad** 実を言うと、本当の事を言うと。**como quien dice/como si dijéramos** 言うならば、言ってみれば。**¿Cómo (te) diría?** 何と言ったらいいかな。**como te [se] lo digo** 本当だ[だぞ]よ。**¡Cualquiera lo diría!** …なんて信じられない。**decir bien [mal] de** を良く[悪く]言う。…のことをよく言う[けなす]。**decir entre sí/decir para sí** ひとり言を言う。**decir por decir** いい加減な発言、わけもなく言う。**decir y hacer/dicho y hecho** 言うが早いか実行。**Diga./Dígame.**(電話で)はい、もしもし；(呼びかけに対し)何でしょうか。**digamos**〈話〉だいたい、おおよそ；いわば。**digo yo** 自分はそう思うけど。**el qué dirán** 世論、うわさ。**es decir** すなわち。**es un decir**〈話〉およそ；いわば。**He dicho.**(演説・講演の終了時に)これで私の話を終わります。**ni que decir tiene que** …は言うまでもない。**no decir nada** 何ら訴えるところがない、何も魅力がない。**…は…にとっては無関係だ**。**no decir ni bueno ni malo** ウンともスンとも言わぬ、答えない、ノーコメントである。**no digamos** …だけはたしかである。

だいたい…といったところだ. **no me digas/qué me dices** 冗談言うなよ, 冗談じゃない, まさか. **por decirlo así/por mejor decir** 言い換えると, すなわち. **¡Quién lo diría!** 信じられない! **ya es (mucho) decir** [比較を強調して] どれだけのものかわかるだろう. **¡Ya te digo!** そうなんだよ! **y que lo digas** 君の言うとおりだ, 私は君に賛成だ, まったくだ, ごもっとも.
── 自 **1**〔+ con ~〕調和する, 似合う. ─Esta corbata *dice* bien *con* la chaqueta. このネクタイはそのジャケットによく合う. **2** 言う. ─Bueno, usted *dirá*. ところで何の御用でしょうか. ── 再 **1**〔3人称単数〕言われる. ─¿Cómo se *dice* en japonés "manzana"? "manzana"は日本語で何と言いますか. **2**〔3人称単数〕…という話だ, …だそうだ. ─*Se dice* que va a dimitir. 彼は辞職するという噂だ. **3** 自分に言う, ひとり言を言う. ▶ **dijérase** [diríase, se diría] **que**… まるで…のようだ. **lo que se dice** 文字通り; 本物の. ── 男 **1** 言葉, 辞, 発言. **2** 噂(話); 冗談, ユーモア, 洒落(解); うわさ話. ▶ **es un decir** 言うならば, 言ってみれば.

decisión 女 **1** 決定, 決断; 決心, 決意. **─poder de ~** 決定権. **2** 決断力, 果断, 果敢. **─hombre de ~** 決断力のある人, 果断の人. **3**〔法律〕判決, 裁定, 裁決; 決議. ▶ **con decisión** 決然と, 意を決して, 断固として.

decisivo, va 形 **1** 決定的な, 決め手となる; 疑う余地のない. **─momento ~** 決定的瞬間. **2** はっきりとした, きっぱりとした. ─una respuesta *decisiva* 確答.

decisorio, ria 形 決定権を持った.

declamación 女 朗読, 朗唱, (舞台で)ひろ言うこと; 朗読術.

declamador, dora 名 朗読者, 朗唱者.

declamar 他 を(大声で)読み上げる, 朗読する, 朗詠する. ── 自 熱弁をふるう, 大演説をぶつ.

declamatorio, ria 形 (話し振り, 言葉遣いが)大げさな, 誇張した, 朗読調の.

declaración 女 **1** 表明, 発表; 声明. ─~ de culpabilidad〔宗教〕罪の告白. **2**〔政治的な〕宣言, 布告. ─~ de guerra 宣戦布告. ~ de la independencia 独立宣言. **3**〔法律〕(証人・被告の)供述, 陳述, 証言. ─tomar ~ a…. …から供述をとる. **4** 税金などの)申告(書), 届出; (課税品の)申告. ─~ de renta [de impuestos] 所得税[税金の]申告. **5**〔法律〕宣言, 表明. ─~ de quiebra 破産宣言. ▶ **prestar declaración** 供述[陳述]する, 証言する.

declaradamente 副 明白に, 公然と, はっきりと.

declarado, da 過分〔→declarar〕 形 明白な, 公然たる.

declarante 形 宣言する, 申告する, 証言する. ── 男女〔法律〕宣言者, 申告人, 証言者.

declarar 他 [チクララル] **1** …と宣言する, 声明を発する. ─~ el estado de excepción 非常事態を宣言する. **2** を表明する, 開陳する. **3** (税関などで)を申告する. ─¿Tiene usted algo que ~? あなたは申告すべきものを何かお持ちですか. **4**〔法律〕に判決を下す. ── 自〔裁判〕(証人・被告が)証言する. ── 再 **1**〔自分が…だと〕言明する. **2** 意中を打ち明ける, 愛を告白する. **3**〔災害などが〕起こる, 発生する. **4**〔+ en ~〕と言言する.

declaratorio, ria 形 **1** 明らかにする, はっきりさせる. **2**〔法律〕(宣告が)確認的な, 宣言的な.

declinación 女 **1** 傾く(傾ける)こと, 傾き. **2** 衰退, 凋落. **3**〔天文〕赤緯. **4**〔地学〕偏角. **5**〔言語〕格変化, 語尾変化/格(語尾)変化法.

declinante 形 傾く, 衰退する.

declinar 自 **1** 衰える, 減少する. **2** 終わりに近づく, 外れる; 低下する, 下降する. **3**〔日などが〕沈む, 傾く. ─ el día [el sol] 日が沈む. ── 他 **1** を辞退する, 拒否する; (の責任を)免れる. ─~ una invitación 招待を断る. **2**〔言語〕を格変化させる.

declive 男 **1** 下り斜面, 下向きの傾斜. **2** 衰退, 凋落, 落ち目. ▶ **en declive** 下に傾斜した, 下り坂の, 落ち目の.

decocción 女 **1** 煮ること; 煮汁. **2**〔医学〕煎剤, 煎液.

decodificación 女 →descodificación.

decodificador, dora 形 →descodificador.

decodificar 他 →descodificar.

decolaje 男〔中南米〕〔航空〕離陸.

decolar 自〔中南米〕〔航空〕離陸する.

decoloración 女 **1** 退色, 色あせ. **2** 脱色, 漂白.

decolorante 男 脱色剤, 漂白剤.

decolorar 他 **1** を退色させる, 色あせさせる. **2** を脱色する, 漂白する. ── 再 色あせる, 退色する.

decomisar 他 を差し押さえる, 没収する.

decomiso 男 **1** 差し押さえ, 没収. **2** 差し押さえられたもの, 没収品.

decoración 女 **1** 飾り付け, 装飾(術); (家具などの)配置. ─~ de interiores 室内装飾. **2** 装飾品, 飾り. **3**〔演劇〕舞台装置, 書割(が).

decorado, da 過分〔→decorar〕 形 装飾された. ── 男 **1** 装飾品. **2** 舞台装置, 映画のセット.

decorador, dora 形 装飾用の. ── 名 装飾家; 舞台美術家.

decorar 他 **1** を飾る, 装飾する. ─Unos cuadros *decoraban* la sala de visitas. 数枚の絵が応接間を飾っていた. **2** …に室内装飾を施す, …のインテリアデザ

インをする. —~ su habitación con muebles y cuadros japoneses 自分の部屋に家具と日本画で装飾を施す.

decorativo, va 形 **1** 装飾の, 装飾的な. —artes decorativas 装飾芸術, アール・デコ. figura decorativa お飾りで名目だけで実権のない人物. **2** よい装飾となる, 見栄えのする, 場を引立てる.

decoro 男 **1** (生まれ•地位などにふさわしい) 品格, 品位, 威厳; 体面, 面目. —Es un hombre sin ~. 彼は恥知らずなやつだ. **2** 慎み深さ, 節度, 礼儀正しさ. 《性的》羞恥(しゅうち)心, 慎み, 節操. ▶ con decoro 立派に, 慎み深く, つましやかに〔な〕. —vivir con decoro きちんとした生活を送る.

decoroso, sa 形 **1** (物事が) 品位のある, きちんとした, 見苦しくない. —profesión decorosa きちんとした職業. sueldo ~ 恥ずかしくない給料. **2** (振る舞いなどが) 恥じらいのある, 慎み深い.

decrecer [9.1] 自 (だんだん) 減って行く, 減少する, 低下する.

decreciente 形 減少していく.

decrecimiento, decremento 男 減少, 減退, 低下.

decrepitar 自 (燃えて) ぱちぱち音をたてる.

decrépito, ta 形 **1** 老いさらばえた, (年をとって) 衰えた, 老いぼれた. **2** 老化し, 衰退した, 衰微した.

decrepitud 女 **1** 老化, 老衰. **2** 衰退, 衰微.

decrescendo 副《音楽》デクレッシェンドで, だんだん弱く. —— 男《音楽》デクレッシェンド.

decretal 形《宗教》教皇教令の; 覆 教皇令集, 教皇書簡, 大勅令.

decretar 他 **1** (法令によって) 指令する, 命じる, 布告する. **2** 《法律》(裁判官が) 判決を下す. **3** (欄外に) 決定を記入する.

decretazo 男 強行的政令〔命令〕.

decreto 男 **1** 《法律》 政令, 法令, 行政命令. —promulgar un ~ 政令を発布する. **2** (皇帝の) 教令, 教書する. **3** (裁判官の) 命令. — ley [decreto-ley] (覆 decretos leyes〕 政令, 行政命令. ▶ por [real] decreto (話, 軽蔑) 〔正当な理由もなく〕強制的に, 鶴の一声で. real decreto 勅令.

decúbito 男 臥位(がい), 横たわった状態. —~ lateral 側臥位. ~ prono 伏臥位.

decuplar 他 を10倍にする, …に10をかける.

décuplo, pla 形 10倍の. —— 男 10倍.

decurso 男 時の経過.

dedada 女 **1** 指1本で取れる量. **2** (汚れた指でついた) 汚れ, 指あと. ▶ **dedada de miel** (より重要なものを得られなかった人に与える) 代わりの物, うめ合わせ.

dedal 男 (キャップ型の) 指ぬき.

dedalera 女 《植物》ジギタリス.

dédalo 男 **1** 迷路, 迷宮. **2** もつれ, 錯綜(さくそう).

dedazo 男 《メキシコ》政治権力者が縁者を公職に指名すること.

dedeo 男 《音楽》(楽器演奏の) 指さばき.

dedeté 男 DDT.

dedicación 女 **1** ささげること; 献身, 専念. —trabajo de ~ exclusiva 専従・専任の職, フルタイムの仕事. **2** (教会などの) 献堂; 献呈文; 献呈.

dedicar [1.1] 他 **1** 〔+ a に〕をささげる, 献呈する. —Dedicó toda su vida a la medicina. 彼は全生涯を医学にささげた. ~ una placa al poeta fallecido 亡くなった詩人にプレートを捧げる. **2** 〔+ a / para に〕を向ける, 充てる. —~ su tiempo libre a la contemplación 彼の余暇を黙想に充てる. **3** 〔+ a に〕を献呈する. —(の) 献辞を書く. —Dedicó un poema a su novia. 彼は恋人に詩を捧げた. —— se 再 〔+ a に〕従事する, 専念する, 専心する. —¿A qué se dedica Ud? あなたのご職業は何ですか.

dedicatorio, ria 形 献呈の, 奉献の. —— 女 献辞.

dedil 男 指サック.

dedillo 男 ▶ **al dedillo** [saber, decir など+] 隅から隅まで, 一言一句たがわず, そらんじて.

dedique(-), dediqué 動 → dedicar [1.1].

dedo [デド] 男 **1** 《解剖》(手足の) 指. —~ anular 薬指. ~ corazón [cordial] 中指. ~ gordo 親指. ~ índice 人差し指. ~ meñique 小指. **2** 指1本の幅(= 1/12palmo = 18mm); 少量, 少し. **3** (選出・任命の際) 独断で, 正式な手続きを経ずに. (俗)《親指をあげて》ヒッチハイクで. (a) **dos dedos de...** 《話》…のすぐ近くに, の目と鼻の先に; 〔+不定詞〕もう少しで…するところで, の寸前に. **alzar** [**levantar**] **el dedo** (俗) (誓言•同意などの合図で) 人差し指を立てる. **contar con los dedos** 指で確認しながら数を数える. **contarse con los dedos de la mano** 片手の指で数えられるほどに, ごく少数である. **chuparse** [**mamarse**] **el dedo** 世間知らずでうぶである, 世間知らず(うぶ)を装う. **de** [**para**] **chuparse los dedos** 《話》とてもいい具合である; 〔食べ物が〕とてもおいしい. **hacer dedo** ヒッチハイクをする. **mamarse el dedo** 《話》無邪気に見える, お人よしに見える. **morderse los dedos** 《話》後悔する, 臍(ほぞ)をかむ. **no mover un dedo** (必要な時に)何もしない, 横のものを縦にもしない. **no tener dos dedos de frente** (俗)《話》頭の働きが鈍い, 思慮が足りない. **poner bien los dedos** (音楽) 演奏が上手である. **poner el dedo en la llaga** 痛い〔泣き〕所を突く, 急所に触れる. **ponerLE los cinco dedos en la cara** 《話》(人)にびんた(平手打ち)を食らわせる. **ponerse el dedo en la boca** (静粛にという合図で) 口に指

を当てる,しっと言う. **señalar**LE **con el dedo** (人)を批判[非難]する,後ろ指を差す.

dedocracia 女 《話》独裁的指名.

dedocrático, ca 形 《話》独裁的な指名の.

:**deducción** 女 **1** 推論, 推定. **2**〖論理, 哲学〗演繹法. **3**〖商業〗(支払い金額の)控除, 差し引き; 控除額. ► **deducción fiscal** →desgravación.

deducibilidad 女 推定可能性.

deducible 形 **1** 推定できる, 予想可能な. **2** 差し引ける, 控除可能な.

:**deducir** [9.3] 他 **1**〖+ de/por から〗を[…で]推定する, 推論する, 演繹する. —*Deduzco que se encuentra mal por su cara pálida.* 青白い顔つきから彼は具合が悪いと思う. **2** を差し引く, 控除する, 天引きする.

deductivo, va 形 演繹的の, 演繹法の. ► -método ~ 演繹法.

deduj- 動 →deducir [9.3].

deduzc- 動 →deducir [9.3].

de facto 〈ラテン〉副詞句として〗 実際, 事実上 (= de hecho).

defalcar [1.1] 他 →desfalcar.

defecación 女 排便(すること); 便.

defecar [1.1] 自 排便する, 大便をする.

defección 女 ある思想信条を捨てること, (組織からの)離脱.

defectibilidad 女 欠点のあること, 不完全性.

defectible 形 欠点のある, 不完全な.

defectivo, va 形 不完全な, 欠陥のある. ► **verbo defectivo** 〖言語〗欠如動詞(活用形のすべてが揃っていない動詞).
— 男 →verbo defectivo.

:**defecto** 男 **1** (製品などの)欠陥, 傷; (作品・仕事の)難点, あら. **2**(肉体的な)欠陥, 傷; 〖医学〗障害. —~ *congénito* 先天的な障害. **3**(精神的な)欠点, 弱点, 短所. **4**不足, 欠如. ► **defecto de fábrica** [**de fabricación**] 製造上の欠陥, 製造過程ででいた傷. **defecto de forma**/**defecto formal** 〖法律〗形式[書式]上の不備, 形式の瑕疵(かし). **en defecto de.../en su defecto** 〈文〉(物・人が)(い)なければ, (い)ないので, …の代わりに. **por defecto** (無視できるほど)かに不足して, 不正確な[に], 間違った[で]; 〖情報〗デフォルトで.

:**defectuoso, sa** 形 欠点[欠陥]のある, 不完全な. —*producto ~* 欠陥製品.

defendedor, dora 形 守る, 擁護する, 弁護に当たる.

:**defender** 〖デフェンデル〗 [4.2] 他 **1**〖+ contra/de〗を守る, 防衛する, 守護する. — ~ *un castillo contra los ataques del enemigo* 敵の攻撃から城を防衛する. **2** を主張する, 支持する. — ~ *su propia idea* 彼自身の考えを主張する. **3** を弁護する, 弁論する. — ~ *una tesis doctoral* 博士論文の口述試験を受ける.
— **se** 再 **1** 自分の身を守る. **2** 経済力がある. —*Con su salario nos defendemos.* 彼の給料で私たちは何とか暮らせる. **3** 何とかやっていく. **4** 自己弁護をする.

defendido, da 過分 (→ defender) 守られた.〖司法〗被告(側)の. — 名〖司法〗被告(人).

defenestración 女 **1** (人を)窓から外に放り出すこと. **2**(人から)地位や職を剥奪(はくだつ)すること.

defenestrar 他 **1**(人を)窓から放り出す. **2**(人を)更迭(こうてつ)する.

:**defensa** 女 **1** 防衛, 防衛, 守備. — *personal* 身の 自己 防衛. **en ~ propia** 自衛上, 自己防衛のために. **2** 保護, 庇護, 擁護. **3** 弁護, 支持;〖司法〗弁護. **4**(論文審査などでの)弁論. —*Hizo una ~ brillante de su tesis.* 彼は見事に自分の論文で陳述をした. **5**〖司法〗被告側, 弁護人側. **6**(敵・危険などから身を守る)防御物, 防御手段. —*El cuchillo le sirvió de ~.* ナイフが身を守るのに役立った. **7**〖集合的に〗〖スポ〗ディフェンス, 守備(陣). **8**〖主に〖医学〗〗(生体の)防衛機構[活動]. **9**〖主に〗(軍の)防御施設;〖海事〗防舷材, 防護材. **10**(オートバイの)足保護板, ウイング. **11**〖中南米〗〖自動車〗バンパー. ► **legítima defensa** 正当防衛. — 男女 〖スポ〗(サッカーなどの)ディフェンダー, 後衛, 守備陣.

defensiva 女 →defensivo. ► **a la defensiva** 守りの姿勢で. 防御側で.

:**defensivo, va** 形 防御の, 防御用の, 守備の. —*línea defensiva* 防御線, (スポーツの)守備ライン. — 男 守備. 女 守勢. 守備[防御]体制.

:**defensor, sora** 形 **1** 守護する, 保護する; 防御の; 擁護者の, 弁護の. — ~ *del menor* 児童保護官. — ~ *del pueblo* 〖政治〗オンブズマン(行政監察官). **2** 〖法律〗被告側弁護士. — **3**〖スポ〗ディフェンダー; 選手権保持者. — 形 守る, 擁護する, 弁護に当たる.

deferencia 女 (相手に対する)配慮, 尊重; (目下に対する)親切.

deferente 形 **1** 敬意を示す, 尊重する, 謙虚な. **2** 〖解剖〗輸精の.

deferir [7] 自〖+ a/con〗(相手の意見に)従う, 同意する, 譲る. **2**〖+ a/con〗(会議などを)人に対等に扱う. — 他 (権限の一部)を移譲する.

:**deficiencia** 女 **1** (精神的・身体的な)欠陥, 欠点, 弱点. — ~ *mental* 〖医学〗精神薄弱. **2** 不足, 欠乏, 欠如. — ~ *inmunológica* 〖医学〗免疫不全.

:**deficiente** 形 **1** 欠陥[欠点]のある, 不十分な, 不備な. **2**〖+ **en** in〗が不足している, 欠けている. —*Este alimento es ~ en minerales.* この食品はミネラルが不足している. — 男女 障害者. — ~ *mental* 知的障害者.

déficit 男 〖単複同形 または 複 ~s〗 **1** 赤字, 欠損. **2** 不足.

deficitario, ria 形 赤字の.

defiend- 動 →defender [4.2].

definición 女 **1** 定義, 説明, 記述. **2** (思考・態度・立場などの)明確化, 明示. **3** 決定; 〈カト〉教理[教義]決定. **4** (テレビ画像の)走査線数, 解像度; 〈写真〉鮮明度. —televisión de alta ～ 高品位テレビ, ハイビジョンテレビ.

definido, da 過分 [→ definir] 形 **1** 定義された. **2** 明確な, はっきりした. —una ideología *definida* 明確な政治的理念. **3** 〈言語〉定… , 限定された. —artículo ～ 定冠詞.

definir 他 **1** を定義する, 規定する. …の意味を明確にする. **2** を説明する, 明らかにする; を決定する, 規定する. —～ la política diplomática 外交政策を決定する. —～ se 再 自分の考えを明らかにする.

definitivamente 副 **1** 最終的に, 完全に. **2** 決定的に, きっぱりと, 意を決して.

definitivo, va 形 **1** 最終的な, 決定的な; (暫定的ではない)正式の. —fecha *definitiva* 最終的な日取り. ▶**en definitiva** 結局, 最終的に; 要するに.

definitorio, ria 形 **1** 定義に役立つ, 明確化する. —名 **2** (修道会の)最高決定機関; その会議.

deflación 女 〈経済〉デフレーション, デフレ.

deflacionario, ria 形 〈経済〉デフレーションの.

deflacionista 形 〈経済〉デフレーションの, デフレを主張する. —男女 デフレ(賛成)論者.

deflactar 他 〈経済〉(通貨)を収縮させる.

deflagración 女 〈化学〉(爆発には至らない)急激な燃焼, 爆燃.

deflagrar 自 (爆発せずに)急激に燃える.

deflector 男 **1** 〈機械〉デフレクター, 反(は)らせ板. **2** (自動車の)三角窓.

defoliación 女 (病気・大気汚染などによる)早過ぎる落葉.

defoliante 形 〈農業〉落葉させる, 葉を枯らす. —男 〈農業〉枯葉剤, 落葉剤.

defoliar 他 〈農業〉を落葉させる, …の葉を枯らす.

deforestación 女 森林破壊[伐採].

deforestar 他 (森林)を破壊[伐採]する.

deformación 女 **1** 変形, ゆがみ, ひずみ; 奇形. —～ física [congénita] 肉体の(先天的)奇形. **2** (事実などの)ゆがみ, 曲解(ξω), 改悪. —～ de la verdad 真実の歪曲. **3** 〈美術〉デフォルマシオン. ▶**deformación profesional** 職業習癖(職業上の習慣からくる考え方や行動の癖).

deformar 他 **1** をゆがめる, 変形させる. **2** を(故意に)曲げる. —～ la verdad 事実を歪曲する. **3** 〈美術〉をデフォルメする. —～ se 再 ゆがむ, 変形する.

deforme 形 形の崩れた, 奇形の; 歪(い)曲した. —imagen ～ ゆがんだイメージ.

deformidad 女 **1** 奇形, ゆがみ; 歪曲. **2** (道徳・芸術上の)ゆがみ, 逸脱, 倒錯.

defraudación 女 **1** 失望(させること), 期待外れ. **2** 詐取, (支払いの)ごまかし. —～ fiscal 脱税.

defraudador, dora 名 (支払いを)ごまかす人, 詐取する人, 詐欺. —～ de impuestos 脱税者.

defraudar 他 **1** (期待・信頼)を裏切る, 期待外れに終わらせる. **2** (税金などの)支払いをごまかす. —自 期待外れである, 期待外れに終わる.

defunción 女 死亡.

degeneración 女 **1** 退廃, 堕落, 悪化. —～ de las costumbres 風俗の退廃. **2** 〈生物〉退化; 〈病理〉(細胞・組織の)変質, 変性; 〈物理〉縮退.

degenerado, da 過分 [→ degenerar] 形 退廃した, 堕落した; 劣化(退化)した. —名 堕落した人, 退廃者.

degenerar 自 **1** [+en へ] 悪くなる, 悪化する, 堕落する. —Su resfriado *degeneró* en bronquitis. 彼の風邪は気管支炎へと悪化した. **2** 〈生物〉退化する.

degenerativo, va 形 退行性の; 堕落させる, 退廃的な.

deglución 女 嚥下(然), 飲み込むこと.

deglutir 他 を嚥下(然)する, 飲み込む. —自 嚥下する, 飲み込む.

degollación 女 斬首. —～ de los (santos) inocentes (ヘロデ王による)幼児虐殺.

degolladero 男 **1** 畜殺場. **2** (打ち首の)刑場. **3** (家畜の)首(畜殺の際に切る部位). ▶*ir [llevar] al degolladero* 危険な目にあう[を危険な目に遭わせる].

degollador 男 首切り役人.

degolladura 女 首の切り傷.

degollar [5.7] 他 **1** …の首を切る. **2** 〈話〉(劇・役)を下手に演じる; (音楽)を下手に演奏する; (作品)をぶちこわしにする. **3** (服)に胸あきをつける.

degollina 女 **1** (大量の)殺戮(き), 虐殺; (大量の)畜殺. **2** (試験で)大量に落第点が出ること, (検閲による)大量削除.

degradación 女 **1** (地位などの)剥奪, 降格. **2** 堕落, 劣化; いやしさ. **3** 〈美術〉(遠近に従って色や形を)徐々に弱めること, グラデーション.

degradante 形 堕落・劣化させる; いやしい.

degradar 他 **1** (軍職などで人)から地位を剥奪する, を降格させる. **2** を堕落させる, いやしくする. **3** 〈美術〉(遠近に従って色や形を徐々に弱く(小さく)する. —～ se 再 堕落する, 劣化する.

degüello 男 **1** 斬首(髩), 首切り. **2** 大量の虐殺.

degustación 女 味見(すること), 試食[飲], 賞味.

degustar 他 …の味を見る, を試食[飲]する, 賞味する.

dehesa 女 (主に放牧用に)囲った土地, 牧草地.

dehiscencia 女 〈植物〉裂開.

dehiscente 形 《植物》裂開性の.
deicida 形 男女 神殺し(の), キリストを殺した(人).
deicidio 男 神を殺すこと, 神殺し, キリスト殺し.
deícticamente 副 《言語》直示的に.
deíctico, ca 形 《言語》直示的な, 対象指示的な.
deidad 女 **1** 神性. **2** (キリスト教以外の)神.
deificación 女 神格化, 神としてまつること.
deificar [1.1] 他 **1** 神としてまつる, 神格化する. **2** (人)を神聖視する, まつり上げる.
deis 動 →dar [15].
deísmo 男 理神論, 自然神論.
deísta 形 理神論[自然神論]の. — 男女 理神論者[自然神論]者.
deixis, deíxis 女 《単複同形》《言語》直示.
dejación 女 放棄.
dejadez 女 だらしなさ, 不精; なげやり.
dejado, da 過分 (→dejar) 形 **1** だらしない, 不精な. **2** 打ちひしがれた. — 名 不精者.

dejar [デハル] 他 **1** 残しておく, 置いておく, 残す; を(後に)残す; (遺産などを)残す, 譲る. — ~ la copa en la mesa カップをテーブルに置いておく. El policía asesinado *ha dejado* viuda y dos hijos. 殺された警官は未亡人と二人の子どもを残した. **2** (物)を捨てる, 放棄する; (人)を棄てる, 見捨てる; (場所)を立ち去る, (人)を残して去る. — ~ una colilla en el cenicero 吸い殻を灰皿に乗てる. Te *dejo*. 失礼するよ. **3** (物)を置き忘れる, 置き去りにする. —*Dejé* las llaves en el coche. 彼は鍵束を車に置き忘れた. **4** (行動・職業など)をやめる. —Piensa ~ los estudios. 彼は学業をやめるつもりだ. **5** 《+ 過去分詞・形容詞・副詞》(人・物)を…にしておく, させておく. —*Déjame* en paz. 放っておいてくれ. Los niños *dejaron* la habitación desordenada. 子どもたちは部屋を散らかした. **6** 《+不定詞/現在分詞, que + 接続法》…(したり)(させる)こと, させておく; …することを許す, を妨げない. —Mi padre no me *deja* ir a la fiesta. 父は私がパーティーに行くことを許してくれない. **7** 《+ a に》を預ける, 託す, 任せる. —Le *dejaron* los niños a su abuela. 彼らは子どもたちをおばあさんに預けた. **8** 《+ a に》を貸す, 使わせる. —Oye, ¿me quieres ~ tu bolígrafo un momento? ねえ, 君のボールペンをちょっと貸してくれないか. **9** 産物として生み出す, もうけさせる. —La lotería me *ha dejado* cinco mil euros. 宝くじでは5千ユーロもうかった. **10** 《+ para 》に》延期する, 遅らせる. —*Dejemos* la excursión para otro día. ハイキングはまた日に延期しよう. — 自 《+ de + 動詞/不定詞》をやめる, 中断する. —*Deja* de hacer ruido. うるさくしないでくれ.

▶ *dejar aparte* を除外する, 無視する. …のことを考えない. *dejar atrás* を追い越す, 引き離す; 凌駕する. *dejar bizco a...* …を驚かす. *dejar caer* をそれとなくほのめかす; を落とす. *dejar correr* を放任する. 成り行きにまかせる. *dejar plantado a...* …を待ちぼうけさせる. *dejar que desear* 満足とは言うにはほど遠い, 非常に出来が悪い. *dejar tirado a...* 《話》…の運に任せる. *no dejar de* 《+不定詞》ひっきりなしに…する, 必ず…する, を忘れない. — **se** 再 **1** だらしなくなる, なりふりも構わなくなる, 無精になる. —*Se ha dejado* barba. 彼はひげを伸ばしほうだいにした. **2** 《+不定詞》…させる, …させたままになる. —El criminal *se dejó* llevar por dos policías. 犯人は二人の警官に連行されていった. **3** 《+ de 》をやめる, しない. —*Déjate* de tonterías. ばかもいい加減にしろ. **4** を忘れてくる, 置き忘れる; (あることに)忘れる. —*Me he dejado* el paraguas en la oficina. 私は傘を会社に忘れてきた. **5** (運命などに)身を任せる, 屈する. ▶ *dejarse caer* 何かをほのめかして言う; 《話》うっかりと装い何かをほのめかす; 《話》状況を見て譲歩する. *dejarse llevar* 言いなりになる, 影響される, 振り回される. *dejarse querer* ちやほやされる. *dejarse ver* 《+ por に》顔を出す, 姿を見せる. *¡Déjate!* やめなさい, よせ.

deje, dejillo 男 →dejo.
dejo 男 **1** (地方や個人に特有の)イントネーション, 口調なまり. **2** (食べ物などの)後味, 後口.
de jure 《ラテン》正当に.

del [デル] 《de + el》【前置詞 de と男性単数定冠詞 el の縮約形. ただし固有名詞(書き言葉)では, 定冠詞 el が人名, 都市名・書名といった固有名詞の一部のときその縮約は起こらない (→de)】 —Tengo un chalé a la orilla ~ lago. 私は湖畔に別荘を持っている.

delación 女 告発, 密告.
delantal 男 前かけ, エプロン.

delante [デランテ] 副 **1** (場所が)前に[で], 前の方に[で]. — ~ los más pequeños. 一番小さい子どもを前の方にさせなさい. **2** (位置・順序が)前方に, 先に, 先立って. —Mi padre es el que va ~. 私の父が前を歩いているほうだ. 前面に, 正面に, 前部に. —La casa tiene un balcón ~ y ventanas a los lados. その家は正面にはバルコニー, 側面には窓がある. ▶ *delante de...* (場所が)…の前に[で]; …の前方に, 先に; …の正面に, 目の前に[に], …の前で, の面前で. **3** *por delante* 前方に[を], 前面に[を]; 目の前に, 前途に.

delantera 女 **1** (乗り物などの)前部(劇場などの)最前列(の席). **2** (衣服の)前身ごろ. **3** 《俗》女性の胸. **4** 《スポ》《集合的に》フォワード. **5** 先を越すこと, リード. ▶ *cogerle [tomar, ganar]* la delante-

ra (人)に先んずる，…の先を越す．

delantero, ra 形 前部の，前類の． — 男 **1** (スポ) フォワード(の選手)． — centro センターフォワード． **2** →delantera **2**

delatar 他 **1**(犯人または悪事)を告発する，密告する． — ~ al asesino 殺人犯の名前を密告する． — ~ un soborno 収賄を暴露する． **2**(隠れた意図などを)明らかにする，暴く．

delator, tora 形 密告[告発]する，密告の． — 名 密告者．

delco 男 (自動車)(エンジンの)ディストリビューター，配電器．

DELE (頭字)[<Diploma de Español como Lengua Extranjera]外国語としてのスペイン語検定証書．

dele 男 (印刷)(校正紙に使う)「トル」の記号，(欄外に書く)削除記号．

deleble 形 消しやすい，消せる．

delectación 女 楽しさ，喜び，悦楽．

delegación 女 **1**[集合的に]代表団[部]；(会などの)代表委員会，委員会． — ~ diplomática 外交団． **2**出張所，支店，出先機関，支局． — ~ de Hacienda 地方財務局[税務署]． **3**(権限・職務などの)委任，委託． — ~ de poderes 権限委任． **4**[中南米]警察署；市役所．

delegado, da 名 **1**代表，代表委員；使節． **2**(政治)地方자치体； (各自治州 政府に派遣されている)中央政府代表(~ del Gobierno)． **3**(商業)代表，エージェント，駐在員． — 過分[→delegar](権限)を委任[委託]された，代表[代理]の．

delegar [1.2] 他[+en に](権限・責任)を委任[委託]する，譲渡する． — El gobierno delegó en el embajador la representación en las negociaciones. 政府は大使に交渉における代表権を委任した．

deleitable 形 楽しませる，楽しい，快い．

deleitación 女 →deleite.

deleitar 他 を楽しませる．— se 再 [+con/en を]楽しむ．— Se deleita con la lectura. 彼は読書を楽しんでいる．

deleite 男 **1**楽しみ，喜び，快楽． **2**快楽．

deleitoso, sa 形 快い，楽しい．

deletéreo, a 形 致死性の，有毒の．

deletrear 他 (単語のつづり)を言う，を1文字ずつ読む．

deletreo 男 単語のつづりを言うこと，1文字ずつ読むこと．

deleznable 形 **1**(物が)もろい，くずれやすい． **2**はかない，永続しない． **3**(論理などが)一貫しない，脆弱(ぜいじゃく)な．

délfico, ca 形 デルポイ (Delfos) の；(デルポイにあった神殿の)神託の．

delfín, fina 名 **1**(フランス王家の)王太子[王太子妃]． — 男 (動物) イルカ．

delgadez 女 やせていること；細い・薄いこと．

delgado, da 形 **1**ほっそりした，やせた． **2**薄い，細い．— tela delgada 薄い布．— intestino ~ 小腸． **3**(土地が)やせた． **4**繊細な，鋭敏な． — 男複 (牛・豚など家畜の)わき腹(の肉)．

delgaducho, cha 形 (軽蔑)やせっぽちの，やせて弱々しい．

deliberación 女 **1**審議，討議；討議後の決議．**2**考え，熟慮；打算．

deliberadamente 副 故意に，わざと，熟考して．

deliberado, da 過分 [→deliberar] **1**前もって考えられた，熟慮の上の．**2**意図的な，故意の．

deliberante 形 (組織が)討議・審議する．

deliberar 他 を審議する． — 自 [+sobre について] **1**熟慮する，熟考する． **2**慎重審議する．

deliberativo, va 形 審議の．— asamblea deliberativa 審議会．

delicadez 女 **1**繊細さ，微妙さ．**2**(肉体的，性格的)弱さ．

delicadeza 女 **1**繊細さ，洗練；美味．— ~ de modales 態度の上品さ．~ de un manjar 食べ物の洗練された味．**2**(立場・問題などの)微妙さ，難しさ．— ~ de una situación 立場の難しさ．**3**きゃしゃ，もろさ．— ~ de salud 虚弱体質．**4**心遣い，気配り，思いやり．— ~ de conciencia 良心の謹厳さ．**5**鋭敏さ，敏感；気難しさ．▶ tener la delicadeza de [+不定詞] 親切にも…する．

delicado, da [デリカド，ダ] 形 **1**微妙な，繊細な．—punto [tema] ~ 微妙な点[話題]．**2**[ser/estar+]もろい，病弱な；きゃしゃな；こわれやすい．—porcelana delicada こわれやすい磁器．**3**疑い深い，怒りやすい；気難しい．**4**優美な；美味な．—facciones delicadas 優美な顔立ち．**5**思いやり[気配り]のある；慎み深い．—gesto ~ 品のよい態度．

delicia 女 無上の喜びを与える物・人，楽しみ；快感；美味．—jardín de las ~s 地上の楽園．► Este niño es la ~ de sus padres. この子は両親のこの上ない喜びだ． ▶ hacer las delicias de ~ (人)を喜ばせる．

delicioso, sa [デリシオソ，サ] 形 **1**楽しい，快い；(女性などが)愛嬌のある．—Nos hizo un tiempo ~. 彼は私たちに楽しい時を過ごさせてくれた．**2**(食物が)うまい，おいしい．

delictivo, va 形 犯罪の．

delictuoso, sa 形 →delictivo.

delicuescencia 女 **1**(化学)潮解(性)．**2**(習俗や芸術上の)退廃．

delicuescente 形 **1**(化学)潮解性の．**2**(習俗や芸術について)退廃的な．

delimitación 女 境界画定；限定．

delimitar 他 (物事・土地などの)境界(範囲)を定める，を限定する．

delinca(-), delinco 動 →delinquir [3.8].

delincuencia 女 **1**犯罪；犯罪行為．— ~ juvenil 少年犯罪．**2**犯罪件数．

delincuente 形 犯罪の,罪を犯した,法律違反の. ── 男女 犯罪者,法律違反者.

delineación 女 製図,線描,デッサン.

delineante 男女 製図工. ── proyectista 設計士.

delinear 他 **1**(図面,スケッチなど)を描く,製図する. **2**(物)の輪郭を浮かび上がらせる.

delinquir [3.8] 自 罪を犯す,法に違反する.

deliquio 男 **1** 恍惚,エクスタシー;法悦境. **2** 気絶.

delirante 形 **1** 熱にうかされた,うわごとを言う;ばかげたことを言う[する]. **2** 譫妄[状態]の.

delirar 自 **1**(熱にうかされて)うわごとを言う. **2** 筋の通らない・ばかげたことを言う[する]. **3**[+por に]夢中である.

delirio 男 **1** 精神錯乱,妄想,うわ言;〔医学〕譫妄(ぜんもう). ── de grandeza(s) 誇大妄想. ── de persecución 被害妄想. **2** 熱狂,無我夢中. **3** 恍惚,落魄,せい. ▶ *con delirio* 気も狂わんばかりに,猛烈に.

delirium tremens 〔<ラテン〕男 〔医学〕震顫譫妄(しんせんせんもう)(アルコール中毒による禁断状態).

delito 男 **1** 犯罪,罪,犯行. ── cuerpo del ── 罪体(犯罪の実質的事実). ── de sangre 殺人罪. **2** 責任,落度,せい. **3** 醜行,恥ずべき行為.

delta 女 デルタ(ギリシャ語アルファベットの第4字: Δ, δ). ── 三角洲,デルタ地帯.

deltoides 形 男〔無変化〕 **1** 三角形(デルタ形)の. **2**〔解剖〕三角筋(の).

demacración 女 やつれること,憔悴.

demacrado, da 形 (病気などによって)やつれた.

demacrar 他 をやつれさせる. ── **se** 再 やつれる.

demagogia 女 デマゴギー,大衆迎合の政治.

demagógico, ca 形 大衆迎合的の.

demagogo, ga 男女 デマゴーグ,民衆の歓心を買うことに努める政治家.

demanda 女 **1**〔法律〕請求,訴え;要求. ── rechazar una ── 要求をはねつける. ── de pago 支払い請求. **2**〔経済〕需要;〔商業〕注文. ── ley de la oferta y la ── 需要供給の法則. **3** 企て,意図,執心. **4**〔法律〕質問. ── s y respuestas 質疑応答,言い合い. ▶ *en demanda de...* を要求して,探して.

demandado, da 過分 [→ demandar] 形名〔法律〕被告(の).

demandante 形 男女〔法律〕原告(の).

demandar 他 **1** を要求する,求める,希求する. **2**〔司法〕を訴える,告訴する.

demarcación 女 **1** 境界画定,線引き. **2**(境界を定めた)土地,敷地. **3**(行政上の)管轄地域.

demarcar 他 …の境界を定める.

demarraje 男〔スポ〕(自転車競技などの)スパート.

demarrar 自〔スポ〕(自転車競技などで)スパートする.

demás 〔デマス〕形〔不定〕〔無変化. 定冠詞 +〕 その他の,それ以外の,残りの. ── No pudieron venir los ── compañeros. 他の仲間は来られなかった.〔後には必ず複数名詞か単数の集合名詞が来る. 通常,定冠詞を付けるが,y の後では省略されることもある: Francia, Italia y ── países...〕 ── 代〔不定〕〔定冠詞 +〕 その他の人々[物・事]. 残りの人々[物・事].〔lo demás の場合を除き,必ず複数の意味に. ── No le importa nada de los ──. 彼は他の人々のことは全然問題でない. ▶ *por demás* 〔+形容詞・副詞〕あまりに,非常に. *por lo demás* それはともかく,それを除いて.

demasía 女 過剰,過度,やりすぎ. **2** 無礼な振舞い. ▶ *en demasía* 過度に.

demasiado, da 〔デマシアド,ダ〕形〔不定〕**1**〔+名詞〕あまりに多くの,あまりの,過度の. ── Bebes *demasiada* cerveza. 君はビールを飲みすぎる. **2**《俗》すごい,すばらしい. ── 副 **1** あまりに,あまりに多く,過度に. ── Es ── pequeño para trabajar. 彼は働くには幼なすぎる. **2** 非常に,とても,大変. ── Tú hablas ──. 君はしゃべりすぎ.

demasié 《俗》素晴らしい.

demencia 女 狂気,精神錯乱;認知症,痴呆. ── senil 老人性痴呆.

demenciado, da 形 名 認知症[精神錯乱]を患った(人).

demencial 形 認知[痴呆]症の,錯乱した;支離滅裂な.

demente 形 **1** 正気でない,精神異常の,気が狂った. **2** 痴呆症の. ── 男女 **1** 精神錯乱者,気がふれた人. **2** 痴呆症の患者.

demérito 男 デメリット,欠点;マイナス.

demitificador, dora 形 脱神話化の,理想化しない.

demiurgo 男〔哲学〕デミウルゴス(プラトン哲学における世界形成者,グノーシス学派における創造神).

demo 男〔中南米では〕男〔情報〕デモ版.

democracia 女 **1** 民主主義,デモクラシー. ── parlamentaria 議会制民主主義. **2** 民主政体,民主制[国家],民主政治. ▶ *democracia cristiana* キリスト教民主主義;キリスト教民主党. *democracia popular* マルクス主義の影響を受けた人民民主主義政治.

demócrata 形 民主主義の. ── partido liberal ── 自由民主党. ── 男女 民主主義者,民主党員.

democratacristiano, na 形名 → democristiano.

democrático, ca 形 民主主義の,民主政治[政体]の;民主的な. ── país[sistema] ── 民主主義国[体制].

democratización 女 民主化.

democratizador, dora 形 民主化の, 民主化を追求する.

democratizar [1.3] 他 を民主化する.

democristiano, na 形名 《政治》キリスト教民主同盟の(支持者).

demodé 形 流行遅れの, 古臭い.

demografía 女 人口統計(学).

demográfico, ca 形 人口統計(学)の; 人口の. —**concentración** *demográfica* 人口集中.

demoledor, dora 形 取り壊す力のある, 破壊的な. —**con fuerza** *demoledora* 破壊的な勢いで. —名 壊すもの, (家屋の)解体業者.

demoler [5.2] 他 1 (建物など)を取り壊す. 2 (組織・制度など)を破壊する, 崩壊させる.

demolición 女 取り壊し, 解体; 破壊, 崩壊.

demoniaco, ca, demoníaco, ca 形 1 悪魔の, 悪魔的な. 2 悪魔に憑(つ)かれた. —名 悪魔に憑かれた人.

:demonio 男 1 悪魔, 悪霊; 堕天使, 魔王. —~ **de la tentación** 誘惑の魔手. 2 (悪魔のように)ものすごく悪い人, 極悪人. —Esa mujer es un ~. あれは魔性の女だ. 3《話》(特に子どもについて)いたずらっ子, やんちゃ坊主, 落ち着きのない子. 4 やり手, 抜け目ない人, 悪賢い人. 5《主に複》[疑問詞+~s]《怒り・驚き》一体…?; 《賞賛》何と…!. —¿Qué ~s estás tú haciendo ahí? 一体君はそこで何をしているんだ. 6 (運命などを司る)守護神, 霊;《神》ダイモン. —~ **familiar** (個人の)守り神. ▶ **demonios familiares** 特定のグループ, 個人に特有の欠点(強迫観念); ¿**Cómo demonios…?** 《話》《不快》一体どうして…なんだ? **como el [un] demonio** 《話》猛烈に, 激しく, ひどく, あまりにも. **de mil [de todos los] demonios[del demonio**《話》〔…に悪い意味で〕ひどい, すごい. **¡Demonio(s)!**《主に複》《怒り・驚き・不快》畜生ちくしょう; これは驚いた. **llevárselo [llevarlo] a … el demonio** [(todos) los demonios]《話》《怒り・不快》〔人が〕腹が立つ, かんかんに怒る. **oler** [saber, sonar] **a demonios** ひどいにおい[味, 音]がする. **ponerse hecho (como) un demonio/ponerse como un demonio**《話》激怒する, かんかんに怒る. **tener el demonio** [los demonios] **en el cuerpo**《話》(特に子どもが)ひどいいたずらっ子である, やんちゃである, 落ち着きがない.

demonismo 男 悪魔信仰.

demonizar 他 1 (人・物)を悪魔化する, 悪魔のようにする(= satanizar). 2 を悪魔に取り憑かせる.

demonología 女 悪魔学.

demonológico, ca 形 悪魔学の.

demonólogo, ga 名 悪魔学の研究者.

demonomanía 女 悪魔憑きの妄想.

demontre 男《話》→ demonio. 〔間投詞的に demonio のかわりに用いられる. —*¡D~s!* くそっ, ちくしょう.

*****demora** 女 1 遅れ, 遅延, 延滞. —**sin ~** 渋滞なく, 遅れずに, 直ちに. 2《海事》(他の物体を基準に計測した)方位, 方角, 方向.

*****demorar** 他 を遅らせる, 遅くする. —**se** 自 1 遅れる. 2〔+ en に〕(ある場所に)とどまる, 時間を過ごす. 3〔+ en に〕手間取る.

demorón, rona 形〔中南米〕のろまな.

demoroso, sa 形〔中南米〕のろまな.

demos 動 → dar [15].

demoscopia 女 世論調査による動向研究.

demoscópico, ca 形 世論調査による動向研究の.

demostrable 形 証明可能な, 示し得る.

demostración 女 1 (感情などの)表われ, 表明, 表示. —~ **de cariño** 愛情の表われ, **hacer grandes** *demostraciones* **de amistad** 大いに友情を示す. 2 誇示. —~ **de riqueza** 富の誇示. 3 実演(販売, 宣伝), 模範演技; 展示. 4 証明, 論証, 立証. 5 《軍事》陽動(作戦).

*****demostrar** [5.1] 他 1 を証明する, 実証する. —~ **una teoría** ある理論を証明する. 2 を明らかにする, さらけ出す. —**Las pruebas** *demuestran* **su inocencia.** 証拠は彼の無実を明らかにしている. 3 をやって見せる, を実演する. —~ **el funcionamiento de la cámara** カメラの使い方をやって見せる.

*****demostrativo, va** 形 1 実証する, 明示する. 2《言語》指示の. —**adjetivo ~** 指示形容詞. **pronombre ~** 指示代名詞. —男《言語》指示詞.

demótico, ca 形《歴史・言語》(古代エジプトの)民衆[通俗]文字の. —男《言語》(現代ギリシア語の一般民衆の)口語.

demudación 女 顔色・表情が変わる[を変える]こと.

demudar 他 1 (人の顔色など)を変える. —**se** 自 1 人が顔色・表情を変える. 2 (物が)顔色・表情が変わる. 3 をやって見せる.

den 動 → dar [15].

denario, ria 形 10 の; 10 進の. —男 デナリウス(古代ローマの貨幣. 銀貨と金貨の2 種).

dendrita 女 1《地学》樹枝状結晶, 模樹石(もじゅせき). 2《解剖》(神経細胞の)樹状突起.

denegación 女 (請求, 懇願などの)拒否, 却下, 否認.

denegar [4.4] 他 (請求, 懇願などを)しりぞける, 拒む.

denegatorio, ria 形 拒否の, 却下の.

denegrido, da 形 黒っぽい, 黒ずんだ.

dengoso, sa 形 (気取った態度で)嫌がる, お上品ぶった.

dengue 男 1 気どり, (上品ぶって)嫌が

denier ること. **2**《服飾》女性の肩マントの一種. **3**《医学》デング熱. ── 男女 気取り屋.

denier 男 デニール(生糸・人絹の糸の太さの単位).

denigración 女 けなすこと, 評価を落とすこと, 侮辱.

denigrador, dora 形名 侮辱[中傷]する(人).

denigrante 形 屈辱的な.

denigrar 他 **1**(人)をけなす, おとしめる; (悪口によって人の)評価を落とす. **2**を侮辱する, 辱める.

denigrativo, va 形 侮辱[中傷]的な.

denigratorio, ria 形 侮辱[中傷]的な.

denodado, da 形《文》勇敢な, 果敢な; 決然とした.

denominación 女 **1**名, 名称, 呼称. ──~ social《中南米》社名. **2**命名, 名付け. **3**《経済》デノミネーション. ▶ *denominación de origen* (ワインなどの)原産地保証.

denominado, da 過分 [→ denominar] **1**名づけられた, 命名された. **2**[名詞に前置して]…と呼ばれる, いわゆる. ▶ *número denominado*《数学》複素数.

denominador, dora 形 命名する, 名づける. ── 男《数学》分母(分子はnumerador). ── común ── 公分母; 共通項.

denominar 他 を…と名付ける, 命名する. ── se 再 …と称する, …という名前である.

denominativo, va 形男 **1**命名の. **2**《言語》名詞派生の語.

denostable 形 非難されるべき.

denostación 女 侮辱.

denostador, dora 形名 侮辱する(人).

denostar [5.1] 他 を侮辱する, ののしる.

denotación 女 示すこと, 指示.

denotar 他 を示す, 表す; を含意する.

denotativo, va 形 **1**表示的な. **2**《言語》外延的な.

densidad 女 **1**密度, 濃さ; (霧・闇(*やみ*)などの)深さ. **2**人口密度; (森林などの)密生. **3**《物理, 化学》密度, 比重. ▶ *densidad de población* 人口密度.

densificar [1.1] 他 を密にする, 濃くする.

densímetro 男 密度計, 比重計.

denso, sa 形 **1**(気体・液体などが)濃い, 濃密な. ── *niebla densa* 濃い霧. **2**密集した, (木などが)鬱蒼とした. ── *población densa* 密度の高い人口. **3**密度の高い, 比重の大きい. **4**(本などが)内容の詰まった, 内容が濃い.

dentado, da 形 歯のある, ぎざぎざのついた, 鋸歯(*きょし*)状の. ── *rueda dentada* 歯車.

dentadura 女《集合的に》**1**歯, 歯ならび. **2**義歯.

dental 形 **1**歯の. ── *clínica* ~ 歯科病院. **2**《音声》歯音の. ── 女 (音声)歯音.

dentar [4.1] 他 …にぎざぎざをつける, を鋸歯(*きょし*)状にする; (のこぎり)の目立てをする. ── 自 (子どもの)歯を生やす.

dentario, ria 形 → dental. ── *bulbo* ~ 歯胞.

dentellada 女 **1**かみつくこと. **2**かんだ跡, 歯形. ▶ *a dentelladas* 歯で, かんで.

dentellado, da 形 **1**歯のある. **2**歯のような. **3**かまれた, 歯形のついた. **4**ぎざぎざの.

dentellar 自 (寒さなどで)歯をガチガチ言わせる.

dentellear 他 を(軽く何度か)かむ.

dentera 女 **1**(酸味やきしる音などによる不快な)歯の浮く感じ. **2**《話》うらやみ, 羨望.

dentición 女 **1**歯が生えること, 生歯, 歯牙発生. **2**歯の生える時期・期間. **3**《集合的に》(生歯, 歯牙生え替りごとの)歯, 歯列.

denticulado, da 形《建築》歯飾りの, 歯状装飾のある.

denticular 形 歯の形をした, 歯状の.

dentículo 男《建築》歯飾り, 歯状装飾.

dentífrico, ca 形 歯みがきの. ── *pasta dentífrica* 練り歯みがき. ── 男 歯みがき.

dentina 女 歯の象牙質.

dentista 男女 歯科医, 歯医者. ── 形 歯科医の.

dentistería 女《中南米》**1**《医学》歯科学. **2**歯科医院.

dentón, tona 形名 歯の大きい(人). ── 男《魚類》ウアオダイ(タイ科キダイ属).

dentro [デントロ] 副 **1**中に[で]. **2**内に[で]; 屋内に[で]. **3**内部に[で], 奥に[で]; 心の中に[で]. ── *Lleva esa pena muy* ~. 彼の心の奥底にはその悲しみがある. ▶ *dentro de*... …の中[内部]に[で]; [時間の表現とともに]…後に, …たった先. *dentro de poco* まもなく. *dentro o fuera* どっちをとるか. *por dentro* 内部[内側]に[で]; 内面に[で], 心の中に[で].

dentudo, da 形名 歯の大きい(人). ── 男《魚類》オオザメ.

denudar 他《地学》を削剥(*さくはく*)する. ── se 再《地学》削剥される.

denuedo 男 勇敢さ, 豪胆; 努力.

denuesto 男 侮辱, ののしり.

denuncia 女 **1**告発; 告発状. **2**通告; (条約・契約などの)廃棄通告.

denunciable 形 告発すべき[し得る]; 通告し得る.

denunciador, dora 形名 告発する(人).

denunciante 形男女 告発する(人). ▶ ~ *al* (当局)に通報する.

denunciar 他 **1**(当局に)を告発する. ── ~ *el robo de una moto a la policía* バイクの盗難を警察に届け出る. *La mujer lo*

denunció por malos tratos. 女性は彼を虐待で告発した. **2** を宣言[布告]する; (契約などの)破棄を通告する.

denunciatorio, ria 形 告発の.

denuncio 男 【中南米】→denuncia.

deontología 女 義務論; 職業倫理.

deontológico, ca 形 【哲学】義務論の.

deparar 他 **1**(感情など)を与える, もたらす. **2**(機会など)を提供する.

departamental 形 (部門, 省, 管区などの)区分の.

departamento 男 **1**(官庁・会社などの)局部, 部[門], 課; (大学の)学科; (政府の)省. ~ de ventas 販売部. D~ de Español スペイン語学科. **2**(建物・箱などの)仕切った区画, 部屋; (客車のコンパートメント; 【中南米】アパート. **3**【中南米】県.

departir 自 (複数の人が)話す, 会話する.

depauperación 女 **1**(肉体的または道徳的な)衰弱, 衰え. **2**貧困化, 貧窮化.

depauperar 他 **1** → empobrecer. **2**(肉体的または道徳的に)弱める, 衰弱させる. — **se** 再 衰弱する, 衰える.

dependencia 女 **1**依存; 従属, 隷属(関係). — ~ económica 経済的依存. **2**(会社・官庁の)部, 課. **3**支店, 支部, 支局, 出張所. **4**【集合】従業員[社員]一同. **5**麻薬中毒, 薬物依存. **6**複付属物; 別館.

depender [デペンデル] 自 [~ de で] **1**…にかっている, …次第である, …いかんである. —Todo *depende* del tiempo que haga mañana. すべては明日のお天気しだいだ. Eso *depende*. それは時と場合による. **2** 頼る, 依存する, 保護される. —*Dependo de* mis padres. 私は両親のすねをかじっている. **3** 従属する.

dependiente 形 **1**[~ de で] 従属する, (…の)下にある. —organismo ~ *del* Ministerio de Justicia 法務省の付属機関. **2**[~ de で] 依存する, 頼っている, …の世話になっている. **3**[~ de で] …次第の, (…)に左右される.

dependiente, ta 名 **1**(商店の)店員, 販売員. **2**部下, 配下, 下役.

depilación 女 脱毛.

depilar 他 (体の)むだ毛を抜く, 脱毛する. — **se** 再 (自分の体の部分の)むだ毛を抜く, 脱毛する.

depilatorio, ria 形 脱毛(用)の. — 男 脱毛剤.

deplorable 形 **1**痛ましい, 悲しむべき, 嘆かわしい. **2**ひどい, 見られない.

deplorar 他 を嘆く, 残念に思う; 悔やむ.

deponente 形 **1**(法律)(法廷で)証言する. **2**[言語](動詞が)異態の. — 男女 **1**(法律)証人. — 形男 【言語】異態動詞(ラテン語で, 形は受動態に活用するが意味は能動的な動詞).

deponer [10.7] 他 **1** を捨てる, las armas 降伏する[武器を捨てる]. **2** を解任する, 罷免する. **3** …と証言する. — 自 **1**(法廷で)証言する. **2** 大便をする.

deportación 女 流刑, 配流; 追放.

deportado, da 名 国外追放者.

deportar 他 を流刑に処する, 配流する; 追放する.

deporte [デポルテ] 男 スポーツ, 運動; 競技. —campo de ~s 運動場, 競技場. ▶ *por deporte*(~)趣味として, 好きで, 損得抜きで. *deporte de aventura* (ダイビング, 登山, ハンググライダーなどの)アウトドアスポーツ. *deporte de riesgo* 危険度の高いスポーツ.

deportismo 男 スポーツ愛好[実践].

deportista 男女 (プロの)スポーツマン[ウーマン]; スポーツ愛好家[ファン]. — 形 スポーツ好きな, スポーツマン[ウーマン]の.

deportivas 女複 スポーツシューズ.

deportividad 女 →deportivismo.

deportivismo 男 スポーツマンシップ, フェアプレー精神.

deportivo, va 形 **1**スポーツの, 運動(用)の; スポーツ好きの. —espíritu ~ スポーツ精神. prensa *deportiva* スポーツ新聞. instalaciones *deportivas* スポーツ施設. **2**スポーツマンらしい, 正々堂々とした. — 男 スポーツカー.

deposición 女 **1**(法廷での)証言, 供述. **2**解任, 罷免. **3**排便.

depositador, dora 形名 預ける(人), 託す[置く, 預金する](人).

depositante 形 男女 → depositador.

depositar 他 [~ en で] **1**を預ける, 預託する, 預金する. — las maletas *en* la consigna de la estación 駅の荷物預かり所にスーツケースを預ける. **2**を置く, 入れる, 収める. — ~ una carta *en* un buzón 手紙を投函する. **3**(信頼・期待・愛情などを)置く, 寄せる, かける. —*Deposité* su esperanza *en* un amigo. 彼は自分の希望をある友人に託した. **4**【法律】(人)を安全な場所に保護する, かくまう. — **se** 再 [~ en で] にたまる, 沈殿する.

depositaría 女 **1**(銀行などの)金庫(室), 出納室. **2**出納業務.

depositario, ria 形 保管の[する], 預かる. — 名 **1**保管者, 受託者, 預かり人. **2**出納係. **3**(信頼などを)寄せる相手. **4**受託販売(業)者.

depósito 男 **1**保管所, 置場, 倉庫, 車庫. —~ de cadáveres 遺体安置所. —~ franco [de aduanas] 保税倉庫. —~ de armas 武器庫. **2**タンク, 水槽. —~ de agua 給水槽, 貯水タンク. **3**預け金, 預金, 敷金, 積立金; 手付金. —~ *bancario* 銀行預金. ~ *a la vista* [*disponible*] 一覧払預金(普通・当座預金など). ~ *a plazo* 定期預金. cuenta de ~ 預金口座. **3**預託こと, 委託; 委託されたもの, 供託. **4**預け[預り]物; 供託[寄託, 受託]物. **5**堆積[沈澱]物. —~ de cal 石灰堆積物. ~ electrolítico 電着(電気分

depravación 囡 堕落, 退廃.

depravado, da 形名 堕落した(者); 邪悪な(者).

depravador, dora 形名 堕落させる(者).

depravar 他 を堕落させる, 悪くする. **— se** 再 堕落する.

depre 形[俗] [話] 落ち込んだ(人). **—** 囡 [話] 落ち込み, ふさぎ込むこと.

deprecación 囡 嘆願, 哀願.

deprecar [1.1] 他 に嘆願する.

deprecativo, va, deprecatorio, ria 形 嘆願の, 嘆願的な, 嘆願調の.

depreciación 囡 価値(価格)の低下, 下落.

depreciar 他 …の価値(価格)を下げる, 下落させる. **— se** 再 価値(価格)が下がる.

depredación 囡 **1** 略奪. **2** 捕食.

depredador, dora 形 略奪する, (動物が)捕食性の. **—** 名 略奪者.

depredar 他 **1** を略奪する. **2** (動物が)を捕食する.

depresión 囡 **1** [口語では省略形depreが多用される] 意気消沈, ふさぎ込み, 気の滅入り. **2** [医学] (神経の)衰弱, 鬱(ﾂ)症, 鬱病. **3** [経済] 不景気, 不況. **4** (地盤の)沈下, 陥没. **—** 〜 del terreno 地盤沈下. **5** [気象] 低気圧(圏). **—** 〜 atmosférica [barométrica] 低気圧.

depresivo, va 形 **1** 気を滅入(ｲ)らせる(ような), 気を重くする, 重苦しい. **—** Es una novela *depresiva*. それは気の重くなる小説だ. **2** (気が)落ち込みやすい, 憂鬱(ﾂ)な. **3** [医学] 抑鬱性の. **—** manía *depresiva* 躁鬱病. **—** 名 沈みがちな[落ち込みやすい]人.

depresor, sora 形 **1** 気落ちさせる. **2** こえさせる, 沈下させる. **—** 男 [医学] 抑圧剤, 抑鬱(ﾂ)剤.

deprimente 形 **1** 気落ちさせる, 気の滅入る. **2** →depresivo.

deprimido, da 過分 [→ deprimir] 形 **1** 気落ちした, 鬱(ﾂ)状態の. **2** へこんだ.

deprimir 他 **1** を気落ちさせ, 元気をなくさせる; 憂鬱(ﾂ)にする. **2** をへこます. を圧縮する. **— se** 再 **1** 気落ちする, 元気をなくす; 鬱(ﾂ)状態になる. **2** へこむ, 沈下する.

deprisa 副 急いで, 速く.

depuesto, ta 過分 →deponer.

__depuración__ 囡 **1** (水・ガスなどの)浄化, 洗浄; 精練, 精製. **2** (趣味・言語などの)純化; (文体などの)洗練; (政界などの)粛清, 追放, パージ.

depurador, dora 形 浄化する(人), 粛正する(者). **—** 囡 浄水器, 浄水設備.

__depurar__ 他 **1** を清める, 清潔にする, 浄化する; を純化する, 洗練する, 磨く. **—** el aire 空気を清浄にする. **— el estilo** 文体を磨き上げる. **2** を除名する, 粛清する, 追放する. **3** [情報] をデバッグする. **— se** 再 きれいになる.

depurativo, va 形 浄化する, 浄化用の. **—** 男 浄血剤.

deque 〈話〉 [無強勢語] **1** する[し た]時. **2** すると[して]すぐに.

dequeísmo 男 [言語] que の前に余計な de を付ける用法.

derbi, derby 男 **1** (競馬の)ダービーレース. **2** (サッカー等の)ダービーマッチ.

derecha [デレチャ] 囡 **1** 右, 右側 ([略] Dcha.; →「左」は izquierda). —La iglesia está a la 〜 del teatro. 教会は劇場の右隣にある. Dobla [Tuerce] a la 〜. 右に曲がってください. Conserve su 〜. [標識] 右側通行. **2** 右手. **3** [政治] 右翼, 右派, 保守派. —partido de 〜(s) 保守政党. **4** [スポ] (野球などの)ライト. **▶ a derechas** 〈一般に否定文で〉うまく, 適切に. **de derecha(s)** 右翼[保守派・右派]の.

derechamente 副 **1** まっすぐに, 直接に; 単刀直入に. **2** 公正に, 実直に.

derechazo 男 **1** (ボクシングで)右手のパンチ, ライト. **2** (闘牛で)右手によるムレータのパセ.

derechismo 男 (政治的)右派主義, 保守主義.

derechista 形男女 右派(の), 保守派(の).

__derecho, cha__ [デレチョ, チャ] 形 **1** 右の, 右側の; 右派の. —mano *derecha* 右手. al lado 〜 de la calle 通りの右側に, **2** 正しい, 正当な, まっとうな; まっすぐな, まっしぐらの; 垂直な, 直立した, まっすぐ立った. —camino 〜 まっすぐな道, 近道. Ponte 〜. まっすぐ立ちなさい. **—** 副 **1** まっすぐに, 一直線に. —Siga todo 〜. まっすぐ進んで下さい. **—** 男 **1** 権利, 請求権. **—** 〜 a morir dignamente 尊厳死の権利. 〜 a la intimidad プライバシーの権利. 〜 adquirido 既得権. 〜 de acceso アクセス権. 〜 de autor 著作権, 版権. 〜 s civiles [cívicos] 市民権. 〜 s del Hombre [Humanos] 人権. **2** 法律, 法学. 〜 administrativo 行政法. 〜 canónico 教会法. 〜 civil 民法. 〜 comunitario 共同体法. 〜 laboral 労働法. 〜 de asilo 亡命法. 〜 fiscal 税法. 〜 internacional 国際法. 〜 mercantil 商法. 〜 penal [criminal] 刑法. 〜 privado [público] 私[公]法. 〜 procesal civil [penal] 民事[刑事]訴訟法. licenciado en 〜 法学士. **3** [主に 複] 税(金), 納付金, 手数料. —〜 s aduaneros [arancelarios, de aduana] 関税. 〜 s de matrícula [de registro] 登記[登録]税; 株式書替手数料. 〜 s de timbre 印紙税. 〜 s reales 相続[譲与]税. **4** (物の)表, 前面. —el 〜 de la tela 布地の表.

5 正義, 正当性, 道理. —No tengo ~ de quejarme. 文句の言いようがない. ▶ **al derecho** 表向きに, 正しい向きに; きちんと. **corresponder de derecho a** …(人に)権利がある. **de derecho** 法に従って, 合法的に. **ejercitar** [**hacer valer**] **un derecho** 権利を行使する. **estar en su derecho** [**en el derecho de...**] 正しい, 合法である. **no hay derecho (a** [+不定詞/que+接続法]) (…するなんて)ひどい, おかしい, いけない. **tener derecho a** [+不定詞/名詞] …する[の]権利[理由]がある.

derechura 囡 まっすぐなこと.

deriva 囡 偏流, 漂流. ▶ **a la deriva** 流されて, 漂流して; あてもなく, 成りゆきまかせで. **deriva continental** 大陸移動(説).

derivación 囡 **1** 由来, 起源; 分岐; (派生的な)結果. —El castellano es una ~ del latín vulgar. スペイン語は俗ラテン語に起源を有する. **2** (川·水道などの)分流, 支流; (鉄道·電話·電線などの)支線, 枝道. **3** 《言語》派生(語, 形). —~ regresiva 逆生. **4** 《電気》分路; (電気の)減失. **5** 《数学》誘導, 微分. **6** 《医学》誘導.

derivado, da 厖 派生した, 派生的な. —男 **1** 《言語》派生語. **2** 《化学》誘導体. **3** 《数学》導関数.

derivar 圁 **1** [+ **de** から] 生じる, 出てくる, 由来する; 《言語》…から派生する, …と語源がある. —La crisis de la empresa *deriva* de una mala gestión. その企業の危機は悪い経営が元だ. **2** [+ **hacia** の方へ] 向かう, 方向転換する; (船が)それる, 流される. —La conversación *derivó hacia* cuestiones intrascendentes. 会話は取るに足りない問題に向かった. —他 **1** [+ **hacia** の方へ] (…の話題を)変える, そらす. **2** [+ **de** から] (支線·分流などを)引く, 導く; 派生させる. **3** 《数学》(関数を)導く. —~**se** 再 **1** [+ **de** から] 生じる, 生まれる; 派生する, 由来する. **2** (船が)航路から外れる.

derivativo, va 厖 派生の, 派生に関する, 派生した.

dermatitis 囡 《医学》皮膚炎. —~ atópica アトピー性皮膚炎.

dermatoesqueleto 男 《生物》外骨格.

dermatología 囡 《医学》皮膚科.

dermatólogo, ga 名 《医学》皮膚科医, 皮膚病学者.

dermatosis 囡 《医学》皮膚病.

dérmico, ca 厖 《医学》真皮の, (一般に)皮膚の.

dermis 囡 《解剖》真皮.

dermofarmacia 囡 クリーム, ローションなどの化粧品を扱う薬学分野.

dermohidratante 厖 保湿成分入りの.

dermoprotección 囡 肌を守ること, スキンケア.

dermoprotector, tora 厖 肌を守る, スキンケアの. —男 スキンケア製品.

derogación 囡 (法律, 契約などの)廃止, 破棄.

derogar [1.2] 他 (法律, 契約などを)廃止する, 破棄する.

derogatorio, ria 厖 廃止する, 廃止のための.

derrama 囡 **1** (臨時の支出を補う税の)分担, 割り当て. **2** 臨時税.

derramamiento 男 (液体などが)こぼれること, あふれ出し, 流出. —~ **de sangre** 流血.

derramar 他 **1** [+ **de** から] をこぼす, (液を)流す; を振りまく. —*Derramó* el café sobre la mesa. 彼はテーブルにコーヒーをこぼした. **2** (税など)を課する, 割り当てる. —~**se** 再 **1** こぼれる. **2** 散らばる, 広がる.

derrame 男 **1** こぼれ出し, 流出; もれ出し. **2** 《医学》(体液の)溢出(いっしゅつ). —~ cerebral 脳溢血.

derrapar 圁 (自動車が)スリップ[横滑り]する.

derrape 男 (自動車の)スリップ.

derredor 男 周囲, 周り. ▶ **en derredor** 周囲に, 周りに.

derrelicto 男 海上に放棄された船[物].

derrengado, da 厖 [**estar/quedarse** +] **1** 疲れ切った, 腰·背骨を痛めた.

derrengar [4.4] 他 **1** …の背中を痛める. **2** を(地面に)倒す, 疲弊させる, 消耗させる. **3** をねじる, ねじ曲げる. —~**se** 再 **1** 背中を痛める. **2** 疲れ果てる, 疲労困憊する.

derretido, da 厖 **1** 溶けた. **2** 惚(ほ)れ込んだ, メロメロになった. —男 (固まる前の)コンクリート.

derretimiento 男 **1** 溶けること, 溶解. **2** 惚(ほ)れ込み, 恋い焦がれ.

derretir [6.1] 他 **1** を溶かす, 溶解する. —El sol *derrite* la nieve. 日光が雪を溶かす. **2** (財産などを)浪費する, 使い果たす. —~**se** 再 **1** 溶ける, 溶解する. **2** 《話》[+ **por** に] ぞっこん惚れ込む, 恋い焦がれる.

derriba 囡 《中米》伐採, 開拓.

derribamiento 男 →derribo.

derribar 他 **1** (特に建造物を壊す, 取り壊し, 崩す. —~ **un edificio** 建物を取り壊す. **2** を(地面に)倒す, 墜落させる, ひっくり返す. **3** を殴り[突き]倒す, ノックダウンさせる. **4** を失脚させる, 打倒する, 失墜させる. —~ **una monarquía** 君主制を打倒する. —~ 再 **1** 倒れる, (地面に)落ちる.

derribo 男 **1** (建築物の)取り壊し; 取り壊し現場. **2** 《集合的に》(取り壊しで出た)廃材.

derrocamiento 男 **1** 転落(させること), 転覆(させること). **2** 放り投げること. **3** (建物などの)取り壊し.

derrocar [1.1] 他 **1** (人)を高い地位から引きずり下ろす, 失脚·転落させる; (体制·政府)を転覆させる, 打倒する. **2** を岩の上[高い所]から落とす. **3** (建物などを)壊す, 破壊する.

derrochador, dora 形 浪費する. ― 名 浪費家.

derrochar 他 1を浪費する. 2《話》(健康・エネルギーなど)をふんだんに持っている. ―Derrocha salud. 健康そのものだ.

derroche 男 1 浪費, 濫費, 無駄使い. 2 ふんだんにあること, 豊富.

:derrota 女 1 敗北, 敗戦; 失敗. 2《海事》航路, 針路. ▶ seguir la derrota《軍事》敵軍を追撃する.

derrotado, da 形 敗北した; がっかりした, くたくたの.

:derrotar 他 1(人・チーム・政党・軍隊など)を打ち負かす, 打ち破る, 撃破する. 2(人)を打ちのめす. ― 自《闘牛》(牛が)角を突き上げる.

derrote 男《闘牛》(牛の角による突き上げ).

derrotero 男 1《海事》航路(図), 針路; 海図. 2(目的に達するための)道,(人生)行路, 進路. ―seguir [ir] por otros ~s 別の生き方をする.

derrotismo 男 敗北主義, 悲観論.

derrotista 形 敗北主義の, 悲観的な. ― 男女 敗北主義者, 悲観論者.

derrubiar 他 を浸食する.

derrubio 男 1 浸食. 2 堆積土[物], 沖積土[物].

derruir [11.1] 他(建築物)を取り壊す;(人生など)を破壊する, めちゃくちゃにする.

derrumbadero 男 1 断崖(ﾀﾞﾝｶﾞｲ). 2 危険.

derrumbamiento 男 倒壊, 崩壊, 転落.

:derrumbar 他 1 を倒壊させる, 壊す, 倒す. 2(斜面に物を)転がす, 突き落とす, 落下させる. 3 …の気力を失わす, を(精神的に)打ちのめす, 落胆させる. ― se 再 1 倒れる, 倒壊する, 崩れ落ちる. 2 気落ちする, 意気消沈する. 落ち込む.

derrumbe 男 1(建物などの)倒壊, 崩壊; 土砂崩れ; 転落;《鉱業》落盤. 2《経済》崩壊, 暴落.

derviche 男 スーフィズム(イスラム教神秘主義の一派)の修道師.

des 前 →dar [15].

desabastecer [9.1] 他 …への供給をストップする. ― se 再〔+ de の〕供給を絶たれる.

desabastecido, da 形〔de の〕供給を絶たれた,(…が)ない.

desabastecimiento 男 品不足, 供給停止.

desabollar 他(金属器などの)へこみ・でこぼこを直す.

desaborido, da 形 1 味のない. 2 中味のない. 3 そっけない, 無愛想な, 面白味のない. ― 名 そっけない人, 面白味のないやつ.

desabotonar 他(服)のボタンを外す. ― 自 開花する, 咲く. ― se 再(自分の服)のボタンを外す.

desabrido, da 形 1(果物などが)まずい, 味がしない. 2(天候が)不順な, いやな. 3 無愛想な, 感じの悪い.

desabrigado, da 形 覆いを取った, オーバーを脱いだ,(場所が)吹きさらしの, 守られていない, 保護されていない.

desabrigar [1.2] 他 …の覆いを[オーバー, 着物, 毛布, カバー]を取る, 脱がせる. ― se 再(自分の)覆いを[オーバー, 着物, 毛布, カバー]を取る, 脱ぐ.

desabrigo 男 1 覆いを[オーバーなど]を取ること, 脱ぐこと. 2 覆いがないこと; 保護されていないこと.

desabrimiento 男 1 まずさ, 味のなさ. 2 天候不順. 3 無愛想, つっけんどん. 4 不機嫌.

desabrir 他 1(食物)をまずくする. 2(人)を不機嫌にする. ― se 再〔+ con〕不機嫌になる.

desabrochar 他(服・身につけているもの)のホック・ボタンを外す. ― se 再(自分の身につけているもの)のホック・ボタンを外す.

desacatador, dora 形(法などに)従わない, 不服従な, 不敬な.

desacatamiento 男 →desacato.

desacatar 他(法律・命令・権威)に従わない, 尊重しない, 敬わない. ―~ las leyes 法律に背く.

desacato 男〔+ a〕(法律・命令・権威への)不服従, 不敬; 敬意[尊敬の念]を表わさないこと.

desaceleración 女 減少, 減速. ―~ de la economía 景気の減退.

desacelerar 他 を減らす, 減速させる. ― 自 減る, 減速する. ― se 再 減少する, 減速する.

desacertadamente 副 誤って, 不適切に, 的外れに.

desacertado, da 形 誤った, 不適切な, 的外れな.

desacertar [4.1] 自 誤る, 的を外す.

desacierto 男 誤り, 間違い, 見当外れ. ―cometer un ~ en … …で誤りを犯す.

desacomedido, da 形〔中南米〕気が利かない.

desacomodado, da 形 1 窮乏した, 生活苦しい. 2 失業した, 職の無い.

desacomodar 他 1 を不快にさせる; 困らせる. 2 を失業させる, 解雇する. 3〔中南米〕を乱雑にする, 乱す;(計画などが)狂わす. ― se 再 失業する, 職を失う.

desacomodo 男 1 窮乏(する・させること), 貧乏. 2 失業, 解雇. 3 不快(にする・なること).

desaconsejable 形 勧められない, やめた方が良い.

desaconsejado, da 形名 1 無思慮な(人), 無分別な(人), 気まぐれな(人). 2 不適切な, 勧められない.

desaconsejar 他〔+ 不定詞/que + 接続法〕(物事)をしないように言う, やめさせようとする.

desacoplar 他(つながったもの)を離し, 連結を解く.

desacordar [5.1] 他 **1**(楽器の)調律・音程を狂わせる. **2**(人や物)の調和を乱す. ── 自 **1**(楽器や声が)調子・音程が外れる. **2**意見を異にする. ── **se** 再 忘れる.

desacorde 形 **1**食い違う, 調和しない; 意見を異にする. **2**(楽器が)調子[音程]の外れた.

desacostumbrado, da 形 普通でない, 珍しい, まれな.

desacostumbrar 他 (人)に習慣を忘れさせる. ── **se** 再 **1**〔+de/a〕…する習慣を捨てる. **2**〔+a に〕耐えられなくなる, 弱くなる.

desacreditado, da 過分 〔← desacreditar〕信用を失った, 評判が悪くなった.

***desacreditar** 他 …の信用を失わせる, 名声を地に落とす, 権威を失墜させる. ── **se** 再 信用を失う, 名声が地に落ちる, 権威が失墜する.

desactivación 女 **1**(活動の)不活性化, 無効化. **2**(起爆装置の)無効化. 処理.

desactivar 他 **1**を活動停止させる; 不活性化する. **2**(起爆装置)の[外す].

desactualizado, da 形 〖中 南 米〗(人が)最新の事情に通じていない, 最新の情報を持っていない. **2**(物)が今日的ではなっ, 時代遅れの.

desacuerdo 男 不一致, 不調和; 意見の食い違い.

desadormecer 他 (人)を起こす. ── **se** 再 起きる.

desadornar 他 (人・物)の飾り・装飾を取る.

desafección 女 反感, 悪意.

desafecto, ta 形 〔+a に〕**1**冷淡な. **2**(特に体制に)反対の. ── *al régimen actual* 現体制に反対の. ── 名 反対者. ── 男 冷淡さ.

desaferrar [1. 4.1] 他 **1**を解放する, 放す. **2**(人)の意見を変えさせる, 頑固な信念から自由にする. **3**〖海事〗(錨)を上げる. ── **se** 再 **1**解放される, 自由になる, 束縛から逃れる. **2**意見を変える, 考えを捨てる.

desafiador, dora 形名 挑戦的な(人).

desafiante 形 挑戦的な.

***desafiar** [1.5] 他 **1**…に挑む, 挑戦する;〔+a に〕(人)を挑発する;〔+a に〕挑む. ──Te *desafío a* una carrera de natación. 君と競泳の挑戦をしたい. **2** …に反抗する, 反対する, 逆(さ)らう. ── a su padre 父親に反抗する. ～ las órdenes del jefe 上司の命令に逆らう. **3**〔+a に〕立ち向かう, …と対決する. ── *a la suerte* 運命と対決する. ── **se** 再 挑戦する.

desafilar 他 (刃物)の刃を落とす, 切れなくする. ── **se** 再 (刃物が)刃こぼれする, 切れなくなる.

desafinación 女 **1**音程が狂うこと, 調子外れ. **2**軽率な発言, よけいなこと.

desafinado, da 形 音程の狂った, 調子外れの.

desafinar 自 **1**(歌や演奏で)音程を外す, 調子外れに歌う[演奏する]. **2**〖話〗軽率な発言をする, よけいなことを言う. ── **se** 再 音程を外す, 調子外れに歌う[演奏する].

desafío 男 **1**挑戦. ── *aceptar un* ～ 挑戦に応じる. **2**決闘; 競争. ── *reñir* (*en*) *un* ～ 決闘する.

desaforado, da 形 法外な, とてつもない, 度を超えた.

desaforar 他 (罰として)人の特権を剥奪する. ── **se** 再 無茶をする, 度を過ごす.

desafortunadamente 副 不運にも, 不幸にも. **2**不適切に.

desafortunado, da 形 **1**不運な, 不幸な. **2**思慮を欠く, 不適切な, 的外れな.

desafuero 男 法律違反, 法に反する行為; 良俗に反する行為.

desagraciado, da 形 魅力のない.

desagradable 形〔+a にとって/+con …に対して/+de+不定詞(…するのが)〕不愉快な. 不快な; いやな. ──*experiencia* ～ 不愉快な経験. *olor* ～ いやなにおい. Es ～ *con sus vecinos*. 彼は近所の人に無愛想だ.

desagradar 自 〖間接補語を伴って〕不快を思いさせる. ──Le *desagrada* hacerlo. 彼にはそれをするのが不愉快だ.

desagradecer [9.1] 他 (受けた恩恵などについて)感謝しない;(恩)を仇で返す.

desagradecido, da 形名 感謝しない(人), 恩知らず(な).

desagradecimiento 男 感謝しないこと, 恩知らずなこと[振舞い].

***desagrado** 男 不愉快, 不満, 不快な顔[態度]. ──*poner un gesto de* ～ 不快な顔をする. ▶ *con desagrado* いやいや(ながら), 渋々, 不承不承に.

desagraviar 他 **1**(人)の怒りをしずめる, なだめる; …に償いをする. **2**償う, 弁償する, 賠償する.

desagravio 男 償い, 謝罪. ──*acto de* ～ 賠償行為.

desagregación 女 分離, 分解.

desagregar [1.2] 他 を分離させる, 分解する. ── **se** 再 分解する, 分離する.

desaguadero 男 **1**排水溝[管, 口]. **2**絶えざる費用の原因, 金食い虫.

desaguar [1.4] 他 **1**(貯水池, 土地, 容器など)から水を抜く, 空にする. **2**(財産)を蕩尽する. ── 自 **1**(貯水池, 容器など)が排水する;(川が)流れ込む[出る. **2**(川などが)流れ込む, 注ぐ; 合流する. ── **se** 再 **1**(貯水池, 容器などが)排水する. **2**嘔吐(おうと)する, 吐く, もどす. **3**排(しょ)泄する.

desagüe 男 **1**排水溝[管, 口]. **2**排水(すること), 水はけ.

desaguisado, da 形 違法な; 理にかなわぬ. ── 男 **1**侮辱; 犯罪, 違法行為.

desahijar

2 いたずら, 悪さ; 壊す[壊れる]こと.

desahijar 他 (家畜の赤ん坊)を母親から引き離す.

desahogadamente 副 **1** ゆったりと, 余裕をもって. **2** ずうずうしく, あつましく.

desahogado, da 形 **1** (場所・衣服などが)広い, ゆったりした, 余裕のある. **2** (経済的に)余裕のある. **3** ずうずうしい, あつかましい.

desahogar [1.2] 他 (怒り・悲しみなどの感情)をぶちまける, 激しく表現する. ― **se** 再 **1** (怒り・悲しみなどの)感情を爆発させる, うっぷんを晴らす; 打ち明ける, 真情を吐露する. **2** 疲れをやめ, 休息する.

desahogo 男 **1** (たまった感情)を吐き出すこと, ぶちまけてすっきりすること. **2** (空間的な)余裕, ゆったりした, (経済的な)余裕. **3** ずうずうしさ. ► vivir con desahogo (話) 安楽に暮らす.

desahuciado, da 形 **1** (借家人などが)追い立てを食った, 追い出された. **2** (患者が)不治の, 医者に見離された. **3** 望みを断たれた.

desahuciar 他 **1** (借家人など)を追い立てる, 立ち退かせる. **2** (医者が患者の)不治を宣告する, 見放す. **3** (人)の望みを絶つ.

desahucio 男 **1** 追い立て, 立ち退かせること. **2** (患者の)不治の宣告. **3** 望みを絶たれること.

desairado, da 形 **1** 魅力に欠ける, さえない. **2** ないがしろにされた, 顧みられない. **3** (状況など)ないがしろにされてみじめな.

desairar [1.7] 他 **1** (人あるいは物)をないがしろにする, 軽んじる, 無視[軽視]する.

desaire 男 **1** ないがしろにすること, 軽視. **2** 優美でないこと, やぼったさ.

desajustar 他 **1** (合っていたもの)を外す, 狂わす. ― **se** 再 (合っていたものが)外れる, 調子が狂う.

desajuste 男 (合っていたものが)外れること, 調子が狂うこと; 不一致.

desalación 女 (食べ物などの)塩抜き, 海水の淡水化.

desalado, da[1] 形 猛然と突っ走る, 急いだ, あわてふためいた.

desalado, da[2] 形 塩抜きした.

desalar 他 **1** (食物など)を塩抜きする. ― **el bacalao** タラの塩抜きをする. **2** (海水)を淡水化する.

desalarse 再 **1** 大慌てで走る, 猛然と突っ走る. **2** [+ por を] 熱望する, …しようと必死になる.

desalentador, dora 形 気落ちさせる.

desalentar [4.1] 他 …に元気[活力]を失わせる, を気落ちさせる. ― **se** 再 元気[活力]がなくなる, 気落ちする.

desaliento 男 気落ち, 落胆.

desalinear 他 (一列になっているもの)の列を乱す. ― **se** 再 **1** 列からはみ出る, 列を乱す. **2** (一列になっていたものが)乱れる.

desalinización 女 塩分を抜くこと, 海水の淡水化.

317

desalinizador, dora 形 海水淡水化の. ― 女 海水淡水化用設備.

desalinizar 他 (海水などから)塩分を抜く; 淡水化する.

desaliñado, da 形 身なりのだらしない, 乱れた.

desaliñar 他 (人・身なり・様子)を乱す, だらしなくさせる. ― **se** 再 だらしない身なりになる, 乱れた服装をする.

desaliño 男 **1** (身なりなどの)だらしなさ. **2** 無頓着, 無精.

desalmado, da 形 良心のない, 冷酷な, 鬼を抱いた. ― 名 悪人, 冷酷な人, 血も涙もない人.

desalojamiento 男 立ち退く[立ち退かせる]こと, (場所を)離れること. ― **~ de un edificio** 建物から人を立ち退かせる[避難させる]こと.

desalojar 他 **1** [+ **de** から] を取り除く, 取り外す; (場所から)を立ち退かせる. **2** (場所)から立ち去る, 去る. **3** 《物理》…の排水[排気]量を持つ. ― 自 宿[住居]から立ち去る, 引っ越す.

desalojo 男 退去, 立ち退き, 避難. → desalojamiento.

desalquilado, da 形 (貸家・部屋などが)空になった.

desalquilar 他 **1** (貸家・部屋など)を賃貸のをやめる. **2** (借りていた家・部屋など)を出る, 空け渡す. ― **se** 再 (貸室などが)空になる.

desalterar 他 を落ち着かせる. ― **se** 再 落ち着く.

desamar 他 (人)への愛が冷める.

desamarrar 他 **1** 《海事》(船)のもやい綱を解く, の綱を解く. **2** をほどく, 解放する.

desambientado, da 形 (人がその場になじめない; (場所などが)雰囲気のない.

desambientar 他 (人)を場になじめなくする.

desamor 男 **1** 愛が冷めること, つれなさ, 冷淡. **2** 憎むこと, 敵意.

desamorado, da 形 愛情のない, 愛情を示さない.

desamortizable 形 《法律》(永代所有財産が)譲渡可能な, 譲渡すべき.

desamortización 女 《法律》永代所有財産の解放(売却, 譲渡), 限嗣(^{いうし})相続の解除.

desamortizar [1.3] 他 《法律》(永代所有財産)を解放する, 売却する, 限嗣(^{いうし})相続を解除する.

desamparado, da 形 **1** 保護[庇護(^{ひご})]のない, 見捨てられた. **2** (場所が)吹きさらしの, **3** (海が)人の寄りつかない.

desamparar 他 **1** を見捨てる, 放置する, 独りぼっちにする. **2** 《司法》(所有権など)を放棄する.

desamparo 男 見捨て(られ)ること, 保護・援助のないこと.

desamueblado, da 形 (部屋などが)家具を取り払った.

desamueblar 他 (部屋・家など)から家具を取り去る.

desandar [20] 他 **1** (来た道)を引き

desandar

返す. **2** 引き下がる, 退却する.

desangelado, da 形 魅力がない, 面白くない.

desangramiento 男 多量の出血; 財産を失われること.

desangrar 他 **1** (人や動物から)多量の血を抜く, …に多量の出血をさせる. **2** (貯水池など)の水を抜く. **3** (人に)財産を失わせる. **— se** 再 (人や動物が)出血する, 血を失う.

desangre 男 多量の出血.

desanimado, da 形 **1** 元気のない, 気力を失った, くじけた, がっかりした. **2** (パーティー・集会などが)活気のない, 盛り上がらない, さびしい.

desanimar 他 (人に)(何かをする)気力を失わせる, 勇気をくじく, がっかりさせる. **— se** 再 気力を失う, くじける, がっかりする.

desánimo 男 気力を失うこと, 元気のなさ; 失望.

desanudar 他 **1** (物の)結び目をほどく. —~ la corbata [un paquete] ネクタイ[小包み]の結び目をほどく. **2** (混乱した状態)を解消する.

desapacibilidad 女 不快さ, 不快にさせるさま.

desapacible 形 不快で; (人が)性格の悪い, 人当たりの悪い; (天候が)寒さや風雨で不快感を与える.

desaparcar 他 (車を駐車した場所から)退去させる.

desaparear 他 (対になっていた物を)バラバラにする.

desaparecer [9.1] 自 **1** 消える, 見えなくなる, 姿を消す. —Han desaparecido mis gafas. 私のめがねがなくなった. **2** 滅びる, 無くなる, 消滅する. —La costumbre de dormir la siesta está desapareciendo. 昼寝をする習慣はなくなりつつある. **— 他** [中米] 消す; 見失う.

desaparecido, da 過分 [→desaparecer] 形 **1** 姿を消した. —niño ~ 行方不明になっていた子ども. **2** (婉曲) 亡くなった. —los cuadros del ~ pintor 故人の画家の絵. **— 名** 行方不明者, 失踪者.

desaparición 女 **1** 見えなくなること, 紛失, 行方不明; 消去, 消滅, 消失; (婉曲) 死亡. —especie en vías de ~ 絶滅寸前にある種.

desapasionadamente 副 冷静に, 公平に.

desapasionado, da 形 **1** 冷静な, 理知的な. **2** 情熱を失った.

desapasionar 他 (人に)情熱を失わせる. **— se** 再 情熱を失う.

desapegar [1.2] 他 【+ de から】を引き離す, 引きはがす, 遠ざける; 【+ de に…に対する】好意・興味を(人に)失わせる. **— se** 再 【+ de に…に対する】好意・興味を失う.

desapego 男 【+ a/hacia/por】(人・物に対する)好意・興味のなさ, 冷淡, 無関心.

desapercibido, da 形 **1** 気付かれない. **2** 不意をつかれた.

desapercibimiento 男 備えがないこと, 不意.

desaplicación 女 勤勉でないこと, 不熱心, 不まじめ.

desaplicado, da 形 **1** 勤勉でない, 不熱心な, 不まじめな. **— 名** 勤勉でない人, 不まじめな人.

desapoderado, da 形 **1** 激しい, 歯止めのきかない. —tempestad desapoderada 激しい嵐. ambición desapoderada 抑えのきかない野心. **2** 【+ de】奪われた.

desapoderamiento 男 (権力・権限などを)奪う[奪われる]こと, 剥奪(はくだつ); (権力などを)奪われた状態. **2** 激しさ, 歯止めのきかないこと.

desapoderar 他 【+ de 権力・権限などを】(人から)剥奪する, 奪う.

desapreciar 他 を(正当に)評価しない, 軽視する.

desaprender 他 (一度覚えた事柄を)忘れる.

desaprensión 女 破廉恥, 無節操, 身勝手.

desaprensivo, va 形名 破廉恥な(人), 無節操な(人), 身勝手な(人).

desaprobación 女 非とすること, 反対.

desaprobar [5.1] 他 を非とする, 反対する.

desaprovechado, da 過分 [→desaprovechar] 形 **1** 利用されなかった, 成果[効果]が上がらない, 無駄になった. **2** (人が)環境を利用しきらない, (才能などが)生かされない, 期待に応えない.

desaprovechamiento 男 **1** 活用しない(されない)こと, 無駄, 浪費. **2** 成果が上がらないこと, できが悪いこと.

desaprovechar 他 (機会などを)利用し損ずる, 活用しない; 無駄にする, 浪費する. **— 自** 進歩しない; はかどらない; 退歩する.

desarbolar 他 **1** (海事) (船)のマストを取る[折る]. **2** (物)を解体する, 倒壊する; (人)を倒す.

desarmado, da 過分 [→desarmar] 形 **1** 武器を持たない, 丸腰の, 武装解除された. **2** (機械などが)解体・分解された; (部品などが)組み立てられていない, バラバラの, **3** (権威を持つつき人が)決然たる態度をとれない, 無力に感じる. **4** (人が議論などで)答える言葉が見つからない, 何を言っていいか分からない.

desarmador 男 【中南米】ドライバー, ねじ回し.

desarmar 他 **1** を分解する, 解体する; (船)を解体・分解する, ドック入りさせる. **2** …から武器を取り上げる, を武装解除する; …の軍隊を縮小[撤廃]する. **3** をなだめる, 和らげる, 鎮める. **4** (議論で人を)黙らせる, 当惑させる. **— se** 再 **1** 武装解除する, 軍備を縮小する. **2** 分解される.

desarme 男 **1** 軍縮, 軍備撤廃; 武装解除. —~ nuclear 核軍縮. **2** 分解, 解体.

desarraigado, da 過分 〔→ desarraigar〕形 **1** 根から抜かれた; 根絶やしにされた. **2** 祖国を追われた, 根無し草の.

desarraigar [1.2] 他 **1**(植物)を根から抜く. ~ árboles 木を根こそぎ抜く. **2**[+ de 故郷・祖国から](人)を追い出す, 追放する. **3**(悪習などを)根絶する, 撲滅する. **4**[+ de 習慣・考え方などから](人)を遠ざける. —— **se** 再 **1**(植物が)根から抜ける. **2**[+ de](故郷・祖国などから)離れる, 根無し草になる. **3**[+ de](悪習などから)離れる, やめる.

desarraigo 男 **1** 根から抜くこと, 2 祖国・故郷を離れること, 追われること; 追放. **3**(悪習などの)根絶, 撲滅.

desarrapado, da, desharrapado, da 形 ぼろを着た, みすぼらしい.

desarreglado, da 形 **1** 乱れた, 乱雑な; 身なりのくずれた. **2** 無秩序な, 不規則な, メチャクチャな.

desarreglar 他 …を乱雑にする; (人)の身なりを乱す; (計画などを)狂わす. —— **se** 再 乱雑になる; 身なりをくずす; (計画などが)狂う.

desarreglo 男 **1** 乱れていること, 乱雑さ. **2** 無秩序, 不規則, メチャクチャ.

desarrimar 他 **1**[+ de から]を離す. **2**[+ de を](人)に思いとどまらせる, あきらめさせる.

desarrollado, da 過分 〔→ desarrollar〕形 発展した, 発達した; 発育した. —Japón es uno de los países más ~s del mundo. 日本は世界で最先進国の一つである.

desarrollar 他 **1** を発達させる, 成長させる; (能力など)を発揮する; を促進する, 助長する; を実行に移す, 実施する; (産業・製品など)を開発する. —~ la agricultura 農業を発達させる. ~ los músculos 筋肉を鍛える, ボディービルをする. ~ su capacidad 自分の能力を発揮する. —~ las exportaciones 輸出を促進する. ~ un plan ある計画を実行する. ~ el prototipo de un nuevo ordenador 新しいコンピューターの試作品を開発する. **2**(巻いたもの)を広げる, 伸ばす, 開く. **3**(数学)(数式など)を展開する. **4**(音楽)を展開する. —— **se** 再 **1** 成長する, 発展する. **2** 起こる, 生じる, 行なわれる. —La acción de la película *se desarrolla* en China. その映画の舞台は中国である.

desarrollismo 男 (経済)発展至上主義.

desarrollista 形 男女 (経済)発展至上主義の(人).

:**desarrollo** 男 **1** 発展, 開発; 発育, 成長. —país en vías [proceso] de ~ 発展途上国. ~ económico 経済成長. ~ embrionario (生物)胚発生. **2** 展開, 進展, 経過. —~ de los acontecimientos 事件の進展, 事の成行き. **3**(巻いたもの)を広げること; (自転車で)ペダル 1 回転で進む距離. **4**(数学)展開; (音楽)展開(部). ▶**desarrollo sostenible** 持続可能な開発.

desarropar 他 (人)の上着などを脱がす, 毛布などをはぐ. —— **se** 再 上着を脱ぐ, 毛布をはねる.

desarrugar [1.2] 他 …のしわを伸ばす; …からしわを取る. —— **se** 再 しわが取れる.

desarticulación 女 **1** 関節が外れること, 脱臼(きゅう). **2**(機械などの)分解, 解体, 部品の取り外し. **3**(計画の)挫折, 頓挫; (組織の)解体, 壊滅.

desarticular 他 **1** …の関節を外す, 脱臼(きゅう)させる. **2**(機械などを)解体・分解する, 部品を取り外す. **3**(計画などを)挫折させる, (組織)を解体・壊滅させる. —— **se** 再 **1** 関節が外れる, 脱臼する. **2**(計画などが)挫折する, (組織が)壊滅する, 解体する.

desarzonar 他 (馬が騎手)を振り落とす.

deseado, da 形 不潔な, 乱雑な.

deseaear 他 (場所・人など)を不潔にする, 乱雑にする.

deseaseo 男 不潔さ, 汚れ, 乱雑さ.

desasimiento 男 **1**(つかんでいたものを)手放す[解放する]こと; 解放される[自由になる]こと. **2** 気前のよさ, 物に執着しないこと, 無欲.

desasir [10.3] 他 (つかんでいたものを)放す, 解放する. —— **se** 再 **1**[+ de から]離れる, 自由になる, 脱け出る. **2**[+ de を]手放す.

desasistencia 女 放棄, 遺棄.

desasistir 他 (人)を援助[世話]しない, 見捨てる, 顧みない.

desasnar 他 (話)(無知・粗野な人に)教養をつける, 啓蒙する, 洗練する. —— **se** 再 (無知・粗野な人が)教養を身につける, 洗練される.

desasosegadamente 副 不安げに, 落着きを失って.

desasosegado, da 形 不安になった, 落ち着きを失った.

desasosegante 形 不安にさせる, 落ち着きを失わせる.

desasosegar [4.4] 他 を不安にさせる, 落ち着きを奪う, 心配させる. —— **se** 再 不安になる, 落ち着きを失う.

desasosiego 男 平穏でないこと, 落ち着きのなさ, 不安.

desastillar 他 《中南米》(木材)から木屑を取る.

desastrado, da 形 名 **1**(身なりなどが)汚らしい(人), だらしない(人). **2** 不運な(人).

:**desastre** 男 **1** 大災害, 大惨事, 災難. —~ aéreo 航空の大惨事. ~ ecológico 環境破壊, 公害. **2** 大失敗, 不成功; (戦争での)惨敗. **3** 無能(な人), 役立たず; ついていない人. —¡Qué ~ de hombre! 何という役立たずだ. ▶**¡Qué desastre!** 何て運が悪いんだ; こりゃあ大失敗だ.

desastroso, sa 形 **1** 災害の, 災害を

引き起こす, 損害の大きい. —Las heladas son *desastrosas* para el campo. 霜は畑に災害を引き起こす. **2** 悲惨な, 惨憺(ﷺ)たる, ひどい.

desatado, da 過分 [→ desatar] **1** ほどけた. ―男 [+*desatar*+] 抑えのきかない人, 常軌を逸した.

desatar 他 **1**(綱・ひもなど)をほどく, 解く, 放つ. —~ los cordones de las botas ブーツのひもを解く. **2**を引き起こす, …の原因となる(感情など)を噴出させる. —Su libro *desató* una gran polémica. 彼の本は大論争を巻き起こした. —**se** 再 **1** ほどける, 解ける. **2**(激情などが)噴出する, 爆発する, (嵐などが)突発する. —*Se desató* una tormenta terrible. 恐ろしい嵐が起こった. **3**[+en+]を抑え切れなくなる. **4** のびのびする, 気楽になる.

desatascador, dora 男女 (管の)詰まりを取り除くための. —男 (詰まりを取り除く)吸引カップ.

desatascar [1.1] 他 **1**(車など)をぬかるみから引き出す. **2**(管の)詰まりを取り除く. **3** を困難[停滞]から引き出す.

desatascó 男 車をぬかるみから引き出すこと; 車を渋滞から救出すること.

desatención 女 **1**(しかるべき)注意を向けないこと; (仕事などを)おろそかにすること. **2** 無礼, 不親切.

desatender [4.2] 他 **1** …に注意を向けない(仕事などを)おろそかにする; (忠告などに)耳を貸さない. **2**(人を)助けない, …の世話をしない.

desatentado, da 形 思慮のない; 歯止めのない, とてつもない. —名 思慮[慎重さ]なしに行動する人.

desatento, ta 形 **1**[estar/ser+]注意散漫な, ぼうっとした. **2**[estar/ser+]無礼な. —名 **1** 注意散漫な人. **2** 無礼な人.

desatinado, da 形 見当外れな, ばかげた; 判断力[正気]を失った.

desatinar 自 ばかげた[見当外れな]ことを言う[する]. —他 (人)の頭の働きを狂わせる, 判断力を失わせる.

desatino 男 **1** 的外れ, 正気でないこと. **2** でたらめな(言動), ばかげた間違い.

desatollar 他 (車など)をぬかるみから引き出す.

desatorar 他 **1**[中南米](管の)詰まりを除く. **2**[土木] 瓦礫(﹐)を取り除く.

desatornillador 男 ねじ回し, ドライバー(=destornillador).

desatornillar 他 (ねじ)を外す; (物)のねじを外す.

desatracar [1.1] 自 [海事](船)が岸[船着場]から離れる, 出航する. —他 (船)を岸[船着場]から離す.

desatrancar [1.1] 他 **1**(扉・窓などの)かんぬきを外す. **2**(導管などの)詰まりを直す.

desatranco 男 かんぬきを外すこと; 管の詰まりを直すこと.

desautorización 女 **1** 不許可, 権限の否認. **2**(人の言動を)認可[追認]しないこと, (人の発言を)真実でないと言うこと.

desautorizado, da 過分 [→desautorizar] 形 権限を持たない; 許可[認可]されない.

desautorizar [1.3] 他 **1**(人)に権限[許可]を与えない, 権限を取り上げる; (人)に権限がないと宣言する. **2**(人の言動を)認可[追認]しない, (人の発言を)真実でない[無根拠だ]と言う.

desavenencia 女 不和, 仲違い; 性格などの)不一致. —~ de caracteres 性格の不一致.

desavenido, da 形 仲の悪い, 不和な.

desaventajado, da 形 他よりも劣った, 損な.

desavisado, da 形 (人がある事について)知らない.

desayunado, da 過分 [→desayunar] 形 朝食を食べ終えた.

desayunar [デサユナル] 自 朝食を取る. —他 を朝食に食べる. —*Desayuno* temprano. 私は早い時間に朝食を取る. —**se** 再 **1** 朝食を取る. **2**[話] [+de+] 初めて知る.

desayuno [デサユノ] 男 **1** 朝食. —tomar el ~ 朝食を取る. **2** 朝食を取ること.

desazón 女 **1** 不快感, 不安, 気分が晴れない状態. **2**(かゆみなどによる)不快感.

desazonado, da 過分 [→desazonar] 形 **1** 気分が晴れない, 不快な; 不安で落ち着かない. **2**(土地が)耕作に適しない状態の.

desazonador, dora 形 不快にさせる.

desazonar 他 **1** …の気分を害する, 不快にさせる. **2** …に落ち着きを失わせる, 不安にさせる. —**se** 再 **1** 気分を害する, 不快になる. **2** 落ち着きを失う, 不安になる.

desbancar [1.1] 他 **1**[+de+から](人)を追い落とし, 取って代わる; 抜く. **2**(ゲームで)親を破産させる.

desbandada 女 散り散り[ばらばら]になること, 離れ離れになること(逃げ出す時によく使われる). ▶ **a la desbandada** 散り散りに, ばらばらになって, クモの子を散らすように.

desbandarse 再 散り散りになる; クモの子を散らすように逃げる; 離れ離れになる.

desbarajustar 他 (物事)を混乱させる, ぐちゃぐちゃにする.

desbarajuste 男 混乱, 無秩序, ぐちゃぐちゃ.

desbaratado, da 過分 [→desbaratar] 形 **1** 乱れた, ぐちゃぐちゃになった. **2** だめになった, 台無しにされた. **3**[話] 生活が乱れた, 金を使い果した.

desbaratador, dora 形 壊す, 潰す, だめにする.

desbaratamiento 男 **1** 乱す[乱れる]こと, 混乱, 無秩序. **2**(計画などを)潰す[潰れる]こと. **3**(財産の)浪費, 無駄使い.

desbaratar 他 **1**（物）を乱し、ぐちゃぐちゃにする；だめにする，台無しにする。**2**（計画などを）潰すす，阻止する。**3**（財産）を浪費する，無駄使いする。**4**《軍事》敗走させる，総崩れにする。— **se** 再 平静を失う。

desbarate 男 →desbaratamiento.

desbarbar 他 **1**（物）からひげのように出たものを取り去る。**2**（俗）（人）のひげをそる。

desbarrancadero 男《中南米》断崖，絶壁。

desbarrar 自 めちゃくちゃ[的外れ，馬鹿]なことを言う[する]。

desbarro 男 めちゃくちゃ[的外れ，馬鹿]なことを言う[する]こと；馬鹿げた言葉[行動]。**2** すべること。

desbastador 男《技術》荒削り用の工具。

desbastar 他 **1**（材料）を荒削りする，大きさでこぼこを取る。**2**（人）を垢抜けさせる，洗練する。— **se** 再 垢抜けする，洗練される。

desbaste 男（仕事の始めの）荒削り。**2**（人）を垢抜けさせる[垢抜ける]こと。

desbeber 自《話》小便をする。

desbloquear 他 …に対する封鎖・差し止めを解除する，を再開する。

desbloqueo 男 **1**《経済》凍結解除。**2** 封鎖解除，再開。

desbocado, da 過分 [→ desbocarse] 形 **1**（器が）口の欠けた；（服の襟が）開きすぎた。—un cuello — 開きすぎた襟。**2**（馬が）暴走した。**3**《話》奔放な，とんでもない，とっぴな；口の悪い，口汚い。

desbocamiento 男 **1**（器の口などが）欠けること。**2** 馬の暴走。**3** のびり。

desbocar [1.1] 他（器の口・へりを壊す。— 自 → desembocar. — **se** 再 **1**（馬が）暴走する。**2** 自制心を失う；のしる。**3**（服）が襟が開きすぎている[形崩れしている]。**4**（異常に）爆発する，増大[増長]する。

desbordamiento 男 **1** あふれること，（川などの）氾濫（はんらん）。**2**（感情の）爆発。**3**《情報》オーバーフロー。

desbordante 形 **1**〖+ de で〗あふれんばかりの，いっぱいの。**2**（感情などが）あふれんばかりの。

*desbordar 自〖+ de から/で〗あふれる，あふれ出る，となれる。—El agua desbordaba de la bañera. 水が浴槽からあふれ出ていた。Ella desbordaba de entusiasmo. 彼女は歓喜にあふれていた。— 他 **1**（能力・限界）を越える，突破する。—Los acontecimientos han desbordado las expectativas. 出来事は見通しを越えていた。**2**〈スポ〉（サッカーで敵のディフェンス）を突破する。— 自 **1**（川が）あふれる，氾濫（はんらん）する。—El río se desbordó. 川は氾濫しそうになる。— **se** 再（感情などが）あふれそうになる。

desborde 男《中南米》→desbordamiento.

desbraguetado, da 形《話》（ズボン）の前開き[チャック]が開いている。

desbravador 男（馬）を馴らす人。

desbravar 他（馬など）を馴らす。— **se** 再 自（馬などが）馴れる，おとなしくなる；（酒）が気が抜ける；（人）の興奮がおさまる。

desbridar 他 **1**《医学》（壊疽組織の）ため繊維組織）を切開する；（傷口などを）切開する，（邪魔な組織）を切開する。**2**（馬などから）馬勒（ばろく）を外す。

desbroce 男 →desbrozo.

desbrozador 男 溝から落ち葉[雑草]を取り除くこと；雑草を取り除くこと；邪魔物を取り除くこと。

desbrozar [1.3] 他 **1**（溝など）から落葉などを取り除く，掃除する。**2**（道など）から雑草などを刈って通りやすくする，邪魔物を取り除く。

desbrozo 男 **1** 落葉[雑草]などの除去，掃除；障害物の除去。**2**（刈り取った）枝や葉の山，ごみ。

descabal 形 不完全な，半端な，一式揃っていない。

descabalado, da 過分 形 ばらばらの，半端な；不完全な，不ぞろいの；混乱した，支離滅裂な。

descabalamiento 男 不完全[半端]になる[する]こと。

descabalar 他（一組になっているもの）を不完全にする，半端にする。

descabalgar [1.2] 自（馬などから）降りる。

descabellado, da 過分 [→ descabellar] 形 常軌を逸した，とんでもない，無分別な。

descabellar 他《闘牛》（牛）を首の一突きで殺す。

descabello 男《闘牛》デスカベーリョ（首の一突きで牛を殺すこと）。

descabezado, da 形 **1** 頭のおかしい，無分別な。**2** 忘れっぽい，乱れた。**3** 首を切られた；頭部[上部]を失した。

descabezamiento 男 首をはねること，草木などの先端を切り取ること。

descabezar [1.3] 他 **1**（人）の首をはねる。**2**（草木など）の頭部[上部]，先端を切り取る。**3**《話》（困難・障害）を克服し始める，…に打ち勝ち始める。— **se** 再 **1** 一生懸命考える。**2** 穂が実をつける。

descachalandrado, da 形《中南米》身なりがだらしない，乱れた。

descachar 他《中南米》（動物）の角（つの）を切る。

descacharrar 他《話》を壊す，台無しにする。**2** を損ずる，だめにする，台無しにする。— **se** 再 壊れる，台無しになる。

descaecimiento 男 衰えること，衰弱。

descafeinado, da 形 **1**（コーヒーが）カフェインのない，カフェイン抜きの。**2** 有害な[不快な]要素を取り除かれた[欠けた]。**3** 骨抜きにされた；形骸化された。— 男 カフェイン抜きのコーヒー。

descafeinar 他 **1**（コーヒー）からカフェインを抜く。**2**（危険・過激と考えられるもの）を緩和する；骨抜きにする。

descalabradura 囡 頭のけが, 負傷; 傷跡.

descalabrar 他 **1**(人)の頭に大けがを負わせる; (頭に限らず人)に大けがを負わせる. **2**(人・物)に大損害を与える, さんざんな目にあわせる. **— se** 再 頭に大けがをする, …に大けがをする.

descalabro 男 大損害, 損失; 敗北.

descalce 男 土台[基礎]のぐらつき.

descalcificación 囡 脱灰, カルシウムの除去[喪失].

descalcificar [1.1] 他 (骨など)からカルシウムを除去する[奪う, 失わせる].

descalificación 囡 **1** 信用の失墜. **2**《スポ》資格剥奪(はくだつ), 失格, 出場停止.

descalificar [1.1] 他 **1**(人)の評価を落とし, 信用を傷つける. **2**《スポ》(人)の資格を剝奪(はくだつ)する, 出場停止にする.

descalzar [1.3] 他 **1**(人)のはき物を脱がせる; (はき物)を脱がせる. **2**(車輪)から輪止めを外す. **— se** 再 はき物を脱ぐ.

descalzo, za 形 **1** はだしの, 素足の, 靴[靴下]をはいていない〖estar + 〗. **2**《カト》跣足(せんそく)派の. **— 名 1** はだし[素足]の人. **2**《カト》跣足派の修道士[女].

descamación 囡《医学》皮膚の剝離(はくり).

descamar 他 (魚)のうろこを落とする. **— se** 再 (病気などで皮膚が)剥離する.

descamativo, va 形《医学》皮膚剝離の.

descambiar 他 **1** …の交換を無効にする, を元に戻す. **2**《話》(お金と引き換えに)を返品する, 返却する. **3**《中南米》を小額[多額]の通貨に交換する.

descaminado, da 過分 〖→ descaminar〗形 **1** 道を間違えた. **2** 方向を誤った, 見当違いの.

descaminar 他 **1** を誤った方向へ導く, 道に迷わせる. **2** を悪い方へ導く, 道を踏み外させる. **— se** 再 **1** 道を間違える, 間違った方向に行く. **2** 道を踏み外す.

descamino 男 道を間違え(させ)ること, 方向を誤(らせ)ること; 見当違い.

descamisado, da 形 **1** シャツを脱いだ, シャツなしの. **2**《軽蔑》貧しい, みすぼらしい. **— 名** みすぼらしい[貧しい]人.

descampado, da 形 (場所が)空き地になった. **—** 男 空地, 空き地. ▶ **en descampado** 野天で, 人里離れて.

descampar 自《単人称動詞》雨がやむ, 晴れる (=escampar).

descangallar, descangayar 他 (人)を消耗させる, 疲れさせる.

descansadero 男 休憩所.

descansado, da 過分 〖→ descansar〗形 **1**(人)が十分休んだ, 疲れが取れた. **2**(仕事などが)楽な, 疲れない.

descansar [デスカンサル] 自

体を休める. **—** un rato 少しの間休息する. **2** 眠る, 寝る; 永眠する. —Buenas noches, que *descanse*. お休みなさい. **3** 〖+ en …〗胸の内を打ち明ける. **4**〖+ sobre の上に〗乗っている, 支えられている. —La cúpula *descansa sobre* columnas. ドームは柱の上で支えられている. **5** ほっとする, 安心する. **6**(土地が)休耕中である. **—** 他 **1** を休ませる; …に安らぎを与える, 安堵(あんど)させる. —Cerró los ojos para ~ la vista. 彼は目を閉じて休ませた. **2**〖+ en に〗を任せる, ゆだねる. **3**〖+ に〗をもたせかける. **4**(支柱)で支え, 助ける. **— se** 再 〖+ con/en〗**1**(を)頼りにする. **2**(…に)胸の内を打ち明ける.

descansillo 男 階段の踊り場.

descanso [デスカンソ] 男

休み, 休息, 休憩; (上演・上映中の)休憩時間, 幕間(まくあい); (サッカーなどの)ハーフタイム. **— día de ~** 休日; 《宗教》安息日. tomar(se) un rato de ~ 一服する. **2** ほっとした気持, 安堵感, 慰め. —¡Qué ~ (me da) haber terminado los exámenes! 試験が終わってどれほどほっとしたことか. **3** 頼り(になる人), 拠(り)所, 所; (建物などの)支柱, (載せ)台. —Perdió el ~ de su vejez. 彼は老後の拠り所を失った. **4**(階段の)踊り場. **5**《軍事》(号令の)休め! —adoptar la posición de ~ 休めの姿勢をとる.

descantillar 他 **1** …の縁を傷つける. **2**(金額)を差し引く; 横領する, 使い込む.

descantonar 他 = descantillar.

descapitalización 囡 **1** 資金の損失. **2** 歴史的[文化的]遺産の損失.

descapitalizar [1.1] 他 **1**(企業)に損失を与える. **2**(国・社会の歴史的・文化的遺産)に損失を与える. **— se** 再 **1**(企業が)資金を失う. **2**(国・社会が)歴史[文化]的遺産を失う.

descapotable 形 (車が)コンバーチブルの, 幌(ほろ)が折り畳み[取り外し]のきく. **—** 男 コンバーチブル, 幌付きのオープンカー.

descapotar 他 (車の幌を折り畳む[取り外す].

descapullar 他 …のつぼみを取る.

descarado, da 過分 〖→descararse〗形 ずうずうしい(人), 厚顔無恥(の).

descararse 再 ずうずうしく振る舞う, 無礼な態度に出る.

descarga 囡 **1** 荷降ろし. **2** 発砲, 一斉)射撃. **3** 放電.

descargadero 男 荷降ろし場.

descargador, dora 男 荷降ろし[荷揚げ]用の. **— 名** 荷揚げ作業者, 荷降ろし機. **—** 男 放電器.

*****descargar** [1.2] 他 **1**(船など)から荷降ろしをする, 荷揚げ[陸揚げ]する; 〖+ de から〗荷揚げ[陸揚げ]する. **— ~** un barco 船から荷物を降ろす. **— diez bultos *de* la furgoneta ワゴン車から荷物 10 個を降ろす. **2**〖+ de を/について〗に免除[解除]する; …から取り除く, 剝ぎ取る. **3**〖+ a/contra/en/sobre に〗を発射する, 発砲する; …の一撃を食らわす, 殴る; (感情などを)ぶちまける, 転嫁する. —*Descargó* el fusil *contra* la tronco de un árbol. 彼は木の幹に向けて発砲した. **4**(電気など)を放出する, 放電する. **5**

(雲・嵐が雨・雪などを降らせる，(水)を流す．6《情報》ダウンロードする．— 自 1 [+en に] (川が海・湖などに)注ぐ，流れ込む．2 (嵐・波など)荒れ狂う．3 放電する，(電池が)切れる．— se 再 1 [+de を] 免れる; 辞職する. 2 放電する. 3 (電池が)切れる．

descargo 男 1 荷降ろし. 2 (告発，非難に対する)抗弁，弁護; 複 弁明. —en su ～ を弁護して. 3《商》貸方.

descargue 男 荷降ろし，荷揚げ.

descarnado, da 形 [→ descarnar] 形 あからさまな，むき出しの; 飾りのない.

descarnador 男 《医学》(歯科用の)歯と歯肉を離すためのナイフ，スクレーパー.

descarnadura 女 1 (肉などを)はぎ取ること. 2 やせ細ること.

descarnar 他 1 (骨など)から肉をはぎ取る; (固いもの)から覆っていた(柔らかい)ものを取り去る. 2 削す, 崩壊させる, 侵食する. — se 再 崩れる, 侵食される.

descarne 男 《南米》(皮革製品用の)脱毛した若牛の皮.

descaro 男 ずうずうしさ，厚顔無恥さ; 反抗的な態度.

descarozar 他 《中南米》(果物の)芯[種]を抜く.

descarriar [1.5] 他 1 (人を)誤った方向へ導く，道に迷わせる，堕落させる. 2 (人)に道を踏み外させる，堕落させる. 3 (家畜)を群から引き離す. — se 再 1 道を間違える. 2 道を踏み外す，堕落する. 3 (家畜が)群から離れる.

descarrilamiento 男 脱線.

descarrilar 自 脱線する.

descarrío 男 1 道を間違えること, それること. 2 道を踏み外すこと, 堕落. 3 (家畜が)群から離れること.

descartable 形 《中南米》(容器が)使い捨ての.

descartar 他 を捨てる, 除外する; 拒絶する. — se 再 [+de] (トランプゲームで)(カード)を捨てる.

descarte 男 1 捨てること, 除外; 拒絶. 2 (トランプで)カードを捨てること, 捨て札.

descasar 他 《話》(人)の結婚を無効にする, (内縁関係の人)を別れさせる. 2 (対になっているもの)をばらばらにする. — se 再 結婚を解消する, 別れる.

descascarar 他 1 …の殻をむく[割る]. 2 (ペンキ・樹皮など)の表面をむく, の表面をはがす.

descascarillado 男 (ペンキ・エナメル・しっくいなどの)表面をはがすこと, はげ落ちること.

descascarillar 他 (ペンキ・エナメル・しっくいなどの)表面をはがす; けずり取る, (ペンキなど)をはがす. — se 再 表面がはがれ落ちる.

descastado, da 形名 (親類や好意を示してくれる人に対して)薄情な(人), 冷淡な(人).

descastar 他 (特に害獣の)種を絶やす.

descaste 男 (特に害獣の)種を絶やすこと.

descatalogar 他 をカタログから削除する.

descendencia 女 1 《集合的に》子孫, 後裔(こうえい), 跡取り. 2 家系, 血統, 家柄. — noble 貴族の家柄.

descendente 形 1 下降する, 下向きの, 下りの; 減少する. 2 《情報》降順の.

descender [4.2] 自 1 降りる, 下る, 下降する. —～ del avión 飛行機から降りる. 2 (温度・温度・水位など)が下がる, 低下する, 下落する. —Ha descendido el precio de la carne. 肉の価格は下がった. 3 流れ落ちる. 4 [+de] (…の子孫である; …に)由来する, 派生する. —Esa teoría desciende del darvinismo. その理論はダーウィンの進化論から派生している. 5 衰える, 弱る. — 他 1 を降りる, 降下する. —～ la cuesta a toda prisa 坂を全速力で下る. 2 を降ろす.

descendiente 男女 [+de] (直系の)子孫, 卑属, 後裔(こうえい). — 形 [+de の]出の, 血を引く, …に由来する. —～ de… …の出[子孫]である, …に由来する.

descendimiento 男 1 キリスト降架(図). 2 →descenso.

descenso 男 1 降りる[下る]こと, 降下, 下降. —～ en paracaídas パラシュート降下. 2 (温度・質・量・水位などの)低下; (物価・値段などの)下落. —～ de la producción 生産の低下. 3 (評判などの)下落, 低下; 降格, 左遷. —～ en popularidad 人気の低下. 4 下り坂[道]. 5 坂, 傾斜, 勾配. —～ suave 緩やかな坂. 6 《スポ》(下位リーグへの)降格, 転落. —～ a segunda división (サッカーなどの)2部[2軍]降格. 7 《スポ》(スキーの)滑降. 8 《医学》(子宮・直腸などの)脱出(症), 下垂. 9 衰え, 衰退, 退廃, 堕落.

descentrado, da 過分 [→ descentrar] 形 1 機軸など中心がずれた; 中心からずれた. 2 適応していない, その場になじめない.

descentralización 女 地方分権(化); 非集中化, 分散.

descentralizado, da 過分 [→ descentralizar] 形 地方分権化した, 分散した.

descentralizar [1.3] 他 を地方分権化する; 非集中化する, 分散させる.

descentrar 他 1 …の中心をずらす; を中心からずす. 2 (人)をなじんだ環境から引き離す; 平静さを失わせる. — se 再 中心からずれる, 中心がぶれる.

desceñir [6.5] 他 (ベルトなど)をゆるめる; 締めつけている物を解く. — se 再 (自分のベルトなど)をゆるめる.

descepar 他 1 (木)を根から引き抜く; (ブドウ畑など)から株を根ごと引き抜く. 2 を絶やす.

descerebración 女 《医学》脳の機能を奪うこと; 脳が正常に機能しないことによる病的な状態.

descerebrado, da 形 1 (脳損傷に

descerebrar 他 **1**(人の)脳の機能を失わせる。**2**(動物の)脳を摘出する。

descerezar [1.3] 他 (コーヒー豆を)果肉から取り出す。

descerrajar 他 **1**(ドア・錠前など)をこじ開ける。**2**《話》[*tiro* を目的語として] 発砲する。—~ *un tiro* 発砲する。

deschapar 他《中南米》(鍵など)をこじ開ける。

deschavetado, da 形《中南米》頭がおかしくなった。

descifrable 形 解読可能な、判読できる。

descifrador, dora 形名 解読する(人)、判読する(人)。

desciframiento 男 解読、判読。

descifrar 他 **1**(暗号・古文書など)を解読する、判読する;(情報)デコードする。**2**(難解など)を理解する、さぐり当てる、読み解く。

descimbrar 他《建築》(アーチ・アーチ型天井)の枠を取り外す。

descinchar 他 (馬)の腹帯を解く。

desclasado, da 形 **1**階層意識を失った(人)。**2**不相応な階層に属した(人)。

desclasamiento 男 (主に高い)社会階層からの離脱、その意識。

desclasar 他 (人)をその高い社会階層から離脱させる;(人)の高い階層意識を失わせる。—— **se** 再 (自分の属すべき)社会階層を捨てる。

desclasificación 女 **1**マル秘解除。**2**等級[ランク]変更。

desclasificar 他 **1**(秘密文書など)のマル秘扱いを解除する、マル秘扱いを解除して公表する。**2**(分類などを乱す;(土地などの)等級[ランク]を変更する。

desclavador 男 釘抜き。

desclavar 他 **1**(釘)を抜く;(物)から釘を抜く。**2**(宝石)をはめ込み台から外す。—— **se** 再 (釘が)ゆるむ。

descocado, da 過分 [→ *descocarse*] 形名《話》ずうずうしい(人)、慎みのない(人)。

descocarse [1.1] 再《話》ずうずうしく振る舞う。

descoco 男 ずうずうしさ。

descodificación 女《情報》(コード化されたデータの)復号。

descodificador, dora 形 デコード[復号]する。—— 男《情報》デコーダ、復号機。

descodificar 他《情報》(コード化されたデータ)を復号する、デコードする。

descogollar 他 …の芯を取る; …の芽かきをする。

descojonarse 再《俗》大笑いする。

descolchar 他《海事》(綱)のよりをほどく。

*__descolgar__ [5.4] 他 **1** [+ *de* から] (つってある物)を取り外す、降ろす。—~ *un cuadro de la pared* 壁から絵を外す。**2** (受話器)を取る、取り上げる。—~ *el teléfono* 受話器を取る。**3** を(縄や鎖で)つり降ろす、下げる。**4**[*入*を] を引き離す。—— 自 受話器を取る。—— **se** 再 (つるしてある物から)留め金などから外れる。—*Se ha descolgado la cortina.* カーテンが外れた。**2** [+ *por*/*de* を伝って] 降りる。—~ *se por* el *tajo* ザイルを伝って峡谷を下る。**3**《話》不意に(用もなく)現れる。**4**[*入*] [+ *de* (麻薬)から] をやめる、やめさせる。**5**[+ *con* を] を不意に口に出す。

descollante 形 **1**他より背が高い、目立つ。**2**卓越した、一頭地を抜く、特に秀な。

descollar [5.1] 自 **1** [+ *entre*/*sobre* の中で［上に］] 一段と背が高い、目立つ。**2** [+ *entre*/*sobre* の中で［上に］] 優れている、一頭地を抜いている。

descolocación 女 位置のずれ、配置の乱れ。

descolocar 他 **1**(人・物)の位置[配置]をずらす［変える］。**2**(人)をその位置[配置]に混乱させる。—— **se** 再 (人・物の)位置[配置]がくずれる。

descolonización 女 非植民地化。

descolonizador, dora 形 非植民地化の。

descolonizar 他 を非植民地化する。

descoloramiento 男 色あせ、色落ち; 脱色。

descolorante 形 色あせ[色落ち]させる; 脱色させる。—— 男 脱色剤、漂白剤。

descolorar 他 →*decolorar*。

*__descolorido, da__ 形 **1**色あせた、色あせさせた、変色した。**2**青ざめた、青白い。

descombrar 他 (場所)から瓦礫(がれき)[邪魔物・ごみ]を取り除く、片づける。

descombro 男 瓦礫(がれき)[邪魔物・ごみ]の除去、片付け。

descomedido, da 形 **1**礼儀知らずな、生意気な。**2**途方もない、節度を知らない。

descomedimiento 男 無礼、失礼(な態度)。

descomedirse [6.1] 再 無礼な振る舞いをする[言葉を吐く]。

descompaginar 他 をごちゃごちゃにする、台無しにする。

descompasado, da 形 **1**過度の、普通でない。**2**無礼な。

descompensación 女 **1**《医学》(心臓の)代償不全。**2**バランスを失うこと、不均衡。

descompensar 他 …にバランスを失わせる、を不均衡にする。—— **se** 再 **1**バランスを失う、不均衡になる。**2**《医学》(心臓が)代償不全になる。

*__descomponer__ [10.7] 他 **1**を散らかす、乱雑にする、乱れさせる。—~ *la habitación* 部屋を散らかす。**2**を壊す、ちゃめちゃにする; …の調子を狂わせる[乱す]。**3**を腐らせる、腐敗させる、変質させる。—~ *la carne* 肉を腐らせる。**4**を分解する。—~ *el agua en oxígeno e hidrógeno* 水を酸素と水素に分解する。**5**を怒らせる、…の心を乱す。—*Sus comentarios me* *descompusieron*. 彼のコメントで私は腹が立った. ── se 再 1 乱れる, 乱雑になる. ──*se* el peinado 髪が乱れる. 2 壊れる. *Se ha descompuesto* la lavadora. 洗濯機が壊れてしまった. 3 腹をこわす, (胃腸の)具合が悪くなる, 下痢する. ──*se* el vientre 腹をこわす, 下痢する. 4 腐る, 変質する. 5 〖+en に〗分解する. 6 気分が悪くなる, 健康を害する. 7 怒る, 平静さを失う. 8 (顔色が)変わる, 動揺する.

descomposición 女 1 分解して; 壊すこと, 崩壊; 乱すこと. ── del agua 水の分解. ── social 社会の崩壊, 乱雑, 変質. 3 (顔が)ゆがむ[引きつる]こと; 取り乱し. 4 下痢.

descompostura 女 1 壊れること, 故障. 2 (服装などの)乱れ, だらしなさ. 3 慎みのなさ, 無作法.

descompresión 女 減圧; 〖医学〗減圧症.

descompresor 男 減圧装置.

descomprimir 他 を減圧する.

descompuesto, ta 過分 〔→ descomponerse〕形 1 壊れた, 故障した. 2 腹をこわした, 下痢をした. 3 混乱した: 怒った. ──ponerse ── いらいらする[怒る]. 4 分解した, 腐った. 5 無作法な, 無礼な. 6 〖中米〗酒に酔った.

descomulgar 他 → excomulgar [1.2].

descomunal 形 ばかでかい, 途方もない, すごい, 異常な.

desconcentración 女 1 気をそらすこと, 気が散ること. 2 分散させること, 分散すること.

desconcentrar 他 1 (人)の注意をそらせる, (人)の気を散らせる. 2 分散させる. ── se 再 気をそらす, 気を散らす.

desconceptuar [1.6] 他 …の評価を落とさせる.

desconcertado, da 過分 〔→ desconcertarse〕形 1 困惑[当惑]した, 混乱した. 2 めちゃくちゃな, 無秩序な.

desconcertador, dora 形 混乱させる, 当惑させる, 秩序を乱す.

desconcertante 形 混乱させる, 当惑させる, 秩序を乱す.

desconcertar [4.1] 他 1 を取り乱させる, 困惑させる, うろたえさせる. 2 (秩序・調和など)を乱す, 狂わせる. 3 (関節)を外す, 脱臼させる. ── se 再 1 取り乱す, 困惑する, うろたえる. 2 (秩序・調和が)乱れる, 狂う. 3 関節が外れる, 脱臼する.

desconchado 男 (ペンキ・上塗りなどの)はげ落ち, はげ落ちた部分.

desconchadura 女 → desconchado.

desconchar 他 (壁などの)上塗りをはがす. ── se 再 (壁などの)上塗りがはげ落ちる.

desconchinflar 他 〖中米〗壊す.

desconchón 男 (壁の)上塗りのはがれ, はげ落ちた部分.

desconcierto 男 1 混乱, 無秩序, 不調和. 2 困惑, 狼狽(?). 3 (機械の)故障, 破損; (身体の部位の)脱臼(?).

desconectado, da 形 接続の断たれた.

desconectar 他 1 (電気回路)の接続を外す, スイッチを切る. ── la radio ラジオのコンセントを抜く. 2 (二つ以上の物)の接続を断つ[妨げる]. ── 自 〖話〗周囲との接触[交流]を絶つ. ── se 再 1 (電気回路)が切れる, 接続が外れる. 2 〖話〗周囲との接触[交流]を絶つ.

desconexión 女 1 〖情報〗ログアウト. ── por tiempo タイム・アウト. 2 接続[連絡]を断つこと.

desconfiado, da 過分 〔→ desconfiar〕形名 人を信用しない(人), 疑い深い(人).

desconfianza 女 不信(感), 疑念, 疑惑; 猜疑心, 警戒心. ─inspirar ── 不信感[疑念]を抱かせる.

desconfiar [1.5] 自 〖+de を〗信用しない, 怪しむ, 疑ぐる. ─*Desconfía de mí*. 彼は私を信用していない.

descongelación 女 1 解凍; (冷蔵庫の)霜取り. 2 (資本・賃金・価格などの)凍結解除.

descongelar 他 1 を解凍する; (冷蔵庫)の霜取りをする. 2 (資本・賃金・価格などの)凍結を解除する.

descongestión 女 鬱血[充血]の軽減, 混雑[渋滞]の緩和.

descongestionante 形男 鬱血[充血]を緩和する(もの).

descongestionar 他 (頭などの)鬱血[充血]を軽減させる; (交通)の混雑[渋滞]を緩和する. ── se 再 鬱血[充血]が軽減する; 混雑[渋滞]が緩和する.

descongestivo, va 形男 鬱血[充血]を軽減する.

desconocedor, dora 形 〖+de を〗知らない.

desconocer [9.1] 他 1 を知らない, …が分からない, …と面識がない. ── el nombre [la dirección] 名前[住所]を知らない. 2 (人・物)を見分けられない, 見違える. 3 …との関係を否定する, を認知しない.

desconocido, da 過分 〔→desconocer〕形 1 知られていない, 未知の; 見知らぬ. ─una persona *desconocida* 知らない人. 2 無名の. ─una actriz *desconocida* 無名の女優. 3 ひどく変わってしまった 〖estar+〗. ── 名 1 見知らぬ人, 他人.

desconocimiento 男 1 知らないこと, 無知. 2 否認. 3 恩知らず, 忘恩.

desconsideración 女 配慮に欠ける[を欠く]こと, 失礼.

desconsiderado, da 形名 (他人に対する)配慮[礼儀]を欠いた(人), 失礼な(人).

desconsiderar 他 (人)に対して配慮[礼儀]を欠く, 無礼を働く; (人)を軽く見る[扱う].

desconsolación 女 → desconsuelo.

desconsoladamente 副 悲嘆にくれて.

desconsolado, da 過分 [→desconsolarse] 形 悲嘆にくれた, 悲しんでいる.

desconsolador, dora 形 悲嘆にくれさせる, 悲しみを誘う.

desconsolar [5.1] 他 を嘆き悲しませる, 悲嘆にくれさせる. ── **se** 再 嘆き悲しむ, 悲嘆にくれる.

desconsuelo 男 悲嘆, 深い悲しみ; 悲しいこと, 不幸.

descontado, da 形 ▶ *dar*── por descontado [descontada] 《話》…を当然のことと思う. **por descontado** もちろん, 疑いなく.

descontaminación 女 汚染の除去, 浄化.

descontaminar 他 …の汚染を除去する.

descontar [5.1] 他 **1**(ある量)を差し引く, 割り引く. ── el quince por ciento del total del precio 買い上げ総額の15パーセントを割り引く. **2**を計算に入れない, 除外する. **3**(商業)(為替・手形)を割り引く. **4**を当然と思う. **5**(スポ)ロスタイムを差し引く.

descontentadizo, za 形名 不平家(の), なかなか満足しない(人).

descontentar 他 …に不満を抱かせる, 不機嫌にさせる. ── **se** 再 不満を抱く, 不機嫌になる.

descontento, ta 形 [+ con/ de/ por について]不満の, 不満[不平]を抱いている, 不満そうな. ──Está *descontenta con* los resultados de los exámenes. 彼女は試験の結果に不満だ. ── 名 不満[不満]を持つ人]. ── 男 **1** 不快, **2** (社会的)不安, 動揺, 不穏な情勢.

descontextualizar 他 を文脈から切り離す.

descontinuar 他 を中断する, 中止する.

descontrol 男 **1** 制御[コントロール]を失うこと. **2** 混乱, 無秩序. めちゃくちゃなこと.

descontrolado, da 形 制御を失った, コントロールされない[できない]; 自制心を失った.

descontrolar 他 **1**…の統制を失わせる, …の制御を失わせる. **2**…の自制心を失わせる. ── **se** 再 **1** 自制心を失う. **2** (機械が)コントロールを失う, 統制を失う.

desconvocar 他 (スト・デモなどの)召集を取り消す.

desconvocatoria 女 (スト・デモなどの)召集命令取り消し.

descoordinación 女 連携[協力]がないこと.

descoordinado, da 形 連携[協力]を失った.

descorazonador, dora 形 気落ちさせるような.

descorazonamiento 男 落胆, 気落ち.

descorazonar 他 (人)を落胆[気落ち]させる, がっかりさせる, 意気をくじく.

── **se** 再 落胆する, がっかりする, 意気をくじかれる.

descorchador, dora 名 コルク採取人. ── 男 コルク栓抜き.

descorchar 他 **1** (コルクガシ)の樹皮をはぐ, コルクを採取する. **2** (ビン)のコルク栓を抜く.

descorche 男 **1** コルクガシの皮はぎ, コルク採取. **2** コルク栓を抜くこと.

descornar [5.1] 他 (動物)の角(?)を取る. ── **se** 再 《話》**1** 一生懸命頭を使う, 一生懸命働く. **2** [+ con に]ぶつかる.

descoronar 他 …の王冠を取り上げる, を退位させる.

descorrer 他 (カーテン・錠などを)開ける. ── las cortinas カーテンを開ける.

descortés 形 男女 失礼な(人), 礼儀知らずの.

descortesía 女 失礼. 無作法.

descortezamiento 男 (木の)皮をはぐこと, (果物などの)皮をむくこと.

descortezar [1.3] 他 **1** (木)の皮をはぐ, (果物などの)皮をむく.

descoser 他 (縫い目)をほどく, (着物)の縫い目をほどく. ── **se** 再 縫い目がほどける, ほころぶる.

descosido, da 過分 [→descoserse] 形 **1** 縫い目のほどけた, ほころびた. **2** (話などが)一貫しない, まとまりのない. ── 男 ほころび. ▶ *como un descosido* 大いに, 過度に; 一生懸命に.

descostrar 他 (傷)からかさぶたを取る.

descotar 他 →escotar.

descote 男 →escote.

descoyuntamiento 男 脱臼(?*?).

descoyuntar 他 **1** (骨)を脱臼(?*?)させる, …の骨を脱臼させる. **2** (人)をひどく疲れさせる. **3** (物)を外す, (物事)をねじ曲げる, こじつける. ── **se** 再 **1** (骨・体の部位が)脱臼する. **2** くたくたに疲れる.

descrédito 男 信用のなさ, 悪い評価; 信用の失墜. ──ir en ~ de…[en su ~] (あること の)…の信用を失わせる, 悪評の原因である.

descreer [2.6] 他 (宗教)に対する信仰を捨てる; (人)を信用しなくなる. ── 自 信仰を捨てる.

descreído, da 過分 [→descreer] 形 **1** 信仰心の無い, 不信仰な, 無信仰の. **2** 疑い深い. ── 名 **1** 無信仰者, 不信心者. **2** 懐疑的な人.

descreimiento 男 不信心, 無信仰; 懐疑.

descremar 他 (牛乳)を脱脂する.

describir [3.3] 他 [過分 descrito] **1** を叙述する, 描写する, 記述する. ── la situación 状況を記述する. **2** (物が動きながら形や軌道)を描く. ── una trayectoria curva 曲線軌道を描く.

descripción 女 描写, 記述, 叙述; 作図; 《言語》(言語事実の)記述. ──hacer una ~ exacta 正確に描写[記述]する.

descriptible 形 記述[描写]可能な;

descriptivo, va 形 **1** 描写的な、叙述的な;記述的な. **2** 描画的な、図形的な.

descriptor, tora 形名 記述する(人).
— 男 《情報》(文書内容を定義する)記述語[子].

descrismarse 再 《話》頭をぶつける[打つ].

descristianizar [1.3] 他 をキリスト教(の信仰)から遠ざける、非キリスト教化する.

descrito, ta 過分 [→ describir] 形 **1** 描写された、叙述された、記述された. **2** 描画された.

descruzar [1.3] 他 …の交差を解く.

descuadernar 他 **1** (本などを)ばらばらにする. **2** を壊す、めちゃくちゃにする. — **se** 再 **1** (本などが)ばらばらになる. **2** 壊れる、めちゃくちゃになる.

descuadrar 自 (勘定が)合わない.

descuajar 他 **1** (凝固しているもの)を溶かす. — **la mantequilla [el queso]** バター[チーズ]を溶かす. **2** (木などを)根から引き抜く. **3** (悪習などを)根絶する. — **se** 再 溶ける.

descuajaringar [1.2] 他 **1** 《話》を壊す、ばらばらにする. — **se** 再 《話》**1** 壊れる、ばらばらになる. **2** 体がばらばらになるくらい笑う[疲れる].

descuaje 男 (木などを)根こそぎ抜くこと.

descuajeringado, da 形 《中南米》だらしのない.

descuajo 男 →descuaje.

descuartizador, dora 形 ばらばらにする. — 名 ばらばらにする殺人の犯人.

descuartizamiento 男 **1** (動物の)解体. **2** 《歴史》(罪人の死体の)四つ裂き.

descuartizar [1.3] 他 **1** (動物の体)を解体する、四肢を切り分ける. **2** 《歴史》(罪人の死体)を四分する. **3** 《話》ばらばらにする.

descubierta 女 《軍事》偵察. ► **a la descubierta** はっきりと、あからさまに;野外で.

descubierto, ta 過分 [→descubrir] 形 **1** 覆われていない、露出した. — **coche** ~ オープンカー. **patio** ~ 屋根のない中庭. **2** さらけ出した、むきだす. — **con la cabeza descubierta** 帽子をかぶらないで. **3** (土地などが)開かれた、広々とした. — 男 赤字、借り越し. ► **al descubierto** あからさまに、はっきりと、直截的に;屋外で、露天で.

descubridor, dora 形 発見する[した]. **2** 《軍事》偵察の. — 名 **1** 発見者、発明家. **2** 《軍事》偵察兵.

descubrimiento 男 **1** 発見(物);探検(る) — **científico [geográfico]** 科学上[地理上]の発見. **2** (銅像・碑石・墓石などの)除幕(式). **3** 気づくこと、察知、判明. **4** 露見.

descubrir [デスクブリル] [3.2] 他 **1** を発見する、見つける. **2** をむき出しにする、むきだしにする;…のおおいを取る. — ~ **una estatua** 銅像の除幕をする. **3** を明らかにする、さらけ出す、暴露する. —**Aquellas palabras** **descubrieron su verdadera intención.** あのことばで彼の本音がもれた. — **se** 再 **1** 姿を現わす、明らかになる、発覚する. **2** 帽子を取る(感心して)脱帽する. **3** (ボクシングで)すきを見せる.

descuelgue 男 脱落.

descuento 男 **1** 《商業》値引き(額)、割引(額)、ディスカウント. — ~ **por pago al contado** 現金割引. **2** 《商業》(手形の)割引、 — **tipo de** ~ 割引率. **tasa de** ~ **oficial** 公定歩合. **con** ~ 額面以下の. **3** (スポ)(サッカーなどでの)ロスタイム. **4** 天引き、控除(額). ► **hacer** (**un**) **descuento** 値引く、割引く.

descuerar 他 **1** (動物の)皮をはぐ. **2** 《中南米》(悪口や陰口を言いながら)人を非難した。けなす.

descuidado, da 過分 [→ descuidar] **1** おろそかにされた、放っておかれた、手入れの行き届かない. **2** だらしない、無精な[ser +]; 不潔な、汚い. **3** 油断した、不注意な、ぼんやりした[estar +]. ► **coger a ... descuidado** (人)の不意をつく. — 名 **1** だらしのない人、無精者;身なりを構わない人. **2** 油断をしている人、ぼんやりした人.

descuidar 他 **1** を怠る、…に注意を払わない、…の面倒を見ない. — ~ **sus estudios** 勉強を怠る. **2** を油断させる. — 自 《命令文で》安心する、心配しない. — **Descuide usted, que todo se resolverá sin dificultad.** あなた、心配しなさんな、すべては難なく解決されますから. — **se** 再 **1** うっかりする、ぼんやりする. **2** [+ de/en を] 怠る、おろそかにする.

descuidero, ra 名形 すり(の)、置き引き(の).

descuido 男 **1** 不注意、軽率、油断. —**Tuvo el** ~ **de no apagar la luz.** 彼はうっかり明かりを消し忘れた. **2** (身なりの)だらしなさ、無頓着、無精. **3** 不注意・怠慢による)間違い、誤り. ► **al descuido/ como al descuido** 無頓着に、いい加減に、不意を衝いて;偶然に[無頓着]を装って. **por descuido** 不注意から、うっかりして.

desde [デスデ] 前 **1** 《時間》…から、…以来. — ~ **ahora** 今から. — ~ **entonces** その時以来. **Estoy ocupado** ~ **las 3 hasta las 5.** 私は3時から5時まで忙しい. **2** 《場所》…から、…の所から. — **Fue en barco de Barcelona hasta Mallorca.** 彼はバルセローナからマジョルカまで船で行った. **3** 《数量》…から上、…以上. — **Se venden allí coches de segunda mano** ~ **300.000 yenes.** あそこでは、30万円台からの中古車が売られている. **4** 《順序、範囲、視点など》…から. — ~ **mi punto de vista** 私

desdecir [10.11] 自 **1**〔+ con に〕ふさわしくない，(と)釣り合わない．**2**〔+ de より〕劣る，(の)レベルに達していない． **—se**〔+ de で〕撤回する，取り消す．

desdén 男 **1** 軽蔑，侮辱，さげすみ．**2** 冷淡，つれなさ．—tratar a ... con ～ を冷遇する，...に冷たくする．

desdentado, da 形 **1** 歯の無い，歯の抜けた．**2**（動物）貧歯目の． **—** 男 複（動物）貧歯目．

desdeñable 形 **1** 取るに足りない．—un cambio no ～ 相当な変化．**2** 軽蔑すべき．

desdeñar 他 **1** を軽蔑する，さげすむ；を拒絶する．—～ un consejo 忠告を拒絶する．**2** を軽視する，軽んじる．**3** を受け入れない．

desdeñoso, sa 形〔+ con に対して〕軽蔑的な，さげすんだ；尊大な．

desdibujado, da 過分〔→ desdibujar〕 形 **1** 輪郭がはっきりしない，ぼやけた．

desdibujar 他 ...の形[姿，輪郭]をぼかす，あいまいにする．**—se** 再 形[姿，輪郭]がぼやける，あいまいになる．

desdicha 女 **1** 災難，不運，不幸．—para colmo de ～s 更に不幸[不運]なことに．**2** 役立たずの人・物），不運続きの人．

desdichado, da 形 **1**〔+ en について〕不幸な，不運な；不幸を招く〔ser +〕．—Ella ha sido muy desdichada en sus amores. 彼女は男運が悪かった．**2**〔限定的に〕かわいそうな，哀れな；意気地なしの．**3**〔+ en が〕不成功の，失敗した〔estar +〕． **—** 名 **1** 不幸[不運]な人．**2**〔軽蔑〕かわいそうな(哀れな)奴；意気地なし．

desdoblamiento 男 **1**（折り畳んであったもの）を伸ばすこと，ひろげる［ひろがる］こと，展開．**2**（分けて）2倍［2倍以上］にすること，2倍にする．—～ de la personalidad 二重人格．

desdoblar 他 **1**（折り畳んであったもの）をひろげる，伸ばす，開く．**2** を分けて2つ[2倍]にはそれ以上にする，2倍にする． **—se** 再 **1** ひろがる，伸びる，開く．**2**（分かれて）2重[2倍]になる．

desdorar 他 **1** ...の金箔[金メッキ]をはぐ．**2**（人など）の名声を傷つける，評価を落とさせる． **—se** 再 **1** ...の金箔[金メッキ]がはがれる．**2** ...の名声に傷がつく．

desdoro 男 汚点，不名誉．

desdoroso, sa 形 不名誉な，評判を落とす．

desdramatización 女 劇的に扱わないこと．

desdramatizador, dora 形 深刻にとらえない．

desdramatizar 他 を劇的に扱わない；重要に扱わない．

deseabilidad 女 望ましさ，好ましさ．

deseable 形 **1** 望ましい，好ましい．**2**（性欲を）そそられる．—cuerpo ～ そそられる肉体． **▶ ser deseable que**〔+接続法〕...が望ましい，望まれる．

deseador, dora 形名 望んでいる（人）．

desear [チェアル] 他 **1** を望む，欲しいと思う．**2**〔+ 不定詞〕...したいと思う．—Desearía ver a su jefe. あなたの上司にお目にかかりたいのです．**2**〔+ que + 接続法〕を願う，願望する．—Deseo que nieve. 雪が降ってほしい．**3** ...に欲情を抱く． **▶ ser de desear** 望ましい．

desecación 女 乾燥(させること)，干上がること；干拓．

desecador, dora 形 →desecante.

desecamiento 男 →desecación.

desecante 形 乾燥させる． **—** 男 乾燥剤．

desecar [1.1] 他 を乾燥させる，干す；を干拓する． **—se** 再 乾燥する，干上がる．

desechable 形 **1** 捨ててよい，捨てるべき．**2** 役立たずの．**3** 使い捨ての．

desechar 他 **1**（物）を捨てる，廃棄する；（想念・心配など）を捨てる，払いのける．—Deseché la idea de participar en el proyecto. 彼はプロジェクトに参加する考えを放棄した．**2** を断わる，拒絶する，排除する．**3**（職）を辞する．—～ una oferta ある申し出を断わる．

desecho 男 **1** 屑，浮く，廃棄物．—～s de hierro 屑鉄，スクラップ．~s industriales 産業廃棄物．**2** 役立たず，だめ人間．**3** 軽蔑，侮辱．**4**〖中南米〗近道．

deseducar 他（人）を無作法にする．

desembalaje 男 包み[梱包(ﾆﾝ)]を解くこと．

desembalar 他 ...の包みを解く，包みから取り出す；（小包など）を開ける．

desembalsar 他（貯められていた水）を放水する．

desembalse 男（貯水池・ダムなどの）放水．

desembarazado, da 過分〔→ desembarazar〕形 **1** 邪魔者[障害物]のない；自由な．**2** 屈託のない，気おじしない．

desembarazar [1.3] 他 **1**〔+ de から〕を自由にする，...から～を取り除く．—En el garaje de cosas inútiles ガレージの中の要らない物を片付ける．**2**〖中南米〗を出産する． **—se** 再〔+ de から〕（人が）自由になる．

desembarazo 男 **1** 障害のないこと，自由．**2** ものおじしないこと．

desembarcadero 男 船着場，埠頭，桟橋．

desembarcar [1.1] 他（船・飛行機から荷物）を降ろす，陸揚げする，上陸させる．—～ las maletas de un avión 飛行

desembarcar からスーツケースを降ろす. — 圄 **1**〔+en に〕上陸する, (船・飛行機から)降りる. **2**《話》(何かの準備に)到着する.

desembarco 男 **1**《海事》上陸, 下船; 荷揚げ, 陸揚げ. —puerto de ~ 荷揚げ港. **2**(飛行機から降りること); 下車. **3**《軍事》上陸作戦. **4**《話》〔+en に〕到着.

desembarque 男 **1** 下船, 上陸; (飛行機などから)降りること. —tarjeta de ~ 入国カード. **2** 荷揚げ, 陸揚げ.

desembarrar 他 …の泥を落とす.

desembocadura 囡 **1** 河口. **2**(道路・水路などが)より広い所へ出る出口.

desembocar [1.1] 圄〔+en に〕**1**(川が)注ぐ, 流れ込む, 合流する. **2**(道路などが)出る, ぶつかる, (…まで)行く. **3**(事柄・出来事などが)…という(結果になる, 終わる.

desembolsar 他 (金・金額)を払う, 使う.

desembolso 男 **1** 分割金の支払い. —~ inicial 頭金[手付金]の支払い. **2** 出費, 支出.

desemborrachar 他 …の酔いをさます. — se 囲 酔いがさめる.

desembotar 他 (鈍った頭など)を活性化する. — se 囲 (自分の)頭を活性化させる.

desembozar [1.3] 他 **1**(人)から顔の覆いを取る; (人)の正体をあらす. **3**(導管)の詰まりを直す. — se 囲 **1**(自分の顔の)覆いを取る. —~se el rostro 覆面を脱ぐ. **2** 自分の正体を現わす. **3** 詰まりが直る.

desembragar [1.2] 他 **1**(機械, 特に車)のクラッチを切る. **2**(機械・車)のクラッチを切る, 動力軸との接続を外す.

desembrague 男 **1**(機械・車のクラッチを切ること; (車の)クラッチペダル.

desembridar 他 (馬)の馬勒(ばろく)を外す.

desembrollar 他 **1**(糸など)のもつれを解く. **2**(もつれた問題など)を解く, 解決する, 解明する.

desembuchar 他 **1**《話》(今まで黙っていたこと)をついにしゃべる, 告白[白状]する. **2**(鳥が)(飲み込んでいた餌)を吐き出す.

desemejante 形〔+a/de と〕似ていない, 異なる.

desemejanza 囡 似ていないこと, 相異.

desempacar [1.1] 他 **1**(商品などの)梱包を解く, (物)を包みから取り出す. **2**(荷物)をほどく. — se 囲 **1**(人)が怒りを解く, 気持ちが静まる.

desempacho 男 気おくれのなさ. —con ~ 気楽に, 自然に.

desempañar 他 (ガラスなど)のくもりを取る.

desempapelar 他 …の包み紙をはがす, (部屋)の壁紙をはがす.

desempaquetar 他 …の包みから取り出す, …の包みを解く; 《情報》アンパックする.

desemparejar 他 (対のもの)をばらばらにする, (並んでいるもの)を離す. — se 囲 (対になっていたもの)がばらばらになる, (並んでいたもの)が離れる.

desempatar 他 …の引き分けに決着をつける, …の決勝点となる. — 圄 引き分けに決着をつける, 同点を解消する, 優劣を決める.

desempate 男 **1** 引き分けの決着, 同点決勝. **2** 決選投票.

desempedrar [4.1] 他 **1**(道路など)の敷石を取り除く. **2**(場所)を猛烈に駆け抜ける.

desempeñar 他 **1**(役)を果たす, 履行する; (役)を演じる. —~ una gran labor cultural 大いなる文化功労を果たす. —el papel de Felipe II フェリペ2世の役を演じる. **2**(質草)を受け出す; に借金を払ってやる. — se 囲 債務から解放される, 借金を返済する.

desempeño 男 **1**(役目・任務の)遂行; (役柄)を演じること. **2**(質入品の)請け戻し; 借金の肩代わり.

desempleado, da 形名 失業した(者).

desempleo 男 失業.

desempolvadura 囡 ほこりを払うこと.

desempolvar 他 **1** …のほこりを払う. **2**(長い間使っていなかったもの)を引っぱり出して使う; (ずっと忘れていたもの)を思い出させる, 呼び起こす.

desempotrar 他 (はめ込んであった物)を外す.

desenamorar 他 (人)の恋を冷ます. — se 囲 恋から冷める, 人を好きでなくなる.

desencadenamiento 男 **1** 鎖からの解放. **2** 引き起こすこと.

desencadenante 形 (事実・現象など)を引き起こす, …のきっかけの. — 男 (事実・現象などを)引き起こすきっかけ.

desencadenar 他 **1** を鎖から解き放つ. **2** を引き起こす. — 囲 **1**(勢いよく)起こる, 突発する.

desencajado, da 過分〔→desencajarse〕脱臼(ろうきゅう)した, 外れた, ゆがんだ.

desencajamiento 男 **1** 外れる[外す]こと; 脱臼. **2**(恐怖などで)顔がゆがむこと.

desencajar 他 (はめ込まれている物)を外す; (関節)を外す. — se 囲 **1**(はめ込まれていた物)が外れる. **2** 脱臼する. —Me desencajé la muñeca derecha. 私は右の手首をくじいた. **3**(恐れなどで)顔・表情がゆがむ.

desencajonar 他 **1** …を箱[箱]から出す. **2**(闘牛用の牛)を輸送用のおりから出す.

desencallar 他《海事》(船)を離礁させる. — 圄 (船)が離礁する.

desencaminar 他 (人)を誤った方向に導く, 道を誤らせる.

desencantado, da 過分〔→desencantar〕形 失望した, 幻滅した.

desencantamiento 男 **1** 魔法を解くこと[魔法が解けること]. **2** 失望, 期待外れ.

desencantar 他 **1** …にかかった魔法を解く; を迷いから覚めさせる. **2** をがっかりさせる, 期待外れにする. — **se** 再 **1** 迷いから覚める. **2** がっかりする, 失望する.

desencanto 男 **1** 失望, 期待外れ, がっかり. —tener [sufrir/recibir] un ~ がっかりする, 失望する. **2** 魔法を解くこと[魔法が解けること].

desencapotarse 再 **1**(空が)晴れ渡る. **2** 外套を脱ぐ.

desenchufar 他 (機械などの)接続を外す, プラグをコンセントから抜く. — **la plancha** アイロンのコンセントを抜く.

desenclavar 他 **1**(人)を力ずくで[無理やり]連れ出す. **2**(釘)を抜く.

desencoger [2.5] 他 (しわになった物, 巻いてあった物などを)伸ばす, 広げる. — **se** 再 **1** 伸びる, 広がる. **2** 伸び伸びする, 恥ずかしがらなくなる, 打ち解ける.

desencolar 他 (糊付けしてあった物を)はがす. — **se** 再 (糊付けしてあった物が)はがれる.

desencolerizar [1.3] 他 (人)の怒りを鎮める. — **se** 再 怒りが鎮まる, 平静になる.

desencordar [5.1] 他 (楽器)の弦を外す, (ラケット)のガットを外す.

desencuadernar 他 (本)の装丁を壊す, ばらばらにする. — **se** 再 (本)の装丁が壊れる, ばらばらになる.

desencuentro 男 →desacuerdo.

desenfadado, da 形 **1** 遠慮のない, 気ままな; 物おじしない, 大胆な. **2** ぶしつけな. **3** 怒りを解いた, 平静な.

desenfadar 他 (人)の怒りを鎮める. — **se** 再 怒りを鎮める, 平静になる; [+ con へ の]和解する.

desenfado 男 **1** 遠慮のなさ, 気ままさ; 大胆, ぶしつけ. **2** 気晴らし, 気分転換.

desenfocado, da 形 焦点外れの, ピンボケの.

desenfocar [1.1] 他 **1**(写真・映像などの)ピントを外す. **2**(問題)のポイントを捉(と)え損ねる, (問題)の核心を外す[そらす].

desenfoque 男 **1** 焦点のずれ, ピンボケ. **2** 見当外れ.

desenfrenado, da 形 抑制を失った, 節度のない, 激しい.

desenfrenar 他 (馬)から馬銜(はみ)を外す. — **se** 再 **1** 悪習などにふける. **2**(風雨などが)荒れ狂う; (感情が)爆発する, 感情を爆発させる.

desenfreno 男 節度のなさ, 奔放, 放縦.

desenfundar 他 をケース[袋]から外す, …の覆いを取り外す; (刀)をさやから抜く.

desengarruñar 他 (人)の機嫌を直させる. — **se** 再 機嫌を直す.

desenganchar 他 (ひっかかっているもの)を外す; (馬)から馬をはずす; (連結車などでつながっていたもの)を外す. — **los caballos** 馬車から馬を外す. — **se** 再 **1**

(ひっかかって[つながって]いたものが)外れる. **2** [+ de (麻薬など)を] 断つ, 止める.

desenganche 男 **1**(鉤などから)外すこと. **2**(麻薬などを)断つこと, やめること.

desengañado, da 形 [+ de に]幻滅した, 失望した.

desengañar 他 **1**(幻覚・迷い)を覚まさせる, 幻滅させる. *Le creía más capaz, pero con este trabajo me ha desengañado.* 私は彼にもっと能力があると思っていたのに, 今度の仕事には幻滅した. **2**(ごまかし[誤り])を人に気付かせる, 悟らせる, 教えさとす. *—La realidad se encargará de ~le.* 現実が彼を妄想から解き放つ役目をすることだろう. — **se** 再 [+ de に]幻滅する, がっかりする, 失望する. —*se de la política* 政治に幻滅する. **2**(ごまかしに)気付く, (迷いから)目が覚める, (誤り)を悟る.

desengaño 男 **1** 失望[の種], 幻滅. —sufrir un ~ *amoroso* 失恋する. **2** 複 (人生の)苦い経験. **3** 悟り[を開くこと].

desengarzar [1.3] 他 **1**(鎖状につながれた物を外し, ばらす. **2**(はめ込まれた物を外す. — **se** 再 **1**(鎖状につながれた)[数珠つなぎになっている]物)が外れる, ばらばらになる. **2**(はめ込まれていた物)が外れる.

desengranar 他 (歯車・かみ合っている物)を外す.

desengrapar 他 [中南米] …のホッチキスを取る[外す].

desengrasar 他 (物)についた脂分[脂汚れ]を取る. — 自 **1**(人)がやせる. **2**(脂気の多いものを食べた後で)口をさっぱりさせる.

desengrase 男 脂分[脂汚れ]の除去.

desenguantarse 再 手袋を脱ぐ.

desenhebrar 他 (針)から糸を抜く. — **se** 再 糸が抜ける.

desenjaular 他 (動物・人)をおり[かご]から出す.

desenlace 男 **1**(戯曲・小説などの)結末, 終わり, 大団円, 大詰め. *trágico* 悲劇的な結末. *tener un ~ feliz* ハッピーエンドになる. **2**(事件などの)解決, 結末; 結果. **3** ほどくこと, ほどけること.

desenladrillar 他 (れんが敷きの床・部屋などから)れんがを取り去る.

desenlazar [1.3] 他 **1**(結ばれている物)をほどく, 放す. **2**(問題・困難)を解決する. **3**(物語の筋)を結末に導く. — **se** 再 **1** ほどける, 解ける. **2** 解決する, 結末に至る.

desenlosar 他 (床に敷かれた石[タイル])をはがす.

desenmallar 他 (魚)を網から引きあげる.

desenmarañar 他 **1**(もつれた物)をほどく, (錯綜した問題など)をはっきりさせる, 解明する. — **se** 再 **1**(もつれた物)はほどける. **2**(錯綜した問題など)が明確になる, 解明される.

desenmascaramiento 男 (人の)本心をあばくこと, 化けの皮をはぐこと.

desenmascarar 他 **1**(人)から仮面

[覆面]を取る. **2**〖人〗の本心[隠された意図]をつきとめる，あばく. **— se** 再 仮面[覆面]を脱ぐ.

desenojar 他 〖人〗の怒りを解く，機嫌を直させる. **— se** 再 怒りを解く，機嫌を直す.

desenraizar 他 →desarraigar.

desenredar 他 **1**〖もつれた[からまった]もの〗をほどく. **2**〖複雑な問題〗を究明[解決]する. **— se** 再 **1** ほどける. **2**〖＋de〗(やっかいな事態・問題など)から抜け出す，解放される.

desenredo 男 **1** ほどけること. **2**〖問題などの〗解決，究明. **3**(やっかいな事態からの)解放. **4**(物語の)結末.

desenrollar 他 **1**〖巻いて[丸めて]あったもの〗を広げる. **— se** 再 〖巻いたもの〗が広がる.

desenroscar [1.1] 他 **1**〖巻かれた[輪になった]物〗をのばす. **2**〖ネジ・ナットなど〗をはずす. **— se** 再 **1**〖巻かれた・輪になった物〗がのびる. **2**〖ネジ・ナットなど〗が外れる.

desensamblar 他 〖組み立ててあった部品〗を外す，分解する. **— se** 再 〖組み立ててあった部品〗が外れる，とれる，ばらばらになる.

desensartar 他 **1**〖数珠つなぎになっているもの〗を外す，ばらす. **2**〖糸などを抜き取〗る. **— se** 再 **1**〖数珠つなぎになったもの〗がはずれる，ばらばらになる; 〖糸などが〗抜ける.

desensillar 他 〖馬など〗の鞍を外す.

*****desentenderse** [4.2] 再〖＋de に〗**1** かかわらない，関与しない，参加しない. **2** 注意を払わない，知らないふりをする，(…のことを)忘れる.

desentendido, da 過分 〔→desentenderse〕形 ► *hacerse el desentendido* 聞こえない[気づかない]ふりをする.

desentendimiento 男 **1** 関わらないこと，関与しないこと. **2** 知らないふりをすること.

desenterrador, dora 名 発掘者.

desenterramiento 男 発掘，掘り出すこと.

desenterrar [4.1] 他 **1**〖埋れたもの〗を掘り出す. **2**〖忘れていたこと〗を呼び覚ます，蒸し返す.

desentierro 男 →desenterramiento.

desentonado, da 形 (周りと)調和していない，調子はずれの.

desentonar 自 **1** 音程をはずす. **2**〖＋con と〗調和していない; 場にそぐわない言動をする，〖…の〗調子[勢い]を削ぐ. **— se** 再〖＋con〗(…に対して)無礼なことを言う，〖…の〗(精神的・肉体的)害を被る，(…に)(精神的・肉体的)合わない.

desentono 男 **1** 不調和. **2** 無礼.

desentrampar 他 〖人〗を罠[借金]から解放する. **— se** 再 罠[借金]から逃れる.

desentrañamiento 男 **1** 探究，解明. **2** 内臓を取り出すこと.

desentrañar 他 **1** を解明する，究明する. **2** …から内臓を取り出す. **— se** 再 自分の所有物をすべて他人に与える.

desentrenado, da 形 トレーニング[練習]不足の，トレーニング不足で下手になった.

desentrenamiento 男 トレーニング[練習]不足.

desentrenarse 再 トレーニング[練習]不足で下手になる，腕が落ちる.

desentumecer [9.1] 他 〖手足の〗しびれ[凝り]を取る，感覚を取り戻させる. **— se** 再 〖手足の〗しびれ[凝り，固さ]が取れる，感覚が戻る.

desentumecimiento 男 〖手足の〗しびれが取れること，感覚が戻ること; 筋肉をほぐすこと.

desentumir 他 →desentumecer.

desenvainar 他 **1**〖刃物〗を鞘（さや）から抜く; 〖刀〗の鞘を払う. **2**〖動物が〗〖爪〗をむく.

*****desenvoltura** 女 **1**(動作・話し方などの)軽快さ，自在さ，機敏さ. ► *hablar con ～* 流暢に屈託なく，平然と話す. **2** 厚かましさ，無遠慮; (とくに女性の)恥じらいのなさ.

*****desenvolver** [5.11] 他 **1** …の包みを解く，開ける. …の包み紙を取る. **— un regalo** 贈り物を開ける. **2**〖思想・理論など〗を展開する; 〖事業〗を発展させる. **— un negocio** 事業を発展させる. **3** を解明する. **— un enigma** 謎を解明する. **— se** 再 **1**〖包んなどが〗ほどける，開(ひら)く，ばらばらになる. **2** 起こる，進行する，発展する. **3** 巧みに行動する，うまく切り抜ける.

desenvolvimiento 男 **1** 展開，発達，進展. **2**〖巻いたものを〗解きほどくこと，ほどくこと. **3**〖考え・理論の〗詳説，敷衍（ふえん）. **4**〖曖昧な〗〖込み入った問題の〗解明. **5** 奔放に振舞うこと.

*****desenvuelto, ta** 過分 〔→desenvolver〕形 **1**(意度分が)のびのびとした，屈託のない; (行動・話し方が)てきぱきとした，機敏な; 流暢な. —*actitud desenvuelta* 屈託のない態度. **2** 開け広げた.

:**deseo** 男〖デセオ〗**1**〖＋de に対する〗願い，望み，願望; 欲望(の対象). **— de comer** 食欲. realizar los ～ *de* 〖人の〗望みを叶（かな）える〖実現する〗，欲望を満たす. Siento vehementes ～*s de* verla. 私は無性に彼女に会いたい. Con mis mejores ～*s*, José. (手紙で)ごきげんよう，ホセより. **3** 性欲，欲情，色欲 (=～ carnal). **3** 誓い，願(がん). ► *arder en deseos de* …〖＋不定詞〗…したくてたまらない，〖人・物が〗欲しくてたまらない，熱望する. *venirLE [entrarLE] a...el deseo de [en deseo]*〖＋不定詞〗(衝動的に)…したくなる，する気になる.

*****deseoso, sa** 形 **1**〖叙述的に〗〖estar＋〗を望んでの，熱望している〖＋de＋名詞・不定詞・接続法〗. **2**〖限定的に〗物欲しそうな，あこがれる. —*mirada deseosa*

物欲しそうな目付き.
desequilibrado, da 形 **1** バランスを欠いた, 不均衡な, 不安定な. **2** (性格が)不安定な. ━━ 名 精神不安定[異常]の人.
desequilibrar 他 **1** …のバランスを失わせる, 不均衡(不安定)にする. **2** …の精神を不安定にさせる, 精神異常にする. ━━ se 再 **1** バランスを失う, 不均衡(不安定)になる. **2** 精神不安定になる, 精神異常になる.
desequilibrio 男 **1** 不均衡, 不安定. ~ de la balanza de pagos 収支の不均衡. **2** 精神不安定, 精神異常.
deserción 女 **1** (軍隊からの)脱走, 逃亡. **2** 逃避, 放棄.
desertar 自 [＋de] **1** (軍隊から)脱走する. **2** (責務を)放棄する, 逃避する. **3** (話)(集まりなどに)行かなくなる.
desértico, ca 形 **1** (土地が)見捨てられた, 人のいない. **2** 砂漠の.
desertificación 女 砂漠化.
desertización 女 → desertificación.
desertizar 他 (土地を)砂漠化させる. ━━ se 再 (土地が)砂漠化する.
desertor, tora 形 脱走した, 離反した. ━soldados ~es 脱走兵. ━━ 名 脱走兵; 離反者.
deservicio 男 義務の不履行.
desescalada 女 (特に戦い・暴力的)段階的縮小.
desescombrar 他 (場所)から瓦礫(がれき)を取り除く.
desescombro 男 瓦礫(がれき)の撤去.
desespañolizar [1.3] 他 非スペイン的にする, …からスペインらしさを奪う. ━━ se 再 非スペイン的になる, スペインらしさを失う.
:**desesperación** 女 **1** 絶望, 失望; 絶望[悩み]の種. caer en la ~ 絶望に陥る. **2** 自暴自棄, やけ, 捨てばち. **3** 癇(かん)の虫, 腹立たしいものく人). ━Esta niña es una ~. この子には本当に腹が立つ.
desesperadamente 副 絶望的に, 必死に.
:**desesperado, da** 過分 [→desesperar] 形 **1** 絶望した, やけになった. ━D~ por el fracaso, se suicidó. 彼は失敗に絶望して自殺した. **2** 絶望的な状況. una situación *desesperada* 絶望的な状況. **2** 絶望的な; 必死の, 死にもの狂いの. ▶ **a la desesperada** 最後の望みで, 絶望的になって. ━━ 名 絶望した人, やけを起こした人.
desesperante 形 いらいら[じりじり]させる, 腹立たしい; 落胆させる.
desesperanza 女 絶望.
desesperanzador, dora 形 絶望させる, 絶望的な.
desesperanzar [1.3] 他 (人に)希望を失わせる, 絶望させる. ━━ se 再 希望を失う, 絶望する.
:**desesperar** 自 [＋de＋不定詞/de que＋接続法] (に)失望する, 絶望する, 望みを失う. ~ de aprobar el examen 試験に受かる望みを失う. ━━ 他 をいらいらさせる, 嫌がらせる; 絶望させる. ━Me *desespera* oírle quejarse de todo. 私は彼がのべつ不平を言うのを聞くとうんざりしてしまう. ━━ se 再 [de/por に] いらいらする, 腹を立てる, 悔やむ.
desespero 男 →desesperación.
desestabilización 女 混乱, 不安定(化).
desestabilizador, dora 形 (特に政治, 経済を)混乱させる, 不安定にする.
desestabilizar [1.3] 他 を混乱させる, 不安定にする. ━━ se 再 混乱する, 不安定になる.
desestanco 男 停滞[渋滞]の解除.
desestima, desestimación 女 軽視; 無視.
desestimar 他 **1** を評価しない, 軽視する; …に敬意を払わない. **2** (嘆願・申し出などを)無視する, とりあわない; (請願)を却下する.
desfachatado, da 形 厚顔無恥な, 恥知らずな.
desfachatez 女 厚顔無恥, 恥知らずなこと.
desfalcador, dora 名 横領człowiek.
desfalcar [1.1] 他 **1** …から金を横領する, …の金を着服する. **2** …から一部[支え]を取り去る.
desfalco 男 横領, 着服.
desfallecer [9.1] 自 **1** ふらふらになる, 気が遠くなる, 卒倒する. ~ de agotamiento 疲労困憊(こんぱい)する. **2** 気力[元気]を失う, をふらふらにする, …の気力を失う.
desfallecimiento 男 **1** 弱ること, 気が遠くなること; 気力[元気]を失うこと. **2** (医学)失神, 虚脱.
desfasado, da 形 **1** (人が)時代遅れの[estar＋]. **2** (物理)位相が乱れた.
desfasaje 男 (中南米) →desfase.
desfasar 他 …の位相をずらす.
desfase 男 **1** ずれ, 食い違い. ~ horario 時差ぼけ(＝jet lag). **2** (物理)位相差.
desfavorable 形 不都合な, 反対する; 望ましくない.
desfavorecer [9.1] 他 **1** …にとって不都合である, 不利に働く. **2** (服などが)(人)の良さを損う, 見劣りさせる.
desfibradora 女 繊維除去機.
desfibrar 他 (物質)から繊維を除く(製紙の過程など).
desfibrilador 男 《医学》(心臓の鼓動を正常に戻すための)除細動器.
desfiguración 女 **1** 形を変えること, (特に)醜くすること. **2** 事実の歪曲(わいきょく), …
desfigurado, da 形 **1** 変形した; 変装を施した. **2** 歪(ゆが)められた.
desfigurar 他 **1** の形を変形させる; (人)の顔・容姿を醜くする. **2** (事実)を歪曲(わいきょく)する. **3** …の見分けがつきにくくする, 輪郭をぼかせさせる; 変装させる. ━━ se 再 変形する, 醜くなる, 歪む.
desfiguro 男 〖メキシコ〗おかしなこと.

desfilachar 他 →deshilachar.

desfiladero 男 (特に山間の)狭い道.

desfilar 自 1列を作って行進する. 分列行進する. 2《話》ぞろぞろと通る, 次々と出てくる. 退出する. 3次々と通ってゆく.

desfile 男 1 (デモなどの)行進, パレード, 行列. —~ de una manifestación 示威行進. 2 ファッションショー. —~ de modelos [de moda(s)] ファッションショー. 3 (人・物の)列, 一続き. 4 《軍事》分列行進, 観兵式.

desflecar [1.1] 他 (布地)…にフリンジ[房]をつける. — se 再 (布地の端が)ほれる.

desflemar 自 痰(たん)を吐く. — se 再 《化学》を分解する.

desfloración 女 1 外観を損う(損わせる)こと. 2 テーマを表面的に扱うこと. 3 処女を失わせる[失う]こと, 処女を奪うこと.

desfloramiento 男 = desfloración.

desflorar 他 1 …の外観[美観]を損う, 良い部分を失う. 2 (テーマなどに)軽く触れる, 表面的に扱う. 3 …の処女を奪う. 4 …の花を摘む[もぎ取る].

desfogar [1.2] 他 [con/en と] (感情)をぶちまける, 発散させる. — 自 (海事) (とうとつ)嵐になる. — se 再 [con/en と] (感情)をぶちまける, 発散する.

desfogue 男 感情の表出, 発散.

desfondar 他 1 (容器・船などの)底に穴をあける, 底を壊す. 2 (競技者などの)気力を失わせる. 3 (土地)を深く耕す. — se 再 1 …の底が抜ける, 底に穴があく. 2 (競技者が)気力を失う, 力尽きる.

desfonde 男 1 底の破損. 2 力尽きること. 3 (土地などを)深く耕すこと.

desforestación 女 = deforestación.

desforestar 他 →deforestar.

desfortalecer [9.1] 他 (場所)の要塞を取り壊す.

desfruncir [3.5] 他 (布など)のしわを伸ばす. —~ el ceño しかめ面を解く. — se 再 しわが伸びる.

desgaire 男 (服装・動作などの)だらしなさ, 無頓着(とんちゃく). ► **al desgaire** ぞんざいに, 無頓着に.

desgajamiento 男 引き離すこと, 分離, 分裂.

desgajar 他 [de から] (枝)をもぎ取る. —El fuerte viento *ha desgajado varias ramas del nogal*. 強風でクルミの木から何本かの枝がもぎ取られた. 2 [de から] を破り取る, 引きちぎる. 3 [de から] (人)を引き離す. — se 再 1 (木の枝などが)折れる, 取れる; (幹などから)離れる. 2 [de から] 分かれる, 分離する. 3 [de から] 離れる, 去る.

desgaje 男 もぎ取り, 引きちぎり; 分離, 取れること.

desgalichado, da 形 《話》不格好で, みすぼらしい.

desgalillarse 再 →desgañitarse.

desgana 女 1 食欲がないこと, 食欲不振. 2 やる気のなさ, 気が進まないこと. —con— いやいや, しぶしぶ.

desganado, da 形 1 食欲のない. 2 やる気のない, 気が乗らない.

desganar 他 1 …の食欲を奪う. 2 …のやる気を奪う. — se 再 1 食欲がなくなる. 2 [de と] 飽きる, やる気を失う.

desgano 男 →desgana.

desgañitarse 再 叫ぶ, 怒鳴る. 声をからす.

desgarbado, da 形 不格好な, ひょろひょろした, ぶざまな.

desgarbo 男 不恰好, ぶざま.

desgargantarse 再 →desgañitarse.

desgarrado, da 形 1 引き裂かれた, ちぎれた. 2 厚顔の, ずうずうしい. 3 痛々しい, 悲痛な.

desgarrador, dora 形 胸を引き裂くような, 悲痛な.

desgarradura 女 (布などにできた)引き裂き, 裂け目; ちぎれた破片.

desgarramiento 男 1 引き裂くこと. 2 胸を引き裂かれるような思い.

desgarrar 他 1 (布など)を引き裂く, かぎ裂きをつくる; ずたずたにする. —~ *la carta* 手紙をずたずたに引き裂く. 2 (心)を引き裂く, 悲しませる. — se 再 1 裂ける, 破れる. 2 胸が引き裂かれる思いがする. 3 [de から] 離れる, (と)別れる. — 自 《中南米》(痰)を切るために)咳(せき)払いする.

desgarre 男 引き裂き.

desgarro 男 1 慎みのなさ, ずうずうしいこと. 2 (布などにできた)引き裂き, 裂け目. —~ muscular 筋肉痛. 3 胸が引き裂かれる思い, 悲痛. 4 《中南米》痰(たん).

desgarrón 男 (布などにできた)引き裂き, 裂け目; ちぎれた破片.

desgastador, dora 形 (人を)消耗させる, 疲れさせる.

desgastar 他 1 を磨り減らす, 使い古す. 2 (人)を衰えさせる, 消耗させる. — se 再 1 磨り減る. 2 衰える, 消耗する.

desgaste 男 1 使い古すこと, 磨り減る(減らす)こと. 2 衰え, 消耗.

desglosar 他 1 (書類などのある部分, ページなど)を抜き出す, 別にする. 2 (概念のある部分)を区別する. 3 (文書)から注釈を取り除く.

desglose 男 1 抜き出すこと, 別にすること; 区別. —el ~ de un presupuesto 予算の内訳. 2 注釈の削除.

desgobernado, da 形 制御がきかない; 言うことを聞かない, だらしない.

desgobernar [4.1] 他 1 (国を)きちんと治めない; を混乱させる. 2 (骨)を脱臼(きゅう)させる. — se 再 1 制御できなくなる; 秩序を失う. 2 脱臼する. 3 だらしない生活をする.

desgobierno 男 1 きちんとした政治が行われないこと, 混乱, 無秩序. 2 脱臼(きゅう).

desgonzar [1.3] 他 →desgoznar.

desgoznar 他 (戸など)を蝶番(ちょうつがい)から

外し、(蝶番)を戸などから外す. ━━ se 再 制御を失う.

:**desgracia** 女 **1** 不幸, 不運, 逆境. ━una cadena de ~s 度重なる不幸, 不運続きで. Sufrió sus ~s en silencio. 彼は黙って不幸に耐えた. Vaya ~, mira que perder las llaves. 何ていついてないんだ、鍵を無くすなんて. **2** 災難, 禍(わざわい). **3** 冷遇, 不興, 愛想尽かし, 不名誉となる人[もの, こと]. **4**【話】下手くそ. ▶ *caer en desgracia* 不幸を買う, 嫌われる；逆境に陥る. *desgracias personales*【文】(事故・災害の)犠牲者, 死亡者. *En la desgracia se conoce a los amigos*.〖諺〗逆境の中でこそ真の友が分かる. *Las desgracias nunca vienen solas*.〖諺〗泣き面に蜂. *por desgracia* 残念ながら, 不運にも, 不幸なことに. *por suerte o (por) desgracia* 幸か不幸か. *tener la desgracia de*〖+不定詞/que+接続法〗不幸[不運]にも…する.

:**desgraciadamente** 副 不幸(不運)にも, あいにく, 残念ながら.

:**desgraciado, da** 過分 [→ desgraciar] 形 **1**〖+en について〗不運な, 不幸な〖ser +〗. ━~ accidente 不幸な事故. *ser* ~ *en el matrimonio* 結婚生活が不幸である. **2**〖+en〗誤った, 不適切な；不成功な〖estar +〗. **3** かわいそうな, みじめな. –¡Qué ~ soy! 私は何て運がないんだ. **4** 魅力のない, みっともない. ━ 名 **1** 不運(不幸)な人, 恵まれない人. **2**【話】俗人, 野郎；ろくでなし.

desgraciar 他 **1** を損なう, だめにする. **2** を傷つける. **3**(人)を怒らせる. ━ 再 **1**(完成せずに)だめになる；(赤ん坊が)死産する. **2** 不興を買う；仲たがいする. **3** 傷つく, 怪我をする.

desgranadora 女 脱粒[脱穀]機.

desgranar 他 **1** …から粒を取る；を脱穀する. ━~ *el maíz* [*un racimo de uvas, guisantes*] トウモロコシの粒を[ブドウの房から実を取る, エンドウ豆をさやから出す]. **2**(ロザリオ・数珠)を繰る. **3**(言葉)を並べ立てる, 次から次へと言う. ━ *se* 再 **1**(実・さやなどの)粒が取れる. **2**(数珠・ネックレスなどの)玉がはずれる, ばらばらになる.

desgrane 男 粒を取ること.

desgranzar 他 …からもみ殻を取り除く.

desgrasar 他 (羊毛などの)脂質を抜く；脂よごれを取る.

desgrase 男 脂質の取り除き.

desgravación 女 税の控除, 減免.

desgravar 他 (ある費目)について税を控除する, 関税を減免する.

desgreñado, da 形 髪が乱れた, ぐしゃぐしゃの.

desgreñar 他 (人)の髪を乱す, (髪)を乱す. ━━ se 再 髪が乱れる.

desgreño 男 髪の乱れ；だらしなさ.

desguace 男 (船・車などの)解体.

desguañangado, da 形【中南米】(服装が)だらしのない, 乱れた.

desguañangar 他【中南米】を壊す, ばらばらにする.

desguarnecer [9.1] 他 **1**〖+ de〗(装飾を)…から取る；(馬具を)(馬)から外す. ━~ *la habitación de cortinas* カーテンを外す. **2**〖+ de〗(大事な部品を)…から外す. **3** …から守備隊を引き上げる.

desguazar [1.3] 他 (船・機械など)を解体する.

deshabillé 〈仏〉男 女性用の部屋着, ガウン (=*salto de cama*).

deshabitado, da 形 人の住まなくなった, 無人化した.

deshabitar 他 **1**(住んでいたところ)を去る. ━~ *la casa* 家を去る. **2**(場所)を無人にする.

deshabituar [1.6] 他〖+ de 習慣を〗(人)に捨てさせる. ━━ se 再 習慣を捨てる.

:**deshacer** [10.10] 他 **1**(形作ったもの)を解く, ほどく. ━~ *el nudo de los zapatos* くつの結び目をほどく. ~ *la maleta* [*el equipaje*] スーツケース[手荷物]の中身を取り出す. **2** を壊す, 破壊する. ━*El tornado deshizo varias casas del pueblo*. 大竜巻は村の数軒の家を壊した. **3**(固体)を溶かす. ━*El sol deshizo la nieve*. 太陽が雪を解かした. **4** を消耗させる, 悲しませる, いらいらさせる. **5**(協約・協定)を破棄する, 解消する. ━~ *un tratado de paz* 講和条約を破棄する. **6** を敗走させる, 壊滅させる. **7**(家客)を解体する. ━━ se 再 **1** 壊れる, 粉々になる, ばらばらになる. ━*El jarrón se deshizo al caer al suelo*. つぼは床に落ちて壊れた. **2** 溶ける. ━~ *se el helado* アイスクリームが溶ける. **3**(精神的に)消耗する, 悲しみに暮れる, いらいらする. **4** 身を粉にして働く, 粉骨砕身する. **5** 消える. **6**〖+ por に〗身も心もこがす, 夢中になる, 首ったけになる. ━~ *se por ella* 彼女に夢中になる. **7**〖+ en を〗極端にする, (…の)度を過ごす, ひどく…する. ━~ *se en elogios* ほめそやす. **8**〖+ de を〗手離す, 見捨てる, あきらめる；(人と)手を切る. **9**(人)を殺す.

desharrapado, da 形 名 ぼろを着た(人), みすぼらしい(人).

deshebillar 他 …のバックルを外す.

deshebrar 他 **1**(織物)をほどく. **2**(さや豆などの)筋を取る.

deshecho, cha 過分 [→ deshacer] 形 **1** 壊れた, 崩れた, 乱れた. **2**(精神的に)まいった, 疲れた. **3**(雨など)激しい, 荒れ狂う. **4**【中南米】(身なりが)だらしない.

deshelador 男 氷結防止装置.

deshelar [4.1] 他 (凍ったもの)を解かす, 溶かす, 解凍する. ━━ se 再 溶ける.

desheredación 女 相続権の剥奪(はくだつ), 廃嫡(はいちゃく).

desheredado, da 形 **1** 相続権をなくした. **2** 貧しい, 財産のない. ━ 名 **1** 貧しい人, 恵まれない人. **2** 相続権を失った人, 廃嫡された人.

desheredar 他 (人)から相続権を剥奪する、を廃嫡する.

deshidratación 女 1《医学》脱水症状. 2《化学》脱水, 脱水作用.

deshidratador, dora 形 水分を取る, 脱水する.

deshidratante 形 水分を取る, 脱水する.

deshidratar 他 を脱水状態にする, の水分を取る. — se 再 脱水状態になる.

deshielo 男 1 溶けること; 雪解け. 2 緊張緩和, 和らぐこと.

deshierbar 他 …から雑草を引き抜く.

deshierbe 男 『中南米』雑草の除去.

deshijar 他 (植物)から若枝を取り covo.

deshilachado, da 形 (布・服)の端が摺り切れた, ほつれた.

deshilachar 他 (布・服)の端をほぐす, ほつれさせる; (織物)を糸にする. — se 再 (布・服)の端がほつれる, ほぐれる.

deshilado, da 形 →deshilachado. — 男 抜きかがり刺繍.

deshilar 他 →deshilachar. — se 再 (服)の端, すそがすり切れる.

deshilvanado, da 形 1 しつけ糸の取れた. 2 (話など)脈絡のない, 一貫しない.

deshilvanar 他 (服)のしつけ糸を取る. — se 再 (服)のしつけ糸が取れる.

deshinchar 他 1 (膨らんだもの)をしぼませる. 2 (はれ)を引かせる. 3 …の重要性をひかえ目に言う, …に謙虚である. — se 再 1 (膨らんだものが)しぼむ. 2 (はれが)引く. 3 (傲慢だった人が)へこむ, 謙虚になる.

deshipotecar [1.1] 他 (物件)の抵当を解除する.

deshojador, dora 形 葉を取る[除く]. — 女 樹木の葉を取る機械.

deshojar 他 …の葉(花びら・頁など)を取る. — se 再 葉(花びら・頁など)が落ちる, 取れる.

deshoje 男 葉が落ちること, 落葉.

deshollinador, dora 形 煙突掃除の, 煙突掃除人. — 男 煙突掃除用の道具.

deshollinar 他 (煙突)を掃除する, すす払いをする; (壁・天井)を掃除する.

deshonestidad 女 1 不誠実, 不道徳, みだらさ.

deshonesto, ta 形 1 不誠実な, 正直でない. 2 不道徳な, みだらな.

deshonor 男 1 不名誉, 名誉を失うこと, 恥辱. 2 不名誉なこと(物・人), 面汚し.

deshonrar 他 1 …の名誉を奪う. 2 …の地位・職を奪う.

deshonra 女 1 不名誉, 不面目, 恥辱; 侮辱. 2 辱(はずかし)め(女の貞操を汚すこと).

deshonrador, dora 形名 面目を失わせる(人), 辱める(人).

deshonrar 他 1 …の名誉を毀損(きそん)する, 名誉を傷つける. 2 (婦女)を陵辱する, 犯す. — se 再 恥をかく, 面目をなくす.

deshonroso, sa 形 恥ずべき, 不名誉な.

deshora 女 ▶ **a deshora** 不適切な時に, そうすべき時をはずして; 夜遅く.

deshuesado 形 骨[種]を取ること.

deshuesador, dora 形 (果物の)芯[種]を取る. — 女 (果物の)芯[種]取り器.

deshuesar 他 (肉)の骨を取る, (果物)の種[芯]を取る.

deshumanización 女 非人間化, 人間らしさを失うこと.

deshumanizado, da 形 人間らしさを失った, 非人間化された.

deshumanizador, dora 形 人間らしさを失わせる, 非人間的な.

deshumanizante 形 人間味に欠けた.

deshumanizar [1.3] 他 を非人間化する, …に人間味を失なわせる. — se 再 人間味[らしさ]を失う.

deshumano, na 形 →inhumano.

deshumedecer [9.1] 他 を乾燥させる.

desiderata 女 1《集合的に》(不足していることから)要望されているもの. 2 (購入)希望品目.

desiderativo, va 形 願望の.

desiderátum 男 1 望みうる最高のもの[こと]. 2 望み, 強い願望.

desidia 女 不精, 怠慢.

desidioso, sa 形 不精な, 怠惰な.

desierto, ta 形 1 人気(ひとけ)のない, 住む人のない; 荒涼とした[estar+]. —isla **desierta** 無人島. 2 (コンクール・入札など で)勝者[当選者]がいない. — 男 沙[砂]漠, 不毛の地, 荒野. ▶ **clamar [predicar] en el desierto** 馬の耳に念仏を唱える, (聞く耳を持たない人に)無駄な話をする.

designación 女 1 指名, 任命. 2 名づけ, 呼称.

designar 他 1《文》(人)を…に指名する[任命する]; (場所・日時などを)指定する. —Ha sido **designado** presidente de la fundación. 彼は財団総裁に任命された. 2《文》[+con]を…で呼ぶ, を…と命名する. —En este país **designan** muchos productos **con** nombres ingleses. この国では多数の製品に英語名が付けられている. 3 (言葉・記号など)が指示する, 表示する, 意味する.

designativo, va 形 名称的な.

designio 男 意図, 計画.

desigual 形 1 [+con/en が] (…と)等しくない, 均等でない; 不平等な [ser+]. —Aquellos hermanos son muy **desiguales** en el carácter. あの兄弟は性格が非常に違っている. 2 一様でない, むらのある; 変わりやすい, 気まぐれな. —Este verano está haciendo un tiempo muy ~. 今年の夏は非常に天気が変わりやすい. 3 平らでない, でこぼこの. 4 [+名詞] 比類ない.

desigualar 他 を不揃いにする, 異なら

desigualdad 囡 **1** 不均衡, 不均等, 不公平; 不平等. ~ de oportunidades 機会不均等. ~ social 社会的不平等. **2** (表面の)起伏, でこぼこ. ──*es* del terreno 土地の起伏. **3** (天候の)変わりやすさ, 不順; (性格・文章などの)むら, むら気. **4** 〖数学〗不等式.

desilusión 囡 **1** 失望, 幻滅, 落胆; 期待外れ, 当て外れ. —llevarse una ~ 失望する, 幻滅を感じる, がっかりする, 当て外れする. **2** 迷いから覚めること, 覚醒.

desilusionante 形 がっかりさせる, 幻滅させる.

desilusionar 他 をがっかりさせる, 幻滅させる, …の期待を裏切る. ──*se* 再 **1** がっかりする, 幻滅する. **2** →desengañarse.

desimaginar 他 …を想像しなくする, 記憶から消す.

desimponer 他 〖印刷〗…から組版を外す.

desimpresionar 他 (人)の思い込みを正す, 迷いを覚ます.

desincentivación 囡 人のやる気[関心]を奪うこと[失わせること].

desincentivador, dora 形 やる気を失わせる.

desincentivar 他 (人)のやる気[関心]を奪う[失わせる].

desincorporar 他 …を組み込まれたものから分離する. ──*se* 再 組み込まれたものから分離される.

desincrustante 形男 湯あか防止[除去]の; そのための薬剤.

desincrustar 他 …の湯あか[付着物]を除去する.

desindustrialización 囡 非産業化, 非工業化.

desindustrializar 他 (地域)を非産業化する, (地域)の産業化を妨げる.

desinencia 囡 〖言語〗語尾変化, 屈折語尾. ~ nominal 名詞の性数変化. ~ verbal 動詞の活用, 屈折語尾.

desinencial 形 語尾変化の, 活用の.

desinfartar 他 〖医学〗の梗塞を治す.

desinfección 囡 消毒, 殺菌.

desinfectante 形 消毒(用)の. ──男 消毒薬[液].

desinfectar 他 を殺菌する, 滅菌する, 消毒する. ──*se* 再 (自分の体)を消毒する.

desinfestar 他 →desinfectar.

desinflamación 囡 炎症が治まること, 消炎.

desinflamar 他 (体の部位・傷)の炎症をおさえる. ──*se* 再 炎症がおさまる.

desinflamatorio, ria 形 〖中南米〗消炎の.

desinflar 他 **1** をしぼませる, (風船など)の空気を抜く. ~ las ruedas タイヤの空気を抜く. **2** を落胆させる; …の鼻っ柱を折る. **3** …の重要性[力]を奪う. ──*se* 再 **1** しぼむ, 空気が抜ける. **2** 落胆する, がっかりする; 謙虚になる. **3** 重要性・力を失うこ.

desinformación 囡 **1** 偽情報(を出すこと). **2** 情報がないこと, 無知.

desinformar 他 **1** 間違った[操作した]情報を流す. **2** (意図的に)知らせない, 情報不足にする.

desinhibición 囡 (心理的・生理的)抑制を失うこと.

desinhibido, da 過分 〔→ desinhibir(se))〕形 抑制のない; 天衣無縫な, 屈託のない.

desinhibir 他 (人)に抑制をなくさせる, 自由に振舞わせる. ──*se* 再 天衣無縫に[自由に, 屈託なく]振舞う.

desinsectación 囡 寄生虫[害虫]の駆除.

desinsectar 他 …の寄生虫[害虫]の駆除する.

desinstalación 囡 〖情報〗アンインストール.

desinstalar 他 〖情報〗(プログラム)をアンインストールする.

desintegración 囡 分解, 解体; 分裂, 崩壊. ~ nuclear 核分裂.

desintegrar 他 を解体させる, 分裂させる. ──*se* 再 解体する, 分裂する.

desinteligencia 囡 〖南米〗無理解, 不一致.

desinterés 男 **1** 私心のなさ, 無私無欲, 気前のよさ. —tener ~ 私心[私欲]がない. 〖+ por/hacia への〗無関心, 興味のなさ.

desinteresado, da 過分 〔→ desinteresarse〕形 **1** 関心[興味]がない, 無関心の. **2** 私心のない, 私利私欲のない, 公平無私な.

desinteresarse 再 〖+ de に〗興味を失った, 関心を示さなくなる.

desintoxicación 囡 〖医学〗解毒.

desintoxicar [1.1] 他 を解毒する; (人)の中毒を治す. ──*se* 再 中毒が治る.

desinversión 囡 〖経済〗資金[投資]の回収.

desinvertir 他自 〖経済〗(の)投資から撤退する, 資産売却する.

desistimiento 男 断念; 〖法律〗権利の放棄, 訴訟の取り下げ.

desistir 自 〖+ de から〗**1** 断念する, あきらめる. —*Desistió* de su empeño por aprender inglés. 彼は英語を学ぼうという努力をやめた. **2** 〖司法〗(権利)を放棄する.

desjarretar 他 **1** (四足獣)の後ろ足を膝のところで切る. **2** (人)を弱らせる.

desjuiciado, da 形 判断力を失なった, 気違いの.

desjuntar 他 (一緒になっていたもの)を離す.

deslabonar 他 **1** (鎖)の輪を切る. **2** 部分に分ける, 分解する.

deslastrar 他 (船など)から底荷[バラ

deslavar 他 **1** をさっと洗う，軽く洗う．**2** …の色を褪せさせる．

deslavazado, da 形 **1**（話などが）まとまりのない，一貫しない．**2**（服・布などが）よれよれの．**3** 色褪せした．

deslavazar [1.3] 他 →deslavar.

*__desleal__ 形 **1**〔+ a/con に〕忠実でない，不誠実な．—Eres ~ con tus amigos. 君は友人たちに対して不誠実だ．**2**（やり方が）不当な，不正な．── 男女 不誠実な人，不忠者，裏切り者．

deslealtad 女 不実，不忠，裏切り；不貞．

deslegalización 女 非合法化．

deslegalizar 他 を非合法化する（= ilegalizar）．

deslegitimar 他 …からその正当性を奪う．

desleimiento 男 溶かすこと，溶解．

desleír [6.6] 他〔+ en に〕を溶かす． ── se 再 溶ける．

deslenguado, da 形 名 **1** 人をののしる（人），悪口を言う（人）．**2** 言葉が汚ない（人），言葉使いが下品な（人）．

deslenguamiento 男 罵詈雑言．

deslenguarse 再《話》わめき立てる，悪口を言う；下品な言葉使いをする．

desliar [1.5] 他 …の包みを解く． ── se 再（縛ったもの，くくられたもの）がほどける，解ける．

desligar [1.2] 他 **1**〔+ de から〕（つながれたもの）を離す，解放する，自由にする．**2**（問題などを）切り離す． ── se 再〔+ de から〕離れる，自由になる．

deslindamiento 男 →deslinde.

deslindar 他 **1**（土地などの）境界を決める，線引きをする．**2**（問題などの）範囲・区別をはっきりさせる．

deslinde 男 境界画定，線引き，区別．

*__desliz__ 男〖複 deslices〗**1**《話》（ちょっとした）過ち，間違い，失敗，失言．—cometer [tener] un ~ 間違いを犯す，過ちを犯す，しくじる．~ de la lengua 口を滑らすこと．**2**《話》（性的・金銭的関係での）過ち，しくじり．**3**滑ること，滑って転ぶこと．

deslizadero, ra 形 男 滑りやすい（所）．
deslizadizo, za 形 滑りやすい．
deslizamiento 男 **1** 滑ること．**2** 失言．

deslizante 形 滑りやすい，滑る．

*__deslizar__ [1.3] 他 **1** を滑らせる：滑り込ませる，こっそり入れる．—Deslizó la carta por debajo de la puerta. 彼はドアの下から手紙を滑り込ませた．**2**（それとなく）口にする，（本音など）を漏らす．—Deslizó un hiriente comentario. 彼は感情を害するようなコメントをうっかり言ってしまった． ── 自 滑る． ── se 再 **1**〔+ sobre の上を〕滑る，滑りながら進む，滑り下りる[落ちる]；滑るように進む．—Los niños se deslizaban por el tobogán. 子どもたちは滑り台を滑りおりた．La barca se deslizaba sobre el lago. 小舟は湖を滑るように進んで行った．**2** しのび込む；抜け出す．**3**（川などが）ゆったり流れる，（時間が）ゆっくり過ぎて行く．**4**（間違いを）うっかり犯す，口を滑らせる．

deslocalizar 他（安い人件費を求めて）工場を移転する．

deslomar 他 **1** …の背中を痛める，痛めつける．**2** を疲れ果てさせる． ── se 再 **1** 背中を痛める．**2** たくさん働く，骨を折って働く．

deslucido, da 形 はえない，ぱっとしない，魅力のない；色つやを失なった．

deslucimiento 男 輝きを失なう（失なわせる）こと．

deslucir [9.2] 他 **1** …の輝きを失なわせる，をくもらせる．**2** を色あせさせる．

deslumbrador, dora 形 目もくらむような，光り輝く；圧倒的な．

deslumbramiento 男 **1** 目がくらむこと，まぶしく輝くこと．**2** 圧倒される[する]こと．

*__deslumbrante__ 形 **1** まぶしい，まばゆい．—la luz ~ del sol 太陽のまぶしい光．**2** 目もくらむような，眩惑（げんわく）させるような．

:**deslumbrar** 他 **1**（光が）…の目をくらます，まぶしくさせる．—Los faroles del coche me deslumbraron. 車のヘッドライトで私は目がくらんだ．**2** を眩惑（げんわく）する，…の目を奪う． ── se 再 **1** 目がくらむ．**2** 眩惑される，目を奪われる．

deslustrar 他 **1** …の光沢を失なわせる，つやを消す；（ガラス）をすりガラスにする．**2** を色あせさせる，さえなくする．**3** …の名声・評判を傷つける．

deslustre 男 **1** 光沢を失なうこと，つや消し．**2** 評判に傷がつくこと．

desmadejado, da 形 衰弱した，弱りきった．

desmadejamiento 男 体が弱ること，消耗，衰弱．

desmadejar 他（人）を疲れさせる，弱らせる． ── se 再 弱る，衰弱する．

desmadrarse 再 度を過ぎる，はめを外す．

desmadre 男《話》**1** 度を過ぎること；言いすぎ，やりすぎ．**2** どんちゃん騒ぎ．

desmalezar [1.3] 他《中南米》…の雑草を取る，除草する．

desmallar 他（網状のもの）を破る（ストッキングを伝線させる． ── se 再（ストッキングが）伝線する．

desmán[1] 男 **1** 行き過ぎ，やりすぎ；非道な行ない．**2** 不幸な出来事．

desmán[2] 男《動物》ミズトガリネズミ．

desmanchar 他《中南米》…のしみを抜く，汚れを取る． ── se 再《中南米》（家畜が）群れから離れる．

desmandado, da 形 命令に従わない，反抗的な．

desmandarse 再 **1** 命令に従わない，反抗する．**2** 群から離れる．

desmano 男 ▶ a desmano 手が届かない；離れた．

desmantelado, da 形 **1** 取り壊され

た, 解体された. **2**(家などの)家具[設備]を取り去った; (船の)マストが折れた.

desmantelamiento 男 取り壊し, 解体, 家具[設備]の撤去.

desmantelar 他 **1** を取り壊す, 解体する. —~ una base militar 軍事基地を取り壊す. **2**(家などの)家具[設備]を撤去する. **3**(船の)マストを折る. **4**(組織などを)解体する, 分解する, ばらばらにする.

desmaña 女 不器用なこと, 不器用さ.

desmañado, da 形 不器用な.

desmañanarse 再《中南米》早起きする.

desmaño 男 (身なりなどの)だらしなさ, いい加減さ.

desmaquillador, dora 形 化粧落しの. —男 化粧落し, クレンジング・クリーム; 化粧落しブラシ.

desmaquillar 他 …の顔の化粧を落とす. —se 再 自分の顔の化粧を落とす.

desmarcarse 再《スポ》敵のマークから自由になる, 敵のマークを外す. **2**［+de］から〕逃れる, (を)避ける.

desmarque 男《スポ》敵のマークを外すこと.

desmayado, da 形 **1** 気を失なった. **2** 気力をなくした. **3** 色の薄い, 蒼白な.

:**desmayar** 他 気絶[失神]させる. —El susto casi lo desmaya. 驚きのため彼はあわや気絶するところだった. —自 気力を失う, くじける, ひるむ. —se 再 気を失う, 失神する.

:**desmayo** 男 **1** 失神, 気絶. —sufrir un ~ 気絶する. **2** 無気力, 意気消沈; 口くじけ. **3**《植物》しだれ柳. —**sin desmayo** 少しもひるまず, 断固として.

desmazalado, da 形 **1** 哀弱した; 打ちひしがれた.

desmedido, da 形 度を過した, とほうもない.

desmedirse [6.1] 再 度を過す, はめを外す.

desmedrado, da 形 やつれた, 弱った.

desmedrar 自 やつれる, 衰弱する; 悪化する. —他 を悪化させる, 損なう. —se 再 やつれる, 衰弱する; 悪化する.

desmedro 男 衰弱; 悪化.

desmejora 女 衰弱, 悪化.

desmejoramiento 男 → desmejora.

desmejorar 他 を悪くする, 損ねる. —自 やつれる, 衰弱する. —se 再 やつれる, 衰弱する.

desmelenado, da 形 **1** 髪の乱れた. **2** 髪をふり乱した, 平静を失った.

desmelenamiento 男 **1** 髪を振り乱すこと. **2** 激高, 興奮; 羽目を外すこと.

desmelenar 他 …の髪を乱す. —se 再 **1** 髪が乱れる. **2** 平静を失う, 興奮する, 激高する. **3** はめを外す, のびのびと振る舞う.

desmembración 女 **1** 手足の切断. **2**(組織などの)解体, 分裂.

desmembramiento 男 → desmembración.

desmembrar [4.1] 他 **1**(手足)を切断する; …の手足を切断する. **2**［+de を〕を分離する; を分割[解体]する. —se 再 分割される, 分離される, 解体する.

desmemoria 女 記憶の欠如.

desmemoriado, da 形 男 **1** 忘れっぽい(人). **2** 記憶を失なった(人).

desmemoriarse 再 記憶を失なう;〔+de〕を忘れる, 思い出さない.

desmentida 女 →desmentido.

desmentido 男 **1** 否定, 否認, 反駁(はく), 反論. **2** 否定, 打ち消しのための公式声明[コミュニケ].

desmentidor, dora 形 否定する, 反証となる. —名〔+de を〕否定する人.

desmentir [7] 他 **1** を否定する, 嘘だという; …の反証になる. —Desmiento todo lo que él dice de mí. 彼が私について言っていることは全部うそだ. **2** を隠す. **3** …にふさわしくない, もとる.

desmenuzable 形 粉々になりやすい, 砕けやすい, もろい.

desmenuzador, dora 形 (物を)粉々にする, くだく. —男 粉砕機.

desmenuzamiento 男 粉々にすること.

desmenuzar [1.3] 他 **1** 固くないもの)を粉々にする, くだく. **2** を細かに調べる. —se 再 くだける, 粉々になる, 小さくなる.

desmerecedor, dora 形〔+de に〕ふさわしくない, 値しない.

desmerecer [9.1] 他 …にふさわしくない, 値しない, もとる. —自 **1** 価値を失なう. **2**〔+de より〕劣る, ひけを取る.

desmerecimiento 男 **1** 欠点, デメリット. **2**(他と比べて)劣ること, ひけを取ること.

desmesura 女 **1** 無礼, 傲慢. **2** 過度なこと, いき過ぎ.

desmesuradamente 副 ものすごく, 度はずれに.

desmesurado, da 形 **1** 無礼な, 傲慢な. **2** 度はずれな, 大きな.

desmesurar 他 を過大評価する, 誇張する. —se 再 度を越す, はめを外す; 慎みを失くす.

desmigajar 他 (パンなどを)粉々にする, 細かくする.

desmigar [1.2] 他 (パンなどを)細かくちぎる, くだく.

desmilitarización 女 非武装化, 非軍事化.

desmilitarizar [1.3] 他 を非武装化する, 非軍事化する.

desminado 男 地雷の撤去.

desminar 他 から地雷を撤去する.

desmineralización 女《医学》鉱物質の欠乏.

desmitificación 女 非神格化, 非神話化.

desmitificar 他 を非神話化する, 神格化[理想化]しない.

desmochadura 囡 →desmoche.

desmochar 他 **1** …の先端を取る[切る, 折る]. **2**（作品）の一部をカットする, 削除する.

desmoche 男 **1** 先端を取る[折る]こと; 剪定. **2**（作品の一部）カット[削除]すること.

desmolado, da 形 臼歯の抜けた.

desmoldar 他（ケーキなど）型から取り出す.

desmonetizar [1.3] 他 **1**（金属）を貨幣の鋳造に使用することをやめる.（通貨）を流通停止にする. **2**〔中南米〕…の価値を下げる. ― se 再 価値を失う.

desmontable 形 分解できる, 組み立て式の.

desmontaje 男 分解, 取り外し.

desmontar 他 **1** を取り外す; 分解する, 解体する. ― un reloj 時計を分解する. **2**（山）を伐採する, 切り開く; 整地する. **3**（銃）に安全装置をかける. **4**〔＋de から〕（動物・乗り物から）を降ろす. **5** に反論する. **6**（建物）を取り壊す, 取り払う. ― 自〔＋de から〕降りる. ― se 再〔＋de から〕降りる.

desmonte 男 **1** 地ならし, 整地; 山林の伐採. **2**〔主に 複〕ならした土地. **3** 地ならしで出た土.

desmoralización 囡 **1** 士気の喪失, 落胆. **2** 退廃.

desmoralizador, dora 形 **1** 士気を喪失させる, がっかりさせる. **2** 堕落させる, 退廃的な.

desmoralizante 形 → desmoralizador.

desmoralizar [1.3] 他 **1** …の士気を失わせる, 自信を奪う. **2** を退廃させる, 不道徳にする.

desmoronamiento 男 **1** 崩れる[崩す]こと, 崩壊, 倒壊, 風化. **2** 落胆, 意気消沈, 落ち込み.

desmoronar 他 **1** を崩す,（時間をかけて）倒す, 風化させる. **2** を壊す, 打ち崩す. ― se 再 **1** 崩れる, 倒れる. **2**（精神的なもの）が崩れる.

desmotadora 囡 毛織物から節玉を取る機械.

desmotar 他 **1**（毛織物）から節玉を取る. **2**（綿）を繰（く）って種を取る.

desmote 男 綿からの種取り.

desmotivación 囡 やる気を失うこと, 無気力.

desmotivar 他 のやる気をくじく. ― se 再 やる気を失う.

desmovilización 囡 動員解除, 除隊.

desmovilizar [1.3] 他 …の動員を解除する; を除隊させる.

desmultiplicar [1.1] 他（機械）をギアで減速させる.

desnacionalización 囡 非国営化, 民営化.

desnacionalizar [1.3] 他 を非国営化する, 民営化する.

desnarigado, da 形 鼻の欠けた, 鼻の折れた. **2** 鼻ぺちゃの.

desnarigar [1.2] 他 …の鼻を折る.

desnatado, da 形 無脂肪の. ► leche desnatada 脱脂乳, スキムミルク.

desnatadora 囡 牛乳のクリーム分離器.

desnatar 他 **1**（牛乳）からクリームを分離する, 上皮をとる. **2** …の良いところを取る.

desnaturalización 囡 **1** 国籍の剥奪, 追放. **2** 自然な性質を奪う（失なう）こと, 変質.

desnaturalizado, da 形 **1** 国籍を剥奪された, 追放された. **2** 自然な性質を失なった, 変質した. **3**（とくに親・子に対する）情愛のない, 無慈悲な, 非人間的な.

desnaturalizar [1.3] 他 **1** …から国籍を剥奪する, を追放する. **2** の性質を損なう, を変質させる. ― se 再 無国籍になる. **2** 変質する.

desnivel 男 **1** 高低差, 落差, 格差. ―cruce [paso] a ～ 立体交差. ― de fuerzas 力の差. **2** 傾斜, 起伏; 窪（くぼ）み.

desnivelación 囡 高低差がつく（高低差をつける）こと; 傾く（傾ける）こと; 不均衡.

desnivelar 他 …に高低差をつける; を傾ける; 不均衡にする. ― se 再 傾く, 不均衡になる.

desnortarse 再 方向を見失う.

desnucamiento 男 首を打って殺すこと.

desnucar [1.1] 他 **1** …の頸の骨をはずす, 脱臼させる. **2** 頸を打って殺す. ― se 再 **1** 首の骨が折れる. **2** 首を打って死ぬ.

desnuclearización 囡 核をなくすこと, 核の廃絶.

desnuclearizado, da 形 非核化の, 核兵器のない.

desnuclearizar [1.3] 他 …から核をなくす[廃絶する].

desnudamente 副 赤裸裸に, あからさまに, 飾りなしに.

desnudamiento 男 裸にする[なる]こと.

desnudar 他 **1** …の服を脱がせる, を裸にする. **2** …から有り金を巻き上げる, 身ぐるみ剥ぐ. **3**（装飾・おおいなど）…から取り去る, を裸にする. ― el salón para pintar las paredes 壁を塗装するため広間から装備を取り除く. **4**（本心など）をさらけ出す, あらわにする. ― se 再 **1** 服を脱ぐ, 裸になる. **2**〔＋de を〕捨てる, 投げ出す, 0取る.

desnudez 囡 裸の状態, 飾りがない状態.

desnudismo 男 裸体主義, ヌーディズム.

desnudista 形 裸体主義の, ヌーディズムの. ― 男女 裸体主義者, ヌーディスト.

desnudo, da 形 **1** 裸の, 裸体の, 服を着ていない. **2** 裸同然の, 半裸の; むき出しの. ―manos desnudas 素手. **3** 飾り

[覆い・遮るもの]のない. —paredes *desnudas* 装備のない壁. **4** あからさまな, 赤裸々な. **5** [＋de が] ない, 欠けている. **6** (貧乏で)裸同然の, 赤貧の. —**男** 裸体画, ヌード写真, 裸像. ▶**al desnudo** あからさまに; 包み隠さず; 裸体では.

desnutrición 女 栄養不良, 栄養失調.

desnutrido, da 形名 栄養不良の(人), 栄養失調の(人).

desnutrir 他 栄養不良にする. —**se** 再 栄養不良[栄養失調]になる.

***desobedecer** [9.1] 他 …に従わない, 背く. —**a sus padres** 両親に従わない.

desobediencia 女 不服従, 不従順, 反抗.

***desobediente** 形 従順でない, 不従順な. —**男女** 従順でない人.

desobstrucción 女 障害物の除去.

desobstruir [11.1] 他 …から障害物を除く, 通りを良くする.

desocupación 女 **1** 退去, 撤去, 明け渡し. **2** [中南米] 失業.

***desocupado, da** [過分 ← *desocuparse*] 形 **1** ふさがっていない, 空いている; (空間を)空けた, 邪魔物を取り除いた. —**En este vagón no hay asientos ～s.** この車両には空席がない. **2** 暇な, 用事のない; 何もしない. **3** [中南米] 仕事のない, 失業した. —名 **1** 暇な人; 怠け者. **2** [中南米] 失業者.

***desocupar** 他 **1** (中のものを)取り出す, 空にする. —**la maleta** スーツケースの中を空にする. **2** (場所)を明け渡す, 立ち退く; 退去する. —**el piso** マンションを立ち退く. —**se** 再 **1** 仕事が暇になる. **2** 空く. **3** [中南米] 出産する.

desodorante 形 脱臭の. —男 デオドラント, 脱臭剤.

desodorizar [1.3] 他 …の悪臭を消す, 脱臭する.

desoír [10.2] 他 …に耳を貸さない, 聞き入れない.

desojarse 再 **1** (針など)穴がこわれる. **2** (酷使して)目を悪くする. **3** 懸命に見る, 目で探す.

desolación 女 **1** 破壊, 荒廃. **2** 悲嘆.

desolado, da 形 **1** 荒廃した, 人の住まない. **2** 悲嘆にくれた.

desolador, dora 形 **1** 惨めな, 悲しくさせる. **2** 荒廃させる.

desolar [5.1] 他 **1** (場所)を荒廃させる, 破壊する. **2** を悲しませる, 嘆かせる. —**se** 再 悲嘆にくれる.

desolladero 男 皮はぎ場, 屠殺場.

desollador, dora 形 **1** 皮はぎの. **2** 身ぐるみはぐような. **3** 辛辣な. —名 **1** 皮はぎ職人, 畜殺人. **2** 辛辣な人, 批判好き.

desolladura 女 皮はぎ; すり傷.

desollar [5.1] 他 **1** (獣)の皮をはぐ[く]. **2** (人)から金を巻きあげる, 身ぐるみはぐ; 損害を与える. **3** (人)を手厳しく批判する, 酷評する. ▶**desollar vivo a ...** (人)を身ぐるみはぐ, すってんてんにする; こきおろす.

desollón 男 →desolladura.

desopilante 形 陽気な, 楽しい.

desopilar …の通じをつける. —**se** 再 通じがつく.

desorbitado, da 形 **1** 軌道を外れた, 常軌を逸した. —**con los ojos ～s** (驚きなどで)目を丸くして. **2** 誇張された.

desorbitar 他 **1** …の軌道を外す, 逸脱させる. **2** を誇張する. —**se** 再 軌道から外れる, 常軌を逸する.

desorden 男 [複 *desórdenes*] **1** 無秩序, 乱雑, 乱れ; 乱脈. —**El cuarto estaba en el más completo ～.** その部屋は散らかし放題であった. **2** [主に複] (社会秩序または行いの)混乱, 騒乱, 騒動. **3** (生活)の不規則, ふしだら; 不節制, 放蕩(ξξ). **4** (心身機能)の不調, 障害.

desordenadamente 副 無秩序に, 雑然と.

desordenado, da [過分 ← *desordenar*] 形 **1** 無秩序の, 雑然とした. —**Mi habitación está muy *desordenada*.** 私の部屋は片付いていない. **2** 無頓着な, 乱雑な, 身なりの乱れた, 自堕落な, 乱れた. —**llevar una vida *desordenada*** 乱れた生活をする.

desordenar 他 を乱す, 乱雑にする, ごちゃごちゃにする. —**se** 再 乱れる, 乱雑になる, ごちゃごちゃになる.

desorejado, da 形 **1** 耳のない. **2** 音痴の. **3** [中南米] 恥知らずの, 無責任な. **4** [中南米] 馬鹿な, まぬけな.

desorejar 他 …の耳を切り落とす.

desorganización 女 混乱, 無秩序.

desorganizador, dora 形 秩序を乱す(人), 無秩序な(人).

desorganizar [1.3] 他 …の秩序を乱す, 混乱させる. —**se** 再 秩序が乱れる, 混乱する.

desorientación 女 方向を見失う(見失われる)こと, 方向が分らないこと(状態); 混乱, 当惑.

desorientador, dora 形 道に迷わせる, 混乱させる.

***desorientar** 他 **1** を道に迷わせる, …に方向を失わせる. **2** を惑わせる, 当惑させる. —**Me *desorientó* con su reacción.** 私は彼の反応に当惑した. —**se** 再 **1** 道に迷う, 方向を見失う. **2** 途方に暮れる, 困惑する.

desornamentado, da 形 装飾のない, 飾り気のない.

desosar [5.10] 他 →deshuesar.

desovar 自 (魚などが)産卵する.

desove 男 産卵.

desovillar 他 **1** (毛糸玉など)をほどく. **2** …の心を解きほぐす, 明確にする, 解決する.

desoxidación 女 脱酸化, 還元.

desoxidante 形 脱酸する. —男 還元剤; さび落とし.

desoxidar 他 **1** (酸化物)を還元する, 酸素を除く. **2** (金属)のさびを落とす. **3**

desoxigenación 囡 《化学》脱酸.

desoxigenar 他 (酸化物を)還元する, 酸素を除去する.

desoxirribonucleico, ca 形 《生化》—ácido ～ デオキシリボ核酸(英語のDNA).

despabiladeras 囡 複 ろうそくの芯を切るはさみ. ▶ **tener buenas despabiladeras** のびのびとしている, 自由闊達である.

despabilado, da 形 1 目覚めている, 目が冴えた. 2 頭の冴えた, 賢い, 抜け目ない.

despabilar 他 1 (ろうそく)の芯を切る. 2 (人)の目を覚ます; 賢くする. 3 《まれ》(仕事など)をさっさと片付ける(財産などをすぐに使い果す. 4 を盗む, かすめ取る. 5 《俗》を殺す. — 自 1 《主に命令文で》急ぐ, さっさとする. 2 頭を働かせる. — **se** 再 目を覚ます; 賢くなる.

despachaderas 囡 複 《話》1 横柄さ, あつかましさ. 2 機敏さ, 才覚.

despachado, da 形 《話》1 仕事のない, 暇な; 心配ごとのない. 2 あつかましい, ずうずうしい. 3 機敏な, 才覚のある.

despachante 男 《中南米》店員. ▶ **despachante de aduana** →agente de ADUANAS.

despachar 他 1 (仕事など)を処理する, 片付ける, 解決する;《話》(飲食物)を片付ける, 平らげる. 2 (店で客に)応対をする, を販売する, 売る. 3 (手紙や荷物)を発送する, 送る. (人)を派遣する. 4《話》(人)を追い払う; くびにする, 解雇する. — ～ a ... con cajas destempladas《話》(人)を追い払う, くびにする. 5《話》(人・動物)を片付ける, 殺す, やっつける. — 自 1 仕事を処理する, 解決する. 2 急ぐ, さっさと片付ける. 3 (店員が客に)応対する; (店が)開いている. — **se** 再 1【＋de】片付ける, 処理[処分]する; (飲食物を)片付ける, 食べてしまう. 2 言いたいことを言う, 単刀直入に話す. —Hoy me he despachado a gusto. 今日私は言いたいことを言った. 3《文》【＋de から】解放される, (を)免れる.

despacho 男 1 (仕事などの)処理;(客の)応対; 会見. 2 事務室, オフィス; (大学の)研究室;《集合的に》事務室[書斎]用家具一式. — ～ de abogados 弁護士事務所. 3《商業》発送, 送付, 出荷. 4 (切符・くじなどの)売り場;店. — ～ de billetes (de localidades) 切符売り場. 5 (軍事・外交などの)公文書, 通牒(ﾁﾖｳ). 6 (電報・電話などによる)通知, 連絡. 7 販売.

despachurrar 他 1《話》を押し潰す. 2 を黙らせる, やっつける. — **se** 再 《話》押し潰れる.

despacio [デスパシオ] 副 1 ゆっくり(と), じっくり(と); 徐々に. —Hazlo ～. それはゆっくりやってくれ. 2 そっと, 静かに. 3【間投詞的に】落ち着いて, あわてずに. 4《中南米》小声で.

despacioso, sa 形 《文》ゆっくりした.

despacito 副 《話》ゆっくりと, ゆっくりゆっくり. —Cuidado, baja ～, ¿eh? 気をつけて, ゆっくり降りろね.

despajar 他 1 (穀物)をもみ殻からより分ける, …からもみ殻をよける. 2 (鉱物を取り出すために)(土壌)をふるいにかける.

despampanante 形 《話》すごい, すばらしい; すごく美人の.

despampanar 他 1 (ブドウ)の葉を落す, せん定する. 2《話》を驚かす, 圧倒する.

despanzurrar 他 1《話》(動物)の腹を裂く. 2 (中身の入った袋などの)を破る, 破裂させる. — **se** 再《話》破裂する.

desparecer [9.1] 動 = desaparecer [9.1].

desparejado, da 形 片方だけになった, 対にならない. —un guante ～ 片方だけの手袋.

desparejar を片方だけにする. — **se** 再 片方だけになる.

desparejo, ja 形 《主に 複》対にならない, 合わない.

desparpajado, da 形 気後れしない, 人前でのびのび振舞う; 厚顔な.

desparpajo 男 1《話》気後れしないこと; 手際のよさ; 厚顔. 2《中南米》混乱, 無秩序.

desparramado, da 形 1 ばらまかれた, まき散らされた. 2 広い, 開けた.

desparramamiento 男 ばらまくこと, まき散らすこと; 広げること.

desparramar 他【＋por に】を散らかす, ばらまく, まき散らす; (液体)をこぼす, ぶちまける. — ～ el arroz por el suelo 米を床にばらまく. 2 (注意などの)を分散させる, (気)を散らせる. 3《中南米》(ニュースの)を広める, (うわさ)をばらまく. 4 を浪費する, 蕩尽(ﾄｳｼﾞﾝ)する. — **se** 再 1 散らばる, 分散する, 散開する. 2 (液体が)こぼれる. 3【＋en に】(多くの事に)気を散らす, 手を出す.

desparrame 男 1《話》ばらまき, まき散らし. 2 どんちゃん騒ぎ.

desparramo 男 《南米》1 →desparramamiento. 2 混乱.

despatarrar 他《話》…の両足を大きく広げる. — **se** 再《話》両足を広げて(倒れる).

despaturrarse 再 《南米》(体の部分)にひどく緩む.

despavesar 他 1 (ろうそく)の芯を切る. 2 (煖(ｵｷ))から灰を吹き飛ばす.

despavorido, da 形 おそれおののいた.

despeado, da 形 (歩きすぎで)足を痛めた.

despearse 再 (歩きすぎて)足を痛める.

despechado, da 形 恨みをいだいた, やけになった.

despechar 他《話》(子ども)を離乳させる.

despecharse 再 憤る, 恨む, やけを起こす.

despecho 男 (幻滅・失望・侮辱などによる)憤り、恨み、やけ、► **a despecho de ...** …の反対にもかかわらず.

despechugado, da 形 胸をはだけた.
despechugarse 再《話》胸をはだける.

despectivamente 副 軽蔑的に、見下して.

despectivo, va 形 **1** 軽蔑的な. **2**《言語》(語や接辞が)軽蔑の意味を表す、蔑称の.

despedazamiento 男 粉々[ばらばら]にする[なる]こと.

despedazar [1.3] 他 **1** を粉々[ばらばら]にする. **2**(心)を打ち砕く、悲しませる. **3** を徹底的に批判する. — **se** 再 **1** 粉々ばらばらになる. **2** 悲しむ. —*Se le despedazó el corazón.* 彼は大変悲しい思いをした.

*__despedida__ 女 **1** 別れ(の言葉), 別離. —*regalo de ~* 餞別(愍). **2** 送別会. **3** 解雇、免職. **4**(詩歌の結びの句;(手紙で)故びの文句、結語.

despedimiento 男 →despedida.

despedir [デスペディル] [6.1] 他 **1** を見送る、…に別れの挨拶をする. —*Iremos a ~te al aeropuerto.* 私たちは君を空港まで見送りに行こう. **2** を解雇する、くびにする. **3**(臭いなど)を発する、放つ、発散する;(煙など)を噴出する、放出する. — *un buen olor [rayos de luz]* よい香り[光線]を放つ. **4**(人)を追い出す、追い出す、しめ出す. — **se** 再 **1** 別れを告げる. **2**〖+ **de** と〗別れる、(に)別れを告げる、を見送る. —*Se marchó sin ~se de nadie.* 彼はだれにも別れも告げずに立ち去った. **3**〖+ **de** を〗辞める、辞職する.

despegado, da 過分 (→ despegar) 形 冷淡な.

despegamiento 男 →desapego.

*__despegar__ [1.2] 自 **1**(飛行機が)離陸する、飛び立つ. —*El avión despegó* a la hora establecida. 飛行機は定時に離陸した. **2** 上向く、発展する、上り調子になる. —*La economía no acaba de ~.* 経済はまだ上向いていない. — 他 をはがす、はぎ取る、引きちぎる. — **se** 再 **1** はがれる. **2**〖+ **de** を〗(競走で他の選手に)引き離す、抜け出す. **3**(心が)離れる、関心が薄れる.

despego 男 **1** 冷淡さ、愛情の欠如. **2**(金などに)執着しないこと、欲のなさ.

despegue 男 **1** 離陸. **2**(発展・発達などの)始まり、開始.

despeinado, da 形 髪が乱れた.
despeinar 他 (人)の髪を乱す. —*El viento me ha despeinado.* 風で髪が乱れてしまった. — **se** 再 髪が乱れる.

despejado, da 過分 (→ despejar) 形 **1** 快晴の. —*Hoy [El cielo] está ~.* 今日は[空が]よく晴れている. **2** 障魔のない、ひらけた、広々した. **3** 目が覚めた. **4** 頭の切れる.

*__despejar__ 他 **1**〖+ **de** を〗…から取り除く、立ち退かせる、を片付ける. —*La policía despejó de curiosos el lugar del accidente.* 警察は事故現場から野次馬を立ち退かせた. **2**(問題など)を明らかにする、解明する;解決する. **3**(スポ)(ボール)をクリアする. —*el balón* ボールをクリアする. **4**(人)に頭をすっきりさせる. **5**《数学》(解)を求める. — 自 **1**〖無主語で〗(空が)晴れる. **2**(スポ)クリアする. — **se** 再 **1** 明らかになる、はっきりする. **2** 頭がはっきりする、すっきりする. 心地良くなる. **3**(空から)雲が消える、晴れる.

despeje 男 **1**(スポ)クリア. **2** →despejo.

despejo 男 **1** 障害物の除去、退去させること. **2** 頭が切れること.

despellejar 他 **1** …の皮を剥ぐ. **2** をこきおろす.

despelotarse 再《話》 **1** (人前で)裸になる. **2** 大笑いする.

despelote 男《話》 **1** (人前で)裸になること、はめを外すこと. **2** 大笑い、爆笑;大騒ぎ.

despelucar 他《中米》(人)から金を巻き上げる.

despeluchar **1** …の髪を乱す. **2** …から金を巻き上げる、一文無しにする. **3** →despeluzar. — **se** 再 髪が乱れる.

despeluzar [1.3] 他 **1** …の髪を乱す. **2** …の髪を(恐怖で)逆立てる. **3** …の毛をなくす、少なくする. — 自 **1** 髪が乱れる. **2** 髪が逆立つ、震え上がる. **3** 毛がなくなる、少なくなる.

despenalización 女 罰しないこと、有罪にしないこと;合法[適法]化.

despenalizar [1.3] 他 …を罰しない、有罪にしない;を合法[適法]化する.

despendolarse 再《話》はめを外す.

despendole 男《話》はめを外すこと.

despensa 女 **1** 食料置場、食糧貯蔵室. **2** 食糧の貯え.

despensero, ra 男 食糧係.

despeñadero 男 **1** がけ、断崖. **2** 危険.

despeñar 他 をがけから落す. — **se** 再 **1** がけから落ちる、転がり落ちる. **2** 悪癖などにふける、情念に身をまかせる.

despepitar 他 (実)から種を取り除く. — **se** 再《話》わめく、怒鳴るようにしゃべる. **2**〖+ **por** が〗大好きである、(に)熱中する. **3** 大失敗する.

desperado, da 形 (犯罪者が)凶悪な. — 名 凶悪な犯罪者.

*__desperdiciar__ 他 **1** を無駄遣いする、浪費する、空費する. —*el tiempo* 時間を浪費する. **2**(チャンス)を見逃す、逸する. — *una oportunidad* 機会を見逃がす.

*__desperdicio__ 男 **1**《主に 複》屑(ﾞ)、廃(棄)物、残り物. **2** 無駄使い、浪費. ► **no tener desperdicio** 有用である、捨てるところがない;(人・物が)全く申し分ない、欠点がない.

desperdigamiento 男 分離, 分散.

desperdigar [1.2] 他 を散らばらせる, ばらばらにする; (活動, 注意など)を分散させる. ― **se** 再 散らばる, 分散する.

desperezarse [1.3] 再 伸びをする.

desperezo 男 伸び.

desperfecto 男 1 きず, 瑕疵(か). 2 損害.

despernado, da 形《話》歩き疲れた, 脚が棒になった.

despernancarse 再《中南米》脚を開ける.

despersonalización 女 1 非個性化. 2 匿名化. 3《医学》離人症.

despersonalizar [1.3] 他 1 …から個性を奪う. 2 を非人間化する, 匿名にする. ― **se** 再 1 自分を見失う; 個性を失う. 2 非人間化する.

:**despertador** 男 1 目覚まし時計. ― poner el ~ para [a] las seis 目覚し時計を6時にセットする. 2 刺激物[剤]. 3 (燃料切れなどを示す)警報装置.

:**despertador, dora** 形 目覚めさせる, 起こす; 刺激する. ― reloj ~ 目覚し時計.

despertamiento 男 目覚め, 覚醒.

despertar [デスペルタル] [4.1] 他 1 (人)を起こす, 目覚めさせる. ― No me despiertes hasta las nueve. 9時までは私を起こさないでくれ. 2 (記憶)を呼びさます, 思い出させる. 3 (興味・関心など)を引き起こす, かき立てる, 喚起する. ― el interés 関心を呼びさます. ― el apetito 食欲をかき立てる. ― 自 1 (睡眠から)目覚める. 2《文》(真実・愛などに)目覚める. ― **se** 再 1 (睡眠から)目覚める, 目を覚ます; (迷いなどから)目が覚める. 2 (記憶がよみがえる. ― 男 目覚め(ること), 覚醒, 始まり. ― tener un buen [mal] ~ 寝起きがよい [悪い].

despestañarse 再《話》目をこらす, じっと見る.

despiadado, da 形 無慈悲な, 非情な; 厳しい, 容赦のない.

despicar 自《話》死ぬ, くたばる. ― 他《中南米》をつぶす.

despid- 動 → despedir [6.1].

despido 男 1 解雇. 2 解雇者に支払われる補償金. ― despido improcedente 不当解雇. despido libre 自由解雇 (できること).

despiece 男 解体.

despierto, ta [デスピエルト, タ] 形 1 目覚めた. ― El niño está aún ~. 子どもはまだ寝ていない. 2 りこうな, 賢い. ▶ soñar despierto 現実をとらえられない, 空想の世界に生きている; 空想の世界に遊ぶ.

despiezar 他 を分解[解体]する.

despiezo 男 → despiece.

despilfarrador, dora 形 浪費する, 無駄遣いする. ― 名 浪費する人.

despilfarrar 他 を無駄遣いする, 浪費する.

despilfarro 男 無駄遣い, 浪費.

despintar 他 1 …のペンキ[塗料]をはがす. 2 …の形を損ねる, を変形させる. 3 (事実)を曲げる, 歪曲(わいきょく)する. ― 自 1 堕落する, 劣悪になる. 2 《+ de》(家名などを)傷つける, 汚す. ― **se** 再 1 塗料がはがれる, 色があせる. 2 …に忘れられる, 消え去る. ― A mí las caras no se me despintan. 私は人の顔は忘れない.

despiojar 他 …からシラミを駆除する. ― **se** 再 (自分の)シラミを取る.

despiporre, despiporren 男《話》[el ~] 混乱, 無秩序; どんちゃん騒ぎ.

:**despistado, da** 形 (→ despistar) 1 ぼんやりした, うっかりした. 2 どうしてよいかわからない, 途方に暮れた. ― 名 ぼんやりした人. ▶ hacerse el despistado 知らぬふりをする, 気づかぬふりをする.

despistaje 男《医学》ガン[性病]検診.

despistar 他 1 (追跡者)をまく. 2 を誤った方向に導く, 惑わす, だます. ― **se** 再 1 道を誤る, 迷う. 2 ぼんやりする, うっかりする.

despiste 男 1 放心状態, うわの空, うっかりしていること. 2 道をはずれること, 踏みはずし. 3 困惑, 当惑, うろたえ. 4 しくじり, 失敗.

desplacer [9.1] 他 を不機嫌にする, 怒らせる. ― 男 不愉快, 不機嫌.

desplanchar 他 (アイロンをかけたもの)にしわをつける.

desplantación 女 根から抜くこと.

desplantador, dora 形 根を引き抜く. ― 男 移植ごて.

desplantar 他 (根など)を引き抜く. ― **se** 再 (フェンシング・ダンスで)正しい姿勢を崩す.

desplante 男 1 横柄な態度[言葉]. 2《話》自信, 堂々とした様子.

desplazado, da 過分 (→ desplazar) 形 [estar +] 場違いの. ― 名 避難者.

:**desplazamiento** 男 1 (人・物の)移動, 移転; 通勤, 出張. 2 (職場などでの)入れ替え; 更迭. 3《海事》(船舶の)排水量. 4《地質》移動, ずれ. ― ~ de tierras 地滑り.

:**desplazar** [1.3] 他 1 を移動させる, 移す, 運ぶ. ― la mesa テーブルを移動させる. 2 …に取って代わる, 入れ替わる. 3《海事》…の排水量がある. ― **se** 再 移動する, 移る, 出かける.

desplegable 形 広げられる; (雑誌のページなどが)折りたたまれた. ― 男 (雑誌・本の)折りたたみページ.

:**desplegar** [4.4] 他 1 (翼・地図など)を広げる, 開く, (旗)を張る. ― la manta 毛布を広げる. 2 (能力など)を発揮する, 示す. 3 (努力など)をくり広げる, (能力)を用いる. 4《軍事》(部隊・兵器)を展開させる. 配置する. ― **se** 再 広がる, 開く, 展開する.

:**despliegue** 男 1 (畳んだものを)広げること, 展開. 2 (力・富などの)誇示, 披露.

desplomar

—~ de riquezas [de fuerzas militares] 富[軍事力]の誇示. **3** (能力・特性などの)発揮. —~ de ingenio 才能の発揮. **4**〖軍事〗(兵・部隊などの)展開, 配備.

desplomar 他 〖建築〗(建物などを)傾ける, 倒壊させる. ━ se 再 **1** 倒れする. **2**(建物が)倒れる, 倒壊する.

desplome 男 倒壊, 崩壊, 崩落.

desplomo 男 (建物などの)傾斜.

desplumar 他 **1** …から金をだまし取る, 巻き上げる. **2**(鳥の)羽をむしり取る.

despoblación 女 人口の減少, 過疎化.

despoblado, da 形 人の住まない, 無人の; 過疎の. ━ 男 **1** 砂漠, 荒野. **2** 人のいない場所.

despoblamiento 男 → despoblación.

despoblar [5.1] 他 **1** …の住民を減らす, 人口を減少させる. **2** [+ de …] …から奪う, はぎ取る, なくす, 切る. ━ se 再 〖3人称で〗住民が減る, 人口が減少し; 無人になる.

despojamiento 男 → despojo.

despojar 他 **1** [+ de …] …から奪い取る, 持ち去る; 剥奪する. —El gobierno revolucionario *despojó* a la Iglesia de sus bienes. 革命政権は教会から財産を没収した. **2** [+ de …] …から取り去る, 除去する, 剥ぐ. ━ se 再 [+ de …] **1** 脱ぐ, 裸になる. —*se del* abrigo 外套を脱ぐ. **2** 手放す, 放棄する.

despojo 男 **1** 奪 残り物; 食べ残し, 残飯. **2** 略奪(品), 剥奪(%). **3**〖時・死によって〗奪い取られるもの. **4** 複 (鳥獣の)屑肉(ｼﾞ), あら(頭・首・足・翼・臓物など). **5** 複 遺骸(%).

despolarizar [1.3] 他 〖物理〗を復極[消極]する.

despolitización 女 政治色をなくすこと.

despolitizar 他 の政治色をなくす; 政治意識を失わせる. ━ se 再 政治色が消える.

despolvar 他 のほこりを払う. ━ se 再 (自分の)ほこりを払う.

desportilladura 女 **1**(陶器などの)破片, かけら. **2**(器の縁などの)欠け.

desportillar 他 (器などの)縁(ﾌ)を欠けさせる. ━ se 再 縁が欠ける.

desposado, da 過分 〖→ desposarse〗形 **1** 新婚の, 結婚したばかりの. **2** 手錠をかけられた. ━ 名 新婚の人.

desposar 他 (司祭が)…の結婚式をとり行う, (男女)を結婚させる. ━ se 再 結婚する; 婚約を発表する.

desposeer [2.6] 他 [+ de …] …から奪う. ━ se 再 [+ de …] 放棄する, あきらめる.

desposeído, da 過分 〖→ desposeer〗形 貧窮の, 無財産の. ━ 名 貧窮者.

desposeimiento 男 所有権を奪うこと, 追い立て, 奪取.

desposorio 男 〖主に 複〗婚約.

despostador, dora 名 〖南米〗(牛・鳥の)解体職人.

despostar 他 〖南米〗(牛・鳥)を解体する.

desposte 男 〖南米〗(牛・鳥の)解体.

déspota 男 〖政治〗独裁者. ━ 男女 勝手気ままにひどい行為をする人, ワンマン, 暴君.

despótico, ca 形 〖政治〗専制的な, 独裁的な.

despotismo 男 〖政治〗専制政治, 独裁政治. —~ ilustrado〖歴史〗啓蒙専制政治.

despotricar [1.1] 自 《話》[+ contra/de に〗どなり立てる, 騒ぎ立てる, けなす.

despotrique 男 遠慮なくけなすこと, あしざまに言うこと; 言いたい放題.

despreciable 形 **1** 軽蔑すべき, 卑しむべき, くだらない. **2** 取るに足りない, 無視してよい, ささいな.

despreciar 他 **1**(人)を軽蔑する, 見下す, ばかにする. —La *despreciaban* por ser forastera. 彼女はよそ者だったので軽蔑された. **2**(危険・忠告など)を軽視する, 軽んじる, 気にとめない. —~ un peligro 危険を軽く見る.

despreciativo, va 形 軽蔑的な, 馬鹿にしたような.

desprecio 男 **1** 軽蔑, 侮蔑. —mirar con ~ 軽蔑の目で見る. **2** 無視, 軽視, 無礼.

desprender 他 **1** をはがす, 分離する. —*Desprendió* las fotos del álbum. 彼はアルバムから写真を剥がした. **2**(臭いなど)を発散させる, 放つ. —~ un mal olor 悪臭を放つ. **3**〖中南米〗(ボタン)をはずす. ━ se 再 **1** はずれる; 剥がれる, 剥離する. **2**(臭いなどが)発散する, (火花などが)飛び散る. **3** [+ de ～] 手放す, 放棄する, あきらめる. —Ella no piensa ~*se del* bebé. 彼女は赤ん坊を手放すつもりはない. **4** [+ de から] 推論される, (結論が)導き出される, 考えられる. —*De* lo que dijo *se desprende* que está resentido. 彼の言ったことからすると彼は恨んでいる.

desprendido, da 過分 形 気前のよい, けちけちしない, 無欲の.

desprendimiento 男 **1** はがす[はがれる]こと, 分離すること. **2**〖医学〗剥離(ﾘ), 分離, 脱離. —~ de retina 網膜剥離. **3** 山崩れ, 地滑り. **4**(蒸気・におい)を放つこと, 発生, 発散. **5** 私心のなさ, 無欲.

despreocupación 女 **1** 無関心, 平然. **2** 偏見[先入観]のなさ.

despreocupado, da 過分 〖→ despreocuparse〗形 **1** [+ de …] 心配しない, 気にしない; 悩み[苦労]のない 〖estar +〗. **2** 不注意な, なおざりな 〖ser +〗; [+ en に] 気を使わない, 無頓着な; だらしない 〖ser +〗.

despreocuparse 再 〖+ de を〗心配しなくなる; 気にしない、注意を向けない. —~ *se* de un asunto 用件を気にかけない.

desprestigiar 他 **1** …の名声[信用]をなくさせる. **2** を悪く言う、ののしる. —**se** 再 名折[信用]をなす.

desprestigio 男 **1** 名折[信用]の失墜. **2** 不名誉、不面目. —~ social 社会的不名誉.

despresurización 女〔航空〕与圧を無効にすること.

despresurizar 他〔航空〕(飛行機)の与圧を無効にする.

desprevención 女 不用意、準備不足.

desprevenido, da 形 準備のない[できていない]、不意の. —coger [pillar] a ~ …の不意をつく.

desprivatizar 他 (民間企業など)を公営化する.

desproporción 女 不釣合い、不均衡.

desproporcionado, da 形 〖+ a に〗不釣合いな; 異常な、並はずれた.

desproporcionar 他 …の均衡を破る、を不釣合いにする.

despropósito 男 不適切[場違い]な言動, 暴言, 失言, たわごと. —decir [pronunciar, soltar] ~s 暴言を吐く、場違いなばかなことを言う.

desprotección 女 無防備、保護されていないこと.

desproteger 他 を無防備にする、見放す.

desprotegido, da 形 **1** 無防備の、保護されていない. **2** 貧乏な.

desproveer [2.6] 他 〖+ de から〗(食糧・生活必需品)を奪う、取り上げる.

desprovisto, ta 形 [→ **desproveer**] 〖+ de の〗ない、欠けている〖estar +〗. —una persona *desprovista* de sentido común 常識のない人.

despueble 男 過疎化, 人口流出.

:**después** 〔デスプエス〕副 **1**(時間が)その後, 後で[に]; それから. —Deja eso para ~. それは後に残しておきなさい. **2**(順序が)その次に, 続いて. —Al principio de la calle hay un supermercado y ~ está la agencia de viajes. 通りにはまずスーパーがあり、その次に旅行代理店がある. **3**〔時間を示す副詞・副詞の後で〕…の後で, …後に. —un mes [unos meses] ~ 1ヵ月[数ヵ月]後に; el día ~ 翌日. poco ~ 少し後で, しばらくして. ▶ *después de* (1) 〖+ 名詞/代名詞〗…の後で, …に続いて; …の次に. —*después de* esa fecha その日以降. Mi nombre está *después* del tuyo. 私の名前は君の後ろにある. (2) 〖+ 不定詞/過去分詞〗…した後で、してから. —*Después de* comer, saldremos. 食後私たちは出かけよう. ▶ **después (de) que** 〖+ 直説法/(未来を表す場合)接続法〗…した後で、…してから. ♦未来を表す場合以外は普通直説法を用いるが、時には接続法も用いられる. —*Después de que* lloviera, salió el sol. 雨が降った後で太陽が出た. *hasta después* また後で.

despulpado 男 果肉を取り出すこと.

despulpar 他 …の果肉を取り出す.

despuntar 自 **1** 芽を出す, 発生する. **2** (夜が)明ける, (日が)昇る. **3** 秀でる, 抜きんでる. —*Despunta por su atractivo*. 彼女はその魅力で抜きんでている. —他 …の先をなくする〖折る〗. —**se** 再〔3人称で〕刃[先]が折れる.

despunte 男 **1** 先を折ること; 芽出し, 夜明け. **2**〔南米〕細い枝のたきぎ.

desquiciamiento 男 **1** 動揺, 錯乱; 混乱. **2** 蝶番(ちょうつがい)が外れること.

desquiciar 他 **1** を動揺させる, かき乱す, 狼狽(ろうばい)させる. **2** …の蝶番(ちょうつがい)を外す. **3** (組織・秩序などを)揺り動かす, 危うくする. **4**(物事)を過大視する, を過大評価する. —**se** 再 **1** ちょうつがいが外れる. **2** 動揺する, 不安になる. **3** 常軌を逸する.

desquicio 男〔中南米〕混乱, 無秩序.

desquitar 他 **1** 〖+ de で〗(人)に償う, 埋め合わせる. **2**(感情など)を発散させる. —**se** 再 **1** 〖+ de の〗(損失などを)取り戻す, 埋め合わせをする. **2** 報復する, 復讐する, やり返す.

desquite 男 **1** 取り戻すこと, 埋め合わせること; —tomar un ~ 埋め合わせをする. **2**(スポ)リターン・マッチ. **3** 仕返し, 報復.

desramar 他 (木)の枝を切り取る, 剪定(せんてい)する.

desratización 女 ネズミの駆除.

desratizar [1.3] 他 …からネズミを駆除する.

desrielar 他〔中米〕(鉄道の)レールを外す. —自〔中南米〕脱線する. —**se** 再〔中南米〕脱線する.

desriñonar 他 **1**(人・動物の)背を痛めつける, **2**をへとへとにする, 疲労困憊(こんぱい)させる. —**se** 再 **1**(人・動物の)背を痛める. **2**へとへとになる, 疲労困憊する.

desrizar 他 **1**(髪)のカールを取る. **2**〔海事〕帆を広げる. —**se** 再 **1**(髪の)カールが取れる. **2**(海事)帆が広がる.

destacable 形 傑出に値する, 特筆すべき.

destacado, da 過分 [→ **destacar**] 形 傑出した, 際立った; 著名な.

destacamento 男〔軍事〕分遣隊.

destacar [1.1] 他 **1** を強調する, 際立たせる, 目立たせる. **2**(人・部隊)を派遣する. —自 目立つ. —La obra *destaca* por su originalidad. その作品は独創性によって際立っている. —**se** 再 **1** 際立つ, 抜きん出る, 目立つ. **2** 〖+ para ために〗(軍隊が)派遣される.

destajar 他 **1**(仕事の)条件を取り決める. **2**(トランプの)カードを切る.

destajero, ra 名 → **destajista**.

destajista 男女 出来高払いの職人[労働者], 請負人.

destajo 男 出来高払いの仕事. 請負仕事. ▶ *a destajo* 出来高仕事によって(による), 請負で; せっせと, 熱心に, 大急ぎで.

destalonar 他 (靴)のかかとをすり減らす.

destapador 男 〖中南米〗 栓抜き.

destapar 他 1 …の栓を抜く, ふたをとる. — *una botella* 瓶の栓を抜く. 2 …の覆いを取る; (隠れているものを)暴く, 暴露する. 3 〖南米〗(下水管など)の詰まりを修繕する. — **se** 再 1 毛布にくるっていた物を独りでに剥いでしまう; 裸になる. 衣服を脱ぐ. 2 本性をさらけ出す, 地を出す; 暴露される, 露呈する.

destape 男 1 栓を抜くこと; 暴露. 2 (映画・ショーなどで)ヌードになること.

destaponar 他 …の栓をぬく; ふたをはずす.

destaque 男 強調, 浮き彫り.

destaque(-) 動 →destacar.

destartalado, da 形 (家などが)倒れそうな, がたがたの, ぼろぼろの.

destartalo 男 乱雑, 無秩序.

destazador, dora 名 牛肉の切り分け職人.

destazar 他 …を切り分ける.

destechar 他 …の屋根(天井)をはがす.

destejer 他 (織物を)ほどく, はぐす.

destellar 自 ぴかぴかと光る, きらめく. — 他 (光)を放つ, をきらめかす.

destello 男 1 輝き, きらめき, 閃光(ミミミミ). 2 (才気・考えの)ひらめき.

destemplado, da 形 1 (声が)かん高い, 耳障りな. 2 〖estar+〗〖音楽〗(音・楽器が)不調和な, 調子はずれの. 3 (性格・様子が)気むずかしい, おこりっぽい, 不調の. 4 (天候)が定まらない. 5 〖estar+〗〖医学〗体が熱っぽい.

destemplanza 女 1 不節制, 節度のなさ. 2 〖医学〗微熱, (体)の不調, 気分がすぐれないこと. 3 〖気象〗天候が悪いこと, 荒れ.

destemplar 他 1 〖音楽〗(音)を調子はずれにし, 乱す. 2 …の調子をくずす, …の調和を乱す. — **se** 再 1 〖音楽〗調子がはずれる. 2 機嫌が悪くなる. 3 体の具合が悪くなる. 4 〖技術〗(鉄などが)弾性を失う, 強度を失う, もろくなる. 5 〖中南米〗〖+con の〗不快感を催す, 歯が浮く感じがする.

destemple 男 1 〖音楽〗(楽器の)音の狂い, 調子不和. 2 体の不調. 3 〖技術〗(鋼鉄などの)強度がないこと.

destensar 他 →distender.

desteñir [6.5] 他 …を変色させる. — (se) 自 (色が)あせる, 色がさめる.

desternillante 形 こっけいな, 笑わせる.

desternillarse 自 ▶ *desternillarse de risa* 腹をかかえて笑う, 笑いすぎて腹が痛くなる.

desterrado, da 過分 (→desterrar) 形 国外追放された, 流刑に処せられた. — 名 国外追放(流刑)者, 流刑者.

*destorrar [4.1] 他 1 を国外追放にする, 流刑にする; 亡命させる. 2 (考えなど)を追い払う, 払いのける. 3 (習慣などをやめる, 捨てる, 駆逐する. — **se** 再 〖+a に〗亡命する.

desterronar 他 …の土塊を砕く. — **se** 再 土塊がくだける.

destetar 他 1 を離乳させる. 2 《俗》(子ども)を自立させる, ひとり立ちさせる. — **se** 再 1 離乳する. 2 《俗》(子ども)が自立する, ひとり立ちする.

destete 男 離乳, 乳離れ.

destiempo 男 ▶ *a destiempo* 時機を失して, 折り悪く.

destierr- 動 →desterrar [4.1].

*destierro 男 1 (故国・故郷からの)追放, 国外追放, 流刑. 2 (政治的理由で)祖国を捨てること, 亡命. 3 流刑地, 追放先, 配所. 4 〖習慣・使用などをやめること, 廃止, 締め出し. 5 人里離れた土地, 辺鄙な所, 僻地.

destilación 女 蒸留.

destiladera 女 1 蒸留器. 2 〖中南米〗(水)濾過器(装置), フィルター.

destilador, dora 形 蒸留する; 蒸留用の. — 名 蒸留業者, 酒造家. — 男 蒸留器.

destilar 他 1 をにじみ出す, 発散させる. 2 を蒸留する. — *agua destilada* 蒸留水. — 自 1 したたる, ぽたぽた落ちる. — **se** 再 〖+de から〗蒸留されてできる.

destilatorio 形 蒸留の.

destilería 女 (ウィスキーなどの)蒸留所(会社).

destinación 女 赴任先, 配属, 派遣; 任地.

*destinado, da 過分 (→destinar) 形 1 〖+a に〗運命づけられている. — *al fracaso* 失敗する運命である. 2 〖+a に〗向けられた, (を)目的とされた; …宛の. — Son paquetes — *s a Montevideo*, その小包はモンテビデオ宛だ.

*destinar 他 1 〖+a に/para のために〗を当てる, 割り当てる. — *Destinó parte de sus ahorros a la compra de un coche.* 彼は貯金の一部を車の購入に当てた. 2 〖+a に〗(人)を配属する, 赴任させる, 差し向ける. 3 〖+a に〗(手紙・荷物など)を宛てる, 送る.

destinatario, ria 名 (郵便などの)名宛人, 受信人, 受取人.

*destino 男 1 運命, 宿命, 運. 2 (旅行・電車などの)目的地, 行き先; (郵便物などの)届け(送り)先; 〖情報〗ターゲット. — *estación [lugar] de* ~ 行き先. 3 用途, 目的; (お金の)使途. 4 職, 仕事. 5 任地, 配属地, 職場. ▶ *con destino a* … (乗物・旅行者などの)…に向けて, …行きの; (郵便物が)…宛(恤)の.

destitución 女 解雇, 免職, 罷免(ｾﾞﾆ).

destituir [11.1] 他 1 〖+de から〗(人)を免職する, 解任する. 2 〖+de を〗…から剥奪する.

destocar 他 1 …の髪のセットを解く; 髪飾りをはずす. 2 …の帽子を取る, 脱帽す

destorcer 他 …のねじれを元に戻す; (物や体のゆがみなどを)正す. — **se** 再 (海事)(船が)針路を外れる.

destornillado, da 過分 [→ destornillar] 形《話》頭のおかしい, 気まぐれな, むこうみずな, 軽はずみな. — 名《話》頭のおかしい人, 無鉄砲な人.

destornillador 男 **1** ねじ回し, ドライバー. **2** (カクテルの)スクリュードライバー.

destornillamiento 男 ねじを抜くこと.

destornillar 他 …のねじを抜く, (ねじを回して)外す. — **se** 再 **1** ねじが外れる. **2**《話》気がふれる, はめを外す, 理性を失う.

destrabar 他 **1** …の足かせをはずす; を解放する. **2** (つながっていたものを)離す, 分離する. — **se** 再 **1** 足かせをはずされる; 解放される. **2** (つながっていたもの)が離れる, 分離される.

destral 男 手斧(おの), まさかり.

destrenzar 他 (髪の三つ編みなど)をほどく. — **se** 再 (髪の三つ編みなどが)ほどける.

*__destreza__ 女《＋con/en の》器用さ, 巧みさ; 巧妙さ.

destripador, dora 形 腹を切り裂く. — 名 切り裂き魔.

destripar 他 **1** …のはらわたを抜く. **2** …の中味を取り出す. **3** を押しつぶす, 砕く. **4** (話)を中断させる, …に水を差す.

destripaterrones 男《単複同形》《話, 軽蔑》農夫. — 形 男女 粗野な(人), 教養のない(人).

destrísimo, ma 形 [diestro の絶対最上級] 非常に巧みな.

destronamiento 男 (王の)廃位.

destronar 他 **1** (王・皇帝)を廃位する, 王位(権力の座)から退ける. **2** …から権力を奪う, を倒す.

destroncar [1.1] 他 **1** (木)を切る, 切り倒す. **2** (手足を)切る, もぐ. **3** を疲れさせる. **4**《中南米》(木)を根こそぎにする.

*__destrozar__ [1.3] 他 **1** を粉砕する, 粉々[ずたずた・めちゃめちゃ]にする, を壊す, 破損させる, 役立たせなくする. —La bomba *destrozó* el vestíbulo del hotel. 爆弾でホテルのロビーはめちゃめちゃに壊れた. **2** …に損害を与える. **3** (精神的に)を打ちのめす; へとへとに疲労させる. — **se** 再 **1** 粉々[めちゃめちゃ]になる; 台無しになる, 駄目になる. **2** 疲れ切る, へとへとになる, へばる; 被害を受ける; 健康を害す.

*__destrozo__ 男 **1** 損害, 被害, 害. **2** 破壊, 粉砕, 壊滅.

destrozón, zona 形 名《話》よく物を壊す(人), 破壊的な(人).

destrozona 女 (カーニバルの)汚らしい女性風の仮装.

*__destrucción__ 女 **1** 破壊, 壊滅; 荒廃, 滅亡. —pedir la ～ de los pisos ilegales 違法マンションの取壊しを求める. **2** 破棄, 廃棄, 消滅. **3** 損害, 被害. **4** 破滅, 堕落.

destructibilidad 女 破壊されうること, 壊れやすさ.

destructible 形 破壊できる.

*__destructividad__ 女 破壊性, 破壊力.

*__destructivo, va__ 形 破壊的な, 破壊力のある; 破滅させるような.

destructor, tora 形 名 破壊的な(人), 破壊力のある(人). — 男 駆逐艦.

*__destruir__ [デストルイル] [11.1] 他 **1** を破壊する, 壊す; 破棄する. —El fuerte seísmo *destruyó* la antigua iglesia del pueblo. 強い地震で町の古い教会が壊れた. **2** を台なしにする, (計画など)をぶち壊す, (希望などを)打ち砕く. —～ un proyecto 計画をぶち壊す. **3** (財産など)を浪費する, 蕩尽(とうじん)する. — **se** 再 **1** 壊される, だめになる.

destruy- 動 →destruir [11.1].

destusar 他 (トウモロコシの)皮をむく.

desubicado, da 形 場違いの.

desubicar 他 を場違いにする. — **se** 再 場違いになる.

desubstanciar 他 →desustanciar.

desudar 他 …の汗をふく[ぬぐう]. — **se** 再 (自分の)汗をふく[ぬぐう].

desuello 男 **1** 皮をはぐこと. **2** あつかましさ, ずうずうしさ.

desuncir [3.5] 他 (牛などを)くびきから外す. —～ los bueyes 牛のくびきを外す.

desunión 女 分離, 分裂; 不和, 不統一. —～ interna 内部不和[分裂].

desunir 他 **1**《＋de から》を分離する. **2** を離反させる; 不和にする. — **se** 再 離れる, 離反する.

desurtido, da 形《中南米》(商店などが)品揃えが悪い.

desusado, da 形 **1** すたれた, 時代遅れの. **2** 変わった, 普通でない.

desuso 男 使われなくなる. —caer en ～ 使われなくなる.

desustanciar 他 …の本質を奪う. — **se** 再 本質を失う.

desvaído, da 形 **1**（色が）はっきりしない, あせた. **2** ぎこちない, 活気のない, うつろな, 目ぶさない. **3**（人が）元気がない, うつろな, 目立たない.

desvainar 他 …のさやをむく[はぐ]. —～ habas ソラマメのさやをむく.

desvair 他 の精彩を失わせる. — **se** 再 精彩を失う.

desvalido, da 形 **1** 見放された, 身寄りのない. — 名 貧窮者, 身寄りのない人.

desvalijamiento 男 強奪; 略奪.

desvalijar 他 **1** を強奪[略奪]する. **2** (家などにあるもの)をごっそり盗み出す, 寄せ辺なさ.

desvalimiento 男 孤立無援; 寄る辺なさ.

desvalorar 他 →desvalorizar.

desvalorización 女 **1** 価値の下落. **2**《経済》(平価の)切下げ.

desvalorizar [1.3] 他 **1** …の価値を下げる. **2** …の平価を切り下げる. — **se** 再 価値が下がる.

*****desván** 男 《建築》（物置用の）屋根裏（部屋）.

desvanecedor, dora 形 ぼかす. — 男《写真》（ポジフィルムの）ぼかし装置.

desvanecer [9.1] 他 **1** を散らす, 消し去る, 一掃する. —Salió el sol y *desvaneció* la niebla. 日が射って霧を消し去った. **2**（…の輪郭などを）ぼやけさせる, ぼかす;（色調など）を薄くする, 弱める, ぼかす. **3**（疑いなど）を晴らす, 消し去る, 一掃する. — **se** 再 **1** 散る, 消え失せる, 一掃される. —Todas mis sospechas *se desvanecieron*. あらゆる私の疑いは解消した. **2**（輪郭が）ぼやける;（色調が）薄くなる, 薄まる. **3** 気を失う, 失神する.

desvanecimiento 男 **1** 消滅, 消散, 消えること. **2** うわごとを言うこと, 弱くなること. **3**《医学》めまい, 失神.

desvariar [1.5] 自 **1** たわごとを言う, とんでもないことを言う. **2** うわごとを言う.

desvarío 男 **1** 精神錯乱, うわごと（を言う状態）. **2** 狂気, ばかげたこと.

desvelada 女 眠れないこと. ▶darse una desvelada 眠らずにいる.

desvelamiento 男 →desvelo.

*****desvelar** 他 **1** を眠らせない, 眠れなくする. —Las preocupaciones familiares la *desvelaban*. 家庭の心配ごとで彼女は眠れなかった. **2** を暴き出す, 暴露する. —~ el secreto 秘密を暴く. — **se** 再 **1** 眠れない, まんじりともしない. **2** [+ por に] 気を使う, 気にかける, …に心を砕く.

*****desvelo** 男 **1** 不眠, 眠れない状態. **2** [主に 複] [+ por への] 努力, 配慮, 気配り.

desvencijar 他 を壊す, ばらばらにする.

desvendar 他 …の包帯をとる.

:**desventaja** 女 **1**（他と比べて）不利（な点）, ハンディキャップ; 欠点. **2**《スポ》リード（されている状態）.

desventajoso, sa 形 **1** 不利な, 不都合な. **2** 利益のない, もうからない.

desventura 女 不運, 不幸, 災難.

desventurado, da 形 男 **1** 不運な（人）, 不幸な（人）. **2** 意気地のない（人）, 気が弱い人.

desvergonzado, da 形 男 恥知らず（の）, ずうずうしい（人）, 厚顔（な）.

desvergonzarse [5.6] 再 **1** 恥を忘れる. **2** [+ con に] 敬意を示さない, ずうずうしくふるまう.

desvergüenza 女 **1** 厚かましさ, 厚顔無恥. **2** 恥ずべき[下品な]言動.

desvestir [6.1] 他 **1** …の服を脱がせる, 脱がす. — **se** 再 **1** 服を脱ぐ. **2** [+ de を] とる, 外す.

:**desviación** 女 **1**（方向から）それる[曲がる]こと, 外れること. —~ de la columna vertebral 脊柱(せきちゅう)の彎曲(わんきょく). —~ magnética 磁気偏角. **2**（行為・主義・思想などの）逸脱, 偏向. **3**（再び本道に戻る）脇道, 枝道;（工事中の）迂回路. **4**《統計》偏差. **5**《医学》溢出(いっしゅつ), 溢血.

desviacionismo 男《正統・規範などからの》逸脱.

desviacionista 形 逸脱[偏向]している. — 男女 逸脱[偏向]者.

desviador, dora 形 （物）をそらせる. — 男《機械》デフレクター.

desviar [1.5] 他 **1**（車など）を迂回させる,（流れ）を変える.（打撃など）を避ける. **2** [+ de から] をそらす, 外す. 逸脱させる. —~ la mirada [los ojos] 視線[目]をそらす. **3** …からそれる, それる, 避ける. — **se** 再 **1**（車が）道をそれる, 迂回する,（道が）分岐する. **2** [+ de から] それる, 外れる. 逸脱する.

desvinculación 女 分離; 離脱.

desvincular 他 **1** [+ de から] を解放する, 自由にする. **2** を孤立させる. — **se** 再 [+ con/de と] 関係を断つ.

desvío 男 **1** 脇道, 横道, 回り道. **2**（coger）un ~ 脇道に入る.（工事によって）回り道. 迂回路. —~ provisional por obras 工事中による臨時迂回路. **3**（それる[外れる]こと, 逸脱; ずれ, 偏向. **4** 冷淡, 無関心, 愛想のなさ. **5**《中南米》（鉄道）待避線, 引き込み線, 側線.

desvirgar [1.2] 他 …の処女性を奪う.

desvirtuar [1.6] 他 …の価値[品質]を落とす. — **se** 再（食べ物・飲み物など）が悪くなる, 質が落ちる.

desvitrificar 他（熱でガラス）を不透明にする.

desvivirse 再 **1** [por + 不定詞] …したくてたまらない, 努力する, 熱心である, やっきになる. **2** [+ por が] とても好きである, 熱中する.

desyerbe 男《中米》除草.

detall 男《スペイン》《商業》小売り. —venta al ~ 小売り販売.

detalladamente 副 詳しく, 詳細に.

*****detallado, da** 過分 （→detallar）形 詳しい, 細かい, 詳細な.

:**detallar** 他 を詳細に述べる, 詳しく説明する. **2** 詳細に論じる.

:**detalle** [デタイェ] 男 **1** 詳細, 細部; 些細な事柄. —preocuparse de los ~s 細かい点にこだわる. sin omitir ningún ~ 細かい点も省かずに. **2** 親切, 心遣い, 配慮. —No tuvo ningún ~ con nosotros. 彼は私たちに全然気配りをしてくれなかった. ¡Qué ~! あ, 何という心遣いでしょう. **3**《商業》明細. —~ de los gastos 費用の明細書. **4**《商業》小売り. —tiendas de ~ 小売店. ▶al detalle (1)《商業》小売りの[で]. —venta al detalle 小売り販売. (2) = en detalle. con (todo) detalle 詳細に, つぶさに, 詳細かつ細部にわたって. en detalle 詳細に[の], 細かい, 細かく.

detallismo 男 細部への気配り.

detallista 形 1 (商業) 小売の。2 細かなことに気を配る。——男女 1 (商業) 小売商人。2 細かなことに気を配る人。

detección 女 1 発見、探知、見破る[られる]こと。~ de colisión (情報) 衝突検知。

dete_tar 他 を見つけ出す、探知する、検出する。—— **se** 再 (3人称で) 見出される、見つかる。—Se detectó una fuga de gas. ガス漏れが検出された。

detective 男女 探偵。~ privado 私立探偵。

detectivesco, ca 形 探偵の。

detector 男 検出器、探知器、報知器。—~ de incendios 火災報知器。~ de mentiras うそ発見器。~ de gas ガス漏れ探知器。

detención 女 1 停止、中止。——~ de los negocios 取引きの停止。2 遅れ、遅延、停滞。3 拘留、留置。——~ ilegal 不法監禁。~ preventiva 予防拘留(りゅう)。

detener [テテネル] [10.8] 他 1 を止める、制止する、引き止める。——~ el avance de una enfermedad 病気の進行を止める。2 を逮捕する、拘留する、留置する。—— **se** 再 1 (車や人が) 止まる、立ち止まる、停止する。2 [+a+不定詞 (…するために)] 立ち止まる、立ち止まって…する。

deteng- 動 →detener [10.8]。

detenidamente 副 慎重に、念入りに、綿密に。

detenido, da 過分 [→detener] 形 1 遅られた、中断された、逮捕[勾留]された。2 詳細な、綿密な。—hacer un examen de… …の念入りな調査をする。——名 逮捕者、留置人、勾留者。

detenimiento 男 入念さ、慎重な行動。

detentación 女 (地位・権力などの) 不法占有。

detentador, dora 名 (地位・権力などを) 不法に行使する人。

detentar 他 1 (法律) (公的な地位・権力などを) 不法に所有する[使用する]、横領する。2 (法律) を詐称する。

detergente 男 洗剤。——~ líquido 液体洗剤。——形 洗浄性の、洗浄効果のある。

deterger [2.5] 他 (医学) (傷などを) 洗浄する。

deterioración 女 →deterioro.

deteriorar 他 を損傷[破損]させる、損なう、悪化させる。——El lavado en seco deteriora el tejido. ドライクリーニングは布地を傷める。—— **se** 再 損傷[破損]する、悪化する。

deterioro 男 1 傷つける[損なう]こと、損傷、損害；損失。—— medioambiental 環境破壊。2 (関係・状態などの) 悪化；(品質・価値などの) 低下；退廃。~ de la calidad de la enseñanza 教育の質の低下。

determinación 女 1 決定、確定；測定；(言語) 限定；(数学) (未知数の) 決定。2 決心、決意；決断力、果断。——tomar una ~ 決心[決定]する。

determinado, da 過分 [→determinar] 形 1 決まった、一定の、特定の。2 決意した、決心した。3 (言語) 限定された。——artículo ~ 定冠詞。

determinante 形 1 [+de を] 決定する、左右する；決定的な [ser +]。—La bebida fue la causa ~ de su enfermedad. 飲酒が彼の病気の決定的な原因だった。——男 1 決定[左右]するもの。2 (言語) 限定詞。3 (生物) 決定子、デテルミナント。(心理) 決定因。4 (数学) 行列式。

determinar [デテルミナル] 他 1 を決定する、決める、定める。2 を推定する、特定する。——~ las causas de un accidente 事故の原因を推定する。3 を引き起こす、…の原因となる。4 [+不定詞] (…しようと) 決心する、決意する。5 [+a+人、+a+不定詞] (人に…するように) に決心させる。—Determinaron declararse en huelga. ストライキ入りを宣言することに決定した。La situación política del país lo determinó a cancelar el viaje. その国の政治情勢により彼は旅行を取りやめることを決心した。5 (司法) …と裁定する、判決する。—— **se** 再 1 [+a+不定詞] (…すること) を決心する、決意する。2 [+por に] 決める、決定する。

determinativo, va 形 (言語) 限定的な。——adjetivo ~ 限定形容詞。2 決定の、決定的な。

determinismo 男 (哲学) 決定論。

determinista 形 (哲学) 決定論の。——男女 (哲学) 決定論者。

detersorio, ria 形 洗浄[浄化]性の。

detestable 形 1 大嫌いな、すごく嫌な。2 恐ろしい、すさまじい、いまわしい。

detestación 女 大嫌い、憎しみ、嫌悪。

detestar 他 を憎む、嫌う；…に我慢できない。—Detesto este clima [a esta gente]. 私はこの気候[この人たち]が大嫌いだ。

detien- 動 →detener [10.8]。

detonación 女 爆発、爆発音。

detonador 男 起爆装置、起爆剤。

detonante 形 1 爆発する、爆発性の。2 ული爆しない、けばけばしい。——男 1 爆発物、爆薬。2 大事件の原因。

detonar 自 爆発する、爆音を発する。—— 他 1 を驚かせる、びっくりさせる。2 ~ 爆発させる。

detracción 女 (陰口) 悪口、非難。

detractar 他 を中傷する、…の悪口を言う、名誉を毀損する。

detractor, tora 形 中傷的な、名誉毀損の。——名 悪口を言いふらす人、中傷者。

detraer [10.4] 他 1 [+de から] を抜き取る、くねる。2 を中傷する、の名誉を毀損する。

detrás

detrás [チトラス] 副 **1** 後ろに[で], あとに, 後方に. —Nosotros nos sentamos delante y ellos ~. 私達は前の方に座り, 彼らは後ろに座った. **2** 背後に[で], 裏側に. ▶**detrás de** …の[後ろ[あと]後方]に[で]を]; …の[上に][で]を]; [+人] …の陰[背後]で, …のいないところで. **por detrás** (1) 後ろ[あと・背後]に[で・から], 後ろを(通って). —pasar **por detrás** 後ろを通る. (2) 陰で, 人のいないときころで.

detrimento 男 損害, 損傷, 損失. ▶**en [con] detrimento de**… をそこねて, …に損害を与えて. **ir en detrimento de**… をそこねる.

detrito 男 **1** (地質) 岩屑(*がんせつ*). **2** 破片の山, 残骸(*ざんがい*).

detritus 男 [単複同形] →detrito.

detuv- 動 →detener [10.8].

deuda 女 **1** 借金; (商業) 負債, 債務. **2** 恩義, 義理, 借り, 義務. **3** (経済) 公債. ~ exterior 外債. ~ interior 国債. ~ pública 公債. ~ amortizable 償還公債. **4** (宗教) 罪, とが, 過ち. ▶**contraer una deuda [deudas]**… (人)に借金する, (人)に借りを作る.

deudo, da 名 親族(の人), 親戚. — 男 親戚関係.

deudor, dora 名 債務者, 借主, 負債者(債権者は acreedor); 恩を受けている人. ~ moroso 遅滞債務者. — 形 [+a/de の] **1** 債務[負債・借金]がある; 借りの, nación **deudora** 債務国. **2** を受けている.

deus ex machina <ラテン> 救いの神.

deuterio 男 (化学) 重水素.

devaluación 女 (経済) 平価切下げ. —la ~ del dólar ドル切下げ.

devaluar [1.6] 他 …の平価を切り下げる.

devanadera 女 **1** 糸巻き, ボビン. **2** 巻取り器.

devanado 男 糸繰り.

devanador, dora 形 糸繰り[巻き取り]の. — 名 糸繰り[巻き取り]する人. — 男 糸巻き.

devanar 他 (糸など)を巻く, 巻きつける.

devaneo 男 **1** 気晴らし, 暇つぶし. **2** 男女の戯れ, 浮気. **3** 精神錯乱, うわごとを言う状態.

devastación 女 荒らすこと, 荒廃.

devastador, dora 形 荒らす, 荒廃させる.

devastar 他 を荒らす, 荒廃させる.

devengar [1.2] 他 **1** (利息)を生む. **2** (支払い)を受け取る.

devengo 男 **1** 収入金額. **2** (法律) 税金の支払い義務が生じる時.

devenir [10.9] 自 **1** [+形容詞/無冠詞名詞, en+無冠詞名詞]…となる. **2** 生じる, 起こる. — 男 (哲学) 生成, 変転.

deverbal 形 動詞から派生した.

día

devoción 女 **1** [+a/por/hacia に対する] 信仰, 崇拝. **2** 信心(深さ), 敬虔. —rezar con ~ 敬虔な祈りを捧げる. **3** 崇拝, 心酔; 専心, 熱中. **4** 祈念物, 勧行. **5** (良い)習慣.

devocionario 男 (宗教) 祈祷書.

devolución 女 **1** 返すこと, 返却. **2** 払い戻し, 返済. —hacer una ~ 返済する. **3** (法律) (権利・義務・地位などの)相続人への移転. **4** [スポ] 返球.

devolver 他 [5.11] **1** (物・金)を返す, 返却[返送]する, 返済する; (人)を返還する. — ~ los libros a la biblioteca 図書館に本を返す. **2** (好意, 招待などに)お返しをする, 返礼する, 報いる. — ~ una favor [una invitación] 好意[招待]にお返しをする. **3** 取り戻させる, 回復する. **4** [スポ] (ボール)を返す, 投げ[打ち]返す. **5** [話] 吐く, 嘔吐する. — 自 [話] 吐く, 戻す. — **se** 再 [中南米] 戻る, 帰る, 引き返す.

devónico, ca 形 男 (地質) デボン紀(の).

devorador, dora 形 **1** むさぼり食う, がつがつ食べる. **2** 破壊的な.

devorar 他 **1** をむさぼり食う, がつがつ食べる. —*Devoró* la comida en minutos. 彼はたちまちのうちに食事を平らげた. **2** をむさぼるように読む[見る, 聞く]; …に没頭する. — ~ las novelas policíacas 推理小説をむさぼるように読む. **3** を焼き尽くす, 破壊し尽くす. —Las llamas *devoraron* hectáreas de bosque. 火炎が何ヘクタールもの森林を焼き尽くした. **4** (感情などが)をさいなむ, 憔悴させる. —Lo *devora* la envidia. 彼は嫉妬に身を焦がした. — 自 むさぼり食う, がつがつ食べる. — **se** 再 をむさぼり食う, むさぼり読む

devoto, ta 形 **1** 信心深い, 信仰心の厚い, 敬虔(*けいけん*)の. **2** [+de の] 崇敬する, 崇拝[信心]する; …に心酔する; …に献身する. **3** 崇拝[礼拝]の(対象となる). — 名 **1** 信者, 礼拝者, 参拝者. **2** 崇拝者, 愛好者, ファン. — ~s del ajedrez チェス愛好者.

devuelto, ta 過分 →devolver.

devuelv- 動 →devolver [15].

dextrismo 男 (医学) 右き.

dextrosa 女 →glucosa.

deyección 女 **1** 排泄, 排便. **2** [主に複] 排泄物, 糞便. **3** (地質) (火山の)噴出物.

DF. 男 [メキシコ] 連邦区 (= Distrito Federal).

DGT 女 (スペインの)交通管制本部 (= Dirección General de Tráfico).

di(-) 動 →dar [15].

día [ディア] 男 **1** 日, 一日. —¿Qué ~ es hoy?–Es jueves. 今日は何曜日ですか?–木曜日です. D~ de Año Nuevo 元日. ~ puente 飛び石連休の間を休みにした日. ~ de descanso 休日, 休業[館]日. ~ sidéreo (天文) 恒星日. Hace unos ~s que no lo veo. 私は彼に数日間会っていない. un mes de 31 ~ 31日の月. **2** 昼間, 昼, 日中. —abrir(se) el ~ 夜が明ける. en pleno ~ 白昼に. El cielo estuvo claro por el ~. 昼間は晴れていた. **3** [+de] 祝日, 祭日, 記念日. — *del Trabajo* 労働の日(メーデー, 5月1日). *D~ de (los) Difuntos* (カト) 死者の日, 万霊祭(11月2日). *~ de (los) Inocentes* 聖嬰児(せいえい)等殉教の日(12月28日; プロテスタントのエープリルフールに当たる). *~ de la coneja* イースター, 復活祭. *el ~ sin coches* ノーカーデー. **4** 天気, 空, (ある天候の)日. —Hace mal ~. 天気が悪い. Hace un ~ estupendo. すばらしい天気だ. un ~ hermoso [soleado] よく晴れた日. **5** 曜 時期, 時代, 時世; 全盛時代, 一生 [aquellos] ~s あの頃, その当時. **6** 曜 一生, 人生, 生涯. —Tiene los ~s contados. 彼は老い先短い[もう長くない]. **7** (カト) 霊名の祝日; 誕生日. ▶ **a días** 時々, 時によって, その日その日で. **a ... días vista**, **fecha** [vista] (商業) 一覧後 … 日払いの. una talón pagadero *a diez días vista* 一覧後10日払いの小切手. **al clarear el día** 夜明けに, 明け方に. **al día** 一日に(つき), 一日あたり; [estar +] 最新情報に通じている; [poner +] 時代に即した, 時流に乗った[乗って]; (支払い・仕事などが)遅れずに, 正確に, きちんと. **al día siguiente** 翌日に, 明くる日に. **algún día** (未来の)ある日, いつか. **al otro día** 翌日に, 明くる日に. **antes del día** 夜明け前に, 夜明け前に, 明け方に. **buen día a usted** (B~) [中南米] おはようございます, こんにちは. **Buenos días**. おはようございます, こんにちは(昼夜問わない昼食までの挨拶). **cada tercer día** 時々, 時折. **como de día a la noche** 全く異なって, 全く対照的で: 月とすっぽん. **dar los buenos días**「おはようございます」と言う, 朝の挨拶をする. **de día** 昼(のうちに). —Ya es de día. もう夜が明けた, もう日が昇っている. **de día a día** = de un día a otro. **de día en día** 日に日に, 日ごとに, 日増しに; 来る日も来る日も, 毎日. **de día** ずっと以前の[に, から], 古い; (子どもが)生まれたばかりの. **de noche** = día y noche. **de última día** 最新流行の, 今はやりの; 今日の, 新鮮な, 新しい. —pan *del día* 焼きたてのパン. **de un día a [para] otro** たちまち, まもなく, 近いうちに. **día a día** 日に日に, 一日一日と; 来る日も来る日も来る日も毎日. **día azul** [スペイン] 青の日(乗車券割引の日). **día de autos** 犯行当日, 決行日. **Día de guardia** = día de precepto. **Día de la Hispanidad** 民族の日(10月12日). ♦ いわゆるコロンブスのアメリカ大陸発見(1492年)の日. **día de precepto** 義務の日(この日にはミサに行かなければならない). **día de tribunales [hábil]** 裁判日, 公判日, 開廷日. **día entre semana** 平日, ウィークデー. **día festivo [de fiesta,**

feriado] 祝日, 休日. **día hábil** (法律) 就業日. **día inhábil** (法律) 休業日. **día laborable [de trabajo]** [中南米] 平日, 営業日, 就業日. **día de semana** 平日, ウィークデー, 営業日, 就業日. **día lectivo** 授業のある日. **día natural** 日の出から日没まで. **día por medio** [南米] 一日おきに, 隔日. **día por [tras] día** 来る日も来る日も; 日に日に, 日増しに. **día y noche** 昼夜を問わず, 四六時中. **el día de hoy** 今日で(は), 現在. **el día del juicio (final)** (宗教) (この世の終わりの)最後の審判の日; (話) 非常に遅れて, いつも分からない日. **el día de mañana** 将来, いつの日か; 明日. **el día menos pensado/el mejor [peor] día** 思いがけない時に; いつかそのうち. **el mismo día/ese (mismo) día** 当日. **el otro día** 先日, この間, 以前に. **el pan (nuestro) de cada día** 日常茶飯事のこと, よくあること. **en aquellos días** あのころ. **en el día de hoy** 本日; 今日では; 現在. en su *día* 会合を見計らって, 都合のいい時に, その時が来れば. **estos días** 最近, 近頃, このごろ. **hacerse de día** 夜が明ける. **hoy (en) día** 今日(では), 現在. **Mañana será otro día**. 明日は明日の風が吹く. **más largo [más triste] que un día sin pan** (話) とても長い[悲しい]. **noche y día** = día y noche. **no dar los buenos días** (怒りや無愛想などのため)挨拶もしない. けちである. **no pasar [los] días [por, para]...** (人)がいつまでも老けない, 年の割には. **no tener más que el día y la noche** 一文なしである. 困窮している, 資金も何もない. **otro día** (未来の日を指して)いつか, その日, 後日; 別な日に. **ser el día de...** [主に否定文で] (話) (人)にとってべうまく行く日である, ついている. —Desgraciadamente, hoy *no es mi día*. 残念ながら今日は僕はついていない. **Tal día hará [hace, hizo] un año**. 《話》仕方がない, どうということはない. **tener días** 大変年をとっている, かなりの年齢に達している. 《話》お天気屋である; (機械・態度などが)日によって異なる. **tener los [sus] días contados** 終わりが近い. **todo el día** 一日中. **todo el santo día** (非難・強意) まる一日, 一日中ずっと. **todos los días** 毎日. **un buen día** いつかそのうち, 近々, ある日思いがけず. **un día** (過去・未来の)ある日, いつか. **Un día es un día** (話) 1日限りのことだ, 何をやっても1日は1日である. **un día de éstos/uno de estos días** 近々, 近いうちに; 近日中に. **un día sí y otro no** 1日おきに. **un día y otro día** 毎日, 来る日も来る日も. **vivir al día** その日暮らしをする.

diabetes 囡 [単複同形] (医学) 糖尿病.

diabético, ca 圈 (医学) 糖尿病の. ― 圐 (医学) 糖尿病患者.

diabla 囡 **1** (話) 女の悪魔; 悪魔のような女. **2** (演劇) (舞台上部の)ボーダーライ

diablejo 男 《軽蔑》小悪魔; いたずら好きな子ども.

diablesco, ca 形 →diabólico.

diablillo 男 《話》いたずらっ子.

diablo [ディアブロ] 男 **1** 悪魔, 魔王. —El D～ 魔王, サタン. **2** (特に子どもについて)いたずらっ子, やんちゃ坊主, 落ち着きのない子. —Este niño es un ～. この子どもはほんとにやんちゃ坊主だ. **3** やり手, 抜け目のない人, 悪賢い人. **4** 悪魔のような人, 極悪人, 悪漢. **5** 《主に 疑問詞十～s》(怒りの表現)一体…; (賞賛)何と…. —¿Qué ～s estás tú haciendo ahí? 一体君はそこで何をしているんだ. **6** 非常に醜い人, 怪物. **7**《魚類》．—～ marino アンコウ; 《俗》カサゴ. ▶**al Diablo** (con …) 《怒りで》(…なんか)くそくらえ, いまいましい(…め). **andar** [estar] **el diablo suelto** 大混乱になっている, 騒然としている. **armarse una de todos los diablos** 《話》(静めるのが難しい)大混乱[大騒ぎ, けんか]が起きる. **como el [un] diablo** 《話》《強調表現》猛烈に, 激しく, ひどく. **¡con mil diablos!** (怒り・嫌悪)くそったれ. **dar al diablo a …** 《話》を追い払う, 厄介払いする. **darse al diablo** 《話》かっとなる, 怒る; 絶望する. **del diablo/ de mil diablos/ de (todos) los diablos** 《話》すごい, ひどい, すごくいやな. **¡Diablo!** 《間投詞的に》すごい, おやまあ, なんとまあ. **diablos azules** 《中南米》(アルコール中毒に伴う)振顫譫妄(しんせん). **donde el diablo perdió el poncho** 《南米》非常に辺鄙(へんぴ)な所で. **el diablo cojuelo** 《話》いたずら好きの人. **llevarse el diablo** 《話》(物)があっという間になくなる[消える]; (予想外の事が)起こる. **mandar … al diablo** 《話》怒って仕事を抜き, 放棄する; (怒って人を)追い払う, 首にする. **Más sabe el diablo por (ser) viejo que por (ser) diablo.** 《諺》亀の甲より年の功. **pobre diablo** 《話》お人好しで役に立たない人. **¡Qué diablo(s)!** (怒りの表現)畜生, くそ. **¡Qué se lo lleve el diablo!** くたばっちまえ, 畜生. **ser (de) la piel del diablo** 《話》(子どもが)いたずらっ子である, 腕白である. **tener el diablo [los diablos] en el cuerpo** 《話》ひどいいたずらっ子である, やんちゃで落ち着きがない. **¡Vete al diablo!** さっさと消え失せろ, くたばれ.

diablura 女 《話》いたずら, 悪ふざけ. —hacer ～ いたずらをする.

diabólico, ca 形 **1** 悪魔の(ような), 悪魔的な; 極悪非道の. **2** 悪辣な, ずるい; ともすごく, 非常に困難な, 複雑きわまる. —mujer *diabólica* 魔性の女. **3** とても困難な, 複雑きわまる.

diábolo 男 空中独楽(ごま), ディアボロ.

diaconado 男 →diaconato.

diaconato 男 助祭職.

diaconía 女 《カト》助祭の担当教区[住居].

diaconisa 女 《カト》(昔の教会で)助祭のような仕事を務めた女性.

diácono 男 《宗教》助祭.

diacrítico, ca 形 **1**《言語》区別[識別]のための. —signo ～ 補助記号. **2**《医学》[+ de](病気の)症状を示す, (…に)特有の. —signo ～ 分音符号, 補助記号(文字に付けた符号, "など).

diacronía 女 《言語》通時態.

diacrónico, ca 形 《言語》通時的な, 通時の.

diadema 女 **1** 王冠. **2** (女性用の)頭飾り, 冠.

diafanidad 女 **1** 透明, 透明性[度]. **2** 明るさ, 快晴. **2** (説明などの)明快さ, 明瞭さ.

diáfano, na 形 **1** 透明な, 透き通る, 透けて見える. —El agua es una sustancia *diáfana*. 水は透明な物質である. **2** 明るい; 澄み切った. **3** 明瞭な, 明らかな.

diafragma 男 **1**《解剖》横隔膜. **2**《写真》(レンズの)絞り. **3**《機械》隔て板. **4**《機械》(受話器・マイクなどの)振動板. **5**《植物》(植物の隔壁), 膜壁. **6**《医学》(避妊用)ペッサリー.

diagnosis 女 《単複同形》**1**《医学》診断(法). **2** 特性, 識別.

diagnosticar [1.1] 他 《医学》を診断する.

diagnóstico, ca 形 《医学》診断の. —— 男 **1**《医学》診断(法). **2**《情報》エラー検査.

diagonal 形 **1** 斜線の, 斜めの. **2**《数学》対角線の. —— 女 **1** 斜線. **2**《数学》対角線.

diagrama 男 図, 図形, 図表, グラフ, 図式. —～ de flujo 《情報》フローチャート. ～ en columnas 棒グラフ. ～ en sectores 円グラフ.

dial 男 (電話・ラジオの)ダイヤル; 目盛り板.

dialectal 形 方言の.

dialectalismo 男 《言語》方言に特有の語法.

dialéctica 女 《哲学》弁証法.

dialéctico, ca 形 弁証(法)的な. —— 男 弁証家.

dialecto 男 《言語》**1** 方言. **2** (祖語からの)派生言語.

dialectología 女 《言語》方言学.

dialectólogo, ga 名 方言研究者[学者].

diálisis 女 《単複同形》《物理, 化学》透析.

dializador 男 腎臓透析機.

dializar 他 《化学, 医学》を透析する.

dialogante 形 対話に積極的な, 対話する, 対話者の.

dialogar [1.2] 自 対話する, 話し合う, 会議する. —— 他 を対話形式で書く, 対話体で表現する.

dialogismo 男 《修辞》仮想的対話形式, ダイアロジズム.

diálogo 男 **1** 会話, 対話, 問答, 対談. **2** 話し合い, 交渉, 会談. **3**《文学》対話体の作品. **4** (小説などの)対話部分; 《演劇

dialoguista 映画) 台詞(%). ► *diálogo de [para] besugos* (論理的な関係のない) ばかげた無意味な会話. *diálogo de sordos* 相手の話を聞かないで不毛の対話.

dialoguista 男女 セリフ作家.

diamante 男 1 ダイヤモンド, 金剛石 [ガラス切り. ―*bodas de* ~ ダイヤモンド婚式. *edición* ~ 〔印刷〕ダイヤ版(極小型本). *punta de* ~ ダイヤモンドポイント[ガラス切り]. 2 覆 (トランプの) ダイヤの札. ► *diamante (en) bruto* 未加工のダイヤモンド; (今は荒削りだが)磨けば光る才能の持ち主.

diamantífero, ra 形 ダイヤモンドを産出[埋蔵]する.

diamantino, na 形 1ダイヤモンドの (ような). 2 《詩》堅固無比の.

diamantista 男女 1 ダイヤモンド細工師. 2 ダイヤモンド商人.

diametral 形 1 直径の. 2 正反対の; 完全な, まったくの.

diametralmente 副 まったく, 完全に.

diámetro 男 〔数学〕 (円・球などの) 直径; (円筒の) 内径; 球軸.

Diana 固名 1 《女性名》 ディアナ. 2 《神話》 ディアナ [ダイアナ].

diana 女 1 《軍事》起床ラッパ [太鼓]. ―*tocar* ~ 起床ラッパを吹く. 2 (的の) 中心. ―*hacer* ~ の中心を射る. 3 《詩》 月.

diantre 間 《話》 (怒り・驚きの) ちくしょう; うひゃっ.

diapasón 男 1 《音楽》音叉(%). 2 《音楽》 (音声・楽器の) 音域, 標準調. 3 《話》 声の調子.

diapositiva 女 《写真》 (映写用の) スライド.

diarero, ra 男女 《南米》 →*diariero*.

diariamente 副 日々, 毎日.

diariero, ra 男女 《南米》 新聞販売員.

diario, ria [ディアリオ, リア] 毎日の, 日々の; 日常の. ―*trabajo* ~ 日常の仕事. *gasto* ~ 毎日の出費. ― 男 1 日記(帳), 日誌. ~ *de operaciones* 戦闘日誌. ~ *de sesiones* 議事録. 2 日刊紙[新聞]. 3 《商業》仕訳帳. 4 (毎日の) 生活費, 出費. ► *a diario* 毎日, 日常. 日常[普段・平日] の. *diario hablado* ラジオニュース.

diarismo 男 《中南米》 ジャーナリズム.

diarista 男女 1日記をつける人, 日誌係, 日記作家. 2《中南米》ジャーナリスト, 新聞[雑誌]記者.

diarquía 女 (同時に行使される) 二分権力.

diarrea 女 《医学》下痢. ► *diarrea mental* 精神の混乱, 錯乱. *diarrea verbal* 《話》 饒舌法.

diarreico, ca 形 下痢の.

Días 固名 ディアス (Bartolomé ~) (1450頃-1500, ポルトガルの航海者, 喜望峰を発見した).

diáspora 女 (特にユダヤ人の) 離散, ディアスポラ.

diástole 女 1 《解剖》心臓拡張(期). 2 《言語》(短音節の)音節延長.

diastólico, ca 形 《生物》心臓拡張の.

diastrático, ca 形 《言語》社会階層の, 通層的な.

diatermia 女 《医学》 ジアテルミー.

diatomea 女 《植物》珪藻(類).

diatónicamente 副 《音楽》全音階で.

diatónico, ca 形 《音楽》全音階の.

diatópico, ca 形 《言語》地域的な, 通域的な.

diatriba 女 悪口, 痛烈な非難[攻撃], 酷評.

Díaz 固名 ディアス (Porfirio ~) (1830-1915, メキシコの軍人・政治家).

dibujante 男女 写生家, スケッチする人, 図案家, 製図家. ― 形 スケッチする, 写生する.

dibujar 他 1 (絵・図) を描く, …の絵を描く. 2 を (文章で) 描写する. ― *se* 再 〔3人称で〕姿が見える. 写し出される, 現われる.

dibujo 男 1 線(描)画, 素描, デッサン(力); 一コマ漫画. 2 (布地・壁紙などの) 模様, 図柄, デザイン. 3 製図(術), 設計図. ―*papel de* ~ 製図 [画] 用 紙. ~ *lineal* 製図, 用器画, 線画. 4 (言葉による)描写. ► *dibujo a mano alzada* 自在画. *dibujo del natural* 写生画. *dibujos animados* アニメ(ーション), 動画.

dicacidad 女 機知に富んだ辛らつさ.

dicción 女 1 発音, 発声(法). 2 ことばづかい, 語法, 言い回し. 3 語, 言葉.

diccionario [ディクシオナリオ] 男 1 辞書, 辞典, 事典. ~ *electrónico* 電子辞書. 2 辞書体目録. ~ *bibliográfico* 著書目録. ~ *geográfico* 地名目録.

diccionarista 男女 辞書編集者.

dice, dicen, dices 動 → *decir* [10.11].

dicente 形男女 言っている(人).

díceres 男覆 《中南米》人の噂, 風評.

dicha 女 1 幸福, 喜び. 2 幸運. ―*Tuve la* ~ *de conocerte.* 私は幸運にも君と知り合うことができた. ► *por dicha* 幸い(にも), 運よく.

dicharachero, ra 形 機知に富んだ, 才気あふれる, 話が面白い. ―男 冗談を言う人, おどけ者.

dicharacho 男 下品な言葉[冗談].

dicho, cha 過分 [→*decir*] 1 言われた. ―*de otro modo* 言いかえれば. 2 [無冠詞で名詞に前置して] いま述べた, 上記の. ― ~ *individuo* 前記の人物. ► *dicho sea de paso* ちなみに. *dicho y hecho* 言うが早いか, すぐさま. *Lo dicho, dicho.* 〔諺〕言ったことは変わりないない(まだ有効だ). *mejor dicho* どちらかと言えば, むしろ. ― 男 1 言葉, 発言;

気のきいた言葉; 格言, 諺; 失礼な(侮辱的な)言葉. ~ agudo [intempestivo] 機知に富んだ[場違いな]言葉. 2《法律》証言. ▶*Del dicho al hecho hay gran [mucho] trecho.*〔諺〕言うは易く行うは難し.

dichosamente 副 **1** 幸福に, 幸せに. **2** 運良く, 幸いにも.

dichoso, sa 形 **1**〖+ con [en] で(de +不定詞(…するの)が)幸せな, 幸福な; 幸運な. **2** 適切な, よくできた. **3**〖名詞の前で〗いまいましい, しゃくにさわる, いやな. — *¡Ese ~ niño!* あのいまいましいがき.

diciembre 男 12月.

diciendo 動 →decir [10.11].

diciente 形 男女 →dicente.

dicotiledóneo, a 形《植物》双子葉植物の.

dicotomía 女 **1** 二分法. **2** 意見の相違, 分裂.

dicroísmo 男《物理》2色性.

dicromático, ca 形 2色の.

dictablanda 女《皮肉》《政治》(他と比べて)あまり厳しくない独裁politics.

dictado 男 **1** 口述; 書取り, ディクテーション; 書き取られたもの. **2**〖獨〗(良心・理性などの)命じるところ, 指示. — *desoír los ~s de la razón* 理性の声に耳をかさない. **3** 異名, 称号, あだ名. ▶*al dictado* 口述のままに, 言われたとおりに; 〖+ de の〗示唆(奨め)に従って.

dictad*or*, *dora* 名 **1** 独裁者, 暴君; ワンマン. **2**〖歴史〗(古代ローマ共和制期の)独裁(執政)官. —— 男 独裁者の: ワンマンな.

dictadura 女 **1**〖政治〗独裁(制), 独裁政治, 独裁政権; 独裁者の地位. ~ *del proletariado* プロレタリア独裁. **2** 専制, 専横. **3**〖歴史〗(古代ローマでの)独裁執政(官職・期間).

dictáfono 男 口述録音機, ディクタフォン.

dictamen 男〖複 dictámenes〗**1**(専門家の)意見, 見解, 判断; 報告(書). **2** 助言, 提言, 忠告.

dictamin*ador*, *dora* 形 意見を述べる; 提言[助言]する.

dictaminar 自〖+ sobre について〗**1** 意見を述べる. **2**《法律》提言する, 助言する. —— 他〖+ que〗…と判断をくだす.

▶**dictar** 他 **1** …を口述筆記させる, 書き取らせる; …を書き取りをさせる. ~ *una carta* 手紙を口述筆記させる. **2**(法令)を発する, 定める, (判決)を言い渡す. ~ *sentencia* 判決を下す. **3** …を命ずる, 指図する. **4**(授業, 講演など)を行う. —— 自 命令する, 指図する.

dictatorial 形 **1**《政治》独裁者の, 独裁的な. ~-*régimen* 独裁体制. **2** 尊大な, 横柄な.

dicterio 男 あざけり, 侮辱, 無礼.

didáctica 女 教授法.

didáctico, ca 形 **1** 教えるのに適した. —— *material* ~ 教材.

método ~ 教育方法. **2** 教訓的な, 説教的な.

didáctilo, la 形《動物》2本指の.

didactismo 男 **1** 教育性. **2** 教育の目的の.

didascalia 女 **1** 教育, 教授. **2**(古典劇の)ト書き.

didascálico, ca 形 (特に詩の)教育の.

▶**diecinueve** [ディエシヌエベ] 男 **19**(の数字), **19**人[個].

—— 形 (数) **1 19**(人・個)の. **2**〖序数詞的に〗**19**番目の.

diecinueveavo, va 形 (数) 19等分の. —— 男 19分の1.

dieciochavo, va 形 18等分の. —— 男 18分の1.

dieciochesco, ca 形 18世紀の.

dieciochista 形 →dieciochesco.

▶**dieciocho** [ディエシオチョ] 男 **18**(の数字), 18人[個]. —— 形 (数) **1 18**(人・個)の. **2**〖序数詞的に〗18番目の.

dieciochoavo, va 形 男 18分の1(の).

▶**dieciséis** [ディエシセイス] 男 **16**(の数字), 16人[個]. —— 形 (数) **1 16**(人・個)の. **2**〖序数詞的に〗16番目の.

dieciseisavo, va 形 (数) 16等分の. —— 男 16分の1.

▶**diecisiete** [ディエシシィエテ] 男 **17**(の数字), 17人[個]. —— 形 (数) **1 17**(人・個)の. **2**〖序数詞的に〗17番目の.

diecisieteavo, va 形 (数) 17等分の. —— 男 17分の1.

diedro, dra 形 2平面の, 2面角の. —— 男 2面角.

Diego 図名 **1**(男性名)ディエゴ. *(San ~)*(聖)ディエゴ.

dieléctrico, ca 形 **1**《物理》誘電性の; 絶縁の. **2** 男《物理》誘電体; 絶縁体.

diencéfalo 男《解剖》間脳.

▶**diente** [ディエンテ] 男 **1**《解剖》歯. — *cepillarse [lavarse, limpiarse] los ~s* 歯を磨く. ~ *canino [columelar]* 犬歯. ~ *incisivo* 門歯. ~ *molar* 臼(蓉)歯. ~ *picado [cariado]* 虫歯. ~ *postizo* 入れ歯. **2**(櫛・鋸の)歯; 歯車・フォークなどの)歯. ~ *de un tenedor* フォークの歯. ~ *de una sierra mecánica* のこぎりの歯. **3**《植物》(ニンニクの)1片, かけら. (葉の)鋸歯. — *un ~ de ajo* ニンニク1かけ. **4**《建築》(建物・石塀などの)増築用の突出部; 接ぎ手, ほぞ, 持ち梁. **5**(鳥類)歯嘴. ▶*armado [armarse] hasta los dientes*〔話〕完全武装した[する]. *crujir*LE *[rechinar*LE *a... los dientes* …が歯ぎしりする. *dar diente con diente* (寒さ·恐怖などで)歯をガチガチ言わせる. *decir entre dientes* = *hablar entre*

diera(-) ... **dientes. de dientes (para) afuera** 《話》口先だけで；不真面目に．**diente de leche**《解剖》乳歯．**diente de león**《植物》タンポポ．**diente de lobo**《技術》大釘(ﾁﾞﾋ)の一種；（メッキ工の使う）研磨器．**enseñarle [mostrarle] a ... los dientes**《話》(人)に歯をむく，歯向かう，抵抗する，立ち向かう．**hablar entre dientes**《話》(怒り・不満で)ぶつぶつ言う，不平を鳴らす．**hincar [meter] el diente**《話》[＋a に] 取り掛かる，取り組む，着手する；[＋a を] 食べ始める，…にかみつく，かじる；[＋en/a を] 不当に手に入れる；横取りする；[＋a/en を] 批判する，酷評する．**mostrar (los) dientes** ＝enseñarle a ... (los) dientes. **pelar el diente**《中米》お世辞を言う．**poner a ... los dientes largos**《話》(物)が…に欲しくてたまらなくなる．**ponérsele a ... los dientes largos**《話》欲しくてたまらなくなる，食指が動く．**rechinarle a ... los dientes** ＝crujirle [rechinarle] a ... los dientes. **tener buen diente**《話》大食漢である，何でもよく食べる．**tener los dientes largos**《話》賄賂(ﾜｲ)を取りたがる，賄賂に弱い．**tener a ... entre dientes**《話》…に我慢がならない．**tomar [traer] a ... entre dientes**《話》…に恨みを抱く，…の悪口を言う．

diera(-), dieron 動 →dar [15].

diéresis 女 1〔言語〕二重母音の分切(分立)．2〔言語〕分音記号（üの"の記号）．3〔医学〕切断．

diésel 男 1 ディーゼルエンジン．2 ディーゼル車．3 ディーゼル オイル．

diestra 女 →diestro.

diestramente 副 巧みに，上手に；抜け目なく．

diestro, tra 形 1 [＋en に] 熟練[熟達]した，巧みな．2《文》(主に名詞の前で) 右の，右側の．3 右利きの．4 [＋en に] 抜け目がない，ずる賢い． — 男 1〔闘牛〕のマタドール；（徒歩の）闘牛士．2 剣術家；剣士． ▶ **a diestro y siniestro** 四方八方に；でたらめに，手当り次第に．

dieta[1] 女 1〔治療・健康・瘦身のため〕食餌(ｼﾞ)療法，ダイエット，節食；（食餌療法用の）規定食．2 絶食．3 日常の食事． — ～ **mediterránea [japonesa]** 地中海風[日本]料理． ▶ **estar a dieta** ダイエット中である，食餌療法をしている．**poner [ponerse] a dieta** 食餌療法[ダイエット]をさせる[する]．

dieta[2] 女 1（日本・スウェーデン・ドイツなどの）国会，議会．2 複（出張などの）手当て．

dietario 男（会計）賬簿，家計簿．

dietética 女〔医学〕食餌療法学，栄養学．

dietético, ca 形〔医学〕食餌(ｼﾞ)療法の．—alimento ～ ダイエット食品．régimen ～ ダイエット．

dietista 男女 食餌療法の専門医．

diez [ディエス] 形〔数〕1 10の，10人[個]の． — ～ mil 1万． 2〔序数詞的に〕10番目の． — 男 1 10；10人[個]；10の数字[記号]．2 10番，10番地[号室]．3〔宗教〕(ロザリオの)一連；(ロザリオの)10個の小珠(ｼﾞ)ごとにある大珠(ﾀﾞﾏ)． ▶ **hacer las diez de últimas**《話》(トランプに勝って)卓上の金を全

diezmar 他 1（疫病・戦争などが）…の多くの人を殺す．2 …の10分の1を取る[選ぶ]． — 自〔歴史〕教会に十分の一税を払う．

diezmilésimo, ma 形 男 1万分の1 (の)．

diezmillonésimo, ma 形 男 1000万分の1(の)．

diezmo 男〔歴史〕(信者が教会に納めた)十分の一税．

difamación 女 1 中傷，名誉毀損(ｿﾝ)．2（文書による）名誉毀損(罪)．

difamador, dora 形 男 [誹謗(ﾎﾞｳ)する人]，中傷の(人)．

difamar 他 1 を中傷する，…の名誉を毀損(ｿﾝ)する．2 …の価値を落とす．

difamatorio, ria 形 中傷の，名誉毀損(ｿﾝ)の．—acusación **difamatoria** 名誉毀損の訴え．

diferencia 女 1 違い，相違；区別；〔数学〕差；格差；差額． — ～ **de opiniones [de carácter]** 意見[性格]の違い．2 不和，争い．—resolver [arreglar] una ～ 争いを解決する． ▶ **a diferencia de...** …とは違って[反対に]．**partir la diferencia**（双方が互いに譲歩して）歩み寄る，妥協する；[＋con と] 妥協する；…に譲歩する．

diferenciación 女 1 区別，識別．2 分化．

diferencial 形 1 相違を示す，差別的な，〔数学〕微分の．—ecuación ～ 微分方程式． — 男〔機械〕差動歯車．— 女〔数学〕微分．

diferenciar 他 1 を区別する，識別する． — ～ **el bien del mal** 善悪を区別する．2 を相違させる，の違いを生む．— **se** 再 1 [＋de と] 異なる，違う，区別される．2〔生物〕分化する．

diferendo 男《中南米》（組織・国家間の）相違，不和．

diferente [ディフェレンテ] 形 1 [＋a/de と] 異なる，違った，別の．— Su criterio es ～ **del** nuestro. 彼らの規準は我々のと違っている．2〔複数名詞の前で〕様々の，いくつかの． — La cuestión presenta ～ **s** aspectos. その問題は様々の様相を呈している． — 副 違って；違うように．

diferido, da 形 1 [estar＋] 遅れた；延期した．2 録画の．—emisión **diferida** 録画放送． ▶ **en diferido** 録画の[で]．

diferir [7] 他 を延期する，延ばす；延長する． — 自 1《文》[＋de と/＋en で] 異なっている，違っている，相違する． —En este tema **diferimos de vosotros**. この

問題では私たちは君たちと意見を異にする。**4**《文》不同意である。

difícil [ディフィシル] 形 **1**《+ de + 不定詞/(…するのが)/+ para にとって》難しい, 困難な。**2**《人が》気難しい, 扱いにくい; 気まずい。**3**《話》変てこな, いやな。—¡Qué cara más ~ tiene! 彼は何て変てこりんな顔をしているんだ。
▶ **ser difícil**《+ 不定詞/que + 接続法》(…するのは難しい, …しそうもない)。

difícilmente 副 **1**かろうじて, やっとのことで, 苦労して。**2**ほとんど…しそうにない。

dificultad 女 **1**難しさ, 困難; 難事, 困難な点。**2**障害, 支障, 難儀; 住複]故障。—plantear muchas ~es 多くの厄介[問題]を引き起こす。**3**[しばしば住複]窮乏, 困窮; 苦境, 難局。**4**[主に住複]異議, 反対, 文句, じゃま。—poner ~es a... …に異議を唱える, …に難癖をつける。

dificultar 他 **1**を困難にする, 難しくする。**2**を邪魔する, 妨げる。

dificultoso, sa 形 困難な, 難しい, 骨の折れる。—respiración *dificultosa*《医学》呼吸困難。

difluente 形 散らばっている, 広がっている。

difracción 女《物理》回折。

difractar 他《物理》(光線・電波など)を回折させる。

difteria 女《医学》ジフテリア。

diftérico, ca 形《医学》ジフテリアの。

difumar 他《まれ》→esfumar

difuminar 他 **1**をかすませる, ぼんやりさせる。**2**《美術》を(擦筆(ミɔ)で)ぼかす。

difumino 男《美術》擦筆(ミɔ)。

difundir 他 **1**をまき散らす, 拡散する, 放つ。— un virus ウイルスをまき散らす。**2**(情報・思想など)を広める, 流布させる, 普及させる。— el cristianismo キリスト教を広める。— **se** 再 **1**まき散らされる, 拡散される, 発散する。**2**広まる, 流布[普及]する, 伝わる。

difunto, ta 名 故人, 死者。—Día de (los) D~s《カト》死者の日, 万聖節(11月2日), misa [toque] de ~s 死者を[弔いの鐘]。▶ **El difunto era mayor [más pequeño]**《話》その服は大きすぎ[小さすぎ]る。— 男 死体, 遺体。— 形 亡き, 故の。

difusión 女 **1**普及, 流布, 伝播。— tener ~ 普及する, 伝わる, 広まる。**2**(伝染病などの)蔓延, 流布。**3**《ラジオテレビ》放送, 放映。**4**《物理》拡散(作用), 散乱, 放散。**5**(文体などの)散漫, 冗漫。

difusivo, va 形 普及的な, 拡散傾向の。

difuso, sa 形 **1**《文体・話し方などが》散漫な, 冗長な, とりとめのない。—estilo ~ 散漫な文体。explicación *difusa* だらだらした説明。**2**ぼんやりとした, まとまりのない。—color ~ ぼやけた色。luz *difusa* 散乱した光。idea *difusa* 漠然とした考え。**3**拡散した, 広がった, 広範囲にわたる。

difusor, sora 形 **1**広める。**2**放送の。

— 男《機械》拡散器。— 女《南米》ラジオ局。

dig- 動 →decir [10.11]。

digerible 形 消化しやすい, こなれやすい。

digerir [7] 他 **1**(食物)を消化する。**2**《話》(知識などを)吸収する, 飲み込む。**3**(侮辱などに)耐える, を我慢する。

digestibilidad 女 消化の良さ。

digestible 形 消化の良い, 消化可能な。

digestión 女 消化, 消化作用, 消化力。—hacer la ~ 消化する。**2**理解, 会得。

digestivo, va 形 **1**消化の, 消化力のある。—órgano ~ 消化器。**2**消化のよい, 消化しやすい。**3**消化を助ける, 消化促進の。— 男 消化剤。

digier- 動 →digerir [7]。

digir- 動 →digerir [7]。

digitación 女《音楽》(楽器の)運指法, 指使い。

digitado, da 形 **1**《動物》有指の。**2**《植物》(葉が)掌状の。

digital 形 **1**指の。—huellas ~es 指紋。**2**数字で計算する, デジタルの。—televisión ~ terrestre 地上デジタルテレビ。— 女《植物》ジギタリス。

digitalina 女《薬学》ジギタリン。

digitalización 女《情報》デジタル化。

digitalizar [1.3] 他 (情報)をデジタル化する。

digitalmente 副 **1**デジタル形式で。**2**指で。

digitiforme 形 指の形をした。

digitígrado, da 形《動物》指行性の。

dígito 男 **1**アラビア数字(0〜9の数字)。**2**桁[1]。— significativo《情報》有効桁。

diglosia 女《言語》2言語使い分け, ダイグロシア。

dignamente 副 品位をもって, 堂々と, 立派に。

dignarse 再《+ 不定詞》…してください。—*Se dignó* saludarme. あの方は私にあいさつしてくださった。

dignatario 男 高官, 高位の人。

dignidad 女 **1**(態度などの)威厳, 尊厳; 立派, 品位, 自尊心; 威信, 体面。**2**高位, 顕職; 高官, 高爵。

dignificación 女 威厳を与える[持つ]こと。

dignificante 形 威厳を与える, 重々しい, 厳格な。

dignificar [1.1] 他 …に威厳をつける, を高貴視する, 重々しくする。

digno, na [ディグノ, ナ] 形 **1**《+ de + 名詞/不定詞/que + 接続法》…にふさわしい, 値する, 見合った。—*Su conducta es digna de* admiración. その振るまいは賞賛に値する。*Es ~ de* verse. それは見る価値がある。**2**《名詞の前で》相応の, しかるべき。—recibir una *digna* recompensa しかるべき報酬を受ける。**3**恥を知る, 立派な。

dígrafo 男 〖言語〗二重字.

digresión 女 (話・文章が)横道にそれること, 余談, (話の)脱線. —perderse en digresiones 話が脱線する.

dij- → decir [10.11].

dije 男 (腕輪・首飾りなどにつける)小さな飾り. —— 形 〖南米〗〖話〗魅力的な(人), 陽気な(人).

dilaceración 女 1 (人・動物の)肉を引き裂くこと. 2 精神的に傷つけること.

dilacerar 他 を引き裂く.

dilación 女 延期, 遅滞.

dilapidación 女 浪費, 乱費.

dilapidador, dora 形 浪費[乱費]する. —— 男女 浪費[乱費]する(人).

dilapidar 他 (財産)を乱費する, (金)を使い果たす.

dilatabilidad 女 膨張[拡張]性.

dilatación 女 1 膨張, 拡張, 拡大; 伸長, 延期. 2 安堵, 慰藉(いしゃ).

*__dilatado, da__ 過分 → dilatar 1 広々とした, 広大な. 2 長時間の.

dilatador, dora 形 拡張[膨張]させる. —— 男 〖医学〗拡張器; 〖解剖〗拡張筋.

*__dilatar__ 他 1 を広げる, ふくらます, 膨張させる. ~ el hierro 鉄を膨張させる. ~ la fama 名声を博す. 2 を長引かせる, 引き延ばす. 遅らせる; を延期する. ~ la clase 授業を延長する. ~ la partida 出発を延期する. —— se 再 1 ふくらむ, 膨張する; 広がる, 伸びる. 2 遅れる, 遅延する.

dilatativo, va 形 膨らませる, 膨張させる.

dilatoria 女 → dilatorio.

dilatorio, ria 形 延期の, 時間を引き延ばすための. —táctica dilatoria 引き延ばし戦術. —— 男 〖主に 複〗引き延ばし, 延期.

dilección 女 愛情, いつくしみ.

dilecto, ta 形 愛する, いとしい, 親愛なる.

dilema 男 1 板ばさみ, 窮地, ジレンマ. 2〖論〗ジレンマ, 両刀論法.

diletante 男女 ディレッタント, 愛好家の. —— 男女 ディレッタント, 芸術愛好家.

diletantismo 男 素人芸, 道楽, ディレッタンティズム.

diligencia 女 1 勤勉, 精励, 入念; 敏活, 機敏. 2 手続き, 処置; 手続きの公的確認書類. 3〖法律〗訴追, 起訴. 4 乗合馬車.

diligenciamiento 男 処置, 手続き.

diligenciar 他 (必要な措置など)を講ずる;(文書で行政的な)…の手続きをする.

diligente 形 1 勤勉な, 熱心な. 2 [+ en] (仕事が)早い, 迅速な.

dilogía 女 (語の)両義性.

dilucidación 女 解明, 明晰化, 説明.

dilucidar 他 を明瞭にする, 説明する. —— una cuestión 問題を明らかにする.

dilución 女 1 溶解, 融解. 2 薄めること, 希釈.

diluir [11.1] 他 を溶かす, 溶解する; を薄める. —— se 再〖3人称で〗溶ける, 溶解する; 薄まる, 弱まる.

diluvial 形 1〖地質〗洪積の. 2〖気象〗大洪水の. —— 男〖地質〗洪積層.

diluviar 自〖無主語〗〖気象〗雨が激しく降る.

diluvio 男 1〖気象〗大洪水, 豪雨. —el ~ universal ノアの大洪水. 2〖話〗多数[多量](のもの). —— de preguntas 質問の嵐.

diluyente 形 溶解する; 薄める. —— 男 溶剤.

dimanar 自 [+ de から] 起こる, 始まる, 生ずる.

dimensión 女 1〖主に 複〗大きさ, 広さ; 規模; 重要さ. —dimensiones de un cuarto 1部屋の大きさ. un escándalo de grandes dimensiones いろいろな所に影響を与えるスキャンダル. matemático de ~ universal 世界的な大数学者. 2 寸法(長さ), 面積, 体積. 3〖数学, 物理〗次元, ディメンション.

dimensional 形 1 寸法の, 大きさの. 2〖物理, 数学〗次元の. —análisis ~〖数学〗次元解析.

dimensionar 他 1 …の大きさを測る. 2 を重要視する.

dimes ▶ dimes y diretes 〖話〗口論, 口げんか; 噂話. —andar en dimes y diretes 口げんかをする, 言い争う.

diminuendo 男〖音楽〗ディミヌエンドの, だんだん弱くなる. —— 男〖音楽〗ディミヌエンド.

diminutivo, va 形 小さくする, 縮小する; 〖言語〗縮小辞の. —— 男〖言語〗1 縮小辞, 指小辞 (-ito, -illo, -ico など). 2 縮小語, 示小語.

diminuto, ta 形 小さい, 小型の, 小柄な.

*__dimisión__ 女 辞職, 辞任; 辞表. —— en bloque 総辞職.

dimisionario, ria 形 辞職する, 辞する. —— 男 辞職者.

dimitir 自 [+ de を] 辞職[辞任]する. —— de director 部長を辞任する. —— 他 辞職[辞任]する.

dimorfismo 男〖生物, 鉱物〗二形性.

dimorfo, fa 形〖生物, 鉱物〗二形性の.

dimos 動 → dar [15].

dina 女〖話〗金銭. —el ~ y el don 富と名誉.

dina 女〖物理〗ダイン(力の単位).

Dinamarca 固名 デンマーク.

*__dinamarqués, quesa__ 形 デンマークの, デンマーク人[語]の. —— 男女 デンマーク人. —— 男 デンマーク語.

dinamicidad 女 活動性; 動力性.

*__dinámico, ca__ 形 1 活動的な, 精力的な. 2 動きの, 動的な. 動力の. —análisis ~ 動態分析. 3 力学の; 力の, 動力の. —— 女 1〖物理〗力学, 動力学. 2 原動力, 活力, 力.

dinamismo 男 **1** 活力, 精力, バイタリティー; 行動力. —trabajar con ～ 精力的に働く. **2**『哲学』力本(%)説, 力動説, ダイナミズム.

dinamita 女 ダイナマイト.

dinamitar 他 をダイナマイトで爆破する.

dinamitazo 男 ダイナマイトの爆破.

dinamitero, ra 形 ダイナマイトを利用する, 爆破の; ダイナマイトの. —— 名 **1** 爆破テロリスト. **2** 発破業[担当]者.

dinamización 女 活性化, 促進, 活気づけ.

dinamizador, dora 形名 活発な(人), 精力的な(人).

dinamizante 形 活力を与える.

dinamizar 他 を活性化[促進]する, 活気づける. —— se 再 活性化[促進]される, 活気づく.

dinamo, dínamo 女 《電気》発電機, ダイナモ.

dinamógeno, na 形 活力を刺激する.

dinamómetro 男 力計, 検力計.

dinar 男 **1** ディナール(アルジェリアなどの通貨). **2**『歴史』ディナール(中世のイスラム教国の基本貨幣).

dinastía 女 **1** 王朝, 王家. **2** 名門, 名家.

dinástico, ca 形 王朝の, 王家の.

dinerada 女 大金, 大きなお金. —ganar una ～ 大金を稼ぐ.

dineral 男 大金, 莫大な金. —costar un ～ 莫大な金がかかる.

dinerario, ria 形 金銭の.

dinerillo 男『話』ポケットマネー, わずかな額のお金, 小金.

dinero [ディネロ] 男 **1** お金, 銭; 通貨『無冠詞のことが多い』. ～ suelto [menudo] 小銭. ～ de bolsillo 小遣い銭, ポケットマネー. ～ contante (y sonante) [al contado, (en) efectivo, en metálico] 現金. ～ negro ブラックマネー. ～ de plástico キャッシュ・カード(による支払い). **2** 財産, 富. —hombre de ～ 金持ち, 資産家. hacer ～ 財をなす, 金持になる. **3** (14 世紀 Castilla の)銀貨; (ペルーの)銀貨. —andar [estar] mal [escaso] de dinero お金に困っている, 金欠病にかかっている. estar podrido en dinero 大金持ちである, 金で腐るほどある. hacer dinero『話』金持ちになる, 財をなす. Poderoso caballero es don Dinero.『諺』金がものをいう, 地獄の沙汰($\ddagger$)も金次第.

dineroso, sa 形 →adinerado.

dingo 男《動物》ディンゴ(オーストラリアの野生の犬).

dinosaurio 男 ディノザウルス, 恐竜.

dintel 男《建築》まぐさ, 扉縁, 鴨居(%).

diñar ►**diñarla**《俗》死ぬ, くたばる.

dio 動 →dar [15].

diocesano, na 形《カト》**1** 司教区の, 教区の. **2** 教区司教[大司教]の. —— 男 教区司教[大司教]. —— 名 (司)教区の信者.

diócesis 女《単複同形》《カト》司教区, 教区.

diodo 男《電気》二極管, ダイオード.

dioico, ca 形《植物》雌雄異株(の花)の.

dionisíaco, ca 形 酒神ディオニソスの, バッカスの, ディオニソス祭の.

Dionisio 固名 **1**《男性名》ディオニシオ. **2**(San ～)《聖》ディオニオ[ディオニュシオス](祝日は 10 月 9 日).

Dioniso 固名《ギ神》酒神ディオニソス(酒の神; ローマ神話のバッカスにあたる).

dioptra 女《光学》ジオプター.

dioptría 女《光学》ジオプトリー(レンズの屈折率の単位).

dióptrica 女 →dióptrico.

dióptrico, ca 形 屈折光学の. —— 女 屈折光学.

diorama 男 立体模型; ジオラマ.

diorita 女《鉱物》閃緑岩.

Dios [ディオス] 男 **1**《宗教》(一神教の)神, 特にキリスト教・ユダヤ教などの)神, 創造神. —adorar a ～ 神を崇める[崇拝する]. ～ Hijo/Hijo de ～ イエス・キリスト(子なる神). ～ (hecho) Hombre 主イエス・キリスト. ～ Todopoderoso 全能の神. voluntad de ～ 神の思召し. **2**『間投詞的に』〖驚き・不快・怒り・失望〗 おやまあ, 何てことだ. ►*¡Alabado sea Dios!*《話》〖驚き・喜び・安堵・賞賛〗ああ助かった, ありがたい, やれやれ, すばらしかった; (ある場所に入る時の聖職者同士などの挨拶)主よ, 称えられよ. *a la buena de Dios*《話》行き当たりばったりに, 何の準備もなく, なりゆきで; いいかげんに, 適当に, ぞんざいに. *a la de Dios es Cristo* よく考えずに, いいかげんに. *amanecer Dios* 夜が明ける. *Anda [Ande Ud.] con Dios.* → *Vaya [Ve, Vete] con Dios. A quien madruga Dios le ayuda.*『諺』早起きは三文の徳. *Ay, Dios.*〖驚き・痛み・哀れ・残念〗ああ, なんてこった, お痛, ああかわいそうに. *Bendito y alabado sea Dios.*《話》〖驚き・喜び・安堵・賞賛〗ああよかった, やれやれ, ああありがたい, ああ助かった; 〖諦め〗仕方ない. 〖不快〗なんてこった, ああ困った. *clamar a Dios* ひど過ぎる, 嘆かわしい, 絶望的である; 悲しむ, 悲嘆に暮れる. *como Dios*《話》すばらしく, 大変よく. —vivir *como Dios* 裕福に暮らす, 大変居心地がいい. *como Dios da a...a entender*《話》にとって精一杯, 最善を尽くして, できるだけ. *como Dios manda* しかるべく, きちんと, 正しく, ちゃんと. *como hay Dios*《話》誓って, 間違いなく. *Con Dios.*《話》さようなら. *cuando Dios quiera* いずれそのうち; 適当な日に. *dejar Dios de su mano a...* 神が(人)を見放す, (人)がへまをすること[をする]. *delante de Dios y de todo el mundo* 公衆の面前で, 人前で, 公然と. *De menos nos [lo] hizo Dios.*《話》(難し

そうだが)なんとかなるだろう. **Dios aprieta, pero no ahoga.** 〖諺〗天道人を殺さず (どんなに辛くても神を信頼し耐えることが大切). **Dios da ciento por uno.** 〖諺〗情けは人のためならず, 善を行えば報われる. **Dios dirá.** 人事を尽くして天命をまつ, 結果は神が決めてくれるだろう. **Dios los cría y ellos se juntan.** 〖諺〗〖軽蔑〗類は友を呼ぶ. **Dios mediante.** うまくいけば, 何もなければ, 神の思し召しにかなえば(手紙文でよく使われる: 略 D.m.). **Dios me perdone, pero...** 《話》こう言っては何だが, はばかりながら, はっきり言って. **Dios me [te] libre (de...).** (…なんて)そんなことがないように, そんなことがあってたまるものか. **Dios mío** 《話》〖驚き・不快・不思議・不快・苦痛・賞賛など〗まあ, ええっ, まさか, あ あ困った, まあ大変, 何てことだ. **Dios nos asista./Dios nos depare buena./Dios nos coja confesados./Dios nos tenga de su mano.** 神様, お助けを. くわばら, くわばら. **Dios proveerá.** 神は与えたもう, 神が助けて下さるだろう. **Dios quiera.** そうだといいが. 〖+que+接続法〗どうか…しますように. **Dios sabe.../sabe Dios.../sólo Dios sabe...** …は誰も知らない(神のみぞ知る); …は絶対に間違いない(神様がご存知だ). **Dios santo/santo Dios** 〖驚き・不信・恐怖など〗こりゃ驚いた, ええっ, まさか. **Dios te [le] oiga.** 《話》そうだといいが. **Dios te [se] lo pague.** (施しなどに感謝して)あなたにお恵みがありますように. **Dios y (su) ayuda** たくさんの労力, 一苦労. **estar con Dios** 天国にいる, 故人になっている. **estar de Dios** 起こるべくして起こる, 必然的である. **gozar de Dios** = estar con Dios. **gracias a Dios** 〖お蔭さまで, ありがたいことに〗ああよかった. **hablar con Dios** 神に祈る. **la de Dios (es Cristo)** 大騒ぎ, 混乱, 大喧嘩. **Mañana Dios dirá.** 明日は明日の風が吹く. **ni Dios** 《話》誰も…ない. **no haber Dios que** 〖+接続法〗《話》…する者は一人もいない. **No (lo) quiera Dios.** とんでもない, そんなことがないように. **no servir a Dios ni al diablo** 《話》まったく役に立たない. **ofender a Dios** 神の掟を破る, 罪を犯す. **ponerse a bien con Dios** 告解する, 神の許しを得る. **por Dios** 《話》お願いだから; (頼むから)やめて下さい. **por Dios Santo** = Bendito sea Dios. **por (el) amor de Dios** 〖哀願・抗議・不快〗お願いだから, 後生だから. **Que Dios lo ampare [bendiga, socorra]** 神のご加護がありますように(施しを求めに来た人をあわれむ時の表現). **que sea lo que Dios quiera.** 《話》神の御心のまま, なりゆきにまかせましょう. **quiera Dios [Dios quiera] que** 〖+接続法〗《話》(一般に不可能なことの実現を願って)…でありますように, …だといいが. **sabe Dios** 《話》(問題となっている件について)よく知らない, 分からない. **si Dios quiere** うまくいけば, 何もなければ, 神の思(召)し召しに適えば; いずれのうち,

sin encomendarse ni a Dios ni al diablo 《話》何にも考えずに, 警戒心もせずに. **tentar a Dios** 神をも恐れぬ振舞いをする, 冒瀆的なことをする. **todo Dios** 《話》みんな, 全ての人. **Válgame [Válgale] Dios.** 《話》〖驚き・不快・怒り〗おやおや, ああ何てことだ, 大変だ. **(Vaya) por Dios** 《話》〖不快・苦痛・怒り・残念・諦めなど〗やれやれ, ああいやだ, なんてことだ; しかたがない. **Vaya [Ve, Vete] con Dios.** 〖別れ〗では, さようなら, ごきげんよう. **venir Dios a ver a...** 《話》(人)に思いがけずいいことが起きる. **Vive Dios (que...)** 〖古〗〖怒り等から出た誓い〗畜生, 誓って….

dios, diosa [ディオス, ディオサ] 男安 **1** 〖宗教〗(神話などの)神, 女神. **2** (他より優れた何かのような存在の人, 物. ► **manjar de dioses** とてもおいしい, 豪勢な料理.

diostedé 男 〖中米〗〖鳥類〗 → tucán.

dióxido 男 〖化学〗二酸化物. — ~ **de carbono** 二酸化炭素.

dioxina 安 〖化学〗ダイオキシン(類). —contaminación [con por] ~ ダイオキシン汚染.

diplodoco 男 〖動物〗(恐竜の)ディプロドクス.

diplodocus 男 〖単複同形〗→ diplodoco.

diploma 男 **1** 卒業[修了]証書, (学位)免状, 資格免(許)状; 賞状. **2** (皇帝・国王の出す)特許状, 免許状.

diplomacia 安 **1** 外交(術); 外交官の職, 外交畑; 〖集合的に〗外交団. **2** 外交手腕, 駆引きの巧みさ. ► **con diplomacia** 如才なく, 巧みに, 外交辞令的に.

diplomado, da 形 免状を持った, 資格のある, 卒業資格を持った. —**profesor ~** 免状のある教師. — 名 免状のある人, 大学卒業者.

diplomar 他 に免状[資格・学位]を与える. —**se** 再 〖+en〗の資格[学位]を得る.

diplomática 安 **1** 古文書学, 公文書学. **2** 外交術.

diplomático, ca 形 **1** 外交(上)の, 外交関係の. **2** 外交官の. —**cuerpo ~** 外交団. relaciones *diplomáticas* 外交関係. valija *diplomática* 外交行嚢[郵袋]. **2** 外交的手腕のある; 付き合いが上手な, そつのない. **3** 免状[免許]の. — 名 **1** 外交官. **2** 外交的手腕のある人; 如才のない人.

diplomatura 安 大学の第1課程修了後に与えられる学位; それを取得するのに必要な課程.

diplopía 安 〖医学〗複視.

dipsomanía 安 〖医学〗アルコール中毒.

dipsomaníaco, ca, dipsomaniaco, ca 形 名 飲酒癖のある(人), アルコール中毒の(人).

dipsómano, na 形 → dipsomaníaco.

díptero, ra 形 **1** 〖建築〗双廊の, 二

díptico 重列柱堂造りの. **2**《虫類》双翅(ネ)類の. —列《男》《虫類》双翅類の昆虫.

díptico 《男》《美術》ディプティック(祭壇背後などの二枚折り画像).

diptongación 《女》《言語》二重母音化.

diptongar [1.2] 他《言語, 音声》を二重母音化する. **— se**《言語, 音声》二重母音に変わる.

diptongo 《男》《言語, 音声》二重母音. —~ creciente [decreciente] 上昇[下降]二重母音.

diputación 《女》**1**《集合的》議員団, 代議員団. **2** 国会[県議会]議員の職[任期]. **3** 代理(行為), 代理派遣; 代表者選出. **4**《中南米》市庁舎, 市役所. ▶ *diputación provincial* 県議会.

diputado, da 《政治》国会・県議会などの議員, 代議士; 代表者, 代議員. —~ *nacional* [a Cortes, en Cortes] 国会議員. —~ *provincial* 県会[自州議会]議員, *Congreso de los D*—*s*《スペインの》下院. —過分 [→*diputar*] 《形》…と考えられた, …と見なされた.

diputar 他 **1** を代表者として選出する[任命する], 代理者として派遣する. **2**[+形容詞+*por*] を…と見なす, 判断する.

dique 《男》**1** 堤防, 土手, 防波堤. —~ *de contención* ダム, 堰堤(洋). **2**《海事》ドック, 船渠; 乾ドック. **3**(有害なものの)進展を抑制する, 歯止め. ▶ *dique flotante* 浮きドック. *dique seco* [*dique de carena*] 乾ドック. *en* (*el*) *dique seco*《話》(病気などで)活動を中止して, 休養して.

diquelar 他《俗》を感ずる, わかる.

dir- 動 → *decir* [10.11].

dirección 《女》[ディレクシオン] **1**[en+] 方向, 方角; (飛行機・船などの)針路. —¿*En qué* ~ *va Ud.?* どちらへいらっしゃるの. *Esta calle es de única* ~. この通りは一方通行です. ~ *prohibida*《標識》進入禁止. *en todas direcciones* 四方八方に. **2** 住所; (郵便物の)宛名(念); 《情報》アドレス. —~ *de correo electrónico* 電子メール・アドレス. **3**《集合的》(学校・会社・劇場などの)経営陣, 執行部, 首脳部. **4** 経営, 管理, 指導. —*llevar la* ~ *de una empresa* 会社を経営する. **5**(会社・組織の)長の職; その事務室. **6**《政治的》指導. **7** ハンドル操作, 操縦; かじ取り装置. —~ *asistida*《自動車》パワーステアリング. **8**(思想, 数学)(物体がそれに沿って動く)線, 直線. **9**(演劇, 映画)監督, 演出. —~ *escénica* 舞台監督. ▶ *Dirección General*(官公庁の)局, 庁. *en dirección a...* …の方向に, …に向けて.

direccional《中南米》(車のウィンカー, 方向指示器. —形 方向を示す.

direccionalidad《女》方向性.

directa《女》→ *directo*.

directamente副 **1** 直接に, じかに. **2** まっすぐに, 一直線に.

directivo, va《形》指導的な; 経営[管理]の, 経営者の, 取締役の. —《男》—*junta directiva* 経営会, 取締役会, 理事会. *principio* ~ 指導方針. —《名》役員, 幹部, 経営者. —《女》**1** 役員会, 取締役会, 理事会, 委員会. **2** 指針, 指令, 指示.

direcˈto, ta[ディレクト, タ]《形》**1** まっすぐな, 一直線の. —*línea directa* 直線. **2** 直接の, 直接的な, じかの. —*acción directa* 直接補語. **3** 直行の, 直通の. —*tren* ~ 直行列車, *vuelo* ~ 直行(航空)便. **4** 率直な, あからさまの. —*pregunta directa* 単刀直入の質問. **5** 直系の. —*descendiente* ~ 直系の子孫. —《男》**1** 直行[急行]列車, 直行[直通]便. **2**(スポ)(ボクシングの)ストレート. —*tenis* の)フォアハンド・ショット. —~ *de derecha* 右ストレート. ▶ *en directo* 生放送の[で], 実況の[で]. —*emisión en directo* 生放送. —《女》(自動車の)トップギア.

director, tora《名》**1** 長; 校長; 社長, 取締役; (官公庁の)局長; (ホテルの)支配人; 院長, 所長. —~ *general*(官公庁の)局長, 長官; 社長; 総支配人. —~ *gerente* 専務取締役. —~ *de personal* 人事部長. **2**《音楽》指揮者; (映画, 演劇, テレビ, ラジオ)監督, 演出家, ディレクター. —~ *de escena* 舞台監督. —~ *artístico* 美術監督. **3** 指導者. —~ *espiritual*《カト》霊的指導者, 指導司祭. **4**(新聞社の)編集長. **5**(数学)準線. —《形》**1** 指導[指揮・管理]する, 統率する. —~ *el equipo* ~ *de la empresa* その会社の経営陣. **2** 基本となる; 《数学》準線の.

directorio, ria《形》指揮の, 指導上の. —《男》**1** 住所録, 名簿; 電話帳. **2** ~ *de navegación* 航行規定. **3** 手引き書, 便覧. **4** 指導, 指示, 管理. **5** 理事会. **6**《情報》ディレクトリ.

directriz《女》《複》*directrices*. **1** 主に《複》指令, 指示, 指針, 方針. **2**《数学》準線, 基準. —《形》《女性形のみ》**1** 準線の, 基準の. —*línea* ~《数学》準線. **2** 基本的な. —*líneas directrices de un proyecto* 計画のガイドライン.

dírham 《男》《複》~*s* ディルハム(モロッコ・アラブ首長国連邦の貨幣単位).

diría(-) 動 → *decir* [10.11].

dirigencia《女》主に中南米《政党・組合などの》執行部.

dirigente《形》(特に政党・会社などの)指導者の, 幹部の, リーダーの; 首脳陣の. **2** マネージャー. —~ 名 指導する, 指揮する, 支配する. —~ *clase* ~ 支配階級. *consejo* ~ 役員会.

dirigible 操縦できる. —《男》《航空》飛行船.

dirigir[ディリヒル][3.6] 他 **1** を経営する, 運営する; を指揮

dirigismo

する, 統率する, 監督する; を編集する; 司会する; (劇・映画などを)監督する, 演出する. — ~ una empresa 企業を経営する. **2** [+ a に] (伝言・手紙などを)送る, 向ける. —El rey *dirigirá* hoy un mensaje *a* la nación. 国王は今日国民に向けて声明を発表する. **3** [+ a に/ + hacia の方へ]を向ける. —Ella le *dirigió* una mirada de agradecimiento. 彼女は彼に感謝の視線を送った. **4** …に道案内をする. **5** を操縦する.
— **se** 再 **1** [+ a に/ + hacia の方へ]向かう, 向かって行く. —Se *dirigían hacia* la costa. 彼らは海岸の方へ向かっていた. **2** [+ a に] 話しかける, 手紙を書く. —*Me dirijo a* Vd. para solicitarle … 「手紙で]…をお願いいたしたくお手紙を差し上げます.

dirigismo 男 (政府などの)統制(政策), 規制. — ~ económico [cultural] 経済[文化]統制.

dirij(-) 動 → dirigir [3.6].

dirimente 形 **1** 決着をつける. **2** (法律) 無効とする.

dirimir 他 **1** を解決する, …に決着をつける. **2** を取り消す, 解消する.

discal 形 (医学) 椎間(??)板の. —hernia ~ 椎間板ヘルニア.

discapacidad 女 身体[精神]障害.

discapacitado, da 過分 [← discapacitar] 形 名 身体[精神]障害のある(人).

discapacitar 他 (病気や事故で)体力を無(低)能にする, (心身に)障害を引き起こす.

discar 他 [南米] (電話番号)を回す, 押す (=marcar, pulsar).

discente 形 教育を受けている, 学生の.
— 男女 学生.

discernidor, dora 形 識別する, 見分ける; 識別力のある.

*****discernimiento** 男 **1** 分別, 見識, 判断力. **2** 識別, 認識, 見分け. **3** (賞・称号などの)授与. **4** (法律) (後見人の)指定.

discernir [4.3] 他 区別する, 識別する, を判別する. — ~ *entre* el bien y el mal 善と悪を判別する. — 他 **1** [+ de から] を識別[判別]する, 区別する, 見分ける. **2** (法律) を後見人に指定する. **3** (文) (賞)を授与する.

disciern- 動 → discernir [4.3].

disciplina 女 **1** 規律, 規則; 規律に従うこと. —observar la ~ 規律を守る. **2** 学科, 教科, 学問分野. **3** 複 鞭(?); 鞭打ち. **4** 訓練, しつけ. ▶ *disciplina de partido* [*de voto*] 党規. *disciplina eclesiástica* 宗規.

disciplinadamente 副 規律正しく, 律儀に, きちんと.

*****disciplinado, da** 過分 [← disciplinar] 形 **1** 訓練された, しつけられた; 規律に従った. **2** 規律正しい.

disciplinante 男女 (聖週間の)自らに鞭打ちながら歩む苦行者.

disciplinar 他 **1** を訓練する, を規則[規律]に従わせる, 鍛える. **2** をむちで打つ.
— **se** 再 (自分自身を)鍛える. — 形 規律の.

disciplinario, ria 形 規律の, 懲戒の. —castigo ~ 懲罰.

discipulado 男 **1** 弟子の修行, 生徒の訓練. **2** 集合的で 弟子, 生徒.

discipular 形 弟子[生徒]の.

*****discípulo, la** 名 **1** 弟子, 門弟; 生徒. **2** (主義・思想の)信奉家, 追随者.

disc-jockey [英] 男女 → pinchadiscos.

*****disco**¹ 男 **1** (音楽) レコード. — ~ compacto コンパクトディスク, CD. — ~ de vídeo digital デジタルビデオディスク, DVD. **2** 円盤(状のもの). **3** 交通信号(信号の各色). **4** (電話) ダイヤル. **5** (情報) ディスク. — ~ flexible フロッピーディスク, ディスケット. — ~ magneto-óptico [magnético-óptico] MO [光磁気]ディスク. — ~ rígido [duro] ハード・ディスク. **6** (解剖) — 椎. **7** (天文) (太陽・月などの)視表面. ▶ *cambiar el disco* 話し方を変える. *parecer un disco rayado* 同じ話を何度も繰り返す.

disco² 女 (話) → discoteca.

discóbolo 男 (スポ) (古代ギリシャの)円盤投げ選手.

discografía 女 **1** レコード製作. **2** レコード目録, ディスコグラフィ.

discográfico, ca 形 レコードの, レコード製作の; レコード業界の.

discoidal 形 円盤状[型]の.

díscolo, la 形 **1** わがままな, 抑制できない, 手に負えない. **2** 反逆的な. — 名 **1** 手に負えない人. **2** 反逆者.

disconforme 形 **1** [+ con と/en について] 一致しない, 考えが, 意見が異なる. **2** [+ con に] 不満の, 承知しない.

disconformidad 女 **1** 不一致, 相違. **2** 不満, 不承知.

discontinuación 女 中断; 不連続.

discontinuar 他 を中断する.

discontinuidad 女 不連続(性), 中断.

discontinuo, nua 形 不連続の, とぎれた, 断続的な. —línea *discontinua* 破線.

discordancia 女 **1** 不一致, 不調和, 反対. **2** (音楽) 不協和音.

discordante 形 **1** 一致しない, 異なる. **2** 調和しない. **3** (音楽) 調子がはずれた, 不協和音の. ▶ *nota discordante* (音楽) 不協和音.

discordar [5.1] 自 **1** [+ en について, + con/de と] 一致しない, 異なる, 違う. —Tu planteamiento *discuerda* del mío. 君の立案は私のとは違う. **2** [+ con と] 調和しない. **3** (音楽) 調子が外れる.

discorde 形 **1** 考えが異なる, 一致しない. **2** (音楽) 調子が外れた, 不協和音の.

discordia 女 不和, 反目, 争い,

—tercero en ～ 仲裁者, 調停者.
► **manzana de la discordia** →manzana.

discotéca 女 **1** ディスコ, ディスコテック. **2** レコードライブラリー[保管所], レコードコレクション.

discotequero, ra 形 ディスコの, ディスコ好きの. —— 名 ディスコが好きな人, ディスコによく通う人.

discrasia 女 《医学》→caquexia.

***discreción** 女 **1** 思慮分別; 慎み深さ, 慎重. **2** 機知, 才気. **3** 任意, 自由裁量.
► **a discreción de...** …の好きなように, …の思うままに.

discrecional 形 **1** 自由裁量[任意]の, —poder 自由裁量権. **2** (交通機関が)定期でない. —parada 乗降客がいる時だけ停まる停留所. servicio ～ 貸切運行.

discrecionalidad 女 自由裁量[任意]性.

discrepancia 女 **1** 不一致, 相違, 矛盾. **2** (意見などの)相違, 不同意. **3** 不和, 仲違い.

discrepante 形 (意見などが)食い違う, 一致しない.

discrepar 自 **1** [+de/con と] 違う, 異なる. —La camisa discrepa del traje por lo llamativa. そのシャツは派手すぎてスーツに合っていない. **2** (意見などが)異なる.

discretear 自 **1** 《話》こっそり耳打ちする, ひそひそ話をする. **2** 《軽蔑》慎重そうに振舞う.

discreteo 男 **1** 《話》こっそり耳打ちすること, ひそひそ話. **2** 《軽蔑》慎重そうに振舞うこと.

***discreto, ta** 形 **1** 慎重な, 分別のある; 口のかたい. —Aquellas discretas palabras lograron aplacar su enfado. その慎重な言葉遣いで彼の怒りを静めることができた. **2** (服装・色彩などが)控え目の, 地味な; (程度が)普通の, 並みの. **3** 《数学》離散的な, 不連続の; 《医学》分離性の.

discrimen 男 《中南米》→discriminación.

discriminación 女 **1** 差別, 差別待遇, —～ positiva 積極的差別は正措置. **2** 区別, 識別.

discriminador, dora 形 **1** 差別する差別的な. **2** 区別[識別]する. —— 男 《電気》弁別回路.

discriminar 他 **1** を差別する, 差別扱いする, 見分ける. —— se 再 《3人称で》差別される, 区別される.

discriminatorio, ria 形 **1** 差別する, 差別的な. **2** 識別の, 区別の.

discromatopsia 女 《医学》色弱.

***disculpa** 女 **1** 弁解, 言い訳, 口実. **2** 詫び, 陳謝, 謝罪. —aceptar sus ～s por... …に対する陳謝を受入れる. ► **pedir (dar, presentar) disculpas a... por...** (人に)…を詫る, 謝罪.

disculpable 形 許しうる, 勘弁できる.

***disculpar** 他 **1** [+de/por について] を許す, 容赦する, 大目に見る. —Discúlpame por haberte hecho esperar. 君を待たせたことを許してくれ. **2** を弁解[弁明]する, …の言い訳をする. —— **se** 再 **1** [+de/por について] 言い訳をする, 弁解する, 詫びる. **2** [+de+不定詞] …できないと弁解する, 言い逃れする.

***discurrir** 自 **1** [+por を] 通り過ぎる; 流れる, 通っている. —El río discurre por tierras de Andalucía. その川はアンダルシアの地を流れている. **2** (時間などが)経過する, (会議などが)進行する, 推移する. **3** 熟考する, 思索する. —— 他 を思い付く, 考え出す.

discursar 自 (あるテーマ)を論じる.

discursear 自 演説を行う.

discursivo, va 形 **1** 推論による, 論証の. **2** 思慮のある.

***discurso** 男 **1** 演説, スピーチ, 講演. —dar [pronunciar] un ～ 演説する. **2** 話, 言説; 《言語》ディスコース, 談話. —cortar el hilo del ～ 話の腰を折る. **3** 思考(力), 思索, 推理, 論証. **4** (時の)流れ, 経過; 期間. —en ～ del tiempo 時が経つにつれ. **5** 論文, …説. **6** テーゼ.

***discusión** 女 **1** 討論, 討議, 論議, 審議. **2** 論争, 口論. ► **sin discusión** 文句[異議]なしに, 疑いなく, 確かに.

discutible 形 **1** 議論の余地がある, 異論がある; 問題のある. **2** 疑わしい, 不確かな.

discutidor, dora 形名 議論しがちな(人), 論争好きな(人).

***discutir** [ディスクティル] 他 **1** を議論する, 討論する. **2** …に異議を唱える, 反対する. —Todo lo que digo me lo discute. 彼は私の言うことにいちいちケチをつける. —— 自 **1** [+de/sobre について] 議論する, 討議する. **2** 口論する, 言い争う.

disecador, dora 形 **1** 解剖する. **2** 剥製[1.1]にする. —— 名 **1** 解剖者. **2** 剥製の製作者.

disecar [1.1] 他 **1** を解剖する, 切り裂く. **2** (鳥獣)を剥製(はく)にする. **3** (植物)を観察用に保存する, 押し花にする.

disección 女 **1** 切開, 解剖. **2** 剥製(はく)にすること). **3** 押し花.

diseccionar 他 **1** を解剖する. **2** を詳細に分析する.

diseminación 女 まき散らすこと, 散布; 種まき.

diseminar 他 **1** [+por/en/entre に] をばらまく, まき散らす. **2** を流布させる, 広める. —— **se** 再 **1** 分散する, 散在する, 散らばる. **2** 普及する, 流布する.

disensión 女 **1** 意見の相違[衝突]. **2** 不和, けんか, 口論.

disentería 女 《医学》赤痢.

disentérico, ca 形 《医学》赤痢の. —— 名 《医学》赤痢患者.

disentimiento 男 不同意, 意見の相違, 異議表示.

disentir [7] 自 [+de と, +en の点

で］意見が異なる，一致しない．—*Disiento de* la opinión de usted. 私はあなたとは意見が異なります．

diseñador, dora 男女 デザイナー；設計者，製図家．~ *de moda* [*gráfico*] ファッション［グラフィック］デザイナー．

diseñar 他 1 …の下図［図案］を作る，デザインする，設計する． 2《美術》…の素描［スケッチ］をする．

diseño 男 1 図，図案，デザイン．~ *gráfico* グラフィックデザイン．~ *industrial* 工業デザイン．~ *s genéricos*《情》クリップ・アート． 2 下絵，素描，デッサン． 3 設計［図］，見取図．~ *urbanístico* 都市設計． 4 あらまし，大要，概略．
► *de diseño* デザイナーブランドの；《隠》（麻薬が）合成の．

disertación 女 [+ *sobre*]（あるテーマに関する）講演，論述；論文．—*leer una ~ sobre filosofía* 哲学に関する論文を読む．

disertante 形男女 論述する(人)；講演者．

disertar 自 [+ *de/sobre* について] 論じる，論述する．—~ *sobre ecología* 生態学について論じる．

diserto, ta 形 能弁な，話し上手な．

disfagia 女《医学》嚥下(%)障害．

disfasia 女《医学》不全失語(症)．

disfavor 男 うとむこと，冷遇，愛想つかし；不興．

disfonía 女《医学》発声障害．

disforme 形 →deforme．

disformidad 女 →deformidad．

disfraz 男 [複 *disfraces*] 1 変装，仮装；変装［仮装］衣装． 2 偽装，カムフラージュ，隠し立て．

disfrazado, da 過分 [→disfrazar] 形 変装した，偽装した．

disfrazar [1.3] 他 1 [+ *de* に] 変装させる，仮装させる．—~ *de payaso* 道化師に仮装させる． 2 (本心などを) 偽る，包み隠す，偽装する．— **se** 再 [+ *de* に] 変装する，仮装する［偽装］する．—~*se de policía* 警官に変装する．

disfrutar 自 1 [+ *de* を，+ *con* で] 楽しむ，楽しいときを過ごす．—*Disfrutamos mucho con* su charla. 私たちは彼の話を聞いて非常に楽しかった． 2 [+ *de* を] 享受する；持っている．—*Disfruta de* excelente salud. 彼はすばらしい健康に恵まれている．~ *de fama* 名声を持つ．— 他 1 を楽しむ． 2 (利益・権利など)を持っている，を享受する．

disfrute 男 1 楽しむこと，喜ぶこと，享楽，享受． 2 利益，益，有益．

disfunción 女《医学》機能障害［異常］．~ *eréctil* 勃起不能．

disfuncional 形《医学》機能障害の．

disgregación 女 分解，解体，分裂．

disgregador, dora 形 分裂［分解，分散］させる．

disgregar [1.2] 他 を解体［離散］させる，分散させる．分解する，裂く．— **se** 再 分散［分離］する，離散する，砕ける，解体する．

disgustado, da 過分 [→disgustar] 形 1 味気ない，無味の． 2 悲しい，失望した． 3 不仲の，不和の．

disgustar 他 1 を不愉快にする，…の気にさわる，…にいやな感じがさせる．—*Me disgusta* la temporada de lluvias. 私は梅雨が嫌いだ． 2 を悲しませる，がっかりさせる．— **se** 再 [+ *con/por* に] 1 不愉快になる，腹立たしい，を迷惑に思う． 2 悲しくなる，がっかりする．

disgusto 男 [ディスグスト] 1 不快，不満；腹立たしさ，いらだち． 2 けんか，仲たがい，争い． 3 悲しみ，心痛；心配，不安．► *a [con] disgusto* いやいやながら，意に反して．*llevarse un disgusto* 悲しむ；腹立たしく思う．*matar a ... a disgustos*《俗》(人)を悩ます，困らす．

disgustoso, sa 形 不愉快な，腹立たしい．

disidencia 女 1 (意見の)相違，不一致，不同意． 2 分離，離反，脱退．

disidente 男女 1 意見を異にする人，反対者． 2 脱退者，離反者，反主流派．— 形 意見を異にする，反主流の．

disidir 自 1 意見を異にする． 2 [+ *de* から] 脱退する，離反する．

disílabo, ba 形 2音節の．— 男 2音節語．

disimetría 女 不釣合い，不均整，非対称．

disimétrico, ca 形 非対称の，不均整の．

disímil 形 似ていない，異なる．

disimilación 女 1 異化，不同化． 2《音声》異化(作用)．

disimilar 形《音声》異化する．

disimilitud 女 不同，相違性，相違点．

disimulación 女 そらとぼけ，偽り．

disimuladamente 副 こっそりと，わからないように．

disimulado, da 過分 [→disimular] 形 偽った，(本心を)隠した，ごまかした．► *a lo disimulado* [*la disimulada*] こっそりと．*hacerse el disimulado* 知らないふりをする，しらばくれる．

disimulador, dora 形 偽装して［そらとぼけ］いる(人)．

disimular 他 1 を隠す，取り繕う，ごまかす．—~ *los años* 年令をごまかす． 2 を知らないように［見て見ぬふり］をする，見逃がす．— 自 知らないふりをする，ごまかす．

disimulo 男 しらばくれ，空とぼけ，偽装．► *con disimulo* ひそかに，こっそり，しらばくれて．

disipación 女 1 消散，消失． 2 浪費，無駄遣い． 3 放蕩(½)，ふしだら．

disipado, da 過分 [→disipar] 形 1 放蕩(½)な，道楽な． 2 消散した，消失した．

disipador, dora 形 浪費する．— 名 浪費家．

disipar 他 **1** 消し去る, 散らす, 消散させる. —El viento *disipó* la neblina. 風をもらって霧が四散した. **2**〈疑いなど〉を晴らす, 一掃する. — las dudas 疑いを晴らす. **3**〈財産〉を浪費する, 濫費する. —**se** 再 消え失せる, 消散する, 一掃される.

dislalia 囡 《医学》発音不全, 構音障害.

dislate 男 たわごと, つまらないこと, ばかげた行為.

dislexia 囡 《医学》失読症.

disléxico, ca 形 名 《医学》失読症の（患者）.

dislocación 囡 **1**《医学》脱臼(きゅう). **2** 解体, 取り外し. **3**〈事実の〉歪曲, 曲解.

dislocadura 囡 →dislocación.

dislocar [1.1] 他 **1**〈を脱臼(きゅう)させる. **2**〈を取り外す, 解体する. **3**〈事実など〉を曲げる, ゆがめる. — los hechos 事実を曲げる. —**se** 再 脱臼する.

disloque 男《話》最高, 最上, この上ないこと.

dismenorrea 囡 《医学》月経困難症.

disminución 囡 **1** 減少, 縮小, 軽減; 減退. — del dolor 苦痛の軽減. **2**《熱・気温・価値などの》低下; 値下げ. ▶ *ir en disminución* 次第に減少[減退, 縮小, 低下]しつつある.

disminuido, da 形 能力に欠けた, 障害を負った.

disminuir [11.1] 自 **1**《数量が》減る, 少なくなる, 小さくなる. **2**《程度が》和らぐ, 低下する, 緩和する. — de peso 重さが減る. — 他《出費などを》減らす, 少なくする, 小さくする. **3**《を和らげる, 緩和させる. — la velocidad 速度を落とす. **2**〈を和らげる, 緩和させる.

disminuy- 動 →disminuir [11.1]

dismnesia 囡 記憶障害.

disnea 囡 《医学》呼吸困難.

disneico, ca 形 名 **1** 呼吸困難の(人). **2** 呼吸困難を患った(人).

disociación 囡 **1** 分離, 分解. **2**《化学》解離.

disociador, dora 形 引き離す, 分離する.

disociar 他 **1**〈を引き離す, 分離する. **2**《化学》〈を解離させる. —**se** 再 [+ de から]離れる, …と疎遠になる.

disolubilidad 囡 **1**《化学》溶解性. **2** 解除[解消]の可能性.

disoluble 形 **1**《化学》分解できる, 融解性の; 溶ける, 溶解性の. **2** 解消[解決]できる.

disolución 囡 **1** 解散, 解消, 解除; 崩壊. — de la sociedad 国会[会社]の解散. — de la familia 家庭崩壊. **2**《風俗の》堕落, 壊乱, 放蕩(ほう). — de las costumbres 風俗の素乱(らん). **3**《化学》溶解; 溶液. — acuosa 水溶液.

disolutivo, va 形 溶解力のある.

disoluto, ta 形 自堕落な, ずぼらな, 放埓(ほう)な. — 名 放蕩(とう)者, 道楽者.

disolvente 形 溶解力がある, 溶かす. — 男 **1**《化学》溶剤, 溶媒. **2** シンナー.

disolver [5.11] 他 **1**[+ en に] を溶かす, 溶解する. — la pastilla *en* agua 錠剤を水に溶かす. **2** を解除する, 取り消す; 《議会, 国会など》を解散する. — el matrimonio 結婚を解消する. **3**《感情など》を解消する, 消失させる. —**se** 再 **1** 溶ける, 溶解する. **2** 解消する, 解散する; 消散する.

disonancia 囡 **1** 不一致, 不調和, 不和. **2**《音楽》不協和音.

disonante 形 **1** 不調和な, 一致しない. **2**《音楽》不協和音の. — nota — 不協和音.

disonar [5.1] 自 **1**[+ con / de と] 一致しない, 調和しない. **2**《音楽》音[調子]がはずれる, 不協和音をたてる.

dísono, na 形 →disonante.

disosmia 囡 《医学》嗅覚障害.

dispar 形 同じでない, 等しくない, 異なる.

disparada 囡 《中南米》《話》逃走. — tomar la ~ 逃走する. ▶ *a la disparada* 全速力で, 一目散に.

disparadero 男 《銃の》引き金. ▶ *poner a ... en el disparadero*《話》…をけしかける.

disparador 男 **1**《写真》シャッター, レリーズ. — automático セルフタイマーボタン. **2**《軍事》射手, 砲手. **3**《鉄砲などの》引き金. **4**《機械》《時計の》歯車のがんぎ, 逃がし止め.

disparar 自 **1**[+ contra / sobre に向けて]《武器》を発射する, 発砲する, 撃つ. —*Dispararon sobre* [contra] los soldados enemigos. 彼らは敵兵めがけて発砲した. **2** 投げつける, 蹴(け)り込む; シュートする. **3**《写真機の》シャッターを切る. **4**《中米》《話》勘定を払う, おごる. — 他 **1**《武器》を発射する, 撃つ, 《花火などを》打ち上げる. **2**〈を発射する. — una flecha con un arco 弓で矢を射る. **2**〈を投げつける, 蹴り込む. — un penalty ペナルティーシュートを蹴る. **3**《写真》を撮る, …のシャッターを切る. **4**《話》《質問など》を浴びせる, 投げつける. **5**《中米》《話》〈をおごる. —**se** 再 **1**《武器が》発射される, 暴発する; 《装置などが》作動する, 動き出す. **2** 自分自身を撃つ, 自殺する. **3**[+ hacia の向こうへ] 飛び出す, 走り出す; 暴走する. **4**《価格などが》急上昇する, 急騰する. —Los precios *se dispararon*. 物価が急上昇した.

disparatado, da 過分 [→ disparatar] 形 **1** ばかげた, でたらめな, 無意味な, 途方もない. **2**《話》過度の, 並外れた.

disparatar 自 でたらめを言う, ばかなことを言う.

disparate 男 **1** でたらめ, ばかげたこと; 軽率な行為. — soltar un ~ 暴言を吐く, たわ言を言う. **2** 悪口, 悪たれ口. **3**《un disparate の形で副詞的に》すごく, ひどい目に. — reírse un ~ 大笑いする. ▶ *Qué disparate* ばかばかしい, とんでもない.

disparatero, ra 形 名 《中南米》でた

disparatorio 男 でたらめだらけの話[文書].

disparejo, ja 形 ちぐはぐな.

disparidad 女 不同,不等.—~ de caracteres 性格の不一致.

*__disparo__ 男 1 発射,発砲,射撃,発火. 2 射撃音,銃声. 3《スポ》強烈なシュート.—lanzar un ~ a puerta ゴル目がけてシュートする.

dispendio 男 浪費,無駄遣い.

dispendioso, sa 形 高価な,高くつく.

dispensa 女 免除;(主に教会法からの)特別認可.

dispensable 形 1 免除しうる;許しうる,大目に見られる. 2《カト》(教会法から)特別免除しうる.

dispensación 女《義務の》免除.

dispensador, dora 形名 (恩恵・名誉などを)与える(人).——男《薬などの》販売機.

dispensar 他 1 (恩恵・名誉などを)与える,授ける. 2『+de を』…に免除する. 3 許す,大目に見る.

dispensario 男 診療所.

dispepsia 女《医学》消化不良(症),胃病.

dispéptico, ca 形名 消化不良の(人).

dispersar 他 1 を分散させる,散り散りばらばらにする,散らすを追い散らす,解散させる.—El pastor dispersó el rebaño. 羊飼いは羊の群れを分散させた. ~ a los manifestantes デモ隊を解散させる. 4《軍事》を敗走させる,壊滅させる;散開させる.—se 再 1 分散する,散らばる. 2 気が散る.

dispersión 女 1 散らばる[散らす]こと,散乱,分散.—~ del pueblo judío ユダヤ人の離散. 2《軍隊》壊走,潰走(ホキィ);散開. 3(注意力・努力などの)分散,集中しないこと,散漫. 4《化学, 物理》(光の)分散,分光;《統計》散らばり.

dispersivo, va 形 まき散らかす.

disperso, sa 形 分散した(人);敗走兵.

dispersor, sora 形 分散させる.

dispierto, ta 形 →despierto.

displasia 女《医学》形成異常.

displásico, ca 形《医学》形成異常の.

displicencia 女 冷淡,無愛想,気乗りしないこと.

displicente 形 1 不愉快な,むっつりした,嫌そうな. 2『+con に』よそよそしい,冷淡な. 3 気乗りしない.

dispón 動 →disponer [10.7].

dispondr- →disponer [10.7].

disponer [ディスポネル] [10.7] 他 1 を並べる,配置する,配列する.— las sillas en filas 椅子を何列にも並べる. 2『+para のために』を整える,用意する. 3 を規定する,定める.—La ley dispone que … 法は…と規定している.——自『+de を』1 自由に使える,利用できる;持っている.—Dispone de diez años para pagar. 彼は10年間で支払わねばならない. 2 処分する,売却する.——se 再 1『+para のために』準備する,用意をする. 2『+a+不定詞』…しようとする,決心する.—La tropa se dispuso a atacar. 部隊は攻撃の用意を整えた.

dispong- 動 →disponer [10.7].

disponibilidad 女 1 自由に処分できること,利用できること,使用権,処分権. 2 複《商業》財産,資金,準備金.

*__disponible__ 形 1 利用できる,役に立つ,自由にできるような.—Hoy no estoy ~. 今日私はお役に立てない. 2 手近にある,手持ち[手元]の;手に入る.—fondo ~ 手元資金. 3 ふさがっていない,空いている;手のすいている.—asiento ~ 空席. 4(軍人,官僚などが)待命中の,待機中の.

*__disposición__ 女 1 配置,配列,レイアウト.—~ de los muebles 家具の配置. 2 自由に使用[処分]できること,自由裁量.—Estoy a su ~. なんなりとお申しつけください. 3『+para の』才能,適性,能力. 4(心・体の)状態,気持,気分. 5『時に複』準備,用意;措置.—tomar las disposiciones para … のため『…するため』の対策を講ずる. 6《法律》(法律の)条項,規定,法;命令,指令.—disposiciones legales 法律条項,法規. ▶ estar [hallarse] en disposición de『+不定詞/+que+接続法』…する用意ができている,…できうる状態[状況]にある. última disposición 遺言,遺志(→testamento, última voluntad).

dispositivo, ta 男 1 仕組み,装置.—~ de almacenamiento《情報》記憶機構. ~ periférico《情報》周辺装置. ~ intrauterino 避妊リング. 2(特定の目的のために組織された)部隊.—, va 形 配置する.

dispuesto, ta 過分 [→disponer] 形 1『estar+』準備ができている;『+a/para』…する用意がある.—La cena está dispuesta. 夕食の準備ができている. Estamos ~s para salir. 私たちは出かける用意ができている. 2『ser+』活動的な;素質のある. 3『bien [mal]+』好意的な[好意をもたない];健康な[健康がすぐれない]. 4 立派な風采の,姿形の美しい.

dispus- →disponer [10.7].

disputa 女 口論,言い争い;議論. ▶ sin disputa 異論の余地なく,文句なく,議論なく.

disputador, dora 形名 口論する(人),議論好きな.

disputar 他 1『+a と』を争う,競う,取り合う. 2(試合)を行う.—~ un importante partido 重要な試合を争う.——自 1『+de/sobre/acerca de について』口論する,言い争う,論争をする. 2『+con と,+por を』争う.——se 再 を争う,競いあう,取り合う.

disquería 女《南米》CDショップ.

disquete 男 《情報》ディスケット, フロッピーディスク.

disquetera 女 《情報》ディスクドライブ.

disquisición 女 **1** 論文, 論考. **2** 精査, 探求. **3** 複 (議論の) いきさつ, 経過, 余談.

distancia [ディスタンシア] 女 **1** 距離, 道のり; (時間的な) 隔たり, 間隔. —llamada de larga ~ 長距離電話. **2** (顕著な) 違い, 差異, 相違. **3** 疎遠, 不仲; よそよそしさ, 冷淡. —tratar a...a ~ (人) によそよそしくする. ▶ *a distancia* 遠くに, 遠くから. —*universidad a distancia* 放送大学. enseñanza *a distancia* 通信教育大学. enseñanza *a distancia* 通信教育. *distancia focal* [*de enfoque*] 《光学, 写真》焦点距離. *guardar* [*mantener*] *las distancias con ...* ...とは仲良くしない.

distanciado, da 過分 [→ distanciar] 形 離れた, 遠くの; 昔の.

distanciamiento 男 **1** 隔てる [隔たること, 遠ざける [遠ざかること]; よそよそしくすること. **2** 隔絶, 孤立.

distanciar 他 **1** …に距離 [間隔] を置く, を遠ざける, 疎遠にする. **2** (競走などで) を引き離す, リードする. —— **se** 再 **1** [+ *de* から] を離れる. 離れる. **2** 距離を置く, 疎遠になる. **3** (競走などで) 引き離す, に差をつける, リードする.

distante 形 **1** [+ *de* から] (空間的·時間的に) 遠い, 離れた, 隔たった [estar +]. —El Paseo del Prado *está* muy ~ de aquí. プラード通りはここから非常に遠い. **2** [+ *con*] よそよそしい, 冷たい.

distar 自 [+ *de* から] **1** 隔たっている, 離れている. **2** ほど遠い, かけ離れている.

diste, disteis 動 →dar [15].

distender [4.2] 他 **1** を緩める, 緩和する. **2** を膨張させる, 膨らませる. 《医学》(筋) を痛める. —— **se** 再 **1** 緩む, 緊張が緩和する. **2** 膨張する, 膨れ上がる. **3** (筋が) 痛む, 捻挫する.

distendido, da 過分 [→ distender] 形 リラックスした, くつろいだ. —ambiente ~ くつろいだ雰囲気.

distensión 女 **1** 膨張. **2** 《医学》筋違い, 捻挫.

distinción 女 **1** 区別, 識別; 差別. **2** 気品, 品位. **3** 敬意, 尊重, 特別扱い. ▶ *a distinción de* …とは違って, …と区別して. *hacer distinción* [*una distinción*] 区別する; 差別する, 特別扱いする. *sin distinción* [+ *de* の] 区別なく, 無差別に. —*sin distinción de* edades 年齢の区別なく [に関係なく].

disting- 動 →distinguir [3.7].

distingo 男 難癖, 異議.

distinguible 形 識別しうる, 見分けられる.

distinguido, da 過分 [→distinguir] 形 **1** 著名な, 卓越した. **2** ~ señor (手紙で) 拝啓. **3** 上品な, 気品のある.

distinguir [ディスティンギル] [3.7] **1** を区別する, を見分ける, 識別する; 確認する. —La *distinguí* por la voz. 私は声で彼女と分かった. **2** 特徴づける, 区別させる. **3** を特別扱いする, 優遇する, ひいきする. **4** [+ *con*] 栄誉を…に授ける, 授与する. **5** (能力などが) 際立たせる. —— 自 **1** 区別する, 違いが分かる. **2** 違って見える, 見違える. —— **se** 再 **1** [+ *por* で, + *en* の中で] 抜きん出る, 際立つ, 目立つ. **2** 区別される; 違いがある. **3** 見分けられる, 識別される.

distintivo, va 形 違いを示す, 特徴 [特性] を示す, 示差 (ᠡ) 的な. —rasgo ~ 《言語》示差的特徴, 弁別素性. —— 男 **1** 記章, バッジ, 目印. **2** 象徴, 表象. **3** 特徴, 特性.

distinto, ta [ディスティント, タ] 形 **1** [+ *a*/*de* と] 異なる, 相違する, 別の [ser +]. **2** 複 名詞の前で 様々の, 色々の; いくつかの. —*distintas* opiniones 様々の意見. **3** 明瞭な, はっきりした, 鮮明な.

distocia 女 《医学》難産.

dístomo 男 《動物》ジストマ.

distorsión 女 **1** (体·骨格などの) ゆがみ, ねじれ, 捻挫 (ᠡᡒ). **2** (事実などの) 曲解, 歪曲.

distorsionar 他 **1** をねじる; 曲解する. —— **se** 再 ねじれる; 曲解される.

distracción 女 **1** 不注意, 油断, うっかり. **2** 気晴らし, 息抜き; 楽しみ. ▶ *por distracción* うっかりして; 気晴らしに, 趣味で.

distraer [10.4] 他 **1** を楽しませる, …に気晴らしになる. **2** [+ *de* から] …の気をそらせる, 気を散らせる. —Su cháchara me *distraía* de la lectura. 彼のおしゃべりで私は読書の気をそらされた. **3** を盗む, 横領する, 着服する. —— **se** 再 **1** [+ *de*/*con* で] 気晴らしをする, 楽しむ. —Se *distrae* con los videojuegos. 彼はテレビゲームで楽しんでいる. **2** 気が散る, 放心する, ぼんやりする.

distraídamente 副 ぼんやりして, うっかりして, うわの空で, 放心状態で.

distraído, da 過分 [→ distraer] 形 **1** 楽しんでいる. **2** 面白い, 楽しめる. **3** ぼやっとした, 不注意な, 注意散漫な. —— 名 ぼんやり者, 不注意な人. ▶ *hacerse el distraído* 聞こえないふりをする, 知らんぷりをする.

distraig- 動 →distraer [10.4].

distraimiento 男 →distracción.

distraj- 動 →distraer [10.4].

distribución 女 **1** 分配, 配給; (電気·水などの) 供給; (商品の) 流通. **2** 割当て; 配役. **3** 配置, 割り振り. **4** 《機械》(内燃機関の) 弁装置, カム; 《統計》(度数) 分布.

distribuidor, dora 形 分配 [配給, 配送, 配布] する. —compañía *distribuidora* 配送会社. 販売者 [業], 代理店 (主), (ある商品を扱う) 業者. —— 男 **1** 《機械》配電器, ディストリビューター. **2** 通り抜け部屋. ▶ *distribuidor auto-*

mático 自動販売機. **——女** 配給会社, 販売代理店, (卸の)流通会社.

distribuir [11.1] 他 **1**[+a に, +entre の間に]を分配[配分]する, 配る: 割り当てる. ——*Distribuyeron* el trabajo *entre* los tres. 彼らは仕事を3人で分担した. ——*el correo* 郵便を配達する. **2**を配給する, を供給する, 配達する. **3**[+en に]を並べる, 配列する, 配置する. **——se** 動 **1**[+en/por に]配分される, 配置される. **2**[+en そこに]収納される.

distributivo, va 形 配分の. ——*conjunción distributiva* 《言語》配分の接続詞.

distrito 男 地区, 区域, 管(轄)区. ——*electoral* 選挙区. ——*postal* 郵便配送区. ▶ ***distrito federal***《メキシコ》連邦特別区(《略》D.F.).

distrofia 女 《医学》ジストロフィー. ——*muscular* 筋ジストロフィー.

distrófico, ca 形 《医学》ジストロフィーの.

disturbar 他 を騒がせる, 混乱させる.

disturbio 男 乱れ[騒わぎ]こと, 騒動, 暴動. ——*s estudiantiles* 学生の暴動.

disuadir 他 [+de を]…に思いとどまらせる, 断念させる. 思い切らせる.

disuasión 女 思いとどまらせること, 諫(いさ)めること.

disuasivo, va 形 思いとどまらせる, 抑止する. ——*poder* ~ 思いとどまらせる説得力, 抑止力.

disuasorio, ria 形 =disuasivo.

disuelto, ta 過分 →disolver 形 溶けた; 解散した; 解散した.

disuelv- 動 →disolver [5.2].

disuria 女《医学》排尿障害.

disúrico, ca 形《医学》排尿障害の.

disyóquey [<英 disc jokey] 男女 [複 disyoqueis] ディスクジョッキー(= pinchadiscos).

disyunción 女 **1**分離, 分裂, 遮断. **2**《言語》分離の接続詞 (o や o sea など).

disyuntivo, va 形 **1**分離する, 引き離す. **2**[2択] 離接の, 分離の. ——*s* 二者択一, 代案, 別の方法.

disyuntor 男《電気》ブレーカー, 遮断器.

dita 女《中南米》借り, 借金.

ditirámbico, ca 形 **1**《詩》酒神[バッカス]礼賛の. **2**ほめちぎる; 熱狂的な.

ditirambo 男《詩》酒神賛歌, 熱狂的な讃辞.

dítono 男《音楽》2全音.

diu, DIU 〔頭字〕[<dispositivo *intrauterino*] 男 避妊リング.

diuca 女《鳥類》(チリ・アルゼンチンの)ジュウカチョウ.

diuresis 女《単複同形》《医学》利尿.

diurético, ca 形《医学》利尿の. ——男《医学》利尿剤.

diurno, na 形 **1**昼間の, 日中の. **2**《植物》(花・葉が)昼開性の. **3**《動物》昼間活動する. ——男《宗教》日課集.

diva 女 **1**《詩》女神. **2**《歌劇》のプリマドンナ. **3**高慢な[思い上がった]女性.

divagación 女 わき道にそれること, 余談.

divagador, dora 形 **1**(話が)わき道にそれた, 本筋を離れた. **2**支離滅裂な話をする.

divagar [1.2] 自 **1**(話・議題が)わき道へそれる, 本筋を離れる, 枝葉にわたる. **2**さまよう, 放浪する.

diván 男 **1**寝椅子, ソファー. **2**(アラビア・ペルシャなどの一人の著者による)詩集. **3**(トルコの)国政会議, 議事堂; 法廷.

divergencia 女 分岐, 分裂; 相違.

divergente 形 分岐する, 異なる.

divergir [3.6] 自 **1**[+de から]分岐する, 発散[拡散]する. **2**(意見などが)分かれる, [+de と]異なる.

diversidad 女 **1**多様性. **2**相違, 食い違い. ——*de caracteres* 性格の不一致.

diversificación 女 多様化, 多角化.

diversificar [1.1] 他 を多様化する, さまざまにする, 広げる. ——*las aficiones* 趣味を広げる. **——se** 動 変化する, 多様になる.

diversiforme 形 様々な形をした.

diversión 女 **1**娯楽, 気晴らし, 楽しみ. ——*por* ~ 気晴らしに, 趣味で. **2**《軍事》陽動作戦, 牽(けん)制.

diversivo, va 形 **1**娯楽の, 気晴らしの. **2**《軍事》陽動作戦の.

diverso, sa 形 **1**〔複〕《名詞の前で》様々の, 種々の, いろいろの. **2**種多な. ——*artículos ~s* 雑貨. **3**[+de と] 異なる, 別の.

divertículo 男《解剖》憩室.

divertido, da 過分 (→ divertir) 形 **1**楽しい, 面白い. **2**ゆかいな, こっけいな.

divertimento [<伊] 男《音楽》嬉遊(きゆう)曲, ディヴェルティメント.

divertimiento 男 **1**娯楽, 楽しみ, 気晴らし. **2**《軍事》牽制, 陽動作戦.

divertir [ディベルティル] [7] 他 **1**を楽しませる, 楽しくさせる. **2**(敵)を牽制する. **——se** 動 [+con と]楽しむ, 気晴らしをする.

dividendo 男 **1**《商業》(株式の)利益配当, 配当金. ——*activo* 利益配当金. ——*pasivo* 株の額面に対する払込み金. **2**《数学》被除数.

dividir [ディビディル] 他 **1**を分割する, 分ける, 分割する, 区分する. **2**[+entre の間に]を分配する, 割り当てる. **3**を分断する, 分離する, 分け隔てる. **4**を分裂させる, 不和にする. **5**《数学》[+entre で]を割る. ——*Divide* 85 por [entre] 12. 85を12で割りなさい. ——*el* 割り算をする. **——se** 動 **1**分かれる, (細胞が)分裂する. ——*El río se divide en dos brazos*. 川は2つの支流に別れる. **2**分裂される, 区分される. **3**分け与える, 分配する. **4**互いに争い合う.

diviert- 動 →divertir [7].

divieso 男《医学》ねぶと, 疔(ちょう).

*divinamente 副 1 神のように; 神の力で. 2 すばらしく,この上なく,完璧に.

*divinidad 女 1 神性,神格;神徳. 2 (キリスト教から見て異教の)神,~es paganas 異教の神々. 3 《話》この上なく美しい[すばらしい]物[人],魅力ある人.

divinización 女 神格化,神としてあがめること.

divinizar [1.3] 他 1 を神にまつる,神格化する,神格扱いする. 2 …に栄光を与える,を称賛する.

*divino, na 形 1 神の,(キリスト教以外の異教の神々の;キリスト教の)神の; 神(%)しい. —voluntad divina 神意. 2 すばらしい,見事な,この上ない. —un abrigo ~ すばらしいオーバー. — 副 《話》すばらしく,この上なく.

divirt- 動 →divertir の.

*divisa 女 1 (地位·団体などを示す)記章,バッジ,表徴; 《紋章》銘(句),モットー. 2 ●《商業》外国為替,外貨. —mercado de ~s 為替市場. reservas de ~s 外貨準備高. 3 《闘牛》(牛の出身牧場を示す)色リボン.

*divisar 他 …が遠くに見える,視認できる; を見通せる,を見渡せる.—A lo lejos se divisaba el mar. 遠方に海が見えていた.

divisibilidad 女 割り切れること,整除性.

divisible 形 1《数学》[+entre/por で]割り切れる. 2 分けることのできる,可分の.

*división 女 1 分割,分配;分裂,分立. — celular《生物》細胞分裂. — de poderes 三権分立. 2 分けられたもの,部分,区分. — administrativa [territorial] 行政区分. 3 意見の対立,反目,不和. — sembrar la ~ en una familia 家庭内に不和の種をまく. 4《数学》割り算,除法. 5 仕切り,境界線. 6《軍事》師団. — acorazada [blindada] 装甲師団,機甲師団. 7《スポ》リーグ,部. — equipo de primera ~ 1部リーグのチーム. 8《言語》ハイフン. — de palabras ハイフネーション. 9《修辞》段落,分釈法.

divisional 形 分割の,区分の;部門の.

divisionario, ria 形 1→divisional. 2《経済》moneda divisionaria 補助貨幣.

divisionismo 男 1《美術》点描画法. 2《中南米》(社会の)分裂傾向.

divisionista 形《美術》点描画法の. — 男女 点描画家.

divisivo, va 形 分割的な.

divismo 男 1 スター然としていること. 2 (スターの)自己陶酔.

divisor, sora 形 分割する,区別する;《数学》除数の. — 男《数学》除数,約数. —común ~ 公約数. máximo común ~ 最大公約数. 2 分割者,分配者.

divisorio, ria 形 分ける,分割する,分離している. —línea divisoria 境界線. — 女 分水界; 境界線.

*divo, va 形《詩》神の,神性の(→divino). — 名 (オペラの)花形,(エンターテインメントの世界での)スター. — 男 神,神格,神性.

*divorciado, da 過分 [→divorciar] 形 名 離婚した(人).

*divorciar 他 を離婚させる. — se 再 [+de]…と離婚する. 2 (…から)離れる,分離する,絶縁する.

*divorcio 男 1 離婚,離縁;離婚判決;離婚法[制度]. — por mutuo consentimiento 協議離婚. 2 不一致,食い違い,対立. 3 分離,分裂.

*divulgación 女 1(科学知識などの)普及,一般化,大衆化. —revista de ~ científica 一般向き科学雑誌. 2(秘密の)暴露,漏洩(○○).

divulgador, dora 形 名 普及する(人),広める(人); 暴露する(人).

*divulgar [1.2] 他 1 (秘密·記事)を漏らす,暴し,漏らす,暴露する. 2 を普及する,広める,大衆化する. — se 再《3人称で》広まる,知られる,(秘密が)漏れる.

divulgativo, va 形 →divulgador.

dizque 副《中南米》見たところでは.

DNA《俗字》[<英 Deoxyribonucleic Acid]《単複同形》《生物》ディオキシリボ核酸 (→ADN).

DNI《俗字》[<Documento Nacional de Identidad] 男《スペイン》国民身分証明書.

do¹ 男《音楽》ハ音 (ド). ▸ do de pecho 最も高い音. dar el do de pecho 《話》大変な努力をする.

do² 接 《アクセントをつけない次の語に続けて発音する》《詩》…のところで.

dóberman 男《単複同形》《動物》ドーベルマン犬.

dobla 女 2倍の賭金. — jugar a la ~ 倍々で賭ける.

dobladillar 他 《服飾》(縁や裾)に折り返しをつける.

dobladillo 男《服飾》(縁や裾)の三つ折りくけ,折返し.

doblado, da 過分 [→doblar] 形 1 曲がった. 2 (映画)吹替えされた. — 男《服飾》ダブル幅(布地の長さの単位).

doblaje 男 (映画,放送)吹替え,アテレコ,ダビング.

doblamiento 男 折りたたむ[曲げる]こと.

*doblar 他 1 を2倍にする,倍増する;二重にする; …の2倍になる. —Ella me dobla (en) la edad. 彼女は私の2倍の年をしている. 2 を折る,折り曲げる,折り畳む. 3 (角などを曲がる,回る. 4《映画,放送》を吹き替える. …の代役をする; をダビングする. 5 を叩きのめす,打ちのめす,やっつける. 6《スポ》を1周遅い扱いにする. 7《中南米》を射殺する. 8《中米》…に恥をかかせる. — 自 1 (人,道などが)曲がる,折れる. —Doble a la derecha, por favor. すみませんが,右

doble [ドブレ] 形 1 2倍の, 倍の [ser+]. 2 二重の; 複式の. —~ ventana [puerta] 二重窓[扉]. habitación ~ (ホテルの)2人用の部屋. 3(花・植物などが)八重咲きの. 4(人などが)裏表のある, 二心ある. 5(布地が)厚手の. 6(ドミノの牌が)ダブルの, ぞろ目の. —~ cero 1 二重, 二一. —Con estas gafas veo ~. このめがねで物が二重に見える. 2 さらに一層, 輪をかけて. —Asi es ~ peor. そうなったらなお一層悪い. 3 二心をもって. —男女 1 そっくりの人, 生き写し[瓜二つ]の人. 2(映画・演劇の)代役, 吹替, 替玉. 3(情報)ダミー. —男 1 2倍. —He trabajado el ~ que tú. 私は君の倍も働いた. 2 2倍のもの, ダブル. 3(主に(テニスなどの)ダブルス. 4(衣類の)折り返し. 5(音楽)6号, 副本. 7(主に(バスケットボールの)ダブルドリブル. —男 (ドミノ牌の)ダブレット.

doblegable 形 曲げやすい, しなりやすい.

doblegar [1.2] 他 1 …を曲げる, 折る. 2(刀剣などを)振りまわす. 3 …を屈服させる, (人に)あきらめさせる, やめさせる. — se 再 1[+a/ante に]屈服する, 従う, あきらめる. 2[3人称で]折り曲がる, 曲がる.

doblemente 副 1 二重に, 対にして, 2倍にして. 2 二心をもって.

doblete 男 1(言語)二重語, 姉妹語(同一の語源を持つ語, 例えば fuego 「火」と foco「焦点」). 3 異なる大会での二連勝. ▶hacer doblete 一人二役を演じる.

doblez 男 [複 dobleces] 1 折り目, ひだ; 折り返し. 2 主に 女 二心(ふた心), 陰りなた, 裏表のある性格. —**con doblez** 二心をもって, 偽善的に.

doblón 男 (歴史)(昔の)ドブロン金貨.

doce [ドセ] 形 1[数詞] 12の. —名 12人[個]の. 2 12番目の. —男 1[数詞] 12人[個]; 12の数字[記号]. 2[las ~] 12時; 12分; 12日. 3 12番目, 12番地[号室].

doceavo, va 形 12分の1の.

docena 女 ダース, 12個; 約12個. —media ~ 半ダース, いくつか. a ~s ダース単位で; たくさん.

docencia 女 教育活動, 教育の実践.

doceno, na 形 12番目の.

docente 形 1(特に中等以上の)教育の, 教職の. —centro ~ 教育機関. personal ~ 教育スタッフ. —男女 教師, 教員.

dócil 形 1 すなおな, おとなしい, 従順な. 2(人・動物が)しつけやすい, 馴らしやすい, 御しやすい. 3(金属などが)加工しやすい.

docilidad 女 おとなしさ, 従順さ.

dócilmente 副 従順に, 素直に.

dock [<英] 男 [複 ~s] 1 (海事)波止場, 岸壁, 桟橋, ドック. 2 倉庫, 貯蔵所.

docto, ta 形 博学な, 博識な, 学識豊かな; [+en に] 精通[通暁]した, 造詣の深い. —名 博学な人, 博識家, 碩学(セッガク).

doctor, tora [ドクトル, トラ] 名 1 博士. 2 学者, 専門家. —No soy ~ en ese tema. 私はそのテーマの専門家ではない. 3 医者; 先生(医者の呼びかけ). ▶**doctor honoris causa** 名誉博士. —男 1 博士の夫. 2 医者の夫.

doctorado 男 博士号, 学位. 2 博士課程.

doctoral 形 博士の. —tesis ~ 博士論文. 2(言葉・話し方が)もったいぶった, 大げさな, 学者ぶった.

doctorando, da 名 博士候補者.

doctorar 他 …に博士号を授与する. — se 再 博士課程を修める, 博士号をとる.

doctrina 女 1(各宗派の)教義, 教理 (カト)公教要理, 教理問答書(書). 2 cristiana キリスト教の教義. —~ budista 仏教の教義. 2 学説, 教説, 主張. —~ marxista [platónica] マルクスの[プラトンの]学説. 3 学識, 知識.

doctrinal 形 教義上の, 学理上の, 学術的な.

doctrinar 他 →adoctrinar.

doctrinario, ria 形 1 教義上の, 理論の. —lucha doctrinaria 理論闘争. 2 純理論家の, 空論家の, 空理空論の. 3 教条的な. —名 1 教条主義者, 空論家. 2 理論家.

doctrinarismo 男 教条主義.

doctrinero 男 (宗教)公教要理の教師.

docudrama 男 (映画, 放送)ドキュメンタリー・ドラマ.

documentación 女 1[集合的に]情報, 調査, 関係書類; 参考資料. 2 身分証明書; (公的な)必要書類. 3[記事などの]裏付け, 文書調査, 考証. 4(情報)ドキュメンテーション, 文書化.

documentado, da 過分 [→documentar] 1 事前の裏付けがある. 2 身分証明書[類]を携帯した.

documental 男 (映画, 放送)記録映画, ドキュメンタリー. —形 1 文書の, 書類の. 2(映画, 放送)事実を記録した, ドキュメンタリーの.

documentalista 男女 1(特定テーマの)文書[情報]収集家. 2 ドキュメンタリー映画[テレビ]製作者.

documentalmente 副 資料に基づき, 記録上は.

documentar 他 1[+con で]を裏付ける, 立証する. 2 …について通知する, 情報を与える. —~ a …に情報を提供する. — se 再 資料[証拠書類, 情報]を集める.

documento 男 1 文書, (文献)資料,

記録;(時代・風俗の)証拠品. **―***priva-do* [*público, oficial*] 私[公]文書. **2** (身分などの)証明[証拠]書類, 証書. **―*D*―** Nacional de Identidad スペイン政府発行の身分証明書. **3** (商業)(船積証拠などの)書類, 証券, 手形. **4** (情報)ドキュメント. **―***archivado* [*comprimido*] アーカイブ・ファイル.

dodecaedro 男 〔数学〕12面体.
dodecafonía 女 →dodecafonismo.
dodecafónico, ca 形 〔音楽〕12音技法の.
dodecafonismo 男 〔音楽〕12音技法(の音楽).
dodecágono, na 形男 〔数学〕12角形(の).
dodecasílabo, ba 形 〔詩学〕12音節句の. **―**男 〔詩学〕12音節の詩行.
dodo 男 〔鳥類〕ドードー.
dogal 男 **1**(馬につける)端綱(はづ). **2**(絞首刑用の)縄.
dogma 男 **1**(教会の)教義, 教理, 信条, 正教義, 学説, 信条. **―** marxista マルクス主義の教義. **3** 定説, 定論, 原理.
dogmática 女 教義体系.
dogmáticamente 副 **1** 教義に従って. **2** 独断[教条主義的]に.
dogmático, ca 形 **1** 独断主義の, 独断的な; 教義主義的な. **2** 教義上の, 教理に関する. **―** teología *dogmática* 教義神学. **―** 男 独断家, 独断論者; 教義主義者. **―** 女 〔集合的に〕教義, 教理; 定説, 原理.
dogmatismo 男 **1** 独断論, 独断主義, 独断的態度. **2**〔集合的に〕教義, 原理. **3** 主義, 原則, 学説.
dogmatista 男女 (カトリックに対抗して)新教義を唱える人.
dogmatizador, dora 形男 →dogmatizante.
dogmatizante 形男女 独断[教条主義]的な(人).
dogmatizar [1.3] 他 **1**を教義として説く. **2** を独断的に述べる.
dogo 男 〔動物〕ブルドッグ.
doladera 女 〔技術〕(大工の)手斧(ちょうな).
dolador 男 大工, 石工.
dólar 男 ドル(アメリカなどの貨幣単位; 〔略〕$).
dolarización 女 〔中米〕ドル化.
*dolencia 女 (特に慢性的な)病気, 持病, 慢性疾患.

doler [ドレル] [5.2] 自 **1** 〔+ a に〕(体の部分が)痛む. **―***Me duele el estómago.* 私は胃が痛い〔普通は動詞の後〕. **2**〔心が〕痛む, つらい. **―**Nos *duele* su incomprensión. 彼らの無理解が我々にはつらい. **● Ahí le duele.** そこが彼の痛い所だ. **― se** 再〔+ de が〕**1** 嘆き悲しむ, …に不平を言う. **―***se de* su mala suerte 自分の不運を嘆き悲しむ. **2** …に同情する. **3** 後悔する, 悔む. **―***se de* su comportamiento 自分の行動を悔いる.

dolicocefalia 女 (人の)長頭.
dolicocéfalo, la 形男 長頭の(人).
dolido, da 過分 [→doler] 形 気分を害している, 悲しんでいる[*estar* +].
doliente 形 **1** 病気の, 痛んでいる. **2** 悲しい, つらい, 悲嘆にくれる. **―**男女 遺族.
dolmen 男〔複〕dólmenes〔考古〕ドルメン.
dolo 男 〔法律〕詐欺行為, 不正手段, ぺてん. **―*con*―** 詐欺によって.
dolomita 女 〔地質〕苦灰石, ドロマイト.
dolomítico, ca 形 〔地質〕ドロマイト(のような).

dolor [ドロル] 男 **1**(肉体的)痛み, 苦痛. **―** *latente* [*sordo*] 鈍痛. **―** *nefrítico* 腎結石の痛み. **2**(精神的な)苦しみ, 悲しみ; 残念; 後悔. **―** de corazón 後悔, 自責の念. ¡Qué *―*! かわいそうに, お気の毒に, なんて残念なこと. **● con dolor** 申し訳ないが, 遺憾ながら. **estar con dolores** 陣痛が始まっている. **rabiar de dolor** 〔話〕あまりの痛さに[うめき声をあげる]. **ser un dolor** 残念なことである.

dolora 女 ドローラ(哲学的な思想を含む劇的な短詩篇).
Dolores 固名 〔女性名〕ドローレス.
dolorido, da 形 **1**(体などが)痛い, 痛みを感じる. **2** 悲しんでいる, 苦しい.
dolorimiento 男 はっきりしない痛みの感覚.
doloroso, sa 形 **1**(肉体的に)痛い, 苦痛をともなう. **2**(精神的に)苦しい, つらい. **―** decisión *dolorosa* 苦しい決定. **3** 痛ましい, かわいそうな, 哀れむべき. **―**女 **1** 悲しみの聖母像. **2**〔話〕お会計, 勘定書.
doloso, sa 形 〔法律〕詐欺(行為)の, 不正の, 詐欺的な.
doma 女 飼いならすこと, 調教. **―***la―*de caballos 馬の調教.
domable 形 (動物が)調教できる.
domador, dora 形男 (動物を)馴らす人. **2** (サーカスなどの)調教師. **―** de caballos [*leones*] 馬の調教師[ライオン使い].
domadura 女 →doma.
domar 他 **1**(野生の動物)を飼いならす, 手なずける. **2** をおとなしくさせる, 従わせる. **3**(情熱・感情など)を抑える. **―** los apetitos 欲望を抑える. **4**(固いものなどを)柔らかにする. **―** unos zapatos nuevos 新しい靴を柔らげる.
domeñar 他 **1**をおとなしくさせる, 従わせる(→domar). **2**を支配する, 征服する, 抑える(→dominar).
domesticable 形 (動物が)飼いならすことのできる, 家畜化できる.
domesticación 女 (動物を)飼いならすこと, 馴化(じゅんか), 家畜化.
domesticar [1.1] 他 **1**を飼いならす, 家畜化する. **―** un oso クマを飼いならす. **2** を教育する, しつける. **― se** 再

domesticidad 1(動物)がなれる, 家畜化する. 2(人が)洗練される.

*****domesticidad** 囡 **1**(動物の)飼いならされた状態, 家畜[馴化]状態. **2**おとなしさ, 従順.

*****doméstico, ca** 形 **1**家庭(内)の, 家事の. —tareas *domésticas* 家庭生活. *vida doméstica* 家庭生活. **2**国内の, 自国の. —producto ~ 国産品, 国内製品. **3**飼いならされた, 人に飼われている. —animal ~ 愛玩用動物, ペット. — 男 家事使用人. — 男 (自転車競技のチームの)補佐役选手.

*****domiciliación** 囡 口座振込.

*****domiciliar** 他 [+en] **1**を住まわせる. **2**(商業)(支払口座)を指定する, 自動振込み[引き落とし]にする. **— se** 代 [+en] 住む, 定住する.

*****domiciliario, ria** 形 **1**住所[住居]の; 自宅の. —arresto ~ 自宅監禁, 軟禁. *asistencia domiciliaria* 自宅介護. *registro* ~ 家宅捜査. — 男 住所の, 住民の.

*****domicilio** 男 **1**住居, 住宅, 居住. **2**《法律》住所, 所在地. —sin ~ fijo 住所不定の. — legal 法定住所. — social 会社所在地. ▶*a domicilio* 自宅に[で]. —*servicio a domicilio* 宅配, 家庭への出張. *venta a domicilio* 訪問販売.

*****dominación** 囡 **1**支配, 統治(精神的な)影響, 感化. —efecto de ~ 《経済》支配効果. **2**《宗教》主天使.

*****dominador, dora** 形 **1**支配する(人), 支配的な(人) **2**高圧的[横柄]な(人).

*****dominante** 形 **1**支配的な, 主要な, 有力な. **2**優勢な, (遺伝形質が)優性の. —*carácter* ~ 優性形質. **3**(性格が)横暴な, 威圧的な. — 囡 横暴な人, 威圧的な人. — 囡 (音階の)第5度音, 属和音.

*****dominar** 他 **1**を支配する, 支配下に置く. —*Le dominan los celos*. 彼は嫉妬(い)心にとらわれている. **2**を統御[制御]する, 操る; を抑える, 抑制する. —un *incendio* 火事を消しとめる. **3**を習得する, 身に付ける, ...に精通する. **4**を見下ろす, 見渡す. — 自 [+en/sobre において] 支配的である, 優勢である. —*En esta zona dominan los pinos*. この一帯には松が群れ山生えている. **2** [+sobre の上に]そびえ立っている. **— se** 代 我慢する, 自分を抑える, 自制する. **2**展望される. —*Desde la cima del monte se dominaba* todo el valle. 山の頂上からは谷全体が見渡せた.

dómine 男 **1**《話》ラテン語教師. **2**《軽蔑》学者ぶる人.

domingada 囡 日曜日に催されるパーティー.

Domingo 固名 《男性名》ドミンゴ.

*****domingo** [ドミンゴ] 男 日曜日; 《カト》主日. —*D~ de Ramos* 枝の主日(復活祭直前の日曜日). *D~ de Pascua* [de Resurrección] 御復活の大祝日. ▶*hacer domingo* (平日なのに)仕事をする.

dominguero, ra 形 **1**日曜日の, 日曜日の. **2**(人が)日曜(休日)にしか遊ばない. — 名 **1**《話》日曜日に盛装する人, 日曜日に遊ぶ人, 行楽客. **2**《軽蔑》日曜ドライバー.

dominguillo 男 起き上がり小法師.

Dominica 固名 ドミニカ国.

dominica 囡 《宗教》(キリスト教会の)安息日, 主日.

*****dominical** 形 **1**日曜日の, 安息日の. **2**所有地の, 領主の. **3**(新聞の)日曜日版の. —*suplemento* ~ 日曜版の付録. — 男 (新聞の)日曜版.

*****dominicano, na** 形 **1**ドミニカ共和国(República Dominicana)の. **2**サント・ドミンゴの. **3**ドミニコ(修道会)の. —*orden dominicana* ドミニコ会. — 名 **1**サント・ドミンゴの人. **2**ドミニカ共和国民. **3**ドミニコ会士.

dominico, ca 形 名 ドミニコ会の(修道士[女]).

*****dominio** 男 **1** [+sobre に対する] 支配(力), 統治; 権力. —~ *del aire* [*de los mares*] 制空[制海]権. **2**(感情などの)抑制, コントロール. **3** [...に]精通, マスター, 熟達. —*Tiene pleno* ~ *del italiano*. 彼はイタリア語を自由に操れる. **4** 《主に複》領土, 領地, 勢力範囲. **5** (学問・芸術などの)分野, 領域; 言語[方言]圏. —~ *lingüístico leonés* レオン方言圏. **6**(法律, 政治)所有権; 財産. —~ *público* 公共財産. **7**《情報》ドメイン. —~ *público* パブリック・ドメイン. ▶*ser del dominio público* 周知の事実である.

dominó 男 **1**ドミノ遊び; ドミノの札. —*una partida de* ~ ドミノゲーム. **2**ドミノ仮装衣(仮装用のフード付きマント).

domo 男 《建築》ドーム, 円屋根. —*el* ~ *del estadio de Tokio* 東京ドーム.

domótico, ca 形 インテリジェントハウスの, 今名 (住宅諸設備の)自動システム, ホームオートメーション・システム.

*****don¹** [ドン] 男 《無冠詞》**1**男性個人名の前につける敬称; 略 D.; →doña(1). ドン, ...さん, 殿, 閣, ...氏. —*Lorenzo* D~ *Fulano de Tal* なんの某(なにがし). **2**(敬称・態度を表す名詞・形容詞と共に)...さん. —~ *ladrón* 泥棒さん. ▶*don juan* → *donjuán*. *ser* (*un*) *don nadie* 取るに足りない「つまらない」人物である.

*****don²** 男 **1** [+de/para の] 天賦の才能, 天性. —~ *de acierto* 当意即妙の才. —~ *de lenguas* 語学の才. **2**贈り物; (特に)天の恵み. ▶*don de gentes* 人好きな[人好かれる]素質. *don de mando* 指揮能力. *tener* (*el*) *don de* ... ...の才能がある.

*****donación** 囡 **1**寄付, 寄進. —*hacer una* ~ 寄付をする. —~ *de sangre* 献

血. **2**〖法律〗贈与. ~ entre [inter] vivos 生前贈与. ~ mortis causa [por causa de muerte] 死因贈与.

donador, dora 男女 →donante.

donaire 男 **1** 優雅, しとやかさ, 上品. —caminar con ~ 優雅に歩く. **2** 機知, 才気, ユーモア.

donairoso, sa 形 **1** 優雅な(特に表現などが)優雅な, 気品のある; 才気[機知]のある. —estilo ~ 優雅な文体.

donante 形 贈与する, 授与する, 提供する. — 男女 寄贈者, 提供者, 〖臓器移植の〗ドナー. ~ de sangre 献血者. ~ de órganos 内臓移植の提供者.

donar 他〖+ a に〗を寄贈する, 寄付する, 寄贈する, 提供する.

donatario, ria 男女 受贈者; 〖臓器移植の〗レシピエント.

*__donativo__ 男 〖慈善目的の〗寄贈, 寄付.

doncel 男 〖古〗小姓; 騎士叙任前の貴族の子息. **2** 若者.

:**doncella** 女 **1** 生娘, 処女; 乙女. **2** (料理以外の家事をする)家政婦, 小間使, 侍女. **3** 〖魚類〗ベラ.

doncellez 女 処女性, 童貞.

:**donde** [ドンデ] 副 (関係) 〖先行詞句〗 **1** 〖制限用法〗…である…, のある…. —la casa ~ nací 私が生まれた家. la academia (en) ~ yo hice las prácticas 私が実習をした専門学校〖en は省略可能. 特に先行詞がない場合は省く〗. **2** 〖説明用法〗そしてそこで…. —Por fin llegamos a la cumbre, desde ~ se veía toda la ciudad. やっと我々は山頂に着いたが, そこから町中が見下せた.

3 〖独立用法〗…の場所[ところ]に, …の場所[ところ]で, …の場所[ところ]へ. —Déjalo ~ estaba. それをもとあったところに置いておきなさい. Vamos ~ [adonde] nos lleves. 私たちは君が連れて行ってくれるところに行く〖運動の方向を示す場合には adonde を用いるのが原則であるが, 口語では donde を用いることがある〗.

4 〖+ 不定詞〗〖制限的用法〗…すべき…; 〖独立用法〗…すべきところ[場所]. —¿Y no tenéis sitio ~ dormir? それで君たちは寝るところがないの? ¿Y no tenéis ~ dormir? それで君たちは寝るところがないの? **5** 〖+ 名詞句〗…の〖ある〗場所[へ]. —Mis niños están ~ la tía Carmen. 子どもたちはカルメンおばさんの所にいます. ► **de** [por] **donde...** (前文の内容を受けて)そのことから, したがって.

:**dónde** [ドンデ] 副 (疑問) 〖場所について用いる〗 **1** 〖直接疑問文で〗どこに, どこで; 〖話〗どこに(→adónde). —¿D~ está el ascensor? エレベーターはどこにありますか. ¿De ~ es usted? あなたはどちらの出身ですか. **2** 〖間接疑問文で〗a) どこで, どこに, どこへ. —¿Quiere usted indicarme ~ podría comprar sellos? どこで切手が買えるか教えていただけますか. b) 〖+ 不定詞〗どこで …すべきか, どこに…すべきか, どこへ…すべき

か. —¿Sabes ~ poner esta cama? このベッドをどこに置いたらいいかわかりますか. ► **de dónde** (相手に反論し)一体何でそんなことが言えるんだ; そんなことがあるものか. **por dónde...** 〖驚嘆〗一体どのようにして 〖なぜ〗….

dondequiera 副 どこ(に)でも, あらゆる所に. —Ese producto lo encontrarás ~. その製品は至る所で見られるだろう. por ~ どこでも, どんな所でも. ► **dondequiera que** 〖+ 接続法〗どこで[に]…しようと; 〖+ 直説法〗…する所でも.

dondiego 男 〖植物〗オシロイバナ. ► **dondiego de día** 〖植物〗アサガオ(朝顔).

donjuán 男 **1** ドンファン, プレーボーイ, 女たらし. **2** 〖植物〗オシロイバナ.

donjuanear 自 女たらしをする.

donjuanesco, ca 形 ドンファン的な, 女たらしの.

donjuanismo 男 ドンファンの流儀[やり方], 女たらし, 放蕩(たう)生活.

donosamente 副 **1** 気を利かせて; おもしろく. **2** 優雅に, 上品に. **3** (皮肉をこめて)お見事に.

Donoso 固名 ドノーソ (José ~) (1924–; チリの小説家).

donoso, sa 形 **1** 優雅な, 上品な. **2** 〖皮肉〗おもしろい, 機知に富んだ, しゃれた. **3** 〖皮肉〗結構な, とんでもない.

Donostia 固名 ドノスティア(サン・セバスティアンのバスク名).

donostiarra 形男女 サン・セバスティアン (San Sebastián) の(人).

donosura 女 優雅さ; 機知; 軽妙さ.

donut [< 英] 男 〖複 ~s〗 ドーナツ.

:**doña** [ドニャ] 女 〖**1**, **2** の意味では無冠詞・無アクセント〗 **1** 〖親しみ・敬意を込め既婚・未亡人女性の個人名の前につける; 略 D.ª〗 ドーニャ, …さん, 夫人, 様. —¿Qué hay, ~ Paula? パウラさん, 御元気ですか. **2** 〖軽蔑〗〖態度・行動を表す名詞・形容詞と共に〗…さん. —D~ melindres 気取り屋さん. **3** 〖南米〗奥さん, 奥様, 夫人.

dopaje 男 →doping.

dopamina 女 〖生化〗ドーパミン.

dopante 形 興奮剤を与える.

dopar 他 …に興奮剤を飲ませる, ドーピングする. — **se** 再 興奮剤を飲む, ドーピングする.

doping [< 英] 男 〖複 ~s〗 興奮剤を飲むこと, ドーピング.

doquier, doquiera 副 どこへでも, どこにでも, どこへも. ► **por doquier(a)** どこにでも, 到るところで.

dorada 女 〖魚類〗クロダイ, ヨーロッパヘダイ.

Dorado 固名 (El ~)エル・ドラード, 黄金郷.

:**dorado, da** 過分 (→dorar) 形 **1** 金色の, 金色の, 金箔の. **2** 金 の, 金箔の. —una época dorada 全盛期の. ► **sueño dorado** 切実な願望〖夢〗. — 男 **1** 金めっき, 金箔. **2** 〖複〗 金めっきした

金具[装飾品]. **3**(El D~)=Dorado.

dora̱dor, do̱ra 名 めっき職人.

doradura 女 金箔をかぶせること, 箔置き, 金めっき.

dora̱r 他 **1** …に金[金箔]をかぶせる, を金めっきする, 金色に塗る[染める]. **2** を粉飾する, …の表面をつくろう. **3** 《料理》をこんがりと焼く. **— se** 再 《料理》こんがりと焼ける. **2** 金色になる.

do̱rico, ca 形 **1** ドーリア(Dórica)地方の, ドーリア人の. **2** 《建築》ドーリア様式の. —columna dórica ドーリア式円柱. **—** 男 《歴史, 言語》(古代ギリシア語の)ドーリア方言.

do̱rio, ria 形名 (古代ギリシアの)ドーリア人(の).

dormi̱da 女 **1** 眠ること; 一眠り, うたた寝. **2**(蚕の)休眠. **3**(動物の)ねぐら, 巣. **4**《南米》寝場所.

dormide̱ra 女 **1**《植物》ケシ. **2**《話》寝つきのよさ.

·dormi̱do, da 過分〔→dormir〕形 **1** 眠っている. **2** ぼんやりした, 呆然とした. **3**(手・足などが)しびれた, 無感覚の.

dormilo̱n, lo̱na 形 眠い, 眠たそうな, 眠そうな. **—** 名 眠たがり屋, 寝坊.

dormi̱r [ドルミル] [8.1] 自 **1** 眠る. **a. —iA ~!** さあ寝なさい. **2** 泊る, 宿泊する. **— en un parador nacional** 国営ホテルに宿泊する. **3** ぼんやりとする; ほったらかしにする. —El proyecto duerme. その計画はほったらかしになっている. **4**(男女が)ベッドを共にする, 同衾(どう)する. **—** 他 **1** を寝かしつける, 眠らせる. **2** を退屈させる. **3** …に麻酔をかける. **4**(睡眠)をとる. **— la siesta** 昼寝をする. **— se** 再 **1** 寝入る, 眠り込む. **— Se ha quedado dormido.** 彼は眠り込んだ. **2** しびれる, まひする. **—Se me ha dormido la pierna.** 私の片足がしびれた. **3** 鎮まる, 穏やかになる, 凪(な)ぐ.

dormita̱r 自 居眠り[うたた寝]する, まどろむ.

dormiti̱vo, va 形《医学》眠らせる, 催眠性の. **—** 男《医学》催眠剤.

dormito̱rio 男 **1** 寝室. 〖集合的に〗寝室用家具. **2** 寮, 寄宿舎.

Dorote̱a 固名《女性名》ドロテア.

dorsa̱l 形 **1** 背側の, 背後の, 後方の. —espina ~ 《解剖》脊椎(ついつ). — aleta ~ 背びれ. **2**《音声》舌背の, 舌背音の. **—** 男《スポ》ゼッケン, 番号. **3**《音声》舌背音. **2** 山脈の最も高いところ. **► dorsal oceánica**《地理》大洋[海嶺]中の山脈.

do̱rso 男 **1**(紙・硬貨・葉などの)背, 裏, 裏面. **2** 背中, 背部. — **de la mano** 手の甲. **3**《解剖》舌背.

do̱s [ドス] 形(数)**1** 2 つの, 2 個[人]の. **2**《名詞の後で》2 番目[人]の. **—** 男 **1**〖基数〗2. **2**〖個人〗2. **2** 2 番目. 2 日. **3**〖las~〗2 時. —Son las ~. 2 時だ. **4**〖定冠詞+〗2 人, 両者, 両方. —Los ~ se casarán. その 2 人は結婚するだろう. **5** 2 の数字, (カードで)2 の札, (さ

いころの)2 の目. —Tengo tres ~**es**. 私は 2 の札が 3 枚ある. **► a dos**《スポ》(テニスなどの)デュースの. **cada dos por cuatro** たびたび. **como dos y dos son cuatro** まちがいなく, 明らかに. **de dos en dos [dos a dos]** 2 つ[2 人・2 個]ずつ. **en un dos por tres**《話》たちまち, すぐに. **una de dos** 二つに一つ, どちらか.

dosciento̱s, tas 形(数)**1** 200 の, 200 個[人]の. **2**《名詞の後で》200 番目の. **—** 男 **1**〖基数〗200, 200 人[個]; 200 番目(の人・もの).

dose̱l 男 **1** 天蓋, どんちょう. **2** 掛け布, たれ幕.

dosie̱r〈仏〉男 報告書, 一件書類.

dosificació̱n 女 **1**(薬の)調剤, 調合. **2**(量の)加減, 配分.

dosifica̱r [1.1] 他 **1**《医学》を調剤する, (薬)を調合する, 投薬する. **2** を配分する, 割り当てる.

·do̱sis 名〖単複同形〗**1**(薬の 1 回分の)服用量, (適)用量. — letal 致死量. **2** ある分量[程度]. —una buena ~ **de paciencia** かなりの忍耐.

dotació̱n 女 **1** 寄贈, 寄付, 寄付金. **2** 〖集合的に〗《海事》乗組員. **3** 〖集合的に〗(官庁・会社などの)人員, 〖全〗職員. **4** (嫁入り)の持参金.

dota̱do, da 過分〔→dotar〕形〖+ de を伴う〗与えられた, 持っている; 〖+ para の〗才能がある. —**estar bien [mal] ~** 才能のある[ない], 生得能力の豊かな[乏しい].

dota̱r 他〖+ con/de を〗**1**…に与える, 備え付ける; …に付与する. **2** …に寄付する, 寄付金を贈る(持参金として); …に持たせる.

do̱te 女 **1**〖男でも可〗(花嫁や修道院入りする修道女の)持参金, 持参財産. **2** 褒賞, 才能, 天分. —sus ~**s naturales** 天分. **3**(トランプで)得点.

dove̱la 女《建築》(アーチの)迫石(くさび).

doy 動 → dar [15].

doza̱vo, va 形(数)12 等分の. **—** 男 12 分の 1.

Dr.《略号》=Doctor 博士(男性).

Dra.《略号》=Doctora 博士(女性).

dra̱cma 男/女 ドラクマ(古代ギリシアの銀貨, 現代ギリシアの旧通貨単位).

draconia̱no, na 形《Diccionario de la Real Academia Española》男 スペイン王立アカデミーの辞書.

DRAE《略号》〖< Diccionario de la Real Academia Española〗男 スペイン王立アカデミーの辞書.

dra̱ga 女 浚渫(しゅんせつ)機.

draga̱do 男 浚渫(しゅんせつ). —**hacer un ~ en el río** 川を浚渫する.

dragami̱nas 男〖単複同形〗《軍事, 海事》掃海艇.

draga̱r [1.2] 他 を浚渫(しゅんせつ)する, …の底をさらう.

dra̱go 男《植物》リュウケツジュ(竜血樹)(カナリア諸島原産の巨木).

dragó̱n 男 **1**《童学》竜(伝説上の怪獣). **2**《歴史》竜騎兵;〖集〗竜騎兵連隊. **3**《動物》トビトカゲ(飛蜥蜴); 《植物》キンギョソウ(金魚草). **4**(D~)《天文》竜座.

dragoncillo 5 国際ドラゴン級ヨット. ▶ **dragón marino** 〖魚類〗ハチミシマ.

dragoncillo 男 1 〖植物〗エストラゴン. 2 〖植物〗キンギョソウ.

dragoneár 自 〖中南米〗1 もぐりの営業をする, 無資格で営業する. 2 自慢する. 3 異性にちょっかいを出す.

drama 男 1 〖演劇〗劇, 戯曲. —~ litúrgico (中世の)典礼劇. — ~ griego ギリシャ劇. 2 劇的な事件, 悲しい出来事, 惨事. —¡Vaya [Menudo] ~! 何ということか. ● **hacer un drama de** (人)に対してヒステリックに振舞う. **hacer un drama de...** (物事)を大げさ[悲劇]に考える.

dramaticidád 女 →dramatismo.

:dramático, ca 形 1 演劇の, 戯曲の, 芝居の, ~-género ～ 演劇畑の. 2 劇的な, 感動的な; 悲劇的な. 3 芝居がかった, わざとらしい. ■ 名 1 劇作家, 戯曲作家. 2 〖悲劇〗俳優. ■ 女 劇作法; 〖集合的に〗戯曲; 劇詩.

dramatismo 男 劇的であること, ドラマ性.

dramatización 女 1 劇化. 2 誇張.

dramatizár [1.3] 他 1 〖演劇〗(事件・小説)を劇にする, 脚色する. 2 を大げさにする, 誇張する.

dramaturgia 女 〖演劇〗劇作術[法]. ドラマスクール.

dramatúrgico, ca 形 〖演劇〗劇作術[法]の.

dramatúrgo, ga 名 〖演劇〗劇作家, 脚本家.

dramón 男 〖話〗通俗劇, 田舎芝居.

drapeádo 男 〖服飾〗ドレープをつけること.

drapeár 他 〖服飾〗(布・衣服)にドレープをつける.

draque 男 〖中南米〗ナツメグ入りの蒸留酒.

drástico, ca 形 1 激烈な, 徹底的な, 思い切った. 2 〖医学〗劇薬の, 峻下(げ)剤の. ■ 男 〖医学〗峻下剤, 強い下剤.

drenáje 男 1 排水(すること). —hacer el ~ de un terreno 地所の排水をする. 2 〖医学〗排膿, ドレナジ; その手術用具.

drenár 他 1 …の排水をする, (土地の)排水をする. 2 —の膿(う)を出す.

dríada, dríade 女 〖ギリシャ神話の〗ドリュアス(木の精).

driblár 〖スポ〗をドリブルする, ドリブルでかわす.

drible, dribling 〔<英〕男 〖スポ〗ドリブル.

dril 男 〖服飾〗雲斎(ぎい), ドリル織り.

drive 〔<英〕男 〖スポ〗(テニスの)トップスピン; (ゴルフの)ドライバーショット.

driver 〔<英〕男 〖情報〗ドライバー.

drízar 女 〖海事〗(帆・旗などを上げ下げする)揚げ綱, 動索, ハリヤード.

:droga 女 1 麻薬, 麻酔剤; 麻薬. —~ dura [blanda] 強い[弱い]麻薬(ヘロイン, コカインなど). 2 薬, 薬品; 薬種(ぐさ). 3 人を依存症にさせるもの[活動]. —El videojuego es una ~. テレビゲームは麻薬のようなものだ. 4 〖中南米〗借金. ● **droga de diseño** 合成麻薬, デザイナードラッグ. **tráfico de drogas** 麻薬取引[の密売].

drogadicción 女 麻薬中毒.

drogadícto, ta 形 麻薬中毒者, 麻薬常習者. ■ 名 麻薬中毒の, 麻薬を常用する.

drogádo 男 麻薬の常用.

drogár [1.2] 他 …に麻酔剤を飲ませる[与える, 使わせる]. ——**se** 麻薬を常用する.

drogáta 男女 〖話〗→drogadicto.

drogodependéncia 女 麻薬依存症.

drogodependiénte 形 男女 麻薬中毒の(人).

drogóta 男女 〖話〗→drogadicto.

droguería 女 1 〖スペイン〗(掃除・大工用具などの)雑貨店. 2 〖話〗〖南米〗薬局, ドラッグストア.

droguéro, ra 名 薬屋, 荒物業者.

droguísta 男女 〖話〗→droguero.

dromedário 男 〖動物〗ヒトコブラクダ.

druída 男 〖歴史〗ドルイド僧(古代ゴールおよびケルト族の僧侶).

druídico, ca 形 〖歴史〗ドルイド僧[教]の.

druidísmo 男 〖歴史〗ドルイド教.

drúpa 女 〖植物〗(モモ・サクランボなどの)核果, 石果.

drupáceo, a 形 〖植物〗核[石]果性の.

drúsa 女 〖地質〗晶洞, 晶がま.

drúso, sa 男名 〖宗教〗(レバノン・シリアに住む)ドルーズ派の人.

duál 形 1 2の, 二重の, 二元の, 両の. 2 〖言語〗双数の. ■ 男 〖言語〗双数.

dualidád 女 1 二重性, 二元性, 二面性, 双対(性). 2 〖化学〗(結晶の)同質二像.

dualísmo 男 〖哲学〗二元性, 二元論. — ~ del bien y el mal 善悪二元論.

dualísta 形 男女 二元論の[人, 支持者].

dubitáble 疑わしい, 疑う余地のある.

dubitación 女 1 疑い, 疑惑. 2 〖修辞〗疑惑法.

dubitánte 形 →dubitativo.

dubitatívo, va 形 疑いの.

ducádo 男 1 〖歴史〗公爵の位[身分]. 2 〖歴史〗ダカット金貨[銀貨](スペインで16世紀まで使用された)ドゥカード金貨.

ducál 公爵の, 公爵領の.

ducentésimo, ma 形 〖数〗1 200番目の. 2 200分の1の. ■ 名 1 200番目の人[物]. 2 200分の1.

:dúcha 女 1 シャワー(浴); シャワー装置 [ルーム]. —darse [tomar(se)] una ~ シャワーを浴びる. 2 〖医学〗(治療上の)灌

注(ちゅう)(器), 洗浄(器). **—~ nasal** 鼻腔の洗浄. **—~ ducha (de agua) fría** 《俗》興奮をさますための, 水を差すもの.

ducha[2] 囡 **1** (織物を織る時にできる)縞(じま), 筋. **2** 一条の敵(しわ).

duchar 他 **1** …に水を浴びせる, シャワーを浴びさせる, 灌水(かんすい)する. **2** 《医学》注水する, 洗浄する, …に灌注(かんちゅう)法をほどこす. **—se** 再 シャワーを浴びる.

ducho, cha 形 [+ en +] 巧みな, 熟練した, 精通した.

duco 男 (吹き付け用の)塗料, ラッカー.

dúctil 形 **1** (物質が)引き延ばせる, どんな形にもなる, 延性のある. **—metal ~** 延性金属. **2** 従順な, すなおな.

ductilidad 囡 **1** (金属の)延性, 展性. **2** すなおな性質, 従順性.

duda [ドゥダ] 囡 **1** 疑い, 疑念, 不審. **2** 不確かさ, 不明確, 不安. **—Estoy en ~ de si viene o no.** 私は彼が来るのか来ないのか確信がない. **3** 疑問, 質問, 疑問点. **4** 迷い, ためらい, 躊躇(ちゅうちょ). **5** (信仰上の)懐疑, 迷い. **▶ conceder el beneficio de la duda a...** (人)をむやみに疑わない. **no cabe (ninguna [la menor, la más mínima]) duda** [+ de/de que + 直説法](について)疑いの余地はない. **por [sí] las dudas** 《中南米》《話》万が一のために. **Qué duda cabe** まったく疑いの余地がない. **sacar a... de la duda [de dudas]** (人)の疑念を晴らす, 真実を明らかにする. **sin duda (alguna) / sin ninguna [la menor] duda** 疑い[間違い]なく, 確かに, 必ず; もちろん.

dudable 形 疑うべき, 疑いうる.

dudar [ドゥダル] 自 **1** [+ de ~] 疑う, 疑惑する, 疑わしく思う. **—Dudo de su inteligencia.** 彼の頭の良さを疑っている. **2** [+ entre o/y ...] (…か/か…か)迷う, 躊躇(ちゅうちょ)する; [+ en + 不定詞] (…するのを)ためらう, 迷う. **—他 1** を疑う. **—¿Vendrá? —Lo dudo.** 彼は来るだろうか. —私はそれは疑わしいと思う. **2** [+ que + 接続法(否定文では直説法も)] を疑う, 疑ぐる, 疑わしく思う. **—Dudo que llegue a tiempo.** 彼が間に合うかどうか疑わしい.

dudosamente 副 疑わしく; 不確かに.

dudoso, sa 形 **1** [+ de/sobre について] 疑いを持っている; 迷っている, ためらっている 〖estar +〗. **2** (物事が)疑わしい, 不確かな, はっきりしない 〖ser +〗. **3** (人・行為が)いかがわしい, 怪しい, 信用できない 〖ser +〗.

duel- 動 **→doler** [5.2].

duela 囡 **1** おけ板. **2** (動物)ジストマ.

duelista 男 決闘者.

duelo[1] 男 **1** (愛する人などの死による)深い悲しみ, 哀悼(あいとう)の(意), 服喪. **2** 葬列, 会葬者. **3** 苦労, 苦痛, 困難. **▶ sin duelo** たくさん, 惜しげなく, 気前よく.

duelo[2] 男 **1** 決闘. **—~ a muerte** 死闘. **2** 対決. **—~ futbolístico** サッカーの対決.

duende 男 **1** (フラメンコの歌・踊りなどの)不思議な[怪しい]魅力, 魔力, 魔性. **2** いたずら小鬼[小妖精・小悪魔]; いたずらっ子, 目立たない子. **3** (童話の中の)神出鬼没の《俗》不思議な[怪しい]魅力がある, 魅力的である. **▶ andar como un duende / parecer un duende** 神出鬼没. **tener duende** 不思議な[怪しい]魅力がある.

dueño, ña 图 **1** 持ち主, 所有者, オーナー. **2** (一家・召使いなどの)主人, 雇い主; 飼い主. **3** [+ de] (感情などを)支配できる人, 自由にできる人. **—No soy ~ de mis pasiones.** 私は自分の感情をコントロールできない. **▶ hacerse (el) dueño** [+ de] (状況などを)完全に掌握する; 取り仕切る, 采配(さいはい)を振う. **ser (muy) dueño de** [+ 不定詞] 自由に…できる[してよい]. **ser dueño de sí mismo** 自分をコントロールできる, 自制心を失わない, 取乱さない. **—囡**《古》**1** 年配で一般に未亡人の)付添い婦人, 女中頭, ばあや. **2** (貴族の)奥方, 主婦.

duerm- 動 **→dormir** [8.1].

duermevela 男《話》うたた寝, 居眠り.

Duero 男 (el Río ~) ドゥエロ[ドゥロ]川(スペインとポルトガルを流れる河川).

dueto 男 (音楽)(短い)二重奏(唱), デュエット.

dulce [ドゥルセ] 形 **1** (味・声・言葉・香りなどが)甘い, 甘口の. **—voz ~** 甘い声. **2** (音楽などが)甘美な, 心地よい. **3** (性格・日付きなどが)優しい, 柔和な, (気候などが)穏やかな. **—clima ~** 温暖な気候. **4** 味の薄い, (塩)からさの足りない, 甘くない. **—agua ~** 淡水. **5** (金属などが)柔らかい, 柔軟な. **—副 1** 甘く; 優しく, 穏やかに, 上品に. **—hablar ~** 穏やかに話をする. **—男 1** キャンディー, 砂糖菓子; デザート. **2** 《中南米》砂糖漬け, 砂糖煮. **—~ de almíbar** 果物のシロップ漬け. **3**《中米》赤砂糖. **▶ A nadie le amarga un dulce.** 得になることをいやがる人はいない.

dulcémele 男 (音楽) **→salterio**.

dulcera 囡 (砂糖漬け果物を入れる)ガラス製皿.

dulcería 囡 菓子屋.

dulcero, ra 形 **1** 甘い物好きの, 甘党の. **—图 1** 甘い物好きな人, 甘党. **2** 砂糖菓子製造(販売)人, 菓子屋.

dulcificación 囡 **1** 甘くすること. **2** 緩和.

dulcificar [1.1] 他 **1** を甘くする. **2** を和らげる, なだめる. **—se** 再 **1**《3人称で》甘くなる. **2** 和らぐ, 穏やかになる.

dulía 囡 (宗教) ドゥリア, 聖人崇敬.

dulzaina 囡 (音楽) ドゥルサイナ(ガリシア地方などの木管楽器).

dulzón, zona 形 **1** とても甘い, 甘すぎる. **2** (言葉・音楽などが)甘い, 甘ったるい.

dulzor 男 **→dulzura**.

dulzura 囡 **1** 甘さ, 甘味. **2** 甘美さ,

duma 囡 快さ, 柔らかさ; 穏やかさ. **3**(性格・態度などの)温和さ, 柔和, 優しさ. **4**(主に)優しい(甘い)言葉. **5**(皮肉・ユーモアを込めて)おまえさん, あなた. —¡Ven aquí, ~! あなた, こっちに来て!

duma 囡 (ロシアの)立法議会, 国会.

dum-dum 男 ダムダム弾の. —balas ~ ダムダム弾.

dumping, dampin 男 〖経済〗ダンピング, 投げ売り.

duna 囡 〖主に複〗〖地理〗(海浜の)砂丘.

dundeco, ca 形 →dundo.

dundo, da 形 〖中米〗愚かな, ばかな.

dúo 男 **1**〖音楽〗二重唱(奏), デュエット; 二重唱[奏]曲. —un ~ de guitarras ギター二重奏. **2**(二人による)共同作業. ▶ *a dúo* 二重唱[奏]で, 二人で(協力して).

duodécimo, ma 形名〖数〗1 12番目の(人, もの). **2** 12分の1(の).

duodenal 形 〖解剖〗十二指腸の. —úlcera ~ 〖医学〗十二指腸潰瘍(かいよう).

duodenitis 囡 〖単複同形〗〖医学〗十二指腸炎.

duodeno 男 〖解剖〗十二指腸.

duopolio 男 **2** 企業による市場独占.

dúplex 形 〖単複同形〗**1**〖建築〗複層住宅, メゾネット. **2**〖通信〗二元放送, 同時送受方式. **3**〖金属〗鋳込[込]材.

duplicación 囡 **1** 複写, 複製. **2** 倍増, 倍加, 二重, 重複. **3**〖情報〗ミラーリング.

duplicado 男 写し, 複製, コピー. — de una llave 合鍵. ▶ *por duplicado* 正副二通作成して.

duplicador, dora 形 複写する; 2倍(二重)にする.

duplicar [1.1] 他 **1** を二重[2倍]にする, 2を複写する. — *se* 再 **1** 二重[2倍]になる. **2**〖3人称で〗複写される.

dúplice 形 二重の.

duplicidad 囡 **1** 二重[面]性, 二重, 重複. **2** 表裏のある言行, 二心.

duplo 男 **2** 倍; 2個セット. —, **pla fregona** 床モップ2本セット. —, 形 2倍にの.

duque 男 **1** 公爵〖女性形は duquesa〗. **2**(公国の君主). **3** 婦人マントのひだの型のひとつ.

duquesa 囡 **1** 公爵夫人. **2** 女公爵, (公国の)公妃.

durabilidad 囡 耐久性[力].

durable 形 **1** 永続性のある, 恒久的な. **2** 耐久性のある, 長持ちする.

*duración 囡 継続期間, 持続時間; 持続(性), 寿命.

duradero, ra 形 **1** 永続する, 長続きする; 長引く. **2**(品物の)持ちのよい, 持ちする, 耐久性のある. —bienes de consumo ~ 耐久消費財.

duraluminio 男 ジュラルミン.

duramadre 囡 〖解剖〗硬膜.

duramen 男 〖複 durámenes〗 〖植物〗(木材の)赤身材, 心材.

duramente 副 **1** 懸命に, 熱心に. **2** 厳しく. **3** 残酷に, 冷酷に.

durante [ドゥランテ] 前 〖継続〗…の間, …の期間中. —~ mi estancia 私の滞在中に. Su estado ha empeorado ~ los últimos días. この数日, 彼の病状は悪化している.

durar [ドゥラル] 自 **1** 続く, 継続する. —*Duró* cuarenta años en su cargo. 彼はその職に40年間いた. **2** 長持ちする. —Estas pilas *duran* tres años. この電池は3年持つ.

durativo, va 形 〖言語〗継続を示す.

duraznero 男 〖植物〗(果実が小さめの)モモの木.

duraznillo 男 〖植物〗ハルタデ.

durazno 男 〖植物〗モモ(桃), モモの木.

dureza 囡 **1** 硬さ, 硬度. **2** 冷酷さ, 冷淡, つらさ; 頑固さ, **3**(声の)荒さ, (光の)強烈, (文体の)生硬さ. **4**(気候の)厳しさ; (仕事などの)つらさ; (法・罰・条件などの)厳しさ; (表情・目つきの)険しさ. **5**〖医学〗たこ. ▶ *dureza de vientre* 便秘.

durm- 動 →dormir [8.1].

durmiente 形 眠っている, 睡眠[休眠]中の. —la Bella *D~* del bosque 眠れる森の美女. — 男 **1** 眠る人; 眠り病. **2**〖建築〗ころばし根太[ぬ], 横材. **2**〖中南米〗(鉄道の)枕木.

duro, ra [ドゥロ, ラ] 形 **1** 堅[かた]い; 固くなった; (皮革などが)硬い, 生硬な. —pan ~ 固い[固くなった]パン. huevo ~ 固ゆでの卵. **2**(仕事などが)厳しい, つらい, 苦しい. —trabajo ~ つらい仕事. Es ~ de oído. 耳が遠い. **3**(気候などが)厳しい, 堪え難い. **4**〖+ con に対して〗(人・表情などが)厳しい; 冷酷な, 無情な. —voz *dura* 厳しい声. facción *dura* del partido 党内の強硬派. Es ~ de corazón. 彼は心が冷たい. **5**きつい, 刺激的な. —imágenes *duras* どぎつい映像. **6**(人・物が)頑丈な, 丈夫な, 頑健な. —el ~ タフガイ. **7** 頑固な, 強情な, しぶとい. —Tiene la cabeza *dura*. 彼は頭が固い. ▶ *duro de roer* 〖tragar〗耐え難い. — 副 ひどく, 激しく; 乱暴に. — 男 15ペセタ(硬貨). **2**冷たい男; ハードボイルド役の俳優; タフガイ. ▶ *estar a las duras y a las maduras* 苦楽とも に甘受する, 良い面も悪い面も受け入れる.

duunvirato 男 〖歴史〗(古代ローマの)二頭制.

duunviro 男 〖歴史〗(古代ローマの)二人官.

dux 男 〖歴史〗ドージェ(昔のベネチアおよびジェノバ共和国の総督).

DVD 〖頭字〗〖< *disco versátil digital*〗 男 デジタル多用途ディスク, DVD.

E, e

E, e 女 **1** スペイン語アルファベットの第5文字. **2**〔音楽〕ホ音(E, mi), ホ調.

e 接 〔接続詞 y がiやhiで始まる語(語尾 [i] で始まる語)の前で使われる形〕…と…. —español e inglés スペイン語と英語. padre e hijo 父と息子.

¡ea! 間 〔決意・激励を表して〕さあ, じれ.

easonense 形男女 →donostiarra.

ebanista 女 家具職人, 指物師.

ebanistería 女 **1** 家具製造, 指物(業). **2** 家具製造所.

ébano 男〔植物〕コクタン(黒檀), コクタンの木.

ebonita 女 エボナイト, 硬質〔硬化〕ゴム.

eboraria 女 象牙細工.

ebriedad 女 酔い, 酩酊(ﾃﾞﾃ).

ebrio, bria 形 **1**〔estar+〕酔った. **2**〔+de〕…に我を忘れた, 有頂天の, 陶酔した. —estar ~ de alegría 狂喜している.
—— 名 酔いどれ.

Ebro 固名 (el Río ~)エブロ川(スペインの河川).

ebullición 女 **1** 沸騰(ｿｳ). —punto de ~ 沸騰(点). **2** 熱狂, 興奮, 騒然.

ebullómetro, ebulloscopio 男〔物理〕沸点測定装置.

ebúrneo, a 形 象牙の(ような).

ecce homo 男 **1** (E~)〔美術〕エッケホモ(イバラ(茨)の冠をいただいたキリストの絵画). **2** 哀れでみすぼらしい人.

eccema 男〔医学〕湿疹(ﾋﾝ).

eccematoso, sa 形 湿疹(ﾋﾝ)性の.

echado, da 過分 [→ echar] 形〔estar+〕横たわった. —— 女 (ｽﾎﾟ) スポ馬乗, 一軽身.

echador, dora 男女 **1** 投げる(人). **2** (中米) 大ほらふきの.

***echar** [エチャル] 他 **1** 投げる, 投げ込む, 投じる. —— ~ una piedra al río 川に石を投げ込む. **2** 入れる, 注ぐ, つぎ足す. —— ~ una carta al buzón 手紙を投函する. **3 a)** 放つ, 発する. —— ~ chispas 火花を発する. **b)**(つぼみ・実など)をつける; (房・ひげなど)を生やす. —— ~ el bigote 口ひげを生やす. **4**(鍵)をかける. —— ~ la llave 鍵をかける. **5**(ある行為)を行う, 企てる. —— ~ un discurso 演説をする. ~ una partida de dominó ドミノ・ゲームをする. ~ (se) un trago de agua 水を一飲みにする. ~ una siesta 昼寝をする. **6** を上映する, 上演する. 〔+en に〕(時間)を費やす, 費われる, 過ごす. —Echó dos horas en llegar a Málaga. 彼はマラガに着くのに2時間かかった. **8** を追い出す, 追放する; 解雇する. **9** を試す; 倒す, 横にする. —— ~ por tierra a su contrincante 相手を地面に倒す. **10** を分けて与える, 配る. **11** を(が)えると当てる, …だと推測する. —¿Qué edad me echas? 私が何歳だと思うかね. **12** を着る, 掛ける. **13** (視線)を投げかける.

—— ~ una mirada じっと見る. **14** を向ける. —— ~ la cabeza hacia adelante 首を前に垂れる. **15** を(前に)出す. —¡Menuda barriga has echado! 君, すごくお腹が出たね. **16** を(罰・義務として)(人)に課す. **17** (書類)を提出する. **18** を賭けとする, 投資する. —— 自 **1**〔+por を〕取る, 選ぶ. —— ~ por el atajo 近道を取る. **2**〔+a+不定詞〕…し始める. —Echó a llover. 雨が降り始めた. **3** 向かう, 道を行く. —— ~ calle arriba 通りを上(ｶﾐ)へと向かう.

—— **se** 再 **1 a)**〔+a に〕身を投げる, 飛び込む. —— ~se al agua 水に飛び込む. **b)**〔+sobre に〕飛びかかる. **2** 横になる, 寝そべる; 身を伏せる. **3** よける, どく, 身を動かす. **4** を(自分の体に)着ける, かける. **5** …の仲間になる. (恋人・愛人)にする. —— ~se una novia 恋人にする. **6**〔+a+不定詞〕…し始める. —— ~se a llorar 泣き出す. **7**〔+a に〕ふけるようになる, …の習慣が付く. **8**(鳥が)卵を抱く, **9**(風)が凪(ﾅｷﾞ)ぐ. ● echar a perder を壊す, 駄目にする, 台無しにする. echar de menos (1)…がいないのを寂しく思う. (2)…がいないのに気づく. echar de ver …に気づく. echarse a dormir (1) 眠り込む. (2) 怠ける, うっかりする, ぼんやりする. echarse a morir (ぐうぐう行かないのに)絶望して計画を投げ出す. echarse a perder (1)(食品などが)味が落ちる, まずくなる. (2)(人)が堕落する. echarse atrás 契約を守らない, 中途半端に終わる. echarse encima その瞬間かがずっと来る, 到来する.

echarpe 男 ショール.

Echegaray 固名 エチェガライ (José ~)(1832-1916, スペインの劇作家).

echón, chona 形 〔中南米〕自慢する, 大ほらふきの. —— 名 〔南米〕法螺吹き.

eclecticismo 男〔哲学〕折衷主義.

ecléctico, ca 形〔哲学〕折衷的な, 折衷主義的.

eclesial 形 (キリスト)教会の.

***eclesiástico, ca** 形 (キリスト)教会(制度)の; 聖職者の. —calendario ~ 教会暦. —— 男 **1** (キリスト教の)聖職者. **2** (E~)(旧約聖書の)集会書.

eclesiología 女〔神学〕教会研究.

eclipsar 他 **1**〔天文〕(天体が他の天体を)食する, 覆い隠す. **2** …の顔色をなくす, 見劣りさせる, (名声などを)薄う, 暗くする. —— **se** 再 **1**〔天文〕(天体が)隠れる, 食になる. **2** (話)(人が)姿を消す.

***eclipse** 男 **1**〔天文〕(太陽・月の)食, 日食, 月食. —— ~ lunar 月食. ~ solar 日食. —— total 皆既食, ~ parcial 部分食. **2** (栄誉・名声などの)失墜, 衰退. **3** (話) 雲隠れ.

eclíptico, ca 形〔天文〕食の, 黄道の. —— 女〔天文〕黄道.

eclosión 女 **1** 開花. **2** 孵化(ﾌ). **3** 出現, 勃興.

eclosionar 自 孵化してくる.

Eco 固名 男 (ギ神) エコー(森と泉の精).

eco 男 **1** こだま, やまびこ, 反響(音). **2** (世評などの社会的)反響, 評判, 反応. **3**

《話》噂話,風の便り,風説. **4**《話》(他人の意見などの受け売り(をする人),まね. **5**《物理,音響》エコー,残響(装置). **6**《通信》反射波. **7**《文学・芸術分野での》影響. ▶ **tener eco** 評判になる,反響を呼ぶ,波紋を投げかける. **hacerse eco de...** を伝え広める,を(受け売りで)言い触らす.

eco² 圃《南米》**1** ほら,ここにある;あっ,ここだ. **2** そうだ,その通り.

ecoagroturismo 男 エコアグロツーリズム,環境・自然保護ツーリズム.

ecocardiografía 女《医学》超音波心臓検査(法).

ecocertificación 女 エコ証明.

ecoetiqueta 女 エコラベル(環境負荷が少ない商品につけられるラベル).

ecografía 女《医学》超音波検査(法).

ecográfico, ca 形《医学》超音波検査(法)の.

ecógrafo 男《医学》超音波検査装置.

ecolalia 女《医学》反響言語.

ecología 女《生物》生態学,エコロジー.

ecológico, ca 形《生物》生態学の,生態上の;環境の. **—desastre ~** 環境破壊. **agricultura ecológica** 環境に配慮した農業,エコ農業. **turismo ~**(観光の)エコツーリズム.

ecologismo 男 環境(自然)保護主義.

ecologista 形 環境[自然]保護の. **—** 男女 環境[自然]保護主義者[運動家].

ecólogo, ga 名 生態学者.

e-comercio 男 電子商取引, e コマース.

economato 男 **1** 生活協同組合の店舗,互助会の店. **2** 保管者の職.

econometra 男女 計量経済学者.

econometría 女 計量経済学.

econométrico, ca 形 計量経済学の.

economía 女 **1** 経済,経済活動(状態,体制);経済学. **— doméstica** 家計,家政(学). **— de mercado** 市場経済. **— política** 経済学. **— sumergida** 闇経済. **2 a)** 節約,倹約. **—hacer ~s** 節約する. **b)**《時間・労力・言葉などの》効率的使用. **3** 貯金,蓄え. **4**(自然界などの)秩序,摂理,営み;(組織の機能の)有機的み. **— animal** 動物の(有機的)営み.

económicamente 副 **1** 経済(学)的に,経済上. **2** 倹約して,安上りに.

economicismo 男 経済本位主義.

economicista 形 経済本位主義の.

económico, ca 形 **1** 経済(上)の,財政の,経済に関する. **—situación económica** 経済情勢. **ciencias económicas** 経済学. **año ~** 会計年度. **2** 経済学の. **3**(物・事が)経済的な,安上りの,買い得な[ser +]. **4**(人が)倹約する,つましい;けちな.

economismo 男 →economicismo.

economista 男女《経済》経済学者.

economizador, dora 形 節約[倹約]する. **—** 男 節約装置[器具].

economizar [1.3] 他 **1** を経済的に使用する,節約する. **2**(努力・犠牲を)惜しむ.

ecónomo 男 **1** 聖職者の会計係,教会の管財人. **2** 代理司祭. **3**《法律》(禁治産者の)財産管理人.

ecopacifista 男女 環境保護平和主義者.

ecopunto 男 エコポイント(環境汚染度).

ecosistema 男 生態系,エコシステム.

ecosocialismo 男 環境保護社会主義.

ecosocialista 男女 環境保護社会主義者.

ecotasa 女 環境税(環境に負荷をかけるものに課される).

ecotecnología 女 環境(保護)技術,環境工学.

ecotoxicología 女 生態系汚染学.

ecoturismo 男 エコツーリズム; 環境保護志向型観光(業).

ecoviaje 男 エコツアー.

ecoviajero, ra 名 エコツーリスト.

ectasia 女《医学》(器官の)拡張.

ectodérmico, ca 形《生物》外胚葉の.

ectoparásito, ta 形《生物》外部寄生虫[体・者]の. **—** 男《生物》(シラミ・ダニなどの)外部寄生虫[体・者].

ectopia 女《医学》(特に内臓器官の)転位.

ectópico, ca 形《医学》転位の. **—embarazo ~** 子宮外妊娠.

ectoplasma 男 **1**《生物》外(原)形質. **2**《霊媒から発する》心霊体,エクトプラズム.

ectropión 男《医学》(下まぶたの)外反.

ecu 男 エキュ (European Currency Unit, euro 以前, 1995年までの欧州通貨単位).

ecuación 女 **1**《数学,化学》方程式,等式,反応式. **— de primer grado [de segundo grado, de tercer grado]** 一次[二次,三次]方程式. **2**《天文》均時差.

Ecuador 国名 エクアドル(公式名 República del Ecuador, 首都 Quito).

ecuador 男 **1**(しばしば E~)《地理》赤道; 赤道地帯. **—~ terrestre** 地球の赤道. **2**《天文》(天体の)赤道. **3**(競技・教育課程・プロセスなどの)中間点,半ば.

ecualización 女 原音に近く調整すること.

ecualizador 男《電気》イコライザー.

ecualizar 他(再生音)を原音に近く調整する.

ecuánime 形 公平な,公正な;冷静な.

ecuanimidad 女 **1** 公平さ,公正さ. **2** 冷静沈着,平静.

ecuatorial 形《地理》赤道の,赤道地帯

帯. —linea ~ 赤道線. ——男 〔地理〕赤道儀.

ecuatorianismo 男 エクアドル特有の語(法)(表現).

ecuatoriano, na 形 エクアドル(El Ecuador)(人)の. ——名 エクアドル人.

ecuestre 形 **1** 騎士の, 騎乗姿の. **2** 馬術の, 乗馬の.

ecúmene 女 (人間が住む)全世界.

ecuménico, ca 形 全世界の.

ecumenismo 男 《キリスト教》世界教会主義[運動].

eczema 男 《医学》湿疹(しん).

eczematoso, sa 形 ~ eccematoso.

edad [エダ] 女 **1** 年齢, 年. — ¿Qué ~ tiene Ud.? おいくつですか. Tenemos la misma ~. 私たちは同年齢です. ~ casadera 結婚適齢. ~ de retiro 定年. **2** (一生のある)時期, 年代, 年齢; 世代. **3** (事物などの)年齢, 経過期間. **4** 《歴史区分》の時代, 時期, 年代. ~ espacial 宇宙時代. ~ mítica 神話時代, 神代. por aquella ~ その当時, その頃. ▶de cierta ~ もう若くはない, 中配の. de edad (1)初老の,(かなり)年配の, 高齢の. (2)...歳の. edad adulta (1)(人間が肉体的・精神的に完成した)成年期. (2)(動物・植物がひとり立ちできる)成熟期. Edad Antigua 《歴史》古代(476年西ローマ帝国の滅亡まで). edad avanzada 年, 高齢, 老年(期). Edad Contemporánea 《歴史》現代. edad crítica (1)思春期. (2)(女性の)更年期. (3)人生の転機. Edad de (la) Piedra 《歴史》石器時代. Edad del Cobre [del Bronce, del Hierro] 《歴史》銅器[青銅器, 鉄器]時代. Edad de los Metales 《歴史》金属器時代. edad del pavo/《中南米》edad del chivateo 《話》(大人になりかけの)少年期, 思春期. edad de merecer 年頃, 結婚適齢期. edad de oro/edad dorada 黄金時代. edad escolar 就学年齢. edad madura/mediana edad 中年, 壮年(45歳 -60歳). Edad Media 《歴史》中世(5世紀 -15世紀末). Edad Moderna 《歴史》近世(15世紀末 -19世紀初めの). edad provecta 《文》壮年, 年配, 高齢. edad tierna 年端も行かない時. edad viril 壮年期(30-50歳). edad mental 《心理》精神年齢. tercera edad 《婉曲》老年期(60-65歳以降の定年を過ぎた年代).

edáfico, ca 形 土壌の.

edafología 女 土壌学.

edafológico, ca 形 土壌学の.

edafólogo, ga 名 土壌学者.

edecán 男 《軍事》(皇族・将官付きの)副官.

edema 男 《医学》浮腫, 水腫.

e-democracia 女 《情報》eデモクラシー.

edén 男 **1** (主にE~)《聖書》エデンの園. **2** 楽園, 楽土.

edénico, ca 形 エデンの園の, 楽園の.

edición 女 **1 a**) (本・新聞などの)...版. —primera ~ 初版. ~ revisada y aumentada 改訂増補版. ~ crítica 校訂版. ~ de bolsillo ポケットブック, 文庫本. **b**) (定期的催しの)...回. **2** 出版. ▶segunda edición (1)第2版. (2). ▶en edición (似た物で)よく似た物[人], 複製, 生き写し.

edicto 男 **1** 勅令, 王令. **2 a**) 公告, 告示, 公示. **b**)《法律》(裁判所の掲示板や新聞に出る)公告.

edículo 男 小さな建築物.

edificabilidad 女 建築可能性, 建築許可.

edificable 形 (土地が)建築可能な.

edificación 女 **1** 建造, 築造, 建設. **2** 建物, 建物の集まり. **3** 啓発, 教化.

edificante 形 有益な, ためになる, 模範的な, 教化的な.

edificar [1.1] 他 **1** (大規模な建物を)建てる, 建造する, 建造する. **2** (団体・機構を)創設する, 始める. **3** ...に良いお手本を示す.

edificatorio, ria 形 建設の.

edificio [エディフィシオ] 男 **1** ビル, (大きい)建物, 建築物, 建造物. —~ público 公共建築物. ~ inteligente インテリジェントビル. **2** 機構, 組織; (知識・思想などの)体系.

edil **1** 《歴史》(古代ローマの)造営官. **2** 町[市]会議員.

edilicio, cia 形 **1** 町[市]会議員の. **2** 《中南米》建築(建物)の.

edilidad 女 町[市]会議員の職.

Edimburgo 固名 エジンバラ(スコットランドの都市).

edípico, ca 形 《ギ神》オイディプスの.

Edipo 固名 **1** 《ギ神》オイディプス. —complejo de ~ 《心理》エディプス・コンプレックス.

editar 他 **1** (書籍を)出版する, 発行する, 刊行する. **2** 《情報》を編集する.

editor, tora 形 編集の, 出版の. —casa editora 出版社. ——名 **1** 発行者, 発行人. **2** 編集者, 編集主任, 編集長. ——男 《情報》エディター. —~ de textos テキストエディター.

editorial 形 出版(業)の; 発行者の; 編集の. —casa ~ 出版社. ——男 (新聞・雑誌の)社説, 論説. ——女 出版社.

editorialista 男女 論説委員.

editorializar 他 (新聞・雑誌に)論説を執筆する.

edredón 男 **1** 羽布団. **2** (ケワタガモの)綿毛.

Eduardo 固名《男性名》エドゥアルド.

educación [エドゥカシオン] 女 **1** 教育, 養成. —~ primaria [secundaria, superior] 初等[中等, 高等]教育. ~ especial 身障児教育. ~ física 体育. ~ preescolar 就学前教育. **2** しつけ, 礼儀作法, 教養. —hombre sin ~ しつけ[行儀]の

悪い人. tener buena ～ しつけがよい.
educacional 形 教育の.
educado, da 過分 [→educar] **1** 教育[訓練]された, しつけられた. **2** 行儀[しつけ]のよい, 礼儀正しい; 教養[教育]のある. ▶ **bien educado** 育ちしつけのよい, 行儀のよい. **mal educado** 育ち[しつけ]の悪い, 行儀の悪い, 不作法な.
educador, dora 形 教育する, 育成する. ── 名 教育者, 教師.
educando, da 形 生徒, 学生.
educar [エドゥカル] [1.1] 他 **1** ～をしつける, 調教する. **2** ～を鍛える, 鍛錬する. ── ～ los músculos 筋肉を鍛える. ── **se** 再 教育を受ける, 勉強する.
educativo, va 形 教育的な, 教育上有効な.
edulcoración 女 《料理》甘味うけ.
edulcorante 形 甘味料.
edulcorar 他 **1**《料理》…に甘味をつける, を甘くする. **2**(いやな面)を和らげる, 軽減する.
eduque(-), eduqué 動 → educar [1.1].
EE.UU. 《略号》《単数扱い》=Estados Unidos アメリカ合衆国(英 USA).
efe 女 文字Fの名称.
efebo, ba 名 青年, 若者.
efectismo 男 **1**《芸術・文学の》扇情主義, センセーショナリズム. **2** 奇抜さ, 奇をてらうこと.
efectista 形 **1** 効果をねらった, 奇抜な. **2** 扇情主義者の. ── 男女 扇情主義者.
efectivamente 副 **1** 実際(のところ), 本当に, 事実上. **2**(相うちとして)全くその通り, 確かに.
efectividad 女 効力, 有効性, 効果.
efectivo, va 形 **1** 有効な, 実効のある, 効果的な. **2** 実際の, 現実の, 本当の. **3**(職務が)正規の, 正式の. ▶ **hacer efectivo** (1) 実行する, 実効化する. (2) 現金化する, 現金で支払う[徴収する]. ── 男 **1** 現金. **2**複 兵力, 実働人員. ▶ **en efectivo** 現金で.

efecto [エフェクト] 男 **1** 結果. ── **No hay ～ sin causa**. 原因のない結果はない. **2** 効果, 効力. (薬などの)効き目, 効能. ── ～ **secundarios** 副作用, 副次的効果. **3**《法律》効力. **4**(音, 映, 演劇, 放送)効果(音声・光・色などの)効果, 効果装置. **5** 印象, 感じ; 衝撃, 影響. **6**複 身の回り品. **7**複 商品. **8**《文》目的. **9**複 財産. ── ～s mobiliarios [inmobiliarios] 動[不動]産. **10**複(商業)手形, 有価証券. ── ～s **públicos** [del Estado] 公債, 国債. **11**《経済》効果. ── ～ **impositivo** 税効果. **12**(物理, 化学)効果. ── ～ Doppler ドップラー効果. **13**(スポ)(球技でボールにかける)スピン, 回転, ひねり. ▶ **a (los) efectos [al efecto] de…** (1) …の目的で. (2) …については. **efecto dominó** ドミノ効果. **efecto invernadero** 《気象》

(大気の)温室効果. **efectos especiales** (映画)特殊効果, SFX. **efecto bumerán** ブーメラン効果, やぶ蛇. **en efecto** (1)(確信して)実際に, 確かに, 事実. (2)(相手の発言に対して)そのとおり. **hacer efecto** 期待通りの効果をもたらす; (薬などが)効く. **llevar…a efecto** 実行する. **surtir efecto** (1) 期待通りの効果を上げる; (薬)効く. (2)《法律》効力を生じる, 発効する. **tener efecto** (1) 実施される; (法律)効力を生じる, 発効する. (2) 催される, 挙行される. (3) 効果がある; (薬などが)効く.
efectuar [1.6] 他 ～を実行する, 実施する, 行う. ── **se** 再 実施される, 実現する.
efeméride(s) 女 **1**(新聞などの)同日記録, 過去に同日に起きた出来事. **2** 記念日; その記念行事. **3**(記録)日誌. **4**複《天文》天体暦.
eferente 形《解剖》導出の, 輸出の.
efervescencia 女 **1** 動揺, 興奮, 激動. **2** 沸騰, 泡立ち.
efervescente 形 **1** 沸き立つ, 興奮した. **2** 泡立つ, 発泡性の.
eficacia 女 **1**(薬・方法などの)効き目, 効能; 効果. **2** 能率, 効率. **3** 効力, 効果, 有効性. **4** 有能, 能力, 実力.
eficaz 形(複 eficaces) **1** 効力[効果]のある, 効き目のある, 有効な. **2** 有用な, 役に立つ.
eficiencia 女 能力, 能率, 有効性.
eficiente 形 効率的な, 能率的な, 有効な; 有能な.
efigie 女 **1** 肖像, 画像, 姿, 像. **2** 体現, 具現, 権化, 化身.
efímero, ra 形 **1** つかの間の, はかない. **2** 一日きりの命の, 一日限りの. ── 女《虫類》カゲロウ.
eflorescencia 女 **1**《化学》風化, 風解. **2**《医学》発疹(ほっしん).
eflorescente 形《化学》風化性の.
efluente 形 工場からの排水.
efluvio 男 **1**におい, 香気. **2** 気配, 雰囲気, 空気.
efugio 男 言い逃れ, 口実.
efundir 他(液体)を流し出す.
efusión 女 **1** 感動, 感情のほとばしり. **2** 流出. **3** 出血.
efusividad 女 大げさな感情表現.
efusivo, va 形 心情を吐露する, (感情が)あふれんばかりの.
Egeo 固名(Mar ～)エーゲ海.
égida, egida 女 **1**(ギ神)アイギス(ゼウスがアテナに授けた盾). **2** 庇護, 保護, 後援.
egipcíaco, ca, egipciaco, ca 形 ⇒egipcio.
egipciano, na 形名 ⇒egipcio.
egipcio, cia 形 エジプト (Egipto)の, エジプト人[語]の. ── 名 エジプト人. ── 男 古代エジプト語.
Egipto 固名 エジプト(首都 El Cairo).
egiptología 女《古代》エジプト学.
egiptológico, ca 形《古代》エジプト

egiptólogo 学の.

egiptólogo, ga 名 古代エジプト学者.

égloga 女《文学》《詩》牧歌. 田園詩.

eglógico, ca 形 牧歌[田園詩]の.

ego 男《哲学》自我, エゴ.

egocéntrico, ca 形 自己中心の.

egocentrismo 男 自己中心主義.

egoísmo [エゴイスモ] 男 **1** 利己主義, エゴイズム, 自己中心[本位]; 利己的な行為. **2**《哲学》自我主義, 主観的観念論.

egoísta [エゴイスタ] 形 利己主義の, 自分本位の, 自分勝手な. ― 男女 利己主義者, 自分勝手な人.

ególatra 男女 自己崇拝者, 自賛者.

egolatría 女 自己崇拝, 自賛.

egotismo 男 **1** 自分本位に語りたがること. **2**《心理》自己中心.

egotista 形 自分本位に語りたがる(人); 自己中心の(人).

egregio, gia 形 **1** 有名な, 著名な, すぐれた. **2** 高貴な.

egresado, da 名《中南米》卒業生.

egresar 自《中南米》[+de] 卒業する.

egreso 男 **1** 支出, 支払い. ―ingresos y ~s 収支. **2**《中南米》卒業.

eh 工 間 **1**《話》(文脈で相手への呼びかけ)やあ, おい, ちょっと. **2**《話》(文末で相手に同意を求めて)…ね, …でしょう. えって上. ―Oye, eso es un abuso, ¿no? ねえ, それってひどいんじゃない? **3**《話》(文末で相手に念を押す表現)いいかい, わかったかい. **4**《話》(聞き返して)えっ. **5**《話》(驚き, 感嘆を表す表現)へえ, あら, まれ.

eje 男 **1**(回転)軸, 心棒; 車軸. ―~ de la tierra 地軸. **2**(道路・川などの)中心線. **3** 核心; (行動などの)基本線; 中心人物. ―idea ~ 中心思想[理念]. E~ del mal 悪の枢軸. **4**《数学, 物理, 解剖》軸. ―~ de coordenadas 座標軸. ~ cerebroespinal 脳脊髄[公], 神経系. ▶ *partir* [*dividir*] *por el eja a ...*《俗》(人)をひどく困らせる, 迷惑をかける, うんざりさせる.

ejecución 女 **1** 実行, 実施; 履行. **2**《法律》(判決などの)執行; 死刑執行, 処刑. **3**《音楽》演奏; (演劇)公演, 演技; (絵画などの)制作. **4**《法律》差押え. **5**《情報》実行.

ejecutante 形 **1** 実行[執行]する. **2** 演奏する. **3**《法律》強制執行人. **4** 演奏者.

ejecutar 他 **1**(を)実行する, 実施する, 行う. **2**(命令などを)守る, 果たす. **3**(を)処刑する, 死刑に処する. **4**《音楽》演奏する, 弾く. **5**《法律》(を)強制[執行]する, 差し押さえる. **6**《情報》実行.

ejecutivo, va 形 **1** 執行(上)の, 行動(上)の. ―comité ~ 執行委員会. **2**(実行に)急を要する, 緊急の. ―procedimiento ~ 緊急処分. ― 名 経営者,

役員; 行政官. ― 男 行政部[府], 執行部. ― 女 役員会, 重役会.

ejecutor, tora 形 実行[執行]する; 演奏する. ― 名 実行[執行]者; 死刑執行人.

ejecutoria 女 **1** 貴族証明書. **2**《法律》確定判決.

ejecutorio, ria 形《法律》(判決が)確定の.

ejem 間 (注意を喚起して)えへん.

ejemplar 形 **1** 模範的な, 手本となる. ―caso ― **2** 見せしめの. ―castigo ~ 見せしめの罰. ― 男 **1**(本・雑誌などの)…部, …冊, (書類の)…通. ―~ gratuito 無料見本. **2** 見本, 標本; 典型.

ejemplaridad 女 **1** 模範になること. **2** 見せしめ.

ejemplario 男 用例集.

ejemplarización 女 模範を示すこと; 例示.

ejemplarizador, dora 形 模範を示する; 例示する.

ejemplarizante 形 →ejemplar.

ejemplarizar [1.3] 他 **1** …の模範となる. **2** を例示する.

ejemplificación 女 例証, 例示.

ejemplificar [1.1] 他 を例証する, 例示する.

ejemplo [エヘンプロ] 男 **1**(理解を助ける)例, 実例, 事例, 用例. **2** 模範, 手本; 模範的な人 [行為]. **3** 教訓, 戒め, 見せしめ. ▶ *dar ejemplo* [+a (人)に] 模範[手本]を示す. *por ejemplo* 例えば(《略号》p.e., p.ej.). *ejemplo vivo* 典型的見本, 化身.

ejercer [2.4] 他 **1 a**)(ある職業に)従事する, を営む, 行う. ― la medicina 医者をしている. **b**)を行使する. ― el derecho al voto 投票権を行使する. **2** [+sobre に](影響力・圧力などを)及ぼす, 加える. ― 自 [+de (職業に)] 従事する, を営む, 営業する. ―ejercer de abogado 弁護士をしている.

ejercicio 男 **1**(肉体的・知的な)運動, 体操. ―~ práctico 実技. hacer ~ 運動する. **2** 練習, 訓練, けいこ. **3** 練習問題, 練習曲; 課題, 宿題. **4**(1次・2次などの)試験, テスト, 審査. ―~ escrito 筆記試験. **5**(職業に)従事, 業務, 仕事. **6**(権力・権利・要請力などの)行使, 実施. ―~ del poder 権力の行使. **7**《経済, 金融》会計年度, 事業年度. **8**《商業》―precio de ~ (オプション契約できる)契約価格. **9**《軍事》訓練, 演習, 教練. ▶ *ejercicios espirituales*《宗教》心霊修業, 霊操, 静想; 心の鍛錬. *en ejercicio*(医者・弁護士が)現役の; 業務中の.

ejercitación 女 **1** 開業, 営業. **2** 行使, 実践. **3** 訓練, 演習.

ejercitar 他 **1** を訓練する, [+en を] に教え込む. **2**(権利)を行使する. **3** を営む, 業とする. **4**(才能・長所)を生かす, 使

ejército 男 **1**〔軍隊〕軍隊,軍,軍勢。—E～ de Tierra (del Aire). 陸[空]軍。**2**〔軍事〕陸軍。**3**〔un ～ de ... の形で〕〔話〕〔目的を同じくする〕大勢,大群,大軍,大軍。—un ～ de hinchas 大勢のサポーター。

ejidal 形〔メキシコ〕(村の)共有地の。

ejido 男〔村の〕共有地。

ejote 男〔メキシコ〕〔植物〕サヤインゲン。

el, la 冠〔定〕〔複 los, las; 中性 lo〕**a** el, de el と el は結合して al, del となる。ただし固有名詞の一部となった時 El は結合しない〕〔アクセントのある a, ha ではじまる女性単数名詞の直前では la は el となる〕: el agua 水, el hacha 斧〕。**1 a**)〔状況・場面によって持ちものがново особとき等に用いる〕。—¿A qué hora se abre *el* banco? 銀行は何時に開きますか。b)〔前の文脈に現れた語で指すものが定められているとき等に用いる〕その・・・。—Hay un reloj en la silla. El reloj es de María. 椅子の上に時計がある。その時計はマリアのものだ。**2**〔説明なしで相手にそれとわかるもの〕〔唯一物〕。—el cielo 天[空]。c)〔総称的〕。—*El* hombre es mortal. 人間は死すべきものである。*El* tiempo vuela como una flecha. 光陰矢の如し。d)〔身体の一部; 身につけるもの〕。—Abrió los ojos y levantó la cabeza. 彼は目を開けて頭を上げた。e)〔自然・季節・方位・暦〕。—*la* lluvia 雨. *el* otoño 秋. *el* norte 北. *el* domingo 日曜日。e)〔時間・時刻, 女性定冠詞を用いる〕。—Es la una y media. 1時半です. La clase empieza a las nueve. 授業は9時に始まる。f)〔年齢〕。—Murió a los 25 años. 彼女は25歳で死んだ。**3 a**)〔修飾語[句・節]によって限定されたもの〕。—*la* casa de mi tío 私の叔父の家。b)〔修飾語[句・節]によって限定される固有名詞〕。—*la* España del siglo XIII 13世紀のスペイン。c)〔固有名詞によって限定される普通名詞〕。—*el* doctor Pérez ペレス博士[医師]。d)〔呼びかけることばに冠詞はつけない. Buenos días, profesor López. ロペス先生おはようございます〕。**4**〔名詞以外の品詞を名詞化する〕a)〔形容詞の名詞化〕。—*Los* ricos deben ser caritativos con *los* pobres. 金持ちは貧乏人に慈悲深くあらなばならぬ。*el* alto 高さ。b)〔＋形容詞＋de＋A; 性質を強調する〕。—*El* bueno de Antonio 善人のアントニオ。c)〔不定詞の名詞化〕。—*El* hablar demasiado es su defecto principal. 度を越したおしゃべりが彼の第一の欠点です。d)〔その他〕。—*el* pro y *el* contra 好都合と不都合。**5**〔代名詞的に用いられる〕a)〔名詞の繰り返しを避けるために用いる〕。—mi coche y *el* de Pedro 私の車とペドロの車[車]。b)〔「人」を表す〕。—*la* de gafas めがねの女性. *los* de aquí ここの人々。**6**〔比較級に定冠詞をつけて最上級を表す〕。—Este árbol es *el* más alto del jardín. この

木は庭の中で最も高い。**7**〔全体を表す〕。—Estudiamos todos *los* días. 私達は毎日勉強します〔todo は冠詞の前につける〕。**8**〔強調〕まさにその, 典型的の。—Así es *la* forma de hablar. これが話し方というものだ。**9**〔特定の固有名詞の前につける〕。a)〔海・川・湖・山・島などに冠詞をつけること が多い〕。*el* Océano Atlántico 大西洋. *el* Guadalquivir グアダルキビール川. *los* Alpes アルプス山脈. *los* Baleares バレアーレス諸島。b)〔普通名詞が固有名化したもの〕。—*La* Mancha ラ・マンチャ地方. *los* Países Bajos オランダ。c)〔慣用として冠詞のつく地名・国名〕。—*el* Cairo カイロ市. *la* Habana ハバナ市。d)〔著者名・作者名に冠詞をつけてその作品を表す〕。e)〔los＋姓〕。—家, ...一家, ...一家を表す〕。—*los* López ロペス一家。f)〔la＋女性名; 俗語的, 軽蔑・からかい・親しみを表す〕。—*la* Paloma パローマ。g)〔同格で用いられる別名・あだ名〕。—Isabel *la* Católica カトリック女王イザベル、h)〔略語の前につける〕。—*la* ONU 国際連合. *El* Petrarca ペトラルカ。● **el que** →el QUE. **el cual** →el CUAL.

él [エル] 代〔人称〕〔複 ellos〕〔主格・前置詞格〕〔与格 le, 対格 lo〕〔男性 3 人称単数〕**1**〔主語〕彼が[は]。—*Él* es profesor de inglés. 彼は英語の教師である。〔主語の él は強調・対比の場合を除いて表示しないのが普通〕。**2**〔叙述補語〕彼(だ)。—Es *él* quien lo ha dicho. それを言ったのは彼です。**3**〔前置詞の後で人や男性生物の物を指す〕彼(に)(を)。—Ella siempre habla mal de *él*. 彼女はいつも彼の悪口を言っている。

elaboración 女 **1** 製造, 加工, 精製; 製品, 加工品。**2**〔計画・理論・法案などの〕作成, 立案;〔知的なものを〕仕上げること, 推敲(すいこう)。— ～ del presupuesto 予算の編成。**3**〔生理〕(分泌液などの)生成, 合成, 分泌;〔地質, 生理〕同化, 消化。

elaborado, da 形 **1**〔丹念に〕作り上げた。**2** 不自然な, 技巧的な。**3**〔製品が〕加工された。

elaborador, dora 形名 製造する(人);〔丹念に〕作り上げる(人)。

elaborar 他 **1** を精製する, 調製する,〔丹念に〕作り上げる。—El hígado *elabora* bilis. 肝臓は胆汁を排す。**2**〔計画・考えなど〕を構想する,〔入念に〕練る,〔文章〕を推敲する。

elástica 女〔服飾〕アンダーシャツ, 肌着。

elasticidad 女 **1** 弾力, 弾性。**2** 融通性, 順応性, 柔軟性。

elástico, ca 形 **1** 弾力性のある, 伸縮自在の, しなやかな。**2**〔考えりなど〕融通の利く, ものにこだわらない, 柔軟な。— 男 **1** ゴムひも, ゴム輪。**2**〔服飾〕ズボン吊り。

elastómero 男 エラストマー。

elativo 男〔言語〕絶対最上級形容

Elcano 383 **electrón**

詞[副詞](の).

Elcano 固名 エルカーノ (Juan Sebastián ～)(1476頃−1526, スペインの航海者, マゼランの死後世界周航を達成した).

El Cid 固名 エル・シード (1043頃〜99. 中世スペインの英雄的騎士. 叙事詩『わがシードの歌』の主人公).

El Dorado 固名 エル・ドラード [黄金郷].

ele 女 1 文字L, l の名称. 2 L字形.

eléboro 男 [植物] ヘレボルス (キンポウゲ科の一属).

elección 女 1 選択. 選ぶこと. 選り好み. 2 [主に 複] [政治] (国政・地方などの)選挙, 選出. —*elecciones generales* 総選挙. *elecciones municipales* 地方選挙, 市町村議会選挙. *elecciones autonómicas* 自治州選挙. *elecciones primarias* 予備選挙. 3 (一般に投票による)役職・委員などの)任命, 選出. 4 選択の可能性[余地, 自由], 選択肢.

eleccionario, ria 形 [中南米] 選挙の.

electivo, va 形 1 [政治] 選挙による, 選挙の. 2 選択の.

electo, ta 形 1 [政治] 選出された, 当選した.

elector, tora 形 選挙権のある. —名 選挙人, 有権者.

electorado 男 [集合的に] [政治] 選挙民, 選挙人, 有権者.

electoral 形 選挙(人)の. —*censo* ～ 選挙人名簿. *campaña* ～ 選挙戦. *distrito [circunscripción]* ～ 選挙区.

electoralismo, electorialismo 男 選挙第一主義.

electoralista, electorialista 形 男女 選挙第一主義の(人).

electorero, ra 名 選挙活動の, 票集めの. —名 選挙参謀.

Electra 固名 (ギ神) エレクトラ. —*complejo de-* (心理) エレクトラ・コンプレックス.

electricidad 女 1 電気, 電流, 電力. —～ *estática* 静電気. 2 電気代[料金]. 3 電気学. 4 [話] 緊張, 興奮. 5 [気象] —～ *atmosférica* 気象[空中]電気.

electricista 男女 電気工, 電気技師, 電気屋(人). —形 電気の, 電気関係の. —*ingeniero [perito]* ～ 電気技師.

eléctrico, ca 形 電気の, 電気に関する; 電気で作動する. —*aparato* ～ 電気器具. *corriente eléctrica* 電流. *central eléctrica* 発電所. *tensión eléctrica* 電圧.

electrificación 女 1 電化. 2 帯電, 感電.

electrificar [1.1] 他 (鉄道などを)電化する.

electrización 女 1 感電, 帯電. 2 感動[熱狂]させること.

electrizante 形 感動的な.

electrizar 他 1 を感電[帯電]させる. 2 を感動[熱狂]させる.

electrocardiografía 女 [医学] 心電図検査法.

electrocardiógrafo 男 [医学] 心電計.

electrocardiograma 男 [医学] 心電図.

electrochoque 男 [医学] 電気療法, 電気ショック.

electrocoagulación 女 [医学] 電気凝固法.

electrocución 女 電気椅子死刑, 感電死.

electrocutar 他 1 を感電死させる. 2 を電気椅子で処刑する. —**se** 1 感電死する. 2 電気椅子で処刑される.

electrodinámica 女 [物理] 電気力学.

electrodo 男 [電気] 電極(棒).

electrodoméstico, ca 形 家庭電気の. —男 家庭電気製品.

electroencefalografía 女 [医学] 脳波検査法.

electroencefalográfico, ca 形 [医学] 脳波検査の.

electroencefalógrafo 男 [医学] 脳波計.

electroencefalograma 男 [医学] 脳波図, 脳電図.

electrofisiología 女 電気生理学.

electrofisiológico, ca 形 電気生理学の.

electroforesis 女 [単複同形] [化学] 電気泳動(法).

electrógeno, na 形 [電気] 発電の. —男 発電機.

electroimán 男 [物理] 電磁石.

electrólisis 女 [化学] 電気分解, 電解.

electrolítico, ca 形 電気分解の, 電解質の.

electrólito 男 [化学] 電解物[質, 液].

electrolizador 男 [化学] 電解[電気分解]装置, 電解槽.

electrolizar [1.3] 他 [物理] を電気分解[電解]する.

electromagnético, ca 形 [物理] 電磁気[電磁波]の[で生じた].

electromagnetismo 男 [物理] 電磁気, 電磁気学.

electromecánica 女 電気機械工学.

electromecánico, ca 形 電気機械の. —男 電気機械工. —女 電気機械工学.

electromedicina 女 電子[電気]医学.

electrometalurgia 女 電気冶金.

electrometría 女 [技術] 電圧測定.

electrómetro 男 [技術] 電位計.

electromotor, tora 形 [電気] 電動の, 起電の. —*aparato* ～ 起電機. 2 [電気] 電動機, モーター. *electromotrices* [電気] 電動の, 起電の.

electromotriz 形 [電気]

electromotriz 形 [電気] 電動の, 起電の.

electrón 男 [物理] 電子, エレクトロ

electronegativo, va 形 《物理》陰電気の.

electrónico, ca 形 電子の, 電子工学の[による]. —comercio ~ 電子商取引き. horno ~ 電子レンジ. —女 電子工学, エレクトロニクス.

electronvoltio 男 《物理》電子ボルト.

electropositivo, va 形 《物理》正電気の, 陽性の.

electroquímica 女 電気化学.

electroquímico, ca 形 電気化学の.

electroscopio 男 《物理》検電器.

electrostático, ca 形 《物理》静電(気)の. —女 静電学.

electrotecnia 女 電気工学.

electrotécnico, ca 形 電気工学の.

electroterapia 女 《医学》電気療法.

electroterápico, ca 形 《医学》電気療法の.

electrotermia 女 電熱化学.

electrotérmico, ca 形 電熱化学の.

electrotipia 女 《印刷》電気版版.

electrotrén 男 〖スペイン〗電車.

electrovalencia 女 《物理》イオン原子価.

electroválvula 女 《電気》電磁弁.

elefante, ta 名 1 《動物》ゾウ(象). 2 (象のような)巨漢. ● *elefante blanco* 《話》金ばかりかかる厄介物, 無用の長物, 持て余し物. *elefante marino* 象アザラシ.

elefantíasis 女 〖単複同形〗《医学》象皮病.

elegancia 女 1 (着こなしなどの)優雅, 優美; 気品, 洗練. 2 上品な言葉遣いしとやかさ, 礼儀正しさ. 3 趣味のよさ, 粋(い); (解決法の)鮮やかさ, 手際のよさ.

elegante [エレガンテ] 形 1 優雅な, 上品な, 趣味の良い[ser+]. —estilo ~ 優雅な文体. 2 (服装などが)しゃれた, あかぬけた, 上質の[estar+]. —andares ~ス スマートな歩き方[やり方]. 3 (やり方などが)鮮やかな, 見事な, 正しい.

elegantoso, sa 形 《中米》小粋な, しゃれた.

elegía 女 《文学》《詩》悲歌, 哀歌, エレジー.

elegíaco, ca 形 1 エレジー風の, 哀調の, 哀歌調の. —poema ~ 哀歌[悲歌]. 2 哀切な, 悲痛な.

elegibilidad 女 被選挙権[資格].

elegible 形 被選挙権のある.

elegido, da 過分 [→ elegir] 形 1 選ばれた, 選出された. 2 精選された, えり抜きの. 3 ひいきの, お気に入りの. —名 選ばれた人; (神によって)選ばれた者, 選民.

elegir [6.2] 他 1 を選ぶ. 2 (投票により)を選出する, 選挙する.

elemental 形 1 基本的な, 本質的な[ser+]. —principios ~es 基本原則, partícula ~ 素粒子. 2 初歩的な, 基礎的な. —álgebra ~ 初等代数学. conocimiento ~ 基礎知識. 3 要素の, 元素の. —análisis ~ 元素分析. 4 分かりきった, 当然の.

elementalidad 女 基本的なこと.

elemento [エレメント] 男 1 要素, 成分, 材料; (機械などの)部品. —mueble por ~s ユニット家具. 2 (学問の)初歩, 基礎, 基本原理. 3 構成員, メンバー, 人物. 4 《話, 軽蔑》分子, (良くも悪くも)やつ[女性形 elementa もある]. 5 ① 基本手段, 方策. 6 (古代哲学で万物を構成すると考えられていた)四元素「四大(%)」の1つ(los cuatro ~s「四元素, 四大」: la tierra, el agua, el aire, el fuego). 7 覆(雨・風・波などの)自然の猛威, 暴風雨. 8 (生物の)生息環境, 住処(%). 9 (化学, 物理) 元素. —~s radiactivos 放射性元素. 10 《電気》(バッテリーの構成)素子, 電極. 11 《数学》(集合の)元, 要素. ● *elemento compositivo* 《言語》語形成要素, 造語要素, 語彙形態素. *elementos de juicio* 判断材料. *estar en* su *elemento* 《話》自分の本領を発揮できる環境にいる, 水を得た魚のように.

Elena 固名 《女性名》エレーナ.

elenco 男 1 《演劇》配役, キャスト. 2 カタログ, 目録, 一覧表. 3 (ある事に)秀でた人々の集団.

elepé 男 LP レコード.

elevación 女 1 (物理的に)上げる[上がる]こと, 高くすること, 上昇. 2 高台, 高い所, 丘; 隆起. 3 (物価などの)上昇, 高騰; (生活などの)向上. 4 高尚さ, 高邁さ; 精神的高揚; 有頂天. 5 昇進, 昇任, 登用. 6 (ミサの)(キリスト教)(ミサでの)聖体奉挙(式). 7《建築》立面図, 正面図.

elevado, da 過分 [→ elevar] 形 1 高い. 2 高尚な, 気高い. 3《数学》累乗の. —tres ~ al cuadrado 3の2乗. ● *paso elevado* 高架道路.

elevador, dora 形 1 (物を)持ち上げる, (水などを)汲(く)み上げる. —bomba *elevadora de agua* 揚水ポンプ. *carretilla elevadora* フォークリフト. *torno* ~ 巻揚げ機, ウィンチ. —男 1《貨物用の》リフト, 昇降機; 揚水[揚穀]機. 2《解剖》挙(上)筋. 3《電気》昇圧機. 4 (ジャッキ・起重機などの)持ち上げ装置. 5《中南米》エレベーター.

elevadorista 男女 〖メキシコ〗エレベーター係.

elevalunas 男 〖単複同形〗(車の)パワーウィンドウ.

elevar 他 1 a) を上げる, 揚げる, 高くする. — *el precio* 値上げする. b) を建てる, 建設する. c) を高揚させる. 2 を昇進させる, 上(ハ)らせる. 3 を上申する, 申し立てる, 提出する. — *una protesta* 苦情を申し立てる. 4《数学》を累乗する.
—se 再 1 上がる, 昇昇する; [+a に]達す

る. **2** 建つ, そびえる, 見下ろす. **3** 昇進する. 進級する. **4**(精神が)高揚する, (精神的に)高める.

elfo 男 妖精, 精霊, エルフ.

El Greco 固名 (エル)・グレコ (1548頃-1614, スペインの画家).

elidir 他 **1** を弱める, 抑制する. **2**〖言語〗(母音・音節を)省く.

elijar 他 (薬草を)煎じる.

eliminación 女 **1** 除去, 削除, 排除; 駆除. **2**〖競技〗で負かすこと, ふるい落し. **3**〖数学, 論理〗消去(法). **4**〖生理〗排泄, 排出.

eliminar 他 **1** a)〔+de から〕を排除する, 追い出す, 払拭(ﾌｯｼｮｸ)する. —— los temores 心配をも払拭する. b) (人)を消す, 殺す. **2** を不合格とする, 落とす. **3**〖数学〗を消去する. **4**〖医学〗(老廃物などを)(体外に)排出する.

eliminatoria 女 〖スポ〗予選.

eliminato/rio, ria 形 予選の, 勝ち抜きの, 競争の. —— prueba eliminatoria 予選, 予備試験.

elipse 女〖単複同形〗〖数学〗長円, 楕円(周).

elipsis 女〖単複同形〗〖言語〗省略, 省略形.

elipsoidal 形 楕円(形)の.

elipsoide 男 〖数学〗楕円体[面].

elíptico, ca 形 **1**〖言語〗省略法の, 省略的な. **2**〖数学〗長円[楕円](形)の.

Elisa 固名〖女性名〗エリーサ.

elíseo, a 形 極楽のような.

elisión 女 〖言語〗(音の)省略, 削除, 一部省略.

élite 女〖集合的に〗エリート.

elitismo 男 エリート優遇(主義).

elitista 形男女 エリート(優遇)主義の(人); エリート的な(人).

élitro 男 〖動物〗(甲虫類の)翅鞘(ｼｼｮｳ).

elixir 男 万能薬, 霊薬.

ella [エヤ]代(人称)[複 ~s]〖女性3人称単数, 主格・前置詞格〗〖与格 le, 対格 la〗 **1** 彼女が[は]. —E~ vive en esta calle. 彼女はこの通りに住んでいる〖主語の ella は強調・対比の場合を除いて表示しないのが普通〗. **2**〖叙述補語〗彼女だ(の). —— ¿Quién está ahí?—Ah, es ~. 誰がそこに来てるの?—あ, 彼女だ. **3**〖前置詞の後で〗彼女. それ. —Quiero hablar con ~. 私は彼女と話したい. ► **aquí** [**allí**] **fue** [**será**] **ella** こ こ[そこ]から問題が始まった[始まる]のだ.

ellas [エヤス]代(人称)〖女性3人称複数, 主格・前置詞格〗 **1**〖主語〗彼女たちが[は]. —E~ son mis compañeras de clase. 彼女たちは私のクラスメートです〖主語の ellas は強調・対比の場合を除いて表示しないのが普通〗. **2**〖叙述補語〗彼女たちだ(の). **3**〖前置詞の後で〗彼女たち; 人や女性複数の物をさす. —Según ~, mañana tenemos examen. 彼女たちの言うところによれば明日試験があるそうだ.

elle エジェ(旧アルファベットの文字 Ll,

ll の名称).

ello [エヨ]代(人称)〖中性主格・前置詞格〗 **1**〖主語〗それが[は]. —E~ no significa nada. それは何も意味しない. **2**〖叙述補語〗それ(だ). **3**〖前置詞の後で〗それ, そのこと. —Por ~ me gusta esta gente. それで私はこの人たちが気に入っている. ► **ello es que**〔+直説法〗実を言うと…なのだ.

ellos [エヨス]代(人称)〖男性3人称複数主格・前置詞格〗 **1**〖主語〗彼らが[は]. 〖主語の ellos は強調・対比の場合を除いて明示しないのが普通〗. **2**〖叙述補語〗彼ら(だ). **3**〖前置詞の後で〗彼ら; 人や男性複数の物をさす)彼ら, それら. —A ~ no les diré la verdad. 彼らには本当のことを言わないつもりだ.

elocución 女 演説法, 雄弁術; 話術, 話し方.

elocuencia 女 **1** 雄弁, 能弁, 弁舌の才; 雄弁術, 修辞法. —tener ~ 雄弁である. **2**(表情・態度・数字などの)表現力, 説得力.

elocuente 形 **1** 雄弁な, 達意の, 説得力のある. **2** 意味のある, 意味深い; 多くを物語る.

elocutivo, va 形 演説法[話術]の.

elogiable 形 賞賛に値する.

elogiar 他 を褒(ﾎ)め称える, 称賛する.

elogio 男 **1** 称賛, 褒(ﾎ)め称える. ——entusiasta 絶賛. **2** はめ言葉, 賛辞.

elogioso, sa 形 称賛の, 賛美の.

elongación 女 **1**〖天文〗離隔, 離角. **2**〖医学〗伸長, 伸び.

elote 男 〖中米〗トウモロコシ.

El Salvador エルサルバドル(公式名 República de El Salvador, 首都 San Salvador).

elucidación 女 明らかにすること, 解明, 説明.

elucidar 他 を解明する, 説明する, 解説する.

elucubración 女 省察, 思索.

elucubrar 他 を省察する, 思索する.

eludir 他 …から逃げる, を避ける, (攻撃などを)うまくかわす, 回避する. —— impuestos 脱税する.

elusión 女 言い逃れ, 回避.

elusivo, va 形 言い逃れの, はぐらかしの.

emanación 女 発出, 発散, 放出, 発散物.

emanantismo 男 〖哲学, 神学〗流出説[論].

emanar 自〔+ de から〕 **1** 発する, 発散する. **2** 由来する, 生じる, (…に)起因する. ——他 を発する, 放つ, 生み出す.

emancipación 女 解放, 自立; 独立. **2** 離脱, 脱却.

emancipar 他〔+ de から〕を解放する, を自由にする. —— se 再〔+ de から〕 自由になる, 解放される, 独立する.

emasculación 女 去勢.

emascular 他 を去勢する.

embadurnar 他 を汚す.〚+ con/de を〛…に汚く塗る. ── **se** 再〚+ de で〛よごれる, 汚くなる.

embair 他〘i で始まる活用形のみ使用〙をだます, 欺く.

embajada 女 **1** 大使館.〚集合的に〛大使館員. **3** 大使の職務［地位］. **4**（特に国家元首間で大使を通じて伝える）親書, メッセージ; 使節. **5** 大使の住居. **6**〘話〙無理な要求, 厄介な提案, とんでもない申し入れ, 面倒.

embajador, dora 名 **1** 大使. ── **~ de España en Japón** 駐日スペイン大使. **~ extraordinario y plenipotenciario** 特命全権大使. **2**（国などの）使者, 使節. ── 女 **1** 女性大使［使節］. **2** 大使夫人.

embaladura 女〖南米〗→embalaje.

embalaje 男 **1** 荷造り, 包装; 包装用品. **2** 梱包（こんぽう）費.

embalar[1] 他 …の荷造りをする, を梱包（こんぽう）する.

embalar[2] 他（モーターの）回転速度を上げる. ── **se** 再 **1**（モーターが）回転速度を上げる, 猛スピードを出す. **2**（ランナー・車が）速度を上げる. **3**〘話〙（人が）熱中する, 夢中になる.

embaldosado 男 敷石を並べた床, タイル張り.

embaldosar 他 …にタイルを張る, を石だたみする.

embalsadero 男 沼地, 湿地.

embalsamador, dora 名 **1**（死体に）防腐処理を施す人. **2** 芳香をたく人. ── 形（死体に）防腐処理を施す人.

embalsamar 他 **1**（死体に）香料をつめて腐敗を防ぐ. **2** …に香りをつける, を芳香で満たす.

embalsamiento 男 死体の防腐処理, エンバーミング.

embalsar[1] 他（水を）せき止める. ── **se** 再（水が）せき止められる.

embalsar[2] 他 を縄（などで）つり揚げる.

embalse 男 **1** 貯水; 貯水量. **2**（給水・灌漑・発電用の）ダム, 貯水池, 堰（せき）.

embanastar 他 **1** をかごに入れる. **2**（ある場所に）人を詰め込む.

embancarse[1.1] 再〖海事〗座礁する.

embanderar 他 に旗を飾る. ── **se** 再〖南米〗（党・思想）を信奉する.

embanquetar 他〖メキシコ〗（道路）に歩道を敷設する.

embarazada 形〘女性形のみ〙妊娠した.

embarazar[1.3] 他 **1** を邪魔する, 阻（はば）む. **2** を困惑させる, …にきまりの悪い［恥ずかしい, 気まずい］思いをさせる. **3** を妊娠させる. ── **se** 再 **1** 妊娠する, 子どもができる. **2** とどまどまる, 困惑する.

embarazo 男 **1** a）迷惑, 邪魔, 障害. b）〖医学〗障害. ── **~ de estómago** 消化不良（症）. **2** 困惑, 当惑, とどまぎ. **3** 妊娠（状態）, 受胎; 妊娠期間.

embarazoso, sa 形 **1** 当惑させるな, やっかいな, 困った. **2** 邪魔な, 妨害となる, 扱いにくい.

embarcación 女〖海事〗〚総称的に〛船舶, 船, ボート. ── **~ de recreo** 遊覧船. **~ menor** 小型船, はしけ. **2**〘文〙乗船, 搭乗; 積み込み. **3**〖海事〗航海日数, 航行期間.

embarcadero 男〖海事〗波止場, 埠頭（ふとう）, 突堤.

embarcar[1.1] 他 **1** を乗船［乗車, 乗車］させる, 船［飛行機, 列車］に積む. **2**〚+en を〛を引っ張り込む, 誘い込む, 関与させる. ── **se** 再 **1** 乗船する, 搭乗する.〚+en に〛従事する, 首を突っ込む.

embarco 男（荷物の）積み込み; 乗船, 搭乗.

embargable 形〖法律〗差し押えできる.

embargar[1.2] 他 **1**〖法律〗を差し押える, 押収する, 没収する. **2** a）（悲しみなど）の気持ちをいっぱいにする. b）を大喜びさせる, を大満足させる.

embargo ［エンバルゴ］男 **1**〖法律〗差押え, 押収. **2**〖政治〗（武器などの輸出［運搬］禁止, 通商停止; 出［入］港禁止. ── **~ económico** 経済封鎖. **sin embargo** しかしながら, とはいえ.

embarque 男 **1**（船・飛行機・列車に）乗ること, 搭乗, 乗船. ── **tarjeta de ~** 搭乗券. **puerta de ~** 搭乗ゲート. **sala de ~** 出発ロビー. **puerta de ~** 搭乗口, 船積機. **2**（貨物の）積込み, 荷積み, 船積み. **3**〚集合的に〛積み込み荷. **4**〖南米〗〘話〙厄介事, 困難な状況. **5**〖南米〗〘話〙失望, 落胆.

embarrada 女〖南米〗でたらめ, たわ言; へま.

embarrancar(se)[1.1] 自（再）**1**〖海事〗（船が）座礁する;（泥沼などに）はまりこむ, 動けなくなる. **2** 行き詰まる, 暗礁に乗り上げる.

embarrar 他 **1** を泥だらけにする, 泥で汚す. **2**〖中南米〗（悪事）に巻き込む. ── **se** 再 泥だらけになる, 泥で汚れる.

embarrialarse 再〖中米〗**1** 泥で汚れる. **2** 詰まる.

embarullar 他〘話〙を混乱させる, ごちゃまぜにする, こんがらかせる. **2**〘俗〙をぞんざいにする, あわてていい加減にする. ── **se** 再 混乱する.

embastar 他〖服飾〗（布）を刺繍（ししゅう）枠にはめる. **2**（ふとんを）とじ縫いをする.

embastecerse 再 粗くなる, ざらざらになる.

embate 男 **1**〖海事〗波が激しく打つこと. **2**〖海事〗海風. **3**（感情の嵐, 激発.

embaucación 女 →embaucar[1.9].

embaucador, dora 形 だます, 欺く. ── 名 詐欺師, ペテン師.

embaucamiento 男 詐欺, ペテン.

embaucar[1.9] 他 をだます, 欺く.

embaular 他 をトランクに詰める.

embauqué, embaúque(-) 動 → embaucar [1.9].

embebecerse [9.1] 再 うっとりする.

embeber 他 **1** を吸収する, 吸い取る, 吸い上げる. **2**（液体を）しみこませる, 浸す. **3** を入れる, 納める, はめ込む. **4**（スカートの）丈などを）短くする, つめる. ― 自 縮む. ― **se** 再 **1**〖＋con/en に〗没頭する, 夢中になる, 心を奪われる. **2** 縮む. **3**〖＋de を〗完全に理解する.

embelecar [1.1] 他 をだます, 欺く.

embeleco 男 欺くこと, だますこと; 甘言.

embelesamiento 男 →embeleso.

embelesar 他 を魅了する, とりこにする, …の心を奪う. ― **se** 再〖＋con/en に〗魅了される, 心を奪われる, とりこになる.

embeleso 男 **1** 魅了, 魅惑. **2** 魅了するもの.

embellecedor, dora 形 美しくさせる. ― 男（自動車）(車輪の)ホイールキャップ.

embellecer [9.1] 他 **1** を美しくする, きれいにする. **2** を理想化する. ― **se** 再 きれいになる, 美しくなる, 身を飾る.

embellecimiento 男 美しくすること, 美化; 化粧.

emberrenchinarse 再 → emberrincharse.

emberrincharse 再 腹を立てる, むずかる.

embestida 女 **1** 攻撃, 襲来, 突撃. **2**〖話〗金(の)の無心, 金をせびること.

embestir [6.1] 自 **1** 襲う, 襲撃する. **2**（闘牛）（牛が）突撃する. **3**〖話〗金を無心する, せびる.

embetunar 他 **1** …に靴墨を塗る. **2** …にタールを塗る.

embicar 他 **1**（海事）（弔意の印に）帆桁の１本を斜めにする. **2**（海事）（船首）を風上に向ける.

embijar 他 朱に塗る[染める].

emblandecer 他 を柔らかくする, 静める.

emblanquecer [9.1] 他 を白くする, 白く塗る. ― 自再 白くなる.

emblanquecimiento 男 白くすること, 漂白.

emblema 男 **1** 象徴, 表象, 象徴的な模様[紋章]. **2** 記章, バッジ. **3**（美術）寓意画.

emblemático, ca 形 象徴的な, 表象する.

embobamiento 男 うっとりすること, 陶酔.

embobar 他 をぼうっとさせる, 魅了する, うっとりさせる. ― **se** 再〖＋con/de に〗ぼうっとする, 夢中になる.

embobecer 他（人）をぼうっとさせる; 愚かにする. ― **se** 再 ぼうっとする; 愚かになる.

embocado 形〖男性形〗（ワインが）中どの[口, 河口, 入口. **2**（ワインの）味, 風味. **3**（音楽）（楽器の）歌口, 吹き口.

embocar 他 **1**（口）に入れる[押し込む]. **2**（狭い場所）に入り込む[進入する]. **3**〖話〗をむさぼり食う, がっつく. **4**（音楽）（楽器の）吹き口に唇を当てる. **5**〖話〗（いやなこと）を押しつける.

embochinchar 他〖中南米〗を混乱させる, 騒がにする. ― **se** 再〖中南米〗混乱する, 騒ぎになる.

embolado 男 **1**（演劇）端役; 損な役回り, 厄介事. **2** ペテン, 策略.

embolar 他 **1**（闘牛）（牛の）角に防護用の木製の球をはめる. **2**〖南米〗（靴を）磨く. **3**〖南米〗に靴墨を塗る.

embolia 女（医学）塞栓(ホム)症.

embolismo 男 **1** 閏(ホ)日[月]を置くこと. **2** 混乱, もつれ.

émbolo 男 **1**（機械）ピストン. **2**（医学）塞栓(ホム)（ピストンの）プランジャー. **2**（医学）塞栓(ホム).

embolsar 他 **1**（特に金）を袋[財布]に入れる. **2**（金）を受け取る. **3**（軍事）軍を取り囲み退路を断つ. ― **se** 再 儲けさせる.

embonar 他〖中米〗つなぎ合わせる, 結びつける.

emboque 男〖南米〗けん玉.

emboquillado, da 形男 フィルター[吸い口]付きの(タバコ).

emboquillar 他（タバコ）にフィルター[吸い口]を付ける.

emborrachar 他 **1** を酔わす, 酔っ払いさせる. **2 a**) をもうろうとさせる, まひさせる. **b**) を…の気力をおき乱す. **b**) を有頂天にさせる, どぎまぎさせる. **3** …に酒を入れる, 酒をしみ込ませる. ― **se** 再 **1** 酔う, 酔っ払う. **2**（自動車）（アクセルを踏みすぎて）エンジンがかからなくなる.

emborrascarse [1.1] 再〖天候が〗荒れる, 悪天候になる.

emborronar 他 **1**（紙に）しみをつける, （紙を）インクで汚す. **2** …に文章をへたに書く, へたな絵を画く, を書き散らす描き散らす.

emboscada 女 **1**〖軍事〗待ち伏せ, 伏兵. **2** 落し穴, 計略.

emboscar [1.1] 他〖軍事〗を待ち伏せさせる. ― **se** 再 **1** 待ち伏せる, 茂みに隠れる. **2**（安全な後方勤務につく.

embotamiento 男 **1**（刃物の）切れ味が悪くなること. **2**（感覚などの）衰え, 鈍り.

embotar 他 **1** 刃先などを鈍くする. **2** …の気力をなくさせる, …から元気[力]を奪う. ― **se** 再 **1**（刃先などが）切れなくなる. **2** 頭の働きが鈍くなる.

embotellado, da 過分〖→ embotellar〗形 **1** 瓶に詰めの. **2**（交通が）渋滞した. ― 男 瓶詰め（作業）.

embotellador, dora 形名 瓶詰めする(人). ― 女 **1** 瓶詰め機[工場].

embotellamiento 男 **1** 瓶詰め, 詰め込み. **2**（交通）渋滞, 混雑.

embotellar 他 **1** を瓶に詰める. **2**（人）をさし止める. （交通）を

業)を停滞[渋滞]させる. 濁らす. **3** を丸暗記する. **4 a)** 《軍事》(港の軍艦を)封鎖する. 妨害する. **b)** 《軍事》(港の軍艦を)封鎖する. **5** 追い詰める. ── **se** 再 すし詰めになる. 渋滞する.

embotijarse 再《話》(身体が)ふくらむ.

embozar [1.3] 他 **1** 顔をベールなどで覆う. **2** を覆い隠す. **3**《動物》に口輪をはめる. ── **se** 再 顔を覆う, 隠す.

embozo 男 **1**《服飾》(マント・マフラーなどの一部で)顔の下方を覆う部分. **2**《シーツの)折返し部分. **3** 隠し立て.

embragar [1.2] 他 **1**《機械》(機関車などを)かみ合わせる. **2** を(持ち上げて運ぶために)綱で縛る.

embrague 男 **1**《機械》連動機, クラッチ. **2**《機械》連動機をかみ合わせること.

embravecer [9.1] 他 を怒らす. ── **se** 再 **1**(海が)荒れる. **2**《+ con/contra に》(動物などが)怒り狂う, 狂暴になる.

embrazar 他 **1** を腕で押さえつける. **2**(盾などに)腕を通す.

embrear 他 …にタールを塗る.

embriagado, da 過分 [→ embriagar] 形 酔った, 酩酊した; うっとりした.

embriagador, dora 形 陶酔させる, うっとりとさせる.

*embriagar [1.2] 他 **1** を酔わす. 酩酊(めいてい)させる. **2**《文》を大喜びさせる. 我を忘れさせる. **3**《文》をもうろうとさせる. 酔わせる. ── **se** 再 **1** 酩酊する. **2**《文》〖+ con/de (喜び)で〗酔っぱらう. ── **de** felicidad [orgullo] 幸福感に浸る[思い上がりで有頂天になる].

*embriaguez 女 (pl embriagueces) **1** 酔い, 酩酊(めいてい). **2** 陶酔, 有頂天, 恍惚(こうこつ).

embridar 他 (馬に)馬勒(ばろく)をつける.

embriología 女 **1**《医学》胎生学. **2**《生物》発生学.

embriológico, ca 形 発生[胎生]学の.

embriólogo, ga 名 発生[胎生]学者.

embrión 男 **1** 初期, 初め, 萌芽. **2**《医学》胎児(特に妊娠8週間以内). **3**《生物》胚.

embrionario, ria 形 **1** 初期の, 萌芽期の, 未発達の. **2**《医学》胎児の, 胎生の. **3**《生物》胚に関する.

embrocar [1.1] 他 **1**(液体を)容器から別の容器へ移す. **2**《米》(容器)を伏せる. 逆さにする.

embrollar 他 **1** をもつれさせる, 紛糾させる. **2** を巻き込む, 巻き添えにする. ── **se** 再 **1** もつれる, 紛糾する. **2** 巻き込まれる, 巻き添えになる.

embrollo 男 **1** もつれ, 当惑, 混乱, ごたごた. **2** 解決困難な状態, 窮地. **3** 中傷, デマ, うそ.

embromar 他 **1**(人)を(悪気なく)ちょっとからかう. **2**(人)をからかってだます, 欺く. **3**《中米》(人)を困らせる, …にいやがらせをする.

embrujamiento 男 魔法(にかけること), 魔法[妖術]作用.

embrujar 他 **1** を魅了する, うっとりさせる. **2** …に魔法をかける.

embrujo 男 **1** 魅力, 魔力. **2** 魔法をかけること.

*embrutecer [9.1] 他 **1** を粗野にする, すさませる. ぼけさせる. ── **se** 再 粗暴になる, すさむ, ぼける.

embrutecimiento 男 粗暴[愚鈍]化.

embuchado 男 **1**《料理》ソーセージ, 腸詰. **2**《話》見落としそうな重大事. **3**(雑誌などの)とじ込み. **4**《演劇》アドリブ. **5**《話》内に秘めた怒り.

embuchar 他 **1**(肉などを)腸詰にする. **2**(話)をおなかに詰め込む, かつがつ食べる. **3**(印刷)を投げ込む. **4**(家禽に餌)を強制的に与える. ── **se** 再 〖話〗がつがつ食べる.

embudo 男 **1** じょうご, 漏斗. **2**(爆発などの)跡, 弾孔. **3** 道幅が狭くなる場所. ▸ **ley del embudo**《話》不公平な法律.

emburujarse 再《中南米》身を包む, 厚着をする.

embuste 男 **1** ごまかし, ぺてん. **2** うそ, でたらめ. **3**《複》安物の装身具.

embustero, ra 名 うそつき, ぺてん師. ── 形 うそをつく, ごまかす.

embutido 男 **1**《料理》ソーセージ, 腸詰. **2** 詰め物をすること. **3** 象眼, はめ込み細工. **4**《金属》のプレス.

embutir 他 **1** …の腸詰めを作る. **2**〖+ en に〗を詰め込む. **3**〖+ de を〗に詰め込む. **3**《技術》《金属》をプレスする. ── **se** 再《話》がつがつ食べる, がつつく.

eme 女 **1** 文字のM, m の名称. **2**《俗》(遠回しに)糞(くそ). ▸ **enviar [mandar] a la eme** を追い払う.

emergencia 女 **1** 緊急の場合, 非常の出来事, 危急のこと. ── **caso de** ~ 非常事態, **salida [escalera] de** ~ 非常口[階段]. **2** 出現, 浮上.

emergente 形 **1** 現われ出る, 浮かび上がる; 新興の. ── **país** ~ 新興(経済)国. **2**〖+ **de** が〗発生する, (に)由来する. ── 男《中米》《スポ》(野球の)代打, ピンチヒッター.

emerger [2.5] 自 **1** 出てくる, 現れる; 浮かび上がる. **2**(事実などが)明らかになる, (問題などが)現れる.

emérito, ta 形 名誉の.

emersión 女 出現, 浮上.

emético, ca 形《医学》嘔吐を促す. ── 男《医学》催吐剤, 吐剤.

emetropía 女《医学》正視.

emigración 女 **1**(他国への)移住. **2**(集合的に)移民. **3**《生物》(鳥・魚の)移動, 渡り, 回遊.

emigrado, da 過分 [→ emigrar] 形 (外国に)移住した. ── 名 **1**(他国への)移民, 移住者. **2**(政治)亡命者.

*emigrante 形 (外国に)移住する; (外国へ)出稼ぎに行く. ── 男女 移民, 移住者; (外国の)出稼ぎ者.

*emigrar 自 **1**〖+ a に〗移住する; 出稼

ぎに行く. **2**(渡り鳥が)渡る, 移動する. **3**《話》立ち去る.

emigratorio, ria 形 移住[移民]の.

Emilia 固名《女性名》エミリア.

Emilio 固名《男性名》エミリオ.

emilio 男《話》電子メール.

eminencia 女 **1 a**)〔+ en に〕卓越[傑出]した人, 名士. **b**)卑越, 傑出. **2**小高い所, 高台, 丘. **3**《カト》猊下(ぷ)〔枢機卿への尊称〕. ▶ *eminencia gris* 黒幕, 陰の実力者.

eminente 形 **1**〔+en において〕(人が)優れた, 卓越した; 著名な. **2**(場所が)高い, 突き出ている.

eminentemente 副 著しく, 抜きんでて.

eminentísimo ▶ *Eminentísimo Señor Cardenal*《宗教》枢機卿猊下(ぷ).

emir 男 (アラビアの)アミール, 王子, 首長.

emirato 男 **1** 首長国. **2**《政治》アミールの地位.

Emiratos Árabes Unidos 固名 アラブ首長国連邦〔首都 Abu Dhabi〕.

emisario, ria 名 使者,(特に)密使, 特使. ─ 男 放水路, 排水路;(湖からの)川.

emisión 女 **1**(ラジオ・テレビの)放送, 放映; 番組. ─ en directo [vía en cable]. ─ por (vía) satélite 衛星放送[中継]. **2**(紙幣・切手・国債・債券・書類などの)発券, 発行; 発行, 出荷.(光・熱・煙・香りなどの)放射, 放出, 排出. ─ de calor 熱放射. **4**(意見などの)表明, 述べること.

emisor, sora 形 **1**《放送》放送の. ─ estación *emisora* 放送局. **2**(紙幣・手形などを)発行する. ─ banco ─ 発券銀行. ─ 男 **1** 送信器. **2** 送信機. ─ 名 送信人, 発行人;(メッセージの)発信者.
─ 女 放送局.

emitir 他 **1** を放つ, 出す, 発する. ─ ~ gritos 叫び声を挙げる. **2**を発行する. ─ ~ un cheque 小切手を発行する. **3**(意見などを)述べる, 表明する. **4**を放送する. ─ 自 放送する.

emoción 女 **1** 感動, 感激, 興奮. **2**感情, 情緒.

emocional 形 **1**感情的な, 感激性の, 情緒的な. **2**(ことばなどが)感情に訴える.

emocionante 形 感動的な, 人を感動させる; 興奮させる(ような).

emocionar 他 を感動させる, …の心を動かす; を激動させる. ─ *se* 再〔+ con/de に〕感動する, 心を動かされる; 激動する. ─ ~*se de alegría* 大喜びする.

emoliente 形 軟らかくする, 緩和剤.

emolumento 男《主に 複》報酬, 手当, 謝礼.

emoticono 名《情報》顔文字.

emotividad 女 **1** 感動性. **2** 感受性.

emotivo, va 形 **1** 感動的な. **2** 感受性の強い, 感情的な.

empacador, dora 形 梱包[包装]する.
─ 女 梱包[包装]機.

empacar [1.1] 他 **1** を包む, 束ねる, 梱包(訳)する, 詰める, 荷作りする. **2**を俵に入れる.

empacarse 再 困惑する, 動揺する.

empachar 他 **1**…に消化不良を起こし, …の胃をもたれさせる. **2**を退屈させる, 飽き飽きさせる. ─ 自 消化不良を起こす, 飽き飽きさせる. ─ *se* 再 **1**〔+ con/de で〕消化不良になる. **2**まごつく, 当惑する

empacho 男 **1** 胃のもたれ, 消化不良. **2**ものおじ, 気後れ, 恥じらい. **3**《話》面倒なこと[人], 当惑させるもの[人].

empachoso, sa 形 **1** 胃にもたれる, 消化不良を起こす. **2** 当惑させる, 気後れさせる.

empadrar 他《中米》(特に種馬)を交配させる.

empadronamiento 男 住民登録; 国勢調査.

empadronar 他 を住民録に記入する.
─ *se* 再〔+ en に〕住民登録される.

empajar 他 **1**…にわらを敷く[詰める]. **2**《南米》(れんがの土など)にわらを混ぜる. **3**《南米》(屋根)をわらでふく. ─ 自《南米》《話》(穀物の)実が乏しくわらだらけである.

empalagamiento 男 →*empalago*.

empalagar [1.2] 他 **1**(甘いものが)うんざりさせる. **2**を退屈させる, 飽きさせる. ─ *se* 再 **1**〔+ con/de (甘いもので)〕うんざりする, むかつく. **2**退屈する, 飽きる.

empalago 男 うんざりすること.

empalagoso, sa 形 **1** 甘ったるい, うんざりする. **2**(小説・映画が)甘ったるい, 感傷的な. **3**退屈な, あきあきさせる. ─ 名 厄介者, 困り者, 退屈な人.

empalar 他 をくし刺しの刑にする.

empalidecer 自 顔の血の気がなくなる.

empalizada 女 **1** 柵(ミ), 囲い. **2**《軍事》矢来(ポ).

empalmar 他 **1**〔+ con と〕を合わせる, つなぐ, 接合[結合]する. **2**を結びつける, つなげる.(ボ)(サッカーで受けたパス)を直接シュートする. ─ 自〔+ con と〕結びつく, 連結する. ─ *se* 再 **1**ナイフを隠し持つ. **2**〔+ con と〕結びつく, 合する, 連結する.(俗)勃起する.

empalme 男 **1** つなぐこと, 連結すること. ─ *estación de* ~(鉄道の)接続駅. **2**接合(点), 連結(場所), 接合箇所[点], 線, 面.

empamparse 再《南米》(大平原 *pampa* などで)道に迷う.

empanada 女 **1**《料理》エンパナーダ, ミートパイ. **2**《話》欺瞞(汚), 欺くこと. ▶ *empanada mental*《話》色々な考えの錯綜混乱.

empanadilla 女 《料理》エンパナディーリャ, 小麦粉のミートパイ.

empanar 他 **1**《料理》パン粉で包む, …にパン粉をまぶす. **2**《料理》をパイ皮で包

empantanado, da 過分 [→empantanar] 形 水浸しになった。

empantanar 他 1 を水浸しにする。2 を泥沼に沈める。3 を行き詰まらせる。— **se** 再 1 水浸しになる。2 泥沼にはまり込む。3 行き詰まる、停滞する。

empañar 他 1 を曇らせる、ぼんやりさせる。2（名誉などを）汚す。3（幼児に）おむつをする。— **se** 再 1 [3人称で] 曇る、ぼんやりする。2（名声が）汚れる。3（目に）涙が浮かぶ、(目が)うるむ、涙に曇る。

empañetar 他〖中米〗にしっくい[プラスター]を塗る。

empapamiento 男 浸すこと；水分を吸収させること。

*empapar 他 1 a) を吸い込む、(水分)を吸収する、湿らせる。b)［+ con で] を吸わせる、吸い取る、ふき取る。2 をぬらす、ずぶぬれにする。3［+ de/en を] を浸す。— **se** 再 1 ぬれる、湿る；しみとおる。2［+ de を] 熟知する、(…に)かぶれる、つかる。3 飽食する。

empapelado 男 壁紙、2 壁紙を貼ること。

empapelador, dora 名 壁紙貼り業者[職人]。

empapelar 他 1 …に壁紙を貼る。を紙で包む。2 〘話〙を訴える、起訴する；審判・審査を行う。

empaque¹ 男 荷造り、包装。

empaque² 男 1 態度、様子、かっぷく。2〖中米〗ずうずうしさ、生意気。

empaquetado 男 梱包、包装；荷造り。

empaquetador, dora 形 名 梱包[包装]する(人); 荷造りする(人)。

empaquetadura 女 1 …の荷造りをする、[+ en で] を詰める、包装する。2 を詰め込む、満員にする。3 罰する、(懲金などを)課す。

empaquetado, da 過分 [→empaquetar]

emparedado 男〖料理〗サンドイッチ。

emparedamiento 男 監禁；壁の中に隠すこと。

emparedar 他 を監禁する、閉じこめる。2 を壁で囲む、隠す、壁の中に隠す。

emparejamiento 男〖情報〗マッチング。

emparejar 他 1 を対にする。2 を同じ水準にもってくる、そろえる、ならす。3（2枚の戸やドアを）半開きにする。— 自［+ con と] 調和する、釣り合う、対になる。— **se** 再 1 対になる、ペアになる、並ぶ。2［+ con と] 追いつく、(…と)同じレベルになる、そろう。

emparentar [4.1] 自［+ con と] 姻戚関係になる。— 他 を関連づける。

emparrado 男（ブドウのつるの)棚。

emparrar 他 (ブドウのつる)を棚にはわせる。

emparrillado 男〖建築〗(土台の鉄などの)枠組み。

emparrillar 他 1 を焼き網で焼く。2 に鉄枠を組む。

empastador, dora 製本する。— 男 製本業者。

empastar¹ 他 1 (本)を装丁する、製本する。2 (歯に)詰めものをする、(ひび割れなど)をペースト状のものでふさぐ。3 …に糊(のり)をつける。4 〖美術〗…に絵の具を厚く塗る。

empastar² 他〖南米〗(土地)を草地にする。— **se** 再〖南米〗(土地)が草地になる。

empaste 男 1 製本(をすること)。2 歯に詰めること[もの]、充填(材)。3〖美術〗厚塗り。

***empatar** 自 引分ける、同点になる。
—Los dos equipos han empatado a uno. 両チームは 1 対 1 で引分けた。— 他 1 を引分ける、…で同じ票数を獲得する。2〖中南米〗(2つの物を)結びつける、つなぎ合わせる。

empate 男 〘スポ〙（勝負などの）引分け、同点。

empatía 女〖心理〗感情移入。

empavesada 女〖海事〗満艦飾の旗。

empavesado 男〖海事〗満艦飾の旗。

empavesar 他 1〖海事〗(船)を装飾旗で飾る。2（記念碑などに）幕をかける。3（通りを）飾る。

empavonar 他 1〖冶金〗(鋼鉄に)青焼法を施す。2〖中南米〗…にグリースを塗る。— **se** 再 着飾る。

empecatado, da 形 〘話〙〘話〙手に負えない、いたずらな。2 運の悪い、不運な。

empecer 自 [3人称のみ、否定文で使用] 妨げる、障害になる。

empecinado, da 形 頑固な、強情な。

empecinamiento 男 固執すること、強情張り。

empecinarse 再［+ en に] 固執する、強情張る。

empedarse 自〖中南米〗〘俗〙酔っ払う。

empedernido, da 形 1 頑固な、悔い改めない；常習の。2 無情な、冷酷な。

empedrado, da 過分 [→empedrar] 形 1 (敷石で) 舗装された、石畳の。2〘話〙(馬が)まだら模様の、ぶちの。3 (空が)うろこ雲で覆われた。— 男 舗床、舗装(工事)、石だたみ。

empedrar [4.1] 他 1［+ con/de で] を舗装する。2［+ de を] …に散りばめる、まき散らす、散りばめる。

empegar [1.2] 他 …に松やに[ピッチ、タール]をつける。

empeine 男 足の甲。

empellón 男 一押し、体当り。▶ **a empellones** 手で押しのけて、乱暴に。

empelotarse 再〖中米〗〘俗〙素っ裸になる。

empenachar 他 を羽飾りで飾る。

***empeñar** 他 1 を質[担保]に入れる、抵当にする。2 誓って…を約束する、(名誉などを)かける。— **la palabra** 誓う。3（戦・議論などを）…（戦端）を開始する、始める。— **una batalla** 戦を始める。4（歳月を）捧げる、費やす。— **se** 再 1［+ en に]こだわる、(…と)言い張る。2［+ con に] 借金する。3（戦）始まる。

***empeño** 男 1 質入れ、担保付(に

入れること). —**casa de ~s** 質屋. **2** a) 切望, 執心, 決志. b) 意図, 企て, 目的. —**morir en el ~** こころざし半ばにして逝く. **3** 熱心; 根気 [粘り]強さ, 努力. **4** 約束, 言質(炒), 義務. ▶ **poner empeño en** [＋不定詞] …しようと努力する.

empeñoso, sa 形 《中南米》粘り強い, 根気強い.

empeoramiento 男 悪化.

‡**empeorar** 他 を悪化させる, 悪くする. —— 自 悪化する, 悪くなる.

empequeñecer [9.1] **1** を小さく見せる, 見劣りさせる. **2**(重要性・価値)を減少させる. —— **se** 再 **1** 小さくなる, 縮む. **2** 萎縮する, 縮こまる.

empequeñecimiento 男 縮小すること, 見劣り.

‡**emperador** 男 **1** 皇帝, 帝王; 天皇. **2**(魚類)メカジキ.

‡**emperatriz** 女(複 emperatrices) **1** 女帝. **2** 皇后.

emperchar 他 をハンガーに掛ける.

emperejilar 他 を美しく飾る. —— **se** 再 《話》着飾る, めかしこむ.

emperezar [1.3] 他 **1** を妨げる, 遅らす. **2** を遅らす. —— (**se**) 自 《話》怠惰になる.

empericarse 再 《中米》よじ登る, 上る.

emperifollar 他 《話》を(ごてごてと)飾り立てる. —— **se** 再 《話》めかしこむ.

empero 接 《文》しかしながら.

emperrarse 再 《話》**1** [＋en に] 固執する. **2** [＋con に] 夢中になる, とりつかれている. **3** かっと怒る, 腹を立てる.

‡**empezar** [エンペサル] [4.5] 他 **1** を始める, 開始する. **2** …に手をつける, を食べ [飲み] 始める. —— 自 **1** 始まる. **2** [＋a＋不定詞] …し始める. —*Ha empezado a* nevar. 雪が降り始めた. **3** [＋por＋不定詞/現在分詞] まず初めに…する, まず…から始める. ▶ ***para empezar***(1)まず手始めに, 第一に. (2)(レストランで)前菜として. ***Por algo se empieza.*** 〖諺〗何でもいいからとにかく始めることだ. ***Ya empezamos.*** 〖＋*con*〗(嫌だなあ)また…が始まった.

empiec-, empiez- 動 → empezar [4.5].

empiece 男 始まり, 初め.

empiezo 男 《中南米》最初, 初め.

empinado, da 過分 [→empinar] 形 **1** 急勾配の. **2** 直立の, まっすぐに立った. **3**(建物などが)高い, 高くそびえた. **4**〖まれ〗傲慢な, 横柄な.

empinar 他 **1** を上げる, 持ち上げる. **2** を立たせる, 立てる. **3** (杯) を傾けて飲む, ラッパ飲みする. —— **se** 再 **1** つま先で立つ. **2**(植物・建物などが)そびえる, 高くなる. **3**(航空)急上昇する. ▶ ***empinar el codo*** 《話》酒をたくさん飲む.

empingorotado, da 形 《話》**1** おめかしした. **2** 成り上がりの, 出世した. **3** 高慢ちきな, 生意気な.

empingorotarse 再 《話》思い上がる.

empiñonado 男 松の実入りの菓子.

empiparse 再 《中南米》飽食する; たっぷり酒を飲む.

empíreo, a 形 《文》天空の, 最高天の. —— 男 天界, 最高天; 空.

empírico, ca 形 《哲学》経験的な, 経験 [実験] 上の. —— 名 《哲学》経験主義者.

empirismo 男 《哲学》経験主義 [論].

empirista 形 男女 経験主義の人.

empitonar 他(闘牛)(牛が闘牛士を)角で突き刺す.

empizarrado 男 スレートぶき [にした屋根].

empizarrar 他 《建築》(屋根)をスレートでふく.

emplastecer 他 に漆喰で下塗りする.

emplasto 男 **1**《医学》膏薬(シニ). **2**《話》間に合わせの(解決)策, 彌縫(ʰ゙ゝ)策. **3**《中南米》うんざりさせる人. **4** 病弱な人.

emplazamiento 男 **1**《法律》召喚, 呼び出し. **2** 位置, 配置.

emplazar [1.3] 他 **1** を召喚する, 呼び出す(日時・場所)を指定する. **2** [＋en に] (建造物などの)位置を定める, を設置する.

‡**empleado, da** 過分 [→emplear] 形 使われる, 用いられる. ▶ ***dar por bien empleado*** 《話》をしてよかったと思う. ***estar bien empleado*** 《話》当然の報いである. —— 名 社員, 従業員; 事務員; 店員. ▶ ***empleado ***[***empleada***] ***de hogar*** (家事)使用人, お手伝い.

empleador, dora 形 雇用する. —— 名 雇用主.

‡**emplear** [エンプレアル] 他 **1** を雇う, 使用する. **2** を使用する. **3** [＋en に] (時間・お金など)を費やす, 消費する. —— *el dinero en comprar alimentos* お金を食料品を買うのに使う. —— **se** 再 用いられる, 使われる.

‡**empleo** 男 **1** a) 使用(法), 使うこと. —*hacer buen ~ del tiempo* 時間を上手に[有効に]使う. b) 雇用. —*pleno ~* 完全雇用. **2** 勤め口, 職, 仕事; (軍隊の)階級. —*sin ~* 無職の, 失業して. ▶ ***suspender a ... de empleo y sueldo*** (人)を一時停職処分にする.

emplomado 男 **1** 鉛板ぶきした屋根. **2**(窓やガラスの)鉛枠.

emplomar 他 **1** を鉛で覆う [ふく], …に鉛でおもりをつける. **2** を鉛で封印する. **3**《南米》詰め物をする.

emplumar 他 **1** を羽毛で覆う, 羽毛が生える. **2** …に羽毛布をつける. 《中南米》をだます, 欺く. —— 自 **1** 羽毛が生えそろう. **2**《中南米》逃げる, のがれる. ▶ ***emplumarlas*** 《南米》逃亡する.

empobrecer [9.1] 他 **1** を貧乏にする, 衰えさせる. **2** 貧乏な, 乏しくする. —— (**se**) 自(再) 貧乏になる, 貧しくなる; 衰退する.

empobrecimiento 男 貧困化; 衰退.

empollar 他 1 (卵を)抱く, (ひなを)暖める. 2 《話》(頭に)詰め込む, 猛勉強する. ── 自 1 卵を抱く, 巣にこもる. 2 《話》詰め込み勉強をする, 猛勉強する. ── se 再 《話》詰め込みの勉強をする.

empollón, llona 形 《話, 軽蔑》がり勉の. ── 名 《話, 軽蔑》がり勉の人.

empolvar 他 1 …に粉をつける, 粉だらけにする. 2 ほこりまみれにする. ── se 再 1 顔におしろい[パウダー]をつける. 2 ほこりまみれになる.

emponchado, da 形 《南米》1 ポンチョを着た, 2 暖かく着込んだ.

emponcharse 再 《南米》1 ポンチョを着る. 2 暖かく着込む.

emponzoñar 他 1 をだめにする, 台なしにする. 2 …に毒を入れる.

empopar(se) 自 再 《海事》追い風を受ける.

emporcar [5.3] 他 を汚す, 汚損する. ── se 再 汚れる, きたなくなる.

emporio 男 1 《文化・芸術の》中心地. 2 《商業》中央市場, 商業の中心地.

empotrar 他 〖~ en にをはめ込む, 埋める. ─ armario empotrado はめ込みのたんす. ── se 再 《衝突などで》めり込む.

empozar 他 を井戸に入れる. ── 自 《中南米》《水が》たまる.

emprendedor, dora 形名 進取的な(人), 積極的な(人), 行動力のある人.

emprender 他 (困難なことに)着手する, 取りかかる, (行動)を開始する. ▶ **emprenderla con ...** (人に)辛く当たる; (事物)について口うるさい.

empreñar 他 妊娠させる. ── se 再 妊娠する.

empresa 女 1 (大胆・困難・危険な)企て, 計画, 大仕事. 2 《経済》企業, 事業, 会社. ─ ~ privada [pública] 民間[公営]企業. ─ ~ multinacional 多国籍企業. ─ filial 子会社. 3 共同事業. 4 《集合的》 (特に劇場の)経営者(側), 興行元. ─ jurado de ~ 労使協議会. 5 (紋章などの)題銘付き象徴的図案[表象]; 題名, モットー.

empresariado 男 《集合的》使用者, 雇用者, 経営者.

empresarial 形 企業の, 経営の, 管理の.

empresario, ria 名 1 企業家[主], 経営者. 2 請負人. 3 (芝居などの)興行主; (スポーツの)マネージャー.

empréstito 男 《商業》貸付, 融資, ローン; 貸付金. 2 公債.

empujada 女 《中南米》→empujón.

empujar 他 を押す, 押しやる. ── la puerta ドアを押す. ─ a + 不定詞, + a + que + 接続法 (…するように)せき立てる, …に迫る, …に追い込む. ─ La necesidad le *empujaba* a robar. 彼は困窮のあまり盗みを働こうとしていた. ── 自 向上する, 地歩を固める, 勢いを増す.

empuje 男 1 一押し, 突き. 2 推進力, 精力, 気力. 3 《建築》(柱・壁にかかる)押圧力, 重み; 推圧, 推力.

empujón 男 《複》**empujones** 1 (強く)押すこと, 一突き, 一押し. 2 《話》(仕事・計画などの)奮起, 一頑張り, 一押し, 急速な進捗(しんちょく). ▶ **a empujones** (1) 人を押しのけて, 荒々しく, 乱暴に. (2) 場所を置きに, 中断しながら, 時々思い出したように. (3) 苦労して, やっとのことで.

empuñadura 女 1 (刀剣の)柄(つか). 2 (傘などの)柄(え), 取っ手. 3 (物語の)はじめの決まり文句, 出だし.

empuñar 他 1 をぐいとつかむ, 握る. 2 (地位・職を)得る.

emputecer 他 《俗》に売春させる; を困らせる. ── se 再 《俗》悪化する.

emulación 女 1 競争, 張り合い, 対抗意識. 2 模倣. 3 《情報》エミュレーション.

emulador 男 《情報》エミュレーター.

emular 他 1 …と競争する, 張り合う, …に対抗する. 2 を模倣する, 手本とする.

émulo, la 名 《文》競争相手, ライバル. ── 形 〖+ de と〗張り合う, 競争の.

emulsión 女 1 《化学》乳剤, 乳状液. 2 《写真》感光乳剤.

emulsionar 他 《化学》を乳状[乳剤]にする.

en [エン] 前

I 《場所》1 《位置》…で, …に, …の中に(で). ─ No hay nada *en* la caja. 箱の中には何もない. 2 …(の上)に[で, へ]. ─ Veo una paloma *en* el tejado. 屋根の上に鳩が一羽見える. 3 …(の中)へ[に]. ─ Cayó *en* un pozo. 彼は井戸の中に落ちた.

II 《時間》1 《時》…に. ─ Nació *en* 1920. 彼は1920年に生まれた. 2 《期間》…以内に, …の間に. ─ Un carpintero hizo esta puerta *en* dos días. 一人の大工がこの戸を2日間で作った. 3 …後に, …の中に. ─ Mi padre volverá *en* media hora. 父は30分したら帰ってくる.

III 《様態・方法・手段》…で. 1 《様態》. ─ Los dos se veían *en* secreto. 二人は内緒で逢っていた. ─ En pijama ハジャマ姿で. 2 《方法・手段》. ─ dar una vuelta *en* coche 車で一回りする. escribir *en* español スペイン語で書く. Lo conocí *en* la voz. 私は声で彼だとわかった. 3 《材料》. ─ encuadernar los libros *en* piel 本を皮で製本する. 4 《価格・数量》. ─ comprar el cuadro *en* quinientos euros その絵を500ユーロで買う.

IV 《分野》…で, …において. ─ sacar un sobresaliente *en* latín ラテン語で優を取る.

V 《変化・変形の結果》…に. ─ El mago cambió la flor *en* una paloma. サーカスの手品師は花を鳩に変えた.

VI 《数量の差》. ─ aumentar *en* un veinte por ciento 20パーセント増える.

VII 《思考などを示す動詞や名詞とともに》…を, …のことを. ─ Siempre estás pensando *en* el dinero. 君はいつも金の

ことを考えている.

VIII〔en + 現分〕…するとすぐに, …したら. —*En* acabando de trabajar, saldré contigo a dar un paseo. 仕事が終わったら君と散歩に出かけよう.

IX〔en + 不定詞〕…することに[で], …. —Muchísimo gusto *en* saludarla, señorita. お嬢さん, お知り合いになれてとても光栄です.

enagua 囡《服飾》ペチコート, アンダースカート.

enagüillas 囡複 ファスタネーラ(男子用の短いスカート); (十字架上のキリストの)腰巻.

enajenación 囡 **1**《法律》譲渡. **2** 放心(状態), 有頂天, 狂喜. **3** 乱心, 錯乱, 逆上.

enajenado, da 過分〔→ enajenar〕形 精神に異常をきたした(人).

enajenamiento 男 → enajenación.

enajenar 他 **1** を譲渡する, 売却する. **2** をうっとりさせる, 狂喜させる. **3** を疎んずる, 遠ざける. **4** を乱心させる, 発狂させる. ━ se 再 **1** ぼうっとなる, うっとりする. **2** 逆上する, 発狂する. **3**〔+ de (人から)〕離れる, (を)捨てる.

enaltecer [9.1] 他 **1** …の品位を高める, 名誉となる. **2** を激賞する, 称賛する.

enaltecimiento 男 **1** 激賞, 称賛, 賛美. **2** 品位を高めること, 名声を上げること.

enamoradizo, za 形 ほれっぽい, 恋愛しやすい.

*****enamorado, da** 過分〔→ enamorar〕形 **1** 恋をしている, ほれた〔estar +〕. **2** 愛好する, 熱中する. ━ 名 **1** 恋人. **2** 愛好者.

enamoramiento 男 恋愛(すること).

*****enamorar** 他 **1** …に恋心を起こさせる, 愛情を抱かせる. —Me *enamoró* su belleza. 彼女の美しさに私は恋をそそられた. **2** …が大いに気に入る, 大好きになる. ━ se 再 **1**〔+ de (に)〕恋をする. —José *se enamoró* de Carmen. ホセはカルメンに恋をした. **2** ほれ込む, 愛好する.

enamoriscarse 再 → enamoriscarse.

enamoriscarse [1.1] 再〔+ de に〕淡い恋心を抱く, 恋しい思い始める.

enanismo 男《医学》小人症.

enano, na 形 **1** 小型の, ちっぽけな. **2**《軽蔑》背が低い. ━ 名 **1** 小人. **2**《軽蔑》小さな人, チビ. **3**《話》(愛称)小さい子ども. ▶ *como un enano*《話》大いに, とても(楽しく・よく).

enarbolar 他 **1** (旗などを)揚げる, 高く揚げる. **2** (威嚇のために)振りかざす, 高く揚げる.

enarcar [1.1] 他 をアーチ状にする, 弓なりにする. ━ se 再 アーチ状になる, 弓なりに曲がる.

enardecer [9.1] 他 **1** を元気づける, 鼓舞する, 興奮させる. **2** を燃やす, たきつける, 燃え上がらせる, あおる. **3**《医学》…に炎症を起こさせる. ━ se 再 **1** 興奮する, 熱狂する. **2** 燃える, 燃え上がる. **3**《医学》炎症を起こす. **4** 性的に興奮する.

enardecimiento 男 興奮, 熱狂.

enarenar 他 **1** …に砂をまく〔入れる〕, を砂で覆う. **2** …に砂を混ぜる.

enarmónico, ca 形《音声》エンハーモニックの; 異名同音.

enastar 他 (道具・武器などに)取っ手〔柄〕を付ける.

encabalgamiento 男《詩学》句またがり(詩句が2行にまたがって続くこと).

encabalgar [1.2] 他 **1** …に馬を与える. **2** を重ねる, 載せる. **3**《詩学》(詩句)を2行にわたらせる. ━ 自 馬に乗る.

encabezamiento 男 **1**《新聞記事などの》見出し, (章などの)表題;《情報》ヘッダー. **2** (手紙の)書き出し, 前文. **3** 登録, 記載.

encabezar [1.3] 他 **1** …の先頭に立つ, 一番上[前]にある. **2** を指揮する, 指導する, 統率する. …の長である. **3**〔+ con で〕(文章などを)書き始める. **4** を名簿にのせる.

encabritarse 再 **1** (馬などが)後ろ足で立つ. **2** (船・車などが)船首を上げる, 前部を浮かせる. **3**《話》激怒する, 腹を立てる, かっとする.

encabronar 他《卑》を怒らせる. ━ se 再《卑》腹を立てる.

encachado 男《技術》(水路の)コンクリート床.

encachar 他《技術》(水路に)コンクリートを打つ.

encadenación 囡 数珠つなぎ, 連鎖.

encadenado, da 過分〔→ encadenar〕形《詩学》連鎖韻の. ━ 男《映像》オーバーラップ.

encadenamiento 男 数珠つなぎ, 連鎖.

encadenar 他 **1** をしばりつける, 束縛する. **2** を鎖でつなぐ, …に鎖をかける. **3** (観念・推論などを)結びつける, 関連づける.

encajadura 囡 はめ込み, 受け口.

*****encajar** 他 **1** a)〔+ en に〕をはめる, はめ込む, 差し込む. b) (話の途中である話題)を挿入する. **2**《話》(いやがるかもを)受け入れる, 受け止める. **3**《話》(一撃)を加える, ぶち込む, (偽札などを)つかませる. **4**《スポ》を食らう, 入れられる. —Nuestro equipo *encajó* cuatro tantos. 我々のチームは4点も入れられた. **5**《話》無理矢理押しつける, 押しつける. ━ 自 **1** はまる, ぴったりくる. —El armario no *encaja* en este hueco. そのたんすはこの空間には収まらない, ぴったりすぎる, 適合する. **2**〔+ con と〕一致する. ━ se 再 **1** はまり込む, 入り込む. **2** を着込ね, 着用する.

*****encaje** 男 **1** (手芸の)レース, レース編み. — ~ *de bolillos* ボビンレース. **2** a) はめ込み, 接合, 挿入. b) かみ合わせ, 組み合わせ. **3**《技術》受け口, ほぞ穴, くぼみ. **4** (銀行の資金鋼備の)準備金, 引当金. — *legal* 法定準備率. ~ *de oro* 金の準備高.

encajero, ra 名 レース職人[販売業

encajonamiento 男 詰め込むこと, 箱詰め.

encajonar 他 1 を箱に入れる, 木枠に詰める, 容器に入れる. 2 〖闘牛〗〈牛を移動のため〉檻に入れる. 3 〖建築〗〈壁を〉(控え壁で)支える. 4 〔+en に〕押し込む. ── se 再 1 〔+en に〕押し込む, 割り込む, はまり込む. 2 〈川が〉峡谷を流れる.

encalabrinar 他 1 をぼうっとさせる, 酔わせる. 2 を怒らせる, 激怒させる. 3 幻想を抱かせる, (偽りの)期待をもたせる. ── se 再 1 〔+con に〕固執する, を欲しがる. 2 〔+con/de に〕惚(は)れる, 恋する.

encalado 男 白壁, 壁の漆喰(しっくい)塗り.

encalambrarse 再 〖中米〗1 しびれる, 麻痺する. 2 痙攣する.

encalar 他 …にしっくいを塗る, を白く塗る.

encalladura 女 座礁.

encallar 自 1 〖海事〗座礁する, 暗礁に乗り上げる. 2 (計画などが)失敗する, だめになる. ── se 再 (食物が)固くなる.

encallecer [9.1] 自 …にたこができる. ── se 再 1 たこができる; たこのように硬くなる. 2 無感覚になる. 3 (仕事などに)慣れる; (悪習に)染まる. 4 (食べ物が)固くなる.

encallejonar 他 (狭い場所に)牛などを追い込む.

encalmar 他 を静める, 落ち着かせる. **encamarse** 再 1 病床につく, 寝込む. 2 (動物が)身をひそめる, 横になる. 3 〖話〗(異性と)寝る.

encaminar 他 1 〔+hacia へと〕向かわせる. 2 〔+a+不定詞〕(…するよう努力などを)向ける. 3 を導く, 指導する. 4 〔+a に〕を向ける. ── se 再 〔+a/hacia に〕1 向かう, 向かって進む, を(目)指す, 目的とする.

encampanar 他 〖中米〗出世させる. ── se 再 1 尊大な態度をとる. 2 〖中米〗出世する.

encanallamiento 男 下品になること, 堕落.

encanallar 他 を堕落させる, ならず者にする. ── se 再 堕落する, ならず者になる.

encanar 他 〖中南米〗を刑務所に入れる. ── se 再 (激しく笑って[泣いて])息が詰まりそうになる.

encandelillar 他 〖中南米〗(布)の縁をかがる. 2 〖南米〗の目をくらませる.

encandilar 他 1 …の目をくらませる, をまぶしくする. 2 を陥惑(とうわく)する, 魅了する, うっとりさせる; 当惑させる. 3 〖話〗(欲望を)刺激する. 4 愛情を抱かせる, 好きにならせる. ── se 再 1 (顔・目が)輝く, ぎらぎらする. 2 目がくらむ, まぶしい.

encanecer [9.1] 自 白髪になる. ── se 再 1 白髪になる. 2 かび臭くなる.

encanecimiento 男 白髪になること.

encanijar 他 を弱める, やつれさせる. ── se 再 衰弱する, やせ衰える.

encantado, da 過分 〔→ encantar〕形 1 魔法にかかった. 2 a) 喜んだ, 満足した. —Estoy ~ de haberla conocido. 彼女と知り合いにいられて私はうれしい. b) (誘いに応じて)喜んで, いいですとも. c) (初対面のあいさつで)はじめまして. 3 ぼけっとした, ぼんやりした. 4 人けのない, 幽霊の出そうな.

encantador, dora 形 魅力[魅惑]的な, うっとりする. ── 名 1 魅力的な人, 魅惑する人. 2 魔法使い; 魔術師, マジシャン.

encantamiento 男 1 魔法, 魔術. 2 魅惑, 魅力.

encantar 他 1 を魅惑する, 魅了する, …の気を引く. 2 …が大好きだ, を喜ばせる. —Le encanta viajar sola. 彼女は独り旅が大好きだ. 3 を魔法にかける.

encanto 男 1 魅力, 魅惑; 魅力的な物[人]. 2 〖雅〗肉体的な魅力, 色香; 愛嬌. 3 歓喜, 喜び, 恍惚(こうこつ)状態; 不注意. —escuchar con ~ うっとりとして聞く. 4 魔法 (にかける・かかること), 魔術. —como por ~ まるで魔法のように. ── 間 (夫婦・恋人間での愛情の呼びかけ語として)ねえ, あなた, お前.

encañada 女 峡谷, 谷間(の道).

encañado 男 (藤・芦などの)格子, よしず張り.

encañar 他 1 …に水路を開く; (土地の)排水をする. 2 〖農業〗(植物に)添木をする.

encañonado, da 過分 〔→ encañonar〕形 (風などが)吹き抜ける.

encañonar 他 1 …に銃口を向ける, をねらう. 2 …に水路を開く; (水を)管で通す. 3 (布・服などに)ひだをつける. ── 自 (ひな鳥が)羽毛が生えそろう.

encapotar 他 …に外套を着せる. ── se 再 1 〖3人称単数形で無主語〗〖気象〗(空が)曇る. 2 外套を着る. 3 (馬が)頭を下げる.

encapricharse 再 〔+de/en/con/por に〕1 夢中になる, 執心する. 2 惚(ほ)れ込む, のぼせる.

encapsular 他 をカプセルに詰める.

encapuchado, da 過分 〔→ encapuchar〕形 頭巾をかぶった, 覆面をした. ── 名 頭巾をかぶった人.

encapuchar 他 …に頭巾[フード]をかぶせる. ── se 再 頭巾をかぶる.

encarado, da ~ bien encarado 美しい顔をした, ~ mal encarado 醜い顔をした; 恐ろしい顔をした.

encaramar 他 1 (困難な所へ)を上げる, 持ち上げる. 2 を称賛する. ── se 再 1 〔+a へ〕よじのぼる, 上に上る. 2 頂点を極める.

encarar 他 1 …に直面する, 立ち向かう. 2 をねらう, …に銃口を向ける. 3 二人の人に一匹の動物を向かい合わせにする, 向き合わせる. ── 自 〔+a/con に〕1 反抗する, 刃向かう; 腹を立てる. 2 〔+a/con に〕直面する, 立ち向かう.

encarcelamiento 男 投獄, 収監.

encarcelar 他 1を刑務所に入れる, 収監する, 投獄する. 2《建築》…にしっくいを詰める.

encarecer [9.1] 他 1…の価格を引き上げる, を値上げする. 2 を褒める, 褒めそやす, 称賛する. 3《文》を強く勧める, 力説する; 強調する. —— 自 値上がりする. —— 再 値上がりする.

encarecimiento 男 1（物価の）値上がり, 高騰（;）. 2 値上げ. —— de la vida 生活費の高騰. 2 切願, 熱心; 強調. 3 称賛.

encargado, da 過分 〔→ encargar〕形〔+de を〕任された, 引き受けた. —— 名 担当者, 責任者, 係; 従業員, 店員. —~ de la limpieza 清掃係員. 2 代理人. —~ de negocios 代理大使[公使].

encargar [1.2] 他 1 a)を委託する, ゆだねる, 任せる. b)を依頼する, 頼む. —Encargó a la hija mayor que cuidara de sus hermanos. 彼は長女に弟達の面倒を見るように頼んだ. 2 を注文する, 発注する. あつらえる. —~ un traje スーツを1着あつらえる. —— 再〔+de を〕引受ける, 承諾する; …の面倒を見る.

encargo 男 1頼まれごと, 用事; 依頼. 2任務, 使命; 職. 3《商業》注文（品）. —por~ 注文で. ▶ como (hecho) de encargo あつらえ向きである. estar de encargo 《中南米》妊娠している.

encariñar 他 をいとおしく思わせる, 慕わせる. —— 再〔+con/de が〕好きになる, いとおしく思う.

Encarnación 固名 1《女性名》エンカルナシオン. 2 エンカルナシオン（パラグアイの都市）.

encarnación 女 1 (la E~)《宗教》(キリストにおける) 顕現, 托身. 2 体現, 具現, 人間化.

encarnado, da 過分 〔→ encarnar〕形 1 肉体化された, 人間の姿をした. —el Verbo — 肉体化したみ言葉（イエスのこと）. 2 肉色の, 赤い. 3 （ある人物を強調して）本人の. —— 男《美術》肌色, 肉色; 赤色.

encarnadura 女 傷の直り具合.

encarnar 他 1 を具体的に表現する, 具体化する, 象徴する. 2《演劇》（俳優が役を）演じる. —~ 1《傷が》治る, 癒(º)える. 3《宗教》（神が）肉体をもつ, 顕現する. —— 再 1《宗教》化身する. 2 （爪が）肉にくい込む.

encarnizado, da 過分〔→ encarnizarse〕形 1《戦いが》激烈な, 残忍な. 2（目が）血走った.

encarnizamiento 男 残酷さ, 残忍さ.

encarnizarse [1.3] 再 1 激しくなる, 残酷になる. 2〔+con を〕残虐に扱う, 虐待する. 3《獣が獲物を》むさぼり食う.

encaro 男 1 狙い, 照準. 2 注意してじっと見つめること.

encarpetar 他 1 （書類を）ファイルする. 2《南米》（案件などを）棚上げにする.

encarrilar 他 1 を軌道に乗せる, 順調に進ませる. 2 を指導する, 導く. —— se 再 軌道に乗る, 順調に進む.

encarte 男 1《トランプ》(後に続く者が同じ札を出すように)自分の札を出す.

encarte 男 1《トランプ》(後に続く者が同じ札を出すように)自分の札を出すこと. 2 （新聞などの）折り込み広告.

encartonar 他 1 を厚紙で包む. 2 を厚紙で製本する.

encartuchar 他《中南米》を円錐形に巻く.

encasillamiento 男 決めつけ; 格付け.

encasillar 他 1〔+en と〕を決めつける, みなす. 2 （書類などを）整理棚に入れる; を分類する. 3 を升目に記入する.

encasquetar 他 1 を無理やり開かせる, 無理やりさせる, 押しつける. 2（考えなど）を植えつける, 押しつける. 3〔+a に〕（帽子）を深くかぶせる. —— se 再 1（帽子を）深くかぶる. 2（考えなどが）頭にこびりつく.

encasquillar 他 1 《中米》…に蹄鉄を打つ. 2 …に金具の環[はめ輪, 口金]をはめる. —— se 再 1（はめ輪のせいで発砲の際に）弾丸が詰まる. 2 動きがとれなくなる, 立ち往生する, もたつく. 3《話》話がつかえる, 考えがもたつく. 4《中米》おじけつく, びくつく.

encastar 他 （交配で家畜を）品種改良する.

encastillar 他 を積み重ねる, 積み上げる. —— se 再 1〔+en に〕固執する. 2〔+en に〕立てこもる, 籠城(みしろ)する.

encastrar 他 1 はめる, はめ込む. 2《機械》（部品の歯を）かみ合わせる.

encausado, da 過分〔→ encausar〕名 被告(人).

encausar 他《法律》を起訴する.

encáustica 女 ＝encausto.

encáustico, ca 形《美術》蝋画（°）の. —— 男 ワックス. 2 蝋画.

encausto 男《美術》蝋画（°）法.

encauzamiento 男 水路を開くこと, 水路の整備.

encauzar [1.3] 他 1 …の水路を開く, …に出口を与える. 2 を導く, 誘導する.

encebollado 男《料理》エンセボリャード（タマネギ入りの料理）.

encebollar 他《料理に》タマネギをたくさん入れる.

encefálico, ca 形《解剖》脳の.

encefalitis 女〔単複同形〕《医学》脳炎.

encéfalo 男《解剖》脳.

encefalografía 女《医学》脳造影法.

encefalograma 男《医学》脳波図.

encefalomielitis 女〔単複同形〕《医学》脳脊髄炎.

encefalopatía 女《医学》脳症.

enceguecer 他 1 の目を見えなくする.

encelar 他 …に嫉妬心を起こさせる. ― **se** 再 **1**〔+de に〕嫉妬する. **2**(動物)が発情する, さかりがつく.

encenagado, da 形 **1** 泥まみれの. **2** 悪事にふけった.

encenagarse [1.2] 再 **1** 泥まみれになる. **2**〔+en に〕陥る, ふける.

encendedor 男 ライター, 点火器.

encender [エンセンデル] [4.2] 他 **1** …に火をつける, 点火する, を燃やす. ～ el gas ガスに点火する. **2**…のスイッチを入れる, 点灯する. ～ el televisor テレビスイッチを入れる. ～ la luz 電気をつける. **3 a)** をあおる, 燃え上がらせる. 激化させる. **b)**(感情などを)激しさせる, つのらせる. ～ la ira 怒りをつのらせる. **4**(戦争)を引き起こす. **5**(口の中・舌)をひりひりさせる. ～ la lengua 舌をひりひりさせる. ― **se** 再 **1** 火がつく, 燃え上がる, 燃えさかる. **2** 赤くなる, 紅潮する. **3**〔+de で〕激高する, 興奮する. ―～ *se de ira* 激怒する.

encendido, da 過分〔→ encender〕形 **1** 火がついた, 点火された. **2** 熱くなった. (感情が)激しい. **3** 赤くなった, ほてった. ― 男 点火, 発火; 点火装置.

encentar 他 **1** 始める, 開始する, 着手する. **2**…に潰瘍を作る. ― **se** 再 潰瘍ができる.

encerado, da 過分〔→ encerar〕形 ろうそく色の. ― 男 **1**(床などを)床みがき, ワックスがけ. **2** 黒板. **3** 油布, 防水布.

encerador, dora 名 床みがきをする人. ― 女 **(機械)**床みがき器, ワックスがけ機.

encerar 他 **1**…にろう〔ワックス〕を塗る〔引く〕. **2** をろうで15す. **3**…にモルタル〔漆喰〕を厚く塗る. ― **se** 再 (穀物が)熟して黄色くなる.

encerradero 男 (雨天や毛を刈る際に入れておく)家畜の囲い場.

encerrado, da 過分〔→ encerrar〕形 閉じ込もった, 閉じ込められた.

encerrar [エンセラル] [4.1] 他 **1**〔+en に〕を閉じ込める, 監禁する, 幽閉する. **b)**をしまい込む, 押し込める, 収める, まとめる. **3**(括弧などで)をくくる. 囲む. ～ *una frase entre paréntesis* 語句を括弧でくくる. **4**を内包する, 内蔵する, 含む. **5**(チェスで, 駒)を封じ込める. ― **se** 再 **1** 閉じこもる, 立てこもる. **2** 自分の殻に閉じこもる. 引きこもる.

encerrona 女 **1**(闘牛)しろうとの闘牛(試合). **2** わな, おとし穴. **3**(話)閉居, 隠遁; 引きこもり.

encestador, dora 名 (バスケットボールで)たくさんの点を取る人.

encestar 他 **1**をかごに入れる. **2**(スポ)(バスケットボールで)シュートする, (点を)入れる.

enceste 男 ((スポ))(バスケットボールの)シュート, 得点.

enchancletar 他 (靴)をかかとを踏みつぶしてはく.

enchapado 男 化粧板張り, ベニヤ張り; 板金張り.

enchapar 他 → chapar.

encharcamiento 男 水浸し.

encharcar [1.1] 他 **1**を水びたしにする. **2**(水分の取りすぎで胃を)水ぶくれにする. **3**(血・体液などが器官・臓器を満たす.

― **se** 再 **1** 水びたしになる. **2**〔+con で〕水版になる. **3**〔+en〕(悪習)にふける.

encharcharse 再 (中南米)酔っ払う, 酒で酔う.

enchilada 女 (中米)エンチラーダ(トウモロコシのトルティーリャに挽き肉を入れてゆき, チリソースで味付けした料理).

enchilar 他 (中米) **1**をチリソースで味付けする. **2**を怒らせる. ― **se** 再 (中米)怒る, いらいらする.

enchinar 他 (メキシコ)(話) **1**…の髪をカールする. **2**を小石で舗装する.

enchincharse 再 (中南米)腹を立てる.

enchiquerar 他 **1**(闘牛)(牛を)おりに入れる. **2**(俗)を刑務所に入れる, 押し込める.

enchironar 他 (話)を豚箱(刑務所, 留置所)に入れる.

enchisparse → achispar.

enchisparse 再 ほろ酔いになる.

enchivarse 再 (中南米)かんしゃくを起こす, 怒る.

enchufado, da 過分〔→ enchufar〕名 コネ縁故で採用された人.

enchufar 他 **1**(電気)(プラグなど)をつなぐ, 差し込む. **2**(管・ホースなど)をつなぐ. **3**(話)をコネを使って入れる〔採用する〕. ― **se** 再 (話)コネを使って就職する.

enchufe 男 **1**(電気)プラグ, ソケット, 差込み. **2**(話)コネ, 縁故. **3**(コネで手に入れた)職・仕事. **4**(機械)接合部.

enchufismo 男 (話)コネを使うこと, コネに頼ること.

enchularse 再 〔+con (男)で〕(売春婦が)ひもにする.

enchumbar 他 (中南米)を水にぬらす.

enchutar 他 (中南米)を入れる.

encía 女 (解剖)歯茎, 歯肉.

encíclica 女 (カト)(ローマ教皇の)回勅(紘).

enciclopedia 女 **1** 百科事典〔全書〕; 専門百科事典〔辞典〕. **2**(話)博学, 博識な人, 生き字引.

enciclopédico, ca 形 **1** 百科事典の. **2**(知識が)幅広い, 博学な.

enciclopedismo 男 (歴史)百科全書派の運動.

enciend- 動 → encender [4.2].

encierr- 動 → encerrar [4.1].

encierro 男 **1** 閉居, 隠遁, 隠れ家, 隠れ場所. **2** 閉じこめる〔こもる〕こと, 閉いゃること. **3** 監禁, 禁固. **4**牢, 独房. **5**(闘牛)エンシエロ, 牛追い.

encima [エンシマ] 副 **1** 上に, 上の方に; 頭上に. —aquí [ahí] ~ ここ(そこ)の上の方に. **2**(より上位に; その上に. **3**その上, 加えて. —¿Llevas cambio ~? 小銭を持ち合わせているかい. **4**近づいて, 切迫して. —El invierno ya está —. もう冬がさし迫っている. **5**その上, さらに. —La comida de este restaurante es mala y ~ cara. このレストランの料理はよくない上に高い. ▶ **de encima** その上の, 上にある. **echarse encima** (その瞬間が)やって来る, 到来する. **encima de que** [＋直説法] …する(である)上に. **estar (siempre) encima de…** (1)(人)をいつも50さく注意する. (2)(事)に常に注意を払う. **por encima** (1)上の方に, 上に. (2)ざっと, 表面的に. **por encima de…** (1)…の上[上方・上位]に[を]. (2)…を超えて. (3)…にもまして. (4)…に反して. **por encima de todo** (1)どんなことがあっても, とにかく. (2)何より も, とりわけ.

encimar 他 **1** を上に置く. **2**(トランプの)賭金を上げる. — se 再 上になる, 上にあがる.

encimera 女 調理台の天板.

Encina 固名 エンシーナ (Juan del ~) (1468頃–1529頃, スペインの戯曲家・叙情詩人・音楽家).

encina 女 **1**〘植物〙オークの木, カシ. **2**オーク材.

encinal 男 →encinar.

encinar 男 カシの林[森].

encino 男 →encina.

encinta 形 〘estar＋〙妊娠した.

encintado 男 (歩道の)縁(ﾍﾘ)石.

encintar 他 **1**をリボンで飾る. **2**…に縁石[へり石]を並べる. **3**〘海事〙…に腰外板をつける.

encizañar 他 **1** を不和にする. **2**(問題の)種をまく.

enclaustramiento 男 **1** 修道院に入ること. **2**引きこもること, 隠遁生活.

enclaustrar 他 **1** を修道院に閉じこめる. **2**を隠す, 引きこもらせる. — se 再 **1**隠れる, 引きこもる, 身を隠す. **2**修道院に入る; 修道士[女]になる.

enclavado, da 過分 [→ enclavar] 形 〘＋en に〙…の位置にある; はめこまれた.

enclavar 他 **1**…の位置を定める. **2**…にくぎ[鋲(ﾋﾞｮｳ)]を打つ.

enclave 男 飛び地, 包領(他国の領土に囲まれた領土).

enclavijar 他 **1**〘音楽〙…に(弦楽器の)弦を締める)糸巻きをつける. **2**はめ込む, つなぐ.

enclenque 形 病身の, 病弱な. — 男女 病弱な人.

enclítico, ca 形 〘言語〙前接の. — 男〘言語〙前接語.

encocorar 他 〘話〙をひどくいらだたせる, 激怒させる. — se 再 〘話〙〘＋de/por で〙ひどくいらいらする, 激怒する.

encofrado 男 〘技術〙(コンクリートを流し込む)枠組み, (土留めの)板張り.

encofrar 他 〘技術〙…に枠組みをする. **2**〘技術〙…に板張りをする.

encoger [2.5] 他 **1 a)** を縮める, 短縮する. — los hombros 肩をすくめる. **b)** を引っ込める, 退ける. — las piernas 足を引っ込める. **2**を怖がらせる, 畏縮(ｲｼｭｸ)させる. — 自 縮む, 短くなる. — se 再 **1**〘＋de で〙すくめる. — se de hombros 肩をすくめる. **2 a)** 縮み上がる, 震え上がる. **b)** 気力が萎(ﾅ)える, 意気阻喪する.

encogido, da 過分 [→ encoger] 形 **1**体を丸めている, うずくまっている. **2**内気な, はにかみ屋の, 臆病な. **3**萎縮した, すくんだ.

encogimiento 男 **1** 縮み, 収縮; 萎縮. **2**びくつくこと, 臆病. 内気.

encolado 男 にかわ付け, のり付け.

encolar 他 をにかわ付けする, …にのりをつける.

encolerizar [1.3] 他 を怒らせる, かっとさせる. — se 再 怒る, かっとなる.

encomendar [4.1] 他 **1 a)** を委託する, ゆだねる, 任せる. **b)** を預ける. **2**〘歴史〙(エンコミエンダ制で, 土地や住民)を委託する. — 自 〘＋a に〙頼る, すがる. — se a Dios 神に身を委ねる.

encomendero 男 〘歴史〙エンコメンデーロ(エンコミエンダ制の委託を受けた者).

encomiable 形 賞賛に値する.

encomiar 他 を絶賛する, ほめそやす.

encomiástico, ca 形 称賛の, 絶賛の.

encomienda 女 **1**(職権・任務の)委任, 委託; 委託された任務. **2**〘歴史〙エンコミエンダ制. **3**〘歴史〙中世騎士団長の職[地位, 領地]. **4**〘中南米〙郵便小包. **5**賞賛, 推賞. **6**庇護.

encomio 男 ほめことば, 賛辞, 賞賛.

encomioso, sa 形 〘南米〙賞賛の, 賛辞の.

enconado, da 形 激しい, 執拗な.

enconar 他 **1**を怒らせる, (感情を)過度に刺激する. **2**(傷を)悪化させる, 炎症をおこさせる. **3**(争いなどを)激化させる. — se 再 **1**(傷が)うずく, 炎症を起こす. **2**(争いなどが)激化する.

encono 男 **1**深い恨み, 怨恨, 憎しみ. **2**悪意.

enconoso, sa 形 恨めしい.

encontradizo ▶ **hacerse el encontradizo** 偶然に出会ったふりをする.

encontrado, da 過分 [→ encontrar] 形 **1**向かい合った, 正面にある. **2**反対の, 連方向の, 対立した.

encontrar [エンコントラル] [5.1] 他 **1 a)** 〘＋en に〙を見つける, 見いだす; 発見する. **b)** …に出くわす, 見掛ける, と出会う. **2** 〘＋形容詞/過去分詞で〙(…と)判断する, 考える. —Encuentro adecuada la medida que tomó. 彼がとった方策は適切だと私は思う. — se 再 **1**〘＋conと〙出くわす, 出会う. —Ayer me *encontré con* él en el cine. 昨日私は映画館で彼と出くわした. **2**〖複数主語を伴って〗(互いに)出会う; (約束して)会う. **3**いる, ある. ―¿Cómo *te encuentras*? 君, 調子はどう. **4** 衝突する, 対立する, ぶつかり合う. ―Sus opiniones *se encuentran*. 彼らの意見は対立している. **5** 一致する, 釣り合う. ▶ *encontrársele todo hecho* (ある人が)何でも思うがままである. *no encontrarse* 居心地が悪い.

encontronazo 男 衝突.

encoñarse 再 〖+ con に〗夢中になる.

encopetado, da 形 **1**〖話〗上流の, 名門の. **2** うぬぼれた, 高慢な.

encorajinar 〖話〗を激怒させる, 憤怒させる. ― **se** 再 〖話〗〖+ con と〗激怒する, 憤慨する.

encorbatarse 再 ネクタイを締める.

encorchar 他 ...にコルク栓をする.

encordadura 女 〖楽器の〗弦線.

encordar [5.1] 他 **1**〖楽器に〗弦を張る; (ラケットに)ガットを張る. **2** を2本の(吊りの)鐘を鳴らす. ― **se** 再 (登山者が)体をザイルで結ぶ, ザイルで結び合う.

encordelar 他 をひもで縛る, ...にひもを巻く.

encordonar 他 をひもで縛る, ひもで飾る.

encornado, da 形 〖bien, malを伴って〗〖牛の角が〗立派な〖貧弱な〗.

encorralar 他 〖家畜を〗おり〖囲い〗に入れる.

encorsetar 他 **1** ...にコルセットを着けて締める. **2** ...の自由を奪う, を拘束する. ― **se** 再 **1** コルセットを着ける, コルセットを締める. **2**〖+ en に〗拘束される.

encortinar 他 にカーテンを掛ける.

encorvadura 女 → encorvamiento.

encorvamiento 男 **1** 曲げること, 曲げること; 湾曲. **2** 腰が曲がること.

encorvar 他 を曲げる, 湾曲させる. ― **se** 再 **1** 曲がる, 湾曲する. **2** 腰が曲がる.

encostrar 他 を外皮〖外殻〗で覆う; (パイなど)を硬い皮で覆う. ― **se** 再 **1** 外皮〖外殻〗ができる. **2**〖医学〗かさぶたができる.

encrespador 男 ヘア・カーラー; (まつ毛の)ビューラー.

encrespamiento 男 **1** 髪が縮れること, 髪をカールすること. **2**(恐怖や怒りで)片が逆立つこと. **3** 海が波立つこと, 4 いらいら〖じりじり〗すること.

encrespar 他 **1**(波)を立てる. **2**(毛髪など)を縮らせる. **3** をいらいら〖じりじり〗させる. ― **se** 再 **1**(波が)立つ, 荒れる. **2**(髪が)縮れる. **3** いらだつ, いらいらする. **4** 興奮する, もつれる.

encriptado 男 〖情報〗暗号化.

encriptar 他 〖情報〗を暗号化する, 暗号で書く.

encristalar 他 (窓など)にガラスをはめる.

encrucijada 女 **1** 四つ辻, 十字路. **2**(人生・方針などの)分かれ道, 岐路. **3** わな, 待ち伏せ.

encuadernación 女 **1** 製本, 装丁; 表紙. ―~ *en cuero* [*en piel*] 革装丁. ~ *en rústica* ペーパーバック版, 紙装丁. **2** 製本所.

encuadernador, dora 名 製本工, 製本家, 装丁家.

encuadernar を製本する, 装丁する.

encuadramiento 男 **1** 枠に入れること; 枠組み. **2** 配置; 組み込み.

encuadrar 他 **1** を(枠・額縁)に入れる, はめ込む. ― *una pintura* 絵を額に入れる. **2** 〖+ en に〗a)(種類・時間・状況などに)を位置づける, 含める. b)(人)を配属する, 配置する. **3** a)...の縁を飾る, を囲む. b)...の背景をなす. **4**(写真, 映画)...の構図を決める. 〖テレビ〗...の画像を調整する. ― **se** 再 〖+ en に〗位置づけられる, はまる; 加入する.

encuadre 男 **1**〖映画〗構図, フレーミング. **2** 枠(?). **3**(テレビの)画面調整(装置).

encuartelar 他 〖軍事〗〖中南米〗(兵)を宿営させる, 待機させる.

encubar 他 (酒など)をたるに詰める.

encubierto, ta 過分 (→ encubrir)
形 隠された, 隠れた, 秘密の.

encubridor, dora 形 隠す, 隠匿する. ― 名 **1** 隠す人〖もの〗, 隠匿(?)者. **2** 売春斡旋業者.

encubrimiento 男 **1** 隠すこと, 隠匿(?). **2**〖法律〗従犯, 幇助(ほう); 犯人をかくまうこと; 故買(?っ).

encubrir [3.2] 他 **1** を隠す, 包み隠す, 秘密にする. **2**(犯人)をかくまう, 隠匿(?)する. ― *al cómplice* 共犯者を隠匿する.

encuentr- 動 → encontrar [5.1].

encuentro 男 **1**〖+ con との〗出会い, 遭遇; 待ち合わせ, 落ち合うこと; 合流点. ―*lugar de* ~ 出会いの場, 待ち合わせの場. **2** 会見, 会談; 集会. ―Tuve un ~ *con* el rector. 私は学長と会見した. **3**〖スポーツ〗対抗試合, 対戦. ―*amistoso* 親善試合. **4**(意見などの)衝突, 対立; 口論. ―~ *de pareceres* 意見の対立〖衝突〗. **5**〖軍事〗会戦, 戦闘, 遭遇戦. **6**〖印刷〗(別の色の文字を刷り込むための)空白. ▶ *ir* [*salir*] *al encuentro de*... (1)(人)を迎えに行く〖迎えに出る〗. (2)(人)に先んじる, 先手を打つ, 出し抜く. *llevarse a ... de encuentro* 〖中米〗(人)を制す, (人)を破滅に引きずり込む.

encuerar 他 を裸にする. ― **se** 再 裸になる.

encuesta 女 **1** 調査, アンケート調査. **2**(警察の)聞き込み捜査.

encuestado, da 過分 (→ encuestar) 名 アンケート回答者.

encuestador, dora 名 アンケート調

encuestar 査員.

encuestar 他 にアンケート調査をする.

encumbramiento 男 出世, 昇進, 昇格.

encumbrar 他 **1** を高く上げる. **2** …にара を与える, を礼遇する. …の地位を高める. **3** をほめたたえる. **4** 登頂する, 頂上に到達する; 峠を越える. —— **se** 再 **1** 高い地位に登る, 出世する. **2** 〈物が〉極めて高い所にある, 高い所に達する.

encurtido 男〔主に 複〕《料理》(野菜の) 酢漬け, ピクルス.

encurtir 他《料理》(野菜などを) 酢に漬ける, ピクルスにする.

ende 圖 ▶ **por ende**《古》この故に, ゆえに, それによって.

endeble 形 **1** (人が) 弱い, かよわい. **2** (物が) もろい, 壊れやすい. **3** (論拠が) 弱い.

endeblez 女 虚弱さ, 弱さ.

endecágono 男《数学》11 角形.

endecasílabo, ba 形《詩学》11 音節の. —— 男《詩学》11 音節の詩行.

endecha 女 **1** 葬送歌, 哀歌, 悲歌, 挽歌. **2**《詩学》エンデーチャ (6-7 音節の 4 行詩, 弔いの歌が多い).

endemia 女《医学》地方病, 風土病.

endémico, ca 形 **1** 慢性の, はびこる. **2**《医学》〈病気が〉地方特有の, 風土病の. **3**《生物》(植物が) ある地域に特有の, 特定の場所にのみ生息する.

endemoniado, da 過分〔→ endemoniar〕形 **1** 悪魔つきの. **2**《話》ひどい, いまいましい, はなはだしい. **3**《話》いたずら好きの. —— 名 **2** 悪魔に取りつかれた人.

endemoniar 他 〈人に〉悪魔を取りつかせる. —— **se** 再《話》激昂する, 怒り狂う.

endenantes 圖 **1** かつて, 以前. **2**〔南米〕《俗》ちょっと前, ほんの今しがた.

endentecer [9.1] 自 歯が生える.

enderezamiento 男 まっすぐにすること; 矯正.

*****enderezar** [1.3] 他 **1** をまっすぐにする, 直立させる; (傾いたものを) 立て直す. **2** を立ち直させる; 正す, 矯正する. **3**〔+ a/ hacia へ〕を向ける, 差向ける, 捧げる. —— **se** 再 **1** まっすぐになる, 直立する. **2**〔+ a/hacia へと〕向かう.

endeudar 他 を借金だらけにする. —— **se** 再 借金だらけになる.

endiablado, da 過分〔→ endiablarse〕形《話》**1** ひどい, たまらなく悪い; 厄介な. **2** 邪悪な, よこしまな.

endiablarse 再 激昂する, いら立つ.

endibia 女《植物》キクチシャ, エンダイブ.

endilgar [1.2] 他《話》〔+ a に〕(いやなこと) を押しつける.

endiñar 他《話》(平手打ちなどを) 食らわす, 2 押しつける.

endiosamiento 男 横柄, 傲慢, 尊大.

endiosar 他 **1**〈軽蔑〉を思い上がらせる, 尊大にさせる, 傲慢にさせる. **2** を神格化する, 祭り上げる. —— **se** 再 **1**《軽蔑》思い上がる, 尊大になる, 傲慢になる. **2** 放心する, 我を忘れる, 夢中になる.

endocardio 男《解剖》心内膜.

endocarditis 女〔単複同形〕《医学》心内膜炎.

endocarpio, endocarpo 男《植物》内果皮.

endocrino, na 形《解剖》内分泌の, 内分泌腺の. —— 名 内分泌専門医.

endocrinología 女《医学》内分泌学.

endocrinólogo, ga 名《医学》内分泌専門医.

endocrinopatía 女《医学》内分泌腺症.

endodermo 男《生物》内胚葉.

endoesqueleto 男《解剖》内骨格.

endogamia 女 同族結婚.

endogámico, ca 形 同族結婚の.

endogénesis 女〔単複同形〕《生物》内生.

endógeno, na 形《生物》内生の.

endolinfa 女《解剖》内リンパ.

endomingarse [1.2] 再 よそいきを着る, 晴れ着を着る.

endoplasma 男《生物》内質.

endosar 他 **1**《商業》(書類・小切手などに) 裏書きする. **2**《話》〔+ a に〕(厄介なことを) 押しつける.

endosatario, ria 名《商業》被裏書き人, 譲受人.

endoscopia 女《医学》内視鏡検査.

endoscopio 男《医学》内視鏡.

endoso 男《商業》(手形などの) 裏書き [譲渡].

endospermo 男《生物》胚乳.

endotelio 男《解剖》内皮.

endotérmico, ca 形《化学》吸熱性の.

endovenoso, sa 形《医学》静脈内の.

endriago 男 (古代伝説の) 怪物.

endrina 女《植物》リンボクの実.

endrino, na 形 青黒い. —— 男《植物》リンボク.

endrogarse [1.2] 再〔中南米〕麻薬中毒になる.

endulzar [1.3] 他 **1** (飲食物を) 甘くする, 甘みを加える. **2** を快くする, 楽しくする, 気持ちよくする. **3** (苦労・苦痛などを) 和らげる, 穏やかにする. —— **se** 再 **1**〔3 人称で〕甘くなる. **2** 和らぐ, 穏やかになる.

*****endurecer** [9.1] 他 **1** を硬くする, 硬化させる. ——~ **las normas** を厳しくする. **2** (体力だを) 頑健にする, 鍛える. **3** を硬化させる; かたくなにする, 冷酷にする. —— **se** 再 **1** 硬くなる. **2** 丈夫になる, 頑健になる. **3** 厳しくなる, かたくなになる, 冷酷になる.

*****endurecimiento** 男 **1** 固く [硬く] なる [する] こと; 固さ. ——~ **de las arterias** 動脈硬化. **2** (肉体的の) 強化, 鍛錬.

ENE (略号) = estenordeste, estenoreste 東北東.

ene 女 **1** 文字N, nの名称. **2** 未知数, X.

enea 女 《植物》ガマ.

eneágono 男 《数学》九角形.

enebro 男 **1** 《植物》杜松(ねず), 西洋ネズ. **2** その木材.

eneldo 男 《植物》イノンド, ディル.

enema 女/男 《医学》浣腸剤[液].

enemiga 女 敵意, 反感.

enemigo, ga [エネミゴ] 形 敵の, 敵意のある, 反対の. — ejército ~ 敵軍. ► ser enemigo de ... …が嫌いである, …に反対である. — 名 敵, 敵対者, 反対者. —~ de las mujeres 女性の敵. — jurado 不倶戴天の敵. ~ natural 天敵. — 男 《集合的に》敵側, 敵軍, 敵国.

enemistad 男 敵意, 憎悪, 反感. —tener [sentir] ~ hacia [a, por]... (人)に敵意を抱く.

enemistar 他 を敵対させる. — se 再 [+con と] 憎みあう, 敵対する.

energética 女 《物理》エネルギー論[学].

energético, ca 形 エネルギーの.

energía 女 **1** 《物理, 生理》エネルギー. —ahorro de ~ 省エネ. ~ alternativa 代替エネルギー. ~ atómica [nuclear] 原子力(エネルギー). ~ eólica 風力エネルギー. ~ mareomotriz 波力[潮力]エネルギー. ~ renovable (水力などの)再生可能エネルギー. ~ solar 太陽エネルギー. **2** 力, 活力, 精力, 元気; (薬の)効力. **3** 敢然[断固]たるところ, 意力, 行動[活動]力.

enérgico, ca 形 **1** 精力的な, 活力のある; 勢いの激しい. **2** 力強い; 強力な; 強い. **3** 強固な, 強硬な.

energúmeno, na 名《軽蔑》**1** 頭のおかしい人; 狂信者; 悪魔に憑(つ)かれた人. **2** 激昂した人, 激怒した人.

enero 男 1月.

enervación 女 **1** 意気阻喪(そそう), 元気喪失. **2** 柔弱, 惰弱.

enervamiento 男 →enervación.

enervante 形 いらだたしい; 元気を失わせる.

enervar 他 **1** 《医学》…の気力を弱める. **2** (議論などを)弱める. **3** をいらいらさせる.

— se 再 弱まる; いらいらする.

enésimo, ma 形 《数学》n 番目の, n 倍の; (回数が)非常に多い.

enfadado, da 過分 [→enfadar] 形 [estar+/+con と] 怒っている, 立腹している.

enfadar [エンファダル] 他 を怒らせる, 立腹させる. — se 再 [+con と] 腹を立てる, 腹を立てる. (人のこと を)腹立たしく思う, 怒る.

enfado 男 **1** 怒り, 立腹. **2** うんざりすること, 退屈.

enfadoso, sa 形 腹立たしい, いらだつような, いやになる.

enfajillar 《中南米》を帯封する.

enfangar [1.2] 他 を泥で汚す. — se 再 **1** 泥まみれになる. **2** 《話》手を汚す; 悪事に手を染める. **3** [+en] 《話》(悪事に)おぼれる; (悪習に)染まる.

enfardar 他 を梱包する, 包みにする.

énfasis 男 **1** 強調, 重点を置くこと, 重要視. **2** 《言語》強調.

enfático, ca 形 **1** 勢いのある, 語気の強い, きっぱりとした. **2** 強調された, 断固たる.

enfatizar [1.3] 他 を強調する, 誇張する. — 自 力をこめて言う, きっぱりと言う.

enfebrecer 他 を発熱させる; 熱狂させる.

enfebrecido, da 熱狂的な.

enfermar 他 を病気にする, 弱らせる. — 自 [+de で] 悪くなる. — se 再 《中南米》病気になる.

enfermedad [エンフェルメダ] 女 **1** 病気, 疾患. —~ carencial (ビタミンなどの)欠乏症. ~ congénita 先天性疾患. ~ contagiosa 伝染病. ~ de Alzheimer アルツハイマー病. ~ de la piedra 大気汚染による建築物の劣化. ~ de Parkinson [de Hansen] パーキンソン[ハンセン]病. ~ grave 重病. ~ infecciosa 感染病. ~ mental [nerviosa] 精神病. ~ ocupacional [profesional] 職業病. ~ venérea 性病. contraer [coger] una ~ 病気にかかる. **2** (社会・道徳などの)病弊; 病癖. **3** 精神的障害, 心の病(やまい).

enfermería 女 **1** 医務室, 病室. **2** 《集合的に》患者. **3** 看護学.

enfermero, ra 名 看護師. —~ domiciliario 巡回看護師. enfermera jefa [en] jefe 主任看護師.

enfermizo, za 形 **1** 病弱な, 虚弱な, 病気がちの. **2** 病的な, 不健全な. **3** (環境などが)健康に悪い, 病気になりそうな.

enfermo, ma [エンフェルモ, マ] 形 [+de が] 病気の[で], 病気にかかった, 病んだ [estar+]. —caer [ponerse] ~ 病気になる. ► de amor 恋わずらいの. ► poner enfermo a ... (人)をむかむかさせる, 悩ませる. — 名 病人, 患者.

enfermoso, sa 形 《中南米》病弱な, 虚弱な, 病気がちの.

enfervorizar [1.3] 他 を激励する, 鼓舞する, 熱狂させる.

enfeudar 《歴史》(領地)を授封する, を封土[領土]として与える.

enfiestarse 再 《南米》お祭り騒ぎをする, 楽しむ.

enfilar 他 **1** を列に並べる, 一列に整列させる. **2** を糸に通す, 数珠なりにする. **3** (ある方向に)向かう, を沿って進む. **4** [+a に] (銃口などを)向ける. **5** 《軍事》を縦射する. **6** (議論・話題などを)方向付ける, ある方向へ向ける.

enfisema 男 《医学》気腫.

enflaquecer [9.1] 他 **1** をやせさせる. **2** を弱める, 衰弱させる. ── (se) 自再 **1** やせる, 衰える. **2** 意気消沈する.

enflaquecimiento 男 **1** やせること. **2** 衰弱. **3** 意気消沈.

enflatarse 再 **1**《中南米》嘆き悲しむ, 悩む. **2**《中米》いらだつ, 不機嫌になる.

enfocar [1.1] 他 **1** …に焦点[ピント]を合せる. **2** …に光を当てる, を照らす; 《+ hacia へ》(光)を向ける. **3**(ある観点から)を考察[分析]する, …に取組む.

enfoque 男 **1** 焦点[ピント]を合わせること, 焦点, ピント. ── automático オートフォーカス. **2** 問題の捉え方, 見方. ── del problema 問題の捉え方.

enfoscar [1.1] 他 **1**(壁)に漆喰(しっくい)[モルタル]を塗る. ── se 再 不機嫌な顔をする.

enfrascar [1.1] 他 **1** をフラスコ[びん]に入れる, びん詰にする. ── se 再 **1**《+ en に》夢中になる, 没頭する. **2** やぶ[茂み]に入りこむ.

enfrenar 他 **1**(馬)に馬勒(ばろく)をつける, 手綱をつける. **2**(馬)を手綱に慣れさせる, 調教する.

enfrentamiento 男 対決, 対立, 挑戦.

enfrentar 他 **1** …と対決する, 立ち向かう. ── la realidad 現実と向合う. **2** を敵対させる, 対立させる. **3**《+ a/con に》を向かい合わせにする, 直面させる. ── se 再《+ a/con に》**1** 対立する, 敵対する, 面と向かう. **2** 対抗する, 対決する; 直面する.

enfrente [エンフレンテ] 副 **1** 正面に, 向こう側に. **2** 反対側に, 対立して. ▶ **de enfrente** 向かいの. **enfrente de…** (1) …の正面[向こう側]に, …の前に. (2) …に向き合って, …の反対側に. (3) …に反対して, …と対立して.

enfriamiento 男 **1** 冷却, 冷たくなること. **2**《医学》風邪.

enfriar [エンフリアル] [1.5] 他 **1** を冷やす, 冷却する. **2**(情熱など)を冷ます, 弱める, …に水を差す. ── 自 冷える, 寒くなる. ── Se ha enfriado el consomé. コンソメが冷めてしまった. **2** 風邪を引く. **3** 弱まる, 弱化する, 低下する.

enfrijolarse 再《中米》(交渉などが)こじれる, 紛糾する.

enfundar 他 **1** をケースに入れる. **2**(剣など)をさやに収める. **3** カバーをかぶせる.

enfurecer [9.1] 他 を激怒させる. ── se 再《+ con に》《+ de/por の理由で》激怒する. **2**(海・天候などが)荒れる.

enfurecimiento 男 激怒, 憤怒. **2** 海や天候が荒れること, 時化(しけ).

enfurruñamiento 男《話》すねること, ふくれること.

enfurruñarse 再《話》**1** すねる, ふくれる, ぶっとする. **2** 空が雲でおおわれる, 曇る.

engajado, da 形《南米》巻き毛の, カールした.

engalanar 他《+ con/de で》を飾る, 装飾する, 装う. ── se 再《+ con/de で》装う, 着飾る.

engallarse 再《+ con に》横柄な態度をとる.

enganchada 女 口論, 言い合い.

enganchar 他 **1** a)《+ en (鉤に)など)に》引っ掛ける, つるす. ── el abrigo en la percha オーバーをハンガーに掛ける. b)《+ a に》をつなぐ, 連結する. **2** を引っかむ, 捕まえる. ──El policía lo enganchó del brazo. 警官は彼の腕をつかんだ. b)《話》(人)を引き付ける, …の心を捕らえる. ──La novela me enganchó. その小説は私の心をつかまえた. **3**(病気)にかかる. **4**《闘牛》(牛が角に)を引っ掛ける, 角ではね上げる. **5**《軍事》を入隊させる, 軍籍に入れる. ── se 再 **1** a)引っ掛かる, 宙づりになる. b)(衣類)を引っ掛ける, 鉤裂きを作る; (衣類が)引っ掛かる. **2**(病気)にかかる. **3**《軍事》《+ a に》志願する. ── se a la aviación 空軍に志願する. **4**《+ a に》(人)に夢中になる, 中毒する. ── se a la heroína ヘロインに中毒になる.

enganche 男 **1**(鉤(かぎ)で)つなぐこと, 引っかけること, 連結. **2** 鉤(かぎ), ホック, 留め金. **3**《軍事》募兵. **4**《中米》《商業》頭金.

enganchón 男 (衣服などが)引っかかること, 鉤(かぎ)裂き.

engañabobos 男女《単複同形》詐欺(さぎ)師, ぺてん師. **2**《単複同形》ぺてん, かたり, 詐欺.

engañar [エンガニャル] 他 **1** をだます, あざむく. **2** …に勘定をごまかす. ── al cliente en el peso お得意に対し重さをごまかす. **3**(夫・妻が相手を)裏切る, …に対して浮気する. ── a su mujer con otra 別の女を作って自分の妻を裏切る. **4**(一時的に)を紛らす. ── el sueño 眠気を紛らせる. ── se 再《+ con に》誤る, 間違える, 見損う. **2** 真実に目をつぶる, 自らを偽る, 自らをだます.

engañifa 女《話》詐欺(さぎ), ぺてん, かたり.

engaño 男 **1** だます[される]こと, ごまかし, 欺瞞(ぎまん), 裏切り, 勘違い, 誤り. ──inducir [llevar] ─ a …を(人)を誤りに陥れる. **3**《闘牛》ムレータ(牛をあしらう布). **4** 釣り; 釣り針. ▶ **llamarse a engaño** だまされたと称して約束[契約]を取消す.

engañoso, sa 形 人をだます[惑わせる]ような, ごまかしの, 偽りの.

engarabitar 自 よじ登る, はい上がる. ── 他 (特に, 寒さで指が)鉤(かぎ)状にする. ── se 再 **1** (寒さで指が)鉤(かぎ)状になる. (寒さで指が)かじかむ. **2**《+ a/en に》よじ登る, はい上がる.

engaratusar 他《話》を口説き落とす, 言いくるめる.

engarce 男 **1** 数珠つなぎ. **2** 象眼, (宝石の)はめ込み. **3** つながり, 関連.

engarrotar 他 (寒さで体を)しびれさせる. ── se 再 (寒さで)体がしびれる, かじかむ.

engarzar [1.3] 他 **1** 〔+en に〕(糸・玉など)をつなぎ合わせる. **2** (考えなど)をつなぎ合わせる, 関連させる. **3** (宝石)を散りばめる, はめ込む. ── 自 〖中南米〗(けんか・議論が)もつれる, いがみ合う.

engastar 他 〔+en に〕(宝石)をはめる.

engaste 男 宝石を散りばめること, 象眼; (宝石の)はめ込み用具.

engatillar 他 (板金など)をたたいてつなぐ.

engatusamiento 男 《話》口説き落とし, 言いくるめること.

engatusar 他 《話》を口説き落とす, 言いくるめる.

engavillar 他 →agavillar.

engendramiento 男 **1**(生物が)子をなすこと. **2** 生起させること, 惹起(ﾋﾟ)すること.

:**engendrar** 他 **1** を生む, (子)をもうける, 生み育てる. ── La perra *engendró* seis perritos. 牝犬は子犬を6匹生んだ. **2** を引き起こす, 惹起(ﾋﾟ)する. ── duda y descontento 疑念と不満を生じさせる. ── se 再 生じる, 発生する.

engendro 男 **1**(未完成の)出来損いの芸術・文学作品. **2** 奇形児; とても醜い人. **3**(頭脳の)所産, 思いつき. **4** 5胎児. ► **mal engendro** 嫌なガキ, 悪党.

englobar 他 **1** を含む, 包含する. **2** をひとまとめにして扱う, 一括する.

engolado, da 形 **1** 尊大な, いばった. **2**(文体が)もったいぶった, 大げさな.

engolamiento 男 気取り, もったいぶり; 尊大.

engolfar 自 (船が)沖に出る, 外洋に進む. ── se 再 〔+en に〕没頭する, 夢中になる.

engolosinar 他 …の気を引く, をそそる, を誘惑する. ── se 再 〔+con が〕好きになる, 欲しくてたまらなくなる.

engomar 他 を膠(ﾆｶﾜ)[のり]づけにする.

engorda 女 **1**〖中南米〗(家畜の)肥育, 飼育. **2**〖中南米〗〖集合的に〗(畜殺用に)肥育された家畜.

:**engordar** 他 **1** を太らせる, 肥満させる. ── tres kilos 3キロ太る. **2** 裕福にする, 金をもうけさせる. ── 自 **1** を太らせる, 肥満させる; 肥育する. **2** を水増する, 増量する.

engorde 男 (動物を)太らせること, 肥育.

engorro 男 《話》迷惑な行為, やっかいなもの, 邪魔もの.

engorroso, sa 形 やっかいな, 困難な, わずらわしい, 面倒な.

engoznar 他 **1** …に蝶番(ﾁｮｳﾂｶﾞｲ)をつける. **2** に蝶番(ｲ)をはめる.

engranaje 男 **1**〘技術〙〖集合的に〗歯車装置, ギア, 伝動装置. **2**〘技術〙(歯車を)かみ合わせること, かみ合い, 連動. **3** 結びつき, 関係, 関連.

engranar 他 **1** をつなげる, 関係づける. **2**〘技術〙歯車をかみ合わせる. ── 自 〘技術〙(歯車が)かみ合う, 連動する.

:**engrandecer** [9.1] 他 **1** を大きくする, を広げる. **2** を傑出させる, 賞賛する; …の地位を上げる. ── se 再 大きくなる.

engrandecimiento 男 **1** 拡張, 増大; 向上, 立派にすること. **2** 昇進.

engrapar 他 (かすがい・ホッチキスなどで)をとめる.

engrasar 他 **1** …に油[グリース]を塗る, 油を差す, 注油する. **2**《話》を買収する, …に賄賂(ﾜｲﾛ)を使う.

engrase 男 **1** 油を塗ること. **2** 潤滑油, 油.

engreído, da 過分 [→ engreír] 形 [estar +] うぬぼれた, 自負心の強い, 尊大な.

engreimiento 男 うぬぼれ, 思い上がり, 尊大.

engreír [6.6] 他 **1** をうぬぼれさせる, 思い上がらせる. **2**〖中南米〗(子ども)を甘やかす. ── se 再 〔+ con/de/por で〕うぬぼれる, 思い上がる. **2**〖中南米〗甘える, わがままになる.

engrescar 他 けんかする, 争いを起こす. ── se 再 けんかする, 争いを起こす.

engrifarse 再 《俗, 隠》マリファナを吸う, ドラッグをする.

engrillar 他 …に足かせをつける. ── se 再 **1** ジャガイモが芽吹く, **2**〖中南米〗馬が痩せ細る.

engrosamiento 男 肥大, 増大.

engrosar [5.1] 他 **1** を厚くする, 太くする, 拡大する. **2** を増加する, 拡大する. ── 自 **1** 増大する, 増加する, 拡大する. **2**(体が)太る, 肉をつける. **3**(河川が)増水する.

engrudar 他 …にのりをつける.

engrudo 男 のり.

engruesar 他 を増やす, 肥大[増大]させる. ── 自 太くなる, 増える.

enguachinar 他 …に水を足す. ── se 再 《話》胃がもたれる.

engualdrapar 他 (馬に)馬衣[飾り衣装]を着ける.

enguantar 他 …に手袋をはめる. ── se 再 手袋をはめる.

enguatar 他 …に詰め綿の芯を入れる.

enguirnaldar 他 を花輪で飾る.

engullir [3.9] 他 **1** を噛まずに飲み込む, 丸飲みにする.

engurruñar 他 をしわくちゃにする, 縮ませる. ── se 再 **1** しわくちゃになる, 縮む. **2**(人が)委縮する, 気おくれする.

enharinar 他 …に小麦粉をまぶす.

enhebrar 他 **1**(針に)糸を通す; (真珠などに)糸を通す. **2**《話》を立て続けにしゃべる.

enhestar [4.1] 他 (旗など)を揚げる, 掲げる.

enhiesto, ta 形 **1** 直立の, そびえ立つ.

enhilar 他 **1** …に糸を通す. **2**(考えや話)の筋道を立てる, をまとめる. **3**(物事)を秩序立てる, を整理する. **4** を一列に並べ

enhorabuena 圓 おめでとう, よかったですね(成功・幸運を祝う言葉). —*iE~ por el premio!* 受賞おめでとう. — 囡 お祝いの言葉, 祝詞. ▶*estar de enhorabuena* 大変幸せである, 幸福である; おめでたい, ご機嫌である. *dar la enhorabuena a...* (人)にお祝いを言う, 祝辞を述べる. —*Que sea ~*, お幸せに. 1 折しく, 運よく, ちょうどいい時に; ありがたいことに. —*Que sea ~*, お幸せに.

enhoramala 圓 不幸にして, 不運にも; あいにく.

enhornar 他 をオーブンに入れる.

enigma 圐 1 謎, 謎々, 意味不明な言葉. —*descifrar el ~* 謎を解く. 2 不可解[不思議]なこと, 謎. 3 謎の人物, 得体の知れない人.

enigmático, ca 圏 謎のような, 謎めいた, 不可解な.

enjabonado 圐 石鹸で洗うこと, 石鹸をつけること.

enjabonar 他 1 を石鹸で洗う. 2《話》におべっかを使う, へつらう.

enjaezar [1.3] 他 (馬に)引き具をつける.

enjalbegar [1.2] 他 …に漆喰(い)を塗る.

enjalma 囡 (軽い)荷鞍(いう).

enjalmar 他 …に軽い荷鞍(い)をつける.

enjambrar 他 (ハチを)巣別れさせる. — 圎 1(ハチが)巣別れする. 2 たくさん増える, 繁殖する.

enjambre 圐 1(巣別れする)ハチの群れ. 2 群れ, 群衆, 大勢.

enjardinar 他 (土地を)造園する.

enjaretar 他《話》(いやなことを)押しつける, 無理やり聞かせる. 2 …に糸[リボン, ひも]を通す. 3《話》を急いでする, 早口で言う.

enjaular 他 1 をかご[おり]に入れる. 2 《話》を刑務所に入れる, 収監する.

enjoyar 他 1 を宝石で飾る, …に宝石を散りばめる. 2 を美しくする. — *se* 圃 (自分を)宝石で飾る.

enjuagar [1.2] 他 1 をすすぐ, ゆすぐ, ゆすぎ落とす, 洗い落とす. — *se* 圃 1 (口をゆすぐ, うがいをする. 2《3人称代》ゆすがれる.

enjuague 圐 1 ゆすぐこと, すすぐこと; ゆすぎの水. 2 うがい. 3《話》陰謀, 策略.

enjugar [1.2] 他 1 をふく, ぬぐう. 2 を乾かす, 乾燥させる. 3(借金・赤字)を減らす. — *se* 圃 1(汗・涙などを)ふく. 2 乾く, 乾燥する. 3(借金・赤字が)なくなる.

enjuiciamiento 圐 1《法律》告訴, 起訴. 2《法律》審理.

enjuiciar 他 1 を判断する, 検討する. 2《法律》を告訴する, 起訴する.

enjundia 囡 1 本質, 真髄, 実質, 実. 2 精力, 力, 活力. 3(鳥の)卵巣の脂; (動物の)脂.

enjundioso, sa 圏 1 脂肪質の, 脂肪の多い. 2 実のある, 内容の濃い, 確かな.

enjuto, ta 圏 1 やせた, やせこけた, しな

びた. 2 渇いた.

enlabiar 他 (甘言などで)を誘惑する, だます.

enlabio 圐 甘言でだますこと.

enlace 圐 1 a) 繋(つな)がり, 関係. b) 繋(つな)ぎ(合わせ)(式). 2(列車・電車・バスなどの)連絡, 接続, 乗換え. 3(組織内の)連絡員. —*~ sindical* (会社に対する)労働組合代表者. 4《化学, 物理》結合. 5《情報》リンク.

enladrillado 圐 れんがの舗装道.

enladrillar 他 をれんがで舗装する.

enlatado, da 過分 [→ *enlatar*] 圏 1 缶詰の. 2《放送》録画の, 録音の. — 圐 1 缶詰. 2《放送》録画[録音]放送.

enlatar 他 を缶詰にする.

enlazamiento 圐 →*enlace*.

enlazar [1.3] 他 1[+*a*, +*con* と](ひもで)結びつける, 結わえる, 連結させる. 2 を組み合わせる, 組み立てる. 3 を(投げ縄で)捕らえる. — 圎 [+*con* と] 連絡する, 接続する. — *se* 圃 結びつく; 姻戚関係になる, 親戚になる.

enlodar 他 1 を泥で汚す, 泥だらけにする. 2(名声)を汚す, (人)の名声を墜らせる. 3(土壌)に泥を塗り直す;(土器)の割れ目に粘土をつめる. — *se* 圃 泥で汚れる.

enloquecedor, dora 圏 狂わせる; 人を夢中にさせる.

enloquecer [9.1] 他 1(人)を狂わせる, 正気を失わせる. 2(人)を夢中にさせる. — 圎 気が狂う, 正気を失う. — *se* 圃 [+*con* に] 夢中になる.

enloquecido, da 過分 [→ *enloquecer*] 圏 1 狂った. 2 熱狂的な.

enloquecimiento 圐 気が狂う[気を狂わせる]こと, 狂気.

enlosado 圐 1 床に敷石[タイル]を敷くこと. 2 石畳[タイル]敷きの床.

enlosar 他 (床などに)敷石[タイル]を敷く, (壁などを)タイル張りにする.

enlozar [1.3] 他《中南米》…に上薬を塗る.

enlucido, da 圏 しっくい, プラスター.

enlucir [9.2] 他 1(壁などに)しっくい [プラスター]を塗る, 白塗りをする. 2(金属)を磨く, 光らせる.

enlutar 他 1(人)に喪服を着せる. 2(ある時期)を悲しいものにする. 3 を暗くする. — *se* 圃 喪服を着る, 喪に服す.

enmaderar 他 (床・壁などに)板を張る, 木材で仕上る.

enmadrarse 圃 (子どもが)母親にべったりする, 母親から離れられなくなる.

enmarañamiento 圐 もつれること, こんがらかること; 錯綜, 紛糾.

enmarañar 他 1 をもつれさせる. 2(問題)を錯綜[紛糾]させる, 難しくする. — *se* 圃 もつれる, こんがらかる; 錯綜[紛糾]する.

enmarcar [1.1] 他 を枠[額縁]に入れる.

enmascarado, da 過分 [→ *enmascarar*] 圏 仮面[覆面]をかぶった. — 图

enmascaramiento 仮面[覆面]をかぶった人.

enmascaramiento 男 **1** 仮面(覆面)の装着, 変装. **2** カムフラージュすること.

enmascarar 他 **1**(人)に仮面[覆面]をかぶせる. **2**(物事・考えなど)を隠す, 隠蔽(ﾊﾞ)する. ── **se** 再 仮面[覆面]をかぶる.

enmasillar 他 (割れ目など)にパテをつめる; (ガラスなど)をパテでおさえる.

enmelar 他 **1**に蜂蜜を塗る. **2**を甘くする.

*__enmendar__ [4.1] 他 **1** を訂正する, 修正する, 直す. **2** を償う, 補償する. ── la conducta 行いを改める. **2** を償う, 補償する. ── un daño 損害を償う. **3**〖海事〗(船が方向)を変更する. ── **se** 再 〖+de を〗悔い改める, (欠点を)直す.

*__enmienda__ 女 **1**(行いを)改めること, 改心, 改悛(ﾋﾞｭﾝ). **2** 訂正, 修正, 改正. **3** 修正[訂正]案; 訂正事項. **4** 〖農業〗土地改良. ▶ *no tener enmienda* (人について)矯正できない, 手に負えない, 救いがたい. *poner enmienda* を修正する.

enmohecer [9.1] 他 **1** をかびさせる. **2** をさびつかせる. ── **se** 再 **1** かびる, さびる. **2** さびつく. **3**(知識など)がさびつく, 使えなくなる.

enmohecimiento 男 **1** かびること, かびが生えること. **2** さびつくこと.

enmoquetar 他 …にじゅうたんを敷き詰める.

enmudecer [9.1] 自 口がきけなくなる, 言葉を失う. **2** 沈黙する, 口をきかない. ── 他 (人)を沈黙させる, 黙らせる.

enmudecimiento 男 黙ること, 沈黙; 口がきけないこと.

ennegrecer [9.1] 他 **1** を黒くする; 暗くする; くもらせる. ── **se** 再 黒くなる; 暗くなる; くもる.

ennegrecimiento 男 黒くなる[する]こと, 暗くなる[する]こと, くもる[くもらせる]こと.

ennoblecer [9.1] 他 **1**(人)を貴族にする, 爵位を与える. **2**(人や物)に高貴さ[気品]を与える. **3**(人)の高潔さを示す. ── **se** 再 **1** 貴族になる, 爵位を得る. **2** 高貴さを示す.

ennoblecimiento 男 **1** 貴族になる[する]こと, 叙爵. **2** 高貴にする[なる]こと, 高貴さ.

ennoviarse 再 恋人ができる.

*__enojar__ [エノハル] 他 **1** を怒らせる. **2**...に腹を立たせる. **3** をいらいらさせる, 不快にする. ── **se** 再 〖+ con に対して〗怒る, (…に)腹を立てる.

*__enojo__ 男 **1** 怒り, 立腹, 腹立ち. ── *incurrir en el* ~ *de*… (人)の怒りを買う. **2**〖主に複〗迷惑, 不快, 労苦.

*__enojoso, sa__ 形 不愉快な, 腹立たしい; 厄介な.

enología 女 ワイン醸造学, ワイン学.
enológico, ca 形 ワイン醸造(学)の.
enólogo, ga 名 ワイン醸造学者.

enorgullecer [9.1] 他 (人)の誇りとなる, 自慢の種にする. ── **se** 再 〖+ de を〗誇る, 自慢する.

enorgullecimiento 男 高慢(になること), うぬぼれ(ること), 思い上がり.

*__enorme__ [エノルメ] 形 **1** 巨大な, 並外れて大きい; 途方もない. ── *ciudad* [*edificio*] ~ 巨大都市[ビル]. **2** ひどい, 下劣な.

*__enormidad__ 女 **1** 巨大さ, 莫大さ. **2** ── *de dinero* [*de gente*] 莫大な金[大勢の人]. **2** 法外さ, 常軌を逸した言動. ひどい間違い.

enquiciar 他 (ドアや窓など)を枠に合わせて取り付ける, 枠に収める.

enquistamiento 男 **1** 囊胞(ﾉｳﾎｳ)化. **2** 停滞.

enquistarse 再 〖医学〗嚢胞(ﾉｳﾎｳ)に包まれる. **2** 固い物の中にはまり込む, ある状況・状態のまま動かなくなる, 停滞する.

enrabiar 他 を激怒[激昂]させる. ── **se** 再 激怒[激昂]する.

enraíce(-), enraíce(-), enraíz- 動 → enraizar [1.11].

enraizar [1.11] 自 **1** 根を張る, 根をおろす, 根づく. ── **se** 再 根を張る, 根をおろす, 根づく.

enramada 女 **1**(集合的に) 生い茂った枝. **2** 枝飾り. **3** 木の枝でふいた屋根.

enramar 他 (場所など)を枝で飾る; …に枝で天井[日除]をつくる. ── 自 〖植物〗(枝)が枝をのばす, 枝をはる. ── **se** 再 木の枝に隠れる.

enrarecer [9.1] 他 **1**(気体を)希薄にする. **2**(物事)をまれにする, 希少にする. **3**(状況・雰囲気)を悪化させる, を損なう. ── **se** 再 希薄になる; (人間関係などが)疎遠になる.

enrarecimiento 男 **1**(気体の)希薄化. **2** まれなこと, 希少さ.

enrasar 他 **1**〖+ con と〗(物)の高さをそろえる; (2つの物の)高さをそろえる. **2**(物)の表面を平らにする, ならす. **3**(容器)の中身をならして縁の高さにそろえる. ── 自 同じ高さになる[である].

enredadera 女 つる植物, (特に)ヒルガオ. ── 形 つる性の, つるのある.

enredad*or, dora* 形 **1** ごたごたを起こす; (子どもが)いたずら好きな. **2**〖話〗うわさ好きの; うそつき. ── 名 **1** ごたごたを起こす人; いたずらっ子. **2** うわさ好き; うそつき.

enredar 他 **1**(糸など)をからませる. **2**〖+ en に〗(危険[やっかいなこと]に)(人)を引きずり込む. **3**(物事)を紛糾させる. **4**(人)を仲違いさせる, 時間を無駄にさせる. **5**(人)を引退させる, 不利の種をまく. ── 自 **1** (子どもが)いたずらする. **2**〖+ con に〗面白半分(ひやかし)にいじる. ── **se** 再 **1** もつれる, こんがらがる. **2**(つる植物)がからまる, はう, 伸びる. **3**(物事が)紛糾する, 難しくなる. **4**〖+ en〗(やっかいなことに)巻き込まれる; (議論などに)かかずらう. **5**〖+ con〗(異性と)深い仲になる.

enredista 形〖南米〗**1** 事態を紛糾させる, ひっかき回す. **2**〖話〗うわさ好きの, おしゃべりな.

*__enredo__ 男 **1**(糸・髪・針金などの)もつれ, 絡(ﾅ)みあい. ── *tener un* ~ *en el pelo*

髪の毛がもつれている．**2 a)**〖危険で複雑・困難な〗いかがわしいこと［事件］，ごたごた，紛糾．**b)**（子どもの）いたずら，悪ふざけ．**3** 情事，浮気，内縁関係．**4**（小説・劇などの）筋立て，プロット．—comedias de ~（波瀾万丈の筋の込み入った）劇．**5**複 がらくた（道具），厄介物，道具一式．

enrejado 男 **1** 鉄格子（窓，扉など），〖集合的で〗（建物にある）鉄格子組みのフェンス［覆い］．

enrejar 他 …に格子をつける，格子で囲む．

enrevesado, da 形 込み入った，入りくんだ．**2** 複雑な；難しい．

enrielar 他〖中南米〗（車両）をレールに乗せる；（商売など）を軌道に乗せる．

enripiar 他〖土木〗（穴）を砕石で埋める．

Enrique 固名〖男性名〗エンリーケ．

enriquecedor, dora 形〖+ de を〗豊かにする．

enriquecer [9.1] 他 を豊かにする，富ませる．——自 豊かになる，富む；裕福になる．—— se 再 豊かになる．

enriquecimiento 男 豊かになる［する］こと．

enriscado, da 過分〖→enriscar〗形 険しい，岩の多い．

enriscar [1.1] 他 を高くする，そびえ立たせる．—— se 再 岩山に隠れる．

enristrar¹ 他（玉ネギ・ニンニクなど）をつないで房を作る．

enristrar² 他（槍）を胸のところに（水平に）構える．

enrocar [1.1] 他（チェスで，キング）をキャスリングする．—— se 再（チェスで）キャスリングする．

enrocarse 再（つり針・いかりなどが）海底の岩にひっかかる．

enrojecer [9.1] 他 を（熱で）赤くする；赤面させる；赤く塗る．——自 赤くなる；赤面する．—— se 再 赤くなる；赤面する．

enrojecimiento 男 赤くなる［する］こと；赤面．

enrolamiento 男 **1** 船員登録．**2** 入会登録．

enrolar 他 を船員名簿に載せる，船員としてやとう，船に乗り組ませる．**2** 軍隊に入れる，徴兵する．**3** を組織・グループなどに参加させる．—— se 再 …に参加する；入隊する．

enrollar 他 **1** を丸める，巻く．**2**〖+ en に〗（人）を巻き込む．**3**〖情報〗スクロールする．—— se 再 **1** 丸まる，巻かれる．**2**〖話〗長々と話す［書く］．**3**〖+ en に〗没頭する，夢中になる．**4**〖+ con と〗性的関係を持つ． ▶ **enrollarse bien [mal]** 人付き合いがよい［悪い］．

enronquecer [9.1] 他（人）の声をかれさせる；〖人が主語〗声がかれる．——自〖人が主語〗声がかれる，声をからす．—— se 再〖人が主語〗声がかれる，声をからす．

enronquecimiento 男 声がかれること．

enroque 男（チェスの）キャスリング．

enroscadura 女 輪にする［なる］こと，巻くこと．

enroscar [1.1] 他 **1**（長いもの）を輪にする，リング状にする．**2**（ねじ・ナットなど）をねじ込む，しめる．—— se 再 **1**（長いもの）が輪になる，（ヘビ）がとぐろを巻く．**2**（ねじ・ナットなど）がしまる．

enrular 他〖中南米〗（髪の毛）をカールする，巻き毛にする．

enrutador 男〖情報〗ルーター．

ensabanar 他 …にシーツをかける，をシーツで覆う．

ensacar [1.1] 他 を袋に入れる，袋詰めにする．

ensaimada 女〖料理〗エンサイマーダ．

ensalada 女 **1**〖料理〗サラダ．—— mixta ミックスサラダ．~ rusa ポテトサラダ．~ de frutas フルーツサラダ．**2**〖話〗ごちゃ混ぜ，でたらめ，乱雑；ごちゃ混ぜな物．—Tiene una ~ mental. 彼は頭が混乱している． ▶ **en ensalada** ドレッシングであえた．

ensaladera 女 サラダボウル．

ensaladilla 女〖料理〗**1**（前菜用のちょっとしたサラダ，2（特に）ポテトサラダ．

ensalivar 他（治療のための）おまじない，呪文，祈祷；（多分に迷信的な）民間療法． ▶ (como) por ensalmo たちどころに．

ensalzamiento 男 賞揚，賛美．

ensalzar [1.3] 他 を賞揚する，ほめそやす，ほめる．—— se 再〖+ de を〗自慢する，自賛する．

ensamblado 男 組み立て（製品）．

ensamblador 男 **1** 指物師．**2**〖情報〗アセンブラ．

ensambladura 女（特に木製品の）はめ合わせ，接合，組み立て．

ensamblaje 男 →ensambladura．

ensamblar 他 **1**（特に木製部品）をはめ込む，組み立てる，接合する．**2**〖情報〗アセンブルする．

ensamble 男 はめ合わせ，接合，組み立て．

ensanchamiento 男 広げること，拡張．

ensanchar 他 を広げる，拡大する．—— la cintura de un pantalón ズボンの胴まわりを広げる．——自 広がる，拡大する．—Este jersey ha ensanchado. このセーターは伸びてしまった．—— se 再 **1** 広がる，拡大する．**2** 得意になる，うぬぼれる．**3** 場所を取る．

ensanche 男 **1** 広げること，拡張．**2** 拡張部分；新興開発地域，新興住宅地．**3**〖服飾〗タック，縫いひだ． ▶ zona de ensanche 新興住宅地．

ensangrentar [4.1] 他 を血で汚す，血まみれにする．—— se 再 **1** 血で汚れる，血まみれになる．**2** 激昂する．**3**〖+ con / contra に対して〗残忍に振る舞う．

ensañamiento 男 **1** 残酷（になるこ

ensañarse 再 〔+con に対して〕残忍に振舞う. 〔+en において〕残忍に振舞う.

ensartar 他 **1** を数珠つなぎにする. **2** …に糸を通す. **3** を突き刺す. **4** 嘘やばかげたことを次から次へと言う.

ensayar 他 **1 a**) (実地に)試験[試用]する, 試みる, 試す. —~ un nuevo medicamento 新薬をテストする. **b**) を練習する, 稽古する. —~ la リハーサルを行う. **2** 〔+a+不定詞〕ためしに…する; …してみる. **3** 〔+a (人)に〕を練習する. — 自 **1** 練習する, リハーサルをする. **2** 〘スポ〙(ラグビーで)トライする.

ensayismo 男 随筆(文学).

ensayista 男女 随筆家, エッセイスト.

ensayo 男 **1** 随筆, エッセー; 試論. **2** (性能などの)テスト, 試験, 試し. —~ vuelo de ~ テスト飛行. **3** (演劇)試演, リハーサル. **4** (化学)試金, (定量)分析. **5** 〘スポ〙試technológica, (ラグビーのトライ). ▶ **de ensayo** 試験的な, 試しの, 実験の.

ensebar 他 …に脂を塗る.

enseguida 副 すぐに.

ensenada 女 入江.

enseña 女 記章, 旗印.

enseñado, da 過分 〔→enseñar〕形 教えられた, しつけられた. ▶**bien [mal] ~** しつけの良い[悪い].

enseñante 形男女 教える(人); 教師.

enseñanza 女 **1** 教育, 指導; 教職. —centro de ~ 教育機関. **2** 教育課程. —~ infantil 幼児教育. ~ obligatoria 義務教育. primera ~/primaria [básica] 初等教育. segunda ~/media [secundaria] 中等教育. ~ superior 高等教育. ~ por correspondencia/~ a distancia 通信教育. ~ profesional 職業教育. ~ pública [privada] 公[私学]教育. **3** 教育法, 教育形態. —~ audiovisual 視聴覚教育. **4** 教育で得た知識[教訓]. **5** (主に複)教訓, 教え; 複 教訓となること. **6** 教義, 教え.

enseñar [エンセニャール] 他 **1 a**) を教える, 教授する; 〔+a+不定詞〕…することを教える. —Mi padre me enseñó a nadar. 父が私に泳ぎを教えてくれた. **b**) (人)に教訓を与える. **2** を見せる, 示す; あらわにする.

enseñorearse 再 〔+de を〕手に入れる, 支配下に収める: 占有する.

enseres 男複 道具, 用具, 器具; 什事道具.

ensilar 他 (農業)(穀物, 飼料など)をサイロに入れる, 貯蔵する.

ensillar 他 (馬など)に鞍をつける.

ensimismamiento 男 (考え事などへの)没頭, 物思いにふけること.

ensimismarse 再 考え事に没頭する; 〔+en に〕没頭する.

ensoberbecer [9.1] 他 (人)を尊大にする, 思い上がらせる. —**se** 再 **1** 尊大になる, 高慢になる: 〔+con/de を〕鼻にかける. **2** (海が)荒れる.

ensombrecer [9.1] 他 **1** を日陰にする, 暗くする. **2** (性格・表情)を暗くする, 悲しげにする. —el rostro 表情を曇らせる. **3** (美術)(顔・風景)を黒く描く, (絵に)陰影をつける. —**se** 再 **1** (日が)かげる. **2** 暗い影がさす, 陰気になる.

ensoñación 女 夢を見ること, 夢見.

ensoñar [5.1] 自 夢を見る, 夢想する; 夢想する. —~ を夢見る, を夢想する.

ensopar 他 **1** 〔+en (スープなどに)〕(パン)を浸す. **2** 〔中南米〕をずぶぬれにする. —**se** 再 〔中南米〕ずぶぬれになる.

ensordecedor, dora 形 (音が)耳を聾(ろう)する.

ensordecer [9.1] 他 **1** (人)の耳をきこえなくする, 耳を聾(ろう)する. **2** (言語)(音)を無声化する. — 自 **1** 耳が聞こえなくなる. **2** (言語)無声化する.

ensordecimiento 男 **1** 耳が聞こえなくなること. **2** (言語)無声化.

ensortijar 他 **1** (髪の毛など)を巻く, カールする, 輪にする. **2** (家畜)に鼻輪をつける. —**se** 再 **1** (髪の毛など)が巻かれる, 波立つ. **2** 指輪をはめる.

ensuciar 他 **1** を汚くする, 汚濁させる, よごす. —el vestido 服をよごす. **2** (名誉)をけがす. —**se** 再 **1** よごれる, 汚くなる. **2** 粗相をする, 便を漏らす. **3** 汚職をする, 名声を汚す.

ensueño 男 **1** 幻想, 夢想, 空想. **2** (心に描く)夢, 憧(あ)れ, 願望. **3** (睡眠中の)夢. ▶ **de ensueño** 夢の(夢に見るような, すばらしい; 憧れの.

entablado 男 板張りの台(床).

entablamento 男 (建築)エンタブレチュア(古典建築で柱の上の装飾的な部分).

entablar 他 **1** を始める, 開始する, 着手する. —~ relaciones diplomáticas 外交関係を結ぶ. **2** …に板を張る, を板囲いする; (医学)…に副木(ふ)を当てる. **3** (チェスで), 駒を並べる. — 自 〔中南米〕引き分ける. —**se** 再 **1** 始まる. **2** (風向きが)定まる.

entable 男 **1** 板張りにすること. **2** (チェスなどで)盤上の駒の配置.

entablillar 他 (骨折した部位に)副木(ふ)を当てて固定する.

entalegar [1.2] 他 **1** を袋に入れる, 詰める. **2** (金)を貯め込む.

entallamiento 男 **1** 彫ること, 彫刻. **2** 切り込み, はぎ穴; 切り込み.

entallar[1] 他 **1** (像などを)彫る, 彫刻する. **2** (木材)に切り込みを入れる.

entallar[2] 他 (服)の寸法を直す, を体に合わせる. —**se** 再 (服)が体にぴったり合う.

entallecer [9.1] 自 (植物)が芽を出す. — 他 (植物)が芽を出す.

entarimado 男 寄せ木張りの床, 寄せ木張り.

entarimar 他 (部屋の)床に板を張る.

éntasis 女 〘単複同形〙(建築)エンタ

シス.

ente 男 **1** 実体, 実在; 《哲学》存在. —~ de razón 観念的存在(空想の産物), ~ de ficción 架空の人物. **2** 団体, 機関; 会社. —~ estatal 国家. **3** 《奇妙な・おかしなやつ, 人.

entechar 他《中南米》…に屋根をつける.

enteco, ca 形 病弱な, 弱々しい.

entelequia 女 **1**《哲学》エンテレケイア; エンテレキー. **2** 実現不可能な理想.

entena 女《船舶》三角帆の帆柄.

entenado, da 名 まま子.

entendederas 女《話》理解力.

entendedor, dora 形名 理解力のある(人); [+de に] 精通した(人).

entender [エンテンデル] [4.2] 他 **1** 理解する, …が分かる. —Ella me entiende bien. 彼女は私のことをよく分かっている. **2** …と思う, 考える, 理解する. —Yo entiendo que tú deberías hacerlo. 私は君がそれをやるべきではないかと思う. ▶ dar a entender 分からせる, 理解させる. entender mal 誤解する. ¿Entiendes?（自分の言ったことに念を押して）だよ, いいね, 分かったかい. ya me entiendes 分かっているだろうが. —自 **1**[+de について] 詳しがっている, 熟知している. —Entiende mucho de informática. 彼は情報科学について非常に精通している. **2**[+en について] a) 介入する, 関わる. —~ en matemáticas 数学に強い. b)…に介入する, 口を挟む, 関わる. **3**《話》同性愛者である, ホモである. —se 再 **1**[+ con と] うまがわう, 息が合う, 仲良しである. —Ella se entiende muy bien con su suegra. 彼女は姑と息が合っている. b)愛人関係にある, 情交を結ぶ. **2**[+en について](意見が) 一致する, 合意する. —~se en el precio 価格について合意する. **3**[+ con の] 扱いに慣れた, (…に) 精通している. **4** 自分のことが分かっている. —男 理解, 理解力. ▶ a mi entender 私の理解するところでは.

entendido, da 過分 〔→ entender〕 形 **1** 理解された, 分かった. —mensaje mal ~ 誤解された伝言. ¿E~? 分かったかい, E~. 分かりました. **2**[+en について] 精通した, 明るい. —名 精通した人, 理解者. ▶ bien entendido que …という条件で. no darse por entendido 聞こえないふりをする, 分からないふりをする.

entendimiento 男 **1** 理解力, 了解. **2** 分別, 理性, 判断力. **3**《話》知力, 理解力, 知性, 頭の良さ. —ser corto de ~ 頭の働きが鈍い, 頭が弱い. **4**（意見などの）一致, 合意, 協調. ▶ de entendimiento と頭がよい.

entenebrecer [9.1] 他 を暗くする. —se 再 暗くなる.

entente 女〔<仏〕(主に国家間の)協約, 秘密協定, 協商.

enterado, da 過分〔→ enterar〕形 **1**[+de について] 知っている. **2**[+de/

en で] 良く知っている, 精通した. **3**《話》知ったかぶりの. —名 精通した人. —男 了承済み(のサイン).

enteramente 副 完全に, すっかり, まったく.

enterar [エンテラル] 他 **1**[+ de を]…に知らせる, 承知せる, 報告する. —Me enteraron de todo lo sucedido. 彼らは起こったことすべてを私に知らせてくれた. **2**《中南米》[南米] を完済する. —se 再 [+ de を] 知っている, 承知する; (…に) 気づく. ▶ ¡Para que te enteres! 念のため言っておくよ. se va [te vas] a enterar（脅して）思い知らせよう.

entereza 女 **1**(苦しみなどに耐える)不屈の精神, 堅忍(けんにん)(不抜). **2** 毅然[断固]たる態度.

entérico, ca 形《解剖》腸の.

enteritis 女〔単複同形〕《医学》腸炎.

enterizo, za 形 **1** 丸ごとの, 全体が一つの. **2** 続きの, 継ぎ目のない.

enternecedor, dora 形 優しい気持ち[同情心]を起こさせる.

enternecer [9.1] 他 **1**(人に)優しい気持ち(同情心)を起こさせる, …の心を動かす. **2**(物)を柔らかくする. —se 再 優しい気持ちになる.

enternecimiento 男 優しい気持ちを起こす[起こさせる]こと, 同情, あわれみ.

entero, ra [エンテロ, ラ] 形 **1** 全部の, 全部そろっている, 丸ごとの. —un día ~ まる1日. **2**《限定的に》全体の, すべての. —Se comió el pollo ~. 彼はチキンを全部食べてしまった. **3** 無傷の, そのままの[estar+]. **4**（精神的に）しっかりした, 意志堅固な, 毅然とした. **5** 公正な, 清廉な. **6** 健全な, 丈夫な[estar+]. **7**（調理したもの)に芯が残っている; (果実が) 熟していない[estar+]. **8**《数学》整数の. —número ~ 整数. **9**《中南米》そっくりの. —男 **1**《数学》整数, **2**《経済》ポイント(相場の単位), 刻み. **3**《中米, メキシコ》宝くじ札. ▶ por entero 完全に, すっかり, まったく.

enterocolitis 女〔単複同形〕《医学》全腸炎.

enterogastritis 女〔単複同形〕《医学》→gastroenteritis.

enteropatía 女《医学》腸の変形疾患.

enterrador 男 **1** 墓堀り人. **2**（動物）シデ虫, 埋葬虫.

enterramiento 男 **1** 埋葬. **2** 墓.

enterrar [4.1] 他 **1**(人)を埋める. **2** を埋葬する. **3**(人)より長生きする. **4**(物の下や間に)隠す. **5**を忘れ去る, 葬り去る. —se 再 閉じこもる, 孤立する.

enterratorio 男《南米》先住民の墓地.

entibación 女《鉱業》材木による支え, 補強.

entibar 他（坑道）を支柱で補強する, 支

entibiar — 自 [+en を] 支えにする. 頼る.
entibiar 他 1 をぬるくする. さます. 2 (情熱など)をおとろえさせる. さます. — se 再 1 ぬるくなる. さめる. 2 (情熱などが)おとろえる. さめる; [+con と] 疎遠になる, 冷たい関係になる.

entidad 女 1 a) (主に抽象的)実体, 観念的存在(物); 実在物. b) 本質. 2 機関, 団体, 組織; 会社. 3 重要性. —problema de gran ~ 大変重要な問題. ▶ de entidad 重要な.

entiend- →entender [4.2.]

entierro 男 1 葬式, 葬儀, 埋葬. 2 葬列. —~ de la sardina 灰の水曜日の謝肉祭. 3 墓, 墓地. 4《俗》埋もれた宝.

entintar 他 1 をインク(墨)でよごす. 2 を染める.

entoldado 男 1《集合的に》日よけ. 2 日よけで覆った場所.

entoldar 他 1 を日よけで覆う. 2 (空)を曇らせる.

entomófilo, la 形 2 1 昆虫好きの. 2〖植物〗虫媒の.

entomología 女 昆虫学.

entomológico, ca 形 昆虫学の.

entomólogo, ga 名 昆虫学者.

entonación 女 1〖音楽〗イントネーション, 抑揚, 音調. 2 語調, 口調. 3〖音楽〗発声(法), 調音, 音程. 4〖音楽〗(グレゴリオ聖歌の歌い出しの, 先唱, 始唱. 5 思い上がり, 傲慢, 尊大.

entonar 他 1 を歌う. 歌唱する, 詠唱する. — una canción de cuna 子守歌を歌う. 2 を սԱ つて歌う. …の音調をとる. 3 を強める, 強健にする; 元気づける. 4 色調を合わせる, 配色する. — 自 1 正しい音程で歌う. 音程を合わせて歌う. 2 [+con と] 色の釣り合いがとれる. 色が調和する. — se 再 1 (酒などの)いい気分になる. 2 思い上がる, うぬぼれる. 3 元気を取り戻す. 2 思い上がる, うぬぼれる.

[エントンセス]
entonces 副 1 その時[頃], その当時. —E— oí un ruido extraño. その時私は変な物音を聞いた. b)《主に前置詞の後でその副詞的に》その時, 当時. —desde ~ それ以来. la gente de — 当時の人々. 2【主に y の後で》そうすると, それから, その次に. —Le llamé y ~ volvió la cabeza. 私が彼を呼ぶと彼は ふり返った. ¿E~? それで(それからどうなった.) それなら, それでは, それ では. —E~, nos veremos mañana. それではまた会いま しょう. ▶ en [por] aquel entonces その時, あの時[頃]. ¡Pues! entonces! それならそうなって当然だ, そうなるのは当たり前だ.

entono 男 (声の)調子, 抑揚.

entontecer [9.1] 他 (人)を馬鹿にする, ぼうっとさせる. — se 再 馬鹿になる, ぼうっとする.

entontecimiento 男 馬鹿になること, ぼうっとすること.

entorchado 男 1 (服飾) 金(銀)モール, 飾りひも; (軍服などの)モール刺繍.

(弦楽器の)低音弦.

entorchar 他 (糸やひも)のまわりに金属糸を巻きつける; (服)をモールで飾る.

entornar 他 1 (ドア・窓など)を細目に[少しだけ]開けておく. 2 傾ける, 斜めにする. — se 再 傾く, 傾けられる.

entorno 男 1 環境, 周囲. 2〖情報〗(情報)環境.

entorpecer [9.1] 他 1 …の動きを鈍らせる, にぶくする. 2 (知性・思考力)を鈍らせる, 弱くする, 劣えさせる. 3 …の障害になる, を遅らせる. — se 再 1 (手足など)が鈍くなる, しびれる, 麻痺する. 2 (知性・思考力)が鈍る, 劣える, 弱くなる. 3 遅れる, はかどらない.

entorpecimiento 男 1 動きが鈍くなること, うまく動かなくなること. 2 遅滞.

[エントラダ]
entrada 女 □. —~ principal 表門. 2 a) 入ること, 入場. —Se prohibe la ~. 立ち入り禁止. b) 入ることを加盟; 入社, 入学. 3 入場券, 切符;〖集合的に〗入場者. 4〖主に商業〗(観覧への)入金, 収入. —~ y salidas 収入と支出. 5 頭金, 内金. 6〖料理〗アントレ. 7 a) (テレビなどの)入力端子. b)〖情報〗入力, インプット. 8 a)《スポ》(野球のイニング, 回. b)《スポ》(サッカーの)タックル. 9 (頭の)髪が後退した部分. 10 (辞書の)項目, 見出し語. 11 初期, 初め. —a la ~ del invierno 冬の初めに. 12 (演劇)登場. 13 きっかけ. ▶ de entrada まず, 手始めに. ● entrada general 天井桟敷(筧)の座席.

entrado, da 過分 [→entrar] 形 (時間が)進行して. —muy entrada la noche 夜もだいぶ更けてから. ▶ entrado en años [en edad, en días] 年寄の.

entrador, dora 形《中南米》(おしゃべりの)勇気の持てる.

entramado 男 1 木組み, 格子組み. 2 ネットワーク, …網.

entrambos, bas 形 (不定) 複 《文》(後で名詞を伴って)両方の, 双方の. — (代)《不定》 複 《文》両方, 双方.

entrampar 他 1 (動物など)を罠(怒)にかける. 2 をだます; をごたごたと巻き込む. 3 (人)に借金をさせる; (財産)に抵当に入れる. 4 (事)を紛糾させる, 混乱させる. — se 再 1 罠にかかる. 2 借金をする. 3 窮地に陥る.

entrante 形 来る, 次の. — 1 壁龕(&2;), 壁のくぼみ; くぼみ. 2 オードブル, 前菜.

entraña 女 1 複 a) 心, 思いやり, 情の底. —hombre sin ~s 冷淡[残酷]な人. b) 性格, 心根, 本性. 2 [複]内臓, 臓物, 腹わた. 3 [複] (物・事の)奥底, 深部, 内奥. —Vive en las ~s de los montes. 彼は山奥深くに住んでいる. 4 核心, 中心, 本質. ● echar las entrañas 激しく吐く. no tener entrañas 思いやりがない, 冷淡[薄情・残酷]である. sacar las entrañas a… (1) (人)を殺す, ひどい目に合わせる. (2) あり金全部巻き上

entrañable 形 **1** 親密な, 大好きな. **2** 心のこもった, 情愛深い; 心の底からの.

entrañar 他 **1** を意味する, 含意する. **2** を奥深くまで入れる.

entrar [エントラル] 自 **1**〔~ en〕(中に)入る; 侵入する. ~ a la cocina 台所に入って行く. ~ en la habitación 部屋に入る. **2**〔~ en〕 a) 入学[入会]する, (組織などに)加入する, 参加する. ~ en el ejército 入営する, 軍人になる. b) 関与する, 携わる, 立ち入る. ~ en política 政治に携わる. **3**〔+ en〕(物などが)入る, 収まる, 止まる. —Este anillo no le entra en el dedo. この指輪は彼女の指にははらない. b) (人が)入れる, 入れてもらえる. **4**〔+ en〕に〕入っている, 含まれる, 数えられる. —El desayuno no entra en el precio de la habitación. 朝食は部屋代に含まれていない. **5**〔+ en に〕 a) (時間に)入る, さしかかる. ~ en los ochenta años 80 歳になる. b) (状態に)入る, (気分になる). ~ en deseo 欲しくなる. ~ en duda 疑い出す. c) (事に)入る, とりかかる, 始める. ~ en un negocio 交渉に入る. **6** a) (時期が)始まる, 開始する. b)〔+ 現在分詞〕(…することで)始まる. —La novela entra hablando de un crimen. その小説はある犯罪の話から始まる. **7**〔+ a に〕 (人に)(欲望・気分が)やって来る, 感じ始める, 起こる. —Viendo la película, me entró sueño. その映画を見ていたら眠くなった. **8**〔+ a + 不定詞〕…し始める. ~ a trabajar 働き始める. **9**〔+ en/ por 9〕(習慣などを)身につける, (…に)染まる. ~ por una costumbre 習慣を受け入れる. **10**(話)(飲食物が)うまい, おいしい. **11**(演劇)登場する. **12**(音楽)(演奏が)入る, 鳴り出す. **13**(闘牛)(牛が)突っかかってくる. (トランプなどで)勝負に出る, 賭ける. ►**entrarle a**〔+〔人+〔メキシコ〕〕〕なぐさる. **no entrar a...**, (人が)…の気に入らない, 苦手である; わからない. **no entrar ni salir en**〔+事〕…に関わりがない. ── **1**〔~〕を(中へ)入れる. ~ la colada 洗濯物を取り込む. **2**(弱力)に付け込む; (人を)あしらう. **3**〔メキ〕に〕トラックをする. **4**(情報)…にアクセスする; 入力する. ── 入り込む.

entre [エントレ] 前〔+ 人称代名詞の場合は主格, 再帰代名詞を用いる〕 **1**(場所, 時間, 数量)…の間で, …から…まで, –Había dos extranjeros ~ el público. 観衆の中に二人の外国人がいた. La oficina está abierta ~ las nueve y las doce. 事務所は9時から12時まで開いています. **2**〔相互〕…の間で, 互いに. **3**〔選択, 区別〕…の間で, …の中で[から]; …か…か, –Hay una gran diferencia ~ tu trabajo y el mío. 君の仕事と僕の仕事の間には大きな違いがある. **4**〔中間〕…と…の間で. **5**〔比較〕…の中で. –Fue elegido ~ los mejores estudiantes. 彼は最優秀学生に選ばれた. **6**〔内部〕…の内に[で]. –Dije ~ mí que nunca lo haría. 私は決してそれをするものかと心の中で言った. **7**〔共同; 接続詞的に〕. —Entre tú y yo lo haremos. 君と僕とでそれをやろう. **8**〔重なった理由で〕…やら…やらで. —E~ moscas y mosquitos no pude dormir bien. はえやら蚊やらで私はよく眠れなかった. ►**entre más**[**menos**] ... **más**[**menos**]〔中米〕…すればするほど…. ►... ing [tanto] entre (tanto) que〔+ 直説法〕…する間. **entre semana** 平日, 週日.

entreabierto, ta 過分 (→ entreabrir) 形 半開きの.

entreabrir [3.1] 他 (とびらなどを)少し開ける.

entreacto 男 (演劇) 幕間, 休憩時間; 幕間の出し物.

entrebarrera 女〔主に 複〕(闘牛)フェンスと観客席間の通路.

entrecalle 女 (建築) 2つの列(₅)型の間の溝.

entrecano, na 形 白髪まじりの.

entrecejo 男 **1** 眉間. **2** 眉間にしわを寄せること, しかめ面. ►**arrugar [fruncir] el entrecejo** 眉間にしわを寄せる, 怒る, いやな・心配そうな表情をする.

entrecerrar [4.1] 他 (ドアなど)をほとんど閉じる, 少しだけ開けておく.

entrechocar [1.1] 他 (2つのものを)ぶつけ合う. ── **se** 再 ぶつかり合う.

entreclaro, ra 形 うす明るい.

entrecomillado 男 **1** 引用符で囲むこと. **2** 引用符で囲った部分.

entrecomillar 他 を引用符 (" ", «») で囲う.

entrecortado, da 過分 (→ entrecortar) 形 途切れ途切れの.

entrecortar 他 (声など)を途切れさせる. ── **se** 再 途切れ途切れに続く; (声などが)途切れ途切れに喋(㌻)る; 交差する.

entrecot [<仏] 男 牛のばら肉.

entrecruzamiento 男 交差.

entrecruzar [1.3] 他 **1** を交差させる. **2** (動植物)を異種交配させる. ── **se** 再 交差する.

entrecubierta 女〔主に 複〕(海事)中甲板, 中檣(㌻).

entredicho 男 **1**(信用や誠実さなどに対する)疑念, 不信. **2** 禁止; (カト)聖務禁止(停止).

entredós 男 **1** はめこみ布 (2枚の布地をつなぐ装飾的なレース・刺繍〕(2つのバルコニーの間の)短い布). **2** 整理(たんす).

entrefino, na 形 (品質やサイズが)中ぐらいの.

entrega 女 **1** a) (手)渡すこと, 引き渡し; 配達; 授与; (式式)の)交付. b) (要素などの)明渡し, 降伏. **2**(一回分の)引渡し量, 配達品. **3** 分冊, 配本. ~s 連載小説. **4**〔比喩〕 (人・主義・仕事などへの)専念. —~ al trabajo 仕事への情熱献身. **5**(建築)梁(㌻)・桁(㌅)の端 [連結部分].

entregar [エントレガル] [1.2] 他 …を渡す，手渡す，引渡す．— **se** 再 [+ a に] **1 a)** …に一生懸命になる，献身する，身を任せる．**b)** …に la enseñanza 教育に献身する．**b)** …にふける，おぼれる．— *se a las drogas* 麻薬にふける．**2** 出頭する，自首する．— a la policía 警察署に出頭する．**3** 降伏する，投降する．

entregue(-), entregué(-) 動 → entregar [1.2].

entreguerras ▶ *de entreguerras* 戦間期，特に2つの世界大戦間の．

entreguista 男女 敗北主義の[者].

entrelazamiento 男 絡み合う(合わせる)こと．

entrelazar [1.3] 他 を絡み合わせる，編み上げる．

entrelínea 女 1 行間の書きこみ．2 行間．

entremedias 副 (空間的あるいは時間的な)あいだに．▶ *de [por] entremedias de* …の間に．

entremés 男 [複 entremeses] **1** 前菜，オードブル．**2** 〈演劇〉幕間(まくあい)劇．

entremeter 他 **1** [+ entre の間に]を置く，…に混ぜる，紛れ込ませる．**2** (シーツのはしなど)を折り込む，挟み込む．— **se** 再 **1** [+ en に] 口を出す，しゃばる．**2** 間に入る，紛れ込む．

entremetido, da 過分 (→ entremeter) 形 おせっかいな．

entremezclar 他 を混ぜ(合わせ)る．

entrenador, dora 名 コーチ，トレーナー，監督．

entrenamiento 男 **1** 〈スポ〉トレーニング，調練，練習．— intensivo 集中トレーニング，特訓．**2** 調教．

entrenar 他 を訓練する，…をコーチする．— 自 練習する，トレーニングする．— **se** 再 トレーニングする，練習する．— 男 **1** トレーニング，調練，練習．**2** 調教．

entrenudo 男 〈植物〉節間．

entreoír [10.2] 他 …がぼんやり[かすか]に聞こえる；をもれ聞く．

entrepaño 男 **1** 壁の柱と柱(窓と窓など)に挟まれた部分．**2** 棚．

entrepierna 女 **1** 内股(人体の，または衣服の部分)．**2** 〈俗〉(男あるいは女)性器．▶ *pasárselo...por la entrepierna* を気にしない，ほかせる．

entreplanta 女 〈建物〉中間階．

entrepuente 男 《主に 複》〈海事〉中甲板，中艙(ちゅうそう)．

entresacar [1.1] 他 **1** [+ de から]を抜き出す，選び出す．**2** (木)を間伐する．(髪など)を抜く．

entresemana 副 平日(月曜日から金曜日まで)に．

entresijo 男 **1** 〈解剖〉腸間膜．**2** 隠れた部分，場所，内奥．▶ *tener muchos entresijos* (物事が)入り組んでいる，複雑

である．

entresuelo 男 **1** 中2階の(部屋・住居)．**2** (下に地下室などがあり，路面より1m 以上の所にある)1階．

entretanto 副 その間に，そうしている うちに，その一方で．**2** さしあたり，それまでは．— 男 合間，間の時間．▶ *en el entretanto* その間に，その一方で．

entretecho 男 〈南米〉屋根裏部屋．

entretejer 他 **1** (色の違う糸など)を織り込む．**2** を織り[組み]合わせる．**3** 組み合わせる，混ぜる．

entretela 女 **1** 〈服飾〉芯地．**2** 複 《話》心の奥底．

entretelar 他 …に芯地を入れる，を補強する．

entretención 女 〈中南米〉→ entretenimiento.

entretener [10.8] 他 **1** を楽しませる，遊ばせる．**2 a)** …の気を逸(そ)らせる，気を散らす；…のじゃまをする．**b)** を引き延ばす，遅らせる．— **se** 再 **1** 楽しむ，遊ぶ，暇つぶしをする．**2** 気が散る，ぐずぐずする．

entretenido, da 過分 (→ entretenerse) 形 **1** 楽しんだ，楽しい，おもしろい，おかしい．**b)** (仕事などが)暇のかかる，骨の折れる．— 女 愛人，囲われ者．

entretenimiento 男 **1** 娯楽，楽しみ，気晴らし；楽しませるもの[道具]．**2** (物の)維持；扶養．**3** (処理・解決などの)引き延し．

entretiempo 男 夏と冬の間，春，秋．— ropa de — 合服．

entrever [16] 他 **1** をわずかに[ちらりと]見る．を垣間(かいま)見る．**2** 予測する，推察する．

entreverado, da 過分 (→ entreverar) 形 混ぜ合わせた．

entreverar 他 **1** を交混(まぜ)ぜる．**2** …の中に紛れ込ませる，間にいる[ある]．— **se** 再 〈南米〉(人や物が)入り交じる．

entrevero 男 〈南米〉入り交じること；混雑，混乱．

entrevía 女 〈鉄道〉ゲージ，軌間．

entrevista 女 **1** 会見，会談，対談．**2** (記者などの)インタビュー，取材訪問．— de prensa 記者会見．**3** (就職・採用試験などの)面接(試験)．▶ *entrevista de trabajo* 就職の面接(試験)．

entrevistador, dora 名 インタビュアー，会見する人，面接する人．

entrevistar 他 **1** …にインタビューする，面接する，会見する．**2** …に入社試験などをする．— **se** 再 [+ con と]会見する，会談する，…にインタビューする．

entrevisto, ta 過分 (→ entrever).

entripado 男 **1** 消化不良．**2** 〈中南米〉(表には出さない)不快感，怒り，恨み．

entripar 他 〈中南米〉を怒らせる．— **se** 再 〈南米〉怒る．**2** 〈中米〉ぬれる．

entristecedor, dora 形 悲しませる，悲しくさせる．

entristecer [9.1] 他 **1** を悲しくさせる，悲しみで打ちのめす．— Me entristece tu partida. 君が出発するのは悲しい. **2** もの悲しくする, 陰気にする. ── se 再 〖+ con/de/por〗 悲しむ, (…によって)悲しくなる.

entristecimiento 男 悲しませること, 悲しみ.

entrometerse 再 〖+ en に〗 口を出す, でしゃばる.

***entrometido, da** 過分 (→entrometerse) 形名 でしゃばりな(人), おせっかいな(人), 口出しする(人).

entrometimiento 男 でしゃばること, 他人の問題に口を出すこと.

entroncar [1.1] 他 〖+ con と〗 **1** を結びつける, 関連づける; …が血縁関係にあるとする. **2** を…と結びつける, 関係づける, 関連づける. ── 自 〖+ con〗 **1** (ある家系の)一員である, 親戚〖子孫〗である. **2** (他の路線と)接続している. **3** (…と)結びついている, 関係している.

entronización 女 王位に就く〖就ける〗こと, 即位.

entronizar [1.3] 他 **1** を王位に就ける. **2** をあがめる, 称揚する. **3** を高い地位〖要職〗に就ける. ── se 再 得意になる, うぬぼれる.

entronque 男 **1** 親戚関係, 一族であること. **2** (路線の)接続.

entropía 女 《物理, 情報》 エントロピー.

entropillar 〘南米〙(馬)を群れに慣れさせる.

entubar 他 **1** …に管をつける. **2** 《医学》(人)に挿管する. **3** 〘隠〙(主に兵士を)懲らしめる, 拘禁する.

entuerto 男 **1** 不正義によって生じた被害. **2** 〘主に複〙《医学》後産陣痛, あとばら.

entumecer [9.1] 他 **1** (体の一部)の動きを鈍くする, しびれさせる. ── se 再 **1** (体の一部が)(寒さなどで)動かなくなる, しびれる, かじかむ; 麻痺する. **2** (川が)増水する.

entumecimiento 男 しびれ, かじかみ; 麻痺.

entumirse 再 (手足などが)しびれる.

enturbiamiento 男 混濁.

***enturbiar** 他 **1** を濁らせる, 濁す. ── un río 川を濁らせる. **2** を狂わせる, 乱す, 水を差す. ── se 再 **1** 濁る. **2** (やる気・活気が)無くなる.

***entusiasmar** 他 を熱中させる, 夢中にする, …が大好きになる. ── El fútbol le entusiasma. 彼はサッカーに夢中だ. ── se 再 〖+ con/por〗 に熱中する, 夢中になる.

***entusiasmo** 男 **1** 熱狂, 興奮, 熱情, 熱意. **2** 感激. **3** (作家・芸術家の創造の)高揚, 霊感.

***entusiasta** 形 **1** 〖+ de に〗 熱中する, 熱心な. **2** 熱狂的な. ── 男女 熱狂者, ファン.

entusiástico, ca 形 (行ないが)熱烈な, 熱狂的な.

enucleación 女 《医学》 摘出.

enumeración 女 **1** 数え上げること, 列挙, 枚挙. **2** 目録, 一覧表, 細目. **3** (人口などの)調査. **4** 《修辞》列挙(法); 《論理》枚挙法. **5** 要約, 摘要.

***enumerar** 他 を列挙する, 数え上げる, 述べ立てる.

enumerativo, va 形 数え上げの, 列挙式の.

enunciación 女 **1** 言明, 陳述, 述べること. **2** 《言語》発話, 発話行為. **3** 《数学》(問題などの)与件.

enunciado 男 **1** 言明, 陳述, 述べること, 陳述. **2** 述べられたもの(理論, 定理, 問題, 文など). **3** 《言語》発話, 発話されたもの.

enunciar 他 **1** (考え・理論などを)(明確に)述べる, 提示する. **2** 《数学》(問題・定理などを)提出する, 出す.

enunciativo, va 形 **1** 明確に述べた, 明言した. **2** 《言語》平叙文の.

enuresis 女 〖単複同形〗《医学》排尿障害.

envainar 他 **1** (刃物)を鞘(さや)に収める. **2** (物)を鞘に収めたように包む.

envalentonamiento 男 奮い立つ〖立たせる〗こと, 強気.

envalentonar 他 (人)を奮い立たせ, (過度に)勇気づける. ── se 再 奮い立つ, 強気になる; 傲慢(ごう)になる, 威張る.

envanecer [9.1] 他 (人)を得意にさせる, うぬぼれさせる. ── se 再 〖+ de で〗 得意になる, うぬぼれる.

envanecimiento 男 得意になること, うぬぼれ, 思い上がり.

***envarado, da** 過分 (→ envarar) 形名 非常に尊大な(人), 大変高慢な(人).

envaramiento 男 **1** (手足などの)硬直, しびれ. **2** 高慢, 偉そうに振る舞うこと.

envarar 他 **1** (体の一部)をこわばらせる, 硬直させる. **2** (人)を高慢〖尊大〗にさせる. ── se 再 **1** (体の一部)がこわばる, 硬直する. **2** 横柄になる, 傲慢(ごう)になる.

envasado 男 容器に入れること, 容器に入れたもの.

envasador, dora 形 じょうご式の. ── 名 瓶〖缶〗詰職人. ── 女 **1** 瓶詰会社 **2** じょうご式の瓶詰器具.

envasar 他 **1** (液体や穀物)を容器に入れる, パックする〖保存・運搬用〗.

envase 男 **1** 容器に入れること, パック. **2** (液体・穀物などの)容器, パック.

envegarse 再 〘チリ〙(土地が)ぬかるむ.

***envejecer** [9.1] 他 **1** を老いさせる, …に年を取らせる, をふけさせる. **2** (ワイン・チーズなど)を熟成させる, 寝かせる. ── el vino ワインを寝かせる. ── 自 **1** 老いる, 年を取る. **2** 古くなる, 古びる; 熟成する. **3** 長く居座る. ── se 再 老いる, 年を取る, 古びる.

envejecimiento 男 老い込むこと, 老い.

***envenenado, da** 過分 (→ envenenar) 形 **1** 毒を盛られた, 中毒の. **2** 悪意のある, 毒のある.

envenenamiento 男 毒を盛ること, 毒殺; 毒に当たること, 中毒.

***envenenar** 他 **1** を毒殺する. (人)に毒

enverar 他 **2** …に毒を入れる, 毒を塗る; 汚染する. **3** 毒する, 損なう, …に害をなす. **4** 悪くとる, 悪意に解釈する. ── **se** 再 **1** 毒を仰ぐ, 服毒自殺する. **2**〔+con で〕中毒する. ── *con setas* キノコに当たる.

enverar 自 (果物などの実が)熟して色づく.

envergadura 女 **1** 重要性; 規模. **2** 帆幅; (鳥·飛行機の)翼幅. **3**〔人が腕を伸ばしたときの端から端までの長さ〕幅.

envergar [1.2] 他 《海事》(帆)を帆桁(ほげた)に結びつける.

enverjado 男 鉄柵.

envero 男 (ブドウなどの)熟した色.

envés 男 **1**(植物の葉などの)裏面, 裏側. **2**(物の)裏面, 裏側; 背中. **3**(物事の)裏側, 裏面.

enví- 動 → enviar [1.5].

enviada 女 **1** 送ること, 派遣. **2** 女性の派遣された人, 派遣員.

enviado, da 過分 (→ enviar) 形 送られた, 派遣された. ── 名 派遣された人, 派遣員. ── *extraordinario* 特使, 特命大使. ── *especial* 特使.

enviar [エンビアル] [1.5] 他 **1** を送る, 送付する;〔情報〕ストする. ── *un paquete* 小包を送る. **2** を派遣する, 出張させる, 行かせる. ── *tropas* 部隊を派遣する.

enviciar 他〔+con/en (悪習)に〕を染める; …に悪い癖をつける. ── **se** 再〔+con/en が〕大好きになる,〔…の〕悪習に染まる,〔…に〕溺れる.

envidar 他 (トランプで)(人)に対して賭金をつり上げる.

envidia 女 **1** 妬(ねた)み, 嫉妬(しっと). ── *sentir* [*tener*] ~ *de*… …をねたんでいる. **2** 羨(うらや)み, 羨望(せんぼう). ── ¡*Qué* ~! 何てうらやましいんだろう. ── *comerse* [*consumirse*] *de envidia* 羨望で身をさいなまれる, …が欲しくてたまらない.

envidiable 形 うらやましい, うらやむべき.

envidiar [エンビディアル] 他 **1** をうらやむ, をうらやましく思う. **2** を嫉妬(しっと)する, ねたむ, そねむ. ▸ *no tener (nada) [tener poco] que envidiar a*… …に劣らない, ひけをとらない.

envidioso, sa 形〔+de を〕うらやましがる, うらやむ, ねたむ. ── 名 うらやましがる人, ねたみ深い人.

envido 男 → envite.

envigar [1.2] 他 (建物)に梁(はり)をつける.

envilecer [9.1] 他 **1** を堕落させる. **2** …の価値を下げる. ── **se** 再 **1** 堕落する. **2** 価値を下げる.

envilecimiento 男 **1** 堕落. **2** 価値の下落.

envinado, da 形《中南米》**1** 酔払った. **2** ワイン色の.

envío 男 **1** 発送, 送付; 送金. ── *contra reembolso* 代金引換渡し. *los gastos de* ~ 送料. **2** 郵便物, 送物,

小包. **3** 派遣.

enviscar [1.1] 他 **1**(枝など)に鳥もちを塗る. **2**(犬)をけしかける. ── **se** 再 (鳥が)鳥もちにかかる.

envite 男 **1**(トランプ)賭金のつり上げ. **2** 申出, 招き. **3** ひと押し. **4**(圓木)牛に向かって誘いかけること. ▸ *al primer envite* 最初から, すぐに.

enviudar 自 配偶者を亡くす, やもめになる.

envoltijo 男 包み, 包むもの.

envoltorio 男 **1** 包み, くるんだ物. **2** 包むもの, 包装紙.

envoltura 女 **1** 包み(包装の部分), 外皮. **2** おくるみ, 産着.

envolvente 形 包む, くるむ. 《軍事》包囲する, 包囲の.

envolver [5.11] 他 **1** a) 〔+con で〕…に〕を包む, 包装する, くるむ. ── *una blusa con papel de regalo* ブラウスを贈答用の包装紙で包む. b) を含む, 秘める. **2** をくるむ, 覆う. **3** を言いくるめる, やりこめる. **4** を(紛争に)巻き込む, 巻き添えにする. **5**(敵)を取囲む, 包囲する. ── *al enemigo* 敵を取囲む. ── **se** 再〔+en で〕**1** 身をつつむ, くるまる. ── *se en una manta* 毛布にくるまる. **2**〔…に〕巻き込まれる, 巻き添えになる.

envuelto, ta 過分 (→ envolver) 形 **1** 包まれた, 巻きつけられた. **2** 包まれた. ── 男《メキシコ》トルティーリャで具をまいたもの.

enyerbar 他《メキシコ》(人)に毒を盛る. ── **se** 再《中南米》(土地が)草で覆われる.

enyesado 男 **1** 石膏(せっこう), 漆喰(しっくい)を塗るで固めること. **2** ギプスをはめること.

enyesar 他 **1**(壁など)を石膏(せっこう)・漆喰(しっくい)で塗り固める. **2** …にギプスをはめる. **3**(ワイン)に石膏を入れる.

enyugar [1.2] 他 …にくびきをかける.

enzacatarse 再《中米》牧草で覆われる.

enzarzar [1.3] **1** をイバラで覆う. **2** 〔+en (けんかなど)に〕を引き込ませる. ── **se** 再 **1** イバラにからまる. **2**〔+en〕(けんかなど)に引き込まれる, …が始まる; 長話をする. **3**〔+en〕巻き込まれる.

enzima 女 酵素.

enzimología 女《生化》酵素学.

enzolvar 他《中米》(管)を詰まらせる. ── **se** 再《中米》(管)が詰まる.

enzootia 女 《動物》(動物の)地方病, 風土病.

eñe 女 文字ñの名称.

eoceno, na 形《地質》(第三紀)始新世の. ── 男 始新世.

eólico, ca 形 **1** 風の, 風力の. **2**《ギリシャ神話》風の神アイオロスの. **3**(古代ギリシャ語の)アイオリス方言の, エオリア方言の. ── 男 アイオリス方言, エオリア方言.

eolio, lia 形 → eólico. ── 名 アイオリス人, エオリア人.

eolito 男 《地質》原石器.

eón 男 **1** 億年の期間; 測り知れない長年月, 永劫(えいごう).

epa 1〖中南米〗やあ. 2〖南米〗〖励まして〗さあ, がんばれ. 3〖南米〗気をつけろ.

epacta 図 1 太陽年と太陰年との日数の差. 2〖カト〗教会暦.

epanadiplosis 図〖単複同形〗〖修辞〗首尾同語.

epanalepsis 図 →epanadiplosis.

epatar 他〖話〗をびっくり仰天させる, たまげさせる.

epazote 男〖南米〗〖植物〗アリタソウ.

epéntesis 図〖単複同形〗〖言語〗挿音(読)現象, 挿入[音].

épica 図 叙事詩.

epicarpio 男〖生物〗(果物の)外果皮.

epiceno, na 形〖言語〗通性の. —nombre ~ 通性名詞.

epicentro 男〖地学〗震央(震源の真上の地点).

épico, ca 形 1 叙事詩の, 叙事(詩)的な. 2 英雄的な; 大きな. 3〖話〗ひどい, すさまじい.

epicureísmo 男〖哲学〗エピクロス主義. 2 快楽主義.

epicúreo, a 形 エピクロス派の, 快楽主義の. —名 エピクロス主義者, 快楽主義者.

epicutáneo, a 形 皮膚上の. —*pruebas epicutáneas*〖医学〗パッチテスト.

epidemia 図 伝染病(の流行).

epidémico, ca 形〖医学〗伝染病の, 伝染性の.

epidemiología 図〖医学〗伝染病学.

epidemiológico, ca 形〖医学〗疫学の.

epidérmico, ca 形 表皮の.

***epidermis** 図〖単複同形〗〖解剖, 動物, 植物〗表皮, 上皮; 皮膚.

epidiascopio 男〖光学〗エピディアスコープ.

epifanía 図〖カト〗 1 主のご公現(の祝日).¶1月6日, 東方の三博士の幼子イエス礼拝を記念. 2 神の顕現, 神の出現.

epífisis 図〖単複同形〗〖解剖〗 1 松果体. 2 骨端.

epifito, ta 形〖植物〗着生[寄生]植物の.

epifonema 男〖修辞〗エピフォネーマ, 感嘆的結語.

epífora 図〖医学〗流涙(症), 涙漏.

epigastrio 男〖解剖〗上腹部.

epigénesis 図〖単複同形〗〖生物〗後成説.

epigenética 図〖生物〗後成学(生物の発生過程を研究する).

epigenético, ca 形〖生物〗後成説の, 後成説の.

epigeo, a 形〖植物〗地表[地上]性の.

epiglotis 図〖単複同形〗〖解剖〗喉頭蓋.

epígono 男 エピゴーネン, 模倣者, 亜流.

epígrafe 男 1 (巻頭・章・新聞などの)題辞, エピグラフ. 2 (石・金属に刻まれた)碑文, 碑銘.

epigrafía 図 碑銘研究, 金石学.

epigrafiar 他 1 に碑銘を刻む. 2 に題名をつける.

epigráfico, ca 形 碑銘研究の, 金石学の.

epigrama 男 1 警句, エピグラム. 2 (短い)風刺詩. 3 碑文, 碑銘.

epigramático, ca 形 風刺的な, 警句の.

epigramatista 男 風刺詩作家.

epilepsia 図〖医学〗癲癇(読).

epiléptico, ca 形 癲癇(読)の. —名 癲癇患者.

***epílogo** 男 1 (小説などの)エピローグ, 終章. 2 (事件の)結末, 終局. 3〖修辞〗(演説の)結び, 締めくくり.

episcopado 男〖カト〗 1 司教の位, 在位期間. 2 (集合的)司教団.

episcopal 形 司教の. —*sede* ~ 司教座. —— 男 司教典礼書.

episcopaliano, na 形 司教の.

episcopalismo 男 司教制主義, 司教団首位説.

episcopio 男〖光学〗エピディアスコープ.

***episódico, ca** 形 1 挿話的な, 挿話から成る. 2 本筋にはかかわらない, 付随的な, 一時的な.

***episodio** 男 1 挿話, エピソード. 2〖話〗(挿話的な)出来事. 3〖話〗(ささいな)出来事, エピソード. 4〖話〗(予期せぬ)多難な出来事. 5〖放送, 映画〗(連続ものの)1回分. 6〖医学〗(ある疾患を繰り返す)症状の発現.

epistemología 図〖哲学〗認識論.

epistemológico, ca 形〖哲学〗認識論(上)の.

epístola 図 1〖文, 戯〗手紙, 書状. 2〖カト〗使徒書簡(ミサでの)その朗読. 3 (教化的意味合いの)書簡体詩.

epistolar 形 書簡の, 書簡体の.

epistolario 男 1 書簡集; 使徒書簡集. 2 ミサで使徒書簡を朗読する人.

epitafio 男 墓碑銘, 墓誌.

epitalamio 男 祝婚歌.

epitelial 形〖解剖〗上皮(組織)の.

epitelio 男〖解剖〗上皮(組織).

epitelioma 男〖医学〗上皮腫(しゅ).

epíteto 男 1〖言語〗特徴形容詞. 2 形容表現; 侮辱の言葉, ほめ言葉.

epítome 男 (作品の)要約, 梗概.

epizootia 図 動物の間の伝染病.

***época** [エポカ] 図 1 時代, 時期. —*en cualquier* ~ いつの時代にも. — ~ *actual* 現代. 2 時期, 頃, …期. —~ *de lluvias* 雨期. ~ *de celo* 発情期. 3 期間, 期. 4〖地質〗世, 期. —~ *glacial* 氷河期. ▶ **de época** 時代[年代]ものの. —*coche de época* ビンテージ[クラシック]カー. *de los [las] que hacen época*〖話〗(事件などが)ものすごい, 途方もない, とんでもない. *en su época* (人)の若い頃には, (人)が活躍していた頃には, (人)の全盛時代には. *hacer*

[formar] **época** 一時代を画する, 一世を風靡(ﾋﾞ)する, 新時代を開く.
epodo 男 〖詩学〗エポード(長短の詩行が交互に現われる古代の詩型).
epónimo, ma 形 名祖(ﾅｵﾔ)の. ── 名 名祖(地名, 姓などの起源となった人や神).
***epopeya** 女 1 叙事詩. 2 (一連の)叙事的壮挙, 英雄的偉業. 3 〖俗〗波瀾(ﾊﾗﾝ)万丈の冒険[旅], 艱難(ｶﾝﾅﾝ)辛苦.
épsilon 女 エプシロン(ギリシャ語アルファベットの第5字; E, ε).
equiángulo, la 形 〖数学〗等角の.
equidad 女 公平, 公正, 適正.
equidistancia 女 等距離.
equidistante 形 〖+de から〗等距離にある.
equidistar 自 〖+de から〗等距離にある.
équido, da 形 〖動物〗ウマ(馬)科の. ── 男複 ウマ科.
equilátero, ra 形 等辺の.
equilibrado, da 形 過分 (→equilibrar) 形 1 均衡のとれた. 2 (性格が)温和な, 平静な, 落ち着いた.
***equilibrar** 他 1 …の均衡をとる, 釣り合いをとる. ── la balanza de pagos 収支のバランスをとる. ── los gastos con los ingresos 収入に見合った支出をする. 2 を同等にする, 等しくする. ── se 再 均衡がとれる, (力が)伯仲する.
***equilibrio** 男 1 (体・事物の)釣合い, 平衡, バランス. mantener el ~ [guardar un ~] バランスを取る. perder el ~ バランスを失う[崩す]; 平静さを失う. 2 (対立する勢力などの)均衡, バランス, 安定; 調和. 3 (精神的な)平衡状態, 平静さ, 安定. ── emocional 情緒の安定. 4 〖話〗考え方の慎重さ, 節度. 5 〖経済〗(収支・需給などの)バランス, 均衡, 釣合い. ── de la balanza de pagos internacionales 国際収支の均衡. 6 〖複〗妥協策, 術策. 7 〖化学, 物理〗(力の)釣合い, 均衡.
equilibrismo 男 曲芸, アクロバット.
equilibrista 男女 曲芸師, 軽業師.
equimosis 女 〖単複同形〗〖医学〗斑状出血, (打撲などによる内出血でできた)あざ.
equino¹, na 形 馬(の).
equino² 男 1 〖動物〗ウニ. 2 〖建築〗ドーリア式柱の凸状の刳(ｸ)り型.
equinoccial 形 昼夜平分の, 春分(秋分)の.
equinoccio 男 春[秋]分, 昼夜平分時.
equinococo 男 〖動物〗ホウチュウ(サナダムシの幼虫).
equinococosis 女 〖単複同形〗〖医学〗エキノコックス症.
equinodermo 男複 棘皮(ｷｮｸﾋ)動物(ヒトデ, ウニなど).
equipaje 男 1 (旅行用の)荷物, 手回り品. ── exceso de ~ 制限超過手荷物. 2 〖海事〗乗組員, クルー.
equipal 男 〖メキシコ〗(皮・シュロ張りの)ひじ掛けいす.
equipamiento 男 1 装備, 備え; 仕度. 2 (産業・工業などの)基盤設備, 基盤施設. 3 〖海事〗(装備・人員の)積み込み.
equipar 他 〖+con/de に〗を備える, 装備する. 2 (衣服などに)をそろえる, 整える. 3 〖海事〗(航海に必要なものを)積み込む; (人員)を乗り込ませる. ── se 再 〖+con/de (装備)を〗整える.
equiparable 形 〖+a/con と〗同等の, (に)匹敵する.
equiparación 女 同等であるとみなすこと; 同一視.
equiparar 他 〖+a/con と〗を同等とみなす, 匹敵する, 似ていると言う.
***equipo** 男 1 〖スポーツ・共同作業の〗チーム, グループ, 組, 隊. ── de fútbol サッカーチーム. ── de rescate [salvamento] 救助隊. ~ nacional [local] ナショナル[地元]チーム. 2 〖集合的に〗(個人用の)装備, 用具, 用品; (機械)設備, 備品, 器具; (一軒の家の)家財道具, 什(ｼﾞｭｳ)器. ~ quirúrgico 手術器具. ~ periférico 〖情報〗周辺機器. 3 身の回り品, 身仕度, 旅装; 嫁入り衣装[道具]. 4 設備[装備]を施すこと. ── de novia 花嫁衣装. ▶ cargárselas con todo el equipo 〖俗〗こっぴどく叱られる, 叱責(ｼｯｾｷ)される. en equipo 集団[チーム]で.
equipolencia 女 〖論理〗等価, 等値.
equipolente 形 〖論理〗等価の, 等値の.
equis 女 1 文字 x の名称. 2 x の形をしたもの, 3 〖話〗(数詞の)ある数(の), 未知の. 4 〖映画〗ポルノ映画. ── película 上映する映画館. ▶ rayos x x 線.
equiseto 男 〖植物〗トクサ科の総称.
equitación 女 乗馬, 馬術.
equitativo, va 形 公正な, 公平な.
équite 男 (古代ローマの)騎士.
equivalencia 女 1 (数量・価値などの)等価, 同等, 等値. 2 〖数学〗同値, 等積.
equivalente 形 〖+a と〗1 等価な, 同等の. 2 〖数学〗同値の, 等積の. ── 名 1 〖+de との〗等価物, 同等の物. 2 〖化学〗当量.
equivaler [10.5] 自 〖+a に〗等しい, 匹敵する, 等価である.
equivocación 女 1 間違うこと, 間違い, 誤り. 2 間違い, あやまち, 誤り.
***equivocado, da** 過分 (→ equivocar) 形 1 間違っている, 誤った. 2 不適切な, 見当ばずれの. 3 曖昧(ｱｲﾏｲ)な, 両義の.
***equivocar** 他 [エキボカル][1.1] 1 を間違える, とり違える. ── el camino 道を間違える. 2 を間違えさせる, とり違えさせる. ── se 再 〖+de/en で〗間違える. ── de número de teléfono 電話番号を間違える.
equivocidad 女 誤解を招く言動.
***equívoco, ca** 形 1 曖昧(ｱｲﾏｲ)な, 両方[いろいろ]の意味にとれる, 紛らわしい. 2 (道

equivoque(-) 徳的に)いかがわしい, 怪しげな. ―― 男 **1** 間違い, 取り違え, 誤解. **2** どちらともとれる言い方, 曖昧話法, かけことば. **3** 意味が曖昧な語, 両義語, 多義語.

equívoque(-), equívoqué(-) 動 →equivocar[1.1].

era¹ 囡 **1**〖農業〗脱穀場. **2**〖農業〗(野菜や花の小さな)畑, 花壇; 苗床. **3**〖鉱業〗砕鉱場, 砕石場.

era² 囡 **1** 時代, 時期, 年代. ―― ~ glacial (paleolítica, neolítica) 氷河[旧石器, 新石器]時代. ~ atómica 原子力時代. ~ cristiana キリスト紀元, 西暦. **3** 長い年月. **4**〖地質〗(地質時代区分中で最大のもの)…代. ―― ~ paleozoica 古生代, 第一紀.

era³ 動 →ser[12].

erais 動 →ser[12].

eral 男 1歳以上2歳未満の子牛.

éramos 動 →ser[12].

eran 動 →ser[12].

erario 男 **1** 国庫, 公庫. **2** 財産(国庫, 公庫の保管場所).

eras 動 →ser[12].

erasmismo 男 エラスムス主義.

erasmista 形 エラスムス主義の. ―― 名 エラスムス主義者.

erbio 男〖化学〗エルビウム.

ere 囡 文字 r の名称〖**erre** とも言う〗.

erección 囡 **1** 立つ(立てる)こと, 建設, 設立. **2**〖生理〗勃起(ぼっき).

eréctil 形 直立する, 勃起(ぼっき)性の.

erecto, ta 形 **1** 直立した. **2** 持ち上げられた, 起こした.

erector, tora 形 勃起させる.

eremita 男 隠者.

eremítico, ca 形 通世(つうせ)の, 隠者の(ような).

eres 動 →ser[12].

erg 男〖地理〗エルグ(サハラ砂漠の砂丘砂漠地域).

ergio 男〖物理〗エルグ(仕事, エネルギーの単位).

ergo〈ラテン〉接 故に.

ergometría 囡 筋力測定.

ergonomía 囡 人間工学, 作業工学.

ergonómico, ca 形 人間工学の.

ergoterapia 囡〖医学〗作業療法.

ergotina 囡〖薬学〗麦角エキス, エルゴチン.

ergotismo 男〖医学〗麦角中毒.

erguimiento 男 立つ(立てる)こと, 起きる(起こす)こと.

erguir[6.3] 他 **1** を持ち上げる, 起こす, まっすぐに立てる. ―― **se** 再 **1** 立ち上がる, そびえる. **2** 鼻高々になる, 高慢になる, 威張る.

erial 形 (土地が)不毛の, 荒れた. ―― 男 **1** 荒地, 不毛の地. **2** 荒れ野, 不毛の地.

erigir[3.6] 他 **1** を建てる, 建設する. **2** を設立する, 創設する. **3** を昇格させる, 任命する. ―― **se** 再〖+en の〗の地位に達する, (…)に上る, (を)自認する.

erisipela 囡〖医学〗丹毒.

eritema 男〖医学〗紅斑(こうはん).

Eritrea 固名 エリトリア(首都 Asmara).

eritreo, a 形名 エリトリアの[人].

eritrocito 男〖生物〗赤血球.

erizado, da 過分 [→erizar] 形 **1** (髪の毛が)逆立った. **2** とげだらけの. **3**〖+de〗(困難・障害で)一杯の.

erizar[1.3] 他 **1**(髪の毛などを)逆立たせる. **2** を硬直させる, 堅くする, 立たせる. **3**〖+de (障害などで)を一杯にする. ―― **se** 再 **1** (髪の毛が)逆立つ. **2** びくびくする.

erizo 男 **1**〖動物〗ハリネズミ. **2**〖動物〗ウニ (= ~ de mar [marino]). **3**《魚類》ハリセンボン. **4**(クリなどの)いが. **5**〖建築〗忍返し. **6**〖話〗気難しい人.

ermita 囡 **1** (人里離れた)礼拝堂, 隠者[行者]の庵(いおり). **2** 人里離れた家[所].

ermitaño, ña 名 **1** 隠者, 隠遁(いんとん)者, 世捨て人, (苦行者;〖キリスト教〗隠修士. **2** 孤独を愛する人. ―― 男〖動物〗ヤドカリ(宿借 =cangrejo ermitaño).

Ernesto 固名〖男性名〗エルネスト.

erogación 囡 **1**(財の)分配. **2**〖中南米〗出費, 支出; 寄付.

erogar[1.2] 他 **1**(財産・資産を)分配する. **2**〖中南米〗…の支払いをする.

erógeno, na 形 性感の.

eros 男〖単複同形〗性愛, エロス.

erosión 囡 **1**〖地質〗摩耗, 侵食, 風化 **2**(名声・影響力の)喪失. **3**〖医学〗擦傷(さっしょう), 皮膚のただれ.

erosionar 他 **1** を摩耗させる, 侵食する, 風化させる. **2** (名声などを)損わせる. ―― **se** 再 摩耗する.

erosivo, va 形 摩耗させる, 侵食性の.

erótico, ca 形 **1** 性愛の, エロティックな, 官能的な; 好色の. **2** 肉欲を刺激する, 肉欲を喚起する. ―― 囡 **1** エロティシズム, 好色. **2** 抗しがたい魅力.

erotismo 男 エロティシズム, 好色.

erotizante 形 性的刺激のある, 官能的な.

erotizar 他 **1** を性的に興奮させる. **2** を官能的にする. ―― **se** 再 官能的になる.

erotomanía 囡 淫乱(いんらん)症, 色情狂(の症状).

erotómano, na 形名 色情狂(の人).

errabundo, da 形 **1** 放浪する, 居所定めぬ. **2** 焦点が定まらない, ただよう.

erradicación 囡 根絶, 撲滅.

erradicar[1.1] 他 を根こそぎにする, (主に悪いものを)根絶する, 撲滅する.

errado, da 過分 [→errar] 形 間違った, 失した.

errante 形 **1** 放浪する, さまよう, 流浪の. ―― pueblo ~ 流浪の民. **2** 道からはずれた, 道を誤った.

errar[4.6] 他 誤る; (的を)外す. ―― ~ el disparo シュートを外す. ―― 自 **1**〖+en を〗間違える. **2** 失言する. ―― ~ en la respuesta 返答を間違える **2**〖+ por を〗放浪する, さまよう, 流浪する. **3** あてどなく[漠然と]考える, 漫然と考える, (思

errata 女 誤植,誤字. —fe de ～s 正誤表.

errático, ca 形 **1** 放浪の. **2**《医学》（痛みが）迷走性の. **3**（意見や態度が）変わりやすい、移りやすい. **4** とっぴな,変わった. **5**《地質》移動する、漂移性の.

errátil 形 変動する,不確定な.

erre 女 **1** 文字 r の名称. **2** 大文字 R の名称. —— doble rr の名称. ▶ *erre que erre* 頑固に,かたくなに.

erróneo, a 形 誤りのある,間違った,正しくない.

error [エロル] 男 **1** 誤り,間違い,ミス；過失.《情報》エラー,バグ. —cometer un ～ 誤り（過ち）を犯す. **2** 過ち,過失,罪過. **3**《商業》—salvo ～ u omisión 計算等などの条項に誤謬(ご゛)脱落はこの限りにあらず. **4**《物理,数学》誤差. ▶ *error de bulto* 重大な誤り（過ち）, ひどい間違い. *estar en un [el] error* 考えが間違っている,思い違いである. *por error* 間違って,誤って.

ertzaina 男女 バスク自治州警察官.

ertzaintza 女 バスク自治州警察.

eructar 他 げっぷをする,おくびを出す.

eructo 男 げっぷ,おくび.

erudición 女 **1** 博学,博識,学識. **2** 考証学的な知識（研究）.

erudito, ta 形 《+ en について》博学な,博識のある,物知りの. —— *en egiptología* エジプト学にくわしい. ■ 名（特に文科系の）学者,碩学,物知り. ▶ *erudito a la violeta* えせ学者,半可通.

erupción 女 **1** 噴出,噴火. **2**《医学》発疹(ほ゛ L).

eruptivo, va 形 **1** 噴出の,噴火の. **2**《医学》発疹(ほ゛ L)性の.

es 動 →ser [12].

ésa, ésa 代（指示）→ ese².

esbeltez 女 すらりとしていること.

esbelto, ta 形 すらりとした,細長い.

esbirro 男 **1**《軽蔑》手先,用心棒,やくざもの. **2**《軽蔑》《監獄などの》下級役人. **3**《歴史》捕吏.

esbozar [1.3] 他 **1** を素描する,スケッチする；（計画）の概略を示す. **2** を（表情に）浮べる,表す.

esbozo 男 **1** 素描,スケッチ；素案,概略. **2** 表情,（特に微笑）を浮べること.

escabechar 他 **1**《話》《魚》を*マリネ*（酢漬け）にする. **2**《話》を試験で落第させる. **3**《話》（白髪）を染める. **4**《話》を刃物で殺す.

escabeche 男 *マリネ*（酢漬け）.

escabechina 女 **1**《話》《戦》（犠牲者の）大量の落命. **2** 大破壊,壊滅,被害.

escabel 男 **1**（座った状態で使う）足の台. **2**（背のない）腰掛け. **3** 社会的な成功するための踏み台,踏み台として利用される人.

escabiosa 女《植物》マツムシソウ.

escabrosidad 女 **1**（土地の）険しさ,険しいこと. **2**（事態の）難しさ. **3** 卑猥(ゎい).

escabroso, sa 形 **1**（土地が）険しい. **2**（事態の）困難な. **3** 卑猥な.

escabullirse [3.9] 再 **1**（手から）ぬける,逃げる. **2** こっそり抜け出す. **3** 《義務などから》逃れる,免れる,脱する.

escachalandrado, da 形《中南米》だらしない.

escachar 他 をつぶす,割る,壊す.

escacharrar 他 を壊す,（計画）を台無しにする. —— **se** 再《話》壊れる,台無しになる.

escachifollar(se) 他 →estropear.

escafandra 女 潜水服,潜水具.

escafoides 男《単複同形》《解剖》舟状骨.

escala 女 **1**（物理）目盛り；測定. —— *termométrica* 温度計の目盛り. ～ *centigrada [Celsius]* 摂氏温度目盛り. ～ *Fahrenheit* 華氏温度目盛り. **2**（現象・計画などの）規模,スケール；重要度. —a ～ *mundial* 世界的規模で(の). **3**（地図などの）縮尺；比例,割合. **4** 段階等級,規準；格付け. —— *móvil salarial* 《経済》賃金のスライド制. **5**（縄・折り畳み式などの）はしご；（船・飛行機などの）タラップ. —— *de tijera* 脚立,スキ. **6**《海事》（船の）寄港（地）；《航空》（途中）着陸（地）；着陸地. —vuelo sin ～(s)（航空）直行便,ノンストップフライト. —— *franca* 自由港. **7**《音楽》音階. **8**《軍事》（階級別）兵員名簿,序列,階級. **9**《数学》記数法. —— *binaria* 二進法. ▶ *escala cromática [diatónica]*《音楽》半音〔全音〕音階. *escala Kelvin*《物理》ケルビン〔絶対〕温度目盛り. *escala (de) Richter*（地震の）リヒター・スケール（マグニチュード表示用）. *escala de reserva*《軍事》予備役将校〔幹部〕. *escala de valores* 価値体系〔規準〕,価値観. *escala técnica* 燃料補給のための着陸〔寄港〕.

escalabrar 他 →descalabrar.

escalada 女 **1** 登ること；登山,登攀(はん). **2** 上昇,増加,エスカレーション.

escalador, dora 名 **1** 登山家,登攀(はん)者,（ロック）クライマー. **2**（マウンテンバイクの）自転車競技の選手（サイクリスト）. ■ 形 登っている,登っていた.

escalafón 男（従業員・兵士などの）名簿,リスト；（企業などの）勤務名簿,昇進リスト,序列表.

escalamiento 男 **1** 登ること,登攀(はん). **2** 上昇. **2**（戦争の拡大；（価格の）上昇.

escálamo 男《海事》櫂柱,トールピン（舟べりのオールをつなぐ部分）,オール受け.

escalar 他 **1**（山などに）登る,をよじ登る. **2**（梯子(は゛ご)を使っている場所に）入る,登る；押し入る. **3** に出世する,（society）に成り上がる.

escaldado, da 過分 〔→ escaldar〕形 **1** ゆでた,湯がいた. **2** こりごりした；すりむいた. **3**（ひどい目にあって）用心深くなった.

escaldar 他 **1** を煮沸する；湯がく,ゆでてあく抜きする. **2**（鉄などを焼いて）真っか

escaleno, na 形 **1**《数学》(三角形が)不等辺の, (円錐が)斜軸の. **2**《解剖》斜角筋の. — 男《数学》不等辺三角形;《解剖》斜角筋.

escalera [エスカレラ] 女 **1**《建築》(全体としての)階段. — ~ mecánica [automática] エスカレーター. ~ de caracol らせん階段. ~ de incendios 非常階段. ~ de mano 梯子(はご). ~ de tijeras, ~ doble 脚立. subir [bajar] (por) la ~ 階段を上る[降りる]. en ~ 階段状の[に], 段階的な[に]. **2** 梯子(はご). **3**《俗語》(下手なカットによる)虎刈り. **4**(トランプでポーカーの)ストレート, 連続カード.

escalerilla 女 小型の階段, 小さい梯子(はご)状のもの;(飛行機の)タラップ.

escaléxtric 男 **1** レーシングカーのゲーム. **2**(交通の)立体交差.

escalfar 他 **1**(卵を)落として煮やす; スープに落として煮る. **2**[メキシコ]割り引く, 減らす.

escalinata 女(建物の)外部階段,(玄関前などにある幅広の)石段;(踊り場のない)一区間分の階段.

escalivada 女《料理》エスカリバーダ(ピーマン, ナスなどの野菜を焼いたカタルーニャ料理).

escalo 男 **1**(はしごを使っている場所に)入ること, 上ること;(家などに)押し入ること. **2**(閉まっている所などに無理やりあけた)穴, すきま.

escalofriante 形 **1** ぞっとするような, 寒気のするような, 身の毛もよだつ; 恐ろしい. **2** 驚くべき.

escalofrío 男《主に 複》悪寒(ホム), 寒け; 恐怖;(体の)震え, おののき. —tener [sentir] ~s 寒け[悪寒]がする, 身震いする.

escalón 男 **1**(階段・はしごの)段, 踏み段; 段差. **2**(発達・上昇などの)段階; 等級;(到達への)踏み台. **3**《軍事》梯(ホ)団. **4** 梯形編成(配置).

escalonado, da 過分 [→escalonar] 形 階段状の.

escalonamiento 男(間隔を)置くこと, 分散させること; 分階; 配分.

escalonar 他 **1**(一定の間隔を開けて)を配置する. **2** 時間をずらして行う, 段階的に行う. — 再 間隔をおいて並ぶ, 配置につく.

escalonia, escaloña 女《植物》エシャロット(ネギの一種).

escalope 男 エスカロップ(仔牛などの薄切り肉のカツ).

escalpelo 男《医学》解剖用メス.

escama 女 **1**(魚の)うろこ,(植物の)鱗(シ)片;(皮膚などのはがれ落ちる)薄片,一般に)うろこ状のもの, フレーク;(鎧(ヒト)・鎖かたびらの)鉄片. **2** 嫌疑, 不信. **3** 皮をかぶっていること; 隠すこと; 控え目.

escamante 形《話》疑惑[不信]を招くような.

escamar 他 **1**(魚の)うろこを取る. **2** うろこ状に加工する. **3**《話》不信感を与える, 疑いを持たせる. — 再《話》疑いや不信感を抱く, 警戒する.

escamondar 他 **1**(木の枝などを)刈り込む, 剪(セ)定する. **2**(余分なもの)を取り除く, 削減する, 切り詰める.

escamoso, sa 形 **1** うろこのある, うろこ(状のもの)におおわれた. **2** 薄片の, はがれ落ちやすい. **3** 疑り深い, 信用しない, 用心深い.

escamotear 他 **1**(手品などで)を消す, 隠す; さっと取り除く. **2**《話》をあやつる, くすねる. **3**(困難などを)回避する; ごまかす,(人の目から)隠す.

escamoteo 男 **1** 消す[隠す]こと. **2** 盗み, すり, 詐欺. **3** 隠蔽(ヒネ), ごまかし.

escampada 女(雨続きの中の)晴れ間, いっときの晴れ.

escampado, da 過分 [→escampar] 形(土地が)切り開かれた, 草木のない.

escampar 自《単人称動詞》雨がやむ, 晴れ上がる. **2** 固執するのをやめる, しつこく言い張るのをやめる. **3**《中米》雨やどりする. — 他 を晴やらす, 取り除く.

escampavía 女《海事》**1**(大型船に随伴する偵察用の)小型帆船. **2** 巡視艇, 密輸監視艇.

escanciador, dora 名(ワインなどの)給仕人, 酒をつぐ係, 酌人.

escanciar 他(ワインを)注ぐ. — 自(ワインを)飲む.

escandalera 女《話》大騒動, 騒ぎ, 騒乱.

escandalizar [1.3] 他 を混乱させる, 衝撃を与える; 憤慨させる. — 自 騒ぎ立てる, うるさくする. — 再 **1**《+ de/por に》**1** 憤慨する,(大げさに)激怒して見せる. **2** 衝撃を受ける.

escandallar 他《商業》(価格・コスト)を査定する; …に値段をつける.

escandallo 男《商業》価格決定, 価格作所.

escándalo 男 **1**(わめく・泣くの)大騒ぎ, 大騒動. **2** スキャンダル, 醜聞(ルシ); 汚職, 疑獄. **3** 怪(ケ)しからんこと, 言語道断. — armar un escándalo **(1)** 大騒ぎする. **(2)** 喧嘩を買う, 物議をかもす. de escándalo 公然の, 無茶な, 並外れた. piedra de [del] escándalo **(1)** 非難の的. **(2)**《宗教》躓(ツキ)き[堕落]の機会[もと]. ¡Qué escándalo! **(1)** うるさいなあ. **(2)** 全く怪しからんあきれたことだ.

escandalosa 女《海事》斜帆, ガフトップスル.

escandaloso, sa 形 **1** 恥ずべき, みっともない; けしからん. **2** 騒々しい, やかましい; よく騒ぎを起こす. — 名 騒々しい人, 騒ぎを起こす人.

Escandinavia 固名 スカンジナビア.

escandinavo, va 形 スカンジナビアの. — 名 スカンジナビア出身の人.

escandio 男《化学》スカンジウム.

escanear 他 をスキャンする.

escáner 男 [複 escáneres] **1**《医学》CTスキャナー. **2**《情報》スキャナー.

escansión 女《詩の》韻律分析, 律読法.

escantillón 男 **1**《石の加工などに使う》型板, 雲型定規, テンプレート. **2**《角材の》小口の寸法.

escaño 男 **1** 議員席；《各政党の》議席. **2** 背もたれのあるベンチ.

escapada 女 **1** 逃亡, 脱出. **2** ちょっとした遠出(日帰り); 息抜き, さぼり. **3**《競走などで》逃げ切り, スパート. ▶*en una escapada* (1) すばやく, さっと, あっという間に. (2)《他の用事のついでに》ひとっぱしり.

escapado, da 過分 [→ *escapar*] 形 逃げた. —— 副 《ir, salir, volver などと共に》大急ぎで, あわてて.

escapar [エスカパル] 自 **1**《+ *de* から》逃げる, 抜け出る, 脱走する. —~ *de la cárcel* 脱獄する. **2**《+ *a/de* から》免れる, (を)せずに済ます. —~ *de la muerte* 死を免れる. **3**《+ *a*》及ばない所にある. **4**《スポ》逃げ切る, 振り切る. —— *se* 再 **1**《+ *de/por* を通って》a) 逃れる, 逃げる, 逃走する. b)《+ *de* を》免れる, 避ける. —*Se escapó de aquel peligro*. 彼はあの危険を回避した. c) 乗り遅れる. **2** 失う, 逃す. **3** 手の届く《影響力の及ぶ》所にない. **4 a)**《+ *de* から》漏れる, 漏れ出る. b) うっかり表に出る. —*Se me escapó la risa*. 私はつい笑いが顔に出た. **5**《スポ》《+ *de* から》抜け出る, 独り先頭に立つ.

escaparate 男 **1** ショーウィンドー, 陳列窓. **2 a)** ショーケース, ガラスケース. **b)**《中南米》洋服だんす, 衣装戸棚. **3** 見せびらかし, ——*Le encanta estar en el ~*. 彼は目立ちたがり屋だ.

escaparatista 男女 ショーウィンドーの飾り付けをする人, ディスプレー係.

escapatoria 女 **1** 逃亡, 逃走, 逃げること. **2** 逃げ道, 出口;《法などの》抜け穴, 逃げ道. **3** 解決法, 打開策, 活路. **4** 口実, 逃げ口上, 言い逃れ.

escape 男 **1**《液体・気体などの》漏れ, 噴出; ——*de gas* ガス漏れ. **2**《窮地・困難からの》逃げ道, 活路, 解決法. **3**《技術》a) 排気, 排出. ——*gases de ~* 排気ガス. b)《時計の》エスケープ(メント), 脱進機. **4** 逃亡, 逃走, 脱出. ▶*a escape* 大急ぎで, すぐに, 全速力で. *no tener* [*haber*] *escape* 逃げ道[解決策]がない.

escápula 女《解剖》肩甲骨.

escapulario 男《宗教》肩衣, スカプラリオ.

escaque 男 **1**《チェス盤などの》ます目. **2**《紋章の》区画. **3** 複 チェス.

escara 女《医学》かさぶた；火傷・皮膚病などの痕.

escarabajear 自 **1**《虫のように》はい回る, うごめく. **2**《体の一部が》むずむず[ちくちく]する.

escarabajo 男《虫類》 **1** コガネムシ. **2**《一般に》甲虫(カブトムシ・カナブンなど).

escaramujo 男 **1**《植物》野バラ, イバラ；野バラの実. **2**《貝類》ペルセベウス, 烏帽子貝(烏帽子).

escaramuza 女 **1**《軍事》《特に前線での》小競り合い, 小戦闘, 前哨戦. **2** 口げんか, 口論.

escarapela 女《帽子などの》リボン, 飾り.

escarbadientes 男《単複同形》爪楊枝.

escarbar 他 **1**《地面を》ひっかく, つつく, ほじり起こす. **2**《歯・耳などを》ほじくる, かく. **3**《火を》かき立てる. —— 自 **1** かき回す, ひっかく, つつく. **2**《+ *en* を》引っかいて探る, 詮索する, ほじくる.

escarcela 女 **1**《狩猟で使う》袋；《腰に下げる》小さな袋, 財布. **2**《特に女性用のつばのない》帽子, キャップ. **3** 腰から下げて大腿部をおおう鎧の一部.

escarceo 男 **1** 小手調べ, ちょっと試してみること. —~ *amoroso* 浮気, 恋のたわむれ, さざなみ, 小波. **3**《話の》挿話, 脱線.

escarcha 女 霜, 降霜, 白霜, 霜柱.

escarchado, da 過分 [→ *escarchar*] 形 **1** 霜におおわれた, 霜の降りた. **2**《果物など》砂糖漬けの；《菓子など》砂糖をまぶした, アイシング(糖衣)をかけた.

escarchar 自《単人称動詞》霜が降りる;《地面が》凍結する. —— 他 **1**《果物などを》砂糖漬けにする;《菓子などに》砂糖を振る[まぶす];《蒸留酒などの糖分を》結晶させる. **2**《霜に見えるように》白い粉などをまく, ふりかける.

escarda 女 **1** 雑草を取り除くこと, 除草, 草むしり. **2** 除草の時期・季節. **3** 除草用の小型の鍬(々).

escardar 他 **1** ……から雑草を取る, 除草する. **2**《主に精神面で》無用物・有害物を除く.

escardilla 女 除草用の小型の鍬(々).

escardillo 男 **1** 除草用の小型の鍬(々). **2**《遊びで》鏡などで反射させた光.

escarificación 女 **1**《農業》土かき, 土おこし；種皮処理. **2**《医学》表皮切開, 小切開, 乱刈.

escarificar [1.1] 他 **1**《農業》《畑の》土をおこす；《土の表面に》割りおこす；《種の》表皮に切り込みを入れる. **2**《医学》切開する.

escarlata 形 緋色の, 深紅色の. —— 男 **1** 緋色, 深紅色；《枢機卿などの》緋衣. **2**《医学》猩紅(ﾞｺ)熱.

escarlatina 女《医学》猩紅(ﾞｺ)熱.

escarmentar [4.1] 他《を》懲らしめる, 厳しく罰する；……に説教する. —— 自 懲りる, 教訓を得る, 反省する.

escarmiento 男 **1** 懲らしめ, 処罰, お仕置き. **2** 教訓, 戒め,《苦い》経験.

escarnecer [9.1] 他《を》愚弄する, 馬鹿にする, 嘲る.

escarnecimiento 男 **1** 馬鹿にすること, 愚弄, 嘲笑. **2** 恥, 不面目, 醜態.

escarnio 男 →escarnecimiento.
escarola 女 《植物》エンダイブ, キクヂシャ.
escarpa 女 1 急な坂, 急傾斜, 急勾配. 2 《城壁の》勾配, 内岸.
escarpado, da 形 1 傾斜した; 急勾配の. 2 a) 切り立った, 絶壁の, 断崖の. b) 険しい, 岩の多い, ごつごつした.
escarpadura 女 急な坂, 急傾斜, 急勾配.
escarpia 女 《物をぶら下げる》フック, 《鉤型に曲がった》釘.
escarpiador 男 管を壁に固定する留め具.
escarpín 男 1 パンプス; 金具や紐のない靴. 2 オーバーソックス, ソックスカバー. 3 ソックス, アンクルソックス.
escasamente 副 ほとんど…しない, わずかに; かろうじて, せいぜい.
escasear 自 不足する, 不足している; 少なくなる. —— 他 をけちる, 出し惜しみする; 切り詰める.
escasez 女 《複 escaseces》 1 不足, 欠乏, 乏しさ. ——año de ～ 凶年. 2 貧困, 窮乏. 3 けち, 吝嗇(りん).
escaso, sa 形 1 乏しい, わずかな, 少ない. 2 [+ de が] 不足した, 不十分な. ——Estoy ～ de tiempo. 私には時間がない. 3 《数量 +》…ぎりぎりの, …足らずの, かろうじて…. ——en tres días ～ 3日足らずで.
escatimar 他 1 を出し惜しみする, 出し渋る; 倹約する, 節約する; とって[ためて]おく. 2 《事実・表現など》を歪曲する, ゆがめる.
escatología 女 1 a) スカトロジー; わいせつ. b) 糞便にによる診断, 糞便学; 糞石学. 2 《宗教》終末論.
escatológico, ca 形 1 糞便に関する; わいせつな. 2 終末論の, 死後の世界に関する.
escay 男 合成皮革.
escayola 女 1 ギプス. 2 《彫刻などの》鋳型にされる焼き石膏, 石膏.
escayolar 他 をギプスで固定する; 石膏で固める.
escayolista 男女 しっくい[石膏]職人.
escena 女 1 《演劇》舞台, ステージ; 《芝居の背景, 舞台装置』》舞台装置. 2 《戯曲を区切る》第一場; シーン, 場面. ——segunda ～ del primer acto 第1幕第2場. ——final ラストシーン. 3 演劇, 芝居, 舞台芸術. ——puesta en ～ 上演, 演出. 4 《事件・犯行などの》現場. 5 《社会の》場面. 6 《現実生活の劇的な》場面, 光景, 情景. 6 《怒り・非難・脅しなどの》大騒ぎ, けんか騒ぎ. ——hacer una ～ 騒ぎ立てる. ▶ desaparecer de escena 《途中でいなくなる》引退する; 死ぬ. llevar a (la) escena 《作品》を舞台化する, 舞台に[掛け]. poner en escena (1) 上演する. (2) 舞台化[興行]する. salir a (la) escena 舞台に登場する[立つ].
escenario 男 1 《演劇》舞台, ステージ. 2 ～ giratorio 回り舞台. 2 《映画》撮影場所. ——～ de un accidente 事故現場. 3 周囲の状況, 環境.
escénico, ca 形 1 舞台[場面, シーン]の; 芝居の, 劇の. 2 風景[情景, 光景]の, 情景の.
escenificación 女 脚色, 戯曲化; 上演, 舞台化.
escenificar [1.1] 他 を脚色する. 2 《芝居にして》上演する, 舞台化する.
escenografía 女 1 舞台美術; 舞台装置, 舞台背景. 2 《美術》遠近画法, 配景画法.
escenográfico, ca 形 1 舞台美術の, 舞台装置の. 2 遠近画法の, 配景画法の.
escenógrafo, fa 男女 舞台美術家, 舞台装置担当者.
escepticismo 男 1 《哲学》懐疑主義, 懐疑論. 2 疑惑, 懐疑.
escéptico, ca 形 1 懐疑的な, 疑い深い, 懐疑主義の. ——名 《哲学》懐疑主義者. 2 懐疑的な人.
escindir 他 1 を裂く, 割る, 分離させる. 2 《物理》《分子・原子》を分裂させる. —— se 分裂する, 割れる.
Escipión 男 1 (～ el Africano) スキピオ（大アフリカヌス）(前236-183, ハンニバルを破ったローマの将軍). 2 (～ Emiliano) スキピオ（小アフリカヌス）(前185-129, ローマの政治家・将軍).
escisión 女 1 裂けること, 分裂, 分割. 2 《医学》切除, 摘出. 3 《生物》細胞分裂.
esclarecer [9.1] 他 1 《意味など》を明らかにする, 照明らかにする, 解明する. 2 を照らす, 明るくする. 3 を有名にする. —— 自 《3人称単数形で》夜が明ける, 夜が明け始める.
esclarecido, da 過分 〔←esclarecer〕形 著名な, 傑出した.
esclarecimiento 男 1 解明, 解説. 2 説明. 2 《雅》光をあてること, 明るく照らすこと.
esclava 女 《装飾のない金属製の輪だけのブレスレット.
esclavina 女 《服飾》肩マント, ケープ.
esclavitud 女 1 奴隷の身分[境遇]. 2 奴隷制度. 3 《隷属》奴隷状態; 《悪癖などの》虜(とりこ). 3 骨の折れる仕事, きつい労働, 苦役. 4 隷属.
esclavización 女 奴隷化, 隷属.
esclavizar [1.3] 他 1 を支配する, 隷属させる. 2 《歴史》を奴隷にする, こき使う.
esclavo, va 形 1 奴隷. 虜の. 2 [+ de の] 奴隷の, 言いなりになる人; 献身的な人. —— 形 1 [+ de] 忠実な. 《の》言いなりの; 《約束・仕事などに》忠実な, 献身的な. 2 —— の虜(とりこ)になった; ——に取りつかれた. 3 信徒団に属する, 講中の. —— a la ambición 野心に取りつかれた. 3 信徒団に属する, 講中の.
esclerosis 女 《医学》硬化症. —— multiple 多発性硬化症, 硬化. —— multiple 多発性硬化(症).
esclerótica 女 《解剖》《眼の》強膜(ま).

esclusa 女 水門, 堰(昭).

escoba 女 1箒(陰), 2《植物》エニシダ(まめ科の低木). ► *coche escoba* (スポ)伴走車.

escobajo 男 ブドウの粒をとった軸.

escobar 他 を箒(陰)で掃く.

escobazo 男 1箒(陰)での一撃. —echar a [＋ a] *escobazos* 《話》たたき出す. 2《南米》箒(陰)での一掃き.

escobén 男 《海事》錨鎖孔(窓).

escobilla 女 1ブラシ, はけ. 2小さな箒(陰). 3《植物》オニナキネ. 4《電気》(発電機の)ブラシ, 刷子.

escobillar 他 …にブラシをかける. —自《中南米》すり足の速いステップで踊る.

escobillón 男 モップ, デッキブラシ.

escobón 男 1大箒(陰); 長柄の箒; すす払いの箒. 2手箒. 3《植物》エニシダ.

escocedura 女 1炎症, ただれ. 2心痛, 心の痛手, 傷心.

escocer [5.9] 自 1ひりり, すきずきする. 2…の感情を害する.
—*se* 再 1気分[感情]を害する. 2(皮膚が)炎症を起こす.

escocés, cesa 形 1スコットランド(人)の. 2《服飾》タータンチェックの. —名 スコットランド人. —(言語)スコットランド語.

Escocia 固名 スコットランド.

escocimiento 男 →*escocedura*

escoda 女 《技術》(石工の)ハンマー, 鉄槌(努).

escofina 女 石目やすり.

escoger [エスコヘル] [2.5] 他 [＋ de/(de) entre から]を選ぶ, 選び出す, 選び取る. ► *Escoge el reloj que más te guste.* いちばん気に入った時計を1個選びなさい.

escogido, da 過分 [→ *escoger*] 形えりすぐった, 粒抜きの; 上質の, 極上の.

escogimiento 男 選び取り, 選択.

escoja(-), escojo 動 → *escoger* [2.5].

escolanía 女《集合的に》教会附属の少年聖歌隊.

escolapio, pia 形名《宗教》エスコラピオス修道会 (Scuole Pie) の(会士), ピアリスト会の(会士).

escolar 形 学校の, 学校教育に関する, 生徒の. —*libro* ～ 教科書; 成績通知表. *año[curso]* ～ 学年. —男女 生徒, 学童, 小学生.

escolaridad 女 1就学. 2学歴, 在学期間. 3学業, 学業成績.

escolarización 女 1就学, 学校教育. 2学校教育の普及.

escolástica 女 1スコラ哲学. 2護教哲学.

escolasticismo 男 《哲学》スコラ哲学.

escolástico, ca 形 1スコラ哲学の, スコラ派的な. 2(文体が)凝りすぎた, 学者ぶった. —名 スコラ哲学者. —女 1スコラ哲学. 2護教哲学.

escolio 男 注釈, 傍注.

escoliosis 女《単複同形》《医学》脊椎(陰)側湾症.

escollera 女 (防波堤のブロックなどの)波よけ.

escollo 男 1礁, 暗礁. 2危険, 落し穴. 3困難, 障害.

escolopendra 女 1《動物》ムカデ(類). 2《植物》コタニワタリ.

escolta 女 1 a)護衛, 護送; 護衛団, 護送隊. b)《集合的に》付添い, エスコート, 随員, お供. 2《軍事》護衛機[艦]. —男女 護衛(の人), 随員.

escoltar 他 1を護衛する, 警護する. 2(男性が女性に)付き添う, エスコートする, 送り届ける. 3…に随行する, お供する.

escombrar 他 1(瓦礫(蔭)などを取り除く, 片づける. 2(ブドウの房からくず粒を)取り除く. 3一掃する, 片付ける.

escombrera 女 くず鉱捨て場, ぼた山, 瓦礫(蔭)捨て場.

escombro 男 1《主に 複》瓦礫(蔭), 石くず, 建物を取り壊した後の残骸. 2鉱山などの砕石のくず. 3くずボラ. ► *hacer escombro* 《中南米》大げさに言う, ことさらに吹聴する.

escondedero 男 隠れ場所, 隠し場所.

esconder [エスコンデル] 他 1 a)を隠す, 隠匿する, かくまう. b)を見えなくする, 覆い隠す, …の目隠しとなる. 2(を内に)秘める, 内蔵する.
—*se* 再 隠れる, 身を潜める; 隠されている.

escondido, da 過分 [→ *esconder*] 形 1隠れた, 隠された; 秘密の. 2人目を避けた, 遠隔の. —女複《中南米》かくれんぼ. ► *a escondidas* ひそかに, こっそりと.

escondite 男 1隠れ場所[家], 隠し場所. 2かくれんぼ. —*jugar al* ～ かくれんぼをする.

escondrijo 男 隠れ家, 隠し場.

escopeta 女 猟銃, 散弾銃. —～ *de viento [de aire comprimido]* 空気銃. —～ *negra* 猟師.

escopetazo 男 1射撃, 発砲. 2銃傷. 3《話》突然の悪い知らせ.

escopetero, ra 名 1《軍事》小銃兵. 2銃[猟銃]を携えた人, 銃[猟銃]を運ぶ係の.

escoplo 男 《技術》(大工用の)のみ, たがね.

escora 女 《海事》1(船を建造する際の)支柱. 2(船の)傾斜, かしぎ.

escorar 他 《海事》(建造中の船に)支柱を施す. —自 1《海事》(船などが)かしぐ, 傾く. 2(考えなどが)傾く, 傾倒する.

escorbuto 男 《医学》壊血病.

escoria 女 1鉱滓(窓), からみ, スラグ. 2《地質》火山岩滓(窓). 3《軽蔑》くず, かす.

escoriación 女 (皮膚の)擦(*)りむき, 擦り傷.

escorial 男 鉱滓(窓)の山積み, 鉱滓の

捨て場、ぽた山。

escoriar 他 擦(ず)りむく、擦り傷になる。

escorpio 形男女 《無変化》 蠍(さそり)座生まれの人。

escorpión 男 1 《動物》サソリ(蠍)。 2 《魚類》カサゴ。 3 (E〜) 《天文》蠍座；(十二宮の)天蠍宮。

escorrentía 女 (道路・地面を流れる)雨水。

escorzar [1.3] 他 《美術》を遠近短縮法で描く。

escorzo 男 《美術》遠近短縮法。

escota 女 《海事》帆脚索(ほきゃくさく)。

escotadura 女 《服飾》(服)の胸あき、えりぐり、ネックライン。

escotar¹ 他 《服飾》(服)の胸あきを大きくする。

escotar² 他 (割り前)を払う。

escote¹ 男 《服飾》(服)の胸あき、襟(えり)ぐり、ネックライン。 2 《服飾》(襟元のレースのフリル。 3 (襟元からのぞく)胸元。

escote² 男 割り前、分担金。 ▶ **ir a escote** 割り勘にする。 **pagar a escote** 各自が自分の分を払う、割り勘にする。

escotilla 女 《航空、海事》ハッチ、昇降口、舶口(はぐち)。

escotillón 男 (床の)はね上げ戸。

escozor 男 1 うずき、痛み。 2 悲しみ、悲愴；いらだち。

escriba 男 1 《歴史》書記、筆写者；ユダヤ教の律法学者。

escribanía 女 1 ライティング・デスク。 2 筆記用具。 3 公証役場、公証人の職。

escribano 男 1 書記官、事務官、代筆人。 2 《中南米》公証人。 3 《虫類》ミズスマシ。

escribiente 男女 筆記者、写字生、書記。

escribir [エスクリビル] [3.3] 他 を書く。— ~ una carta 手紙を1通書く。 2 (楽曲)を書く、作曲する。— ~ una ópera オペラを書く作曲する。 — 自 1 [+a と] 手紙を書く、手紙を出す。 2 (筆記具が)書ける。— Este bolígrafo no escribe. このボールペンは書けない。 3 ものを書く、著述をする。 — **se** 再 1 書かれる、綴られる。— ¿Cómo se escribe tu apellido? 君の名字はどう綴るの。 2 文通する。

escrito 動 →escribir [3.3].

escrito, ta 過分 [→escribir] 形 書かれた。 — examen ~ 筆記試験。 lenguaje ~ 書き言葉。 ▶ **estar escrito** 定めである、宿命である。 — 男 1 文書、書類；手紙。 2 《文学》作品、著作。 3 《法律》申立て書、申請書。 ▶ **poner [tomar] por escrito** 文書にとる、文書にまとめる。 **por escrito** 文書で、書面で。

escritor, tora [エスクリトル、トラ] 名 作家、文筆[著述]家。— ~ fantasma ゴーストライター。

*escritorio 男 1 書き物机、事務机。 — efectos [objetos] de ~ 文房具。 2 (小型の)宝石だんす。 3 事務室；書斎。

escritura 女 1 文字(法)、表記法；(各言語の)文字；(活字の)字体。 — ~ alfabética アルファベット表記。 ~ latina ラテン文字。 ~ china 漢字。 ~ gótica (印刷)ゴチック体。 ~ silábica [ideográfica] 音節[表意]文字。 2 筆跡；(字の)書き方、習字。 3 書くこと、執筆。 4 《法律》(公正)証書；契約書。 5 《法律》署名、書き物。 6 聖書。 — la(s) Sagrada(s) E〜(s) 聖書。

escriturar 他 《法律》を証書で公証する、公証する。

escrófula 女 《医学》瘰癧(るいれき)、腺病。

escroto 男 《解剖》陰嚢(いんのう)。

escrupulizar [1.3] 自 〖+en を〗気にする、こだわる。

*escrúpulo 男 1 疑念、ためらい、気がかり；良心のとがめ。 — sentir [tener] ~ 良心のとがめを感じる。 2 (飲食に関する)不潔感、気持ち悪さ。 3 細心、周到、(細かい)気配り。 ▶ **sin escrúpulos** 不道徳な、破廉恥な、無節操な。

escrupulosidad 女 几帳面、細心、綿密、厳密。

*escrupuloso, sa 形 〖+en に〗几帳面な、きちんとした；綿密な。 2 きまじめな、良心的な。 3 潔癖な；用心深い、心配症の。

escrutador, dora 形 吟味する、詮索する、探るような。 — 名 《政治》開票立会人。

escrutar 他 1 を探索する、詮索する。 2 (票)を集計する、開票する。

escrutinio 男 1 精査、詮索。 2 《政治》(票の)集計、開票。

escuadra 女 1 直角定規、三角定規、さしがね、曲尺。 2 山形鉄、アングル。 3 《軍事》4労働者から成る一団、班。 5 (スポ) チーム。 6 《天文》定規座。 ▶ **a escuadra** 直角に。

escuadrilla 女 《軍事》(小)艦隊、戦隊；飛行隊。

escuadrón 男 《軍事》騎兵中隊；飛行中隊。

escuálido, da 形 1 やせた。 2 汚い。

escualo 男 《魚類》サメ、フカ。

escucha 女 1 聴くこと、聴取。 2 傍聴、傍受。 — 男女 《放送》ラジオの聴取者。 — 男 《軍事》斥候、夜間偵察兵。 — ~ **escucha telefónica** 電話の盗聴。 **estar a la escucha** (注意深く)聞いている。

escuchador, dora 形 名 聞く(人)、聞き手、傍聴する(人)。

escuchar [エスチャル] 他 1 を聴く。 …に耳を傾ける。 傾聴する。 — ~ la radio ラジオを聴く。 2 …に耳をかす、注目する、を意に介する。 3 《中南米》…が聞こえる。 — 自 聞き耳を立てる、耳を傾ける。 — **se** 再 自分の言葉に酔いしれて話す。

escuchimizado, da 形 《話》やせた、ひょろ長い。

escudar を守る、保護する、かばう。 — **se** 再 〖+con/en を〗口実にして逃

げる,盾にとる.

escudería 囡《スポ》レーシングチーム.
escudero 男 1 騎士の従士. 2 《婦人用》小間使い,侍者. 3 郷士. 4 罪職人.
escudete 男 1 小さな盾. 2《植物》スイレン(睡蓮).
escudilla 囡 椀.
escudo 男 1 盾(た). 〜 antimisil ミサイル防御システム. 2《紋章》盾形紋章(=〜 de armas);ワッペン. 3 防ぎ守る[人],保護物[者];うろこ盾. 4 口実. 5 エスクード(not Esc.: ポルトガルの旧通貨単位). 6《鍵穴(なち)の周囲に取りつけられた盾形の》飾り座金(ぎ). 8 イノシシの肩肉. 9《天文》火球,隕石(なき).
escudriñar 他 細かに調べる,吟味する,詮索する,つくづく眺める;スキャンする.

escuela [エスクエラ]囡 1 学校;(特に)小学校;校舎;各種学校,教習所. 〜 preparatoria 予科;[中米]高校. 〜 pública 公立学校. 〜 primaria 小学校. 〜 privada 私立学校. 〜 profesional [técnica 専門] 学校. 〜 secundaria 中学校. 〜 vocacional [メキシコ]実業学校. 〜 de bellas artes 美術学校. 〜 de formación profesional 職業訓練校. 2 訓練,練習;教育,授業. 〜-alta 〜 [馬術]高等馬術. 3 [集合的に]生徒教職員. 4 (大学の)学部; (大学院の)研究室; (学問などの)学派,流派;[集合的に]門下生. 〜 impresionista 印象派. 5 学習[修業]の場,道場;教育施設. ▶ *buque escuela* 練習船. *escuela normal [de magisterio]* (小・中学校教員養成の)師範学校,教員養成大学. *hacer [crear] escuela* 一派を成す,信奉者[追随者]を生む.

escuerzo 男《動物》ヒキガエル.
escueto, ta 形 1 (表現・文体などが)平明な,飾り気[無駄]のない,簡潔な. 2 ありのままの;あからさまの,むき出しの.
esculcar 他 1 を入念に探索[調査]する. 2 を捜索する.
esculpir 他《美術》を刻む,[+en に]刻む,彫刻をする.
escultismo 名 ボーイ[ガール]スカウト運動.
escultista 形男女 ボーイ[ガール]スカウト(の).
escultor, tora 名 彫刻家.
escultórico, ca 形 彫刻の,彫刻的な.
escultura 囡 1 彫刻(芸術). 〜 griega ギリシャ彫刻. 2 彫刻(作品),彫像. 〜 de madera 木製(作品). 〜 exenta 野外彫刻.
escultural 形 1 彫刻の,彫刻術の. 2 彫刻のような.
escupidera 囡 痰壷(なち).
escupido, da 形 痰(な),唾(な).
escupir 他 1 を吐く. 〜 sangre 血を吐く. 2 (悪口などを)吐く,を発する.

噴出する,漏らす. —— 自 1 唾(つば)を吐く. 2 (ペンから)インクが漏れる.
escupitajo, escupitinajo 男《話》唾(つば),痰(な),吐きかけた血.
escurialense 形男女 エル・エスコリアル(El Escorial)の,エル・エスコリアル生まれ(の人).
escurreplatos 男[単複同形]《食器用》の水切りかご.
escurridero 男 水切り(台・棚).
escurridizo, za 形 1 すべりやすい,すべってつかみにくい. 2 とらえどころのない. ▶ *hacerse el escurridizo* こっそり逃げる,抜け出す.
escurrido, da 過分[→ escurrir]形 腰回りの細い,やせた.
escurridor 男 1 (洗濯機の)脱水機. 2 (野菜などの)水切りかご.
escurriduras 囡複 1 かす,おり,くず. 2 しずく,滴(しずく).
escurrir 他 1 を絞る,絞り出す. 2 …の水気を切る,水分をとる. 3 を滴らせる. 4 を滑らせる,滑り込ませる. —— 自 1 しずくが落ちる,(水などが)ぽたぽたと落ちる. 2 すべりやすい. —— 〜se 1 すべり落ちる,するりと抜ける[逃げる]. 2 (うっかり)間違える,口をすべらせる.
escusado, da 形 (場所などが)専用の,特別用の. —— 男《婉曲》手洗い,トイレ,便所.
escúter 男複〜es スクーター.
esdrújulo, la 形《言語》末尾第3音節強勢の. —— 囡《言語》末尾第3音節強勢語.
ESE (略号) = estesudeste, estesureste 東南東.
ese[1] 囡 1 文字 S, s の名称. 2 S字形. 3 (バイオリンの)S字孔. 4 S字形のかぎ. ▶ *ir haciendo eses* 千鳥足で歩く,ジグザグ運転する.

ese[2]**, esa** [エセ, エサ]形《指示》複esos, esas]
1《+名詞》(心理的に聞き手に近いもの[人],また話し手と聞き手の両方からあまり遠くない)その[人]を指すものの,あの. —Abre *ese* paquete. その小包を開けて. ¡Qué bruto es *ese* Carlos! あのカルロスときたら何て乱暴なんだ. 2《+時の名詞》(現在からあまり遠くない過去または未来のことを指す)その. —Por esos años yo vivía en Tokio. その時代私は東京に住んでいた. 3《名詞の後》《軽蔑を示す》その,そんな. —La mujer *esa* es una ladrona. その女は泥棒だ. —— 代《指示》1 それ,そのもの,その人. —Es *ese* mi libro. それが私の本だ. 2 (人を指して強調・軽蔑・怒りを表すそいつ,あいつ. —Un tipo como *ese* no confesará nunca. そんな男は決して白状しないだろう. 3《女性形》(手紙文で)そちら,御地. ▶ *ir [salir, venir] con esas* 今さらそんなことを言いだす. *ni por esas*《話》いずれにしてもなお…でない.

esencia 囡 1 (一般に)本質,真髄;核心,要点. 2《化学》エキス,エッセンス,精;香水,香油. 〜 de menta ハッカ

esencial… 油. **3** 精髄, 精華, 典型. **4**《哲学》本質, 実体, 実在. —la ～ divina 神. **5** ガソリン. ▶ **quinta esencia** (1) 精髄, 真髄. (2)《哲学》第五元素, エーテル(究極・至高の元質). **ser de esencia**《物が》必要不可欠である.

esencial 形 **1** 本質的な, 本質の, 基本的な. **2**［+ a/en/para に］不可欠の, 絶対必要な, 大変重要な. **3** エキスの, 粋を集めた. —aceites ～es (オリーブの) 精油.

esencialismo 男 原理主義.

esencialista 形 原理主義の.

esenialmente 副 本質的に, 本来.

esenio, nia 形《宗教》エッセネ派の(人).

esfenoides 男《単複同形》《解剖》蝶形骨.

esfera 女 **1**《数学》球, 球体, 球面. —～ terrestre《文》地球. ～ celeste《天文》天球(儀), 空. **2**《活動・知識などの》範囲, 領分, 分野, 場. — de actividad［de acción］活動範囲. ～ de influencia 勢力範囲, 支配圏. **3**《個人の属する》社会階級, 階層. **4**《時計・計器の》文字盤, 目盛り盤. **5** 地球(儀). **6** 圏 または 複《文》天空, 蒼穹(そうきゅう).

esfericidad 女《数学》球体, 球形.

esférico, ca 形 球(形)の, 球状の. — 男《スポ》サッカーなどのボール.

esferoidal 形《数学》長球体の, 楕円体の.

esferoide 男《数学》長球体, 楕円体, 偏球体.

esfigmógrafo 男《医学》脈拍計.

esfigmómetro 男 → esfigmógrafo.

esfinge 女 **1**《虫類》スズメガ. **2** 謎の人. **3** スフィンクス.

esfínter 男《解剖》括約筋.

esforzado, da 形 勇気のある, 勇敢な.

esforzar [5.5] 他 ～を強める, ～に力を込める; 酷使する. — el oído 耳を澄ます. ～ la voz 声を張り上げる. — se 再［+ por/para/en + 不定詞］(…するよう) 努力する, 努める.

esfuerzo 男 **1**［+ para/por］…しようとする(肉体的・精神的)努力, 骨折り, 頑張り. —sin ～ 労せずして, 造作なく, 容易に. hacer un ～ 努力する. **2** 経済的犠牲, 奮発. **3**《物理, 機械》応力.

esfumar 他 **1**《絵》を(擦筆(さっぴつ)で)ぼかす. **2**《美術》…の色の調子を落とす. — se 再 **1**［3人称で］消える, 見えなくなる, ぼやける. **2**《ある場所から》抜け出す, こっそり立ち去る, いなくなる.

esfuminar 他 を擦筆(さっぴつ)でぼかす, ぼかす.

esfumino 男《美術》擦筆(さっぴつ).

esgrafiar 他 にスクラッチ画を描く.

esgrima 女《スポ》フェンシング, 剣術.

esgrimidor, dora 名 フェンシング選手; 剣士.

esgrimir 他 **1**(剣などを)ふるう. **2**(議論・理屈などを)武器に使う.

esgrimista 男女《南米》→ esgrimidor.

esguince 男 **1**《医学》捻挫. **2** 身をかわすこと. **3**《まれ》嫌悪の表情［身ぶり］, 渋面.

eslabón 男 **1** 結び付けるもの, つなぎ, きずな, 関連. **2** (鎖の)輪, 環. **3** 火うち鉄. **4**《動物》サソリ(蠍).

eslabonar 他 **1** を関連づける. **2** を環でつなぐ, 連接する. — se 再［+ con と］連結する, つながる.

eslalon 男 複 **eslálones** (スキーの) 大回転.

eslavo, va 形 スラブ人［民族・語］の. —lenguas **eslavas** スラブ諸語. — 名 スラブ人. — 男 スラブ語(派).

eslinga 女《重い物を持ち上げるための》つり索(綱), 鎖.

eslip 男 → slip.

eslogan 男 複 **eslóganes** スローガン, 標語.

eslora 女《海事》(船の)長さ, 全長.

eslovaco, ca 形 スロバキア(人・語)の. — 名 スロバキア人. — 男 スロバキア語.

Eslovaquia 固名 スロバキア(首都 Bratislava).

Eslovenia 固名 スロベニア(首都 Liubliana).

esloveno, na 形 スロベニア(人・語)の. — 名 スロベニア人. — 男 スロベニア語.

esmaltar 他 **1** …にエナメルをかぶせる, 七宝を施す. **2** …に彩色する. **3** を飾る, …に光彩を与える.

esmalte 男 **1** エナメル, ほうろう. **2** 七宝細工. **3**《解剖》(歯などの)エナメル質. **4** 花こんじょう(ふじ色の絵の具). ▶ **esmalte de uñas** マニキュア.

esmeradamente 副［→ esmerarse］入念に, 丹精をこめた.

esmeralda 女《鉱物》エメラルド, 緑玉石, 翠玉(すいぎょく). — 男 エメラルドグリーン(鮮緑色). — 形 エメラルドグリーン(鮮緑色)の.

esmerarse 再 **1**［+ en/ por］丹精をこらえる, 一生懸命になる. **2**［+ en/ por に］(細かの注意を払う).

esmerejón 男《鳥類》(ハヤブサの一種)コチョウゲンボウ.

esmeril 男 金剛砂(研磨剤).

esmerilar 他 を金剛砂で磨く.

esmero 男 **1** 細心の注意, 注意深さ. —trabajar con ～ 念入りに仕事をする. **2** きちんとしていること, きちょうめんさ.

esmirriado, da 形 やせた, やせこけた; やつれた, しおれた.

esmog 男 複 ～s スモッグ.

esmoquin 男 複 **esmóquines** 《服飾》タキシード.

esnifada 女《隠》《麻薬》を鼻から吸引すること; 鼻から吸引する 1 回分.

esnifar 他《隠》《麻薬》を鼻から吸引する.

esnob 形 複 ～s 俗物の, 紳士気どりの, スノッブな. — 男女 俗物, 紳士気どり, スノッブ.

esnobismo 男 俗物根性，紳士気取り．

eso [エソ] 代 [心理的に聞き手に近い事物を指す] 中 それ，そのこと．—Todo ~ es cierto. それはまったく本当である．2[心理的に聞き手に近い未知のものまたは漠然としたものを指す] それ．—¿Qué es ~? それは何ですか．3《話，軽蔑》そいつ，あれ．4《承認・賛成を表して》そうだ，それだ，そのとおり．—¡E~, ~! そうだ，それだ，そのとおり．a eso de ... …時頃．en eso ちょうどその時．eso de [+名詞/不定詞/que] ... の事，《軽蔑》(相手の発言を受けて)…ということ．Eso es. そのとおり．eso que …だけれども．¡Eso sí! もちろん．¡Eso sí que no! 絶対だめ[違う]．por eso [mismo] だから，それで[だからこそ]．¿Y eso? 《話》(1)(理由を求めて)なんでまた，どうして．(2)(説明を求めて)それってどういうこと．y eso que ... …にもかかわらず，しかも…なのに．¿Y eso que? それがどうした(というのだ)．

esofagitis 女 [単複同形]《医学》食道炎．

esófago 男《解剖》食道．

Esopo 固名 アイソーポス[イソップ] (前620頃-560頃，ギリシャの寓話作家)．

esotérico, ca 形 1 奥義に達した，秘密の，秘教の．2 難解な．

esoterismo 男 1 奥義，秘教．2 難解さ．

esotro, tra 形《古》その他の，もう一方の．— 代 もうひとつの[人]．

espabilado, da 過分 (→ espabilar) — 形 1 目覚めている．2 頭の冴えた，賢い，抜け目のない．

espabilar 他 1 (ろうそくの)芯を切る．2 (人の)目を覚ます．— 自 1 急ぐ，さっさとする，頭を働かせる．— se 再 1 目を覚ます；賢くなる．

espachurrar 他《話》押しつぶす．— se 再 押しつぶされる．

espaciador 男《情報》スペースバー．

espacial 形 宇宙[空間]の．—vuelo ~ 宇宙飛行．plataforma ~ 宇宙ステーション．nave ~ 宇宙船．transbordador ~ スペースシャトル．2 空間の．

espaciar 他 1 を一定の距離[間隔]をあけて置く，の間隔をあける．2《印刷》の語間[行間]をあける．

espacio 男 [エスパシオ] 1《物・人の占める場所，スペース；(特定用途の)空間，地帯．~ aéreo 領空．~ vital 生活圏．~ verde 生活圏[緑地]．2(時間に対する)空間；《物理，幾何，芸術》空間；(地球の大気圏外の)宇宙(空間)．~ exterior 宇宙空間．3(時間の)間，期間．~ caminar por (el) ~ de una hora 2時間歩く．4(物体間の)隙間(は゛)；(印刷)行間；空欄；余地．—escribir a un ~ シングルスペースで書く．5《放送》(番組中の)枠(もく)；《新聞・雑誌の》紙面，スペース．6《音楽》五線譜の線間．▶ en (el) espacio de ... …の間に[で]．

espacioso, sa 形 1(内部が)広々とした，ゆったりとした．2 ゆっくりとした，間延びした，のんびりした．

espada 女 1 剣，刀；(フェンシングで)エペ．— ~ blanca 刃のついた剣．~ negra (フェンシングで)エペ．ceñir ~ 剣を腰に帯びる，軍人である．blandir la ~ 剣を振り回す．2(スペイン・トランプの)剣．3 複 スペードの組札．3《魚類》メカジキ(眼梶木)．▶ entre la espada y la pared 進退きわまって．espada de Damocles《神話》ダモクレスの剣(繁栄の中でも常にある危険)．espada de dos filos [de doble filo] 両刃(は゛)の剣．— 男《闘牛》マタドール．— 名 1 剣士，剣客．2(その道の)第一人者，権威，大家．▶ primer [primera] espada (その道の)第一人者．

espadachín 男 1 剣の達人，剣客．2 あばれ者．

espadaña 女 1《建築，宗教》(教会堂の)鐘楼(しょう)．2《植物》ガマ．

espadero, ra 名 刀鍛冶(かじ)，刀剣商．

espadín 男 1 礼装用の短剣．2《魚類》スプラットイワシ．

espadón 男 1 大きい剣，太刀．2《話，軽蔑》(特に軍隊の)重要人物，高級将校．

espaguetis, espagueti [＜伊] 男 《主に複》スパゲッティ．

espalar 他 (シャベルで)雪をかく．— 自 雪かきする．

espalda [エスパルダ] 女 1 主に 複 (人・動物の)背，背中．—cargado de ~s 猫背の．ancho de ~s 肩幅が広い．2(建物などの)後ろ側，背後；(服の)背中．—a ~s de la catedral カテドラルの裏手に．3 《水泳》の背泳．—nadar de ~ (s) 背泳をする．4 複《軍事》後衛，しんがり．▶ a espaldas de ... (1)(人)のいない所で，…に内緒で，陰で．(2) …の後ろでに)，背後で[に]，…の裏に[で]．a espaldas vueltas 陰で，隠れて，密かに．a la(s) espalda(s) 背[中]に，背[後]に，裏に．caer(se) de espaldas (1) 仰向けに倒れる．(2)《俗》びっくり仰天する，驚く．dar [tornar] la(s) espalda(s) a ... に背を向ける；を無視する，軽蔑する．de espaldas (1) 仰向けに；背後から，(2)[＋a] …に背を向けて，背中をつけて．-poner a ... de espaldas al suelo (人)を床に押しつける：(レスリングで)フォールする．echar(se) ... sobre la(s) espalda(s) (物事)を引き受ける，背負(し゛)う，責任を取る．guardar las espaldas de ... 危険から人を守る，護衛として(人)に同行する．guardarse las espaldas (危険から)身を守る，危険に備える．por la espalda 背後から，不意打ちで，裏切って．tener buenas espaldas (1)(侮辱・嘲笑などに対して)辛抱強い，忍耐強い．(2)十分保護されている；後ろ楯(た")がある．tener las espaldas bien cubiertas [bien guardadas] 《俗》しっかりした後ろ楯(た")，後援

espaldar 男 **1** 背(中)(特に食用肉). **2** (椅子の)背. **3** (歴史) (甲冑の背当て. **4** (農業) (果樹の苗木のための)垣根, (植物をはわせる)垣.

espaldarazo 男 **1** (歴史) 剣で肩をたたくこと, 騎士の叙任. **2** 後援, 支持. ▶ **dar el espaldarazo a ...** (1) (歴史) を騎士に叙任する. (2) 適格であると認める.

espaldera 女 (農業) 果樹の苗木のための垣根, 植物をはわせる垣.

espaldilla 女 **1** (動物の)肩甲骨. **2** (動物の)肩(肉).

espantada 女 **1** 動物が突然逃げ出すこと. **2** 恐怖から行為[行動]を急に断念[放棄]すること.

*__espantadizo, za__ 形 臆病な, びくびくした, 脅(#)えやすい.

espantajo 男 **1** 案山子(かかし). **2** こけおどし. **3** 〘話〙ぶかっこうな[風変わりなかっこうの]人, 変な人.

espantamoscas 男 〘単複同形〙ハエ払い, ハエ取り.

espantapájaros 男 〘単複同形〙**1** (農業) 案山子(かかし). **2** (軽蔑) 奇抜な恰好の人; 馬鹿な人.

*__espantar__ 他 **1** を脅(#)えさせる, 震え上がらせる, びっくりさせる. **2** を追い払う, 追い出す, 振り払う. — **el miedo bebiendo** 酒を飲んで恐怖心を払いのける. **3** 迷惑である, 嫌をなる, いやである. — **Me espanta tener que decírselo.** 彼にそれを言わねばならないとは嫌だな. — **se** 再 [+ de/por/con で] **1** に脅(#)える, に怖がる, 震え上がる. **2** たまげる, 驚嘆する.

*__espanto__ 男 **1** 恐怖; 脅(#)かし. **2** 〘主に複〙幽霊. ▶ **de espanto** 〘俗〙途方もない, ものすごい; ひどい. ▶ **estar curado de espantos** 〘話〙少々のことには驚かなくなっている.

*__espantoso, sa__ 形 **1** ぞっとするような, 恐ろしい; 恐るべき. **2** 〘話〙ものすごい, ひどい. **3** 〘話〙みっともない, 醜い.

España 固女 スペイン(首都 Madrid).

español, ñola [エスパニョル, ニョラ] 形 スペインの, スペイン人[語・系]の, スペイン風[流]の. — **lengua ~** スペイン語. **pueblo ~** スペイン国民. ▶ **la española** スペイン風(に)に. — 名 スペイン人. — 男 スペイン語.

españolada 女 スペインの特質を誇張した芸術作品.

españolidad 女 スペイン人らしさ.

españolismo 男 **1** スペイン(人)らしさ. **2** スペインびいき. **3** (言語) スペイン語法, スペイン語に特有の語法.

españolista 形 スペインびいきの.

españolizar [1.3] 他 **1** をスペイン化する, スペイン風にする. (外国語の単語)をスペイン語的な形に変える. — **se** 再 スペイン風になる.

esparadrapo 男 (医学) 絆創膏(ばんそうこう).

esparaván 男 **1** (鳥類) ハイタカ. **2** (獣医) (馬の)飛節かい瘤.

esparavel 男 **1** (海事) 投網. **2** (技術) (モルタルの)こて板.

esparceta 女 (植物) マメ科オノブリキス属の一種.

esparcimiento 男 **1** 気晴らし, 娯楽. — **centro [local] de ~** 娯楽施設, レクリエーション広場, 歓楽街. **2** ばらまくこと, まき散らすこと, 散布. **3** 流布, 伝播(でんぱ). **4** 休息, 休憩.

*__esparcir__ [3.5] 他 **1** を散らす, 散布する, ばらまく. **2** (ニュース)を広める, 知らせる. — **~ un rumor** うわさを広める. **3** 気晴らしをさせる, 楽しませる. — **~ el ánimo** 気晴らしをする. — **se** 再 **1** 散らばる, 散らかる; (液体などが)こぼれる, 広まる, 知れわたる. **3** くつろぐ, 気晴らしをする, 楽しむ.

espárrago 男 **1** (植物) アスパラガス. — **~ blanco** ホワイトアスパラガス. **~ triguero** 野生のアスパラガス. **2** 支柱, 支え. ▶ **mandar a ... a freír espárragos** 〘話〙怒って人を追い出す, 追い払う. **¡Vete a freír espárragos!** 〘話〙出ていけ, とっとと消え失せろ.

esparragüero, ra 名 アスパラガス栽培者 [販売業者]. — 男 **1** アスパラガス. **2** アスパラガス畑.

esparrancárse [1.1] 自 〘話〙足 [股]を広げる.

espartano, na 形 スパルタ(Esparta) の. — **educación espartana** スパルタ教育. — 名 スパルタ人.

espartena 女 エスパルト(アフリカハネガヤ)で編んだサンダル.

espartero, ra 名 アフリカハネガヤの職人, アフリカハネガヤ製品の商人.

espartizal 男 アフリカハネガヤの群生[群生地].

*__esparto__ 男 (植物) エスパルト, アフリカハネガヤ(の葉が綱・ござ・粗布などの材料または製紙原料となる).

espasmo 男 (医学) 痙攣(けいれん), 発作.

espasmódico, ca 形 (医学) 痙攣(けいれん)性の, 発作性の.

espatarrárse 再 〘話〙**1** 股を広げる. 足を大きく開ける. **2** 大の字になって倒れる.

espato 男 (鉱物) へぎ石, スパー.

espátula 女 **1** へら. **2** (美術) パレットナイフ. **3** (鳥類) ヘラサギ.

especería **1** 香辛料[スパイス]を売る店; 香辛料[スパイス]の商売. **2** 〘集合的に〙香辛料[スパイス]類.

especia 女 (料理) 香辛料, スパイス, 薬味類.

*__especial__ [エスペシアル] 形 **1** 特別の, 特殊な: 専門の. — **enviado ~** 特派員. **efectos ~es** (映画などの)特殊効果. **2** [+ para のために] 特製の, 専用の. — **arroz ~ para paellas** パエーリャ専用のお米. **3** 独特の, 風変わりな. ▶ **en especial** 特に, 特別に, とりわけ.

especialidad 囡 **1**（学問・芸術・医者・弁護士などの）専門（分野），専攻. **2**（店・コックなどのお勧め）得意，自慢料理；（土地の）名物，名産. **3**（人の得意なもの，十八番(おはこ))，特技. **4**特性，特色，特殊性. **5**（薬学）— farmacéutica 特許薬剤(売薬). ▶ **con especialidad** 特に，とりわけ.

especialista 名［＋ de/en の］専門家，スペシャリスト．— *en historia medieval* 中世史の専門家，専門医. **3**（話）得意な人，名人. — 形［＋ de/en の］１専門（家）の. — *médico* — が得意とする,（…が）実にうまい. — 男女（映画・テレビの）スタントマン.

especialización 囡 **1**専攻. **2**専門化，特殊化.

especializar [1.3] 他 ［＋ en に］専門とさせる，専門化する. — **se** 再 ［＋ en を]専門とする，専攻する,（…の）専門家となる. —*se en lingüística* 言語学の専門家となる.

especialmente 副 **1**特に，特別に，とりわけ. **2**格別に，非常に.

especie 囡 **1**種類；性質. —*No me gusta esa ~ de vida.* 私はそういう生き方は好きでない. **2**（生物）（動植物分類上の）種(しゅ)；類. — *en peligro de extinción.* 絶滅に瀕している種. **3**情報, ニュース，噂(うわさ). **4**（問題になっている）事柄，こと，件，事件. —*No me acuerdo de tal ~.* 私はそんなこと覚えていない. **5** 口実，見せかけ. **6**（化学）— *química* 単体，化学元素. **7** 香辛料，香味料. ▶ **en especie(s)** 現物で，品物で. *especies sacramentales*（カト）（聖変化後の聖体とブドウ酒の）形色(けいしき). *una especie de...* 一種[ある種]の…，…のようなの.

especiería 囡 **1**香辛料[スパイス]店. **2**［集合的に］香辛料[スパイス]類.

especiero, ra 名 香辛料[スパイス]商人. — 男 香辛料[スパイス]入れ[棚].

especificación 囡 **1**詳述，列挙. **2**明細書, 仕様書；［複］（情報）スペック. **3**明確化，特定化.

especificar [1.1] 他 **1**を（それぞれ）詳述する,（個別に）正確に説明する. **2**をはっきり決める，正確に定める.

especificativo, va 形 特殊化の，明示的な.

específico, ca 形 **1**［＋ de に］特有の，独特の；特定の. —*peso* — 比重. **2** 特殊な，特異な.（薬などが）特効のある. — 男 特効薬.

espécimen 男 ［複 *especímenes*］見本，実例，標本.

especioso, sa 形 見かけのよい；うわべだけの，まやかしの.

espectacular 形 **1**壮観な，すばらしい. **2**ショーの，派手な，見世物の.

espectacularidad 囡 **1**壮観さ. **2**興行性.

espectáculo 男 **1 a)**見世物，ショー，公演，興行[物]. **b)**催し物（映画・演劇・コンサートなど). —*sala de ~s* ショーホール，劇場，映画館. — *de variedades* バラエティーショー. **b)**（放送）スペクタクル. **2**見もの，光景，景観. **3**みっともない人騒がせな行為. —*dar un* — 人騒がせする.

espectador, dora 名 **1**（スポーツ・芝居などの）観客，観衆，見物人. **2**傍観者；目撃者. —*mirar como* — 傍観する，傍観者である. — 形 観客[観衆]の；傍観的な.

espectral 形 **1**幽霊（のような），不気味な. **2**（物理）分光の，スペクトルの.

espectro 男 **1**（一般に恐い）幽霊，亡霊，お化け. **2**（戦争・飢餓などの）脅威，恐怖，不吉な影. **3**骨と皮ばかりのやせこけた人. **4**（物理）スペクトル；（音声）音響スペクトル. **5**範囲，領域；（医学）（抗菌）スペクトル.

espectrógrafo 男 《技術》スペクトログラフの装置.

espectrometría 囡 （物理）分光測定法.

espectrómetro 男 （物理）分光計.

espectroscopia 囡 （物理）分光学.

espectroscopio 男 （物理）分光器.

especulación 囡 **1**思索，思考，推理，空論. **2**（商業）投機，相場，思惑（買い). — *del suelo [financiera]* 土地[金融]投機.

especular …に考えを巡らす，を推測する，思索する，検討する. — 自 （商業）［＋ en に]投機をする，相場をはる.

especulativo, va 形 **1**思索の，瞑想的な. **2**（商業）投機的の.

espéculo 男 （医学）（口・鼻・膣(ちつ)などの）検鏡.

espejado, da 形 鏡のような，明るく輝く.

espejear 自 光る，輝く，反射する.

espejismo 男 **1**蜃気楼(しんきろう). **2**妄想，幻覚，幻影.

espejo ［エスペホ］男 **1**鏡. —*mirarse en el [al]* — 鏡に見入る（鏡に自分の顔[姿]を写して写る). — *de las aguas* 鏡のような水面，水鏡(みずかがみ). **2**（鏡のように忠実に）映し出すもの，反映. —*Los ojos son el ~ del alma.* 眼(まなこ)は心の鏡[心の窓]. **3**模範，手本，鑑(かがみ). **4**（鉱物）— *de los Incas* 黒曜石. **5** — *de popa* 船尾(せんび)の船名板. ▶ *mirarse en... como en un espejo* **(1)**（人）をいとおしく思う，かわいがる. **(2)**（人）を模範[手本]とする. *mirarse en ese espejo* それを手本として自戒する.

espejuelo 男 **1**（鉱物）透明石膏. **2** 滑石の薄片. **3**（建築）採光窓. **4**おびきよせ，誘惑.

espeleología 囡 洞窟学.

espeleólogo, ga 名 洞窟学者.

espeluznante 形 身の毛がよだつ，ぞっとする.

espeluznar 他 （恐ろしさで）…の髪を逆

espeluzno 立たせる、こわがらせる、ぞっとさせる. **— se** 再 身の毛がよだつ.

espeluzno 男 **1** 身震い、おののき. **2** 嫌悪、恐怖.

espera 女 **1** 待つこと；待ち時間. —sala de ～ 待合室. Ese asunto urgente no admite (la) ～. その緊急の問題は一刻の猶予も許されない. **2** (待つことの)忍耐強さ, 我慢; 沈着. ▶la espera de… …を待って. en espera de…(1)…を待ちながら, 待っている間に. (2)を待って.

esperantista 男女《言語》エスペラント使用者, エスペランティスト.

esperanto 男《言語》エスペラント.

esperanza 女 **1**《主に複》希望, 期待, 望み, 見込み; 期待的のもの. —perder la ～ 希望を失う. **2** 信頼; 信仰. **3**《カト》(三対神徳)の望徳. **4**《数学, 統計》～ matemática 期待値. ～ de vida 平均余命. ▶alimentarse [vivir] de esperanzas 一縷(ぃっる)の望みをつなぐ. dar esperanza(s) de [de que + 接続法/直説法] (人に)…という期待を抱かせる, 希望を与える. tener esperanzas [(la) esperanza] de [+ 名詞/不定詞, de que + 接続法/直説法] を期待している, …という望みを抱いている.

esperanzador, dora 形 有望な, 希望のある, 希望の持てる.

esperanzar [1.3] 他 …に希望を与える. **— se** 再 希望を持つ.

esperar [エスペラル] 他 **1** a) [+ 名詞/不定詞, que + 接続法/直説法] を期待する, 待ち望む, (起きればいいと) 思う. —Espero que apruebes el examen. 君が試験に受かればいいと思う. b) [+ de …] を期待する. —Siento mucho haberle hecho ～. お待たせして申し訳ありません. **3** 出産予定である. —Espera un hijo para el verano. 彼女は夏までに子どもが生れる予定だ. ▶ esperar sentado あまり期待しないで待つ, いつまでも待つ. ser de esperar 当然予想される. **— 自 1** [+ a + 不定詞, que + 接続法] (…するのを)待つ. —Esperaremos a que amanezca. 夜が明けるのを待とう. **2** [+ en …] 期待する, 期待を寄せる. **— se** 再 予想する, 想像する.

esperma 男/女 **1**《生物》精液. **2** 鯨蠟(ぇぃ).

espermático, ca 形 精液[精子]の.

espermatogénesis 女《単複同形》《生物》精子形成.

espermatozoide 男《生物》精子; 精虫, 運動性雄性配偶子.

espermatozoo 男《動物》精子, 精虫.

espermicida 形男《医学》殺精子の; 殺精子剤.

espermiograma 男《医学》精子分析.

esperpéntico, ca 形 **1** 異様な, ばかげた. **2**《文学》エスペルペントの.

esperpento 男 **1**《軽蔑》醜い物[人]. **2**《軽蔑》馬鹿げたこと. **3**《文学》エスペルペント (Valle Inclán などの不条理劇).

espesar 他 濃くする, 密にする, 茂らせる. **— se** 再 濃くなる, 厚くなる, 茂る.

espeso, sa 形 **1** (主に液体が)濃い, 濃厚な. **2** (木などが)密の, 茂った. —bosque ～ うっそうとした森. **3** (壁など)が厚い. **4**《話》(人が)きたならしい, 脂じみた. **5** (話などが)うるさい, 難解な.

espesor 男 **1** 厚さ, 太さ. **2** 濃さ, 濃度. **3**《雪》の深さ.

espesura 女 **1** (木の) 茂み. **2** 厚さ, 厚み, 太さ. **3** 濃いこと, 濃度な, 濃厚. **4** 密集, 繁茂. **5** ふさふさとした髪.

espetar 他 **1**《話》を無理やり聞かせる. **2**《話》を突然始める. **3**《料理》を焼き串に刺す. **— se** 再 **1** お高くとまる. **2** 身体を安定させる; 身を落ちつける.

espetera 女 **1** キッチン・ボード. **2** [集合的に] 台所用品.

espetón 男 **1** 焼き串. **2** 火かき棒. **3** 大きなピン, 針.

espía[1] 共 **1** スパイ, 間諜(ちょぅ), 密偵. —barco [satélite] ～ スパイ船[衛星]. **2** 他人のことをかぎ回る人, 詮索好き. **3**《情報》クッキー.

espía[2] 女《海事》**1** (船の) 曳索(えぃ). **2** 曳船(えぃ).

espiar [1.5] 他 をスパイする, 見張る, 偵察する, (悪意を持って)ひそかに調べる.

espichar 自《話》死ぬ. ▶ espicharla《話》死ぬ.

espiche 男 **1** 樽の栓; 船の穴を覆う栓. **2**《南米》《話》長くて退屈な講演[演説, 話].

espiga 女 **1** a)《植物》(麦などの)穂. —～ de trigo 小麦の穂. echar ～s 穂を出す. b) 穂状花序. **2**《服飾》杉綾(すぎあや)模様. **3**《木工》a) (木材などのほぞ. b) 木釘, (頭のない)坊主釘. **4** (刀剣などの)中子(なかご), 小刀(ふ).

espigado, da 過分 [→ espigar] 形 **1** 高い, すらりとした. **2** [estar +] 熟した, 実をつけた. **3** 穂状の.

espigar [1.2] 他 **1** (畑の)落ちた穂を拾い集める. **2** を拾う, 拾い出す, 集める. **3**《技術》…にほぞを作る. **— 自** 穂を出す. **— se** 再 大きくなる, 背が高くなる.

espigón 男 **1** 突堤, 堤防, 防波堤. **2** 釘などの道具の先端. **3** (ヒエ・キビ・トウモロコシなどの)穂. **4** ざらざらして棘のある穂. **5** 尖った小さなはげ山. **6** 螺旋(ら せん)階段の柱.

espigueo 男 落穂拾い.

espiguilla 女 **1** 杉綾(すぎあや)模様. **2**《植物》小穂(しょぅすい).

espín 男《動物》ヤマアラシ (=puerco ～).

espín[2] 男《物理》スピン.

espina 女 **1** とげ, いばら(茨). —alambre de ～s 有刺鉄線. **2** (魚の)小骨. **3**《解剖》脊柱(せ きちゅぅ), 脊椎(せ きつぃ). **4** 気がかり, 頭痛[心配]の種, 悩み; 複 苦労. —Ten-

go clavada esa ~ en el corazón. 私はその点が引っかかる。**5**〖計画などの〗難点, 不都合. **6**〖植物〗—— blanca オオヒアザミ, セイヨウサンザシ. **7**〖服飾〗—— de pescado 杉綾(ᵃʸᵃ)模様. ▶**dar mala espina a...** (1)〖人〗に危惧(きぐ)の念を抱かせる. **2**) 疑惑[不信]を抱かせる.
espina dorsal (1)〖解剖〗背骨, 背節. (2)〖地理〗(背骨のような)脊梁(せきりょう)山脈, 山稜. **sacarse la espina** (1)〖特にゲームなどで〗雪辱(せつじょく)する. (2) 我慢していたことを一気に吐き出す[行う].

espinaca 囡〖植物〗ホウレンソウ.
espinal 厖〖解剖〗背骨の, 脊柱の, 脊髄の.
espinar 男 **1** サンザシの茂み. **2** 困難, 難局.
espinazo 男 **1**〖動物〗脊柱, 脊柱骨. **2**〖建築〗(アーチ頂上の)かなめ石, くさび石.
espinela 囡 **1**〖詩学〗エスピネーラ(8音節10行の詩). **2** 尖(と)晶石, スピネル.
espineta 囡〖音楽〗スピネット(小型のハープシコード).
espingarda 囡 **1**〖軍事〗(アラビア製の)長い銃. **2**〖軍事〗小型大砲. **3**〖話〗背が高くてやせている女性.
espinilla 囡〖解剖〗すね骨, 向こうずね. **2** にきび, 吹き出物.
espinillera 囡 **1**〖仕事・スポーツ用のすね当て, レガース. **2**〖軍事〗(鎧の)すね当て.
espino 男〖植物〗サンザシ.
espinoso, sa 厖 **1** とげの多い, 骨の多い. **2** やっかいな, 困難な, 苦しい.
espionaje 男 スパイ行為, 偵察.
espira 囡 **1**〖建築〗(腰羽目などの)笠, (柱などの台石の)頭. **2** 螺旋(らせん), 一巻き.
espiración 囡 **1** 呼気, 息を吐くこと. **2** 発散(物), 放出(物).
espiral 厖 螺旋(らせん)状の, 渦巻形の. —— 囡 **1** 渦巻線, 螺旋(状のもの). **2**〖時計の〗ひげぜんまい. **3** 連鎖的進行, 悪循環. ▶**en espiral** 螺旋状の[になって].
espirar 他 **1** 息を吹き出す. **2**〖臭気など〗放つ. **3** を元気づける, …に活気を吹き込む. —— 直 **1** 呼吸する. **2**〖風が〗やさしく吹く, そよぐ.
espiritismo 男 降神術, 心霊術.
espiritista 男囡 降神術者, 心霊者.
espiritoso, sa 厖 **1** 気力のよい, 生気のある. **2**〖飲料〗がアルコールを含んだ; アルコール分が強い.

espíritu
[エスピリトゥ]男 **1**〖肉体・物体等に対して〗精神, 心. —— aventurero 冒険心の強い人. **2 a**) 気質, 精神力. —— guerrero [de lucha] 闘争心, —— de trabajo 勤労精神, 労働意欲. **b**)〖話〗…する精神[気性]の持ち主. —Soy un ~ libre. 私は自由な精神の持ち主だ. **c**) 才気, 機知. **3** 霊, 霊魂, 精霊, 聖霊. —— s celestes [celestiales] 天使. (神話などの)妖精; 〖主に圃〗悪霊(あくりょう), 憑依(ひょうい)霊. **4**〖占卜〗(神から与えられる)超自然の能力, 霊力, 賜物. **5**〖法文などの〗真意, 精髄, 真髄; (字句・形式に対して)精神. —— del cristianismo [de las Olimpiadas] キリスト教[オリンピック大会]の精神. **6** 帰属意識, 身内意識. —— de cuerpo 団結心, 連帯意識. **7**〖化学〗酒精, 蒸留酒; エキス. ▶**dar [despedir, exhalar] el espíritu** 〖婉曲〗息を引き取る, 死ぬ. **espíritu de (la) contradicción** 天邪鬼(あまのじゃく), つむじ[へそ]曲がり. **espíritu maligno [inmundo]** 悪霊, 悪魔. **Espíritu Santo**〖キリスト教〗聖霊. **espíritus vitales** 元気, 精気. **levantar el espíritu** 元気を出す, 元気が出る, 元気になる. **levantarLE a... el espíritu** 〖人〗を元気づける, 鼓舞する, 励ます. **pobre de espíritu** (1) 小心な, 臆病な, 怯懦(きょうだ)な. (2) 俗世間的な欲のない人. (3) 心が貧しい; 〖聖書〗心貧しき人.

espiritual
[エスピリトゥワル]厖 **1** 精神的な, 精神の, 心の. —vida ~ 精神生活. salud ~ 心の健康. **2** 霊的な, 宗教的な, 信仰の. **3** 機知に富んだ, 才知のある. —— 男〖音楽〗黒人霊歌.
espiritualidad 囡 **1** 精神性. **2** 宗教性.
espiritualismo 男 **1** 精神主義. **2**〖哲学〗唯心論.
espiritualista 厖 **1** 精神主義の. **2**〖哲学〗唯心論の. —— 男囡 **1** 精神主義者. **2**〖哲学〗唯心論者.
espiritualizar[1.3]他 を精神的にする, 霊的にする, …に精神的な意味を与える.
espirituoso, sa 厖 **1** 活発な, 活気のある. **2**〖飲物が〗アルコール分の多い.
espiroidal 厖 螺旋(らせん)形の, 螺旋状の.
espirómetro 男〖医学〗肺活量計.
espita 囡 **1**〖水道・ガスなどの〗栓; (たるの)飲み口. **2**〖話〗大酒飲み. **3** 一掌尺の長さ.
esplender 直 輝く.
esplendidez 囡 **1** 輝き, 光輝, 壮大さ, すばらしさ, 見事さ. **2** 寛大, 寛容さ, 心の広さ.
espléndido, da 厖 **1** すばらしい, 華麗な, 豪華な. —ocasión espléndida 願ってもない機会. **2** 気前のいい, 物惜しみしない.
esplendor 男 **1** 華麗さ, 壮麗さ, 輝かしさ, 見事さ. —— del día すばらしい日和(ひより). **2** 全盛期, 絶頂. —La primavera está en todo su ~, まさに春たけなわである. **3** (特に家系の)輝き, 光彩, 光輝. —— del sol 太陽の輝き.
esplendoroso, sa 厖 **1** 壮大な, 華麗な. **2** 輝かしい, まばゆいばかりの.
esplénico, ca 厖〖解剖〗脾臓(ひぞう)の.
esplenio 男〖解剖〗板状筋.
espliego 男〖植物〗ラベンダー.
esplín 男 憂鬱(ゆううつ), 倦怠.
espolazo 男 馬に拍車をかけること.

espolear 他 **1** を刺激する. **2** (馬に)拍車をかける.

espoleta¹ 女 信管, 導火線.

espoleta² 女 (動物) (鳥の)叉骨(また).

espolín 男 (靴に固定された小さな)拍車.

espolio 男 **1** 略奪, 剥奪. **2** (歴史) 死後教会のものになった聖職者の財産.

espolón 男 **1** (鶏などの)蹴爪(けづめ). **2** (馬の)球節(脚の蹴爪毛の生える部分). **3** (海岸の)護岸堤. **4** (海事) (船の)衝角. **5** (建築) 控え壁. **6** (話) しもやけ. ▶ *tener más espolones que un gallo* (話) 非常に年を取っている.

espolvorear 他 **1** (粉などを)まく, 散布する, ふりかける. **2** …のほこりを払う.

espondaico, ca 形 (詩学) (古典詩の韻律が)長々格の, 強々格の.

espondeo 男 (詩学) 長長格, 強強格.

espondilitis 女 〖単複同形〗(医学) 脊椎炎.

esponaiario 形 海綿(動物)の. — 男複 海綿動物.

espongiforme 形 スポンジ[海綿]状の.

esponja 女 **1** スポンジ(入浴・洗浄用). **2** (動物) 海綿動物. **3** 大酒飲み, 酒豪ざる. **4** 容易に知識を吸収する人.

esponjar 他 **1** を吸わせる. **2** を海綿状にする. — **se** 再 **1** 得意がる, 思い上がる. **2** 海綿状になる. **3** 健康そうになる.

esponjera 女 スポンジ入れ.

esponjosidad 女 **1** 海綿状, スポンジ状, 多孔質. **2** ふんわりしていること.

esponjoso, sa 形 海綿状[質]の, スポンジのような.

esponsales 男複 婚約.

espontaneidad 女 **1** (言動などの)自然さ, 率直さ. —*hablar con* — 率直に[忌憚なく]言う. **2** 自然発生, 自然性.

espontáneo, a 形 **1** 自発的な, 内発的な, 任意の. **2** 自然発生的な; (植物などが)自生の. —*generación [combustión] espontánea* 自然発生[発火], vegetación *espontánea* 自生植物. **3** 自然の(ままの); 天真爛漫(てんし)の. — 男 (闘牛場などで)素人の飛び入り.

espora 女 (植物) 胞子, 芽胞.

esporádico, ca 形 **1** 散発的な, 時々起きる; 突発的な. **2** (医学) 特発性の.

esporangio 男 (植物) 胞子嚢(のう).

esportillo 男 (食料を運ぶ)かご.

esporulación 女 (生物) 胞子形成[分裂].

esposar 他 …に手錠をかける.
〖エスポソ, サ〗

esposo, sa 男, 女 夫, 妻, 配偶者.
—*los* —*s* 夫妻, 夫婦. — 女複 手錠.

espot 男 → spot.

espray 男 → spray.

esprin(t) 男 〖<英〗 → sprint.

esprintar 自 〖スペ〗全力疾走する.

esprínter 〖<英〗 男女 複 —(e)s (スポ) スプリンター, 短距離走者.

Espronceda 固名 エスプロンセーダ (José de ~1808-42, スペインの詩人).

espuela 女 **1** 拍車. —*picar* ~ *a* — (馬に)拍車をかける. **2** 刺激, 行動に駆り立てるもの, 激励. **3** 酒席で, 辞する前の最後の一杯. ▶ *espuela de caballero* (植物) ルリヒエンソウ.

espuerta 女 (アフリカハネガヤ製の)かご. ▶ *a espuertas* (話) たくさん, あり余るほど, しこたま.

espulgar [1.2] 他 **1** …からシラミをとる. **2** を細かに調べる, 吟味する, 詮索する. — **se** 再 **1** (自分の体から)シラミをとる. **2** (互いに)シラミをとる.

espuma 女 **1**〖集合的で〗泡. —*hacer* — 泡立つ, 泡を立てる. **2** (料理)あく. **3** (植物) —~ *de mar* 海泡石. **4** (俗) 精粋, 最上の部分. ▶ *crecer como (la) espuma* 急に大きくなる.

espumadera 女 泡をすくう道具, 泡じゃくし.

espumajear 自 口から泡を吹く.

espumajo 男 口から出されたたくさんの泡.

espumar 他 (泡)(あく)をすくい取る. — 自 **1** 泡立つ. **2** 急に増える, 大きくなる, 繁栄する.

espumarajo 男 (口から出る)泡. **2** 浮きかすや, 汚い泡. ▶ *echar espumarajos por la boca* (口から泡を飛ばして)激怒する.

espumilla 女 **1** 〖中南米〗メレンゲ菓子. **2** クレープに似た軽くて薄い布.

espumoso, sa 形 **1** 泡立つ, 泡だった, 泡だらけの. **2** 発泡性の. **3** 泡の(ような), 泡状の. — 男 発泡ブドウ酒.

espurio, ria 形 **1** 非嫡出の. **2** 偽(にせ)の, 偽造の.

espurrear 他 …に口に含んだ水で霧吹きする; (〖+con で〗 を濡らす.

espurriar 他 …に口に含んだ水で霧吹きする; (〖+con で〗 を濡らす.

esputar 他 (つば, 痰(たん))を吐き出す.

esputo 男 つば, 痰(たん).

esquejo 男 (農業) 接ぎ穂, さし枝.

esquela 女 **1** 死亡公告 (=~ *mortuaria*), 死亡通知. **2** 招待状, 案内状; 短い手紙.

esquelético, ca 形 **1** 骸骨のような, やせ細った, 骨張った. **2** 骨格の, 骸骨の.

esqueleto 男 **1** (解剖) 骸骨(がい). (人・動物の)骨格; 骨と皮ばかりの人. —*estar hecho un* — 骨と皮ばかりになっている. **2** (建物・船などの)骨組. **3** (小説・演劇などの)概略, 骨子, 骨格. ▶ *menear [mover] el esqueleto* (1) 踊る. (2) (スポーツなどで)激しく動き回る.

esquema 男 **1 a)** 略図, 略画, スケッチ. **b)** 図式, 図表, 図解. **2** (計画・演説などの)概要, 要旨, 草稿. **3** (カト) 公会議提出の法令の草案. **4** (哲学) 先験的図式, スキーマ. ▶ *en esquema* おおまかに; 図式的に.

esquemático, ca 形 **1** 図式的な, 図式の, 図表の. —*figura esquemática*

esquematización 図解. **2** 概略の, 概要の, おおまかな. —dibujo ～ 略図. **3**(考え方が)本質をつかんだ, 要点を突いた.

esquematización 囡 図式化; 概略化.

***esquematizar** [1.3] 他 ...を図式化する, ...の概略をまとめる, 略述する.

:**esquí** 男 (複 ～(e)s) 《スポ》 スキー; スキー用具. ～ alpino アルペンスキー. ～ de fondo クロスカントリースキー. ～ nórdico ノルディックスキー. ～ náutico [acuático] 水上スキー.

***esquia｜dor, dora** 名 スキーヤー, スキーをする人.

:**esquiar** [1.5] 自 スキーをする.

esquife 男 《海事》(かいで漕ぐ)小舟, 小ボート.

esquila¹ 囡 **1** カウベル, 家畜につける鈴. **2** 呼び鈴.

esquila² 囡 (はさみで)羊などの毛を刈ること.

esquila｜dor, dora 形 (羊などの)毛を刈る, 剪毛の. —— 名 剪毛職人. —— 男 (羊などの)剪毛機.

esquilar 他 ...の毛を刈る, を刈り込む. —— se 再 毛が刈られる.

esquileo 男 **1**(羊などの)毛を刈ること, 剪毛. **2** 毛を刈る時期, 剪毛期. **3** 毛を刈る場所, 剪毛場.

esquilmar 他 **1**《農業》作物を刈り入れる, 取り入れる. **2**《話》a) を使い果たす. b) (資源などを)枯渇させる. **3**(植物が土地を)やせさせる.

esquilón 男 **1**(大型の)カウベル. **2** 大きな鈴(呼び鈴).

esquima|l 形 エスキモー(人・語)の. —— 男女 エスキモー人. —— 男 《言語》エスキモー語.

esquina 囡 **1**(外側から見た)角(を); 街角, 曲がり角. ——calle Serrano, ～ Goya セラーノ通りとゴヤ通りの交差する角. **2** 先端, 端, 角. **3** 隅(な), 片隅. **4**《スポ》コーナー. **5**《ゲーム》—las cuatro ～s 陣取り遊び. **6**《南米》食料品店, 雑貨店, 角店(ξ誰). ▶ **de [en] esquina**《建物・区画などの》角の;(部屋の隅を占める)コーナー用の. **doblar la [una] esquina** (1) 角を曲がる. **2**《チリ》死ぬ. **hacer esquina** (1)(建物などが)角にある. (2) 2 つの道路が交差する.

esquina｜do, da 形 **1** 角(を)のある, 角ばった. **2** 非社交的な, 気難しい.

esquinar 自 [+ con と] 角(を)をなす. —— 他 **1** ...と角(を)になる. **2** を隅(な)に置く. **3**(二人を)仲たがいさせる.

esquinazo 男 **1**《話》角(を), 角. **2**《南米》セレナード, 小夜曲. ▶ **dar [el] esquinazo a ...** (1)(急に角を曲がって)まく, ...の追跡をかわす, を置き去りにする. (2) ...に待ちぼうけをくわせる, ...との約束をすっぽかす.

esquine｜ro, ra 形 角にある[置く]. —— 男 **1** コーナー家具. **2** 街角回.

esquirla 囡 **1**(石, ガラスなどの)破片, 裂片. **2**《医学》骨折などによる骨の破片.

esquirol 男 《話, 軽蔑》(人をまどして)スト破り.

esquisto 男 《鉱物》片岩. ▶ **aceite de esquisto** シェール油.

esquivar 他 **1** を(巧妙に)避ける, 回避する, よける. **2**(要請などから)逃げる, かわす, そらす. —— se 再 引き下がる, 逃げをうつ, 身をかわす.

esquivez 囡 **1** 不愛想, つれなさ, よそよそしさ. **2** 非社交的なこと, 引っ込み思案.

esqui｜vo, va 形 **1** 不愛想な, 冷たい, よそよそしい. **2** 非社交的な, 内気な, 恥ずかしがり屋の.

esquizofrenia 囡 《医学》統合失調症.

esquizofrénico, ca 形 《医学》統合失調症の. —— 名 《医学》統合失調症患者.

esquizoide 形 《医学》統合失調症の傾向のある, 統合失調質の. —— 男女 《医学》統合失調質の人.

esta, ésta（指示） →este.

está 動 →estar [13].

estabilidad 囡 **1** 安定性; 持続性. —— atmosférica 《気象》大気の安定. ～ política [monetaria] 政治的[通貨]の安定. **2** 平static, 落ち着き. **3**(化学, 物理, 船舶)安定性.

estabilización 囡 **1** 安定化. **2** 平衡化.

estabili｜zador, dora 形 安定させる. —— 男 **1**《航空》(飛行機の)安定板. **2**(機械)安定装置. **3**《化学》安定剤.

estabilizar [1.3] 他 **1** を安定させる. **2**《経済》(通貨価値を公的に)固定化する. —— se 再 安定する.

:**estable** [エスタブレ] 形 安定した, しっかりした, 不変の.

:**establecer** [エスタブレセル] [9.1] 他 **1** a) を開設する, 設立する, 樹立する. ——una fundación 財団を設立する. b) を確立する, 打ち立てる. ——un récord mundial 世界記録を樹立する. **2** を制定する, ...と規定する, 命令する. **3** を設定する, 確立する; 作成する. ——un plan de estudios 調査計画を作成する. **4** を確認する, 証明する, 立論する. —— se 再 **1**[+ en に]定住する, 居を定める. **2**[+ de を]開業する, 開業する; 自立する. —— se de pediatra 小児科医を開業する.

estableci｜do, da 過分 (→ establecer) 確立した, 規定された, 創設された.

establecimiento 男 **1** 設立, 創設; 樹立; 制定, 確立. —— de una sucursal 支店の開設. **2**(学校・病院・会社などの)施設, 機関, 工場. —— benéfico 福祉施設. **3** 店, 商店. —— de bebidas 飲料店. ～ público 商店; 飲食店. **4** 定住, 定着. **5** 法会.

establezco 動 →establecer [9.1].

establo 男 **1** 馬小屋, 厩舎(常見); 牛小屋, 牛舎. **2**(全体として)同じ厩舎の馬, 持ち馬.

estabulación 囡 家畜の屋内飼育.

estabular 他 (牛・馬を)厩舎(${}^{きゅう}_{しゃ}$)で飼う.

estaca 女 1 杭, 棒(^{ぼう}). 2 棍棒. 3 《技術》大くぎ. 4 《農業》(挿し木用の)切り枝.

estacada 女 1 柵, 矢来(^{やらい}), 防御柵, 囲い. 2 決闘場. ● *dejar a...en la estacada* 窮地にいる人を見捨てる, 置き去りにする. *quedarse en la estacada* 《話》見捨てられる, 立ち往生する.

estacar [1.1] 他 1 (柵で)土地の境界線を作る. 2 (家畜を)杭(^{くい})でつなぐ. ─ **se** 再 棒立ちになる, 立ちすくす.

estacazo 男 1 杭(^{くい})での一撃. 2 《話》打撃. 3 《話》厳しい批判.

estación [エスタシオン] 女 1 《鉄道》駅, 停車場. ─ *~ de autobuses* バスターミナル. ─ *~ de metro [de ferrocarril]* 地下鉄[鉄道]の駅. ─ *~ cabecera* 《アルゼンチン》終着駅, ターミナル. 2 a) 季節. ─ *las cuatro estaciones del año* 四季. b) 《スポーツなどの》シーズン; (作物などの)時期, 旬(^{しゅん}). ─ *~ turística* [*deportiva*] 観光[スポーツ]シーズン. 3 《放送》放送局; 電波基地. ─ *~ emisora de televisión* テレビ局. ─ *~ espacial* 宇宙ステーション, 衛星中継基地. ─ *~ de trabajo* 《情報》ワークステーション. 4 《観測・研究などの》施設, 観測所; 署. ─ *~ agronómica* 農業試験場. ─ *~ meteorológica* 気象観測所, 測候所, 気象台. ─ *~ de policía* 警察署[分署]. 5 サービスステーション; 処理場; 発電所. 6 保養地, 休養地; 滞在(地), 逗留(^{とうりゅう})(地), 海水浴場. ─ *~ balnearia* 湯治[温泉]場, 保養地. 7 《カト》─ *estaciones del Vía Crucis* 十字架の道行きの14箇所で捧げる祈り. 8 姿勢, 静止状態. 9 《生物》(動植物の)生息地, 分布区域. 10 《天文》変向位置, 留(^{りゅう})(惑星が天球上で一時的に停って見える現象・位置).
▶ *estación de servicio* ガソリンスタンド, (自動車の)サービスステーション.

estacional 形 1 季節の, 季節的な. ─ *trabajo ~* 季節労働. *viento ~* 季節風. 2 《天文》静止した, 留(^{りゅう})の.

estacionamiento 男 1 《自動車》駐車. 2 停滞.

estacionar 他 1 (車を)駐車する. 2 を配置する, 部署につける. ─ **se** 再 1 駐車する. 2 止まる, 停止する, 停滞する.

estacionario, ria 形 動かない, 静止した, 止まっている.

estada 女 滞在, 逗留(^{とうりゅう})する.

estadía 女 1 滞在, 逗留(^{とうりゅう})(する). 2 《商》(商船の停泊超過日数(料金); 滞船料.

estadio 男 1 《スポ》競技場, スタジアム; 野球場. ─ *~ de fútbol* サッカー競技場. 2 (発展・推移などの)段階, 局面, 程度; 《医学》(病気の)段階, 時(^{じき})期.

estadista 男女 1 指導的な政治家, 国の指導者. 2 統計学者, 統計家.

estadística 女 1 統計(表). ─ *hacer* [*tomar*] *las ~s de la población* 人口統計をとる.

estadístico, ca 形 統計的な, 統計(学)の, 統計上の. ─ *datos ~s* 統計資料. *anuario ~* 統計年鑑. ─ 名 統計学者, 統計家.

estadizo, za 形 (空気・水などが)よどんだ, 停滞した.

estado [エスタド] 男 1 状態, 様子; (体・機械などの)調子; (情報)ステータス. ─ *~ de alerta* 警戒態勢. ─ *~ de cosas* 事態, 情勢. ─ *~ sólido* 固体[液体, 気体]状態. 2 《政治》(多くはE-で)国, 国家; 政体. ─ *E~ autonómico* (スペインのような)自治州連合国家. *Ministro de E~* 国務大臣. *Consejo de E~* 枢密院. *Organización de E~s Americanos* 米州機構 (略 OEA). ─ *~ de bienestar* 福祉国家. ─ *~ de derecho* 法治国家. ─ *~ federal* 連邦国家. 3 《アメリカ・メキシコなどの》州. ─ *E~ Libre Asociado* (Puerto Rico の法的地位). 4 身分, 階層, ステータス. ─ *~ civil* 《法律》戸籍上の身分. ─ *~ llano* (貴族・聖職者に対しての)平民. ─ *~ soltero* 独身. 5 《商》損益などの計算書, 財務表; (状況を表した)報告書, リスト. 6 《軍》本部. ─ *E~ Mayor* (*General*) (総)参謀本部. ─ *E~ Mayor de Central* 参謀本部. ● *estado de alarma* 緊急事態. *estado de ánimo* 気分, 機嫌. *estado de emergencia* [*de excepción*] 非常事態. *estado de guerra* (1) 戦争状態. (2) 戒厳状態. *estado de sitio* 戒厳(状態). *estado en estado* (*interesante*) 妊娠中である. *estar en estado de merecer* (女性が)年頃である, 結婚適齢期である. *tomar estado* (1) 結婚する. (2) 司祭になる.

Estados Unidos de América 固名 アメリカ合衆国.

estadounidense 形 アメリカ合衆国の, 米国の, アメリカの. ─ 男女 アメリカ合衆国国民[市民], 米国人, アメリカ人.

estafa 女 1 詐取, 詐欺, かたり. 2 鐙(^{あぶみ}), あぶみがね.

estafador, dora 名 詐欺師.

estafar 他 1 《+a から》(金を)だまし取る. 2 《法律》を横領する.

estafermo 男 1 《歴史》回転人形(槍競技のための). 2 《話》うすのろ, まぬけ.

estafeta 女 1 急使. 2 外交通信文書入りの郵便袋. 3 郵便支局, 郵便局. 4 《スポ》バトン.

estafilococo 男 《医学》ブドウ状球菌.

estáis, estamos, están 動 → *estar* [13].

estalactita 女 《鉱物》鍾(^{しょう})乳石.

estalagmita 女 《鉱物》石筍(^{じゅん}).

estalinismo 男 スターリン主義(体

estalinista 形 スターリン主義[体制]の. ― 男女 スターリン主義者.

estallar 自 1 a) 爆発する, 炸裂(さくれつ)する, はじける. b) 破れる, 張り裂ける, はち切れる. 2 突発する, 勃発する, 突然起こる. 3 (感情が) 爆発する, ほとばしり出る. ― de emoción 感情が爆発する. ― se 再 張り裂ける, はじける, はち切れる.

estallido 男 1 破裂[爆発] (音), 破裂(はれつ), バンク. 2 (戦争・災害などの) 突発, 勃発, 発生. ― de la revolución 革命の勃発. 3 (感情の) 爆発, 激発.

estambre 男 1 (植物) おしべ, 雄(お)しべ. 2 (服飾) 梳毛(そもう)糸, 梳毛織物, ウーステッド.

Estambul 固名 イスタンブール (トルコの都市).

estamental 形 1 (社会) 階層の, 階層の. 2 身分制の.

estamento 男 階層, 階級.

estameña 女 《服飾》 梳毛(そもう)で織った粗ラシャ, サージ, 粗布.

estampa 女 1 (印刷された) 絵 [肖像画], 図絵, 挿絵. 2 (人間・動物の) 姿, 外見. 3 典型, 権化, 見本. 4 そっくり, 生き写し. 5 足跡. 6 (印刷) 印刷, 印刷. ― dar un libro a la ～ 本を印刷出版する. ► ¡Maldita sea su estampa! 《俗》 こんちくしょう, くそったれ. ser la viva [fiel] estampa de... (人) にそっくり [生き写し] である, 瓜(うり)二つである. ―La niña es la viva estampa de su madre. その女の子は母親そっくり[母親に生き写し]だ.

estampación 女 1 印刷, プリント. 2 型押し, 押し出し, 打ち出し.

estampado, da 形 1 (服飾) (布地が) プリント柄の. ― 男 (服飾) プリント柄の布地.

estampador, dora 名 1 印刷の, プリントの. 2 型押しの, 打ち出しの. ― 名 プリント工; 型押し工.

estampar 他 1 (印刷) ...の文字 [模様] を (木判・ゴム印などで) 刷る, ...に印刷する. 2 (足跡を残す. 3 (話) 投げつける, ぶつける. 4 (話) (キス・殴打など) を与える. 5 (印象などが) 心に刻みつける, 銘記させる. 6 を書く, 署名する. ― se 再 (話) [+contra a] ぶつかる.

estampia ► de estampia あわてて, 急に. ― salir de estampia あわてて飛び出す.

estampida 女 1 (動物の群が) 驚いてどっと逃げ出すこと. 2 爆発音, 轟音(ごうおん).

estampido 男 爆発音, 爆発音.

estampilla 女 1 (一般にゴム製の) 印鑑, 判; 印, スタンプ, 証印; 消印. 2 『中南米』 郵便切手.

estampillado 男 印[スタンプ]を押すこと, 捺印(なついん).

estampillar 他 ...に印[スタンプ]を押す.

estancamiento 男 1 (川などの) せき止めること, よどみ. 2 行き詰まり, 停滞.

estancar [1.1] 他 1 ...をせき止める, ...の流れを止める. ―La presa estanca agua para regadío. ダムは灌漑(かんがい)のため水をせき止めている. 2 停滞させる; 中断する. 3 を専売とする, 独占する. ― se 再 よどむ, 停滞する; 中断する. ―se las negociaciones 交渉が中断する.

estancia[1] 女 1 滞在 (期間). 2 (宮殿などの広くて豪華な) 部屋, 広間. 3 (建築) 住居, 住まい; 邸宅. 4 入院期間 [日数]. 5 『中南米』 農場, 大農園, 牧場.

estancia[2] 女 (詩学) 連節.

estanciero, ra 名 『中南米』 (農業) 大農園主, 農場主.

estanco[1] 男 1 (専売品の) 売店, タバコ屋. 2 専売(権), 独占権. 3 (歴史) 記録[公文書]保管所.

estanco[2], **ca** 形 防水の, 耐水の, 漏水防止の.

estándar 形 標準の, 水準の, スタンダードな. ― 男 標準, 水準, スタンダード.

estandarización 女 規格化, 標準化.

estandarizar [1.3] 他 を標準化する, 画一化する, 規格化する.

estandarte 男 旗, 軍旗, 旗印.

estannífero, ra 形 (鉱物) スズ (錫) を含んだ.

estanque 男 1 (公園などの) 池. 2 貯水池.

estanquero, ra 名 1 タバコ屋の店主 [店員], タバコ小売商人. 2 『中南米』 居酒屋の主人.

estanquillo 男 1 『中南米』 主に公営の酒, タバコなどの専売品販売店. 2 『エクアドル』 居酒屋. 3 『メキシコ』 品数の少ない店.

estante 男 1 棚, 本棚, 棚板. 2 本箱, 書架. 3 『中南米』 (高床式家屋の) 支柱. ― 形 (家畜が) 定住している; 定住家畜の.

estantería 女 1 (全体として) 本棚. 2 戸棚.

estantigua 女 《話, 戯》 のっぽでみすぼらしい人. 2 おばけ, 幽霊.

estañar 他 (技術) ...にスズ (錫) めっきをする.

estaño 男 (化学) スズ (錫).

estaquear 他 『中南米』 1 ...の手足を杭にしばりつけて拷問する, 2 (皮)を杭にしばって伸ばす.

estaquilla 女 1 (テントなどを支える) 杭; (靴のかかとなどの) 木釘. 2 (角錐状の) 坊主釘. 3 大釘, 長釘.

estar [エスタル] [13] 自 1 ...である, ...でいる, ...にいる, ...になる 《一時的状態を表す》. ―¿Cómo estás? Estoy bien, gracias. ご機嫌いかが. ―元気です, ありがとう. ― enfermo 病気である. ― triste 悲しそうだ. 2 (場所)にいる, ある 《所在を表す》. ―La escuela está cerca de mi casa. 学校は私の家の近くにある. ¿Has estado en Tokio? 君は東京に行ったことがあるか. Estamos en primavera. 今は春だ. 3 a) いる, ある. ― en casa 家にいる. b) (準備が)できている, 仕上がっている. ―Ya está. さあできあがり

だ。**4**〖+過去分詞〗…になっている、している〖結果・状態を表す〗．—La profesora *está rodeada* de sus alumnos. 先生は生徒たちに囲まれている．**5**〖+現在分詞〗…しつつある、している〖進行形を作る〗．—*Está nevando*. 雪が降っている．**6**似ている、ぴったりする、しっくりする．—Esa corbata te *está* muy bien. そのネクタイは君にとても似合っている．**7**〖+a〗〖値段、温度等〗…である．—Ese queso *está* a 3 euros el kilo. そのチーズは1キロ3ユーロです．b) …曜日である〖普通 estamos の形で用いられる〗．—¿*A* cuántos *estamos* hoy?—*Estamos* a 2 de abril. 今日は何月何日か？—4月2日です．c) …の準備[用意]ができている．—*Estoy a* su disposición. 何でもご用命に応じます．**8**〖+al+不定詞〗（今ちょうど）…するところである．—Los Reyes *están al llegar* al aeropuerto. 国王夫妻は空港に到着するところである．**9**〖+con〗a) …と一緒にいる、同居する．b)（人と）一緒にいる、親密である．c)…に会いに行く．—Enseguida *estoy contigo*. 私は間もなく君に会いに行くよ．d) …と同意見である．e) …を持っている、…でいっぱいである．—*Estoy con* muchas ganas de trabajar. 非常に働く気がある．**10**〖+de〗a) …しているところである、最中である．—~ *de mudanza*[*de obras*] 引越中[工事中]である．b) …を務める、…として働く．—~ *de cocinero* 料理人として働いている．c) 妊娠…か月である．—*Está de cuatro meses*. 彼女は妊娠5か月だ．d)〖話〗…を思っている．—Ella *está del corazón*. 彼女は心臓が悪い．**11**〖+en〗a) …に原因[理由]がある．—*Estoy en* lo que le pasa a ella. 彼女に何が起きたか私は分かっている．c)〖+不定詞〗…するつもりである．—Antonio *está en* venir para Navidad. アントニオはクリスマスまでには帰るつもりだ．d) 〖+que+直説法〗…と思う、考える．—*Estoy en que* el asunto no tiene solución. 私はその件には解決策がないと思う．**12**〖+para〗a)〖+名詞〗…する時である、するためある．—Ahora no *estamos para* bromas. 今は冗談言っている時ではない．b)〖+不定詞〗…ちょうど…しようとしている、することになっている、しそうである．—*Está para* llover. 今にも雨が降りそうだ．**13**〖+por〗a)〖+名詞〗…の味方である、に好意を持っている．b)〖+不定詞〗（物事が）まだ…していない、されていない．—La habitación *está por limpiar*. 部屋はまだ掃除をしていない．c)〖+不定詞〗（人が）…する気になっている、しようとしている．**14**〖+sin しく〗…しない、…がないままである．—*Estoy sin* trabajo[dinero]. 私はいま失業中だ[お金がない]．**15**〖+saber〗（人）の面倒をみる、を見扱る；…に責任がある．**16**〖+tras (de)〗…を欲しがっている．**17**〖+que+直説法〗a)〖状態の強調〗—*Está que trina*. 彼は怒り狂っている．b)〖状態への達〗—*Estoy que no puedo* más.

私はこれ以上我慢できない．—— **se** 再 …にいる、留まっている．じっとしている．—¡*Estáte quieto*! 静かにしていろ．▶ *a lo que estamos*〖話〗本題に戻って．¿*estamos*? いいね、わかったね、そうでしょう．*estar de más* (*sobra*) 〖話〗余分[無用、余計なこと]である．*estar en* 自分のする[言う]ことに注意を払う．*estar en todo* 全責任を引き受けている、すべてに目を配る．*estar por ver* まだ分からない、未確認だ．*estar visto que* 明らかに…である．¿*Estás*? / ¿*estás usted*? よろしい？分かりましたか？ *ya estás bien de*…は過分である、あまりに多く過ぎる．*ya estamos* これで大丈夫だ、もう用意はできた．¡*Ya estamos*!（1）賛成、異議なし．（2）もうたくさんだ、やめろ．

estarcir 他〖美術〗を型を通して刷り出す．

estárter 男 〖エンジンの〗スターター．

estás 動 → estar [13].

estasis 女〖単複同形〗〖医学〗血行停止した、うっ血．

estatal 形 国家の、国有の、国営の．—empresa ~ 国営企業．universidad ~ 国立大学．

estática 女〖物理〗静力学．

estático, ca 形 **1** 静的な、動かない、定位の、静態の．**2**〖話〗（口もきけないほど）驚愕した、あきれて物も言えない、あっけにとられた．**3**〖物理〗静力学の．— ~ *bicicleta estática* (室内運動用の)エアロバイク．

estatificar [1.1] 他 を国有化する、国営化する．

estatismo 男 **1** 国家統制主義．**2** 静止(状態)．

estatista 形 男女 国家統制主義の（人）．

estatizar [1.3] 他 を国有化する、国営化する．

estator, estátor 〖<英〗男〖電気〗固定子．

estatua 女 **1**〖人間・動物の〗彫像、像．**2** 像のように無表情な人、冷たい人．▶ *merecerse una estatua* 品行方正である．*quedarse* (*hecho* [*como*]) *una estatua* (恐怖・驚きのあまり)動けなくなる、立ちすくむ．

estatuario, ria 形 **1** 彫像の、塑像の；彫刻彫像に適した．**2** 彫像のような．女 彫像術．—名 彫像家、塑像家．

estatuilla 女 小さな彫像．

estatuir [11.1] 他 **1** を確立する、設置する、制定する．**2** を証明する、明らかにする．

estatura 女 （人の）身長、背丈．— *media* 平均身長．*de ~ regular* [*mediana*] 中背の．*ser alto* [*bajo*] *de ~* 背が高い(低い)．

estatus 男〖単複同形〗**1**（社会的な）地位、ステイタス、身分．— ~ *social* 社会的地位．**2**（物事・人の）境遇、状態．→ status

estatutario, ria 形 **1** 制定法の、法令の；法令に定められた．**2**〖スペイン〗自治

州憲章の．
estatuto 男 **1**《主に 複》《法律》団体・会社・法人・地域などの規則,定款．—~s sociales 会社の基本定款．**2**《スペイン》自治州憲章．**3**《法律》法令,制定法,成文法．▶*estatuto de autonomía*《政治》《スペイン》自治州憲章．*estatuto de los trabajadores* 労働基準法．*estatuto personal [real]*《国際法で》対人[対物]法．

estay 《英》男《海事》支索,維持索,ステー．

este[1] [エステ] 男 **1** 東,東方．**2** 東部;東欧《略号》E)．—*viento (del)* — 東風．**2** 東風．— 形 東の;東方(へ)の;東からの．— *longitud* ~ 東経．

este[2], **esta** [エステ, エスタ] 形 《指示》《複 estos, estas》**1**《+名詞》(空間的・心理的に話し手に近いもの〈人を指す〉この．—*este libro* この本．**2**《+時の名詞》(現在または最近のことを示す) 今の,今度の;この前の．—*este año* 今年．*este invierno* 今年の冬．**3**《+名詞》(文脈上で後に述べたもの[人]を指す) 後の,後の．**4**《名詞の後》(強調・怒り・軽蔑を示す) の,こんな．—*El niño este es muy travieso.* この子ときたら本当にいたずらばかりだから．**5**《中南米》(言いよどんで) えっと,あの．— 代 《指示》(形容詞の場合と区別する必要があるときはアクセント記号を付けることもある) **1** これ,この物,この人．**2** (人を指して強調・軽蔑・怒りを表す) こいつ．**3** (文脈上で後に述べたもの,今述べたもの[人]を指す) 後者,これ,この人．—*Manuel y Paloma son hermanos y esta es menor que aquel.* マヌエルとパロマはきょうだいで,パロマの方が年下だ．**4**《女性形で》(手紙文で) こちら,当地．—*En esta no hay novedad.* こちらでは変わりはありません．**5**《女性形で》(ocasión, vez, situación, carta などの語を者略して用いる) この…,今回の…．—*Hoy le remito esta por correo aéreo.* 本日これを航空便で送ります．▶*en estas* この時．*en una de estas* いずれ近いうちに,そのうちに(良くないことが起こる)．*esta y nunca más [no más]*《話》もうこれっきりだ．*por [como] esta[s]*《話》(脅迫じみた調子で) なんとしても．

esté(-) 動 →*estar* [13]．

esteatina 女《化学》ステアリン,硬脂ステアリン酸(ろうそく製造用)．

esteatita 女《鉱物》ステアタイト(裁縫用のチャコとして使用)．

Esteban 固名《男性名》エステバン．

estela[1] 女 **1** 船の通った跡,航跡,船跡．**2** (物の) 通り跡,跡,名残．**3** (流星などの) 尾．

estela[2] 女 (文字・彫刻のある) 石柱,石碑．

estelar 形 **1** 星の,星のような．**2** スターの,花形の．

estenografía 女 速記(術)．

estenografiar 他 を速記する．

estenográfico, ca 形 速記(法)の．

estenógrafo, fa 男女 速記者．

estenordeste, estenoreste 男 東北東;東北東の風．

estenosis 女《単複同形》《医学》狭窄(きょうさく)(症)．

estenotipia 女 ステノタイプ(速記タイプを用いる速記術)．

estentóreo, a 形 大声の,大音声(おんじょう)の．

estepa 女《地理》ステップ,草原地帯．

estepario, ria 形《地理》ステップの．

éster 男《化学》エステル．

estera 女 むしろ,ござ,マット,ドアマット．

esterar 他 をござ[マット,むしろなど]で覆う．

estercolar 他 (土地に) 肥料を施す． — 自 (動物が) 糞(ふん)をする．

estercolero 男 **1**《農業》堆肥(たいひ)場．**2** 汚い場所．

estéreo 男 **1** ステレオ(再生装置)．**2** ステレオレコード[テープ]．**3** ステレオ録音方式,ステレオ効果．— 形《無変化》ステレオの．

estereofonía 女 立体音響(効果),ステレオ．

estereofónico, ca 形 立体音響効果の,ステレオの．

estereografía 女《数学》立体画法,実体画法．

estereometría 女《数学》体積測定,求積法．

estereoscopio 男 ステレオスコープ,立体鏡．

estereotipado, da 形 型にはまった,陳腐な,お決まりの．

estereotipar 他 **1** を型にはめる,形式化する．**2**《印刷》をステロ版にする,ステロ版で印刷する．

estereotipia 女 **1**《印刷》ステロ版印刷術,ステロ版製造法．**2**《医学》常同症．

estereotipo 男 **1** 固定観念,ステレオタイプ,型にはまったこと．**2**《印刷》ステロ版,鉛版．

estereotomía 女 (石材を切り出すための) 石切り法．

estereria 女 ござ,マットなど敷物製造所[販売店]．

estéril 形 **1** (土地・努力などが) 不毛の,実りのない．**2** (土地の) 不毛(年)．—*año* ~ 不毛の年．—*pensamiento* ~ 不毛な思想．**2** (人間・生物が) 子ができない,不妊の,実を結ばない．**3** 殺菌した,無菌の．

esterilidad 女 **1**《医学》生殖不能,不妊(の名)(症);(土地の) 不毛(性)．**2** (精神・思想などの) 貧困,創造力欠如．**3** 殺菌,無菌．**4**《医学》無菌[殺菌]状態,無菌性．

esterilización 女 **1** 不妊手術,断種．**2** 殺菌,消毒．**3** 土地の不毛化．

esterilizador, dora 形 **1** 殺菌する,消毒の．**2** 不毛の,不妊の,実を結ばない． — 男 殺菌装置,消毒器．

esterilizar [1.3] 他 **1** を殺菌する, 滅菌する. **2**…に不妊手術を施す. **3** を不毛にする.

esterilla 女 小型の敷物, マット.

esterlina 形《経済》英貨の. —*libra* ~ 英ポンド.

esternón 男《解剖》胸骨.

estero 男 **1**《地理》河口. **2**《中南米》沼地, 沢地, 沼沢地, 湿地.

esteroide 男《化学》ステロイド.

estertor 男 **1**(死に際の)のどなり, あえぎ. **2**《医学》(卒中のときに伴う)高い鼾(いびき).

estesudeste, estesureste 男 東南東; 東南東の風.

esteta 男女 審美家, 審美眼のある人; 耽美主義者.

estética 女 **1** 美学. **2** 美; 美観. **3** 美容術[法].

esteticismo 男 耽美主義.

esteticista 美的な, 審美的な. ——名 エステティシャン,(全身美容師の)美容師.

estético, ca 形 **1** 美学の, 審美的な, 美に関する. **2** 美的な, 芸術的な, 審美的な美的感覚, 美容的. —*cirugía estética* 美容整形手術. ——名 美学者, 審美家.

estetoscopia 女《医学》聴診法.

estetoscopio 男《医学》聴診器.

esteva 女《農業》鋤(すき)の柄.

estevado, da 形名 O脚の(人), がに股の(人).

estiaje 男 **1**(川など)最低水位. **2** 渇水期.

estiba 女《海事》積み込み, 積み荷重量の調整; 積み荷.

estibador 男《海事》沖仲仕.

estibar 他 **1** を詰める, 押し込む. **2**《海事》(荷を)積み込む.

estiércol 男《動物の糞(ふん), こやし.

estigio, gia 形 **1**《神話》ステュクス川(Laguna Estigia)の, 黄泉(よみ)の国の. **2**《詩学》地獄の.

estigma 男 **1** 侮辱, 恥辱, 汚名. **2**《解剖, 動物》気孔, 気門. **3**《植物》(めしべの)柱頭. **4**《医学》水泡, 紅斑, 出血斑. **5**《古》(奴隷・罪人に押した)焼印, 烙印. **6** あざ, 母斑. **7**《宗教》聖痕.

estigmatizar [1.3] 他 **1** …に汚名を着せる, …に烙印を押す. **2** …に焼印を押す. **3**《宗教》…に聖痕をつける.

estilar 他 を使う, 習慣とする. ——自 実行する, 習慣とする. —— *se* 再 習慣[流行]である.

estilete 男 **1** 尖筆(せんぴつ), 鉄筆. **2** 小剣, 短剣. **3**《医学》探り針.

estilismo 男 **1** 文体[様式]に凝る傾向. **2** スタイリスト業.

estilista 男女 **1** 文章家, 名文家. **2** スタイリスト; ヘアスタイリスト.

estilística 女《言語, 文学》文体論.

estilístico, ca 形 文体の, 文体論の.

estilización 女 様式化.

estilizar [1.3] 他 **1** を様式化する, 型にはめる. **2** やせさせる, ほっそりさせる. —— *se* 再 やせる, 細くなる.

estilo [エスティロ] 男 **1**(芸術家・時代・地域などの)様式, スタイル, …風; 画風. —— *gótico* ゴチック様式. *jardín de* ~ 日本式庭園. **2**(特有の生活・行動の)様式, 流儀, やり方. **3**(作家独自の)文体; 言い回し, 言葉づかい. — *periodístico* 話法. **4**《言語》話法. **5**(態度などの)品位, 優雅; 流行スタイル, 華麗さ. — *directo* [*indirecto*] 直接[間接]話法. **5**(態度などの)品位, 優雅; 流行スタイル, 華麗さ. *traje de* ~ *directo* 流行スタイルの服. **7**《スポ》泳法; 履 メドレー. **8**(日時計の)指時針. —*libre* 自由型. **9**《植物》花柱(ちゅう). **10**(蝋板に文字を書く)尖筆(えんぴつ), 鉄筆. **11**《南米》叙情的な民俗音楽の一種. ▶ *a* [*al*] *estilo de* …風に[の]. …流に[の]. — *al estilo antiguo* 旧式に[の]. *por el estilo* 同じような, 似た[同じ]ような.

estilográfica 女 万年筆.

estilográfico, ca 形 万年筆の; 尖筆型の. — *pluma* ~ 万年筆.

estima 女 **1** 尊重, 尊敬. **2**《海事》推測航法.

estimable 形 **1** 評価できる, 評価[尊敬]すべき. **2** かなりの, 相当の, 大した. **3** 評価される, 見積もられる.

estimación 女 **1** [+ *por*/*hacia* に対する] 尊敬, 尊重, 敬意. — *tener* [*sentir*] ~ *hacia* [*por*] … を尊敬する. *tener alta* ~ 高い評価. **3**《商業》見積もり, 評価. 評価額. **2** 判断. — *según* … 一般的な見解によれば. ▶ *estimación de una demanda*《法律》請求権認可. *estimación propia* 自尊心.

estimado, da 過分 (→ *estimar*) 形 **1** 親愛なる. — E ~ *señor* (手紙で)拝啓. *Muy* ~ *profesor Moreno* (手紙で)親愛なるモレノ先生. **2** 評価された; 概算された.

estimar [エスティマル] 他 **1** a) を評価する, 尊重する, b) …に愛着を感じる, 親愛の情を抱く. **2** …と判断する, 考える. — *Estimó adecuado a la propuesta*. 提案に反対するのが適当だと彼は考えた. **3** a) …と算定する, 算出する. b) [+ *en* と] を見積る. —— *se* 再 **1** 尊敬し合う. **2** 自らを評価している. **3** …と考えられる.

estimativo, va 形 評価[判断](のため)の; 概算の. ——女 判断力.

estimulación 女 **1** 刺激, 興奮. **2** 激励, 鼓舞.

estimulante 形 **1** 励ましになる, 勇気づける. **2** 刺激的な, 興奮させる. 《医学》興奮剤.

estimular 他 **1** [+ *a* + 名詞/不定詞, *que* + 接続法](…するように)を刺激する. **2** 励ます, 鼓舞する. **3** を促す, 促進する. 奨励する. —— *se* 再 **1** 自らを励ます. **2** 興奮剤(麻薬)を服用する.

estímulo 男 **1** 刺激(物), 激励(の). **2** 刺激物, 自尊心.

estío 男《詩》夏.

estipendio 男 俸給, 報酬, 給料, 謝

estipulación 囡《法律》約定, 約款;契約, 規定.

estipular 他 **1**を規定する. 明記する, 明文化する. **2**《法律》(口頭で)を約定[契約]する. **3**《複数の人が話し合って》を決定する, と折り合いがつく.

estirado, da 過分〔→estirar〕形 **1**《話》高慢な. **2**着飾った, 盛装した. **3**《話》けちな, しみったれた. ── 囡《サッカーのキーパーが》腕を伸ばしてボールをキャッチ[クリア]すること.

estiramiento 男 **1**伸ばすこと, 伸ばすこと, 引っ張ること. **2**手足を伸ばすこと, 伸びをすること. **3**思い上がり, 傲慢(ごう).

estirar 他 **1** a)を引き伸ばす, 長くする, 伸ばす. b)を(しわのあるないようにぴんと)伸張る. ── una cuerda ロープをぴんと張る. **2**《お金》を倹約して使う, やりくりする. **3**《中南米》を殺す. これは何ですか. ─ 《言いよどんで》ええと, あのう. ▶ **a todo esto** (1)ところで, それはそうと; そう言えば. (2) そうこうしているうちに. ▶ **en esto** (1)その時. (2)《話し手と聞き手が共有する情報に関しての》という所. ▶ **esto es** つまり, すなわち.

estocada 囡 **1**《剣》の突き. **2**《闘牛》(牛に与える)とどめ.

Estocolmo 固名 ストックホルム(スウェーデンの首都).

estofa 囡《軽蔑》(人の)タイプ, たち, 性質.

estofado 男《料理》エストファード(煮込み料理の一種), 蒸し煮; シチュー. ── **de vaca** 牛の煮込み.

estofar¹ 他《料理》をとろ火で煮る, シチューにする, 煮込む.

estofar² 他《服飾》…に刺し縫いする, キルティングする.

estoicismo 男 **1**克己, 禁欲. **2**《哲学》ストア哲学主義.

estoico, ca 形 **1**《哲学》ストア哲学の. **2**克己の, 禁欲的な. **3**動じない, たじろがない. ── 名 **1**《哲学》ストア哲学者. **2**禁欲主義者.

estola 囡 **1**《服飾》ストール, 肩掛け. **2**《宗教》ストラ(聖職者がつける肩飾り).

estolidez 囡 愚かなこと, 考える力がまったくないこと.

estólido, da 形 愚かな.

estolón 男 **1**《植物》匍匐(ふく)枝, 匍匐茎. **2**《動物》走根, 芽茎.

estoma 男《植物》気孔.

estomacal 形 **1**胃の, 胃による, 消化を助ける. ── **medicamento ~** 胃薬. ── 男 胃薬, 健胃剤.

estomagante 形 胸の悪くなるような, 不愉快な.

estómago [エストマゴ] 男《解剖》胃; (一般に)腹, おなか. ─ **Tengo dolor de ~**. 私は腹[胃]が痛い. ─ **boca del ~** 鳩尾(みぞおち).
▶ **asentarse a... el estómago** (食べた物が)胃にもたれる. ▶ **echarse al estómago**《俗》をたらふく[腹一杯]食べる, あびるほど飲む. ▶ **revolver el estómago**《俗》(1)(人)を腹立たしく[むかむか]させる. (2)胃がかかつく, 吐き気を催す. ▶ **revolverse a... el estómago** 胃がむかむかする, 吐き気を催す. ▶ **tener (buen [mucho]) estómago**《俗》辛抱強い, 神経が図太い, タフである, 度胸がある.

estomatitis 囡《単複同形》《医学》口内炎.

estomatología 囡《医学》口腔(こう)外科.

estomatólogo, ga 名《医学》口腔(こう)病専門医[学者].

Estonia 固名 エストニア (首都 Tallinn).

estonio, nia 形 エストニアの, エストニア人の, エストニア出身の. ── 名 エストニア人. ── 男 エストニア語.

estopa 囡 **1**麻くず, 粗麻, 粗麻製の布. **3**《海事》まいはだ(船板の隙間をうめる材料). ▶ **arrear [dar repartir] estopa** 殴る, ぶつ, めったうちにする.

estoperol 男《海事》(頭が大きく短い)丸鋲. **2**《中南米》激突, 衝突. **3**《金銀》色の大きな平画鋲.

estoque 男 **1**剣, 細身の諸刃刀. **2**《植物》グラジオラス. **3**《闘牛》エストケ(とどめに用いる剣).

estoquear 他 **1**《闘牛》《牛》のとどめを刺す. **2**を剣先で刺す.

estor 男 上下に開閉されるカーテン.

estoraque 男 **1**《植物》エゴノキ. **2**安息香(こう).

estorbar 他 **1** …の邪魔をする, を妨げる, 妨害する. **2** …に迷惑をかける, を困らせる. ── 自 邪魔になる, 迷惑である.

estorbo 男 邪魔(物・者), 障害, 妨害; お荷物.

estorboso, sa 形 じゃまな, 迷惑な, 障害になる.

estornino 男《鳥類》ムクドリ.

estornudar 自 くしゃみをする.

estornudo 男 くしゃみ.

estoy 動 = estar [13].

estrábico, ca 形名 斜視の(人).

estrabismo 男《医学》斜視.

estrado 男 **1** 主賓席, ひな壇. **2**〖歴史〗貴婦人の応接間. **3**複〖法律〗法廷.

estrafalario, ria 形 **1** 風変わりな. **2** 身なりのだらしない. ── 名 変人, 奇人.

estragar [1.2] 他 **1** を荒廃させる. 腐らす. **2**〔感覚を麻痺させる. **3** を堕落させる. ── **se** 再 **1** 荒廃する. **2** 麻痺する. **3** 堕落する.

estrago 男 **1**（戦争などによる）荒廃; 荒らすこと, 破壊, 惨害. ● **hacer estragos** (1) 害を与える; 荒廃させる. (2) 人を惹きつける, 強い魅力がある.

estragón 男〖植物〗タラゴン, エストラゴン(葉は香辛料).

estrambote 男〖詩学〗ソネットの後に付ける即興のな追加句.

estrambótico, ca 形 異国風な, 風変わりな.

estramonio 男〖植物〗チョウセンアサガオ.

estrangulación 女 **1** 締めつけ, 絞殺. **2**〖医学〗狭窄.

estrangulador, dora 形 窒息させる. ── 名 絞殺犯. ── 男〖自動車〗チョーク.

estrangulamiento 男 **1** 締めつけ, 絞殺. **2**〖医学〗（導管・腸などの）血行を圧止する, 狭窄する. **3**〖自動車〗（エンジンに）チョークをかける. **4**（計画・商談などの実現）を阻む, 防げる. ── **se** 再 窒息する;〖医学〗絞扼(こうやく)される, しめつけられる.

estraperlear 自〖話〗〖商業〗「+ **con** を〕やみ取引きする.

estraperlista 男女〖商業〗やみ商人, やみ屋.

estraperlo 男〖商業〗やみ市, やみ取引, やみ商売.

estrapontín 男（車両の）補助席.

estrás 男〖単複同形〗（人造宝石用の）高級フリント・グラス.

estratagema 女 **1**〖軍事〗戦略, 軍略. **2** 計略, 企らみ, 策略.

estratega 男女〖軍事〗戦略家.

estrategia 女 **1** 戦略, 作戦. **2** 計略, 企み, 策略.

estratégico, ca 形 戦略（上）の, 計略の.

estratificación 女 層の形成, 〖地質〗成層.

estratificar [1.1] 他 を層にする. ── **se** 再〖3人称で〕層になる.

estratigrafía 女〖地質〗層序学, 層位学; 地層学.

estrato 男 **1**〖地質〗層, 地層. **2**〖気象〗層雲. **3**〖生物, 解剖〗（組織の）層（皮膚・網膜など). **4**〖社会の）階層, 階級. ── *s sociales* 社会階層. **5**〖言語〗── *lingüístico* 言語層.

estratocúmulo 男〖気象〗成層雲.

estratosférico, ca 形〖気象〗成層圏の.

estratosfera 女〖気象〗成層圏.

estraza 女〖集合的に〗断片, きれはし, ぼろ.

estrechamiento 男 **1** 狭めること, 狭くなること. **2** 密接化. **3** くびれ, 狭い部分.

estrechar 他 **1** を狭める, 縮める, きつくする. ── los pantalones ズボン（の寸法）を詰める. **2** を緊密化する, 強化する. **3** を握りしめる, 握手する. ── *La madre estrechó al niño entre sus brazos.* 母親は男の子を抱きしめた. **4** を強制する, 強要する, 無理強いする. ── **se** 再 **1** 狭くなる, 狭まる. b) 緊密になる. **2**（手を）握り締める; 抱き締める. ── *se la mano* 握手し合う. **3** 詰め合う. **4**（経費を）切り詰める.

estrechez 女複 estrecheces **1** 狭さ; 窮屈さ. **2** a)（金銭上の）困窮, 貧窮. ── *vivir en la* [con gran] ── 貧乏暮らしをする, 生活に困る. *pasar ces* 金に困る, 貧乏暮らしをする. b) 苦境, 困難. ── *hallarse en gran* ── 窮地［苦境］に陥っている. **3**（考えなどの）狭さ, 狭量さ; 厳しさ, 厳格.

estrecho, cha [エストレチョ, チャ] 形 **1**（幅・場所が）狭い, 細い;（衣服・居場所などが）きつい, 窮屈な. ── *habitación estrecha* 狭い部屋. *Estos zapatos me están* ~*s*. この靴は私にはきつい. **2**（金融などが）逼迫(ひっぱく)している. ──*Está* ~ *de dinero.* 彼は金に困っている. **3** 親密な. ── *estrecha amistad* 緊密な友情. **4**（態度・性格などが）厳しい, 型の狭い, 偏狭な. ── *moral estrecha* 厳格な道徳. ~ *de miras* 考え方の狭い. **5**〖話〗（道徳的に）固い, 性的抑圧の強い. ── 男 海峡, 瀬戸; 山峡. ──*el E* ── *de Magallanes* マゼラン海峡.

estrechura 女 **1** 狭さ; 窮屈さ. **2** estrechez.

estregar [4.4] 他 **1** をこする, こすって磨く. **2** を（ブラシで）ごしごしこする〖洗う〗. **3** を磨き粉などで磨く. ── **se** 再（背中などを）こする; 体をこる.

estrella [エストレリャ] 女 **1**〖天文〗星, 恒星. ── *de rabo* 彗星(すいせい). ~ *enana* 矮星. ~ *fugaz* 流れ星. ~ *nova* 新星. ~ *supernova* 超新星. **2**（占星術で運命を司る）星, 運勢, 星回り. ──*Lo quiso mi* ~. それが私の運命だった. **3**（俳優・スポーツ選手などの）スター, 花形. ── *de* [del] *cine* 映画スター. *juez* ── 有名判事. 星形の印;（ホテルなどのランク付けの）星;〖軍事〗（階級を示す）星, 星章;（国旗などの）星印. ──*hotel de cinco* ~ *s* 5つ星のホテル. ~ *de David* ダビデの星（ユダヤ教の象徴). **5**〖印刷〗星印, アステリスク(*). **6**（牛・馬の額の）星, 白斑(はくはん). **7**〖動物〗 ── *de mar* ヒトデ（海星). **8**〖中南米〗星形の凧(たこ). ● ***levantarse a las estrellas*** 傲慢(ごうまん)になる. ***nacer con*** [***tener***] ***estrella*** いい星（幸運の星）の下に生まれる. ***ver las estrellas***《俗》（頭を強く殴られたりして激痛で）目から火が出る,

とても痛い目に会う.

estrellado, da 過分 [→estrellar] 形 **1** 星の多い, 星をちりばめた. **2** 星形の. **3**（料理）（卵）が目玉焼きの.

estrellamar 女 **1**（動物）ヒトデ. **2**（植物）オオバコ.

estrellar 他 **1** a)〔＋contra/en に〕（投げつけて）粉々にする, 打ち砕く, たたきつける. —~ una taza *contra* la pared カップを壁にぶつけて割る. b)をぶつける. **2**（卵）を目玉焼きにする. —~ un par de huevos en la sartén フライパンで卵2個を目玉焼きにする. **3** を星で一杯にする. — se 再 **1**〔＋contra/con に〕激突する, 衝突する; 砕ける. —~*se contra* un árbol 立木に衝突する. **2** 失敗する, 挫折する.（満天に）星が出る.

estrellato 男（映画, 演劇）スターの座, スタダム.

estremecedor, dora 形 ぞっとするような, 恐るべき.

estremecer [9.1] 他 **1** を揺らす, 揺り動かす, 震えさせる. **2** を恐れおののかせる, …に戦慄を覚えさせる. — se 再 **1** 揺らぐ, 震える. **2** 震え上がる, 恐れおののく.

estremecimiento 男 **1** 身震い, おののき. **2** 揺れ, 震動.

estrenar 他 **1** を初めて下ろす, 初めて用いる. —~ una casa 新居に住み始める. **2** を初演する,（映画）を封切る. — se 再 **1**〔＋como として〕初登場する, デビューする. **2** 仕事を始める. **3** その日の初商いをする.

estreno 男 **1** 使い初め,（新しい服を）初めて着ること, 下ろすこと. — Estos zapatos son de ~. この靴は下ろしたて. **2**（映画, 演劇）封切り, 初演. —cine de ~ 封切館. **3**（職業活動の）出だし, 門出, スタート;（役者の）初舞台, デビュー.

estrenuo, nua 形 強い, 敏捷(びんしょう)な, 勇敢な.

estreñido, da 過分 [→estreñir] 形 **1**〔estar＋〕（医学）便秘（症）の. **2** けちの, しみったれの.

estreñimiento 男（医学）便秘, 秘結. —~ crónico 慢性便秘.

estreñir [6.5] 他 **1** 便秘させる, 便秘を起こす. — se 再 便秘する.

estrépito 男 **1** やかましい音, 騒音, けたたましい音. **2** 見栄を張ること, 見せびらかし.

estrepitoso, sa 形 **1** やかましい, 騒々しい, けたたましい. **2**（話）華々しい, 仰々しい, 大変な.

estreptococo 男（生物）連鎖球菌.

estreptomicina 女（医学）ストレプトマイシン（抗生物質, 結核の薬）.

estrés 男 [複estreses] ストレス, 緊張.

estresado, da 形 ストレスがたまった.

estresante 形 ストレスの多い, 緊張を強いる.

estresar 他 …にストレスを感じさせる.

estría 女 **1** 細長いへこみ（くぼみ）, 溝, すじ. **2**（建築）（柱の）縦溝, 溝彫り.

estriar [1.5] 他（建築）（柱などに）縦溝を彫る.

estribación 女〔主に複〕（地理）支脈.

estribar 自〔＋en に〕**1** 支えられている, 重みがかかる; 基づく. **2** 基づく, 依拠する.

estribillo 男 **1**（詩学）折り返し句, 畳句, リフレイン, 曲の合唱部. **2** 口癖, 何回も繰り返す語句, 決まり文句.

estribo 男 **1**（馬術）鐙(あぶみ). **2**（馬車・車などの）ステップ, 昇降段. **3**（建築）a) 控え壁(かべ); 補強材. b)（アーチなどの）迫持(せりもち); 橋脚台. **4**（解剖）（中耳の）あぶみ骨. **5**（地質）（山脈の）支脈. ▶ *perder los estribos* (1)（怒りなどで）自制心を失う, 怒り出す. (2) ばかげたこと[たわ言]を言う.

estribor 男（海事）右舷.

estricnina 女（医学）ストリキニーネ（中枢神経興奮剤）.

estrictamente 副 **1** 厳しく, 厳格に, 厳重に. **2** 厳密な意味で; まさしく.

estrictez 女（中南米）厳密, 厳格.

estricto, ta 形 **1**（人・態度・規制などが）厳しい, 厳格な, 厳重な. **2** 厳密な, 正確な.

estridencia 女 **1** 耳障りなかん高い音, 鋭い音. **2** 激しさ.

estridente 形 **1** 耳障りな, かん高い, きんきん響く. **2**（色彩などが）あくどい, けばけばしい.

estro 男 **1** 霊感, インスピレーション. **2**（動物の）発情期, さかり.

estroboscopio 男（光学）ストロボスコープ.

estrofa 女（詩学）連, 節, 段.

estrógeno 男（生化）エストロゲン（卵胞ホルモン, 発情ホルモン）.

estroncio 男（化学）ストロンチウム（元素記号 Sr, 原子番号 38）.

estropajo 男 **1**（植物）ヘチマ. **2**（磨くための）ヘチマ, たわし. **3** 役に立たない人[物], くず. ▶ *poner [dejar] a… como un estropajo*（話）をやっつける.

estropajoso, sa 形 **1**（肉などが）固い, すじがある. **2** どもる. **3**（身なりの）だらしない, 汚ない.

estropear 他 **1** を壊す, 損ねる, 損傷する. **2** を台無しにする, ぶち壊しにする;（容姿などを）衰えさせる. — se 再 壊れる, 損なう.

estropicio 男 **1** 破損, 破壊, ぶちこわし. **2** がやがや, 騒ぎ, ごった返し.

estructura 女 [エストルクトゥラ] **1** 構造, 構成;（政府などの）組織, 機構. — ~ celular 細胞組織. ~ genómica 遺伝子構造. ~ molecular 分子構造. **2**（建築）骨組み, 枠組み. **3**（言語）構造. — ~ gramatical 文法構造. **4**（情報）— ~ principal メーンフレーム. ~ de datos データ構造. ~ de árbol ツリー[木]構造.

estructuración 女 構造化, 組織化.

estructural 形 **1** 構造（上）の. —fór-

estructural ～〈化学〉構造式. **2** 構造主義の, 構造的な. —lingüística 構造言語学.

estructuralismo 男〈言語, 哲学〉構造主義.

estructuralista 形 男女 構造主義の; 構造主義者.

estructurar 他 を構造化する, 組織化する. —**se** 再 構造化される, 組織化される.

estruendo 男 **1** とどめき, 騒音. **2** 派手さ, 見栄, 見せびらかし. **3** 大騒ぎ.

estruendoso, sa 形 やかましい, 騒々しい; 大きな音の; 派手な.

estrujador, dora 形 絞[搾]り出す. —男〈果物などの〉搾り器.

estrujar 他 **1** を絞[搾]る, 圧搾する; くしゃくしゃにする. **2**〈+contra に〉を押し付ける, 押しつぶす. **3**〈人〉を抱きしめる. **4**〈話〉〈利益などを〉…から搾り取る, 搾(しぼ)りする. —**se** 再 押し合う, ひしめき合う.

estrujón 男 **1** 圧搾(さく), 押しつぶすこと, 絞り出すこと. **2** 押し寄せること, 人混み.

estuario 男〈地理〉幅の広い河口.

estucado 過男 化粧しっくい[スタッコ]仕上げ.

estucar [1.1] 他 …に化粧しっくい[スタッコ]を塗る.

estuche 男 **1**〈壊れやすい物の〉ケース, 入れ物; 包む物; 鞘(さや). **2**〈ケース入り〉道具一式. —un ～ de cirugía [de aseo] 外科用器具[化粧道具]一式.

estuco 男〈建築〉化粧しっくい[スタッコ].

estudiado, da 過 [→estudiar] 形 **1** 勉強した. **2** わざとらしい, 計算された. **3** 入念に検討された.

estudiantado 男〈集合的に〉学生, 全校生徒.

estudiante 男女〈高校以上の〉学生, 生徒. —～ de derecho 法学部の学生.

estudiantil 形 学生の, 学生生活の.

estudiantina 女 学生の音楽隊, トゥナ.

estudiar [エストゥディアル] 他 **1** を勉強する, 学ぶ, 習う; 履修する. —～ guitarra ギターを習う. —～ cuarto de Arquitectura 建築専攻の大学4年生である. **2** を研究する; 考察する, 考察する. **3** を検討する, 調査する; 審議する. **4**〈美術〉を写生する. —自 勉強する, 学ぶ.

estudio [エストゥディオ] 男 **1** 勉強, 勉学, 学習; 学問. —sala de ～ 勉強部屋, 資習室. **2** 学業, 学校教育; 学識. —plan de ～s. カリキュラム. ～s de bachillerato 中等教育課程. bolsa de ～ 奨学金. **3**〈+de/sobre の〉研究; 研究書, 論文. **4** 調査, 検討. —～ de mercado 〈商〉マーケティング, 市場調査. **5** 書斎, 研究室, 研究室. **6** アトリエ. —～ cinematográfico 撮影所, 映画撮影スタジオ. ～ fotográfico フォト・スタジオ, 写真館. **7**〈芸術家の〉仕事場, アトリエ.

—～ de artista アトリエ. **8** 熱心, 配慮; 気取り. **9**〈仕事用・住居としての〉ワンルーム・マンション. **10**〈音楽〉練習曲, エチュード. **11**〈美術〉習作, 試作, スケッチ. ▶ **dar estudios a …**〈人〉に学資[学費]を出してやる. **estudio(s) general(es)**〈古〉大学. **tener estudios** 学識があり, 大学出である.

estudioso, sa 形 勉強[学問]好きの, 勉強家の; 学究的な. —名 **1** 研究者, 学者, 専門家. **2** 勉強家.

estufa 女 **1** ストーブ, ヒーター: レンジ, コンロ. **2**〈温泉にある治療用〉発汗室, 蒸風呂. **3** 温室. **4** 熱乾燥器, 微生物[細菌]培養器, 乾燥器. —～ de cultivo 保温器.

estulticia 女 愚かさ, 愚鈍.

estulto, ta 形 愚かな, 止分な.

estupefacción 女 **1** ぼうっとすること, 仰天, 呆然とすること. **2**〈医学〉麻酔状態.

estupefaciente 形 **1** 呆然とさせる, ぼうっとさせる. **2**〈医学〉麻酔性の, 無感覚にする. —男 **1**〈医学〉麻酔剤, 麻酔薬. **2** 麻薬.

estupefacto, ta 形〈estar +〉ぼうっとした, 呆然とした, びっくりした.

estupendo, da [エストゥペンド, ダ] 形 すばらしい, 驚くほどの, すごい.

estupidez 女〈pl estupideces〉ばかげたこと[言動]; 愚かさ.

estúpido, da [エストゥピド, ダ] 形 **1** 愚かな, まぬけな; くだらない. —gesto ～ まぬけな表情. **2** 気取った, うぬぼれた. —名 ばか, まぬけ.

estupor 男 **1** ぼうっとすること, 仰天. **2**〈医学〉昏迷(こんめい), 麻痺.

estuprar 他〈法律〉〈未成年者を〉強姦する.

estupro 男〈法律〉未成年者への強姦, わいせつ行為.

estuquista 男女 化粧しっくい[スタッコ]の職人.

esturión 男〈魚類〉チョウザメ.

estuv- 動 →estar [13].

esvástica 女 鉤十字の, 卍(まんじ).

ETA (頭字)〈バスク Euskadi ta Askatasuna (País Vasco y Libertad)〉女 バスク国と自由(ビスク独立を目指すテロリスト秘密組織).

eta [エタ] 女 ギリシャ語アルファベットの第7字; H, η.

etano 男〈化学〉エタン.

etanol 男〈化学〉エタノール.

etapa 女 **1**〈発展・推・移・計画などの〉段階, 時期, 局面. —últma ～ de la guerra 戦争の最終段階. 戦争末期. **2**〈旅などの1日・1回の〉行程, 旅程; 〈スポ〉一走行区間. —hacer un viaje en tres ～s 3行程の旅をする. **3** 滞在地, 宿留(しゅくりゅう)の地, 立ち寄り. **4**〈航空〉(ロケットの)段. —cohete de tres ～s 3段式ロケット. ▶ **por etapas** 徐々に, 段階を

etario, ria 形 (ある人の)年齢の[に属する]. —**grupo** ～ 年齢層.

etarra 形 男女 エタ (ETA) の; エタ構成員.

etc. 《略号》=ラテン etcétera 等々.

etcétera 男 …など, 等々. その他 《略号》etc.).（etc.etc.と繰り返して使われることもある). ▶ *un largo etcétera de...* 非常にたくさんの…

éter 男 1《化学》エーテル(有機化合物；麻酔剤). 2《詩》天空, 蒼穹(きゅう).

etéreo, a 形 1《詩》大空の, 蒼穹(きゅう)の. 2《化学》エーテルの. 3《文》ぼんやりした, あいまいな; はかない.

eternal 形 =eterno.

eternamente 副 1 永遠に, 永久に, いつまでも. 2 際限なく, たえず.

eternidad 女 1 永遠, 永久, 無窮. —**por [para] toda la** ～ 永遠に, 未来永劫(ごう)に. 2 永遠性, 不滅(性); 来世. 3(際限なく思われる)非常に長い時間[期間]. —**durar una** ～ 延々と[果てしなく]続く.

eternizar [1.3] 他 1 を永遠[不滅]にする, 永続させる. 2 を長引かせる. **se** ～ 再 長引く, 時間がかかる; 永遠不滅のものとなる.

eterno, na [エテルノ, ナ] 形 1 永遠の, 永久の, 不変の. —**vida eterna** 永遠の生命. **Padre E** ～ 《キリスト教》神. 2 果てしない, いつまでも続く; 相変らずの.

ética 女 1 倫理, 倫理観, 道義. — **profesional** 職業倫理. 2 倫理学.

ético, ca 形 1 倫理的な, 道徳上の, 道義的な. 2 倫理学の.

etileno 男 《化学》エチレン.

etílico, ca 形 《化学》エチルの. —**alcohol** ～ エチルアルコール.

etilismo 男 《医学》エチルアルコール中毒.

etilo 男 《化学》エチル.

etimología 女 《言語》1 語源学, 2 語源(説明).

etimológico, ca 形 《言語》語源(学)の, 語源説明の.

etimologista 男女 語源学者[研究家].

etimólogo, ga 名 →etimologista.

etiología 女 1《哲学》原因論. 2《医学》病源学.

etíope 形 エチオピアの(人・語)の. —— 男女 エチオピア人. —— 男 《言語》エチオピア語.

Etiopía 固名 エチオピア (首都 Adis Abeba).

etiqueta 女 1 ラベル, レッテル; (衣類などの)ネーム・レーベル, 名札; 値札; 荷札. — ～ **de origen** 原産地表示ラベル. — ～ **de precio** 値札. 2《集合的に》(一般に)詳細を落とすようなレッテル, あだ名. 3 (公式行事などの)礼法, 礼儀作法; 儀式: 格式張ること. —**reglas de** ～ 礼儀作法. **falta de** ～ 礼儀知らず. ～ **de la red** 《通信》ネチケット. 4《情報》タグ, フラッグ. ▶ *de etiqueta* (1)(パーティー・音楽会などで)正装の[で], 礼服で, 晴着着姿で, 正式な, 格式ばった. (2), 儀礼的な, 形だけの. *Se ruega* [*Se suplica*] *etiqueta.* (招待状などに)正装のこと.

etiquetar 他 1 …にラベル[荷札]を貼る, (値段などの)シールを貼る. 2[＋**de/como**]…に(…という)レベル[レッテル]を貼る.

etiquetero, ra 形 格式ばった, 儀礼的な, もったいぶった.

etmoides 男《単複同形》《解剖》篩骨(しこつ).

etnia 女 民族.

étnico, ca 形 民族の.

etnocéntrico, ca 形 自文化[民族]中心主義の.

etnocentrismo 男 自文化[民族]中心主義.

etnografía 女 民族誌(学).

etnográfico, ca 形 民族誌(学)の.

etnógrafo, fa 名 民族誌学者.

etnolingüística 女 言語人類学.

etnología 女 民族学.

etnológico, ca 形 民族学の.

etnólogo, ga 名 民族学者[研究家].

etología 女 動物行動学; 人性学.

etólogo, ga 名 動物行動学者; 人性学者.

etrusco, ca 形 《歴史》エトルリア (Etruria) (人・語)の. —— 名 《歴史》エトルリア人. —— 男 《歴史, 言語》エトルリア語.

eucalipto 男 《植物》ユーカリ樹.

eucaristía 女 《宗教》聖体, 聖晩餐, ミサ.

eucarístico, ca 形 《宗教》聖晩餐の, 聖体の.

euclidiano, na 形 ユークリッド(幾何学)の.

eufemismo 男 《言語》1 婉曲語法, 遠回しに言うこと. 2 婉曲語句, 遠回しの表現.

eufemístico, ca 形 《言語》婉曲語法の, 婉曲的な.

eufonía 女 快い音調, ユーフォニ.

eufónico, ca 形 口調のよい, 快い音調の, ユーフォニの.

euforia 女 1 幸福感. 2《経済》好景気. 3(健康や薬の効果に伴う)幸福感・満足感, 喜び. 4 苦しみの緩和.

eufórico, ca 形 1 幸福感に満ちた. 2(経済)好景気の.

eugenesia 女 《医学》優生学.

eugenésico, ca 形 《医学》優生学の.

Eugenia 固名 《女性名》エウヘニア.

Eugenio 固名 《男性名》エウヘニオ.

eunuco 男 1 去勢された男. 2《歴史》宦官(かんがん).

Eurasia 固名 ユーラシア(ヨーロッパとアジア).

eurasiático, ca 形 《地理》ユーラシア

eureka 間 わかった、見つけた。
euríbor [頭字] (<*Euro Interbank Offered Rate*) 男 《経済》ユーロの銀行間取引金利.
euritmia 女 **1** 律動的運動、律動的調和. **2**(スポ) リズム体操.
euro¹ 男 ユーロ (EUの共通通貨).
euro² 男 《詩》東風.
euroasiático, ca 形 ヨーロッパとアジアの、ユーラシア(大陸)の.
eurocalculadora 女 ユーロ表示計算機.
eurocentrismo 男 《政治》ヨーロッパ中心主義.
eurocomunismo 男 《政治》西欧型共産主義、ユーロコミュニズム.
euroconector 男 《電気》SCART端子、ユーロコネクター、ユーロ21.
eurocracia 女 《集合的に》欧州連合行政官.
eurócrata 男女 《政治》ユーロクラート (欧州連合官僚).
eurodiputado, da 男女 《政治》欧州連合議会議員.
eurodivisa 女 《金融》ユーロマネー.
eurodólar 男 《経済》ユーロダラー、欧州ドル.
euroescéptico, ca 形 《政治》欧州連合 (EU)に懐疑的な;欧州連合懐疑主義者の.
Europa² 固名 《ギ神》エウロペ.
Europa 固名 ヨーロッパ、欧州.
europarlamentario, ria 形 →eurodiputado, da.
europeidad 女 ヨーロッパ性、ヨーロッパ的特質.
europeísmo 男 《政治》ヨーロッパ(統合)主義.
europeísta 形 《政治》ヨーロッパ(統合)主義の. — 男女 《政治》ヨーロッパ(統合)主義者.
europeización 女 ヨーロッパ化、欧化.
europeizante 形 ヨーロッパ化させる、ヨーロッパ主義的な. — 男女 ヨーロッパ主義者.
europeizar [1.3] 他 をヨーロッパ化する、欧化する. — se 再 ヨーロッパ化する.

:**europeo, a** [エウロペオ、ア] 形 **1**ヨーロッパ (Europa)の、欧州の;ヨーロッパ風の. —Unión *Europea* ヨーロッパ連合. **2** ヨーロッパ[欧州]人の. — 名 ヨーロッパ[欧州]人.

Eurotúnel 固名 (英仏海峡の)ユーロトンネル.
eurozona, Eurozona 女 ユーロ圏.
euscaldún, duna, euskaldún, duna [euscalduna、euskaldunaを男女性共通で用いることもある] 形 バスク語の、バスク語を話す. — 名 バスク語話

者.
éuscaro, ra →euskera.
Euskadi (<バスク) 固名 バスク (=País Vasco).
euskera, eusquera 男 《言語》バスク語. —~ batúa 統一[共通]バスク語. — 形 バスク語の.
eutanasia 女 安楽死.
Eva 固名 **1**《聖書》エバ[イブ] (アダムの妻). **2**《女性名》エバ.
evacuación 女 **1** 立ち退くこと、引き払うこと. **2** 避難、退避;疎開. **3**《軍事》撤退、撤兵. **4**《婉曲》排泄、排便.
evacuado, da 過分 (→evacuar) 名 避難者、疎開した人.
evacuar [1.6] 他 **1**(人)を避難させる、立ち退かせる. **2**(場所)から立ち退く、を引き払う. **3**排泄(はいせつ)する、排便する. **4**(手続きなど)を実行する、処理する. —~ un asunto pendiente 懸案を処理する. **5**《軍事》…から撤退する、撤兵する. — 自 排便する.
evacuatorio, ria 形 排泄(促進)の. — 男 公衆便所.
:**evadir** 他 **1** を避ける、回避する、かわす. —~ el peligro 危険を避ける. **2**(金など)を不法に国外に持ち出す. — se 再 **1**〖+ de から〗脱走する;逃れる. —~se de la cárcel 脱獄する. **2**〖+ de で〗気晴らしをする、(心配などを)忘れさせる.
evaluación 女 **1** 評価、採点、成績. **2**《商業》値踏み、見積もり.
evaluar [1.6] 他 **1** を評価する、検討する. **2** を採点する. **3**《商業》を値踏みする、…の見積もりをする. —~ los daños en dos millones de euros 被害を200万ユーロと見積もる.
evanescente 形 つかの間の、はかない.
evangélico, ca 形 《宗教》**1** 福音(書)の、福音伝道の. **2** プロテスタントの.
evangelio 男 **1**(主にE〜) 《聖書》福音書、福音書(キリストの教え:キリスト教). —el E〜 según San Juan ヨハネによる福音書. **2** 福音(キリスト教の教え)を説く、キリスト教を布教する. **3** 絶対的真理[真実]、金科玉条の教え. —creer como el 〜 金科玉条のように奉る.
evangelista 男 《宗教》**1** 福音書著者. **2** 福音朗読者.
evangelización 女 キリスト教の伝道[布教].
evangelizar [1.3] 他 《宗教》…に福音を説く、キリスト教を伝道する.
evaporación 女 蒸発(作用)、発散.
evaporar 他 **1** を蒸発させる. **2** を消し、吹き飛ばす、打ち砕く. — se 再 **1** 蒸発する. **2** 消える、消失[消滅]する. **3** 《話》失踪する、(人が)蒸発する.
evaporizar [1.3] 他 →vaporizar.
:**evasión** 女 **1** 脱走、脱出、逃避. —~ de una cárcel 脱獄. **2** (差し迫った困難・義務の)回避、忌避. 《経済》(課税からの)逃避、税金逃れ. **3** 逃避、気[憂さ]晴らし、慰楽. **4** 口実、言い訳. ▶ *evasión de capital*(*es*)[*de divisas*]《経済》

(外国への)資本の逃避. *evasión fiscal* [*de impuestos*] 脱税, 税金逃れ. *de evasión* 現実逃避的な, 娯楽の.

evasivo, va 形 1 責任逃れの, 言い逃れの, はぐらかしの. 2 回避的な, 逃避的な. ― 女 逃げ口上, 言い訳, 弁解.

evento 男 1 行事, イベント. 2 (重要な)出来事, (大)事件. ▶ *a todo evento* とにかく, いずれにしろ.

eventual 形 1 偶然の, 偶発的な. 2 一時の, 臨時の. 3 将来的な.

eventualidad 女 予期せぬ出来事, 不測の事態.

eventualmente 副 1 偶然に, たまたま. 2 たぶん, おそらく.

evidencia 女 1 明白さ, 明らかなさま; 明白なこと. ―con toda ~ 明らかに, 明白に. 2 [南米] 証拠. ▶ *poner en evidencia* (1) (人)を明らかにする, 証明する. (2) (人)の間違いをさらけ出す, 恥をかかせる. *rendirse* [*a*] *la evidencia* 明白な事実の前に屈する.

evidenciar 他 を明白にする, 明らかにする.

evidente [エビデンテ] 形 1 明らかな, 明白な, 歴然とした. ―Es ~ que ella no ha venido. 彼女が来なかったことは明らかだ. 2 (肯定の答として)もちろん, そのとおり.

evidentemente 副 明らかに, 明白に; 当然.

evitable 形 避けられる.

evitación 女 回避, 防止.

evitar [エビタル] 他 1 を避ける, 回避する. 2 しないよう努める. ―~ hablar del espinoso tema 厄介な話題については話さないようにする. ― *se* 再 1 …しないで済ます. 2 互いに避け合う.

evocación 女 1 (記憶などを)思い起こすこと, 想起, 喚起. 2 (死者の)霊を呼び出すこと, 招魂, 降霊.

evocador, dora 形 (思い出を)呼び起こす.

evocar [1.1] 他 1 を思い出す, 思い起こす, 振り返る. 2 を連想させる, 思い出させる, ほうふつとさせる. 3 (神・死者の霊)を呼び出す.

evolución 女 1 発展, 発達, 進歩, 進展. ― ~ tecnológica 科学技術の進歩. 2 (生物) 進化 (= ~ biológica). ―teoría de la ~ 進化論. 3 複 旋回, 回転, 動きゆる動作. 4 (主に 複)(軍事の)部隊 (艦船などの) 展開, 機動, 移動. 5 (情況 思想などの) 展開, 推移, 変遷. ― ~ demográfica 人口の推移, 人口動態. ― ~ de los acontecimientos 事態 [推移], 事の成り行き. 6 (行動・思想などの)変化, 変転; 変節, 変心. 7 (医学)(病気の進行), 経過.

evolucionar 自 1 移り変わる; 進展する, 進化する. ―Su enfermedad *evoluciona* favorablemente. 彼の病気は快方に向かっている. 2 (艦船・軍隊が)移動する, 展開する; 旋回する.

evolucionismo 男 (生物)進化論.

evolucionista 形 (生物)進化論の. ― 男女 (生物)進化論者.

evolutivo, va 形 1 (生物)発展の, 進化の. 2 旋回する, 旋回運動の.

ex 形 [無変化+名詞/形容詞] 前(元)の, (地位・身分など)旧…. ―*ex presidente* 前[元]大統領. *ex novia* 元恋人. ― 男女 [単複同形] (元)…夫[妻]. ―El *ex* de Teresa sale ahora con Julia. テレサの元の彼は今フリアと付き合っている.

ex abrupto 男 ぶっきらぼうな口の利き方, のののし り.

ex abrupto 〈ラテン〉 いきなり, 唐突に [乱暴]に.

exacción 女 取り立て, 徴収(金).

exacerbación 女 いらだち, 憤怒. 2 悪化, 深刻化.

exacerbante 形 1 いらいらさせる, 怒らせる. 2 悪化させる, 募らせる.

exacerbar 他 1 (苦痛・病気・恨みなど)をつのらせる, 悪化させる. 2 を怒らせる, いらいらさせる. ― *se* 再 1 怒る, いらいらする. 2 (病気が)進む, 悪化する.

exactamente 副 1 正確に, 厳密にちょうど. 2 [間投詞的に] (まさに)その通り, 全くだ.

exactitud 女 1 (計算・測定・写しなどの)正確さ, 精密; (判断・論理・描写などの)正しさ, 的確さ. 2 几帳面, 厳密さ; 時間厳守.

exacto, ta [エクサクト, タ] 形 1 正確な. ―*hora exacta* 正確な時間. 2 ちょうどの, きっかりの. 3 厳密な, 精確な. ―*cálculo* ― 厳密な計算. *ciencias exactas* 精密科学. 4 a) 正しい, 本当の. b) [間投詞的に] (まさに)その通り, 全くだ. 5 (手本などに)忠実な, そのままの. ―*copia exacta* 正確な写し.

ex aequo 〈ラテン〉 (コンクールなどで)同順位で.

exageración 女 1 誇張, 大げさ(な表現). ―*hablar con* ― 大げさに誇張して話す. 2 (行動・性格・考えなどの)行き過ぎ, 過度.

exageradamente 副 大げさに, 2 非常に, 過度に.

exagerado, da 過分 [→ exagerar] 形 1 誇張された, 大げさな. 2 過度の, 極端なほどの. ―*precio* [*gasto*] ~ 法外な値段[出費]. ― 名 大げさな人, 過剰にする人.

exagerar 他 1 を誇張する, 大げさに言う. 2 詩大に表現する. 3 をやり過ぎる, …の度を越す. ― 自 1 誇張して言う, 大げさに話す. 2 [+ con/en を] やり過ぎる.

exaltación 女 1 賞賛, 称揚, 賛美. 2 栄光. 3 (精神・感情の)高揚. ― ~ *de la moral* 士気の高揚. 4 (過度の)興奮, 熱狂. ―*gritar con* ― 興奮して[熱狂的に]叫ぶ. 5 昇進.

exaltado, da 過分 [→ exaltar] 形 1 激しやすい, 興奮しやすい. 2 興奮した,

exaltar 狂的な〔estar+〕. **3** 急進的な. —名 **1** 熱狂的な人, 狂信者. **2** 過激派.
exaltar 他 **1** を褒めたたえる, 称揚する, 賞賛する. **2**〔+a に〕昇任させる, 登用する. **3** を高揚させる, 興奮させる. — **se** 再 感情に走る, 激高する.

examen [エクサメン] 男 複 exámenes 〕 **1** 試験, テスト. — ~ de ingreso 入学試験. ~ oral 口述試験, 口頭試問. ~ escrito 筆記試験. aprobar un ~ 試験に合格する. suspender un ~ 試験を落とす, …に不合格となる. **2** 調査, 検査, 審査. **3**(哲学, 宗教) —libre ~ (プロテスタントの)自由検討, (特に宗教上の思想の自由. **4**(法律) 尋問, 審理. **5**(医学) 診察, 検診, 検査. ► *examen de conciencia* (道徳的)内省, 自省; (告解の前の)良心の審査.

examinador, dora 名 試験官, 審査官.
examinando, da 名 受験生〔生〕, 志願[候補]者.
examinar 他 **1**〔+de の〕試験をする, 試験を受けさせる. —Esta tarde nos *examinan de* matemáticas. 今日の午後私たちは数学の試験を受ける. **2** を検査する, 調査する, 検討する. — **se** 再〔+de の〕試験を受ける, (ある科目を)受験する.

exangüe 形 **1** 大出血した, 血が失せた, 貧血の. **2** 疲労困憊した, 衰弱した. **3** 死んだ.
exánime 形 **1** 息を引き取った, 死んだ. **2** a) 気を失った. b) 衰弱した, 疲れきった.
exantema 男(医学)発疹; 発疹性熱病.
exasperación 女 いらだち, 憤激, 憤怒.
exasperante 形 いらだたせる, 腹が立つ.
exasperar 他 を怒らせる, 憤激させる. — **se** 再〔+de/con に〕怒る, 憤激する.
excarcelación 女 (囚人などの)釈放, 放免.
excarcelar 他 (囚人などを)釈放[放免]する.
excavación 女 掘削, 穴掘り; 発掘.
excavador, dora 名 掘削(㎝)[発掘]する(人). — 女 掘削機.
excavar 他 **1** (地面・穴などを)掘る, 堀り起こす[返す]. **2** を(土の中から)掘り出す, 発掘する.
excedencia 女 休職, 休職, 有給休暇. — ~ por maternidad 育児休暇. **2** 有給休暇中の給与.
excedentario, ria 形 余剰の, 過剰の.
excedente 形 **1** 過度の, 過大な. **2** (動きんなどが)休職中の. — 男 余り, 剰余(金).
exceder 自 **1**〔+a に〕勝(㌠)る, (…より)優れている, (を)上回る〔+en で〕.
—José *excede a* Tomás *en* inteligen- cia. 頭の良さにかけてはホセはトマスより優れている. **2**〔+a/de/en (限界)を〕越える, 超過する. **3** 余る, 過剰となる, だぶつく. — 他 (限度)を超える, 超過する, を凌駕(㌟)する. — **se** 再〔+de/en の〕度を過ごす, (が)行き過ぎである, 超過する. ► *excederse a sí mismo* 評判〔これまで〕以上の力を発揮する.

excelencia 女 **1** 優秀, 卓越, すばらしさ. **2**〔su~, 呼びかけは vuestra ~の形で〕閣下, 覚 下 (㌦) (《略号》 Exc.). ► *por excelencia* とりわけ, 特に, 何にもまして.

excelente [エ(ク)スセレンテ] 形〔+ en に〕優れた, 上等な, すばらしい. —Es ~ en informática. 彼は情報科学が優秀だ.
excelentísimo, ma 形〔excelente の絶対最上級〕**1**〔señor/señora の前に置いて〕閣下 (《略号》 Excmo., Excma.). —el E~ Señor Alcalde de Barcelona バルセロナ市長閣下. **2** 非常に優れた.
excelsitud 女 荘厳さ, 崇高さ, 雄大さ.
excelso, sa 形 **1** 荘厳な, 崇高な, 雄大な, すぐれた. **2** 非常に高い, そびえ立つ.
excentricidad 女 風変わり, 常軌を逸していること, 奇行.
excéntrico, ca 形 **1** (人・行動などが)常軌を逸した, 普通でない, 風変わりな. **2**(数学)(軌道が)偏心の, 中心を異にした. — 名 風変わりな人, 変人, 奇人.
excepción 女 **1** 例外(的)存在, 特例, 異例(なこと); 除外. **2**(法律)抗弁, 異議申し立て. ► a [con, hecha] *excepción de…* …を除いて, …のほかは. *la excepción de* (1) 例外の, 特例の, 異例の. (2) 並外れた, 特に優れた. *hacer una excepción* 例外を作る[設ける, なす]. *La excepción confirma la regla.* [諺] 規則あっての例外. *sin excepción* 例外なく[のみ].
excepcional 形 **1** 例外的な, 異常な, めったにない. **2** 特別に優れた, まれに見る.
excepto 前 **1** 主格入称代名詞を支配する〕を除いては), …以外は, …のほかは. ► *excepto que*〔+直説法/接続法〕 …ということを除いて. *excepto si [cuando*〔+直説法〕 …の場合は別として.
exceptuar [1.6] 他〔+de から〕を除外する, 除く.
excesivamente 副 過度に, あまりに, 法外に.
excesivo, va 形 過度の, 多すぎる, 行き過ぎた.
exceso 男 **1**〔+de の〕過度, やり過ぎ, 行き過ぎ; 過剰, 過多. ~ *de velocidad* スピードの超過. ~ *de equipaje* 手荷物の超過, 超過手荷物. ~ *de poder*(法律)越権行為. **2** 超過分[量]. **3** 複〔+ en での〕過度の行動; 暴飲暴食, 不節制, 放蕩(㌘). —*cometer* ~s *en la bebida* 飲み過ぎる. **4**〔主に 複〕乱暴, 無法(行為), 騒乱.

excipiente 男 《薬学》賦(ふ)形剤, 補形薬.

excitabilidad 女 **1** 被刺激[興奮]性. **2** 興奮しやすさ.

excitable 形 興奮しやすい, 激しやすい, 興奮性の.

excitación 女 **1** 興奮, わくわくする[さ せる]こと. **2** 刺激, 刺激させるもの『事件』, 刺激. **3** (興奮した)騒ぎ, (人心の)動揺.

excitante 形 **1** 興奮させる(ような), 刺激的な, わくわくさせる. **2** そそるような, 挑発的な. — 男 興奮剤, 興奮性飲料; 刺激物.

excitar 他 **1** を興奮させる; 刺激[刺す. —— la curiosidad 好奇心をそそる. **2**『＋a へ/に』を駆り立てる, 促す, 扇動する. **3** …の欲情をかき立てる, を性的に興奮させる. — se 再 **1** 興奮する; いら立つ. **2**(性的に)興奮する.

exclamación 女 **1**(驚き・喜びなどの) 叫び(声), 感嘆.—lanzar [soltar] una ～ 叫び声を上げる. **2**《言語》感嘆符(¡ ...!).

exclamar 他 …と叫ぶ, 大声を出す. — 自 叫ぶ, 大声を上げる.

exclamativo, va 形 感嘆の.

exclaustración 女 還俗(ぞく).

exclaustrar 他 を還俗(ぞく)させる. — se 再 還俗する.

excluir [11.1] 他 **1** を締め出す, 除外する, 入れない. **2** 採用しない, 却下する, 認めない.

exclusión 女 除外, 例外, 排除, 追放.

*****exclusiva** 女 **1** 独占(権), 専売(権); 総代理権. **2** 独占記事, 特だね. —ofrecer en ～（ニュースなど)を特だねとして示す.

exclusivamente 副 **1** ただ…だけ, もっぱら. **2** 排他的に, 独占的に.

exclusive 副 を除いて, を含めずに『語句の直後に続ける』.—hasta el 1 de diciembre ～ 12月1日より前まで.

exclusividad 女 **1** 排他性. **2** 独占, 独占権.

exclusivismo 男 排他主義.

exclusivista 形 《軽蔑》排他主義の. — 男女《軽蔑》排他主義者.

*****exclusivo, va** 形 **1** 排他的な, 独占的な, 専用の, 専属の. —agente ～ 総代理店. **2** 唯一の, ただそれだけの. **3**『＋de を』除いた.

excluyente 形 排斥[除外]する; 排他的な.

excombatiente 形 男女 在郷軍人 (の); 元闘士(の).

excomulgar [1.2] 他 **1**《宗教》を破門する. **2**《話》除名する, 除籍する.

excomunión 女《宗教》破門, 除名; 破門宣言書.

excoriación 女《医学》表皮剝離,擦(す)りむくこと, 擦り傷, かすり傷.

excoriar 他 擦(す)りむく, 擦り傷になる.

excrecencia 女（皮膚・植物の)こぶ, いぼ.

excreción 女 排泄(作用), 排泄[分泌]物.

excremento 男 排泄物, 糞(ふん).

excretar 自 排泄[分泌]する.

excretor, tora 形《医学》排泄の.

exculpación 女《法律》免罪, 釈放, 放免.

exculpar 他《法律》無罪にする, 免罪する. — se 再《法律》無罪になる.

excursión 女 **1** ピクニック, ハイキング, 遠足. **2** 短い距離の移動.

excursionismo 男 観光, 旅行.

excursionista 男女 遠足[小旅行]する人, ハイカー; 見学者, 見物客. — 形 遠足の.

excusa 女 **1** 言い訳, 弁解, 口実. —Su comportamiento no tiene ～. 彼のとった態度には弁解の余地がない. **2** 陳謝, 詫(わ)び(の言葉). **3**《法律》免罪, 減免. *con la excusa de* を口実にして. *presentar [ofrecer] sus excusas a ... por ...* (1)…について(人)に詫びる, 容赦を願う. (2)(人)に…の言い訳[弁解]をする.

excusable 形 許すことのできる, 言い訳のたつ, 弁解できる.

*****excusado, da** 過分 [→ excusar] 形 **1 a)** 免じられた, 免れた; 許された. **b)** 無用な, 不必要な, 余計な. **2**(場所などが)専用の, 特別用の, とっておきの. *Excusado es decir que* 『＋直説法』 …は言うまでもない. — 男《婉曲》手洗い, トイレ, 便所.

*****excusar** 他 **1** …の言い訳をする, 弁解する, 責任をとる. **2**『＋不定詞』…しないで済ませる, …する必要はない. —*Excuso escribirte más detalles de lo sucedido*. 出来事のもっとくわしいことは書かないでおく. **3**『＋de を』免除する, 免れさせる. —Por ser delicado de salud, se han excusado de hacer la mili. 体が弱いので, 彼は兵役免除になった. **4** を許す, 大目に見る. — se 再 **1**『＋de/por の』言い訳をする. **2**『＋de』…しないで済ます, (を)回避する.

execrable 形 呪うべき, 忌まわしい, 実にいやな.

execración 女 **1** 呪いのことば, 呪文. **2** 嫌悪, 憎悪.

execrar 他 **1** を呪う, ののしる. **2** を忌み嫌う, ひどく嫌う.

exégesis 女《単複同形》《宗教》(特に聖書の)釈義, 解釈, 注釈.

exégeta, exegeta 男女《宗教》釈義学者.

exención 女（義務の)免除.

*****exento, ta** 形 **1**『＋de を』免れた, 免除された; …なしの『estar＋』.—*mercancía exenta de derechos de aduanas* 免税品. **2**《建築》独立した, 支柱なしで立っている.

exequátur [＜ラテン] 男《単複同形》

1(政治)領事認可状. **2** 教皇教書の国家記可制度.

exequias 囡複 葬儀, 儀式.

exfoliación 囡 **1** 薄片にする[なる]こと, うろこ状にする[なる]こと. **2**《医学》皮膚がうろこ状になること, 皮膚の剥脱[剥離]. **3**《鉱物》鉱物の薄片化.

exfoliador, dora 形 薄片にする, 剥脱させる. ― 男《中南米》はぎ取り式の用紙.

exfoliante 形 (肌の)角質除去[ピーリング]の; ピーリング用化粧品.

*exhalación 囡 **1** 流れ星. **2** 閃光(ぢぢ), 電光(一閃). **3**(人)蒸気. **4**(気体の)発散; 呼気. ▶*como una exhalación* あっという[瞬く]間に, 電光石火で.

exhalar 他 **1**(気体・香気など)を放つ, 出す, 発散させる. **2**(不平, ため息などを)もらす, こぼす. ― 自 el último suspiro 息を引き取る.

exhaustividad 囡 徹底性, 網羅性.

exhaustivo, va 形 徹底的な, 余すところのない, 網羅的な.

exhausto, ta 形〔estar+〕**1** 使い尽くされた, 消耗した, 枯渇した. **2** へとへとになった.

*exhibición 囡 **1 a)** 展示(会), 陳列(式, ファッションショー. **b)** 展示品. **c)** (映画)上映, 公開. **2** 誇示, 見せびらかし. **3**《スポ》エキシビション, 模範試合[演技].

exhibicionismo 男《医学》露出症. **2** 自己宣伝癖, 目立ちたがり.

exhibicionista 彤《医学》露出症の人. **2** 自己宣伝癖のある人.

exhibir 他 **1** を展示する, 陳列する, 公開する. **2 a)** を提示する, 呈示する. ― el carnet de identidad 身分証明書を提示する. **b)** を見せびらかす, 誇示する. ― *se* 再 人前に現れる, 人目を引く; 自分の裸体をさらす.

exhortación 囡 **1** 熱心に勧めること, 奨励, 激励. **2** 説教.

exhortar 他〔+a + 不定詞/a que 接続法〕(…するよう)…に熱心に説く, 勧める; 説教する, 訓戒する.

exhortativo, va, exhortatorio, ria 形 勧告の; 訓戒の.

exhorto 男《法律》裁判委託通知.

exhumación 囡(死体・墓の)発掘.

exhumar 他 **1**(死体・墓を)掘り出す, 発掘する. **2**(忘れたことを思い出す, 呼び起こす, よみがえらせる; ひっぱり出す.

*exigencia 囡《主に複》**1**(強い)要求, 要請, 要望. ―según las ~s del caso (状況の)必要に応じて. **2** 無理な要求, わがまま.

exigente 形〔+con (人)/en (事)〕に〕口うるさい, 注文[要求]の多い; きびしい. ―Es ~ con los demás [en el trabajo]. 彼は他人に対して[仕事について]口うるさい. ― 男女〔注文の多い人.

exigible 形 要求できる, 請求できる.

exigir [エクスィヒル] [3.6.] 他 **1**(当然のこととして)を要求する, 請求する, 強要する. ― una explicación de lo sucedido 起きたことの説明を要求する. **2** を必要とする, …が必要である. ― 自 厳しくする, 口やかましい, 口うるさい.

exigüidad 囡 欠乏, 不足.

exiguo, gua 形 乏しい, わずかな.

exija(-), exijo 動 →*exigir* [3.6.]

exilado, da 過分〔→*exilar*〕形 亡命した, 追放された, 流罪の.

exilar 他 →*exiliar*.

exiliado, da 過分〔→*exiliar*〕形 亡命した, (本国から)追放された, 流罪の. ― 男女 亡命者, 追放者.

exiliar 他〔+a/en に〕を追放する, 流罪にする. ― *se* 再 亡命する.

exilio 男 **1** 亡命. **2**(国外への)追放, 流罪(ぢぢ). **3** 亡命地, 亡命先; 流刑(ぢぢ)地.

eximente 形《法律》(罪を)免除する, 酌量すべき.

eximio, mia 形 有名な, 著名な, すぐれた.

eximir 他〔+de を〕…から免除する. ― *se* 再〔+de を〕免れる.

*existencia 囡 **1**(すること), 実在. **2**《哲学》実在. ―filosofía de la ~ 実存哲学. **3** 生存, 生活; 人生, 生涯. ―lucha por la ~ 生存競争. **3**《商業》在庫品, ストック. ―liquidación de ~s 在庫一掃セール.

existencial 形 **1** 存在の, 実存の. **2**《哲学》実存の.

existencialismo 男《哲学》実存主義.

existencialista 形《哲学》実存主義の. ― 男女《哲学》実存主義者.

existente 形 現存する, 既存の; 在庫がある. ―situación ~ 現状.

*existir [エクスィスティル] 自〔+ En で〕存在する, ある; 実在する. ―Pienso, luego *existo*. 我思う, ゆえに我あり. **2** 生きている, 生存する. ―dejar de ~ 亡くなる.

*éxito [エクスィト] 男 **1** 成功, 上首尾; 出世. ―tener (buen) ~ en el examen 試験に合格する. **2 a)** (映画・小説・歌・モードなどの)大当り, 大好評[流行], ヒット. ―ser un ~ de taquilla (映画, 演劇) 切符の売れ行きが良い, 大当りである. **b)** 〔mucho ~〕人気, (異性に)もてること.

exitoso, sa 形《中南米》成功した.

ex libris, exlibris 男〈ラテン〉(単複同形) 蔵書票[印].

*éxodo 男 **1**(移民などの)出国, 出発, 大移動, 移住. **2**(旧約)イスラエル人のエジプト出国.《聖書》出エジプト記.

exoftalmia 囡《医学》眼球突出(症).

exogamia 囡 **1** 族外婚. **2**《植物》異系交配

exógeno, na 形 **1** 外因的な. **2**《生物》外生の.

exoneración 囡 (義務・責任などの)免除, 控除.

exonerar 他 **1**〖+ de を〗(…から)免除する。**2**〖+ de を〗…から剥奪(はがだつ)する,解任する。

exorbitante 形 (要求・値段などが)法外な,途方もない,過大な,ひどい。

exorcismo 男 悪魔払い,魔除(よ)け,厄払い。

exorcista 男女 (悪魔払いの)祈祷(きとう)師。

exorcizar [1.3] 他 **1** 悪魔を追い払う。**2** …の悪魔払いをする。

exordio 男 (演説・説教の)前置き,序論。

exornar 他 を飾る; に文飾を施す。

exotérico, ca 形 (門外漢に対して)開放的な,一般大衆向きの,通俗的な。

exotérmico, ca 形 〖物理〗発熱する。

exótico, ca 形 **1** 異国(風)の,外来の。—paisaje ～ 異国的な景色。**2** 風変わりな,奇妙な。

exotismo 男 異国趣味,異国情緒,エキゾチズム。

expandir 他 **1** を広げる,拡張する,拡大する。**2** (議論などを)発展させる。**3** (噂・ニュースなど)を広める。—— **se** 再 **1** (噂・ニュースなど)が広がる。**2** 広がる,膨らむ,拡張する,拡大する。

expansible 形 拡張できる,拡大できる。

expansión 女 **1** (領土などの)拡大,拡張; (経済などの)発展,増大。**2** (思想などの)普及,伝播(ぱ),流布(ふ)。—— de una moda 流行の広まり。**3** 気晴らし,気分転換。**4** (感情の)吐露(ろ),表出; ほとばしり; 喜びの吐露。—una ～ de alegría あふれ出す喜び。**5** 〖物理〗膨張。

expansionar 他 を広げる,拡大する,拡張する。—— **se** 再 **1** 〖物理〗(ガスが)膨張する。**2** 楽しむ,気晴らしをする。**3** 胸襟を開く,心中を打ち明ける。

expansionismo 男 〖政治〗(領土)拡張政策,拡張主義。

expansionista 形 〖政治〗(領土)拡張政策の,拡張主義の。—— 男女 〖政治〗(領土)拡張政策論者,拡張主義者。

expansivo, va 形 **1** 開放的な,社交的な。**2** 膨張力のある,膨張性の。

expatriación 女 国外追放,亡命; 国外移住。

expatriar 他 を国外に追放する。—— **se** 再 追放の身となる,亡命する; 国外に移住する。

expectación 女 **1** 期待,可能性。**2** 楽しみ,待ち望むこと。

expectante 形 **1** 期待している,待ち受けている。**2**〖文〗a) 妊娠した。—madre ～. 臨月の女性。b) 成り行きに任せるような。

expectativa 女 予測,期待,可能性。▶ **estar a la expectativa de ...** を期待している。

expectoración 女 唾(つば)や痰(たん)を吐く[吐き出す]こと; 吐き出された唾や痰。

expectorante 形 〖医学〗痰を排出させる。—— 男 〖医学〗去痰(たん)剤。

expectorar 他 (痰(たん))を吐き出す。

expedición 女 **1** (軍事・研究・スポーツの)遠征(隊),探検(隊),調査旅行。—— de salvamento 救助隊。～ militar 遠征軍。**2** (品物・手紙・小包などの)発送,送付,出荷。—gastos de ～ 発送費用。aviso de ～ 〖商業〗出荷通知。**3** 交付,発行。

expedicionario, ria 形 派遣する,遠征の; 探検の。—— 名 遠征[探検]隊員,派遣員。

expedidor, dora 形 発送する,発信する。—— 名 発送人,差し出し人。

expedientar 他 を懲戒処分の審査にかける。

expediente 男 **1**〖集合的に〗関係書類,調書。—— personal 個人ファイル[記録]。～ médico 患者の医療記録。**2** (会社・学校が処罰するために行う)審査,調査;〖法律〗(公務員の)行政審判;懲戒処分。**3** 経歴,履歴; 成績証明書。**4** (難局解決の)方策; 急場〖一時〗しのぎ。—— provisional [temporal] 一時的な方策。**5**〖集合的に〗手続き,処理;(問題を処理する)手順とは; 〖法律〗(主に司法・行政上の)訴訟手続き。—— judicial [legal] 訴訟手続き。**6**〖口〗実,方策。▶ **cubrir el expediente** (必要最小限のことだけして)お茶をにごす,最小限の義務を果たす。**expediente de crisis** 〖経済〗(経営者が行う)解雇のための法定手続き。**expediente de regulación de empleo** 〖経済〗(経営者が行う)解雇のための法定手続き。

expedir [6.1] 他 **1** (証明書などを)交付する,発行する。—— un pasaporte. 旅券を発行する。**2** を発送する,電報を打つ。**3** 公布する。—— un decreto 法令を公布する。

expeditar 他 を手早く処理する。

expeditivo, va 形 急速の,迅速な,手早い。

expedito, ta 形 **1** (支障などが)ない。**2** 急速の,迅速な,手早い。

expeler 他 を追い出す,追い払う,駆逐する; 吐き出す,放出する。

expendedor, dora 形 小売の,販売の。—máquina expendedora 自動販売機。—— 名 小売業者,販売員。

expendeduría 女 売店,小売店。

expender 他 **1** を小売りする,売り歩く。**2** (金を)費やす,使い果たす。**3** (にせ金を)使う。

expendición 女 小売り,販売。

expendio 男 〖中南米〗**1** 小売。**2** 酒,煙草などを売る店,専売店。

expensar 他 〖中南米〗〖法律〗… の費用を支払う,経費を支払う。

expensas 女複 支出,費用,出費。▶ **a (las) expensas de ...** (1) …の費用で。(2) …を犠牲にして。

experiencia [エ(ク)スペリエンシア] 女 **1** 経験,体験(したこと); 人生経験。—doctor con ～ 経験豊かな医者。～ de la guerra 戦争体験。**2** 実験(= experimento). — química [física] 化学[物理]実験. ▶ por (propia) experiencia 経験から[で, によって].

experimentación 囡 **1** 実験, 実地練習. **2** 経験.

*experiment**ado, da** 過分 [→experimentar] 厖 **1** 実験した, 試みた. **2** [+ en に] 経験を積んだ, 経験のある, 熟練した.

experimental 厖 **1** 実験の, 実験的な, 実用の. **2** 経験の, 経験による.

:**experimentar** 他 **1 a)** を体験する, 経験する, 感じる. **b)**（変化など）を被る, 受ける. —Los precios han experimentado una gran subida. 物価は著しく上昇した. **2** を実験する, 試す, 試用する. —自 [+con と] 実験する, 試す.

experimento 男 実験, 試み.

expe**rto, ta** 厖 **1** 熟練した, 老練な. **2** 専門家の, 専門的な知識を持った.［+ de/ en に］詳しい. —名 専門家, 熟練者, 達人, エキスパート.

expiación 囡 罪のあがない, 贖罪（しょく）; 服役.

*expiar [1.5] 他 **1**（罪）を償う, あがなう, …の罪滅ぼしをする. **2**（悪事）の報いを受ける;（刑）に服する.

expiato**rio, ria** 厖 罪滅ぼしの, 罪滅ぼしの. —chivo ~ スケープゴート.

expiración 囡 **1** 満期, 期限切れ. **2** 息を引き取ること, 死亡.

*expirar 自 **1** 息を引き取る, 死去する. **2**（有効期限が）切れる, 無効となる, 失効する. —Mi pasaporte expira el 15 del mes que viene. 私の旅券は来月の15日に無効となる.

explanación 囡 **1** 地ならし. **2** 説明, 解説.

explanada 囡 **1** 平地, 空き地. **2**（城の外岸の）斜堤.

explanar 他 **1**（土地を）ならす, 平らにする. **2** を説明する, 解説する.

explayar 他 を伸ばす, 広げる. ——**se** 再 **1** 心を打ち明ける, 信頼する. **2** 広がる, 伸びる. **3** 子細に話す, 長々と論じる. **4** 気晴らしをする.

expletivo, va 厖 [言語] 虚辞の, 冗語の.

*explicable 厖 説明可能な, 説明のつく; もっともな.

:**explicación** 囡 **1** 説明, 解説, 解明. **2**[主に 複] 釈明, 弁解, 言い訳. —sin dar explicaciones 釈明もせずに, pedir explicaciones 釈明を求める. **3** 動機, 理由, 原因.

:**explicar** ［エ(ク)スプリカル］[1.1] 他 **1** を説明する, 解説する; を明らかにする. **2** を教える, …の説明をする. **3** を釈明する, 弁明する. ——**se** 再 **1** を理解する, …が分かる. **2**（他人に）自分を分からせる, 自分の考えを表現する. —¿Me explico? (私の言ったことが) 分かりましたか. **3** [話] 支払う, おごる.

explicativo, va 厖 説明に役立つ, 解説的な.

explicitar 他 明示的明言する.

explí**cito, ta** 厖 明示された, はっきりした, 明白な.

explique(-), expliqué(-) 動 →explicar [1.1].

exploración 囡 **1** 探検, 探検旅行. **2** [歴史] 大探検時代. **3**（実地の）調査, 探査. **4** [技術] 走査, スキャン；［情報］ブラウズ. **5**［問題などの］検討. **6** [医学]（外科的）精密検査. **7** [軍事] 偵察.

explorado**r, dora** 名 探検家, 探険者. **2** ボーイ[ガール]スカウト.

explorar 他 **1** を探検する, (実地に) 調査する. **2**（問題など）を探求する, 調査する. **3**（医学）（体の精密検査をする；（技術）スキャンする. **4**（軍事）を偵察する.

explorato**rio, ria** 厖 **1**［医学］診察の, 検査の. **2** 調査［探検］の.

:**explosión** 囡 **1**（爆弾などの）爆発, 破裂, 炸裂（さく）. —~ nuclear［atómica］核爆発. **2**（怒り・笑いなどの）爆発, 激発, 突発；(人口などの) 急増. —~ de risa 爆笑. —~ demográfica 人口の(爆発的)急増. **3** 燃焼. **4**［音声］(閉鎖音の) 破裂音；外破. ▶ hacer explosión 爆発する.

explosionar 他 爆発させる. —自 爆発する.

*explosivo, va 厖 **1** 爆発の, 爆発性の. —artefacto ~ 爆発装置. **2**[話] 爆弾的な, 注目を集める, 波乱を呼ぶ. **3**［音声］破裂［音］の; 外破の. —男 爆発物, 爆薬. —囡［音声］破裂音, 閉鎖音.

explotable 厖 開発が可能な.

:**explotación** 囡 **1** 開発, 開拓; 採掘；[集合的に] その設備, 場所. —~ petrolífera 石油開発[採掘場]. —~ industrial 工場, 工業設備. **2** 経営, 営業, 運営. —beneficios de ~ 営業利益. —~ agrícola 農業開発[経営], 農耕地. —~ minera 採掘, 鉱業, 鉱山. **3**（労働者の）搾取. —~ de trabajadores 労働者からの搾取.

explotado**r, dora** 厖 **1** 開発する, 採取する. **2** 搾取する. **3** 経営の, 管理の. —名 **1** 搾取者. **2** 開発者, 開拓者. **3** 経営者.

:**explotar**[1] 自 **1** 爆発する, 炸裂する. **2**（突然）怒り出す, (感情が) 爆発する. —~ en llanto 急に泣き出す.

:**explotar**[2] 他 **1 a)** を開発する, 開拓する; 採掘する. —~ una yacimiento de petróleo 油田開発[採掘]する. **b)** を経営する, 運営する. **2** 搾取する, (人から) しぼり上げる. **3** を悪用する, (悪く) 利用する, つけ込む.

expoliación 囡 強奪, 略奪.

expoliar 他 ［+ de から］を略奪する, 分捕る.

exponencial 厖 急増する.

:**expon**e**nte** 形 ［+ de を］説明する, 表す. —男 **1** 代表的な人[もの], 典型; 証拠. **2**［数学］(累乗の)指数. **3** 指標, 説明するもの.

exponer [10.7] 他 **1 a)**を展示する、陳列する、見せる。**b)**を発表する、明らかにする、表明する。**2**(人間、光などに)さらす、あらわにする。**3**を危険にさらす。—la vida 生命を危険にさらす。**4**〈カト〉(聖体)を開陳する。— 自 **1**出品する、出展する。**2**発表する。— se 再 [+a] **1**(に)身をさらす。—~se a un peligro 危険に身をさらす。**2**(…の)危険を冒す、(…という)危険がある。

exportable 形 輸出できる、輸出向きの

exportación 女 **1**輸出。**2**輸出品；輸出量[額]。

exportador, dora 形 輸出する。— 名 輸出業者、輸出品商、輸出会社。

exportar [エ(ク)スポルタル] 他 **1**を輸出する。**2**〈情報〉を(別のファイルに)移しかえる、エクスポートする。

exposición 女 **1**展覧会、展示会、博覧会；展示場。—E~ Universal 万国博覧会 (略 Expo.)。— del automóvil モーターショー。**2**(商品などの)展示、陳列。**3**[+a](日光・風などに)さらすこと、当てること、照射。— del cuerpo al sol che la del cuerpo al sol 日光にさらすこと、日光浴。**4**〈写真〉露出(時間)、露光、—tiempo de ~ 露光時間。**5**説明、陳述；発表。—hacer una ~ minuciosa de un proyecto 計画について詳しく説明する。**6**(建物の)向き、方位。**7**〈文学、演劇、音楽〉導入部、提示部。

exposímetro 男 〈技術、写真〉露出計。

expositivo, va 形 説明的な、説明の。

expositor, tora 形 **1**展示する、出品する。**2**解説する、説明する。— 名 **1**出品者、展示者。**2**解説者。— 男 展示台、展示棚。

exprés 形 **1**〈鉄道〉急行の、速達の。**2**(コーヒーが)エスプレッソの。**3**圧力釜の。—olla ~ 圧力釜。— 男 **1**急行列車。**2**エスプレッソコーヒー。

expresamente 副 **1**特に。**2**はっきりと、明瞭に。**3**故意に、わざと。

expresar [エ(ク)スプレサル] 他 を表現する、表す。—Le expreso mi cordial agradecimiento. 心から感謝の念を申し上げます。— se 再 考えていることを表現する、思っていることを言い表す。

expresión 女 **1**表現(行為)；表現法[力]。—libertad de ~ 表現の自由、medio de ~ 表現手段[形式]。**2**(気持ち・性質などの)表われ、表出、しるし。**3**(言葉としての)表現、語法、言い回し。—figurativa 比喩的表現。Perdone [Válgame] la ~. こう申しては失礼ですが。**4**表情、顔つき；表現力、表彰。**5**〈芸術〉表現(力・法)、表情、精彩。—corporal 肉体表現。**6**〈数学〉式。—matemática 数式。→ reducir a su mínima expresión (1)(書式などを)できるだけ簡素[簡略]化する、切詰める。(2)〈数学〉を約分する。

expresionismo 男 〈美術〉表現主義。

expresionista 形 〈美術〉表現主義の。— 男女 〈美術〉表現主義の芸術家。

expresividad 女 表現力。

expresivo, va 形 **1**表情に富む、表現力の豊かな。—expresiva mirada 意味ありげな目つき。**2**情愛の深い、愛情のこもった。**3**本心からの、真心のこもった。—agradecimiento 心からの感謝。**4**[+de を]表している、(…に)特有の。

expreso 男 **1**急行(列車・バス)。**2**速達(郵便)。—mandar por ~ 速達で送る。**3**特使、急使。— , sa 形 **1**はっきり示された、明示的[明記]された；明らかな、はっきりした。—por orden expresa 厳命により、condición expresa 明記された条件。**2**急行(便)の。—tren ~ 急行列車、correo ~ 速達郵便、café ~ エスプレッソ・コーヒー。**3** 副 わざと、故意に；わざわざ。

exprimidor 男 (調理用)絞り器。

exprimir 他 **1**を(汁をとるために)絞る、絞り出す。**2**を搾取する、絞り取る。

ex profeso 〈ラテン〉副 特に、わざわざ。

expropiación 女 **1**公的使用のための当局による収用[買い上げ]。**2**主に 複 公的使用のために当局により収用された物。

expropiar 他 [+de から] (土地などを収用[徴発]する。

expuesto, ta 過分 [→ exponer] 形 **1**展示された、表明された。**2**[+a に] さらされた。**3**危険な。

expugnar 他 (場所を)占拠する、奪取する。

expulsar 他 **1**[+de から]を追放する、追い出す；退場させる。—Le han expulsado de la compañía. 彼は会社から追い出された。**2**を排除する、排出する。— ~ el humo 煙を排出する。

expulsión 女 **1**追放、放逐、排除、駆逐、除名。**2**排出。**3**〈医学〉分娩(娩)。

expulsor, sora 形 放出[放射]する。— 男 エジェクター、放射器。

expurgación 女 **1**(検閲による)削除。**2**(不純分子の)追放、粛清。

expurgar [1.2] 他 **1**[+de (不穏当な箇所から)]…から削除する。**2**を浄化する、粛清する。

expurgatorio, ria 形 **1**削除する。**2**一掃する、浄化する；粛清する。

exquisitez 女 **1**おいしさ、美味。**2**優雅さ、洗練。**3**見事さ、美しさ、精巧さ。

exquisito, ta 形 **1**絶妙な、きわめて見事な、非常に美しい[美味な]。—El plato está ~. その料理は美味きわまりない。**2**洗練された、優雅な、上品な。

extasiar [1.5] 他 **1**を魅了する、…の心を奪う。— se 再 **1**[+con に]魅了される、心を奪われる、恍惚となる。**2**〈宗教〉宗教的恍惚を体験する。

éxtasis 男 **1** 有頂天, 無我夢中, うっとりした状態, エクスタシー. ―**estar en ~** うっとりしている. **2** 〖宗教〗法悦.

extático, ca 形 有頂天の, 夢中の, うっとりした.

extemporaneidad 女 時期はずれ, 的はずれ.

extemporáneo, a 形 **1** 時ならぬ, 時候[季節]はずれの, 不時の. **2** 時機を失した, 折の悪い.

extender [4.2] 他 **1** 広げる, 伸ばす, 拡張する. ― ~ un mantel sobre la mesa テーブルの上にテーブル・クロスを広げる. **2** (ニュースなどを)広める, 普及させる; を散らす, 散乱させる; を塗る. ― ~ la fe cristiana キリスト教を広める. ― ~ la mantequilla sobre el pan パンにバターを塗る. **3** (公文書などを)発行する, 作成する. ― **se** 再 **1 a)** 広がる, 伸びる, 場所を占める. **b)** (時間が)及ぶ, 続く. ―El Siglo de Oro *se extiende* entre los siglos XVI y XVII. 黄金世紀は16世紀と17世紀にわたっている. **c)** [+ a/ hasta]に到達する. **2** 散らばる, 散らかる; (ニュースなどが)広がる, (病気などが)蔓延(ﾏﾝｴﾝ)する. **3** [+ en/sobre]に横たわる, 寝そべる. **4** 長広舌を振るう, 長々としゃべる.

extensible 形 延長可能の, 広げられる.

extensión 女 **1** 面積, 広がり, 広さ; (海・大地などの)広い広がり. ―El solar tiene una ~ de cien metros cuadrados. その敷地の面積は100m²ある. **2** 広がり, 範囲. **3** (電信の)内線. **4** 〖論理, 言語, 数学〗外延; (語の)意味領域[範囲]. **5** 広げる[広がる]こと, 伸ばす[伸びる]こと; 拡張(部分), 延長(部分); 延長コード. ― ~ de plazo 〖商業〗(手形の)期日延長. **6** 〖書類など〗(の)発行, 振出し. ― ~ de un cheque 小切手の発行. **7** 〖情報〗拡張子. ► **en toda la extensión de la palabra** あらゆる意味で, 完全に, まったく.

extensivo, va 形 **1** 〖農業〗粗放の. **2** 広い, 広範囲の; 広義の. **3** [+ a](法などが)(に)適用される. ► **hacer extensivo** 広げる, 伝える.

extenso, sa 形 **1** 広大な, 広々とした, 広がった. **2** 広範囲の, (知識などが)広い, 大規模な. ― conocimientos ~s 幅の広い知識. **3** 長時間の, 大きい, 大きな. ► **por extenso** 詳細に, こと細かに.

extensor, sora 形 伸びる, 伸張性の. ― 男 **1** 〖解剖〗伸筋. **2** 〖スポ〗エキスパンダー.

extenuación 女 衰弱, 疲弊.

extenuar [1.6] 他 を衰弱させる, 疲れさせる. ― **se** 再 疲労困憊する, 疲れ果てる.

exterior [エ(ク)ステリオル] 形 **1** 外側の, 外面の. ― habitación ~ 外側の(中庭に面していない)部屋. aspecto ~ 外観, 容姿. **2** 外的な, 対外的な, 外国の. ― comercio [cambio] ~ 外国貿易[為替]. Ministerio de Asuntos E~es 外務省. ― 男 **1** 外側, 外部. ― al [por el] ~ 外で, 戸外で. **2** 外見, 外観, (人の)見かけ. **3** 〖映〗(映画の)野外撮影, ロケ.

exterioridad 女 外部, 外形, 外観, 外見, 見かけ. ― ~es 虚飾.

exteriorización 女 客観化, 表面化, 外在化.

exteriorizar [1.3] 他 を表面化する, 明示する, 表す.

exteriormente 副 外部に[で], 外見上は.

exterminación 女 絶滅, 撲滅, 皆殺し.

exterminador, dora 形 名 絶滅[撲滅]させる(人).

exterminar 他 を根絶する, 絶滅させる.

exterminio 男 絶滅, 撲滅, 皆殺し.

externado 男 **1** 通学生からなる学校. **2** 通学生の生活様式. **3** [集合的に] 通学生.

externo, na [エ(ク)ステルノ, ナ] 形 **1** 外の, 外側の, 外部の. **2** 外面の, 外見上の. **3** 国外の, 外国向けの. ― deuda *externa* 対外債務. **4** (寄宿ではなく)通学の, (住み込みではなく)通勤の. ― 名 通学生.

extinción 女 **1** 消える[消すこと], 消火, 鎮火. **2** 死滅, 絶滅. ― especie en peligro de ~ 絶滅に瀕する種. **3** 抹殺, 削除. **4** (家系などの)廃絶.

extinguir [3.7] 他 **1 a)** を(少しずつ)消滅させる, 終わらせる, 失わせる. **b)** を絶滅させる, 壊滅させる, 根絶やしにする. ― ~ la violencia 暴力を根絶する. **2** (明かり・火)を消す, 消火する. ― ~ el incendio 消火する. ― **se** 再 **1** 消え去る, 終わる; 絶滅する. **2** (明かり・火)が消える, 鎮火する. **3** 無効となる, 失効する.

extinto, ta 形 **1** 死滅した, 絶滅した. **2** (火などが)消えた. **3** 亡くなった, 故人の.

extintor, tora 形 (火を)消す, 消火用の. ― 男 消すもの, 消火器.

extirpación 女 **1** 根絶, 絶滅. **2** 〖医学〗摘出, 切除.

extirpar 他 **1** を根こそぎにする, 切除する, 摘出する. **2** を根絶する, 撲滅する.

extorsión 女 **1** 厄介, 迷惑. **2** 強請, ゆすり. **3** 〖法律〗強盗, 恐喝.

extorsionar 他 **1** をゆする. **2** 〖法律〗を強奪する. **3** …に迷惑をかける.

extorsionista 男女 強請する人, たかる人, ゆすり屋.

extra 形 **1** 格別の. ― un vino ~ 極上のワイン. **2** 余分の, 臨時の, 割増しの. ― horas ~ 時間外労働. edición ~ en un diario 新聞の号外. ― 男女 〖映画, 演劇〗エキストラ; 臨時雇い. ― 男 **1** 〖自動車などの〗付属品. **2** 〖雑誌の〗特別号; 特別料理. **3** 臨時手当, 賞与.

extracción 女 **1** 抜き取り, 引き抜き, 摘出, 抽出. **2** 血統, 系統, 血筋. **3** 採掘.

extracomunitario, ria 形名 EU圏外の(人).

extractar 他 要約する, 抜粋する.

extracto 男 **1** 抜粋, 抄録, (公文書の)抄本. **2** 廊(だ)し[出し]汁, エキス, 精剤, 抽出液.

extractor, tora 形 《機械》抽出する, 排気の. ── 男 《機械》排気装置, 換気扇.

extracurricular 形 教科課程外の, 課外の.

extradición 女 犯人の外国引き渡し, 本国送還.

extraditar 他 (犯人)を外国に引き渡す, 送還する.

extradós 男 《建築》(アーチの)外輪(ポ).

extraer [10.4] 他 **1** を引き抜く, 取り出す, 抜き出す. ─Le *extrajeron* una muela. 彼は奥歯を1本抜かれた. **2 a)** 採取する, 採掘する. ─ petróleo 石油を採掘する. **b)** (結論などを)引出す. **3**《化学》《+ de から》を抽出する. ─ oxígeno *del* agua 水から酸素を抽出する. **4**《数学》(数)の根を求める, 開く.

extraescolar 形 学外の, 課外の.

extrafino, na 形 **1** 極細の. **2** 極上の, 最上の.

extrajudicial 形 《法律》裁判外の.

extralimitación 女 **1** 度を越すこと. **2** 乱用, 越権行為.

extralimitarse 再 **1** 権力を乱用する, 越権行為をする. **2** 度を越す.

extramarital 形 婚外の.

extramatrimonial 形 → extramarital.

extramuros 副 市外[郊外]で.

extranjería 女 外国人であること, 外国人の身分.

extranjerismo 男 **1**《言語》外国語法, 外来語. **2** 外国崇拝[好き], 外国かぶれ.

extranjerizar [1.3] 他 を外国風にする. ── se 再 外国人風になる.

extranjero, ra [エ(ク)ストランヘロ, ラ] 形 外国の, 外来の, 在外の. ─lengua *extranjera* 外国語. ── 名 外国人. ── 男 外国.

extranjis *de extranjis* こっそりと, 隠れて.

extrañamiento 男 **1** 不思議に思うこと, 不審に思うこと, 驚き. **2** 国外追放.

extrañar 他 **1** を不思議がらせる, いぶかしく思わせる, 驚かす. ─Me *extraña* que ella llegue tan tarde. 彼女がこんなに遅刻するとは私には不思議だ. **2**…がいないのを寂しく思う, を懐かしむ. ─*Extraño* mucho a mi hermana. 私は姉がいないのでとても寂しく思っている. **3**…に違和感を持つ, なじめない, …がしっくりしない. ─No he dormido bien porque *extrañaba* la cama. 私はベッドが合わなくてよく眠れなかった. **4** を国外追放する. ── se 再 《+ de》**1** (を)不思議に思う, いぶかしく思う, 驚く. **2** 《…と》疎遠になる, 縁遠くなる.

extrañeza 女 **1** 不思議さ, 奇妙さ; 奇妙な[変な]こと[行動]. **2** 驚き. **3** (友人間の)疎遠, 不仲.

extraño, ña [エ(ク)ストラニョ, ニャ] 形 **1** 見知らぬ, なじみのない, よその. ─Esta comida es *extraña* en nuestro país. この料理はわが国ではなじみがない. **2** 変な, 奇妙な, 異質の. ─aspecto ~ おかしな様子. **3**《+ a》無縁の, 無関係の. **4** 外来の, 外部の. ─influencias *extrañas* 外部からの影響. *ser extraño que*《+接続法》…は変だ[おかしい]. ── 名 見知らぬ人, 他人, よそ者. ── 男 不意の[突発的な]動き.

extraoficial 形 非公式の, 私的な.

extraordinariamente 副 **1** 異常に, 並外れて, 非常に. **2** 非常によく.

extraordinario, ria 形 **1** 異常な, 普通ではない. ─Hace un frío ~ para esta época del año. 1年のこの時期にしてはめずらしい異常な寒さである. **2** 並外れた, 非凡な, 著しい. ─talento ~ 並外れた才能. **3** 特別の, 臨時の. ─paga *extraordinaria* ボーナス. *horas extraordinarias* 残業[超過勤務]時間. ── 男 **1** (新聞・雑誌の)特別号[版], 号外, 特集号. **2** (郵便などの)特別便, 速達便. **3** 特別料理.

extraparlamentario, ria 形 《政党などが》議席を持たない; 議会外の.

extraplano, na 形 《時計などが》超薄型の.

extrapolación 女 **1** 推定, 敷延(ん). **2**《数学》外挿法, 補外法.

extrapolar 他 **1** を(既知のことから)類推する; ある結論・法則を他分野にもあてはめる. **2**《数学》(既知の数値から未知の数値を)推定する.

extrarradio 男 郊外, 近郊.

extrasensorial 形 超感覚的な.

extraterrestre 形 地球外の. ── 男女 地球外生物, 宇宙人.

extraterritorial 形 《法律》治外法権の.

extraterritorialidad 女 《法律》治外法権.

extrauterino, na 形 《医学》子宮外の.

extravagancia 女 突飛なこと, 無茶, 奇行, 奇抜さ.

extravagante 形 (人が)常軌を逸した; (行動・意見・服装などが)突飛な, 風変わりな, 奇怪な. ─lenguaje ~ 無茶苦茶な言葉遣い. ── 男女 常軌を逸した人, 奇人, 変人.

extravasarse 再 《医学》(血液などが)溢出(ぴゃっ)する, にじみ出る.

extraversión 女 → extroversión.

extravertido, da 形名 外向的な(人).

extraviar [1.5] 他 **1** を迷わせる, 迷子にさせる. **2** をなくす, 紛失する. **3** を正道から踏み外させる, 悪の道へ誘う. **4** (視線)を

外させる. ── se 再 1 ぐれる, 道に迷う. ─Nos extraviamos en el bosque. 私たちは森の中で道に迷った. 2 正道を踏み外す. 3 (物が)なくなる, 紛失する.

extravío 男 1 道を誤ること. 2 堕落すること. 3 間違い, 過ち. ─ de la juventud 若気のいたり. 4 紛失, 遺失. 5《話》面倒, 厄介なこと.

extremado, da 過分 [→ extremar] 形 極端な; 極度の, はなはだしい.

Extremadura 固名 エストレマドゥーラ (スペインの自治州).

extremar 他 を極端にさせる, 極端にまで行かせる. ── las medidas de vigilancia 行き過ぎた警備をする. ─ se 再【＋en】に丹精をこらす.

extremaunción 女《宗教》終油の秘跡.

extremeño, ña 形名 エストレマドゥーラ (Extremadura) の(人).

extremidad 女 1 極度. 2 端, 先端; 末端. ─es superiores 両腕. ─es inferiores 両足. 3 先端, 末端, 極み. 4 極端.

extremismo 男 極端論, 過激論.

extremista 男女 形 (特に政治・思想上の)過激主義者, 過激派. ── 形 過激派[論]の, 過激主義者の.

extremo, ma 形 1 極度の, 最大限の, はなはだしい. 2 極端な. ─extrema izquierda[derecha] 極左[極右]. 3 末端の, 端の. 4《主に名詞の前で》最も遠い. ─E~ Oriente 極東. ── 男 1 末端, 端, 末端部, 極度, 極端. ─llegar a los suyos hasta el ~ 自分の家族を極端にまで愛する. 2 両極端, 正反対（の2つのもの）. ─Los ~s se tocan. 両極端は相通ずる. 4 問題(点), 事項, 項目. 5《スポ》(サッカーなど)のウィング. ▶ de extremo a extremo 始めから終わりまで; 端から端まで. en [con, por] extremo 極端に, 極度に, きわめて. en último extremo 最後の手段として. ir [pasar] de un extremo a otro 極端から極端に変わる, 極端に走る.

extremoso, sa 形 (行動などが)極端に走る, 大げさな.

extrínseco, ca 形 外部(から)の, 外来的な, 付帯的な.

extroversión 女 外向的性格.

extrovertido, da 形名 外向的な(人).

extrusión 女 (プラスチックなどの)押し出し成型.

exuberancia 女 豊富, 多量.

exuberante 形 1 豊富な, あふれるばかりの. 2 (表現が)豊かな.

exudación 女 しみ出ること, にじみ出ること, 滲出(しゅっ); 結露.

exudar 他 をしみ出させ, にじみ出させる; 結露する. ── 自 しみ出る, にじみ出る.

exultación 女 大喜び, 歓喜.

exultante 形 大喜びの.

exultar 自 大喜びする.

exvoto 男《宗教》奉納物.

eyaculación 女《生理》射精.

eyacular 他 を射精する.

eyección 女 排出, 噴出, 射出.

eyectar 他《機械》を排出させる, 放出する.

eyector 男 1《機械》排出装置. ── de aire 排気装置. 2 (銃から薬莢をはじき出す)蹴子(いっか), エゼクター.

F, f

F, f 女 スペイン語アルファベットの第6文字.

fa 男《音楽》ヘ音(ファ).

fabada 女《料理》(スペイン, アストゥリアス地方の)ファバーダ(白インゲン豆の煮込み料理).

fábrica 女 [ファブリカ] 女 1 工場, 製作所, 製造所. 2 製造, 製作. ─marca de ─ 商標. 3 (建築)石造建物(いほう); 建築物. ─construcción de ─ 石造建築物.

fabricación 女 製造, 製作; 製品.

fabricante 男女 製造業者, メーカー, 生産者. ── 形 製造の, 製造する.

fabricar [1.1] 他 1 を製造する, 製作する. 2 を造る, 建築する, 建造する. 3 を築き上げる, こしらえる; でっち上げる. ── una mentira うそをつく.

fabril 形 製造の, 工場の.

fábula 女 1 寓話(詩). 2 神話, 伝説. 3 作り話, うそ; 噂(2º), ゴシップ. ▶ de fábula《話》すごい; 非常に出来[品質]がよい.

fabulación 女 寓話を作ること, 空想.

fabulador, dora 形名 寓話作家(の), 空想家の.

fabular 他 (寓話)を作る, 空想する.

fabulario 男 寓話集, おとぎ話集.

fabulista 男女 寓話作家.

fabuloso, sa 形 1 信じられない(ような), 途方もない; (信じられないほど)すばらしい. 2 架空の; 寓話的な; 伝説[神話]に出てくる. ─una historia fabulosa 伝説. ── 副《話》すばらしい.

faca 女 (刃先が湾曲した)ナイフ, 短剣, あいくち.

facción 女 1 党派, 派閥. 2 徒党; 叛徒集団, 2 【主に複】容貌, 目鼻立ち. ─facciones perfectas [correctas] 整った顔立ち.

faccioso, sa 形 党派的な, 党派心の強い; 反逆的な, 反抗的な. ── 名 徒党, 反逆者.

faceta 女 1 (物事の)一面, 側面. 2 (宝石などの)小面, 切子面.

facha[1] 女《話》1 外観, 外見, 様子. ─tener buena [mala] ─ 格好がよい[悪い]. 2 おかしな身なり, みっともない格好.

facha[2] 男女 形《政治》《話, 軽蔑》ファシストの; 保守派の. ── 男《翼》の).

fachada 女《建築》1 (建物の主要)正面, ファサード; (建物・船などの)外面. 2 (人・物の)見かけ, うわべ, 外見; 風采.

fachenda 囡《話》見せびらかし, 気取り, 見栄.

fachoso, sa 形《話》醜い, 不格好な. 変な. **2**《南米》うぬぼれた.

facial 形 顔の, 顔に用いる.

facies 囡《医学》顔貌.

fácil [ファシル] 形 [＋ de/para] **1** 易しい, 容易な, 簡単な. —Es un trabajo 〜. 容易な仕事だ. —No problema 〜 de resolver 解決が容易な問題. **2** 楽な, 気軽な, 骨の折れない. —llevar una vida 〜 気楽な生活をする. **3** ありがちな, 起こりやすい. **4** 気の置けない,（人・性格の）扱いやすい；育てやすい. **5**（特に女性について）だらしのない. ふしだらな.
▶ **es fácil que** [＋接続法]…がありそうだ, …が起こりそうだ. ─ 副 たやすく, 簡単に；気楽に.

facilidad 囡 **1** 容易さ, やさしいこと, 簡単. **2** 流暢（りゅうちょう）,（言葉の）よどみなさ. —Habla inglés con mucha 〜. 彼は英語が大変流暢である. **3**《主に複》便宜, 便. ─dar 〜s 便宜を図る. **4** 能力, 素質；性向, 気質. ─ tener 〜 de palabra 弁が立つ, 雄弁である. **5** 人のよさ, 寛大さ；素直.

facilísimamente 副 容易に, 楽に, 難なく.

facilitación 囡 容易にすること；便宜, 供与.

facilitador, dora 形 容易にする. ─ 名《中米》ファシリテーター.

facilitar 他 **1** を容易にする, 便利にする, 可能にする. ─ 〜 la respiración 呼吸を容易にする. **2** を供与する, 提供する, 融通する. **3**《中南米》を甘く見る, 大くびる.

fácilmente 副 容易に, 楽に, 難なく.

facilón, lona 形《話》すごく簡単な. とても容易な.

facineroso, sa 形 常習犯の. ─ 名 **1** 無法者, 悪者, ならず者. **2** 常習犯.

facistol 男《宗教》（教会の）聖書台；（宗教）（聖歌の）楽譜台.

facón 男《南米》ガウチョの用いる大きく鋭い刀.

facsímil 男 複写, 複製；ファクシミリ, ファックス（《略号》fax）. ─ 形 複写の, 複製の, ファクシミリの.

facsimilar 形 複写【複製】の. ─ edición ─ 復刻版.

factible 形 実行【実現】できる, 可能な.

facticio, cia 形 人為的な, 人工的な.

fáctico, ca 形 事実の, 事実に基いた.

factitivo, va 形《言語》使役の.

factor 男 **1** [＋ de/en]…の要因, 要素, ファクター. **2**《鉄道》荷物【貨物】取扱係；《商業》代理人, 仲買人. **3**《数学》因数, 因子, 約数. ─ 〜 primo 素因数. **4**《生物》遺伝（因子）(＝ hereditario). ─ 〜 Rh Rh 因子.

factoría 囡 **1** 工場. **2**《歴史, 商業》海外代理店.

factorial 形《数学》因数の. ─ 男《数学》階乗.

factorización 囡 因数分解.

factorizar 他《数学》を因数分解する.

factótum 男《複 〜s》《話》**1** 何でも屋, 使い走り. **2** たよりになる人, 腹心, 右腕.

factual 形 事実の, 事実に基いた.

factura 囡 **1**《商業》請求書, 勘定書；《商業》送り状, インボイス. **2**《製品・作品の》出来ばえ, 仕上がり, 仕立て. ▶ **pasar factura a...** …に請求書を提出する；《話》…につけを回す.

facturación 囡 **1**《商業》送り状【請求書】を書くこと；（駅・空港での）荷物の託送, チッキ.

facturar 他 **1**《商業》（…の）請求書【インボイス・送り状】を作成する；（…の）代金を請求する. **2**（目的地まで荷物）を預ける, 託送する, 託送する.

facultad 囡 **1**（精神的な）能力, 力；（身体器官の）機能；《主に複》[＋ para]（芸術的素養上の）才能, 天分. **2**（主に F〜）（大学の学部；《集合的に》（学部）の教授陣. **3** 権限, 権利；資格.

facultar 他 …に資格【権限】を持たせる.

facultativo, va 形 **1** 随意の, 任意の. **2** 医師の, 医療の. **3**（公務員の）専門職の. **4** 専門の, 技術的な. ─ términos 〜s 専門用語. **5** 権限による. ─ 名 **1** 医者, 外科医. **2** 専門職員, 技術職員.

facundia 囡 雄弁, 能弁.

facundo, da 形 雄弁な, 能弁な.

fado 男《音楽》ファド（ポルトガル民謡）.

faena 囡 **1** 仕事,（特に肉体の）労働. **2**《主に複》作業. ─ 〜s domésticas [de la casa] 家事. **3** 汚い手, 卑劣な手口；悪い行為. —Nos han cortado la luz. ¡Vaya 〜! 電気を切られてしまった. 何ということだ. **4**（闘牛）闘牛士の一連の技. **5**《中南米》農場での時間外の労働. ▶ **entrar [meterse] en faena**《話》仕事に始める.

faenar 自《海事》漁をする, 操業する. ─ 他 を畜殺する.

faenero, ra 形《チリ》農場労働者.

faetón 男 フェートン（2頭立て4輪馬車）.

fagocitar 他 **1**（生物）（細菌などを食べる. **2** を吸収する, 取り込む.

fagocito 男《生物》食細胞（白血球・リンパ球など）.

fagocitosis 囡《単複同形》食菌作用.

fagot, fagote 男《複 〜s》《音楽》ファゴット【バスーン】（低音木管楽器）. ─ 男女《音楽》ファゴット【バスーン】演奏者.

fagotista 男女 ファゴット奏者.

faisán 男《鳥類》キジ.

faja 囡 **1** バンド, 帯状のもの；ベルト. **2**（服飾）ガードル, コルセット. **3** 帯状の土地, 地帯 (＝ de terreno). ─ 〜 verde 緑地帯. **4**（軍人・民間人・宗教人などの）綬(じゅ)；懸章.

fajada 囡《中南米》殴ること.

fajador, dora 形 **1** 辛抱強い（ボクサー）. **2** 困難に立ち向かう（人), 逆境に強い(人).

fajamiento 男 帯（帯状のもの）をかける

こと，帯[帯状のもの]で包む[くるむ]こと；帯[帯状のもの]を締める[巻く]こと．

fajar 他 **1** を帯で締める，…に帯をかける．**2**(幼児を)細長い布で包む[くるむ，巻く]．**3**〖中南米〗を殴る，たたく，殴りつける，襲撃する．── **se** 再 **1** 帯[ベルト]を締める．**2**〖中南米〗{+con と}けんかする；殴り合う．**3**〖中米〗仕事に精を出す．

fajín 男〖服飾〗小さな飾り帯．

fajina 女 **1** 少量の薪(ホォ)．**2**〖軍事〗食事らっぱ．

fajo 男 束．

fakir 男 →faquir．

falacia 女 虚偽，うそ，ごまかし．

***falange** 女 **1** 政治結社[団体]；民主組織．─F─ Española [la F~]〖歴史〗スペイン・ファランヘ党．**2**〖解剖〗指趾(洋)骨；指趾節．**3** 大軍，大部隊．**4**〖歴史〗(古代ギリシアの)重装歩兵部隊．

falangeta 女〖解剖〗第三指骨．

falangina 女〖解剖〗第二指骨．

falangismo 男 ファランヘ主義．

falangista 形 ファランヘ党の．── 男女 ファランヘ党員．

falansterio 男〖歴史〗(空想的社会主義者フーリエの提唱した)共産的自治共同体(の建物)．**2** 集合住宅．

falaz 形〖複 falaces〗ごまかしの，虚偽の．

falda 女〖服飾〗スカート．~ pantalón キュロットスカート．~ acampanada フレアースカート．**2**〖地理〗(山の)ふもと，山麓(サンシ)，山腹．**3**(座った女性の)膝(ξ)(の部分)．**4**圈〖俗〗女，女性．—asunto de ~s 女性問題．**5** 主に圈〖服飾〗裾(ξ)．**6**〖料理〗(牛の)脇腹肉，肋肉，フランケ．▶︎ **estar pegado [dar] a las faldas de ...** (...女性)の言いなりである；乳離れしていない．

faldellín 男 短いスカート；別のスカートの上にかける短いかのスカート．

faldeo 男〖南米〗山裾(ξ)．

faldero, ra 形 **1**〖服飾〗スカートの．**2**(男が)女好きな．▶︎ **perro faldero** 抱き犬，愛玩犬．

faldillas 女圈〖服飾〗腰から下のヒップを覆う部分；ペプラム．

faldón 男 **1**〖服飾〗洋服のたれ，裾(ξ)．**2**〖建築〗切妻[壁]；〖建築〗破風(ζ)．

faldriquera 女 →faltriquera．

falena 女〖虫類〗シャクガ．

falencia 女 **1** 誤り；欺瞞(ξ)．**2**〖南米〗破産，倒産．

falibilidad 女 誤る[間違える]可能性があること，誤る[間違える]危険性．

falible 形 誤りに陥りがちな，誤りを免れない．

fálico, ca 形 陰茎の，男根の．

Falla 固名 ファリャ(Manuel de ~)(1876-1946，スペインの作曲家)．

falla[1] 女 **1** 欠陥，傷．**2**〖地質〗断層．**3** 欠点．**4**(車の)故障．

falla[2] 女 **1**〖主に圈〗ファリャ(バレンシアのサン・ホセの祝日(3月19日)の火祭り)．**2**(火祭で焼く)張り子の人形．

fallar[1] 他 **1** を失敗する，しくじる．**2** を失望させる，…の期待に背く．**3**(トランプで切札)を出す．── 自 **1** 働かなくなる，きかなくなる，衰える．**2** 崩れる，折れる．**3** 失望させる，期待を裏切る．▶︎ **sin fallar** 間違いなく，きっと；確実に．

fallar[2] 他 **1**〖法律〗を宣告する，(判決)を下す．**2**(賞)を授与する．── 自 **1**〖法律〗判決を下す．

falleba 女 掛け金，かんぬき．

fallecer [9.1] 自〖文〗亡くなる，死去する，逝去する．

fallecido, da 過分 [→fallecer]亡くなった，死んだ．── 名 亡くなった人，故人．

***fallecimiento** 男 死亡，逝去，死去．

fallero, ra 形 ファリャ(falla[2])の．── 名 ファリャの製作者．

fallido, da 形 **1** くじかれた，失敗した．**2** 無駄な，徒労の．**3**〖商業〗破産した，支払い能力のない，不払いの．

***fallo**[1] 男 **1** 失敗．**2** 欠陥，間違い，欠点．── del sistema〖情報〗クラッシュ．**3**(連続中の)欠落(箇所)，欠如，あき．

***fallo**[2] 男 **1**〖法律〗裁決．**2** 決定．

falluto, ta 形〖南米〗〖話〗いい加減な(人)，約束を守らない(人)，不実な(人)．

falo 男 陰茎，男根．

falocracia 女 男性優位(主義)，男尊女卑．

falsario, ria 形 偽る，歪曲する，捏(ξ)造する．── 名 うそつき，歪曲する人，捏造する人．

falseador, dora 形 偽る，(事実を)歪曲する．

falseamiento 男 事実を曲げること，歪曲．

falsear 他 **1**(事実)を偽る，曲げる，偽り伝える．**2** を偽造する．── ~ la moneda 通貨を偽造する．── 自 **1** 強さ[力]を失う，弱くなる．**2**〖音楽〗音が外れる．

falsedad 女 **1** 偽り，うそ；本物でないこと．**2** 不実，不誠実，不実な行為．**3**〖法律〗虚偽の陳述，真実の隠蔽．

falseo 男 捏造(ξ)．

falsete 男 **1**〖音楽〗裏声，ファルセット．**2**(たるの)栓．

falsía 女 不誠実，虚偽，二心．

falsificación 女 偽造；偽造物．

falsificador, dora 形 名 偽造する(人)．

falsificar [1.1] 他 を偽造する．

falsilla 女 (下敷き用)罫紙(ξ)．

***falso, sa** [ファルソ，サ] 形 **1** 偽りの，事実に反する．**2** 偽の，本物でない；にせの；にせ物の；本物でないと見せかけの；擬似的な；人造の，模造の．─puerta falsa 見せかけの扉．**3** 不誠実な，うわべをとりつくろった，ごまかしの．── 男 裏地，裏打ち；補強材．▶︎ **en falso** 偽って，うわべ[見かけ]だけ；(動作を)間違って，誤って．── 名 うそつき，偽善者．

falta [ファルタ] 女 **1** 欠乏, 不足. —una ~ de disciplina しつけがないこと. **2** 欠点, 短所, あら. **3** 誤り, 過失, 落度. —cometer una ~ 過ちを犯す. ~ de imprenta ミスプリント. **4** 罪; 違反; 〖スポ〗反則. **5** 不在, 欠席. **6** 〖医学〗無月経. ▶a falta de …がないので; [estar+]. caer en falta [話] 誤りを犯す; 義務を果たさない. echar... en falta …がない(ことに気づく/ことを寂しく思う). hacer falta 必要である; [+不定詞/+que+接続法] …しなければならない. —Hace falta que estudies más. 君はもっと勉強しなければならない. lanzar [sacar, tirar] una falta 〖スポ〗(サッカーで)フリーキックをする, (バスケットで)フリースローをする. sin falta 必ず, 間違いなく.

faltante 形 男女 欠けている(人). — 男 欠けているもの[分].

faltar [ファルタル] 自 **1** …が欠けている, ない; 足りない. —Me faltó valor para decírselo. 私には彼にそれを言う勇気がなかった. Faltan medicinas. 薬が足りない. **2** (時間・距離などが)まだ残っている, まだある [+para+名詞/不定詞, +para+接続法]. —Sólo faltan dos días para la Navidad. クリスマスまであと2日しかない. Aún faltan tres kilómetros para llegar a Santiago. サンティアゴまであと3キロある. **3** [+不定詞] まだ…していない, …する必要がある. —Ya sólo falta fijar el día de partida. 後は出発日を決めるだけだ. **4** [+a に] 現れない, 姿を見せない. —Ella nunca falta a clase. 彼女は決して授業に欠席しない. **5** [+de から] 姿を消す, いなくなる; 亡くなる, 死ぬ. **6** [+a に] 背く, を破る, 無視する. —a su palabra 約束を破る. **7** [+en] を怠る, 過ちを犯す, 失敗をする. **8** ~ faltar [+a+人] poco para [+不定詞/+que+接続法] もう少しで…するところである. no faltaba más/(no) faltaría más (1) [話] もちろんですとも. (2) とんでもない. —Y ahora quiere que la invitemos, pues ¡no faltaba más! 今度は彼女は私たちに招待してもらいたいらしい, とんでもない話だ. no faltaba más sino que [+接続法] …するなんてたまったものじゃない. por si faltaba algo さらに悪いことには, おまけに.

falto, ta 形 **1** [+de の] 足りない, 欠けている, 不足した [estar+]. **2** [話] (頭が)足りない, 頭が悪い.

faltón, tona 形 [話] (義務・約束などを)さぼりがちな, ルーズな.

faltriquera 女 〖服飾〗(腰に下げた)ポシェット, 巾着(きんちゃく); ポケット.

falúa 女 〖海事〗小さなボート, ランチ.

falucho 男 〖海事〗大三角帆を持ち沿岸を航行する船, フェラッカ船.

fama [ファマ] 女 **1** 名声, 有名. —buena ~ 名声, 好評. **2** 評判, うわさ, 世評. —tener mala ~ 悪い評判を立てられる. ▶de fama 有名な, 名高い (= famoso). ser [correr] fama que... …といううわさだ, と言われている.

famélico, ca 形 餓死しそうな; やせこけた.

familia [ファミリア] 女 **1** 家族, 家庭, 世帯; 妻子. —¿Cuántos son ustedes de ~? ご家族は何人ですか. — (一家の) 子どもたち. —tener mucha [poca] ~ 子どくさんである[子どもが少ない]. **3** 一族, 親族, 一家. **4** 家柄, 家系, 血筋. —ser de ~ humilde [de buena ~] 貧しい[よい]家の出である. **5** 集団, グループ, 一団. —la ~ universitaria 大学全体. **6** 〖言語〗(言語分類上の)語族, 語派. **7** 〖生物〗科. ▶cargar(se) de familia 子だくさんである. en familia 家族だけで, 家族水入らずで; 内々で, 内輪で.

familiar 形 家族の; 家庭の. —vida ~ 家庭生活. **2** よく知っている, よく知った, 慣れた. **3** 親密な, 親しみのある; 形式張らない. —trato ~ 親しみのこもった扱い. **4** [言語] 口語体の, くだけた. 形式ばらない. **5** (商品などが)家庭用の, 家庭サイズの. — 男 身内, 親族, 縁類.

familiaridad 女 **1** 親しさ, 親密さ. **3** 複 なれなれしさ.

familiarizar [1.3] 他 [+con に] (人)を慣れさせる, なじませる, 親しませる. — se 再 [+con に] 慣れる, 親しむ, なじむ. **2** [+con と] 親しくなる, 親密になる, 仲良くなる.

familiarmente 副 家族的に, 親密に.

familión 男 大家族.

famoso, sa 形 **1** [+por で] 有名な, 名高い. **2** 驚くべき, 人目を引く; すばらしい. — 男 有名[著名]人.

fámulo 男 [話] 召し使い, 下男.

fan [<英] 男 [複~(e)s] ファン, 愛好者, ひいき.

fanal 男 **1** (飾りものはこうとか用)ガラスケース, ガラスカバー; (ランプなどの)風よけガラス, 火屋(ほや), **2** 〖海事〗(船・港などの)標識灯, 舷灯(げんとう). **3** 〖中南米〗ヘッドライト.

fanático, ca 形 **1** 熱狂者, 狂信者, …狂. **2** 熱心な愛好家, 大ファン. — 形 熱狂的な, 狂信的な.

fanatismo 男 熱狂, 狂信.

fanatizar [1.3] 他 を熱狂させる, 狂信的にさせる.

fancine, fanzine [<英] 男 ファン雑誌.

fandango 男 **1** 〖音楽〗ファンダンゴ(スペインの3拍子あるいは6拍子の舞踏曲). **2** [話] 騒ぎ.

fandanguillo 男 〖音楽, 舞踊〗ファンダンゴに似た8分の3拍子の舞踊.

fanega 女 ファネーガ. ♦スペイン語圏の体積・穀量の単位; 22.5または55.5リットル. ▶**fanega de tierra** 〖農業〗ファネーガ(面積の一単位; カスティーリャで64, 596アール).

fanerógamo, ma 形 〖植物〗顕花

fanfarria 囡《音楽》ファンファーレ、または、それを演奏する楽団.

fanfarrón, rrona 形名 自慢する(人), 誇示する(人), 大ぼらふきの(人).

fanfarronada 囡 いばること, 自慢すること, 空いばり.

fanfarronear 圓 自慢する, いばる.

fanfarronería 囡 いばること, 自慢すること, からいばり.

fangal, fangar 男 泥沼, ぬかるみ.

fango 男 1 (どろどろになった)泥, ぬかるみ. 2 堕落, 恥, 不名誉.

fangoso, sa 形 泥深い, ぬかるみの, 泥まみれの.

fantasear 圓 1 空想にふける. 2［＋de］(…であると)うぬぼれる, 気取る. — 他 を心に描く, 夢見る.

fantasía 囡 1 空想, 幻想;（芸術的・創造的）想像力［詩人・画家・音楽家など］. 2 空想［想像］の産物, 作り話;（覆）絵に描いた餅(とき). 3 気まぐれ, 思いつき. 4（服飾）ファンシー趣味. 5（音楽）幻想曲. ▶ **de fantasía** 模造（イミテーション）の;（衣装などが）意匠を凝らした, 装飾する.

fantasioso, sa 形 1 想像の(できる), 空想の. 2 うぬぼれの強い, 思い上がった. — 名 空想家, 気取り屋.

fantasma 男 1 幽霊, 亡霊, お化け. 2 幻, 幻影. 3 脅威, 恐れ. 4（話）見栄っ張り, 気取り屋. — 形 1 人の住まない, 無住の…. —ciudad ～ ゴーストタウン. 2 実体のない, 幻の.

fantasmagoría 囡 次から次へと変わって行く［走馬燈的］光景［幻景］.

fantasmagórico, ca 形 幻影の, 幻想的な.

fantasmal 形 幽霊の(ような), ぼんやりした, 幻想的な.

fantasmón, mona 形名 大変にうぬぼれた(人), 見栄っ張りな(人).

fantástico, ca 形 1 空想上の, 架空の, 幻想的な. 2（話）途方もない, すばらしい, すてきな. — 副（話）すばらしく, すてきに.

fantochada 囡 1 ばかげた行動. 2 自慢, うぬぼれ, 気取り.

fantoche 男 1 あやつり人形. 2（話）風変わりな［だらしない］人物, グロテスクな人. 3（話）見かけ倒しし, はったり.

fañoso, sa 形《中米》鼻声の(人).

faquir 男《宗教》（イスラム教・バラモン教の）行者, 托鉢(たき)僧.

faradio 男《電気》ファラッド（電気容量の単位）.

faralá（覆 **faralaes**) 男（服飾）ひだ飾り, フリル. 2（話）悪趣味な飾り.

farallón 男《海事》岩島, 岩礁.

farándula 囡《演劇》1 演劇界. 2 巡回の喜劇座.

farandulero, ra 形 1 おしゃべりな, 口のうまい. — 名 喜劇役者; 旅回りの役者.

faraón 男《歴史》ファラオ（古代エジプトの王).

faraute 男 1 使者. 2 目立ちたがり, 出しゃばり.

fardar 圓《話》1［＋de/con を］見せびらかす, 自慢する. 2 かっこういい, しゃれている.

fardel 男 背負い袋, 包み.

fardo 男（主に衣類の）包み,（商品の）荷物.

fardón, dona 形《話》1 気取った, 見栄っ張りの. 2 派手な, 目立つ.

farellón 男 →farallón.

fárfara 囡 鳥類の卵の殻の内側についた薄い皮［膜］.

farfolla 囡 1 トウモロコシの皮. 2 見掛け倒しのもの, 見た目が良い割に中身のつまらないもの.

farfullar 他《話》を早口でつっかえながらしゃべる.

farfullero, ra 形名《話》早口でしゃべる(人), 混乱してしゃべる(人).

farináceo, a 形 粉状の, 粉を生ずる.

faringe 囡《解剖》咽頭.

faríngeo, a 形《解剖》咽頭の.

faringitis 囡〔単複同形〕《医学》咽頭炎.

fariña 囡《中南米》粒の大きなタピオカの粉.

fario 男《俗》運. —buen [mal] ～ 幸運［不運］.

farisaísmo, fariseísmo 男《宗教》（ユダヤ教の）パリサイ派の教義; 偽善.

fariseo, a 形《聖書》パリサイ人［主義］の; 偽善の.

farmacéutico, ca 形 調剤学の, 薬剤の; 製薬の. — 名 薬剤師; 薬局店主（経営者).

farmacia 囡 1（街中や病院の）薬局, 薬屋; 調剤室. 2 薬学, 調剤術. ▶ **farmacia de guardia** 救急薬局.

fármaco 男 薬, 薬剤.

farmacodependencia 囡《医学》麻薬常用, 薬物依存［嗜癖］.

farmacodependiente 形 男女名《医学》麻薬常用の, 薬物依存［嗜癖］の; 麻薬常用者, 薬物依存［嗜癖］者.

farmacognosia 囡《薬学》本草学, 薬物学.

farmacología 囡 薬理学.

farmacológico, ca 形 薬理学の, 薬理学的な.

farmacólogo, ga 名 薬理学者.

farmacopea 囡 薬局方, 調剤書.

farmacoresistencia 囡《薬学》耐性, 薬剤耐性, 薬物抵抗性.

farmacoterapia 囡《医学》薬物療法.

faro 男 1 灯台;《航空》標識灯 (=～ aéreo). 2（車・電車・オートバイなどの）ヘッドライト.

farol 男 1 街灯; ランタン;《中南米》ヘッドライト. 2（話）見栄(と)自慢. 3（話）（ポーカーで）はったり. 4（闘牛）（牛を正面からかわした後）ケープを宙で回転させる技.

►echarse [marcarse, tirarse] un farol 虚勢・見栄を張る.

farola 囡 街灯, カンテラ.

farolear 直 《話》自慢する, 見せびらかす, 虚勢を張る.

farolería 囡 1 カンテラ屋. 2《話》虚勢, 空威張り.

farolero, ra 形 虚勢を張る, 見栄を張った, 気取った. ── 图 《話》見栄を張り, 気取り屋. 2 街灯の点灯係.

farolillo 男 1 (紙張りの) ちょうちん. 2 《植物》フウリンソウ(風鈴草). ▶ **farolillo rojo** 《俗》最下位. どべ, びり.

farra 囡 お祭り騒ぎ. ▶ **tomar a ... para la farra** 《南米》...をからかう.

fárrago 男 ごちゃまぜ(の物), 寄せ集め.

farragoso, sa 形 ごちゃまぜの.

farrear 自《南米》《話》どんちゃん騒ぎをする. ── se 再《南米》《話》散財する.

farrista 形男女《南米》どんちゃん騒ぎの好きな(人), 他人をからかう[冷やかす](人).

farruco, ca 形《話》挑発的な, けんか腰の; 横柄な. ── 囡 ファルーカ(フラメンコの歌[踊り]の一種).

farsa 囡 1 笑劇, ファルス; 道化芝居. 2 茶番(の行為), ぺてん, いんちき.

farsante, ta 形《俗》偽善(者)的な, うわべだけの, 親切「ためる」ごかしの. ── 名 1 偽善者, ぺてん師. 2 喜劇道化役者.

fas ▶ **por fas o por nefas** 《話》正当な理由があろうとなかろうと, ともかく, いずれにしても.

fascículo 男 1 分冊(本). 2《解剖》(筋・神経の)(小)束.

fascinación 囡 魅了, うっとりさせることに.

fascinador, dora 形 → fascinante.

fascinante 形 魅惑的な, うっとりするような.

fascinar 他 を魅惑する, うっとりさせる; 後惑(憑)する, だます.

fascismo 男 ファシズム, 全体主義.

fascista 形《政治》ファシスト党に属する, ファシズムの. ── 男女《政治》ファシスト党員, ファシズム信奉者.

fase 囡 1(変化・発達などの)段階, 時期, 局面. 2《天文, 物理, 電気》位相; 《化学》相. 3 (ロケットの)段.

fastidiado, da 形 [→fastidiar] 形《話》病気の, 不調の.

fastidiar 他 1 を嫌がらせる, 不快にさせる; 怒らせる. 2 をあきあきさせる, うんざりさせる, うるさがらせる. 3 ... を台無しにする, だめにする, ぶちこわしにする. ▶ **¡No (me) fastidies!** 《話》やめてくれ, 冗談を言うな. **¡No te fastidia!** / **¡Nos ha fastidiado!** 《話》もってのほか. ── se 再 1 不愉快になる, 嫌気がさす, うんざりする. 2 を我慢する, ...に耐える. 3《話》台無しになる, だめになる. ▶ **¡Hay que fastidiarse!** 《話》どうしようもないね, ひどいもんだ.

fastidio 男 1 不快, うんざり; 苛(ぃ)立ち. 2 むかつき, 吐き気.

fastidioso, sa 形 1 うるさい, 迷惑な, やっかいな. 2 うんざりする, 退屈な.

fasto 男 華やかさ, 華麗. ── , **ta** 形 幸先のよい, 吉兆の.

fastuosidad 囡 華麗, 壮麗さ.

fastuoso, sa 形 豪勢な, 華美な, 派手な.

fatal 形 1 不運な, 不幸を招く; 致命的な, 生命にかかわる. 2 ひどく悪い, 最低の, どうしようもない. 3 宿命的な, 不可避の, 必然的な. ▶ **mujer ~ 魔性の女, 男を引き付けてやまない女. ── 副《話》ひどく悪く, ひどく.

fatalidad 囡 宿命, 運命; 不運, 災難.

fatalismo 男 運命論, 宿命論.

fatalista 形 宿命論的な, 宿命論者の. ── 男女 宿命論者, 運命論者.

fatalmente 副 1 不運なことには, 不幸にも. 2 宿命的に, 不可避的に, 必然的に. 3 悪く, ひどく.

fatídico, ca 形 凶兆の, 不吉な, 縁起の悪い.

fatiga 囡 1 疲れ, 疲労. ── ~ visual 眼の疲れ. 2 (主に病気による)呼吸困難, 息切れ. 3 覆 苦労, 苦難, 苦労. ▶ **dar Le a ...** fatiga (人)をためらわせる, 踏躇(雰)させる, ...に二の足を踏ませる.

fatigar [1.2] 他 を疲れさせる, 疲労させる. ── se 再 疲れる, 疲労する.

fatigosamente 副 苦しそうに, あえぎながら.

fatigoso, sa 形 1 疲れる, 疲労する. 2 (息が)苦しそうな.

fatimí, fatimita 形 (イスラムの)ファーティマ朝の. ── 男女 ファーティマの子孫.

fato 男 悪臭.

fatuidad 囡 1 愚かさ, 愚鈍, 愚行. 2 うぬぼれ, 思い上がり.

fatuo, tua 形 1 うぬぼれの強い, 思い上がった. ▶ **fuego fatuo** 鬼火, 狐火.

fauces 囡覆《解剖》(哺乳動物の)のど, 咽頭.

fauna 囡 1 動物相, 動物群; 動物誌. 2《話》グループ, 集団.

fauno 男《ギ神》ファウヌス(上半身は人間で下半身はやぎの形をした牧神).

fausto, ta 形 幸運の, 幸せな, 喜ばしい. ── 男 華やかさ, 華麗, 壮麗.

fautor, tora 名 幇助(鷲)者, 共犯者.

fauvismo 男《美術》フォービズム, 野獣派.

favela 囡《南米》バラック, 仮小屋, スラム.

favor [ファボル] 男 1 親切(な行為), 好意, 恩惠, 2 助力, 世話, 尽力. 3 引き立て, 支援, ひいき, 寵愛. 4 覆《主に複数》(主に女が男に)許すこと. ▶ **a favor de ...** に有利な[に], ...の味方[側]に立って, を支持する[賛成]して; を利用して, ...に助けられて. ── **nadar a favor de la corriente** 流れに乗って泳ぐ. **de favor** 優待の, 無料(贈呈)の. **en favor de ...** に賛成して, を支持して(= a favor de ...); ...のために, ...の利益のために. **favor de** [+ 不定詞]《中南米》ど

うぞ…してください。**hacer el favor de**〖+不定詞〗〖丁寧な命令・依頼〗親切にも…する。—¿Me **haces el favor de** cerrar la cortina? カーテンを閉めてくれませんか。**hacer un favor a…**〖話〗(人)のために尽くす, 恩恵を施す。—¿Me **haces un favor?** お願いがあるのですが。**hacer un flaco favor**〖話〗(いっっかりして)気前に(人)に迷惑をかける, 親切が仇になる。**pedir un favor**(人)に頼みごとをする, (人)の援助を求める。**por favor** (1)〖一般に命令文・疑問文で〗〖丁寧な命令・依頼〗どうぞ, どうか。(2)〖話〗〖抗議・担絶として〗お願いだから; やめてください。—Ya está bien, ¡**por favor!** もういい, やめてください。(3)(呼び掛けて)あのうちょっと, すみません。もしも。**tener a…in [en] su favor**(人)を味方につけている, …の支持を得る, 気に入られる。

:**favorable** 形 1〖+a/para に〗都合のいい, 有利な, 好適な。2〖+a に〗好意的な, 賛成の。

favorecedor, dora 形 引き立てる, よく見せる。

favorecer [9.1] 他 1 …に恩恵を施す, 味方する, …を助ける, …を容易にする, 有利にする, …に有利に働く。 3〖服飾などが〗よく似合う, 引き立てる, よく見せる。— **se** 再〖+de〗を利用する, 活用する。

favorecido, da 形 1 特典を与えられた。 2 魅力的な。

favoritismo 男 えこひいき, 偏愛。

favorito, ta 形 1 気に入りの, ひいきの, 大好きな。2 優勝候補の, 本命の。— 名 1 お気に入りの人, ひいき, 人気者, 大好きな物。2 (王などの)寵臣。3 (競技・コンクールの)本命, 優勝候補。

fax 男 ファックス。

faz 女〖複 **faces**〗1〖文〗顔。 2 表面。 3 局面, 様相。— ▶**Sacra** [**Santa**] **Faz** (宗教)キリストの顔(の画像)。

:**fe** 〖フェ〗女 1 信用, 信頼(性), 信じること。—**tener** ~ **en el mañana** 未来を信じる。2 〖宗教〗信仰(心); (主義・思想の)信奉; 信念。3 証明; 証明書。4 誓い; 誓約; 忠実, 忠誠。▶**a fe (mía) que…/por mí fe que…** 誓って(言う力な), 本当に, 確かに。**dar fe de** を証明[認定, 証言, 立証]する(→atestiguar, certificar)。**de buena fe** 善意で, 無邪気に。**de mala fe** 悪意で, だますつもりで。**fe de erratas** 正誤表。**fe de vida** (年金,恩給受給者の)生存証明書。**mala fe** 悪意。**prestar** [**dar**] **fe a…** を信用する, 信じる。

fealdad 女 醜さ, 醜悪さ; 卑劣さ。

febrero 男 2月(の略号)feb, febr.)。

febrícula 女 〖医学〗微熱。

febrífugo, ga 形 〖医学〗解熱の。— 男 〖医学〗解熱剤。

febril 形 1〖医学〗熱の, 熱っぽい。 2 熱狂的な, 熱烈な。

fecal 形 糞便の。

fecha 〖フェチャ〗女 1(手紙などの)日付, 年月日。—¿Qué tiene [lleva] la carta? その手紙には何日付でか。**poner la** ~ 日付を書き入れる。2 日取り, 日時, 日程。 3 日数, …日間。4 〖単または複〗今, 現在。**—en** ~**s** 今日(ミネミ)(では), **hasta la** ~ 現在まで, 今のところ。5 期間, 時代, 時代。▶**a estas fechas** 今頃, このころ。

fechador 男 1日付スタンプ[印]。2 〖中南米〗消印。

:**fechar** 他 …に日付をいれる[記す]; (過去の出来事的)…の年代[日付]を定める, 年代を推定する。

fechoría 女 1 悪行, 悪事。2 いたずら。

fécula 女 澱粉(%%)。

feculencia 女 澱粉(%%)を含んでいること。

feculento, ta 形 澱粉(%%)を含む, 澱粉質の。

fecundación 女 受胎, 受精。**—** ~ **in vitro** 試験管受精。~ **artificial** 人工授精。

fecundar 他 1〖農業〗(土地)を肥沃にする。2 を受胎[受精]させる。3 を多産にする, 豊かにする。

:**fecundidad** 女 1 繁殖力, 多産性, 生殖力。2 (土地の)肥沃(%), 豊饒(%ぅ)。3 (作家の)多作; (想像力・精神などの)豊かさ。

fecundizar [1.3] 他 を肥沃(%)にする, 肥やす, 豊かにする。

fecundo, da 形 1 (土地的)肥沃な, 肥えた, 多く産する。 2 生産的な, 多作の, 〖+de/en〗…の豊かな。3 多産の, 繁殖する, 生殖力のある。

fedatario, ria 男 公証人。

fedayín 形男〖複 **fedaines**〗フェダイーン[パレスチナゲリラ(の)]; パレスチナゲリラの戦士。

federación 女 1 (組合・スポーツなどの)連盟, 連合(会)。 2 連邦(化)。

federal 形 〖政治〗連邦(制, 主義)の, 連合の。— 男女〖政治〗連邦主義者。

federalismo 男〖政治〗連邦主義[制度]。

federalista 形〖政治〗連邦主義の。— 男女〖政治〗連邦主義者。

federar 他〖政治〗連合させる, 連邦化する。— **se** 再 連邦[連合, 同盟]に加わる。

federativo, va 形 連邦の, 連合の, 連盟の。

Federico 固名〖男性名〗フェデリーコ。

feedback 〖<英〗男 フィードバック。

feeling 〖<英〗男 →filin。

féferes 男〖中南米〗がらくた, つまらない物, 日用雑貨。

fehaciente 形 証拠となる, 信頼できる。

Feijoo 固名 フェイホー (Benito Jerónimo ~)(1676-1764, スペインの著述家)。

felación 女 フェラチオ。

feldespato 男〖鉱物〗長石。

:**felicidad** 〖フェリシダ〗女 1 幸福, 幸せ; 幸運。 2 無事, 順調。**—con toda** ~ 無事に[首尾よく]。▶**¡(Muchas) Felicidades!** おめで

felicitación 女 祝い; 祝辞, 祝いの手紙[言葉].

felicitar [フェリシタル] 他 …にお祝い[祝辞]を言う, を祝う, 祝福する. — a las Navidades [el Año Nuevo] クリスマス[新年]を祝う. — se 再 《＋de/por》を喜ぶ, うれしく思う.

félido, da 形 《動物》ネコ科の. — 男 《動物》ネコ科の動物.

feligrés, gresa 名 **1** 教区の信徒, 教区民. **2** 《話》常連, 常客.

feligresía 女 《集合的に》(1 つの教会の)教区民, 信徒団.

felino, na 形 《動物》ネコ科の; 猫のような, ずるい.

Felipe 固名 《男性名》フェリーペ.

Felisa 固名 《女性名》フェリーサ.

Félix 固名 《男性名》フェリクス.

feliz [フェリス] 形 《複 felices》 **1** 幸せな, 幸福な; 幸福をもたらす. —*¡F~ Año Nuevo!* 新年おめでとう. *¡F~ viaje!* よい旅をしていらっしゃい. **2** うれしい, 喜ばしい; 幸運な, うまくいきつきの, 巧妙な. **3** 適切な, うってつけの, 巧妙な. ► *no hacer feliz a ...* 《話》…の気に入らない, …にとって不快である.

felizmente 副 **1** 幸せに, 楽しく. **2** 順調に, 首尾よく; 適切に. **3** 幸いにも, 幸運にも, 運よく.

felón, lona 形 裏切る, 背く, 不忠の. — 名 裏切り者.

felonía 女 裏切り, 不忠.

felpa 女 **1** 《服飾》フラシ天(布地). —*osito de —* ぬいぐるみのクマ. **2** 《話》打つこと, たたくこと.

felpar 他 をフラシ天で覆う.

felpudo, da 形 フラシ天のような, フラシ天の. — 男 ドアマット.

femenil 形 女性の, 女性らしい.

femenino, na 形 **1** 女性の, 女性向きの, 女らしい. —*sexo* — 女性. **2** 《動植物》雌の, 雌性の. **3** 《言語》女性の. — 男 《言語》女性, 女性形.

fementido, da 形 二心のある, 不実の.

fémina 女 女性.

feminidad, femineidad 女 **1** 女らしさ, 女性的なこと; めめしさ. **2** 《医学》(男性の)病的な女性化.

feminismo 男 フェミニズム, 男女同権主義.

feminista 形 フェミニズムの, 男女同権主義の. — 男女 男女同権主義者.

feminización 女 《生物》(身体的特徴の)女性化.

feminizar 他 …に女性を増やす, 女性色を強める.

feminoide 形 (男性が)女性的な, 女っぽい.

femoral 形 《解剖》大腿(だいたい)骨の.

fémur 男 《解剖》大腿(だいたい)骨, 大腿部.

fenecer [9.1] 自 **1** 死ぬ. **2** 期限が切れる, 終わる.

fenecimiento 男 **1** 死去. **2** 終了, 終結.

fenicio, cia 形 **1** フェニキア (Fenicia) の, フェニキア人[語]の. **2** 商売上手な, 抜け目なくもうける. — 名 フェニキア人. — 男 フェニキア語.

fénix 男 **1** (F~) 《エジプト神の》フェニックス, 不死鳥. **2** 天才.

fenol 男 《化学》フェノール, 石炭酸.

fenología 女 《気象》《生物》季節学.

fenomenal 形 **1** 《話》とても大きい, 莫(ばく)大な, 途方もない. **2** 《話》すばらしい, 大変よい, ものすごい. **3** 現象の. — 副 大変すばらしく, すごくよく.

fenomenalismo 男 《哲学》現象論.

fenómeno, na 形 《話》すばらしい, 並外れた, すごい. —*coche* — すばらしい車. *¡F~!* すばらしい. — 男 **1** 現象, 事象; 出来事. —*~ natural* 自然現象. *~ atmosférico* 大気現象. **2** …の天才, すごい人; 並外れた[驚くべき]人[動物, 物事]. **3** 奇形の(人間・動物), 怪物, 珍奇なもの. **4** 《哲学》現象. — 副 《話》すばらしく, 見事に; 楽しく.

fenomenología 女 《哲学》現象学.

feo, a [フェ. ア] 形 **1** 《姿・外見が》醜い, ぶかっこうな, 醜悪な. **2** いやな, 不愉快な; 良くない. **3** 見苦しい, みっともない, 下品な. **4** ゆゆしい, やっかいな, 険悪な. — 名 醜い人. — 男 侮辱, 辱(はずかし)め. ► *hacer un feo a ...* を侮辱する, 辱める. — 副 ひどく, 不快に.

feracidad 女 土地の豊かさ, 肥沃さ.

feraz 形 《複 feraces》 (土地の)肥沃な.

féretro 男 ひつぎ, 棺, 棺台.

feria [フェリア] 女 **1** 定期市, 市(いち), 見本市 (= *~ de muestras*). **2** 市(いち)のお祭り, 縁日. —*F~ de Sevilla* セビリヤの春祭り. **3** 《カト》(土・日を除く)平日, 週日. —*~ segunda* [*tercera*, *sexta*] 月[火, 金]曜日. **4** 《メキシコ》小銭, 釣り銭. **5** *irLE a ... como en feria* 《メキシコ》うまくいかない; ひどく殴られる.

feriado, da 形 休日, 祭日, 祝日.

ferial 形 定期市の.

feriante 形男女 売買のために市に集まる(人).

feriar 他 を市で買う.

ferino, na 形 凶暴な, 野獣のような. ► *tos ferina* 《医学》百日咳.

fermentación 女 発酵(作用).

fermentar 他 を発酵させる. — 自 発酵する.

fermento 男 **1** 《生化》酵素, 酵母菌. **2** (不満・憎悪・動揺・興奮などの)誘因, 原因, 種.

fermio 男 《化学》フェルミウム.

Fernando 固名 《男性名》フェルナンド.

ferocidad 女 **1** 《動物の》獰猛(どうもう)さ; (人間の)残忍さ, 狂暴(性). **2** 残虐行為; 無慈悲な言葉, 暴言.

ferodo 男 《商標》ブレーキライニング, ブレーキの裏張り.

feroz 形 [複 **feroces**] **1**〔猛獣などの〕獰猛(どうもう)な.〔人・様子が〕凶暴な, 残忍な. **2**猛烈な, 激しい, すさまじい.

férreo, a 形 **1**鉄の, 鉄分を含む; 鉄製の. **2**鉄のような, 堅い; 冷酷な.

ferrería 女 鍛冶(かじ)工場, 鉄工所; 製鉄所.

ferretería 女 金物店.

ferretero, ra 名〔人を指して〕金物屋.

férrico, ca 形〔化学〕〔化合物が〕第二鉄の, 3価の鉄を含む.

ferrita 女〔鉱物〕フェライト(強磁性の鉄酸化物).

ferrobús 男〔鉄道〕気動車, ディーゼルカー.

ferrocarril 男 **1**鉄道; 鉄道会社. —— funicular 登山鉄道, ケーブルカー. ～ suburbano 近郊電車. **2**列車.

ferrocarrilero, ra 形名〔中南米〕= ferroviario.

ferromagnético, ca 形〔物理〕強磁性の.

ferromagnetismo 男〔物理〕強磁性.

ferroso, sa 形 鉄を含む,〔化学〕第一鉄の.

ferrovial 形 →ferroviario.

ferroviario, ria 形 鉄道の. —— 名 鉄道員, 鉄道会社員.

ferruginoso, sa 形 鉄分を含む, 鉄質の.

fértil 形 **1**〔土地が〕肥沃(ひよく)な, 肥えた. **2**〔+en〕…に富んだ, 豊かな, 豊沃な. **3**豊作の, 実りの多い; 多作の. **4**生殖力のある, 受胎可能な.

fertilidad 女 **1**肥沃さ, 豊饒(ほうじょう)さ. **2**豊作. **2**〔想像力・精神などの〕豊かさ. **3**〔生物〕植物の, 繁殖力.

fertilización 女 **1**〔土地の〕肥沃化, 施肥. **2**〔生物〕受精.

fertilizante 形〔土地を〕肥やす, 肥沃にする. —— 男 肥料.

fertilizar [1.3] 他 を肥沃(ひよく)にする, 肥やす, 豊かにする.

férula 女 **1**木べら(体罰用, 特にこどもの手のひらを打つ). **2**〔医学〕副木, 当て木.

férvido, da 形 熱烈な, 熱情的な.

ferviente 形 熱烈な, 熱心な. 燃えるような.

fervor 男 **1**熱心, 熱意, 熱情. **2**宗教的情熱, 敬虔(けいけん)さ; 敬服. **3**〔太陽・炎などの〕熱さ(), 炎熱.

fervoroso, sa 形 熱烈な, 熱狂的な, 情熱的な.

festejar 他 **1**…の祝宴を催す,〔人〕を祝う, もてなす. **2**〔男性が女性に〕言い寄る, 口説く.

festejo 男 **1**複 祭りの催し物〔行事〕. **2**〔女性への〕求愛, 口説き. **3**宴会, パーティー,〔客のもてなし〕.

festín 男 宴会, 祝宴, パーティー.

festinar 他〔中南米〕を早める, 急がせる, させたてる.

festival 男〔定期的な一連の催し物. …〕祭, フェスティバル. —— de cine 映画祭.

festividad 女 **1**〔宗教的な〕祝日, 祭日; 祝祭. **2**祭典, 祝祭. **3**祝賀行事.

festivo, va 形 **1**祝祭の, お祝いの. **2**おどけた, おかしい, ひょうきんな. **3**お祭り気分の, 陽気な.

festón 男 **1**花綱(はなづな), 縁飾り. **2**《建築》懸花装飾.

festonar 他 →festonear.

festoneado, da 過分 [→festonear] 形 花綱で飾られた; 波形に縁取りされた.

festonear 他 **1**を花綱(はなづな)で飾る. **2**《建築》…に花模様の縁飾りを施す; を波形に縁どる.

feta 女〔南米〕〔ハム・ソーセージ・チーズなどの〕スライス.

fetal 形 胎児の. —posición ～ 胎児の位置.

fetén 形〔無変化形〕〔話〕**1**本物の, 生粋の. **2**すごい, すばらしい. —— 副 大変よく, とてもうまく.

fetiche 男 **1**呪物(じゅぶつ), 物神(ぶっしん). **2**お守り, マスコット.

fetichismo 男 **1**フェティシズム, 呪物崇拝, 物神(ぶっしん)崇拝. **2**迷信, 盲目的崇拝.

fetichista 形 呪物(じゅぶつ)〔物神(ぶっしん)〕崇拝の, 迷信の. —— 男女 呪物崇拝者, 盲目的崇拝者.

fetidez 女 いやな臭い, 悪臭.

fétido, da 形 悪臭を放つ, 臭い.

feto 男 **1**胎児. **2**〔話, 軽蔑〕醜い人.

feudal 形 封建性の, 封建的な.

feudalismo 男 封建制度.

feudatario, ria 形〔歴史〕封土を受けている, 封建家臣の. —— 名〔歴史〕封建家臣.

feudo 男 **1**領地, 封土. **2**〔歴史〕家臣が領主に納める税. **3**なわばり, 勢力範囲; ホームグラウンド.

fez 男〔服飾〕トルコ帽.

fi 女 フィー, ファイ(ギリシャ語アルファベットの第21字: Φ, φ).

fiabilidad 女 信頼性, 信頼度.

fiable 形 信頼〔信用〕できる, 当てになる, 確かな.

fiado, da 形〔商業〕掛けの, つけの, 代金後払いの.

fiador, dora 名《法律》保証人, 身元引受人. —— 男 **1**〔戸, ドアなどの〕掛け金, かんぬき. **2**〔銃などの〕安全装置, 締め金.

fiambre 男 **1**《料理》冷肉, コールドミート, 冷たい料理〔ハム・ソーセージ・魚など〕. **2**〔俗〕死体. —— 形 **1**《料理》冷やした, 冷たい, 冷えた. —carne ～ 冷肉. **2**〔俗, 皮肉〕古い, 陳腐な, 新鮮味のない.

fiambrera 女 **1**弁当箱, 冷えた料理用ケース〔バスケット〕. **2**〔南米〕食品戸棚.

fianza 女 **1**保証, 保証金. **2**《法律》保証金. —dar ～ 保証金を払う. **2**《法律》保釈金. —libertad bajo ～ 保釈.

fiar [1.5] 他 **1**を掛け〔つけ〕で売る. **2**を保証する, を託す, 任せる;〔秘密〕を打ち明ける. ▶ser de fiar（…が）信用するに足る, 信用〔信頼〕できる. —— 自〔+en〕

信用する, 信頼する, 信じる. ── se 再 [+ de] 信用[信頼]する, (…に)信を置く.

fiasco 男 大失敗, ひどいこと[物].

fíat [＜ラテン] 男 [複 ~s] 同意, 承認.

fibra 囡 **1** 繊維, パイバー; (解剖, 動物) 線維; 木目(%), 石目(%); 〜 óptica 光ファイバー, 〜 de vidrio グラスファイバー; 〜 muscular [nerviosa] 筋[神経]繊維. tocar la 〜 sentimental 心の琴線に触れる. **2** 気力, 根性; 天分, 素質.

fibrilación 囡 (医学) (心臓の)細動; (筋肉の)線維束攣(%)縮.

fibrilar 形 (解剖) 線維性の.

fibrina 囡 (生化) フィブリン, 線維素.

fibrinógeno 男 (生化) 繊維素原, フィブリノゲン.

fibrocemento 男 繊維セメント.

fibroma 男 (医学) 線維腫.

fibrosis 囡 [単複同形] (医学) 線維症.

fibroso, sa 形 繊維の多い, 繊維質の, 筋ばった.

ficción 囡 **1** (文学) フィクション, 虚構, 作り話, 作り事. ▶ ficción de derecho [legal] (法律) 擬制.

ficcional 形 フィクション[虚構]の.

ficha 囡 **1** (分類・整理・資料用の)カード, 索引カード; (出勤の)タイムカード, 〜 bibliográfica 図書カード. ▶ policíaca (警察の)ブラックリスト. **2** (ゲーム・電話で貨幣代りの)コイン, チップ,カウンター; 賭け札. **3** (ドミノなどの)牌(%), 札, 駒(%), **4** (スポ) 選手契約金; 年俸. **5** 悪党, ごろつき. **6** (映画・テレビの)クレジットタイトル. 〜 artística 出演者, キャスト. 〜 técnica 制作スタッフ.

fichaje 男 (スポ) (選手の)契約[金].

fichar 他 **1** (カードに必要事項を書き込む(記入する), …の索引カードを作る; …の調書をとる. **2** …に目をつける, マークする, ブラックリストに載せる. **3** (スポ) (選手)と契約をする. ── 自 **1** (タイムレコーダーで)出勤時刻を記録する, タイムカードを押す. **2** (スポ) [+ por と] (選手が)契約する.

fichero 男 **1** (図書館・事務所などの)カードボックス, ファイルキャビネット; **2** (集合的に)(あるテーマに関する)索引[資料]カード; ファイル.

ficticio, cia 形 **1** 虚偽の, 架空の, 想像上の. **2** 偽りの, 虚偽の, にせの. **3** (法律, 商業) 擬制の, 仮定の.

ficus 男 (植物) ゴムの木.

fidedigno, na 形 信頼[信用]できる, 当てになる.

fideicomisario, ria 形 信託された. ── 名 (法律) 受託者.

fideicomiso 男 **1** (法律) 信託, 信託処分. **2** (政治) 信託統治.

*fidelidad** 囡 **1** 忠実, 忠誠; (配偶者に対する)貞節. **2** 正確さ. **3** (通信, 技術) (音)の忠実度, 性能. 〜 alta ハイファイ, 高性能.

fidelísimo, ma 形 [fiel の絶対最上級] 非常に忠実な.

fidelización 囡 顧客の獲得.

fidelizar [1.3] 他 〜 を顧客にする, (利用者)を獲得する.

fideo 男 **1** (料理) ヌードル, パスタ, 麺類. **2** (話) やせっぽち.

fideuá 囡 (料理) フィデウア(パエーリャで米の代わりにパスタを用いるバレンシア料理).

fiduciario, ria 形 信用上のもの, 信託の; 受託の. ── 名 受託者, 被信託者.

fiebre [フィエブレ] 囡 **1** (医学) (病気による)熱. ── tener 〜 熱がある. **2** (医学) 熱病. 〜 aftosa (獣医) アフタ熱, 口蹄疫. 〜 amarilla 黄熱(病) (= vómito negro). 〜 de Malta 地中海熱. 〜 del heno 枯草熱, 花粉熱. 〜 palúdica マラリア熱. 〜 tifoidea 腸チフス. **3** 熱狂, 熱中, …熱, フィーバー.

fiel [フィエル] 形 **1** [+ a に] 忠実な, 誠実な, 忠誠な. **2** 正確な, ありのままの, 確実な. ── 男女 信者, 信奉者. ── 男 **1** (はかりの)針, 指針. **2** (はさみの)鋲, 留め鋲.

fielato 男 (昔, 町・村の入り口に設けられていた)税関事務所.

fieltro 男 (服飾) フェルト, 毛氈(%); (服飾) フェルト製品.

fiera 囡 **1** 猛獣, 野獣; (一般に)動物. **2** 残忍[凶悪]な人, 怒りっぽい人; 気性の激しい人. ── (俗)達人, 名人; 鬼, …狂. ▶ hecho una fiera (俗)激怒して, 逆上して. ser una fiera para [en] …に長けている.

fiereza 囡 **1** 獰猛(ß5)さ, たけだけしさ. **2** 恐ろしさ.

fiero, ra 形 **1** 荒々しい, 獰猛(ß5)な. ── animal 〜 猛獣. **2** 恐ろしい, こわい, ものすごい. **3** 残忍な, 冷酷な; (人が)扱いにくい.

fiesta [フィエスタ] 囡 **1** パーティー, 宴会, (社交上の)集まり. ── dar una 〜 パーティーを開く. 〜 benéfica 慈善パーティー, チャリティーショー. **2** [主に 複] お祭り; 祭典, 祝典. 〜 〜 mayor 開き年(の催し). **3** 祭日, 祭日, 休日 (= día de 〜). 〜 〜s navideñas (de Navidad) クリスマス休暇. 〜 fija 不動祝日. 〜 movible 移動祝日(年によって日の変わる祝日). **4** 大喜び, 楽しみ, うれしいこと[も], **5** (複) わけのきげ取り, 甘こし. ▶ aguar [aguarse] la fiesta パーティーを台無しにする[台無しになる], 座を白けさせる[座が白ける]. coronar la fiesta 有終の美を飾る; とんでもない幕切れとなる. estar de fiesta 上機嫌である, 喜んでいる, 浮かれ騒いでいる; 休暇中である. fiesta de guardar (de precepto) (カト) 守るべき祝日(信者が仕事を休んで出席すべき聖日). fin de fiesta → fin. hacer fiesta 1日のんびり過ごす, 1日休暇を取る (= guardar fiesta); 人をおだてる, ご機嫌をとる. hacer fiestas a… (人)をおだてる, 機嫌をとる; (犬などが人)にうれしそうにじゃれつく. no estar para fiestas

《話》(病気などで)機嫌が悪い, 笑える気分ではない. **Tengamos la fiesta en paz.** 《話》(けんか・口論になりそうなとき制止して)まあまあ, けんかはやめておきましょう.

fiestero, ra 形《話》お祭り騒ぎが好きな人.

FIFA〖頭字〗(< *F*ederación *I*nternacional de *F*útbol *A*sociación)囡 国際サッカー連盟.

fifí 男女〖中南米〗きざな人, 流行を追いかける人.

fifiriche 形〖中南米〗**1** 虚弱な, 弱々しい, 痩せた. **2** おしゃれな, 気取り屋の.

figle 男女《音楽》(金管楽器の)オフィクレイド(奏者).

figón 男 大衆食堂, めし屋.

figulina 囡 素焼きの人形.

figura [フィグラ] 囡 **1** 姿, 形; 体形, スタイル. **2** 顔, 顔つき. —caballero de la triste ~ 憂い顔の騎士. tener una buena [mala] ~ スタイルがよい(悪い). **3**《美術》像, 人物像, ~ de bulto 彫像, ~s de cera うろ人形. **4** 人物, 有名人, 大物, —una gran ~ del mundo del teatro 演劇界の有名人. **5** 図形; 模様. **6**《演劇》役割, 役割. **7**《舞踊, スポ》フィギュア. **8**(トランプの)絵札, **9**(チェスなどの)駒. **10**《修辞》文彩(=~ de dicción).

figuración 囡 **1** 空想, 想像(の産物). **2** 表示, 表象, 形状.

figurado, da 過分 [→figurar] 形 比喩的な, 転義の.

figurante, ta 名 **1**(演劇, 映画)エキストラ, 端役(貶。). **2**《話》(事件, グループにおける)端役, 端役.

figurar 自 **1**[+en/entre の中に]現れている, (人の名などが)載っている; …に加わる. **2**[+como の]役を演じる. **3**《話》抜きん出る, 目立つ, 有名である. — 他 **1** …のふりをする, 装う, …に見せかける. **2** を描く, 表す. — se **1**[+que +直説法]… と想像する, 思う. **2** — iFigúrate! 考えてごらん, 信じられるかい. **3**[+a (人)に]思われる, 想像される[+que +直説法].

figurativo, va 形 **1**《美術》具象の, **2** 象徴的な, 比喩的な.

figurín 男《服飾》衣裳デザイン, **2**《話》しゃれ者, ハイカラ男.

figurinista 男女《服飾》服飾デザイナー.

figurón 男 **1**《話》自慢屋, うぬぼれ屋. **2**《歴史, 演劇》(17世紀のスペイン風刺劇の)登場人物.

fija 囡〖南米〗本命馬, 本命.

fijación 囡 **1** 固定, 装着, 取り付け. **2** 決定, 確定. **3**〖複〗《スポ》ビンディング(スキーやスノーボードに足を固定する止め具). **4** 偏執, 強迫観念, 固定観念.

fijado, da 過分 [→fijar] 形〖中米〗着実な, 監視する. — 男《写真》定着.

fijador, dora 形 固定させる, 定着させる. — 男 **1** ヘアスプレー; 整髪剤; ジェル. **2**《写真》安定剤. **3**《美術》定着液, フィクサティーブ.

fijamente 副 じっと.

fijapelo 男 ヘアスプレー; 整髪剤.

fijar [フィハル] 他 **1** を固定する, 据えつける; 貼り付ける. **2** を定める, 決める. **3**[+en に] …視線などを向ける, (考え)を集中させる. — la atención *en* una escena ある場面に注意を向ける. **4**《写真》[+en に]を定着させる, 焼き付ける. — se **1**[+en に]注目する, 注意する, (を)じっと見る. —*Fíjate* bien dónde pones los pies. 足もとをよく注意してごらん. **2**[+en に]気付く. **3** 固定(化)する, 定着する. ▶**¡Fíjate! ¡Fíjese usted!** ごらんなさい; 考えてごらん, いいですか.

fijeza 囡 **1** 不動, (特に視線の)じっと動かないこと. **2** 持続(性).

Fiji 固名 **1** フィジー(南太平洋の島国, 首都 Suva). **2** (Islas ~) フィジー諸島.

fijo, ja [フィホ, ハ] 形 **1**[+a/en に] 固定された, 据え付けの. **2** 固定した, 一定の; 確定した, —precio ~ 定価, 固定価格. **3** 永続的な, 安定した. **4**[+en に対して](視線・思考などが)じっと動かない[+estar]. **5**[+en に]定住した, 身を落ち着けた. ▶**de fijo** 確実に, はっきりと. — 副 じっと. — 男 (携帯電話に対して) 固定電話.

fila [フィラ] 囡 **1**(人・劇場の席などの)列, 縦列, 行列. —*primera ~* 最前列. **2**《軍事》軍隊, 戦列, 隊列. **3**〖複〗党派, 集団. ▶**en fila** 列を作って, 整列して, 一列に並んで. **en fila india/en fila de a uno** 一列縦隊で, 一列になって. **en primera fila** 最前列で; 第一線に, 目立つ所に. **romper filas**《軍事》—*¡Rompan filas!* 解散!

filamento 男《電気》フィラメント. **2** 細糸, 繊維.

filantropía 囡 博愛(主義), 慈善.

filantrópico, ca 形 博愛主義の, 慈善の.

filántropo, pa 名 博愛主義者, 慈善家.

filaria 囡《動物, 医学》フィラリア, 糸状虫.

filariasis 囡〖単複同形〗《医学》フィラリア症.

filarmonía 囡《音楽》音楽好き.

filarmónico, ca 形《音楽》音楽好きの; 交響楽団の.

filatelia 囡 切手収集[研究].

filatélico, ca 形 切手収集[研究]の.

filatelista 男女 切手収集[研究]家.

filete 男 **1**《料理》ヒレ肉, テンダーロイン; (赤身の肉・魚の厚切れ)切り身. **2**《印刷》(背表紙などの)装飾輪郭線; (脚注の上などの)罫(。*)線; (装飾輪郭線と罫の)筋車(。*). **3**《建築》二つの刳(。)り形の間の平縁(。*).

filetear 他 **1** …に縁飾りをつける, 輪郭

filfa 線をつける; をかがる. **2**(魚を)おろして切り身にする. …からヒレ肉をとる.

fílfa 囡《話》うそ, でっちあげ; 偽物.

*filiación 囡 **1** 個人調査, 人相書き, 人物調書. **2**(子の親に対する)親子関係. **3**(思想などの)系統, 由来. **4** 党員であること, 党籍;《軍事》兵籍.

filial 形 **1** 子の, 子供の. **2**《商業》支部の, 関連会社の. — 囡 支店, 支部.

filiar 他 …の個人調査を取る. — **se** 再 **1**《軍事》軍籍に入る, 入隊する. **2** 加入する, 会員になる.

filibusterismo 男《歴史》**1** 海賊行為. **2** 議事進行妨害.

filibustero 男《歴史》**1**(17世紀ごろのカリブ海の)海賊. **2**(19世紀のスペイン植民地解放運動家.

filicida 男女 子殺しの人.

filicidio 男 子殺し(の罪).

filiforme 形 糸状の, 繊維状の.

filigrana 囡 **1** 金銀線条細工. **2**(紙の)透かし模様. **3** 繊細に仕上がった品, 精巧な細工品.

filin 男 **1** 感覚, 雰囲気. **2** キューバで生まれた音楽の一種.

filípica 囡《話》厳しい弾劾演説, 中傷.

Filipinas 固囡 **1** フィリピン(首都 Manila), **2**(Islas ~)フィリピン群島.

*filipino, na 形 フィリピンの, フィリピン人の. ►**archipiélago ~** フィリピン群島. ►**punto filipino**《話》卑劣な人, 悪いやつ. — 名 フィリピン人.

filisteo, a 形 **1**《聖書》ペリシテ人(の). **2** 俗物的の.

filloa 囡《料理》フィリョア(クレープに似たガリシアの菓子).

film 男 [複 ~ (e)s] **1**《写真, 映画》フィルム. **2** 映画.

filmación 囡《映画》撮影.

filmador, dora 形名 映画を撮る(人), 映画を撮影する(人).

filmoteca 囡 映画カメラ = máquina filmadora).

filmar 他自《映画》(を)撮影する.

filme 男 → film.

fílmico, ca 形 映画の.

filmina 囡(映像の)スライド.

filmografía 囡《映画》映画研究; 映画関係の文献; 映画作品リスト.

filmología 囡《映画》映画理論(研究), 映画学.

filmoteca 囡 フィルムライブラリー, 映画図書館, フィルム貸出し所.

*filo¹ 男 **1**(刃物の)刃. **2**《中南米》空腹, 飢え. ►**al filo de** 丁度…に, きっかり. **dar (un) filo a** (…の刃)を研(と)ぐ; 刃をつける. **espada [arma] de doble filo** [**de dos filos**] 両刃(は)の剣. **hacer en el filo de la espada** (何かを)きわどいところでうまくやる. **herir por los mismos filos** (その人が用いたのと同じ理屈)で苦しめる, に異論を唱える.

*filo² 男《生物》(動物分類学上の)門(た).

filogenia 囡《生物》系統史; (生物の)系統.

filología 囡 文献学.

filológico, ca 形 文献学(上)の.

filólogo, ga 名 文献学者.

filón 男 **1**《地質》岩脈, 鉱脈. —**descubrir un ~** 鉱脈を発見する. **2** 大資源, 宝庫.

filoso, sa 形 とがった.

filosofal 形 ►**piedra filosofal** 賢者の石(錬金術で探し求められた石).

filosofar 自 **1** 哲学的に思考する. **2**《話》思いをめぐらす, 独り言を言う.

*filosofía 囡 **1** 哲学, 思想(体系). —**~ griega [de Descartes, de Kant]** ギリシャ [デカルト, カント] 哲学. **~ existencial** 実存哲学. **2** 達観, 諦観(な); 忍従. **3** 価値観, 人生観.

filosófico, ca 形 哲学の, 哲学的な.

filósofo, fa 名 **1** 哲学者, 思想家. **2**(人生を達観した人, 悟りを開いた人; 冷静沈着な人.

filoxera 囡《虫類》ブドウネアブラムシ(根虫).

filtración 囡 **1** 濾過(ぁ), 濾過作用. **2**(秘密などの)漏洩(えい).

filtrado 男 濾過(ぁ)(液).

filtrador 男 フィルター, 濾過(ぁ)器.

filtrante 形 濾過(ぁ)性用の.

filtrar 他 **1**を濾過(ぁ)する, こす, 濾過して除く. **2**(データ)を選ぶ, 選別する. **3**(秘密)を漏らす, リークする. — 自 漏れる, 浸透する, にじむ. — **se** 再 **1** しみ出る. **2**(悪意などが)しみ込む, 浸透する. **3**(情報・光などが)漏れる.

filtro¹ 男 **1** 濾過(ぁ)器 [装置], 水ごし, フィルター. **2**《写真》フィルター, フィルター. **3**(タバコの)フィルター. **4**(一定の基準に従って行う)選考, 選抜. **5**《情報》フィルタ.

filtro² 男 媚薬(びゃく), ほれ薬 (= ~ amoroso).

filudo, da 形 刃の鋭い.

fimo 男 肥やし, 堆肥, 動物の糞(ふん).

fimosis 囡《医学》包茎.

*fin [フィン] 男 **1**(期間や物事などの)終わり, 最後, 結末. **2**(人の)死, 最期. **3** 目的, 目標. **4**(物の)端, 先, 末端. **~ del túnel** トンネルの出口. — **de un camino** 道の突き当り. ►**a [en] fin de cuentas** 結局(のところ), 要するに, どうせ. **a fin de** 〔+ 不定詞, + que + 接続法〕…するために, …するように; …の終わりに. **a fines de …** (週・月・年・世紀などの)終わりに, …末[下旬]に. **al fin** 最後に(は): ついに, とうとう; 結局 (= en fin, por fin). **al fin de** …の終わりに, …末に; …の果てに. **-al fin de mes** 月末に. **al fin del mundo** 世界の果てに, 遠い所に. **al fin y al cabo / al fin y a la postre** 結局(のところ), どうせ, とにかく. **dar fin a …** を消費し尽くす; 全滅させる. **dar [poner] fin a …** を終える, …に終止符を打つ, 完成する. **en fin** 結局(のところ), 要するに, つまり. **fin de fiesta**

(1) アンコール演目；最終演目．(2)《議論な どの》後味の悪い事柄．**fin de semana** 週末，ウィークエンド．**llegar a fin de mes**《話》生活費が月末まで持つ，月末ま で暮らしていける．**por fin** ついに，やっと，ようやく；最後に[は]；結局，つまり．**sin fin** 限りない［ことの］，無限の［に］，たくさん の．**(un) sin fin de...** たくさんの～，数 限りない….

finado, da 图 故人．

final［フィナル］形 **1** 最終の，最後 の，最終的の．**2**《言語》目的 の．— 男 **1** 最後，終わり，終末．**2** 末端，末尾，幕．**3** 結末：フィナーレ，大詰め．**a finales de** …の終わり[末]頃に．**al final**［+ de の］最後[終わり]に；最後になって，結局．— 囡 **1** 決勝戦，決勝点，終着 駅．▶ **cuartos de final** 準々決勝．

finalidad 囡 **1** 目的，目当て，用途．**2**《哲学》目的性，窮極性．

finalista 男女 決勝戦[最終選考]に 残った[選手・チーム]，最終選考に残った[作品[作者]．

finalizar [1.3] 他 を終える，終わらせ る，完成させる．— 自 終わる，終了する．

finalmente 副 **1** 最後に，ついに，とうと う．**2** 最終的には，結局．

financiación 囡《商業》出資，融資；資金の調達．

financiamiento 男 → financiación.

financiar 他《商業》に融資する，～の資金を調達する．

financiero, ra 形 財政の，財務の；金融の．—**análisis** ～ 財務分析．**capital** ～ 金融資本．— 男 **1** 金融業者，金融専門家．**2** 金融会社[機関]．

financista 男女《中米》金融専門家 [業者]．

finanzas 囡複 **1** 財政，財政学，財務，財政学．—**Ministro de F** ～ 大蔵大臣．**2** 財源，財力，資産．

finar 自 死去する．

finca 囡 **1** 所有地，不動産．**2**《農業》農場，農園．

fincar [1.1] 自 不動産[地所]を取得す る．— 再 不動産[地所]を買う．

finés, nesa 形 **1** フィンランド[人・語] の．**2** フィン族[語]の．— 名 **1** フィンランド 人；フィン人．**2**《言語》フィンランド語；フィン語．

fineza 囡 **1** 立派さ，見事さ：上質，上 等；気配り．**2** 親切，優しさ，丁重．**3** 贈 り物．

fingido, da 形（→fingir）形，見せかけの，うわべだけの．

fingimiento 男 見せかけること，振り，偽り，ごまかし．

fingir [3.6] 他 **1** …のふりをする，…と みなす，を装う，をまねる，…に似せる．**2** を作る，を創造する，を作り上げる，を偽る．— **se** …のふりをする，と偽る．—**~se enfermo** 仮()病をつかう，病気の ふりをする．

finiquitar 他 **1**《商業》を決済する，清 算する．**2**（取引）をまとめる．**2**《話》を終える，片づける．

finiquito 男《商業》決済，清算：決済 書，清算書．—**dar** ~ **a una cuenta** 勘定を清算する．

finisecular 形 世紀末の．

finito, ta 形 **1** 限りある，有限の．**2**《言語》（動詞）定形の．

finitud 囡 有限(性)．

finja(-), finjo 動 →fingir [3.6].

finlandés, desa 形 フィンランドの，フィンランド人[語]の．— 名 **1** フィンランド人；フィン人．**2**《言語》フィンランド語．

Finlandia 固名 フィンランド（首都 Helsinki）．

fino, na［フィノ，ナ］形 **1** 薄い，**2** 細い，細かい；（先の）と がった，鋭い；ほっそりした，すらっとした，華 奢(**)の．**3** きめの細かい，なめらかな，すべ すべの．**4** 上質の，上等の，高級な．**5** 繊 細な；洗練された，あか抜けした．**6** 上品な．礼儀正しい，行儀よい．**7**（感覚が）鋭い，敏感な．**8** 鋭敏な，明敏な，利発な．**9** 気 の利いた．—**una comedia muy fina**．それは非常に気の利いた芝居だ．— 男 上質で辛口のシェリー酒．

finolis 形男女〔単複同形〕《話》きざ な(人)，上品ぶった(人)．

finta 囡 フェイント．

fintar 自《スポ》フェイントをかける．

finura 囡 **1** 丁重，親切．**2** 優良，優 秀：見事さ，美しさ．**3** 繊細さ，精巧．**4** 鋭さ，鋭敏さ．

fiordo, fiordo 男《地理》フィヨルド，峡 江．

fique 男〔カリブ〕リュウゼツラン（竜舌蘭） (の繊維)．

firma 囡 **1** 署名，サイン；調印．—**digital** デジタル署名．—**en blanco** 白紙 委任．—**y sello** 署名捺印．**media** ~ 姓だけの署名．**2** 会社，会社．**3**《集合的 に》署名を要する書類．**4**《商業》代表，代理．▶ **dar la firma a...** (人)に経営を 任せる．

firmamento 男 天空，大空．

firmante 形 調印した，署名した．— 男女 署名者，調印者．

firmar 他 …に署名する，記名する，調印 する．—[+ **por** と]（雇用）契約を結ぶ．**3**[+ **por** と]署名する，望む．— **se** …と 署名する，自署する．▶ **firmar en blanco** を白紙委任する，自由裁量に任せる．

firme 形 **1** しっかりした，ぐらつかない，安 定した［ser/estar+］．**2**［+ **en** が］断固 とした，不動の，変わらない［ser/estar+］．—**carácter** ~ しっかりした性格．**sentencia** ~ 確定判決．▶ **¡Firmes!** 気を 付け．**ponerse firme** 気を付けの姿勢を とる．— 男 **1** 土台，（建物の）基礎．**2** 路床，路盤．**3**（道路の）表面，路面．▶ **de firme** 熱心に，たゆまず；激しく，間 断なく；確実に．**en firme** 確定取引で； 指し値で；確実に，きっぱりと．— 副 しっかりと，堅固に．

firmemente 副 堅固に，しっかりと；断

固として.
firmeza 囡 1 (信念・考え・態度などの)揺るぎなさ, 堅固さ, 断固たる態度. 2 (物の)強固さ, 堅固さ.
firuletes 男複 〖南米〗 ごてごてした装飾.
fiscal 形 1 国庫の, 税金(上)の. —tribuciones —es 国税. 2 財政(上)の, 会計の. —año 会計年度. 3 検事の, 検察官の. —男女 1 〖法律〗 検事, 検察官 (=abogado ～). 2 会計(検査)官, 財務官, 税務官.
fiscalía 囡 検事の事務所[職]; 検察庁.
fiscalidad 囡 税の徴収, 税制度.
fiscalización 囡 検察; 監査, 監視.
fiscalizar [1.3] 他 1 …を検察する, 調べる. 2 を監査する, 監視する.
fisco 男 国庫.
fisga 囡 (魚をつく)やす, もり.
fisgar [1.2] 他 1 を詮索する. 2 …にもりをさしこむ, をやりで突く.
fisgón, gona 形名 詮索する(人), 詮索好きの(人).
fisgonear 他 を詮索する, 様子を窺う.
fisgoneo 男 かぎ回ること, 詮索.
fisiatra 男女 〖医学〗 自然療法専門家.
fisiatría 囡 〖医学〗 自然療法.
fisible 形 1 裂けやすい, 分裂性の. 2 〖物理〗 核分裂を起こす.
***física** 囡 物理学の. ～ atómica 原子物理学. ～ nuclear (原子)核物理学.
físicamente 副 1 物理的に. 2 身体的に, 肉体的に.
***físico, ca** 形 1 物理(学)の, 物理(学)的. 2 身体の, 肉体の. —ejercicio ～ 身体運動. 3 物質の, 物質的な; 自然(界)の. —mundo ～ 物質世界. —男 1 物理学者. —男 1 体格. —Tiene un buen ～. 彼はよい体格をしている. 2 容姿, 容貌, (人の)外見.
fisicoquímico, ca 形 物理化学の. —囡 物理化学.
fisiocracia 囡 〖歴史〗 重農主義.
fisiócrata 男女 〖歴史〗 重農主義者.
fisiografía 囡 自然地理学.
***fisiología** 囡 1 生理学. 2 器官[身体]の機能.
***fisiológico, ca** 形 生理学的な, 生理的な.
fisiólogo, ga 名 生理学者.
fisión 囡 〖物理〗 分裂.
fisionomía 囡 →fisonomía.
fisiopatología 囡 〖医学〗 生理病理学.
fisioterapeuta 男女 〖医学〗 理学療法士.
fisioterapia 囡 〖医学〗 理学療法.
fisípedo, da 形 〖動物〗 裂蹄類の.
***fisonomía** 囡 1 人相, 容貌, 顔つき. 2 様相, 姿, 外観.
***fisonómico, ca** 形 人相の, 容貌の.
***fisonomista** 男女 1 他人の顔をよく覚えている人. 2 人相見, 観相家. —形 人相見の, 人相のわかる.

fistol 男 〖メキシコ〗 ネクタイピン.
fístula 囡 1 〖医学〗 瘻管(ろうかん), フィステル. 2 管, 導管, 筒. 3 〖音楽〗 管楽器.
fisura 囡 1 裂け目, 割れ目, 亀裂. 2 〖医学〗 裂傷(れつしょう); 〖解剖〗 裂溝.
fitness 〔<英〕男 フィットネス運動.
fitófago, ga 形 草食性の(動物).
fitofarmacia 囡 植物薬理学.
fitogenético, ca 形 〖生物〗 植物発生の.
fitogeografía 囡 植物地理学.
fitografía 囡 記述植物学.
fitógrafo, fa 名 記述植物学者.
fitopatología 囡 植物病理学.
fitopatológico, ca 形 植物病理学の.
fitopatólogo, ga 名 植物病理学者.
fitoplancton 男 〖生物〗 植物プランクトン.
fitosanitario, ria 形 〖農業〗 植物衛生の, 植物病虫害防除の. —producto ～ 殺菌・殺虫・除草剤.
fitosociología 囡 植物社会学.
fitoterapia, fitoterápia 囡 植物療法.
fitotóxico, ca 形 〖生物〗 植物毒素の; 植物に有害な.
flabelo 男 (儀式用の)大扇.
flaccidez, flacidez 囡 張りや締まりのないこと, (筋肉の)弛緩, たるみ.
fláccido, da 形 →flácido.
flácido, da 形 張りのない, 締まりのない, 弛んだ.
***flaco, ca** 〔フラコ, カ〕形 1 やせこけた, やせ細った. やせっぽちの. 2 [+de/en が] 弱い, 乏しい, 足りない. —punto ～ 弱点, 短所. 3 (精神的に)弱い; 根拠薄弱な, 説得力の弱い. —男 弱点, 弱み; 欠点.
flacucho, cha 形 〖話, 軽蔑〗 やせた, やせっぽちの.
flacura 囡 1 やせていること, やせているさま. 2 弱さ, もろさ.
flagelación 囡 鞭(むち)で打つこと, 鞭打ち.
flagelado, da 形 〖生物〗 鞭毛(べんもう)のある. —男 〖生物〗 鞭毛虫類.
flagelante 形 鞭(むち)を打つ. —男 〖宗教〗 (聖週間の行列の)鞭打苦行者.
flagelar を鞭(むち)で打つ. —se 再 自らを鞭打つ.
flagelo 男 1 鞭(むち), 鞭打ち. 2 災難, 不幸. 3 〖生物〗 鞭毛(べんもう).
flagrancia 囡 現行犯であること.
flagrante 形 1 (ちょうど)その時の, 現行の. 2 明白な. ▶ en flagrante 現行犯で.
flama 囡 炎の輝き.
flamante 形 1 輝く, 光り輝く; 派手な. 2 新品の, できたての, 新人の.
flamear 自 1 (旗などが)はためく, 翻(ひるがえ)る. 2 燃え立つ. 3 〖海事〗 (帆などが)はためく. —他 (消毒などのために)を火に当てる.
***flamenco**[1], **ca** 形 1 フラメンコの, (アンダルシーアの)ジプシー風の. —cante [bai-

flamenco ... フラメンコ歌謡[舞踊]. **2** フランドル (Flandes) の; フランドル人の; フラマン語の. **3**《話》いい体をした,健康そうな. ▶**ponerse flamenco**《話》生意気な横柄な態度をとる,思い上がる. —— 名 フランドル人,フラマン人. **2**《言》フラマン語(オランダ語の方言).

flamenco[2] 男〖鳥類〗フラミンゴ.
flamencología 女 フラメンコ研究.
flamenquería 女 気取った素振り;厚かましさ.
flamígero, ra 形 **1** 燃え立つ,火を吐く,炎のような. **2**〖建築〗火炎式の.
flámula 女 槍やマストなどの先端に付ける三角旗;ペナント.
flan 男 **1**〖料理〗(カスタード)プディング,プリン,フラン. **2**(浜辺で子どもの作る)砂山,砂製品;プリン状のもの. ▶**como [hecho] un flan**《話》ぐらぐらして.
flanco 男 **1** 側面;わき腹. **2**〖軍事〗部隊の側面,左右の翼.
Flandes 固名 フランドル(ベルギー西部からフランス北東端,オランダ西南部にかけての地方).
flanero, ra 名 プディングの型.
flanquear 他 **1** …の側面[両側]に立つ,を挟んでいる. **2**〖軍事〗…の側面を守る[固める,攻撃する,迂回する].
flanqueo 男〖軍事〗側面攻撃.
flap 〖<英〗男〖複~s〗〖航空〗フラップ.
flaquear 自 **1** 弱る,減少する. [+ enで] 劣っている. **2**(気力などが)衰える,(力などが)弱る.
flaquencia 女〖中米〗→flaqueza.
flaqueza 女 **1** 弱点,弱み. **2** もろさ,誘惑に陥りやすいこと;出来心. **3** やせぎすること,貧困.
flash 男〖複~es〗〖写真〗ストロボ.
flato 男 **1**〖医学〗胃腸内にたまるガス,鼓腸. **2**〖中南米〗憂うつ,悲しみ.
flatulencia 女〖医学〗腹が張ること,鼓腸.
flatulento, ta 形〖医学〗鼓腸性の,ガスで下腹が張っている.
flauta 女〖音楽〗フルート,横笛. —— **tocar la ~** フルートを吹く. —— **dulce [de pico]** リコーダー. ——〖音楽〗フルート奏者. ▶**Y sonó la ~ (por casualidad)**. 運がよかった,まぐれ当たりだった.
flautín 男〖音楽〗ピッコロ. —— 男女〖音楽〗ピッコロ奏者.
flautista 男女〖音楽〗フルート奏者,笛を吹く人.
flavo, va 形 蜂蜜(なる)色の.
flébil 形〖詩〗涙を誘う,痛ましい.
flebitis 女〖単複同形〗〖医学〗静脈炎.
flebotomía 女〖医学〗静脈切開(術);瀉血(なる).
*f**lecha** 女 **1** 矢. ——El tiempo pasa como una ~. 光陰矢の如し. **2**(方向指示の)矢印(→); (車の方向指示器(=

~ de dirección; (秤(はかり)などの)指針. **3**(鐘楼上の)尖塔(なる). **4**〖数学〗正矢(せいし); 〖建築〗(アーチの)迫高(なる),垂直高;〖楽〗⏉のたわみ.
flechar 他 **1** …に弓を引く,を矢で射る. **2**《話》を一目ぼれさせる,…の心を射止める.
flechazo 男 **1**《話》一目ぼれ. **2** 矢で射ること;矢傷.
fleco 男 **1** ふさ飾り,縁飾り. **2**(布の)ほつれ. **2** 未解決の問題.
fleje 男〖技術〗鉄製の帯環,たが.
flema 女 **1** 平穏,冷静,沈着. **2** 痰(たん),粘液. **3** 粘液質(の人);無気力(の人).
flemático, ca 形 **1** 痰(たん)の多い,**2** 粘液質の,冷淡な,無気力の. **3** 冷静な,沈着な.
flemón 男〖医学〗**1** 蜂巣(ほうそう)炎. **2** 歯肉炎.
flequillo 男 前髪,おさげ髪.
fletador, dora 名 傭船主[者],チャーター主;荷主.
fletamento, fletamiento 男 傭船,(飛行機・船などの)チャーター(契約).
fletán 男〖魚類〗ハリバ,オヒョウ.
fletante 形〖南米〗船や馬を運送用に賃貸する人.
fletar 他 **1**(船・飛行機・車などを)借り上げる,チャーターする. **2**(荷)を積む,(旅客)を乗せる. **3**〖南米〗(人)を追い出す,解雇する. **4**〖南米〗(攻撃的な言動)を放つ.
flete 男 **1** 積み荷,貨物,船荷. **2** 貨物運送料,運賃,船賃.
fletero, ra 形〖中南米〗(船・車などが)賃貸用の. —— 名〖中南米〗**1** 運送業者,**2**〖南米〗仲仕.
*f**lexibilidad** 女 **1** 柔軟性,曲げやすさ,しなやかさ. **2** 柔軟さ,順応性,従順さ.
flexibilizar [1.3] 他 をしなやかにする;…に弾力性をもたせる;軟化させる.
*f**lexible** 形 **1** 曲げやすい,柔軟な,しなやかな. **2**(状況・他人に対して)柔軟な,融通の利く,順応性のある. **3**(就労時間などが)フレックス制の. —— 男 **1**(電気の)コード,ケーブル. **2** ソフト(フェルト製の帽子).
flexiguridad 〖<英〗女〖労働〗(労働のフレキシキュリティ(労働市場柔軟性と雇用・所得の保障を組み合わせる雇用政策概念).
flexión 女 **1** 屈曲,湾曲,たわみ. **2**〖言語〗語尾変化,屈折.
flexional 形〖言語〗屈折の,語形変化の.
flexionar 他 (手足)を屈伸させる.
flexo 男 アームが曲がる電気スタンド.
flexor, xora 形〖解剖〗屈筋の. —— 男〖解剖〗屈筋.
flipado, da 形 **1**《話》びっくりした. **2**《俗》麻薬中毒の.
flipar 他 **1**《話》とても…の気に入る. **2**《話》(麻薬で)ラリっている. **3**〖+ con 〗熱狂している,興奮している. —— **se** 再 **1**〖+ por/con 〗《話》(麻薬)でラリっている,**2**《話》とても気に入っている.
flirt 〖<英〗→flirteo.
flirtear 自 **1** 恋をもてあそぶ,浮気をする.

2〔+con に〕ちょっと手を出す, 手を染める, 興味を示す.

flirteo 男 戯れの恋, 浮気, 火遊び.

flojear 自 **1** 弱まる, ゆるむ: 減少する, 落ち込む. **2** 怠ける.

flojedad 女 **1** ゆるみ, たるみ; 弱々しさ, 軟弱. **2** 無為, 怠惰, 無気力.

flojera 女 **1** 怠惰, 無気力. **2** 弱さ, 虚弱.

:**flojo, ja** 形 **1** たるんだ, 緩い, 緩んだ 〔estar＋〕. **2** 弱い, 微弱な: 劣った. — viento ～ 弱い風. Soy ～ de memoria. 私は記憶力が弱い. **3** 乏しい, 貧弱な, 不十分な. **4** 無気力な, だるい, 怠惰な. —— 名 怠け者, たるんだ人.

FLOPS 〈頭字〉〈＜Floating point number Operations Per Second〉〘情報〙フロップス(コンピューターの性能指標の1つ).

:**flor** [フロル] 女 **1**〘植物〙花, 草花. — dar — es (植物が)花を咲かせる〔つける〕. ～ artificial 造花. ～ seca 押し花: ドライフラワー. **2** 満開, 花盛り: (人生・若さなどの)盛り, 最盛期, 最高. **3** 精華, 粋(ホネ); 選りすぐりの人・物 (= ～ y nata). —— de la harina [harina de ～] 極上小麦粉. **4** (特に男性が女性にむくる)お世辞, ほめ言葉, 賛辞. **5** 処女性, 純潔. ▶a flor de…(内部にあるものが)…の表面すれすれに[の], …ぎりぎりに[の]. —a flor de tierra 地面すれすれに. a flor de piel 表面に, おもてに; 敏感な, 繊細な. dar en la flor de〔＋不定詞〕…する癖(☆)〔習慣〕がつく. de flor 〘南米〙極めてよい, すばらしい. echar flores (植物が)花を咲かせる; 〔＋a (特に女性)に〕お世辞・ほめ言葉を言う. en flor (花が)満開で, 開花して: (美・活力などが)絶頂期を迎えた, 最盛期に. flor de estufa [de invernadero] 温室育ちの人. flor de la canela とびきり良いもの[人], 白眉("ミ). flor de la maravilla 〘話〙 (病気になっても)すぐ治る人, 病気回復中の人: 〘植物〙ティグリディア, トラフユリ (アヤメ属). flor y nata 精髄, 精華, 粋(ホネ). ir de flor en flor 移り気である. 何にでも手を出す.

flora 女 **1** (一定地域・時代の)植物相, 植物群: 植物誌. **2**〘生物〙細菌叢 (= ～ bacteriana).

floración 女 開花期, 開花期間.

floral 形 花の(ような). —juegos —es 文芸コンクール.

floreado, da 形 **1** 花で装飾した; 花柄の. **2** (文体などが)華麗な.

florear 他 **1** 花を飾る, 飾る.《話》女性にお世辞を言う. —— 自 **1**〘音楽〙(ギターで)アルペッジオを弾く, かき鳴らす. **2**〘中南米〙花が咲く.

florecer [9.1] 自 **1** 花が咲く, 開花する, 花盛りである. **2** 好調である, 成長する, 栄える, 繁栄する. —— se 再 (パンなどに)かびが生える.

floreciente 形 **1** 繁茂する, 栄える, 盛盛(弥)な. **2** 花が開く.

florecimiento 男 **1** 開花, 花盛り. **2** 繁栄, 隆盛.

Florencia 固名 フィレンツェ(イタリアの都市).

florentino, na 形名 フィレンツェの(人).

floreo 男 **1** 無駄口, おしゃべり. **2**〘音楽〙ギターのアルペッジオ, かき鳴らし. **3**〘剣術〙で剣先を細かく動かすこと. **4**(スペイン舞踊で)片足をあげること.

florería 女 花屋.

:**florero, ra** 形 花売りの, 花屋の. —— 名 花入れ, 花瓶.

florescencia 女〘植物〙開花(期).

floresta 女 ここちよい森〔木立〕.

florete 男 〘スポ〙(フェンシングの)フルーレ.

floricultor, tora 名 園芸家, 花卉(ポ)栽培家.

floricultura 女 園芸, 花卉(ポ)栽培.

Florida 固名 (Península de ～) フロリダ半島(アメリカ合衆国の半島).

florido, da 形 **1** 花盛りの, 花の咲いた, 花で飾られた〔estar＋〕. **2** (表現・文体が)華やかな, 華麗な, 飾り立てた.

florilegio 男 アンソロジー, 選集, 名詩選, 詞華集.

florín 男 **1** ギルダー(オランダの旧通貨単位). **2**〘歴史〙フロリン金貨.

floripondio 男 **1**〘植物〙チョウセンアサガオ. **2**〘軽蔑〙けばけばしい造花, 趣味の悪い大きな花柄; (一般に)大柄で悪趣味な飾り・模様.

florista 男女 花屋, 花売り, 花売り娘.

floristería 女 花屋.

florón 男〘建築・貨幣学〙の花形装飾.

flósculo 男〘植物〙(キク科の頭状花などの)小花(ネッ).

:**flota** 女 **1** 船団; 〘軍事〙艦隊: 航空(戦)隊 (=～ aérea). — pesquera 漁船団. — de guerra 艦隊. **2** (一国・一会社の)全保有船舶[航空機・車両].

flotación 女 **1** 浮かぶこと, 浮動. **2**〘経済〙為替の変動.

flotador, dora 形 浮いている. —— 男 (水泳の)浮き袋: (釣り・水量調節などの)浮き; 浮輪, ブイ; フロート.

flotante 形 **1** (水面・空中に)浮かんでいる, 漂う, ひらひらする. —dique ～ 浮きドック. **2** 浮動する: 〘商業〙流動する, 変動する.

flotar 自 **1** (水面・空中に)浮かぶ, 浮く, 浮遊する. **2** はためく, 翻る, なびく. **3** (…の)気配がする, 漂う.

flote 男 浮遊, 浮動, 浮揚. ▶a flote 浮上して, (事業などが)立ち直って; 水上に浮かんで, 海上に. sacar [poner] a flote 救出する.

flotilla 女〘海事〙小艦隊, 小型船隊.

fluctuación 女 **1** 変化. **2**〘商業〙(相場などの)変動. **3** 気の迷い: 逡巡; 動揺.

fluctuante 形〘商業〙(相場などが)変動[上下]する.

fluctuar [1.6] 自 **1**〘商業〙(相場などが)変動する, 上下する. **2** (心が)動揺する, 揺れる, 迷う. **3** (水に)漂う, 浮動する, 揺

fluidez 囡 **1**(弁舌の)流暢さ, なめらかさ. **2** 流動性.

fluido, da 過分 [→fluir] 形 **1**(ことばが)よどみのない, 流暢な, なめらかな. **2**〖物理〗流体(気体および液体). **3**〖電気〗電流(=~ eléctrico).

:**fluir** [11.1] 自 〖＋por＝〗(液体などが)流れる, 流動する;〖＋de から〗流れ出る, 流出する. **2**〖＋de から〗(言葉・考えなどが)わき出る, よどみなく出る, 噴出する.

flujo 男 **1** 流れ, 流水, 流出(量). ~ de sangre 血の流れ. ~ de palabras 流暢な話し方. ~ de gente 人波. ~ de vientre 下痢. **2** 上げ潮. ~ y reflujo 上げ潮と引き潮. **3**〖物理〗流. ~ magnético 磁束. **4**(ガス・電気の)流れ, 供給.

fluminense 形男女 リオデジャネイロ(出身)の(人, 住民).

flúor 男〖化学〗フッ素(元素記号F, 原子番号9).

fluorescencia 囡 蛍光発光, 蛍光性.

fluorescente 形 蛍光(性)の. — 男 蛍光灯.

fluorhídrico, ca 形〖化学〗フッ化水素の.

fluorita, fluorina 囡〖鉱物〗蛍石.

fluoruro 男〖化学〗フッ化物.

fluvial 形 川の, 河川の.

flux 男 [複 ~es]〖中南米〗背広のスリーピース(上着, ベスト, ズボン).

fluxión 囡〖医学〗充血, 鬱血(うっ);鼻かぜ.

FM〖頭字〗〖＜Frecuencia Modulada〗 囡 FM(放送).

FMI〖頭字〗〖＜Fondo Monetario Internacional〗 男 国際通貨基金(英 IMF).

fobia 囡 **1** 嫌うこと, 嫌悪. **2**〖医学〗恐怖症, 病的恐怖.

fóbico, ca 形名 恐怖症の(人).

foca 囡〖動物〗アザラシ, オットセイ;アザラシ類の皮. **2**〖軽蔑〗デブ, 太っちょ.

focal 形 焦点の, 焦点にある.

focalización 囡 焦点調整;焦点化.

focalizar 他 … に焦点を合わせる.

focha 囡〖鳥類〗バン(鷭), オオバン(ツル目クイナ科).

foco 男 **1**〖物理〗焦点, 焦点距離;〖写真〗焦点, ピント;〖数学〗(楕円・双曲線・放物線の)焦点;〖言語〗焦点. **2**(影響・興味・地震などの)中心, 源;〖医学〗病巣, (伝染病などの)発生地;(光・熱の)源. ~ sísmico [del terremoto] 震源(地). ~ de podredumbre [corrupción] 腐敗の温床;〖劇場などの〗スポットライト;〖中南米〗電球, (車の)ヘッドライト.

fofo, fa 形 ぶよぶよした, 柔らかい, しまりのない.

fogaje 男〖中南米〗 **1** うだるような暑さ. **2** 赤面.

fogarada 囡 炎, 火炎.

fogata 囡 焚火(たきび), かがり火.

fogón 男 **1** コンロ, レンジ, (レンジの)火口. **2** 炉, 加床, かまど(ボイラーなどの)火室. **3**〖中南米〗たき火;(農場などの)食事を作る場所. **4**〖軍事〗火門.

fogonazo 男 ぱっと出る発火, 閃光;〖写真〗フラッシュ.

fogonero 男 (機関車・汽船の)火夫, 機関夫;ボイラーマン.

fogosidad 囡 熱情, 激烈, 猛烈さ.

fogoso, sa 形 熱烈な, 猛烈な, 激烈な.

foguear 他〖軍事〗(人・馬)を砲撃に慣れさせる. **2**(人)を仕事や役目に慣れさせる, 鍛える. — 再 (自分で)鍛える, (苦労・労役などに)慣れる.

fogueo 男 **1**〖軍事〗人・馬を砲撃に慣れさせること. **2**(苦労・労役などの)訓練.
▶ disparo [balas] de fogueo 空砲.

foja 囡〖メキシコ〗(特に公式文書の)各ページ[葉(よう)].

folclor, folclore 男 民間伝承, フォークロア;民俗学.

folclórico, ca 形 民間伝承の;民俗学的な. — 名 フラメンコ(風の歌)の歌手.

folclorista 男女 民俗学者.

fólder 男〖中南米〗フォルダー, 紙ばさみ.

folía 囡 [複]〖音楽〗 **1** フォリアス(カナリア諸島の民謡および民俗舞踊). **2** フォリアス(ポルトガルまたは昔のスペインの民俗舞踊).

foliáceo, a 形 **1**〖植物〗葉状の, 葉質の. **2** 薄層[薄片]状の.

foliación 囡 **1**〖植物〗葉を出すこと, 発葉;葉のつき方. **2**〖印刷〗(本の)丁付け, 丁数.

foliar 形〖植物〗葉の, 葉質の, 葉状の. — 他 (本に)丁数を付ける.

folículo 男 **1**〖解剖〗小嚢(のう), 濾胞(ほう). **2**〖植物〗袋果.

folio 男 **1**(本・紙の)一枚, 一葉. ~ recto 紙の表面. ~ verso [vuelto] 紙の裏面. **2**〖印刷〗(全紙の)二つ折り(4ページ分).

foliolo, foliólo 男〖植物〗小葉.

folk 男 フォーク音楽(の).

folklor, folklore 男 =folclor.

follaje 男 **1**(全体としての一本の草木の)葉. **2** 唐草模様の装飾, ごてごてした装飾. **3** 冗長, 饒舌, 饒舌.

follar [5.1] 他〖俗〗… と性交する. — 再〖俗〗すかしっ屁をする.

folletín 男 **1** 通俗小説, 大衆娯楽小説;(通俗娯楽)小説的な内容の映画・芝居. **2**(新聞の連載小説)〖記事〗:小説にでてくるような出来事, ドラマチックな出来事.

folletinesco, ca 形 **1** 通俗小説風の. **2**(話が)もつれる, ややこしい.

folletinista 男女 連載小説作者.

folleto 男 パンフレット, 小冊子, 案内書.

folletón 男 =folletín.

follón, llona 形 **1** 臆病な, 卑怯な. **2** 怠惰な, 無精な. — 名 **1** のらくら者, なまけ者. **2** 役に立たない人.

fomentar 他 **1** を促進する, 助長する. 振興する. **2** (鳥が卵)を温める; 《医学》…に温湿布をする.

fomento 男 **1** 振興, 奨励, 促進, 助成. **2** (反乱・憎悪などの)助長, 扇動. **3** 複 《医学》温湿布; 温湿布を施すこと.

fon 男 《物理》(音の強さの単位)フォン, ホン.

fonación 女 発声, 発音.

fonda 女 **1** 旅館, 宿屋. **2** 《中南米》食堂, 飯屋.

fondeadero 男 《海事》投錨(とうびょう)(地), 停泊地.

fondear 他 **1** 《海事》(船)を停泊させる. **2** を徹底的に調べる[吟味する]. —— 自 《海事》停泊する, 投錨(とうびょう)する.

fondeo 男 《海事》停泊, 投錨.

fondillos 男 複 《服飾》(ズボンの)尻, 尻当て.

fondista 男女 **1** 宿屋の主人. **2** 《スポ》長距離走者.

fondo [フォンド] 男 **1** (容器などの)底, 下部; (海・川・池・井戸などの)底; 深さ, 深度; (入り口と反対の)奥, 奥まった所, 突き当たり. —— del mar 海底. bajos ~s (大都市などの)底辺社会. Los servicios están al ~ a la derecha. トイレは突き当たり右にあります. **2** 奥行き; (絵・地図・舞台などの)背景, 背後, バック. ——música de ~ バック(グラウンド)ミュージック. tela con ~ blanco 白地の布. plano de ~ 背景, 遠景. **3** (人の)心根, 本性; (事・問題の)核心, 本質, 内容. ——persona con un excelente ~ 心根のすばらしい人. llegar al ~ del asunto 事の核心[本質]に迫る. **4** 《主に 複》(共通の目的で集めた)資金, 基金, 財源, 積立金. ——congelación de ~s 資金凍結. cheque sin ~ 空[不渡り]小切手. ~ de inversión [pensiones] 投資[年金]ファンド. ~ de reserva 予備金, 準備金, 引当金. F~ de la Infancia de las Naciones Unidas 国連児童基金, ユニセフ. **5** (知識・精力などの)蓄積, たくわえ. **6** 《主に 複》(図書館の)蔵書; 《美術・博物館などの》所蔵品(美術品, コレクション. **7** 《スポ》(長距離走などの)持久力, 耐久力. ——corredor de ~ [de medio ~] 長距離[中距離]走者. carrera de ~ 長距離走, 耐久レース. **8** 《中南米》(服飾)ペチコート. ▶a fondo 徹底的に[な], できる限り, できるだけ. a fondo perdido 資本[元金]の回収の見込みなしに, 捨てたつもりで. dar fondo 《海事》投錨する, 停泊する; (物が)尽きる, 無くなる, 枯渇する. en el fondo (見かけに似合わず)根は, 本当は, 実は. en fondo (横に)並んで. ——de diez en fondo 10列縦隊. fondos reservados [secretos] 《話》(政府機関などの)機密費. irse a fondo (海事)(船などが)沈む, 沈没する. mal de fondos [estar/andar +] 金に困って, 金詰まり. mar de fondo →

mar. tocar fondo 《話》(不幸などの)極限に達する; 《話》(相場・物価などが)底を打つ, 底値をつける.

fondón, dona 形 《話, 軽蔑》でぶでっちょい, 中年太りの.

fonema 男 《言語》音素.

fonemático, ca, fonémico, ca 形 《言語》音素の, 音素論の, 音素的な.

fonémica 女 《言語》音素論.

fonendoscopio, fonendo 男 《医学》聴診器.

fonético, ca 形 **1** 音声学の, 音声上の. **2** (ある言語の)音声の, 発音の. —— 女 **1** 音声学. **2** (ある言語の)音声, 発音.

fonetismo 男 **1** (ある言語の)音声特徴. **2** 表音的綴(つづ)り字原則.

fonetista 男女 音声学者.

foniatra 男女 音声治療士.

foniatría 女 《医学》音声治療学.

fónico, ca 形 音の, 音声の, 発音上の.

fonio 男 →fon.

fono 男 《中南米》(電話の)受話器.

fonocaptor 男 (レコードプレーヤーの)ピックアップ.

fonografía 女 録音技術.

fonográfico, ca 形 蓄音機の; 録音に関する.

fonógrafo 男 蓄音機.

fonograma 男 表音文字.

fonología 女 《言語》音韻論.

fonológico, ca 形 《言語》音韻論の.

fonometría 女 測音法; 音分析.

fonómetro 男 測音器.

fonoteca 女 録音資料の保管所, レコード[テープ, カセット]ライブラリー; 録音資料のコレクション.

fontana 女 《詩》泉.

fontanal 形 《詩》泉の.

fontanela 女 《解剖》(乳幼児の頭蓋骨の)ひよめき, 泉門.

fontanería 女 **1** 配管工事; 給水設備. **2** 配管업(給水設備店.

fontanero, ra 名 水道屋, 配管工, 水道修理人.

footing (<英) 男 ジョギング.

foque 《服飾》のりの利いた衿(えり), 硬いカラー.

forajido, da 形 無法者の. —— 名 無法者, 追放者, アウトロー. —— 形 無法者の, 不逞(ふてい)の.

foral 形 特権(による).

foráneo, a 形 外国の, よその.

forastero, ra 形 他国の, よその; 外国[外部]出身の. —— 名 外国人; 他国者, よそ者.

forcé 動 →forzar [5.5].

forcejear 自 [+para] しようと奮闘する; もがく, あがく. **2** [+con と] 争う, 格闘する; …に抵抗する.

forcejeo 男 もがくこと, あがくこと, 奮闘.

fórceps 男 [単複同形] 《医学》鉗子(かんし).

forense 形 《法律》法廷の[に関する]. —— 男女 《法律》法廷医, 検死官.

forestación 女 植林, 造林.

forestal 形 森林の, 山林の. —— 男女 森林監視員.

forestar 他 に植林する.

forfait [<仏] 男 [複~s] (スキー場などの) パック料金. —a — パック料金で[の], 全利用料金込みで[の].

forja 女 1 鍛冶場(ば), 鉄工所. 2 鍛え上げること, 陶冶(とうや).

forjado 男 《建築》 床面(床と下の階の天井の間のコンクリート面).

forjar 他 1 (鉄)を鍛える, 鍛造(たんぞう)する. 2 (計画などを)練り上げる, (財産などを)築き上げる, 作り上げる. 3 ででっち上げる, 捏造(ねつぞう)する. — se 再 1 を(勝手に)思い描く. 2 (自ら)作り上げる, 築き上げる.

forma [フォルマ] 女 1 形, 形式; 外形. —~ redonda 円形. ~ triangular 三角形. 2方法, 仕方, 様式. —~ (s) de vida 生活様式. — de pensar 考え方, 意見. 3 (思想・概念の)表現形式, 形式, 型. —preocuparse por la ~ 形式にこだわる. — de sonata 《音楽》 ソナタ形式. 4 (肉体的あるいは精神的な)調子, コンディション, 体調. —coger la ~ 体調を整える. estar en (buena) ~ 好調である. estar en baja ~ 不調である. 5 姿 (特に女性の腰・胸の)形態, 姿態, 容姿. —~s atractivas 魅力的な体型. 6 [主に 話] 礼儀, 礼儀作法, マナー; 慣習. —respetar las ~s 礼儀を守る. cuidar [descuidar] las ~s 礼儀作法に気を配る[を怠る]. 7 (カト) 聖体, ホスチア(聖体のパン)(=sagrada ~). 8 《印刷》 (本の組み版; 版型. ▶ **dar forma a...** …に形を与える; (考え・計画など)を具体化する, はっきりさせる. **de [en] cualquier forma** いずれにしても, とにかく, 何はともあれ. **de forma que** [＋接続法] 『目的』…するように. **de forma que** [＋直説法] 『結果』だから…, 従って, それゆえ. **de todas formas** いずれにしても, とにかく, 何はともあれ. **en forma** [話] (スポーツ選手が)トレーニングによって肉体的・精神的に好調な, 体調が良い, 元気な; 正式の[に]. しかるべく, きちんと. **en toda forma** 正式の[に], ぬかりなく. **no haber forma de** [＋不定詞＋que ＋接続法] …しようがない.

formación 女 1 形成, 構成, 編成. — del gabinete 組閣. 2 教育; 養成, 訓練. —centro [escuela] de ~ profesional 職業訓練センター[学校]. 3 知識, 教養, 素養. 4 《軍事》 隊形, 陣形; (スポ) フォーメーション. 5 体つき, スタイル. 6 《地質》 累層(そう) (=~ geológica).

formador, dora 名 人材育成者.

formal 形 1 形式(上)の, 形式的な. 2 まじめな, 律儀な, 礼儀正しい. 3 正式(公式)の, 形式にかなった, 改まった.

formaldehído 男 《化学》 ホルムアルデヒド.

formalidad 女 1 正規の手続き. 2 まじめなこと, 行儀のよいこと. 3 儀礼的なこと, 儀式.

formalismo 男 1 (厳密な)形式主義.

2 《文学》 (ロシア)フォルマリズム.

formalista 形 1 形式主義の. 2 (ロシア)フォルマリズムの. — 男女 1 形式主義者. 2 (ロシア)フォルマリスト.

formalización 女 正式化, 公式化.

formalizar [1.3] 他 1 を正式にする, の形式を整える; を具体化する. 2 を法律上正当なものと認める. — se 再 まじめになる.

formar [フォルマル] 他 1 を形作る, 形成する, 作る. 2 を設立する, 構成する, 結成する. 3 を養成[育成]する, 教育する, 訓練する. 4 (軍隊などを)整列させる, (隊列・隊形)を組ませる. — 自 1 (軍隊などが)整列する. 2 [＋en/entre の構成員[要素]となる. (…に) 出ている, 名を連ねている. 3 《南米》 費用を払う. — se 再 1 教育を受ける, 育成される, 育つ. 2 形成される, できうる. 3 整列する, 隊列[隊形・陣形]を組む. ▶ **formar parte de...** …の一部を構成する.

formatear 他 《情報》をフォーマットする, 初期化する.

formateo 男 《情報》 (ディスクの)初期化.

formativo, va 形 1 形成の, 形成する. 2 教育的な.

formato 男 1 体裁, 判, サイズ. 2 《情報》 書式, フォーマット. —~ de documento portable PDF.

formero 男 《建築》 (アーチの)交差リブ, 壁付けアーチ.

formica, fórmica 女 《商標》 フォーマイカ(家具などの合成樹脂塗料).

fórmico 形 《化学》 蟻(あり)酸の. —ácido ~ (化学)蟻酸.

formidable [フォルミダブレ] 形 1 恐ろしく大きい, 巨大な, とてつもない. 2 [話] すごくいい, ものすごい, すばらしい. —un concierto ~ すごくすてきなコンサート. 3 恐るべき, 恐ろしい; 手に負えそうもない.

formol 男 《化学》 ホルマリン, ホルモール.

formón 男 1 (はぞ穴などをあける)のみ. 2 《技術》 穴あけ具, パンチ.

Formosa 固名 台湾 (Taiwán の旧称).

fórmula 女 1 決まり文句; 決まったやり方, 作法. —~ de cortesía 儀礼上の決まり文句[作法]. pronunciar la ~ ritual 決まり文句を言う. 2 (契約などの)書式, ひな型. 3 (解決の)方法, 方策. 4 《医学》 (薬剤の)処方[箋]; 《料理》 調理法. 5 《数学, 化学, 物理》 公式, 式. 6 《自動車》 フォーミュラ. —F1 (~ uno) エフワン.

formulación 女 1 公式化, 定式化. 2 表現.

formular[1] 他 1 (言葉・文書で)を表明 [表現]する, 述べる. (文書を)作成する. 2 を定式[公式]化して表す. 3 (薬)を処方する.

formular[2] 形 書式(上)の, 形式(上)の, 公式の.

formulario, ria 形 儀礼的な, 形式的

formulismo 男 1書式.（書き込み）用紙, 申請書類. 2公式[規則]集; 処方集. —~ de química 化学式集.

formulista 形 （主に役人, 官僚の）形式主義の. 公式主義.

fornicación 女 姦淫（いん）, 姦通, 不倫.

fornicador, dora 形 姦淫（いん）の, 不倫の. —名 姦淫者.

fornicar [1.1] 自他 私通する. 姦淫（いん）する.

fornicario, ria 形 →fornicador.

fornido, da 形 強壮な, たくましい, 丈夫な.

fornitura 女 《主に複》弾薬帯.

foro 男 1公開討論会, フォーラム. 2（歴史）（古代ローマの）公会の広場. 3（法律）裁判所, 法廷; 弁護士業. 4（演劇）舞台正面奥. 5（インターネットサイトの）掲示板, フォーラム. ► marcharse [irse, desaparecer, hacer mutis] por el foro 人に知られないように姿を消す.

forofo, fa 形名 《話》熱狂的なサポーター［ファン］の.

forraje 男 1（牛馬の）まぐさ, 飼葉. 2《話》ごたまぜ, くだらない物.

forrajear （まぐさを）刈る. （飼葉を）集める.

forrajero, ra 形 飼葉用の.

*****forrar** 他 1《+con/de で》…に裏地を付ける, 裏打ちする. 2（本などに）カバーをかける, 覆いを付ける, 上張りする. 3《話》を殴る, 殴りつける. 4《話》大儲けをする, 大金持になる. 5《話》満腹する, たらふく食べる.

forro 男 1（服飾）裏地, 裏; （コートの）ライナー. 2（本・ノートなどの）カバー, 覆い. 3（海事）（船体・船底などの）内張り, 外張り; （技術）ライニング, 裏張り. 4（南米《卑》）コンドーム. 5（中米）カンニングペーパー. ► ni por el forro 《主に saber, conocer とともに》少しも［全然］…ない.

fortachón, chona 形 《話》たくましい, 頑丈な.

*****fortalecer** [9.1] 他 強くする, 強化する, 力づける. — se 再 強くなる, 強まる, 丈夫になる.

fortalecimiento 男 1要塞化, 防御工事, 堡塁. 2力強くなること, 強化.

*****fortaleza** 女 1（体の）強さ, 丈夫さ; （物の）頑丈さ. 2不屈の精神, 気力. 3（軍事）要塞, 砦（とりで）; （自然の）要害.

forte 形 （音楽）フォルテ, 強音部. — 副 フォルテで.

fortificación 女 1（軍事）砦, 要塞; 要塞化, 防御工事. 2強化, 鍛錬; 補強.

fortificar [1.1] 他 1を強くする, 強化する; …の補強をする. 2（軍事）の防備を固める. — se 再 1強くなる, 強固になる. 2（軍事）防備を固める.

fortín 男 小さな要塞; トーチカ.

fortísimo, ma 『fuerte の絶対最上級』とても強い.

fortuito, ta 形 思いがけない, 偶発の.

fortuna [フォルトゥナ] 女 1 運命; 宿命. —caprichos de la ~ 運命のいたずら. 2幸運. 3（個人の）財産, 資産, 富（=bienes de ~）; [una +] 大金. 4 （しばしば F~） （神話）運命の女神. 5（出版物・製品などの）成功, 好評. ► hacer fortuna 一財産を築く; 流行する, 当たる. por fortuna 幸運にも, 幸いにも; 偶然に, もしかして.

fórum, forum 男 フォーラム, 公開討論会.

forúnculo 男 （医学）癰（よう）, フルンケル.

forzadamente 副 強制的に, 力ずくで, 無理やり.

forzado, da 過分 ［→forzar］形 1強いられた, 強制された. 2不自然な, 無理な. —男 (歴史) （ガレー船の）漕役刑囚.

forzamiento 男 1強制. 2こじ開けること, 押し入ること. 3婦女暴行, 強姦.

*****forzar** [5.5] 他 1 《a + 不定詞, + que + 接続法 (にするように)》…に強いる, 強制する. 2無理に…を強行する; 全力を出させる. 3（戸）をこじ開ける, 押し入る. 4（状況）を無理に変える, ねじ曲げる. 5（女性）を暴行する, 強姦する.

forzoso, sa 形 やむを得ない, 必然の, 義務的な. —heredero ~ 法定推定相続人.

forzudo, da 形 力強い, 強力な, 怪力の. —名 力持ち.

fosa 女 1墓, 墓穴. 2（解剖）（骨などの）穴, 窩（か）. 3（地理）（土地の）沈下, くぼみ.

fosco, ca 形 1無愛想な, 仏頂面の. 2（天気が）どんよりした, 曇った. 3（髪や毛が）ほさほさしている.

fosfatado, da 形 リン酸塩の, リン酸カルシウムの. —男 （化学）リン酸肥料散布.

fosfato 男 （化学）燐（りん）酸塩.

fosfeno 男 （医学）眼内（がん）, 眼内閃光.

fosforecer, fosforescer [9.1] 自 燐（りん）光を発する.

fosforera 女 マッチ箱.

fosforero, ra 形 燐（りん）の; マッチ製造の.

fosforescencia 女 燐（りん）光を発すること, 青光り.

fosforescente 形 燐（りん）光を発する, 蛍光の.

fosfórico, ca 形 （化学）燐（りん）の, 燐を含む.

fosforita 女 燐灰土（肥料用）.

fósforo 男 1マッチ. 2（化学）燐（りん）. 3頭の鋭さ, 機知. 4頭脳の鋭さ, 知力.

fosforoso, sa 形 （化学）3価の燐（りん）の, 3価の燐を含んだ.

fosgeno 男 （化学）ホスゲン（有毒ガス）.

*****fósil** 形 1化石（のような）, 化石化した. 2《話》古い, 時代遅れの. —男 1化石. 2《話》時代遅れの人［物］.

fosilización 女 1化石化. 2《話》硬直化.

fosilizar 自 化石化する. — se 再 1化石化する. 2《話》硬直する.

foso 男 **1**（城・要塞の）濠(ほり)；《軍事》塹壊(ざんかい). **2** 穴, くぼみ. **3** オーケストラボックス. **4**（自動車競走場の）ピット, 整備所. **5**（スキー）（陸上競技場の）ピット, 砂場, 着地マット.

foto 〔<fotografía〕女 写真. —hacer [sacar] una ～ 写真を撮る.

fotocomposición 女 写真植字.

fotoconductividad 女《物理》光伝導率[光導電]性.

fotoconductor, tora 形《物理》光伝導率[光導電]性の.

fotocopia 女（フォト）コピー, 写真複写. —hacer una ～ コピーをとる.

fotocopiadora 女 コピー機.

fotocopiar 他 …の（フォト）コピーを取る.

fotocromático, ca 形（ガラスなどが）光互変性の.

fotocromo 男 **1**《化学》光互変性物質. **2**（黒白写真を加工した）カラー写真.

fotodegradable 形 光分解性の.

fotodiodo 男《電子》フォトダイオード.

fotoelectricidad 女《物理》光電気（現象）.

fotoeléctrico, ca 形《物理》光電気（現象）の.

fotoenvejecimiento 男《医学》光老化.

fotofobia 女《医学》光（輝光）恐怖症；羞明(しゅう)症, まぶしがり症.

fotogénico, ca 形 写真うつりのよい.

fotógeno, na 形 発光性の.

fotograbado 男 写真製版, グラビア印刷, グラビア写真.

fotograbar 他 を写真製版する.

fotografía 女《省略形は foto 図》 **1** 写真. **2**《写真》写真撮影, 写真術, 写真スタジオ. **3**（写真のような）正確な描写.

fotografiar [1.5] 他 **1** …の写真をとる, を撮影する. **2**（写真のように）を正確に描く［描写する］. — se 再 自分の写真をとる.

fotográfico, ca 形 写真の.

fotógrafo, fa 名 写真家, カメラマン, 写真技師.

fotograma 男 映画フィルムの1コマ.

fotogrametría 女 写真測量［製図］法.

fotólisis, fotólisis 女《単複同形》《化学》光分解.

fotolito 男 **1**《印刷》写真平版. **2** 写真composite.

fotolitografía 女 **1** 写真石版の技術. **2** 写真石版画.

fotomatón 男 スピード写真；そのブース.

fotomecánico, ca 形 写真製版印刷の. — 女 写真製版印刷.

fotometría 女《物理》光度測定（法）.

fotómetro 男《写真》露出計.

fotomicrografía 女 顕微鏡写真（法）.

fotomontaje 男 モンタージュ写真（作製法）.

fotón 男《物理》光子（光のエネルギー単位）.

fotonoticia 女《情報》フォトニュース.

fotonovela 女 写真に文章やせりふが入った小説.

fotoperiodismo[1] 男 フォト［写真］ジャーナリズム.

fotoperiodismo[2] 男《生物》光周期現象.

fotoperiodista 男女 フォト［写真］ジャーナリスト.

fotoquímico, ca 形 光化学(の).

fotosensible 形 感光性の.

fotosfera 女《天文》（太陽・恒星の）光球.

fotosíntesis 女『単複同形』《生化》光合成.

fototeca 女 写真のコレクション, フォトライブラリー.

fototerapia 女《医学》光線治療.

fototipia 女《印刷》写真凸版版法, コロタイプ.

fototoxicidad 女《医学》光毒性.

fototropismo 男《植物》屈光性.

fotovoltaico, ca 形《物理》光起電性の.

foul 〔<英〕男 ファウル, 反則.

fox terrier, foxterrier 〔<英〕男 フォックステリア（犬）.

fox trot, foxtrot 〔<英〕男《舞踊》フォックストロット.

frac 〔<仏〕男〔複〕～s, fraques〕燕尾服.

fracasar 自〔+en に〕失敗する, 不成功に終わる, 挫折する.

fracaso 男 **1** 失敗, 挫折. —acabar en ～ 失敗に終わる. **2** 落後者, 失敗者.

fracción 女 **1** 分けること, 割ること. **2** 部分, 断片；分派. **3**《数学》分数. — decimal 小数.

fraccionamiento 男 **1** 分けること, 分割. **2**《化学》分留, 分別. **3**《メキシコ》宅地造成.

fraccionar 他 **1** を分ける, 割る；分割させる. **2**《化学》（混合物）を分留[分別]する, 熱分解する. — se 再 分裂する.

fraccionario, ria 形 **1**《数学》分数の；端数の. —moneda fraccionaria 小銭.

fractura 女 **1** 破壊, 破砕. **2**《医学》骨折. —～ abierta [compuesta] 開放［複雑］骨折. **3** 割れ目；《鉱物》断口.

fracturar 他（無理に）をこわす, 砕く. — se 再 折れる；骨折する.

fraga 女（岩や木で覆われた）荒れ地；木のくず, 木切れ.

fragancia 女 芳香, (花・果物などの）よい香り.

fragante 形 香りのよい.

fraganti →in fraganti.

fragata 女 **1**《海事》フリゲート艦（護衛やパトロール用いられる小型の軍艦）；昔の帆船の一種. **2**《鳥類》グンカンドリ.

frágil 形 **1** 壊れやすい, もろい, 華奢(きゃしゃ)な. —F～.《注意書きで》こわれ物注意. **2**

fragilidad 図 (身体・意志などの)虚弱さ,薄弱さ,弱い.

***fragilidad** 図 **1**(物の)脆(ぜ)さ,壊れやすさ. **2**(体の)弱さ,虚弱. **3**(人間・意志などの)弱さ,誘惑に負けやすい性質;(記憶などの)はかなさ.

fragmentación 図 ばらばらにする[なる]こと,分開,分裂.

fragmentar 他 をばらばらに砕く,断片にする;いくつかに分ける. — se 再 ばらばらになる.

fragmentario, ria 形 断片的な,不完全な.

fragmento 男 **1**断片,破片,かけら. **2**(文芸作品・講演・歌などの)一部分,抜粋,一節. **3**(未完作品・散逸した作品の)残された断片,断章,遺物. **4**(情報)フラグメント.

fragor 男 (戦・嵐などの)とどろき,轟音(ごう).

fragoroso, sa 形 轟音(ごう)を発する,やかましい,耳をつんざくような.

fragosidad 図 (道などの)険しいこと;荒れ地.

fragoso, sa 形 **1**(道などの)険しい,でこぼこの多い;荒れ地の. **2**大音響の.

fragua 図 (鍛冶屋の)炉,かまど;鍛冶工場.

fraguado 男 (石膏・セメントなどの)硬化.

fraguar [1.4] 他 **1**をでっち上げる,考え出す;たくらむ. **2**(鉄・剣などを)鍛える,鍛えて造る. — 自 **1**(石膏・セメントなどが)固まる. **2**(計画・アイデアなどが)うまく行く,成功する.

:**fraile** 男 《カト》修道士;托鉢(たくはつ)修道士.

frailecillo 男 《鳥類》ニシツノメドリ.

fraillero, ra 形 **1**修道士の. **2**(窓が)よろい戸の付いた.

frailuno, na 形 《軽蔑》修道士じみた,坊主くさい.

frambuesa 図 《植物》ラズベリー,木苺の実.

frambueso 男 《植物》ラズベリーの木,木苺の木.

francachela 図 《話》宴会;どんちゃん騒ぎ.

***francamente** 副 **1**率直に,あからさまに. **2**率直に言えば. **3**明らかに,はっきりと,本当に.

:**francés, cesa** [フランセス,セサ] 形 **1**フランスの,フランス人[語]の,フランス風の. —tortilla (a la) francesa プレーン・オムレツ. —名 **1**フランス人. **2**男 フランス語. ▶ *despedirse* [*marcharse*] *a la francesa* 無断で挨拶なしに帰る.

francesada 図 **1**《軽蔑》フランス人的な行為. **2**《歴史》(1808年の)フランス軍のスペイン侵入.

franchute, ta 名 《話,軽蔑》フランス人.

Francia 固名 フランス(首都 Paris).

Francisca 固名 《女性名》フランシスカ.

franciscano, na 形 **1**フランシスコ修道会の. **2**アッシジの聖フランシスコの持つ美徳を共有するような,謙虚な. — 名 フランシスコ会の修道士[修道女].

Francisco 固名 《男性名》フランシスコ.

francmasón, sona 名 フリーメーソンの会員.

francmasonería 図 フリーメーソン団.

Franco 固名 **1**フランコ(Francisco 〜)(1892-1975,スペインの軍人・政治家). **2**《男性名》フランコ.

***franco, ca** 形

I [+con/para に対して] 率直な,包み隠しのない,あからさまな. **2** [+de を] (税金などが)免除された,免れた,無税の. — *de impuestos* 免税の[無税の]. **3**自由な,妨げのない [*estar* +]. —*gemio* — (サッカーの)フリーキック. **4**《主に名詞の前で》明らかな,明白な.

II [《他の語と複合して》フランス (の). **2**《歷史》フランク人[語]の. — 名 **1**《歷史》フランク人. **2**フランス人. **3**男 フランク[旧フランス,ベルギーや現スイスなどの通貨単位]. — suizo スイス・フラン. **2**フラン.

francocanadiense 形男女 フランス系カナダ人(の).

francófilo, la 形名 フランスびいきの(人),親仏派の(人).

francófobo, ba 形名 フランス嫌いの(人).

francófono, na 形 フランス語を話す. — 名 フランス語話者.

francolín 男 《鳥類》ムナグロシャコ.

francotirador, dora 名 **1**狙擊兵. **2**単独行動をとる人.

franela 図 フランネル,ネル,フラノ.

frangollero, ra 形 《中南米》仕事が雑な,ぞんざいな.

frangollo 男 **1**ひいた穀類と豆類の粉. **2**やっつけ[雑な]仕事.

franja 図 **1**(服などの縁飾り,房,フリンジ. **2**細長い帯;紐;縞. — *F*— *de Gaza* ガザ地区. — *horaria* 時間帯.

***franquear** 他 **1**(道)を切り開く,(障害)を取り除く;を開放する,(通行などを)自由にする. **2**を通り抜ける,渡りおおせる,乗り越える. **3**...に切手を貼る,...の郵税を支払う. — se 再 [+ con に] 本心を打明ける,本音を言う,心を開く.

***franqueo** 男 郵便料金,郵税(の支払い);切手[印紙]の貼付(ちょうふ).

franqueza 図 **1**率直さ,さっくばらん(なこと),腹蔵のなさ. **2**親密さ,懇意,友情. **3**気前のよさ,寛大,鷹揚(おうよう)さ.

franquía 図 《海事》挨船会地,船が進むのに十分な広さ. ▶ *en franquía* 《話》(困難や障害を克服した結果として)自由な,意のままに動ける.

franquicia 図 **1**(関税など法的義務の)免除,免税の特典. **2**《商業》フランチャイズ.

franquiciado, da 過分 [→ franquiciar] 形 (企業・店が)フランチャイズの.

franquiciador, dora 形 （商標の使用権と自社製品の販売権を認める）フランチャイズの．

franquiciar 他 に特許使用を認める．

franquismo 男 フランコ体制［主義］．

franquista 形 フランコ派の，フランコひいきの． ── 男女 フランコ派の人，フランコ支持者．

fraque 男 →frac.

frasca 女 ワイン用のガラスの角瓶．

frasco 男 **1**（口の細い）小びん．**2**（実験用の）フラスコ．**3**（軍事）（角製の）火薬入れ．

frase 女 **1**〘言語〙文，〘言語〙句；（話し手や言語特有の）言い回し，言葉遣い，文体．**2**空疎な文句，美辞麗句．**4**〘音楽〙フレーズ，楽句（= musical）．► **frase hecha** [**proverbial**] 成句，決まり文句．

fraseaer 自他 **1**（句）を作る，言葉［句］で表す．**2**〘音楽〙旋律を楽句［フレーズ］に区切る．

fraseo 男 〘音楽〙楽句の区切り方，フレージング．

fraseología 女 **1**言い回し，言葉遣い，語法．**2**口数の多いこと，無駄口，冗漫．**3**〘言語〙成句研究．

Frasquita 固名 〔女性名〕フラスキータ（Francisca の愛称）．

*****fraternal** 形 兄弟の，兄弟らしい，友愛のある．

fraternidad 女 **1**兄弟関係，兄弟愛．**2**友愛，同胞愛．

fraternizar [1.3] 自 兄弟のように付き合う，親しくする；友愛の契りを結ぶ．

fraterno, na 形 兄弟の，兄弟特有の．

fratricida 形 兄弟殺しの． ── 男女 兄弟殺害者．

fratricidio 男 兄弟殺害，兄弟殺害の罪．

fraude 男 **1**詐欺，ごまかし，不正（行為）．**2**〘法律〙詐欺（行為），詐欺罪．

fraudulento, ta 形 詐欺の，ごまかしの，不正の．

fray 〔fraile（修道士）の語尾脱落形〕男 …師（修道師の個人名の前に置く敬称．〔略号〕Fr.）．

frazada 女（厚く毛足の長い）毛布．

freático, ca 形 〘地質〙地下水の，浸潤層の．

frecuencia 女 **1**頻繁，頻発，頻度．**2**頻度（数），回数；〘数学，統計〙度数；〘言語〙（語彙の使用）頻度（数）．**3**〘物理，放送〙周波数． ── **modulada** FM 放送．

frecuentación 女 しばしば行うこと；足繁く通うこと，頻繁に出入りすること．

frecuentar 他 **1**をしばしば訪れる，…によく行く，通う．**2**…と頻繁に付き合う（…に）よく会う．**3**をしきりに繰り返す．

frecuentativo, va 形〘言語〙反復の． ── 男〘言語〙反復動詞．

frecuente 形 しばしば起きる，よくある．► **ser frecuente** 〔＋不定詞/接続法〕…はよくある［ありふれている］．

frecuentemente 副 頻繁に，しばしば．ば，たびたび．

fregadero 男（台所の）流し（台），洗い場，シンク．

fregado, da 過分 [→fregar] 形〘中南米〙**1**厄介，煩わしい；うるさい．**2**悪質な，汚ない，ずるい．**3**要求の多い，厳しい． ── 男 **1**磨くこと，こすり洗い，磨き．**2**〘話〙面倒，厄介なこと．**3**騒ぎ，口論．

fregamiento 男 こすること，摩擦．

fregar [4.4] 他 **1**（食器などを）洗う，（…の）よごれを洗い落とす．**2**こすって磨く，磨く． ── **el suelo** 床（ゆか）を磨く．**3**〘中南米〙を困らせる，悩ます，…に迷惑をかける．

fregón, gona 形〘中南米〙厄介な，煩わしい． ── 男 **1**（モップなどの）床磨きの道具．**2**（軽蔑）掃除女．**3**〔スペイン〕〘話〙がさつな［不作法な］女．

fregotear 他 をざっと磨く，急いで雑に磨く．

fregoteo 男 ざっと磨くこと，急いで雑に磨くこと．

freidera, freidora 女 揚げ物用の，深みのある）フライパン，フライ鍋．

freidura 女 油で揚げること；揚げ物．

freiduría 女（主に魚の）揚げ物屋．

freír [6.6] 他 **1**を油で揚げる［いためる・焼く］，フライにする．**2**〘話〙を射殺する，昼射して殺す．**3**〘話〙を困らせる，悩ます． ── **se** 再 **1**〘話〙（暑さに）うだる．**2**油で揚げられる，フライになる．

fréjol 男 インゲン豆．

frenado 男 ブレーキをかけること，制動，制御．

frenar 他 **1**…にブレーキをかける．**2**を抑える，抑制する． ── 自 ブレーキをかける；ブレーキがかかる． ── **se** 再 抑制がきく，自重する．

frenazo 男 急ブレーキをかけること；急激な失速．

frenesí 男 **1**熱狂，熱中，興奮．**2**錯乱，精神錯乱，逆上．

frenético, ca 形 **1**逆上した，半狂乱の，熱狂した．**2**激怒した，怒り狂った．

frenillo 男（解剖）（器官その動きを制御する）小帯，靱帯；（特に）舌小帯．**2**〘医学〙舌小帯肥大．**3**（犬・馬などにつける）くつわ，口輪．

freno 男 **1**ブレーキ． ── **de disco** ディスクブレーキ． ── **de mano** ハンドブレーキ． ── **de tambor** ドラムブレーキ．**2**くつわ，はみ（馬の口にはめ動きを制御するための馬具）．**3**抑制，制御，歯止め．► **morder** [**tascar**] **el freno** 抑制に（嫌々ながら）従う．

frenología 女 骨相学．

frenopatía 女 精神医学，精神病学．

frenopático, ca 形 精神医学の，精神病学の． ── 男 精神科病院．

frente¹ 〔フレンテ〕〘ラテン〙**1**（建物・家具・場所などの）正面，前面；（貸貨などの）表． ── **el** ── **de la catedral** カテドラルの正面．**2**〘軍事〙前線，戦線，戦場．**3**〘政治，社会〙（統一・共同）戦線，活動，協力．**4**〘気象〙前線．

—~ cálido [frío] 温暖[寒冷]前線. **5** (ページ・紙面の)トップ, 上部, 冒頭. ▶**al frente** 前に; [+ de の] 正面に, 先頭に, を指揮して. **de en frente** 向かい側の. —la casa *de en frente* 向かいの家. **de frente** 正面から; 横に並んで, 並列で. 真正面から, 堂々と. **en frente** 向かい合って, 正面に; [+ de の] 向かいに, 正面に. **frente a...** …の正面に, 前に[で], …に面して; …に直面して; …に反対[敵対]して; (人・物事)に対して. **frente a frente** 向かい合って; 面と向かって. **frente por frente** 向かい合って, 真正面に; [+ de の] 真向かいに, 真正面に. **hacer frente a...** (問題・危険・逆境などに)立ち向かう, 真っ向から取り組む; (人)に立ち向かう, 反対する. **ponerse [ir, estar] al frente de...** (企業・オーケストラ・集団などの)指揮を取る, 先頭に立つ.

frente² [フレンテ] 男 **1** [解剖] (人・動物の)額(%), 前額部. **2** 表情, 顔つき. ▶**arrugar (fruncir) la frente** 眉を寄せる; 眉をひそめる, いやな顔をする. **con la frente levantada** [*muy*] **alta** (恥ずかしながらに)胸を張って, 堂々と, 誇らしげに. **llevar [traer, tener] ... escrito en la frente** 顔に…と書いてある(ごまかせない).

freo 男 [海事] 海峡.
freón 男 [化学, 商標] フレオン, フロンガス.
fresa¹ 女 [植物] イチゴ. —形 イチゴ色の.
fresa² 女 **1** [機械] フライス(金属を削るのに使う電動工具). **2** [医学] 歯科医用のドリル.
fresado 男 [機械] フライス加工.
fresador, dora 名 フライス加工作業員. 旋盤工. —女 [機械] フライス盤.
fresal 男 イチゴ畑.
fresar 他 [機械] (金属)に穴を開ける; フライスで加工する.
fresca 女 **1** 涼気; 朝夕の涼しい時間. **2** [話] 臆面もない事実. **3** [話] 厚かましい女, 恥知らずな女; 尻軽な女.
frescales 男 [単複同形] [話] ずうずうしい人, 厚顔無恥な人; 無077 な人.

fresco, ca [フレスコ, カ] 形 **1** 涼しい, すがすがしい; 冷たい, 冷えた; (服・生地を)涼しい, 涼しそうな. —agua *fresca* 冷水, 水. **2** 新鮮な, できたての; 起きたばかりの, 最新の. —pescado ~ 生きのいい魚. noticias *frescas* 最新のニュース. **3** 元気のいい, 溌剌(!.)とした, 若々しい [estar +]. **4** 冷静な, 落ち着いた, 平然とした [estar +]. **5** 図々しい, 厚かましい, 生意気な. ▶**estar [quedar] fresco si** [+ de の] [話] …にはとんだ大間違いだ, 期待はずれだ. —ー**1** 涼しさ, 涼気, 冷気. —Hoy hace ~. 今日は涼しい. **2** 涼しい場所, 涼しい所. **3** フレスコ(壁)画; フレスコ画法. —名 図々しい人, 恥知らず. ▶**al fresco** 涼しい場所で, 屋外で. —Durmió *al fresco*. 彼は屋外で眠った. **traer al fresco a** [+ 人] [話] 平気である, 大したことはない.

frescor 男 **1** 涼しさ, さわやかさ. **2** [美術] 新鮮な肉の色, ピンク色.
frescura 女 **1** 涼しさ, 冷たさ. **2** 新鮮さ, みずみずしさ. **3** 厚かましさ, 図々しさ; 生意気. **4** 平然としている様子, 冷静, 冷淡.
fresneda 女 トネリコ林.
fresno 男 [植物] トネリコ; トネリコ材.
fresón 男 (大粒の)イチゴ.
fresquera 女 蠅帳; 冷蔵室.
fresquería 女 [中南米] 清涼飲料の売店, スタンド.
fresquista 男女 フレスコ画家.
freudiano, na 形 フロイト学派の(人).
freza 女 **1** (魚の)産卵; 産卵期; 魚の卵; 稚魚. **2** (魚が産卵のため水底に作る)穴; (動物が地面を引掻くなどして残す)穴, 巣. **3** (動物の)糞.
frezar [1.3] 自 (魚が)産卵する.
friabilidad 女 砕けやすさ, もろさ.
friable 形 砕けやすい, もろい.
frialdad 女 **1** (性格・態度の)冷たさ, 冷淡; (物の)冷たさ, 寒さ. **2** (異性に対する)性的無関心, 性欲欠乏; [医学] 不感症, 冷感症.
fricandó 男 [料理] フリカンドー(ベーコンを刺して煮た牛肉の料理).
fricasé 男 [料理] フリカッセ(鶏肉, 仔牛肉などをホワイトソースで煮込んだ料理).
fricativo, va 形 摩擦音の. —女 [音声] 摩擦音.
fricción 女 **1** 摩擦. **2** マッサージ, あんま(術). **3** 不和, 衝突, あつれき.
friccionar 他 **1** をこする, 摩擦する. **2** [医学] マッサージする.
friega 女 **1** [主に 複] 摩擦, こすること. [医学] マッサージ. **2** [中南米] 迷惑, 厄介; 不快. **3** [中南米] 殴打, ぶちのめすこと. **4** [中南米] 叱責, 注意.
friegaplatos 男 → lavaplatos.
frigidez 女 **1** 冷たさ, 冷やかさ, 冷淡. **2** [医学] (女性の)不感症.
frigidísimo, ma 形 [*frío* の絶対最上級] 非常に冷たい[寒い].
frígido, da 形 **1** 冷たい, ひややかな, 冷淡な. **2** (女性が)不感症の. —ー 不感症の女性.
frigio, gia 形 [歴史] フリギアの. —名 フリギア人.
frigoría 女 [物理] フリゴリー(熱量の単位).
frigorífico, ca 形 冷却の, 冷蔵の. —男 冷蔵庫; 冷凍室.
frigorista 男女 冷凍技術者.
frijol, fríjol 男 [中南米] **1** [植物] インゲン豆. **2** [複] 食物, 食事.
friki [<英] 男女 **1** (服装・髪型などが風変わりな)人, 異端な(人), 珍しい(人). **2** 麻薬を常用する(人).

frío, a [フリオ, ア] 形 **1** 寒い, 冷たい, 冷えた; 寒々とした,

—La sopa ya está fría. スープはもう冷たくなっている。 2 冷ややかな、冷淡な、よそよそしい。 3 冷静な、平然とした、沈着な。 《話》(人の)燃えない、不感症の。 5 感動のない、素っ気ない；寒色の。 6 《隠れん坊やクイズなどで》遠い、はずれている。 ● dejar frío a 《+人》(人を)動じさせない；感動させない。呆然(ぼうぜん)とさせる。 quedarse frío 呆然自失する、唖然(あぜん)とする。 ― 男 1 寒さ、冷気、冷え。 ―Hace mucho ～. とても寒い。 2 風邪、悪寒。 3 寒け、悪寒。 ● coger frío 風邪をひく。 en frío 冷静に。 hacer un frío que pela 《話》凍えるように寒い。 no dar [entrar] ni frío ni calor a .... (人)にとってどちらでもないことだ、どうでもいい。 tener [pasar] frío (人が)寒い、寒く感じる。

frioleno, ta →friolero.

friolera 女 1 つまらないもの、些細なこと、取るに足りないこと。 2 《皮肉》多額、大金。

friolero, ra 形 寒がりの。

frisa 女 1 《織物》フリース。 2 《中南米》《織物のけば》《中南米》毛布。

frisar 自 1 《+en》(ある年齢に)近づく、なろうとする。 2 気が合う、気心が通じ合う。 ― 他 《織物の毛などを)ちぢらせる、けばたたせる。

fríser 男 《中南米》冷凍庫.

friso 男 《建築》フリーズ(壁の上下にある帯状の装飾部分).

frisón, sona 形名 フリジアの(人). ― 男 フリジア語.

frita 女 フリット(砂とソーダを混ぜたガラスの原料).

fritada 女 揚げ物、フライ.

fritanga 女 《軽蔑》(まずい)揚げ物、油っぽすぎる揚げ物.

fritar 他 1 《ガラス原料を》溶融する. 2 《中南米》を油で揚げる.

frito, ta 過分 (→freír) 形 1 油で揚げた、フライにした. ―patatas fritas フライドポテト. 2 《話》イライラした、うんざりした. 3 《話》眠っている. 4 《話》死んでいる. ● dejar frito a ... 《話》を殺す. quedarse frito 《話》眠り込む；うとうとする. tener [traer] frito a 《+人》をうんざりさせる. ― 男 揚げ物、フライ.

fritura 女 1 揚げ物、フライ. 2 《ラジオの》雑音、パチパチという音.

frivolidad 女 1 《性格・行動の》軽薄さ、浮薄、浅薄. 2 下らなさ；下らない事[物].

frívolo, la 形 1 軽薄な、浮ついた、気まぐれな《作品などが》軽い、浅薄な、くだらない. ― 名 軽薄(ふまじめ)な人.

fronda 女 1 《集合的に》葉；小さな森、木立.

frondosidad 女 1 枝葉の生い茂っていること；植物の密生する場所. 2 生い茂った枝葉.

frondoso, sa 形 枝葉の茂った、葉の多い；草木の茂った、植物が繁茂した.

frontal 形 1 《解剖》前面の、前額部の. 2 正面[前面]の、正面からの、真っ向からの. ― 男 1 《解剖》前頭骨. 2 《宗教》祭壇飾り.

frontenis 男 《単複同形》《スポ》ペロタ(テニスと同じようにラケットを使い、ボールを壁に打つ).

frontera 女 1 国境、国境地域. 2 境、境界；限界、限度. 3 《建築》正面、前面；正面の扉.

fronterizo, za 形 1 国境の；境界の、境目の. 2 《+con/de と》境を接した.

frontero, ra 形 《+a/con/de と》面と向かった、向かいの、正面にある. ― 男 (ペロタ(pelota)のコートの)正面壁.

frontispicio 男 1 《建物などの》正面、前面；《建築》ペディメント. 2 《本の》口絵；扉. 3 《話》顔面.

frontón 男 1 《建築》破風、ペディメント(戸などの上の三角形の壁). 2 フロントン(バスクに伝わる球技の一種)；フロントンに使う板壁.

frotación 女 こすること、摩擦.

frotamiento 男 →frotación.

frotar 他 をこする、擦る. ― se 再 (自分の体を)こする、摩擦する、こすり合わせる.

frotis 男 《単複同形》《顕微鏡の》塗抹標本.

fructífero, ra 形 1 実のなる、結実する. 2 有益な、有意な、実りある.

fructificación 女 1 実がなること、結実；《植物》結実器官. 2 達成、実現、成果.

fructificar [1.1] 自 1 実がなる、実を結ぶ. 2 実を結ぶ；好結果をもたらす.

fructosa 女 《化学》果糖、フルクトース.

fructuoso, sa 形 有益な、実り多い.

frufrú 男 さらさら《衣擦(ぎぬず)れの音》.

frugal 形 1 少食な；質素な、つましい. 2 《食事などが》つましい、軽い、わずかな.

frugalidad 女 粗食、少食；質素.

frugívoro, ra 形 《動物》果実を常食とする.

fruición 女 喜び、楽しみ、快感.

frumentario, ria 形 小麦の、穀物の.

frunce 男 ひだ、ギャザー.

fruncido, da 形 1 ギャザーをよせた、《顔・眉》しかめた. 2 疑い深い；怒りっぽい気取った. ― 男 1 ギャザー、ひだ. 2 眉をしかめること；口をすぼめること.

fruncir [3.5] 他 1 にギャザーをよせる、《顔・眉など》しかめる、しわをよせる、すぼめる. 2 つつましくふりをする、控え目なふりをする. ― se 再 1 しわがよる、しかめる. 2 つつましくふりをする、控え目なふりをする、内気を気取る.

fruslería 女 1 つまらない物、小さい物、大した値打ちのない物. 2 《話》下らないこと、意味のないこと.

frustración 女 1 失敗(させること)、失望(させること)、挫折. 2 《心理》欲求不満、フラストレーション.

frustrado, da 形 1 失敗した、達成されなかった. 2 失望した、落胆した.

frustrante 形 失望させるような、がっかりさせるような、期待外れの.

frustrar 他 1 (計画など)を失敗させる、

fruta [フルタ] 女 **1**(食用の)果物, フルーツ; 果実, 実 (fruto はあらゆる植物の「実」を指す). ~ seca 乾果, ドライ・フルーツ; 砂糖漬けの果物. **2** 成果, 所産, 産物. ► *fruta del cercado ajeno* 隣の芝生(なんでもよく見えて欲しくなる他人の芝生). *fruta del tiempo* 季節(旬(はじゅん))の果物. *fruta de sartén* (小麦粉などの揚げ菓子の総称). *fruta prohibida* 《比喩》禁断の木の実.

frutal 形 果物の; 果実のなる, 果実の実る. ― 男 果樹.

frutería 女 果物店[屋].

frutero, ra 形 果物を売る人, (店を構えた)果物商(人). ― 男 果物皿[鉢(はち), かご]. ― 形 果物の, 果物用の; 果物運搬用の.

frutícola 形 果樹栽培の.

fruticultura 女 果樹栽培[園芸], 果実農業.

frutilla 女 **1**数珠玉. **2**[南米] イチゴ(チリ原産の大型のもの). →*fresón*.

fruto 男 **1**〔植物〕 (木の)実, 果実. **2**(努力・労働の)成果, 利益, 結実; (知性などの)産物. **3**[単 または 複]産物, 収穫物; 農作物 (= ~s de la tierra). ► *sacar fruto de…* …から成果[利益]を上げる.

fu 1(擬音)フウウ(猫のうなり声). **2**(擬音)ちぇっ, くそっ(嫌悪・軽蔑などを表す間投詞). ► *ni fu ni fa* よくも悪くもない, 可もなく不可もない.

fuagrás フォアグラ.

fucilazo 男 遠い稲光.

fuco 男 〔植物〕ヒバマタ(海草の一種).

fucsia 女 〔植物〕フクシア, ホクシャ.

fuego [フエゴ] 男 **1**火, (タバコの)火. ― *encender* ~ 火をつける. *apagar el* ~ 火を消す. *¿Me da* ~*? タバコの火を貸してくれませんか. **2**火事. ― *iF*~! 火事だ. **3**火so砲; (コンロの)火口. **4**世帯, 戸. **5**砲火, 射撃. **6**情熱, 熱中. **7**(体の)熱さ, ほてり. ► *a fuego lento* とろ火で; 少しずつ. *a fuego rápido [vivo]* 《料理》強火で. *atizar [avivar] el fuego* 火勢を強める; 激情をあおる. *echar [lanzar] fuego por los ojos* 怒りで目をぎらつかせる. 激怒する. *estar entre dos fuegos* 板ばさみになっている. *fuego fatuo* 鬼火, きつね火. *fuegos artificiales [de artificio]* 花火. *hacer fuego* 砲火を放つ. *jugar con fuego* 火遊びをする; 危険なことに手をだす. *pegar fuego a…* …に放火する.

fueguino, na 形 フエゴ島 (Tierra del Fuego)の(人).

fuel, fuel-oil 男 (暖房などに用いる)燃料油, 灯油.

fuelle 男 **1**ふいご. **2**(アコーディオンなどの)蛇腹. (かばんなどの)蛇腹状のひだ; バグパイプの皮袋の部分. **3**(自動車・馬車などの)幌, (列車の連結部分にある)幌. **4**(衣服の)アコーディオンプリーツ. **5**《話》 肺活量.

fuente [フエンテ] 女 **1**(自然の)泉, 湧(わ)き水; 水源. ~ *de aguas termales* 温泉. **2**(広場・公園・庭などの)噴水, 噴水池. **3**泉, 源泉; 原因. ~ *de infección* 汚染源. **4**(情報などの)出所, 情報源, 消息筋 (= *de información*). **5**〔料理〕大皿, 盛り皿; 大皿に盛られた食べ物. **6**〔医学〕(血液・膿(のう)などの)排出口. **7**〔情報〕フォント. ► *beber en buenas fuentes* 確かな筋から情報を得る, (その道の達人などから)知識を教わる. *de buena(s) fuente(s)* 信頼できる[確かな]筋から, 消息筋から.

Fuenterrabía 固女 フエンテラビーア(スペイン北端の海岸保養地).

Fuentes 固男 フエンテス (Carlos ~) (1928–, パナマ生れのメキシコの作家).

fuer 男 ► *a fuer de…* …として, …の名目で, …の資格[肩書き]で.

fuera [フエラ] 副 **1**外[外部]に[へ, で, は]. 戸外に[へ, で, は]. **2**外出して, 不在で; 留守で (*estar* + ~). **3**(スポ)アウェイで, 敵地で. **4**(スポ)(ボールが)場外[アウト]で. ► *de fuera* 外[外部, 戸外, 外国]から(の), 外側[外面]から(は), 外見上. *estar fuera de sí* 逆上している, 怒り狂っている. *fuera de…* (1)…の外に[へ, で]. (2)…の範囲外に, …以外に[を除いて]. (3)…の他に, …に加えて, とは別に. *fuera de juego* (スポ)(サッカーの)オフサイド. *fuera de servicio* (列車などの表示)回送; (掲示で)故障中, 休止中. ― 間 **1**〔+ *de* から〕出て行け, 帰れ, 引っ込め. **2**〔+ *名詞* を〕やめろ, 取れ[脱げ]. *¡F*~ *gorros!* 帽子をとれ.

fueraborda, fuerabordo 男 《単複同形》船外機(付きボート).

fuerc-, fuerz- 動 → *forzar* [5.5].

fuero 男 **1**〔歴史〕(ある地域の)特権; 法典. **2**〔法律〕[主に 複]特権, 特別法. **3**〔法律〕裁判権, 管轄権; 権限. ― *parlamentario* 議会裁判. ► *en su fuero interno [interior]* 心の底では, 本心では, *volver por los fueros de…* (不当な非難や侵害に対抗して)を守る, 回復する. *volver por sus fueros* 自分の権利・尊厳を守る.

fuerte [フエルテ] 形 **1**(力・風などが)強い; (影響力・勢力などが)強力な, 強大な. **2**(物・身体の)丈夫な, 頑丈な; 健康な; (性格の)しっかりした, 気丈な. ― *Este chico es* ~ *como un roble*. この男の子はカシの木みたいに丈夫だ. **3**(程度が)激しい, 強烈な, ひどい. ― *Tiene un* ~ *resfriado*. 彼はひどい風邪をひいている. **4**(効き目が)強力な, ひどく効く. **5**(色・影などが)強い, きつい; (結び目などが)固い, きつい, しっかりと固定した. ― *vino* ~ 強いワイン. *olor* ~ きつい匂. **6**. *El clavo está muy* ~. くぎは非常にしっかりと打ってある. **5**(描写が)強烈な, 露骨な; (言葉が)乱暴な, 下品な, (話・冗談

が)きわだち。**6** [+en に] 強い, (が)得意である [estar +]. —*Está ~ en matemáticas y flojo en latín.* 彼は数学は強いが, ラテン語は弱い。**7** [言語] 強母音の, 不規則変化の。▶ *hacerse fuerte* 防備を固める。(要askに)屈することもむ; 強硬である, 譲らない。 —男女 強者, 強い人。— 男 **1** 得意(の分野), 得手, 強いところ。**2** とりで, 要塞, 要害。形 **1** 強い, ひどく, 激しく。**2** たくさん, よく。—*comer ~* たくさん食べる。**3** 堅く, しっかりと, きつく。**4** 大声で, 声高に。

fuertemente 副 強く。

Fuerteventura 固名 フェルテベントゥーラ島(スペイン, カナリア諸島の島)。

‡**fuerza** [フエルサ] 女 **1**(生きもの特に人間の)力, 体力(=~ física). —*~ muscular* 筋力。**2**(物の)強さ, 丈夫さ, 耐久力; 強度; 濃度。**3** 元気, 精力, 活力; (意志・精神・性格などの)強さ, 精神力, 気力。 —*~(s) de voluntad* 意志の強さ, 精神力, 気力。**4**(他に与える)影響力, 支配力; (法的な)効力。—*la ~ de la ley* 法の力。*~s vivas* (土地の)有力者, 支配層。**5**(表現などの)力, 説得力, 迫力。—*~ de un argumento* 論拠の説得力。**6**(薬剤などの)効目, 効力; 性能。—*la ~ de los antibióticos* 抗生物質の効目。**7**〖主に 複〗兵力, 戦力; 軍, 部隊。—*~s armadas* 軍隊。*~s de seguridad* 治安部隊, 保安警察[軍隊]。**8**〖主に 複〗(集団・組織の)勢力, 力; 人手, 人数。—*equilibrio de ~s* 勢力の均衡, バランス・オブ・パワー。*~s de la oposición* 野党[反対]勢力。**9** 暴力, 腕力; 暴行。—*recurrir a la ~* 力[暴力]に訴える。**10**(物理)力, エネルギー(=~ física) 電気, 電流。—*~ centrifuga* [*centripeta*] 遠心[求心]力。*~ de gravedad* 引力[重力]。▶ *a fuerza de* 〘よく *hacer, conseguir* などと共に〙 …の力によって, …のおかげで。*a la fuerza* 無理に, やむを得ず, 必然的に; (人の意に反して)力づくで。—*entrar a la fuerza* 押し入る。*A la fuerza ahorcan.* 〘諺〙いやも応もない, 選択の余地はない。*a viva fuerza* (人の意に反して)力づくで, 無理やり, 暴力で。*cobrar (las) fuerzas* (病気・疲労後に)元気を取り戻す, 勢いを盛り返す。*en fuerza de* …の原因で, …のために。*fuerza bruta* (道徳的・精神的・知性的な力に対して)暴力, 腕力, 暴力。*fuerza mayor* 不可抗力, やむにやまれぬ事情。*fuerza pública / fuerzas de orden público* (治安を保つ)警察力, 治安部隊。*hacer fuerza* 力を加える[入れる], 使う; [+ *a/sobre*] (人に)強要[強制]する。*irse* LE a ··· *la fuerza por la boca [por el pico]* 〘諺〙(人)は口先だけである, おしゃべり(行動が伴わない), からいばりする。*por fuerza* どうしても, やむを得ず, 必然的に, 仕方なく; 力づくで, 無理やり, 強制的に。*sacar fuerzas de flaqueza* ありったけ[最後]の力[気力]を振り絞る。*ser fuerza* 〖+不定詞 / + *que* + 接続法〗 …は必然である, 避けがたい。

fuet 男 〖複 ~s〗 (カタルーニャ産の)細長いソーセージの一種。

fuetazo 男 〖中南米〗 鞭で打つこと, 鞭打。

fuga 女 **1** 逃亡, 脱走; 駆け落ち。**2** (液体・気体の)漏れ, 漏出; (貴重なものの)流出, 逸散。—*~ de cerebros* 頭脳流出。**3** 最盛期, 盛り, 激しさ, 熱情。**4**(音楽) フーガ, 遁走曲。▶ *a la fuga / ponerse en fuga* 逃走[潰走(ホミッ)]する, 逃走する。

fugacidad 女 はかなさ, 消えやすさ, 刹那(キッ)。

fugarse [1.2] 再 [+ *de* から] 逃走する, 逃走する, 脱走する。

fugaz 形 〖複 *fugaces*〗 つかの間の, はかない, たちまち消え去る。 —*estrella ~* 流れ星。

fugitivo, va 形 **1** 逃走する, 逃亡している。**2** 一瞬にして通りすぎる; 束の間のはかない。 —名 逃走者, 逃亡者。

fuguillas 男女 〖単複同形〗 落ち着きのない人; 短気な人; 気が変わりやすい人。

fuina 女 (動物) テン。

ful 形 〖単複同形〗 **1** 偽の, いんちきの, 見せかけの。— 男 **1** 〖偽物, まがい物, 見せかけのもの。**2** (ゲーム) ポーカーのフルハウス。

fulano, na 名 誰某, 某人, 何とかいう人(名前の特定されない人物をさす)。—*Don F~/~ de tal* 某氏。**2** 〘軽蔑〙 どこかの奴。—*Vino un ~ a vernos.* どこの馬の骨かも知れない男が会いに来た。**3** 愛人。—女 〘俗〙 売春婦, 淫売, 売女。

fular 男 スカーフ; (プリント地の)薄絹。

fulbito **1** ミニサッカー。**2** 〖中南米〗 サッカーの非公式[友好・親善]試合。

fulcro 男 (てこの)支点。

fulero, ra 形 〘話〙 **1** 粗雑な, いい加減な, 役に立たない。**2** (人が) 嘘つきの, ほらふきの。—名 嘘つき, ほらふき。

fulgente, fúlgido, da 形 〖文〗 光り輝く, きらめく。

‡**fulgor** 男 光輝, 光明, すばらしさ。

fulgurante 形 光り輝く; 輝かしい。

fulgurar 自 光る, 輝く, きらめく, 光を放つ。

fuliginoso, sa 形 煤(ﾘ)の, くすんだ。

full 〈英〉 (ゲーム) (ポーカーの)フルハウス。

fullería 女 **1** 〘話〙(ゲームでの)ずる, ごまかし, いかさま。**2**(人をだます)手口, 策略, トリック。

fullero, ra 形 ずるい, いかさまの; いんちきの。—名 (トランプなどの)いかさま師; いかがわしい人。

full time 〈英〉 副 フルタイムで, 常勤で。

fulminación 女 **1** 閃光; 雷光, 落雷。**2** 激しい非難; 怒号, 罵倒。

fulminante 形 **1** 雷鳴がとどろく; ぱっと爆発する。**2**(病気が)突発的に発症する,

劇症の. **3** どなりつけるような.
fulminar 他 **1** (光・稲妻など)を投げる, 放つ. **2** 爆発させる, 弾を撃つ. **3** (光・稲妻など)が傷つける, 死なせる. **4** (病が)襲う, 急死させる. **5** (判決・破門など)を言い渡す, 激しく非難する; 脅しの言葉をかける.
fulminato 男 〖化学〗雷酸塩.
fumada 女 (タバコ)ひと吸い, 一服.
fumadero 男 喫煙所, 喫煙室.
fumado, da 形 〖話〗麻薬[ドラッグ]中毒の, ドラッグの影響を受けている.
fumador, dora 形 タバコを吸う, 喫煙する. — 名 タバコを吸う人, 喫煙者. ~ pasivo 受動喫煙者.
:**fumar** 自 タバコを吸う. — 他 (タバコなど)を吸う, ふかす, 喫煙する. — se 再 **1** タバコを吸う. **2** 〖話〗(金・財産)を浪費する, 蕩尽(とうじん)する. **3** (話)を欠席する, サボる. ~se la clase 授業をサボる.
fumarada 女 **1** (一度に出る)煙・湯気・排気など. **2** (パイプに詰める)一回分のタバコ.
fumarola 女 噴気孔.
fumata 女 **1** ドラッグの回し飲み. **2** (バチカンで)新教皇の選挙結果を知らせる煙.
fumigación 女 (殺菌のための)燻蒸(くんじょう).
fumigador, dora 形 燻蒸(くんじょう)の. — 男 **1** 燻蒸[噴霧]消毒をする人. **2** (消毒用の)噴霧器.
fumigar [1.2] 他 (煙, ガスなどで)を消毒する, 燻蒸(くんじょう)する; 殺し出す, 駆除する.
fumígeno, na 形 煙を出す.
fumista 男女 暖房[厨房(ちゅうぼう)]器具工事[修理]業者.
funambulesco, ca 形 綱渡りの; 風変わりな, 途方もない.
funambulismo 男 綱渡り; (政治などで)うまく立ち回ること.
funámbulo, la 名 綱渡り師, 綱渡り曲芸人.
:**función** 〖フンシオン〗女 **1** (生体各器官・機能装置などの)機能, 働き, 作用. **2** 〖主に複〗(人・団体などの)役目, 職務, 役割. **3** (演劇, 映画, サーカスなどの)上演, 興行, 上映. ~ benéfica [de despedida] 慈善[さよなら]公演. **4** (特に教会での)儀式, 典礼, ミサ. **5** 〖数学〗関数, 函数. **6** 〖言語〗機能(文中・発話内で, ある語・語群の果たす役割). **7** 宴会, パーティー. 〖俗〗大騒ぎ. ▶ en función de... …に応じて, …次第で, …に関連して. en funciones en función 代行の, 代理の; 臨時に.
funcional 形 **1** 機能上の, 機能に関する. **2** 機能的な, 機能本位の, 実用的な(建物, 家具など). **3** 〖数学〗関数の.
funcionalidad 女 機能性.
funcionalismo 男 機能主義.
funcionamiento 男 機能, 機動, 作動.
:**funcionar** 自 **1** 機能する, 働く, 作動(さどう)する. — No funciona. 故障中. **2** (人・機械が)職分[役目]を果たす.
funcionariado 男 〖集合的に〗公務員.
funcionarial 形 公務員の, 役人の.
:**funcionario, ria** 名 公務員, 役人, 官吏.
funda 女 カバー, おおい; ケース; (剣の)さや.
:**fundación** 女 **1** (都市・会社・学校などの)創建, 設立, 創立. **2** (寄付された基金で運営される)財団, 施設, 協会; (財団の)基金.
fundadamente 副 (正当な根拠に基づいて).
:**fundado, da** 形 [→fundar] **1** 設立された. **2** 根拠のある, 正当な.
:**fundador, dora** 形 設立[創設]する. — 名 創立[創設, 設立]者, 発起人, (学派・宗派の)始祖, 開祖.
fundamentación 女 **1** 定礎. **2** [+en に] 根拠を置くこと.

fundamental 〖フンダメンタル〗形 **1** 肝要な, 必須の, 重要な. **2** 基礎の, 根本の, 基本的な. —piedra ~ 礎石. derechos ~es del hombre 基本的人権.

fundamentalismo 男 原理主義.
fundamentalista 形男女 原理主義の; 原理主義者.
fundamentalmente 副 基本的に; 根本的に; もともと, 本来.
fundamentar 他 **1** (建物などの)土台を作る, 基礎を固める, 礎を置く. **2** [+en に] …の裏付けを与える, 理由づけをする, 根拠を固める.
:**fundamento** 男 **1** (建築, 物事の)基礎, 土台; 基本. **2** (十分な)根拠, 理由. —rumor sin ~ 事実無根のうわさ. **3** 〖主に否定文で〗まじめ, 誠実さ. **4** (学問・技術などの)基礎知識, 初歩.
:**fundar** 〖フンダル〗他 **1** を創設する, 設立する, 創始する. **2** [+en に]を基づかせる, …の根拠[理由]を置く. — se 再 [+en] **1** (…によって)立つ, 支えられる. **2** (…に)基づく, 根拠を置く.
fundente 形 〖化学〗溶解用の, 溶解力のある. — 男 **1** 融剤, 媒溶剤; 〖医学〗消炎剤.
fundible 形 溶ける, 溶解できる.
:**fundición** 女 **1** 溶かす[溶ける]こと, 溶解; 融解. **2** 鋳造; 鋳物工場; 鋳鉄. **3** 〖印刷〗フォント(同一書体の活字の一揃い).
fundido, da 過分 [→fundir] 形 **1** 溶解の, 鋳造の. **2** 〖中南米〗疲れ切った, 意気消沈した. — 男 (映像の)フェードイン[アウト]; オーバーラップ.
fundidor, dora 名 鋳造[鋳物]工, 製鉄[精錬]業者.
fundillo 男 〖中米〗**1** 尻, ヒップ. **2** ズボン, パンツ.
:**fundir** 他 **1** を溶かす, 融解させる, 溶解させる. **2** 鋳造する, 鋳型に入れて形作る. **3** 〖話〗(金・財産)を浪費する, 無駄使いする. **4** (複数のもの)をひとつにする, 一緒にする. **5** (映画, 音楽)フェードさせる, 溶暗

fundo [形明]させる. ― 自 溶ける, 融解する. 溶解する. ― **se** 他 **1** 溶ける, 融解する, 溶解する. **2** 合併する, 融合[融和]する, 一緒になる. **3**《映画, 音楽》フェードする. **4**《電気器具が》壊れる, 焼き切れる. **5** 浪費する, 蕩尽(とうじん)する. **6**《中南米》破産する, 没落する.

fundo 男《法律》(田舎の)地所, 不動産, 田畑.

fúnebre 形 **1** 葬式[葬儀]の, 弔いの. **2** 悲しみに沈んだ, 悲しげな, 陰気な〖ser/estar +〗.

funeral 男〖主に複〗葬式, 葬儀. ― 形 葬式[葬儀]の.

funerala 副〖a la +〗《軍事》(服喪の印に)銃口を下に向けて. ▶**ojo a la funerala**(殴られてできた)目のまわりの黒あざ.

funerario, ria 形 葬式の, 弔いの, 埋葬の. ― 女 葬儀屋; 葬式会館, 斎場.

funesto, ta 形 **1** 不幸な, 不運な; 不吉な, 忌まわしい. **2**《話》台無しにするような, ひどい.

fungible 形 **1** 消費できる, 消耗しうる, 使える. **2**《法律》代替可能な.

fungicida 形男 殺菌剤(の).

fungiforme 形 きのこ状の.

fungir [3.6] 自《中南米》〖+ de を〗務める,(…の役割)をする.

fungo 男《医学》菌状[海綿]腫.

funicular 形 ロープの, ケーブルの, 索の. ― 男 ケーブルカー.

furcia 女《俗, 軽蔑》売春婦, 娼婦.

furgón 男 有蓋の車両[トラック], 貨物車, 貨車. ― **~ de cola**(列車の)最後尾車両.

furgoneta 女《自動車》ワゴン車, バン.

furia 女 **1** 激怒, 激高, 憤激. ― **estar hecho una ~** 激怒している. **2**(戦い·暴風雨·病気などの)激しさ, 激烈, 猛威. ― **atacar con ~** 激しく攻撃する. **3** 機敏, 迅速; 熱烈, 激情. ― **hablar con ~** まくし立てる.

furibundo, da 形 **1** 怒った, 腹を立てた, 激怒した. **2**《話》激しい, 熱狂的な.

furioso, sa 形 **1** 怒り狂った, 激怒した. **2** 猛烈な, 激しい, すさまじい.

furor 男 **1** 激しい怒り, 激怒, 憤激. **2**(天候·病気·戦争などの)激しさ, 猛威. **3** 熱狂, 熱狂的流行, 熱狂的称賛. ― **hacer ~**《話》大流行する.

furriel, furrier 男《軍事》補給·給与担当下士官.

furtivo, va 形 ひそかな, 隠れた; 密猟の. ― 名 密猟者.

furúnculo 男 →forúnculo.

furunculosis 女〖単複同形〗癤癤(せっそう)症.

fusa 女《音楽》32分音符.

fuselaje 男 飛行機の胴体, 機体.

fusibilidad 女 可融性, 溶解性.

fusible 形 溶ける(ようにした), 溶けやすい; 可融性の, 溶解性の. ― 男《電気》ヒューズ.

fusiforme 形 紡錘形の.

fusil 男 銃, 小銃, ライフル銃. ― **piedra de ~** 火打ち石.

fusilamiento 男 **1** 銃殺; 銃殺刑. **2** 盗作.

fusilar 他 **1** 銃殺する. **2**《話》を剽(ひょう)窃する, 盗作する.

fusilería 女 **1**〖集合的に〗銃, 小銃, ライフル銃, 小銃隊. **2**(小銃の)発射, 射撃; 一斉射撃.

fusilero, ra 形 小銃の, 銃撃の. ― 男 小銃兵, 射撃兵.

fusión 女 **1** 融解, 溶解. ― **punto de ~** 融点. **2**(会社の)合併, 融合. **3**《物理》**~ nuclear** 核融合.

fusionar 他 **1**(会社·団体などを)合併する, 合併する. **2** を融合する;《情報》マージする. **3**(複数のものを)ひとつにする. ― **se** 再 合併する, 連合する.

fusta 女 **1**(馬用の)鞭. **2**(切り落とした)小枝, 枝切れ, 細い柴.

fustán 男 ファスチアン織り(目がつんでて厚く, 片面が起毛しているもの).

fuste 男 **1** 木材;(長い)棒, 竿;(槍の)柄. **2**《建築》柱, 柱幹(基部から柱頭までの間の部分). **3** 内容; 基本, 根拠. **4** 重要性, 重大さ, 意義.

fustigación 女 **1** 馬に鞭(むち)を打つこと. **2** 叱責; 非難.

fustigar [1.2] 他 **1**(馬などに)鞭(むち)を打つ, 鞭をくれる. **2** を厳しく非難する, 責める, 叱責する.

·fútbol, futbol 男《スポ》サッカー. ― **jugar al ~** サッカーをする. **~ americano** アメリカン·フットボール. **~ sala** フットサル.

futbolero, ra 形男《話》サッカーの(選手)の, サッカーファンの.

futbolín 男 サッカー盤, 卓上サッカー.

futbolista 男女 サッカー選手.

futbolístico, ca 形 サッカーの.

futesa 女 つまらない物, くだらないこと, 取るに足りない事柄.

fútil 形 つまらない, くだらない, 取るに足りない.

futilidad 女 **1** 無価値, つまらなさ; 無意味; 無益. **2** つまらない物, くだらない事柄.

futón 〖<日〗男《和風の》布団.

futre 男〖中南米〗伊達男, 洒落者; 気取り屋.

futura 女 →futuro.

futurible 形男(条件が合えば)起こりうる(もの).

futurismo 男 **1**《美術》未来派. **2** 未来主義(未来を重視する思想·社会的態度).

futurista 形 未来派の; 未来主義の. ― 男女 未来派の芸術家; 未来主義者.

futuro, ra 形 〖フトゥロ, ラ〗形 未来の, 将来の, 今後の. ― **en lo ~** 将来, 今後, 未来には. ― 男 **1** 未来, 将来. **2**《言語》未来時制, 未来形. **3** 将来性, 前途. **4**《複》《商業》先物(契約). ― 名《話》将来の夫

[妻]，婚約者，いいなずけ．── 女 《法律》(将来の)継承権，相続権．
futurología 女 未来学．
futurólogo, ga 名 未来学者．

G, g

G, g 女 1 スペイン語アルファベットの第7文字．2 《音楽》ト音(ソ)，ト調．
gabacho, cha 形 《軽蔑》フランスの，フランス人の．── 名 《軽蔑》フランス人，フランス語．
gabán 男 1 《服飾》オーバーコート，外套(がいとう)．2 《中南米》《鳥類》アメリカトキコウ．
gabardina 女 1 《服飾》(ギャバジン地の)レインコート，コート．2 《料理》フライ．
gabarra 女 はしけ，(平底で小型の)漁船，小型運送船．
gabarrero, ra 名 1 はしけの船員，運搬船の運航士．
gabela 女 1 義務，負担；支払い．2 (国家に納める)税，租税，貢物．3 《中南米》《スポ》ハンディキャップ．
gabinete 男 1 《政治》内閣，政府 (= ～ ministerial)．──～ de crisis (政府の)緊急対策本部．2 《古くは居間・寝室に隣接した》個室；(婦人用の)私室．3 診察室 (=～ de consulta)；(弁護士などの)事務室[所]．──～ de prensa (新聞社などの)記者室．4 (博物館などの)陳列[展示]室；研究室．
gablete 男 《建築》(窓のアーチや尖頂部分の)先端飾り，先端部分；(鋭角の)切妻壁．
Gabón 固名 ガボン(首都 Libreville)．
gabonés, nesa 形名 ガボンの，ガボン人．
Gabriel 固名 《男性名》ガブリエル．
Gabriela 固名 《女性名》ガブリエラ．
gabrieles 男複 ヒヨコマメ，ガルバンソ．
gacela 女 《動物》ガゼル．
gaceta 女 1 新聞；(特定の団体・分野の)機関紙，定期刊行物．2 《話》噂話ばかりする人，ゴシップ好きな，おしゃべり屋．
gacetilla 女 (新聞の)短いニュース，小記事．
gacetillero, ra 名男女 1 (短いニュース記事などの)執筆者，コラムニスト．2 《軽蔑》新聞記者．
gacha 女複 (小麦粉などをベースに具材を加えた)煮込み料理，粥(かゆ)状の食品．
gacheta 女 ばね締まり(錠の一部，バネの力でかんぬきを固定するレバーの部分)．
gacho, cha 形 下向きの；垂れた(動物の角・耳，帽子のつばなど)；うなだれた．──orejas ～ 垂れた耳．▶ **a gachas** 四つん這いで．
gachó 男 《俗》(ロマ語で)男，(男の)愛人，情夫．
gachupín, pina 名 《メキシコ》《軽蔑》(メキシコに住むスペイン人移住者；(中南米の人から見て)スペイン人．
gaditano, na 形名 カディス (Cádiz, スペイン南部の県)の(人)，カディス出身の(人)．
gaélico, ca 形 ゲール語(スコットランド・アイルランドのケルト語)の，ゲール人の．── 名 ゲール語．
gafa 女 1 《複》眼鏡，眼鏡のつる．2 手鉤，フック，(荷物の上げ下ろしなどに用いる)鉤．3 留め金，かすがい．
gafar 他 《話》(人に)不幸をもたらす，不運を招く．
gafe 男 《話》不運[不吉]を呼ぶ人．── 形 (人に)不幸をもたらすような，災いを呼ぶような．
gafete 男 1 名札，ID タグ．2 かぎホック．
gafo, fa 形 《中米》馬が(蹄(ひづめ)に)鉄をつけずに歩って蹄(ひづめ)を痛めた．
gag [英 gag] 男 (複 ～s) ギャグ，滑稽な場面・所作．
gagá 形 《話》(人が)ぼけた．
gaita 女 1 《音楽》ガイタ，バグパイプ．2 《話》厄介なこと，面倒，難事．3 病弱な人，病気持ちの人．4 《話》首．▶ **templar gaitas** (怒り・争いをなだめる，(人を)満足させようとあれこれ気遣う．
gaitero, ra 名 ガイタ[バグパイプ](演奏)の．── 名 ガイタ[バグパイプ]演奏者．
gajes 男複 給金，賃金，(基本給以外の)手当て．▶ **gajes del oficio** 仕事につきものの厄介さ．
gajo 男 1 (オレンジなどの)房，袋；(ブドウなどの)房，(鈴なりに実をつけた)ひと枝．2 折れた枝，分かれた小枝．
gala 女 1 主に複 盛装，晴れ着．── vestir [ir] de ～ 正装する．2 花形，精華，誇り．── ～ de la sociedad 社交界の花形．3 《盛装・正装を求める》パーティー，セレモニー；特別興行[行事]，祭典；(歌手などの)リサイタル，ショー．▶ **de gala** 盛装の[で]，晴れ着姿の[で]，正装の[で]．**de media gala** 略服の[で]，略装の[で]．**hacer gala de...** を自慢する，誇示する，見せびらかす．**tener a gala** [+ 不定詞/名詞] を自慢する，誇りとする．**uniforme de gala** 式服，礼服，正装．**traje de gala** 盛装，正装，礼服．
galáctico, ca 形 《天文》銀河(系)の，天の川の．
galactosa 女 《化学》ガラクトース．
galaico, ca 形 《文》ガリシアの．
galaicoportugués, guesa 形男 →galegoportugués.
galán 男 1 (若い美男の)主役，二枚目，主演俳優．2 《話》いい男，美男子；女性にして丁重な男．3 《話》恋人，いい人，色男．▶ **galán de noche** (足つきで移動可能なタイプの)洋服かけ；《植物》ヨルケイ．── 形 [+男性単数名詞の前で] galano の語尾脱落形．→galano.
galano, na 形 [男性単数名詞の前で galán] 1 着飾った，身なりの整った．2 (文体どおりの)優美な，洗練された，気のきいた．
galante 形 1 (男性が特に)女性に対して丁重な，礼儀正しい，優しい．2 《文学》恋愛物の，艶笑の．

galanteador, dora 形 女性に優しい(人)、誘惑する(人)。

galantear 他 (女性に)言い寄る、口説く; 誘惑する。

galanteo 男 言い寄ること、口説くこと。

galantería 女 1 特に女性に対する優しさ、親切; 礼儀正しいこと。2 優しい言葉; 親切な行為。

galantina 女《料理》ガランティーヌ、ガランティン(鶏などに詰め物をして煮、冷やしてゼリーを添えたもの)。

galanura 女 優雅さ、上品さ、気品、洗練。

galápago 男 1《動物》亀、(特に)淡水に生息する亀。2《建築》(地下の内側からの)コーティング; 小型のアーチ形、3《馬術》イギリス鞍 4《中米》女性用の鞍。5《海事》網止め。

Galápagos 固名 (Islas ～)ガラパゴス諸島(エクアドル領)。

galardón 男 賞、褒美、褒賞。

galardonar 他 を表彰する、…に賞を授与する、褒美を与える。

galaxia 女《天文》天の川、銀河(系)、星雲。

galbana 女《話》怠惰、無精; けだるさ。

galena 女《鉱物》硫化鉛、方鉛鉱。

galeno 男 医者。

galeón 男 大型帆船、ガレオン船。

galeote 男 ガレー船の徒刑囚、漕刑囚。

galera 女 1 ガレー船。—condenar a ～s 漕役刑に処する、ガレー船送りにする。2《印刷》ゲラ。3《覆付きの》4輪馬車。4《中米》倉庫、納屋。

galerada 女《印刷》(ゲラに入れる)組み活字; ゲラ刷り、校正刷り。

galería 女 1 回廊、歩廊、廊下。2《美術品などの》陳列室、画廊(～ de arte); (画廊などの)展示品、コレクション。3(物干し場用などの)ベランダ、バルコニー; サンルーム。4《演劇》天井桟敷(☆)(最上階の安い席); 観客。5 一般大衆。—hablar para la ～ 俗受けをねらって話す。6《露》デパート; アーケード街。7 坑道; (モグラなどの)地下トンネル。8《建築》カーテン・ボックス。9(刑務所の)監房。

galerista 男女 画廊、画廊経営者。

galerna 女 (スペイン北部の強い)北西風。

galerón 男《中南米》納屋; 倉庫; 差掛け小屋。

Gales 固名 ウェールズ(英国の地域)。

galés, lesa 形名 ウェールズ(Gales, 英国南西部)の(人)。—男 ウェールズ語(ウェールズで話されるケルト諸語の1つ)。

galga 女 1(大きな)落石。2《医学》(不衛生から、首まわりの皮膚にできる)発疹。3 計器、ゲージ; (編物の)ゲージ。

galgo, ga 形名《動物》グレーハウンド犬の、〜 ▶¡Échale un galgo! (届かないこと、追いつかないこと、間に合わないことを表わして)しまった、残念、遅かれし。

Galia 固名 ガリア(フランスの古称)。

gálibo 男 積載基準測定器、鉄道の計測用鉄枠。

galicano, na 形 ガリア[ゴール]人の、フランス人の(=gálico)。

Galicia 固名 ガリシア(スペイン北西部の地方、自治州)。

galicismo 男 1 ガリシスモ(フランス語からの借用語[表現])。2 フランス語特有行法。

galicista 形男女 ガリシスモを頻用する(人)。

gálico, ca 形 ガリア[ゴール](Galia)人の、フランス人の。

galileo, a 形 ガリラヤ(Galilea, イスラエル北部地方)の。—名 ガリラヤ人; キリスト教徒。

galillo 男 1 口蓋垂、のどひこ。2《話》咽、首。

galimatías 男 1 意味不明の言葉、訳のわからない話、理解できない文章。2《話》混乱、もつれ、無秩序。

galio 男 1《化学》ガリウム(元素記号 Ga)。2《植物》ヤエムグラ。

galladura 女 鶏の受精卵の黄身に見られる小さな凝血。

gallarda 女 16世紀頃にヨーロッパで流行したルネサンスの舞踊[音楽]。

gallardear(se) 自再 1 気取った風をする、威張って歩く; 優れているように見せる。2 見せびらかす、誇示する。

gallardete 男 (船のマストなどに日印或いは飾りとしてつける)三角旗、ペナント。

gallardía 女 1 りりしさ、さっそうとした(堂々たる)振舞い。2 勇気、勇敢。

gallardo, da 形 1(人が)りりしい、勇ましい、勇敢な。2(男性が)細身でさっそうとした; (振る舞いが)優雅な。

gallear 他 (雄鳥が雌鳥に)かかる、つがう。—自 1《話》自惚れる; 見栄を張る、自慢して人より抜きん出ようとする。

gallega 女 1 ガリシア人特有の言葉[行為]; ガリシア地方の舞踊[音楽]。2《南米》マテ茶用の袋。

gallego, ga 形 ガリシア(Galicia)の、ガリシア人話)の、ガリシア風の。—名 1 ガリシア人、ガリシア出身の人。2《南米》《軽蔑》スペインからの移民、スペイン人。—男 ガリシア語。

gallegoportugués, guesa 形 中世ガリシア・ポルトガル語(の)。

galleguismo 男 1 ガリシア語法。2 ガリシアに対する愛着。

galleguista 形男女 ガリシア自治主義の(人)。

galleo 男 自惚れ; 自慢。

gallera 女 闘鶏場、闘鶏用の鶏舎。

gallería 女《中南米》=gallera。

gallero, ra 形《中南米》闘鶏好きな。—名 闘鶏の飼育家[愛好家]。

galleta 女 1 ビスケット、クラッカー。～ maría 丸型ビスケット。2《話》平手打ち、びんた。3 無煙炭の一種。4《南米》マテ茶用の椀。

galletero, ra 名 ビスケット、ビスケット製造職人、ビスケット工場で働く人。—男 (ビスケットなどを入れる)菓子鉢、器。

gallina [ガイナ] 女 **1**（鳥類）雌鶏(ホホ)（雄鶏(ホシ)は gallo）．—caldo de ～ チキンスープ．**2** ～ ciega〖ゲーム〗（目隠しの）鬼ごっこ．*a costarse con las gallinas*〘話〙早寝する．*carne de gallina*（寒さ・恐怖などによる）鳥肌．*estar como gallina en corral ajeno* 借りてきた猫みたいに神妙にしている．*la gallina de los huevos de oro* 金の卵を産むニワトリ，打出の小づち．— 男女〘俗〙臆病者．— 形 臆病な．

gallináceo, a 形（鳥類）キジ類の，家禽の．— 女 キジ類の鳥．

gallinaza 女 **1**（肥料用の）鶏糞．**2**（鳥類）ヒメコンドル（雌）．

gallinazo 男〖南米〗ヒメコンドル．

gallinejas 女複（屋台などで売られる）鳥もつの揚げ料理．

gallinería 女 **1** 雌鶏を売る場所［店］．〖まれ〗雌鶏の群れ．**2** 臆病，小心．

gallinero 男 **1** 鶏小屋；鶏などを飼育する囲い地，養鶏場．**2**〖集合的に〗（飼われている）鶏，鶏の群れ．**3** 騒々しい場所．**4**（演劇）天井桟敷(ぜき)．▸ *alborotar el gallinero*〘話〙騒動を起こす．

gallineta 女（鳥類）オオバン（大鷭）；ヤマシギ；〖中南米〗ホロホロチョウ．

gallipavo 男 **1**（鳥類）七面鳥．**2**〘話〙威張りたがる（男）．

gallito 形〘話〙威張りたがる（男）．▸ *gallito del rey*（魚類）ギンポ．

gallo [ガヨ] 男 **1**（鳥類）雄鶏（雌鶏(ホシ)は gallina）．— *de pelea* シャモ（軍鶏），闘鶏．**2** ボス（赤存）的，顔役；うぬぼれ屋．**3** 強い男，勇者；好敵手．**4**〘俗〙調子はずれの歌声［音］．**5**（魚類）ニシマトウダイ．**6**〖中南米〗（音楽）セレナータ．▸ *al canto del gallo* 明け方どきに，夜明けどきに．*en menos que canta un gallo*〘俗〙瞬く間に，たちまち，あっという間に．*entre gallos y media noche*（夜ふけ・早朝などの）とんでもない時間に．*levantar el gallo*（話し方や態度が）高大である．*misa de gallo*（カト）（クリスマスイブなどで行われる）深夜ミサ．*ojo de gallo* 魚の目，目．こ．*otro gallo LE cantara, si…*〘俗〙もし…なら，状況も違って（もっといい状況になっていただろう）．*peso gallo*（スポ）（ボクシングの）バンタム級．

gallofero, ra 放浪の，ぶらぶらしている；怠け者の．— 名 浮浪者，のらくら者，宿無し．

gallofo, fa =gallofero, ra．

gallón 男 **1**（建築）卵状〖饅頭〗刻り形．**2**（四角に切り分けた）芝草．

gallota 女〘話〙**1** まずい料理．**2** 陰口．

ga|o, la 女 ガリア〖ゴール〗の，ガリア〖ゴール〗人の．— 名 ガリア〖ゴール〗人．— 男 ガリア〖ゴール〗語．

galocha 女 雨・雪用の木靴．

galón¹ 男 **1** ブレード，飾り紐．**2**（軍事）（階級などを示した）金モール，飾りテープ．

galón² 男 ガロン（英・米の容積の単位）．

galonear 他（服などを）ブレードやモールで飾る，飾りテープをつける．

galopada 女 ギャロップで走ること，駆け足．

galopante 形 **1** ギャロップの，駆け足の．**2** 病気などが急速に進行する，奔馬性の．

galopar 自（馬が）ギャロップで走る．— 他（馬を）ギャロップで走らせる．

galope 男 ギャロップ，駆け足（馬の歩調の1つで最も速いもの）．▸ *al, de] galope* ギャロップで；大急ぎで．*a galope tendido* 大駆けで；全力疾走で．

galopín 男 浮浪児；ごろつき，小僧．

galpón 男〖南米〗（大型の）納屋，掛け小屋，置き場．

galucha 女〖中米〗→galope．

galuchar 自〖中米〗→galopar．

galvánico, ca 形 ガルバーニ電気の；直流電気の．

galvanismo 男 **1**（化学）ガルバーニ電気（化学反応により生じる電流）．**2**（医学）直流電気療法．

galvanización 女 **1** 電気めっき；亜鉛めっき．**2** 直流通電気療法．**3** 活気づけること．

galvanizar [1.3] 他 **1**（化学）に電気めっきする．**2**（一時的に）を元気づける，を活性化させる．

galvanómetro 男（電気）検流計．

galvanoplastia 女（電気）電気鋳造，電気めっき．

gama 女 **1**（音楽）音階．**2**（色などの）段階，グラデーション．**3** 同じ種類・カテゴリーのシリーズ（もの）．

gamada —cruz = 鉤(ホシ)十字；まんじ(卍)．

gamarra 女 むながい（馬具の一種）．

gamba 女（動物）エビ（エビなど，車エビより小型で食用のもの）．▸ *meter la gamba*〘俗〙余計な口出しをする．

gamberrada 女 乱暴，暴力，ごろつきの振舞い；破壊行為．

gamberrismo 男 粗暴，無法さ，迷惑行為，無頼生活．

gamberro, rra 形名 迷惑なことをする（人）；粗野な（人），無作法な（人）．▸ *hacer el gamberro* 騒ぎを引き起こす，無作法な行為をする．

gambeta 女 **1**（舞踊）脚を交差させるステップの一種．**2**（馬術）騰躍（馬の跳躍の一種）．**3**〖南米〗身をかわす動作．

gambetear 自 **1**（舞踊）脚を交差させた動きをする．**2**（馬術）（馬が）騰躍する．**3** ひらりと身をかわす．

Gambia 固名 ガンビア（首都 Banjul）．

gambito 男（チェスで）開戦の手の一種（後の駒運びのためにポーンを一度に二目進める方法）．

gamella 女 **1** 飼葉桶，まぐさ桶．**2** 軛(くびき)の両端にあるアーチ型の部分．**3** 毛織物の一種．

gameto 男（生物）配偶子，生殖体．

gamma 女 **1** ガンマ（ギリシャ語アルファベットの第3字: Γ，γ）．**2** ガンマ（質量の単位，100万分の1グラム）．**3**（物理）ガ

gamo 男 ンマ線 (=rayos ~).

gamo 男 〔動物〕ダマジカ.

gamón 男 〔植物〕ツルボラン.

gamonal 男 〖中南米〗地主, 地方政界のボス.

gamonalismo 男 〖中南米〗大地主による支配, ボス政治.

gamopétalo, la 形 〔植物〕合弁花冠の.

gamosépalo, la 形 〔植物〕合弁萼(がく)の(萼がひとつになっている).

gamuza 女 〔動物〕シャモワ; セーム革.

gana 〖ガナ〗女 **1** 主に 複 欲望, 意欲. …したさ. **2** 複 食欲. —comer con [sin] ~s もりもり[いやいや]食べる. — abrirle [despertar, excitar] a...la gana de comer (人)の食欲をそそる. abrírsele [despertárse**le**] a...la(s) gana(s) de comer (人)に食欲が出る. con ganas 《話》すごく, ひどく. dar**le** a...ganas [la (real) gana] de 〔+不定詞〕《俗》(人)は…したくなる, …する気になる. —como te **dé** la gana 君の好きなように. de buena gana 喜んで, 進んで, 意欲的に. de mala gana いやいや, 渋々. 〔+不定詞〕 entrar**le** [venir**le**] a...ganas de (人)が…したくなる. したい気になる. hacer... con poca gana 気をいれずに…する. hasta las ganas 〖メキシコ〗気のすむまで, とことん. hacer lo que **le** da [**dé**] la gana 《話》やりたい放題のことをやる. quedarse [dejar] con las ganas がっかりする, 不満が残る, ...することができない. tener ganas [gana] de 〔+不定詞〕…したい. 〔+ que + 接続法〕…して欲しい. tener**le** a...ganas (人)に恨みを抱く. tener [sentir] gana(s) de 〔+不定詞〕…したい.

ganadería 女 **1** 〔集合的に〕(一国·一地域·一個人所有の)家畜;(闘牛用の)牛. **2** 牧畜(業), 畜産.

ganadero, ra 形名 牧畜(業)の; 家畜の. — 名 牧畜業, 牧畜[畜産]業者.

ganado 男 **1** 〔集合的に〕家畜. —— bravo 闘牛. ~ mayor 大型家畜(牛·馬など). ~ menor 小型家畜(羊·ヤギなど). ~ vacuno 牛. ~ de cerda 豚. ~ caballar 馬. **2** 《俗》群衆(軽蔑的·ユーモラスに).

ganador, dora 形 勝者である, 勝った; 得た. —— 名 勝利者, 当選者.

ganancia 女 〖主に 複〗利益(特に金銭の)利益, もうけ, 利潤. —— líquida [neta] 純益. ~ bruta [total] 粗[粗利]益, 総利益. —no arrendar a...la ganancia 《話》悪い結果·危険なことのおかしい注意を与える(人)がどうなっても知らない.

gananciaI 形 〔経済〕利潤の, 収益の.

ganancioso, sa 形 (商談·試合などで)利潤を得る, 有利な; 勝った. —— 名 儲けた人; 勝者.

ganapán 男 **1** 伝言や荷運びをして稼ぐ人, ポーター. **2** 粗野な人, 無作法な人.

ganapierde 男 (チェッカーなどのゲームで)持ち駒を全て失くした方を勝ちとする遊び方.

ganar 〖ガナル〗他 **1** を得る, 獲得する, 勝ち取る. —— un premio literario 文学賞を獲得する. **2** (金銭·給料など)を稼ぐ, 儲ける. —— (時間·スペースなど)を稼ぐ, 節約する. —— mucho dinero 大金をかせぐ. **3** (試合·勝負で)に勝つ. 〔+ en/a 人〕に勝る, 勝つ. —Me ganas en categoría. 身分においては君の勝ちだ. **4** …に到達する, たどり着く. ▶ ganar terreno → terreno. —— 自 **1** 勝つ, 勝利する, 良くなる; 増す. **2** 稼ぐ, 儲ける. **3** 〖中南米〗para の方へ〕向かう; 〖中南米〗(ある場所)に逃げ込む. ▶ no ganar para sustos [para disgustos] 悪いことばかりある, 災難続きである. —— se 再 **1** (信用など)を勝ち取る, 獲得する; (賞賛などを)受ける. ——se nuestra confianza 私たちの信用を得る. ——se la vida 生計を立てる. **3** …の気に入る, を引き入れる, 味方になる.

ganchero, ra 形名 〖南米〗売春を仲介する(人); ポン引き.

ganchete 男 ▶ a medio ganchete 中途半端で, やりかけで. de medio ganchete いい加減に, ぞんざいに; (椅子に)浅く腰かけて.

ganchillo 男 (編物用の)かぎ針, かぎ針編み.

gancho 男 **1** (物を引っ掛ける·吊す·引っ張る)フック, 鉤(かぎ), 掛け鉤. **2** 《俗》(女性の)性的魅力, 色気, 〖男·女の〗セックスアピール. **3** 《俗》(賭け事や大道商人などの)さくら, おとり. **4** 〖スポ〗(ボクシングの)フック(射); (バスケットボールの)フックショット. **5** 〖中米〗ヘアピン (=~ de cabeza); ハンガー. —echar el gancho a... 《俗》(人)をうまく引っ掛ける, 誘惑する; 押さえつける.

ganchoso, sa 形 鉤(かぎ)のついた; 鉤形の.

ganchudo, da 形 鉤(かぎ)形の.

gándara 女 未開墾の低地, 雑草地.

gandido, da 形 〖中米〗大食いの.

gandul, dula 形名 怠け者(の), 無精な(人).

gandulear 自 怠惰な生活をする, のらくらと暮らす.

gandulería 女 怠惰, 無精, 怠けること.

ganga¹ 女 〔鳥類〕サケイ(砂鶏); 〖中南米〗マヒバリ科.

ganga² 女 **1** 《話》買い得品, 掘り出し物, 特価品. **2** 見掛け倒しの物(人), 役立たず. **3** 〔鉱物〕脈石(鉱床·鉱石中に含まれる, 利用価値のない部分).

ganglio 男 **1** 〔解剖〕神経節. **2** 〔医学〕結節腫, ガングリオン.

gangoso, sa 形 鼻声の; 鼻声でしゃべること[人].

gangrena 女 〔医学〕壊疽(えそ).

gangrenarse 再 〔医学〕壊疽(えそ)にな

gangrenoso, sa 形《医学》壊疽(ホ)の, 壊疽にかかった.

ganguear 自 鼻声でしゃべる, 鼻にかかった話し方をする.

gangueo 男 鼻声, 鼻声でしゃべること.

Ganivet 固名 ガニベー (Ángel ~) (1865-98, スペインの思想家・小説家).

ganoso, sa 形 [+de を] 望んで, 欲しがって [Estar+].

gansada 女 意味も無いこと, たわごと, 下らないこと.

gansarón 男 ガチョウ[ガン]の雛.

gansear 自 たわいもないことを言う[する].

ganso, sa 名 1 〖鳥類〗ガチョウ(驚鳥), ガン(雁) (=~ salvaje [bravo]). 2《俗, 軽蔑》愚図(⑦), どじ[不器用]なやつ, くだらない冗談ばかり言う人, おどけ人. ▶hacer el ganso《俗》(人を笑わせたり面白くもないばかなことを言う[する], おどける. *pasta gansa*《話》大金. ― 形 1 愚図な, のろまな; どじな, 不器用な. 2 面白味のない, くだらない.

gánster 男 ギャングの一員, 暴力団員, 悪漢.

gansterismo 男 ギャング行為.

ganzúa 女〈鍵を使わずに錠前をこじ開けるための道具〉.

gañán 男 1〈農園の下男, 作男, 人夫. 2 頑強で無骨な男.

gañanía 女《集合的に》作男たち, 下男たち; 作男たちの住居, 宿舎.

gañido 男〈犬などの〉きゃんきゃんという吠え声, うめき声, うなり.

gañir 自 [3.10] 1〈犬などが〉きゃんきゃんと悲鳴をあげる. 2〈カラス・ガチョウなどが〉鳴く.

gañote 男《話》喉, 喉元, 気管.

gaonera 女〈闘牛〉背面にケープを構え正面に牛を配したけば.

gap〈英〉男《複~s》間隔, へだたり.

garabatear 自 走り書き, 落書き. ― 他〈を殴り書き[走り書き]する.

garabateo 男 落書きをする, 落書き.

garabato 男 1〈物を引き寄せたり吊り下げたりするための〉鉤(½), フック. 2 いたずら書き, 落書き.

garaje 男 1 ガレージ, 車庫. 2《自動車の》修理[整備]工場.

garambaina 女 1 悪趣味な[安っぽい, けばけばしい]装飾. 2《複》《物事の妨げになるような》無駄々々しいこと; 無理な要求; くだくだしい弁解.

garante 形 責任ある, 保証人である. ― 男女 保証人.

garantía 女 1 〖+ de の〗保証: 保証書[期間]. ~certificado [documento] de ~ 保証書. ~ de calidad 品質保証. ~ constitucionales 憲法上保証された国民の権利. persona de ~(s) 信用できる人. 2 保証となるもの;《法律》担保, 抵当. 3 確信, 確実性.

garantir 他 →garantizar〈欠如動詞, 語尾に i の現れる形のみ用いられる.

但し中南米では不完全動詞ではない〉.

garantizar [1.3] 他 〈を保証する, 請け合う; …の保証人となる.

garañón 男〈種付け用の〉ロバ[ラクダ, 馬など], 種馬, 種馬.

garapiña 女〈液体の〉凝固, 煮詰まった状態, シロップ[カラメル]状.

garapiñado, da 形 凝固した;〈砂糖[シロップ]漬けの;〈アーモンドなど〉砂糖衣をかけた.

garapiñar 他 1〈液体〉を凝固させる,〈煮詰めて〉固まらせる;〈アイスクリームなどを冷やし固める, 凍らせる. 2〈果物などを〉砂糖漬けにする, シロップに漬け込む; 砂糖の衣をかける.

garbanceroo, ra 形 ガルバンソの. ― 名 粗野な〖無作法な, ぞんざいな〗人.

garbanzal 男 ガルバンソ畑.

garbanzo 男 〖植物〗ガルバンソ, エジプトマメ, ヒヨコマメ(の実[豆]). ▶ganarse los garbanzos《話》日々の糧(‰)を得る. *garbanzo negro* 厄介者, 鼻つまみ.

garbear 自 散歩する, ぶらつく. ― 他〈を盗む.

garbeo 男《話》散歩, ぶらつくこと.

garbo 男 1〈挙動・身ごなしの〉優美さ; 流暢;〈立居振舞の〉あざやかさ. 2〈行いの〉見事さ;〈特に, 文章などの〉流暢さ; 優美さ.

garboso, sa 形 優雅な, エレガントな; あざやかな.

garceta 女〖動物〗サギ, シラサギ.

García Lorca 固名 ガルシーア・ロルカ (Federico ~)(1898-1936, スペインの詩人・劇作家).

García Márquez 固名 ガルシーア・マルケス (Gabriel ~)(1928-, コロンビアの作家・ジャーナリスト. 1982年ノーベル文学賞を受賞).

Garcilaso de la Vega 固名 ガルシラーソ・デ・ラ・ベーガ (El Inca ~)(1539頃-1616, ペルーの年代記作家).

gardenia 女 〖植物〗クチナシ.

garduña 女 〖動物〗ブナテン.

garduño, ña[2] 名 こそ泥, すり, かっぱらい.

garete ▶al garete (1) 漂流して. (2) 怒って, 拍子して. *irse al garete* 失敗する, 台なしになる.

garfa 女〈猫・鷹などの〉爪, 鉤(⅟)爪.

garfio 男 鉤, フック, 鉤(⅟)竿〈複数の鉤のついたもの〉.

gargajear 自 痰(½)[唾(½)]を吐く.

gargajo 男《話》痰(½), 唾(½).

garganta 女 [ガルガンタ] 1 〖解剖〗喉(½), 首. 2〈歌手の〉声, 喉. 3〈両側が絶壁の〉峡谷, 山峡の狭い道. ▶*tener a ~ atravesada en la garganta*〈人〉が気に入らない, 我慢ならない.

gargantilla 女〈短めの〉ネックレス, チョーカー.

gárgara 女《主に複》うがい. ▶*mandar a hacer gárgaras*《話》を追い払う,〈要求など〉をはねつける. *¡Vete [Que*

gargarismo 男 **1** うがいをすること. **2** うがい薬.

gargarizar [1.3] 自 うがいをする.

gárgola 女 (建築) (人や動物の彫刻を施した) 雨樋 [噴水の排水口], ガーゴイル.

garguero, gargüero 男 《話》喉, 気管 (の上部).

garita 女 (主に木の) 小屋 (番小屋, 門衛の詰所, 守衛所など).

garitero, ra 男 **1** 賭博場の場主, カジノの経営者. **2** 博奕好き.

garito 男 **1** 賭博場, カジノ. **2** うさんくさい遊び場.

garlar 自 《話》無遠慮にしゃべりつづける.

garlito 男 (魚を取るための) 簗 (やな).

garlopa 女 仕上げかんな.

garnacha¹ 女 甘味が強く上質の赤ブドウの一種, そのワイン.

garnacha² 女 **1** 法衣, (裁判官などが着る) ガウン. **2** [メキシコ] チリ風味の揚げた大きなタコス.

garra 女 **1** (獣・猛禽 (きん) の鋭く曲った) 爪, 鉤爪 (かぎつめ) の生えた [手足]. **2** 《軽蔑》人の手 (の貪欲・野心を暗示する). **3** 《不道徳・愛なども》支配 (力); 力. **4** 複 (オーバー仕立用などの) 股 (だ) 部分の毛皮 (の縁). **5** [中南米] (革などの) むけた端. ● **caer [estar] en las garras de...** (害を及ぼす人) の手中に陥る [ある], ...に支配される [支配されている]. **echar la garra a...** (人・物) を捕まえる. **sacar a ... de las garras de...** (人・物) の手から (人) を救い出す. **tener garra** 魅力 [力] がある.

garrafa 女 **1** 首長で膨らみのついたガラスの容器. **2** [南米] ガスボンベ.

garrafal 形 **1** (欠点・誤りなどが) 重大な, 大きな, ひどい. **2** (サクランボの実などが) 普通よりも大きい; (実が) 大型の実をつける.

garrafón 男 首長の大型ガラスびん.

garrapata 女 《虫類》(犬などに寄生し血を吸う) ダニ.

garrapatear 自他 走り書きする, 雑に書く; 殴り書きする.

garrapato 男 走り書き, 殴り書き; いたずら書き.

garrapiñar 他 →garapiñar.

garrar, garrear 自 《海事》船が (錨をよく下ろしていないために) 後退する, 止まらずに錨を引きずる.

garrido, da 形 美人の, ハンサムな; スタイルのいい, さっそうとした.

garrocha 女 (先端に尖った金具のついた) (特に闘牛で用いる) 槍; (棒高跳び用の) ボール.

garrón 男 (鬼などの) 足, 足先 (狩りの獲物などの, 下から吊り下げる部分).

garronear 他 [南米] (人) にたかる, (物) をねだる.

garrota 女 **1** →garrote. **2** (握りの曲った) 杖.

garrotazo 男 (棍棒などで) 殴ること.

garrote 男 **1** 棍棒, 棒切れ武器として太くて重いもの). **2** ねじって締めつけること; (手足を締めつける) 拷問; 絞首刑の道具. **3** 止血帯.

garrotillo 男 《医学》ジフテリア.

garrotín 男 ガロティン (19世紀末まで流行したダンスの一種).

garrucha 女 滑車.

garrulería 女 **1** よくしゃべること, 冗長. **2** (冗長な人の) しゃべり方, 多弁, 言葉の使いすぎ.

gárrulo, la 形 **1** (鳥が) よくさえずる. **2** (風・水の流れなどが) ざわめく, ざわめく. **3** よくしゃべる, 冗長な; 品のない.

garúa 女 [中南米] 小雨.

garuar [1.6] 自 [中南米] 小雨が降る.

garza 女 《鳥類》サギ.

garzo, za 形 (目の) 青い.

garzón 男 《鳥類》アオサギの一種 (羽冠がなく, くちばしの下に水をためる袋を持つ). **2** 若者; 男子.

garzota 女 《鳥類》シラコイ.

gas 男 **1** (燃料・灯火用の) ガス. ― **escape de** ～ ガス漏れ. ― **ciudad** 都市ガス. ～ **natural** 天然ガス. ～ **noble** 《化学》希ガス. ～ **propano** プロパンガス. **2** 《物理, 化学》ガス, 気体; (自動車・飛行機の) 混合気; 排気ガス (= ～ **de escape**). ～ **butano** ブタンガス. ～ **lacrimógeno** 催涙ガス. **3** 《解剖》腸内 [体内] ガス (= ～ **es intestinales**). **4** [中南米] 全速力で, フルスピードで. ● **a todo gas** 全速力で. **dar gas** アクセルを踏む, 速度を上げる.

gasa 女 ガーゼ; 薄絹, 紗; 包帯.

gascón, cona 形 名 ガスコーニュ地方 (Gascuña, フランス南西部) の (人), ガスコーニュ出身の (人).

gasear 他 ガスで攻撃する.

gaseoso, sa 形 **1** 気体の, ガス (状) の, ガス質の. **2** 炭酸ガスを入れた, 炭酸で飽和させた; 発泡性の. ― 女 ソーダ水, 炭酸水, レモネード.

gasero, ra 形 ガス (製造) の. ― 男 [スペイン] ガス輸送船.

gasfitero 男 [南米] ガス工事人, ガス管工.

gasificación 女 《化学》気化.

gasificar [1.1] 他 **1** 《化学》気化する, 気化する. **2** (飲物) に炭酸を入れる.

gasista 女 ガス工事人, ガス業者.

gasoducto 男 ガスの輸送管, 配管.

gasógeno 男 **1** 炭酸水の発生器. **2** (自動車の燃料用などの) ガス発生装置.

gasoil [ガスオイル] 男 →gasóleo.

gasóleo 男 (ディーゼル機関用の) 燃料, ディーゼル油; ガス油, 軽油.

gasolina 女 ガソリン. ― ～ **súper** ハイオクタン・ガソリン. ～ **normal** [**regular**] レギュラー・ガソリン.

gasolinera 女 **1** ガソリン・スタンド. **2** モーターボート.

gasómetro 男 ガスタンク; ガス計量器.

gastado, da 過分 [→ gastar] 形 **1** 使い尽 (された), 消耗しきった, 磨耗した. **2** 衰弱した, 疲れ果てた, 消耗した. **3** (言い

gastador 回など)使い古しの、陳腐な、お定まりの。

gastador, dora 形 金遣いの荒い、浪費する。—名 浪費家、濫費家。—男〖軍事〗工兵。

gastar [ガスタル] 他 1 (金銭·物·労力などを使って)費やす、消費する。2 を使い切る;をすり減らす。~~ **los zapatos** 靴を使い古す。3 を(習慣的に)使う、を(よくない態度)をとる、(性向を)持っている。—*Gasta muy mal humor.* 彼は大変不機嫌だ。5 (冗談など)を言う。~~ **bromas** 冗談を言う。▶ **gastar(se)** 自 〚話〛振舞う、行動をとる。—**se** 再 1 (金を)使う。2 すり減る、摩耗する、消耗する。3 老化する。4 (金銭)を使う、費消する。

gasterópodos 男複 〖動物〗腹足類。

gasto 男 1 (主に 複) 費用、出費;支出。~~ **deducible** 控除費用、必要経費。~~ **público** 公共[財政]支出。~s **de representación** 接待[交際]費。~s (水·電気·ガスなどの消費量)。▶ **correr con el gasto [los gastos]** 全額負担する。**cubrir gastos** 出費[支出]を賄う(カバーする)。

gastoso, sa 形 金遣いの荒い、浪費家の、costの大きい。

gastralgia 女 〖医学〗胃痛。
gastrectasia 女 〖医学〗胃拡張。
gástrico, ca 形 胃の、消化器官の。
gastritis 女 〖医学〗胃炎。
gastroenteritis 女 〖単複同形〗〖医学〗胃腸炎。
gastroenterología 女 胃腸病学。
gastroenterólogo, ga 名 胃腸病専門医。
gastrointestinal 形 胃腸の、消化の。
gastronomía 女 美食学。
gastronómico, ca 形 美食学の、食道楽の。
gastrónomo, ma 名 美食家、食通、グルメ;料理家。—形 食道楽の。
gastroscopia 女 〖医学〗胃カメラ検査(法)。
gastroscopio 男 〖医学〗胃カメラ。
gata 女 1 雌猫。2 〖植物〗ハリエニシダ(→**gatuña**)。3 〖話〗マドリード出身の女性。4 〖南米〗ハンドル、クランク。
gatas: a gatas 四つん這いで、這って。—*andar a gatas* 這って歩く;(赤ん坊が)這い這いする。
gateado, da 過分 〔→**gatear**〕形 猫に似た。
gatear 自 1 這う、四つん這いで歩く。2 (木などに)よじのぼる。
gatera 女 1 猫穴(猫の出入り用の穴);(鍵穴の、扉などにあけた)穴。2 〖海事〗綱を通すために船体にあけた穴。3 〖中南米〗(競馬の)出走枠。
gatillazo 男 引き金に力を入れすぎて外すこと。
gatillo 男 1 (歯を抜くのに用いる)やっとこ;(工具の)クランプ、万力;ジャッキ。2 (拳銃の)引き金、撃鉄。

gato, ta [ガト] 名 1 (動物)ネコ(猫)、オスネコ。—男 1 〖機械〗ジャッキ。2 ネズミ捕り。3 〖南米〗男女で踊る民俗舞踊。▶ *buscar tres [cinco] pies al gato* →**pie**. *como (el) perro y (el) gato* →**perro**. *cuatro gatos* 〖話〗少数の人。*dar [meter] gato por liebre* 〖話〗だまして売る、人をだます(半潤侗肉)。*haber gato encerrado* 〖…+en …〗隠された訳がある、裏がある。*lavarse [como un gato]* 〖話〗さっと体を洗う。*lengua de gato* →**lengua**. *llevarse el gato al agua* 競争に勝つ。*no haber ni un gato* 人っ子一人いない。*poner el cascabel a gato* →**cascabel**.

gatopardo 男 〖動物〗ユキヒョウ。
gatuno, na 形 猫の、猫のような。
gatuperio 男 〖話〗紛糾、混乱、ごたごた。

gauchada 女 1 〖南米〗ガウチョ特有の行為。2 善意、その行為。
gauchaje 男 〖南米〗〖集合的に〗ガウチョ、ガウチョの一団。
gauchear 自 1 〖南米〗ガウチョのような暮らしをする。2 善意を施す。
gauchesco, ca 形 ガウチョの、ガウチョの文化に似た。
gaucho, cha 形 1 ガウチョの。2 〖南米〗(人が)高貴な、勇気がある、寛大な。—男 ガウチョ(ラプラタ地方とブラジル南部で牧畜に携わる)。
gaudeamus 〈ラテン〉男 〖単複同形〗1 お祝い、祭、宴会。2 祝典歌の一種。
Gaudí 男 ガウディ(Antoni Antonio)(1852-1926、スペインの建築家)。
gaudiniano, na 形 ガウディ(風)の。
gavanzo 男 〖植物〗野バラ(木·実)。
gaveta 女 1 (机などの)引き出し。2 (モルタルなどに使う)ひしゃく。
gavia 女 (船舶) 1 〖海事〗(特に、最も高いマストについている)帆。1 (帆船の)見張り台。2 (海の)牢。
gavial 男 〖動物〗ガビアル(ワニの一種)。
gaviero 男 〖海事〗見張り役の船員、トップマン。
gavilán 男 1 〖鳥類〗ハイタカ、コノリ(鷹の一種)。2 (刀剣の)つば(柄の根元から左右に出た部分)。
gavilla 女 1 (穀物·木の枝などの)束。2 〖話〗(悪者の)一団、一味、徒党。
gaviota 女 〖鳥類〗カモメ。
gavota 女 ガボット(17·18世紀フランスの快活な舞曲、またその曲)。
gay 〈英〉男 〖複 ~s〗(男性の)同性愛者(の)。
gayo, ya 形 〖文〗陽気な、明るい;華やかな、派手な。▶ *gaya ciencia* 詩、(特に)吟遊詩学、悠愛詩学。
gayola 女 〖話〗牢屋、監獄。
gaza 女 〖海事〗(ロープの端に作る)輪、ループ。

gazapera 女 兎の穴，巣．
gazapo 男 子兎，若い兎．
gazapo² 男 (不注意から)の誤り，言い[書き]間違い；印刷上の誤り．
gazmoñada, gazmoñería 女 良識家を装うこと，慎み深いふりをすること．
gazmoñero, ra, gazmoño, ña 形 1 上品ぶった，とりすました，良識家［信心家］気取りの．2（しきたりなどに）やかましい，堅苦しい．— 名 気取り屋，偽善者．
gaznápiro, ra 形 （頭の）鈍い，単純な；間抜けな．— 名 うすのろ，間抜け；田舎者．
gaznate 男 1 喉，気管．2〖メキシコ〗パイナップルとココナッツを使った菓子．
gazpacho 男 《料理》ガスパーチョ（冷たい野菜スープ）．
ge 文字 g の名称．
géiser 男 《地学》間欠泉．
geisha, géisa ［<日］女 芸者．
gel 男 1《化学》ゲル（コロイド溶液が流動性を失った状態）．2（化粧品などに用いられる）ゼラチン質の状態，ジェル．
gelatina 女 ゼラチン；ゼリー．
gelatinoso, sa 形 ゼラチン質の，ゼリー状の．
gélido, da 《詩》とても寒い[冷たい]，凍て付くような．
gema 女 1 宝石．2《植物》芽．▶ **sal gema** 岩塩．
gemación 女 1 芽の成長．2《生物》（芽・芽球による）無性生殖．
gemebundo, da 形 ヒーヒー泣くようなうめき声をあげる；すぐピーピー言いたがる．
gemelo, la 形 1 双子の，双生の．2 対になった．3 非常によく似た，うり二つの．
▶ **músculos gemelos**《解剖》双子筋．— 名 双生児．— 男 1 双眼鏡．— s de teatro オペラグラス．2 カフスボタン．
gemido 男 うめき声，うなり声；嘆き．
gemidor, dora 形 うめく，うなりをあげる；嘆いている．
geminación 女 《言語》1 子音重複．2 同語[句]反復．
geminado, da 形 《生物》（細胞などが）2つに分裂した；2重の．
geminar 他 1 を繰り返す；《言語》（語句）を反復する．2《言語》（子音）を重複させる．
géminis 形 男女〖無変化〗双子座生まれの(人)．— 男〖G~〗《天文》双子座，（十二宮の）双子宮．
gemir [6.1] 自 1 うめく，うなる；嘆く．2（風・動物が）うなる，悲しげに鳴く，遠ほえする．
gémula 女《植物》胚芽．
gen 男《生物》遺伝子．
genciana 女《植物》リンドウ．
gendarme 男（フランスの）憲兵；〖中南米〗警官．
gendarmería 女 1（フランスの）憲兵隊．2 憲兵隊の本部，司令部．
gene 男 → gen.
genealogía 女 家系，血統；家系図．

genealógico, ca 形 家系の，系統の；系図の．
genealogista 男女 系図学者，系統学研究者．
generación 女 1 世代，ジェネレーション；［集合的に］同世代の人々，同年代の人．一 代，一世代（約 25-30 年）．3《生物》発生，生殖，出産．— espontánea 自然発生(説)（バストゥールの以前の説）．4（電気・ガス・熱などの）発生，生成，創出．5《数学，言語，情報》生成．
generacional 形 世代(間)の，同世代[時代]の．
generador, dora 形 〖+ de〗を生み出す，発生させる．もとになる．— 男 〖エネルギー・ガスなどの〗発生装置．

general
［ヘネラル］形 1 一般の，全般の，世間一般の，普通の．— regla — 総 則．elecciones ~es 総選挙．2 概略的，概括的な，大まかな．3 (特殊ではなく)一般的な，ある部門[分野]に限定されない．— lingüística — 般言語学．4 (組織全体の管理者による)総⋯．— director — 総支配人．
▶ **por lo general** 一般に，普通(は)，通例して，一般に．— 男 1 将軍，陸軍[空軍]将官．— ~ de brigada 准将．~ de división 少将．— en jefe 元帥．2《宗教》修道会総会長．**en general** 概して，大体において；普通(は)，たいてい；一般に[の]，全般に[の]．
generala 女 1《軍事》戦闘用意のラッパ．— toca r a — 戦闘用意のラッパを鳴らす．2 将軍夫人．
generalato 男 《軍事》1 将官職，将校の地位［身分］．2 将校の集まり，将官団．
generalidad 女 1 一般性，普遍性．2 ［複］一般論，曖昧さ；（学問の）概論，総論．3 (la ~) 大多数，大部分．
generalísimo 男（三軍の）総司令官，大元帥．
generalista 形 男女 幅広い知識を持った(人)．
generalización 女 1 一般化，普遍化．2（紛争などの）拡大，波及，エスカレート．
generalizador, dora 形 1 一般化する，普遍化する．2 広める，普及させる．
generalizar [1.3] 他 1 を普通する，広める，普遍化する．2（個別的なことを）一般化する，一般化して述べる．— 自 概括する，総合する，一般的に言う．— se 再 一般化する，普及する，広まる．
generalmente 副 普通(は)，たいてい，— 般に，概して，大体において．
generar 他 1 を生むを，発生させる；(新しい個体を)産む．2 をもたらす，引き起こす，原因となる．
generativo, va 形 1 発生の，産出の．2 発生力(のある)，生殖力のある．3《言語》生成の，一gramática *generativa* 生成文法．
generatriz 形女 〖複 generatrices〗1《数学》（ある図形や立体を生成する）母線

(の), 母面(の). **2** 発電機(の), 発生装置(の).

genérico, ca 形 **1** 一定の類[属, 群]全体に共通の, 一般的な; 総称的な. **2**〖言語〗性の; 総称的な. **3**〖生物〗属の.

***género** 男 **1** 種類, 種. ── sin ningún ～ de duda 少しもまぎれもなく, 確実に. つまず. **2**(文学・芸術作品のジャンル, 部門, 様式. ── literario 文芸ジャンル. **3** やり方. ── ～ de vida 生活様式; 生き方. **4**(衣料)商品. **5**生地. 〖織〗繊維製品. ──～s de punto ニットウェア, メリヤス製品. **6**(生物) の(属(科. ── ～ humano 人類. **7**〖言語〗(名詞・形容詞などの文法上の)性. ── ～ femenino [masculino, neutro] 女[男, 中]性. ▶ *de género* 〖美術〗風俗描写の(宗教画・歴史画・肖像などと区別して).

generosidad 女 寛大, 寛容; 気前のよさ.

***generoso, sa** 形 **1**[+ con/para + para 対して]気前のよい, 物惜しみしない, けちでない. **2** 寛大な, 寛容で, 思いやりのある. **3**(ものが)豊富な, たくさんの. **4**(土地が)豊穣な, 肥沃な; (酒が)コクのある, 芳醇な.

genesíaco, ca, genesíaco, ca 形 〖聖書〗創世記の.

genésico, ca 形 発生の, 生成の.

génesis 女 **1**起源, 源, 始まり; 創造. **2**由来, 起こり. ── 男 (G～)〖聖書〗創世記(旧約聖書の第一書).

genética 女 遺伝学.

genético, ca 形 **1**遺伝学の. **2**起源の, 発生の.

genetista 男女 遺伝学者.

genial 形 **1** 天才的な, 才能あふれる, 独創的な. **2** 機知に富んだ, 適切な, 巧妙な. **3**(話)抜群の, ずば抜けた, すばらしい. ── 副 すばらしく, 並外れて.

genialidad 女 **1**独創性, 創造力; 天賦の才能. **2**天才的な業[作品], 偉業. **3**〖軽蔑〗奇抜な行為.

***genio** 男 **1**[+ de/en/para … の]才能, 天賦の才. **2**(人の)性質, 気質; 芸質, 性分. **3**(時代・国民・土地・文化などの)精神, 風潮; (言語の)特性. ── ～ de la lengua española スペイン語の特性. **4**(俗)根性, 意気込み, 気迫. **5**精, 妖精, 精霊; (土地・人などの)守り神, 守護(= ～ tutelar). ▶ *estar de buen [mal] genio* 機嫌がよい[悪い]. *tener buen genio* 性格がよい(親切・陽気でおとなしい). *tener mal genio* 気難しい, 怒りっぽい. *tener mucho genio* 短気である, 気が短い, 怒りっぽい.

genital 形 生殖の. ── 男 複 生殖器, (特に男子の)睾丸, 精巣.

genitivo, va 形 生み出しうる, 産出できる. ── 男〖言語〗属格, 所有格.

genitor, tora 形 発生させる, 生じさせる, もたらす. ── 名 生みの親.

genitora 女 → genitor.

genízaro 男 → jenízaro.

genocida 形名 大量虐殺者(の).

genocidio 男 大量虐殺, ジェノサイド.

genoma 男〖生物〗ゲノム.

genómico, ca 形〖生物〗ゲノムの.

genotipo 男〖生物〗遺伝子型.

genovés, vesa 形名 ジェノバ (Génova, イタリア北西部の港町)の(人), ジェノバ出身の(人).

***gente** 女 〖ヘンテ〗**1**〖集合的に〗(複数の人としての)人々, 人たち; 〖世間〗人間一般としての人々. ── buena ～ いい人たち. ── ～ inculta 無教養・無知な人々. **2**〖俗〗(文)(あらゆる階層・職業の)人々. **3**〖集合的に〗〖修飾語を伴い〗(ある職場・階級などの)人たち, 仲間, 部下. ── ～ de mar 船乗り, 漁師. **4**〖形容詞を伴い個別的に〗人. ── Juan es buena ～. フアンはいい人だ. **5**〖集合的に〗〖mi [tu, su, etc.] ～の形で〗〖話〗家族, 親戚縁者; 同郷人. ── ¿Cómo está su ～? ご家族[故郷]の皆さんはお元気です か. ▶ *gente bien* 上層階級の人たち, 金持ち, 立派な人たち. *gente de la calle [de a pie]* 普通の人たち, 一般人, 一般市民. *gente de mal vivir* 軽犯罪(常習)者たち, いかがわしい連中, ごろつき. *gente gorda* 〖話〗(社会的・経済的な)お偉方, 大物, 有力者. *gente guapa* 〖話〗上流階級の人たち, 金持ち. *gente menuda* 〖話〗子どもたち. *gente perdida* 放浪者たち, 浮浪者たち. *ser gente/ser como la gente* 〖中南米〗立派な[品行方正な, 正直な]人である.

gentecilla 女〖軽蔑〗(ろくでもない)連中, (下層の)民衆, 有象無象の衆.

***gentil** 形 **1** 親切な, 優しい. **2**〖文〗〖名詞に伴って〗優雅な, 上品な; 容姿端麗な. **3**(キリスト教から見て)異教(徒)の, 未信者の. ── 男名 (キリスト教から見て)異教徒, 未信者, 不信心者.

***gentileza** 女 **1** 親切さ, 好意; 礼儀正しさ. **2**〖文〗(振舞いなどの)優雅さ, 上品さ.

gentilhombre 男〖複 gentileshombres〗(王に仕える)侍従, 従僕, 廷臣.

gentilicio, cia 形 国名(または民族, 出身などの)表す, 地名の. ── 男 国籍形容詞[名詞], 地名形容詞[名詞].

gentílico, ca 形 異教徒の, キリスト教徒でない.

gentilidad 女 異教, キリスト教以外の宗教; 〖集合的に〗異教徒, 異教の人々.

gentío 男 (人の)集団, 群衆, 大勢の人.

gentualla 女, **gentuza** 女〖軽蔑〗(ろくでもない)連中, 奴等; 鳥合の衆.

genuflexión 女 (特に礼拝で)ひざまずくこと, 跪座.

genuino, na 形 **1**本物の, 正真正銘の. **2** 純粋な; 典型的な.

GEO 〖略号〗[<Grupo *E*special de Operaciones] 男 (対テロの)特殊作戦部隊.

geo 男女 ～s GEO のメンバー.

geocéntrico, ca 形 《地学，天文》地心の；地球を中心とする.

geoda 女 《地質》晶洞.

geodesia 女 測量学.

geodésico, ca 形 測地学の.

geodesta 男女 測地技師[学者].

geodinámica 女 地球力学.

geoestacionario, ria 形 地球から見て静止軌道上にある. —satélite 〜 静止衛星.

geofísica 女 地球物理学.

geofísico, ca 形 地球物理学の. —男女 地球物理学者.

geogenia 女 地球形成学.

geognosia 女 地球構造学.

*__geografía__ 女 地理学；地理，地形. 〜 física 自然地理学；〜 histórica 歴史地理学；〜 lingüística 言語地理学.

*__geográfico, ca__ 形 地理学(上)の，地理(学)の，地形的な.

geógrafo, fa 名 地理学者.

geoide 男 《地理》ジオイド.

geología 女 地質学，地質.

*__geológico, ca__ 形 《地質》上の，地質の.

geólogo, ga 名 地質学者.

geomagnético, ca 形 地磁気の.

geomagnetismo 男 地磁気現象.

geomancia, geomancía 女 土占い(土の塊や地面に図形を描いてうらなう占い).

geomántico, ca 形 占いの. —名 土占い師.

geómetra 男女 幾何学者.

*__geometría__ 女 《数学》幾何学. 〜 (no) euclidiana (非)ユークリッド幾何学.

*__geométrico, ca__ 形 1 幾何(学)上の，幾何学的な. 2 (幾何学のように)精密な，正確な.

geomorfología 女 地形学.

geopolítico, ca 形 地政学(の).

georama 男 ジオラマ.

Georgia 固名 グルジア(首都 Tbilisi).

georgiano, na 形名 グルジア(Georgia)の(人).

geórgico, ca 形 田園の. —女 田園詩.

geosinclinal 形 《地質》地向斜.

geotermal 形 温泉の；地熱による.

geotermia 女 地熱；地球熱学.

geotérmico, ca 形 地熱の.

geotropismo 男 《生物》屈地性.

geranio 男 《植物》ゼラニウム.

Gerardo 固名 《男性名》ヘラルド.

*__gerencia__ 女 1 (事業の)経営，管理. 2 支配人[経営者，重役]の職務[任期，執務室].

gerenta 女 《中南米》女性経営者[支配人，管理者].

*__gerente__ 男女 《商業》(会社などの)経営者，支配人，取締役，管理責任者，店長.

geriatra 男女 老人病学者，老年医学者.

geriatría 女 老人病学，老年医学.

geriátrico, ca 形 老人医学の. —男 老人病専門病院[医院].

gerifalte 男 1 《鳥類》ハヤブサ，大型の鷹. 2 重要人物；大物. ▶*como un gerifalte* 素晴しく，大変よく.

Germán 固名 《男性名》ヘルマン.

germanesco, ca 形 俗語の，スラングの，隠語の.

Germania 固名 《歴史》(古代の)ゲルマニア.

germanía 女 (特に悪人同士・泥棒仲間での)隠語.

*__germánico, ca__ 形 1 ゲルマン民族の，古代ゲルマニアの；ゲルマン語派の，ゲルマン語(系)の. 2 ドイツ(人)風の，ドイツ(人)的な. —*disciplina germánica* ドイツの規律. —男 ゲルマン語派.

germanio 男 《化学》ゲルマニウム(元素記号 Ge).

germanismo 男 ドイツ語法，ドイツ語からの借用語，ドイツ語風の表現.

germanista 男女 ドイツ語[文学，文化]学者.

germanización 女 ドイツ[ゲルマン]化.

germanizar [1.3] 他 をドイツ風にする，ドイツ化する. —se 再 ドイツ風になる.

germano, na 形 →germánico.

germanófilo, la 形名 ドイツ[ドイツ人]びいきの，ドイツ好き(の).

germanófobo, ba 形名 ドイツ嫌い(の).

germen 男 [複 gérmenes] 1 芽生え，根源，起源. 2 《生物》胚珠(はい)；胚；幼芽. 3 《土に 複》《医学》菌，細菌(〜 *patógeno*). ▶*en germen* 芽生えている，初期段階の[で].

germicida 形 殺菌性の，殺菌力のある. —男 殺菌剤.

germinación 女 発芽，成長し始めること；(考えなどの)芽生え.

germinal 形 《生物》胚[胚芽]の，原基の；本源の. —男 芽月(フランス革命暦の第7月).

germinar 自 1 (植物が)芽を出す，育ち始める. 2 芽生える，生じる，きざす.

germinativo, va 形 発芽する[しうる].

Gerona 固名 ジローナ(スペインの県・県都).

gerontocracia 女 長老政治，老人支配.

gerontología 女 老人学，老年学.

gerontólogo, ga 名 老人学者[老年学者.

geropsiquiatría 女 老人精神学.

Gertrudis 固名 《女性名》ヘルトゥルディス.

gerundense 形男女 ジローナ(Gerona；スペインのカタルーニャ地方東部の都市)の，ジローナ出身の(人).

gerundio 男 《言語》現在分詞；(ラテン語の)動名詞.

gesta 女 武勲, 功, 英雄的な行為.
► cantar de gesta 武勲詩, 英雄叙事詩.

gestación 女 1《生理》妊娠, 懐胎(期間). 2《計画・思想などを練ること, 作成過程[期間], 立案.

gestatorio, ria 形 持ち運び用の.
► silla gestatoria ローマ教皇を儀式の際に乗せて運ぶ椅子.

gestero, ra 形 身振りの多すぎる[おおげさな].

gesticulación 女 身振り, 手ぶり, ジェスチャー.

gesticulador, dora 形 身振りの豊かな.

gesticular 自 (大げさな)身振り[手まね, ジェスチャー]をする.

gestión 女 1手続き, 処置, 工作. 2(会社などの)管理, 運営, 経営. ► hacer [realizar] gestiones 手続きをする, 措置を講じる, 工作をする.

gestionar 他 1…の手続きをする. 2(用件などを)処理する, 取り扱う; 管理する.

gesto 男 1表情, 顔(つき). — fruncido 渋い顔. poner un ~ de enfado むっとした顔をする. 2 しかめ面, 渋面. 3 身振り, ジェスチャー. 4 優しい[寛大な, 立派な]行為. ► fruncir [torcer] el gesto / poner mal gesto しかめる, 嫌な顔をする.

gestor, tora 形 処理[運営]する, 経営[管理]の; 取締役, 理事, 重役. — 名 代行者; 経営者, 管理人; 取締役, 理事, 重役. — 名 役員, 会, 理事会. — ~ administrativo 行政書士.

gestoría 女 管理[経営]事務所; 機関; 代行業, 代理店.

gestual 形 身振りの, 表情の.

Ghana 固名 ガーナ(首都 Accra).

ghanés, nesa 形名 ガーナの(人).

ghetto 男 → gueto.

giba 女 こぶ, (脊柱や胸郭の異常による)こぶ腫れ, せむし.

gibado, da 形 こぶのある(人); せむしの.

gibar 他 1 …にこぶを生じさせる, 膨らす. 2 困らせる, 悩ませる, うるさがらせる.

gibón 男 《動物》テナガザル.

gibosidad 女 こぶ, こぶのような隆起.

giboso, sa 形 → gibado.

Gibraltar 固名 ジブラルタル(イベリア半島最南端のイギリスの直轄領). — Estrecho de ~ ジブラルタル海峡.

gibraltareño, ña 形名 ジブラルタル (Gibraltar) の(人).

giga 女 《音楽》ジーグ: バロック時代に流行した踊り, その音楽.

giga- 接頭 ギガ, 10億.

gigabit 男 《情報》ギガビット.

gigabyte 男 《情報》ギガバイト.

giganta 女 大女, 身体の大きい女性.

gigante 男 1巨人, 大男. 2巨星, 巨匠. 3(祭りで使われる)巨大な人形. — 形 巨大な.

gigantesco, ca 形 巨大な, 特大の; 巨人のような.

gigantez 女 巨大さ, 並外れた大きさ.

gigantismo 男 《医学》巨人症, 巨大症.

gigantón, tona 名 祭のときに作られる巨大な人形, 巨人像.

gigoló, gigoló 男 ジゴロ, ひも(女に養われる情夫); 若い愛人.

gigote 男 《料理》ひき肉をバターで炒めた料理; (一般に)細かく切った材料で作る料理.

gijonés, nesa 形名 ヒホン (Gijón, スペイン北部の港町) の(人).

gil, gila 形名《南米》まぬけな(人).

gilí 形 → gilipollas.

gilipollada 女《俗》馬鹿なこと, どじ, 間抜け.

gilipollas 形名《単複同形》《俗》アホ(な), 馬鹿(な).

gilipollez 女《俗》 pl gilipolleces 《俗》馬鹿げたこと, 愚かさ.

gimnasia 女 1体操, 運動; 体育; (スポ)体操. — ~ artística 体操競技. — ~ rítmica 新体操. 2(精神的・知的)訓練. ► confundir la gimnasia con la magnesia 《俗》とんだ勘違いをする.

gimnasio 男 1体育館. 2ギムナジウム (ドイツの9年制中等学校).

gimnasta 男女 体操選手, 体操教師.

gimnástico, ca 形 体操[体育]の. — 女 体操.

gimnospermo, ma 形《植物》裸子植物の. — 女《植物》裸子植物.

gimnoto 男《魚類》デンキウナギ.

gimotear 自 (幼児などが)ぐずる, むずがる, めそめそする.

gimoteo 男 ぐずること, 泣きじゃくること; 泣き声.

Ginebra 固名 ジュネーブ(スイスの都市).

ginebra 女 ジン(ネズの実などで香りをつけた蒸溜酒).

ginebrino, na 形名 ジュネーブ (Ginebra) の(人).

gineceo 男《植物》(花芯の)めしべの部分, めしべの集まり.

ginecocracia 女 女性主導の政治・統治.

ginecología 女《医学》婦人科学, 婦人病学.

ginecológico, ca 形《医学》婦人科の, 婦人科学の.

ginecólogo, ga 名 婦人科医.

ginefobia 女 女性恐怖症, 女嫌い.

ginesta 女《植物》エニシダ.

gineta 女 → jineta.

gingival 形 歯茎の.

gingivitis 女《単複同形》《医学》歯肉炎.

gingko 男《植物》イチョウ.

ginseng 男《植物》チョウセンニンジン, オタネニンジン.

gira 女 1(劇団・オーケストラなどの)巡業, 公演[演奏]旅行. 2遠足, ピクニック, 日帰り旅行. — ir de ~ 遠足[ピクニック]に行く. 3周遊, 一周旅行, ツアー.

girada 女 片足で立って回るスペイン舞踊の動きの1つ.

giradiscos 男 〖単複同形〗(レコードの)ターンテーブル; レコードプレーヤー.

girado, da 形 〖商業〗手形名宛人(受取人として指定された人).

girador, dora 名 〖商業〗手形振出人〖発行者〗.

giralda 女 (動物や人の形をした)風見.

girándula 女 回転式花火; 回転型噴水.

▶girar [ヒラル] 自 **1** 回る. 回転する. **2** (人・車・道などが)曲がる, 折れる. ~ a la izquierda 左に曲がる. **3** 〖+alrededor de/en torno a について〗(話題が)めぐる, 展開する, を扱う. **4** 〖+alrededor de〗(数が)…前後である. **5** 〖商業〗手形を振り出す. — 他 **1** を回す, 回転させる. ~ el volante ハンドルを回す. **2** を曲げる, 向きを変える. **3** 〖商業〗(手形などを)振り出す; (を為替)で送金する.

girasol 男 〖植物〗ひまわり.

giratorio, ria 形 回る, 回転する; 回転式の. ~ de dirección 方向転換式の.

giro 男 **1** 回転, 旋回; 向き回転換. **2** (話題・事態などの)展開, 転化. —tomar un nuevo ~ 新局面を迎える. **3** 言い回し; 文体. **4** 〖商業〗為替, 為替手形, 小切手; (手形・小切手の)振り出し, 送金. ~ postal 郵便為替. ~ bancario 銀行為替.

girocompás 男 〖航空, 海事〗ジャイロコンパス, 回転羅針儀.

girola 女 〖建築〗(ゴシック様式の教会などの)周歩廊.

girómetro 男 〖機械〗回転速度計; ジャイロメータ; 〖航空〗方位方角距離指示計.

giroscópico, ca 形 ジャイロスコープ(giroscopio)の.

giroscopio 男 ジャイロスコープ, 回転儀.

gis 男 チョーク, 白墨.

gitanada 女 〖軽蔑〗ジプシーの(人をだます)やり方.

gitanear 自 **1** (売買のときなど)ずるいやり方をする, 人をだます. **2** お世辞を言う, おべっかを使う, おねる.

gitanería 女 **1** →gitanada. **2** 〖集合的〗ジプシー. **3** 〖軽蔑〗ジプシー言葉, ジプシー口調.

gitanesco, ca 形 ジプシー(風)の, ジプシー的な.

gitanismo 男 **1** ジプシー特有の習俗や生活様式. **2** ジプシー言葉, ジプシー特有の言い回し.

gitano, na 名 **1** ジプシー, ロマ. **2** (俗)甘言でだます人; (商売などで)狡猾(ごつ)な人. — brazo de gitano (料理)ロールケーキ. — 形 **1** ジプシーの, ロマの. **2** 甘言でだます; 狡猾な, ぺんの.

glaciación 女 氷河になること, 氷河作用.

glacial 形 **1** 凍った, 氷の. **2** 凍てつくような, 非常に寒い; 北[南]極圏の. **3** (応対などが)冷淡な, 冷たい.

glaciar 男 氷河(の).

glaciarismo 男 〖地質〗氷河現象.

glaciología 女 氷河学.

glacis 男 〖築城〗斜堤(城塞の外側の傾斜した部分).

gladiador 男 (古代ローマの)剣闘士.

gladio 男 〖植物〗ガマ.

gladiolo, gladíolo 男 〖植物〗グラジオラス.

glamour 〈英〉男 魅力.

glamouroso, sa, glamuroso, sa 形 魅力的な.

glande 男 〖解剖〗亀頭.

glándula 女 〖解剖〗腺(せん). ~ endocrina [de secreción interna] 内分泌腺. ~ exocrina 外分泌腺. ~ lagrimal 涙腺. ~ linfática リンパ腺. ~ mamaria 乳腺. ~ pineal 松果腺.

glandular 形 腺の, 腺のような, 腺状の.

glasé 男 光沢のある目の詰んだ絹; タフタ.

glasear 他 **1** (紙・布などの表面に)光沢をつける, つやを出す. **2** (菓子の表面に)白に砂糖を溶かしたものを塗ってつや出しをする.

glauco, ca 形 明るい緑色の, ライトグリーンの.

glaucoma 男 〖医学〗緑内障.

gleba 女 **1** (鋤で地面を起こす時に出る)土くれ, 土塊. **2** (小作人や農奴に割り当てられた)土地, 農地. —siervo de la ~ (中世の)農奴.

glera 女 砂利地; 砂利道.

glicérido 男 〖化学〗グリセリド.

glicerina 女 〖化学〗グリセリン.

glicina 女 **1** 〖植物〗フジ(藤). **2** 〖化学〗グリシン.

glíptica 女 宝石・鋼などにする彫刻, 彫刻技術.

global 形 全体的な, 包括的な; 世界的な; 地球規模の.

globalización 女 **1** 統合, 総合. **2** 国際化, グローバル化.

globalizar 他 **1** を統合する. **2** を世界的規模にする, 国際化する.

globo 男 **1** 地球(儀) (= ~ terrestre [terráqueo]). **2** (ゴム製の風船); 気球(= ~ aerostático). — dirigible 飛行船. ~ sonda 観測用気球. **3** 球, 球状体. ~ ocular [del ojo] 〖解剖〗眼球. ~ celeste 天球. **4** (電灯の)丸い笠(小物を半透明ガラス製). **5** (スポ)(テニスなどの)ロビングボール; (サッカーの)ループシュート. **6** (漫画などの)吹き出し. **7** (南米)うそ.

▶**en globo** 全体として, 全体的に見て; 不確かな, 不安な.

globoso, sa 形 球状の; 球からなる.

globular 形 小球体の.

globulina 女 〖生物〗グロブリン.

glóbulo 男 (血球などの)小球体. ~ blanco 白血球. ~ rojo 赤血球.

globuloso, sa 形 球状の, 丸い.

glomérulo 男 〖解〗糸球体.

Gloria 固名 〖女性名〗グロリア.

▶gloria [グロリア] 女 **1** 栄光, 栄誉, 名誉. —lograr [alcanzar] la ～ 栄光を手にする. **2**(国・町・一家などの)誇り, 誉れ(となる人), 名士. **3**《俗》大きな喜び, 楽しみ, うれしさ. **4**(普通 G～)《宗教》天国; 天上の栄光, 至福 (＝～ eterna) (現世の恩寵(おんちょう)) gracia の状態に対するもの). —Que Dios lo tenga en su ～. 神よ, 彼のたましいを天へ導きたまえ. ganar(se) la ～ 昇天する, 死ぬ. **5**《美術》(キリスト聖者たちの)後光, 光輪, 背光. (円天井などの)聖人や天使のいる空を描いた絵画. ▶*cubrirse de gloria* (1)栄光に包まれる. (2)《皮肉》へまをする. *estar en la gloria* (場所・状況などに)満悦している, 居心地がよい. *estar en sus glorias* 満悦している. *oler* [*saber*] *a gloria* すばらしい香り[味]がする. *... que los gustos esté... que Dios le tenga en su gloria* (故人に言及して)今は亡き…, 故…. *sin pena ni gloria* 可もなく不可もなく, 平凡に[な], 無難に[な]. —男 (カト)《聖歌の)グローリア, 栄光の聖歌, 栄光頌(しょう)(礼拝式の中で歌われたは唱える).

gloriar 他 を賛美する; (キリスト教)に神の栄光を授ける. — se 再 [＋de/en＋] **1**自慢する, 鼻にかける. **2**(を)喜ぶ, 嬉しく思う; (に)満足する.

glorieta 女 **1**ロータリー, 交差点, 通りが合流する地点. **2**あずまや, (庭園の中などの)小広場.

glorificación 女 **1**讃美, 称賛. **2**神の栄光を授けること.

glorificar [1.1] 他 **1**を讃美する, 誉め称える, 称賛する. **2**《キリスト教》に神の栄光を授ける, に至福を与える. — se 再 → gloriarse.

glorioso, sa 形 **1**光栄ある, 名誉ある, 輝かしい. **2**《カト》栄光の, 栄えある. 聖なる. — 女 (La G～) 聖母マリア.

glosa 女 **1**注, 注釈, (語句などの)説明. **2**《文学》各詩連の末尾に付される一定行数の詩句. **3**《音楽》(変奏曲の, 主題に対する)変奏, バリエーション.

glosador, dora 形 注の付いた. — 名 注釈者, (用語)解説者.

glosar 他 を注釈する, 注解する; を解説する.

glosario 男 (巻末の)語彙集, 用語解説.

glosopeda 女 《獣医》口蹄疫(こうていえき).

glotis 女 《単複同形》声門(左右の声帯の間にある三角形の隙間).

glotón, tona 形 大食いの; むさぼる; 貪欲な. — 名 大食漢; がつがつ食べる人; 貪欲な人. — 男 《動物》クズリ.

glotonear 自 がつがつ食べる, むさぼる.

glotonería 女 大食, がつがつ食べること, むさぼること.

glucemia 女 《医学》血糖, 血糖値.

glúcido 男 糖質.

glucinio 男 《化学》グルシニウム(元素記号 Gl).

glucógeno 男 《化学》グリコーゲン.

glucosa 女 ブドウ糖, グルコース.

glucosuria 女 《医学》糖尿.

gluglú 男 **1**(水などの)ごぼごぼいう音. **2**(七面鳥の)グルグルいう鳴き声.

glutamato 男 《化学》グルタミン酸.

glutámico, ca 形 グルタミンの.

gluten 男 《化学》グルテン.

glúteo, a 形 臀(でん)部の, 尻の. — 男 複 臀部筋.

glutinoso, sa 形 粘着性の, くっつく.

gneis 男 《地学》片麻岩.

gnómico, ca 形 格言の, 格言的な.

gnomo 男 ノーム, (童話などで)小人, 小さな精.

gnomónica 女 日時計製作法; 日時計測時法.

gnosis 女《単複同形》グノーシス; 神秘的直観, 霊的認識.

gnosticismo 男《宗教》グノーシス主義説(2世紀頃の異端思想).

gnóstico, ca 形 名 グノーシス主義の(人).

gnu 男《動物》ヌー.

gobelino 男 ゴブラン織り.

gobernabilidad 女 統治の質・政策, 統治方法.

gobernable 形 **1**統治[支配]されうる, 管理しやすい, 従順な. **2**操縦可能な, 操縦しやすい.

gobernación 女 **1**統治, 支配. **2**管理, 運営, 統轄.

gobernador, dora 名 (県や州の)知事 (＝～ civil); (公的機関の)総裁. — 形 統治する, 管理[運営]する.

gobernalle 男 《海事》(船の)舵.

gobernanta 女 (ホテルの)チーフメイド; 寮母.

gobernante 形 治める, 統治者の, 支配者の. — 男女 治める人, 統治者, 支配者.

gobernar [4.1] 他 **1**(国)を統治する, 治める, 支配する; (機関など)を管理する, 運営する, 経営する. **2**を操縦する, 操舵する; (人)を操る, 従わせる. — 自 **1**統治する, 支配する. **2**《海事》舵がきく. — se 再 **1**自己管理する, 自制する, 身を処する. **2**進む; 治めらる.

gobiern. 動 →gobernar [4.1].

gobierno 男 [ゴビエルノ] (政治)政府, 内閣. —*formar* [*organizar*] *un nuevo* ～ 新内閣を組織する, 組閣する. *jefe* [*presidente*] *del* ～ 首相, 内閣総理大臣. *palacio de* ～ 政府官邸. *partido del* ～ 与党. **2**(政治)政体, 政治体制(形態). **3**管理, 運営, 経営. ～ *de una empresa* ある会社の運営(経営). ～ *de la casa* 家の取り仕切り. **4**官庁, 庁; 知事[長官]の官邸[職, 任期], 管轄区. **5**操作, 操縦; 《海事》舵(だ)がきくこと. ▶ *para el gobierno de ...* (人)への参考までに, 念のため.

gobio 男《魚類》ハゼ.

goce 男 **1**楽しみ, 喜び, 快楽. ～*s materiales* 物質的享楽. **2**享受, 享有.

goce(-), gocé(-) 動 →gozar [1.3].

godo, da 形 **1**ゴート人の; ゴート語の.

2 [ゴート人と混血したイベリア系スペイン人の]貴族(階級)の. ― 名 **1** ゴート人. **2** 〖南米〗〖軽蔑〗スペイン人.

gofio 男 〖中南米〗 トウモロコシ・小麦などの粉を炒ったもの.

gofrar 他 に浮き出し模様をつける, に筋をつける.

gol 男 **1** 〖スポ〗(サッカーなどの)ゴール, 得点. ― ~ de oro (延長戦での)決勝ゴール. marcar [meter] un ~ シュートをきめる; 点をいれる. **2** 得点.

gola 女 **1** 〖話〗喉; 首. **2** (レースなどの)襟飾り, ひだ襟, フリル. **3** (鎧の)喉元を覆う武具. **4** 〖建築〗S字形の断形(えぐり取った装飾部分). **5** 〖軍事〗(将校などが首にかけていた)記章.

goleada 女 〖スポ〗(大量の得点, 高得点.

goleador, dora 名 〖スポ〗シュートを決める人, 点を入れる人, ポイントゲッター.

golear 他 〖スポ〗(スポーツの試合で)シュートをきめる; 得点を入れる(相手方よりも優位に立って, 大差で)に勝利する.

goleta 女 〖船舶〗スクナー.

golf 男 〖スポ〗ゴルフ. ―jugar al ~ ゴルフをする. campo [terreno] de ~ ゴルフ場.

golfa 女 →golfo².

golfante 形 男女 ならず者(の), ごろつき(の); 悪党(の).

golfear 自 浮浪者暮らしをする, 放浪生活をする; 悪事をはたらく, ならず者の振舞をする.

golfería 女 **1** 〖集合的に〗悪党共, やくざ連中; 浮浪者たち. **2** 悪事, やくざな生活; 浮浪生活.

golfista 男女 〖スポ〗ゴルファー, ゴルフをする人.

golfo¹ 男 湾; 入江.

golfo², fa 形 **1** 不道徳な, 品行の, **2** 悪党の, ごろつきの. ― 名 **1** 浮浪児, 悪童, いたずらっ子. **2** 悪党, ごろつき; 恥知らず. ― 女 売春婦.

goliardesco, ca 形 遍歴書生の; 遍歴書生の詩の.

goliardo 男 (中世の)遍歴書生.

golilla 女 **1** (特に聖職者がつけていた)襟飾り, ひだ襟. **2** フランジ(鉄管などの先端による突縁). **3** 家禽(か)類の首から頭にかけての羽毛.

gollería 女 **1** 極上の料理, 美味, 御馳走. **2** 〖話〗過剰, いきすぎ, 過度(の贅沢).

golletazo 男 **1** (議論などを, 中途であっても)突然[無理やりに]終りにすること, けりをつけること.

gollete 男 首, 喉首(瓢のすぐ下の部分); (瓶などの)首口. ►estar hasta el gollete 〖話〗もうたくさんだ.

golondrina 女 **1** 〖鳥類〗ツバメ(燕). **2** 〖魚類〗トビウオ(飛魚). **3** 〖海事〗モーターボート.

golondrino 男 **1** ツバメの雛(ひな). **2** 〖医学〗腋窩腫瘍.

golondro 男 (気まぐれな)欲求, (一時的に)欲しいこと.

golosina 女 **1** おいしい物, (特に甘い)物, 菓子. **2** 望み, 願望, 欲求(の対象).

golosinar, golosinear 自 菓子(甘い物)を食べる, 菓子ばかりを食べる.

goloso, sa **1** おいしそうなもの(特に甘いもの)の好きな, 食い意地のはった. **2** おいしそうな, 食欲をそそるような; 魅力ある. ― 名 おいしいもの[甘いもの]好きの人.

golpazo 男 激しく[強く・大きな音で]打つ[殴る・たたきつける]こと, 強力な一撃; 激しい衝突.

golpe [ゴルペ] 男 **1** 殴打, たたくこと, 打撃. ―dar un ~ a... (人)に一撃を加える. darse un ~ con [contra] una puerta ドアにぶつかる. **2** ショック, (精神的な)打撃, 衝撃, 痛手; 驚き, 驚嘆. **3** (密かに企まれた強盗などの)襲撃, 急襲; 急襲; 強盗. **4** (自然現象・事件・動作等の)突発; 突然の引き寄せ; (感情などの)激発, 発作. ― ~ de aire [viento] 突風. ~ de calor [sol] 〖医学〗熱中症. **5** 〖話〗機知に富んだ言葉, ウィット, ユーモア; 一番面白い所, やま. **6** 〖スポ〗(ボクシングの)パンチ; (サッカーの)キック, (テニス, ゴルフの)ショット; (フェンシングの)ヒット, (野球の)ヒット, (ボートの)ストローク. ― ~ bajo (ボクシングの)ローブロー; 卑劣な行為. **7** 心臓の鼓動. ▶a golpe de... を使って. a golpes たたいて, 殴って; 力ずくで, 無理に; 継続的に, とびとびに, 間をおいて. dar (el) golpe 〖俗〗驚かせる, 感心させる. de golpe 〖話〗突然に, 急に. (考える暇もなく)慌ただしく. de golpe y porrazo 〖俗〗急に, 突然, (考える暇もなく)慌ただしく. de un golpe 一気に, いっぺんに, 一度に. errar [fallar, marrar] el golpe 失敗する, しくじる. golpe de efecto (演劇, 映画)どんでん返し, 意外な展開; ギャグ. golpe de Estado クーデター. golpe de gracia (瀕死の者への)とどめの一撃[一発]. golpe de mano 急襲, 襲撃, 奇襲. golpe de mar 高波, 大波. golpe de suerte 思いがけない幸運. golpe de vista 一見す[ちらっと見ると]こと, 一瞥(べつ). no dar [pegar] (ni) golpe 〖俗〗何もしない, 働かない, 怠け者である. parar el golpe (適切な行動で)災難[損害]を避ける.

golpeador, dora 形 名 たたく[打つ]人; (ドアの)ノッカー.

golpear [ゴルペアル] 他 **1** (一度またはくり返し)打つ, 叩く, 殴る. **2** を痛めつける, 苦しめる. ― se 再 (自分の体を)打つ, 叩く; 殴り合う.

golpeo 男 打つたたく・殴ること.

golpetazo 男 激しい[強く・大きく]打つ[殴る・たたく]こと; 激しい衝突.

golpete 男 ドア[窓]ストッパー.

golpetear 他 (軽く)続けてたたく[打つ], (軽く)打ち続ける.

golpeteo 男 (何度も続けて)たたく[打つ]こと, (軽く)打ち続けること.

golpismo 男 クーデター主義.

golpista 男女 クーデター主義の(人).

golpiza 女 〖中南米〗殴打, 強打; 打ちのめすこと.

のめすこと.

goma 女 **1** ゴム(の木の分泌する白い乳状の液);ゴム樹脂. ~ arábiga アラビアゴム,ゴム糊. ~ sintética 合成ゴム. papel de ~ ガムテープ. **2** 弾性ゴム(=~ elástica). 消しゴム(=~ de borrar) ゴムノリ,ゴムひも. ~ de mascar チューインガム. **3** 《俗》コンドーム. **4** 《医学》(特に梅毒第三期の症状である)ゴム腫. **5** 《中米》二日酔い,むかつき. **6** (車などの)タイヤ.

gomero, ra[1] 男女 ゴムの栽培者・採集人. ── 男 《植物》ゴムノキ.

gomero, ra[2] 形名 ゴメーラ島(La Gomera,カナリア諸島の島)の(人).

gomina 女 整髪料,ヘアクリーム.

gomita 女 輪ゴム,ゴムひも.

gomorresina 女 ゴム樹脂.

gomosidad 女 ゴム状であること,粘着性.

gomoso, sa 形男女 ゴム様の,粘着性の. ── 男 《話》伊達男,酒落者,めかしこんだ男.

gónada 女 《解剖》生殖腺,性腺.

góndola 女 **1** ゴンドラ. **2** 乗合馬車(バス). **3** 陳列棚. **4** (ロープウェイの)ゴンドラ;(気球の)吊りかご.

gondolero, ra 名 ゴンドラを操る(漕ぐ)人,ゴンドラの舟頭.

gonfalón 男 国旗,軍旗.

gong, gongo 男 どら(銅鑼);ゴング.

Góngora 固名 ゴンゴラ(Luis de ~) (1561-1627,スペインバロック最大の詩人).

gongorismo 男 ゴンゴラ風の文体,詩飾主義(新語・倒置・隠喩・神話の引用などを多用した技巧的な文体を特徴とする).

goniómetro 男 角度計,測角器.

gonococo 男 《医学》淋菌(リン).

gonorrea 女 《医学》(慢性の)淋病.

Gonzalo 固名 (男性名)ゴンサーロ.

gorda 女 **1** 昔の10センティモ硬貨. **2** 《中米》分厚いトルティーリャ.

gordal 形 (普通のものよりも)大きい[太い,厚い].

gordiano 形 ゴルディウス(フリギア王)の. ~ nudo ~ 難問;(きっぱりと片付けられた)難局.

gordinflón, flona 形 《話》ぶくぶく太った,ぶよぶよした;ずんぐりむっくりの.

gordo, da [ゴルド,ダ] 形 **1** (まるまると)太った. 肥えた,でっぷりした(ser/estar +). **2** 脂肪(分)の多い,あぶらっこい. ~ leche gorda 脂肪分の多い牛乳. **3** 大変な,重要な,重大な. ~ un problema ~ 大変な問題. **4** 太い,厚い,厚い. **5** 大きい,大きくふくらんだ. ~ dedo ~ 親指. agua gorda 硬水. **6** (宝くじの)一等,大当たり(=premio ~). ► algo gordo 《話》大変なこと,重大なこと. caer gordo a 《話》(人が)気にくわない,気が合わない. ── 男 **1** 太った人. **2** (宝くじの)一等賞,大当たり. ► de los gordos [de las gordas] 大変な,重大な. armarse la [una] gorda 《話》騒

ぎが起きる. ni gorda 《話》全然…ではない.

gordolobo 男 《植物》モウズイカ,ビロードモウズイカ.

gordura 女 **1** 肥満,脂肪,油脂. **2** 《中米》クリーム,乳脂.

gorgojo 男 **1** 《虫類》ゾウムシ. **2** 《話》ちび,小男.

gorgoritear 自 《話》声を震わせる,音を細かく揺らして歌う.

gorgorito 男 《主に複》(特に高音で歌うときなどの)声[喉]の震え,細かい音の上下.

gorgotear 自 **1** (水などが)ごぼごぼ[しぼしぼ]音をたてる(ガスなどが)ぶくぶくいう. **2** =borbotar, borbotear.

gorgoteo 男 **1** (液体などの動く)ごぼごぼいう音. **2** 湧き出る[泡立つ]ような音.

gorguera 女 (首に巻く)ひだ飾り;(鎧の)喉当て.

gorigori 男 《話,俗》弔いの歌,埋葬のときの歌.

gorila 男 **1** 《動物》ゴリラ. **2** ボディーガード.

gorjear 自 **1** (鳥などが)声を震わせる,さえずる;(鳥のさえずりのように)声を震わせて歌う[歌う]. **2** (幼児が)話し始める,声を出し始める. **3** 《中南米》からかう.

gorjeo 男 **1** (鳥が)声を震わすこと,さえずり. **2** (幼児が)ぶつぶつ言うこと,喃語.

gorra 女 庇(ひさし)付き帽子(= ~ de visera). キャップ,野球帽. ~ de plato [militar] (上の平らな士官帽). ► pasar la gorra 《話》(大道芸などで)帽子を回してお金を集める. ── 男 いつも他人におごってもらう人,食客,居候. ► de gorra 《俗》ただで,他人の払いで. ► de comer de gorra 人のおごりで食べる,ただ飯を食う. pegar la gorra 《話》他人の家に食事をごちそうになりに行く.

gorrear 自 《話》人にたかる,おごらせる;居候する.

gorrería 女 帽子屋,帽子工場.

gorrero, ra 名 **1** 帽子職人;帽子屋,帽子売り. **2** たかり や;居候;がめつい[抜け目ない]人.

gorrín 男 《動物》ブタ.

gorrinada 女 豚のような行為・行動;早ガなやり方.

gorrinera 女 豚小屋;汚い場所.

gorrinería 女 →gorrinada.

gorrino, na 名 **1** 豚,(特に4か月までの)仔豚. **2** 汚らしい奴.

gorrión, rriona 名 《鳥類》スズメ(雀).

gorro 男 帽子(特に庇(ひさし)のないもの),キャップ. ~ de baño 水泳帽;シャワーキャップ. ~ catalán カタルーニャ帽. ► estar hasta el gorro de… …に飽きた,疲れた,嫌気がさした.

gorrón, rrona 形名 《話》他人にたかる(人),他人を当てにする(人);居候(の). ── 女 売春婦.

gorronear 自 《話》人にたかる,おごらせる;居候する.

gorronería 女 人にたかること,おごらせ

góspel 男 《音楽》ゴスペル音楽, 黒人霊歌.

gota [ゴタ] 女 **1**（雨・汗・涙などの）滴, 一滴, 水滴; （液体の）ほんの少量, 少し. —~s de lluvia 雨の滴. ~s de rocío 露の玉. Sólo bebí una ~ de vino. 私はワインのほんの少ししか飲まなかった. **2**［否定文で］（一般に）浮と（…ない）. —ni una ~ de sentido común 少しも常識といえるものがない. **3**《医学》点滴; 滴剤, 点眼薬. **4**《医学》痛風. ▶ **cuatro gotas** ぱらぱら程度の小雨. **gota a gota** ぽたぽたと; 少しずつ, ゆっくりと; 点滴で. **gota fría**《気象》寒気の塊. **ni (una) gota** 全く[一滴も, 何も]…ない. **parecerse como dos gotas de agua** 非常によく似ている, 瓜二つである. **ser la última gota [que colma el vaso]** （我慢・苦しみも）これが限界である. 堪忍袋の緒を切らせる. **sudar la gota gorda**《俗》血のにじむような努力をする. 汗みだくして頑張る.

gotear 自 **1**（水などが）滴る, ぽたぽた垂れる, 漏れる. —El grifo no cierra bien y gotea. 蛇口の締まりが悪くて水がぽたぽたたれる. **2**（雨が）ぽつりぽつりと降る. **3** 少しずつ間隔を空けて[中断しながら]取る［得る, 与える, などする］.

goteo 男 **1** ぽたりぽたりと垂れること, 滴ること. **2** 少しずつゆっくりと行なわれること（特に金遣いなど）.

gotera 女 **1** 雨漏り; （壁などに）雨水が浸みること; 雨の漏れ穴; （壁などに水が浸み出来る）しみ. **2**［主に 複］（老人の）持病, 慢性の老人病. **3**《中南米》郊外, 周辺.

gotero 男 **1** 点滴器. **2**《中南米》スポイト.

goterón 男 大粒の雨.

gótico, ca 形 **1**《建築, 芸術》ゴシック式の, ゴシック風の. —catedral gótica ゴシック式の大聖堂. **2** ゴート人［語］の, ゴート風の. **3**（印刷）ゴシック体の. —letra gótica ゴシック体（活字）. ― 男 **1**《建築, 芸術》ゴシック様式の. ― famígero フランボワイヤン（火炎式ゴシック）様式の. **2** ゴート語. ― 男 女 ゴシック書体.

gotoso, sa 形 痛風病みの(人).

gourmet, gurmét 形 男 女 ［複 ~s］ →gurmé.

Goya 固名 ゴヤ (Francisco de ~) (1746-1828, スペインの宮廷画家).

goyesco, ca 形 ゴヤの, ゴヤ風の.

gozar [ゴサル] [1.3] 他 **1 ~ de** を楽しむ, 享受する, (…で)恵まれる. —Goza de una merecida fama. 彼は当然の名声を得ている. **2** 喜ぶ, 嬉しがる, 楽しそうである. ― 他 **1** を楽しむ, 享受する. —gozar la vida 人生を楽しむ. **2** …と性的関係を持つ. ― se 再 ［+ en を］楽しむ. ▶ **gozarla**《話》楽しく過ごす, 盛り上がる.

gozne 男 蝶番(つがい).

gozo 男 **1** 喜び, うれしさ, 楽しさ. —saltar de ~ 跳び上がって喜ぶ. con ~ うれし［楽し］そうに. **2**［複］《聖カト》聖母マリア・聖人に捧げる頌詩（しょう）, 賛歌. ▶ **Su gozo en un pozo./ El gozo en el pozo.**《俗》(期待を裏切られた時)ああがっかり, だめか. **no caber en sí [saltar] de gozo** 非常にうれしい, この上なく満足である.

gozoso, sa 形 **1**［+con/de/por を］喜んでいる, うれしがっている; うれしそうな［estar +］. **2**（物事が）喜ばしい, うれしい, 楽しい.

gozque 男 キャンキャン鳴く小型の犬.

GPS《頭字》 [< 英 Global Positioning Sistem] 男 全世界測位システム (スペイン語: SPG < Sistema de Posicionamiento Global). —navegador ~ カーナビ.

grabación 女 録音, 録画; レコーディング.

grabado 男 **1** 彫る（刻みつける）こと; 彫版(術); 版画. —~ al aguafuerte エッチング. —~ al aguatinta アクアチント(版画). —~ en madera 木版(画). **2** 録音, 録画.

grabador, dora 形 **1** 彫る, 刻む; 版画の. **2** 録音［録画］の. ― 名 **1** 版画家. ― 男《南米》テープレコーダー.

grabadora 女 テープレコーダー.

grabar 他 **1 ~** を彫る, 刻みつける. —al agua fuerte エッチングする. **2**（テープなどに）を録音［録画］する, 吹き込む. **3** を心に刻む, 覚えておく. —~ en la memoria 記憶にとどめる. ― se 再 心に残る, 胸に焼き付く.

gracejo 男 ユーモア, 機知, ウィット; （話すとき・書くときに）気が利いていること.

gracia 女 **1** 好意, 親切心. **2**（肉体美ではない）魅力. —Tiene mucha ~ cuando baila. 彼は踊るととても魅力的だ. **3** 優雅さ, 気品, 洗練; 手際, 才能, センス, ウィット; 冗談, ジョーク. **4** 面白さ. —tener mucha ~ とても面白い. decir una ~ 冗談を言う. **5**《宗教》（神の）恩寵, 恩恵. —~ de Dios 神の恵み. **6** 寵愛, 厚情; 恩典. —conceder [otorgar] ~ (a +人)（人）に恩典を与える. **7** 恩赦, 特赦. **8**《皮肉》迷惑［厄介なこと］. **9**（格式ばった言い方）お名前, 芳名など. **10**［複］—las Tres G~s（《ギ神》三美神. **11**［感］感謝. —Muchas [Mil/ Un millón de] ~s. どうもありがとう. G~s por invitarme. ご招待どうもありがとう. ▶ **caer de la gracia de …** …の寵愛を失う. **caer en gracia a …**（人）の気に入る. **dar (las) gracias (por...)**（何か）に対してお礼を言う, 感謝する. **de gracia** 無償で, 無料で; ぷによって. **gracias a …** …のおかげで. **gracias a Dios [a Dios gracias]** おかげ様で. **hacer gracia a …** …に面白がらせる; …に楽しくある; …の気に入る. **Maldita la gracia que [hizo] a [+ 人]**《話》…には最悪だ（不快・不満を示す）. **no tener gracia** （…が）面白くない, 不快

である。¡Qué gracia! おや、まあ(喜び・驚きを示す); 何だ(不快さ・憤慨を示す). reír*LE* la(s) gracia(s) a... (人)にごまかされる、うなる. tener gracia 面白い; (皮肉)納得できない; 馬鹿げている、ふざけている. ...y gracias 《話》...で十分だ.

graciable 形 1 親切な、優しい. 2 好意により与えられる、無償で得られる.

Gracián 固名 グラシアン (Baltasar ~) (1601-58, スペインの小説家).

grácil 形 ほっそりした、すらりとした; 華奢な.

graciosamente 副 1 優美に、あでやかに. 2 好意で; 無償で. 3 親切に、愛嬌たっぷりに.

graciosidad 囡 1 優雅さ、あでやかさ; 上品さ. 2 親切、好意. 3 愛嬌のあること; ウィットに富んでいる.

gracioso, sa 形 1 おかしい、面白い、こっけいな. ―¡Qué chiste tan ~! なんておかしい冗談だろう. 2 愛想のいい、愛嬌のある、魅力的な. 3 無料の、無償の、ただの. 4《話》(皮肉で)無愛想な、迷惑な、ありがたい. ▶ Su Graciosa Majestad (英国の)国王[女王]陛下. ━ 名 道化役. ━ 男 スペイン古典劇に登場する機知に富む召使い役.

grada 囡 1 (劇場・競技場などの)階段席、スタンド; (席の)列. 2 段《集合的で》(大きい建物の入口などにある)階段; (階段の)段. 3 (修道院の面会室などにある)格子窓. 4《海事》造船台. 5《農業》砕土機.

gradación 囡 1 段階的な配列、程度の順に並んだ一続きのもの; (色調などの)グラデーション、まとまり. 2《修辞》漸層法.

gradar 他《農業》(土)を鋤(す)き起こした土地)を砕土機でならす.

gradería 囡 1 段《集合的で》(祭壇の前などの)階段. (劇場などの)階段席、観客席.

graderío 男 1 → gradería. 2 (スタジアムなどの)観客、観衆.

gradiente 男 傾度(気圧などの変化の割合). ━ 囡《南米》斜面、勾配.

gradilla 囡 1 (持ち運び可能な)梯子(はしご). 2 れんがを作るのに用いる鋳型の一種.

grado 男 1 段階、程度; レベル、位. 2 (温度・角度・強度・濃度などの)度. ━ un terremoto de seis ~s de intensidad en la escala Richter マグニチュード 6 の地震. ━ centígrado [Celsius] セ[摂]氏度(℃). ━ Fahrenheit カ[華]氏度(°F). 3 学年、学級. 4 (学士・修士・博士などの)学位; 高校卒業資格. ━ de doctor en filosofía 哲学博士. 5 (様々な分野の)等級; 《軍事》階級、位; (血縁等)《法律》(裁判所の)審級. ━ homicidio de primer ~ 等一級殺人罪. 6 《言語》(形容詞副詞の)級(= ~ de significación). ━ positivo [comparativo, superlativo] 原[比較, 最上]級. 7《数学》(方程式の)次数、次. ━ en alto grado 非常に、大いに. en sumo grado 最高に、極度に、極めて大変. por grados 徐々に、段階を追って、次第に.

grado[2] 男 喜び、意欲、やる気(以下の慣用句でのみ用いる). ▶ de buen grado / de grado 喜んで、進んで、快く. de grado o por fuerza いや応なしに、有無を言わさずに. de mal grado いやいや、しぶしぶ. mal de su grado いやいやながら、不本意.

graduable 形 調節(加減)出来る、調整可能な.

graduación 囡 1 調節、加減; 徐々に増やす[減らす]こと. 2 測定; 段階分け. 3 卒業、学位取得. 4 (酒類に含まれる)アルコールの度数. 5《軍事》軍人の階級、等級.

graduado, da 過分 [→ graduarse] 形 1 卒業した、卒業生[者]の. 2 (計器などに)目盛りつけした; 度のある; 段階別にした. ━ -vaso ━ 計量カップ. gafas de sol no graduadas 度の付いていないサングラス. ━ 名 卒業者、卒業生. ▶ graduado escolar 初等教育修了資格.

graduador 男 計測器、ゲージ.

gradual 形 段階的な、漸次的な、だんだんと[徐々に]変化する. ━ 男 《カト》昇階唱.

graduando, da 名 (大学の)卒業予定者.

graduar [1.6] 他 1 ～を調節する、調整する、加減する. ━ el aire acondicionado [la calefacción] エアコン[暖房]を調節する. 2 (度数などを)測定する、計る. ━ el vino ワインのアルコール度を調べる. 3 目盛りをつける; (段階を)階級に分ける. 4 ～を漸増(漸減)させる. 5 《+ de (学位・階級)》 ...に与える、授与する; を卒業させる. ━ se 再 1《+ de/por/en》卒業する. 2《+ en (分野)》で学位を得る; 《+ de (階級)》に任命される. ―Se graduó en Letras. 彼は文学士号を得た.

graf(f)itero, ra 名 グラフィティを描く人.

graf(f)iti 男 (～s または単複同形) → grafito.

grafía 囡 (言語音を表す記号としての)字; 書記法.

gráfica 囡 1 グラフィックアート. 2 グラフ、図表.

gráficamente 副 1 グラフ[図表、図解]によって、2 絵画のように; 生き生きと、明快に. 3 文字[書記]上で.

gráfico, ca 形 1 写真[絵画, 印刷]の、グラフィックの. ━artes gráficas グラフィック・アート, 視覚芸術(書画・写真・印刷など). 2 (描写などが)生き生きとした、絵を見るような, 明快な. 3 図表で表した, 図解の、グラフの. 4 文字の、文字の、書写の. ━sistema ━ 文字[書記]体系. ━ 男 1 図形, 図解, 図. 2 グラフ, 図表; (情報)チャート. ━s de computadora コンピューター・グラフィックス.

gráfila, grafila 囡 貨幣の両面にある線模様.

grafismo 男 1 グラフィックデザイン. 2 (線画の)描き方, 筆使い; 字の書き方、書き

grafista 男女 グラフィックデザイナー.
grafito 男 **1**（壁などに書かれた）落書き. **2**〔歴史〕（古代人が記念建造物に残した）掻き絵, 掻き文字.
grafología 女 筆跡学, 筆相学.
grafológico, ca 形 筆跡学［鑑定］の.
grafólogo, ga 名 筆跡学者.
grafomanía 女 物を書くことに対する熱狂的愛好心.
grafómano, na 形 物を書くことに対するマニアの.
gragea 女 糖衣をかけた錠剤.
grajear 自（カラスが）かあかあ鳴く.
grajo 男 **1**〔鳥類〕ミヤマガラス. **2**〔中南米〕体臭, わきが.
grama 女〔植物〕ギョウギシバ. **2**〔中南米〕芝生.
gramática 女〔言語〕文法(学). ～ española スペイン語文法. ～ comparada [histórica] 比較[歴史]文法. ▶ *gramática parda* 抜け目のなさ, ずるさ, 要領のよさ.
gramatical 形 **1** 文法(上)の, 文法的な. **2** 文法的に正しい, 文法(規則)にかなった.
gramaticalidad 女〔言語〕文法性.
gramático, ca 形 文法(上)の, 文法的な. ── 名 文法学者, 文法家.
gramil 男 罫(ﾄﾞ)引き.
gramilla 女〔植物〕芝生, 芝.
gramíneo, a 形〔植物〕イネ科の. ── 女〔植物〕イネ科の植物.
gramo 男 グラム（略号 g）.
gramófono 男 蓄音機.
gramola 女 蓄音機；ジュークボックス.
grampa 女 →grapa.
gran 形 →grande（単数形の名詞の前で用いられる語尾脱落形）. ── hombre 立派な人, 偉大な男.
grana¹ 女 **1**〔虫類〕エンジムシ, コチニルカイガラムシ（染色に用いられる）. **2** 礼服用の生地. ── 形 **1** 暗紅色の；カーミン（エンジムシなどから採られる赤色色素）の. ── 男 暗紅色の.
grana² 女 **1**（穀物が）実ること；実りの時期. **2** 植物の種子, 実.
Granada 固女 **1** グラナダ（スペインの県(県都)）. **2** グレナダ（首都セント・ジョージズ Saint George's）. **3** グラナダ（フライ・ルイス・デ Fray Luis de ～）(1505-88, ドミニコ会士).
granada 女 **1**〔植物〕ザクロ（果実）. **2**〔軍事〕手榴(ﾘｭ)弾.
granadero 男〔軍事〕擲(ｸﾞ)弾兵；〔歴史〕先鋭部隊の選抜兵.
granadilla 女〔植物〕時計草の花・実, パッションフルーツ.
granadino, na¹ 形 グラナダの. ── 名 グラナダ人, グラナダ出身者. ── 女 グラナダの舞曲・舞踊歌曲の一種.
granadino, na² 形 ザクロ(の実)の. ── 男〔植物〕ザクロの花. ── 女 ザクロの果汁, グレナデン・シロップ；グレナデン・シ

ロップとオレンジジュースのカクテル.
granado¹ 男〔植物〕ザクロの木.
granado², **da** 過分［→granar］形 **1** 成熟した, 大人の. **2** 名高い；卓越した, 傑出した.
Granados 固名 グラナドス (Enrique ～) (1867-1916, スペインの作曲家).
granar 自（植物が）実を結ぶ, 種を生じる；（実が）熟する.
granate 男〔鉱物〕ガーネット（暗紅色の宝石の一種）. ── 形 暗紅色の.
granazón 女 種子のできること, 結実；成熟.
Gran Bretaña 固名 **1** 大[グレート]ブリテン島. **2** 英連邦.
Gran Canaria 固名 グラン・カナリア（スペイン, カナリア諸島の主島）.
grande ［グランデ］形［単数名詞の直前では gran となる］ **1** 大きい[な]〔ser/estar ＋〕. 広い ── una casa ～ 大きな家. **2**（程度・数量・長さの）大きな, 強い, 激しい. ── un gran número de gente 多数の人々. **3**〔主に名詞の前で〕偉大な, 重大な, 立派な；盛大な, 大げさな. ── Era una *gran* escritora. 彼女は偉大な作家であった. **4**〈話〉大人の；年の多いほうの, 年長の. **5**（皮肉で）大変な, 大した, あきれた. ▶ *a lo grande* 豪勢に, ぜいたくに, 盛大に. *en grande*〈話〉盛大に, 裕福に. *ir [venir] grande a ...*（人）には大きすぎる；（役目などが）（人）に重すぎる,（人）には荷が重い. *pasarlo en grande* すばらしい時を過ごす, 大いに楽しむ. ── 男女 えらい人, 大立者, 偉い人. ▶ *grande de España*〔スペイン〕大公（昔のスペインの最高位の貴族）. ── 男 **1**〔南米〕（宝くじの）1等賞, 大当り. **2** 大国.
grandemente 副 大いに, 非常に, きわめて.
grandeza 女 **1** 偉大さ, 立派さ, 崇高；権勢, 栄華. **2**（並外れて）大きなこと, 大きさ, 広大さ. **3**〔集合的で〕大公爵（スペインの最高位の貴族）；その位階.
grandilocuencia 女 大袈裟な話し方, 仰々しい言葉；大言壮語.
grandilocuente, **grandílocuo**, **cua** 形（言葉の）大仰な, もったいぶった；誇張した.
grandiosidad 女 雄大, 堂々としていること, 壮大さ.
grandioso, sa 形 壮大な, 雄大な, 堂々とした.
grandor 男 大きさ, 広さ, サイズ.
grandote, ta 形〈話〉すごく大きな, 巨大な, はすかな.
grandullón, llona 形〈話〉（人が）大ちすぎた, 背の高すぎる.（不相応に）図体の大きい.
graneado, da 形 **1** 粒状に細かくした, 顆粒状の. **2** 斑点のある.
granear 他 **1** 粒状にする. **2** に細かいざらざら[凹凸]をつける.
granel ▶ *a granel*（商品などが）ばらの, バック[箱, 袋] 詰めでない, 計[量]り売りの；大量に, どっさり.

granero 男 **1** 穀物(特に小麦)の貯蔵所, 穀物倉庫. **2** 穀物のよくとれる地域, 穀倉地帯.

granítico, ca 形 花崗岩[御影石]の, 花崗岩様の.

granito 男 **1** 花崗岩, 御影石. **2** 蚤の卵. **3** 小さいおでき, 吹き出物. ▶ **echar un granito de sal** (語の途中に)口をはさむ; 悪意の調子を加える. **granito de arena** →grano.

granívoro, ra 形 (動物, 特に鳥類が)穀類を常食とする.

***granizada** 女 **1** 雹(ひょう)[霰(あられ)]の大降り, 雹嵐. **2** (雨あられのように)激しく降ってくるもの.

***granizado, da** 過分 [→granizar] シャーベット状の. —— 男 シャーベット状の飲み物.

granizar [1.3] 自 **1** 雹(ひょう)[あられ]が降る. **2** 雨あられと降り注ぐ, 浴びせられる. —— 他 をシャーベット状の飲み物にする.

***granizo** 男 《集合的に》(気象) 雹(ひょう), 霰(あられ).

***granja** 女 **1** (一般に家畜・建物付き)農場, 農園; (家畜の)飼育場. —— escuela 実習農場. —— marina 水産物養殖場. **2** 乳製品店.

granjear 他 (労働・交易などによって)を得る, 手にする. (一般に)得る. —— 自 《海事》(船が)遠くまで進む; 風上へ(風に逆らって)進む. —— 再 (賞賛・反感などを)う, 得る, 引き起こす.

granjería 女 農作物の収益, 収穫物; (商いによって得た)利益, 儲け.

granjero, ra 名 **1** 農園[農場]の所有者, 管理者. **2** 農園管理の仕事を(雇われて)する人.

***grano** 男 **1** (穀物・ブドウなどの)一粒, 穀粒; (粒状の)種子, 実, 豆. —— ~ s de trigo 小麦の粒・実. —— de mostaza カラシの種子. **2** 粒 あるいは 複 《集合的に》穀物, 穀類, シリアル. **3** 粒(状のもの), 粒子, 粉. **4** (木・皮などの表面の)つぶつぶ, 肌理(きめ), 木目, 石目; (写真)(フィルムの)粒子. —(papel de) lija de ~ fino きめの細かいサンド・ペーパー. **5** 《un ~ de ... の形で, 主に否定文で》ほんの少し, 微量. —Ya no me queda ni *un* ~ *de* paciencia. もうこれ以上少しも我慢ならない. **6** (医学)吹き出物, にきび, 発疹. ▶ **apartar [separar] el grano de la paja** よいものと悪いものとを選り分ける. **grano [granito] de arena** 砂粒; ささやかな貢献[協力・寄付] (poner, aportar を伴als). **ir al grano** (一般に命令形で)話の本題に入る. **ni un grano** 少しも[何も]…ない. **no ser un grano de anís** 結構ばかにならない, あなどれない, かなり重要である. **Un grano no hace granero, pero ayuda al compañero.** [諺] 塵(ちり)も積もれば山となる.

granoso, sa 形 粒状の; (表面が)ざらざらした.

granuja 女 (房から外した)ブドウの粒; ブドウの(実の中にある)種. —— 男女 《話》

悪童, いたずらっ子(の集団); 浮浪児. —— 男 詐欺師, ぺてん師, 悪党.

granujada 女 悪童の振舞い, 盗み, 詐欺, 悪事.

granujería 女 **1** →granujada. **2** 悪童の集団.

granujiento, ta 形 にきび・吹き出物のある; 手ざわりのあらい.

granulación 女 (医学)顆粒状にする[なる]こと, 粒状化をなすこと; (集合的に)粒々.

granulado, da 過分 (→ granular) 粒 粒状の, 顆粒状の. —— azúcar ~ グラニュー糖. —— 男 (顆粒状の)調合薬.

granular 他 を粒・顆粒状にする; (溶液)を凝固させて顆粒状にする. —— se 再 **1** 顆粒状になる. **2** にきび[吹き出物]が出る, 粒々だらけになる. **3** (表面が)粒々のある, ざらざらした.

***gránulo** 男 (ごく小さい)粒, 顆粒.

granuloso, sa 形 顆粒状の; 粒々のある, ざらざらした.

granza 女 **1** (植物)アカネ(茜), 西洋茜. **2** 複 もみがら, ふるいかす. **3** 複 (石片・しっくい等の)かす; 複 金くず, (溶けた金属の)浮きかす.

grao 男 港, 波止場, 埠頭(として使われる海岸).

***grapa** 女 **1** (ホッチキスの針・かすがいなど)両端を折り曲げて物をとめる[束ねる]ための金具. **2** 《中南米》グラッパ, 蒸留酒.

grapadora 女 ホッチキス.

grapar 他 をホッチキスで留める.

grapo 男女 GRAPO(Grupos de Resistencia Antifascista Primero de Octubre/ Grupos Revolucionarios Antifascistas Primero de Octubre, 10.1反ファシスト抵抗グループ)のメンバー.

***grasa** 女 **1** 脂肪, 脂身; 動物体から抽出した食用)油. —— de cerdo ラード. **2** (獣心油)の脂[油]汚れ, 脂垢(あか). **3** グリース, 潤滑油. **4** 《メキシコ》靴墨.

***grasiento, ta** 形 **1** (食物などが)油っぽい, 脂肪の多い, 油ぎった. **2** ぎとぎとに汚い [estar+]. **3** 油を含んだ, 油じゅるめる [《かつめ》した; すべすべした.

graso, sa 形 脂肪質の, 脂肪分の多い, 太った. —— 男 脂肪分の多いこと; 太っていること; (ハムなどの)脂身の部分.

grasoso, sa 形 油を浸み込ませた, 油を一杯に含んだ; 油で汚れた.

grata 女 スチールたわし(金属性のものを磨くときなどに使う).

gratén 男 《料理》グラタン. —patatas al ~ じゃがいものグラタン.

***gratificación** 女 特別手当, 賞与, ボーナス; 報酬, 謝礼(金), チップ.

gratificador, dora 形 (苦労などに) 報いるような; 満足させるような, 嬉しい.

***gratificar** [1.1] 他 **1** (人)に報いる, 謝礼を出す, 賞与を支給する. **2** を喜ばす.

gratil, grátil 男 《船舶》リーチ(帆の縁の, マストに取り付ける部分).

gratín 男 →gratén.

gratinar 他 《料理》オーブンで…の上部だけを焼く, をグラタンにする.

gratis 副 無料で、ただで. ── 形 《無変化》無料の、ただの.

gratitud 女 感謝(の念)、謝意. ─en prueba [señal] de ～ 感謝の印として.

grato, ta 形 **1** 楽しい、うれしい; 気に入っている. **2**《+a/de/para》快い、気持のよい. ─grata al oído 耳に快い. ▶ **persona non [no] grata** (ある国・機関にとって)好ましからざる人物.

gratuidad 女 **1** 無料、無償. **2** 根拠・いわれのないこと、事実無根.

gratuitamente 副 **1** ただで、無料で. **2** 好意で. **3** 根拠[理由]もなく、事実無根に.

gratuito, ta 形 **1** 無料の、ただの. **2** 根拠[理由]のない、いわれのない、不当な. ─usación gratuita 誣訴(ふそ)、不当な告発.

grava 女 砂利、(舗装道路などに用いられる)小石、バラス.

gravamen 男 **1** (人に課せられる)任務、義務、責務. **2** (土地に対して課せられる)税、地代.

gravar 他 **1** …に義務を課す、義務などをやらせる; 課税する. **2** に荷を負わせる.

grave [グラベ] 形 **1** (事件などが)重大な、ゆゆしい、深刻な. **2** (病気などが)重い、重態の、危険な [ser/estar+]. **3** (人・表情・文体などが)重々しい、きまじめな、厳粛な. ─un tono muy ～ 威厳のある口調. ─un carácter ～ まじめな性格. **4** (声・音が)低い、低音の. **5** [言語] 末尾第2音節強勢の(後ろから2番目の音節に強勢のある)の; 抑音の、重音の. ─ 男 低音(域). ─ 女 末尾第2音節強勢語.

gravedad 女 **1** (状況・問題・事故などの)重大さ、深刻さ、ひどさ; 重態. ── de la situación 事態の深刻さ. herido de ～ 重病者. **2** (態度・口調などの)重々しさ、厳粛さ、荘重. ─hablar con ～ 重々しく[真剣に]話す. **3** [物理] 重力、引力.

gravemente 副 **1** ひどく、重大に、深刻に. **2** (病気が)重く. ─Está ～ enferma. 彼女は病気が重い.

gravidez 女 〘複 gravideces〙 妊娠 (期間). ─en estado de ～ 妊娠中に[で].

grávido, da 形 **1**《詩》満ちあふれた、一杯に含んだ. **2** 妊娠した、孕(はら)んだ.

gravilla 女 (grava よりも小さい)小石、砂利、細かい石ころ.

gravimetría 女 重力測定; 重力科学.

gravímetro 男 《化学》比重計; 《物理》重力計.

gravitación 女 《物理》重力、引力、重量. ── universal 万有引力.

gravitar 自 **1** (天体が他の天体の重力作用によってその周囲を)公転する; 動く. ─La Luna *gravita* en torno a la Tierra. 月は地球の周囲をまわっている. **2**《+sobre に》重心をのせる、支えられている. **3** 重荷になる; のしかかる.

gravitatorio, ria 形 重力の、引力の.

gravoso, sa 形 **1** 重荷になる、負担になる; 煩わしい. **2** 高くつく.

graznar 自 (鳥・鷲鳥などが)鳴く、カアカア[ガアガア]と鳴く.

graznido 男 (鳥・鷲鳥などが)カアカア[ガアガア]と鳴くこと.

greba 女 鎧(よろい)のすね当て.

greca 女 **1** (建物の軒などの)縁飾り、縁模様、雷文. **2** 〘中南米〙 パーコレーター.

Grecia 固名 ギリシャ(首都アテネ Atenas).

Greco 固名 (El ～)(エル・)グレコ(1548頃-1614、クレタ島で生まれスペインで活躍した画家).

greco, ca 形 →griego.

grecolatino, na 形 ギリシャ・ラテンの.

grecorromano, na 形 ギリシャ・ローマの.

greda 女 《化学》漂布土、フラー土(砂質を含む粘土の一種; 脱脂やシミ抜きに用いる).

gredal 男 漂布土[フラー土]の産地.

gredoso, sa 形 漂布土[フラー土]を含む、粘土質の.

gregal 男 北東の風.

gregario, ria 形 **1** (動植物が)群居[群生]する、群れをなす. **2** 付和雷同的な; 没個性的な、独創性のない. ── 男 《スポ》(自転車競走で)リーダーを助けるチームメイト.

gregarismo 男 群居[群生]する性質; 付和雷同; 没個性.

gregoriano, na 形 グレゴリウス(ローマ教皇)の.

Gregorio 固名 《男性名》グレゴリオ.

greguería 女 **1** グレゲリーア(スペインの小説家 Ramón Gómez de la Serna が始めた文学様式). **2** (群衆の)ざわめき、騒々しさ、どよめき.

gremial 形 同業[職業]組合の、(労働)組合の. ── 男女 (同業・労働)組合員.

gremio 男 **1**〘集合的に〙(同業)組合、同業者団体、同業. **2**《俗》(趣味・生活などが同じ)仲間、同組. **3**〘歴史〙 (中世の商人・職人の)同業組合、ギルド; 信徒団体; (大学の)教授陣.

greña 女 **1** 乱れ髪、もつれた[くしゃくしゃの]髪. **2**もつれ、粉飾、混乱. ▶ *andar a la greña* 激しく口論する、言い争う、(意見が合わず)喧嘩する; (女性どうしが)つかみ合いの喧嘩をする.

greñudo, da 形 (髪が)乱れた、もつれた、ぼさぼさの.

gres 男 陶土の一種(粘土と石英質の砂との混合物).

gresca 女 喧嘩、口論、争い.

grey 女 **1** (羊などの)群れ、**2** (同じ教会・宗派に属する)信者、信徒集団; グループ.

grial 男 聖杯.

griego, ga 形 **1** ギリシャ(Grecia)の、ギリシャ人[語]の、ギリシャ風の. **2** ギリシャ正教会の. ── 名 ギリシャ人. ── 男 **1** ギリシャ語. **2** わけの分からない言葉、ちんぷんかんぷん.

grieta 女 **1** ひび、割れ目、裂け目. **2**

(手指などにできる)ひび, あかぎれ.

grifa 囡 大麻;マリファナ.

grifería 囡〖集合的に〗水道の蛇口, 栓, 配管.

grifo, fa 形 1 (髪が)縮れた(人), もつれ合った(人). 2〖中南米〗(ムラート mulato で)髪がカールした(人). 3〖メキシコ〗マリファナ中毒の(人); 酒に酔った(人). ——男 1 (水道などの)蛇口; 栓, コック. 2〖キ神〗グリフィン(ライオンの胴体にワシの頭と翼とを持つ怪獣). ▶ *abrir* [*cerrar, cortar*] *el grifo* 蛇口を開ける[閉める]; 財布のひもをゆるめる[締める].

grillarse 再 1〖話〗頭がおかしくなる. 2 (麦などが)発芽する.

grillera 囡 1 (コオロギの隠れている)穴, くぼみ; (コオロギを入れる)虫かご. 2 騒々しい場所, 大勢で騒いでいる場.

grillete 男 手錠・足枷(*かせ*)などに用いる鉄製の輪.

grillo 男 1〖虫類〗コオロギ. 2〖複〗1対の足枷(*かせ*). 3〖植物〗芽, 新芽, 若芽. ▶ *tener la cabeza llena de grillos* 気がふれている, 気が違っている; 頭がいかれている.

grima 囡 苛立ち; 不快感, 嫌悪.

grímpola 囡 1 (船の風見などに用いられる)小旗, ペナント. 2〖軍事〗隊旗, 団旗.

gringo, ga 形 外国人の; 外国語を話す(人);〖中南米〗アメリカ人(の). ——男 外国語.

griñón 男 (修道女や信者が顔を包む)ベール.

gripa 囡〖メキシコ〗=gripe.

gripal 形 風邪[流感]の.

gripar 他 (エンジンなどを)焼き付かせる. ——se (エンジンなどが)焼き付く.

gripe 囡〖医学〗インフルエンザ, 流行性感冒; 風邪. ——*coger la* ~ 流感にかかる.

griposo, sa 形名 インフルエンザにかかった(人).

gris [グリス] 形 1 灰色の, ネズミ色の. 2 (天気が)薄暗い, どんよりとした, くもった. 3 さえない, 精彩を欠いた, わびしい. ——男 1 灰色, ネズミ色, グレー. ——~ *marengo* ダークグレー. ——~ *perla* パールグレー. 2 寒気, 寒い風, 寒々とした天気.

grisáceo, a 形 灰色がかった.

grisalla 囡〖美術〗グリザイユ(灰色の濃淡を使い浮彫に似せた絵画).

grisú 男 (炭鉱で発生する)可燃性ガス.

grita 囡 (大勢の人の)どよめき, 騒ぎ; (特に非難や不満の)叫び声, ブーイング. ▶ *dar grita a ...* ......をひやかす, やじる.

gritar [グリタル] 自 1 叫ぶ, どなる, 大声を上げる. 2 大声で話す, わめく. ——他 1 大声で叱る, どなりつける, どなしける. 2 を野次り倒す, 非難する, なじる.

gritería 囡 (大勢の人々の)ざわめき, どよめき, 叫び.

griterío 男 →gritería

grito 男 1 (驚き・恐怖・怒り・喜びなどの)叫び(声), 大声, わめき(声). ——*dar* [*lanzar*] *un* ~ [~*s*] 大声を出す. 2 ときの声. —— *de triunfo* 勝どき. 3 (動物の)鳴き声, 吠(*ほ*)え声. ▶ *a gritos* [*a grito herido, limpio*] *la voz en grito* 大声で, ありったけの声で. *andar a gritos* 〖主語が複数〗犬猿の仲である, しょっちゅう喧嘩(*けんか*)している. *el último grito* [*de la moda*]〖俗〗最新流行. *estar en un grito* 絶え間のない激痛でうなって[うなって]いる. *pedir* [*estar pidiendo*] *a gritos*〖話〗緊急に必要としている. *poner el grito en el cielo*〖俗〗激怒[憤慨]する, かんかんになって怒る.

gritón, tona 形名 よく叫ぶ(人), 叫ぶように大声で話す(人).

groenlandés, desa 形名 グリーンランド (Groenlandia) の(人).

Groenlandia 固名 グリーンランド島(デンマーク領).

grog 男 グロッグ(ラムなどで作る温かい飲み物).

groggy, grogui〈英語〉形 1 (ボクシングの)グロッキーな状態の; (疲労・打撃・精神的ショックなどから)ふらふらになった, 茫然とした. 2 屈服した.

grosella 囡〖植物〗スグリの実, カラント.

grosellero 男〖植物〗スグリの木.

grosería 囡 無作法, 無礼; 無作法な言動, 下品な言動.

grosero, ra 形 1 粗野な, 育ちしつけ・行儀の悪い, 不作法な. 2 粗製の, 粗悪な, 粗雑な. ——*tela grosera* 粗い布地. 3 (誤りなどが)ひどい, はなはだしい. ——*error* ~ ひどい誤り. ——名 1 粗野[下品, 不作法]な人. ——*¡Eres un* ~*!* お前は不作法な奴だ.

grosísimo, ma 形 (grueso の絶対最上級)分厚い, 恐ろしく太った.

grosor 男 厚さ, 厚み; (柱などの)直径.

grosso modo 〈ラテン〉ほぼ, おおよそ, 大体.

grotesco, ca 形 1 変な, 奇抜な, 風変わりな. 2 異様な; 悪趣味な; グロテスクな. ——男〖建築, 美術〗グロテスク模様〖装飾〗.

grúa 囡 1 クレーン, 起重機. 2 レッカー車. 3 (映画などの)撮影用クレーン.

gruesa 囡 12ダース, グロス(数の単位).

grueso, sa 形 1[+ *de* が] 太い, 厚い, 分厚い. ——*línea gruesa* 太い線. *intestino* ~ 大腸. 2 (まるまる) 太った, 肥えた, ずんぐりした. 3 (中身が詰まっていて)大きい, 重みのある, かさばる. 4 (金額などが)大きい. 5 (冗談などが)ぞんざいな, 鈍くさい. ——男 1 太さ; 厚さ, 厚み. 2 本体, 主力, 主要部. ▶ *en* [*por*] *el grueso* 卸(*おろし*)で.

grulla 囡〖鳥類〗ツル(鶴).

grullo, lla 形名 田舎者(の); 無骨な(人), 垢抜けない(人).

grumete 男〖海事〗見習い水夫, キャビン・ボーイ.

grumo 男 1 (血液・溶液などの)凝塊, 粘塊, だま. 2 (液体の凝固した部分). 3

(果物などの密集した)房. **4** 鳥の翼の先端.

grumoso, sa 形 凝塊だらけの, だまの多い.

gruñido 男 **1** ぶつくさ[ぶうぶう]不平を言う声; (犬などの怒り・威嚇(ぃ̣̣)の)唸(ぅ̀)り声, (豚の)ぶうぶう鳴く声.

gruñir [3.9] 自 **1** (豚・犬などが)うなる. **2** (不満・抗議などを表わしてうなるような声を出す) ぶつぶつ言う. **3** (戸などが)きしむ, (風などがうなるような音をたてる.

gruñón, ñona 形 名 いつもぶつぶつ文句を言う(人), 何に対しても不平を言う(人).

grupa 女 (主に馬の)尻, 臀部(でんぶ). ▶ **volver grupas** [*la grupa*] 回れ右をする, 踵(ぎ̣̀す)を返す.

grupal 形 グループの, 集団の.

grupo¹ 男 【グルポ】形 **1** グループ, 集団, 団体, (政治)党派, 政党. ~ de presión (議会外の)圧力団体. ~ industrial 企業グループ, ~ mixto (議会の)連合会派. **2**(物の)集まり, 群; 〔言語〕語群; 〔生物〕(動物・植物の)群れ, 群落. **3**〔医学〕血液の型. ~ sanguíneo 血液型. **4** 設備一式, 装置, **5**〔軍事〕(陸・戦闘の)部隊, (空軍の)大隊. **6**〔美術〕群像(構図の一単位をなす人・物の集団).

grupo² 男 グループ.

grupuscular 形 〔軽蔑〕過激派[少数派]の.

grupúsculo 男 〔軽蔑〕(過激な)少数派.

gruta 女 **1**(岩山などにできた)ほら穴, 洞窟. **2**(建物や庭に洞窟に似せて作った)穴, 穴状の, **2**〔美術, 建築〕グロテスク風の.

—— 男 グロテスク様式.

gruyère 男 グリュイエルチーズ.

guá¹ 男 ビー玉遊び; ビー玉を入れる穴.

guá² 間 〔南米〕(恐れ・称賛を示す)うわぁ..

guaca 女 〔中南米〕 **1**(主にボリビアやペルーの)インディオの墓. **2** 隠れた宝, 埋蔵物. **3** 貯金箱.

guacal 男 〔中米〕 **1**〔植物〕ヒョウタン, ヒョウタンノキ, ヒョウタンの実で作った器. **2**(運搬に使う木製の)大かご.

guacamaya 女 〔中米〕 → guacamayo.

guacamayo 男 〔鳥類〕コンゴウインコ.

guacamol, guacamole 男 〔中南米〕〔料理〕グワカモーレ(アボカド, タマネギ, トマト, トウガラシなどを混ぜて作るこってりしたソース).

guacamote 男 〔中南米〕〔料理〕キャッサバ.

guachalomo 男 〔中米〕 ヒレ肉, サーロイン; サーロインステーキ.

guachapear 動 **1**〔話〕(水たまりなど) をパシャパシャさせる, 水をはねかす, ピチャピチャ音をたてる. **2**(仕事などを雑にする, いい加減にやる. —— 自 (金属片などが)カチャカチャ音をたてる.

guache¹ 男女形 〔南米〕〔軽蔑〕のらくら者(の), 怠け者(の).

guache² 男 〔美術〕水彩画, グワッシュ.

guachimán 男 〔中南米〕警備員, 夜警, 見張り.

guachinango, ga 形 **1**〔中米〕ずるい, 目ぎとい. **2** 親しみやすい. —— 名 〔中米〕タイに似た魚.

guacho, cha 形 〔南米〕 **1** 孤児の; 父[母]親のいない, (靴などが)不揃いな, 半端な. —— 名 〔南米〕 孤児, 父[母]親のいない子. —— 男 〔南米〕 宝くじの分割 り.

guaco 男 **1**〔植物〕ツルセンドリ(ウマノスズクサ)属のつる植物. **2**〔鳥類〕ホウカンチョウ(宝冠鳥). **3**(古いインディオの墓guaca から出土する)土偶, 土器.

Guadalajara 固名 グアダラハーラ(スペインの市・県名; メキシコの都市, ハリスコ州の州都).

guadalajarense 形 男女 (メキシコの)グアダラハーラの(住民, 出身者の).

guadalajareño, ña 形 グアダラハーラ(スペイン, メキシコの都市)の(住民の). —— 名 グアダラハーラ出身者の(住民).

guadaloso, sa 形 〔南米〕 沼地の, 沼の多い.

Guadalquivir 固名 (el ~) グアダルキビル川(スペインの河川).

Guadalupe 固名 **1** グアダルーペ(スペインの都市; メキシコ・コスタリカ・コロンビアの都市). **2** Mária de ~ a) (スペインの)グアダルーペの聖母 (= Nuestra señora de ~) (船乗りの守護聖人). b) (メキシコの)グアダルーペの聖母 (=la Virgen de ~) (メキシコの守護聖人). **3** 〔女性名〕 グアダルーペ.

guadamací, guadamecí 男 浮き出し模様を施したなめし革.

guadaña 女 (長柄の)鎌, 大鎌. ♦ 絵画における時間や死の象徴.

guadañador, dora 名 草刈りの. —— 名 草を刈る人. —— 女 草刈り機.

guadañadora 女 → guadañador.

guadañar 動 (鎌で)草を刈る.

guadañero, ra 名 草刈りの人.

guadarnés 男 馬具置き場; 馬具係.

guagua 女 **1** つまらないもの, 取るに足りないこと. **2**〔南米〕 赤ん坊, 乳児. **3**〔中米〕(特に都市交通の)バス. ▶ **de guagua** 〔話〕ただで, 無料で.

guaica 名 〔中米〕 **1** ビーズ, ガラス玉. **2** 数珠玉.

guaira 女 **1**〔歴史〕(ペルーのインディオが銀を溶かすのに使った)陶製の溶鉱炉. **2**〔中米〕(インディオの笛)の笛の一種.

guaje 男女 〔メキシコ〕愚かな(人), 馬鹿な(人). —— 男 **1** 子ども, 少年. **2**〔メキシコ〕〔植物〕 ヒョウタン. **3**〔メキシコ〕〔植物〕アカシアの一種.

guajiro, ra 名 **1** グワヒラ (La Guajira, コロンビアの県)の(人). **2** グワヒラ人(ベネズエラ北西部の先住民)の(人). **3**〔中米〕農民; 田舎者. —— 男 〔ベネズエラの〕グワヒラ語. —— 女 キューバの民謡.

guajolote 男 [メキシコ] 1 (鳥類) 七面鳥. 2 馬鹿, 愚か者, 間抜け.

gualda 女 (植物) モクセイソウの一種 (黄色の染料をとるのに用いる).

gualdo, da 形男 黄色(の).

gualdrapa 女 馬・ロバの尻をおおう長いカバー.

gualdrapazo 男 (海事) 船の帆がはためいてマストやロープに当たること.

gualicho 男 [南米] 1 呪術; 呪い. 2 御守り, 魔除け.

guama 女 (植物) グワモ (マメ科の植物でコーヒー農園の木陰をつくるために植えられる); グワモの実.

guanábana 女 (植物) トゲバンレイシの実.

guanábano 男 (植物) トゲバンレイシ.

guanaco, ca 男 (動物) グワナコ. —— 形男 (中南米) 1 ばかな, まぬけ(な), 田舎者(の). 2 エルサルバドル出身(の).

guanajo, ja 形男 (軽蔑) 馬鹿な, まぬけ(な). —— 男 (鳥類) シチメンチョウ.

guanche 形 グワンチェ (カナリア諸島の先住民)の. —— 男女 グワンチェ人, グワンチェ人の言語.

guanera 女 (中南米) グアノ(鳥糞石)を置く場所.

guanero, ra 形 (中南米) グアノ(鳥糞石)の.

guano 男 (中南米) グアノ, 鳥糞石(海鳥の糞から作る有機質肥料). 2 化学肥料. 3 (一般に) ヤシ, ヤシ科の植物の総称; ヤシの葉.

guantada 女 びんた, 平手打ち.

guantazo 男 =guantada.

guante 男 1 (主に 複) 手袋; (野球・ボクシングなどの) グローブ, グラブ. —— s de caucho [de goma] ゴム手袋. 2 (古) 賄賂(が), チップ, 心付け. ▶ arrojar [tirar] el guante a... (人)に挑戦する, 挑戦する(挑戦のしるしに人に手袋を投げつける). como un guante とても従順な, おとなしい. con guante de seda/con guante blanco 細かく気を遣って, 手厚く, 慎重に. de guante blanco 正式な, 正装の. echar el guante a... 《話》 (人)を捕まえる, 逮捕する; (物)を盗む, 万引きする. recoger el guante 挑戦[決闘]に応じる.

guantear 他 (中南米) (手で)殴る, 平手打ちをくらわす.

guantelete 男 籠手(ぢ)(鎧(ぢ)の一部).

guantera 女 手袋を入れておく所 (特に自動車のダッシュボードなどにある) 手袋入れ.

guantería 女 手袋を作る工場, 手袋を売る店.

guantero, ra 男 手袋を作る[売る]人.

guapear 自 《話》 1 (身なりや服装などを)鼻にかける, 自慢する. 2 (勇気のあることを)見せつける, 誇示する. 3 自慢する.

guaperas 男女 [単複同形] 美男[美人]気取りの(人).

guapetón, tona 形名 1 様子のいい(人), ハンサムな(人). 2 強がりな(な), 空いばりをする(人).

guapeza 女 1 美貌(みぼう), 美しい[ハンサムな, しゃれている]こと. 2 《話》勇敢さ, 勇ましさ.

guapo, pa [グワポ, パ] 形 1 (人が)顔立ちのよい, みめよい; (男が)男前の, りりしい; (女が)美人の, きれいな, かわいい. 2 (服装・外見が)さっそうとした, 洒落(しゃれ)た, はなやかな. 3 《話》(人・物が)かっこいい, かっこよい; 楽しい. —— un coche ~ かっこいい車. 4 度胸のある, 威勢のいい, 勇ましだの. 5 男名 美男[美人], かわいい子《親しみ, 時には皮肉なような呼びかけにも用いる》. —— 男 1 度胸のある[勇ましだの] 男. 2 けんか好き, 乱暴者. 3 だて男, 色男; 気取った男.

guapote, ta 《話》ふくよかで美しい, 豊満な, まるまるとした.

guapura 女 《話》かっこよさ, 美しい[ハンサムな, しゃれている]こと.

guaraca 女 (南米) (独楽回しの)紐.

guaracha 女 (中南米) グワラチャ (中南米の舞踊の一種, またその歌).

guarache 男 [メキシコ] 革サンダル.

guaragua 女 (南米) (安っぽく)ごてごてした)装身具, 安びかもの.

guarango, ga 形 (南米) 粗野な, 不作法な.

guaraní 形男女 [複] ~es グワラニー族の; グワラニーのインディオの. —— 男 1 グワラニー族. 2 グワラニー (パラグアイの貨幣単位).

guarapo 男 1 サトウキビの汁 (これを蒸発させて砂糖を得る). 2 サトウキビの汁で作った酒.

guarda 男女 [通例 男で, 女は →guardesa] 1 番人, 守衛, 管理人. —— forestal 森林管理官. ~ jurado (公認の)警備員. ~ nocturno [de noche] 夜警. 2 (中南米) 軍警, 検察係. —— 女 1 保護, 後見. 2 監視, 管理. 3 (主に 複) (印鑑)のあい見返し, あそび. 4 (主に 複) 錠の中の突起. 5 (主に 複) (扇子の)親骨. 6 (櫛(くし)の)親歯; (刀剣の)鍔(つば).

guardabarrera 男女 踏切番.

guardabarros 男 [単複同形] (車や自転車の)泥よけ, フェンダー.

guardabosque 男 森の維持管理人.

guardacantón 男 隅石, (車道の)縁石.

guardacoches 男 [単複同形] 駐車場管理人.

guardacostas 男 [単複同形] 沿岸警備艦.

guardador, dora 形名 1 (物事を守る人); 規則を遵守する(人). 2 (特に)物持ちのよい(人).

guardaespaldas 男女 [単複同形] ボディーガード (要人などを護衛する人).

guardafango 男 (中南米) 泥よけ, フェンダー.

guardafrenos 男女 [単複同形] (鉄道の)制動手, ブレーキ係.

guardagujas 男女 〖単複同形〗〖鉄道の転轍(てん)〗手, 操車係.

guardainfante 男 たが骨(昔の女性がスカートをふくらませるためにつけたペチコートの一種).

guardalmacén 男 倉庫係, 倉庫業者, 倉庫管理人.

guardalodos 男 〖単複同形〗 → guardabarros.

guardamano 男 刀のつば.

guardamarina 男女 →guardiamarina.

guardameta 男女 ゴールキーパー.

guardamonte 男 用心鉄(銃の引き金を囲む金具).

guardamuebles 男 〖単複同形〗家具倉庫, 貸し倉庫.

guardapelo 男 (装身具の)ロケット.

guardapiés 男 (昔の女性が着た)くるぶしまでの長いスカート.

guardapolvo 男 **1**(作業用の)上っぱり, オーバーオール, ダスターコート; (一般に)埃よけのカバー. **2**(窓などの)ひさし. **3**(懐中時計の)内ぶた.

guardar 〖グワルダル〗他 **1**〖+ de から〗を守る; を見守る, 見張る. — ~ la ley 法律を守る. **2**をしまう. 保管する. 保存する; を取っておく, 残しておく. **3**(ある感情)を抱き続ける, 持っている; (あること)を保つ, 保ち続ける. 保持する. — ~ cama 病床にある. ~ silencio 沈黙を守る. **4**〖情報〗を保存する, セーブする. — **se** 再 **1**〖+ de から〗用心する, 警戒する. **2**〖+ de +不定詞〗…しないように気をつける. —*Guárdate de participar en ese negocio.* その取引にはかかわらないよう気をつけろ. **3** 手元に置いておく; しまっておく. ▶*guardársela* 仕返しの機会をうかがう, 今に見ておれ.

guardaralla 女 〖中米〗(農地などの)境界線.

guardarropa 女 **1**(特に劇場などの)クローク, 外套置き場; 衣裳箪笥[戸棚]. **2**〖集合的〗衣服, 持ち衣装, ワードローブ. —男 クローク係, 劇場の衣裳係.

guardarropía 女 〖演劇〗(エキストラやコーラスの)衣装, 衣装部屋. ▶*de guardarropía* 外見だけの, 見せかけだけの, にせの.

guardavía 男 鉄道線路の監視員, 保線工夫.

guardería 女 **1**保育園, 保育所, 託児所(=~ infantil). **2**管理人[守衛, 番人, 監視員]の職務.

guardés, desa 名 (住宅の)管理人.

guardia 〖グワルディア〗男女 **1**警官, 警察官. — ~ de tráfico [de la circulación] 交通巡査. **2**〖軍事〗衛兵, 守衛, 警備兵[隊員]. **3**護衛, ボディーガード. ▶*Guardia Civil* (スペインの)治安警備隊. *guardia marina* → guardiamarina. *guardia municipal* 市警察官; 市警察. *Guardia Real* 近衛兵[部隊]. —女 **1**警備, 見張り, 監視. —*burlar la* ~ 監視の目をかすめる〖かいくぐる〗, relevar la ~ 見張り[警備]を交替する. **2**(医師などの)当直, 当番; 〖軍事〗歩哨勤務. **3**警備, 護衛隊, 警備隊; 〖集合的〗衛兵, 警護兵. **4**〖スポ〗(ボクシング・フェンシングの)ガード, 防御の構え. 〖錠の中の〗突起, ワード. ▶*bajar la guardia* 警戒を緩める, 油断する. *de guardia* 当番の, 当直の, 休日[夜間]営業の. *estar de guardia* 見張りをしている, 警備[警戒, 監視]している. *estar en guardia*〖+ contra〗(…に)警戒[用心]している; (フェンシングで)ガードしている. *poner a ... en guardia* (人)に警戒[用心]させる. *ponerse en guardia*〖+ ante/contra〗(不信·恐怖で…に)身構える.

guardiacivil 男女 治安警備隊員.

guardiamarina 男女 海軍士官候補生; 〖南米〗海軍少尉.

guardián, diana 名 管理人, 守衛, 監視[警備]員. —男 〖カト〗(フランシスコ会の)修道院長. —形 見張りをする, 見張りする の.

guardilla 女 **1**屋根裏部屋. **2**屋根の張出し窓, 屋根窓.

guarecer [9.1] 他 **1**を保護する, 守る, 防護する. **2**…に避難場所を与える. の隠れ家となる, を収容する. — **se** 再〖+ de から〗避難する, を避ける; (避難所に)逃げ込む.

guarida 女 **1**(動物の)隠れ場所, 穴, 巣. **2**(特に悪者の)隠れ家, 巣窟, 根城.

guarisapo 男 〖南米〗〖動物〗オタマジャクシ.

guarismo 男 数字, (特に)アラビア数字.

guarnecer [9.1] 他 **1**〖+ con/ de で〗を飾る. — ~ una joya 宝石を飾る. **2**を…に装備する. **3**…に守備隊を置く(守備隊として)駐在する. **4**〖建築〗(壁に)を塗り直す, 補強する.

guarnecido 男 〖建築〗(壁を)塗り直すこと, 漆喰を塗ること; 漆喰塗.

guarnición 女 **1**(衣服·部屋などの)飾り, 装飾(レースや飾りひもなど). **2**〖料理〗(肉や魚料理に添える野菜などの)つま, 付け合わせ. **3**〖軍事〗駐屯地·要塞などの守備隊, 駐屯部隊. **4**(宝石をはめ込む)台, 爪. **5**(剣·サーベルの)鍔(つば). **6**鞍 馬具(一式).

guarnicionar 他 …に守備隊を置く(兵などを)駐在させる.

guarnicionería 女 馬具工場, 馬具織工の仕事場.

guarnicionero, ra 名 馬具職人.

guaro 男 〖中米〗サトウキビ酒.

guarrada 女 **1**汚ないこと, 不潔. **2**下品, 俗悪さ; 汚ない行為, ひどい仕打ち, 悪賢いたずら.

guarrería 女 →guarrada.

guarro, rra 形名 《話》 **1**不潔な(人), だらしのない(人). **2**下品な(人), 配慮を欠いた(人). **3**卑劣な(人), 軽蔑すべき(人). —名 豚.

guarura 女 〖中米〗〖貝類〗ホラガイ. —男女 〖メキシコ〗《話》護衛, ガードマン.

guasa 囡《話》皮肉; からかい; 冗談. —con [de, en] ~ 冗談半分に. ▶ *estar de guasa* 冗談を言う, ふざけている.

guasada 囡【南米】粗野[下品]な言動.

guasca 囡【南米】(手綱などに使う)革紐, 紐; 鞭. —dar ~ 鞭打つ.

guasearse 再《話》《+ de を》からかう.

guasería 囡【南米】粗野[下品]な言動.

guaso, sa 形名【南米】**1** 粗野な(人), がさつな(人), 不作法な(人). **2** 恥ずかしがりやの.

guasón, sona 形名 滑稽な(人); 冗談[しゃれ]好きの(人); 皮肉を言う(人).

guata¹ 囡 (未加工の)木綿, 詰め綿.

guata² 囡【南米】《話》腹, 腹部.

guate 男【中米】(飼料用の)トウモロコシ(の農園).

guatearse 再【中米】腹が出る, 太る.

Guatemala 固名 グアテマラ(公式名 República de Guatemala, 首都グアテマラシティー Ciudad de Guatemala).

‡**guatemalteco, ca** 形 グアテマラの, グアテマラ人[風]の. —名 グアテマラ人.

guatemaltequismo 男 グアテマラ特有の表現[言い回し].

guateque 男 **1** (若者の)ホームパーティー. **2**《話》お祭り騒ぎ.

guatón, tona 形名【南米】太鼓腹の(人).

guatusa 囡【動物】オオテングネズミ.

guau[擬音]ワンワン(犬の声). —男 (犬の)吠え声.

guay 形【スペイン】《話》すごくいい, 素晴らしい. —副【スペイン】すごくよく, すばらしく. —間【詩】ああ, おお.

guayaba 囡【植物】グアバ(の果実); グアバのゼリー. **2**【南米】嘘.

guayabera 囡 (ゆったりした薄手の)ショート・ジャケット, オーバーブラウス.

guayabo 男 **1**【植物】グアバの木. **2**《話》若いきれいな女の子; 若者. **3**【南米】二日酔い.

guayaca 囡 **1**【南米】(身につけて使う小型の)袋, ポーチ;(特に)煙草入れ. **2** お守り, 魔除け.

guayacán, guayaco 男【植物】グアヤクム, ユソウボク.

Guayanas 固名 ギアナ地方(南アメリカ大陸北東部地方).

guayanés, nesa 形名 ギアナの(人); ギアナ人(の).

guayo 男 下ろし金[器具].

‡**gubernamental** 形 **1** 政府の, 政府の. —la organización no ~ 非政府機関, NGO. **2** 政府支持の, 政府よりの. —男名 政府支持者, 与党.

gubernativo, va 形 政府の, 行政の; 官営の; 治安の.

gubia 囡 丸のみ(木工・彫刻等に使う先が半円形のもの).

gudari 男《複~s》バスクの兵士.

guedeja 囡 **1** 長髪, 髪の一房[一巻き]の毛束. **2** (ライオンのたて)がみ.

güelfo, fa 形【歴史】教皇党の. —名 教皇党員.

guepardo 男【動物】チーター.

Guernica 固名 ゲルニカ(スペイン, バスク地方の町).

güero, ra 形名【中米】金髪の(人), ブロンドの人.

‡**guerra** [グラ] 囡 **1** 戦争, 戦い. —declarar la ~ 宣戦布告をする. hacer la ~ 戦争をする. estar en ~ 戦争中である. ~ abierta 戦争状態. ~ a muerte [sin cuartel] 死闘, 全面戦争. ~ campal 野戦; 論戦. ~ de guerrillas ゲリラ戦. ~ de nervios 神経戦. ~ preventiva 予防戦争. ~ santa 聖戦. ~ sucia 汚い戦争. G~ Civil Española【歴史】スペイン内戦(1936-39). Primera G~ Mundial【歴史】第一次世界大戦(1914-18). ~ fría 冷戦. ~ de precios 価格競争. ~ contra la pobreza [la droga] 貧困[麻薬]との戦い. **2** 争い, 敵対, いがみ合い. ▶ *armarse la guerra* 大騒動が起こる. *dar guerra* 騒動を起こす, 面倒を起こす. *de antes de la guerra*《話》とても古い, 流行遅れの. *tener la guerra declarada a ...* ...に敵意をあらわにする.

guerrear 自 **1**《+con/contra と》戦争する, 戦う. **2** 反抗する, 逆らう.

guerrero, ra 形 **1** 戦争の, 戦いの. —espíritu ~ 闘志, 戦意. **2** 好戦的な, 戦闘的な. **3**《俗》(子どもが)いたずら(好き)の, うるさい. —名 つわもの, 闘士; (昔の)戦士, 軍人. —囡 軍服の上着.

guerrilla 囡 ゲリラ部隊; ゲリラ戦.

guerrillear 自 ゲリラ戦をする, ゲリラ隊員として戦う.

guerrillero, ra 名 ゲリラ兵, ゲリラ戦士, パルチザン.

gueto 男 ユダヤ人地区[居住区], ゲットー.

guía 男女 **1** (特に旅行などの)ガイド, 案内人. —~ turística 観光ガイド. **2** 指導者; (行動などの)指針. —男 **1** (旅行・美術館などの)ガイドブック, 案内書. —consultar una ~ ガイドブックを調べる. ~ de turismo 観光ガイドブック. **2** (鉄道の)時刻表(= ~ de ferrocarriles); 電話帳(= ~ telefónica [de teléfonos]). **3**《機械》誘導装置, 滑り溝; カーテンレール; (ミシンなどの)糸道. **4** (運転・所持などの)許可書. **5**【植物】(植物などの)本枝, 幹; 添え木; (花火や発破などの)導火線. **6** (馬車の先導馬) (= caballo de ~); (先導馬の)手綱. **7** (扇子の)親骨. **8**【軍事】嚮導(きょうどう); **2** (自転車・モーターバイクの)ハンドル.

guiar[L5] 他 **1** を案内する, 導く, 連

れて行く. **2** を指導する, 教えさとす, …に忠告する. **3**《乗物を》運転する, 操縦する. **— se** 再〖+ por に〗導かれる, 従って行く.

guija 女 **1**(川底・川岸などにある)小石, 丸石. **2**〖植物〗カラスノエンドウ(マメ科の植物).

guijarral 男 小石だらけの土地, 小石の多い場所.

guijarro 男 小石, 砂利.

guijarroso, sa 形 (地面・土地が)小石・砂利の多い.

guijo 男 **1**〖集合的で〗道路舗装用の砂利. **2**〖中南米〗(水車, 精粉機械などの)回転軸, シャフト.

guillado, da 形《話》狂った, 気のふれた, 錯乱した.

guilladura 女《話》狂気, 気が違っていること.

guillarse 再 **1**《話》逃げる, 逃亡する, ずらかる. **2**(頭がいかれる, ぼける, 気がふれる. ▶ **guillárselas**《話》ずらかる, 逃げる.

Guillermo 固名 **1**〖男性名〗ギリェルモ. **2**(〜Ⅰ)ウィリアム1世(1027-87, イギリス王, 在位 1066-87, ノルマン王朝を開いた).

guillotina 女 **1** ギロチン, 断頭台. **2**(紙用の)断裁機, ペーパーカッター. ▶ **de guillotina**(窓が)上下スライド式の, 落とし窓の.

guillotinar 他 **1** をギロチン〖断頭台〗で処刑する. **2** を断裁機で切り揃える, 切り落とす.

guinche, günche 男〖中南米〗**1** 巻き上げ機, ウインチ. **2** 起重機, クレーン.

guinda 女 **1**〖植物〗ミザクラの実, クロサクランボの実. **2**〖海事〗船の全高(マストの先端までの高さ).

guindar 他 **1**〖中南米〗を高く上げる, 吊し上げる; 高い所に掛ける. **2** を絞首刑にする. **3**《話》(人と競り合って)を勝ち取る, (汚ないやり方で)を奪う. **— se** 再 **1**〖+ de/por に〗を伝って降りる; 滑り降りる. **2** を首吊る.

guindaste 男〖海事〗**1**(三本の丸太を組んだで)巻き上げ機(綱を操作する). **2**(帆綱をつなぐ)帆柱の横木.

guindilla 女 **1**〖植物〗赤トウガラシ. **2**〖歴史〗《話, 軽蔑》警官, おまわり.

guindo 男〖植物〗ミザクラの木, クロサクランボの木. ▶ **caerse del guindo**《話》うぶである, 気がふれる.

Guinea 固名 **1** ギニア(首都 Conakry). **2**(Golfo de 〜)ギニア湾.

guinea 女 ギニー(イギリスの古い通貨単位で21シリングに相当), ギニー金貨.

Guinea-Bissáu 固名 ギニアビサウ(首都 Bissau).

Guinea Ecuatorial 固名 赤道ギニア(公式名 República de Guinea Ecuatorial, 首都 Malabo).

guineano, na 形名 ギニアの(人).

guineo, a 形 ギニアの(アフリカ西部の共和国又はアフリカ中部の大西洋沿岸地方の名称)の, ギニア出身の. **— 名** ギニア人. **— 男**(ギニア産の)バナナ.

guiñada 女 **1** ウインク, 片目をつぶってみせること. **2**〖海事〗ヨーイング(船首が突然進路を外れること).

guiñador, dora 形 ウインクする. **— 名**〖中南米〗(車の)方向指示器, ウインカー.

guiñapo 男 **1** ぼろ, ぼろぼろになった服. **2** 弱々しい人, 病弱な人; (肉体的・精神的に)打ちひしがれた人. **3** 堕落した人, 身し弱い人, 品格のない人. ▶ **hecho [hecha] un guiñapo** 打ちひしがれた. (心身が)ぼろぼろになった. **poner como un guiñapo a...** を侮辱する, 侮蔑の言葉を浴びせる.

guiñar 他 **1**(片目)をつぶる, ウインクする. **2**(両目)を細める. **3**〖海事〗(船首が)突然進路を外れる, 揺れる, 偏走する. **— se** 再 目配せし合う, 互いにウインクする.

guiño 男 **1** ウインク, 片目をつぶってみせる. **2** 暗黙の合図. **3** きらめき, 輝き. **4**〖中南米〗(車の)方向指示器, ウインカー.

guiñol 男 (指人形を使った)人形劇, 人形玉居.

*****guión** 男 **1**(演説・講演などの)要約, 要旨, メモ. **2** 映画, 放送〗シナリオ. **3**〖言語〗ハイフン (-); ダッシュ (—)(=〜 largo). **4**(行列・行進の先頭に掲げる)旗. **5**(渡り鳥の群でも)先導的な鳥.

*****guionista** 男女〖映画, 放送〗脚本家, シナリオライター.

guipar 他《話》が見える; を見つける, に気づく.

guipur 男 ギピールレース(目の粗いレース編みの一種).

guipuzcoano, na 形名 ギプスコアの, (Guipúzcoa, バスク地方の県)の(人).

güira 女〖植物〗ヒョウタン, キャラバッシュ.

guiri 形 **1**〖軽蔑〗外国人観光客. **2**《俗》治安警備隊員.

guirigay 男 〖複 〜es, guirigáis〗《話》**1** 訳のわからない言葉, ちんぷんかんぷん, たわごと. **2** 大騒ぎ, 喧騒, 混乱.

guirlache 男(菓子の)アーモンド・ヌガー.

guirnalda 女(花や小枝を編んだ)花冠, 花輪, リース.

güiro 男〖中南米〗**1**〖植物〗ヒョウタン, ヒョウタン類の植物の実. **2**〖音楽〗ギイロ(ヒョウタンの実から作った楽器).

guisa 女 方法, やり方, 風. ▶ **a guisa de...** …のような, …として. **de esta [esa, tal] guisa** このような, こんなふうに.

guisado 男〖料理〗シチュー, 煮込み(料理). **— da** 過分〖→ guisar〗〖料理〗料理された; 煮込み(料理)の, シチューにした.

guisante 男〖植物〗エンドウ(豆); グリーンピース (=〜 verde).

*****guisar** 他 **1**(火を使って)を調理する, 料理する, 煮炊きする. **2**《話》(秘かに)をたくらむ, 企てる.

guiso 男 **1** 料理. **2** 煮込み料理, シチュー.

guisote 男 《話》まずい[下等な, 下等な]料理.

güisquería 女 酒場, ショットバー.

güisqui〈〈英〉〉男《複 ~s》ウイスキー.

guita 女 **1** 細い麻紐. **2**《話》金銭, 現ナマ.

*****guitarra** 女 《音楽》ギター. ~ eléctrica エレキギター. tocar la ~ ギターを弾く. —— 男女 ギター奏者, ギタリスト.

guitarrear 自 ギターを弾く, ギター演奏をする.

guitarreo 男 (けだるそうに・途切れ途切れに)ギターを爪弾くこと.

guitarrería 女 ギター[弦楽器]製作所; ギター販売店.

guitarrero, ra 形 **1** ギターを製作[販売]する人. **2** ギター奏者, ギタリスト.

guitarrillo, guitarro 男 《音楽》**1** (4弦で小型の)ギター. **2** (高音で小型のギター.

*****guitarrista** 男女 ギター奏者, ギタリスト.

guitarrón 男 《音楽》弦数の多い大型ギター.

güito 男 **1** (杏など果物の)種(子どもがおもちゃにする). **2**《話》帽子.

gula 女 大量に食べる[飲む]こと, 食べすぎ[飲みすぎ]; がつがつとむさぼり食うこと.

gulag 男 《複 ~s》(旧ソ連の)強制収容所(制度).

gules 男複 (紋章学での)赤色, 紅色.

gulusmear 自 **1** つまみ食いをする; (煮炊きしている物を)くんくんと嗅ぎ回る. **2** 詮索する, 嗅ぎ回る.

guripa 男 **1**(将校・下士官以外の)兵, 兵卒. **2** 警官.

gurmé 形 男女 《複 ~s》グルメの, 美食家の), 食通の; (食べ物について)美味な, 美味しい (=gourmet, gurmet).

gurriato 男 雀のひな.

gurrumino, na 形 **1** ひ弱な, 病弱な; 弱小の. —— 男《話》子ども.

gurruño 男 くしゃくしゃに[しわだらけ]の物, くしゃくしゃの塊.

gurú 男《複 ~s》ヒンズーの導師, グル; (精神的な)指導者.

gusanear 自 **1** (虫などが)うようよいる, 群がる, ひしめき合う. **2** むずがゆい, むずむずする.

gusanera 女 虫などの繁殖地, 虫に荒らされた場所; 細菌などの温床(傷など).

gusanillo 男 **1**《話》落ち着かないこと; むずむず[ピリピリ]すること. **2**《話》不安(感). **3** らせん状に巻いた糸・針金. **4** 小さい虫. ▶ *gusanillo de la conciencia* 良心の呵責. *matar el gusanillo* 軽食で空腹を抑えること.

*****gusano** 男 **1**(ミミズ・サナダムシなどの)虫, 毛虫, うじ虫; (昆虫などの)幼虫. ~ de luz ツチボタルの幼虫(雌) (→*luciérnaga*). ~ de [la] seda カイコ. **2** 卑劣な[卑しい]やつ, 下らないやつ. **3**《情報》ワー

ム. ▶ *gusano de la conciencia* 《俗》良心の呵責(ぐく). *matar el gusano* 軽い物を食べて空腹を満たす.

gusanoso, sa 形 (果物などの)虫の食った, 虫食いのある.

gusarapiento, ta 形 **1** 虫の涌(わ)いた. **2** ひどく汚い, 不潔な; 腐った.

gusarapo 男 (水中などに涌(わ)く)虫, うぶら, うじ虫.

gustar [グスタル] **a)** ~——［＋名詞/不定詞]（人)の気に入る. (人)は好きである, (人)に好まれる. —*Me gusta* mucho ir al cine. 私は映画に行くのが大好きだ. Tú *me gustas*. 私は君が好きだ. **b)** ~——［＋不定詞, + que + 接続法]（人)に…したい; …してもらいたい. —*No me gusta* que hables mal de ellos. 私は君らの悪口を言ってほしくない. *Me gustaría* hacer un viaje por China. できれば中国に旅行したいものだ. **2**［＋de + 名詞]（…)を好む, （…)が好きだ. —*Gusta de* hacer viajes. 彼は旅行するのが好きだ. —— 他 **1** 味をみる, 味見する, 試食する. **2** 経験する. **3**《定型表現で人主主語》…したい. —*Cuando* usted *guste*, salimos. よろしければ出かけましょう. ▶ ¿(*Usted) gusta*? [¿*Si* usted *gusta*?] (食事を始めるとき, その場に居合わせた人にあなたもいかがですか.

gustativo, va 形 味覚の, 味覚に関する.

Gustavo 固名《男性名》グスターボ.

gustazo 男 (主に悪意での)喜び, 快感 (恨みを晴らしたなどの)嬉しさ, 満足感. ▶ *darse el gustazo de…* (自分のために)奮発する, おごる; （自分に)…を許す, …する満足を与える.

gustillo 男 **1** 後味; 気味, (かすかな)味わい. **2**（悪意を含んだ)喜び, 満足.

*****gusto** [グスト] 男 **1** 喜び, 楽しみ, 快さ. —¡Qué ~ da pasear al atardecer! 夕暮れに散歩をするなんて楽しいだろう. **2** 趣味, センス, 審美眼. —hombre de ~ 趣味のいい人. mal ~/~ vulgar 悪趣味. **3**［+por に対する]好み, 興味. —Tiene ~ *por* la velocidad. 彼はスピードマニアである. **4** (文化・社会の芸術的な)流儀, 様式, …風. ~ *actual* 当世風. ~ *griego* [*japonés*] ギリシャ[日本]風趣味. **5** 気まぐれ, 思いつき, 急に駆られる欲望. —Este cuadro ha sido un ~ de mi mujer. この絵は妻の気まぐれで掛けた. **6** 味覚, 風味; (=sentido del ~). ~ a fresa イチゴ味. ~ amargo 苦味. ▶ *a gusto de…/a* su *gusto* （人)の好み[意向]に応じて, (人)の好きなように. —Las cosas nunca suceden *a nuestro gusto*. 物事は決して私たちの思うどおりにいかない. *a gusto* [よく muy, tan を伴い] くつろいで, 気楽に, 心地よく; 喜んで, 快く. —Me encuentro *muy a gusto* en este sillón. この肘掛け椅子はとても座り心地が良い. *al gusto* 好みで, 好みに合わせて. *con gusto* 喜んで, 快く; 進んで, 熱

心に. **con mucho gusto** (依頼への承諾)喜んで, 快く, 進んで. **darLE gusto a ...** (人)を喜ばせる, 楽しませる (=complacer). **darse el gusto de** 〖+不定詞〗…して満足する[楽しむ]. **despacharse a su gusto** 好き勝手なことをする[言う]. **Mucho [Tanto] gusto. -El gusto es mío.** 初めまして、どうぞよろしく. -こちらこそよろしく. **para mi gusto** 私の意見では. **por su gusto/por gusto** 自分から, 進んで, 好きで; 気ままに, 勝手に. **que da gusto/que es un gusto** 〖誇張表現するほどに〗よく, ものすごく. **tener el gusto de** 〖+不定詞〗〖丁寧表現〗…いたします, …させて頂きます, …してうれしい. **-Tengo el gusto de presentarle al señor López.** ロペスさんをご紹介いたします. **tomar gusto a** 〖+人〗**a...** (人)が…を好きになる.

gustoso, sa 〖グストソ, サ〗形 **1** おいしい, うまい, 美味な. **2** 楽しい, 喜ばしい, 愉快な.

gutapercha 女 グッタペルカ, グッタペルカでコーティングした布(椅子などに用いる).

gutural 形 **1** 喉の, 喉音の. **2**〖言語〗喉頭音の, 軟口蓋音の.

Guyana 固名 ガイアナ(首都 Georgetown).

H, h

H, h 女 **1** スペイン語アルファベットの第8文字. 普通は無音. **2** (H)〖化学〗水素(hidrógeno)を表す元素記号.

hạ 動 →haber [14].

:haba 女 〖単数の定冠詞は el〗**1**〖植物〗ソラマメ; (コーヒー・カカオなどの)豆; インゲンマメ. **2** (虫刺されなどによる)腫れ, みみず腫れ. **▶ En todas partes cuecen habas.** それはどこへ行っても同じこと. **(Esas [Eso]) son habas contadas.** そんなことは分かりきっている, はっきりしている. **haba de las Indias** 〖植物〗スイートピー (=guisante de olor).

Habana 固名 (La ~) ハバナ(キューバの首都).

habanera 女 ハバネラ(キューバの民俗舞踊、その曲).

habanero, ra 形名 **1** ハバナ (La Habana, キューバの首都)の(人). **2** 中南米産の成り金の.

habano, na 形 **1** →habanero. **2** 茶褐色の. ── 男 ハバナ(キューバ産葉巻).

habar 男 ソラマメの畑.

hábeas corpus 〖<ラテン〗男 〖法律〗人身保護令状.

haber¹ 男 〖主に 複〗**1** 財産, 資産. **2**〖商業〗貸方, 資産, 債権. ──**balance del debar y el** ── 負債と資産の収支高. **3** 給料, 賃金, 収入. **▶ en su haber** (人)の名誉となるように, 賞賛に値して.

:haber² 〖アベル〗[14] 動 **1**〖+過去分詞; 直説法・接続

法の複合時制を作る〗. -**Me he levantado a las seis esta mañana.** 私は今朝6時に起きた. **Cuando llegué a la estación, ya había salido el tren.** 私が駅に着いた時, 列車はすでに出発したあとだった. **He estado en Estocolmo.** 私はストックホルムに行ったことがある. **¿Qué habrá sido de él?** 彼はどうなるんだろう. **De haberlo sabido, ella no habría ido.** それを知っていたら, 彼女は行かなかっただろう. **Espero que haya llegado sin novedad.** 私は彼が無事着くように望んでいる. **Sentí mucho que te hubieran suspendido.** 私は君が留年したことを大変残念に思った. **2**〖不定詞・現在分詞の複合形を作る〗. **-Antes de** ―**lo hecho, deberías** ～**me avisado.** それをする前に君は私に知らせるべきだった. **Habiéndolo** mandado el jefe, hay que obedecer. 上司がそれを命じたので, 従わなければならない. **3**〖無人称文を作る, 直説法・接続法では人称単数形となるが, 直説法現在では特殊な形式 hay を用いる〗…がある[いる]. **-¿Hay habitaciones libres?-Sí, las hay.** 空いている部屋がありますか. - はい, あります. **No hay nadie en casa.** 家にはだれもいない. **Ayer hubo un accidente en esta calle.** 昨日この通りで事故があった. **Había mucha gente en la conferencia.** 講演会にはたくさんの人がいた. **No habrá quien te ayude.** 君を助けてくれるような人はいないだろう. 〖haber は不定の人・事物の有無を表すのに対し, estar は特定の人・事物の所在を表す〗 **Hay un gato en el sofá.** ソファーにはネコがいる. **El gato está en el sofá.** ネコはソファーにいる. **2** 〖過去分詞の副詞的用法〗持たれた, 起こった, 知られた. -**Todos los sucesos habidos en Salamanca los sabían los zamoranos.** サモーラの人はサラマンカで起こった出来事はすべてよく知っていた. **3**〖時間 + ha que〗〖古〗―前から, 前に. -**Mucho tiempo ha que vivía un anciano en esta casa.** 昔々この家に1人の老人が住んでいた〖現代では Hace mucho tiempo que となるのが普通〗. **▶ Allá se las [lo] haya [hayan]** 勝手にさせておけ, 自業自得だ. **de no hay** 前代未聞の; 最悪の. **donde los haya** (= sí los hay). **haber de** 〖+不定詞〗…するはずである. することになっている, しなければならない. -**He de ir hoy.** 私は今日行かねばならない. **haber que** 〖+不定詞〗(一般に人は)…しなければならない. -**Hay que cumplir las leyes.** 法律を守らなければならない. **habérselas con** …(人)と対決する, 争う. **no haber que** 〖+不定詞〗 …する必要はない, するに及ばない. **No hay de qué.** どういたしまして. **no haber más que** 〖+不定詞〗…するしかない, …する以上にできない. **-No hay más que decir.** それ以上言うことはない. **no haber (nada) como** …に及ぶものはない. **no haber nadie [otro]**

como... …以上の人[の右に出る者]はいない。no haber tal 確かでない; 根拠がない。**no haber (tener) por dónde coger (agarrar) a** [＋人/事]…にどうしようもない, 取り柄がない。**que no hay más que pedir** 申し分のない。**¿Qué hay?** (あいさつとして)こんにちは, 元気ですか。**si los (las) hay** これに見る, 比類のない。

habichuela 囡 イングエン豆 (→judía). **ganarse las habichuelas** 《話》生活の糧を稼ぐ。

habido, da 過分 [→haber] 形 存在した, 起きた, 生まれた。**—hijos ~s** 生まれた子。

habiente 形 所有する, 持っている。

hábil 形 1 上手な, 熟練した, 有能な, 巧みな。**—una respuesta ~** 如才ない返答。2 [＋para に] ふさわしい, 適当な。**—Es ~ para este puesto.** 彼はこの地位にふさわしい。3《法律》資格のある; 有効な。**▶días hábiles**（公的機関・裁判所などの）仕事日, 勤務日。

habilidad 囡 1 上手なこと, 巧みさ; 能力。**—con mucha ~** とても巧みに。2 才能, 妙技, 特技。3《法律》資格。**—para sucederle** 相続する資格。

habilidoso, sa 能力のある, 有能な; (特に手仕事などの)器用な, うまい。

habilitación 囡 1 (特に法的に)資格を与えること, 権利を認めること。2（資金などを)用立てること, 融資。3 会計, 会計の仕事; 会計課。

habilitado, da 過分 [→habilitar] 形 資格(権限)のある。**—**图 1 (特定の任務の)権限を持つ者, 有資格者。2 会計係, 主計官, (特に国家公務員や軍人に)給与等を支払う係。

habilitar 他 1 [＋para のための] (法的な資格を)与える, 権利を認める, 適任とする。**—Lo habilitaron para suceder.** 彼の継承権が認められた。2 開設する, 設置する; 設立する; [＋para, como として]を使えるようにする。**—Hemos habilitado la sala de visitas para comedor.** 我々は応接間を食堂として使えるようにした。3《商業》(資金を)供給する, 融資する; (必要なものを)提供する。

habitabilidad 囡 (家などが)住めること, 可住性。

habitable 形 (住宅などが)居住に適する, 住める。

habitación 囡 1 部屋; 寝室, 個人部屋。**—~ doble (individual)** ツイン[シングル]。2 住むこと, 居住。3 住居, 住むところ。4《法律》居住権。

habitáculo 男 1 部屋; 住居; 住むための場所や建物。2 (動植物の)生息地, 生息地, 生息に適した場所。3 (乗り物の)車内, 乗車スペース。

habitante 男女 1 住人, 住民, 居住者。**—**形 住む, 住んでいる。

habitar 他 …に住む, 居住する; 生息する。**—**自 [＋en に] 住む, 居住する; 生息する。

hábitat 男 1 (動植物の)生息地, 自生地。2 住宅条件, 住環境。

hábito 男 1 [主に圈] 習慣, 癖 (→costumbre); (習慣による)熟練。**—tener el ~ de...** …の癖がある。2 僧服, 法衣。**—El ~ no hace al monje.** [諺] 外見だけ変えても, 中身までは変わらない。**▶ahorcar (colgar) los hábitos** 《話》僧職から離れる, 勉学をやめる。**tomar el hábito** 僧職につく, 宗教生活に入る。

habituación 囡 慣れさせること, 慣れること, 習慣。

habitual 形 1 いつもの, 習慣の。2 定期的な。**—un cliente ~** 常客。

habituar [1.6] 他 [＋a に]を慣れさせる, 慣らす。**— se** 再 [＋a] …に慣れる。

habla 囡 [単数の定冠詞は el] 1 話すこと, 話す能力, 言語能力。2 話し方; 方言,《言語》パロール。4 声, …un ~ muy dulce とても甘い声。**▶al habla** (電話で)…が話しています。**—¿Está José? —Al habla.** ホセ君いらっしゃいますか。—はい, 私です。**estar (ponerse) al habla con …**と通話をしている[とる], 交渉中である[に入る]。**quedarse sin habla** 恐怖[驚愕]で言葉がでない, 言葉を失う。**quitar el habla** 唖然とさせる, びっくりさせる, 驚かす。

hablada 囡【メキシコ】口論, 陰口, うわさ話。2 見え, 空威張り; ほら。**▶echar habladas**【メキシコ】虚勢を張る, 見えを張る。

hablado, da 過分 [→hablar] 形 **[bien/mal の後で]** 言葉使いのよい(悪い), 話し方の丁寧な[ぞんざいな]。2 話された。**—cine** トーキー映画。

hablador, dora 形图 おしゃべりな(人), 口の軽い(人)。

habladuría 囡 [主に圈] (根も葉もない)噂, ゴシップ; 陰口。

hablanchín, china 形图《話》話すべきでないことを話す(人), おしゃべりな(人)。

hablante 男女 1 (ある言語の)話者, 話し手。**—hispanohablante** スペイン語を母語とする人。2《言語》(聞き手・受け手に対して)話し手, 話者, 発話者。**—**形 話す, 話している。

hablantín, tina 形 →hablanchín, china

hablar [アブラル] 自 1 話す, ものを言う, しゃべる。**—El niño ya sabe ~.** その子はもうしゃべれる。**Luis habla muy bien.** ルイスは話が非常に上手だ。**~ por señas** 身振り手振りで話す。**~ claro** はっきり言う。**~** [＋a に] 話しかける, 語りかける; 話をする, 伝える; 打ち明ける; (人と)口を利く。**—No me hables, que me distraes.** 私に話しかけないでくれ, 気が散るから。**No me habla desde hace años.** 彼は数年前から私に口を利いてくれない。3 [＋con (人)と] 話をする, おしゃべりする; つきあっている。**—Tengo que ~ contigo.** 君に話しておかなければならないことがある。4 [＋de/sobre/acerca de に

hablilla 囡 うわさ話, ゴシップ; 陰口.

hablista 男女 言葉使いのきれいな人; 正しい言葉使いを教える人.

habón 男 (アレルギー・虫刺されによる)腫れ.

habr- 動 →haber [14].

hacedero, ra 形 可能な, なしうる, 実行する.

hacedor, dora 名 **1** 作る人, 製作者, 創造者. **2** (H～, Supremo H～)造物主, 神.

hacendado, da 名 大地主, 大土地所有者; (中南米)牧場主, 農園主. —形 大地主の.

hacendista 男女 財政家, 経済学者, (特に)国家財政の専門家.

hacendístico, ca 形 財政[経済]の, 財政[経済]に関する.

hacendoso, sa 形 (特に家事に関して)働き者の, 勤勉な, 精勤な.

hacer [アセル] [10.10] [旧] **1 a)** …を作る; 制作する, 創作する; 創造する, 造る. ~ muebles 家具を作る. ~ una tarta ケーキを作る. ~ un jersey セーターを編む. ~ amigos 友人を作る. ~ un programa de televisión テレビの番組を制作する. ~ sitio para [a]… …のために場所を作る. **b)** 用意する, 準備する, 調える. ~ la cama ベッド・メイキングをする. ~ la comida 食事の仕度をする. ~ la maleta スーツケースに荷物を詰める. **2 a)** 為す, やる, 行う; [+名詞](ある行為・活動)をする. —¿Qué hace usted aquí?-No hago nada. あなたはここで何をしているのですか. —私は何もしていません. Hago segundo (curso) de Arquitectura. 私は建築学科の2年生である. ~ un viaje 旅行をする. ~ una pregunta 質問をする. ~ doble clic ダブル・クリックする. ~ el doctorado 博士課程を履修する. ~ ejercicio 体操・運動をする. **b)** [+lo] そうする 〖他の動詞の代用〗. —¿Escribirás mañana la carta?-Lo haré sin falta. 明日君は手紙を書いてくれるかい. —間違いなくそうします. **c)** (役割)をする, 務める; …のふりをする, まねをする. —¿Usted, qué hace?-Soy carpintero. あなたは何をなさっていますか. —私は大工です. ~ el papel de… …の役を演じる. Hace que estudia. 彼は勉強するふりをしている. **d)** …を上演する. **3** ～にする; [+de ～] …とする. —~ feliz a … …を幸せにする. Lo hicieron jefe de departamento. 彼は部長になった. **4** 〖無主語・3人称単数形〗 **a)** (天候) …である. —Hace buen [mal] tiempo. 天気が良い[悪い]. Hace viento. 風が吹いている. Hace calor [frío, fresco]. 暑い[寒い, 涼しい]. **b)** (時間)〖hace…que+直説法〗…前から(…している), (…してから)…たつ. —Hace tres años que vivo en Valencia. 私はバレンシアに住んで3年になる. Hace mucho que volvió de Chile. チリから戻ってずいぶんたつ. Hará un año que no la veo. 彼女に会わなくなってから1年になりたつだろう. 〖hace は現在を起点とする場合に用い, 過去の時点を起点とする場合には hacía となる. 未来形 hará は現時点での推定を表すが, 未来における経過を表すこともある.〗 **c)** 〖前置詞的に〗 …前に; [desde+] …前から. —Hace tres años murió mi padre. 3年前に私の父は死んだ. Estudio chino desde hace dos años. 私は2年前から中国語を学んでいる. **5** [+不定詞+que+接続法] を…させる, を…(するように)させる. —Hice reír a los alumnos. 私は生徒たちを笑わせた. Hice que se callaran los alumnos. 私は生徒たちを黙らせた. **6** (音・光など)を生じさせる, 出す; (排泄物など)を出す. —Esa máquina hace mucho ruido. その機械はとてもうるさい. ~ pipí おしっこをする. **7** [+数詞] (計算して) …になる; (容量が) …が入る, 入る; (人・車が距離)を走行する. —Tres y cuatro hacen siete. 3+4=7. **8** [+a に] …を慣らす; 訓練する, 鍛える. —Hice mi cuerpo a un duro trabajo. 私は体を重労働に慣らした. ►haberla hecho buena —La has hecho buena. 君は大変なことをやってくれた. hacer de menos a… …を軽蔑する, 軽視する. hacerla 悪事を働く, いたずらをする. hacer sudar a… …にとっては困難なことである, …にとって大変骨の折れることである. —自 **1** する, 行う, 振る舞う. —Haga usted como quiera. 好きなようにしてください. **2** [+de 名] 務める, 演じる, (…の)役をする. —~ de moderador 司会を務める. **3** [+por+不定詞] …しようとする, …するよう努める, …する気がある. **4** [+a

hacha 女〖単数の定冠詞は el〗 **1** 斧(<ruby>おの</ruby>), まさかり. **2** たいまつ; 大きなろうそく. ► **ser un hacha**〖話〗秀(<ruby>ひい</ruby>)でる, 天才的である.

hachazo 男 **1** 斧(<ruby>おの</ruby>)で打つ[切断する]こと. **2**〖闘牛で〗牛が横からの頭突き.

hache 女 文字 h の名称. ► **llámele hache**〖話〗同じことだ. どう呼んでも[言っても]かまわない. **por hache o por be** → ce.

hachear 自他 (を)斧(<ruby>おの</ruby>)で割る, 切り刻む; (木材を)斧で荒削りする.

hachemí, hachemita 形 男女 (モハメッドと姻戚関係にある)ハシーム家[王国]の(人).

hachero 男 **1** 燭台(しょくだい); たいまつ立て. **2** 木こり.

hachís¹ 男 ハシシ, 大麻.

hachís² 間〖擬音〗ハクション(くしゃみの音).

hachón 男 (大型の)たいまつ, ろうそく.

hacia 〖アジア〗前〖目標〗…に向かって, …に向けて[の], …の方へ. —Esta mañana partieron ~ Barcelona. 今朝彼らはバルセロナへ向けて出発した. **2**〖おおよその場所・時間〗…あたりに[へ・で]; …のころに. —Llegaremos a la ciudad ~ las seis. 私たちは6時に町に着くでしょう. **3**〖感情の対象〗…に(対して), …へ, の. —Tiene un odio enorme ~ los extranjeros. 彼は外国人を非常に嫌っている.

hacienda 女 **1** 農地; 〖中南米〗農場, 大農園. **2** 財産, 資産; 財政. —— pública 国家財政. **3** 財務省 (=Ministerio de H~). **4**〖南米〗家畜.

hacina 女 (わら・干し草などの)積み重ね, 堆積.

hacinamiento 男 **1** (人・動物が)群がること. **2** 積み重ね; ひしめき合い.

hacinar 他 (穀物の束などを)積み重ねる, 積み上げる. —— **se** 再 (人が狭い所などに)群がる, ひしめきあう; 積もる.

hácker, hacker [<英] 男女〖複〗háckers〖情報〗ハッカー.

hada 女〖単数の定冠詞は el〗妖精.

hado 男 宿命, 運命; 因果.

hag- 動 →hacer [10.10].

hagiografía 女〖カト〗聖人伝, 聖徒列伝; 聖人研究.

hagiográfico, ca 形〖カト〗聖人伝の, 聖徒列伝の.

hagiógrafo, fa 名〖カト〗**1** 聖人伝の作者. **2** 聖書文学の作者(特に旧約聖書)の作者.

haiga 男〖話〗超高級車, 豪華自動車.

haiku, haikú [<日] 男〖複〗haikus 俳句.

Haití 国名 ハイチ(公式名 República de Haití, 首都 Puerto Príncipe).

haitiano, na 形 ハイチ (Haiti) の (人), ハイチ出身の人.

hala 間 **1**〖応援の言葉〗がんばれ, さあ早く. **2**〖驚き, 感嘆, 不快感を表わして〗おやおや, やれやれ, ああー.

halagador, dora 形 **1** お世辞の, へつらいの. **2** うれしがらせるような, 快い.

halagar [1.2] 他 **1** をうれしがらせる, 満足させる. —Me halaga que me hayas consultado. 私に相談してくれてうれしい. **2** を得意にならせる; にこびへつらう; お世辞を言う.

halago 男 **1** へつらい, お世辞. **2** 満足, うれしがらせ.

halagué, halague(-) 動 →halagar [1.2].

halagüeño, ña 形 **1** 有望な, 見込みのある. **2** うれしがらせるような, 快い, 喜ばしい.

halar 動 **1**〖海事〗を引く, (ロープなどで)引き上げる; (船)を曳(<ruby>ひ</ruby>)航する. **2**〖中米〗を自分の方に引き寄せる.

halcón 男 **1**〖鳥類〗タカ(鷹), ハヤブサ(隼). **2**〖政治〗タカ派, 強硬論者.

halconería 女 鷹(<ruby>たか</ruby>)狩り, 鷹の調練法.

halconero, ra 名 鷹(<ruby>たか</ruby>)匠, 鷹飼い. —— 女 鷹狩用の鷹を飼う所, 鷹小屋.

halda 女〖単数の定冠詞は el〗スカート (→falda).

hale 間 →hala.

haleche 男〖魚類〗カタクチイワシ, ヒシコイワシ, アンチョビー.

halibut 男〖魚類〗オヒョウ, カラスガレイ.

hálito 男 **1** 吐く息, (白く見える)息. **2**〖詩〗そよ風.

halitosis 女〖単複同形〗〖医学〗呼気悪臭, 口臭.

hall [＜英] 男 [複 ~s] (ホテルなどの)玄関ロビー, エントランスホール.

hallado, da 過分 [→ hallar] 形 **bien, mal con** (と伴って) …でいる, …で安心してくろいでいる; 自分の本領を発揮できる. **mal ～** ぎこちない; 得意の分野でない; まれな.

hallar [アヤル] 他 **1** を見つける, 見つけ出す, 見いだす. **2** を発明する, 考え出す. **3** …に気づく, …が分る. **― se 1** (ある場所·状況に)いる, いる. **2** [+ con と] 出くわす, 出会う. ► **hallárselo todo hecho** 容易だと分る, 楽にくらせる. **no hallarse en ~** …に向いてない, 合わない.

hallazgo 男 **1** 見つけること; 発見, 発明. **2** 掘出し物, 拾得物.

halo 男 **1** (太陽·月の)かさ, 光輪(光). **2** (聖人の)光輪, 後光. **3** (人物などをとりまく)名声, 評判, 尊敬や称賛の雰囲気.

halófilo, la 形 [植物] 好塩性の.

halógeno, na 形 [化学] ハロゲンの. **― 男** ハロゲン, 造塩元素.

halón 男 **1** [中南米] 自分の方に引き寄せること. **2** [化学] ハロゲン化合物.

haltera 女 [スポ] 重量挙げのダンベル.

halterofilia 女 [スポ] 重量挙げ, ウエートリフティング.

halterófilo, la 名 重量挙げの選手.

hamaca 女 **1** ハンモック; デッキチェア. **2** [南米] ロッキングチェア.

hamacar [1.1] 他 [中南米] → hamaquear. **― se** 再 → hamaquearse.

hamadríade 女 [神話] 妖精, ニンフ, (特に)木の精.

hamaquear 他 [中南米] (ハンモックに乗せて)を揺する, 揺り動かす. **― se** 再 (ハンモックなどに乗って)揺れる, 揺れる.

hambre [アンブレ] 女 [単数の定冠詞は el] **1** 空腹. **―tener ～** 空腹である. **entretener el ～** 空腹をまぎらす. **2** 飢え, 飢餓. **―pasar ～** 飢えに苦しむ. **3** 熱望, 渇望. ► **andar muerto de hambre** 惨めな暮しをする. **huelga del hambre** ハンガーストライキ. **juntarse el hambre con la gana [las ganas] de comer** 《諺》(2人以上の人が)その思考法·行動様式が偶然一致する, 似た者同士である. **matar de hambre** 少ししか食べ物を与えない. **matar [apagar] el hambre** 空腹をいやす, 満たす. **morir(se) de hambre** 空腹で死にそうである; 貧しくて食べ物がない. **ser más listo que el hambre** 《話》とても賢明な, 頭が切れる.

hambrear 他 **1** (人)を飢えさせる. **2** [自] (人)を搾取する, 食い物にする. **― 自 1** 飢える. **2** (同情·哀れみを期待して)窮状を訴える.

hambriento, ta 形 **1** [estar +] 腹のへった. **2** [+ de] を渇望する, …に飢えている. **― de poder** 権力に飢えた. **― 名 1** 飢えた人. **2** [中南米] けちな人.

hambrón, brona 形名 《話》ひどく腹の空いた(人), 飢えきった(人), ひもじい(人).

hambruna 女 非常な空腹, 飢えきっていること.

Hamburgo 固名 ハンブルク(ドイツの都市).

hamburgués, guesa 形名 ハンブルク(Hamburgo) (出身)の(人). **― 女** ハンバーグステーキ, ハンバーガー.

hamburguesería 女 ハンバーガーショップ.

hampa 女 [単数の定冠詞は el] **1** やくざ, ギャング, ごろつき. **2** [歴史] (昔のスペイン南部の)ならず者の集団.

hampesco, ca 形 ならず者の, やくざの, 犯罪の.

hampón, pona 形名 **1** いさましい(人); 勇み肌の(人); 威張った(人). **2** ごろつきの.

hámster 男 [複 ~s] [動物] ハムスター.

han 動 →haber [14].

handicap [＜英] 男 [複] [スポ] (ゴルフ·競馬などの)ハンディキャップ, ハンデ. **2** [+ para にとって] 不利な条件, 障害.

hangar 男 (飛行機の)格納庫.

hansa 女 [歴史] ハンザ同盟.

hanseático, ca 形 ハンザ同盟の.

haplología 女 [言語] 重音脱落: 同音や類音が連続すると一方の音節が脱落する現象.

happening [＜英] 男 [複 ~s] (演劇などの)即興の演技.

har- 動 →hacer [10,10].

haragán, gana 形名 怠惰な(人), 怠け者(の), 仕事嫌いの(人).

haraganear 自 怠ける, 何もせずぶらぶらしている.

haraganería 女 怠惰, 怠けること, 仕事もせずのらくらしていること.

harakiri [＜日] 男 →haraquiri.

harapiento, ta 形名 ぼろをまとった(人), ぼろを着た人.

harapo 男 ぼろ, ぼろ布, ぼろきれ.

haraposo, sa 形 →harapiento.

haraquiri [＜日] 男 切腹.

harca 女 [単数の定冠詞は el] モロッコ先住民の武装部隊/反乱部隊.

hardware [情報] ハードウェア.

harem, harén 男 **1** ハーレム, 後宮. **2** 後宮に住む女性達.

harina 女 **1** 小麦粉. **2** (一般に穀物などの)粉, ひき割り. **― integral** 全粒粉. ► (**estar**) **metido en harina** …に夢中になっている, うち込んでいる. **hacer(se) harina** 粉々になる(なる). **ser harina de otro costal** 同じことがあてはまらない, 全く別のことだ.

harinero, ra 形 小麦粉 (harina) の. **― 名** 製粉職人(工具); 粉商人.

harinoso, sa 形 **1** 粉の多い, 粉っぽい(パン生地など). **2** (外見が)粉のような, 粉状の.

harmonía 女 →armonía.

harnero 男 ふるい, 粉ふるい. ► **estar**

hecho un harnero 傷だらけである.

harpa 女〖単数の定冠詞は el〗→ arpa.

harpía, arpía 女 **1**〖ギリシャ〗ハルピュイア(女面鷲身の怪物). **2** 悪性の女.

harpillera 女 →arpillera.

hartada 女 **1** 満腹すること, 腹一杯になること; 満腹の状態. **2** うんざりすること, 飽き飽きすること.

hartar 他 **1** を満腹させる, 飽食させる. **2** おもあきさせる, うんざりさせる. **3**〖+ de を〗(人)にいやと言うほど与える. —— 自〖+ de で〗**1** 満腹する. たくさん食べる. **2**(…に)飽きる, うんざりする. いやと言うほど…する. ~ de dormir いやになるくらい眠る.

hartazgo 男 →hartada.

harto, ta 形 **1** 満腹した. **2**〖+ de で〗飽き飽きした, うんざりした. ~ de ruidos 騒音になった. **3** 十分な, かなりの. —Es ~ improbable que venga. 彼がやって来ることはまずない. —— 副 かなり, あまりに.

hartón, tona 形男〖中米〗大食いの(人), 食いしん坊(の). —— 男〖話〗→ hartada, hartazgo.

hartura 女 **1** →hartazgo. **2** たくさん, 豊富.

Hartzenbusch 固名 アルセンブッシュ(Juan Eugenio ~)(1806-80, スペインの劇作家).

has 動 →haber [14].

hasta [アスタ] 前 **1**〖到達点〗…まで. —— ~ Tokyo 東京まで. Puedo prestarte ~ cien euros. 100 ユーロまでなら貸せるよ. **2**〖時間〗…時まで;〖中米〗〖時点〗に. —desde las nueve de la mañana ~ las cinco de la tarde 午前9時から午後5時まで. Cierran ~ las nueve. 9時に閉まる. **3**〖副詞的に〗…さえも. —Es capaz de aliarse ~ con el diablo. 彼は悪魔とだって手を結びかねない. **4**〖程度の大きいことを示す〗…も. —En el torneo de ajedrez hubo ~ treinta participantes. チェスのトーナメントに30人もの参加者があった. ▶ **hasta ahora** では, また すぐ後で (= hasta dentro de muy poco). **hasta después** それでは, また. **hasta la vista** では, また. **hasta la noche** では今晩(会いましょう). **hasta luego** →luego. **hasta mañana** また明日. **hasta otra** ではまた近いうちに. **hasta pronto** ではまた後で. **hasta ⦃tanto⦄ que...** …するまでは. **hasta siempre** (再会を期待しながら)さようなら, ご機嫌よう.

hastial 男 **1** 切妻壁(建物や家屋の正面上部の三角形の部分). **2** 荒れ者, ぶこつ者, 粗野な男.

hastiar [1.5] 他 をいやがらせる, 不快にさせる; うんざりさせる. —— **se** 再〖+ de/por に〗うんざりする, 飽き飽きする, 疲れる.

hastío 男 **1** 吐き気, むかむかすること. **2** 不快; 退屈, 倦(けん)怠.

hatajo 男 **1**〖軽蔑〗相当数, まとまった量, 一群. —un ~ de estupideces たわごと, くだらごと. **2**〖家畜の〗小さい群れ.

hatillo 男 (身の回り品・衣類などをまとめた)小荷物. —coger [tomar] el ~ 荷物をまとめて立ち去る.

hato 男 **1** 身の回り品, 日用品, 身の回り品の包み. —liar el ~ 荷物をまとめて出て行く; 立ち去る用意をする. **2** 食糧. **3**(動物の)群れ. **4**〖中米〗牧場. **5**〖軽蔑〗群, 連中, 一味.

hawaiano, na 形男 ハワイの(人), ハワイ出身の(人).

hay 動 →haber [14].

Haya (La ~) ハーグ(オランダの都市).

haya 女〖直前の単数定冠詞は el〗〖植物〗ブナ.

haya(-), hayá- 動 →haber [14].

hayal, hayedo 男 ブナ林.

hayo 男〖中米〗コカの一種.

hayuco 男 ブナの実.

haz¹ → hacer [10.10].

haz² 男〖複 haces〗**1**(草・小麦・たきぎなどの)束. **2**〖物理〗光線, 光束. —— 女〖単数定冠詞は el〗**1** 顔. **2** 表面; (布・硬貨などの)表.

haza 女〖単数の定冠詞は el〗(一区画の)耕地, 地所.

hazaña 女 手柄(がら), 偉業, 勲功.

hazañoso, sa 形 勇ましい, 勇敢な; 著者, お偉方.

hazmerreír 男〖話〗笑われ役, おどけ者, お調子者.

HB〖頭字〗(< バスク *Herri Batasuna* (Unidad Popular)) 男 バスク人民同盟(バスク独立派の政党).

he¹ → haber [14].

he² 副〖直接補語の代名詞や場所を表す副詞 (aquí など)と共に用いる〗〖文〗(存在を表す). —*H*~ aquí un ejemplo ここに1つの例がある.

heavy (< 英) 形男〖複 heavies, heavys または単複同形〗(ロック音楽の)ヘビーメタルの. —— 共 ヘビーメタルのファン.

hebdomadario, ria 形 (雑誌などが)週刊の. —— 男 週刊誌.

hebilla 女 **1** (ベルトなどの)バックル, 止め金. **2**〖主に複〗〖中南米〗ヘアピン.

hebra 女 **1** (動植物の)繊維, 筋. **2** 糸, お縫い糸; (蜘蛛(ぐも), 蚕(かいこ)などの)糸. **3**(話の)筋道, 脈絡; 〖情報〗スレッド. **4**〖文〗髪. ▶ **pegar la hebra** (気がつかないうちに)話を長びかせる.

hebraico, ca 形 ヘブライの (→ hebreo).

hebraísmo 1 ヘブライ人の宗教, ヘブライズム, ユダヤ教. **2**〖言語〗ヘブライ語法, ヘブライ語からの借用語.

hebraísta 男女 ヘブライ語[文化]研究者.

hebraizante 形男女 **1** ヘブライ語法を使うような. **2** ユダヤ教を(隠れて)信奉して

hebraizar [1.3, 1.7] 自 ヘブライ語法を用いる, ヘブライ語からの借用語を使う.

hebreo, a 形 ヘブライの, ヘブライ人の, ヘブライ語の. ── 名 ヘブライ人, (近代の)ユダヤ人. ── 男 ヘブライ語.

hebroso, sa 形 →fibroso.

hecatombe 女 (多数の死者を伴なう)大惨事, 大災害; 大打撃.

hechicería 女 魔法, 魔術, 妖術.

hechicero, ra 形 **1**(人が)妖術をつかう, 魔術的な. **2**魅了するような, うっとりさせるような. ── 名 妖術使い, 魔法使い, 呪術師.

hechizar [1.3] 他 **1**…に魔法をかける; 呪いをかける. **2**を魅了する, うっとりさせる.

hechizo, za 形 偽りの, 人工の. ── 男 **1**魔法にかけること, 妖術を使うこと; 魔術. **2**(女性の美貌など, 自然に備わった)魅力, 魅惑, 魔力.

hecho, cha [エチョ, チャ] 過分 (→hacer) 形 **1**つくられた, なされた. ~ en España スペイン製の. ~ a mano 手製の. **2**成人した, 大人の. trabajo bien ~ りっぱにできた仕事. **3**《(estar) ~ + 名詞》…になっている(いる). 《estar ~ una fiera 猛獣のようになって(怒り狂っている). **4**(肉などが)焼かれた, ウェルダンの. **5**既製の. ── ropa hecha 既製服. ►bien hecho よくやった, でかした. dicho y hecho →dicho. ¡Hecho! 賛成, それに決めた. hecho y derecho 正真正銘の. ── 男 **1**事実, 現実に起きたこと. **2**事件, 出来事. **3**行為, 行動; 複 業績. **4**《法律》複 法律に触れる行為, 犯行. ► de hecho 事実, 実際には; 事実上の. el hecho de 《+ 不定詞 [que+ 接続法/直説法]》…ということ, …という事実. El hecho es que 《+ 直説法》実は…である. eso está hecho =¡Hecho! hecho consumado 既成事実.

hechor, chora 名 〖チリ〗悪人, 犯罪者.

hechura 女 **1**製造 (特に衣料の)縫製, 仕立て. **2**作品; 創造物, 産物. **3**出来栄え, 製作の巧拙; 仕立て具合. **4**形, 体型.

hectárea 女 ヘクタール(=100 áreas アール, 1万平方メートル).

hecto- 接頭 「100」の意. ─hectárea, hectómetro.

hectogramo 男 ヘクトグラム(=100 グラム, 略 hgr.).

hectolitro 男 ヘクトリットル(=100 リットル, 略 hl.).

hectómetro 男 ヘクトメートル(=100 メートル, 略 hm.).

Héctor 固名 〈男性名〉エクトル.

heder [4.2] 自 **1**悪臭を放つ, 臭う. **2**不快である, うんざりさせる, 嫌な物である.

hediondez 女 **1**悪臭, 臭いこと. **2**臭い[汚ない, 不快な]物.

hediondo, da 形 **1**臭い, 悪臭を放っている. **2**汚ない, 不潔な. **3**不快な, 嫌な.

hedónico, ca 形 快楽主義の, 快楽主義的な.

hedonismo 男 快楽主義, 快楽主義的な行為・態度.

hedonista 形 快楽主義の, 快楽主義的な. ── 名 快楽主義者.

hedor 男 (主に有機物の腐敗から生ずる)悪臭, 腐臭.

hegelianismo 男 〈哲学〉ヘーゲル(Hegel, 18-19世紀ドイツの哲学者)の思想, ヘーゲル哲学.

hegeliano, na 形 ヘーゲルの; ヘーゲル哲学の; ヘーゲル哲学を信奉する. ── 名 ヘーゲル派哲学者.

hegemonía 女 覇権, 盟主権; 主導権.

hegemónico, ca 形 覇権主義の[的].

hégira, héjira 女 〈歴史〉ヘジラ[ヒジュラ, 聖遷](紀元622年, マホメットがメッカを逃れロニメディナへ移ったこと). (ヘジラのあった622年を紀元元年とする)イスラム暦, 回教紀元.

helada 女 **1**(主に複)氷結, 凍結; 厳寒. **2**霜, 降霜. ►caer una helada 霜が降りる, (植物が)凍結する.

heladera 女 〈中南米〉冷蔵庫.

heladería 女 アイスクリーム屋; アイスクリームのメーカー.

heladero, ra 名 アイスクリーム売り[製造者], アイスクリーム屋の店員.

heladizo, za 形 氷結しやすい, 凍りやすい.

helado, da 過分 (→helarse) 形 とても冷たい, 凍った, 凍えている. ─Estoy ~. 私はとても冷たい. 《驚きや恐れで》びっくりする, 面食らう. ─Me has dejado ~. 君には面食らった. ── 男 アイスクリーム. ~~ de corte アイスもなか.

helador, dora 形 (空気などが)凍てつくような, ひどく冷たい; 凍るような. ── 女 アイスクリーム製造機.

helamiento 男 氷結, 凍結; 冷凍.

helar [4.1] 他 **1**を凍らせる, 凍結させる. **2**…に霜害をもたらす, を凍傷にかからせる. **3**(人)の肝を冷やさせる, ぞっとさせる, (熱意など)をそぐ[えさせる]. ── 自 **1**〖無主語〗氷が張る, (気温が)零下になる. **2**(緊張のあまり言葉が)出なくなる. **se** **1**凍る, 凍[つ]てつく, 凍[ぎ]える; 凍傷にかかる. **2**(植物が寒さのために)枯死する, 霜害を被る. **3**(熱意などが)失せる, 衰える, 消える. **4**ぞっとする, おびえうる, びっくりする.

helechal 男 シダ[羊歯]の生えている所.

helecho 男 シダ[羊歯], シダ・ワラビ類の総称.

helénico, ca 形 〈古代〉ギリシャの, ヘレニズムの.

helenismo 男 **1**ヘレニズム(ギリシャ)文明; 古代ギリシャの思想・文化. その影響. **2**ギリシャ語法, ギリシャ起源の語句.

helenista 男名 **1** ヘレニズム学者, ヘレニズム文明の研究家・専門家. **2** 古代ギリシャの言語や慣習を用いていたユダヤ人; ユダヤ教の教徒となったギリシャ人.

helenístico, ca 形 ヘレニズム時代[文化]の; ヘレニズム時代研究者の.

helenización 女 ギリシャ化, ギリシャの文化を取り入れること.

helenizar [1.3] 他 …に(古代)ギリシャの文化(慣習・芸術など)を取り入れる, (古代)ギリシャ化する, (古代)ギリシャ風にする.

heleno, na 形 (古代)ギリシャの(人), ヘレニズムの(人).

helero 男 (山頂などの)雪・氷, 氷河, 氷原.

helgado, da 形 歯が不揃いでところどころ欠けている, 歯並びの悪い.

helgadura 女 **1** 歯と歯の間の隙間. **2** 歯並びの悪いこと.

hélice 女 **1** (船・飛行機の)プロペラ, スクリュー. **2** (貝殻・階段などの)螺旋, (数学)螺旋形. **3** (解剖)耳輪(耳たぶの縁の部分).

helicoidal 形 螺旋(%)形の, 螺旋状の, 渦巻き形の.

helicoide 男 (数学)らせん面[体].

helicón 男 (音楽)ヘリコン(大型チューバ).

helicóptero 男 ヘリコプター.

helio 男 (化学)ヘリウム(元素記号 He).

heliocéntrico, ca 形 (天文)太陽を中心とする, 太陽から測った.

heliogábalo 男 大食漢.

heliograbado 男 (印刷)写真凹版版[グラビア]術; 写真凹版版でプリントした物.

heliografía 女 **1** (情報)日光反射信号法. **2** (天文)太陽面記述(学). **3** グラビア印刷術.

heliógrafo 男 日光反射信号機; 太陽観測機器.

helioscopio 男 (天文)ヘリオスコープ, (太陽観測に用いる)接眼鏡.

heliostato, helióstato 男 (天文)ヘリオスタット.

helioterapia 女 (医学)日光浴療法, 日光による治療法.

heliotropismo 男 (植物の)向日性, 屈光性.

heliotropo 男 **1** (植物)ヘリオトロープ. **2** (鉱物)血玉髄, ブラッドストーン. **3** 手動式のヘリオスタット.

helipuerto 男 ヘリポート, ヘリコプター用の空港.

helitransportado, da 形 ヘリコプター輸送の.

helmintiasis 女 『単複同形』(医学)寄生虫病.

helminto 男 寄生虫, (特に回虫・条虫の類).

helvecio, cia 形 名 ヘルベチア(Helvecia, 現在のスイス)の(人).

helvético, ca 形 名 →helvecio.

hematemesis 女 『単複同形』(医学)吐血.

hemático, ca 形 血の, 血液の.

hematíe 男 赤血球.

hematites 女 『単複同形』(鉱物)赤鉄鉱.

hematocrito 男 (医学)ヘマトクリット(赤血球容積率).

hematófago, ga 形 (動物)吸血性の.

hematología 女 血液(病)学.

hematoma 男 (医学)(打撲などによる)血腫.

hematosis 女 『単複同形』(解剖)(静脈血の)動脈血化.

hematuria 女 (医学)血尿.

hembra 女 **1** (動植物の)雌; 女性. **2** (機械)雌, (ねじの)ナット, (ホックまたの)小穴, (電気の)コンセントなど. **3** 『無変化で形容的に用いられる』雌の.

hembraje 男 (中南米)(家畜などの)雌の群れ; 女たち.

hembrilla 女 (道具類についている)受け金, 雌ねじ, アイボルト.

hemeroteca 女 新聞・雑誌『定期刊行物を収蔵している図書館.

hemiciclo 男 **1** 半円, 半円形. **2** (特に劇場、議会などの)半円形の階段席, (国会議事堂などの)議院席.

hemicránea 女 (医学)偏頭痛.

hemiplejia, hemiplejía 女 (医学)半身不随[麻痺], 片側麻痺.

hemipléjico, ca 形 名 半身不随の(人); 半身不随になった(人).

hemíptero, ra 形 (虫類)半翅(ǐ)目の. — 男 (虫類)半翅目(セミ類・カメムシ類など).

hemisférico, ca 形 半球体の, 半球状の.

hemisferio 男 **1** 半球体. **2** (地球・天球の)半球. — ~ norte [boreal] 北半球. ~ sur [austral] 南半球.

hemistiquio 男 (詩学)半行, 半句.

hemocromatosis 女 『単複同形』(医学)ヘモクロマトーシス, 血液色素沈着症.

hemodiálisis 女 『単複同形』(医学)血液透析.

hemodializador 男 (医学)血液透析器.

hemodinámico, ca 形 (医学)血行力学(の).

hemofilia 女 (医学)血友病.

hemofílico, ca 形 名 血友病の(患者); 血友病にかかった(患者).

hemoglobina 女 (生化)ヘモグロビン.

hemolisis, hemólisis 女 『単複同形』(医学)溶血.

hemopatía 女 (医学)血液疾患.

hemoptisis 女 『単複同形』(医学)喀血(½).

hemorragia 女 (医学)出血. — ~ nasal 鼻血. ~ interna 内出血.

hemorrágico, ca 形 出血の.

hemorroidal 形 痔(ǰ)の.

hemorroide 女 『主に複』痔(ǰ), 痔疾.

hemos 動 →haber [14].

hemostasia 女 《医学》止血.

hemostático, ca 形 止血の; 止血作用のある. ── 男 止血剤.

henal 男 →henil.

henar 男 牧草地, 干し草地.

henchidura 女 満たす[詰める, ふくらます]こと; 一杯になること.

henchimiento 男 →henchidura.

henchir [6.4] 他 『+ de で』を膨らます. ── un globo 風船を膨らます. ── el pecho *de* aire 空気で胸をふくらます. ── **se** 再 『+ de で』満腹になる, 膨らむ, 一杯になる.

hendedura 女 →hendidura.

hender [4.2] 他 **1** を(縦に)裂く, 割る; ひび[裂け目]をつくる. **2** (空気や水)を切って進む, (人混み)をかき分けて進む. (→hender) 形 ひびの入った, 割れた.

hendido, da 過分 (→hender) 形 ひびの入った, 割れた.

hendidura 女 **1** 割れ目, 裂け目; 切れ目. **2** (物の表面にできた)溝, 切れ目.

hendimiento 男 **1** 裂く[割る, ひびをつくる]こと; ひびが入る[割れる]こと. **2** (空気や水)を切って進むこと; 人混みをかき分けて進むこと.

henequén 男 《植物》ヘネケン(リュウゼツランの一種); ヘネケンから取る繊維.

henificar [1.1] 他 を干し草にする.

henil 男 干し草置場.

heno 男 **1** 干し草, まぐさ. **2** 《植物》ホルクス(イネ科の植物).

henrio 男 《物理》ヘンリー(インダクタンスの単位).

heñir [6.5] 他 (パン生地などを)こねる, 練る.

hepático, ca 形 肝臓の, 肝臓病の. ── insuficiencia hepática 肝機能不全, 肝機能障害. ── 名 肝臓の病気にかかっている人, 肝炎患者.

hepatitis 女 《単複同形》《医学》肝炎. ── C 《vírica》 C型[ウイルス性]肝炎.

heptacordo, heptacordio 男 《音楽》(ドからまでの7音の)音階; 7度(音程).

heptaedro 男 《数学》七面体.

heptagonal 形 《数学》7角形の.

heptágono, na 形 《数学》7角形(の).

heptámetro 男 《詩学》七歩格(の詩).

heptasílabo, ba 形 7音節からなる(詩行, 単語など).

Heracles 固男 ヘラクレス(ギリシャ神話の英雄で12の偉業を為し遂げた怪力の持主). ── 男 **1** 《天文》ヘラクレス座. **2** (h~) 《比喩》非常に力の強い人, 怪力の持ち主.

heráldico, ca 形 紋章(学)の. ── 男 紋章学者.

heraldista 男女 紋章学者.

heraldo 男 **1** (中世の宮廷で)伝令官, 先導官(馬上試合などを取仕切る役), 紋章官. **2** 使者, 伝令; 報道者. **3** 先駆け, 先触れ.

herbáceo, a 形 《植物》草[草本]の, 草本性の.

herbajar 他 (家畜)を放牧する, 飼育する, 牧草を食べさせる. ── 自 (家畜が)牧草を食べる, 草を食む.

herbaje 男 **1** 《集合的に》草, 牧草; 牧草地. **2** 放牧料.

herbario 男 **1** 植物の標本(箱·室). **2** 《動物》反芻(ウ)動物の第一胃.

herbazal 男 草地, 草原.

herbicida 形 除草用の. ── 男 除草剤.

herbívoro, ra 形 《動物》草食性の. ── 男 草食動物.

herbolario, ria 男女 薬草[ハーブ]売り; 薬草[ハーブ]の採集者. ── 男 薬草[ハーブ]店; 植物の標本.

herborista 男女 →herbolario.

herboristería 女 薬草[ハーブ]店.

herborización 女 植物採集.

herborizar [1.3] 自 (研究·収集のため)植物採集をする.

herboso, sa 形 草におおわれた, 草の生えた.

herciano, na 形 《物理》ヘルツの.

herciniano, na 形 《地質》ヘルシニア造山期の.

hercio 男 《物理》ヘルツ(周波数·振動数の単位)(→hertz).

hercúleo, a 形 **1** ヘラクレス(Hércules)の; ヘラクレスのような. **2** 非常に強い; 怪力の, 屈強の.

hércules 男 非常に力の強い人, 怪力の持ち主.

heredad 女 **1** 農地, 田畑. **2** 代々の耕地.

heredar 他 『+ de から』(遺産)を相続する(を人に)(遺産·相続財産として)譲渡する; を相続人に指定する. **2** を継承する, 受け継ぐ. **3** 《生物》(遺伝的に特徴·性質)を受け継ぐ. **4** 《話》…のお古をもらう. ── 自 『+ de から』受け継ぐ, 相続する.

heredero, ra 形 受け継ぐ, 相続する. ── príncipe ~ 皇太子. ── 名 **1** 相続人, (遺産などの)受取人, 後継者. ── forzoso 法定相続人. **2** 土地所有者; 不動産の所有者. **3** (親から)ある特徴を受け継いだ人, (性格など)親に似たところのある人.

hereditario, ria 形 **1** (財産·性格などが)受け継がれた, 相続した, 世襲の. **2** (病気などが)遺伝性の, 遺伝する.

hereje 男女 **1** (キリスト教徒から見ての)異端者, 異教徒. **2** 冒涜するような事を言う[する]人, 不敬な行為をする人. **3** 《話》悪さをする人.

herejía 女 **1** (キリスト教から見ての)異端, 異説, 異教. **2** (主流·学説·定説·法則に反する)異説, 異論, 反論. **3** (特に弱者·動物などに対する)悪さ, いじめ; 愚行, つまらない行為.

herencia 女 **1** 相続財産, 遺産; 相続権. **2** (祖先あるいは古くから伝えられた文化

heresiarca 男 異端の創始者, 異説・反動の発起人.

herético, ca 形 異教(徒)の, 異端の(の); 異説の, 反動の.

herida 囡 1 傷, 負傷, けが; (心の)痛手, 苦痛. — grave [leve] 負傷[軽傷]. 2 侮辱, 無礼. ► **tocar [dar] en la herida** (何かを言って)痛いところを突く, いやな思いをさせる. **respirar [resollar] por la herida** 心の痛み[恨み]を吐露する.

herido, da 過分 [→herirse] 形 傷ついた, 負傷した. —**corazón** ~ 傷ついた心. caer ~ 負傷する. —名 負傷者.

herir [エリル] [7] 他 [＋en] 1 傷つける, 負傷させる. —~ a ...en la espalda ...の背中を傷つける. 2 を(精神的に)傷つける, 悲しませる, 怒らせる. 3 を刺激する, に…という感情[不快の念]を与える; …に(光・日光が)当たる; (矢などが的)に当たる. —a la vista 目をくらませる, まぶしい. 4 を叩く, 打つ, 踏み鳴らす. 5 (楽器)を奏でる, かき鳴らす. —~ el arpa ハープを奏でる. ► **herir de muerte** 致命傷を与える. —**se** 再 傷つく, 負傷する.

hermafrodita 共 《生物》両性具有の, 雌雄の両性性殖器を持つ, (花が)雌雄両方の蕊(しべ)を持つ. —男女 両性動[植]物, 両性具有者.

hermafroditismo 男 《生物》両性具有現象, 雌雄同体であること.

hermana [エルマナ] 囡 1 姉, 妹. 姉; 妹. — mayor 姉. ~ menor 妹. 2 《宗教》修道女, シスター, 尼僧.

hermanado, da 過分 [→hermanar] 形 ぴったり合った, 一致する, 同じである.

hermanamiento 男 1 調和, 合致. 2 兄弟[姉妹]のような仲にする[なる]こと; (2つの都市の間の)友好[姉妹]関係.

hermanar 他 1 を調和させる, 合わせる; 1 つにする. 2 兄弟[姉妹]のようにする; (2つの都市)の間に友好[姉妹]関係を結ぶ. —**se** 再 1 合う, 協調する. 2 兄弟[姉妹]のような関係にある.

hermanastro, tra 名 異父[異母]の兄弟[姉妹].

hermandad 囡 1 兄弟[姉妹]の間柄. 2 親愛の情, 友愛; 兄弟愛. 3 共通点, 意見のまとまり. 4 (同業者の)組合; (思想や宗教の)団体. —~ **de creyentes** 信者会. ► **Santa Hermandad** 《歴史》サンタ・エルマンダー(15-16世紀のスペインの警察組織).

hermano, na [エルマノ, ナ] 形 類似の, 同系の, 兄弟[姉妹]の. —ciudades hermanas 姉妹都市の. lengua hermana 姉妹語. —男 1 兄弟. —¿Tienes ~s? 君は兄弟は何人ですか. ~ mayor [menor] 兄[弟]. ~ gemelo ふたご. ~ político 義兄弟. medio ~ 〔異

medio ~s〕片親が同じ兄弟. 2 同志, 仲間, 同僚. 3 《宗教》修道士, 修道会士, ブラザー.

hermeneuta 男女 (聖書などの)原典解釈学者.

hermenéutico, ca 形 テキスト解釈の, 解釈学の. —囡 (特に聖書の)解釈, 解釈学.

herméticamente 副 密封して, 密閉して; 水も漏らさぬように.

hermético, ca 形 1 密閉の, 密接の, 水や空気を漏らさない. 2 (人が)頑(かたく)なな, 片意地な; (思考・感情などが)不可解な, 得体の知れない; 入り込めない. 3 ヘルメス(古代エジプトの錬金術師・哲学者)の, ヘルメスの門下の.

hermetismo 男 1 密閉性, 気密性. 2 (人の)頑迷さ, 片意地なこと; (思考などの)不可解さ; 神秘性, 奥深さ. 3 ヘルメスの神秘思想の支持[信奉].

hermosear 他 を美しくする, 綺麗にする; 飾る. —**se** 再 化粧する; 自分の身を飾る.

hermoso, sa [エルモソ, サ] 形 1 美しい, きれいな. —un paisaje ~ 美しい景色. 2 すばらしい; 立派な (天候が)よく晴れた. —un día ~ 好天の一日. 3 《話》特に子どもが)健康的な, 丈夫な. 4 広々とした, (大きさが)堂々とした. —una hermosa cocina 広々としたキッチン.

hermosura 囡 1 美しさ, 美. —una mujer dotada de gran ~ 絶世の美女. 2 美しい人, 美女; 美しい物. ► **Qué hermosura de...** 何て美しい…でしょう.

hernia 囡 《医学》ヘルニア, 脱腸.

herniado, da 過分 [→herniarse] 形 ヘルニアになった, ヘルニアを患っている. —名 ヘルニア患者.

herniarse 再 1 《医学》ヘルニアになる, ヘルニアを患う. 2 《皮肉》努力のし過ぎで疲れ果てる.

héroe 男 1 英雄, 勇士. 2 (小説・劇・映画などの)主人公, 主要人物. 3 《神話》神人, 半神的な勇士.

heroicidad 囡 英雄らしさ, 英雄の資質, 英雄的行為.

heroico, ca 形 1 英雄の, 勇士な. 2 英雄詩の, 叙事詩の. 3 思いきった, 最後の手段としての行為.

heroína[1] 囡 1 女性の英雄, 偉人, 女傑. 2 (物語や映画の)女主人公, ヒロイン.

heroína[2] 囡 ヘロイン(モルヒネから作られる極めて強い麻薬).

heroinómano, na 形 名 ヘロイン中毒の(人).

heroísmo 男 英雄の資質; 勇壮, 英雄.

herpe, herpes 男 《医学》ヘルペス, 疱疹.

herpético, ca 形 《医学》ヘルペスの, ヘルペスに関する; ヘルペスの出来やすい. —名 ヘルペス患者, ヘルペスの出来やすい人.

herpetología 囡 爬(は)虫類学.

herrada 女 (底広の)木桶.

herradero 男 (家畜に火ばしなどで)焼き印をつけること, 烙(ｼ)印を押すこと; 焼き印をつける場所[時期].

herrado 男 (馬に)蹄(ﾋ)鉄をつけること; (家畜・奴隷などに)焼印を押すこと, その作業.

herrador, dora 名 蹄(ﾋ)鉄をつける人; 蹄鉄工.

herradura 女 蹄(ﾋ)鉄, 馬蹄; (広義で)馬蹄形のもの.

herraje 男 1 (窓・扉などの)締め金具, 鍵の類. 2 蹄(ﾋ)鉄, 蹄鉄くぎの釘の類.

herramental 形 《総称的に》ある作業に用いる道具一式, 一揃いの道具, ツール.

‡**herramienta** 女 1 道具, 工具; 《集合的に》道具類. 2 《話》刀剣類, 刃物, (とくに)ナイフ. ― **máquina herramienta/herramienta mecánica** 工作機械, 工具.

herrar [4.1] 他 (馬に)蹄(ﾋ)鉄をつける; (家畜・奴隷などに)焼印をつける, 烙印を押す.

herrén 男 まぐさ, 飼料.

herreño, ña 形 名 (カナリア諸島の)イエロ島の(人).

herrería 女 鍛冶場, 鍛冶職人の仕事場[店]; 鍛冶職, 鍛冶屋の仕事.

herrerillo 男 〖鳥類〗アオガラ(シジュウカラ科の鳥); シジュウカラ.

herrero, ra 名 鍛冶屋, 鉄職人.

herrete 男 (靴紐などの先についている)金具.

herrín 男 →herrumbre.

herrumbre 女 1 さび(錆), 鉄さび. 2 (水などに含まれる)金属気; 金属的な味.

herrumbroso, sa 形 さび(錆)びた, さびのついた.

hertz (<独) 男 〖物理〗ヘルツ(周波数・振動数の単位, 記号 Hz).

hertziano, na 形 ヘルツの (→herciano).

hervidero 男 1 (湯などが)煮えたぎる音・様子. 2 大勢の(人・動物の), (うごめいている)群れ, 群集.

hervido, da 過分 [→hervir] 形 沸騰させた, 煮立たせた; ゆでた. ―huevo ― ゆで玉子. ― 男 1 〖中南米〗煮込み料理. 2 沸騰させること, 煮えこむこと.

hervidor 男 やかん, 湯沸し; 鍋 (ミルクなど煮込み鍋など).

‡**hervir** [7] 自 1 沸騰する, 沸点に達する, 煮立つ; 発酵する[によって]泡立つ, 色立つ; (海が)波立つ. 2 〖+ de ~で〗満ちている, あふれている. ―El estadio hervía de gente. スタジアムは人であふれかえっていた. 3 〖+ de/en〗(精神が)…で高ぶる, わき立つ, いきり立つ. ― de ira [de celos] 怒りに燃える[嫉妬で身をこがす]. ― 他 を沸騰させる, 煮る, ゆでる. ― El agua ya hervía 水が沸騰していた. ▶ **hervir la sangre** 激昂する.

hervor 男 1 (湯が)沸くこと, 沸騰, 煮立つこと. ―alzar [levantar] el ― 煮立つ, 沸く. 2 熱狂, 激昂; (若者の)情熱.

▶ **dar un hervor a...** …をひと煮立ちさせる.

hervoroso, sa 形 1 沸騰している(ような), 煮え立つ(ような). 2 (気性などが)激しい, 激烈な, 情熱的な.

herzegovino, na 形 名 ボスニア・ヘルツェゴビナの(人).

hesperidio 男 〖植物〗(オレンジ・レモンなどの)柑果(ﾟ).

hetaira, hetera 女 売春婦; (古代ギリシャの)高級娼婦.

heteróclito, ta 形 1 不規則な; 無秩序に入り混じった. 2 〖言語〗不規則の.

heterodino, na 形 〖電〗ヘテロダインの, うなり受波の.

heterodoxia 女 異端, 異説; (特にキリスト教に対する)異教.

heterodoxo, xa 形 異端の, (特にキリスト教に対する)異教の. ― 名 異端者, 異説を唱える人; (特にカトリックの教義に反する)異教徒.

heterogeneidad 女 異種・異質であること; 種々雑多なこと.

heterogéneo, a 形 異種の, 異質の, 種々のものが混在する.

heteronimia 女 〖言語〗異根同類現象 (toro と vaca のように文法的対立を示す2語形による語根からなる現象).

heterónimo 男 〖言語〗異根同類語.

heterónomo, ma 形 他者に支配されている, 他に依存する, 他律的な.

heteroplastia 女 〖医学〗異種組織移植術.

heterosexual 形 異性に魅かれる, 異性愛の. ― 男女 異性愛者.

heterosexualidad 女 異性愛, 性的に異性に惹かれること.

hético, ca 形 1 肺結核の, 肺結核にかかっている. 2 やせ衰えた, 衰弱した. ― 名 肺結核患者; 衰弱した人.

heurístico, ca 形 〖心理〗ヒューリスティックスの(決められた手順に従わずひらめきや思いつきによって問題を解く). ― 女 〖心理〗ヒューリスティックス.

hevea 女 〖植物〗パラゴムノキ.

hexacordo 男 〖音楽〗6音音階, ヘクサコード(中世音楽の基盤となる, F から ラ の6つの音の列).

hexadecimal 形 16進法の.

hexaedro 男 〖数学〗六面体.

hexagonal 形 〖数学〗六角形の.

hexágono 男 〖数学〗六角形.

hexámetro 男 〖詩学〗(ギリシャ・ローマの)6歩格の(詩).

hez 女 《複 heces》1 《主に 複》沈殿物, おり, かす. 2 《複》排泄物, 糞便.

hialino, na 形 透明な, ガラスのような.

hiato 男 〖音声〗母音分立 (cafetería の i と a のように別々の音節をなし, 二重母音とならない母音連続). 2 断絶.

hibernación 女 1 冬眠, 冬ごもり. 2 治療のために(病人に)施す半無意識状態. 3 凍結睡眠, 人工冬眠.

hibernal 形 冬の, 冬季の.

hibernar 自 冬眠する, 冬ごもりする; 避

hibernés 寒する, 冬をすごす. ── 他 冬眠させる, 人工冬眠を施す.

hibernés, nesa〈ラテン Hibernia〉形名 アイルランドの(人).

hibisco 男《植物》ハイビスカス.

hibridación 女 (特に植物などの)異種交配, かけ合わせ.

hibridismo 男 雑種生; 雑種形成, 交配現象.

híbrido, da 形 **1** 雑種の, 混血の, 異種の交配からなる. **2** 混成の, 雑多な要素の混じった. ── 男 **1** 雑種の(動・植物), 混血児; 混成物. **2**《言語》混種語(異なる言語の要素からなる合成語. ギリシア語源の auto とラテン語源の móvil から成る automóvil など).

hic- 動 →hacer [10.10]

hidalgo, ga 形 **1**《歴史》郷士, 小貴族. ◆中世から近代初頭のスペインの階級の1つ. 貴族の称号はないが, 地所を持ちその収入で生活出来る, 平民より上の身分(→ hijodalgo). **2** 高貴な精神の持ち主, 高潔な人; 寛大な人. ── 形 郷土の, 郷土特有の.

Hidalgo y Costilla 固名 イダルゴ(イ・コスティージャ)(Miguel ~)(1753-1811. メキシコ独立運動の指導者).

hidalguía 女 **1**《歴史》郷士の身分. **2** 高潔さ, 高貴さ.

hidátide 女《医学》胞虫囊($^?_?$); (動物)胞虫.

hidra 女 **1**(動物)ヒドラ(腔腸動物の一種). **2**(H~)《神話》ヒドラ, ヒュドラ(ヘラクレスが退治した七つ頭の蛇の怪物).

hidrácido 男《化学》水素酸.

hidrargirismo 男《医学》水銀中毒症.

hidratación 女《化学》水を混ぜること, 水和(作用).

hidratante 形 **1** 水化[水和]するような. **2** 潤いを与える.

hidratar 他 [再 でも用いる] **1**《化学》に水を混ぜる, 水化[水和]する. **2**(乾いた)肌に潤いを与える.

hidrato 男《化学》含水化合物, 水化物.

hidráulica 女 水力学, 水理学.

hidráulico, ca 形 **1** 水力の; 水力で動く. ─energía hidráulica 水力エネルギー. prensa hidráulica 水力圧搾機, 液圧プレス. **2** 水中で硬化する. ─cemento ~ 水硬セメント. ── 名 水力学者, 水理学者.

hídrico, ca 形 水の, 水に関する; 水素の, 水素を含む.

hidroavión 男 水上飛行機.

hidrobiología 女 水生生物学.

hidrocarburo 男《化学》炭化水素.

hidrocefalia 女《医学》水頭症, 脳水腫.

hidrocéfalo, la 形名 水頭症[脳水腫]の(患者).

hidrocele 男《医学》水瘤($^?_?$), 陰囊水腫.

hidrodinámico, ca 形 流体力学の, 水力学の. ── 女 流体力学, 水力学.

hidroeléctrico, ca 形 水力発電の, 水力電気の.

hidrófilo, la 形 (ガーゼ・コットンなどが)吸湿性の, 吸水性の; 親水性の.

hidrofluorocarbono 男 ハイドロフルオロカーボン(《略号》HFC).

hidrofobia 女《医学》**1** 恐水病. **2** 狂犬病(の別称).

hidrófobo, ba 形 恐水病[狂犬病]の, 恐水病[狂犬病]にかかった. ── 名 恐水病[狂犬病]患者.

hidrófono 男 (潜水艦の位置などを探査する)水中聴音器.

hidrófugo, ga 形 防水の, 防水加工した; 耐水性の. ── 男 防湿剤, 防水剤.

hidrogenación 女《医学》水素添加.

hidrogenar 他 …に水素を添加する, 水素化する.

hidrógeno 男《化学》水素.

hidrogeología 女 水文[水理]地質学.

hidrogeológico, ca 形 水文[水理]地質学の.

hidrogeólogo, ga 名 水文[水理]地質学者.

hidrografía 女 **1**《地理》水路学. **2**(ある1国又は1地域の)水位・流量の総計; 水路分布.

hidrográfico, ca 形 水路学の; 水流部分の.

hidrógrafo, fa 名 水路学者[研究者].

hidrolisis, hidrólisis 女〔単複同形〕《化学》加水分解.

hidrolizar [1.3] 他《化学》を加水分解する.

hidrología 女 水文学.

hidrológico, ca 形 水文学の.

hidromancia, hidromancía 女 水占い.

hidromasaje 男 シャワーの水によるマッサージ.

hidromecánico, ca 形 (機械・器具が)水動の, 水力の.

hidromel 男 =hidromiel

hidrometría 女 液体比重[流速]測定.

hidrómetro 男 液体比重計, 浮き秤($^?_?$).

hidromiel 男 蜂蜜と水を混ぜた飲物 (→ aguamiel).

hidropedal 男 足踏みボート.

hidropesía 女《医学》水腫, 浮腫.

hidrópico, ca 形《医学》水腫の; 水腫ができている. ── 名 水腫患者.

hidroplano 男 **1** 水上飛行機. **2** 水中翼船.

hidroponía 女 水耕法.

hidropónico, ca 形 水耕法の.

hidrosfera 女 地球の表面のうち, 水の部分(海・川・湖沼など), 水圏.

hidrosoluble 形 水溶性の.
hidrostático, ca 形 流体静力学の. **—** 女 液体静力学, 流体静力学.
hidroterapia 女 水治療法(鉱泉などによる病気治療).
hidróxido 男 《化学》 水酸化物.
hidroxilo 男 《化学》 水酸基.
hidruro 男 《化学》 水素化物.
hiedra 女 《植物》 ツタ(蔦).
hiel 女 1 胆汁. 2 苦々しさ; 苛立ち; 悪意. 3 汪 複 悲嘆, 不幸, トラブル. ▶ echar [sudar] *la hiel* 働きすぎる, 過剰の労働をする.

hielo 男 1 氷. **—** ~ seco [carbónico] ドライアイス. café con ~ アイスコーヒー. 2 冷淡, 無関心. ▶ *quedarse de hielo* 呆然となる. *romper [quebrar] el hielo* 堅苦しさを打ち破る, (会話・交渉などの)皮切りをする.

hiena 女 1 《動物》ハイエナ. 2 残酷な人, 人非人, ハイエナ.
hier- 動 →herir [7].
hierático, ca 形 1 《キリスト教以外の異教において》聖職の, 専ら宗教に従事する. 2 ヒエラティック(古代エジプトの文字の一種)の, 神官文字の. 3 《絵や彫刻の人物の顔》が硬い, 険しい, 無表情な. 4 《宗教画・彫刻などが》因襲的な, 伝統的な.
hieratismo 男 《聖人像などの》硬く厳しい表情, (形や様式が)荘厳さを気取っていること, もったいぶった態度.

hierba 女 1 草, 雑草; 《集合的に》草, 牧草; 《料理》ハーブ. **—** ~ mate マテ茶. ~s medicinales 薬草, ハーブ. mala ~ 雑草; 悪い人々(連中). ~s finas (料理に用いる)香辛料(調味料)の植物. 2 (ハシシなどの)麻薬, 《主に 複》(毒草からとった)毒. —fumar ~ 麻薬を吸う. 3 (牧草を食べる動物の)年齢, 歳. ▶ *crecer como la mala hierba* たちまち《大量に》成長する, 広がる. *cortar*LE *la hierba bajo los pies* …の状況を悪くしていく, をくじく. *en hierba* (麦などが)穂が出ていない. *ver crecer la hierba* 利口な, ぬけめがない, 機敏な. ... *y otras hierbas* …など, …その他.
hierbabuena 女 《植物》ハッカ.
hierbajo 男 《軽蔑》雑草.
hierbaluisa 女 《植物》コウスイボク.
hierra 女 《中米等》(家畜などに)焼き印を押すこと.
Hierro 固名 イェーロ(スペイン, カナリア諸島最西端の島).

hierro [イェロ] 男 1 《化学》 鉄, 鉄分. **—** ~ colado [fundido] 鋳鉄. ~ de doble T 工字形鋼. ~ dulce 軟鉄. 2 刃, 刀身, 《剣などの》先; (鉄の)武器; 複 [足]手かせ. 3 焼き印, 焼き印 押し, 烙印. 4 《ゴルフクラブの》アイアン. ▶ *a hierro* 刃物で. *agarrarse a [de] un hierro ardiendo* わらをもつかむ. *de hierro* うるぎのない, 不屈の. *quitar hierro a ...* 《話》 を深刻に扱わない.
hierv- 動 →hervir [7].
higa 女 1 (相手を馬鹿にするときに使う)こぶしを握り, 人差し指と中指の間から親指を突き出すゼスチャー. 2 侮辱, 愚弄, 嘲り. 3 (こぶし形の)お守り, 魔よけ. 4《話》少しも, ちっとも, 全然. ▶ *dar higas* 馬鹿にする, 侮辱する. *no importar (a...) una higa* (人が)気にしない, 全く構わない; 関心がない.
higadillo 男 《主に 複》(小動物, 特に小鳥の)肝臓, レバー.
hígado 男 1 《解剖》肝臓; レバー. **—** cáncer [necrosis] de ~ 《医学》肝臓癌(ガン)[肝壊死]. 2 複 胆力, 勇気. ▶ *echar los hígados* 《話》 骨を折る, 努力する. *malos hígados* 悪意, 敵意, 心底.

higiene 女 衛生, 衛生学, 保健. **—** ~ mental 精神衛生. ~ pública 公衆衛生. ~ personal 身だしなみ.
higiénico, ca 形 衛生の, 衛生上の, 清潔な. **—** papel ~ トイレット・ペーパー.
higienista 男女 衛生学者.
higienización 女 衛生的にすること.
higienizar [1.3] 他 を衛生的にする, 清潔にする, 浄化する. **—** ~ los servicios トイレを清潔にする. **—** se 再 《南米》体を洗う.

higo 男 1 イチジク(の実). 2《話》《おもに否定文で》少しも, これっぽっちも…(ない). —no valer un ~ 少しも値打ちがない. no dársele a... un ~ (人は)少しも気にしない. ▶ *estar hecho un higo* しわしわになっている, くちゃくちゃになっている. *higo chumbo* 《植物》ウチワサボテンの実.
higrometría 女 《物理》湿度の測定(法).
higrómetro 男 湿度計.
higroscopia 女 →higrometría.
higroscopio 男 検湿器.
higuana 女 《動物》→iguana.
higuera 女 《植物》イチジクの木. ▶ *caer de la higuera* 夢の世界に戻る, 夢想から醒める. *estar en la higuera* 夢見心地である, 白日夢を見ている, ぼうっとしている. *higuera chumba* 《植物》ウチワサボテン.

hijadalgo 女 [複 hijasdalgo] →hidalgo.
hijastro, ra 名 継子, 継娘.
hijo, ja [イホ, ハ] 名 1 息子, 娘; 子ども. **—** ~ mayor [menor] 上の[下の]子ども. ~ único 一人っ子. Juan García, ~ フアン・ガルシア二世. ~ bastardo 庶(シ°ョ)子. ~ de bendición [legítimo] 嫡(ﾁｬｸ)出子. ~ adoptivo 養子. ~ natural 私生児. ~ político 娘婿(義理の息子). 2 生まれきの人, その土地に生まれた人. —Él es ~ de Galicia. 彼はガリシア生まれだ. 3 複 子孫. 4《親しみを込めた呼びかけ》おい, きみ(訳さない場合が多い). —Mira, ~, ya no te puedo ayudar! ねえ, きみ, もう手伝ってあげられないよ. 5 作品, 産物. —Esos cuentos son *hijos* de su fantasía. それらの話は彼の空想の産物だ. 6 (ｶﾄ)(三位一体の第2位としての子)イエ

hijodalgo

ス・キリスト; 修道士, 修道女. —el ～ de Dios 神の子イエス・キリスト. ▶cada [todo, cualquier] hijo de vecino 《話》だれでも, だれもかも. hijo de papá 親の七光りの子. hijo de perra [de puta, 《中米》de la chingada] 《卑》はかやろう, ちくしょう, この野郎. ¡Hijo de su madre! 《俗》くそ[ブタ]野郎. hijo de su padre 《話》父親そっくりの子. hijo pródigo 放蕩(とう)息子.

hijodalgo 男 〚複 hijosdalgo〛→ hidalgo.

hijuela 女 **1** 付属物; 分派, 下位分派されたもの. **2** 横道, 脇道; (用水路の)支流. **3** 《産産などの》分け前, 取り分; 遺産配分を示した文書. **4** 《中米》(大きい土地を分割して得られた)土地, 地所, 区画.

hijuelo 男 (植物の)芽, 新芽; 発芽.

hilacha 女 **1** (衣服などの)ほつれ, ほつれた糸; (糸)の繊維, 糸くず. **2** (ごくわずかな)部分, 残りかす.

hilacho 男 → hilacha.

hilada 女 **1** 列, ライン, 一列に並んだもの. **2** (特に建築上の)れんが・タイルなどの横の列, 段.

hiladillo 男 糸[絹]の細いテープ[リボン].

hilado, da 過分 [→hilar] 形 紡いだ; 糸にした, 糸状の. — 男 糸を紡ぐこと, 紡績; 紡績糸.

hilador, dora 名 紡績工, 糸を紡ぐ人. — 男 紡績機. — 女 紡績の糸.

hilandería 女 糸紡ぎ, 紡績; 紡績工場.

hilandero, ra 名 紡績工, 糸紡ぎ職人.

hilar 他 **1** (糸を)紡ぐ, (繊維を)糸にする. **2** 思案する, 考える; を企む, 画策する. ▶hilar delgado [fino] 細かい所まで厳密に考える, 正確を期する; 些細なことにこだわる.

hilarante 形 陽気にさせるような, 笑いを誘うような, 面白おかしい.

hilaridad 女 歓喜, 陽気; 大笑い, 浮かれ騒ぎ.

hilatura 女 紡績, 糸を紡ぐこと; 紡績工場, 糸紡ぎの仕事場.

hilaza 女 織り糸, (太くて質量でない)糸.

hilemorfismo 男 《哲学》質量形相論.

hilera 女 **1** 列, 行列, 並び. **2** 《軍事》隊列, 縦[横]隊. **3** (針金を製造する機械) 引き抜き用鉄板, ダイス鉄板, 絞りリング. **4** (動物)(クモの)出糸器官.

hilo 男 **1** 糸, 糸状のもの; 筋. **2** 線, 電線, 針金. —～s del teléfono [~ telefónico] 電話線. **3** アマ糸, アマ布, リネン. **4** (話)の筋道, 脈絡; (思考の)流れ; (情報)スレッド. **5** 《話》僅少, 少し; 一筋, 一条. ▶al hilo 木目, 布目などに沿って(まっすぐに); coger el hilo de la conversación 話の脈絡を承知する, 弁(わきま)える; colgar [pender] de un hilo 《話》非常に危険な状態である, 風前のともしびである. hilo conductor 導線; (迷路から抜け出る)導きの糸; (小説の)粗筋. hilo de la vida 《文》人生行

520

hinduista

路. hilo musical 《音楽番組の》有線放送. perder el hilo 話していたことを忘れる.

hilván 男 **1** (仮縫いや印つけのための)仕付け; (仕付け・仮縫いの)針目, 糸目. **2** 《中米》(スカートの裾などの)上げ, 折り返し, ヘム.

hilvanado 男 仕付け(をすること).

hilvanar 他 **1** …の仕付けをかける, 仮縫いをする. **2** (考えや文言を)つなぎ合わせる, 整理する. **3** 《話》を急ごしらえする, ざっとまとめる.

himen 男 《解剖》処女膜.

himeneo 男 《詩》**1** 結婚, 婚礼. **2** 結婚を祝う詩, 婚礼の祝歌.

himenóptero, ra 形 《虫類》膜翅(し)類(蜂, 蟻などの類)の. — 男 複 膜翅類, 膜翅類の昆虫.

himnario 男 賛美歌集, 聖歌集.

himno 男 賛歌, 賛美歌, 頌(しょう)歌. —～ nacional 国歌.

hincada 女 《中南米》**1** (急な)突き, (杭などの)打ち込み. **2** (特に礼拝のときの)跪坐(きざ), ひざまずくこと. **3** (リウマチ性の)鋭い痛み.

hincapié 男 **1** 足を踏んばること, 足場を固めること. **2** 強い主張; 固執; 強調. ▶hacer hincapié 一定の立場を堅持する, 見解を明確にする, 断固とした態度をとる. hacer hincapié en... を主張する, 力説する, 強調する.

hincar [1.1] 他 (釘・杭などを)打ち込む, 突き立てる. —～ una estaca 杭を打ち込む. ～ la mirada 視線を注ぐ. — se ひざまずく.

hinch- 動 →henchir [6.4].

hincha 女 《話》憎しみ, 反感, 敵意. — 男女 《話》(スポーツのチームや選手の)ファン, サポーター, 熱狂的な応援者.

hinchada 女 《集合的に》《話》ファン, 支持者, 応援団.

hinchado, da 過分 [→hinchar] 形 **1** (病気などで)はれた, 膨れた. **2** (文体・言葉遣いなどが)大げさな, 誇大な; もったいぶった. **3** 傲(ごう)慢な; うぬぼれた, 思い上がった.

hinchamiento 男 **1** 膨らませること; はれ. **2** 誇張, 増大. **3** 尊大であること, 傲(ごう)慢.

hinchar 他 **1** を膨らませる, 膨張させる; を大げさに言う, 誇張する. **2** 《中南米》を困らせる, うんざりさせる, …に迷惑をかける. — se **1** はれる, 膨らむ. 〚+a + 不定詞〛…し過ぎる, 〚+ de で〛お腹一杯になる. **2** 《話》うぬぼれる, のぼせ上がる. **3** 《話》うぬぼれる, のぼせ上がる. **4** (川が)増水する.

hinchazón 女 **1** はれ, むくみ, 膨らみ. **2** (文体や言葉遣いの)誇大, 仰々しさ; 強調. **3** 虚栄心, うぬぼれ; 尊大.

hindi 男 ヒンディー[ヒンドゥー]語.

hindú 形 男女 〚複 ～es〛**1** インドの, インド(人)の. **2** ヒンドゥー教の, ヒンドゥー教徒(の).

hinduismo 男 《宗教》ヒンドゥー[ヒンズー]教.

hinduista 形 男女 ヒンドゥー教の(信

者).

hiniesta 女 《植物》エニシダ.

hinojal 男 フェンネルの生えている所; フェンネルの畑 (→hinojo¹).

hinojo¹ 男 《植物》フェンネル, 茴香(ﾌｨｶｳ).

hinojo² 男 膝 (→rodilla). —de 〜s ひざまずいて.

hioides 男形《単複同形》《解剖》舌骨(の).

hipar 自 1 しゃっくりをする. 2 しゃくりあげる, ひいひい泣く.

híper 男《単複同形》《話》超大型スーパー (→hipermercado).

hiperactividad 女 活動亢進(ｺｳ), 活発過ぎること.

hiperactivo, va 形 活発過ぎる(人).

hipérbato, hiperbaton 男 《複》hipérbatos》《修辞》転置法.

hipérbola 女 《数学》双曲線.

hipérbole 女 《修辞》誇張, 誇張法.

hiperbólico, ca 形 1《数学》双曲線の, 双曲線の. 2《修辞》誇張(法)の, 誇張した.

hiperboloide 男 《数学》双曲面.

hiperbóreo, a 形 極北(地方)の.

hiperclorhidria 女 《医学》胃酸過多(症), 胃液の塩酸過多.

hipercolesterolemia 女 《医学》高コレステロール血症.

hipercrítico, ca 形 1《批評が》厳密な, 厳密な. 2《批評家が》厳しい, 細かい. — 女 厳しい批評, 酷評.

hiperdulía 女《カト》聖母マリアへの崇拝, マリア信仰.

hiperemesis 女《単複同形》《医学》悪阻(ｵｿ).

hiperenlace 男 《情報》ハイパーリンク.

hiperestesia 女 《医学》知覚過敏.

hiperfunción 女 《医学》機能亢(ｺｳ)進.

hiperglucemia 女 《医学》高血糖症.

hipermedia 女 《情報》ハイパーメディア.

hipermercado 男 《郊外などの》超大型スーパー (マーケット).

hipermétrope 形男女 遠視の(人); 老眼の(人).

hipermetropía 名 《医学》遠視; 老眼.

hiperplasia 女 《医学》過形成, 増殖.

hiperrealismo 男 《美術》ハイパーリアリズム (20世紀後半に起こった「リアリズムを超えたリアリズム」の探求を目指した芸術思潮).

hipersensibilidad 女 過敏であること, 過敏症.

hipersensible 形 感覚(知覚)の過敏な, 過敏症の.

hipersónico, ca 形 超音速の.

hipertensión 女 《医学》高血圧(症).

hipertensivo, va, hipertenso, sa 形名 高血圧の(人).

hipertermia 女 《医学》高体温; 高熱.

hipertexto 男 《情報》ハイパーテキスト.

hipertiroideo, a 形名 甲状腺機能亢進症の(患者).

hipertiroidismo 男 《医学》甲状腺機能亢進(症).

hipertrofia 女 《医学》(器官の)肥大; 栄養過剰.

hipertrofiarse 再 《器官が》肥大する; 過多になる.

hipertrófico, ca 形 《医学》肥大(の), 肥厚性の; 過剰の.

hipervitaminosis 女《単複同形》《医学》ビタミン過多(症).

hípico, ca 形 競馬の; 乗馬の; 馬の. — 女 馬術, 馬術競技.

hípido 名 しゃくりあげること, すすり泣き.

hipismo 男 馬術.

hipnosis 女《単複同形》催眠状態.

hipnótico, ca 形 催眠の, 催眠術の. — 男 催眠薬, 睡眠薬.

hipnotismo 名 催眠術(法); 人工睡眠の概念・技術.

hipnotizador, dora 名 催眠術をかける. — 形 催眠術の.

hipnotizar [1,3] 他 1…に催眠術をかける, を眠くならせる. 2 を魅了する, うっとりさせる.

hipo 1 しゃっくり. —tener 〜 しゃっくりをする. 2 切望, 熱望. ▶quitar el hipo 《主に que quita el hipo の形で》驚かせる, はっとさせる, あっと言わせる.

hipoacusia 女 《医学》聴覚鈍麻.

hipoacusis 女《単複同形》《医学》聴覚鈍麻.

hipoacústico, ca 形 《医学》聴覚鈍麻の.

hipoalbuminera 女 《医学》低アルブミン血症.

hipoalérgico, ca, hipoalergénico, ca 形 《食品・化粧品などが》アレルギーを起こしにくい, 低アレルギー誘発性の.

hipocalcemia 女 《医学》低カルシウム血症.

hipocalórico, ca 形 低カロリーの.

hipocampo 男 1《魚類》タツノオトシゴ. 2《解剖》(脳の)海馬.

hipocentro 男 《地学》震源.

hipoclorito 名 《化学》次亜塩素酸塩 [エステル].

hipocolesterolemia 女 《医学》低コレステロール血症.

hipocondría 女 《医学》心気症, 憂うつ症.

hipocondríaco, ca, hipocondriaco, ca 形名 心気症の(患者); 憂うつ症の(人).

hipocondrio 男 《主に複》《解剖》季肋[下肋]部.

hipocorístico, ca 形 《名詞が》口語的な形の; 愛称の. — 男 《言語》親愛

hipocrático, ca ヒポクラテスの、ヒポクラテス医学の.

hipocresía 囡 偽り、偽善.

hipócrita 形 偽善の、猫をかぶった. —囲囡 偽善者、猫かぶり.

hipodérmico, ca 形 皮下の、皮下にある、皮下への.

hipodermis 囡〖単複同形〗〖解剖〗皮下組織.

hipódromo 囲 競馬場、(車の)競走場.

hipófisis 囡〖単複同形〗〖解剖〗〖脳〗下垂体.

hipofunción 囡〖医学〗機能低下症.

hipogastrio 囲〖解剖〗下腹部.

hipogeo 囲 1 (古代民族が埋葬などに用いた)地下洞、穴蔵、地下墓室. 2 地下住居; 地下に作った建造物・礼拝堂.

hipoglucemia 囡〖医学〗低血糖症.

hipoglucémico, ca 形〖医学〗低血糖症の.

hipogrifo 囲 ヒッポグリフ(ワシの頭と翼を持った伝説上の馬).

hipopótamo 囲〖動物〗カバ.

hiposo, sa 形 しゃっくりをしている、しゃっくりの出る.

hipóstasis 囡〖単複同形〗〖宗教〗(三位一体の)位格、ペルソナ.

hipóstilo, la 形〖建築〗多柱式の.

hiposulfito 囲〖化学〗次亜硫酸塩; チオ硫酸塩[エステル].

hipotálamo 囲〖解剖〗視床下部.

hipotaxis 囡〖単複同形〗〖言語〗従属、従位.

hipoteca 囡 1 (譲渡)抵当権、(不動産などで替えられる)債権. —levantar una ~ (負債を精算して)抵当権を解除する. 2 担保、抵当物件.

hipotecar [1.1] 他 1 を抵当に入れる. 2 を危険にさらす、失うことを願わない.

hipotecario, ria 形 抵当の、担保の.

hipotensión 囡〖医学〗低血圧(症).

hipotenso, sa 形囲囡 低血圧の(人).

hipotenusa 囡〖数学〗直角三角形の斜辺.

hipotermia 囡〖医学〗低体温症; 低体温法.

hipotérmico, ca 形〖医学〗低体温症の.

hipótesis 囡〖単複同形〗仮説、仮定; 前提. —~ de trabajo 作業仮説.

hipotético, ca 形 仮説の、仮定の; 前提の.

hipotiroidismo 囲〖医学〗甲状腺機能低下(症).

hipoxia 囡〖医学〗低酸素症.

hippie, hippy 形囲囡→jipi.

hipsométrico, ca 形 測高法の.

hir- 動 →herir [7].

hirco 囲 野生のヤギ(山羊).

hiriente 形 傷つけるような、攻撃性の、辛らつな.

hirsuto, ta 形 1 (毛が)硬くて太い、強毛の. 2 硬く太い毛の生えた、強毛におおわれた. 3 ぶっきらぼうな、ぞんざいな.

hirv- 動 →hervir [7].

hirviente 形 煮えたぎる、沸騰している.

hisopada 囡 散水器 (hisopo) で水をふりかけること; (水をふりかけて行う)洗礼.

hisopar, hisopear 他 (散水器 hisopo で)に聖水をふりかける.

hisopo 囲 1〖宗教〗(聖水の)散水器. 2〖植物〗ヒソップ、ヤナギハッカ(シソ科の香草の一種). 3〖話〗(一般に)刷毛状のもの、散水器に似た形のもの.

hispalense 形囲囡〖文〗→sevillano.

Hispalis 固名 ヒスパーリス(ローマ時代のセビーリャ).

Hispania 固名 ヒスパニア(ローマ時代のイベリア半島の名称).

hispánico, ca [イスパニコ、カ] 形

1 スペイン語圏の、スペイン系の. —países de habla *hispánica* スペイン語圏の国々. 2〖歴史〗ヒスパニア (Hispania, イベリア半島のローマ時代の名称)の.

hispanidad 囡 1 スペインの性質. 2 スペイン語圏(の文化). —Día de la *H*~ コロンブスが新大陸に到達した10月12日.

hispanismo 囲 1 スペイン語法、スペイン語独特の構文・言い回し; 他言語に入ったスペイン語、スペイン語からの借用語. 2 スペイン文化(特に語学・文学)の研究[嗜好(しこう)].

hispanista 囲囡 スペイン語[文学、文化]の研究者.

hispanización 囡 スペイン化.

hispanizar [1.3] 他 をスペイン化する、スペイン風にする、スペインの影響下に置く.

hispano, na 形囡 スペインの、スペイン人の.

Hispanoamérica 固名 イスパノアメリカ、スペイン語圏アメリカ.

hispanoamericanismo 囲 1 中南米諸国・諸民族の連帯意識・団結の精神; (スペイン起源の)諸民族間の自己確立を促進する気運. 2 (スペイン語に入った)中南米のある国[地域]独特の語・表現.

hispanoamericano, na 形名 1 スペイン系アメリカの、スペイン系アメリカ人(の). 2 スペイン系アメリカとスペインの間の.

hispanoárabe 形 イスラム・スペインの、イスラム教徒の支配下にあるスペインの. —囲囡 (イベリア半島を支配していた時代の)スペインのイスラム教徒.

hispanofilia 囡 スペイン好き、スペイン(文化など)への愛好.

hispanófilo, la 形名 スペイン(の文化・歴史・風俗習慣など)を愛好する(人)、スペイン好きの(人).

hispanofobia 囡 スペイン嫌い.

hispanófobo, ba 形名 スペインが嫌いな(人).

hispanohablante 形 スペイン語を母語とする. —囲囡 スペイン語話者、スペイン語を母語とする人.

hispanojudío, a 形名 イベリア半島のユダヤ人(の)[ユダヤ教の].

hispanomusulmán, mana 形名

→hispanoárabe.

hispanoparlante 形男女 →hispanohablante.

hispanorromano, na 形名 イベリア半島のローマ人(の).

híspido, da 形 (髪の毛・鬚などが)硬くて太い.

histamina 女 〖生化〗 ヒスタミン.

histerectomía 女 〖医学〗 子宮摘出.

histeria 女 〖医学〗 ヒステリー; (病的なほどの)興奮状態.

histérico, ca 形 1 ヒステリーの, ヒステリーにかかった; (病的に)興奮した, ヒステリックな. 2 母胎の, 子宮の. ━━名 2 ヒステリックを起こし易い人.

histerismo 男 →histeria.

histología 女 〖生物〗 組織学.

histólogo, ga 名 組織学者.

historia [イストリア] 女 1 歴史, 歴史学, 歴史の語る所. ～ sacra [sagrada] 〖聖書の語る〗聖史. ～ universal 世界史. ～ natural 博物誌〖学〗. 2 (個人の)経歴, 来歴, 前歴. ～ clínica 〖医学〗 カルテ, 病歴. 3 物語, 話; 覆 つくり話, たわごと. ▶ **dejarse de historias** 〖話〗 単刀直入に話す. **hacer historia** (歴史に残るような)障害を成し遂げる. **pasar a la historia** 〖未来時制で〗とても重要である; 〖完了時制で〗古くなる.

historiado, da 過分 〔→ historiar〕 形 1 ごてごてと飾りたてた, けばけばしい. 2 〖美術〗 ある出来事・物語を題材とした, エピソードを描いた.

historiador, dora 名 歴史家, 歴史学者.

historial 男 1 (事柄の経緯を示す)詳細な記述; 記録, 報告書. 2 履歴, 沿革; (人のたどってきた)過去.

historiar 他 …の話をする, を物語る; を記述[記録]する.

historicidad 女 歴史性, 史実性.

historicismo 男 歴史主義.

historicista 形 歴史主義の. ━━男女 歴史主義者.

histórico, ca 形 1 歴史上の, 歴史的な, 史実に基づく. 2 歴史的に重要な, 歴史に残る. —un acontecimiento ～ 歴史的にできたこと.

historieta 女 1 逸話, 挿話; 小話, 笑い話. 2 漫画, コマ漫画 (→comic).

historiografía 女 1 史料編纂〖学〗; 史料研究. 2 史書, 史料. 史学研究書.

historiográfico, ca 形 1 史料編纂〖学〗(の研究者)の. 2 歴史学〖学〗.

historiógrafo, fa 名 史料編纂者, 歴史家.

histrión 男 1 (特に古典劇の)俳優; 〖古〗 旅芸人; 手品師; 道化師. 2 おどけ者, 奇抜なことや芝居がかった真似をする人.

histriónico, ca 形 1 俳優の, 役者の. 2 芝居がかった, わざとらしい.

histrionismo 男 1 俳優業, 〖集合的に〗 役者, 俳優; 役者の世界. 2 芝居がかった仕事, わざとらしい振る舞い.

hitita 形男女 ヒッタイト(紀元前2,000年頃から小アジア一帯を占めた民族)(の人). ━━男 ヒッタイト語.

hitleriano, na 形名 ヒトラー主義の(人).

hito 男 1 境界石; 道標. 2 〖歴史・人生などにおける〗画期的な出来事, 重要な意味を持つ事柄. ▶ **mirar de hito/mirar de hito en hito** をじっと見つめる, 目を注ぐ.

hizo 動 →hacer [10.10].

hobby [＜英] 男 趣味, 道楽.

hocicar [1.1] 他 (豚などが)を掘る, かき回す, 嗅ぎ回る. ━━自 1 (鼻で)掘る, 嗅ぎ回る, つつく. 2 何度もキスをする. 3 〖＋ con/contra/en に〗部分をぶつける; 前のめりに倒れる [ころぶ]. 4 〖海事〗 (船が)舳先を下にして沈む.

hocico 男 1 (犬・豚などの)鼻面. 2 〖俗〗 唇が厚く突き出た口. 3 〖話〗 ふくれっ面, しかめ顔. ▶ **caer [darse] de hocicos** (ころんなどして)顔面をぶつける. **meter el hocico** [**los hocicos**] 詮索する, 嗅ぎ回る; 干渉する. **romper los hocicos** 顔を殴る.

hocicón, cona 形 〖中南米〗 → hocicudo.

hocicudo, da 形 1 (動物の)鼻面の大きい. 2 〖軽蔑〗 唇の突き出た, 唇のぶ厚い. 3 〖中南米〗 嫌な, 不愉快な, むかつく.

hocino 男 1 (まきを割るなどに使う)山刀, 斧, 移植ごて. 2 山裾の川沿いなどにある帯状の土地; 渓谷などに作られる小さい畑・植え込み.

hociquear 他 →hocicar.

hockey [＜英] 男 〖スポ〗 ホッケー.

hodierno, na 形 今日の; 今の, 現在の.

hogaño 副 今年は; 現代は.

hogar 男 1 家庭, 家; 家族. —artículos para el ～ 家庭用品. ～, dulce ～ ホーム・スイート・ホーム(なつかしの我が家). 2 〖文〗 炉, 暖炉. 3 (趣味・出身などが共通する人たちの)憩いの場所.

hogareño, ña 形 1 家庭の, 家族の. 2 家庭的な, 家族思いの.

hogaza 女 大きいパン(の塊).

hoguera 女 たき火; 〖歴史〗 火あぶりの刑.

hoja [オハ] 女 1 〖集合的にも用いる〗 葉. —árbol de ～ caduca [perenne] 落葉[常緑]樹. 2 花びら, 花弁. —clavel de ～ s rojas 赤い花びらのカーネーション. 3 (紙や薄い板・金属の)枚, 葉(そ); ビラ, ちらし. ━━ de reclamaciones 苦情書き込み用紙. ～ volante ちらし, 宣伝ビラ. 4 (刀・ナイフなどの)刃, 刀身. ━━ de afeitar 安全カミソリの刃. ▶ **hoja de cálculo** 〖情報〗 スプレッドシート. **hoja de parra** に見立てて局部を覆う)イチジクの葉, (都合の悪いものをかくす)覆い. **hoja de servicios** (役人などの勤務)記録, 経歴; 業績表. **volver la hoja** 話題を変える.

hojalata 女 ブリキ, ブリキ板; (缶詰など

hojalatería 囡 ブリキ缶を作る工場; ブリキ製品の店.

hojalatero, ra 图 ブリキ屋, 板金職人.

hojaldrado, da 過分 〔→ hojaldrar〕 形 **1** パイ[タルト, シュー]生地を使った. **2** パイ皮(のように)はがれやすい; 薄片の. —— 男 パイ[タルト, シュー]生地を使った菓子.

hojaldrar 他 パイ[タルト, シュー]生地を作る. (パイ生地を)めん棒でのばす.

hojaldre 男 パイ[タルト, シュー]生地, シュー生地. **2** パイ, パフパイ, タルト生地.

hojarasca 囡 **1**〔集合的に〕落葉, 枯葉. **2**(見かけばかりで)つまらない[役に立たない]もの, (特に言葉遣いなどの)冗漫で, 冗長.

hojear 他 (書物・新聞等に)ざっと目を通す, 一瞥(いちべつ)をくれる. —— 自〔中南米〕(木が)葉を出す, 葉をふく.

hojoso, sa, hojudo, da 形 葉の多い, 葉の茂った.

hojuela 囡 **1** 小さい葉; (羊歯などの複葉の)一葉片, 小葉. **2**〔料理〕クレープ.

■**hola** 間 **1** やあ, (親しい間柄で用いる挨拶). *—H~,* buenos días. やあ, おはよう. **2**(驚きを示す)おや, まあ, へえ. *—¿Me haces un favor?-¡H~!* ¿Un favor? 頼みを聞いてくれるかな. おや, 頼みだって. **4**〔中南米〕(電話で)もしもし.

Holanda 固名 オランダ(Países Bajos とも言う. 首都 Amsterdam).

holanda 囡 薄地の綿布[リンネル].

*****holandés, desa** 形 オランダ(Holanda)の, オランダ人の, オランダ風の. —— 名 オランダ人. —— 男 オランダ語. **2** オランダ判(27.5×21.5cmの紙のサイズ).

holding〔<英〕男 持ち株会社.

holgado, da 過分〔→ holgar〕形 **1**(必要以上に)大きい, ゆるい; (服が)ゆったりした, ゆるい; (時間に)余裕のある; (経済的に)余裕のある.

holganza 囡 **1** 休息; 余暇. **2** レジャー, 娯楽.

holgar [5.4] 自 **1** 余分である, 不必要である. *—Huelga decir que...* …のは言うまでもない. **2** 休息をとる, 何もしないでいる. —— se 自〔+con/de を〕喜ぶ, 満足に思う. **2** 楽しむ.

*****holgazán, zana** 形名 怠惰な(人), 怠けている(人), ぐうたらな(人).

holgazanear 自 怠ける; 無為に時を過ごす.

holgazanería 囡 怠惰; 何もせずぶらぶらしていること.

holgorio 男 → jolgorio.

holgura 囡 **1**(空間的)余裕, 広さ; ゆとり. **2**(機械の部品などの)ゆるみ, あそび.

holladura 囡 踏みつけること; 踏みにじること; 抑圧. **2** 足跡.

hollar [5.1] 他 **1** を踏む, 踏みつける. **2**をしいたげる, 抑圧する; (権利などを)踏みにじる.

hollejo 男 (ブドウ・豆などの)皮, 薄皮.

hollín 男 すす, 煤煙.

holmio 男〔化学〕ホルミウム.

holocausto 男 **1**(ユダヤ教で)供え物を火にくべて捧げること. 燔祭(はんさい). **2** 犠牲(の行為), 献身; いけにえ. **3**(特にナチスによる)ユダヤ人の大虐殺.

holografía 囡 ホログラフィー.

hológrafo, fa → ológrafo.

holograma 男 ホログラム.

holoturia 囡〔動物〕ナマコ.

hombrachón, hombrachón 太った[がっちりした体格の]男. **2** 下品な男, 見下げた男.

hombrada 囡 男らしい振る舞い, 勇気ある行為; 手柄.

hombradía 囡 男らしさ; たくましさ; 度胸.

■**hombre** [オンブレ] 男 **1** 人, 人間, 人類. *—~ moderno* 現代人. *los orígenes del ~* 人類の起源. *~ de la calle* 並の人, 一般の人々. *~ de negocios* 実業家, ビジネスマン. *~ de paja* ダミー, 手先. *~ rana* 潜水夫. *~s rana)* ダイバー. *~ objeto* 美的[性的]魅力だけでしか評価されない人. **2** 男, 男性. **3** 大人, 成人した男性. *—Ya es un ~.* 彼はもうりっぱな大人だ. *un ~ hecho (y derecho)* 一人前の人間. **4**(突)夫, 愛人. *—mi ~* うちのひと. ▶ *como un solo hombre* いっせいに. *de hombre a hombre* 率直な. *¡Hombre al agua [mar]!* → agua. —— 間 **1**(相手に向かって)きみ, おい; (女性に向かっても用いられる). **2** おや, おいおい, まさか. *—¡H~!* iNo sabía que estuvieras aquí! あら, 君がここにいるなんて知らなかった. *iCállate, ~!* おい, うるさいぞ(驚き, 確認(そうだとも), 譲歩(そうだね), 同情(おやまあ), 抗議(そあぞう), ためらいなど多くの意を表す).

hombrear[1] 自 大人ぶる.

hombrear[2], **hombrearse** 自 再〔+con と〕張り合う, やり合う, 肩を並べようとする.

hombrera 囡 **1** パッド, (鎧(よろい)の)肩当て, 肩楯; ズボン吊り. **2** 肩章.

hombría 囡 男らしさ, 男にあるべき美点の総称.

■**hombro** [オンブロ] 男 肩; (衣類の)肩幅. ▶ *a hombros* 肩に担いで. *al hombro* 肩にかけて. *arrimar el hombro* 努力する, 協力援助する. *cargado de hombros* 猫背の曲がった. *echarse al hombro* を背負いこむ. *encogerse de hombros* 肩をすくめる; 無関心・軽蔑などの身振りをする. *hombro a [con] hombro* 肩を並べて, 力を合わせて. *meter el hombro* 精を出す. *mirar por encima del [sobre el] hombro* を軽視する, 見下す.

hombruno, na 形〔話〕(女性が)男のような, 男っぽい; 男勝りの.

■**homenaje** 男 **1** 敬意, 尊敬の念. **2**

homenajeado

(敬意を表すための)記念の催し物. **3**〔歴史〕忠誠の誓い. ►**en homenaje**〖+a+人〗(人に)敬意を表して. **torre del homenaje**〔建築〕(城の)主塔, 天守閣.

homenajeado, da 過分 〔→ homenajear〕形名 栄誉を与えられた(人), 栄誉を受けている(人).

homenajear 他 …に敬意を表する; 名誉[栄誉]を与える, 尊ぶ.

homeópata 形男女〔医学〕ホメオパチー (homeopatía)の(医者).

homeopatía 女〔医学〕ホメオパチー, 同毒療法.

homeopático, ca 形 **1**〔医学〕同毒療法の, ホメオパチーの. **2** ごく少量の, ごく小さい.

homeostasis 女〔単複同形〕〔生物〕ホメオスタシス, 恒常性.

homeotermia 女〔動物〕定温[恒温]性.

homérico, ca 形 ホメーロス (Homero, 古代ギリシャの詩人)の, ホメーロス風の;《話》仰々しい, ものすごい(誇張して言うときに用いる).

***homicida** 形 人殺しの, 殺人の. ━━ 男女 人殺し, 殺人犯.

***homicidio** 男 殺人.

homilía 女〔宗教〕(特に福音書について教える)説教, 講話.

hominicaco 男《話》つまらない人間, 取るに足りない者.

homínido 形男女 ヒト科の(動物). ━━ 男 ヒト科.

homofobia 女 同性愛(者)嫌い.

homófobo, ba 形名 同性愛(者)嫌い(の人).

homofonía 女 **1**〔言語〕同音. **2**〔音楽〕ホモフォニー: 単旋律曲.

homófono, na 形 **1**〔言語〕同音の, 同音異義の (baca と vaca など). **2**〔音楽〕単声の; 斉唱(ユニゾン)の. ━━ 男〔言語〕同音異義語.

homogeneidad 女 同種(性); 均質性, 等質であること.

homogeneización 女 同質化, 均質化.

homogeneizar〔1.3〕他 を均一にする, 均質化する, 均種(同質)にする.

homogéneo, a 形 **1**〔集合・集団が〕同種の, 同質の. **2**(物体が)均質の, 等質の.

homografía 女〔言語〕同綴〔ミミ〕異義.

homógrafo, fa 形〔言語〕同綴〔ミミ〕異義の.

homologación 女 **1** 承認, 認可. **2**(ェス)〔記録の〕公認, 認可. **3** 対等[均一]にすること, 等分.

homologar〔1.2〕他 **1** を承認[確認]する; (公的なものとして)認可する;〔スポーツの記録などを〕公認する. **2**〖+con と〗を対等化する, 相応なものにする.

homología 女 **1** 対応すること, 相応;〔数学〕位相合同;〔化学〕同族(関係).

---

honor

homólogo, ga 形 **1** 対応する, 相応の.〔数学〕相似の;〔化学〕同族の, 同様の機能・構造を持つ. ━━ 名 同じ地位の人, 同等の者.

homonimia 女 **1** 同名(であること). **2** 同綴〔ミミ〕異義(であること), 同綴異義性.

homónimo, ma 形 **1**(人が)同名の. **2** 同音同義の, 同綴[同音]異義の. ━━ 男 **1**(言語)同名の人. **2**(言語)同綴異義語.

homoplastia 女〔医学〕他の人の組織[器官]を利用した移植手術.

homóptero 男〔虫類〕同翅(どう)目の(昆虫).

homosexual 形 同性愛の, 同性愛者の. ━━ 男女 同性愛者.

homosexualidad 女 同性愛; 同性愛行為.

homúnculo 男 こびと; ちび, 小男.

honda 女 投石器, パチンコ.

hondazo 男 投石器 (honda) で石を飛ばすこと.

hondear[1] 他〔投石器 (honda) で〕石を飛ばす.

hondear[2] 他〔海事〕(測鉛 (sonda) で)水深を測る.

hondero 男 (昔の)投石兵.

hondo, da 形 **1** 深い. ━━ pozo ~ 深い井戸. raíces hondas 深い根. en lo ~ del valle 谷底に. **2**(悲しみなどが)深い, 深刻な. ━ ~ pesar 深い悲しみ. ━━ 男 底.

hondón 男 底, 底部.

hondonada 女 低窪〔ガ〕地, 低地.

hondura 女 深さ; 深み. ►**meterse en honduras** (よく知らない事でも)根掘り葉掘り調べようとする.

Honduras 固名 ホンジュラス(公式名 República de Honduras, 首都 Tegucigalpa).

hondureñismo 男 ホンジュラスのスペイン語に特有の語・表現.

hondureño, ña 形名 ホンジュラスの(人).

honestamente 副 誠実に; 公明正大に; 慎み深く.

honestidad 女 **1** 正直, 誠実; 公正さ. **2** 貞節, 慎み深さ.

honesto, ta 形 **1** 正直な, 誠実な. **2** 節度のある, 慎み深い. **3** 適切な, 正当な.

hongkonés, nesa 形名 香港の(人).

***hongo** 男 **1**(植物)キノコ. **2** キノコ状のもの. ━━ 複 菌類. ━ ~ marino〔動物〕イソギンチャク. **3** 山高帽子.

***honor** 男 **1** 名誉, 栄誉, 名声. ━ hombre de ~ 名誉[信義]を重んじる人, ciudadano de ~ 名誉市民. **2** 高位, 名誉のある地位. **3** 複 歓待; 儀礼. ━ rendir los ~ es 歓待する. **4** 純潔, 貞節. ━ ~ de una mujer 女の貞節. ►**dama de honor** 侍女. **en dama. en honor a la verdad** 実を言えば, 本当に, 真実に誓って. **en honor de...** …に敬意を表して, …の記念に. **hacer honor a...**

…に値するようにふるまう. **hacer los honores a** (出された飲食物を)じゅうぶんにいただく;を接待する. **palabra de honor** 誓約. **tener a honor** 〔+不定詞〕を誇りに思う. **tener el honor de** 〔+不定詞〕…する光栄を有する.

honorabilidad 囡 尊敬に値すること, 高潔であること; 名誉ある行為.

honorable 形 尊敬すべき, 恥ずかしくない; 〔敬称〕…閣下.

honorario, ria 形 **1** 名誉として与えられた, (地位などの) 名誉的の. ── 男 (医師・弁護士などの専門職・専門業務に払う) 謝礼金.

honorífico, ca 形 栄誉ある, 名誉としての. ─a título ~ 肩書きとして, 名目上. **mención** *honorífica* 選外佳作.

honoris causa 〔ラテン〕(博士号の) 名誉の. ─doctor ~ 名誉博士.

honra 囡 **1** 名誉, 栄誉, 面目. **2** 貞節, 節操. **3** 複 (故人のための) 儀式, 葬儀 (= ~s fúnebres). ─asistir a las ~ 葬儀に参列する. ▶**A mucha honra.** (軽蔑的な発言に対する茶化しの返答) 名誉なことだね, ありがたいことにその通りだ. **tener a mucha honra...** を光栄に思う, 誇りに思う.

honradez 囡 正直, 誠実, 誠意.

[オランド, ダ]

honrado, da 〔過分〕〔→honrar〕形 **1** 正直な, 誠実な, 誠意がある. **2** 名誉の, 光栄な. **3** 貞節な.

honrar 他 **1** …に光栄 [名誉] を与える, 誇りに思わせる. **2** …に敬意を表する. 敬う. ── **se** 再 〔+con/de/en 을〕…を名誉に思う, 誇らしく思う. ▶**honrar la casa [mesa]** (客が) 家に来てくださる.

honrilla 囡 自尊心, 自尊感情, 面子(¾). ─por la negra ~ 自尊心から, 面子から.

honroso, sa 形 名誉ある, 立派な.

hontanar 男 泉, 泉の湧く所.

hopa 囡 〔服飾〕 (昔) 司祭服やチュニックのような丈の長い衣服; 囚人服.

hopalanda 囡 〔服飾〕 昔の学生たちが着ていた丈の長い派手な外套(勁).

hopear 自 (動物, 特に狐が追われるとき) 尻尾を振る.

hopo 男 (狐などのふさふさした) 尻尾; 前髪. ▶**sudar el hopo** 非常な労力を要する, 苦労する.

[オラ] [ハ]

hora 囡 **1** 時間. ─una ~ 1時間, media ~ 半時間, 30分. trabajar seis ~s al día. 1日6時間働く. una ~ después 1時間後に. **2** 時刻, 時限. ─¿Qué ~ es? 何時ですか. ¿A qué ~? 何時に. Es la ~ de comer. 食事(昼食)の時間です. Ya es ~ de que vuelvas. 君, もう帰る時刻だぞ. ¿Tiene usted ~? いま時刻を教えてくださいますか. ¿Qué ~ tiene usted? いま何時ですか. ◆時間·時刻に関する表現: Es la una. 1時です. Son las dos y cuarto [y quince]. 2時15分です. **3** 複 意外な時刻, 不適当な時刻. **4** 死期.

─Nadie sabe cuando nos llegará la ~. いつ我々に死期がやってくるか誰も知らない. **5** 複 〔宗教〕 時課 (定刻の祈り).

▶**a buena(s) hora(s)** 〔皮肉で〕時機に合わずに. **a la hora** 時間どおりに. **a la hora de la verdad** 肝心な時に. **a primera(s) hora(s)** 朝一番に. **a todas horas** いつも, 絶え間なく. **a última hora** 遅くに; 終わりごろに. **dar hora** 日時の約束をする. **dar la hora** (時計が) 時刻を告げる. **en buena hora** ちょうど良い時に, 折よく; めでたく. **en mala hora** 悪い時に, 運わるく. **entre horas** 食事と食事の間に. **Es hora de** 〔+不定詞/que+接続法〕…すべきときだ. **hora oficial** 標準時. **hora punta** 〔horas punta〕ラッシュ・アワー. **horas de oficina [de consulta]** 営業 [診療] 時間. **horas extraordinarias** 残業 (時間). **hora valle** 交通量が少ない時間帯. **no dar ni la hora** 〔話〕ひどくけちである. 爪に火をともす. **pedir hora** (病院などの) 予約をする. **poner en hora [un reloj]** (時計の) 時間を合わせる. **por horas** 時間ぎめで. **tener las horas contadas** 臨終を迎える, 今は際にさしかかる. **tener muchas horas de vuelo en...** 〔話〕…の経験が豊富である.

horadar 他 …に穴をあける, 貫通させる.

horario, ria 形 時間の; 時刻の. ── 男 **1** 時間割, 予定表. タイムテーブル. ─~ **de clases** 授業の時間割. ─~ **de verano** 夏時間. **2** (時計の) 時針, 短針.

horca 囡 **1** 絞首台. **2** (囚人, 家畜などにつける) 首枷(鞒), くびき. **3** (乾草を集めるなどに用いる) ピッチフォーク, さすまた.

horcadura 囡 (木の) また, 幹から枝が分かれて出ている部分; (枝の) 分かれ目.

horcajadas 副 〔a+〕 またがって, 馬乗りになって, 脚を左右にひろげて.

horcajadura 囡 〔解剖〕 (人体の) 股.

horcajo 男 **1** (馬·ろばなどの首につける) 木製のくびき. **2** (川の) 分岐点, 合流点.

horchata 囡 オルチャータ (かやつり草の球根 (chufa) などで作る白くて甘い飲物. よく冷やして蜜で飲む).

horchatería 囡 オルチャータを作る [売る] 所.

horchatero, ra 名 オルチャータ作り, オルチャータ売り.

horcón 男 **1** 〔中南米〕(家の梁, 軒などを支える) 突っ張り棒, 支柱. **2** →horca.

horda 囡 **1** 流民, 流族 (特に中世ヨーロッパに侵入した) 遊牧民. **2** ギャング, 無法者の集まり.

horizontal 形 水平 (面) の, 横の. ─línea [plano, posición] ~ 水平線 [面, 位置].

horizontalidad 囡 水平, 水平であること.

horizonte 男 **1** 水平線, 地平線. **2** 視界, 視野, (将来の) 見通し. ─ampliar los ~s 視野を広げる.

horma 囡 木型(特に靴や帽子を作るための), 靴型. ▶encontrar [hallar] la horma de su zapato 《話》自分の望み通りの物を見つける, ぴったりの物が見つかる.

hormiga 囡 《虫類》アリ(蟻). —～ blanca 白アリ. —～ león ウスバカゲロウ. (特にその幼虫のアリジゴク).

hormigón 男 《建築》コンクリート. —～ armado 鉄筋コンクリート.

hormigonera 囡 《建築》コンクリートミキサー.

hormiguear 自 1 かゆい, むずむずする; ちくちくする. 2 うようよする, うじゃうじゃいる, 群がる.

hormigueo 男 1 かゆみ, むずむずすること; ちくちくすること. 2 ざわめき, 群がりうごめくこと.

hormiguero, ra 形 アリ(蟻)の. —oso ― 男 1 蟻の巣, 蟻塚(分). 2 うようよするもの; ざわめく人の群れ, 雑踏.

hormiguilla 囡, **hormiguillo** 男 かゆみ, むずむずすること.

hormiguita 囡 働き者で倹約家で切り盛り上手な人.

hormilla 囡 くるみボタンの芯.

hormón 男 ホルモン.

hormona 囡 《生化》ホルモン.

hormonal 形 《生化》ホルモンの.

hormonoterapia 囡 《医学》ホルモン治療.

hornacina 囡 (像・花瓶などを置くための)壁のくぼみ, 壁がん, ニッチ.

hornada 囡 1 (パン, れんがなどの)1つのかまどで一度に焼ける量, ひとかま分, ひと焼き分. 2 《話》同期の仲間.

hornalla 囡 《南米》ころ, 火口.

hornazo 男 卵のタルト(イースターなどの時に作る. 卵を飾ったパイ菓子).

hornear 他 をかまどに入れる, オーブンで焼く.

hornero, ra 名 パン焼き職人, パン屋. ― 男 《南米》《鳥類》カマドムシクイ.

hornilla 囡 ころ, レンジ.

hornillo 男 《料理》ころ, レンジ; 携帯ころ. —～ de gas [eléctrico] ガス[電気]ころ. encender el ～ にかけて火をつける.

horno 男 1 かまど, 天火, オーブン. —～ de microondas (grill) (グリル付き)電子レンジ. 2 窯(霊), 炉. 3 とても熱い[暑い]場所. —～ crematorio 火葬炉. alto ～ 溶鉱炉. ▶no estar el horno para bollos [tortas] …にふさわしい時期・好機ではない.

Hornos 固名 (Cabo de ～)ホーン岬(チリ領, 南アメリカ最南端の岬).

horóscopo 男 星占い, ホロスコープ.

horqueta 囡 1 (穀物などわより分けるのに使う)ピッチフォーク. 2 木の幹から枝の分かれ出る所, 枝の付け根. 3 《南米》(川の)分岐点, 合流点.

horquilla 囡 1 (ピッチフォーク・支柱などの)先端が枝分かれした柄の長い道具. 2 (U字型の)ヘアピン, ヘアクリップ. 3 (自転車・オートバイなどの)フォーク.

horrendo, da 形 1 恐ろしい, ものすごい. 2 《話》格好悪い, みっともない, 醜い.

hórreo 男 (スペイン北西部に特有の)高床式穀物倉庫.

horrible 形 1 恐ろしい, ぞっとさせる, ものすごい. 2 《話》ひどい, ひどく不快な, ひどく醜い. —calor ～ ひどい暑さ. un susto ～ 大変なショック.

hórrido, da 形 →horroroso.

horripilación 囡 ぞっとする(させる)こと, 鳥肌(が立つこと).

horripilante 形 ぞっとするような, 身の毛もよだつような.

horripilar 他 …に鳥肌を立たせる, ぞっとさせる. ―se 再 こわがる, ぞっとする, 鳥肌が立つ.

horrísono, na 形 (物音・声などが)恐ろしい, ぞっとするような.

horro, rra 形 [+de] (…から)解放された, (任務などを)免れた; (ある性質・特質などを)欠いた.

horror

男 [オロル] 1 恐怖感, 戦慄(芽); 恐ろしいもの. 2 憎悪; いやな思い; 嫌悪感. —¡Qué ～! なんてひどいことだ. 3 醜中傷, さっい悪口. ▶un horror [horrores] 《話》[副詞的に] 大いに.

horrorizar [1.3] 他 をこわがらせる, ぞっとさせる. ―se 再 [+de +que] こわがる, ぞっとする.

horroroso, sa 形 1 恐ろしい, ぞっとさせる. 2 ひどい, とても醜い, とても悪い. —tiempo ～ ひどい天気.

hortaliza 囡 野菜 (→verdura).

hortelano, na 形 農園[果樹園]の. ― 名 農園[果樹園]労働者, (野菜・果物の)農業従事者.

hortense 形 農園[果樹園]の, 畑の.

hortensia 囡 《植物》アジサイ.

hortera 形男女 《軽蔑, 俗》やぼったい[悪趣味な](人・物); 下品な[粗野な](人・物).

horterada 囡 《俗》やぼったいこと, 悪趣味.

hortícola 形 農園[果樹園]の, 園芸の.

horticultor, tora 名 園芸家.

horticultura 囡 園芸学, 園芸技術.

hortofrutícola 形 青果作物(栽培)の.

hosanna 男 《宗教》ホサンナ. ▶神を賛美を表すヘブライ語起源の言葉, キリスト教の礼拝に用いられる.

hosco, ca 形 1 無愛想な, そっけない. 2 (天候・場所・雰囲気が)暗い, 陰うつな.

hospedaje 男 宿泊; 宿泊場所, 宿泊料.

hospedamiento 男 →hospedaje.

hospedar 他 を宿泊させる, 泊める. ―se 再 宿泊する, 泊まる.

hospedería 囡 宿泊所, 宿泊施設, 客を泊める部屋.

hospedero, ra 名 宿泊所の主人.

hospiciano, na 名 養護施設(hospicio)の庇護を受けた, 養護施設に入っている. ― 名 養護施設入所者[出身者].

hospicio 男 1 養護施設, 孤児院. 2 (巡礼者や貧しい人の)救貧施設.

hospital [オスピタル] 男 1 病院. — clínico 総合病院. ~ de sangre [de campaña] 野戦病院, 仮設病院. 2《歴史》救貧施設.

hospitalario, ria 形 1 (訪問者を)歓待する, (ある場所は)雨風や危険をしのげるような. 2 病院の, 院内の.

hospitalidad 女 厚遇, 歓待; (巡礼者・困窮者の)救済, 慈善活動. —dar ~ a los peregrinos pobres 貧しい巡礼者を手厚くもてなす.

hospitalización 女 入院; 入院期間.

hospitalizar [1.3] 他 を入院させる, 病院に収容する. —**se** 再 入院する.

hosquedad 女 無愛想, つっけんどん, むっつりしていること.

hostal 男 オスタル(建物の一部を使った宿泊施設).

hostelería 女 ホテル業, ホテル経営.

hostelero, ra 名 旅館・民宿などの経営者, 宿の主人. — 形 ホテル業の, ホテルビジネスに関する.

hostería 女 簡易宿泊所.

hostia 女 1《宗教》ホスチア(カトリックの礼拝で, 聖体として司祭が信者に与える, 種なしパンで作った白くて丸い小片). 2 生贄(にえ)として捧げるもの, 供え物. 3《俗》殴打, パンチ, 打撃. —dar [pegar] una ~ 殴る, 一発お見舞いする. ▶ **ser la hostia**《俗》限界である; 極めつきである: ¡No me hostia! 我慢ならない. — 間《俗》(怒り・苦痛・驚き・感嘆などを示す)くそっ; おお, まあ. —¡*H*~, qué dolor! うわっ痛い. ▶ **a toda hostia**《卑》全速力で. **de la hostia**《俗》すごく大きい, 異常な, 並外れた. **mala hostia**《俗》機嫌の悪いこと; 不機嫌. **la hostia de...**《俗》《副詞的に》すごい...

hostiario 男 ホスチア入れ.

hostigador, dora 形名 促す(せき立てる)(人); うんざりさせる(人), うるさい(人).

hostigamiento 男 1 (馬に)鞭を入れること. 2 困らせる[うるさがらせる]こと, 嫌がらせ. 3 促すこと, せき立てること.

hostigar [1.2] 他 1 (馬などに)鞭をくれる, 鞭打つ. 2 を強いる, 促す, せき立てる. 3 (からかい, 非難などで)を嫌がらせる, 困らせる, 悩ます.

hostigoso, sa 形《南米》(食物が)飽きあきするような, 鼻につくような; (人が)嫌な, うんざりする.

hostil 形 敵の, 敵対した, 反対の.

hostilidad 女 1 敵意, 敵対. 2 《主に複》《軍事》戦闘行為, 交戦. —romper [iniciar] las ~es 戦闘を始める.

hostilizar [1.3] 他《軍事》を執拗に攻撃する, 困らせる.

hotel [オテル] 男 1 ホテル. —alojarse en un ~ ホテルに宿泊する. 2 (庭つきの)一戸建て住宅, 郊外の住宅.

hotelero, ra 形 ホテルの, 旅館の. — 名 ホテル経営者[オーナー], 旅館主; ホテル支配人.

hotentote 男名 ホッテントット人(南アフリカの原住民); 複 ホッテントット族(現在はコイサン族と呼ばれる). — 形 ホッテントットの.

hoy [オイ] 副 1 今日(きょう)は, 本日は. —Hoy es lunes. 今日は月曜日だ. ▶ **el día de ~** 本日. **desde [hasta] ~** きょうから[まで]. ~ **por la mañana [la tarde]** きょうの午前[午後]. 2 現在(では), 今日(こんにち)(では), いま. ▶ **de hoy a [para] mañana** きょう明日中に, もうすぐ, やがて. **de hoy en adelante** これからは, 今後(は), 本日以降. **hoy (en) día** 今日, 近頃は, 昨今は. **hoy por hoy** 今のところ(は), さしあたって, 当分の間. **por hoy** きょうのところは, さしあたって. **que es para hoy**《話》今すぐやることだ. — 男 今日(こんにち), 現在.

hoya 女 1 (地面にあいた大きい)穴, 窪み. 2 窪地, 低地; 谷間.

hoyada 女 低地, 窪地, 凹地.

hoyo 男 1 (地面の)穴, 窪み. 2 《スポ》(ゴルフの)ホール. 3《話》墓穴.

hoyuelo 男 えくぼ.

hoz[1] 女 複 **hoces**(刈り入れ等に使う)鎌.

hoz[2] 女 複 **hoces**《地理》谷間, 峡谷.

hozar [1.3] 他 (豚・猪などが鼻面で地面を)掘る, 捜す, かき回す.

huaca 女《中南米》→guaca.

huacal 男《中南米》→guacal.

huachafería 女《南米》気取ること; 俗悪.

huachafo, fa 形名《南米》気取った(人), 俗悪な(人).

huacho 男《南米》→guacho.

huaco 男《中南米》→guaco.

huarache 男《メキシコ》→guarache.

huarapeta 女《メキシコ》酩酊(めいてい)状態.

hube, hub- 動 →haber [14].

hucha 女 貯金箱, 貯金, 貯蓄.

hueco, ca 形 1 中身がない, からっぽの, 内容のない. —Tiene la cabeza **hueca**. 彼の頭はからっぽだ. 2 ふわふわとした. 3 (声や音が)低くて太い, 響き[鳴り]わたる. 4 思い上がった. — 男 1 へこみ, くぼみ, 穴, 開き口. 2 空いた場所, 空席; (仕事などの)空席. 3 空き時間, 合間. ▶ **hacer (un) hueco** 席を空けてやる. **llenar un hueco** (あるところにおいてうえで)役立つ. **ponerse hueco** 満足に思う, 満足する.

huecograbado 男《印刷》グラビア, グラビア印刷したもの.

huel- 動 →oler [5.10].

huélfago 男 (馬などの)肺気腫.

huelga 女 ストライキ, 罷(ひ)業. —convocar una ~ スト指令を出す. ~ **de brazos caídos** すわり込みストライキ. ~ **general** ゼネスト. ~ **de[l] hambre** ハンスト. ~ **salvaje** 山猫スト.

huelgo 男 1 呼吸, 息. 2《技術》(部品間の)遊び; ゆとり.

huelguista 男女 ストライキの参加者.
huelguístico, ca 形 ストライキの.

huella 女 1《足・車輪などの》跡, 踏んだ跡; (一般に)跡, 痕跡. — 男《印》[digital] 指紋. seguir las ~s de …の跡を追う, まねる. 2(階段の段の)踏み板. 3 言及, 論及; 手がかり, 手口. 4《中南米》(道路の)車線; 小道. ► **dejar huella**《話》足跡を印する, 足跡を残す. **ir tras las huellas de …**《話》…の跡を捜し回る, …の跡を追う.

Huelva 固名 ウエルバ(スペインの県・県都).

huemul 男《中南米》《動物》アンデスジカ, ゲマルジカ.

†**huérfano, na** 形 1 両親(または片親)のない, 孤児の. 2《+ de》欠けた, ない. — 名 孤児, 片親のない子.

huero, ra 形 1 空の, 中身のない; (卵が)無精の. 2 意味のない, 内容のない.

huerta 女 野菜畑, 果樹園.

huertano, na 形名 形《特に Valencia や Murcia などの》灌漑地帯の(人), 灌漑地に住む(人).

huerto 男 果樹園, 野菜畑. ► **llevar(se) a …al huerto**《俗》(人)を性的に誘惑する.

huesa 女 墓穴, 墓.

Huesca 固名 ウエスカ(スペインの県・県都).

huesillo 男《中南米》干し桃.

hueso [ウェソ] 男 1 骨. 2 (梅・桃・オリーブなどの)種, 核. —**aceitunas con [sin] ~** 種のある[種をぬいた]オリーブの実. 3《話》質の悪いもの; つまらないもの; 骨の折れること, 難しいこと;《話》厳しい先生. 4《複》死骸, 亡骸(なきがら). 5《中南米》仕事, 労働; けちな人. — 形 オフホワイトの. ► **calado [empapado] hasta los huesos**《話》ずぶぬれになって. **dar con sus huesos en …**《話》…に行く, 行き着く. **dar en hueso** やっかいなことに出くわす, 思い通りにならない人と出会う. **estar [quedar] en los huesos** 痩(や)せ細っている, 骨と皮になっている[なる]. **hueso de santo** (万聖節に食べる)クリームまたはチョコレート入りのマザパン(mazapán). **no dejar**LE **a** (+ A) **hueso sano** 非難する, 陰口をきく. **no poder con sus huesos** 疲れ切っている, へばっている, へとへとである. **pinchar en hueso** [**duro**] (= dar en hueso). **romper**LE [**moler**LE] **a** (+ A) **los huesos** [**un hueso**] 殴る, 叩きのめす. **tener los huesos molidos** ひどく疲れている, 疲れ切っている.

huesoso, sa 形 骨の; 骨太の.

†**huésped, peda** 名 1 客, 泊り客; 下宿人. — **casa de ~s** 下宿屋. 2 (もてなしの)主人;《生物》宿主. ► **no contar con la huésped**《話》不測の事態を考慮しない.

hueste 女 1 (古代の)軍, 軍勢; 兵. 2 支持者, 信奉者.

huesudo, da 形 骨ばった, 骨の目立つ. — 女《メキシコ》死.

hueva 女 魚卵, 腹子.

huevear 自《中南米》1 をくすねる, 盗む. 2 を不快にする. — 自 のらくらと暮す.

huevería 女 卵屋, 卵を売る店.

huevero, ra 名 卵売り. — 女 卵ケース, 卵パック; エッグスタンド.

huevo [ウェボ] 男 1 卵. — **poner un ~** 卵を産む. — ~ **duro** かたゆでの卵. ~ **estrellado** [**frito**] 目玉焼. ~ **pasado por agua** 半熟卵. ~ **revueltos** スクランブルエッグ. ~ **tibio**《中南米》ゆで卵. ~ **al plato** バター[オリーブ油]とともに卵を火にかけ調理したもの, 調理した卵ごと出される. 2《俗》睾丸(→ testículo). 3《生物》卵子, 卵細胞(→ óvulo). ► **a huevo**《話》安価で, 安く; 手の届くところに. **a puro huevo**《話》大いに努力して, 大変骨を折って. **hasta los (mismísimos) huevos** あきあきした, うんざりした. **importar un huevo**《俗》ちっとも構わない, 無関心である. **parecerse como un huevo a otro**《話》そっくりである, 瓜二つである. **pisando huevos**《話》非常にゆっくり, のろのろと. **por huevos**《話》無理矢理に. **tener huevos (la cosa)** (何かが)不当である, 許し難い, 矛盾している. **tener un par de huevos** [**tenerlos bien puestos**]《卑》根性がある. **tocar los huevos**《卑》困らせる. **un huevo**《俗》たくさん. **y un huevo**《俗》とんでもない.

huevón, vona 名《中南米》《卑》怠け者, のろま, 馬鹿.

huf → uf.

Hugo 固名《男性名》ウーゴ.

hugonote 形 ユグノー教(16–18世紀フランスのプロテスタントの新教)の, カルヴァン派の. — 男女 ユグノー教徒.

huida 女 1 逃亡, 逃走, 逃亡. 2 (馬の)横跳(に急に逃をそれること). 3 時の経つのが早いこと, 早い時の流れ.

huidizo, za 形 1 臆病な, すぐに逃げたがる. 2 逃げ去る, 逃亡中の.

huido, da 過分 [→huir] 形 人目を避けた, 身を隠すような; 逃亡中の. — 名 逃亡者.

huincha 女《中南米》ヘアバンド.

huipil 男《中南米》ウイピル; ポンチョのような女性用上着.

huir [ウイル] [11.1] 自 1 《+ de から》逃げる, 逃げ去る, 逃走する. 2 《+ de を》避ける, 回避する. — ~ **de los vicios** 悪徳を避ける. 3 (速く)過ぎ去る, 遠ざかる. — 自 を避ける, 遠ざける. — **se** 再 逃げ去る.

hujro 男《中南米》海草.

hule 男 1 防水布, ビニールカバー. 2《中米》ゴム, ゴムノキ.

hulero, ra 形《メキシコ》ゴムの, ゴム産業

hulla 女 〖中南米〗ゴムの栽培・採集などの労働者.

hulla 女 石炭. ▶ **hulla blanca** 水力.

hullero, ra 形 石炭の.

humanamente 副 人間らしく, 人間として; 人道的に.

humanarse 再 人間らしくなる; 人間化する.

humanidad 女 〖集合的に〗**1** 人類, 人間; 群衆. **2** 人間性, 人間味; 人情. **3** 同情, 慈愛. **4** 肥満(の体). **5** 複 〖ギリシャ・ラテンの〗古典文学; 人文学.

humanismo 男 人間性の認識・育成を目指す思想・哲学, 人道主義, ヒューマニズム; 人文学.

humanista 共 人道主義者, ヒューマニスト; 人文学者. —— 形 → humanístico.

humanístico, ca 形 人道主義の, ヒューマニズムの; 人文学の.

humanitario, ria 形 **1** 人道的な, 博愛主義の. **2** 情深い, 人情ある.

humanitarismo 男 情深いこと, 慈悲深さ; 博愛主義, 人道主義.

humanización 女 **1** 人間性を与えること; 人間化すること.

humanizar [1.3] 他 **1** 人間らしくする; …に人情を与える, 人間化する. —— **se** 再 人間的になる; 人情を持つようになる.

humano, na [ウマノ, ナ] 形 **1** 人間の, 人の. —— **cuerpo ~** 人体. **ser ~** 人間. **2** 人間的な, 人間らしい. **3** 人道的な, 人情のある. —— 男 人間; 複 人類.

humanoide 形 ヒトの形をした, ヒトの特徴を持った. —— 共 ヒューマノイド.

humarada, humareda 女 もうもうたる煙[湯気], 濃く立ちこめる煙.

humazo 男 濃い煙, もうもうたる煙[湯気]. ▶ **dar humazo a …** (相手を嫌がらせて)…を追い払う, 近づかせないようにする.

humeante 形 煙る, くすぶる; 湯気の立つ.

humear 自 煙を出す, くすぶる; 湯気を出す, 蒸気を出す. —— 他 〖中南米〗燻蒸(くんじょう)消毒する.

humectación 女 湿らせること, 加湿.

humectador 男 加湿器.

humectante 形 湿気を与える.

humectar 他 → humedecer.

humedad 女 湿気, 湿り, 湿度. — En verano hay mucha ~ en Japón. 日本では夏に湿度が高くなる.

humedal 男 湿地.

humedecer [9.1] 他 を湿らせる. —— **se** 再 湿る, 湿気る.

húmedo, da 形 **1** 湿った, じめじめした, 湿気の多い. **2** 雨がらみの, 湿潤の.

humeral 男 上腕骨の. —— 男 〖宗教〗(カトリックのミサで司祭がつける)肩衣.

humero 男 **1** 煙突, 煙道(煙突の円筒部). **2** 〖中米〗→ humareda.

húmero 男 〖解剖〗上腕骨(二の腕の骨).

humidificación 女 湿度を上げること, 加湿.

humidificador, dora 男 湿気を与える. —— 男 加湿器.

humildad 女 **1** 謙遜(そん), 謙虚; 卑下. **2** (身分などの)低いこと.

humilde 形 **1** つつましい, 謙虚な. — a mi ~ parecer 私[車]見を申し上げますと. **2** (身分や地位が)低い, 卑しい. **3** 貧しい, 粗末な, 質素な.

humillación 女 辱め, 侮辱; 屈辱.

humilladero 男 (古く町の入口などにあった)十字架の立てられている場所, キリスト磔刑(たっけい)の像がある場所.

humillante 形 屈辱的な, 面目のない.

humillar 他 **1** …に屈服をうえる, をはずかしめる, …の面目をつぶす. **2** (頭など)を下げる, 低くする. **3** 〖闘牛〗(牛が守りの姿勢に入って頭)を垂れる. —— **se** 再 屈従する, へり下る, 卑下する.

humo 男 **1** 煙. **2** 水蒸気, 湯気. **3** 〖話〗うぬぼれ, 高慢. — Tiene muchos ~s. 彼はうぬぼれが強い. ▶ **bajárseLE los humos** 自慢の鼻をへし折る. **echar humo** 激怒する, かんかんに怒る. **hacerse humo** 消える. **irse el humo** 〖南米〗…のところに直行する. **irse todo en humo** すべて消え去る, 水泡に帰する. **subírseLE el humo a las narices** 〖話〗怒る, 腹に立つ. **subírseLE el humo [los humos] a la cabeza** 〖話〗うぬぼれる, 高慢になる. **venirse al humo** 〖南米〗(= irse al humo).

humor 男 **1** 気分, 機嫌, 気性. —— estar de buen [mal] ~ 上[不]機嫌である. **ponerse de mal ~** 不機嫌になる. **2** ユーモア(を解する心), ユーモリズム. —— **~ negro** ブラックユーモア. **3** 〖生理〗(血液, リンパ液などの)液, 体液. ▶ **humor de perros** 大変な不機嫌. **seguirLE el humor a (+人)** …と調子を合わせる, …のごきげんをとる.

humorada 女 冗談, ジョーク, 洒落.

humorado, da 形 機嫌[気質]が…の. — bien ~ 上機嫌の, 気立てのよい. **mal ~** 不機嫌な, 気難しい.

humoral 形 〖生理〗体液の, 分泌液の.

humorismo 男 **1** ユーモア, おかしみ. **2** 漫談.

humorista 男女 **1** コメディアン, 漫談家; ユーモア作家. **2** ユーモアのセンスのある人. —— 形 ユーモアのセンスのある.

humorístico, ca 形 こっけい味のある, ユーモアのある, 諧謔(かいぎゃく)の.

humoso, sa 形 煙[湯気]の出る, 煙る; 煙臭い.

humus 男 〖単複同形〗〖農業〗腐植土.

hundible 形 沈められる; 沈みうる.

hundido, da 過分 (→ hundir) 形 **1** 沈んだ; くぼんだ. **2** (景気などが)落ち込んだ

hundimiento 男 1 沈没, 崩壊; 陥没 (した穴). 2《道徳の》低下, 《相場の》下落, 《物価の》暴落.

hundir 他 1 を沈める, 沈没させる; をへこませる. 2 を陥没させる, 沈下させる; 《建物など》を倒壊させる. 3 を失敗させる, 挫折させる. 4《精神的に》を打ちのめす, 落胆させる. ― **se** 再 1 沈む, 沈没する; へこむ, 陥没する. 2《建物などが》倒れる, 倒壊する. 3 失敗する, 破綻する. 4《気分的に》落ち込む, 落胆する. 5 大騒ぎになる. 6〖+ en に〗陥る, 落ち込む.

húngaro, ra 形 ハンガリー(Hungría) の, ハンガリー人[語]の. ― 名 ハンガリー人. ― 男 ハンガリー語.

Hungría 固名 ハンガリー(首都 Budapest).

huno, na 男複 フン族, 匈奴(きょうど)の. ― 形名 《まれ》フン族の人, 匈奴の(人).

hura 女 小さな穴; 巣穴.

huracán 男〖複 huracanes〗1《気象》《カリブ海地域で発生する》ハリケーン; 大暴風, 2《話》猛烈な人, 勢いのある人.

huracanado, da 形 暴風の, 嵐の, 大嵐の.

huranía 女 内気で; 無愛想, 人付合いの悪いこと.

huraño, ña 形 内気な; 人付合いの悪い, 無愛想な.

hurgador, dora 形名 かき回す人.

hurgar [1.2] 他 1 をほじくる, つつく, かき回す. 2《他人の物など》をひっかき回す, 詮索する. かき回す. ― **se** 再《自分の身体の一部》をほじる, つつく. ― *se la nariz* 鼻をほじる.

hurgón, gona 形名《人が》詮索する人, かき回す人. ― 男 火かき棒.

hurguete 男女《チリ》詮索する(人), 詮索好きな(人).

hurguetear 他自《中南米》(を)かぎ回る, 詮索する.

hurí 女《イスラム教で》極楽にいるとされる絶世の美女.

hurón, rona 形名 1 詮索好きな(人), 《秘密など》を嗅ぎ回る(人). 2 引っ込み思案の(人), 人付合いの悪い(人). 3《動物》ケナガイタチ.

huronear 自 1 ケナガイタチを使って狩り《特にウサギ狩り》をする. 2《話》詮索する, かぎ回る.

huronera 女 1 ケナガイタチの巣穴. 2《特にやくざなどの》隠れ家, 巣窟, 根城.

huronero, ra 名 ケナガイタチの飼育係.

hurra 間 フレー, 万歳.

hurtadillas 副 ▶ *a hurtadillas* こっそりと.

hurtar 他 1 をこっそり盗む, くすねる. 2〖+ de から〗を遠ざける, それとせる, 隠す. ― **se** 再 1 身をかわす, よける, 隠れる. 2〖+ a から〗逃れる.

hurto 男 盗み, 万引き; 盗品.

husillo 男《圧搾機を上下する》ねじ, ボルト; 《機械の》軸, 心棒.

husmeador, dora 形名 嗅ぎ回る (人), 詮索好きの(人).

husmear 他 1 《を》嗅いで追跡する, 嗅ぎ出す, 嗅ぎ当てる. 2 《自分に関わりのないことを》詮索する, 嗅ぎ回す, 首を突っ込む.

husmeo 男 詮索, かぎ回ること.

huso 男 《紡織機の》つむ《糸巻》; 紡錘状のもの. ― *huso horario* 《子午線で区切られた各々の》同一標準時間帯.

huy 間〖痛みで〗いたっ; 〖驚き・感嘆・不快〗おや, まあ.

huy- 動 →*huir* [11.1].

I, i

I, i 女〖複 ies〗1 スペイン語アルファベットの第9文字. 2 (I) ローマ数字の1. 3 (I)《化学》yodo (ヨード)の化学記号. ▶ *i griega* イ・グリエガ《『ギリシャ語の j』の意味で, y の呼称》. *poner los puntos sobre las ies* 細かい点までほっきり説明する.

IB〖頭字〗〔< Iberia, Líneas Aéreas de España, S.A.〕イベリア航空.

ib., ibíd.〖<ラテン〗〖略字〗→ibídem.

iba(-), íbamos 動 →ir [19].

Iberia 固名 1 イベリア(半島). 2 古代イベリア《カフカス [コーカサス] 南部の地方》.

ibérico, ca 形 1 イベリア (Iberia) の, イベリア人の. 2 古代イベリア(人)の. ― 名 1 イベリア語. 2 →*jamón ibérico*.

ibero, ria 形 →*ibérico*.

ibero, ra, íbero, ra 形 イベリア (Iberia) の. ― 名 イベリア人.

Iberoamericano 固名 イベロアメリカ《中南米のスペイン語圏諸国とブラジルを含む地域》.

iberoamericano, na 形 1 イベロアメリカ (Iberoamérica) の, イベリア系アメリカ人の. 2 イベリアと中南米間の. ― 名 イベリア系アメリカ人.

ibice 男《動物》アイベックス.

ibicenco, ca 形 イビーサ島の(人).

ibídem〖<ラテン〗同章[同節]に.

ibis 男〖単複同形〗《鳥類》アフリカクロトキ.

Ibiza 固名 イビーサ《スペイン, バレアーレス諸島の島》.

icario, ria 形《ギリシャ神話の》イカロス(のような).

iceberg 〖<英〗男 氷山.

icónico, ca 形 イコンの, 聖人画の, アイコンの.

icono, ícono 男 1《ギリシャ正教の》聖画, イコン. 2《情報》アイコン, サムネイル. 3 象徴, シンボル.

iconoclasia 女 聖像破壊[主義].

iconoclasta 形男女 1 聖像破壊者(の), 反体制権威[否定主義]の(人).

iconografía 女 1 図像学. 2 図像集, 肖像画集.

iconográfico, ca 形 1 図像学の,

iconolatría 図像集の、肖像画家の.
iconolatría 囡 偶像崇拝.
iconología 囡 1 図像解釈学、イコノジー. 2 寓意[象徴]図像.
iconostasio 男 聖像壁.
icor 男 《医学》膿汁(のうじゅう).
icosaedro 男 《数学》二十面体.
ictericia 囡 《医学》黄疸(おうだん).
ictérico, ca 形名 《医学》黄疸(おうだん)(性)の; 黄疸にかかった(人).
ictiófago, ga 形 魚食の、魚類を常食とする. — 名 魚食民、魚食動物.
ictiología 囡 魚類学.
ictiológico, ca 形 魚類学の.
ictiosauro 男 《生物》魚竜.
ictus 男 1 《医学》発作、脳卒中. 2 《音声》韻律、アクセント.
id. 〈ラテン〉《略号》=ídem 同上、同前.
ida 囡 行くこと、行き(道). — billete de ~ y vuelta 往復切符. ▶ **a la ida** 往路に.

idea [イデア] 囡 1 考え、思いつき. 2 思想、観念; 知識. — ~ fija 固定観念. — ~ general 概念、概要. — preconcebida 先入観. 3 意見、印象. —Tienes una ~ equivocada de ella. 君は彼女のことを誤解している. 4 意図; 計画、構想. 5 複 (政治・宗教などに関する) 思想、信念. ▶ **con idea** = de [con] mala idea. **de** [con] **mala idea** 悪意で, formarse [hacerse] una idea de …についての考えが[輪郭]が分かる. **hacerse a la idea de** …という考えに慣れる[を受け入れる]. **¡Ni idea!** 見当もつかない、知るもんか. **no tener la menor idea de** …のことが全然分からない. **ocurrírsele la idea de** ~ することを思いつく. **tener idea de...** …が分かる; 《+不定詞》…するつもりである.

ideación 囡 観念形成、観念化.
ideal 形 1 観念上の、想像上の. — un mundo ~ 観念の世界. 2 理想的な; すばらしい、申し分のない. — un esposo ~ 理想的な夫.
— 男 1 理想. 2 教義、信条. 3 規範、標準、典型.
idealismo 男 1 《哲学》観念論. 2 理想主義.
idealista 形 1 観念論的な. 2 理想主義(的)の. — 男女 観念論者、理想主義者.
idealización 囡 理想化、美化.
idealizar [1.3] 他 を理想化する、美化する.
idear 他 を考え出す、考えつく、考案する.
ideario 男 理念、イデオロギー.
ídem 〈ラテン〉副 同上、同じく (《略号》 id.). ▶ *ídem de ídem* 《話》同じこと.
idéntico, ca 形 《+ a と》同一の. —Ella lleva una blusa *idéntica a la* mía. 彼女は私のとまったく同じブラウスを着

ている. 2 よく似た、類似の.
identidad 囡 1 同一であること、同一性. 2 身元(証明). 本人であること. — carnet [documento, tarjeta] de ~ 身分証明書. 3 《数学》恒等式.
identificable 形 1 識別[確認]し得る. 2 同一視し得る、同一と証明し得る.
identificación 囡 1 《同一であることの》識別、確認、証明. — ~ genética DNA鑑定. ~ *de usuario* 《情報》ユーザーID. 2 《心理》同一視.
identificador, dora 形 身分を確認する. — 男 《情報》識別子.
identificar [1.1] 他 1 《だれ[何]か》を認定する、…の身元を確認する[割り出す]. —*Identificaron al niño por su ropa*. 子どもの身元はその着衣によって確認された. 2 《+ con と》を同一視する、同定する. — se 再 1 《+ con と》一致する、一体感を持つ. —*Se identificó con ella*. 彼は彼女に賛成した. 2 《自分の》身分を証明する、身元を明らかにする. 3 《+ con と》同一視される.
ideografía 囡 表意文字[記号]法.
ideográfico, ca 形 表意文字[記号]の.
ideograma 男 表意文字[記号].
ideología 囡 1 イデオロギー、思想[観念]形態. 2 《哲学》観念学、イデオロギー論.
ideológico, ca 形 1 イデオロギー(上)の. 2 《言語》概念の、概念に基づく. — *diccionario* ~ 概念型辞書.
ideologizar 《+ con と》を吹き込む、教え込む.
ideólogo, ga 形 1 イデオローグ. 2 空理空論を唱える人; 夢想家、理想家.
idílico, ca 形 牧歌的な、田園詩的な.
idilio 男 1 田園詩、牧歌. 2 恋語り、恋愛関係.

idioma [イディオマ] 男 1 言語. —*el* ~ *inglés* 英語. 2 話し方、用法、用語.
idiomático, ca 形 ある言語特有[固有]の; 慣用的な.
idiosincrasia 囡 1 《個人・集団の》特質、気質. — ~ *del pueblo japonés* 日本人の気質. 2 《医学》特異体質.
idiosincrásico, ca 形 1 特質的な、気質的な. 2 《医学》特異体質の.
idiota 形 1 《医学》精神遅滞の、知的障害の. 2 愚かな、ばかな. — 男女 1 精神遅滞者、知的障害者. 2 愚か者, ばか. ▶ **hacer el idiota** 《話》ばかな真似をする; 《話》(報われないような)つまらないことをする.
idiotez 囡 1 《医学》精神遅滞、知的障害. 2 ばかな行為[言動].
idiotismo 男 1 《言語》慣用句[表現]. 2 話 無知; 愚か. 3 《医学》白痴.
idiotizar [1.3] 他 をばかにする. — se 再 ばかになる.
ido, da 《→ir》形 1 過ぎ去った、行ってしまった. —*los años* ~s 過ぎ去った年月. 2 頭のいかれた; ひどく放心した[悲

idólatra 形 男女 1 偶像[異教の神]を崇拝する(人). 2 [+de] 熱愛する(人), 溺愛する(人), 崇拝する(人).

idolatrar 他 1 (偶像・異教の神)を崇拝する. —~ al sol 太陽を崇拝する. 2 (人)を熱愛[溺愛]する.

*idolatría 女 1 偶像崇拝. 2 溺愛(ぷ), 過度の愛情.

idolátrico, ca 形 1 偶像崇拝の. 2 熱愛[溺愛]的な.

ídolo 男 偶像(神), 崇拝的の, アイドル.

idoneidad 女 適応[適切]性, 妥当性; 能力.

idóneo, a 形 〔+ para に〕適切な, ふさわしい; 適任な.

idos 動 →irse [19].

idus 男 (古代ローマ暦で)3月・5月・7月・10月の15日, および他の月の13日.

i.e. 《略》〈ラテン〉=id est すなわち, つまり.

‡iglesia [イグレシア] 女 1 教会. 教会堂. —~ parroquial 教区教会. 2 教派; カトリックの教会. I~ Católica [Luterana, Anglicana] カトリック[ルテル, 英国国]教会. I~ episcopaliana 英国聖公会. I~ oriental ギリシャ正教. 3《集合的に》僧侶, 聖職者; 信者, 教区民. 4 教権.

iglú 〈エスキモー〉男 イグルー(エスキモーの氷雪塊の家).

Ignacio 固名《男性名》イグナシオ.

ignaro, ra 形 無知な, 無学な.

ígneo, a 形 1 火の, 火のような. 2 火色の. 3《地質》火成の.

ignición 女 1 点火, 発火. 2 燃焼; 白熱. 3《自動車》イグニション, スターター.

ignífugo, ga 形 防火[耐火]性の.

ignominia 女 1 不名誉, 不面目. 2 恥辱, 辱め. 3 恥ずべきこと[行為].

ignominioso, sa 形 不名誉な, 恥ずべき.

ignorado, da 過分 〔→ignorar〕形 1 無視された, 忘れられた. 2 不明の, 分からない.

ignorancia 女 無知, 無学.

ignorante 形 1 無知な, 知らない. —ser ~ en... …について何も知らない. 2 〔estar+, +de に〕気づいていない. —男女 無知な人, 無学な人.

‡ignorar [イグノラル] 他 1 〔+ a/con a〕を知らない, …に無知である. —Yo ignoraba que ellos se encontraran allí. 私は彼らがそこにいるとは知らなかった. 2 を無視する.

ignoto, ta 形 未知の; 知られていない, 発見されていない.

‡igual [イグワル] 形 1 〔+ a/que と〕同じ, 同一の, 同様の. —Tu coche es ~ que el mío. 君の車はぼくのと同じだ. 1 kilo es ~ a 1.000 gramos. 1キロは1,000グラムに等しい. 2 〔+ a と〕似た, 類似の. 3 平らな, 平坦な. —~ superficie ~ なめらかな表面. 4 一定の, 不変の, 安定した. —llevar una velocidad ~ 一定の速度を保つ. 5 〔+ a に〕つり合った, 見合った. 6 平等の, 対等の. ▶ ser [dar] igual 同じことである, どっちでもいい. —男 1《数学》等号, イコール[等階]の人. —男 2《数学》等号. 2 賞(宝くじで)同じ番号の続き札. ▶ al igual que …と同様に, …のように. dar [ser] igual どちらでもいい. de igual a igual 同等に, 対等に. igual que …と同様. por [al] igual 平等に, 均等に. sin igual 並はずれた, まれにみる. —副 1 同じように. 2《話》たぶん, きっと. —I~ le ha pasado algo. きっと彼に何か起こったのだろう. 3 〔poder とともに〕(災いなどが)起こりうる.

iguala 女 1 同じ[平ら]にすること. 2 (医療・薬剤等に関する)医療協約, 協約. 3 水準器, レベル.

igualación 女 同じに[平らに]すること, 均等化.

igualado, da 過分 〔→igualar〕形 〔中南米〕1 社会的地位の高い人と張り合いたがる. 2 下品な, 不作法な. 3 信じやすい. —女 《メキ》同点, 引き分け.

‡igualar 他 を平等に扱う, 同じにする; を平らにする, ならす. —La ley iguala a hombres y mujeres. 法の下では男女平等である. —un camino 道路を地ならしする. —自 〔+ a/con と〕1 同じである, 同等である. 2 〔+ con と〕同格である. —Los dos equipos igualaron a dos. 両チームは2対2で引き分けた. —se 男 1 〔+ a と〕同じになる, 同等である, 拮抗(§)する. 2 〔+ con と〕対等に付き合う, 自分を対等と見なす.

igualatorio 男 (iguala による)医療共済会.

igualdad 女 1 平等, 同等. —~ de oportunidades [derechos] 平等な機会[権利]. 2《数学》方程式, 等式. ▶ igualdad ante la ley 法の下の平等.

igualitario, ria 形 (政治的・社会的に)平等主義の.

igualitarismo 男 平等主義.

igualmente 副 1 同様に, やはり, 同じく. 2 (相手に答えて)そちらも御同様に. —Muchos recuerdos a su familia. —Gracias, ~. ご家族によろしく. —ありがとう, そちらへもよろしく. 3 均等に, 平等に, 均一に.

iguana 女《動物》イグアナ.

ijada 女 (特に動物の)横腹, 脇(鈴)腹.

ijar 男 (特に人間の)横腹, 脇(鈴)腹.

ikastola 〈バスク〉女 バスク語で教える学校.

ikurriña 女 バスク自治州の旗.

ilación 女 1 推論, 推理, 推定. 2 関連, つながり, まとまり.

ilativo, va 形 1 推論の, 推理の, 推定的な. 2《言語》引き継ぎの.

ilegal 形 1 違法の, 不法の, 非合法の. 2 不法入国[滞在]の. —男女 不法入国[滞在]者.

ilegalidad 女 1 違法, 不法, 非合法. 2 違法[不法]行為.

ilegalización 女 非合法化.

ilegalizar 他 を非合法化する.

ilegibilidad 囡 判読不能, 読みにくいこと; 内容が読むに耐えないこと.

ilegible 形 **1** 読めない, 判読できない. **2** 読むに値しない; 読んではいけない.

ilegitimar 他 を違法[不法・非合法]とする.

ilegitimidad 囡 **1** 違法, 不法, 非合法. **2** 庶出, 非嫡出. **3** 不義, 不貞. **4** 不正, 不当.

ilegítimo, ma 形 **1** 違法[不法・非合法]の. **2** 庶出の, 非嫡出の. ―hijo ～ 非嫡出子. **3** 不義の, 不貞の. **4** 不正の, 不当の.

íleo 男 (医学)腸閉塞.

íleon 男 (解剖) **1** 回腸. **2** 腸骨.

ilerdense 形男女 イレルダ (Ilerda; Lérida の古名), レリダ(カタルーニャの県)の(人).

ileso, sa 形 無傷の, 無事の.

iletrado, da 形 **1** 無教養な. **2** 読み書きできぬ, 非識字の.

ilíaco, ca 形 **1** 回腸の. **2** 腸骨の. **3** トロヤ (Troya, ギリシャ語名 Ilion) の.

iliberal 形 **1** 狭量な, 偏狭な. **2** 物惜しみする.

ilicitano, na 形名 エルチェ (Elche, アリカンテ県の都市)の(人).

ilícito, ta 形 **1** 不法な, 違法の. **2** 不倫の, 不義の.

ilicitud 囡 不法, 不正.

ilimitado, da 形 無制限の, 無限の. ―responsabilidad *ilimitada* 無限責任. por un plazo ～ 無期限で.

ilión 男 (解剖) 腸骨.

Ilmo., Ilma. (略語)→ilustrísimo.

ilocalizable 形 所在不明の, 位置の特定ができない.

ilógico, ca 形 **1** 非論理的な, つじつまの合わない. **2** (話)不合理な, ばかげた, おかしな.

ilota 男女 (古代ギリシャ, スパルタの)農奴, 奴隷.

iluminación 囡 **1** 照明, 照らすこと. **2** イルミネーション, 電飾. **3** (写本などの)彩飾. **4** 啓発, 啓蒙.

*****iluminado, da** 過分 [→iluminar] 形 **1** 照らされた. **2** 啓示を受けた. ― 名 **1** (宗教)照明派の信徒(16～17世紀のスペインの異端派). **2** 妄想家.

iluminador, dora 形 **1** 照明の, 照らし出す. **2** 明らかにする. ― 名 **1** 照明係. **2** 彩飾する人.

*****iluminar** 他 **1** を照らす, 明るくする; …に照明をする, イルミネーションをほどこす. ― las calles 通りにイルミネーションを施す. **2** を啓発する, …に分かり易く解説する. **3** …に天啓[暗示]を与える. **4** …に彩色をする, 色をつける. ― **se** 再 (顔・目が)明るくなる, 輝く, 喜色満面となる.

iluminaria 囡 [主に複] イルミネーション, 電飾. →luminaria.

iluminativo, va 形 明らかにする.

iluminismo 男 (宗教)照明派の運動.

*****ilusión** 囡 **1** 幻覚, 幻影; 錯覚. ― óptica 錯視. **2** 幻想, 期待. **3** (わくわくさせる)喜び, 楽しみ, 熱心. ―Tu visita me hizo mucha ～. 君が訪ねてくれてとても嬉しかった. trabajar con ～ 熱心に働く. ▶ **forjarse** [**hacerse**] **ilusiones** むなしい夢をはぐくむ[いだく].

ilusionar 他 **1** …に期待を抱かせる. わくわくさせる. ―Me *ilusiona* tu venida. 君がやって来ると考えただけで私はわくわくする. **2** を満足させる, 喜ばす. ―Tu regalo le *ilusionó* enormemente. 君の贈り物に彼は大いに満足した. ― **se** 再 [+ con に] 幻想を抱く, 期待を持つ, わくわくする.

ilusionismo 男 手品.

ilusionista 男女 手品師, 魔術師.

iluso, sa 形 だまされやすい; 夢見がちの. ― 名 夢想家.

ilusorio, ria 形 **1** 偽りの, 幻の, 作りごとの. **2** 空しい, 虚妄の.

ilustración 囡 **1** 挿し絵, 図解, イラスト; 絵入り雑誌, 画報. **2** 知識, 学識, 博識. **3** (18世紀ヨーロッパの)啓蒙運動 [主義].

*****ilustrado, da** 過分 [→ ilustrar] 形 **1** 学識ある, 博識な. ―hombres ～s 啓蒙運動家. **2** 挿し絵入りの, 図解入りの. ― 名 **1** 啓蒙派, 啓蒙主義者.

ilustrador, dora 形 説明[解説]になる, 説明として役立つ, 実例になる. ― 名 挿絵画家, イラストレーター.

*****ilustrar** 他 **1** に挿絵[写真, 図版]を入れる, を図解する. ―diccionario *ilustrado* 図解入り辞典. **2** を説明する, 解説する, 例証する. **3** を啓発する, 啓蒙する, 教示する. ― **se** 再 知識を得る, 教養を高める, 見聞を広める.

ilustrativo, va 形 説明に役立つ; 解説になる. ―diapositivas *ilustrativas* 解説用スライド.

*****ilustre** 形 **1** 著名な, すぐれた, 卓越した. ―escritor ～ 著名な作家. familia ～ 名家. **2** (敬称として)…様, …殿.

ilustrísimo, ma [ilustre の絶対最上級]形 すぐれて高名な, ご高徳なる(略号) Ilmo., -ma). ▶ **Su Ilustrísima** 祝下(ﾐかよか)(司教に対する敬称).

*****imagen** 囡 [複 imágenes] **1** 姿, 像; 映像, 画像. ― real [virtual] 実[虚]像. **2** 像, 影像, 偶像. **3** 偶像, イメージ; 心像. **4** (修辞)比喩, メタファー. ―pública 世評. ▶ **ser la viva imagen** [*imagen viva*] **de** …によく似ている, そのものである.

imaginable 形 想像できる, 考えられる.

imaginación 囡 **1** 想像(力), 創造(力). **2** 想像物, 妄想. ▶ **ni por la imaginación** 決して…ない. **pasarle por la imaginación** の心に浮かぶ, 思いつく.

*****imaginar** [イマヒナル] 他 **1** を想像する, 思い描く. ―*Imagino* que antes de venir. 彼は来る前に知らせてくれると私は思う. **2** を考えつく, 考案する, …に思い当る. ― **se** 再 …と想像する.

imaginaria 女 《軍事》1 待機〔予備〕部隊. 2 夜哨, 不寝番. ― 男 夜間当直(不寝番)の兵士.

imaginario, ria 形 1 想像上の, 架空の. ― enemigo ― 仮想敵. 2《数学》虚数の. ―número ― 虚数.

imaginativo, va 形 1 想像上の, 空想の, 架空の. 2 想像力に富んだ, 創意あふれる. ― 女 想像力.

imaginería 女 1 像彫刻; 聖像画. 2 文学的形象.

imaginero, ra 名 聖像彫刻家, 聖像画家.

imán 男 (イスラム教の)祈禱(きとう)者, 尊師.

imán 男 1 磁石; 磁鉄. 2 魅力.

imanación 女 磁化, 磁性を与えること.

imanar 他 磁化する, …に磁気を与える.

imantación 女 →imanación.

imantar 他 →imanar.

imbatible 形 無敵の, 負け知らずの.

imbatido, da 形 常勝の, 無敗の.

imbécil 形 1《医学》知的障害のある, 精神薄弱な. 2 ばかな, 愚かな. ― 男女 1《医学》知的障害者, 精神薄弱者. 2 ばか, 愚か者.

imbecilidad 女 1《医学》知的障害, 精神薄弱. 2 ばかな愚かな言動.

imberbe 形 まだひげの生えていない.

imbornal 男 1 排水口. 2《船舶》甲板排水孔, 水落とし.

imborrable 形 1 消せない, 消えない. 2 永続的な, 忘れられない.

imbricación 女 1 瓦(かわら)〔鱗(うろこ)〕状の重なり合い. 2 瓦〔鱗〕状配列〔模様〕. 3 鱗形の装飾.

imbricado, da 過分〔→imbricar〕形 瓦(かわら)〔鱗(うろこ)〕状の.

imbricar [1.1] 他 を瓦(かわら)状に重なり合わせる. ― se 再 1 瓦状に重なり合う. 2 (問題などが)入り組む, 密接につながる.

imbuir [11.1] 他〔+ de 〕に (人)に吹きこむ. ― se 再〔+ de 〕に心酔する.

imitable 形 1 まねできる. 2 模倣に値する, 手本になる.

imitación 女 1 まね, 模倣, 模造. 2 模倣作品, 模造品, イミテーション. ―joyas [perlas] de ― 模造宝石〔真珠〕. ▸ **a imitación de …** をまねて.

imitador, dora 形 まねる, 模倣する. ― 名 模倣する人, 物まね.

imitar 他 1 をまねる, に似せる. ― 自〔+en に〕似せてある, の模造品である.

imitativo, va 形 模倣の, 模倣的な.

impaciencia 女 我慢できないこと, じれったさ, いらだち; 性急.

impacientar 他 をいらいら〔じりじり〕させる, 我慢できなくする, もどかしがらせる. ― se 再〔+ con/por に〕いらいら〔じりじり〕する, 我慢できなくなる.

impaciente 形 1 せっかちな, 短気な. 2〔+ con/de/por 〕に…したくてうずうずして, 熱心な. ― estar ― por ver los regalos 贈り物を見たくてうずうずしている. 3〔+ con/por の〕気がかりな, 不安な.

impactante 形 印象が強い, 衝撃的な.

impactar 自他 (に)(物理的・精神的)衝撃を与える.

impacto 男 1 衝撃, (物理的)ショック; 強い影響〔効果〕. 2 (弾丸の)衝撃, 弾痕. 3 《情報》ヒット.

impagable 形 1 支払いできない. 2 測り知れない, お金に代えられない.

impagado, da 形 未払いの. ― 男 未払いの借金.

impago, ga 形《中南米》(人が)まだ支払いを受けていない, まだ借金を受け取っていない. ― 男 未払い.

impala 男《動物》インパラ.

impalpable 形 1 さわれない; 感知できない. 2 ごく細かい, 微細な.

impar 形 1 奇数の. 2 比べようのない, 比類なき. ― 男 奇数.

imparable 形 止められない.

imparcial 形 公平な, 公正な, 片寄らない.

imparcialidad 女 公平, 公正, 偏らないこと.

impartir 他 を分け与える, 授ける.

impasibilidad 女 無感動, 平静, 物に動じないこと.

impasible 形 無感動な, 動じない, 平然とした.

impavidez 女 大胆; 冷静沈着.

impávido, da 形 1 大胆な; 冷静沈着な. 2 無感動な.

impecabilidad 女 1 完璧, 完全無欠. 2 誤りのないこと, 無欠点.

impecable 形〔estar +〕(物事について)完璧な, 完全無欠な.

impedancia 女《電気》インピーダンス, 交流抵抗.

impedido, da 過分〔→ impedir〕形 1 妨げられた, 妨害された. 2 体〔肢体〕の不自由な. ▸ **impedido de …** …の不自由な. ― 名 体〔肢体〕の不自由な人.

impedimenta 女《軍事》(行軍の障害となる)軍用荷物.

impedimento 男 1 妨げとなる物, 支障, 障害. 2《法律》婚姻障害.

impedir [6.1] 他 を妨げる, 妨害する, 邪魔する. ― La huelga nos *impidió* viajar. ストライキのせいで私たちは旅行ができなかった.

impeditivo, va 形 障害になる, 邪魔な.

impelente 形 1 推進力になる. 2 駆り立てる, 押し進める.

impeler 他 1 を推進する; 押しやる. 2 を駆り立てる, 促す.

impenetrabilidad 女 1 入ることができないこと. 2 分かりにくいこと, 不可解.

impenetrable 形 1〔+ a が〕突き通

impenitente 形 せない、はいり込めない、通さない。 —pared ~ al calor 断熱壁。**2** 不可解な、測り知れない。

impenitente 形 **1** 罪を悔悟しない、改悛(しゅん)の情のない。**2** 頑迷な、性懲りのない。

impensable 形 考えられない、思いもよらない；ばかげた。

impensado, da 形 **1** 思いがけない、予期しない。**2** 考えていない。

impepinable 形 《話》明白な、当然至極の、議論の余地のない。

imperante 形 **1** 現行の。**2** 支配的な、優勢な。

imperar 自 支配する、君臨する；優勢である。

imperativo, va 形 **1** 命令的な、威圧的な、有無を言わせない。**2**《言語》命令法[形]の、命令の。—modo ~ 命令法。**3** 絶対必要な、緊急の、差し迫った。—男 **1**《言語》命令法、命令形。**2** 至上命令、必要条件、絶対必要なこと。

imperceptible 形 **1** 知覚できない。**2** かすかな、ごくわずかな。

imperdible 形 負けられない；必勝の。—男 安全ピン。

imperdonable 形 許せない、容赦できない。

imperecedero, ra 形 不滅の、不朽の、永遠の。

imperfección 女 **1** 不完全、不十分。**2** 欠点、欠陥。

imperfecto, ta 形 **1** 不完全な；不十分な。**2**《言語》未[不]完了の、不完了の。—pretérito ~ 未完了過去。

imperial 形 皇帝の、帝国の、堂々とした。—corona ~ 帝冠。familia ~ 皇室、帝室；皇帝一家。*Su Alteza Imperial* 皇帝[皇后]陛下。

imperialismo 男 帝国主義。

imperialista 形 帝国主義の；帝国主義的な。—男女 帝国主義者。

impericia 女 未熟、拙劣、無能。

imperio 男 **1** 帝国、帝政。—el Sacro I~ (Romano) 神聖(ローマ)帝国。**2** 帝位、治世。**3** 権力、勢力；尊大、横柄。

imperioso, sa 形 **1** 威圧的な、横柄な、傲慢な。**2** 差し迫った、緊急の。

impermeabilidad 女 水を通さないこと、防水性。

impermeabilizante 形 防水加工する。—男 防水加工剤。

impermeabilizar [1.3] 他 を防水加工する。

impermeable 形 不浸透性の；水を通さない、防水(加工)の。—男 レインコート。

*__**impersonal**__ 形 **1** 個性[独創性]のない、没個性の。**2** 非個人的な、個別的でない、一般的な。**3**《言語》非人称の、無主語の。—oración ~ 非人称文、無主語文。

impersonalidad 女 **1** 無[没]個性化、非人格性。**2**《言語》無[非]人称性。

impertérrito, ta 形 落ち着いた、冷静な、物に動じない。

impertinencia 女 **1** 無礼、失礼。**2** 無礼な言葉[行為]。

impertinente 形男女 **1** 無礼な(人)、失礼な(人)。**2** ずうずうしい(人)、生意気な(人)。**3** 不適切な。—男複 柄付きめがね。

imperturbabilidad 女 動じないこと、平然としていること、冷静沈着。

imperturbable 形 動じない、平然とした、冷静沈着な。

impétigo 男《医学》濃痂疹(のうかしん)、飛び火。

impetración 女《文》願い出ること、嘆願、祈願。

impetrar 他 **1** を願い出る。**2**(願い出たものの)許可を得る。

ímpetu 男 **1**(動きの)激しさ、勢い。**2** 元気、活力、力強さ。**3** 性急さ。

impetuosidad 女 激しさ、激烈さ。

impetuoso, sa 形 **1** 激しい、猛烈な、激烈な。—ataques ~s 猛攻撃。**2** 衝動的な、一時の感情に駆られた。

impid- 動 →impedir [6.1].

impiedad 女 **1** 不敬虔(けん)、不信心。**2** 冷酷、冷淡。

impío, a 形男女 **1** 不敬虔(けん)な(人)、不信心な(人)。**2** 冷酷な、冷淡な。

implacabilidad 女 **1** 情け容赦のないこと、無慈悲なこと。**2** 和(やわ)らげられないこと、抵抗しえないこと。

implacable 形 容赦のない、仮借ない、無慈悲な。

implantación 女 **1** 導入、設置、植えつけること。**2**《医学》移植、インプラント。

implantar 他 **1** を導入する、設置する；植えつける。**2**《医学》をインプラントする、移植する。**3** を接ぎ木する、はめる。

implante 男《医学》**1** インプラント。**2** インプラントされる組織片、人工物。

implementar 他(実行などに)必要な措置を講じる。

implemento 男《主に複》道具、器具。

implicación 女 **1** 関わり合い、関与。**2** 論理的結果；含意、言外の意味。

implicancia 女《中南米》結果、影響。

*__**implicar**__ [1.1] 他 **1** [+en に] を巻き添えにする、連座させる、巻き込む。**2** を含む、包含する。**3** を伴う、引き起こす、生じる。—自《主に否定文で》妨げる、矛盾する。— se 自 を巻き添えよう、連座する、巻き込まれる。—~se en un asunto de soborno 収賄事件に巻き込まれる。

implícito, ta 形 暗に含まれた、暗黙の、暗々裡(り)の。

imploración 女 嘆願、哀願。

implorar 他 を嘆願[哀願]する。

implosión 女 **1** 内破、圧縮。**2**《音声》内破。**3**《天文》爆縮。

implosionar 自 内破[圧縮]する。

implosivo, va 形《音声》内破音(の)。

implume 形 羽のない。

impolítico, ca 形 無作法な, 礼儀正しくない.

impoluto, ta 形 けがれのない, きれいな, 清浄無垢な.

imponderable 形 **1** 評価できない, 計り知れない. **2** 不測の, 予期できない. ― 男 《主に 複》不測の事態.

imponente 形 **1** 威風堂々とした, 威厳のある; 威圧的な. **2**《詩》凄くすごい, すばらしい.

imponer [10.7] 他 **1**[+a に]を義務づける, 強いる, 押しつける; を課す, 負担させる. ~~ las ideas *a* los demás 考えを他人に押し付ける. **2**[+ de/en/sobre に]を教え込む, 叩き込む. **3**[+ a に]という名前をつける, と命名する. ―Le impusieron el nombre de Antonio. 彼はアントニオという名を付けられた. **4**[+ en に]預金する. **5**を授ける, 授与する. **6**に敬意を払わせる, 恐怖心を起こさせる. ―A mí la altura me impone. 私は高い所恐怖症だ. ― 自 威圧感のある, いかめしい, 畏怖《憂怖》の念を起こさせる. ― **se** 再 **1**必要である, 必要不可欠である. ―*Se impone salir temprano.* 早く出発する必要がある. **2**(自分に)強いる, 課す. **3**勝る, 優勢である, 圧倒する. **4**広まる, 流行する.

impong- 動 → *imponer* [10.7].

imponible 形 課税される, 課税対象となる. ► *líquido imponible* 課税標準額.

impopular 形 不人気の, 人望のない; 不評な.

impopularidad 女 不人気; 不評.

importación 女 輸入, 輸入品.

importador, dora 形 輸入する, 輸入業の. ― 名 輸入商, 輸入業者.

importancia 女 **1**重要度, 重要性, 重大さ. ―*Es una pregunta de* [*sin*] ~. それは重要な[取るに足りない]質問だ. *No tiene la menor* ~. それは全然重要なことではない. **2**有力, 勢力(のあること). ―*Es persona de* ~. 彼は有力な人物だ. ► *darse importancia* もったいぶる, いばる.

importante 形 **1**重要な, 重大な, 大切な. ―*Lo* ~ *es que te mejores cuanto antes.* きみが少しでも早くよくなることが大切だ. *gente* ~ 要人. **2**かなり大きな, 相当な. **3**地位以上の高い.

importar [インポルタル] 自 **1**重要である, 関わりがある. ―*No me importa nada que se enfade.* 彼が怒ったとしても私は全然構わない. *No te importa.* 君には関係ない. **2**…にとって迷惑[不都合]である. ―*¿Le importaría abrir la ventana?* ―*En absoluto.* すみませんが窓を開けていただけますでしょうか. ―いいですとも. ― 他 **1**を輸入し, 導入する. ― *petróleo* 石油を輸入する. **2**(金額が)にのぼる, 達する, 総計…である. **3**を伴う, 伴う. **4**(情報)(データなど)を読み込む, インポートする.

importe 男 **1**料金, 値段. ~~ *de fianza* 保釈金. **2**額, 総計.

importunación 女 しつこさ, うるささ; しつこく[うるさく]求めること.

importunar 他 (人)にしつこく[うるさく]求める; 迷惑をかける.

importunidad 女 **1**しつこさ, うるささ. **2**しつこい[うるさい]こと; 迷惑.

importuno, na 形 **1**迷惑な; 憤みのない. **2**タイミングの悪い. **3**厄介な, 面倒な. ― 名 迷惑[厄介]者.

imposibilidad 女 不可能なこと, 不可能性.

imposibilitado, da 過分 [→ *imposibilitar*] 形 体が不自由な(人).

imposibilitar 他 を不可能にする, 妨げる. ― **se** 再 (手足が)不自由となる, 身体障害者となる.

imposible 形 **1**不可能な. ―*Es* ~ [+不定詞/*que* +接続法] …するのは不可能だ. ~ *que volvamos mañana.* 明日戻ることは不可能だ. **2**ありえない. **3**手に負えない, 気むずかしい. **4**ひどい, とても悪い. ► *hacer lo imposible* 最善をつくす. ― 男 不可能なこと[もの].

imposición 女 **1**(税・義務などを)課すること; 課税. ~~ *una sanción* 制裁を課すること. ~ *directa* [*indirecta*] 直接[間接]税. **2**押しつけ; 負担. **3**預金. **4**《印刷》製版.

impositivo, va 形 **1**課せられる. **2**税の.

impositor, tora 名 **1**預金者. **2**《印刷》製版工.

imposta 女 《建築》**1**拱基石(キョウキセキ). **2**アーチ受け. **3**迫石(セリイシ).

impostergable 形 後回しにできない, 遅らせることができない.

impostor, tora 形 **1**詐欺[ペテン]にかける. **2**中傷する. ― 名 **1**詐欺師, ペテン師. **2**中傷家.

impostura 女 **1**中傷, 詐欺, ペテン.

impotable 形 飲めない.

impotencia 女 **1**無力, 無能, 無気力. **2**《医学》陰萎(インィ), インポテンツ.

impotente 形 **1**無力な, 無能な, 無気力な. **2**《医学》陰萎の, 性的不能の.

impracticabilidad 女 実行不可能(性).

impracticable 形 **1**実行不可能. **2**通行不能な, 通れない. **3**使用不能な, 使えない.

imprecación 女 呪い, 呪詛(ジュソ).

imprecar [1.1] 他 を呪う, 呪いにかける.

imprecatorio, ria 形 呪いの.

imprecisión 女 不明確さ, あいまいさ; 不正確さ.

impreciso, sa 形 不明確な, あいまいな, 漠然とした; 不正確な.

impredecible 形 予測[予見]できない.

impregnación 女 しみ込ませること, 浸透.

impregnar 他 **1**[+ de/con/en に]をしみ込ませる, 浸透させる. **2**…にしみ

む. — **se** 再〔+ de/con/en〕…がしみ込む.

impremeditación 女 1 故意でないこと. 2 無思慮, 軽率, 不用意.

impremeditado, da 形 1 故意でない, 過失の. 2 無思慮な, 軽率な, 不用意な.

imprenta 女 1 印刷, 印刷所. —escribir en letras de ～ 活字体で書く. 2 印刷所. 3 印刷物; 出版. 4 印刷機.

imprescindible 形 絶対必要な, 必要不可欠な, 欠かせない.

imprescriptible 形 時効［期限］のない; 不可侵の.

impresentable 形 人前に出せない, 見苦しい, 体裁の悪い.

impresión [インプレスィオン] 女 1 印象, 感銘; 意見. —cambiar *impresiones* con ～ と意見を交換する. 2 跡, しるし. —～ dactilar [digital] 指紋. 3 印刷; (写真)焼付け; (音楽)録音, レコーディング. ▶ hacer buena [mala] *impresión* よい［悪い］印象を与える. *tener* [*dar*, *causar*] *la impresión de* という印象をもつ［与える］.

impresionable 形 1 感じやすい, 感受性の強い. 2 録画録音しうる.

impresionante 形 印象的な, 深い感銘を与える.

impresionar 他 1 を感動させる, 印象づける, に感銘を与える. —*Nos impresionó* su bondad. 私たちはあなたの御親切に感激しました. 2 を撮影する; を録音［録画］する. — **se** 再 1 〔+ de/con/en〕に感動する, 感銘［衝撃］を受ける. 2 感光する; 録音［撮影］される.

impresionismo 男 (美術)印象主義, 印象派.

impresionista 形 1 (美術)印象主義[派]の. 2 印象(論)の. — 男女 印象主義[派]の画家[芸術家, 音楽家].

impreso 動 → imprimir [3.4].

impreso, sa 過分 (→ imprimir) 形 印刷された. — 男 1 印刷物. 2 記入用紙.

impresor, sora 男女 1 印刷業者. 2 印刷工. — 女 (情報)印刷機, プリンタ. —～ de burbuja [de chorro de tinta, de líneas] バブルジェット［インクジェット, ライン］プリンタ.

imprevisible 形 予見［予知］できない.

imprevisión 女 先見の明を欠くこと; 思慮不足, 不注意.

imprevisor, sora 形 先見の明を欠いた; 思慮不足の, 不注意な.

imprevisto, ta 形 予期しない, 思いがけない. — 男複 臨時費.

imprimación 女 1 下塗り. 2 下塗りの材料.

imprimar 他 を下塗りする.

imprimátur 男 [単複同形] (教会の与える)出版[印刷]許可.

imprimible 形 印刷できる.

imprimir [3.4] 他 1 を印刷する, 刷る; を出版する, 刊行する. 2 跡［刻印］を残す. —～ huellas digitales 指紋を残す. 3 を植え付ける, 刻み込む, 叩き込む. 4 を推進する, (特徴･方向など)を与える, 伝える.

improbabilidad 女 起こり［あり］そうもないこと.

improbable 形 起こり［あり］そうもない. 疑わしい.

improbo, ba 形 1 不正直[不誠実]な; 邪悪な. 2 (仕事, 努力などが)甚大な; 過剰な.

improcedencia 女 1 無根拠, 不適切. 2 容認できないこと.

improcedente 形 不法な, 不当な; 不適切な.

improductivo, va 形 1 非生産的な, 不毛な. 2 (言語)非生産的な.

impromptu 男 (音楽)即興曲.

impronta 女 1 押印, 刻印. 2 足跡; 影響.

impronunciable 形 1 発音できない. 2 口に出してはならない.

improperio 男 侮辱, ののしり, 罵詈(ﾘ)悪口雑言.

impropiedad 女 1 不適当, 不適切. 2 (言語)の不適切, 誤り.

impropio, pia 形 1〔+ de/para/en〕不適当な, 不適切な. 2 (言語)転用の.

improrrogable 形 延期［延長］できない.

improvisación 女 1 即興; 即席に作る［行う］こと. 2 即興演奏; 即席の作品.

improvisador, dora 形 即興する; 即席に作る. — 名 即興的に事を行う人. 即興詩人.

improvisar 他 1 を即興で作る［行う］, を即興で演奏する. —*una poesía* 即興で詩を書く. 2 を急ごしらえする, 間に合わせで作る. でっち上げる.

improviso, sa 形 予見［予知］できない. ▶ de [al] *improviso* 不意に, 思いがけなく.

improvisto, ta 形 予見［予知］できない.

imprudencia 女 1 軽率さ, 軽率な言動. 2 不謹慎, 不注意. ▶ *imprudencia temeraria* (法律)過失.

imprudente 形男女 思慮分別のない(人), 軽率な(人). — 男女 軽率な人, 分別のない人.

impúber 形 思春期前の. — 男女 思春期前の少年［少女］.

impudente 形男女 恥知らず(の), 破廉恥な(人), 厚かましい(人).

impudicia 女 破廉恥, 恥知らず.

impúdico, ca 形名 破廉恥な(人), 恥知らずの.

impudor 男 1 破廉恥, 恥知らず, 慎みのなさ. 2 厚顔無恥.

impuesto 男 税, 税金. —～ directo 直接税. ～ indirecto 間接税. ～ municipal 地方税. ～ revolucionario テロ組織が企業等に脅しとして課す革命税. ～ sobre la renta 所得税. 1–

sobre el Valor Añadido 付加価値税(略号)IVA. ~ sobre sociedades 法人税. evasión de ~s 脱税. exento [libre] de ~ 免税の. —— 過分 [→imponer] 慣れた, 慣れている.

impugnación 女 1 非難, 論駁(%). 2《法律》異議申し立て.

impugnar 他 1 を非難攻撃する; 論駁(%)する. 2《法律》に異議申し立てをする.

impulsar 他 1 を押し進める, 動かす, 推進する. ▶una campaña contra el sida エイズ撲滅のキャンペーンを推進する. 2 [＋a＋不定詞] を駆り立てる, 仕向ける, 促す. 3 を促進する, 刺激する, 進展させる.

impulsión 女 →impulso.

impulsividad 女 衝動性, 直情径行.

impulsivo, va 形 1 衝動的な, 感情に駆られた. 2 推進力の.

impulso 男 1 勢い, 衝撃, 押すこと. —La mató llevado por un ~. 彼は衝動的に彼女を殺した. ▶とった, 勢い. ▶a impulso de …の衝動に駆られて. tomar [coger] impulso《スポ》助走をつける.

impulsor, sora 形 1 推進する. 2 扇動する; 刺激する. —— 名 1 推進者. 2 扇動者; 刺激するもの.

impune 形 罰せられない, 罰を受けない.

impunidad 女 罰を受けないこと, 無処罰特権, 免責.

impuntual 形 時間どおりでない, 時間に厳守でない, 時間にルーズな.

impureza 女 1 不純; 不純物. 2 不純さ, 汚(%)れ.

impurificar 他 を不純にする; 汚染する. —— se 自 不純になる; 汚染される.

impuro, ra 形 1 不純な, 汚れた, きたない. 2 ふしだらな, 不純な.

impus- 動 →imponer [10.7].

imputación 女 1 罪[責任]を負わせること. 2 算入(額).

imputado, da 過分 [→imputar] 形《法律》罪を負った(人). 刑事告発された(人).

imputar 他 1 [＋a＋に] (の責任などを)負わせる, のせいにする. —— un accidente *a* la casualidad 事故を偶然のせいにする. 2 (金額などを)算入する; 記帳する.

imputrescible 形 腐敗しにくい.

inabarcable 形 抱えきれない, 包含できない.

inabordable 形 1 近寄れない; 近寄りがたい. 2 取り組むことのできない.

inacabable 形 限りのない, 果てしのない.

inacabado, da 形 終わっていない, 未完の.

inaccesibilidad 女 1 近寄れない[近寄りがたい]こと. 2 難解なこと.

inaccesible 形 1 近寄れない, 近寄りがたい. 2 難解な.

inacción 女 無活動, 無為.

inacentuado, da 形 無強勢の, アクセントのない.

inaceptable 形 承認[承諾]できない, 受け入れられない.

inactividad 女 不活動, 活動しないこと.

inactivo, va 形 無活動の, 無為の.

inadaptable 形 [＋a＋に] 適応[順応]できない.

inadaptación 女 不適応, 不適合.

inadaptado, da 形 適応[順応]しない. —— 名 不適応者.

inadecuación 女 不適切, 不適当.

inadecuado, da 形 不適切[不適当]な; 十分な.

inadmisible 形 受け入れられない, 承認できない; 信じられない.

inadoptable 形 採用できない.

inadvertencia 女 不注意, 怠慢.

inadvertidamente 副 不注意に, うっかりして.

inadvertido, da 形 1 不注意な, ぼんやりした. 2 気づかれない, 知られない.

inagotable 形 1 尽きることのない. 2 疲れ知らずの.

inaguantable 形 耐えられない, 我慢できない.

inalámbrico, ca 形 無線(電信・電話)の.

in albis [＜ラテン] 何も分からないで.

inalcanzable 形 到達[達成]できない.

inalienable 形 1《法律》譲渡できない. 2 不可侵の.

inalterabilidad 女 不変性.

inalterable 形 1 変化[変質]しない. 2 志操の堅固な.

inalterado, da 形 変わらない, 変わっていない.

inamovible 形 動かない, 動けない; 固定した.

inane 形 1 空しい, 空虚な, 無益の. 2 栄養失調の; 飢えて衰弱した.

inanición 女《医学》栄養失調; 飢えによる衰弱.

inanidad 女 1 空しさ, 空虚さ. 2 空しい[空疎な].

inanimado, da 形 1 生命のない. 2 気を失った.

inánime 形 生気のない, 無生の.

inapagable 形 消せない, 消えることのない.

inapelable 形 1 控訴できない. 2 どうしようもない, 処置なしの.

inapetencia 女 食欲不振.

inapetente 形 食欲のない.

inaplazable 形 延期できない.

inaplicable 形 適用[応用]できない.

inaplicado, da 形 不勉強な, 怠慢な.

inapreciable 形 1 些細(%)な, 取るに足りない. 2 計り知れない, 貴重きわまりない.

inaprensible 形 1 捕らえることのない; 理解し難い.

inapropiado, da 形 不適切な, 不適当な.

inaprovechado, da 形 利用[使用]されていない.

inapto, ta 形 向かない，適さない．

inarmónico, ca 形 不調和な．

inarrugable 形 しわのつかない．

inarticulado, da 形 1 節のない；関節のない．2《言語》未分節の．

in artículo mortis 〈ラテン〉臨終に．

inasequible 形 〖+ a/para に〗手の届かない，入手できない．

inasible 形 捕らえることができない；理解し難い．

inasistencia 女 欠席，不参加．

inastillable 形 細かく割れない．

inatacable 形 1 難攻不落の．2 非の打ち所のない．

inatención 女 不注意，無頓(は)着．

inaudible 形 聞こえない；聞き取れない．

inaudito, ta 形 1 途方もない，すごい，前代未聞の．2 我慢ならない，耐えられない．

inauguración 女 開始，開業［開会，開館，開店］(式)． ～ del curso 学期の開始． ～ de una tienda 開店．

inaugural 形 開会の，開始の．

inaugurar 他 1 …の開会［落成，除幕，開通］式を行う． ～ el curso 開講式を行う．2 を創始する，開始する，開業［開店］する． ～ una nueva sucursal 新しい支店を開設する．

inca 形 《歴史》インカ帝国の，インカの． ―男女 《歴史》インカ族の人． ―男 1《歴史》インカ帝国の皇帝．2 複 インカ族．

incaico, ca 形 インカ(族)の，インカ帝国の．

incalculable 形 1 計算できない；計り知れない，莫大な，無数の．

incalificable 形 1 言いようもなく悪い，実にひどい．2 評価できない．

incandescencia 女 1 白熱，赤熱(状態)．2 熱狂．

incandescente 形 白熱［赤熱］した．

incansable 形 疲れを知らない，精力的な．

incapacidad 女 1 能力がないこと，不能． —encontrarse en la ～ de〖+不定詞〗…する能力がない．2《法律》無能力，無資格． ▶ **incapacidad laboral** 《法律》病気等により仕事に就けない状態(通常社会保障の対象になる)．

incapacitado, da 過分 〔→ incapacitar〕形 1 無能な，役に立たない．2《法律》禁治産の． ―名 1 無能な人．2《法律》禁治産者．

incapacitar 他 1 を不可能にする，不適格にする．2 …に公民権を停止する，から権利を剥奪する；…に禁治産の宣告を下す．

:incapaz 形 複 incapaces 1〖+ para に〗ふさわしくない，適格でない；〖+ de が〗できない． —Ella es ～ para ese trabajo. その仕事は彼女には適格でない．2《法律》無能な，役に立たない． ―男女 1 役立たず．2《法律》無能力者．

incardinación 女 1 (人・物を)加えること，編入すること．2《カト》聖職者の教区への配属．

incardinar 他 1 (人・物)を合体する，編入する，加える．2《カト》(聖職者)を教区へ配属する．

incario 男 インカ帝国［時代］．

incasable 形 1 結婚できない，結婚はむずかしい．2 結婚ぎらいの．

incautación 女 《法律》押収，没収，差し押え．

incautarse 再 〖+ de に〗1《法律》押収［没収］する，差し押えする．2 を勝手に自分のものにする．

incauto, ta 形 1 不注意な，軽率な．2 純真な，無邪気な．

*****incendiar** 他 …に火をつける，放火する，を焼き払う． — se 再 焼ける，火事になる．

incendiario, ria 形 1 火災を起こす，放火の．2 扇動的な． ―名 放火魔．

*****incendio** 男 1 火事，火災． — forestal 山火事． ~ provocado 放火．2 情熱，情火．

incensar 他 [4.1] 他 1 …に香をたく，焼香する．2 …にへつらう．

incensario 男 《カト》提げ香炉．

incentivar 他 を刺激[促進]する．

incentivo, va 形 刺激する，誘引する． ―男 1 刺激，誘因，動機．2《経済》インセンティブ，売上げ報奨金．

*****incertidumbre** 女 1 不確実性，確信のないこと，疑い，不安．

incesable 形 絶え間ない，ひっきりなしの；止められない．

incesante 形 1 絶え間のない，ひっきりなしの．2 たびたびの，繰り返される．

incesto 男 近親相姦(穴)．

incestuoso, sa 形 近親相姦(穴)の．

incidencia 女 1(罪・過失に)陥ること．2 影響，はね返り．3(付属的な)出来事，事件．4《数学》投射，入射． ▶ **por incidencia** 偶然に．

incidental 形 付属[付帯]的な，偶発的な．

incidentalmente 副 偶然に；ついでに言えば．

incidente 形 付随する，付帯的な；《物理》入射［投射］の． ―男 1 出来事，偶発事件．2 もめ事，事件，紛争．

incidir 自 1〖+ en 罪・誤りに〗陥る．2〖+ en に〗固執する．3(光線などが)射す．4 偶発する，起こる．5 落ちる，当たる． ―他《医学》を切開する．

*****incienso** 男 1 香(淳)；入香．2 香煙．3 へつらい．

incierto, ta 形 1 不確かな，疑わしい．2 ぼんやりした，不明瞭な．3 不安定な，ふらつく．

incineración 女 焼却；火葬．

incinerador, dora 形 焼却［火葬］用の． ―男 焼却炉，火葬場．

incinerar 他 を焼却する；火葬する．

incipiente 形 始めたばかりの，初期の．

incipit 男 写本の最初の語句．

incircunciso, sa 形 割礼を受けていない．

incisión 囡 **1** 切り口; 〔医学〕切開. **2**〔詩の〕中間休止.

incisivo, va 形 **1** 切れる; 切断用の. **2** 辛辣(うら)な. ━ 男 門歯.

inciso, sa 形 切れた, 切れ目のある. ━ 男 **1** 余談, 話の脱線. **2**〔言語〕挿入句. **3** 句点(,).

incitación 囡 〖+a に対する〗の激励, 扇動; 教唆.

incitador, dora 形 囝 激励[扇動]的な人); そそのかす人).

incitante 形 **1** 激励[扇動]する. **2**(性的に)興奮させる.

:incitar 他 〖+a +不定詞/名詞に〗をそそのかす, 誘う, 扇動する. ━ a los soldados a la rebelión 兵士たちを反乱へと扇動する.

incívico, ca 形 → incivil.

incivil 形 不作法な, 粗野な.

incivilidad 囡 不作法, 粗野.

incivilizado, da 形 野蛮な, 未開の.

inclasificable 形 分類できない.

inclemencia 囡 **1** 無慈悲, 冷酷. **2**〔主に 複〕(気候の)厳しさ, 酷烈さ.

inclemente 形 **1** 無慈悲な, 冷酷な. **2**(気候が)厳しい, 酷烈な.

inclinación 囡 **1** 傾くこと, 傾斜; 傾度, 勾配. **2** お辞儀(ぎ), 会釈. **3** 傾向, 性向, 性癖. **4**〖+ hacia / por に対する〗嗜好(とう), 好み; 愛情. ━ sentir [tener] ~ por hacia la pintura 絵画を愛好する.

inclinado, da 過分 (→ inclinar) 傾いた, 傾斜した.

:inclinar 他 **1** を傾ける, かしげる, 曲げる. ━ la cabeza 頭を下げる, うなずく, **2**〖+a/hacia へ〗…する気にさせる. ━ Sus palabras me inclinaron a la duda. 彼のことばによって私は疑いを抱くようになった. ━ se 再 〖+a へ〗傾く, 傾斜する; お辞儀をする; 頭を下げる. **2**〖+a +不定詞〗…する気になる, する傾向がある, しがちである. ━ Me incliné a creerle. 私は彼を信じる気になった. **3**〖+ por に〗好む, 選ぶ; (に)賛成する. **4**〖+a に〗近付く, 似かよる.

ínclito, ta 形 著名な, 名高い.

incluir
[インクルイル] [11.1] 他 **1**〖+ en に〗を含める. **2** を含む, 含有する, 包含する.

inclusa 囡 (児童)養護施設, 孤児院.

inclusero, ra 形 孤児院に収容された. ━ 名 孤児.

inclusión 囡 含めること, 包含; 封入.

inclusive 副 も含めて, 入れて. **2** さえも, まで. ▶ **ambos inclusive** 双方とも含めて.

incluso, sa 形 含まれた, 同封された. ━ 副 〖前置詞的に〗**1** を含めて, ━ toda la tripulación, ~ el piloto パイロットを含む全乗組員. **2** …さえ. ━ Engaña ~ a sus padres. 彼は自分の両親でさえ欺いている.

inclu- 動 → incluir [11.1].

incoación 囡 〔訴訟・審理などの〕開始.

incoar 他 〔訴訟・審理などを〕を始める.

incobrable 形 取り立てられない, 回収できない.

incoercible 形 抑えられない, こらえがたい.

incógnita 囡 **1**〔数学〕未知数. **2** 謎; 不明の原因・理由.

incógnito, ta 形 未知の. ━ 男 身分を隠して, 匿名. ▶ **de incógnito** 身分を隠して, 微行で.

incognoscible 形 認識できない, 認識しにくい.

incoherencia 囡 脈絡のなさ, 支離滅裂; 矛盾した言動.

incoherente 形 脈絡のない, 支離滅裂な.

incoloro, ra 形 無色の; 生彩のない.

incólume 形 無傷の, 無事な.

incombustible 形 **1** 不燃性の. **2** 感情が燃えない; 恋愛できない. **3**(人が)めげない, 負けない.

incomestible 形 食べられない, 食用でない.

incomible 形 食べられない.

incomodar 他 **1** …に迷惑をかける, を怒らせる, 不愉快にさせる. ━ se 再 〖+ por/con に〗怒る, 不愉快になる.

incomodidad 囡 **1** 不便, 不自由. **2** 不快, 迷惑.

incómodo, da 形 **1**(物が)居心地の悪い, 不便な, 面倒な. **2**(人が)居心地が悪い, 気まずい, 不愉快な.

incomparable 形 比類のない, 無類の, 比較できない.

incomparecencia 囡 〔法廷などへの〕不出廷, 不出廷.

incompartible 形 共有できない, 分かち合えない; 調和しない.

incompasivo, va 形 無慈悲な, 冷酷な.

incompatibilidad 囡 **1** 相容れないこと, 両立できないこと, 匿名. **2**〔法律〕兼職[兼任]の禁止.

incompatible 形 〖+ con と〗相容れない, 両立しない, 調和[一致]しない.

incompetencia 囡 **1** 無能(力), 無資格. **2**〔法律〕無権限, 管轄外.

incompetente 形 無能な, 無資格な. **2**〔法律〕権限のない, 管轄外の.

incompleto, ta 形 不完全な, 未完成の.

incomprendido, da 形 理解されない; 真価が評価されない, 人から認められない. ━ 名 理解されない人.

incomprensible 形 理解できない, 不可解な.

incomprensión 囡 無理解; 理解不足.

incomprensivo, va 形 無理解な.

incompresible 形 圧縮[縮小]できない.

incomunicable 形 **1** 伝達不能な, 連絡のとれない. **2** 交流できない, 無関係な. **3** 人好きのしない.

incomunicación 囡 **1** 伝達不能；交流の途絶，孤立．**2**《法律》隔離；身柄拘束．

incomunicado, da 過分 [→ incomunicar] **1** 通信[交通]の途絶えた．**2** 隔離[監禁]された．

incomunicar [1.1] 他 **1**《囚人》を隔離する．**2**《ある場所》の交通通信を途絶えさせる．── se 再 孤立する，人との交際を絶つ．

inconcebible 形 **1** 想像もつかない，思いもよらない．**2** 並外れた，異常な．

inconciliable 形 [+con と] 相容れない，調和しない；和解できない．

inconcluso, sa 形 未完(成)の，完結していない．

inconcreto, ta 形 あいまいな．

inconcuso, sa 形《文》確かな，疑問の余地のない．

incondicional 形 **1** 無条件の，絶対的な．──rendición ── 無条件降伏．**2** 無条件に支持する，盲信的な．── 男女 [主に 複] 絶対的な支持者．

inconexión 囡 無関連，無関係．

inconexo, xa 形 関連[関係]のない．

inconfesable 形 恥ずかしくて言えない，口に出せない．

inconfeso, sa 形《罪の》白状[自白]をしない．

inconforme 形男女 体制に反発する(人)．

inconformidad 囡 反体制；従わないこと．

inconformismo 男《伝統・慣習に対する》非従順主義．

inconformista 男女《伝統・慣習に》従順でない人．

inconfortable 形 快適でない．

*__inconfundible__ 形 間違えようのない，紛れもない，独特の．

incongruencia 囡 不適合[不適切](なこと)，矛盾．

incongruente 形 **1** [+con と] 調和しない，矛盾した．**2** 関係[脈絡]のない．

incongruo, rua 形 → incongruente．

inconmensurable 形 **1** 測ることができない，**2** 途方もなく広大な．

inconmovible 形 **1**《物事が》確固とした；動かせない．**2**《人が》動じない，平気でいる．

inconmutable 形 **1** 取り替えられない，交換できない．**2** 不変の．

inconquistable 形 **1** 征服できない，難攻不落の．

inconsciencia 囡 **1** 無意識．**2** 無自覚，無思慮，軽率．

:**inconsciente** 形 **1** 無意識の．**2** 意識不明の，気絶した．**3** 軽率な，自覚をもたない人．── 男女 軽率な人，意識を失った人．

inconsecuencia 囡 首尾一貫しないこと，無定見，矛盾．

inconsecuente 形 [+con と, +en において] 首尾一貫しない，無定見な，矛盾した．── 男女 無定見な人．

inconsideración 囡 軽率，無思慮．

inconsiderado, da 形 軽率な，無思慮な．思いやりのない．── 名 無思慮な[思いやりのない]人．

inconsistencia 囡 **1** 固くないこと；もろさ．**2** 矛盾，筋道の通らないこと．

inconsistente 形 **1** 固くない，もろい．**2** 矛盾，筋道の通らない．

inconsolable 形 慰めようのない，悲嘆に暮れた．

inconstancia 囡 **1** 変わりやすさ，不定，続かないこと．**2** 移り気，気まぐれ；無節操．

inconstante 形 **1** 変わりやすい，一定しない．**2** 移り気な，気まぐれな；節操のない．

inconstitucional 形 憲法違反の，違憲の．

inconsútil 形 縫い目のない．

incontable 形 **1** 数えきれない，無数の．**2**《不都合，破廉恥など》語ることのできない．

incontaminado, da 形 汚染されていない，清浄な．

incontenible 形 抑えられない，手に負えない．

incontestable 形 疑いの余地がない，明白な．

incontinencia 囡 **1**《特に肉欲に対する》抑制のなさ，不節制，淫乱．**2**《医学》失禁．

incontinente 形 **1** 抑制[自制力]のない，淫乱な．**2**《医学》失禁の．

incontrastable 形 **1** 打ち勝つことのできない．**2** 反論の余地のない．

incontrolable 形 制御できない，手に負えない．

incontrolado, da 形名 **1** 抑制のきかない(人)，乱暴な(人)．**2**《物が》制御できない，抑制できない．

incontrovertible 形 論争の余地がない，明白な．

inconvencible 形 納得させることができない．

*__inconveniencia__ 囡 **1** 不都合，不適当．**2** 迷惑，不自由．──No tengo ~ en que nos acompañe. あなたが私たちに同行されるのは私は構いません．**3** 無礼な言動．

*__inconveniente__ 形 **1** 不都合な，不適当な．**2** 無作法な，下品な．── 男 **1** 不都合，さしつかえ．**2** 障害，問題．

incordiar 他《話》厄介を負わせる，悩ませる．

incordio 男《話》厄介，迷惑．

incorporación 囡 **1**[+a への] 合体，合併，編入．**2** 加入，参加．**3** 起き上がること．

incorporal 形《文》無形の，形体のない．**2** 触れられない．

*__incorporar__ 他 **1** [+a/en に] を加える，付け加える，組入れる．**2** に上体を起こさせる．── se 再 **1** [+a に] 加わる，加入する．**2** 上体を起こす．**3**[+a に] 就く，着任する．

incorporeidad 女 形を持たないこと, 肉体[実体]を持たないこと.
incorpóreo, a 形 無形の, 形体のない.
*incorrección 女 1 誤り, 不正確. 2 無礼な言動.
incorrecto, ta 形 1 間違った, 不正確な. 2 礼儀に反する, 失礼な.
incorregible 形 1 矯正できない, 直し難い. 2 改心の見込みのない, 度し難い.
incorruptible 形 1 腐敗しない. 2 買収されない, 清廉潔白な.
incorrupto, ta 形 1 腐敗していない. 2 退廃していない; 買収されない. 3 純潔な.
incredibilidad 女 信じられないこと, 信用できないこと.
incredulidad 女 1 疑い深さ, 懐疑. 2 〖文〗不信心.
incrédulo, la 形 1 疑い深い, 懐疑的な. 2〖文〗不信心な. ── 名 不信心な人.
increíble 形 1 信じられない. 2 思いもよらない, うそみたいな.
incrementar 他 を増大させる, 拡大させる. ── se 再 増大する, 拡大する.
incremento 男 増加, 増大; 〖情報〗インクリメント.
increpación 女 1 厳しく叱りつけること, 強い叱責. 2 激しい非難; 侮辱.
increpar 他 1 を厳しく叱りつける[強く叱責する]. 2 を侮辱する.
incriminación 女 罪の告発; 罪を負わせること.
incriminar 他 1 ...に罪を負わせる. 2 をひどく非難する.
incruento, ta 形 無血の, 血を見ない.
incrustación 女 1 嵌込(はめこみ)むこと. 2 象眼(細工). 3〖医学〗かさぶた, 痂(かさ)皮. 4〖情報〗埋め込み.
incrustar 他 1 を嵌込(はめこ)む, 象眼する. 2 を皮膜[外皮]で覆う. 3 ...に付着させる. ── se 再 1 はまり込む; 付着する, こびり付く. 2〖頭〗に刻みつけられる.
incubación 女 1 抱卵, 孵化(ふか). 2〖医学〗(病気の)潜伏期.
incubadora 女 1 孵卵器. 2 (未熟児用の)保育器.
incubar 自他 1 (卵)を抱く, 孵化する. 2 (病気の)潜伏期にある.
íncubo 男 (眠っている女を犯すと言われる)夢魔.
incuestionable 形 疑う余地のない.
inculcación 女 たたき込むこと, 教え込むこと.
inculcar [1.1] 他 (考えや習慣などを)徹底的に教え込む, たたき込む.
inculpabilidad 女 無罪, 免責.
inculpable 形 無罪の, 無責の.
inculpación 女 罪を負わせること; 告訴, 告発.
inculpado, da 過分 (→inculpar) 告訴された, 告発された, 起訴された. ── 名 被告人.
inculpar 他〖+ de の容疑で〗を告訴する, ...に罪を負わせる.
incultivable 形 耕せない; 開拓できない.
inculto, ta 形 1 耕されていない, 未開作の. ── tierra *inculta* 未耕作地. 2 教養のない; 粗野な, 洗練されていない.
incultura 女 1 無教養. 2 耕していないこと, 未開墾.
incumbencia 女 責任, 義務.
incumbir 自〖+a に〗関わりがある; の責任である.
incumplido, da 過分 (→incumplir) 1 果たされない, 未遂の. 2 未払いの. 3 (義務・約束などを)果たさない, 守らない.
incumplimiento 男 果たさないこと, 不履行.
incumplir 他 1 (責務)を果たさない, 履行しない. 2 (約束など)を守らない.
incunable 形 〖印刷〗活版術発明当時(16世紀初頭以前)に印刷された, インキュナブラの. ── 男〖印刷〗初期印刷本, 揺籃(ようらん)期本.
incurable 形名 不治の(人), 治らない(人).
incuria 女 怠慢, 投げやり.
incurrir 自〖+ en〗1 (誤りなど)に陥る, (を)犯す, しでかす. ── en un error 誤りを犯す.2 (怒り・不興などをかう), 被る. ── en el enfado del profesor 先生の怒りをかう.
incursión 女 1〖軍事〗急襲, 侵略. 2 侵入, 闖(ちん)入, 乱入.
incurso, sa 過分 →incurrir.
indagación 女 調査; 探究, 研究.
indagar [1.2] 他 (質問して)を調査する, を研究する.
indagatorio, ria 形 女 調査[捜査]の; 〖法律〗調査.
indague 直現 →indagar [1.2].
indebidamente 副 不当に; 不法に.
indebido, da 形 1 義務的でない; 規定外の. 2 不当な, 不法な; 折悪い.
indecencia 女 下品, 品の悪さ, 慎しみのなさ.
indecente 形 1 下品な, みだらな, 破廉恥な. 2 よごれ朽ちかけた, ひどい.
indecible 形 言葉に表せない, えも言えぬ.
indecisión 女 決心のつかないこと, 迷い; 優柔不断.
indeciso, sa 形 1 決定されない, 未定の. 2 決定的でない, どっちつかずの. 3 優柔不断の, ちゅうちょした. ── 男 優柔不断な人.
indeclinable 形 1〖言語〗格[語尾]変化しない. 2 不可避の, 拒めない.
indecoroso, sa 形 1 不作法な; 下品な, 破廉恥な.
indefectible 形 絶えることのない, 尽きない; 衰えない.
indefendible 形 1 防御できない, 守れない. 2 弁護できない, 言い訳のたたない.
indefensible 形 →indefendible.
indefensión 女 無防備.
indefenso, sa 形 1 無防備の. 2 無力の, たよる者のない.

indefinible 形 **1** 定義できない, 何とも言えない. **2** 期限ははっきりしない.

indefinición 女 不明確, 未確定, あいまい.

*__indefinidamente__ 副 **1** 無期限に, 際限なく, いつまでも. **2** 漠然と, 不明確に.

*__indefinido, da__ 形 **1** 不明確な, 漠然とした. **2** (日時, 数量などが)不定の, 無期限の. —por tiempo ～ 無期限に. **3**《言語》不定の. —artículo ～ 不定冠詞.

indeformable 形 変形しない.

indehiscente 形《植物》(果皮が)不裂開の.

indeleble 形 **1** 消えない. **2** ぬぐうことのできない; 不朽の.

indeliberado, da 形 無思慮な, 不用意な, 軽率な.

indelicadeza 女 下品, 粗野; 不作法.

indelicado, da 形 下品な, 粗野な; 不作法な.

indemne 形 無傷な, 損害を受けなかった.

indemnidad 女 **1** 無傷ですむこと, 無損害. **2**(損[傷]害などの)保障, 賠償.

*__indemnización__ 女 **1** 賠償, 補償. **2** 賠償金, 補償金.

*__indemnizar__ [1.3] 他 〈十de/por〉について〉に補償する, 弁償する, 賠償する.

indemorable 形 延期できない.

indemostrable 形 証明できない.

independencia 女 独立, 自立; 独立心. ▶ con independencia de... にかかわりなく.

independentismo 男 独立主義, 独立運動.

independentista 形 男女 → independentista.

*__independiente__ 形【十de から】独立の, 自立した, 自由な. —nación ～ 独立国. **2** 自主心のある, 独立心の強い, 他の影響を受けない(政治的に)自由な, 無所属の. **4** 自営の, フリーの.

independientemente 副 独立して, 自立的に; 自由に.

independista 形《政治》独立主義の, 自立した, 独立の運動の. —— 男女《政治》独立主義者, 独立派の人, 独立の支持者.

independizar [1.3] 他 を独立させる; 解放する. —— se 再【十de から】独立する; 自立する.

indescifrable 形 解読[判読]できない.

indescriptible 形 表現[描写]できない, 筆舌に尽くしがたい.

indeseable 形 好ましからざる; 国内に入って欲しくない; 望ましくない. —— 男女 入国を許したくない人; 好ましからざる人物.

indeseado, da 形 望まれない, 好まれない.

indesmallable 形 (特にストッキングが)伝線しない.

indestructible 形 破壊できない; 不滅の.

indeterminable 形 確定[決定]できない.

indeterminación 女 **1** 不確定, 不明確, 未定. **2** 優柔不断, 不決断, ためらい.

indeterminado, da 形 **1** 不確定の, 不定の, 未定の. **2** 優柔不断な, 不決断の. **3**《言語》不定の. —artículo ～ 不定冠詞.

indeterminismo 男《哲学》非決定論.

indexación 女《経済》物価スライド制. **2**《情報》目次作成.

indexar 他 **1**《経済》を物価に連動させる. **2**《情報》の目次を作成する.

India 国名 **1** インド(首都ニューデリー Nueva Delhi). **2** 複 —las ～s 西インド諸島.

indiada 女 アメリカ・インディアン[先住民]の集団[群衆].

indiana 女《織物》プリント・キャラコ(布).

indianismo 男 **1** インドの言語特有の表現. **2** インド学.

indiano, na 形 **1** インディアス[西インド諸島, 中南米]の(生まれの)(人). **2** 東インド諸島の, **3** インドで財を成して帰国した(人).

Indias 国名 インディアス(スペイン統治時代の新大陸, アメリカ). —Indias Occidentales 西インド諸島. Indias Orientales 東インド諸島(現在のインドネシア).

*__indicación__ 女 **1** 指示, 合図; 示唆. **2** 標示, 表示, 標識. —— de velocidad límite 制限速度の標示. **3** 注意, 注意書き, 注釈.

indicado, da 過分→indicar 形 **1** 指示[表示]された. **2** 適切な.

indicador, dora 形 指示する. —— 男 **1** 指示物, 表示器, 標識. **2**《情報》プロンプト; ポインタ. ▶ indicador económico 経済指標.

*__indicar__ [インディカル] [1.1] 他 を示す, 指示する, 指摘する. 〈十que十接続法〉と命じる, 指図する. —El policía nos indicó que desalojáramos el local. 警官は私たちにその場所を立ち退くように命じた. **3**(の兆候)を示す, 意味する.

indicativo, va 形 **1**【十de】指示する, 表す. **2**《言語》直説法の. —modo ～《言語》直説法. —— 男 **1**《言語》直説法. **2**(電話などの)呼び出し番号.

*__índice__ 男 **1** 人さし指. —dedo ～ 人さし指. **2** 指示するもの, 指標. **3**(書物の)目次, 索引, インデックス; 目録, (リストやカードによる)図書目録. **4**《統計》指数, 率. —— de precios 物価指数. ～ de natalidad 出生率. ～ del coste de vida 消費者物価指数. ～ Nikkei 日経平均株価. ～ de audiencia 視聴率. **5**(計器・時計などの)指針, 針.

*__indicio__ 男 **1** しるし, 兆候, きざし. —Su silencio es ～ de que está enojada.

彼女が黙っているのは彼女が怒っていることを表している. **2** 形跡, 痕跡; ほんのわずか, 少量. —~s de albúmina 微量のたんぱく質. **3**〘法律〙証拠(物件).

índico, ca 形 インドの.

:indiferencia 女 無関心, 重要でないこと, 冷淡.

indiferenciado, da 形 区別されない.

:indiferente 形 **1** 重要でない, どちらでもよい. **2** 関心(愛情)をもたない. **3** 冷淡な, 無関心の. ——男女 無関心な人, 冷淡な人.

indiferentismo 男 〘政治や宗教に関する〙無関心(主義), 局外中立主義.

:indígena 形 その土地の, 土着の. ——男女 先住民.

indigencia 女 貧困, 困窮.

indigenismo 男 **1** イベロアメリカ先住民文化の研究. **2** イベロアメリカ先住民擁護主義. **3**〘言語〙先住民語からの借用語(表現).

indigenista 形 **1** イベロアメリカ先住民文化の; イベロアメリカ先住民擁護の; 先住民語からの借用の. ——男女 イベロアメリカ先住民擁護主義者.

indigente 形 貧困の, 困窮した. ——男女 貧乏人, 困窮者.

indigestarse 再 **1** 消化不良になる. **2**〘食物が〙合わない; あたる. **3** 気に入らない, 虫が好かない.

indigestión 女 消化不良.

indigesto, ta 形 **1** 消化しにくい; 未消化の, 消化されていない. **2** 消化不良を起こした. **3** 付き合いづらい.

indignación 女 〘非難すべきこと・不正に対する〙憤(いきどお)り, 憤慨, 怒り.

indignante 形 憤慨させる, とんでもない.

:indignar 他 を憤慨(憤激)させる, 立腹させる. ——se 再 〘+ con/por に〙憤慨(憤激)する, 立腹する.

indignidad 女 **1** 下劣(卑劣)な行為. **2**〘法律〙故人に対する相続者の重大な過失による相続権喪失.

indigno, na 形 **1**〘+ de に〙ふさわしくない, 値しない, 価値のない. **2** 軽べつすべき, 品位を傷つける, 恥ずべき.

índigo 男 〘植物〙藍(あい).

indino, na 形 **1**〘話〙いたずらな子, 厚かましい. **2**〘俗〙ふざけない子.

:indio, dia 形 **1** 中南米(北米)先住民の; アメリカ・インディアンの, インディオの. **2** インド人の, インドの. ——男 **1** 中南米(北米)先住民; アメリカ・インディアン, インディオ. —hacer el ~ 〘スペイン〙〘話〙いたずらをする, 馬鹿なことをする. **2** インド人.

indique(-) 動 → indicar [1.1].

:indirectamente 副 間接的(に); 遠回しに.

indirecto, ta 形 **1** 間接的な, 間接の. **2**〘言語〙間接の, 間接目的の. —complemento ~ 間接補語. ——女 ほのめかし; あてこすり.

indiscernible 形 見分けられない, 区別できない.

indisciplina 女 規律を守らないこと, 不服従.

indisciplinado, da 過分 [→indisciplinarse] 形 規律を守らない, 反抗的な. ——男女 規律違反者, 反抗者.

indisciplinarse 再 規律に背く; 反抗する.

:indiscreción 女 **1** 無遠慮, 無作法. **2** 無遠慮な言動.

indiscreto, ta 形 **1** 軽率な, 口の軽い, うかつな. **2** 無遠慮な, ぶしつけな, 不適切な. ——男女 無遠慮(不謹慎)な人, 口の軽い人.

indiscriminado, da 形 無差別の.

indisculpable 形 許せない, 弁解できない.

indiscutible 形 **1** 議論の余地のない, 疑う余地のない, 否認できない. **2** 誰もが認める, 文句なしの.

indisoluble 形 **1** 分離(解消)できない. **2** 溶解(分解)しない.

indispensable 形 〘+ para に〙不可欠の, かけがえのない, どうしても必要な. —Es ~ que acudas en persona. 君が自分で行ってくれないと困るのだ.

indisponer [10.7] 他 **1**〘+ con/contra と〙を仲たがいさせる, 不和にする. **2**…に体調を崩させる, を不調にさせる. ——se 再 **1** 仲が悪くなる, 不和になる. **2** 体調を崩す.

indispong(-) 動 → indisponer [10.7].

indisponible 形 自由に使用(処理)できない.

indisposición 女 **1** 体の不調. **2** 悪い感情, 気分を害すること.

indispuesto, ta 過分 [→ indisponer] 形 **1** 体の具合(気分)が悪い. **2**〘+ con/contra に対し〙気分を害した.

indisputable 形 議論の余地のない, 明白な.

indistinción 女 区別(差異)がないこと; 無差別.

indistinguible 形 識別できない; 見分けられない.

indistintamente 副 **1** 無差別に, 区別なく, 2 不明瞭に, ぼんやりと.

indistinto, ta 形 **1** 区別のない, 無差別の. **2** 不明瞭な, ぼんやりした. **3** どちらでもよい.

:individual 形 **1** 個人の, 個人的な. —deberes (derechos) ~s 個人の義務(権利). **2** シングルの; 〘出来事が〙一回限りの; 〘スポ〙シングルスの. —una habitación ~ シングル・ルーム. ——男 〘スポ〙シングルス.

individualidad 女 **1** 個性, 特性; 個体の特徴. **2** 個性のある人.

individualismo 男 個人主義.

individualista 男女 個人主義者. ——形 個人主義の, 利己的な.

individualización 女 個別化, 個性化.

individualizar [1.3] 他 **1** を個別化

する,個々に区別する.**2** を個性[差別]化する,個性を与える.

individuo, dua 名 **1**《話》(不特定の)人. **—** 男 **1** (社会・集団に対して)個人;個体. **2** 構成員,メンバー;《話》部下;手下. **3**《話》自己,自身. **4** 個々の;不可分の.

indivisibilidad 女 分閉できないこと,不可分性.

indivisible 形 分閉できない,不可分の.

indiviso, sa 形《法律》分割されていない,共有の.

indización 女 →indexación.

indizar 他 →indexar.

Indo 固名 (el ~)インダス川.

indo, da 形 →indio.

Indochina 固名 インドシナ.

indochino, na 形名 インドシナ(Indochina)の(人).

indócil 形 従順でない,御し難い.

indocto, ta 形 無学な,知識のない.

indocumentado, da 形 **1** 身分証明書を持たない(不携帯の). **2** 信用できる証拠がない,信用のない. **3** 無知な. **—** 名 身分証明書を持たない[不携帯の]人.

indoeuropeo, a 形名 インド・ヨーロッパ語(族)の. **—** 男 印欧語.

índole 女 **1** 特徴,性質. **—temas de ~ delicada** デリケートな問題. **2** 性質,性格,気質.

indolencia 女 **1** 無気力,怠惰. **2** 無痛;無感覚.

indolente 形 **1** 無気力な;怠惰な. **2** 無痛の;無感覚な.

indoloro, ra 形 無痛(性)の.

indomable 形 **1** 飼い馴(な)らされない;手なずけられない. **2** 御し難い,抑えられない.

indomado, da 形 飼い馴(な)らされない,荒々しい.

indomesticable 形 飼い馴(な)らされない.

indómito, ta 形 →indomable.

Indonesia 固名 インドネシア(首都 Yakarta).

indonesio, sia 形 インドネシア(Indonesia)の,インドネシア人[語]の. **—** 名 インドネシア人. **—** 男 インドネシア語.

indostanés, nesa 形 ヒンドゥスタン(el Indostán, インドのペルシャ名)の. **—** 名 ヒンドゥスタンの人.

indostaní 男 ヒンドゥスターニー語.

indostánico, ca 形 ヒンドゥスタンの.

indostano, na 形 →indostanés.

indubitable 形 疑う余地のない,確かな.

inducción 女 **1** 誘発,誘引. **2**《論理》帰納(法). **—la ~ lógica** 論理的帰納. **3**《電気》誘導.

inducido, da 過分 [→inducir] 形 **1** 誘い込まれた;誘発された. **2**《電気》誘導の. **—** 男 《電気》電機子.

inducir [9.3] 他 **1**《+ a/en に》人を誘い込む,誘導する,そそのかす. **2**《論理》を帰納する;推定する. **3**《電気》(電気・磁気)を誘導する.

inductancia 女《電気》インダクタンス(コイル),誘導子.

inductivo, va 形 **1** 帰納的な. **2**《電気》誘導の.

inductor, tora 形 **1** 誘導の. **2**《法律》教唆(ぎょうさ)の. **—** 名 **1** 勧誘者,教唆者(犯). **2**《電気》誘導回路.

indudable 形 疑う余地のない,確かな.

indudablemente 副 疑う余地なく,間違いなく,確かに.

indulgencia 女 **1** 寛大,寛容. **2**《カ》免罪,贖宥(しょくゆう).

indulgente 形 〖+ con/ para/ para con に〗寛大な,甘い,大目に見る.

indultar 他 **1** を赦免する. **2** (義務など)を免除する.

indulto 男 **1** 特権. **2** 赦免;(義務などの)免除.

indumentaria 女 **1** [集合的に] 衣裳,衣服. **2** 服飾学(研究).

induración 女《医学》硬化(した部分).

industria 女 **1** 産業,工業. **—** biotecnológica バイオ産業. **—** manufacturera 製造業. **—** minera 鉱業. **—** pesada 重工業. **2** 産業界,業界. **3** 工場. **4** 巧妙さ,手ぎわのよさ,(手先の)器用さ.

industrial 形 産業の,工業の,企業の. **—** 男女 企業家,実業家,製造業者.

industrialismo 男《工業》主義,産業[工業]優先.

industrialización 女 産業[工業]化.

industrializar [1.3] 他 を産業[工業]化する. **— se** 再 産業[工業]化する.

industrioso, sa 形《文》**1** 勤勉な;活動的な. **2** 器用な,巧みな.

inecuación 女《数学》不等(式).

inédito, ta 形 **1** 未刊行の,出版されていない. **2** 世に知られていない.

ineducación 女 無作法なこと,教養がないこと.

ineducado, da 形 無作法な,しつけのできていない.

inefable 形 (感情などが)言うに言えない(ほどの),言い表せない(ほどの),言いようのない.

ineficacia 女 **1** 効果[効力]のないこと,無効果[効力]. **2** 無能.

ineficaz 形 **1** 効果[効力]のない. **2**(人が)無能な.

ineficiencia 女 **1** 非能率. **2** 無能.

ineficiente 形 **1** 能率が上がらない,非能率の. **2** 無能な.

inelegancia 女 無粋な,野暮な,下品.

inelegante 形 不粋な,野暮な,下品な.

inelegible 形 (選ばれる)資格のない,不適格の.

ineluctable 形 不可避の,抗し得ない,避けられない.

ineludible 形 避けられない,不可避の,逃れられない,やむを得ない.

INEM 頭字〖< *Instituto Nacional*

de *Empleo*) 男 [スペイン] 国立職業訓練所.

inembargable 形 《法律》差し押さえの対象にならない.

inenarrable 形 言い表せない, 言語に絶する.

inepcia 女 1 愚劣さ; 愚劣な言動. 2 愚鈍, 無能.

ineptitud 女 愚鈍, 無能.

inepto, ta 形 無能な, 愚鈍な. —— 名 能なし, 愚か者.

inequívoco, ca 形 明白な, 疑いの余地のない.

inercia 女 1 無気力, 怠慢, 不活動. 2《物理》慣性. ▶ *por inercia* 惰性で.

inerme 形 1 武装していない; 無防備の. 2《植物》とげのない;《動物》針のない.

inerte 形 1 無気力な, 怠惰な. 2 生命のない, 動かない. 3《化学》不活性の.

inervación 女《解剖, 生理》神経分布; 神経作用.

Inés 固名《女性名》イネス.

inescrutabilidad 女 不可知性, 測り知れないこと.

inescrutable 形 測り知れない, 不可知の.

inesperable 形 予期されない, 予想されない.

inesperadamente 副 思いがけなく, 意外に; 不意に.

inesperado, da 形 思いがけない, 予期しない.

inestabilidad 女 不安定(性).

inestable 形 1 不安定な, すわりの悪い. 2 気の変わりやすい.

inestimable 形 貴重きわまりない, 評価できない, すこぶる有難い.

inestimado, da 形 1 評価[見積り]がされていない. 2 尊敬[尊重]されていない.

inevitabilidad 女 不可避(性); 必然性.

inevitable 形 避けることができない, 必然の.

inexactitud 女 1 不正確, 不精密. 2 誤り.

inexacto, ta 形 不正確な; 誤った.

inexcusable 形 1 避けられない, しないではいられない. 2 許せない, 言い訳のできない.

inexhausto, ta 形 尽きることのない, 無尽蔵の.

inexistencia 女 存在[実在]しないこと, 非実在.

inexistente 形 1 存在[実在]しない, 非実在の. 2 ないも同然の, 取るに足らない.

inexorabilidad 女 1 無慈悲, 無情. 2 不可避性.

inexorable 形 1 無慈悲な, 仮借ない, 容赦のない. 2 不可避の.

inexperiencia 女 無経験, 不慣れ, 未熟.

inexperto, ta 形 1 経験のない, 不慣れな, 未熟な. —— 名 無経験者.

inexplicable 形 説明できない不可解な.

inexplicado, da 形 然るべき説明[解明]がされていない.

inexplorado, da 形 探険されていない, 未踏査の.

inexpresable 形 表現しようのない, いわく言い難い, 言語に絶する.

inexpresivo, va 形 1 無表情な, 表情に乏しい. 2 表現力の乏しい.

inexpugnable 形 1 攻略できない, 難攻不落の. 2 説得を受け入れない, 頑なな.

inextenso, sa 形 広がりのない.

inextinguible 形 1 消せない, 消火できない. 2 果てなき, 不滅の.

in extremis [ラテン] 1 土壇場で. 2 臨終で.

inextricable 形 1 解けない; 錯綜した, こんがらかった.

infalibilidad 女 1 誤りのないこと, 無謬(びゅう). 2〔カト〕《教皇・教会の》無謬性.

infalible 形 無謬(びゅう)の, 誤ることのない; 絶対に確実な.

infalsificable 形 偽造できない.

infamación 女 中傷, 誹謗(ひぼう), 名誉毀(き)損. 2 不面目, 不名誉, 名折れ.

infamador, dora 形 → infamante.

infamante 形 1 中傷する, 名誉を傷つける. 2《法律》加辱の.

infamar 他 を中傷[誹謗]する, の名誉を傷つける.

infamatorio, ria 形 中傷的な, 名誉毀損の.

infame 1 おぞましい, 忌わしい, 卑しい. 2 不名誉な, 恥ずべき. 3 非常に悪い.

infamia 女 1 中傷, 悪口; 恥ずべき行為. 2 汚辱, 恥辱, 不名誉.

infancia 女 1 幼少, 幼年期. 2〔集合的に〕幼児たち. 3 《発達の》初期, 揺籃(らん)期. 4 黎明期.

infanta 女 1 幼女. 2《スペインで王位継承者ではない》王女, 内親王. 3 親王妃.

infantado 男 親王[内親王]の領地.

infante 男 1 幼児. 2《スペインで王位継承者ではない》王子, 親王. 3《軍事》歩兵.

infantería 女《軍事》歩兵(隊). —— *de Marina* 海兵隊; 海軍陸戦隊.

infanticida 形 男女 幼児[嬰児(えいじ)]殺し(の犯人).

infanticidio 男 幼児[嬰児]殺し.

infantil 形 1 幼児の, 子どもの. 2 子どもっぽい, 幼稚な. 3 無邪気な, あどけない.

infantilismo 男 1 子どもっぽい振舞い[性格]; 幼稚症. 2《医学》発育不全, 小人病.

infantiloide 形 男女《軽蔑》子どもっぽい性格[態度]の(人).

infanzón, zona 名《権力等の制限を受けた》郷士.

infartado, da 形 男女 心筋梗塞の(人).

infartante 形《話》大変すばらしい.

infarto 男《医学》梗塞(こうそく); 心筋梗塞. —— *cerebral* 脳梗塞.

infatigable 形 疲れを知らない, 根気強い.

infatuación 女 夢中にさせる[なる]こと,

有頂天，のぼせ上がり．
infatuar [1.6] 他 有頂天にさせる，のぼせ上がらせる． — **se** 再 《＋con に》有頂天になる，のぼせ上がる．
infausto, ta 形 不幸な，不運な．
infección 女 **1** 感染，伝染（病）．**2** 汚染，腐敗．
infeccioso, sa 形 病気を伝染する，感染性の．
infectar 他 **1**（病人が人体に）感染する，病毒が入る．**2**（話）（ある場所）を汚染する．**3**（人心など）を毒する，退廃させる． — **se** 再（傷などがばい菌で）化膿する；（伝染病に）感染する．
infecto, ta 形 **1**《＋de》感染［汚染］された；害された，染まった．**2** 悪臭を放つ；いやな，ひどい．**3**（精神的に）いやらしい，下劣な．
infecundidad 女 不妊；不毛；〔医学〕不妊症．
infecundo, da 形 （女性・動物が）不妊の；（畑が）不毛の．
infelice 形（詩学）→infeliz.
infelicidad 女 不幸．
infeliz 形 [複 infelices] **1** 不幸な，みじめな．**2** お人よしの． — 男女 お人よし；かわいそうな人．
inferencia 女〔論理〕推理，推論．
inferior 形《＋a より》**1** 下の，下方の．**2**（品質などがより）劣った，低い．**3**（数字・量が）より少ない，小さい． — 男女 目下の人，部下．
inferioridad 女 劣ること，劣等；下位，下層；劣勢． —complejo de ～ 劣等感．
inferir [7] 他 **1**《＋de から》結論する［推理・推論］する．**2**（結果として）もたらす．**3**（危害や侮辱などを）与える，加える．
infernal 形 **1** 地獄の．**2** ひどい，ひどくいやな．
infernillo 男 →infiernillo.
infértil 形 →estéril．
infestación 女 はびこること，横行；荒廃．
infestar 他 **1**（有害な動植物が）…にはびこる；荒らす．**2**（場所）にあふれる．**3** を汚染する．
infeudar 他 →enfeudar.
inficionar 他 **1**（場所）を汚染［腐敗］させる．**2** を毒する．**3**（人）を堕落［退廃］させる． — **se** 再 **1** 汚染される，腐敗する．**2** 堕落［退廃］する．
***infidelidad** 女《文》不誠実，不（忠）実，不貞な行為． — ～ conyugal 不倫，浮気．**2** 不正確．**3**（宗教）不信仰；(キリスト教徒から見て）異教徒．
infidencia 女《文》不誠実，不（忠）実，不貞な行為．
:**infiel** 形 **1**《＋a/con/para/para con に》忠実でない，不誠実な． —Es ～ a sus promesas. 彼は約束に忠実ではない．**2** 不貞な，不実な．**3** 不正確な，忠実ではない．**4** 異教の． — 男女 異教徒，不信仰者．
infiernillo 男 アルコールランプ；石油こんろ．

:**infierno** 男 **1**（キリスト教）地獄；(キリスト教以外の宗教で）黄泉(よみ)の国（死者の霊のおもむくところ）．**2**（地獄のように）ひどい（ところ），非常な苦しみ．**3**（騒然として）混乱した場所，騒動． ▶ *Vete (Que se vaya) al infierno*. くたばれ，行ってちまえ，だまれ．
infijo 男〔言語〕接中辞．
infiltración 女 **1** しみ込むこと，浸透．**2** 侵入；潜入．**3**〔医学〕浸潤．
infiltrado, da 過分〔→infiltrar〕形 潜入［侵入］した． — 名 スパイ，侵入者．
infiltrar 他 **1**《＋en に》をしみ込ませる，注入する，吸い取らせる．**2**（考えなど）を浸透させる，吹き込む，叩き込む． — **se** 再《＋en に》**1** しみ込む，にじむ．**2** 入り込む，入り混じる，潜入する．
ínfimo, ma 形 **1** 最低の．**2** 最下級の，最も劣る．
infinidad 女 **1** 無限．**2** 無数，多数．
infinitesimal 形〔数学〕無限小の，極小の．
infinitivo 男〔言語〕不定詞． —, **va** 形 不定詞の．
infinito, ta 形 **1** 無限の，無限大の．**2** 無数の，数多くの．**3** とても大きい，とても強い． — 男 無限のもの，〔数学〕無限大（記号は∞）． — 副 大いに，とても． —Lo siento ～. 大変申し訳おありません．
infinitud 女 無限；無限の数量．
inflación 女 **1**〔経済〕インフレーション，通貨膨張．**2** 膨張，誇張．**3** 増加，増大．**4** 得意，自慢．
inflacionario, ria 形 →inflacionista.
inflacionismo 男 インフレ政策，通貨膨張論．
inflacionista インフレの，通貨膨張論の．
inflador 男 空気入れ，空気ポンプ．
inflamable 形 燃えやすい，引火性の．
inflamación 女 **1** 引火，発火．**2**〔医学〕炎症．
inflamar 他 **1** を燃え立たせる，燃え上がらせる．**2**（情熱など）をかき立てる；（感情）を激させる． — **se** 再 **1** ぱっと燃え上がる，（情熱などが）かき立てられる；（感情が）激する．**2** 炎症を起こす．
inflamatorio, ria 形 炎症(性)の．
inflamiento 男 膨張；誇張；肺(ふ)れ，
inflar 他 **1** をふくらませる．**2** を誇張する．**3** を思い上がらせる，傲慢にする． — **se** 再 **1** ふくらむ．**2**《話》《＋de を》しこたま食べる．**3** 思い上がる，うぬぼれる．
inflexibilidad 女 **1** 曲げられないこと．**2** 不屈，剛直，頑固．
inflexible 形 **1** 曲げられない．**2** 不屈の，頑固な，一徹な．
inflexión 女 **1** 曲げること．**2** 方向の変化，屈折．**3** 抑揚，声の調子の変化．**4**〔言語〕語尾変化（＝屈折），活用（形）．
infligir [3,6] 他 **1**（罰など）を加える，科する．**2**（苦痛など）を与える．
inflorescencia 女〔植物〕花序．
:**influencia** 女 **1**《＋en, sobre に及ぼす》影響． —*ejercer una ～ sobre ...* …

influenciable 形 影響を受けやすい.
influenciar 他 →influir.
influenza 女《医学》インフルエンザ，流行性感冒 (=gripe).
influir [11.1] 自 **1**〖+en/sobre に〗影響する，影響を与える，影響を及ぼす．**2**〖+con/en に〗働きかける，運動する．—— 他 に影響する，を感化する．—— se 再〖+de から〗影響を受ける．—Ella se influye con facilidad de los demás. 彼女は他人から影響を受け易い．
influjo 男 **1**〖+sobre に対する〗影響，影響力，作用．**2** 上げ潮．
influy-動→influir [11.1].
influyente 形 影響力のある，勢力のある，有力な．
infoadicto 男 コンピューター依存者．
infografía 女《情報》コンピューターグラフィックス，CG
infolio 男《印刷》二折判の本．
información 女 **1** 情報，知識；知らせ．**2** 案内(所)；電話番号案内．**3**《新聞，放送》〖集合的に〗ニュース，報道．—~ deportiva スポーツニュース / ~ meteorológica 天気概況．**4** —~ privilegiada インサイダー[内部]情報．
informador, dora 形 **1** 情報[資料]提供者，報告者．**2** 記者．
informal 形 **1** だらしない，きちんとやらない．**2** 正式でない，略式の．—— 名 だらしのない人．
informalidad 女 **1** だらしなさ，(約束・義務などの)不履行，不履行．**2** 正式でないこと，略式．
informante 形 情報を提供する．—— 男女 情報提供者．**2**〖言語，社会〗インフォーマント，被調査者．
⁎informar 他 **1**〖+de, sobre/que と いうことを〗(人に)知らせる，報告する，通報[通知]する．—Me informaban de todo. 私にはすべて知らされていた．Nos han informado que se aplaza la reunión. 私たちは会議が延期されると知らされた．**2** を形作る，形成する，特徴づける．—— 自 **1**〖+de, sobre について〗情報を伝える．**2**(法廷で)陳述する，論告する．—— se 再〖+de/sobre〗知る，問い合わせる，通知を受ける．
informática 女《情報》情報科学；情報処理．
informático, ca 形 情報処理の，情報科学の．
informativo, va 形 情報を提供する，通信の．—— 男(テレビ・ラジオの)ニュース番組．▸ **boletín informativo** →boletín.
informatización 女 情報化，IT 化．
informatizar 他 を情報化する，IT 化する．
⁎informe 男 **1** レポート，報告．—~ anual 年次報告書．**2** 情報，報道，通報；身元保証書，証明書．—— 形 無定形の，形の定まらない．

infortunado, da 形名《文》不幸な(人)，不運な(人)．
infortunio 男 不運，不幸；災難，逆境．
infracción 女 (法律・規制に対する)違反，違約，侵害；交通違反．
infractor, tora 形 違反の．—— 名 (法律上の)違反者，侵害者．
infraestructura 女 **1**《技術》基礎工事，**2** 下部構造，経済的基盤；(ある活動の)基礎，土台．
in fraganti〈ラテン〉副 現行(犯)で，現場で．
infrahumano, na 形 非人間的な，人並み以下の．
infrangible 形《文》壊れない；不可侵の．
infranqueable 形 通れない，通り越せない；克服しえない．
infrarrojo, ja 形《物理》赤外線の．—— 男〖主に 複〗赤外線．
infrascri(p)to, ta 形 下記署名の．—— 名 下記署名者．
infrasonido 男《物理》超低周波音，不可聴音．
infrautilización 女 十分に利用[活用]されないこと．
infrautilizar 他 を十分に利用[活用]しない．
infravaloración 女 過小評価．
infravalorar 他 を過小評価する．
infravivienda 女 (住むに耐えない)劣悪な住居．
infrecuencia 女 まれなこと，頻度が低いこと．
infrecuente 形 まれな，頻度の低い．
infringir [3.6] 他 (法・規則など)を犯す，破る．
infructífero, ra 形 **1** 実のならない；成果のない．**2** 非生産的な，効果のない．
infructuoso, sa 形 実りのない，成果の上がらない．
infrutescencia 女《植物》集合果．
ínfula 女 **1** 気取り，うぬぼれ．**2**(古代ローマで神官や処女にかぶった)白布のはち巻き．**3** 司教冠垂(ホュ)れ飾り．
infumable 形 **1**(タバコが)喫(°)むに耐えない．**2**《話》どうしようもない，劣悪な．
infundado, da 形 根拠のない，事実無根の，理由のない．
infundio 男 うそ，根なしごと；デマ．
⁎infundir 他 **1**〖+a に〗(感情など)を吹き込む，引き起こす，授ける．—Los niños le infundían ternura. 子どもたちが彼にやさしい気持ちを起こさせた．**2**(神が)に感応させる．
infusión 女 **1**(茶・薬を湯に浸して)成分を振り出すこと，煎じること．**2** 煎じた[振り出した]もの，煎じ薬，ハーブティー．**3**《神学》(恩寵(ㇹぅ)や才能の)注入，(㊀卜)(洗礼の灌(ホュ))水．
infuso, sa 形《文》天賦の，天与の．▸ **tener (la) ciencia infusa**(皮肉な意味で)振りをする．
ingeniar 他 を考案する，創出する．

ingeniería / **iniciación**

── **se** 再 工夫をこらす, 才覚を働かす.
▶ **ingeniárselas** 工夫して「才覚を働かせて」うまく手に入れる[やり遂げる].
ingeniería 囡 工学, 工学技術, エンジニアリング. ─～ genética 遺伝子工学.
▶ **ingeniería automática** 囡《情報》ファクトリーオートメーション, FA (工場自動化).
ingeniero, ra 名 技師, エンジニア, 工学者. ─～ técnico 大学卒の技術.
ingenio 男 1 才能, 独創力; 才知のひらめき, 機知. ─aguzar [afilar] el ～ 機知をよくはたらかせる. 2 才人, 創意の人. 3 機械, 装置. 4 兵器, 武器.
ingeniosidad 囡 1 発明の才, 創意工夫に富むこと, 起用さ. 2うまく考え, 機知: 悪知恵.
ingenioso, sa 形 1 機知のある, りこうな; 独創力のある. 2《物》が巧妙な, 精巧な.
ingénito, ta 形 1 生まれつきの, 先天的な. 2《文》生まれていない.
ingente 形 巨大な, 非常に大きな.
ingenuidad 囡 率直, 純真, 無邪気.
ingenuo, nua [イ ン ヘ ヌ オ, ヌ ア] 形 天真爛漫(ﾗﾝﾏﾝ)な; 純真な, うぶな. ─No seas ～. そんな無邪気なこと言うなよ. ─ 名 純真な人, うぶな人. ─ 男《劇》うぶな娘役をする女優.
ingerir [7] 他 (食べ物・液体・薬など)を摂取する, ごくりと飲みこむ, 飲みくだす.
ingesta 囡 1 摂取. 2《生理》常食, 食事.
ingestión 囡 (飲食物の)摂取, ごくりと飲みこむこと, 飲みくだし.
Inglaterra 固名 1 イングランド (大ブリテン島の南半分を占める地方). 2 英国, イギリス (首都ロンドン Londres).
ingle 囡《解剖》鼠蹊(ｿｹｲ)部.
inglés, glesa 形 イギリスの[英国]の; イングランドの. ─lengua inglesa 英語. ─ 名 1 イギリス[英国]人, イングランド人. 2 男 英語.
inglesismo 男 →anglicismo
inglete 男 1 (三角定規の) 45度の角. 2 直角の結合部.
ingobernable 形 統治できない, 手に負えない; (船が)操縦不能の.
ingratitud 囡 忘恩, 恩知らずなこと.
ingrato, ta 形 1 [+ a/ con/ para/ para con に対して] 恩知らずの. 2 不愉快な, いやな. 3 報われない, 割の悪い; 収支のない.
ingravidez 囡 1 重さのないこと; 非常に軽いこと. 2《物理》無重力 (状態).
ingrávido, da 形 1《文》重さのない; 非常に軽い. 2《物理》無重力の.
ingrediente 男 1 (混合物の) 成分, 含有物, (料理などの) 原(材)料. 2.《文》 (特徴的な) 構成要素.
ingresar 自 [+ en に] 1加入する, 入学する, 入会する. 2 入院する. ─ 他 1 [+ en に] を入金する, 振込む; 預金する. ─Ingresó en su cuenta mil euros. 彼は1000ユーロを自分の口座に入金した.

2 を入院させる. 3 …の収入がある.
ingresivo, va 形《言語》起動(相)の.
ingreso 男 1 入ること. 2 (団体などへの) 加入, 入会, 入学. ─examen de ～ 入学試験. 3 入金; 圏 収入. ─los ～s del Estado 国家の歳入.
inguinal 形《医》→inguinario.
inguinario, ria 形《解剖》鼠蹊(ｿｹｲ)の.
ingurgitar 他 (特に動物が)を丸飲みする, がぶ飲みする. ─ **se** 再《生理》(器官)が液体で肥大する.
inhábil 形 1 不器用な, 下手な. 2 無能の, 資格のない. 3 不適当な. 4 (役所で) 執務しない, 休みの. ─día ～ 休日.
inhabilidad 囡 1 不器用, 拙劣, 拙劣さ. 2 無能, 無資格. 3 (仕事の) 障害.
inhabilitación 囡 資格剥奪(ﾊｸﾀﾞﾂ); 資格の喪失.
inhabilitar 他《文》[+ para に] を資格を剥奪(ﾊｸﾀﾞﾂ)する; の無能力にする.
inhabitable 形 人の住めない.
inhabitado, da 形 人の住んでいない, 無人の.
inhalación 囡《医学》吸入.
inhalador 男《医学》吸入器.
inhalar 他《医学》を吸入する.
inherencia 囡 固有(性), 属性, 内在.
inherente 形 [+ a に] 固有の, 本質的に属する.
inhibición 囡 1 抑制, 抑圧. 2《心理, 生理》禁制, 抑制.
inhibidor, dora 形 抑制性の, 抑制する, 防止する. ─ 男 1《化学, 医学》抑制剤, 防止剤. ─～ de la ovulación 成長[排卵]抑制剤. ─～ enzimático 抗酵素. 2 (高周波による)操作停止[防止]装置 (=～ de alta frecuencia).
inhibir 他 1《法律》(裁判官に)審理を停止させる. 2《心理, 生理》(欲望などを)抑える, 抑制する. 3《医学》(器官の機能・活動)を一時的に停止[麻痺]させる. ─ **se** 再 [+ de/en を] 控える, 遠慮する.
inhibitorio, ria 形 抑制する, 抑圧するような.
inhospitalario, ria 形 1 もてなしの悪い, 無愛想な; 排外的な. 2 (場所が)剥き出しの; 荒涼とした.
inhospitalidad 囡 1 もてなしの悪いこと, 無愛想; 排外性. 2 雨露をしのげないこと; 荒涼.
inhóspito, ta 形 居心地の悪い, 住みにくい.
inhumación 囡 埋葬.
inhumanidad 囡 不人情, 残酷, 人間味のなさ.
inhumano, na 形 1 不人情な, 冷酷な, 残酷な. 2 (苦痛などが) 大変な, 激しい.
inhumar 他 を埋葬する.
INI [頭字]《<Instituto Nacional de Industria》男 [スペイン] 国家産業公社.
iniciación 囡 1 始めること, 開始, 始まり. 2 入門, 手ほどき. ─～ a la sociología 社会学入門.

iniciado, da 過形〔→iniciar〕形 1 始まった. 2 秘伝を授けられた. ━名 秘伝を授けられた人.

iniciador, dora 形 始める, 開始する. ━名 創始者; 発起人; 先導者.

inicial 形 最初の, 冒頭の, 初期の. ━名 頭文字, イニシャル (=letra ~).

inicialización 女《情報》初期化.

inicializar 他《情報》を初期化する.

inicialmente 副 始めに.

iniciar 他 1 を始める, 開始する. 2〔+ en〕(人)に教える, 手ほどきをする, 指導する. —Me *inició* en lingüística. 彼は私に言語学を教えてくれた. 3《情報》を起動する, 立ち上げる, イニシャライズする. ━se 再 1 始まる, 開始する. 2〔+ en〕を学び始める, …に入門する. —~se en sicología 心理学を学び始める.

iniciático, ca 形 入門の, 入会の.

iniciativa 女 1 率先, 先導, イニシアチブ. —Lo hizo por su propia ~. 彼は自らすすんでそれをした. ━ ciudadana 市民運動家. 2 発議, 首唱. 3 独創力, 事を始める才能.

inicio 男 1 開始, 最初, 冒頭. 2《情報》スタートアップ; ブースストラップ.

inicuo, cua 形《絶対最上級は iniquísimo》不公平な; 不正な, 邪悪な.

inigualable 形 比べものにならない, 卓越した.

inigualado, da 形 匹敵するものがない, 並ぶものがない.

in illo témpore《ラテン》かつては, 昔は.

inimaginable 形 想像できない, 考えられないような.

inimitable 形 まねのできない, 独自の, 比類なき.

ininflamable 形 不燃性の.

ininteligible 形 理解できない, 明瞭でない.

ininterrumpido, da 形 絶え間ない, 連続した.

iniquidad 女 不公平, 不正; 不正行為.

injerencia 女〔+ en への〕干渉, 口出し.

injerir [7] 他 を入れる, はめる; 接ぎ木する. ━se 再〔+ en に〕干渉[口出し]する.

injertador, dora 形 接ぎ木の. ━名 接木師.

injertar 他 1 を接ぎ木する. 2《医学》を移植する.

injerto 男 1 接ぎ木; 接ぎ穂, 接ぎ枝. 2《医学》移植.

injuria 女 1 侮辱, 侮辱のことば, 悪口. 2 損害, 損傷.

injuriador, dora 形名 侮辱的な(人), 無礼な(人).

injuriante 形 侮辱的な.

injuriar 他 1 を侮辱する, はずかしめる, ののしる. —Me *injurió* en público. 彼は公衆の面前で私を侮辱した. 2 をおとしめる, 傷つける, そこなう.

injurioso, sa 形 侮辱的な, 無礼な, 攻撃的な.

injusticia 女 不正(な行為), 不公平, 不法. —cometer una ~ 不正を犯す.

injustificable 形 弁解のできない, 道理に合わない.

injustificado, da 形 根拠のない, 不当な.

injusto, ta 形 不当な, 不正な, 不公平な.

Inmaculada 固名《女性名》インマクラーダ.

inmaculado, da 形 →inmaculado.

inmaculado, da 形 1 よごれの全くない, しみひとつない. 2 けがれのない, 清純な; 垢(あか)のない, 汚点のない. ━女 (I~)《宗教》聖母マリアの換称.

inmadurez 女 未熟, 未成年; 未完成.

inmaduro, ra 形 未熟の, 熟れていない; 未完成の.

inmanejable 形 扱いにくい; 手に負えない, 制御できない.

inmanencia 女《哲学》内在(性・論).

inmanente 形《哲学》〖+a に〗内在的な, 固有の.

inmanentismo 男《哲学》内在哲学.

inmarcesible 形 枯れない; 不滅の, 不朽の.

inmarchitable 形《文》→inmarcesible.

inmaterial 形 1 非物質的な. 2 実体のない, 無形の.

inmediación 女複 1 付近, 近郊. 2 近接.

inmediatamente 副 1 すぐさま, ただちに, 即時に. —Ven aquí ~. 今すぐここに来い. 2〖+a〗(に)接近して, (と)直接に. —I~ al lado está la embajada japonesa. すぐ隣は日本大使館がある.

inmediatez 女 差し迫っていること.

inmediato, ta 形 1〖+a の〗すぐ近くの, 隣の. —Vive en un pueblo ~ a Madrid. 彼はマドリードのすぐ近くの町に住んでいる. 2 即時の, 即座の. 3 直接の. ▶ **de inmediato** ただちに, 即座に.

inmejorable 形 この上ない, 申し分のない.

inmemorable 形 いつ始まったか覚えていない.

inmemorial 形 (記憶にないほど)遠い昔の, 太古の.

inmensidad 女 広大さ, 莫大さ; 無数.

inmenso, sa 形 1 広大な, 莫大な. 2 計り知れない, 果てしない. —*inmensa* alegría 大きな喜び.

inmensurable 形《文》1 計りきれない量の. 2 途方もない.

in mente《ラテン》副 心[頭]の中で.

inmerecidamente 副 不相応に, 不当に.

inmerecido, da 形 受けるに値しない, 不相応な, 過分な.

inmersión 女 1 浸すこと、水につけること；潜水，沈潜. 2 没頭，没入. 3 (天文)(天体の)潜入. ▶ *inmersión lingüística* 没入法(授業の目標言語で行われる第二言語の教育プログラム).

inmerso, sa 形 [+ en に] 1 潜水し、沈潜した. 2 没頭した、陥った.

inmigración 女 (他国・他の土地からの)移住，入国；《集合的に》移民.

inmigrante 形 (他国・他の土地からの)移民する. — 名 (他国・他の土地からの)移民.

inmigrar 自 (他国から)移住する、移住してくる.

inmigratorio, ria 形 (他国からの)移住[移民]の.

inminencia 女 切迫，急迫，差し迫ったこと.

*__inminente__ 形 差し迫った、切迫した、今にも起こりそうな.

inmiscuir [11.1] 他 [+ en に] を入れる、混ぜる. — se 再 [+ en に] 干渉する，みだりに口をはさむ.

inmisericorde 形 非情な、冷酷な.

inmobiliaria 女 →inmobiliario.

inmobiliario, ria 形 不動産の. — 男 建築会社；不動産会社[屋].

inmoderado, da 形 1 不節制な、節度のない、過度の.

inmodestia 女 慎みのないこと，無遠慮，不謹慎.

inmodesto, ta 形 慎みのない、無遠慮な、不謹慎な.

inmodificable 形 修正できない、変更不可能.

inmolación 女 (文)犠牲に捧げること；犠牲になること.

inmolar 他 (文)を生贄(いけにえ)に捧げる. — se 再 [+ por のために] 自分を犠牲にする.

inmoral 形 1 不道徳な、不品行な. 2 背徳的な、猥褻(わいせつ)な.

inmoralidad 女 1 不道徳，不品行. 2 背徳、猥褻.

*__inmortal__ 形 1 不死の、不滅の. 2 不朽の. —un valor [una fama] ~ 不朽の価値[名声]. — 名 (名声等で)不滅の人.

inmortalidad 女 不死，不滅，永遠(性).

inmortalizar [1.3] 他 を不滅[不朽・永遠]化する. — se 再 不滅[不朽・永遠]化する.

inmotivado, da 形 1 動機のない、無根拠の. 2 (言語)恣(し)意的な.

inmovible 形 動かせない. →inmóvil.

*__inmóvil__ 形 動かない、じっとしている；固定の.

inmovilidad 女 不動(性)，固定(性).

inmovilismo 男 現状肯定主義，事なかれ主義.

inmovilista 形男女 現状肯定[事なかれ]主義(の人).

inmovilización 女 1 動かなくする[なる]こと，固定，麻痺(ひ). 2 (資産の)固定化.

*__inmovilizar__ [1.3] 他 1 を動かなくさせる、固定する、麻痺(ひ)させる. 2 を固定資産化する、不動産化する. — se 再 動かなくなる、停止する；麻痺する.

inmueble 形 不動産の. — 男 (不動産としての)家、建物.

inmundicia 女 1 不潔，不浄. 2 《主に複》汚物，不潔物. 3 下品，卑猥(わい).

inmundo, da 形 1 不潔な、汚い、2 下品な、卑猥な.

inmune 形 1 [+ a から] 免れた、免除された. 2 [+ a に対して] 免疫性の、免疫になった；抗体を持つ. —ser ~ a esa enfermedad その病気に対して免疫性がある.

inmunidad 女 1 免疫(性)，抗体. 2 (法律) 免除特権，非訴追特権、免責. — ~ diplomática [parlamentaria] 外交官[議員]特権.

inmunitario, ria 形 免疫性の.

inmunización 女 免疫(をつけること)；予防注射.

inmunizar [1.3] 他 [+ contra に対して](人)に免疫をつける. — se 再 [+ contra に対して] 免疫になる.

inmunodeficiencia 女 (医学) 免疫不全. —síndrome de ~ adquirida [SIDA] 後天性免疫不全症候群、エイズ.

inmunodeficiente 形男名 (医学) 免疫不全の(人).

inmunodepresor, sora 形 (医学) 免疫抑制の. — 男 《医学》免疫抑制剤.

inmunología 女 (医学)免疫学.

inmunológico, ca 形 免疫学の.

inmunólogo, ga 名 免疫学者[研究者].

inmunoterapia 女 (医学)免疫療法.

inmutabilidad 女 不変(性).

inmutable 形 1 不変の、変えることができない；変わらない. 2 冷静な、動じない.

inmutar 他 を動揺させる、顔色を変えさせる. — se 再 動揺する、顔色を変える.

innatismo 男 (哲学) 生得説.

innato, ta 形 生来の、先天的な、生まれつきの.

innatural 形 不自然な、人工的な.

innavegable 形 航行[航海]できない.

*__innecesario, ria__ 形 不必要な、余計な.

*__innegable__ 形 否定できない、明白な. —Es ~ que ella tiene mucho talento. 彼女が才能豊かなことは否定できない.

innoble 形 卑しい、下品な、下劣な.

innocuo, cua 形 無害の.

innombrable 形 名前を挙げることのできない.

innominado, da 形 無名の、名のわからない.

*__innovación__ 女 革新、改革；目新しいこと；(経済)イノベーション. —Ha realizado una serie de *innovaciones* en la tienda. 彼は店に一連の新趣向を凝らした革新を行った。

innovad*or, dora* 形 刷新する、革新的な。—— 名 革新者、刷新者。

innov*ar* 他 を刷新する。—— 自 革新する。

innumerable 形 無数の、数えきれない。

innúmero, ra 形 →innumerable.

inobediencia 女 不従順、反抗。

inobediente 形 不従順な、反抗的な。

inobjetable 形 反論できない、異議のない。

inobservable 形 観察できない。

inobservado, da 形 1 観察されない、気づかれない。2（規則などが）守られない。

inobservancia 女 不順守、不履行、違反。

inocencia 女 1 無罪、潔白。2 無邪気、純潔。

Inocencio 固名《男性名》イノセンシオ。

inocentada 女 1《話》無邪気な言動；ばかげたこと。2（12月28日の幼子の日にちなむ）いたずら、冗談。

inocente 形 1 無罪の、潔白の。2 無邪気な、純真な。3 悪意のない、無害の。——Es una broma ~. それは罪のない冗談だ。—— 男女 1 無罪の人；お人好し。2 幼児。 ▶ **Los Santos Inocentes** 幼子の日（12月28日：エイプリルフールに似た悪意のないうそや冗談が報じられる）（=Día de ~）。

inocentón, tona 形 名 お人よし（の）。

inocuidad 女 無害、無毒。

inoculación 女《医学》(予防)接種、種痘；感染。

inocular 他 1《医学》を接種する。2（悪い考えなど）を植えつける、注入する。

inocultable 形 隠せない、隠しきれない。

inocuo, cua 形 1 無害の、無毒の。2 味のない；味気ない、つまらない。

inodoro, ra 形 無臭の、においのない。—— 男 （トイレの）防臭装置[弁]；防臭弁付きトイレ。

inofensivo, va 形 害にならない、不快を与えない、あたりさわりのない。——*lecturas inofensivas* 害のない読書。

inoficioso, sa 形《中南米》無意味な、役に立たない。

inolvidable 形 忘れられない、忘れることのできない。

inope 形 極貧の、貧乏の。

inoperable 形《医学》手術できない。

inoperancia 女 効果[効力]がないこと。

inoperante 形 効果のない、働きのない。

inopia 女 貧困、極貧。 ▶ **estar en la inopia**《話》ぼんやりしている、うわの空でいる。

inopinado, da 形 思いがけない、不意の、予想外の。

inoportunidad 女 時宜を得ないこと、タイミングの悪さ。

inoportuno, na 形 時宜を得ない、折[タイミング]の悪い。

inorgánico, ca 形 1《生物》無機の；非有機的な。2 無組織の、未組織の。

inoxidable 形 酸化しない、錆(さ)びない。

in put, input 〔《英》〕《情報》入力、インプット。

inquebrantable 形 破れない；強固な、くじけない。

inquietador, dora 形 → inquietante. —— 名 騒乱を起こす者；不穏分子。

inquietante 形 人を不安にさせる、物騒な、不穏な。

inquietar 他 を不安にさせる、心配させる、いら立たせる。—— se 再《+ con / por / de》不安になる、いら立つ、を心配する。——Mi hijo *se inquieta por* todo. 私の息子はあらゆることを心配する。

inquieto, ta 形 1〔*estar* ~〕落ち着きのない、じっとしていない。2 前向きの、進取の気性中の；新しがりやの。—— *un joven ~* 前向きな青年。3 不安な、心配そうな。—— El enfermo ha pasado una noche *inquieta*. 病人は不安な一夜を過ごした。

inquietud 女 1 心配、落ち着きのなさこと；《主に複》(精神的)不安。2《複》知的向上心、探求心；野心。—— *~es literarias* 文学的好奇心。

inquilinaje 男《南米》〔集合的に〕借家人、店子(だな)、テナント。

inquilinato 男 賃貸借；賃貸[賃借]料。

inquilino, na 名 1 借家人、店子(だな)、テナント。2《南米》(チリの大農園の)fundoの農民、小作農。

inquina 女 敵意、反感、憎悪。

inquirir [4.7] 他 を調べる、調査する；詮索(さく)する。

inquisición 女 1《文》調査、取調べ、尋問。2 (I~)《カト》異端審問(所)、宗教裁判(所)。

inquisid*or, dora* 形 探る(ような)、詮索(さく)する(ような)。—— 男 1 異端審問官；宗教裁判官。2 調査官、探究者。

inquisitivo, va 形 詮索するような；調査の、取調べの。

inquisitorial 形 1 異端審問の、宗教裁判の。2 過酷な、厳しい。

inquisit*orio, ria* 形 調査の；取調べの、尋問の。

inri 男 あざけり、侮辱。 ▶ *para más [mayor] inri* さらに悪いことに。

insaciable 形 飽くことを知らない、貪(どん)欲な。

insacular 他（くじなどの紙）を袋[箱]に入れる。

insalivar 他（食物など）に唾液を混ぜる、混ぜthroughる。

insalubre 形 健康によくない、不衛生な。

insalubridad 女 健康に悪いこと、不健康、不衛生。

INSALUD（頭字）〔< *Instituto Nacional de la Salud*〕男《スペイン》保健庁。

insalvable 形 克服しがたい、救いがた

insania 女《文》狂気, 狂乱.
insano, na 形 **1** 健康に悪い, 健康を害する. **2** 狂気の.
insatisfacción 女 不満足.
insatisfecho, cha 形 **1** 飽き足らない, 満たされない. **2**［+con に］不満な.
insaturado, da 形《化学》非飽和化された, 非飽和の.
inscribir [3.3] 他 **1**［+ en に］を登録する, 記入する; 申し込む. ―Te voy a ~ en un club de tenis. 私はテニス・クラブに君の名前を申し込んでおこう. **2** 書き込む, 刻みつける, 彫る. **3**［+con に］内接させる. ― se 再 **1**［+ en に］登録する, 申し込む, 購入［講読］の申し込みをする. **2**［+ dentro de/en に］入る, 含まれる.
inscripción 女 **1** 登録, 申し込み, 登記. ―plazo de ~ 申込期限. **2** 銘, 碑文（貨幣などの）銘紋. **3**《数学》内接.
inscrito, ta 過分［→ inscribir］ **1** 登録［記名］された, 申し込みをした. **2** 刻まれた. **3**《数学》内接した.
insecticida 殺虫用［剤］の. ― 男 殺虫剤.
insectívoro, ra 形 虫を食う, 食虫の. ― 男 食虫動物; 複《動物》食虫類.
insecto 男 昆虫, 虫.
inseguridad 女 不安; 不安定, 不確かさ; 安全でないこと.
inseguro, ra 形 不安な; 不安定な, 不確かな; 安全でない.
inseminación 女 授精.
inseminar 他 を受精させる.
insensatez 女 無分別（な言動）, 非常識, ばかげたこと.
insensato, ta 形名 無分別な（人）, 非常識な（人）, ばかげた（人）.
insensibilidad 女 **1** 無感覚, 麻痺. **2** 無関心, 冷淡.
insensibilización 女 **1**（感覚の）麻痺. **2** 麻酔（をかけること）.
insensibilizar [1.3] 他 を無感覚にする, 麻痺させる; 麻酔をかける. ― se 再（特に情緒的な意味で）無感覚になる, 麻痺する.
insensible 形 **1**［+ a に］無感覚な, 麻痺した. **2**［+a に］無感覚な, 冷淡な, 感じない. **3** 感じられないほどの, かすかな, ごくわずかな.
inseparabilidad 女 切り離せないこと, 不可分（性）.
inseparable 形［+ de から］ **1** 分けられない, 分離できない. **2** 離れられない.
insepulto 形 葬られていない, 埋葬されてない.
inserción 女 **1** 挿入, 差し込み, 嵌込. **2**《解剖》付着;《植物》着生. **3** 書き込み, 記入; 掲載.
INSERSO（略記）男 ＝ Instituto Nacional de Servicios Sociales［スペイン］国立社会事業会.
insertar 他［+ en に］を挿入する, 入れる; 書き込む. **2** を掲載する. ― 再 **1**［+ en に］入る. **2**《解剖, 植物》

付着する, 着生する.
inserto, ta 形 **1** 挿入された, 差し込まれた. **2**《解剖, 植物》付着した, 着生した.
inservible 形 **1**［estar +］使えない, 用をなさない. **2**［ser +］役に立たない, 利用できない.
insidia 女 **1** わな, 計略. **2** 悪意.
insidioso, sa 形 **1** わなを掛ける, 計略を弄する. **2** 陰険な, 油断のならない. **3**《医学》潜伏・潜在性の. ― 名 陰険［狡猾］な人.
insigne 形 著名な, 名高い.
insignia 女 **1** 徽（き）章, バッジ. **2** 団旗, 団章;（海事）（艦長の階級を示す）旗. ▸ **buque insignia**《海事》旗艦.
insignificancia 女 **1** 下らなこと, 取るに足りないこと; 無意味. **2** 下らないもの, つまらないもの.
insignificante 形 意味のない, つまらない; 取るに足りない.
insinceridad 女 不誠実, ふまじめ.
insincero, ra 形 誠実のない, ふまじめな.
insinuación 女 **1** 暗示, ほのめかし, 思わせぶりなこと. ―hacer una ~ ほのめかす. **2** 言い寄ること.
insinuante 形 暗示的な; 思わせぶりな, 言葉巧みな.
insinuar [1.6] 他 をほのめかす, それとなく言う, 暗示する. **1**［+ a の］気を引く. ―Ella esperaba que él se le insinuase. 彼女は彼が言い寄ってくるのを待っていた. **2**［+ en に］（感情などが）入り込む, しみ込む, 芽生える. **3** ぼんやり見える, 垣間（かいま）見える.
insipidez 女 **1** 無味; まずさ. **2** 無味乾燥, 面白味のなさ.
insípido, da 形 **1** 味のない; まずい. **2** 無味乾燥な, 面白味のない.
insipiente 形《文》無知な, 判断力の欠けた.
insistencia 女 **1** 固執, 執拗さ. **2** 強い主張, 力説.
insistente 形 しつこい, 執拗な, 言い張ってきかない.
insistir 自 **1**［+ en に］言い張る, 執拗に言う;（…）にこだわる. ―~ en el tema そのテーマにこだわる. **2**［+ en/sobre を］強調する, 力説する.
in situ［<ラテン］副詞 その場で.
insobornable 形 買収されない, 清廉な.
insociabilidad 女 非社交性, 交際嫌い.
insociable 形 非社交的な, 交際嫌いの.
insocial 形 →insociable.
insolación 女 **1**《医学》日射病. **2**《気象》日照時間.
insolarse 再 日射病になる.
insolencia 女 **1** 無礼; 生意気. **2** 横柄, 傲慢（な言動）.
insolentar 他 を横柄［傲慢］にする, 思い上がらせる. ― se 再 横柄［傲慢］になる.

insolente 555 **instinto**

insolente 形名 1 無礼な(人); 生意気な(人). 2 横柄[傲慢]な(人).

insolidaridad 女 連帯しないこと, 連帯のなさ.

insolidario, ria 形 1 連帯感のない(人), 協調性のない(人). 2 非連帯的な, 非協調的な.

insólito, ta 形 1 まれな, 珍しい. 2 ふつうでない, 異常な, 並外れた. —*insólita belleza* 並外れた美しさ.

insoluble 形 1 溶けない, 不溶解性の. 2 (問題が)解けない, 解決できない.

insolvencia 女 支払い不能, 破産.

insolvente 形 1 支払い不能の, 破産した. 2 (任務遂行の)能力を欠いた. —— 男女 破産者.

insomne 形 不眠[症]の, 眠らない.

insomnio 男 不眠(症).

insondable 形 1 計り知れない, 不可解な. 2 (海が)底知れない, 非常に深い.

insonoridad 女 防音性.

insonorización 女 防音ण.

insonorizar 他 を防音する.

insonoro, ra 形 防音の; 響かない.

insoportable 形 がまんできない, 耐えられない. —*un calor* ~ がまんできない暑さ.

insoslayable 形 不可避の, 避けられない; やむをえない.

insospechable 形 予想できない, 考えられない.

insospechado, da 形 思いがけない, 予想外の. —*tener un éxito* ~ 予想外の成功をおさめる.

insostenible 形 1 持ちこたえられない; 危機に瀕(%)した. 2 (議論などが)支持できない.

inspección 女 1 検査, 監査, 監督. —~ *sanitaria* 衛生検査. 2 検査所, 監督局. ▶*inspección ocular* (法律)実地検証.

inspeccionar 他 を検査[監査]する, 視察[査察]する, 検閲する.

inspector, tora 男女 検査官, 監督官 [中南米] 検札係. —~ *de policía* (私服)警部. ~ *de trabajo* 労働基準監督官.

inspiración 女 1 霊感, 着想, インスピレーション. 2 感動, 感激(を与えるもの), 感興. 3 (芸術的な)影響, 感化力; 示唆. —*Es un jardín de la* ~ *japonesa*. それは日本の影響を受けた庭園だ. 4 (宗教)神の霊感, 神感. 5 吸気, 吸入.

inspirado, da 過分 [→ inspirar] [+ en に] 着想を得た, インスピレーションを受けた.

inspirador, dora 形名 1 霊感を与える(人); 感興を呼び起こす(人). 2 鼓吹 [激励]する(人).

inspirar 他 1 (ある感情)を吹き込む, 感じさせる, 抱かせる. —~ *confianza* 信頼感を植え付ける. 2 に(着想・霊感)を与える. 3 (息)を吸う, 吸い込む, 吸入する. —— 自 息を吸う. —~ *dos espirar*, 1で息を吸い, 2で吐き出す. —— **se** 再 [+ en に] 着想を得る, 霊感を授かる, インスピレーションを受ける. —*Se inspiró en* un hecho real para escribir la novela. 彼は現実の出来事からその小説を書く発想を得た.

instalación 女 1 据えつけ, 取りつけ, 設置; (人である場所に)落ち着かせること, 居させること. 2 設備, 装置. —~ *eléctrica* 電気設備. 3 開設, 開業. —~ *de una central nuclear* 原子力発電所の開設. 4 複 施設, 設備. —*instalaciones deportivas* スポーツ施設. 5 (情報)インストール.

instalado, da 過分 [→ instalar] 設置された, 開設された.

instalador, dora 男 (設備などの)取付け業者. —— 男 (情報)セットアップ.

instalar 他 1 [+ en に]を据え付ける, 設置する, 取り付ける. 2 [+ en に]を住まわせる, 定住させる, 入居させる. 3 (情報)をインストールする. —— **se** 再 住む, 住まう; 定住する. —*Se han instalado en* un barrio tranquilo. 彼らは閑静な一角に住みついた.

instancia 女 1 願い, 請願(書), 嘆願(書). 2 請願書, 嘆願書. 3 (法律)審級, (第…)審. 4 (情報)インスタンス. ▶*a instancia(s) de*... ...の要請で. *en [de] primera instancia* まず第一に, 手始めに. *en última instancia* 最後の手段として.

instantánea 女 → instantáneo.

instantáneamente 副 即座に, 直ちに; 瞬間的に.

instantáneo, a 形 瞬間の, 即座の, インスタントの. —— 女 スナップ写真.

instante [インスタンテ] 男 瞬間. —*Un* ~, *por favor*. ちょっとお待ちください. ▶*(a) cada instante* 絶えず, しょっちゅう. *al instante* すぐに, 即座に. *por instantes* 絶えず, ずっと.

instar 他 (文) ... に...するようしきりに勧める, 催促する; を切願[懇請]する. —— 自 [+ que + 接続法] ... することが切迫している, 急を要する.

in statu quo [ラテン] 現状のままで.

instauración 女 設立, 創始; 制定.

instaurador, dora 形名 設立[創始]する. 名 設立[創始]者.

instaurar 他 (文)を設立[創始]する; 制定する; 確立する.

instigación 女 そそのかし, 扇動, 教唆(ゼ).

instigador, dora 形名 そそのかす(人), 扇動する(人), 教唆(ゼ)する(人).

instigar [1.2] 他 をそそのかす, 扇動する, 教唆する.

instilar 他 1 を(一滴ずつ)注入する, 点滴する. 2 (思想など)を染み込ませる, 徐々に注入する.

instintivo, va 形 本能の, 本能的な; 直観的な.

instinto 男 1 本能; 直観. —~ *de conservación* 自己保存の本能. 2 本

性; 素質, 天分. ―Es un hombre de malos ~s. 彼は性悪だ.

institución 囡 **1** 設立, 制定. **2** 施設, 団体; 機関, 協会. ―~ judicial 司法機関. **3** 制度; 覆 政体, 体制. ▶ **ser una institución** 長老, 名物[男/女]である.

institucional 形 制度(上)の, 機関の.
institucionalización 囡 制度化, 機関化.
institucionalizar 他 を制度[機関]化する.
instituir [11.1] 他 **1** (団体・制度など)を設立[創設]する. **2** (遺産相続人)を指定する.
instituto 男 **1** 研究所; (芸術・スポーツ, 福祉などの)協会, (政府機関の)…院, 公社. **2** (スペインなどで国公立の)高等学校; 中等学校. **3** 規定, 会則.
institutriz 囡 女性家庭教師.
instrucción 囡 **1** 教育; 訓練. ~ militar 軍事教練. ~ primaria 初等教育. **2** 知識, 教養. **3** 覆 指導(書), 指示. ―*instrucciones* de uso 使用説明(書). seguir las *instrucciones* 指示にしたがう. **4** (法律) (審理の調査作成, 予審. **5** (情報) 命令セット.
*****instructivo, va** 形 **1** 教育的な, 有益な, ためになる. **2** (意図などを)明らかにする, 教訓的な.
instructor, tora 形 **1** 教える, 教授する. **2** (法律) 予審をする. ――囲 **1** 教官; インストラクター; 《スポ》 コーチ. **2** (法律) 予審判事.
instruido, da 過分 [→ instruir] 形 教育のある, 教養のある.
instruir [11.1] 他 **1** [+ en を]教える, 教育する. ~ a…*en* el arte de la floricultura …に花作りの技術を教える. **2** [+ de/sobre について] …に知らせる, 教える. **3** (司法) を予審する. ―― **se** 再 教育を受ける, 学ぶ.
instrumentación 囡 《音楽》器楽の編成, 管弦楽法.
instrumental 形 **1** 《音楽》 楽器の. ―música ~ 器楽. **2** 道具になる, 手段として使われる. **3** (言語) 証拠となる. ――男 **1** (集合的に) 楽器. **2** (集合的に) 器具, 道具, 装備. **3** (言語) 具格.
instrumentalización 囡 道具として利用すること.
instrumentalizar 他 を道具として利用する.
instrumentar 他 **1** を管弦楽用に編曲する. **2** を編成する, 組織化する.
instrumentista 共 **1** 器楽演奏家; 楽器製作者; 管弦楽の編曲者. **2** 外科手術の助手.
*****instrumento** 男 **1** 道具, 器具, 用具. ―~ de precisión 精密器械. **2** 楽器. ―~ de cuerda [percusión, viento] 弦[打, 管]楽器. **3** 手段, 方便. **4** 公文書, (証明)書類.
instruy- 動 →instruir [11.1].
insubordinación 囡 不服従, 反抗.

insubordinado, da 過分 [→ insubordinar] 形 従順でない(人), 反抗的な(人).
insubordinar 他 を反逆[反抗]させる. ―― **se** 再 反逆[反抗]する.
insubstancial, insustancial 形 **1** 味のない, 味のうすい. **2** 無味乾燥の, 面白味[内容]を欠いた.
insubstancialidad, insustancialidad 囡 **1** 味のないこと. **2** 無味乾燥, 面白味[内容]を欠くこと.
insubstituible, insustituible 形 代わりのできない, 代替できない.
insuficiencia 囡 **1** 不足, 不十分. **2** (医学) 機能不全. **3** 覆 欠陥, 不適切(な点).
insuficiente 形 不足な, 不十分な. ――男 (初等中等教育における)不合格, 落第(の評点).
insuflador 男 注入[送入]チューブ.
insuflar 他 **1** (医学) (ガス・液体・粉末などを)吹き入れる, 送入する. **2** (感情)を吹き込む, 鼓吹する.
insufrible 形 **1** 耐えられない, 我慢できない. **2** 我慢のならない, 手に負えない.
ínsula 囡 《文》島 (→isla).
insular 形男女 島の, 島に住む(人).
insularidad 囡 **1** 島国であること, 島国性; 島国根性. **2** 孤立.
insulina 囡 《生化, 薬学》インシュリン(ホルモンの一種で, 糖尿病の特効薬).
insulinodependiente 形男女 (医学) インシュリン依存性の患者.
insulso, sa 形 **1** 味のないこと, 無味. **2** 無味乾燥, 面白味のない.
ínsulso, sa 形 **1** 味のない; まずい. **2** 無味乾燥な, 面白味のない.
insultada 囡 《中南米》侮辱すること, ののしること.
insultador, dora 形名 侮辱する(人), 無礼な(人).
insultante 形 **1** 侮辱的な, 無礼な. **2** 屈辱的な, 恥ずかしい思いをさせる.
insultar 他 を侮辱する, ののしる.
insulto 男 侮辱[無礼]な言動; 侮辱の言葉.
insumergible 形 沈むことのない, 不沈の.
insumisión 囡 不服従.
insumiso, sa 形名 **1** 屈服(降伏, 帰順)しない(人). **2** 反抗的な(人), 従順でない(人).
insumo 男 (経済)(資本などの)投入; 基本的消費財.
insuperable 形 **1** (品質などが)最高の, 極上の. **2** 乗り越えられない, 克服しがたい.
insurgencia 囡 反乱; 反乱軍[グループ].
insurgente 形 反乱の, 反乱を起こした. ――男女 反乱者, 暴徒.
insurrección 囡 反乱, 暴動, 蜂起.
insurreccional 形 反乱の, 暴動の.
insurreccionar 他 を反乱させる, 蜂起させる. ―― **se** 再 反乱する, 蜂起す

る.
insurrecto, ta 形 (体制に対して)反乱した, 決起した. ── 名 (体制に対する)反乱者.
insustancial 形 →insubstancial.
insustancialidad 女 →insubstancialidad.
insustituible 形 →insubstituible.
intachable 形 (言動などが)非の打ちどころがない, 落ち度のない, 申し分のない.
intacto, ta 形 **1** 手をつけていない, 元のままの, 完全な. **2** 無傷の, 無欠の. **3** (問題などが)扱われていない.
intangible 形 **1** 侵してはならない, 不可侵の. **2** 手に触れられない.
intégerrimo, ma [íntegro の絶対最上級] 形 すこぶる完全な; この上なく高潔な.
integrable 形 《数学》積分可能な.
integración 女 **1** 統合; 合併. **2**《数学》積分法. **3**(情報)集積(化).
integrado, da 形 [→integrar] **1**(全体の中に)統合された; (情報) 集積された. ──circuito ── (電気) 集積回路.
integrador, dora 形 統合的な, 全体的な.
integral 形 **1**(構成部分をすべて含んで)完全な, 全面的な. ──educación ── 全人教育. **2**(全体の一部として)欠くことのできない, 肝要な. **3**《数学》整数の; 積分の. ──cálculo ── 《数学》整数 積分法. ▶**pan integral** 無精白の小麦粉で作ったパン.
integralmente 副 全部, ことごとく.
integrante 形 (全体の)一部を構成する, 構成要素の. ── 男女 構成員[要素].
integrar 他 **1**(全体)を構成する, 形成する. ──Veinte jugadores *integran* el equipo. 20人の選手がそのチームを構成している. **2**[+en に]を入れる, 加える; を統合する; を一体化する. **3**《数学》を積分する. ── **se** 再 [+en に] 加入する, 入会する; 同化する, とけこむ. ──*Se integró pronto en la clase.* 彼はすぐクラスにとけこんだ.
integridad 女 **1** 完全, 無欠; 全部. **2** 高潔, 潔癖, 公正.
integrismo 男 **1**(歴史)(スペインインテグリスモ, 伝統完全保持主義(19世紀末, 教権的カトリックの伝統保持を主張し, 自由主義思想に対抗した). **2** 原理主義. ── ~ islámico イスラム原理主義.
integrista 男女 (歴史) 伝統完全保存主義の[主義者], 教権党の(党員). ── ~ islámico. イスラム原理主義者.
íntegro, gra 形 **1** 全体の, まるごとの, 完全な. **2** 公正な, 高潔な, 実直な.
intelectivo, va 形 知力のある, 理解力のある. ── 女 知力, 理解力.
intelecto 男 《文》知性, 理解力.
intelectual [インテレクトゥワル] 形 知性の; 知識のある. ──un trabajo ── 知の(頭脳)労働. ── 男女 知識人, 有識者, インテリ.
intelectualidad 女 **1** 知性, 知的であること. **2** 知識階級, (集合的に)知識人.
intelectualismo 男 **1**(哲学)主知主義, 主知論. **2**(軽蔑)知識偏重.
intelectualista 形 **1**(哲学)主知主義の(人). **2**(軽蔑)知識偏重の(人).
intelectualizar 他 を知的にする, に知性を与える.
inteligencia 女 **1** 知性, 知能; 理解(力). ── ~ artificial 人工知能(第5世代コンピューター). **2** 高い知性の持ち主, 知識人, インテリ. **3** スパイ活動, 諜報活動. ──servicios de ~ 情報機関.

inteligente [インテリヘンテ] 形 **1** 頭のよい, 利口な, 聡明な. **2** コンピューター化された, 情報化された. ──edificio ── インテリジェントビル. ── 男女 頭のよい[利口な, 聡明な]人.

inteligibilidad 女 理解できること, 明瞭なこと.
inteligible 形 **1** 理解できる, 分かりやすい. **2** はっきり聞き取れる, 明瞭な.
intemperancia 女 **1** 不節制, 放縦; 暴飲暴食. **2** 不寛容, 妥協しないこと.
intemperante 形 **1** 不節制な, 放縦な; 暴飲暴食する. **2** 不寛容な, 非妥協的な.
intemperie 女 天気の不順; 気候の厳しさ. ▶*a la intemperie* 野天で, 吹きさらしの.
intempestivamente 副 折悪しく; 時期外れに.
intempestivo, va 形 時ならぬ, 折悪しい; 時期を外れた.
intemporal 形 時を超えた.
intención 女 **1** 意図, 意志, 意向. ──Teníamos (la) ~ de ayudarle. 私たちは彼を助けるつもりだった. (de) buena ── 善意(で). (de) mala ── 悪意(で). **2** 供養, 追悼(のミサ). ▶*con intención* わざと, 故意に. *de primera intención* 初めは. *segunda [doble] intención*《話》裏表[二心 (ふたごころ)]のあること, 腹黒さ.
intencionadamente 副 故意に, わざと.
intencionado, da 形 故意の, 意図的な. ▶*bien [mal] intencionado, da* → bienintencionado, malintencionado.
intencional 形 故意の, 意図的な.
intencionalidad 女 意図性.
intendencia 女 **1**(軍事) 補給部隊, 補給隊[監督官]の職務; その事務所. **2** 監督(職), 管理(職). **3**(南米) 行政区, 市役所; 市庁舎.
intendente 男女 **1** 主計長官, 経理局長. **2**(軍事)管理局長, 監督官. **3**(南米) 市町長.
intensidad 女 強さ, 激しさ, 強度. ▶*intensidad de la corriente* 電流の強さ, 電流の単位.
intensificación 女 強める[強まる]こ

と, 強化. 増大.

intensificar [1.1] 他 を強化する, 強める. ― **se** 再 強まる, 強力になる.

intensión 女 1→intensidad. 2《音声》調音の第一段階.

intensivo, va 形 1 集中的な, 集約的な. ―curso ~ 集中コース. 2《言語》強意の, 強調の.

intenso, sa 形 1（程度が）強い, 激しい; 濃い. ―un ~ olor a colonia オーデコロンの強烈なにおい. dolor ~ 激痛. un rojo ~ 濃赤色.

intentar 他 を企てる, 試みる; [+不定詞]…しようと努める, …するつもりである. ―Intentaron provocar una revolución. 彼らは革命を起こそうと企てた.

intento 男 1 意図, 目的. 2 試み, 未遂行為. ―~ de robo [suicidio] 窃盗 [自殺] 未遂. ▶ **de intento** わざと, 故意に.

intentona 女 （失敗に終わる）無謀な企て, たくらみ.

interacción 女 相互作用.

interaccionar 自 相互作用を起こす, 相互に作用する.

interactividad 女《情報》双方向 [性], 対話式.

interactivo, va 形 1 相互作用の, 相互に作用する. 2《情報》双方向の, 対話式の.

interamericano, na 形 南北アメリカ大陸諸国間の.

interandino, na 形 アンデス諸国間の.

interanual 形 前年度比の.

interbancario, ria 形 銀行間の.

intercalación 女 挿入, 間に加えること.

intercalar 他 [+en に] を挿入する, [+entre の間に] を入れる.
― **se** 再 1 挿入された, 間に入り込んだ. 2 (日・月などが)閏(うるう)になるように挿入された, 閏の.

intercambiable 形 交換できる, 取り換え可能な.

intercambiador 男 [スペイン]（交通機関の）乗り換えターミナル;《技術》交換機.

intercambiar 他 を相互交換する;（情報）をスワップする. ― **se** 再 を交換し合う.

intercambio 男 1 相互交換; 相互交流. 2 交易, 貿易 (= comercial).

interceder 自 [+por/a favor de のために] 仲裁する, とりなす.

intercelular 形《生物》細胞間の.

intercepción, interceptación 女 1 横取り,（通信の）傍受. 2 遮(しゃ)断, 妨害; 迎撃.

interceptar 他 を途中で捕らえる[奪う], 横取りする;（通信）を傍受する. 2 を遮(しゃ)る, 妨害する; 迎撃する.

interceptor, tora 形 1 横取りする, 遮(しゃ)る. 2《軍事》迎撃機の. ― 男《軍事》迎撃機.

intercesión 女 仲裁, とりなし.

intercesor, ra 形 仲裁の, とりなしの. ― 名 仲裁人, 調停者.

intercity 男 [スペイン]（都市間を結ぶ）長距離高速列車.

interclasista 形 社会階層間の.

intercolumnio 男《建築》柱間, 二つの柱の間の空間.

intercomunicación 女 1 相互の通信; 相互連絡. 2（電話の）内線通話.

intercomunicador 男 インターコム, インターホン.

intercomunitario, ria 形 自治体 [共同体]間の.

interconectar 他 を相互に連絡させる.

interconexión 女 相互連結.

intercontinental 形 （特にヨーロッパとアメリカ）大陸間の, 大陸をつなぐ.

intercostal 形 肋(ろっ)骨の.

intercultural 形 異文化間の.

intercurrente 形《医学》併発性の.

interdental 形 女《音声》歯間音の(の).

interdepartamental 形 部局間の; 各学部[学科]の.

interdependencia 女 相互依存, 持ちつ持たれつ.

interdependiente 形 互いに依存する, 持ちつ持たれつの.

interdicción 女《法律》禁止.

interdicto, ta 形《法律》禁止を受けて; 禁治産の. ― 名《法律》禁治産者. ― 男 1《法律》禁止. 2 宗務停止.

interdigital 形《解剖》指間の.

interdisciplinar, interdisciplinario, ria 形 学際的な.

interdisciplinari(e)dad 女 学際性, 学際的な性格.

interés 男 1 興味, 関心. ―una conferencia de mucho ~ とても興味深い講演. 2 [主に 複] 利益, 利害. ―~ público 公共の利益. intereses creados 既得権益. 3 利子, 利息. ―~ simple [compuesto] 単[複]利. 4 覆 財産. ▶ **en interés de** …のために.

interesado, da 過分 [→ interesar] 形 1 [estar +] [+en/por に] 興味を持った, 関心のある. ―estar ~ en la conservación medioambiental 環境を守ることに関心がある. 2 利害関係のある. ―parte interesada 当事者. 3 私心のある, 打算的な. ― 名 1 関心のある人. 2 当事者, 関係者. 3 私心のある人, 打算的な人.

interesante 形 1 おもしろい, 興味をひく. 2 魅力的な. ▶ **hacer(se) el interesante** 関心をひこうとする.

interesar [インテレサル] 他 1 …に興味[関心]を持たせる, 愛情[愛着]を持たせる. ―Esta poesía me interesa mucho. この詩は私には面白い. 2 [+en に] を参加させる, 関

与させる. **3**〖+a に〗を要請する, 懇願する. **4**《文》に損害を与える. ━ 圓 〖+ a に〗関心[興味]を引き起こす. ━Este problema ya no *interesa* a nadie. この問題はもう誰の関心も引かない. ━ *se* 再 〖+ por に〗興味を抱く, 関心を持つ. ━Ese chico *se interesa* por ti. その青年は君に気がある.

interestatal 形 国家間の; 州間の.

interestelar 形 星と星との間の, 恒星間の.

interface [<英] 男 →interfaz.

interfase 囡 《生物》中間期.

interfaz 囡 《情報》インターフェース.

interfecto, ta 形名 惨殺された(人).

interferencia 囡 **1** 干渉; 妨害. ── gubernamental. 政府の干渉. **2**《物理》(電波などの)干渉, 混信. **3**《スポ》インターフェア.

interferir [7] 圓 **1**《物理》干渉する. **2** 干渉する; 妨害[邪魔]する; 電波障害を起こす. ─を妨害する. ━ *se* 再 〖+en に〗干渉[介入]する, 口出しする.

interferón 男《医学》インターフェロン.

interfijo, ja 形《言語》接中辞の. ━ 男 接中辞.

interfluvio 男《地理》河間地域.

interfono 男 インターフォン.

intergaláctico, ca 形《天文》星雲間の.

interglacial 形 間氷期の.

intergubernamental 形 政府間の.

ínterin 男 **1** その間. **2** 代理期間. ► *en el interin* その間に.

interinamente 副 **1** その間に, そうこうする間に. **2** 臨時に, 代理で.

interinato 男 〖中南米〗→interinidad.

interinidad 囡 **1** 臨時, 代理. **2** 代行期間.

interino, na 形 臨時の, 代理の. ━ 名 代理者, 代行者.

interior [インテリオル] 形 **1** 中の, 内の; 奥の. ─ropa ~ 下着. habitación ~ (通りに面していない)奥の部屋. **2** 内心の, 内面の. ─vida ~ 精神生活. **3** 国内の. ─política [comercio] ~ 国内政治[取り引き]. **4**《地理》内陸の, 奥地の. **2**《地理》内陸, 奥地. **3**《サッカーなどの)インナー; インサイド. **4**《主に 〖中南米〗(下着の)パンツ, ブリーフ, トランクス.

interioridad 囡 **1** 内(部), 内部性. **2** 複 内部事情, 私事.

interiorismo 男 インテリアデザイン.

interiorista 男女 インテリアデザイナー.

interiorización 囡 **1** (感情などを)表さないこと. **2** (思想などへの)理解を深めて身に付けること. **3**《心理》内面化, 内在化.

interiorizar 他 **1** (感情などを)内に秘めて表さない. ━ *se* 再 **1** 内にこもる. **2**〖+en の〗理解を深めて身に付ける.

interiormente 副 **1** 内部で[は], 内側は. **2** 心のうちで.

interjección 囡《言語》間投詞.

interjectivo, va 形 間投詞の.

interlínea 囡 **1** 行間. **2**《印刷》インテル(行間をあけるための差し鉛).

interlineación 囡 **1** 行間への書き入れ. **2**《印刷》行間にインテルを入れること.

interlineado, da 過分 〖→interlinear〗 **1** 行間に書き入れた. **2**《印刷》行間にインテルを入れた. ━ 男 行間.

interlinear 圓 行間に書き入れられた.

interlinear 他 **1** を行間に書き入れる. **2**《印刷》…の行間にインテルを入れる.

interlocución 囡 会話, 対話.

interlocutor, tora 名 **1** 対話者, 話し相手. **2** 複 会議の参加者, 話し手.

interludio 男 **1**《音楽》間奏曲. **2** 幕間の寸劇(音楽, 映画).

interlunio 男《天文》無月期間.

intermediación 囡 **1** 仲裁. **2** 仲介(業).

intermediador, dora 形名 仲介する(人), 仲介業(の).

intermediar 圓 〖+ de の〗仲介(をする), 仲裁(をする).

intermediario, ria 形 中間の, 中継の. ━ 名 仲介者, 仲裁者; (生産者と消費者との間に立つ)中間商人.

intermedio, dia 形 **1** (時間・空間の中で)…の間にある, 中間の. ─los años ~s その間に経過した歳月. **2** 中くらいの, 並みの. ─precio ~ まあまあの値段. ━ 男 (劇・演奏会・会議などの)休憩時間, 幕間(まくあい). ► *por intermedio de...* を介して.

intermezzo [<伊] 男《音楽》間奏曲; 幕間劇.

interminable 形 果てしない, 終わりのない.

interministerial 形 各省間の.

intermisión 囡 休止, 絶え間, 途切れ.

intermitencia 囡 **1** 間欠, 継続. **2**《医学》間欠症状, 間欠熱.

intermitente 形 間欠的な, 断続的な. ━ 男 **1**《自動車》方向指示器, ウインカー. **2**《情報》ブリンク. **3**《医学》間欠熱.

intermodal 形 あらゆる輸送機関を統合した, 一本化した輸送体系の.

intermolecular 形 分子間の.

internación 囡 **1** (病院などへの)収容, 入院. **2** (奥地への)入り込み.

internacional 形 国際的な, 国際の, 国家間の. ─derecho ~ 国際法. relaciones ~es 国際関係. ━ 名《スポ》国際競技会出場選手, 国の代表選手. ━ 囡《歴史》インターナショナル, 国際労働者同盟; インターナショナルの歌.

internacionalidad 囡 国際性.

internacionalismo 男 **1** 国際性. **2** 国際主義.

internacionalista 形 国際主義的な. ━ 男女 **1** 国際主義者. **2** 国際法研究者.

internacionalización 囡 国際化.

internacionalizar [1.3] 他 (領土・事件などを)国際化する;国際管理下に置く. ― **se** 再 国際化する,国際的なものになる.

internacionalmente 副 国際的に.

internado, da 過分 (→internar(se)) 形 名 収容された(人). ― 名 ❶集合的に 寄宿生. ❷全寮制の学校. 寄宿舎;寄宿制度(=régimen de ~). ❸寄宿生活. ❹収容,隔離. ― ❺ un hospital ~ 入院生活. ❸《医学》臨床研修期間. ― 囡 (スポ)(球技で)敵陣内へのすばやい斬り込み,速攻.

internamente 副 内心,内心では.

internamiento 男 収容,入院;収容期間.

internar 他 [＋en に] ❶を収容する,入院させる;抑留する. ❷(内部に)移す;連れ込む,侵入する. ― El ladrón se internó en el bosque. どろぼうは森に逃げ込んだ. ❸(問題などを)掘り下げる,探求する. ― **se** 再 [＋en に] ❶入り込む,侵入する. ❷(研究に)深入りする.

internauta 男女 (情報)ネットサーファー.

internet 男 囡 インターネット.

internista 形 《医学》内科の. ― médico ~ 内科医. ― 男女 《医学》内科医.

interno, na [インテルノ, ナ] 形 ❶内部の;国内の. ― asuntos ~s de un país 国の内政問題. medicina interna 内科(学). ❷寄宿の. ― estudiante ~ 寄宿生. ❸《医学》レジデントの. ― 名 ❶寄宿生;《医学》レジデント.

internuncio 男 ❶代弁者. ❷教皇の代理公使.

interoceánico, ca 形 大洋間の.

interparlamentario, ria 形 (二国以上の)議会間の;国際的議員団の.

interpelación 囡 ❶(議会などでの)質問,釈明要求. ❷請願,嘆願.

interpelante 男女 (議会で)質問する(代議士・議員).

interpelar 他 ❶議会で(政府などに)質問する,説明を求める. ❷を請願する.

interpersonal 形 男女 個人間(対人)の.

interplanetario, ria 形 惑星間の.

interpolación 囡 加筆,改ざん.

interpolador, dora 形 名 加筆(改ざん)する(人).

interpolar 他 を挿入する;…に加筆する;改ざんする.

interponer [10.7] 他 ❶[＋entre の] 間に…を置く,さし挟む. ❷(権力などを)介在[介入]させる,行使する. ❸《司法》(異議)を申し立てる. ― **se** 再 ❶[＋entre の] 間に入る,間に割って入る,介入する. ❷[＋en に] 立ちはだかる,遮(さえぎ)る,じゃまをする.

interposición 囡 ❶間に入ること,介在. ❷仲裁;干渉. ❸《法律》(控訴の)提起.

interpretación 囡 ❶解釈,説明. ❷(映画,演劇)演技,演出;(音楽)演奏. ❸通訳.

interpretar 他 ❶を解釈する,解説する. ― Has interpretado mal mis palabras. 君は私の言葉をまちがって受け取った. ❷を演じる;演奏する. (代りに)実現する. ― ~ una pieza de Chopin ショパンの曲を演奏する. ❸を通訳する,翻訳する,代弁する.

interpretativo, va 形 解釈(用)の.

intérprete 男女 ❶通訳(者). ❷解釈者,注釈者. ❸代弁者. ❹演奏者,演技者,歌手. ❺《情報》インタープリター.

interprofesional 形 職業[職種]間の.

interprovincial 形 県[地方]相互の.

interpuesto, ta 過分 (→interponer) 形 間に入った,挿入された.

interracial 形 異人種間の.

interregional 形 地域間の.

interregno 男 ❶(元首の)空位期間. ❷(政府の)空白期間.

interrelación 囡 相関[相互]関係.

interrelacionar 他 を相互に関係させる. ― **se** 再 [＋con と] 相互に関係する.

interrogación 囡 ❶尋問,質問. ❷《言語》疑問(文);疑問符(¿,?). ― signo de ~ 疑問符.

interrogador, dora 形 名 質問する(人).

interrogante 形 疑問の,いぶかしげな,問いかけるような. ― 男 ❶疑問(点);問題. ❷疑問符.

interrogar [1.2] 他 …に質問する,を訊問する.

interrogativo, va 形 疑問の,疑問を表す.

interrogatorio 男 尋問,取調べ;尋問調書.

interrumpido, da 過分 (→interrumpir) 形 ❶中断した,さえぎられ,ストップした,遮断された. ❷(話が)さえぎられた.

interrumpir 他 ❶を中断する,妨げる,邪魔する. ❷(他人の話)をさえぎる. ― **se** 再 ❶中断される,止まる,停止する. ❷話をやめる,口をつぐむ.

interrupción 囡 ❶中断,妨害. ― hablar sin ~ 絶え間なく話す. ― voluntaria del embarazo 人工妊娠中絶. ❷遮断,不通. ❸《情報》ブレーク,割り込み. ― ~ sincrónica (情報)トラップ.

interruptor, tora 形 さえぎる,妨害する. ― 男 《電気》スイッチ,開閉器,断流器.

intersección 囡 ❶交差点. ❷《数学》(2直線・2平面の)交わり;交点,交線.

intersexual 形 両性間の;両性的な. ― 男女 両性的な人.

intersexualidad 囡 《医学》両性間.

intersindical 形 労働組合間の.

intersticio 男 ❶間隙(かんげき),すき間,裂け

interterritorial 日. 2《解剖》組織間隙.
interterritorial 形 各территoрия[国土]間の.
intertropical 形 南北回帰線間の, 南北熱帯地方間の.
interurbano, na 形 都市間の.
intervalo 男 1 (時間的)間隔, 合間. 2 (空間的)間隔. 3《音楽》音程. ▶a intervalos をおいて, ときどき.
intervención 女 1 干渉, 介入; 参加. 出演. 2 会計検査, 監査(役[室]). 3《医学》手術. ─〜 quirúrgica 外科手術.
intervencionismo 男 干渉主義[政策].
intervencionista 形 干渉の, 干渉主義の. ── 男女 干渉主義者.
intervenir [10.9] 自 [+en に] 1 加わる, 参加する; 出演する; かかわる, 関与する. 2 介入する, 干渉する; 仲裁する. ── 他 1《医学》手術をする. 2 を盗聴する; (郵便などを)検閲する. ─〜 el teléfono 電話を盗聴する. 3 を規制[制限]する. 4 (会計)を検査する, 監査する. 5 …に(内政)干渉する.
interventor, tora 形 干渉する, 仲裁する. ── 名 1 会計検査官, 監査役. 2 選挙[投票]立会人.
intervertebral 形《解剖》椎間の.
interviú 女 インタビュー, 会見.
intervocálico, ca 形《音声》(子音が)母音間にある.
intestado, da 形《法律》遺言のない. ── 名《法律》遺言を残さないで死亡した人.
intestinal 形 腸の.
intestino, na 形 内部の, 集団内の, 国内の. ── 男《解剖》腸. ─〜 ciego 盲腸. ─〜 delgado 小腸. ─〜 grueso 大腸.
intimación 女 通告; 命令, 申し渡し.
íntimamente 副 親しく, 親密に, 密接に; 内心で.
intimar 他 を通告[命令]する, 言い渡す. ── 自 [+con と] 親しくする, 仲良くなる. ── se 再 親しくなる, 仲良くなる.
intimidación 女 脅し, 強迫, 威嚇(いかく).
intimidad 女 1 親密さ, 親密な関係. 2 私事, 私生活, プライバシー. ─derecho a la 〜 プライバシーの権利. 3 中側, 内輪. ─La boda se celebró en la 〜. 結婚式は内輪で行なわれた. 4 (場所の)落ち着き, くつろぎ. 5 奥 腹部.
intimidar 他 を脅す, 威嚇する. ── se 再 こわがる, おじけづいる.
intimidatorio, ria 形 おどしの, 威嚇する.
intimismo 男《美術, 文学》内面描写[日常描写]の主潮.
intimista 男女《美術, 文学》内面派の(画家, 作家).
íntimo, ma 形 1 親密な, 密接な. ─amigo 〜 親友. 2 内心の, 心の奥の. 3 私的の, 個人的な, 内輪の. ─una fiesta íntima 内輪のパーティー. ── 名 親友.

intitular 他 …に題をつける. ── se 再 …と題する[呼ばれる].
intocable 形 1 触れられない, 触知できない; 触れてはならない. 2 問題にできない, 批判を許さない. ── 男女 (インドの)最下層民.
intolerable 形 1 認め[許し]難い. 2 我慢できない, 耐え難い.
intolerancia 女 1 不寛容; 狭量. 2《医学》(食べ物・薬品に対する)アレルギー, 不耐性.
intolerante 形 男女 不寛容な(人); 狭量な(人).
intonso, sa 形 1 髪を伸ばしたままの. 2 無知な, 粗暴な. 3 (本の縁を)裁断していない.
intoxicación 女 中毒. ─〜 alimenticia [etílica] 食[アルコール]中毒.
intoxicar [1.1] 他 1 を中毒させる. 2 (思想などを)宣伝する, 流布させる. ── se 再 中毒になる.
intracelular 形 細胞内の.
intradérmico, ca 形《医学》皮膚内の.
intradós 男《建築》(アーチや丸天井などの)内輪, 内巻.
introducible 形 翻訳できない.
intramuros 副 城壁内に; 市内に.
intramuscular 形《医学》筋肉内の. ─inyección 〜 筋肉(内)注射.
intranet 女《情報》イントラネット.
intranquilidad 女 不安, 心配, 憂慮.
intranquilizador, dora 形 不安にする.
intranquilizar [1.3] 他 を心配させる, 不安にする. ── se 再 [+de を] 心配する, 不安に感じる.
intranquilo, la 形 1 [estar+] 不安な, 心配な; 不穏な. 2 [ser+] 落ち着きのない; 神経質な.
intrascendencia 女 重要でないこと, 取るに足りないこと.
intrascendente 形 → intrascendente.
intransferible 形 譲渡不能の.
intransigencia 女 非妥協(性), 頑固さ.
intransigente 形 非妥協的な, 頑固な; 要求の多い.
intransitable 形 (道や場所が)通れない, 通行不能の.
intransitivo, va 形《言語》自動詞の. ── 男 自動詞.
intransmisible 形 伝達できない.
intransmutable 形 転換できない, 変換できない.
intrascendente 形 重要でない, 取るに足りない.
intratable 形 1 扱えない, 扱いにくい, 処理できない. 2 非社交的な, 付き合いづらい.
intrauterino, na 形《医学》子宮内の, 胎内の.
intravenoso, sa 形《医学》静脈内

の. —inyección intravenosa 静脈内注射.

intrepidez 囡 **1** 大胆, 剛勇. **2** 向こう見ず.

intrépido, da 形 **1** 大胆な, 勇敢な. **2** 向こう見ずな.

intriga 囡 **1** 陰謀, 策謀, はかりごと. **2** 筋(立て), プロット.

intrigante 形 **1** 陰謀をめぐらす, 策謀を企てる. **2** 興味[好奇心]をそそる. ━ 名 陰謀家, 策略家.

intrigar [1.2] 自 陰謀をめぐらす, 策謀を企てる. ━ 他 …の興味[好奇心]をそそる.

intrincación 囡 錯綜, 紛糾.

intrincado, da 過分 (→ intrincar) 形 **1** 入り組んだ, もつれた. **2** 錯綜した, 複雑な.

intrincar [1.1] 他 を錯綜させる, 複雑にする; もつれさせる.

intríngulis 男 [単複同形] **1** 困難, 厄介. **2** [話]ほの見えた下心.

intrínseco, ca 形 本来備わっている, 本質的な, 固有の.

introducción 囡 **1** 入れること, 入ること; 導入. **2** 序文, はしがき. **3** 《音楽》序奏, 導入部. **4** 入門. —~ a la filosofía 哲学入門.

introducir [9.3] 他 **1** [+ en に]を入れる, 挿入する, 差し込む. —~ la mano en el saco 袋に手を入れる. **2** [+ en に]を招き入れる, 案内する; (人)を紹介する. —El criado lo introdujo en la sala de espera. 召使いが彼を接待室に案内した. **3** [+ en に]を導入する, 取り入れる; (作品などに)を登場させる. —~ palabras extranjeras en un idioma 言語に外国語を取り入れる. **4** を持ち込む. —~ el desorden 無秩序をもたらす. ━ se [+ en に]入る, 入り込む. **2** 入れこもう, 加わる.

introductor, tora 形 案内の; 導入の, 紹介する. ━ 名 案内者; 導入者, 紹介者.

introductorio, ria 形 紹介の, 案内の, 導入の.

introito 男 **1** 《カト》入祭文, 入祭唱(ミサの初めの祈り). **2** (古代劇の)前口上.

intromisión 囡 干渉; おせっかい, 口出し.

introspección 囡 《心理》内省, 内観; 自己省察[分析].

introspectivo, va 形 内省の, 内観的な.

introversión 囡 《心理》内向(性).

introverso, sa 形 →introvertido.

introvertido, da 形 《心理》内向性の(人), 内向的な(人), 内気な(人).

intrusión 囡 **1** 侵入, 闖入(ﾁﾝﾆｭｳ), 押し入り. **2** 貫入物; 《地学》貫入岩.

intrusismo 男 無資格での営業.

intruso, sa 形 侵入した, 押し入った; 不法営業の. ━ 名 侵入者, 闖入者; 不法営業者; 《情報》クラッカ.

intubación 囡 《医学》(気管への)挿管.

intubar 他 《医学》を挿管する.

intuición 囡 直観(力), 直覚; 勘.

intuicionismo 男 《哲学》直観主義.

intuir [11.1] 他 を直観で知る, 直観する.

intuitivo, va 形 直観の, 直観的な, 直覚の.

intumescencia 囡 《文》《医学》腫れ上がり, 膨隆.

intumescente 形 膨張している, 腫れ上がる.

inundación 囡 **1** 洪水, 浸水. **2** (物の)氾濫.

inundar 他 **1** を水浸しにする, …に(水を)氾濫(ﾊﾝﾗﾝ)させる, 洪水を起こす. **2** [+ de で] であふれさせる, 一杯にする, 満たす. —~ la televisión de publicidad テレビを広告だらけにする. ━ se 再 **1** 水浸しになる, 洪水になる. **2** [+ de で]あふれる, 一杯になる, 満ちる.

inusitado, da 形 異常な, 普通でない.

inusual 形 普通でない, 異常な.

inútil 形 **1** 役に立たない, 役立たずの. **2** 無用の, むだな. —Es ~ que grites. お前が叫んでもむだだ. **3** (兵役などに)適さない. ━ 男女 役立たず(の人).

inutilidad 囡 **1** 役に立たないこと[もの], 無用. **2** 徒労; 役立たず.

inutilización 囡 役に立たなくする[なる]こと.

inutilizar [1.3] 他 を無用にする, 役に立たなくする, 台無しにする. ━ se 再 無用になる, 役に立たなくなる, 台無しになる.

inútilmente 副 むだに, 無益に, むなしく.

invadeable 形 (川などが)歩いて渡れない; (比喩的に)乗り越えられない.

invadir 他 **1** …に侵入する, を侵略する. を侵害する. **2** …に押し寄せる, 殺到する. —Los turistas invadieron la ciudad. 観光客がこの町にあふれかえった. **3** …にする気を起こさせる, をかき立てる, (感情に)襲う. —Le invadió un gran temor. 大きな恐怖が彼を襲った.

invaginación 囡 《医学》腸管の接合(手術); 陥入, 重積.

invaginar 他 《医学》(腸管)を接合する; 陥入[重積]させる. ━ se 再 《医学》(腸管)陥入[重積]する.

invalidación 囡 無効(化), 失効.

invalidar 他 を無効にする, 失効させる.

invalidez 囡 **1** (人について)身体障害, 不能. **2** 《法律》無効.

inválido, da 形 名 **1** (身体)障害を負った(人). **2** 《法律》無効の, 効力のない.

invalorable 形 《中南米》→invaluable.

invaluable 形 大変貴重な.

invariabilidad 囡 不変性.

invariable 形 **1** 変化しない, 不変の, 一定の. **2** 《言語》不変化の.

invariablemente 副 不変に, 変わることなく.

invasión 囡 侵入; 蔓延(ﾏﾝｴﾝ), 氾濫.

invasor, sora 形 侵入する, 侵略する. ━ 名 侵入者, 侵略者.

invectiva 囡 《文学》非難[攻撃]演説.

文書.

invencibilidad 囡 1 無敵. 2 克服できないこと.

invencible 形 1 負けることのない, 無敵の. ―La Armada I～(歴史) 無敵艦隊 (1588年英国に破れたスペインの艦隊). 2 克服できない.

invención 囡 1 発明, 創作. 2 発明品, 作りごと; でっちあげ. ► *patente de invención* 新案特許.

invendible 形 売れない, 売り物にならない.

inventar 他 1 を発明する, 考案する, 考え出す. 2 を創作する; でっち上げる. ―― bellos cuentos 美しい物語を考え出す. ―― **se** 再 (話を)作り上げる, でっち上げる.

inventariar 他 の商品[財産]目録をとる, 棚卸しをする.

inventario 男 商品[財産]目録, 棚卸し表. ► *a beneficio de inventario* = beneficio.

inventivo, va 形 発明の才のある, 創作力に富む. ―― 囡 独創性, 創造力, 発明の才.

invento 男 1 発明品, 考案されたもの. 2 でっち上げ.

inventor, tora 名 発明者, 考案者.

inverecundo, da 形名 恥知らずの(人), 厚顔無恥の.

invernáculo 男 温室.

invernada 囡 1 冬を過ごすこと; 避寒, 冬眠. 2 冬の時期, 冬陽. 3 (中南米) 冬期用の牧場.

invernadero 男 温室. ► *efecto invernadero* →efecto.

invernal 形 冬の. ―― 男 冬用の家畜小屋.

invernar [4.1] 自 1 避寒する, 冬を過ごす. 2 (特に動物が)冬を過ごす, 冬眠する. 3 (南米) (動物が)冬用の牧場で草を食む.

invernazo 男 (中米) (7月から9月の)雨期.

invernizo, za 形 冬らしい, 冬のような.

inverosímil 形 ありそうもない, 本当とは思えない.

inverosimilitud 囡 本当らしくないこと.

inversión 囡 1 (商業) 投資, 出資. 2 (上下の) 逆転; 反転. 3 同性愛. ► *fondo de inversión* →fondo.

inversionista 形男女 投資家(の).

inverso, sa 形 [＋a/de とは] 逆の, 反対の. ► *a [por] la inversa* 逆に, 反対に, あべこべに.

inversor, sora 形 1 投資(家)の. 2 逆の, 反対の. ―― 名 1 投資家. 2 (物理) インバーター.

invertebrado, da 形 1 (動物) 無脊椎(蕢)の. 2 活力のない, もろい. ―― 男 無脊椎動物.

invertido, da 過分 (→ invertir) 形 逆にした, 転倒した. ―― 名 同性愛者.

invertir [7] 他 1 を逆さ[反対]にする,

逆転[反転]させる, あべこべにする. ―― el sentido de la marcha Uターンする. 2 [＋en に] (金)を投資する, 投じる; (歳月)を過ごす. ―― dinero en acciones 株に金を投じる. ―― **se** 再 逆転する, あべこべになる.

investidura 囡 任命(式), (資格の)授与.

investigación 囡 研究, 調査.

investigador, dora 形 1 調査の, 研究の. 2 探るような. ―mirada *investigadora* 詮索するような視線. ―― 名 調査者, 研究者.

investigar [1.2] 他 1 を調査する, 捜査する; 詮索する. 2 を研究する.

investir [6.1] 他 [＋con/de] (人)に(特権・称号など)を授ける, 付与する, 任命する.

inveterado, da 形 《文》 古い, 古くからの; 根深い.

inviabilidad 囡 実現不可能性.

inviable 形 実現不可能な, 実現性のない.

invicto, ta 形 常勝の, 負け知らずの.

invidencia 囡 目が見えないこと, 盲目.

invidente 形 目が不自由な(人).

invierno 男 [インビエルノ] 1 冬. 2 (中南米の赤道地域) 雨期.

inviolabilidad 囡 不可侵(性), 神聖.

inviolable 形 侵すことのできない, 不可侵の; 神聖な.

inviolado, da 形 侵害されていない; 手のつけられていない, 無傷の.

invisibilidad 囡 目に見えないこと, 不可視性.

invisible 形 目に見えない, (小さくて)目につかない. ► *en un invisible* 一瞬のうちに, またたく間に, たちまち.

invitación 囡 招待, 案内; 招待状, 案内状 (→carta [tarjeta] de ～).

invitado, da 過分 (→invitar) 形 招待された. ―Hoy estáis *invitados*. 今日は私のおごりだよ. ―― 名 招待客, 客.

invitar 他 [インビタル] 1 [＋a に] を招待する, 招く, 誘う. 2 (人)におごる, 費用を負担する. ―Te *invito* a un café. 君にコーヒーをおごろう. 3 [＋a＋不定詞, ＋a que＋接続法] (人)に…するように頼む, 促す, 誘う. ―Le *invité* a sentarse. 私は彼に座るように言った. ―― 自 [＋a＋不定詞, ＋a que＋接続法] (…するように)誘う, 気持ちをそそる. ―El frío *invita* a tomar coñac. 寒いのでコニャックが飲みたくなる.

in vitro 〈ラテン〉 形副 試験管内の[で]. ―fecundación ～ 体外受精.

invocación 囡 1 祈願, 祈り. 2 祈願の言葉, 助け[加護]を求める言葉; 呪文(⁶).

invocar [1.1] 他 1 (神, 霊など)に加護を祈願[乞う]する, 助けを祈る. 2 を嘆願[嘆願, 哀願]する. 3 (法などに)訴える; を援用する.

invocatorio, ria 形 祈りの, 祈願の.

involución 囡 後退, 退化, 退縮.

involucionar 自 後退する.

involucionismo 男 (特に政治的)反動主義, 反動的態度.

involucionista 形男女 反動的な(人), 前向きでない(人).

involucrar 他 1 (本論以外のこと)を挿入する, 差しはさむ, 持ち出す. 2 《+ en 》(人)を巻き込む, 関係させる. ── se 再 《+ en 》巻き込まれる; 関係する.

involuntario, ria 形 1 不本意の, 心ならずの. 2 無意識の, 思わず知らずの. —de forma *involuntaria* ついうっかりして. 3 《生理》不随意の.

invulnerabilidad 女 不死身, 傷つけられないこと.

invulnerable 形 1 不死身の, 傷つけられない. 2 《+ a 》屈しない, 耐えうる.

inyección 女 1 注射, 注入; 注射液. —poner una ~ a... ...に注射を打つ. 2 《技術》噴射.

inyectable 形 注射用の; 注射用の. ── 男 《薬学》注射液, 注入薬.

inyectado, da 過分 (→inyectar) 形 充血した, 赤くなった.

inyectar 他 1 《+ en 》に注射する, 注入する. 2 (感情などを)吹き込む, 投入する. ── se 再 (薬物)を自分で注射する.

inyector 男 注射器, 注入器; 噴射器.

iodo →yodo.

ion, ión 男 《化学, 電気》イオン.

iónico, ca 形 《化学, 電気》イオンの, イオンに関する.

ionización 女 《化学, 電気》イオン化, 電離.

ionizante 形 《化学, 電気》イオン化する.

ionizar [1.3] 他 《化学, 電気》をイオン化する, 電離する. ── se 再 イオン化[電離]する.

ionosfera 女 《物理》電離圏; 電離層.

iota 女 イオタ(ギリシア語アルファベットの第9字: I, ι).

IPC (頭字) (< *Índice* de *P*recios de [al] *C*onsumo) 男 消費者物価指数.

ipecacuana 女 1 《植物》吐根(とこん). 2 《薬学》吐根剤.

ípsilon 女 ユプシロン(ギリシア語アルファベットの第20字: Y, υ).

ipso facto 《ラテン》 1 その事実により, その結果. 2 ただちに, すぐに.

ir [イル][19] 自 1 a) (人・乗り物などが)行く; 通う, 通勤[通学]する. —Este autobús no *va* a Segovia. このバスはセゴビアには行かない. *Voy* andando al trabajo. 私は歩いて出勤する. b) (道などが)通じる, 至る; 及ぶ, 達する. —Esta calle *va* a la Plaza Mayor. この通りはマヨール広場に通じている. 2 (ある状態に)ある, いる. —¿Cómo te *va*? ご機嫌いかが. Ella *iba* de negro. 彼女は黒い服を着ていた. 3 《+ a 》似合う. 4 適する, 合う; (気に入る)関係がある, かかわりがある. —No *te va* ese peinado. その髪型は君に似合わない. A ti nada *te va* en eso. 君にとってはどうでもいいことだ. 4 《+ a por/por 》取りに[探しに・買いに]行く, 狙う; 《+ para/por 》(職業など)を目指す; (に)かかっている. —*Voy por* leña. 私は薪を取りに行く. El niño *va para* pintor. その子は画家になりたがっている. 5 《+ con 》(を)支持する, 応援する, (の)味方である; (と)調和する, 釣り合う. —*Yo voy con* el Real Madrid. 私はレアル・マドリードのファンだ. Esa corbata no *va con* el traje. このネクタイはスーツに合わない. 6 《+ de + 名詞》(に)似て, 扮装した; 《+ de/sobre について》扱っている, (の)ことである. —*Voy de viaje* [*de compras*]. 私は旅行[買い物]に行く. La discusión *iba* de política. 議論は政治についてだった. 7 差がある, (数量が)になる. —De 11 a 20 *van* 9. 11と20の差は9である. 8 (カードゲームで)勝負に出る. 賭ける. ► *a eso iba* [*voy*] 《話》まさにそれだよ, 私が言いたかったのはそれだ. *a lo que íbamos* [*iba*] 先ほどの話ですが... *a lo más ido* 《話》もう以上ないまた最上のもの. *estar ido* 《話》頭がいかれている[おかしい]. *ir* 《+ 現在分詞》...している, して行く. *ir* 《+ 過去分詞》...している, されている. *ir a* 《+ 不定詞》...しようとしている, しそうだ; ...するつもりだ; ...しに行く. *ir a lo suyo* 《話》自分のことしか考えない. *ir a más* [*menos*] 《話》繁栄する, 成長する, 豊かになる[衰退, 減退する, 貧しくなる]. *ir bien* [*mal*] 《話》うまく行く[行かない]; 都合がいい[悪い]; よく似合う[似合わない]. *ir demasiado lejos* 度を越す, 行き過ぎである. *ir detrás de*... しつこく...を達成[獲得]しようとする. *ir lejos* 《話》大きな進歩[前進]を遂げる. *ir tirando* 《話》どうにかこうにかやっている. *no* [*ni*] *ir a*... *ni venir a* ser *que* 《+ 接続法》...するといけないから, ...となるといけないから. *no vayas a* 《+ 不定詞》...しないよう注意しなさい. *¡qué va!* とんでもない, 冗談じゃない. *¿quién va?* そこにいるのはだれだ. *vamos* さあ行こう[始めよう]; (促して)さあ, それ; (なだめて)さあさあ, まあ. *vamos a* 《+ 不定詞》【勧誘】...しましょう. —*Vamos a* trabajar. 働こう. *vaya* 《不信・失望》まさか, そんな; (驚いて)何と, まあ, すごい; 《+ 名詞》何という... *vaya usted* [*vete tú*] *a saber* わかるのか, 本当はどうか怪しいものだ. ── se 再 1 《+ de から》立ち去る, 帰る; 《+ a/para に》行ってしまう; [比喩的に]亡くなる. —*¡Vete* de aquí! ここから出て行け. El autobús acaba de *irse*. バスは出てしまったばかりだ. 2 (時間が)過ぎさる. 3 漏れる, 流れ出る, こぼれる. 4 (物・金銭などが)なくなる, 尽きる; (物・記憶などが)消える, 消え失せる. —El salario se *me va* antes de final de mes. 給料は月末までになくなってしまう. 5 足を滑らす, つまずく; (手足などが)思わず動く. —*Se le fue* el pie y cayó al río. 彼は足を滑らせて川に転落した.

ira 囡 はげしい怒り, 激怒. ▶*descargar su ira contra...* に当たり散らす, に怒りをぶちまける.

iracundia 囡 《文》怒りっぽさ; かんしゃく持ち.

iracundo, da 形 怒りっぽい, 短気の, 激しやすい.

Irán 固名 イラン(首都 Teherán).

iranés, nesa →iraní.

iraní 形 イラン (el Irán) の; イラン人の. ── 男女 [複 ~es] イラン人.

Iraq, Irak 固名 イラク(首都 Bagdad).

iraquí 形 イラク (el Iraq/Irak) の; イラク人の. ── 男女 [複 ~es] イラク人.

irascibilidad 囡 《文》怒りっぽさ, かんしゃく持ち, 短気.

irascible 形 怒りっぽい, かんしゃく持ち, 短気な.

iré, iremos 動 →ir [19].

Irene 固名 《女性名》イレーネ.

irg- 動 →erguir [6.3].

iría(-) 動 →ir [19].

iridio 男 《化学》イリジウム(元素記号 Ir).

iridiscencia 囡 虹色, 玉虫色.

iridiscente 形 虹色の, 玉虫色の.

iris 男 **1** 虹 (→ arco ~). **2**《解剖》(眼球の)虹彩(さい). **3**(I~)《神話》イリス(ギリシャ神話の虹の女神).

irisación 囡 《主に 複》虹色の光彩, 虹色を発すること.

irisado, da 過分 [→irisar] 形 虹のような, 虹色の光彩を放つ.

irisar 自 虹色に光る, 虹色の光彩を放つ. ── 他 を虹色にする. ── **se** 再 虹色になる.

iritis 囡〖単複同形〗《医学》虹彩(さい)炎.

Irlanda 固名 **1** アイルランド(首都 Dublín). **2** アイルランド島.

irlandés, desa 形 アイルランド (Irlanda) の; アイルランド人[語]の. ── 男女 アイルランド人. ── 男 アイルランド語.

ironía 囡 **1** 皮肉な状況. —las ~s del destino 運命の皮肉. **2** 皮肉, 当てこすり, 嫌味. **3** 反語(法).

irónicamente 副 皮肉に, 当てこすりに.

irónico, ca 形 **1**(状況が)皮肉な, あいにくの. **2** 皮肉な, 風刺的な; 反語的な.

ironizar [1.3] 他 を皮肉る, からかう. ── 自 〖+sobre について〗皮肉る.

IRPF《頭字》〖<*Impuesto sobre la Renta de las Personas Físicas*〗個人所得税.

irracional 形 **1** 非理性的な, 理性のない. **2** 道理に反した, 不合理な. **3**《数学》無理(数)の.

irracionalidad 囡 理性のないこと, 分別[道理]のなさ; 不合理性.

irracionalismo 男 《哲学》非合理[理性]主義.

irracionalista 形男女 非合理主義の (人).

irradiación 囡 **1**(光·熱などの)発散, 放射; (放射線などの)照射. **2** 波及, 普及.

irradiador, dora 形 発散する, 放射する, 照射する; 広く及ぼす.

irradiar 他 **1**(光·熱などの)を発散する, 放射する. **2** …に(放射線などを)照射する, 当てる. **3**(影響など)を及ぼす. ── **se** 再 《文》(ある活動·影響が)広まる, 普及する.

irrazonable 形 道理に合わない, 筋の通らない; 分別を欠いた.

irreal 形 現実でない, 非現実的な; 架空の, 空想の.

irrealidad 囡 非現実(性), 非実在(性), 現実に反すること.

irrealizable 形 実現[達成]できない.

irrebatible 形 反論の余地のない, 明白な.

irreconciliable 形 **1** 和解[融和]できない, **2** 両立しない, 相容れない.

irreconocible 形 認められない, 認知できない.

irrecuperable 形 取り返しのつかない, 元通りにならない, 回復不能な.

irrecusable 形 拒否できない, 拒めない; 避けられない.

irredentismo 男 民族統一, 失地回復主義;《政治》イッレデンタ(未復地回)併合主義.

irredento, ta 形 未回復の, 未回収の, (特に領土が)外国の支配下にある.

irredimible 形 請け戻せない, 買い戻しのできない.

irreducible, irreductible 形 **1** 削減[縮小, 割引]できない, これ以上小さくならない. **2** 不屈の, 譲らない, 頑固な. **3**〖+a に〗帰しえない. …化しえない.

irreemplazable 形 置き換えられない, 取り替えられない; かけがえのない.

irreflexión 囡 無思慮, 無反省, 軽率.

irreflexivamente 副 思慮なく, 無反省に, 軽率に.

irreflexivo, va 形 無思慮[無反省]な, 軽はずみな.

irrefragable 形 《文》抑止[阻止]できない.

irrefrenable 形 抑制[制御]できない.

irrefutable 形 反論[論駁(なん)]できない, 紛れもない.

irregular 形 **1** 不規則な, 変則な. —*verbo* ~ 《言語》不規則動動詞. *triángulo* ~ 不等辺三角形. **2** 平らでない, ふぞろいの. **3** 不法な, 反則的な.

irregularidad 囡 **1** 規則性のないこと, **2** 不正, 違反.

irrelevancia 囡 非関与性.

irrelevante 形 非関与的な, 無関係な; 取るに足りない.

irreligión 囡 無宗教, 無信仰.

irreligioso, sa 形名 **1** 無宗教の(人), 信仰を持たない(人). **2** 反宗教的な(人).

irremediable 形 **1** 取り返しのつかない, 回復できない. **2** 不可避の, 処置の施し

irremisible 形 許し難い, 容赦できない.

irrenunciable 形 あきらめきれない, 断念できない.

irreparable 形 取り返しのつかない, 償えない.

irrepetible 形 二度とない, 繰り返すことのできない.

irreprensible 形 とがめられない, 非の打ちどころのない.

irrepresentable 形 上演できない.

irreprimible 形 抑え切れない, こらえ切れない.

***irreprochable** 形 非の打ちどころがない欠点のない, 申し分のない.

***irresistible** 形 **1** 抵抗できない, うち勝てない,（衝動などが）抑えきれない. **2** 我慢できない, 耐え難い, こらえきれない. **3** たまらほど魅力的な.

irresoluble 形 解けない, 解決不能な.

irresolución 女《文》不決断; 決断力のなさ, 優柔不断.

irresoluto, ta 形《文》**1** 決断力のない, 優柔不断の. **2** 解決されない. ― 名 優柔不断な人.

irrespeto 男 無礼, 不敬.

irrespetuoso, sa 形 無礼な, 不敬な.

irrespirable 形 **1** 呼吸できない. **2** 呼吸の困難な, 呼吸に適さない.

***irresponsabilidad** 女 無責任.

irresponsable 形 **1** 責任のない, 責任を負わない. **2** 責任感のない, 無責任な. ― 男女 無責任な人.

irretroactividad 女《法律》不遡（そ）及.

irreverencia 女 **1** 不敬, 非礼. **2** 不敬な言動[行為].

irreverente 形 （特に宗教的に）不敬な（人）, 非礼な（人）.

irreversibilidad 女 不可逆性.

irreversible 形 逆転[後退]できない, 不可逆的な.

irrevocable 形 取り消し[変更・撤回]できない.

irrigación 女 **1**《医学》灌注（かんちゅう）, 洗浄; 灌漑. **2** 灌流（かんりゅう）, 潅水.

irrigador 男《医学》灌注[潅腸]器, 洗浄器.

irrigar [1.2] 他 **1**《医学》（体の器官）を灌注[洗浄]する. **2** 灌漑する.

irrisible 形 笑うべき, ばかげた, おかしい.

irrisión 女 **1** あざ笑い, 嘲笑（ちょうしょう）. **2** もの笑いの的, お笑いぐさ.

irrisorio, ria 形 **1** お笑いぐさの, 嘲笑を誘う. **2** わずかな, 取るに足りない.

irritabilidad 女 怒りっぽさ, 短気, かんしゃく.

irritable 形 **1** 怒りっぽい, 短気な. **2**《医学》過敏な.

***irritación** 女 **1** いらだち, 腹立ち. **2**《医学》軽度の炎症.

irritante 形 **1** いらいらさせる, 腹立たしい. **2**《医学》炎症を起こさせる; 刺激性の. ― agente ～ 刺激物[薬].

irritar [イリタル] 他 **1** をいら立たせる, いらいらさせる, 怒らせる.
―Me irrita su actitud. 私は彼の態度にいらいらする. **2** …に炎症を起こさす, をひりひりさせる, 刺激する. **3**（感情）を引き起こす, 高ぶらせる, つのらせる. ―～ el odio [el apetito] 憎悪[食欲]を引き起こす.
― **se** 再 **1**〖＋con/contra/por に〗いら立つ, いらいらする, 怒る. **2** 炎症が起きる, ひりひりする, 刺激を受ける. **3**（感情が）高ぶる, つのる; 激高する.

irritativo, va 形 炎症を起こす.

irrogar [1.2] 他《文》（害など）をもたらす, 引き起こす.

irrompible 形 破る[壊す]ことのできない, 頑丈な.

irrumpir 自〖＋en に〗押し入る, 乱入する.

irrupción 女 押し入ること, 乱入; 闖（ちん）入.

Isaac 固名《男性名》イサク.

Isabel 固名《女性名》イサベル. **2**（～Ⅰ）イサベル1世（1451-1504, カスティーリャおよびスペインの女王, 在位 1474-1504, 通称カトリック女王）. **3**（～Ⅱ）イサベル2世（1830-1904, スペインの女王, 在位 1833-68）.

isabelino, na 形 **1** イサベル[エリザベス]女王時代の;（特にスペインのイサベル2世時代の）. **2** イサベル2世派の. ― 名 **1** イサベル2世派の人.

Isidro 固名《男性名》イシドロ.

isla [イスラ] 女 **1** 島.（特別な用途のための）隔離された場所. ― ～ de peatones 歩行者天国, 車両乗り入れ禁止区域. **3**（陸の）孤島. **4**（無人地帯の中に孤立している）木立ち, 小さな森.

islam **1** イスラム教, 回教. **2**（Ⅰ～）イスラム世界, 回教圏.

islámico, ca 形 イスラムの, 回教の.

islamismo 男 イスラム教, 回教.

islamista 形 男女 イスラム原理主義の（人）.

islamización 女 イスラム化（教化）.

islamizar 他 をイスラム化（教化）する.

islandés, desa 形 名 アイスランド(Islandia) の（人）. ― 男 アイスランド語.

Islandia 固名 アイスランド（首都 Reykjavík）.

isleño, ña 形 名 島の（人）; 島民の.

isleta 女 **1** 小島. **2**（道路の）安全地帯.

islote 男（特に火山性で無人の）小島, 岩島.

ismaelita 形 男女 **1** イシマエル（聖書で, Abraham とその侍女 Hagar との息子）の子孫の. **2** アラビア人の.

ismo 男 主義, 学説, イズム.

isobara, isóbara 女《気象》等圧線.

isobárico, ca 形《気象》等圧線の.

isoclino, na 形《地質》等（傾）斜の.

isocromático, ca 形《物理》同色

isócrono, na 形 《物理》等時性の.

isoglosa 女 《言語》等語線.

isógono, na 形 《物理》(結晶体が)等角の; 等角線の.

isómero, ra 形 《化学》異性(体)の. —— 男 《化学, 物理》異性体.

isométrico, ca 形 **1** 等大[等積, 等量, 等長]の. **2** (鉱物) 軸面の. **3** (韻律)等格調の.

isomorfo, fa 形 《化学, 物理》同形の.

isópodo, da 形 《動物》等脚類の. —— 男 《動物》等脚類.

isósceles 形 《無変化》《数学》二等辺(三角形).

isoterma 女 →isotermo.

isotérmico, ca 形 等温の.

isotermo, ma 形 《気象, 物理》等温(線)の. —— 女 《気象》等温線.

isotónico, ca, isótono, na 形 《物理》同中性子核[アイソトーン]の. —— 男《物理》同中性子核, アイソトーン.

isotópico, ca 形 《物理》アイソトープの, 同位体の, 同位元素の.

isótopo 男 《化学》アイソトープ, 同位元素, 同位体.

isotropía 女 《生理, 物理》等方性.

isótropo, pa 形 《物理》等方性の.

isquemia 女 《医学》虚血, 乏血.

isquémico, ca 形 虚血性の.

isquiático, ca 形 坐(ʃ)骨の.

isquion, isquión 男 《解剖》坐(ʃ)骨.

Israel 固名 イスラエル(首都エルサレム Jerusalén).

israelí 形 男女 《複 ~es》 (現代)イスラエル (Israel) の(人).

israelita 男女 古代イスラエル(の人), ヘブライ(の人), ユダヤ教徒(の).

israelítico, ca 形 古代イスラエルの, ヘブライの.

istmeño, ña 形名 **1** 地峡の(人). **2** パナマ地峡の(人).

ístmico, ca 形 地峡の.

istmo 男 **1** 地峡. **2** 《解剖》峡部.

itacate 男 《メキシコ》携帯食.

Italia 固名 イタリア(首都 Roma).

italianismo 男 《言語》イタリア語法), イタリア語からの借用語.

italianista 男女 イタリア語学者, イタリア文化研究者.

italiano, na 形 イタリア (Italia) の, イタリア人[語]の. —— 名 イタリア人. —— 男 イタリア語.

itálico, ca 形 **1** 古代イタリアの. **2** (印刷)イタリック体の, 斜字体の. —— 形 《言語》イタリック語派の. —— 女 《印刷》イタリック体.

ítalo, la 形 《文学》イタリア(人, 語)の. —— 名 イタリア人. —— 女 イタリア語.

ítem 《ラテン》副 (各項目・項の列挙に用いて)同様に, 同じく; さらに. ▶ *item más* さらにまた. —— 男 **1** 項目, 品目; 個条. **2** 付加, 付足し. **3** 《情報》アイテム.

iteración 女 繰り返し, 反復.

iterar 他 Ｖ形 繰り返す, 反復する.

iterativo, va 形 繰り返しの, 反復の.

iterbio 男 《化学》イッテルビウム(元素記号 Yb).

itinerante 形 巡回[移動]する.

itinerario, ria 形 道の, 行程の. —— 男 **1** 道順. **2** 日程, 旅程, 行程.

itrio 男 《化学》イットリウム(元素記号 Y).

Iturbide 固名 イトゥルビーデ (Agustín de~) (1783-1824, メキシコの軍人・皇帝, 在位 1822-23).

IU 《頭字》[</Izquierda Unida] 女 《スペイン》左翼連合(共産党を中心とする連合会派).

IVA 《略号》 = Impuesto sobre el Valor Añadido 男 《スペイン》付加価値税.

izada 女 (旗などの)掲揚.

izado, izamiento 男 →izada.

izar 他 Ｖ形 (旗, 帆)を揚げる.

izq., izqda. 《略号》 = izquierda (側).

izquierda [イスキエルダ] 女 **1** 左, 左側. —doblar a la ~. 左に折れる. **2** 左手. —Escribe con la ~. 彼は左手で書く. **3** 《政治》左翼, 左派. ▶ *extrema izquierda* 極左. *a la izquierda* 時計回りと反対に.

izquierdismo 男 左翼性.

izquierdista 形 《政治》左派の, 左翼の. —— 男女 左派, 左翼, 左翼(主義者).

izquierdo, da [イスキエルド, ダ] 形 **1** 左の, 左の方の, 左側の. —*mano izquierda* 左手. **2** (政治上)左翼の, 左派の. ▶ *levantarse con el pie izquierdo* 一日中ついてない, 運のない日だ. —— 名 左利きの人.

izquierdoso, sa 形名 《話》左翼っぽい人.

J, j

J, j 女 スペイン語アルファベットの第10文字.

ja 間 **1** ハッハッハ(笑い声). **2** ふん(疑惑・あざけり・否定などを示す).

jaba 女 《中南米》(割れ物運搬用の)大箱.

jabalcón 男 《建築》筋交い(材).

jabalí 男 《複~es》《動物》イノシシ.

jabalina 女 **1** 雌イノシシ. **2** (狩り・武器用の)もり, 《スポ》やり.

jabardo 男 ハチの群れ.

jabato, ta 形名 **1** 勇敢[大胆不敵]な(人). —— 男 子イノシシ.

jábega 女 **1** 地引き網. **2** 小型漁船.

jabeque 男 3本マストの沿岸船.

jabirú 男 《鳥類》アメリカトキコウ.

jabón 男 石けん. —~ *de tocador*

jabonada [olor] 化粧石鹸. pompa de ～ シャボン玉. ～ de sastre (裁縫に用いる)チャコ, 石化石. ▶dar**le** jabón おべっかを言う.

jabonado 男 1 石けんで洗うこと. 2 〔中南米〕叱責.

jabonado 男 石けん洗い.

jabonadura 安 1 石けんで洗うこと. 2 泡. 3 石けんの泡.

jabonar 他 石けんで洗う, に石けんをつける. —se 再 石けんで自分の体を洗う; 自分の体に石けんをぬりつける.

jaboncillo 男 1 裁縫用のチャコ. 2 化粧, 洗面用石鹸. 3 〔植物〕ムクロジ.

jabonera 女 1 石けん箱. 石けん入れ. 2 〔植物〕シャボンソウ.

jabonería 安 石けん工場; 石けん屋.

jabonero, ra 形 1 石けんの. 2 〔闘牛〕黄色が薄黄色の. —名 石けん工; 石けん商人.

jabonoso, sa 形 1 石けんを含んでいる. 2 石けんのような; なめらかな.

jaborandi 男 〔植物〕ヤボランジ.

jabugo 男 ウエルバ産の良質の生ハム.

Jaca 固名 ハカ(スペインの都市).

jaca 女 小馬.

jacal 男 〔中米〕掘っ立て小屋.

jácara 女 1 愉快な物語歌. 2 民衆舞踊の一種. 3 夜更かし歩く陽気な連中.

jacarandá 男 〔植物〕ジャカランダ.

jacarandoso, sa 形 〔話〕陽気な, 活気のある; 粋な.

jácena 安 〔建築〕桁(けた), 大樑(りょう).

Jacinto 固名 〔男性名〕ハシント.

jacinto 男 1 〔植物〕ヒヤシンス(の花). 2 〔鉱物〕(宝石様の)ジルコン, 風信子鉱. ～ de Ceilán 〔鉱物〕ジルコン, 風信子鉱. ▶**jacinto occidental** 〔鉱物〕黄玉, トパーズ. **jacinto oriental** 〔鉱物〕紅玉, ルビー.

jack 〔英〕男 (プラグの差し込み口, ジャック.

jacket 〔英〕男 〔中南米〕ジャンパー.

jaco 男 駄馬.

jacobeo, a 形 使徒ヤコブの. —ruta jacobea (カト) 聖地サンティアーゴ・デ・コンポステラへの道.

jacobinismo 男 〔歴史〕(フランス革命時の急進的思想の)ジャコバン主義.

jacobino, na 形 〔歴史〕ジャコバン党の; 過激革命(共和)主義の. —名 〔歴史〕ジャコバン党員; 過激革命(共和)主義者.

jacobita 形 〔宗教〕キリスト一性論の. —男女 〔宗教〕キリスト一性論の人.

Jacobo 固名 〔男性名〕ハコボ.

jactancia 安 自慢, うぬぼれ.

⁺jactancioso, sa 形 〔文〕うぬぼれた, 自慢好きの, 高慢な. —名 うぬぼれ屋, ほら吹き, 高慢な人.

jactarse 再 〔+de〕を自慢する, 誇りにする, 鼻にかける.

jaculatoria 安 (カト) 短く熱意のこもった祈り, 射禱(しゃとう).

jacuzzi 男 ジャグジー.

jade 男 〔鉱物〕ヒスイ(翡翠).

jadeante 形 あえいでいる, 息を切らした.

jadear 自 あえぐ, 息を切らす.

jadeo 男 あえぎ, 息を切らすこと.

Jaén 固名 ハエン(スペイン南部の県・都市).

jaenés, nesa 形 ハエンの(人).

jaez 男 1 (主に 複)(装飾的な)馬具, 馬鹿り. 2 (主に)性質; 質(たち).

jaguar 男 〔動物〕ジャガー, アメリカヒョウ.

jagüel 男 〔中南米〕→jagüey.

jagüey 男 〔中南米〕池, 堀; 水たまり.

jai alai [バスク]男 (スポ) ハイアライ.

jaiba 女 〔中南米〕〔動物〕カニ.

Jaime 固名 〔男性名〕ハイメ.

jainismo 男 〔宗教〕(インドの)ジャイナ教.

jainista 形男女 ジャイナ教の(教徒).

jaique 男 ハイク(アラブ女性が全身をおおう衣服).

jalada 安 〔中米〕ぐいっと引っ張る(引く)こと.

jalapa 女 〔植物〕ヤラッパ(メキシコ原産のつる草); その根(下剤用).

jalapeño, na 形 ハラパの(人). —男 〔料理〕ハラペーニョ(極辛の青トウガラシ).

jalar 他 1 を引く, 引っ張る. 2 を(むしゃむしゃ)食べる. 3 〔中南米〕立ち去る.

jalbegar [1.2] 他 1 に白土(石灰)塗料を塗る. 2 に白粉(おしろい)で化粧する. —se 再 白粉で化粧する.

jalbegue 男 1 白土(石灰)塗料(を塗ること). 2 白粉(おしろい).

jalea 女 1 ゼリー. 2 〔薬学〕ゼリー状の糖衣薬品.

jalear 他 1 (拍手やかけ声で)はやし立てる, 喝采(かっさい)する. 2 (人)を大げさに盛り立てる, 活気づける. 3 (狩りで犬)をけしかける.

jaleo 男 1 騒ぎ; 混乱. —armar ～ 大騒ぎを起こす. 2 口論, けんか. 3 アンダルシアの民族舞踊; その歌. ▶**armarse ... un jaleo** 混乱する; 間違える.

jaliciense 形男女 ハリスコ州の(人).

jalifa 男 (旧スペイン保護領モロッコの)代官, 副総督.

jalifato 男 1 jalifa の職・地位[治世]. 2 jalifa の管区.

jalón 男 1 〔測量〕標柱, 標杭. 2 〔歴史・人生の)画期的な事件.

jalonar 他 1 〔測量〕に標柱[標杭]を立てる. 2 〔歴史・人生の時期〕を画する.

Jamaica 固名 ジャマイカ(首都 Kingston).

jamaicano, na 形 ジャマイカ(島)の(人).

jamar 他 〔話〕を食う. —se 再 〔話〕食う.

jamás

[ハマス] 副 1 決して…ない, 少しも[まったく]…ない. —Jamás te dejaré de querer. これから決して君と愛することをやめないよ. 2 〔疑問文, 最上級の後の関係節などで〕いつか, かつて, これまでに. —¿Has visto ～ una cosa parecida? 君はこんなことを今までに見たこ

とがあるかい. ▶ *(en el) jamás de los jamases* 《話》絶対に…ない, 決して決して…ない. *jamás en la vida* いまだかつて…ない, これまで全然…ない. **nunca jamás** →*nunca*. *por [para] siempre jamás* 永久に, いつまでも.

jamba 女〖建築〗(戸・窓などの)側柱, 抱(だ)き, わき柱.

jambar 他 《メキシコ》を食べ過ぎる.

jamelgo 男 やせ馬.

:**jamón** 男 ハム, (豚の)もも[太腿]肉. — ~ *de pata negra* [*ibérico*, *de bellota*] どんぐりで飼育された黒豚のハム, 上質なハム. ~ *en dulce* 白ワインで煮た冷製ハム. ~ *serrano* ハモン・セラーノ(塩漬け乾燥熟成ハム). ~ *de York* [*york*] ヨーク・ハム(ゆでた骨皮付き燻製). *¡Y un jamón! / ¡Y un jamón con chorreras!* (拒否の表現)いやなこった, 絶対…ではない.

jamona 女〖女性形のみ〗《俗》(特に肉づきの良い年増の; 中年太りした. — 男《俗》(太めの年増)女; 中年太りした人.

jamuga 女 (馬具の横鞍, 女性用の鞍.

jangada 女 1〖航海〗いかだ. 2 どじ, へま; ばかげたこと.

jansenismo 男 ヤンセン主義.

jansenista 男女 形〖宗教〗ヤンセン主義(の人).

Japón 固有名 日本(首都東京 Tokio).

:**japonés, nesa** [ハポネス, ネサ] 形 日本の, 日本人[語]の. — 名 日本人. — 男 日本語.

japuta 女〖魚類〗シマガツオ, マナガツオ.

jaque 男 1 (チェスの)王手. —i~ *es* (*al rey*)! 王手. 2 からいばり屋. ▶ *tener [poner, traer] en jaque (a...)* (人)を脅しつける; 不安にさせる. *jaque mate* (チェスの)チェックメイト.

jaquear 他 1 (チェスで)王を詰める. 2 (敵)を追い詰める.

jaqueca 女 1 偏頭痛. 2 うるささ, 厄介, 面倒. ▶ *dar jaqueca* (人)をうんざりさせる.

jáquer 男 〖情報〗ハッカー.

jaquetón 男〖動物〗ホオジロザメ.

jáquima 女 (馬具の)おもがい.

jara 女〖植物〗コジアネバ, シスト.

jarabe 男 1 シロップ, 糖蜜(みつ); シロップ剤. 2 甘ったるい飲み物. ▶ *jarabe de palo* 《話》(仕置きにたたく[なぐる]こと. *jarabe tapatío* メキシコ・ハットダンス.

jaral 男 コジアネバの茂み.

jaramago 男〖植物〗カキネガラシ.

jarana 女 1 お祭り騒ぎ, ばか騒ぎ. 2 けんか騒ぎ, 乱闘. 3 わめき声, 歓声. 4《話》計略, べてん.

jaranear 自 ばか騒ぎする[してまわる], 浮かれ騒ぐ.

jaranero, ra 形 お祭り騒ぎの好きな, 浮かれ騒ぐのが好きな.

jarano 男 フェルト製のつば広帽子.

jarcha 女〖詩学〗ハルチャ(アラビア語やユダヤスペイン語の詩の最後に用いられるモサラベ語による短い節).

jarcia 女 1《主に複》(船舶の)索具. 2 漁具. 3《話》ごたまぜ.

:**jardín** 男 [ハルディン] 庭, 庭園, 公園. — ~ *botánico* [*zoológico*] 植物園[動物園]. ~ *de infancia* [*niños*] 幼稚園. 2 (船の)トイレ. 3 (エメラルドの)くもり. 4〖野球〗外野; 複 外野手(全体).

jardinaje 男《中南米》造園術; 園芸.

jardinería 女 造園術; 園芸, ガーデニング.

jardinero, ra 名 1 庭師, 園丁, 造園家. 2《野球》外野手. — 女 1〖植木箱〗(植木箱), プランター, 花台, 盆栽棚(だな). 2 はろしじの馬車; 屋根のない電車.

jareta 女 1 (ひもを通すための)縫いひだ, 折り返し. 2 (服の装飾用の)ひだ, ギャザー. 3 (船舶の)(帆の)締め綱. 4〖海軍〗(敵の侵入を防ぐ)防衛欄(さく); 防衛網.

jaretón 男 (シーツ等の)広い折り返し[へり, 縁].

jarillo 男〖植物〗アルム.

jarocho, cha 形 名 1 乱暴で無礼な(人). 2《中米》ベラクルス出身の(人).

jarra 女 1 (取っ手付きの)水差し, 壺(つぼ). 2 (ビール用)ジョッキ. ▶ *a jarras* 両手を腰にぎゅにひじを張って.

jarrete 男 1 (特に肉牛の)腱(けん)肉. 2 ひかがみ(膝の後ろのくぼみ).

jarretera 女 靴下留め, ガーター.

*****jarro** 男 (取っ手のある)水差し, 壺(つぼ). 2 水差しに入る量. ▶ *a jarros* 大量に, はげしく. *echar un jarro de agua fría* (を)幻滅[失望]させる.

jarrón 男 1 花瓶(びん), かめ. 2 飾り壺.

jaspe 男〖鉱物〗碧玉(へきぎょく), ジャスパー.

jaspeado, da 形 碧玉(へきぎょく)模様の; まだらの, ぶちの. — 男 碧玉模様をつけること.

jaspear 他 に碧玉(へきぎょく)模様をつける; をまだら模様にする.

jato, ta 名 子牛.

jauja 女 この世の楽園[豊饒(ほうじょう)].

jaula 女 1 鳥かご, おり. 2 (ガラス, 陶器類を運ぶ棚包の)木わく. 3《話》監獄, 牢獄. 4〖闘牛〗(牛の)囲い場.

jauría 女 一群の猟犬.

javanés, nesa 形 ジャワ (Java) の. — 名 ジャワ人. — 男 ジャワ語.

Javier 固有名 (男性名)ハビエル.

jayán, yana 名 1 大柄の力持ち; 巨人. 2 いなか者.

:**jazmín** 男〖植物〗ジャスミン, ソケイ. — ~ *de la India* [*del cabo*] 〖植物〗クチナシ.

jazz 〔<英〕男〖音楽〗ジャズ.

jazzista 男女 プロのジャズ音楽家.

jazzístico, ca 形 ジャズの, ジャズ音楽の.

J.C. 〔略号〕 = *Jesucristo* イエスキリスト.

je 間 (笑いからない・不信などの)へえ, ふうん, はは.

jeans 〔<英〕男〖複〗〖服飾〗ジーンズ.

jebe 男 1〖化学〗明礬(みょうばん). 2《中南

米]ゴム.

jeep [<英>]男 ジープ.

jefa 女 →jefe.

jefatura 女 **1**(公的機関の)本部, 司令部; 警察部. —~ de policía 警察本部. **2**長[首長, 指揮者]であること; 長[首長, 指揮者]の地位[職務], リーダーシップ. **3**指揮, 指導.

jefazo, za 名《話》権威的な上司.

jefe, fa [ヘフェ, ファ] 名 **1**長, 上司, 局長[課長など]. **2**首長, 頭(ﾋ); 隊長. **3**〖軍事〗佐官. —~ de Estado 国家元首. ~ de Gobierno 首相, 総理大臣. ~ de negociado 課長. ~ de ventas 営業部長. ▶ **en jefe** 首席の, 総…

Jehová 名《聖書》エホバ.

jején 男《中南米》〖虫類〗ブヨ; カ(蚊).

jeme 男(親指と人差し指を広げた長さの単位)ヘーメ.

jemer 形名 クメールの(人). — 男 クメール語.

jengibre 男〖植物〗ショウガ; ショウガの根茎.

jenízaro, ra 形 **1**混血の. — 男 **1**トルコ皇帝の近衛(ﾞﾞ)兵. **2**《中米》警察の一員.

jeque 男(回教圏ないし東洋の国の)知事; 首長, 族長.

jerarca 男(組織の)高位の人;《宗教》教主; 高僧.

jerarquía 女 **1**階級, 階層(制度・組織); 教会制度(聖職者の位階制). —~ social 社会階級. **2**高位の人.

jerárquico, ca 形 階級による; 《聖職》位階制の.

jerarquización 女 階級[階層]化.

jerarquizar 他 を階級[階層]化する.

jerbo 男〖動物〗(北アフリカの)トビネズミ.

jeremiada 女 おおげさな悲嘆.

jeremías 男女〖単複同形〗いつも嘆いている人, 愚痴っぽい人.

jerez 男 シェリー酒.

jerezano, na 形名 ヘレス(Jerez)の(人).

Jerez de la Frontera 固名 ヘレス・デラ・フロンテーラ(スペインの都市, シェリー酒の産地).

jerga[1] 男 隠語. **2**わけのわからないおしゃべり, たわごと.

jerga[2] **1**粗いラシャ. **2**わらぶとん.

jergal 形 隠語の.

jergón 男 わらぶとん.

jeribeque 男(主に複)目くばせ, しかめっ面.

jerigonza 女 **1**わけのわからない言葉, たわごと. **2**隠語.

jeringa 女 **1**注射器; 洗浄器; 注入器. **2**《中米》迷惑, 厄介; うるさい人.

jeringar [1,2] 他 **1**を注射する; に注入する. **2**《俗》(人)を困らせる, に迷惑をかける. — **se** 再 (人が迷惑[被害]を受けても我慢する.

jeringazo 男 **1**注射; 注入. **2**注射[注入]液.

jeringuilla 女 **1**小型注射器. **2**〖植物〗バイカウツギ.

jeroglífico, ca 形(特に古代エジプトの)象形文字の. — 男 **1**象形文字. **2**絵文字当て.

Jerónimo 固名《男性名》ヘロニモ.

jerónimo, ma 形名複《宗教》聖ヒエロニムス隠修団の.

jerosolimitano, na 形名 エルサレム(の人).

jersey 男(複 jerseis)セーター.

Jerusalén 固名 エルサレム(イスラエルの首都).

Jesucristo 固名《聖書》イエス・キリスト.

jesuita 1〖カト〗イエズス会士. **2**複 イエズス会. —~ **1**イエズス会の, イエズス会の. **2**《話》偽善的な, ずるい, 抜け目のない. — 男名《話, 軽蔑》偽善者, ずる賢い人.

jesuítico, ca 形 **1**イエズス会の. **2**偽善的な.

Jesús [ヘスス] 固名 **1**《聖書》イエス(キリスト) (→Jesucristo, 前4?—後30?; → Cristo). la Compañía de — 《カト》イエズス会. El Niño — 幼子イエス(像). — Nazareno ナザレのイエス. **2**《男性名》ヘスース. — 間 **1**(くしゃみをした人に)お大事に. —¡Achís! —¡—! —¡Gracias! ハクション — お大事に. — どうもありがとう. **2**(驚き・喜び・不快・苦痛などの)あぁ, まあ, なんと, おや. —¡—y, ya son las diez! おやまあ, もう10時だ. ▶ **en** (*en decir*) **Jesús**《話》あっという間に, 即座に. **Jesús, María y José**(驚き・感嘆・苦痛・抗議などの)おやおや, とんでもない. **sin decir Jesús** 急に, 突然, 出し抜けに.

jet [<英>]男 **1**~s ジェット機[エンジン]. **2**〖[スペイン]〗(ジェット機で飛び回れる)有閑階級 (=~ set).

jeta 女 **1**(豚の)鼻面. **2**《話》(人の)とんがり口. **3**《話》顔. **4**《話》ふくれ面. **5**厚顔無恥, 厚かましさ.

jet lag [<英>]男 時差ぼけ(=desfase horario).

jetón, tona 形 →jetudo.

jetudo, da 形 口をとがらせた, ふくれ面の.

ji 女 キー, カイ(ギリシャ語アルファベットの第22字で: X, χ).

jíbaro, ra 形 **1**《中南米》いなかの. **2**ヒバロ族の. — 名 (アマゾン流域の)ヒバロ族.

jibia 女〖動物〗(甲のあるイカ, モンゴウイカ.

jibión 男 イカの甲.

jícara 女 チョコレート用コップ.

jicote 男《中米》〖虫類〗大スズメバチ.

jien(n)ense 形名 jaenés.

jifero, ra 形 **1**畜殺人, 畜殺用の大包丁.

jijona 男(ヒホーナ産の)トゥロン, ヌガー.

jilguero 男〖鳥類〗ゴシキヒワ.

jilote 男《中米》まだ実りきっていないトウ

モロコシ.

Jiménez 固名 ヒメネス (Juan Ramón ~)(1881-1958, スペインの詩人, 1956年ノーベル文学賞).

jineta 囡 **1**〖動物〗ジャコウネコ. **2** 競馬用の乗り方のひとつ. **3** 女性騎手; 婦人馬術家.

jinete 男 **1** 騎手, 乗馬者. **2** 乗用馬; サラブレッド.

jinetear 他 〖中南米〗(野生の馬を) 飼い慣らす. **2**〖中南米〗(騎手が子馬に) 乗る. **3**〖メキシコ〗(支払いに) 時間がかかる. ── 圓 馬を乗りまわす.

jinjol 男〖植物〗ナツメ(の実).

jinjolero 男〖植物〗ナツメの木.

jipi 男 **1** パナマ帽. **2** 〘《英 hippie》〙ヒッピー族の人(hippy とも書く).

jipido 男 **1** うめくこと; めそめそ泣くこと. **2** うねうように歌うこと.

jipijapa 囡 パナマ帽の材料にするタコノキの葉から取る繊維. ── 男 パナマ帽.

jipío 男 **1**(フラメンコの歌の)嘆き声, うめき, 叫び. **2** うめくこと; めそめそ泣くこと.

jira 囡 **1** 布の破れ切れ[細長い切れ]. **2** 遠足, ピクニック.

jirafa 囡〖動物〗キリン, ジラフ.

jirón 男 **1**(布や衣服の)端切れ, 切れ端. **2** 断片.

jitomate 男 〖メキシコ〗〖植物〗トマト.

jiu-jitsu 男〖《日》柔術, 柔道.

JJ.OO.〘《略号》〙= Juegos Olímpicos オリンピック大会.

jo¹ 圓〘《繰り返し用いられて》〙(驚き・からかい・笑いなどの)ほう, へえ, まあ, わあ.

jo² 圓〖joder の婉曲用法〗(不快・怒りなどの)くそ, ちくしょう.

Joaquín 固名《男性名》ホアキン.

jockey 男〘《英》〙競馬騎手, ジョッキー.

jocoque 男 〖メキシコ〗ヨーグルトに似た乳製品.

jocosamente 副 こっけいに, おかしく, ひょうきんに.

jocoserio, ria 圏 まじめでこっけいな; 悲喜劇的な.

jocosidad 囡 **1** ユーモア, こっけい, おかしみ. **2** 冗談.

jocoso, sa 圏 ユーモラスな, こっけいな, ひょうきんな.

jocundidad 囡 陽気, 快活.

jocundo, da 圏 〖文〗(人や物事が)陽気な, 快活な.

joda 囡〖南米〗冗談, 気晴らし.

joder 圓〖卑〗性交する. ── 他〖卑〗をうんざりさせる, いらいらさせる, を台無しにする, 駄目にする. ── **se** 再 白無しになる. ── 圓 ちくしょう, なんてことだ.

▶ **hay que joderse**〖卑〗だめだ, これはとてもひどい. **no te jode**〖卑〗冗談じゃない, ひどい話だ.

jodido, da 過分〖→joder〗 〖estar + 〗a) 困った, へとへとになった, ばてた. b) (物が)痛んだ. **2**〖ser + 〗面倒くさい, ひどい, いまいましい.

jodienda 囡〖卑〗迷惑, 不快, 厄介.

jodón, dona 圏 男〖中南米〗〖卑〗

(人が) 迷惑な(人), 厄介な(人). **2**〖南米〗冗談好きな(人).

jofaina 囡 洗面器.

jogging 男〘《英》〙〘《スポ》〙ジョギング.

jolgorio 男 お祭り騒ぎ, ばか騒ぎ.

jolín, jolines 男〖joder の婉曲用法〗(いら立ち・怒り・驚きなど)くそ, ちくしょう, まがた.

jondo 圏 →CANTE jondo [hondo].

Jonia 固名 イオニア(小アジア西岸と付近のエーゲ海の島々を指す古称).

jónico, ca 圏 **1** イオニア (Jonia)の. **2**〖建築〗イオニア式の.

jonio, nia 圏 名 イオニア(人)の.

jonrón 男〖中南米〗〘《スポ》〙(野球の)ホームラン.

jonronear 圓〖中南米〗〘《スポ》〙(野球で)ホームランを打つ.

jopo 男 ふさふさした尾.

jora 囡〖南米〗チチャ酒用のトウモロコシ.

Jordania 固名 ヨルダン(首都 Amman).

jordano, na 圏 名 ヨルダン(人)の.

Jorge 固名《男性名》ホルヘ.

*__**jornada**__* 囡 **1**(1日分の)労働, 労働時間. **2**(活動期間としての)1日, 1日分[1回分の]の旅程[行程]. ── la primera del congreso 会議の初日. **3** 人の一生, 生涯. **4** 1日(24時間). ── los sucesos más destacados de la ~ 1日のうちで最も目立った出来事. **5**〚複〛講習会. **6**(演劇)(劇の)各幕. ▶ **jornada intensiva** 集中労働方式. **media jornada** パートタイム.

jornal 男 **1** 日給. **2**(1人1日分の)労働時間. ▶ **a jornal** 日給で, 日雇いで.

jornalero, ra 圏 名(主に農場の)日雇い労働者の.

joroba 囡 **1**(背中の)こぶ, 出っぱり, ふくらみ. **2**〖話〗厄介, わずらわしさ.

jorobado, da 過分〖→jorobar〗 圏 **1** 背中の湾曲した. **2** 厄介な, わずらわしい. ── 男 背中の湾曲した人.

jorobar 他〖話〗をうんざり[いらいら]させる. ── **se** 再 我慢する, あきらめる.

jorongo 男 〖メキシコ〗(ポンチョとして使われる毛布地の)サラーペ.

joropo 男(足拍子で踊る民族舞踊, その音楽ホロポ.

José 固名《聖書》ヨセフ(マリアの夫). **2**《男性名》ホセ(愛称 Pepe).

Josefa《女性名》ホセーファ(愛称 Pepa).

josefino, na 圏 名 **1**〖歴史〗ホセ1世派の(人). **2**〖宗教〗聖ヨゼフ修道会の(修道士).

jota¹ 囡 **1** 文字 j の名. **2**〖否定文で〗少しも…ない 〖ni, una, ni una を伴うことが多い〗. ── No entiendo ni ~ de pintura. 絵は絵画のことはさっぱり分かりません. ▶ **no ver jota [ni jota]**〖話〗目がよく見えない [全然見えない] .

jota² 囡 ホタ(アラゴン・バレンシア・ナバラの民謡・舞踊).

jote 男〖南米〗=zopilote.

Jovellanos 固名 ホベリャーノス (Gaspar Melchor de ～)(1744-1811. スペインの政治家・劇作家).

joven [ホベン] 形 圈 jóvenes 若い, 若々しい, 新しくできた. —— 男女 青年, 若者, 娘.

jovial 形 陽気な; 快活な.

jovialidad 女 陽気さ; 快活さ.

joya 女 **1** 宝石(類), (宝石の入った)装身具. **2** 大切な人[物], 宝物.

joyel 男 小さな宝石.

joyería 女 **1** 宝石商, 宝石店. **2** (集合的に)宝石類, 貴金属.

joyero, ra 名 宝石商人, 宝石細工師. —— 男 宝石箱.

Juan 固名 (男性名)フアン.

Juana 固名 **1** (女性名)フアナ. **2** (～ de Arco)ジャンヌ・ダルク(1412-31, フランスの愛国者).

juanete 男 (解剖)足の親指の腱膜瘤(けんまくりゅう).

Juárez 固名 フアレス (Benito ～)(1806-72, メキシコの政治家・軍人).

jubilación 女 **1** 退職, 引退. **2** 年金, 恩給. **3** 歓喜, 狂喜.

jubilado, da 過分 [← jubilar] 形 名 退職[引退]した(人), 年金生活の(人).

jubilar¹ 他 **1** (年金を付けて)退職[引退]させる. **2** を廃棄する, 捨てる, お払い箱にする. —— se 退職する, 年金生活に入る.

jubilar² 形 **1** (カト)聖年の, 全贖宥(ゆう)の. **2** ユダヤ教の50年節の, ヨベルの年の.

jubileo 男 **1** (カト)(法王の与える)全贖宥(ゆう), (と similar)記念年. **2** (話)大勢の人の出入り[往来]. **3** (歴史, 宗教)(古ユダヤ教の)ヨベル[安息]の年(50年ごとの聖年).

júbilo 男 歓喜, 大喜び.

jubiloso, sa 形 (文)喜び[歓喜]に満ちた, 大喜びの, うれしそうな.

jubón 男 (昔の)胴着, ダブレット.

judaico, ca 形 ユダヤ人[教]の.

judaísmo 男 ユダヤ教主義, 精神.

judaizante 形 名 ユダヤ教を信奉する(人), ユダヤ教に従う人.

judaizar 自 ユダヤ教を信奉する, ユダヤ教に従う.

judas 男女 (単複同形) 裏切り者.

Judas Iscariote 固名 (聖書)ユダ (イスカリオテの～)(イエスを裏切った弟子).

Judea 固名 ユダヤ.

judeocristiano, na 形 ユダヤ教に起源のあるキリスト教の.

judeoespañol, ñola 形男 ユダヤ・スペイン語(の), ジュデズモ(の).

judería 女 (中世の)ユダヤ人街[社会], ゲットー.

judía 女 (植物)インゲンマメ.

judiada 女 (話)悪行, 残忍な行為.

judicatura 女 裁判官の職[地位, 任期].

*****judicial** 形 (法律)司法(上)の, 裁判(上)の; 裁判官[所]の; 法定の —poder [derecho] ～ 司法権, 裁判権. autoridad ～ 司法当局.

judío, a 名 **1** ユダヤ人; (宗教)ユダヤ教徒. **2** (話)強欲な人, 欲張り, けちな人. **3** (名)高利貸し. —— 男 圏 民族. —— 形 **1** ユダヤ (Judea)の, ユダヤ人の; ユダヤ教[徒]の. —pueblo ～ ユダヤ民族. **2** イスラエル (Israel)の. —Gobierno ～ イスラエル政府. **3** (軽蔑)強欲, 欲張りの, けちな.

judo [<日] 男 柔道(→yudo).

judoka [<日] 男女 柔道家 (→yudoka).

jueg- 動 →jugar [5.8].

juego [フエゴ] 男 **1** 遊び, 娯楽, ゲーム; 戯れ, 冗談. —— de ajedrez チェスゲーム. sala [salón de ～s] ゲームセンター, (本・船などの)遊戯場. **2** (トランプ・チェスなどの)ゲーム; ゲームの道具. —— de naipes トランプ遊び. —— de vídeo テレビゲーム. **3** (スポ)競技, 試合, 勝負; 圏 [～s] 競技大会. —— s Olímpicos オリンピック大会. terreno [campo] de ～s 競技場, 遊戯場. **4** (スポ)(テニス・バレー・卓球などの)回, ゲーム. —partido de tres ～s 3回勝負. **5** 賭け事, ばくち, ギャンブル (→ de azar). **6** (スポ)プレー, 技, 演技; (楽器・武器・器具)技. ——s malabares (手玉などの)曲芸, 軽業, ジャグリング. —— limpio フェアプレー. —— sucio 汚いプレー, 反則, 汚い手. **7** (器具などの)一式, 一揃い. —un ～ de llaves (家中などの)鍵の一揃い. —— de café コーヒーセット. **8** (美しく見せる)取り合わせ(の妙), (光・色のきらめき. —— de luces きらめく光. **9** 関節; 関節の動き. —— de la muñeca 手首の関節. **10** (機械の)連結部; 機能, 作用; (部品間の)遊び, ゆとり. —El volante tiene poco ～. ハンドルに遊びがない. **11** 策略, たくらみ, 魂胆; 手口, やり方. **12** (トランプの)手, 手札. ―― abrir (el) juego 競技[ゲーム]を始める. Afortunado en el juego, desgraciado en amores. (話)賭けに強い者は恋に恵まれない. a juego [＋con と] よく合った, 調和した. conocer a...el juego (人)の魂胆[手の内]を見抜く. crear juego (スポ)チームに攻撃のチャンスを継続的に与える. dar juego [＋a と] 反響を呼ぶ, 話題になる; 騒ぎを引き起こす; 多くの可能性を与える; (予想以上に)好結果を生む, 成功する; に自由に「可能性]を与える. estar en juego (名誉, 利益などが)危うい状態にある, かかっている. fuera de juego (スポ)オフサイド; (ボールが)コート外の. hacer juego con... とよく合う, 調和する. hacer [seguir] el juego a... (無意識に)を後押しする, 助ける, 利する. juego de manos 手品, 奇術. juego de palabras しゃれ, 語呂(ろ)合わせ. juego de rol ロールプレイングゲーム. juego público 公認のギャンブル. juegos florales (詩)の競技会(コンクール). mostrar el juego 手の内を見せる. por juego 冗談で, ふざけて. ser (un) juego de niños たやすいことである、たわいのないことである.

juerga 女《俗》飲めや歌えやのどんちゃん騒ぎ.

juerguista 形 男女 どんちゃん騒ぎの好きな(人).

jueves [フエベス] 男《単複同形》木曜日. —/~ Santo 聖木曜日. ▶ *no ser cosa del otro jueves* 特別大したことがない.

juez 男《複 jueces》**1**裁判官，判事. —~ *de primera instancia* [*de instrucción*] 一審[予審]担当判事. /~ *Supremo* 神. ~ *de paz* [*municipal*] 治安判事. ~ *de menores* 少年事件担当裁判官, 少年裁判所判事. 公平な, 判断を下す人. **3**《スポ》(競技などの)審判(員). —~ *árbitro* 主審. ~ *de linea* (球技の)線審, ラインズマン. ~ *de silla* (テニスの)主審. ▶ *ser juez y parte* 偏向している, 中立的でない.

jueza 女 →juez.

jugado, da 過分 [→jugar]《話》熟練の, なれた. **1**(スポーツなどの)一勝負, 一手. **2**汚い手を使うこと.

jugador, dora 名 《スポ》(球技・ゲームなどの)競技者, 選手, プレーヤー. — *de fútbol* サッカー選手. ~ *titular* 正選手, レギュラー. ~ *de cuadro* 内野手. **2**ばくち打ち, ギャンブラー; 相場師; 賭け事好きな人. ▶ *jugador de manos* 手品師[奇術]師. *jugador de ventaja* (トランプなどの)いかさま師. — 形 **1**選手の, 競技する. **2**賭け事好きな; 賭博師の; 遊び好きな.

jugar [フガル] [5.8] 自 **1**遊ぶ, 楽しむ; 競技する:【+a te】遊ぶ, 合わせる. —Hoy no juega porque está lesionado. 彼は負傷しているので今日はプレイしない. ~ *al dominó* [*a las cartas*] ドミノ[トランプ]をして遊ぶ. ~ *al tenis* [*al fútbol*] テニス[サッカー]をする.【+a te】賭ける, 賭け事をする. —~ *a la lotería* 宝くじを買う. **3**【+ con と】もてあそぶ, おもちゃにする, いじる.【+ en con と】かかわる, 参加する, 影響する, 作用する. **5**【+con と】調和する, ぴったりする, 似合う. —*Este armario jugará bien con la habitación*. このたんすは部屋によく合うだろう. — 他 **1**(ゲーム・試合)をする, 行う. —~ *un partido de fútbol* サッカーの試合をする. **2**(トランプ・ゲームのカード)を出す. —~ *el rey* キングの札を出す. **3**(お金など)を賭ける. **4**(役割)を果たす. —*Jugó un papel muy importante en el proyecto*. 彼はそのプロジェクトでとても重要な役割を果たした. **5**(四肢)を動かす, 使う, 利用する, 操作する. —~ *la espada* 剣を操る. ▶ *jugar fuerte* 大金を賭ける. *jugar limpio* フェアプレイをする. *jugársela* (人をあくどく, ひどい目にあわせる. *jugar sucio* 汚いプレイ[行為]をする. — **se** 再 **1**(自分の)物事を賭ける; 危険にさらす. —*Me juego cien euros a que Paco no viene*. 私はパコが来ないという方に100ユーロ賭ける. **2**(ゲーム・試合が)行われる. ▶ *jugarse el todo por el todo* すべてを賭ける.

jugarreta 女 《話》汚いやり方[手口].

juglar 男 (中世の)吟遊詩人, 大道芸人.

juglaresa 女 (中世の)女吟遊詩人, 大道芸人.

juglaresco, ca 形 吟遊詩人の, 大道芸人の.

juglaría 女 (中世の)吟遊詩人の芸術.

jugo 男 **1**汁, 果汁, 樹液; 肉汁, ソース, グレービー; 液, 分泌液. —~ *de naranja* オレンジジュース. ~ *de carne* 肉汁. ~ *gástrico* 胃液. **2**本質, 実質, 精髄. ▶ *sacar* [*el*] *jugo a* (人・物)を利用する, 絞りとる.

jugosidad 女 水気の多いこと, みずみずしいこと.

jugoso, sa 形 **1**(果物などが)汁の多い, 水分[水気]の多い. **2**(話)内容のある, (話・仕事など)おいしい, 利益のある. —*El negocio es* ~. その仕事はうまみのある.

juguete 男 **1**おもちゃ, 玩具. **2**玩弄(もてあそ)びもの, もてあそばれるもの. —~ *ser* ~ *de las pasiones* 情熱のとりことになる. **3**小劇, 寸劇.

juguetear 自 **1**遊ぶ, 楽しむ. **2**【+ con と】もてあそぶ,(とふざける.

jugueteo 男 遊び, 戯れ.

juguetería 女 玩具店, おもちゃ屋; 玩具業(界).

juguetero, ra 形 おもちゃの, 玩具の. — 名 玩具製造[販売]者. — 男 おもちゃ箱.

juguetón, tona 形 ふざけ[いたずら]好きの; (犬などが)じゃれ好きな.

juicio 男 **1**判断, 判断力. —~ *de valor* 価値判断. **2**分別, 思慮. **3**正気, 理性. **4**意見, 考え. —*a mi* ~ 私の考えでは. **5**裁判, 訴訟; 審判. —~ *criminal* 刑事訴訟. ~ *civil* 民事訴訟. ▶ *estar fuera del juicio* 正気でない, 狂気である. *falto de juicio* 狂気の. *hacer perder el juicio a*... (人)の気を狂わせる. *Juicio Final* [*Universal*] 《宗教》最後の審判. *juicio sumario* 《法律》略式裁判. *muela del juicio* →muela. *perder el juicio* 正気を失う, 気が狂う. *sacar de juicio* = *sacar de quicio*. *tener sorbido el juicio a*... (人)の気を狂わせる, 分別を失わせる. *volver a*... *el juicio* ...の正気を失わせる.

juicioso, sa 形 思慮深い, 賢明な. — 名 思慮深い人, 賢明な人.

jul. (略号) =julio 7月.

julay 男女 《スペイン》《俗》まぬけ, ばか. — 男 《スペイン》《俗》ホモ(セクシャル)の.

julepe 男 **1**トランプ遊びの一種. **2**過剰な仕事[努力]. —*dar* ~ *a* をこき使う. **3**《南米》急激な恐怖; 怖さ.

Julián 固名 《男性名》フリアン.

Juliana 固名 《女性名》フリアナ.

juliana 囡 《集合的に》千切りの野菜. **►en juliana**（野菜を）千切りにして.

juliano, na 形 《歴史》ユリウス・カエサルの.

Julio 固名《男性名》フリオ.

julio 男 1 7月. 2 ジュール（エネルギーおよび仕事の国際的単位）.

juma 囡 《話》→jumera.

jumarse 再 《動物》酔っ払う.

jumento 男 《動物》ロバ.

jumera 囡 《話》酔い.

jun.《略号》=junio 6月.

juncáceo, a 形 《植物》イグサ科の. **━囡** 《植物》イグサ科.

junco 男 1 《植物》イグサ. 2 《細身の》杖, ステッキ. 3 《海事》ジャンク（中国の平底船）.

jungla 囡 ジャングル, 密林地帯.

junio 男 6月.

júnior〔＜英〕形 《無変化》若い, 子どもの. 2 (スポ) ジュニアクラスの. ━ 男女 《複》－(e)s 1 ジュニア, 息子, 娘. 2 ジュニアクラスの選手.

junípero 男 →enebro.

junquera 囡 →junco.

junquillo 男 1 《植物》キズイセン. 2 《建築》丸くて細い刳形(くりかた).

*****junta** 囡 1 会, 集会, 会議. ━ ～ (general) de accionistas 株主総会. 2 委員会, 協議会, 議会. ━ ～ de facultad 学部教授会. J～ de Castilla y León カスティーリャ・レオン自治州政府. 3つぎ目, 合わせ目. ━ ～ de culata ガスケット, パッキング. 4《建築》目地(めじ).

*****juntamente** 副 1《＋con と》いっしょに, ともに, 共同合同で. 2 同時に.

juntar [ブンタル] 他 1 を合わせる, 一緒にする, くっつける, 2人を集める, 寄せ集める. 集合させる. ━ ～ a todos los parientes 親戚を全員集める. ～ sellos 切手を集める. ━ se 再 1 集まる, 集合する, 合流する. 2 かち合う. ━Se juntó su boda con la tuya. 彼の結婚式と君とがかち合った. 3《＋con と》親しくする, 親密にする, 仲良しである. 4 近づく, 寄り添う. 5《＋con と》一緒に暮す, 同棲する.

*****junto, ta** [ブント] 形 いっしょの, 集まった, そばの. ━Las niñas siempre juegan juntas. その女の子たちはいつもいっしょによく遊ぶ. ━ 副 1《＋a の》傍らに, そばに, 隣りに. ━ ～ a la plaza 広場のそばで. 2《＋con と》いっしょに. **►en junto** 全部で, **por junto** ひとまとめにして. **todo junto** すべて同時に, すべて一緒に.

juntura 囡 接合部, 《解剖》関節部.

Júpiter 男 1《神話》ユーピテル〔ジュピター〕（ローマ神話の主神で天の支配者）. 2《天文》木星.

jura 囡 宣誓（式）, 誓い.

*****jurado, da** 過分〔→jurar〕形 宣誓した. ━ intérprete ～ 公認通訳. ━ 男 1《集合的に》（コンクールなどの）審査委員会, 審査員団. 2《集合的に》《法律》陪審. 3 陪審員, 陪審員. ━ ～ mixto 労使合同協議会.

juramentar 他（人）に誓わせる, 宣誓させる. ━ se 再 宣誓する.

juramento 男 1 誓い, 宣誓. ━hacer [prestar] ～ 宣誓する. ～ asertorio 真実であることを認める宣誓. 2 ののしり, 悪態. ━soltar ～s 悪態をつく.

*****jurar** 他 1 を誓う, 宣誓する. ━Juro decir la verdad. 私は真実を述べることを誓う. 2 ～に（忠誠を）誓う, 誓約する. ━ ～ (la) bandera 国旗に忠誠を誓う. ━ 自 下品な言葉を吐く, 悪態をつく. **►jurársela(s) a...** （人）に対し仕返し（報復）を誓う.

jurásico, ca 形 《地質》ジュラ紀の.

jurel 男 《魚類》アジ.

*****jurídico, ca** 形 法律（上）の, 司法（上）の; 法定の. ━procedimiento ～ 法手続き.

jurisconsulto, ta 名 法律家, 法学者.

*****jurisdicción** 囡 《法律》1 権限, 管轄権. 2 司法権, 裁判権. 3 管轄区域. ━ **caer bajo [dentro de] la jurisdicción de...** ～の管轄下に入る. **caer fuera de la jurisdicción de...** ～の管轄外である.

jurisdiccional 形 司法〔管轄〕権の.

jurispericia 囡 法学.

jurisperito, ta 名 →jurista.

jurisprudencia 囡 1 法学, 法律学. 2 判例. 3 判決〔裁定〕; その規準.

jurista 男女 法学者, 法律家; 囡 法書.

juro 男 1 永代所有権. 2 (昔の)年金, 恩給.

*****justamente** 副 1 ちょうど, まさに, きっちり. 2 公正〔公平〕に, 正しく, 正当に. 3 ようやく, やっと, ぎりぎりで.

justeza 囡 公平さ; 正当性.

*****justicia** 囡 1 正義, 公平; 正当; 正当性. ━pedir ～ 正義を要求する. Dudan de la ～ de esa resolución. その決議の正当性が疑われている. 2 裁判; 《集合的に》警察, 司直. ━recurrir a la ～ 裁判に訴える. huir de la ～ 警察から逃げる. **►de [en] justicia** 公平に判断すると. **hacer justicia a...** を正しく評価する. **ser de justicia** 公平である. **tomarse la justicia por su mano** リンチを加える, 勝手に制裁を加える.

justicialismo 男 (アルゼンチンのペロン将軍が唱えた)社会正義主義.

justicialista 形 男女 社会正義主義の〔支持者〕.

justiciero, ra 形 (人が)厳正〔厳格〕な, 正義感の強い. ━ 名 厳正な人.

justificable 形 正当化〔弁明〕できる.

justificación 囡 1 正当化, 正当理由〔根拠〕, 弁明. 2《情報》行端揃え.

*****justificado, da** 過分〔→justificar〕形 正しい, 正当な.

justificante 形 正当化する, 正当と認

める. ― 男 証明書, 領収書;《法律》証拠(物件), 証拠書類.
justificar [1.1] 他 1 を正当化する, の弁明をする. 2 の無実を主張する; を弁護する. 3 を立証する, 実証する. ― una teoría con los datos データによって理論の正しさを立証する. 4《印刷》(行の長さ・行末などを)揃える. ― los márgenes マージンを揃える. 5《神学》(神が人を)義認する. ― se 再 1〔+ con/de について〕自己弁護をする, 弁明する, 釈明する. 2 正当化される, 正当である.
justificativo, va 形 正当化する; 立証する.
Justo 固名《男性名》フスト.
justo, ta 〔フスト, タ〕形 1 公平な, 公正な, 正しい. —un profesor ~ 公平な教師. 2 当然の, 正当な. —Ha luchado por una causa justa. 彼は正当な理由から戦った. 3 ぴったりの, 的確な. —Ese traje me viene ~. そのスーツは私にぴったりだ. 4 ちょうどの, ほかならない. 5 ぴっちりした, ぎっしり詰った, きつい. ― 男《宗教の信者》善人, 義人. ― 副 ちょうど, まさに. —Llegué ~ cuando salía el tren. ちょうど列車が出ようとしていたときに着いた.
juvenil 形 1 青春の, 若者らしい, 若々しい. —delincuencia ~ 少年犯罪, 非行. 2 (スポ) ジュニア(選手)の. ― 男女 ジュニア選手.
juventud 〔フベントゥ〕女 1 青春, 青春時代の人. 2《集合的に》青年, 若人. 3 若さ, 活力. 4 初期, 始まり. 5 嚢 青年同盟.
juzgado, da 形 → juzgar. ― 男 1《法律》裁判所; (特に裁判官が一人だけの)法廷, 単一裁判官法廷. ― de familia 家裁裁判所. ― de primera instancia [de instrucción] 第一審. 2《法律》(単一裁判官の)裁判所の管轄範囲, 司法管区. 3《集合的に》裁判官, 判事; 裁判官の職務[身分]. ▶ de juzgado de guardia《話》耐えられない. 無法な, 犯罪的な.
juzgador, dora 形 判断する, 判定する. ― 名 判定する人, 審査員.
juzgar 〔フスガル〕[1.2] 他 1《司法》を裁く, 審理する, に判決を下す. —El tribunal *juzgará* el caso el mes que viene. 裁判所は来月その事件に判決を下すだろう. 2〔+ de/como と〕を判断する, 判定する, に判定を下す. —La juzgo como mi mejor amiga. 私は彼女を大の親友だと思っている. ▶ a juzgar por によって判断すると.
juzgue(-), juzgué(-) 動 → juzgar [1.2].

K, k

K, k 女 スペイン語アルファベットの第11文字.
ka 女 文字K, kの名称.

kabuki 〔<日〕男 歌舞伎.
kafkiano, na 形 1《文学》カフカの, カフカ的な. 2 (状況が)不条理な. 不安に満ちた.
káiser 〔歴史〕(ドイツ・オーストリア皇帝の)カイゼル.
kaki 男 →caqui.
kale borroka 〔<バスク〕女男女《話》街頭闘争(バスク独立運動者による街頭放火テロ); それを行う人.
kamikaze 〔<日〕男《軍》神風特攻隊(員); 特攻隊機. ― 男女 無鉄砲な人.
Kampuchea 女 →Camboya.
kan 男 (モンゴル等の)汗(ハン), ハン.
kantiano, na 形 カント(哲学)の. ― 名 カント学派の人; カント哲学の信奉者.
kantismo 男 カントの哲学.
kappa 女 カッパ(ギリシャ語アルファベットの第10字: Κ, κ).
karaoke 〔<日〕男 カラオケ, カラオケ店.
karate 〔<日〕男《スポ》空手.
karateka, karateca 〔<日〕男女 空手家.
karma 男《宗教》カルマ; 因果応報.
karst 男《地質》カルスト(地形).
kárstico, ca 形《地質》カルスト(質)の.
kart 〔<英 cart〕男《複》 ~s ゴーカート.
katiuska 女 (ゴム製の雨用)長靴.
kayac 男 カヤック.
kazajo, ja, kazako, ka 形名 カザフスタンの(人).
Kazajstán 固名 カザフスタン(首都Astana).
Kb, KB《略》=kilobyte キロバイト.
kebab 男《料理》(肉の串焼きの)ケバブ.
kéfir 男 ケフィール, ケフィア(カフカス地方やブルガリア産の発酵乳).
kendo 〔<日〕男 剣道.
Kenia 女 ケニア(首都 Nairobi).
keniano, na 形 →keniata.
keniata 形男女 ケニアの(人).
kepis 男 =quepis.
kermes 男 =quermes.
kermés 〔<仏 kermeses〕女 1 村祭り; 野外パーティー. 2《南米》慈善バザー.
kerosén, kerosene 男 →querosene.
keroseno 男 →queroseno.
kétchup 〔<英〕男《料理》ケチャップ.
kibutz 男 キブツ(イスラエルの生活共同体).
kif 男《俗》ケフ, 大麻タバコ.
kiko 男 ジャイアントコーン.
kilo 男〔kilogramoの省略形〕キロ(グラム).
kilocaloría 女《物理》キロカロリー.
kilociclo 男《電気》キロサイクル.
kilogramo 〔キログラモ〕男 キログラム.
kilohercio 男《物理》キロヘルツ.
kilometraje 男 キロメートルで測った距

kilométrico, ca 形 キロメートルの. —— 男 周遊券.

kilómetro [キロメトロ] 男 キロメートル. —— cuadrado 平方キロ.

kilopondio 男 〔物理〕キロポンド.
kilotón 男 〔物理〕キロトン(爆発力の単位).
kilovatio 男 〔電気〕キロワット. —— hora キロワット時.
kilovoltio 男 〔電気〕キロボルト.
kilt 男 〔服飾〕キルト.
kimono 〈日〉男 **1**(日本の)着物,和服;〈着物風の〉部屋着. **2**〔柔道・空手の〕道着.
kínder 男 →kindergarten.
kindergarten 〈←独〉男 複 kindergártenes〕幼稚園.
kinesiología 女 〔医学〕運動科学.
kinesiólogo, ga 名 運動科学者.
kinesiterapia 女 〔医学〕運動療法.
kinético, ca 形 運動の,動的な.
kiosco 男 →quiosco.
kiosquero, ra 名 →quiosquero.
kirguís 形 〔単複同形〕キルギス(人・語)の. —— 男 キルギス語.
Kirguistán 固名 キルギス(首都Bishkek).
Kiribati 固名 キリバス(首都 Tarawa).
kirie 男 〔宗教〕キリエ, 「主よ, 憐れみたまえ」の祈り.
kirieleisón 男 →kirie.
kirsch 〈←独〉男 〔単複同形〕キルシュ(酒), チェリーブランデー.
kit 男 キット.
kite-board 男 〔スポ〕カイトボード, カイトサーフィン, カイトボーディング.
kite-surf, kite-surfing 男 〔スポ〕カイトサーフィング.
kite-surfista 名 〔スポ〕カイトサーファー.
kitsch 〈←独〉形 〔単複同形〕悪趣味(低俗)なもの(こと).
kiwi 男 **1**〔動物〕キウィ. **2** キウィフルーツ.
kleenex 男 〔単複同形〕〔商標〕クリネックス, ティッシュペーパー.
knock-out 〈←英〉男 〔スポ〕〔ボクシングなどの〕ノック・アウト. ▶ **knock-out técnico** テクニカル・ノックアウト.
K.O. 〔頭字〕〈←英 knock out〕男 ノックアウト.
koala 男 〔動物〕コアラ.
kodac 男 〔商標〕コダック写真機; 小型の写真機.
koiné 男 〔言語〕(古代ギリシャの共通語)コイネー; 共通語.
kokotxa 女 →cococha.
koljós, koljoz 〈←露〉男 集団農場, コルホーズ.
kosovar 形 名 コソボの(人).
Kosovo 固名 コソボ(首都プリシュティナ Pristina).
krausismo 男 クラウゼ(ドイツの哲学者 Karl Krause 1781-1832)の哲学.
krausista 形 クラウゼ哲学の. 名 クラウゼ哲学の信奉者.
kremlin 男 〔ロシアの〕クレムリン宮殿.
kril 男 〔クジラなどが食べる〕オキアミ.
kriptón 男 〔化学〕クリプトン.
kulak 男 〔複 ~s〕〔ロシア革命前の〕富農.
kung-fu 〈←中〉男 〔スポ〕カンフー.
kurdo, da 形 →curdo.
Kuriles 固名 (Islas ~)千島列島.
Kuwait 固名 クウェート(首都 Kuwait).
kuwaití 形 名 〔複 ~(e)s〕クウェート(Kuwait)の(人).

L, l

L, l 女 **1** スペイン語アルファベットの第12文字. **2**〔L〕ローマ数字の50.
la¹ 冠 〔定冠詞の女性単数形〕→el.
la² 〔男 ~s〕〔音楽〕イ音(ラ).
la³ 〔ラ〕代 〔人称〕〔女性3人称単数対格; 直接補語となる〕**1** 〔物を指して〕それを. **2**〔人を指して〕彼女を. —La conozco muy bien. 私は彼女をよく知っています. **2**〔usted で話しかける相手の女性を指して〕あなたを. —La llamaré por teléfono a usted. 私はあなたに電話をしましょう. **3**〔物事を指して〕それを. —¿Sabías la noticia de su muerte?—No, la supe ayer. 彼の死去のニュースを君, 知っていた?—いや, 昨日それを知ったんだ.
lábaro 男 **1** ローマ皇帝軍旗. **2** 十字架とキリストのギリシャ語名の最初の2文字からなるモノグラム.
laberíntico, ca 形 迷路(迷宮)の(ような); 入り組んだ, 錯綜した.
laberinto 男 **1** 迷路, 迷宮. **2** 錯綜, 紛糾. **3**〔解剖〕内耳迷路.
labia 女 〔話〕巧みな弁舌.
labiado 女 →labiado.
labiado, da 形 〔植物〕〔花冠・萼(がく)〕唇形の. —— 女複〔植物〕シソ科の植物.
labial 形 **1** 唇の. **2**〔音声〕唇音の. —— 女〔音声〕唇音.
labialización 女 〔音声〕唇音化.
labializar 他 〔音声〕を唇音化する.
labihendido, da 形 兎唇(みつくち)の.
lábil 形 **1** すべりやすい, つるつるした. **2** もろい, 壊れやすい; 弱い. **3**〔化学〕不安定な.
labilidad 女 変わりやすさ, 不安定さ; もろさ.
labio [ラビオ] 男 **1** 唇. —el ~ inferior [superior] 下[上]唇. **2**〔容れ物の〕ふち, へり. —los ~s de una herida [de un vaso] 傷口[コップ]のへり. **3** 口. —Su ~ enmudeció. 彼の口は開かずのままだった. **4**〔解剖〕陰唇(~ vaginal). —los ~s [menores] 小(大)陰唇. ▶ **cerrar los labios** 黙る. **estar colgado [pen-**

labiodental 形 《音声》唇歯音(の).

labor 女 **1** 仕事, 作業; 仕事の成果, 作品. ―día de ～ 仕事[労働]日, ウィーク・デー. **2** 裁縫, 手芸; 手芸品. ― de punto [aguja, ganchillo] 編み物[針仕事(縫い物, 刺繍(ʬʷʷ)など), かぎ針編み]. **3** 農作業; 土を耕す作業, 耕作. ―～es del campo 農作業. tierra de ～ 耕地. **4** 家事. ▶ **de labor** 農業用の(動物または用具). **estar por la labor**《話》(主に否定文で)準備ができている, やる気になっている. **sus labores**(職業欄の決まり文句)家事手伝い, 主婦.

laborable 形 **1** 仕事をする, 就業すべき. **2** (土地が)耕せる, 耕作可能な. ▶ **día laborable**(祭日以外の)平日, 労働日. ―男 平日.

laboral 形 労働の, 労働者の.

laboralista 形 男女 労働法専門の(弁護士).

laborar 自 働く, 努力する, 奮闘する. ―他 を耕す.

laboratorio 男 実験室, 研究所, 試験場. ―～ espacial 宇宙実験室. ～ de idiomas ランゲージ・ラボラトリー. **LL** 教室. de ～ 人工的な.

laborear 他 **1** (土地を)耕す, 耕作する. **2** (鉱山)を採掘[採鉱]する.

laboreo 男 **1** 耕作, 土地を耕すこと. **2** (鉱業)採掘, 採鉱.

laboriosidad 女 **1** 勤勉さ, 精励, 仕事熱心. ―～ de las hormigas 蟻のような勤勉さ. **2** 仕事・交渉などの困難さ. ▶ **con laboriosidad** 勤勉に, 熱心に.

laborioso, sa 形 **1** よく働く, 勤勉な. **2** ほねのおれる, 困難な.

laborismo 男 **1** (英国の)労働党. **2** 労働党の主義[政策]; 労働運動.

laborista 形 労働党の; 労働党主義の. ―男女 労働党員; 労働党支持者.

labra 女 (石や木材の)彫刻, 細工.

labrado, da 過分 [→ labrar] 形 **1** (石・木材・金属などを)彫刻した, 細工を施した; (布)に刺繍(ʬʷʷ)を施した. **2** 耕した, 耕作した. ―男 **1** 彫刻, 細工; 刺繍(ʬʷʷ). **2** 主 複 耕作地, 畑.

labrador, dora 形 (主に土地を)耕作する. ―población labradora 農業人口. ―名 **1** 農夫, 農民, 農場主. **2** (動物)ラブラドールリトリバー(犬).

labradorita 女 《鉱物》曹灰長石.

labrantín 男 小農, 貧農.

labrantío, a 形 耕せる, 耕作できる. ―男 耕地.

labranza 女 《農業》**1** 耕作, 農耕. **2** 耕地, 農地. ▶ **de labranza** 農業の, 農地の; 耕作の.

labrar 他 **1** を耕す, 耕作する. ―a la tierra 土地を耕す. **2** (木・石・皮などを)細工する, 彫る; (布)に刺繍(ʬʷʷ)する. ―la madera 木を彫る. **3** (家屋を)築く. ―～ las **uñas** マニキュア液. ―**se** 再 自分の…を作り上げる.

labriego, ga 名 農民.

labro 男 **1** (虫類)上唇. **2** (魚類)ラ.

laburno 男 《植物》キングサリ, キバナフジ.

laca 女 **1** ラック(ワニスの原料). **2** ラッカー(塗料); 漆. **3** ラック製品; 漆器. **4** ヘアスプレー. ▶ **goma laca** シェラック(ワニス). **laca para [de] uñas** マニキュア液.

lacado 男 ラッカー[漆]を塗ること[塗られたもの].

lacar 他 にラッカー[漆]を塗る.

lacayo 男 **1** (制服を着た)下男, 従僕. **2** おべっか使い, 卑屈な人.

laceador 男 《南米》投げ縄を扱う人.

lacear 他 **1** を輪なわ[リボン]で飾る. **2** をわなわなで縛る. **3** を投げなわで捕える.

lacedemonia 女 =lacedemonio.

lacedemonio, nia 形 ラケダイモン(の人), スパルタの(人). ―名 (古代ギリシャの)ラケダイモン人, スパルタ人.

laceración 女 傷つけること; 裂傷.

lacerado, da 過分 [→ lacerar] 形 不幸な.

lacerante 形 ひどく辛い, 傷つける.

lacerar 他 《文》**1** (体)を傷つける. **2** を引き裂く, ずたずたにする; を苦しめる.

laceria 女 **1** 貧窮, 悲惨. **2** 労苦, 困苦.

lacería 女 リボン飾り; その形式の建築装飾.

lacero, ra 名 **1** 投げ縄師. **2** 密猟師. **3** (市の)野犬捕獲係.

lacha¹ 女 《魚類》カタクチイワシ.

lacha² 女 恥, 節操. ▶ **tener poca lacha** 恥知らずである.

lacho, cha 名 《南米》ほれっぽい人.

Lacio 固名 ラティウム(古代イタリアの都市国家).

lacio, cia 形 **1** (特に髪が)縮れていない, 長くて柔らかい. **2** しおれて, しなびた. ―flor lacia しおれた花. **3** 力のぬけた, たるんだ.

lacón 男 豚の肩肉.

lacónico, ca 形 **1** (人が)無駄口をきかない, ことば数の少ない. **2** (文章などが)簡潔な, 簡明な.

laconismo 男 簡潔さ; 簡潔な表現.

La Coruña 固名 ラ・コルーニャ(スペインの県・県都).

lacra 女 **1** (病気などの)あと; 傷跡. **2** きず; 欠点.

lacrar 他 **1** (手紙などを)封蝋(ˈʷˈ)で封をする. **2** (人)の健康を害する. を病気にする.

lacre 男 封蝋(ʬʷʷ).

lacrimal 形 涙の.

lacrimatorio, ria 形 涙の.

lacrimógeno, na 形 **1** 催涙の. **2** 《文》お涙頂戴の.

lacrimoso, sa 形 **1** 涙ぐんだ, 涙を出

す。**2** 嘆きがちの;涙もろい。**3** 涙を誘う, 哀れな。—un melodrama ～ 泣かせるメロドラマ。

lactación 囡 **1** 授乳[哺乳](期)。**2** 乳の分泌。

lactancia 囡 授乳[哺乳](期)。—artificial [materna] 人工[母]乳。

lactante 圏 乳飲みの; 授乳する。— 男女 乳飲み子, 乳児。— 囡 授乳する女性。

lactar 他 〖文〗に授乳する, 乳を飲ませる。— 自 〖文〗乳を飲む。

lactasa 囡 〖化学〗ラクターゼ。

lacteado, da 圏 乳[ミルク]を含む。— 男 乳製品。

lácteo, a 圏 **1** 乳の, 牛乳の。**2** 乳状の, 乳白色の, 乳のような。—color ～ 乳白色。Vía Láctea 銀河, 天の川。— 男 乳製品。

láctico, ca 圏 乳の。

lactosa 囡 〖化学〗ラクトース, 乳糖。

lacustre 圏 〖文〗湖沼の; 湖(水)に住む[生じる]; 湖畔の。

ladear 傾ける。— 自 **1** 傾く。**2** 正しい道からそれる。**3** 山の斜面を歩く。—se 再 **1** 傾く。**2**〔+con と〕並べる, 並んで歩く; 敵対にする。**3** 〖南米〗〔+con と〕恋する, 心惹かれる。

ladeo 男 傾けること; 傾き, 傾斜。

ladera 囡 〖地理〗山腹, 山[丘陵]の斜面, 傾斜地。

ladilla 囡 〖虫類〗ケジラミ。▶ pegarse como una ladilla 〖話〗くっついて離れないでいる。

ladino, na 圏 **1** 狡猾な, ずるい, 抜け目のない。**2**〖中米〗スペイン語だけを話すメスティーソの。— 男 **1** ラディノ語, レトロマン諸。**2** ユダヤ・スペイン語。

lado [ラド] 男 **1** 側面, 側(ぜん)。—este ～ [al otro ～] 道の通りのこちらに[向こう側に]。**2**(紙・コインなどの表・裏の)面, 側。**3** わき, そば, 横。—poner a un ～ わきへ置く, 片寄せる。a mi ～ [al ～] mío 私のそばに[隣, 横に]〖で〗。**4**(問題・事柄の)側面, 一面; 観点。—su ～ débil 弱点。**5** 場所, 所; すき間, スペース。—hacer (un) ～ 場所[席]を空ける, 席を詰める。Déjame un ～. ちょっと席を開けてくれ。**6**(自分の進む道, 方面; 方法。—intentar por otro ～ 他の方法でやってみる。**7** わき腹, 横腹。**8** 味方, 陣営, 側;〖複〗擁護者, 支持者, 協力者。—inclinarse del ～ de ... …に賛成[味方]する。**9**〖数学〗辺。**10** 血筋, 家系。—primo mío por el ～ materno 私の母方のいとこ。**11**〖軍事〗(隊の)側面, 翼。**12**〖スポ〗サイド, エンド, ポジション。—cambiar de ～ サイドチェンジする。▶ al lado 隣, すぐそばに, 横に, 近くに。al lado de ... …のそばに[脇, 横に]; …と比べて。dar de lado a ... を無視[敬遠]する。dejar ... a un lado/dejar ... de lado を無視する, 忘れにしない; をわきへ置く[どける]。de lado a lado こちら側から向こう側へ; 端から端ま

で。de (medio) lado 横向きに, 横に, 横から; 斜めに, 傾けて。de un lado para [a] otro 〔andar/caminar/ir +〕あちらこちらへ, 休みなく。echar (se) [hacerse] a un lado 脇によける, 道をあける。estar al lado [del lado] de ... …の味方である。hacer ... a un lado を片側に押しにける[寄せる]。ir de lado 大きな思い違いをする; 次第に悪化する。ir [echar, tirar] cada uno por su lado (意見が合わず)各自が我が道を行く; 袂(ㅌㅎ)を分かつ。lado a lado 並んで。—ir lado a lado 並んで行く; 肩を並べる, 匹敵する。mirar de (medio) lado a ... を見下す; をぞんざいに[冷たく]見る。por otro lado 別の面から, 別の角度で; 他方; その上。por un lado ..., por (el) otro lado ... 一方では…が他方では。

ladrador, dora 圏(犬が)よくほえる。

ladrar 自 **1**(犬が)ほえる。**2**〖話〗ののしる, わめきちらす; 脅す, 脅しをかける。— 他〖話〗をわめく, わめきちらす。

ladrido 男 **1**(犬の)ほえる声。—dar ～ ほえる。**2** どなり声, がみがみ言う声。

ladrillar 男 れんが工場; れんが置き場。

ladrillazo 男 れんがでの殴打。

ladrillo 男 **1** れんが, タイル; れんが状のもの。**2**〖話〗退屈な作品や仕事。

ladrón, drona [ラドロン, ドロナ] 名 泥棒, 盗賊。—¡Al ～! 泥棒(捕まえてくれ)。▶ cueva de ladrones 盗賊の巣窟(&?)。— 男 **1** たこ足コンセント, ソケット。**2** 分岐水路。

ladronera 囡 **1** 盗賊の巣窟(&?)。**2** 盗み, 窃盗。

ladronzuelo, la 名 こそ泥; すり。

lagaña 囡〖中南米〗目やに (→legaña)。

lagañoso, sa 圏〖中南米〗目やにの多い(人)。(→legañoso)

lagar 男 **1**(ブドウ・リンゴ・オリーブなどを処理する)圧搾(½&)所。**2**(ブドウなどの)搾(½)り槽; 圧搾器。

lagarta 囡 **1**〖動物〗雌トカゲ。**2**〖虫類〗マイマイガ。**3**〖話〗ずる賢い女性。— 圏 (女性が)ずる賢い, 抜け目のない。

lagartera 囡 トカゲの穴[巣]。

lagartero, ra 圏 (鳥・動物が)トカゲを獲る。

lagartija 囡〖動物〗小トカゲ。

lagarto 男 **1**〖動物〗トカゲ。**2** 二間筋 (肩と肘の間の筋肉)。— 圏 ずる賢い, 腹黒い。— 圆詞 (魔よけのために繰り返し用いて)くわばら, くわばら。

lagartón, tona 圏 狡猾な(人), 腹黒い(人)。— 男 売春婦。

lago 男 湖, 湖水。—L～ Titicaca チチカカ湖。

lagomorfo 圏〖男性形のみ〗〖動物〗ウサギ目の。— 男〖動物〗ウサギ目の動物, 〖主に複〗(L～)ウサギ目。

lágrima [ラグリマ] 囡 **1** 涙。—derramar [verter]

~s 涙を流す. secarse [enjugarse] las ~s 涙をふく. ~s de cocodrilo そら涙. 2 複 苦労, 悩み. ▶asomar las lágrimas a los ojos 涙が目に浮かぶ. deshacerse [anegarse] en lágrimas 泣きくずれる, 泣きじゃくる. lágrimas de sangre 後悔の涙. llorar a lágrima viva さめざめと泣く. saltarse las lágrimas 目に涙があふれる, 泣き出す.

lagrimal 形 涙の. —— 男 目じり.
lagrimar 自 **1** 泣く, 涙を流す. **2** (一滴ずつ)滴(½)る.
lagrimear 自 **1** 涙が出る. **2** よく泣く, 泣き虫である.
lagrimeo 男 **1** 涙の出ること. **2** よく泣くこと. **3** [医学](止まらない)涙の分泌.
lagrimón 男 大粒の涙.
lagrimoso, sa 形 **1**(目が)涙ぐんだ. **2** 哀れな; お涙頂戴の.
laguna 女 **1**(山中の)小湖; 沼, 池. **2**(文書・知識などの)欠陥; 不足, 抜け. **3** (続きものの)切れ目, 抜け, 空(¾)き.
lagunero¹, ra 形 湖沼の.
lagunero², ra 形名(スペイン・カナリア諸島)ラ・ラグナの(人).
lagunoso, sa 形 湖沼の多い.
laicado 男 **1** 在俗であること. **2**[集合的](聖職者に対する)一般信徒.
laical 形(聖職者に対して)一般信徒の, 在俗の; 世俗の.
laicidad 女 →laicismo.
laicismo 男 **1** 世俗[非宗教]性. **2** 世俗[非宗教]主義; 政教分離主義.
laicista 形 世俗主義の. —— 男女 **1** 世俗主義者, 政教分離主義者.
laicizar [1.3] 他 を世俗化[非宗教化]する.

*laico, ca 形 **1** 非宗教的な, 宗教から独立した. —colegio ~/escuela laica (宗教系の学校に対し)普通学校. estado ~ 非宗教国家. **2**[宗教](キリスト教徒であっても)聖職者でない, 一般信徒の, 俗人の. —— 名 **1**(キリスト教徒の)一般信徒, 非聖職者, 俗人.
laísmo 男[言語]間接補語の代名詞 le, les の代わりに la, las を使うこと(例: La dieron muchas flores. 彼女はたくさん花をもらった).
laísta 形[言語]laismo を使う人. —— 男女[言語]laismo を使う人.
laja 女 **1** 平石. **2**[海事] 岩の浅瀬.
lama¹ 男 ラマ僧.
lama² 女 **1** 軟泥, へどろ. **2**[中南米] 苔(ਡ), **3**[メキシコ]かび, 緑青.
lamaísmo 男[宗教]ラマ教.
lamaísta 形[宗教]ラマ教の(信者).
lamasería 女 ラマ教僧院.
lambda 女 ラムダ(ギリシア語アルファベットの第11字: Λ, λ).
lamber 他[中南米] **1** をなめる. **2** の機嫌を取る, におべっかを使う.
lamé 男[服飾]ラメ.
lameculos 男女[単複同形]《俗》追従者, おべっか使い.

lamedor, dora 形 なめる(ような); なめるのが好きな. —— 名 なめる人. —— 男 **1** おべっか, 追従. **2** 砂糖を溶かした水.
lamedura 女 なめること.
lamelibranquio, quia 形[動物]弁鰓(½)綱の. —— 男複[動物]弁鰓綱.
lamelicornio, nia 形[動物]鰓角(½)綱の. —— 男複[動物]鰓角綱.
lamentable 形 **1**(行動・過ち・出来事が)嘆かわしい, 悲しむべき. **2**(状況・様子が)悲しい, かわいそうな, 嘆かわしい.
*lamentación 女《主に 複》**1** 悲痛・苦痛の嘆き, うめき声, 泣き声. **2**[宗教]— Muro de las lamentaciones (エルサレムの)嘆きの壁. **2** 愚痴, 泣き言, 不平不満. **3** (L~)[聖書](旧約の)哀歌.

lamentar [ラメンタル] 他 を深く悲しむ, 残念[気の毒]に思う. —Lamento no haber llegado a tiempo. 私は時間に間に合わなかったことを残念に思う. —— se 再 《 [+ de/por] を》悲しむ, 嘆く, くやむ.
lamento 男 嘆きの声, うめき声, 号泣.
lamentoso, sa 形 **1** 嘆くような, 不平がましい. **2** 情ない, ひどい, 哀れな.
lameplatos 男女[単複同形]《話》**1** 甘党の人. **2** 残飯あさり, 物乞い.
lamer 他 **1** をなめる. **2**(波が岸を)洗う. —— se 再 《(自分の体を)なめる; (自分の一部分)をなめる. —El perro se lamía la herida. その犬は傷をなめていた.
lametada 女 なめること.
lametazo 男 →lametón.
lamia 女 **1**[神話]ギリシア神話で頭が女で下半身が蛇の怪物. **2**[魚類]メジロザメ類.
lamido, da 過分 [→lamer] 形 **1** やせ細った. **2** めかしこんだ.
*lámina 女 **1** 薄板, 薄片, ボード; 金属板; 画用紙. ~ de oro 金箔. ~ de vidrio 板ガラス. ~ de chocolate 板チョコ. **2**(本などの)図版, 挿絵, イラスト. —— en color カラーの図版. **3**[美術]銅版(画), 版画. **4**[話](特に馬・牛の)姿, 格好, 体つき. **5**[印刷]鉛版, 版; [写真]感光版.
laminación 女(金属の)圧延; 薄板を張ること. ▶ tren de laminación 圧延機.
laminado 男(金属の)圧延; 薄板.
laminar 他 **1**(金属を)圧延する, 薄板にする. **2**…に薄板[薄片]を張る. —— 形 薄板[薄片]の; 薄層をなす.
laminero, ra 形 甘党の, 甘い物好きな(人).
laminoso, sa 形 薄い層でできている.
La Montaña 固名 モンターニャ(スペイン, カンタブリア地方).
lampa 女[南米]くわ, つるはし.
lampacear 他[海事](甲板などを)デッキブラシで磨く, モップで拭く.
lampalagua 女 **1**[南米][動物]ボア. **2**[チリ]川の水を飲み尽くすという伝説

lampar 自 金の無心をする. **— se** 再 《話》切望する.

lámpara 女 **1** 電灯, ランプ. **—** eléctrica 電灯. **~** de aceite [de alcohol] 石油[アルコール]ランプ. **~** de pie [mesa] フロア[電気]スタンド. **~** solar 太陽灯. **2** 真空管. **3** 油じみ.

lamparería 女 照明器具商; 照明器具製造者; 照明器具店.

lamparero, ra 名 照明器具製造者; 照明器具商.

lamparilla 女 **1** (ナイトテーブル用の)小型ランプ, 小灯, 豆ランプ. **2** 常夜灯, 浮かし灯明; 灯心台. **3** オイル・ライター, アルコールランプ. **4** 《植物》ハコヤナギ, ポプラ. **5** 薄織物) 電線.

lamparín 男 **1** (教会の)ランプ台. **2** 《南米》カンテラ, ランプ.

lamparón 男 **1** 大型の電灯. **2** 《話》(衣類などの)油のしみ.

lampazo 男 **1** 《植物》ゴボウ. **2** 《海事》デッキブラシ, モップ.

lampiño, ña 形 **1** ひげのない; まだひげの生えていない. **2** 毛[にこ毛]のない.

lampo 男 《詩》光輝, 光彩, 輝き.

lamprea 女 《魚類》ヤツメウナギ.

lamprear 他 (ブドウ酒・砂糖・蜜などで食物を)再調理する.

lan 男 《情報》ラン, LAN.

lana 女 **1** 羊毛; 毛糸; 毛織物. **—~** de alpaca アルパカウール, una bufanda de **~** 羊毛のマフラー. **~** de acero スチールウール(繊維状鋼鉄). **~** de vidrio ファイバーグラス. **2** 《中南米》《話》現金, キャッシュ, 現ナマ. **3** 《複》《話, 軽蔑》手入れの行き届いていない長い髪. **▶** *ir (a) por lana y volver trasquilado* ミイラ取りがミイラになる.

lanar 形 (動物の)毛が取れる; 羊毛を産む.

__lance__ 男 **1** (小説や実生活での興味深い・目立った)出来事, 事件, 場面. **—**s amorosos 恋愛, 情事. **—** *imprevisto* 思いがけない出来事. **2** 難局, 苦境, 困難. **3** 喧嘩, 口論. **—**tener un **~** con **— =** 喧嘩する. **4** (トランプの)一手・5 《闘牛》ランセ(カパを使うかわし技). **6 —**網の漁獲. **▶** *de lance* (値が)本についての中古の, 格安の. *lance de fortuna* 偶然(の出来事), 偶発事, 思いがけない幸運. *lance de honor* 決闘.

lance(-), lancé(-) 動 → lanzar [1.3].

lancear 他 を槍(%)で突く[刺す].

lanceolado, da 形 《植物》(葉が)披(?)針形の, 槍先形の.

lancero 男 **1** 《軍》槍(%)騎兵. **2** 《複》カドリル(舞踊)の一種.

lanceta 女 《医学》ランセット, 乱刃刀.

lancha 女 **1** ランチ, カッター, ボート, ボート. **—~** motora モーターランチ, モーターボート. **~** salvavidas 救命ボート. **2** 平たい石, 石板.

lanchero 男 《海事》はしけの船長[乗組員].

lanchón 男 大型のはしけ.

lancinante 形 (痛みが)刺すような.

landa 女 荒れ野, 荒れ地.

landó 男 ランドー馬車, 幌(%)付き4輪馬車.

landre 女 《医学》リンパ腺の腫(%)れ.

lanería 女 羊毛[毛織物]商(店).

lanero, ra 形 羊毛の. **—** 名 羊毛[毛織物]商人.

langosta 女 **1** イセエビ, ロブスター. **2** 《虫類》バッタ.

langostero, ra 形 ロブスターの. **—** 名 ロブスターを捕る漁師. **—** 男 ロブスター漁の漁船.

langostín 男 →langostino.

langostino 男 《動物》クルマエビの類.

langüetear 他 《ドッ》《話》→lamer.

languidecer [9.1] 自 **1** (肉体的・精神的に)弱る, 衰える, 元気をなくす. **2** 活気を失う, だれる.

languideciente 形 元気がない, 活気がない.

languidez 女 憔悴(%/), 衰弱; けだるさ.

lánguido, da 形 **1** 弱々しい, 力のない, 衰えた. **2** 活気のない; けだるい, 物憂げな.

lanilla 女 **1** (織物の)けば. **2** フランネル(布).

lanolina 女 《化学》ラノリン, 羊毛脂(軟こう・化粧品の原料).

lanosidad 女 《植物》(葉や果物などの)繊毛.

lanoso, sa 形 羊毛におおわれた; 羊毛状の.

lansquenete 男 (15-16世紀のドイツ人の)傭兵.

lantánido 形 《化学》ランタノイド(系列)の. **—** 男 **1** 《化学》ランタノイド. **2** ランタン系列元素(元素記号 Ln). **2** 複 希土類.

lantano 男 《化学》ランタン.

lanudo, da 形 羊毛の多い, 羊毛におおわれた.

lanza 女 **1** 槍(%). **2** (車の)かじ棒, ながえ. **3** (ホースの)筒先, ノズル. **4** 槍騎兵. **▶** *a punta de lanza* → punta. *romper una lanza [lanzas] por [en favor de]* = を擁護する. **—** 男 《中南米》利口な人, 巧みな人.

lanzabombas 男 《軍》爆弾投下装置; 迫撃砲.

lanzacabos 男 《無変化》 —cañón **~** (人命救助用の)綱打ち砲.

lanzacohetes 男 《単複同形》《軍》ランチャー, ロケット弾発射機.

__lanzada__ 女 **1** 槍(%)の一突き, 槍での突き刺し. **2** 槍による傷, 槍傷.

lanzadera 女 (織機の)梭(%), シャトル(横糸を左右に通す器具). **▶** *lanzadera espacial* スペースシャトル.

lanzado, da 過分 [→ lanzar] 形 **1** 投げられた. **2** 《話》大胆な, 頼無不敢な; 遠慮のない. **3** 《話》(人の)性急な, せっかちな. **—**No seas tan **~** そんなに

わてる[張りきる]な♀. **4** 〘estar +〙速い, 迅速な. —Iba ~ con la moto. 彼はバイクで飛ばしていた. **5** 〘話〙〘estar +〙性的に興奮した. —━ 〘釣りで〙キャスティング, スピニング, 投げ釣り.

lanzador, dora 男女 投げる人; 投手 (スポーツの投げる人); 投手.

lanzagranadas 男〘単複同形〙《軍事》擲弾筒(銃), 手りゅう弾発射器.

lanzallamas 男〘単複同形〙《軍事》火炎放射器.

lanzamiento 男 **1** 投げること; (爆弾などの)投下. **~** de (海事)(船の)進水. **~** de un cohete ロケットの打上げ. **3** (新事業・活動・計画などの)開始; (新製品などの)売り出し, 発表. **~** de una nueva empresa 創業. **4** 〘スポ〙(陸上競技で)投擲(とうてき)(競技); 飛び降り, 飛び込み. **5** 〘スポ〙(反則などによる)フリーキック. **~** de un corner コーナーキック. **~** de penalti ペナルティーキック. **6** 〘南米〙《法律》強制立ち退き.

lanzamisiles 男〘単複同形〙《軍事》ミサイル発射台(装置).

La Plata 固名 **1** ラ・プラタ(アルゼンチンの都市). **2** (el Río de ~) ラ・プラタ川(アルゼンチン・ウルグアイの河川).

lanzaplatos 男〘単複同形〙(射撃の)クレー射出機.

lanzar [1.3] 他 **1** を投げる, ほうり投げる, 投げつける. **~** la jabalina 槍投げをする. **2** (視線)を投げる, (声)を挙げる, 発する. **~** una mirada de odio 憎しみの視線を投げる. **3** (ロケット以上)を発射する, 離陸させる; (船)を進水させる. **~** un cohete ロケットを発射する; 花火を打ち上げる. **~** を広める, 発表する, 発売する. **~** un nuevo disco compacto 新しい CD を発売する. **━ se 1** 飛び込む, 飛び出す;〘+ sobre/contra に〙飛びかかる. —*Se lanzó de cabeza al río.* 彼は頭から川に飛び込んだ. *El policía se lanzó contra el ladrón.* 警官はどろぼうに飛びかかった. **2** 〘+ a + 不定詞〙思い切って…する.

Lanzarote 固名 ランサローテ島(スペイン, カナリア諸島の島).

lanzatorpedos 形 魚雷発射の. ━ 男〘単複同形〙魚雷発射管.

lanzazo 男 **1** 槍(やり)で突き刺すこと, 槍の一突き. **2** 槍による傷.

laña 女 **1** かすがい, 締め金. **2** 安全ピン.

lañar 他 をかすがい[締め金]で留める[締める].

Laos 固名 ラオス(国名 Vientiane).

laosiano, na 形名 ラオス(Laos)の(人). ━ 男 ラオス語.

lapa 女 **1** 《動物》カサガイの類. **2** しつこくつきまとう人. ▶*agarrarse [pegarse] como una lapa* にしがみつく, くっついて離れない. *bomba lapa* 車の車体の下に付着された爆弾.

laparoscopia 女《医学》内視鏡法(術).

laparoscopio 男《医学》内視鏡.

laparotomía 女《医学》開腹術.

La Paz 固名 ラパス(ボリビアの首都; メキシコ, バハカリフォルニア州の州都).

lapicera 女 →lapicero.

lapicero 男 **1** 鉛筆. **2** 〘メキシコ〙シャープペンシル. **3** 〘中米〙ボールペン.

lápida 女 石碑 (= ~ conmemorativa).

lapidación 女 石打ちの刑, 石責め.

lapidar 他 (人)を石打ちの刑にする, 石責めで殺す.

lapidario, ria 形 **1** 宝石の. **2** 石碑[墓石]の. **3** (語句が)碑銘に適した. ━ 男女 **1** 宝石細工人, 宝石商. **2** (石碑・墓石の)石工師.

lapídeo, a 形 石でできた; 石の(ような).

lapidificar 他《化学》を石に変える, 石化させる.

lapislázuli 男《鉱物》ラピスラズリ, る り.

lápiz 〘ラピス〙男 **1** 鉛筆. **~** de color 色鉛筆, クレヨン. **~** de mina シャープペンシル. **2** 鉛筆状のもの. **~** de labios 口紅, 棒紅. **~** de ojos アイライナー. **3** 《情報》ペン.

lapo 男 むちで打つこと; なぐりつけること.

lapón, pona 形名 ラプランド(Laponia)〘ラップ〙(人・語)の. ━ 男 ラプラン ド〘ラップ〙語.

lapso 男 **1** (時間の)経過, 期間. **2** 誤り, 間違い.

lapsus 〘ラテン〙男〘単複同形〙(不注意による)誤り, 間違い. **~** linguae 言い違い.

laquear 他 …に漆(ラック)を塗る; (髪)にスプレーをかける.

lar 男 **1** (古代ローマの)家の守り神. **2** かまど. **3** 複 家庭. —regresar a sus ~*es.* わが家に帰る.

lardar 他 (肉)にラードを塗る.

lardear 他 →lardar.

lardo 男 ラード, 豚脂.

lardoso, sa 形 ラード[豚脂]の; 脂肪の多い; 脂(あぶら)じみた.

larga 女 **1** 〘闘牛〙ラルガ(片手でカポテを長く伸ばして牛を誘う技). **2** 主に 複 (ヘッドライトの)ハイビーム. ▶*a la larga* 長い目で見れば, 最終的には, しまいには. *dar largas a ...* を先延ばしにする, 引き延ばす.

largada 女 〘南米〙〘スポ〙(競走の)スタート(地点).

largamente 副 **1** 長く, 長い間, 長々と. **2** 惜しみなく, 寛大に; 豊富に. **3** 楽々と, 悠々と.

largar [1.2] 他 **1** (不快なもの・面倒なこと)を放す, ゆるめる. **2** 《話》〘+ de から〙(人)を追い出す, 解雇する. **3** (面倒なもの)を押しつける; (打撃などを)与える; くれてやる. **~** una bofetada 平手打ちをくらわせる. **4** (言うべきでないこと)を言ってしまう; (長ったらしく・不適切なことを)言う. **~** un aburrido sermón 退屈なお説教をする. **5** 《海事》を解く, ゆるめる. **~** una vela 帆を広げる. ━ 自 《話》しゃべり

まくる. ━ **se** 再 **1** 行ってしまう、ずらかる. —¡Lárgate! 出て行け. **2**《海事》出帆する; 他の船から離れる.

largavista, largavistas 男 [largavistas は単複同形]《南米》(プリズム)双眼鏡.

largo, ga [ラゴ, ガ]形 **1**《＋ de の》(距離・寸法が)長い、遠い; (衣服などの丈が)長い、長すぎる. —Es ～ de brazos. 彼は腕が長い. **2**(時間が)長い、長時間の. préstamo a ～ plazo 長期貸付け. **3**《数量＋》《話》優に［たっぷり］…も. —Vivió en Granada treinta años ～s. 彼は実に30年もの間グラナダに住んでいた. **4**《＋ de が》たくさんある、豊かである. —Es una mujer larga de lengua. 彼女は口の達者な女性だ. **5**《音楽》ラルゴの、きわめて遅いゆっくりしたテンポの. ▶ **a lo largo más**: 遠くに、はるかに; …の間中, …の間ずっと, …を通じて. **a lo largo y a lo ancho de ...** …のあちこちに, …の至るところ. ━ 男 **1**(幅に対して)長さ, 丈. (横に対して)縦. —¿Cuánto tiene el ～ esta habitación? この部屋の縦のはどのくらいありますか. **2**(生地の)長さ, 着分. **3**《音楽》ラルゴの曲・楽章. **4**《スポ》馬身, 身長差, 艇身. ▶ **de largo** ずっと前から、昔から、it para largo かなり長引く, 当分終わらない. pasar de largo 通り過ぎる, 素通りする. ponerse [vestirse] de largo ロングドレスを着る; 社交界にデビューする. por largo 詳しく, たっぷりと. ━ 副 **1** たっぷりと, 大いに, 長々と. **2**《話》遠くに. **3**(間投詞的に)出て行け, 失せろ. —¡↗L de ahí! そこから失せろ. ▶ **largo y tendido** 長い間, じっくりと.

largometraje 男 (60分以上の)長編映画.

largor 男 長さ.

larguero 男 **1** 縦材; (扉などの)だき, わく柱. **2**(サッカーなどの)クロスバー. **3** 長枕.

largueza 女 **1** 豊富, ふんだん. **2** 惜しみなさ, 気前のよさ. **3** 長さ.

larguirucho, cha 形《話》ひょろひょろ背ばかり高い.

largura 女 長さ.

laringe 女《解剖》喉頭.

laríngeo, a 形 喉頭の.

laringitis 女『単複同形』《医学》喉頭炎.

laringología 女《医学》喉頭(咽)学.

laringoscopia 女《医学》喉頭(鏡)検査.

laringoscopio 男《医学》喉頭鏡.

laringotomía 女《医学》喉頭切開(手術).

larva 女《動物》幼虫; 幼生.

larvado, da 形 **1**《医学》潜在性［仮面性］の. **2** 潜在的な.

larval 形 幼虫の; 幼生の.

larvario, ria 形 **1**《生物》幼虫の, 幼

生の. **2**《医学》潜在的な.

las¹ 冠『定冠詞の女性複数形』→el.

las² [ラス]代《人称》**1** 3人称女性複数対格; 直接補語となる》《人を指して》彼女たちを. —Las vi en la calle. 私は彼女たちを通りで見た. **2**《ustedes で話しかける相手の女性を指して》あなたたちを. —Las invito a ustedes a la fiesta. 私はあなたたちをパーティーに招待いたします. **3**《事物を指して》それらを. —Estoy buscando mis gafas. No las encuentro en ninguna parte. 私はめがねを探しているが, どこにもそれを見つけることができない. **4** 成句の中で特に意味を持たずに用いられる (→ arreglárselas, pagarlas).

lasaña 女《料理》ラザニア.

lasca 女 石のかけら.

Las Casas 固名 ラス・カサス (Bartolomé de) (1474-1566, スペインのドミニコ会派修道士・歴史家).

lascivia 女 **1** 淫(い)乱, 好色. **2** 淫行.

lascivo, va 形 **1** 淫(い)乱な, 好色な. **2** 淫行の.

láser 男 レーザー. —rayo ～ レーザー光線.

lasitud 女 疲労, 倦(けん)怠.

Las Marismas 固名 マリスマス (スペイン, グアダルキビル川の河口の湿原).

laso, sa 形 **1** 疲労した, 力のない, だれた. **2**(髪が)真っ直ぐにのびた. **3**(繊維が)よじれていない.

lástima [ラスティマ]女 **1** 哀れみ, 同情, 憐(れん)憫(びん). —¡Qué ～ que no puedas venir! 君が来られないとは残念だ. Me da ～ (de) ese hombre. あの男がかわいそうだ. **2**《複》悲惨なこと［状況］, みじめなこと; 嘆き. —Siempre que ella viene me cuenta sus ～s. 彼女はやって来るといつも彼女の悲惨な状況を語る. ▶ **de lástima** 哀れな, みすぼらしい. (estar) hecho una lástima 《話》哀れな状態になっている. ━ 間 残念だ.

lastimada 形《中南米》→lastimadura.

lastimadura 女 傷めること; 負傷.

lastimar 他 ～を負傷させる, 傷つける, 痛める. —Estas botas me han lastimado los pies. 私はこのブーツで足に靴ずれができた. **2**(精神的に)～を傷つける, はずかしめる. ━ **se** 再 負傷する, 傷つく. —～ se la cadera 腰を痛める.

lastimero, ra 形 **1** 哀れな, 悲痛な, 悲しげな. **2** 傷つける; 有害な.

lastimoso, sa 形 **1** 気の毒な, 同情をさそう. 痛々しい, 残念な.

lastra 女 平石.

lastrar 他 **1**《海事》(船)に底荷を積む; (気球)に砂袋を積む. **2** …の障害［じゃま］になる.

lastre 男 **1**《海事》底荷; (気球などの)砂袋. **2** 障害, じゃま, 妨げ. **3**(否定文で)分別, 良識.

lata 女 **1** ブリキ. **2** 缶, 缶詰. —una ～ de cerveza 缶ビール. sardinas en

latazo ～ 缶詰のイワシ. ～ de conserva 缶詰. **3**〖複〗重苦しく, 苦痛, 不快さ. — ¡Qué ～! ¡Vaya una ～! なんていやなことだ. **4**〖中米〗〖話〗食べ物. ▶ **dar la lata**〖話〗やっかいものである.

latazo〖男〗〖話〗厄介, 面倒, 迷惑.

latear他〖チリ〗〖話〗(人)を長い無駄口でうんざりさせる. — 自〖チリ〗〖話〗長々としゃべる.

latencia〖女〗1 潜在の[表面化しない]状態. **2**〘生物, 医学〙潜伏期間.

latente〖形〙(表面化しないで)隠れている, 潜在する, 潜在性の. —calor ～〘物理〙潜熱.

lateral〖形〙**1** 側面の, 横の. **2** 傍系の. **3**(子音)側(音)の. — 〖男〙**1** 側面, 側部. **2**(演劇)舞台のそで, 舞台わき. **3**(スポ)サッカーなどのウイング, 翼. — 〖女〙(音声)側(面)音.

lato, ta〖形〙広い, 広大な; 広義の.

latón〖男〙真鍮（しんちゅう）.

latonero〖男〙真鍮（しんちゅう）細工師.

latoso, sa〖形〙〖話〙迷惑な, うるさい, 厄介な.

latría〖女〙神に捧げる礼拝[崇拝].

latrocinio〖男〙盗み, 窃盗.

laucha〖女〙〖南米〙ネズミ.

laúd〖男〙**1**〘音楽〙リュート. **2**〘動物〙オサガメ. **3**〘海事〙一本マストの小帆船の一種.

laudable〖形〙称賛に値する, ほめるべき, 感心な.

láudano〖男〙〘薬学〙**1** アヘンチンキ. **2** アヘン剤.

laudatorio, ria〖形〙〘文〙称賛する, 讃美的な.

laude〖女〙**1** 墓碑. **2**〖複〙〘宗教〙讃課 (朝課の後の勤行).

laudo〖男〙**1**〘法律〙(仲裁者[機関])の裁定, 判定. **2**〖中米〙(レストラン等の)サービス料.

Laura〖固名〙〘女性名〙ラウラ.

laureado, da〘過分〙[►laurear]〖形〙受賞した. (スペインの)サン・フェルナンド勲章を受けた(軍人). **2**(栄誉の)月桂冠をいただいた. — 〖名〙受賞者: サン・フェルナンド勲章受章者.

laurear他 **1** …に賞を授与する; (軍人)にサン・フェルナンド勲章を授与する. **2** …に月桂冠をいただかせる.

lauredal〖男〙月桂樹林.

laurel〖男〙**1**〘植物〙月桂樹; 月桂樹の葉, ベイリーフ. **2**〖複〙栄冠, 名誉. ▶ **dormirse en [sobre] los laureles** 成功に甘んじる, すでに自分の成し遂げたものに満足する.

láureo, a〖形〙月桂樹(の葉)の.

lauréola, laureola〖女〙月桂冠, 桂冠.

lauro〖男〙**1** 月桂冠. **2**〖主に複〙栄誉, 勝利.

laurocerazo〖男〙〘植物〙セイヨウバクチノキ.

lava〖女〙**1**〘地質〙溶岩. **2**〘鉱業〙(砂金などの)洗鉱.

lavable〖形〙洗たくできる, 洗いがきく.

lavabo〖男〙**1** 洗面台[器]. **2**〖主に複〙〖話〙化粧室, 洗面所, トイレ. **3**〖カト〙洗

---

latinoamericano, na〖形〙ラテンアメリカ (Latinoamérica)の(人), ラテンアメリカの(人).

latir自 **1**(心臓が)鼓動する, ドキドキする, 動悸（どうき）がする. **2** 秘められている, 潜在している. **3**(傷口が)ずきずき痛む. —La herida me late terriblemente. 傷がずきずきとひどく痛む.

latitud〖女〙**1**〘地理〙緯度. 〘天文〙黄緯. —Esa ciudad se encuentra a 30° [grados] de ～ norte [sur]. その都市は北緯[南緯]30度のところにある. **2**〖主に複〙(緯度からみた)土地, 地方; 風土. **3** 幅, 横幅(線に対する). **4** 広がり, 広さ.

lato, ta〖形〙広い, 広大な; 広義の.

latino, na〖形〙**1** ラティウム (el Lacio)の; ラテン族の; ラテン語の. —América Latina ラテンアメリカ. los países ～s de América ラテンアメリカ諸国. ローマ・カトリックの. — 〖名〙**1** 古代ローマ人; ラテン系の人. **2** ローマ・カトリック教徒.

Latinoamérica〖固名〙ラテンアメリカ.

中南米ラテン系の言語・文化を持つメキシコ以南のアメリカ大陸およびカリブ海地域.

lavacoches 男《単複同形》洗車係；車庫の従業員.

lavada 女 洗うこと，洗浄.

lavadero 男 **1** 洗濯場. **2**《中南米》《鉱業》砂金の洗い場.

lavado 男 **1** 洗うこと，洗濯. **2**《美術》淡い彩色. ─ *lavado de cerebro* 洗脳. *lavado de estómago [gástrico]*《医学》胃腸の洗浄.

lavador, dora 形 洗う，洗濯する，洗濯用の. ─ 男 女 洗濯係，洗濯屋.

lavadura 女 **1** 洗うこと，洗濯. **2**《複》洗い水，汚れ水.

lavafrutas 男《単複同形》(食卓の)果物を洗うための鉢；フィンガーボール.

lavaje 男 **1** 羊毛洗浄. **2**《医学》浣腸(ﾁｮｳ).

lavamanos 男《単複同形》**1** フィンガーボール. **2** 洗面台.

lavanda 女《植物》ラベンダー(しそ科の香料植物).

lavandera 女《鳥類》セキレイ.

lavandería 女 **1** クリーニング屋. **2**(セルフサービスの)貸し洗濯機屋，コインランドリー(~ *automática*).

lavandero, ra 男 女 洗濯屋の従業員.

lavandina 女《南米》lejía.

lavándula 女《植物》ラベンダー.

lavaojos 男《単複同形》洗眼コップ.

lavaplatos 男女《単複同形》皿洗い(人). ── 男《単複同形》**1** 皿洗い機(*máquina* ~). ── 男《中南米》(台所の)流し.

lavar [ﾗﾊﾞﾙ] 他 **1** を洗う，洗濯する，洗浄する. ─ *los platos* 食器を洗う. **2**(汚名などを)そそぐ，一掃する. ─ ~ *su mala fama* 自分の悪評をすすぐ. **3** …に水彩絵具で色を塗る，淡彩を施す. ── 自 洗う，洗濯する. **2**(衣類が)洗える，洗濯が利く. ─ *Esta chaqueta no lava bien*. この上着は汚れがよく落ちない. ── *se* 再 (自分の身体の一部分を)洗う. ~ *se las manos* 手を洗う. ▶ *lavarse las manos* 両手を洗う；《話》手を引く.

lavarropa, lavarropas 男(または女)[*lavarropas* は単複同形]《南米》洗濯機.

lavativa 女《医学》浣腸(ﾁｮｳ)剤. **2**《医学》浣腸器.

lavatorio 男 **1** 洗うこと，洗浄(液). **2**《ｶﾄ》(ミサでの)洗手式；洗足式. **3**《中南米》洗面台，洗面所，トイレ.

lavavajillas 男《単複同形》**1** 皿(食器)洗い機. **2** 食器用洗剤.

lavazas 女《複》洗い水，汚れ水.

lavotear 他 をざっと洗う. ── *se* 再 体をざっと流す.

lavoteo 男 ざっと洗うこと.

laxante 形 便通を良くする，通じをつける. 緩和する，緊張を解く. ── 男 緩下剤，通じ薬.

laxar 他 **1** を緩める，弛緩(ｼｶﾝ)させる. **2**(腸)の便通を良くする.

laxativo, va 形 便通を良くする，通じをつける. ── 男 緩下剤，通じ薬.

laxismo 男《道徳上の》寛容主義.

laxista 形 男女 寛容主義(の).

laxitud 女 **1** 緩み，たるみ，弛緩(ｼｶﾝ). **2**《医学》弛緩症；アトニー.

laxo, xa 形 **1** 緩んだ，たるんだ，弛緩(ｼｶﾝ)した. **2** 締まりのない，だらしのない，放縦な.

lay 男 (中世プロヴァンスの)短い恋愛物語詩.

laya¹ 女 **1** 一種類. ─ *ser de la misma* ~ 同じ種類である. **2**《軽蔑》性質. ─ *Sus amigos son todos de la misma* ~. 彼の友人たちは皆同じ穴のムジナだ. *ser de toda* ~ あらゆる人たちと付き合う.

laya² 女 鍬[鋤](ｽｷ).

layar 他 鍬[鋤](ｽｷ)で(畑などを)耕す，鋤(ｽ)く.

lazada 女 **1** ちょう結び；その結び目. **2** 飾り結び.

lazar [1.3] 他 を投げ縄[輪]で捕らえる，縄で縛る.

lazareto 男 **1** 隔離病院；ハンセン病院. **2**(国境などの)検疫所.

lazarillo 男 盲人の手引きをする少年[犬など].

lazarista 男《ｶﾄ》ラザリスト会修道士.

Lázaro 固名《男性名》ラサロ.

lázaro 男 (ぼろをまとった)貧しい人.

lazo 男 **1** 結び，結び目；結び飾り，ちょう結び(ﾈｸﾀｲ). ─ *hacer un* ~ 結ぶ，結び目をつくる. **2** 投げなわ，輪なわ. ─ *cazar a* ~ (投げなわの形の罠(ﾜﾅ)で捕らえる. **3**《複》きずな，縁，束縛. **4** わな，計略. ─ ▶ *caer en el lazo* わなにはまる，術中に陥る. *tender un lazo* わなをしかける. ─ *Le han tendido un lazo. 彼はわなをしかけられてしまった.

lazulita 女《鉱物》天藍(ﾗﾝ)石，ラピスラズリ，瑠璃(ﾙﾘ).

Ldo., Lda.《略号》= *licenciado, da* 学士.

le [ﾚ] 代《人称》①間 ~s《男性女性3人称単数与格；間接補語となる》**1** 《人を指して》彼に，彼女に. ─ *Le voy a decir la verdad*. 私は彼に本当のことを言おう. **2** 《*usted* で話しかける相手の人を指して》あなたに. ─ *Le mandaré a usted una tarjeta postal*. あなたに絵はがきをお送りしましょう. **3** 《物事を指して》それに. ─ *Esta ensalada está sosa. ¿Le echamos un poco de sal?* このサラダは味気ない．少し塩を入れようか. **4** 《スペインで人を指す場合，男性単数対格 *lo* の代わりに》彼を，あなたを. ─ *Yo le estimo mucho*. 私は彼をとても尊敬しています. **5** 《中米》《一部の動詞の命令形，時には名詞・副詞に虚辞的に付加される》─ *Ándale [Ándele]*. 頑張れ，さあ早く，その通り，お止まれ. *¡Híjole!* こりゃすごい，おやまあ. 《*lo, los, las* などにも用いられるときは *le* は *se* となる: *Se* lo *doy a usted*. あなたにそれを差し上げます》

leal 形 忠実な，誠実な. ─ *amigo* ~

lealtad 女 忠実, 誠実.

lebeche 男 (地中海沿岸地方の)南西風.

lebrato 男 子ウサギ.

lebrel 形 グレーハウンド種の(犬).

lebrero, ra 形 1 野ウサギ狩り用の(犬). 2 野ウサギ狩りの好きな(人).

lebrillo 女 たらい, 洗い鉢.

lección [レクシオン] 女 1 授業, 講義, 稽古(じ). —Hoy no hemos tenido ~ de francés. 今日はフランス語の授業がなかった. 2 (教科書の)課, レッスン, 学課. 3 教訓, 見せしめ, 戒め. —dar a ... una ~ …に教訓を与える, を戒める. ►**lección magistral** 特別講演. **tomar la lección a ...** …に習ったことを聞いて確認する. **dar la lección a ...** …に習ったことを暗誦する.

lecha 女 1 (雄魚の)魚精, 白子. 2 その精液(えき).

lechada 女 1 白色塗料, 水しっくい. 2 (製紙用の)パルプ.

lechal 形 1 (特に子羊が)哺乳期の. 2 《植物》乳液を出す. — 男 《植物》乳液.

lechar¹ 形 cardo ~ 《植物》マリアアザミ, オオアザミ.

lechar² 他 《メキシコ》を石灰[しっくい]で白く塗る.

lechazo 男 哺乳期の子羊.

leche [レチェ] 女 1 乳, 牛乳, ミルク. — ~ condensada 練乳, コンデンスミルク. — ~ desnatada スキムミルク, 脱脂乳. — ~ entera 無調整牛乳. — ~ en polvo 粉ミルク. 2 《植物の白い》液, 乳(状)液. 3 《化粧の》乳液. — ~ hidratante モイスチャー乳液. — ~ limpiadora クレンジング乳液. 4 《俗》精液. 5 《スペイン》《卑》殴打, 激突. 6 《俗》幸運. 7 《俗》不機嫌, 不快; 厄介なこと, 面倒なこと. ►**a toda leche** 《echando leches》《俗》大急ぎで. **darse una leche** 体をぶつける, 衝突する; びっくりする. **estar de mala leche** 《俗》とても機嫌が悪い. **leche [leches]** 《俗》驚き・感嘆を表す間投詞として ちくしょう, くそ. **la leche** 《俗》たくさん. **pegarse una leche** (= darse una leche). **ser la leche** 《俗》やっかいだ, 面倒だ; すごい. **tener mala leche** 《俗》意地の悪い, いやな性格をしている.

lechecillas 女複 1 (子牛・子羊の)胸腺. 2 (牛の)臓物, はらわた.

lechera 女 牛乳入れ, ミルクポット.

lechería 1 牛乳屋; 乳製品販売店. 2 《中南米》けちなこと.

lechero, ra 形 1 乳の, 牛乳の, 乳の出る, 乳用の. 3 《中南米》《話》けちな, しみったれの. — 男 1 牛乳屋[配達人]. 2 酪農家.

lechetrezna 女 《植物》タカトウダイ.

lechigada 女 1 ひとかえりのひな; 《動物》のひと腹の子. 2 (悪党の)一味, 暴力団.

lecho 男 1 寝床. — ~ de muerte 臨終の床. 2 (川・海などの)底, 河床. 3 層; 地層.

lechón, chona 名 1 (まだ哺乳期の)子豚. 2 汚らしい人, 不潔な人. — 男 (一般に)雄豚.

lechoso, sa 形 乳のような, 乳状の; 乳白色の. — 男 パパイアの木. 《中南米》=papaya.

lechuga 女 1 《植物》レタス, チシャ. —ensalada de ~ y tomate レタスとトマトのサラダ. 2 襟ヒダひだ飾り, ひだ襟. ►**como una lechuga** 《話》はつらつとした. **más fresco que una lechuga** 《話》厚かましい, しゃあしゃあした.

lechuguilla 女 1 ひだ襟(えり), フリル. 2 《植物》野生のチシャ.

lechuguino 男 1 レタスの苗. 2 《話》おしゃれな若者, だて男; 一人前の格好をしたがる若輩.

lechuza 女 1 《鳥類》（総称として）フクロウ（梟）; メンフクロウ（= ~ común）. 2 《話》宵っ張りの人, 夜型の人; 夜遊びする人. 3 《話》意地悪く醜い女. 4 《中南米》《俗》売春婦. 5 《中南米》《俗》肌の白い人.

lechuzo, za 形 1 《話》甘党(の), 甘いもの好きの(人). 2 《話, 軽蔑》あほな(ばかな), まぬけ(の). 3 《話》宵っ張りの(人), 夜型の人; 夜遊びする人.

lectivo, va 形 授業講義の日の.

lector, tora 名 1 読む人, 読書家, 愛読者. 2 外国人語学教師. 3 (出版社の)編集者. — 男 読み取り機, リーダー, ドライブ, プレーヤー. — ~ de CD CD プレーヤー. — ~ de CD-ROM CD-ROM ドライブ. — ~ óptico 光学式読み取り機バーコードなどのリーダー.

lectorado 男 1 (大学の)語学講師の職. 2 (カト) 朗読者[読師]の地位.

lectura 女 1 読むこと, 読書. — ~ sala de ~ 閲覧室. 2 読物, 読本. 3 解釈, 見方. 4 《主に複》教養, 博識. 5 《情報》読み取り. ►**lectura de memoria** 《情報》メモリーの読み取り. **lectura óptica** 《情報》光学式読み取り. **persona de mucha lectura** 博識な人.

leer [レエル 2.6] 他 1 a) を読む. b) を朗読する, 読み上げる, 読んで聞かせる. — ~ un cuento a los niños 子供に物語を読んで聞かす. 2 を読み取る, 解読する, 見抜く. — ~ en su expresión el descontento 彼の表情の中に不満を読み取る. 3 (論文の)口述試験を受ける. — ~ la tesis doctoral ante el tribunal 審査委員会の前で博士論文の審査を受ける. 4 (情報)(コンピューターが)を読み込む. — 自 読む, 読書する. —El niño ya sabe ~. その子はもう字が読める. ►**leer entre líneas** …の行間[言外の意味]を読み取る.

legación 女 →legacía.

legación 女 1 使節の役職[任務, 管轄, 任期]. 2 公使館; [集合的に] 公使館員.

legado 男 **1** 使節, 特使; 教皇特使. **2**〈古代ローマの〉地方総督[長官]; 軍団長. **3** 遺産, 形見; 文化財.

legajo 男 〈関連する〉書類の束.

legal 形 **1** 法律(上)の, 法定の, 合法の. —contrato ～ 合法的な契約. medicina ～ 法医学. **2**《話》頼り甲斐のある, 信頼のできる.

legalidad 女 **1** 合法性, 適法性, 合法の範囲. —— de un contrato 契約の合法性. **2**〔集合的に〕〈一国の〉現行法. —acatar la ～ vigente 現行法を守る.

legalismo 男 法律第一主義; お役所的形式尊重主義.

legalista 形 法律第一主義の; 法律の条文にこだわる. —— 男女 法律第一主義者.

legalización 女 **1** 合法化, 適法化. **2** 認定, 認証, 公的証明.

legalizar [1.3] 他 **1** …を合法化する; 適法と認める. **2**〈書類・署名〉を真正なものと認証する.

legalmente 副 **1** 法律的に. **2** 合法的に, 法に適って.

légamo 男 **1** 軟泥, ぬかるみ. **2** 粘土質, ローム.

legamoso, sa 形 **1** 軟泥の, ぬかるんだ. **2** 粘土質の.

legaña 女 目やに.

legañoso, sa 形 名 目やにのついた(人); 目やにの多い(人).

legar [1.2] 他 **1**…を遺贈する, 遺言で譲渡する. **2**…を派遣する. **3**〈思想・文化など〉を伝える, 後世に残す.

legatario, ria 名 《法律》受遺者, 遺産受取人.

legendario, ria 形 **1** 伝説(上)の, 伝説的な. **2** 名高い, 伝説に残るほどの. —— 男 聖人伝集.

legibilidad 女 〈字の〉読みやすさ, 判読のしやすさ.

legible 形 〈字が〉読みやすい, 判読できる.

legión 女 **1**〈古代ローマの〉軍団. **2** 特殊部隊, 軍, 軍団. ——la ～ extranjera 外人部隊. **3**〈人や生き物の〉多数, 多勢.

legionario, ria 形 **1**〈古代ローマの軍団レギオンの, 歩兵軍団の. **2** 特殊部隊の, 軍団の. —— 男 レギオン兵; 軍団兵. —enfermedad del ～ 《医学》レジオネラ病.

legionela, legionella 女 レジオネラ菌[属].

legionelosis 女〔単複同形〕《医学》〈レジオネラ菌による〉劇症急性肺炎.

legislación 女 **1**〔集合的に〕《法律, 政治》〈一国の〉法律, 法, 法制. **2**〔集合的に〕《法律, 政治》〈ある活動分野中の〉法律 (→ley は個別的な「法」). **3**《法律, 政治》立法, 法律制定. **4** 法学, 立法学.

legislador, dora 形 立法の, 立法する. —— 名 立法者, 法律制定者.

legislar 自 立法する, 法律を制定する.

legislativo, va 形 **1** 立法の, 立法権のある; 立法府の. —asamblea legislativa 立法議会. poder ～ 立法権. tramitación legislativa 立法手続き. **2** 法律の.

legislatura 女 **1** 立法府, 立法機関. **2** 立法議会の会期.

legista 男女 法律家, 法学者.

legítima 女 《法律》遺留分.

legitimación 女 **1** 合法化, 正当化. **2**《法律》〈庶子〉を嫡出(ちゃくしゅつ)子と認めること, 認知.

legitimar 他 **1**《法律》〈真正であること〉を証明する. **2**《法律》〈庶子〉を嫡出(ちゃくしゅつ)子と認める. **3**〈政府など〉を承認する.

legitimario, ria 形 名 《法律》遺留分の権利を持つ(人).

legitimidad 女 **1** 合法[適法]性; 〈子が〉嫡出(ちゃくしゅつ)であること. **2** 真正であること; 正当性.

legitimismo 男 正統王朝主義.

legitimista 形 正統王朝派[主義]の. —— 男女 正統王朝派の人.

legítimo, ma 形 **1** 合法的な, 法にかなった, 嫡出(ちゃくしゅつ)の. —hijo ～ 嫡出子. **2** 正当な, 正しい. **3** 本物の, 正真正銘の. —un Picasso ～ 正真正銘のピカソの作.

lego, ga 形 **1**〈聖職者に対して〉平信徒の, 俗人の. **2** 無知での, 無学な. —— 名 **1** 平信徒, 俗人. **2**《宗教》平修士, 助修士.

legón 男 〈平らな除草用の〉鍬(くわ).

legra 女 《医学》**1** 骨膜剝離子(はくりし). **2** キュレット, 搔爬(そうは)器.

legrado 男 《医学》骨膜をはがすこと; 搔爬(そうは).

legrar 他 《医学》を搔爬(そうは)する.

legua 女 レグワ〈距離の単位, =5572m〉. ▶**a la legua** [**a una legua, a [de] cien leguas**] はっきりと, 明白に. **legua marítima** 1 海里〈約5555.55km〉.

leguleyo 男 いんちき弁護士, 三百代言.

legumbre 女 **1** 豆, 豆類. ——s secas 乾燥豆類. ——s cocidas 水煮豆類. **2** 野菜. ——s verdes 青物野菜.

leguminoso, sa 形 《植物》マメ科の. —— 女 マメ科の植物.

lehendakari =lendakari

leí(-)動 →leer [2.6].

leíble 形 〈字が〉読める, 判読できる.

leer 他 読む, 読書.

leído, da 過分 [→leer] 形 読まれた. —obra muy leída 広く読まれている作品. **2** 博識の. —persona leída 博識な人.

leísmo 男 《言語》直接補語 lo, los の代わりに代名詞 le, les を使うこと〈例: Busqué a José y no le encontré. 私はホセを捜したが, 彼に会えなかった〉.

leísta 形 《言語》leísmo の. —— 男女 《言語》leísmo を使う人.

leitmotiv〈ドイツ〉男 **1**《音楽》ライトモチーフ, 示導動機. **2**〈広義で〉反復して現れる主題, 中心思想.

lejanamente 副 遠くに, 遠方で.

lejanía 囡 **1** 遠い所, 離れた場所, 遠方. **2**《話》(2点間の空間的・時間的)遠さ, 隔り, 距離.

lej|ano, na 厖 遠い, 遠く離れた, はるか昔の. —**pariente** ~ 遠い親戚. **en épocas lejanas** はるか昔の時代に. **El L~** Oriente 極東.

lejía 囡 **1**(洗濯用)アルカリ液; 灰汁(ｱｸ); 漂白剤. **2**《話》大目玉, 厳しい叱りつけ.

lejos [レホス] 副 [**de** +] **1**(…から)離れて, 遠くに, (時間的に)遠い. —**Mi casa está** ~ **del centro de la ciudad.** 私の家は町の中心から離れている. **Todavía está** ~ **para decidirme.** 私が決心するのはまだ遠い先のことだ. **2** …するどころか, …にははど遠い. —**L~ de molestarme, me encanta.** 迷惑どころかそれを私は喜んでいるのです. ▶ **a lo lejos** [**de lejos, desde lejos**] 遠くに, 遠くから. **ni de lejos** とんでもない, それどころでは ない.

lel|o, la 厖 《話》愚かな(人), ばかな(人). 鈍い(人). ▶ **dejar a ...lelo** を呆然とさせる. **estar lelo por** …に夢中である, 熱を上げている.

lema 男 **1** 標語, モットー; (本や章の初めの)題辞; (暗や紋章に記された)銘. **2**(審査などで作者名を隠すための)仮名. **3**(数学)補助定理; (論理)副命題. **4**(言語)(辞書の)見出し語.

lemario 男《言語》辞書の語彙目録.

lematizar 他《言語》見出し語化する.

lempira 囡 レンピラ(ホンジュラスの貨幣単位: 1L.=100centavos).

lémur 男《動物》キツネザル(マダガスカル島産の)キツネザル.

lencería 囡 **1** 婦人用下着, ランジェリー. **2**(シーツ・テーブル掛けなどの)リネン製品. **3** ランジェリー店[売り場]; リネン製品店. **4**(病院の)リネン室.

lencero, ra 名 リネン製品[ランジェリー]製造[販売]業者. — 囡 (下着類の)お針子.

lendakari [＜バスク] 男 バスク自治政府の首相.

lendrera 囡 (シラミの卵取りの)すきぐし.

lengua [レングワ] 囡 **1** 舌. ことば. — ~ **española** スペイン語. — ~s **hermanas** 姉妹語. — **viva** 現用(言語). **2**(状況・領域・学問分野などに特有の言語的変化とじての)言葉, 用語. — ~ **coloquial** [**literaria**] 口[文]語. — ~ **estándar** 標準語. **3**(個人・グループ・1地域・1時期に特徴的な)話し方, 言葉, 用語(法). —**la** ~ **de los médicos** 医者独特の話法. **la** ~ **de Quevedo** ケベドー独特の話法. **4**(科目名として)スペイン語, 国語. **5**(解剖)(人・動物の)舌; (料理)タン. —**No seques la** ~. あっかんべえをするな. **6**(発声器官としての)舌, 口, 話す能力. **7**(舌状のもの), (鐘の)舌; (秤の)針.
▶ **andar en lenguas** (**de la fama**)《話》噂される, 取り沙汰される. **atar**

[**sujetar**] **la lengua a ...**《話》…に口止めする, の口を封じる, を黙らせる. **buscar la lengua a ...**(人)に言いがかりをつける, 喧嘩をふっかける. **con la lengua fuera** [**afuera, de un palmo**]《[ir/ llegar/ subir/estar+]》へとへとになって, 疲れ果てて, 息を切らして. **darLE la lengua**《話》ぺちゃくちゃ[ぺらぺらしゃべる. **escapárseLE la lengua a ...**(＝**írseLE a...la lengua**). **hacerse lenguas de ...**《話》ほめちぎる, ほめそやす. **irse de la lengua**《話》うっかり口を滑す. **írseLE a...la lengua**《話》うっかり口を滑らす. **lengua de fuego** 火炎. **lengua de gato**《料理》ラングドシャ(薄いクッキー, アイスクリームに添えたりする). **lengua de trapo** [**de estropajo**](特に子どもの)はっきりしない発音, 片言. **lengua de víbora**(＝**lengua viperina**). **lengua franca**《言語》(混成)共通語, リングア・フランカ. **lengua madre** 母語; 祖語. **lengua viperina** 毒舌(家), 中傷(家). **ligero** [**suelto**] **de lengua**《話》口の軽い. **mala**(**s**) **lengua**(**s**)《話》毒舌(家), 中傷(家). **media lengua**《話》舌足らずの言葉, 片言; 舌足らずの人. **meterse la lengua en el culo**《卑》《主に命令形で》黙る. **morderse la lengua**《言いたいことを我慢して》黙っている, 口を慎む, 口を慎む. **parecer que ha [has, han...] comido lengua**《話》よくしゃべる, しゃべり過ぎる. **sacar la lengua a ...**《話》(主に子どもに)舌を出す, あっかんべえをする, からかう. **tener... en** (**la punta de**) **la lengua**《話》…が喉まで出かかっている, を思い出しそうで思い出せない;(話)を言いそうになる. **tener la lengua** (**muy**) **larga**《話》余計なことまでしゃべる, しゃべり過ぎる. **tener mucha lengua** おしゃべりである. **tirar a ... de la lengua**《秘密などを》…から聞き出す, …の口を割らせる. **trabárseLE a...la lengua** …は舌がもつれる, 舌が回らない, うまく話せない.

lenguado 男《魚類》シタビラメ, シタガレイ.

lenguaje 男 **1** ことば, 言語;《言語》言語活動. — ~ **hablado** [**escrito**] 話し[書き]ことば. — ~ **de programación**《情報》プログラミング言語. — ~ **ensamblador**《情報》アセンブリ言語. **2** ことばづかい, 話し方; 語法, 用法; 文体. — ~ **literario** 文語体. — ~ **coloquial** 口語体. — ~ **técnico** 専門用語. **3**(音声や文字による)ことば, 言語. — ~ **de los gestos** 身ぶり言語. ~ **de signos** 手話.

lenguaraz 形 **1** 口の悪い, 毒舌の. **2** おしゃべりな, 口数の多い.

lengüeta 囡 **1** 小さな舌状のもの; (靴の)舌革; (秤(ﾊｶﾘ)の)指針; (木工の実(ｻﾈ)). **2**(音楽)(管楽器の)リード, 舌. **3**(解剖)喉頭蓋(ｺｳﾄｳｶﾞｲ). **4**(情報)タブ.

lengüetada 囡 (舌で)なめること; ひとなめ.

lengüetazo →lengüetada.

lengüetear 自 〔舌で〕なでる.

lengüetería 女 《音楽》〔パイプオルガンの〕リードストップ, リード音栓.

lengüilargo, ga 形 《話》口の悪い, 毒舌の; おしゃべりな.

lenidad 女 寛容, 寛大; 甘やかし.

lenificar [1.1] 他 **1** 〔炎症などを〕和らげる, 鎮める. **2** 〔苦しみなど〕を和らげる, 軽減する.

leninismo 男 レーニン主義.

leninista 形 レーニン〔主義〕の. —— 男女 レーニン主義者.

lenitivo, va 形 〔薬などが〕和らげる, 緩和性の, 鎮痛性の. —— 男 **1** 《医学》鎮痛剤, 緩和剤. **2** 慰め.

lenocinio 男 《文》売春の幹旋(%).

lente 男/女 **1** レンズ, メガネの玉. ——mirar con ~ 虫メガネで見る. ◆ bifocal 遠近両用レンズ. **2** 複 メガネ, 眼鏡. ——~s de contacto コンタクトレンズ.

lenteja 女 《植物》ヒラ豆, レンズ豆.

lentejuela 女 《服飾》スパンコール.

lenticular 形 レンズ形の, ヒラ豆状の. —— 男 《解剖》レンズ骨.

lentilla 女 《複》コンタクトレンズ.

lentisco 男 《植物》ニュウコウジュ(乳香樹).

lentitud 女 遅さ, ゆっくりとしたさま.

lento, ta 形 〔レント, タ〕遅い, ゆっくりした, のろい. ——~ en el trabajo 仕事がおそい. caminar a paso ~ ゆっくりとした足どりで歩く. cocer a fuego ~ とろ火で煮る. a cámara lenta スローモーションで. —— 副 ゆっくりと.

leña 女 **1** 薪(⅔), まき. ——hacer ~ たきぎを集める. **2** 《話》〔処罰・けんかの〕なぐりつけ, 殴打. ——dar [repartir] ~ なぐりつける. ◆ añadir [echar] leña al fuego (火に油を注ぐように)怒りをどすえる, 事を荒だてる.

leñador, dora 名 きこり, 木材伐採人; 薪(⅔)取り, 薪売り.

leñazo 男 《話》**1** 棒での殴打〔なぐりつけ〕. **2** 激しい激突[ぶつかり].

leñe 間 《話》(不快感・驚きの)いやだ, ちくしょう.

leñera 女 薪(⅔)置き場; その山.

leñero, ra 名 薪(⅔)売り. —— 男 薪置き場. —— 男 《スポ》〔主にサッカーで〕ラフプレーをする〔選手〕.

leño 男 **1** 丸太, 丸木. **2** 《話》間抜け, でくの坊.

leñoso, sa 形 木のような, 木質の.

leo 形名女 《無変化》獅子座生まれの(人). —— 男 〈L~〉《天文》獅子座; 〔十二宮の〕獅子宮.

León 固名 **1** レオン〔スペイン, メキシコ, ニカラグアの都市〕. **2** 《男性名》レオン.

león, ona 名 **1** 《動物》ライオン, 獅子(%), 〔雌〕ピューマ. ——~ marino アシカ. 〔獅子のように〕勇猛な人, 強い人.

► hormiga león 《虫類》ウスバカゲロウ. diente de león →diente.

leona 女 **1** 《動物》雌ライオン. **2** 女傑, 女丈夫.

leonado, da 形 黄褐色の, ライオンの毛の色に似た.

Leonardo 固名 《男性名》レオナルド.

leonera 女 **1** ライオンの檻(⅔)〔巣〕. **2** 《話》散らかった, 乱雑な〔部屋〕.

leonero, ra 名 ライオンの飼育者.

leonés, nesa 形 レオン(León)の, レオン出身[人]の, レオン方言の. —— 名 レオン人, レオン出身の人. —— 男 レオン方言.

leonesismo 男 **1** レオン地方特有の言い回し[語彙(⅔)], レオン方言. **2** レオン好き.

leonino, na 形 **1** ライオンの. **2** 一方にだけ有利な, 不公平な.

Leonor 固名 《女性名》レオノール.

leontina 女 《懐中時計の》鎖.

leopardo 男 《動物》ヒョウ(豹).

Leopoldo 固名 《男性名》レオポルド.

leotardo 男 〔主に複〕レオタード, タイツ.

lépero, ra 形名 〔中米〕粗野な(人), 下品な(人).

lepidóptero 男 《虫類》鱗翅(⅔)目の. —— 男 複 《虫類》鱗翅目の昆虫; チョウなどの類.

leporino, na 形 ウサギの(ような).

lepra 女 《医学》ハンセン病.

leprosería 女 ハンセン病療養所.

leproso, sa 形 ハンセン病の(患者).

lerdo, da 形 **1** 〔家畜の歩くのが〕のろい, ぐずぐずした. **2** 愚鈍な, とんまな. —— 名 のろま, ぐず; とんま.

leridano, na 形 レリダ(Lérida)の. —— 名 レリダ県民.

les 〔レス〕代 《人称》《男性・女性3人称複数与格; 間接補語となる》**1** 〔人を指して〕彼らに, 彼女らに. ——El profesor López les enseña español. ロペス先生は彼らにスペイン語を教えている. **2** 〔ustedesで話しかける相手の人を指して〕あなたたちに. ——¿Les ha dicho a ustedes que hoy no viene? 彼はあなたがたに今日来ないことを言いましたか. **3** 〔物事を指して〕それらに. ——Son dos helados de vainilla. ¿Les echo almíbar? バニラ・アイスクリーム2個です. シロップをかけますか. **4** 《スペインでは人をさす場合, 男性複数対格 los の代わりに用いることがある》彼らを, あなたたちを. ——No les veo últimamente. 私は最近彼らを見かけていない.

lesbiana 女 同性愛の女性, レズビアン.

lesbianismo 男 (女性の)同性愛(関係).

lesbiano, na 形 **1** 同性愛の女性の, レスビアンの. **2** レスボス島(Lesbos)の.

lésbico, ca 形 →lesbiano.

lesión 女 **1** 損傷, 障害, 傷. ——~ leve [grave] 軽[重]傷. **2** 損害, 侵害. ——una ~ a los derechos de otra persona 他人の権利の侵害. **3** 〔法律〕傷害罪.

lesionado, da 過分 〔→lesionar〕

lesionar 1 負傷した、傷つけられた。2 損害を受けた；侵害された。— 名 負傷者.

lesionar 他 1 を負傷させる、けがをさせる、損傷[損害]を与える。2 (精神的に)傷つける、侵害する。— se 再 負傷する、けがをする.

lesivo, va 形 [+ para に] 損害を与え有害な.

leso, sa 形 1 損害を受けた、傷つけられた。2 錯乱した。3 [南米] 愚かな.

Lesotho 固名 レソト(首都 Maseru).

letal 形 [文] 致命的な、命にかかわる、死にいたる.

letalidad 囡 死亡率；死亡者数.

letanía 囡 1 (カト) 連禱(ﾚﾝﾄﾞ)、リタナイ。2 [話] (長く書き連ねた)表；連続。3 [話] くどくどと話すこと.

letárgico, ca 形 1 [医学] 昏睡(ｺﾝｽｲ)(状態)の、嗜眠(ｼﾐﾝ)の。2 無気力の、不活発な.

letargo 男 1 [医学] 昏睡(ｺﾝｽｲ)、嗜眠(ｼﾐﾝ)。2 睡魔、眠気；無気力。3 [動物] 冬眠.

letífico, ca 形 楽しい、活気のある.

letón, tona 形名 ラトビア (Letonia) の(人). — 男 ラトビア語(ラトビア語族語系の一つ).

Letonia 固名 ラトビア(首都 Riga).

letra [ﾚﾄﾗ] 囡 1 文字、字. —las ~s del alfabeto アルファベットの文字 (= ~ bastardilla) = cursiva イタリック体 (minúscula) [小] 文字、= negrita (negrilla) ゴチック体 (= ~ gótica)。2 活字. —~ de molde [imprenta] 活字、活字体。= versalita [印刷] スモール・キャピタル。3 字体、筆跡. —tener buena [mala] ~ 字がうまい[へたである]。4 (文字通りの)字句、字義、文面。5 歌詞。6 [経済] 手形、為替手形. —~ de cambio 為替手形. aceptar [girar, pagar, protestar] una ~ 手形を引き受ける[振り出す、支払う、拒絶する]。7 [集] 学問；文学、人文学. —~hombre de ~s 学のある人。Facultad de L~s 文学部。8 [複] 短い手紙、一筆、短信. — a la letra [al pie de la letra] 文字どおりに、忠実に、厳密に。letra muerta 死文、空文.

letrado, da 形 1 学問[教養]のある、博識な；人文科学に通じた. —gente letrada 教養人、学者連中。2 学者ぶった、衒学的な；ペダンチックな. — 名 [文] 弁護士、法律家.

letrero 男 1 揭示、貼り紙。2 標識、標示板、看板。3 ラベル、レッテル。4 [話] 落書き.

letrilla 囡 1 歌詞[詞]。2 [詩学] レトリーリャ(連の末尾にリフレインがついた短い詩).

letrina 囡 1 (野外などの)便所。2 汚らしい[不潔な]場所.

letrista 男女 作詞家.

leu 男 [複] lei, leus] レイ (ルーマニア、モルドバの通貨単位).

leucemia 囡 [医学] 白血病.

leucémico, ca 形 [医学] 白血病の、白血病を患った(人).

leucocito 男 [医学] 白血球.

leucocitosis 囡 [単複同形] [医学] 白血球増加症.

leucoma 男 [医学] 角膜白斑[白翳]、目ぼし.

leucorrea 囡 [医学] 帯下(ﾘｮｳ)、こしけ.

leudar 他 にパン種[イースト]を入れて発酵させる(ふくらませる). — se 再 (パン種)で発酵する、ふくらむ.

lev 男 [複] leva] レフ(ブルガリアの通貨単位).

leva 囡 1 [海事] 抜錨(ﾊﾞﾂﾋﾞｮｳ)、出帆、出港。2 [軍隊の]徴兵、召集、動員。3 [機械] カム(風車・タービンなどの翼、羽根)。2 てこ、レバー。3 ~árbol de ~s [車の]カムシャフト.

levadizo, za 形 上げ下げできる.

levadura 囡 1 パン種、酵母、イースト。2 種、根源、もと.

levantada 囡 1 起床。2 (病人の)離床.

levantado, da [ﾚﾊﾞﾝﾀﾄﾞ、ﾀﾞ] 過分 [→levantar] 形 1 起立した、立った、起きた. —esperar ~ 寝ないで待っている.

levantador, dora 形 持ち上げる. — 男 重量挙げ選手.

levantamiento 男 1 持ち上げること；上昇。2 [+ contra に対する] 蜂起、反乱、決起. —~ popular [militar] 民衆[軍事]蜂起。3 建設、建造、建立。4 (禁止・罰などの)解除、解禁、取消し. —el ~ de la veda de caza 狩猟解禁。5 [地質] 隆起。6 起床. ▶ **levantamiento del cadáver** [法律] 遺体確認、(遺体安置所への)遺体移送(の命令). **levantamiento de pesos** [スポ] 重量挙げ、ウェートリフティング.

levantar [ﾚﾊﾞﾝﾀﾙ] 他 1 を (高く)上げる、持ち上げる；(視線)を上げる. —la mano 手を上げる。Levantó la mirada hacia la torre. 彼は塔の上の方へ視線を向けた。2 (声・音)を上げる、大きくする；(元気)を出す. —la voz 大きな声を出す。Levanta el ánimo. 元気を出せ。3 (物)を立てる、(人)を立たせる。4 を取り除く、取る；を引き払う、解除する；を免除する. —~ un embargo 差し押えを免除する。5 (会などを)終了[完結]とする. —~ la sesión 閉会する。6 を建造する、を創設する。7 を生じさせる、引き起こす. —~ una polémica 論争を引き起こす。8 [話] を盗む。9 (巣・隠れ家から)(獲物)を追い出す、おびき出す. — se 再 1 起きる、立ち上がる. —Se levantó de la silla. 彼は椅子から立ち上がった。2 (ベッドから)起き上がる、床を離れる、決起する、起床する。3 蜂起する、決起する。4 立ち上がる、そびえ立つ、抜きん出る。5 発生する、起こる、(大波が)立つ. —~se un fuerte oleaje 大波が立つ。6 [+ con

Levante を]自分のものにする、奪い取る.

Levante 固名 **1** レバンテ(スペインの東部地方). **2** レバント(地中海東岸地域). — 男 **1** 東, 東方; 東部地方. **2** 東風.

levantino, na 形 **1** 東方の; レバンテ[地中海東部地方]の. **2** (スペインのレバンテ地方)の. — 名 **1** レバンテ地方の人; 東部地方の人.

levantisco, ca 形 反抗的な, 不穏な.

levar 他 〖海事〗(錨(いかり))を上げる. — 自 〖海事〗出航[出帆]する, 錨を上げる.

leve 形 **1** 軽い. —carga 軽い荷物. **2** 取るに足りない, 大したことない. —herida 軽い傷. error ちょっとしたミス. **3** かすかな, 弱い.

levedad 女 **1** 軽さ, 軽微. **2** 軽薄, 無節操.

levemente 副 **1** 軽く. **2** わずかに, 少しだけ.

leviatán 男 〖聖書〗(ヨブ記に登場する海の怪物)レビヤタン, リバイアサン.

levita[1] 女 〖服飾〗フロックコート. ▶ tirar a... de la levita 〘話〙におべっかを使う, へつらう.

levita[2] 男 **1** (ユダヤ教の)レビ族(Levi)の人, レビ族の人. **2** 〈カト〉助祭. — 形 レビ族の, レビ族の人.

levitación 女 (心霊術などの)物体[空中]浮揚.

levitar 自 空中浮揚する.

levítico, ca 形 **1** (旧約聖書の)レビ族の. **2** ひどく教会[聖職者]的, 坊臭い.

levógiro, ra 形 **1** 反時計回りの. **2** 〖化学〗左旋性の. — 男 〖化学〗左旋体.

lexema 男 〖言語〗語幹.

lexicalización 女 〖言語〗語彙化.

lexicalizar 他 〖言語〗語彙化する.

léxico, ca 形 〖言語〗の, 語彙の. — 男 **1** (ある言語の)語彙. **2** (特定の社会・分野・作家などの)語彙, 用語(集). **3** 辞書; (特にギリシャ語などの)古典語辞書.

lexicografía 女 辞書編集(法). **2** 語彙研究[記述].

lexicográfico, ca 形 **1** 辞書編集(法)の. **2** 語彙研究[記述]の.

lexicógrafo, fa 名 辞書編集者.

lexicología 女 語彙論.

lexicológico, ca 形 語彙論の, 語彙論に関する.

lexicólogo, ga 名 語彙論研究者.

lexicón 男 語彙目録.

ley [レイ] 女 **1** 法律, 法令, …法. —respetar la ~ 法を守る. violar la ~ 法を破る. promulgar una ~ 法律を公布する. ~ natural 自然法; 自然法則, 自然律. ~ marcial 戒厳令. ~ orgánica 基本法. actuar conforme a la ~ 法律に従って行動する. fuera de la ~ 法の枠外で. **2** 法律学, 法学. **3** (科学・哲学上の)法則, 原則. —~ de la oferta y la demanda 需要供給の法則. **4** 規則, 決まり, 規約.

—cumplir las ~es del juego ゲームのルールを守る. **5** 〖宗教〗戒律, 掟, 教え. —~ de Dios 神の掟, 律法(神がモーゼに与えた). **6** (法定による金・銀などの)質, 含有量. —oro de ~ 法定含有量を持つ金, 純金. **7** 〖話〗情愛, 愛着, 忠誠. —Le tengo ~. 私は彼に愛情を持っている[忠実である]. ▶ **con todas las de la ley** れっきとした, 本物の; 規定どおりの[に]. **de buena ley** 善良な, 誠実な. **de ley** 法定金(銀)位の; 善良な, 誠実な; 当然の. **de mala ley** 悪質な, 信頼できない. **en buena ley** 正しく, 正当に. **fuera de la ley** [単独同形]無法者, アウトロー.

ley- 動 →leer [2.6].

leyenda 女 **1** 伝説, 物語, 物語詩. **2** (貨幣, メダル, 記念碑などの)銘, 題銘; (地図などの)凡例. ▶ **leyenda negra** 黒い伝説(16世紀以来流布されてきた宗教裁判に代表されるスペインの残酷さを強調する伝説); 悪い噂.

lezna 女 (靴屋などの)突き錐(きり); (木工用の)錐, 千枚通し.

lía[1] 女 (荷造り用の)荒縄, 綱.

lía[2] 女 〖主に 複〗(特にブドウを搾(しぼ)った)かす, おり.

liana 女 〖植物〗(熱帯産の)つる植物.

liante, ta 形 やっかいな(人), 面倒を起こす(人).

liar [1.5] 他 **1** を縛る; 包む. **2** (糸など)を巻きつける. **3** 〘俗〙を巻き込む. **4** 〘俗〙を混乱させる. — **se** 再 **1** 縛られる; (くるまる. **2** 巻かれる. **3** (問題などに)首を突っ込む, 不倫な関係を結ぶ. **5** 長々と話す. ▶ **liarse a** [+不定詞] 〘俗〙(激しく, 熱心に)…し始める. **liarla** 〘俗〙事態を困難にする.

liásico, ca 形 〖地質〗黒ジュラ紀の, ライアス統の.

libación 女 **1** 酒を味わうこと; 試飲; (虫が花の蜜を)吸うこと. **2** 灌奠(かんでん), 献酒.

libanés, nesa 形 名 レバノン(Líbano)の(人).

Líbano 固名 レバノン(首都 Beirut).

libar 他 **1** (昆虫が花の蜜(みつ))を吸う. **2** (酒を)味わう, たしなむ. **3** (供儀で酒を)灌奠する. — 自 献酒する.

libelista 男女 中傷[誹謗(ひぼう)]文の筆者.

libelo 男 中傷文, 誹謗(ひぼう)文.

libélula 女 〖虫類〗トンボ.

líber 男 〖植物〗内皮, 靱皮(じんぴ).

liberación 女 **1** 解放, 釈放. —~ de los esclavos 奴隷の解放. **2** (債務などの)免除, 解除.

liberado, da 形 [→liberar] **1** 解放[自由化]された. **2** (債務, 義務などを)免除された, 免責された. **3** 〖商業〗払い込み済みの. — 男 (組織の)活動家.

liberador, dora 形 名 解放する(人), 自由にする(人).

liberal 形 **1** [+ con に対して]気前のよい, 物惜しみしない; 寛大な. **2** 自由主義(者)の. —partido [pensamiento] ~ 自

liberalidad 囡 由党の. **3** 自由業の. ━━男女 自由主義者, 自由党員.

liberalidad 囡 **1**（異なる思想・態度に対する）寛大さ, 寛容さ, 鷹揚（ﾟ､ﾟ）さ. **2** 気前のよさ, 物惜しみしないこと. **3**《法律》（財産の）無償譲与. ▶ **con liberalidad** 寛大に, 鷹揚に; 気前よく.

liberalismo 男 自由主義.

liberalización 囡 自由化.

liberalizar [1.3] 他 （政治・経済・文化活動などを）自由化する. ━━ la economía [las importaciones de automóviles] 経済[自動車の輸入]を自由化する. ━━ se 再 自由化される.

liberalmente 副 **1** 自由に; 寛大に, 気気前よく, 惜しげもなく. **2**《法律》無償で.

liberar 他〔+ de から〕**1**（囚われの身）を自由にする, 解放する. **2**（人）を免除する. ━━ se 再〔+ de から〕免れる, 免除される.

liberatorio, ria 形 （義務などから）解放する, 免除する.

Liberia 固名 リベリア（首都 Monrovia）.

liberiano, na 形名 リベリア（Liberia）の（人）.

líbero 〈伊〉男 《スポ》リベロ.

libérrimo, ma [libre の絶対最上級] 形 きわめて自由な, 全く自由な.

libertad 囡 **1** 自由, 解放. ━━ condicional 仮釈放, 保護観察. ~ de conciencia 信教の自由. ~ de circulación 居住移転の自由. ~ de expresión 表現の自由. ~ provisional 保釈, 仮釈放. **2** 心やすさ, 気楽さ, 気兼ねなさ. **3** 無礼, 無遠慮, 馴れ馴れしさ. ▶ **tomarse la libertad de...** 勝手ながら…する.

libertador, dora 形 自由にする; 解放する. ━━ 名 解放者, 救済者.

libertar 他 〔+ de から〕を解放する, …を自由にする; を免除する.

libertario, ria 形 絶対自由主義の, 無政府主義の. ━━ 名 絶対自由主義者, 無政府主義者.

liberticida 形 自由を束縛する.

libertinaje 男 放蕩（ﾟ､ﾟ）, 放縦, 放埒（ﾟ､ﾟ）.

libertino, na 形 放蕩（ﾟ､ﾟ）の（者）, 放縦[放埒（ﾟ､ﾟ）]な(人).

liberto, ta 名 （特に古代ローマの）解放奴隷, 自由民.

Libia 固名 リビア（首都 Trípoli）.

líbico, ca 形 → libio.

libídine 囡《文》好色, 淫乱（ﾟ､ﾟ）; 淫奔（ﾟ､ﾟ）さ.

libidinoso, sa 形《文》好色な, 淫乱（ﾟ､ﾟ）な.

libido 〈ラテン〉囡《心理》リビドー, 性的衝動.

libido 男 → libido.

libio, bia 形 リビア（Libia）の（人）.

libra 形 男女 《無変化》天秤（ﾟ､ﾟ）座生まれの（人）. ━━ 囡 **1**《天》天秤座;《天文》天秤宮; （十二宮の）天秤宮. 囡 **1** ポンド（460 gramos, = 16 onzas）. **2** ポンド（英国の貨幣単位. = ~ esterlina）.

librado, da 過分〔→librar〕形 解放[免除]された. ━━ 名《商業》手形名宛人(受取人, 支払人).

librador, dora 形 解放する, 自由にする. ━━ 名《商業》（為替手形の）振出人.

libramiento 男 **1**《商業》支払命令(書). **2** 解放, 釈放; 免除.

libranza 囡《商業》支払命令書(書).

librar 他 **1**〔+ de から〕を免除する, 免れさせる, 解放する. ━━ La operación le libró de la muerte. 手術によって彼は死を免れた. **2**（戦）を交える, 開始する. **3**《商業》（手形など）を振出す. ━━ una letra de cambio 為替手形を振出す. **4**《司法》判決を言い渡す. ━━ sentencia 判決を言い渡す. ━━ 自 **1**《話》（労働者が）休みをとる. **2**《話》出産する. ━━ se 再〔+ de から〕免れる, 免除される, なしで済ます. ▶ **salir bien librado de...** うまく切り抜ける. **salir mal librado de...** …でへまをやる.

libre [リブレ] 形 **1** 自由な, —un ciudadano ~ 自由な市民. — traducción ~ 意訳. **2** 免れた, 免除された. —entrada ~ 入場無料. tienda de impuestos 免税店. 茶室（ﾟ､ﾟ）付. —¿Está ~ este asiento? この席は空いていますか. taxi ~ 空車のタクシー. **4** ひまな. —Estoy ~ esta tarde. 私は今日の午後はひまだ. **5** 独身の. **6** 向こう見ずな, 無遠慮な, 奔放な. —Él es muy ~ cuando habla. 彼は実に自由奔放にしゃべる. **7**《スポ》フリースタイル[自由形]の. **8**（道路）障害物, 危険のない. —Ya ha quedado ~ la carretera. 道路の障害物はもはやなくなった. ▶ **al aire libre** 戸外. **barra libre** = barra. **manos libres** —mano. **por libre** 既成の慣習に捉われずに, 自由奔放に; フリーランスで, 自由契約で. **ser libre de [para]**〔+不定詞〕（自由に・遠慮なく）…できる.

librea 囡（使用人などの）制服, お仕着せ.

librecambio 男 自由貿易.

librecambismo 男 自由貿易主義[論].

librecambista 形 自由貿易（主義）の. ━━ 男女 自由貿易主義[論]者.

libremente 副 自由に, 好きなように, 勝手に.

librepensador, dora 形 （特に宗教上の）自由思想の, 自由思想を抱く[信奉する]. ━━ 名 （特に宗教上の）自由思想家.

librepensamiento 男 （特に宗教上の）自由思想.

librería 囡 **1** 書店. **2** 本棚, 本箱. **3** 書籍商[業].

librero, ra [リブレロ, ラ] 名 書店主, 書籍販売業者, 本屋. ━━ 男 ~ de viejo 古本屋. ━━ 男《メキシコ》本棚, 書棚.

libresco, ca 形《軽蔑》本の; 本から得た, 実用的ない. —conocimientos ~ s

libreta 机上の学問.

libreta[1] 囡 **1** ノート; メモ帳. **2**《商業》会計簿, 出納簿; 通帳.

libreta[2] 囡 (丸く丁白い)一ポンド型のパン.

libretista 男女 (歌劇などの)台本作者.

libreto 男 (歌劇などの)台本, 歌詞.

librillo 男 **1**(巻タバコ用の)紙の束. **2**《動物, 解剖》

libro [リブロ] 男 **1** 本, 書物, 著作. —— de bolsillo ポケット版, 文庫本. ~ de consulta 参考書. ~ de texto 教科書. ~ electrónico 電子ブック. **2** 巻, 編. **3** 帳簿, 台帳. —— mayor 元帳, 台帳. ~ de caja 現金出納簿. ~ de cuentas 会計簿. **4** 記録, 資料集. —— blanco [rojo] 白書. ~ escolar [de escolaridad] 成績通知書. ~ de reclamaciones (ホテルなどの)苦情書き込み本. ~ de registro 登録簿. **5**(小切手・切手などの)綴じ込み帳. **6**《動物》葉胃(½3)(反芻(ﾋﾟｩｳ)動物の第3胃). ►*como un libro abierto* 〔hablar/ explicar(se)＋〕極めて明確に, 正確に; 物知り顔に. *de libro* 完璧な; 筋の通った, (筋が通っていて)分かりやすい. *libro de estilo* (特にマスメディアにおける)表現規定, 規範. *libro de familia* 戸籍簿, 家族説明書. *libro de instrucciones* (商品の)使用説明書. *libro de oro [de honor]* (著名な訪問客の)記録簿.

licantropía 囡 **1**(伝説上の)人のオオカミへの変身. **2**《医学》狼狂(ｸﾞ̊ｼ).

licántropo 男 **1** オオカミ男. **2**《医学》狼狂(ﾘｷﾞｮ)患者, 狼(ﾘｷ)憑(´ｷ)き.

licaón 男 《動物》リカオン.

liceísta 男女 (文芸サークル・団体の)会員, メンバー.

licencia 囡 **1** 許可, 許し. —No me dieron ~ para entrar. 私は入場の許可を与えられなかった. **2** 許可証, 免許. —— de conducir 《主に中南米》運転免許証. **3** 学士号. ~ en derecho [letras] 法学士[文学士]の学位. **4** 休暇. **5** 気ままさ, 放縦. **6**《言語》破格. ►*tomarse la licencia de...* 許可なく...する.

licenciado, da〔過分〕〔→ licenciar〕名〔＋en〕**1**(特に薬学や法学の)学士, 大学卒業者; 薬剤師. **2** 除隊兵. **3**《中南米》《敬称》弁護士, 先生. —— 形 **1** 学士号を取得した, 学士の. **2**〔estar＋〕《軍事》除隊した. **3** 免許を受けた. **4** 知ったかぶりの, ひけらかしの. —— *se en filosofía* 哲学士となる.

licenciamiento 男 **1** 学士号[修士号]授与式; 大学の卒業(式). **2**《軍事》除隊, 免役.

licenciar 他 **1**《軍事》(兵士)を除隊させる. **2**...に学士号を与える. **3**(文)を解禁する. —— *se* 再 **1** 兵役を終える. **2** 学士号を得る, 大学を卒業する. —— *se en filosofía* 哲学士となる.

licenciatura 囡 **1** 学士号, 学位. **2** 学士課程, 専門課程.

licencioso, sa 形 (特に性的に)放縦な, ふしだらな, 淫(ｲﾝ)らな.

liceo 男 **1** 文芸協会; 文化運動団体. **2**《中南米》中等学校, 小学校.

licitación 囡 競売, 競(ｷｮ)り; 入札.

licitador, dora 名 競(ｷｮ)り手, 入札者.

licitar 他 を競売する; 入札する.

***lícito, ta** 形 **1**(行為などが)合法の, 合法の, 法律の認める. —negocio —— 合法的な取引. **2** 正当な, 当然の, 許される.

licitud 囡 適法性, 合法性; 正当性.

licor 男 **1** 液体. **2** リキュール(甘味, 香料などを加えたアルコール飲料). ~ de manzana リンゴのリキュール.

licorera 囡 **1** リキュール用装飾瓶ボトル. **2** 台付き洋酒キャビネット.

licorería 囡 《中南米》蒸留酒製造工場[販店].

licorista 男女 酒店主, 酒類販売業者.

licoroso, sa 形 (ブドウ酒が)香りのよい, 芳醇な; 強い, アルコール度の強い.

licra 囡 《商標》ライクラ(伸縮性のある合成繊維).

licuación 囡 液化, 溶解.

licuado 男 《中南米》フルーツジュース.

licuadora 囡 ジューサー.

licuar [1.6] 他 (固体・気体)を液化する, 融解する. —— *se* 再 液化[溶解]する.

licuefacción 囡 液化, 融解.

lid 囡 **1** 戦い, 争い, 争闘. **2** 論争, 討論. **3** 囡 活動, 仕事. ►*en buena lid* 正当な手段で.

líder 男女 **1**(政党の)党首, 指導者, リーダー. **2**《スポ》首位の者, 首位選手. ►*top* 首位位(ɪ)チーム.

liderar 他 **1** を統率する. **2** のトップにいる.

liderato 男 **1** 指導者[党首]の地位[任務]. **2** 指導[統率]力, リーダーシップ.

liderazgo 男 → liderato.

Lidia 囡 (女性名) リディア.

lidia 囡 **1**《闘牛》闘牛 (=toro de ~). **2** 戦い, 闘争.

lidiador, dora 名 **1**《闘牛》闘牛士. **2** 戦士, 闘争士.

lidiar 他 (闘牛)(牛)と戦う, 闘牛を行う. —— 自 **1**〔＋con/ contra (人・事)と〕戦う, 争う. **2**〔＋con ＋〕をあしらう, いなす.

liebre 囡 **1**《動物》野ウサギ. **2**《スポ》(陸上競技の)ペースメーカー. ►*cazar la liebre* (酔って・つまずいて)転ぶ. *correr la liebre* 《中南米》(貧困のために)飢える. *levantar la liebre* 《話》秘密を暴く者を漏らす. *liebre de mar [marina]*《動物》アメフラシ. *saltar la liebre* 《話》(思いがけないことが)起こる.

Liechtenstein 固名 リヒテンシュタイン(首都 Vaduz).

lied〈ドイツ〉男 《音楽》リート, (ドイツの叙情的あるいは物語風の)歌曲.

liendre 囡 シラミの卵.

lienzo 男 **1** 亜麻, 麻, 綿の布. **2**《美術》画布, カンバス; 絵画, 絵. **3**(建物の)正面; (一区画をなす)壁面[外壁,内壁].

lifting [<英]男 顔や身体のたるみをとる美容形成術.

liga 女 **1** 連合, 連盟, 同盟. —la ~ árabe アラブ連盟. **2**《スポーツ》競技連盟. リーグ. —~ española de fútbol スペイン・サッカーリーグ. **3** ガーター, 靴下どめ. **4**《植物》ヤドリ木; 鳥もち. **5** 合金; 混合, 結合. ► *hacer buena* [*mala*] *liga* (*con*) (…と)よい[悪い]関係を持つ, うまくやっていく.

ligación 女 結ぶこと, 結合.

ligado 男 **1** 字をつなげて書くこと; 《印刷》合字, 抱き字 (ae, fi, ffi など). **2**《音楽》レガート, スラー[で結ばれた音符].

ligadura 女 **1** 縛る[結ぶ]こと, **2** しばり, 絆(きずな). **3**《音楽》スラー. **4**《医学》結紮(さつ). **5**《海事》ラッシング[索具による固縛].

ligamento 男 **1**《解剖》靱帯(じんたい). **2**(織物の)織り方, 編み方. **3** 縛る[結ぶ]こと, 結合; 絆(きずな).

ligamentoso, sa 形 靱帯(じんたい)のある.

ligamiento 男 **1** 縛る[結ぶ]こと, 結合; 絆(きずな). **2**(意思の)一致, 和合.

ligar [1.2] 他 **1** (ひもで) 結ぶ; 縛る. —~ el paquete con una cuerda 小包にひもを掛ける. **2**《音楽》(音譜)をレガートで演奏する; (語)をつなげて1音節で発音する, 連声(れんじょう)させる; (字)をつなげて書く. —~ las letras 字をつなげて書く. **3**[+a に]を結ぶ; 関係づける. **4** を束縛する, 拘束する. **5**《料理》をあえる, 加える. **6**(金・銀に他の金属)を混ぜる, …の合金を作る. **7**(トランプで手)を揃える. —~ una escalera de color ストレート・フラッシュを作る. **8**《話》手に入れる, つかまえる. —自 **1**[+a/con (異性)と]仲良くなる, くっつく, つるむ. **2** 混ざる, 混[交]じり合う. —Bate azúcar, leche y huevos hasta que *liguen*. 砂糖と牛乳と卵を混ざり合うまでかき混ぜなさい. —*se* 再 **1**[+a と] 結びつく, 関係する. **2**《話》[+con (異性)と] くっつく, 関係を持つ.

ligazón 女 **1** 結び付き, 結合; 絆(きずな). **2**《海事》ハトック, 中間肋(ろく)材.

ligeramente 副 **1** わずかに, 少しや, や, すばやく, 急いで; 軽快に. **3** 軽く, そっと; あっさりと. **4** 軽々しく, 軽率に.

ligereza 女 **1** 軽さ, 軽快さ; 俊敏. **2** 軽率, 分別の無さ. —opinar con ~ 軽率に意見を言う.

ligero, ra [リヘロ, ラ] 形 **1** 軽い; (素材・濃度・材質が)薄い; (食物など)負担の少ない. —peso ~ (ボクシングの)ライト級. tomar una comida *ligera* 軽い食事をする. un café ~ 薄いコーヒー. **2** 速い, 軽快な, 敏速な. —paso ~ すばやい足取り. **3**(睡眠などが)浅い. —Tiene un sueño ~. 彼は眠りが浅い. un ~ error 気にも止めない失敗. **4** 軽薄な, 軽々しい. —mujer *ligera* ふしだらな[不身持な]女. **5**[+ *de* の]少しの, 少ない, 軽い. —Siempre viajo ~ *de* equipaje. 私はいつも少ない荷物で旅行する. ► *a la ligera* 性急に; 軽々しく, 軽率に.

light [<英]形《無愛広》**1**(飲食物の)カロリーが低い, **2**(タバコが)軽い. **3**《皮肉》形骸化した.

lignificarse [1.1] 再 木質化する.

lignito 男《鉱物》亜炭, 褐炭.

lignón 男《植》松(まつ)の一種.

ligón², gona 形《話》よくもてる, プレイボーイ[ガール]の. —名《話》プレーボーイ[ガール]; ナンパ師.

ligue 男《話》ナンパした相手.

ligué(-), —動 →ligar[1.2].

liguero, ra 形《スポ》リーグ(戦)の. —男 ガーター, 靴下どめ.

liguilla 女《スポ》**1** 参加チームの少ないリーグ. **2** 予選リーグ.

ligustro 男《植物》イボタノキ.

lija 女 **1**《魚類》ホシザメ; ホシザメの皮. **2** 紙やすり, サンドペーパー (=papel de ~).

lijado 男 やすりがけ.

lijadora 女 研磨機.

lijar 他 を紙やすり[サンドペーパー]で磨く.

lijoso, sa 形 (触覚・口当たりが)ざらざらした.

lila¹ 女《植物》ライラック, リラ(の花). —男 ふじ色, 薄紫色.

lila² 形《話》ばかな, 間抜けな. —男女《話》ばか者, 間抜け.

liliácea 女 →liliáceo.

liliáceo, a 形《植物》ユリ(科)の. —女複《植物》ユリ科の植物.

liliputiense 形 **1** 小人国の. **2** 非常に小さい, ちっぽけな. —男女 **1** 小人国の人. **2** 小人.

lilo 男《植物》リラ(の木), ライラック(の木).

Lima 固名 リマ(ペルーの首都).

lima¹ 女 **1** やすり, やすりがけ[仕上げ]. —dar con [pasar] la ~ やすりをかける. **2** 推敲(すいこう), 磨き上げ. ► *comer como una lima* 大食いである. 馬食する.

lima² 女《植物》ライム(の木).

lima³ 女《建築》(屋根の)たるき.

limaco 男《動物》ナメクジ.

limado, da 過分 [→limar] 形 やすりをかけた. —男 やすりがけ[仕上げ].

limadura 女 **1** やすりがけ[仕上げ]. **2** [主に 複] やすりの削りくず.

limalla 女複《集合的に》やすりの削りくず.

limar 他 **1** …にやすりをかける, やすりで磨く. **2** 推敲(すいこう)する, …に磨きをかける. **3**(対立・欠点など)を弱める, 緩和する. ► *limar diferencias* 両者の敵対[分離]関係を解消させる.

limaza 女《動物》ナメクジ.

limbo 男 **1**(カト)地獄の辺土(洗礼前に死んだ幼児の霊魂が行く場所). **2**(測量器の)目盛り縁. **3**《天文》周縁. **4**《植物》葉身, 葉片. ► *estar en el limbo*《話》ぼんやりしている; 問題の内奥を知らない.

limeño, ña 形名 リマ(Lima)の(人).
limero 男 ライムの木.
limeta 女 フラスコ型の瓶.
liminar 形 冒頭の,冒頭の.
:limitación 女 1 限ること,制限. **—— de velocidad** 速度制限. 2 《主に複》限界.
:limitado, da 過分 [→limitar] 形 1 限られた,制限された,有限の.**——edición** *limitada* 限定版. 2 ごく少ない,わずかな.**——un número ~ de personas** ごく少数の人. 3 頭の悪い[鈍い],才能に乏しい,知能の劣った. 4《法律,商業》有限の.**——sociedad (de responsabilidad)** *limitada*《商業》有限会社.
limitador, dora 形 制限する,限定的な.
:limitar 他 1 …に境界を定める,を限定する,制約する. 2 を制限する,抑制する. **——los gastos de personal** 人件費を抑制する. —— 自《+con》と境を接する,隣接する. ——**se** 再《+a》…するだけにとどめる.
limitativo, va 形 制限する,限定的な.
:límite 男 1 境,境界(線). 2 果て,限界. **——un mar sin ~s** 限りなく広い海. *Todo tiene sus ~s.* どんなものにもかぎりというものがある. 3 制限,限度,極限. 4《名詞と同格で形容詞的に》**——velocidad ~** 制限速度, *situación* **~ 極限状態.** ▶ **sin límite(s)** とても大きい,(程度が)ひどい;際限なく.

limítrofe 形《+con/de》(国・地域が)境界を接する,隣接する.**——un pueblo ~ con Portugal** ポルトガルとの国境にある村.
limo 男 軟泥,泥土;ローム.
:limón 男 1《植物》レモン(の実,木). 2《形容詞的に》レモン色の.**——color amarillo ~** レモンイエロー.
limonada 女 →limonado.
limonado, da 形 レモン色の,淡黄色の. —— 女 レモネード,レモン水.
limonar 男 レモン畑,レモン果樹園.
limoncillo 男《植物》フトモモ科の木.
limonero, ra 形 レモンの. —— 名 レモン売り[商人]. —— 男《植物》レモンの木.
limonita 女 1《鉱物》褐鉄鉱. 2 歯石.
:limosna 女 施し,施し物.**——dar [pedir] ~** 施しをする[を乞う].
limosnear 自 物ごいをする,施しを求める.
limosnera 女 施しを入れる袋,献金袋.
limosnero, ra 形 1 施し好きな;慈悲深い. 2《中南米》物ごいの. —— 名《中南米》物ごい,乞食.
limoso, sa 形 泥だらけの,泥まみれの;ぬかるみの.
:limpia 女 1 掃除,清掃. 2《政治など》の粛清,追放,一掃. —— 男《話》靴磨き(行為).

limpiabarros 男《単複同形》靴の泥落とし;ドアマット.
limpiabotas 男《単複同形》(街頭の)靴磨き[人].
limpiabrisas 男《単複同形》《中南米》(車の)ワイパー.
limpiachimeneas 男《単複同形》煙突掃除人.
limpiacristales 男《単複同形》窓掃除器[クリーナー];窓ガラス掃除人,窓拭き作業員.
limpiada 女《南米》→limpieza.
limpiador, dora 形 掃除[清掃]する,汚れをとる. —— 名 掃除[掃除]人. —— 男《中南米》(車の)ワイパー.
limpiamente 副 1 きれいに,清潔に. 2 巧みに,うまく. 3 正直に,公正に.
limpiaparabrisas 男《単複同形》(車の)ワイパー.
:limpiar 他 1 を掃除する,きれいにする;を拭く,磨く. **——~ la casa** 家の掃除をする. **——~ la mesa** テーブルを拭く. **——~ los zapatos** 靴を磨く. 2《+de》を取り去って清める.**——~ de hierbas el jardín** 庭の草をとる. 3(汚)れを取り去る,清める,(恥などを)すすぐ. 4《話》を盗む,奪う;(賭け事で)…を文無しにする. **——se** 再 体(の一部)を洗い清める. **——~ los dientes** 歯を磨く.
limpidez 女《詩》清澄さ,透明さ.
límpido, da 形《詩》清澄な,透明な.
:limpieza 女 1 掃除,洗濯,洗浄. **——artículos de ~** 掃除[清掃]用具. 2 清潔さ,きれいなこと. 3《警察による》浄化,一掃,粛清. 4《話》(ばくちなどで)お金を捲ること,巻き上げ;盗難. 5 公正さ,誠実,正直. **——~ de corazón** 高潔さ,正直. *actuar con ~* 誠実に行動する. 6 見事さ,正確さ,手際のよさ.**——ejecutar un trabajo con toda ~** 仕事を見事にこなす. 7 (スポーツ・ゲームの)フェアプレー. **——jugar con ~** フェアにプレーする,フェアプレーをする. ▶ ***limpieza de sangre***《歴史》血の純潔. ***limpieza en [a] seco*** ドライクリーニング. ***limpieza étnica*** 民族浄化.

:limpio, pia [リンピオ,ピア] 形 1 きれいな,汚れていない,清潔(好き)な. **——*La habitación está limpia.*** 部屋はきれいである. 2 澄んだ;純粋な.**——~ cielo** 澄んだ空. 3 正味の.**——*Ganó diez mil euros ~.*** 彼は正味(手取りで)1万ユーロをかせいだ. 4 正直な,誠実な;簡明な,素朴な.**——*una conducta limpia*** 誠実な態度. *imagen limpia* 無垢なイメージ. 5 《…が》ない,免れた.**——*Está ~ de toda sospecha.*** 彼にはまったく疑われいるところはない. 6 《話》一文無し,すっからかんの. **——*En el juego le dejaron ~.*** そのゲームで彼は一文無しされた. 7《副詞的に》きれいに,公正に. **——*jugar ~*** フェアプレーをする. ▶ **en limpio** 正味で,実質で;清書した. **sacar en limpio** →sacar.
limpión 男 1 軽い掃除. 2《戯》清掃

limusina 係, 掃除人. **3**〖中南米〗ふきん.

limusina 囡〘自動車〙リムジン.

lináceo, a 形〘植物〙アマ(亜麻)科の. ——囡 アマ科の植物.

linaje 男 **1** 家系, 血統, 系統. —el ~ humano 人類. **2** 種類.

linajudo, da 高貴の生まれの, 家柄の立派な; 家柄を自慢する.

linaza 囡 亜麻仁(ﾆﾝ), アマ(亜麻)の種子.

lince 男 **1**〘動物〙オオヤマネコ. **2**〖話〗目はしのきく人; 抜け目のない〖敏感な〗人. ▶ **vista de lince** 鋭い目(つき). ——形 **1**〖話〗鋭い, 油断できない. **2**〖話〗切れ者の, 抜け目のない.

linchamiento 男 私刑, リンチ. ▶ **linchamiento moral** バッシング.

linchar 他 に私刑〖リンチ〗を加える.

lindante 形 隣接している, 隣り合った.

lindar 自〖+con と〗**1** 境を接する, 隣接する. **2** 似たようなものである, 紙一重である. —Esa dura crítica **linda con** el insulto. その厳しい批判は侮辱と同じようなものだ.

linde 囡 (時に 男) **1** 境界(線). **2** 限界, 限度.

lindero, ra 形 隣接した, 隣り合った. ——男 境界(線).

lindeza 囡 **1** きれいさ, かわいさ; 素晴らしさ. **2**(複)〖皮肉〗悪口, 雑言. **3**(複) 甘言, 美辞麗句.

lindo, da [リンド, ダ]形 可愛い, 愛らしい, 美しい. ▶ **de lo lindo** とても, 大いに. ——男〖話〗おしゃれな男性.

lindura 囡 **1**→lindeza. **2** きれいな人〖物〗.

línea 囡 **1** 線, すじ. ——~ recta 直線. ~ central (道路の)センターライン. **2** 形, 輪郭; 体の線, スタイル. —un coche de ~ aerodinámica 流線形をした車. mantener[perder] la ~ 体の線を保つ〖くずす〗. **3** (文字の)行; 〖複〗短信, 一筆. —leer entre ~s 行間を読む, 言外の意味を読みとる. **4** 列, 一連の人〖物〗. **5** 路線, (運輸の)系統, 経路. ~ de autobuses バス路線. ~ aérea 航空路, 航空〖海運〗会社. ~ de ferrocarril 鉄道. **6** 電線, 通信線. ~ telefónica 電話線. ~ de comunicación 通信回線. **7** 方針, 路線. ~ de conducta (人の)行動の指針. **8** 種類, 等級. **9** 家系, 系列. ~ sucesoria de la Corona Española スペイン王位継承順. **10** 戦線, 戦列. ~ de batalla 戦線. luchar en primera ~ 最前線で戦う. **11** (顔の)輪郭, 容貌. **12** (商品の)種類, シリーズ. —una nueva ~ de electrodomésticos 家電の新しいシリーズ. **13**〖スポ〗ライン. ~~ de banda (サッカーの)サイドライン; (ラグビーの)タッチライン. ▶ **en línea**〘情報〙オンラインの〖で〗. **en líneas generales** 一般的に言って, 大筋において. **en su línea** そのジャンル〖クラス〗で. **en toda la línea**(勝

ち, 負けの意の動詞とともに用いられ)完全に, すっかり. **entre líneas** 言外に. **línea caliente** 苦情・意見・質問などを受ける電話サービス. **línea curva** 曲線, カーブ. **línea de agua [de flotación]** (船の)喫水線. **línea defensiva** (サッカーなどの)ディフェンス陣. **línea delantera** (サッカーなどの)フォワード陣. **línea de montaje** 組み立てライン. **línea de puntos** 連続点. **línea directa** 直系; コネ, 係累. **línea dura** 強硬派, 過激派, 過激思想. **línea equinoccial**〘天文〙昼夜平分線. **línea férrea** 線路.

lineal 形 **1** 線の, 線状の. —dibujo ~ 製図. hoja ——〘植物〙線形葉. **2** 一律の, 一定の.

lineamento 男 →lineamiento.

lineamiento 男 輪郭, 外形; 顔立ち.

linear 他 を素描〖スケッチ〗する.

linfa 囡〘生理〙リンパ液.

linfático, ca 形 **1**〘生理〙リンパ(質)の. **2** 無気力な, 活力のない, 不精な.

linfatismo 男〘医学〙リンパ体質.

linfocito 男〘生理〙リンパ球.

linfoide 形〘医学〙リンパ液の, リンパ状の.

linfoma 男〘医学〙悪性リンパ腫(=~ maligno).

lingotazo 男 ひと口の酒, (酒の)一杯.

lingote 男 **1** 鋳塊, 地金, 延べ棒. ——~ de plata 銀の延べ棒. **2**〘印刷〙インテル.

lingotera 囡 鋳型, インゴットの型.

lingual 形 **1**〘解剖〙舌の. **2**〘音声〙舌音の. ——囡〘音声〙舌音(t, d, l など); 舌音字.

lingüista 男女 言語学者.

lingüística 囡 言語学.

lingüístico, ca 形 言語(学)の, 言語に関する.

linier 男女〖スペイン〗〖スポ〗線審.

linimento 男 (擦り傷などの)塗膏(ｺｳ), 塗り薬.

lino 男〘植物〙亜麻; アマ系, リネン. —fibra de ~ アマ繊維.

linóleo, linóleum 男 リノリウム(床の敷き材).

linón 男〘服飾〙寒冷紗(ｻﾞ).

linotipia 囡〘印刷, 商標〙ライノタイプ, 鋳造植字機.

linotipista 男女 ライノタイプ工, ライノタイピスト.

linterna 囡 **1** 手提げランプ, ランタン, カンテラ. **2** 懐中電灯. **3** 灯台. **4**〘建築〙ランターン, (採光・通風用の)越し屋根. ▶ **linterna mágica [de proyección]** 幻燈機. **linterna sorda** 龕灯(ｶﾝ).

linyera 囡〖南米〗浮浪者.

lío 男 **1** 包み, 束. **2**〖俗〗混乱, 困難. **3** 不快な関係, 情事, 不倫, 陰口, ゴシップ. ▶ **armar un lío** 騒ぎを起こす. **hacerse un lío** 混乱する.

liofilización 囡 フリーズドライ(製法), 凍結乾燥.

liofilizar [1.3] 他 (保存用に食物・薬

lioso, sa 形 〖話〗 **1** いざこざ[面倒]を起こす、騒がせ屋の. **2** 込み入った、もつれた、複雑な.

lipasa 囡 〖生化〗リパーゼ、脂肪分解酵素.

lípido 男 〖化学〗脂質.

lipoatrofia 囡 〖医学〗脂肪萎縮(症)、脂肪ジストロフィー.

lipoma 男 〖医学〗脂肪腫.

liposucción 囡 〖医学〗脂肪吸引.

lipotimia 囡 〖医学〗気絶、卒倒.

liquen 男 〖植物〗地衣類、コケ.

líquida 囡 〖音声〗流音 (r, l) の.

liquidación 囡 **1**〖商業〗清算、決算; (不動産・会社の)売却、整理. — de gastos 経費の清算. **2**〖商業〗蔵払い売り出し、在庫一掃セール. — por reforma (看板などで)改装につき在庫一掃セール. **3** 終結, 解決. **4** 液化, 溶解.

liquidador, dora 形 〖商業〗清算する. — 名 〖商業〗清算人, 財産人.

liquidámbar 男 〖植物〗フウ(楓), モミジバフウ.

liquidar 他 **1** (借金・会社)を清算する, 決済する; (会社・不動産)を売却する, 整理する. — las deudas 借金を清算する. **2** を解決する, 終わらせる, …にけりをつける. **3** …の安売りをする, 大売り出しをする. — las existencias sobrantes de almacén 倉庫処分の大売り出しをする. **4** (有り金全部)をはたく, 蕩尽する, 使い果す. **5**〖話〗を殺す, 消す. **6** を液化させる, 溶かす, 溶解させる. — se 再 液化する.

liquidez 囡 **1** 液体性, 流動性. **2**〖商業〗換金性; 流動資産[資金].

líquido, da 形 **1** 液体の, 液状の, 流動体の. — alimentos ~s 流動食. cuerpo [estado] — 液体[液状]. **2**〖商業〗正味の; 清算ずみの, 清算された. — deuda líquida 清算ずみの負債. sueldo — 手取り給与. **3**〖音声〗流音 (r, l) の. — 男 **1** 液, 液体. **2**〖商業〗純益, 清算残高. *líquido imponible* 課税の対象となる所得, 課税標準価額.

liquilique 男 〖中南米〗〖服飾〗(主に木綿製で詰襟風の)シャツ.

lira¹ 囡 **1**〖音楽〗(古代ギリシャの)リラ, 竪琴(%%). **2**〖詩学〗リラ(11音節と7音節の行からなる5行詩). **3** 詩才. **4**〖L~〗〖天文〗琴座.

lira² 囡 リラ(イタリアの旧貨幣単位).

lírica 囡 文学ジャンルとしての叙情詩.

lírico, ca 形 **1** 叙情詩の. — poesía lírica 叙情詩. **2** 叙情的な, 感動的な. **3**(演劇)(オペラなど)の音楽上演の.

lirio 男 〖植物〗アヤメ(菖蒲), アイリス. — blanco 白ユリ.

lirismo 男 **1** 叙情性, リリシズム. **2** 感情の発散; 熱情. **3**〖中南米〗夢, 幻想.

lirón 男 **1**〖動物〗ヤマネ. **2**〖話〗よく眠る人, 眠たがり屋. *dormir como un lirón* ぐっすりよく眠る.

lis 囡 〖植物〗 **1** アヤメ. **2** 白ユリ.

lisa 囡 〖魚類〗 **1** ドジョウに似た小魚. **2** ボラ.

lisamente 副 滑らかに. ▸ *lisa y llanamente* 率直に, 単刀直入に.

Lisboa 固名 リスボン(ポルトガルの首都).

lisboeta 形男女 リスボン (Lisboa) の (人).

lisbonense 形男女 →lisboeta.

lisbonés, nesa 形名 →lisboeta.

lisiado, da 形 [→lisiar] 身体障害の, 腕や足を失った[不自由な]. — 名 身体障害者, 腕や足を失った[不自由な]人.

lisiar 他 を傷つける;(人)の体を傷つける.

liso, sa 形 **1** なめらかな, 平らな, でこぼこのない. — terreno — 平地. **2** (服など)飾り気のない, 無地の. **3** (布地など)無地の, 単色の. — tela lisa 無地の生地. **4** (髪に)ちぢれがなく)まっすぐの. — pelo — 直毛. **5** 障害のない, 開かれた. — carrera de doscientos metros ~s 200メートル走. **6** 厚かましい. ▸ *liso y llano* 率直な, 単刀直入な.

lisonja 囡 へつらい, 追従, 甘言.

lisonjeador, dora 形 へつらう, おもねる, お世辞がうまい. — 名 へつらう人, おべっか使い.

lisonjear 他 **1** にへつらう, おもねる, お世辞を言う. **2** を得意にさせる, うぬぼれさせる. **3** を楽しませる. — se 再 得意になる, うれしがる.

lisonjero, ra 形 **1** へつらう, おべっか使いの. **2** 人を楽しませる, 快い. — 名 へつらう人, おべっか使い.

lista 囡 **1** 一覧表:名簿, 目録. — de espera キャンセル待ちのリスト. ~ de precios 値段表. **2** (布などの模様の)しま; 細長い切れ端, 帯. — de tela (madera) 細長い布[板]切れ. ▸ *a lista* しま模様の. *lista civil* 王室費. *lista de boda* (新郎新婦が希望する)結婚祝いのリスト. *lista de correos* (郵便の)局留め(係). *pasar lista* 出席をとる.

listado, da 過分 [→listar] 形 縞(½)の, 縞模様の. — 男 〖情報〗リスティング, 表示.

listar 他 〖中南米〗を表[リスト]に記入する.

listel 男 〖建築〗平縁(裳).

listero 男 (特に建設現場等の職場の)名簿係; 出席点呼係.

listeza 囡 〖話〗 **1** 利口, 賢さ. **2** 明敏さ, 鋭敏さ. **3** 抜け目なさ; 狡猾(ぶ).

listín 男 小リスト; 電話帳 (= ~ de teléfonos).

listo, ta 形 [リスト, タ] 〖ser +〗 **1** 利口な, 利発な. — Es un niño ~. あれは利口な子だ. **2** 敏感な, 機敏な; 抜け目のない. **3** 〖estar +〗用意のできた, 準備の整った. — Todo está ~ para la boda. 結婚式の準備はすべて整っています. ¡~! 用意[して]. ▸ *estar [ir] listo* 期待はずれになる. *pasarse de listo* 利口すぎる, 考えすぎて失敗する.

listón 男 **1** 木簡(²), 細長い板. **2** リボ

ン、ひも。**3**《建築》平線(㍿)、フィレット。**4**《スポ》（高跳びなどの）バー。**5** 水準、目標。

lisura 囡 **1** 滑らかさ、すべすべしていること。**2** 平坦(㍿)、起伏のないこと。3（髪が）まっすぐなこと。**4** 率直、誠実。**5**《中南米》下品[無礼]な言動、厚かましさ。

litera 囡 **1**（人や馬がひく）昔の輿(㍿)。**2**（船や列車の）作りつけ寝台。**3** 二段ベッド。
literal 形 文字[字義]の；逐語の。
literalidad 囡 文字通りの意味；字義の尊重、逐語訳。
literalmente 副 **1** 文字通りに；逐語的に。**2** 完全に、まったく。
literario, ria 形 文学の、文学的な。—vocación *literaria* 文学の資質、estilo～文学的文体。
literato, ta 形《文》作家、文学者、文筆家。— 男 文芸に通じた。
literatura 囡 **1** 文学、文芸。— española スペイン文学。**2** 文献。— médica [jurídica] 医学の[法律の]文献。**3** 文学の素養、教養。
litiasis 囡《単複同形》《医学》結石症。
lítico, ca¹ 形 **1** 石の、石からなる。**2**《医学》結石の。
lítico, ca² 形《化学》分解[融解]の。
ligación 囡《法律》訴訟、係争。
litigante 男女 訴訟当事者。— 形 訴訟を起こしている、係争中の。
litigar [1.2] 圓 **1**《法律》《＋por/sobre について、＋con/contra（人）に対して》訴訟を起こす、提訴する。**2** 論争する、言い争う。— 他 を論争する、…について言い争う。
litigio 男 **1** 訴訟、係争、紛争。**2** 争い、論争。**▶en litigio** 係争[論争]中の。
litigioso, sa 形 **1** 訴訟中の、係争中の。**2** 訴訟[係争]の因となる。
litio 男《化学》リチウム（元素記号 Li）。
litófago, ga 形《動物》穿孔性動物の。— 男 穿孔性動物。
litografía 囡 **1** 石版印刷[術]。**2** 石版画、リソグラフィー。**3** 石版刷りする。
litografiar [1.5] 他 を石版刷りする。
litográfico, ca 形 石版印刷の。
litógrafo, fa 形 石版師、石版工。
litología 囡《地質》岩石学。
litoral 形《地理》沿岸の、沿海の、海辺の。—regiones [zonas] ～es 沿岸地方[地帯]。— 男《地理》沿岸地方、海辺；海辺；大陸棚。**2** 河岸地域。
litosfera 囡《地質》地殻、岩石圏。
lítote, litote 男《修辞》曲言法、緩叙法。
lítotes, litotes 囡《単複同形》《修辞》→litote, litote.
litotomía 囡《医学》膀胱結石除去手術。
litotricia 囡《医学》結石除去法。
litri 形《話》めかし込んだ、しゃれ者の しぐさな。
litro 男 リットル（容量の単位、1,000cc;《略号》l.）、その容量。
Lituania 国名 リトアニア（首都 Vilna）。

lituano, na 形 リトアニア（Lituania）の（人）。— 男 リトアニア語。
liturgia 囡《宗教》礼拝[祈祷(㍽)]式；典礼。
:**litúrgico, ca** 形《宗教》典礼[式]の。—libros～s 典礼書。
liviandad 囡 **1** 軽いこと、軽さ。**2** ささいなこと、どうでもいいこと。**3** 軽薄、気まぐれ。**4** みだらさ；ふしだらな行為。
liviano, na 形 **1** 軽い。**2** ささいな、重要でない、浮気の、移り気の；みだらな。— 男 複（動物の）肺。
lividecer [9.1] 圓 **1** 蒼白(㍿)[土気色]になる。**2** 暗紫色になる。
lividez 囡 **1** 蒼白(㍿)、土気色。**2** 暗紫色。
lívido, da 形 **1** 蒼白(㍿)[土気色]の。**2**（寒さ・打撲などで）紫色になった、暗紫色の。
living《英》男《複》～s 居間、リビングルーム。
liza 囡 **1**（昔の騎士の）闘技場；闘技、試合。**2**《文》闘争[論争]、（利害などの）衝突。
lizo 男（織機の）綜絖(㍿)。
ll 旧スペイン語アルファベットの1字。
llaga 囡 **1** 潰瘍(㍿)；傷。**2**（心の）傷、苦悩、痛手。**▶poner el dedo en la llaga**《話》痛い所をつく；問題の核心をつく。
llagar [1.2] 他（体の一部）に潰瘍(㍿)を起こす、傷を負わす。
llama¹ 囡 **1** 炎、火炎。**2** 情熱、情炎。
llama² 囡《動物》リャマ。
llamada 囡 **1** 呼ぶこと、呼びかけ；通話。— Ha habido una～para ti. 君に電話があったよ。una～a cobro revertido コレクトコール。**2** 呼ぶ声、合図。— una～de socorro 助けを求める声。**3** 呼びかける力、訴えかけるもの。**4**《軍隊などを示す》参照符号、数字(など)。**5** 点呼；召集。
llamado, da 過分〔→llamar〕 形 **1** …と呼ばれる、…として知られる。— chica *llamada* Teresa テレサと呼ばれる女の子。**2** いわゆる。— la *llamada* ley de la gravedad いわゆる重力の法則。— 男 呼ぶこと、呼び出し；《情報》コール。
llamador 男 **1** ドアのノッカー[ベル]、呼び鈴。**2** 警報ボタン。
llamamiento 男 **1** 呼ぶこと、呼びかけ、訴え。—hacer un～a la serenidad [calma] 落ち着くように訴える。**2**《軍隊への》召集。

*****llamar**〔ヤマル〕他 **1** を呼ぶ、（身ぶりなどで）招く。—Me *llamó* con la mano. 彼は私を手招きした。**2** …に電話をかける。—¿A qué hora te *llamo* mañana? 明日何時に君に電話しようか。**3** を名付ける、を…と（いう名で）呼ぶ。—*Llamaron* a la niña Teresa. 彼らはその女の子をテレサと名付けた。**4** を呼び出す；召集する。—Le *han llamado* a declarar. 彼は申告のため呼び出された。**5** を引きつける、魅惑する。—No me *llaman* los dulces. 私は菓子には魅力を感じない。

— 自 (戸口で)ノックする, 呼び鈴[チャイム]を鳴らす. —*Llaman* a la puerta. 玄関で人が呼んでいる. — **se** 再 …という名前である, …と呼ばれる. —¿Cómo te *llamas*? 君の名前は何というの. Me *llamo* Manuel, ¿y tú? 私はマヌエルという名前だが, 君は?

llamarada 女 **1** ぱっと燃え上がること, 炎, 火炎. **2** (顔の)紅潮, ぱっと赤らむこと. **3** (感情の)激発.

llamativo, va 形 **1** (服装・色などが)けばけばしい, 派手な. **2** (女性が)色っぽい, 艶(?)やかな.

llameante 形 (めらめらと)燃え上がっている. 火を吐く; 燃えるような.

llamear 自 (めらめらと)燃え上がる, 燃え立つ.

llampo 男 『チリ』砕けた鉱石.

llana 女 (左官の)こて. —dar de 〜 こてでならす.

llanada 女 平原, 平野.

llanamente 副 **1** 平易に, わかりやすく; 率直に. **2** 気さくに, 飾らずに.

llanca 女 『チリ』**1** 青緑色の銅鉱. **2** (アラウカ族が装飾品としてきた)青緑色の銅鉱石.

llanear 自 (坂道を避けて)平地だけを選んで歩く.

llanero, ra 男女 **1** 平原 (llanura) [平地]の住民. **2** (オリノコ川流域の)ロス・リャーノス (Los Llanos) の住民[出身者].

llaneza 女 **1** (人の)気さくさ, 飾り気のなさ. **2** 平明さ; 率直さ. **3** (文体の)平易さ, 簡明さ.

llano, na [ヤノ, ナ] 形 **1** 平らな, 平たんな, なめらかな. —terreno [camino] 〜 平らな土地 [道]. **2** 気どらない, 気さくな, 純朴な. —una chica *llana* 気さくな女の子. —un estilo 〜 素朴なスタイル. **3** 平民の, 非特権階級の. **4** 平易な, 平明な; 普通の. **5** 〖音声〗末尾から2番目の音節にアクセントのある. — 男 平原, 広野.

llanta 女 **1** (車輪などの)ホイール, リム. **2** (荷車などの車輪を守る)金属の輪. **3** [中南米] タイヤ.

llantén 男 〖植物〗オオバコ (= 〜 mayor).

llantera 女 《話》泣きじゃくること, おいおい泣くこと.

llantina 女 《話》→ llantera.

llanto 男 泣くこと, 嘆き; 涙. —La mujer prorrumpió en 〜. その女性はわっと泣き出した. ▶ **anegarse** [**deshacerse**] **en llanto** 泣きくずれる, むせび泣く.

llanura 女 **1** 平原, 平野. **2** 平たさ; 平坦.

llapa 女 〖南米〗おまけ, 景品.

llar 女 〖主に複〗 (暖炉に鍋などを吊るための鉤のついた)鎖.

llave 女 [ヤベ] 形 **1** 鍵(%). —cerrar con 〜 鍵をかける, 錠をおろす. echar la 〜 戸締まりをする. — maestra マスターキー, 親鍵. 〜 falsa 合い鍵. **2** (問題解決などへの)鍵, 手がかり; 要点, 秘けつ. **3** スパナ, (モンキー)レンチ. — inglesa レンチ. **4** 調節弁, コック, 蛇口, スイッチ. 〜 de la luz 電気のスイッチ. 〜 de paso (水・ガスなどの)元栓. **5** 〖音楽〗音部記号; (ピアノなどの)キー. **6** 〖印刷〗大カッコ(｛｝). **7** (レスリングなどの)固め技, ロック. **8** 〖医学〗(歯科用の)鉗子(\$!). ▶ **bajo [debajo de] llave** 鍵をかけて, 安全な場所に隠して. **bajo [debajo de] siete llaves** しっかりと厳重に隠して. **llave de contacto** (車の)イグニッションキー. **llave de la mano** (手を開いて)親指の先から小指の先までの長さ. **llave de tuercas** スパナ.

llavero, ra 男女 鍵の管理人, 鍵番. — 男 キーホルダー.

llavín 男 (掛け金用の)小さな鍵.

llegada 女 **1** 到着, 着くこと. **2** 〖スポ〗(レースの)ゴール.

llegar [ジェガル] [1.2] 自 **1** 〖+ a に〗着く, 到着する. —El tren *llega* a Sevilla a las cuatro y media. 列車は4時半にセビーリャに着く. **2** 〖+ a に〗到達する, 達する, 届く. —La cola *llegaba* hasta la plaza. 行列は広場まで達していた. Mi sueldo mensual no *llega* a cuatro mil euros. 私の月給は4000ユーロに届かない. **3** 到来する, 来る. —Ya *llegó* el otoño. もう秋が来た. **4** 心を打つ, 感銘を与える. **5** (費用などが)足りる, 充分である. —El dinero no me *llega* para comprar un piso. 私のお金ではマンションを買うのに足りない. **6** 〖+ a 不定詞〗…することになる. —*Llegó* a ser presidente. 彼は大統領になった. — **se** 再 〖+ a に〗行く, 立ち寄る. ▶ **estar al llegar** もうじきやって来る. **hasta ahí podíamos llegar** それはやり過ぎだ[言い過ぎだ]; それはとんでもない, それは絶対いやだ. **llegar lejos** 将来性がある, 出世する.

llegue(-), **llegué**(-) 動 → llegar [1.2].

llenado 男 充填, 一杯にすること.

llenar [ジェナル] 他 **1** 〖+ de/con で〗を満たす, 一杯にする; を満腹にさせる. — el vaso de vino tinto グラスを赤ワインで満たす. Los hinchas *llenaron* el estadio. サポーターがスタジアムを埋めた. La noticia nos *ha llenado* de tristeza. そのニュースに我々はうちひしがれた. **2** を書き入れる, 記入する. **3** 〖+ de を〗(人)に豊富に与える, (…で)を豊かする[満たせる]. —Le *llenaron* de elogios. 彼らは彼をべたぼめにした. **4** (時間などを)過ごす, つぶす. **5** 〖雅〗(女)を妊娠させる. — **se** 再 **1** 〖+ de で〗一杯になる, 充満する. —La piscina *se llenó* de agua en una hora. プールは1時間で水が一杯になった. **2** 〖+ de/con で〗満腹する.

lleno, na [イェノ, ナ] 形 **1** 〖+ de で〗一杯の, (一杯に)満ちた. —una bota *llena* de vino ワ

インで一杯の革袋. unos pantalones ~s de manchas シミだらけのズボン. **2** 満腹の. —Ya no puedo comer más: estoy ~. もうこれ以上食べられません. 満腹です. **3** 肉付きのいい, ふっくらした. —男 満男, 大入満員. ▶ *de lleno* (*en lleno*) 全く, 完全に.

llevada 囡 運搬; 携行; 着用.
llevadero, ra 圏 我慢できる, 辛抱できる.

llevar [イェバル] 他 **1** を持って行く, 運ぶ; を連れて行く, (乗り物に)乗せる. — ~ la maleta al cuarto 部屋にスーツケースを持って行く. Te llevo en coche hasta tu casa. 私は君を家まで車で送って行くよ. **2** を携帯する, 持って行く; 含む, 含有する. —¿Cuánto dinero *llevas*? 君はいくらお金を持っているの? Este pastel *lleva* licor. このケーキには酒が入っている. **3** (衣服など)を身につけている, 着ている. —*Llevas* un vestido muy elegante. 君はずいぶんしゃれたドレスを着ているね. ~ gafas メガネをかけている. **4** 〖+形容詞/過去分詞/副詞〗(身体・衣服などが)ある状態)にある, をしている, …している. —Lleva sucios los zapatos. 君は靴がよごれている. **5** 〖+過去分詞〗すでに…してある〖過去分詞は直接補語と性・数一致する〗. —*Llevo* leídas diez páginas de la novela. 私はその小説をすでに10ページ読んだ. **6** を生じる, もたらす, 起こす. —El tifón *llevó* la inundación a esa zona. 台風はその一帯に洪水をもたらした. **7** 〖+ a へ〗を導く, 駆る, 達せしめる. —Esta avenida te *lleva* a la plaza de toros. この大通りを行けば闘牛場に出るよ. **8** を操る, 運転する. —Ella sola *llevó* el coche durante todo el viaje. 旅行の間中彼女は独りで車を運転した. を担当する, 管理する, 経営する. — ~ las cuentas 経理を担当する. **10** を切る, 切らせる, 持ち去る. **11** …に耐える, を我慢する. — ~ la enfermedad con paciencia 我慢強く病気に耐える. **12** (時間)がある; (時間)がかかる, (時間)が要する. —¿Cuánto tiempo *lleva* usted en Granada? どのくらいの期間グラナダにご滞在ですか. *Llevó* una semana reparar la avería del coche. 車の故障を直すのに1週間かかった. **13** (お金)をとる. —Me *llevaron* ocho euros por arreglar la máquina. 私は機械の修繕代として8ユーロとられた. **14** (調子・拍子など)をとる. **15** 〖+ a より〗多い, 勝る, 上回る. —Mi hijo me *lleva* cinco centímetros. 息子は私より5センチ背が高くなった. **16** (計算で上の桁)数)を繰り上げる, 送る. ▶ *llevar adelante* を推進する, 実行に移す, 実現する. *llevar consigo* (ある事)を伴う. ▶ *llevar las de ganar* [*perder*] (他人に対して)有利な立場にいる[不利な立場にいる]. *no llevarlas todas consigo* 疑う, 心配する, 恐れる.
—自 **1** 〖+ a に〗通じる, 向かう. —Esta avenida *lleva* a la plaza de toros. この大通りは闘牛場に通じている. **2** 〖+現在分詞〗…し続けている, している. —*Llevo* estudiando desde las diez. 私は10時から勉強を続けている. **3** 〖+ en に〗滞在している, (で)過ごしている.
se —囲 **1** 連れて行く, 持って行く, 携行する. — ~ *se* el paraguas 傘を持って行く. **2** 獲得する, 手に入れる; 買う. **3** 持ち去る, 連れ去る. — ~ *se la caja fuerte* 金庫を持ち去る. **4** (ある感情)を抱く, 感じる. —*Me llevé* una gran sorpresa al verla allí. 私は彼女にそこで会って大変びっくりした. **5** 流行する, はやる. **6** (年齢等に)差がある, 違いがある. —Las dos hermanas *se llevan* cuatro años. 姉妹の年齢差は4歳である. **7** (計算で上の桁に数)を繰り上げる, 上げる, 送る. ▶ *llevarse a matar* 仲が非常に悪い. *llevarse bien* [*mal*] *con*... (人)とうまく行く[行かない], 仲がいい[悪い]. *llevarse por delante* を引き倒す, 踏みたじる, 殺す.

lloradera 囡 〈軽蔑〉大げさに泣くこと.
llorado, da 〖過分〗〖→llorar〗形 〖死者に冠して〗悼まれる, 悲しまれる.

llorar [ジャル] 自 **1** 泣く, 涙を流す. — ~ *de alegría* うれし泣きをする. **2** 〖話〗〖+ a に〗嘆く, 不平をこぼす. 泣いて訴える. — 他 を嘆く, (涙を)流す. — ~ *su mala suerte* 自分の不運を嘆き悲しむ. ▶ *El que no llora no mama.* 〖諺〗黙っていてはわからない.

llorera 囡 おいおい[わんわん]泣くこと, 大泣き, 号泣.
llorica 形 〖男女〗泣き虫(の).
lloriquear 自 しくしく[めそめそ]泣く.
lloriqueo 男 しくしく[めそめそ]泣くこと.
llorisquear 自 →lloriquear.
lloro 男 〖メキシコ〗泣くこと, 嘆き; 涙.
llorón, rona 形 男女 **1** (特に子どもが)泣き虫(の). **2** 泣き上戸(の); 泣き言の多い(人). — 男 (軍帽(の)羽根飾り). ▶ *sauce llorón* 〖植物〗シダレヤナギ.
lloroso, sa 形 **1** 泣き顔の, 泣きはらした; 今にも泣きそうな. **2** (物事が)涙を誘う, 悲しませる.

llovedera 囡 〖中南米〗長雨.
llovedizo, za 形 (天井などが)雨漏りする.

llover [ヨベル] [5.2] 自 **1** 〖無主語〗雨が降る. —*Llueve a cántaros*. 土砂降りの雨である. **2** (物事が)雨・あられと降り注ぐ. —*Han llovido desgracias sobre ella*. 彼女の上に不幸が次々と降りかかった. ▶ *como quien oye llover* 知らぬ振りで, 馬耳東風で. *llover sobre mojado* 泣きっ面に蜂である. 悪いことにまた悪いことが重なる. *Nunca llueve a gusto de todos.* 〖諺〗雨はだれにも気に入るようには決して降らない.

llovida 囡 〖メキシコ〗雨, 降雨.
llovizna 囡 霧雨, 小ぬか雨, しぐれ.
lloviznar 自 〖3人称単数形のみ〗霧雨[小ぬか雨]が降る.

llueca 形 〔女性形のみ〕(雌鶏が)卵を孵(かえ)す. 抱卵期の. **—** 女 抱卵期の雌鶏.

lluev- 動 →llover [5.2].

lluvia** [ユビア] 女 **1** 雨, 降雨. —~*s* torrenciales 豪雨, 土砂降り. temporada de ~*s* 雨期. **2** たくさん, 大量. **3**〔南米〕シャワー(の水). ► ***lluvia ácida 酸性雨. ***lluvia atómica*** [***radiactiva***] 放射性雨. ***lluvia de estrellas*** 流星雨.

lluvioso, sa 形 雨の多い, 多雨の.

lo**[1] [ロ] 冠 (定) 中 **1**〔lo + 形容詞(句): 抽象名詞や集合名詞を作る〕…なもの, …なこと. —*Lo* ideal es diferente de *lo* real. 理想は現実と異なる. **2**〔lo + 過去分詞〕…したこと, …されたこと. —*Lo* dicho, dicho. 〔諺〕一度言ったことは取り消せない. **3**〔lo + 副詞〕…なこと. —*lo* cerca 近いこと. **4**〔lo + 所有形容詞〕…のもの. —*Lo* mío, mío, y *lo* tuyo, de entrambos. 〔諺〕私のものは私のもの, 君のものは二人のもの. ► ***a lo que… 〔中南米〕…する時の, …の時. ***a lo sumo*** →sumo. ***con lo que…*** …なのに…とは. ***lo de…*** …のこと. —*Lo de* ayer es un secreto. 昨日のことは秘密だ. ***lo*** 〔+ 形容詞変化形/副詞 +〕 ***que…*** …であること; どんなに…であるか〔強調〕. —Tú no sabes *lo* listo *que* es. 君は彼がどんなに賢いか知らない.

***lo**[2] [ロ] 代 (人称) 〔複 ~s〕〔男性3人称単数対格; 直接補語となる〕 **1**〔人を指して〕彼を. —No *lo* conozco bien. 私は彼をよく知らない〔スペインの一部では人に対して le が用いられる〕. **2**〔ustedes で話しかける相手の男性を指して〕あなたを. —*Lo* vi a usted ayer en la estación. 私はあなたを昨日駅で見かけました. **3**〔物事を指して〕それを. —*Lo* compré ayer. 私はそれを昨日買いました.

***lo**[3] [ロ] 代 (人称) 〔中性対格〕 **1**〔直接補語として; 前に出た内容をさす〕それを, そのことを. —No *lo* sé. 私はそれを知らない. **2**〔ser/estar/parecer/fingir などの叙述補語として〕そう. —Aunque es joven, no *lo* parece. 彼は若いのだがそうは見えない.

loa 女 **1**《文》賞賛. **2**(古典劇の)前口上; 寸劇. **3**〔中米〕叱責.

loable 形 《文》賞賛すべき, 賞賛に値する.

loar 他 を賞賛する, 褒(ほ)めたたえる.

loba 女 《動物》雌オオカミ.

lobanillo 男 **1**《医学》皮脂嚢腫(のうしゅ), 嚢胞(のうほう). **2**《植物》(樹皮の)こぶ.

lobato 男 オオカミの子.

lobby 〔<英〕 男 **1** ロビー活動(の団体). **2**(ホテルなどの)ロビー.

lobero, ra 形 オオカミの. **—** 女 **1** オオカミの隠れ場[穴]. **2** オオカミの棲(す)む山.

lobezno 男 →lobato.

lobo, ba** 名 《動物》オオカミ(狼). —Tengo más hambre que un ~. 私はお腹の皮が背中に張りつきそうだ. ► ***diente de lobo →diente. ***hombre lobo*** →hombre. ***lobo de mar*** 老練な船乗り. ***menos lobos*** 大げさだ. ***meterse en la boca del lobo*** 虎穴(けつ)に入る, すすんで危険をおかす. ***ver las orejas al lobo*** 危険に気がつく.

lobotomía 女 《医学》ロボトミー, 前頭葉切開術.

lóbrego, ga 形 暗い, 暗くて気味の悪い; 物悲しい, 陰気な.

lobreguez 女 暗さ, 暗い気味の悪さ; 陰気.

lobulado, da 形 《植物, 解剖》小葉に分かれた, 裂片状の.

lóbulo 男 **1**《植物》(クローバーなどの)裂片, 小葉. **2** 耳たぶ (=~ de la oreja). **3**《解剖》葉(よう).

lobuno, na 形 オオカミの, オオカミのような.

loca 形女 →loco.

***local** 形 **1** 土地の, 地方の, 地元の. —autoridades ~*es* 地方の当局. hora ~ 現地時間, ローカル・タイム. **2** 局部の; 《情報》ローカルの. —anestesia ~ 局部麻酔. **—** 男 土地, 用地, (ビルの店舗用)区画. —Se alquilan ~*es* (広告で)テナント募集.

***localidad** 女 **1** 土地; 町, 村. **2**(劇場などの)座席, 席; 入場券.

localismo 男 **1**(排他的な)郷土愛, 地方主義. **2**(地方の)方言, 訛(なま)り.

localista 形 地域的な.

localización 女 **1** 所在の確認, 位置の測定. **2** 局地[局部]化. **3**(テキスト解釈で)作者や制作年代を言い当てること. **4**《情報》パス, 経路.

localizador 男 **1**(航空券・書類などの)読み取り機; ナビゲーター. —~ GPS《情報》GPS カーナビゲーター. **2**(チケット予約などの際の)予約番号. **—** 形 位置[部位]を特定する[探し当てる].

localizar [1.3] 他 **1** …の所在[位置]を確認[特定]する. **2** を局地[局限]化する. **3**(テキスト解釈で)作者や制作年代を言い当てる. **— se** 再 (痛みなどが)位置する; 集中する.

*__locamente__ 副 気が狂ったように, 熱烈に, 激しく.

locatario, ria 名 借地[借家]人; 小作人.

locatis 形〔単複同形〕気がふれた, 頭のおかしくなった. **—** 男女〔単複同形〕気がふれた人.

locativo, va 形 場所を表す; 《言語》所格の, 位(置)格の. **—** 男 《言語》所格, 位(置)格.

locería 女 〔集合的に〕(陶)磁器; 陶磁器工場.

locha 女 《魚類》ドジョウ.

loche 男 →locha.

loción 女 **1** 化粧水, ローション. **2**《医学》(患部への)ローション剤の塗布(による洗浄[マッサージ]).

lock-out 〔<英〕 男 〔複 ~s〕 ロックアウ

ト, 工場閉鎖 (=cierre patronal).

loco, ca [ロコ, カ] 形 1 気の狂った, 正気でない. —volverse ～ 気が狂う. 2 [＋de で] 分別をなくした, 理性を失った. —Está ～ de amor de la chica. 彼はその女の子の恋に狂っている. 3 [＋con/por に] 夢中になって, 熱狂して. —La abuela está loca con su primer nieto. 祖母は初孫に夢中になっている. 4 大きな, とてつもない (精神状態を表す名詞を修飾して). —Tiene un interés ～ en el Kabuki. 彼は歌舞伎に大変な関心をもっている. —名 気の狂った人, 狂人. —Es un ～ conduciendo. 彼は運転するときは狂ったように乱暴だ. ～ a lo loco [a locas] 軽はずみに, 気楽に, 無反省に. (a tontas) y a locas (= a lo ～). Cada loco con su tema. 《諺》人は誰でも自分の考えを持っている. hacerse el loco わからないふりをする, とぼける. ni loco 《話》決して…しない. —No iría ni loco. 絶対行かない. tener una suerte loca 運が強い, 非常に幸運である. traer [tener] loco a ... ～の気を狂わせる.

locomoción 女 (特に乗物による)移動, 輸送.

locomotor, tora 形 (女 locomotriz もある) 移動[運動]の. —女 機関車.

locomotora 女 →locomotor.

locomotriz 形 《女性形のみ》 移動[運動]の.

locomóvil 形 移動できる. —名 移動式蒸気機関, 蒸気自動車.

locro 男 《南米》 肉, ジャガイモ, トウモロコシなどを入れた《煮込み》料理.

locuacidad 女 多弁, 饒舌(ぜっ).

locuaz 形 多弁[饒舌(ぜっ)]な, おしゃべりな.

locución 女 《言語》 慣用句, 熟語; 句, フレーズ. —～ adjetiva 形容詞句. ～ adverbial 副詞句.

locuelo, la 名 《話》 軽率な, 向こう見ずな. —男 やんちゃ坊主; おてんば娘.

locura 女 1 狂気, 精神異常. 2 気ちがいざた, 愚行. 3 熱愛, 熱狂. —La quiere con ～. 彼は彼女を熱愛している.

locutor, tora 名 (ラジオ・テレビの)アナウンサー; ニュースキャスター.

locutorio 男 1 (刑務所・修道院の)面会室. 2 電話ボックス. 3 放送スタジオ.

lodazal 男 1 ぬかるみ, 泥沼, 泥地. 2 泥沼, 窮地, 堕落.

lodazar 男 《まれ》 →lodazal.

loden 男 (繊維の) ローデン.

lodo 男 1 泥. 2 不名誉, 不評.

lodoso, sa 形 泥だらけの, ぬかるみの.

loft 男 ロフト, 屋根裏部屋.

logarítmico, ca 形 《数学》 対数の.

logarítmo 男 《数学》 対数.

logia 女 1 《建築》 柱廊, ロッジア. 2 (フリーメーソンの)集会所; その集会.

lógica 女 論理学.

lógicamente 副 論理的に, 必然的に; 当然, もちろん.

lógico, ca 形 1 論理学の. 2 論理的な, 筋道の立った. 3 当然の, 普通の. —Con tanto trabajo es ～ que se queje. あんなに仕事を抱えていては彼が嘆くのも当然である. —名 論理学者. —女 1 論理学. 2 道理, 正しい筋道. ～ borrosa [matizada, difusa] ファジィ・ロジック.

logístico, ca 形 1 《軍事》 兵站(へい)学[業務]の. 2 記号論理学の. —女 1 《軍事》 兵站学[業務]. 2 記号論理学.

logogrifo 男 文字のなぞなぞ.

logomaquia 女 言葉上の論争[言い争い].

logopeda 男女 言語治療医[療法士].

logopedia 女 言語学療, 言語治療.

logos 男 《単複同形》 《哲学》 ロゴス, 理法.

logotipo 男 ロゴ, シンボルマーク.

logrado, da 過分 (→lograr) 形 1 得られた, 獲得された, 達成された. 2 [estar＋] 《話》 よくできた, うまくいった, 成功した.

lograr [ログラル] 他 1 を獲得する, 手に入れる. —～ un buen trabajo 立派な職を得る. 2 を達成する, 成し遂げる. —se 再 達成[完遂]される.

logrero, ra 名 1 高利貸し(の人). 2 《主に中南米》 金の亡者.

logro 男 1 獲得, 成果, 達成. 2 利益; 高利.

logroñés, ñesa 形 名 ログローニョ (Logroño) の(人).

Logroño 固名 ログローニョ (スペイン, ラ・リオハ自治州の州都).

loísmo 男 《言語》 1 間接補語 le, les の代わりに lo, los を使うこと (例: Lo doy las gracias. 私は彼にお礼を言う). 2 3 人称男性の人の直接補語に lo を使うこと (例: Entonces lo vi. 私はその時彼に会った).

loísta 形 《言語》 loismo の. —名 男女 loismo を使う人.

Lola 固名 《女性名》 ロラ (Dolores の愛称).

Lolita 固名 《女性名》 ロリータ (Dolores の愛称).

lolo, la 男 《チリ》 思春期の. —名 《チリ》 青年, 少年, 少女.

loma 女 (なだらかに続く)丘, 小山.

lombarda[1] 女 《植物》 赤キャベツ, ムラサキカンラン.

lombarda[2] 女 (昔の)射石砲, 石弓.

lombardo, da 形 名 1 ロンバルディア (Lombardia) の(人). 2 《歴史》 ランゴバルド族の(人).

lombriz 女 1 《動物》 ミミズ (=～ de tierra). 2 回虫 (=～ intestinal).

lomera 女 1 (馬具の)背帯. 2 (本の)背革.

lomo 男 1 《動物》 背中, 背; 《主に複》 (人間の)腰部. 2 (主に豚の)背肉 —filete de ～ 豚の背肉のステーキ. 3 (本の)背. 4 (刃物の)背, みね. 5 (田畑の)畝(うね). ～ a lomo [a lomos de] (馬やロバの)背にまたがっ

て. **agachar [doblar] el lomo** 懸命に働く; 頭を下げる, 卑下する. **lomo de burro** 減速バンプ (自動車の速度を減速させるための車道に設置された隆起).

lona 囡 **1** (厚い) 木綿地, カンバス. **2** テント, 天幕. **3** (海事) 帆 (布). **4** (スポ) (ボクシングなど格闘技の) マット.

loncha 囡 **1** 薄片, スライス. **2** 平石 (ﾋﾗｲｼ).

lonche 男 〖中南米〗昼食, 軽食.

lonchería 囡 〖中南米〗軽食店.

londinense 形 ロンドン (Londres) の (人).

Londres 固名 ロンドン (英国の首都).

loneta 囡 〖南米〗薄手のカンバス地, 帆布.

longanimidad 囡 忍耐強さ, 辛抱; 寛大.

longánimo, ma 形 忍耐 [辛抱] 強い; 寛大な.

longaniza 囡 **1** 細長いソーセージ, 腸詰め. **2** 〖話〗えらく細長いもの.

longevidad 囡 長寿, 長命, 長生き.

longevo, va 形 長寿 [長命] の, 長生きの.

longitud 囡 **1** 長さ (↔縦). **2** 〖地学〗経度, 経線. **3** 〖天文〗黄経. ▶ **longitud de onda** 〖物理〗波長. **salto de longitud** 〖スポ〗幅跳び.

longitudinal 形 **1** 縦の. **2** 〖地理, 天文〗経度 [経線] の; 黄経の.

longobardo, da 形 〖歴史〗 (古ゲルマン及び南西ヨーロッパの) ランゴバルド [ロンバルド] 人の. — 男 ランゴバルド [ロンバルド] 語.

lonja[1] 囡 **1** 薄切り, スライス. **2** 馬用の革ひも. **3** (動物をたたく) 革の鞭 (ﾑﾁ).

lonja[2] 囡 **1** 商品取引所, 市場. **2** (剪毛 (ｾﾝﾓｳ) 前の) 羊毛保管倉庫. **3** 〖建築〗(教会などの少し高くなった) 前廊, 玄関.

lontananza 囡 〖美術〗遠景, 背景. ▶ **en lontananza** 遠くに, 彼方に.

look 〖<英〗 男 外観, 容貌.

looping 〖<英〗 男 〖航空〗宙返り飛行.

loor 男 〖文〗賞賛, 賛辞.

López 固名 ロペス (Carlos Antonio 〜) (1790-1862, パラグアイの政治家).

López de Ayala 固名 ロペス・デ・アヤーラ (Pedro 〜) (1332-1407, スペインの作家・政治家).

loquear 自 ばかげたことをする [言う]; はしゃぎ騒ぐ.

loquera 囡 〖中南米〗狂気.

loquería 囡 精神病院.

loquero, ra 名 (精神病院の) 看護人. — 男 **1** 迷惑な騒ぎ. **2** 精神病院.

lora 囡 **1** 〖中南米〗オウム. **2** 雌のオウム.

lord 〖<英〗 男 〖複〗lores **1** (英国での貴族・大主教・行政の高官に対する称号の) 卿; 貴族. **2** (イギリスの) 上院議員; 長官, 大臣.

lordosis 囡 〖医学〗脊柱 (ｾｷﾁｭｳ) 前弯.

loriga 囡 **1** (中世の) 鎖帷子 (ｸｻﾘｶﾀﾋﾞﾗ). **2** 馬甲.

loro 形 **1** (鳥類) オウム, インコ. **2** 〖話〗おしゃべり. **3** 〖話〗醜い人. **4** 〖話〗ラジカセ. ▶ **estar al loro** 〖俗〗事情に通じている.

lorza 囡 〖服飾〗すそ上げ, 縫い込み.

los[1] → el.

los[2] 〖ロス〗代 (人称) 〖男性3人称複数対格; 直接補語となる〗 **1** 〖人を指して〗彼らを. **2** 〖ustedes で話しかける相手の人を指して〗あなたたちを. —¿Los conoce a ustedes? 私はあなたたちを知っていますか. **3** 〖物を指して〗それらを. —Me gustan estos trajes. Los compraré. 私はこれらの服が気に入った. それらを買おうと思う.

losa 囡 **1** 平石; 敷石, 舗石, タイル. **2** 墓石 (〜 sepulcral).

losange 男 〖紋章〗菱 (ﾋﾞｼ) 形の装飾模様.

losar 他 ⇒ 敷石で舗装する.

loseta 囡 小敷石 (舗石); (床用の) タイル.

lote 男 **1** 分け前, 取り分. **2** 組, セット. **3** 当たりくじ. **4** (土地の) 一区画. **5** 〖情報〗バッチ. ▶ **darse [meterse, pegarse] el lote** 〖俗〗愛撫し合う, ペッティングする.

lotear 他 (土地を) 分配する.

lotería 囡 **1** 宝くじ, 富くじ. —〜 primitiva 6つの数字を合わせるスペインの国営くじ, 宝くじで販売所. **3** 運次第の不確定要素. **4** 〖ゲーム〗ビンゴ. ▶ **caerLE [tocarLE] la lotería** …に宝くじが当たる; (皮肉) 大いに得かえる [思いがけない] ことが起こる.

lotero, ra 名 宝くじ売り.

loto 男 〖植物〗スイレン, ハス; その実 [花].

Lourdes 固名 〖女性名〗ルルデス.

loxodromia 囡 〖海事〗航程線.

Loyola 固名 ロヨラ (Ignacio de 〜) (1491-1556, イエズス会創立者).

loza 囡 **1** (集合的に) 陶器, 磁器 (類). **2** 陶土, 磁土.

lozanía 囡 **1** (植物の) 繁茂, 生い茂り. **2** (人の) はつらつさ, みずみずしさ.

lozano, na 形 **1** (草木が) 青々と生い茂った. みずみずしい. **2** (人が) はつらつとして, 若々しい.

LSD 〖略字〗(〖<英〗Lysergic acid Diethylamide) 〖薬学, 化学〗リセルグ酸ジエチルアミド (リセルグ酸から合成される強い幻覚誘発剤).

lubina 囡 〖魚類〗スズキ (鱸).

lubricación 囡 注油, 潤滑, 滑らかにすること.

lubricante 形 滑らかにする, 潤滑作用の. — 男 潤滑剤 [油].

lubricar [l.1] 他 (機械などに) 注油する, 潤滑 [油] を差す.

lubricidad 囡 〖文〗淫奔 (ｲﾝﾎﾟﾝ), 好色.

lúbrico, ca 形 〖文〗淫乱 (ｲﾝﾗﾝ) な, 好色の.

lubrificación 囡 →lubricación.
lubrificante 形 →lubricante.

lubricar [1.1] 他 →lubricar.
Lucas 固名 《男性名》ルーカス.
lucense 形 《文》(スペイン)ルゴ (Lugo) の人.
lucerna 女 1 シャンデリア. 2 天窓, 採光窓.
lucernario 男 1 天窓. 2 《建築》(採光用の)越屋根;塔頂.
lucero 男 1 明星, 金星. ~ de la mañana 明けの明星. ~ de la tarde 宵の明星. 2 (牛・馬などの)額の白星. 3 (複) 《詩》(美しい大きな)目, 瞳. 4 (窓の)シャッター. ▶ *el lucero del alba* 誰でも. —No hace ni un favor ni *al lucero del alba*. 彼は誰にも恩恵を施さない.

lucha 〖ルチャ〗 女 1 けんか, 戦い, 闘争. —entablar una terrible ~ はげしい戦いを始める. ~ de precios 価格戦争. ~ contra el paro 失業に反対する闘争. ~ de clases 階級闘争. 3 衝突, 紛争. 4 《スポ》レスリング. ~ grecorromana (レスリングの)グレコローマンスタイル. ~ libre (レスリングの)フリースタイル.

luchador, dora 名 1 闘士;努力家. 2 《スポ》レスラー, 格闘家. —形 闘争的;闘士らしい.

luchar 〖ルチャル〗 自 1 […と] 戦う, 争う; [+ con tra に対して] 戦う, 闘争をする. —contra la droga 麻薬反対の運動をする. 2 [+ por のために] 努力する, 戦う. ~ por la existencia 生き残りをかけて戦う. 3 レスリングをする.

Lucía 固名 《女性名》ルシア.
lucidez 女 1 明晰性, 明敏. 2 正気.
lucido, da 過分 [→lucir] 形 1 輝かしい, 素晴らしい. 2 《話, 皮肉》[estar +] (人が)当てはずれの, 失敗した. ▶ *¡Estamos lucidos!* 何たることだ, めちゃくちゃだ.
lúcido, da 形 1 明晰(ホォ)の;明敏な;明快な. 2 [estar +] 正気の, 意識のはっきりしている.
luciente 形 光り輝く, きらきらした.
luciérnaga 女 《虫類》ホタル.
Lucifer 1 《聖書》ルシファー. 2 固名 《男性名》ルシフェル.
lucifer 男 悪魔, サタン;悪党, 邪悪な人, 意地悪で怒りっぽい人.
luciferino, na 形 悪魔的な.
lucífero, ra 形 光り輝く. —男 明けの明星.
lucífugo, ga 形 光を嫌う, 背日[背光]性の.
lucimiento 男 1 光輝, 輝き. 2 成功, 上首尾.
lucio 男 《魚類》カワカマス.
lución 男 《動物》アシナシトカゲ.
lucir [9.2] 自 1 光る, 輝く, 光り輝く. 2 成果が現れる, 実を結ぶ, 報われる. 3 抜きん出る, 傑出する, 目立つ. —他 1 を見せびらかす, 誇示する. 2 (壁)にしっくいを塗る. —se 再 1 目立つ, 成功する;笑いものになる. —Siempre busca oca-siones de ~*se*. 彼は常に自己顕示の機会を狙っている. 2 着飾る, 盛装する.
lucrar 他 を手に入れる, 獲得する. —se 再 [+ con で/de から] 利益を上げる, もうける.
lucrativo, va 形 営利的な, もうけ[利潤]の多い. —institución no *lucrativa* 非営利団体.
Lucrecia 固名 《女性名》ルクレシア.
lucro 男 もうけ, 利益.
luctuoso, sa 形 《文》哀れな, 痛ましい, 悲惨な.
lucubración 女 1 刻苦勉励. 2 労作, 苦心の作.
lucubrar 他 を夜通しで研究[制作]する;…に刻苦勉励する.
lúcuma 女 ルクモ (lúcumo) の実.
lúcumo 男 《植物》ルクモ(の木)(チリやペルーに自生するアカテツ科の木).
ludibrio 男 《文》嘲笑, 愚弄(ぶ。).
lúdico, ca 形 遊びの, 遊戯に関する;余暇の.
ludir 他 をこする, 摩擦する.
ludo 男 《南米》→parchís.
ludópata 男女 賭博中毒者, ギャンブル中毒の人.
ludopatía 形 ギャンブル[ゲーム]中毒.
ludoteca 女 (館内で利用できるおもちゃのライブラリー, (おもちゃが自由に使える)児童館.
luego[1] 接 《擬》[《結果を示す》だから, それゆえ. —Pienso, ~ existo. 我思う, ゆえに我あり(デカルトの言葉).

luego[2] 〖ルエゴ〗 副 1 あとで, のちほど, やがて. Primero dijo que venía, pero ~ se negó. 彼は最初来ると言ったがあとで断った. 2 《中南米》すぐに, 直ちに. ▶ *desde luego* もちろん, たしかに. *hasta luego* (別れるときのあいさつ)じゃあまたあとで, さよなら. *luego de* [+ 不定詞] …するとすぐに. *luego que* [+ 直接法/接続法] …するとすぐに.
lueguito 副 《中南米》すぐに, 即座に.
luengo, ga 形 《まれ》 1 長い. 2 遠い, はるかな.

lugar 〖ルガル〗 男 1 所, 場所;箇所, スペース. 2 (ある)土地, 村, 町. 3 地位, 身分;順位. —ocupar un importante ~ 重要な地位を占める. 4 時間, (時間的)余裕;機会. ▶ *lugar común* きまり文句, 常套句. *dar lugar a...* …のもとになる, を引き起こす. *en lugar de...* …の代わりに; (人が)…の立場だったら. *en primer lugar* 第一に, まず最初に. *en su lugar* …の代わりに; …の立場だった. *En su lugar, descanso.* 《軍事》その場に, 休め. *fuera de lugar* 場違いの. *en último lugar* 最後の手段として; 最後に, とうとう. *hacer lugar* 場所[スペース]をあける. *hacerse un lugar* 評価される, 注目される. *no ha lugar* 《a+不定詞》《法律》却下する. …の余地なし. *ponerse en el lugar de...* …の立場に立つ, …の観点から見る. *sin lugar a duda(s)* 疑問の余地なく.

tener lugar 起こる, 行なわれる.

lugareño, ña 形 村の(人), 田舎の(人).

lugarteniente 男 職務代行者; 副責任者.

Lugo 固名 ルゴ(スペインの県・県都).

lúgubre 形 陰鬱(いんうつ)な; 死を思わせる, 無気味な.

lugués, guesa 形名 →lucense.

Luis 固名 (男性名)ルイス.

Luisa 固名 (女性名)ルイーサ.

luisa 女 《植物》ボウシュウボク, コウスイボク, レモンバーベナ.

lujar 他 (靴底・靴を)磨く.

lujo 男 1 ぜいたく; 豪華, 余裕. —vivir con mucho ~ ぜいたくに暮らす. 2(必要とはかぎらないことを)たくさん. —contar lo sucedido con todo ~ de detalles 起こったことを事細かに話す. ▶ **de lujo** 豪華な, 高級な, デラックスな. **un lujo asiático** 極度のぜいたく.

lujoso, sa 形 ぜいたくな, 豪華な.

lujuria 女 1 淫乱(いんらん); 邪婬(じゃいん). 2 (植物の)繁茂, 過剰, 豊富.

lujuriante 形 1(草木が)生い茂った, 繁茂した. 2 淫乱(いんらん)好色な.

lujurioso, sa 形 淫乱(いんらん)好色な(人).

Lulio 固名 ルリオ(Raimundo) (1232頃–1315頃, スペインの哲学者・神学者).

lulú 男 《動物》スピッツ犬.

lumbago 男 《医学》(激しい)腰痛.

lumbalgia 女 《医学》腰痛.

lumbar 形 《解剖》腰の, 腰部の.

lumbre 女 1 火, 光. —¿Tiene ~, por favor? (たばこの)火を貸していただけせんか. 2 輝き, 明るさ. ▶ **dar lumbre** (タバコを吸う人にマッチ・ライターなどの)火を貸す.

***lumbrera** 女 1《話, 時に皮肉》非常に聡明な人; 傑出した指導者, 権威者. 2《建築》屋根の明り取り, 天窓, 採光窓. 3 発光体; 光, 明り. 4《船舶》舷窓.

lumen 男 複 lúmenes, lumen 《物理》ルーメン(光束の単位).

lumia 女 売春婦.

luminaria 女 1《主に複》電飾, イルミネーション. 2(教会の祭壇の)灯明, 常夜灯.

luminescente 形 発光する, 冷光を発する.

lumínico, ca 形 光の, 発光の. —男 《物理》発光体[物].

luminiscencia 女 《物理》発光, 冷光, ルミネセンス.

luminiscente 形 →luminescente.

***luminosidad** 女 1 明るさ, 明度; 輝き. —la ~ de los ojos 目の輝き. 2(思想・感情などの)明解さ, 明朗さ, 的確さ. 3《天文》(天体の)光度. 4(テレビの)輝度.

luminoso, sa 形 1 光る, 輝く. —un día de ~ 7月のある明るい日. anuncio ~ 電飾広告. 2(考えなどが)すばらしい, 明解な. —una idea **luminosa** すばらしい考え.

luminotecnia 女 照明技術.

luminotécnico, ca 形 照明技術の, 照明技術に関する. —男 照明技師, 照明係.

lumpen 《独》男 《単複同形または lumpenes》ルンペン(浮浪者)の.

‡**luna** [ルナ] 女 1 月; 月明り. — ~ creciente [menguante] 上弦の[下弦の]月. ~ llena 満月. ~ nueva 新月. media ~ 半月, 三日月. 2 衛星. —las ~s de Marte 火星の衛星. 3 気まぐれ, むら気. —Cambia de ~ continuamente. 彼はいつも気が変る. 4(鏡やショーウインドの)ガラス板. —armario de ~ ガラスつきのたんす. ▶ **estar de buena [mala] luna** 機嫌が良い[悪い]. **estar [vivir] en la luna** うわの空である, ぼんやりしている. **ladrar a la luna** むだに怒りを表す, むなしく憤りをつける. **luna de miel** ハネムーン, 蜜月. **pedir la luna** 不可能なことを望む.

lunación 女 《天文》太陰月.

lunar 形 月の, 月の(探査)用の; 太陰の. —calendario ~ 太陰暦. eclipse ~ 月食. módulo ~ 月着陸船. superficie ~ 月面. —男 1 ほくろ. ~ postizo 付けぼくろ. 2 襷·水玉模様. 3(動物の)斑点, ぶち, まだら. 4《文》(作品などの)きず, 欠点, 欠陥.

lunarejo, ja 形名 《南米》(顔にほくろの多い)人), 大きなほくろのある(人).

lunario 男 太陰暦.

lunático, ca 形 《ser ~》気の変わりやすい, 気まぐれな; 気の狂った. —名 気まぐれな人; 狂人, 精神異常者.

lunch 《英》男 《複 ~s》(祝い事などの)昼食会, 午餐(ごさん)会; 軽い昼食.

‡**lunes** [ルネス] 男 《単複同形》月曜日.

luneta 女 1 半月形の髪飾り. 2《建築》(ドアの上の)半月形の採光窓. 3《演劇》平土間席. 4《自動車》リア・ウインド. 5(眼鏡の)レンズ.

luneto 男 《建築》ルネット.

lunfardismo 男 (アルゼンチン, 特にブエノス・アイレスの)泥棒仲間の隠語, スラング.

lunfardo, da 形 (アルゼンチン, 特にブエノス・アイレスの)泥棒仲間の隠語[スラング]の.

lúnula 女 1 爪の根元の半月, 2 号形, 半月形.

lupa 女 拡大鏡, 虫眼鏡, ルーペ.

lupanar 男 《文》売春宿.

Lupe 固名 《女性名》ルーペ (Guadalupeの愛称).

lupino, na 形 オオカミの. —男 《植物》ルピナス, ハウチワマメ.

lúpulo 男 《植物》ホップ.

lupus 男 《単複同形》《医学》ルーブス, 狼瘡(ろうそう).

lusismo 男 (外国語に入った)ポルトガル語の語句[表現·語法].

Lusitania 固名 ルシタニア(古代ローマの一州, 今のポルトガルおよびスペインの一部).

lusitanismo 男 ポルトガル語からの借用語; ポルトガル語法.

lusitano, na 形名 **1** ルシタニア (Lusitania, ポルトガルの古名) の(人); ポルトガル (Portugal) の(人). **2** ポルトガル人.

luso, sa 形名 →lusitano.

lustrabotas 男 [単複同形] 《中南米》靴磨き(人).

lustración 女 (祓い)清め.

lustrador 男 《中南米》靴磨き(人).

lustrar 他 **1** (主に靴)を磨く,…のつや[光沢]を出す. **2** (不浄と考えられるもの)を(祓い)清める, 浄化する.

lustre 男 **1** つや, 光沢. **2** 輝き; 栄誉, 誉れ.

lustrín 男 〖チリ〗靴磨きスタンド.

lustrina 女 **1** ラメ(金・銀糸を織り込んだ織物). **2** アルパカに似た光沢のある織物.

lustro 男 5年(間).

lustroso, sa 形 **1** 光沢[つや]のある. **2** 血色の良い, つやつやした; (動物が)毛につやのある.

lutecio 男 〖化学〗ルテチウム(元素記号 Lu).

luteranismo 男 〖宗教〗ルター派(Lutero) 主義, ルター派.

luterano, na 形名 〖宗教〗ルター派[主義]の(人).

Lutero 固名 ルター (Martín ~) (1483-1546, ドイツの宗教改革者).

lutier 〈仏〉男女 [複 ~es] 弦楽器の製作者.

luto 男 **1** 喪, 喪中, 忌中. —estar de ~ 喪に服す. **2** 喪服, 喪章. —vestirse [ir] de ~ 喪服を着る. **3** 哀悼, 服喪; 悲嘆. ▶medio luto 半喪(グレー等地味な色の)半喪服.

lux 男 [単複同形] 〖物理〗ルクス(照度の単位).

luxación 女 〖医学〗脱臼($\overset{ðá^{o}}{\sim}$).

luxar 他 (…の関節)を脱臼する. —**se** 再 脱臼する.

Luxemburgo 固名 ルクセンブルク(首都 Luxemburgo).

luxemburgués, guesa 形名 ルクセンブルク (Luxemburgo) の(人).

Luz 固名 〖女性名〗ルス.

luz [ルス] 女 [複 luces] **1** 光, 光線; 明るさ, 灯. —Esta habitación da a la calle y entra mucha ~. この部屋は通りに面していて光がたくさん入る. Esa bombilla da poca ~. その電球はあまり明るくない. **2** 電灯, 電気; 電球または 複 〖自動車〗ヘッドライト. —apagar la ~ 電灯を消す. — eléctrica 電灯, 電気. encender la ~ 電気をつける. **3** (ランプ・ろうそく・ライトなどの)明かり; イルミネーション. —Trae una ~. 明かりを持ってきなさい. **4** (知性などの)光, その道の先覚者. **5** 明かり採り, 採光窓; (窓などの)内のり, 内径. **7** 複 啓発, 啓蒙; 知性, 知力. —el siglo de las *Luces* 啓蒙運動の世紀(18世紀). ▶**a la luz de…** …に照らして(見ると), を考慮して.

a todas luces まったく, 明らかに, どう見ても. **con luz** 明るいうちに, 明るくなって, 日中に. **dar a luz** 子どもを産む. **entre dos luces** 夜明に; 夕暮れに. **las primeras luces** [*la primera luz*] 夜明. **luz corta** (= *luz de cruce*) 《自動車》方向指示器, ウインカー. **luz larga, luces largas** 《自動車》ハイビーム. **luz de carretera** (= luz larga). **luz de posición** (= luz corta). **luz de Bengala** ベンガル花火. **luz de la razón** 知性, 理性の光. **luces naturales** 知性. **media luz** 薄明かり. **sacar a (la) luz** (隠れた事実などを)明らかにする, 引き出す; 出版する. **salir a luz** (隠れたことが)明らかになる. **ver la luz** 生まれる; 出版される.

luzc(-) 動 →lucir [9.2].

lycra 女 →licra.

M, m

M, m 女 **1** スペイン語アルファベットの第13文字. **2** (M)ローマ数字の1,000.

maca 女 **1** (果物の)傷み, 傷. **2** (布・陶器などの)傷, 汚れ.

macabro, bra 形 不気味な, ぞっとする; 死を思わせる.

macaco, ca 形名 **1** (子どもに親愛の情をこめて)ちび(の), ちびっこ(の), 坊主(の). **2** 《軽蔑》ばか(の). **3** 《中南米》醜い, 奇形の. — 男 **2** 《動物》マカク(マカクザルの総称).

macadam 男 [複 ~s] マカダム式砕石舗道.

macadán →macadam.

macana 女 **1** 《中南米》棍棒, 警棒. **2** 〖中米〗(農耕用の)突き起こし棒. **3** 《中米》**a)** 厄介なこと. **b)** うそ, でたらめ; ばかげたこと. **c)** 傷もの, がらくた. **d)** (先住民女性の)ショール.

macanazo 男 **1** 棍棒による殴打. **2** 《南米》でたらめ, うそ.

macaneador, dora 形名 《南米》うそつき(な), でたらめを言う[やる](人).

macanear 他 **1** 《中米》を棍棒で殴る. **2** 《中南米》(農地)を除草する. **3** 《南米》(商売)をうまく進める. — 自 **1** 《中米》精を出して働く. **2** 《南米》ばかを言う, うそを吐く.

macanudo, da 形 《話》すごい, 素晴らしい, 驚くべき.

Macao 固名 マカオ(中国の特別行政区, 旧ポルトガル海外領).

macarra 形男女 《話, 軽蔑》**1** 趣味の悪い(人), 下品な(人). **2** ごろつき(の), 悪党(の). — 男 **1** 女衒引き, 売春斡旋業者.

macarrón 男 **1** 主に複 マカロニ. **2** マカロン(クッキー風の菓子). **3** (電線などの)プラスチック[ビニール]の外装.

macarrónico, ca 形 **1** 雅俗混交体の. **2** (言葉が)誤りだらけの, 崩れた.

macarse [1.1] 再 (果物が傷によって)傷み始める.

macear 他 (物)を木槌($\overset{き}{\sim}$) (mazo)で打

Macedonia 606 **macrocosmos**

つ.

Macedonia 固名 マケドニア(首都 Skopje); (古代の)マケドニア.

macedónico, ca 形 →macedonio.

macedonio, nia 形名 マケドニア (Macedonia) の人. —— 女 〔料理〕フルーツサラダ.

macenoterapia 女 〔医学〕メカノセラピー, 機械療法.

maceración 女 1 (物質を液体につけて)柔らかくすること, ふやかすこと; 漬けること. 2 苦行.

maceramiento 男 →maceración.

macerar 他 1 (物質)を(液体につけて)柔らかくする, ふやかす; 漬ける: (たたいて)柔らかくする. 2 (肉体)に苦行を課する.

macero 男 (儀式・行列などの)権標[職杖(じょう)]の捧持者.

maceta¹ 女 1 植木鉢. 2 (祭壇用の)小型の花瓶. 3 〔植物〕散房花序.

maceta² 女 1 (工具などの)取っ手, 柄(え). 2 (石工が使う)鉄槌, 鎚, ハンマー. 3 〔中米〕話〕頭. —— 形 1 〔中米〕itちな. 2 〔南米〕(馬が)年老いた.

macetero 男 1 フラワースタンド, 植木鉢の台[ホルダー]. 2 〔南米〕(大型の)植木鉢, プランター.

macfarlán, macferlán 男 〔服飾〕インバネス; マクファーレン.

mach 男 〔物理〕マッハ: 速度の単位.

macha 女 1 〔貝類〕マテガイ, ミゾガイ. 2 〔南米〕酔っ払うこと, 酩酊.

machaca 男女 〔話〕1 うんざりさせる人[物]. 2 (きつい仕事の)従業員, 部下. 3 〔中南米〕ビーフジャーキー, 乾燥牛肉. —— 女 粉砕機. —— 男 従兵, 従卒.

machacador, dora 形名 砕くもの[人], 粉砕するもの[人]. —— 女 粉砕機, クラッシャー.

machacadora 女 →machacador.

machacar [1.1] 他 1 を叩きつぶす, 砕く. 2 〔話〕をしつこく繰り返す; を頭に叩き込む. 3 〔話〕(相手)を疲労させる. 4 (相手)をやっつける. —— 自 [+ en/sobre に] 固執する, (について)しつこく繰り返す.

machacón, cona 形名 〔話〕1 しつこい(人), くどい(人), うるさい(人). 2 がり勉(の).

machaconería 女 〔話〕しつこさ.

machada 女 1 雄ヤギの群れ. 2 勇敢な行為, 大胆な行為. 3 愚かなこと, 愚行.

Machado 固名 マチャード (Antonio ~) (1875-1939, スペインの詩人).

machamartillo 男 →martillo.

machaqueo 男 1 砕くこと, 潰すこと. 2 しつこいこと, くどいこと.

machar 他 叩く, 叩き潰す.

maché papel ~ 紙粘土.

macheta 女 肉包丁; 手斧.

machetazo 男 1 マチェテ[山刀]での一撃[切断]. 2 マチェテによる傷[傷跡].

machete¹ 男 1 マチェテ, 山刀. 2 〔南米〕カンニングペーパー.

machete², ta 形 1 〔南米〕巨大な. 2 〔南米〕けちな.

machetear 他 1 マチェテ[山刀]で切る[切り開く, たたく]. 2 〔中米〕精を出す, がり勉する; 固執する.

machetero, ra 名 1 マチェテで道を切り開く人; マチェテでサトウキビを刈り取る人. 2 (仕事の経験のない)初心者.

machi, machí <ベタラウコ> 男女 〔ナ〕民間療法医, 呪術医, 祈祷(きとう)師.

machihembrado 男 〔建築〕実接(ほぞ), 実剝(はぎ).

machihembrar 他 〔建築〕を実剝[接]で継ぐ, (板)を接合する.

machina 女 〔機械〕港湾・造船所などの大型クレーン, 起重機.

machismo 男 マチスモ, 男性優位主義; 男尊女卑.

machista 男女 男尊女卑の(人), 男性優位主義の(人), マチスモの.

macho 〔男性形のみ〕1 男の, 男性の, (動物)雄の, (植物)雄性の. ——gorrión ~ 雄スズメ. 2 雄らしい, 男らしい. 3 勇ましい, 力強い. 4 〔機械〕雄部分の, 凸型の. ——enchufe ~ プラグ. —— 男 1 〔男(性), 雄, 雄性. 2 a) 男っぽい男, 男らしい男. b) 〔話〕(親しみを込めて)おい, お前; ねえ, 君. 3 〔機械〕雄部品, 雄ねじ. 4 〔建築〕控え(壁, 柱), 壁から張り出した柱. 5 〔動物〕ラバ.

machón 男 〔建築〕石柱; 片蓋(ぶた)柱, 控柱(ひかえ), バットレス.

machorra 女 1 子のできない雌. 2 男のような[男勝りの]女.

machota 女 男のような女, 男勝りの女, おてんば.

machote 形男 〔話〕たくましい(男), 男らしい(男).

machucar [1.1] 他 →machacar.

machucho, cha 形 〔軽蔑〕年配の, 年増の, 大人びた.

Machu Picchu 固名 マチュ・ピチュ (ペルーのインカ遺跡).

macicez 女 中身が詰まっていること; 頑丈[堅固]なこと, たくましさ.

macilento, ta 形 1 やつれた, 青ざめた. 2 (光が)弱々しい, ほのかな.

macillo 男 1 小型の槌[ハンマー]. 2 〔音楽〕(ピアノの)ハンマー.

macizar [1.3] 他 (穴)をふさぐ, …に詰め物をする.

macizo, za 形 1 中身が詰まった; 鍍金(めっき)でない. 2 (体格などが)がっしりとした, 頑丈な; (議論などが)しっかりとした. —— 男 1 高台, 高地, 山塊. 2 花壇, 植え込み. 3 〔建築〕(開口部間の)壁. 4 (魚釣りの)練り餌.

macla 女 1 〔鉱物〕相晶, 十字型結晶. 2 〔紋章〕菱形紋.

macolla 女 〔植物〕(一つの株全体の)芽・枝・茎・穂など.

macramé 男 マクラメ編み.

macrobiótico, ca 形 長寿法の, 長寿食の. —— 女 長寿法, 健康法.

macrocefalia 女 〔医学〕大頭症.

macrocéfalo, la 形名 〔医学〕大頭症の(人). 2 頭でっかち(の).

macrocosmos 男 〔単複同形〕〔哲〕

学)大宇宙.
macroeconomía 囡 マクロ経済学.
macroeconómico, ca 形 マクロ経済(学)の.
macroencuesta 囡 マクロ[大規模]アンケート.
macroestructura 囡 **1**(社会などの)マクロ[巨視]構造. **2**(合金などの)マクロ組織. **3**《言語》(生成テクスト文法でテクストの)大構造.
macroinstrucción 囡《情報》マクロ命令.
macromolécula 囡《化学》巨大分子, 高分子.
macromolecular 形《化学》巨大分子の, 高分子の.
macroscópico, ca 形 肉眼で見える.
macruro, ra 形《動物》(エビのように)尾の長い, 長尾類の. ── 男覆《動物》(エビなどの)長尾類.
macsura 囡《宗教》(モスク内の)教主・導師用の仕切場; 修道僧の墓.
macuco, ca 形名 **1**《南米》ずる賢い(人), 狡猾な(人). **2** 体の大きい(子・若者).
mácula 囡 **1**《文》汚点. **2**《文》(太陽の)黒点. ▶ **mácula lútea**《解剖》(網膜の)黄斑.
macular 他 を汚す, …に染みをつける; (名誉などを)汚す.
maculatura 囡 **1**《集合的に》汚れ, 染み, 斑点. **2**《印刷》刷り損じた紙.
macuto 男 **1**《兵士の》背囊; 背負袋, リュックサック. **2**《中米》物ごいに使う篭.
Madagascar 固名 マダガスカル(首都 Antananarivo).
madalena 囡 → magdalena.
madama 囡 **1**《皮肉》マダム, 夫人. **2**《南米》売春宿の女将; 助産婦, 産婆.
Madeira 囡 (Archipiélago de ~) マデイラ諸島(大西洋上のポルトガル領).
madeira 男 マデイラ諸島(ポルトガル)産のワイン.
madeja 囡 **1**(紡いだ糸を巻き取る)かせ. **2**(女性の)長い髪. ▶ **enredar... la madeja** 紛糾させる. **enredarse la madeja** 紛糾する, こんがらがる.
madera 囡 **1** 木材, 材木. ─ ~ de roble カシ材. **2** 性質, 素質, 才能. ▶ **ser de la misma madera** 性格が同じである. **tocar madera** (誰かが不吉なことを言ったとき, 不幸を招かないよう)木に触れる. ── → madeira.
maderable 形 用材になる.
maderaje 男 → maderamen.
maderamen 男 **1**(一つの建築物に使う)用材全体. **2**(建築物の)木造部分.
maderería 囡 材木置き場, 材木場.
maderero, ra 形 製材の, 製材に関わる. ── 名 **1** 製材業者, 材木商. **2** 木材運搬人, いかだ師.
madero 男 **1** 丸太, 角材. **2** 船. **3**《話》ばか, まぬけ. **4**《俗》警官.
madona 囡 マドンナ, 聖母マリア(絵).
madrás 男 マドラス木綿, 薄手の木綿の布地.
madrastra 囡 **1** まま母, 継母. **2**《まれ》不愉快なもの, 厄介なもの.
madraza 囡 子どもを溺愛する母親, 子に甘い母親.
madrazo 男《中米》《話》殴打.

madre

[マドレ] 囡 **1** 母, 母親, おかあさん. ── ~ de familia 家庭の主婦, 母親. león ~ 母ライオン. ~ adoptiva 養母. ~ biológica 生母, 生みの母. ~ política しゅうとめ. ~ soltera 未婚の母. **2** 女子修道院長, マザー(上級の修道女に対する敬称). **3** 原因, 源(災). ── La ociosidad es la ~ de todos los vicios. 怠惰はあらゆる悪徳の原因となる. **4**[形容詞的に]母のような, …的もとになる. ─ lengua ~ 母語. ─ patria 母国. casa ~ 本社, 本店. **5**(ワイン・酢などの樽(なか)の底にたまる)おり, 沈殿物. ▶ **Ahí está [Esa es] la madre del cordero.** そこに問題の鍵がある, そこが嫌いところだ. **¡la madre que le [le, os, les] parió!** (1)《俗》(怒り・不愉快を表して)畜生(ちく), 親の顔を見てみたい. (2)(誉めたたえて)素晴らしい, でかしたぞ. **madre de alquiler**《医学》代理母. **¡madre mía!** (驚きの表現)ああ驚いた, おやまあ. **mentar a la madre a ...** (母親に言及して)…を侮辱する. **salirse de madre** (1)(川が)氾濫(はん)する. (2) 限度を超える.

madreña 囡 → almadreña.
madreperla 囡《貝類》真珠貝.
madrépora 囡《動物》イシサンゴ(石珊瑚); イシサンゴの群体.
madreselva 囡《植物》スイカズラ(忍冬).
Madrid 固名 マドリード(スペインの首都).
madrigal 男 **1**《詩学》マドリガル. **2**《音楽》マドリガル, マドリガール.
madrigalesco, ca 形 **1**《詩学, 音楽》マドリガル(風)の, 叙情的な, 牧歌的な. **2**(愛情表現などが)繊細な, 甘美な.
madrigalista 男女《音楽》マドリガルの作曲家[歌手].
madriguera 囡 **1**(ウサギなどの)巣穴. **2**(悪党などの)隠れ家, 巣窟.
madrileño, ña 形名 マドリード(Madrid)の(人).
madrina 囡 **1**《宗教》(カトリックで洗礼・堅信に立会う)代母, 名付け親(プロテスタントの)教母 (padrino に「代父」「教父」). **2**(結婚式で)介添え人, 立会い人 (= ~ de boda). **3**(儀式での)女性の主賓. ▶ **hada madrina** 主人公を助ける妖精. **madrina de guerra** 戦時代母(前線兵士に当時代わりして世話をする女性).
madrinazgo 男《宗教》(カトリックの)子どもと代母の関係, 代母の役(プロテスタントの)教母の役.
madroñal 男 マドロニョの林[畑].
madroñera 囡 **1** → madroñal. **2** → madroño.
madroño 男 **1**《植物》マドロニョ, マド

ロニャ(の実). **2** マドロニョの果実に似た房飾り.

madrugada 囡 **1** 夜明け, 明け方. **2** 夜更け, 深夜(夜半過ぎから早朝までの時間), 未明. **3** 早起きすること. ▶*de madrugada* 夜明けに.

madrugador, dora 形名 **1** 早起きの(人). **2**《話》(出来事が)早々に起きる, 機先を制する.

madrugar [1.2] 圓 **1** a) 早起きする. b)《話》(他人を)出し抜く, 先んじる, 先駆ける. **2**(ある事が)早めに起こる. ▶*A quien madruga, Dios le ayuda.*〖諺〗早起きは三文の得. *No por mucho madrugar amanece más temprano.*〖諺〗早寝は寝て待て.

madrugón 男 (いつにない)早起き.

madrugonazo 男 《中南米》軍部による反乱〖クーデター〗.

maduración 囡 **1** 成熟. **2**《医学》化膿.

madurar 他 **1**(果実など)を成熟〖完熟〗させる. **2**(計画などを)練り上げる. **3**《医学》化膿させる. —— 圓 **1**(果実などが)熟する. **2**(肉体的・精神的に)成熟する, 大人になる. **3**《医学》化膿する.

madurativo, va 形 **1** 成熟〖熟成〗させる. **2**《医学》化膿させる.

madurez 囡 **1** 成熟, 円熟; 成熟期. **2** 分別, 慎重, 熟慮.

maduro, ra 形 **1**(果物などが)熟した. **2** 円熟した, 分別のある. **3** 中年の, 壮年の. —*mujer madura* 中年女性. **4**〖*estar* +〗(計画・考えなどが)念入りな, 熟慮した. ▶*edad madura* 中年, 壮年.

maestra 囡 **1**(主に小学校の)女性教員, 女の先生. **2** 教師の妻. **3** 師匠, 名人. **4**《建築》基礎〖基準〗となる板〖石など〗.

maestral 形 **1** 教員の. **2** 騎士団の, 騎士団管轄区域の. **3**《海事》(地中海特有の)北西風の. —— 男 **1**《海事》(地中海特有の)冷たく乾いた北西風(= mistral). **2** 女王蜂の巣房, 王台.

maestrante 男 貴族の乗馬クラブの会員.

maestranza 囡 **1**(昔の)騎士養成学校; 貴族の乗馬クラブ. **2** 工廠, 軍需工場;〖集合的に〗工廠の労働者.

maestrazgo 男 騎士団長の地位; 騎士団長の管轄区域.

maestre 男 **1** 騎士団長. **2**《海事》(昔の商船の)事務長. ▶*maestre de campo*(歴史)(昔の)連隊長. *maestre de raciones [de víveres]*(軍艦の)主計長.

maestresala 男 **1**(昔の)毒見役. **2** 給仕長.

maestrescuela 男 《歴史》**1**(司教座聖堂の)神学を教える職〖教師〗. **2** 大学の総長.

maestría 囡 **1** 芸術家・職人などの巧みさ, 熟練. —*con* ~ 巧みに. **2** 師匠〖親方, 棟梁〗の身分; 技能士資格; 教職の資格. **3**(大学院の)修士課程, 修士号.

maestrillo 男 《軽蔑》へぼ教師.

maestro, tra [マエストロ, トラ] 形 **1** すぐれた, 見事な. —*obra maestra* 傑作. **2** 主要な. —*palo* ~(海事)メインマスト, 大檣(ﾀﾞｲｼｮｳ). —— 名 **1** 先生, 教師. **2** 達人, 大家, 名手. **3** 師匠, 親方. —*albañil* 左官の親方. **4** 教え〖教訓〗になるもの〖こと〗. **5** 作曲家, 音楽家; 指揮者. **6**〖闘牛〗闘牛士. **7**《海事》メインマスト. ▶*maestro de armas [esgrima]* 剣術の先生. *maestro de ceremonias* (1)(式などの)進行役, 司会者 (2) 儀典長. *maestro de escuela [de primera enseñanza]*(初等教育の)先生. *maestro de obras* 建築請負師, (建築)現場監督.

mafia 囡 **1**(シチリアの犯罪秘密結社)マフィア, **2**(一般的に)秘密結社, 暴力団.

mafioso, sa 形名 マフィアの(構成員); 暴力団員.

Magallanes 固名 **1** マゼラン (Fernando de ~)(1480?-1521, ポルトガルの航海家). **2** (Estrecho de ~) マゼラン海峡(南アメリカ大陸南端の海峡).

magacín, magacín 男《英》**1** 雑誌. **2** テレビなどのワイドショー.

Magdalena 固名 **1**《女性名》マグダレーナ (María ~)《聖書人名》マグダラのマリア(姪婦であったが罪を悔いてキリストに許された, 復活するイエスに会った).

magdalena 囡 **1** (M~)《聖書》(イエスより悔悟したマグダラのマリア; 《女性名》マグダレナ. **2**(ふしだらな生活を悔い改めた女性). **3**《料理》マドレーヌ. ▶*llorar como una Magdalena* さめざめと泣く, 悲嘆に暮れる.

magdaleniense 〖仏〗形男《考古》マドレヌ期の.

magenta〖伊〗形 マゼンタ色(の), 赤紫色の.

magia 囡 **1** 魔法, 魔術. —~ *blanca* 白魔術(奇術など). — ~ *negra* 黒魔術(有害なもの). **2** 魔力, 不思議な力. ▶(*como*) *por arte de magia* 魔法のように, 不思議に.

magiar 形 マジャール[ハンガリー](人)の. —— 男女 マジャール人(ハンガリー人の自称). —— 形 マジャール語(の).

mágico, ca 形 **1** 魔法の(ような)不思議な), 魔術の. —*varita mágica* 魔法の杖. **2** 魅惑的な. —— 名 魔術師, 魔法使い.

magín 男《話》想像(力), 空想.

magisterial 形 教職の, 教員の.

magisterio 男 **1** 教師の仕事, 教職. **2**〖集合的に〗(国や地域の)教員.

magistrado, da 名 **1** 判事, 検事, (主に最高裁判所の)裁判官. **2** 行政官.

magistral 形 **1** 教師の, 教職の. **2** 優れた, 上出来な. **3** 気取った. ▶*lección magistral* 特別講演.

magistratura 囡 **1** 裁判官の地位〖職務〗; (政府の)要職, 行政長官職. **2** 裁判官〖行政長官〗の任期. **3**〖集合的に〗(一国・一地域の)裁判官, 判事, 司法官. **4**

M~ de Trabajo 労働裁判所. **5**〔中南米〕公務員職. ▶ *primera magistratura* 〔南米〕大統領職.

magma 男 **1**〔地質〕マグマ, 岩漿. **2**〔化学〕マグマ剤.

magnanimidad 女 寛大さ, 寛容.

magnánimo, ma 形 寛大な, 心の広い.

magnate 男 実力者, 有力者, 大立者.

magnesia 女〔化学〕マグネシア.

magnésico, ca 形〔化学〕マグネシウムの, マグネシウムに関する.

magnesio 男〔化学〕マグネシウム(元素記号 Mg).

magnesita 女〔鉱物〕**1** 海泡石. **2** マグネサイト.

magnético, ca 形 磁気の, 磁力の.

magnetismo 男 **1** 磁気, 磁力. **2** 魅力. ▶ *magnetismo animal* 催眠術.

magnetita 女〔鉱物〕磁鉄鉱.

magnetización 女 **1** 磁化. **2** 催眠術をかけること. **3** 魅了すること.

magnetizar [1.3] 他 **1**(物体)を磁化する. **2**(人)に催眠術をかける. **3**(人)を魅了する.

magneto 女/男〔電気〕マグネト発電機.

magnetofón 男 テープレコーダー.

magnetofónico, ca 形 テープレコーダーの.

magnetófono 男 →magnetofón.

magnetómetro 男〔物理〕磁力計.

magnetorresistencia 女〔電子〕磁気抵抗(効果).

magnetoscopio 男 **1** ビデオ(録画再生機器). **2**〔物理〕マグネットスコープ.

magnetosfera 女〔天文〕(地球の)磁気圏.

magnetoterapia 女〔医学〕磁気療法.

magnetrón 男〔電子〕マグネトロン, 磁電管.

magnicida 形 男女 要人暗殺の; 要人暗殺者.

magnicidio 男 国家元首[要人]の殺害[暗殺].

magnificar [1.1] 他 **1**(物・人)をほめる, 賛美する, 称賛する. **2** を誇張する. —— **se** 再 **1** 自讃する.

magníficat 男〔カト. 音楽〕聖母マリア賛歌, マニフィカト.

magnificencia 女 **1** 壮麗, 壮大; 華麗. **2** 寛大, 鷹揚(おう).

magnificente 形 素晴らしい, 華麗な, 寛大な.

magnífico, ca 形 **1** 豪華な, 壮麗な. **2** すばらしい, 立派な. **3**(学長の敬称)(学)学長先生. —el ~ señor rector 学長先生.

magnitud 女 **1** 大きさ, 規模, 尺度. **2** 重要性, 重大さ. **3**(星の)等級; (地震の)マグニチュード.

magno, na 形 **1** 大きい, 重大な. **2** 偉大な. ▶ *aula magna* 講堂, 大講義室.

magnolia 女〔植物〕モクレン; タイサンボク(泰山木).

magnolio 男〔植物〕モクレン(の木); タイサンボクの(木).

mago, ga 名 **1** 魔術師, 魔法使い. **2**〔聖書〕東方の三博士〔賢人〕(の一人). —los tres Reyes M~s 東方の三博士. **3**(古代ペルシャの)ゾロアスター教の祭司〔僧侶〕. **4**〔情報〕ウィザード.

magrear 他〔俗〕を愛撫する, ペッティングする.

magrebí 形 男女 〔複〕—(e)s (アフリカ北西部の)マグレブ (Magreb) の.

magreo 男〔俗〕愛撫, ペッティング.

magrez 女 →magrura.

magro, gra 形 (肉の)脂身のない[少ない];《文》(土地・人の)やせた. —— 男 (豚肉の)赤み. —— 女 スライスハム.

magrura 女 (肉の)脂身が[少ない]こと.

maguey 男〔植物〕リュウゼツラン(竜舌蘭).

magulladura 女 **1** 打撲傷, 打ち身; あざ. **2** (果物の)傷み.

magullamiento 男 → magulladura.

magullar 他 **1**(人)に打撲傷を負わせる, (強く打って体)にあざをつける. **2**(果物)を傷める, …に傷をつける. —— **se** 再 **1** 打撲傷を負う, (自分の体に)あざをつくる. **2**(果物)が傷む.

magullón 男〔中南米〕→magulladura.

maharajá 男 マハラジャ, 大王(インド王侯の尊称).

maharaní 女 マハラーニ(王妃, 王女).

Mahoma 固名 ムハンマド(570頃–632頃, イスラム教の開祖).

mahometano, na 形 ムハンマドの, イスラム教の. —— 名 イスラム教徒.

mahometismo 男 イスラム教.

mahón 男 ナンキン木綿.

mahonés, nesa 形 名 (メノルカ島の)マオン (Mahón) の(人).

mahonesa 女〔料理〕マヨネーズ.

maicena 女 コーンフラワー, トウモロコシ粉; コーンスターチ.

maicero, ra 形 トウモロコシの. —— 名 トウモロコシ商人[栽培者].

mail〔情報〕電子メール, Eメール.

mailing〔<英〕男〔情報〕(メーリングリストでの)送付.

maillot〔<仏〕男 **1**(自転車競技選手の)ジャージ. **2** レオタード.

Maimónides 固名 マイモニデス〔イブン・マイムーン〕(Moisés Ben Maimón)(1138?–1204, イスラム世界で活躍したユダヤ教徒の医師・哲学者).

mainel 男〔建築〕(窓)縦〔框〕(ほう).

Maite 固名〔女性名〕マイテ (María Teresa の愛称).

maitines 男複〔カト〕(夜明け前に祈りを捧げる)朝課, 早課.

maître〔<仏〕男女 (レストランの)給仕

長.

maíz [マイス]男［複］maíces **1**《植物》トウモロコシ(玉蜀黍). **2**トウモロコシの実.

maizal 男 トウモロコシ畑.

majá 男〔中米〕(キューバの)大蛇.

majada 女 **1**(家畜の)囲い場;羊小屋. **2**(牛馬などの)糞;厩肥(きゅうひ). **3**〔南米〕(羊・山羊の)群れ.

majadería 女 **1**愚かさ. **2**たわごと;ばかげた行為.

majadero, ra 形 **1**愚かな(人);はた迷惑な(人). —— 男 **1**すりこぎ. **2**編み物用糸巻き.

majador, dora 形 すりつぶす,挽(ひ)く. —— 男 臼(うす),乳鉢;すりこぎ.

majadura 女 すりつぶす[挽(ひ)く]こと.

majar 他〔物を〕すりつぶす,挽(ひ)く.

majareta 形名〔話〕頭のおかしい(人),気が狂った(人).

majarete 男〔中南米〕つぶしたトウモロコシ,ミルク,砂糖を煮て冷やし固めた菓子(な).

maje 形男女〔中米〕ばか(な),間抜け(な).

majestad 女 **1**威厳,荘厳;壮大さ. **2**(M~)(神・王・皇帝などに対する敬称)陛下. —Su M~ 陛下.

majestuosidad 女 威厳,荘厳,壮大さ.

majestuoso, sa 形 威厳のある,荘厳な.

majo, ja 形 いなせな[伊達な],魅力的な;〔俗〕素敵な,ハンサムな. —— 形名 **1**いなせな男,小粋な女,洒落(しゃ)者. **2**〔歴史〕(18-19世紀マドリードの)だて男[女]. —La maja desnuda[vestida]〔裸[着衣]のマハ〕(ゴヤの作品).

majolar 男 (セイヨウ)サンザシの林.

majoleto 男 →majuelo **1**.

majorero, ra 形名 (カナリア諸島の)フェルテベントゥーラ島(Isla de Fuerteventura)の(人).

majuela 女〔植物〕サンザシの果実.

majuelo 男 **1**〔植物〕(セイヨウ)サンザシ. **2**(実のなった)若木のブドウ園.

mal [マル]〔<malo: 男性単数名詞の前で末尾母音 -o が脱落する〕悪い. —Hoy hace ~ tiempo. 今日は天気が悪い. 形 **1**悪い,邪悪, 不正. **2**害, 害悪, 禍. —los ~es de la guerra 戦禍. **3**不幸, 不運. **4**不都合, 問題. **5**病気. —~ de las vacas locas 狂牛病; de Parkinson [Alzheimer] パーキンソン[アルツハイマー]病. —— 副 **1**悪く,へたに,不手際に. —Canta ~. 彼は歌うのがへただ. Este plan no está ~. この計画は悪くはない. **2**誤って,不正に. —Me entendieron ~. 私は誤解された. **3**めったに…ない,容易に…ない. **4**不快に;不十分に. —Huele ~. いやな臭いだ. **5**病気で,不調で. ~ andar [ir, marchar] 躯合いが悪く運ばない. echar mal de ojo 呪いをかける. estar a mal con... (人)と仲が悪い. estar mal que 〔+接続法〕…するのはよくない. de mal en peor ますます悪く(なる). hablar mal de (人の)悪口をいう. llevar a mal... (あること)を悪く解釈する, …に腹を立てる. ¡Mal! よくない, まずい. mal de la piedra (大気汚染・湿気などによる)石の風化[崩壊]. mal de las alturas (→soroche). de montaña 高山病(→soroche). de mal que〔+接続法〕たとえ…しても, mal que bien (うまくいかなくても)なんとかして, ともかくも. menos mal (que) まだましである, …ましだった, ましだった. parar en mal 不幸な[まずい]結果になる. ser un mal pensado (物事を悪くとる, 悪い方に考える. tomar a mal (=llevar a mal...).

mala 女〔イギリス・フランスの〕郵袋.

malabar 形名 (インドの)マラバール(Malabar)の(人). —— 男 マラヤーラム語. ► juegos malabares〔手品・奇術・投げ物の〕曲芸.

malabarismo 男 **1**〔投げ物の〕曲芸. **2**(困難な情況での)立ち回り,保身術.

malabarista 男女 曲芸[軽業]師,手品[奇術]師.

Malaca 地名 **1**マラッカ(マレーシアの州・港都). **2**(Estrecho de ~)マラッカ海峡. **3**(Península de ~)マレー半島.

malacara 男〔南米〕顔に帯状の白い模様のある(馬).

malacate 男 ウィンチ,巻き揚げ機.

malacia 女〔医学〕軟化症.

malacitano, na 形 →malagueño, ña.

malacología 女 軟体動物学.

malaconsejado, da 形〔悪い助言を受けて〕分別を失った;口車に乗ってしまった.

malacopterigio, gia 形〔魚類〕(サケ・ニシンなど)軟鰭(なんき)類の(魚).

malacostumbrado, da 形 **1**悪習に染まった. **2**甘やかされた.

malacrianza 女〔中南米〕無作法, しつけ[育ち]の悪さ.

Málaga 地名 マラガ(アンダルシーア自治州マラガ県の県都).

málaga 男 マラガ産の甘口ワイン.

malagradecido, da 形 恩知らずの.

malagueño, ña 形名 マラガ(Málaga)の(人). —— 女〔音楽〕マラゲーニャ.

malaje 男女 迷惑な人, いやな人.

malaleche 男女〔俗〕悪意のある人.

malambo 男〔中南米〕マランボ, 男性が踊る民族舞踊の一種.

malandanza 女 不幸, 不運.

malandrín, drina 形名〔戯〕腹黒い(人), 邪悪な(人), 悪漢;〔南米〕〔話〕ペテン師.

malapata 男女〔話〕**1**厄介者, 迷惑をかける人. **2**(動作の)鈍い人.

malaquita 女〔鉱物〕マラカイト, クジャク石.

malar 形〔解剖〕頬[ほお](骨)の; 頬骨の.

malaria 女〔医学〕マラリア.

malasangre 男女 陰険な(人).

Malasia 地名 マレーシア(首都 Kuala Lumpur).

malasio, sia 形 マレーシア (Malasia) の. ── 名 マレーシア人.

malasombra 男女 迷惑な人, 厄介者; 面白みのない人.

malauí 形 男女 [複 ~(e)s] マラウィ (Malawi) の(人).

malavenido, da 形 1 仲が悪い, 折り合いがつかない. 2 不満な; 文句の多い.

malaventura 女 不運, 不幸.

malaventurado, da 形 不運な, 不幸な.

Malawi 固名 マラウイ (首都 Lilongwe).

malayo, ya 形 マレーシア (Malasia) の; マレー半島 (Península de Malaca) の. ── 名 マレーシア人; マレー人. ── 男 マレー語.

malbaratar 他 1 (物を)安く処分する, 投げ売りする. 2 (金銭を)浪費する.

malcarado, da 形 1 顔の醜い, 人相の悪い. 2 不機嫌な顔をした, 仏頂面の.

malcasado, da 形名 1 夫婦仲の悪い(人); 別居[離婚]した(人). 2 不貞な(夫・妻).

malcasar 他 (人に)不幸な[誤った]結婚をさせる. ── se 再 不幸な[誤った]結婚をする.

malcomer 自 貧しい食事をする; 粗食する.

malcontento, ta 形名 不満な(人); 暴動を起こそうとする(人). ── 名 不平不満を言う人.

malcriadez 女 [中南米] しつけの悪さ.

malcriado, da 形名 しつけ[育ち]の悪い(人), 不作法な(人); 甘やかされた(人).

malcriar [1.5] 他 (子どもの)しつけを怠る; を甘やかして育てる.

maldad 女 1 悪, 悪(質)さ. 2 悪事, 悪行, 不正(行為).

maldecir [10.12] 他 1 を呪う. をののしる, 悪く言う. ── 自 1 [+ de a] をののしる, 悪く言う; を中傷する. 2 (物事を)嘆く; 不平を言う.

maldiciente 形 男女 ののしり屋(の), 悪口を言う(人), 中傷する(人), 中傷家.

maldición 女 1 呪い. 2 ののしり, 悪口, 中傷. 3 (不快・怒り)ちくしょう.

maldispuesto, ta 形 1 体調の悪い. 2 意欲を欠いた, やる気のない.

maldito, ta 形 1 呪われた, 地獄に落とされた. 2 いまいましい. ── i~ embustero! このいまいましうそつき野郎! 3 《定冠詞+名詞の前に置いて》《不快・軽蔑のニュアンスで》全然…ない, 少しも…ない. ── *¡Maldita* la gana que tengo de salir ahora! 今は外出なんかする気には全くなれない. ► *¡Maldito sea!* いまいましい, くそ, ちくしょう. 2 1 邪悪な人, 悪人; (子ども)わんぱく坊主. ── ¡Vete, ~! あっち行け, この野郎. 2 悪魔.

Maldivas 固名 モルディブ (首都 Male).

maldivo, va 形 モルディブ (Maldivas) の, モルディブ人[語]の. ── 名 モルディブ人[語].

maleabilidad 女 (金属の)可鍛性, 展性.

maleable 形 1 (金属が)可鍛性のある. 2 (人が)従順な.

maleante 形 男女 悪党(の), ごろつき(の), 無法者(の).

malear 他 1 (人を)堕落[退廃]させる. 2 (物を)傷める, 腐らせる. ── se 再 1 堕落する, 退廃的になる. 2 傷む, 腐る.

malecón 男 1 堤防, 防波堤. 2 (鉄道)(線路の)土手, 盛り土.

maledicencia 女 陰口(を言うこと), 中傷(すること).

maleducado, da 形 しつけ[行儀]の悪い(人), 不作法な(人), 礼儀知らず.

maleducar [1.1] 他 → malcriar.

maleficencia 女 《文》邪心, 性悪.

maleficiar 他 1 (人・物を)害する. 2 …に何害を加える.

maleficio 男 呪い, 呪術; ジンクス.

maléfico, ca 形 1 呪いをかける. 2 悪意のある, 有害な.

malentender 他 を誤解する.

malentendido 男 誤解.

maléolo 男 (解剖)くるぶし.

malestar 男 1 体調不良[気分]の悪さ. 2 (人に与える)不快な感情, 不愉快.

maleta[1] 女 1 スーツケース, 旅行かばん. ── ~ de viaje 旅行かばん. 2 [中南米] (車の)トランク. 3 [中南米] 《話》(小旅行用の)衣類の包み; [中南米] 鞍(ﾞら), 鞍囊(ﾞﾉ). ► *andar como maleta de loco* [中南米]《話》いそがしく, せわしく動き回っている. *estar [levantarse] de maleta* [中南米] 不機嫌である. *hacer la(s) maleta(s)* (1) 旅行の支度をする, 荷物をスーツケースに詰める. (2)《話》引越す, 転居する.

maleta[2] 形 男女 《話, 軽蔑》(特にスポーツ選手・闘牛士が)下手くそな(人).

maletera 女 [中南米] (車の)トランク. 2 [中南米] サドルバッグ.

maletero 男 1 (駅・空港・ホテルなどの)ポーター, 赤帽. 2 (自動車)(車の)トランク. 3 (箪笥(な))上部のスーツケース入れ.

maletero, ra 名 スーツケース製造[販売]業者.

maletilla 男 (闘牛)(資金がなく非公式の祭りや子牛・幼牛の闘牛などに参加する)闘牛士見習いの若者.

maletín 男 [*maletines*] 《話》(書類・小物・お金入れ用の)アタッシェ[ブリーフ]ケース, 書類[学生]かばん.

malevaje 男 [中南米] 1 悪人, 犯罪者. 2 悪の世界, 下層社会.

malevo, va 形 名 [中南米] 悪い; 悪人.

malevolencia 女 敵意, 悪意.

malévolo, la 形 悪意[邪心]のある, 敵意を抱いた.

maleza 女 1 雑草. 2 かん木の茂み.

malformación 女 (医学)(先天的な)奇形.

malgache 形 男女 マダガスカル (Madagascar) の(人); マダガスカル人(の). ── 男 マダガスカル語.

malgastador, dora 形 名 無駄遣い

malgastar 他 を浪費する，無駄遣いする(人)，浪費する(人)，浪費家．

malgastar 他 を浪費する，無駄遣いする．

malgeniado, da 形 〖南米〗機嫌の悪い，怒りっぽい．

malhablado, da 形 言葉使いの悪い(人)，口汚い(人)．

malhadado, da 形 〖文〗1 (人が)不運な，不幸な．2 (物事が)不吉な．

malhechor, chora 形名 (常習的に)悪事を働く(人)；犯罪者，悪人．

malherir [7] 他 (人)に重傷を負わせる，をひどく傷つける．

malhumor, mal humor 男 (複 malos humores) 不機嫌．

malhumorado, da 形 不機嫌な(人)．

Malí 固名 マリ(首都 Bamaco)．

malí 形 (複 ~es) マリ(Mali)の，マリ人(出身者)の．— 名 マリ人(出身者)．

malicia 女 1 悪意，下心．2 悪賢こさ，ずるさ，狡猾(ぶ)さ．3 邪推．4 性的な知識・経験．—una enfermedad con ~ 悪性の病気．

maliciar 他 1 (悪意を抱いて)(何か)を怪しむ，疑う．2 → malear．— se 再 〖+ de/en を[で]〗邪推する，おかしいと思う．

malicioso, sa 形名 悪意のある(人)，意地悪な(人)．

malignidad 女 1 悪意，性悪．2 〖医学〗悪性．

maligno, na 形名 1 性悪の(人)，悪意のある(人)．2 〖医学〗悪性の．(el ~)悪魔． ▶ **espíritu maligno** 悪霊．

malilla 女 1 (スペイン・トランプで)2番目に強いカード．2 マニラ(スペイン・トランプのゲーム)．

Malinche 固名 マリンチェ[マリンツィン] (?-1530頃，アステカ族の女性，スペイン人征服者に協力)．

malinchista 形名 〖メキシコ〗〖話〗外国びいきの，よそ者の味方をする．

malintencionado, da 形 悪意のある(人)，敵意のある(人)．

malinterpretar 他 を誤解する．

malla 女 1 〖服飾〗メッシュ．2 (網・鎖などの)目．3 複 (体操・バレー用の)タイツ．4 (海事)ロープの巻き．5 〖通信〗ウェブ．

mallo 男 1 (木などの)槌(？)．2 ペルメル球戯，その球戯場．

Mallorca 固名 マヨルカ[マリョルカ]島(スペイン，バレアーレス諸島で最大の島)．

mallorquín, quina 形 マヨルカ方言．— 名 マヨルカ島の人．— 男 (カタルーニャ語の)マヨルカ方言．

malmandado, da 形 言うことを聞かない(人)，反抗的な(人)．

malmaridada 〖女 のみ〗形 不幸な結婚をした(女性)，結婚に失敗した(女性)．

malmeter 他 1 をそそのかす，悪事に誘いこむ．2 (…と)仲がたがいさせる，敵対させる．

malmirado, da 形 1 評判のよくない，鼻つまみものの．2 思慮[配慮]に欠ける，礼儀知らずの．

malnacido, da 形 〖軽蔑〗見下げはてた(やつ)，好ましくない(人)．

malnutrición 女 栄養不良．

malo, la [マロ, ラ] 形 〖男性単数名詞の前で mal となる〗1 悪い，邪悪な．2 劣悪な，よくない：せにの．— Este vino es ~．このワインはよくない．3 a) 意地の悪い，意地の悪い．—Es con todos sus compañeros. 彼は同僚みんなと仲が悪い．b) いたずらの．—Eres un niño ~．お前はいたずら坊主だな．4 不都合な，不適切な．—unos ~s consejos 不適当な忠告．5 病気の．6 そこなわれた，いたんだ．—Esta leche está *mala*. この牛乳はいたんでいる．7 有害の，8 不快な，いやな．—mal olor [sabor] いやな臭い[味]．9 …にくい．10 品行のよくない，身持ちの悪い．—Ha sido ~ estudiante. 彼は素行の悪い生徒だった．▶ **a malas (con)** (と)仲が悪い．**de malas** (1) 悪意をもって．(2) 不機嫌な．**lo malo es que ...** 悪いことには…，問題は…．**malo será [seria] que ...** …は難しいだろう．**por las malas** むりやりに，強制的に．

malón 男 〖南米〗1 白人の先住民村落への襲撃．2 先住民の白人などへの襲撃．

malogrado, da 形 1 死にした，夭折(ホミッ)した．2 不幸な，不運な，残念な．

malograr 他 1 (機会・時間などを無駄にする，駄目にする．2 (機会)を逸する，逸する．— una oportunidad 機会を逸する．— se 再 1 a) 失敗に終わる，挫折する，駄目になる．b) 若死にする，夭折(ホミッ)する．2 〖農業〗不作になる．

malogro 男 1 (計画・努力などの)失敗，しくじり，挫折．—tener un ~ 失敗する．2 若死に，夭折(ホミッ)．3 〖農業〗不作．

maloliente 形 臭い，悪臭のする，いやな臭いのする．

malón 男 〖南米〗先住民による急襲．2 急に裏切ること，不意打ち；不良グループ．

malparado, da 形 傷ついた，さんざんな目にあった．

malparir 自 流産する，妊娠を中絶する，堕胎する．

malparto 男 流産，妊娠中絶，堕胎．

malpensado, da 形名 疑い深い(人)，懐疑的な(人)，悲観的な(人)．

malquerencia 女 反感，敵意，嫌悪，毛嫌い．

malquerer [4.8] 他 嫌う，いやがる，悪意を持つ． — 男 悪意，嫌うこと．

malquistar 他 〖+ con と〗を敵対させる，仲たがいさせる，…から離反させる． — se 再 〖+ con と〗敵対する，仲たがいする，(から)離反する．

malquisto, ta 形 〖+ de から, + en の間で〗嫌われている，評判が悪い．

malsano, na 形 健康に悪い；不健全な，病的な．

malsín 男 悪口を言い触らす人，不和の種を蒔く人；密告者．

malsonante 形 1 耳障りな，聞くに堪えない．2 (言葉などが)下品な，卑猥な．

malsufrido, da 形 忍耐(力)に欠ける，堪え性のない．

Malta 固名 マルタ(首都 La Valletta)；

マルタ島. ► **fiebre de Malta**《医学》マルタ熱. **orden de Malta** マルタ騎士団.

malta 囡 **1** モルト, 麦芽. **2**(コーヒーの代用として)焙煎した大麦. ► **azúcar de malta** マルトース, 麦芽糖.

malteado 男 モルト[麦芽]の製造.

maltear 他 (大麦など)を麦芽[モルト]にする, 発芽を促進する.

maltés, tesa 形名 マルタ(Malta)(島)の(人). ── 男 マルタ語.

maltillero, ra 名 競売人.

maltosa 囡《化学》マルトース, 麦芽糖.

maltraer [10.4] 他 を虐待する. ► **llevar [traer] a ... a maltraer** いつも煩わせる, 不快にさせる.

maltraído, da 形《南米》身なりがだらしない[みすぼらしい].

maltratador, dora 名 虐待者.

maltratamiento 男 虐待, 酷使.

maltratar 他 **1** を虐待する, 酷使する, いじめる, を損う, …に損害を与える.

maltrato 男 虐待, 酷使.

maltrecho, cha 形 虐待された, 痛めつけられた, 悲惨な.

maltusianismo 男《経済》マルサス(Malthus)主義[学説], マルサスの人口論.

maltusiano, na 形《経済》マルサス(Malthus)主義の[主義者].

malucho, cha 形《話》**1**[estar +]体の調子が悪い. **2**質が悪い, 傷んだ.

maluco, ca 形 **1**《話》→ **malucho**. **2**《南米》(食品の)味が悪い.

malva 囡《植物》アオイ(葵). ► **estar criando malvas**《話》死んで埋葬されている.
── 形 薄紫[ふじ]色(の).

malvado, da 形名 凶悪な, 極悪な(人); 悪人, 悪党.

malvarrosa 囡《植物》タチアオイ.

malvasía 囡 **1**《植物》マルバシア. **2** マルバシアのワイン.

malvavisco 男《植物》ウスベニタチアオイ.

malvender 他 (品物)を投げ売りする, 安く処分する.

malversación 囡 (公金の)横領, 着服.

malversador, dora 形名 (公金など)を横領[着服]している; 公金横領者.

malversar 他 (公金など)を横領[着服]する, 使い込む.

Malvinas 固名 フォークランド諸島(イギリス領).

malvinense 形 **1** フォークランド諸島(Malvinas)の, フォークランド諸島出身(者)の. ── 男女 フォークランド諸島の住民[出身者].

malvinero, ra 形名 → **malvinense**.

malvís 男《鳥類》ワキフカツグミ.

malviviente 形 (人が)ごろつきの, 荒れた生活の. ── 男女 ごろつき, 無法者.

malvivir《主に不定詞で》ひどい[苦しい]生活をする.

malvón 男《南米》ゼラニウムの一種.

malware 男〈英 malicious software〉《情報》マルウェア, 不正ソフトウェア(悪質なソフトウェアのすべての形式: コンピューターウイルス, ワーム, スパイウェアなど).

mama 囡 **1**《解剖》乳房. **2**《話》→ **mamá**.

mamá 囡《覆~s》おかあさん, ママ(madre の幼児語).

mamada 囡 **1** 乳を吸うこと; その1回に吸う量. **2** 授乳期. **3**《俗》フェラチオ. **4**《俗》酩酊.

mamadera 囡 **1**(母乳の)搾乳器. **2**《中南米》哺乳瓶.

mamado, da 過分〔→ **mamar**〕形《俗》酔っぱらった.

mamador, dora 形 乳を吸う, 乳飲みの.

mamagrande 囡《中南米》祖母.

mamandurria 囡《中南米》**1** 楽しての高収入, ぼろもうけ. **2** 掘出物.

mamar 他 **1**(動物の乳房から)乳を吸う. **2**(通常過去時制で, 幼い時から)習慣など)を身につける, 体得する. **3**《俗》フェラチオをする. ── 自 **1** 乳を吸う. **2**《話》(習慣的に)酒を飲む. ── **se** 再 **1**《話》酔っぱらう. **2** 労せずして入れる.

mamario, ria 形《解剖》乳房の の; (雌の)乳首の.

mamarrachada 囡《話》**1** 奇妙な[ばかげた]行為. **2** 出来損ない; がらくた.

mamarracho 男 **1** 変人, 変人; 奇妙な格好をした人. **2** くだらない[敬意を払うに値しない]人. **3** 出来損ない; がらくた.

mambí, mambís, bisa 形 男女 名《覆 mambises, bisas》《歴史》キューバ独立闘士(の人).

mambo 男《音楽, 舞踊》マンボ.

mamboretá 男《南米》《虫類》(総称的に)カマキリ.

mamella 囡 (ヤギなどの)首の下部にたれている部分, 肉髯(ひげ).

mamelón 男 **1**(動物の)乳首. **2** 円頂の丘. **3**《医学》傷跡にできた小さな肉の盛り上がり.

mameluco, ca 形《話》**1** ばか(な), 愚かな(人). **2**《歴史》(エジプトのスルタンの)親衛隊, マムルーク(朝)の(人). ── 男《中南米》《服飾》オーバーオール; (子供用の)ロンパース.

mamey 男《子どものあごの下をなでること, 指で軽くたたいてからかうこと.

mamífero, ra 形 哺乳(にゅう)類の. ── 男覆 哺乳類.

mamila 囡 **1**(乳首を除いた)乳房. **2**(男の)乳房.

mamilar 形 → **mamario, ria**.

mamitis 囡《単複同形》《話》母親べったり.

mamografía 囡《医学》マンモグラフィー(X線による乳房撮影(法)).

mamola 囡 (子どもの)あごの下をなでること, 指で軽くたたいてからかうこと.

mamón, mona 形名 **1** 乳離れしていない(人), 乳飲み子; よく乳を吸う[飲む](子). **2**《軽蔑》(時に親愛を込めて)まぬけ(な), しょうのない(やつ).

mamoplastia 女 《医学》乳房形成外科[手術].

mamotreto 男 1 メモ帳, 備忘録. 2《軽蔑》ばかげた本[書籍の束]. 3 大きくて邪魔なもの.

mampara 女 ついたて, 間仕切り. 2 内扉.

mamparo 男 《海事》(船内の)隔壁.

mamporro 男 1 殴打, 殴りつけ. 2 ぶつけること.

mampostería 女 《建築》粗石積み(工事).

mampostero, ra 粗石積み職人.

mampuesto, ta 形 石工用の. ── 男 1 (手で持てる大きさの)粗石, 原石. 2 胸壁.

mamut 男〔複 ~s〕《生物》マンモス.

mana 名《中南米》→ maná. 2 泉.

maná 男 1《聖書》マナ. 2《植物》(トネリコの)マンナ, 甘い樹液.

manada 女 1 (主に四足獣の)群れ, 一つかみ, 一握り.

mánager 名〔英〕《複 ~s》 1 《プロスポーツ選手の》マネージャー. 2 (企業などの)経営者.

Managua 固名 マナグア(ニカラグアの首都).

managüense 形 男女 マナグア(Managua)の(人).

manantial 形 泉の. ── 男 1 泉. 2 みなもと, 源泉.

manar 自 1 湧(ゎ)き出る, 流れ出る. 2 〔+en〕…が豊富に[たくさん]ある. ── 他 (液体)を吹き出す.

manatí 男《動物》マナティー, 海牛.

manaza 名 大きな[不細工な]手. ── 男女〔~s で単数扱い〕《話》(手先の)不器用な人.

mancar [1.1] 他 1 (人)を不具にする. 2 手・腕)を不自由にする.

mancebía 女 1 若々しさ, 若者らしさ. 2 (昔の)売春宿.

mancebo, ba 名 1 (独身の)若者. 2 (薬局の)店員[助手]. ── 名 愛人, 情婦, お妾.

mancera 女 鋤(ずき)の柄.

Mancha 固名 1 (Canal de la ~)イギリス海峡. 2 (La ~)ラ・マンチャ(スペインの地方).

mancha 女 1 しみ, 汚れ, —una ~ de aceite 油のシミ. 2 斑点, まだら, ぶち. 3 汚点, きず, 汚名. 4《天文》(太陽の)黒点. 5《美術》素描.

manchado, da 過分〔→ manchar〕形 1 染みのついた, 汚れた. 2 (動物が)ぶちになった, まだらの.

manchar 他 1 を汚す, 染みをつける, 汚れをつける. —He manchado de vino el mantel. 私はワインでテーブルクロスをよごした. 2 (名声などを)汚す, 傷つける, 失墜させる. 3 (色が変るくらいの液体)を少し混ぜる. 4《美術》(絵に)(色の上で)明暗をつける, 下色を塗る, をマッスにする. ── se 自〔+ de で〕(自分の服・体に)しみを付く, よごれる, 汚くなる.

manchego, ga 形 ラ・マンチャ(La Mancha)の(人). ── 男 ラ・マンチャ産の山羊肉チーズ(queso ~).

manchón 男 1 大きな染み[汚れ, 斑点[しみ]. 2《植物》草木の生い茂った場所. 3 牧草用に一年間放置される耕地.

manchú 形 男女〔複 ~es〕満州の(人). ── 男 満州語.

mancilla 女 (名誉・純潔などに関する)汚点, 傷: 不名誉.

mancillar 他 (名誉などを)汚す, 傷つける.

manco, ca 形 名 1〔+ de〕手[腕]を失った[が不自由な](人). 2 不完全な, 欠陥のある. ● **no ser manco en [para]**…にかなりの才能をもつ.

Manco Cápac 固名 1 (~ I)マンコ・カパク1世(生没年不明, ペルーのインカ帝国の創始者). 2 (~ II)マンコ・カパク2世(1500頃 ~43, インカ帝国最後の皇帝).

mancomún ● **de mancomún** 一致協力して; 合意の上で.

mancomunar 他 1 (ある目的のために)力・資金などを結集する, まとめる. 2《法律》(複数の人)に連帯責任を負わせる.

── **se** 自〔+ con と〕一致協力する, 連帯する.

mancomunidad 女 1 連帯, 一致協力, 協同. 2 (特に自治体・地方の)連邦, 連盟.

mancuerna 女 1《スポ》ダンベル. 2《中米》(数枚の葉を残したタバコの束)または枝の2株, ペア. 3《中南米》同腰者同士の1組, ペア. 4《複》《中米》カフスボタン.

mancuernillas 女 《複》《中米》カフスボタン.

manda 女 (遺言による)遺贈, 遺産.

mandadero, ra 名 使い走り, 伝令.

mandado, da 過分〔→ mandar〕── 名 命令を受ける人, 部下, 使い走り. ── 男 1 使い, 命令. 2 命令, 指示.

mandamás 名〔複 mandamases〕やたらと命令ばかりする(人), 命令好きな(人).

mandamiento 男 1 命令, 指令. 2《宗教》(神・カトリック教会の)掟(ホッ). 律, —Los Diez M~s《聖書》(神・モーゼの)十戒. 3《法律》(特に裁判官の)令状, 法令.

mandanga 女 1《俗》何事にも動じないこと, 肝っ玉がしっかり座っていること. 2 複〔しゃべったこと, 冗談.

mandante 名 命令[指揮]をする. ── 男女《法律》委任[委託]者.

mandar〔マンダル〕他 1〔+ a に〕を命じる, 言いつける; 注文する. —Mandó callar a los alumnos. 彼は生徒たちに静かにするよう命じた. 2〔+ a に〕を送る, 発送する, 送り届ける. —Le he mandado una postal felicitándole. 私は彼にお祝いを述べる絵葉書を送った. 3 (人)を行かせる, 派遣する, 使いにやる. —Le mandé por el médico. 私は医者を迎えに彼をやった. ── 自 指揮

mandarín 揮をとる，命令する，支配する．▶ *ia mandar!/lo que usted mande* 何でもご用命ください，かしこまりました．*imande!*〖中南米〗〖話〗(1)〖呼んだ相手に対して〗はい，何でしょうか．(2)〖聞き返して〗何ですって，もう1度お願いします．**— se** 囲 〖南米〗〖+不定詞〗…してくださる(=servirse).

mandarín 形男 1 北京官話の(の). 2 中国清朝の高官, 官僚. 3 大物, 頭役.

mandarina 囡 1 北京官話. 2〖植物〗マンダリンオレンジ〖ミカン〗.

mandarino, mandarinero 男〖植物〗マンダリンオレンジ〖ミカン〗の木.

mandatario, ria 名 1〖法律〗受任〖受託〗者. 2〖政治〗統治者.

mandato 男 1 命令, 指図(³⁵ᵗ); 命令書. 2〖法律〗委任, 委託, 代理. 3 統治(権); 任期. 4〖宗教〗洗足式.

mandíbula 囡 1 あご, 下顎骨(ᵏᵒ⁷⁵). 2〖鳥の〗くちばし;〖昆虫の〗吻(ᵃⁿ).
– *reír(se) a mandíbula batiente*〖あごが外れるほど〗大笑いする.

mandil 男 1〖職人用の革・布製の〗エプロン, 前掛け. 2 フリーメーソンのエプロン. 3 馬の手入れ用の布. 4〖漁に使う〗粗めの目の網.

mandilón 男〖話〗臆病者, 意気地なし.

mandinga 形男囡 1〖アフリカの〗マンディンゴ族(の人). 2〖中南米〗黒人の. **—** 男 1 マンディンゴ語. 2〖中南米〗悪魔.

mandioca 囡 1〖植物〗キャッサバ, マンジョーカ. 2 タピオカ.

:mando 男 1 命令(権), 指揮(権), 支配. 2 主に 複 指揮陣, 首脳陣, 司令部. 3 (支配, 統治の)任期. 4 操縦〖装置〗, 操作, 制御. **— ~** *a distancia* リモートコントロール, 遠隔操作. ▶ *alto mando*〖軍事〗最高司令部. *puesto de mando* 司令部.

mandoble 男 1 両手で持った剣の切りつけ〖一撃〗. 2 大きな剣〖刀〗. 3 殴りつけ.

mandolina 囡〖音楽〗マンドリン.

mandón, dona 形男〖話〗いばりちらす(人), 命令好きな.

mandrágora 囡〖植物〗マンドラゴラ.

mandria 形男 1〖話, 軽蔑〗1役立たずの(人), ばかな. 2 元気のない(人), 意気地なし.

mandril¹ 男〖動物〗マンドリル(ヒヒ).

mandril² 男〖機械〗心棒, 主軸.

manducar(se)〖1.1〗他 囲 〖再〗〖話〗〖おどけて〗食べる.

manea 囡〖動物の〗足かせ.

manear 囲 1 〖動物に〗足かせをかける, …の足を縛る. 2 →*manejar*.

manecilla 囡 1〖時計や計器の〗針. 2 〖本などの〗留め金. 3〖印刷〗指印(ᴵᴱᵂ).

manejabilidad 囡〖扱い御し〗やすさ.

manejable 形 扱いやすい, 操縦しやすい, 御しやすい.

manejador, dora 名〖メキシコ〗〖車の〗運転手, ドライバー;〖情報〗ドライバ.

:manejar 他 1 を操作〖操縦〗する, 扱う,

615

manga

用いる. 2 を管理する, 運用する, 経営〖運営〗する. 3 (人)を操る, 動かす. — *Ella maneja a su marido.* 彼女は夫を尻に敷いている. 4 〖中南米〗(車)を運転する. **— 自** 〖中南米〗自動車を運転する. **— se** 囲 1〖+ con に対して〗うまくやって行く, 糸口がきょうになる. ▶ *manejárselas*〖話〗何とかうまくやる.

manejo 男 1 扱い, 操作. 2 処理能力, 手際(ᵉᶻᵃ)(のよさ). 3 主に 複 策略, ごまかし, 手. 4〖中南米〗自動車の運転.

:manẹra〖マネラ〗囡 1 仕方, 方法. ~~ *de hacer(ser)* やり方〖あり方〗. *de esta〖esa〗* ~ そんなふうに(すると), それなら. *Nos miraba de una* ~ *extraña.* 彼は我々をふしぎそうに見つめていた. 2 種類, 流儀, 作風. *—con buenas*〖*malas*〗 ~*s* 丁重に〖無礼に〗. 3〖文学, 美術〗様式, スタイル, 作風. ▶ *a (la) manera de…* …のように, …として. *de alguna manera* 何らかの方法で. *de cualquier manera* (1) 雑に, 不注意に(扱う). (2) 容易に, 心配なく. (3) どうしても, 結局のところ. *de manera que* (1)〖+直説法〗〖前の文をうけて結果を表す〗それで, …だから. (2)〖+接続法〗〖前の文の目的を表す〗…するために. *de ninguna manera*〖強い否定〗決して…ない. 絶対に…ない. *de otra manera* (1) 違ったように, 他の異なったかたちで. (2) もしそうでなければ. *de tal manera que* あまり…なので(=*tanto que*). *de todas maneras* (1) いずれにしても, どんなことがあっても. *de una manera o de otra* どうにかして(…する). *en cierta manera* ある程度は, ある意味では. *en gran manera* おおいに, たいへん. *no haber manera (de)* …はどうも, 不可能だ. *iQué manera de …!* 何という…のしかだ. *sobre manera* たいへん.

Manes 固名 マニ(216?–277, ペルシャのマニ教の開祖).

manflor 男〖中南米〗女のような〖めめしい〗男.

:manga 囡 1〖服飾〗袖(ᵉ), 袂(ᵗᵒ). — *un jersey de* ~ *larga* 長袖のセーター. 2 ホース; 排水管. **— ~** *de incendio* 消火ホース. 3〖布製で円錐形の〗漉(ᵒ)し袋, フィルター. 4〖料理〗(生クリームなどの)絞り出し器, 絞り袋 (=~ *pastelera*). 5〖スポーツ〗(3回勝負などの)…回戦, …本目, …セット; 試合. — *ganar la primera* ~ 1本目を取る. 6〖海事〗(船の)幅. 7〖風向き・風力を示す〗吹流し(=~ *de viento*). 8〖南米〗(昆虫の)群れ, 大群. 9〖中南米〗〖話, 軽蔑〗(不良の)一団. 10〖南米〗(家畜を追い込むための)狭い通路;〖中南米〗家畜の囲い場. ▶ *andar [ir] manga por hombro*〖話〗乱雑な状態にある. *en mangas de camisa* ワイシャツ姿で, 上着を脱いで, ワイシャツ一枚になって. *hacer mangas y capirotes* 勝手なまねをする, 自分勝手に行動する〖解決する〗. *jalar (de) la manga* (1)〖中南米〗注意を引く. (2)〖俗〗お金をねだる〖せびる〗.

manga ancha〖話〗寛大さ, 寛容さ.
manga de agua(強風を伴うに)にわか雨, スコール. **manga de viento** (1) 竜巻, つむじ風. (2)(風向きを見る)吹流し. **sacarse ... de la manga** (1)〖話, 軽蔑〗(根拠もない嘘を)でっち上げる;(うまい手を)考えつく〖使う〗. (2)〖話〗思いがけず手に入れる. **ser más corto que las mangas de un chaleco**〖話〗大変臆病[内気]である.

manga² 男〖植物〗マンゴーの一種.
manga³ 〔<日〕〖男〗〖単複同形〗漫画.
mangana 女 (牛馬の脚にかけて捕らえるための)投げ縄.
manganear 他 (牛馬)に投げ縄をかける.
manganeso 男〖化学〗マンガン(元素記号 Mn).
mangañeta 女〖南米〗策略, ごまかし.
mangangá 男〖南米〗**1** クマバチの一種. **2** しつこい人, うるさい人.
mangante〖形名〗**1**〖話〗盗む, 泥棒(の); たかり屋(の), 恥知らず(な).
manganzón, zona 形〖中南米〗→ holgazán.
mangar [1,2] 他〖話〗(物)を盗む, まき上げる; たかる.
manglar 男〖植物〗マングローブの林.
mangle 男〖植物〗ヒルギ科の植物(マングローブ形成).
mango¹ 男 (フライパン・斧・ハンマー・傘などの)柄(ぇ), 取っ手, 握り.
mango² 男 **1**〖植物〗マンゴー(の木・実). **2**〖南米〗〖話〗ペソ貨;〖複〗お金. **3** 男女〖中米〗〖話〗大変魅力的な人, いい女.
mangoneador, dora 形名 でしゃばり[お節介な](人); ボス気取りの(人), 勝手に仕切る(人).
mangonear 自〖話〗[+ en に]出しゃばる, お節介する, (を)勝手に取り仕切る. ── 他 (人)を操る.
mangoneo 男〖話〗出しゃばり, お節介; 恣意的な支配.
mangonero, ra 形〖話〗→ mangoneador.
mangosta 女〖動物〗マングース.
mangostán 男〖植物〗(果物の)マンゴスチン.
mangrullo 男〖南米〗〖歴史〗(平原の砦や集落にある)見張り用の塔.
manguear 他〖南米〗〖家畜〗を囲いに入れる; 追いたてる.
manguera 女 **1**(散水・消防用の)ホース, 流水管. **2**(船の)排水管. **3** 通風管, 換気筒.
manguero, ra 名 散水作業員.
mangueta 女 **1**(トイレの排水用)U字型弁, 2 浣腸(忪)器. **3**〖建築〗つなぎ梁(ﾘ), 桁(ﾀ).
manguito 男 **1**〖服飾〗マフ; 袖カバー. **2**〖機械〗(管の)継ぎ手.
manguruyú 男〖魚類〗ジャウー.
maní 男〖複〗~(e)s ピーナッツ, 落花生.

manía 女 **1** 熱狂, 熱中; …狂, マニア. **2**(変な趣味, 奇癖, 習癖; ─tener la ~ de la limpieza 潔癖症である. **3**〖俗〗[+ a への]反感, 毛嫌い, 嫌悪. **4**〖医学〗妄想, 躁(ｿｳ)病, 固定観念. ─ persecutoria 被害妄想, 迫害妄想.
► **manía depresiva**〖心理〗躁鬱(ｿｳｳ)病.
maníaco, ca, maniaco, ca 形名〖医学〗躁(ｿｳ)病の(患者); 偏執的な(人), 偏執狂.
maniatar 他(人)の手を縛る.
maniático, ca 形名 **1** 偏執的な(人), 偏執狂; 奇人(の), 変わり者(の). **2** マニア(的な).
manicero, ra 名〖中南米〗ピーナッツ売り.
manicomio 男 **1** 精神病院. **2**〖話〗がさがさと騒がしい所.
manicurista 男女〖中南米〗ネイリスト.
manicuro, ra 名 マニキュア師, ネイルアーティスト. ─ 女 マニキュア, 美爪(ｿｳ)術.
manido, da 形 **1** 使い古された, ぼろぼろの. **2**(食べ物が)腐りかかった. **3**〖文〗ありふれた, 陳腐な.
manierismo 男 **1**〖美術〗マニエリスム, **2** マンネリズム, 型にはまった手法.
manierista 形 **1**〖美術〗マニエリスムの(芸術家). **2** マンネリの, 型にはまった.
manifestación 女 **1 a**)(見解などの)表明, 発表. **b**)(感情などの)表れ, 兆(ｷｻﾞ)し. ─ una ~ de la enfermedad 病気の兆し. **2** デモ(行進), 示威運動.
manifestador, dora 形 表す, 示す.
manifestante 名〖政治〗デモ参加者, 示威運動者; 複 デモ隊.
manifestar [4,1] 他 **1**(意見など)を表明する. **2**(感情など)をあらわにする. **3**(ｶﾄ)(聖体)を顕示する. ── se 再 **1** 現れる, 明らかになる. **2** 自分の意見[立場, 態度]を明らかにする. **3** デモをする.
manifiesto, ta 形 **1** 明らかな, 明白な. **2** 公表された. ── 男 **1** 宣言, 声明書, マニフェスト; ─el ~ comunista 共産党宣言. **2**(ｷﾘｽﾄ教) 聖体顕示布.
► **poner de manifiesto** 明らかにする, はっきりさせる.
manigua 女 **1**〖中南米〗(アンティリャス諸島などの)密林, ジャングル. **2** 混乱, 紛糾.
manigual 男 → manigua.
manija 女 **1**(器具の)取っ手, 握り. **2**(馬などの)縄(ﾅﾜ)の足かせ. **3**(麦刈りのけが防止用)手袋. **4**(環になった)締めつけ金具.
Manila 女 マニラ(フィリピンの首都).
manilargo, ga 形 **1** すぐ物を盗む, 手の早い. **2** 気前のよい, 寛大な.
manilense 形 男女 → manileño.
manileño, ña 形 名 マニラ(Manila)の(人).
manilla 女 **1** 手錠. **2** ブレスレット, 腕輪. **3**(時計の)針.

manillar 男 (自転車・オートバイの)ハンドル.

maniobra 女 **1**(機械の)操作; (乗り物の)運転, 操縦. **2**《軍事》演習, 策略, 工作. **4**(船の)索具, 船具類.

maniobrabilidad 女 操縦性のしやすさ.

maniobrar 自 **1**(機械などを)操作する; 操車する. **2**《軍事》演習を行う. **3**策を弄する, 工作をする.

maniobrero, ra 形 **1**策にたけた. **2**指揮[操作]の巧みな. **3**《軍事》機動性のある.

maniota 女 (馬などの)縄[鎖]の足かせ.

manipulación 女 **1**(薬品・食品などの)取扱い, (機械などの)操作. **2**(不正)操作, 工作.

manipulador, dora 形名 取扱う(人), 操作[処理, 工作]する(人). — 男 (電信機の)電鍵(設).

manipular 他 **1**(薬品・機械などを)取扱う, 操作[処理]する. **2**(自分流に)財産・事業などを管理する. **3**(人・世論・相場などを)操作する, 工作する. — 自 [+en/con]〜を取扱う; 操作する.

manípulo 男 **1**(カト)腕帯(設). **2**《歴史》(古代ローマ軍の)軍団旅; 歩兵隊の一団, その一つかみ程の量.

maniqueísmo 男 **1**マニ教. **2**《善悪》の二元論.

maniqueo, a 形名 マニ教の, マニ教徒(善悪の二元論の, 二元論者.

maniquí 男 — (e)s **1**マネキン(人形). **2**他人の言いなりになる人. **3**《話》おしゃれな人. — 共通 ファッションモデル.

manir 他 (わかせて肉などを)柔らかくする, 熟成させる; (食物をマリネする.

manirroto, ta 形名 浪費する; 浪費家.

manisero, ra 名《中南米》→manicero.

manitas ▶ **hacer manitas** (2人が)手を無し合う. **ser un manitas**《話》手先が器用である.

manito, ta [<hermano, na] 名 《メキシコ》(友人に対して)君, お前.

manivela 女《機械》クランク, クランクハンドル.

manjar 男 (おいしい)食物, 料理. — **blanco**《料理》ブラマンジェ.

mano¹ 男《中南米》**1**(友人に対して)君, お前. **2**友人, 仲間.

mano² 男 [マノ] 女 **1**(人の)手 (=〔腕〕brazo). —〜 derecha [izquierda] 右[左]手. **levantar la 〜** 手を上げる, 挙手する. **2**《動物》(四足動物の)前脚; (鳥類)翼; (猛禽類の)爪. **3**《料理》四足動物の膝から下の部分. **4**《海》人手, 働き手; (船の)乗組員. —Faltan 〜s. 人手が足りない. **5**手, 手助け, 援助. —Necesito una 〜 para acabar hoy el trabajo. 今日この仕事を終えるのに手助けが必要だ. **6**支配, 影響力, 力, 権限, 責任. —dar 〜s para la negociación a ... ...に交渉の権限を与え

ど. **7**複 (所有・管轄上の)手. —llegar a (las) 〜s de ... ...の手元に届く. **8**介入, 関与, 参加. **9**[+para/con](...の)手腕, 腕前, 上手. —tener 〜 para la administración 経営手腕がある. **10**筆跡, タッチ. **11**開, 方向, 方面. —girar a 〜 derecha 右折する. **12**(仕事で反復される)一塗り; 一拭き; 一作業. —la última 〜 最後の仕上げ. **13**(トランプ・ドミノなどの全体としての)一勝負. **14**《闘》でも用いる)《ケーム》先手, 親. —ser 〜 親である. 先手である. **15**《スポ》サッカー・ホッケーの)ハンド(反則の一つ). —El árbitro pitó 〜. 審判がハンドに対してホイッスルを吹いた. **16**《話》大量, 連続, 一続き. —dar una 〜 de puñetazos a ... をボカポカ殴る, ...にげんこつの雨を降らせる. **17**(ワインなどの)一渡り, 一巡分. **18**(紙の)1束(〔キ〕)(スペインでは25枚). **19**《料理》すりこぎ, 乳棒(〜 de almirez). **20**(時計の)針, 《中南米》(バナナの)1房; トラブル, 不慮の出来事. **22**《中南米》仲間, 同僚, 友人. **23**(アフリカのギニア湾沿岸に住むマノ族). ▶ **abrir la mano**《話》制限[統制]を緩める, 手心を加える, 大目に見る. **a la mano** (1)手近な所に, 手元に. (2)自身で, 本人が. **alargar la mano a ...** (1)(挨拶・握手のため)(人)に手を差し出す, 握手を求める. (2)(物を取ったり物乞いのために)手を差し出す, 手を伸ばす. **alzar la mano [contra ...]** (...に脅迫や殴ったりするために)(人)に拳を振り上げる. 刃向かう. **a mano** (1)(機械によらず)人手によって, 手で. (2)身近に, 手近に, 手元に. (3)すぐそばに. **a mano airada** (怒りで)こぶしを振り上げて. **a mano alzada** (1)(描線が)フリーハンドで. (2)(投票が)挙手で. **a mano armada** (1)武装して, 凶器を用いて. (2)果敢に, 決然と. **a manos llenas** 気前よく, 惜しみなく, 大量に. **andar en manos de todos** ふれている, ごく普通のものである. **apretar la mano** (1)[+a](挨拶などで)(人)と握手する. (2)《話》厳しくする. **asentar [sentar] la mano a ...** (人)を殴る, 厳しく扱う. **atar las manos a ...** 《話》(人)の行動の自由を奪う, 自由にさせない. **atarse las manos [de manos]**《話》行動の自由を自制する. **bajo mano** 不法に, 不正に, こっそりと, 隠れて, ひそかに, 秘密に. **besar ... la mano** (人)の手に口づけをする. **besar la mano [las manos]** (手紙で)敬具. **caer a mano** 近くにいる[ある]; 都合がよい. **caérsele las manos a ...**《話》(人)が(退屈で)[難しくて]うんざりする, 耐えられなくなる. **cambiar de mano**(s) (物)が人手に渡る, 所有者が変わる. **cargar la mano** (1)[+en/sobre ...] 過度にする, 厳しくする. (2)《話》多くふっかける, 法外な値段をつける. (3)[+de ...] 固執する. **como por la mano [con la mano]** やすやすと, 見事に, 大変適切に. **con el corazón en la(s) mano(s)** (1)(予想できない結末にいらいらして, 神経質になって. (2)正直に, 心

から，率直に．**con la mano a [en] la cintura** 〘メキシコ〙やすやすと，楽々と，容易に．**con la mano en el corazón** 正直に，誠実に，真面目に；心から．**con las manos abiertas** 寛大に．**con las manos cruzadas** 腕組みをして；何もしないで，手をこまねいて．**con las manos en la masa** 〘話〙（主に悪いことの）最中に，犯行中に，現行犯で．**con las manos vacías** (1)（目的を遂げずに）手ぶらで，むなしく．(2)（お土産を持たずに）手ぶらで．**con mano dura** 手荒く，冷酷に．**conocer como la palma de la mano [como a sus manos]** (人・物)をとてもよく知っている，十二分に知っている，…に詳しい．**con una mano atrás [detrás] y otra delante/con una mano delante y la otra atrás [detrás]** 一文無しで，無一文で；仕事がなく．**cruzar las manos/cruzarse de manos** (1)〘話〙何もしない，手をこまねく；腕組みをする．(2) 関与しない，係わらない．**dar de mano** 仕事を終える[やめる，切り上げる]．(漆喰などを)仕上げに塗る．**dar la mano a…** (人)に握手を求める．手を差し出す．**darla una] última mano a…** …に最後の手を加える．…の仕上げをする．**darse la mano** (挨拶)同士に握手する；和解する，仲直りする．**dar una mano por…** 〘過去未来形で〙を強く望む．**dejado de la mano de Dios** 神に見放された，ついていない；辺鄙な，人里離れた；荒れ果てた．**dejar de la mano** うっちゃっておく，やめる，（特に本の）読むのをやめる；(人を)相手にしない，手をつないで；手の中でつないで；手の中でつないで；手の中でつないで；手の中でつないで；手の中でつないで；手の中でつないで；手の中でつないで．**de mano** 手で運ぶ[動かす]．**de mano en mano** (手渡しで)人から人へ，手から手へ；伝統的に．**de manos a boca** 突然，思いがけなく不意に．**de primera mano** ハンド，直接に[の]，仲介なしに[の]，オリジナルの．**de segunda mano** 間接に[の]，中古の．**echar (la) mano a…** (1)〘話〙…に手を伸ばす，つかむ；(武器などに)手をかける；(人)をかり用する，活用する…に訴える．**echar mano de…** 〘話〙(人・物)を使う，利用する；…に頼る．**echar una mano a…** 〘話〙…に手を貸す，助ける，手伝う．**en buenas [malas] manos** 信頼のできる[できない]人の手に．**en (las) manos de…** …の手中[責任]に，…の手に委ねられた，…に直接本人に[の]．〘商業〙—dinero en mano 手元現金．**ensuciarse las manos** (人)に握手を求める，手を差し出す．**frotarse las manos** 〘話〙(満足・期待して)もみ手をする；手をこすり合わせる．**ganar por la mano a…** 〘話〙(人)の機先を制する，先手を打つ，出し抜く．**irse la mano** 殴り合いになる．**irsele [escapársele] a…la mano** (1)自制心を失う，自制できない．(2)〘+ en/con (塩など)を〙入れ過ぎる；…の度を過ごす．(3)(人)の手が滑る．**írsele [escapársele] de [entre] las manos a…** (1)(人)の手から逃げる，失われる．(2)〘話〙コントロールできなくなる．**lavarse las manos** (1)手を洗う／〘腕曲〙トイレに行く．(2)〘+de《事件など》〙関わり合いにならない，手を引く[切る]．**levantar la mano a…** (殴ろうと人)に手[拳]を振り上げる．**llegar [pasar, venir]se] a las manos** (口論がこうじて)殴り合いになる．喧嘩になる．**llevar la mano a…** …に手を取って教える；手伝う．**llevarse las manos a la cabeza** 〘話〙(驚きや怒りで)頭に手をやる，びっくりする，頭を抱える．**mano a mano** (1)(2人の)対決，対戦(2)(2人の)対談，会談．(3)〘闘牛〙(通常は3人だが，技量の伯仲した)2人のマタドールによる闘牛．**mano amiga** 助け，友好の手．**mano blanda** 寛容，寛大．**mano de hierro** → mano dura．**mano de obra** (企業・地域・国での)人手，労働力．**mano derecha** (1)右手；右腕，片腕．(2)〘政治〙右翼．(3)→ no saber cuál es [dónde tiene] su mano derecha．**mano de santo** 〘話〙即効の治療法，妙薬，特効薬．**mano diestra** (1)右手．(2)器用な手；右腕．**mano dura [de hierro]** (懲罰・得遇・指導上)の厳格さ，厳しさ．**mano izquierda** (1)〘話〙(問題解決・交渉などの)巧妙さ，抜け目なさ．(2)左手．¡Manos arriba!/¡Arriba las manos! 手を上げろ．**manos de mantequilla** (物を落としやすい)不器用な手．**mano zurda** 〘文〙siniestra)．**mano(s) larga(s)** (1)(特に子どもを)すぐ殴る／喧嘩早い．(2)手癖の悪い人；手癖の悪さ．(3)気前のよい人，**manos libres [sueltas]** (1)空いた手．(2)自由裁量な権限，フリーハンド．**manos limpias** (1)無罪，潔白，廉直 (= honradez)．(2)(業務遂行上の)廉潔さ，公明正大．(3)(給料以外の)特別報酬．**manos muertas** 〘法律〙(教会財産の)死手譲渡；永久土地保有．**mano sobre mano** 何もしないで，働かないで．**manos sucias** (1)汚い手．(2)不正労働で得た報酬．**meter la mano en…** …を盗む．**meter mano [las manos] a [en]** (1)(人)を殴る．(2)(人に)触れる，痴漢行為をする，愛撫する．(3)(仕事などに)とりかかる，着手する，を始める．(4)…に口出しをする，干渉する；介入する．**no saber cuál es [dónde tiene] su mano derecha/no saber lo que lleva [trae] entre manos** 理解力がない，無知である．無能である，分別がない，分別を欠く．**pedir la mano de…** (女性に)結婚を申し込む，(男が恋人の両親)に結婚の承諾を求める．**poner la mano encima a…** 〘話〙(人)を殴る；(乱暴に)無理やり)捕らえる．**poner (la) mano [las manos] en [a]** (= meter (la) mano [las manos] en [a])．**poner la(s) mano(s) en el fuego por…** 〘話〙(人の誠実さ・事の真実性)を保証する．

poner mano en... (仕事)に着手する，取りかかる. *ponerse de manos* (動物が)後脚で立つ，(犬が)ちんちんする. *poner(se) mano(s) a la obra* 着手する[取りかかる]. *por su (propia) mano* 自分(自身)で，自ら. *quitarse de las manos* (何か)を奪い合う. *sentar la mano a...* (1)(人)を殴る，叩く，を厳しく罰する. (2)(人)から法外な代金を取る. *si a mano viene/ si viene a mano* ひょっとして，もしかすると，多分;場合により. *tender la [una] mano a...* (1)(握手のために人)に手を差し出す. (2)(人)に手を貸す，援助する;施し物を求める. *tener...al alcance de la mano* ほぼ手中にしている. *tener atadas las manos* (話)自由に行動できない. *tener la mano ancha* (道徳・義務・他人などに)あまり厳しくない. *tener menos mano...* (人)に影響力がある，顔がきく. *tener mano en* ...に影響力がある，顔がきく. *tener mucha mano* 影響力を持っている. *tener (mucha) mano izquierda* (話)(問題解決・交渉などに)巧みである. *tener mucha(s) mano(s)* 両腕がある，上手である; やり手である. *tocar con la mano* 手の届くところにある. *tomar (de) la mano* (人)を手で少しの間[軽く]取る. *traer(se) entre manos* (1)(計画・策略などを)練っている，たくらんでいる. (2)...に従事している，取りかかっている. *venirle a mano a...* (人)にとって都合がよい，ついでがある. *venir(se) a las manos* 喧嘩になる，殴り合いになる，争う. *vivir de [por] sus manos* 自活する.

manojo 男 **1** 束: 一つかみ[掴り]. **2** (話)(人の)一団.

Manola 固名 《女性名》マノーラ (Manuela の愛称).

manoletina 女 **1** (闘牛)マノレティーナ (ムレータを背後に構えだせ). **2** (闘牛士の)靴に似たローヒールの靴.

Manolo 固名 《男性名》マノーロ (Manuel の愛称).

manolo, la 名 **1** (M〜)マノーロ，マノラ (Manuel, Manuela の愛称). **2** 《古》(粋で垢抜けないマドリードの下町っ子.

manómetro 男 (物理)圧力計，マノメーター.

manopla 女 **1** (服飾)ミトン. **2** (スポ)(フェンシングなどの)グローブ. **3** (甲胄(かっちゅう)の)籠手(こて).

manoseador, dora 形 いじくり回す(の多好きな).

manosear 他 **1** (物)をいじり回す，やたらにさわる. **2** (物)を何度も利用する; (テーマ・問題など)に繰り返し取り組む.

manoseo 男 いじり回すこと，やたらにさわること.

manotada 女 →manotazo.

manotazo 男 平手打ち, びんた.

manotear 他 (をたたく, はたく. ——自 (盛んに)手振りをする.

manoteo 男 盛んな手振り.

manotón 男 平手打ち.

manquedad 女 **1** 手[腕]のないこと; 手[腕]の不自由. **2** 欠如, 欠陥.

manquera 女 →manquedad.

Manrique 固名 マンリーケ (Jorge 〜) (1440-79, スペインの詩人).

mansalva ▶ *a mansalva* 何の危険もなく, 安全に.

mansarda 女 (建築)マンサール屋根 (二重勾配式の屋根); 屋根裏(の部屋).

mansedumbre 女 **1** 温和, おとなしさ; 従順. **2** (水や空気の)ゆったりした動き.

mansión 女 大邸宅.

:**manso, sa** 形 **1** 穏やかな, やさしい. **2** (動物が)おとなしい, 馴れた. **3** (自然の事物が)静かな, 穏やかな. ——男 (群を先導する雄の)先導羊, 先導牛.

mansurrón, rrona 形 ひどくおとなしい.

:**manta** 女 **1** 毛布. ——〜 *de viaje* 旅行用毛布. **2** (何回もの)殴打, なぐりつけ. **3** ゆったりした服, ポンチョ. ▶ *liarse la manta a la cabeza* 思い切って乗り出す, 大胆に決心する. *tirar de la manta* 秘密をあばく, 漏らす.

manteamiento 男 毛布での胴上げ.

mantear 他 (からかいや遊びで)(人)を毛布で胴上げする.

:**manteca** 女 **1** 脂肪; (豚のラード; 乳脂肪. ——〜 *de cerdo* ラード. ——〜 *de vaca* バター. **2** (植物の実の)脂肪分. ——〜 *de cacao* カカオバター. **3** (主に複)(人間の体の)脂肪. ▶ *como manteca* (1)とてもやわらかい, (2)従順な, おとなしい. *Eso no se lo ocurre ni al que asó la manteca.* よくそんなばかげたことを思いついたもんだ.

mantecada 女 **1** バターと砂糖のついたパン. **2** (四角い)マドレーヌ風の菓子パン.

mantecado 男 **1** (ラードを使った)クッキー風の菓子. **2** (カスタードに似た)アイスクリーム.

mantecoso, sa 形 **1** 脂肪の多い, 油っこい; 太った. **2** 脂肪[バター]のような(舌触りの).

:**mantel** 男 **1** テーブルクロス. **2** 聖壇布, 祭壇布.

mantelería 女 テーブル掛けとナプキンのセット.

manteleta 女 (婦人用の)肩掛け, 短いケープ[マント].

mantelete 男 **1** (高位聖職者の着る)ひざまでの袖なし上衣, マンテレテ. **2** (軍事)防盾, (弾丸よけの)遮蔽(しゃへい)板[盾].

mantenedor, dora 名 (コンクール・審査会などの)審査員[主催者]; 進行係.

mantenencia 女 **1** 維持, 保持. **2** 支持, 扶養. **3** 食物.

mantener [10.8] 他 **1** を保つ, 維持する, 保持する. —— *la casa limpia* 家をきれいにしておく. **2 a)** (落ちないように)支える. **b)** (経済的に)を支える, 養う. **3** (精神的に)を支える. **3** を続ける, 続行する, 継続する. ——〜 *una conversación* 会話を続ける. **4** (ある意見)を主張する. **5** (約束

mantenido, da 過分 [→ mantener] 名 ひも, めかけ.

mantenimiento 男 1 維持, 管理, 保守. —servicio de — (機械などの)保守サービス. 2 食物, 糧(かて); 扶養. 3 食糧費.

manteo 男 1 (聖職者の)長マント. 2 (農婦の)前合わせのスカート.

mantequera 女 1 (食卓用の)バター入れ. 2 (バター製造用の)攪乳器(こうにゅうき).

mantequería 女 乳製品店[工場].

mantequero, ra 形 バター(製造)の. —— 名 酪農業者; 乳製品販売業者.

mantequilla 女 1 バター. 2 バタークリーム.

mantequillera 女《中南米》→ mantequera.

mantilla 女 1〖服飾〗マンティーリャ. 2〖主に 複〗(新生児用の厚手の)おくるみ. 3(飾りのついた)鞍敷き(布). 4〖印刷〗ブランケット. ▶ *estar en mantillas* (物事が始まったばかりである; (人が)非常にうぶ[無知]である.

mantillo 男 腐植[葉]土; 堆肥(たいひ).

mantis 女〖単複同形〗〖虫類〗カマキリ.

mantisa 女〖数学〗(対数の少数部分である)仮数.

manto 男 1 a) (婦人用の)マント, ケープ. b) (女性が喪に服するための)黒いベール. 2 覆い隠すもの. 3〖地学〗マントル, 鉱層. 4〖晩夜中の〗マントルピース, 炉棚. 5〖生物〗(軟体動物などの)外套膜. ▶ *manto acuífero [freático]* 〖地質〗帯水層.

mantón 男 (婦人の)肩掛け, ショール. ▶ *mantón de Manila* (刺繍が施された絹製の)ショール.

manuable 形《まれ》便利な, 扱いやすい.

manual 形 1 手の, 手先の, 手でする. —trabajos —es 手作業. obrero — 肉体労働者. 2 使いやすい, 手軽な. —diccionario — ハンディな辞書. —— 男 便覧, 必携, 手引き.

manualidad 女 1 手仕事; 手工芸. 2〖複〗(学校でやる)手芸, 工作.

manubrio 男 1〖機械〗クランク[ハンドル]. 2 ハンドル, 柄.

Manuel 固名〖男性名〗マヌエル. **Manuela** 固名〖女性名〗マヌエラ.

manuela 女 1〖昔のマドリードで使われた一頭立ての〗貸し馬車.

manufactura 女 1 (手工業)製品. 2 工場, 製造所.

manufacturado, da 過分 [→ manufacturar] 形 製造[製作]された. —— 男 工業製品 (=producto —).

manufacturar 他 を製造[製作]する.

manufacturero, ra 形 製造(業)の.

manumisión 女 (奴隷の)解放.

manumiso, sa 形〖歴史〗解放された, 自由の身の.

manumitir 他〖歴史〗(奴隷を)解放する; (隷属状態などから)自由にする.

manuscrito, ta 形 手書きの. —— 名 manuscrita 手書きの手紙. 手稿, 稿本, 写本; 原稿.

manutención 女 1 扶養, 養うこと; 生活費. 2 維持, 保全. 3 (工場内・倉庫間などの短距離の)(原材料・商品などの)移動, 運搬.

manzana 女 1 リンゴ(の果実). 2 (四辺の街路に囲まれた)街区, ブロック; その中の建物群. 3 リンゴのような形をしたもの. a) (剣の)つかの頭. b) (家具などの)球飾り. ▶ *estar sano como una manzana* (元気で)ぴんぴんしている. *manzana de la discordia* 不和のもと.

manzanal 男 1 → manzanar. 2 リンゴの木.

manzanar 男 リンゴ畑[園].

manzanera 女〖植物〗野生のリンゴの木.

manzanilla 女 1〖植物〗カミツレ(の実・花); (消化剤としての)カミツレ茶. 2 小粒オリーブ. 3 マンサニージャ; アンダルシア産の辛口白ワイン. 4 (哺乳動物の)肉髷(にくきん). 5 (手すりやバルコニーなどの端の)飾り玉.

manzanillo 男 1 小粒オリーブの木. 2〖植物〗マンチニール.

manzano 男〖植物〗リンゴ(の木).

maña 女 1 器用[巧みさ]; 腕前; 上手なこと. 2〖主に 複〗狡猾(こうかつ)さ, 悪知恵, 策略. 3〖主に 複〗悪癖, 悪習. ▶ *darse maña* うまくやる, 巧みに処理する.

mañana [マニャナ] 女 朝, 午前. —una —esta— 今朝. —a las tres de la — 午前3時に. —— 男 将来, 近い未来. —El — es incierto. 将来は不確実だ. —— 副 明日, 将来. —— *por la mañana* 明日の朝. *¡No hay clase.* 明日は授業がない. ▶ *de mañana* 朝早く. *de mañana en ocho días* 明日から1週間後に, 来週の明日. *Hasta mañana.* それじゃ, また明日 (別れるときのあいさつ). *¡Mañana!* 《話》(det. 絶!) いやだね. *Mañana será otro día./Mañana Dios dirá.* 〖諺〗明日は明日の風が吹く. *muy de mañana* 朝とても早く. *No dejes para mañana lo que puedas hacer hoy.* 〖諺〗今日できることを明日に延ばすことなかれ. *pasado mañana* あさって, 明後日.

mañanero, ra 形 1 朝の. 2 早起きの. —— 名 早起きの人.

mañanita 女 1 明け方, 早朝. 2 (婦人用)ベッドジャケット. 3〖複〗《中南米》(誕生日などに歌われる)メキシコの民謡, マニャニータス.

mañero, ra 形 1 ずるい, 狡猾(こうかつ)な. 2 扱いやすい.

maño, ña 名 1《話》(スペインの)アラゴン人. 2 (アラゴンでの親しい呼びかけ語として)やあ君, ねえ, お前.

mañoco 男 〖中南米〗タピオカ(キャッサバの根から取った澱粉(%)).

mañorear 自 〖南米〗ずる賢く行動する.

mañosamente 副 1器用に, 巧みに. 2ずるく, 狡猾(ぶ)に.

mañosear 他 〖南米〗1うまくやる, 巧みに物事を進める. 2(子どもが)ぐずる.

mañoso, sa 形 1器用な, 巧みな. 2ずるい, 狡猾な, 悪知恵の働く. ── 名〖情報〗ハッカー.

maoísmo 男 毛沢東思想〖主義〗.

maoísta 形 男女 毛沢東主義の〖主義者〗.

maorí 男女 複 ~(e)s 〖ニュージーランドの〗マオリ人の. ── 男 マオリ語.

mapa 〖マパ〗男 地図. ~ de España スペインの地図. ~ del tiempo 天気図. ▶ borrar del mapa《話》抹殺する. no estar en el mapa 並外れている, 普通ではない.

mapache 男〖動物〗アライグマ.

mapamundi 男〖球形平面図による〗世界地図, (平面)両半球図.

mapuche 形〖チリ先住民の〗マプーチェ人の. ── 名 マプーチェ人. ── 男 マプーチェ語.

maque 男 ラッカー(漆).

maquear 他〖家具など〗にラッカー(漆)を塗る.

maqueta 女 1〖建築物などの〗模型, ひな型. 2(本の束(?))見本.

maquetación 女〖印刷, 情報〗デスクトップパブリッシング, DTP.

maquetista 男女 1〖建築物などの〗模型作者. 2(本の)割付けのデザイナー.

maqui¹ 男〖植物〗(チリ産の)ホルトノキ科アリストテリア属の低木.

maqui² 男女 1マキ(→maquis). 2ゲリラ, 地下運動員.

maquiavélico, ca 形 1マキャベリの, マキャベリズムの. 2権謀術数を駆使する, 老獪(≦))な.

maquiavelismo 男 1マキャベリズム. 2権謀術数.

Maquiavelo 固名 マキャベリ(ニッコロ Nicolás ~)(1469-1527, イタリアの政治家・思想家).

maquila¹ 女 1粉ひき〖搾油〗料としての粉々油. 2粉ひき〖搾油〗料の計量器.

maquila² 女〖中米〗輸出用繊維の生産(工場).

maquiladora 女〖中南米〗1輸出用繊維の生産. 2下請け製品の組み立てを行う(主に外資の)工場.

maquilero 男 粉ひき〖搾油〗料の徴収人; 粉ひき〖搾油〗をして現物を受け取る人.

maquillador, dora 名〖演劇, 映画, 放送〗メーキャップ係.

maquillaje 男 1メーキャップ, 化粧. 2メーキャップ用品, 化粧品.

maquillar 他 1(人)にメーキャップ〖化粧〗する. 2を偽装する. ── se 再 メーキャップ〖化粧〗する.

máquina 〖マキナ〗女 1機械. ~ de escribir タイプライター. ~ de coser ミシン. ~ de afeitar 電気〖安全〗かみそり. ~ del tiempo タイムマシン. 2〖鉄道〗機関車; (自動車, 船舶)エンジン, モーター. 3カメラ(= ~ fotográfica). 4機構, 機関. ── del Estado 国家機構. 5〖演劇〗(場面転換の)仕掛け, からくり(舞台の乗り物など). 6〖中南米〗自動車. 7〖話〗消防自動車. 7〖話〗大変魅力的で豊満な女性. ▶ forzar la máquina (…しようと)全力を注ぐ〖努力する〗; エンジンを酷使する. máquina de guerra〖歴史, 軍事〗大型兵器. máquina herramienta 工作機械. máquina de vapor 蒸気機関. máquina hidráulica 水力機械, 水車. máquina neumática 空気〖排気〗ポンプ.

maquinación 女 陰謀, 策謀, たくらみ.

maquinador, dora 形 陰謀〖策謀〗をめぐらす. ── 名 陰謀〖策謀〗家, 策士.

maquinal 形 1機械的な, 自動的な. 無意識の. 2無造作な, 思慮を欠いた.

maquinar 他 1〖陰謀などを〗をめぐらす[たくらむ]. 2〖冶金〗(金属片)を機械加工する.

maquinaria 女 1〖集合的に〗機械(類), 機械設備〖装置〗, 機械一式(個別のには máquina). 2機械の仕組み, 仕掛け, メカニズム. 3機constructed, 組織.

maquinilla 女 1安全かみそり(= ~ de afeitar); バリカン(= ~ para cortar el pelo). 2小型機械.

maquinismo 男〖近代産業の〗機械化, 機械導入.

maquinista 男女 1機械技師; 機械製作者. 2(機関車の)機関士.

maquinizar [1.3] 他 機械化する.

maquis 男〖歴史〗1第二次世界大戦中にドイツ占領下のフランスで活動した反独レジスタンス〖ゲリラ〗組織, マキ. 2internally終結直後のスペインでフランコ体制に反対して山中で抵抗を続けた共和派〖ゲリラ〗組織. 3(フランスの)反独ゲリラおよび(スペインの)共和派ゲリラの構成員.

mar 〖マル〗男〖漁業・海事用語や a の成句では 女〗1〖地理〗海, 海洋. ── por ~ 海上で, 船で. 2〖地理〗内海, 大きな湖(塩水または淡水のもの). ── M ~ Caspio カスピ海. 3大洋, …海. ── M ~ Mediterráneo 地中海. 4〖天文〗(月などの)海. 5大波, 波浪, うねり(= mala ~). ── surcar los ~ es 波を切って進む. 6たくさん, たくさん. ── un ~ de protestas 大量の抗議. ── alta mar〖海事〗沖合, 外洋, 遠洋. a mares〖話〗たくさん, 多量に. ── llover a mares 大雨が降る. arar en el mar〖話〗骨を折る, 無駄なことをする. estar hecho un mar de lágrimas〖話〗大泣きする, さめざめと悲しげに泣く. golpe de mar 大波, 時化(&), 怒涛(ξ). hacerse [echarse] a la mar〖海事〗出帆する,

出帆する, 出港する. **la mar** 《話》〖副詞的〗大變, 非常に. **la mar de...**《話》(1)大量の, たくさんの (=un mar de...). (2)非常に, 大變, とても. **lobo de mar** 老練な船乗り. **mar arbolada**（波高6メートル以上）の荒海. **mar brava** (mar gruesa) 荒海. **mar de fondo**（1)《気象》(沖の海流などに原因する)波の大うねり, 大波. (2)《話》(町・集団内部の)潜在的な不満[不安]. **mar gruesa**（波高6メートル以上）の荒海, 荒れ狂った海. **mar jurisdiccional**《法律》領海. **mar picada** 荒海. **mar rizada** 少し波立った海. **nivel del mar**《地理》海抜. **un mar de...** 大量の….

marabú 男 **1**《鳥類》アフリカハゲコウ. **2**（婦人帽など装飾用の）ハゲコウの羽毛.

marabunta 女 **1**アリの大群（による被害）. **2**《話》騒々しい群衆.

maraca 女 《主に 複》《音楽》マラカス.

maracuyá 男 トケイソウの実, パッションフルーツ.

maragato, ta 形名 マラガテリーア（Maragatería, スペイン北部レオン地方の都市）の(人).

marajá 男 →maharajá.

maraña 女 **1**（糸や髪の毛などの）もつれ, 絡まり. **2**絹綿, 混乱, ごたごた. **3**くず絹糸（で作った布）. **4**茂み, やぶ. **5**《植物》ケルメスナラ.

Marañón 固名 **1**(el ~)マラニョン川（ペルー北部を流れるアマゾン川の支流）. **2**マラニョン (Gregorio ~)(1887-1960, スペインの医師・著作家).

marañón 男 《植物》カシューの木.

marasmo 男 **1**《医学》消耗(症), 衰弱. **2**無気力, 不振.

maratón 男/女《スポ》マラソン（競走）; （その他の）耐久競争.

maratoniano, na 形名 マラソンの(ランナー).

maravedí 男 複 ~(e)s, maravedises マラベディ（スペインの昔の貨幣）.

¡maravilla 女 **1**すばらしいこと[もの], 不思議なこと[もの]. —**las siete ~s del mundo** 世界の七不思議. **2**驚嘆, 非常な驚き. **3**《植物》キンセンカ. ▶ **a las (mil) maravillas** すばらしく, 驚くほどに. **contar [decir] maravillas de** (人やもの)のすばらしさを話す, ほめて話す. **hacer maravillas** みごとにやる, とても巧みにやる, うまくやりくりする. **ser una maravilla** (…は)本当にすばらしい, 見事だ.

maravillar 他 (人)を驚嘆[感嘆]させる, 驚かす.
— **se** 再〖+con/de に〗驚嘆[感嘆]する, 不思議だと思う.

¡maravilloso, sa 形 すばらしい, 驚嘆すべき; 不思議な.

Marbella 固名 マルベリア（スペインの海岸保養地）.

marbete 男 **1**ラベル; 値札, 荷札. **2**縁, へり.

¡marca 女 **1**マーク, 目印. **2**商標, 銘柄, メーカー. —**~ de fábrica** 商標. **~ registrada** 登録商標. **3**跡, 形跡, 傷. **4**烙印; 焼印を押すこと. **5**《スポーツ》の記録, レコード. **6**（人間や馬などの）背丈をはかるものさし. **7**《歴史》辺境. **—*M* ~ Hispánica** スペイン辺境領. **8**《情報》ブックマーク. ▶ **de marca**（1)有名メーカー[ブランド]の. (2) =de marca mayor. **de marca mayor** とほうもない, とてつもない.

marcación 女 《海事》(船の)位置測定; 方向測定.

marcadamente 副 はっきりと, 目立って, 顕著に.

marcado, da 形 顕著な, はっきりした.
— 男 (髪の)セット; (家畜の)焼き印押し.

marcador, dora 形 印[マーク]を付ける; (計器などが)示す. — 男 **1**《スポ》得点表示板, スコアボード. **2**マーカー(ペン). **3**本(の)しおり; 《情報》ブックマーク, お気に入り. **4**《印刷》紙差し工. 《スポ》得点記録係, スコアラー.

Marca Hispánica 固名 スペイン辺境領（フランク族に征服されたイベリア半島北東部の地域, 現在のカタルーニャ地方）.

marcaje 男 《スポ》相手をマークすること.

marcapáginas 男 《単複同形》《情報》ブックマーク.

marcapasos 男 《単複同形》《医学》ペースメーカー.

marcar [1.1] 他 **1**(記号・マーク)を付ける, …に印(しるし)を付ける. — **~ las reses con hierro** 家畜に焼き印を押す. **2 a)**（計器が示る数値）を記録する, 指す. **b)** …（商品の値段）を表示する. — *¿Qué precio marca* la etiqueta? ラベルにはいくらと書いてあるの. **c)**（変化など）を示す, 意味する,（時代）を画する. **d)**を指示[指定]する. **3**（電話のダイヤルを回す, プッシュボタン)を押す. **4**（サッカー）で **a)**（ゴール）を入れる. **b)**（相手の選手）をマークする. **5 a)**（人）に思い出を残す, 痕跡をとどめる, 跡を残す. **b)** …に傷跡を残す. **6**を目立たせる, 際立たせる. — *Esta blusa marca el pecho*. このブラウスだと胸の線が浮き出る. **7**（髪形）をセットする. — **~ el pelo** 髪形をセットする. **8**（拍子・リズム）を取る. — **se** 再 **1**（自分の髪形）をセットする. **2**目立つ, 際立つ.《話》(しぐさを)する, 行う; を言う.

marcasita 女 《鉱物》白鉄鉱.

marcear 自 3月らしい気候になる.

Marcela 固名 (女性名)マルセラ.

Marcelino 固名 (男性名)マルセリノ.

Marcelo 固名 (男性名)マルセロ.

marceño, ña 形 3月の.

marcescente 形 《植物》(花・葉が)落ちないで枯れる.

¡marcha 女 **1**歩くこと, 歩み. —**tener una ~ lenta** 早足で[ゆっくりした歩調で]進む. **2**行進, デモ行進. **3**《軍事》行軍. 出発. —*¿A qué hora es la ~?* 出発は何時でしょうか. **5**去ること; 撤退. —*Anunció inesperadamente su ~ del equipo*. 彼は突然そのチームを去ることを表明した. **6**（機械などの）運転; (事業・

事業などの)進行. —Tiene un buen negocio en ~. 彼の商売は順調だ. **7** 速度. —acelerar la ~ 速度を上げる. **8** (病気などの)経過. **9**《話》どんちゃん騒ぎ. **10**(自動車)(変速のギア. —meter la ~ atrás バックギアに入れる. **11**(音楽)行進曲. **12**《スポ》競歩 (~ atlética). ▶ abrir [cerrar] la marcha (行進・デモ・行列などの)先頭[最後尾]を行く. —marchas forzadas/a toda marcha 大急ぎで, 強行軍で; 時間に追われて, は以て言うれるように. dar [hacer] marcha atrás (1)(車をバックさせる. (2)(考え・計画などを)引っ込める. 後退させる, 断念する. —en marcha (1) 進行[走行]中の; 作動[始動, 稼動]している. (2)〖軍〗(号令) ir(se) de marcha 遊びに出かける, どんちゃん騒ぎをしに出かける. (2)〖+a ~〗歩いて行く. marcha real 国王礼讃歌(スペイン国歌). poner en marcha (1)(車・機械を)動かす. (2)(事業を)開始する. ponerse en marcha (1) 動き[歩き]出す. (2) 操業開始する. sobre la marcha (1) その場で, 成り行きを見て, 臨機応変に. (2) 直ちに, 即座に.

marchamar 他 (税関の検査済みの)検査済の印を押す.

marchamo 男 **1** 税関の検査済の印, 通関証票. **2**(食肉など製品の)検査済マーク.

marchante¹, ta 形 男女 **1** 商人の, 商業の. **2**(特に)美術商の.

marchante², ta 名《中南米》**1** 得意先回りの商人. **2** 常連客, 顧客.

marchar〖マルチャル〗自 **1** 進む. 行く, 歩く. **2**(機械などが)動く, 働く, 機能する. —El reloj marcha bien. 時計は正しく時を刻んでいる. **3**(物事が)うまく運ぶ, 進展する. —Todo marcha bien. すべてうまくいっている. **4**(軍隊が)行進する, 行軍する. — **se** 再 立ち去る, 出かける, 帰る. —Ya me marcho. 私もう失礼します.

marchitamiento 男 **1**(植物が)しおれる[しなびる]こと. **2** 衰弱, やつれ.

marchitar 他 **1**(植物を)しおれさせる, 枯らせる. **2**(体力や容色を)衰えさせる; やつれさせる. — **se** 再 **1** しおれる. 枯れる. **2** 衰弱する, やつれる.

marchitez 女 **1** しおれた[枯れた]状態. **2** 衰弱した[やつれた]状態.

marchito, ta 形 **1**(植物が)しおれた, 枯れた. **2** 衰弱した, やつれた.

marchoso, sa 形 《話》愉快な(人), 活発な(人), 陽気な(人).

Marcial 固名 マルティアリス(Marco Valerio ~)(40?-104, ローマの風刺詩人, ヒスパニア出身).

marcial 形 **1** 戦争の, 軍隊の. **2** 軍人らしい, 威風堂々とした. **3**《薬学》鉄分を含む. ▶ artes marciales(柔道や空手などの)武術, 格闘技.

marcialidad 女 軍隊調, 勇壮, 威風堂々.

marciano, na 形《天文》火星

(Marte)の. — 名 火星人; 宇宙人.

marco 男 **1**(絵などの)枠, 額縁; (窓や戸の)枠. ~~ de cuadro 絵の額. **2** 枠組み, 範囲; 〘情報〙フレーム. **3** 背景, 環境. **4** マルク(ユーロ導入以前のドイツの貨幣単位).

marconigrama 男 電報, 無線通信.

marea 女 **1** 潮(の干満), 潮汐(ちょうせき). **2** (船舶の荷の)積み下ろし, 荷揚げ. **3**(漁船一隻による1日の)水揚げ, 漁獲高. ▶ marea negra (重油などで)汚染された海流. marea roja 赤潮.

mareado, da 過分〖→ marear〗形 気分が悪い; (船などに)酔った; (酒に)酔っぱらった.

mareaje 男 **1** 航海術, 航法. **2**(船の)針路, コース.

mareante 形 **1** 気分を悪くさせる; 船酔いさせる. **2** 《話》うるさがらせる, うるさい. **3** 航海の. — 男女 航海者.

marear 他 **1**(人を)うんざりさせる, 悩ませる. **2**(人に)乗物酔いをさせる; 気分を悪くさせる. **3**(船を)操縦する. — 自 〘話〙うんざりさせる, うるさい. — **se** 再 **1**(乗物)酔いする; 気分が悪くなる. **2** 目まいがする. **3**〘話〙ほろ酔い気分になる. **4**〘話〙しばしば否定文で〙あれこれよくよく考える.

marejada 女 **1**(波の)うねり, 大波. **2**(騒乱の前などの)(人心の)動揺; うわさ, 流言蜚語.

maremagno 男 **1** おびただしいこと, たくさんのもの[人], 大勢. **2**〘話〙混乱した[雑然たる]大勢の群衆[もの].

maremágnum〖ラテン〙男 → maremagno.

maremoto 男(海底地震による)津波, 高潮.

marengo 男 ダークグレイ(= gris ~)(の).

mareo 男 **1** 船[乗物]酔い; 気分が悪くなること, むかつき, 吐き気. **2** 目まい. **3**〘話〙面倒, 厄介; 困惑.

mareógrafo 男 検潮器.

marfil 男 **1** 象牙(ぞうげ)(の). **2**(歯の)象牙質(の). **3** 象牙色(の), アイボリー(の).

marfileño, ña 形 **1** 象牙(ぞうげ)の; 象牙のような. **2** コートジボアールの.

marga 女 **1**〘地質〙泥炭土, マール. **2**(袋やろ布用具の粗布.

margal 男 泥炭土の多い土地.

margarina 女 マーガリン.

Margarita 固名《女性名》マルガリータ.

margarita 女 **1**〘植物〙ヒナギク; マーガレット. **2** 真珠. ▶ echar ~s a los puercos〘諺〙豚に真珠をやる. **3**〘貝類〙タカラガイ, コヤスガイ; (真珠層のある)貝.

margen〖マルヘン〙男 — 名 márgenes〙**1** a) 欄外, 余白. —dejar ~ 余白を残す. ~ derecho [inferior] 右[下]マージン. b) 欄外の注. **2** 時間などの)余裕, 余地. **3** 機会, 動機, 口実. **4**〘商業〙利ざや, マージン(売掛と掛金額の差). — 女〘時には男〙(川の)岸, (道などの)のへり, 端(は). —la ~ izquierda 川の左岸. ▶ al margen

marginación de... …から離れて、締め出されて.
marginación 囡 疎外, 差別, 無視.
marginado, da 過形 (→ marginar) 形 (社会から)疎外[のけ者]にされた(人), アウトサイダー, 落ちこぼれ.
marginal 形 **1** へりの, 余白の, 欄外の. **—nota** … 欄外の注. **2** 周辺的な, 部外者的な. **3** 二次的な, 副次的な.
marginar 他 **1** (書類・印刷物などに)余白を残す. **2** (本文に)傍注を入れる; 欄外に書き込みをする. **3** を無視する, 考慮しない; を疎外[のけ者]にする.
margoso, sa 泥灰土質の, 泥灰土を含んだ.
margrave 男 《歴史》(神聖ローマ帝国時代のドイツ貴族の称号の)辺境伯.
margraviato 男 《歴史》**1** 辺境伯の称号. **2** 辺境伯領.
Mari 囿名 〖Mary とも書く〗《女性名》マリ (María の愛称).
María 囿名 **1** 《聖書》(Santa Virgen) M～)(聖母)マリア. **2** 《女性名》マリア.
maría 囡 **1** 《料理》丸型ビスケット(= galleta ～). **2** 《話》マリファナ. **3** 楽勝科目. **4** 《軽蔑》(家事に熱心だが知的好奇心のない)専業主婦, おばちゃん.
mariachi 男 《音楽》マリアッチ.
marial 形 聖母マリア賛美の書物(の).
María Magdalena 囿名 《聖書》マグダラのマリア.
Mariana 囿名 《女性名》マリアナ.
Marianas 囿名 **1** (Fosa de las ～)マリアナ海溝(太平洋の海溝). **2** (Islas ～)マリアナ諸島.
marianista 形男女 〖カト〗マリーア会 (Compañía de María)の(会員).
Mariano 囿名 《男性名》マリアノ.
mariano, na 形 聖母マリア(信仰)の.
Maribel 囿名 《女性名》マリベル (María Isabel の愛称).
marica 囡 **1** 《俗, 軽蔑》**1** 女のような男. **2** ホモ, 同性愛者. — 囡 **1** 《話》《鳥類》カササギ.
maricón 《俗, 軽蔑》形 **1** 同性愛の, ホモの. **2** 腹黒い, 悪意のある. — 男 **1** ホモ, 同性愛者; 女みたいな男. **2** 腹黒い男.
mariconada 囡 《俗》**1** ホモ独特のしぐさ[言動]. **2** 卑劣な[悪意のある]行為; ばかげたこと.
mariconeo 男 《俗》ホモセクシュアルのしぐさ.
mariconera 囡 《軽蔑》男性用のセカンドバッグ, ポーチ.
mariconería 囡 《俗》**1** ホモセクシュアルであること. **2** → maricondada.
maridaje 男 **1** 調和, 結合. **2** 夫婦関係[の和合]; 同棲, 内縁関係.
maridar 他 (2つのもの)を結合させる. — 自 **1** 結婚する. **2** 同棲する.
marido 男 夫.
mariguana, marihuana, marijuana 囡 《麻薬の》マリファナ.

marimacho 男 《俗》**1** 男勝りの女, 男のような女. **2** レズビアン.
marimandona 囡 やたらと口うるさい[命令好きな]女.
marimba 囡 **1** 《音楽》マリンバ. **2** (アフリカの)太鼓の一種.
marimorena 囡 《話》(騒がしい)けんか.
marina 囡 **1** (=～ de guerra) 海軍. **2** 〖集合〗(一国の)船団, 船舶. —mercante 商船隊, 海運力. **3** 航海術, 海事. **4** 沿岸, 海浜. **5** 海洋画.
marinada 囡 《料理》**1** マリネード(魚・肉を軟らかくし, 香りをつけて保存するための ワイン・酢・香辛料などで作る漬け汁). **2** マリネ[マリネード]に漬けられた魚や肉の料理.
marinar 他 **1** 《料理》(魚)をマリネ[酢漬け]にする. **2** (船)に船員を乗り組ませる.
marine 男 (米国・英国の)海兵隊.
marinear 自 船員として働く.
marinería 囡 **1** 船員の職業, 船乗り稼業. **2** 〖集合的に〗船員, 乗組員.
marinero, ra 形 **1** 船乗りの. **2** (船)が航海に適する; 操船しやすい. — 男 船乗り, 船員; 水兵. — 囡 セーラー服, 水兵服.
marinesco, ca 形 船員[水夫, 水兵]の.
marinismo 男 マリニスモ. ♦マリーニ Marini(17世紀イタリアの詩人)風の装飾的な文体.
marino, na 形 海の, 海洋の. —corriente marina 海流. — 男 船員, 船乗り; 水夫.
Mario 囿名 《男性名》マリオ.
Mariología 囡 聖母マリアに関する研究, マリア学.
marioneta 囡 **1** 操り人形, マリオネット[比喩的にも]. **2** 複 操り人形芝居.
mariposa 囡 **1** 《虫類》チョウ(蝶), 蛾 (=～ nocturna, polilla). **2** 灯用, 3 《機械》チョウナット. **4** (水泳の)バタフライ.
mariposear 自 **1** 移り気である. **2** (特に男が女性を口説いて回る. **3** (ある人に)しつこくつきまとう.
mariposón 男 《話》**1** 移り気な男; 女性を口説きまわる男. **2** ホモ, おかま.
Mariquita 囿名 《女性名》マリキータ (María の愛称).
mariquita 囡 **1** 《虫類》テントウムシ. **2** 《鳥類》インコ. **3** 《俗》ホモセクシュアル, おかま.
Marisa 囿名 《女性名》マリーサ (María Luisa の愛称).
marisabidillo, lla 名 インテリぶった人, 知ったかぶりする人.
mariscada 囡 《料理》海の幸の盛合せ.
mariscador, dora 名 魚介類漁業者.
mariscal 男 **1** 《軍事》(フランスなどの)陸軍元帥(恪). **2** 《歴史》(condestable「元帥」の下の)同令官.
mariscar 自 魚介類を捕る.
marisco 男 (貝類やエビ・カニ・タコ・イカ

などの)海の幸, シーフード. —sopa de ~s 魚貝類のスープ.

marisma 囡 (海岸近くの)湿地帯, 沼地.

marismeño, ña 形 湿地帯[沼地]の.

Marisol 囡囲 《女性名》マリソル (María de la Soledad の愛称).

marisqueo 男 魚介類漁業.

marisquería 囡 海産物[シーフード]のレストラン[店].

marisquero, ra 形名 (貝・エビ・カニなどの)漁師; 海産物の商人.

marista 形名 《カト》《マリア崇拝の)マリスト会の; マリスト会士.

marital 形 **1** 夫婦[結婚]の. **2** 夫の.

marítimo, ma 形 **1** 海上の; 海中の; 海運上の. —transporte ~ 海上輸送, 海運, comercio ~ 海上貿易[交易]. **2** 臨海の, 海に面する. (海辺の). —paseo ~ 海沿いの散歩道.

maritornes 囡〖単複同形〗粗野で醜い男まさりの女中.

marjal 男 沼地, 低湿地.

marjoleto 男 《植物》セイヨウサンザシ.

márketing 〈英〉男 《経済》マーケティング, 市場調査 (=mercadotecnia).

marlo 男 〈南米〉→zuro.

marmita 囡 **1** (ふた付きの金属製)鍋(☆); 圧力鍋. **2** 飯盒(☆).

marmitako 男 《バスク》《料理》マルミタコ: バスク地方のカツオとジャガイモの煮込み料理.

marmitón 男 (調理場の)見習いコック, 下働き.

mármol 男 **1** 大理石. **2** 大理石の彫刻作品.

marmolería 囡 **1** 大理石加工場. **2** [集合的に] (建物の)大理石(全体). **3** 大理石の彫刻品.

marmolillo 男 **1** 車よけの石柱. **2** 愚か者, 間抜け.

marmolista 形名 大理石工; 大理石商.

marmóreo, a 形 大理石のような.

marmota 囡 **1**《動物》マーモット. **2** よく眠る人, 寝坊.

maro 男 《植物》**1** イヌハッカ, ニガクサ. **2** サルビア.

marojo 男 ヤドリギの一種.

maroma 囡 **1** 大綱, 索. **2**《中南米》綱渡り, 曲芸, 軽業. **3**《中南米》サーカスの興行. **4**《中南米》(政治的な)変節, 風見鶏.

maromero, ra 形名 《中南米》**1** 日和見的な[無節操な]政治家. **2** 曲芸師.

maromo 男 《軽蔑》**1** (名前もよく知らない)やつ, 某氏. **3** 愛人, 恋人.

maronita 形男女 マロン派キリスト教徒(の).

marqués, quesa 名 侯爵; 侯爵夫人, 女侯爵.

marquesado 男 **1** 侯爵の爵位. **2** 侯爵領, 領地.

marquesina 囡 (建築)張り出し屋根, ひさし.

marquetería 囡 **1** 寄せ木[截拼(☆)]細工; 象眼. **2** 家具[指物]工芸.

marra 囡 (石工用の)ハンマー, げんのう.

marrajo, ja 形 **1** (主に闘牛用の牛が)性格の悪い, 危険な. **2** (人が)ずる賢い, 狡猾(☆)な. —男 《魚類》サメの一種.

marranada 囡 **1** 汚さ, 汚い[不潔な]物. **2** 卑劣な行為.

marranear 他 を汚す; だます. —自 汚い[卑劣な]ことをする.

marranería 囡 →marranada.

marrano, na 形 **1** 汚らしい(人), 不潔な(人). **2** 卑劣な(人), 浅ましい(人). **3** (歴史)偽装改宗ユダヤ教徒.

marrano² 男 (水車の回転軸との)つなぎ材.

marraqueta 囡 《中南米》(表面に切れ目のある食事パン)マラケタ.

marrar 自 **1** 誤る, 失敗する. **2** それる, 逸脱する. —他 を失敗する.

marras 以前, 昔. ▶ de marras (戯, 軽蔑)例の; いつもの.

marrasquino 〈伊〉男 マラスキーノ(サクランボから作るリキュール).

marrón 形 **1**《ゲーム》石投げ. **2**《ゲーム》鬼ごっこ. **3**(棒打ち遊びの)棒.

marrón² 形 **1** くり色の, 茶色の. —男 **1** くり色, 茶色. **2** (石投げ遊びに用いる)小石. **3** 《料理》マロン・グラッセ (= ~ glacé).

marroquí 形男女〖複〗~(e)s 《地理》モロッコ(Marruecos)(人)の; モロッコ人. —男 モロッコ革.

marroquinería 囡 **1** [集合的に] モロッコ革製品; 皮革製品. **2** 皮革製品の製造(業). **3** 皮革製品の製造工場[工房].

marrubio 男 《植物》(シソ科の)マルビウム, ニガハッカ.

marrueco, ca 形名 →marroquí.

Marruecos 固名 モロッコ(首都 Rabat).

marrullería 囡 おだて, おべっか, 甘言.

marrullero, ra 形名 口のうまい(人), 言葉の巧みな(人).

marsellés, llesa 形名 マルセーユ(Marsella)の(人).

Marsellesa 囡 (La ~) ラ・マルセイエーズ. ♦ フランスの国歌.

Marshall 固名 (Islas ~) マーシャル諸島(首都 Majuro).

marsopa, marsopla 囡 《動物》ネズミイルカ.

marsupial 形 《動物》有袋類の. —男 《動物》有袋類.

marsupio 男 《動物》(有袋類の)育児嚢(☆).

Marta 固名 《女性名》マルタ.

marta 囡 **1**《動物》(イタチ科の)テン(貂). **2** テンの毛皮.

Marte 男 **1**《ローマ神》マルス(戦いの神). **2**《天文》火星.

martes 〖マルテス〗男〖単複同形〗火曜日 《略号》mart.]

Martí 固名 マルティ (José ~)(1853-95．キューバの革命家・詩人).

martillada 女 ハンマー[槌]で打つこと．

martillar 他 →martillear.

martillazo 男 ハンマー[槌]で強く打つこと，打撃．

*martillear 他 **1** を繰り返し金槌(ﾎﾞﾁ)[ハンマー]で打つ[叩く]．**2** をしつこく繰返す．**3** を苦しめる，悩ます．— 自 繰り返しハンマーで打つ；しつこく繰り返す．

martilleo 男 **1** ハンマー[槌]で打つこと[音]．**2** 単調に繰り返す音．

martillero, ra 名 《南米》競売人．

martillo 男 **1** 《機械》槌(ﾂﾁ)，金槌，ハンマー．—a ~ ハンマーでたたいて．**2**（ピアノの弦をたたく）ハンマー．**3**《ｽﾎﾟ》（ハンマー投げの）ハンマー．**4**《解剖》（中耳の）槌骨(ｿｳｺﾂ)．**5**《魚類》シュモクザメ（=pez ~）．**6**（競売人、議長などが用いる）木槌；競売場．▶ a macha martillo しっかりと，徹底的に；（信念・信仰などが）強固な．

Martín 男 **1**（男性名）マルティン．**2** San M~ 聖マルタン（フランスの守護聖人）；豚を殺す時期（11 月 11 日頃）．—llegar-LE[venirLE] a ... su San M~《話》(人)に盛者必衰の時が訪れる．

martín del río 男 《鳥類》ゴイサギ（五位鷺）．

martineta 女 《南米》《鳥類》（体長 40 センチほどの）ウズラの一種．

martinete¹ 男 《鳥類》ゴイサギ（五位鷺）；ゴイサギの冠羽．

martinete² 男 **1**《音楽》（ピアノの）ハンマー．**2**《機械》a）（鍛造用の）ドロップハンマー．b）鍛造工場．**3**《音楽》マルティネーテ．

martingala 女 **1** たくらみ，策略；仕掛け．**2**（よろいの下に着る）半ズボン．**3**《話》面倒[厄介]なこと．

martín pescador 男 《鳥類》カワセミ．

mártir 男女 殉教者；受難者，犠牲者．

martirio 男 **1** 殉教．殉死．**2**《受難，苦難，苦痛．

martirizador, dora 形名 迫害する(人)，苦しめる人，責めさいなむ(人)．

martirizante 形 →martirizador.

*martirizar [1.3] 他 **1** を殉教[殉難]させる；迫害する．**2** を苦しめる，さいなむ．— **-se** 自 苦しむ．

martirologio 男 **1** 殉教者名簿．聖人名簿．**2**（訴訟の）被害者名簿．

Maruja 固《女性名》マルハ（María の愛称）．

maruja 女 →maría 4．

marullo 男（波の）うねり，波立ち．

marxismo 男《政治》マルクス主義．

marxista 男女 形《政治》マルクス主義(者)；マルクス主義者，マルキスト．

marzo 男 3 月．

mas 接《文》しかし，されど．

más 副 [マス 副]《mucho の比較級】 **1**［形容詞・副詞(句)の前で］［+ que］ ...よりもっと(多く)．いっそう．—Él es ~ alto que tú. 彼は君よりも背が高い．Corrió ~ rápido de lo que esperaba. 彼は期待した以上に速く走った．**2 a**［動詞の後または前で］［+ que より］さらに，もっと，それ以上．—Quédate un poco ~. もう少しいてくれ．Este abrigo me gusta ~ que aquél. 私はこのオーバーの方があれよりも好きだ．b）［名詞などの後で］その上，さらに，なお．—Te lo repito una vez ~. もう一度それを繰り返すよ．c）［否定文で］もう(…ない)．それ以上は(…ない)．—Hoy ya no lloverá ~. 今日はもうこれ以上雨は降らないだろう．**3**［+ de +数量・程度の表現］...以上，...を超えて．—Llevo ~ de dos horas esperando. 私はもう 2 時間以上も待っている．**4**［定冠詞・所有形容詞の後で］［+ de の中で］もっとも，一番．—Julio es el ~ guapo de todos. フリオは皆の中で一番ハンサムだ．**5**［代名詞 + que で始まる関係節の中で］もっとも，一番．—Los que ~ se han divertido son tus compañeros. 一番楽しんだのは君の仲間たちだ．**5**［感嘆文で］（形容詞の前で）なんと，非常に，とても．—¡Qué vida ~ triste! なんて悲しい人生だろう．**6** なおさら．**4 a**［ 冠詞 + nombre en ese hotel, y ~ si me lo recomiendas tú. 私はそのホテルに泊まろう．君が推薦していただのならなおさら．▶ a lo más 多くても，せいぜい，よくて．a más その上，さらに，おまけに．a más de ...のほかに，...に加えて．a más y mejor 非常に，大量に，大いに．aún ~ (1)（比較の強調）なおいっそう．(2) まして，なおさら；それどころか．cuanto más ... (tanto) más ... ...すればするほど（ますます）...．~ ..., de lo más 非常に，とても．de ~ (1)［+ 名詞］余計な，余分な，余っている．(2)［副］何もしないで，ひまなで．el que más y el que menos だれでも，どんな人でも．en más (1)［+ que よりも］もっと，以上に．(2) 余分に，余計に．es más それどころか，...と言うより．las más de las veces 大抵の場合．lo ~ ［+ 形容詞・副詞］+ posible [que poder] できるだけ[に], に].lo más antes できるだけ早く．lo más posible [que poder] できるだけ．más aún (1) まして，なおさら．(2) それどころか．más bien (1) むしろ，どちらかと言うと．(2)（否定文の後で）それどころか，反対に．más o menos だいたい，およそ．más que + 接続法 たとえ ... でも，としても．(2)［+ 名詞］...以上に．(3)［形容詞 + más que + 形容詞］...なことこの上ない．más y más ますます，次第に．nada más nada．ni más ni menos ちょうど，ぴったり，ほかでもない．no más (1) ただ，たった，...だけ．(2)［+ 名詞］...はもうたくさんだ．(3)［+ 直説法・接続法］...すると，...するとすぐに．no más de ［+ 数量］多くても，せいぜい．no ~ [+ 動詞] más que... ただ...しない．Poco más o menos だいたい，およそ；多少とも．por más que (1)［+ 接続法］どんなに[いくら]...したとしても．(2)

[+直説法] どんなに[いくら]…しても. **¿Qué más da?** そんなどうでもいいじゃないか, どうした, 同じことだ. **¿Qué (quién) más?** ほかには何[だれ](あるいは何のか). **sin más (ni más)** 理由もなく, 不意に, いきなり. **sobre poco más o menos** 《話》だいたい, およそ. ━ 形 [単複同形] **1** [mucho の比較級の][+ que](個・量・程度などが)[+ より多く(多く), 大きい]. ━Yo tengo ~ amigos que tú. 私は君よりもたくさんの友達を持っている. **2** [数学] (数値の前で)プラスの, 正の. ━~ ocho プラス8. **3** [感嘆文で][+ nombre] なんと多くの[たくさんの, 大きい] ━¡Había ~ gente! なんと大勢の人がいたことか. **4** 《話》[+ que] もっとよい[上等な, 大きい, 強い]. ━M~ hombre que él no lo encontrarás. 彼などより大きな人を君は見つけられないだろう. ━接 [無数形][数学] を足して, プラス. ━Dos ~ tres son cinco. 2+3 は5. **2** …に加えて, …のほかに. ━ 代 (不定) **1** [定冠詞複数/lo +][+de] の大多数, 大部分. ━Los ~ piensan que se has equivocado. 大多数の人は君が間違えたと思っている. **2** [無数詞] もっと多くのこと[人, もの, 数量など], それ以上のこと[人, ものなど]. ━Ya han pasado siete años o ~. すでに7年かそれ以上たっている.
▶**sus más y sus menos** 《話》いろいろな問題, やっかい[面倒]なこと, 難点. ━ 男 [数学] **1** プラス記号, 正符号, 加号. **2** 正数.

masa 女 **1** 塊(*kai*); 集まり, 一団, 一群. **2** (パンの)こね生地, こね玉; しっくい. ━ de pan パン生地. **3** la(s) ~ (s) 大衆, 民衆. ━las ~s populares 一般大衆. **4** 全体, 総量. **5** [物理] 質量. ▶**en masa** ひとかたまりになって, 一団となって.
masacrar 他 を大虐殺する.
masacre 女 大虐殺, 殺戮.
masada 女 (農場や牧場の中に立つ)農家, 作業小屋.
masaje 男 **1** マッサージ, 按摩, 揉み療治. **2** マッサージ用品[器].
masajear 他 (体の一部)をマッサージする.
masajista 男女 マッサージ師, 按摩.
mascada 女 **1** 噛むこと, 咀嚼(*そしゃく*). **2** [南米] 噛みタバコのひと口分. **3** [中米] 噛みタバコなどの)一回分. **4** [中米] (絹の)ハンカチ.
mascado, da 過分 [→ mascar] 形 分かりやすくかみ砕いて説明した.
mascador, dora 形 噛み砕く(人).
mascar [1.1] 他 **1** (食べ物)をよく噛む, 噛み砕く, 2 (口の中で)もごもご[つぶつぶ]言う. **3** 《話》何かを噛んで, わかりやすく説明する. ━ se 《話》(重大事態が)予感される.
máscara 女 **1** 仮面, マスク, 面. **2** 有毒[ガス]マスク, 及びマスク. **3** 仮装, 変装. **4** 仮装パーティー. **5** 仮装した人. **7** 見せかけ, 口実. **8** 道化芝居, 仮面

劇. **9** (化粧の)マスカラ. ▶**arrancar (quitar) la máscara** 仮面をはぐ. **quitarse…la máscara** 正体を明らかにする, 本音を言う.
mascarada 女 **1** 仮面舞踏会, 仮装パーティー. **2** 仮装行列. **3** 見せかけ, まやかし, 茶番(劇).
mascarilla 女 **1** (目の部分だけを覆う)仮面, (防毒)マスク. **2** (鼻と口部分を覆う)マスク, 酸素[麻酔]マスク. ━ de gas ガスマスク. **3** 顔型, (特に)デスマスク, 死面. **4** (美顔用の)パック.
mascarón 男 **1** 大きな仮面. **2** [建築] (装飾用の)奇怪な面. ▶**mascarón de proa** [海事, 船舶] 船首像, フィギュアヘッド.
mascota <仏> 女 **1** (幸運をもたらす)お守り. **2** マスコット; ペット.
masculinidad 女 男性[雄]としての特性, 雄性, 男らしさ.
masculinización 女 〖生物〗 男性化.
masculinizar 他 を男性的にする, 男らしくする. ━ se 男性的になる, 男らしくなる.
masculino, na 形 **1 a)** 男性の, 男の. **b)** 男らしい. **2** [言語] 男性(形)の. **3** (女がする), 男勝りの. ━ 男 [言語] 男性(形).
mascullar 他 《話》**1** をもぐもぐと噛む. **2** をもぐもぐとぶつぶつと]言う, つぶやく.
masera 女 **1** [料理] (パン生地をこねるための)桶. **2** [料理] パン生地をこねるのに用いる布(パン生地を発酵させるためにかける)布. **3** [動物] (ビスケー湾産の)エビの一種, オマールエビ, ロブスター.
masetero 男 [解剖] (咀嚼(*そしゃく*)筋の一つ)咬(*こう*)筋.
masía 女 (カタルーニャ地方の)農家, 作業小屋.
masificación 女 大衆化, 大規模化.
masificar 他 を大衆化する, 無個性化する. **2** (人)をたくさん集める. ━ se 再 無個性になる, 大衆化する. 大衆でいっぱいになる.
masilla 女 (窓ガラスの固定などに使用する)パテ, 接合剤.
masita 女 **1** [軍事] 兵士の給料から差し引かれる被服費. **2** [南米] 菓子, ケーキ, パスタ.
masivo, va 形 **1** [医学] (投薬が)最大耐量の. **2** 大量の, 多量の. **3** 大勢の, 大集団の, 大規模な.
maslo 男 **1** [動物] 尾の中心部. **2** [植物] 茎.
masoca 形 男女 →masoquista.
masón, sona 男女 フリーメーソンの会員.
masonería 女 フリーメーソン.
masónico, ca 形 フリーメーソンの.
masoquismo 男 マゾヒズム, 被虐性愛; 被虐趣味.
masoquista 男女 マゾヒズムの, マゾ(の), 被虐性愛の(人), 嗜虐的な(人).
masoterapia 女 マッサージ療法.
mastaba 女 〖歴史〗 マスタバ.

mastectomía 囡 《医学》乳房切除術.

mastelerillo 男 《船舶》トゲルンマスト，上檣[ょぅ].

mastelero 男 《船舶》トップマスト，中檣[しょう].

máster 男 修士課程；修士号. ── 圐囡《話》修士号取得者.

masterizar 他 をマスターテープ化する.

masticación 囡 よく噛むこと，噛み砕くこと，咀嚼[そしゃく].

masticador, dora 囮 1 噛み砕く，咀嚼[そしゃく]する. 2 《動物，虫類》咀嚼器をもつ. ── 男 1 《動物》馬銜. 2 《咀嚼の困難な人のために》食料や料理をすりつぶす道具，ミキサー.

***masticar** [1.1] 他 1 を噛み砕く，咀嚼[そしゃく]する. 2 を熟考する，噛みしめる.

mástil 男 1 《海事》マスト，帆柱. 2 柱，支柱，竿. 3 《植物》茎，幹. 4 (羽の)軸（弦を張るための）棹[さぉ]. 6《無電用の》鉄柱.

mastín, tina 图囮《動物》マスチフ(の).

mastique 男 《建築》マスチック，乳香.

mastitis 囡 《単複同形》《医学》乳腺炎.

mastodonte 男 1 《動物》マストドン. 2 《話》巨大なもの[人].

mastodóntico, ca 圏 1 《動物》マストドンのような. 2 巨大な，大男の，大女の.

mastoides 圏 《解剖》乳様突起の；乳頭状の. ── 囡 《単複同形》《解剖》乳様突起.

mastoiditis 囡 《単複同形》《医学》乳様突起炎.

mastología 囡 《医学》乳房学.

mastopatía 囡 《医学》乳腺症.

mastranto 男 1 → mastranzo. 2 《中南米》芳香性のある植物の総称.

mastranzo 男 ヤグルマハッカ.

mastuerzo 圏 愚鈍な（人），間抜けな. ── 男 1 《植物》コショウソウ（胡椒草）. 2 クレソン，オランダガラシ.

masturbación 囡 自慰，マスターベーション，オナニー.

masturbar 他 （相手の性器）を刺激する. ── **se** 自慰をする，オナニーをする.

mata¹ 囡 1 《背の低い》草本，低木，灌木. 2 （草木の）茎. 3 草木や低木を植えた畑[圃]. 4 《動物》ニュウコウジュ(乳香樹). ▶ **mata de pelo** 長く豊かな髪.

mata² 囡 《冶金》鈹[ヒ]，マット.

matacaballo 男 **a ~**《話》大急ぎで，大あわてで.

matacabras 男 《単複同形》強い北風.

matacán 男 1 《植物》マチン；犬殺し用の毒物. 2 《狩猟》（犬に追われた）野ウサギ. 3 つかんで投げやすい石. 4 《建築》石落とし．

matacandelas 男 《単複同形》ろうそく消し．

matacandil 男 《植物》ニオイアラセイトウ．

matachín 男 1 畜殺業者. 2 けんか好き男．

matadero 男 1 畜殺場. 2 《話》骨の折れる［ひどく危険な］仕事． ▶ **ir** [**venir**] **al matadero** (人が)死地［戦場］に入り込む. **llevar a ... al matadero** (人)を死地［戦場］に送り込む．

matador, dora 圏 1 殺す，殺しの. 2 《話》骨の折れる. 3 《話》悪趣味の，helpí稽[こっけい]な. ── 图 《闘牛》マタドール. ◆牛にとどめを刺す役の闘牛士．

matadura 囡 （馬などの）鞍[くら]擦れ．

matafuego 男 消火器，消防士．

matalahúga, matalahúva 囡 《植物》アニス．

matalobos 男 《単複同形》《植物》トリカブト (=acónito)．

matalón, lona 图圏 やせて鞍[くら]擦れの絶えない(馬)．

matalotaje 男 1 《集合的に》(一隻の船の)食糧. 2 雑多な寄せ集め．

matalote 男 《海事》僚艦.

matambre 男 《南米》1 (牛や豚の)腹身の肉. 2 ふだん肉で野菜やゆで卵などを巻いたあと冷製料理．

matamoros 男 《無変化》からいばりする(人)，強がり屋(の).

matamoscas 男 《単複同形》ハエ取り器[紙]．

matanza 囡 1 大虐殺. 2 (豚の)畜殺(の時期)，腸詰め作業. 3 《集合的に》塩漬けや腸詰めなどの豚肉加工品．

mataperros 男 《単複同形》《話》腕白[わんぱく]坊主，悪がき．

matar [マタル] 他 1 を殺す，... の命を奪う. 2 《比喩》を死ぬほど苦しめる，わずらわせる. ──**Este calor me mata.** この暑さにはまいってしまう. 3 (空腹・のどの渇き)をいやす，紛らす. 4 (トランプで相手の出したカードより強いカードを出す. 5 を磨耗させる，を傷める. 6 を塗り潰す. 7 (壁)をつぶす (= ~ **el tiempo**). 8 (切手)に消印を押す. ── **le** ... **el sello 切手**に消印を押す. 9 (角張ったもの)を削って丸くする. 10 (色彩)をくすませる. ▶ **estar** [**llevarse**] **a matar con** (人)と敵対している，犬猿の仲である. **matarlas callando** 《話》善人のふりをして悪をする，猫をかぶる. **que me maten si** 《話》... なんて信じられない，本当に... なら私の首をやろ. ── **se** 再 1 a) 自殺する. b) (事故で)死ぬ. ──**se en un accidente de tráfico** 交通事故で死ぬ. 2 a) [**+ a/por**] ... しようと必死になる，2 つの懸念に働く. ──**Se mata por aprobar el examen.** 彼は試験に合格しようと必死である. b) [**+ por**] に首ったけである，(を)溺愛する.

matarife 男 畜殺業者．

matarratas 男 《単複同形》1 (質が劣悪で強い)焼酎. 2 猫いらず．

matasanos 男 《単複同形》やぶ医者．

matasellos 男 《単複同形》（切手の

matasiete 消印；スタンプ．

matasiete 男《話》からいばりする人，強がり屋．

matasuegras 男《単複同形》(おもちゃの)蛇腹笛．

matazón 男《中南米》大量虐殺．

match 〔英〕男 (スポーツの)試合，対決．

mate[1] 形 **1** つやのない，くすんだ．**2**（音が）鈍い．—sonido 鈍い音．

mate[2] 男 **1**（チェスの）チェックメイト，詰み，**2**〔スポ〕スマッシュ．▶ *dar mate a...* (人)をからかう，あざ笑う．

mate[3] 男 **1** マテ茶 (=yerba ~). — amargo [cimarrón] 砂糖なしのマテ茶．**2** マテ茶の木．**3**（マテ茶用の）ヒョウタンの器．

mateada 女《チリ》**1** マテ茶を飲むこと．**2** マテ茶を飲む集まり．

matear 自 **1** マテ茶を飲む．**2**《チリ》(他の液体と)混ぜる．

matemática 女《主に複》数学．

matemáticamente 副 **1** 計算上では．**2** 厳密に．

matemático, ca 形 **1** 数学の，数学上の．**2** 非常に正確な．— 名 数学者．

Mateo 固名 **1**《男性名》マテーオ．**2**（San ~）《聖書》聖マテオ[マタイ](12使徒の1人)．

materia 女《主に複》数学．もの．**2** 材料．**3**（精神的なものに対して）物質的なもの．**4** 事柄，題目；問題．—índice de ~s（本の）目次，もくじ．**5**《医学》膿汁．▶ *materia de Estado* 国事．*materia(s) prima(s)* 原料．*en materia de ...*の件については，…に関しても．*entrar en materia* 本題に入る．

material 形 **1** 物質の；物質的な；肉体の．—los daños ~es del terremoto 地震による物的被害[損害]．valor ～ 物質的価値．**2** 実際[実質]上の，具体的な．**3**《軽蔑》物質主義の，即物的な．**4**《中南米》細かい，くどい．▶ *autor material*（事件などの）張本人，真犯人．— 男 **1**《主に複》材料，資材．—nuevo ～ 新素材．～ publicitario 広告媒体．~es de construcción 建築資材．**2**（集合的に）（学校・病院などの）用具；機材（一式）；（作品・研究などの）材料．**3** 皮，なめし革．**4**《話》麻薬．▶ *de material*〔中南米〕《建築》(日干し)煉瓦造りの，堅牢でできた．

materialidad 女 **1** 物質性，具体性；実在性．**2**（事物などの）外見，外面，表面（；意味に対して）字音．**3** 実体，実質．

materialismo 男 **1**〔哲学〕唯物論[主義]．**2**《軽蔑》物質主義；実利主義．▶ *materialismo dialéctico*〔哲学〕弁証法的唯物論．*materialismo histórico*〔哲学〕史的唯物論，唯物史観．

materialista 形 **1** 唯物論の，唯物論的な．**2** 物質主義の，物質的欲求の．—civilización ~ 物質文明．**3**《メキシコ》建築資材の．— 男女 **1** 唯物論者．**2** 物質主義者，実利主義者．**3**《メキシコ》建築資材のトラック運転手；建築[資材]業者．

materialización 女 **1** 物質化；具体化，具現化．**2**（心霊体による）具現，顕現．

materializar[1,3] 他 **1** を物質化する．**2** を具体化する，実現する．**3**《よい》対象主義化する．**4**（霊体）を具現[顕現]させる．— **se** 自 **1** 物質になる．**2** 具体化される，実現される．**3** 物質主義者になる．

materialmente 副 **1** 物質的に，物理的に．**2** 事実上，実際上．**3** 明らかに，明白に．

maternal 形 母の，母親らしい．

maternidad 女 **1** 母親であること；母性．—protección de la ~ 母性保護．permiso de ~ 産休．**2** 産院，産科病院 (=casa [clínica] de ~)．

maternizar 他（牛乳に）母乳が持つ成分を加える．

materno, na 形 母の，母としての，母らしい．—amor ~ 母性愛．**2** 母系の，母方の．**3** 母国の．—lengua *materna* 母(国)語．

matero, ra 形 名〔南米〕**1** マテ茶好き(な)．**2** マテ茶の．

matete 男〔南米〕**1** ごたまぜ，混合物．**2** けんか．**3** 混乱，紛糾．

matidez 女 **1**（色の）くすみ，つやのなさ；（音の）鈍さ．**2**〔医学〕（打診の際の）濁音．

Matilde 固名《女性名》マティルデ．

matinal 形 朝の，（興行の）午前の部の．— 女 午前の興行．

matiné 〔<仏〕女 **1** 昼興行，マチネー，昼の会合．**2**〔南米〕（女性の）化粧着．

matiz 男（複 *matices*）**1** 同一の色の微妙な色合い，色調．**2**（いくつかの色の）配色．**3** ニュアンス，意味合い．

matización 女 **1**（色を）配合すること；色調．**2** 微妙な変化を与えること，ニュアンスを持たせること．

matizador, dora 形 名（色調・情調などを）添える（人・道具など）．

matizar[1,3] 他 **1**（色）を配合する，組み合わせる．**2**（+con/de/en の）色合いをつける，**3**（+con/de/en（色など）に）微妙な変化を与える；含みを持たせる．

matojo 男 **1** 雑木，雑草．**2**〔植物〕オカピエル（ツガ科の一種）．**3** 山に生い茂る草木．

matón 男《話》**1** けんか早い男，**2** 殺し屋；用心棒．

matonismo 男 腕力[恫喝]によるさばき；ごろつきぶり．

matorral 男 低木の茂み；雑草地．

matraca 女 **1** マトラカ（木製のガラガラ）．**2**《話》からかい，ひやかし．**3**《話》しつこさ，うるさき．**4**《話》数学．— 男女《話》しつこい（くどい）人．

matraquear 自《話》**1** ガラガラを鳴らす；カタカタ音を立てる．**2** いらいらさせる，うるさがらせる．

matraz 男〔化学〕長首フラスコ．

matrero, ra 形 **1** ずるい，狡猾（こうかつ）な，抜け目ない．**2** 疑い深い，だまし屋の，裏切り者の．**3** 臆病な．**4**〔南米〕（司直の手を逃れて）山の中に隠れた（者）．

matriarcado 男 **1** (原始)母系家族制，母権制．**2** (ある集団での)女性支配．

matriarcal 形 母系家族制の，母権制の．

matricaria 女 〖植物〗ナツシロギク．

matricial 形 〖数学〗マトリックスの，マトリックスに関する．

matricida 形 男女 母親殺しの(犯人)．

matricidio 男 母親殺しの犯行．

matrícula 女 **1** 登録簿，名簿；(大学などの)学籍登録；授業料．—derechos de ~ 登録費．**2** (教育関係などでの)登録者(総数)．**3** (自動車の)登録番号；ナンバープレート．▶ *matrícula de honor* (1)(科目における)最優秀成績．(2)特待生登録(成績優秀で授業料が免除)．*matrícula gratuita* 授業料免除．

matriculación 女 登録[入学]すること；その手続き．

matricular 他 (公文書・学籍簿に)を登録する，記載する．

— **se** 再 [＋en ...] 登録する，入学手続きをする．

matrimonial 形 結婚の，婚姻の；夫婦(間)の．—vida ~ 結婚生活．vínculo ~ 結婚の絆，婚姻関係．enlace ~ 結婚(式)．compromiso ~ 婚約．

matrimoniar 自 結婚する．— **se** 再 [ﾁﾘ] 結婚する．

matrimonio 男 **1** 結婚，婚姻；結婚式．—contraer ~ con ... ...と結婚する．~civil (教会で挙式しない)民事婚．~religioso 教会結婚．**2** 夫婦．~homosexual 同性愛者の夫婦．

matritense 形 男女 ＝madrileño．

matriz 女 〖複〗*matrices* **1** 〖解剖〗子宮．**2** 鋳型；(活字の母型)；(レコードの)原盤．**3** 原本，原簿，台帳．**4** (小切手帳などの)控え，割り符．**5** 〖数学〗マトリックス，行列；〖情報〗配列．**6** 〖鉱物〗基質，石基．**7** 雌ねじ．**8** 〖鳥類〗クイナ．— 形 母体となる，主たる．

matrona 女 **1** 助産師．**2** (税関・刑務所などの)女性検査官．**3** (特に古代ローマの)上流の母親．**4** 太った年配女性．

matungo, ga 名 〖南米〗老馬，駄馬．

maturrango, ga 形 名 〖南米〗乗馬が下手な(人)；(太って)動きの鈍い(人)．

matusalén 男 〖話，主に軽蔑〗高齢な人(＜Matusalén〖聖書〗メトセラ: 969年生きたと言われる)．

matute 男 密輸入(品)．▶ *de matute* 密輸で；隠れて，不法に．

matutear 自 密輸入する．

matutero, ra 名 密輸入者．

matutino, na 形 朝の，朝刊の．

maula 女 **1** がらくた，役立たずの物．**2** 策略，ごまかし，ペテン．— 男女 〖話〗ペテンの達人；ペテン師(の)．**2** 役立たず(の)．**3** 〖南米〗臆病な．▶ *ser buena maula* (人が)腹黒い，悪賢である．

maulería 女 策略，ごまかし，ペテン．

maullador, dora 形 (猫が)よく鳴く．

maullar [1.8] 自 (猫が)にゃーにゃー鳴く．

maullido, maúllo 男 猫の鳴き声．

mauriciano, na 形 モーリシャス(Mauricio) の，モーリシャス出身の．— 名 モーリシャスの住民[出身者]．

Mauritania 国名 モーリタニア(首都Nouakchott)．

mauritano, na 形 モーリタニア(人)の．— 名 モーリタニア人．

máuser 男 〖複〗~(e)s モーゼル銃．

mausoleo 男 (石の建物から成る豪華で壮大な)墓(所)，霊廟(れい)．

maxifalda 女 〖服飾〗マキシスカート．

maxilar 形 〖解剖〗顎(がく)の；顎骨．

maxilofacial 形 〖医学〗顎(がく)顔面の．—cirugía ~ 顎顔面外科．

máxima 女 **1** 格言，金言，箴言(しん)．—~s morales 道徳訓．**2** 処世訓；規範．

maximalismo 男 過激主義．

maximalista 形 男女 過激主義の[主義者]．

máximamente 副 ことに，なおさら．

máxime 副 特に，とりわけ，ことに．

Maximiliano de Habsburgo 国名 マクシミリアーノ[マクシミリアン](1832–67，メキシコ皇帝，在位1864–67)．

maximizar [1.3] 他 **1** を最大[最高]にする．**2** 〖数学〗の最大値を求める．

máximo, ma 形 最大の，最高の，極限の．— ~ goleador (サッカーなどの)最高得点者．— 男 最大，最大数量，最高点．▶ *como máximo* せいぜい，多くて，最大限．

máximum 〈ラテン〉男 ＝máximo．

maya[1] 形 マヤ(人・語・文化)の．— 男女 マヤ人[族]．— 男 マヤ語．

maya[2] 女 **1** 〖植物〗ヒナギク．**2** (5月の祭りに選ばれる)5月の女王，メイ・クイーン．

mayar 自 ＝maullar．

mayate 男 〖メキシコ〗〖虫類〗コガネムシの一種．

mayear 自 5月らしい気候になる．

mayestático, ca 形 陛下の，威厳ある．

mayéutico, ca 形 〖哲学〗(ソクラテスの)産婆術(の)．

mayido 男 ＝maullido．

mayo 男 **1** 5月．**2** 〖歴史〗メイポール，5月柱(5月1日に広場などに建てて花・リボンで飾り付ける)．▶ *como (el) agua de mayo* 〖スペイン〗〖話〗天の慈雨のように(ありがたい)，折りよく．*para mayo* 〖皮肉，戯〗〖ﾁﾘ〗ずっと先に，いつになるかわからない頃．

mayólica 女 マジョリカ焼き(装飾的なイタリアの陶器)．

mayonesa 女 〖料理〗マヨネーズ(＝salsa ~)．

mayor [マヨル] 形 〖grande の比較級，→menor〗 **1** a) ［＋que＋名］もっと大きい，多い．—Mi problema es ~ que el tuyo. 私の問題は君のより大きい．b) 〖定冠詞・所有形容

詞+》もっとも大きい,最大の. —Es la ~ ciudad del país. それはその国最大の都市である. **2 a**》年上の, 年長の. —mi hermana ~ 私の姉. **b**》『定冠詞・所有形容詞+》もっとも年上の, 最年長の. —Soy el ~ de los hermanos. 私は兄弟の中で一番年上だ. **3** 大人の, 成人の. —~ de edad 大人, 大人, 年配の, 中高年の; 老齢の. —una mujer ~ 大分年配の女性. **5** 主要な, 主な, 重要な. —plaza ~ 中央広場. calle ~ 大通り. **6** 先任の, 主任の, 上級の. **7**《音楽》長調の, 長音階の. —en ~ イ長調の. **8**《数学》である(不等号 ">"で表す). ▶ **al por mayor** 卸売りで[の]; 大量に. —venta al por mayor 卸売り. **ir (pasar/llegar) a mayores** 重大になる. — 男女》**1** 大人, 成人. **2** 年長者, 年配者, 中高年. —residencia para ~es 老人ホーム. — 男》**1** 首長, 長, 指導者. **2** 軍先祖, 祖先. **3**《英米などで》陸軍少佐. **4**《会計で》元帳. **5**《論理》大前提.
mayoral 男》**1** 牧童頭. **2**《農場の監督, 人夫頭. **3**《駅馬車などの》御者. **4**《南米》電車の運転手.
mayorazgo 男》**1** 長子相続制; 長子相続の世襲財産; 相続権のある長子. **2**《話》長男, 嫡男.
mayordomía 女》家令〔執事〕の職務; その事務所.
mayordomo 男》**1** 家令, 執事, 使用人頭. **2**《信徒会の》財産管理担当官. **3**《南米》《工事会の》現場監督. **4**《南米》召使い, 使用人.
mayoreo 男》卸売り.
mayoría 女》**1** 大部分, 大半. **2**《投票で》多数, 多数決. —~ absoluta (relativa) 絶対〔相対〕多数. **3** 成年, 成人の年令. —~ de edad 成年. ▶ **mayoría silenciosa** 物言わぬ大衆.
mayorista 形·男女》卸売りの(業者); 問屋.
mayoritario, ria 形》多数派の; 多数決による.
mayormente 副》主として, 特に.
mayúsculo, la 形》**1** 大文字の. —letra *mayúscula* 大文字. **2** ひどく大きな. — 女》大文字.
maza 女》**1** 大きな木槌(きづち), かけや. **2** 棍棒(昔の武器). **3**《儀式・行列用》の金属杖(じょう). **4**《ビリヤードの》キュー尻(じり). **5**《音楽》太鼓の》ばち. **6**《話》うるさい人, 厄介者.
mazacote 男》**1** 固く塊になったもの; 固く干からびた食物. **2** 出来損いの芸術作品. **3**《建設用》コンクリート.
mazamorra 女》**1**《南米》《特にペルーの》トウモロコシ粉の粥(かゆ), コーンスープ. **2** 傷んだスポンジケーキ(スープ用のくずれたビスケット. **3**《まれ》崩れて粉々になったもの.
mazapán 男》《料理》マジパン(すりつぶしたアーモンドに砂糖を加えた練り菓子).
mazo 男》**1** 槌(つち); 棍棒による一撃.

2《比喩》衝撃.
mazdeísmo 男》ゾロアスター教, 拝火教.
mazdeísta 男女》ゾロアスター〔拝火〕教徒の. — 男女》ゾロアスター〔拝火〕教徒.
mazmorra 女》地下牢.
mazo 男》**1** 大きな木槌(づち). **2**《物を打ち砕くための》小槌. **3** 束, 一組に束ねた[まとめた]もの.
mazorca 女》**1** トウモロコシの穂. **2** カカオ豆. **3** 紡錘の糸.
mazurca 女》《音楽, 舞踊》マズルカ.
me 〔メ〕《代》《人称》**1** 人称単数与格・対格として》**1**《直接補語として》私を. —Invítame a la boda. 私を結婚式に呼んで. **2**《間接補語として》私に, 私にとって, 私から. —Mi padre *me* regaló estos libros. 父は私にこれらの本をプレゼントしてくれた. **3**《再帰代名詞として》私自身を[に]. —Esta mañana *me* he levantado temprano. 私は今朝早く起きました.
mea culpa《ラテン》《祈りの一節で》わが過ちを[と唱えながら胸をたたく]. — 男》《単複同形》過ち, 過失.
meada 女》《俗》小便; その跡〔染み〕.
meadero 男》《俗》小便所.
meado 男》《俗》小便, おしっこ.
meandro 男》**1**《川や道の》蛇行, 曲がりくねり. **2**《建築》雷紋.
meapilas 男女《単複同形》→ santurrón.
mear 自》《俗》小便をする(= orinar). — 他》《俗》…に小便をかける. — **se** 再》《俗》小便をもらす.
meato 男》《解剖》管, 道.
Meca 固名》(La ~) メッカ(サウジアラビアの都市, イスラム教の聖地).
meca 女》聖地, 中心地, メッカ.
mecachis 間》《不快・驚きなど》畜生, ちぇっ.
mecánica 女》**1** 力学, 機械学. **2** 機構, メカニズム, 仕組み. **3**《機械の》仕掛け, 働き.
mecanicismo 男》《哲学》機械論.
言語》機械主義, メカニズム. **2** 機械の導入. **3** 機械化の傾向.
mecánico, ca 形》**1** 力学の, 機械(学)の; 機械製の. **2** 機械的な, 自動的な. — 男》機械工.
mecanismo 男》**1** 機械(装置), 仕掛け, メカニズム. **2** 電動装置. — de CD-ROM《情報》シーディーロム・ドライブ. **2** 機構, 機関, メカニズム. — ~ administrativo 行政機構.
mecanización 女》機械化.
mecanizar [1,3] 他》**1** 機械化する. **2**《人間の活動》を機械的にする.
mecano 男》組み立て式の玩具.
mecanografía 女》タイプライターを打つこと, タイプ技能.
mecanografiar [1,5] 他》 をタイプライターで書く, タイプする.
mecanográfico, ca 形》タイプライター(技術)の, タイプライターに関する.

mecanógrafo, fa 图 タイピスト.
mecapal 男〖中米〗(額で支えて荷物を背負う)革紐.
mecapalero 男〖中米〗(mecapalを使う)荷物運び人.
mecate 男〖中南米〗(麻・リュウゼツランの)縄, ひも.
mecedor, dora 形 揺れる; 撹拌(な)する. ── 男 1 木製の撹拌(な)棒, こん棒. 2 ぶらんこ. ── 女 1 揺り椅子, ロッキングチェア.
mecenas 男女〖単複同形〗学芸の後援[保護]者, パトロン.
mecenazgo 男 学芸の後援[保護].
mecer [2.4] 他 1 を揺り動かす, 揺する. 2 (液体)をかき混ぜる, 撹拌(な)する. ── se 揺れる; (風にそよぐ); (ブランコ)をこぐ.
mecha 女 1 (ランプ・ろうそくなどの)芯(ﾆ), 灯心. 2 導火線, 信管. 3 〖医学〗ガーゼ. 4 〖料理〗(肉に刺し込む)豚の生ベーコンの薄切り. 5 (他の部分と色が異なる毛の)毛房. ▶ a toda mecha〖話〗全速力で.
mechar 他 (鳥肉などに)豚の生ベーコンを刺し込む.
mechera 女 〖料理〗(豚の生ベーコンの刺し込み針 =aguja ~).
mechero¹ 男 1 (タバコ用の携帯式)ライター; 点火器. 2 火口, バーナー. 3 (燭台(ʆ&&))ろうそく立て.
mechero², ra 名 万引き.
mechinal 男〖建築〗(足場用の横木を差し込む)壁の穴. 2〖話〗小部屋.
mechón 男 1 (髪・毛糸の)房. 2 (ランプの)大きな芯(ﾆ).
mechonear 他〖チリ〗 1…の髪の毛を引っ張る. 2 (新入生)をいじめる, からかう.
mechudo, da 形 1〖中南米〗〖蔑〗髪がぼさぼさの, 髪がもじゃもじゃの. ── 男〖中米〗モップ.
meco, ca 形〖メキシコ〗(動物が)黒の混じった赤毛の. ── 名〖メキシコ〗(独自の伝統を守り続けている)インディオ.
meconio 男 1〖医学〗胎便. 2〖薬学〗ケシのエキス.
medalla 女 1 メダル, 賞杯[牌(ﾊ)], 勲章. ── de oro [plata, bronce] 金[銀, 銅]メダル. 2 ペンダント, ロケット(とくに聖母マリア, 聖人などが刻まれた). 3〖美術〗浅浮き彫り. 4 古貨. ▶ el reverso de la medalla メダルの裏, (物事の)反面. ── 男女 メダル受賞者, メダリスト.
medallero 男 メダル獲得数(の表).
medallista 男女 メダリスト.
medallón 男 1 大型メダル. 2 (装身具の)ロケット. 3〖建築〗円形浮き彫り(模様). 4〖料理〗薄い輪切り肉[魚], メダイヨン.
médano 男 1 砂丘. 2 砂洲(ﾖ).
media¹ 女〖主に 複〗ストッキング. 長靴下;〖中米〗ソックス.
media² 女 1〖数学〗平均. 2 半時間. ── a las siete y ~ 7時半に. 3 ハーフタイム(= ~ botella). 4〖スポ〗ハーフバック.
▶ a medias (1) 半分ずつ(の); 共同で. (2) 中途半端に[な]. de media 平均して.
mediacaña 女 1〖建築〗刳(ｸ)型(ﾁ), モールディング; 平縁. 2 (木工の)丸のみ.
mediación 女 1 仲裁, 調停. ── pedir ~ 調停を要請する. 2 仲介, 取り次ぎ. ── por ~ de ─ を介して, …の仲介で.
mediado, da 形〖→ mediar〗半分になった[入った, 済ませた]. ── El teatro estaba ~ 劇場が半分埋まっていた.
▶ a mediados de〖時間〗…の半ば頃に, 中旬に.
mediador, dora 形 調停の, 仲裁の; 仲介の. ── 名 調停[仲裁]者; 仲介者.
mediagua 女〖中南米〗片流れ屋根, 片屋根.
medialuna 女 1 クロワッサン(三日月形のパン). 2 半月形.
mediana 女 1〖数学〗(三角形の)中線. 2 (ビリヤードの)大きなキュー.
medianamente 副 中ぐらいに, 並に, 可もなく不可もなく.
medianejo, ja 形〖話〗並より劣る, 平均以下の.
medianería 女 1 (地所等の)境界塀; 柵. 2 (建物等の)境界壁.
medianero, ra 形 1 境界の. 2 調停[仲裁]の. ── 名 1 調停[仲裁]者. 2 (境界壁を共にする)隣人. 3 折半小作農.
medianía 女 1 凡庸(さ). 2 半ば(さ). 3 平庸な人, 平凡な人, 凡人. 3 中流の(生活). ── vivir en una apacible ~ 落ち着いて人並みの生活を送る. 4 中央部, 中間の地域, (特に)海岸と山岳の間の地域.
medianil 男 1 隣戸との共有壁. 2 〖印刷〗段[列]を区切るために挿入される余白.
mediano, na 形 1 中ぐらいの, 並の. ── hombre de edad mediana 中年の男性. 2 平凡な, 中程な; それほどよくない ── un estudiante ~ 平凡な学生.
medianoche 女 1 真夜中; 夜の12時. 2 (ハムをはさんだ)ロールパン.
mediante 前〖メディアンテ〗…によって, を通じて, …のおかげで. ▶ Dios mediante 神のおぼしめしで, 万事うまくすれば.
mediar 自 1 半分になる, 半ばに達する. ── Ha mediado ya el barril de vino. ワインが樽(ﾀ)に半分入った. 2 a)〖~ en/entre ─〗の間に入る.〖~ por ─ のために〗仲介する, の人となる. b)取りなす, 仲裁する. 3 (ある事が)中途で起こる. 4 (時が)経つ, 経過する. ── Medió un año entre los dos grandes seísmos. 2つの大地震の間には1年が経過していた.
mediastino 男〖解剖〗(2つの肺の間の)縦隔(ｬﾗ)(洞).
mediático, ca 形 メディアの.
mediatización 女 (間接的)支配, 干渉.
mediatizar [1.3] 他 1 (権力など)を間接支配する. 2 (行動の自由を妨げるなどして)(人や組織)に干渉する.

mediato, ta 形 間接の.

mediatriz 女 《数学》垂直二等分線.

medicación 女 **1** 投薬. **2**《集合的に》薬剤.

medicamentar 他 《中南米》→medicar.

medicamento 男 薬剤, 医薬.

medicamentoso, sa 形 薬用の, 薬効のある.

medicar [1.1] 他 (患者に)投薬する, 薬を服用させる. **— se** 再 《＋con (薬)》服用する.

medicastro 男 《軽蔑》やぶ[偽]医者.

medicina [メディシナ] 女 **1** 医学, 医薬. **2** 薬. ~ legal 法医学. ~ interna 内科学. ~ preventiva 予防医学. **2** 薬. **3** 薬, 効き目のあるもの(こと).

medicinal 形 薬用の, 薬効のある, 医療用の. —hierbas ~es 薬草. ▶ *balón medicinal* (スポ) メディシンボール.

medicinar 他 →medicar.

medición 女 測量, 測定, 計量.

médico, ca [メディコ, カ] 形 医学の, 医療の. —examen [reconocimiento] ~ 医者の診察[健康診断]. receta *médica* 処方箋. — 名 医者, 医師. ~ de cabecera [familia] かかりつけの医者, 主治医. ~ forense [legista] 監察医.

medida 女 **1** はかること; 測定, 計量. **2** 寸法, サイズ(長さ, 大きさ, 重さ, 速度など). —¿Cuál es la ~ de tu cuello? 君の首回りのサイズはいくらですか. **3** 度量の単位. **4** 《主に 複》措置, 処置, 対策. ~s de seguridad 安全措置. **5** 程度, 割合. —Se paga el jornal a ~ del trabajo. 仕事の割合で日給が支払われる. **6** 節度, 抑制. **7**《詩学》韻律, 格. ▶ *a la medida* (1) あつらえて. (2) ぴったりの, ぴったりの. *a medida que* …にしたがって, …につれて. *sin medida* 過度に, 節度なく.

medidor, dora 名 測定者[計量]する. — 名 測定者[士]. — 男 測定器[計] 《中南米》(水道・ガス・電気などの)メーター.

mediero, ra 名 **1** 靴下製造[販売]業者. **2** 折半小作農[人].

medieval 形 **1** 中世 (Edad Media) の, 中世風の. **2** 時代後れの, 保守的な.

medievalismo 男 **1** 中世的性格, 中世風. **2** 中世研究.

medievalista 男女 中世研究者.

mediavo 男 中世.

medina 女 アラブ人居住区の旧市街.

medio¹, dia [メディオ, ディア] 形 **1**《無冠詞で名詞に前置して》a) 半分の, 2分の 1の. ~ kilo 半キロ. dentro de *media* hora 30分後に. b) 半ばの, 不完全な. —*Media* ciudad oyó la explosión. 町の大半が爆発音を聞いた. **2**(両極の)中間の, 間の, 中央の. ~ clase *media* 中流階級. **3** 平均の, 並の, 普通の. —temperatura *media* 平均気温. ▶ *a medias* (1) 半分ずつ(の), 折半して. (2) 中途半端に. (3)《過去分詞＋》…しかけの. *a medio* 《＋不定詞》…しかけで, …途中で, …し終わらないで. *a medio camino* 中途で, 途中で. *ir a medias* 半分ずつにする. *Medio Oriente* 中東. — 名 《スポ》ハーフ(バック). — 副 **1** 形容詞・過去分詞》半分, 半ば, いくぶん. —Está ~ muerta de frío. 彼女は寒くて寒くてしようがない. **2**《＋過去分詞・過去分詞》ほとんど…しないで, …し終わらないで. —Salió ~ vestida. 彼女はろくろく服も着ないで飛び出した.

medio² [メディオ] 男 **1** 中央(部), ま, 中. —en el ~ de la calle 通りのまん中に. **2**《主に 複》手段, 方法, 対策;《情報》メディア. ~ de vida 生活手段. ~s de comunicación 交通通信手段[機関]. ~s de transporte 交通機関[手段]. **3** 資力, 資産, 資金. **4** 生活[自然]環境, 生息場所. **5**(特定の)社会, (特定の)集団, …界. ~s económicos 経済[実業]界. **6** 半分, 2分の1. —un ~ 2分の1. **7** 中指. **8**《闘》闘牛場の中心部. **9** 霊媒. ▶ *de medio a medio* 完全に, まったく. *de por medio* (= en medio). *en medio* (1) まん中[中央]に(して). (2) じゃまになって. *medio ambiente* →medioambiente. *no ahorrar medios* 全力を尽くす. *ponerse [meterse] por (en) medio* 介入する, じゃまをする. *por medio de* …を通して, 仲介として, …によって. *quitar de en medio* 《＋人》(邪魔になる者を)消す, 殺す, 取り除く. *quitarse de en medio* 《話》(1) (ある場所や仕事から)引き下がる, 立ちさる, どく. (2) 自殺する.

medioambiental 形 環境の. —contaminación ~ 環境汚染.

medioambiente 男 (自然)環境.

mediocampista 男女 → centro-campista.

mediocre 形 **1** 平凡な, (知性などが)並みの, 陳腐な. **2** 中ぐらいの.

mediocridad 女 **1** 凡庸(さ), 平凡(さ). 月並み. **2** 凡人.

mediodía 男 **1** 正午(12時); お昼時. —mañana a(l) ~ 明日正午に. **2** 南, 南部.

medioeval 形 →medieval.

medioevo 男 →medievo.

mediofondista 男女 《スポ》中距離走者(の).

mediometraje 男 中編映画(60分前後の作品).

mediopensionista 男女 **1** 学校で給食を受ける生徒. **2** 2食付きの下宿人.

medir [6.1] 他 **1**(を)測る, 測定する, 測量する. ~ la temperatura 温度[体温]を測る. **2** a)(言動などを)勘案する, 吟味する, 推測する. b) (他と比較して)評価する, 判定する. **3** (ものの言い方を)控えめにする. (慎重にものを)言う. **4**《詩学》

(詩の音節数)を数える,韻律を整える.《音楽》(拍数)を配分する. — 自 寸法[身長]である. —¿Cuánto mides? 身長はどれくらいですか. — se 再 1 [+con] 戦う,競う,争う. 2 自制する,言動を控え目にする.

meditabundo, da 形 物思いに沈んだ,考え込んだ;瞑想(%)的な.

meditación 女 熟考,沈思黙考;瞑(%)想.

meditar 自 瞑想する,黙想する;[+sobre ...について]思索する. — 他 を熟考する,熟慮する.

meditativo, va 形 瞑想(%)的な,瞑想的;思索的な.

mediterráneo, a 形 1 地中海(Mar Mediterráneo)(沿岸,性)の. 2 陸地に囲まれた,内陸の.

médium 男女《複~s》霊媒,巫女(%).

medo, da 形 (古代ペルシアの王国)メディア(Media)の(人). — 男 メディア語.

medra 女 →medro.

medrar 自 1 (動植物が)成長する,大きくなる. 2 繁栄(発展)する,出世する.

medro 男 1 成長,増大. 2 繁栄[発展],出世.

medroso, sa 形名 1 臆病な,怖がり屋(の),臆病者. 2 恐ろしい.

médula, medula 女 1 《解剖》髄(%);骨髄(~ ósea);脊髄(~ espinal). 2 真髄,核心,中枢. 3 《植物》髄.
► *hasta la médula* 骨の髄まで,徹底的に.

medular 形 《解剖,植物》髄の;核心の.

medusa 女 《動物》クラゲ.

mefistofélico, ca 形 1 (ゲーテのファウストの悪魔)メフィストフェレス(Mefistófeles)の(ような). 2 悪魔的な(人・行為).

mefítico, ca 形 有毒な;悪臭のある.

megabanco 男 メガバンク,巨大銀行.

megabit 男 《情報》メガビット.

megabyte 男 《情報》メガバイト.

megaciclo 男 《電気》→ megahercio.

megaciudad 女 巨大都市(=megalópolis).

megafonía 女 音響技術[装置].

megáfono 男 メガホン,拡声器.

megahercio 男 《電気》メガヘルツ(周波数の単位;100万ヘルツ,《略号》MHz).

megalítico, ca 形 《考古》巨石の.

megalito 男 《考古》(有史以前に建てられた)巨大な石像や構築物.

megalomanía 女 《医学》誇大妄想(狂);過剰な野心[自負].

megalómano, na 形 誇大妄想(狂)の. — 名 誇大妄想狂(患者).

megalópolis 女 《単複同形》メガロポリス,超巨大都市.

megaterio 男 《生物》メガテリウム,オオナマケモノ.

megatón 男 メガトン(100万トン,《略号》MT).

megavatio 男 《電気》メガワット(100万ワット,《略号》MW).

mejicanismo 男 メキシコ特有の語法[表現].

mejicano, na 形 メキシコ(Méjico, México)の,メキシコ人(の).

mejido, da 形 (卵を)攪拌(沒)した,泡立てた.

mejilla 女 ほお,頬.

mejillón 男 《貝類》ムール貝.

mejillonero, ra 形名 ムール貝養殖[業者]. — 男 ムール貝養殖場.

mejor [メホル] 1 〖bueno の比較級〗〖+ que 〗 …より良い,いっそう優れた. —Este libro es ~ que aquél. この本はあの本よりも良い. =, igual, peor que hace un año 1年前よりも,変わらない,悪い(世論調査で景気に対する選択肢). 2 〖定冠詞・所有形容詞などの後で〗〖+ de の中で〗最も良い,最上の,最高の. —Es mi ~ amigo. 彼は私の一番の親友だ. Es el ~ profesor de todos. 彼は全員の中で最良の先生だ.
■ *ser mejor* 〖+ 不定詞〗/〖ser) mejor que 〗〖+接続法〗 …の方が良い[望ましい]. — 副 1 〖bien の比較級〗〖+ que 〗 もっとよく,もっと上手に,以上に. —Lo hizo ~ que tú. 彼は君よりも上手にそれをやった. 2 〖定冠詞付きの名詞の修飾語または代名詞+ que で始まる関係節の中で〗最もよく,一番上手に. —Es la que habla ~ el español de todos. 彼女が皆の中で一番上手にスペイン語を話す. 3 まあ,どちらかと言えば,いっそ. —Te quedarías ~ esta blusa. どちらかと言えばあなたにはこのブラウスの方が似合う. 4 〖間投詞的に承認を表して〗大変よろしい,ますます結構だ.
► *a la mejor* 〖メキシコ〗(= a lo mejor).
a lo mejor 〖+ 直説法〗《話》たぶん,もしかすると. *mejor dicho* もっと正確に言えば. *mejor o peor* どうみても,良かれ悪しかれ. *mejor que mejor/ tanto [mucho] mejor* それだけかえって良い,結構.

mejora 女 1 改善,改良,進歩. — ~ del suelo 土地改良. 2 《競売で》せり値,せり上げ.

mejorable 形 改良[改善]できる.

mejoramiento 男 改良,改善;(病状の)回復. — ~ del enfermo 病人の回復.

mejorana 女 《植物》マヨラナ.

mejorar 自 (病状・天気などが)良くなる,好転する,回復する. — 他 1 を良くする,改良する,改善する. 2 (記録)を更新する,破る. 3 を凌駕(*)する,しのぐ,…に勝る. 4 《競売で》値を競り上げる. — se 再 1 (病状・天候などが)良くなる. —Que te mejores. どうかお大事に. 2 (経済状態・地位などが)向上する,好転する.

mejoría 女 1 (病状・天気の)回復,快方. 2 優越.

mejunje 男 1 気持ちの悪い飲み物(化粧品,薬,塗料など). 2 不正な取引,詐欺.

melado, da 形 蜂蜜色の; 黄金色の. ── 男 1 糖蜜, シロップ. 2 《中南米》(サトウキビの)シロップ.

melamina 女 《化学》メラミン(樹脂).

melancolía 女 1 憂鬱(ゆううつ), 意気消沈, さびしさ. 2 《医学》憂鬱症.

melancólico, ca 形 1 憂鬱(ゆううつ)な, ふさぎ込んだ, さびしげな. 2 鬱病の. ── 名 ふさぎ込んだ人, 鬱病患者.

Melanesia 固名 メラネシア(南太平洋の地域).

melanesio, sia 形名 メラネシア(Melanesia)の(人). ── 男 メラネシア語族.

melanina 女 《生物》メラニン(色素).

melanismo 男 《生物》黒化, メラニン沈着.

melanocito 男 《生物》メラノサイト, メラニン形成細胞.

melanoma 女 《医学》黒色腫, メラノーマ.

melanosis 女 《単複同形》《医学》黒色症.

melar 形 蜜のように甘い, 蜜の味がする.

melaza 女 糖蜜.

melcocha 女 飴(あめ)状に加工にした蜜; その菓子.

melé 女 《スポ》(ラグビーの)スクラム.

melena¹ 女 1 (肩などまで)垂れ下がった髪. ─estar en ~ 髪を垂らしている. 2 腹 略鬣. 3 (ライオンの)たてがみ.

melena² 女 《医学》下血(げけつ).

melenudo, da 形 長髪の, ぼさぼさ髪の.

melero, ra 名 1 蜂蜜業者[販売人]. 2 蜂蜜好きの人. ── 男 蜂蜜貯蔵所.

meliáceo, a 形 《植物》センダン科の. ── 女 《植物》センダン科の植物; 〖主に複(M～)〗センダン科.

mélico, ca 形 叙情詩の, 詩歌の; 歌唱用の.

melífero, ra 形 《詩》蜜を作る, 蜜の入った.

melificar [1.1] 自 (ミツバチが)蜜を作る[集める].

melifluidad 女 甘美であること; 蜜による甘美さ.

melifluo, flua 形 1 蜜の(ような). 2 甘すぎる, 甘美な.

Melilla 固名 メリリャ(アフリカ北部にあるスペインの自治都市).

melillense 形男女 メリリャの(人).

melindre 男 1 蜂蜜のかかった揚げ物. 2 糖衣の輪状マジパン. 3 〖主に複〗気取り, 過度の上品さ.

melindroso, sa 形 気取った(人), 上品ぶった(人).

melisa 女 《植物》セイヨウヤマハッカ.

mella 女 1 刃こぼれ, (縁の)欠け. 2 (歯の)抜けた跡, 空所. 3 損傷, 損害. ▶ **hacer mella a [en]** ... (1) ...に印象ちを与える, 影響を与える, 効き目がある. (2) 損害を与える.

mellado, da 過分 [→ mellar(se)] 形 1 刃のこぼれた, 縁の欠けた. 2 (人が)歯の抜けた.

melladura 女 →mella.

mellar 他 1 (刃・縁)を欠く. 2 を傷つける; 縁が欠ける. ── **se** 再 1 刃がこぼれる; 縁が欠ける. 2 (名誉などが)傷つく.

mellizo, za 形名 双子の; 双子の(人).

melocotón 男 《植物》モモ(の実・木).

melocotonar 男 桃畑.

melocotonero 男 《植物》モモの木.

melodía 女 1 《音楽》メロディー, 旋律. 2 快い調べ. 3 歌曲.

melódico, ca 形 1 メロディーの, 旋律の. 2 旋律の美しい[豊かな].

melodioso, sa 形 旋律の美しい[豊かな].

melodrama 男 1 メロドラマ, 感傷的な通俗劇. 2 楽劇.

melodramático, ca 形 1 メロドラマ(風)の, 感傷的で大げさな. 2 楽劇の.

melomanía 女 音楽狂, (過度の)音楽愛好.

melómano, na 名 音楽狂(の), 音楽好きな(人).

melón 男 1 《植物》メロン. ── de agua スイカ. 2 《話》ばか者, 能なし. 3 《戯》(髪の短い人の)頭.

melonada 女 ばかなこと, 愚行.

melonar 男 メロン畑.

meloncillo 男 《動物》マングースの一種.

melonero, ra 名 メロン売り[栽培家].

melopea 女 1 鼻歌. 2 →melopeya. 3 《話》酔い, 酩酊(めいてい).

melopeya 女 1 《音楽》作曲法. 2 (詩などの)朗読, 朗吟.

melosidad 女 1 甘さ; 甘ったるさ. 2 柔らかさ.

meloso, sa 形 1 蜂蜜の(ような), 甘い. 2 (性格などが)柔らかい, 優しい.

melva 女 《魚類》ヒラソウダ(平宗太).

memada 女 ばかな言動.

membrana 女 1 (動植物の)膜. 2 (弾性で丈夫な)薄板.

membranoso, sa 形 膜質[状]の.

membrete 男 レターヘッド.

membrillar 男 マルメロ園.

membrillero 男 《植物》マルメロの木.

membrillo 男 《植物》マルメロ(の木・実).

membrudo, da 形 筋骨たくましい, がっちりした, 頑健な.

memento 男 《宗教》(ミサ典礼の)メメント, 記念唱.

memez 女 1 愚かさ, 愚鈍. 2 愚かな言動, ばかげたこと.

memo, ma 形 愚かな, 愚鈍な.

memorable 形 記憶すべき, 記憶に残る忘れがたい.

memorando 男 →memorándum.

memorándum 男 1 メモ帳, 備忘録. 2 《政治》覚書.

memorar 他 《文》を記憶する, 想起する.

memoria [メモリア] 囡 **1** 記憶力. —tener buena [mala] ～ 記憶力がよい[悪い]. perder la ～ 記憶を失くす. **2**［複］思い出. —Guardo buena ～ de mi viaje a Japón. 私は日本の旅のことをよく覚えている. **3**(事件などの)報告(書). **4**(政治)覚え書. **5**(研究)論文, 研究報告, 学位論文. **6**寄贈, 遺贈；記念財目. **7**(情報)記憶装置, メモリー. —～ insuficiente メモリー不足. **8**［複］回顧録, 自伝. ▶ *conservar la memoria* 覚えている. *de memoria* (1)暗記して. (2)記憶をたよりに. *en memoria [a la memoria] de* を記念して, を思い出すために. *hacer memoria* 思い出そうとする. *refrescar [renovar] la memoria* 記憶をよみがえらせる. *traer a la memoria* を思い出させる.

memorial 男 **1**請願書, 陳情. **2**メモ帳, 備忘録. **3**公報, 会報.

memorialista 男女 (請願書などの)代書業者.

memorión, riona 名 記憶魔, 記憶力抜群の人.

memorioso, sa 形名 記憶力の良い(人).

memorismo 男 詰め込み主義, 暗記主義.

memorista 形男女 **1**暗記主義の(人), 暗記に頼る(人). **2**記憶力の良い(人).

memorístico, ca 形 (教育や知識などが)暗記主義的, 暗記によって詰め込まれた.

memorización 囡 記憶すること, 暗記.

memorizar [1.3] 他 を記憶[暗記]する.

mena[1] 囡 (鉱物)(主に鉄の)鉱石, 原鉱.

mena[2] 囡 (魚類)(地中海産の)イワシの一種.

ménade 囡 **1**(ギリシャ)酒神バッカスの巫女(៥). **2**狂女, 怒り狂った女.

menaje 男 **1**［集合的に］家具, 調度. **2**(学校の)備品, 教具. **3**家事.

menarquia 囡 (医学)初潮.

menchevique 形男女 (歴史)メンシェヴィキの(人).

Menchu 固名 (女性名)メンチュ (María del Carmen の愛称).

mención 囡 話に出て[言及する]こと, 名を挙げること, 記載. ▶ *hacer mención de...* ...に言及する. *Mención honorífica* (コンクールなどでの)選外佳作.

***mencionado, da** 過分 [→ mencionar] 形 前述の, 上述の. —*arriba* [*anteriormente*] ～ 上[前]述の.

***mencionar** 他 ...に言及する, 触れる. (人・物の名などを)挙げる.

mendacidad 囡 **1**虚言癖. **2**厚かましいうそ.

mendaz 男女 うそつき(の), 偽りの.

mendelevio 男 (化学)メンデレビウム (元素記号 Md).

mendeliano, na 形 メンデルの (Mendel, オーストリアの植物学者)(の法則の).

mendelismo 男 メンデルの遺伝法則.

mendicante 男 **1**物乞い(の), 乞食; 托鉢(ほ)をする, 托鉢修道士.

mendicidad 囡 **1**物乞い, 乞食(また). **2**［集合的に］乞食, 物乞いの人々.

***mendigar** [1.2] 他 **1**(施しを)乞う, ねだる, せびる. **2**(屈辱的にも)懇願する, 頼み込む. —自 物乞いする.

mendigo, ga 名 こじき, 物乞い.

mendrugo 男 **1**固くなったパンのかけら. **2**(話)鈍い人.

menear 他 **1**を動かす, 振る. **2**(店・商売などを)営む, 切り盛りする. **3**(事を処理する, 片付ける. ▶ *Peor es meneallo.* 黙っている方がいいよ, 余計なことを言わないことだ. —*se* 再 **1**動く, 揺れる. **2** (話)[しばしば命令形で]急ぐ; 腰を振って歩く. ▶ *de los [las de] no te menees* (話)大した, 大変な, すごい.

Menéndez Pelayo 固名 メネンデス・ペラーヨ (Marcelino ～)(1856-1912, スペインの文芸評論家・歴史家).

Menéndez Pidal 固名 メネンデス・ピダル (Ramón ～)(1869-1968, スペインの言語学者).

meneo 男 **1**(特に急に)動かす[振る, 揺る]こと; 動くこと. **2**(話)(激しい)殴打, 叱責.

menester 男 **1**［ser menester + 不定詞 / que 接続法］必要, 必要性. —Es ～ estudiar más. もっと勉強する必要がある. **2**［主に 複］仕事, 職, 用事. ▶ *haber menester de* を必要とする.

***menesteroso, sa** 形名 困窮[窮迫]している(人), 貧困な(人), 乏しな(人).

menestra 囡 **1**野菜と肉[ハム]の煮込みスープ[シチュー]. **2**［複］乾燥野菜.

menestral, trala 名 職人, 職工; 手工業労働者.

mengano, na 名 (fulano y ～あるいは ～ y zutano の表現で)だれそれ, 何の某(さと).

mengua 囡 **1**減少, 縮小, 減退. **2**不足, 欠如. **3**不面目, 信用を落とすこと. ▶ *sin mengua* 完全な, 完璧な, 無傷の. *sin mengua de...* を減らさずに[損なうことなく].

menguado, da 形 **1**意気地のない, 臆病な; 愚かな, ばかな. **2**不幸な, みじめな; とるに足りない. —名 臆病者; 愚か者. —男 (編み物の)減らし目.

***menguante** 形 **1**(月が)欠ける, 欠けていく. —*cuarto* ～ 下弦. **2**減少する, 減って行く, 衰える. —囡 **1**下弦(の月). **2**(川の)減水, 渇水. **3**引き潮, 干潮. **4**減少, 衰退, 低下.

***menguar** [1.4] 自 **1**減少する, 縮小する. **2**衰える, 弱る. **3**(月が)欠ける. —他 **1**を減少させる, 縮小する, 低くする; (評判などを)落とす. **2**(編み物の)

mengue 男 〘話〙 **1** 悪魔. **2** お化け. 小悪魔.

menhir 男 〘考古〙メンヒル.

meninge 女 〘解剖〙(脳脊)髄膜.

meníngeo, a 形 〘解剖〙(脳脊)髄膜の.

meningítico, ca 形 〘医学〙**1** 髄膜[脳膜]炎の. **2** 髄膜[脳膜]炎の.

meningitis 女 [単複同形] 髄膜炎.

meningocóco 男 〘医学〙髄膜炎菌.

menino, na 男女 〘歴史〙(宮廷で仕えた)小姓; 女官, 侍女.

menisco 男 **1** メニスカス(凹凸)レンズ. **2** 〘解剖〙半月板, 関節間軟骨. **3** 〘物理〙メニスカス.

menjunje, menjurje 男 →mejunje.

Meno 固名 (el ～)マイン川(ドイツの河川).

menopausia 女 〘医学〙月経閉止(期), 閉経; 更年期.

menor [メノル] 形 〘pequeño の比較級, →mayor〙 **1 a)**〘+ que より〙もっと小さい, もっと少ない. —El número de hombres es ～ que el de mujeres. 男性の数は女性の数より少ない. **b)**〘定冠詞・所有形容詞 +〙もっとも小さい, 最小の; ほんの小さな…でも, (否定文で)ほんの小さな…でさえない. —No cabe la ～ duda. 全く疑う余地はない. **2 a)** 年下の, 後輩の. —mi hermano ～ 私の弟. **b)**〘定冠詞・所有形容詞 +〙もっとも年下の, 最年少の. —Soy el ～ de mis hermanos. 私は兄弟の中で一番年下です. 年未成年の. —de edad 未成年. **4**〘音楽〙短音階の, 短調の. **5** より下位の. —男女 年少者, 未成年者. —(de ～ de edad). —男 フランシスコ会修道士. ▶**al por menor** (1) 小売りで. (2) 詳細に. **menor que** 〘数学〙小さい(不等記号<). **por menor** (1) 詳しく, 詳細に. (2) 小売りで.

Menorca 固名 メノルカ島(バレアレス諸島の島).

menoría 女 **1** 下位, 隷属. **2** 未成年.

menorquín, quina 形名 メノルカ島(の人).

menorragia 女 〘医学〙月経過多.

menos [メノス] 形 〘poco の比較級〙 **1**〘+形容詞・副詞(句)〙〘+ que より・ほど〙…でない, (それほど)…ではなく. —Su novio es ～ simpático que ella. 彼女の恋人は彼女ほど人感じがよくない. **2 a)**〘動詞の後または前で〙もっと少なく, それほど…ない. —Aquí llueve ～. 当地ではそれほど雨が降らない. **b)**〘定冠詞の後で〙(最)最も少ない. —Este coche ha gastado dos litros ～ de gasolina. この車は2リットルだけガソリン消費が少なかった. 〘+ de + 数量・程度の表現〙…以下, …未満. 下回って. —Hay que ir a ～ de 60 km/h. 時速60キロ未満で走らなければならない. Son ～ de las once. 11時前だ. **4 a)**〘定冠詞・所有形容詞などの後で〙最も[一番]少なく, 〘+ de の中で〙…でない. —Es la ～ divertida de las amigas. 彼女は友達の中でも一番おもしろくない人だ. **b)**〘代名詞 + que で始まる関係節の中で〙最も[一番]少なく, 最も…ではない. —Ella es la que ～ culpa tiene. 彼女は一番責任がない. ▶**a menos de…** …以下[以内]で. **a menos que**〘+接続法〙もし…でなければ, …でない限り. **al menos/a lo menos/por lo menos** (1) 少なくとも. (2) せめて, ともかくも. **de menos** 〘名詞 +〙不足した, 足りない. **en menos** (1)〘+ de + 数量〙…以下[以内]で. (2) …だけ少なく. (3) より少なく. **en menos de nada** 〘話〙たちまち, あっという間に. **lo de menos** 大したものではない〘取るに足りない〙こと. **lo menos** 〘話〙少なくとも. **nada menos que…** ほかならぬ[まさしく]…, …でも. **ni mucho menos** とんでもない, それどころか. **no ser para menos** 無理もない, もっともなことだ. **¿Qué menos?** (謙遜して)せめてものことは当然だ. 年〘無変化〙**1**〘+ que より〙(数量・程度の差が)いっそう少ない. —Yo tengo ～ años que tú. 私はあなたよりも年下だ. **2**〘数学〙〘+ 数値〙マイナスの, 負の. —～ 15 por ciento マイナス15パーセント. **3** ～を除いて, …のほか[以外]の. —Están todos presentes ～ dos. 二人を除いて全員が出席している. **2**〘数学〙…を引いて, マイナス(して). —Once ～ cinco son seis. 11引く5は6. **3**〘時刻〙…(分)前. —Son las tres ～ diez. 3時10分前だ. —代 (不定) **1**〘複数定冠詞 +〙少数(の人), …の人. —Los que no están de acuerdo son los ～. 賛成しない人は少数だ. **2**〘lo +〙最小〘のこと. —Es lo ～ que se puede pedir. それは望みうる最小のことだ. —男〘数学〙マイナス符号, 負符号.

menoscabar 他 **1**(部分的に)を減らす, 小さくする. **2** を損なう, 傷つける. **-se** 再 減る, 小さくなる; 損なわれる.

menoscabo 男 **1** 減少, 縮小. **2** 損害, 損傷.

menospreciable 形 軽視すべき, 卑劣な.

menospreciar 他 **1** を軽蔑する, 侮る. **2** を見くびる, 過小評価する.

menospreciativo, va 形 軽蔑的な, さげすむような.

menosprecio 男 軽蔑; 軽視, 過小評価.

menoxenia 女 〘医学〙月経不順.

mensaje 男 **1** 伝言, ことづて, メッセージ. **2**(ラジオなどによる)通信. **3**(大統領などの)教書; (公式な)声明; (国王などの)勅語. **4**〘情報〙メッセージ; 〘生物〙伝達暗号. —de correo electrónico 電子メール. **5**(芸術作品の)メッセージ.

mensajería 女 **1** 運送[配達]業. **2** 運送会社. **3** 宅配便. **4** 鉄道による高速便.

mensajero, ra 形 伝言を伝える; 到来を告げる. ― 名 使者, 伝令, メッセンジャー. ― 男 《生化》伝達子.

menso, sa 形 《中南米》知能の低い, ばかな.

menstruación 女 《医学》月経, 生理.

menstrual 形 月経[生理]の.

menstruar [1.6] 自 月経[生理]がある.

menstruo 男 《医学》月経, 生理.

mensual 形 毎月の, 月1回の; 月刊の. —sueldo ~ 月給. revista ~ 月刊誌.

mensualidad 女 1 月給. 2 月々の支払い(金); 月賦(金).

mensualmente 副 月ごとに; 月に1度, 月決めで.

ménsula 女 《建築》コンソール, (装飾的)持ち送り.

mensura 女 1→medida. 2 測量.

mensurabilidad 女 計量[計測, 測定]できること, 可測性.

mensurable 形 計量[計測, 測定]可能な.

mensuración 女 計量, 計測, 測定.

mensurar 他 を計量[計測, 測定]する.

menta 女 1《植物》ハッカ, ミント. 2 ハッカ精; ハッカ酒, ペパーミント(=licor de ~).

-menta 接尾 「集合」の意を表す女性名詞語尾. cornamenta, osamenta.

mentada 女 《メキシコ》~ *mentada de madre* 相手の母親を引き合いに出しての侮辱.

mentado, da 過分 [→mentar] 形 1 前述の, 上記の. 2 有名な, 良く知られた.

mental 形 1 心の, 精神の, 精神面の. 2 暗算の, 頭の中でやる. —cálculo ~ 暗算.

mentalidad 女 (特定の個人・集団・時代に特有な)考え方, 心的傾向, メンタリティー.

mentalización 女 自覚, 納得; 覚悟.

mentalizar [1.3] 他 1 [+ de/ que を] …に納得[自覚させる]. 2 [+ para/que + 接続法を] 覚悟させる. —**se** 再 1 納得[自覚]する. 2 [+ para の] 覚悟を決める.

mentalmente 副 心[頭]の中で; 暗算で; 精神的に.

mentar [4.1] 他 …の名前を挙げる, …に言及する.

mente 女 [メンテ] 1 精神, 心, 頭. — abierta [lúcida] 開いた心[明晰な精神]. 2 知力, 知性. 3 考え(方); 意図. ▶ *tener en la mente* [+ 不定詞] …しようと考える[…するつもりである]. *irse de la mente* 忘れる. *venir a la mente* 思いつく, 心に浮かぶ, 思い出される.

-mente 接尾 女性形容詞に付く副詞語尾. detalladamente, velozmente.

mentecatería 女 →mentecatez.

mentecatez 女 愚かさ, 愚鈍さ; ばかな言動.

mentecato, ta 形 名 愚かな(人), ばかな(人).

mentidero 男 《話》(暇人たちの)井戸端会議場.

mentir [7] 自 嘘(2)をつく. 2 人を欺く, 人を誤らせる. ― 他 をだます, 欺く, 錯覚させる. *¡miento!* 間違えた, 元へ.

mentira [メンティラ] 女 1 嘘(2), 虚言; 偽り, —decir [contar] ~s 嘘をつく. 2 (爪に出る)白い斑点, 白班. 3《話》指の関節を鳴らす音. ▶ *coger*LE *a ... en mentira* …の嘘を見破る[暴く]. *parecer mentira* (1) 嘘のように思える, 信じられない. (2)(責める気持ちで)信じ難いようだ, おかしい. *de mentira* 本気ではなく, 冗談半分で.

mentirijillas, mentirillas 女 複 *de ~* (話)(だましたのは)冗談で, ふざけて.

mentiroso, sa 形 名 嘘(2)つきの, 人をだます(人); うその, 偽りの.

mentís 男 《単複同形》否認, 否定; 反駁.

-mento 接尾 「動作・結果」などを表す男性名詞語尾. pegamento, predicamento.

mentol 男 《化学》メントール, ハッカ脳.

mentolado, da 形 メントール入りの.

mentón 男 あご, 下あご.

mentor 男 1 助言者; 指揮者. 2 (昔の)家庭教師.

menú 男 《複 ~s》 1 メニュー, 献立表. 2《情報》メニュー. ▶ *menú del día* 本日のおすすめ定食, 日替り定食.

menudamente 副 こと細かに, 詳細に.

menudear 他 を頻繁に行う, たびたび繰り返す. ― 自 1 頻繁に起こる. 2 どうでもいいことを詳細に語る.

menudencia 女 1 細かいこと, 詳細. 2 つまらないもの, ささいなこと, 瑣事(ピ). 3 周到さ, 正確さ. 4 複 (豚の)臓物; 腸詰め, ソーセージ.

menudeo 男 1 頻繁, しばしば起こること. 2 小売り.

menudillo 男 1 複 (鶏などの)臓物. 2 (馬の)球節.

menudo, da [メヌド, ダ] 形 1 とても小さい, ほっそりとした. —*lluvia menuda* こぬか雨. 2 小柄の. 3 小銭の. —*moneda menuda* 小銭. 4 取るに足りない, ささいな. 5 こまかい, 精密な. 6《軽蔑》(誇張してすばらしい, ひどい, 何という. —*¡Menuda casa se ha comprado!* 彼はとてつもない家を買ったんだ. 7 [意味のない la を伴って] ひどい, とんでもない. 8 [主に女性単数形で] まったく, わりと, その通り. ― 男 複 1 (鳥や獣の)臓物. 2 小銭. ▶ *por menudo* (1) 詳しく. (2) 小売りで. *a menudo* たびたび, しばしば.

meñique 形 小指(の); とても小さな.

meollo 男 1 核心, 真髄, 本質. 2 (解

剤)髄, 骨髄; 脳髄.
meón, ona 形名《俗》**1** よくおもらしをする(子ども); 小便の近い(人). **2** 小さな子ども; 女.
mequetrefe 男《話》(思慮に欠けた)お節介者, 出しゃばり.
meramente 副 ただ(…だけで), 単に(…にすぎない).
mercachifle 男《軽蔑》**1** 悪徳商人, もうけ主義者. **2** 行商, 呼び売り.
mercadear 自 商売する, 取引をする.
mercadeo 男 **1** 商売, 売買. **2**《商業》マーケティング.
mercader, dera 名 商人.
mercadería 女 →mercancía.
mercadillo 男 青空市.
mercado 男 **1** 市場(じょう), 市. —~ al por mayor 卸売市場. **2** 市場(ばっ), 市況, 販路. —~ de valores [divisas] 証券[為替]市場. estudio de ~ 市場調査. — negro やみ市場. **3** 売買, 取引, 市況. —~ activo 好況, 活況. economía de ~ 市場経済.
mercadotecnia 女《商業》マーケティング. —estudio de ~ マーケティングリサーチ.
mercadotécnico, ca 形 マーケティングの, 市場調査の. —estrategias mercadotécnicas マーケティング戦略.
mercancía 女 **1** 商品, 品物. —tren de ~s 貨物列車. **2** 商取引.
mercante 形 海運の, 貿易の, 商業の; 商人の. —buque ~ 商船. — 男 **1** 商船, 貨物船. **2** 商人.
mercantil 形 商業の, 商売の; 金銭ずくの. —derecho ~ 商法.
mercantilismo 男 **1** 営利主義, 金もうけ主義. **2**《経済》重商主義.
mercantilista 形 **1** 営利[金もうけ]主義の. **2** 重商主義の. — 男女 **1** 営利[金もうけ]主義者. **2** 重商主義者. **3** 商法の専門家.
mercantilizar [1.3] 他《軽蔑》金もうけに使う, 商売にする.
mercar [1.1] 他 (地方語で)買う.
merced 女 **1** 恩恵, 好意, 親切. —hacer la ~ de [＋不定詞] (親切にも)…してくださる. ▶ **a merced de** …の意のままに. **vuestra [vuesa] merced** (歴史)あなた様, 貴殿.
mercedario, ria 形名《カト》メルセス会の(修道士[女]); 複 メルセス会.
Mercedes 固名《女性名》メルセデス.
mercenario, ria 形名 **1**《軍事》傭兵(の). **2**《軽蔑》金目当ての(人), 金で雇われた(人).
mercería 女 小間物商, 手芸品店.
mercerizar [1.3] 他 (綿糸・綿布)をシルケット加工する, 光沢を出させる.
mercero, ra 名 小間物商, 手芸材料商.
Merche 固名《女性名》メルチェ (Mercedes の愛称).
MERCOSUR〔頭字〕〔＜Mercado Común del Cono Sur〕男 南米南部共同市場, メルコスール.
mercurial 形 **1**(ロ神)マーキュリーの. **2**(天文)水星の. **3** 水銀の, 水銀を含む. — 女《植物》ヤマアイ.
mercúrico, ca 形 水銀の.
mercurio 男 **1**《化学》水銀(元素記号 Hg). **2**(ロ神)(M~)メルクリウス, マーキュリー. **3**《天文》水星.
merdoso, sa 形 汚い, 汚物だらけの.
merecedor, dora 形 [＋de に]値する, ふさわしい.

merecer [メレセル][9.1] 他 **1** …に値する, ふさわしい, …の資格がある. —Ella *merece* todo nuestro respeto. 彼女は本当に私たちの尊敬に値する. **2** を獲得する, 手に入れる. — 自 真価を発揮する, いい所を見せる. ▶ **merecer la pena** ＝(valer la PENA). — **se** 再 …に値する[ふさわしい], …を受ける価値がある.
merecido, da 過分 [→merecer] 形 (受けるのに)ふさわしい, 相応の, 当然の. — 男 当然の罰[報い].
merecimiento 男 **1** 値すること. **2** 功績, 手柄.
merendar [4.1] 自 (夕方)間食をする, 軽食を取る, おやつを食べる. — **se** 他 を軽食[おやつ]として取る. — **se** 再《話》**1** [＋a＋人を] (競争などで)打ち負かす(に)大勝する. **2** (仕事など)をさっさと終わらせる[済ます].
merendero 男 **1**(観光地などの)休憩所; ピクニック場. **2**(スペイン南部で)郊外の軽食堂.
merendola 女 豪華なおやつ.
merendona 女 →merendola.
merengada 形 (leche ~)《料理》砂糖, シナモンを加えた牛乳にメレンゲを入れて冷やした[凍らせた]デザート.
merengue 男 **1**《料理》メレンゲ. **2** 虚弱な人. **3** べたべたしてうっとうしい人. **4**《南米》騒動, 騒ぎ. **5**《音楽》メレンゲ(カリブ海諸国の民族舞踊). — 形/男女 (スペインプロサッカーチームの)レアル・マドリードの選手, ファン, サポーター.
meretriz 複 meretrices 女 売春婦.
merezc- 動 →merecer [9.1].
mergánsar, mergo 男《鳥類》カワウ.
Mérida 固名 メリダ(スペイン, エクストレマドゥーラ自治州の州都; メキシコの都市; ベネズエラの都市).
meridiana 女 寝椅子, カウチソファー.
meridiano, na 形 **1** 正午の. **2** 極めて明白な; 非常に明るい. **3**《天文, 地理》子午線の, 経線の. — 男《天文, 地理》子午線, 経線; (天体の運行での)最高点.
meridional 形 男女 南の, 南部の(人). —América ~ 南アメリカ.
merienda 女 夕方にとる軽い食事, (一般に)軽食, おやつ. ▶ **merienda de negros** (何かを分配するときなどの)混乱, 大騒ぎ.
merindad 女《歴史》(中世スペインの)

代官の管轄する領域; 代官の地位[職].
merino, na 形名 メリノ種の(羊); メリノ羊毛の. — 男 **1** メリノ羊毛[毛織物]. **2** 《歴史》(中世スペインの)代官.
meristemo 男 《植物》分裂組織.
mérito 男 **1** 長所, 利点, 美点. **2** 価値, 真価. **3** 功績, 功果. — **~s académicos** 学問業績. ► **de mérito** 価値のある, りっぱな. **hacer méritos (para)** …しようと[…に値するよう]つとめる. (仕事などで)成績を積む.
meritocracia 女 能力主義(社会).
meritocrático, ca 形 能力主義の.
meritoriaje 男 [スペイン] (無給の)職業研修生(meritorio)の職, 研修期間.
meritorio, ria 形 賞賛に値する. — 名 (無給の)職業研修生, 見習い.
merlo 男 《魚類》クロベラ.
merluza 女 **1** 《魚類》メルルーサ. **2** 《俗》酔い, 酩酊.
merluzo, za 形 《話》ばかな, 愚かな.
merma 女 **1** 減少, 損失. **2** 《商業》(商品の)減価, 損耗.
mermar 自 減る, 減少する. — 他 を減らす, 少なくする.
mermelada 女 マーマレード.
mero[1] 男 《魚類》ハタ, マハタ.

M **mero**[2]**, ra** [メロ, ラ] 形 **1** 単なる, 単なる; 全くの, —**una mera casualidad** 単なる偶然. **2** 《中米》まさにその, ちょうどの.
merodeador, dora 形名 うろつく(人), 徘徊(はいかい)する(人).
merodear 自 [＋por を] うろつく, 徘徊(はいかい)する.
merodeo 男 **1** うろつくこと, 徘徊(はいかい). **2** 荒らし回り.
merovingio, gia 形名 複 《歴史》メロビング(王)朝[王家](の).

mes [メス] 男 **1** 月. —**este ~** 今月. **el ~ pasado** 先月. **el ~ próximo [que viene]** 来月. **2 1** か月. —**pagar por ~es** 1 月払いにする. **3** 月給. **4 el ~] Pal ~ es [por mes]** 1 か月につき. **meses mayores** 臨月.

mesa [メサ] 女 **1** テーブル; 机. — ~ **de estudio** 勉強机. **2** 食卓; 食事, 料理. —**vino de ~** テーブルワイン. **sentarse a la ~** 食卓につく; 交渉などが始まりにつく. **3** ~ **de juego** (特に賭博の)ゲーム台. **4** 執行部, 事務局, 役員会. — ~ **electoral** 選挙管理委員会. **5** [集合的に]テーブル[食卓]を囲んでいる人たち. **6** 《地理》台地, 高原. ► **por la mayor** テーブルマウンテン, 卓状山地. **7** (宝石の)テーブル面(カットした宝石の上部). ► **alzar [levantar, quitar, recoger] la mesa** 食卓を片づける. **la mesa puesta** 安楽に, 苦労なく. **bendecir la mesa** 食前の祈りをする. **mesa camilla** [下に火鉢を入れた] 丸テーブル. **mesa [mesita] de noche** ナイトテーブル. **mesa redonda** 円卓; 円卓会議. **poner la mesa** 食卓の用意をする, 食卓に食器を並べる. **tender la mesa** 《中米》食卓の用意をする, 食卓に食器を並べる.
mesada 女 →mensualidad.
mesalina 女 (社会的地位の高い)放縦な女性.
mesana 女 《船舶》ミズンマスト, 後檣(こうしょう), その縦帆.
mesar 他 (他人の髪・ひげを)かきむしる, 引っ張る. — **se** 再 (自分の髪・ひげを)かきむしる, 引っ張る; (髪の毛を)引っ張り合う.
mescalina 女 《薬学》メスカリン.
mescolanza 女 《話》→ mezcolanza.
mesentérico, ca 形 《解剖》腸間膜の.
mesenterio 男 《解剖》腸間膜.
mesero, ra 名 《中南米》ウェーター, ウェートレス.
meseta 女 **1** 《地質》高原, 台地; メセタ. **2** (階段の)踊り場.
mesiánico, ca 形 メシア[救世主]の, メシア信仰の.
mesianismo 男 メシア信仰, 救世主待望論.
mesías 男 《宗教》メシア, 救世主; (el M~)イエス・キリスト.
mesilla 女 **1** 小テーブル, ナイトテーブル(~ de noche). **2** (階段の)踊り場. **3** 《建築》(窓台や欄干の上部に据える)板石.
mesita 女 小机, 小テーブル(→ mesa, mesilla). — ~ **de noche** ナイトテーブル.
mesnada 女 **1** (王侯・貴族の)親衛隊. **2** 取り巻き, 一派.
Mesoamérica 固名 メソアメリカ(メキシコ・中米の古代文明圏).
mesoamericano, na 形 メソアメリカ(Mesoamérica)の(人).
mesocarpio 男 《植物》中果皮.
mesocéfalo, la 形名 《医学》中頭(症)の(人).
mesocracia 女 **1** 中産階級中心の政治. **2** 中産階級.
mesocrático, ca 形 中産階級(による政治)の.
mesodermo 男 《解剖》中胚葉.
mesolítico, ca 形 男 中石器時代(の).
mesón[1] 男 **1** (昔の)宿屋, はたご. **2** 料理屋, 居酒屋.
mesón[2] 男 《物理》中間子.
mesonero, ra 名 宿屋[料理屋]の主人[女将(おかみ)].
Mesopotamia 固名 メソポタミア(西アジア, チグリス・ユーフラテス両河川の流域).
mesopotámico, ca 形 メソポタミア(Mesopotamia)の(人). — 名 メソポタミアの住民.
mesoterapia 女 《医学》メソセラピー.
mesotórax 男 [複 同形] **1** 《解剖》中胸. **2** 《動物》(昆虫の)中胸.
mesozoico, ca 形 《地質》中生代の.
mesquite 男 [メキシコ] → mezquite.

mesta 囡 **1**(M~)〖歴史〗メスタ(スペイン中世の移動牧羊業者組合). **2** 囤(川などの)合流(点).

mester 囲 〖古〗必要(性). ▶ *mester de clerecía* 教養派文芸. ▶ *mester de juglaría* 遍歴芸人の文芸.

mestizaje 囲 **1** 混血. **2**〖集合的に〗混血の人.

mestizar [1.3] 他 (人種)を混血にする.

mestizo, za 形名 **1**(特にインディオと白人との)混血(の), メスティーソ(の). **2**(動植物)が異種交配の, 雑種の.

mesura 囡 節度, 慎重.

mesurado, da 形 節度ある, 慎重な.

mesurar 他 を抑える, 控え目にする. **— se** 再〖+ en〗抑制する, 控え目にする.

meta 囡 **1** 目標, 目的. **2**〖スポ〗ゴール, 決勝点. **—** 男女 → guardameta.

metabólico, ca 形〖生物〗(物質)代謝の.

metabolismo 囲〖生物〗(物質)代謝.

metacarpiano, na 形〖解剖〗中手(骨)の, 掌底の.

metacarpo 囲〖解剖〗中手(骨), 掌部.

metacrilato 囲〖化学〗メタクリル酸塩[エステル]; メタクリル樹脂.

metadona 囡〖薬学〗メタドン.

metafase 囡〖生物〗(細胞分裂の)中期.

metafísico, ca 形 **1** 形而上学的な, 形而上学の. **2** 抽象的で難解な. **—** 名 形而上学者. **—** 囡 **1**〖哲学〗形而上学. **2**(難解な)抽象論.

metáfora 囡〖修辞〗隠喩, 暗喩, メタファー.

metafórico, ca 形 隠喩の, 比喩的な.

metaforizar 他 隠喩を使う.

***metal** 囲 **1** 金属. — ~ *blanco* 洋銀. ~ *precioso* 貴金属. **2**(金属の)(声の)響き, 音色. **3** お金. **4** 真鍮(☆ゅう); 金管楽器. **5**(紋章)(紋章に使う)金, 銀.

metalengua 囡 → metalenguaje.

metalenguaje 囲〖言語〗メタ言語(言語を記述・分析するための言語).

***metálico, ca** 形 金属(製)の. **—** 囲 **1** 現金. — *pagar en* ~ 現金で払う. **2**(紙幣に対して)硬貨, コイン.

metalífero, ra 形 金属を含んだ.

metalingüístico, ca 形 メタ[記述用]言語の.

metalización 囡 金属化; 金属被覆.

metalizado, da 形 金が命の, 金を何よりも優先する.

metalizar [1.3] 他 **1**〖化学〗(物体)を金属化させる. **2**(物体)に金属をかぶせる. **— se** 再 **1** 金属化する. **2**〖比喩〗お金ばかりに執着する, 守銭奴になる.

metalografía 囡 金属組織学.

metaloide 囲〖化学〗非金属, メタロイド.

metalurgia 囡 冶金(ポッ); 冶金学[術].

metalúrgico, ca 形 冶金(ポッ)の. **—** 囲 冶金工; 冶金学者.

metamórfico, ca 形〖地質〗変成の.

metamorfismo 囲〖地質〗変成(作用).

metamorfosear 他 (形態・姿)を変えさせる, 姿を変える. **— se** 再(動物)変態する;〖地質〗変成する.

metamorfosis 囡〖単複同形〗 **1** 変身, 変貌. **2** 変化, 変形. **3**〖動物〗変態.

metano 囲〖化学〗メタン(ガス).

metanol 囲〖化学〗メタノール.

metaplasmo 囲〖修辞〗語法の文彩. **2**〖言語〗語形異変.

metástasis 囡〖単複同形〗〖医学〗(癌(%)などの)転移.

metatarsiano, na 形〖解剖〗中足(骨)の. **—** 囲 中足骨.

metatarso 囲〖解剖〗中足(骨).

metate 囲〖メキシコ〗メタテー(トウモロコシなどをすりつぶす長方形の石臼).

metátesis 囡〖単複同形〗〖言語〗音位転換.

metazoo 形〖動物〗後生動物(門)の. **—** 囲〖動物〗後生動物; 囲 後生動物門.

meteco, ca 形名 **1**〖軽蔑〗よそ者(の), 外国人(の). **2**〖歴史〗(古代アテネの)居留外国人(の).

metedura 囡 入れること, 挿入. ▶ *metedura de pata* 〖話〗失態, へま, 失言.

metempsicosis,

metempsícosis 囡〖単複同形〗輪廻(☆)(説), 転生.

meteórico, ca 形 **1** 大気[気象]現象の. **2** 流星の(ような), つかの間の.

meteorismo 囲〖医学〗鼓腸.

meteorito 囲〖天文〗隕石(☆)

meteorizar [1.3] 他 …に鼓腸を起こさせる. **— se** 再 **1**(土地が)気象の影響を受ける. **2**〖医学〗鼓腸を起こす.

meteoro, metéoro 囲(雨・風などの)大気(気象)現象.

meteorología 囡 気象学.

meteorológico, ca 形 気象(学上)の.

meteorólogo, ga 名 気象学者, 気象庁.

metepatas 男女〖単複同形〗〖話〗うかつな人, 時宜を得ない人.

***meter** [メテル] 他 **1**〖+ en に〗a) を入れる, 込める, はめ込む. — *las manos en los bolsillos* 両手をポケットに突っ込む. b)(人)を巻き込む, 介入させる, 首を突っ込ませる. — ~ *en un lío* 厄介なことに引っぱり込む. c)(職・仕事に)を就かせる, 就職させる. — ~ *a su hijo en la fábrica* 息子をその工場に就職させる. d) 《+ *a* + 不定詞, + *de* として》(無理に)…させる. — ~ *de aprendiz*

metete en una carpintería 工務店に見習いとして送り込む。**2**（恐怖の念など）を引き起こす。生じさせる；を吹き込む、信じ込ませる、押しつける。— miedo 怖がらせる。No nos *metas* más embustes. もうこれ以上私たちにうそをつかないでよ。**3**（衣服）を短くする、詰める、縮める。— la falda スカートを詰める。**4**（平手打ちなどを）食らわす、なぐる、ひっぱたく。— una bofetada 平手打ちを食らわせる。**5**（道具）を用いる、使う。 ► *a todo meter* 《話》大急ぎで、全力で。— *se* 動 **1**〔+en に〕a）入る、入り込む。b）名を連ねる。— *se en* la junta directiva 重役会に名を連ねる。c）…に就職する。— *se en* un banco 銀行に就職する。d）…に首を突っ込む、介入する、口を出す。e）…となる。〔+a に〕—。 — *se* monja 修道女になる。**3**〔+con に〕けんかを売る、挑戦する、困らせる。**4**〔+a +不定詞〕（準備もせずに）…に取りかかる、をやり出す。**5**行ってしまう。 ► *meterse donde no le llaman [donde no le importa]* 《話》余計なことに首を突っ込む、口をだす。*meterse en sí (mismo)* 自分の殻に閉じこもる；没頭する。

metete 形 男女 《中南米》《話》お節介な(人)。

metiche 形 男女 《中南米》《話》お節介な(人)。

meticulosidad 女 **1** 細心さ、綿密さ。**2** 臆病、恐怖心。

meticuloso, sa 形 **1** 細心の、綿密な；神経が細かい。**2** 臆病な、怖がりの。

metida 女 **1**（仕事の）はかどり、進捗。**2** 破損、消耗；激しい攻撃[非難]。**3**《話》殴打。**4**《中南米》（~de pata）へま、失言。

metido, da 形〔+en に〕**1**…に関わって。— *Anda* ~ en asuntos turbios. 彼はいかがわしいことに首を突っ込んでいる。**2**（…が）いっぱいの、…だらけの。— *chica metida en carnes* ぽっちゃりした女性。— **1** 打撃、破損。**2**（仕事の）進捗、**3**（衣服の）縫い込み部分。**4**《話》殴打。 ► *estar muy metido en…* …に深く関係して、…で忙しい。

metílico, ca 形《化学》メチル(基)の。

metilo 男《化学》メチル基。

metódico, ca 形 **1** 秩序立った、体系的な。**2** 几帳面な、きちんとした。

metodismo 男《宗教》メソジスト派(の教義)。

metodista 形《宗教》メソジスト派の。— 男女 メソジスト教徒。

metodizar [1.3] 他（仕事など）を秩序［順序、組織］立てる、方式化する。

método 男 **1** 方法、方式、やり方。**2** 教授法；教本、教則本。 ► *con método* 組織的に、順序［系統］立てて。

metodología 女 **1**《哲学》方法論。**2**（教育の）方法論、教授法。

metodológico, ca 形 方法(論)の、方法論的な。

metomentodo 形 男女《話》でしゃばりの、お節介な(人)。

metonimia 女《修辞》換喩。

metonímico, ca 形 換喩の［を用いた］。

metopa, métopa 女《建築》メトープ、小間壁。

metraje 男（映画）フィルムの長さ。

metralla 女 **1** 散弾。**2**（インゴット用の鋳型から飛び出る）鉄片。**3**《集合的に》役に立たないもの、廃棄物。

metrallazo 男 **1** 散弾の発射、**2** 散弾による[が]被害]。

metralleta 女 短機関銃、サブマシンガン。

métrico, ca 形 **1** メートル(法)の。**2** 韻律の、韻律学；詩法。

metrificar [1.1] 自 韻文を作る；作詩する。— 他 を韻文(に直す)。

metritis 女〘単複同形〙《医学》子宮(筋)炎。

metro¹ ［メトロ］男 **1 1** メートル（略号 m.）。 — *cuadrado* 平方メートル。 ~ *cúbico* 立方メートル。**2** メートル尺、巻き尺。**3**《詩学》韻律、格調。

metro² ［メトロ］男 地下鉄。 — ir en ~ 地下鉄で行く。

metrobús 男《スペイン》（1枚で10回使える）地下鉄市バス共通乗車券。**2**（メキシコ）（M~）メトロバス（専用の車線を持ち走る）市バス。

metrología 女 度量衡学。

metrónomo 男《音楽》メトロノーム。

metrópoli, metrópolis 女〖複 ~s, 単複同形〗**1** 首都、大都市。**2**（植民地に対して）本国。**3**《宗教》大司教管区。

metropolitano, na 形 **1** 大都市の、首都の、**2** 大司教管区の。— 男 **1** 地下鉄（= metro）。**2** 大司教。

metrorragia 女《医学》（不正）子宮出血。

metrosexual 形 男（男性の伝統的な身だしなみから離れ、化粧品を身につけて）洗練された外見の美しさにこだわる(男性)。

mexicanismo 男 →mejicanismo.

mexicano, na 形 メキシコ(人)の。— 名 メキシコ人。 →mejicano.

México 名固 メキシコ(首都メキシコシティー Ciudad de México)。

mezcal 男《植物》リュウゼツランの一種。**2** メカル酒；リュウゼツランの蒸留酒。

mezcla 女 **1** 混ぜること、混合、組み合わせ。**2** 混合物、ブレンド。 — *explosiva* 爆発性混合物。**3**《建築》モルタル。**4**（映画、音楽）ミキシング。

mezclador, dora 名 **1** 混ぜる人。**2**（放送）ミキサー、音量調整技師。— 男 **1**（機械）ミキサー。**2**（放送）ミキシング装置。

mezclar ［メスクラル］他 **1** a）〔+ con と〕を混ぜる。混合する。b）を（一緒に）集める、集合させる。**2** を混ぜこぜにする、ごたまぜにする。**3**〔+ en に〕を巻き込む、**4**（トランプのカード）を切る、混ぜる。 — *se* 動 **1**〔+ con と〕a）混ざる；いっしょになる、紛れ込む。

mezclilla b)〔+en に〕介入する, 首を突っ込む. **2**〔+con と〕つき合う, 交際する.

mezclilla 囡 小ぶりの混紡織物.

mezcolanza 囡《軽蔑》ごたまぜ, 寄せ集め.

mezquinar 他 を出し惜しむ, けちけちと使う.

mezquindad 囡 **1** けち; さもしさ, 卑しさ. **2** けちな態度 [行為]. **3** 取るに足らないもの. **4** 乏しさ, 不十分.

mezquino, na 形 **1** けちな, 吝嗇(りんしょく)家の. **2** さもしい, 卑しい. **3** わずかな, 乏しい.

mezquita 囡 イスラム教の寺院, モスク.

mezquite 男〔メキシコ〕〔植物〕(マメ科インガ属の)メスキート.

mi¹ 男〔音楽〕ホ音(ミ).

mi² [ミ] 形《所有》〔複 ~s〕〔1人称単数前置形〕私の. 一Ésta es mi familia. これが私の家族です. **2**〔呼びかけで〕私の, わが…. ―No llores, mi cielo [mi alma]. 泣かないで, 私の坊や.

mí [ミ] 代《人称》〔1人称単数前置形, 詞格〕私. ―Lo hizo para mí. 彼はこれを私のためにしました〔con+mí → conmigo〕. ▶ *para mí (que)*〔+直説法〕私の考えでは, *por mí* 私としては. *(y) a mí qué*《話》私とは関係ない.

miaja 囡 **1**(パンの)かけら, くず. **2** わずか, 少し.

mialgia 囡《医学》筋肉痛, 筋痛症.

miar [1.5] 自 → maullar.

mía(s) 形 → mío.

miasma 男〔主に 複〕(腐敗物などから発する)毒気, 瘴気(しょうき)〔主に 複〕.

miastenia 囡《医学》筋無力症.

miau 男 **1**(猫の鳴き声)ニャオ. **2**《俗》(不信やからかい)おや, まあ, へえー.

mica¹ 囡〔鉱物〕雲母(うんも).

mica² 囡 **1**(雌の)オナガザル. **2**〔中米〕酔い, 酩酊(めいてい).

micáceo, a 形 雲母を含む; 雲母状の.

micción 囡 放尿, 排尿.

miccionar 自他 → orinar.

micelio 男〔植物〕菌糸体.

micénico, ca 形〔歴史〕ミケーネ(Micenas)の(人).

michelín 男 (体についた)ぶよぶよの肉, 腰[腹]の周りの贅肉.

michino, na 男 囡《話》猫.

micho, cha 男 囡 **1**《話》猫. **2**(猫を呼ぶときの擬音)ニャンニャン.

michoacano, na 形 囡 ミチョアカン(Michoacán: メキシコの州)の(人).

mico 男 **1**〔動物〕サル; (特に)オナガザル. **2**《話》容貌の醜い人. **3**《話》好色漢, 助平. **4**《子どもに対して》いたずら坊主[小僧]. ▶ *quedarse hecho un mico* 恥をかく, 照れる, 困惑する. *volverse mico (para hacer...)* 同時にいろいろなことをしなければならない)あたふたする.

micología 囡〔植物〕菌学.

micólogo, ga 男 囡 菌学者.

micosis 囡〔単複同形〕〔医学〕真菌症.

micra 囡 ミクロン. → micrón.

micro 男《話》**1** マイクロフォン (= micrófono). **2**〔中南米〕マイクロバス.

microbiano, na 形 微生物の; 細菌の.

microbicida 形 殺菌剤.

microbio 男 微生物, 細菌; 病原菌.

microbiología 囡 微生物学の.

microbiológico, ca 形 微生物学の.

microbiólogo, ga 男 囡 微生物学者.

microbús 男 マイクロバス.

microcefalia 囡〔医学〕小頭症.

microcéfalo, la 形〔医学〕小頭症の. ― 男 囡 小頭症の人.

microchip 男〔<英〕マイクロチップ.

microcircuito 男〔電子〕超小型電子回路, 集積回路, IC.

microcirugía 囡 顕微手術.

microclima 男〔気象〕微気候.

microcosmo(s) 男〔主に 複〕**1** 小宇宙, 小世界. **2**〔哲学〕(宇宙の縮図としての)人間.

microeconomía 囡 ミクロ経済(学).

microelectrónica 囡 マイクロエレクトロニクス, 超小型電子技術.

microelectrónico, ca 形 マイクロエレクトロニクスの.

microespacio 男 (簡単にチャンネルを変えられないような番組を内容豊富なものにするために連続して放送する様々なテレビのミニ番組.

microestructura 囡 **1**(社会・地質構造などの組織体の)ミクロ[微視]構造, 小構造. **2**(金属・材料などの)顕微鏡組織, ミクロ組織.

microficha 囡〔技術〕マイクロフィッシュ.

microfilm, microfilme 男 マイクロフィルム.

microfilmar 他 をマイクロフィルムに撮る.

microfísica 囡 微視的物理学.

micrófono 男 マイクロフォン.

microfotografía 囡 顕微鏡写真.

micrografía 囡 顕微鏡による対象物の記述[図解].

microhm, microhmio 男〔電気〕マイクロオーム(記号 μ, Ω).

microinyección 囡〔生物〕マイクロインジェクション, 微量注入.

microlentillas 囡 複 コンタクトレンズ.

micromanipulador 男〔技術〕マイクロマニピュレータ, 顕微操作装置.

micrométrico, ca 形 マイクロメーター[測微計]の.

micrómetro 男 マイクロメーター, 測微計.

micrón 男 ミクロン; 100万分の1メートル(記号 μ).

Micronesia 固囡 **1** ミクロネシア(太平洋の島地域). **2** ミクロネシア連邦(首都 Palikir).

microonda 囡 マイクロ波.

microondas 女 〖単複同形〗電子レンジ (=horno microondas).

microorganismo 男 微生物.

microplaqueta 女 →microchip.

microprocesador 男 〖情報〗マイクロプロセッサー.

microscopia, microscopía 女 顕微鏡による検査法.

microscópico, ca 形 **1** 顕微鏡の[による]. **2 a)** 顕微鏡でしか見えない. **b)** 微細な, 微小な.

microscopio 男 顕微鏡.

microsomía 女 〖医学〗小人症.

microsurco 形 男 **1** 微細溝の, マイクログルーブ(の). **2** LPレコード.

microtaxi 男 小型タクシー.

microteléfono 男 (電話の)送受話器.

micrótomo 男 ミクロトーム (顕微鏡標本用の薄片を作る機械).

midriasis 女 〖単複同形〗〖医学〗散瞳(とん), 瞳孔散大.

miéchica 〖チリ〗〖婉曲〗→mierda.

miedica 形 〖軽蔑, 話〗→miedoso.

miedítis 女 〖話〗→miedo. —tener [sentir] 〜 怖がる.

miedo 男 [ミエド] **1** 恐れ, 恐怖 [+ a/ de/ por …に対する恐怖]. —〜 a la oscuridad 暗闇に対する恐怖. 〜 de los perros 犬に対する恐怖. tener 〜 恐れを抱く[感じる]. **2** 懸念, 心配. —tener 〜 de [+不定詞, + que +接続法] …しないかと心配する. …することを懸念する. por 〜 a [de] que [+接続法] 恐れて, …しないように. **de miedo** (1) 〖話〗すばらしい, すばらしく. (2) ひどい.

miedoso, sa 形 **1** [ser +] 怖がりの, 臆病(ξνεν))な. **2** [estar +] 怖がっている, 恐れている.

miel 女 **1** 蜂蜜. —〜 virgen 巣からとれる蜂蜜. **2** 甘いもの[こと], 甘美さ. **3** 喜び, 満足感. —saborear las 〜es del triunfo 勝利の喜びを味わう. ▶ **dejar a … con la miel en los labios** 人の楽しみを途中で取り上げる, 人の楽しみに水をさす. **hacerse de miel** 親切にしすぎる. **miel sobre hojuelas** なおさらよい, ますます結構.

mielero, ra 形 (ハチやクマなどが) 蜂蜜を採る[作る]. —**abeja mielera** ミツバチ. —名 蜂蜜販売者, 蜂蜜販売者.

mielga[1] 女 〖植物〗ウマゴヤシ.

mielga[2] 女 〖魚類〗アブラツノザメ.

mielga[3] 女 〖農業〗(畑の)畝(ξ).

mielitis 女 〖単複同形〗〖医学〗背髄炎.

miembro 男 **1** (団体, 組織などの)一員, メンバー, 会員. —〜 vitalicio 終身会員. **2** 手足, 四肢. —〜 viril ペニス, 陰茎. **3** 〖数学〗(等式の)辺. **4** (全体の中の)一部; (文などの)一部分, 単位. **5** 〖形容詞的〗メンバーの. —estados 〜s de la UE EU加盟国.

miente 女 〖主に 複〗〖古〗心, 思考. ▶ **¡Ni por mientes!** とんでもない, そんなことありえない. **parar [poner] mientes en …** …に留意する, を考慮する. **venírsele [pasársele (a …) a [por] las mientes** (人の)頭に思い浮かぶ.

-miento 接尾 「動作, 結果」などを表す男性名詞語尾. sufrimiento, movimiento.

mientras [ミエントラス] 接 〖mientras que とすることもある〗 **1** 〖時を示す; +直説法〗 …している間に. —〜 yo trabajaba, los niños jugaban en el jardín. 私が仕事をしている間, 子どもたちは庭で遊んでいた. **2** 〖未来を示す; +接続法〗 …している間は[に], する限り. —〜 viva, nunca lo olvidaré. 私の生きている限り, 決してそれを忘れないだろう. **3** 〖対比を示す; +直説法, 時には en cambio や por el contrario を伴なって〗 …の一方で, ところが一方…. —Te amo, 〜 tú me aborreces. 私は君を愛しているのに君は私をひどく嫌っている. ▶ **mientras más …, más …** …すればするほど, ますます…になる. **mientras menos … menos …** …しなければしないほど, …すればするほど少ない[少なくなる], …が少なければ少ないほど…少なくなる. **mientras tanto** その間に, そうこうするうちに, 一方 その間に. —Yo trabajo; tú, 〜, te diviertes. 私が働いているというのに, 君は楽しんでいる.

miera 女 **1** 杜松(ξνομ.)油. **2** 松やに.

miércoles 男 [ミエルコレス] 〖単複同形〗 水曜日. ▶ **miércoles de ceniza** 〖カト〗 聖灰水曜日, 四旬節の初日.

mierda 女 〖俗〗 **1** 糞(ζ). **2** 汚い[不潔な]もの, くだらないもの[やつ]; くそ野郎. ▶ **¡A la mierda!** ふざけるな, まさか. **enviar [mandar] a … a la mierda** (人)をののしる, 追い払う. **estar hecho una mierda** ひどく疲れて[意気消沈して]いる. **irse a la mierda** 台無しになる, 失敗する. **¡Mierda!** (反発して)ちぇっ, くそっ. **¡Vete [Váyase] a la mierda!** とっとと消えろ, 出ていけ. **¡(Y) una mierda!** ふざけるな, とんでもない, 何言うか.

mies 女 〖複〗〜es〗 **1** 実った穀物. **2** 〖複〗穀物畑.

miga 女 **1** パンの柔らかい中身. **2** 〖主に複〗パンくず (ビスケットなどの) かけら. **3** 内容, 中身; 本質, 底意, 心. —tener 〜 中身が濃い; 裏がある. **4** 〖料理〗ミーガス. ▶ **hacer buenas [malas] migas con …** …と仲が良い[悪い]. **hacer migas** (1) (物) をめちゃくちゃにする. (2) (人) を打ちのめす; (精神的に) 打撃を与える. **hecho migas** 〖話〗(物理的・精神的に)打ちのめされた; 疲れ切った. **ni una miga** 全く[少しも]…ない.

migaja 女 **1** 〖複〗(パンなどの)かけら, くず. **2** 〖複〗余り物, 残りくず. **3** わずかな量.

migajón 男 パンのかけら, 大きめのパンくず.

migar [1.2] 他 **1** (パンなど) を細かくちぎ

migración 女 **1**(人の)移住,移転. **2**(鳥・魚などの)季節的移動,渡り,回遊.

migrante 形 移住[移動]する.

migraña 女 偏頭痛.

migrar 自 移動する,移住する.

migratorio, ria 形 移住[移動]の;季節移動[回遊性]の.

Miguel 固名《男性名》ミゲル.

Miguel Ángel 固名 ミケランジェロ(~ Buonarroti)(1475-1564. イタリアの彫刻家・画家・建築家・詩人).

miguelete 男 **1**《歴史》《ギプスコア地方の》民兵. **2**《カタルーニャ地方の山中の》猟撃ゲリラ兵.

mihrab 男 ミフラブ(イスラム教寺院でメッカの方角を示す壁面のくぼみ).

mijo 男 **1**《植物》キビ(の実). **2**《スペインの一部の地域で》トウモロコシ.

mikado〔スペイン〕男 帝(^ミカ^ド),天皇.

mil[ミル]形 **1**1000の,1000番目の. **— las ~ y una noches**『千夜一夜物語』 **2**多数の,(誇張して)無数の. **—**男 1,000. **— ~es**(y **~es**)**de** ... 何千もの,多数の. **▶ a miles** 多く. **a las mil y quinientas** とても遅れて,とんでもない時間に.

milagrería 女 **1**奇跡話. **2**奇跡を信じやすいこと.

milagrero, ra 形 **1**奇跡を信じやすい;迷信深い. **2 →** milagroso.

milagro[ミラグロ]男 **1**奇跡. **2**驚異,驚き,驚くべきこと. **▶ de milagro** 奇跡のように,奇跡的に. **hacer milagros** 奇跡をおこなう,(貧しいのに)なんとかやっていく. **¡milagro!** 何て奇妙な. **milagro (sería)** 《que+接続法》…するは不思議だ《sería を使うと接続法過去になる》. **la vida y milagros**(人の)経歴.

milagroso, sa[ミラグロソ,サ]形 **1**奇跡的な. **2**驚くべき. **3**奇跡を行う.

milamores 女《単複同形》《植物》ベニカノコソウ.

Milán 固名 ミラノ(イタリアの都市).

milanés, nesa 形名 ミラノの(人).

milano 男 **1**《鳥類》**a**)トビ. **b**)オオタカ. **2**《魚類》セミボラボウ.

mildiu, mildiú 男《農業》うどん粉病,白渋(^{ジロシブ})病.

milenario, ria 形 **1**1,000年の;何千もの. **2**《宗教》千年至福[王国]説の. **—** 男 **1**千年期. **2**千年祭. **—** 名《宗教》千年至福[王国]説の信奉者.

milenarismo 男《宗教》千年至福[王国]説(の信仰).

milenarista 形名男女 千年至福[王国]説の信奉者.

milenio 男 1,000年間; 1,000年期.

milenrama 女《植物》ノコギリソウ.

milésima 女(主に貨幣単位などの)1000分の1.

milésimo, ma 形名 **1**1,000番目の. **2**1,000分の1(の).

milhojas 女《単複同形》**1**《植物》ノコギリソウ. **2**《料理》ミルフィーユ.

mili 女《話》兵役(= servicio militar).

miliamperio 男《電気》ミリアンペア(《略号》mA).

miliar¹ 形 **1**キビ粒(状)の. **2**粟粒状の,《医学》粟粒疹(状)の.

miliar² 形(古代ローマの道で,柱や石で)マイルを標示する.

miliario, ria 形《歴史》マイル(表示)の;マイル標(標石).

milibar 男《気象》ミリバール(気圧の単位,《略号》mb).

milicia 女 **1**軍隊,兵隊. **2**兵役. **3**《複》義勇軍,市民軍. **4**軍事教練.

miliciano, na 軍隊の,軍人の,軍事の. **—** 名 義勇兵,民兵.

miligramo 男 ミリグラム.

mililitro 男 ミリリットル.

milimétrico, ca 形 ミリメートルの.

milímetro 男 ミリメートル.

militancia 女 **1**活動家[党員]であること. **2**《集合的》(政党の)党員,活動家.

militante 形 戦う,戦闘的な. **—** 男女 戦士,闘士,活動家.

militar¹ 形 軍の,軍事の,軍隊の. **—servicio ~** 兵役. **—** 男女 軍人.

militar² 自 **1**入隊する,兵役につく,戦列に加わる. **2**(団体・党派などで)熱心に活動する,闘争する.

militarada 女 軍事クーデター.

militarismo 男 軍国主義,軍人精神.

militarista 形名男女 軍国主義の[主義者].

militarización 女 軍国[軍隊]化,武装化.

militarizar[1.3]他 を軍国化する;(人)に軍国精神をたたき込む.

militarote 男《軽蔑》粗野な〔尊大な〕兵士.

milla 女 **1**マイル(陸上の距離の単位,約1,609m). **2**海里(海上の距離の単位,約1,852m). **— ~ marina [náutica]** 海里.

millar 男 1,000; 何千もの. **—varios ~es de personas** 何千もの人.

millarada 女 約1,000, 1,000ほど.

millón[ミヨン]形 **1**100万. **—dos millones de yenes** 200万円. **2**多数,たくさん. **—¡Un ~ de gracias!** どうもありがとうございます. **3**男 多額の金.

millonada 女 巨額の金額,すごい大金.

millonario, ria 形名 百万長者の,大金持ちの.

millonésimo, ma 形名 **1**100万番目の(人・物). **2**100万分の1(の).

milonga 女 **1**《音楽》ミロンガ(ラ・プラタ地方の民謡・踊り). **2**《南米》ダンスホール,キャバレー. **3**《話》嘘.

milonguero, ra 名《南米》ミロンガの

歌手[踊り手].

milord 男 [複 milores] 閣下(英国の貴族に対する敬称).

milpa 女 [中米] トウモロコシ畑.

milpear 自 [中米] **1** トウモロコシの作付けをする．**2** トウモロコシ畑を作る[開墾する].

milpiés 男 〖虫類〗ワラジムシ.

miltomate 男 [中米] 〖植物〗オオブドウホオズキ(の実).

mimado, da 週分 [→mimar] 形 甘やかされた(子ども), だだっ子(の).

mimar 他 **1** を甘やかす, 溺愛(ﾃﾞﾞ)する．**2 a)** をかわいがる．**b)** (物)を大切に扱う, 大事にする.

mimar² をパントマイムで演じる, 身ぶり手ぶりで表現する, …に振りを付ける.

mimbre 男 〖時に 女〗(特にかご製造用の)ヤナギの小枝；ヤナギ林.

mimbrear(se) 自(再)(ヤナギの枝のように)揺れる, しなる.

mimbreño, ña 形 ヤナギの枝のような, しなやかな.

mimbrera 女 〖植物〗(総称としての)ヤナギ; ヤナギ林.

mimbreral 男 ヤナギの茂み[林].

mimeografiar [1.5] 他 を謄写版で刷る.

mimeógrafo 男 謄写版印刷機.

mimesis, mímesis 女 [単 複 同形] **1**〖修辞, 美術〗模倣, ミーメシス. **2**(一般に)からかいの身ぶり.

mimético, ca 形 **1** 〖動物〗擬態の. **2** 模倣の; 真似好きな.

mimetismo 男 **1** 〖動物〗擬態. **2** 模倣, 物まね, 人真似.

mimetizar [1.3] 他 をまねる, 模倣する. ━━ se 再 〖動物〗(動物が)擬態する.

mímica 女 身振り, ジェスチャー(による表現術).

mímico, ca 形 身振りの[ジェスチャー]の; パントマイムの.

mimo 男 **1**〖演劇〗パントマイム劇[俳優]. **2** 甘やかし; 溺愛(ﾃﾞﾞ)する. **3** 甘言, へつらい. **4** 繊細さ; 配慮.

mimosa 女 〖植物〗ミモザ.

mimoso, sa 形 **1** 甘やかされた, 甘ったれの. **2** 甘やかす, 甘い.

mina 女 **1** 鉱山, 採掘坑. **2** 坑道, 地下道. **3** 〖軍事〗地雷, 機雷. ━━ submarina 機雷; ~s antipersonales [antipersonales] 対人地雷. **4**(鉛筆の)芯. **5**(…の)宝庫, 豊富な源.

minador, dora 形 **1** 坑道堀りの; 採掘[採鉱]の. **2**〖軍事〗地雷[機雷]敷設の. ━━ 男 **1** 鉱山技師; 工夫. **2** 〖軍事〗…に地雷[機雷]を敷設する工兵. **3** 〖海事, 軍事〗機雷敷設艦.

minar 他 **1** …に坑道を掘る[を採掘]する. **2** 〖軍事〗…に地雷[機雷]を敷設する. **3** を徐々に損なう, 浸食する, 傷つける.

minarete 男 ミナレット, 光塔.

mineral 形 男 鉱物(の), 鉱石(の); 無機物(の). ━ agua ~ ミネラルウォーター.

mineralización 女 鉱化(作用); 鉱水化.

mineralizar [1.3] 他 を鉱化[鉱水化]する. ━━ se 再 鉱化[鉱水化]する.

mineralogía 女 鉱物学.

mineralógico, ca 形 鉱物学(上)の.

mineralogista 男女 鉱物学者.

minería 女 採鉱; 採掘, 鉱山業. **2** 〖集合的に〗(一国・一地方の)鉱山; 鉱夫.

minero, ra 形 鉱業の, 鉱山の. ━━ 男 **2** 鉱山労働者; 鉱山(開発)業者.

mineromedicinal 形 (水が)薬効のあるミネラルを含んだ. ━ agua ~ 薬用ミネラルウォーター.

minerva 女 **1** (M~) 〖神話〗ミネルバ. **2** 〖印刷〗ミネルバ印刷機. **3** 〖医学〗頸椎矯正器. **4** 頭のよさ, 頭脳.

minga¹ 女 [南米] 共同作業.

minga² 女 〖卑〗→pene.

mingitorio, ria 形 排尿の. ━━ 男 (男子用の)小便所.

mingo 男 (ビリヤードの)的玉(ﾏﾄ).

miniar 他 〖美術〗を細密画法で描く.

miniatura 女 **1**〖美術〗細密画(法). **2** 小型模型, ミニチュア. **3** 非常に小さなもの. **4** 〖情報〗サムネイル. ━ *en miniatura* 小型[ミニチュア]の.

miniaturista 男女 〖美術〗細密画家.

miniaturización 女 小型化.

miniaturizar [1.3] 他 を小型化する.

minibar 男 (ホテルなどの)ミニバー.

minibús 男 マイクロバス.

minicadena 女 〖音楽〗高性能のミニコンポ.

minicine 男 ミニシアター.

minicomputadora 女 ミニコンピューター.

minifalda 女 ミニスカート.

minifaldero, ra 形 **1** ミニスカートをはいた(人). **2** ミニスカートの.

minifundio 男 小規模農地(所有).

minifundismo 男 小規模農地制.

minifundista 形 男女 小規模農地制の; 小規模農.

minigolf [英] ミニゴルフ(場).

mínima 女 **1**〖音楽〗二分音符. **2** 〖気象〗最低気温.

minimalismo 男 〖美術〗ミニマリズム, ミニマルアート.

minimalista 形 ミニマリズムの, ミニマルアートの; ミニマリズム[ミニマルアート]の芸術家. ━━ 男女 ミニマリズム[ミニマルアート]の芸術家.

minimización 女 **1** 過小評価. **2** 最小化.

minimizador, dora 形 過小評価の[する]

minimizar [1.3] 他 を過小評価する, 低く見積もる; 最小(限)にする.

mínimo, ma 形 **1** 最小の, 最低の, 最小限度の. **2**〖否定文で〗少しも…ない〖定冠詞 と no を伴う〗. ━No ha comentado ni lo más ~ sobre el tema. 彼はその問題については何もふれなかった. **3** 〖カト〗ミニモ会修道士[女]の.

► **no ... (en) lo más mínimo** 全然…ない. ― 男 最小, 最低, 最小限度. ― 名《カト》ミニミ会修道士[女]. ► **como mínimo** 少くとも.

minino 男 →mínimo.
minino, na 名《話》猫.
minio 男 錆(さ)び止め塗料, 鉛丹.
miniserie 女《放送》短期の連続ドラマ.
ministerial 形 1 省の, 閣僚の. ―reunión ― 閣僚会議. 2 政府側の, 政府支持の, 与党の.
ministerio 男 1 省, その官庁. ―M~ fiscal [público] 検察(官)の職務; 検察庁. 2 大臣の地位, 大臣の任期. 3 集合的に 閣僚, 諸大臣.
ministrable 形 大臣候補の.
ministro, tra 名 1 大臣, 閣僚. ―primer ― 首相. ― sin cartera 無任所大臣. consejo de ～s 内閣, 閣議. 2 公使. ― ～ plenipotenciario 全権公使. 3 司祭, 牧師. ― ～ de Dios [del Señor] 司祭.
minivestido 男《服飾》(丈が膝上までの)ミニドレス.
minoico, ca 形《歴史》ミノス[ミノア](文明)の, 古代クレタ(文明)の.
minoración 女 減少; 軽減; 緩和.
minorar 他 ～を減らす; 軽減する; 緩和する.
minoría 女 1 少数派[勢力]; (民族・言語・宗教等での)少数集団, マイノリティー. 2 (～ de edad) 未成年(期).
minoridad 女 未成年(期).
minorista 形名《商業》小売りの[商人].
minoritario, ria 形 少数派の.
minucia 女 1 取るに足りないもの[こと], 瑣事(さじ). 2 細目, 詳細.
minuciosidad 女 1 綿密さ, 細心. 2 詳細, 詳しさ.
minucioso, sa 形 1 (人が)細心な, きちょうめんな, 念入りな. 2 詳細な, 徹底した. ―un informe ～ 詳細な報告書.
minué 男《音楽》メヌエット.
minuendo 男《数学》被減数.
minúsculo, la 形 1 とても小さい; 取るに足りない. 2 小文字の. ― 女 小文字(=letra minúscula).
minusvalía 女 1《経済》価格[価値]の下落. 2 心身の障害.
minusvalidez 女 心身の障害.
minusválido, da 形名 身体[精神]障害の; 身体[精神]障害者.
minusvalorar 他 ～を過小評価する.
minuta 女 1 (弁護士などの)請求書. 2 草稿, 下書き. 3 メモ, 覚え書. 4 メニュー.
minutaje 男 (番組や儀式などの)分刻みの編成[タイムテーブル].
minutar[1] 他 (契約書・計画書などの)草稿を作成する.
minutar[2] 他 (番組や儀式などの)分刻みで編成する.
minutero 男 (時計の)長針, 分針; (主に分を測る)時計, タイマー.

minuto, ta [ミヌト, タ] 男 分(ふん), 1 分. ―Son las ocho y veinte ～. 8 時 20 分です. 2 (角度の単位, 1 度の 60 分の 1) 分. 3 少し[ちょっと]の間. ―al ～ すぐ(に). en un ～ すぐ(に). たちまち. ～ a ～ 刻一刻.

mío, mía [ミオ, ミア] 形《所有》[複 ～s] [1 人称単数後置形] 1《名詞の後で》私の. ―Don Julián es muy amigo ～. フリアンさんは私の親友です. 2《叙述補語として》私のもの[こと]. ―Mucho gusto. -El gusto es ～. はじめまして(どうぞよろしく). ーこちらこそよろしく. 3《定冠詞をつけて所有代名詞となる》私のもの. ―Lo ～ es lo tuyo. 私のものは君のものだ. 4《愛情表現》《話》 ―Hijo ～. (自分の息子に)坊や. ► **los míos** 私の家族[仲間, 部下]. **ser la mía** 私にとって好機だ.

miocardio 男《解剖》心筋(層).
miocarditis 女《単複同形》《医学》心筋炎.
mioceno, na 形《地質》中新世(の).
mioma 男《医学》筋腫.
miope 形名 1 近視の(人), 近眼の(人). 2 近視眼的な(人), 視野の狭い(人).
miopía 女 1《医学》近視, 近眼. 2 近視眼的な[視野の狭い]こと.
míos 形《所有》→mío.
miosis 女《単複同形》《医学》瞳孔(どう)収縮.
miositis 女《単複同形》《医学》筋肉炎.
miosota 女《植物》ワスレナグサ.
miosotis 女《単複同形》→miosota.
MIR, mir 男《頭字》 (<médico interno residente) 《単複同形》インターン, 研修医. ― 男 研修医[インターン](になるための)試験.
mira 女 1 (銃などの)照準器, 照星, 照門. 2 [主に 複] 意図, 目標, 狙い. 3 (測量用の)水準測桿(かん), 標尺. (= ～ taquimétrica) 4 (海事) 船首砲 (= ～ de proa). ► **con miras a** ～を目的[目標]にして. **poner la mira en ...** ～に目標を定める. **mira telescópica** 望遠鏡式照準器.
mirabel 男《植物》1 アカギの一種. 2 ヒマワリ.
mirada 女 1 見ること, 視線. 2 目つき, 表情. ― dulce [penetrante] やさしい[鋭い]目つき. leer en la ～ 表情から読み取る. ひと目, 一見. 4 見つめること, 注目, 凝視. ― perdida うつろな目つき. ► **echar [lanzar] una mirada a ...** ～をちらっと見る.
mirado, da 過分 [→mirar] 1 思いやりのある. 2 ～に注意深い, 慎重な; 念入りの, うるさい. 3 良く[悪く]見られた [estar bien [mal] ～]. ► **bien mirado** よく考えてみると.
mirador 男 1 望楼, 張り出し窓. 2 展望台, 見晴らし台.

miraguano 男 〖植物〗カポックノキ.
miramiento 男 〖主に 複〗 **1** 思いやり, 気遣い, 配慮. **2** 注意, 慎重. **3** 遠慮, 気兼ね, ためらい.

mirar 〖ミラル〗他 **1 a**）…に目を向ける, をじっと見つめる. —Me miró fijamente. 彼は私をじっと見つめた. b）（人の行動）を観察する, を眺める. …に見とれる. **2 a**）…を調べる, 検査する. —— el equipaje 荷物を調べる. b）に気をつける, に注意する. c）を見張る, 監視する. d）を熟考する, 熟慮する. —Sólo miras tus intereses. 君は自分の利益しか考えていない. ▶ **bien mirado/si bien se mira** よく考えてみると. **mirar bien [mal] a...** （人）に好意 [反感] を持つ. **mira quién habla** そんなことよく言えるな. **+直説法」que + 直説法」** 本当に…だから…なのだ. **mira que si**〖+直説法/接続法〗もしかすると…かも知れないぞ. —— 自 **1**〖+a/hacia/para」…の方に〗目をやる, を見つめる, 凝視する. **2**〖+en 」を思い巡らす, 調べる, くまなく捜す. —— **en** todos los cajones あらゆる引出しをくまなく捜す. **3**〖+a 」に面する, 向いている. —Esta ventana **mira a** la calle. この窓は通りに面している. **4**〖+por 」のためを〗思う, …に有利なように行動する,（を）保護する. **5**〖+a 」を目指す. 目的とする. ▶ **¡mirá!**（1）わあ, すごい［ほら, ご覧よ］.（2）あきれた. **mira (mire) por donde...** 意外なことに結局.〖+直説法〗**mirar a ver si** 問い合わせる, 知ろうとする. —— **se** 再 **1** 自分の姿（顔）を見る. —**se** en el espejo 鏡に自分の姿を写してみる. **2**〖+en 」にほれる, ほめたたえる. ▶ **de mírame y no me toques**（1）壊れやすい.（2）虚栄体質の. **se mire como se mire** どう見ても, どっちみち.

mirasol 男 〖植物〗ヒマワリ.
miríada 女 〖文〗無数.
miriagramo 男 1 万グラム.
miriámetro 男 1 万メートル.
miriápodo, da 形〖動物〗多足類の.
mirífico, ca 形 〖文〗感嘆すべき, 驚くべき.
mirilla 女 **1**（ドアなどの）のぞき穴〖窓〗. **2**（カメラの）ファインダー. **3**（測量器の）視準穴.
miriñaque 男 〖服飾〗クリノリン［スカートをふくらませるためのペチコート〗.
mirlo 男 **1**〖鳥類〗クロウタドリ. **2**〖話〗気取った顔. ▶ **ser un mirlo blanco** きわめて珍しい〖人〗である.
Miró 固名 **1** ミロ（Gabriel ～）（1879–1930, スペインの小説家）. **2** ミロ（Joan ～）（1893–1983, スペインの画家）.
mirón, rona 形名 **1** 見たがり屋（の）；詮索好き（の）. **2** 傍観者（の）；野次馬（の）. **3**〖話〗のぞき趣味.
mirra 女 ミルラ, 没薬（もつやく）.
mirtáceo, a 形 〖植物〗フトモモ科の. —— 女 〖植物〗フトモモ科の植物；〖主に複〗（M～）フトモモ科.

mirto 男 〖植物〗ギンバイカ（= arrayán）.
mis 形 → **mi**.
misa 女 **1**（カト）ミサ, 聖餐（せいさん）式. —decir ～ ミサをささげる. — cantada 歌ミサ. — de cuerpo presente 死者ミサ, 追悼ミサ. — del gallo（クリスマス・イブの）真夜中のミサ. **2**〖音楽〗ミサ曲. ▶ **cantar misa**（新任司祭が）初ミサを行う. **no saber de la misa la media [la mitad]** 一切わかっていない. **va a misa** 明白である, 確実である.
misacantano 男 **1** 初めてミサを行う司祭. **2** ミサを行なえる司祭.
misal 男 （カト）ミサ典례, 祈祷（きとう）書.
misantropía 女 人間嫌い, 厭世的性格.
misantrópico, ca 形 人間〖社交〗嫌いの, 厭世（えんせい）的な.
misántropo, pa 形名 人間〖社交〗嫌いの（人）, 厭世（えんせい）的な（人）, 厭世家.
miscelánea 女 **1**（種々雑多な物の）混合, 寄せ集め. **2**〖文学などの〗作品集；雑文集（= ～ literaria）；（新聞の）雑報.
misceláneo, a 形 種々雑多な, いろいろな.
miscible 形 （液体などが）混合可能な.
miserable 形 **1** 哀れな, 悲惨な, みじめな. **2** 卑劣な, いやな. **3** 貧弱な, お粗末な, 少ない. **4** 極貧の, 不運な, 不幸な. ▶ **¡Miserable de mí!** かわいそうな私. —— 名 **1** 哀れな〖貧しい〗人. **2** 悪党, 恥ずべき人. **3** けちん坊, 欲しがり.
miserere 男 **1**〖カト〗ミゼレレ. **2** ミゼレーレの楽曲. ▶ **cólico miserere**〖医学〗腸閉塞（へいそく）.
miseria 女 **1** みじめさ, 悲惨. **2** 貧困. —vivir [estar] en la ～ 困窮した暮らしをする〖状態にいる〗. **3** 不運. **4** けち, 貪欲. **5** わずかな収入.
misericordia 女 慈悲, 同情, 憐れみ. —pedir ～ 慈悲を乞う. **2**〖聖歌隊席で中腰に座れる〗折りたたみイス.
misericordioso, sa 形〖+ con/para/para con 」に〗情深い, 慈悲深い.
mísero, ra 形 → **miserable**.
misérrimo, ma 形〖**mísero** の絶対最上級〗**1** ひどく哀れな, 極貧の. **2** ひどくけちな.
misia, misiá 女 〖南米〗（呼びかけで）奥様〖**misiá, miseá** とも書く〗.
misil, mísil 男 〖軍事〗ミサイル.
misión 女 **1** 使命, 任務. **2** 天職, 天命. **3**〖宗教〗a）〖主に 複〗伝道. b）伝道所〖建〗；布教区. **4** 使節団, 代表団. **5** 調査隊, 探検隊.
misional 形 （特にキリスト教の）布教の, 伝道の.
misionario, ria 形 **1** → **misionero**. **2** 使者, 使節.
misionero, ra 形 伝道の, 宣教の. —— 名 伝道師, 宣教師.
misiva 女 手紙, 書状, 書簡.
mismamente 副 〖話〗ちょうど, まさ

mismidad 女〘哲学〙アイデンティティー.

mismísimo, ma 形〘*mismo* の絶対最上級〙〘話〙全く同じ, まさにその, 紛れもない当の.

mismo, ma [ミスモ, マ] 形 〘不定〙 **1**〘+名詞〙同じ, 同一の, 同様の. — *Somos del ~ pueblo.* 私達は同じ村の出身です. **2**〘+*que*〙…と同じ, …と同じ〘種類, 同様〙の. — *Ella va a la misma escuela que mi hijo.* 彼女は私の息子と同じ学校へ通っている. **3**〘強調〙a)〘定冠詞の前または後〙他ならぬ…, …そのもの. — *La misma reina asistió a la ceremonia.* 王妃自身がその儀式に出席した. b)〘代名詞の後〙…自身〖自体〗. — *Yo ~ lo vi.* 私自身がそれを見た. **4**〘名詞・代名詞の後〙〘例示的に〙…でも. — *Ese ~ vale.* それでも大丈夫. ▶ *al mismo tiempo* [*que*] 同時に, …と同時に. *así mismo* → asimismo. *estar en las mismas* [*que*] あいかわらずである. 何の進歩もない. *por sí mismo* 自分自身で, 独力で; それ自体で. —代 〘不定〙 **1** a)〘定冠詞+〙同一の人〘物〙. 〘定冠詞+*que*〙…と同じ人〘物〙. — *Ya no soy el ~ que antes.* もう私は昔の私とは違う. b)〘定冠詞+〙まさにその人〘物〙. — *¿Te refieres a la chica que vimos anoche? —Sí, ¡a la misma!* 君は昨夜会った女の子のことを言っているのかい. そうだとも, まさにその子のことだ. **2**〘*lo+*〙同じ事, 同じもの, 同じ量; 〘*lo+que*〙と同じもの, …と同じ事. — *Tú siempre estás pensando en lo ~*. 君はいつも同じ事を考えている. ▶ *dar* [*ser*] *lo mismo* どちらでも同じである. どちらでも構わない. *lo mismo que* (1) …と同様に, …と同じように. (2)〘+*si*+接続法〙まるで…. *Lo mismo te* [*le*] *digo*. (相手の言葉を受けて)そちらこそ〖こちらこそ〗. *más de lo mismo* うんざりだ. *por lo mismo* まさにそれ故に, それだからこそ. —副〘副詞(句)の後〙 **1** まさに. — *Ahora ~ voy.* 今すぐ行きます. **2** …でも, 例えば…. — *¿Dónde quedamos? —En mi casa ~ si te parece bien.* どこで会おうか. —よければ私の家です.

misoginia 女 女嫌いの性格.
misógino, na 形 女嫌いの(人).
misoneísmo 男 新しいものの嫌い.
misoneísta 形 新しいものの嫌いな (人).

misquito, ta 形名 (中米の)ミスキート族(の). —男 ミスキート語.

miss [＜英] 女 (美人コンテストの)女王.
mistela 女 **1** ミステル(アルコールと混合して発酵を抑えたブドウ酒). **2** 蒸留酒に水・砂糖・シナモンを加えて作る飲料.

míster, mister [＜英] 男 〘複 *~es*〙 **1** (男性美コンテストの)優勝者, ミスター. **2** (サッカーの)監督, コーチ (=*entrenador*). **3** [英語圏での男性への敬称・呼びかけ]ミスター, …氏.

misterio 男 **1** 秘密, 不可思議. **2** 秘密, 神秘. **3** (キリスト教)奥義; 複 (古代宗教の)秘儀. — *~ de la Trinidad* 三位一体の秘義. **4**〘宗教〙キリストの生涯の奇跡; ロザリオ玄義. **5** (中世の)宗教劇, 秘蹟劇.

misterioso, sa 形 神秘的な, 不可思議な, 謎めいた.

mística 女 **1**〘宗教〙神秘主義神学, 神秘論. **2**〘文学〙神秘主義文学.
misticismo 男 神秘主義, 神秘教(説).

místico, ca 形 **1** 秘儀の, 秘儀を使った. 不可解な. **2** 神秘主義の. —名 秘儀を授った人. 神秘主義者.

mistificación 女 **1** 歪曲(*きょく*), ねじ曲げ. **2** 詐欺, 欺瞞(*まん*).
mistificar [1.1] 他 **1** を歪曲する, ねじ曲げる. **2** を欺く, だます.

Mistral ミストラル (Gabriela ~) (1889–1957, チリの詩人・教育学者, 1945年ノーベル文学賞).

mistral 男 ミストラル(フランスの地中海沿岸に吹く冷たい北(西)風).

mita 女〘歴史〙ミタ: (a) インカ帝国の交代制労役. (b) (植民地時代, ペルー副王領でインディオに課された)強制労役.

mitad [ミタ] 女 **1** 半分, 2分の1. — *la primera ~ del mes pasado* 先月の前半. **2** 真中, 途中. **3**〘スポ〙ハーフ, 前[後]半. ▶ *a mitad de…* …の途中に, …の真中に. *en mitad de…* …の最中に. *mitad…* (*y*) *mitad…* 半分は…で, 半分は…. *mitad y mitad* (1) 半分ずつ. (2) どっちも甘辛いい加減な, まあまあ.

mitayo 男 ミタヨ: 強制労役 (mita) に就くインディオ.

mítico, ca 形 神話の, 伝説の; 架空の.
mitificación 女 **1** 神話[伝説]化. **2** 理想化.
mitificar [1.1] 他 **1** を神話[伝説]化する. **2** 理想化する, 理想と考える.
mitigación 女 緩和, 鎮静, 軽減.
mitigador, dora 形名 緩和[軽減]する(もの), 和らげる(鎮める)人, もの.
mitigar [1.2] 他 **1** (苦痛などを)和らげる; (刑罰など)を軽減する. **2** (光・暑さ・寒さなど)を和らげる, 抑える. — *se* 再 和らぐ, 鎮まる.

mitin 男〘複 *mítines*〙 **1** (政治・社会的な)集会, 大会. **2** (スポーツの)大会. ▶ *dar un mitin* (1) 集会を開く. (2) (人目を引くように)卞言を振るう.

mito 男 **1** 神話. **2** 神話的人物[事物]. **3** 伝説, 作り話.

mitocondria 女〘生物〙ミトコンドリア.

mitología 女 **1**〘集合的に〙神話, 神話集. — *~ romana* ローマ神話. **2** 神話学.

mitológico, ca 形 神話学の; 神話の, 伝説上の.

mitologista 男女 神話学者.
mitólogo, ga 名 →mitologista.

mitomanía 女〘医学〙虚言癖[症].

mitómano, na 形 名 〖医学〗虚言症の(患者); 虚言癖の(人).

mitón 男 指先のない手袋.

mitosis 女 〖単複同形〗〖生物〗有糸分裂, 間接核分裂.

mitote 男 〖中南米〗 **1** アステカ族の踊りの一種. **2** ホームパーティー. **3** 大げさな仕ぐさな態度. **4** 騒ぎ, 騒動.

mitotero, ra 形 〖中南米〗 **1** 気取った(人), 大げさな(人). **2** 騒ぎ/揉め事の好きな(人), 遊び好きな(人).

mitra 女 **1** 〖カト〗司教冠, ミトラ. **2** 司教の位[職]. **3** 〖ペルシャの〗とんがり帽子.

mitrado, da 形 〖カト〗司教冠をかぶった. ━━ 男 大司教, 司教.

mitral 形 〖医学〗僧帽弁の.

mixomatosis 女 〖単複同形〗〖獣医〗〖ウサギの〗粘液腫症.

mixomiceto 男 〖主に 複〗(M～)〖植物〗粘菌, 変形菌類.

mixtificación 女 →mistificación.

mixtificar [1.1] 他 →mistificar.

mixtilíneo, a 形 〖数学〗〖図形が〗直線と曲線から構成された.

mixto, ta 形 **1** 混合の, 混成の. —ensalada **mixta** ミックスサラダ. **2** 男女混合の. **3** 混血の, 雑種の, 異種交配の. ━━ 男 **1** マッチ. **2** 客車と貨車の混成列車.

mixtura 女 **1** 混合(物). **2** 〖薬学〗混合薬.

mixturar 他 を混合する.

mízcalo 男 〖植物〗ハツタケ.

mm. (略号)＝milímetro ミリ(メートル).

mnemotecnia 女 記憶術.

mnemotécnico, ca 形 記憶術の; 記憶を助ける. ━━ 名 →mnemotecnia.

moab(d)ita 形 男女 モアブ(Moab)の(人). ━━ 男 モアブ語.

moaré 男 →muaré.

moaxaja 女 〖詩学〗モアハッシャ: アラビア語・ヘブライ語の詩で最後の部分がモサラベ方言で書かれた中世抒情詩.

mobiliario, ria 形 動産の. ━━ 男 〖集合的に〗家具(類), 調度品.

moblaje 男 →mobiliario.

moca 男 モカコーヒー(café).

mocárabe 男 〖建築〗鍾乳(にゅう)石飾り: イスラム建築の丸天井やアーチに施される鍾乳石状の装飾.

mocasín 男 モカシン.

mocear 自 **1** 若者らしく振る舞う; 若気にはやる. **2** 放蕩生活にふける.

mocedad 女 青年期, 青春期.

moceril 形 若者特有の, 若者らしい.

mocerío 男 〖集合的に〗若者たち, 若人.

mocetón, tona 名 体格の良い若者[娘].

mochales 形 〖無変化〗〖話〗〖estar +, por +〗頭がおかしくなった, 正気でない(に)夢中になった.

mochar 他 **1** …の先端を切り落とす.

2 …に頭突きを食らわせる.

moche 形 〖歴史〗インカ文明に先行してペルー北部海岸地域に繁栄した(チェ人)の; モチェ文化の. ━━ 男女 モチェ(人).

mocheta 女 **1** 〖ドアや窓の枠の〗水切り縁. **2** 〖建築〗〖壁面または壁と天井によってできる角の〗角度.

mochila 女 **1** リュックサック, ナップザック. **2** 〖軍事〗背嚢(のう).

mochilear 自 〖南米〗バックパッキングをする, リュックに荷物を詰めて旅行する.

mochilero, ra 名 バックパッカー.

mocho, cha 形 **1** 先の丸い; 角の欠けた. **2** 〖話〗髪を短く刈り上げた. ━━ 男 〖長い道具の〗先の丸い太い部分.

mochuelo 男 **1** 〖鳥類〗ミミズク, フクロウ. **2** 〖話〗厄介[面倒]な仕事. ▶ *Cada mochuelo a su olivo.* 〖諺〗もう家自分の持ち場に帰る時間だ.

moción 女 **1** 〖会議・議会での〗動議, 発議, 提案. —～ *de censura* (contra el Gobierno) (内閣)不信任案. **2** 運動, 移動. **3** 心の傾き; 同意. **4** 〖神学〗神の啓示, 霊感.

mocito, ta 形 大変に若い; 若者の, 若い. ━━ 名 若者, 若い女.

moco 男 **1** 〖主に 複〗洟水(みず), 洟(はな)くそ; 粘液. **2** 〖ろうそくの〗したたり, しずく. **3** 〖七面鳥の〗とさか, 肉垂. **4** 〖冶金〗鉱滓(さい)金くず, スラグ. ▶ *llorar a moco tendido* 〖話〗わあわあ泣く, 大泣きする.

no ser moco de pavo 〖話〗ばかにできない.

mocoso, sa 形 名 **1** 鼻水が出る; 洟(はな)垂れ小僧(の). **2** 青二才(の), 小生意気な.

Moctezuma 固名 (～ II) モクテスマ2世(1466-1520, アステカ帝国の王, 1519年コルテスに敗れた).

mod 〖＜英〗形 男女 〖複 ～s〗〖バイクなどを乗りつけた1960年代の英国の10代を指して〗服装・態度などが型にはまらない(人), 流行最先端の(人), 前衛的な(人).

moda 女 流行, ファッション, モード. ▶ *de moda* 流行の. *estar de moda* 流行している. *pasado de moda* 流行遅れの, はやらない. *pasar(se) de moda* 流行遅れになる.

modal 男 **1** 〖複〗行儀, マナー. **2** 〖言語〗法助動詞(の). ━━ 形 **1** 様式の, 様態の. **2** 〖言語〗叙法の.

modalidad 女 **1** 様式, 種類, やり方. **2** 〖言語〗叙法性.

modelado 男 **1** 〖美術〗彫塑, 肉付け, 型取り. **2** 造形.

modelador, dora 形 型を取る, 造形する. ━━ 名 型を取る職人, 塑像製作者.

modelar 他 **1**〖+ en で〗を造形する, …の型を取る. **2** (性格などを)形作る, 形成する.

modélico, ca 形 模範的な, 模範(手本)となる.

modelismo 男 模型作り, 模型制作.

modelista 男女 **1** 模型製作者; 鋳型

工. 2 服飾デザイナー.

modelo 男 **1** 原型, 模型. —~ reducido 縮尺模型. **2 a)** 手本, 見本, 模範. **b)**〖先行する名詞と同格的に〗模範(的な), モデル(となる). —marido — 模範的な夫. empresa ~ モデル企業. **3**〖服の自動車などの〗型, デザイン. —男女 **1** モデル. **2** ファッション・モデル.

módem 〔《英》男〖複〗~s〕〖情報〗モデム.

moderación 女 **1** 穏和さ, 中庸, 節度. **2** 緩和, 抑制, 軽減.

moderado, da 形 **1** 適度な, 程良い, 控え目な. —correr a velocidad moderada スピードを落として走る. **2**〖政治・思想的に〗穏健派の, 中道の. —名 穏健派の人.

moderador, dora 名 **1** 司会者, 議事進行役. **2** 調停役. —形 調節[調停]する. —男〖物理〗モデレーター.

moderantismo 男 穏健主義, 中道思想.

moderar 他 **1** を調節する, 抑制する, 緩和する. — se 再 〖+en 〗を自制する, 慎む.

modernamente 副 **1** 最近, 近頃, 現代では. **2** 現代的に, 現代風に.

modernidad 女 近代[現代]性; 近代の特質.

modernismo 男 **1** 近代趣味, 当世風; 現代の傾向. **2**〖文学〗モデルニスモ. **3**〖建築, 美術〗モダニズム, 近代主義. **4**〖宗教〗近代主義.

modernista 形男女 **1** 近代[現代]主義の[主義者の]. **2** モダニズムの(作家, 建築家). **2**〖文学〗モデルニスモの(作家).

modernización 女 近代化, 現代化.

modernizar [1.3] 他 を近代[現代]化する. —se 再 近代的[現代的]になる.

moderno, na [モデルノ, ナ] 形 **1** 現代の, 近代の. —música moderna 現代音楽. **2** 現代的な, 最新の, モダンな. ▶a la moderna/a lo moderno 現代ふうに. —男女 現代人; モダンな人.

modestia 女 謙遜; 控えめ; 質素; (女性の)節度. —vivir con ~ つましく暮す.

modesto, ta [モデスト, タ] 形 **1** 謙遜な, 控えめな. **2** 控えめな, 高望みしない. **3** 粗末な, 質素な, つましい. —una casa modesta 粗末な家. **4** (異性に対して)謙虚である, 慎しみのある.

modicidad 女 **1** 安価, 安さ. **2** 適度, 程よさ.

módico, ca 形 (金額・価格・給料など が)適度の, 手ごろな, 安い, 低い. —prestar a un ~ interés 低金利で貸す.

modificación 女 **1** 変更, 修正. **2** 改変, 改修. **3**〖言語〗修飾.

modificador, dora 形名 〖言語〗(変更する人[もの]). —男〖言語〗修飾語.

modificar [1.1] 他 を修正する, 変更する, 変化させる. **2**〖言語〗を修飾する, …にかかる. — se 再 変化する, 変わる, 修正される.

modificativo, va 形 **1** 修正[変更] の. **2**〖言語〗修飾の. **3** 和解的な, 加減する.

modillón 男〖建築〗軒持ち送り.

modismo 男〖言語〗熟語, 慣用句.

modista 男女 婦人服デザイナー, ドレスメーカー, 仕立屋.

modistilla 女 婦人服デザイナーの見習い[助手].

modisto 男 (男性の)婦人服デザイナー, ドレスメーカー.

modo 男 **1** やり方, 方法, 様式. —Hay varios ~s de explicarlo. それを説明するのにいくつかの方法がある. ~ de pensar 考え方. ~ de ser 性格. **2**〖複〗行儀, 作法, 礼儀. —buenos [malos] ~s 良い作法[悪い行儀]. **3**〖言語〗(叙)法; 様態. —~ indicativo [subjuntivo, imperativo] 直説[接続, 命令]法. **4**〖音楽〗旋法. —~ mayor [menor] 長[短]音階. **5**〖情報〗(コンピューターなど電子機器の)モード. —~ de emulación [de insertar] エミュレーション[挿入]モード. ▶al modo de… …と同じやり方で. a mi modo de ver 私の考えでは, 私の見るところ. a modo de… …のように, …ふうに. a su modo 自分のやり方で, 自分なりに. de cualquier modo (1) どんなことがあっても. (2) いずれにせよ. (3) (やり方が)いいかげんに. de modo que (1)〖+直説法〗〖結果〗それゆえ, だから. (2)〖+接続法〗〖様態〗…するように. de ningún modo 決して…ない. de otro modo そうでなければ, でなかったら. de todos modos とにかく, いずれにせよ. en cierto modo ある程度. en modo alguno (= de ningún modo). ni modo 《中米》仕方がない, どうしようもない. ¡qué modo de…! (誇張して) 何という…の仕方だ. sobre modo とても, きわめて.

modorra 女 **1** ひどい眠気, 睡魔. **2**〖獣医〗旋回病(羊の).

modorro, rra 形 **1** 睡魔に襲われた, ひどく眠い. **2** (果物が熟しすぎた, 腐りかけた. **3** 水銀中毒にかかった(鉱夫). **4**〖話〗[estar+]ぼんやりした, ぼうっとした.

modosidad 女 **1** 行儀の良さ, 礼儀正しさ. **2** (特に女性の)慎み深さ, 貞淑さ.

modoso, sa 形 **1** 行儀の良い, 礼儀正しい. **2** (女性が)淑やかな, 慎み深い.

modulable 形 (家具・事務所など自由自在に)変形可能な, 調節[調整]できる, ユニット式の.

modulación 女 **1** (声などの)変化, 抑揚, 高低. **2**〖音楽〗転調. **3**〖電気, 放送〗変調.

modulador, dora 形 **1** 変化[抑揚]をつける. **2**〖音楽〗転調の. **3**〖電気, 放送〗変調の. —男〖技術〗変調器.

modular 他 **1** (声・歌など)に抑揚[変化]をつける. **2**〖電気, 放送〗(電気信号を信号波に)変調する, 変える. —自 **1**

módulo 《音楽》転調する。**2**《電気》変調する。── 形 モジュールの; ユニット式の。

módulo 男 **1**《建築》モジュール, 基準寸法; 組立てユニット。**2**《宇宙船の》モジュール。**3**型, タイプ。**4**《数学》加群, モジュール。**5**《情報》モジュール(装置やプログラムの各構成要素)。**6**《音楽》転調。**7**《貨幣・メダルの》直径。

modus operandi 〔<ラテン〕男 〖単複同形〗(仕事の)やり方, 手続き;(犯行の)手口。

modus vivendi 〔<ラテン〕男 〖単複同形〗**1** 生き方, 生活様式; 生計の手段。**2** 暫定協定, 一時的妥協。

mofa 女 (特に敬うべきものに対する)あざけり, 嘲笑。

mofar(se) 自再 あざける, からかう, 嘲笑{する}。 ── *se de ...* をあざける, 嘲笑{愚弄}する。

mofeta 女 **1**《動物》スカンク。**2**《鉱山・地下などの》有毒ガス。**3**《話》小さなおなら(^)。

mofletes 男 《話》ふっくらした頬{。}

mofletudo, da 形 頬のふっくらした。

mogol, gola 形 →mongol。

mogólico, ca 形 →mongólico。

mogolismo 男 →mongolismo。

mogollón 男 **1** 干渉人, お節介者, でしゃばり。**2**《話》〖無ександの〗大量, 大勢。── *un ~ de gente* 大ぜいの人々。**3** 混乱, 紛糾, 傾斜。▶ *de mogollón* (1)《話》ただで, 無料で。(2)労せずに, 易々(ﾔｽﾔｽ)と。

mogón, gona 形 (牛が)角の欠けた; 角の先が折れた。

mogote 男 **1** 小山, 円い丘。**2**(ピラミッド状の)穀物の刈り束, 堆(^)。**3**(シカの)まだ短い角。

mohair 男〔<英〕男 〖繊維の〗モヘア。

moharra 女 槍(ﾔﾘ)の穂。

mohicano, na 形 モヒカン族の。

mohín 男 (ふざけての)しかめっ面; 口をとがらせること。

mohíno, na 形 **1** 悲しげな, 不機嫌になった, ふさぎこんだ。**2** ラバの。**3**(牛馬の)黒毛の; 鼻面が黒い。── 男 **1**《鳥類》オナガドリ。── 男 **2** 陰気, 憂鬱(^)； 不機嫌, 不快, 苛立ち。

moho 男 **1** かび。**2** さび。**3**《まれ》(休み明けの)怠け心, 不精。

mohoso, sa 形 **1** かびの生えた。**2** さびた。

Moisés 固名 〖聖書〗モーセ[モイゼ](ユダヤの預言者)。

moisés 男 〖単複同形〗(運べる)揺りかご。

mojado, da 過分 [→ mojar(se)] 形 **1** ぬれた, 湿った。**2**《音声》硬口蓋音の, 湿音の。

mojadura 女 ぬらす[ぬれる]こと, 湿ること。

mojama 女 マグロの塩漬け。

mojar 他 **1** をぬらす, 湿らせる。**...** に水分を含ませる。**2**《話》に寝小便をする。**...** お漏らしをする。── 自 〖+ en 〗介入する。── *se* 再 **1** ぬれる, 湿る。**2**《話》〖+ en 〗(不法な取引などに)関わる, 関与になる。**3**《話》寝小便をする。

mojarra 女 **1**《魚類》アフリカチヌ(タイ科)。**2**《中南米》(幅広の短い)ナイフ。

moje 男 《料理の》ソース。

mojicón 男 **1** 顔への殴りつけ, パンチ。**2** スポンジケーキの一種。**3**(ココアに浸して食べる)薄いロールパン。

mojiganga 女 **1**(特に動物の姿になる)仮装パーティー。**2** 笑劇; 茶番劇。**3** あざけり, 愚弄(^)。

mojigatería 女 **1** 偽善, 猫かぶり。**2** 信心ぶること。

mojigato, ta 形 **1** 偽善的な, 偽善者; 上品ぶった(人), 猫かぶりの(人)。**2** 信心家ぶった(人)。

mojinete 男 **1**《建築》(屋根の)棟。**2**(塀の)笠石。

mojo 男 **1** →moje。**2** オリーブオイル, にんにく, 香辛料などで作るカナリア諸島の特有のソース(= *picón*)。

mojón 男 **1** 境界標, 道標。**2**(一塊の)人糞(^)。

moka 女 →moca。

mol 男 **1** モル(物質量の単位)。**2** グラム分子。

mola 女 (異教徒の儀式に用いられた)塩を合わせた炒(ｲﾀ)った大麦粉。

mola[1] 女 **1** 円山。**2**《医学》胞状奇胎(= ~ *matriz*)。

molar[1] 形 **1**(大)臼歯(^)の。**2** ひき臼(^)の。── 男 (大)臼歯。

molar[2] 自 形 〖+ a ...とって〗楽しい[好きな, 気に入った]ものである。**2**〖+ con 〗を自慢する。**3** うまくいく。

molcajete 男 《メキシコ》乳鉢, (石製の)すり鉢。

Moldavia (Moldova) 固名 モルドバ(ルーマニアの東隣りの共和国, 首都キシニョフ Chisinau)。

moldavo, va 形 モルドバ(Moldavia)(人)の, モルドバ人。── 男 モルドバ語。

molde 男 **1** 型; 鋳型;《料理用の》流し〖抜き〗型, 型枠。**2** 手本, 模範。**4**《印刷》組み版。▶ *de molde* ぴったり合った。*letras de molde* 活字(体)。

moldeado 男 **1** 型取り, 鋳造。**2** 型取ってできた物, 鋳物。

moldeador 男 ヘアカラー{一}。

moldear 他 **1** を型に入れて作る, 鋳造する。**2**《...の》型。**3**(性格などを)形成する。**4** → moldurar。

moldura 女 (家具・建物などの)刳形(^)(^)。

moldurar 他 **...** に刳形(^)をつける。

mole[1] 形 柔らかい, ふんわりした。

mole[2] 女 巨大なもの; 巨体。

mole[3] 男 〖メキシコ〗《料理》モレ。

molécula 女 《化学》分子。

molecular 形 分子の。

moledor, dora 形 **1** 挽(^)く{挽く}(ためのの)。**2**《話》うるさい(人), うんざりさせる(人)。── 男 (サトウキビ・オリーブなどの)圧搾器。

moledura 女 挽(ひ)く[砕く]こと.

moler [5.2] 他 **1** をひく, すりつぶす. 粉にする. —~ café コーヒー豆をひく. **2** 《話》 **a)** を疲れ切らせる, へとへとにさせる. **b)** をいためつける, ひどい目にあわせる. —~ a palos 棒で殴る. **c)** を悩ませる, 迷惑する.

molestar 他 **1** …に迷惑をかける, を悩ませる, 邪魔する. —Me molesta mucho el humo del tabaco. 私はタバコの煙が大変迷惑だ. **2** …に軽い痛みを感じさせる. —El tobillo vuelve a ~me. くるぶしがまたちょっと痛い. **3** を不愉快にする, …に気を悪くさせる. —se 再 **1** 気を遣う, 心配する;〔+ en + 不定詞〕わざわざ…してくれる. —No se moleste usted. どうかお構いなく. **2**〔+ por 事に/+ con 人に〕気を悪くする, 腹を立てる.

molestia 女 **1** 迷惑, やっかいこと, 面倒. **2** 不快(感), 痛み. ▶ tomarse la molestia de 〔+ 不定詞〕わざわざ…する.

molesto, ta 形 **1** 迷惑な, 不愉快な, 面倒な. —Si no es ~ para usted. …あなたにご迷惑でなければ…. **2**(人が)やっかいな, うるさい. **3**〔estar +, + con, por で〕迷惑で不快に思う; 痛みを感じている, 具合が悪い. **4** 腹を立てた, 不満な.

molestoso, sa 形 《中南米》→ molesto.

molibdeno 男 《化学》モリブデン.

molicie 女 **1**《文》柔らかさ, 柔軟さ. **2** 安楽, 快適.

molido, da 過分 [→ moler] **1** 挽(ひ)いた, 粉になった. **2**〔+ de, por で〕疲れ果てた. **3** 痛めつけられた.

molienda 女 **1** 挽(ひ)くこと, 製粉; (オリーブなどの)圧搾. **2** 1回に挽く[搾る]量. **3** 挽く[搾る]作業の時期. **4** 厄介, 面倒なこと. **5** ひどい疲れ.

molinería 女 製粉業.

molinero, ra 形 名 製粉の; 粉屋, 製粉業者.

molinete 男 **1** 換気扇. **2** (おもちゃの)風車. **3** (槍や刀の)風車(頭上でぐるぐる振り回すこと).

molinillo 男 **1** (小型の)挽く道具. **2** (ココアなどを溶かすために用いる)攪拌(かくはん)器. **3** (おもちゃの)風車.

molino 男 **1** ひき臼(うす), 製粉機[場], 粉砕機. —~ de agua [viento] 水[風]車(場). **2** 退屈な人.

molla 女 **1**(脂肪のない)赤身の肉; (パン・果実の)柔らかい中身, 果肉. **2**《話》贅(ぜい)肉.

mollar 形 **1** (肉・果物などが)柔らかい. **2** 簡単にもうかる, だまされやすい.

molledo 男 **1**(腕・脚)などの肉付きのよい部分. **2** パンの柔らかい中身.

molleja 女 **1**(鳥類の)砂嚢(のう). **2**(子牛の腺病性(せん)の)膨らんだ虫垂.

mollera 女 **1**(解剖)頭頂部; (乳児の)大泉門. **2**《話》知能, 頭. ▶ cerrado [duro] de mollera 愚鈍な, ばかな; 頑固な.

mollete 男 **1** ロールパン. **2** (腕の)筋肉.

3 ふっくらした頬(ほお).

mólotov 形〔単複同形〕 cóctel ~ 火炎瓶.

molturación 女 → molienda **1**.

molturar 他 → moler **1**.

molusco 男 《動物》軟体動物; 複 軟体動物門.

momentáneamente 副 **1** ちょっとの間, 一時的に, 瞬間的に. **2** 今のところ, さしあたり.

momentáneo, a 形 **1** 瞬間的な, 一時の, 束(つか)の間の. **2** 一時的な, 暫定の.

momento 男 **1** 瞬間, ちょっとした間. —Espere un ~. しばらくお待ちください. **2** とき, 時期; 機会. —Ha llegado el ~ de actuar. 行動すべき時が来た. **3** 〔定冠詞を伴って〕現時点. —en el ~ actual 現時点で. **4** 重要性. —Es un problema de poco ~. それはたいした問題ではない. **5**《物理》モーメント. — de inercia 慣性モーメント. **6**《統計》積率. ▶ a cada momento ずっと, しょっちゅう. al momento すぐに, ただちに. de momento/por el momento 今のところ, 当座は. de un momento a otro/ en cualquier momento 今にも,今すぐにでも. en el momento menos pensado 全く思いがけないときに. en el [un] primer momento 初めは, 最初のうちは. en este momento 今, 現在; たった今, さきほど. en estos momentos この時代, 現代において. en todo momento いつでも, 今すぐにでも. en un momento すばやく, 今すぐにでも. por momentos 刻々と, 今から先. ¡un momento! ちょっと待って下さい.

momia 女 **1** ミイラ. **2** ひどくやせ衰えた人.

momificación 女 ミイラ化.

momificar [1.1] 他 をミイラにする.

momio 男 掘り出し物, もうけもの; 楽でもうかる[割りのいい]仕事.

momo 男 楽しませるためのこっけいなしぐさ.

mona 女 → hornazo. ▶ mona de Pascua 復活祭に食べるケーキ[パン]. mandar... a freír monas 《話》怒って(人)を追い払う. ¡Vete a freír monas! 《話》出て行け, 消えうせろ.

monacal 形 修道士[女]の.

monacato 男 **1** 修道士[女]の身分; 修道院生活. **2** 修道士[女]階級.

Mónaco 固名 モナコ(ヨーロッパの公国).

monada 女 《話》 **1** 猿らしい仕草[身振り]. **2** 甘えるしぐさ, 媚態(びたい). **3** おとなげないばかげた行為. **4**(子どもの)可愛らしい仕草[行動]. **5** 可愛らしい[キュートな]人.

mónada 女 《哲学》モナド, 単子.

monago 男 《話》 → monaguillo.

monaguillo 男 (カト) 侍祭, 司祭を手伝う少年.

monarca 男 君主, 国王.

monarquía 女 君主制, 君主国; 君主制時代. —~ absoluta 絶対君主制[国]. ~ constitucional 立憲君主制

monárquico, ca 形名 君主制の, 君主制支持の[支持者].

monarquismo 男 君主制[王制]主義.

monasterio 男 修道院.

monástico, ca 形 修道院[上, 女]の.

monda 女 **1** 皮をむくこと; 覆 むいた皮. **2** 剪定(ﾃｲ), 木の刈り込み; その時期. ▶ *ser la monda* (1)《話》(良くも悪くも) すごい, 並外れた. (2) とても面白い.

mondadientes 男[単複同形] 爪楊枝(ﾖｳｼﾞ).

mondadura 女 →monda 1.

mondaoídos 男[単複同形] 耳かき.

mondar 他 **1**《果物などの》皮をむく, 殻を取る. **2**《水底を》浚(ｻﾗ)う; きれいにする. **3** を剪定する. **4**《人》の髪を切る. — **se** 再 皮がむける, 殻が取れる. ▶ *mondarse de risa*《＋con …のことを》大笑いする, 爆笑する.

mondo, da 形 **1**〔estar +, + de〕(いつもあるものが)ない; 清潔な, 丸坊主の; 脱色した. **2** 文無しの. **3** 余分なものがない, 正味の, 純然たる, 全くそれだけの. ▶ *mondo y lirondo*《話》純粋の, あるがままの; すっからかんの.

mondongo 男 **1**(特に豚の)臓物, はらわた. **2**《俗》(人間の)内臓. **3**(豚の)ソーセージ, 腸詰め.

moneda [モネダ] 女 **1** 通貨, 金, 金銭. —— *contante y sonante* 現金. —— *corriente* 流通通貨. —— *falsa* にせ金. —— *papel* — 紙幣. **2** 硬貨, 貨幣. —— *divisionaria* 補助貨幣. —— *fraccionaria* 補助貨幣, 小銭. ▶ *pagar con [en] la misma moneda* …に同じ手口の仕返しをする. *ser moneda corriente* ありふれている, よくあること.

monedero, ra 名 貨幣鋳造者. — 男 小銭入れ, 財布.

monegasco, ca 形名 モナコの(人).

monema 男《言語》記号素.

monería 女 →monada.

monetario, ria 形 貨幣の, 通貨の; 金銭上の. — 男 **1** コインの収集. **2** コインの収集箱[ケース].

monetarismo 男《経済》マネタリズム.

monetarista 形男女《経済》通貨主義者の; 通貨主義者, マネタリスト.

monetizar [1.3] 他 **1** を通貨として流通させる. **2**〈貨幣〉を鋳造する.

mongol, gola 形 モンゴル(人)の; モンゴル人. — 男 モンゴル語.

Mongolia 固名 モンゴル(首都 Ulan Bator).

mongólico, ca 形 **1**《医学》ダウン症候群の(患者). **2** →mongol.

mongolismo 男《医学》ダウン症候群, 蒙古症.

mongoloide 形男女 モンゴロイド(の), 黄色人種(の).

moni〔＜英〕男〔主に 複 で, ~s〕《中南米》《話》お金.

Mónica 固名〔女性名〕モニカ.

monicaco 男 →monigote.

monición 女 戒告, 戒め.

monigote 男 **1** グロテスクな[滑稽な]人形, 下手な[おかしな]絵. **2**〔人の言いなりになる〕人, ぐず. **3**〔子どもに対して〕ちび, 小僧.

monipodio 男 (悪い目的の集団の)取り決め, 約束事.

monís, monis〔＜英〕男〔主に 複 で, monises〕《話》お金.

monises〔＜英〕男 複《話》お金.

monismo 男《哲学》一元論.

monitor, tora 名 **1**(スポーツなどの)コーチ, 指導員. **2** 助言者, 忠告者. — 男 モニターテレビ[装置];《情報》モニター, スクリーン.

monitorear 他 **1** をモニターする. **2**《中米》を監督[監視]する.

monitoreo 男 モニタリング; 監督, コントロール.

monitorio, ria 形 戒告の, 警告をあたえる.

monitorizar [1.3] 他 をモニターする.

monja 女 修道女, 尼僧.

monje 男 **1** 修道士, 僧. — benedictino ベネディクト会修道士. **2** 隠者, 隠遁者. **3**《鳥類》ヒガラ.

monjil 形 **1** 修道女[尼僧]の(ような). **2** 慎み深い, 堅苦しい; 地味すぎる.

mono, na 形 **1**《動物》サル(猿). **2**《話》かわいい人(子どもへの呼びかけによく用いられる). —Oye, mona, ¿cómo te llamas? ねえ, お嬢ちゃん, お名前は? **b)** 他人のまねをする人; おどけもの, 身ぶり手ぶりの激しい人. **c)** 醜い人. ▶ *el último mono* いちばん下っ端, どうでもいい人. *mono de imitación* 他人のまね[猿まね]ばかりする人. *mono sabio* (1)《闘牛》ピカドールの助手. (2)(サーカスなどの)芸を仕込まれた猿. — 男 **1** 雄猿. **2**《服飾》つなぎの服, 胸当てつきズボン. **3**(とくに人・動物の)戯画, おかしな絵. **4**《隠》(中毒になっているものに対する)欲求; (麻薬中毒の)禁断症状 (=síndrome de abstinencia). **5**(恋人同士などがかわす)合図, 目くばせ. ▶ *¿Tengo monos en la cara?*(じろじろ見る人に対して)顔に何かついている? — 女 **1** 雌猿. **2**《話》酔い. —coger [pillar] una — 酔っ払う. dormir la — 眠って酔いをさます. ▶ *Aunque la mona se vista de seda, mona se queda.* お里が知れる. *hecho una mona*《話》恥ずかしくて顔が真っ赤になった. *A freír monas./Vete [Anda] a freír monas.*《話》あっちへ行ってろ, とっとと帰れ. — 形《話》かわいらしい, きれいな; すてきな. —¡Qué niño tan ~! 何てかわいい男の子だろう. ▶ *¡Qué mono!* (1) 何てかわいいすてきな]の. (2)《皮肉》 何てひどい, いやだな.

monoaural 形 モノラルの.

monobásico, ca 形《化学》一塩基の.

monocarril 男 モノレール(の).

monociclo 男 (自転車)一輪車.

monoclonal 形 (生物, 医学)一クローン(性)の.

monocolor 形 **1** 単色の, 一色の. **2** (政権が)単一政党の.

monocorde 形 **1** (音楽)一弦の. **2** 一本調子の; 単調な, 変化のない.

monocordio 男 (音楽)一弦琴, モノコード.

monocotiledóneo, a 形 (植物)単子葉の. ― 女 単子葉植物.

monocromático, ca 形 → monocromo.

monocromo, ma 形 単色の, 一色の.

monocular 形 単眼(用)の, 一眼の.

monóculo, la 形名 単眼の(人). ― 男 **1** 単眼鏡, 片眼鏡, モノクル. **2** (片目の)眼帯.

monocultivo 男 単作(農法), 単一栽培.

monodia 女 (音楽)モノディ, 単旋律歌.

monódico, ca 形 (音楽)モノディ[単声歌]の.

monofásico, ca 形 (電気)単相(交流)の.

monogamia 女 一夫一婦(制); 一雌一雄.

monógamo, ma 形 一夫一婦(制)の; (動物)一雌一雄の. ― 名 一夫一婦主義者.

monografía 女 (特有のテーマに限定した)学術[専攻]論文, モノグラフ.

monográfico, ca 形 モノグラフの; 特殊専門的な.

monograma 男 モノグラム, 組み合わせ文字; 落款(らっかん).

monoico, ca 形 (植物)雌雄同株の; 雌雄異花の.

monolingüe 形男女 **1** 言語だけを話す(人)[で書かれた].

monolítico, ca 形 **1** 一本石[一枚岩]でできた. **2** 一枚岩的な.

monolito 男 (建築)モノリス.

monologar [1.2] 自 独白する, 独り言を言う.

monólogo 男 **1** 独り言. **2** (演劇)独白劇, 一人芝居.

monomanía 女 **1** (心理)偏執狂, モノマニア. **2** 一つのことへの執着[熱狂].

monomaníaco, ca, monomaníaco, ca 形名 偏執狂の(人), 偏執狂的な(人); ひどく凝り性の(人).

monomaniático, ca 形名 → monomaníaco.

monometalismo 男 (経済)(通貨の)単本位制.

monomio 男 (数学)単項式.

mononucleosis 女 (複数同形) (医学)単球[単核細胞]増加症.

monoparental 形 片親の.

monopatín 男 (スポ)スケートボード.

monoplano, na 形男 (航空)単葉機(の).

monoplaza 形 **1** 人乗りの, 単座の. ― 男 単座機; **1** 人乗りの乗り物.

monopolio 男 **1** 独占(権), 専売(権); 一手販売. **2** 独占企業, 専売公社. **3** 一人占め, 専有.

monopolista 形男女 独占の, 専売の; 独占者, 専売(業)者.

monopolístico, ca 形 独占(業)の, 専売(業者)の.

monopolización 女 **1** (経済)独占(化), 専売(化). **2** 一人占め, 独占.

monopolizador, dora 形 独占[専売]の. ― 名 独占[専売]者; 一手販売業者.

monopolizar [1.3] 他 **1** を独占[専売]する. **2** を一人占めにする.

monoptongar 自 単母音化する.

monoptongo 男 (言語)単母音.

monorraíl 男 モノレール(の).

monorrimo, ma 形 (詩学)単一韻の, 各行同韻の.

monosabio 男 (闘牛)ピカドールの助手.

monosilábico, ca 形 (言語) **1** 単音節の. **2** 単音節言語の.

monosílabo, ba 形 (言語)単音節の. ― 男 単音節語.

monoteísmo 男 一神教, 一神論.

monoteísta 形男女 一神教[論]の(信者).

monotipia 女 (印刷)モノタイプ印刷, 自動鋳造植字機.

monotonía 女 単調さ, 退屈, 一本調子.

monótono, na 形 単調な, 退屈な.

monovalente 形 (化学)一価の.

monovolumen 男 ワンボックスカー.

monóxido 男 (化学)一酸化物.

monseñor 男 **1** (カト)(高位聖職者に対する敬称)猊下(げいか). **2** (フランスの貴族に対する敬称)殿下, 閣下.

monserga 女 《話》 **1** 支離滅裂な話, たわ言. **2** うるさい苦情や要求.

*monstruo 男 **1** 怪物, 怪獣. **2** 醜悪な人, 残忍な人. **3** 超人的な人, 第一人者. **4** とてもすばらしい, 驚異的な.

*monstruosidad 女 **1** 奇怪さ, 醜悪さ. **2** 極悪非道(な行い). **3** ものすごく大きさ.

*monstruoso, sa 形 **1** 奇怪な, ぞっとするような. **2** ひどい, 残忍な. **3** 巨大な, とても大きい.

monta 女 **1** 乗ること. **2** 合計, 総額. **3** 価値, 重要性. ― asunto de poca ― 取るに足らない問題. **4** 馬の交配場所; その時期.

montacargas 男 『単複同形』 貨物用エレベーター.

*montado, da 過分 [→montar] **1** 騎馬の; (馬・自転車等に)乗っている. ― policía montada 騎馬警官隊. **2** (装置などが)セットされた, 据えつけられた. **3** (馬などが)鞍をつけた, 乗る準備のできた. **4** [スペイン](料理)小型のボカディーリョ (サンドイッチの一種).

montador, dora 男女 **1**（機械・器具の）組立工. **2**《映画》フィルム編集者. **3**《演劇》演出家. ── 男《乗馬用の》踏台.

montadura 女 **1** 乗ること. **2** 馬具, 鞍(くら). **3**（宝石の台座.

montaje 男 **1**（機械などの）組立て; 据付け, 設置. **2**《映画》フィルムの編集;《写真》モンタージュ（= fotográfico）. **3**《演劇》(舞台の)演出, 設定;（作品の）舞台化, 上演. **4**（宝石の）象眼, はめ込み.

montanera 女 **1**（豚の飼料とする）ドングリ［ブナの実］. **2** その飼料を豚に食べさせる時期.

montanero 男 山〔牧草地〕の警備員.

montano, na 形 山(岳)の, 山に住む.

montante 男 **1** 総額, 計算. **2**《機械》枠組の垂直の支柱, 脚. **3**《建築》ドア上部の明かり取り窓.

montaña ［モンタニャ］ 女 **1** 山, 山脈. **2**《話》山々; 山のようにたくさんのもの. —una ～ de libros 山ほどの本. **3** 困難, 難問. ▶ **montaña rusa** ジェットコースター.

montañero, ra 形 山の, 山岳の. ──同 登山家(家).

montañés, ñesa 形名 **1** 山の, 山地の(人), 山地に住む(人). **2** ラ・モンターニャ［サンタンデール］地方の(人).

montañismo 男《スポ》登山, 山登り. —hacer ～/practicar (el) ～ 登山をする.

montañoso, sa 形 山の, 山の多い.

montaplatos 男《単複同形》（料理運搬用の）リフト.

montar 自 **1 a)**〔+ en に〕（乗物に）乗る, 乗って行く. —～ en bicicleta 自転車に乗る. **b)** 馬に乗る, 乗馬する. —～ a caballo 乗馬. **2**〔+ a に〕（金額に）のぼる, 達する. **3** 重要である, 価値がある. ── 他 **1 a)** …に乗る. **b)**〔+ en に〕乗せる, 載せる. **2 a)** を組み立てる. —～ una tienda de campaña テントを張る. **b)**（映画・ビデオ）を編集する. **3 a)**（行事）を開催する, 行う; 上演する. **b)** を設立する, 立ち上げる; 準備を整える. **4 a)** を据え付ける, 設置する. **b)**（宝石などを台）にはめ込む. **5**（生クリーム・卵の白味）を泡立てる. **6**（雄が）…と交尾する. **7**（騒ぎなど）を引き起こす. **8**（銃の）撃鉄を起こす. ── **se** 再 **1**〔+ en に〕乗る. **2**（ある事が）引き起こされる. ▶ **tanto monta** どちらも同じである, どちらでもよい.

montaraz 形《複 montaraces》 **1**（動物が）野性の, 山育ちの. **2**（人が）粗野な, 野蛮な. ── 男 山（農場）の管理人.

montazgo 男《歴史》牧畜の山林通行料.

Mont Blanc 固名 モンブラン(アルプスの最高峰).

monte ［モンテ］ 男 **1** 山, 山岳. **2** 森林（の樹木）. —～ alto 山林. ～ bajo 灌木地, 下ばえ. **3**（トランプで）配り残りの札. **4**《中米》郊外, 田舎. ▶ **echarse al monte** (1) 山に逃げこむ, 逃亡する. (2) 過激な手段をとる. **monte de piedad**（公営）質店. **monte de Venus**《解剖》恥丘. **No todo el monte es orégano.**〔諺〕人生の全てがうまくいくとは限らない.

montea 女 **1**《建築》(壁・地面に描かれた)原寸図;（アーチ・丸天井の）迫高(せり). **2** 山狩り.

Monte Albán 固名 モンテ・アルバン(メキシコ, サポテカ文化の古代遺跡).

montear 他 **1** 壁・地面に原寸を記入する. **2**（獲物を）狩りをする, 山狩りをする.

montenegrino, na 形名 モンテネグロ (Montenegro) の(人).

Montenegro 固名 モンテネグロ（首都 Podgorica）.

montepío 男 互助基金; 互助基金からの年金; 互助会.

montera 女 **1** 布製の帽子;（特に）闘牛士帽, モンテーラ. **2**《建築》スカイライト, ガラス天井.

montería 女 **1**（イノシシなどの）大物猟. **2** 狩猟術.

montero, ra 名《狩猟》勢子(せこ).

montés, tesa 形（他種と区別して動物が）野性の, 山育ちの.

montevideano, na 形名 モンテビデオの(人).

Montevideo 固名 モンテビデオ（ウルグアイの首都）.

montículo 男（自然・人工の）小山, 丘.

montilla 名 モンティーリャ(スペインの Córdoba 県の同名の町で産するワイン).

monto 男 総額, 計算.

montón 男 **1** 山（状のもの）, 山積み. **2**《話》たくさん, 多数. ▶ **a [de, en] montón** 一緒にして, ひっくるめて. **a montones**《話》たくさん, 大量に. **del montón**《話》月並みの, ふつうの.

montonera 女 **1** 多量, 山積み. **2**《南米》騎馬ゲリラ隊.

montonero, ra 形名《南米》《歴史》(ペロン支持で, 1970 年代以降の)騎馬ゲリラ隊の(的); 騎馬ゲリラ隊員.

montuno, na 形 **1** 山の, 山地の. **2**《中米》粗野な, 田舎くさい.

montuosidad 女 山の多いこと.

montuoso, sa 形 山の; 山の多い.

montura 女 **1** 馬・ロバなどの乗用の動物. **2** 馬具一式; 鞍(くら). **3**（宝石の）台座;（眼鏡の）フレーム;（望遠鏡の）支え. **4**（機械の）組立て, 据付け.

monumental 形 **1** 記念碑の(ような). **2** 巨大な. **3** 《話》おそろしい, ひどい. —error ～ ひどい間違い.

monumentalidad 女（建造物・芸術作品の）記念碑的性格, 不朽性.

monumento 男 **1** 記念碑, 記念塔, 記念像. **2**（歴史上, 芸術上などの)重要建造物, 遺跡. **3** 歴史に残る傑作, 不朽の名作. **4**《話》(スタイルのよい)美人, 女性. **5**（聖木曜日に聖体が安置される）仮祭壇.

monzón 男《気象》モンスーン, 季節風.

moña[1] 囡 **1** 女の人形. **2**（婦人服用の）マネキン.

moña[2] 囡 リボン[花]の結び飾り.

moño 男 **1** 束ねて巻き上げた髪, アップにした髪, まげ. **2** リボンの結び飾り. **3**（鳥の）冠毛. ▶ *estar hasta el moño*《話》うんざりしている: これ以上耐えられない. *ponérseLE a ... en el moño*（人が何かを）しぐれぐれにしたくなる. *ponerse moños*《話》思い上がる, 高慢になる.

moñudo, da 形 （鳥が）羽冠のある.

mopa 囡 （から拭き用の）モップ.

moquear 自 水洟(譌)が出る.

moqueo 男 水洟(譌)が出ること.

moquero 男 （洟(譌)かみ用の）ハンカチ.

moqueta 囡 （絨毯(譌)やタペストリーに用いられる）モケット織.

moquete 男 鼻面(絮)のパンチ[殴打].

moquillo 男 **1**《獣医》ジステンパー. **2** 鶏の舌にできる瘤(譌)れもの.

moquita 囡 水洟.

mor 男「*amor* の語頭音消失形」▶ *por mor de ...*《原因·理由》…のために.

mora[1] 囡《植物》**1** クワ（桑）の実. **2** キイチゴの実.

mora[2] 囡《法律》（義務履行の）遅延, 運滞;（債務の）不履行.

morabito 男 イスラム教の隠者; その住まいの小聖堂.

moráceo, a 形《植物》クワ科の. ―― 囡 クワ科の植物;《主に複》（M～）クワ科.

morada 囡《文》住居, 住まい. ―la *última ~* 墓. **2** 滞在, 逗留. ▶ *allanamiento de morada* 家宅侵入(罪).

morado, da 形 **1** 暗紫色の, 紫色の. **2**（打撲で）青あざのできた. ▶ *pasarlas moradas*《話》ひどい目にあう, 苦しい時を過ごす. *ponerse morado*《話》たらふく飲み食いする. ―― 男 **1** 暗紫色, 紫（色）. **2**《話》（打撲による）あざ, 打ち身.

morador, dora 男囡 住人, 居住者.

moradura 囡《医学》（打撲などによる）あざ.

moral[1] ［モラル］形 **1** 道徳(上)の, 倫理(上)の, 道徳上の. ― *valor ~* 倫理観. **2** 教訓的な **3** 精神的な. **4** 品行方正な, 身持ちのよい. ―― 囡 **1** 道徳（心）, 倫理, 風紀. **2** 士気, 覇気. ―*tener a la ~ alta [baja] =* 士気が高まっている[落ちている]. ▶ *tener la moral por los suelos* 意気消沈している.

moral[2] 男《植物》クワ（桑）の木.

moraleja 囡 （物語や寓話(譌)などからの）教訓, 寓意.

moralidad 囡 **1** 道徳, 倫理, 道徳性. **2** 品行, 徳性, 身持ち.

moralina 囡《軽蔑》うわべだけの道徳（心）, 浅薄な道徳論.

moralismo 男《哲学》道徳(至上)主義.

moralista 形 教訓的な; 道徳(主義)の. ―― 男囡 **1** 道徳（実践）家, 道学者. **2** モラリスト, 人間探究家. **3** 倫理学者.

moralización 囡 教化［徳化, 説教］する(人), 教訓的な: 道徳家.

moralizante 形 教化［教訓］的な, 道徳心を持たせる.

moralizar [1.3] 他 を教化する, …に説教するこ道徳的にする. ―― 自 説教する; 道徳的な反省をする.

moralmente 副 道徳的に（見て）, 道義上; 精神的に.

morapio 男《話》（大衆向けの）赤ワイン.

morar 自《文》「+ *en* に」住む.

Moratín 固名 モラティン (Leandro Fernández de ～)(1760-1828, スペインの劇作家).

moratoria 囡《法律》支払い猶予(令), モラトリアム.

moravo, va 形 （チェコの）モラビア (Moravia) の(人).

morbidez 囡（特に女性の体·肌の）柔らかさ, しなやかさ;（芸術的な）繊細さ: 虚弱さ.

mórbido, da 形 **1**（特に女性の体·肌が）柔らかな, しなやかな;（芸術的な）繊細な. **2** 病気に罹った［引き起こす］; 病的な.

morbilidad 囡 罹病(譌)[罹患]率.

morbo 男 **1** 病気, 疾病. **2** 不快·病的な·禁じられた［不道徳な］ことの魅力.

morbosidad 囡 **1** 病的性質[状態]. **2** 罹病(譌)[罹患]率. **3** 不健全な嗜好(譌).

morboso, sa 形 **1** 病気の, 病気にかかった. **2** 病気を起こす. **3** 病的な, 不健全な.

morcilla 囡《料理》モルシーリャ, 豚の血で作ったソーセージ. ―*iQue te [le] den ~!*（軽蔑, 怒りを込めて）くそ食らえ.

morcillo[1] 男《料理》もも肉.

morcillo[2], **lla** 形 （馬が）赤みを帯びた黒色の.

morcón 男 (*morcilla* より）太い腸詰め;（腸詰め用の）太い腸.

mordacidad 囡 **1** 辛辣(譌)さ, 痛烈なこと, 腐食性.

mordaz 形 (複 *mordaces*) **1** 辛辣な, 痛烈な. **2** ヒリヒリする. **3** 腐食性の.

mordaza 囡 **1** 猿ぐつわ. **2**《技術》（万力の）あご; 締め具. **3**《海事》制鎖器. **4**《獣医》鉗子(譌).

mordazmente 副 辛辣に, 痛烈に.

mordedor, dora 形 **1** （よく）かみつく, かみ癖のある. **2** 口の悪い, 毒舌家の.

mordedura 囡 **1** かむこと, かみつくこと. **2** かみ傷.

morder [5.2] 他 **1** をかむ, かじる, …にかみつく. **2 a**) をすり減らす, 削り取る, 摩耗させる. **b**) を侵食する, 腐食する. **3** 《話》…にキスをする, やさしくかむ. **4**（機械などが）を挟む, 引っ掛ける. ▶ *estar que muerde* ひどく怒っている, かんかんである.

mordido, da 形 欠けた［→*morder*］; かまれた, 欠けた, 不完全な. ―― 囡 **1** かむ［かみつく］こと. **2**《中南米》《話》賄賂, 袖の下.

mordiente 形 **1** かむ, かみつく. **2** 辛辣(譌)な. **3** 腐食性の. ―― 男 **1** 媒染

剤. **2**〔エッチング用の〕腐食剤.

mordiscar [1.1] →mordisquear.

mordisco 男 **1**かむ〔かみつく〕こと. **2**かみ傷. **3**〔かみ切られた〕一片, ひとかけら. **4**《話》〔取引などから得られる〕利益；取り分.

***mordisquear** 他 (を)くり返し軽く)かむ, (少しずつ)かじる.

morena¹ 女《魚類》ウツボ.

morena² 女《地質》氷堆石(ひょうたい), モレーン (=morrena).

morenez 女 暗褐色, 褐色.

moreno, na 形名 **1**〔ser +〕a)〔顔や体の肌が〕浅黒い(人). b)〔髪の〕黒い(人). **2**〔estar +〕日焼けした(茶色の, 褐色の). **3**黒人の. **4**褐色の, 黒ずんだ, 黒い種類の. —pan ~ 黒パン. azúcar ~ 黒砂糖.

morera 女《植物》クワ(桑)(の木).

moreral 男 桑畑.

morería 女 **1**モーロ人街区. **2**《歴史》モーロ人の領土[国].

moretón 男《話》青あざ, 打撲傷.

morfema 男《言語》形態素(意味を担う最小の言語単位).

Morfeo 固名 男《ギ神》モルペウス；夢の神. ▶*en brazos de Morfeo* 眠って.

morfina 女《化学》モルヒネ.

morfinismo 男 モルヒネ中毒.

morfinomanía 女 モルヒネ常用〔中毒〕.

morfinómano, na 形名 モルヒネ中毒〔常用〕の；モルヒネ中毒患者.

morfología 女 **1**《生物》形態学. **2**《言語》形態論, 語形論.

morfológico, ca 形 **1**《生物》形態学の. **2**《言語》形態論の, 語形論の.

morfosintaxis 女《言語》形態統語論.

morganático, ca 形〔結婚が〕貴賎(きせん)間の, 貴賎結婚の, 身分違いの.

morgue 女〔身元不明者の〕遺体安置所.

moribundo, da 形名〔estar +〕死にかけている(人), 瀕死(ひんし)の(人).

morigeración 女 節制, 節度, 適度. —~ *en el tabaco* 節煙.

morigerado, da 形名 節制した(人), 節度のある(人), 控え目な(人).

morigerar 他〔欲望・感情などを〕抑える, 節制する. —*se* 和らぐ, 自制する.

moriles 男〔単複同形〕コルドバ産のワイン.

morilla 女《植物》アミガサタケ.

morillo 男〔炉の〕まき載せ台.

***morir** [モリル] [8.2] 自 **1**死ぬ, 死亡する, 死去する. —~ *de viejo* 老衰で死ぬ. **2**終わる, 消滅する；〔日が〕暮れる. **3**〔火が〕消える. **4**〔植物が〕枯れる. **5**〔+ *de*〕死ぬくらいである, 死ぬ思いである. —*Muere de amor por ella*. 彼は彼女に死ぬくらい恋いこがれている. —*se* 自 **1**死ぬ, 死んでしまう. **2**〔+ *de*/*por*〕のために)死にそうである, 死なんばかりである. —*Me muero de hambre.* 私は空腹で死にそうだ. ~*se de risa*

笑いころげる. **3**〔火・明りが〕消える.

***morisco, ca** 形名 モリスコ(国土回復戦争後スペインに残ったキリスト教徒に改宗したモーロ人(→moro))(の)；〔建築〕モーロ様式の.

morisma 女〔集合的に〕モーロ人の群衆.

morisqueta 女 ①計略, 巧まれ)策略, わな, ペテン. **2**しかめ面, 渋面. **3**塩抜きで水たきした米.

morlaco 男 **1**〔大型の〕闘牛. **2**《中南米》〔昔の〕ペソ銀貨.

mormón, mona 形名《宗教》モルモン教の；モルモン教徒.

mormónico, ca 形《宗教》モルモン教(徒)の.

mormonismo 男《宗教》モルモン教.

***moro, ra** 形名 **1**北アフリカ人, モロッコ人(モロッコおよびアフリカ北部の人). **2**モーロ人(8〜15世紀にスペインを支配したイスラム教徒). **3**イスラム教徒. **4**〔額に白い星のようなものがある馬. —形 **1**北アフリカの. **2**モーロの, モーロ様式の. **3**イスラム教徒の, 洗礼を受けていない. **4**《話》亭主関白な, 男尊女卑の. **5**〔馬が〕白い星のぶちのある. ▶*haber moros en la costa*《誰かからの)の聞かれないように〕注意する. *moros y cristianos* モーロ人とキリスト教徒との戦いを表した踊り.

morocho, cha 形名 **1**《中南米》頑健な(人), 丈夫な(人), 逞しい(人). **2**《中南米》浅黒い(人), 黒褐色の(人). **3**複《中南米》双子の. —男《植物》アズキモロコシ(=maíz ~).

morondanga 女《話》がらくたの山.

morondo, da 形 **1**毛のない, 葉を落とした. **2**余分な物がついていない.

morosidad 女 **1**遅い〔のろい〕こと, 緩慢, ぐずぐずしていること. **2**遅延, 遅れ. **3**《法律》〔支払いの〕延滞, 滞納.

moroso, sa 形名 **1**〔支払いが〕遅れがちな, 延滞している；返済遅滞者の, 不履行の. **2**《文》動作が緩慢な, 怠惰な.

morrada 女 **1**頭を打つ〔ぶつける〕こと；鉢合わせ. **2**平手打ち, びんた.

morral 男 **1**〔馬の首にかける〕まぐさ袋. **2**〔狩の〕獲物袋. **3**〔食糧などを入れる〕ナップザック, 背囊(はいのう). **4**《話》粗野な男, 田舎者.

morralla 女 **1**雑魚. **2**〔集合的に〕烏合の衆, 野次馬. **3**〔集合的に〕くず, がらくた. **4**《メキシコ》小銭.

morrena 女《地質》氷堆石, モレーン.

morrillo 男 **1**〔牛などの〕首の上部の肉付きのこぶ. **2**《話》太い首, 猪首(いくび). **3**丸い小石.

morriña 女 **1**郷愁, ノスタルジー, ホームシック (=~ *de la tierra*). **2**《獣医》〔家畜の〕水腫(すいしゅ), 浮腫.

morrión 男《歴史, 軍事》モリオン(16・17世紀にスペインの歩兵がかぶった鉄兜(かぶと)). **2**シャコー(前立て付きの円筒形の軍帽).

morro 男 **1**〔動物の〕鼻, 鼻面. **2**《俗》〔人の, 特に〕厚い唇. **3**〔鼻面のように〕突

き出たもの[前部]．**4** 小山，円丘．**5**《海事》(航海の目印になる，海岸の)大岩，岬．**6**《航空》(飛行機の)機首；(自動車の)フロント部．**7**《話》厚かましい．━¿**Qué tiene**! 何て図々しいんだ．▶**beber a morro** らっぱ飲みする．**poner morro(s)/torcer el morro**《話》しかめ面をする．

morrocotudo, da 形 **1**《話》ものすごい，ひどい，大変な．**2**《南米》金持ちの．

morrón[1] 形《植物》pimiento ~ (先が丸く普通のより大型で甘い)赤ピーマン．

morrón[2] 男 **1**《話》(思いがけない頭や顔の)強打，転倒．

morrongo, ga 名《話》ネコ(猫)．

morrudo, da 形《俗》鼻・口の突き出た，唇の厚い．

morsa 女《動物》セイウチ．

morse 男 モールス信号[符号]．

mortadela 女《料理》モルタデラ(イタリア産の太いソーセージ)．

mortaja 女 **1**(埋葬用の)白い布，経帷子(きょうかたびら)．**2**《中南米》タバコ用の巻き紙．**3**《技術》ほぞ穴．

mortal 形 **1** 死すべき，死ぬ運命にある．━El hombre es un ser ~. 人間は死ぬ運命にある存在である．**2** 命にかかわる，致命的な．━herida ~ 致命傷．**3** 激しい，ひどい．━dolor ~ ひどい痛み．**4** うんざりする，疲れる．**5** 決定的な，～señas ~es 動かぬ証拠．**6** 退屈な．▶**restos mortales** 遺骸．━ 男女 ▶**ser** [**estar** ~] 人間，人．**2**《俗》ろくでなし．

mortalidad 女 **1** 死すべき運命，死を免れないこと．**2** 死亡率．

mortalmente 副 **1** 致命的に，命にかかわるほど．**2**《話》死ぬほど，ひどく．

mortandad 女 (疫病・災害・戦争による)大量死，多数の死亡者．

mortecino, na 形 消えかかった，弱い，生気のない．

mortero 男 **1** 乳鉢，すり鉢．**2**《建築》モルタル，しっくい．**3**《軍事》臼砲(きゅうほう)．

morteruelo 男《料理》豚のレバーをつぶし香辛料を入れてペースト状にしたもの．

mortífero, ra 形 致命的な．

mortificación 女 **1** 禁欲，苦行；《宗教》修行．**2** 苦悩；屈辱．

mortificador, dora 形 **1**(修行で)肉体を苦しめる，苦行の；禁欲的な．**2** 心を傷付ける，悩ます．**3** 屈辱的な．

mortificante 形 →mortificador.

mortificar [1.1] 他 **1**(修行で肉体)を苦しめる[痛めつける]．**2**(肉体的・精神的に)人を苦しめる，さいなむ．**3**(人)に屈辱を味わわせる．**4**《医学》(体の一部)を壊疽(えそ)にかからせる．━ **se** 再 **1**(修行で)自分を苦しめる，禁欲する．**2**《+ con 〜》苦しむ，さいなまれる．

mortuorio, ria 形 死[者]の；埋葬の．

morueco 男 種羊．

mórula 女《生物》桑実胚(そうじつはい)．

moruno, na 形 モーロ人の．

mosaico, ca 形《美術》モザイク(用)の．━ 男 **1**《美術》モザイク(画)．**2** 寄せ集め．**3**《園芸》のモザイク病．

mosaico, ca[2] 形《宗教》モーセの．

mosaísmo 男《宗教》モーセの律法．

mosca 女 **1** ハエ，蠅．(ハエのように小さな)虫．**2**(黒くて小さい)しみ，汚れ．**3**(口の下に顎にかけての)髭．**4** うるずさい人，わずらわしい人．**5** 現金，キャッシュ．━soltar [aflojar] la ~《話》(金を)払う．**6**(釣りの)蚊針，毛針．**7**(ボクシングの)フライ級．━peso ~ フライ級．▶**estar con la mosca en** [**detrás de**] **la oreja**《話》猜疑心をもって，怪しんでいる．**estar mosca**《話》疑っている，不機嫌である．**mosca** [**mosquita**] **muerta**《話》猫をかぶっている人．**picar a alguien la mosca** 不安や疑いを感じ始める．**por si las moscas** ひょっとしたら，万一に備えて．¿**Qué mosca te** [**le**] **ha picado?** どうしてそんなに怒っているのか．**papar moscas**《話》ぼかんと見とれる．

moscada 形《女性形のみ》nuez ~《植物》ナツメグ，ニクズク．

moscarda 女《虫類》ニクバエ．**2**《集合的に》(ハエ・ハチの)卵塊．

moscardón 男 **1**《虫類》a)ウマバエ．b)アブ．c)モンスズメバチ．**2** アオバエ．**2**(特に求愛に関して)しつこく[うるさい]人，厄介者．

moscareta 女《鳥類》ムナフヒタキ．

moscatel 形 男 **1**《植物》マスカットブドウ(=uva ~)(の)．**2** マスカットブドウ園(の)；マスカットワイン(の)．

mosco 男《虫類》a)蚊，ブヨ；羽虫．

moscón 男 **1**《虫類》アオバエ，ニクバエ．**2**《植物》カエデ．**3** → moscardón **2**.

mosconear 他 (人)にしつこく付きまとって困らせる，しつこくせがむ．

mosconeo 男 しつこく付きまとうこと，しつこくせがむこと．

moscovita 形 名 **1** モスクワの(人)．**2** ロシアの(人)．

Moscú 固名 モスクワ(ロシアの首都)．

mosén 男 師．

mosqueado, da 過分 [→ mosquear] **1** 斑点(はんてん)のある，まだらの，ぶちの．**2**《話》[estar ~] 怒った．

mosquear 他 **1** を怒らせる．**2** …に不審を抱かせる．━ **se** 再《話》**1**(人の言動に)腹を立てる，怒る，むかっとなる．**2** 怪しむ，疑う．

mosqueo 男 **1** 怒らせること，立腹．**2** 疑い，不審，不信感．

mosquerío 男 ハエ(蠅)の大群．

mosquete 男 マスケット銃．

mosquetería 女《集合的に》**1** マスケット銃兵隊．**2**(昔の野外劇場の最後部の)立ち見客．

mosquetero 男 **1** マスケット銃兵．**2**(昔の野外劇場の)最後部の立ち見客．

mosquetón 男 **1** 短い大口径のカービン銃．**2**(開閉可能な)金輪，留め輪．

mosquita 女《鳥類》ズグロムシクイ．▶**mosquita muerta**《話》猫かぶり．

mosquitera 女 →mosquitero.

mosquitero 男 **1** 蚊帳(゙ヽ). **2** (蚊の侵入を防ぐ)網戸.

mosquito 男 《虫類》カ(蚊).

mostacera 女 (食卓用の)からし入れ, からし壺(゙).

mostacero 男 →mostacera.

mostacho 男 **1** 口ひげ. **2** (船舶)バウスプリット[第一斜檣(しょう)]支檣索.

mostachón 男 《料理》マコロン.

mostajo 男 →mostellar.

mostaza 女 **1** 《植物》カラシナ. **2** カラシナの種. 《料理》からし, マスタード. **4** (狩猟用の)散弾.

mostellar 男 《植物》ナナカマドの類.

mosto 男 **1** (発酵前の)ブドウの搾り汁 [果汁]. **2** ブドウ酒, ワイン.

mostrador 男 **1** (バルなどの)カウンター, 商品陳列台. **2** (時計などの)文字盤.

mostrar [5.1] 他 **1 a)** を見せる, 示す. **b)** を見せつける, 発揮する. —~ una gran liberalidad 大変な気前のよさを見せる. **2** を証明する, 立証する; 説明する. —**se** 再 **1** 姿を見せて[現われて], 現れる. **2** …という態度をとる, …の意を表す.

mostrenco, ca 形 **1** 《法律》所有者不明[不在]の. **2** 《話》ホームレスの; 主(アモ)なしの. **3** 《話》(時々冗談で)無知な, 鈍感な. **4** 《話》太った, でぶの. —名 **1** のろ, 間抜け. **2** 肥満者人, でぶ.

mostudo, da 形 (→ motoso.

mota 女 **1** (糸・布の)節玉, 毛玉. **2** 碎片, 小粒. **3** 斑点(はんてん), 丸い模様. **4** ささいなな欠点. **5** 小さな丘, 高台.

mote¹ 男 **1** あだ名, ニックネーム (= apodo). **2** 《まれ》標語, モットー. **3** (昔の騎士が用いた)標章, 銘.

mote² 男 《中南米》塩ゆでしたトウモロコシ.

moteado, da 過分 (→ motear) 形 斑点(はんてん)のある, 水玉模様のついた.

motear 他 …に斑点(はんてん)[水玉模様]をつける.

motejar 他 《+ de と》(非難の意味で)(人)に〈…〉とあだ名をつける.

motel 男 《英》モーテル.

motero, ra¹ 男名 《中南米》塩ゆでした小麦を使ったデザート(mote)を売る(人).

motero, ra² 男名 《チリ》《書く, 話すときによく間違う人.

motero, ra³ 《中米》マリファナ (mota)を吸う.

motero, ra⁴ 男名 バイク好きの(人), バイク乗りの(人).

motete 男 《音楽》モテット, 聖歌.

motilidad 女 《生理》(固有)運動性, 運動機能.

motilón, lona 形名 **1** はげた(人), 毛の少ない(人). **2** モティロネス族(南米先住民)の(人). **3** 《話》助修士 (= fraile ~); 助修女.

motín 男 (通常官憲に対する)暴動, 反乱, 騒乱.

motivación 女 **1** (行動の)動機うけ, 理由. **2** 誘因, 刺激.

motivador, dora 形 動機うける.

motivar 他 **1** を引き起こす, …の動機 [原因]となる, 理由[口実]となる. **2** …に興味[関心]を抱かせる, 刺激を与える. **3** …の動機・理由を説明する. —**se** 再 《+ con に》興味[関心]を示す.

motivo 男 **1** 動機, 理由, 目的. —con este ~ この理由で. bajo ningún ~ いかなる事情によっても…ない. **2** 根拠, 口実. —por ~s de salud 健康上の理由により. **3** 《音楽・美術・文学などの》モチーフ, 主題. ■ **con motivo de ...** …のために, …の時に臨んで.

moto 女 [<motocicleta] オートバイ.

motobomba 女 モーターポンプ, 自動給水機.

motocarro 男 オート三輪車; 三輪トラック.

motocicleta 女 オートバイ.

motociclismo 男 オートバイレース.

motociclista 男女 **1** オートバイ乗り, ライダー. **2** オートバイレーサー.

motociclo 男 自動二輪車の総称.

motocultivo 男 機械化農業.

motocultor 男 手押し式耕転機.

motón 男 《海事》滑車.

motonave 女 (ディーゼルエンジン付きの)モーターボート.

motoneta 女 《南米》スクーター.

motor, tora 形 《女性形は motriz もある》**1** (生理)運動する, 運動を起こさせる. —músculos [nervios] —es 運動筋 [神経]. **2** 発動の; 推進する. —fuerza [potencia] motora (原)動力.

— 男 **1** (機械)エンジン, モーター, 発動機, 内燃機関. —~ de búsqueda (情報)検索[サーチ]エンジン. **2** 推進するもの, 原動力. ■ **calentar motores** (1) エンジンを暖める. (2) ウォーミングアップをする. (本番に備える. **el primer motor** 創造主, 神 (→Dios).

— 女 モーターボート.

motorismo 男 《スポ》オートレース; (特に)オートバイレース.

motorista 男女 **1** 車の運転手, ドライバー. **2** オートバイ乗り, ライダー. **3** 《スポ》オートレーサー. — 男 《話》白バイ(警官) (= ~ de policía).

motorización 女 **1** 自動車の大衆化, モータリゼーション. **2** 動力化, 機械化.

motorizado, da 過分 (→motorizar) 形 動力化[機械化]された. —**división motorizada** 《軍事》機械化師団.

motorizar [1.3] 他 《軍隊・産業など》を動力化[機械化]する. —**se** 再 《話》(人)の自動車を持つ.

motosierra 女 チェーンソー.

motoso, sa 形名 《南米》**1** (髪が)縮れた(人), 縮れ毛の(人); (セーターに)毛玉のついた. **2** 先住民なまりでスペイン語を話す. **3** 《南米》縮れ毛.

motriz 形 《女性形もあり》原動の, 発動の.

motu propio 〔ラテン〕 副 自発的に.

mouse 《英》男 《情報》マウス (=

ratón).
mousse <仏> 女 (または 男) (菓子または料理の)ムース; (化粧品の)ムース.
movedizo, za 形 **1** 動きやすい; 可動の. — *arenas movedizas* 流砂. **2** 安定していない. **3** 揺れ続けている, よく揺れる. **4** (人が)むら気な, 移り気の. **5** (情況が)不安定な, 変わりやすい.

mover [モベル] [5.2] 他 **1 a**) を動かす, 移す, 移動させる. b)を揺り動かす, 動かす, 作動[a≦]する. —*La electricidad mueve el tren.* 電力が列車を動かしている. **2** を動かす, かき回す. —~ *el café con una cucharilla* コーヒーをスプーンでかき混ぜる. **3 a**) [+a + 不定詞] (…するように)動かす, 促す, 誘う. b) [+a] (ある感情)へと(人)を誘う, ～を促す, 駆り立てる, 急がせる. **5** (チェスで駒)を動かす. —~ *fichas* 駒を動かす. — 自 (植物の)芽が出る, 芽生える. —~ se 再 **1** 動く, 移る, 移動する. —*No te muevas de aquí.* ここから動くな. **2** 急ぐ. **3** 運動する, 画策する. うまくやって行く.

movible 形 **1** 動かせる, 可動の. **2** (人が)むら気の, 移り気の. **3** (天文) 移動してゆく, 可動性の.

movido, da 過分[→mover] 形 **1** 動かされた, 感動させられた. **2** (写真)ぶれた, ぶれた. **3** (人が)活発な, 元気な. **4** 活気がある. **5** あわただしい, ばたばたした. — 女 **1** (話) 騒ぎ, 混乱. **2** 活気, にぎわい.

móvil 形 **1** 動く, 移動する. —*teléfono* ~ (スペイン) 携帯電話. **2** 不安定な. — 男 **1** 動機, 理由. **2** 携帯電話. **3** (美術) モビール. **4** (物理) 動体. **5** 印紙.

movilidad 女 **1** 可動性, 移動性. **2** むら気, 移り気.

movilización 女 (軍事) 動員.

movilizar [1.3] 他 **1** (軍事) (軍隊など)を動員する; を徴用する. **2** を運用[活用]する. — se 再 **1** (軍事) 動員される; 活動を始める, 動き出す. **2** を運用[活用]する.

movimiento 男 **1** 動き, 運動. — *de rotación* 回転運動. **2** ~ *sísmico* 地震活動. **2** 動作, 身ぶり. **3** (人・交通などの)流れ, 出入り, 混雑. **4** (相場・物価などの)変動, 変化; (預金額の)動き, 変動. —~ *de capital* 資金の動き. —~ *(de) población* 人口変動. **5** (感情などの)激発, 衝動; 動揺. **6** (芸術, 思想, 社会, 政治の)運動; (時代の)潮流. —~ *obrero* 労働運動. —~ *romántico* ロマン主義運動. **7** 反乱, 暴動; — *militar* 軍のクーデター. **8** (音楽) テンポ; 楽章. **9** (文学) 物語の進行, 展開. **10** (美術) 動きの効果 (線や陰影の効果).

moviola 女 (映画, 放送) **1** (商標) ムービオラ (映画フィルム編集用の映写装置). **2** 即時再生, リプレイ (画面・シーン).

moxte 男 — sin decir ~ 無言で, 消えりやかに.

moyuelo 男 (細かな)麩(ふすま).

mozalbete 男 **1** 若者, 少年. **2** (軽蔑) 若僧, 若いの.

Mozambique 固名 モザンビーク (首都 Maputo).
Mozambiqueño, ña 形 モザンビークの(人).
mozárabe 形 男女 (歴史) モサラベ(の), モサラベ・イスラム支配下のキリスト教住民. — 男 モサラベ方言.
mozarabismo 男 モサラベ方言特有の言語特徴.

mozo, za 名 **1** 若者, 青年, 少年, 少女. —*buen*— (*buena moza*) りっぱな風采[容姿]の若者. **2** 独身の若者, 未婚者. — 男 **1** ウエイター, 給仕. **2** 下働きの使用人, 下男. —~ *de carga* 荷運び. —~ *de cuerda* (歴史) ポーター. —~ *de estoque* (闘牛の)太刀持ち. —~ *de hotel* ボーイ. **3** 徴兵, 召集兵. **4** (支え)木, 突っ張り. — 女 ウェイトレス, お手伝い, 女中. — 形 **1** 若い. **2** 独身の, 未婚の.

mozuelo, la 名 若者, 青年; 小娘.
mu 擬音 モー (牛の鳴き声). ▶*no decir ni mu* (話) (人が)うんともすんとも言わない.

muaré 男 (布の) 波紋織, モアレ.
mucamo, ma 名 (南米) 使用人, 女中; 家政婦.
muceta 女 (カト) モゼタ (教皇など高位聖職者が着用するフード付きの短いマント). **2** 大学の式服.

muchachada 女 **1** 子どもっぽい行為, 悪ふざけ, 腕白. **2** (集合的に) 子どもの集団.
muchachería 女 **1** → muchachada. **2** 大ぜいの大勢の子どもたち.
muchachil 形 子どもの.

muchacho, cha [ムチャチョ, チャ] 名 **1** 男の子, 女の子, 少年, 娘. **2** 若者, 青年. **3** 下働きの(者). — 女 お手伝い, 女中.

muchedumbre 女 **1** 群衆, 大勢の人. **2** 多数, 群れ.

muchísimo, ma [mucho の絶対最上級] 形 とてもたくさんの, 非常にたくさんの. —*Muchísimas gracias por su llamada.* お電話くださってとても感謝いたします. — 副 とても.

mucho, cha [ムチョ, チャ], 男 **1 a**) 形 たくさんの. —*Había mucha gente.* そこにはたくさんの人がいた. *Tengo mucha hambre.* とても空腹です. **b**) 複 多くの, たくさんの. —*Somos* ~ *s.* 我々は人数が多い. **2** (程度) 大変な; すばらしい. —*Es mucha mujer para un hombre tan mediocre.* そんな平凡な男にとって彼女はすぎた女房だ. — 代 **1** 多くのもの[人]. —*Tengo que hacer.* 私はすることがたくさんある. —*s creen que* …*y* … と信じている人が少なくない. **2** (時間に関して)長時間. —*Hace* ~ *que no vamos al cine.* 我々はもうずいぶん映画へ行っていない. — 副 **1** 多く; 非常に, 大変. —*Me gustó* ~. 私はとても気に入った.

mucilaginoso, sa 形 粘液質の；べたべたした。

mucílago, mucílago 男 (植物性)粘液，粘質物.

mucosidad 女 粘液；(特に)鼻汁.

mucoso, sa 形 1 粘液の[を分泌する]；鼻汁のような。2 粘膜の。— 女 粘膜 (=membrana mucosa).

muda 女 1 (羽毛などの)生え変わり；脱皮。2 着替えの下着(一組)。3 思春期の声変わり。

mudable 形 1 変わりやすい，不安定な；移り気な。2 変えられる。

mudanza 女 1 引っ越し，転居。— camión de ~s 引っ越しトラック。2 変化，移り変わり。3〔舞踊〕フィギュア，一旋回。4〔音楽〕(音の)推移，シフト。5 (鳥の声の)変わり.

mudar [ムダル] 他 (外见・状態などを)変える，取り替える。—~ los pañales del bebé 赤ん坊のおむつを取り替える。2 【+ en】 ~ に変える。—~ de casa 引っ越しをする。— de idea 考えを変える。—se 1 【+ a】 ~ に引っ越しをする，【+ de】 ~ に移転する。2 【+ de】 ~ に着替える。3 【+ en】 ~ に変える.

mudéjar 形 男女 1 ムデハル(の)。2 〔建築〕ムデハル様式の.

mudez 女 1 口のきけないこと，唖(ぉ)。2 無言，沈黙.

mudo, da [ムド, ダ] 形 1 口がきけない，ものの言えない，おしの。2 静かな，黙っている，無言の。— película muda サイレント映画。3 物が言えない，唖(ぉ)然とした。4 〔言語〕無音の，黙音の。5 白紙の。— 名 口のきけない人，唖(ぉ)者.

***mueblaje** → moblaje, mobiliario.

mueble [ムエブレ] 男 家具，調度，たんす。— cama 折り畳みベッド。— 形 (財産で)動かせる。— bienes ~s 動産。

mueblería 女 1 家具店。2 家具工場.

mueblista 形 家具製造［販売］の。— 男女 1 家具製造業者，指物師。2 家具販売業者.

mueca 女 1 しかめっ面，顔をゆがめること。2 顔の表情，顔つき.

muecín 男 (イスラム教寺院の)祈禱(ぎ)時報係.

muela [ムエラ] 女 1 臼歯，奥歯，歯。— Tengo dolor de ~s. 歯が痛い。~ cordal [del juicio] 親知らず，知歯。2 石臼。3 回転砥石(じ).

muellaje 男 〔海事〕入港税，桟橋使用料.

muelle[1] 形 1 柔らかい，安楽な。2 気楽な，楽な，気ままな.

muelle[2] 男 1 波止場，埠頭，ドック，桟橋。2 突堤，防波堤，(川)土手。3 〔鉄道〕貨物列車用プラットフォーム。4 ばね，スプリング.

muer- 動 → morir [8.2].

muérdago 男 〔植物〕ヤドリギ.

muerdo 男 噛むこと，かじること；1口(分の飲食物).

muergo, muérgano 男 〔貝類〕マテガイ(=navaja).

muermo 男 1 〔獣医〕鼻疽(そ)。2 退屈；眠気.

muerte [ムエルテ] 女 1 死，死亡，死んだ状態。— digna 尊厳死。~ repentina 急死。2 殺人，人殺し。3 破局，消滅。4 (la M~)死神。▶ a muerte (1) 死をかけて，死ぬまで，必死で。(2) 猛烈に，ひどく，情け容赦なく。a vida o muerte 生死にかかわる，重大な。dar muerte a... を殺す。de mala muerte 〔軽蔑〕つまらない，下等な。de muerte ひどい，すごい。estar a la muerte 死にかけている。hasta la muerte 死ぬまで，最後まで。luchar con la muerte 死に瀕している，断末魔の苦しみを味わっている。muerte natural 寿命で死ぬ，自然死を遂げる。muerte cerebral 脳死。muerte civil 〔法律〕市民権喪失，私権剥奪。muerte dulce 苦痛なしの死.

Muerto 固名 (Mar ~)死海(ヨルダンとイスラエルの国境の塩湖).

muerto, ta [ムエルト, タ] 過分 → morir 形 1 a) 死んだ，死んでいる【estar +】。— De repente cayó muerta. 突然彼女は倒れて死んだ［息絶えた］。b) 生命のない。c)〔文〕殺された，(誰かが)殺した。d)〔植物〕枯れた，しおれた。2 a)【+ de で】死にそうな【estar +】。— Estoy muerto de hambre [miedo, cansancio]. 私は空腹で[恐ろしくて，疲れて]死にそうだ。b)〔話〕【+ por に】(死ぬほど)にこがれる【estar +】。— Está ~ por ella. 彼は死ぬほど彼女に恋いこがれている。3 (言語・思想・習慣などが)すたれた，廃れた。— lengua muerta 死語。4 a)死んだような，生気のない，活気を失った【estar/ser +】。b)(音が)反響しない。▶ más muerto que vivo 〔話〕(恐怖や苦しみで)生きた心地もしないという。muerto de risa 〔話〕死ぬほど気楽な。— 名 死者，死人，故人；遺体。— No hablan los ~s. 死人に口なし。— 男 1 〔慣用〕【所有格 +】(人の)死んだ家族［仲間］。2 〔話〕責任。— cargar el ~ (人に)責任を負わす。3 〔話〕いやな仕事.

▶ **cargar con [echar] el muerto a** [＋人]《話》(1) …のせいです，…に責任をなすりつける. (2) …にいやな[厄介な]仕事を押しつける. **hacer el muerto**《話》仰向けで水に浮かぶ. **hacerse el muerto**《話》死んだふりをする. **un muerto de hambre**《話》極貧の人，食うや食わずの人.

muesca 囡 **1** (木工の)ほぞ穴;(端の)切り込み，引き目. **2** (牛などの所有を示すための)耳印.

muestra 囡 **1** 見本，サンプル. **2** 展示，陳列，展覧会. **—feria de ~s** 見本市. **3** モデル，模範，手本. **—piso de ~** (マンションの)モデル・ルーム. **4** (店の)看板. **5** (統計の)標本，サンプル. **6** (何かの)少量. **7** 兆候，しるし，証拠. **—como ~ de agradecimiento** 感謝のしるし.

muestrario 男〔集合的に〕見本集[帳].

muestreo 男《統計》見本[標本]抽出(法)，サンプリング.

muev- →mover [5.2].

mufla 囡《冶金》マッフル炉[窯].

mugido 男 **1** 牛の鳴き声. **2** (海・風などの)うなり;(人の)怒号;うめき声.

mugir [3.6] 自 **1** (牛が)モーと鳴く. **2** (風などが)うなる. **3** (人が)怒号する;うめく.

mugre 囡 (特に絹・衣服などの)油汚れ;垢(あか).

mugriento, ta 形 垢(あか)だらけの，汚れきった.

mugrón 男 **1** (ブドウなどの)取り木の枝. **2** (植物の)新芽，若枝.

mugroso, sa 形 →mugriento.

muguete¹ 囡《医学》鵞口瘡(そう).

muguete² 男《植物》スズラン.

mujer [入ヘル] 囡 **1** 女，女性. **2** 妻. **—mi ~** 私の妻. **3** 一人前の女性，大人の女. **—Isabel ya es una ~**. イザベルはもう一人前の女性だ. ▶ **de mujer a mujer** 率直に，まじめに，対等な立場で. **mujer de mal vivir [perdida, pública]** 売春婦. **mujer de su casa** 家事の好きな[上手な]女性，専業主婦. **mujer fácil** 尻軽女. **mujer fatal** 妖婦，男を惑わせる女. **mujer objeto** 性の対象としての女性. **ser mujer** すでに初潮を迎えている，成人している. **tomar mujer** (男性が)結婚する，妻を娶(めと)る. **—** ! 間〔女性に呼びかけて〕ねえ，お前. **2**〔女性に向かって，驚き〕ええっ.

mujerero 形〔男のみ〕〔中南米〕女好きな(男).

mujeriego, ga 形 **1** 女好きな，好色の. **2** 女らしい，女性特有の. **—** 男 **1** 女たらし，好色家. **2**〔集合的に〕大勢の女たち. ▶ **a la mujeriega [a mujeriegas]** (女性が鞍に)横乗りして.

*__mujeril__ 形〔時に軽蔑〕女[女性]の，女性的な，女らしい.

mujerío 男〔集合的に〕大勢の女たち.

mujerona 囡 **1** 大女，恰幅のいい女. **2**(立派な)年配の婦人.

mujerzuela 囡 **1** くだらない女. **2** 売春婦.

mújol 男《魚類》ボラ.

mula 囡 **1** 雌のラバ. **2**《話》ばか;頑固者. **—testarudo como una ~** ひどく頑固な.

mulada 囡 ラバの群れ.

muladar 男 **1** ごみ捨て場，掃きだめ. **2** 汚い場所;不健全な場所.

muladí 男〔歴史〕ムラディー(の)(ムラディー: スペインのレコンキスタの時代にイスラム教に改宗したキリスト教徒).

mulař 形 ラバの.

mulato, ta 形 **1** ムラート(の)，黒人と白人の混血(の). **2** (皮膚などが)浅黒い，色黒の.

mulero, ra 形 **1** ラバ飼い. **2**〔南米〕ラバ商人.

muleta 囡 **1** 松葉杖(つえ). **2**〔主に複〕支え. **3**《闘牛》ムレータ(闘牛士が用いる赤い布をつけた棒).

muletear 他自《闘牛》ムレータであしらう.

muletilla 囡 **1**《闘牛》ムレータ. **2**《服飾》棒状のボタン，トッグル. **3** 撞木杖(しゅもくづえ)，T形柄のステッキ; T字形の竿(さお). **4** 口ぐせ，不必要に繰り返される文句.

muleto, ta 男囡 子ラバ，慣らされていないラバ.

muletón 男《織物》メルトン.

mulillas 囡複《闘牛》死んだ牛や馬を引くラバ(隊).

mullido, da 過分 (→mullir) 形 ふんわりした，柔らかい. **—** 男 (布団・椅子などの)詰め物.

mullir [3.9] 他 **1** (ふとんなどを)柔らかくする，ふくらます. **2** (畑の土)をすき返す，ほぐす.

mulo 男 **1**《動物》(雄)ラバ. ▶ 雄ロバと雌ウマとの混血種. **2**《話》(人に対して)畜生; ばか; 丈夫で頑固者. **3** 丈夫[頑健]な人. ▶ **ser un mulo de carga** (人が)一番の重労働を担当する.

multa 囡 **1** 罰金，科料. **—imponer [poner, echar] una ~ a...** …に罰金を科する. **2** (交通違反の)チケット，切符.

multař 他 (人)に罰金を科する.

multicanal 形《放送》多重チャンネルの.

multicolor 形 多色の，多彩の.
multicopiado 形 複写，コピー.
multicopiar 他 をコピーする.
multicopista 囡 複写機，コピー機.
multicultural 形 多文化の[的な].
multiculturalismo 男 多文化主義.
multidisciplinar 学際的な，多くの学問分野に関わる.
multidisciplinario, ria 形 →multidisciplinar.
multiétnico, ca 形 多民族の.
multifacético, ca 形 多くの側面を持つ.
multifamiliar 形〔中南米〕集合住宅(の)，マンション(の).
multifocal 形 (レンズが)多重焦点の，遠近両用の，マルチフォーカルの. **—**

多重焦点[遠近両用]レンズ.
multiforme 形 多形の, いろいろな形の, 多様な.
multifunción 女 多機能.
multifuncional 形 多機能の.
multilateral 形 多面的な, 多角的な; 《政治》多国間の.
multilateralismo 男 多角[多辺]主義, 多国間主義.
multimedia 男〖単複同形〗マルチメディア.
multimillonario, ria 形名 億万長者(の), 大富豪(の).
multinacional 形名 多国籍(の); 多国籍企業(の).
multípara 形 1 1度に多くの子を出産する. 2 経産婦の. ━ 女 経産婦.
múltiple 形 1多重の, 複式の, 多くの要素[部分]から成る. —personalidad ～ 多重人格. fractura ～ 複雑骨折. 2 複〖主に名詞の前で〗多種多様な, さまざまの, 多数の.
multiplicable 形 増加させられる;《数学》乗じることのできる.
multiplicación 女 1急増, 倍加, 増加. 2増殖, 繁殖. 3《数学》乗法, 掛け算.
multiplicado, da 過分〔→multiplicar〕形 増加[倍加]した.
multiplicador, dora 形 増加[倍増]させる. 2乗法の, 掛け算の. ━ 男《数学》乗数.
multiplicando 男《数学》被乗数.
multiplicar [1.1] 他 1を増やす, 増加させる; 繁殖させる. 2《+por を》(数)に掛ける. —～ nueve por seis 9 に6を掛ける. ━ se 1増える, 増加する; 繁殖する. 2沢山の事を一度にやる, 懸命に努力する.
multiplicativo, va 形 増加[増大]する, 繁殖力のある.
multiplicidad 女 多数; 多様【多重(性); 複合性.
múltiplo, pla 形男《数学》倍数(の).
multiprocesador 男《情報》並列処理.
multipropiedad 女 (リゾート施設などの)共同所有(物).
multirracial 形 多民族の[から成る].
multisecular 形 何世紀も経た; 非常に古い.
multiservicio 男《情報》マルチサービス.
multitarea 女《情報》マルチタスク.
multitud 女 1群集; 大衆. 2多数.
multitudinario, ria 形 1多数の; 多くから成る. 2群衆の, 大衆的な.
multiuso, multiusos 形〖無変化〗多目的の, 万能の, 多機能の. —vehículo multiuso 多目的車両(英国の MPV).
multiusuario 男《情報》マルチユーザー.
multivisión 女《通信》マルチビジョン(システム).
mundanal 形《文》世俗の, 俗世間の.
mundanalidad 女 →mundanería.
mundanería 女 1世俗的なこと, 俗っぽさ. 2世俗的な行為.
mundano, na 形名 1世俗的な(人), 俗世間の, この世の. 2社交界の(名士), 上流社会の, 社交好きの. ▶ mujer mundana 《まれ》売春婦.
mundial 形《全》世界の, 世界の. —la segunda guerra ～ 第2次世界大戦. ━ 男 世界選手権(大会), ワールドカップ (=copa ～).
mundialista 形男女 世界選手権出場者にとっての;, 世界レベルの(選手).
mundializar [1.3] 他 を世界的にする, 全世界に広める.
mundillo 男 1(ある特定の)世界, …界. 2(レース編み用の円筒形の)編み台, クッション. 3《植物》スイカズラ科の低木.

mundo 男 1 a) 世界; 天地, 地球. —el M～ Antiguo [Viejo] 旧世界(ヨーロッパ, アジア, アフリカ). el Nuevo M～ 新世界(アメリカ). b) 地球; 地球儀. c) 宇宙, 天体. 2 a) 世の中, 世界. —este ～ この世. dejar este ～ この世を去る, 死ぬ. b) 社会; (俗)世間, 俗界. —salir a ～ 実社会に出る. c) (特定の)社会, …界; 社交界. —el ～ de los negocios 実業界. el ～ cristiano キリスト教世界. 3《自然》界, 外界. —el ～ animal 動物界. el ～ submarino 海底の世界. 4莫大[広大]なもの; 大きな違い. —un ～ de posibilidades 多くの可能性. ▶ *Anda [Está] el mundo al revés.* それは非常識だ, 世の中めちゃくちゃだ. *caérsele* [*venírsele*] *a... el mundo encima* 《話》(人)が落ち込む, 滅入る, (人)の目の前が真っ暗になる. *correr* [*recorrer, rodar*] *mundo* (=ver mundo). *de mundo* 経験豊富な, 世慣れた. *desde que el mundo es mundo* 天地開闢(かい)以来. *echar* [*traer*] *al mundo* を生む, 出産する. *echarse al mundo* 身を落とす, 売春婦になる, 自堕落な生活に陥る. *El mundo es un pañuelo.* 世の中は狭い. *el fin del mundo* 地の果て, とんでもない遠い所. *el otro mundo* あの世, 死後の世界. *este mundo y el otro* 《皮肉》大げさなこと, とんでもないこと; あることないこと. *gran mundo* 上流社会. *hacer* (se) *un mundo de...* を大げさに考える[言う], を重視したまえる. *hundirse el mundo* 《話》(主に強調で)大惨事が起こる. *hundirseLE a... el mundo* (=caérseLE a... el mundo encima). *irse al otro mundo* 《話》あの世へ行く, 死ぬ. *lejos del mundo* 俗世間から離れて, 浮世離れして. *medio mundo* (1) 大勢の人々. (2)広い範囲. *ni por todo el oro del mundo [por nada del* [*en el*] *mundo* 《話》〖否定の強調〗どんなことがあっても[…しない] *no ser de este mundo* 世間から超越した; とても人が良い, 神様のような. *no ser* (nada) *del otro mundo* 《話》大したものでない, 普通[並み]である. *reír-*

se del mundo 世間の目を気にしない. **tener (mucho) mundo** 世慣れている. **todo el mundo** (1) みんな, 全員; 世間の人たち. (2) 世界中, 全世界. **un mundo** たくさん; 大勢. **venir al mundo** 生まれる. **ver mundo** 違った土地を旅する, 諸国を巡る. **vivir en otro mundo** 《話》浮き世離れする.

mundología 囡 《話, 皮肉》世知, 処世術.

mundonuevo 男 コズモラマの箱.

Múnich 固名 ミュンヘン(ドイツの都市).

munición 囡 **1** 弾薬. ─~ de foguco 空包. ─~ de menuda 散弾. **2** 〖主に 複〗軍需品, 車からの支給品.

municionamiento 男 軍需品[物資・弾薬]の補給[調達].

municionar 他 《軍》に軍需品[物資・弾薬]を補給[調達]する.

municionera 囡 《南米》弾入れ.

municipal 形 市町村の, 地方自治体の, 市(町・村)営の, 市 政の, 町 政の. ─guardia ~ 市 警察. impuestos ~es 市(町・村)民税. elecciones ~es 地方選挙. ─男女 市警察官.

municipalidad 囡 **1**(行政組織としての)地方自治体, 市町村. **2** 市役所, 町役場.

municipalizar [1.3] 他 を市(町, 村)営化する.

munícipe 男女 **1**(地方自治体[市町・村]の)住民. **2** 市(町, 村)議会議員.

municipio 男 **1** 地方自治体(としての)市(町, 村) **2**(の行政区域). **3**〖集合的に〗市(町, 村)民, 市(町, 村)議会[当局]; 市役所, 町(村)役場.

munificencia 囡 気前よさ, 寛大さ.

munífico, ca, munificente 形 気前のよい, 出し惜しまない, 寛大な.

muniqués, quesa 形名 ミュンヘン(Múnich) の (人).

muñeca 囡 **1** 手首. **2**(女の)人形. ─~ rusa マトリョーシカ(ロシアの入れ子式の人形). **3**《話》(お人形のようなかわいい子ちゃん, (軽薄で気取った)若い女性. **4**〖縫〗布(綿などを丸めて布でくるんだ)ぼんん. **5**《南米》《話》コネ, 有力者との縁故. ─tener ~ コネがある.

muñeco 男 **1**(男の)人形. ─~ de nieve 雪だるま. **2**《話》他人の言いなりになる人, あやつり人形, 傀儡(
ｶ́ｲﾗｲ). **3**《話, 軽蔑》かっこをつけた男, 小さな子. **4**《話》胎児.

muñeira 囡 《舞踊, 音楽》ムニェィラ.

muñequear 他《南米》…に便宜を図る. ─自《南米》(トウモロコシなどの)若い穂が出始める.

muñequera 囡 **1** 手首用のサポーター. **2** 腕時計のバンド.

muñequilla 囡 **1**(ワニスなど塗布用の)たんぽ, タンポン. **2**《南米》トウモロコシの若い穂.

muñidor 男 **1**(教団などの)世話人. **2**(選挙などの)裏工作係, 陰謀家.

muñir [3.10] 他 **1**(会合などに人々を)呼び集める, 召集する. **2** を裏工作する, 巧妙に仕組む.

muñón 男 **1**(切断された手足の付け根部分. **2**〖解剖〗(肩の)三角筋. **3**(大砲の)砲耳.

muráis 動 →morir [8.2].

murajes 男〖単複同形〗《植物》ルリハコベ.

mural 形 壁(面)の, 壁に描いた, 壁に掛けた[貼った]. ─pintura ~ 壁画. decoración ~ 壁面装飾. ─男 **1** 壁画, 天井画. **2** 壁新聞, 壁掲示.

muralismo 男 《美術》壁画芸術; 壁画法.

muralista 形 男女《美術》壁画の, 壁画家 (の).

muralla 囡 城壁, (大きな)塀(ﾍｲ), 防壁. ─la Gran M~ (de China) 万里の長城.

muramos 動 →morir [8.2].

murar 他 (地所などを)壁[塀]で囲う, …を城壁をめぐらす.

Murcia 固名 ムルシア(スペインの自治州・州都).

murciano, na 形 ムルシア (Murcia) の, ムルシア出身の. ─名 ムルシア住民 [出身者].

murciélago 男 《動物》コウモリ.

mureña 囡《魚類》ウツボ.

murga 囡 **1** 流しの音楽隊. **2** 厄介, 面倒. ▶**dar la murga a …**(人)を困らせる.

murguista 男女 流しの音楽隊の一員.

muri- 動 →morir [8.2].

múrice 男 **1**《貝類》アクキガイ, ホネガイ. **2**(詩)紫がかった赤.

murie-, murió 動 →morir [8.2].

Murillo 固名 ムリーリョ (Bartolomé Esteban ~)(1617-82, スペインの画家).

murmullo 男 **1**(波や葉などの)サラサラいう音, ささやき; かすかな人声, つぶやき. ─~ del arroyo 小川のせせらぎ.

murmuración 囡 うわさ話; 陰口, 中傷.

murmurador, dora 形名 **1** うわさ話をする, 陰口をたたく. **2** ささやく, 口ごもる. ─名 **1** ゴシップ[陰口]屋, 中傷家.

murmurar 自 **1** つぶやく, ぶつぶつ言う, ささやく. **2**〖+ de の〗悪口を言う, 陰口をたたく. **3**(水の流れ・木の葉・風などの)さらさら[かさこそ・そよそよ]と音を立てる. ─他 をつぶやく, つぶやいて言う, ぼそぼそと唱える. ─**se** 再 (…という)うわさが流れる.

muro 男 **1** 塀(ﾍｲ), 壁, 壁面. ─~ de contención 擁壁. ─~ de defensa 堤防. **2** 壁, 障壁; 障害. ─~ del sonido (航空)音の障壁, 音速の壁; 《音楽》(ある音楽などの音量が大きく重圧感のあるサウンド).

murria¹ 囡 《話》憂鬱(ﾕｳｳﾂ), 意気消沈; 悲しみ.

murria² 囡 (昔のにんにく・酢・塩から造られた)化膿[腐敗]消毒薬.

murrio, rria 形 《話》憂鬱(ﾕｳｳﾂ)な, 意気消沈した; 悲しい.

murta 女 1《植物》ギンバイカ (arrayán)(の実). 2《俗》オリーブの実.

mus 男 ムス(スペインのトランプゲームの一種).

musa 女 1《M~》《ギ神》ミューズ(学術・詩・音楽をつかさどる9人の女神). 2 詩的霊感, 詩想, 詩才; 詩. 3 覆 創作活動, 詩作.

musaraña 女 1《動物》トガリネズミ. 2 小動物, 虫の類. 3《話》目のかすみ, くもり. ▶ **pensar en las musarañas** 《話》ぼんやりしている.

musculación 女 筋肉の強化[トレーニング].

muscular 他 …の筋肉を発達させる. **— se** 再 自分の筋肉を発達させる. **—** 形 筋肉の. —agotamiento ~ 筋肉疲労.

musculatura 女 1《集合的に》筋肉(組織). 2 筋力, 筋肉の発達.

:**músculo** 男 1《解剖》筋肉, 筋. ~ cardíaco 心筋. ~ dorsal 背筋. 2《主に 覆》筋力, 腕力. —hacer ~s《話》筋肉をつける[鍛える]. tener ~s 腕力がある. 3 覆 筋肉組織.

musculoso, sa 形 1 筋(肉)組織の, 筋肉から成る. 2 筋骨たくましい.

museístico, ca 形 美術[博物]館の.

muselina 女 (生地の)綿モスリン.

:**museo** 男 美術館; 博物館, 展示室. ▶ **de museo** (1) 博物館に置きたいような, 素晴らしく美しい. (2) 博物館行きの, 時代遅れの.

museografía 女 博物館誌.

museográfico, ca 形 博物館学の, 博物[美術]館管理の.

museógrafo, fa 名 博物[美術]館管理の専門家.

museología 女 博物館学.

museológico, ca 形 博物館学の, 博物[美術]館学に関する.

museólogo, ga 名 博物[美術]館学者.

muserola 女 (馬具の)鼻革, 鼻勒(びろく).

musgaño 男《動物》トガリネズミ.

musgo 男 1《植物》コケ(苔). 2 覆 コケ類.

musgoso, sa 形 コケの, コケの生えた, コケで覆われた.

:**música** [ムシカ] 女 1 音楽. —~ clásica クラシック音楽, 古典音楽. —~ de fondo [ambiental] バックグラウンド・ミュージック, BGM. ~ de cámara 室内楽. ~ instrumental 器楽(曲). —~ ligera 軽音楽. ~ vocal [harmónica] 声楽(曲). 2 曲, 楽曲. —~ y letra de 作詞, 作詞作曲. 3 楽譜. —leer ~ 楽譜を読む. 4 楽団, バンド. 5《話》皮肉たわ言; 愚痴. 緻々とした説教. —Déjate de ~ y a trabajar. くだらない話はやめて働くんだ. 6《話, 俗》調子. 7 耳に快い音, 美しい調べ. —~ del agua en el arroyo 川のせせらぎ. ▶ **con la música a otra parte**《話》とっとと(立ち去る). **música**

celestial《話》(1) わけのわからない話, 誰も聞き入れない言葉. (2) 耳に心地よい言葉[音].

musical 形 1 音楽の, 音楽に関する; 音楽が分かる. —comedia ~ ミュージカル. 2 音楽的な, 聞いて気持ちのいい. 3 音楽が上手な. —~ 男 ミュージカル(映画).

musicalidad 女 音楽性, 音楽的なこと.

musicalizar 他 (詩, 文など)に曲をつける, 作曲する.

musicar 他 → musicalizar.

músico, ca 名 音楽家. —grupo de ~s 音楽家集団; バンド. —~ 形 音楽の; 音楽的な; 音楽を伴う.

musicógrafo, fa 名 音楽評論家.

musicología 女 音楽学(研究), 音楽理論.

musicólogo, ga 名 音楽学研究者, 音楽の専門家.

musicoterapia 女《医学》音楽療法.

musiquero, ra 形 —~ 男 楽譜棚.

musitar 他 をささやく, つぶやく. —~ [+事] al oído (de ...) (…の)耳元で何かをささやく.

muslera 女 (太もも用)サポーター.

muslime 形 名 → musulmán.

múslimico, ca 形 イスラム教徒の.

muslo 男 1《解剖》もも, 大腿(たい). 2 (動物の)もも(肉).

mustango 男《動物》ムスタング.

mustela 女 1《魚類》小形のサメの一種. 2《動物》イタチ.

mustélido, da 形《動物》イタチ科の. —~ 男《動物》イタチ科の動物;《主に 覆》《M~》イタチ科.

musteriense 形 男《考古》ムスティエ文化(期)の.

mustiar 他 → marchitar.

mustio, tia 形《estar +》1 (草花が)しおれた, しぼんだ. 2 (人が)憂うつそうな, ふさぎこんだ.

:**musulmán, mana** 形 イスラム教(徒)の, イスラム文化の. —~ 名 イスラム教徒.

mutabilidad 女 変わりやすさ, 不安定; 移り気, 気まぐれ.

mutable 形 変わりやすい, 不安定な; 移り気な, 気まぐれな.

mutación 女 1 変化, 変更, 転換. 2 (生物)突然変異.

mutagénesis 女《単複同形》《生物》突然変異生成[誘発].

mutágeno 形《生物》突然変異源の, 突然変異誘発要因の.

mutante 形《生物》突然変異の; 突然変異体, 変種.

mutar 他 → mudar.

mutatis mutandis〔ラテン〕副 必要な変更を加えて〔略: m.m.〕.

mutilación 女 1 (手足などの)切断. 2 (テクストなどの)削除, カット; 毀損(きん), 破損.

mutilado, da 過分〔→ mutilar(se)〕

mutilar 形 **1** 手足を失った[切断された], 身体障害の. **2** (テクストなどが)削除[カット]された; 毀損(きそん)された. ── 名 手足を失った人, 身体障害者.

mutilar 他 **1** (人の手足などを)切断する. **2** (テクストなどを)削除[カット]する; (芸術品などを)毀損(きそん)[破損]する. ── **se** 再 手足を失う.

mutis 男 (演劇) 退場(の指示). ▶ *hacer mutis* (1) 〖話〗黙る. (2) 〖演劇〗退場する. (3) 立ち去る.

mutismo 男 押し黙り, 沈黙, 無言.

mutual 形 相互の, 互いの. ── *fondo ~* 共済組合, 互助会.

mutualidad 女 **1** 共済組合, 互助会. **2** 相互関係; 相互依存, 相互扶助.

mutualismo 男 **1** 相互扶助[共済]制度. **2** (生物) 相利共生.

mutualista 形 **1** 相互扶助[共済]の. **2** 相互扶助[共済]組合の. **3** (生物) 相利共生の. ── 男女 **1** 相互扶助主義の人. **2** 共済組合員.

mutuamente 副 相互に, 互いに.

mutuo, tua 形 相互の, 互いの. ── 女 共済組合, 互助会.

muy [ムイ] 副 **1** 形容詞・副詞・前置詞句の前で) a) 非常に, 大変, とても. —Tu amigo es ~ alto. 君の友達はとても背が高い. Llegamos a Toledo ~ de noche. 私たちは夜遅くなってトレドに着いた. b) 〖否定文で〗あまり[たいして]…ではない. —No está ~ cansada. 彼女はあまり疲れていない. ♦ *mucho* と同義であるが, 単独で動詞を修飾することはない. 比較級と *antes*, *después* の前では *mucho* が用いられる: *mucho peor*, *mucho más alto*. また, *mayor* は意味により使い分ける: *mucho mayor* もっとずっと大きい, *muy mayor* 非常に年上の. **2** 〖形容詞的に用いられる名詞・代名詞の前で〗 大変[非常に]…(ならし). —Es ~ hombre. 彼は本当の男だ. ▶ *el [la, los, las] muy* +〖形容詞〗〘軽蔑〙あの(大変な)…のやつ, *muy señor mio [señores mios]* (手紙文で) 拝啓.

muyahidín 形 イスラム解放軍の戦闘員の.

my 女 ミュー (ギリシャ語アルファベットの第12字; M, μ).

Myanmar 固名 ミャンマー (首都 Naypyidó).

N, n

N, n 女 **1** スペイン語アルファベットの第14文字. **2** 〖大文字で不定の固有名詞を表す〗 某…, …なにがし. **3** (数学) 不定数.

naba 女 〖植物〗 カブの一種.

nabab 男 **1** 〖歴史〗 (イスラム王朝時代の) インドの太守, ナワーブ. **2** 大富豪.

nabina 女 カブの種子.

nabiza 女 〖主に 複〗 カブの若芽.

nabo 男 **1** 〖植物〗 (食用の) カブ (蕪); カブの根 (食用部分). ── ~ *japonés* ダイコン (大根). **2** 〖建築〗 (らせん階段などの) 軸柱. **3** 〘俗〙ペニス.

naboría 女 〖歴史〗 **1** (スペイン統治時代) 先住民の使用人. **2** 先住民の使用人の分配.

nácar 男 (真珠貝などの) 真珠層.

nacarado, da 形 **1** 真珠色の, 真珠のような. **2** 螺鈿(らでん)を散りばめた.

nacáreo, a 形 → *nacarino, na*.

nacarino, na 形 真珠層の (ような).

nacela 女 〖建築〗 枠スキア.

nacencia 女 **1** (医学) 腫物(はれもの), できもの. **2** 出生, 誕生.

nacer [9.1] 自 **1** 生まれる, 誕生する. **2** a) (植物が) 芽を出す. b) (葉が) 出る, (花が) 咲く, (実が) 成る. **3** (毛・羽などが) 生える, (ひげなどが) できる. —Le *nacen* pelos en la barba. 彼にはおにひげが生えている. **4** (思想・感情などが) 生まれる, 発生する. **5** 発する, 源を発する. **6** (天体が) 出る, 昇る. —El sol *nace* por el Este. 太陽は東から昇る. **7** [+ a の] 活動を始める. —*Nació a* la literatura en Lima. 彼はリマで作家活動を開始した. ── **se** 再 (自然に) 芽が出る, 発芽する. ▶ *haber nacido en…* …の時に命を拾いをする, *volver a nacer* 九死に一生を得る, 命拾いをする, 生き返る.

nacido, da 過分 (→*nacer*) 形 生まれた, …に生まれついた; 生まれながらの. —*bien* ~ 高貴な生まれの; 育ちのよい. *mal* ~ 卑しい生まれの; 育ちの悪い. la Señora de González, *nacida* Díaz ゴンサレス夫人, 旧姓[本姓]ディアス. ── 名 生まれた人. —*recién* ~ 新生児.

naciente 形 **1** 生まれかかった, 現れ始めた. **2** (化学) 発生期の. ── 男 東.

nacimiento [ナシミエント] 男 **1** 誕生, 出生 (数). —*acta [partida] de* ~ 出生証明書. *fecha de* ~ 生年月日. *lugar de* ~ 出生地. **2** 生まれ, 出自, 家柄. **3** a) 始まり, 出現. —*del pelo* 髪の生え際. ~ *del pecho* 胸元. **b)** 源; 水源. **4** ベレン (キリスト降誕の場面を模した人形飾り). ▶ *dar nacimiento a…* …を生む, 引き起こす; …のもととなる. *de nacimiento* (時に軽蔑) 生まれつき.

nación [ナシオン] 女 **1** 国家, 国. —*la Organización de las Naciones Unidas* 国際連合 (略称 ONU). **2** 国民; 民族. ── ~ *japonesa* 日本国民. ~ *catalana* 〖集合的に〗 カタルーニャ人. ▶ *de nación* 〘話〙 生まれは. —Es *francés [madrileño] de nación*. 彼はフランス生まれ[マドリード生まれ]である.

nacional 形 **1** 国民の, 国民性の; 民族の. —*fiesta* ~ 国民の休日. **2** 国家の, 国の, 国立の. —*carretera* ~ 国道. **3** 国内の, 自国の; 国産の. —*producto* ~ *bruto* 国民総生産. **4** 全国的な, 全国の. **5** 〘スペイン内戦時の国民戦線 [フランコ]派の〙. —*zona* ~ 国民戦線支配地域.

nacionalcatolicismo 男女 (ある国の)国民. ——**es españoles** スペイン国民. ——男複 国民(戦線)軍(フランコ時代のフランコ軍).

nacionalcatolicismo 男 国家カトリック主義(フランコ時代の政教一致主義).

nacionalidad 女 **1** 国籍. ——**doble ~** 二重国籍. **2** 国家であること; 国民意識, 国民性. **3**[スペイン]自治州. **4**(国家を形成している)民族.

nacionalismo 男 ナショナリズム, 国家主義; 民族主義.

nacionalista 形 国家主義(者)の; 民族主義(者)の. ——**-corriente** ~ 国家主義の風潮. **el Partido N~ Vasco** バスク民族党(略称 PNV). ——男女 民族主義者; 国家主義者.

nacionalización 女 **1** 帰化. **2** 国有化, 国営化.

nacionalizar [1.3] 他 **1**(人を)帰化させる. **2**を国有化する. ——**-se** 再 **1** 帰化する. **2** 国有[国営]化される.

nacionalsindicalismo 男 〖歴史〗国家主義的サンディカリズム.

nacionalsindicalista 形 〖歴史〗国家主義的サンディカリズムの. ——男女 〖歴史〗国家主義的サンディカリスト.

nacionalsocialismo 男 〖歴史〗(特にヒットラーの)国家社会主義.

nacionalsocialista 形 〖歴史〗国家社会主義の. ——男女 〖歴史〗国家社会主義者.

naco 男 〖中南米〗タバコの葉(の束).

nada 〖ナダ〗(不定)〖無変化〗**1**《物事を否定する; algo の否定形》何も(…ない). ——**No oigo ~.** 私は何も聞こえない. **2** 何のことも…. ——**N~ de eso pasa, en realidad.** 実のところ, そんな事は何も起こらない. **3**〖+形容詞〗…のは何もない. ——**No tiene ~ bueno.** それは何もよいところがない. **4**〖肯定文で〗わずか, 少し. ——**Ha estado aquí hace ~.** 彼はほんの少し前までここにいた. 副 **1** 少しも…ない, 何も[全然]…ない. ——**Eso no me sorprende ~.** それには私も少しも驚かない. **2**(返答として)全然, まったくだめ. ——**No, no, ~, tú te quedas en casa.** いや絶対だだ, お前は家に残られよ. ——女 無, 虚無. **▶ a cada nada**〖中南米〗〈話〉絶えず, 常に. **ahí es [casi] nada** 大したもんだ, 大変なことだ. **antes de nada** 何よりもまず第一に. **como si nada** (1)何でもないように, やすやすと. (2)(主とyのあとで)何の効果もなく, 問題にならずに. **de nada** (1)(礼を言われたときの返事)どういたしまして. ——**Gracias. -De nada.** ありがとう. ——どういたしまして. (2)取るに足りない, 価値のない. **dentro de nada** すぐに, じきに. **estar en nada que**〖+接続法〗もう少しで…である. **nada como [mejor que] …**…はよいものはない. **nada de**〖+形容詞/名詞/不定詞〗まったく…でない, 少しも…でない. (2)…はだめ, …は止めて. **nada de eso/de eso nada**(否定の強調)それはとんでもない. **nada más**(1)… だけ. —**¿Algo más? -Nada más.** 他に何か?— いいえ, これだけです. (2)〖+不定詞/過去分詞〗…するとすぐに. **nada más que**…のほかに何も. **nada menos que**(…)〖強調〗(1)まさしく…, ほかでもない…. (2)も. **ni nada**(1)〖強調〗(否定文の後で)全然…でない. (2)(反語的に)とても. **no ser nada** 何でもない, 大したことない, 取るに足りない. **no tener nada que ver** 何も関係がない. **para nada**(1)〖%に後続〗少しも…でない. (2)無駄に. (3)〈話〉全然. **por nada**(1)理由なく, なんでもないことで. (2)どうしても…しない, 決して…しない. **pues nada**(1)それでは; とにかく. (2)よろしい.

nadador, dora 形 泳ぐのが上手な, 泳ぐ. ——名 泳ぎ手; 水泳選手.

nadar 〖ナダル〗自 **1** 泳ぐ, 水泳をする. **2** 浮かぶ, ただよう, つかる. **3**〖+en ~〗たくさん抱え込む, (…)があふれている. **4**(衣服が)だぶだぶである, ぶかぶかである, 大き過ぎる. ——**El niño nada en sus nuevos pantalones.** その子には新しいズボンがだぶだぶだ. ▶ **nadar entre dos aguas** どっちつかずの態度をとる.

nadería 女 つまらないこと, くだらないこと.

nadie 〖ナディエ〗(代)(不定)〖無変化〗**1**[人を否定する; alguien の否定形]だれも(…ない). —**No hay ~ en casa.** 家にはだれもいない. **2**〖% に後続〗——**N~** …sabe **nada de él.** 彼のことはだれも何も知らない. **3 a**)つまらぬ人, 取るに足りない人. **b**)…の資格がない人. —**Él aquí no es ~ para mandarme esto.** 彼はここで私にこれを命令する資格はない. **4**(反語的に)だれか, ——**¿Quién sabe ~ lo que ella me ha hecho sufrir?** 彼女がどんなに僕を苦しめたかだれか知っているか. ▶ **casi nadie** ほとんど…ない. **como nadie** だれよりも上手く[上手に].

nadir 男 〖天文〗天底.

nado 男 〖中南米〗水泳(の練習). ——**▶ a nado** 泳いで.

nafta 女 **1**〖化学〗ナフサ. **2**〖南米〗ガソリン.

naftalina 女 〖化学〗ナフタリン.

nagua 女 《主に 複》〖メキシコ〗→ enagua.

nagual 男 〖中米〗(brujo).

nahua 形 ナワ族[人]の, ナワ[ナワトル]語(の).

náhuatl 形 男 ナワトル語(の), ナワ語の.

nahuatlismo 男 ナワ語[ナワトル語]に特有の言い回し[語彙](の).

naif, naif 形 男女 〖複〗——〖美術〗素朴派の(画家), —— 素朴派.

nailon 男 ナイロン.

naipe 男 **1**(トランプなどの)カード; 〖主に 複〗**1** 組の(スペイン式の)トランプ. ▶ **castillo de naipes** 机上の空論. **dar mal el naipe** 運が悪い, ついていない.

naja 囡〖動物〗コブラの一種. ► *salir de naja(s)* 《俗》大急ぎで逃げる, ずらかる.

najarse 再《俗》ずらかる.

nalga 囡〖主に 複〗尻(½)(の片方), 臀部(½).

nalgada 囡 **1** 尻(½)もち. **2** 尻をたたくこと.

nalgatorio 男《話》尻(½), 臀部(½).

nalgudo, da 形 尻(½)の大きい.

Namibia 固名 ナミビア(首都Windhoek).

namibio, bia 形 ナミビア(Namibia)の, ナミビア人[出身]の. ― 图 ナミビア人.

nana 囡 **1** 子守歌. **2**《話》おばあちゃん. **3** おくるみ. **4**《中米》乳母, 子守女. ► *el año de la nana [nanita]*《話》大昔, 遠い昔.

nanay 感《話》とんでもない. だめだ.

nanociencia 囡 ナノ科学.

nanómetro 男 ナノメートル(10億分の1メートル).

nanotecnología 囡〖技術〗ナノテクノロジー, 微小工学.

nanquín 男 南京(㌔)木綿.

nao 囡〖文〗船.

napa 囡 ナパ革(羊・子ヤギの皮).

napalm〈×英〉男〖化学〗ナパーム.

Napoleón 固名〖～Ⅰ〗ナポレオン1世(1769–1821, フランスの皇帝, 在位1804–14).

napoleón 男(5フランないし19レアレスのナポレオン銀貨).

napoleónico, ca 形 ナポレオン(時代)の.

Nápoles 固名 ナポリ(イタリアの都市).

napolitano, na 形 ナポリ(Nápoles)の. ― 图 ナポリ市民の[出身者].

naranja 囡 オレンジ, ― *mandarina [tangerina]* マンダリン(ミカン). ― 男 **1** オレンジ色. **2**(交通信号の)黄色. ― 形〖無変化〗オレンジ色の. ― 男 **media naranja** (1)《話》(良き)伴侶, ベターハーフ. (2) 半球形のドーム. ¡*Naranjas (de la China)!*《話》とんでもない, 冗談じゃない.

naranjado, da 形 オレンジ色の. ― 囡 オレンジエード.

naranjal 男 オレンジ畑, オレンジ園.

naranjero, ra 形 **1** オレンジの. **2**(管の)内径が8-10センチ[オレンジ大]の. ― 男 オレンジ栽培者[売り]. ― 囡 (昔の)らっぱ銃.

naranjo 男 オレンジの木.

narcisismo 男 自己偏愛[陶酔], ナルシズム.

narcisista 男女 自己偏愛[陶酔]の, ナルシシスト的な. ― 男女 自己偏愛[陶酔]者, ナルシスト.

Narciso 固名 男〖ギ神〗ナルキッソス, ナルシス.

narciso 男 **1**〖植物〗スイセン(の花). **2** ナルシスト.

narco 男女 →narcotraficante.

narcolepsia 囡〖医学〗睡眠発作, ナルコレプシー.

narcosis 囡〖単複同形〗〖医学〗麻酔状態, (麻酔による)昏睡状態.

narcótico, ca 形 麻酔(性)の. ― 男 麻酔剤[剤].

narcotismo 男 **1** →narcosis. **2**〖医学〗麻酔作用.

narcotización 囡 麻酔, 昏睡.

narcotizar [1.3] 他 …に麻酔をかける; …を麻痺させる.

narcotraficante 形 麻薬密輸[密売]の, 麻薬取引の. ― 男女 麻薬密輸[密売]業者, 麻薬取引人.

narcotráfico 男 麻薬密輸[密売]取引.

nardo 男〖植物〗カンショウ(甘松), ナルド.

narguile 男 水煙管(㌘).

narigón, gona 形《話》鼻の大きい. ― 男 **1** 大鼻. **2** 鼻飾り用にあけた穴. **3**(牛などにつける)鼻輪.

narigudo, da 形《話》鼻の大きい. ― 图 鼻の大きい人.

nariguera 囡(装身具の)鼻輪.

nariz 〖ナリス〗囡 複 narices〗 **1** 〖主に 複〗鼻. ― *aguileña* わし鼻. ― *chata* 低い鼻. ― *respingona* 上向の鼻. *sonarse las narices* 注を立てて鼻をかむ. *en las narices* 鼻先, 目の前. ― *en las narices* 鼻先に, 目の前に. **3** 嗅覚; 鼻. ― *tener buena* ― 鼻が利く, 勘が鋭い. **4** 鼻首; (飛行機の)機首. **5**(道具などの)突き出た部分. **a)**(船首の)水切り, **b)** (管の)先; 噴射口, ノズル. **c)**(樽胴の)水よけ. **6**(ブドウ酒の香り), 芳香, ブーケ. **7** 〖主に 複〗勇気, 気力. ► *asomar las narices [la nariz]*《話》(1)(人の)顔を出す, 現れる. (2) ＋ *en* ＋ 图 を詮索する, かぎまわる. *darLE en la nariz a ...*《話》(人に)…の予感がする; …なのではないかという気がする. *darLE en las narices a ...*《話》(人に)恥をかかせる, (人)の面目をつぶす, 鼻を明かす. *dar(se) de narices* (1)(人が)うつぶせに倒れる, つんのめる. (2)〖＋ *con*/*contra*〗にぱったり出会う; 顔をぶつける. *dejar a ... con un palmo de narices*《話》(人)との約束を破る, (人)をあざむく. *de tres pares de narices*《話》いやな, いまいましい, すばらしい, ひどい. *en sus (mismas, propias) narices*《話》すぐ目の前に. *estar hasta las narices*《話》〖＋ *de*〗にうんざり[あきあき]している. *hablar con [por] la nariz [las narices]*《話》鼻声で話す. *hincharseLE las narices a ...*《話》(人が)かっとする, 頭に血が上る. *meter las narices [las naríz] en ...*《話》…に首をつっこむ, …のことを詮索する. *no haber [tener] más narices*《話》他に方法がない, しかたがない. *no ver más allá de sus narices*《話》鼻先のことしか考えない, 思慮が浅い. *pasarLE ... a ... por las narices*（= *restregarLE ... a ... por las narices*）《話》

強引に, むりやり; やむを得ず. *¡qué narices!, ¡qué...ni qué narices!* (…なんて)とんでもない, 冗談じゃない. *restregarLE a...por las narices* 《話》(…のことで)(人)に恥をかかせる[うらやましがらせる]; (人)に…のことを言ってさとす. *romperLE las narices a...* 《話》(人)の鼻をへし折る. *salirLE a...de las narices* 《話》(人)が…したい気持になる. *tener a...agarrado por las narices* 《話》(人)を完全に手なずけている, 牛耳っている. *tener [mandar] narices* 《話》(主に悪い意味で)驚いた, あきれたものだ, 腹立たしい. *tocarLE a...las narices* 《話》(人)の癇(しゃく)にさわる, (人)をいらいらさせる.

narizotas 名複 大きな鼻. ——男女 [単複同形] 大きな鼻の人.

narración 女 **1** 語り, ナレーション; 叙述. **2** 物語, 説話. **3** 《会話文に対する》地の文.

narrador, dora 形 物語りの; 叙述の. ——名 **1** 語り手, ナレーター. **2** 《文学》物語作家, 小説家.

narrar 他 を物語る, 語る, 叙述する.

narrativo, va 形 物語の, 物語体の; 叙述の. ——*poema* ~ 叙事詩 ——名 **1** 《集合的で》物語, 小説, 説話. **2** 語り口, 話術, 叙述力.

narria 女 《重量物運搬用の引きずり道具[板・布など]》.

nártex 男 《単複同形》《建築》拝廊, ナルテックス.

narval 男 《動物》イッカク(一角).

nasa 女 **1** 魚を捕るためのかご, 簗(やな). **2** 魚籠(びく).

nasal 形 **1** 鼻の. **2** 鼻にかかった; 《音声》鼻音の. ——女 《音声》鼻音.

nasalidad 女 声が鼻にかかること; 《音声》鼻音性.

nasalización 女 《音声》鼻音化.

nasalizar [1.3] 他 《音声》を鼻音化する.

nasofaríngeo, a 形 《医学》鼻咽頭の.

nata 女 **1** 生クリーム, 乳. 脂. ——*batida* 《料理》ホイップクリーム. **2** 《液体の表面にできる》薄い膜; 乳皮. **3** 最良の部分, 精華, 抜き粋. **4** 《中米》《冶金》鉱滓(こうさい), スラグ.

natación 女 水泳, 泳ぎ. ——*sincronizada* シンクロナイズド・スイミング.

natal 形 **1** 出生の, 誕生の. **2** 出生地の, 生まれた故郷の.

Natalia 固女 《女性名》ナタリア.

natalicio, cia 形 誕生日の. ——男 誕生比(日); 生誕祭.

natalidad 女 出生率.

natatorio, ria 形 水泳に関する; 水泳用の.

natillas 女複 カスタード.

natividad 女 (特にキリストの)降誕; 《聖母マリア, 洗礼者ヨハネの》生誕.

nativo, va 形 **1** 出生地の, 生れた土地[国]の. ——*país* ~ 生まれた国, 生国. *lengua nativa* 母語. **2** その土地[国]に生まれた[育った], 現地出身の. **3** (鉱物などが)自然のままの, 天然の. **4** (性質などが)生まれつきの. ——名 (ある土地の)生まれの人, 現地の人.

nato, ta 形 **1** 生まれながらの, 生来の, 天性の. **2** (役職が)職権上兼務の.

natura 女 《文》本質, 自然. ▶ *contra natura* 倫理[自然法]に反する.

natural [ナトゥラル] 形 **1** a) 自然の, 天然の. ——*ciencias* ~*es* 自然科学. *recursos* ~*es* 天然資源. b) 自然発生の. ——*muerte* ~ 自然の死. **2** 自然のままの, 加工しない. **3** (成り行きが)自然の, 当然の. **4** (態度が)自然な. ——*Has salido muy* ~ *en esta foto.* 君はこの写真にとても自然な感じで写っている. **5** [+ *en*:に] 生まれつきの. **6** 自然な感じの, 実物そっくりの. ——*tamaño* ~ 原寸[実物]大. **7** [+ *de*:の] 生まれの. ——*Es* ~ *de Sevilla.* 彼はセビーリャの出身だ. **8** (音楽》本位の, 変化記号なしの. ——*hijo* ~ 非嫡出子, 私生児. **10** 当然の, 道理にかなった. ——*¡Es* ~! もちろんだ, 当然だ. *ser lo más* ~ *del mundo* 至極当然だ, 当然すぎるほど当然だ. ▶ *ser natural que* [+接続法] 当然である, 当たり前である. ——男女 (ある土地の生まれの人, 住民. ——男 **1** (人の)体質, 気質, 本性. **2** (闘牛》パセ・ナトゥラル(剣を使わずに左手で行うやり過ごし). ▶ *al natural* (1) 自然のままの, 素顔で. (2) (食品が)自然の, 無添加の, 混ぜものなしの. *del natural* ありのままに, 写実的に.

naturaleza 女 [ナトゥラレサ] **1** 自然; 自然界; 自然現象. ——*la Madre N*— 母なる自然. **2** a) 本性, 本質. ——~ *humana* 人間性; 人類. *Soy optimista por* ~. 私はもともと楽観主義者だ. b) 性質, 体質. c) 《植物》種類, 種族. **3** 帰化(した者)の国籍. ——*carta de* ~ 帰化承認状. **4** 生まれ, 出自. ——*ser francesa de* ~ フランス生まれである. ▶ *naturaleza muerta* 《美術》静物画. *contra naturaleza* 自然の理に反する, 非倫理的な.

naturalidad 女 自然さ; 率直さ; 当然さ.

naturalismo 男 (主に文学や美術の)自然主義.

naturalista 形 自然主義の. ——男女 **1** 自然主義者. **2** 博物学者, 自然誌研究家; 自然科学者.

naturalización 女 **1** 市民権の付与; 帰化. **2** (動植物の)馴化(じゅんか), 移植. **3** (外国の習慣などの)移入; 定着.

naturalizar [1.3] 他 **1** を帰化させる, …に市民権を与える. **2** (動植物を)移植する, 馴化(じゅんか)させる. **3** (外国の習慣などを)移入する; 定着させる. ——*se* 再 **1** [+ 地名形容詞] …に帰化する. **2** (動植物が)馴化(じゅんか)する. **3** (外国の習慣が)定着する.

naturalmente 副 **1** 当然(のことだが), もちろん. **2** 生まれつき. **3** (態度などが)自然に, 飾らずに. **4** (人手を加えずに)

naturismo 男 **1** 自然生活運動;自然療法. **2** 裸体主義,ヌーディズム.

naturista 形 **1** 自然生活運動[自然療法]の. **2** 裸体主義の. ―― 名 **1** 自然生活運動家,自然療法主義者. **2** 裸体主義者,ヌーディスト.

naufragar [1.2] 自 **1** (船が)難破する;(人が海で)遭難する. **2** 失敗する,挫折する.

naufragio 男 **1** 難破,難船;海難事故. **2** 失敗,頓挫(ﾄﾝｻ);破産.

náufrago, ga 形 難破した,難船した,海で遭難した. ―― 名 海での遭難者;漂流者. ―**buque** *náufrago* 難破船. ―― 名 〖魚類〗サメ(鮫).

Nauru 固名 ナウル(首都 Nauru).

nauruano, na 形 ナウル(Nauru)の,ナウル人(出身)の. ―― 名 ナウル人.

náusea 女 **1** 〖主に複〗吐き気,むかつき. **2** 嫌悪[不快](感),嫌気.

nauseabundo, da 形 **1** 吐き気を催させる,むかつくような;ひどく不快な.

nauta 男 〖文〗乗り手,船員.

náutica 女 航海術,操船術.

náutico, ca 形 **1** 航海の,航海に関する. **2** 海上の,水上の. ● *rosa náutica* →rosa.

nautilo 男 〖貝類〗オウムガイ.

nava 女 (山間の)低地,湿地.

navaja 女 **1** (折りたたみ式の)ナイフ;小刀,かみそり. ―― 〜 *de afeitar*/ *barbera* かみそり. **2** 〖貝類〗マテガイ. **3** 毒舌,悪口. **4** (イノシシなどの)牙(ｷﾊﾞ) **5** 〖昆虫の〗毒針.

navajada 女 ナイフでの切りつけ[一刺し],ナイフによる傷.

navajazo 男 →navajada.

navajo, ja 形 名 (北米の先住民)ナバホ族(の人). ―― 名 ナバホ語.

naval 形 **1** 船舶の,艦船の,海軍の. ― *industria* 〜 造船業. **2** 海軍の. ― *escuela* 〜 *(military)* 海軍兵学校.

Navarra 固名 ナバーラ(スペインの自治州).

navarro, rra 形 ナバーラ(Navarra)の. ―― 名 ナバーラ人.

navarroaragonés, nesa 形 (スペインの)ナバラ(Navarra)とアラゴン(Aragón)の. ―― 名 ナバラとアラゴンの人(出身者);ナバラ・アラゴン方言.

nave 女 **1** 船(特に大型のもの),船舶. ― 〜 *nodriza* 母船. **2** 宇宙船(= 〜 *espacial*). **3** (教会・聖堂の)身廊,外陣. **4** (工場・倉庫などの)建物. ● *la Nave de san Pedro* カトリック教会. *quemar las naves* 背水の陣をしく.

navecilla 女 **1** 舟型の香炉. **2** 小舟.

navegabilidad 女 **1** (海洋・河川の)航行可能性. **2** (船舶・飛行機の)耐航[耐空]性,航行能力.

navegable 形 **1** (海洋・河川が)航行可能な. **2** 耐航性[耐空性]を備えた.

navegación 女 **1** 航海,航空;航行. ― 〜 *marítima* 航海. 〜 *aérea* 航空(法);空中飛行. *sistema de* 〜 *para* *automóvil* カーナビゲーションシステム. **2** 航海[航空]術,航海[航空]学,航法. **3** 船旅.

navegador, dora 形 航行[航海]する. ―― 名 **1** 航行[航海]者,航海士;航空士; (カーレースの)ナビゲーター. ― *de coche* カーナビ. **2** 〖情報〗ブラウザー.

navegante 男女 **1** 航海者,船乗り. **2** 航海士,航空士,(自動車レースの)ナビゲーター. **3** ネットサーファー. ―― 形 航海する,航行する,船乗りの.

navegar [1.2] 自 **1 a)** 航海する,船旅をする. **b)** (船が)航行する. **2** 飛行する. **3** (船・飛行機を)操縦する. **4** 〖情報〗インターネットを見て回る,ネットサーフィンをする. ―― 他 〜を航海する.

naveta 女 **1** 小舟. **2** (教会の)舟型の香炉. **3** (机の)引き出し.

navidad 女 **1** (通常 N〜)クリスマス,キリスト降誕祭;〖主に複〗クリスマスシーズン (12月24日ごろから1月6日まで). ―*Pascua de* N〜 キリスト降誕祭. ¡*Feliz* N〜!/¡*Felices* 〜*es!* メリークリスマス. **2** 〖宗教〗キリストの降誕. **3** 複 年齢.

navideño, ña 形 クリスマスの.

naviero, ra 形 船舶の,航海の. ―― 男 **1** 船主,船舶所有者. **2** (商館)向けの食糧調達業者. **3** 船会社.

navío 男 (大型の)船,船舶;軍艦. ― *de carga* 貨物船. ― *de guerra* 軍艦. ― *mercante* 商船. *capitán de* 〜 艦長;等海軍大佐.

náyade 女 〖ギ神〗ナーイアス.

nazareno, na 形 ナザレ(Nazaret,イスラエル北部の都市)の. ―― 名 **1** ナザレ人;〖教徒〗の. **2** ナザレ人;イエス・キリスト(= El N〜). **3** ナザレ教徒. **3** 聖週間の行列でフード付きの長衣をまとった人.

nazarí 形名 〖歴史〗 **1** (グラナダのイスラム王朝)ナスル朝の(王). **2** ナスル王朝始祖ユースフ・イブン・ナスルの子孫(の人).

nazarita →nazarí.

nazc- 動 →nacer [9.1].

Nazca 固名 ナスカ(ペルーの都市,地上絵で有名).

nazi 形 ナチスの,国家社会主義ドイツ労働者党の. ―― 男女 ナチ(国家社会主義ドイツ労働者党)の党員,ナチス支持者.

nazismo 男 ナチズム,(ドイツ)国家社会主義.

N.B. 〖略〗〔ラテン〕=nota bene 注意せよ,註.

-ncia 接尾 抽象名詞を作る女性名詞語尾. ― *elegancia*, *diferencia*.

NE 〖略〗=nordeste 北東.

neblí 男 〖鳥類〗ハヤブサ(の一種).

neblina 女 **1** 霞み,もや;(薄い)霧. **2** 視界[理解]を妨げるもの,(視界・理解力などの)曇り.

neblinoso, sa 形 霧のたちこめた,かすみのかかった.

neblumo 男 〖気象〗スモッグ (= esmog).

Nebrija 固名 ネブリーハ (Elio Antonio de ～)(1441-1522, スペインの人文学者).

nebular 形 〖天文〗星雲の.

nebulizador, dora 形 噴霧の, 噴霧する. ―equipo ～ 噴霧器. ― 男 〖医療用〗の噴霧器.

nebulizar 他 を霧状[噴霧]化する.

nebulosa 女 〖天文〗星雲.

nebulosidad 女 1 霧[もや]が立ちこめること; 曇り, 曇天. 2 あいまいさ, 不明瞭. 3 薄暗さ, 陰.

nebuloso, sa 形 1 霧[もや]が立ちこめた; 曇った, 曇天の. 2 あいまいな, 不明瞭な. 3 薄暗い, 陰のある.

necedad 女 1 ばか, 愚かさ. 2 ばかな言動.

necesaria 女 〖野外の〗仮設便所.

necesariamente 副 1 どうしても, 是が非でも; 必ず. 2 〖否定文の中で〗必ずしも(…でない).

necesario, ria 形 [ネセサリオ, リア]
1〖＋a/para にとって〗必要な, なくてはならない. 2 必然的な, 避けられない, 当然の.
▶ hacer necesario 必要とする. 要する.
ser necesario 〖＋不定詞／que＋接続法〗…する必要がある, …しなければならない.

neceser 男 〖小物用の〗道具箱, ケース.

necesidad 女 [ネセシダ] 1 必要性. 2 必需品; 必要な物[事]. ――es básicas 最低必需品. 3 a)窮乏, 困窮; 貧困. b)飢え, 飢餓. ―morir de ～ 餓死する. c)苦境, 難局; 苦労. ―pasar ―es 苦労して生活する, 辛酸をなめる. 4 必然(性), 不可避性; 当然の事. ―～ lógica 論理的必然. 5〖主に複〗〖婉曲〗用便, 用たし; 排泄(ｾﾂ). ―hacer sus ―es 用をたす, トイレに行く. ▶ **en caso de necesidad** やむを得ない場合は. **hacer de la necesidad virtud** 嫌なことでも必要ならば進んでする〖受け入れる〗. **mortal de necesidad** 〖病気・けがなどが〗致命的な. **necesidad mayor [menor]** 大便[小便]. **obedecer a la necesidad** 〖＋de の〗状況に応じる. **por necesidad** 必要に迫られて, やむなく.

*necesitado, da 過分 (→necesitar)
形〖estar＋〗1〖＋de の〗必要としている. 2 貧乏な, 困窮している. ― 名 困窮者, 貧乏人.

necesitar 他 [ネセシタル] を必要とする;〖＋不定詞 (…する)〗必要がある. ―La televisión *necesita* reparación. テレビの修理が必要だ. ― 自〖＋de の〗必要とする. ―se 他 必要とされる. 入用である. ―Se *necesita* una mecanógrafa. 女性タイピスト1名募集中.

necio, cia 形 愚かな, 無知な, ばかげた. ― 名 愚か者, 無知な人, ばか者.

nécora 女 エトリェユ〖ワタリガニに似たカニの一種〗.

necrofagia 女 死肉[腐肉]を食べること, 食屍(ｼ).

necrófago, ga 形 死肉[腐肉]を食べる, 食屍(ｼ)の.

necrofilia 女 死体性愛, 屍姦(ｶﾝ).

necrófilo, la 形 死体性愛の, 死姦(ｶﾝ)の. ― 名 死体性愛者.

necrología 女〖新聞などの〗死亡記事, 死亡欄; 故人略歴.

necrológico, ca 形 死亡記事の; 故人略歴の.

necromancia, necromancía 女 1 降霊術, 口寄せ. 2 黒魔術.

necrópolis 女〖単複同形〗1〖古代の〗墳墓. 2〖文〗巨大な墓地.

necropsia 女 検死, 死体解剖.

necrosis 女〖単複同形〗〖医学〗壊死(ｼ), 壊疽(ｿ).

néctar 男 1 〖ｷﾞﾘｼｬ〗ネクタル. 2 美酒; おいしい飲物. 3〖植物〗〖花の〗蜜(ﾐﾂ).

nectarina 女〖果物の〗ネクタリン.

nectario 男〖植物〗蜜腺(ｾﾝ).

neerlandés, desa 形 オランダ〖ネーデルランド〗の. ― 名 オランダ人. ― 男 オランダ語.

nefando, da 形 忌わしい, 憎むべき.

nefasto, ta 形 1 不吉な, 不幸〖災い〗をもたらす. 2 非常に悪い, 有害な.

nefrectomía 女〖医学〗腎臓摘出.

nefrítico, ca 形〖医学〗腎炎の; 腎臓の.

nefritis 女〖単複同形〗〖医学〗腎炎.

nefrología 女〖医学〗腎臓学.

nefrólogo, ga 名 腎臓専門医.

nefrosis 女〖医学〗ネフローゼ, 腎症.

negable 形 否定〖否認, 拒否〗できる, 打ち消し可能な.

negación 女 1 否定, 否認, 打ち消し. 2〖言語〗否定. 3 反対のもの.

negado, da 形 1〖ser＋, ＋para/de に〗能力がない, 適性のない. 2 否定[拒否]された. ― 名 無能者, 役立たず.

negar 他 [ネガル] [4.4] 1 を否定する. 否認する. 2 を拒絶する, 拒否する, 断わる. ―～ una invitación 招待を断わる. 3 を認めない. 3 ―～ と絶交する, 縁を切る. ―se 他〖＋a＋不定詞〗を拒む, 拒絶する; …したがらない. ▶ **negarse a sí mismo** 自らの欲望を抑える, 自分の意見を述べるのを控える.

negativa 女 1 否定〖の返事〗, 拒否, 辞退. 2 ～ rotunda [absoluta] きっぱりとした拒絶.

negativamente 副 1 否定的に, 拒否して. 2 消極的に.

negativo, va 形 1 否定の, 拒絶の; 不利な. 2 消極的な, 悲観的な. 3 a)〖数学〗負の, マイナスの. b)〖電気〗陰〖極〗の. c)〖医学〗〖検査結果が〗陰性の. 4〖写真〗ネガの. ― 男 1〖写真〗ネガ, 原板. 2〖ﾒﾋｺ〗欠点.

negligé 〖＜仏〗男 〖女性用の〗部屋着, ネグリジェ.

negligencia 女 怠慢, 不注意, だらしなさ.

なさ,無頓着.

negligente 形 [+en/para に] 怠慢 [不注意な]; だらしのない, 無頓着な. ── 男女 怠慢[不注意]な人; だらしない[無頓着な]人.

negociabilidad 女 1 (証券)の流通性. 2 交渉の可能性.

negociable 形 1 取り引きできる; (手形・証券などの)受渡し[譲渡]できる. 2 交渉の余地がある.

negociación 女 1 交渉, 協議; 商談. —~ colectiva 団体交渉. 2 取り引き, 売買; (手形・証券などの)譲渡.

negociado, da 過分 [→ negociar] — 男 1 (会社などの)部, 局, 課. 2 [南米] 違法な商売, やみ取り引き. 3 [チリ] 店舗, 商店.

negociador, dora 形 交渉[取引]の. ── 名 1 交渉者, 協議者, 2 手形[株式]譲渡人.

negociante 男女 1 商人; 実業家. 2 (軽蔑) 計算高い人. 3 [しばしば buen [buena]+] やり手. ── 形 1 商売をしている. 2 (軽蔑)計算高い, 利益ばかり追求する.

negociar 自 1 [+con/en を] 取引 [売買] する, 商う. 2 交渉する, 協議する. ── 他 1 を交渉[協定]する, 取り決める. 2 (手形・証券)を譲渡する.

negocio 男 [ネゴシオ] 1 事業, 商売, 取り引き. ──hombre de ~s 実業家; ビジネスマン. ─~ 事務, ビジネス, 職務. —viaje de ~s (業務)出張. comida [almuerzo] de ~s ビジネスランチ. 3 用件, 用向, 関心事. 4 支社, 支店, 営業所. 5 (特に有利な)取り引き; もうけ, 利益. 6 [中南米]商店. 7 [中南米] 事実. ▶ hacer negocio 大もうけする. ¡Mal negocio! (話)つい ていない, それは割に合わないね. *negocio redondo* もうけ話; うまい商売.

negra 女 →negro.

negrada 女 [中南米] 1 黒人(奴隷)の集団. 2 黒人特有の言動.

negrear 自 1 黒くなる, 黒ずむ; 暗くなる. 2 黒く見える.

negrería 女 [中南米] (特にペルーの大農園の)黒人(奴隷)の集団.

negrero, ra 形 1 (歴史)黒人奴隷売買の. 2 人使いの荒い. ── 名 1 (歴史)黒人奴隷商人. 2 人使いの荒い上司.

negrilla 女 1 (動物)(背の黒い)アナゴの一種. 2 (植物)(オリーブなどに付く)カビの一種. ──→negrita.

negrito, ta 名 小さな黒人, 黒人の子ども. ── 男 1 [中米](カナリヤに似た)黒い鳥の一種. 2 (印刷)ボールド体, 肉太活字(=letra ~).

Negro 固名 1 (Mar ~)黒海. 2 (el ~)ネグロ川(ウルグアイ川の支流).

negro, gra 形 [ネグロ, グラ] 1 黒い, 真っ黒の. —ojos ~s 黒い目. cinturón ~ 黒帯. 2 黒人の. —música negra 黒人音楽. espiritual ~ 黒人霊歌. 3 (話)(汚れて)真っ黒い, どす黒い, 汚れた 『estar+』. 4 暗い, 真っ暗な, 暗黒の. 5 (見通し, 気分などが)暗い, 不運な, 不吉な. —Hoy está de un humor ~. 今日彼は機嫌が悪い. 6 (話)[+con に] 腹を立てた, かっとした, いらだった 『estar+』. 7 闇(取引)の, 不法な, 地下の, 裏の. —mercado ~ 闇市場. 8 (小説・映画などの)犯罪ものの, ハードボイルドの, 残酷な. —novela negra 犯罪小説. ▶ oveja negra → oveja. *pasarlas negras* 大変な目にあう, 大変苦労する. *poner negro a...* を悩ませる, 困らせる, 怒らせる. *ponerse negro* (1) 暗くなる, 日焼けする. (2) 腹を立てる, 不機嫌になる. (3) 困難になる, (実現が)危うくなる. *punto negro* →punto. *verse negro* [*vérselas negras*] *para* [+不定詞]…するのに大変苦労する. ── 名 1 黒人. 2 代作者, ゴーストライター, 下請け作者. 3 [南米] 君, おまえ(親しい人への呼びかけ). ▶ *trabajar como un negro* 懸命に働く, 働きづめになる. ── 男 1 黒, 黒色; 暗黒. 2 黒い服装. ▶ *negro de (la) uña* ほんのわずか.

negroide 形 黒色人種の, ネグロイドの. ── 男女 ネグロイド人.

negrura 女 黒さ; 暗さ, 暗黒.

negruzco, ca 形 黒ずんだ, 黒っぽい, 黒ずんだ.

negué(-) 動 →negar [4.4].

neguilla 女 (植物)ムギセンノウ[ムギナデシコ]の(種子).

negus 男 (単複同形) エチオピアの皇帝.

neis 男 (地学) 片麻石.

nematodo 男 (動物) 線形動物の, 線虫の. ── 男複 (動物) 線形動物, 線虫類.

neme 男 [南米] アスファルト.

nemónica 女 記憶術.

nemoroso, sa 形 《詩》森の, 森におおわれた.

nemotecnia 女 記憶術.

nemotécnico, ca 形 記憶術の. ── 名 記憶術.

nene, na 名 (話) 1 赤ん坊; 赤ちゃん. 2 [呼びかけ. 主に女性に使う] ねえ, 君, おまえ.

nenúfar 男 (植物) スイレン.

neo¹ 男 (化学) ネオン.

neo² 形 新カトリック(主義)の. ── 男女 新カトリック主義者.

neocatolicismo 男 ネオカトリシズム, 新カトリック主義.

neocelandés, desa 形 ニュージーランド (Nueva Zelanda) の. ── 名 ニュージーランド人.

neoclasicismo 男 《文学, 美術》新古典主義.

neoclásico, ca 形 《文学, 美術》新古典主義の. ── 名 《文学, 美術》新古典主義者.

neocolonialismo 男 新植民地主義.

neoconservador, dora 形 (政治) 新保守主義の, ネオコンの.

neocórtex 男 (解剖) (大脳の) 新皮質.

neodimio 男 (化学) ネオジム (元素記号 Nd).

neofascismo 男 (政治) ネオファシズム.

neofascista 形 ネオファシズムの. — 男女 ネオファシスト.

neófito, ta 名 1 (宗教) 新しい改宗者 [信徒]. 2 新会員, 新規加入者.

neolatino, na 形 (言語) ロマンス語 (系) の.

neoliberal 形 男女 新自由主義の [者].

neoliberalismo 男 新自由主義.

neolítico, ca 形 (考古) 新石器時代の. — 男 (考古) 新石器時代.

neologismo 男 (造語) 新しい語義.

neón 男 (化学) ネオン.

neonatal 形 (医学) 新生児の.

neonato, ta 形 名 (医学) (生後1か月以内の) 新生児(の), 生まれたばかりの.

neonatología 女 (医学) 新生児学 [医療].

neonatólogo, ga 名 新生児専門医.

neonazi 形 男女 ネオナチ(の) [信奉者].

neoplasia 女 (医学) 新組織形成, 腫瘍形成.

neoplasma 男 (医学) 新生物, 腫瘍(しゅよう).

neoplatónico, ca 形 新プラトン主義の. — 名 新プラトン主義者.

neoplatonismo 男 新プラトン主義.

neopreno 男 (化学) ネオプレン (耐寒性合成ゴム).

neorrealismo 男 (文学, 映画) ネオリアリズム, 新写実主義.

neoyorquino, na 形 ニューヨーク (Nueva York) の. — 名 ニューヨーク市民 [の出身者].

neozelandés, desa 形 → neocelandés.

neozoico, ca 形 (地質) 新生代の. — 男 (地質) 新生代.

Nepal 固名 ネパール (首都 Katmandú).

nepalés, lesa 形 ネパールの. — 名 ネパール人.

nepente 男 (植物) (ウツボカズラなどの) 食虫植物.

neperiano, na 形 (数学) (数学者の) ネーピアの.

nepotismo 男 縁故者の登用, 縁者びいき.

nepotista 形 男女 縁者びいきの(人).

neptunio 男 (化学) ネプツニウム (元素記号 Np).

Neptuno 固名 1 (ロ神) ネプトゥヌス [ネプチューン] (海の神). 2 (天文) 海王星.

nereida 女 1 (ギ神) 海の精, ネレイス. 2 (動物) ゴカイ.

nerón 男 残忍な人.

neroniano, na 形 1 (歴史) 皇帝ネロの. 2 暴君的な, 残虐な.

Neruda 固名 ネルーダ (Pablo ~) (1904-73, チリの詩人・外交官, 1971年ノーベル文学賞).

nervadura 女 1 (建築) リブ. 2 (植物) 葉脈.

nervio 男 1 (解剖) 神経; 神経組織. —~ autónomo 自律神経. 2 興奮 (状態), いらいらした状態; 神経過敏. —ataque de ~s ヒステリーの発作. 3 元気, 活力, バイタリティー; エネルギー. —Tiene ~. 彼は元気がある. 4 (腱) (肉): (食肉の) 筋(すじ). 5 (植物) 葉脈; (虫類) 翅脈(しみゃく). 6 (建築) リブ. 7 (本・ノートなどの) 背とじ糸. ▶ atacar [alterar, crispar] a... los nervios / poner a... los nervios de punta (人を) 怒らせる, いらいらさせる; (人) の神経を逆撫でする. estar de los nervios 精神 [神経] を病んでいる; 神経質になっている. nervios de acero 鋼の神経. perder los nervios 冷静さを失う, 感情的になる. ser (un) puro nervio とても神経質である, 全く落ち着きがない.

nerviosidad 女 神経質 (な状態), 緊張; いらだち.

nerviosismo 男 いらいらした [神経質な] 状態, 神経過敏; あがること.

nervioso, sa 形 1 (人・行為が) 神経質な, 興奮しやすい, 情緒不安定の 〖ser+〗. 2 神経過敏な, いらいらした, 落ち着きのない 〖estar+〗. 3 (解剖) 神経 (繊維) の; (医学) 神経性の, 神経症の. —tejido ~ 神経組織. depresión nerviosa 神経衰弱. ▶ poner nervioso a... (人を) いらだたせる, いらいらさせる. ponerse nervioso いらだつ, 興奮する.

nervudo, da 形 1 (人の) 血管や筋が浮き出た, 筋ばった. 2 強健な, 頑丈な.

nervura 女 (本の) 背とじ糸.

nesga 女 1 (衣服に幅を持たせるための) 三角布, まち, ゴア.

nesgado, da 形 (服飾) 1 (衣服に) まち [ゴア] を入れた. 2 (布地を) 斜めに [バイアスに] 裁った.

nesgar [1,2] 他 (服飾) 1 (衣服に) まち [ゴア] を入れる. 2 (布地を) 斜めに [バイアスに] 裁つ.

nestorianismo 男 (宗教) ネストリウス (Nestorio) の教義, (中国の) 景教.

nestoriano, na 形 名 ネストリウス派の信者.

netamente 副 はっきりと; 純粋に. 2 正味で.

neto, ta 形 1 はっきりした; 純粋な. 2 正味の. —~ peso ~ 正味重量. precio ~ 正価. sueldo ~ 手取りの給料. 3 (建築) (柱の) 台座, 柱身.

neuma 男 (音楽) ネウマ (中世の記譜記号).

neumático, ca 形 (圧搾) 空気の, 気体の. — 男 タイヤ.

neumococo 男 (生物) 肺炎 (レンサ) 球菌.

neumoconiosis 女 [単複同形] (医

neumología 女 〖医〗塵肺医学.
neumólogo, ga 名 呼吸器病学.
neumonía 女 〖医〗肺炎.
neumotórax 男 〖医〗気胸.
neura 形 女 〖話〗神経質な(人), 強迫観念の強い(人). —形 **1** 妄想, 強迫観念. **2**〖話〗神経症.
neural 形 神経(系)の.
neuralgia 女 〖医〗神経痛.
neurálgico, ca 形 **1** 〖問題が〗決定的な, 運命を分ける; 扱いが難しい. **2**〖医〗神経痛の.
neurastenia 女 **1**〖医〗神経衰弱, ノイローゼ. **2** 憂鬱(ﾖﾘ).
neurasténico, ca 形 神経衰弱[ノイローゼ]の. —名 ノイローゼ患者.
neuritis 女 〖単複同形〗〖医〗神経炎.
neurobiología 女 神経生物学.
neurobiólogo, ga 名 神経生物学者.
neurociencia 女 〖生物〗神経科学.
neurocirugía 女 〖医〗神経外科.
neurocirujano, na 名 〖医〗神経外科医.
neuroendocrino, na 形 神経内分泌(系)の.
neuroesqueleto 男 〖神経組織を保護する〗内骨格.
neurología 女 神経(病)学.
neurológico, ca 形 神経(病)学の.
neurólogo, ga 名 神経科医, 神経(病)学者.
neurona 女 〖解剖〗ニューロン, ノイロン(神経単位).
neuronal 形 ニューロンの.
neurópata 男女 神経病患者.
neuropatía 女 〖医〗神経病.
neuróptero, ra 形 〖虫類〗脈翅(ﾐｬｸｼ)類の. —男 複 〖虫類〗脈翅類.
neurosis 女 〖単複同形〗〖医〗神経症, ノイローゼ.
neurótico, ca 形 **1**〖医〗神経症(ノイローゼ)の. **2**〖話〗神経を高ぶらせやすい人. —名 **1**〖医〗神経症[ノイローゼ]患者. **2**〖話〗神経を高ぶらせやすい人.
neurovegetativo, va 形 〖解剖〗自律神経(系)の, 植物神経(系)の.
neutral 形 **1** 中立の, いずれにも与しない; 中立国の. **2**〖自動車〗〖ギャ〗ニュートラルの.
neutralidad 女 **1** 中立(の状態), 中立の態度. **2**〖化学〗中性.
neutralismo 男 〖政治〗(特に国際紛争における)中立主義[政策].
neutralista 形 中立主義の. —男女 中立主義者.
neutralización 女 **1** 中立化. **2**(力などの)相殺, 無効化. **3**〖化学, 言語〗中和.
neutralizador, dora 形 中和の, 中和物(剤)の.
neutralizar [1.3] 他 **1** を中立化する. **2**(力などを)弱める, 相殺[無効化]する. **3**〖化学, 言語〗中和する. **4**(ｽﾎﾟｰﾂ)の勢いを弱める, カウントしない. — **se** 再 **1** 中立になる. **2** 弱められる, 相殺[無効化]される. **3**〖化学, 言語〗中和する.
neutrino 男 〖物理〗ニュートリノ, 中性微子.
neutro, tra 形 **1 a**)〖化学・物理・電気〗中性の. **b**)〖言語〗中性の. **c**)〖生物〗中性の, 生殖器官のない. —**abeja** *neutra* 無性のミツバチ. **2** 中間的な, どっちつかずの. **3**(色が)さえた, はっきりしない, 灰色の. **4** 中立の. **5** 無党派の. —男 〖言語〗中性.
neutrón 男 〖物理〗中性子, ニュートロン.
nevada 女 降雪, 積雪.
nevadilla 女 〖植物〗ミチヤナギ.
nevado, da 形 **1** 雪に覆われた, 雪の積もった. **2**〖文〗雪のように白い. **3**〖中南米〗万年雪をいただいた. —男 〖中南米〗万年雪の山.
nevar [4.1] 自 〖無主語〗雪が降る. —他 を白くする.
nevasca 女 **1** 吹雪. **2** 降雪.
nevatilla 女 〖鳥類〗セキレイ.
nevazo 男 大雪.
nevazón 女 〖南米〗強風を伴った大雪.
nevera 女 **1** 冷蔵庫; 氷室, アイスボックス. **2** 非常に寒い場所.
nevero 男 雪渓, (万年雪の)雪原.
nevisca 女 小雪.
neviscar [1.1] 自 〖非人称動詞〗小雪がちらっく.
nevoso, sa 形 **1** 雪の多い, 雪の降りそうな.
nexo 男 **1** つながり, 結びつき; 関係, 関連. **2**〖言語〗連結辞[語]; 〖情報〗ハイパーリンク.
ni [二] 接 〖否定された2つの語や文を結ぶ〗…も…ない. —No hace frío *ni* calor. 寒くもないし, 暑くもない. ▶*ni* … *ni* … …も…でもない. —No tengo (*ni*) tiempo *ni* ganas. 時間もないし, その気もない. *sin* … *ni* … …も…もない. —Sin comer *ni* beber. 飲み食いもせず. —男 〖強調する次〗…さえも…ない. —Con nadie quiso hablar, *ni* con sus padres. 彼はだれとも, 両親とさえも話したがらなかった. Eso no se lo cree *ni* él. そんなこと彼だって信じないだろう. ▶¡*Ni* hablar! とんでもない, 中身ない ▶*¡Ni que fuera yo rico!* 私がお金持ちだなんてだれが思うものか. *ni siquiera* … …さえも…ない.
niara 女 〖穀物保存用の〗積みわら.
nibelungo, ga 形 〖ゲルマン神話の〗ニーベルンゲンの. —名 ニーベルンゲン人(小人族).
Nicaragua 固名 **1** ニカラグア(公式名 República de Nicaragua, 首都 Managua). **2** (Lago de ～)ニカラグア湖.
nicaragüense 形 ニカラグアの, ニカラグア風の. —男女 ニカラグア人, ニカラグ

nicaragüeño

ア出身の人.
nicaragüeño, ña 形名 → nicaragüense.
nicho 男 **1** 壁龕(ﾍﾟﾆｷ), ニッチ. **2**(棺や骨壺を納める)壁穴. **3**《生物》(存続に必要な条件を満たす)生息地(環境).
Nicolás 固名《男性名》ニコラス.
nicotina 女《化学》ニコチン.
nicotinismo 男 ニコチン中毒.
nictálope 形 昼盲症の; 昼盲症の, 鳥目の. ── 男女 昼盲症の人; 昼盲症の人.
nictalopía 女《医学》昼盲症; 夜盲症.
nidación 女《医学》着床.
nidada 女(巣の中の一腹の卵[ひな].
nidal 男 **1**(ニワトリなどの)産卵場; (産卵のための)巣. **2**抱き卵.
nidificación 女 営巣.
nidificar [1.1] 自 (鳥が)巣を作る.
nido 男 **1**巣. **~ de golondrinas** ツバメの巣. **2**ねぐら; 巣窟; 隠し場所. **~ de víboras** 悪(党)の巣窟. **3**(ものごとの)源; 温床. **4**(鶏などの)産卵場所, 産卵用のかご. **5**(病院の)新生児室.
► **caerse del [de un] nido / parecer que se ha caído del nido** 純真である, うぶ[世間知らず]である, 世慣れていない. **nido de abeja** (1)《服飾》スモッキング. (2)蜂の巣形放熱器; 蜂の巣形コイル.
niebla 女 **1**霧; もや, かすみ. **Hay ~.** 霧がかかっている. **2**混迷(ﾒｲ), 暗昧(ｱﾝ); 黒糖病.
nieg- 動 → negar [4.4].
niel 男 ニエロ[黒金]象眼細工.
nielado 男 ニエロ[黒金]象眼細工(を施すこと[施したもの]).
nielar 他 …にニエロ象眼細工を施す.
nietastro, tra 名 継子の子.
nieto, ta [ﾆｴﾄ, ﾀ] 名 **1**孫. **~ segundo** 曾孫(ﾋｺ). **4代目. 2**子孫.
nieve [ﾆｴﾍﾞ] 女 **1 a**《気象》雪. **~ -agua** みぞれ. **~ carbónica** ドライアイス. **b**《主に複》降雪. **~ primeras ~s** 初雪. **~ s eternas [perpetuas]** 万年雪. **3**《文》雪のような白さ, 雪のように白いもの; 白髪. **3**《中米》シャーベット. **4**《俗, 隠》コカイン. ► **a punto de nieve**《料理》固練りの. **avecilla [pajarita] de las nieves**《鳥類》セキレイ.
NIF《頭字》(<*Número de Identificación Fiscal*) 男《スペイン》納税者番号.
Níger 固名 ニジェール(首都 Niamey).
Nigeria 固名 ナイジェリア(首都 Abuya).
nigeriano, na 形 **1**ナイジェリアの. **2**ニジェールの. ── 名 **1**ナイジェリア人. **2**ニジェール人.
nigromancia, nigromancía 女 **1**降霊術(による占い). **2**黒魔術.
nigromante 男女 **1**降霊術師. **2**黒魔術師.
nigromántico, ca 形 **1**降霊術の.

niñez

2黒魔術の. ── 名 → nigromante.
nigua 女《虫類》スナノミ.
nihilismo 男 ニヒリズム, 虚無主義.
nihilista 形 ニヒリズムの. ── 男女 ニヒリスト.
nihil óbstat, nihilóbstat《ラテン》男(教会による)出版許可; 許可, 承認.
Nilo 男 (el ~) ナイル川(エジプトの河川).
nilón 男 ナイロン.
nimbar 他(聖人像の頭など)を光輪[後光]で包む.
nimbo 男 **1**光輪, 後光. **2**(月などにかかる)暈(ｶｻ). **3**《気象》雨雲, 乱雲.
nimboestrato 男《気象》乱層雲.
nimiedad 女 **1**ささいなこと, 重要でないこと. **2**冗長, 過剰.
nimio, a 形 **1**ささいな, 重要でない. **2**冗長な, 過剰な. **3**細心な, 綿密な.
ninfa 女 **1**《ギ神》ニンフ, 妖精, 精霊. **2**美少女, 乙女; 娼婦. **3**《虫類》(不完全変態をする昆虫の)幼虫, 蛹(ｻﾅｷﾞ). **4**《複》《解剖》小陰唇. ► **ninfa Egeria** (1)《ロ神》エゲリア. (2)女性の助言者[相談役].
ninfea 女《植物》スイレン.
ninfómana 女 色情狂[ニンフォマニア]の女性.
ninfomanía 女《医学》(女性の)色情狂, ニンフォマニア.
ningunear 他 (人を)無視する; 軽んずる, 蔑む.

ninguno, na [ﾆﾝｸﾞﾉ, ﾅ] 形(不定) 男性単数名詞の前では ningún. **1**(人や物を否定する: alguno の否定形. 動詞の前にある場合は否定するのは no は不要] どの[何の, どんな] ~ もない). ── **No hay ninguna esperanza.** 何の希望もない. **Ningún alumno lo sabía.** どの生徒もそれを知らなかった. **2**[否定の強調] 全然… でなく, … でない. ── **No fue ninguna sorpresa que lo suspendieran.** 彼が落第させられたのは全然驚きではなかった.
── 代(不定) **1**誰も(… ない), 何も(… ない). ── **No ha venido ~ de mis amigos.** 私の友人の誰も来なかった.
ninja 男(日本の)忍者.
ninot 男《カタルニャ》[複 ~ s] (バレンシアの火祭りの)大きな張り子の人形.
niña 女 **1**少女, 女の子. → niño. **2**瞳(ﾋﾄﾐ). ► **niñas de los ojos**《話》最愛の人[物].
niñada 女 → niñería.
niñato, ta 名《軽蔑》青二才の, 嘴が黄色い; 《話》生意気な, 思い上がった. ── 名《軽蔑》青二才, ひよっこ, 若造.
niñera 女 子守の女性, ベビーシッター.
niñería 女 **1**子どもっぽい振る舞い[行為]. **2**大人げない言動. **3**ささいなこと[どうでもよいこと].
niñero, ra 形 子ども好きな. ── 名 子守, ベビーシッター.
niñez 女[単少年]時代. 子どものこと, 幼年期. ── **volver a la ~** 子どもに返る, もうろくする. **2**初期, 揺籃(ﾗﾝ)期.

『主に[複]子どもっぽいこと,子どもじみた行い[話].

niño, ña [ニーニョ, ニャ] [名] **1** 子ども,児童;幼児. —de ~ 子どもの頃に. ~ de la calle ストリートチルドレン. ~ prodigio 神童. ~ mimado 甘えん坊,甘やかされた子ども. **2**(親から見た)子. —Ellos no tienen ~s. 彼らには子どもがない. **3** 赤ん坊. —Isabel va a tener un ~. イサベルに赤ちゃんが生まれる. — probeta 試験管ベビー. **4 a)** 若い人. **b)** 青二才,子どものような[幼稚な]人. **5**(子ども・若者への呼びかけ)君,お前. **6**[中南米](尊敬の呼びかけ)お坊ちゃま,お嬢さま. ▶ **el Niño** (1) 幼子イエス(=el N~ Jesús). (2) [気象] エルニーニョ現象(ペルー沖でクリスマスごろから始まる海水温度の異常上昇現象). **estar como un niño con zapatos nuevos** [話]大喜びしている,有頂天になっている. **la Niña** [気象] ラニーニャ現象(ペルー沖の海水温度が異常に低下する現象). **niña bonita**(くじ引きなどで)15(の数). **niño bonito/niña bonita** (1) [軽蔑] きざな若者,うぬぼれ屋;金持ちのお坊ちゃまにお嬢様). (2) 寵児(ちょうじ),秘蔵っ子;特別にかわいがられている人. **niño de pecho [teta]** (1) 乳飲み子,乳児. (2) [軽蔑] 世間知らずのお坊ちゃん. **niño [niña] bien/niño [niña] pera** [話, 軽蔑] いい家の坊ちゃん[お嬢さん]. **¡Qué... ni qué niño muerto!** [話] …なんてとんでもない, …などということがあるもんか. **▶** 幼(い);幼稚な.

niobio 男 [化学]ニオブ,ニオビウム(元素記号Nb).

nipón, pona 形名 [文]日本の,日本人.

níquel 男 **1** [化学]ニッケル(元素記号Ni). **2**[中南米]ニッケル硬貨.

niquelado 男 ニッケルめっき.

niquelar 他 …にニッケルめっきを施す.

niqui 男 ポロシャツ.

nirvana 男 (仏教の)涅槃(ねはん).

níscalo 男 (菌類の)ハツタケ.

níspero 男 **1** [植物] セイヨウカリン;ビワ(= ~ del Japón). **2** セイヨウカリン[ビワ]の実.

níspola 女 セイヨウカリン[ビワ]の実.

nitidez 女 **1** 澄みきっていること,清澄. **2** 明確;鮮明.

nítido, da 形 **1** 澄みきった,清澄な. **2** 明確な. **3** 公明正大な,疑いの余地のない.

nitración 女 [化学] 硝化,ニトロ化.

nitral 男 [鉱業] 硝石層.

nitrar 他 [化学]を硝酸(塩)で処理する;ニトロ化する.

nitrato 男 [化学] 硝酸塩,硝酸エステル.

nítrico, ca 形 [化学] 窒素の,窒素を含む.

nitrito 男 [化学] 亜硝酸塩.

nitro 男 [化学] 硝石,硝酸カリウム.

nitrobenceno 男 [化学] ニトロベンゼン.

nitrocelulosa 女 [化学] ニトロセル

ロース,硝酸繊維素.

nitrogenado, da 形 [化学] 窒素含有の.

nitrógeno 男 [化学] 窒素.

nitroglicerina 女 [化学] ニトログリセリン.

nitroso, sa 形 **1** 硝石(のような). **2** [化学] (3価の)窒素含有の.

nivación 女 [地質] 雪食.

nivel 男 **1** 水準,レベル,程度. — ~ de vida 生活水準. **2** 高さ,高度;水位. **3** 水平;水平面. **4** 水準器,水平器. ▶ **a nivel** (1)…レベルの[で], …級の, …規模の[で]. (2) 同じ高さに[で];水平に[で]. **estar al nivel de...** (1)…と同じ高さに[で]. (2)…と同じレベルの, …に匹敵する. **paso a nivel** (鉄道の)踏切.

nivelación 女 **1** 平らにすること,水平化. **2** 平準[平等,平均]化. **3** 水準測量.

nivelador, dora 形 **1** 平らにする,ならす. **2** 平準[平等,平均]化する. ▶ 男 **1** 高低をならす機具,地ならし機. **2** 水準測量技師. — 女 ブルドーザー.

nivelar 他 **1** を平らにする,ならす. **2** を均等[平等]にする. **3** を水準測量する.
— **se** 再 **1** 平らになる,ならされる. **2** 平均化される,同水準になる.

níveo, a 形 [文] 雪の;雪のような,雪のように白い.

nivoso, sa 形 雪の多い. — 男 [歴史] 雪月(フランス革命暦の第4月).

nixtamal 男 [メキシコ] (tortilla の材料となる)石灰水でゆでたトウモロコシ.

Niza 固名 ニース(フランスの都市).

NN, nn [頭字] <*ningún nombre*> 男 [単複同形] 1 氏名不明者;(墓碑の)無縁者. **2** [南米] 軍事政権下の行方不明者.

NNE [略号] =nornordeste 北北東.
NNO [略号] =nornoroeste 北北西.
NO [略号] =noroeste 北西.

no [ノ] 副 **1 a)** いいえ. —¿Has leído el periódico de hoy?-*No*. 今日の新聞を読んだ?- いや. **b)** いやだ,だめだ;まさか. —Ayer te vi en la estación. -¡*No*! きのう君を駅で見かけたよ. -まさか. María no viene. -¿*No?* マリアは来ないよ. -えっ,そうなの. **c)**[否定疑問・否定命令に対する否定の返答]いいえ. —¿Hoy no viene Emilio?- *No*. 今日エミリオは来ないの?- 来ません. **2** [付加疑問] …でしょう? —Mamá, puedo ir el domingo de excursión, ¿*no*? ママ,日曜日にハイキングに行っていいでしょ? **3 a)**[+動詞, 否定文を作る] …ではない, いない. —*No* soy español. 私はスペイン人ではない. *No* puede llover. 雨が降るわけがない. ¿*No* vas a comer? 君は食べないのかい. **b)**[否定の文・節の内部] 違う;…ではない. —Julio es madrileño, pero Jorge *no*. フリオはマドリード出身だが,ホルヘはそうでない. **4**[直後の語句を否定] …ではない. —Puede *no* llover. 雨は降らないかもしれない. *No* todos lo sabían. 全員がそれを

知っていたわけではない. *No ha venido nadie.* 誰も来ていない. *No* a la guerra. 戦争反対. **5**〖名詞・形容詞の前について〗非…,不…, ―*los países no alineados* 非同盟諸国. **6**〖虚辞として, 論理的には肯定〗**a)**〖比較の対象を表す *que* の後で〗―*Es mejor tomar algo en casa que no salir con este tiempo.* こんな天気のときに出かけるより家で何か食べるほうがいい. **b)**〖「…するまでは, …する前に」という意味の時の副詞節の中で〗*No puedes salir hasta que yo no te lo diga.* 私が言うまで君は外に出てはいけない. **c)**〖感嘆文の強調〗―¡*Cuál no* sería su sorpresa! 彼の驚きはいかばかりだったでしょう!**d)**〖危惧を表す動詞の後で, *que* または *de que* の代わりに〗―*Temíamos que no fuera a suceder algo.* 私たちは彼に何かおきるのではないかと恐れていた. ▶ ***A que no* (...) (1)** まさか, そんなはずがない; とんでもない. **(2)** …するからね. **(3)** まさか…しない だろうね. ***¡Cómo no!* もちろん, いいですとも. *no bien*... …するよすぐに, …するやいなや. *no es que*... 〖+接続法〗…というわけではない. *No, gracias.* いいえ, 結構です. *No hay de [por] qué.* どういたしまして. *no más* **(1)** …だけ. **(2)** …はもうたくさんだ. *no sin*... 少なからぬ…を伴って. *no ya*... …だけでなく, …のみならず. *¡Que no!* 〖強い否定〗絶対に違う, とんでもない, だめだってば. *pues no* いや違う〖だめだ〗. **―**〘男〙〖複 **―es**〗否定の答え, 拒絶; 反対. *contestar con un no.* 否定の返事をする.

n°, No, N° 〘略号〙=número 番号.

nobel 〘男〙〖単複同形〗(主に N~)ノーベル賞. **―** 〘男女〙ノーベル賞受賞者.

nobelio 〘男〙〖化学〗ノーベリウム(元素記号 No).

nobiliario, ria 〘形〙貴族の. **―** 〘男〙貴族名鑑.

nobilísimo, ma 〘形〙〖**noble** の絶対最上級〗きわめて高貴な気品高い.

noble 〘ノブレ〙〘形〙〖絶対最上級 **nobilísimo**〗**1** 高貴な, 高尚な, 気品のある. **2** 貴族の. **3** 貴重な, 高級な;(金属が)貴の. ―*madera* ― 高級材. *metales* ―*s* 貴金属. **4**〖化学〗不活性の,(ガスが)希の. ―*gas* ― 不活性ガス, 希ガス. **―** 〘男女〙貴族.

nobleza 〘女〙**1** 貴族の身分;〖集合的に〗貴族, 貴族階級. **2** 気品, 高潔さ; 威厳. ▶ *Nobleza obliga.* 身分の高い者は気高く振舞うべきである, ノブレス・オブリージュ.

noblote, ta 〘形〙〖親しみをこめ〗気品があって飾らない, 気取らない.

nocaut 〘男〙〖中南米〙ノックアウト.

noche 〘ノチェ〙〘女〙**1** 夜, 晩, 夜の. *traje [vestido] de ~* 夜会服, イブニング・ドレス. *por la ~* 夜に. *en la ~* 〖中南米〗夜に. *ayer ~* 昨晩(= anoche). *ayer [hoy, mañana] por la ~* 昨日〖今日, 明日〗の夜. *día y ~/de* *día y de ~* 昼も夜も, 昼夜兼行で. *media ~* 真夜中, 夜12時(ごろ). *hacerse de ~*〖3人称単数のみ〗夜になる, 日が暮れる. **2** 闇, 暗闇, 夜陰. **3**〖文〙憂鬱(鬱), 悲しみ, つらさ. ▶ *a buenas noches* 真っ暗闇の中で〖に〗. *Buenas noches.* (あいさつ)今晩は; おやすみなさい. *de la noche a la mañana* 一夜にして; あっという間に. *hacer noche en*... …で一夜を明かす; …に一泊する. *Noche Buena* クリスマス・イブ. *noche cerrada* **(1)** 闇夜. **(2)** 夜遅く. *noche de bodas/noche nupcial* 新婚初夜. *noche de los tiempos* 大昔. *pasar la noche en blanco [en claro, en vela]* 眠れない夜を過ごす. *Noche Vieja* 大晦日(紀荒)の夜. *noche y día/de noche y de día* いつでも, 昼夜を問わず. *ser (como) la noche y el día* (昼と夜のように)全く違っている, 対照的である.

nochebuena 〘女〙(主に N~)クリスマス・イブ, クリスマス前日. *―el día de N~* クリスマス・イブの日.

nochecita 〘女〙〖南米〙夕暮れ, 黄昏.

nocherniego, ga 〘形〙夜出歩きする.

nochero, ra 〘名〙〖中南米〙夜間勤務者, 夜勤労働者.

Nochevieja 〘女〙大晦日(紀荒)の夜.

noción 〘女〙**1** 概念, 観念, 考え. **2**〖主に 複〙基礎知識, 初歩の知識, 心得.

nocional 〘形〙概念〖観念〗(上)の, 概念の.

nocividad 〘女〙有害性〖有毒性〗.

nocivo, va 〘形〙〖**ser**+〗有害な〖有毒な〗.

noctambulismo 〘男〙夜出歩くこと, 夜遊び.

noctámbulo, la 〘形〙**1** 夜出歩く, 夜遊びの. **2**〖動物〙夜行性の. **―** 〘男女〙夜出歩く〖夜遊びする〗人.

noctívago, ga 〘形〙=noctámbulo.

nocturnidad 〘女〙**1** 夜であること, 夜間性; 夜行性. **2**〖法律〙夜間なされた犯罪に対する刑の加重となること.

nocturno, na 〘形〙**1** 夜の, 夜間の. **2**〖動物〙夜行性の;(花が)夜開く. **3**〖文〙さびしげの, 物悲しげな. **―** 〘男〙〖音楽〙ノクターン, 夜想曲.

nodal 〘形〙**1**〖文〙交点の. **2**〖物理〙波節の. **3**〖医学〙結節の.

nodo 〘男〙**1**〖天文〙交点. **2**〖物理〙波節. **3**〖医学〙結節. **4**〖情報〙ノード.

nodoso, sa 〘形〙〖医学〙結節性の.

nodriza 〘女〙**1** 乳母. **2**〖形容詞的に〗補給(給油用)の(船, 飛行機). **3** 自動車の給油装置.

nodular 〘形〙**1**〖地質〙ノジュール〖団塊〗の. **2**〖医学〙小結節の. **3**〖植物〙根粒の.

nódulo 〘男〙**1**〖地質〙ノジュール, 団塊. **2**〖医学〙小結節. **3**〖植物〙根粒.

Noé 〘固名〙〖聖書〙ノア(ヘブライの族長).

nogal 〘男〙〖植物〙クルミ(の木); クルミ材, ウォルナット.

nogalina 〘女〙クルミの殻を元にした染料.

noguera 〘女〙→nogal.

nogueral 男 クルミの林.

nómada, nómade 形 遊牧(民)の; 放浪[流浪]の. —— 男女 遊牧民; 放浪者; 居所の定まらない人.

nomadismo 男 遊牧(生活); 放浪生活.

nomás 副《中南米》**1**(=no más) ただ…だけ. **2**.[命令文の末尾で] どうか…, さあ. — Pase ~. さあ, 入ってください. —— 接 …するとすぐ.

nombradía 女 名声, 高名, 有名.

nombrado, da 過分 (→ nombrar) 形 **1** 指名された, 任命された; 名を呼ばれた. **2** 有名な, 名高い.

nombramiento 男 **1** 任命, 指名. **2** 辞令, 任命書.

nombrar 他 **1** …の名前を呼ぶ, 名を挙げる. **2** を指名する, 任命する, 選任する.

nombre 男 [ノンブレ] 形 **1** 名, 名前, 名称. —— y apellido(s) 姓名, 氏名. ¿Cuál es su ~? -Mi ~ es Pablo Moreno. お名前は?- 私の名前はパブロ・モレノです. —— completo フルネーム. poner [dar] ~ 名前をつける. —— de familia 名字, 姓. —— de directorio《情報》ディレクトリ名. —— de usuario《情報》ユーザーネーム. **2** 名声, 高名. —— hacerse un ~ 名を上げる. **3**《言語》名詞 (=sustantivo). —— ambiguo 両性名詞 女 男 両方で使われる名詞. —— común 普通名詞. —— colectivo 集合名詞. —— epiceno 通性名詞[男女, 雄雌に同じ語形を使う名詞]. —— propio 固有名詞. ▶ *a nombre de...* …という名前で, …の名義で. *de nombre* **(1)** 名目上の, 名ばかりの. **(2)** …という名の. **(3)** 有名な. **(4)** 名前は. *en (el) nombre de Dios!*［通常, 否定命令の前で］お願いだから. *en (el) nombre de...* …の名において［かけて］. …を代表して, …の代理で. *llamar [decir] las cosas por su nombre* 率直に言う, 遠慮なく言う, 歯に衣を着せずに言う. *mal nombre* あだ名. *nombre comercial* 商号, 社名. *no tener nombre* 話にならない, ひどすぎる. *nombre de pila* 洗礼名. *nombre postizo* あだ名, 偽名. *sin nombre* **(1)** 無名の, 名もない; 取るに足りない. **(2)** 名状しがたい, 何とも言いようのない, 形容しがたい.

nomenclátor 男 →nomenclátor.

nomenclátor 男 (特に市町村名や人名の)一覧表, リスト; (専門分野の)用語集.

nomenclatura 女 専門用語集.

nomeolvides 男《植物》《単複同形》ワスレナグサ.

nómina 女 **1** 月給, 給料. **2** 賃金台帳 (=~ de salarios); 従業員名簿. **3** 給与明細書. **4** 名簿, 一覧表.

nominación 女 指名, 任命, ノミネート.

nominal 形 **1** 名目上の, 額面の; 名ばかりの. —— capital《経済》名目［公称］資本. valor —— 額面価格. **2**《言語》名詞の, 名詞的な. —— sintagma —— 名詞句.

nominalismo 男《哲学》唯名論, 名目論.

nominalista 形《哲学》唯名論の, 名目論の. —— 男女《哲学》唯名論者.

nominalización 女《言語》名詞化.

nominalizar [1.3] 他《言語》を名詞化する.

nominalmente 副 名前で, 名指しで; 名目上は.

nominar 他 **1** を指名する. **2** (賞に)ノミネートする. **3** 命名する.

nominativo, va 形 **1**《言語》主格の. **2**《商業》(小切手・株券などが)記名式の. —— 男《言語》主格.

nomo 男《神話》(地中の宝を守る)地の精, ノーム; (庭の置物にする)ノームの像. —— =gnomon.

nomónica 女 =gnomónica.

non 形 奇数の. —— 男 **1** 奇数. **2**《話》(特に返事として)拒否, 拒絶. ▶ *de non* **(1)** (対のものが)片方だけの. **(2)** (ペアの)相手がいない.

nona 女 (古代ローマで)一日を4分割した日没までの最後の時間帯, 《カト》9時課 (の祈り).

nonada 女 ささいなこと, 取るに足りないこと.

nonagenario, ria 形 90歳代の. —— 名 90歳代の人.

nonagésimo, ma 形《数》**1** 90番目の, 90分の1の. —— 男 **1** 90番目 (の人・物). **2** 90分の1.

nonato, ta 形 **1** 帝王切開で生まれた; 母親の死後に生まれた. **2** 存在しない, まだ生じていない.

nones 副《話》(間投詞的に)いやだ, だめだ.

noningentésimo, ma 形《数》**1** 900番目の. **2** 900分の1の. —— 男 **1** 900番目のもの. **2** 900分の1.

nonio 男 (工具の副尺(ふくしゃく)), バーニヤ.

nonius 男 =nonio.

nono, na 形 =noveno.

nónuplo, pla 形 9倍の. —— 男 9倍 (=número ~).

nopal 男《植物》ノパルサボテン.

noquear 他《英》《スポ》(ボクシングで)をノックアウトする.

norabuena 女 祝詞, お祝いのことば. —— 間 おめでとう, よかったね. —— 副 折よく.

noramala 副 折悪しく.

noray 男《海事》係柱.

norcoreano, na 形 朝鮮民主主義人民共和国[北朝鮮] (Corea del Norte) の, 朝鮮民主主義人民共和国[出身]の. —— 名 朝鮮民主主義人民共和国[北朝鮮]人.

nordeste, noreste 形 **1**(しばしばN~)北東《略号》NE. **2** 北東部; 北東の風.

nórdico, ca 形 **1** 北欧の, スカンジナビアの. —— países ~s 北欧諸国. **2**《スポ》

(スキーの)ノルディック(種目)の. **3** 北(から)の. ―― 名 北欧[スカンジナビア]人. 男 北欧語.

nordista 形 男女 (米南北戦争の)北軍側(の).

noreste 男 →nordeste.

noria 女 **1**(馬が引く)水くみ水車. **2** (水車型の)観覧車.

norirlandés, desa 形名 北アイルランド(の人).

norma 女 **1**規範, 基準. **2**規則, 規定, 原則. **3**規格, 標準;方式.

normal 形 **1**普通の;正常な;通常の. ――¿Cómo estás?-N~. 元気かい?- まあまあだね. **2**(数学)垂直の. ―― 女 師範学校, 教員養成大学(=escuela ~).

normalidad 女 **1**正常(な状態), 常態. ――con ～ 正常に. **2**(化学)(溶液の)規定度.

normalista 男女 **1**師範学校[教員養成大学]の学生. **2**(中米)師範学校卒業の教師.

normalización 女 **1**正常化. **2** 標準化, 規格化.

normalizar [1.3] 他 **1** ～を正常化する. **2** ～を標準化[規格化]する. ―― **se** 再 正常化する, 正常に戻る.

normalmente 副 通常(は);正常に.

normando, da 形 **1**ノルマンディー地方(Normandía) の. **2**(歴史)ノルマン人の. ―― 名 **1**ノルマンディーの人. **2**(歴史)ノルマン人. **3**(フランスの)ノルマンディー方言.

normativo, va 形 規範的な, 規則に従った. ―― 女 規範;規則.

nornordeste 男 北北東(の風).

nornoroeste 男 北北西(の風).

noroeste 形 北西の. ―― 男 **1** 北西 (略記: NO.). **2** 北西の風.

nortada 女 (吹き続く)北風.

norte 男 **1**北, 北部, 北方. ―― magnético 北磁極. ―― de brújula 磁北. **2**(気象)北風. **3**目標;指針, 道しるべ. ――perder el ～ 目標を失う;道に迷う. **4**(天文)北極星.

norteafricano, na 形 北アフリカの, 北アフリカ出身の. ―― 名 北アフリカの人[出身者].

Norteamérica 固名 北アメリカ[北米]; アメリカ合衆国.

norteamericano, na 形 **1**アメリカ合衆国の, 米国の. **2**北アメリカの, 北米の. ―― 名 **1**アメリカ合衆国(合衆)人, 米国人. **2**北アメリカ人, 北米人.

nortear 自 **1**(海事)北に針路を取る. **2**北風になる.

norteño, ña 形 北部(地方)の. ―― 名 北部地方の人.

nórtico, ca 形 →nórdico.

Noruega 固名 ノルウェー(首都 Oslo).

noruego, ga 形 ノルウェーの. ―― 名 **1**ノルウェー人. ―― 男 **1**ノルウェー語.

nos 代 (人称) **1**人称複数与格・対格 **1**（直接補語として）私たちを. ――Ellos nos visitan con frecuencia. 彼らはよく私たちを訪問します. **2**（間接補語として）私たちに. ――Mi tío Jorge nos escribió una carta. ホルヘおじさんは私たちに手紙を書いてよこした. **3**（再帰代名詞として）私たち自身に[を]. ――Ella y yo nos queremos mucho. 彼女と私はとても愛し合っている （再帰動詞の肯定命令では nos の前の s が落ちる: Vámonos. 行きましょう. **4**（主格・前置格）（国王・教皇などが自分の高い most us yo の代わりに用いる. 動詞は 1 人称複数形となる） 余(が, は).

nosocomio 男 (医学)病院.

nosología 女 疾病分類学;疾病分類[リスト].

nosotros, tras 代 (人称) 女性 nosotras (**1**人称複数主格・前置詞格, 与格・対格 nos) **1**(主語として)私たちは[が], 我々は[が]. ――N~ somos estudiantes universitarios. 私たちは大学生です. **2**(叙述補語として) ～は私たち(だ). ――Los participantes somos ～ mismos. 参加者はわれわれ自身だ. **3**(前置詞の後で). ――Sin ～, este niño no podría vivir. 私たちがいなければこの子は生きていけないだろう. **4**(話し手, 書き手が yo の代わりに用いる. 謙遜の複数形) 私, 筆者. ▶ **entre nosotros** ここだけの話だが, これは秘密にしておいてほしいのだが.

nostalgia 女 郷愁, 望郷の念, ホームシック.

nostálgico, ca 形 郷愁の[を誘う];郷愁にふけった, ホームシックにかかった.

nosticismo 男 →gnosticismo.

nóstico, ca 形 →gnóstico.

nota 女 **1**メモ, 覚え書き, 控え. ――tomar ～s en clase 授業でノートを取る. **2**注, 注釈, 注解. **3** a)(学校などの)成績, 評点. 複 成績表. b)(学校などの)良い成績. **4**文書, 通達. ―― de prensa 新聞発表, プレスリリース. ―― oficial 公式発表, 公式文書. **5**勘定書き, 伝票. **6**様子, 雰囲気, 語調. **7**(音楽)音符(=～ musical);音(だ). **8**短い手紙. (新聞などの)短い記事. ▶ **dar la nota** (話)目立つ, 人目を引く. **de mala nota** 評判の悪い, 下品な. **nota discordante** (1)和音から外れた(調子はずれの)音. (2)調和を乱す物. **nota dominante** (1)(音楽)(音階の)基音, 属音. (2)目立った特徴;主調, 基調. **tomar nota de...** (1) ～に気をつけている, (よく)心得ている. (2)メモ[ノート]を取る.

Nota Bene (ラテン) 注意せよ (略号) N.B.).

notabilidad 女 著名, 高名.

notabilísimo, ma 形 (notable の絶対最上級)とりわけ顕著な:きわめて名高い.

notable 形 **1**最も最上級 notabilísimo) **1** a)著しい, 顕著な, 注目に値する. b)かなりの, 目立つ. **2**著名な, 有名な. ―― 男女 (主に複)有名人, 著名人,

notablemente 副 著しく, 顕著に, 目立って.

notación 女 **1** (科学の)記号体系, 記号表記(法). **2** (音楽)記譜法 (= ~ musical).

notar [ノタル] 他 **1 a)** …に気付く, を感じる, を経験する. **b)** を察知する, 看取する, 観察する. **2** …を見る, 分かる, …という気がする. ► *hacer notar* を指摘する, 注意させる. *hacerse notar* 目立つ, 抜きん出る. — *se* 再 **1** 自分を…と感じる. 〖+a に〗感じられる, 見てとれる. —Ya *se le nota* el embarazo. もう彼女は妊娠しているのが見てとれる.

notaría 女 **1** 公証人の職務. **2** 公証人の事務所.

notariado, da 形 公正証書にした. — 男 **1** 公証人の職務. **2** 公証人会.

notarial 形 公証人(作成)の. —*acta* ~ 公正証書.

notario, ria 男女 **1** 公証人. **2** 目撃証人. **3** 〖話〗書記.

noticia 女 **1** ニュース; 複 ニュース番組. **2** 知らせ, 通知. **3** 消息; 行方. —No tenemos ~s suyas. 私たちは彼の消息がわからない. **4** 知識, 学識, 見識. —No tenemos ~ de su paradero. 私たちは彼の居所が全然わからないようなこと〖人〗; 大物.

noticiar 他 を通知[通達]する.

noticiario 男 **1** (テレビ・ラジオの)ニュース(番組). **2** ニュース映画. **3** (新聞の)ニュース欄.

noticiero, ra 形 ニュースの, 情報の. — 名 報道記者, レポーター. — 男 〖中南米〗ニュース映画[番組].

notición 男 ビッグニュース, 人の関心を引く読物.

noticioso, sa 形 **1** ニュースの. **2** 〖+ de を〗知って. — 男 〖中南米〗ニュース番組.

notificación 女 **1** 通知, 通告, 告知. **2** 通知[通告, 告知]書.

notificar [1.1] 他 **1** を(正式に)通告する, 通知する. **2** を知らせる, 告げる.

notificativo, va 形 通知の, 通告の.

notoriamente 副 明白に, 歴然と.

notoriedad 女 **1** 有名(であること), 著名, 名声. **2** 明白さ. **3** 周知(の事実).

notorio, ria 形 **1** 周知の; 有名な, よく知られた. **2** 明白な, 明らかな.

nova 女 〖天文〗新星.

novador, dora 形 〖文〗革新的な, 改革の. — 名 革新者, 改革者.

novatada 女 **1** 新入り[新入生, 新兵]に対するからかい, いじめ. **2** 経験不足による困難[障害, トラブル].

novato, ta 形 **1** 新入りの. **2** 初心者の, 未経験の. — 名 **1** 新入り, 新入生. **2** 初心者, 新米.

novecentismo 男 〖文学〗ノベセンティスモ. ♦ 1900年から1930年にかけてのスペインの文学潮流.

novecentista 形 ノベセンティスモの, ノベセンティスモに傾倒した. — 男女 ノベセンティスモ傾倒者.

novecientos, tas 形 (数) **1** 900 の, 900個の, 900人の. **2** 〖序数的に〗900番目の. — 男 900(の数字).

novedad 女 **1** 新しいこと[もの], ニュース. —¿Hay alguna ~? 何か変わったことがある? **2** 新しさ, 斬新(ﾀﾞﾍﾞ)さ, 新奇さ. **3** 新製品, 新作; 最新流行の品. **4** 変化. **5** 不慮の事態, 事故. ► *sin novedad* 無事に, 異常なく; 変化なく.

novedoso, sa 形 真新しい, 新奇な.

novel 形 新人の, 経験のない.

novela 女 **1** 〖文学〗小説, (特に)長編小説; 〖集合的に〗(ジャンルとしての)小説. —~ *de caballerías* 騎士の小説. ~ *corta* 短編小説. ~ *de ciencia-ficción* SF小説. ~ *picaresca* ピカレスク小説, 悪者小説. ~ *policíaca [negra]* 推理小説, 探偵小説. **2** 〖話〗虚構, 嘘話, 作り話.

novelador, dora 名 →novelista.

novelar 他 を小説化する. — 自 小説を書く.

novelería 女 **1** 夢想, 妄想, 虚構. **2** 小説好き. **3** 新し物好き. **4** 噂話, ゴシップ.

novelero, ra 形 **1** 新し物好きな. **2** 噂話〖ゴシップ〗好き. **3** 新し物好きな人. **2** 噂話[ゴシップ]好きな人.

novelesco, ca 形 **1** 〖文学〗小説の. **2** 小説のような; 現実離れした, 奇想天外な.

novelista 男女 小説家.

novelística 女 **1** 小説文学. **2** 小説作法; 小説研究[論].

novelístico, ca 形 小説の; フィクションの.

novelón 男 〖軽蔑〗(出来の悪い)波瀾万丈の長編小説.

novelucha 女 (軽蔑的に)三文小説.

novena 女 **1** 〖ｶﾄ〗9日間の祈り. **2** 9日間の祈りの祈禱(ﾄｳ)書. **3** 9日間の供養.

noveno, na [ノベノ, ナ] 形 (数) **1** 9番目の, 第9の. **2** 9分の1の. —una *novena parte* の 1. ~ 9分の1.

noventa [ノベンタ] 形 (数) **1** 90の, 90個の, 90人の. **2** 〖序数的に〗90番目の. — 男 90(の数字). —los ~ 90歳代.

noventavo, va 形 **1** 90番目の. **2** 90分の1の. — 男 90分の1.

noventayochista 形 98年世代の. — 男女 98年世代(の作家).

noventón, tona 形 90歳代の. — 名 90歳代の人.

noviazgo 男 **1** 婚約期間. **2** 婚約者の関係, 恋人関係; 婚約.

noviciado 男 **1** 〖ｶﾄ〗修練期間. **2** 〖ｶﾄ〗〖集合的に〗修練者. **3** 〖ｶﾄ〗修練院. **4** 見習いの身分[期間].

novicio, cia 形 〚+en に〛経験のない, 新米の. ——名 1〚カト〛修練者. 2 初心者, 未経験者, 新米.

noviembre 男 11月.

novilla 女 (2歳から3歳の)若い雌牛.

novillada 女 1〚集合的に〛若い牛. 2 若牛の闘牛.

novillero 男 1 若牛を相手にする見習い闘牛士. 2 仔牛の世話係. 3《話》さぼり屋, よくずる休みする人.

novillo 男 1 (2歳から3歳の)若い雄牛. 2《話》妻を寝取られた夫. 3 複 →novilla. ► *hacer novillos* 《話》さぼる, ずる休みする.

novilunio 男 新月.

novio, via 名 〚ノビオ, ビア〛a) 恋人. b) 婚約者, フィアンセ. 2 花婿; 花嫁. — *viaje de ～s* 新婚旅行. 3〖主に複〛《話》《主る物を欲しがっている人, 手に入れたいと思っている人. — *un puesto con muchos ～s* 志望者の多い職. ► *pedir la novia* (男が)結婚を申し込む. *quedarse compuesta [compuesto] y sin novio [novia]* 《話》結婚を目前にして相手に捨てられる; 土壇場になって準備の無駄になる.

novísimo, ma 〚nuevo の絶対最上級〛非常に新しい, 最新の. ——男 複〚宗教〛四終(人間が死後経ることになる 4 段階: 死, 最後の審判, 地獄, 天国).

novocaína 女〚化学〛ノボカイン(局所麻酔剤).

novohispano, na 形〚歴史〛ヌエバ・エスパーニャ (Nueva España) 出身の, スペイン統治時代のメキシコ(出身)の. ——名〚歴史〛ヌエバ・エスパーニャ(スペイン統治時代のメキシコ)人(出身者).

-nte 接尾〚「…する人, …する物」を表す名詞, 形容詞語尾. —and*ante*, depend*iente*〚女性形 -anta を持つ場合もある. depend*ienta*〛.

nubada 女 →nubarrada.

nubarrada 女 (局地的な)にわか雨, 通り雨.

nubarrado, da 形 (布地に)雲紋のある.

nubarrón 男 1 黒い大雲. 2 暗雲, 悪い予兆.

nube 女〚ヌベ〛形 1 雲. — *mar de ～s* 雲海. ～ *de humo* もうもうたる煙. ～ *de polvo* 土煙. ～ *de langostas* イナゴの大群. 2 群れ, 多み; (宝石などの)きず. — *tener una ～ en el ojo* 目のかすみ. 4 陰り, 憂い, 暗い影. ► *andar en [por] las nubes / estar en las nubes* 《話》ぼんやりしている, うわの空である. *estar [ponerse por] las nubes* (1) ひどく高価な, 金額がとても高い. (2) 怒り心頭に発する. *hacer una nube de verano* (1) 夕立ち, 夕立ち雲. (2) 一時的な怒り. *pasar como una nube de verano* (夕立ちのように)一時的な, 長続きしない. *poner…en [por] las nubes* 《話》…をほめちぎる. *vivir en las*

nubes 夢想にふけっている, 現実離れ[浮世離れ]している.

núbil 形 結婚適齢期の, 婚期の.

nubilidad 女 結婚適齢期, 婚期.

nublado, da 〚ヌブラド, ダ〛過分 [→ nublar] 形 曇った. — *El cielo está ～* 空が曇っている. ——男 1 曇り空, 曇天; 暗雲, 2 嵐, 驟雨. 3 a) 陰り影, 不安な兆し, 危険. b) 不機嫌, 怒り.

nublar 他 1 (空が)空を曇らせる, (雲が太陽・月の光を)遮る. 2 …の視界を曇らせる, 見えなくする. — *Las lágrimas nublaron la vista.* 涙のために彼の視界は曇った. 3 (理性的な)をかき乱す, 陥らせる; (幸福などに)暗い影を落す. —— *se* 再 1 (空が)曇る. 2 (目の前が)暗くなる, 曇る. 3 (精神的に)混乱する, 陥る; 台なしになる.

nubloso, sa 形 曇った.

nubosidad 女 曇り空, 曇天.

nuboso, sa 形 曇り空の, 曇天.

nuca 女 うなじ, 首筋, えり首.

nuclear 形 1〚物理〛核の, 原子核の. 原子力の. — *armas ～* 核兵器. *energía ～* 核エネルギー, 原子力. *fisión ～* 核分裂. *fusión ～* 核融合. *prueba ～* 核実験. *reactor ～* 原子炉. 2〚生物〛核の, 細胞核の. ——女 原子力発電所 (=central ～).

nuclearización 女 核武装(化); 核開発.

nucleico, ca 形〚生化〛→ácido.

núcleo 男 1 核, 中核; 中心. 2 居住地; (人口の)中心地. ～ *de población* 人口集中地域. 3〚物理〛核, 原子核. ～ *atómico* 原子核. 4〚生物〛核, 細胞核. 5 (人々の小規模な)集団. — *de escritores* 文壇. 6 (果物の)核, 種. 7〚天文〛(天体の)中心部分; (地球の)内核, (彗星の)核. 8〚言語〛核. 9 (コイルの)鉄心; (原子炉の)炉心.

nucleolo, nucléolo 男〚生物〛核小体, 仁(じん).

nucleón 男〚物理〛核子(中性子・陽子の総称).

nucleótido 男〚生化〛ヌクレオチド.

nudillo 男 1〚主に複〛指関節. 2 木のくさび.

nudismo 男 裸体主義, ヌーディズム.

nudista 形 裸体主義[ヌーディズム]の. ——男女 裸体主義者, ヌーディスト.

nudo[1] 男 1 結び目, 結び. — *hacer [deshacer] un ～* 結び目を作る[ほどく]. ～ *corredizo* 引き結び. 2 縁, 絆(きずな), つながり. 3 (木材や板などの)節, こぶ. 4 合流点, 交差点. ～ *de montañas [autopistas]* 山脈の交わる所[高速道路のジャンクション]. 5 要点, 核心. — *el ～ de la cuestión* 問題の核心. 6〚海事〛ノット. 7〚医学〛結節. ► *hacerse un nudo en la garganta a…* (人)の喉がつまる. *nudo de tejedor* 固結び. *nudo gordiano* 〘特〙ゴルディアスの結び目; 難問, 至難のこと. *nudo marinero* 本(ほん)ま結び

nudo², da 形 裸の.
nudosidad 囡 **1** 節くれだち. **2**《医学》結節.
nudoso, sa 形 **1** 節の多い, 節だらけの. **2**《医学》結節の.
nuera 囡 息子の妻, 嫁.

nuestro, tra [ヌエストロ, トラ] 形《所有》
[複~s]《1人称複数, nosotros, nosotras に対応する》**1** 《名詞の前で: 無強勢語》私たちの, 我々の. —*nuestra escuela* 私たちの学校. **2**《名詞の後で: 強勢語》私たちの, 我々の. —*el país* → 我々の国. **3**《叙述補語として》私たちの[我々]のもの. —*La victoria es nuestra*. 勝利は我々のものだ. **4**《定冠詞をつけて所有代名詞となる》私たちの[我々]のもの[こと]. —*Su casa es grande, pero la nuestra es pequeña*. 彼らの家は大きいが私たちのは小さい. **5**《話し手, 書き手が 1 人であっても mi の代わりに用いられることがある. 謙遜の複数》私の, 筆者の. ▸ *la nuestra* 我々の好機. *lo nuestro* 私たちのこと[もの]; 私たちの得意なこと. *los nuestros* 私たちの家族[仲間, 部下].

nueva 囡 **1**《主に 複》《古》知らせ, ニュース. ▸ *hacerse de nuevas* 知らなかったふりをする. *la Buena Nueva*《宗教》福音書.

Nueva Castilla 固名《歴史》ヌエバ・カスティーリャ (スペイン統治時代のペルー).

Nueva Delhi 固名 ニューデリー (インドの首都).

Nueva España 固名《歴史》ヌエバ・エスパーニャ (スペイン統治時代のメキシコ).

Nueva Granada 固名《歴史》ヌエバ・グラナダ (スペイン統治時代の現在のコロンビアを中心にした南米北部).

Nueva Guinea 固名 ニューギニア.
Nueva Orleans 固名 ニューオーリンズ.
Nueva York 固名 ニューヨーク.
Nueva Zelanda 固名 ニュージーランド (首都 Wellington).

nueve [ヌエベ] 形《数》**1** 9つの, 9人の. **2**《序数的に》9番目の. —男 9 (の数字).

nuevo, va [ヌエボ, バ] 形《絶対最上級《文》novísimo,《話》nuevísimo》**1** 新しい. —*una casa nueva* 新築の家.《[+名詞]今度の, 次の; 目新しい. —*Ésta es mi nueva dirección*. これが私の新住所です. *¿Qué hay de* ~? 何か変わったことがありますか. **3**《[ser +]》新人の, 新米の:《[+ en に]》不慣れな. —*Soy* ~ *en este trabajo*. 私はこの仕事には不慣れだ. **4**《estar + 》(物が) 新品 (同様の); (人が) 疲れが取れた, 生き返ったようだ. —男 新人, 新入り, 新米. ▸ *Año Nuevo* → *año*. *cogerLE* [*pilLE*] *de nuevo* …の不意を突く. *de*

nuevo (1) 再び, もう一度. (2) 新品の.

nuez 囡〚複 nueces〛**1**《植物》クルミ; (一般に) 堅果, ナッツ. —*cascar nueces* くるみ[ナッツ]を割る. **2**《解剖》のどぼとけ (= ~ de Adán). **3** クルミ大の量. **4**《音楽》(弦楽器のナット, 上駒.

nulidad 囡 **1**《法律》無効. **2** 無能; 無能力者.

nulo, la 形 **1**《法律》無効の. **2** 無能の, 役立たずの. **3** 存在しない.

núm. 略《略号》=*número* 番号.

numantino, na 形 **1** ヌマンシア (Numancia, スペイン中北部にあった古代都市) の. **2** 勇敢な, 決然たる. —男 囡 ヌマンシア人.

numen 男 **1**《芸術的な》インスピレーション, 霊感. **2**《キリスト教でない》異教の神.

numeración 囡 **1** 数え上げ; 番号打ち. **2** 記数法. **3**《数学》計算法. **4** 番号, 番地.

numerador 男 **1** 番号印字機, ナンバリング. **2**《数学》(分数の) 分子.

numeradora 囡 番号印字機, ナンバリングマシン (= *máquina* ~).

numeral 形 **1** 数の, 数を表す. **2**《言語》—男《言語》数詞.

numerar 他 **1** (を番号順に) 数える. **2** …に番号を打つ.

numerario, ria 形 正規に雇用された, 正社員の. —男 **1** 正貨; 現金.

numérico, ca 形 数の, 数的な.

número [ヌメロ] 男 **1 a)** 数, 量, 数値. —*arábigo* [*romano*] アラビア [ローマ] 数字. — *atómico* 原子番号. — *cardinal* [*ordinal*] 基 [序] 数. — *complejo* 複素数. — *decimal* 小数. — *entero* 整数. — *fraccionario* [*quebrado*] 分数. — *imaginario* 虚数. — *impar* [*par*] 奇 (偶) 数. **b)** 番号; 番地; 順番. —*Se ha equivocado de* ~. 番号をお間違えですよ. *el edificio* ~ *dos* 2号館. ~ *de matrícula* 登録番号, (車の) プレートナンバー. **c)**《言語》数(の). — *singular* 単数. ~ *plural* 複数. **d)** 数字. **2**《新聞・雑誌などの》号. — *atrasado* バックナンバー. **3**《靴・手袋などの》サイズ. —*¿Qué* ~ (*de zapatos*) *calza usted?* あなたの靴のサイズはいくつですか. **4 a)** (興行の) 出し物, 演目, 曲目. — *cómico* 喜劇. ~ *de circo* 曲芸. **b)** 得意な演目, おはこ, 十八番. —*hacer su* ~ おはこを演じる. **5** 等級, 部類. **6** (くじの) 券. **7**〚スペイン〛(la Guardia Civil (治安警備隊) の) 平隊員. ▸ *de número* 正規の, 正式の. *en números redondos* 概数で, およそ. *hacer* [*dar, montar*] *un el número* [*numerito*]《話, 軽蔑》奇抜な行動をする, 目立つことをする. *hacer* [*echar*] *números* 金の計算をする. *hacer números* 人数を増やす, 頭数をそろえる. *Libro de los Números*《聖書》(旧約聖書の) 民数記. *números rojos* 赤字. *número uno* ナンバーワン,

numerología

第一人者. **sin número** 無数の, 数え切れないほどの. **un buen número** 多数, かなりの数[量].

numerología 囡 占星術, 数秘学, 数霊術.

numeroso, sa 形 多数からなる; 多数の. ―**familia** *numerosa* 大家族.

númerus clausus ［ラテン］ 男 定員[枠], 人数制限.

numismático, ca 形 古銭学の; 貨幣[・勲章・メダル]研究家の. ― 囡 古銭学; 貨幣・メダル研究.

nunca ［ヌンカ］ 副 **1** 決して…ない, 一度も…ない, かつて…したことがない.『動詞の後に置き動詞の前に no が必要』―casi ～ ほとんど一度も…ない, めったに…ない. No he estado ～ en Barcelona./N～ he estado en Barcelona. 私はバルセローナには一度も行ったことがない. **2 a)**『反語的な疑問文の中で』かつて, いったい今までに. ―¿Has oído ～ semejante disparate? こんなバカな話を聞いたことがあるか? **b)**『疑わしさを表す間接疑問文・従属節の中で』果たして (…するかどうか). ―Dudo que me llame ～. 彼が電話してくるかどうか私は疑っている. **c)**『強い否定』とんでもない. **como nunca** 今までになく. **¡Hasta nunca!** 永遠にさようなら, もう二度と会うことはない. **más...que nunca** かつてないほど…, 今までになく…. **nunca jamás** 決して…ない. **nunca más** もう二度と…ない.

nunciatura 囡 **1** 教皇施設の職務[地位, 任期, 公邸]. **2**(スペインの)教皇庁控訴院.

nuncio 男 **1** 使節, 使者. **2**『文』前兆, 兆し.

nupcial 形 婚礼の, 結婚(式)の.

nupcialidad 囡 (ある特定の場所や時期の)婚姻率.

nupcias 囡複 『文』結婚(式).

Nuria 図名 『女性名』ヌリア.

nurse 囡 〈英〉 **1** →niñera. **2**『南米』女性看護師.

nutación 囡 『天文』章動.

nutria 囡 『動物』カワウソ. ▶ *nutria marina* ラッコ.

nutricio, cia 形 **1**『文』→ nutritivo. **2** 養育[扶養]する.

nutrición 囡 栄養摂取; 栄養(作用); 栄養学. ―**mala** ～ 栄養不良, ～ **insuficiente** 栄養不足.

nutricional 形 栄養の.

nutricionista 囡 栄養学者.

nutrido, da 過分 [→nutrir] 形 **1** 栄養[食物]を与えられた, 栄養(状態)の良い. **2** 豊富な, 多い;『+de』の豊富な. ―un ～ grupo de gente 多人数のグループ.

nutriente 男 栄養を与える[補う]. ― 男 養分, 栄養(素).

nutrimento 男 栄養(物); 食物.

nutrir 他 **1** …に栄養[養分, 食物]を与える. **2** 活気づける, かきたてる, 助長する. ―**se** 再 **1**『+de(養分など)を』摂取する. **2**『+de で』活気づく, 助長される.

nutritivo, va 形 栄養になる, 栄養豊富な.

ny 囡 ニュー(ギリシャ語アルファベットの第13字: Ν, ν).

nylon 〈英〉 男 →nailon.

Ñ, ñ

Ñ, ñ 囡 スペイン語アルファベットの第15文字.

ña 囡『中南米』『話』奥さん, おかみさん.

ñacurutú 男『南米』『鳥類』アメリカワシミミズク.

ñala 囡『動物』アンテロープの一種.

ñame 男『植物』ヤマイモ.

ñandú 男『鳥類』(南米産の)レア, アメリカチョウ.

ñandubay 男『植物』ミモザ科の樹木.

ñandutí 男『南米』(パラグアイで作られる)繊細なレース編み.

ñango, ga 形『メキシコ』 **1** 恰好の悪い, 見すぼらしい. **2** 弱い.

ñaño, ña 形『中南米』 **1** 甘やかされた, 過保護の. **2** 親密な. ― 男『南米』 **1** 兄[姉]; 兄弟[姉妹]. **2** 子供.

ñapa 囡『南米』おまけ; チップ.

ñapindá 男『南米』『植物』アカシアの一種.

ñato, ta 形『中南米』 **1** 鼻の低い, 鼻ペチャの. **2** 醜い.

ñengo, ga 形 囡『メキシコ』やせ衰えた(人), 病弱な(人).

ñeque 形『中南米』強い, 精力的な. ― 男 力強さ, 活力.

ñiquiñaque 男『話』役立たずのもの[人].

ño 男『中南米』『話』だんな(様).

ñoclo 男『料理』ニョクロ.

ñoco, ca 形『中米』(指を)欠いた; 片腕の, 無able.

ñoñería 囡 **1** 面白みのないこと, つまらない言動. **2** 取り澄ました言動.

ñoñez 囡 →ñoñería.

ñoño, ña 形 **1**(人が)小心で無能な. **2**(物事が)中身のない, 面白みのない. **3** 気取り屋の, 取り澄ました.

ñoqui 男 ニョッキ(ジャガイモと小麦粉を混ぜた団子をゆでた食品).

ñu 男《動物》ヌー(アフリカ産の大型レイヨウ).

ñudoso, sa 形 →nudoso.

O, o

O, o 囡 スペイン語アルファベットの第16文字. **no saber hacer la o con un canuto**『話』非常に無知である. 簡単なことすらできない.

O.〈略号〉=oeste 西.

o[子] 接 **1**『o, ho で始まる語の前ではu となる: siete **u** ocho 7か8. 数字を

つなぐときは ó と書くのが普通: 15 ó 16. 3【選択】…または…, あるいは…. ——¿Qué quiere usted, café o té? コーヒーか紅茶のどちらがよろしいですか? 2【換言】…すなわち…, つまり…. ——lingüística o ciencia del lenguaje 言語学, すなわち言語の科学. 3【2つのどちらでもいい場合】…か…, …ないし…. ——Cada día leo cinco o seis páginas. 私は毎日5, 6ページずつ読んでいる. 4【接続語 +o a 接続法; 譲歩】…であると…であろうと. ——Pueda o no pueda, tiene que venir. 可能であろうとなかろうと彼は来なくてはならない. 5【命令文の後で】そうしないと, そうでなければ. ——Date prisa, o llegarás tarde. 急ぎなさい, そうしないと遅れますよ. o... o...【2つのうち, どちらか一方だけであることを強調する】…か…か. o sea…, すなわち….

oasis 男【単複同形】オアシス; 憩いの場, 安らぎ.

Oaxaca 固名 オアハカ(メキシコの州・州都).

oaxaqueño, na 形名 オアハカ(Oaxaca, メキシコ南部の州・州都)の(人).

obcecación 女 1 強い思い込み; 頑迷. 2 目がくらむこと, 眩惑.

obcecar [1.1] 他 を無分別にする, 目をくらませる. ——se 再 【+ con/en/por に】無分別になる, 目がくらむ; 頑迷になる.

ob.cit.《略号》=obra citada 前掲(引用)書に.

obedecer [オベデセル] [9.1] 他 …に従う, 服従する, を順守する. —— 自 1【+a の 耳】…にしたがう, (…)に反応する. ——El enfermo no obedecía al tratamiento. 患者にとってその治療が効かなかった. 2【+a の耳】原因がある, (…)の結果である.

obedezc- 動 →obedecer [9.1]

obediencia 女 1 服従, 従属. —— ciega 盲従, 盲目的に従うこと. —— debida【法律】(冤(えん)罪の事由となる)上司の命令に服従した行為. 2 従順, 従順さ.

obediente 形 従順な, 服従的な.

obelisco 男 1【古代エジプトやローマの】オベリスク, 方尖碑[柱]. 2【印刷】短剣標, ダガー(†).

obenque 男【海事】シュラウド(マストの先から両舷側に張る支え綱).

obertura 女【音楽】序曲.

obesidad 女 肥満.

obeso, sa 形 肥満の, 太りすぎの. —— 名 太りすぎの人, でぶ.

óbice 男【主に否定文で】【文】不都合, 障害, 妨げ.

obispado 男 1【宗教】司教職, 司教の職務[身分, 権威]. 2 司教区, 司教の管轄区域.

obispal 形 司教の.

obispillo 男 モルシーリャ(サラミソーセージに似た腸詰)の一種.

obispo 男 1 (カト) 司教. 2【宗教】(ギ

リシャ正教の)主教; (プロテスタントの)監督. 3【魚類】エイの一種.

óbito 男 死亡.

obituario 男 1 (教会の)過去帳, 物故者名簿. 2 (新聞・雑誌などの)死亡記事, 死亡広告.

objeción 女 異議, 反論, 異論; 不服. ●*objeción de conciencia* 良心の兵役忌避, (義務や任務への)良心的拒否.

objetante 形 反対する[反論する], 異議を唱える. —— 名 反対者, 異議を唱える人.

objetar 他 …に反論する, 異議を唱える, 反論を唱える. —— 自 良心の兵役忌避をする.

objetivación 女 客観化, 対象化.

objetivamente 副 1 客観的に, 公平に. 2 実際に, 現実に.

objetivar 他 客観化する, 客観的に見る.

objetividad 女 客観性; 公平さ.

objetivismo 男【哲学】客観主義[論].

objetivo, va 形 1 客観的な; 公平な; 偏見のない. ——la realidad objetiva 客観的事実. síntoma —— 客観的症状(外から観察できる症状). 2 目的の; 対象の. 3【言語】目的語の. —— 男 1 目的, 目標, ねらい. 2【光学】対物レンズ; (カメラの)レンズ. 3【軍事】標的.

objeto [オブヘト] 男 1 物, 物体. —— s de valor 貴重品. ——s perdidos 遺失物. —— personal [——s de uso personal] 私物. 2 対象, 対象物, 目的, 目標. 4【哲学】客体, 対象. 5【言語】目的語, 補語. ——directo [indirecto] 直接[間接]目的語. ●*con (el) objeto de…/ al objeto de…*【+不定詞/+que+接続法】…のために, …の目的で.

objetor, tora 名 反対者, 異議を唱える人. —— de conciencia 良心の兵役忌避者.

oblación 女【宗教】(神への)奉献, 奉納.

oblada 女【歴史】教会などに持参するパンなどの代物.

oblato, ta 名 奉献[献身]修道会士. —— 女 (カト) 奉献物(パンとぶどう酒).

oblea 女 1 (カト) 聖体パン(さ), ホスチア. 2 ウエハース. 3 オブラート. 4【電子】ウェーハ.

oblicuángulo, la 形【数学】斜角の.

oblicuidad 女 傾斜, 傾斜角[度].

oblicuo, cua 形 1 斜めの, 傾いた. 2【言語】斜格の. —— 男【解剖】斜筋.

obligación [オブリガシオン] 女 1【法律上, 契約上の】義務, 責任. ——verse en [tener] la —— de … …する義務がある. por —— 義務として, 義務的に. 2【複】扶養義務. 3【商業】債務, 負債; 債券. 4 義理, 恩義.

obligacionista 男女【商業】債権者; 債券所有者.

obligado, da 過分 [→ obligar]

obligar 義務づけられた, 義務的な, 強制的な. —estar [verse] ～ a... (人が)...の義務を負っている, ...せざるをえない. ―图《法律》法的に一定の義務遂行を契約した人. ―男《音楽》オブリガート.

obligar [オブリガル][1.2] 他《＋a＋不定詞/que＋接続法》(...することを)...に余儀なくさせる, 義務付る, 強制する. ―Mi trabajo me *obliga a salir* de casa a las seis de la mañana. 私の仕事の関係上朝の6時に家を出なければならない. **2**(法規などが)強制力を持つ, 適用される, 有効である. **3**(ある事)を無理やり行う. ―― la puerta para entrar 中へ入るためにドアをこじ開ける. **—se** 再《＋a》(...する)義務がある, 義務を負う.

obligatoriedad 女 強制; 義務的であること.

obligatorio, ria 形 義務的な, 強制的な. —enseñanza *obligatoria* 義務教育.

obligue(-), obligué(-) →obligar.

obliteración 女《医学》閉塞; 遮断.

obliterar 他《医学》を閉塞[遮断]する.

oblongo, ga 形 細長い; 縦長の, 長円形の, 楕円(だえん)形の.

obnubilación 女 **1** 眩惑; 眩(げん)のくらみ. **2** 一時的な気の迷い, 理性の混乱.

obnubilar **1** をもうろうとさせる. **2** (目)をくらませる. **—se** 再 **1** もうろうとなる. **2**(目が)くらむ.

oboe 男《音楽》オボエ; オーボエ奏者.

óbolo 男 **1** わずかの寄付. **2**《歴史》オボロス(古代ギリシアの貨幣単位; 6分の1ドラクマ).

obra [オブラ] 女 **1** 作品, 著作, 作品群. ～ de arte 美術作品, 芸術品. ～ de teatro 劇作品, 戯曲. ～s completas 全集. ～ literaria 文学作品. ～ maestra 傑作, 代表作. **2** 工事, (建設などの)事業; 改築. ～ pública 公共事業, 公共土木工事. **3** 仕事, 作業, 労働; 成果, 業績. ―mano de ～ 労働力. ～ de manos de la persona, 細工, 手仕事. **4** a) 活動, 行為. ～ de caridad 慈善事業. ～ social 社会事業. ～ pía 慈善団体, 宗教財団. b) 仕事, 働き. **5** 加工物, 製作物; (木造にせよ)石造り. ▶ **de obra** (1) 行動で, 行為で; 実際に. (2) 言葉で; 頭の中で; 手を出さずに, (3)(=en obras). **en [de] obras** 工事[建築, 改修]中の. **obra muerta**《海事》乾舷. **obra viva**《海事》喫水. **poner en [por] obra** ～を実行に移す, ...に着手する. **poner manos a la obra** 仕事に取りかかる. **por obra de...** ...の行為によって, ～の働き. **por obra y gracia de...** ...のおかげで, ...のせいで.

obrador, dora 形 作業[行為]をする. ―图 **1** 作業[行為]をする人[物]. ―男 作業場, 仕事場.

obraje 男 **1**《南米》伐採場; 作業所. **2**《歴史》アメリカの植民地で先住民に課せられた強制労働.

obrar 自《文》行動する, 振舞う. **2**《文》(効き目が)現れる, 効く. **3** 工事をする, 施工する. **4** 排便する, 脱糞する. ▶ **obrar en poder [en manos] de...** 《文》(人)の手元[手中]にある. ―他 **1** を加工する, 細工する. **2** を建てる, 建設する. ―― un gimnasio 体育館を建設する. **3**(ある効果)をもたらす, 引き起こす, 生む.

obrerismo 男 **1** 労働運動. **2** 労働者階級.

obrero, ra [オブレロ, ラ] 图 労働者, 工員, 職人. **2**《虫類》ハタラキバチ(働き蜂); ハタラキアリ(働き蟻). ―形 労働の, 労働者の. —clase *obrera* 労働者階級. sindicato ～ 労働組合.

obscenidad 女 **1** みだら; わいせつ. **2** みだら・わいせつな行為[言動], わいせつ物.

obsceno, na 形 みだらな, わいせつな.

obscuramente 副 →oscuramente.

obscurantismo 男 →oscurantismo.

obscurantista 形 → oscurantista.

obscurecer 他 自 再 →oscurecer.

obscurecimiento 男 → oscurecimiento.

obscuridad 女 →oscuridad.

obscuro, ra 形 →oscuro.

obsequiar 他《＋con》...に贈る, 贈呈する. —Me *obsequiaron con* una preciosa camisa. 彼らは私にすてきなシャツを贈ってくれた. **2**(人)をもてなす, 歓待する.

obsequio 男 **1**《文》贈り物, 贈呈品. **2** 贈答, 贈呈; 心遣い, 歓待. ▶ **en obsequio a [de]...**《文》(人)に敬意を表して; ...への贈り物として.

obsequiosamente 副 親切に, 手厚く, ていねいに.

obsequiosidad 女 親切ぶり, 手厚くもてなし, へつらい.

obsequioso, sa 形《＋para/con/para con》**1** 親切な, 手厚くもてなす, ほどこし好きの. **2**《皮肉》こびへつらった.

observable 形 **1** 観察可能な, 目立った. **2** 遵(じゅん)守可能な.

observación 女 **1** 観察; 注視. **2** 所見, 批評; 意見, 発言. **3**《文》遵順[遵守]を守ること, 遵(じゅん)守. ― de la ley 法の遵守.

observador, dora 形 **1** 観察する, 観察役の. **2** 観察力のある. ―图 **1** 観察者. **2**(会議などの)オブザーバー.

observancia 女 **1** 規則等を守ること, 遵守. **2** 法, 規則, 規律; (社会や組織の)習慣.

observante 形 男女 規則を守る(人).

observar [オブセルバル] 他 a) を観察する, 観測する. b) を検査する, 調べる. **2** ...に気付く, 注目する, を考慮する. **3** ...と指摘する, 評する, 意見を述べる. **4**(法規などを)遵守する, 守る.

observatorio 男 観測所, 観察施設. ―― astronómico 天文台, 天体観測所.

obsesión 囡 強迫観念, 固定観念; 固執.

obsesionante 形 強迫観念としてつきつく, 妄想を招く.

obsesionar 他 (観念・妄想などで)…につきまとう, を強迫する. —poner ~ se 再 『+ con/por を』強迫観念として抱く, (…で)悩まされる.

obsesivamente 副 強迫的に, 妄想的に.

obsesivo, va 形 **1** 強迫の, 妄想の. **2** 妄想に陥りやすい. —名 妄想的な人, 妄想に陥りやすい人.

obseso, sa 形名 強迫観念[妄想]にとりつかれた(人).

obsidiana 囡 黒曜石.

obsolescencia 囡 老朽化, 陳腐化.

obsoleto, ta 形 古くさい, すたれた.

obstaculización 囡 妨害.

obstaculizar [1.3] 他 を妨害する, …の支障となる.

obstáculo 男 **1** 障害物, 邪魔になる物. **2** 障害, 困難, 妨げ. —poner ~ s 妨害する, 邪魔する. **3** (スポ) (陸上・馬術などの)障害物, 障害物レース; (競技で使われる)障害物. —carrera de ~ s 障害物競走.

obstante 副 〖no ~〗 **1** しかしながら. **2** …にもかかわらず. —esto [ello] no ~ それ[それ]にもかかわらず.

obstar 自 〖3人称単数・否定文のみで+ para (まれに a)〗妨げになる.

obstetricia 囡 産婦人科(医学).

obstétrico, ca 形 産科医学の.

obstinación 囡 執念, 頑固; 頑固.

obstinado, da 過分 (→ obstinarse) 形 執拗な, 粘り強い; 頑固な.

obstinarse 再 〖+ en に〗執着する, 意地[強情]を張る.

obstrucción 囡 **1** 妨害, (通路などの)遮断, 詰まること. **2** 議事妨害. **3** (医学) (器官の)閉塞, 便秘. **4** (スポ) 妨害プレー.

obstruccionismo 男 議事妨害.

obstruccionista 男女 議事妨害者.

obstructor, tora 形 妨害する, さまたげになる(人).

obstruir [11.1] 他 **1** a)を遮断する, さえぎる. b)を詰まらせる, ふさぐ. **2** (行動など)を妨害する, 阻む.

obtemperar 自 〖+ a〗…に従う, 同意する.

obtén 動 → obtener [10.8].

obtención 囡 入手, 獲得; 取得; 達成.

obtendr- 動 → obtener [10.8].

obtener [オブテネル] [10.8] 他 **1** を獲得する, 得る, 手に入れる. —~ el permiso 許可を得る. **2** 〖+ de から〗を作り出す, 取り出す, 抽出する. —se 再 〖+ de から〗得られる, 作り出される, 取り出される.

obtengo 動 → obtener [10.8].

obtien- 動 → obtener [10.8].

obturación 囡 **1** 閉塞, (穴や管などを)ふさぐこと. **2** (歯科治療の)充塡.

obturador, dora 形 閉塞の, ふさぐ, 充塡の. —男 **1** 詰め物, 留め具, (カメラの)シャッター.

obturar 他 をふさぐ; 閉塞する, …に詰め物をする.

obtusángulo, la 形 鈍角の.

obtuso, sa 形 **1** 先の鈍い, とがっていない. **2** 鈍角の. **3** (頭が)鈍い, のろまな.

obtuv- 動 → obtener [10.8].

obús 男 **1** (軍事) 曲射砲. **2** (軍事) 曲射砲の砲弾. **3** タイヤの空気バルブの閉め具.

obvención 囡 〖主に 複〗別途給与, 手当て金.

obviar 他 **1** (困難・不便)を避ける, しりぞける. **2** 妨害する.

obviedad 囡 明白さ, 明瞭さ.

obvio, via 形 明白な, 一目瞭然の.

oc (lengua de ~) 男 (南フランスの)オック語.

oca[1] 囡 **1** (鳥類) ガチョウ. **2** すごろく遊び (= juego de la ~). **3** すごろくの一コマ.

oca[2] 囡 〘植物〙 カタバミの一種. その塊茎.

ocarina 囡 (音楽) オカリナ.

ocasión 囡 **1** 場面, 状況, 時機. **2** チャンス, 機会, 好機. **3** 値下げした物, 特売(品); 中古品. —librería [librero] de ~ 古本屋. **4** 理由, 原因; 口実. **5** 危険, 危機; 危険を犯す危険. ▶ *La ocasión la pintan calva.* 〘諺〙 好機逃すべからず, チャンスを逃すな. *con ocasión de …* …の機会に, …の機会を利用して; …のとき[折]に. *de ocasión* (1) 特売の[で]; 中古の. (2) 偶然の, たまたまの; その場限りの. *en ocasiones* 時折り, 時々.

ocasional 形 **1** 偶然の, たまたまの. **2** 臨時の; その場限りの.

ocasionalmente 副 偶然, 偶発的に; 臨時に.

ocasionar 他 を引き起こす, …の原因となる.

ocaso 男 (文) **1** 日没, 日暮れ時, 黄昏(たそがれ); (天文) (一般に天体が)沈むこと. **2** 衰退, 凋落(ちょうらく), 末期.

occidental 形 **1** 西の, 西方の, 西部の. **2** 西洋の, 西欧の, 西側(諸国)の. —civilización ~ 西欧文明. —男女 西洋人, 西欧人.

occidentalismo 男 **1** 西洋の特質, 西洋精神[文化]. **2** 西洋擁護論, 親西洋主義.

occidentalización 囡 西洋[西欧]化.

occidentalizar [1.3] 他 を西洋[西欧]化にする.

occidente 男 **1** (主にO~)西, 西方, 西部. —el Imperio Romano de O~ 西ローマ帝国. **2** (O~)西洋, 西欧, 西側(諸国).

occiduo, dua 形 日没の, 末期の.

occipital 形 〘解剖〙後頭(部)の. —男 〘解剖〙後頭部.

occipucio 男 〘解剖〙後頭部.

occiso, sa 形 殺害された. ——名 殺害された人.

occitano, na 形名 (南フランスの)オック地方 (Occitania) の(人); オック語の. ——男 オック語.

OCDE 〔頭字〕〔<*Organización para la Cooperación y el Desarrollo Económico*〕女 経済協力開発機構(英 OECD).

Oceanía 固名 オセアニア.

__oceánico, ca__ 形 **1** 大洋の, 大海の, 海洋性の; 大西洋の. —clima ~ 海洋性気候. **2** オセアニアの. **3** 莫大(ぱく)な, 広大な, 無限の.

__océano__ 男 **1** 大洋, 大海, 海. —el O~ Atlántico o el O~ Glacial Ártico [Antártico] 北極[南極]海. el O~ Pacífico 太平洋. el O~ Índico インド洋. **2** 莫大, 広大, 無限. —un ~ de dificultades 山積する問題.

oceanografía 女 海洋学.
oceanográfico, ca 形 海洋学の.
oceanógrafo, fa 名 海洋学者.
ocelo 男 **1** (昆虫の)単眼. **2** (羽や皮膚上の)斑紋.
ocelote 男 (動物)(中南米産の)オオヤマネコ.
ochava 女 →chaflán.
ochavado, da 形 八角形の.
ochavo 男 **1** 2マラベディ(2 maravedis) 銅貨. **2**〔un+〕否定的文脈で〕お金. —No tengo ni un ~. 私は無一文だ. **3** 八角形. ——, **va** 形 《古》 8番目の, 8分の1の.

__ochenta__ 形 (数) **1** 80の. ▶ *los (años) ochenta* (1) 80年代. (特に)1980年代. (2) 80歳, 80歳台. ——男 80(の数字).

ochentavo, va 形 80分の1の.
ochentón, tona 形 (年令が)80代の. ——名 80代の人.

__ocho__ 〔オチョ〕形 (数) **1** 8の. **2**〔序数的に〕8番目の. ——男 **1** 8(の数字). **2**〔las+〕8時. ▶ *dar* [*ser*] *igual* [*lo mismo*] *ocho que ochenta*《話》重要でない, どうでもよい.

ochocientos, tas 形 (数) **1** 800の. **2**〔序数的に〕800番目の. ——男 **1** 800(の数字). **2** 1800年代, 19世紀.

ocio 男 **1** 休み, 休暇, いま. **2** ぶらぶらした状態. **3** 〔主に複〕余暇活動, レジャー, ひまつぶし.
ociosamente 副 **1** 仕事をせずに, ぶらぶらして. **2** 無益に, 無駄に.
ociosidad 女 **1** なまけている[ひまにしている]状態, ひま. **2** 〔主に複〕余暇活動. **3** 〔主に複〕無益な[不必要な]言動.

__ocioso, sa__ 形 **1** 何もしない, 暇な, 無為の. **2** 怠惰な. **3** 無駄な, 不必要な. 余分な. ——名 怠け者, 暇な人.
ocluir [11.1] 他 〜を閉塞させる, 詰まらせる.

oclusión 女 **1** 閉塞, 詰まり. **2**(言語)閉鎖音を発する際の閉鎖音.
oclusivo, va 形 **1** 閉鎖をもたらす. **2**(言語)(調音が)閉鎖的な. ——形 (言語)閉鎖音.
ocote 男 (中米地域に自生する)マツの総称.
ocre 男 **1** (鉱物)黄土, 黄鉄鉱, オーカー. **2** 黄褐色の土. **3**〔color+〕黄土色, 黄褐色, からし色.
octaedro 男 八面体.
octagonal 形 八角形の.
octágono, na 形 八角形の. ——形 八角形の.
octanaje 男 (自動車, 機械)オクタン価.
octano 男 オクタン(ガソリンの純度を示す単位).
octavilla 女 **1** (印刷)八つ折り(全紙16ページ取りサイズの紙・判. **2** (政治・社会的な)宣伝ビラ. **3** 8行詩. **4** 8弦ギター.

__octavo, va__〔オクタボ, バ〕形 (数) **1** 8番目の. 第8の, **2** 8分の1の. ▶ *siete octavos* (コート等が)七分丈の, 普通より短めの. ——男 **1** (印刷) 8つ折り版. ——~ *s de final* (スポ) ベスト16(の試合), 8強を決める試合. 女 **1**〔カト〕祝祭日の後の8日間(8日目). 祝祭週間の最終日. **2**(詩学) 8行詩. **3**(音楽)オクターブ.

octeto 男 **1** 8重奏[唱]. **8** 重奏[唱]団. **2** (情報)バイト(通常8ビット).
octigentésimo, ma 形 (数) 800分の1の.
octogenario, ria 形 (年令が)80代の, 80才台の. ——名 80代の人, 80才台の人.
octogésimo, ma 形 (数) **1** 80番目の. **2** 80分の1の. ——男 80分の1.
octogonal 形 8角形の.
octógono, na 形 8角形の. ——男 8角形.
octópodo, da 形 (動物)(タコなどの)八腕目の. ——男 (動物)八腕目(の動物).
octosilábico, ca 形 (詩学) 8音節の, 8音節からなる. ——形 (詩学) 8音節の詩行.
octosílabo, ba 形 (語・詩句が)8音節からなる. ——男 8音節の語, 8音節の詩行.

__octubre__ 男 10月. —el mes de ~ 10月.
óctuple 形 8倍の. ——男 8倍.
ocular 形 眼の, 視覚による. ——男 接眼鏡, 接眼レンズ.
oculista 名 男女 眼科医, 眼科の.
ocultación 女 **1** 隠すこと, 隠蔽(ぺい), 隠れること. **2**(天文)掩蔽(えんぺい), 星食.
ocultamente 副 隠れて, ひそかに.

__ocultar__〔オクルタル〕他 **1** 〜を隠す, 隠匿(とく)する. **2** を黙して語らない, 黙秘する, 黙っている. ——se 再 隠れる, 身を隠す.
ocultismo 男 神秘学, オカルティズム.

心霊研究.

ocultista 形 神秘学の, オカルトの, 心霊研究の. ━ 男女 神秘学者, オカルト信奉心霊研究者.

oculto, ta [オクルト, タ] 形 1 隠れた, 隠された, 見えない, 知られていない. ━en ～ 公表せずに, 秘密裏に. 2 秘密の, 謎の. ━ciencias ocultas (錬金術, 占星術などの)秘術, 神秘学.

ocupa 女 →okupa.

ocupación [オクパシオン] 女 1 仕事, 職, 活動. 2 利用, 使用. 3 占拠, 占領; (土地, 家屋などの)占有. 4 〖軍事〗占領, 進駐. ━ejército de ～ 占領軍.

ocupacional 形 職業(上)の, 職業に関する. ━enfermedad ～ 職業病. terapia ～ 作業療法.

***ocupado, da** 過分〔→ocupar〕形 1 〖estar＋〗忙しい. 2 ふさがっている, 使用中の. ━Este asiento está ～. この席はふさがっている. 3 占領[占拠]された.

ocupador, dora 形名 → ocupante.

ocupante 形 場を占める, 占拠[占有]する, 占拠する. ━ 男女 1 場を占める人, 現住者, 占拠者. 2 乗客, 乗員.

ocupar [オクパル] 他 1 (場所を)占める, 占有する, 独占する; 居住する. 2 (ある職・ポストに)就く. ━ ～ el puesto de juez 判事のポストに就く. 3 a) (時間を)とる, かけさせる, 拘束する. ━La limpieza de la casa me ocupa dos horas. 私は家の掃除に2時間かかる. b) 〖＋en＋〗(時間)をかけると, られる. 4 雇う. ━ se 再 1〔＋de/en＋〕に) 専念する, 携わる. b)(…の)面倒を見る, 世話をする. 2〔＋de＋〕ことの, (…について)扱う[述べる].

ocurrencia 女 1 (突然の)思いつき, ひらめき; 機知, ユーモア. 2 出来事, 起こる(生じる, 出現する)こと.

ocurrente 形 気のきいた, 機知[ウィット]に富んだ.

ocurrido, da 過分〔→ocurrir〕形 1 起こった, 生じた. 2〖中南米〗機知に富んだ, ユーモアのある.

ocurrir [オクリル] 自 1 起こる, 起きる, 生じる. 3 人称単数形で用いられることが多い. 2〔＋a＋〕に) 思い浮かぶ, 思いつく. ━ se 再 1〔＋a＋〕に) 思い浮かぶ, 思いつく. ━Se le ocurrió una idea maliciosa. よこしまな考えが彼の脳裏に浮かんだ.

oda 女 頌詩, 頌歌, オード.

odalisca 女 〖歴史〗オダリスク(オスマントルコ皇帝の女奴隷), ハレムの女.

odeón 男 古代ギリシャの音楽堂

odiar [オディアル] 他 1 (を)憎む, 憎悪[嫌悪]する, 嫌う.

odio 男 憎しみ, 憎悪; 嫌悪.

odiosidad 女 憎らしさ, うっとうしさ, いやくどさ.

odioso, sa 形 1 憎らしい, 嫌気をさそう, くどもない. 2 不愛想な, 人をはねつける, 反感をかう. 3〖法律〗法の精神に反する.

odisea 女 (長期の)冒険旅行; 苦難の連続.

odómetro 男 1 歩数計. 2 走行距離計; タクシーメーター.

odonato 男 〖虫類〗トンボ目の. ━ 男 〖虫類〗トンボ目の昆虫; 〖複〗トンボ目.

odontalgia 女 〖医学〗歯痛.

odontología 女 歯科学.

odontológico, ca 形 歯科(学)の.

odontólogo, ga 女 歯科医.

odorante 形 臭いを発する.

odorífero, ra, odorífico, ca 形 〖まれ〗香気のある, 香りのよい.

odre 男 (主に酒や油を保存する, 羊の)皮袋. ▶ **estar como un odre** ひどく酔っ払っている.

OEA 〖頭字〗〔＜*Organização de Estados Americanos*〗女 米州機構(英 OAS).

oenegé 女 →ONG.

oesnoroeste 男 西北西(の風).

oeste [オエステ] 男 1 西, 西方, 西部. ━al ～ 西の方へ(に). 2 西風(= viento (del) ～). 3 (O～)(米国の)西部. ━película del O～ 西部劇(映画). ━ 形 西の.

oesudoeste, oesuroeste 男 西南西(の風).

ofender [オフェンデル] 他 1 侮辱する, (精神的に)傷つける. 2 を困らせる, …に不快感を与える. ━ ～ los oídos [la vista] 耳障り[目障り]である. ━ el sentido común 常識に反する. ━ se 再〔＋por＋〕で気分を害する, 侮辱を被る, 怒る.

ofendido, da 過分〔→ofender〕形 侵害された, 侮辱された. ━ 名 被害者, 侮辱[中傷]を受ける人.

ofensa 女 侮辱, 侮蔑; 気分を害する物や事柄.

ofensivo, va 形 1 侮辱するような, 不快な. 2 攻撃的, 攻勢の. ━ 女 攻撃的行動.

ofensor, sora 形 1 侮辱するような, 不快な. 2 攻撃の. ━ 名 1 侮辱する人, 無礼者. 2 攻撃者.

oferente 形 提供する, 売り込みする, 供給する. ━ 男女 提供者, 供給者, 売り込み人.

oferta 女 1 提供, 供給: 提示. 2 〖商業〗(商品・サービスなどの)供給; 入札, 付け値. 特売, 特別価格. ━de [en] ～ 特売(中)の. 4 申し出; プロポーズ; 贈り物. ━ ～ de matrimonio 結婚の申し込み.

ofertante 形 特売する; 値段を付ける. ━ 男女 特売する人.

ofertar 他 1 特売する. 2〖商業〗をオファーする. 3〖中南米〗を提供する. 4〖中南米〗を捧げる.

ofertorio 男 〖カト〗1 聖餐奉献. 2 聖餐奉献の祈り.

office〈＜仏〉男 配膳室, パントリー.

offset〈＜英〉男〔印刷〕オフセット印刷.

oficial 形 **1** 公式の, 公の. —documento ～ 公文書. lengua ～ 公用語. **2** (機関などが)国の, 国立の, 公の. ～web [página] ～ オフィシャルホームページ. **3** 公の, 公認の, 正式の. —— 男女 **1**〔軍事〕士官, 将校; 尉官 (jefe と suboficial の中間). ～ general 将官. **2** 役人, 官吏 (jefe y auxiliar の中間). **3** 公務員, 職員, 局員. ～ mayor 事務局長. **4** 警部. **5**〔女性形 oficiala〕職人 (maestro と aprendiz の中間), 工員; 事務員.

oficiala 女 女子職員, 女子事務員.

oficialía 女 職人の身分; 職人の資格.

oficialidad 女 **1** 公式であること, 公的性格, 公共性. **2** 将校団.

oficialismo 男〔中南米〕**1** 政府関係者, 当局者, 官僚. **2** 政府支持者.

oficialista 形〔中南米〕政府関係者の, 官僚の; 政府支持の, 官僚主義の. —— 男女 政府支持者, 官僚主義者.

oficializar [1.3] 他 を公式化する, 公認する.

oficialmente 副 **1** 公式に, 公的に; 正式に. **2** 表向きは, 世間的には.

oficiante 形 男女 ミサを司式する(人).

oficiar 他 **1** (ミサなど)を司式する. **2** を公式に通告する. —— 自〔＋de の〕役を務める.

oficina [オフィシナ] 女 事務所, オフィス; 職場; 研究室. —～ de colocación [empleo] 職業斡旋[紹介]所. ～ de correos 郵便局. ～ de información 案内所. horas [horario] de ～ 営業時間; 執務[勤務]時間. ～ pública 官公庁.

oficinal 形〔薬学〕**1** (植物が)薬用の. **2** 調剤済みの.

oficinesco, ca 形〔軽蔑〕事務的な, お役所的な.

oficinista 男女 事務員, 会社員; 事務官.

oficio [オフィシオ] 男 **1** 職, 仕事, 職業, 業務. —Tiene el ～ de carpintero. 大工を本業としている. **2** 手仕事; (仕事をの)技術・能力. **3** 役目, 役割, 機能. **4** (公的な)文書, 通達. **5**〔主に複〕〔カト〕奉仕, 職務, 聖務; 聖務日課 (＝～divino); 典礼, (特に聖週間中の)ミサ. ～ de difuntos 死者のための祭式, 葬儀, 追悼ミサ. Santo O～〔歴史〕異端審問所. ▶ **buenos oficios** 調停, 仲介, 斡旋. **de oficio** (1)〔法〕国選の, 裁判所の判断(指名)による. (2) 公の, 国[公費]での. **sin** (~o **no tener**) **oficio ni beneficio**《話, 軽蔑》無職[である], 定職を持たない.

oficiosamente 副 **1** (情報などに関して)非公式に, 半官的に. **2** 手まめに, おせっかいに.

oficiosidad 女 **1** (情報などの)非公式性, 半官性. **2** 手まめ. **3** 世話好き. (余計な)おせっかい.

oficioso, sa 形 **1** 非公式の, 半官の. —fuente oficiosa 非公式の筋. **2** 世話焼きの, お節介な(人). **3**〔新聞社の〕政府系の, 特定の機関[団体]の.

ofidio, dia 形〔動物〕蛇類の. —— 男〔動物〕蛇類.

ofimática 女 OA, OA機器.

ofrecer [オフレセル] [9.1] 他 **1 a)** を提供する. **b)** (パーティーなどを)催す. ～ una fiesta パーティーを催す. **c)** を勧める. ～ (＝持ち掛ける). **d)** を差し出す. **2 a)** (報償などを)約束する. ～ cien mil euros como rescate 身代金として10万ユーロの支払いを約束する. **b)** …の値段を付ける. (様相)を呈する, 見せる. **3**〔キリスト教〕を(神・聖人に)奉献する, 捧げる. —— **se** 再 **1**〔＋a＋不定詞〕(…することを)自ら申し出る, 買って出る. **2**〔＋a (人)に〕思い浮かぶ, 思いつく. **3**〔＋a (人)に〕望ましい. —¿Qué se le ofrece? (店員が客に)何かご用ですか.

ofrecimiento 男 提供; 申し出; 奉納, 捧げもの.

ofrenda 女 **1**〔カト〕**a)** (神や聖人への)捧献物. **b)** 埋葬時の教会への献納物. **2** 献身. **3** 贈り物.

ofrendar 他 **1** を捧げる, 奉納する. **2** を犠牲とする. —— 他〔＋a/por に〕献身する.

ofrezca(-) 動 → ofrecer [9.1].

oftalmia, oftalmía 女〔医学〕眼炎.

oftálmico, ca 形〔医学〕眼の, 眼科の, 眼炎の.

oftalmología 女〔医学〕眼科医学.

oftalmológico, ca 形〔医学〕眼科の.

oftalmólogo, ga 男 眼科医.

oftalmoscopia 女〔医学〕眼底検査.

oftalmoscopio 男 検眼鏡.

ofuscación 女 **1** 目がくらむこと, 眩惑, 目眩. **2** (感情により)目がくらむこと; 理性の乱れ.

ofuscamiento 男 → ofuscación.

ofuscar [1.1] 他 **1** …の目をくらませる. **2** (人)の心を乱す, (人)に理性を失わせる. —— **se** 再 **1** 目がくらむ. **2** 心を乱す, 理性を失う.

ogro, gresa 名〔女 ogra も用いられる〕**1** (民話・伝説の)食人鬼. **2** 残忍な人; 性格の悪い人.

oh〔オ〕間 (驚き・感嘆・恐れ・痛み・喜びなどを表す)ああ, まあ; おや; ～! ¡Oh, qué alegría! まあ, うれしい. ¿Vendrás a la fiesta? - Oh, sí, por supuesto. パーティーには来ますか. ええ, もちろんですとも.

ohm 男 → ohmio.

ohmio, gresa 男〔電気〕オーム(電気抵抗の単位, Ω).

oíble 形 聞こえる, 聞き取れる.

oíd, oídos 動 →oir [10.2].

oída 女 聞くこと. —conocer [saber] de [por] ~s 聞いて知っている.

oído [オイド] 男 **1** 聴覚, 聴力, 耳. —agradable al ~ 耳に快い. **2** 耳, 聴覚器官, 三半規管. —~ medio 中耳. ~ interno 内耳. **3** 音感 (=~ musical). —María tiene buen ~. マリーアは音感がよい. **4** (発砲台砲銃の), 導火線孔, (銃の)火門. ● aguzar [abrir, aplicar] el oído [los oídos] 耳を澄ませる, 耳をそばだてる, 聞き耳を立てる. al oído (1) 小声で, 耳元で; こっそりと. (2) (耳で)聞いただけで. cerrar los oídos a ... …に耳を貸さない, 耳をふさぐ. dar [prestar] oído(s) a... を信用する. de oído (1) (楽器などの演奏を)人に習わずに, 耳で覚えて. (2) 話に聞いただけで(の). duro [tardo] de oído 耳の遠い; 音感の悪い. entrar a 〖+人〗 por un oído y salir a 〖+ 人〗 por el otro 注意を払わない, 意に介さない, 馬耳東風である. hacer oídos sordos [de mercader] 注意を払わない, 気に留めない. llegar a oídos de 〖+人〗 …の耳に入る, 聞えてくる. pegarse al oído (曲などが)覚えやすい, 耳ばなれがよい. regalar los oídos [los oídos] お世辞を言う, うれしがらせる, へつらう. ser todo oídos 〖話〗熱心に耳を傾ける, 全身を耳にする. silbar[LE SONAR[LE ZUMBAR[LE los oídos (陰で)噂される; 批判されている(ことに気づく); (人に嫌と言われて)耳が熱い. tener un oído enfrente de otro 音痴である.

oidor, dora 形 聞く. — 名 聞き手, 聴者. — 男 〖歴史〗(昔の)聴訴官, 裁判官.

OIEA 〖頭字〗(<Organismo Internacional para la Energía Atómica) 男 国際原子力機関(英 IAEA).

oig- 動 →oir [10.2].

oíl 男 (lengua de ~)(中世北フランスの)オイル語.

oímos 動 →oir [10.2].

oír [オイル] [10.2] 他 **1**を聞く, 耳にする, …が聞こえる. —Me oyes?-Sí, te oigo muy bien. 私の言っていることが聞こえている?- えぇ、よく聞えるよ. **2** a) …に耳を傾ける, の意見を聞く, 承知する. b) (他人の頼み事を)聞き入れる, 聞き届ける, …に応じる. **3** 〖司法〗(申し立てを)聞きとる, 聴聞する. **4** を聴講する. ● como lo (que) oyes 聞いてのとおり(本当)だ. como quien oye llover 何を言おうと耳をかさずに. ¿Lo [me] oyes? (念を押して)わかるかい, いいね. oigan] (1)〖複数の相手に oigan〗(呼び掛けで)もし, ねえ, ちょっと. (2)〖スペイン〗(電話で掛ける方が)もしもし. ioye! (呼び掛けて)おい, ちょっと, ねえ. — 自 聞こえる. —Oigo mal. 私は耳が遠い. — se 再 (音が)聞こえる. —Se oyen pasos. 足音が聞こえる.

oís, oíste, oísteis 動 →oir [10.2].

OIT 〖頭字〗(<Organización Internacional del Trabajo) 女 国際労働機関(英 ILO).

ojal 男 **1** ボタン穴, ボタンホール. **2** 裂け目, 割れ目; 穴.

ojalá [オハラ] 間 (+(que)+接続法) …しますように, …だといいのだが; 〖単独で〗そうだといいんだが. —iO~ fuera una mujer! 女だったらよかったのに. iO~ hubieras venido! 君も来られればよかったのに.

ojeada 一 見, ひと目. —dar [echar] una ~ a... ~ をちらっと見る.

ojeador, dora 名 勢子(狩りで獲物を追いたてる人).

ojear[1] 他 **1**(獲物を)追いたてる, 狩り出す. **2** を脅して追い払う.

ojear[2] 他 **1** に目を通す, 見渡す. よくじっくり見て調べる. **2**〖南米〗〖話〗を呪う目で見る.

ojén 男 アニスのリキュール, アニス酒.

ojeo 男 狩り立て.

ojera 女 **1**〖主に複〗目の下の隈(ç). **2**〖医学〗洗眼コップ.

ojeriza 女 恨み, 反感, 悪意のある態度.

ojeroso, sa 形 目の下に隈(ç)のある.

ojete 男 **1**〖服飾〗鳩目穴, アイレット. **2**〖隠〗尻の穴.

ojigarzo, za 形 青い目の.

ojímetro 男 ● a ojímetro 大雑把に, 目分量で.

ojinegro, gra 形 黒目の.

ojito 男 ● hacer ojito a 〖+人に〗色目を使う.

ojiva 女 **1** 尖頭迫(ç)持ち, 尖頭アーチ, オジーヴ. **2** (ミサイルなどの)弾頭(部).

ojival 形 尖頭迫(ç)持形の, 尖頭アーチのついた.

ojo [オホ] 男 **1** 目, 眼球; 視力. —Tiene los ~s negros. 彼[彼女]は黒い目をしている. **2** 目つき; 視線. —alzar [levantar] los ~ al cielo 視線を上げる, 天を仰ぐ. **3** a)注意, 用心, 警戒. —Ten mucho ~ al cruzar la calle. 道を渡るときはよく気をつけなさい. b)〖間投詞的に〗気をつけろ. —iO~!: 注意[注目]. iO~ con lo que dices! 言葉に気をつけなさい. **4** (特殊な)能力, 才能, 鑑識眼 (=~ clínico). —Tiene buen ~ para los negocios. 彼は商売に長けている. **5** (主に道具類の)穴, 目. —~ de la cerradura 鍵穴. **6** (食物の中に出来る)穴, 気泡. **7** 斑点, 円い模様. **8** (平地にある)泉; 湧水(ç)地 (=~ de agua). **9**〖建築〗橋げたと橋げたの間, 径間. **10** (水に浮いた油などの)輪. **11** (ジャガイモの)芽, 新芽. **12** (洗濯物に)石鹸をつけること. **13**〖印刷〗(活字の)字面, 印刷面; b, p などの穴の部分. ● a ojo (de buen cubero) 大ざっぱに, 大体の目分量で. a ojos cerrados/a ojos cerrados/con los ojos cerrados よく考えずに, 盲目的に; 躊躇(ç)なく. a ojos vistas 〖強調〗明らかに, はっきりと.

abrir el ojo [los ojos]《話》(1) 用心する, (油断なく)見張る. (2) 迷いなどから目を覚ます, (誤りなどに)気づく, 開眼する. **abrir los ojos a...**《文》生まれる. **abrir los ojos a...**[＋人]…の目を覚まさせる. **aguzar los ojos** 目を光らせる, 注意して見る. **alegrarse [bailar] los ojos a...** (人)の目に喜びの色が浮かぶ. **andar [estar, ir] con ojo [con cien ojos]**《話》注意する, 用心する. **arrasarse los ojos de [en] lágrimas** 目に涙を浮かべる, 目を一杯にする. **avivar el ojo [los ojos]**《話》警戒する, 用心する. **bajar los ojos** 目を伏せる, 下を向く. **cerrar los ojos (a..., ante...)** (1) 死ぬ. (2) 眠る, 眠りに落ちる. (3)(…に)目をつぶる, 黙認する; 見よう としない. **clavar los ojos en...** …をじっと見る, …に目が釘付けになる. **coger entre ojos**《話》(人)を嫌う, 反感を抱く. **comer con los ojos**《話》見た目で食べたくなる; 外見にまどわされる. **comerse con los ojos (a...)**《話》(人)を物欲しげにほれぼれと[憎々しげに]見つめる. **comerse uno los ojos de la cara** 大事に, 大切に, 目に入れても痛くないほど. **con los ojos bajos** 目を伏せて, うつむいて. **con los ojos como platos** 目を丸くして. **con los ojos fuera de las órbitas**《驚き, 恐怖などに》目を見開いて. **costar [salir, valer] un ojo de la cara**《話》目の玉が飛び出るほど高い. **cuatro ojos**《話, 軽蔑》眼鏡をかけた人, 四つ眼. **dar en los ojos** (1) 気になる. (2)[＋con](人)を怒らせる, 悩ます. **dar uno de la cara por...**《主に過去未来形で》どうしても…したい[…が欲しい]. **¡Dichosos los ojos (que te [le, os, les] ven)!**《話》(人に会った時に)久しぶりですね, 会えてうれしいよ. **dormir con los ojos abiertos [con un ojo abierto] (como las liebres)**《話》警戒している, 用心深い, 気を抜かない. **echar el ojo (a...)**《話》…に目をつける, を見張る; 物欲しげに見る. **echar [poner] los ojos encima**《話》(人)を見かける, 会う. **echar un ojo (a...)**《話》(1) (見張るためなどに)ちらちらと見る, 時々見る. (2) さっと見る, 目を通す. **en [delante de] los ojos de**[＋人]…の見ている前で, …のいる所で. **entrar por los ojos (a...)**[＋人]…の気に入る, 目を引く. **en un abrir y cerrar de ojos** 瞬く間に, あっという間に. **hasta los ojos**《話》(事件, 問題などに)どっぷりつかって, はまりこんで, (借金で)首が回らずに; 飽きあきして. **irse a los ojos por [tras, detrás de]...**《話》(人)を物欲しげに, 渇望する. **mal de ojo** →**mal**. **meter... por los ojos a...**《話》(人)に…をしつこくすすめる, …の利点を述べ立てる, をうまく売りつける. **meterse por el ojo de una aguja** 抜け目のない, はしっこい, 頭の切れる. 口端の利く. **mirar con ojos de...** …の目[見方]で見る. **mirar con otros ojos** 見方を変える, 違った目で見る, 見直す. **mirarse en los ojos de**[＋人]…を深く愛する. **mirar [ver] con buenos ojos/mirar de buen [mal] ojo** 好意, 愛情[悪意]を持って]見る. **No lo verán tus ojos.**(可能性を強く打ち消す表現)そんなことありえない, 考えられない. **no quitar ojo a.../no los ojos de...**《話》…から目を離さない, をじっと見張っている. **no tener ojos en la cara**《話》目の節穴同然である, 状況が見えていない. **no [sin] pegar [cerrar] el [un] ojo [los ojos]**《話》一睡もしない[せずに], まんじりともしない[せずに]. **no tener ojos más que para...** …のことしか考えない, …にかかりきりである. **no ver más que por los ojos de**[＋(人)に] 夢中である, 恋焦がれている. **¡Ojo al parche!**《話》気をつけろ, 注意しなさい. **ojo avizor**《話》見張って, 注意して. **ojo de buey** 丸窓, 丸型の採光窓. **ojo de gallo [pollo]** 鶏の目; 赤ワインの橙色がかった褐色, またその色の[ワイン]. **ojo de gato** 猫目石, キャッツアイ. **ojo del huracán [ciclón]** (1) 台風の目. (2) (議論, 紛争などの)中心, 渦中. **ojo de perdiz** (1)(織物)大小のひし形を組み合わせた模様. (2) (闘牛)目の周りが赤い肉色をした牛. **ojo de pez** (光学, 写真)魚眼レンズ. **ojo de tigre** (鉱物)虎目石, タイガーズアイ. **ojo [ojito] derecho de...**《主に ser で》《話》…のお気に入り; …の片腕. **Ojo por ojo, diente por diente.** 目には目を, 歯には歯を. **ojos de carnero [cordero] degollado**《話》悲しげな目つき, 哀れっぽい目つき (= ojos tristes). **Ojos que no ven, corazón que no siente.**(諺)知らぬが仏. **ojos saltones [de besugo]**《話》目の出っ張った, ぎょろ目の. **pasar los ojos por [a]...** …にざっと目を通す. **poner... delante de los ojos de**[＋人]…をはっきり分からせる, 明確に示す, 納得させる. **poner los ojos [el ojo] en...** …に目をつける, を狙う; …に好意を持つ. **poner los ojos en blanco** (1) 白目をむく, 白目をむき出す. (2) 全くはぐらかす, 平然としらを切る, 何もせずに; ただだ. **por sus lindos ojos** たやすく, 何もせずに. **sacarLE los ojos** (人から)搾[占]め取る, (人)に大金を出させる. **sacarse los ojos** (互いに激しく)争う, 激しいけんかをする. **saltar a [dar en] los ojos**《話》白日である, 一目瞭然である, 火を見るより明らかである. **saltarse los ojos a...** (人)が物欲しそうにする, 物欲しげに見る. **sacar... (…の)目玉を引っこ抜く, 失明させる, を傷つける. **ser todo ojos**《話》目を皿のようにする, 非常に注意深く見る. **tener entre ojos [sobre ojo]** 嫌悪する, 憎んでいる. **tener los ojos en...** …をじっと見つめる. **tener los ojos puestos en...** …が欲しい, …に注目している. **traer... entre ojos** (人)から目を離さない, (人)を警戒する. **ver con los mismos ojos** 見解が一致する. **volver los ojos a...**

(1) …に関心を持つ；を頼る，…に助けを求める. (2) 振り向く；視線を転じる.

ojoso, sa 形 《南米》目が大きい.

ojota 女 《南米》(草や皮で作った)ぞうり，サンダル.

ojuelo 男 《主に複》《まれ》愛嬌のある目.

okapi 男 《動物》オカピ.

okupa 男女 《空き家の》不法占拠者.

:**ola** 女 1 《主に大きな》波，波浪；うねり．2 a) 《気象》波. — — de calor [frío] 熱波[寒波]. b) 殺到，高まり. —— de gente な波，流行. c) 《運動・傾向などの》波及，流行. —— inflacionaria インフレの波，インフレ傾向. ▶ hacer la ola (観客が次々に立って)ウェーブをする，ウェーブが起こる. **nueva ola** (文学・芸術などの)新しい波，新しい運動；ヌーベルバーグ. **ola verde** 時差信号.

ole, olé 間 (闘牛・舞踊などの掛け声)いいぞ，よし；それ行け，しっかり；ばんざい. —— 男 アンダルシアの舞踊(曲)の一種.

oleáceo, a 形 《植物》モクセイ科の.

oleáceo 男 《植物》モクセイ科の植物.

oleada 女 1 大波. 2 《波の》うねり，波の打ち寄せ. 3 (人などの)大量に押し寄せること.

oleaginoso, sa 形 油質性の.

oleaje 男 (水面上の)波立ち.

oleícola 形 オリーブ栽培[オリーブ油産業]の.

oleicultor, tora 形 オリーブ栽培[オリーブ油製造]の. — — 名 オリーブ栽培[オリーブ油製造]従事者.

oleicultura 女 オリーブ栽培，オリーブ油産業.

oleífero, ra 形 (植物が)油を出す，採油用の.

óleo 男 1 油，オリーブ油. 2 油彩，油絵の具. 3 《カト》《複数》聖油，聖香油，聖油を塗ること.

oleoducto 男 《オイル》パイプライン.

oleografía 女 油彩画の複製.

oleoso, sa 形 油性の.

oler [オレル] [5.10] 他 1 …のにおいをかぐ. —— el perfume 香水をかぐ. 2 を(しつこく)かぎ回る，探る. 3 (秘密など)をかぎつける，感づく，察知する. — — 自 1 〖+ a の〗においがする. — Hueles a sudor. 君は汗臭いぞ. 2 〖+ a の〗感じがする. …くさい. — Ese señor me huele a ratero. あの人はちょっとドロボーくさい. ▶ **no oler bien / oler mal** 胡散(,)臭い，怪しい，不審である. — **se** 再 疑う，…ではないかと思う.

olfatear 他 〖自動詞的にも〗1 …のにおいをかぐ；(動物が)かぎめぐる，獲物をさがして追う. 2 を詮索する，かぎ回る. 3 を疑う，…に感づく，をかぎつける.

olfateo 男 1 においをかぎ回ること，くんくんかぎ回ること. 2 詮索してかぎ回ること.

olfativo, va 形 嗅覚の.

olfato 男 1 嗅覚. 2 嗅覚，察知能力，かぎ分け.

olfatorio, ria 形 嗅覚の.

olíbano 男 乳香.

oliente 形 においを発する[主に bienoliente, malolienteなどの合成語で用いる].

oligarca 男女 寡頭(カトウ)政治の執政者，少数支配団体のメンバー.

oligarquía 女 寡頭政治，少数独裁(状態)；少数からなる支配者集団.

oligárquico, ca 形 寡頭(カトウ)政治の，少数支配の.

oligisto 男 《鉱物》赤鉄鉱，ヘマタイト.

oligoceno, na 形 《地学》漸新世の，漸新統の.

oligoelemento 男 《生化》微量元素.

oligofrenia 女 《医学》精神発達遅滞.

oligofrénico, ca 形 《医学》1 精神遅滞(者)の. 2 精神遅滞者.

oligopolio 男 《経済》売り手寡占.

olimpiada, olimpíada 女 1 オリンピア競技(会). 2 《古代ギリシャのオリンピック競技の開始の》4年間.

olímpico, ca 形 1 《ギリシャのオリンポス山 (monte Olimpo) の. 2 オリンピア (Olimpia, 古代ギリシャの都市)の. 3 オリンピック競技の. —juegos —s オリンピック大会. 4 尊大な，横柄な.

olimpismo 男 オリンピック精神.

oliscar [1.1] 他 1 においを軽くかぐ，くんくんかぐ. 2 を詮索する，かぎ回る. — 自 (腐敗物が)においを発する.

olisquear → oliscar.

:**oliva** 女 1 《植物》オリーブの実. 2 《植物》オリーブの木. 3 《鳥類》フクロウ.

oliváceo, a 形 オリーブ・グリーンの.

olivar 男 オリーブ畑，オリーブ園.

olivarda 女 《植物》オオグルマ(キク科の植物).

olivarero, ra 形 オリーブ栽培[オリーブ油産業]の. — — 名 オリーブ栽培[オリーブ油産業]従事者.

olivera 女 → olivo.

olivícola 形 オリーブ栽培の.

olivicultor, tora 形名 オリーブ産業従事者(の).

olivicultura 女 オリーブ産業.

olivino 男 《鉱物》ペリドット.

:**olivo** 男 《植物》オリーブの木；オリーブ材. ▶ **tomar [coger] el olivo** 闘牛士が)防柵の中に逃げ込む；逃げる，退散する.

olla 女 1 鍋，深鍋. — expres (a presión) 圧力鍋. 2 煮込み料理，煮物，シチュー. ▶ **olla de grillos** 《話》騒々しい場所.

ollar 男 馬の鼻穴.

ollería 女 1 鍋屋. 2 〖集合的に〗鍋類.

ollero 男 かめ，つぼ作りの陶工.

olma 女 ニレの大木.

olmeca 形 《歴史》《メキシコの》オルメカ(人)の. — 男女 オルメカ人．

olmeda 女 ニレ林，ニレ並木．

olmedo 男 → olmeda.

:**olmo** 男 《植物》ニレ(楡)，ニレの木；ニレ

類.

ológrafo, fa (hológrafo とも書く) 形 自筆の, 自署の. ―― 男 自筆の遺言状.

olor [オロル] 男 におい, 香り. ▶ *de olor* 香りのついた. ―*agua [loción, hierbas] de olor* オーデコロン[ローション, 香草]. ***en olor de...*** …の雰囲気[気配]の中で. ***en olor de multitud(es)*** 群集の歓呼のうちに, 観衆の喝采を受けて. ***en olor de santidad*** 聖人の誉れのうちに, 高徳の名声とともに. ***olor a chamusquina*** きな臭いこと, 悪いことが起こりそうな気配.

oloroso, sa 形 香気を発する. ―― 男 オロロソ[シェリー酒の一種で, 香りが強く, 色は濃いめ].

OLP 〈頭字〉[< *Organización para la Liberación de Palestina*] 女 パレスチナ解放機構(英 PLO).

olvidadizo, za 形 忘れっぽい, 忘れやすい; 恩知らずの. ―*hacerse el ~* 忘れたふりをする.

***olvidado, da** 過分 (→olvidar) 形 1 忘れた; 忘れられた, 見捨てられた. 2 うっかりの; 忘れっぽい; 恩知らずの.

olvidar [オルビダル] 他 1 を忘れる, 思い出せない, 失念する. 2[+不定詞]をし忘れる, うっかりして(…を)しない. ―*Olvidé decirte que no me esperaras.* 私は君に待たなくてもよいと言い忘れた. 3 を置き忘れる. 4 …に愛[関心]を失う, 愛想を尽かす. 5 を(意図的に)忘れる, を考えない, 許す. ――**se** 再 1 a) [+ de を] 忘れる, 忘れてしまう, 思い出せない. ―*Se ha olvidado del día de mi cumpleaños.* 彼は私の誕生日を忘れた. b) [+不定詞] うっかり忘れる[忘れられる対象が文法上の主語]. ―*Se me olvidó avisarle.* 私は彼に知らせるのを忘れた. 2 [+ de 不定詞] うっかりして…し忘れる. 3 [+ de に] 愛[関心]を失う, 愛想を尽かす. 4 [+ de を] 考えない, 許す.

olvido [オルビド] 男 1 忘れること, 忘却. ―*dar [echar〔古〕] en el [al] ~* 忘れる, 忘れ去る. *enterrar [hundir, sepultar] en el ~* きれいさっぱり忘れる, 努めて忘れる. *estar en el ~* 忘れられている. *relegar al ~* (わざと)忘れる, 葬り去る. 2 うっかりすること, 不注意, 失念. 3 愛想をつかすこと, 興味を失うこと. 4 忘れられた事柄(もの, 内容).

Omán 固名 (Sultanato de ~)オマーン国(首都 Mascate).

omaní 形 男女 [複 ~(e)s] オマーン(Omán)の(人).

ombligo 男 1 [解剖] へそ, へその緒. 2 中心, 拠点. 3 ~ *de Venus*. a) [植物] イワレンゲ, 高嶺きすみ. b) ボタン, 宝飾に使われる貝殻の一種 (= ~ *marino*). ▶ *mirarse el ombligo* [話] 自己満足に陥る.

ombliguero 男 新生児のへそを保護するための包帯.

ombú 男 [複 ~(e)s] [植物] オンブー.

OMC 〈頭字〉[< *Organização Mundial de Comercio*] 女 世界貿易機関(英 WTO).

omega 女 1 オメガ(ギリシャ語アルファベットの最終第24字: Ω, ω). 2 物事の最後.

omeya 形 [歴史] ウマイヤ朝の. ―― 男女 ウマイヤ朝初代カリフの子孫; ウマイヤ王家の人[子孫].

ómicron 女 オミクロン(ギリシャ語アルファベットの第15字: O, *o*).

ominoso, sa 形 1 極悪の, 憎むべき, ぞっとする. 2 不吉な.

omisión 女 1 省略, 脱落, 記載漏れ. 2 手ぬかり, やり漏らし, 見逃すこと, 遺漏. 3 職務怠慢, なおざり.

***omiso, sa** 形 無視された. ▶ *hacer caso omiso de...* を無視する.

omitir 他 1 を省く, せずにおく. 2 を言わずに[書かずに]おく, 明記しない.

ómnibus 男 [単複同形] 1 乗り合いバス. 2 [主に複合名詞中で] 各駅停車の電車 (*tren ~*).

omnicomprensivo, va 形 包括的な.

omnímodo, da 形 全てを包括する, 全面的・絶対的な.

omnipotencia 女 全能, 絶対的力.

omnipotente 形 1 全能の, 絶対的な. 2 大きな支配力[影響力]のある.

omnipresencia 女 遍在(性).

omnipresente 形 1 遍在する. 普現の. 2 〔俗〕どこにでも顔を出す, 神出鬼没の.

omnisapiente 形 →omnisciente.

omnisciencia 女 全知, 博学.

omnisciente 形 全知の, 博学の.

omniscio 形 →omnisciente.

ómnium 男 [単複同形] 1 総合商社. 2 総合自転車レース.

omnívoro, ra 形 雑食動物の. ――男女 雑食動物.

omoplato, omóplato 男 [解剖] 肩胛骨(はんこつ).

OMS 〈頭字〉[< *Organización Mundial de Salud*] 女 世界保健機関(英 WHO).

onagra 女 [植物] ママツヨイグサ.

onagro 男 1 オナジー, アジアロバ. 2 (古代の)大型投石器.

onanismo 男 自慰, オナニー.

onanista 形 自慰[オナニー]の. ―― 男女 自慰をする人.

ONCE 〈頭字〉[< *Organización Nacional de Ciegos Españoles*] 女 スペイン盲国人協会.

once [オンセ] 数 1 11の. 2 [序数的に] 11番目の. ―*el 11-M* 3.11事件(2004年のマドリードの列車テロ事件), *el 11-S* 9.11事件(2001年の米国の同時テロ事件). ―― 男 1 11(の数字). 2 [スポ] (特にサッカーの)イレブン, 11人一組のチーム. 3 [las +] 11時.

onceavo, va 形 11分の1.
onceno, na 形 11番目の.
oncogén 男 《医学, 生物》癌(がん)遺伝子.
oncología 女 《医学》腫瘍(しゅよう)学.
oncológico, ca 形 《医学》腫瘍(しゅよう)学の, 腫瘍学に関する.
oncólogo, ga 名 《医学》腫瘍(しゅよう)学者.
:onda 女 **1** 波, うねり, 波紋. **2** 波形(波状)のもの; (髪の)ウェーブ. 衣類などの)フリル. **3**《物理》(音・光・電気などの)波, 波動; 周波数. ~ eléctrica 電波. ~ electromagnética 電磁波. ~ larga 長波. ~ media 中波. ~ sísmica 地震波. ~(s) ultrasónica(s) [ultrasonora(s)] 超音波. longitud de ~ 波長. **4**【話】風潮, 雰囲気; 流行. ▶ captar [coger] (la) onda (話などが)わかる, 意を汲(く)む, 真意を見抜く. estar en [fuera de] la onda (話) (1)流行に遅れていない[いる]. 最近の傾向に合っている[いない]. (2)何の話かわかっている[いない], 話についていっている[いない]. estar en la misma onda (話)(意見・趣味などが)合う, 一致する.
ondeante 形 波打つ, うねる, 波状の; (旗などが)翻っている.
ondear 自 a) 波打つ, 波立つ, うねる. b) 波(状)である. **2**(風などで)揺れる. ―― 他 を波打たせる, 波形にする. ――se 再 **1**体をくねらせて歩く. **2**風で揺れる.
ondeo 男 **1**波立ち, うねり, 波動. **2**(旗などの)翻(ひるがえ)り, 揺れ, 翻ること.
ondina 女 (北欧神話の)水の精女, ウンディーネ.
ondulación 女 **1**波打つこと, うねり, 波形にすること, アンジュレーション. **2**髪のウェーブ. ~ permanente パーマ. **3**《物理》表面張力波.
ondulado, da 形 波打った, ウェーブのかかった. ―― 男 周期的な振動.
ondulante 形 ゆったり波打つ, 波状の, 起伏のある.
ondular 他 …に波形をつける. ―― 自 **1**波打つ, うねる, リズミカルに動く. **2**蛇行する.
ondulatorio, ria 形 **1**波動の, 波動力学の, 波動の. **2**波状の.
oneroso, sa 形 **1**負担になる, 高くつく. **2**わずらわしい, 厄介な. **3**《法律》負担付きの, 有償の.
ONG《頭字》〔<*Organización No Gubernamental*〕女 非政府組織(英 NGO).
ónice 男 縞めのう.
onicofagia 女 爪を噛む癖, 咬(こう)爪(そう)症.
onírico, ca 形 夢の.
oniromancia, oniromancía 女 夢占い.
ónix 男 →ónice.
on-line, on line, online 形副〖無変化〗《情報》オンラインの[で] (=en línea). ―servicios ~ オンラインサービス.
ONO《略号》=oesnoroeste 西北西.
onomancia, onomancía 女 姓名判断.
onomasiología 女 《言語》名義論.
onomasiológico, ca 形 名義論の, 名義論に関する.
onomástico, ca 形 人名の, 固有名詞の. ―― 男 **1**《中南米》(カト)霊名の祝日(=día ~, 自分の命名の元になった守護聖人の祝日). **2**《言語》固有名詞学. **3**《スペイン》霊名の祝日.
onomatopeya 女 擬音(語), 擬声(語).
onomatopéyico, ca 形 擬音(語)の, 擬声(語)の.
onoquiles 女〖単複同形〗《植物》アルカンナ(ムラサキ科, 根は赤色染料となる).
ontogenia 女 《生物》個体発生.
ontología 女 《哲学》存在論.
ontológico, ca 形 《哲学》存在論的な.
ontologismo 男 《哲学》本体論主義.
ONU《頭字》〔<*Organización de las Naciones Unidas*〕女 国際連合, 国連(英 UN).
onubense 形 ウエルバ (Huelva: スペイン・アンダルシア地方の県, 県都)の. ―― 男女 ウエルバ出身者, ウエルバ県民・市民.
ONUDI《頭字》〔<*Organización de las Naciones Unidas para el Desarrollo Industrial*〕女 国連工業開発機関(英 UNIDO).
onza[1] 女 **1**オンス(重量単位; 約30g). **2**オンサ. **3**8つに区切られた半リーブラサイズの板チョコの1切り.
onza[2] 女 《動物》ユキヒョウの一種.
onzavo, va 形名 11分の1(の).
oogénesis 女〖単複同形〗《生物》卵形成.
oosfera 女 《植物》(コケ・シダ類の)卵細胞.
OPA《頭字》〔<*Oferta Pública de Adquisición*〕女 (株式の)公開買い付け(英 TOB).
opa 男女 **1**《南米》【話, 軽蔑】ばかな(人).
opacar 他 《中南米》 **1**を不透明にする, 曇らせる. **2**(人に)勝る. ―― se 再 (空が)曇る.
:opacidad 女 不透明; 不明瞭.
opaco, ca 形 **1**〖時に+a〗光を通さない, 不透明な; 不透過性の. **2**(色などが)暗い, 輝きのない; さえない. ―luz *opaca* 鈍い光. hombre ~ ぱっとしない[取られのない]人. **3**《文》陰気な, 暗い, 悲しい. ―ojos ~s 悲しげな目つき.
opalescencia 女 オパールの光沢, 乳白色の輝き.
opalescente 形 オパールのような光沢のある.
opalino, na 形 **1**オパールの. **2**オパール色の. ―― 女 乳白ガラス.

ópalo 男 《鉱物》オパール, 蛋白石; オパール色 (=color ~). —~ **lechoso** 白オパール, 乳白色のオパール.

opción 女 **1** 選択, 随意, 選択の自由・余地. **2** 《就任・昇進の》権利. **3** 付随的特典. **4** 《法律》《契約・売買の》オプション, 選択権. **5** 《情報》オプション.

opcional 形 任意の, 随意の, 自由選択の.

op. cit. 《略号》 =opere citato (en la obra citada) 引用書中に, 引用書中に.

open 形; 男 《無変化》(スペル) オープンゲーム(の) (=abierto). —**torneo** ~ オープントーナメント. — **de tenis** オープンテニス.

OPEP 《頭字》 [<Organización de Países Exportadores de Petróleo] 女 石油輸出国機構(英 OPEC).

ópera 女 **1** オペラ, 歌劇. —~ **bufa** 喜歌劇. **2** オペラ劇場, 歌劇場. ► **ópera prima** 《雅》処女作.

operable 形 **1** 操作可能な, 運営可能な, 扱いやすい. **2** 手術可能な.

operación 女 **1** 活動的, 作業, 操作. —*operaciones de rescate* 救助活動. **2** 働き, 作用; 効用. —~ **automática** オートメーション. **3** 《医学》手術. —~ **quirúrgica** 外科手術. **4** 《数学》演算. —*las cuatro operaciones básicas* 四則演算(加減乗除). **5** 《経済》商業取引, 売買. **6** 《軍・警察などの》作戦(行動). **7** 《計画的な》 動, 犯罪行為. ► *operación cesárea* 帝王切開. ► *teatro de operaciones* 《軍事》戦域.

operacional 形 戦術上の, 操作上の.

operador, dora 形 **1** 操作員, 技師, 作業する人. **2** 《医学》執刀医. **3** 電話交換手, オペレーター. **4** 《映画》撮影技師, 撮影技師. — 男 **1** 《数学, 情報》演算子. 作用素. **2** a) 旅行業者 (= ~ de turismo). b) 電信電話運営企業〔事業者〕. — 女 運営企業〔事業者〕. —~ **de telefonía** 電信電話事業者.

operante 形 **1** 働いている, 操業中の, 作用している. **2** 効果的な, 有効な.

operar 他 **1** …に手術を施す, を手術する. —*Me han operado de la vesícula biliar.* 私は胆のうの手術を受けた. **2** もたらす, 生じさせる, 引き起こす. —自 **1** 〔+ en/sobre の〕作用する, 効果の現れる. **2** 《数学》演算する, 計算する. **3** 行動する, 活動する, 働く. **4** 〔+ con 〕商取引をする. **5** 操業する, 作業する. **6** 《軍事》軍事(作戦)行動をとる. **7** 悪事を働く. —**se** 再 **1** される. 生じる. **2** 手術を受ける. —*Me he operado del corazón.* 私は心臓手術を受けた.

operario, ria 名 職工, 工員.

operatividad 女 効率, 作業能力; 有効性.

operativo, va 形 効果的な, 有効な.

operatorio, ria 形 **1** 手術の, 手術後の. **2** 手術可能の.

opérculo 男 **1** 《植物》蓋蓋(がい). **2** 巻貝の蓋(ふた), 《魚の》えら蓋.

opereta 女 《音楽》オペレッタ, 軽歌劇.

operístico, ca 形 オペラの, オペラ風の.

opiáceo, a 形 **1** アヘンの, アヘンを混ぜた. **2** 鎮静効果のある, 麻酔性の.

opilación 女 《医学》閉塞(へいそく).

opimo, ma 形 豊富な, 大量の, 多産な.

opinable 形 様々な意見を呼ぶ, 議論の余地のある, 議論すべき.

opinar [オピナル] 自 〔+ de/sobre について〕意見を述べる, 意見〔考え〕を持つ. — 他 〔+ que + 直説法〕…という意見である, …と考える. —*Opino que lo mejor es esperar.* 私の意見では, 待つのが最善だ.

opinión [オピニオン] 女 **1** 意見, 見解, 考え. —¿*Qué tiene Ud.?* あなたのご意見はいかがでしょうか. **2** 〔+ es buena [mala] +〕評判, 評価. ► *opinión pública* 世論, 世論.

opio 男 **1** アヘン. **2** うっとりさせるもの.

opiómano, na 形 アヘン中毒の. — 名 アヘン中毒者.

opíparo, ra 形 《食事・料理が》良い, 量が多くておいしい.

oponente 形 意見の対立する, 対戦する. — 男女 対立者, 対戦者.

oponer [10.7] 他 〔+ a/contra に対して〕を対抗させる, 対置する. —*El detenido no opuso resistencia a la policía.* 容疑者は警察に抵抗しなかった. —**se** 再 **1** 〔+ a〕 a)〔…に〕対立する, 反対である. b)〔…に〕反する, 反対論を唱える. **2**〔…に〕向かい合う.

oponible 形 〔+ a に〕反対出来る, 対抗し得る.

oporto 男 《ポルトガルの》ポルト産のワイン, ポートワイン.

oportunamente 副 タイミングよく; 都合よく; 臨機応変に.

oportunidad [オポルトゥニダ] 女 **1** 折りよいこと, 時宜を得ていること. **2** 好機, 機会, チャンス; 場合. **3** 《主に複》安売り, バーゲン, 値引き.

oportunismo 男 ご都合主義, 便宜主義, 日和見主義.

oportunista 形 ご都合主義者の, 日和見主義の. — 男女 ご都合主義者, 日和見主義者.

oportuno, na 形 **1** 好都合の, 時宜を得た, 折りよい. **2** 気の利いた, 機知に富んだ, 当意即妙の.

oposición 女 **1** 反対, 抵抗; 対立. **2** 《政治》反対派; 野党. **3** 《主に複》採用試験, 就職試験. **4** 《天文》衝(しょう); 《占星術の》オポジション.

oposicionista 男女 反対派〔勢力〕の人, 野党員. — 形 反対派〔勢力〕の, 野党の.

opositar 自 〔+ a で〕採用〔選抜〕試験を受ける.

opositor, tora 名 **1** 採用〔選抜〕試験

opoterapia の受験者. **2** 反対者, 対向者.

opoterapia 囡 臓器療法.

:opresión 囡 **1** 弾圧, 抑圧, 締め付け. —～ política 政治的抑圧. ▶ opresión de pecho 息苦しさ.

opresivo, va 形 圧迫の, 制圧的な, 抑圧的な.

opresor, sora 形 圧迫する, 抑圧する, 抑圧的な. —～ gobierno ～ 圧政を敷く政府. —男女 制圧者, 抑圧的な支配者.

oprimir 他 **1** を圧迫する, 抑えつける. **2** (精神的に)を抑圧する, 嫌がらせる; (感情的に)胸をしめつける, 苦しめる.

oprobio 男 **1** 恥, 汚名, 不名誉. **2** 無礼.

oprobioso, sa 形 **1** 不名誉な, 恥ずべき. **2** 無礼な.

:optar 自 **1** [＋por を/entre から] 選ぶ, 選択する. **2** [＋a を] 得ようとする, 志望する.

optativo, va 形 **1** 自由選択の, 随意の. —asignaturas optativas 選択科目. **2** 《言語》願望を表す. —modo ～ 希求法.

:óptico, ca 形 **1** 光学の. **2** 目の, 視覚の. —めがね・レンズ技師の めがね屋. —囡 **1** 光学. **2** レンズ光学, レンズがね関係の技術; 《集合的に》光学機器類. **3** めがね屋[店]. **5** 視点, 観点.

optimar 他 →optimizar.

optimismo 男 **1** 楽観主義, 楽天的なこと; 《哲学》楽観論, 最善観.

:optimista 形 楽天的な, 楽観主義[論]の. —男女 楽天家, 楽観主義者.

optimización, optimación 囡 《情報》最適化.

optimizar 他 **1** を最大限に活かす[活用する], 最善のものにする, 最も効果的にする. **2** 《情報》を最適化する.

:óptimo, ma 形 《bueno の絶対最上級》この上なく良い, 最高の.

optometría 囡 《光学》視力測定法, 検眼.

:opuesto, ta 過分 〔→oponer〕形 **1** 反対の, 相反する, 対立する. **2** 反対側の, 対面の, 向かい側の. **3** 《植物》(葉などが)対生の.

opulencia 囡 **1** 富裕, 豊満. **2** 裕福, 豊かさ.

opulento, ta 形 **1** 豊かな, 豊富な, 豊満な. **2** 裕福な.

opus 形 《まれに》囡 《単複同形》《音楽》音楽作品, (作曲家の)作品番号.

opúsculo 男 小冊子, 小著, 小作品.

oquedad 囡 **1** 空洞, くぼみ穴. **2** 空虚, むなしさ.

oquedal 男 大木だけの山.

ora 接 (繰り返して)…したり…したり, …は…またあるいは….

oración 囡 **1** 祈り, 祈禱(とう); 祈りの言葉. **2** (カト) 晩のお告げ(アンジェラス)の鐘, 鐘. **3** 《文》演説, 式辞. **4** 《言語》文. —～ compuesta 複文. ～ simple 単文. ▶ oración dominical 主の祈り.

oracional 形 《言語》文の; 節の. —男 祈禱(とう)書.

oráculo 男 **1** 神のお告げ, 神託. **2** 《しばしば皮肉》大先生, その道の権威.

orador, dora 男女 **1** 演説家, 講演者. **2** 雄弁家. **3** 説教師, 伝道師 (= ～ sagrado).

:oral 形 **1** 口頭の —examen — 口頭試問, 口述試験. **2** 口の, 経口の. —por vía ～ 経口で, 口から. **3** 《音声》(鼻子音 nasal に対して)口腔の.

orangután 男 オランウータン.

orar 自 〔＋por のために〕《神などに》祈る, 祈願する, 祈りを捧げる. **2** 演説する.

orate 男女 **1** 狂人. **2** 無分別な人.

oratoria[1] 囡 **1** 雄弁術. **2** 談話, 演説, 頌詞[ことば]などの文学ジャンル.

oratorio, ria 形 雄弁術の, 演説調の. —男 **1** 祈念所, 神棚. **2** 聖譚曲, オラトリオ.

:orbe 男 **1** 《雅》世界, 地球. —en todo el ～ 世界中で, 全世界に. **2** 《雅》天球; 地球. ‖天体.

orbicular 形 **1** 球形の, 丸い. **2** 《解剖》輪筋の. —男 《解剖》輪筋.

:órbita 囡 **1** 《天文, 物理》軌道. **2** 域, (活動・影響の)範囲. **3** 《解剖》眼窩(がか). ▶ estar en órbita 時流に乗っている; 情報「現状」について行っている. poner en órbita (衛星)を軌道に乗せる; (人・物事)の人気を高める.

orbital 形 **1** 軌道の. **2** 《解剖》眼窩(か)の. **3** 《物理》軌道関数.

orca 囡 《動物》シャチ.

orco 男 **1** 《歴史》(古代ローマの)黄泉の国, 冥府. **2** 地獄.

órdago 男 ムス (mus. トランプゲームの一種)で, 有り金全てを賭けること. ▶ de órdago 《話》すごい, すばらしい.

ordalía 囡 《歴史》(中世の)神題裁判, 試罪法.

orden [オルデン] 男 《複》órdenes **1** 順番, 順. —por ～ alfabético [cronológico, de edad] アルファベット[年代, 年令]順に. por su ～ 順を追って, 順々に. **2** 秩序, 正常な状態; 整理. —～ natural 自然の秩序. —público 治安. **3** 種類; 等級. —de primer ～ 一流の. **4** 分野, 領域, 範囲. **5** (軍事)隊形. **6** 《生物》(動植物の分類上の)目(t)(類(綱) clase と科 familia の間). **7** 《建築》古典建築の各様式. —～ dórico [corintio, jónico] ドーリア[コリント, イオニア]様式. **8** 《数学》順序, 次数. **9** 祈りの句, 祈り. **10** (カト) 叙階(七秘跡の第六) (= ～ sacerdotal). **11** 列, 行列. —del orden de... およそ…, …くらい; …の単位で. de orden 保守的な, 規律正しい, 厳格な. de otro orden 他の種類の, de todo orden あらゆる種類の. en orden きちんと, 整然と, 順序良く. —Deja los libros en orden. 本をきちんと並べておきなさい. en orden a... 《文》…のために, …の目的で; …に関して. llamar al orden

律を守らせ、態度を正させる、叱責(ﾆﾝｾｷ)する; 静粛を求める。**orden del día** 審議事項, 議事日程。**por orden de...** …の順序で。**por (su) orden** 順序どおりに; 整然と。**sin orden ni concierto** 雑然とした、乱れた、でたらめに。— 2【軍】命令, 指令;【法律】令状。— ~ de detención [arresto] 逮捕令状。2 a)修道会, 教団 (= ~ religiosa). b) 騎士団 (= ~ militar [de caballería]). 3【商業】注文, 注文書。4【公的な】勲章, 賞; 勲等。5【主に【宗教】】聖職者の】階級, 位。— **a la orden** (1)【商業】（小切手などが）指図式の。(2)かしこまりました, 承知しました;【軍隊では】了解。**a las órdenes de...** …の指示に従って, …の命令どおりに;…に従う用意が出来て。**a su orden [a sus órdenes]** (あなたの)仰せの通りに; 何なりとご用命ください;【ﾒｷｼｺ】どういたしまして。**dar órdenes** 命令をする [por] orden de ... …の命令により, 指示で。**estar a la orden del día** 日常茶飯事である, 頻繁に起こる。

ordenación 女 1 配置, 配列, 並べること。2 整備, 開発 計画。— plan de ~ del territorio 国土(開発)計画。3【宗教】（司祭になる際の）叙任(式), 叙階(式)。4【美術】構図。5【建築】間取り。6【官庁の】会計局, 支払命令を出す部局 (= ~ de pagos). 7 命令, 規制。

ordenada 女 → ordenado.

ordenadamente 副 整然と, 秩序立てて。

○ **ordenado, da** 過分 [→ ordenar] 1（人が）きちんとした, きちょうめんな。2 整理された, 順序正しい, 秩序ある。3 差し向けられた。— 女【数学】縦座標, y 座標。

ordenador, dora 形 秩序を与える, 整理する。命令 [指揮] する。— 男, 女主任, 指揮者, 整理者。— 男【スペイン】コンピューター。= personal パソコン。

ordenamiento 男 1 法令(集), 条例, 勅令。2 整理, 配置。

ordenancismo 男 規律厳守の傾向, 行き過ぎた規則重視。

ordenancista 男女 形 法や規則にうるさい(人)。

ordenando 男【ｶﾄ】叙階志願者。

ordenanza 女 1【主に【宗教】】法令, 命令, 軍規。2 命令, 指示。3【美術】配置, 構図, 構成。— 男 1【軍事】伝令, 当番兵, 従卒。2（官庁・会社などの）使い走り, 下級職員。

ordenar [ｵﾙﾃﾞﾅﾙ] 他 1 整理する。片付ける。2【順序立てて】配列する;【順序】ソートする。— ~ las fichas por materias 項目ごとにカードを順序良く並べる。2 [+ a に] 命令する, 命じる, 指令する。3 [+ a に] （ある方向・目的に）を向ける。差し向ける。4【ｶﾄ】叙階する。— **se** 再 [+ a に] 叙階される。~ **ordeno y mando** 命令は絶対服従。

ordeñador, dora 形 乳しぼりをする,

搾(乳)の。— 名 搾乳者。— 女 搾乳器。

ordeñar 他 1 …の乳をしぼる。2 付いている物をしごき落とす。3 利用しつくす, しぼり取る。

ordeño 男 乳しぼり, 乳をしごき落とすこと。

ordinal 形 順序を示す, 序数の。— 男【文】序数 (=número ~).

ordinariamente 副 1 通常は, 普通は, 一般に。2 粗野に, 不作法に。

ordinariez 女 (ordinarieces) 1 （品質などが）粗野であふれていること。2 ぶしつけな[粗野な]言動, 不作法。

ordinario, ria [ｵﾙﾃﾞｨﾅﾘｵ, ﾘｱ] 形 1 普通の, 通常の。2 平凡な; 上等でない, 質素な。3 (速達などでない) 普通郵便。— por correo ~ 普通郵便で。4【法律】— juez ~ 第一審の判事。5 下品な, 教養の低い, 粗野な。— modales ~s マナー[行儀]の悪さ。6【ｶﾄ】教区司教。— 男【ｶﾄ】教区司教。— **de ordinario** 普通は, 日常的に; しばしば。— 名 下品な人, がさつな人, 粗野な人。

ordovícico, ca 形 男【地質】(O~) オルドビス紀(の)。

oréada, oréade 女【ｷﾞﾘｼｬ】森や山の妖精, オレイアス。

orear 他 を(かび・臭い取りや乾燥のために) 空気にさらす, 外気に当てる。— **se** 再 1 外の空気に当たって気分転換する。2 風[外気]にあたる。

orégano 男【植物】花ハッカ, オレガノ。— **No todo es monte de orégano.**【注意・忠告の意で否定文で】すべがうまくいくとはかぎらない。

oreja [ｵﾚﾊ] 女 1 耳; 耳朶(ﾐﾐｹﾞ)。2 耳状の部分, 左右に張り出した部分; 取っ手。— sillón de ~s (背もたれの左右に張り出した部分がある)椅子, ウイングチェアー。3【話】聴覚; 聞くこと, 注意。4【中米】（警察へのたれこみ屋, 密告者。5【南米】【話, 軽蔑】おべっか使い。— **agachar [bajar] las orejas**【話】（口論・反駁(ﾊﾝﾊﾞｸ)などに）屈する, 負ける, 折れる。**aguzar las orejas** (1) (馬などの単専の動物が)耳を立てる。(2) (人が)耳を傾ける, 耳をそば立てて聞く。**calentar las orejas**【話】叱る, 罰する, お灸をすえる; (人をうんざりさせる。**con las orejas gachas [caídas]**【話】うちひがれて, しょんぼりして, 気に入って, 恐れ入って。**de oreja a oreja**【話】口が裂けそうなぐらい大きい; 口を左右一杯にひろげて。**descubrir [asomar, enseñar] la oreja** 本性を出す, 本心を (うっかり)見せる, 尻尾を出す; 姿をあらわす, 顔をのぞかせる。**mojar la oreja**【話】挑む, 挑発する, けしかける; しぐ。**oreja marina [de mar]**【貝類】アワビ。**orejas de soplillo** 大きい[張り出した]耳。**planchar [aplastar] la oreja**【話】寝る, 眠る。**poner las orejas coloradas**【話】責める, とがめる; 恥をかかせる。**salírsele las orejas**【話】…にふんだんにある, あふれている, 満ちている。**ser un orejas**【話, 軽蔑】耳が大きい[張り出している]。**tirar**

de las orejas 《話》(祝福の仕事として) 人の耳を引っ張る; 叱る, 責める. **ver las orejas al lobo** 《話》(危険・困難などに) 気づく.

orejear 他 〖中米〗カードゲームの勝ち札を探る. — 自 耳を動かす.

orejera 女 **1** (帽子やかぶとの)耳おい, 耳あて. **2** (動〖昆〗)螯土(はさみ)板, 鋤へら. **3** (桃)の防墜用面懸(おもがい). **4** 馬の防墜用面懸(おもがい). **5** (椅子の背もたれの)ヘッドレスト. ▶ **tener [llevar] orejeras** 耳をふさいでいる, 人の話を聞かない.

orejón **1** 大きな耳, 耳の大きな人. **2** 耳を引っぱること. **3** (桃・アプリコットなどの)乾果実. **4** 〖歴史〗インカ帝国の貴族. **5** インディオの耳飾り. **6** 〖歴史〗オレホン人(中南米各地で先住民につけられた名称). **7** 〖中南米〗粗野〖田舎(いなか)くさい〗人.

orejudo, da 形 耳の大きな, 《動物》耳の大きいコウモリの一種.

orensano, na 形 オレンセ(Orense, ガリシア地方の都市)の, オレンセ人.

oreo 男 **1** 空気にさらして乾かすこと, 換気. **2** そよ風, 微風.

orfanato 男 孤児院.

orfanatorio 男 〖中南米〗→orfanato.

orfandad 女 **1** 孤児であること, 孤児生活. **2** 孤児年金, 孤児教養資金. **3** 見捨てられた状態.

orfebre 男 貴金属細工師.

orfebrería 女 貴金属細工業, 金銀細工.

orfelinato 男 →orfanato.

orfeón 男 (伴奏なしの)合唱団.

orfeonista 男女 合唱団員.

órfico, ca 形 オルフェウス(Orfeo)の.

organdí 男[-e(s)] 〖織物〗オーガンジー, オーガンディ.

organicismo 男 〖医学〗器官説.

organicista 形 〖医学〗器官説の, 器官説支持(者)の.

orgánico, ca 形 **1** 〖生物〗生きている, 生物の; 有機体の. —ser 〜 生物, 生き物. abono 〜 有機肥料. química orgánica 有機化学. **2** 器官の, 〖医学〗器質性の. **3** 組織的な, 有機的な, 調和の取れた. —estructura orgánica 有機的な構造. ley orgánica 〖国家法〗基本法. **4** オルガンの.

organigrama 男 **1** (会社などの)構成図, 組織図. **2** 仕組[手順]の略図, フローチャート.

organillero, ra 男女 手回しオルガン弾き.

organillo 男 〖音楽〗手回しオルガン.

organismo 男 **1** 〖生物〗生物, 生き物, 有機体. —unicellular 単細胞生物. **2** 〖生物〗〖集合的に〗器官, 臓器, 人体(= 〜 humano). **3** 機関, 団体, 組織.

organista 男女 オルガン奏者.

organización 女 **1** 組織化, 編成, 構成. **2** 組織, 団体, 機構. — benéfica [política] 慈善[政治]団体. O— de las Naciones Unidas 国連 (《略》ONU). **3** 〖生物〗(諸器官の)構成, 配列; 有機体. **4** 整備, 補充.

organizado, da 過分 [→organizar] 形 **1** 組織化された, 系統だった. **2** (人の)企画(編成)能力のある; てきぱきとした. **3** 有機体の, 器官を備えた.

organizador, dora 名 **1** 主催者, オーガナイザー(労働組合などの)オルグ. **2** 収納庫(棚, 箱), 整理ケース. — 形 **1** 組織化する, 編成の, 組織的な. **2** 企画(計画)力のある. — 形 〖生物〗形成体.

organizar [1.3] 他 **1** 組織する, 編成する; 設立する. **2** (催しなどを)準備する, 企画する, 開催する. **3** を整理する, 整頓(せいとん)する, の下準備をする. — se 再 **1** 組織される, 組織化される. **2** 規則正しい生活をする; 仕事を手ぎわよく片付ける. **3** (不意に)起きる, 生じる.

órgano 男 **1** 〖生物〗器官, 臓器. —transplante [donación] de 〜s 器官移植 [提供]. **2** 部局, 機関. 〜 administrativo 行政機関, 執行部. **3** 〖音楽〗オルガン. 〜 de boca 〖メキシコ〗ハーモニカ. **4** (機械の一部をなす)装置. 〜 motor 駆動装置. **5** (政党などの)機関紙.

organofosforado, da 形 〖化学〗有機燐化合物の.

organogénesis 女 〖単複同形〗〖生理〗器官形成[発生].

organogenia 女 器官形成[発生]学.

organografía 女 器官学.

organoléptico, ca 形 感覚器官で知覚できる.

organología 女 **1** 〖音楽〗楽器学, 楽器(史)研究. **2** 器官学, 器官研究, 臓器学.

organulo 男 〖生物〗細胞小器官.

organza 女 〖織物〗オーガンシー.

orgasmo 男 性的絶頂, オルガスムス.

orgía 女 **1** 狂宴, 乱痴気騒ぎ, どんちゃん騒ぎ. **2** 放蕩・欲望に身を任せた状態. **3** 《俗》乱交パーティー.

orgiástico, ca 形 狂宴の, 乱痴気騒ぎの, 放蕩の.

orgullo 男 **1** 誇り; 自尊心, 自負. **2** 思い上がり, 傲慢(ごうまん).

orgulloso, sa 形 **1** 誇り高い, 自慢している. —sentirse [estar] 〜 de … **2** 傲慢な, 尊大な.

orientación 女 **1** 案内, 指導, 方向(性); 傾向. **3** 方位感覚; 地理感覚. **4** 方角, 方位, 方向. **5** 方向づけ, 方向決定.

orientado, da 過分 [→orientar] 形 **1** …の方を向いた, 方向づけられた. **2** 指導を受けた.

orientador, dora 指導する, 導く. — 名 指導者[員], インストラクター.

oriental 形 **1** 東の, 〜 オリエントの, 近東の; 東洋の, 東洋的な. —iglesia 〜 東方教会. **2** 〖南米〗ウルグアイの. — 男女 **1** 東洋人. **2** 〖南米〗ウルグアイ人.

orientalismo 男 **1** 東洋[オリエント]

orientalista 男 **1** 東洋趣味の人. **2** 東洋学者.

orientalizar 他 東洋風にする. **— se** 再 東洋風になる.

orientar 他 **1**《+ a/hacia (ある方向)に》の向きを定める. **2** …に方向[位置]を教える, 道案内をする. **3**《+ hacia》を導く, 指導する, 向かわせる. **4**《海事》(風向きに合わせて)帆を調整する. **— se** 再 **1** 方向[位置]がわかる. **2**《+ hacia》(ある方向)に向く, b) 向かおう, 向かって行く; 向けられる.

orientativo, va 形 基準となる, 参考となる.

oriente [オリエンテ] 男 **1** 東, 東部. **2**（O～）オリエント, 近東; 東洋.—Extremo O～ 極東. O～ Medio 中東. O～ Próximo 近東. **3** 東風. **4**（フリーメーソン秘密結社社の）支部. **5**（真珠の）光沢.

orificar [1.1] 他 (虫歯の穴に)金をつめる.

orífice 男 金細工師.

orificio 男 **1** 穴, 口. **2**《医学》(器官などの)開口部.

oriflama 女 (風にはためいている)旗, 槍旗, 標旗.

origen [オリヘン] 男 《複 orígenes》 **1** 起源, 源, 由来; 《情報》ソース. **2** 発端; 原因, 理由. **3** 出自, 出所, 出身.—lugar de ～ 出身地, 生地, 原産地. **4** 初めの頃, 当初, 初期. **5**《数学》(座標の)原点. ▸ dar origen a... …を引き起こす, …のもとになる. きっかけになる. de origen もとの, 原作の.

original 形 **1** 起源の, 本来の; 出自の; 当初の.—el pecado ～《宗教》原罪. **2** 独創的な, 風変わりな, 特異な. **3** 本物の, もとの, 写しでない. **— 男** 原文, 原画; 原本; 実物. **— 男女** 独創的な人, 変わり者, 奇人.

originalidad 女 **1** 独創性, 創意, 新鮮味. **2** 風変わりなこと, 奇抜さ, 奇行.

originalmente 副 **1** 独創的に, 独自の仕方で. **2** 元来, 本来.

originar 他 …を引き起こす, もたらす, …の原因となる. **— se** 再 生ずる, 生じる.

originario, ria 形 **1** 起源となる, もとの. **2** 出自の, 生来の.

orilla 女 **1** 端, 縁, へり.—la ～ del río 川岸, 川辺. **2** 沿岸, 海岸（地帯·地域）. **3** 《中南米》郊外, 町外れ, 場末. ▸ a [en] la orilla de... …の端[縁]に; …の岸辺[沿岸]に; …のそば[そば, 隣]に. orilla de...《話》…のそば[隣, 隣]に, …のすぐ近くに.

orillar 他 **1**（布地·衣類を）縁取る, 縁かがり[トリミング]する. **2** 問題などを片付ける, 解決する. **3**（困難）を避けて通る. **4** …の縁に沿って歩く. **5**《中南米》(人)を追いつめる, (人·行動)を駆り立てる. **— se** 再 **1** 岸にたどり着く. **2**《中南米》脇にのれる[よける].

orillero, ra 形《中南米》町外れの. **— 名**《中南米》町外れに住む人.

orillo 男 (織物) 耳 (布地の両端がほつれないよう織りつけた部分).

orín¹ 男 **1** 赤錆. **2** 錆色, ラスト.

orín² 男 →orina.

orina 女 尿, 小便, 小水.

orinal 男 溲瓶 (しびん), おまる.

orinar 自 小便をする. **— 他** を排尿時に出す. **— se** 再《自動詞化に》小便をもらす.

Orinoco 固名（el ～）オリノコ川 (ベネズエラを流れる河川).

oriundo, da 形《+ de》(人間·動植物が)…産の, …の出身の. **— 男女** スペイン人選手と同条件を持つ外人サッカー選手 (外国籍でありながらスペイン人の).

Orizaba 固名 **1** オリサバ (メキシコの都市). **2**（Pico de ～）オリサバ山 (メキシコ最高峰の火山).

orla 女 **1** 縁飾り, (衣類·布製品の)房飾り, フリンジ. **2**（紋章）紋章の縁取り, オール. **3** 卒業記念写真の入った額.

orladura 女 《集合的に》縁飾り(類).

orlar 他 **1** …に縁飾り[フリンジ, 飾り図案]をつける. **2**（紋章）紋章にオールをつける. **3**（ある物が）を囲み飾る.

ornamentación 女 装飾, 飾りつけ.

ornamental 形 飾りの, 装飾用の.

ornamentar 他 …に装飾を施す.

ornamento 男 **1** 装飾, 装飾具, 装飾品. **2** 美徳, 長所, 魅力. **3** ～s sagrados〔カト〕典礼用祭服, 典礼用祭壇装飾.

ornar 他 …に飾りをつける, を飾りたてる.

ornato 男 **1**《集合的に》装飾(類). **2** 飾りたてること.

ornitología 女 鳥類学.

ornitológico, ca 形 鳥類学の, 鳥類の.

ornitólogo, ga 名 鳥類学者.

ornitomancia, ornitomancía 女 (飛ぶ方や鳴き声による)鳥占い.

ornitorrinco 男《動物》カモノハシ.

oro [オロ] 男 **1** 金, 黄金.—chapado en ～ 金めっきの. **2** 金で出来た物; 金に類する(似た)物; 金メダル (= medalla de ～); 貴金属, 金貨. **3**《古》金貨;《文》金銭; 富. **5** (スペイン式トランプの)金貨; 金貨のエース (A) の札. ▸ como oro en paño《話》とても大切に, 大事に, 注意深く. de oro (1) 大変よい, 極めて優れた, 黄金の. (2)《文》(髪が)金色の, 金髪の. hacerse de oro《話》金持ちになる. No es oro todo lo que reluce. [諺] 光るもの必ずしも金ならず. oro blanco 白金. oro molido (1) 金粉. (2)〔話〕素晴らしい[貴重な]人(物). oro negro 石油. valer su peso en oro/valer tanto oro como pesa 大変値打ちがある, 貴重である, 素晴らしい. **— 形** 金色の.

orobanca 囡 《植物》ハマウツボ科の一種（一年生の寄生植物）．

orogénesis 囡『単複同形』《地学》造山運動．

orogenia 囡 《地学》造山運動学．

orogénico, ca 形 《地学》造山運動学の，造山運動学に関する．

orografía 囡 《地学》山岳学，山地地形(学)，山岳誌．

orográfico, ca 形 山岳学の，山地地形(学)の，山地に関する．

orondo, da 形 **1**《容器類について》胴がふくらんだ，底太りの．**2** 太った．**3** 自己満足にひたった，満足げな．**4** ふっくらした．

oronimia 囡 山脈[山，丘など]の名前を主に研究する地名学の一分野，山岳地名学．

orónimo 男 山脈[山，丘など]の名前．

oropel 男 **1**《金に似せた》真鍮箔．**2** 高級品のまがい物，《虚栄，虚飾》．▶ *gastar mucho oropel* 見栄をはる，ひけらかす．

oropéndola 囡 《鳥類》コウライウグイス，オオツリスドリ．

oroya 囡 《南米》《谷間や川の》渡しかご．

orozuz 男《複》*orozuces*《植物》カンゾウ(甘草)．

orquesta 囡 **1**《音楽》オーケストラ，楽団；バンド；楽団員．— → *sinfónica* 交響楽団，シンフォニーオーケストラ．**2**《劇場・ホールなどの》オーケストラピット，オーケストラボックス．

orquestación 囡 **1**《音楽》管弦楽編曲，オーケストレーション．**2**《企画などの》とりまとめ能力．

orquestal 形 管弦楽の．

orquestar 他 **1** を管弦楽に編曲する．**2** を大々的に宣伝する．

orquestina 囡《主にダンス曲を演奏する》小編成の楽団．

orquidáceo, a 形 《植物》ラン科の．— 囡《複》ラン科の植物；《主に複》(〇〜)ラン科．

orquídeo, a 形 《植物》ラン(蘭)科の．— 囡 ラン(蘭)科の植物．

orquitis 囡『単複同形』《医学》睾丸炎．

ortega 囡 《鳥類》サケイ(沙鶏)．

Ortega y Gasset 固名 オルテガ・イ・ガセー (José y) (1883-1955, スペインの哲学者・文明評論家).

ortiga 囡 《植物》イラクサ(刺草)．

ortigal 男 イラクサの生い茂った土地．

orto 男 **1** 日の出，天体の出．**2**《天文》東，日の出方向．

ortocentro 男 《数学》《三角形の》垂心．

ortodoncia 囡 《医学》歯科[歯列]矯正学．

ortodoxia 囡 **1** 正統(性)，正統派の立場．**2**《宗教》《カトリックの》正統信仰派．

ortodoxo, xa 形 **1** 正統派の，正統信奉の，カトリック正統信仰の．**3** ギリシャ正教の．— 名 ギリシャ正教徒．

ortoedro 男 《数学》直方体．

ortofonía 囡 発音矯正(学)．

ortogénesis 囡『単複同形』《生物》定向進化．

ortogonal 形 《数学》直交する，直交面の．

ortografía 囡 **1** 正字法，語の正しいつづり．**2**《数学》正画図[立面図]の傾斜．**3** 正書法の，綴り字上の．

ortográfico, ca 形 正字法の，正書法の，綴り字上の．

ortología 囡 正音学[法]；適切な話し方．

ortológico, ca 形 正音学[法]の；適切な話し方の．

ortopedia 囡 整形術，整形外科．

ortopédico, ca 形 整形外科の．— 名 整形外科医．

ortopedista 名 整形外科医．

ortóptero, ra 形 《虫類》直翅(ʟ)類の．— 男 直翅類．

ortorexia 囡 《医学》食生活過敏症．

ortosa 囡 《鉱物》正長石．

oruga 囡 **1**《植物》毛虫・芋虫・青虫の類．**2 a)**《植物》ヤマガラシ．**b)** ヤマガラシ入りのソース．**3**《機械》キャタピラ，無限軌道．

orujo 男 **1**《果実類の》しぼりかす《特にオリーブやブドウの》．**2** → *aguardiente*.

orzaga 囡 《植物》ハマアカザ．

orzar [1.3] 自 《海事》船首を風上に向ける，詰め開きする，ラフする．

orzuelo 男 《医学》麦粒腫，ものもらい．

os 人代《人称》[君たちに]君たちへ，あなたたちを．— *Os llevo en coche hasta la estación.* 君たちを駅まで車に乗せてあげよう．**2**『間接補語として』君[おまえ，あなた]たちに．— *Os invito a una cerveza.* 君たちにビールを 1 杯おごってやろう．**3**『再帰代名詞として』*¿Os levantáis temprano mañana?* 君たちは明日早く起きるかい．

osadamente 副 大胆に，無謀に(も)．

osadía 囡 **1** 大胆さ，無謀，命知らず．**2** 横柄，ずうずうしさ．

osado, da 過分 [→ *osar*] **1** 大胆[無謀]な．**2** 恥知らずな，ずうずうしい．

osamenta 囡 骨格，骨組．

osar 自 《+不定詞》大胆にも…する，あえて…する．

osario 男 納骨堂，無縁墓地．

Óscar 固名 **1**《男性名》オスカル．**2**『単複同形』(〇〜)《映画の》アカデミー賞．(2《アカデミー賞受賞者に送られる》オスカー像)．

oscense 形 オスカ (Osca, 現在の Huesca) の．— 名 ウエスカ人．

oscilación 囡 **1** 振動，揺らめき，震え，ぐらつき．**2** 変動，ゆれ，ばらつき．**3**《心の》動揺，ぐらつき，ためらい．

oscilador 男 《電気》発振器．《物理》振動子．

oscilante 形 振動する，揺れ動く，変動する，ぐらつく．

oscilar 自 **1** 振動する，ゆらめく，ぐらつく．**2** 変動する，揺れる．**3** 気持ちがぐらつく．

oscilatorio, ria 形 振動の，振動性の．

oscilógrafo 男 〚物理〛振動記録器，オシログラフ．

osciloscopio 男 〚電気〛オシロスコープ．

osco, ca 形 〚歴史〛オスク(人)の，オスク(人)に関する．── 名 オスク人．── 男 オスク語．

ósculo 男 **1** 〚詩〛接吻．**2** 〚動物〛(海綿などの)大孔．

oscuramente 副 目立たずに，ひっそりと，ひそかに，陰で．

oscurantismo 男 反啓蒙主義．

oscurantista 形 反啓蒙主義の．── 男女 反啓蒙主義者．

oscurecer [9.1] 他 **1** を暗くする．**2** を目立たなくする．**3** を混乱させる，惑わす．**4** を不安にさせる．**5** 〚美術〛…に陰影を施す．── 自 〚3人称単数のみ〛日が暮れる．── se 再 **1** 暗くなる．**2** 曇る．**3** なくなる，見えなくなる．

oscurecimiento 男 暗くなること，日が暮れること，かげること，(視界が)暗むこと．

oscuridad 女 **1** 暗いこと，暗さ；暗がり，闇．**2** 不明瞭；あいまいさ；難解さ．**3** 目立たないこと；無名．**4** 無知，蒙昧(ᵐᵒᵘ)；無教養．

:oscuro, ra [オスクロ，ラ] 形 **1** 暗い．**2** (日が暮れてきて)暗い．**3** (色の)暗い，黒っぽい．—traje ～黒っぽい服；ダークスーツ．**4** 不明瞭な，あいまいな；疑わしい．**5** (見通しが)暗い，希望のない．—las edades oscuras 暗黒時代．**6** 無名の，知られていない；身分の低い．▶a oscuras (1) 暗い所に，暗闇で．(2) 〚話〛何も知らされずに，さっぱりわからずに．── 男 〚演劇〛暗転；〚美術〛陰影．

óseo, a 形 骨の，骨のような．

osera 女 クマの住むほら穴．

osezno 男 子熊．

osificación 女 骨化，化骨作用．

osificarse [1.1] 再 骨化する，骨になる．

osmanlí 形 複 ～(e)s オスマン・トルコの．── 男女 オスマン・トルコ人．

osmio 男 〚化学〛オスミウム(金属元素，元素記号 Os)．

osmosis, ósmosis 女 〚単複同形〛**1** 〚化学，物理〛浸透．**2** 密接な相互作用・相互浸透．

osmótico, ca 形 〚化学，物理〛浸透の，浸透性の．

OSO (略号) =oesudoeste, oesuroeste 西南西．

:oso, sa 名 〚動物〛クマ(熊)．～ blanco [polar] 白クマ，北極グマ．～ hormiguero (オオ)アリクイ．～ marino オットセイ，キタオットセイ．～ panda パン ダ．～ pardo ヒグマ．*Osa Mayor* 〚天文〛大熊座．**2** 〚話〛熊のような男；毛深い男；力の強い男．▶hacer el oso 〚話〛馬鹿なことをする，笑いものになる；(女に)言い寄る．

ossobuco, osobuco [＜伊] 男 〚料理〛オッソブーコ．

osteína 女 〚生化〛骨質．

osteítis 女 〚単複同形〛〚医学〛骨炎．

ostensible 形 **1** 明白な，すぐにはっきりと分かる，あからさまな．**2** 誇示し得る，見せびらかし得る．

ostensiblemente 副 これ見よがしに，あからさまに；明白に，顕著に．

ostensivo, va 形 〚+ de を〛誇示するあからさまに示す．

ostensorio 男 聖体顕示台．

ostentación 女 見せびらかすこと；見栄を張ること，虚飾．

ostentador, dora 形 〚まれ〛見栄っ張りの，見せびらかしたがる．── 名 見栄をはる見せびらかしたがる人．

ostentar 他 〚女〛**1** a) を見せびらかす，誇示する．b) を見せる，示す．**2** (肩書・権利などを)保持［保有］する．

ostentativo, va 形 **1** 誇示的な，あからさまな．**2** 見せびらかしの．

ostentoso, sa 形 **1** 豪華な，きらびやかな，派手な，華美な．**2** 誇示するような，これ見よがしの，あからさまな，露骨な．

osteoartritis 女 〚単複同形〛〚医学〛骨関節炎．

osteocito 男 〚解剖〛骨細胞．

osteogénesis 女 〚単複同形〛〚生理〛骨生成，骨形成．

osteolito 男 化石骨．

osteología 女 〚医学〛骨学，骨格理(学)．

osteoma 男 〚医学〛骨腫(᷄)．

osteomalacia 女 〚医学〛骨軟化症，くる病．

osteomielitis 女 〚単複同形〛骨髄炎．

osteópata 男女 整骨療法家．

osteopatía 女 整骨療法．

osteoporosis 女 〚単複同形〛〚医学〛骨粗鬆症．

osteosarcoma 男 〚医学〛骨肉腫．

osteosíntesis 女 〚単複同形〛骨接合．

osteosis 女 〚単複同形〛〚医学〛骨組織形成．

ostial 男 **1** 港口．**2** 真珠採取場；真珠母貝．

ostiario 男 〚ᴋᴛ〛守門(門番役の最下級聖職者)．

ostión 男 〚貝類〛大型のカキ(牡蠣)，イタボガキ．

:ostra 女 〚貝類〛カキ(牡蠣)．── perlera [perlífera] 真珠貝．▶aburrirse como una ostra 〚話〛ひどく退屈する，飽きる飽きする．*¡Ostras!* 〚話〛(驚き・不快・怒りなどを表す)うわっ；まあ；なんてこった．

ostracismo 男 **1** 公職追放，社会的

抹殺. **2**〖歴史〗オストラシズム，陶片追放.
ostral 形 カキ(牡蠣)〖真珠〗の養殖場.
ostrero, ra 形 〖貝類〗カキ(牡蠣)の. ― 名 男 カキ養殖業者. ― 名 女 カキ養殖場.
ostrícola 形 カキ養殖の.
ostricultura 女 カキ養殖業.
ostrogodo, da 形 東ゴート(人)の. ― 名 東ゴート人.
ostrón 男 〖貝類〗大ガキ(牡蠣).
osuno, na 形 熊の，熊のような.
otalgia 女 〖医学〗耳痛.
OTAN 〖頭字〗(＜Organización del Tratado del Atlántico Norte) 女 北大西洋条約機構 (NATO).
otario, ria 形 〖南米〗間抜けな，(特に金銭的な面で)だまされやすい.
otear 他 **1** 見る, 見おろす. **2** 見きわめる，調べる. **3** 何かを求めて見つめる; 探る.
otero 男 (平野上に突き出た)丘, 小山.
otitis 女 〖単複同形〗〖医学〗耳炎.
otología 女 〖医学〗耳科学.
otólogo, ga 名 耳科専門医.
otomán 男 (布地の)オットマン(横に太い畝(うね)のある厚地の織物).
otomano, na 形 オスマン・トルコ帝国の, トルコ(人)の. ― 名 トルコ人. ― 男 トルコ式長椅子, 寝椅子.
otoñada 女 **1** 秋, 秋の間. **2** 秋の牧草.
otoñal 形 **1** 秋の, 秋らしい. **2** 晩年の.
otoño [オトニョ] 男 **1** 秋. **2** 〖文〗壮年期, 初老の時期.
otorgamiento 男 **1** 授与, 譲渡. **2** 許諾, 許可, 同意. **3** 〖法律〗証書の作成.
otorgante 形 授与する, 譲渡する; 授与する人の. ― 男女 授与する人, 譲渡者.
otorgar [1.2] 他 **1** 〖＋a＋〗 a) 〖文〗(許可・援助などを)与える, 供与する, 許諾する. b) (賞などを)授与する. **2** 〖司法〗(公証人の前で文書を)作成する, 取り決める. ― testamento 遺言状を作成する. **3** 〖法律〗公布する, 発布する. ▶ *Quien calla otorga*. 〖諺〗沈黙は承諾のしるし.
otorrea 女 〖医学〗耳漏(ろう), 耳だれ.
otorrino 男女 → otorrinolaringólogo.
otorrinolaringología 女 〖医学〗耳鼻咽喉科学.
otorrinolaringólogo, ga 名 耳鼻咽喉科医.
otoscopia 女 〖医学〗耳鏡検査.
otoscopio 男 〖医学〗耳鏡.
otro, otra [オトロ, オトラ] 形 (不定) 複 ～s 〗 **1** a) ほかの, 別の. ―*Vamos a* ～ *restaurante.* 別のレストランに行きましょう. b) 〖＋que...〗...とは異なる別の. ―*No ha hecho otra cosa en su vida que trabajar.* 彼は人生で仕事以外のことは何もしなかった. c) 〖ser＋muy＋〗〖文〗ほかの, 別の. ―*Mis intenciones eran muy otras*. 私の意図はまったく別のところにあった. **2** もう一人の, もう一方の. ―*No es aquí, es en la otra puerta*. それはここではありません, もう一方のドアです. **3** 反対の; 向こうの. ―*Correos está en el* ～ *extremo de la calle*. 郵便局は通りを反対に行った突き当たりにあります. **4** さらに別の, 次の. ―*¿Hay alguna otra pregunta?* 何かほかに質問がありますか. **5** 〖día, semana, mes, año などの前で〗 a) 〖定冠詞つきで〗以前の. ―*El* ― *día te presté el libro*. 先日私は君に本を貸した. b) 〖冠詞がないとき〗いつか将来の. ―*O*― *día seguiremos esta conversación*. また別の日にこの話の続きをしましょう. **6** 第二の, 〖以前とは〗変わった, 別人のような. ―*Hoy te encuentro* ～. 今日の君は別人のようだ. ▶ *alguna que otra vez* 時々, たまに. *de otro modo* [*otra manera*] (1) 別の方法で. (2) さもなければ, そうでなければ. *en otra época* [*otro tiempo*] かつて, 以前. *esto y lo otro* あれやこれや, 何やかや. *hasta otra* → *hasta*. *¡Otra!* (1) もう一度(してください). アンコール！ (2) (驚き・抗議の意味で)またか！ *otro que tal (baila)* (1) 似たようなもの. (2) 〖話〗またた, 困ったもんだ. *otra vez* → *vez*. ― 代 (不定) **1** ほかの物[人], 別の物[人]. ―*No hay* ― *como él*. 彼のような人は他にいない. **2** 〖uno と対応して〗もう一方の人[物]. ―*Aquí hay dos billetes, uno de ida y* ― *de vuelta*. ここに 2 枚の切符がある. 一枚は行きでもう一枚は帰りの切符だ.
otrora 副 〖文〗以前, かつて.
otrosí 副 〖法律〗更に, そのうえ.
OUA 〖頭字〗(＜Organización para la Unidad Africana) 女 アフリカ統一機構 (英 OAU).
ova 女 **1** 〖植物〗アオサ, アオノリ. **2** 〖建築〗卵形装飾.
ovación 女 拍手喝采, 熱烈な歓迎.
ovacionar 他 ...に拍手喝采を送る.
oval 形 卵形の, 楕円形の.
ovalado, da 過分 (＜ovalar) 形 (主に輪郭に関して)卵形の, 楕円形の. ―*cara ovalada* 卵形の顔.
ovalar 他 を卵形[楕円形]にする.
óvalo 男 卵形, 楕円形の物; その形状の物.
ovar 自 産卵する.
ovárico, ca 形 〖生物〗卵巣の, 子房の.
ovariectomía 女 〖医学〗卵巣摘出.
ovario 男 **1** 〖解剖〗卵巣. **2** 〖植物〗子房. **3** 〖建築〗卵形彫刻をほどこした刳形(くりがた).
oveja 女 (一般に)羊; 雌の羊. ▶ *Cada oveja con su pareja*. 〖諺〗類は友を呼ぶ. *oveja negra* 〖話〗厄介者, のけ者.
ovejero, ra 形 羊飼いの. ― 名 羊飼い. ― 男 〖メキシコ〗羊小屋.
ovejuno, na 形 羊の, 羊のような.
overbooking (＜英) 男 オーバーブッキング, 予約の取りすぎ.
overclock (＜英) 男 〖情報〗オーバー

クロック, クロックアップ(定格以上のクロック周波数で電子機器を動作させること).

overo, ra 形 (馬などが)毛色が赤白混じりの, 桃色の.

overol 男 [中南米]《服飾》つなぎの服, オーバーオール.

ovetense 形 男女 オビエド (Oviedo, アストゥリアスの州都)の(人).

óvido, da 形 《動物》 ヒツジ類の. ── 男複《動物》 ヒツジ類.

oviducto 男 《動物》卵管, 輸卵管.

Oviedo 固名 オビエド(スペイン, アストゥリア自治州の州都).

oviforme 形 卵形の, 楕円形の.

ovillar 他 《糸》を巻いて糸玉にする. ── **se** 再 (手足を縮めて)体を丸くする, まるまる.

ovillejo 男 1 糸玉, 毛玉. 2 3 対の連押韻と redondilla と呼ばれる 4 行詩を組み合わせた 10 行詩.

ovillo 男 1 糸玉, 毛玉. 2 もつれ, 混乱. 3 雑然とした山積み, まるめた塊. ▶ **hacerse [estar hecho] un ovillo** (1) (寒さ・痛み・恐怖などで)身を縮める. (2) どぎまぎする, 頭が混乱する.

ovino, na 形 羊の, 羊の類の. ── 男 羊.

ovíparo, ra 形 《動物》卵生の.

oviscapto 男 《解剖》産卵管.

ovni 《頭字》[<*objeto volante [volador] no identificado*>]男 未確認飛行物体(英 UFO).

ovocito 男 《生物》卵母細胞.

ovoide 形 卵形の, 楕円形の. ── 男 1 卵形, 楕円形(の物). 2 炭などの卵形の塊.

ovoideo, a 形 卵形の, 楕円形の.

óvolo 男 《建築》 1 オボロ; まんじゅう刻形(ぎょう). 2 卵と矢の彫刻をほどこした飾り刻縁(ぎょう).

ovovivíparo, ra 形 《動物》卵胎生の.

ovulación 女 《生物》排卵.

ovular 形 1 《動物》卵子の. 2 《植物》胚珠の. ── 自 《生物》排卵する.

óvulo 男 1 《動物》卵子. 2 《植物》胚珠. 3 《建築》オボロ; まんじゅう刻形(ぎょう). 4 卵形装飾.

ox 間 (鳥などを追って)シッ, シッ; トートっ.

oxalato 男 《化学》シュウ酸塩[エステル].

oxálico, ca 形 《化学》蓚酸(しゅう)の.

oxear 他 (鳥などを)追い払う.

oxhídrico, ca 形 《化学》酸水素の.

oxiacetilénico, ca 形 《化学》酸素アセチレンの.

oxidable 形 《化学》酸化しやすい, さびやすい.

oxidación 女 1 《化学》酸化. 2 さびること.

oxidado, da 形 《化学》酸化した. 2 さびた. 3 (知識などが)鈍った, 使いものにならない.

oxidante 形 1 《化学》酸化性の, 酸化させる. 2 さびさせる. ── 男 酸化剤, オキシダント.

oxidar 他 1 《化学》を酸化させる. 2 をさびさせる. 3 《話》を鈍らせる, 使いものにならなくする. ── **se** 再 1 酸化する, さびる. 2 《話》鈍る.

óxido 男 1 《化学》酸化物. 2 《金属》のさび.

oxigenación 女 1 《化学》酸化処理, 酸素との結合. 2 外の空気を吸うこと.

oxigenado, da 形 1 《化学》酸素を含む. 2 オキシドールで脱色した.

oxigenar 他 《化学》酸素と結合させる, を酸化処理する. ── **se** 再 1 酸素と結合する, 酸化する. 2 外の空気を吸う. 3 (オキシドールなどで)髪を脱色する.

oxígeno 男 1 《化学》酸素. 2 《話》新鮮な空気.

oxítono, na 形 《音声》末尾音節強勢の.

oxiuro 男 《動物》蟯虫(ぎょう).

oye, oyen, oyendo 動 → oír [10.2].

oyente 形 聞いている. ── 男女 聞く人, 聴講する[生]; 聴衆, (ラジオの)聴取者.

oyera(-), oyeron, oyes, oyese(-), oyó 動 →oír [10.2].

ozonización 女 《化学》オゾン処理, (酸素の)オゾン化.

ozonizar [1.3] 他 《化学》をオゾン処理する, (酸素)をオゾン化する.

ozono 男 《化学》オゾン.

ozonosfera 女 オゾン層.

P, p

P, p スペイン語アルファベットの第17文字.

P. 《略号》男 [複 PP.] = Padre 神父, ...師.

P/. 《略号》女 = plaza 広場 (→pl).

p. 《略号》女 [複 pp.] = página ページ.

p.a. 《略号》 = por autorización 許可[権限]により.

pabellón 男 1 同一敷地内みの建物群のひとつ. a) (博覧会などの)パビリオン, 展示場. b) (病院, 兵舎などの)別棟, 別館; (屋敷内の)あずまや, 小屋. ── **de infecciosos** 隔離病棟. 2 (円錐形の)大型テント; (ベッド, 王座などを覆う)天蓋. 3 (国や団体の)旗; 船籍, 国籍. 4 ラッパ状に広がったもの; 《音楽》(吹奏楽器の)朝顔; 《解剖》外耳. ── **de la oreja [auditivo]** 外耳.

pabilo 男 1 ろうそく・ランプの芯. 2 芯の燃えている部分, 黒く焦げた部分.

pábilo 男 [まれ] →pabilo.

Pablo 固名 《男性名》パブロ.

pábulo 男 1 食糧. 2 餌. 3 材料, ネタ, もととなるもの. 4 心の糧. ▶ *dar pábulo a...* を助長する, 誘発する.

Paca 固名 《女性名》パカ (Francisca の愛称).

paca[1] 女 (綿・羊毛などの)包み, 梱(こ)り.

paca[2] 女 《動物》パカ.

pacana, pacán 囡〖植物〗ペカン(の木).

pacatería 囡 おどおどした様子, 恥ずかしがり.

pacato, ta 形 **1** おどおどした, 控え目な, 猫かぶりの. **2** 神経質な, 細心すぎる, 気にしすぎる.

pacay 男 〖複 pacayes, pacaes〗〖南米〗〖植物〗グアモ(guamo)(木).

pacense 形男女 バダホス(Badajoz: スペイン)の人.

paceño, ña 形 ラパス(La Paz)の(人).

pacer [9.1] 圓 〖家畜が〗草を食べる, 草を食(は)む. ― 他 〖家畜に〗草を食わせる.

pachá 男 パシャ(昔のトルコの高官の称号. = bajá). ▶ **vivir como un pachá** 派手な[豪奢な]生活をする.

pachamama 囡〖南米〗母なる大地, パチャママ(インカの大地母神).

pachamanca 囡〖南米〗**1**〖料理〗(焼石で焼いた)焼肉, バーベキュー. **2** バーベキュー・パーティー, (屋外の)宴会. **3** 大騒ぎ, 宴会.

pachanga 囡 **1**〖話〗宴会, どんちゃん騒ぎ. **2**〖中米〗パチャンガ(軽快なダンス音楽).

pachanguero, ra 形 **1**〖音楽〗のりのいい, やかましい; 低俗な. **2**(人が)どんちゃん騒ぎの好きな.

pacharán 男 リンボクの実で作ったリキュール.

pachiche 形〖中南米〗(果物などが)熟れ過ぎの.

pacho, cha 形〖中米〗平べったい.

pachocha 囡〖中米〗→pachorra.

pachón, chona 形名 **1** バセット犬(の). ―perro ~ バセット犬. **2** のらまな(人), のんびりした(人), 悠長な(人). **3**〖中南米〗毛深い, 毛むくじゃらの.

pachorra 囡 のろま, 悠長.

pachorrudo, da 形 のろまな, 愚鈍な.

pachotada 囡〖南米〗→ patochada.

pachucho, cha 形 **1**(果物・野菜が)熟しすぎた. **2**(人が)盛りの過ぎた, 衰えた. **3** 意気消沈した, ふさぎ込んだ.

pachuco, ca 形名〖中米〗〖軽蔑〗(服装等が)けばけばしい(人), 趣味の悪い(人).

pachulí 男 **1**〖植物〗パチョリ(東インド諸島産の, 香水の原料となるシソ科植物). **2** パチョリから取った香水.

paciencia 囡 **1** 忍耐(力), 根気, 我慢, 辛抱(強さ). —perder la ~ 堪忍袋の緒が切れる. Tiene mucha ~ para todo. 彼はすべてにとても忍耐強い. **2** 遅いこと, 悠長. ▶ *acabar [consumir, gastar] la paciencia a...* (人)の堪忍袋が切れる. *¡Paciencia!* 我慢しろ, 辛抱だ. *Paciencia y barajar.* 我慢が肝心.

paciente 形 **1** 忍耐強い, 辛抱強い. **2** 受難の. —Cristo ~ 受難のキリスト. **3**〖言語〗受身の. ― 男女 患者, (医者からみた)病人. ― 男〖言語〗被動作主, 受身文の主語.

pacientemente 副 忍耐強く, 根気よく.

pacienzudo, da 形 とても我慢強い.

pacificación 囡 **1** 平定, 鎮圧. **2** 和解, 和睦, 調停, 和平. **3** 鎮静, 平穏.

pacificador, dora 形 **1** 平定する, 鎮圧する. **2** 和解させる, 和睦させる, 仲裁する. ― 名 仲裁者; 平定者.

pacificar [1.1] 他 **1**~を平定する, 鎮圧する. **2** を和解[和睦]させる. **3**をなだめる, 静める. ― **se** 圃 (海・風などが)静まる, 和らぐ; 平静を取り戻す.

pacífico, ca 形 **1** 平和な, 平時の. —país ~ 平和な国. **2** 平和を愛する, 穏やかな, 静かな. —hombre ~ 穏やかな男. **3** 太平洋の. ― 固名 (el P~)太平洋 (=el Océano Pacífico).

pacifismo 男 平和主義, 不戦主義.

pacifista 形男女 平和主義(者)の; 平和主義者.

Paco 固名〖男性名〗パコ (Francisco の愛称).

paco¹ 男 **1**〖動物〗アルパカ. **2**〖魚類〗パク(アルゼンチン産の淡水魚). **3**〖歴史〗(アフリカ戦争(1914-1921)での)モーロ人狙撃兵. **4 a**)〖南米〗赤褐色. **b**)〖南米〗〖俗〗麻薬の包み. **c**) バカ (=paca²).

paco², ca 形名 **1**〖南米〗制服警官, 巡査. **2** 赤褐色の.

pacota 囡〖中南米〗取るに足りないもの[人], つまらないもの[人].

pacotilla 囡 船に無税で持ち込める手荷物. ▶ *de pacotilla* 安っぽい, 三流の.

pacotillero, ra 名 **1** 安物雑貨商人. **2**〖中南米〗行商人.

pactar 他 を締結する, 結ぶ, …に合意する. ― 圓 〖+ con と〗協定を結ぶ, 妥協する, …に対して融和策を取る.

pactismo 男〖協定を結んで解決しようとする〗協調主義.

pactista 形男女 協調主義(者)の; 協調主義者.

pacto 男 協定, 条約; 契約, 約束. —~ de caballeros 紳士協定. ~ de no agresión 不可侵条約. ~ social 労使間協定.

paddle 男 →pádel.

padecer [9.1] 他 **1**(苦痛・苦難などに)苦しむ, 悩む. —~ sed 渇きに苦しむ. **b**)(病気)にかかる, を患う. **2 a**)(侮辱・苦痛など)に耐える. **b**)(被害)を被る, 経験する. —~ engaño だまされる. ― 圓〖+ de と〗苦しむ, 悩む. —~ del estómago 胃を病む. **2**〖+ con/de/por に〗悩む, 苦しむ. **3**〖+ en について〗傷つく, 害される. **4** 損傷する.

padecimiento 男 **1** 苦しみ, 苦痛. **2** 病気, 疾患.

pádel 男〖スポ〗パドルボール.

padrastro 男 **1** 継父, まま父. **2**〖皮肉〗ひどなしの父親. **3** 指のささくれ.

padrazo 男 子どもに甘い[優しい]父親. 〖+ con〗〖形容詞的に〗(父親が子どもに対

padre [パドレ] 男 **1** 父, 父親. 《比喩》(生みの)親. ― de familia 家長, 世帯主. ― político 義父; 舅(しゅうと). **2** 複 両親. **3**《宗教》神父; (敬称としての)…神父さん. ― espiritual 司牧者. Santo P～ ローマ法王, 教皇. Beatísimo P～ ローマ法王, 教皇. **4**《宗教》(父なる)神. P～ Eterno [Dios P～] 父なる神. **5** 創始者, 開拓;…の父. ― de la patria 建国の父. (皮肉を込めて)国会議員. **6** 複 祖先. 先祖. **7** 複 両親. ―Mis ～s han salido. 私の両親は出かけました. ▶ **de padre y muy señor mío** 〘話〙 大変な; 特別な, **no tener padre ni madre ni perro [perrito] que LE ladre** 天涯孤独である. ― 形 〘俗〙 すごい, 大変な. ―**darse [pegarse] la vida** ～ 豪勢な暮らしをする, 気ままに遊び暮らす.

padrear 自 **1**(動物が)種つけする. **2**(若い男が)性的に奔放な生活を送る. **3** 父親に似る.

padrenuestro, padre nuestro 男 《カト》主の祈り.

padrillo 男 〖南米〗種馬.

padrinazgo 男 **1**《カト》代父 (padrino)の役をつとめること. **2** 保護, 庇護, 支援.

padrino 男 **1** 代父, 名付け親. **2** 複 教父母, 代父母. **3**(結婚式での新郎の)付添い人; (決闘での)介添え人, 立会い人. **4** 後援者. 庇護者, パトロン.

padrón 男 **1** 町村の住民簿. **2** 範型, 手本. **3** 標柱. **4** 悪評, 不名誉. **5** 子どもに甘い親.

padrote 男 **1** 〖中米〗種畜. **2** 〖メキシコ〗ぽん引き, ひも.

paella 女 《料理》パエーリャ(バレンシア地方の米料理), パエーリャ鍋.

paellera 女 《料理》パエーリャ鍋.

paf 間 〘擬音〙(物が落下したり, ぶつかったきの音)バン, ドン, ビシャ.

paga 女 **1** 賃金, 給料. ―día de ～ 給料日. ― extraordinaria 特別手当, ボーナス. **2**〘まれ〙支払い; (罪や過ちの)償い, 報い, 罰. **3** こづかい.

pagable 形 **1** 支払いが可能な. **2**(主に気持の表現に関して)〘+ con で〙償われる, 報いることのできる.

pagadero, ra 形 支払うべき, 支払われる; 支払い可能な, あまり高くない. ― a plazos [en efectivo] 分割[現金]払いで. préstamo ～ a tres años 3年ローンで返済する借金.

pagado, da 過分 (→pagar) 形 **1** 支払い済みの. **2** 金で雇われた. **3** 報われた. **4**〘+ de で〙満足した; 思い上った. ― de sí mismo [misma] 自己満足している.

pagador, dora 形 支払いをする. ― 名 **1** 支払う人. **2** 経理係, 会計係. **3** 為替手形の支払人.

pagaduría 女 支払い所, 会計課, 出納係.

paganini 男 〘隠〙いつも他人の分まで払わされる人. **2**〖中南米〗異教徒.

paganismo 男 異教信仰, (キリスト教から見た)偶像崇拝.

paganizar [1.3] 他 を異教(徒)化する. ―**se** 再 異教(徒)化する.

pagano, na 名 **1**(ユダヤ教, キリスト教以外の)異教(徒)の, 無信仰の; 異教徒. **2**〘話〙いつも他人の分まで払わされる(人), 他人の罪をかぶる(人).

pagar [バガル] [1.2] **1 a**)(金)を支払う, 払う, …の代金を払う. **b**)(借金)を返済する. **2 a**)を償う, あがなう, 弁償する. ― un delito con cadena perpétua 罪を終身刑で償う. **b**)(受けた恩恵)に報いる, 応える. **3**…の報いを受ける, 罰が当る. ▶ **pagarla(s) (todas juntas)** あとでまとめて報いを受ける. **pagar los platos rotos** →plato. ― 金を払う. ―**se** 再 〘+ de/con で〙自慢する, 得意に思う.

pagaré 男 約束手形. ― a la orden 裏書き約束手形. ▶ **pagaré del tesoro** 国債.

pagel 男 《魚類》ニシキダイ.

página [パヒナ] 女 **1**(一般的に)本や手紙などのページ; ページの内容 (《略》 単 pág., 複 págs.) ―pasar las ～s ページをめくる. ― de deportes (新聞の)スポーツ欄. ～s amarillas イエロー・ページ(職業別電話帳). **2**(歴史や人生の)出来事, 一時期. **3**《情報》ページ; (メモリーの)ページ. ― web ウェブ[ホーム]ページ. ― principal ホームページ. ▶ **pasar página** (あることが)終わったとして[ことにする].

paginación 女 ページ付け, ページ数.

paginar 他 …にページ数をつける.

pago[1] 男 **1** 支払い, 払い込み, 納入; 支払い金(額). ― al contado [en metálico] 現金払い. ― a cuenta つけ払い, 掛け払い. ― a plazos 分割払い. ― en especie 物納, 現物支払い. ― (por) adelantado 前払い(の). hacer [efectuar] un ～ 支払いをする. **2** 報い, 報酬; 代償; 罰. ▶ **carta de pago** 領収書. **de pago** 有料の. **en pago de ...** …の代わりに, お返しに, 仕返しに. **papel de pagos** ～ papel. ―**, ga** 形 〘+ estar〙支払済みの.

pago[2] 男 **1**(オリーブ・ブドウなどの)畑, 農園, 地所. **2**(小さな村, 集落. **3** 複 地方, 田舎; 住みなれた所.

pagoda 女 **1**《建築》仏教建築のお寺, 仏教の聖堂. **2** 仏堂・聖堂に祭られている仏像.

pagro 男 《魚類》マダイ.

pagu– →pagar [1.2].

paguro 男 《動物》ヤドカリ.

paico 男 《植物》ケノポヂウム.

paidofilia 女 →pedofilia.

paidófilo, la 形 名 →pedófilo.

paidología 女 (生理学・心理学・社会学的見地からの)小児学, 小児医学.

paila 女 **1**(金属製の)平なべ, 金だらい. **2**

pailebote 〖中南米〗フライパン. **3**〖中米〗(サトウキビの収穫に用いる)刃の広いナイフ.

pailebote 男 小型のスクーナー(帆船の一種).

paipái, paipay 男 (主にヤシの葉で作られた)へら形のうちわ.

pairar 自 〖海事〗帆を張ったまま漂泊する.

pairo 男 [*estar al +*] 〖海事〗船が帆を張ったまま漂泊している. ▶ *estar* [*quedarse*] *al pairo* 優柔不断である, 他人[状況]にまかせている.

país [パイス] 男 **1**(一般的に)国, 国家; 国土, 地方. **2** 祖国, 故国; 故郷. — *natal* 生まれた国[故郷]. *vino del* —**4**〖まれ〗風景画. **5** (扇の)地紙, 地布.

paisaje 男 **1** 景色, 風景, 眺望. **2** 風景画. —*s impresionistas* 印象派の風景画. **3** (主に図柄の描かれた)扇の地紙[布].

paisajismo 男 **2** 造園術[法].

paisajista 形 **1** 風景画の. **2** 造園術[法]の. — 共 風景画家; 造園家, 造園師.

paisajístico, ca 形 風景の. —*belleza paisajística* 風景美.

paisana 女 郷土の音楽や踊り.

paisanaje 男 同郷であること; 同郷の人々.

paisano, na 形名 **1** 同郷の(人). **2** いなかの(人). **3** (軍人に対して)民間の; 民間人. ▶ *de paisano* (軍人や聖職者が)私服でいる.

Países Bajos 固名 オランダ, ネーデルランド.

País Vasco 固名 男 バスク地方(スペイン北部の自治州).

paja 女 **1**〖集合的に〗わら, 麦わら; (1本の)わら. —*sombrero de* — 麦わら帽子. *hombre de* — わら人形; 傀儡(ﾎﾟ). ダミー. **2** ストロー. **3** 不要なもの, つまらないもの[こと]; 意味のない話. **4**〖俗〗マスターベーション, 自慰. —*hacerse una* — マスターベーションをする. **5**〖中米〗蛇口. ▶ *por un quitame allá esas pajas* つまらない[ささいな]ことが原因で.

pajar 男 わら小屋, わら置場.

pájara 女 **1**(雌の)小鳥. **2** スタミナ切れ, 急にへこたれること(特に自転車競技で). **3** 折り紙の鳥. **4** 抜け目ない女, 尻軽な女.

pajarear 自 **1** 鳥を捕る. **2** 放浪する, ぶらぶらする.

pajarera 女 鳥小屋, 鳥舎.

pajarería 女 **1** 鳥の大群. **2** ペットショップ.

pajarero, ra 形 **1** 鳥の, 鳥に関する. **2** 冗談好きの, 悪ふざけをする(人). **3** (色彩, 装飾などが)派手な. **4**〖中米〗(馬が)気の立った. **5**〖南米〗おせっかいな. — 名 鳥猟業者, 鳥商人, 鳥のブリーダー. 2 (畑の鳥を追い払う)鳥追い人.

pajarilla 女 **1**〖植物〗オダマキ. **2** (主に豚の)膵臓.

pajarita 女 **1** 折り紙の鳥・鳥形の物(~ *de papel*). **2** 蝶ネクタイ. ▶ *pajarita de las nieves* 〖鳥類〗ハクセキレイ.

pajarito 男 **1** 小鳥. **2** 小柄な人. **3** 〖隠〗(主に子どもの)陰茎. ▶ *quedarse* [*morirse*] *como un pajarito* **1**) 安らかに眠る. **2**) 寒さでかじかむ.

pájaro [パハロ] 男 **1** 鳥, 小鳥. — ~ *bobo* ペンギン. ~ *carpintero* キツツキ. ~ *mosca* ハチドリ. **2** 人, やつ; ずる賢い人, 狡猾な人. — ~ *de cuenta* 油断のならない人. ▶ *Más vale pájaro en mano que ciento volando.* 〖諺〗明日の百より今日の五十. *matar dos pájaros de un tiro* 〖諺〗一石二鳥である. *pájaro de mal agüero* (1) 災厄の予言者, 疫病神. (2) 不吉な鳥, 凶鳥. *tener la cabeza a [llena de] pájaros* 頭がおかしい, ばかだ; ぼんやりしている, うっかりしている.

pajarraco, ca 名 **1** 鳥(主に大きな鳥を軽蔑的に呼ぶ言い方). **2**〖話〗要注意人物, ならず者.

paje 男 〖歴史〗(封建時代の)近習, 小姓.

pajel 男 〖魚類〗ニシキダイ (=pagel).

pajero, ra 名 わら売り(人). **2**〖俗〗自慰をする人.

pajilla, pajita 女 ストロー.

pajillero, ra 名 〖俗〗自慰をする人. — 女 〖俗〗安売春婦, 安淫売(客に手淫する売春婦).

pajizo, za 形 **1** わらの, わら製の, わらで覆われた. —*tejado* — わらぶき屋根. **2** わら色の. **3** きゃしゃな.

pajolero, ra 形 〖話〗**1**(人が)腹立たしい, うっとうしい, わずらわしい. **2** うんざりする.

pajón **1** (穀物の)刈り株. **2**〖南米〗〖植物〗アフリカンネガドの一種.

pajonal 男 **1** 刈り株だらけの土地. **2** 〖南米〗雑草[牧草]地.

pajoso, sa 形 **1** (穀物が)わらの多い. **2** わらのような, わら色の.

pajuela 女 **1** (硫黄を塗った麦わらや麻製の)導火線・焚き付け. **2**〖南米〗つま楊枝(ﾖｳ).

pajuerano, na 〖南米〗いなか者, おのぼりさん.

pakistaní 形 パキスタン(人)の. — 男女 パキスタン人.

pala 女 **1** シャベル, スコップ. — ~ *mecánica* パワーシャベル. ~ *cargadora* ショベルカー, 採掘機. ~ *topadora* 〖南米〗ブルドーザー. **2** へら形の道具; ケーキサーバー, 魚用ナイフ; (卓球などの)ラケット. **3** からだの部分の; (プロペラ・オールなどの)刃; スキーの先端部分; 蝶番(ﾁｮｳ)の板金部分; (靴の)甲表; 門歯の平らな部分. **4** 仔馬の門歯. **5** (シャベル・オールなどの)一杯. **6** (船舶)フライング・ジブ. **7** ずる賢さ, 巧妙さ. ▶ *a punta (de) pala* 大量に.

palabra [パラブラ] 女 **1** ことば, a)語, 単語. — ~ *por* ~ 一語ずつ, 逐語的に. ~ *fea* [*malso-*

nante》汚い言葉，卑語．~ clave キーワード．~ de paso パスワード．~ reservada 《情報》予約語．b) 《主に閩》《言ったり，書かれたりした》ことば，—hombre de pocas ~s 口数が少ない男．c) 話すこと，発言；発言権．—dar [conceder] la ~ …に発言を許す，発言権を与える．pedir la ~ 発言（の許可）を求める．quitar la(s) ~(s) de la boca 《人》の言葉を途中で割り込み，人より先に言ってしまう．tener la ~ （会議などで）…が話す番である．d) 表現力，言語能力，雄弁．—Tiene el don de la ~. 彼は弁が立つ．e) 《雅》むだ口，《雅》厳しい表現，攻撃的なことば．g) 《古》ことば，祈り，攻撃的なことば．~ de Dios [divina] 福音書．2 約束．—Te doy mi ~. 私は君に約束する．cumplir la ~ 約束をはたす．faltar a la [su] ~ 約束を破る．~ de matrimonio [de casamiento] 結婚の約束，夫婦の契り．► coger la palabra ⇒ a …の言質をとる．a medias palabras 不十分な言い方で．bajo palabra 仮の．—libertad bajo palabra 仮釈放；（捕虜の）宣誓釈放．beber(se) las palabras de… …の言うことを注意して聞く．buenas palabras 実行を伴わない甘言．comerse las palabras 発言語尾《が》はっきりしない．decir la última palabra 最終決定を下す．dejar con la palabra en la boca 話を最後まで聞かずに立ち去る．de palabra (1)口頭で．(2)口先だけで．empeñarla (su) palabra 固く約束する；誓う．en cuatro [dos, pocas] palabras とても簡潔に，あっさりと．en otras palabras 言いかえれば．en una palabra ひとことで言えば，要するに．llevar la palabra 代表して話す．medir las [sus] palabras （言葉を選んで）慎重に［丁重に］話す．ni (media) palabra まったく（知らない，わからない）．¡Palabra (de honor)! 誓います；約束します．sin decir (hablar) palabra 何も言わずに，一言も口をきかずに．tomar la palabra (1) (会議などで) 話し始める．(2) 人の言質（ピ）をとる．

palabrear 圓 1 おしゃべりする，噂話をする．2《南米》口約束する．3《南米》契約を結ぶ，婚約する．4《中南米》悪口を言う．

palabreja 囡《軽蔑》こむずかしい言葉，意味の不明な言葉，奇妙な言葉．

palabreo 囲 むだ口，多弁．

palabrería 囡 むだ口，多弁．

palabrerío 囲 むだ口をたたくこと (= palabrería).

palabrero, ra 形名 むだ口の多い (人)，口先だけの(人)．

palabrita 囡 意味のある話，含みのある言葉．

palabro 囲《軽蔑》1 おかしな言葉［表現］，誤ったことば．2 悪態，雑言．

palabrota 囡 悪態，雑言．—decir [soltar] ~s 悪態をつく．

palacete 囲 小宮殿；（宮殿風の）邸宅，別荘．

palaciego, ga 形 宮廷の，王宮の．—intrigas palaciegas 宮廷内の陰謀．— 囲 宮人，廷臣．

palacio

[パラシオ] 囲 1 宮殿，大邸宅，豪邸．~ real 王宮．2（公共の建物の名称に使われて）庁舎，役所，官邸，館．— ~ de La Moncloa モンクローア官邸（スペインの首相官邸）．~ episcopal 司教館．

palada 囡 1 シャベルのひとかき，シャベルを使った動作．2 オールのひと漕ぎ，オールで水をかくこと．3 スクリューの1回転．

paladar 囲 1《医学》口蓋．—velo del ~ 軟口蓋．2 味覚．—tener un ~ fino [basto] 舌が肥えている［味覚が粗野である］．3 好み，審美眼．

paladear 他 1 をじっくり味わう．2（作品など）を味わう，鑑賞する．3（乳児に蜜などを）吸わせる．4 を夢中にさせる．

paladeo 囲 味わうこと，賞味．

paladial 形 口蓋の，口蓋音の．

paladín 囲 1 （昔の）勇士，戦士．2 擁護者．~ de la libertad 自由の擁護者．

paladino, na 形 公然の，明白な，遠慮のない［明らかな］．—una verdad paladina 明白な真実．

paladio 囲《化学》パラジウム．

paladión 囲 1 トロイ (Troya) の守護像．2 守護神，保障．

palafito 囲（湖や沼の）水上家屋．

palafrén 囲 1 乗用馬（貴婦人用の，あるいは王の行進用の馬で，軍用馬と区別する）．2 下僕用の馬．

palafrenero 囲 馬丁，馬の飼養係．

palanca 囡 1 てこ，レバー．~ de cambio ギアチェンジレバー．~ de mando《航空》操縦桿．2《スポ》（水泳の）飛び込み台．—salto de ~ 飛び込み競技．3 ネ，つて．—con ~《南米》後ろ盾のある．4《中南米》《舟を操る》竿．▶ hacer palanca (1) てこを使う，てこ（の原理で）こじ開ける．(2) 手助けする，力を入れる．

palangana 囡 1 洗面器．2《中南米》多肉亭，知ったかぶりする人．3《チリ》小麦などを分け分けするための木の道具．

palanganear 囲《中南米》《話》虚勢をはる，はらを吹く．

palanganero 囲 1 洗面器台．2《隠》売春宿の経験者・ベッドメーキング係．

palangre 囲《漁業》はえなわ．

palangrero 囲《漁業》1 はえなわの漁船．2 はえなわ漁の漁師．

palanquear 他《中南米》1 をてこで動かす，2 を杖で操る．

palanquera 囡 木の柵．

palanqueta 囡 1 小型のてこ，バール．2（ドアなどをこじ開ける棒，かんぬき．3《中南米》（重量あげの）バーベル．

palanquín 囲 1《歴史》（東洋の）駕籠（ご），輿（じ）．2人足，ポーター．3《海事》クリューガーネット，帆脚索．

palastro 男 (主に錠前の)板金.
palatal 形 硬口蓋音(の), 硬口蓋音(の). —**consonantes** —**es** 硬口蓋音.
palatalización 女 《音声》(硬)口蓋化.
palatalizar [1.3] 他《言語》口蓋化する, 硬口蓋音化する.
palatino, na 形 1 口蓋の. —**bóveda palatina** 口蓋. 2 王宮の, 宮廷の, 宮中職の. 3《歴史》(神聖ローマ帝国・フランス・ポーランドの)高位の. —男《歴史》1 宮中の高官, 宮内伯. 2(神聖ローマ帝国の)選帝侯.
:palco 男 (劇場などの)ボックス席, ます席. ～ **de platea** 1階のボックス席. ～ **de proscenio** 舞台の両脇にあるボックス席. ～ **escénico** 舞台.
palé [＜英] 男 パレット(荷物を載せる台になるので, 輸送・貯蔵に便利).
palear 他 1 シャベルで運ぶ. 2(穀物)を吹き分ける.
Palenque 固名 パレンケ(メキシコにあるマヤ文明の古代都市遺跡).
palenque 男 1 木柵, 矢来(やらい). 2 木柵で囲まれた催事場・競技場, 儀式用の用地. 3『南米』家畜をつないでおく杭. 4『中米』騒々しい場所.
palenquear 他『南米』1(家畜)を杭(くい)につなぐ. 2(杭につないで動物)を飼いならす.
palentino, na 形名 パレンシア (Palencia: スペイン北西部の県, その県都) の(人).
paleoceno, na 形《地質》暁新世(ぎょうしんせい)の, 暁新世に関する. —男 (P～)暁新世.
paleocristiano, na 形 (6世紀までの)初期キリスト教(徒)の. —男 初期キリスト教時代の美術.
paleografía 女 古文書学, 古文書学.
paleográfico, ca 形 古文書(学)の.
paleógrafo, fa 名 古文献学者.
paleolítico, ca 形 旧石器時代の. —男 旧石器時代の遺跡, その出土品.
paleólogo, ga 名 古代語に精通した人, 古代語学者.
paleontografía 女 古生物誌, 記述化石学.
paleontográfico, ca 形 記述化石学の.
paleontología 女 化石学, 古生物学.
paleontológico, ca 形 古生物学の.
paleontólogo, ga 名 古生物学者.
paleozoico, ca 形《地質》古生代(の)の.
palestino, na 形 パレスチナ (Palestina)の(人).
palestra 女 1 古代の競技場・闘技場. 2《競争》競争・論争の場. 3《詩学》雄弁, 闘技. ▶ **salir a la palestra** 論戦に加わる.
paleta 女 1 小型スコップ・ヘら状の道具, (スペの)(卓球・クリケットなどの)ラケット. 2 (スクリューなどの)羽. 3(絵の具の)パレット.

4 配色, 色づかい. —～ **de Goya** ゴヤの色づかい. 5《解剖》肩胛骨 (=omóplato). 6《闘牛》角の先. 7《中米》棒つきキャンディー. 8《情報》タブ. —～ **de color** カラー・パレット.
paletada[1] 女 1 へら・シャベルですくうこと, でこぼする(分), 1 へら・シャベルのひとすくい(分), ここの一盛り(分). 3《話》へま, しくじり. 2 大量の(こと).
paletada[2] 女 粗野な[田舎者の]振舞い.
paletazo 男 1 スクリューのひとかき. 2《闘牛》角による一撃.
paletero, ra 名《中米》棒つきキャンディー売り.
paletilla 女 1《解剖》肩胛骨. 2《病》剣状突起. 3(動物の)肩肉.
paleto, ta 形《軽蔑》田舎臭い, 無教養な, 無骨な, あかぬけない. —名 田舎の人, 無教養な[粗野な]人.
paletó [＜仏] 男 (フロックコートに似た)オーバーの一種.
pali 男 (古代インドの)パーリ語(の).
paliación 女 1(苦痛などの)緩和, 一時抑え. 2 弁解してかばうこと, 取り繕い.
paliar 他 1(苦痛などの)を緩和する, 一時的に抑える. ～ **el dolor** 痛みを抑える. 2(作用)を軽減する, 抑える. 3 を弁解してかばう.
paliativo, va 形 1《医学》(病気の)苦痛を軽減する, 一時的しのぎの, 取り繕う. —**tomar medidas paliativas** 一時しのぎの手段を取る. 2 弁解的な, 弁護的な. —男 1《医学》ターミナルケア (=cuidados ～); 緩和剤 (=remedio ～). —**unidad de** ～**s** ホスピス, 末期患者専門病棟. 2 言いわけの, 弁解の手段. ▶ **sin paliativos** きっぱりと; 弁解できない, 言い訳せず.
palidecer [9.1] 自 1(顔が)青ざめる, 血の気を失う. 2 輝きを失う; 色あせる, くすむ.
palidez 女 (顔や肌が)青ざめていること, 蒼白げ; (光や色の)薄さ.
pálido, da 形 1(顔色が)青白い, 青ざめた, 蒼白(そうはく)な. —**ponerse** ～ 顔面蒼白になる, 血の気を失う. 2(色が)薄い, 淡い; (光が)弱い —**rosa** ～ 淡いピンク, luz **pálida** 薄明かり. 3《名詞の前につく》精彩に乏しい, 冴えない, 色あせた.
paliducho, cha 形 やや青ざめた, 顔色の悪い(人).
palier 男 1《機械》軸受け, ベアリング. 2『南米』(階段の)踊り場.
palillero 男 1 つまようじ入れ. 2 ようじ職人. 3 ペン軸.
palillo 男 1 小さな棒. a) 楊枝(ようじ). b)(太鼓の)ばち. c) 圏 (食事用の)箸(はし). d)《音楽》(フラメンコ歌手のリズム取り棒). 2《植物》タバコの葉の葉脈. 3 圏『アンダルシア』カスタネット. 4《話》やせた人. —**estar hecho un** ～ やせこける.
palimpsesto 男 パリンプセスト, 一度消して書き直した跡のある羊皮紙の古文書. 2 書き直しの出来る羊皮紙.

palíndromo, ma 形 回文の. ― 男 回文.

palingenesia 女 **1** 再生, 転生. **2**〖生物〗原形発生.

palinodia 女 発言の撤回. ―**cantarla** ― 前言を取り消す, 間違いを認める.

palio 男 **1** 天蓋(教皇や聖像などの行列で用いる, 4本以上の棒でささげる布製の天蓋). **2** パリウム(古代ギリシャ・ローマの上衣). **3**〖カト〗パリウム(司教の礼装用の肩衣). ▶ **recibir bajo (con) palio** (人を)さざげ天蓋で迎える, 熱烈歓迎する.

palique 男 むだ話, おしゃべり. ▶ **tener mucho palique** よくしゃべる.

palisandro 男 〖植物〗ブラジル紫檀(たん), ブラジル紫檀材.

palito 男〖南米〗**1** 棒状の細長いパン(=colin). **2** アイスキャンデー.

palitoque 男 →palitroque.

palitroque 男 **1** 小さな棒, 棒きれ. **2** 〖闘牛〗バンデリリャ.

paliza 女 **1** なぐりつけ, めった打ち. ―**dar [pegar] una** ― めった打ちにする. **2**〖話〗重労働. **3**〖話〗負かす事, 批判. **4**〖話〗煩わしい人. ▶ **dar la paliza**〈くだ〉をまく, くどくど言う. **darse la paliza**(恋人どうしが)いちゃつき合う.

palizada 女 **1** 防護柵, 防水堤(ぱ), **2** 杭や矢来で囲まれた場所. **2**〖紋章〗矢来形の図形. **3**〖南米〗(川の)流木. **4**〖南米〗(魚・野菜・米の)煮込み. **5**〖南米〗即興で集まる.

palladora 男 即興詩人, 即興の歌競べの参加者.

pallar[1] 男 〖南米〗インゲン豆.

pallar[2] 他 (鉱物などを)選別する. ― 自 〖南米〗→payar.

palloza 女 (昔は石造りで藁葺(ぶき)の家畜小屋と住居を兼ねた)円形の小屋.

palma 女 **1** 手のひら, 掌(ぐ). **2**〖解剖〗拍子(喝采); 手拍子. ―**batir [tocar] ~s** 手拍子を打つ. **3**〖植物〗シュロ, ヤシ; シュロの葉(勝利・威功・栄誉の象徴). ―**datilera** ナツメヤシ. ― **indiana** ココヤシ. **4** 勝利, 栄冠, 栄誉. ▶ **andar en palmas** 拍手喝采を受ける, みんなに賞賛される. **como la palma de la mano** (1) 平らな. (2) 十分に, よく. **llevarse la palma** [しばしば侮蔑的に] 抜きん出る, 秀でる. **llevar [tener, traer] en palmas** (人を)丁重に扱う, かわいがる.

palmada 女 **1** 手のひらでたたくこと, **2** 両手をたたき合わせること(拍手, 手拍子, 人を呼ぶ合図).

Palma de Mallorca 固名 パルマ・デ・マヨルカ(スペイン, バレアーレス自治州の州都).

palmadilla 女 手をたたいて一組の男女を呼び入れる遊びの踊り.

palmadita 女 軽くたたくこと.

palmar[1] 男 **1**〖話〗[主に + la] 死ぬ. ―**No la palmó** de milagro. 彼は奇跡的に一命をとりとめる. **2**〖隠〗ゲームで負ける.

palmar[2] 形 **1** ヤシ製の, シュロ製の. **2** 手のひらの, 蹠の. ― **músculo ~** 〖解剖〗掌筆筋. **3** 一掌尺 (palmo) の. ― 男 〖解剖〗

palmarés 男 **1** (スポーツ競技の)入賞者リスト, 実績, 戦績. **2** 経歴, 履歴.

palmariamente 副 明らかに.

palmario, ria 形 明白な, 自明な.

Palmas 固名 **Las ~ de Gran Canaria** ラス・パルマス・デ・グラン・カナリア(スペイン, カナリア諸島自治州の州都の 1 つ, グラン・カナリア島にある).

palmatoria 女 **1** (罰として生徒の手を打つ)木のへら, **2** (主に皿形の)ろうそく立て.

palmeado, da 過分 形 **1** シュロの葉形の, 手のひら形の. **2**〖植物〗(葉・根・茎が)掌状の. ―**hoja palmeada** 掌状葉. 〖動物〗水かきのある. ―**pata palmeada** 水かきのある足.

palmear 自 **1** 舟を手綱で引きながら進む. **2** 平手で打つ, 手を鳴らす. ― 他 **1** 軽く手を打たれる, **2**〖スポ〗(バスケットボールで, ボールを)手のひらで押すようにシュートする.

palmeo 男 手拍子, 拍手.

palmera 女 **1**〖植物〗ヤシ, シュロ(の木・葉). ― **datilera** ナツメヤシ. **2** パーム・ケーキ.

palmeral 男 ヤシ林, シュロ林.

palmero, ra 男 **1** ヤシ[シュロ]園主. **2** 聖地パレスチナへの巡礼者. **3** ラ・パルマ(La Palma) の人. **4** (フラメンコの)手拍子をする人. **5** 〖中南米〗ヤシの木. ― 形 固名 ラ・パルマの.

palmesano, na 形 固名 パルマ・デ・マヨルカ (Palma de Mallorca) の(人).

palmeta 女 **1** (罰として生徒の手を打つ)木のへら, **2** 木のへらで手を打つこと, **3** (建築)(柱頭などの装飾に使う)パルメット, 棕櫚(ぐ)葉文.

palmetazo 男 **1** 木のへら (palmeta) で手を打つこと. **2** 叱責.

palmiche 男 〖植物〗**1** ダイオウヤシ, ダイオウの実. **2** アブラヤシ. **3** チャボトウジュロの実.

palmípedo, da 形 〖鳥類〗水かきのある. ― 男 [総称的に]〖鳥類〗水かきのある鳥, 游禽類.

palmista 男女 〖中米〗手相見.

palmita 女 ▶ **llevar [traer, tener] a ... en palmitas** … を大切にする, かわいがる.

palmito 男 **1**〖植物〗チャボトウジュロ. **2** チャボトウジュロの芽(食用). **3**〖話〗女性の(美しい)顔.

palmo 男 掌尺(長さの単位, 約21cm). ▶ **dejar con un palmo de narices a ...** 〖話〗(人の)期待を裏切る. **no adelantar [ganar] un palmo de terreno** 進歩[進展]がない. **palmo a palmo** (1) ゆっくりと, 少しずつ. (2) 隅々まで. **un palmo de tierra** 猫の額ほどの土地.

palmotear 自 手をたたく, 拍手する.

palmoteo 男 **1** 手をたたくこと, 拍手. **2** 罰として生徒の手を打つこと.

palo 男 **1** 棒, 棒切れ; 柄(棒状のもの

材. —— de escoba ほうきの柄. cuchara y tenedor de ～ 木製のスプーンとフォーク. **2** 棒で打つこと. —dar un ～ 棒で殴る. **3**《船舶》帆柱. —— mayor メインマスト. velero de tres ～ 3本マストの帆船. **4** 木, 本株, 茎. —— de rosa 紫檀(したん). **5** 米離, 中扇. **6**《スポ》(サッカーの)ゴールポスト, (ゴルフの)クラブ, (ホッケーの)スティック, (野球の)バット. —— de portería ゴールポスト. ～ de golf ゴルフクラブ. **7**(スペイン式トランプの)根棒カード. **8**(bや yの形の文字の)縦線, 縦の棒. **9**《俗》性交. —echar un ～ 性交する. ▶ a palo seco それだけで, 何も加えないで; そっけなく, あっさりと. Cada palo que aguante su vela. 各自がそれぞれの義務や結果に責任を持つ必要がある. dar palos de ciego 相手構わず殴る; 考えずに行動する. De tal palo, tal astilla.〔諺〕蛙の子は蛙. echar a palos 追い出す, 放り出す. moler [doblar] a palos 打ちのめす, たたきのめす.

paloduz 男《植物》カンゾウ(甘草), 甘草根(食用).

Paloma 固名《女性名》パローマ.

:paloma 女 **1**《鳥類》ハト(鳩). —— torcaz モリバト. —— zurita ヒメモリバト. —— mensajera 伝書バト. **2** おとなしい人, 心の優しい人; 穏健派, ハト派.

palomar 男 鳩舎, ハト小屋. —alborotar el ～《話》大騒ぎを起こす.

palometa 女 **1**《魚類》コバンアジ. **2** 蝶ナット, 蝶ボルト.

palomilla 女 **1**《昆虫》蛾, 小さな蛾, 蛾の幼虫. **2** 蝶ナット. **3** 棚受け, 軸受け. **4**《中南米》a)大衆; また者の集団. b)街をうろつく少年, ストリートギャング.

palomina 女 **1** ハトの糞. **2**《植物》カラクサケマン.

palomino 男 **1** 子鳩. **2**《話》服に付いたハトの糞.

palomita 女 **1** ポップコーン. **2** アニス酒の水割り. **3**《スポ》(サッカーの)ゴールキーパーの全身横跳びヒーブ. **4**《中南米》女性に対する呼び方.

palomo 男 **1**《鳥類》 **1** 雄バト, モリバト. **2** 《話》間抜け. **3** 宣伝家, 裏工作者.

palotada 女 細い棒で叩くこと. ▶ no dar palotada《話》(1)(仕事などが)はかどらない. (2)(言うこと・することが)はずれである.

palote 男 **1**(たいこなどの)ばち. **2**(習字の練習のために書く)棒.

palpable 形 **1** 手で触れられる, 触知可能な. **2** 明白な.

palpablemente 副 はっきりと, 目に見えて, 明らかに.

palpación 女 **1** 手で触れること, 触知(=palpamiento). **2**《医学》触知.

palpadura 女 手で触れること, 触知.

palpamiento 男 手で触れること, 触知.

palpar 他 **1** 手を触れる; 《医学》触診する. **2** を探知する. **3** を痛感する, 思い知らされる. —— se 再 感じとれる.

palpebral 形《解剖》眼瞼(がんけん)の.

palpitación 女 **1**《心臓》の鼓動, 心拍. **2** 動悸; 《医学》心悸(ぼう)亢進. **3**(体の一部の)震え, ぴくぴくする動き.

palpitante 形 **1** 動悸(どうき)がする, どきどきする, ぴくぴくする. **2**(事柄が)今日的で興味深い, 焦点になっている. ホットな. —asunto de ～ actualidad 火急の用件. **3**(光・灯が)点いたり消えたりする.

palpitar 自 **1**《心臓》が鼓動する. **2**(心臓が)どきどきする, 動悸(どうき)がする. **3**(体の一部が)震える, ぴくぴくする. **4**(感情が)ほとばしり出る, わき出る, 現れる.

pálpito 男 予感, 胸騒ぎ.

palpo 男《昆虫》触角.

palquista 男《中南米》(ベランダや窓から侵入する)泥棒〔空き巣〕.

palta 女《中南米》《植物》アボカド(の実).

palto 男《植物》《南米》アボカドの木.

palúdico, ca 形 **1** 湖沼の, 湿地の. **2**《医学》マラリアの(かかった). —fiebres *palúdicas* マラリア. —— 名 マラリア患者.

paludismo 男《医学》マラリア.

palurdo, da 形名 田舎者(の), 粗野な(人).

palustre[1] 湖沼の, 湿地の. —zona ～ 湿地帯.

palustre[2] 男 左官ごて.

pamela 女(女性用の, つばの広い)麦わら帽子.

pamema 女 **1** くだらないこと, たわ言, 空騒ぎ, ばかげたこと. **2** むだなお世話. **3**(反感・不安などの)大仰な〔わざとらしい〕身ぶり; 上品ぶった態度.

pampa 女 **1** パンパ(アルゼンチンの樹木の少ない大草原). **2**《南米》畑. —— de maíz トウモロコシ畑. —— 男女 **1**《南米》a)パンパの(に住む)(先住民). **2**《南米》形 a)(馬が)白面の. b)不正な. **3**《南米》弱々しい.

pámpana 女 ブドウの葉.

pámpano 男 **1** ブドウの芽. **2** ブドウのつる・まきひげ. c)ブドウの葉(= pámpana). **2**《魚類》サバル(地中海産の魚).

pampanoso, sa 形《植物》芽や巻きひげを多くつけた.

pampeano, na 形 →pampero.

pampear 自《南米》パンパを旅する.

pampero, ra 形 パンパの(人). —— 男 パンパの風(アンデス山脈から吹き降ろす強い西風).

pampino, na 形《南米》パンパ出身の, また塩原地で働く(人).

pampirolada 女 **1** パンとニンニクをすり潰して水で溶いたソース. **2** ばかげた言動, くだらないこと.

pamplina 女 **1**《植物》a)ナデシコ科の植物. —— de agua b)(イベリア半島のクサノオウ科の植物. **2** くだらないこと, ばかげたこと. **3**《話》むだなお世話. **4**(反感などの)大仰な〔わざとらしい〕身振り; 上品ぶった態度.

pamplinada 女《まれ》ばかげたこと, く

pamplinero, ra 形 心にもないお世辞を言う, 大げさに騒ぎ立てる.

pamplinoso, sa 形 →pamplinero.

Pamplona 固名 パンプローナ(スペイン, ナバラ自治州の州都).

pamplonés, nesa, pamplonica 形名 パンプローナ (Pamplona) の人.

pamporcino 男 〔植物〕シクラメン.

pan 男 〔パン〕 1 パン. *un pedazo [trozo de* ~ 一切れのパン. *comprar dos* ~*es* パンを2つ買う. ~ *ácimo [ázimo]* 酵母の入っていないパン. ~ *candeal* 上質の小麦で作った白いパン. ~ *inglés [de molde]* 食パン. ~ *integral* 全粒パン. ~ *rallado*(フライ用の)パン粉. 2 パン状のもの, パンに似たもの. ~ *de azúcar* 円錐形の氷砂糖. ~ *de higos*(アーモンドをはさんだ)乾しいちじく. ~ *de jabón* 固形石鹸. 3 食べ物, 食糧; 生活の糧. ~ *ganarse el* ~ *con el sudor de su frente* 額に汗して生活のために働く. 4 小麦. ~ *campos de llevar* ~ 小麦畑. 5(金・銀その他の金属の)箔. ~ *de oro* 金箔. 6 〔カト〕(ミサで用いるウェハースのようなパン. ~ *bendito* 御聖パン, 祝別されたパン; ありがたいもの. ~ *eucarístico* 聖体拝領, 聖餐式. 7 [植物〕~ *y quesillo* ペンペングサ. ◆ *Al pan, pan y al vino, vino.* 率直に〔はっきりと〕言うべきだ. *a pan y agua* (罰として)パンと水だけで. *Con su pan se lo coma.* 本人が何とかすべきだ, 私の知ったことではない. *Contigo pan y cebolla.* 〔諺〕手鍋提げても. *el pan (nuestro) de cada día* 日常茶飯事. *ser bueno como el pan / más bueno que el pan* とてもいい人である, お人よしである. *ser pan comido* たやすい, 朝飯前である.

pana 女 1〔服飾〕コーデュロイ. 2〔南米〕(自動車の突然の)故障.

panacea 女 1 万能薬. ~ *universal* (錬金術師の)万能の霊薬. 2 万能の解決策.

panaché 〔<仏〕男 〔料理〕まぜ合わせたもの.

panadería 女 1 パン屋, 製パン所, パン焼き場. 2 製パン業.

panadero, ra 名 1 パン屋(人), パン職人. 2 スペイン風のタップダンス.

panadizo 男 1 〔医学〕瘭疽(ひょうそ). 2〔獣医〕家畜の膿みを伴う関節炎の一種. 3〔話〕顔色の悪い, 虚弱な人.

panafricanismo 男 汎アフリカ主義.

panal 男 1(ハチの)巣板. 2 ハチの巣状のもの. 3 カルメラ菓子.

Panamá 固名 パナマ(公式名 República de Panamá, 首都 Ciudad de Panamá).

panamá 男 パナマ帽.

*****panameño, ña** 形名 パナマ(人)の; パナマ人.

panamericanismo 男 汎アメリカ主義.

panamericanista 形男女 汎アメリカ主義(者)の; 汎アメリカ主義者.

panamericano, na 形名 1 全米の, 南北両アメリカの. 2 汎アメリカ主義の〔主義者〕.

pancarta 女 1(デモなどの)プラカード, ポスター, 垂れ幕. 2 羊皮紙の写本. 3〔情報〕バナー.

panceta 女 ベーコン (=bacón).

panchito 男 揚げピーナッツ.

Pancho 固名 (男性名の)パンチョ (Francisco の愛称).

pancho, cha 形 1 平静な, 冷静な, 落ち着いた. 2〔南米〕こげ茶色の. 3〔南米〕平らな.

pancismo 男 日和見(ひより)主義.

pancista 形 迎合的な, 日和見(ひより)な. — 名 迎合主義者, 日和見主義者.

páncreas 男 〔単複同形〕〔解剖〕膵臓.

pancreático, ca 形 〔解剖〕膵臓の.

pancreatitis 女 〔単複同形〕〔医学〕膵炎.

pancromático, ca 形 〔写真〕全色性の, パンクロの.

panda¹ 男 〔動物〕パンダ. ~ *gigante* ジャイアントパンダ. ~ *menor* レッサーパンダ.

panda² 女 1 回廊. 2 遊び仲間のグループ. 3(悪者・悪人などの)仲間, 徒党.

pandear 自 〔しばしば再帰動詞として〕(梁が)反る, 壁が反る, たわむ.

pandectas 女複 1 〔法律〕法典, 法令集. 2 〔歴史〕(ユスティニアヌス帝の命によって編纂された)学説彙纂(さん).

pandemia 女 〔医学〕世界的な・全域的な流行病.

pandémico, ca 形 〔医学〕汎流行(病)性の, 全国〔世界〕的流行の.

pandemónium 男 1 伏魔殿, 万魔殿(地獄の都と考えられている場所), 悪魔の巣窟. 2 騒がしい[混乱した]場所〔状態〕.

pandeo 男 (梁や壁の)反り, たわみ.

pandereta 女 〔音楽〕タンバリン.

panderete 男 1〔建築〕小口積みされんがの仕切り壁. 2〔音楽〕タンバリン.

panderetear 自 タンバリンを打つ.

panderetero, ra 名 〔音楽〕タンバリン奏者.

pandero 男 〔音楽〕大型のタンバリン.

pandilla 女〔集合的に〕1 遊び仲間. 2〔軽蔑〕(悪者の)一味, 徒党. 3(人や動物の)集団, 群れ.

pandillero, ra 名 遊び仲間の一員.

pando, da 形 1(柱, 壁等の)反った, たわんだ. 2(川が)流れの緩やかな. 3 ゆったりした, 急いでいない. 4(皿が)浅い, 深皿でない. — 男 盆地.

pandorga 女 1〔南米〕凧. 2〔話〕太った女性.

panecillo 男 小さなパン(ロールパン, ボカディーリョ用の小さなパン).

panegírico, ca 形 称賛の(演説), 賛辞(の).

panegirista 形男女 賞賛者, 賞賛する人.

章を書く人.

panel 男 **1** パネル, 羽目板, 鏡板, 仕切り板. **—~ solar** ソーラーパネル, 太陽電池. **2** 板状の装置, 電光掲示板. **—~ de control** コントロール[制御]パネル. **—~ de mandos** コントロール・パネル, 操作盤. **3**〖美術〗画板. **4**〖服飾〗パネル(ドレスやスカートに別布で付ける縦長の飾り). **5**(公開討論会などの)出席者の(一団), 調査発表団. **—~ de expertos** 専門家の調査団. **6** 陪審員名簿.

panela 女 〖紋章〗盾などに描かれるポプラの葉.

panelista 男女 パネリスト.

panera 女 **1** パンかご, **2** パン置き場.

paneslavismo 男 汎スラブ主義.

paneslavista 形 男女 汎スラブ主義(者)の;汎スラブ主義者.

paneuropeísmo 男 汎ヨーロッパ主義.

paneuropeo, a 形 汎ヨーロッパの.

panfilismo 男 お人よしなこと.

pánfilo, la 形 名 **1** 間抜けな(人), だまされやすい(人), お人よし. **2** 悠長な(人), のろまな(人).

panfletario, ria 形 **1** 小冊子(主に主張・批判を目的とする)の. **2** 批判的[扇動的]な. **3**〖中南米〗(文章の)攻撃的な, 中傷の.

panfletista 男女 **1**(主に主張・批判を目的とする)小冊子の著者. **2** 中傷的文書の著者.

panfleto 男 **1**(主に政治的・思想的主張・問題提起・批判を目的とした)小冊子. **2** 中傷文書, 怪文書.

pangermanismo 男 汎ゲルマン主義, 全ドイツ主義.

pangermanista 形 汎[全]ゲルマン[ドイツ]主義の. **—** 男女 汎[全]ゲルマン[ドイツ]主義者.

pangolín 男〖動物〗センザンコウ.

pangue 男〖チリ〗〖植物〗パンゲ.

panhelénico, ca 形〖歴史〗全ギリシャ[ヘレネス]の.

panhelenismo 男 汎ギリシャ主義.

panhispánico, ca 形 全スペイン語圏の.

paniaguado, da 名〖軽蔑〗お気に入りの(人), ひいきされている(人). **—** 男 住み込みの召使い.

pánico 男(主に集団的な)恐怖, 恐慌, パニック. **—, ca** 形 **1** パニックの, 恐慌の. **2**〖神話〗パン(Pan)の.

panícula 女〖植物〗円錐花序.

paniculado, da 形〖植物〗円錐花序の.

panículo 男〖解剖〗皮下脂肪層.

paniego, ga 形 **1**(土地に関して)小麦生産の. **2** パン好きの.

panificable 形 パンに加工出来る.

panificación 女 パン製造.

panificadora 女 パン工場, 製パン所.

panificar [1.1] 他(小麦粉を)パンにする.

panislámico, ca 形 汎イスラム主義の.

panislamismo 男 汎イスラム主義.

panislamista 形 男女 汎イスラム主義の;汎イスラム主義者.

panizo 男 **1**〖植物〗アワ. **2**〖チリ〗鉱脈, 鉱床. **3**〖チリ〗金づる, もうけ仕事. **(まれ)**トウモロコシ.

panocha 女 **1**(トウモロコシ, ヒエ, キビの)穂. **2**〖俗〗お金. **3**〖俗〗金髪の人.**4**〖メキシコ〗黒砂糖, 黒糖キャンディー. **5**〖中南米〗トウモロコシのパンケーキ.

panocho, cha 形 名 ムルシア(Murcia)地方の灌漑農業地帯の(人). **—** 男 ムルシア農業地帯の方言.

panoja 女 **1**(トウモロコシ, ヒエ, キビの)穂. **2**〖植物〗円錐花序. **3** 小魚の串揚げ(数匹の小魚を尾の部分でつないで揚げたもの).

panoli 形 男女〖話〗ばか(な), まぬけ(な).

panolis 形〖単複同形〗→panoli.

panoplia 女 **1** 甲冑(かっちゅう)のひとそろい. **2**(集合的に)武具コレクション, その展示物. **3**(主に楯形で, 剣などを掛けておく)武具飾り, 武具壁掛け. **4** 武器学, 武具研究.

panóptico, ca 形(屋内が)ひと目ですべて見渡せる(建物), パノラマ的な(建物).

panorama 男 **1** 全景, 眺望;パノラマ. **2**(問題などの)展望, 概観.

panorámico, ca 形 パノラマ(型)の, 全景の;概括的な. **—** 女 **1** 全景, 展望, 概観. **2**〖映画, 放送〗パノラミックショット, パン.

panque 男 →pangue.

panqué〖中米〗パンケーキ.

panqueque 男〖中米〗→panqué.

pantagruélico, ca 形(料理に関して)ふんだんな, 過剰な, 大饗応の.

pantalán 男(小舟用の)桟橋.

pantaleta 女〖主に 複〗〖中南米〗(服飾)パンティー, ショーツ.

pantalla 女 **1**(映画などの)スクリーン;映画(界). **—Su última novela será llevada a la ~.** 彼の最新作は映画化される. **2**(テレビ, コンピューターの)画面, ディスプレイ画面, モニター. **—~ de cristal líquido [de plasma]** 液晶[プラズマ]ディスプレイ. **~ inicial** スタートアップ・スクリーン. **~ plana** フラット[平面]型ディスプレー. **~ táctil** タッチパネル[スクリーン]. **3**(ランプの)笠, ランプシェード. **4**(光, 熱, 風, 視界などの)仕切り, ついたて;遮蔽物, シールド. **—~ acústica** 消音壁[板]. **~ protectora** 防護壁[板]. **5**隠れみの, ダミー. **6**〖中南米〗うちわ, 扇子. **▪ gran pantalla/ pantalla grande** 映画(館). **pequeña pantalla**《話》テレビ.

〖パンタロン〗男 **1**〖主に 複〗〖服飾〗ズボン, スラックス;(女性用)ズボン. **—~ corto** 半ズボン. **~ de deporte**(スポーツ用)ショートパンツ. **falda ~** キュロットスカート. **~ tejano** ジーパン. ***pantalones*** vaqueros ジーンズ. 2複《話》男, 男性. ▶bajarse los pantalones いやいや譲歩する, 不本意ながら屈服する. llevar los pantalones bien puestos 精力的に振る舞う. ponerse los pantalones (家族の)実権を握る;からまえを下げる.

pantalonero, ra 男女 ズボン仕立職人.

pantanal 男 沼地, 湿地.

pántano 男 1 沼, 湿地. 2 貯水池, ダム. 3 泥沼, 窮地.

pantanoso, sa 形 1 沼の多い, 湿地の. —región pantanosa 湿地帯. 2 困難に満ちた.

panteísmo 男《哲学》汎神論.

panteísta 形 男女 汎神論の;汎神論者.

panteón 男 1 パンテオン(ギリシャ・ローマの万神殿). 2 霊廟, 墓所. ── familiar 家族用墓所. 3 [アンデスニア, 南米]墓地. 4 [チリ]鉱石.

panteonero 男 1 [中南米]墓掘り人. 2 [南米]ジャガー, オセロット, 3 [南米]詐欺師. 3 [メキシコ]ずるくい人, はったり屋.

panti 男《複》 ~(e)s 《主に複》《服飾》パンティーストッキング.

pantimedia 女《主に複》[中米](服飾)パンティーストッキング(=panti).

pantocrátor 男 (ゼウス Zeus の別名)全能の神;パントクラトール;(ビザンチン・ロマネスク絵画の)座したキリスト像.

pantógrafo 男 1 縮図器, パントグラフ. 2 (電車の)パンタグラフ.

pantomima 女 1 パントマイム, 無言劇. 2 見せかけ.

pantomimo 男 パントマイム役者.

pantoque 男《船舶》船底外板, ビルジ. ──agua de ~ 船底の水あか.

pantorrilla 女《解剖》ふくらはぎ, (まれ)太った脚. ▶echar ~ 気取る.

pantorrillera 女 [古]乗馬ズボンのふくらはぎ部の当て布.

pantorrilludo, da 形 1 ふくらはぎ(脚)の太い. 2 [南米]ずうずうしい.

pantufla 女 1 スリッパ, 上履き.

pantuflo 男 →pantufla.

panza 女 1 (特に太って張り出した)腹, 太鼓腹. 2 (容器・物などの)胴の膨み. 3《解剖》(反芻動物の)第一胃. ▶panza de burra 暗い灰色.

panzada 女 1 腹を打つこと. 2 満腹. 3 大量, 大いに(何かをすること). ──darse una ~ de andar 大いに歩く.

panzazo 男 1 腹を打つこと. 2 満腹.

panzón, zona 形[複]腹の出た;太鼓腹. ▶darse un panzón de 〔+不定詞〕飽きるほど…する.

panzudo, da 形 1 腹の出た(人). 2 (家具, 器具に関して)中央部の膨んだ.

pañal 男 1 おむつ. 2 複 産着. 3 複 生まれ, 家系. 4 複 幼少期, 揺籃期, 初期. 5 ワイシャツの下. ▶estar en pañales (1) 未熟である, 知識がない. (2) 初期段階にある.

pañería 女 1 服地店, 毛織物店. 2 [集合的に]服地, 毛織物.

pañero, ra 形 服地の, 毛織物の. ── 男 毛織物業者, 服地商.

pañete 男 1 粗布, 薄手の荒い毛織物. 2 複 脚布. a) キリスト像の腰布. b) 漁師などの腰巻き. 3 複[南米]壁のプラスター仕上げ. 4 [南米]馬の鞍の下布.

pañito 男 テーブルクロス, 家具にかぶせる飾り布.

paño 男 1 布(切れ); 布巾, 雑巾, タオル. ── de cocina 布巾. ~ de mesa テーブルクロス. 2 ウールの生地, 毛織物. ──traje de ~ ウールのスーツ. 3 はぎ合わせるもの. ──puerta de cuatro ~s 4 枚扉. 4 壁掛け, タペストリー. 5 壁面. 6 (ガラス・鏡などの)汚れ, 曇り; (肌の)しみ. 7 複 (絵画・彫刻に描かれた服などの)ゆったりとしたひだ, ドレープ. ▶conocer el paño (人や事情をよく)知っている. 精通している. en paños menores 下着姿で;事情を知らずに. paño de lágrimas 慰め役, 相談相手. paños calientes《話》一時しのぎの対策, 効果のない方策. ser del mismo paño que …と代わり映えしない, 同じ穴のむじなである.

pañol 男《船舶》船倉. ── de municiones 弾薬庫. ~ del carbón 貯炭庫. ~ de víveres 食料庫.

pañoleta 女 1《服飾》フィシュー(女性用の三角形の肩掛け). 2 闘牛士用のネクタイ.

pañolón 男 大きな絹のショール.

pañuelo 男 [バニュエロ]1 ハンカチ. ── de bolsillo ハンカチ. ~ de papel ティッシュペーパー. 2 スカーフ, ショール; ネッカチーフ. ▶Este [El] mundo es un ~. (思いがけない人に出会って言う)世間は狭い.

papa¹ 男 1[カト]ローマ法王, 教皇. —el P~ Pío XII ローマ法王ピオ XII 世. 2《話》お父さん, パパ. ▶ser más papista que el papa →papista.

papa² 女 1《話》どろどろしたもの. 2 複 流動食, かゆ. 3 複《まれ》食べ物. 4 デマ, はかばかしい噂. 5 《話》──ni papa 〔saber, entender などとの組合せで〕全く(知らない, 理解出来ない, 等).

papa³ 女 1 [スペイン南部, 中南米]ジャガイモ(→patata). 2 [南米]殴打, 一撃. 3[ホリビア]側のうまい仕事. 4[メキシコ]うそ, 作り話. 5[チリ]塊状の鉱床.

papá 男《話》お父さん, パパ;複 パパとママ, 両親. —P~ Noel サンタクロース. ~ grande おじいちゃん.

papable 形 1[カト]ローマ(枢機卿が)教皇候補としてふさわしい. 2 採用候補の.

papada 女 1 二重あご. 2 (牛の)のど袋. —la ~ del toro[vaca]牛ののど袋.

papadilla 女 動物ののど袋.

papado 男 教皇の位, 教皇庁;教皇権, 教皇の教位期間.

papafigo 男(鳥類)→oropéndola.

papagayo 男 1《鳥類》オウム. 2《俗》おしゃべりな人, 他人の話を受け売りする人.

papahígo 男 《服飾》頭・首を覆い、目と鼻だけ出す毛糸などの防寒帽。

papal[1] 形 〔カト〕教皇の。—decretos ~es 教皇令.

papal[2] 男 〔中南米〕ジャガイモ畑.

papalina 女 1 耳まで隠した帽子。2 (昔の女性用の)ボンネット。3 《俗》酔っ払うこと, 飲んで騒ぐこと.

papalmente 副 教皇として, 教皇の権限に基づいて.

papalote 男 〔中米〕凧.

papamoscas 男 〔単複同形〕1 《鳥類》ヒタキ科の小鳥。2 《話》お人よし, ぼんやりした人.

papanatas 男 〔単複同形〕《話》だまされやすい人, お人よし.

papanatería 女 → papanatismo.

papanatismo 男 だまされやすさ, お人よし, 愚かさ.

papandujo, ja 形 《話》熟しすぎた, 熟れすぎて柔らかくなった.

papar 他 1 を噛まずに飲みこむ。2 (流動食を)食べる。— **se** 再 《話, まれ》〖+直接目的語〗を大量に食べる.

paparrucha 女 《話》デマ, ばかげた噂, くだらない話.

paparruchada 女 → paparrucha.

papaveráceo, a 形 《植物》ケシ科の。— 女 《植物》ケシ科の植物; 〖主に 複〗(P~)ケシ科.

papaverina 女 《化学》パパベリン(アヘンに含まれるアルカロイド).

papaya 女 1 《植物》パパイヤ(実)。2 〔中南米〕《卑》女性器。3 〔南米〕たやすいこと.

papayo 男 《植物》パパイヤ(の木).

papear 自《他》《俗》食事をする.

papel 男 〔バベル〕1 紙. a) 紙. —una hoja de ~ 一枚の紙。~ de periódico 新聞紙。~ biblia 〔辞書などで使われる〕インディア紙。~ carbón カーボン紙。~ cebolla オニオンスキン紙。~ cuché アート紙。~ japonés 和紙。~ secante 吸い取り紙。~ de calco トレーシングペーパー。~ (de) cocina キッチンペーパー。~ de seda 包装用の薄葉紙。~ higiénico トイレットペーパー. b) 紙切れ; 紙くず. c) 〖主に 複〗〔書かれた・印刷された〕紙, 文書; 〔証明書などの〕書類. —Tiene sus ~es en regla. 彼は正規の証明書を持っている。sin ~es 身分証明書不携帯の(不法移民). d) 紙状のもの. ~ celo セロハンテープ。~ de aluminio アルミ箔[ホイル]。~ de plata (de estaño) 銀紙。~ de lija 紙やすり。2 役. a) 〔演劇〕役, 配役。—hacer [representar] el ~ del protagonista 主人公の役を演じる. b) 役割, 役目。—hacer [desempeñar] el ~ de presidente 議長の役を務める。3 堅 新聞。4 紙幣。—~ moneda 紙幣。5 《商業》〖主に 複〗有価証券; 手形. —~ del Estado 国債。~ de pagos al Estado 印紙。~ sellado (timbrado) 印紙を貼った公式文書. ▶ hacer buen [mal] papel (1) うまく[下手に]やる, 立派に務めを果たす[果たせない]。(2) 有用[無用]である, 役に立つ[立たない]。hacer el papel 〈芝居を〉演じる, 繕う。hacer su papel 役目を果たす, 役に立つ。papel mojado (1) 役に立たない書類, 無効な書類, 反故(ほご)。(2) 守られない約束, 空約束。perder los papeles 《話》〈興奮などで〉取り乱す, 調子を落とす。sobre el papel 紙の上では, 理論[統計]上.

papelear 自《話》(書類を)探しながら[ひっかき回す。2 《話》いい気になってひけらかす, 見せびらかす.

papeleo 男 1 書類をかき回すこと。2 書類上の手続き。3 関連書類(一式).

papelera 女 1 紙くず入れ, くずかご; 〔情報〕ごみ箱。2 製紙工場.

papelería 女 1 文房具店, 紙屋。2 (集合的に)散乱した書類, 紙くずの山.

papelero, ra 形 1 製紙業の, 紙を扱う。2 《話》みえっ張りの, 目立ちたがる。— 名 1 製紙業者, 紙商人, 文房具具屋。2 〔中米〕新聞売り。3 〔南米〕こっけいな人, へまな人.

papeleta 女 1 紙片, 票, 券; 投票用紙。—~ de examen 試験の採点票, 問題用紙。—~ de votación 投票用紙, 候補者名簿。2 通知, 証書。—~ de citación 召集状。3 《俗》面倒, 厄介なこと.

papelillo 男 1 紙きれ。2 包薬紙。3 紙巻きタバコ.

papelina 女 《俗》(1回分の)麻薬の包み.

papelito 男 紙きれ, カード, 用紙.

papelón 男 1 醜態, ぶざま。2 〔中米〕固形砂糖.

papelote 男 1 《軽蔑》役立たずの書類, どうでもよい文書。2 (再生紙の材料にする)古紙.

papelucho 男 紙くず, どうでもよい文書.

papera 女 《医学》1 甲状腺腫。2 〖主に 複〗流行性耳下腺炎, おたふく風邪。3 〖主に 複〗鼻炎, 鼻風邪(はなかぜ).

papero, ra 形 1 〔中南米〕ジャガイモの。2 〔メキシコ〕うそつきの. — 名 1 〔中南米〕ジャガイモ栽培者, ジャガイモ農家, ジャガイモ売り。2 パン粥の, パン粥作り鍋.

papila 女 1 〔解剖〕乳頭, 粘膜状の小突起。—~ s gustativas 味蕾。~ lacrimal 涙乳頭。~ óptica 眼神経乳起。2 〔植物〕突起毛, 乳頭.

papilionáceo, a 形 女 《植物》蝶形の, 蝶形花冠の, マメ科の植物.

papilla 女 1 パンがゆ, 離乳食。—~ de frutas (cereales) フルーツ離乳食[シリアル離乳食]。2 X線造影剤(バリウム)。3 粉々の[くたくたの]物・状態. ▶ hacer papilla a... 《話》…を粉々[ぐちゃぐちゃ]にする.

papillote 男 〔髪の〕カールペーパー, カールペーパーで束ねた髪. ▶ a la papillote 《料理》紙包み焼きの. —carne a la papillote 紙で包んで焼いた肉.

papiloma 男《医学》(いぼなどの)乳頭腫.

papión 男《動物》クモザル.

pápira 女《隠》財布.

papiriforme 形 (円柱・柱状が)パピルスの形をした.

papiro 男 **1**《植物》パピルス. **2** パピルス紙, パピルス紙の古文書.

pápiro 男 **1**(高額の)紙幣. **2**複 現金.

papiroflexia 女 折り紙(工芸).

papirología 女 パピルス古文書学.

papirotada 女 **1** 指でぴしっと打つこと. **2**〖中南米〗ばかげたこと.

papirotazo 男 打つこと. —dar un ～ 指でぴしっと打つ.

papirote 男 **1** (主に頭を)手で打つこと. **2**〖中南米〗ばかげたこと.

papisa 女 女教皇. —la ～ Juana 女教皇フアナ(伝説上の人物).

papismo 男 **1**〈カト〉教皇制, 教皇第一主義の. **2** (プロテスタント側から見た)カトリック教.

papista 形 **1**〈カト〉教皇制の, 教皇第一主義の. **2** (プロテスタント側から見た)カトリックの. ▶ ser más papista que el papa 当事者以上の関心を持つ. — 男女 **1**〈カト〉教皇制礼賛者. **2** (プロテスタント側から見た)カトリック教徒.

papo 男 **1** (牛などの)のど袋, 袋. **2**(鳥の)肉垂れ, (鳥の)嗉嚢(そう), 餌袋.

páprika, paprika 女《植物》パプリカ(=pimentón); パプリカの粉末.

papú, papúa 男女 パプア(Papuassia)の(人). — 男 パプア語 (数百の部族語の総称).

Papúa-Nueva Guinea 固名 パプア・ニューギニア(首都 Port Moresby).

papudo 形 (鳥などが)のど袋のある, 餌袋のふくらんだ.

pápula 女《医学》丘疹(きゅうしん).

paquear 自他 狙撃する.

paquebote 男 連絡船, 定期船.

paquete 男 **1** 小包, 包み. —— postal 郵便小包. **2** 束, 一まとめ, 一箱; パッケージ; 《情報》パケット. un ～ de cigarrillos タバコ一箱. un ～ de informático 1《情報》パケット. un ～ de medidas económicas (関係する一連の)経済対策. un ～ de acciones 一連の行為. **3**《話》めかし込んだ男, 伊達男, ダンディー. **4**《話》(オートバイなどの)同乗者. —ir de ～ 二人乗りをする. **5**(スポーツなどの)ヘルス人. **6**〖スペ〗(自転車競技の)選手の一団. **7**《印刷》組本. **8**《俗》(ズボンなどにできる)男性の性器の膨らみ. ▶ meter un paquete a... 《話》叱る, 罰する, 罰金を課する.

paquetear 自《南米》めかし込む, (女性が)色気をふりさく.

paquetería 女 **1** 一箱[一包み, 一袋]単位の取引. **2** (ばら売りに対して)箱[包み売り, 袋売り]. **3**《南米》装身具, めかし込み, 派手な着飾り.

---

paquidermo 形 男《動物》(象・サイなどの)厚皮動物(の).

Paquistán 固名 パキスタン(首都 Islamabad).

paquistaní, pakistaní 形 複 paquistaníes パキスタンの. —— 男女 パキスタン人.

Paquita 固名《女性名》パキータ (Francisca の愛称).

Paquito 固名《男性名》パキート (Francisco の愛称).

par [パル] 形 **1** (同種のもの・人)2つ; ふたり, 一un ～ de manzanas リンゴ2つ. un ～ de ancianos ふたりの老人. **2** 一対, (2つのものからなる)一組. —un ～ de zapatos 靴一足. tres ～es de guantes 手袋3つ. **3** 二, 三, 少しの. —un ～ de días 2, 3 日. **4** 《主に否定文で》同等, 対等. —El jardín es de una belleza sin ～. その庭は比類ない美しさである. **5**《数学》偶数. **6**《ゴルフ》(ゴルフの)パー, 規準打数. —Finalizó los primeros nueve hoyos con tres bajo ～ 36. 彼はパー36の最初の9ホールを3アンダーパーで終えた. — 形 **1**《数学》偶数の, 一numéros ～es 偶数. **2** (主に身体の器官について)一対の; 対称の; 同じ, 等しい. —órganos ～es 左右対称の器官. — 女 **1**《経済》(為替)平価, 額面価格. **2**《解剖》胎盤. ▶ a la par [al par, a par] 同時に, 一緒に; 更に, 加えて. a [la] par de... …の側に, …と一緒に. a pares 2つずつ. de par en par (窓や戸が)開け放たれている. jugar [echar] a pares y nones 丁半を当てる(手の中のものが偶数か奇数かを当てる).

para [パラ] 前 **1**《目的, 用途, 適性》…のために[の], …用の. —No tengo dinero ～ comprar libros. 私は本を買う金がない. Estudia ～ (ser) médico. 彼は医者になるため勉強している. **2**《利益》…のために. —El ejercicio es bueno ～ la salud. 体操は健康によい. **3**《観点》…にとっては. —No hay en el mundo ～ mí nadie mejor que tú. この世の中に私にとってきほど良い人はいない. **4**《基準》…にしては, …の割には. —Sabe mucho ～ sus pocos años. 彼は若いのにものをよく知っている. **5**《適合, 程度》…する[くらい]に, …(する)ほどの. —No tengo bastante dinero ～ comprarlo. 私はそれを買うのに十分なお金は持っていない. **6**《目的地, 方向》…へ, …に向けて. —Un billete ～ Valencia, por favor. バレンシア行きの切符を1枚お願いします. Hay dos cartas ～ ti. 君に2通の手紙が来ています. **7**《結果》…して(その結果)…. —Salió brevemente el sol ～ volver a ocultarse entre las nubes. ほんのしばらく太陽が出たが, また雲の間に隠れてしまった. **8**《予定, 期限》…に, …までに, …(する)まで. —Quedan tres días ～ la Navidad. クリスマスまでには3日ある. **9**《期間》…の間. —Me han prestado los apuntes

~ una semana. 彼らは私に一週間のノートを貸してくれた。 ●**estar para** 〖+不定詞〗まさに〖ちょうど〗…しようとしている。…しそうである、…しそうな気分だ。 **para con...** …にとって、…に対して。 **para mí ti, sí, nosotros, vosotros** 独りでに、声を出さずに。 **hablar para sí** 独り言を言う。 **para** 〖+不定詞/para que 〖+接続法〗…するために。—Date prisa para no llegar tarde. 遅れないように急いでちょうだい。 **para eso** (1)〖理由・動機〗そのために。 (2)〖反語的に〗…するために、…失望して。そんな〖こんな〗ことのために〖わざわざ〗。 **¿para qué?** 何のために…なのですか。 **para siempre** →siempre.

parabién 男 〖複 parabienes〗〖主に複〗祝辞、お祝いの言葉。

parábola 女 1〖道徳的・教訓的〗たとえ話、寓話。 2〖数学〗放物線。

parabólico, ca 形 1寓話的な、寓意のある。 2放物線の、放物線状の。— 女 パラボラアンテナ。

parabrisas 男〖単複同形〗〖乗物の〗風防、フロントガラス。

paraca 女 〖南米〗〖太平洋からの〗強い海風。

paracaídas 男〖単複同形〗パラシュート、落下傘。

paracaidismo 男 パラシュート降下術、スカイダイビング。

paracaidista 形 パラシュート降下の。— 男女 スカイダイバー、落下傘兵。

paracentesis 女〖単複同形〗〖医学〗穿刺(%)術、穿刺。

parachispas 男〖単複同形〗暖炉などの火の粉よけ、火花止め。

parachoques 男〖単複同形〗緩衝装置、バンパー。

parada 女 1とまる〖止める〗こと、停止、休止; 停車。 —~ en seco 急停車。 2〖バスなどの〗停留所。〖タクシーの〗乗り場。 —~ del autobús バス停。 ~ de taxis タクシー乗り場。 ~ discrecional 〖バスの〗随時停留所。 3〖軍隊・車などの〗パレード; 〖軍事〗閲兵(式)。

paradera 女 水車の水流調節門。

paradero 男 1行き先、宿泊先、居場所。 2結果、結末。 3〖南米〗停車場、停留所。

paradigma 男 1範例、2〖言語〗語列、語形変化系列、3〖南米〗パラダイム、理論的枠組。

paradigmático, ca 形 1パラダイムの、典型の。 2〖言語〗範列の; 語形変化系〖列〗の。

paradisíaco, ca, paradisiaco, ca 形 楽園の、天国の(ような)。—un placer ~ 至上の喜び〖楽楽〗。

parado, da 過分 〖→parar(se)〗 形 1停止した。—El reloj está ~. 時計が止まっている。 2〖工場などが〗休業中の。 3失業中の。 4怠惰な、内気の; 決断の鈍い。 5面くらった。 6〖南米〗つっ立った。 7〖中米南米〗高慢な、見栄っぱりの。 8〖動〗〖ライオンが〗四つ足を踏ん張った。— ▶**quedar〖salir〗 bien parado** (1)ついている。 (2)〖中南米〗(社会的に)恵まれている。 **quedar〖salir〗 mal parado** 失敗に終わる、ついていない、災難。— 男 1失業者。 2〖キリスト〗外見、風貌。

paradoja 女 1逆説、パラドックス。 2矛盾、矛盾した言説〖事柄〗。

paradójico, ca 形 逆説的な、矛盾した、人が說が〖な〗した。

parador 男 1旅館、宿屋。 2国営観光ホテル、パラドール(= ~ nacional de turismo)。

paraestatal 形 半官半民の。 —empresa ~ 公団、公社。

parafernales 形〖複〗〖法律〗妻に所有権のある。

parafernalia 女〖行事などの〗派手さ、仰々しさ; その装具。

parafina 女 〖化学〗パラフィン。

parafrasear 他 を別語句で言い替える、意訳する、敷衍(な)して解釈する、もじる。

paráfrasis 女〖単複同形〗〖言語〗言い替え、パラフレーズ、意訳、もじり。

paragoge 女 〖言語〗語尾音添加: 語尾に無意味な音・音節を付加すること; 例 feliz →felice, film →filme。

paragolpes 男〖単複同形〗〖南米〗緩衝装置、バンパー (=parachoques)。

parágrafo 男 パラグラフ。

paraguas 男〖単複同形〗傘、雨傘; 守るもの〖人〗。 — ~ plegable 折りたたみ傘。

Paraguay 固名 パラグアイ(公式名 República del Paraguay, 首都 Asunción)。 2(el Río ~)パラグアイ川(南アメリカ中央部を流れる河川)。

paraguayo, ya パラグアイ(人)の。 — 男女 パラグアイ人。— 女 〖植物〗ツバイモモ、ネクタリン。

paragüería 女 傘店。

paragüero, ra 名 1傘売り、傘職人〖直し〗。 — 男 傘立て。

paraíso 男 1〖宗教〗天国。 2楽園、桃源郷、パラダイス。 — ~ terrenal 地上の楽園。 ~ fiscal 〖経済〗タックスヘイブン。 3〖演劇〗天井桟敷(ぶ)。

paraje 男 1場所、土地、地域; 人里離れた場所。 2状況、事態。 3〖海〗海域〖水域〗。

paral 男 1足場の支え木、腕木。 2〖メキシコ〗建物の支柱。 3(船を進水させるための)滑り木。

paralaje 女 〖天文, 光学〗視差。

paralela 女 1平行線。 2〖体操などの〗平行棒。— ~s asimétricas 段違い平行棒。

paralelamente 副 平行して、並列的に、同時進行的に。

paralelepípedo 男 〖数学〗平行六面体。

paralelismo 男 1平行性、並行性、相関性、対応関係。 2〖哲学〗心身並行論。 3〖修辞〗対句法、並行性。

paralelo, la 形 〖+a/con と〗平行な; 並列の。—Esta calle es paralela a la Gran Vía. この通りはグランビア通りと

平行している. **2** 対応した, 相関した; 類似した. ― 男 **1** 比較, 対照. **2**〖地理〗緯線. ▶ **en paralelo**〖電気〗並列の[に]. ▶ **montar pilas en paralelo** 電池を並列につなぐ.

paralelogramo 男〖数学〗平行四辺形.

paralimpiada 女〖主に P~s〗パラリンピック.

paralímpico, ca 形名 パラリンピックの; パラリンピック選手.

paralís 女〖単複同形〗→parálisis.

parálisis 女〖単複同形〗麻痺, 不随. ―~ **motora** [**facial**] 運動[顔面神経]麻痺. **2** 麻痺状態, 停滞. ▶ **parálisis infantil** 小児麻痺.

paralítico, ca 形名〖医学〗麻痺した, 不随の; 麻痺性の; 麻痺患者, 半身不随患者.

paralización 女 麻痺, 停滞, 機能停止. ―~ **del transporte** 交通手段の麻痺.

paralizador, dora 形名 麻痺させる(人), しびれさせる. 機能停止をもたらす.

paralizante 形 →paralizador.

paralizar [1.3] 他 麻痺(動)させる, しびれさせる. ―La enfermedad le *paralizó* la mano derecha. その病気のため彼の右手は麻痺した. **2** 動かなくさせる, 止める. 停滞させる. ― **se** 再 **1** 麻痺する, しびれる. **2** 動かなくなる, 止まる. 停滞する.

paralogismo 男〖論理〗偽推理, 論過, 誤謬推理.

paramagnético, ca 形〖物理〗常磁性の.

paramecio 男〖動物〗ゾウリムシ.

paramédico 男女 救急救命士.

paramento 男 **1** 飾り布, かけ布. **2** 装飾用馬具. **3**〖建築〗壁面, 壁の仕上げ面, (建築用)の切り石の表面. **4**〖カト〗型職者用法式, 祭壇飾り.

paramera 女 **1** 荒れ地, 不毛地帯. **2**〖南米〗高山病.

parámetro 男 **1**〖数学, 物理〗媒介変数, 助変数, パラメーター. **2**〖統計〗特性値. **3** 限定要素, 因子. **4**〖情報〗引数, パラメーター.

paramilitar 形 軍隊のような, 準軍事的な. 軍隊なみの. ―**grupo** ~ 準軍事組織, 武装集団.

paramnesia 女〖医学〗記憶錯誤.

páramo 男 **1**(主に高地の)荒れ地, 不毛地. **2** 霧雨. **3**〖南米〗小雨. **4**〖南米〗高山病.

parangón 男 **1** 類似, 類例. ― **sin** ~ 比類なき. **2** 対比, 対照, 比較.

parangonable 形〖+ **con** と〗対比できる, 比較のできる.

parangonar 他 **1**〖+ **con** と〗を対比[対照]する. **2**〖印刷〗(1行中に異なるサイズの活字を)揃える.

paraninfo 男 **1**(大学等の)講堂. **2**(昔の大学の)開講演者, 始業式の演者. **3** 婚礼の付添人. **4** 幸福の使者.

paranoia 女〖医学〗偏執狂, 妄想症, パラノイア.

paranoico, ca 形名 偏執狂の, 妄想症の; 偏執症患者, パラノイア患者.

paranoide 形〖医学〗偏執症の, 妄想症の.

paranomasia 女 →paronomasia.

paranormal 形 科学的に説明できない, 超常的な.

parapente〖仏〗〖スポ〗 **1** パラパント, パラグライディング. **2** このスポーツで用いられるパラシュート.

parapentista 男女〖スポ〗パラグライディングする人[選手].

parapetar 他(物陰に)隠れさせる. ― **se** 再 **1** 物陰に隠れる, 防御する. ―~ *con un escudo* 楯で身を守る. **2**〖軍事〗城壁に身を隠す. **3** 言い逃れをする, 口実を設ける.

parapeto 男 **1** 手すり, 欄干, ガードレール. **2**〖軍事〗胸壁, バリケード, 防壁(通行者阻止のために作ったバリケード.

paraplejía, paraplejia 女〖医学〗対麻痺(ﾂｲ), 下半身不随.

parapléjico, ca 形 下半身不随で, 対麻痺の. ― 名 下半身不随[対麻痺]患者.

parapsicología 女 超心理学.

parapsicológico, ca 形 超心理学の[的な].

parapsicólogo, ga 名 超心理学者.

parar〖パラリ〗自 **1** 止まる, 立ち止まる. 動きを止める. ―*Pare aquí, por favor*. すみません, ここで車を止めてください. **b**)〖+ **de** + 不定詞〗(…するのを)止める. ―*No ha parado de llover en toda la noche*. 雨は一晩中止まなかった. **2** 終点に着く, 終点は…である. …止まりである. ―*Este tren para en Oviedo*. この列車はオビエドに止まります. **3 a**)〖+ **a/en** の〗手に落ちる, 所有物となる. **b**)〖+ **en** に〗なる, 落ち着く, 行き着く. **4**〖+ **en** に〗泊まる, 宿泊する, 滞在する. ―*Paro en casa de un amigo*. 私は友だちの家に泊っている. **5** ストライキをする. ▶ *¡dónde iremos a parar!* こりゃ驚いた, どうなって参ったか, これどか. *¡dónde va a parar!* 他とは比べものにならない, 図抜けている. **ir [venir] a parar a…** …に落ち着く, (動いて行って)…で止まる; …のものになる. **no parar** 休まない; ひっきりなしだ. ▶ *no parar en* …にじっとしていない, **parar mal** 失敗する, 駄目になる. **sin parar** 休みなく, 絶えず. **y pare usted de contar**〖話〗それだけだ, これ以上ない, 止止まりだ. **2**〖スポ〗a)(サッカーで)シュートを止める, 受け止める. b)(フェンシングで相手の突きを)受け止める, 防ぐ. ―~ *una estocada* 突きを受け止める. **3**〖中南米〗を立たせる. 起こす. ― **se** 再 **1 a**) 止まる, 立止まる. ― **b**)〖+ **a** + 不定詞〗立ち止まって…する, じっくりと…する. ―*Antes de actuar, párate a pensar bien lo que vas a hacer*. 君

pararrayos は行動に移る前に立止まってこれからしようとすることをよく考えなさい. **2**《中南米》立ち,起きる. **3**《中南米》ストライキをする,ストを打つ.

pararrayos 男《単複同形》避雷針.

paraselene 女《天文》幻月(月光が雲に反映して出来る光の輪,月の暈).

parasicología, parapsicología 女 超心理学(超能力や心霊現象などを扱う心理学の分野).

parasicológico, ca → parapsicológico.

parasicólogo, ga, parapsicólogo, ga 男女 超心理学者.

parasimpático, ca 形 副交感神経の.

parasíntesis 女《単複同形》〘言語〙並置総合,複among派生: 複合と派生による合成語.

parasintético, ca 形〘言語〙並置総合の,複接派生の.

parasitario, ria 形 寄生性の,寄生虫[体]の,寄生虫による.

parasiticida 形 +de に寄生する. 男 寄生虫[体]を駆除する. 男 寄生虫[体]駆除剤,虫くだし.

parasítico, ca 形 =parasitario.

parasitismo 男 寄生,寄生生活,居候.

parásito, ta 形 [+de に]寄生する,寄生性の,居候の. —insecto 寄生虫. 男 **1** 寄生虫,寄生体. **2** 居候,穀つぶし. —~ de la sociedad 社会の寄生虫,穀つぶし. **3**《ラジオ・テレビ》空電,電波障害,雑音,ノイズ.

parasitología 女 寄生虫学,寄生体学.

parasitosis 女《単複同形》〘生物〙寄生虫病; 〘医学〙寄生虫症.

parasol 男 **1** 日傘,(ビーチ)パラソル. **2** サンバイザー,日よけ. **3**《植物》散形花序. **4**《写真》レンズフード.

parata 女 段々畑.

parataxis 女《単複同形》〘言語〙並置,並列.

paratífico, ca 形〘医学〙パラチフスの.

paratifoidea 形女〘医学〙パラチフスの. —fiebre ~ パラチフス.

paratiroides 男《単複同形》〘解剖〙副甲状腺.

paratopes 男《単複同形》《中南米》(鉄道車両の)緩衝器, バンパー.

parca 女 **1**〘神話〙パルカ(ローマ神話の運命の三女神). **2** (la ~)〘詩学〙死神.

parcamente 副 つましく,質素に,控えめに.

parcela 女 **1** 土地の一区画,区分地. **2** 小片,少量. —~s del saber 少ない知恵. ~ de poder 微力.

****parcelación** 女 (土地の)区分,細分化; 分譲.

parcelar 他 (土地を)区分する.

parcelario, ria 形 区分された,(土地台帳上の)区分地の,区画の.

parchar 他 ... に継ぎ当てをする.

---

parche 男 **1** 継ぎ当て,当て布. **2** 膏薬,パップ. **3** (絵画などの)へたな加筆,不細工な修正. **4** 太鼓の皮;太鼓. **5** 応急処置,一時凌ぎ. **6**《闘牛》牛の額につけるリボン飾り. **7**〘医学〙パッチテスト用の小片.

parchear 他 **1** ...に継ぎ当て[当て布]する. **2** 応急処置をする.

parchís 男 すごろくの一種.

parcial 形 **1** 部分的な,一部分の,局部的な; 不完全な. **2** 不公平な,偏った,えこひいきする. —árbitro ~ えこひいきする審判. **3** 党派的な,派閥的な. **4** (試験の)中間の. —exámenes ~es 中間試験. **5** (選挙について)補欠の. —elecciones ~es 補欠選挙. 男中間試験. 男女 一味の者,同志,党員.

parcialidad 女 **1** 部分的なこと,局部性; 不完全さ. **2** 不公平,偏見,えこひいき. **3** 徒党,党派,一味.

parcialmente 副 **1** 部分的に,局部的に; 不完全に. **2** 不公平に,えこひいきして.

parco, ca 形 [en, de +] **1** (...の)少ない,わずかな —~ en palabras 口数の少ない. **2** (...に)控え目な,質素な. **3** 乏しい,不十分な.

parcómetro 男 パーキングメーター.

pardal 男 スズメ.

pardear 自 褐色がかって見える, (褐色の物が)目立って見える.

pardela 女〘鳥類〙ミズナギドリ.

pardillo, lla 形 男女 **1** 田舎者(の). **2** 純真すぎる(人),世間知らず(の). 男〘鳥類〙ムネアカヒワ.

pardo, da 形 **1** 褐色(の),茶色(の). —tierras pardas 赤土. oso ~ ヒグマ. **2** (天気・空が)どんよりとした,暗い. **3**(動物の)声のこもった. 男〘釣〙...虫. **4**《中南米》ムラート(白人と黒人の混血の人).

Pardo Bazán 固名 パルド・バサン (Emilia ~)(1851–1921,スペインの小説家).

pardusco, ca 形 褐色がかった,茶色っぽい.

parear 他 **1** (2つの物を)対にする,組み合わせる. **2** (2つの物を)対比する. **3** (動物を)つがいにする. **4**《闘牛》(牛に)2本のバンデリーリャを突き刺す.

parecer [パレセル] 9.1.1 自《[+que+直説法]・まれに接続法》《無主語》 ...である[する]ように思われる. —...であるらしい, ...のようだ. Parece que va a llover. 雨が降りそうだ. Me parece que no debemos ir. 私たちが行くべきではないと私には思える. **2**(人・物事が)...のように思われる[見える], ...であるらしい, ...のようだ. —El examen no le pareció fácil. 試験はやさしいとは思えなかった. Ella parece más jóven de lo que es. 彼女は実際よりも若く見える. Hazlo como mejor te parezca. 一番良いと思うとおりにそれをやりなさい. Parece estar enfadada. 彼女は怒っているみたいだ. ▶ **a lo que [según] parece**

見たところ。¿le [te] parece (bien) que 〖+接続法〗?…しませんか。¿no le [te] parece? そう思いませんか、そうじゃないですか。良さそうだ。¿qué le [te] parece si 〖+直説法〗? …するのはどうでしょうか。 si le [te] parece 〖勧誘〗もしよければ。 **—se** 再 〖+a に〗似る、そっくりである。— Me parezco a mi hermano. 私は兄に似ている。— 男 **1** 意見、見解、考え。— ¿Cuál es tu ～? 君の意見はどうかね。A mí ～ …. 私の考えでは…。**2** 外見、見た目、容姿。— Es una chica de buen ～. 彼女は見目麗しい娘さんだ。▶ **al parecer** 一見したところ、どうやら…らしい。

parecido, da 形 〖+a に、+en/de で〗似ている。〖bien/mal +〗容姿〖顔〗が良い〖悪い〗。— una muchacha bien parecida 顔立ちの良い少女。— 男 似ていること、類似; 似ている点。

pared 〖パレ〗 女 〖+a の〗**1** 壁。～ divisoria [medianera] 〖建築〗境界壁。～ maestra 〖建築〗主壁。las ～es de una caja 箱の内側の壁面。Las ～es oyen. 〖諺〗壁に耳あり。**2** 壁面。— Escalaron la montaña por la ～ norte. 彼らは山の北壁を登った。**3** 塀、垣根;障壁。**4** 〖スポ〗〖サッカーの〗壁パス。▶ **darse contra [por] las paredes** 無駄なこと〖努力〗をする。**darse contra una pared** (= subirse por las paredes)。**entre cuatro paredes** 引きこもって。**pared por [en] medio** 隣り合って、壁を隔てて。**ponerLE contra la pared** を窮地に立たせる。**subirse por las paredes** 〖俗〗怒り狂う、かんかんに怒る。

paredaño, ña 形 〖+ de と〗(部屋などが)壁一つを隔てた、壁で仕切られて隣接した。

paredón 男 **1** 大壁、防御壁、擁壁。**2** 〖廃墟の〗残壁。**3** 銃殺刑場の壁。▶ **¡Al paredón!** 銃殺刑にせよ。**llevar al paredón a…** (人)を銃殺する。

pareja 女 **1** 一対、(人ものの)ペア; (男女の)カップル、(動物の)つがい; **2** 組 〖立〗。— una ～ de amigos ふたりの友だちどうし。～ de hecho 事実上の〖内縁関係の〗夫婦。en ～ 2 人 1 組になって、男女のペアで。dos ～s de reyes キングのツーペア。**2** (ペアの)片方、相棒、パートナー。**3** 2 人 1 組の警官。▶ **correr parejas** **1** 並行して起こる、共存する。**2** 似ている。**por parejas** 2つ〖2 人〗ずつ。**vivir en pareja** 同棲する。

parejero, ra 形 **1** 同時に起こる、同様の;〖馬の〗〖馬が〗足の速い、俊足の。**3** 〖中米〗高慢な、虚栄心の強い。— 男 **1** 〖南米〗足の速い〖馬〗、駿馬。**2** 〖中米〗虚栄心の強い人。**3** 〖チリ〗〖話〗ラブホテル。

parejo, ja 形 **1** 似ている、同じような。— Lleva un vestido ～ al mío. 彼女は私と似たようなドレスを着ている。**2** ペアの、隣の。**3** 均一な、むらのない。**4** 〖中南米〗平らな、平坦な。— 副 〖中南米〗同様に、一緒に。▶ **por (un) parejo (un) paremia** 女 諺、格言。

paremiología 女 諺研究。

paremiológico, ca 形 諺研究の。

paremiólogo, ga 名 諺研究家。

parénquima 男 〖生物〗〖動物の〗実質組織、〖植・動物の〗柔組織。

parental 形 **1** 両親の、親としての。**2** 〖生物〗親の。

parentela 女 〖集合的に〗親戚、親族。

parenteral 形 〖医学〗経腸外の、腸管外の。— administración ～ 非経口〖投与〗薬品。

parentesco 男 **1** 血縁関係、親族関係。— ～ político 婚姻関係。**2** 関連性、類似性。▶ **parentesco espiritual** 〖カト〗名づけ親と子の関係、洗礼の儀式における司祭と名づけ親の関係。**parentesco lingüístico** 言語の同系関係〖同系性〗。

paréntesis 男 〖単複同形〗**1** 〖 〗括弧。**2** 中断、休息。**3** 〖言語〗挿入句〖文〗。▶ **abrir [cerrar] el paréntesis** (1) 括弧を開く[閉じる]。**(2)** 中断する。**poner entre paréntesis** **1** 括弧に入れる、〖 〗。**2** 疑う。**sea dicho entre paréntesis** ついでに言えば、ちなみに。

parentético, ca 形 括弧〖挿入句〗の。

pareo[1] 男 (2 つの物を)対にすること、組み合わせ、(鳥を)つがいにすること。

pareo[2] 男 パレオ、ポリネシア風巻きスカート、腰巻型のビーチウェア。

paresia 女 〖医学〗不全麻痺。

parestesia 女 〖医学〗知覚異常。

parezc- 動 → parecer [9.1]。

pargo 男 〖魚類〗ヨーロッパマダイ。

parhelia 女 〖天文〗幻日 (日光が雲に反映して太陽の像がいくつも見える現象)。

parhelio 男 → parhelia。

parhilera 女 〖建築〗棟木。

paria 男女 **1** ハリジャン (インドの最下層民)。**2** 賤民、被差別階級の人。**3** 浮浪者、のけ者。

parida 形 〖女性形のみ〗分娩をした、お産をした。— 女 **1** 分娩直後の女性。**2** むだ口; 意味のない行動。

paridad 女 **1** 同質、同等、同格。**2** 同等な基礎に基づく比較、(他国通貨との)平価。— ～ de cambio 為替平価。**3** 〖物理、情報〗偶奇性、パリティー。

paridera 形 (雌が)繁殖力のある。

parienta 女 **1** 親類・身内の女性 (→ pariente)。**2** 〖話〗妻。

pariente, ta 名 親戚、親類。— ～ cercano 〖lejano〗近い 〖遠い〗親戚。medio ～ 遠い親戚、遠縁。— ～ 形 **1** 親戚の、親類〖縁〗関係にある、似た。**2** 〖話〗親戚の女房、妻。— 男 〖話〗夫、亭主。

parietal 形 **1** 壁の。**2** 〖解剖〗頭頂骨 (の)、頭頂部 (の)。— 男 頭頂骨。

parietaria 女 〖植物〗ヒカゲミズ (イラクサ科の雑草)。

parihuela 女 〖単 または 複〗▶ **1** 担架。**2** 移動用の小型ベッド。

paripé 男 〖話〗変装。▶ **hacer el**

paripé 男 ごまかし, 振りをする, 取り繕う. **dar el paripé** だます.

parir 他 **1** 動物が(子)を産む. 《話》《医学》(主に動物が)子を産み出す, 作り出す. — un proyecto 計画を作り出す. **2** 《話》子を産み出す, 作り出す. ▶ **poner a parir** 《話》をぼろくそに言う, をこき下ろす.

París 固名 パリ(フランスの首都).

parisién 形 男女 《単数形のみ》パリ(París)の(人), パリっ子(らしい).

parisiense 形名 男女 パリ(París)の(人), パリっ子.

parisino, na 形 男女 パリ(París)の(人), パリジャン[ジェンヌ]; パリ風の, パリらしい.

paritario, ria 形 双方同数の代表者からなる, 労使同数の. —un comité ~ (労使)の合同委員会.

parka 女 《服飾》パーカ.

parking 男 駐車場.

Parkinson, párkinson 男 《医学》パーキンソン病 (=enfermedad de ~).

parla 女 **1** 多弁, 饒(ぎょう)舌. **2** おしゃべり, 雑談, むだ話.

parlador, dora 形 おしゃべりな, 口数の多い, 多くを物語る.

parlamentar 自 **1** 交渉する, 談判する, 協議する. **2** 話す, 対話する.

parlamentario, ria 形 議会の, 国会の, 議会制の. —sistema ~ 議会制度. democracia [monarquía] parlamentaria 議会制民主主義[君主制]. — 男 国会議員; 休戦交渉使節, 軍使.

parlamentarismo 男 **1** 議会政治, 議会制. **2** 議会主義.

parlamento 男 **1** 議会, 国会; 国会議事堂. — autonómico 自治州議会. **2** (特に休戦などについての)紛争解決のための)会談, 交渉. **3** 演説. **4** 《演劇》長ぜりふ, 長広舌.

parlanchín, china 形名 《話》おしゃべり(な人), むだ口の多い人.

parlante 形 **1** 《紋章》家名を表す. —arma ~ 家名を表す紋章. **2** 言葉を発する, 発声の. — 男 《中南米》スピーカー.

parlar 自 **1** 雑談する, おしゃべりする. **2** (オウムなどが)話す.

parlero, ra 形 おしゃべりな, うわさ好きな.

parlotear 自 《話》ぺちゃくちゃしゃべる, 無駄話をする.

parloteo 男 無駄話, おしゃべり.

parmesano, na 形名 パルマ(Parma: イタリア北部)の(人), パルマ風の. — 男 パルメザンチーズ (=queso ~).

parnasianismo 男 《文学》高踏派(19世紀後半フランスの詩の一派).

parnasiano, na 形名 高踏派(フランス詩の一派)の(詩人).

parnaso 男 《集合的に》詩人; 詩壇; 詩集.

parné 男 **1** 《隠》金, 現金 (=dinero). **2** 財産.

paro[1] 男 **1** 失業, 失業状態. —estacional 季節による失業. Mi padre está en (el) ~. 父は失業中である. **2** 失業保険[給付金]. —cobrar el ~ 失業手当をもらう. **3** ストライキ, 操業停止. — laboral ストライキ. **4** 止まる[止まらせる]こと, 停止. **5** cardíaco 心臓停止. **5** ロックアウト, 工場閉鎖.

paro[2] 男 《鳥類》シジュウカラ.

parodia 女 **1** もじり, ちゃかし, パロディー. **2** (ふざけての)真似(まね)事, 茶化し.

parodiador, dora 男女 パロディー化する(人); (茶化して)真似る(人).

parodiar 他 **1** 《作品》をもじる, パロディー化する. **2** を茶化して真似る.

paródico, ca 形 パロディーの.

parodista 男女 パロディー作者.

parola 女 **1** 多弁, 口達者. **2** 《話》長話, むだ話. **3** 《南米》《話》言葉. — 男 《南米》《話》ほら吹き.

parolimpiada, paralimpíada 女 → paralimpiada.

parolímpico, ca 形 → paralímpico.

parón 男 急停止, (馬の)立往生.

paronimia 女 《言語》類音性, 語音類似.

parónimo, ma 形 《言語》類音語の, 語形[語音]の似た. — 男 《言語》類音語, 語形音類似語.

paronomasia 女 **1** 《言語》語音類似. **2** 《言語》(強勢母音のみが異なる)類音関係の例: pico/poco). **3** 《集合的に》類音語. **4** 《修辞》類音掛け言葉, 掛け言葉.

parótida 女 **1** 《解剖》耳下腺. **2** 《医学》耳下腺炎.

parotiditis 女 《単複同形》《医学》耳下腺炎.

paroxismo 男 **1** 《医学》(病気の)発作, 悪化, 極期. **2** (感情の)発作, 激すること, 絶頂.

paroxístico, ca 形 (感情の)高揚の; 《医学》(病気の発作の, 極期の.

paroxítono, na 形 《言語》(単語の)後ろから2番目の音節にアクセントがかかる(語). —palabra paroxítona 後ろから2番目の音節にアクセントのかかる語.

parpadeante 形 点滅する; まばたきする.

parpadear 自 **1** まばたきする. **2** (光が)ちらつく, (星が)ちらちらと光る.

parpadeo 男 **1** まばたき, またたき. **2** 光の明滅, ちらつき.

párpado 男 まぶた, 眼瞼(がんけん).

parpar 自 (カモ, アヒルなどが)ガアガアと鳴く.

parque

[パルケ] 男 **1** 公園, 遊園地. —~ acuático 水上公園. ~ de atracciones 遊園地などがある)遊園地. ~ infantil 児童公園. ~ nacional 国立公園. ~ natural 自然公園. ~ temático テーマパーク. ~ zoológico 動物園. **2** 置き場, 集結所; 軍用地. —~ de bomberos

parqué 消防署. ~ de artillería 砲兵(ﾍｲ)工(ｼﾞｮｳ)廠(ｼｮｳ).〖工場・研究施設などの集まった地区,工業団地〗. —~ tecnológico 科学・技術革新都市. **4**〖集合的に〗公共的な駐車器具〖備〗. — ~ móvil 公用車両. — ~ eólico 風力発電設備. **5** ベビーサークル.

parqué 男 **1** 寄せ木張りの床. **2** 株式取引所の立会所.

parqueadero 男〖中南米〗駐車場.

parquear 他〖中南米〗(車)を駐車する (=aparcar, estacionar).

parquedad 女 **1** 節約, 倹約, 質素, 控え目. **2** 欠乏, 少なさ.

parqueo 男〖中南米〗駐車, 駐車場.

parquet [<仏]男 → parqué.

parquímetro 男 パーキングメーター.

parra 女 **1**〖ブドウ棚のブドウの木・つる. **2**〖中南米〗〖植物〗カズラの一種. **3**〖蜜を注ぐ〗陶器のつぼ. — *parra virgen*〖植物〗ノブドウ. *subirse a la parra* (1) 頭に来る, かっとなる. (2) 偉ぶる. (3) 立場をわきまえない態度[言動]を取る.

parrafada 女 **1** 打ち解けた会話, じっくり話し合うこと. — *echar una ~* 腹を割って話す. **2** 長ったらしい話.

párrafo 男 **1** パラグラフ, 段落, 節. — *hacer ~ aparte* 段落を改める. **2**〖複〗語句, 表現. **3**〖印刷〗パラグラフ記号(§). — *echar un párrafo con ~*〖話〗(人)とおしゃべりをする *párrafo aparte*〖話〗話は変わるが, ところで.

parral 男 **1** ブドウ棚, ブドウ畑. **2**〖集合的に〗ブドウ棚のブドウの木・つる. **3** 徒長したブドウの木・つる. **4** 陶器のつぼ.

parranda 女 **1**〖話〗〖集団で〗あちこち騒ぎ歩くこと, 遊びに繰り出すこと. — *andar de ~* 騒ぎ歩く. **2**〖夜の街頭で歌い演奏する〗楽団, 気晴らし, 一夜の気さらし. **3** 気晴らし, 一夜の気ばらし. **4**〖中南米〗多量, 山ほど. — *una ~ de ...* 大量の….

parrandear 自 はしゃぎまわる, 遊びまわる.

parrandeo 男 騒ぎ歩くこと, 遊びまわること, どんちゃん騒ぎ.

parricida 男女 親殺し, 近親者殺人犯.

parricidio 男 親殺し, 近親者殺人罪.

parrilla 女 **1** 焼き網, グリル. — *carne a la ~* 網焼き肉. **2** グリル・ルーム, グリル・レストラン. **3** レストラン. **4**〖炉などの〗火格子, 火床. **5**〖自動車レースなどの〗スタート位置 (=parrilla de salida).

parrillada 女〖魚や肉の〗網焼き料理, バーベキュー. — ~ de carne [mariscos] 肉[魚介類]のバーベキュー.

párroco 男〖カト〗教区司祭, 教区の主任司祭.

parroquia 女 **1**〖カト〗(小)教区; 教区教会;〖集合的に〗教区の信者. **2**〖集合的に〗顧客, 常連客, 得意先.

parroquial 形〖カト〗教区の. — *iglesia ~* 教区教会.

parroquiano, na 男女 形 **1**〖カト〗教区信者(の), 教区民(の). **2** 常客(の), 得意客(の).

---

parsimonia 女 **1** ゆったり(のんびり)していること. **2** 倹約, 質素. **3** 落ちつき, 冷静さ.

parsimonioso, sa 形 **1** 質素な, むだ使いをしない, 控えめな. **2** ゆったり[のんびり]した.

parte [パルテ] 男 **1** 部分, 一部. — *Una buena ~ del electorado votó en blanco*. 選挙人の大部分は白票を投じた. **2** 場所, 地域. — *¿De qué ~ de Colombia es usted?* — コロンビアのどの地域の御出身ですか? *en alguna ~* どこかに. *en ninguna ~* どこでも…ない. *en otra ~* 別のところに. *en cualquier parte* どこでも. **3**〖数学〗分数, 約数. — *una tercera ~* 3分の1. **4** 部, 編. **5** 役目, 務め. — *Haré yo ~*. あなたの分をやりましょう. **6** 側, 方. — ~s *interesadas* 当事者. *tercera ~* 第三者. ~ *demandante* 原告側. **7**〖家系の…の〗方(ｶﾀ). — *tío por ~ de padre* 父方のおじ. **8**〖演劇〗役. — *hacer bien su ~* …の役を上手に演じる. **9**〖音楽〗歌のパート. **10**〖複〗(主に男性の)陰部, 局部. — ~s *naturales [pudendas]* 陰部. — *a partes iguales* 等しく, 平等に. *de parte a parte* 端から端まで, 一貫して. *de parte de ~* …から. — *¿De parte de quién?—Soy Diana*. (電話で)どちらさまですか?—ディアナです. *de su parte* …から. *en gran parte* ほとんど, 大部分は. *en parte* 部分的には, 一部は. *en todas partes* どこでも. *formar parte de ...* …の一部を構成する, …の一員となる. *hacer [poner] de su parte* 努力する. *la mayor parte de ...* …の大部分. *llevar la mejor [peor] parte* 優勢[劣勢]である. *no ir a ninguna parte* 大したことはない. *no llevar a ninguna parte* 何の役にも立たない. *no ser [tener] parte en ...* …と関わりがない. *parte por parte* 省略せずに, 全部, 逐一. *ponerse de su parte* …の味方に付く. *por otra parte* もう一方で, 他方では, その上. *por parte de .../por su parte* …として, …に関する限り. *por partes* 少しずつ, 1つずつ. *por todas partes* いたる所に. *salva sea la parte*〖婉曲〗お尻. *tomar parte en ...* …に参加する, …に関与する. **2** 男 **1** 報告, 通知, 報道. — *dar ~ a [+人] de ...* …について(人)に報告する. — *facultativo* 症状報告. — *de guerra* 戦況報告. — *meteorológico* 気象情報, 気象通報. **2** 公文書, 公電. **3** 声明, 声明文.

partear 他 (目的語の女性の)お産の介添えをする.

parteluz 男〖建〗〖partelucesと〗〖建築〗〖窓の〗縦仕切り, 中方(チュウ)立て.

partenaire [<仏]男女〖ゲームなどの〗相手, パートナー, 〖相棒〗, 〖劇・映画などの〗相手役 (=pareja).

partenogénesis 女〖単複同形〗〖生物〗単為生殖.

partenueces 男〖単複同形〗くるみ

partero, ra 名 助産師; 無資格の産婆(%).

parterre 男 1 花壇, 庭園. 2 (劇場の)一階正面席.

partesana 女 〘歴史〙矛(%)に似た武器.

partición 女 1 分配, 分与. — de herencia 遺産分与. 2 〘商業〙区分, 区分け. 3 〘数学〙除法, 割り算. 4 〘論理〙division. 5 〘情報〙領域区画, パーティション. 6 〘紋章〙(楯形紋章の)一区画.

‡**participación** 女 1 参加, 関与; (% ば)出場, エントリー. 2 〘商業〙出資, 投資; 利益分配. —~ en los beneficios (労使間の)利益分配(制). 3 連絡, 通知, 案内状. 4 宝くじの分券 (10枚綴り同一番号の一枚).

‡**participante** 男女 参加者, 関係者; 出場者. — 形 参加する, 関係する; 出資する.

‡**participar** [パルティシパル] 自 1 [+en に] 参加する, 加わる, 関与する. —Participa en la dirección del club. 彼はクラブの運営にかかわっている. b) 出資する, 投資する (利益などに)配分にあずかる. 2 [+ de を] 共にする, 共有する. — Yo participo de la misma opinión que tú. 私は君と同意見だ. — 他 を知らせる, 通知する.

partícipe 形 [+ en/de の] 関係者である, 当事者である, …に参与している. ► hacer partícipe a [+ de … を] (人)を知らせる, (人)と共有する. — 男女 1 参加者. 2 受益者.

participial 形 〘言語〙分詞の.

participio 男 〘言語〙分詞; 過去分詞. —~ pasado 過去分詞.

partícula 女 1 粒, 小片. 2 〘物理〙粒子, 微粒子. —~ radiactiva 放射性粒子. —~ alfa アルファ粒子. —~ beta ベータ粒子. 3 〘言語〙a)(前置詞・接続詞・副詞などの)不変化詞, 小辞, 機能語. —~ adversativa 背反語 (pero, sino など). b) 接辞. —~ prepositiva 接頭辞.

‡**particular** [パルティクラル] 形 1 特有な, 独特の, 変わった, 通常とは違った. —¿Qué hay de nuevo?-(No hay) nada de ~. 何か変わったことある? — 別に何もないよ. 3 個人的な, 私的な. — clase [profesor] ~ 個人授業[教師], 特別授業[教師]. correspondencia ~ 私信. 4 個々の, 個別の, 具体的な. ► en particular (1)特に, とりわけ. (2) 親密に, 密かに. sin otro [sin nada de] particular [手紙の結語]ほかは用件[要用]のみ. — 男女 私人, 個人; (資格・肩書のない)一般人. — , 問題.

‡**particularidad** 女 1 特殊性, 独自性; 特徴, 個性. 2 詳細, 細部.

particularismo 男 1 自己中心主義, 排他主義. 2 〘言語〙(地域的・社会集団的)独自の表現, 独自の語彙使用.

particularista 形 男女 自己中心的な, 排他的な; 自己中心主義者.

particularización 女 1 特殊化; 個別化. 2 [主に 複] 詳述.

particularizar [1.3] 他 1 を特徴づける, …の特徴である. 2 を詳述する. 3 をひいきする, 特別扱いする. 4 …個人について触れる, …個人を問題化する. — 自 [+en] …個人について触れる, …個人を問題化する. — se 再 [+en] 1 特徴づけされる, 目立つ, 際立つ. 2 [+con を] ひいきする, 特別扱いする, …と懇意にしている.

particularmente 副 特に, とりわけ; 個別に, 個々に.

‡**partida** 女 1 出発. —la hora de ~ 出発時間. 2 ひと試合, 1ゲーム, 1勝負. — jugar [echar] una ~ de póker ポーカーで1勝負する. 3 一団, 一隊, 一行. —~ de bandidos 盗賊の一団. 4 証明書. —~ de nacimiento 出生証明書. —~ de matrimonio 結婚証明書. 5 〘商業〙簿記, 記帳; 勘定科目, 項目. —~ doble [simple] 複式[単式]簿記. 6 〘商業〙1回分の積送品, 1回分の委託製品. 7 やり口, 手口. —~ jugar una mala ~ 汚い手を使う. ► ganar la partida (人)から何かを騙し取る. por partida doble 2倍の[で]; 2度[回]. partida doble

partidario, ria 形 [+de を] 支持する, …に味方する. — 名 支持者, 信奉者, 味方. 2 セクト主義者, えこひいきをする人.

partidismo 男 1 偏愛, えこひいき. 2 愛党心, 党派心, 党派党略.

partidista 形 男女 1 党派心の強い(人), 党利的な主義者. 2 えこひいきをする(人).

partido¹ 男 1 党, 党派, 政党, 陣営. —~ del gobierno 与党. —~ de la oposición 野党. —~ bisagra 主導権を握っている政党. régimen de ~ único 一党独裁制. 2 試合, ゲーム. — jugar un ~ de tenis テニスの試合をする. 3 チーム, 仲間, 地域, 管轄区; 協定区, 地域. —~ judicial 裁判所の管轄区域, 司法区. cabeza de ~ 司法区の裁判所所在地. 5 [buen +] (条件のいい)縁組, 結婚相手. —un buen ~ 良縁. ► partido de ida [de vuelta] (2ゲームからなる試合の)第1[第2]ゲーム. sacar partido [+ de から] 利益を得る, 利用する; 良いところを引き出す. tomar partido (1) [+ de を] 決定する, する決心をする. (2) [+ por の]加勢をする.

partido², da 過分 [→ partir] 形 1 分けられた, 二分された; 割れた, 折れた. 2 〘紋章〙上下に二分された. 3 気前のよい.

partidor, dora 名 分ける人, 分配者, 割る人. — 男 1 割る道具; くしの髪を分けるのに使う細長い柄; 水分圏. 2 〘数学〙除数. — 形 分ける, 割る, 分配する.

partiquino, na 男女 〘オペラの〙脇役.

partir [パルティル] 自 [《+ de から》] **1** 出発する, 発(た)つ. —*Partimos de* Madrid *para* Barcelona. 私たちはバルセローナに向けてマドリードを出発する. **2** [考えなどが]出る, 発する, (…に)起因する. —*Tu* indecisión *parte de* tu indecisión. 君の失敗は君の優柔不断に起因している. ►*a partir de ...* (1) …以来, 以降. (2) …に基づいて. —他 **1** a)を割る, 分割する. —~ leña 薪を割る. ~ una nuez 2つに割る. ~ la sandía en dos スイカを2つに割る. b)を砕く, (ガラス)を割る, 壊す. c)(枝など)を折る, 〜 una rama 枝を折る. **2** を分け与える. [《+ entre で》] 分配する. 分かち合う. —~ se **1** 大笑いする, 割れる. ~*se de risa* 笑い転げる. **2** 割れる. 裂ける, 壊れる.

partisano, na 男女 パルチザン, ゲリラ隊員 (=guerrillero).

partitivo, va 形 **1** 分割できる, 分けられる. **2** [言語] a)部分を表す. b)分配の. [言語] 部分詞(部分を表す前置詞など), 分数詞.

partitura [<伊] 女 [音楽] 楽譜, 総譜, スコア.

parto[1], **ta** 形名 パルティア (Partia; 紀元前3世紀のペルシア系遊牧民の国)の(人).

parto[2] 男 出産, 分娩. —~ sin dolor 無痛分娩. — prematuro 早産. ►*el parto de los montes* 期待はずれに終わる, 大山鳴動してネズミ一匹.

parturienta 形 [女性形のみ] 分娩中の, お産直後の. —女 妊産婦.

parva[1] 女 **1** (脱穀の直前または直後で)脱穀場に広げた穀物. **2** 大量. **3** [《まれ, 隠》な体. **4** [まれ] 断食日の少量の朝食.

parvedad 女 **1** 少量, 僅少. **2** (断食日に取る)少量の朝食.

parvo, va[2] 形 **1** 少量の, わずかな. **2** [文] 小さな.

parvulario 男 **1** 幼稚園, 保育園. **2** [集合的に] 幼稚園児.

parvulista 男女 保育士, 幼稚園の先生.

párvulo, la 形名 **1** 幼い, 無邪気な, 幼児(の), 幼児. **2** 世間知らずな(人).

pasa 女 レーズン, 干しブドウ, 干しブルーン. —~ *de Corinto* カレンズ(小粒の種なしレーズン). ►*estar hecho una pasa*/*quedarse como una pasa* [話] やせ細ってしわだらけである.

pasable 形 **1** まあまあの, がまんできない, 中間程度の. —*un* ~ *vivir* まずまずの生活.

pasacalle 男 [音楽] **1** テンポの速い行進曲. **2** パッサカリア(スペイン起源の三拍子の舞曲; バロック音楽の一形式).

pasada 女 **1** 通過, 通行, 通り過ぎること. —*hacer varias* ~*s por delante de ...* …の前を行ったり来たりする. **2** (作業などの一回の動作, 一工程, 一拭き, 一塗り. —*dar una* ~ *de pintura a la puerta* ドアにペンキをひと塗りする. **3** a)軽いアイロンがけ. b)(仕事の出来ぐあいに)目を通すこと, 仕上げ. **4** [主に複] 仮り縫い, かがり縫い. ►*dar una pasada a ...* [話] (1)…に軽く目を通す, …を見直す. (2)(人)をとがめる, 叱責する. *de pasada* (1) ついでに, ちなみに (=de paso). (2) さっと, 軽く. *mala pasada* ひどい仕打ち; 汚い手段. —*jugar [hacer] una pasada a ...* (人)ひどい目に遭わせる; 汚い手を使う.

pasadera 女 **1** (浅瀬などの)飛び石, 踏み石, 渡し板. **2** [海事] 綱り縄. **3** [チリ] 政党の鞍替え. **4** [メキシコ] けもの道.

pasador, ra 形 **1** まあまあの, がまんできる. —*un dolor* ~ がまんできる程度の痛み. **2** [まれ] 通れる, 渡れる. —男 (1) →pasadera. **2** [メキシコ] よく通る場所.

pasadizo 男 **1** 通路, 通り道, 廊下. **2** 裏道, 路地.

pasado, da [パサド, ダ] 過分 ← pasar(se)

形 **1** 過去の, 過ぎ去った, 前の. —*el año [mes]* ~ 去年[先月]. —*mañana* ~ 明後日. *Lo* ~, ~. 過去は過去だ, 過ぎたことは気にするな. *el* ~ *(día) cuatro de mayo* 去る5月4日に. **2** (食べ物が)傷んだ, 腐りかけた; (果物が)熟しすぎた, 熟れすぎている. —*El pescado ya está* ~. この魚は腐りかけている. **3** a) (衣服が)使い古した, 擦り切れた. b) 流行遅れになった. **4** [言語] 過去の. —*tiempos* ~*s* 過去時制. —男 **1** 過去, 昔; 過去のこと. **2** [複] 祖先, 先祖. **3** [言語] 過去時制, 過去形.

pasador, dora 形 通過する, 通り抜ける. —男 **1** [料理] 濾し器, 茶漉し, フィルター. **2** (ドアなどの)差し錠, かんぬき; ドロックの舌. —~ *de seguridad* 安全錠[ラッチ]. **3** ピン, クリップ状の装身具. a) ヘアピン. b) ネクタイピン; ハットピン. c) 安全ピン; 勲章つり. d) カフスボタン(蝶番の心棒). **4** [南米] 靴ひも.

pasadura 女 **1** 通過, 通行. **2** 子どものきかけ.

pasaje 男 **1** a) (乗り物の)切符, 乗車券. —*sacar* ~*s de avión* 飛行機の切符を買う. b) 運賃. **2** [集合的に] (船・飛行機の)乗客. **3** 通路, 横丁; 抜け道. **4** (文学や音楽作品の)一節, 通過, 通行.

pasajero, ra 名 乗客, 旅客. —形 **1** 一時的な, つかの間の, はかない. —*amor* ~ はかない恋. **2** 人通りの多い, にぎやかな. **3** 渡りの. —*ave pasajera* 渡り鳥.

pasamanería 女 **1** 飾りひも, 飾りひも製造業, 飾りひも工場[販売店].

pasamano 男 **1** 飾りひも, モール. **2** (階段などの)手すり. **3** [海事] ガングウェイ(船舶うたりの)通路. **4** [南米] (乗物の)吊り皮. **5** [チリ] チップ, 心づけ.

pasamanos 男 [単複同形] →pasamano.

pasamontañas 男 [単複同形] 防寒帽.

pasante 名 **1** 通行する, 通過する. **2**

pasantía

《紋章》《動物が》パッサントの, 歩行姿勢の.
— 男女 **1** 《弁護士》見習い, 助手. — de abogado 弁護士見習い. — de médico 医者見習い. **2**《まれ》準教授, 助教. **3**《カト》司察補佐, 助司祭.

pasantía 女 《特に弁護士や弁護士の》見習い[実習生, 補佐]の身分, 見習い期間, 実習期間, インターン.

pasapasa 男 手品, 奇術.

pasaportar 他 **1**《話》ぶっ殺す. **2** 追い払う[出す], 追い払う.

pasaporte 男 **1** パスポート, 旅券, (あることへの)保証. —control de ~s パスポート検査. **2**《軍軍》外出[外泊]証明書. ▶ dar pasaporte a... を解雇する, 追い出す;《俗》殺す.

pasapurés 男《単複同形》裏ごし器.

pasar [バスル] 他 **1**《人を》通す, 通過させる. 移す. — a la mesa del comedor a la cocina 食堂のテーブルを台所に移す. **a)** に入らせる, 通す. —Me pasaron al recibidor. 私は応接間に通された. **b)**《穴などに》通す, 入れる. — ~ el hilo por el ojo de la aguja 針の穴に糸を通す. **2 a)**《を渡る, 横断する, 横断する. — ~ un río 川[通り]を渡る. **b)** を通過する, 通過する. — ~ los Pirineos de Francia a España フランスからスペインとピレネー山脈を越える. **3**《時》を過ごす. — ~ las vacaciones en Marbella マルベーリャでヴァカンスを過ごす. **4 a)** を手渡す, 届ける, 送る. — ¿Puedes ~me la sal, por favor? 私に塩を取ってくれませんか. **b)** を譲渡する, 移管する. — ~ sus bienes a un sobrino 財産を1人の甥(に)に譲渡する. **5**《風邪》をうつす. —Le ha pasado mi gripe. 私は彼に風邪をうつしてしまった. **6 a)**《本のページを》めくる,《スライドなどを》次(の)に送る. — ~ las hojas del libro de una en una 本のページを一枚ずつめくる. **b)**《出欠》をとる. — ~ (la) lista 出欠をとる, 点呼をとる. **c)** を《ざっと》読む, 一に目を通す. — ~ las hojas del libro 本のページをめくる. **7**《手》でなでる,《ブラシくしなど》をかける. — ~ el peine por el pelo 頭髪にくしを入れる. — ~ la aspiradora 掃除機をかける. **8** を飲み込む. **9 a)** 〜に勝る, ... より優れている. **b)** 《競走で》抜く. **c)** を見落とす, 抜かす, とばす. **d)** に合格する. — ~ el examen 試験に受かる. **10** を密輸出[密輸入]する. **11** ... に苦しむ, 悩む. を経験する. — ~ el sarampión はしかにかかる. **12** に耐える, しのぐ, を我慢する. — ~ mucho miedo 多くの恐怖に耐える. **13 a)** をこす, 濾過(ろか)する. **b)** ... に浸透する, しみ込む. **14**《映画》を上映する, 上演する. **15**《スポ》《ボール》をパスする. ▶ pasarlo bien 楽しく過ごす.

— 自 **1 a)** 《+a に》 移る, 移動する, 行く. — ~ de Sevilla a Granada セビリャからグラナダへ行く. **b)** 《+ por を》通る, ... に立ち寄る. — Este tren no pasa por Málaga. この列車はマラガを通らない. **c)** 《+ a + 不定詞》 (... へと)移行する, 移る, 次に... する. **d)** 《+ a + 不定詞》 (...に)始める. **2 a)** 《+ por を》越える, 通過する. — ~ por la frontera 国境を越える. **b)** を超える, 超過する. **3 a)** 《時》が過ぎる, 流れる, 経過する. **b)**《ある事が》過ぎ去る, 消え去る, 終る. **4** 起こる, 生じる. —¿Qué te pasa? 君, どうした. **5** 入る. —Por favor, pase usted adentro. どうぞ中に入って下さい. **6** 《うわさなどが》伝わる. **7** 《+ a に》 変わる. —Pasó de la riqueza a la más absoluta pobreza. 彼は金持から極度の貧困になった. **8** 《ゲーム》パスする, 棄権する, 勝負を降りる. **9 a)** 暮らしていく, 何とかやる. **b)** 使える, 持つ, 長持ちする. **10** 《+ por として》通っている, (...と)見なされる. —Ella pasa por inteligente. 彼女は聡明で通っている. **11** 《病気が》うつる, 伝染する. **12** 《+ por を》耐え忍ぶ, 乗り切る. **13** 《+ de に》関心がない, 立ち入らない. —Yo paso de política. 私は政治に関心がない. ▶ lo que pasa es que ... つまりは ... ▶ pasar de largo →largo. ▶ pasar por alto **(1)** ... に触れない, を逃れない. **(2)** を見過ごす, 忘れる. **pasar por encima de** (障害)を乗り越える, 踏み越えて行く. **pase lo que pase** 何が起ころうとも, いずれにせよ. **¿Qué pasa contigo?** 《俗》(1)《挨拶の文句》やあ, 元気かい. **(2)** 相手をとがめて言うときのいうトリック. —Me pasé la tarde durmiendo. 私は昼寝をして午後を過ごした. **2** 《+ por に》立ち寄る. **3** 過ぎ去る, 終る, 消え去る. **4** 《+ de が》越える, 踏み越える. **b)** (...の)度が過ぎる, 余りに ... であり過ぎる. —Mi tío se pasa de bueno. 私の叔父は余りに善人であり過ぎる. **5** 《+ a へ》移る, くら替えする, 寝返る. **6** 《+ a を》忘れる. —Perdona, se me pasó la cita. ごめん, 君との約束を忘れてしまった. 忘れる対象を文法上の主語. **7** 熟れ過ぎる, 傷む. **8** 《容器》が漏る, しみ出す. — ~ se un cántaro 水がめが漏る. **9** (などが)が伸びる. ▶ pasarse de listo 利口過ぎて失敗する[読む]. **pasárselo bien** 楽しく過ごす =[pasarlo bien). — 男 [buen, mediano+] 暮らし向き, 家計.

pasarela 女 **1** 歩道橋, 渡り板. **2**《機械を, 橋などの高架状の》作業通路. **3**《海事》《船のタラップ. **4** キャットウォーク, (ファッションショーの)張り出しステージ. **5**《情報》ゲートウェイ.

pasatiempo 男 **1** 気晴らし, 趣味, 娯楽, 楽しみ. —por ~ 気晴らしに, 楽しみで. **2**《新聞・雑誌などの》パズル欄.

Pascua 固名 (Islas de ~)イースター島 (チリ領の).

:**pascua** 女 **1** 《宗教》復活祭, イースター(キリストの復活を祝う祭日. 春分後の最初の満月の次の日曜日). —P~ de Resurrección 復活祭. **2**クリスマス. —P~ de Navidad クリスマス.《クリスマスの期間(12月24日のクリスマスイブから1月6日の主の公現の祝日までの期間).

¡Felices P~s! クリスマスおめでとう.《宗教》公現の祝日(1月6日);聖霊降臨祭(復活祭後の7日目の日曜日);過越しの祭(出エジプトを記念するユダヤ教の祭)▶ **de pascuas a ramos**《話》ごく稀に, ほとんど…しない. **estar como unas pascuas** とても嬉しそうである. 上機嫌である. **hacer la pascua a...**《話》(人)を困らせる, うんざりさせる. **y santas pascuas** それで終わりだ[決まった].

Pascual 固名《男性名》パスクアル.
pascual 形 1 復活祭の, クリスマスの, (ユダヤ教の)過越し祭りの.
pase 男 1 通過, 通行. 2 移動, 移篭. 3 許可, 許可証, 鑑札, 証認状. 4 入場券, 乗車券, 通行許可証, 便乗証. 5 な歩いて見せるショー. ~~ **de modelos** ファッションショー. 6 (映画の)上映, (演劇などの)上演. 7《スポ》パス. (フェンシングの)フェイント. (上位級への)進出. 8《闘牛》パセ(闘牛士が動かずに牛をやり過ごすこと). 9《中南米》パスポート.
paseador, dora 形 散歩好きの.
paseandero, ra 形《南米》散歩好きの.
paseante 形男女 散歩[散策]する(人), ぶらつく(人), ひま人.
*paseąr 自 1 散歩する, 散策する, ぶらつく. ~ **por el parque** 公園を散歩する. 2 (馬・乗物などに)乗って散歩する, ドライブする. ~ **en coche** ドライブする. ~ **en bicicleta** サイクリングする. 3 (馬が)並足で歩く. — 他 1 ~を散歩させる. ~ **al perro** 犬を散歩させる. 2 を連れて回る, 連れ歩く, 見せびらかす. — **se** 再 1 散歩する. 2 〔+ por に〕(ある考えが)思い浮かぶ. 3 のらくらする, (あちこち)ぶらぶらする.
paseíllo 男《闘牛》入場行進.
*paseo 男 [パセオ] 1 散歩, 一回り;《中南米》パレード. ~ **cívico**《中南米》市民パレード. **dar un** ~ 散歩する. **ir** [**salir**] **de** ~ 散歩に出かける. 2 散歩道, 遊歩道; 大通り, 並木で行ける距離. **a corta distancia** 近い距離. ▶ **dar el paseo**《話》(スペイン内戦)以外に連れ出して殺す. **mandar** [**echar, enviar**] **a... a paseo**《話》(人)を追い出す. 係わらない.
paseriforme 形《動物》スズメ目の. — 女《動物》スズメ目の鳥;[主に複] (P~)スズメ目.
pasicorto, ta 形 小股で歩く, ちょこちょこと歩く.
pasiego, ga 形名《カンタブリア地方》のパス渓谷 (Valle del Pas)の(人).
pasillo 男 1 廊下, 通路. 2《南米》軽快な舞踏音楽の一種.
*pasión 女 1 情熱, 激情. 2(人に対する)強い愛情; 恋心, 情欲; 熱愛する人. 3 (物事に)熱中(すること), 熱狂; 熱中する物事. ~ **tener** ~ **por el fútbol** サッカーに熱中している. 4《宗教》キリストの受難; キリスト受難をテーマにした作品.
*pasional 形 1 情欲の, 恋愛の. —cri-men ~ 痴情犯罪. 2 情熱的な, 衝動的な.

pasionaria 女《植物》トケイソウ(時計草).
pasito 男 小さな一歩. — 副 ゆっくりと, そっと, 小声で.
pasitrote 男 (馬などの)小走り.
*pasiva 女《言語》受動態.
pasividad 女 受動性, 不活発, 受け身的な態度, 消極性.
*pasivo, va 形 1 受身の, 消極的な; 何もしない. —**derechos pasivos**《法律》不文法, 習慣法〈自分では動かないのに喫煙者の害を受ける)受動喫煙者. 2 (年金などの)受給の. 3《言語》受動(態)の. 4《商業》負債, 債務.
pasmado, da 過分 [→ pasmar(se)] 形 1 驚いた, 呆然とした(人). 2 ぼうっとした(人).
pasmar 他 1 を驚かせる, 茫然とさせる. —**Me** **pasmó** **su egoísmo.** 彼のわがままぶりには唖然とした. 2 を凍えさせる, ぞくっとさせる. — **se** 再 1 〔+ de で〕驚く, ぎょっとする, 茫然とする. 2 凍える, かじかむ, 悪寒がする, 風邪をひく. 3《南米》(傷口が)腫れ上がる, 化膿する.
pasmarota 女《話》1(驚きの)大げさな身ぶり. 2 痙攣(出)したような身ぶり.
pasmarotada 女 = pasmarota.
pasmarote 男 間抜けで, 役立たずの, ぼやけた人.
pasmo 男 1 驚き, 仰天, 驚くべきもの [こと]. 2 風邪, 悪寒, 風邪による発熱. 3《医学》破傷風. 4《中南米》熱病, 炎症.
pasmoso, sa 形 驚くべき, 唖然とさせるような, ショッキングな, とてつもない.
paso¹, sa 形 (果物などを)干した, 乾燥した. —**uvas pasas** 干しブドウ, レーズン. **ciruela pasa** 干しプラム. — 女 干しブドウ. → pasa¹.

*paso² 男 [パソ] 1 通ること. a) 通行, 通過. —**Prohibido el** ~. 通行禁止. b) 通行権, 通行許可書; 通行料. ~ **franco** [**libre**] 通行無料, 通行自由. c)~ の渡り. 2 通る場所. 2 通路, 通り道. ~ **a nivel** 踏切. 平面交差. ~ **de peatones** 歩行者専用通路. ~ **(de) cebra** 横断歩道. ~ **subterráneo** 地下道. ~ **elevado** 高架道路. 陸橋. **abrir** ~ 道を開ける. **ceder el** ~ 道を譲る; (道路で)いったん停止をする. **cerrar** [**cortar**] **el** ~ 通路をふさぐ, …の行く手をさえる. b)峠. c)(特定の地名とともに)海峡. —**P~ de Calais** ドーバー海峡. 3 歩行. 2 歩み, 1歩. —**dar unos** ~ **s** 2, 3 歩~進む. ~ **a** ~ 1歩ずつ, ゆっくり. **¡Un** ~ **al frente!**《軍事》1歩前へ(進め). b)歩幅; 短い距離. **a grandes** ~**s**[**a** ~**s** **agigantados**] 大股で, 大急ぎで. c)歩調, 足取り, 歩く[ダンスの]ステップ. **a** ~ **de tortuga** (亀のように)とてもゆっくり. **a** ~ **ligero** 早足で, 急いで. **a** ~ **ligero** やかな足取りで, 急いで. **llevar el** ~ 歩

pasodoble 男 **1**(軍隊の並足の行進、**2**(音楽)パソドブレ(闘牛士の入場時等に演奏される2拍子の活発な行進曲とその舞踊)。

pasoso, sa 形〖中南米〗吸水性の、濾過性の。**2**〖中南米〗(手足が)汗ばんだ、汗まみれの。**3**〖中南米〗(病気が)伝染性の。

pasota 形男女〈話, 軽蔑〉無関心[無気力]な(人)。

pasotismo 男〈話, 軽蔑〉(政治的・社会的な問題に対する)無関心;白けた態度。

pasparse 再〖南米〗(皮膚が寒さや乾燥で)ひび割れする。

paspartú 男(複 ~s)(絵や写真と額縁との間に入れる)厚紙[布]製の飾り枠。

pasquín 男 (公共の場に貼られた、権力・権威を風刺・揶揄した)びら、落書き、風刺文。

pássim 〈ラテン〉副 引用文献などのあちこちに。

pasta 女 **1**(料理)小麦粉などを練って作ったもの。a)クッキー、パイ。b)(マカロニなどの)パスタ。— sopa de ~ パスタ入りスープ。~ fresca 生パスタ。c)(パイなどの)生地、種。**2**ペースト状のもの、練り製品。— ~ de hígado レバーペースト。~ de dientes 練り歯磨き。~ de papel (製紙用)パルプ。**3**〈話〉お金。**4**(印刷)革やクロスの装丁。— media [de ~ holandesa] 背表紙が革製の装
丁。**5**才能、資質。▶ **aflojar** [**soltar**] **la pasta** 〈話〉(払うべきものを)支払う。**buena** [**mala**] **pasta** 温厚な[悪い]性格。

pastaflora 女 スポンジケーキ。**2**〈話〉現金。▶ **ser de pastaflora** 人がよい、おしまない、(幼児が)おとなしい。

pastaje 男〖中南米〗**1**共同放牧地。**2**放牧料。

pastal 男〖中南米〗牧草地。

pastar 他(家畜に)牧草を食わせる。— 自(家畜が)牧草を食む。

pastear 自 **1**→pastar. **2**〖南米〗〈俗〉スパイする。

pastel 男 **1**ケーキ、パイ。— de carne ミートパイ。**2**(美術)パステル、パステルカラー、パステル画。— dibujar [pintar] al ~ パステル画を描く。**3**〈話〉いかさま、ぺてん、裏取引。**4**ごまかし、(ト)隠すべき秘密。▶ **descubrirse el pastel** いかさま[不正]がかぎつけられる。

pastelear 自〈話〉**1**妥協する。**2**裏取引する。

pasteleo 男〈話〉妥協、裏取引。

pastelería 女 **1**ケーキ屋、ケーキ工場、ケーキ製造業。**2**〖集合的〗ケーキ類。

pastelero, ra 男女 **1**ケーキ屋、ケーキ職人。**2**日和見主義者。

pastelillo 男 小さなケーキ、小さなパイ。

pastelista 男女 パステル画家。

pasterización, pasteurización 女 低温殺菌法。

pasterizado, da, pasteurizado, da 過分[→ pasterizar, pasteurizar]低温殺菌された。— leche *pasterizada* 低温殺菌牛乳。

pasterizar, pasteurizar [1.3] 他 (飲み物を)低温殺菌する。

pastiche 男 **1**(文学、芸術の)模作、模倣の寄せ集めによる作品。**2**寄せ集め、無意味に色々盛り込んだ物。**3**(音楽)パスティッチョ(オペラなどの、複数作品のメドレー)。

pastilla 女 **1**(医学)錠剤、トローチ。— ~s para dormir 睡眠薬。~ de éxtasis エクスタシー(合成麻薬)の錠剤。**2**小さな四角い塊。— ~ de chocolate チョコの1片。~ de jabón 化粧石鹸。▶ **a toda pastilla** 〈話〉全速力で、フル回転で。

pastillero 男 錠剤入れ、タブレットケース。

pastinaca 女 **1**〖植物〗アメリカボウフウ、パースニップ(セリ科の植物)。**2**〖魚類〗アカエイ。

pastizal 男 牧草地。

pasto 男 **1**放牧。**2**牧草地、放牧地。**3**牧草、まぐさ、飼料。— ~ seco 乾草。**4**活動源、糧、支え。— ~ espiritual 信者の教義。**5**餌食、犠牲。— ser ~ del fuego [de las llamas] 炎に包まれる。**6**鳥の一回分の餌。**7**〖中南米〗芝生、草。▶ **a (todo) pasto** 〈話〉(飲食・浪費に関して)たっぷりと、湯水のごとく、むやみに。無制限に。**de pasto** いつもの、常食の。— vino *de pasto* テーブルワイン。

pastor, tora 名 羊飼い. —el Buen P~ よき牧者(キリストのこと). perro ~ 牧羊犬. — alemán シェパード(犬). — 男 〖宗教〗(プロテスタントの)牧師;(カトリックの)司教, 司祭.

pastoral 形 1 牧歌的な, 田園生活の; 羊飼いの, 牧人の. —poeta ~ 牧歌詩人. 2 (プロテスタントの)牧師の;(カトリックの)司祭の; —carta ~ 司教書簡. — 女 〖文学〗牧歌, 田園詩;〖音楽〗パストラル, 田園曲.

pastorear 他 1 (家畜を)飼育[放牧]する, (家畜)に草を食べさせる. 2 (聖職者が)信者を導く. 3 〖南米〗(女性)を口説く, (女性)に言い寄る.

pastorela 女 1 牧人歌. 2 〖文学〗(南仏プロヴァンスやスペインガリシア地方の)叙情詩, 田園詩. 3 〖中米〗キリスト生誕劇.

pastoreo 男 家畜に草を食べさせること, 放牧. —vivir del ~ 放牧をやって暮らす [生計を立てる].

pastoril 形 羊飼いの, 牧人の; 牧歌的な. —novela ~ 牧人小説. vida ~ 牧人生活.

pastosidad 女 1 柔らかさ, 練り状. 2 べとつき; 粘っこさ. 3 〖美術〗厚塗り.

pastoso, sa 形 1 柔かい, 練り状の. —barro ~ 柔かい粘土. 2 粘っこい. 3 (声の)耳に快い, 滑らかな, 鋭くない. 4 〖中南米〗良い牧草の多い.

pastura 女 1 牧草地, 放牧場. 2 牧草, まぐさ, (牛に与える一回分の)飼.

pata 女 脚, 足. a)(動物の)脚, 肢, 足. b)〈話〉(物)の脚, 足. —andar [ir] a la ~ coja けんけんしながら歩く[行く]. a cuatro patas 四つんばいになって. ▶ a la pata llana [pata llana]〈話〉気取らずに, ざっくばらんに. a pata (patita) 歩いて. estirar la pata 〈話〉くたばる, 死ぬ. mala pata (1)〈話〉不運. —¡Qué mala pata! なんてついてないんだ. (2)つまらさ, タイミングの悪さ. meter la pata へまをする, ドジを踏む. patas arriba (1)仰向けにひっくり返って. (2)散らかった, 乱雑な. patas de gallo 目じりのしわ, カラスの足跡. poner a... de patas [de patitas] en la calle (人)を追い出す, 追い払う.

pataca 女〖植物〗キクイモ.

patache 男 1 小型商船. 2 (昔の)連絡艇, 哨戒艇.

patacón 男 1 (昔の)銀貨, 小額銅貨. 2 〖中南米〗バナナチップス.

patada 女 1 けること, 踏みつけること. —dar una ~ a la puerta ドアをけとばす. dar una ~ a la pelota ボールをける. 2 手荒な扱い; 足蹴, 追い払う. 3 〖主に他〗手間, 骨折り. 4 〖銃砲類の〗反動. 5 〖中米〗酒酔い. 6 〖中南米〗〈話〉不誠実, 忘恩. ▶ a patadas (1)たくさん, 沢山. —tratar a patadas a los obreros 人夫達をこき使う. dar cien patadas (en el estómago [en la barriga]) a...〈話〉(人)に不快な思いをさせる. dar una [la] patada a...〈話〉(人)を解雇する. en dos patadas 難なく, あっけなく.

patagón, gona 形名 パタゴニア(Patagonia)の人.

Patagonia 固女 パタゴニア(アルゼンチン・チリにまたがる地域).

patagónico, ca 形 パタゴニア(Patagonia)の.

patalear 自 1 地団太を踏む, 足をばたつかせる. 2 くやしがる.

pataleo 男 1 地団太を踏むこと, 足をばたつかせること. 2 くやしがること. ▶ el derecho al [de] pataleo くやしがるだけでな術がないこと.

pataleta 女 1 痙攣(気), 引きつけ. 2 〈話〉癇癪(意), むかっ腹.

patán 形 粗野な, 田舎くさい, 無作法な, 野蛮な. — 男 粗暴者, 田舎者, 野蛮人.

patanería 女〈話〉粗野, 不作法; 無知.

patarata 女 1 大げさな表情[身振り], ばか丁寧. 2 ばかげたこと.

patata 女 1 ジャガイモ. —s fritas フライドポテト; ポテトチップス. puré de ~s マッシュポテト. ▶ ni patata 〈話〉全く…でない. patata caliente〈話〉(やらねばならない)難しく, やっかいな事. 2 ジャガイモの塊茎.

patatal 男 ジャガイモ畑.

patatar 男 ジャガイモ畑 (→patatal).

patatero, ra 形 1 ジャガイモの; ジャガイモ栽培の[販売の]. 2 ジャガイモ好きな. — 男 ジャガイモ栽培者[売].

patatín ▶ que (si) patatín que (si) patatán 形 (長いおしゃべりについて)何やかやと, ああでもないこうでもないと. だらだらと, のらりくらりと.

patatús 男〖単複同形〗〈話〉失神, 卒倒.

paté 男〖料理〗パテ.

pateadura 女 1 踏みつけること, けること. 2 叱りつけること, てんぱんに言い負かすこと.

pateamiento 男 →pateadura.

patear 他 1 を踏みつける, 蹴りつける. 2 (怒り・抗議を表わして)を足で踏みならす. 3 〖南米〗を罵倒する. 4 〖南米〗(食べ物が人)に消化不良を起こさせる. — 自 1 怒りで足をばたつかせる, 足踏みをして抗議する. 2〈話〉(何かを求めて)駆け回る, 奔走する. 3 a)(動物が)跳ねる. b)(銃が反動で)はね返る. 4 〖南米〗遠出する. 5 〖中南米〗(アルコールの酔いが)回る. 6 〖スポ〗キックする, (ラグビーで)パントする. — se 他 (何かを求めて)駆け回る, 奔走する.

patena 女〖カト〗聖体皿, パテナ. 2 (宗教的な像を彫ったメダル, 銘板. ▶ limpio como [más limpio que] una patena きわめて清潔な.

patentado, da 形 特許権を取得した. —marca patentada 登録商標.

patentar 他 1 (発明などに)特許を与える. 2 …の特許を取得[登録]する.

patente 形 1 明らかな,明白な;証明された. 2 《商業,法律》許可された;特許済のある. —**derechos de ~** 特許権使用料. —**de invención** 新案特許. 2 許可(証);証明書. —**~ de navegación** 船籍証明書. —**~ de corso** 私掠(しりゃく)免許状;特権. 3 評判,名声. 4 《南米》(車両の)ナンバープレート.

patentizar [1.3] 他 を明白にする,明示する,表明する.

pateo 男 踏みつけること,足を踏みならすこと.

páter 男[単複同形]《話》従軍司祭[牧師];司祭,牧師. ▶ **páter familias** → paterfamilias.

patera 女 手こぎボート.

pátera 女 供儀用の浅い皿.

paterfamilias 男[単複同形](古代ローマの)家父,家長.

paternal 形 父親の,父親的な,父親としての. —**amor ~** 父性愛. **autoridad ~** 父権.

paternalismo 男 1 家父長主義,父親ぶった態度. 2 温情主義.

paternalista 形 1 家父長主義的な,父親ぶった. 2 温情主義的な.

paternalmente 副 父親らしく,父親ぶって;温情的に.

paternidad 女 1 父親であること,父権,父性;父子関係. 2《文学》原作者であること.

paterno, na 形 父親の,父親としての;父方の. —**línea paterna** 父方の家系. **abuelos ~s** 父方の祖父母.

paternofilial 形 1 父[母]親・父母-子どもに関しての. 2 父親から子どもへの.

paternóster 男[単複同形]《カト》1 主祷文,パーテル・ノステル. 2 固い大きな結び目.

patético, ca 形 悲痛な,悲愴な,痛ましい.

patetismo 男 悲痛,悲壮感. —**crudo ~** 生々しい修羅場.

patí 男[複 —(e)s]《南米》パティ(大型の川魚).

patiabierto, ta 形《話》がにまたの.

patibulario, ria 形 1 絞首台の. 2 凶悪な,恐ろしい,身の毛のよだつ. —**horca patibularia** 絞首台.

patíbulo 男 絞首台,処刑台. —**carne de ~** 極悪人.

paticojo, ja 形 名《話》足の不自由な(人),びっこの.

paticorto, ta 形 短足の.

patidifuso, sa 形《話》たまげた,面くらった.

patilla 女 1 付属的な物・部品,はみ出している部分. a) もみあげ,頬ひげ.(女性の)頬の毛. b) めがねのつる. c) 《土工・建築資材の》ほぞ,止め具. d) 《南米》取り外しの柄,つけ柄. 2 《植》つる. 3 《中南米》すいか. 4 《音楽》(古楽器ビウエラ vihuela の)左手の指板.

patilludo, da 形 もみあげの濃くて長い.

patín[1] 男 1 スケート靴. **— de ruedas** ローラースケート靴. 2 (子どもの遊び用の)スクーター. 3 水上バイク. 4 (そりなどの)滑走部,スケートの刃. 5《機械》すべり座,ブレーキパッド. 6 カタマラン型のヨット(**= ~ de vela**); ペダルボート.

patín[2] 男《鳥類》アホウドリ.

pátina 女 1(ブロンズなどの)緑青. 2(古い油絵などの)色のくすみ;古色,錆. **—dar ~ a...** …に錆効果を施す. **~ del tiempo** 月年を経て生じる古色・風化・くすみ.

patinadero 男 スケート場(リンク).

patinador, dora 名 スケートをする人,スケーター,スケート選手.

patinaje 男 1 スケート(をすること). **—~ sobre hielo[ruedas]** アイス[ローラー]スケート. **— artístico** 《 de velocidad》フィギュア[スピード]スケート. 2(車の)スリップする.

patinar 自 1 スケートをする. **—~ sobre hielo [ruedas]** アイス[ローラー]スケートをする. 2 足を滑らせる;(車などが)滑る,スリップする. 3 間違う.

patinazo 男 1(車の)スリップ,横滑り;(人が)足をすべらせること. 2《話》失敗,しくじり. **—dar un ~** スリップする;へまをやる.

patineta 女(片足で地面を蹴って進む)スクーター.

patinete 男(片足で地面を蹴って進む)スクーター;キックボード.

patinillo 男 patio の縮小辞形.

patio 男 1 中庭,(スペイン風家屋の)パティオ. **—~ de armas** 練兵場. **~ de escuela (de recreo)** 校庭. 2《劇場・映画館の》1階席. **—~ de butacas** 1階席. ▶ **¡Cómo está el patio!**《話》なんという状態だ.

patita 女 **—poner a...de ~s en la calle**(人)を追い出す,解雇する.

patitieso, sa 形 1 脚が硬直した,すくんだ. 2 たまげた,面くらった. 3(歩き方が)つんと澄ました. 4 体が硬直した.

patito 男 **—los dos ~s**(宝くじなどの)「22番」.

patituerto, ta 形 1 脚の曲がった. 2 曲がった,歪んだ.

patizambo, ba 形 X脚の,膝内反の.

pato[1], **ta** 名《鳥類》鴨,アヒル. **—~ real** [silvestre] 野がも,マガモ. **~ de flojel** ケワタガモ. **~ de ~** 1 間抜けな[どじな]人,薄のろ. 2 退屈なこと,退屈な物. 3(ビスケー湾の)カニの一種. 4《中南米》便器,おまる. 5《南米》無賃乗車客,おしかけ客,無切符入場者,密航者. 6《南米》詐欺の被害者,だまされやすい人. 7《南米》無一文.

pato[2] 男 ▶ **pagar el pato**《話》尻ぬぐいをさせられる,ぬれぎぬを着せられる.

patochada 女 でたらめ,ばかなこと. **—decir ~s** ばかなことを言う. **hacer ~s** どじを踏む,へまをする.

patogenia, patogénesis 女《医学》病因(論),発病(学),病原(論).

patogénico, ca 形《医学》病因(論)

patógeno, na 形《医学》病原の, 発病させる. —gérmenes ~s 病原菌.

patografía 女《医学》病跡(学), パトグラフィー.

patojo, ja 形名 1《軽蔑》足の不自由な(人); よちよち歩きの, 左右にふらついて歩く. 2《中南米》a) 子ども, 恋人. b) 街の不良.

patología 女《医学》病理学.

patológico, ca 形《医学》病理の, 病理学上の. 2 病的な. —manía *patológica* 病的な習癖.

patólogo, ga 名 病理学者.

patoso, sa 形名《話》1 (動きが)鈍い, もたつく(人). 2 (人を面白がらせようとする)つまらない(人).

patota 女《南米》[集合的に]《話》1 (若者の)不良, 暴力的な集団. 2 (若者の)遊び仲間.

patraña 女 作り話, でっち上げ, ほら話.

patria 女 祖国. —la madre ~ 母国, 本国. ~ celestial 天国. ~ chica 生まれ故郷, 出生地. —la ~ chica 生まれ故郷.

patriada 女《中南米》1 私利私欲にとらわれない行動. 2 救国の闘争, 武装蜂起.

patriarca 男 1《聖書》(旧約のイスラエル民族の)族長, 祖. ~ Abraham 太祖アブラハム. 2 a)《カト》総大司教. b)《ギリシャ正教会の》総主教. 3《宗教》教相, 教祖, 家父長, 族長, 長老.

patriarcado 男 1 a)《カト》総大司教職[区, 在職期間]. b)《ギリシャ正教会の》総(大)主教職[区, 在職期間]. 2 家父長制.

patriarcal 形 1 家父長制の, 家父長風の. 2 族長の, 家長の. 3《宗教》総大司教(区)の, 総主教(区)の. —名 総大司教区[総主教区]の教会[教区].

Patricia 固名《女性名》パトリシア.

patriciado 男 1 (特に古代ローマの貴族に関しての)貴族の地位. 2《集合的に》貴族(階級).

Patricio 固名《男性名》パトリシオ.

patricio, cia 形名 1《歴史》(古代ローマの)貴族の(人), パトリキ. 2 貴族[特権]階級の(人), (代々の)金持ち, 有力者.

patrimonial 形 世襲(財産)の, 先祖伝来の.

patrimonio 男 世襲財産, 遺産; 歴史的遺産. —~ real 王室財産. *P*~ de la Humanidad 世界遺産. ~ nacional 国有財産. ~ histórico-artístico 国宝.

patrio, tria 形 自国の, 祖国の, 故郷の. —amor ~ 愛国心. ▶ *patria potestad*《法律》父権, 親権.

patriota 形 愛国的な, 愛国心のある. —男女名 愛国者(の).

patriotería 女 狂信的な愛国主義.

patrioterismo 男《軽蔑》(行き過ぎた)愛国主義, 愛国心の誇示.

patriotero, ra 形 狂信的な愛国主義の. —名 狂信的な愛国主義者.

patriótico, ca 形 愛国の, 愛国心からの.

patriotismo 男 愛国心, 祖国愛.

patrístico, ca 形 教父学《研究》の, 教父の関する.

patrocinador, dora 形名 後援する; 後援者; スポンサー(となる).

patrocinar 他 1 を後援[賛助]する, …のスポンサーとなる. 2 (番組)を提供する.

patrocinio 男 後援, 賛助. —bajo el ~ de... …の後援による.

patrología 女 1 →*patrística*. 2 教父学文献; 教父著作集.

patrón, trona 名 1 主人, 親方, 雇い主, 持ち主. 2《カト》守護[保護]聖人. —~ santo ~ 守護聖人. 3 後援者, パトロン. —~ 型, 型紙. —hacer el ~ de un vestido ドレスの型紙を作る. 2 (度量衡の)原基, 原器; (貨幣の)本位制. —el ~ oro 金本位制. 3 (小型船の)船長. 4 (樹木の)添木; (接木の)台木. ▶ *cortados por el mismo patrón* そっくりの, 瓜二つの.

patrona 女 1 (女の)後援者, 支持者, パトロン. 2《カト》(女の)守護[保護]聖人. 3 女主人, 女将. 4 (女の)奴隷商人の妻.

patronal 形 1 雇用者の, 経営者側の. —sindicato ~ 雇用者連合. cierre ~ ロックアウト. 2 守護聖人の. —fiesta ~ 守護聖人の祝日. —名《集合的に》経営者団体, 経営者団体, 雇用者連合. —~ bancaria 銀行家協会.

patronato 男 1 後援, 賛助, スポンサー. 2 (文化的・慈善的な)協会, 財団; その理事会, 役員会. 3《集合的に》経営者団体, 経営者連合体, 雇用者連合.

patronazgo 男 後援, 支援, 賛助, 助成[団体. —bajo el ~ de... …の後援による.

patronear 他 …(船)の船長を務める, …(船)を船長として指揮する.

patronímico, ca 形 父(祖先)の名に由来する. —~ 名 父(祖先)の名にちなむ姓・名, 父称(例: Gonzalo → González, Rodrigo → Rodríguez など).

patrono, na 名 1 主人; 雇用主, 経営者; 上司, 上役. 2《宗教》守護[保護]聖人. 3 後援者, スポンサー. —女《軍事》旗艦に次ぐ艦.

patrulla 女 1 巡視, 巡回, パトロール. —coche ~ パトロールカー. 2 巡視隊, 警備隊. 3 隊 (特定の目的のために編成された)一団.

patrullaje 男 パトロールすること, 哨戒.

patrullar 自 (を)巡回[巡視, パトロール]する. —~ (por) la costa 沿岸をパトロールする.

patrullero, ra 形 巡視(パトロール, 哨戒)の. —~ avión 哨戒機. lancha *patrullera* 哨戒艇. —男 1《軍》哨戒用の乗り物. a) 巡視艇, 哨戒艇. b) 哨戒機, 偵察機. c) パトロールカー. —女 2 巡視艇, 沿岸警備艇.

patuco 男《服飾》(ニットの)乳児用靴(寝る時に履く)靴下 (=*peúco*).

patudo 男 〖魚類〗メバチマグロ.

patulea 女 1 〖集合的に〗〖話〗さわがしい子ども達, 暴徒. 2 規律の乱れた兵士.

patuleco, ca 形 〖中南米〗〈に〉股(の)人.

paúl 形 《カト》ヴィンセンシオ会の(会員), ラザリスト会の(会員)(=lazarista). 男 1 〖複 los ~es〗ヴィンセンシオ会, ラザリスト会. 2 湿地帯, 湿原.

paular¹ 男 〖話〗〖話〗〖次〗〖常に maular と対して〗 Ni *paula* ni maula. うんともすんとも言わない. sin ~ ni maular 一言もしゃべらずに.

paular² 男 1 沼地, 湿生地. 2 ぬかるみ.

paulatinamente 副 ゆっくりと, 少しずつ.

paulatino, na 形 ゆっくりの, 漸進的な, 少しずつの.

paulina 女 《カト》〖教皇による〗破門状, 破門の宣告.

paulonia 女 〖植物〗キリ(桐).

pauperismo 男 〖社会の〗貧困状態, 貧民層の存在.

pauperización 女 貧民化.

pauperizar [1.3] 他 を貧民化させる.

paupérrimo, ma 形 〖pobre の絶対最上級〗〖文〗極貧の.

‡**pausa** 女 1 休止, 中止, 中断;〖音楽〗休止(符). 2 遅いこと, のろさ, 断続的に, a *pausas* 途切れ途切れに, 断続的に.

‡**pausado, da** 形 ゆっくりとした, のんびりした; 落ち着いた. —tener un hablar ~ ゆっくりとした話し方をする.

pauta 女 1 見本, 模範, 手本, 指針. —dar [marcar] la ~ 模範を示す. 2 罫線. 3 下敷き用罫線, 罫入り下敷き. 4 定規, もの差し. 5 〖音楽〗五線紙.

pautado, da 過分 〖→pautar〗 1 罫(に)入りの;〖音楽〗五線の引いてある. —papel ~ 罫紙. 2 きちんとした, 規則正しい.

pautar 他 1 〖紙に〗罫線〖五線〗を引く. —~ un papel 紙に罫線を入れる. 2 …に規範〖指針〗を設ける.

‡**pava** 女 1 〖鳥類〗雌のシチメンチョウ(七面鳥)(→pavo). 2 〖話〗ぼんやりしたおんな女, 間の抜けた女(→pavo). 3 ふいご. 4 〖南米〗〖マテ茶用の〗湯沸かし, ティーポット. 5 〖中南米〗〖つばの広い〗麦わら帽子. 6 〖中南米〗垂れ型の〗寝室用便器, しびん. 8 〖南米〗悪ふざけ, 冷やかし. 9 〖中南米〗タバコの吸いさし. ●*pelar la pava* 〖恋人同志が〗愛を語り合う. 〖男が女を口説く.

pavada 女 1 七面鳥の群れ. 2 ばかげたこと, くだらないこと. 3 〖「かごめかごめ」のように輪になって行う〗子どもの遊び.

pavana 〖<伊〗女 〖音楽, 舞踊〗パヴァーヌ.

pavero, ra 名 七面鳥飼育業者. —男 〖スペイン Andalucía 地方の〗つばの広い帽子.

pavés 男 〖複 paveses〗1 〖中世の兵士の〗大楯. 2 〖田舎の〗敷石舗装. 3 〖建築〗シースルーの壁や天井などを作るためのガラス.

pavesa 女 〖紙, わらなどの〗燃えかす, 灰, 火の粉.

pavía 女 〖植物〗モモの一種.

pávido, da 形 おびえた, おどろいた.

pavimentación 女 〖道などの〗舗装(工事), 舗装すること.

pavimentar 他 を舗装する, …に床張りを施す. —calle *pavimentada* 舗装道路.

pavimento 男 1 舗装, 床張り. 2 舗装材料, 床材.

pavipollo 男 1 七面鳥のひな. 2 〖話〗薄のろ, 間抜け.

pavisoso, sa 形 〖話〗面白みのない〖人〗, 精彩のない〖人〗; 間抜けけ(な).

‡**pavo** 男 1 〖鳥類〗シチメンチョウ(七面鳥); 雄のシチメンチョウ. 2 〖俗〗つまらない男, 気取った男. 3 〖話〗5ペセタ. ●*edad del pavo* 〖話〗思春期. *pavo real* 〖鳥類〗孔雀; 雄の孔雀.

pavón 男 1 〖鳥類〗クジャク. 2 〖虫類〗クジャクチョウ. 3 〖冶金〗〖鋼鉄の腐食防止のための〗青い酸化被膜. 4 (P~)〖天文〗孔雀座.

pavonado, da 形 暗青色の. —男 〖鋼鉄の青の酸化被膜処理, 青焼.

pavonar 他 〖冶金〗〖鋼鉄に〗青焼法を施す〖腐食防止のため, 表面を焼いて青みがかった酸化被膜を形成する〗.

pavonear 自 気取って歩く, 自慢げにする. —se 気取って歩く, 自慢げにする. 2 〖+de〗を見せびらかす, ひけらかす.

pavoneo 男 ひけらかし, 自慢げな態度.

pavor 男 恐怖心, パニック.

pavorosamente 副 恐ろしいことに, ぞっとさせるほどに.

pavoroso, sa 形 恐ろしい, ぞっとするような.

payada 女 〖南米〗パヤーダ, ガウチョの吟遊詩人 (payador) の即興歌.

payador 男 〖南米〗ガウチョの吟遊詩人.

payar 自 〖南米〗即興で歌う.

payasada 女 1 道化, 道化芝居, 道化師の演技. 2 おどけ, 悪ふざけ. —decir ~s 悪ふざけした事を言う.

payasear 自 〖南米〗おどける.

payaso, sa 名 形 1 道化師, ピエロ. 2 〖話〗a)〖親愛〗おどけ者(の), 面白い(人). —hacer el ~ おどけてみせる. b)〖軽蔑〗おどけた調子ばかり者, 不まじめな〖いい加減な〗(人).

payés, yesa 名 スペイン Cataluña 地方・Baleares 諸島の農民.

payo, ya 名 1 田舎者(の), 野暮な. 2 〖ジプシー〖ロマ〗から見て〗ジプシー〖ロマ〗でない. 3 〖中南米〗白子の, 髪が亜麻色の. 4 〖メキシコ〗臆病な〖けっの〗.

Paz 固男 1 パス (Octavio ~)(1914-98. メキシコの詩人・評論家, 1990年ノーベル文学賞). 2 →La Paz.

paz [パス] 女 [複 paces] **1** 平和. **2** 平穏, 平静; 安らぎ. **3** 講和, 講和条約; 和解, 仲直り. —tratado de ~ 講和条約. **4** 《宗教》《ミサでの》平和[親睦]の接吻; それに使われる聖像. 図名 (La P~) ラパス (南米ボリビアの首都). ▶**A la paz de Dios.** 《挨拶のことば》こんにちは; さようなら. **dejar en paz** そっとしておく, 放っておく. **descansar [reposar] en paz [en la paz de Dios]** 安らかに永眠する, 死ぬ. **estar [quedar] en paz 1** 平和である[になる]. **2** 貸し借りなしである[になる]. (ゲームなどで)勝ちも負けもしない, 引き分けである[になる]. **poner en paz a..., poner [meter] paz entre...** ...を和解させる. **que descanse en paz** (故人を言及するときに冥福を願って)今は亡き 《略》q.e. p.d.) **¡Vaya [Vete] en paz! ¡con la paz de Dios!** とっとと失せろ. **Y aquí paz y después gloria/¡Y en paz!** 《話》これで決まりだ, これで以上.

pazguatería 女 **1** 愚直, (人が)単純なこと. **2** 猫かぶり, いい子ぶること.

pazguato, ta 形名 (何にでも感激・大騒ぎする)愚直な(人), 愚か者, 大ぼけ(の).

pazo 男 (スペイン Galicia 地方の)田園の屋敷.

PC 〖頭字〗(< 英 *personal computer*) 男 パソコン.

pche, pchs **1** ふんっ, ちえっ. **2** おいおい, ちょっと.

PD. 〖略字〗= *posdata* 追伸.

PDA 〖頭字〗(< 英 *personal digital assistant*) 〖情報〗携帯情報端末.

pe 女 アルファベットのPの文字, Pの音. ▶**de pe a pa** [saber, decir, contar など と共に] はじめから終りまで.

peaje 男 **1** 通行料, (交通施設の)使用料. —**carretera [autopista] de ~** 有料道路. **2** 道路などの料金所.

peal 男 **1** くつ下の足の部分. **2** (足の部分のない)ストラップ式のくつ下; レッグウォーマー. **3** (イネ科の草で編んだ)鳥かご用の敷物. **4** 《南米》投げ縄, (動物の足を縛るための)ロープ. 狩猟用のわな.

pealar 他 《南米》(動物を)投げ縄で捕える.

peana 女 **1** (像などの)台座. **2** (祭壇前の)壇. **3** (窓の)下枠.

peatón, tona 名 **1** 歩行者, 通行人. —**paso de peatones** 横断歩道. **2** 郵便配達人.

peatonal 形 歩行者の. —**calle ~** 歩行者用道路.

pebeta 女 《南米》《話》女の子; 背の低い女 (= niña).

pebete 男 **1** 香, 線香. **2** 導火線. **3** 《話, 皮肉》悪臭のするもの, ぷんぷん. **4** 男の子; 背の低い男. b) パンの一種. **5** 《南米》上質のタバコ.

pebetero 男 香炉.

pebre 男 〖1の語義では〗《料理》**1** (コショウ・ニンニク・パセリ・玉ネギ・トマト・酢等の入った)ピリ辛ソース. **2** 〖チリ〗マッシュポテト.

peca 女 そばかす, しみ.

pecadillo 男 軽犯罪, 微罪.

pecado 男 **1** 《道徳・宗教上の》罪; 過ち. — **mortal** 大罪. — **venial** 小罪. **~ original** 原罪. **~ solitario** 自慰, マスターベーション. **los siete ~s capitales** 7つの大罪. **cometer un ~** 罪を犯す. **2** 《話》罰があたるようなこと, もったいないこと. —**Es un ~ dejar comida en el plato.** 皿に料理を残すなど罰があたる. **3** 悪魔. **de mis pecados** (人に対する苛立ちを表して)このだらしようもない... . **de pecado** 《話》とても良い.

pecad|or, dora 形 罪を犯す, 罪深い. — 名 罪人, 不信仰者. — 女 売春婦, 不倫する女.

pecaminoso, sa 形 **1** 罪深い, (性的に)不純な, 不道徳な. **2** 罪人の, 罪のある.

pecar [1.1] 自 **1** [+ contra に対して/de で] 《宗教・道徳上の》罪を犯す. **~ de palabra [de obra]** 言葉[行為]で罪を犯す. **2** 過ち[間違い]を犯す, 正道を誤る; 義務を果たさない. **3** [+ de + 形容詞](...) で過ぎる, (...)の度が過ぎる. —*Peca de exigente.* 彼はあまりに口うるさい.

pecarí, pécari 男 《動物》ペッカリー, ヘソイノシシ(アメリカ大陸に生息).

peccata minuta 〖ラテン〗女 軽い罪, ちょっとした過ち.

pecera 女 (魚を飼う)水槽, 金魚鉢.

pechada 女 **1** 《中南米》**a)** (胸や肩による)押し, 押しのけ. **b)** (騎手同士馬の胸で押すこと, 押しによる家畜の追い立て. **2** 《南米》《話》(お金の)ねだり方, たかり.

pechar 他 **1** 《歴史》(中世で税金・貢金を)払う. **2** 《中南米》**a)** (胸や肩で)押す, 押しのける. **b)** (中南米)(騎手が馬の胸で牛などを押して追い出立る. **3** 《話》(お金)をねだる, せびる. — 自 **1** 《話》[+ con と] 引き受ける, (...の)責任を取る. **2** 《南米》人にたかって生きる.

pechblenda, pecblenda 女 《鉱物》瀝青ウラン鉱, ピッチブレンド.

pechera 女 **1** 衣類の胸部, 胸当て. **a)** (ワイシャツの)前立て. **b)** 胸かぶり. **c)** 《話》(婦人服の)胸のひだ飾り. **2** (馬の首まで, 頭部, 胸鞍(略)). **3** 〖チリ〗職人風のエプロン, 前かけ. **4** 《話》女性の胸, 乳房.

pechero[1] 男 よだれかけ, 前かけ, (衣類の)胸当て.

pechero[2], **ra** 形 納税義務のある, 課税対象の. **2** 平民の, 庶民の, 一般市民の. — 名 **1** 納税者, 課税対象者. **2** 平民, 庶民, 一般市民.

pechina 女 **1** 《建築》(円屋根などの基底部にある)穹隅, ペンデンティブ. **2** 貝殻. **3** (巡礼者がホタテガイの貝殻 (Santiago de Compostela から巡礼者が持ち帰る習慣があった).

pecho[1] 男 (昔の)税金, 税.

pecho² [ペチョ] 男 **1** 胸, 胸部. **2** 肺, 呼吸器. **3** 乳房, バスト. **4** 心, 胸中. **5** 勇気, 元気. **6** 傾斜, 坂道. ▶ *abrir el pecho a...* …に胸の内を打ち明ける. *A lo hecho, pecho.* 済んだことを悔やむな. *pecho descubierto* (1) 包み隠さず, 率直に. (2) 武器を持たず, 丸腰で. *dar el pecho* (1) 責任を取る, 問題に立ち向かう. (2) 乳をあげる. *echarse entre pecho y espalda* 《話》たくさん食べる; 飲む. *partirse el pecho por...* …に心を砕く, …のために一生懸命になる. *sacar (el) pecho* (1) 胸をはる. (2) …の味方をする. *tomar el pecho* お乳を飲む. *tomar(se) a pecho* 真面目に受け取る, 気にする.

pechuga 女 **1** 鳥の胸部; (鶏などの)胸肉. —~ de pollo 若鶏のささみ. **2**《話》(女性の, 特に衣服からはみ出して見える)胸, 乳房. **3**《南米》厚かましさ.

pechugón, gona 形 名《話》**1** 胸の豊かな(女性). **2**《中南米》厚かましい(人). **3**《チリ》決断力・気力に富む(人).

pecina 女 (溜池などの底の軟泥, 泥砂.

pecio 男 **1** 難破船の漂流物, 浮き荷. **2** 漂着物の取得権.

peciolado, da 形《植物》葉柄のある.

peciolo, pecíolo 男《植物》葉柄.

pécora 女 **1**《動物》ヒツジ. **2**《俗》売春婦. ▶ *mala pécora* 性悪者(特に, 性悪女).

pecoso, sa 形 そばかすのある(人), そばかすだらけの(人). —*cara pecosa* そばかすだらけの顔.

pectina 女《化学》ペクチン.

pectoral 形 **1** 胸の, 胸部の. —*cavidad ~* 胸腔. **2** 胸筋の. —*músculos ~es* 胸筋. *aleta ~* (魚の)胸びれ. **2** 咳止めの. —*jarabe ~* 咳止めシロップ. *pastilla ~* 咳止めドロップ. — 男 **1**〔カト〕高位聖職者の胸掛け十字架. **2** 咳止め剤. **3** (ユダヤ教大司祭の)胸あて.

pecuario, ria 形 家畜の, 家畜飼育の.

peculado 男《法律》横領, 着服, 公金使いこみ.

peculiar 形 独特の, 特有な, 特殊な.

peculiaridad 女 独自性, 特殊性; 特徴.

peculio 男 **1** (個人の)持ち金, 自分の金, 貯蓄. **2** (古代ローマ時代で言う)個人財産.

pecunia 女《話》お金.

pecuniariamente 副 金銭的に.

pecuniario, ria 形 お金の, 金銭による.

pedagogía 女 **1** 教育学. **2** 教育法.

pedagógico, ca 形 教育学の, 教育法の, 教育的な.

pedagogo, ga 名 **1** 教育者; 先生, 教師. **2** 養育係, 家庭教師.

pedal 男 **1** ペダル. —*dar al ~* ペダルを踏む. **2**《音楽》(鍵盤楽器の)足鍵盤.

pedalada 女 ペダルを踏むこと.

pedalear 自 ペダルを踏む, (ペダルを踏んで)自転車を漕ぐ.

pedaleo 男 ペダルを踏むこと, ペダルを踏んで自転車を漕ぐこと.

pedáneo, a 形 村落の, 村落を管轄する. —*alcalde ~* (地区担当の)助役, 区長. —*juez ~* (村・集落の)地方行政官.

pedanía 女 (村落)地区.

pedante 形 男女 学者ぶった(人).

pedantería 女 識者ぶること, 学者ぶること, 街衒学趣味.

pedantesco, ca 形 識者ぶった, 学者ぶった, 衒学的な.

pedazo [ペダソ] 男 小片, かけら, 断片. —un ~ de tarta ケーキの一切れ. ▶ *caerse a pedazos* (1) 古くて今にも壊れそうである. (2) 疲れ果てる, くたくたに疲れる. *estar hecho pedazos*《話》(1) 疲れ果てている. (2) (人が精神的に)とても参っている. *hacer pedazos* (1) (物を)粉々にする, ずたずたにする. (2) (人を精神的に)打ちのめす, 傷つける. *hacerse pedazos* (1) 粉々に壊れる. (2) (人が何かに)打ち込む, 一生懸命になる. *pedazo de alcornoque [de animal]*《話》ばか, まぬけ. *pedazo de mi alma [de mi corazón, de mis entrañas]* (主に母親が自分の子どもに対して呼びかける)お前. *pedazo de pan*《話》(1) お人よし. (2) 生活に必要な最小限のもの. *saltar hecho (en) pedazos* 粉々に飛び散る.

pederastia 男 **1** 少年愛趣味の男, 鶏姦趣味の男. **2** 男色者, ホモ.

pederastia 女 **1** 少年愛, 鶏姦. **2** 男色.

pedernal 男 **1**《化学》シリカ, 二酸化ケイ素. **2** 火打ち石, 燧石(ひうちいし), フリント. **3** [como el [un] +] 非常に硬い物. ▶ *(duro) como el pedernal* 非情な, とても冷淡な; とても固い.

pedestal 男 **1**《建築, 美術》(柱・彫像などの)台座, 柱脚. **2** 支え, 足がかり, 土台. ▶ *estar [poner, tener] en un pedestal a...* (人)を心から尊敬する, 精神的支柱とする.

pedestre 形 **1** 徒歩の. —*carrera ~* 競走. **2** 平凡な, ありふれた, 平易な.

pedestrismo 男 (総称的に)歩きや走りの競技.

pedestrista 名 歩きや走りの競技の選手.

pediatra, pediatra 男女 小児科医.

pediatría 女《医学》小児科.

pediculado, da 形《植物》花柄[果柄]のある.

pedicular 形 シラミの, シラミのわいた.

pedículo 男 **1** (生物器官の)柄, 茎; 《植物》(葉, 花, 果実の)柄. **2**《解剖》(体を支える)柄. **3**《医学》(腫瘍などの)柄, 茎.

pediculosis 女《単複同形》シラミ寄生症. —~ pubis 毛ジラミ症.

pedicura 女 ペディキュア. —hacerse ～ ペディキュアをする.
pedicuro, ra 名 (うおのめ, たこなどの)足治療医 (=callista).
pedida 女 プロポーズ, 求婚.
*__pedido__ 男 **1** 注文, 注文品. —entregar el ～ 注文品を渡す. **2** 要請, 依頼. **—, da** 過分 〔→pedir〕 形 注文した, 頼んだ. —un favor no ～ いらぬおせっかい.
pedigrí 男 (動物の)血統, 血統書, 血統表.
pedigüeño, ña 形名 しつこくねだる(人), せびる(人), 執拗な(人).
pediluvio 男 〔主に 複〕 足湯, 脚浴治療.
pedimento 男 **1** 要求, 請求. **2** 《法律》 訴訟, 起訴(状), 請願(書).
pedinche 形 男女 〔メキシコ〕 ねだり屋の(人), しつこくせがむ(人).
__pedir__ [ペディル] [6.1] 他 **1** を頼む, 願う, 請い願う. —Quisiera ～te un favor. 君にひとつお願いがあるんだが. Te *pido* que me perdones. 私を許してくれるよう君にお願いする. **2** (金・物)をねだる, 請う. —～ limosna 施しを求める. **3** (ある金額)を請求する, …の値をつける. —～ cien euros por la corbata ネクタイの代金として 100 ユーロ請求する. **4** を必要とする, 要求する. —El eucalipto *pide* mucha agua. ユーカリは多量の水分を必要とする. **5** を注文する. —～ una jarra de cerveza ジョッキ 1 杯のビールを注文する. **6** 《司法》 (判事に差し止め・収用など)を訴える, 要求する. ►pedir disculpas a ... por ...*** →disculpa. ***pedir hora*** →hora. ***pedir la mano de ...*** →mano. **—** 自 **1** 物乞いをする. **2** (トランプゲームで親に)札を要求する.
pedo 男 《俗》 **1** 屁, おなら. —tirar(se) un ～ おならをする. **2** 《話》 酔い, 酩酊. —estar ～ 酔っ払っている[らりっている]. **3** 破裂. —dar ～ 破裂する. **4** 無駄なもの. —al ～ 〔南米〕 無駄に, 無益に. enviar a ... al ～ (人を)追っ払う. ►***pedo de lobo*** 《植物》 ホコリタケ科のキノコ.
pedofilia 女 ペドフィリア, 小児性愛.
pedófilo, la 形名 小児性愛の, ペドフィリアの; 小児性愛者.
pedorrear 自 **1** 《俗》 立て続けにおならをする. **2** 口でおならの音をまねる.
pedorrero, ra 形名 《俗》 おならをよくする(人). **—** 女 《俗》 おならの連発.
pedorreta 女 《話》 おならの口まね.
pedorro, rra 形名 《話, 軽蔑》 **1** よくおならをする(人). **2** 不愉快な(人), はた迷惑な(人).
pedrada 女 **1** 石投げ, 石による一撃. —pegar una ～ a ... (人)に石をぶつける. **2** 中傷, 悪口雑言. **3** a) (昔の女性が頭の片側につけた)結び飾り. b) (昔の兵士の帽子を支える)リボン飾り.
pedrea 女 **1** 石の投げ合い, 石合戦. **2** あられ[ひょう]が降ること. **3** 宝くじの小額当選金.
pedregal 男 石で覆われた土地, 石ころだらけの土地.
pedregoso, sa 形名 **1** 石の多い. **2** 《医学》 結石症の(人).
pedregullo 男 〔南米〕 砂利.
pedrera 女 採石場.
pedrería 女 〔集合的に〕 宝石, 貴石.
pedrisco 男 **1** あられ, ひょう; あられの大降り. **2** 〔集合的に〕 小石, 砂利.
pedriza 女 →pedregal.
Pedro 固名 **1** 《男性名》 ペドロ. **2** (～ I el cruel) ペドロ 1 世残酷王(1334–69, カスティーリャ・レオン王, 在位 1350–69). ►***como Pedro por su casa*** 我が物顔で.
Pedro Jiménez 男 (スペイン Jerez 産の)ブドウの一種; ヘレス産のワイン.
pedrusco 男 **1** 未加工の石, 原石. **2** 大きいが軽い石.
pedunculado, da 形 《生物》 花柄[肉茎]のある.
pedúnculo 男 **1** 《植物》 (花, 葉, 果実の)柄, 梗. **2** 《解剖》 (脳の)脚. **3** 《動物》 (クラゲや甲殻類の)柄, 肉茎.
peer(se) 自 〔通常 再 で〕 《俗》 おならをする.
pega[1] 女 **1** 接着, 貼り付け. **2** 接着剤. **3** 《話》 困難, 障害. —poner ～*s* a ... (人の)邪魔をする, 難くせをつける. **4** 《話》 難題, 意地悪な質問. **5** 《話》 殴打, 殴りつけ. **6** 〔中南米〕 仕事, 労働. **7** 〔中米〕 鳥もち. **8** 〔チリ〕 最盛期, (病気の)感染期. ►***de pega*** 偽造の, 偽の. —billete *de pega* 偽札.
pega[2] 女 《鳥類》 カササギ.
pegada 女 **1** 《スポ》 (テニスなどの)打撃, 打法, ストローク; (ボクシングなどの)パンチ. **2** 〔南米〕 a) うそ, ごまかし. b) 幸運.
pegadizo, za 形 **1** ねばねばした, べとつく. **2** 伝染性の, 移りやすい. —risa *pegadiza* つられ笑い. **3** (メロディーなどが)覚えやすい, 耳に残る. **4** 《話》 居候の, たかり屋の. **5** 偽の, 取り外し可能な. **—** 名 居候, たかり屋, 腰ぎんちゃく.
*__pegado, da__ 過分 〔→ pegar〕 形 **1** くっついた, 貼り付いた; すぐそばに. **2** 《話》 茫然とした, 当惑した, 我を忘れた. **3** 《話》 弱い, 苦手だ, からきしだめだ.
pegadura 女 **1** 付着, 接着, 粘着. **2** 継ぎ目, 接合面[点], 貼り合わせ目. **3** 〔南米〕 からかい.
pegajosidad 女 **1** 粘着性, 付着性, 粘度. **2** 伝染性. **3** 《話》 甘ったれ, しつこくつきまとうこと.
pegajoso, sa 形 **1** ねばねばする, べとつく, 粘着性の. **2** 《医学》 伝染性の. **3** 《話》 (人が)甘ったれの, べたべたいちゃつく; 《スポ》 (ディフェンス・マークが)執拗な, しつこくつきまとう.
pegamento 男 糊, 接着剤.
***__pegar__ [ペガル] [1.2] 他 **1** a) を張る, 張り付ける, くっつける. —Prohibido ～ carteles. 張り紙禁止. ～ el sillón a la pared いすを壁にくっつ

けておく。b)《情報》をペーストする。貼り付ける。2を縫い付ける、結び付ける。— un botón ボタンを縫い付ける。3を近づける、触れ合わす。4 a)《敢然とある行為を》行う、断行する。b)《声》を荒らげる。— gritos [voces] 大声を出す、— un salto 跳び上がる。b)《ショック・不快感など》を与える。— un golpe en la mesa テーブルの上をたたく。— un tiro 発砲する。5 a)《病気を…に》感染させる、うつす。b)《悪習などに》染める、かぶれさせる、…にうつす。6を叩く、打撃)を食らわす。— un bofetón 平手打ちを食らわす。7《火》をつける、点火する。— fuego a la paja わらに火をつける。— 自 1《+con》に接する、隣り合う、隣接する、…の近くにある。—Mi casa pega con una peluquería. 我が家の隣はある美容院だ。2《+con》しっくりする、ぴったりする、…に似合う。—Esa corbata pega bien con el traje. そのネクタイは上着にぴったりだ。3《光が》当たる、照りつける。—El sol en mi balcón. 冬はわが家のバルコニーに日光が当たる。4《話》流行している、はやっている。5 a)《+con/contra/en に》ぶつかる、つまずく、(…と)衝突する。—El balón pegó en el larguero. ボールはクロスバーに当たった。b)《+sobre に》打つ、たたく。6《火が》つく、点火する。7《話》《+con に》ペテンを踏む。8《うつる》。— se 再 1《+a に》a)張り付く、くっつく、こびり付く。b)まつわりつく、つきまとう、押しかける。2《集中…を》お焦ががとこする。3覚えやすい。—Es una canción que se pega con facilidad. それは簡単に覚えられる歌だ。4《病気などが》うつる、《病気に》感染する。5《+a に》凝る、傾倒する。6殴り合う、けんかする。

pegársela 再 (1) をだます、からかう。(2) ぶつかる、事故に遭う。

pegatina 女 ワッペン、ステッカー、(糊付きの)シール。

pegmatita 女《鉱物》ペグマタイト、巨斑花崗岩。

pego 男 1(トランプの2枚重ねによる)ごまかし。2《話》ぺてん。—dar el — 見た目をごまかす。

pegote 男 1 煮すぎた料理、べとべと[どろどろ]した料理。2継ぎはぎ；他と調和しない《余計な》ものの文章。3厄介者、邪魔者、失敗作。4《話》《利益・便宜などを得ようとして》こびへつらい、媚。5《話》うそ、ほら。はったり。6《話》たかり、(食事時等の)おしかけ者。

pegotear 自《話》食事時をねらって押しかける。

pegu- 動 → pegar [1,2].

peguial 男 1(個人の)財産；少しの資産。2わずかな土地、無料小作地。

peguiajero, ra 男 零細農家、牧畜業者。

peguntoso, sa 形 くっつきやすい、べとべとしねばりした。

pehuenche 形 ペウエンチェ(人)の。[チリ]《軽蔑》アンデス山脈に住む。男女ペウエンチェ人(アルゼンチンの先住民)；

[チリ]アンデス山脈に住む人.

*peinada 女 髪をとかすこと.

*peinado, da 過分 (→ peinar) 形 1梳(くし)で梳(す)いた；髪をとかした。—lana peinada 梳毛(くしげ)したウール。2めかし込んだ。— 男 1ヘアスタイル、髪形。2めかすこと.

peinador, dora 男・女 1美容師、理髪師、ヘアスタイリスト。— 男 1整髪用ケープ。2[南米] 鏡台。— 女 1《織物》梳毛(そもう)機。2[中南米]鏡台.

peinar 他 1 a)《髪》をくしけずる、くしでとかす、…に櫛(くし)を入れる。b)…の整髪をする、髪を調える。c)《動物・織物の毛》を梳(す)く、調える、洗う。2 a)を(くまなく)捜索する、渉猟する。3をかする、こする。— se 再 1自分の髪をとかす；調髪する.

peinazo 男 (窓・戸などの)横木.

peine 男 1櫛(くし)。2《羊毛などの》梳(す)き櫛。— 男女《俗》横バイト、チェーサー。4弾倉、クリップ。— saber [enterarse] de lo que vale un peine 《話》《脅し文句で》今に見ていろ、どうなるか知らないぞ.

peineta 女 1飾り櫛。2(馬の敷物つきの)鞍の後部座席.

peje 男 1魚。2《話》ずる賢い男、無節操な男.

pejepalo 男 ポウダラ(棒鱈)の燻製.

pejerrey 男《魚類》ペヘレイ.

pejesapo 男《魚類》アンコウ.

pejiguera 女 1やっかい事、煩わしいこと。2《植物》(hierba~)ハルタデ.

Pekín 固名 ペキン[北京]: Beijing, 中国[中華人民共和国]の首都.

pekinés, nesa 男・女 → pequinés.

pela 女 1皮をむく[はぐ]こと。2《話》ペセタ(=peseta)。3[中南米]ぶつこと。4[メキシコ]大変な仕事、骨折り.

pelada 女 1毛を刈った羊[ヤギ]の皮。2[南米]a)散髪。b)スキンヘッド、はげ頭。3[中南米]あへま。b)(la ~)死。4[メキシコ](la ~)真実.

peladar, peladal 男 [中南米] 荒地、荒原.

peladera 女 1《医学》脱毛症；若いし、毛の薄いこと。2[中米]陰口、うわさ、ゴシップ。3[中米]荒野.

peladero 男 1《鳥の》皮はぎ処理所。2[南米] 何も生えていない土地、荒地.

peladilla 女 1(糖衣でくるんだ)アーモンド菓子。2小さな丸石、石ころ。3《話》弾丸.

pelado, da 過分 (→ pelar) 形 1毛の毛を刈った。2皮をむかれた[はいだ]。3むき出しの、(地面などが)草木のない。4(樹木などが)葉の落ちた、枝を払った。5(収入などが)ぎりぎりの、6端数のない、きっかりの。7(石などが)角の取れた、丸くなった。8(文体が)飾りのない、簡素な。9《話》無一文の。10[中米]図々しい、恥知らずな。— 男 1伐採地。2髪型。3手の擦りむけた部分。4[メキシコ]《話》けすな

peladura

つ. **5**〖南米〗〘話〙子ども, 赤ん坊. ― 囲 〘話〙貧乏人, 地位も何もない人.

peladura 囡 皮をむくこと; むいた皮. 皮くず.

pelafustán, tana 形名 無精者, 役立たず, ろくな者.

pelagatos 男〖単複同形〗(社会的に)価値のない人, (社会の)底辺の人.

pelagianismo 男〖宗教〗ペラギウス説: 原罪を否定し, 救いは人間の自由意志だけで得られるとして, 異端とされた5世紀のPelagioの説.

pelágico, ca 形 **1** 海の. **2**〖生物〗外(遠)洋の, 漂泳性の. —fauna pelágica 漂泳性動物群. **3**〖地質〗深海堆積の.

pelagoscopio 男 海底探査機.

pelagra 囡〖医学〗ペラグラ(皮膚病の一種).

pelaire 男〖歴史〗梳毛(そもう)職人.

pelaje 男 **1**(動物の)毛, 毛並み. **2** 多毛, 長くもじゃもじゃの毛. **3**〘話〙軽蔑〙外見, 特徴, 部類.

pelambre 囡 **1**〖集合的に〗刈り取った(抜いた)毛. **2**(特定部位の)体毛. **3** はげ, 脱毛状態. **4**〖チワ〗ゴシップ, 非難・中傷. **5** 多毛, 長くもじゃもじゃの毛.

pelambrera 囡 **1** 長髪, 長くぼうぼうの毛, 多毛. **2** はげ, 脱毛した部分.

pelamen 男〖集合的に〗〘話〙髪; 毛; (特に)刈り取った髪.

pelanas 男〖単複同形〗つまらない人, 取るに足らない人.

pelandusca 囡 売春婦.

pelar 他 **1** …の髪を切る, (頭)を刈る. —Le pelaron al cero. 彼は丸坊主に頭を刈られた. **2** …の羽毛をむしる, (動物の)皮をはぐ. **3**(木・果物などの)皮をむく, むく. —la manzana リンゴの皮をむく. **4**〘話〙…から身ぐるみはぐ, 一文無しにする. **5**〘話〙を酷評する, こきおろす. ▶ **duro de pelar**〘話〙やりにくい, 扱いにくい, que pela 度外れた, とびぎりうしもない(寒さ・暑さ). ― **se** 再〘話〙**1** 髪を短く刈る. **2**(病気・事故などのために)毛(羽)が抜ける. **3**(日に焼けなどで)皮がむける. ▶ **pelarse de frío**〘話〙寒くて鳥肌が立つ. **pelárselas**〘話〙(1) 懸命に〔大急ぎ〕する, 上手でやっている. (2)〔+ por を〕熱望する.

pelásgico, ca 形〖歴史〗ペラスギ人(語)の.

Pelayo 固名 ペラーヨ(アストゥリアス王, 在位718-737).

peldaño 男 (階段・はしごの)ステップ.

pelea 囡 **1** 争い, 戦い, けんか, 口論. —buscar ~ けんかを買う. **2**(競技の)格闘. —gallo de ~ 闘鶏, シャモ. **3** 敢闘, 奮闘.

peleador, dora 形名 けんか好きの(人), 好戦的な(人), 闘いの人. —gallo ~ 闘鶏, シャモ.

pelear 自〖+ con または〗けんかする. 戦う, 争う. **2** 口論する, 言い争う. **3**〔+ por, para のため〕奮闘〔努力, 苦闘〕する, 苦労する. ― **se** 再〖+ con と〗仲た

pella

がいする. けんかする, 敵対する.

pelechar 自 **1**(動物などが)毛(羽)が生え変わる, 毛(羽)が生える. **2** 運が開ける. **3** 体力回復する, (病人が)快方に向かう. **4**〘話〙(布地など)の毛が抜ける.

pelele 男 **1**(謝肉祭の)人形, わら人形. **2** 他人の言いなりの人, 手先. **3**(子ども用の)寝巻きの一種.

pelendengue 男 安物の装飾, 趣味の悪い装飾, くどい装飾.

peleón, ona 形名 **1** けんかっぱやい(人), けんか好きの(人). ― 囡 けんか, 口論. ― 男 安物のワイン(vino ~).

peletería 囡 **1** 皮革〔毛皮〕加工〔販売〕業; 毛皮店, 革製品店. **2**〖集合的に〗**3**〖中米〗靴店.

peletero, ra 形 皮革〔毛皮〕加工の. ― 名 皮革〔毛皮〕加工業者, 皮革〔毛皮〕販売業者.

peliagudo, da 形 **1**(動物が)長く細い毛を持った. **2**〘話〙難しい, やっかいな.

pelicano¹, na 形 白髪の, 白毛まじりの.

pelicano², pelícano 男 **1**〖鳥類〗ペリカン. **2** 歯科用の鉗子(やっとこ). **3**〖複〗〖植物〗オダマキ.

pelicorto, ta 形 短髪の, ショートカットヘアの.

película 囡 **1** 映画. ― de dibujos animados アニメ映画. rodar una ~ 映画を撮影する. **2**(映画などの)フィルム. ― en color〔en blanco y negro〕カラー〔白黒〕フィルム. **3** 薄膜, 薄皮. ▶ **de película**〘話〙すばらしい, すごい; すばらしく.

peliculero, ra 形名 **1** 映画(業界)の; 映画人〔関係者〕(特に俳優). **2** 映画好きの(の), 映画ファン. **3**〘話〙夢想的な; 夢想家.

peliculón 男〘話〙**1** すばらしい映画, 名画. **2** 長くて退屈な映画.

peligrar 自 **1** 危険にさらされている. ―hacer ~ 脅かす. **2**〔de + 不定詞〕…する危険にさらされる, 危うく…しそうである.

peligro 〘ペリグロ〙男 危険, 危機, 危険性; 脅威. —correr ~ 危険を冒す. poner en ~ su vida para ~ …するために身を危険にさらす.

peligrosidad 囡 危険性, 危うい〔危険である〕こと.

peligroso, sa 形 危険な, 危ない; (人について)危害を加えそうな.

pelilargo, ga 形 長髪の, ロングヘアの.

pelillo 男 **1** 短い髪[毛], うぶ毛. **2**〘話〙 ちょっとした嫌なこと, つまらないこと. —echar ~s a la mar〘話〙仲直りすること.

pelín 男 ▶ **un pelín** ほんのちょっと[少し].

pelirrojo, ja 形名 赤毛[赤い髪]の(人).

pelirrubio, bia 形名 金髪[ブロンドヘアー]の(人).

pelitre 男〖植物〗除虫菊.

pella 囡 **1** 丸い塊, 小球. ― de

pelleja

mantequilla バターの塊. **2** 《未加工の》ラード. **3** 《植物》(カリフラワーなどの)若芽. (キャベツなどの)結球. ▶ **hacer pellas** 《話》学校をサボる.

pelleja 囡 **1** 獣皮, 毛皮. **2** 《俗》娼婦, 淫乱な女. **3** 《話》命. ▶ **dar [dejar, perder] la pelleja** 死ぬ. ▶ **la pelleja** 命びろいする.

pellejería 囡 **1** a) なめし工場, 皮革店. b) 製革業. **2** 《集合的で》なめし皮, 皮革. **3** 《南米》困難, 苦境.

pellejero, ra 图 皮なめし職人, 皮革商人.

pellejo 男 **1** (動物の)皮, 表皮. **2** (人間の)皮膚. **3** (果物などの)皮, 外皮. **4** 革製の酒袋. **5** 《話》いやな[思い]奴. ▶ **dar [dejar, perder] el pellejo** 死ぬ. **estar [hallarse] en el pellejo de...** 《話》(人)の立場に立つ, (人)と同じ境遇に置かれる. **jugarse el pellejo** 身を投げ出す, 身を呈する. **mudar el pellejo** 生活[習慣]を変える, 命を一新する. **no caber en el pellejo** 大満足である. **pagar con el pellejo** 命をひきかえにする. **quedarse en el pellejo** ひどく痩せる. **quitar el pellejo a...** 《話》(人)の陰口を言う. **salvar el pellejo** 命びろいする.

pellejudo, da 圏 皮膚のたるんだ.

pellica 囡 **1** 毛皮のベッドカバー. **2** (羊飼いの着る)毛皮のコート. **3** なめし革の小片. ▶ **entregar la pellica** 《話》死ぬ.

pellico 男 (羊飼いの着る)毛皮のコート.

pelliza 囡 **1** 毛皮のコート; 毛皮で縁取りしたコート. **2** 《軍事》ドルマン (軽騎兵のケープふうのジャケット).

pellizcar [1.1] 他 **1** (人)をつねる, つまむ. **2** をつまみ取る, 《話》をつまみ食いする. **— se** 再 **1** (自分の体を)つねる, つまむ. **2** (自分の身体の一部を)はさむ.

pellizco 男 **1** つねる[つまむ]こと. **2** つねって出来たあざ. **3** つまみ取ること; 一つまみ(の量), 少量. **— un — de sal** 一つまみの塩. ▶ **un buen pellizco** 大金.

pellón, pellote 男 **1** (昔の)皮製の長い服. **2** 《南米》(鞍に敷く, 主に羊皮の)皮敷き.

pelma 圏名 **1** 《話》うっとうしい(人), しつこい(人). **2** なまくら(な), もたついた(人). **—** 男 胃にもたれる食べ物.

pelmazo, za 圏名 → **pelma**.

pelo [ペロ] 男 **1** 毛. a) 髪の毛, 髪, 毛髪, 頭髪. — **— rubio [rizado]** 金髪[カールした髪]. **cortarse el —** 髪を切る[切ってもらう]. b) (人の)体毛. c) (動物の)毛, 毛並み, 毛の色; (鳥の)羽毛. d) (植物の)茎や葉の毛; (布や絨などの)け; 糸状の繊維. **— el — del melocotón** 桃の表皮にある毛. **2** 《話》僅か一片. **— No tiene (ni) un — de tonto.** あいつは決してばかではない. **3** (ガラス, 宝石などの)ヒビ, ひび, しみ. **4** 《医学》乳腺炎. ▶ **a contra pelo** (= a CONTRAPELO). **al pelo** (1) 都合よく, ちょうどよい. 毛並みに沿って. **a pelo** (1) 頭に何もかぶらずに, 無帽で. (2) (馬に)鞍をつけずに. (3) 《話》ちょうどよい時に, 都合よく. **caérsele a... el pelo** 《話》叱られる, 罰せられる. **con pelos y señales** 詳細に, こと細かに. **dar para el pelo** 《話》(脅し文句で)ひどい目にあわせる. **de medio [poco] pelo** 《話》普通の, ありきたりの, 大したことのない. **de pelo en pecho** 勇敢な. **estar hasta (la punta de) los pelos de...** …にうんざりしている, 閉口している. **lucir buen pelo** すこぶる元気である. **ni un pelo** ほんの少しも…ない. **no tener pelos en la lengua** 歯に衣を着せずに言う, 思いのままを言う. **no vérsele el pelo a...** 《話》(いるべきところに)姿を現さない, 全く見かけない. **poner(se) los pelos de punta** 身の毛がよだつ, 震え上がる. **por los pelos/por un pelo** きわどいところで, かろうじて, 間一髪で. **sin venir a pelo** 時をわきまえないで. **soltarse el pelo** (1) (結っていた)髪をおろす. (2) 遠慮なく行動する[物を言う], 無分別な言動をとる. **tirarse de los pelos** 《話》(失策や後悔で)髪をかきむしる. **tomar el pelo** からかう, ばかにする.

pelón, lona 圏名 **1** 髪を短く刈った(人), 髪の薄い(人). **2** 《話》無一文の(人); 貧乏人. **4** 《南米》毛深い, 長髪の.

pelona 囡 **1** 《医学》脱毛(症). **2** 《話》死, 死亡.

peloso, sa 圏 毛のはえた, 毛の多い.

pelota 囡 **1** ボール, 球, 玉. **— de tenis** テニスのボール. **— vasca** 《スポ》ペロタ, ハイアライ (= ~ vasca, jaialai) (バスク地方の球技). **—jugar a la —** 球技をする. **3** 《話》頭. **4** 《俗》睾丸. ▶ **dejar a... en pelota [en pelota viva]** 《話》(1) (人)から金や物を全く奪う, (人)を無一文にする; 丸裸にする. (2) 説明のできないことを言う, 追い詰められる. **devolver la pelota** 同じ理由で言い返す, 同じ論理で論駁する; 恩返し仕返しをする, 借りを返す. **echar [pasar, tirar] la pelota** 責任や罪をたらい回しにする, 責任や罪をなすりつける. **en pelota(s) [en pelota picada, en pelota viva]** 《俗》素っ裸で, 丸裸で[に], 無一文で. **estar hasta las pelotas** 《俗》すっかり飽きている, うんざりしている. **hacer la pelota** 《俗》ゴマをする, おべっかを使う. **tocarse las pelotas** 《俗》なまける, のらくらする. **—** 圏 男女 《俗》おべっかを使う(人), ごますりの.

pelotari 男女 ペロタ (pelota) の選手.

pelotazo 男 **1** ボールをぶつけること. **2** 《隠》(酒・麻薬による)酩酊. **3** 《隠》麻薬による酩酊(感).

pelote 男 (詰め物用の)ヤギ(山羊)の毛.

pelotear 自 **1** (ゲーム, スポ) ボール打ち[投げ, 当て]の練習をする. **2** [+ con ~] 放り投げて遊ぶ. **3** けんかする, 言い争う. **—** (帳簿など)を照合する. **— se** 再 (責任・問題)を転嫁する, なすりつける.

peloteo 男 1《スポ》(球技での)打ち合い, ラリー. 2《文書などの》交換. 3《話》へつらい.

pelote̱ra 女 1《話》口論. ――armar [montar] una ～ けんかをふっかける, 騒動を起こす.

pelote̱ro, ra 形名 1《話》こびへつらう(人), おべっか使いの(の). 2《中南米》サッカー選手, 野球選手. ► *escarabajo pelotero*《虫類》クソムシ類.

pelotilla 女 1 小球. 2《話》鼻くそ. ――hacer ～s 鼻くそをほじり出して丸める. 2 おべっか使い, へつらい人. ► *hacer la pelotilla a ...* …にへつらう.

pelotille̱ro, ra 形名 1《話》こびへつらう(人), おべっか使いの(の), ごますり.

pelotón 男 1 大きなボール. 2 毛玉, のもつれ. 3 群衆, 人の塊. 4《軍》小隊. ―― de ejecución 銃殺隊. 5《スポ》(特に自転車のレース競技で, 一塊になって走る選手の)一団.

peltre 男 白鑞(ろう), ピューター(亜鉛, 鉛, 錫の合金).

peluca 女 1 かつら, ヘアピース. 2《話》かつら[ヘアピース]をつけた人. 3《話》小言, 叱責.

peluche [＜仏] 男《織物》フラシ天, 毛長ビロード, プラッシュ. ――oso de ～ ぬいぐるみの熊.

pelucón, cona 形 1《南米》長髪の, もじゃもじゃ頭の. 2 保守派[党]の(人). 3 上流階級の(人), 重要人物.

pelucona 女《歴史》金貨(特にブルボン家の王の胸像が彫られたもの).

pelu̱do, da 形 1 毛の多い, 毛のふさふさした. 毛むくじゃらの, (動物が)長毛の. ――una alfombra *peluda* ふさふさとした絨毯. ―― 男 1《フラシ天製の》丸じゅうたん. 2《南米》アルマジロの一種. 3《隠》新兵. ► *agarrarse un peludo*《南米》酔っ払う.

peluque̱ría 女 1 理髪(店), 理容店, 床屋, 美容院. ―― unisex 男女両用の美容院. 2 理髪業, 美容業.

peluque̱ro, ra 名 1 理容師, 美容師. 2 かつら製造業者. 3 賭けにいつも勝つ人.

peluquín 男 1 部分かつら, ヘアピース. 2 (18 世紀頃の)紳士用かつら. ► *ni hablar del peluquín*《話》とんでもない, ことわる.

pelu̱sa 女 1 細い毛. a)産毛, にこ毛. b)(植物の)綿毛. c)(布の)毛羽. ――cortar ～ 毛羽立てる. 2 綿ぼこり. 3(子供も男士がいたちのに, やきもち. ――sentir [tener] ～ やきもちを焼く. 4《メキシコ》《話》《集合的に》下層民.

pelvia̱no, na 形《解剖》骨盤の.

pelvis 女《単複同形》《解剖》骨盤. ―― renal 腎盂(う).

pe̱na [ペナ]女 1 苦悩, 悲嘆, (深い)悲しみ; 残念, 苦悩. ――sentir una profunda ～ por su muerte 彼の死にひどく胸が痛む. Me da ～ decírselo. 彼にそれを言うのはつらい. Es una ～. ¡Qué ～! 残念だ. 2《主に 複》苦労, 骨折り, 困難. ――pasar muchas ～s 苦労する. con muchas ～s 苦労して. 3 罰, 刑罰. ―― capital [de muerte, de la vida] 死刑. ――pecuniaria 罰金(刑). las ～s eternas《宗教》(地獄に落ちるという)永遠の刑. sentenciar al acusado a una ～ de tres años de cárcel 被告に3年の禁固刑を言い渡す. 4《話》(肉体的)苦痛, 痛み. 5《中南米》恥じらい, 内気, 小心. ► *a duras penas* 苦労して, やっと, かろうじて. *ahorrarse la pena de ...* …する間を省く. *alma en pena* 一人暮らし. *bajo pena de*《遠反すれば》…の刑を受けるという条件で. *dar pena* [＋不定詞/＋que＋接続法] (1) …するのはつらい. (2)…するのは残念だ. *de pena*《話》非常に悪い[く], とてもひどい[く]. *hecho [hecha] una pena*《話》(肉体的・精神的に)ひどい状態で, 身心共に苦しい. *merecer la pena* [＝valer la pena]. *¡qué pena que* [＋接続法]! ＝とは何とつらい[残念な, 気の毒な]ことか. *ser una pena que* [＋接続法] …とはつらい[残念だ, 気の毒だ]. *sin pena ni gloria* 平凡に, 無難に, 可もなく不可もなく. *so pena de* (1)(＝bajo pena de), (2)もし…でなければ. *valer la pena* する価値がある, 苦労に値する.

penacho 男 1(鳥の)とさか, 冠毛. 2 (帽子などの)羽飾り; 羽飾りふうのもの. 3《話》おごり, 見栄.

pena̱do, da 過分 [→penar] 形 1 悲しむ, 悲痛にくれた. 2 困難な, 骨の折れる. ―― 名 囚人, 服役囚.

penal 形 刑法(上)の, 刑事の, 刑法上の罪の. ――derecho ～ 刑法. código ～ 刑法典. acción ～ 刑事訴訟. ―― 男 1 刑務所. 2《スポ》ペナルティー, 反則; ペナルティーキック.

penalidad 女 1 苦労, 苦痛, 辛いこと. ――pasar [padecer] ～es 苦労を重ねる, 辛い思いをする. 2《法律》刑罰, 罰金.

penalista 形名 刑事専門の(弁護士); 刑法学者.

penalización 女 1 処罰, 刑. 2 制裁, (反則に科せられる)ペナルティー.

penalizar [1.3] 他 1《法律》を罰する. 2《スポ》…にペナルティーを科する.

penalti, penalty 男 複〜s《スポ》ペナルティー, 反則; ペナルティーキック. ► *casarse de penalti*《話》できちゃった結婚をする. *ronda de penaltis*《サッカー》PK戦.

penar 他 1 を罰する, …に刑を科する. 2 (苦悩を)味わう, …に刑を科する. ―― 自 1 [＋con/de で, ＋に]苦しむ, 苦痛を味わう, 心を痛める. 2 [＋por を]心配する. 3 [＋por を]切望する, (…が)欲しくてたまらない.

penates 男複《宗教》ペナテス(古代ローマの家どとの守護神).

penca 女 1(サボテン等の)肉質の葉. 2(葉野菜類の)主脈, 筋の部分, 芯. 3(刑罰用の)革製のむち. 4《中南米》(ヤシ・リ

ウェツツランなどの)葉. **5**《馬・ロバ等の》尾の心部. —形《南米》不快な, いやな, よくない.

penco 男 **1** やせ馬, 駄馬, 老馬. **2**《軽蔑》間抜け, うすのろ, 役立たず. **3**《中米》馬. ▶ *un penco de hombre* 《南米》立派な男.

pendejada 女《南米》**1** ばかげた言動. **2**臆病な[卑劣な]言動, 責任逃れ.

pendejear 自《中南米》ばかげたことを[言う], 卑怯なるまいをする. 責任逃れをする.

pendejo, ja 形名 **1**《話. 軽蔑》生活の乱れた(人), だらしない(人). **2**《話, 時に軽蔑》ばか(な), 愚かな(人); 臆病な(人), 臆病者(の). b)若者, 青二才(の). c) 単独者. —男 **1**《俗》陰毛. **2** 侮辱.

pendencia 女 口げんか, いさかい. **2** 訴訟中の状態, 訴訟係属.

pendenciero, ra 形 けんか好きな(人), けんか早い(人).

pender 自《+ de から》ぶら下がる, 吊り下げる, 垂れる. **2**《訴訟などの》係争中である, 未解決である. **3**《+ sobre の上に》重くのしかかる, 重圧である.

pendiente 形 **1** 未解決の, 懸案の; 未払いの. —*asuntos* ~*s* 懸案事項. **2** 注意を払った, 気にかけた. **3** 垂れ下がった, ぶら下がった. **4** 傾いた, 傾斜した. —女 **1**《+ calle ~ 坂道. —男 **1**イヤリング, ピアス;(耳や靴などにつける)飾り. —女 **1** 坂, 坂道. **2**《建築》屋根の勾配. — *muy pronunciada / fuerte* ~ 急坂, 急勾配. ~ *suave* 緩い坂. **3** 傾斜(度), 勾配;《建築》屋根の勾配.

péndola[1] 女 **1**(時計の振子子). **2**《建築》対束(?), クイーンズポスト. **3**《土木》つり材.

péndola[2] 女 羽ペン.

pendolear 自 **1**《南米》よく書き物をする; うまい字を書く. **2**《メキシコ》自切る. **3**《メキシコ》人をうまく使う[まとめる].

pendolista 男女《まれ》字のきれいな人.

pendolón 男《建築》真束(?), キングポスト.

pendón, dona 名 生活が不規則な[乱れた]人, 身持ちの悪い女性.《話》売春婦. —男 **1** 標旗; 軍旗, 隊旗, 槍旗(°). **2**(木の幹から出た)新芽. **3** 複 ラバの子供.

pendonear 自 **1** 遊び歩く, ほっつき歩く. **2**(女が)身を持ち崩す.

pendoneo 男 遊び歩くこと, ほっつき歩くこと.

pendular 形 振り子の.

péndulo 男 振り子. —*reloj de* ~ 振り子時計.

pene 男《解剖》ペニス, 陰茎.

peneque 形 泥酔した. —*estar* [*ir*] ~ 泥酔している. *ponerse* ~ 酔っ払う. —男《メキシコ》《料理》ペネケ(トウモロコシ料理).

penetrabilidad 女 入り込めること,

貫通性, 浸透[透過]性.

penetrable 形 **1** 入り込める, 貫通性[浸透性, 透過]のある. **2** 理解可能な, 判りやすい.

penetración 女 **1** 浸透(すること); 侵入, 侵略; 貫通. **2** 理解(力); 洞察力, 見抜く力, 眼識.

penetrador, dora 形 (知性・感性が)鋭い, 洞察力のある.

penetrante 形 **1** 刺すような, 貫き通すような. —*Hace un frío* ~. 身にしみる寒さだ. **2** 鋭い, 洞察力のある; 洞察力のある.

penetrar 他 **1** を貫く, 貫通する, (…に)食い込む. — ~ *una bala el estómago* 銃弾が胃に食い込む. **2** …に入り込む, 侵入する;しみ込む. **3**(音・寒さ・痛みが)…にしみ入る, (を)刺す. **4** を見破る, 洞察する. **5** …にペニスを挿入する. —自《+ en に》**1** 入り込む, 侵入する; 突き刺さる. **2** 入り込む, 浸透する, しみ入る. **3**(を)見破る, 見破る, 洞察する. —se 再《+ de》を十二分に理解する.

penibético, ca 形 ペニベティカ山系(スペイン南部の).

penicilina 女《薬学》ペニシリン.

península 女 半島. —la *P~ Ibérica*《地名》イベリア半島.

peninsular 男女 **1** 半島の(人). **2** (特にイベリア半島の人);(半島以外のスペインの領土・住民に対して)本土の(人); スペイン本国の(人).

penique 男 ペニー(英国の貨幣単位).

penitencia 女 **1**《宗教》悔悛(??), 悔い改め(ること); 告解秘跡, 告悔. **2** 苦行, 苦行; (聴罪司祭が告解者に課す)贖い. **3** ひどいこと, 嫌なこと.

penitenciado, da 過分 (→ *penitenciar*) 形名 **1** 宗教裁判で処罰された(人). **2**《中米》刑を受けた; 囚人, 服役囚.

penitencial 形 悔悛の, 贖悔の;《カト》—男《聖書》(旧約聖書の)悔悛詩編.

penitenciar 他《キリスト教》を罰する, …に贖罪の苦行を科する.

penitenciaría 女 **1** 刑務所, 教護院. **2**《カト》(教皇庁の)内赦院. **3**《カト》聴罪司祭の職務.

penitenciario, ria 形 **1** 悔悛[悔悛]の. **2** 刑務の, 懲罰の. **3**《カト》聴罪司祭の.

penitente 形 **1** 悔悛[悔悛]した. **2**《南米》愚かな. —名 悔悛者;《キリスト教》悔悛者, 告解者;(悔悛のための)行列参列者. **3**《南米》岩山の頂.

penol 男《海事》桁端(??), ヤダム.

penoso, sa 形 **1** つらい, 苦難の, 骨の折れる. —*trabajo* ~ 骨の折れる仕事. **2** 痛ましい, 悲痛な. —*penosa experiencia* 悲痛な経験. **3** つらい思いをした. **4** 嘆かわしい, 悲惨な.

pensado, da 過分 (→ *pensar*) 形 **1** 考えられた. **2** 考えている. —*No sea mal* ~. ひねくれて考えないでください. *bien* ~ (しばしば皮肉)およしの.

pensador, dora 形名 ものを考える

(人),思想家(人),思慮深い(人);思索家,思想家.

pensamiento [ペンサミエント] 男 **1** 考えること,思考(力),考察;考え,意見. **2** 意図,意志,意向. —tener el ～ de … …をするつもりである. **3** 思想,思潮. ～ libertad de ～ 思想の自由. **4** 箴言(炊),金言,格言. **5** 《植物》パンジー,三色(さんしき)すみれ. ► *ni por pensamiento* 夢にも(思わない).

pensante 形 考える,思索する.

pensar [ペンサル] [4.1] 他 **1** a) … と考える,思う. —*Pienso que no llevas razón.* 君の言い分は正しくないと私は思う. ¿*Qué piensas de él*? 彼について君はどう思う. b) を考える. **2** [＋不定詞] …しようと思う,… するつもりである. —*Pienso viajar en agosto.* 私は8月に旅行するつもりだ. **3** を考えつく,思いつく. ► *¡Ni pensarlo! ¡Ni lo pienses!* とんでもない,論外だ. *pensándolo bien* よく考えてみると. *sin pensar(lo)* よく考えずに,うっかり,思わず. — 自 **1** 考える,思考する. **2** [＋en について] 考える,思いを致す;(を)ねらう. **3** [＋en のことを] 熟考する[熟慮],検討する. ► *pensar mal* 悪くとる,悪意に解釈する,邪推する.

pensativo, va 形 考え込んだ,もの思いにふけった.

pensil, pénsil 形 吊り下げられた,ぶら下がった. — 男 美しい庭園,庭.

pensión 女 **1** 年金,恩給,扶助料. —～ de retiro [de jubilación] 恩給. —～ de vitalicia 終身年金. —～ de invalidez 障害年金. —～ de orfandad 孤児年金. —～ alimenticia(離婚後の)扶養手当. —～ de viudedad 寡婦年金. **2** ペンション,小ホテル,賄(まかな)い付下宿;寄宿舎. **3** 食事付宿泊;宿泊代,下宿代. —～ completa 3食付の宿泊. media ～ 2食付き宿泊,昼の食事抜き営業. **4** 奨学金,助成金. ► *fondo* [*plan*] *de pensiones* 退職積立基金.

pensionado, da 過分 [→ pensionar] 形名 年金[研究助成金,扶養手当]受給者,奨学生. — 男 寄宿舎[学校].

pensionar 他 **1** …に年金[扶養手当]を支給する,奨学金を支給する. **2**(家)に地代[家賃]をかける.

pensionista 男女 **1** 年金受給者,年金生活者,年金暮らし. **2** 下宿人. **3** 寄宿生. —medio ～ 学校で給食を受ける寄宿生.

pentadáctilo, la 形 《動物》五指の,指を五本持つ. — 男 《動物》指を五本持つ動物.

pentaedro 男 《数学》五面体.

pentagonal 形 五角形の.

pentágono 男 **1** 《数学》五角形. **2**(P～)米国国防総省,ペンタゴン.

pentagrama, pentágrama 男 《音楽》五線譜.

pentámero, ra 形 《植物》(花などが)5片に分かれた.

pentámetro 男 五歩格の詩.

pentasílabo, ba 形 5音節の. — 男 5音節詩行[の].

Pentateuco 男 《聖書》モーセ五書.

pentatlón 男女 《スポ》五種競技選手.

pentatlón 男 《スポ》五種競技,ペンタスロン.

Pentecostés 男 **1**(カト)聖霊降臨の大祝日. **2**(宗教)(ユダヤ教で)過越(すぎこし)の祭から数えた50日目の祝日.

penúltima 女 《言語》末尾第二音節(語末から2つ目の音節).

penúltimo, ma 形名 終わりから2番目の(人・もの).

penumbra 女 **1** 薄暗がり,ほの暗さ. **2** 《天文》(日食・月食の)半影(部);(太陽の黒点の)半影.

penuria 女 不足,欠乏;窮迫.

peña 女 **1** 岩,岩石;岩山. **2** 同好会,愛好会,サークル仲間. —～ deportiva [ciclista] スポーツ[自転車競技]同好会.

peñascal 男 岩の多い土地,岩石地帯.

peñasco 男 **1** 大岩,岩壁,岩山. **2** 《解剖》(側頭骨の錐体,側頭骨岩様部. **3** 《貝》アクキガイ(悪鬼貝),ホネガイ.

peñascoso, sa 形 岩の多い,岩だらけの.

péñola 女 羽ペン.

peñón 男 大岩,岩山.

peón 男 [複 peones] **1**(単純作業の)労働者,作業員;下働き,見習い. —～ caminero 道路工事作業員. **2** 農業労働者,小作人. **3**(チェスの)ポーン;(チェッカーなどの)駒(にま). **4** 独楽(にま). **5** 歩兵.

peonada 女 **1** a) 日雇い農業労働者たちの1日の仕事. **2** 耕地面積の単位(約3.8アール). **3** a) 日雇い農業労働者,人夫. b) 兵隊.

peonaje 男 **1**《集合的に》**1** 日雇い労働者,人夫. **2**(軍事)歩兵;歩兵(隊).

peonar 自 《南米》日雇い労働者として働く,人夫仕事をする.

peonía 女 **1**《植物》シャクヤク. **2**《中南米》《植物》トウアズキ,キツネマメ.

peonza 女(革ひもを使って回すこと). —*bailar la* ～ こまを回す.

peor [ペオル] 形 [*malo* の比較級] **1** より悪い. —*más* ～ より悪い. [＋que/de], さらに悪い. —*Estos productos son ～es que aquéllos.* これらの製品はより質が劣っている. **2** [定冠詞/所有形容詞＋] (～の中で)最も悪い,最悪の,最低の. —*Es el ～ jugador del mundo.* 彼はチームで一番下手な選手だ. *Hay que estar preparados para lo peor.* 最悪の事態に備えていなければならない. ► *de mal en peor* …*mal*. *en el peor de los casos* 最悪の場合には. *mejor o peor* …*mejor*. *peor que peor* (行為・言動が)事態をより悪くする. *ponerse en lo peor* 最悪の事態を想定

する. *tanto* [*mucho*] *peor* ずっと悪い. —囲 [*mal* の比較級] より悪く [+ *que*/*de*]. さらに悪く; よりひどく; 最悪に, 最low. —El enfermo está cada vez ~. 病人の容態はだんだん悪くなっている.
▶ *ir a peor* 悪化する, 悪くなる.

peoría 囡 より悪いこと, 悪化, 劣化, 低下.

Pepa 固名《女性名》ペパ (Josefa の愛称). ▶ *¡Viva la Pepa!* (1)《安心・喜び》万歳, よかった. (2)《皮肉で》大したものだ, 厚かましい; 気にしない, どうでもいい.

pepa 囡 (果物の)種 (=pepita). —形《南米》《俗》《女性の》魅力的な.

Pepe 固名《男性名》ペペ (José の愛称). ▶ *ponerse como un pepe*《話》たらふく食べる.

pepenar 他《中米》拾う; あさる.

pepinazo 男 1 (爆弾などの)爆発, 破裂. 2 (サッカーの)弾丸シュート.

pepinillo 男 キュウリ(胡瓜); 熟していないまずいメロン. ▶ *(no) importarLE un pepino* 少しも気にしない, ちっともかまわない.

Pepita 固名《女性名》ペピータ (Josefina の愛称).

pepita 囡 1 (ナシ, ブドウ, メロン等の)種. 2 (天然土中の)金属の粒(砂金など). 3《獣医》家禽(なんきん)の舌に腫瘍のできる病気. 4《中南米》カカオの実. 5《俗》陰核, クリトリス.

Pepito 固名《男性名》ペピート (José の愛称).

pepito 男 1 火であぶった肉[腸詰め], 2 焼いた肉を挟んだサンドイッチ. 3 クリームパン. 4《中南米》しゃれ者, 伊達男.

pepitoria 囡 1《料理》(チキン・ウサギなどの)卵黄ソース煮込み. —*pollo en ~* チキンの卵黄ソース煮込み. 2 ごちゃ混ぜ.

peplo 男《服飾》ペプロス(古代ギリシャの女性用外衣).

pepón 男《植物》スイカ (=sandía).

pepona 囡 1 (厚紙製の大きな)人形. 2 赤ら顔の太った女性.

pepónide 男《植物》ウリ状果.

pepsina 囡《化学》ペプシン.

péptico, ca 形 消化の. —*enzima péptica* 消化酵素.

péptido 男《生化》ペプチド.

peptona 囡《化学》ペプトン.

peque 男女《話》子ども, ちびっ子.

pequeñajo, ja 形名《軽蔑, 親愛》ちっちゃな(子), おちびちゃん.

***pequeñez** 囡 [複 *pequeñeces*] 1 小さいこと; 少ないこと, 僅かなこと. 2 幼いこと, 幼少; 幼年期. 3 取るに足りないこと, つまらないこと. 4 度量の狭さ, けちくさいこと; 卑しさ, 卑劣.

pequeñito, ta 形名《軽蔑》→ *pequeñajo*.

pequeño, ña [ペケニョ, ニャ] 形 1 小さな. —*coche ~* 小型車. *La chaqueta le está pequeña*. このジャケットは君には小さ過ぎる. 2 (身長・背丈が)低い, 小柄の. 3 (数量が)少ない, わずかな; 小規模の. —*la pequeña y mediana empresa* 中小企業. 4 大したことない, 取るに足りない, ちょっとだけの. —*hacer una pequeña visita*. ちょっと訪ねる. 5 年少の, 幼い. —囡 子ども, 年少者 [定冠詞 +] 最年少の子, 末っ子. ▶ *de pequeño* 子どものころ. ▶ *en pequeño* 小型の…, 縮小版の….

pequeñoburgués, guesa 形 1 プチブル(的な), 小市民(的な). 2 偏見[先入観]のある(人).

pequeñuelo, la 形名《軽蔑》小さな(子ども).

pequinés, nesa 形 ペキン(北京 Pekín)の(人). —男 1《言語》北京語, 北京官話. 2 ペキニーズ犬. → *pekinés*.

pera[1] 囡 1《植物》洋ナシ(梨). 2 梨型スイッチ. 3 香水噴霧器(スポイトなど)のゴム袋. 4 スポイト式浣腸器. 5 山羊ひげ. ▶ *pedir peras al olmo*《話》不可能なことを望む, ないものねだりをする. ▶ *poner las peras a cuarto*《話》厳しく叱る, 問い詰める. ▶ *ser la pera*《話》すごい; ひどい; *ser una pera en dulce*《話》とても良い, 評価の高い.

pera[2] 形《話》おしゃれな, 上品ぶった, 高級そうな.

peral[1] 男 洋ナシ(梨)の木.

peraleda 囡 ナシ園.

peraltado, da 過分 [→ *peraltar*] 1《建築》(アーチの)高半円[高半球]式の, 迫(せ)りのある. 2 (鉄道・道路などで)カーブの外側を高くした, バンクした.

peraltar 他 1《建築》(アーチ)を高半円[高半球]式にする, 迫高をつける. 2 (鉄道・道路など)(カーブ)に片勾配をつける, カーブの外側を高くする.

peralte 男 1《建築》(アーチ・ドームの)高半円[高半球]式; 迫高. 2 (鉄道, 道路などのカーブの)片勾配, カント.

perborato 男《化学》過ホウ酸塩.

perca 囡《魚類》スズキ科の淡水魚(食用), パーチ.

percal 男 パーケル(目の詰んだ綿布).

percalina 囡 (裏地・下着類に用いる)綿布, パーカリン.

percance 男 1 不慮の出来事, 障害, 支障. 2 余分についてくること.

per cápita〈ラテン〉副形 一人当たり(の). ▶ *renta per cápita* 一人当たりの所得.

percatarse 再 [+ *de* に] 気づく, 気づく.

percebe 男 1《貝類》ペルセベス, エボシガイ. 2《話》ばか者, うすのろ.

percepción 囡 1 知覚, 認知, 感知. 2 思考, 理解, 認識. 3 (年金, 給料などの)受領, 受給, 領収; 徴収. —*percepción extrasensorial*《心理》超感覚的知覚 (E.S.P.).

perceptibilidad 囡 知覚可能性, 認識力.

perceptible 形 1 知覚[感知, 認識, 識別]可能な. 2 受け取るべき, 領収[徴収, 受給]出来る, 支払われるべき.

perceptivo, va 形 知覚[認識]の, 知覚能力のある.

perceptor, tora 形 男 1 知覚する. 識別能力のある(人), 千里眼. 2 (税などを)受け取る; 受取人, 集金人, 徴税官.

percha¹ 女 1 ハンガー, 洋服[帽子]掛け, 道具掛け. —— de caballeros 紳士用ハンガー. 2 支え棒. a) 《船舶》帆柱用材. b) 《建築》梁用材. 3 《鳥の》止まり木. 4 《布の》毛羽立て. 5 《鳥を捕獲する》罠, 投げ縄. 6 《話》(主に下半身の)体型, すらりとした脚. —tener (buena) —— 脚がすらりとしている.

percha² 女 《魚類》スズキ科の淡水魚(食用).

perchel 男 漁網掛け場.

perchero 男 ハンガー掛け, 《集合的に》洋服[帽子]掛け.

percherón, rona 形 男 《動物》ペルシュロン(馬)の; ペルシュロン(重輓馬種)(ウマ科の動物).

percibir 他 1 を知覚する, 感知する, 感じる. —— los sonidos [los colores] 音[色彩]を知覚する. 2 を理解する, 認識する, 承知する. 3 (金などを)受け取る, 受領する.

perclorato 男 《化学》過塩素酸塩.

percolar 他 《液体が》浸透[濾過]する.

percudir 他 1 (汚れが服などに)染み込む, 汚くする. 2 (顔などの)みずみずしさを失わせる.
—— **se** 再 汚れが染み込む[つく].

percusión 女 打つこと, たたくこと. a) 《医学》打診. b) 《音楽》打楽器の演奏; パーカッション. ——instrumento de —— 打楽器. c) 《軍事》(雷管などの)撃発. d) 叩くこと, 打撃.

percusionista 男女 打楽器奏者.

percusor 男 →percutor.

percutir 他 1 を打つ, たたく, 殴る. 2 《医学》(身体の部分)をたたいて診察する[打診する].

percutor 男 打撃を与える器具[部品]. a)(銃などの)撃鉄, 撃針. b)(機械部品の)槌, ハンマー.

perdedor, dora 形 失う[失った], 損をする[した], 敗者の, 失敗する[した]. 男女 失う[失った]人, 損失者, 敗者.

perder [ペルデル] [4.2] 他 1 a) (物事)を失う, 無くす. —— la cartera 財布を失う. —— el cargo 地位を失う. —— (ある能力)を失う. —— la vista 視力を失う. c) (ある気持ち・感覚など)を失う. —— el apetito 食欲を失う. d) (人)を失う, 見失う. —Perdí a mi hijo en la plaza. 私は広場で息子とはぐれた. e) …だけ体重[重量]を減らす, 減量する. —— 7 kilos 7キロやせる. f) を漏らす. —Este depósito pierde aceite. このタンクからは油が漏れている. 2 を無駄にする, 無為にする, 浪費する. —— tiempo 時間を費やす. 3 (機会)を逸する, 逃がす. —— una ocasión 機会を逃がす. 4 …に乗り遅れる, 乗りそこなう. —— el tren 電車に乗り遅れる. 5 (人)を傷つける, (人・物)を損う, 駄目にする. 6 (試合・戦い)に負ける, 敗れる. —— el partido 試合に負ける. 自 1 漏れる, 漏る. 2 負ける, 敗れる. 3 (品質)が落ちる. 4 悪くなる, 悪化する. 5 (色)が落ちる, 褪(*)せる. —Esta blusa ha perdido mucho al lavarla. このブラウスは洗濯したらずいぶん色あせた. —— **se** 再 1 無くなる, 消える, 見えなくなる. —Se me ha perdido la bufanda. 私はマフラーを無くした. 2 道に迷う, 迷子になる. 3 言葉に詰まる, 途方に暮れる, 立ち往生する. 4 駄目になる, 破滅する. 5 無駄になる, 台無しになる. ▶*no haber*SE *perdido nada* (人)に…に行く[関わる]理由がない. *¡pierdete!* さっさと消えろ. *tener buen [mal] perder* 負け方が激しい[往生際が悪い].

perdición 女 1 (身の)破滅; 放蕩; 破滅の原因. —ir a su —— 破滅する. antro de —— 堕落の巣窟. 2 《宗教》永罰. 3 失うこと, 損失; 大損害.

pérdida 女 1 失うこと, 紛失, 喪失; 亡失, (人の)死. —— de la memoria 記憶喪失. —— del empleo 失業. 2 無駄(遣い), 浪費. —— de tiempo 時間の無駄. 3 《主に複》損失, 損害, 被害; 《軍事》死傷者(数). —— s y ganancias 損益. 4 漏れ, 漏出. 5 《医学》子宮出血. 6 売春婦, 娼婦. ▶*no tener pérdida* 見つけやすい, 簡単に分かる.

perdidamente 副 激しすぎるほど, ぞっこん, 心底, すっかりと. —estar —— enamorado de … …に心底惚(*)れ込んでいる.

perdidizo, za 形 (物が)なくなったように装った; (人が)こっそり抜け出した. ▶*hacerse el perdidizo* (人が)こっそり抜け出す.

perdido, da 過分 [→ perder] 形 1 失った, なくした, 紛失した. —objeto —— 遺失物. 2 (道に)迷った; 行方不明の. 3 隔絶した. 4 《話》どうしようもない, あまりにひどい. —Está histérica *perdida*. 彼女はひどいヒステリーになっている. 5 堕落した, 身を持ち崩した; 絶望的な. 6 《+ por なにか》夢中になった, 熱を上げた. —Está —— por el fútbol. 彼はサッカーに夢中だ. ▶*a fondo perdido* → fondo. *bala perdida* → bala. *caso perdido* → caso. *ponerse perdido* 《話》非常に汚れる. 名 堕落した人, 放蕩(**)者, やくざ者.

perdidoso, sa 形 負けやすい, 損をしやすい; 損をする, 失敗する.

perdigar [1.2] 他 1 (ウズラを)火であぶり, 表面を軽く焼く. 2 (油やバターを使って表面に焼目がつくように)肉などを焼く. 3 《話》を準備する, 整える.

perdigón 男 1 シャコ[ヤマウズラ](perdiz)の雛; 囮(**)用のシャコ[ヤマウズラ]. 2

散弾.
perdigonada 囡 **1** 散弾の発射. **2** 散弾による傷[けが].
perdiguero, ra 形 シャコ猟の. —**perro** ～ (シャコ猟の)猟犬(ポインター,セッターなど).
perdimiento 男 紛失;損失,損害;敗北.
perdis, perdís 男 [単複同形]《話》道楽者,放蕩者.
perdiz 囡 [複 perdices] (鳥類) ヤマウズラ,イワシャコ. ► **marear la perdiz** ぐずぐずする.
perdón 男 **1** 許すこと,許し,容赦. —**pedir** ～ 謝る,許しを乞う. **2**〈キト〉贖宥(Lx ゆう), 免罪. ► **con perdón de los presentes** (悪い言葉や表現を使う時に)こう申しては失礼ですが. **¡Perdón!** (1) すみません,許して下さい. (2) 何とおっしゃいましたか.
perdonable 形 許せる,容赦できる.
perdonador, dora 形 名 許す(人), (罪に対して)寛大な(人).

perdonar [ペルドナル] 他 **1** (他人の過失)を許す, 黙認する. **2** (義務・借金など)を免除する. **3**〔主に否定文で〕を無しで済ます.(機会などを)見逃す. —**no** ～ **una fiesta** パーティーを逃さない. —— 〔主に否定文で〕寛大である,見逃す,見落としをする. —Los años no perdonan. 年月は容赦なく流れ行く.
perdonavidas 男 [単複同形]《話》強がりな人,空威張りをする人.
perdulario, ria 形 名 **1** (服装・身体などに)だらしのない(人),無頓着な(人). **2** (どうしようもない)放蕩(ほうとう)者の(人),不良の,堕落した.
perdurabilidad 囡 永続[持続]性;耐久性.
perdurable 形 **1** 永続[永久]的な;永遠の. **2** 耐久性のある,長持ちする.
perdurar 自 存続する,永続,持続する.
perecedero, ra 形 **1** (食物が)傷み[腐り]やすい,長持ちしない. **2** つかの間の. **3** やがてなくなる,いずれ死ぬ.
perecer [9.1] 自 **1** (事故などで)死亡する,死ぬ,急死する. **2** 破滅する,消滅する. **3** 無抵抗である,手も足も出ない. —— **se** 再 〔+ **de** で〕で死にそうである. **2** 〔+ **por** + 不定詞〕死に物狂いで…する,しようと躍起になる.
perecimiento 男 消失,消滅. **2** 事故死,不慮の死,非業の死. **3** 堕落. **4** 困窮;切望.
Pereda 固名 ペレダ (José María de ～)(1833-1906,スペインの作家).
peregrinación 囡 **1**《宗教》巡礼の旅,聖地巡り. **2** (主に知らない土地への)長旅,遍歴,流浪の旅. **3**《話》(手続きのために)いろいろな部署を回ること.
peregrinaje 男 →peregrinación.
peregrinamente 副 **1** 異様に,奇妙に. **2** 入念に,細心の注意を払って.
peregrinar 自 **1**〔+ **a** へ〕巡礼に行

く. —— **a** Santiago サンティアーゴへ巡礼に行く. **2**〔+ **por** と〕をかけずり回る,奔走する. **3** 外国旅行をする,遍歴する.
peregrino, na 形 **1** 巡礼(者)の. **2** (見知らぬ土地を)歩き回る;諸国漫遊の. **3** (鳥が)渡りの. **4**《軽蔑》奇異な,変な;筋の通らない. —idea peregrina 突飛[奇妙]な考え. **5**《文》(通常,名に関して)風変わりな,類のない. —— 名 **1** 巡礼者,聖地巡拝者.
perejil 男 **1**《植物》パセリ. **2**〔主に複〕(服装や髪の)飾りたて,過度の飾りつけ. **3** 複 (誇示のための)兼任の肩書. **4**〔隠〕マリファナ.
perendengue 男 **1** (女性用の)安物のアクセサリー. **2** 難問題,厄介事.
perengano, na 男 囡《話》誰それさん,某(同じ意味の fulano, mengano, zutano, perengano の順に並べて用いる).
perenne 形 **1** 永遠の,永続する,不滅の. **2**《植物》多年生の,宿根性の;常緑の.
perennemente 副 **1** 永久に,永遠に. **2** 常に,絶えず,不断に.
perennidad 囡 **1** 永久,永遠. **2** 持続性,恒常性.
perennizar [1.3] 他 を永続させる.
perentoriamente 副 **1** 緊急に,差し迫って,急を要する[決定的]に,最終段階として;有無を言わさず.
perentoriedad 囡 **1** 緊急,切迫. **2** 最終的[決定的]なこと,最終段階.
perentorio, ria 形 **1** 緊急の,切迫した,先延ばしできない. **2** 終局的な,決定的な,最終段階の. **3** 最終期間の,これで最後の.
perestroika [く露] 囡《政治》ペレストロイカ.

pereza [ペレサ] 囡 **1** 怠惰,不精,ものぐさ. —sacudir [vencer] la ～ 怠惰な気持を払いのける[克服する],やる気を出す. **2** のろさ,緩慢さ,鈍さ,鈍感.
perezc- 動 →perecer [9.1].
Pérez de Ayala 固名 ペレス・デ・アヤーラ (Ramón ～)(1881-1962,スペインの作家・詩人・批評家).
Pérez Galdós 固名 ペレス・ガルドス (Benito ～)(1843-1920,スペインの作家・劇作家).
perezosamente 副 **1** 怠惰に,ものぐさに. **2** のろのろと,ぐずぐずと.

perezoso, sa [ペレソソ, サ] 形 **1** 怠惰な(人),怠け者,ものぐさ(の);寝起きの悪い(人),朝寝坊(の). **2** (動作が)緩慢な(人). —— 男《動物》ナマケモノ.
perfección 囡 **1** 完全(さ),完璧,完璧な物[事],完全な物[事],優れた物[点].
perfeccionamiento 男 完成すること,仕上げ;改良,向上.
perfeccionar 他 を完成させる,完璧なものとする;改良する. —— **se** 再 〔+ **en** で〕完全なものになる,完成する;(に)磨

きをかける。

perfeccionismo 男 完璧[完全]主義.

perfeccionista 形 完璧[完全]主義(者)の. ― 男女 完璧[完全]主義者.

perfectamente 副 **1** 完全に, 完璧に, 申し分なく. **2** 全く問題なく. **3** 完璧な[申し分ない]状態に; 元気で. **4**〖間投詞的に〗(相手に同意していいね、了解、そのとおり.

perfectibilidad 女 完成[完璧化, 改善]の余地.

perfectible 形 完成[完璧化, 改善]の余地のある.

perfectivo, va 形 **1** 完璧[完全]にする. **2**〖言語〗完了相の.

perfecto, ta〖ペルフェクト, タ〗形 **1** 完璧な, 完璧な, 申し分ない. —crimen ～ 完全犯罪. **2**〖+ para〗に最適な, うってつけの. **3** 非常に良い(申し分ない)状態の; 無傷の. **4**〖+ 名詞〗〖強調〗全くの, きわめつけの. —un ～ imbécil 全くのばか者. **5**〖言語〗完了(時制)の. —tiempo ～ 完了時制. pretérito ～ 現在完了. **6** → perfectamente.

perfidia 女 背信, 裏切り, 不実, 不貞.

pérfido, da 形名 背信の, 裏切りの; 不実な(人), 背信の, 背信者の.

perfil 男 **1** 輪郭, 外形, 姿形. **2** 横顔, プロフィール. **3** 複 (人物・作品などの)特徴, 人物像. **4** 細い筆跡, 繊細な筆遣い. **5** 断面(図), 側面図, 縦断面図. **6**〖情報〗プロファイル. ▶ de perfil 横から, 側面から.

perfilado, da 過分 [→ perfilar] 形 **1** 顔が細長い, 面長の. —rostro ～ 面長の顔. **2**(鼻が)形の整った. **3**〖estar + 〗上出来の, 首尾の良い. **4** 流線形の. **5** 特徴のはっきりした, 個性的な人.

perfilar 他 **1** ...の輪郭[外形]を描く; ...の横顔[側面図]を描く. **2** を念入りに仕上げる, を磨き上げる, を推敲する. — el texto 文章をよく練る. ― **se** 再 **1** 横顔[側面]を見せる, 横向きになる. **2**(建物などの)輪郭[外形]が見え始める. **3**(計画などが)具体的に見えてくる, 具体化する. **4** めかしこむ, 念入りに化粧する. **5**〖中南米〗やせ細る, スリムになる.

perfoliado, da 形 (植物)(葉が)貫生の, —hoja perfoliada 貫生葉. ― 女 セリ科ミシマサイコ属の植物.

perfoliata 女 → perfoliado.

perforación 女 **1** 穴をあけること, 穴あけ, 開孔 a) 穴あけ, パンチ, 打ち抜き, ミシン目入れ. b) 掘削, ボーリング. c) 貫通孔. **2**〖医学〗(穿孔)孔. ― de estómago 胃穿孔. **2** ミシン目.

perforado, da 過分 [→ perforar] 形 穴のあいた, パンチ[ミシン目]を入れた, 掘削した, 貫通した. 〖医学〗(穿)孔状の. —tarjeta perforada パンチカード. úlcera perforada 穿孔性潰瘍.

perforador, dora 形 穴あけの, 穿(せん)孔用の; 掘削用の. ― 名 キーパンチャー.

― 女 穿孔機; 掘削[削岩]機, ドリル.

perforar 他 **1** ...に穴を開ける, をくり抜く, 貫通する. **2** ...にミシン目(パンチ)を入れる. ― **se** 再 (内臓等に)穿(せん)孔が生じる.

perfumado, da 過分 [→ perfumar] 形 香水をつけた, 芳しい.

perfumador, dora 形名 香水を調合する; 調香師. ― 男 **1** 香炉. **2** 香水スプレー, アトマイザー.

perfumar 他 ...に芳香を漂わす, を香りで満たす; ...に香り(香水)をつける. ― 自 芳香を放つ, 香る. ― **se** 再 (身体に)香水をつける.

perfume 男 **1** 香水, 香, 香料. **2**(よい)香り, 芳香. **3** よい思い出.

perfumería 女 香水店, 化粧品店; 香水製造(所); 〖集合的に〗香水類.

perfumero, ra 形 香水商の, 香水職人, 調香師.

perfumista 男女 香水製造[販売]者, 調香師.

perfusión 女 **1**〖医学〗(軟骨などの)塗布. **2**〖医学〗(局所)灌流.

pergamino 男 **1** 羊皮紙. **2**(羊皮紙の)文書; 証明書. **3** 複 貴族の称号. —familia de ～s 貴族の家系.

pergeñar 他〖話〗(計画・案)を大まかに準備する, ...の概要・構想を描く.

pergeño 男 **1** 外見, 見かけ. **2** 概略, 概要, 素描; 構想, 青写真.

pérgola 女 **1** パーゴラ, つる棚, 日陰棚. **2** 屋上庭園.

periantio 男〖植物〗花被, 花蓋(ふたい).

pericardio 男〖解剖〗心膜, 心のう(嚢).

pericarditis 女〖単複同形〗〖医学〗心膜炎, 心嚢(のう)炎.

pericarpio 男〖植物〗果皮.

pericia 女 **1**(技能)の熟練(熟達), 腕が良いこと; 経験豊富さ. **2** 造詣の深さ, 豊かな見識.

pericial 形 専門家による. —juicio ～ 専門家の鑑定. ― 男女 税関の係官.

periclitar 自 **1** 危機に瀕する, 危険にさらされる. **2** 衰退する, 落ち込む.

Perico 国名〖男性名〗ペリーコ(Pedro の愛称).

perico 男 **1**〖鳥類〗インコ. **2**(前髪用の)ヘアピース. **3**(寝室用の)便器, しびん. **4** 大アスパラガス. **5**(船舶)(帆船の)ミズンスル, ミズンマスト. **6**〖メキシコ〗スパナの一種. **7**〖南米〗ミルク入りコーヒー; いり卵(= huevos ～s). **8**〖隠〗コカイン. ― 男 ▶ **como perico por su casa**〖話〗全く自由に, なれなれしく. **perico de [el de] los palotes**〖話〗某人,〖誰でも良い〗誰か.

pericón 男 **1**(昔の女性の)大型扇子. **2**〖音楽〗ペリコン(アルゼンチン, ウルグアイの音楽[舞踊].

pericote 男〖南米〗ネズミ.

periferia 女 **1** 郊外, 近郊. **2** 周囲,

periférico 周辺。**3**《数学》円周。
periférico, ca 形 **1** 郊外の、近郊の。**2** 周囲の、周辺の。—— 男 《主に 複》《情報》周辺機器[装置]。
perifollo 男 **1**《植物》チャービル（サラダなどの香辛料）。**2**《話、軽蔑》《服・髪の》ごてごてした[趣味悪い]飾り。
periforme 形 洋ナシ形の。
perifrasear 他 遠回しに[くどくど]言う。
perífrasis 女《単複同形》**1**《言語》迂言(うげん)法。**2**《修辞》迂言法。婉曲表現、遠回しな言い方。
perifrástico, ca 形 迂言(うげん)法の。遠回しな、まわりくどい。
perigeo 男《天文》近地点(月・人工衛星等の軌道上で地球に最も近い点)。
perihelio 男《天文》近日点。
perilla 女 **1** 西洋梨形の飾り[部品]。《電気などの》西洋梨形のスイッチ。**2** やぎひげ。**3** 鞍頭。**4** 葉巻の吸い口。**5** 電球。**6** ほてん。◆ **venir de perilla(s)** 都合が良い、うってつけ[願ったりかなったり]である。
perillán, llana 形 悪賢い(子)、いたずらな、いたずらっ子。
perímetro 男 周囲、周辺。—— torácico 胸囲。
perinatal 形《医学》周産[周生]期の。
perineo, periné 男《解剖》会陰(えいん)。
perinola 女 **1**（指で回す)小さなこま。**2** 梨形の飾り。**3**《形容詞的に使う》小柄で快活な女性。
periodicidad 女 定期性、周期性。

periódico, ca

形
1 定期的な、周期的な。——revisión *periódica* del estómago 胃の定期検診。**2**（出版物の）定期刊行の。**3**《数学》循環の；周期の。**4**《化学》周期の。——tabla *periódica*（元素の）周期表。—— 男 **1** 新聞；日刊紙。**2** 週刊などの）定期刊行物。◆ *periódico mural*《南米》壁新聞。

periodicucho 男《軽蔑》三流紙、俗悪な新聞。
periodismo 男 ジャーナリズム、報道関係[業界]。—— amarillo 詩大報道。
periodista 男女 ジャーナリスト、新聞[雑誌]記者。
periodístico, ca 形 新聞[雑誌]の、新聞[雑誌]記者の；ジャーナリスティックな。
periodización 女 時代区分。
periodo, período 男 **1** 期間、時期；時代。—— de prueba 見習い期間。—— neolítico 新石器時代。**2** 周期；《数学》循環小数の周期。**3**《医学》月経期、生理(期間)。**4**《地質》（地球の年代を表す）紀。**5**《言語》意味的に関連した一連の節；《音楽》楽段、大楽節。
periodoncia 女 歯医学、歯周病学。
periodontal 形 歯周の。
periodontitis 女《単複同形》《医学》歯周炎。
periodonto 男《解剖》歯周組織。
periostio 男《解剖》骨膜。

periostitis 女《単複同形》《医学》骨膜炎。
peripatético, ca 形 **1**《哲学》逍遙学派の、アリストテレス派の人。**2**《話》こっけいな、奇妙な。
peripecia 女（劇や物語の）急転回、どんでん返し。**2** 予期せぬ出来事、ハプニング、波瀾。
periplo 男〖＋por〗（長期・広範囲の）一周旅行、外国旅行（特に）大航海、世界周航(記)。
peripuesto, ta 形 めかし込んだ。
periquete 男 ► *en un periquete*《話》あっという間に。
periquito 男《鳥類》小型インコ。
periscopio 男 潜望鏡、（地下壕などで使う）展望鏡。
perisodáctilo 形《動物》奇蹄(きてい)類の。—— 男《動物》奇蹄類の動物；《主に 複》(P—)奇蹄類。
perista 男女 故買(こばい)屋、盗品商。
peristáltico, ca 形《医学》（消化管が）蠕動(ぜんどう)する。
peristilo 男《建築》列柱、柱式列の回廊、列柱のある中庭。
peritación 女 専門家による鑑定、鑑識；鑑定書。
peritaje 男 **1** 専門家による鑑定[査定]、鑑識；鑑定[査定]書、鑑定報告書。—— caligráfico 筆跡鑑定。**2**（昔の）技手の資格；技手の養成課程。
peritar 他 鑑定[査定]する。
perito, ta 形《＋en》専門家、熟練者、達人。**2** 技師、有資格者。—— mercantil 会計士。—— 男〖＋en〗専門の、(...に)精通した、熟達した。
peritoneo 男《解剖》腹膜。
peritonitis 女《単複同形》腹膜炎。
perjudicado, da 過分[→ perjudicar] 形 **1** 損害[被害]を受けた(人)；被害者。**2**（手形などが）不備な、不完全な。
perjudicar [1.1] 他 を損なう、…に害を与える、危害を加える、悪影響を及ぼす。—— **se** 損害[悪影響]を被る、損をする。
perjudicial 形〖＋a/para〗害を与える、有害な；不利な。
perjudicialmente 副 悪い形で。
perjuicio 男 損害、損失、不利益。◆ *sin perjuicio de*〖＋不定詞／＋que ＋接続法〗…は別として。
perjurio 男 誓いを破ること、偽誓；《法律》偽証(罪)。
perjuro, ra 形名 偽証する(人)、偽証[誓約]者；誓いの[約束]を破る(人)。
perla 女 **1** 真珠；真珠色。**2** 大切な人[物]、選りすぐれた人[物]、宝。**3**《皮肉》気取った人、うぬぼれ屋。**4** 小さな丸薬《薬の》。► *de perlas* とてもよく、素晴らしく；おあつらえ向きに。
perlado, da 形 **1** 真珠のような、真珠色の。—— cebada *perlada*（小球状の）精白した小麦。**2** 真珠で一杯に飾られた。**3** 水滴などで一杯の。
perlar 他〖詩学〗〖＋de（水滴など)で〗を覆う。

perlé [＜仏] 男《服飾》レース編み［刺繍(ﾄﾞ)］用の木綿糸.

perleche 女 口角炎.

perlería 女《集合的に》真珠, 真珠の装飾品.

perlero, ra 形 真珠の.

perlesía 女 **1**《医学》麻痺. **2**（震えを伴う）筋肉の衰え.

perlífero, ra 形 真珠を生み出す. ―ostra perlifera 真珠貝.

perlino, na 形 パールカラーの.

permafrost 男《単複同形》《地理》永久凍土層.

permanecer [9.1] 自 **1**《＋形容詞/過去分詞》…のままである［いる］. ― inmóvil じっと動かない. **2**《＋en に》とどまる; 滞在する.

permanencia 女 **1** 留まること, 滞在, 逗留(ﾄﾞ). **2** 不変(性), 永続(性), 恒久(性). **3**（授業時間以外の教師の業務(時間)).

permanente 形 **1** 永続［永久］的な, 不変の, 持続的な. ―visado ＝ 永住ビザ. **2** 常設の, 常置の. ―comisión ＝ 常任委員会. ― 女（髪の）パーマネント.

permanentemente 副 恒久的に, 恒久的に, 常時.

permanezc- 動 → permanecer [9.1].

permanganato 男《化学》過マンガン酸塩.

permeabilidad 女 **1** 浸透［透過］性, 吸水性. **2**《物理》導磁性. **3** 浸透性, (思想・習慣面での）受容性, 影響されやすさ.

permeable 形 **1** 浸透［透過］性の, ＋a によく通す. **2**《物理》導磁性の. **3** ＋a を受け入れやすい, (…に)影響されやすい.

pérmico, ca 形《地質》ペルム紀の, 二畳紀の. ― 男〈P～〉ペルム紀, 二畳紀.

permisible 形 許せる, 許容できる, 容認可能な. **2** 寛大な.

permisión 女 **1** 許可［認可］, 許可［認可］証. **2**《修辞》譲歩, 譲歩仮説法（相手の主張を認めるような論法).

permisividad 女 **1** 寛容であること, 許容. **2** 行き過ぎた寛容さ.

permisivo, va 形 **1** 容認する, 黙認する. **2** 寛大な.

permiso 男 **1** 許し, 許可(証), 許可(証), 免許(状). ―de conducir 運転免許. pedir ～ 許可を求める. sin ～ 許可なく, 勝手に. **2** 休暇, 賜暇. ～ de lactancia 育児休暇. ～ maternal [de maternidad] 産休. **3**《情報》パーミッション. ▶ con 《su》 permiso（人込みをかき分けたり, 場を離れたりする時に）ちょっと失礼; ちょっと失礼して…します.

permitir [ベルミティル] 他 **1** を許す, 許可する. ―El médico no le permitió beber. 医者は彼に飲酒を許さなかった. Permítame que le presente a un amigo. あなたに友だちを1人紹介させてください. **2** を容認［認可］する, 放任する. **3** を可能にする. ―La escasez de nieve no permite abrir la estación de esquí. 雪不足のためスキー場が開業できない. ― **se** 再《＋不定詞》勝手ながら…する, あえて…する, …させていただく. ―Me permito la libertad de acompañarla hasta su casa. 勝手ながらお宅までお送りさせていただきます. **2** をほしいまでにする. …して頼りない. **3** 許されている, 可能である.

permuta 女 **1**（物と物の）交換, 取り換え. **2**（人の）交代, 入れ換え, 配置換え.

permutación 女 **1** 交換, 取り替え, 交代, 置換. **2**《数学》順列.

permutar 他 **1**《＋por, con と》を交換する, 取り換える. **2**（職務などの）交代をする. **3**（順番を）入れ換える, 並べかえる. **4**《言語, 数学》置換［代入］する.

pernada 女 **1**《海事》索(ﾂﾅ). **2** 蹴る［蹴飛ばす］こと. ▶ derecho de pernada《歴史》領主の初夜権.

pernear 自 **1** 足をばたつかせる. **2** 地団太を踏む, じれったい思いをする. **3** 奔走する, 駆け回る. **4**（アンダルシーアの）祭りで離乳豚をまとめ売りする.

pernera 女《服飾》ズボンの脚の部分.

perniabierto, ta 形 両足を開いた, 開脚した, がに股の.

pernicioso, sa 形 有害な, 害をもたらす; (病気が)悪性の. ―insecto ＝ 害虫.

pernil 男 **1**（動物の腿, (主に豚の)腿一本そのままの肉. **2**《服飾》ズボンの脚の部分.

pernio 男 蝶番(ﾁｮｳﾂｶﾞｲ).

perniquebrar [4.1] 他 …の脚を折る. ― **se** 再（自分の）脚を骨折する.

perno 男 ボルト.

pernocta 女 ▶ pase《de》pernocta《軍事》(兵士の)外泊許可証. ― 男 外泊許可を得る兵士.

pernoctar 自 外泊する, 宿泊する.

pero¹ 男《植物》**1**（洋梨形の）リンゴの一種. **2** その木. **3** ナシの木.

pero² [ペロ] 接 **1**《逆接》しかし …, …であるが…, …, が. ―No me apetece, ～ iré. 私は気が進まないが, 行こう. Es guapo, ～ no mucho. 彼はハンサムだが, 非常にというほどはない. **2**《話》《強調》…だというのに. ―P～ (si) te dije que lo hicieras cuanto antes. 君にそれをなるべく早くするようにと言っておいたのに. **3**《話》《強調》それにしても, 何にも, いやまったく. ―iP～ qué hermoso paisaje! まったく何て美しい景色だろう. ― 男 **1** 難点, 欠点, 悪い点. ―La idea no tiene ～s. その考えは非の打ちどころがない. **2** 反対, 異議, 異存, 「しかし」という言葉. ▶ iNo hay pero que valga! 弁解は無用だ. pero que muy《＋形容詞/副詞》何とも…(だ). poner **peros a…**《話》に難癖をつける. sin un **pero**《話》完全な, 完璧な.

perogrullada 女《話》(言っても意味のない)分かり切ったこと.

perogrullesco, ca 形《話》分かり

きった, 当たり前の.

Perogrullo 男 ▶ ser (una verdad) de ~ 自明の理である, 火を見るよりも明らかである.

Pero Jiménez, Pero Jimén 男 →Pedro Jiménez.

pero jiménez, perojimén 男 → Pedro Jiménez.

perol 男 1 丸底の両手鍋. 2《南米》がらくた, 不要物.

perola 女《丸底で》小型の煮込み鍋.

Perón 固名 ペロン (Juan Domingo ~)(1895-1974. アルゼンチンの政治家・大統領).

peroné 男《解剖》腓(ひ)骨.

peronismo 男 ペロン主義.

peronista 形男女 ペロン主義の[主義者].

peroración 女 1 演説, 退屈な弁舌. 2 演説のしめくくり. 3 懇願.

perorar 自 1 演説する. 2 退屈な弁舌をぶつ. 3 懇願する.

perorata 女《軽蔑》退屈な演説[説教], (激情的な)大演説.

peróxido 男《化学》過酸化物. —~ (de) hidrógeno 過酸化水素.

perpendicular 形《+ a と》直交する垂直に接する. —女 垂線.

perpendicularidad 女 垂直, 直角.

perpendicularmente 副 直角に, 垂直に, 直交して.

perpetración 女 犯行, 犯罪を犯すこと.

perpetrar 他《犯罪》を犯す.

perpetua 女《植物》ムギワラギク (=~ amarilla). —~ de las nieves ミヤマウスユキソウ, エーデルワイス.

perpetuación 女 永久化, 永久保存, 永続.

perpetuar [1.6] 他 《を永遠のものにする》, 永久化する. 不朽[不滅]にする. —se 再《+ en の中に》永久に生き続ける, 永続する.

perpetuidad 女 永続性, 永遠; 不滅. —a ~ 永遠に.

perpetuo, tua 形 1 永久の, 永続的な, いつまでも続く. —nieves perpetuas 万年雪. 2 終身の. —cadena perpetua 終身刑.

perpiaño 男《男性形のみ》肋材(リブ)で支えた. —arco — 横断アーチ. 2《建築》つなぎ石, 突抜(つき)石.

perplejidad 女 当惑, 困惑; 紛糾.

perplejo, ja 形 困惑[当惑]した, 途方にくれた.

perra [ペラ] 女 1 雌犬. 2《お》金, 小銭; スペインの昔の銅貨. —~ chica 昔の5センチモ銅貨. —~ gorda 昔の10センチモ銅貨. estar sin una ~ 一文なしである. 3《子どもの泣きわめき, 駄々をこねること, かんしゃく》. 4《…したいという》強い欲望, 妄想. 5《話, 軽蔑》売春婦.

perrada 女 1 犬の群れ. 2《話》べてん, いんちき, 汚いやり方.

perramente 副《話》ひどく悪く.

perrera 女 1 犬舎, 犬収容施設. 2 野犬捕獲車, (列車の)犬用区画.

perrería 女 1《集合的に》犬の群れ. 2《集合的に》ならず者, 不良の集団. 3《話》いんちき, 汚い手口, だます事.

perrero, ra 男女 1 野犬捕獲人. 2 猟犬の世話係.

perrilla 女《メキシコ》《医学》物もらい.

perrillo 男 1 小犬, 子犬. 2 撃鉄. 3 くわの一種.

perrito —~ caliente ホットドッグ.

perro [ペロ] 男 1 犬, 雄犬. —~ callejero 野良犬, 迷い犬. —~ faldero《小型の愛玩犬；人を頼って暮らす人》. —~ pastor 牧羊犬, シェパード. —~ policía 警察犬, 捜査犬. —~ (de) asistencia 介助犬. —~ de aguas スパニエル(犬). 2《俗》卑しい男, いやな奴; 《歴史》《軽蔑》異教徒. —¡Qué — eres! お前はなんて卑劣な奴なんだ. 3《話, 軽蔑》《人について》番犬, 家来. —~ ¡A otro perro con ese hueso! そんなことはごめんだ, 他を回してくれ. atar los perros con longaniza 贅沢三昧をする. como (el) perro y (el) gato 犬と猫のように《とても仲が悪い》. de perros とてもひどい, とても悪い, 最低の. echar a perros 無駄に過ごす, 無駄遣いする. echar [soltar] los perros a... …をこっぴどく叱る, 叱責する. morir como un perro 野垂れ死にする, 惨めな死に方をする. perro marino《魚類》小型のサメ. perro [perrito] caliente ホットドッグ. perro viejo 経験豊かでしたたかな人, 抜け目のない人, 古だぬき. tratar como a un perro《犬のように人を》冷酷に扱う, 虐待する. —, rra 形《俗》ひどい, 最悪の, 不運で. —llevar una vida perra 惨めな生活をする.

perruno, na 形 1 犬の. 2《軽蔑》犬のような. —女 1 犬用ビスケット. 2 菓子の一種.

persa 形男女 ペルシャ (Persia)(語)の; ペルシャ人(の). —男 ペルシャ語.

per se 《ラテン》それ自体, それ本来.

persecución 女 1 追跡, 追撃, 捜査; 《スポ》(自転車競技の)追い抜きレース. 2 追求, 探究; 法的追求, 糾弾. —~ de la verdad 真理の探究. —~ del narcotráfico 麻薬取引の追求. 3 迫害. —~ política 政治的迫害.

persecutorio, ria 形 1 追跡する, 追求する. 2 迫害の. —manía persecutoria 被害妄想.

perseguidor, dora 形男女 1 追跡[追求]する; 迫害する. 2《スポ》(自転車競技の)追い越しレースの選手. —男《南米》《話》二日酔い.

perseguimiento 男 1 追跡, 追求. —en ~ de ... を追って[求めて]. 2 迫害.

perseguir [6.3] 他 1 a) を追う, 追求する, 追いかける, 追跡する. b)《女性》を追い回す, つけ回す, …に言い寄る. c)…につきまとう, つきまとう, ついて回る. 2 を追い求める, 追

求する, ねらう. **3**を迫害する. **4**《司法》を起訴する, 訴追する.

perseverancia 囡 **1**辛抱強さ, 粘り強さ, 執拗さ. **2**《物事の》持続, 長引くこと.

perseverante 形 辛抱強い, 粘り強い, 屈しない.

perseverar 圁 **1**辛抱強く[根気よく]頑張り通す. **2**しつこく続く, あり続ける.

Persia 固名 ペルシャ.

persiana 囡 **1**ブラインド, すだれ, 鎧戸. **2**絹のプリント生地. ▶ **persiana veneciana** ベネチアンブラインド.

pérsico, ca 形 ペルシャ (Persia) の. ── 男《植物》モモの実・木).

persig- 動 → perseguir [6.3].

persignar 他 …に十字を切る, …の額に十字を切る. ── **se** 匤 **1**十字を切る, 十字を切って驚愕する. **2**《商売人などの》その日の初売上げを達成する.

persistencia 囡 **1**執拗さ, 頑固さ, 固執すること. **2**持続(性).

persistente 形 **1**頑固な, 執拗な, 固執する. **2**持続性の, 非常に長続きの. **3**《植物》(葉について)常緑の.

persistir 匤 **1**《+ en に》こだわる, 固執する. **2**持続[存続]する, 残存する.

persona 囡 [ペルソナ] **1**《一般的に》人, 人間; 人物, 人格(者). ── ~ de cuidado ならずもの, ろくでなし. ~ de categoría 名士, 高官. ~ de confianza 信頼[信用]のおける人. ~ mayor 大人, 成人. ~ grata [no(n) grata] (外交上)好ましい[好ましくない]人物. ~ jurídica [social]《法律》法人. ~ física 個人. tercera ~ 第三者. **2**《言語》人称, 人称形. **3**《神学》(三位一体の位(格), ペルソナ. ▶ **de persona a persona** 一対一で, 本人どうしで, 個人的に. **en persona** (1) 自ら, 本人が. (2) 個人的に, じかに, 実際に. **por persona** 一人につき, 一人あたま.

personación 囡 **1**姿を見せること, 出向くこと. **2**《法律》出廷, 出廷.

personaje 男 **1**重要人物, 名士, 要人. **2**(小説や劇などの)登場人物. ~ principal 主人公. ~ digital《情報》アバター.

personal 形 **1**個人の, 個人的な, 個性的な. ─efectos ~es 身の回り品. gastos ─es 個人的な出費. ordenador ── パソコン. **2**本人の, (人を介さず)直接の. ─hacer una visita ── 直接訪問する. **3**《言語》人称の. ─pronombre ── 人称代名詞. ── 男 **1**《集合的に》人員, 従業員, スタッフ. ── ~ docente 教員, 教授陣. ── ~ administrativo 行政官. **2**人事. ─departamento de ── 人事課[部]. **3**《集合的に》《話》人々. **4**《俗, 戯》《直接人の集団に話しかけて》みんな, やぁ. ── 囡 (バスケットボールの)パーソナルファウル.

personalidad 囡 **1**個性, 性格の. ─Juan tiene ~. フアンは個性的だ. **2**人格, 人間性, 人間性. ── ~ jurídica 法人, ~ múltiple 多重人格. **3**有名人, 名士, 大物. ─culto a la ~ 個人崇拝.

personalismo 男 **1**《哲学》人格主義. **2**個人攻撃. **3**個人主義; 身びいき, えこひいき.

personalista 形 男女 **1**個人主義の[主義者], 利己的な. **2**《哲学》人格主義の[主義者].

personalizar [1.3] 他 **1**を人格化する. **2**(個人の)名を挙げる; (個人に)言及する; 個人攻撃[身びいき]する. **3**を個人用に(特殊化)する; 《情報》カスタマイズする. **4**《言語》(非人称動詞)を人称動詞として使う. ── **se** 圁 個人攻撃する, 個人名を挙げる, 身びいきする.

personalmente 副 **1**個人的に, 自ら, 自分で. **2**《文修飾》自分[個人]としては. **3**個人向きに, 個人用に.

persona non grata 〔ラテン〕 → persona.

personarse 匤 **1**出向く, 駆けつける. **2**(裁判に)出頭する. **3**会合する, 会談する.

personero, ra 名《中南米》代表人, 代理人.

personificación 囡 **1**擬人化, 人格化. **2**権化, 化身, 表象, 具現化. **3**《修辞》擬人法. **4**個人への言及, 個人攻撃.

personificar [1.1] 他 **1**を擬人化[人格化]する. **2**を体現する, …の権化[代表]である. **3**《+ en 人に》…の意味を込める, 具現化させる.

perspectiva 囡 **1**眺め, 眺望, 見晴らし. **2**見通し, 見込み, 展望. ─La situación económica no ofrece buenas ~s. 景気の見通しは暗い. **3**視野, 視点, 観点. **4**《美術》遠近画法, 透視画(法).

perspicacia 囡 眼力, 洞察力.

perspicaz 形 （複 perspicaces）**1**(目, 視力が)良い, 遠くまで見通す. **2**慧眼のある, 洞察力のある, 鋭い.

perspicuidad 囡 **1**簡潔明瞭, 分かりやすさ. **2**透明.

perspicuo, cua 形 **1**簡潔明瞭に話す, 分かりやすい. **2**透明な, 澄んだ.

persuadir 他 を説得する, 納得させる. a) 説得する, 納得させる. b)《de que + 直説法》(…であると)説得する, 納得させる. c)《a + 不定詞, para que + 接続法》(…するように)説得する. ── **se** 匤《+ de を》納得する, 了承する, 確信する.

persuasible 形 (人が)説得可能な, 納得させられる.

persuasión 囡 **1**説得, 説き伏せること. **2**納得.

persuasivo, va 形 説得力のある; 口達者な.

persuasor, sora 形 説得力のある. ── 名 説得者.

pertenecer [ペルテネセル] [9.1] 匤《+ a に》**1** a) 属する, (…の)所有[物]である. b) 所属する, (…の)構成員である. **2**(…の)義務[役目・権限]である. **3**(…の)一部を構成

perteneciente 形 [＋a に] 属する, (…の)所有の.

pertenecer [35] 自 1 所有する, 所有権, 所持, 所属. 2 複 所有物, 所有品; 財産, 資産. 3 付属物; (建物などの)別館, 建て増し部分; 付属.

pertenez- 動 →pertenecer [9.1].

pértiga 女 竿, ポール. —salto de [con] ~ 《スポ》棒高跳び.

pértigo 男 (馬車の)梶棒, 轅(ながえ).

pertiguero 男 《カト》(銀の)錫杖捧持者.

pertiguista 男女 《スポ》棒高跳びの選手.

pertinacia 女 1 しつこさ, 強情, 執拗, 頑固. 2 しつこさ, 頑固.

pertinaz 形 複 pertinaces 1 しつこい, 強情[執拗, 頑固]な, 意地を張った. 2 しつこい, なかなか緩和しない.

pertinencia 女 1 適切さ, 妥当性. 2 関連性. 3 《言語》関与性.

pertinente 形 1 当を得た, 適切な, 妥当な. 2 [a＋に] 関連のある. 3 《言語》関与的な(言語的に意味のある区別に関わっていること).

pertrechar 他 1 [＋con/de を] 《軍事》(軍需品, 食糧などを)…に補給[供給]する. 2 (必要なものを)整える, …に補給する, 集める. — se 再 [＋con/de を] 補給[供給]を受ける, 調達する.

pertrechos 男複 1 《軍事》軍需品. 2 器具, 用具. — de pesca 釣り道具.

perturbación 女 1 混乱, 混迷, 騒動; 妨害. —~ atmosférica 気圧の変化, 乱. —~ del orden público 騒乱(罪), 治安妨害. —~ mental 精神錯乱. 2 (精神・肉体などの)不調; 心配, 動揺.

perturbado, da 過分 [→perturbar] 形 動揺した, 動転した. 狼狽した; 錯乱した. — 男女 精神錯乱者.

perturbador, dora 形 (特に治安を)かき乱す, 攪(みだ)乱する; 妨害する. — 名 秩序を乱す者, 攪乱者, 妨害者. — 女 《軍事》レーダー攪乱装置.

perturbar 他 1 をかき乱す, 混乱させる, 攪(みだ)乱する. 2 (人)を取り乱させる, 精神的に動揺させる. 3 …の理性を失わせる, 錯乱させる. — se 再 1 混乱する, 取り乱す, 動揺[動転]する. 2 錯乱する, 気が狂う.

Perú 固名 ペルー(公式名 República del Perú, 首都 Lima).

peruanismo 男 《言語》ペルー独特の言い回し[語法, 語彙]; ペルー訛り.

peruano, na 形 ペルー(Perú)の; ペルー人(の). — 名 ペルー人.

perulero 男 1 陶器の壺. 2 なべ職人.

perversidad 女 1 邪悪, 凶悪. 2 邪悪, 悪意.

perversión 女 1 悪徳, 堕落, 非行. 2 堕落, 退廃. 3 《文書》(習慣などの)歪曲, 改悪; 悪用, 誤用. 4 倒錯.

perverso, sa 形 1 邪悪[凶悪]な, 極悪非道の. 2 邪心に満ちた, 悪意のある.

pervertido, da 過分 [→pervertir(se)] 形 1 堕落した, 退廃した. 2 《医学, 心理》倒錯した; (性的)倒錯者, 変質者(の).

pervertidor, dora 形 名 堕落[退廃]させる(人).

pervertimiento 男 →perversión.

pervertir [7] 他 1 を堕落させる, 退廃させる. 2 を毒する, 悪化させる, 駄目にする. 3 (文書)を改ざんする, 歪曲する; (悪用[誤用]する. — se 再 堕落する, 退廃する, 悪に染まる.

pervinca 女 《植物》ツルニチニチソウ.

pervivencia 女 存続, 残存.

pervivir 自 (時･障害を越えて)存続[残存]する, 生き延びる.

pesa 女 1 分銅, 重り; (振り子などの)重り, カウンターウェイト; (測量の)下げ振り. 2 《主に 複》《スポ》亜鈴, バーベル, ダンベル. —levantamiento de ~s 重量挙げ. 3 《南米》肉屋, 精肉店.

pesabebés 男 《単複同形》(乳幼児用の)体重計.

pesacartas 男 《単複同形》封書秤.

pesada 女 1 計量, 重さ. 2 一回に計量[量]る量.

pesadamente 副 1 重そうに, ずっしりと. 2 のろのろと, のしのしと. 3 しつこく, くどくど. 4 いやいやながら, 渋々. 5 由々しく, 深刻に, ひどく.

pesadez 女 1 重苦しさ, (頭や胃などの)重さ, もたれた感じ; (動作などの)のろさ, (天気の)うっとうしさ. —sentir [tener] ~ de estómago 胃がもたれている. 2 しつこさ; 面倒な[煩わしい]こと[人]; うんざりさせること[もの], 重荷; 退屈なこと. 3 重いこと, 重さ.

pesadilla 女 1 悪夢, 恐ろしい夢. 2 心配事, 心痛; 恐ろしいこと, いやなもの.

pesado, da [ペサド, ダ] 過分 [→pesar] 形 1 重い. —industria pesada 重工業. pesos —s ヘビー級. 2 (特に繰り返したり, 長すぎて)しつこい, くどい. —No te pongas tan ~. あまりしつこくしないでくれ. 3 退屈な, うんざりする. 4 迷惑な, やっかいな, いやな. —broma pesada たちの悪いいたずら[冗談]. 5 (食べ物が)消化しにくい, こつい. —plato ~ しつこい料理. 6 (動作が)のろい, くどい. —agua pesada 重水. —~ aceite ~ 重油. agua pesada 重水. — 名 しつこい(くどい)人(物); 迷惑な人(物).

pesador, dora 形 重さを量る(人), 計量係; 計量機[器]の. — 女 計量器具[機].

pesadumbre 女 苦悩, 悲嘆; 苦しみ[悲しみ]の種.

pesaje 男 計量;《スポ》体重計測.

pésame 男 お悔み, 弔意, 弔詞. ― dar el ~ a... …にお悔やみを述べる, 哀悼の意を表する.

pesantez 女 重力, 引力.

pesar [ペサル] 自 1重さが…である. 目方[体重]が…だけある. ― Mi mujer *pesa* 42 kilos. 私の妻の体重は42キロである. 2重い, 重たい, 重量がある. ― Esta maleta *pesa* mucho. このスーツケースは非常に重い. 3重くのしかかる, 重荷となる; 影響を及ぼす. ― El cargo le *pesa* demasiado. その責任が彼にはあまりにも重荷となっている. 《[+a にとって]重い》. 4悲しい, 残念に思われる. 悔やまれる, 悲しい. ― *Me pesa* haberla dejado sola. 私は彼女を独りぼっちにしてしまったのが悔やまれる. ▶ *mal que* LE *pese a* たとえ…が望まなくても. *pese a* …にもかかわらず. *pese a quien pese* 何が何でも, 万難を排して. ― 他 1…の重さを量る. 重さを見る. 2検討する, 吟味する, 勘案する. ― 男 1悲しみ, 心痛.― con gran ~ 断腸の思いで. 2後悔, 悔恨. ▶ *a pesar de...*(1)…にもかかわらず. (2)(人)の意に反して. *a pesar de (todos) los pesares* 万難を排して, 何が何でも. *a pesar suyo* (人)の意に反して.

pesario 男《医学》1《避妊・子宮後屈症矯正用》ペッサリー. 2膣座薬.

pesaroso, sa 形 1《+ de/ por を》後悔している, 悔やんでいる. 2悲しんでいる, 悲痛な.

pesca 女 1釣り, 漁; 漁業, 漁法. ― ~ con caña [con red] 竿釣り[網漁]. ~ costera 沿岸漁業. ~ de arrastre 底引き網漁. ~ de altura 近海, 沿海漁業. ~ de litoral 遠洋[集合的に]漁獲(高, 釣りの獲物である)魚. ― Aquí hay mucha ~. ここはよく釣れる. ▶ *y toda la pesca*《話》その他もろもろ(の人).

pescada 女《魚》メルルーサ.

pescadería 女 魚屋, 鮮魚売場.

pescadero, ra 名 魚屋, 鮮魚販売業者.

pescadilla 女 メルラン, メルルーサの幼魚. ▶ *Es la pescadilla que se muerde la cola.* これでは堂々巡りだ.

pescado [ペスカド]男(食用の)魚, 魚肉. ― ~ azul [blanco] 赤身の[白身の]魚.

pescador, dora 形名 釣り[漁]をする(人), 釣り人; 漁師; 釣り[漁]用の. ― 男《魚類》アンコウ.

pescante 男 1(馬車などの)御者台;(乗物の)運転台. 2《演劇》舞台の迫り, 迫り上げ[下げ]. 3《海事》ダビット, (ボートを吊る)鈎柱. 4クレーンの腕.

pescar [1.1] 他 1(魚)をとる, 漁獲する. 2を釣る, 釣り上げる. 3《話》を捕まえる, 捕える. ― al criminal 犯人を捕まえる. 4(病気)にかかる. ― un resfriado かぜを引く. 5《話》をうまく手に入れる, 獲得する. 6《話》を素早く理解する, 会得する, 飲み込む. ― ¿Lo *has pescado*? 分かったかい. 7を見つける, 目撃する. ― 自 釣をする. ▶ *no saber lo que se pesca*《話》物事が全くわかっていない.

pescozada 女 (首や頭を)殴ること.

pescozón 男 (首や頭を)殴ること. ― Le propiné un ~. 彼の首根っこに一発食らわしてやった.

pescozudo, da 形 首の太い.

pescuezo 男 1(動物の)首. 2《話》(人間の)首, 首根っ子, 首筋. 3高慢, 虚栄. ▶ *apretar [estirar] el pescuezo a ...*《話》(人)を絞め殺す. *torcer el pescuezo*《話》死ぬ. *torcer [retorcer] el pescuezo a...*《話》(人)を絞め殺す, 縊死(し)させる.

pesebre 男 1飼い葉[まぐさ]桶, (家畜のえさ)入れ. 2家畜小屋, 畜舎. 3《クリスマスに飾るキリスト生誕の》馬小屋と人形の小彫台模型.

pesebrera 女 (家畜小屋に据え付けの)飼い葉[まぐさ]桶, 飼い葉[まぐさ]桶の列.

pesero 男 1《中南米》肉屋, 畜殺人. 2《メキシコ》乗合タクシー.

peseta [ペセタ]女 1ペセタ(以前のスペインの貨幣単位). 2《話》お金, 財産. ▶ *mirar la peseta*《話》財布の紐が固い, しまりやである.

pesetero, ra 形《話, 軽蔑》けちな, 金にうるさい, 守銭奴の. ― 名《話, 軽蔑》けち, 守銭奴.

pésimamente 副 どうしようもないほどひどく.

pesimismo 男 悲観論, 悲観主義; 厭世[じ]主義.

pesimista 形 悲観[厭世]的な, 悲観[厭世]主義の; くよくよした, 弱気な, 落ち込んだ. ― 男女 ペシミスト, 悲観主義者, 厭世家.

pésimo, ma 形[malo の絶対最上級]最悪の, ひどく悪い, 最低の.

peso [ペソ]男 1重さ, 重み, 重量; 目方, 体重. ~ atómico 原子量. ~ bruto 総重量(風袋込みの重さ). ~ específico 比重. ~ muerto (車両の)自重. ~ neto 中身だけの重さ. Se venden frutas al ~. 果物は目方で売っている. b)重いもの, 重り;《スポ》鉄丸, (重量挙げの)バーベル. c)《スポ》体重による階級, 重量種別. ― ~ gallo バンタム級. ~ ligero ライト級. ~ medio ミドル級. ~ mosca フライ級. ~ pesado ヘビー級. ~ pluma フェザー級. ~ welter ウェルター級. 2《物理》重力. 2重要さ, 重要性; 影響力, 権威. ― Eso no tiene ningún ~. そんなことは全く重要でない. 3重圧. a)重圧, 重荷, 負担; 心配. b)心配, 不安. c)(身体の重苦しさ, だるさ. 4ペソ(メキシコ, チリ, フィリピンなどの貨幣単位). 5秤(ばかり). ▶ *a peso de oro [plata]* 高い値段で. *caer(se) de [por] su (propio) peso* 明白である, 確かである. *de peso* (1)(人)が分別のある, 賢明な; 影響力のある. (2)

(理由などが)決定的な, 重要な, 確かな. **en peso** (1) 高々と. (2) すっかり, まるごと, 全部. **valer** su **peso en oro** とても高価である.

pespuntar 他 …に返し縫いをする.
pespunte 男 返し縫い, バックステッチ. —medio ～ 半返し縫い.
pespuntear 他 …に返し縫いをする.
pesque(-), pesqué(-) → pescar [1.1].
pesquería 女 1 漁業, 水産業; 魚つり. 2 漁場, 釣り場.
pesquero, ra 形 漁業の, 漁(釣り)の. —buque ～ 漁船. industria pesque-ra 漁業, 水産業. puerto ～ 漁港. — 男 1 漁船, 釣り船. — 男 1 漁場, 釣り場. 2 漁獲高, 魚釣り.
pesquis 男 《話》賢さ, (頭の)鋭さ, 明敏, 洞察力.
pesquisa 女 調査, 取り調べ; 捜査.
pesquisador, dora 男女 捜査官, 刑事.
pesquisar 他 《まれ》を捜査(調査)する, 取り調べ捜索する.
pestaña 女 1 まつげ. 2 (帯状の縁じ), ふち; 突起したもの. — de un libro de mi 本の耳. 3 複 (植物の葉などの)細毛. — vibrátil 繊毛(じゅうもう). 4 〔情報〕タブ. ► **no pegar pestaña** 一睡もできない. **quemarse las pestañas** 目を使う仕事をたくさんする, 夜中まで勉強(仕事)する.
pestañear 自 まばたきする. ► **sin pestañear** (1) じっと集中して. (2) 動じることなく, 平然と. (3) すかさず, 迷わず.
pestañeo 男 まばたき.
peste 女 〔医学〕ペスト. — bubónica 腺ペスト. — negra 黒死病. 2 悪疫, 伝染病. 3 悪臭. 4 (不快な生物などの)大群, 異常発生, はなはだ大量である こと. —una ～ de cucarachas ゴキブリの大群[異常発生]. 5 (la ～)苦言[苦言], うっとうしい事[物, 人]. —Estos críos son la ～. この子達には手を焼く. 6 害悪, 混乱; 腐敗, 退廃. 7 複 悪口, 呪いの言葉. ► **echar [decir, hablar] pestes de…** …の悪口[不平]を言う, (人を)こきおろす.

pesticida 形 害虫駆除の, 除草の. — 男 農薬, 殺虫(殺鼠)剤, 除草剤, 駆除剤.
pestífero, ra 形 1 ペストの; 伝染性の. 2 有害な, 危険な. 3 悪臭のする. 4 厄介な, うっとうしい.
pestilencia 女 1 悪疫, 伝染病. 2 悪臭, 異臭.
pestilencial → pestífero.
pestilencioso, sa 形 1 ペストの悪疫の, 伝染病の. 2 悪臭を放つ.
pestilente 形 1 ペスト源の, 疫病をもたらす. 2 悪臭を放つ.
pestillo 男 かけ金, かんぬき, スライド錠, ドアロックの舌. — de golpe はね式の錠.
pestiño 男 (蜂蜜をつけた細い)パン菓子.
pestorejo 男 《まれ》太い襟首, 猪首.

pesuña 女 1 蹄; 蹄のある足. 2 〔中南米〕足の汚れ[にかい].
pesuño 男 (動物の爪のついた)指.
petaca 女 1 シガレットケース; 刻みタバコ入れ. 2 (携帯用の)平たい洋酒瓶. 3 〔メキシコ〕スーツケース; 手荷物. 4 〔中米〕大なぼし, 魚, 燻製品. — 女複 〔メキシコ〕〔話〕(シーツに細工をして)(人)がベッドに入れないようにいたずらをする.
petacón, cona 形 〔メキシコ〕《話》尻の大きい(人); 太った(人), でぶ.
pétalo 男 〔植物〕花びら, 花弁.
petanca 女 ペタンク(金属球を転がすゲーム).
petar 自 〔主に否定文で〕《話》(人)の気に入る (= gustar, agradar).
petardear 他 1 爆竹を鳴らす. 2 〔軍事〕(城門・城壁などに)を爆破する. — 自 爆音を出す, (車などが)バックファイアを起こす.
petardeo 男 (連続した)爆発音, 大音響.
petardista 男女 たかり屋, ぺてん師, 詐欺師. — 男 〔メキシコ〕悪徳政治家.
petardo, da 形 1 うっとうしい, しつこい, 飽き飽きさせる. — 男 1 爆竹, かんしゃく玉. 2 (城門・城壁破壊用の)爆薬[爆破装置]. 3 雷管. — ～ de señales 信号用雷管, 信号弾. 4 つまらないもの(人), 取るに足りないもの: 無能な人, 愚か者. —¡Vaya ～ de libro! なんてつまらない本だ. 5 醜い[不細工な]人.
petate 男 1 ござ, むしろ. 2 〔中南米〕(しゅろ製の)寝ござ. 3 旅行者の荷物; (兵士・船員・囚人などの携帯用に丸く巻いた)私物. ► **liar el petate** (1) 荷物をまとめる, 立ち去る準備をする. (2) 死ぬ.
petatearse 再 〔中米〕1 死ぬ. 2 マリファナを吸う.
petenera 女 ペテネーラ(アンダルシーア地方の民謡). ► **salir(se) por peteneras** とんちんかんな事をする[言う], 的外れな事を言う.

petequia 女 〔医学〕点状出血; 溢血点.
petición 女 1 要求, 要請; 嘆願, 申請. — ～ de mano 求婚. ～ de interrupción 〔情報〕割り込み要求. 2 請願; 嘆願書, 陳情書. ► **a petición de…** …の求め[要望, 申請]に応じて.
peticionar 他 〔中南米〕請願[要請, 請願]する, を訴える.
peticionario, ria 形 申請[要請, 請願]する; 申請[請願, 陳情]する.
petifoque 男 〔海事〕フライング・ジブ(船首最前方の三角帆).
petimetre, tra 形 《軽蔑》しゃれ者, めかし屋, ちゃらちゃらと着飾った若者.
petirrojo 男 〔鳥類〕ヨーロッパコマドリ.
petitorio, ria 形 要請[請願, 申請]の. — 男 1 〔話〕しつこい要請[請願]. 2 a) (薬局の)常備医薬品リスト. b) 製品リスト.
petizo, za, petiso, sa 形 参 〔南米〕(人)が背の低い(人). — 男 背の低い馬.

peto 男 **1** 胸当て. a)《服飾》胸当て, 胸飾り, サルペット; エプロンの胸当て, 前掛け, よだれ掛け. — pantalones con ~ オーバーオール型のズボン. ~ de trabajo 胸当て付作業ズボン. b)《甲冑, フェンシング用衣の》胸当て, 《野球のキャッチャーのプロテクター,《闘牛》ペト(ピカドールの馬に付ける主に革製の防具). **3** カメの腹甲. **4**《魚》《魚類》サワラ, カマサワラ.

petral 男《馬の》胸繋(むながい).

petrarquismo 男 ペトラルカ的な作風, ペトラルカ主義.

petrarquista 形男女 ペトラルカ風[調]の(詩人). — 男女 ペトラルカ崇拝者.

petrel 男《鳥類》ウミツバメ, シロハラミズナギドリ.

pétreo, a 形 **1** 石の, 石でできた. **2** 石の多い, 石ころだらけの. **3** 石のような, 堅い, 強固な; 冷え固まった.

petrificación 女 石化(作用), 化石物.

petrificar [1.1] 他 **1** を石化する[させる]. **2** を石のように硬くする, 硬直させる. **3** を(驚きなどで)身動きが出来なくする, 茫然とさせる. — se **1** 石化する. **2** 石のように硬くなる, 硬直する. **3**(驚きなどで)身動きが出来なくなる, 茫然とする.

petrodólar 男《経済》オイルダラー.

petroglifo 男《有史以前に特徴的な》岩面への陰刻[影刻].

petrografía 女 記載岩石学, 岩石分類学.

petrolear 他 を石油を噴霧する, (洗浄などのために)を石油にひたす.

petróleo 男 石油. ~ crudo 原油. pozo de ~ 油井. refinería de ~ 精油所. yacimiento de ~ 油田.

petrolero, ra 形 石油の, 石油に関する. — productos ~s 石油製品. — 男 石油タンカー. 石油精製[製造]業者.

petrolífero, ra 形 石油を産する, 含油の. — yacimiento ~ 油田. ▶ plataforma petrolífera (石油の)海洋掘削用プラットフォーム.

petrología 女 岩石学.

petroquímica 女 石油化学.

petroquímico, ca 形 石油化学(工業)の. — complejo ~ 石油化学コンビナート.

petulancia 女 **1** 横柄, 無礼, 傲慢, 恥知らず. **2** 思い上がり, うぬぼれ.

petulante 形 **1** 横柄な, 無礼な, 傲慢な, 厚顔無恥な. **2** 思い上った, 自惚れた.

petunia 女《植物》ペチュニア, ツクバネアサガオ.

peúco 男《乳児用の》ソックス.

peyorativo, va 形《言語》(言葉の意味が)軽蔑的な.

peyote 男《植物》ペヨーテ, ウバタマ(サボテンの一種). **2** ペヨーテ(ウバタマから採った幻覚剤).

pez¹ 男 **1** ピッチ; タール. ~ blanca 空気にさらして乾燥させた松やに. ~ griega《化学》ロジン, コロフォニウム. **2** 胎便(生まれたばかりの赤ん坊の便).

pez² [ペス] 男《ペ》複 **peces**] **1** 魚. ~ espada [emperador] メカジキ. ~ volante [volador] トビウオ. peces de colores 金魚. **2**《話》《形容詞を伴って》…の人, …なやつ. — Su hijo es un ~ de cuidado en la escuela. 彼の息子は街のならず者だ. **3**《話》獲物, (苦労して)手に入れたもの. ► como pez en el agua 水を得た魚のように, 生き生きとして. pez gordo《話》大物, 重要人物. reírse de los peces de colores《話》大したこととは思わない, どうなってもかまわない.

pezón 男 **1**《植物》葉・花・実などの柄, 軸. **2** 乳首, 乳頭. **3**《円錐状・乳首状の》突起, 先端部; (レモンなどの)先端. 《製紙用材木の》先端. **4**《機械》ハブ, ニップル. ~ de engrase グリースニップル. **5**《馬車のくびきを固定する棒. **6** 岬.

pezonera 女 **1**《機械》(車軸の輪止めピン), ハブキャップ. **2**《授乳用の》乳首キャップ. **3**《南米》哺乳ビン.

pezuña 女 **1** 蹄(牛・羊などの分蹄路). **2**《中南米》足の垢(あか). **3**《俗, 軽蔑, 戯》(人間の)足.

pharming《<英》**1**《情報》遺伝子組み換え生物栽培. **2**《情報》ファーミング.

phisher《<英》男女《情報》フィッシャー(インターネットを使う詐欺師).

phishing《<英》《情報》フィッシング(インターネットによる詐欺).

pi 女 **1** ピー, パイ(ギリシャ語アルファベットの第16字: Π, π). **2**《数学》パイ, 円周率 π.

piada 女 **1**《鳥のピヨピヨいう》鳴き声. **2** 他人を真似たまね.

piadosamente 副 **1** 情け深く, 慈悲深く. **2** 敬虔に, 信心深く.

piadoso, sa 形 **1** 情け深い, 慈悲深い. — mentira piadosa (方便としての)思いやりのうそ. piadosa sonrisa 優しい微笑. **2** 敬虔な, 信心深い.

piafar 自 (いら立った馬が)地面を前脚で蹴る.

pial¹ 男《中南米》投げ縄.

pial² 形 軟腹(はら)(柔腹)の.

piamadre, piamáter 女《解剖》軟膜, 柔膜.

piamente 副 敬虔に, つつしみ深く, 殊勝に.

piamontés, tesa 形名 ピアモンテ(Piamonte)の(人), ピアモンテ方言の. — 男 ピアモンテ方言.

pianísimo 副《音楽》ピアニシモ, きわめて弱く.

pianista 形男女 **1** ピアニスト. **2** ピアノ製作者, ピアノ販売人, ピアノ商人.

pianístico, ca 形 ピアノの; (曲などが)ピアノのために[に適した].

piano [ピアノ] 男 ピアノ. ~ de cola グランドピアノ. ~ de manubrio 手回しピアノ. ~ electrónico 電子ピアノ[オルガン]. ~ vertical [recto] アップライトピアノ. ► tocar el

piano ピアノを弾く; 食器を洗う; 指紋をとられる. —— 副 《音楽》ピアノで, 弱音[声]で.

pianofórte 男 《音楽》ピアノ.

pianola 女 ピアノラ, 自動ピアノ.

pian pian 副 だんだん, 少しずつ.

pian piano 副 →pian pian.

piante 男女 こごと屋, ぶつぶつ文句を言う人.

piar [1.5] 自 **1**《小鳥・ひな鳥が》ぴよぴよ鳴く. **2**《話》泣く, 口をはさむ. **3**《+ por》《話》をせがむ. **4** 不平を言う, ぶつぶつ言う. ▶ **piarlas** 《話》不平を言う, 文句をつける.

piara 女 **1** 豚の群れ; 《まれ》《馬[羊]の》群れ. **2**《軽蔑》《人の》集団, 群れ.

piastra 女 **1** ピアストル《中東諸国の補助通貨単位》. **2**《16世紀イタリアのピアストル硬貨》. **3**《隠》ペセタ《スペインの旧通貨単位》.

pibe, ba 名《南米》子ども.

pica 女 **1** 槍; 《闘牛》ピカドールの槍. **2** 剣先状のハンマー頭. **3** 鍬《トランプの》スペード. **4**《中米・南米》森の小道, 細道. ▶ **poner una pica en Flandes** 困難な事をやってのける.

picacera 女 《南米》恨みつらみ, 憎しみ.

picacho 男 尖峰, 尖った山頂.

picada 女 **1** 刺す[つつく]こと. **2** 刺し傷[跡], つついて出来た穴[傷]. **3**《南米》森の小道. **4**《南米》《酒の》つまみ.

picadero 男 **1** 乗馬学校, 馬術練習場, 馬場. **2**《船舶》竜骨盤木. **3**《隠》密会場所, ラブホテル.

picadillo 男 **1**《肉や野菜などを細かく刻んだ料理・薬味, みじん切り. —— de cebolla タマネギのみじん切り. **2**《ソーセージ, 腸詰め用の》豚のひき肉. ▶ **estar hecho picadillo**《話》へとへとに疲れている; 《精神的に》まいっている. **hacer picadillo a...**《話》《しばしば脅し文句で》《人》をひどくやっつける.

picado 男 **1** 刺すこと; 細かく刻むこと. **2** 穴あけ, パンチング; 《装飾用の》穴あけ. **3**《エンジンの》ノッキング. **4**《音楽》スタッカート, 断音. ▶ **en picado**《飛行機・鳥が》急降下して, まっさかさまに; 《人気・通貨・売上げなどが》急激に低下して[落ち込んで]. —caída en picado del dólar ドルの急落.

picado, da 形 (→picar) **1**《虫などに》刺された, 咬まれた. **2** 虫食いのある. —diente ~ 虫歯. **3** 細かい穴のあいた, 《魚皮に》穴があいた. —zapatos ~ 飾り穴模様のついた靴. **4** 細かく刻んだ, 挽いた. —carne picada 挽き肉. cebolla picada タマネギのみじん切り. **5** あばたになった. **6** 腐った, 劣化して酸っぱくなった. —vino ~ 酸っぱくなったワイン. **7** 荒れた; むっとした, 腹を立てた. —mar ~ 荒れた海. **8**《メキシコ》《刃物で傷つけられた. **9**《中米・南米》《話》ほろ酔い気分の; 《メキシコ》《酒や遊びに》溺れた.

picador, dora 名 **1**《闘牛》ピカドール《馬上から牛の肩を槍で刺す役》. **2**《馬の》調教師, 調練師. **3**《つるはしを使う》切羽作業員, 鉱夫, 坑夫. **4** 肉切り台. —— 女 フードプロセッサー, 細かく刻む機械[道具]; 肉切り器. —— 形 刺す.

picadura 女 **1** 刺すこと, 刺し傷. **2**《虫などが》刺すこと, 咬む》こと; 《虫などの》刺し傷, 咬み傷. **3**《鳥が》つつくこと, つつき傷. **4** 虫食い, 虫食い穴. **5**《金属などの錆による》穴, 腐食. **6** 虫歯. **7**《装飾用の》穴あけ, パンチング. **8** 刻みタバコ. **9** みじん切り. —— de cebolla タマネギのみじん切り.

picaflor 男 **1**《鳥類》ハチドリ. **2**《中米》女たらし, 浮気な男.

picajón, jona 形 《話》短気な, 怒りっぽい.

picajoso, sa 形 《話》気難しい, 神経過敏な, 怒りっぽい.

picamaderos 男 《単複同形》《鳥類》キツツキ.

picana 女 《南米》**1**《牛追いの》突き棒. **2** 牛の尻肉. **3** 高電圧の棒による拷問.

picanear 他 《南米》**1**《牛》を棒で突く, 棒で突いて追いたてる. **2**《人》を野次って苛立たせる. **3** を高電圧の棒で拷問する.

picante 形 **1**《味》の刺すような. a) (ぴりっと)辛い, 香辛料《薬味》の効いた. —pimentón ~ 唐辛子. b) 酸っぱい. **2** 辛辣な, 痛烈な. **3**《話》いやらしい, 色っぽい》性やタブーに触れた. **4**《ギリ》服装の趣味の悪い. —— 男 **1** 辛味, 刺すような味, 酸味; こしょう. **2** 痛烈さ, 辛辣さ. **3**《中米・南米》a) 辛味の効いた料理. b) チリソース. **4**《話》くつ下.

picantería 女 《南米》辛い料理の飲食店.

picapedrero 男 石工.

picapica, pica-pica 女 《南米》《植物》フロアチア《ホルトノキ科の植物》. **2**《いたずら用の玩具で触れるとチクチク《むずむず》する実. —polvos [polvillos] (de) ~ 催痒粉末. **3**《隠》蒸れの場合の検札係.

picapleitos 男女 《単複同形》《話, 軽蔑》訴訟屋, 訴訟好きの人; へぼ弁護士.

picaporte 男 **1**《ドアの》たたき金, ノッカー. **2**《ドア・窓等の》掛け金, 掛け金式のノブ. **3** 自動ロックドアのラッチボルト.

picar

picar [ピカル] [1.1] 他 **1** a)《鳥がくちばしで》をつつばむ, つつく; 《虫がその口先や針で》を突く, 刺す, 咬む). —Me ha picado un mosquito en la oreja. 私は蚊に耳元を刺された. b) をつまむ, つつく; 《食欲がなくて食物を》をつつくだけにする. —— uvas ブドウを一粒ずつつまむ. **2**《魚が釣針の餌に》食いつく. **3** a)...に穴を開ける. b)《切符》にはさみを入れる. を切る. —— un billete 切符にはさみを入れる. c)《紙などに》ミシン目を入れる. **4**《食物を》みじん切りにする. 砕く; (肉)を挽く, ひき肉にする. —— unas cebollas タマネギをみじん切りにする. — hielo 氷を砕く. **5**《情報》《キーボード・データ》を打ち込む. **6** a)《闘牛》《槍で牛》を突く. b)《馬》に拍車をかける. **7** a) をそそのかす, 煽動する. —— la curiosidad 好奇

picardear

心を刺激する. b)をヒリヒリさせる; をチクチクさせる. c)〘話〙を不快にする, 怒らす. **8** a)を腐食する. b)を虫食にする. c)を摩耗させる, すり減らす. **9** (バスケットボールでボール)をバウンド・パスする. **10** (ビリヤードで球をマットで突く(キューを立てて突く). **11** (石)を砕く, 〜 la piedra 石を砕く. **12** (音楽)をスタッカートで演奏する. —— 自 **1** 〘+ en〙(つるはしその他先端のとがった物で)突く, 掘る. **2** a)〘+a〙間食にとる, つまむ. b) (魚が)餌首を突っ込む, 手を出す, …のまわりをなでる. c) (エサなどに)食いつく. **3** a)チクチクする, ヒリヒリする. —Me pica el pecho. 私は胸のあたりがかゆい. b) ピリ辛である. —Esta sopa pica. このスープは辛い. **4** (太陽が)ジリジリ照りつける. **5** (飛行機が機首を下げる, 急降下する. **6** だまされる, わなにかかる, 落とし穴にはまる. **7** 〘+en〙ほとんど…である, (…)に近い. —Su actitud pica en la frescura. 彼の態度にはかなり無礼に近い. **8** スタッカート・ピチカートで演奏する. ▶ picar (muy) alto 〘大変な)高望みをする. —— se 再 **1** 興奮する, 怒る. —Se picó porque te resiste. 君が笑ったから彼は怒ったんだぞ. **2** a) (布)に穴が開く. b) (布)が虫食になる. **3** (自分の体に)(針などを)刺す. **4** (飲食物が)いたんだ, 腐る; 虫食になる; (ワインが)すっぱくなる. —Se me ha picado una muela. 私の奥歯が1本虫歯になった. **5** (水面に)波が立つ. **6** (表面が)ひび割れる; 豆が落ちる. **7** 〘+de〙気に入る, 欲しがる. **9** 〘俗〙(自分で)時計で麻薬を打つ.

picardear 他 …に悪いこと[いたずら]を教える. —— 自 **1** 悪さ[いたずら]をする. **2** 悪態をつく. —— se 再 悪い道にも足を踏み入れる.

picardía 囡 **1** 悪さ, 悪事, ならずものふざけ. **2** 悪賢さ; 偽装; ぺてん. **3** 品のなさ, 卑劣; 猥雑, 品のない冗談. **4** 悪意, 無礼な言動. **5** ならず者の所業.

picardo, da 形名 (フランス北部)ピカルディー (Picardia) 地方(出身)の(住民). —— 男 ピカルディー方言.

picaresca 囡 **1** ならず者不良, ごろつき)の集団. **2** ならず者の人生, 不良生活. **3** ピカレスク小説, 悪漢小説.

picaresco, ca 形 **1** 悪者の, ならず者の. —novela picaresca ピカレスク小説, 悪漢小説. **2** いたずらっぽい, 茶目っ気のある.

pícaro, ra 形 **1** たちの悪い, 悪賢い, ならず者の. **2** 悪意のある, 狡猾な; —palabras pícaras とげのある言葉. **3** いたずらな, 腕白な, ふざけた. **4** いやらしい. —— 名 **1** 悪党, ならず者 (ピカロ(ピカレスク小説の主人公)). **2** 悪賢い人, 抜け目ない人. **3** 恥知らずの人, ならず者. **4** (親しみを込めて)いたずらっ子. ▶ pícaro de cocina 見習いコック, 皿洗い.

picarón, rona 形 〘話〙いたずらな, 腕白な; 抜け目のない; 冗談のきいた. —— 名 いたずらっ子, 腕白小僧; (親しみを込めて)

いい奴, 抜け目のない奴. —— 男 〘主に南米〙(サツマイモとカボチャで作った)揚げ菓子.

Picasso 固名 ピカソ (Pablo 〜) (1881-1973, スペインの画家).

picatoste 男 トースト・揚げパンの小片. —sopa con 〜s クルトン入りのスープ.

picaza 囡 〘鳥類〙カササギ.

picazo¹ 男 (尖った物で)つつくこと, 刺すこと; つつき傷, 刺し傷.

picazo² 男 白黒ぶち模様の馬・ロバ.

picazón 囡 **1** むずがゆさ, 掻痒感. **2** いら立ち, そわそわする感じ; 不快, 不満.

piceá 囡 〘植物〙エゾマツ, トウヒ.

picha 囡 〘俗〙ペニス.

pichanga 囡 **1** 発酵しきっていないワイン. **2** 〘中南米〙ほうき. **3** 〘チリ〙草サッカー.

pichar ⟨英⟩男 〘中南米〙(野球でボール)を投げる.

pichel 男 (ふたのついた金属製の)ジョッキ.

pícher ⟨英⟩男 〘中南米〙(野球での)投球, ピッチング.

pícher ⟨英⟩男女 〘複〜s〙〘中南米〙(野球の)ピッチャー.

pichi¹ 男 〘チリ〙〘植物〙ナス科の薬用植物(利尿剤として用いられる).

pichi² 男 〘服飾〙ジャンパースカート.

pichichi 男 〘サッカーでその年の得点王〙, 得点王トロフィー.

pichilingo, ga 名 〘メキシコ〙子ども, 幼児.

pichin → pidgin.

pichincha 囡 〘南米〙掘り出し物; 値引き; おいしい商売.

pichirre 男女 〘中南米〙けち (=avaro, tacaño).

pichiruche 男 〘南米〙凡庸な人, 取るに足りない人.

pichón, chona 形 **1** 〘中南米〙未熟な, 経験の浅い. **2** 〘中米〙おどおどした, 小心の. —— 名 **1** (異性に対して)かわいい人, いとしい人. **2** 〘中南米〙未熟者, 新米. **3** 〘中南米〙鳥の雛. —— 囡 雌バト.

pichula 囡 〘俗〙ペニス.

pichulear 自 **1** 〘南米〙〘話〙細々とはけちけちと)商売をする. **2** 〘南米〙人をからかう. **3** 〘中米〙瑣事の仕事を転々とする.

Picio 男 ▶ más feo [tonto] que Picio (人が)ひどく醜い[馬鹿な].

picnic ⟨英⟩男 〘複〜s〙ピクニック. —ir de 〜s ピクニックに行く. **2** 野外で食べる弁当.

picnico, ca 形名 (手足が短く)肥満体の(人).

pico 男 **1** (鳥の)くちばし (昆虫などの細長い口. **2** 突き出た口, 角, 隅, (スカートなどの)裾. —sombrero de tres 〜 三角帽子. **3** (容器などの)注ぎ口, 口. —el 〜 de la cafetera コーヒーポットの(注ぎ)口. **4** 山の頂, 峰; 頂のとがった山. **5** 端数, 少々, 少し. —Son las dos y 〜. 2時少し過ぎです. **6** 〘+

picón un] 大金, かなりの額. —**costar** *un* **pico** ～ かなりいい値段である. **7**《話》(しゃべるための)口; おしゃべり. 饒(ｼﾞｮｳ)舌. —**callar [cerrar] el** ～ 黙る. 口をつぐむ. —**perderse por el** ～ 口が禍して身を滅ぼす. **8** つるはし, ピッケル. **9**《鳥類》キツツキ. **10**《中南米》《話》キス. ▶ **andar [ir**se**] de picos pardos** どんちゃん騒ぎをする, 浮かれ騒ぐ. **cortado a pico de hacha** 切り立った. **darLE al pico**《話》よく話す, 冗舌になる. **darse el pico**《俗》キスをする. **hincar el pico**《話》くたばる, 死ぬ; やられる, 屈服する. **pico de oro**《話》話のうまい人, 口達者; うまい話, 上手な説明.

picón, cona 形 **1**(馬などが)出っ歯の. **2**怒りっぽい, 短気な. —男 **1**(火器用の小さな)木炭. **2**《魚類》トゲウオ. **3**冷やかし, からかい.

picor 男 **1** むずがゆさ, 掻痒(ｿｳﾖｳ)感. **2** 舌がひりひりすること.

Picos de Europa 固名 ピコス・デ・エウロパ(スペイン北部のカンタブリアからアストゥリアスにかけての連峰).

picoso, sa 形 **1** あばたぢらけの. **2**《メキシコ》辛い. **3**《メキシコ》快活な; 痛烈な.

picota 女 **1**(罪人の)さらし台. **2** 尖塔, 尖峰. **3** ビガロー種のサクランボ. ▶ **poner en la picota** きわどい[由々しい]状態に置く.

picotada 女 →picotazo.

picotazo 男 **1**(くちばしでつつくこと; (虫などが)刺すこと. **2** つついた跡; 刺し傷.

picotear 他 **1** くちばしでつつく. **2** 少量ずつ食べる, つまみ食いする. —男 **1** くちばしでつつく. **2**(馬が)首を上下に振る. **3** 色々な物を少量ずつ食べる. **4**《話》おしゃべりする.

picoteo 男 **1** くちばしでつつくこと. **2** 少しずつ食べること, つまみ食い.

picotería 女《話》無駄に[無神経に]しゃべらないこと; 話したくうずうずすること.

picotón 男《南米》くちばしでつつくこと; (虫が)刺すこと; つついた跡, 刺し傷.

pícrico, ca 形 《化学》 ▶ **ácido pícrico** ピクリン酸.

pictografía 女 絵文字; 絵文字による表記.

pictograma 男 絵文字, 象形文字.

pictórico, ca 形 **1** 絵画の, 絵画に関する. —**obra pictórica** 絵画作品. **2** 絵になる. —**paisaje** ～ 絵になる風景.

picudo, da 形 **1** 先のとがった; (鳥が)くちばしの長い. —**sombrero** ～ とんがり帽子. **nariz picuda** とがった鼻. **2** 口の大きな, 口の開いた. **3**《中米》《＋para de》すぐれた, 上手な. **4**《中米》影響力のある; ずる賢い, 弁の立つ. —男 焼き串.

pid- 動 →pedir[6.1].

pidgin [＜英] 男 《言語》混成言語, ピジン.

pídola 女 馬跳び. —**saltar a** ～ 馬跳びをする.

pidón, dona 形 女 ねだり屋(の), しつこくせがむ(人).

pie [ピエ] 男 **1** 足. a)(人間や動物の)はだしの)足, (履きものをはいた)足. —～ **plano** 偏平足. b)—男 歩行, 歩み. c)足もと. —**echarse a los pies** del rey 王の足もとにひれ伏す. d) 靴下の足を覆う部分. **2** 物の下の部分. a)(山の)麓(ﾌﾓﾄ), 山すそ; (階段の)下; (木の)根元. —～ **de la colina** 丘の麓. ～ **de la escalera** 階段の下. b)(家具や器物などの)台, 支え, 脚; (建物や柱の)基部. —～ **de la estatua** 彫像の台座. **3** 末尾, 最後; (書物の)最後の部分(署名や日付が書かれる), ページの下の余白. —**a** ～ **de página** ページの下に. **4**(長さの単位)フィート. **5**(写真·図版の)説明文, キャプション. **6** 状況, 状態. —**estar en** ～ **de guerra** 戦争態勢に入っている. **7**(植物の)幹, 茎; **1** 本, **1** 株. **8** 根拠, 口実; きっかけ. **7**(演劇)(他の役者に渡す)きっかけのせりふ, キュー. —**dar** ～ きっかけを与える. **9**(韻文で)詩の単位. **10**《主に複》韻文の**1**行を構成する単位. **10**《主に複》平面上で足にあたる部分. ―**los** ～**s de la cama** ベッドの足もとに. b) —**los** ～ **de la iglesia** 教会の入口部分. ▶ **a cuatro pies** 四つんばいになって. **al pie de...**(1)約, 近くで. (2) 近くに, 傍に. **al pie de la letra**(1)文字どおり, 一字一句に正確に. (2)素直に. **a pie** 歩いて. **a pie enjuto** 足を濡らさずに; 犠牲をはらわないで, たやすく. **a pie firme**(1)じっと動かずに. (2)忍耐強く, 執拗に. **a pie(s) juntillas**(1)足をそろえて. (2)少しも疑わずに. **arrastrar los pies**(1)足をひきずって歩く. (2)年をとっている. **atar de pies y manos**《話》(人を)動けなくする, (人)の自由を奪う. **besar los pies a...** …の意のままに(特に男性が女性に対して敬意を表すことば). **buscar tres [cinco] pies al gato** 不必要に問題を複雑にする, わざわざ面倒なことをする. **caer de pie(s)**《話》運良く困難を無事に切り抜ける. **cojear del mismo pie**《話》(人と)同じ欠点を持つ. **con buen pie** 好調なすべりだしで, 出だし良く. **con (el) pie derecho** 好調なすべりだしで, 出だし良く. **con (el) pie izquierdo** 不調なすべりだしで, 出だし悪く. **con mal pie** 不調なすべりだしで, 出だし悪く. **con pie(s) de plomo**《話》ひどく, でたらめに. **con pie(s) de plomo** 慎重に, 用心深く, ゆっくりと. **de a pie** 歩兵の. **de pie(s)** 立って; 寝ないで. —**ponerse de pie** 立ち上がる. **de pies a cabeza** すっかり, 完全に. **echar pie atrás**(2)前言を取り消す. **echar pie a tierra**(馬などから)降りる. **echarse a los pies de...** …の人の足元により頼む. **en pie**(1)立って; 寝ないで. (2)未解決のままで; 効力を失わずに. **estar el pie del cañón** 義務に忠実である, **hacer pie**(水中で)足が底につく, 足が届く. **írsele los pies** 足を滑らす; 軽率なことをする. **nacer de pie(s)** 幸運な星の下に生まれる, 運がよい. **no dar pie con bola**《話》何をやっても失敗する, へまばかり

りする。 *no poder tenerse en pie* [*de pie*] 疲れ切っている、くたくたである。 *no poner los pies en el suelo*《話》大急ぎで歩く。 *no tener ni pies ni cabeza*《話》でたらめである、支離滅裂である。 *parar los pies*《話》(何かを言ったりしたないように)抑える、引き止める。 *perder pie* (水中で)足が底につかない。 *pie de atleta*《医学》水虫。 *pie de banco* の外れな言動。 *pie de imprenta* 書物の奥付け。 *pie de rey* (工具の)ノギス。 *Pies, para qué os quiero.*《話》逃げるが勝ち、さっさと逃げ出そう(逃げる決心をしたときのことば)。 *poner los pies en el suelo*《話》起床する。 *poner pies en polvorosa*《話》あわてて逃げる、さっと姿隠れする。 *ponerse en pie* [*de pie*] 立つ、立ち上がる。 *por pies* 大急ぎで、全速力で。 *por* su (*propio*) *pie*《話》自分の足で、歩いて。 *saber de qué pie cojea* (人の)欠点をよく知っている、弱点をよく知っている。 *sacar los pies del plato*《話》突然大胆になる、支離滅裂である。 *sin pies ni cabeza* でたらめの、支離滅裂である。 *volver pie atrás* 後退する、後戻りする;前言を取り消す。

piececito 男 小さな足;《幼》あんよ。

piedad 女 1 哀れみ、同情、憐愍。2《宗教》信心(深き)、敬虔(けい)、(人、特に親に対する)深い愛情。~ *filial* 親に対する子供の愛。3《宗教、美術》ピエタ(キリストの遺体を抱いた聖母マリアの絵や彫刻)。

piedra [ピエドラ] 女 1 石、岩石。小石、石材。~ *angular* 隅石、礎石;基礎。~ *de afilar* 砥石。~ *de cal* 石灰石。~ *de chispa* [*pedernal*] 火打ち石。~ *de mechero* ライターの着火石。~ *de molino* (風車や水車の)ひき石、臼石。~ *falsa* 人造宝石。~ *fina* [*preciosa*] 宝石。~ *fundamental*《建築》礎石;基礎。~ *miliar* 里程標、マイル標石。~ *pómez* 軽石。2 (石のように)冷たいもの; 硬いもの。~*un corazón de* ~ 冷酷な心。3《集合的に》あられ、ひょう。4《医学》結石 (= *cálculo*)。▶ *ablandar las piedras* 石のように冷たい心の持ち主でさえ悲しくさせる、どんな人にも哀れみを感じさせる。 *a tiro de piedra* 石を投げて届く近い距離に、目と鼻の先の距離に。 *cerrar a piedra y lodo* 堅く閉じる、しっかり閉める。 *dejar* [*quedarse*] *de piedra* ひどく驚かせ[く]、仰天させる[びっくり仰天する]。 *Edad de* (*la*) *Piedra* ~ *edad*。 *hasta las piedras* みんな、全員。 *menos da una piedra* 無いよりはまし。 *no dejar piedra por mover* 全力を尽くす、あらゆる手段を講じる。 *no dejar* [*quedar*] *piedra sobre piedra* 完全に破壊する[破壊される]。 *piedra de escándalo* うわさの種、さわぎのもと。 *piedra de toque* 試金石、真価を試すもの。 *piedra filosofal* 賢者の石(錬金術師が捜していた金銀を人工的に作り出す力のある物質)。 *poner la primera piedra* 事業を始める;《建築》礎石を置く。 *tirar la piedra y esconder la mano* 素知らぬ顔で人を傷つける、陰に回って人を攻撃する。

piejo 男《俗》《虫類》シラミ。

piel [ピエル] 女 1 皮、皮膚、肌。~ *de gallina* 鳥肌。2 革、なめし革、革製品。—*artículos de* ~ 皮革製品。3 (複数でも用いられる)毛皮、毛皮製品。—*un abrigo de* ~*es* 毛皮のコート。4 (果物などの)皮。▶ *a flor de piel* flor。 *dar* [*dejar*] *la piel*《話》のために何でもする、…のためなら死んでもいい。 *dejarse* [*jugarse*] *la piel*《話》一所懸命になる、(何かに)命を懸ける。 *pagar con* [*perder*] *la piel* 命を落とす。 *quitar* [*sacar*] *la piel a tiras*《話》(人に対して)不平を言う、悪口を言う。 *salvar la piel* 命を救う。 *ser* (*de*) *la piel del diablo* (子どもが)とてもいたずらである、腕白である。

piélago 男 1 a)《文》海、海原。b) 沖合、遠洋。2《文》空間、余地。3 多量、たくさん、—*un* ~ *de dudas* 数えきれない程の疑問点。

piens- ⟶ *pensar* [4.1]。

pienso¹ 男《古》思考、思想、考え。▶ *ini por pienso!*《話》絶対に(…ない)、何があっても(…ない)。

pienso² 男 1 (家畜の)飼料、飼い葉、まぐさ。~ *compuesto* 配合飼料。2《話》食べ物、飲み物、飯。

piercing 男《英》《穴》(ピアス用の)穴あけ、穴抜き (= *pirsin*)。

pierd- ⟶ *perder* [4.2]。

pierna [ピエルナ] 女 1 脚、足、下肢(足首から下まで)。~ *artificial* 義足。 *cruzar las* ~*s* 脚を組む。 *media* ~ 膝()。2《料理用》の腿肉、脚肉。▶ *a pierna suelta* [*tendida*]《話》安心して、ゆっくりと。 *estirar* [*extender*] *las piernas*《話》(長く座った後で)散歩する;(緊張の後で)気分転換をする。 *estirar la pierna*《話》死ぬ。 *hacer piernas* 歩く。

piernas 男《単複同形》《話》何の力もない人。

pierrot《仏》男 ピエロ、道化師。

pietismo《宗教》敬虔主義[派](17世紀ドイツのルター派教会から起った運動)。

pietista《宗教》敬虔主義[派]の——男女《宗教》敬虔主義者。

pieza [ピエサ] 女 1 (断面、部分、単位としての)1つ、1個、1点;(紙や布の)1巻き、1反。—*un traje de tres* ~ 三つ揃えのスーツ。 *un dos* ~*s* ツーピース[ビキニ]。2 部品、パーツ。~ *de recambio* 交換部品、スペア。3 当て布、継ぎ。4 (建物の構成要素としての)部屋、室。—*Este piso tiene cinco* ~. 《口》—*Mi habitación* 5 部屋あります。5 (狩りや漁の)獲物。6 (主に一幕ものの)戯曲、小品。7 (音楽)曲。—~ *de Calderón* カルデロンの小品。8 硬貨、貨幣、7 (チェスなどの)駒、石。9 (漠然とした)もの、物。品。~ *de museo* 美術品。~ *de artillería*

《軍事》大砲, 重火器. ～ oratoria 演説, スピーチ. **10**《俗》やつ, 人. —iBuena ～ estás hecho! おまえもたいした悪党だ. ▶ *de una pieza*《話》ひどく驚いた, あきれた, びっくり仰天した.

piezoelectricidad 囡《物理》圧電気.

piezoeléctrico, ca 形《物理》圧電気の.

piezómetro 男《物理》ピエゾメーター(圧縮率を測る装置).

pífano 男《音楽》ファイフ. —— 男女《音楽》ファイフ奏者.

pifia 囡 **1**《話》ばかな間違い, 大失敗, へま. **2**《ビリヤード》の突き損ない.

pifiar 他 **1**《話》失敗する. **2**《ビリヤード》で玉を突き損ねる.

pigargo 男《鳥類》オジロワシ. ～ *cabeciblanco* ハクトウワシ.

pigmentación 囡《生物》色素形成[沈着].

pigmentar 他 …に着色[彩色]する; …に色素を沈着させる. —— 自《生物》色素が沈着する.

pigmentario, ria 形《生物》色素の.

pigmento 男 **1** 顔料. **2**《生物》色素.

pigmeo, a 形名 **1**《*P*~》ピグマイオイ(の), 小人族(の). **2** ピグミー族(の). **3** きわめて小さい(人);《話》ちびの(人).

pignoración 囡 抵当[質]に入れること, 質入.

pignorar 他 を質に入れる, 抵当に入れる.

pigre 形 緩慢な, 鈍い, 怠惰な, だらしない, 不注意な.

pigricia 囡 **1** 怠慢, 怠惰, 不注意. **2**《南米》わずかな物, ささいなもの.

pija 囡《俗》ペニス.

pijada 囡 **1**《俗》ささいなこと. **2** 下らない[ばかげた]こと. **3** 見苦しい装飾品.

pijama 男《服飾》パジャマ, 寝巻き.

pije 男女 〖南米〗気取った[気さくな]人, お高くとまった(人).

pijo, ja 形名《俗, 軽蔑》上級階級気取りの(人), 上品ぶった(人). —— 男 **1**《俗, 軽蔑》つまらないこと, 無意味なもの. **2**《俗》ペニス. ▶ *(y) un pijo*《俗》否定[拒絶]ほとんど[全く, 少しも]…でない; とんでもない.

pijota 囡 メルルーサの幼魚.

pijotada 囡 →pijotería.

pijotería 囡 **1**《俗》ばかげたこと[もの]. **2** めんどう, やっかい, 煩わしいこと[もの].

pijotero, ra 形《俗, 軽蔑》煩わしい, 不愉快な.

***pila¹** 囡 **1**《乾》電池, 蓄電池, バッテリー. ～ *atómica* 原子炉. ～ *eléctrica* 電池. ～ *recargable* 充電池. ～ *seca* 乾電池. **2** 積重ね, 山盛りの山;《話》たくさん, 多量[数]. —*una* ～ *de papeles* 書類の山. ▶ *cargar las pilas* エネルギーを補充する. *ponerse las pilas* 迅速に行動する.

***pila²** 囡 **1**(洗面台や流し台の)水槽, シンク;(噴水などの)水盤, 水鉢. **2**《宗教》(教会の入り口にある)聖水盤; 洗礼盤. —— ～ *de agua bendita* 聖水盤. ～ *bautismal* 洗礼盤. *nombre de* ～ 洗礼名. *sacar de pila*(洗礼式の)代父[母]になる.

***Pilar** 固名 **1** ピラールの聖母. ◆*Nuestra Señora del Pilar*. スペイン, サラゴサの聖堂内の柱上に祭られる聖母. **2**《女性名》ピラール. **3** ピラール(パラグアイの都市).

***pilar¹** 男 **1**《建築》柱, 支柱; 橋脚. **2** 支えとなる人, 大黒柱, 重鎮. **3** 柱状のもの, 記念碑, 道標, 標石. **4**(噴水などの)水盤.

pilastra 囡《建築》(壁の一部を張り出した)柱形, 片蓋[蛇]柱.

pilates 男 ピラテス式体操(健康法の一種).

pilcha 囡《主に複》〖南米〗衣類; 古着, 襤褸(ぼろ).

píldora 囡 **1** 錠剤, 丸薬. **2**《話》ピル, 経口避妊薬. **3**《話》悪い知らせ. ▶ *dorar la píldora*《話》うまくごまかしてくるめる. *tragarse la píldora* 嘘を信じ込む.

pileta 囡 **1**《宗教》(小さな)聖水盤. **2**(台所の)流し. **3**〖南米〗プール. **4**《家畜の》水飲み場.

Pili 固名《女性名》ピリ(Pilar の愛称).

pilífero, ra 形《生物》毛のある; 多毛の.

pillaje 男 **1**《軍事》掠奪, 略奪. **2** 盗み, ぶんどり.

pillar 他 **1**《話》を捕える, 取り押さえる. **2**《話》を手に入れる. 捕まえる. **3**《車》にひく. —*La puerta me pilló la mano*. 私はドアに手を挟まれた. **4**(に)到着する, 行き着く. **5**(ある病気・精神状態)になる, かかる. —～ *un resfriado* 風邪をひく. —～ *una rabieta* 癇癪(かんしゃく)を起こす. **6** …の不意を突く. **7**(よくないことをしている人を)見出す, 取り押さえる. —*El profesor me pilló copiando*. 私はカンニングしているところを先生に見つかった. **8**《話》を手に入れる, 見つける. —— 自 **1** 位置する, ある. —*Correos me pilla cerca*. 郵便局は私の家から近い. **2**(指などが)はさむ. —*Me pillé un dedo con la puerta*. 私はドアに指を挟まれた.

pillastre 男女 **1**《話》ごろつき, ならず者. **2**(愛情を込めて)いたずら者, いたずらっ子, 腕白.

pillastrón 男女 **1**《話》ごろつき, ならず者. **2**(愛情を込めて)いたずら者, いたずらっ子, 腕白.

pillear 自《話》**1** いたずらばかりする, 悪さばかりする. **2** 無頼な[やくざな]生活を送る.

pillería 囡 **1** ぺてん, 詐欺(さぎ). **2** いたずら. **3**〖集合的に〗ごろつき, 悪党.

pillín, llina 形名《話》(愛情を込めて)いたずらっ子, ずる賢い(子).

pillo, lla 形名《話》**1** 行儀の悪い(子), 腕白な[坊主]. **2** ずる賢い(人), 狡猾な(人), 抜け目のない(人); ならず者, ごろつき.

pilluelo, la 形名《話》行儀の悪い(子), いたずらっ子, 腕白(な).

pilón¹ 男 **1**(家畜の)水飲み場. **2**(噴水の)水盤, 水鉢. **3**臼(うす); 粉砕機, すり鉢. **4**

大量,(物の)山.

pilón[男] **1**〖建築〗塔門,塔,石柱. **2**(円錐形の)砂糖塊.

piloncillo[男]〖メキシコ〗**1**〘話〙(円錐形の)赤砂糖.**2**親切な人.

pilongo, ga[形]**1**(体格が)ひょろ長い,やせた.**2**(栗が保存のために)干された. ——[女](保存用の)干し栗. **▶ castaña pilonga**(保存用の)干し栗.

píloro[男]〖解剖〗(胃の)幽門.

piloso, sa[形]〖獣〗毛の多い.

pilotaje[男]**1**〖海事〗水先案内.**2**〖航空〗航空機などの操縦(術).**3**〘集合的に〙〖建築〗杭,パイル.

pilotar[他]**1**〖海事〗(船の)水先案内をする.**2**(航空機・気球などを)操縦する.**3**(車を)運転する.

pilote[男]杭,パイル.

pilotear[他]→pilotar.

pilotear[2][他]〖建築〗基礎杭[パイル]を打つ.

piloto[男・女]**1**(航空機の)操縦士,パイロット;(車やオートバイの)レーサー. ~ automático オートパイロット. ~ de fórmula uno フォーミュラワンのレーサー. **2**〖海事〗水先案内人;航空(士),(商船の)2等航海士. ~ de altura 外洋操縦具. ~ práctico 港湾水先案内人. ~ [男](ガス器具の)口火,表示灯,パイロットランプ;(車のテールランプ.~ de los frenos [del aceite](車の)ブレーキ[オイル]ランプ. ——[形]〖無変化〗試験的な,実験的な;模範の.~piso ― モデルルーム.planta ― 実験プラント.

pilpil, pil-pil[男] **▶bacalao al pilpil**〖料理〗(バスク地方の)タラのニンニク煮込み.

piltrafa[女]**1**〘話〙筋ばかりの肉.**2**〘話〙役に立たないもの[人],くず,スクラップ.

pimentero[男]〖植物〗コショウ(胡椒)の木.**2**コショウ入れ.

pimentón[男]〖料理〗パプリカ.

pimienta[女]〖料理〗コショウ(の実),胡椒,ペッパー.~ blanca [negra]ホワイト[ブラック]ペッパー.~ molida [en grano]粉にひいた[粒のままの]コショウ.

pimiento[男]〖植物〗ピーマン,トウガラシ;シシトウガラシ,パプリカ.~ morrón 甘トウガラシ,ピーマン.~ rojo 赤ピーマン.~ del(l) piquillo ピキーリョ種の赤ピーマン(ナバラ州 Lodosa 産で三角形をしている). **▶ importar un pimiento a…** 〘話〙[+ que + 接続法]…することは少しも構わない,全く気にしない,何の関心も引かない. **no valer un pimiento**〘話〙何の価値もない. **ponerse como un pimiento** 真っ赤になる,赤面する.

pimpampum[男](祭りの小屋などで球をぶつける)人形倒しゲーム.

pimpante[形]しゃれた,粋で優雅な;派手な.

pimpinela[女]〖植物〗(バラ科)ワレモコウ(吾亦紅)の一種.

pimplar〘話〙をがぶ飲みする.~**se**[再]〘話〙[+ de]をがぶ飲みする.

pimpollo[男]〖植物〗若枝,新芽,若茎.**2**(開きかけの)バラのつぼみ.**3**〘話〙若く美しい人,美少女,美少年;かわいい子.

pimpón[男]→ping-pong.

pin[男]〖~es〗飾りピン,バッジ.

pin[2][男]〖~es〗〖情報〗(接続部の)ピン.

pin[3][男](頭字)[<Personal Identification Number]〖情報〗暗証番号.

pinabete[男]〖植物〗モミ(の木) (= abeto).

pinacate[男]〖メキシコ〗〖虫類〗ゴミムシダマシ(湿った所にいる黒色の臭い甲虫).

pinacoteca[女]美術館,画廊.

pináculo[男]**1**小尖塔(壁)**2**頂上,頂点.

pinada[女]→pinar.

pinado, da[形]〖植物〗(葉が)羽状の,複葉の.

pinar[男]松林.

pinaza[女]〖歴史,海事〗小型帆船.

pincel[男]絵筆,絵の具ふで.**2**画筆,筆致,タッチ.**3**絵を描く人[人工芸].

pincelada[女]〖美術〗(絵筆による)一筆,タッチ;筆使い,タッチ.~ dar una 一筆入れる. dar la última ~ 最後の一筆を入れる.(作品・小説などの)最後の仕上げをする.

pinchadiscos[男・女]〖単複同形〗ディスクジョッキー.

pinchadura[女]**1**刺すこと,突くこと;刺すような痛み.**2**刺した[突いた]跡;刺し傷;パンク.

pinchar 1 a)を突き刺す,突く. **b)**(フォークでサラダなどを)一刺しする. con una aceituna con un palillo 串(ξ)でオリーブの実をつつく.**2**を押さえる,止める,動かなくする.~ las hojas con una grapa ホチキスで紙を止める.**3**…に注射をする.**4**(怒)を怒らせる,刺激する.**5 a)**を励ます. **b)**~をそそのかす.**6**〘話〙(ディスクなどで)レコードをかける.**7**(電話)を盗聴する.**8**〖情報〗クリックする. ——[自] **1**パンクする.**2**〘話〙 **a)**失敗する,しくじる. **b)**〘話〙負ける,敗れる. ——**se**[再] **1**(体にとげなどを)刺す.**2**〘隠〙麻薬を打つ. **▶ ni pinchar ni cortar** 影響力が皆無である,全く役立たずである.

pinchazo[男]**1**刺す[突く]こと;刺し[突き]傷;〘俗〙注射の跡;ちくちくする痛み.**2**(タイヤなどの)パンク.**3**とげのある言葉,傷つける言葉.**4**(電話の)盗聴.

pinche[男・女]皿洗い,台所下働き,見習いコック. ——[形]〖中南米〗〘俗〙ろくでもない,下劣な;けちな.

pinchito[男]〖料理〗串焼き.

pincho[男]**1**(植物の)とげ,いばら.**2**〖料理〗串焼き;[複]串焼き料理. ~ moruno 〘俗〗豚〗肉の串焼き(シシカバブに類する).**3**おつまみ,小皿料理.**4**〖南米〗(婦人帽の)留めピン.

pinchudo, da[形]〘軽蔑〙とげの多い.

pinciano, na[名]→vallisoletano.

pincullo[男]〖南米〗〖音楽〗ケーナ(quena)の一種,ピンクーリョ.

pindonga 囡《話》ふらふらと出歩く女.
pindonguear 圓《話》ふらふらと出歩く.
pineal 形《解剖》松果体の. ►**glándula pineal** 松果腺.
pineda 囡 松林.
pinedo 男《南米》→pinar.
pinga 囡 **1**《中南米》《俗》陰茎. **2**《中米》質の悪い蒸留酒.
pingajo 男 **1**《話》(垂れ下がった)ぼろ切れ, 切れ端. **2** 身体の弱っている人, 疲れ果てている人; ぼろぼろになったもの.
pingar [1.2] 圓 **1** ぶら下がる. **2** 水滴をたらす.
pingo 男 **1**《話》ぼろ切れ, 切れ端. **2** 複《話》安物の衣服. **3** 身持ちの悪い, 下品な人; ずうずうしい人. **4**《南米》馬. **5**《中南米》《話》いたずらっ子. ►**poner a... como un pingo** を非難する, 侮辱する.

pingonear 圓《話》そこらを出歩く.
pingorota 囡 (山などの)頂上, てっぺん.
ping-pong 男 ピンポン, 卓球.
pingüe 形 **1** 脂肪質の, 太った. **2** 豊富な, 大量の, 莫大な.
pingüino 男 **1**《鳥類》ウミガラスの類. **2**《鳥類》ペンギン.
pinillo 男《植物》**1** キランソウ(シソ科). **2** アカザの一種.
pinitos 男複 ►**hacer pinitos**《話, 幼》よちよち歩きをする, 第一歩を踏み出す.
pinnado, da 形《植物》(葉)が羽状の, 複葉の.
pinnípedo, da 形男《動物》ひれ足類の(動物); 複《動物》(アシカ・アザラシなどの)ひれ足類.

pino[1] 男《植物》松(の木), 松材. ——**alerce** カラマツ. —— **albar** ヨーロッパ赤松. —— **rodeno** カイガンショウ(地中海沿岸原産の松). ►**en el quinto pino**《話》辺鄙(ぴ)な所に, はるか遠い所に. **hacer el pino**《話》逆立ちをする. **hacer pinos** よちよち歩きする.
pino[2], **na** 形 (傾斜が)急勾配の; 垂直の, 直立した. ►**en pino** 立って, ころばずに.
pinocha[1] 囡《植物》松葉.
pinocha[2] 囡《中米》トウモロコシなどの穂.
pinol 男《中米》焼きトウモロコシの粉.
pinolate 男《中米》ピノラテ; トウモロコシ粉・砂糖入りの飲料.
pinole 男《中米》ピノーレ.
pinsapo 男《植物》(スペイン南部ロンダ原産のモミの一種, スペインモミ.
pinta 囡 **1** まだら, 水玉. **2** 外観, 外見. **3**(トランプの隅にある組札のマーク. **4**《南米》(家畜の)毛の色, 毛並み. —— 男囡《話》ろくでなし, ごろつき. ►**irse de pinta**《中南米》(学校をさぼる. **sacar** [**descubrir**] **la... por la pinta** (1)占(ラム)って…だと分かる. (2)…から血縁関係が分かる. **tener buena pinta** 見た感じ[風采]がよい, おいしそう[健康そう]である. **tener mala pinta** 見た感じ[風采, 状況, 顔色]が悪い.

pintada 囡 **1** 落書き. **2**《鳥類》ホロホロチョウ(南アフリカ原産).
pintado, da 過分[→pintar] 形 **1** 色を塗った, 彩色を施した. 2 ペンキを塗った. ——**papel** ——. **Recién** ——. ペンキを塗りたて. **2**(動物などが)斑点のある, まだらの. ——**judía pintada** ぶちインゲンマメ. **3** 非常に良く似た, そっくりの. ►**el más pintado**《話》(いかに優れた)誰でも. ——Esto le pasaría **al más pintado**. これはどんな人にも起こりうるだろう. **que ni pintado** [= **estar/ quedar/ venir +**]《話》(…に)うってつけの, ぴったりの.
pintalabios 男《単複同形》リップスティック, スティック型の口紅.
pintamonas 男女《単複同形》**1**《話, 軽蔑》へぼ絵かき. **2** ただの人, (目立ちだがっているほどの)取るに足りない人.

pintar [ピンタル] 他 **1**(絵)を画(ホ)く. —— **un autorretrato** 自画像を画く. **2** …にペンキ・塗料を塗る. —— **las paredes de color beige.** 壁をベージュ色に塗る. **3**(言葉で)を描写する, 叙述する, 記述する. **4** …の顔に化粧を施す, …にメーキャップをする. **5**(文字など)を書く, インキがでる. ——Este bolígrafo ya no pinta. このボールペンはもう書けない. **2**《ふつう否定文で》重要である, 値打がある. **3**(トランプで)切り札は…である. **4**(果実が)うれる, 熟す, 色づく. **5** 見えてくる, 現われる. (果実が)色づく, 熟す. (表情に)現れる. **4**(ペンキなどで)自分の…を汚す. ►**no pintar nada**《話》何の役にも立たない, 少しも重要でない. **pintar buenas** [**venado**]《中南米》(学校を)さぼる. **pintárselas solo** [**+ para**に] とても上手[巧妙]だ: (…に)うまくやる.
pintarrajar 他《話》(色)を塗りたくる.
pintarrajear 他 **1**《話》(色)を塗りたくる. **2**(下手な絵)を描く. —— **se** 再 **1**《話》(色)を塗りたくる. **2** 厚化粧する.
pintarrajo 男《話》下手くそな絵.
pintarroja 囡《魚類》トラザメ.
pintauñas 男《単複同形》マニキュア液.
pintear 圓《単人称動詞》霧雨が降る.
pintiparado, da 過分 [→ pintipar(se)] 形 **1**《話》[**+ a**に]適した, ぴったりの, 適切な. **2**[**+ a**に]よく似た, そっくりの. ►**que ni pintiparado** 全くおあつらえむきの, うってつけの.
pintiparar 他《話》[**+ con** と]を比べる. —— **se** 再《話》《3人称で》比べられる.
pinto, ta 形 ぶちの, まだらのある.
pintón, tona 形 (ブドウなどの果実が熟す時)色うきつつある.
pintor, tora 囡 **1** 画家, 絵かき. **2** ペンキ屋, 塗装工. ►**pintor de brocha gorda** ペンキ屋; へぼ絵描き.
pintoresco, ca 形 **1** 奇抜な, 個性豊かな, 独創的な. **2** 絵になる, 画趣に富む. **3** 奇妙な, おかしな, こっけいな.

pintoresquismo 男 **1** 絵になる美しさ, 画趣に富むこと. **2** 独創性[志向], 奇抜さ.

pintorrear 他《話》…に塗料をごてごてと塗る.〖+de に〗を塗りたくる.

pintura 女 **1** 絵, 絵画, 絵画, 画法. —~ a la acuarela 水彩画(法). ~ a la aguada グワッシュ画(法). ~ al fresco [al óleo, al temple] フレスコ[油絵, テンペラ画]. ~ al pastel パステル画. ~ rupestre 洞窟壁画. **2** ペンキ, 絵の具, 塗装. —Cuidado con la ~.〖掲示〗ペンキ塗りたて. **3**（言葉による）描写, 叙述, 説明. — no poder ver ni en pintura 《俗》（人の）顔も見たくない,（人やもの）をひどく嫌う.

pintureña 女 優雅さ, 気品.

pinturero, ra 形《話》ひどくおしゃれな(人), 気取り屋の(の). **2**（闘牛）非常にうまい(人).

pinza 女 **1**《主に 複》やっとこ, ペンチ; 釘抜き, 毛抜き, バイス, クランプ. — ~ del pelo ヘア・アイロン. **2**圏 鉗子(*^), ピンセット. **3** 洗濯ばさみ（紙をはさむ）クリップ, バインダークリップ, ベルト[ポケット]クリップ. **5** 角砂糖ばさみ,（スパゲッティー用などの）トング. **6**（服飾）（洋裁の）ダーツ. **7**（動物）（エビ・カニなどの）はさみ. ► coger con pinzas（汚い物・細かい物を慎重に扱う. sacar con pinzas（情報など）をどうにか[…から引き出す,…に何とかして言わせる[口を割らせる].

pinzamiento 男《医学》挟む形にする圧迫.

pinzar [1.3] 他（ピンセット・指などで）つまむ, はさむ.

pinzón 男 **1**《鳥類》スズメ目アトリ科の鳥. **2**《海事》索リの柄.

piña 女 **1**《植物》パイナップル. **2**（植物）松かさ, 松ぼっくり; 松かさ状のもの. **3**（同じ目的を持つ）集団, 徒党; 群れ, 塊. **4**《話》殴打; 衝突.

piñata 女（中身を入れたひも下.

piñón[1] 男 **1** 松の実. **2**（群の最後尾につき, 馬方を兼ねる）ロバ. **3**《植物》ナンヨウアブラギリ（南洋油桐）（熱帯アメリカ原産の高木）. **4**（銃の）撃鉄. **5**（鳥の翼の先端の）骨. ► estar…a partir un piñón con…《話》…と非常に親密である.

piñón[2] 男 **1**（機械）小歯車, ピニオン（大小2つの歯車のうち小さい方);（特に自転車の）鎖歯車. — ~ fijo 固定ギヤ. ~ libre フリーホイール. **2**（タカの翼の下の）羽毛. ► ser de piñón fijo 頑固である, 強情である, 頑固な.

piñonate〔<カタルニア〕男《料理》（松の実を使ったヌガーの一種;（松の実をかためた）お菓子.

piñoneo 男（銃の撃鉄を起こすときの）音, 音響.

piñonero, ra 形《植物》松の実のなる. —pino ~ カサマツ.

pío[1] 男《擬音》（鳥の鳴き声）ピイピイ. ► no decir ni pio 《話》うんともすんとも言わない, 一言もしゃべらない.

pío[2], **a** 形 **1** 信心深い, 敬虔(はい)な. **2** 情け深い, 慈悲深い.

pío[3], **a** 形（馬が白と他の色との）まだらの.

piocha[1] 女（女性の頭を飾っていた）宝飾品.

piocha[2] 女【メキシコ】あごひげ.

piocha[3] 男【中南米】つるはし.

piogenia 女《医学》化膿(3^).

piojo 男《虫類》シラミ. — ~ de mar（動物）（鯨などに寄生する）フジツボ.

piojoso, sa 形 **1** シラミだらけの. **2** 汚らしい. **3** 下品な, さもしい.

piola 女 縄, 紐.

piolet〔スポ〕男（登山用の）ピッケル.

piolín 男【中南米】細ひも.

pionero, ra 男 開拓者, 先駆者, パイオニア.

piorrea 女《医学》歯槽膿漏(はそう).

piotórax 男《医学》膿胸(23%).

pipa[1] 女 **1**（刻みタバコ用の）パイプ;（タバコの）1服. **2**（食用）ヒマワリの種(メロン, スイカなどの）種. **3**（オリーブ油やワインなどを貯蔵する）木樽; 樽1杯の量.

pipa[2] 男《チリ》木の樽に保存されているその中のワイン.

pipería 女《集合的に》大樽.

pipermín 男《料理》ペパーミントリキュール.

pipero, ra 男（街頭で）ヒマワリの種や菓子などを売る人.

pipeta 女 **1**《化学》ピペット. **2**《話》（赤ん坊が）口にくわえた親指.

pipí 男 **1**《話》おしっこ. —hacer ~ しっこをする. **2**《話》（子どもの）おねしょん.

pipiar 自（雛鳥が）ぴよぴよと鳴く.

pipiolera 男【メキシコ】→chiquillería.

pipiolo, la 男 **1** 新米, 初心者. **2**【チリ】（歴史, 政治）自由主義者, 自由党員.

pipirigallo 男《植物》（牧草などに利用されるマメ科の多年草の一種.

pipirín 男【メキシコ】→alimento.

pipirrana 女 →piriñaca.

pipón, pona 形【南米】《話》腹の出た, 太鼓腹の; 満腹の (=ahíto).

piporro 男 →botijo.

pipudo, da 形《話》すばらしい, 見事な.

pique 男 **1** **a)** 敵対心, 敵意, ねたみ. **b)** 不和, 対立, あれそれ. **c)** 競争心, 負けじ魂. —tener ~ con… を怒っている, …に敵対している. **2**《虫類》スナミス. ► a pique de… する間際で. echar a pique 沈没させる. 失脚させる. irse a pique (1) 失敗する, 破産する. (2)《海事》（船が）沈没する.

piqué 男（服飾）うね織り, ピケ.

piquera 女（蜂の巣の入り口. **2** 樽の栓口.

piquero 男（歴史）槍兵(¾).

piqueta 女 **1** つるはし, ピッケル. **2**（スポ〕（登山用の）ピッケル.

piquete 男 **1 a)** 刺すこと, 突くこと, 刺

し傷, 突き傷. b)《衣服などにできた》かぎ裂き, 破れ, 穴. **2** 棒, 杭, 支柱. **3** 小さな穴. **4**《軍事》小哨, (特別任務の)班. **5**(ストライキなどの)ピケ(隊)(=~ de huelga).

piquillo 男 →pimiento de(1) piquillo.

piquituerto 男《鳥類》イスカ.

pira 女 **1** 火葬用の薪(た). ― ~ funeraria 火葬. **2** たき火, かがり火.

pirado, da 過分 [→ pirar(se)] 形 **1**《話》頭のおかしい(人), 気のふれた(人). **2**《メキシコ》《俗》死んだ.

piragua 女《中南米》丸木舟, カヌー.

piragüismo 男《スポ》カヌー競技.

piragüista 男女《スポ》カヌー選手.

piramidal 形 **1** ピラミッドのような, ピラミッド型の. **2** 巨大な. **3**《解剖》角錐体の. ―hueso ― 三稜骨. músculo ― 錐体筋.

pirámide 女 **1** ピラミッド; ピラミッド[角錐]状のもの. ― ~s de edades [de población] 年齢層毎の人口を示したグラフ. **2**《数学》角錐(ੀ).

pirante 男女《チリ》ならず者, ごろつき.

piraña 女《魚類》ピラニア(南米産).

pirarse 再《話》**1**《+ de から》逃げ出す, ずらかる. ― ~ de pinta 欠席する, サボる; …をさぼる; 《メキシコ》死ぬ. **3** 気がふれる. ▶ pirárselas 逃げ出す, 退散する; さぼる.

pirata 男女 **1** 海賊; (交通機関の)乗っ取り犯. ― ~ aéreo ハイジャック犯. **2** 著作権[特許権]侵害者, 剽窃(ੰ♀)者. ― ~ informático ハッカー. ― 形 海賊の, 非合法の. ―barcos ~ 海賊船. emisora ~ 海賊放送局. edición ~ 海賊出版.

piratear 自 **1**《海事》海賊行為をする. **2** 著作権を侵害する.

pirateo 男 海賊行為; 著作権の侵害, 海賊版の売買[作成].

piratería 女 **1** 海賊行為. **2**(一般に)略奪, 盗み. **3** 商品偽造, 偽者作り.

pirca 女《南米》(接合剤を用いていない)石壁, 空積みの壁.

pirenaico, ca 形 ピレネー山脈(los Pirineos)の(住民). ― cordillera pirenaica ピレネー山脈.

pirético, ca 形《医学》発熱した.

pírex 男《単複同形》《商標》パイレックス, 耐熱ガラス.

pirexia 女《医学》熱, 高熱病.

piriforme 形 洋ナシの形をした.

pirineo, a 形 ピレネー山脈[地方]の. ▶ **la cordillera) de los Pirineos** ピレネー山脈.

piriñaca 女《料理》ピリニャーカ(アンダルシーア地方のサラダ).

pirípi 形《話》ほろ酔いの, 一杯機嫌の. ▶ **estar piripi** ほろ酔い機嫌である.

pirita 女《鉱物》(各種金属の)硫化鉱.

piroelectricidad 女《電気》パイロ電気, 焦[熱]電気.

piroeléctrico, ca 形《電気》パイロ電気の, 焦[熱]電気の.

pirógeno, na 形《医学》発熱性の. ― 男 発熱性の物質.

pirograbado 男 焼き絵術.

pirograbador, dora 名 焼き絵師.

pirolatría 女 拝火, 火に対する崇拝.

pirólisis, pirólisis 女《単複同形》《化学》熱分解.

pirolusita 女《鉱物》軟マンガン鉱, パイロルーサイト.

piromancia 女 火占い.

piromanía 女 放火癖.

pirómano, na 形 放火癖のある, 放火魔.

pirometría 女《物理》高温測定法.

pirómetro 男 高温計, パイロメーター.

piropear 他 (男性の女性に)お世辞または言寄る, 冷やかす.

piropo 男 (主に街頭で女性に言う)ほめ言葉, お世辞, 冷やかし.

pirosfera 女《地学》高温域(地球の岩石圏より下の領域).

pirosis 女《医学》胸やけ.

pirotecnia 女 花火製造技術.

pirotécnico, ca 形 花火製造技術の. ― 男 花火製造者, 花火師.

piroxeno 男 〘pyrex〙.

piroxeno 男《地質》輝石.

pirquén 男《チリ》 ― a(l) pirquén《鉱》採掘料を払って.

pirquinero, ra 形《チリ》**1**(採掘料を払って掘る)手作業の坑夫. **2** けち.

pirrarse 再《話》《+ por に》夢中になる, 大好きである, 大変気に入る.

pírrico, ca 形 **1**(古代ギリシャのエペイロスの王)ピュロス Pirro (前 319-272)のような; 犠牲の大きい勝利に合わない. **2**(古代ギリシャの)戦いの舞(ホ)の. ▶ **victoria pírrica** ピュロスの勝利(割に合わない勝利). ― 男(古代ギリシャの)戦いの舞(ホ), ピュルケーの踊り.

pirsin 男《複》pirsines ピアシング, (ピアス用などの)穴あけ(=piercing).

pirueta 女 **1**(ダンスの)つま先旋回. ―hacer ~s 旋回する. **2**(馬が後脚で立ってする)回転. **3** とんだりはねたりする技. **2** とんぼ返り. **3** うまい口実, 逃げ口上.

piruetear 自 **1** つま先[で]回る[でしている]. **2**(馬術)ピルエットする, 後肢で立って急旋回する. **3** 飛び跳ねる, とんぼ返りをする.

piruleta 女《商標, 料理》(薄い円形の)棒付きキャンディー.

pirulí 男 棒つきキャンディー, ペロペロキャンディー.

pirulo, la 形《南米》ちっぽけな子ども. ― 男 **1**(指で回す)小さな独楽. **2**(流し飲み用の)素焼きの水入れ.

pis 男《話》おしっこ. ―hacer(se) ~ おしっこをする.

pisa 女 **1** 踏むこと, 踏みつけること. **2** ブドウ[オリーブ]の圧搾の一回分.

pisada 女 **1** 踏むこと, 歩くこと, 歩み; (ブドウを搾(し)るための)足踏み. **2** 足跡. ▶ **seguir las pisadas de [a]...** をまねる, にならう.

pisador, dora 形名 (ワイン用のブドウを踏む)人. —— 女 ブドウ圧搾機.

pisapapeles 男 [単複同形] 文鎮(ﾁﾝ), 紙押え.

pisar 他 **1** を踏む, 踏みつける. —— la uva (ワイン造りのために)ブドウを踏みつける. ～ el freno ブレーキを踏む. **2** [否定文の中で] …に足を踏み入れる, 姿を現わす. **3** …に先んじる, を踏みにじる, 抜き去る. **4** を虐待する, 軽蔑する, ないがしろにする. **5** 《音楽》(弦)をつま弾く, かき鳴らす, (ピアノの鍵盤)を叩く. —— las cuerdas del arpa ハープの弦をかき鳴らす. **6** を重ねる, の上に乗せる. **7** …に違反する, を破る, 踏みにじる. **8** (鳥の雄が雌)と交尾する. —— 自 **1** 歩く, 足を運ぶ. **2** 上に乗っている, 上にある. ▶ **pisar fuerte** 自信満々である, 勢いがある.

pisaúvas 男女 [単複同形] → pisador.

pisaverde 男 《話》しゃれ者, めかし屋.

pisca 女 → pizca.

piscatorio, ria 形 釣り(人)の; 漁業(漁師)の.

piscícola 形 (魚介類の)養殖の, 養魚(法)の.

piscicultor, tora 名 養魚業者.

piscicultura 女 養魚(法), 水産養殖.

piscifactoría 女 養魚場, 養殖場.

pisciforme 形 魚の形をした.

piscina 女 **1** プール. ～ cubierta 室内プール. **2** 養魚池.

piscis 形 《無変化》魚(ｳｵ)座生まれの(人). —— 男 (P～) 《天文》魚座; 《十二宮の》双魚宮.

piscívoro, ra 形名 《動物》魚食性の; 魚食動物.

pisco 男 《南米》ピスコ酒.

piscolabis 男 [単複同形] 《話》軽食, 間食. —— tomar un ～ 軽食をとる.

pisiforme 男 hueso ～ 《解剖》豆状骨. —— 《解剖》豆状骨.

piso 男 [ピソ] 《話》**1** (建物や乗り物の)階. —— bajo [principal] 1 階. el primer [segundo] ～ 2 階 [3 階]. **2** (集合住宅の 1 階分)マンション, アパート, フラット. ～ compartido 共同で借りているアパート. **3** 床, 床張り; 地面, 路面. **4** 靴底. **5** 層. —un sándwich de dos ～s 2 段重ねのサンドイッチ. ～ geológico 《地》宮. ▶ **piso franco** 《主にスペイン》セーフハウス, アジト(スパイなどの連絡用の隠れ家).

pisón 男 大槌(ﾂﾁ)(土地をならす).

pisotear 他 **1** を踏みつける, 踏みにじる. **2** を不当に扱う, 踏躙する. **3** (法律や規則など)を無視する, 侵す.

pisoteo 男 踏みつけること, 踏みつぶすこと. **2** 踏みにじること.

pisotón 男 《話》足を踏む, 踏みつぶすこと. —dar [pegar] un ～ 足を踏む.

pispajo 男 《軽蔑》ひよわな人, 子ども.

pispar [1.5] 他 《南米》を詮索する, 嗅ぎ回る.

pista 女 **1** (人・動物の)跡, (動物の)臭い (狩りなどで獲物を追う手がかりとなる); 形跡, 手がかり; ヒント. **2** 《航空》滑走路. ～ de aterrizaje 着陸用滑走路. **3** 《ｽﾎﾟｰﾂ》a) ～ グラウンド, コース. b) ～ de esquí スキー場, ゲレンデ. ～ de hielo スケートリンク. ～ de tenis テニスコート. **4** 《自動車》高速道路. **5** (サーカスの)リング. **6** (ダンス)ホール, フロア. ～ de baile ダンスホール. (ディスコなどの)ダンスフロア. **7** (森の中などに切り開かれた)道. ～ forestal 林道, 作業道路. ～ para トラック. ▶ **seguir la pista a ...** (人)の足取りを追う, 跡をつける.

pistachero 男 《植物》ピスタチオ.

pistacho 男 《植物》ピスタチオ.

pistero, ra 名 《中米》金の亡者(者).

pistilo 男 《植物》めしべ.

pisto 男 **1** 《料理》ピスト(野菜の煮込み料理). ～ manchego ラ・マンチャ風ピスト. **2** (話)ごたまぜ. **3** 《中南米》酒. **4** 《中米》お金. ▶ **darse pisto** ひけらかす, 自慢する.

pistola 女 **1** ピストル, 拳銃. ～ automática 自動拳銃. **2** (塗料などの)吹き付け器, スプレーガン), 噴霧器. ～ rociadora スプレーガン.

pistolera 女 ホルスター(ピストルの革ケース).

pistolero, ra 名 ピストル強盗, 殺し屋.

pistoletazo 男 ピストルの発射.

pistón 男 **1** 《機械》ピストン. **2** (音楽) (管楽器の)ピストン, バルブ, 音栓. **3** (銃の)雷管.

pistonudo, da 形 《話》すごい, とてもよい.

pita[1] 女 (不満・非難の)口笛, 野次.

pita[2] 女 ガラス玉.

pita[3] 女 《植物》リュウゼツラン; その繊維.

pitada 女 **1** (非難の)口笛. —dar una ～ 非難の口笛を吹く. **2** 呼び子の音.

pitagórico, ca 形 ピタゴラス(学派)の.

pitagorismo 男 ピタゴラスの学説.

pitanza 女 **1** (困窮者への)食物の分与, 配給. **2** 《話》毎日の食物.

pitar 自 **1** 笛を吹く, 口笛を吹く(不満を表す). **2** (自動車) クラクションを鳴らす. **3** 《ｻｯｶｰ》牛耳る, 影響力がある. **4** 《話》うまく行く. **5** ブーンという音がする; 耳鳴りがする. **6** …に口笛を吹いて野次る. —— 他 **1** …に口笛を吹いて野次る. **2** …に笛を吹く, 笛で合図する. **3** (試合の)審判をする. ▶ **irse** [**marcharse, salir**] **pitando** 急いで出て行く.

pitarra[1] 女 《自家製の》ワイン.

pitarra[2] 女 目やに (= legaña).

pitarroso, sa 形 目やにの多い (= legañoso).

pitazo 男 《ﾒｷｼｺ》《俗》告発, 密告.

pitecántropo 男 ピテカントロプス.

pítico, ca 形 → pitio.

pitido 男 呼び子(笛, 汽笛, 警笛)の音; 呼び子のような音(鳴き声). —dar un ～ 笛を鳴らす.

pitillera 囡 タバコ入れ, シガレットケース.

pitillo 男 《話》紙巻きタバコ.

pítima 囡 **1**《医学》(胸部への)湿布. **2**《話》酩酊, 酔い.

pitiminí 男 《複》〜(e)s《植物》rosa de 〜 ノイバラ, 小型のバラ. ▶ **de pitiminí**《話》小さな; ささいな; 繊細な.

pitio, tia 形 《ギ神》アポロン Apolo の. ▶ **juegos pitios**(古代ギリシャの)ピュティア競技.

pitipié 男 (地図等の)縮尺, スケール.

pito[1] 男 **1** 警笛, クラクション, ホイッスル, 呼び子; 《海事》汽笛. ―tocar el 〜 笛を吹く. **2** 甲高い声, 鋭い音. **3** カスタネット(の音); 指をパチンと鳴らすこと(音). **4**《話》タバコ. **5**《俗》マリファナの巻きタバコ. **6**《俗》ペニス. ▶ **cuando pitos flautas, cuando flautas pitos**《話》物事が期待されたのと逆の結果になることのたとえ. **entre pitos y flautas**《話》いろいろ事情があって. **no importar a ... un pito**《話》(人)にとってどうでもよい. **no valer un pito** 何の価値もない. **por pitos o por flautas** 何かの理由があって, さる事情で. **tomar ... por el pito del sereno**(人)のことを軽視しない, 気にも留めない.

pito[2] 男 《鳥類》キツツキ.

pitón[1] 男 《動物》ニシキヘビ.

pitón[2] 男 **1** (牛の)角(ツノ)の先. **2** (スポ) (登山用の)ハーケン. **3** (水差しの)注ぎ口. **4** 若枝, 若芽. **5**《中南米》(水を引く)ホースの先, ノズル. **6**《俗》(女性の)乳房.

pitonazo 男 《闘牛》角の一突きによる傷.

pitonisa 囡 (古代ギリシャの)デルフォイ Delfos の巫女. **2** 女占い師, 女預言者.

pitorra 囡 《鳥類》ヤマシギ.

pitorrearse 再 《話》「+ de を」ばかにする, 笑いものにする.

pitorreo 男 《話》冗談, ジョーク. ―tomar ... a 〜 を冗談ととる.

pitorro 男 (器の)飲み口, 注ぎ口.

pitpit 男 《鳥類》タヒバリ(田雲雀).

pituco, ca 形 名/男女 《中南米》きざな(人), 気取った(人).

pituita 囡 《医学》粘液, (特に)鼻汁.

pituitario, ria 形 **1**《解剖》下垂体(性)の. **2**《解剖》(鼻)粘液の. ―**membrana pituitaria** 鼻粘膜.

pituso, sa 形 《話》かわいい(子). ―名 《話》子ども, 幼児.

pituto 男 《中南米》突き出た小さい管.

pivot, pivot 男女 《複》〜(e)s (スポ)中心選手, (バスケットボールの)ポストプレーヤー, (サッカーの)ブランチ.

pivotante 形 **1**《植物》主根の, 直根の. **2**(軸で)回転する.

pivotar 自 **1** (軸を中心に)回転する. **2** (スポ)バスケットボールなどでピボット(ターン)をする.

pivote 男 **1**《機械》回転軸, 旋回軸, ピボット. **2**(駐車などの防止用の)ボール, 柱. **3**(スポ)→pivot.

píxel 男 《情報》ピクセル, 画素.

---

piyama 男 →pijama.

pizarra 囡 **1** 黒板. **2** 石板, スレート. **3**《鉱物》粘板岩.

pizarral 男 スレートの石切り場.

pizarreño, ña 形 スレート[粘板岩]の(ような), 石板(のような).

pizarrería 囡 スレート採掘[加工]場.

pizarrín 男 石筆.

Pizarro 固名 ピサロ (Francisco 〜) (1475?-1541, スペインのインカ帝国征服者).

pizarrón 男 **1**《中南米》黒板. **2**(スポ)スコアボード.

pizarroso, sa 形 スレート質の, スレートの.

pizca 囡 《話》ひとつまみ, ひとかけら, 少量. ▶ **ni pizca**《話》少しも…でない.

pizco 男 ひとつまみ, 少量.

pizpireto, ta 形 《話》(特に若い女性が)はつらつとした, 快活な, ぴちぴちとした.

pizza 囡 《料理》ピザ, ピッツァ.

pizzería 囡 ピザ専門店, ピザハウス.

pizzicato 〈イ伊〉男 《音楽》ピチカート(奏法), ピチカート(指で弦をはじく奏法).

pl. 《略号》**1** =plaza 広場. **2** =plazo 期限. **3** =plural 複数.

placa 囡 **1** (種々の材質の)板, 板状のもの. ボード. ― vitrocerámica (ガラスセラミックの)クッキング・プレート. **2** 文字や図柄の書かれた板. a) 表示板, 飾り銘板, 標識板. ― conmemorativa 記念プレート. b) (車のナンバープレート. ― de matrícula ナンバープレート. **3** 記章, 名札. **4** 勲章, メダル; バッジ, 記章. ―la 〜 de Isabel la Católica イサベルラ・カトリカ勲章. **4** (写真)感光板, 乾板; レントゲン写真. **5** (地質)プレート. ▶ **placa dental** (医学)歯石.

placaje 男 (スポ)(ラクビーなどの)タックル; ブロック.

placar[1] [1.1] (スポ)(ラグビーで)をタックルする(アメフトで)をブロックする.

placar[2] 男 《南米》作り付けのクローゼット[たんす].

placard 男 =placar[2].

placebo 男 《医学》プラシーボ, 偽薬.

pláceme 男 祝辞. ―dar el 〜 祝辞を述べる. estar de 〜 満足している.

placenta 囡 **1**《医学》胎盤. **2**《植物》胎座.

placentario, ria 形 **1** 胎盤の. **2** (動物)胎盤がある. ― 名 (動物)有胎盤類の動物; (主にP〜)有胎盤亜綱.

placentero, ra 形 楽しい, 気持ちのよい, 愉快な.

placer[1] 〈プラセル〉男 **1** 喜び, 嬉しさ, 満足. ―Es un 〜 para mí poder acompañarles. あなたがたのお伴ができることを私は嬉しく思っております. **2** 楽しむこと, 快楽, 娯楽. ―viaje de 〜 行楽, 観光旅行. ― es carnales 性的快楽. ▶ **a placer** 好きなだけ, 思う存分, 気兼ねなく; 適度に.

placer[2] 男 **1** 砂州, 浅瀬; 砂丘. **2** (金などを含む)鉱床, 砂鉱床.

placer[3] [9.1] 自 (...)に気に入る, 喜ばしい, 好きである. —Me place pasear a la orilla del mar. 私は海辺を散歩するのが好きだ. ▶ que me place 喜んで; 喜ばしいことだ.

placero, ra 形名 1 広場の, 市場の. 2 露天商(の). 3 (広場をぶらぶらしている)人, ひま人.

plácet 〈ラテン〉男 承認, 信認; (外国の外交官などに対する)信認[状], アグレマン.

placidez 女 穏やかさ, 静けさ.

plácido, da 形 1 穏やかな, 平静な, 落ち着いた. 2 快い, 心地よい, 楽しい.

plácito 男 意見, 見解.

plafón 男 〖建築〗 軒蛇腹の下面; 天井灯.

plaga 女 1 災害, 災厄, 災禍. 2 苦難, 苦労, 苦痛. 3 (好ましくないものの)過剰 [過多]. 4 害虫[疫病].

plagado, da 形 [→ plagar(se)] [estar + de] いっぱいの.

plagar [1.2] 他 [+ de] をいっぱいにする. — se 再 [+ de] でいっぱいになる.

plagiado, da [→ plagiar] 形名 〖中南米〗 誘拐された(人).

plagiar 他 1 盗作する, 剽窃(ひょうせつ)する. 2 〖中南米〗 (人)をさらう, 誘拐する.

plagiario, ria 形名 1 剽窃(ひょうせつ)[盗作]する(人); 剽窃[盗作]者. 2 〖中南米〗 誘拐犯.

plagio 男 盗作, 剽窃(ひょうせつ).

plaguicida 形男 殺虫[除草]の; 殺虫[除草]剤, 農薬.

:plan 男 〖プラン〗 1 計画, 案; 企画, 予定. — económico 経済計画. — de estudios カリキュラム, 研究計画. — de inversiones (会社)投資計画. — de pensiones 年金制度. tener el — de viajar a París パリへ旅行するつもりである. 2 〖話〗 情事; 愛人. —buscar un — 女の子を引っかける. 3 〖医学〗 食餌(じ)療法, ダイエット (= — de adelgazamiento). ▶ a todo plan 〖俗〗 派手に, 豪勢に, 贅沢に. en plan 〖+ 形容詞/+ de + 名詞・不定詞〗 ...として, ...の態度で; ...のつもりで, のつもりの. no ser plan 都合が悪い, 相応しくない; 愉快でない.

plana[1] 女 1 ページ, 紙面. —a toda — 一面全部に. primera — (新聞の)第一面. 2 平野, 平原. 3 〖印刷〗ページ組み. ▶ cerrar la plana を結論づける, しめくくる, 終わらせる. corregir [enmendar] la plana (誤りや失敗に気づかせる, を注意する, 指摘する.

plana[2] 女 〖技術〗 (左官などの)こて, ならしごて. ▶ plana mayor 〖軍事〗将校団, 幕僚.

:plancha 女 1 アイロン, こて; アイロンがけ; 〖集合的に〗 アイロンをかける[かけた]衣類. 2 (板などの)板; (料理用の)鉄板; (船の)渡し板, タラップ. — sardinas [carne] a la — 鉄板焼きのいわし[肉]. 3 〖話〗 大失敗. 4 〖印刷〗 版. 5 〖スポ〗 水

平爆勢; (体操の)腕立て伏せ; (水泳の)浮き身; (サッカーで)足の裏を見せて相手を蹴る反則. — en 水平姿勢で.

planchado, da 過分 [→ planchar] 形 1 アイロンをかけた, プレスした. 2 (不意の事態に)仰天した, 途方にくれた. 3 〖メキシコ〗 〖俗〗 a) 殴られた, 棒で叩かれた. b) 待ちぼうけを食わされた. ▶ dejar planchado a... 〖話〗 を驚かせる. — 男 1 アイロンがけ, プレス. —dar un — a... …にアイロンをかける. 2 アイロンがけした[する]衣類. — 女 1 浮き桟橋. 2 〖中南米〗 a) アイロンがけ b) へま, どじ.

planchador, dora 名 アイロンをかける人. — 男 アイロン部屋. — 女 (業務用)アイロン, プレス.

planchar 他 1 a) ...にアイロンをかける. b) ...のしわを取って伸ばす, をプレスする. — el pelo (まっすぐにするために)髪の毛にアイロンをかける. 2 ぺちゃんこにする. 3 を途方に暮れさせる, 絶望させる.

planchazo 男 〖話〗大失敗, へま. —darse [llevarse, tirarse] un — へまをする.

planchero 男 1 アイロン台. 2 アイロン部屋.

plancton 男 〖動物〗 プランクトン, 浮遊生物.

planeador 男 〖航空〗 グライダー, 滑空機.

planeadora 女 1 (機械)平削盤, 鉋盤, プレーナー. 2 (船舶)モーターボート.

planeamiento 男 1 立案, プランニング, 企画. 2 滑空; 滑水.

planear 他 を計画する, ...のプランをたてる, 企画する. — 自 1 (鳥が)羽ばたかずに飛ぶ, 2 (飛行機が)滑空する.

planeo 男 滑空; 浮上.

planeta 男 惑星. —nuestro — 地球. el — Tierra 地球.

planetario, ria 形 惑星の, 惑星群の ような. — sistema — 太陽系惑星. — 男 プラネタリウム.

planetarium 男 プラネタリウム.

planetoide 男 〖天文〗 小惑星 (= asteroide).

planicie 女 〖地理〗 平野, 平原.

planificación 女 計画(化), 立案. — familiar 家族計画.

planificador, dora 形 立案[計画]する. — 名 立案[計画]者, プランナー.

planificar [1.1] 他 ...の計画を立てる, を立案する.

planilla 女 〖中南米〗 1 名簿, 目録; 記録, 帳簿. 2 (公的機関に提出する)申請書, 記入用紙; 請求書, 明細書. 3 (乗り物の)回数券.

planimetría 女 面積測定.

planímetro 男 面積計, プラニメーター.

planisferio 男 平面天球[地図]図; 星座早見図, 星座表.

planning 〈英〉男 〖複 ~s〗 (特に経済的・社会的な)立案, 計画.

:plano, na 形 平らな, 水平な, 滑らかな, 平べったい. — pie — 偏平足.

planta 平面図, 見取り図; 市街図, 案内図. —dibujar un ~ 図面を描く. ~ 平面, 面. — ~ inclinado 斜面図. ~ horizontal 水平面. **3** 面, 場面. 観点. ~ (美術, 演劇) 景; (映画, 写真) ショット, シーン (連続した一場面). —primer ~ クローズアップ, 近景. ~ general ロングショット. **5** (飛行機の) 翼. — ~ de cola 尾翼. ▶ **de plano** (1) はっきりと, 完全に. (2) 真っ直ぐに, 正面から.

planta 囡 **1** 植物 ⓝ 植物, 草木. — ~ acuática 水生植物. ~ parásita 寄生植物. ~ trepadora つる植物. b) 植木, 鉢植え, 苗. **2** (建物の) 階. — ~ baja 1階. **3** (建物の) 平面図, 間取り図. **4** 工場施設, プラント. — ~ de energía eléctrica 発電所. **5** 足の裏; (ダンスなどの) スタンス, 足の位置 [構え]. **6**. 《話》容姿, スタイル, 体格. —tener buena ~ スタイルがよい. **7** 人員, 職員; 職務分担. 計画, 企画, 案. **de (nueva) planta** 基礎から新しく. **echar plantas** 威張りちらす, 空威張りする.

plantación 囡 **1** 〖農業〗 (植物の) 植え付け, 植物栽培; 〖集合的に〗 (1か所の) 作物, 栽培植物. **2** 〖農業〗 大農園, プランテーション.

plantado, da 囮 **1** bien ~ かっこうのよい, スタイルのよい. **2** 植えられた. **3** 立ったままの. ▶ **dejar a ... plantado** 《話》 ... との約束をすっぽかす, 待ちぼうけを食わせる, 見捨てる.

plantador 团 〖農業〗 植え付け機, 穴掘り具.

plantar 囧 **1** を植える, 植樹する, (...の種) をまく. — ~ claveles en el jardín 庭にカーネーションを植える. **2** 〚+ de〛 を植える. — ~ una colina de pinos 松を丘に植える. **3** を据え付ける, 建てる. — ~ una cruz en la cima del monte 山の頂上に十字架を建てる. **4** 《話》 **5** 《話》 (合合の約束) をすっぽかす, 破る; (女が男) をふる. **6** 《話》 a) をなぐる, たたく; (殴打・キスなど) を (いきなり) 食らわせる. b) (意見・考え) をさらけ出す, ぶっける. **7** (人) を放り出す, 放り込む. **8** (ののしりの言葉など) を投げつける. 発する. — **se** 冎 **1** a) 動かずにいる, 陣取る, 立ちはだかる. b) 直立不動になる, 足をそろえて立つ. **2** 〚+ en〛 に決めこむ, (トランプで) カードを引かない. **3** 〚+ en〛 素早く到着する, あっという間に着く. **4** 〚+ en〛 素早く到着する, あっという間に着く. **5** さからう, 抵抗する, 屈服しない. **6** 身にこたえる, 参る.

plante 囲 抗議, 反抗, 口答え.

planteado, da 囮 **1** 提起 [提出] された. **2** 計画された. **3** 設置 [制定] された.

planteamiento 囲 **1** 提案, 提起, 企画. **2** 創始, 創設.

plantear 他 **1** a) (テーマ・問題) を提起する, 出す. — ~ un problema 問題を提起する. b) (考え・解決策) を出す, 提案する. **2** (用件・問題) を示す, 提示する, 知らせる. **3** を引き起こす. — **se** 冎 ... しようと思う, ...するつもりである.

plantel 囲 **1** 苗床, 苗木畑. **2** 養成所, 訓練所, 教育施設.

planteo 囲 →planteamiento.

plantígrado, da 囮 〖動物〗 蹠行 (しょこう)性の; 蹠行動物.

plantilla 囡 **1** 原型, 型紙, ひな型. **2** a) 〖集合的に〗 (企業などの) 人員, 社員; (チームのメンバー). b) 正社員. **3** (靴の) 敷き革, 中敷き; 靴底. — ~ ortopédica 足の形を矯正するために靴に入れる敷革. **4** 〖情報〗 テンプレート.

plantillazo 囲 〖スポ〗 ハイキック (サッカーなどでスパイクの裏底を高く上げて相手の選手を負傷させる危険性の高い反則行為).

plantío 囲 **1** (植物の) 植えること. **2** 〖農業〗 植え付けたばかりの畑, 栽培場.

plantista 囡 **1** (特に苗を育てる) 植木職人 [園師]. **2** 虚勢を張る人.

plantón 囲 **1** 〖農業〗 苗木, さし木. ▶ **dar un plantón a ...** 《話》 ... に待ちぼうけさせる; (約束) をすっぽかす. **estar [quedarse] de [en] plantón** じっと立たされる, 長い間待つ.

plántula 囡 〖植物〗 (発芽したばかりの) 芽.

plañidera 囡 泣き女 (葬儀に雇われる).

plañidero, ra 囮 悲しげな, 悲痛な.

plañido 囲 嘆き, 悲しみ, 泣き叫ぶ声.

plañir [3.10] 他 (...を) 嘆く, 声を上げて泣く, 悼む.

plaqué 囲 金 [銀] めっき, 金 [銀] 細 (はく) (箔).

plaqueta 囡 **1** 〖解剖〗 血小板. **2** 〖建築〗 化粧タイル.

plasma 囲 **1** 〖生物〗 原形質. **2** 〖鉱物〗 (半透明の) 緑玉髄. **3** 〖解剖〗 血漿, プラズマ. **4** 〖物理〗 プラズマ.

plasmación 囡 具象化; 造形化.

plasmar 他 を形作る, 作り上げる, 造形する. — **se** 冎 〚+ en となって〛 具体化する.

plasta 囡 **1** a) どろどろしたもの, 粥状のもの. b) 押しつぶされたもの. **2** (家畜の) 糞. **3** 失敗作, 不完全なもの. — 形 男/囡 《話》 やっかいな (人); 退屈な (人).

plaste 囲 (塗装の前などに塗る) 下地, 下塗り剤.

plastelina 囡 →plastilina.

plástica 囡 **1** 〖美術〗 造形美術, 彫刻, 彫塑 (ちょうそ). **2** 表現力.

plásticamente 圐 **1** 表現力豊かに, 生き生きと. **2** 造形的に.

plasticidad 囡 **1** 可塑性, 造形力. **2** 柔軟さ, 適応力.

plástico, ca 囮 **1** 造形 (術) の, 造形的な. —artes plásticas (絵画・彫刻などの) 造形芸術. **2** 可塑 (かそ) の, 柔軟な. **3** 〖医学〗 形成の. —cirugía plástica 形成外科 (手術). **4** (言葉使いや文体が) 生き生きとした, 表現力豊かな. **5** プラスチック (製) の, 合成樹脂の. — 囲 **1** プラスチック, 合成樹脂. —bolsa de ~ ポリ袋, ビニール袋. **2** プラスチック爆弾.

plastificación 囡 **1** 可塑化, 柔軟化. **2** プラスチック加工, ラミネート加工.

plastificado, da 囮 **1** 可塑化された,

plastificar [1.1] 他 1 をプラスチック加工する(で覆う). (身分証などに)ラミネート加工する. 2 …に可塑性を与える.

plastilina 女 (商標)色粘土.

plastrón 男 1 (鎧の)胸当て,胸甲;(フェンシングなどの)胸当て.2 (服飾)飾り胸当て,胸飾り.3 (服飾)幅広のネクタイ.4 動物 (カメの)腹甲.

Plata 固名 1 (La ～) ラ・プラタ;el Río de la ～ ラ・プラタ川(南米大陸南部の川).2 (La ～) ラ・プラタ市(アルゼンチンの Buenos Aires 州の州都).

plata 女 [ブラタ] 名 1 銀;(集合的に)銀製品,銀食器. ―papel de ～ アルミホイル, ～ de ley 純銀,法定含有量を持つ銀. 2 銀貨;(特に中南米で)お金,富,財産. ―Me he quedado sin ～. 私は一文無しになった. 3 (スポ) 銀メダル(medalla de ～). ▶ bodas de plata →boda. hablar en plata 率直[単刀直入]に言う;簡潔[手短]に言う.

plataforma 女 1 (列車・バスの)乗降口(付近),デッキ;荷台.2 (目的達成のための)足[手]がかり,踏み台,手段.3 台,高い所;演壇,教壇.4 発射台;砲座.5 (地理)高地,台地.6 (建築)壇,バルコニー.7 (政治)(政党・組合などの)綱領,政綱;(政治的な)集団,組織.8 (道路) ―P― Basta Ya (スペインのテロ反対運動,反戦運動).9 (中南米)(鉄道)プラットホーム. ▶ **plataforma continental** 大陸棚. **plataforma espacial** 宇宙ステーション. **plataforma móvil** (情報)モバイル・プラットフォーム. **plataforma petrolífera** (海底油田の)掘削[探査]装置.

platal 男 大金,財産.

platanal, platanar 男 バナナ園.

platanero, ra 形 1 バナナ(栽培)の;バナナ愛好家[園]. 2 (中米)(バナナをなぎ倒すほど風が)強い. ―viento ～ 強風. ―男 (植物)バナナの木. ―女 バナナ農園.

plátano 男 (植物)1 バナナ,バナナの木.2 プラタナス,スズカケの木.

platea 女 (演劇)平土間席,1 階前方の席.

plateado, da 形 1 銀色の.2 銀めっきした.

platear 他 …に銀めっきする,銀をかぶせる.

platelminto 形 (動物)扁形(類)動物の. ―男 (主に複) (P～) (動物)扁形動物(門).

platense 形 男女 1 ラ・プラタ(La Plata)川(流域)の(人).2 ラ・プラタ(La Plata)市の(人).

plateresco, ca 形 (建築)プラテレスコ風の,プラテレスコ様式の.

platería 女 1 銀細工.2 銀細工店[工場].

platero, ra 形 (ロバなどが)銀白色の. ―名 1 銀細工師.2 銀細工[宝石]商.

plática 女 1 会話,対話,おしゃべり;(情報)チャット. ―estar de ～ おしゃべりをしている.2 (宗教)(短い)説教. ―dar una ～ 説教をする.

platicar [1.1] 自 (中南米)会話する,おしゃべりする. ―他 を討論する,話し合う.

platija 女 (魚類)ツノガレイ,アカガレイ.

platillo 男 1 (カップの)受け皿,ソーサー;(天秤の)受け皿.2 小皿.3 (複) (音楽)シンバル.4 うわさの種,話題. ▶ **bomboy platillo** →bombo. **platillo volante [volador]** 空飛ぶ円盤(=ovni).

platina 女 1 作業(工作)台,顕微鏡の載物台,ステージ.2 (印刷)印刷機の圧盤;(平削り盤などの)テーブル.3 (音響の)デッキ,(プレーヤーの)ターンテーブル;デッキ(→pletina).

platinado, da 形 白金[プラチナ]めっき.

platinar 他 …に白金をかぶせる.

platino 男 (鉱物,化学)白金,プラチナ.

platirrino, na 形 (動物)広鼻猿類の. ―男 (動物)広鼻猿類.

plato 男 [プラト] 1 皿,銘銘皿. ―llano 平皿. ― hondo 深皿. ― sopero スープ皿.2 料理,料理の1品. ―primer ～ (前菜の前の)最初の料理. ― combinado 盛り合わせ定食. ― de pescado 魚料理.3 食事;扶養,生活費のための(天秤の)皿;(クレー射撃の)標的,かわらけ. ―el ～ de embrague クラッチ盤, tiro al ～ クレー射撃. ▶ **comer y beber el [un] mismo plato** 同じ釜の飯を食う,とても仲がいい. **no haber roto [quebrado] un plato en su vida** 一度も過ちを犯したことがない. **pagar los platos rotos** 責任を取らされる,罪をかぶる. **plato del día** 今日の定食,日替り定食. **plato fuerte** (1) メインディッシュ, (2) (話) (催物などの)目玉,トピック. **ser plato de segunda mesa** のけ者にされる,無視される.

plató 男 (映画)映画のセット.

platónicamente 副 純精神的に,観念的に;理想的に,プラトニックに.

platónico, ca 形 1 プラトンの,プラトン哲学(学派)の.2 (特に恋愛関係で)純精神的な,無欲の,観念的な. ―amor ～ プラトニックラブ.3 観念論的な;理想主義的な.

platonismo 男 1 (哲学)プラトン哲学(学派).2 純精神的恋愛.

platudo, da 形 名 (中南米) (話)金持ち(の),裕福な(人).

plausibilidad 女 1 賞賛に値すること.2 もっともらしさ,納得[容認]できること.

plausible 形 1 ほめるに足りる,立派な,感心な.2 もっともらしい,まことしやかな. ―teoría ～ もっともらしい説.

playa 女 [プラヤ] 1 浜,海岸;海水浴場.2 (中南米)平らな場所,用地. ―～ de estacionamiento

play-back

駐車場. ~ de maniobras 操車場.

play-back [<英>] [録音・録画の]再生, プレーバック, あてレコ.

playboy [<英>] プレーボーイ, 遊び上手で粋な男性.

playero, ra 形 海辺の, 海辺用の. ―sandalias playeras ビーチサンダル. ― 名 (海辺から来る)魚売り. ― 女 1 履 (ビーチ)サンダル, ゴム草履. 2 [中米] Tシャツ. 3 《音楽》(アンダルシア民謡の一種)プラジェーラ.

playo, ya 形 《南米》(底の)浅い.

plaza [プラサ] 女 1 広場. ~ de toros 闘牛場, 練兵場. 2 〔食料品などの〕市場(いちば);日々の買い物. ~ de abastos 卸売市場. 3 市場(しじょう). 4 席, 座席, スペース;収容定員. ―aparcamiento de cien ~s 100台収容可能な駐車場. autocar de sesenta ~s 60人乗りの観光バス. 5 職. ポスト, 仕事. 6 要塞, 要塞都市. ► hacer plaza (1)小売りする. (2)場所を空ける. sentar plaza 志願して入隊する.

plazo 男 1 期限, 期間. ―a corto [largo] ~ 短[長]期間での. depósito a ~ fijo 定期預金. vender a ~ 掛け売り[信用取り引き]をする. 2 〔分割払いの〕一回分の支払い. ―pagar en veinte ~s 20回払いで支払う.

plazoleta 女 小広場.

plazuela 女 小広場.

pleamar 女 《海事》満ち潮, 高潮, 高潮時.

plebe 女 1 庶民, 一般大衆. 2 《話. 軽蔑》下層民. 3 《歴史》(古代ローマの)平民.

plebeyez 女 1 平民[庶民]らしさ. 2 粗野, 卑劣.

plebeyo, ya 形 名 1 平民(の), 庶民(の);下層民(の). 2 《軽蔑》卑俗な, 粗野な.

plebiscitario, ria 形 《政治》国民[住民]投票の.

plebiscito 男 1 《政治》国民[住民]投票. ―someter a ~ 国民投票にかける.

plectro 男 1 《音楽》ばち, つめ, ピック, 義甲(弦楽器演奏用のつめ). 2 《詩の》詩想, インスピレーション.

plegable 形 折り畳める. ―paraguas ~ 折り畳み傘. mesa ~ 折り畳み式テーブル.

plegadera 女 1 ペーパーナイフ. 2 《製本用の》折りべら.

plegadizo, za 形 折り畳みできる.

plegado, da 過分 [→plegar] 形 折り畳んだ, 襞[プリーツ]のある. ― 男 1 折り畳むこと, 襞[プリーツ]をつけること. 2 折り目, 襞, プリーツ.

plegador, dora 形 折り畳む(人);折り畳み(式)の. ― 男 《製本用の》折りべら. ― 女 《印刷》折り畳み機.

plegadura 女 1 折り畳むこと. 2 襞, プリーツ.

plegamiento 男 1 《地質》褶曲.

pleuronectiforme

折り畳むこと, 折り畳み方.

plegar [4.4] 他 を折り畳む, 折り重ねる, 〔端などを〕折り曲げる. ― se 再 [+a に] 屈服する.

plegaria 女 《宗教》祈り, 祈禱(きとう). ―rezar una ~ 祈禱する.

pleistoceno, na 形 《地質》更新世(の).

pleita 女 (エスパルトの)編みひも.

pleiteador, dora 形 名 1 訴訟を起こす(人). 2 訴訟の好きな(人).

pleitear 自 [+ con/contra に対し] 訴訟を起こす.

pleitesía 女 敬意, 尊敬. ―rendir ~ al rey 国王に敬意を示す.

pleitista 形 名 訴訟好きな(人).

pleito 男 1 《法律》訴訟. ~ civil [criminal] 民事[刑事]訴訟. ganar [perder] el ~ 勝訴[敗訴]する. 2 けんか, 紛争, 確執.

plenamar 女 =pleamar.

plenamente 副 完全に, 全く, 十分に.

plenario, ria 形 1 完全な, 絶対的な. 2 全員の, 全体の. ―reunión plenaria 総会.

plenilunio 男 満月(時).

plenipotencia 女 全権.

plenipotenciario, ria 形 全権を有する. ―embajador ~ 全権大使. ― 名 全権大使, 全権委員.

plenitud 女 1 絶頂, 全盛, 最盛期. 2 完全;十分;充実.

pleno, na [プレノ, ナ] 形 1 《名詞に前置して》《強調的に》…のただ中. まさに…;最高(潮)の. ―Estamos en ~ verano. 今は真夏だ. en plena oscuridad 真っ暗闇に. 2 十分な, 完全な. ~ empleo 完全雇用. ―s contra los poderes 全権. 3 [+ de で] いっぱいの, 満ちた. ― 男 1 総会, 全体会議;本会議. 2 (くじの)完全的中. ► de pleno 完全に. en pleno 全体で;全員で.

pleonasmo 男 《修辞》冗言法, 冗長, 重複語.

pleonástico, ca 形 《修辞》冗言法の, 冗長な, 重複した.

plepa 女 《話》欠点[持病]の多い人[動物, もの].

plesiosauro, plesiosaurio 男 《生物》首長竜, 長頸竜, プレシオサウルス.

pletina 女 1 小さくて薄い金属片. 2 (プレーヤーのターンテーブル, (録音再生用の)デッキ.

plétora 女 1 《医学》多血(症). 2 過多, 過度, 過剰.

pletórico, ca 形 1 [+ de で] 一杯の, (…が)多い. 2 《医学》多血症の.

pleura 女 《解剖》胸膜.

pleural 形 《解剖》胸膜の.

pleuresía 女 《医学》胸膜炎.

pleuritis 女 《単複同形》《医学》胸膜炎, 肋膜炎.

pleuronectiforme 形 《魚類》カレイ

plexiglás 男《商標》プレキシガラス(合成樹脂の強化ガラス). — solar 腹腔神経叢.

plexo 男《解剖》神経・血管・繊維などの叢(%). — solar 腹腔神経叢.

pléyade 女《集合的に》《文》優れた人物の集団.

plica 女 1(指定期日まで開封できない)封緘文書. 2《医学》縮(%)髪症.

pliego 男 1(折った)紙; 1枚の紙. 2書類. ～ de cargos《法律》告訴条項. ～ de descargos《法律》弁護側の証拠. ～ de condiciones (契約書などの)条件項目; 説明書. 3封書; 封緘(%)文書;《軍事》封緘命令書. 4(製本の)折り丁(%), 折り丁. ～ de cordel (安い)折り本.

pliegue 男 1(紙や布の)折り目, しわ. 2ひだ, プリーツ. —falda con ～s プリーツスカート. 3(地質)褶曲(ㄐ).

plin, plim(擬音)(弾丸の飛ぶ音など)ピューン. ▶¡A mí [ti...] plin!《話》関係ないよ, どうだっていいさ. 気にしないさ.

plinto 男 1《建築》柱礎, 台座. 2(スポ)飛箱.

plioceno, na 形《地質》鮮新世(の).

plisado, da 過分 [→plisar] 形 折り畳んだ, ひだ[プリーツ]をつけた. — 男 1折り畳むこと, ひだ[プリーツ]をつけること. 2ひだ, プリーツ.

plisar 他《服飾》…に折り目[ひだ]をつける.

plomada 女 1下げ振り金. 2(網などのおもり). 3(海事)測鉛器.

plomazo 男 1散弾による銃撃[傷]. 2《軽蔑》うんざりさせるもの[人]. ▶¡Qué ～! もううんざりだ, 退屈だ.

plombagina 女《鉱物》石墨, 黒鉛.

plomería 女 1水道工事, 配管工事. 2鉛板の屋根ふき. 3配管工事.

plomero 男 1配管工. 2鉛職人.

plomífero, ra 形 1鉛の, 鉛を含んだ. 2《話》うんざりさせる[人], 退屈な[人].

plomizo, za 形 1鉛を含んだ; 鉛色の; 鉛のような. —cielo ～ 鉛色の空.

plomo 男 1《鉱物》鉛(元素記号 Pb). —tubo de ～ 鉛管. 2(釣り糸などのおもり, おもし; (水深測定用の)測鉛. 3《電気》ヒューズ. 4(鉛の)弾丸. 5退屈な人[もの]; うんざりさせる人[もの]. ▶andar con pies de plomo《話》用心する, 慎重に行動する. a plomo 垂直に. caer a plomo《話》落ちる, どっと倒れる.

pluma [プルマ] 女 1羽, 羽毛. 軽いもの, 身軽な人. —colchón de ～s 羽布団. peso ～ (ボクシングの)フェザー級. 2ペン, ペン先, 羽ペン. — estilográfica 万年筆. tomar la ～ ペンを持つ, 書き始める. dibujar a ～ ペン画を描く. vivir de su ～ ペンで身を立てる. 3文体, 書体. 4文筆活動. 5作家. 6《話》(男の女っぽさ). ▶a vuela pluma すらすらと, 筆にまかせて.

dejar correr la pluma 思いつくままを書く, 筆にまかせて書く. **pluma atómica**《メキシコ》ボールペン(→bolígrafo). **tener pluma** 女性っぽい.

plumado, da 形 羽のある, 羽の生えた. — 男 1(簡単な文章を書くこと), 一筆. 2(一筆書きによる)装飾文字.

plumafuente 女《中南米》万年筆.

plumaje 男(全体として)羽毛; 羽飾り; 羽衣.

plumazo 男 ▶de un plumazo あっという間に, 急に, いっぺんに.

plumazón 女《集合的に》1(一羽の鳥の)羽全体. 2ペンケース, 筆箱.

plúmbeo, a 形 1鉛の. 2《話》退屈な, いやな, 重苦しい.

plúmbico, ca 形《化学》鉛の, 鉛を含んだ.

plumeado 男《美術》(細い線による)陰影[線影].

plumear 他《美術》…に細かい線をつける, 影をつける. 2を羽ペンで書く.

plumero 男 1羽のはたき, 羽ぼうき, 毛ばたき. 2ペンケース, 筆箱. 3羽飾り. ▶vérseLE a...el plumero《話》…の意図[考え]がわかる.

plumier 男 筆箱, 筆入れ.

plumífero, ra 形《詩》羽のある. — 男《服飾》ダウンジャケット. — 名《話, 軽蔑》物書き, 新聞記者.

plumilla 女 1小さな羽. 2ペン先. 3《植物》幼芽.

plumín 男 ペン先.

plumón 男 1鳥の綿毛, ダウン. 2羽布団, 羽クッション. 3フェルトペン. 4《スペイン》まくら.

plumoso, sa 形 羽で覆われた, 羽毛の多い, 羽のような.

plúmula 女《植物》幼芽.

plural 形 1《言語》複数(形)(の略: pl.). 2多様な. — 男《言語》複数(形). ～ de modestia《言語》謙譲の1人称複数形. **plural mayestático** 威厳の1人称複数形.

pluralidad 女 1複数, 多数, 大多数. 2《言語》複数(性).

pluralismo 男 多元論, 多元性.

pluralizar [1.3] 他 1《言語》(通例単数形しかない語を)複数(形)にする. 2を一般化する. — 自 複数形で話す, 複数(特に1人称)で.

pluricelular 形《生物》多細胞の.

pluridimensional 形 多次元の.

pluridisciplinar 形 多領域の.

pluriempleado, da 形 名 兼業[兼職]している[人]. — 名: 兼業[兼職]者(の).

pluriempleo 男 兼任, 兼業.

plurietnico, ca 形 —multiétnico.

plurilingüe 形 多言語の, 多言語による.

plurilingüístico, ca 形 多言語の.

plurinacional 形 多民族の.

plurinacionalidad 女 多民族性.

pluripartidismo 男《政治》多党制, 小党分立(制), 多党政治.

pluripartidista《政治》多党制の

plurivalencia (主義)の, 多党政治主義の.
plurivalencia 女 1多用途, 多目的; 多面的価値. 2《化学》多価性. 3《医学》多効性.
plurivalente 形 1用途の広い, 多目的の. 2《化学》多価の. 3《医学》多効性の.
plus 男《複》~es ボーナス, 特別賞与, 特別手当.
pluscuamperfecto 形男《言語》過去完了(形)の, 大過去(の). — pretérito ~ 過去完了.
plusmarca 女《スポ》新記録. — batir una ~ 新記録を樹立する.
plusmarquista 男女《スポ》記録保持者.
plus ultra 〈ラテン〉もっと向こうへ(= más allá)(コロンブスの新世界発見以前の大航海時代の標語. スペイン国章に記されている).
plusvalía 女 1値上げ, 価格の上昇, 高騰. 2《商業》剰余価値. 3キャピタルゲイン.
plúteo 男《書棚などの》棚, 棚板.
plutocracia 女 1《政治》金権政治[支配, 主義]. 2富豪階級, 財閥.
plutócrata 男女 1《政治》金権政治主義者. 2富豪階級, 財閥.
plutocrático, ca 形 1《政治》金権政治[支配, 主義]の. 2富豪階級の, 財閥の.
Plutón 固名 1《ギ神》プルトン(冥界の神). 2《天文》冥王星.
plutonio 男《化学》プルトニウム(元素記号 Pu).
pluvial 形《気象》雨の, 雨の多い, 雨の. — precipitaciones ~es 降雨. aguas ~es 雨水, 雨．
pluviómetro 男《気象》雨量計.
pluviometría 女《気象》降水量[雨量]測定(法).
pluviómetro 男 雨量計.
pluviosidad 女 降雨量.
pluvioso, sa 形 雨の多い.
PM (略号) =Policía Militar 憲兵.
p.m. (頭字)〈ラテン post meridiem (después del mediodía)〉午後.
PNB (頭字)〈Producto Nacional Bruto〉国内総生産(英 GNP).
PNN (頭字)〈Profesor No Numerario〉男(大学などの)非常勤講師.
PNV (頭字)〈Partido Nacionalista Vasco〉バスク民族党.
poblacho 男《話, 軽蔑》寒村, 貧しい村.
población 女 1市, 町, 村. 2a)住民, 居住者. b)人口. — activa 労働人口. 3村を建設すること. 植民, 入植.
▸ *población de riesgo* 《医学》集合的に遺伝的·肉体的·社会的特徴によってある病気の発生率の高い人たち.
poblada 女《南米》1群集, (特に)暴徒. 2暴動, 蜂起, 反乱.
poblado, da 過分 (→poblar(se)) 形 1[+de](人や動物が)住んでいる;(植物が)生えている. 2[+de]多い, (…で)いっぱいの. 3(ひげが)濃い. — Tiene una barba poblada. 彼はひげもじゃだ.
— 男 1集落, 村落. 2(粗末な, あるいは仮設の)住宅地域.
poblador, dora 形 1住んでいる. — 名 1住民, 居住者. 2入植者, 開拓者. 3《チリ》スラム街の住民.
poblamiento 男 入植, 移住; 定住.
poblano, na¹ 形名《中南米》田舎(の人).
poblano, na² 形名《メキシコの》プエブラ(Puebla)の. — 名 プエブラの住民(出身者).
poblar [5.1] 他 1 a)~を住まわせる, 居住させる. ~ la isla desierta 無人島に人を居住させる. b)[+de](土地に)植える, (土地)に生やさせる. — ~ un río de peces 川に魚を放す. 2 ~に住む, 居住する. 3を満たす, 一杯にする. — El cielo estaba *poblado* de estrellas. 空は満天の星であった. 4 ~に集会を開く. — **se** 再[+de で]いっぱいになる, あふれんばかりになる, 満員になる.
pobo 男《植物》ハコヤナギ.

pobre [ポブレ]《形》《絶対最上級: pauperrimo, 《話》pobrísimo》1貧しい, 貧乏な. 2貧相な, みすぼらしい. — llevar un traje bastante ~ かなりみすぼらしい服を着ている. 3[+en/de 名]乏しい, 恵まれない, 不足した. — ~ en recursos naturales 自然資源に乏しい. 4[土地·畑が]やせた. — una parcela ~ やせた土地の区画. 5[名詞に前置して]衰えた. — 男女 1貧しい人, 貧乏人. 2乞食, 物ごい. 3哀れな人. ▸ **¡Pobre!** かわいそうに, 気の毒に. *ipobre de mí!* (嘆きの表現)あわれな私！ *pobre de ti/él...!* 《話》《脅し》…したら承知しない[後悔する]よ. *pobre diablo* →diablo. *pobre hombre* →hombre. *pobres de espíritu* 《聖書》心貧しき者.
pobrería 女 =pobretería.
pobrete, ta 形名 不幸な(人), 哀れな(人), かわいそうな(人). — 女 娼婦, 売春婦.
pobretería 女 1《集合的に》貧乏人; 乞食. 2貧窮, 貧乏; お金をけちりつめること.
pobretón, tona 形名《軽蔑》ひどく貧しい(人), 貧乏人, 哀れな(人).
pobreza 女 1貧困, 貧乏, 貧しさ; 卑しさ. 2欠乏, 不足, 貧弱さ. 3(土地などの)不毛. 4(謙遜して)財産.
pocero 男 1井戸掘り人. 2下水道清掃人.
pocho, cha 形名 1色あせた, (顔が)青白い. 2[estar+]特に果物が)腐った, 腐りかけた. 3元気がない; 体調が悪い. 4《話》《軽蔑》英語が不十分なくメキシコ系アメリカ人). 2アメリカ文化に染まった(メキシコ人). — 男《メキシコ》英語混じりのスペイン語. — 女 早生のインゲンマメ.

pocholo, la 形《話》かわいい, 素敵な.

pocilga 女 **1** 豚小屋. **2**《話》汚らしい場所.

pocillo 男 **1** 小型のカップ. **2**（オリーブやぶどうの搾りかすを受けるため地面に埋め込まれた）かめ.

pócima 女 **1** 水薬, 煎じ薬. **2**《話》まずい飲み物.

poción 女 水薬, 煎じ薬; 霊薬.

poco, ca [ポコ, カ]形（不定）《比較級→menos》**1**〖数・量〗わずかな, きわめて少ない, ほとんど［少しも］ない, 少ない. —Son pocas las posibilidades. 可能性はきわめて少ない. **2**〖程度〗小さい, 小さな. —Lo que ha conseguido es poca cosa. 彼が手に入れたものは小さなものだ. **3**〖un～de〗（肯定的に）少しの. **4**〖unos＋＋〗（肯定的に）わずかな, いくらかの. —Se oyeron unos ～s aplausos y también silbidos. いくらかの拍手とともに野次も聞こえた. **5**〖no＋＋〗少なからぬ, かなり多くの. —No pocas personas protestan contra el proyecto. 少なからぬ人がその計画に反対している. ▶ **por si fuera poco** かてて加えて, その上に. ——代（不定）〖強勢〗（否定的に）ほとんど［少しも］ない, わずかな人［物・事］; わずかな時間. —Ya no queda ～ por hacer. 私たちがやらねばならないことはもう残っていない. **a poco** ほんの少したって, じきに. **a poco de**〖＋不定詞〗…してからすぐに. **de a poco**〖南米〗だんだん, 少しずつ. **dentro de poco** もうすぐ, 近いうちに. **de poco** 取るに足りない, つまらない. **estar en poco que**〖接続法＋de＋不定詞〗〖接続法の場合, 主に過去形〗…するばかりであった, ほとんど…するところであった. **hace poco** 少し前に. **poco a poco** 少しずつ, だんだんと. **por poco** (1)〖＋現在形〗もう少しで…するところだった. (2) さもないと, さもしたことで. **tener en poco** を軽視する, 軽くみる. **un poco** (肯定的に) 少し. ——副《比較級→menos》(否定的に) ほとんど…ない, 少ししか…ない; わずかに…. —Se tarda muy ～ de aquí a la estación. ここから駅まではほんの数分だ. ▶ **como poco** 少なくとも. **...o poco menos** …や何か. **poco más o menos** 大体, ほぼ.

poda 女〖農業〗剪定; 剪定の時期. —hacer una ～ 剪定する.

podadera 女〖主に複〗剪定ばさみ.

podador, dora 形 剪定の, 剪定用の. ——名 剪定する人.

podagra 女〖医学〗（特に足部の）痛風.

podar 他（不要な木の枝を）刈込む, 剪定する.

podenco, ca 形名 猟犬の; イビサンハウンド（犬）(=perro ～ ibicenco).

poder [ポデル][5.12] 他 **1 a)** …することができる, …できる. —Siento no ～ acompañarle. お供できなくて残念です. ¿Podría venir la semana que viene? 来週来られますか. **b)** …してよい, …してよろしい. ¿Se puede? （ドアをノックして）入ってもよろしいですか. ¿Puedo dejar la maleta aquí? ここにスーツケースを置いてもいいですか. **2**…かもしれない;〖否定文で〗…のはずがない. —Puede que llueva mañana. 明日雨が降るかもしれない. Puede haber (que haya) salido. 彼はもう出かけたかもしれない. Eso no puede ser verdad. それが本当であるはずがない. **3**〖疑問文で〗…していただけますか. —¿Puede usted cerrar la puerta? ドアを閉めて頂けますか. **4**（人）に勝つ. —Tú puedes a Andrés. 君ならアンドレスに勝てる. ——自 **1** できる, 有能である. **2**〖＋con〗**a)**〖多く否定文で〗うまくと扱う, 処理する, 持ち上げる. —No puedo con una maleta tan pesada. 私にはこんな重いスーツケースは無理だ. **b)**〖＋no〗…に我慢できない, 耐え難い. —No puedo con los bichos. 私は虫が大の苦手だ. ▶ **a [hasta] más no poder** これ以上にできないくらい, 最大限. **de poder**〖＋不定詞〗もし…できるなら. **de poder más** これ以上はできない. **de poder menos que [de]** …せざるをえない. **no poder parar** することができない. **no poderse tener** （疲れなどで）ぐったりしている, 立っていられないほどである. **no poder tragar [ver]**《話》（人）が気に食わない. ——男 **1** 権力, 支配力; 影響力. **2** 権力, 政権, 政府. —estar en el ～ 権力［政権］を握っている. **3** 能力, 力, 強さ. —～ absoluto 絶対的権力 (=despotismo). ～ adquisitivo 購買力. **4** 効能, 効力. **5** 権限, 代理権, 代表権. ——〖legislativo 立法権. ～ ejecutivo 行政権. ～ judicial 司法権. otorgar plenos ～es 全権〖全典権〗を与える. ～es públicos 公的権力. **6** 所有, 所有権. —Tiene en su ～ un millón de euros. 彼は100万ユーロを自分の手に握っている. **6**〖法律〗代理権, 委任（状）. ▶ **de poder a poder** 対等に. **en poder de...** …の所に, 手に, 手に. **por poder(es)** 代理で.

poderdante 男女〖法律〗委任者, 授権者.

poderhabiente 男女〖法律〗受託者, 代理人, 代表者.

poderío 男 **1** 権力, 権限; 支配力, 影響力. **2** 財産, 地所. **3** 体力, 力.

poderosamente 副 強力に, 力強く, 非常に.

poderoso, sa 形 **1** 権力のある, 有力な; 富裕で影響力のある. —un país ～ 強国. **2** 強力な, 力強い. **3** （物が）効力のある, 効果的な. **4** 確固たる, しっかりした. ——名 権力者, 有力者.

podiatra 男女〖中南米〗→podólogo.

podio, pódium 男〖建築〗**1** 列柱の

podología 女 足病学.
podológico, ca 形 足病学の.
podólogo, ga 名 《医学》足専門医, 足(病)学者.
podómetro 男 万歩計, 歩数計.
podón 男 大型の剪定ばさみ.
podr- 動 →poder [5.12].
podre 女 1 《医学》膿(え), 膿汁(ϧうじゅう). 2 堕落, 腐敗.
podredumbre 女 1 腐っていること[物, 部分]. 2 堕落, 腐敗. 3 膿(え). 4 悲しみ.
podridero 男 1 堆肥場;ごみ捨て場. 2 (遺体の)一時的な安置所.
podrido, da 過分 [→ pudrir] 腐った, 腐敗した. —oler a ~ 腐った臭いがする. ▶ estar podrido de... …があり余るほどある, 腐るほどある.
podrir 他 →pudrir.
poema 男 1 a) (一編の)詩;(特に)叙事詩. b) 詩的な作品, 題趣のある散文詩. — ~ en prosa 散文詩. ~ sinfónico 交響詩. 2 めったにないおかしなこと. ▶ ser (todo) un poema 《話》現実離れしておかしい[滑稽である], まったく珍しいこと[もの]である.
poemario 男 詩集, 歌集.
poemático, ca 形 詩の;詩的な.
poesía 女 1 a) (作品としての)詩. — ~ dramática 劇詩. ~ épica 叙事詩. ~ lírica 叙情詩. b) (文学ジャンルとしての)詩, 韻文;(特に)叙情詩. 2 詩趣, 詩的感興.
poeta 男女 [女 には poetisa もある] (男性の)詩人;詩的才能のある人, 詩人肌の人.
poetastro 男 《話. 軽蔑》へぼ詩人, 三流詩人.
poético, ca 形 1 詩の, 詩的な. —lenguaje (talento) ~ 詩的言語[才能]. 2 詩のような, 詩情豊かな. —paisaje ~ 詩情あふれる風景. 3 詩学の, 詩法の, 詩論の. — 女 1 詩学, 詩法, 詩論. 2 作詩法.
poetisa 女 女流詩人.
poetización 女 詩的に表現すること;詩作.
poetizar [1.3] 他 詩に作る, 詩的に(表現)する, 詩化する.
pogrom, pogromo 男 (組織的·計画的な)民族虐殺, (特に)ユダヤ人虐殺.
póker 男 →póquer.
polaco, ca 形 ポーランド (Polonia)(人·語)の. — 名 ポーランド人. 2 《話. 軽蔑》カタルーニャ人. — 男 ポーランド語. 2《話》カタルーニャ語の方言.
polaina 女 《服飾》きゃはん, すねあて.
polar 形 《地理》(地球の)極地に近い. —círculo ~ 極圏. oso ~ 白熊(カロロクマ). casquete ~ 極冠.
polaridad 女 1 両極性. 2 《物理》極性.
polarímetro 男 《物理》偏光計, 旋光計.

polariscopio 男 《物理》偏光器.
polarización 女 1 《物理》分極, 極性化;偏光. 2 集中.
polarizar [1.3] 他 1 [+ en に] を集中させる. 2 《物理》…に極性を与える, 分極する. 3 (光)を偏光させる. — se 再 1 極性を与える, 偏光する. 2 集中する.
polaroid 女 《商標》ポラロイドカメラ (= cámara ~).
polca 女 《音楽》ポルカ (2拍子の舞曲, 曲).
pólder 男 1 ポルダー (オランダの干拓地). 2 (海辺の)干拓地.
pole 女 (自動車レースで)ポールポジション.
polea 女 《機械》ベルト車, せみ, 滑車. — ~ fija [movible] 定(動)滑車.
polémico, ca 形 論争の, 争点の;論争を引起す. —tema ~ 論点. 2 議論好きな. — 女 (主に書かれたものによる)論争, 論戦.
polemista 男女 論争者, 論客;議論を好む人.
polemizar [1.3] 自 論争する, 論議する.
polen 男 《植物》花粉.
poleo 男 《植物》ハッカ.
polera 女 《服飾》1 《チリ》(スポーツ用の)Tシャツ. 2 《南米》(ニットの)ハイネックセーター.
poli 男女 《スペイン》《話》警官. — 女 《スペイン》《話》警察.
poliamida 女 《化学》ポリアミド.
poliandria 女 一妻多夫.
poliarquía 女 多頭政治.
polibán 男 座浴用の浴槽.
policharro 男 (メキシコの)騎馬警官.
polichinela 名 〔イ伊〕《演劇》(イタリア)笑劇·人形劇の道化役, プルチネルラ.
policía 女 〔ポリシア〕警察, 警察官. — ~ de tráfico 交通警察. ~ urbana [municipal] 市警察. ~ local 町村警察. ~ judicial 司法警察, (警察の)刑事部門. ~ secreta 私服警察. — 男女 警察官, 警官. [女 は mujer ~ も] — ~ militar 憲兵.
policiaco, ca 形 警察の, 警官の. —investigación policiaca 警察の捜査. 2 探偵の. —novela policiaca 探偵小説.
policíaco, ca 形 = policiaco.
policial 形 警察の (→policiaco).
policlínica 女 総合診療所, 総合病院.
policromar 他 多色彩色[装飾]する.
policromía 女 多色彩色.
polícromo, ma, policromo, ma 形 多色の, 多彩な.
policultivo 男 《農業》多種栽培, 多角農業.
polideportivo 男 総合体育館.
poliédrico, ca 形 《数学》多面体の.
poliedro, dra 形 男 《数学》多面体(の).
poliéster 男 《化学》ポリエステル.
polietileno 男 《化学》ポリエチレン.

polifacético, ca 形 多方面の, 多才の, 多芸の.

polifagia 女〘医学〙多食(症状).

polífago, ga 形名〘医学〙多食症の(人).

polifásico, ca 形 多相の;〘物理,電気〙多相の.

polifonía 女〘音楽〙多音, 多声音楽, ポリフォニー.

polifónico, ca 形〘音楽〙多音の, 多声音楽の, ポリフォニーの.

polígala 女〘植物〙ヒメハギ.

poligamia 女 **1** 複婚, 一夫多妻(特に一夫多妻). **2**〘植物〙雌雄混株.

polígamo, ma 形名 **1** 一夫多妻の; 一夫多妻婚者. **2**〘植物〙雌雄混株の.

poliginia 女 **1** 一夫多妻. **2**〘植物〙多雌蕊(ずい)性.

poliglotismo 男 多言語性;多言語を話すこと.

poligloto, ta, políglota, ta 形名 数か国語で書かれた, 数か国語を話す[書く・に通じた](人). ── 女 数か国語対訳聖書.

poligonáceo, a 形〘植物〙タデ科の. ── 女 タデ科植物.

poligonal 形〘数学〙多角形の.

polígono, na 形〘数学〙多角形の. ── 男 **1**〘数学〙多角形. **2**(都市計画の)地区, 地域, 特定用途地区. 〜 industrial 産業地区. 〜 de tiro 射撃訓練場.

polígrafo, fa 名 多分野の著述家.

polilla 女 **1**〘虫類〙ガ(蛾), イガ(衣蛾), シミ(紙魚), ガの幼虫. **2** 食(し)むもの.

polimerasa 女〘生化〙ポリメラーゼ.

polimerización 女〘化学〙重合する.

polimerizar [1.3] 他〘化学〙重合する.

polímero 男〘化学〙重合体, ポリマー.

polimetría 女〘修辞〙1つの詩に複数の韻律が入っていること.

polimorfismo 男〘生物〙多形(現象), 多形性.

polimorfo, fa 形 多様な形[性質, 様式]を持つ, 多形の.

Polinesia 固名 ポリネシア(太平洋の地域).

polinesio, sia 形 ポリネシア(人)の. ── 名 ポリネシア人.

polinización 女〘農業,植物〙授粉(受粉)作用).

polinizar [1.3] 他〘農業,植物〙…に授粉する, 受粉させる.

polinomio 男〘数学〙多項式.

polinosis 女〘単複同形〙〘医学〙花粉症.

polio 男 →poliomielitis.

poliomielítico, ca 形名 小児麻痺[ポリオ]の(患者).

poliomielitis 女〘単複同形〙〘医学〙ポリオ, 小児麻痺, 灰白髄炎.

polipasto 男 →polispasto.

polípero 男〘動物〙(サンゴなどの)ポリプ群体.

pólipo 男 **1**〘動物〙ポリプ(イソギンチャク, ヒトデなど). **2**〘医学〙ポリープ, 茸腫(じゅしゅ).

polipodio 男〘植物〙エゾデンダ属(の植物).

polis 女〘単複同形〙〘歴史〙(古代ギリシャの)都市国家, ポリス.

polisacárido 男〘化学〙多糖; 複 多糖類.

polisemia 女〘言語〙多義(性).

polisémico, ca 形〘言語〙多義の.

polisílabo, ba 形男 多音節の; 多音節語.

polisíndeton 男〘単複同形〙〘言語〙接続詞[連結辞]の多用, 連結辞畳用.

polisón 男〘服飾〙バッスル(スカートの後ろをふくらませる腰当て).

polispasto 男〘機械〙複滑車(による起重機), ホイスト.

polista 男女〘スポ〙ポロ競技者.

polistilo, la 形 **1**〘建築〙多柱(式)の. **2**〘植物〙花柱の多い.

politécnico, ca 形 諸工芸の, 科学技術の, 理工科の. ── universidad politécnica 工科大学.

politeísmo 男〘宗教〙多神論[教], 多神崇拝.

politeísta 形〘宗教〙多神教の. ── 男女〘宗教〙多神教信者, 多神論者.

política 女 **1** 政治, 政治活動, 政治学. **2** 政策, 政見; (会社などの)経営方針. 〜 interior [exterior] 内政[外交]. 〜 económica 経済政策. **3** 物事をうまく処理するやり方, 策略, 駆け引き; 社交性. **4** 礼儀, 丁寧. ▶ política de [del] avestruz 問題[危険]を直視しようとしない態度 (=táctica del AVESTRUZ).

políticamente 副 政治的に; 礼儀正しく.

politicastro, tra 名〘軽蔑〙政治屋, 三流政治家.

político, ca 形 **1** 政治の, 政治的な. ─actividad política 政治活動. partido 〜 政党. **2 a)** やり手の, 駆け引き上手な. ─Es muy 〜 para los negocios. 彼はきわめて商売上手だ. **b)** 丁重な, 礼儀正しい. ─una respuesta muy política 大変丁重な返事[回答]. **3**(家族関係で)義理の, 義…. ─hija política 息子の妻(義理の娘), 嫁. madre política 義母, 姑(しゅうとめ), hermano 〜 義理の兄弟, 義兄[弟]. ── 名 政治家.

politicón, cona 形 **1** 仰々しい(人), ばか丁寧(な人). **2** 政治好き(な).

politiquear 自〘話,軽蔑〙政治に手を出す.

politiqueo 男〘話,軽蔑〙政治談義, 政治に手を出すこと.

politiquería 女 →politiqueo.

politización 他 政治化, 政治意識を植え付けること.

politizar [1.3] 他 …に政治色を与える. ── se 政治化する.

politología 女 政治学.

politólogo, ga 名 政治学者.

politono 男 (携帯電話の)着メロ, 着歌.

politraumatismo 男《医学》複合性外傷.

politraumatizado, da 形《医学》(特に交通事故などで複数の外傷で)重傷を負った.

poliuretano 男《化学》ポリウレタン.

poliuria 女《医学》多尿(症).

polivalencia 女 1 多目的性, 多用途; 多才. 2《医学》多効性;《化学》多価性.

polivalente 形 1 多方面に役立つ; 多目的の. 2《化学》多価の. 3《医学》多効性の.

polivinilo 男《化学》ポリビニル, 重合ビニル.

póliza 女 1 保険証券[証書], 株取引などの証明書. ～ **de seguro** 保険証券. 2 納税印紙, 証紙.

polizón 男 1 怠け者, 放浪者. 2 密航者. —**viajar de** ～.

polizonte 男《話, 軽蔑》警官, おまわり.

polla 女 1《鳥類》(雌の)ひな鶏, 若い雌鶏(ぬ). 2《話》若い娘, 小娘. 3 賭け金. 4《スペイン》《卑》ペニス. **ni pollas (en vinagre)**《俗》全然～ない, まるっきり～でない. **polla de agua**《鳥類》バン(鷭).

pollada 女 一かえりのひな.

pollastre 男《話》1 成長しかけつつある若鶏. 2 大人ぶった子ども, 若造.

pollastro, tra 男 → pollastre.

pollear 自《話》色気づく.

pollera 女 1《南米》《服飾》スカート. 2 鶏小屋, 鶏舎; 鶏かご. 3 幼児用歩行器.

pollería 女 鶏肉店.

pollero, ra 名 鶏肉商人.

pollino, na 名 1 (特に, 飼いならされていない)若いロバ. 2 ばか, まぬけ; 粗野な人.

pollito, ta 名 1 ひな鳥, ひよこ. 2《話》若者; 子ども, ちびっこ.

pollo 男 [ポヨ] 1 ひな鶏, 若鶏; 鶏肉. —～ **asado** ローストチキン. 2 若者; 青二才. —～ **pera** きざな格好の若者. 4《話》つば, たん. ▶ **pollo tomatero** (トマトで煮込み, 小さくて柔らかい)若鶏. **sudar como un pollo** びっしょりで汗をかく.

polluelo, la 名 → pollito.

polo¹ 男 1 (地球の)極, 極点. —～ **ártico [boreal, norte]** 北極. —～ **antártico [austral, sur]** 南極. 2《電気, 物理》電極, 磁極. —～ **positivo** プラス極, 陽極, 正極. —～ **negativo** マイナス極, 陰極, 負極. 3 対極, 正反対, 極端. 4 (関心・注目の)焦点, 中心. 5 棒付き(アイス)キャンデー, 棒付きアイスクリーム. —～ **helado** アイスバー. 6 地帯. —～ **de desarrollo (industrial)** 開発地域. ▶ **polo magnético** (地磁気の)磁極. **de polo a polo** (1) 極端から端まで. (2) 極端な, かけ離れた.

polo² 男 1《スポ》ポロ. —～ **acuático**

水球, ウォーターポロ. 2《服飾》ポロシャツ.

polo³ 男 ポロ(アンダルシアの民謡).

pololear 他《中南米》邪魔する, 困らせる; (異性に)言い寄る, 誘惑する. 2《南米》(異性を)くどく, 誘惑する. —自《南米》いちゃいちゃする.

pololo, la 名《チリ》《話》恋人, 愛人. —男《服飾》1《主に複》《歴史》(子ども・女性用体育着の)ブルマー. 2《複》スカートやペチコートの下にはく)半ズボン, 下ばき. 3《チリ》《虫類》(甲虫目の)食葉群[類].

polonés, nesa 形 名《まれ》ポーランド(人)の; ポーランド人. —女《音楽, 舞踊》ポロネーズ.

Polonia 固名 ポーランド(首都 Varsovia).

polonio 男《化学》ポロニウム(元素記号 Po).

poltrón, trona 形 名《話》怠け者(の).

poltrona 女 安楽椅子.

poltronear 自《話》怠ける, 怠惰な生活をする.

poltronería 女 怠惰, 無精, 無気力.

polución 女 1《医学》遺精, 夢精. 2 汚染.

polucionar 他 (空気・水などを)汚染する.

poluto, ta 形 汚れた, 汚い, 不浄な.

polvareda 女 1 (舞い上がった)ほこり, ちり; 土煙, 砂ぼこり. 2 大変な噂, 大騒ぎ.

polvera 女 コンパクト, パウダーケース.

polvillo 男 1 → polvo. 2《中南米》(植物)胴枯れ病, べと(胴枯)病.

polvo 男 1 ほこり, ちり; 土(砂)ぼこり. 2 粉, 粉末, 微粒子. —**leche en** ～ 粉ミルク. **café en** ～ インスタントコーヒー. 3 化粧用パウダー; 粉 おしろい; 粉薬. —～**s de talco** タルカムパウダー. —～**s de tocador** 粉おしろい. 4《卑》《俗》性交. —**echar un** ～ セックスをする. 5《隠》ヘロイン. **dejar [estar] hecho polvo** 打ちのめす[される]; 疲労困憊(淡)させる[する]. **hacer morder el polvo**《話》(戦いや議論で相手を)やっつける, 打ちのめす. **hacer polvo**《話》(1) (精神的に)打ちのめす, ひどく落胆させる. (2) を粉々にする, 粉砕する. **limpio de polvo y paja**《話》(1) 正味の, 他の費用を含まない. (2) 労せず手に入れた. **sacudir el polvo**《話》(1) をぶん殴る. (2) 厳しく反論する.

pólvora 女 1 火薬. 2《集合的に》花火. ▶ **como un reguero de pólvora** あっという間に. **gastar la pólvora en chimangos**《南米》無駄骨を折る, 無駄な努力をする. **gastar la** ～ **en salvas** 無駄骨を折る, 無駄な努力をする. **no haber inventado la pólvora** 新しいことを言わない[しない], 陳腐なことしか言わない; 利口でない.

polvorear 他 [＋ **con** に](粉)をまぶす[まく, 振りかける].

polvoriento, ta 形 ほこりっぽい, ほこりだらけの.

polvorilla 男女 《話》怒りっぽい人.

polvorín 男 **1** 火薬庫, 弾薬庫. **2** 火薬, 黒色火薬. **3** 火薬庫, 危険な地域.

polvorista 男女 花火職人; 火器の技術者.

polvorón 男 《料理》ポルボロン(小麦粉, バターなどで作るクッキー).

polvoroso, sa 形 《中南米》ほこりっぽい. ▶ **poner pies en polvorosa** 《話》逃げる.

poma 女 **1** 香水入れ. **2** 《まれ》《植物》リンゴ.

pomáceo, a 形 ナシ状果の《植物》.

pomada 女 **1** 化粧用クリーム. **2** 《医学》軟膏.

pomar 男 《農業》果樹園; (特に)リンゴ畑.

pomarada 女 リンゴ畑(園).

pomarrosa 女 《植物》フトモモ(木は yambo).

pomelo 男 《植物》グレープフルーツ(の木).

pómez 女[複] **pómeces** 軽石.

pomo 男 **1** (ドアの)ノブ, 握り. **2** (剣の)つか頭. **3** (香水の)ガラスびん, フラスコ. **4** 《植物》ナシ状果(リンゴ, ナシなど).

pompa 女 **1** 泡, あぶく. ──s de jabón せっけんの泡. **2** 豪華, 盛大, 華麗, 壮観. ──celebrar una boda con gran ~ 豪華絢爛な結婚式を挙げる. **3** 見せびらかし, 誇示, 見栄. ──hacer ~ de ... を見せびらかす. **4** (壮麗な)行列. ▶ **pompas fúnebres** (1) 葬儀屋. (2) 葬式.

pompeyano, na 形名 ポンペイ (Pompeya)の(人).

pompi, pompis 男 [pompis は単複同形] 《婉曲》尻.

pompón 男 装飾用の玉房, ポンポン.

pomposamente 副 **1** 盛大に, 華やかに. **2** (文体や口調などが)仰々しく, 気取って.

pomposidad 女 **1** 豪華, 華やかさ. **2** 仰々しさ, もったいぶること.

pomposo, sa 形 **1** 華やかな, きらびやかな, 豪華な. **2** 大言壮語の, 仰々しい, もったいぶった.

pómulo 男 《解剖》ほお骨, 頬; 頬骨の部分.

pon 動 → poner [10.7].

ponchada[1] 女 数人分のパンチ[ポンチ]の量.

ponchada[2] 女 《南米》 **1** 《古》ポンチョ一着に包める量. **2** 大量. ──una ~ de ... 大量の ....

ponchada[3] 女 《中米》パンク.

ponche 男 (飲物の)パンチ, ポンチ. ── a la romana ローマ風フルーツポンチ(シャンパン, パイナップル, パイナップルのアイスクリーム, 砂糖を混ぜて冷して飲む).

ponchera 女 《料理》パンチボール.

poncho 男 **1** 《中南米》《服飾》ポンチョ. **2** 《軍》軍人用外套. ▶ **arrastrar el poncho** 《南米》けんかをふっかける.

ponderable 形 **1** 重さを量れる; 重みがある. **2** 賞賛に値する.

ponderación 女 **1** 賞賛. **2** 熟考, 思案, 吟味; 慎重. **3** つり合い, バランス.

ponderado, da 過分 [→ ponderar] 形 慎重な, 用心深い, 分別のある. ▶ **nunca bien ponderado** 絶賛に値する.

ponderar 他 **1** を賞賛する, ほめそやす. **2** をじっくり考える, 熟考する, 慎重に検討する. **3** をはかりにかける, ...の重さを量る. **4** を釣り合わせる.

ponderativo, va 形 **1** 賞賛の. **2** 過度の, 大げさな.

pondr- 動 → poner [10.7].

ponedero, ra 形 **1** (鶏が)卵を産む. **2** (衣服が)着られる. ── 男 **1** (鶏の)巣. **2** (鶏の)産卵場.

ponedor, dora 名 **1** (鶏などが)よく卵を産む. **2** (馬が後ろ足で立つよう調練されている. ── 男 **1** (鶏の)産卵場. **2** (売の)入れ者.

ponencia 女 **1** (会議や学会などでの)発表, 報告. **2** 報告者の役職; 調査報告委員会; 《法律》裁定委員(会).

ponente 男女 発表者, 報告者.

poner [ポネル] [10.7] 他 **1 a)** [+ en に] を置く, 載せる. ── un florero en la mesa 花瓶をテーブルの上に置く. **b)** [+ a/en に] を入れる, しまう, 振りかける. ── el queso en la nevera チーズを冷蔵庫にしまう. ~ leche en el café コーヒーにミルクを入れる. **c)** [+ en に] (人)を入れる. **d)** [+ a に] をかける, 当てる, さらす. ── la sartén al fuego フライパンを火にかける. **e)** [+ en に] を塗る, つける. ── ungüento en el absceso できものに軟膏を塗る. **f)** [+ en に] を注ぐ, 傾注する, 注入する. ──Juan puso mucho afán en el trabajo. ファンは仕事に全力を注いだ. **2** [+ a に] を付ける, 着ける. ── el vestido verde a la niña 女の子に緑の服を着せる. **3 a)** [+ 形容詞] を...にする. ──Este medicamento la ha puesto mejor. この薬のおかげで彼女は良くなった. ~ colorado を赤面させる. **b)** [+ 副詞(句)] を...にする. ── de buen [mal] humor 機嫌をよく[悪く]させる. ~ en un aprieto 困らせる. ~ en un peligro 危険にさらす. **c)** [+ de に] ──Sus padres la **pusieron** de criada en una casa. 両親は彼女をある家の使用人にした. **d)** [+ bien [mal]] よく[悪く]評価する, はめる[けなす]. ── mal al jefe ボスを悪く言う. **4** [+ a + 不定詞] に...させる. ── su hijo a trabajar 息子を働かせる. ── el agua a calentar お湯を沸かす. **5 a)** (テレビ・ラジオ)をつける. ── la tele テレビをつける. **b)** を準備する. ── la mesa テーブルをセットする. **c)** (目覚まし時計)を(ある時刻に)セットする, 合わせる. ── el despertador a las seis 目覚まし時計を6時にセットする. **6** (バルなどで)お客に...を給仕する, 出す. ──¿Qué le pongo? (バルなど

póney

で)何にしますか. *Póngame* una caña. 生ビールを1杯ください. **7 a)** を書く. —Puedes ~ lo que quieras. 好きなこ とを何でも書いていいよ. **b)**〔+ de 〕を書く. **8**(メール)を送る,(電報)を打つ,(電話)をかける. ~ un giro postal 郵便為替を送る. ~ una conferencia 長距離電話をかける. **9 a)**...と(人)に名をつける. —¿Qué nombre *pusieron* a la niña? 女の子に何という名前を付けたのですか. **b)**〔+ de 〕を呼ぶ, 呼ばわりする. —Le *pusieron* de ladrón. 彼はどろぼう呼ばわりされた. **10** を上映する, 上演する. —En aquel cine *ponen* una película japonesa. あの映画劇場では日本映画を上映している. **11** を開設する, 設立する, 設置する. — ~ una perfumería 化粧品店を開店する. **12 a)** と仮定する, 考えてみる. —*Pongamos* que sucedió así. 事実はこのようだったと仮定してみよう. **b)**〔+ como 〕と見なす. **13** 示す, 見せる;〔+ por/como として〕を提示する, 利用する. — ~ *por* mediane*ro* [intercesor] 仲介者としてたてる. **14**〔+ 〕(電話)につなぐ. **15** を決める, 付ける. — ~ *el precio* 値段を付ける. **16**(刑罰)罪金を課する. — ~ una multa 罰金を課す. **17 a)**(金)を賭ける. **b)**(金)を出す, 拠出する. **18**(体重)を増やす, ...だけ太る. **19**(鳥が卵)を産む. — ~ huevos 卵を産む. ▶ **poner a parir** こきおろす, 非難する, 締め上げる. **poner en claro** 明らかにする, はっきりとさせる. —**se** 再 **1** を着る, 身に着ける, かぶる. —*se el traje* スーツを着る. —*se los zapatos* 靴をはく. —*se las gafas* めがねをかける. **2**〔+ 〕に出る, 身を置く, 位置する. —*se al teléfono* 電話口に出る. —*se al lado de la ventana* 窓のそばに身を置く. **3**〔+ 形容詞など〕...となる. —*se* 青白く血面蒼白になる. —*se bien* 元気になる. **4**〔+ a + 不定詞〕...し始める. —*Se pusieron a* gritar. 彼らはわめき始めた. **5**(日が)沈む. **6**いる, 着く, 降り立つ. —*Se puso* en Madrid en una hora. 彼は1時間でマドリードに着いた. **7**〔+ con 〕に取りかかる, 手をつける. — ~*se con la cena* 夕食の準備に取りかかる. **8**〔話〕と言う. **9**〔+ de 〕まみれになる, ...だらけになる. — ~*se de barro* [tinta] 泥[インキ]まみれになる. **10**〔+ en 〕...の値段で売れる. —La casa *se puso* en un millón de euros. その家は100万ユーロにまで売れた. ▶ **ponerse al corriente de...** をよく知っている, ...に通じている. **ponerse a bien** [**mal**] **con...** (人)と和解[仲違い]する. **ponérsele en la cabeza a...** (考えなどが)(人)の頭にとりつく, (人)が確信する. **ponerse rojo** 赤面する, 赤くなる.

póney 〈英〉男 〔複 ~s〕 poneis, → poni.

pong- → poner [10.7].

pongo¹ 男〔南米〕**1** インディオの使用人[小作人]. **2**(川の)狭くて危険な難所.

pongo² 男《動物》オランウータン(の一種).

poni 〈英〉男〔複 ~s〕ポニー, 子馬.

poniente 男 **1** 西方, 西. **2**《気象》西風.

pontaje 男 橋の通行税.

pontazgo 男 →pontaje.

pontear 他 橋を架ける, 橋を渡す, ...に架橋する.

pontevedrés, dresa 形名 ポンテベドラ(の人).

pontificado 男《宗教》教皇[大司教]の職[位, 任期].

pontifical 形 **1** 司教の, 大司教の. **2** 法王[教皇]の. — 男 **1**《宗教》司教ミサ式, 司教式, 司教礼服. **2**《司教の》祭服記章.

pontificar [1.1] 自 **1**《宗教》教皇[大司教]がミサを行う. **2** ご託宣を垂れる, 偉そうにしゃべる.

pontífice 男 **1**《宗教》ローマ教皇, 法王. —El Sumo P~ ローマ教皇. **2** 司教, 大司教および高位聖職者. **3**《歴史》(古代ローマの)大神官.

pontificio, cia 形 ローマ教皇の; (大)司教の; 高位聖職者の.

ponto 男《詩》海.

pontón 男 **1**《海事》はしけ, ポンツーン(自航力のない箱船). — ~ *flotante* いかだ. **2**(倉庫などに利用されている)廃船. **3**《海事》浮橋, 浮橋.

pontonero 男 はしけの操縦者; 舟橋の架設者.

ponzoña 女 **1** 毒液, 毒, 毒物. **2** 害毒, 弊害, 有害なもの.

ponzoñoso, sa 形 **1** 有毒な, 有害な. — *sustancia ponzoñosa* 有害物質. **2** 悪意のある.

pool 〈英〉男〔複 ~s〕 **1**《商業》企業連合, カルテル, プール制. **2**《集合的に》共同施設[的]; 要員, チーム.

pop 〈英〉形 男〔複 ~s〕 **1**《音楽》ポピュラー音楽の, ポップスの. **2**《美術》ポップアートの).

popa 女《海事》船尾, とも. ▶ **viento en popa** 順風を受けて; 順調で.

popar 他 **1** を軽蔑する. **2** を愛撫する, かわいがる. **3** を甘やかす, ちやほやする; ...に媚びる, へつらう.

pope 男《宗教》(ギリシャ正教の)総主教.

popelín 男《服飾》ポプリン(布地).

popelina 女《服飾》貢(こう)綿の織布地, ポプリン.

poplíteo, a 形《解剖》膝窩(しっか)の, ひかがみの.

Popocatépetl 固名 ポポカテペトル山 (メキシコの火山).

popote 男〔メキシコ〕**1**《植物》ポポーテ(メキシコ産の禾本(かほん)科の植物). **2** わら, ストロー(=paja).

populachería 女《軽蔑》大衆の人気, 俗受け.

populachero, ra 形《軽蔑》大衆の, 大衆受けする, 低俗的の. — *gustos* ~*s* 通

俗però趣味.

populacho 男 《軽蔑》大衆, やじ馬連, 烏合(ごう)の衆.

popular 形 **1** 人民の, 国民の. —democracia ~ 人民民主主義. frente ~ 人民戦線. soberanía ~ 人民主権. Estado de derecho ~ 人民主権の法治国家. **2** 民衆の, 庶民の; 大衆的な, 通俗的な. —lenguaje ~ 俗語(的)な言葉遣い). música ~ ポピュラー音楽. tradiciones ~es 民間伝承. **3** 人気のある, ポピュラーな. —El fútbol es muy ~ en España. サッカーはスペインではとても人気がある. **4**〔庶民的に〕廉価(ホムゥ)の. —edición ~ 廉価版. **5**〖スペイン〗〖政治〗国民党の. — 男女〖スペイン〗〖政治〗国民党員.

popularidad 女 人気, 評判; 流行; 通俗性.

popularismo 男 大衆性, 通俗趣味.

popularista 形 大衆受けのする. — 男女 通俗趣味の人.

popularización 女 大衆化, 通俗化.

popularizar [1.3] 他 **1**(人)を有名にする, 名高くする, …の名声を広める. **2** (物)を大衆化する, 大衆的なものにする. — se 再 有名になる, 普及する.

popularmente 副 **1** 一般に, 一般向けに. **2** 騒がしく.

populismo 男 ポピュリズム, 人民主義; 大衆迎合主義. ≒ popularismo.

populista 形 男女 〖政治〗人民主義の(主義者と), 人民党の[党員]. **2** 大衆受けを狙う(人).

populoso, sa 形 人口の多い, 人口稠(ちゅう)密な.

popurrí 男 **1**〖音楽〗メドレー, 接続曲, ポプリ. **2** 寄せ集め, 雑多.

poquedad 女 **1** 臆病, 小心. **2** 少数, 少量, 乏しいこと, 不足. **3** つまらないこと, くだらないもの.

póquer [＜英] 男 **1**〖ゲーム〗ポーカー; (ポーカーの)フォアカード. —poner cara de ~ ポーカーフェースをする. **2**〖ゲーム〗ポーカーダイス (=~ de dados).

poquísimo, ma 形 poco の絶対最上級.

poquitero, ra 形名〖中米〗小さな店を営む(店主).

poquito, ta 形 ほんの少しの, ちょっとだけの. — 副 ほんの少し, ちょっとだけ. — 男 ほんの少しのもの, ちょっとだけのもの. ► **a poquitos** ほんの少し; 少しずつ.
poquito a poco 非常にゆっくりと, 徐々に.

por [ポル] 前 **I**〖手段, 方法, 基準〗**1**〖手段, 方法〗…によって, …で. —mandar por correo 郵送する. **2**〖行為者〗…による, …によって. —La carta fue escrita por María. その手紙はマリアによって書かれた. **3**〖基準〗…によって, 従って, …に. —colocar por orden alfabético アルファベット順に配置する. **II**〖動機, 原因, 根拠〗**1**〖動機〗…のために. —Se levantó temprano por no llegar tarde. 彼は遅刻しないように早く起きた. **2**〖原因〗…のために. —Suspendieron la fiesta por el mal tiempo. 天候が悪いのでお祭りは中止となった. **3**〖理由·根拠〗…のために. —Le han castigado por haber mentido. 彼は嘘をついたので罰を受けた. **4**〖判断〗…によれば, …したところ. —Por lo visto no quiere hacerlo. 見たところ彼はそれをしたくなさそう. **5**〖希求〗…を求めて, 探して. —Voy por mi traje, que ya estará listo. 服がもうできているだろうから, 取りに行ってきます. **6**〖利益, 恩恵〗…のために. —Ofreció su vida por la libertad de su patria. 彼は祖国解放のために命を捧げた. **7**〖主張〗まだ…していない, いまだ…すべき. —La carta está por escribir. 手紙はまだ書いていない. **8**〖賛成, 味方, 選択〗…を(選んで), …に賛成して. —Todos están por él. 皆は彼の味方だ. **9**〖感情の対象〗…に対して. —No siente amor por los niños. 彼は子ども達に愛情を感じない. **10**〖誓い〗…にかけて. —Te lo pido por Dios. どうかそれをお願いします.

III〖代理, 交換, 代価〗**1**〖代理〗…の代理として. —He venido por mi hermano. 兄に代わって私が来ました. **2**〖交換〗…と引き換えに. —Ha cambiado el viejo coche por uno nuevo. 彼は古い車を新しいのと取り替えた. **3**〖代価〗…の値で. —He comprado este libro por la mitad de su precio. 私はこの本を半額で買った. **4**〖資格, 判断〗…として. —admitir por válido 有効と認める.

IV〖関連, 制限〗…に関しては. —Por mí, puede marcharse cuando quiera. 私のことでしたらお好きなだけいつでも出て行って結構です.

V〖配分〗**1**…につき. —a una velocidad de 80 kilómetros por hora 時速80キロで. **2**…ごとに. —examinar caso por caso 一つずつの場合について調べる. **3**〖かけ算〗…かける. —Seis por dos, doce. 6かける2は12.

VI〖時, 場所〗**1**〖時間的な広がり〗…. —Volveré por Navidad. クリスマスの頃に私は戻ってくる. **2** a)〖空間的な広がり〗…(あたり)で. —Pienso viajar por el extranjero. 私は外国を旅行するつもりだ. b)〖通過点〗…を通って. —pasar el hilo por el ojo de una aguja 針の穴に糸を通す. **3**〖期間〗…の間. —Se quedará aquí por cinco días. 彼はここに5日間滞在するだろう. **4**〖距離〗…の間. —Siga todo derecho por unos cien metros. まっすぐに100メートルぐらい行ってください. **5**〖時間的な広がりの中の一点〗…に. —Suele venir por la tarde. 彼は普通午後に来る. **6**〖空間的な広がりの中の一点〗…に, …で. —Vive por aquí cerca. 彼はこの近くに住んでいる. ► **a por** …〘話〙を求めて, 探して. —Ve a por tabaco. おまえ, タバコを買って来てくれ. *dar por* 〖+ 不定詞〗〜dar. ... *por cien* [*ciento*] …パーセント. *por entre* ... …の間を

porcelana 通って，…を通して．*por eso* (1)そのために．(2)だから．*por qué*〖疑問文〗なぜ，*por que*〖+接続法〗…するために．*por (mucho [más])...que*〖+接続法〗どんなにしても．(2)〖+直説法〗…ではあるが．*si por las (acaso)...* もしや…と思って，*si no fuera por...* …がいないならば．

porcelana 囡 1 磁器．2 青みを帯びた白．

porcentaje 男 百分率，百分比，率，パーセンテージ．

porcentual 形 百分率の，パーセンテージの．—*cálculo* ～ 百分率計算．

porche 男〖建築〗1 張り出し玄関，車寄せ，入口，ポーチ．2 拱廊(きょうろう)，列拱(れっきょう)，アーケード．

porcicultor, tora 图 養豚家．

porcicultura 囡 養豚．

porcino, na 形 豚の．—— 男 子豚．

porción 囡 1 部分，分．—*vender en porciones* バラ[切り]売りをする．2 取り分，分け前；割り当て．3 数，量；多量，多数．

porcuno, na 形 豚の．

pordiosear 自 1 施しを求める，物乞いをする．2 哀願する，嘆願する．

pordiosero, ra 形 物乞いをする，乞食(こじき)の．—— 图 物乞い，乞食．
► *hierba de los pordioseros*〖植物〗クレマチス，テッセン(鉄線)；センニチソウ．

porfía 囡 1 主張，固執，しつこさ．2 議論，論争．3 口論，けんか．4 競争．*a* ～ 競争して．

porfiado, da 過分 (→porfiar) 形 1 (けなげて)しつこい(人)，固執する(人)，頑固な(人)．

porfiar [1.5] 自 1〖+ en + 不定詞〗(…しようと)懸命になる．2〖+ con, + por〗と競う，張り合う．3〖+ en と〗固執する，主張する．4 ねだる，せがむ．5 しつこく議論する．

pórfido 男〖鉱物〗斑岩(はんがん)．

porfolio 男 アルバム．

porífero 形〖動物〗海綿動物門の．—— 男〖動物〗海綿動物門の動物；〖主に〗(P-) 海綿動物門．

pormenor 男 1 主に 複 詳細，細部，細目．

pormenorizar [1.3] 他 を詳述する．

porno 形〖話〗→pornográfico．—— 男〖話〗→pornografía．

pornografía 囡 ポルノ，春画，淫画；好色[エロ]文学．

pornográfico, ca 形 ポルノの，春画の；好色[エロ]文学の．—*película pornográfica* ポルノ映画．

poro[1] 男〖解剖〗(皮膚などの)毛穴，小孔；〖生物〗孔，気孔，気孔口；〖虫類〗気門．

poro[2] 男〖メキシコ〗→puerro．

porongo 男〖植物〗1〖南米〗ひょうたんの一種．2〖南米〗ひょうたん型の容器；マテ茶用の容器．

pororó 男〖南米〗ポップコーン．

porosidad 囡 多孔性．

poroso, sa 形 1 穴の多い，多孔質の．2〖生物〗気孔のある．

poroto 男〖南米〗〖植物〗マメ，インゲンマメ．

porque [ポルケ] 接 1〖原因，理由〗…，だから．—*¿Por qué no vienes?*—*P*～ *estoy ocupado.* なぜ来ないの．—忙しいから．〖否定文で原因・理由を示す；+接続法〗…だからといって…なのではない．—*No he aceptado el puesto* ～ *reciba más sueldo.* 私は給料が高いからといってそのポストを引き受けたのではない．3〖目的；+接続法〗…するために(=para que). —*Recemos* ～ *no sea cáncer.* ガンでないように祈りましょう．

porqué 男〖+ de の〗理由，わけ，動機．

porquería 囡〖話〗1 不潔物，汚物，ごみ．2 がらくた，安物，わずかなもの．3 くだらないもの，つまらないもの．4 卑劣なやつ口，汚い事．5 粗悪菓子，安っぽい食べ物．

porqueriza 囡 豚小屋．

porquerizo, za 图 →porquero．

porquero, ra 图 養豚業者，豚飼い．

porra 囡 1 棍(こん)棒，警棒．2 大きなハンマー．3〖料理〗ボラ(太くて短い揚げパン，フリッター)．4〖話〗数などを当てる賭博．5〖中南米〗ファン，応援団．6(～s)〖間投詞的に〗〖俗〗ぐそくそう，いいかげんにしろ〖怒り・不快を表す〗．► *guardia de la porra* 交通警官．*mandar a...a la porra* を追い払う．*¡Vete a la porra!*〖俗〗くそくらえ，何言ってるんだ．

porrada 囡〖話〗1 山積み，多量．2 棍(こん)棒などで殴ること．

porrazo 男 1 棍(こん)棒で殴ること．2 衝突，衝撃．—*dar un* ～ 棍棒で殴る．► *de golpe y porrazo* 突然に，あっという間に．

porrería 囡〖話〗1 ばかげたこと，おろかなこと．2 重苦しいこと，面倒なこと；遅いこと．

porrero, ra 图 マリファナたばこを吸う，麻薬常習者の．—— 图 麻薬[マリファナたばこ]の常習者．

porreta 囡〖植物〗1(ポロネギ，ニンニク，タマネギなどの)葉．2〖穀類の〗芽．► *en porreta(s)* 丸裸でに．

porrillo ► *a porrillo*〖話〗多く，たくさん．

porro 男 1〖植物〗西洋ネギ，ポロネギ．2 麻薬(ハッシシ，マリファナ，コカインなど)．—*echarse un* ～ 麻薬をやる．

porrón 男 1 陶器の水差し．2(ワイン用)ガラス瓶．

porta 囡 1〖船舶〗舷窓(げんそう)，砲門．2〖船舶〗閘門．—— 形〖女性形のみ〗〖解剖〗門脈の．—*vena* ～ 門静脈．

portaaviones 男〖単複同形〗航空母艦，空母．

portabandera 囡(旗竿(さお)を持ち運ぶための肩かけのベルト．

portabebés 男〖単複同形〗携帯用ゆ

ビーベッド; だっこ[おんぶ]バンド.

portacartas 男〔単複同形〕書類入れ, 郵便かばん.

portacomidas 男〔単複同形〕《中米》温かい食事を運ぶ道具.

portacontenedores 男〔単複同形〕《海事》コンテナ船.

portada 女 1〔建築〕(装飾のある)正面, ファサード, 玄関. 2 (本の)扉; (新聞の)第1面. 3 (雑誌の)表紙.

portadilla 女 〔印刷〕(本の)仮扉; 中扉.

portad|o, da 形 (← portarse)〔bien [mal] + 〕身なりのよい[悪い], 品行のよい[悪い].

portador, dora 形 1〔+ de〕運ぶ, 担ぐ; 持参する. 2〔+ de〕を保菌する. —una persona portadora del [virus del] sida エイズ(ウイルス)保菌者. — 名 1 運搬人; 配達人, 使者. 2 所持者; (商業) 持参人. — ～ de titulos 証券の持ち主, pagadero al ～ 持参人払いの. 3〔医学〕保菌者, キャリア. **al portador**〔商業〕持参人払いの.

portaequipaje 男 → portaequipajes.

portaequipajes 男〔単複同形〕1 (自動車の)トランク. 2 車・自転車の荷台; (列車などの)荷物棚; (自動車の屋根上の)ルーフラック.

portaestandarte 男〔軍事〕旗手.

portafolio 男 → portafolios.

portafolios 男〔単複同形〕書類かばん[入れ], ブリーフケース, ポートフォリオ.

portafusil 男 (銃を吊(つ)す肩掛けの)ベルト.

portahelicópteros 男〔単複同形〕ヘリ空母.

portaherramientas 男〔単複同形〕(工作機の)刃物台, バイトホルダー.

portal 男 1〔建築〕玄関, 玄関ホール; ポーチ(正面入り口に張り出した屋根付きアーチ). 2〔建築〕アーケード. 3 都市の入り口, 城門. 4〔情報〕ポータルサイト.

portalada 女 (中庭に通じる)大門, 表門.

portalámpara 男 → portalámparas.

portalámparas 男〔単複同形〕〔電気〕ソケット.

portalápiz 男〔複 portalápices〕(鉛筆の)キャップ.

portalibros 男〔単複同形〕ブックバンド.

portaligas 男〔単複同形〕〔服飾〕(女性が用いる)靴下どめ用のベルト, ガーターベルト.

portalón 男 1 (古い宮殿等の)大門, 表門. 2 (船舶の)舷門(げんもん).

portamaletas 男〔単複同形〕(自動車の)トランク; 荷物棚.

portamantas 男〔単複同形〕毛布などを旅行用手荷物を括(くく)るバンド.

portaminas 男〔単複同形〕シャープペンシル.

portamonedas 男〔単複同形〕財布, 小銭入れ.

portante 男〔馬術〕側対歩, アンブル, (馬などの)片側の前足と後足を同時に上げて歩くこと. **tomar [coger] el portante**〔話〕その場を急いで立ち去る.

portantillo 男 (ロバなどの)短い歩幅で軽快に歩くこと.

portañuela 女〔服飾〕ズボンの前開き部分にかぶさる布片.

portaobjeto, portaobjetos 男〔portaobjetos は単複同形〕(顕微鏡の)スライドガラス.

portapapeles 男〔単複同形〕《情報》クリップボード.

portaplacas 男〔単複同形〕《写真》乾板ホルダー(乾板を取り付ける遮光器).

portaplumas 男〔単複同形〕ペン軸.

portar 他 1 を持つ, 携える, 持参する. 2 (猟犬が獲物を)持って来る. — **se** 自 1 振舞う, 行動する. 2 期待に応える, 希望に添う.

portarretrato, portarretratos 男〔portarretratos は単複同形〕写真立て.

portarrollos 男〔単複同形〕トイレットペーパーホルダー.

portátil 形 携帯用の.

portaviandas 男〔単複同形〕弁当箱, (食事を持ち運ぶための)重ね式密閉容器.

portaviones 男〔単複同形〕航空母艦.

portavocía 女 スポークスマンの役割.

portavoz 男〔複 portavoces〕1 スポークスマン, 代弁者, 代表者. — ～ del gobierno 政府のスポークスマン. 2 (政党の)機関紙.

portazgo 男 通行料金.

portazguero 男 通行料金の徴収係.

portazo 男 ドアがばたんと閉まること, ドアがばたんと閉まる音. **dar un portazo** ドアをばたんと閉める(しばしば怒りや不快を表す).

porte 男 1 運搬, 輸送. 2 運送料, 運賃; 郵便料金. —franco de ～ 運賃[郵便料金]無料(の). — debido 運賃[郵便料金][後]払いの(). — pagado 運賃[郵便料金]前払いの(). 3 (人の)風采, 身なり; 振舞い, 品行; (物の)外観. —un edificio de ～ majestuoso 堂々とした建物. 4 (船舶, 建物, 車両などの)大きさ, 容積. 5 種類, タイプ.

porteador, dora 形 荷物を運ぶ. — 名 ポーター, 運送屋.

portear[1] 他 (料金を取って)を運搬する, 運送する. — 自 (渡り鳥などが)移動する.

portear[2] 1 再起動詞でも〕(ドアや窓などが)ばたんと閉まる. 2《中南米》出て行く.

portento 男 驚異, 驚嘆すべき行い, 人物, 物.

portentoso, sa 形 驚異的な, 並外れ

porteño, ña 形名 (アルゼンチンの)ブエノスアイレスの(人); (各地の)港町出身の(人).

porteo 男 運搬, 輸送.

portería 囡 **1** 守衛室, 管理人室, 門番詰め所; 守衛[管理人]の仕事. **2** 〚スポ〛 (サッカーなどの)ゴール.

portero, ra 名 **1** 門番, 守衛; (アパートなどの)管理人. —~ automático/electrónico オートロック式ドア. **2** 〚スポ〛 (サッカーなどの)ゴールキーパー.

portezuela 囡 **1** 小扉; (乗物の)ドア. **2** (服飾) ポケットやファスナーの蓋(ふた).

porticado, da 形 〚建築〛 柱廊[ポルティコ, ポーチ]のある.

pórtico 男 〚建築〛 **1** ポルティコ, 柱廊玄関. **2** (中庭やファサードを囲む)回廊, 柱廊.

portilla 囡 **1** (船舶) 舷窓(げんそう). **2** 農地の出入口.

portillo 男 **1** (壁面中の)抜け穴, 通り道. **2** (大きな扉に設けられた)くぐり戸, 小窓; 裏口. **3** 突破口. **4** 山あいの狭路.

portón 男 **1** 大扉. **2** (玄関ホールと家内部を分ける)内扉.

portor 男 (サーカスなどで)上の演技者を支える[受け止める]役.

portorriqueño, ña 形 プエルトリコの. —名 プエルトリコ(生まれ)の人.

portuario, ria 形 港の. —trabajador ~ 港湾労働者.

Portugal 固名 ポルトガル(首都リスボン Lisboa).

portugués, guesa 形 ポルトガル(人・語)の. —名 ポルトガル(人). —男 ポルトガル語.

portuguesismo 男 ポルトガル語からの借用語[表現].

portulano 男 港湾海図帳.

porvenir [ポルベニル] 男 将来, 未来; 将来性, 前途. —en el [lo] ~ 今後は, 将来は.

pos ► *en pos de...* …の後に, …に続いて, を求めて.

posada 囡 **1** 宿屋, 旅館, はたご; (賄い付き)下宿屋. **2** 宿泊, 泊まる(泊める)こと; 宿泊料. —~ franca 無料宿泊.

posaderas 囡複 尻.

posadero, ra 名 宿屋[旅館, 下宿屋]の主人. —囡 **1** (カヤなどで編んだ)円筒形の腰掛け, スツール. **2** 〚解剖〛 直腸下部, 肛門.

posar 自 **1** (画家・カメラの前で)ポーズをとる. **2** 休む, 休息する. **3** 泊る, 宿泊する. —他 **1** をそっと置く, 静止させる. —*Posé la mano en su hombro.* 私は彼の肩に手を置いた. **2** (休息をとるために荷物)を下ろす. —~ *la mochila* リュックサックを下ろす. **3** (目・視線)をやる, を見つめる. —~ *la mirada en...* …に目をやる. —**se** 再 [+en に] **1** (鳥などが)止まる; (飛行機が)着陸する. **2** 沈む, 沈殿する. **3** (ほこりが)降りかかる, 積もる.

posavasos 男 コースター, コップ敷き.

posbélico, ca 形 戦後の.

posdata 囡 (手紙の)追伸, 二伸 (《略号》P.D.).

pose [<仏] 囡 **1** ポーズ, 姿勢, 構え. **2** 態度; 装い; 気取り.

poseedor, dora 形 所有する. —名 所有者. —~es de acciones 株式所有者. el ~ de un récord 記録保持者.

poseer [ポセエル] [2.6] 他 **1** を所有する, 所持する. **2** を持つ, 有する. **3** …と性的な関係を持つ. —**se** 再 自制する.

posei- 動 → poseer [2.6].

poseído, da 過分 [→ poseer] 形名 **1** [estar +] [+ de/por] (感情などに)支配された, 取りつかれた(人). **2** 悪魔つきの, 悪霊に取りつかれた(人). **3** [+ de ~] うぬぼれた, 自負した.

posesión 囡 **1** 所有, 保持; 占有. —*estar en* ~ *de...* を所有している. **2** 所有物, 財産, 所有地. **3** 属国, 領土. **4** (何かに)取りつかれること. ► *dar posesión* (任務などを)譲り渡す; 任命する. *tomar posesión de...* (地位・役職・財産など)を(正式に)手に入れる, 獲得する.

posesionar 他 [+ de を] …に譲り渡す. —**se** 再 [+ de を] 取得する, 手に入れる; 横取りする.

posesivo, va 形 **1** 〚言語〛 所有の, 所有を表す. —adjetivo ~ 所有形容詞. pronombre ~ 所有代名詞. **2** 独占欲の強い, 支配的な. —男 〚言語〛 所有詞.

poseso, sa 形名 (悪魔などに)取りつかれた(人), 狂気の.

posesor, sora → poseedor.

posesorio, ria 形 〚法律〛 占有の.

posey- 動 → poseer [2.6].

posgrado 男 → postgrado.

posgraduado, da 形名 → postgraduado.

posguerra 囡 戦後.

posibilidad 囡 **1** 可能性, 見込み; 可能なこと. —Hay ~ de que se suspenda la reunión. 会議は中止になるかもしれない. **2** 資力; 方法, 方策. —vivir por encima de sus ~es 身分不相応な暮らしをする. ► *estar dentro de sus posibilidades* …にとって可能である.

posibilismo 男 現実的改革主義.

posibilista 形名 制度内[現実的]改革主義の(主義者).

posibilitar 他 を可能にする.

posible [ポシブレ] 形 **1** 可能な, できうる, できなる. —*Si es* ~, *dime la verdad.* できるなら本当のことを言って. **2** 起こりうる, ありうる; …かもしれない [+ 接 + 接続法]. —*Es* ~ *que llueva mañana.* 明日は雨になるかもしれない. **3** できるだけの, できうる限りの. ► *a [de] ser posible* できるならば, *dentro de [en] lo posible* 可能な限り, できるだけ. *es posible* (肯定も否定もしない返事

で)多分. *¿es posible?/no es posible* (驚き・不信)まさか,ありえない,無理だ. **hacer (todo) lo posible** 〚+ para/ por〛 (…するように)できるだけのことをする,全力をつくす. ―男 財産,資力,経済力.

posiblemente 副 多分, おそらく.

posición [ポシシオン] 囡 **1** 位置, (人や物の所在する)場所. **2 a**) (人の置かれた)状況, 立場. ―No estoy en ～ de poder ayudarle. 私はあなたを援助してあげられる立場ではありません. **b**) (物の置かれた)状態. ―Ponga el respaldo del asiento en original. 椅子の背を元の位置に戻してください. **3** 姿勢, 構え, ポーズ. ―en ～ de firmes 気を付けの姿勢で. **4** 地位, 身分, よい境遇. ― social 社会的地位, 身分. crearse una ～ 出世する. **5** (ものに対する)態度, 見解, 見方. **6** 順位, 位置. ―en cuarta ～ de la liga リーグの第4位. **7** (スポ) ポジション, 守備位置. **8** (軍事) 陣, 陣地, 体勢.

posicional 形 位置上の, 位取りの. ―fuera de juego ～ (スポ) オフサイド.

posicionamiento 男 配置; 立場(を取ること), 姿勢の明確化.

posicionar 他 を配置する. ― **se** 再 立場をとる, 姿勢を明確にする.

posindustrial 形 工業化以後の.

positivado 男 (写真) 焼き付け.

positivamente 副 **1** プラスに, 有益に. **2** 肯定的に. **3** 確実に, 明確に.

positivismo 男 (哲学) 実証主義, 実証哲学; 実利主義, 現実主義.

*positivista 形 **1** (哲学) 実証主義の, 実証主義的な. ―filosofía ～ 実証主義哲学. **2** 実利主義の, 現実主義の. ―男女 **1** (哲学) 実証主義者. **2** 実利主義者, 現実主義者.

*positivo, va 形 **1** 確実な, 明確な. **2** 肯定的な, 肯定の. **3** 有益な, 実用的な, 役に立つ. **4** (人が)積極的な, 前向きな. **5** 実証的な, 事実(経験)に基づいた. **6** (法律) 実定の. **7** (数学) 正の, プラスの. **8** (物理, 電気) 陽の, 正の. **9** (医学) 陽性の. ―El análisis de embarazo dio ～. 妊娠検査は陽性反応を示した. reacción positiva 陽性反応. **10** (言語) (形容詞・副詞が)原級の. ―adjetivo ～ 原級形容詞. ―男 (写真) 陽画, ポジ.

pósito 男 **1** 公営穀物倉庫; 穀物貸付制度. **2** 協同組合. ― ～ de pescadores 漁業協同組合.

positrón, positón 男 (物理) 陽電子.

posma 形 (話) のろまな, うんざりさせる. ― 男女 (話) のろまな(人), ぐず.

posmeridiano, na 形 午後の, 午後に行われる.

posmodernidad 囡 ポストモダン, ポストモダニズム.

posmodernismo 男 ポストモダニズム, 脱近代主義.

posmodernista 形名 → posmoderno.

posmoderno, na 形 ポストモダン[ポストモダニズム]の. ―名 ポストモダン主義者.

posnatal 形 出生後の.

poso 男 **1** 沈殿物, おり. **2** 心の傷跡, しこり. **3** 休息.

posología 囡 (医学) 薬量学; 投薬方法.

posoperatorio, ria 形 (医学) 術後の. ―男 (医学) 術後経過.

posparto 男 (医学) → puerperio.

pospondr- 動 → posponer [10.7].

posponer [10.7] 他 **1** 〚+ a の〛 後に…を置く. **2** 〚+ a の〛 下位に…を置く. ―Pospone la familia al trabajo. 彼は家庭より仕事を重んじる. **3** を延期する.

posposición 囡 **1** 後に置くこと. **2** 下位に置くこと. **3** 延期. **4** (言語) 後置; 後置詞.

pospuesto, ta 過分 [→ posponer] (言語) 後置された.

pospus- 動 → posponer [10.7].

posromántico, ca 形 ポストロマン主義の, ロマン派以後の.

posta 囡 **1** 駅伝, 駅馬 〚集合的に〛. ―caballo de ～ 駅馬. silla de ～ 駅馬車. **2** 宿場. **3** (大粒の)散弾. **4** (肉の)一切れ. ► **a posta/aposta** (話) わざと.

*postal 形 郵便の, 郵便による. ―código ～ 郵便番号. giro ～ 郵便為替. paquete ～ 郵便小包. servicio ～ 郵便業務. distrito ～ 郵便区. ―囡 郵便はがき, 絵はがき.

postdata 囡 → posdata.

postdiluviano, na 形 ノアの洪水以降の.

poste 男 **1** 柱, 支柱, 標柱. ― ～ indicador 道路標識. **2** (話) 柱, 棒. **3** (スポ) ゴールポスト. **4** (罰として)立たされること. ► **andar [ir, caminar] más tieso que un poste** 棒みたいにこちこちになっている.

postema 囡 **1** (医学) 膿瘍(のうよう), 化膿(のう)性の腫れもの. **2** (話) のろま, 厄介者.

postemilla 囡 (中南米) → postema.

póster 〚<英〛 男 (複) ―(e)s ポスター (= cartel).

postergación 囡 **1** 軽視, 後回し. **2** 遅延, 延期.

postergar [1.2] 他 **1** を軽視する, 後回しにする. **2** を延期する, 遅らせる.

posteridad 囡 **1** 子孫; 後世(の人々). **2** 未来. **3** 死後の名声.

posterior [ポステリオル] 形 **1** (時間的に)順序が〚+ a より〛後の, 次の. **2** (位置や場所などが)〚+ a より〛後の, 後部の. ―asiento ～ del coche 車の後部座席. **3** (音声) 後舌の.

posterioridad 囡 (時間的に)後であること. ―con ～ (a) (より)後で[に].

posteriormente 副 後に, 後で.

postglacial 形 〖地質〗氷河期後の.
postgrado 男 大学院課程.
postgradua|do, da 形 大学卒業後の, 大学院の. ― 名 大学院学生, 研究科生.
postguerra 女 →posguerra.
postigo 男 1 (大きな扉に設けられた)くぐり戸, 小窓. 2 雨戸, よろい戸. 3 裏門, 小門.
postila, postilla[1] →apostilla.
postilla[2] 女 〖医学〗かさぶた.
postillón 男 〖歴史〗駅馬車を先導する騎手.
postimpresionismo 男 〖美術〗後期印象派.
postimpresionista 形 後期印象派の. ― 男女 後期印象派の画家.
postín 男 《話》1 豪華, はで, 見え. 2 気取り, 見せびらかし. ▶ *darse* [*gastar*] ~ 気取る, うぬぼれる. *de* (*todo*) ~ 豪華な, 豪勢な.
postinear 自《話》気取る, うぬぼれる.
postine|ro, ra 形 1《話》気取った, うぬぼれた. 2 (服などが)しゃれた, 豪華なさま.
postizo, za 形 1 人工の, 偽の, 取り外しの. ―amabilidad *postiza* 見せかけの好意. dientes ~ 入れ歯, 義歯. 2 とりとしない, 調和しない. ― 男 ヘアピース, 入れ毛.
postmeridia|no, na 形 午後の. ― 男 〖天文〗(天体が)子午線より西にあること.
post merídiem [<ラテン] 午後 (《略号》p.m.).
postmoder|no, na 形 形名 →posmoderno.
post mortem [<ラテン] 死後(の).
postnatal 形 →posnatal.
postónico, ca 形 〖音声〗強勢の後の.
postoperato|rio, ria 形名 →posoperatorio.
postor 男 (競売, 入札の)競り手, 入札者. ―mayor [mejor] ~ 最高入札者.
postración 女 1 衰弱, 消耗. 2 平伏し, ひざまずいて拝むこと.
postra|do, da 過分 [→postrarse] 形 1 倒れた, 打ちのめされた. 2 衰弱した, 打ちひしがれた.
postrar 他 (肉体的, 精神的に)打ちのめす; 衰弱させる. ― *se* 再 1 [+ a/ante の前に] ひざまずく, 伏す. 2 打ちのめされる; 衰弱する.
postre 男 デザート. ▶ *a la* [*al*] *postre* 結局, 最後には. *a los postres* すべてが終わったころに, 遅すぎて. *de postre* デザートに(は); デザート用の. *para postre* さらに(悪いことに).
postre|ro, ra 形 →postrero.
postrer 形 [postrero の語尾消失形] →postrero.
postre|ro, ra 形 〖男性単数名詞の前で postrer となる〗《文》最後の, 最終の. ― 名 最後のもの.

postrimer 形 [postrimero の語尾消失形] →postrimero.
postrimería 女 1 複 末期; 晩年. ―en las ~s del siglo pasado 前世紀末期に. 2 〖神学〗四終 (死, 審判, 地獄, 天国, 人間の最終段階).
postrime|ro, ra 形 〖男性単数名詞の前で postrimer〗《文》 →postrero.
postromántico, ca 形 → posromántico.
postulación 女 1 募金, 寄付金集め. 2 請願, 要請. 3 〚カト〛列扇列聖請願選出.
*postula|do** 男 1 仮定, 先決要件. 2 〖数学〗公準.
postulan|te, ta 名 〖女〗postulante または postulanta〗1 募金を集める人. 2 請願者, 志願者. 3 〚カト〛聖職志願者.
postular 自 街頭募金をする, 寄付金を集める. ― 他 1 を要請する, 請願する. 2 を志願する. 3 〚カト〛列扇列聖請願選出に推挙する.
póstu|mo, ma 形 1 父の死後生まれた; (父の死後生まれた(著者の)死後出版された. ―hijo ~ 父の死後生まれた息子. obra *póstuma* 死後出版された作品.
*postura** 女 1 姿勢, 格好. ― una ~ provocativa 挑発するような格好. 2 態度, 立場, 見解. 3 〖商業〗入札価格, (競りの)付け値. 4 賭金. 5 (鳥の)卵を生むこと; (鳥の)卵.
postverbal 形 〖言語〗 →posverbal.
posventa, postventa 形 販売後の. ▶ *servicio posventa* アフターサービス.
posverbal 形 1 (語などが)動詞から派生した. 2 動詞の後に来る.
potabilidad 女 飲用適性, 飲用水として使えること.
potabilizar 他 を飲用可能にする, 飲めるようにする.
potable 形 1 飲用の, 飲むことのできる. ―agua ~ 飲料水. 2《話》悪くない.
potaje 男 1 ポタージュ; 豆, 野菜のシチュー. 2 干し豆. 3《まれ》ごたまぜ, がらくた.
pota|sa 女 〖化学〗カリ化合物. ― cáustica 苛性カリ.
potási|co, ca 形 〖化学〗カリの, カリを含む. ―agua *potásica* カリ水.
potasio 男 〖化学〗カリウム.
pote 男 1 かめ, 壺(2), (円筒形の)土器, 陶器. 2 (3本の柄と足がついた)鉄なべ.
*potencia** 女 1 〖物理〗a) (何かの)力, 能力. ― ~ visual [auditiva] 視力 [聴力]. la ~ muscular 筋力. b) (機械などの)性能)馬力, 出力, エネルギー; 〖物理〗(単位時間内に行われる)仕事率. ― ~ eléctrica 電力. ~ hidráulica 水力. c) 権力, (政治, 軍事などの)力. ― ~ militar 軍事力. 2 力のあるもの. a) 強国, 大国. ―una ~ económica 経済大国. b) 支配者, 権力者, 実力者. 3 〖数学〗累乗, 冪($_{き}$). ― elevar tres a la

potenciación 女 **1** 強化, 増強. **2**《数学》累集法.

potencial 形 **1** 潜在的な, 可能性のある. **2**《物理》動力の, 仕事率の. —energía ～ ポテンシャルエネルギー. **3**《言語》可能法の. —男 **1** 潜在力, 能力, 可能性. **2**《物理, 電気》ポテンシャル, 電位. —～ eléctrico 電位. diferencia de ～ 電位差. **3**《言語》可能法(直説法過去未来形).

potencialidad 女 潜在能力, 可能性.

potenciar 他 を強化する, 可能にする, 促進する.

potenciómetro 男《電気》ポテンショメーター, 電位差計; 抵抗器.

potentado 男 **1** 実力者, 有力者. **2** 君主, 領主.

potente 形 強力な, 力のある. —un ～ imán 強力な磁石. **2** 権力[勢力]のある, 強大な. —una nación ～ 強大な国家. **3**《話》並外れて大きい, ばかでかい. —un ～ grito えらく大きな叫び声.《男性的》性的能力のある.

poterna 女 脇門, 通用門.

potestad 女 権限, 支配力, 権力. —～ paternal [patria] ～《法律》親権.

potestativo, va 形 **1** 任意の, 随意の. **2**《法律》契約当事者の一方の意思による. —condición potestativa 随意条件.

potingue 男 **1**《まずい》飲み薬, 飲み物; 化粧品, 化粧クリーム.

potito 男《商標》(真空パックや瓶詰めの)ベビーフード.

poto 男 **1**《植物》ポトス. **2**《南米》《話》尻; 後部.

potosí 男 巨額の富, 財産.

potra 女 **1** 雌の子馬. **2**《話》ヘルニア. ▶ **tener potra** ついている, 幸運である.

potrada 女 子馬の群れ.

potranco, ca 名 3才未満の子馬.

potrero 男 **1** 子馬の飼育者. **2** 放牧場, 家畜飼育場. **3**《南米》(子どもが遊び場にする)空き地.

potrillo 男 **1** (3才未満の)子馬. **2**《南米》(細長い)ジョッキ. **3**《方》漫画(?).

potro 男 **1** (4才半位までの)子馬. **2**《スポ》(体操用の)跳馬. **3**(中世の)拷問台. **4**(家畜を動かないよう固定する)枠.

potroso, sa 形 **1** ヘルニアにかかった. **2**《話, まれ》幸運な. —名 **1** ヘルニア患者. **2**《話》幸運な人.

poyata 女 食器棚, 棚.

poyato 男 段々畑.

poyete 男 段々畑; 腰掛け.

poyo 男 (入口の壁際や窓下に置かれた)石などのベンチ, 台.

poza 女 **1** 水たまり; (川の)よどみ, 淵(&). **2**(亜麻, 大麻などを浸す)水槽.

pozal 男 **1** バケツ, 手桶(,). **2** 井桁(,), 井筒. **3**(油, 酒などを入れる埋めこみ式の)かめ.

pozanco 男 (川の水が引いた時河床に残る)水たまり.

pozo [ポソ] 男 **1** 井戸. —～ artesiano 掘り抜き井戸. **2** 縦穴, (鉱山などの)縦坑; 川の深み. —～ de lobo 落とし穴. —～ de petróleo [petrolífero] 油 井(&). —～ ciego [negro] 汚物[汚水]だめ. **3** (知識, 徳などの)泉, 宝庫. —～ de sabiduría 知恵の泉, 博学の人. ▶ **caer en un pozo** 忘れられる. **pozo sin fondo** とどまるところを知らないもの, 際限のないもの.

pozol ▶ **hacer pozol**《中米》を壊す, 分解する.

pozole 男《中南米》ポソレ(トウモロコシ, 肉, 唐辛子などを入れたスープ).

PP. 《頭字》(<Partido Popular)《スペイン》国民党.

pp. 《略号》女《pl》=páginas ページ.

práctica 女 **1** 実行, 実践, 実施, 業務. —poner un plan en ～ 計画を実行に移す. **2** 練習, 訓練; 演習, 実習. **3** 経験, 習熟. —La ～ hace maestro.《諺》経験を積んで一人前になる. **4** 習慣, 慣行, 慣用. ▶ **en la práctica** 実際には, 現実には.

practicable 形 **1** 実行できる, 実現可能な. **2**(道などが)通行できる. **3**(窓やドアが)開閉できる.

practicaje 男 水先案内業; 水先案内料金.

prácticamente 副 **1** 実際的に, 実用的に. **2** 事実上, ほとんど.

practicanta 女 →practicante

practicante 男女 女 practicanta または practicante 》**1**《医師, 看護師の助手》看護婦. **2** 実践する人; 《宗教》勤[敬(きょう)]する人. —形 実践する; 《宗教》教義[掟(おきて)]を守る人.

practicar [1.1] 他 **1** を(くり返し)練習する, 行う; 学習する. —～ el yudo 柔道をする. **2** …の実習をする. —medicina en un hospital 病院で医学の臨床実習をする. **3** を実行する, 実施する. —～ una operación 手術をする. **4**(信仰)を実践する. **5**(穴)を開ける.

práctico, ca 形 **1** 実用的な, 実践的な; 役に立つ. **2** 実際的な, 現実的な. —Esos estudios no tienen utilidad práctica. そうした研究は現実の役に立たない. **3** 実習の, 実地の. —clases prácticas de informática 情報処理の演習. **4** 〜en + 名 に精通した, 熟練の. **5**《海事》**1** 水先案内人, パイロット. **2** 水先案内船, パイロット船.

practiqu- 動 →practicar [1.1].

pradeño, ña 形 牧草地の, 牧場の.

pradera 女 大牧場, 牧草地; 大草原.

pradería 女《集合的に》牧草地, 草原.

prado 男 **1** 牧草地, 牧場. **2** 散歩道, 遊歩道.

Praga 固名 プラハ(チェコの首都).

pragmáticamente 副 実用主義的に; 語用論的に.

pragmático, ca 形 名 **1**〖哲学〗プラグマティズムの, 実用主義の[主義者]. **2** 実際的な(人), 実用的な. **3**〖法律〗現行法を解釈する(法律家). **4**〖言語〗語用論の. ——女 **1**〖歴史〗勅令, 君子による命令. **2**〖言語〗語用論.

pragmatismo 男 〖哲学〗プラグマティズム, 実用主義.

pragmatista 形 〖哲学〗プラグマティズムの, 実用主義の; 実用主義者の. ——男女 〖哲学〗実用主義者.

praliné 男 プラリーヌ, チョコレートボンボン.

praseodimio 男 〖化学〗プラセオジム (原子記号 Pr).

pratense 形 草原に生息する.

praxis 女 〖単複同形〗**1** 実践, 実行, 実施. **2**〖マルクス主義〗実践.

preacuerdo 男 予備協定, 事前合意.

preámbulo 男 **1** 前書, 序文; 前置き. **2** 回りくどい言い方, 余談. —Hablemos sin $\sim$. 前置きは抜きでいきましょう.

preanuncio 男 予告.

preaviso 男 **1**(契約解除などの)事前通達, 予告. $-\sin \sim$ 予告なしに.

prebenda 女 **1**〖カト〗聖職禄(?). **2**《話》割のいい仕事, 楽な仕事. **3** 持参金; 奨学金.

prebendado 男 禄(?)を給付されている聖職者.

prebiótico, ca 形 生物出現以前の.

preboste 男 会長, 隊長, 団長.

precalentamiento 男 **1**〖スポ〗ウォーミングアップ. **2** 余熱.

precalentar [4.1] 他 を予熱する, あらかじめ熱する.

precámbrico, ca 形 〖地質〗先カンブリア(時代)の. ——男 〖P~〗先カンブリア時代.

precampaña 女 前哨戦. —$\sim$ electoral 選挙の事前運動〖前哨戦〗.

precariedad 女 不安定, 不確か.

precario, ria 形 **1** 不安定な, 心もとない. **2**〖法律〗仮に占有している. —bienes $\sim s$ 一時的な占有財産. ▶ *de precario* 一時的な, 間に合わせの.

precarización 女 不安定化.

precaución 女 用心, 警戒; 予防措置. —tomar *precauciones* 用心する, 警戒する. con — 注意して. por — 念のため.

precautorio, ria 形 予防の, 危険防止の, 念のための. —medidas *precautorias* 予防手段.

precaver 他 を予防する, (危険などに)備える. —**se** 再 〖+contra/de に対して〗用心する, 備える.

precavidamente 副 慎重に, 用心深く.

precavido, da 過分 [→precaver] 形 用心深い, 慎重な.

precedencia 女 **1** 先行, (順番や順序)先になること. **2** 優先(権), 優越性, 上位.

precedente 形 〖+a より〗先の, 前の, 先行する. ——男 先例, 前例. —Es un caso sin $\sim$. それは前例のないケースだ. ▶ *sentar (un) precedente* 先例を作る. *sin que sirva de precedente* 今回だけは特別に.

preceder 他 〖+a〗**1** (…に)先行する, (…の)先を行く. —Su cumpleaños *precede* al mío. 彼の誕生日は私のより早い. **2** (…より)重要である, 上に立つ. —Los heridos graves *preceden* a los leves. 重傷者が軽傷者より先だ.

preceptista 形 男女 教訓的な(人); 教訓; 戒律(規則)に忠実な(人).

preceptivo, va 形 義務的な, 強制的な. ——女 〖集合的に〗規定, 規則.

precepto 男 **1** 命令, 指令. **2** 〖宗教〗の戒律, 掟; 〖法律〗の定め, 戒め. —día [fiesta] de $\sim$ ミサに行かねばならない日. **3** 規則. ルール. ——$\sim s$ del juego ゲームのルール.

preceptor, tora 名 **1** 教師. **2** (住み込みの)家庭教師.

preceptuar [1.6] 他 を規定する, (規則などを)定める.

preces 女複 **1**〖カト〗祈り, 祈祷(きょう)文. **2**〖まれ〗願いごと, 嘆願.

precesión 女 **1** ほのめかし, はっきり言わないこと. **2**〖天文〗歳差運動.

preciado, da 過分 [→preciarse] 形 **1** 貴重な, 大切な. **2** うぬぼれた, 気取った.

preciarse 再 〖+de と〗自慢する, 鼻にかける; 自分を…と思っている.

precintado, da 過分 [→precintar] 形 封印した, 検印を押した. ——男 封印すること, 封印.

precintar 他 **1** を封印する, …に検印を押す. **2** (箱などの)角を補強する; (箱などに)帯をかける.

precinto 男 封印すること, 封印, 検印; (箱, トランクなどにかける)帯, テープ.

precio 男 〖プレシオ〗**1 a)** 値段, 価格; 料金, 代金. — $\sim$ de venta al público 小売り価格 《略号》P.V.P.). a $\sim$ de coste 原価で. $\sim s$ fijos 定価. **b)**〖婉〗物価. **2** 代償, 犠牲. **3** 価値, 値打ち, 評価. **4** 賞賛, 懸賞金. ▶ *al precio de...* …の代償を払って, どのような犠牲を払っても, 何としても. *a cualquier precio* どのような犠牲を払っても, 何としても. *a precio de oro* ものすごい高値で. *a precio de saldo* ものすごい安値で. *no tener precio* (値段が付けられないほど)価値がある, 貴重である, 大切である.

preciosidad 女 **1** すばらしさ, 美しさ, 貴重さ. **2** 美しい[すばらしい]人, 物; 大切な人[女性, 子ども]. —¡Qué $\sim$ de niño! 何てかわいい子なんだろう. **3** (文体などの)気取っていること.

preciosismo 男 **1** 〖文学〗プレシオジテ(洗練にこだわる 17 世紀フランスの風潮). **2** (文体などの)気取り, 飾りすぎ.

preciosista 男女 1《文学》プレオシオシテの傾倒する(作家). 2《文体などが》凝り性の(人), 気取った, 気取り屋.

precioso, sa 形 1 貴重な, 高価な, 値打のある. —piedra *preciosa* 貴石, 宝石. metal — 貴金属. 2 美しい, すばらしい; かわいらしい. —*preciosa* vista すばらしい眺め. 3《言葉遣いなどが》気取った. —図 1《主に呼びかけて》かわいい人.

preciosura 女 〖中南米〗〖話〗美しいもの[人]. 1 大切なもの[人].

precipicio 男 1 がけ, 絶壁, 深淵(ふち). 2 危機, 危険に直面していること. 3 破滅, 転落.

precipitación 女 1 大急ぎ, 大あわて. 2《気象》降水; 降水量. 3《化学》沈殿, 沈殿物.

precipitadamente 副 大あわてで, 大急ぎで; 無分別に.

precipitado, da 過分 [→precipitarse] 形 大急ぎの, 大あわての; 性急な. —男《化学》沈殿物.

precipitar 他 1 を(高い所から)ほうり投げる, 落とす; 転落させる. 2 を促す, 急がせる. —Ese escándalo *precipitó* su dimisión. そのスキャンダルは彼の辞職を早めた. 3《化学》…の混合から不溶解物を出す, を沈殿させる. —圄《化学》不溶解物が出る, 沈殿する. — se 再 1 身を投げる, 落ちる. 2 a) 慌てる, せく. b) 殺到する, 突入する, 飛びかかる. 3《事件が予想より早まる, 間を置かずに起こる. 4 軽率な行為[発言]をする.

precisamente 副 1 まさに, まさしく, ちょうど. 2 正確に, きっかりと. 3《間投詞的に》まさにその通りだ.

precisar 他 1 を必要とする, 要する. 2 明確にする, 煮詰める, 3 を強制する, 強いる, 余儀なくさせる. —Le *precisó* a que dijera la verdad. 彼はその男に本当のことを言うよう強制した. —圄 1〖+de を〗必要とする. 2 詳細を明らかにする.

precisión 女 1 正確さ, 的確(さ); 精密(さ). —aparato de ~ 精密機器[装置]. explicar con ~ 正確に説明する. 2 必要性.

preciso, sa [プレシソ, サ] 形

1 正確な, 明確な, 精確な, 明確な. —hacer una descripción *precisa* de… …を正確に叙述[説明]する. 2 的確な, 明解な. 3 必要な, 不可欠な. —Es ~ que me digas la verdad. 君が本当のことを言ってくれなければいけない. 4《時間的に》まさにその, きっかりの. —en aquel ~ instante ちょうどその矢先に.

precitado, da 形 前述の, 前記の.

preclaro, ra 形 著名な, 傑出した.

precocidad 女 1《子どもの成長における》早熟. 2《植物などの》早生. 3 時期が早いこと.

precocinado, da 形 調理済みの.

precognición 女《雅》予見, 予知.

precolombino, na 形 先コロンブス期の, コロンブスのアメリカ大陸到着(1492年)以前の.

preconcebido, da 過分 [→preconcebir] 形 あらかじめ考えられた, 前もって計画された. —idea *preconcebida* 先入観, 偏見.

preconcebir [6.1] 他 をあらかじめ考える, 前もって計画する.

preconización 女 1 推奨, 提唱; 助言. 2〖カト〗《司教任命に関する》教皇告示.

preconizar [1.3] 他 1《公的に》を提唱[提案, 推奨]する. 2《宗教》《教皇が新司教の名》を告示する.

preconstitucional 形 憲法以前の.

precontrato 男 予備契約.

precordial 形〖解剖〗前胸部の.

precoz 形 [複 *precoces*] 1《子どもの発達において》早熟な. 2《植物, 果物などが》早生の, はしりの. —una variedad de uva ~ ブドウの早生種. 3 時期が早い. —nieves *precoces*（例年より）早い降雪.

precursor, sora 形〖+de の〗前触れ[前兆, 先駆け]となる. — 名 前触れ; 先駆者.

predecesor, sora 名 前任者; 先輩.

predecir [10.11] 他 を予言する, 予告する, 予報する.

predestinación 女 1 前もって定まっていること; 宿命. 2《神学》予定説.

predestinado, da 過分 [→predestinar] 形 1〖+a/para〗…するように運命づけられた(人), …の宿命を負った(人); 前もって定められた. 2《神学》救済を約束された(人).

predestinar 他 1〖+a/para〗…するように運命づける; を…に予定する. 2《神学》《神が》…の運命を初めから定める.

predeterminación 女 先決, 前もっての決定.

predeterminar 他 を前もって決める, あらかじめ決めておく.

predial 形 土地(特に農地)の, 地所の. —servidumbre ~ 地役権.

prédica 女 1 説教, 講話. 2 覆 お説教, 勧告.

predicable 形 1 説教で取りあげることができる. 2 属性として断定することができる. —男〖論理〗賓辞[客位項].

predicación 女《宗教》説教(すること); 布教, 伝道.

predicaderas 女複 説教術, 説教の才.

predicado 男〖言語〗(主部[主語]に対する)述部[述語]. —~ nominal [verbal] 名詞[動詞]的述部.

predicador, dora 名《宗教》説教する; 説教師[家]. —男《虫類》カマキリ.

predicamento 男 1 名声, 威信, 影響力. 2〖論理〗範疇(はんちゅう). 3〖中南米〗境遇, 苦境.

predicar [1.1] 他 1 a) …について説教をする. —~ el Evangelio 福音書について説教する. b) を説く, 訴える. —~ el ahorro de agua 節水を訴える. c) を教

えさとす. 2 を明らかにする, 公表する. ―― las excelencias de la vida en el campo 田舎生活のすばらしさを説く. 3 (ある宗教を)宣伝する, 宣教する. 4 (論理, 言語)(主語について)を叙述する, 述べる. ―― 自 1 説教する; 説論する, いさめる. 2 (論理, 言語)陳述する, 叙述する, 述べる. 3[＋contra に]批判する, 非難する.

predicativo, va 形(言語)1 述語[部]の, 叙述の. ―adjetivo ― ma 叙述形容詞[繋辞動詞を介して名詞を修飾する形容詞]. complemento ― 叙述補語. 2 断定する.

predicción 女 予言, 予報. ―― del tiempo 天気予報. ― de saltos (情報)分岐予測.

predicho, cha 過分 →predecir 形 1 前述の. 2 予言[予報]した.

predij- 動 →predecir [10.11].

predilección 女 特別に好むこと, ひいき, 偏愛. ―Tiene ― por el fútbol. 彼はサッカーが特に好きだ.

predilecto, ta 形 特に好きな, お気に入りの, ひいきの. ―Mi color ― es el blanco. 私の特に好きな色は白だ.

predio 男 地所, 不動産. ―― rústico 農地. ― urbano 宅地.

prediqu- 動 →predicar [1.1].

predisponer [10.7] 他 [＋a に] (人)を傾かせる, 仕向ける; を(病気などに)かかりやすくする. ▶ *predisponer contra...* ...に予め...への反感を抱かせる. ―― **se** 再 [＋a] (…する)傾向を持つ.

predisposición 女 傾向; (病気などの)かかりやすさ; 素質.

predispuesto, ta 過分 [→predisponer] 形 [ser＋, ＋a/hacia の方向がある; (病気などに)かかりやすい. 2[estar＋, ＋a/hacia に]好感を持った; [＋contra に]先入観を持った, 反感を抱いた.

predispus- 動 →predisponer [10.7].

predominación, predominancia 女 優越, 卓越, 支配.

predominante 形 優勢な, 支配的な.

predominar 自 [＋sobre より] 1 (質, 量などにおいて)優る, 優勢である, 支配的である. 2 高さがある.

predominio 男 優位, 優勢, 優越; 支配.

predorsal 形女(音声)前部舌背音(の), 前舌面の.

preeminencia 女 優越, 優位; 特権.

preeminente 形 上位の, 卓越した, 傑出した.

preescolar 形 就学前の. ―― 男 保育園, 幼稚園.

preestablecer [9.1] 他 を前もって制定[設立]する.

preestablecido, da 過分 [→preestablecer] 形 前もって制定[設立]された.

preestreno 男 試写(会), 試演.

preexistencia 女 1 前に存在したこと. 2(哲学)先在, 肉体を持つ前の霊魂の存在.

preexistente 形 前に存在した.

preexistir 自 以前に存在する, 生まれる前に存在する.

prefabricado, da 過分 [→prefabricar] 形(建築)プレハブ式の, 組立て式の.

prefabricar [1.1] 他 1(建築物など)をプレハブ方式で組み立てる. 2(建築物の一部分など)をあらかじめ量産する.

prefacio 男 1(文書, 演説などの)序, 序文, 前置き. 2(カト)(ミサの主要部に先立つ)序唱.

prefecto 男 1 監査官, 監督. 2(カト)知牧. 3(フランスの)県知事. 4(歴史)古代ローマの長官.

prefectura 女 監督[長官]の職務, 地位; 管轄区域.

preferencia 女 1(他より)好むこと, 好むもの[人]; ひいき, 偏愛. 2(権), 3 指定席, 特別席. ―asiento de ― 優先席. 2(経済)(금융 상의)特惠. ▶ *de preferencia* どちらかといえば, むしろ, 優先的に.

preferencial 形 →preferente.

preferente 形 1 優位の, 優越された, より良い. ―clase ―(航空, 鉄道)ビジネスクラス; 一等車. 2 優先的な, 優先の; (商業)特恵の. ―acción ― 優先株. tarifa ― 特恵関税.

preferentemente 副 1 好んで, むしろ; 優先的に. 2 主に.

preferible 形 [＋a より]好ましい, 望ましい. ―Es ― que ya no nos veamos. 私たちはもう会わない方がいい.

preferiblemente 副 好んで, むしろ.

preferido, da 過分 [→preferir] 形 名 好みの, お気に入りの(人).

preferir [プレフェリル] [7] 他 [＋a より] …を好む, 選ぶ. ―*Prefiero* el otoño *a* la primavera. 私は春よりも秋の方が好きだ. ¿Qué *prefiere* usted, café o té? あなたはコーヒーと紅茶とではどちらがお好きですか. 2 を好む, 望ましいと考える. ―Yo *preferiría* que vinieras tú. 私としては君に来てほしいな.

prefier- 動 →preferir [7].

prefiguración 女 予想, 予示.

prefigurar 他 を予想する, 前もって描写[説明]する. ―― **se** 再 前もって思い描く.

prefijación 女(言語)接頭辞の付加.

prefijar 他 1 をあらかじめ決める. 2(言語)…に接頭辞をつける.

prefijo, ja 形 1 あらかじめ決まった. 2(言語)接頭辞の. ―― 男 1(言語)接頭辞. 2(電話の)市外局番; 地域, 国などを表すコード.

prefir- 動 →preferir [7].

preglacial 形(地質)氷河期前の.

pregón 男 1(物売りの)呼び声, 売り声. 2(役人が町中で行う)お触れ; 告示, 公示. 3(式典などの)開会宣言, 開会の辞.

pregonar 他 1 a)を(大声で)売り歩く,

pregonero 触売りをする、告げる。b)(お触れを)歩く、触れ回る。**2**(秘密)を公けにする、ばらす、明かす。── **el secreto** 秘密をばらす。**3**を(公然と)褒め称える。

pregonero, ra 形名 **1** 言い触らす(人)、触れ回る(人)、口が軽い(人)。**2**(商品の)呼び売りをする(人)、呼び込み商人。**3**公告する、告示する;お触れを伝える役人。▶ **dar un cuarto al pregonero** 内密のことを言いふらす。

preguerra 女 戦前。**en la ～** 戦前では。

pregunta 女 **1** 質問、問い。**hacer una ～** 質問する。**2**(試験の)問題。**3** 質問状。▶ **andar [estar, quedar] a la cuarta [última] pregunta** 《俗》一文無しである。**la pregunta del millón** 《話》答えにくい質問。

preguntador, dora 形名 質問する、質問者;質問したがりの(人)。

preguntar [プレグンタル] 他〖+ a +(人)に〗を尋ねる、質問する、聞く。── **Nos preguntó si sabíamos español.** 彼は私たちにスペイン語が話せるかと尋ねた。── 自 質問する;〖+ por〗(人のことを)尋ねる、(人を)訪ねていく。── **ir a ～ por el médico** 医者を呼びに行く。── **se** 再 自問する、疑う。── **Me pregunto dónde he olvidado mis gafas.** 私はどこに眼鏡を置き忘れたんだろう。

preguntón, tona 形名 《話》質問〖詮議〗好きな(人)、訊く(人)。

prehispánico, ca 形 スペイン人による征服〖植民〗以前の。

prehistoria 女 **1** 先史時代。**2** 先史学。**3**(ある現象、時期などの)前段階、初期段階。

prehistórico, ca 形 **1** 先史時代の、有史以前の。**2** 時代遅れの、古い。

preinca, preincaico, ca 形 〖歴史〗プレ〖先〗インカ期の。

preindustrial 形 (国・社会の)工業化以前の。

preinscribir(se) 他(再)(入学・入会などの)仮登録をする、入学〖入会〗を申し込む。

preinscripción 女 (履修などの)仮登録、仮申し込み。

prejubilación 女 早期退職。

prejuicio 男 偏見、先入観;予断、早まった判断。── **~s raciales** 人種的偏見。**tener ~s contra** …に対して偏見を持つ。

prejuzgar [1.2] 他 (十分な観察や考えないに)判断する、予断する。

prelacía 女 〖カト〗高位聖職者の地位、職務。

prelación 女 優位、優先(権)。── **orden de ～** 優先順位。

prelado 男 高位聖職者(大司教、司教、大修道院長など)。── **~ doméstico** 教皇の侍従。

prelatura 女 〖カト〗高位聖職者の地位、職務、管轄区域。

preliminar 形 予備の、準備の;序となる。── **negociación ～** 予備交渉。 **palabras ~es** 前置き。── 男 **1** 準備、前置き;序文。**2**〖主に複〗予備交渉、議和条約の草案。

preludiar 他 …の前触れとなる、始まりを告げる。── 自他 〖音楽〗音合わせをする、(合奏や合唱を始める前に)調子を合わせる。

preludio 男 **1** 序、始まり、前触れ。**2** 〖音楽〗音合わせ、(演奏会の音〖声〗の調整。**3**〖音楽〗前奏曲、プレリュード。

premamá 形 〖無変化〗妊婦(用)の。── **vestido** マタニティードレス。

premarital 形 結婚前の、婚前の。

prematrimonial 形 結婚前の、婚前の。

prematuramente 副 早すぎる時期に、早まって。

prematuridad 女 早産。

prematuro, ra 形名 早すぎる、時期尚早の、未熟の;未熟児(の)。── **tomar una decisión prematura** 早まった決定をする。**muerte prematura** 早死に。

premeditación 女 **1** 事前に熟慮すること、計画をきちんと立てておくこと。**2**〖法律〗予謀。── **muerte con agravante de ～ y alevosía** 謀殺。

premeditadamente 副 計画的に、故意に。

premeditado, da 過分〖→premeditar〗形 **1** 事前に熟慮された、計画的な。**2**〖法律〗予謀された、故意の。── **crimen ～** 予謀罪、計画的犯罪。

premeditar 他 を事前に熟慮する、…の計画を練る。**2**〖法律〗を予謀する。

premenstrual 形 〖医学〗月経前の。

premiado, da 過分〖→premiar〗形 受賞〖入賞〗した、当選した。── 名 受賞〖入賞〗者;当選者。

premiar を表彰する。〖+ con +の賞〗〖ほう〗で…を与える、褒賞する、報いる。

premio 男 **1** 賞、賞品、賞金;褒美〖ほう〗。── **～ de consolación** 選外佳作。── **extraordinario** 特別賞。**ganar el ～ Nobel de Física** ノーベル物理学賞を獲得する。**2** 受賞者。**3** 〖商業〗プレミア、割り増し金。▶ **premio gordo** 《話》(宝くじの)1等賞。

premiosidad 女 **1** 話し方や表現の仕方における不器用さ、下手さ。**2** 緊急。**3** 厄介。

premioso, sa 形 **1**(話し方や文体が)たどたどしい、不器用な、ぎこちない。**2** のろまな、ぐずな。**3** 緊急の。**4** 厳しい;大変な、厄介な。

premisa 女 **1**〖論理〗前提。**2** 複〖判断の根拠となる〗仮定、条件。**3** 徴候。

premolar 形名 〖解剖〗前〖小〗臼歯(きゅう)(の)。── **diente ～** 前〖小〗臼歯。

premonición 女 **1** 予感、胸騒ぎ。**2** 〖医学〗前兆、前駆症状。

premonitorio, ria 形 **1**〖医学〗前兆の。── **síntoma ～ de** …の前駆症状。**2** 予告する、予感の。

premura 女 **1** 切迫、緊急。**2**(時間や場所の)不足。

立会う。—testigo ~ 目撃者[証人]。
presenciar 他 を目撃する, 自分の目で見る; …に居合わせる。

presentable 形 人前に出せる[出される], 見苦しくない。

presentación 女 **1** 紹介, 披露。—carta de ~ 紹介状。**2** 提示, 提出。**3**(物の)外見, 見かけ。**4** 展示, 陳列; 発表(会), プレゼンテーション。—~ de los nuevos modelos de automóviles 新車展示(発表)会。**5** 現れること, 出現。—~ en sociedad (若い女性の)社交界へのデビュー。**6** [医学] 胎位。—~ de nalgas 逆子。

presentado, da 過分 〔→presentar〕形 提示された, 紹介された。

presentador, dora 形 名 **1**(テレビなどの)司会者。**2** 紹介する(人), 提示する(人), プレゼンター。

presentar [プレセンタル] 他 **1** を示す, 見せる, 提出する。—~ una tesis doctoral 博士論文を提出する。— ~ excusas 言い訳をする。— ~ respectos 敬意を表する。— ~ pruebas 証拠を提出する。— ~ una denuncia 告訴する。**2** を紹介する。—Te presento a mi novia. 君に私の婚約者を紹介します。**3** を公表する, 発表する。**4** を上演する, 上映する;(番組)の進行役をする。— ~ el programa 番組の進行役をする。**5** を差し出す, 提供する。— ~ la mano 手を差し出す。**6** を推薦する。— **se** 再 **1**〔+a〕立候補する, 志願[応募]する。— ~ se como candidato a presidente 大統領選に候補者として出馬する。**2**〔+a〕姿を現わす, 出頭する;(競争試験)を受ける。— ~ se a un examen 試験を受ける。**3**(不意に)現れる。**4** 生じる, 起こる。**5 a)** 自己紹介する。—Permítame que me presente. 自己紹介させて下さい。**b)** 自ら申し出る。**6**〔+形容詞のように〕見える,(…になり)そうだ。**7**〔+como の〕ふりをする。— ~ se como amigo 友人を装う。

presente [プレセンテ] 〔estar +〕居る, 居合わせている, 出席している。—Estaba yo cuando ocurrió el accidente. 事故の発生時, 私は現場に居合わせた。¡P~! (点呼に対する返事)はい。**2** 現在の, 今の, 目下の。—en las ~s circunstancias 現状においては。**3**(書類に関して)〔(名詞の前)この, 当の。—la ~ carta 本状。— 男女 出席者。— 男 **1** 現在, 今。**2**[言語] 現在(時制), 現在形。**3**〔(贈り物, プレゼント。— 女 (la ~)(公用文などで)本状, この手紙。—con la ~ 本状をもって…。▸ **al presente** 今は, 目下のところ。…**aquí presente** (その場にいる)人を指して(こちらの…)。—La señorita aquí presente es la nueva secretaria. こちらのお嬢さんが新任の秘書です。**mejorando lo presente**(話)(聞き手に配慮して第三者をほめる表現)こちらの方は言うに及ばず。**por el presente** 今のところ, さしあたり。**tener presente** を覚えておく, 気に留める。…心に残る。

presentimiento 男 予感, 虫の知らせ, 胸騒ぎ; 予想。

presentir [7] 他 を予感する, 予知する。

preservación 女 保護, 予防。
preservador, dora 形 名 保護[防護, 予防]する(人・物)。
preservar 他/自 **1**〔+contra/de から〕を守る, 保護する; 予防する。**2**〔中南米〕を保存する。— **se** 再〔+de から〕身を守る。
preservativo, va 保護する, 予防する。— 男 **1** 避妊具, コンドーム。**2** 予防[薬]。

presidencia 女 **1** 大統領[社長, 学長]の職[任期], 議長[会長, 委員長]などの地位[職, 任期]。—la ~ del gobierno 大統領府, 首相官邸。**2**(会議などの)主宰, 司会。—ocupar la ~ 議長席を務める, 司会をする。

presidenciable 形 大統領[社長, 会長]になりうる, 大統領[社長, 会長]候補の。— 男女 大統領[社長, 会長]候補者。

presidencial 形 大統領[総裁, 議長]の; 大統領府の。—atribuciones ~es 大統領権限, silla ~ 大統領の椅子(地位)。elecciones ~es 大統領選挙。

presidencialismo 形 大統領制。
presidencialista 形 男女 大統領制(の支持者)。

presidenta 女 **1** (女性の)大統領, 議長, 社長。**2** 大統領夫人。

presidente [プレシデンテ] 男女 **1**(スペインなどの)首相,(合衆国などの)大統領。—~ autonómico (スペインの)自治州首相。~ del gobierno (スペインの)首相。**2**(企業の)社長, 会長;(銀行の)頭取。**3** 議会などの議長, 座長; 委員長; 理事長。**4** 裁判長;(大学の)学長, 総長。—~ de un tribunal 裁判長。**5** 修道院長代行。

presidiario, ria 名 服役囚, 懲役囚。
presidio 男 **1** 刑務所, 監獄, 拘置所。**2**[集合的で]囚人。**3** 懲役, 徒刑。**4**〔軍事〕駐屯軍; 駐屯地, 要塞。▸ **presidio mayor [menor]** 長期[短期]懲役刑。

presidir 他 **1** …の議長[長]を務める, 司会をする, をリードする。— ~ un tribunal 裁判長を務める。— ~ la empresa 会社の社長を務める。**2** を支配する, 独占する。—La amabilidad preside todos sus actos. 親切が彼の全ての行動の原点である。**3**(事・物が)…の一番よい[最も目立つ]位置にある。—Su retrato preside el salón. 彼の肖像画は居間の最も目立つ場所に飾られていた。

presient-, presint- 動 → presentir [7]。

presilla 女 〔服飾〕**1**(ボタンなどを通す)ループ; ベルト通し。**2** ボタンホールステッチ, ボタン穴かがり。

presintonía 女(ラジオなどの)選局プリ

セット.

presión 女 **1** 圧力, 圧迫：押すこと, 押し付けること. — arterial [sanguínea] 血圧. **2** (精神的)圧力；強制, 強要；影響力. —grupo de ～ 圧力団体. **3** 気圧, 大気圧. —baja [alta] ～ (atmosférica) 低[高]気圧. ▶ **a presión** 圧力をかけて, 圧縮して.

presionar 他 **1** …に圧力をかける, 圧迫する. **2** 押す.

preso, sa 過分 [→ prender] 形 **1** 拘束された, 自由を奪われた. **2** [estar+] 服役中の, 収監された. **3** (感情などにとらわれた；とりつかれた. —ser ～ de la ira 激しい怒りにとらわれる. — 名 囚人；捕虜.

presocrático, ca 形名 【哲学】ソクラテス以前の(哲学者).

pressing [＜英] 男 【スポ】(相手方に対する)プレッシャー (=presión).

prestación 女 **1** 奉仕, 援助；(企業, 組織, 機械などの)品質の保証, サービスの提供. **2** 給付：給付金, 手当て. —prestaciones sociales 社会保障給付(費). **3** (機械・車などの)機能, 性能.

prestado, da 過分 [→ prestar] 形 貸した, 借りた. —pedir [tomar] ～ 借りる. dar ～ 貸す. ▶ **de prestado** (1) 借りて, 借り物で. (2) (職などが)一時的な, 不安定な.

prestador, dora 形名 貸す；貸し手[主].

prestamista 男女 **1** 金貸し, 高利貸し；質屋. **2** 手形配布.

préstamo 男 貸し付け(金)；貸与(物), ローン；借用, 借金；借款；【言語】借用語. —pedir [solicitar] un ～ al banco 銀行にローンを申し込む.

prestancia 女 **1** 卓越, 上質, 優れていること. **2** 気品, 風格.

prestar [プレスタル] 他 ― Carmen me ha prestado sus apuntes. カルメンは私に彼女のノートを貸してくれた. **2** (援助・協力など)を与える, 伝える. — atención a… …に注意を払う. — auxilio [ayuda] 援助する. — oídos 耳を貸す. **3** (声優が)(声)の吹き替えをする. — su voz al protagonista de la película 映画の主人公の声の吹き替えをする. **4** 【中南米】借りる. — 自 **1** 役立つ, 有用である. **2** 伸びる, 大きくなる. — se 再 **1** [+a + 不定詞] a) 進んで[親切に, わざわざ]…してくれる, …と申し出る. —Nadie se prestó a ayudarnos. だれ一人として我々を助けようと申し出てはくれなかった. b) …することに同意する, を承諾する. **2** …の機会口実, 危険性)を与える, 余地を与える, すきを与え

prestatario, ria 名 借り手, 債務者.

preste 男 【カト】(歌ミサを司る)司祭. —P～ Juan プレスター・ジョン(中世の伝説の聖職者でアジアまたはエチオピアの王).

presteza 女 迅速, 機敏. —con ～ 迅速に, 直ちに.

prestidigitación 女 手品, 奇術.

prestidigitador, dora 名 手品師, 奇術師.

prestigiado, da 過分 [→prestigiar] 形 威信のある, 高名な.

prestigiar 他 …の名を高める, …に威信を与える.

prestigio 男 名声, 威信, 権威；信望. —gozar de gran ～ 名声を欲しいままにする.

prestigioso, sa 形 高名な, 評判の良い, 信望のある.

presto, ta 形 **1** [estar+] 用意のできた. **2** [ser+] 迅速な, 素早い. **3** 【音楽】プレストの, きわめて速い(演奏の). — 副 **1** 即座に, すぐに, 素早く. **2** 【音楽】プレストで, きわめて速く. — 男 【音楽】プレストの曲. ▶ **de presto** すぐに, 直ちに.

presumible 形 推定できる, ありそうな.

presumido, da 過分 [→ presumir] 形名 **1** うぬぼれの強い(人), 思い上がった(人). **2** 上品な(人), 気取った(人), おしゃれな(人).

presumir 他 …と推測する, 臆測する, 推定する. —Es de que … …と推測される, おそらく…である. — 自 **1** [+de を] うぬぼれる, 自慢する, 誇りに思う. —Ella presume de inteligente. 彼女は自分が頭が大いとうぬぼれている. **2** おしゃれをする, おめかしをする.

presunción 女 **1** 推定, 推測, 憶測. — legal 【法律】法律上の推定. **2** うぬぼれ, 思い上がり；虚栄(心)；気取り.

presunto, ta 形 **1** (しばしば名詞の前に置かれる) 推定上の, 容疑上の. —～ asesino 殺人容疑者. **2** 自称の, …と名乗る.

presuntuosidad 女 うぬぼれ, 虚栄, 見栄.

presuntuoso, sa 形 **1** うぬぼれた, 思い上がった, 高慢な. **2** とても豪華な, 飾り立てた. — 名 うぬぼれ屋, 思い上がった人, 高慢ちき.

presupondr- 動 → presuponer [10.7].

presuponer [10.7] 過分 presupuesto] 他 **1** を前提とする, 想定する. **2** (予算)を見積もる.

presuposición 女 前提(条件), 想定.

presupuestar 他 [+en と] を見積もる；…の予算を立てる.

presupuestario, ria 形 (主に国家の)予算の, 見積もりの. —debate [comité] ～ 予算審議[委員会].

presupuestívoro, ra 名 【中南米】【俗】役人, 税金泥棒.

presupuesto 男 **1** 予算(案)；見積もり(書)；運営費. — familiar 家計. los ～s generales del Estado 国の一般会計予算. **2** 理由, 動機, 口実. **3** 想定, 予測.

presupuesto, ta 過分 [→ presuponer] 形 仮定された, 前提とされた.

presupus- 動 → presuponer [10.7].

presura 女 **1** 急ぎ, 迅速. **2** 圧迫, 苦境. **3**〖歴史〗地主なしの土地の占拠制 (9-10世紀レコンキスタ期のドゥエロ川流域での植民方式).

presurización 女〖航空〗与圧, 気圧を正常に保つこと.

presurizar [1.3] 他〖航空〗(機内などを)与圧する, …の気圧を上げる.

presuroso, sa 形 急いでいる, 素早い, 至急の. —con paso ～ 早足で.

pretal 男 (馬につける)胸繋(綜)(→petral).

pretemporada 女〖スポ〗シーズン前(の調整期).

pretenciosidad 女 思い上がり; 見栄を張ること; 派手さ.

pretencioso, sa 形 うぬぼれた, 気取った, 見栄を張った; (外観が)派手な.

pretender〖プレテンデル〗他 **1** a) …しようと志す, を企てる, ねらう. —Él *pretendía* engañarme. 彼は私をだまそうとした. b) を得ようとする, 得ようとベストを尽くす. **2** …のふりをする, …と見せかける, を装う. —Ella *pretende* estar estudiando. 彼女は勉強しているふりをしている. **3** (男性が女性を)くどく, つけ回す, …に言い寄る. **4** …と主張する, 言い張る.

pretendido, da 過分〖→pretender〗形 〘しばしば名詞の前に置かれる〙自称の; 偽りの. —el ～ conde 自称伯爵.

pretendiente, ta 名〖+a de〗志願者, 志望者; 候補者; 応募者. —男 **1** (女性に対する)求婚者, 求愛者. **2** 王位継承権請求者, 王位請求者. —al trono 王位請求者. **3** 要求する, 主張する, 切望する;〖+a〗志望〖志願〗する, (…に)応募する.

pretensión 女 **1** 望み, 要求, 主張. **2** 野心, 欲. **3** 権利, 請求権; 資格. —sobre la herencia 遺産相続権. **4** うぬぼれ, 自負; 見栄, 虚栄.

pretensioso, sa 形〖中南米〗→ pretencioso.

preterición 女 **1** 脱落, 見過ごし, 漏れ. **2**〖修辞〗暗示的看過法. **3**〖法律〗相続人の脱漏.

preterir [7]〖不定詞と過分のみ用いられる〙他 **1** を抜かす, 省く, 見過ごす. **2**〖法律〗(法定相続人)を相続人の記載から外す.

pretérito, ta 形〖言語〗過去の. —男〖言語〗過去時制. —～ imperfecto 未完了過去〖線過去〗(形). —～ indefinido 不完了過去〖完了過去, 点過去〗(形). —～ perfecto 現在完了(形). —～ pluscuamperfecto 過去完了〖大過去〗(形). —**, ta** 形〖言語〗過去時制の. —días ～s 過去の日々, recuerdos ～ 過去の思い出.

preternatural 形 超自然的な; 不可思議な; 異常な.

pretextar 他 を口実にする, …と言い訳する.

pretexto 男 口実, 言い訳, 弁解. —a 〖bajo, con, so〗～ de … …を口実に.

pretil 男 **1** (転落防止用の)らんかん, 手すり, ガードレール. **2** (手すり, 欄などがついた)道.

pretina 女 **1** (服飾)ベルト. **2** ウエスト, 胴回り. **3** バンド, 帯.

pretónico, ca 形〖音声〗強勢のある音節の前の.

pretor 男〖歴史〗(古代ローマの)法務官, 執政官, 属州総督.

pretorianismo 男 軍部の台頭, 軍部の支配力.

pretoriano, na 形〖歴史〗**1** (古代ローマの)法務官の, 執政官の. **2** (古代ローマ皇帝の)親衛隊(の), 近衛(ゔ)師団(の).

pretorio, ria 形〖歴史〗(古代ローマの)法務官の. —男 (古代ローマで法務官が裁きを司れた)官邸, 公邸; 法廷.

preuniversitario, ria 形 大学予備課程の(学生). —男 大学予備課程〖略号〗preu, COU の略称.

prevaldr- →prevaler [10.5].

prevalecer [9.1] 自 **1**〖+ sobre a〗…よりも〗抜きん出る, 秀でる, すぐれる. **2** 長く続く, 存続する, 根を張る. **3** (植物が)根を張って)成育する.

prevaleciente 形 優勢な, 主な, 支配的な.

prevaler [10.5] 自 → prevalecer. — **se** 再〖+ de〗を利用する, (…に)つけ込む.

prevaricación 女 背任, 不正, 汚職. —delito de ～ 背任罪.

prevaricador, dora 形名 不正〖背信〗行為をした, 汚職の; 背信〖背任〗者, 汚職者.

prevaricar [1.1] 自 **1**〖法律〗背任行為をする, 不正を働く. **2** たわ言を言う, 錯乱する.

prevé(-), prevea(-), preveía(-) 動 → prever [6].

prevención 女 **1** 予防(策), 防止; 用心, 警戒. —～ de las enfermedades contagiosas 伝染病の予防. en ～ de 警戒して. **2** 用意, 準備; 予備. **3** 偏見, 先入観; 毛嫌い. **4**〖法律〗予防拘禁. **5**〖軍事〗衛兵(詰め)所.

prevendr- →prevenir [10.9].

prevenido, da 過分〖→prevenir〗形 **1** a)〖estar+〗準備のできた, 警戒した. b)〖ser+〗用心深い. **2** 満杯の, 装備された. ▸ **Hombre prevenido vale por dos.**〖諺〗備えある人は二人分役に立つ.

prevenir [10.9] 他 **1** を予防する, 防ぐ, …に備える. —～ una infección 感染症を予防する. **2** を予知する, 予測する. **3** を用意する, 支度する, 用意する. —自 **1**〖+ contra a〗予防する, 防ぐ. —*contra* los ataques cardiacos 心臓発作を予防する. **2**〖+ de a〗知らせる, (…)と警告する. —～ *del* peligro 危険について警告する. **3**〖+ en〗〖con-tra〗 *de* …(人)について良い〖悪い〗印象を吹き込む. — **se** 再 **1**〖+ contra / para a〗用心をする, 準備を備える, 用意する. **2**〖+

contra に]敵対する.

preventivo, va 形 予防の, 防止の. —inyección *preventiva* 予防注射. medicina *preventiva* 予防医学.

preventorio 男 〔結核などの〕療養所.

prever [16] [過分 previsto] 他 **1** を予見する, 予知する. **2** …に対して事前に準備万端整える, 事前に…の対策を立てる.

previamente 副 前もって, 予め.

previo, via 形 **1** 事前の, 前もっての, 予めの; [+ *a*] …に先立っての. —el ambiente ~ *a* la reunión 会議に先立っての雰囲気. **2**〔名詞の前で前置詞的に〕…の後に. — ~ pago del pasaje 旅費の支払い後. —男〔映画, 放送〕プレバック.

previsible 形 予測できる, 予知でき, 起こりそうな.

previsión 女 **1** 予測, 予想, 先の見通し; 予報. — ~ del tiempo 天気予報. **2** 用心, 用意, 予防. —en ~ de …に備えて. — social 社会保障.

previsivo, va 形〔中南米〕→ previsor.

previsor, sora 形名 先見の明ある, 用意周到な. — 名 先見の明ある人, 用意周到な人.

previsto, ta 過分 [→ prever] [estar +] **1** 予見[予測]された; 当然の. —Teníamos ~ su fracaso. 彼の失敗は私たちには分かりませんでした. **2** 事前に準備した, 前もって予定した. —como ~ 予定通りに.

prez 男/女 [複 preces] …栄光, 名誉.

priapismo 男〔医学〕持続勃起[症状], 陰茎強直.

prieto, ta 形 **1** きつい, 詰まった. **2** 黒っぽい, 暗い色の. **3** けちな, 卑しい.

prima 女 **1** 女のいとこ, 従姉妹 (→ primo). **2**〔商業〕プレミアム, 報奨金, 特別手当, 割増金. — ~ de rendimiento〔生産性に対する〕報奨金. **3** 保険料. **4**〔カト〕〔聖務日課の〕一時課, 早朝の祈り. **5**〔音楽〕一弦. **6**〔軍事〕〔午後8時から11時までの〕夜間歩哨の当番. **7**〔鳥類〕離な力.

primacía 女 **1** 首位, 卓越; 優先権. **2**〔カト〕首座大司教の地位, 権限; 教皇首位権.

primada 女《話》ばかなこと, 間抜けたこと.

primado 1〔カト〕首座大司教. → primacía. —, **da** 過分 [→ primar] 形〔名詞+〕首座大司教の.

prima donna, primadonn(n)a [伊] 女[複 primas donnas] プリマドンナ.

prima facie〔くラテン〕一見して (= a primera vista).

primal, mala 形名〔羊, ヤギが〕満1才の, 一年子の (羊, ヤギ).

primar 自 [+ sobre が] 優位に立つ, 〔…に〕勝る. — 他 …に報奨金を与える.

primario, ria 形 **1** 最初の, 第一の; 初歩の, 初等の. —escuela *primaria* 小

学校. **2** 主要な, 基本的な; 必要不可欠な; 〔色が〕原色の. —colores ~s 三原色. **3** 原始的な, 無教養な, 未開の. **4**〔人が〕主情的な, 無教養な. **5**〔人が〕衝動的な, 無思慮な. **6**〔地質〕古生代の. **7**〔電気〕**1**次の. —arrollamiento ~ 1次コイル. • *elecciones primarias* 予備選挙, *sector primario* 第1次産業. — 男 **1** 初等教育; 小学校. **2** 予備選挙.

primate 1 第一人者, 名士, 著名人. **2**〔動物〕霊長類の動物; 複 霊長類. — 形〔動物〕霊長類の.

primavera 〔プリマベラ〕 女 **1** 春. **2** 盛期; 青春期, 人生の春. **3**〔若い人の〕春, 年頃. —Su hija tiene 18 ~s. 彼の娘は花の18歳だ. **4**〔植物〕サクラソウ(桜草), プリムラ. — 男女 間抜けな(な), お人好しな(の).

primaveral 形 春の(ような); 春らしい.

primer 形〔*primero* の語尾消失形〕→ *primero*.

primeramente 副 **1** 最初は, 初めは. **2**〔まず〕初めに, 何よりも先に.

primerizo, za 形名 **1** 初心者(の), 新人(の), かけ出しの人. **2** 初産の. — 女 初産婦.

primero, ra 〔プリメロ, ラ〕形〔単数男性名詞につく時は *primer*〕最初の, 第一の. —la página *primera* 第1ページ. el *primer* amor 初恋. el *primer* piso 2階. los ~s auxilios 応急手当. —el *primer* ministro 首相. Es la *primera* vez que voy a España. 私がスペインへ行くのは初めてだ. Juan Carlos I (*primero*) フアン・カルロス一世. **2** 最高の, 最上の; 第一級の, 一流の. —vino de *primera* calidad 最上のワイン. **3** 最も重要な; 基本的な, 根本的な. — 名 **1** [+ de で〕最初の(人), 一番; 首席. **2** 首座. —De estas dos opciones prefiero la *primera*. 私はこの2つの選択肢のうち前者を選ぶ. — 男 **1**〔月の〕一日〔二日以降は基数詞〕. —Hoy es el ~ de mayo. 今日は5月1日だ. **2**〔後続する男性名詞の省略表現〕. —Estudian ~. 彼らは1年生だ. ¿Qué van a tomar de ~? (前菜に続く〕最初の料理で何を召し上がりますか. — 女〔後続する女性名詞の省略表現〕. **1** a)〔機械〕〔自動車など変速機の〕第一速, ロー. b)〔乗物の中の等級〕一等, 室. — 副 **1** 最初に, 初めに, 第一に; 一番[一位]に. **2**〔時間的に〕前に, 先に. —Llegarás ~ que yo. 君は私より先に着くだろう. **3**〔+ que〕むしろ. —*P* — morir *que* vivir sin libertad. 自由のない生活よりは死んだ方がましだ. ▸ *a la primera* 一度で, 一回目で. *a primeros* [+ de]〔週・月・年の〕初めに. *a primeros de semana* 週初めに. *de primera*《話》非常に良い, 一流の, 極上の. *venir de primera*〔強調〕〔人に〕好都合の, 良い結果になる.

prime-time〔＜英〕男《放送》最も視聴率[広告料金]の高いゴールデンアワー，プライムタイム．

primicia 女《主に複》**1** 初物，初生り．**2** 初めて世に出る成果．**3**《マスメディアの》スクープ（＝～ informativa）．

primigenio, nia 形 当初の，もとの，根源の．

primípara 形《女性形のみ》初産の．— 女 初産婦．

primitivamente 副 **1** 初期には，元々は．**2** 原始的なことで，素朴に．

primitivismo 男 **1** 原始的なこと，素朴性．**2**《哲学，美術》プリミティビズム，原始主義．**3** 粗野，がさつさ，無作法．

primitivo, va 形 **1** 原始[原生]の，原初の．— sociedad *primitiva* 原始社会．tiempos ～s 原始時代．**2** 原始的な，未発達な，素朴な；未開の．**3**（人が）粗野な，がさつな．**4**《言語》（派生語に対する）語基の．— palabra *primitiva* 語基，元の語．**5**《美術》（特に）ルネサンス以前の．— 男 **1** 原始人；未開人．**2**《美術》ルネサンス以前の芸術家，その作品．— 女 ～ de lotería primitiva．

primo, ma 〔プリモ，マ〕形 **1** いとこ，従兄弟姉妹．— ～ hermano [carnal] 本当のいとこ．～ segundo またいとこ．**2**《俗》お人よし，まぬけ．► **hacer el primo**《俗》騙（*だま*）される．**1** 第一の，最初の；原料の．— materia *prima* 原料，素材．**2**《数字》素数の．— número ～ 素数．

Primo de Rivera 固名 プリモ・デ・リベーラ（Miguel ～）（1870-1930，スペインの軍人・政治家）．

primogénito, ta 形名 長子(の)，長男(の)．

primogenitura 女 長子であること；長子の権利；《法律》長男子単独相続権［権］．

primor 男 **1** 精巧，繊細，緻密，細心．**2** 精巧[見事]な作品，美しいもの．

primordial 形 何より重要な，最優先の，第一の．

primorosamente 副 巧みに，見事に，美しく．

primoroso, sa 形 **1** 巧みな，熟練した．**2** 見事な，美しい，繊細な．

prímula 女《植物》サクラソウ，プリムラ．

primuláceo, a 形名《植物》サクラソウ（桜草）科の植物．— 女複 サクラソウ科．

princeps 形《無変化》第一の，最初の．— edición ～ 初版．

princesa 〔プリンセサ〕女 **1** 王子妃，妃殿下；親王妃．

principado 男 **1** 君主[大公]の地位，権限．**2** 大公に治められる領地，公国．**3** 複《宗教》権(*ごん*)天使．

principal 形 **1** 最も重要な，主要な．主な．— puerta ～ 正面玄関［入り口］．— 《言語》主文[主節]の．— oración ～ 主文．**3**（建物の）二階の．— 男 **1**（建物の）二階．**2** 店主，工場長，(組織の)長．**3**（経済）元金，元手．

principalmente 副 **1** 主として，主に；基本的に．**2** 第一に，何よりも，とりわけ．

príncipe 〔プリンセ〕男 **1** 王子，皇太子，親王．— ～ azul 夢の[白馬の]王子様，理想の男性．～ consorte 女王夫の夫君．～ de Asturias スペイン皇太子．～ de Gales 英国皇太子；《服飾》チェック柄の布地．～ heredero 皇太子，王位継承権を持つ王子．~（小国の）君主，大公：王侯，王族．**3** 第一人者，名人．— ～ de la iglesia（カト）枢機卿(*けい*)．~ de las tinieblas サタン，魔王．el ～ de los ingenios 才人たちの王（セルバンテスのこと）．— 初版の．— edición ～ 初版本．

principesco, ca 形 王侯にふさわしい，王侯のような；豪勢な．

principianta 女 → principiante．

principiante 男女《女 principianta もある》初心者(の)，初学者(の)，見習いの．

principiar 他 ～ を始める．開始する．— 自 始まる．開始する．— Principió a nevar. 雪が降り始めた．

principio 〔プリンシピオ〕男 **1** a) 始め，開始．— del [desde el] ～ al [hasta el] fin 最初から最後まで，徹頭徹尾．Empieza el cuento por el ～. 彼は物語を最初から話し始める．b)《主に複》基本，基礎(知識)，初歩．— los ～s de la economía 経済学の基礎．c) 起源，源，発端，原因．**2** 基になる法則．a) 原理，原則；法則．— ～ de Arquímedes アルキメデスの原理．b) 原則，信条，主義，方針．**3** 複 節操，立場，信念，主義．**4** 複 節操，立場．**5**《料理》アントレ（スープの後に出される本料理の最初の皿）．► *al principio/a los principios* 最初は[に]，始めは[に]．*a principios de* … …の始めに．*dar principio a* … ～ を始める，開始する．*desde un principio* 最初から．*en principio* 原則的に，大体において．*en un principio* 最初は[に]，始めは[に]．

pringar [1.2] 他 **1** を(油脂などで)汚す，べとべとにする．**2**（パンなどを）(脂や汁に)浸す．— ～ pan en la salsa パンをソースに浸す．**3**《話》…の名誉を汚す．**4**《話》を巻きこむ．**5**《中南米》…にはねをかける．► **pringarla** (1)《話》しくじる，参る，やられる．— ¡Ya la *pringamos*! しくじった．(2)《俗》死ぬ，くたばる．— 自 **1**《話》(汚い仕事に)介入する，手を出す．**2**《話》着服する，うまい汁を吸う．**3**《話》人よりも大変な仕事をする．**4**《話》やられる，参る．**5**《中南米》霧雨が降る．— **se** 再 **1**〈+ con/de で〉汚れる．**2** → 自．**3** → 他．

pringoso, sa 形 (脂などで)汚れた，べとべとした．

pringue 男/女 **1**（焼いた肉などから出る）脂. **2** 脂[油]のしみ, 汚れ. **3**《話》嫌なこと, 面倒くさいこと. **4**《中南米》泥はね.

prión, prion 男《生物》プリオンタンパク質から成る感染性因子.

prior, priora 名 **1**（小）修道院長（abad の下位）（ベネディクト会の）副院長（ドミニコ会の管区長. ── 男 **1**《歴史》騎士団長. **2** 教区司祭. **3**《歴史》商務長官.

priorato 男 **1**（カト）修道院長の地位, 職務, 管轄区域（ベネディクト会の）修道院. **2** タラゴナ県プリオラート産のワイン.

priorazgo 男 = priorato.

prioridad 女 **1** 優先（権）, 優位. **2**（時間的, 空間的）先行.

prioritario, ria 形 優先的な, より重要な.

priorizar [1.3] 他 を優先させる.

prisa [プリサ] 女 急ぐこと, 迅速. 慌てること, 繁忙. ▶ *a prisa* 急いで (=de prisa). *a toda prisa* 大急ぎで, 全速力で. *correr prisa*（物事が）急を要する, 急いでする必要がある. *dar* [*meter*] *prisa*（人が何かをするのを）急がせる, せかす. *darse prisa con* [*de*] *prisa* 急いで. *de prisa y corriendo* 大急ぎで, 大慌てで. *tener* [*llevar*] *prisa* 急いでいる.

priscilianismo 男《宗教》プリスシリアノ派（4世紀の異端派）.

prisión 女 **1** 刑務所, 拘置所, 監獄. **2**《法律》禁固（刑）, 投獄, 拘留；監禁. ── *mayor* 6年と1日以上12年以上の禁固刑. ── *menor* 6か月と1日以上6年以上の禁固刑. ── *provisional* 仮拘留. ── *preventiva* 未決拘留. **3** 牢獄のような場所；束縛. ── la ── *del amor* 愛の束縛.

prisionero, ra 名 **1** 囚人, 捕虜；自由を奪われた人［動物］, 虜（とりこ）. ── *de guerra* 戦争捕虜.

prisma 男 **1**《数学》角柱. **2**《光学》プリズム. **3**《鉱物》（結晶体の柱状形）. **4** 観点, 視点.

prismático, ca 形 **1**《数学》角柱形の, 柱体の. **2** プリズムの, プリズム分光の. ── *colores* ── プリズムで分解された七色. ── 男複 プリズム双眼鏡.

prístino, na 形 原始の, 元の.

privacidad 女 プライバシー.

privación 女 **1** 剥奪（はくだつ）；喪失, 節制. ── *de la vista* 視力の喪失. **2** 欠乏, 窮乏.

privadamente 副 私的に, 非公式に, 内々に.

privado, da 過分（→*privar*）形 **1** 私的な, 個人の；私有の. ── *asuntos* ── *s* 私事, *bienes* ── *s* 私有財産. *vida privada* 私生活. **2** 内密の, 内々の；非公式な. **3** 私立の, 私営の, 民間の. ── *detective* ── 私立探偵, *empresa privada* 私企業［民間会社］. **4**［+ *de*］の）ない, 失った. *quedar* ── *de la vista* 失明する. ── 男《歴史》（家の）臣；側

近. ▶ *en privado* 私的に；内々に.

privanza 女（君主などの）寵（ちょう）愛, 引き立て；《歴史》寵臣政治.

privar 他 **1**［+ *de*］（人）から奪う, 略奪する；（人）に失わせる. ── *de la libertad de expresión* 表現の自由を奪う. **2**［+ *de*］に禁じる, 禁止する. **3** を気絶させる, …に気を失わせる. ── 自 **1** a）…が大好きである, (人)に大いに気に入る. ── *Le priva el flan*. 彼はプリンが大好きだ. b）［+ *con* 人］に気に入られる, 寵（ちょう）を得る. **2** 流行する, はやる. **3**《話》酒を飲む. ── *se* 再 **1**［+ *de*］（自発的に）やめる, 控える, 節制する. ── *se de beber* 酒をやめる. **2**［+ *de*］が］大好きである, …に目がない. **3** 気を失う, 気絶する.

privativo, va 形 **1** 固有な, 専有の, 特有な. **2** 奪う, 断つ. **3**《言語》（接辞が）欠性の, 欠如を表す. **4**《言語》欠如的.

privatización 女 民営化.

privatizador, dora 形 民営化の.

privatizar 他 を民営［民有］化する.

privilegiado, da 過分（→ *privilegiar*）形 **1** 特権を与えられた（人）. ── *clase social privilegiada* 特権階級. **2** 才能に恵まれた（人）, 非常に優秀な（人）.

privilegiar 他 …に特権を与える.

privilegio 男 **1**（良い意味での）特権, 特典, 恩典；特権の認可証. ── *gozar* [*disfrutar de*] *un* ── 特権を持つ. **2** 光栄（なこと）, 特別な名誉.

pro 男 利益, 益；賛成（論）. ▶ *el pro y el contra; los pros y los contras* 利点と欠点, 損益；賛否. *en pro de...* …のために. *en pro y en contra* 賛成と反対の. *hombre de pro* 高潔な人, りっぱな人. ── 前 …のための（に）, …に賛成して. ── *campaña* ── *paz* [*damnificados*] 平和［被災者］のためのキャンペーン.

proa 女 船首, 舳先（へさき）；（飛行機の）機首. ── *mascarón de* ── 船首像. ▶ *poner* (*la*) *proa* **(1)**《海事》［+ *a* [*hacia*]（場所）］向かう. **(2)** ねらいを定める, 目標に向かって走り出す. **(3)**［+ *a*］立ち向かう, 反対する.

probabilidad 女 **1** 見込み, 可能性, 公算. **2**《数学》確率. **3**《哲学》蓋然性. ── *cálculo de* ── *es* 確率の計算.

probabilismo 男《哲学》蓋（がい）然論, 《神学》蓋然説.

probable ［プロバブレ］形 ［+ *que* + 接続法］ 起こりそうな, ありそうな, 可能性の高い. ── *Es* ── *que llueva mañana*. 明日が多分降るだろう. **2** 推定［立証］できる.

probablemente 副 おそらく, たぶん.

probación 女 証明, 立証；（カト）修練期（修道会に入る前の試練期間）.

probado, da 過分（→ *probar*）形 **1** 証明された, 立証済みの；明白な, 確実な［*estar* +］. **2**《法律》（判決で）事実認定された；証明［立証］された.

probador, dora 形 名 試す(人), テストする(人); 証拠となる. —piloto ~ テストパイロット[ドライバー]. 2 試験室. 2 試験機器. 3 〖中南米〗マネキン人形.

probanza 女 〖司法〗証言, 立証, 証拠.

probar [プロバル] [5.1] 他 1 a) (性質・性能などを)試す, 試用する, テストする. —El teléfono para ver si funciona 電話がうまく通じるかどうか試してみる. ~ suerte [ventura] 運試しをする. b) [~a + 人に] 試着させる. 2 を試食する. 試飲する. 毒味をする. —~ la sopa スープを試飲する. 3 を証明する, 実証する. —No pudo ~ su inocencia. 彼は自分の無実を立証できなかった. 4 〖主に否定文で〗を食べる, 口にする; 飲む. — 自 1 [~a + 不定詞] (を)試みる, 試しに…する. —Probé a levantarme y no pude. 私は起きようとしたが無理だった. ~ *probar bien* [*mal*] 合う[合わない], 気に入る[入らない]; 好き[嫌い]である. — se 再 1 (衣服)を試着する, 身につけてみる. —~se los zapatos 靴をはいてみる.

probatorio, ria 形 証拠となる, 証明する. — 女 〖法律〗提訴提出の猶予期間.

probeta 女 1 試験管. —bebé ~ 試験管ベビー. 2 (現像, 実験用の)バット, トレイ. 3 水銀圧力計. 4 爆圧計.

probidad 女 正直, 誠実, 高潔.

probiótico, ca[1] 形 生物出現以後の.
probiótico, ca[2] 形 プロバイオティクスの.

problema [プロブレマ] 男 1 問題, 課題, 難題. —~s sociales 社会問題. resolver un ~ 問題を解く[解決する]. 2 悩みの種, 厄介事, 困ったこと, 心配. —Mi hija sólo da ~s. 娘だけが悩みの種だ.

problemático, ca 形 1 問題のある, 問題を起こしそうな. —niño ~ 問題児. 2 疑わしい, 不確かな. —Nuestro futuro se presenta ~. 我々の未来は見通しが困難だ. — 男 〖集合的に〗(諸)問題.

problematizar [1.3] 他 を問題にする, 問題化する.

probo, ba 形 正直な, 誠実な.

proboscide 女 〖動物〗(象などの)発達した鼻[口部]; (昆虫の)口先, 吻(ﾌﾝ).

proboscidio, proboscídeo 〖動物〗(ゾウの)長鼻目の動物; 複 長鼻目.

procacidad 女 1 横柄[無礼, 厚顔]な言動, 猥褻. 2 下品な行動[言葉](ﾊﾀｻ)ﾉﾗｺと.

procaz 形 複 procaces 1 横柄な, 無礼な, 恥知らずの, 厚かましい. 2 下品な, 卑猥(ﾋﾜｲ)な.

procedencia 女 1 起源, 出身; 素性. —Es de ~ española. 彼はスペインの出身だ. 2 (船舶, 航空機, 汽車の)出発地, 出発駅; 始発駅; (便などの)発送地. 3 〖法律〗(提訴・請願などの)根拠, 正当性.

procedente 形 1 [~de …に]由来する; 出身の. 2 [~de から] 出ている, 発. —avión ~ de Barcelona バルセロナ発の飛行機. 3 (道徳的・法的に)妥当な, 理由のある, 適切な. —una decisión ~ 妥当な決定.

proceder 自 1 行動する, 振舞う. 2 適当である, 望ましい, ふさわしい. —No procede que hagas hincapié en tu opinión. 君が自分の意見にこだわるのは良くないこと. 3 [~ + de] a) (…から[に])由来する. b) (…の)出身である, (…に)生れである. —El castellano procede del latín. カスティーリャ語はラテン語に由来する. b) (…の)出身である, (…に)生れである. 4 [~a + を] 開始する, (…に)とりかかる, 移行する. —Procedieron al embargo de la mercancía. 商品差し押さえが手続きが取られた. 5 〖法律〗 [~ + contra に対して] 訴訟を起こす. — 男 態度, 行動, ふるまい.

procedimental 形 方法上の, 手続き(上)の.

procedimiento 男 1 手順, 方法, 処理. —~s en línea 〖情報〗オンライン処理. ~ inductivo [deductivo] 帰納法 [演繹(ｴﾝｴｷ)法]. 2 〖法律〗訴訟手続き. — civil [penal] 民事刑事訴訟.

proceloso, sa 形 〖文〗大しけの, 嵐の. —mar proceloso 大しけの海.

prócer 形 高貴な, 偉大な; 堂々とした, そびえ立つ. — 男女 貴人, 偉人; 著名人.

procesado, da 過分 [→ procesar] 形名 1 〖法律〗告訴[起訴]された(人); 被告(の), 被告人. 2 〖コンピュータで〗処理された.

procesador 男 〖情報〗処理装置, プロセッサー. — de palabras [textos] ワード・プロセッサー, ワープロ.

procesal 形 〖法律〗訴訟の. —derecho ~ 訴訟法. costas ~es 訴訟費用.

procesamiento 男 1 〖法律〗起訴, 告訴. —dictar auto de ~ ...に対する起訴状を提出する. 2 加工, 処理; 〖情報〗処理. — de datos データ処理. ~ distribuido 分散処理. ~ en paralelo 並列処理. ~ por lotes バッチ処理.

procesar 他 1 [~ + por で] を告訴[起訴, 訴追]する. 2 〖情報〗処理する.

procesión 女 1 (主に宗教的な)行列, 行進. (人や物の)列. — de hormigas アリの行列. 2 連続, 移り変わり. procesional 形 列にしての, 行列の.
▶ *andar* [*ir*] *la procesión por dentro* 内心穏やかでない, 内心は恐ろしく思う.

procesional 形 列にしての, 行列の.

procesionaria 女 〖虫類〗行列毛虫.

proceso 男 1 過程, 進行, 推移. 2 方法, 手順, 処理, 工程. — lineal [de datos] 〖情報〗オンライン[データ処理]. unidad central de ~ 〖情報〗中央演算装置 (CPU). 3 期間, 時間. 4 〖法律〗訴訟, 訴訟手続き. — civil 民事訴訟. ~ penal 刑事訴訟. 5 〖解剖〗突起, 隆起.

proclama 女【権力者が下の者へ行う政治的,又は軍事的】演説,訓示,声明. **2** 公告,告示; 〘古〙婚姻【叙任】公示. — correr las ～s 婚姻公示をする.

proclamación 女 **1** 宣言,布告,公布. —～ de una ley 法律の発布. **2** 就任式,即位式.

proclamar 他 **1** を発表する,公表する. **2** …(の発起)を宣言する. —～ el estado de emergencia 緊急事態を宣言する. **3** を明らかにする,物語る. —Las canas *proclaman* su edad. 白髪が彼の年齢を物語っている. **4** …に(人)を任じる【任命する】. —Lo *proclamaron* director gerente. 彼は常務取締役に任命された. **5** 歓呼する. —— se 再 自分が…だと自ら宣言する.

proclisis 女【単複同形】【言語】後接: 単音節の語が後続語と一体化すること.

proclítico, ca 形【言語】後接の.

proclive 形【＋a】…する【悪い】傾向のある, しがちな. —～ *a* las enfermedades 病気がちの.

proclividad 女 (悪い方への)傾向, 性癖.

procomún 男 公益(電話,水道,ガス,電気など).

procomunal 男 →procomún.

procónsul 男【歴史】(古代ローマの)属州総督.

procreación 女 生殖, 出産.

procreador, dora 形 生殖力のある, 産み出す. — 名 産む人, 親.

procrear 他 (子)を作る【産む】.

proctólogo, ga 名【医学】肛門科医.

procura 女 **1** 代理(権), 委任(権). **2** 代理人の職務【事務所】. **3** 熱心, 精励. **4**【中南米】探索; 獲得.

procuración 女 **1** 代理(権), 委任(権). **2** 代理人の職務; 事務所.

procurador, dora 名 **1**【法律】代理人;(主に訴訟手続きを担当する)弁護士. **2** 検事, 検察官. —～ general 検事総長. **3**【宗教】(修道士会の)会計係. **4**【歴史】(古代ローマの)総督. **5**【歴史】(P～) en [a, de] Cortes 都市代表の国会議員.

procuraduría 女 代理人【検事, 管財人】の職務【事務所】.

procurar [プロクラル] 他 **1** ＋不定詞/que ＋接続法 …しようと努める, 努力する. —所懸命になる. —*Procuró* conservar su salud. 彼は自分の健康を保つように努めた. *Procuré que* no me vieran. 私は人に見られぬよう努めた. **2** を手に入れる, 獲得する, 得る; 与える. **3** 代理人の職務を果す. — se 再 を手に入れる.

prodigalidad 女 **1** 浪費癖, 放蕩(); 気前の良さ. **2** 豊富.

pródigamente 副 惜しげなく, むやみに; 豊富に.

prodigar [1.2] 他 を惜しまず与える, (むやみに)ばらまく; を浪費する. — elo- gios 賛辞を惜しまない, やたらにほめる. — se 再 **1**【＋en に】骨身を惜しまない, (人)のために力を尽くす. **2** 目立ちたがる, 自分を誇示する.

prodigio 男 **1** 不思議(な物事), 驚異; 奇跡. **2** 非凡な人, 天才, 奇才. —niño ～ 天才児, 神童.

prodigiosidad 女 非凡性, 驚異的なこと.

prodigioso, sa 形 **1** 驚異的な, 奇跡的な, 不思議な. **2**【話】驚くべき, 素晴らしい; 天才的な.

pródigo, ga 形 **1** 浪費家の, 無駄遣いする. **2**【＋de/en を】惜しまない【＋con に (人に対して)気前が良い. **3** 豊富な, たっぷりある. — 名 浪費家.

producción 女 **1** 生産, 製造, 産出. —— en serie 大量生産. **2** 生産物, 製品; 生産高, 生産量. **3**（映画などの)製作; (映画などの)作品, テレビラジオ番組.

producente 形 製造する, 生産する.

producir [プロドゥシル] [9.3] 他 **1** a)を生産する. b)を生育させる, 育(ス)む, 生長させる. —～ verduras y frutas 野菜と果物を栽培する. c)(実)を実らせる. **2** を引き起こし, 生じる. —～ un accidente de tráfico 交通事故を起こす. **3** を製作する, 製作する. **4**（テレビ・ラジオの番組や映画の)制作をする, 生み出し, もたらす. —Su comportamiento me *produjo* una gran tristeza. 彼の行動は私をとても悲しませた. **6**【司法】(証拠書類)を提出する. —— se 再 **1** 生じる, 起こる. **2** 意見を口頭で述べる.

productividad 女 生産性, 生産力.

productivo, va 形 **1** 生産的な, 生産力のある. —una tierra *productiva* 肥沃な【肥えた】土地. **2** 生産の, 生産に関する. —capacidad *productiva* 生産能力. **3**【経済】利益の多い, 有利な.

producto 男 **1** 産物, 製品, 作品. —～s agrícolas 農産物. —～s de marca ブランド品. **2** 生産【高】, 売上高[額]. —～ bruto [neto] 総売上高【純利益】. —～ nacional [interior] bruto 国民総生産. **3** 収入, 利益. **4**【数学】積.

productor, tora 名 **1** 生産者, 製造者, 製作者; 労働者. —～ de cereales 穀物生産者. **2** (映画・演劇などの)制作者, プロデューサー. — 形 生産する, 生産の. —～ regiones *productoras* de aceituna オリーブの産地. **3** (映画・テレビなどの)制作会社.

produj-, produzc- 動 →producir [9.3].

proel 男【海事】船首(部)の; 艇首に近い漕ぎ手, バウマン.

proemio 男 前置き, 序文.

proetarra 形男女 ETA 支持の【支持者】.

proeza 女 勇敢, 手柄, 英雄的行為 【しばしば誇張や皮肉のニュアンスを伴う】.

profanación 女 冒瀆(ボ), 不敬. —～ de tumbas 墓を荒らすこと.

profanador, dora 形 冒涜(ﾎﾞｳﾄｸ)する(者), 神聖を汚す(者), 不敬の.
profanar 他 〖聖地, 神聖なもの〗を汚す, 冒涜(ﾎﾞｳﾄｸ)する. ● *profanar la memoria [el recuerdo] de...* 〖故人〗の思い出を汚す.

profano, na 形 **1**〖聖に対して〗俗の, 俗的な. —*el arte* ～ 〖宗教芸術に対して〗世俗芸術. **2** 不敬の, 神聖を汚す. **3**〖＋ *en* 〗〖…に〗疎(ｳﾄ)い, 門外漢の. **4**〖服装や行為が〗下品な, 不道徳な. **5** 放埒(ﾗﾝｹﾞﾂ)な, 放縦な. —名 **1** 門外漢, 素人. **2** 俗人.

profe, fa 名《話》→ *profesor, sora*（女教師を表す場合 *la profe* も使われる).

profecía 女 **1**〖宗教〗預言, 神託. **2** 予言, 予知.

proferir [7] 他〖声や音〗を発する[放けつける, 吐く, 浴びせる].

profesar 他 **1**〖ある仕事〗を職業とする, 営む;〖…に〗携わる;〖…〗を教授する. —～ *la medicina* 医学に携わる. **2**〖ある好みや感情・信念〗を感じる, 抱く. —～ *odio* 憎しみを抱く. **3**〖ある宗教・教義・考え〗を信仰する,〖…〗に入信する, 加担する. —～ *el cristianismo* キリスト教を信仰する. — 自 〖＋ *en* 〗…に修道誓願をたてる.

profesión 女 **1** 職業, 専門職. —～ *liberal* 自由業. **2**〖宗教・信条などの〗表明, 告白, 誓願(式). —*hacer* ～ *de fe* 信仰の告白[宣言]をする.

profesional 形 **1**〖職業の, 職業に関する. —*formación* ～ 職業訓練. *enfermedad* ～ 職業病. **2** 本職の, プロの, 玄人の; 熟達した. —*tenista* ～ プロテニスの選手. —男女 **1** 本職の(人), 玄人, 専門家, プロ. —～ *en derecho civil* 民法の専門家. **2**《ｽﾎﾟ》プロ選手. —*boxeador* ～ プロ・ボクサー. **3** 常習者〖犯〗.

profesionalidad 女 職業意識, プロ性.

profesionalismo 男 職業意識, プロ精神.

profesionalización 女 職業化, プロ化.

profesionalizar [1.3] 他 を職業化する; プロにする. — *se* 再 (活動が)職業化する; プロになる.

profesionalmente 副 職業上, 専門的に.

profesionista 男女《メキシコ》→ *profesional*.

profeso, sa 形《カト》誓願をたてた; 修道立願者.

profesor, sora [ﾌﾟﾛﾌｪｿﾙ, ｿﾗ] 名 **1**(一般に)教師; 先生; (大学)教授, 講師. —～ *adjunto* 準教授. ～ *titular* 正教員[教授]. ～ *numerario [no numerario]* 専任[非常勤]教員[講師]. ～ *honorario* 名誉教授. ～ *agregado* 助教(授). ～ *asociado* 非常勤講師. ～ *visitante* 客員教授. **2** (呼称・敬称として)…先生.

profesorado 男 **1** 教職, 教授職. **2**〖集合的に〗教授陣, 教師団.

profesoral 形 教師の, 教職の; 教師らしい.

profeta 男 (未来を予測する)予言者, (神託を伝える)預言者. —*Nadie es* ～ *en su tierra.*〖諺〗預言者, 故郷に入れられず.

profético, ca 形 預[予]言的, 預[予]言者の, 預[予]言めいた.

profetisa 女 女の預[予]言者.

profetizador, dora 形 名 預[予]言者の, 預[予]言めいた.

profetizar [1.3] 他 を預[予]言する.

profier- → *proferir* [7].

profiláctico, ca 形〖医学〗(病気を)予防する, 予防の. —*medicamento* ～ 予防薬. —男 コンドーム (= *preservativo*). —女 予防医学, 予防法.

profilaxis 女〖単複同形〗〖医学〗予防, 予防法.

profir- → *proferir* [7].

profiterol 男〖料理〗プロフィットロール(小さいシュークリームを積み上げた菓子).

prófugo, ga 形 (当局から)逃亡した, 逃亡中の. —*soldado* ～ 脱走兵. — 名 逃亡者;〖軍事〗徴兵忌避者.

profundamente 副 深く; 心底から.

profundidad 女 **1** 深さ. a)深さ, 深度. —*tener tres metros de* ～ 深さは3メートルある. ～ *de campo*〖写真〗被写界深度. b)(知識, 感情などの)深さ, 奥底. —～ *de una pena* 苦しみの深さ. c)深い所, 深部. —*las* ～*es del mar* 深海. **2** 奥行き. **3**〖複〗複雑さ, 込み入ったこと. ● *en profundidad* 深く, 掘り下げて, 詳細に, 徹底的に.

profundizar [1.3] 自〖＋ *en* 〗を深く究める, とことん極める. —～ *en un tema* [*una hipótesis*] テーマ[仮説]を深く究める. —他 を深くする, 深める.

profundo, da [ﾌﾟﾛﾌﾝﾄﾞ, ﾀﾞ] 形 **1** 深い; 奥深い, 奥行きのある. —*poco* ～ 浅い. *herida profunda* 深い傷. *armario* ～ 奥行きのあるたんす. **2** 深い, 心底からの. —*una profunda tristeza* 深い悲しみ. *sueño* ～ 深い眠り. **3**(程度が)甚だしい, 非常に強い(大きい). —*sentir un dolor* ～ 激痛を感じる. **4**(思想・人の)深遠な, 奥深い; 深層の. —*estructura* [*psicología*] *profunda* 深層構造[心理学]. **5**(音・声が)重厚な, 深みのある. —*voz profunda* 響きの重々しい声, *bajo* ～ バッソ・プロフォンド(バス声部の低音域を得意とするバス歌手). **6**(外的影響・圧力に抵抗する)根を深く張る, 伝統的な. ● *desde lo más profundo* 心の奥底から.

profusamente 副 たっぷりと, 過剰に.

profusión 女 多量, 豊富; 過多.

profuso, sa 形 多量の, おびただしい; 多すぎる.

progenie 女 **1**〖集合的に〗子孫; 血

progenitor 798 **prolongación**

子[娘]達. **2** 家柄, 家系, 血筋.

progenitor, tora 男女 **1** (直系の)先祖. **2** 複 《話》親.

progenitura 女 **1** 子孫; 家系. **2** (ま)長子の身分[権利].

progeria 女 《医学》早老症.

prognatismo 男 《解剖》突顎(がく).

prognato, ta 形名 顎(あご)の突き出た(人), 突顎(がく)の(人).

prognosis 女 〖単複同形〗予知, 予測, (特に気象の)予報.

programa [プログラマ] 男 **1** (ラジオ, テレビなどの)番組, 番組表. **2** (劇, 音楽会などの)プログラム, 演目. **2** 予定, スケジュール, 計画. **3** (政党の)綱領, 公約. —— electoral 選挙公約, マニフェスト. **4** 授業計画(表), カリキュラム; シラバス. —— de estudios 教育カリキュラム. **5** 《情報》プログラム, ソフト. —— fuente ソースプログラム. —— gráfico グラフィックソフト. —— instalador ドライバ. ~s de dominio público [de libre distribución, gratuitos] フリーウェア.

programación 女 **1** 立案, 編成. —— de televisión [radio] テレビ[ラジオ]の番組編成. **2** 《情報》プログラミング. —— lenguaje de —— プログラム言語. —— de instalación セットアップ.

programador, dora 形 **1** プログラム [計画, 番組表]を作成する. **2** 《情報》プログラミングの. —— 名 番組編成者; 《情報》プログラマー.
—— 男 (家電の)予約装置; タイマー機能付き園芸用給水機.

programar 他 **1** (番組など)を編成する, (計画など)を立案する. —— el nuevo curso 新しいカリキュラムを編成する. **2** 《情報》…のプログラムを作成する, をプログラムする.

programático, ca 形 政策綱領の, プログラムの, 計画の.

progre 形 男女 進歩的な(人) (=progresista).

progresar 自 **1 a)** 進歩する, 向上する. —— en matemáticas 数学ができるようになる. **b)** (社会が)発展する, 発達する. **2** 前進する.

progresía 女 〖集合的に〗《話》時に軽蔑》進歩的[革新的]な人もの.

progresión 女 **1** 進行, 進展. —— armónica 《音楽》和声的反復進行. **2** 《数学》数列, 級数. —— aritmética 等差数列. —— geométrica 等比数列.

progresismo 男 進歩[革新]主義.

progresista 形 男女 進歩[革新]主義の[主義者], 進歩派の; 進歩主義政党の. —— partido —— 進歩党の政党.

progresivamente 副 前進的に, 進歩的に; 漸進[漸増]的に.

progresivo, va 形 **1** 前進的な, 進歩的な. **2** 進行性的な; 漸進的な, 累進的な. —— enfermedad progresiva 進行性の病気. imposición progresiva 累進課税. **3** 《言語》進行(形)の, 進行を表す.

progreso [プログレソ] 男 **1** 進歩, 発展, 向上. **2** 進行, 進捗. —— con el ~ del tiempo 時間の経過と共に.

prohib- 活 → prohibir [3.11].

prohibición 女 禁止, 禁止令, 禁制. —— se prohíbe fumar. 《揭示》禁煙.

prohibicionismo 男 《歴史》禁酒法.

prohibicionista 形 禁酒主義の.
—— 男女 禁酒主義者.

prohibido, da 過分 [→prohibir] 形 [estar +] 禁止された. —— el paso 通行[立入り]禁止. dirección prohibida 進入禁止.

prohibir [3.11] 他 を禁止する, 禁じる. —— Se prohíbe fumar. 《揭示》禁煙.

prohibitivo, va 形 **1** (価格などが)手の届かない, 寄りつけない. —— Los pisos están cada vez más ~s. マンションはますます高騰している. **2** 禁止の.

prohibitorio, ria 形 →prohibitivo.

prohijamiento 男 **1** 養子縁組. **2** (他人の意見の)取りこみ.

prohijar [1.7] 他 **1** を養子にする. **2** (他人の意見や理論)を取りこむ.

prohombre 男 大物, 名士; (ギルドの)親方.

prójima 女 《話》あばずれ, 売女(ばいた); 売春婦. **2** (la ~) 《話》女房, 家内.

prójimo 男 **1** 隣人, 同胞; 他人. **2** 《俗, 軽蔑》あいつ, やつ, あの男 (=sujeto).

prolapso 男 《医学》(子宮, 直腸などの)脱出症. —— anal 肛門. —— uterino 子宮脱.

prole 女 〖集合的に〗子孫; 息子[娘]達.

prolegómenos 男 〖主に 複〗序論, 緒言, 序説.

prolepsis 女 〖単複同形〗《言語》予弁法.

proletariado 男 プロレタリアート, 無産階級, 労働者階級.

proletario, ria 形 名 プロレタリア(の), 無産階級の(人), 労働者の. —— revolución proletaria プロレタリア革命.

proliferación 女 **1** 《生物》(細胞分裂などによる)増殖. **2** 急増, 拡大. —— de armas nucleares 核兵器の拡散.

proliferar 増殖する, 繁殖する; 急増する.

prolífico, ca 形 **1** 多産の, 生殖力の強い. **2** 多作の.

prolijidad 女 冗長, 長たらしいこと, くどさ.

prolijo, ja 形 **1** 長たらしい, 冗漫な; くどい. **2** 詳細な, 入念な. **3** うんざりする, 退屈な.

prologar [1.2] 他 …の序文を書く.

prólogo 男 **1** 序文, 序言, 序詞, プロローグ. **2** 発端, 幕開け, 前触れ.

prologuista 男女 序文執筆者.

prolongación 女 **1** (空間的, 時間的の)延長, 伸張; 延長. —— obras para la ~ del metro 地下鉄の延長工事. **2** 延

prolongado, da 過分 [→prolongar] 形 延長された, 長くなった; 細長く伸びた. —un sobre ~ 縦長の封筒.

prolongamiento 男 = prolongación.

prolongar [プロロンガル] [1.2] 他 **1** を(距離的に)長くする, 延長する. — la pista 滑走路を延長する. **2** (時間的に)延長する, 延伸する, 長引かせる. ▶ **-se** 再 長引く, 長く続く, 伸[延]びる.

promediar 他 **1** を(大体)半分に分ける. **2** …の平均を出す, 平均を取る. 自 **1** (ある期間に)半分に達する. —antes de ~ el mes de agosto 8月半ばまでに. **2** [+entre の間で] 仲裁に入る.

promedio 男 **1** 平均, 平均値. **2** 中間点. ▶ **en [como] promedio** 平均して.

promesa 女 **1** 約束, 誓い; 契約;《宗教》誓願. —hacer una ~ 約束する. cumplir una ~ 約束を果たす. faltar a una ~ 約束を破る. **2** (前途・将来の)見込み, 有望さ, 期待. —Este jugador es la ~ de nuestro equipo. この選手は我がチームの期待の星だ.

promesante 男女《南米》宗教上の誓約[誓願]などを守る人.

prometedor, dora 形 見込みのある, 有望な.

prometeo 男《化学》プロメチウム(元素記号 Pm).

prometer [プロメテル] 他 **1** を…と約束する, を確約する; を誓約する. —Prometo visitarte mañana. あす君を訪ねると約束するよ. **2** …と確言する, はっきり言う. **3** …の見込みがある, 可能性が大である. —La película promete ser interesante. その映画はけっこうおもしろそうだ. **4** (神に) ささげることを誓う, …に忠誠を誓う. — su vida a Dios 神に自分の生命をささげることを誓う. — su cargo 自分の任務に忠実であることを誓う. 自 見込みがある, 有望である, 将来性がある. —Su restaurante promete mucho. 彼のレストランはとても有望だ. ▶ **-se** 再 **1** 婚約する. **2** …と…を予測する, 期待する. **3** 自分に誓う.

prometido, da 過分 [→prometer] 形 約束した. — 名 婚約者, フィアンセ.

prominencia 女 **1** 突出, 突起, 隆起;高台. **2** 傑出, 卓越.

prominente 形 **1** 突き出た, 出っ張った. —barbilla [frente] ~ 突き出た顎[額]. **2** 抜き出た, 傑出した, 際立った.

promiscuidad 女 **1** ごたまぜ, (無差別な)混合; (男女間の)乱交. — de sexos 男女入り混じっていること; 乱交. **2** 曖昧(あいまい)さ.

promiscuo, cua 形 **1** ごたまぜの, 雑多な[しばしば軽蔑的]. **2** 曖昧(あいまい)な, 無差別な. **3** 性的に乱れた, 乱交の. —relaciones promiscuas 乱れた性関係.

promisión 女《聖書》約束《主に次の表現で用いられる》. —Tierra de P~《聖書》約束の地; 豊かな肥えた土地.

promisorio, ria 形 約束する, 約束を含む. —juramento ~ 誓約.

promoción 女 **1** 促進, 振興, 奨励. **2** 昇進, 進級. **3** 同級, 同期. **4**《スポ》 (上位リーグへの昇格を決める)入れ替え戦.

promocionar 他 **1** (商品)の販売を促進する, (事業や活動など)を推進する. **2** [+a に] …を昇進させる. — **-se** 再 **1** [+a に] 昇進する. **2** (販売や事業が)進む.

promontorio 男 **1** 丘, 高台. **2** 岬. **3** (積み上げた)山.

promotor, tora 形 促進する, 推進する, 奨励する. — 名 促進者[物], 発起人; 扇動者; 興業主, プロモーター. — de ventas 宣伝販売員. ▶ **promotor de la fe**《カト》列聖調査検事.

promovedor, dora 形 → promotor.

promover [5.2] 他 **1** を促進する, 強化する, 奨励する. —una campaña contra las drogas 麻薬撲滅のキャンペーンを張る. **2** を引き起こす, 生じる. **3** [+a に] を昇進させる, を栄転させる, 進級させる. **4** (行政上の措置・訴訟手続)をとる, 開始する.

promuev- → promover [5.2].

promulgación 女 公布, 発布; 公表. —la ~ de una ley 法律の発布.

promulgador, dora 形 公布する, 発布する, 公表する. — 名 公布者, 発表者.

promulgar [1.2] 他 **1** (法令)を発布する, 公布する. — una ley 法律を公布する. **2** を発表する, 公表する, 宣言する.

pronación 女《生理》回内, 内転(手首を回転させる前腕の運動).

pronador, dora 形《解剖》回内の, 回内筋. — 名 [+músculo →].

pronaos 男《単複同形》《建築》前廊, プロナオス(古代神殿内の柱廊).

prono, na 形《文》**1** …の傾向のある, …しやすい. **2** うつぶせの. —decúbito ~ 伏臥(ふくが)位.

pronogradismo 男《動物》体を地面と平行にする歩行.

pronombre 男《言語》代名詞. — demostrativo [posesivo] 指示[所有]代名詞. ~ personal 人称代名詞.

pronominal 《言語》代名詞の, 代名詞的な. —verbo ~ 代名動詞[再帰動詞].

pronosticación 女 予測, 予想, 予報.

pronosticador, dora 形 名 予測[予想, 予報]する(人); 天気予報官; (競馬などの)予想屋.

pronosticar [1.1] 他 を予想する, 予測する, 予言する.

pronóstico 男 **1** 予測, 予言, 予想; 兆候. — del tiempo 天気予報. **2**《医学》予後病状の見通し; (医者の)予後診断. —de ~ leve [grave] (予後診断

が)軽薄[重薄]の. ▶**pronóstico reservado** 予後診断に苦慮する[予断を許さない]病状. **de pronóstico (reservado)** (1) 予後診断[予後診断]に苦慮する,予断を許さない. (2) 人について要注意の,危険な.

prontamente 副 すぐに,すばやく,急いで.

prontitud 女 **1** すばやさ,迅速. **2** 鋭敏,利発.

pronto, ta 形 **1** すばやい,速やかな,即座の. **2** [estar+] 用意[準備]のできた.—El desfile ya *está* ~ a salir. パレードはもう準備できている. **3** (人の)俊敏[明敏]な.— 副 **1** すぐに,まもなく,ただちに. **2** (予定・予想より)早く.—El curso ha llegado ~ este año. 暑さが今年は早くやってきた. **3** (時間帯・時間などが)早く,早い時間に.—Todavía es ~ para esquiar. スキーにはまだ早い.— 名 **1** 《話》(感情の)突発,激発,衝動.—Le dio el ~ y se largó. 彼は態度を急変し立ち去った. **2** 《話》(急性の)発作.▶**al pronto** (1) 最初は. (2) ちょっと見ると,一見. **de pronto** 突然,いきなり,不意に. **hasta pronto** 《別れ際のあいさつ》では,また. **lo más pronto posible** できるだけ早く. **más pronto o más tarde** 遅かれ早かれ. **por lo pronto/por lo pronto** 今のところ,さしあたり. **tan pronto como…** 《未来のことについては+接続法》…するとすぐ. **tan pronto… como…** …かと思えば…する.—*Tan pronto* grita, *como* calla. 彼はわめくかと思えばすぐ黙る.

prontuario 男 手引き書,便覧,マニュアル;概要.▶~ **de fórmulas químicas** 化学式便覧.

pronunciable 形 発音しやすい.

pronunciación 女 **1** 発音;発音法. **2** 《法律》宣告.

pronunciado, da 過分 〔→ pronunciar〕 形 **1** 発音された,述べられた. **2** 際立った,顕著な,目に付きやすい.—*facciones pronunciadas* 目鼻立ちのはっきりした顔.

pronunciamiento 男 **1** 反乱,武力蜂起,クーデター. **2** 《法律》(裁判官によって申し渡される個々の)判決文,宣告文.

pronunciar [ブロヌンシアル] 他 **1** を発音する,(言葉)を発する.—*Pronunció* mal la ele. 彼はエル(l)の発音が悪かった. **2** (演説・説教・講演)をする.—~ **el discurso de clausura** 閉会の演説をする. **3** 《司法》(判決)を下す.—~ **un veredicto** 評決を下す.**4** を目立たせる.— **se** 再 **1** 態度をはっきりさせる. **2** あらわになる,露骨になる. **3** (軍人が政府に対し)反乱を起こす.

propagación 女 **1** 伝播,普及,拡大.—*la* ~ *de la fe* 布教. **2** 繁殖,増殖.

propagador, dora 形 普及の,広めさせる,広める.— 名 普及者,宣伝者.

propaganda 女 **1** (商品などの)宣伝,広告;宣伝ビラ,宣伝ポスター. **2** 《主義,思想などの》宣伝;宣伝活動;《まれ》布教.▶**hacer propaganda de** 宣伝する;(人や物)を褒(ほ)めそやす.

propagandista 男女 **1** (主義や政党などの)宣伝者,普及者;《宗教》伝道者,宣教[布教]者.— 形 宣伝の,普及する;伝道の,布教する.

propagandístico, ca 形 宣伝の;布教の.

propagar [1.2] 他 **1** a) を広める,普及させる.—*la noticia* ニュースを伝える. b) を蔓延(まんえん)させる. **2** を繁殖[増殖]させる.— **se** 再 **1** a) 広まる,普及する. b) 蔓延する. **2** (火が)燃え広がる,延焼する.—El *fuego se propagó* a las casas vecinas. 火は近隣の家々に燃え広がった. **3** 増える,増殖する.

propalador, dora 形 名 (秘密などを)漏らす(人),暴露する,触れ歩く(人).

propalar 他 (秘密などを)漏らす,暴露する;を触れ歩く.

propano 男 《化学》プロパン(ガス).

proparoxítono, na 形 《言語》末尾第3音節強勢の(後ろから3番目の音節にアクセントのある).

propasarse 再 **1** [+con に対して](特に男性が)行きすぎた態度をしめす,しつこく迫る. **2** [+con/en に対して]…度を越す.

propedéutica 女 準備[予備]教育.

propender 自 [+a の]傾向がある,…しがちである.—~ a la melancolía (人が)落ちこみやすい.

propensión 女 **1** [+aへの]傾向,性向;嗜好(しこう).—**tener** ~ *a estreñirse* 便秘しやすい.

propenso, sa 過分 〔→ propender〕 形 [+a]…しがちな,(…の)傾向がある.

propergol 男 《化学》(ロケット用の)推進燃料.

propiamente 副 **1** 正確には,本来的には. **2** 厳密に言えば,正確には.

propiciación 女 **1** なだめること,和らげること. **2** 《宗教》(神の怒りをなだめる)犠牲,供え物,祈り.

propiciar 他 **1** を有利[好都合,容易]にする,可能にする. **2** をなだめる,和らげる. **3** 《南米》を支援[後押し]する.— **se** 再 (人の気持ちなど)を自分に引きつける,(好意など)を得る.

propiciatorio, ria 形 なだめる(ための),和解の;《宗教》贖罪(しょくざい)の.

propicio, cia 形 **1** [+a/para に]好都合な,適した.—*ocasión propicia* 好機. Este tiempo es ~ *para* dar un paseo. この天気は散歩日和だ. **2** [+a を](人に)しがちな,(…の)傾向がある. **3** [+a に]好意的な,親切な.

propiedad 女 **1** 所有権;所有,所有すること.—~ **horizontal** (集合住宅などの)共同所有権. ~ **industrial** (特許権などの)工業所有権. ~ **intelectual** 知的所有権. ~ **literaria** 著作権,版権. ~ **nuda** 《法律》虚有権. **de**

privada 私有の. una casa de su ~ 自分の持ち家. **2**《土地や建物などの》所有物, 所有地, 持ち家; 財産. —propiedad inmobiliaria 不動産. **3**特性, 特質, 属性;《情報》プロパティ. **4**《言葉使いの》確さ, 正確さ. —hablar con ~ 適切な言葉を使って話す. **5**本物と酷似していること, 本物らしさ, そっくりなこと. —Es maravillosa la ~ del retrato. 肖像画は驚くほど本物に近い. ● **en propiedad** (1)所有物として. (2)正規の, 専任の.

propietar/io, ria [プロピエタリオ, リア] 形 [＋de と]所有する, (…の)所有者の. — 名 **1**所有者, 持ち主; 経営者. **2**地主, 家主. **3**《ある地位を正規に占める人. — ~ de una cátedra 教授職にある人.

propileo 男《建築》古代ギリシャの神殿の柱廊玄関.

propina 女 **1**チップ, 心づけ, 祝儀. **2**お駄賃, お小遣い. **3**《演劇, 音楽》アンコール.

propinar 他《話》(不快なものを)与える, 食らわせる. — ~ una paliza 散々なぐりつける.

propincuidad 女 近いこと, 近接.

propincuo, cua 形 近い.

prop/io, pia [プロピオ, ピア] 形 **1**自分自身の, 自分の. —un piso ~ 自分名義のマンション. **2**[名詞の前で強調] ...自身, 自体. —Lo vi con mis ~s ojos. 私はこの目でそれを見た. **3** a)固有の, 特有の, 本来の. —Razonar es ~ del hombre. 論理的思考は人間の属性である. en el ~ sentido de la palabra 語の本来の意味において. b)《言語》固有の. —nombre ~ 固有名詞. **4**《人工でない》自然の, 生まれ持った. **5**[＋de/para に]適した, ふさわしい. **6**《像·姿が》利いた, 良く撮れた, 良く描かれた. —En esta foto estáis muy ~s. この写真はとても良くとれているよ. **7**同じの. —Si no me haces caso, te pasará lo ~. 私を無視するなら, お前も同じになるぞ. **8**《しばしば戯》使いの者, メッセンジャーボーイ(→ mensajero). — 副《中米》(Con permiso に対する応答で)遠慮なく, どうぞ, 構いません. ● **amor propio** →amor.

propón 動 →proponer [10.7].

propondr- 動 →proponer [10.7].

proponer [プロポネル] 他 **1** ...と を提案する, 提議する. — ~ un nuevo proyecto 新しいプロジェクトを提案する. **2**[＋para に]を推薦する, 推(*)す. **3**(問題)を出す, 提起する. — **se** 再 [＋不定詞]目的を目論(*2)む, 目指す, 志す. —Me propongo ser abogado. 私は弁護士志望である.

propong- 動 →proponer [10.7].

proporción 女 **1**《大きさの》釣り合い, 均整, バランス. —No hay ~ entre lo largo y lo ancho. 縦と横のバランスが悪い. **2**比率, 割合;《数学》比, 比例(式). — ~ directa [inversa] 《数学》正[反]比例. en una ~ de tres a uno 3対1の割合で. **3**幅(主に大きな)規模, 大きさ;《事の》重大さ, 重要性. —una casa de grandes proporciones 大邸宅, 巨大な家. **4**機会, チャンス, 時期.

proporcionado, da 過分 [→ proporcionar] 形 **1**均整の取れた, プロポーションの良い. —Tiene el cuerpo bien ~. 彼女は良く均整の取れた体をしている. **2**[＋a に]釣り合いの取れた, 相応な, ふさわしい. —un sueldo ~ al trabajo 仕事に見合った給料.

proporcional 形 [＋a に]比例した, (…と)釣り合った, 比例の. —reparto ~ 比例配分. sistema de representación ~ 比例代表制. **2**《数学》比例の. —expresión ~ 比例式.

proporcionalidad 女 比例(していること), 釣り合い(のとれていること).

proporcionalmente 副 [＋a に]比例して, 応じて.

proporcionar 他 **1**を与える, 用立てる. — ~ un terreno 土地を提供する. **2**をもたらす, 引き起こす. **3**を割り当てる; 配列する. **4**...の均衡を取らせる; [＋a に]釣り合わせる. — **se** 再 を手に入れる, 調達する.

proposición 女 **1**提案, 提議; 申し出. **2**《論理, 数学》命題, 定理. **3**《言語》節.

propósito [プロポシト] 男 **1**意図, 意志. — Tengo el ~ de mudarme. 私は引っ越しするつもりだ. buenos ~s 善意; 誠意. **2**目的. **3**事柄, 件. ● **a propósito** (1)目的にかなった, 適した, 都合の良い, 時宜を得た. (2)わざと, 故意に. (3)ところで, それはさうと. **a propósito de ...** ...に関して, ...について. **de propósito** 意図して, わざとが, 目的があって. **fuera de propósito** 目的外の, 場違いの, 時機を逸した.

propuesta 女 **1**提案; 申し出; 計画. — ~ de matrimonio 結婚の申し込み. **2**(議会などでの)提議, 建議(書). **3**(役職などの)推薦; 指名, 任命.

propuesto, ta 過分 [→ proponer] 形 **1**提案[提議]された. **2**(人)が推薦された.

propugnar 他 (意見や態度などを)支持する, 擁護する.

propulsar 他 を推進する, 促進する; を育成する.

propulsión 女 推進, 前進. — ~ a chorro ジェット推進.

propulsor, sora 形 推進する, 促進する; 推進の. — ~-fuerza propulsora 推進力. — 名 **1**推進者, 促進者. **2**《航空, 海事》推進機関, 推進体.

propus- 動 →proponer [10.7].

prorrata 女 割り当て, 持ち分, 分け前. ● **a prorrata** 持ち分に応じて, 案分して.

prorratear 他 を案分する, 割り当てる.

prorrateo 男 比例配分, 割り当て.

▶ a prorrateo (=a prorrata).

prórroga 囡 **1** 延長, 延期; (刑の執行や徴税などの)猶予. **2** 《スポ》延長戦, 延長時間.

prorrogable 形 延長[延期, 猶予]できる.

prorrogación 囡 →prórroga 1.

prorrogar [1.2] 他 **1** を延長する, 引き延ばす. **2** を延期する, 猶予する.

prorrumpir 自 **1**《+en》突然…し始める. ~ en sollozos 急に泣きくずれる. **2** 湧き起こる.

prosa 囡 **1** 散文, 散文体(の文章). —poema en ~ 散文詩. **2**《話》無駄話, つまらないおしゃべり. **3** 平凡さ, 月並.

prosador, dora 图《話, 軽蔑》おしゃべり(な人). **2**《文学》散文作家.

prosaico, ca 形 **1** 散文的な, おもしろみのない, 単調な. **2**《文学》散文的な.

prosaísmo 男 散文体; 単調, 平板.

prosapia 囡 家柄, 血筋, 家柄.

proscenio 男《演劇》プロセニアム(アーチ), 舞台前面の額縁状の部分.

proscribir [3.3] 他 《過去分詞不規則 proscrito, 《南米》proscripto》 **1** を(国外に)追放する. **2** (慣習や物の使用など)を禁止する.

proscripción 囡 **1** (国外)追放. **2** 禁止.

proscrito, ta 過分 →proscribir 形 图 **1** 追放された(人). **2** 禁じられた.

prosecución 囡 継続; 追求. ~ de un ideal 理想の追求.

proseguir [6.3] 他 を続ける, 続行する, 推進する. — 自 **1** 続く, 継続する. **2** 《+con》続ける, 続行する;《+ 現在分詞》…し続ける. ~ con las obras 工事を続ける.

proselitismo 男 (熱心な)加入勧誘, 転向[改宗]の説得.

proselitista 形 (熱心に)加入[転向, 改宗]を勧める, 勧誘する. — 男女 加入[転向, 改宗]勧誘者.

prosélito 男 転向者, 改宗者, 新会員.

prosificación 囡 散文(化).

prosificar [1.1] 他 を散文にする.

prosig- 動 →proseguir [6.3].

prosista 男女 散文作家.

prosístico, ca 形 散文(体)の.

prosodia 囡 **1**《言語》正しい発音やアクセント. **2**《詩学》韻律論, 作詩法. **3**《言語》韻律素; 韻律素論.

prosódico, ca 形 音韻論の; 韻律的な; 発音に関する.

prosopografía 囡《言語》(人物・動物の)外観描写.

prosopopeya 囡 **1**《言語》擬人法, 活喩(ひ)法. **2**《話》もったいぶった話し方[態度].

prospección 囡 **1**《鉱物》探鉱試掘, (地下資源の)調査. ~ petrolífera [de petróleo] 石油の試掘. **2**(市場などの)調査. ~ de mercados 市場調査.

prospectivo, va 形 見込みのある; 未来の, 将来の. — 囡 未来学.

prospecto 男 **1**(宣伝用の)チラシ. **2** (商品などの)使用説明書.

prosperar 自 **1** 栄える, 繁栄する, 繁昌する. **2** 成功する, 奏功する. — 他 を繁栄させる; …に繁栄を与える.

prosperidad 囡 繁栄, 隆盛; 成功; 幸運.

próspero, ra 形 **1**(経済的に)繁栄(繁盛)している, 豊かな. **2** 順調な, 幸運な. —Les deseo un ~ año nuevo. 幸多き新年を贈られますように.

próstata 囡《解剖》前立腺.

prostatitis 囡《単複同形》前立腺炎.

prosternarse 再 ひれ伏す, ひざまずく.

prostíbulo 男 売春宿.

prostitución 囡 **1** 売春. **2** 腐敗, 堕落.

prostituir [11.1] 他 **1** …を売春させる, 売春を強いる. **2** (自分の利益などのために)名誉や才能を汚す, 悪用する. — **se** 売春する, 身を売る.

prostituto, ta 图 男娼; 売春婦.

protagonismo 男 **1** 主役を演じること;《軽蔑》(力量もないのに)中心人物になりたがること. **2** 目立つこと, 主役に必要な力量・才能.

protagonista 男女 **1**(物語や映画などの)主人公, 主役. **2**(事件などの)中心人物, 主役.

protagonizar [1.3] 他 …に主演する, …の主役を演じる. ~ una película 映画に主演する.

prótasis 囡《単複同形》 **1**(演劇)の導入部, 前提部, 序章. **2**《言語》(条件文の)前提部, 条件節.

protección 囡 保護, 防護, 庇護; 保護する物. ~ de la naturaleza 自然保護. ~ de copia (情報) コピー・プロテクト.

proteccionismo 男《経済》保護貿易主義[政策].

proteccionista 形《経済》保護貿易主義の, 保護貿易の. —tarifa ~ 保護関税. — 男女 保護貿易主義者.

protector, tora 形 保護する, 擁護する, 保護用の. —color ~ 保護色. Sociedad Protectora de Animales 動物愛護協会. **2** 尊大な. — 图 protectora または protectriz 保護者, 擁護者, 後援者, パトロン. — 男 保護物;《スポ》防具, プロテクター, (ボクシングの)マウスピース. ~ de pantalla スクリーン・セーバー.

protectorado 男 保護国, 保護領; 列国が他国を保護下に置く制度[状態].

protectriz 形 →protector.

proteger [プロテヘル][2.5] 他 **1**《+de / contra》 を保護する, かくまう, 守る;《情報》プロテクトする. ~ la naturaleza 自然を守る. **2** を支える, 支援する, 助ける. — **se** 再《+de から》身を守る.

protegido, da 過分 →proteger 形 保護された. — 图 お気に入り; 被保護

者.

proteico, ca 形 **1** 変幻自在の.（形や考えを次々に変える）. **2**《化学》蛋白質の.

proteína 囡《化学》蛋白質.

proteínico, ca 形 蛋白質の.

protej- 動 →proteger [2.5].

protervo, va 形 邪悪な, 悪辣（ぁく）な.

protésico, ca 形《医学》歯科・外科の）補綴（ほて）術の. ― 名 歯科技工師（〜 dental）: 人工器官の技師.

prótesis 囡《単複同形》**1**《医学》義歯（義脚, 義手, 義足）; 義歯などを装着すること, 補綴（ほて）. ― ＊ dental 義歯. **2**《言語》語頭音追加.

protesta 囡 **1** 抗議, 異議（申し立て）; 抗議文（書）; 抗議行動（集会）.

protestación 囡 **1** 抗議, 異議. **2** 言明, 宣誓. ― ＊ de la fe 信仰告白.

protestante 形 **1**《宗教》プロテスタントの, 新教の. **2**（特に公の場で）抗議の, 異議申し立ての. ― 名《宗教》プロテスタント, 新教徒. **2**（特に公の場での）抗議者, 異議申し立てる人.

protestantismo プロテスタンティズム, プロテスタント主義.

protestar 自［＋contra/de/por に対して］**1** 抗議する, 抗議する, 反対の行動をとる. ― ＊ contra la injusticia 不正に抗議する. **2** 不平を言う, 文句を言う, こぼす. **3**［＋de を］主張する, 申し立てる. ― 他［＋商業］（手形などの支払い・引き受けを）拒否する, （手形の）拒絶証書を作成する. **2** 信仰などを明言する.

protesto 男 **1**《商業》（約束手形など）の拒絶（証書）. ― ＊ por falta de pago [aceptación] 支払い［引き受け］拒絶証書. **2** →protesta.

protestón, tona 形 名《軽蔑》不平の多い（人）, 気むずかしい人.

protético, ca 形《言語》語頭音追加についての.

prótido 男《化学》→proteína.

protocolar 形 儀礼的な.

protocolario, ria 形 儀礼的な; 形式に則った, 正式の. ― visita protocolaria 表敬訪問.

protocolizar [1.3] 他 を議定書[証書]に記録する. ― の議定書[証書]を作る.

protocolo 男 **1** 儀礼, 儀典; 作法, エチケット. **2** 公正証書の控えの本. **3**（政治）議定書. **4**（情報）通信規約, プロトコル. ― ＊ de comunicaciones 通信プロトコル. ＊ de control de transmisión/〜 internet ネットワーク間プロトコル. ＊ de transferencia de ficheros/archivos ファイル転送プロトコル.

protohistoria 囡 原史（先史時代と有史時代の間）.

protomártir 男 最初の殉教者（キリストの弟子 San Esteban を指す）.

protón 男《物理》陽子, プロトン.

protónico, ca¹ 形 陽子の, プロトンの.

protónico, ca² 形《音声》強勢のある音節の前の.

protonotario 男 **1**《歴史》首席書記. **2**《カト》教皇秘書, 使徒座書記官.

protoplasma 男《生物》原形質.

protórax 男《単複同形》《虫類》第一胸節, 前胸.

prototípico, ca 形 プロトタイプの, 原型の.

prototipo 男 **1** 原型, プロトタイプ, モデル; （自動車などの）試作品. ― ＊ de coche 試作車. **2** 典型, 模範.

protóxido 男《化学》第一酸化物.

protozoo 男《生物》原生動物, 原虫; 複 原生動物門.

protráctil 形《動物》（舌が）伸長性の. ― lengua 〜 伸長性の舌.

protuberancia 囡 **1** 隆起, 突起, こぶ. **2**《天文》紅炎, プロミネンス.

protuberante 形 隆起した, 突出した.

provecho 男 **1** 利益, 利潤, もうけ; ためになること. ― ＊ de 〜 有益な, 役に立つ. en 〜 de ･･･のために, ･･･に有利に. en propio 〜 自身のために. hombre de 〜（社会の）役に立つ人, すぐれた成果; 進歩, 向上. **3**（飲食物の）栄養, 滋養. ► iBuen provecho!（食事をしている人に対する挨拶）ごゆっくり召し上がれ. sacar provecho de ... (1) ･･･から利益を得る. (2) を有効に利用する. (3) 効果をあげる.

provechosamente 副 有利に, 有益に, 都合よく.

provechoso, sa 形 **1** 有益な, 役に立つ. **2** 利益が多い, もうかる.

provecto, ta 形 円熟した, 年を経た. ― un caballero de edad provecta 年輩の紳士.

proveedor, dora 名 供給者, （軍隊などの）納入業者, （商品を供給する）店. ― ＊ a domicilio 配達人, 御用聞き. **2**（通信）プロバイダー.

proveer [2.3] 他 **1**［＋de を］（人）に与える, 供給する, 準備する. ― ＊ a los necesitados de ropa y víveres 困窮者に衣服と食糧を配る. ― ＊ de libros la biblioteca 図書館に本を納める. **2**［＋con（職務）に］（人）を就かせる, 配置する. **3**《司法》を裁決する, ･･･に判決を下す. ― se ［＋de を］支度する, 準備する, 整える. ► Dios proveerá. 神が決めてくれるだろう, 神にまかせましょう.

provén, provendr-, proveng- 動 →provenir [10.9].

proveniencia 囡 起源, 出所.

proveniente 形 ［＋de から］来る, ･･･に発する, 由来する.

provenir [10.9] 自 ［＋de から］由来する, 派生する, ･･･に起因する.

Provenza 固囡 プロヴァンス（フランス南東部の地方; 古代ローマの州）.

provenzal 形 プロヴァンスの, プロヴァンス（Provenza）の. ― 男 プロヴァンス語.

provenzalismo 男 プロヴァンス語特有の語法, プロヴァンス語からの借用語.

proverbial 形 **1** 諺（ことわざ）の, 格言風の. ― frase 〜 諺, 格言, 金言. **2** 周知の, よく知られた.

proverbio 男 **1** 諺（ことわざ）, 格言. **2**

(旧約聖書の)箴(しん)言.

provey- 動 →proveer [2.3].

próvidamente 副 用意周到に, 用心深く.

providencia 女 1《主に《複》処置, 対策; 配慮, 用心. 2 a) 摂理, 神意. b) (P~)神. —la Divina P~ 神. 3《司法》裁判官命令[勧告].

providencial 形 1《神の》摂理の, 神意の. 2 非常に幸運な, 願ってもない.

providencialismo 男《哲学》(万象)摂理説[主義].

providencialista 形 男女《哲学》摂理主義の[主義者].

providencialmente 副 1 神の摂理によって. 2 運よく, 折りよく.

providenciar 他 1 …に処置[方策]を講じる, 整える. 2《法律》を裁定する.

providente 形 1 慎重な, 用心深い. 2 用意周到な, よく準備した.

próvido, da 形 1 用意周到な. 2《雅》恵み深い; 好都合な.

proviene-, provin- 動 →provenir [10.9].

provincia 女 1 県, 州. —capital de ~ 県都, 県庁所在地. 2《注》大都市に対する》地方, 田舎. —Él es de ~s. 彼は地方の出身だ. 3《カト》修道院の管区, 大司教管区. 4《歴史》古代ローマの属州.

provincial 形 県[州]の; 地方の. —administración [industria] ~ 県行政[産業]. ▶ *diputación provincial* →diputación. *Audiencia Provincial* →audiencia. —— 男女《カト》教会[修道会]管区長.

provinciala 女(女性の)教会[修道会]管区長.

provincialismo 男 1 お国なまり, 地方特有の言い回し. 2 出身地への(排他的)愛着. 3《中央に対する》地方主義.

provincianismo 男 田舎臭さ, 田舎気質.

provinciano, na 形 名 1 地方の, 田舎の(人). —vida *provinciana* 田舎暮らし. 2《軽蔑》田舎の, 野暮ったい(人), 田舎者. 3《態度などが》偏狭な, 閉鎖的な. 4《人》が都会に慣れていない, 5《人》が田舎暮らしの.

provisión 女 1 用意すること, 準備, 備え. —— de fondos《小切手や手形の》準備金. 2《主に《複》貯蔵品, 貯蔵食品. —*provisiones* de víveres 貯蔵食糧. 3 対策, 処置.

provisional 形 仮の, 一時的な, 臨時の. —libertad ~ 保釈. presupuesto ~ 暫定予算.

provisionalidad 女 暫定性, 一時的であること.

provisionalmente 副 一時的に, 仮に, 臨時に, ひとまず.

provisor, sora 名 供給者(=proveedor). —— 男《カト》司教総代理. —— 女《カト》女子修道院の食料品管理係.

provisorio, ria 形《中南米》→provisional.

provisto, ta 過分 (→proveer) 形 《+de》を備えた.

provocación 女 挑発, 扇動, 怒らせる[怒る]こと.

provocador, dora 形 刺激的な, 挑発的な, 怒らせる. —— 名 挑発者, 扇動者.

provocar [プロボカル][1.1]他 1 を引き起こす, 生じさせる. —— un gran alboroto 大騒動を引き起こす. 2《人》を挑発する, 扇動する, 刺激する. —— a los obreros a la huelga 労働者たちをストライキへと扇動する. 3 性欲をそそる. 4《中南米》《人》の気持ちをそそる. —Me *provoca* un café. コーヒーが飲みたい気分だ.

provocativo, va 形 挑発的な, 挑戦的な. —una mirada [actitud] *provocativa* 挑戦的な眼差し[態度]. 2《南米》扇情的な.

proxeneta 男女 売春仲介屋, ぽん引き.

proxenetismo 男 売春の斡旋(あっせん).

próximamente 副 すぐに, まもなく.

proximidad 女 1 近いこと, 近接. 2《主に《複》近所, 近郊. —en las ~es de Madrid マドリの近郊で.

próximo, ma [プロクシモ, マ] 形 1 近い. —la *próxima* estación 次の駅. el mes [año] ~ 来月[来年]. 2《estar+》 a)(時間的に)近い. b)《+a+不定詞》今にも…しようとしている. —Estaba ~ a morir. 彼は死にかけていた. c)《+a》《空間的に》に近い. —un hotel ~ a la playa 海岸に近いホテル.

proyección 女 1 投射, 映写, 上映. 2 発射, 放射, 放出; 噴出(物). 3 普及, 伝搬; 影響; 重要性. —un acontecimiento de ~ internacional 国際的に有名な出来事. 4《数学》投影, 投影(法); (地図の)投影(図). —— ortogonal《数学》正射影; (地図の)正射図法; (製図の)直交投影.

proyectar 他 1 を発射する, 投射する, 投げかける, 当てる. 2 a) を計画する, 考案する. —— un viaje 旅行を計画する. b) を設計する, …の図を引く. —— un edificio そのビルを設計する. 3 a)(映画)を上映する. b)(スクリーンにある映像)を映写する. —— diapositivas en una pantalla スクリーンにスライドを映す. 4《数学, 物理》を射影する. 5《+en》に反映させる, 映し出す. 発散させる. ——se 再 (影・シルエットが)映る.

proyectil 男《軍事》(弾丸, ミサイルなどの)発射物. —— teledirigido 誘導弾. —— de iluminación 照明弾.

proyectista 男女 立案者, 計画者, 設計者.

proyectivo, va 形 1 投射の, 発射の; 計画の. 2《数学》投影の.

proyecto 男 1 計画, 企画, 構想, プロ

proyect- —tener el ~ de 〖+不定詞〗…する計画である. **2** 案, 草案, 草稿. —~ de ley 法案. **3** (全体的な)設計(図).

proyector 男 **1** 映写機, プロジェクター. **2** 投光器, サーチライト. **3** スポットライト.

prudencia 女 **1** 慎重, 用心深さ, 分別; 節度. —hablar con ~ 慎重に話す. **2** 〖宗教〗賢明(カトリックの枢要徳の一つ).

prudencial 形 分別のある, よく考えた; (量が)適当な, 多すぎない. —~ cálculo ~ 概算.

prudenciarse 再〖中南米〗分別のある行動をとる, 気持ちを抑える.

prudente 形 慎重な, 用心深い. —Sea ~ conduciendo. 運転に注意してください.

prueb- 動 →probar [5.1].

prueba 〖ブルエバ〗女 **1** 証拠; 証明, 立証; しるし. —~ material 物的証拠. en ~ de nuestra amistad 友情の証(あかし)として. **2** 試し, 試験, テスト; 実験. —~ nuclear 核実験. ~ beta 〖情報〗ベータテスト. piloto de ~ テストパイロット. ~ de aptitud 適性検査. **3** 試用; 試食, 試着. **4** 試練, 苦難. **5** 〖スポ〗種目, 1 試合. —~ eliminatoria 予選. —~s mixtas (スキーの)複合競技. **6** 〖数学〗検算. —hacer la ~ de una suma 足し算の検算をする. **7** 〖印刷〗〖主に複〗試し刷り, 校正刷り, ゲラ(刷り). —~s de imprenta 校正〖ゲラ〗刷り. **8** 〖写真〗焼き付け, プリント. —~ negativa ネガ, 陰画. —~ positiva ポジ, 陽画. **9** 〖医学〗検査, テスト. **10** (検査や分析用の)サンプル見本. **11** 〖中南米〗〖複〗アクロバット, 曲芸; 手品. ▶a prueba 試験的に, 試しに. a prueba de... …に耐えられる, を防ぐ. —a prueba de agua 耐水性の, 防水の. a prueba de fuego 耐火性の. pasar 〖sufrir〗duras pruebas de la vida 人生の辛酸をなめる. prueba de fuego 〖+ para にとっての〗試金石; 正念場, 試練. ser prueba de... …を証明している.

pruna 女 〖植物〗セイヨウスモモ, プラム(=ciruela).

pruno 男 〖植物〗セイヨウスモモ〖プラム〗の木.

prurigo 男 〖医学〗痒疹(ようしん).

prurito 男 **1** かゆみ. **2** 切望, (何かをせずに)はいられない気持ち.

prusiano, na 形 〖歴史〗プロシア〖プロイセン〗(Prusia)の. —名 プロシア〖プロイセン〗人.

prúsico, ca 形 〖化学〗青酸の, シアン化水素の. —ácido ~ 青酸.

pseudocientífico, ca 形 似非(えせ)〖いんちき〗科学の.

pseudónimo 男 →seudónimo.

psi 女 プシー, プサイ(ギリシャ語アルファベットの第23字: Ψ, ψ).

psicastenia 女 〖医学〗精神衰弱(症).

psicoanálisis 男〖単複同形〗精神分析(学).

psicoanalista 男女 精神分析学者, 精神分析医.

psicoanalítico, ca 形 精神分析の.

psicoanalizar [1.3] 他 …の精神分析をする.

psicodelia 女 (60年代音楽等の)幻覚の傾向, サイケ調.

psicodélico, ca 形 サイケデリックな, サイケ調の.

psicodiagnóstico, ca 形 〖医学〗精神診断の. —男 精神診断の.

psicodrama 男 サイコドラマ, 心理劇.

psicofármaco 男 向精神薬.

psicofísica 女 精神物理学.

psicofisiología 女 精神生理学.

psicogénico, ca, psicógeno, na 形 心因性の.

psicohistoria 女 歴史心理学.

psicolingüística 女 言語心理学.

psicología 女 **1** 心理学. —~ clínica 臨床心理学. ~ experimental 実験心理学. ~ social 社会心理学. **2** (個人や集団の)心理(状態); (他人の)心理を把握する能力〖才能〗.

psicológico, ca 形 心理の, 心理学的な, 心理学の.

psicólogo, ga 名 心理学者〖カウンセラー〗, 心理療法士; 心理洞察家. —形 心理の洞察力が鋭い, 心理に通じた.

psicometría 女 〖心理〗精神測定法, 計量心理学.

psicomotor, tora, psicomotriz 形 精神運動性の.

psicomotricidad 女 精神運動性.

psiconeurosis 女 〖単複同形〗〖医学〗精神神経症.

psicópata 男女 〖医学〗精神病質者, サイコパス.

psicopatía 女 〖医学〗精神病質(精神病と正常の中間状態, または性格異常).

psicopático, ca 形 〖医学〗精神病質の. —男 精神病質者.

psicopatología 女 〖医学〗精神病理学.

psicopatológico, ca 形 精神病理学の.

psicopatólogo, ga 名 精神病理学者.

psicopedagogía 女 教育心理学.

psicopedagogo, ga 名 教育心理学者.

psicosis 女 〖単複同形〗〖医学〗精神病. —~ maniaco-depresiva 躁鬱(そううつ)病. **2** (個人, 集団の)強迫観念. 精神不安.

psicosomático, ca 形 心身の, 身体と精神の両方に関係する. —medicina psicosomática 心身医学, enfermedad psicosomática 心身症.

psicotecnia 女 精神技術.

psicotécnico, ca 形 精神技術の.

psicoterapeuta 男女 心理〖精神〗療

psicoterapia 女 〖医学〗心理療法，精神療法．

psicótico, ca 形 精神病の；精神病患者．

psicotrópico, ca 形 〖薬〗向精神性の．—**fármaco** → 向精神薬．

psicótropo, pa 形 →psicotrópico.

psique 〔＜ギリシャ〕女 1〖心理，哲学〗(人間の)魂，精神，心，プシュケー．2 〔ギリシャ P～〕プシュケー(エロスに愛された美女)．

psiquiatra 男女 〖医学〗精神科医．

psiquiatría 女 〖医学〗精神医学．

psiquiátrico, ca 形 〖医学〗精神医学の，精神科の．—**prueba** *psiquiátrica* 精神鑑定．**sanatorio** [**hospital**] ～ 精神病院．—— 男 精神病院．

psíquico, ca 形 精神の，心的な．—**un trauma** ～ 心理的外傷．

psiquis 女〘単複同形〙→psique.

psiquismo 男 〖心理•心霊〗現象，精神作用．

psitacismo 男 暗記を基礎にした教授[学習]法．

psitacosis 女〘単複同形〙〖医学〗オウム病．

PSOE [ペソエ] 〈頭字〉〔＜*Partido Socialista Obrero Español*〕男 スペイン社会労働党．

psoriasis 女〘単複同形〙〖医学〗乾癬(かんせん).

pta. 女 →peseta.

ptas., pts. 略 peseta の複数形．

pteridofito, ta 形 〖植物〗シダ植物の．—— 男複 〖植物〗シダ植物．

pterodáctilo 男 〖生物〗翼竜．

ptialina 女 〖生化〗プチアリン(=tialina).

ptomaína 女 〖化学〗プトマイン，屍毒(しどく).

ptosis 女〘単複同形〙〖医学〗(内臓の)下垂症；眼瞼(がんけん)下垂症．—— **gástrica** 胃下垂．

púa 女 1 とげ，(ハリネズミなどの)針，針状のもの．2 櫛(くし)の歯，フォークの先．3 〘玩具〙のコマの軸．4 〖農業〗接ぎ穂．5 〖音楽〗(弦楽器の)爪，ピック．6 悩みの種，心配事，7 抜け目のない人．

púber 形 思春期の，年頃の．—**la edad** ～ 思春期．—— 名 (思春期の)少年[少女]．

púbero, ra 形名 →púber.

pubertad 女 思春期，青春期．

pubescencia 女 (まれ) → pubertad.

pubescente 形 1 思春期の，年頃の．2 〖植物〗軟毛のある．

pubiano, na 形 →púbico.

púbico, ca 形 〖解剖〗恥丘の，陰部の；恥骨の．—**zona** *púbica* 恥丘．

pubis 男〘単複同形〙〖解剖〗陰部；恥骨；恥骨部．

publicable 形 公表できる，出版できる．

publicación 女 1 公表，発表；(法令などの)公布．2 出版，刊行，発行．3 出版物，刊行物．—～ **electrónica** 電子出版．

públicamente 副 公に，公表して，公然と．

publicano 男 〖歴史〗(古代ローマの)収税吏．

publicar [ブブリカル] [1.1] 他

1 (新聞•書物等を)出版する，発行する．—～ **un diccionario** 辞書を出版する．2 (ニュースを)告げる，広く知らせる，周知させる．3 を発表する，公表する．4 をばらす，暴露する，暴(あば)く．

publicidad 女 1 広告，宣伝，コマーシャル．2 知れ渡ること，周知；公表；広報．

publicista 男 1 ジャーナリスト，時事解説者．2 公法学者．3 〖中南米〗広告代理業者．

publicitar 他 を広告に出す．

publicitario, ria 形 広告の，宣伝の．—**campaña** *publicitaria* 宣伝キャンペーン．**empresa** *publicitaria* 広告会社．—— 男 広告代理業者．

público, ca 形 1 公の，公共の；公有の．—**escuela** *pública* 公立学校．**higiene** *pública* 公衆衛生．2 公開の，一般の，公然の；周知の，誰でも知っている．—**hacer** ～ 公開する．3 公務の，公立の．—**empresa** *pública* 公営企業．—— 男 1 観客，聴衆，公衆；複 〖スポ〗観客．2 公衆，大衆．—**horario de atención al** ～ (官庁の)始業時間；(銀行の)営業時間．3 読者．▶ **dar al público** 出版[上梓]する．**el gran público** 一般大衆．**en público** 人前で，公衆の面前で，公然と．**mujer pública** 売春婦．**sacar al público** 公表する．

publiqu- 動 →publicar [1.1].

publirreportaje 男 (通常長い)広告記事．

pucará 男 〖南米〗〖歴史〗(インカ帝国時代の)砦(とりで).

pucelano, na 形 〖話〗バリャドリード(Valladolid)の人(=vallisoletano).

pucha 女 〖南米〗(驚き•不快•怒り)ちぇっ，ひどい，まさか，そんな，ばかな．

pucheraźo 男 〖話〗不正選挙，票の水増し．2 〖鍋による〗殴打．

puchero 男 1 土鍋，煮込み鍋．2 煮込み料理，シチュー．3 〖最低限の毎日の食べ物，普段の食事．4 〖話〗泣きべそ顔．—**hacer** ～**s** 泣き出しそうになる，べそをかく．

puches 男複 穀物がゆ，オートミール．

puchito, ta 名 〖中南米〗子ども，末っ子．

pucho 男 1 〖中南米〗タバコの吸いさし，吸い殻．2 残り，くず；少量．3 末っ子．▶ **no valer un pucho** まったく何の価値もない．

pud- → poder [5.12].

pudding [＜英] 男 →pudin.

pudendo, da 形 恥部の，陰部の．—**partes** *pudendas* 恥部，陰部．

pudibundez 女 恥ずかしがってみせること、お上品ぶること.
pudibundo, da 形 恥ずかしがった、上品ぶった.
pudicicia, pudicia 女 慎み、貞節.
púdico, ca 形 慎みのある、恥を知っていない.
pudiendo 動 poderの現在分詞.
pudiente 形 権力のある；金持ちの. ━━ 男女 有力者；金持ち.
pudier-, pudiese(-) 動 → poder [5.12].
pudín, pudin 男 1《料理》プディング（甘いのと甘くないのがある）. 2《中南米》デコレーションケーキ(=pastel).
pudor 男 1 恥、恥じらい；(性的)羞恥(しゅうち)心、━ sin ━ 恥知らずな；猥褻(わいせつ)な. atentado contra el ~ 強制猥褻行為[罪]. 2 慎み、節度、品位.
pudoroso, sa 形 慎み深い、控えめな；慎み深く、澄ました.
pudrición 女 腐敗、腐敗物.
pudridero 男 1 ごみため、ごみ捨て場. 2（遺体の）仮安置所.
pudrimiento 男 腐敗、腐敗物.
:**pudrir** [過分 podrido] 他 1 ~ を腐らせる、腐敗させる. 2 を腐敗させる、堕落させる. 3 ~ を悩ませる、悩ませる、不愉快にさせる. ━ 自 葬られている、死んでいる. ━ se 1 腐る、腐敗する；堕落する. 2 [~ de]でいらいらする、不愉快になる、悩む. ► así (ojalá) te pudras ＜ぞくろえ、くたばってしまえ.
pudú 男[~(e)s]《中南米》（小型の）シカの一種.
puebl- 動 → poblar [5.1].
poblada 女《中南米》暴動、騒乱.
pueblerino, na 形 1村[田舎]の(人)、村人. 2《軽蔑》田舎者の(人).
pueblero, ra 形《中南米》（田舎に対して）町の人.

pueblo [プエブロ] 男 1村、町. 2国民、民族；国民. el ~ español スペイン国民[民族]. el ~ elegido 選ばれた民（ユダヤ民族の別称）. 3民衆、庶民；人民、臣民.
pued- 動 → poder [5.12].
puelche 形 (南米の先住民)プエルチェ(人)の. ━━ 男女 プエルチェ人. ━━ 男《チリ》アンデスから西に向けて吹く風.

puente [プエンテ] 男 1橋. ~ colgante つり橋. ~ de barcas 舟橋、浮き橋. ~ levadizo 跳ね橋. ~ para peatones 歩道橋. 2 飛び石連休をつなげた連休、一般に~━hacer ~ 休暇日の間の日を休日にする. 3 橋渡し、仲介(者). 4《船舶》a) ブリッジ、船橋. b) 甲板、デッキ. 5《電気》ブリッジ回路をつなぐ［もの］、電橋；ショート. 6《弦楽器の柱(じ)》、駒(こま). 7（眼鏡の）ブリッジ、架工（義）歯. 8（眼鏡の）ブリッジ；レスリングのブリッジ. 9（足の）土踏まず；鼻梁(びりょう). ► cabeza de puente 橋頭堡. hacer [tender] un puente de plata (人に)絶好の機会を与える. puente aé-

reo《航空》シャトル便；《緊急時の》ピストン空輸.
puentear 他 1《電気》…の回路をつなぐ. 2 …の頭越しに交渉する.
puentín 男 → puentismo.
puentismo 男 バンジージャンプ.
puercamente 副 汚らしく、下品に、下劣に.
:**puerco, ca** 形 1 汚らしい、不潔な. 2 粗野な、下品な、卑劣な. ━━ 名 1《動物》ブタ（豚）. ~ de mar ネズミイルカ. ~ espín ヤマアラシ. ~ jabalí [montés, salvaje] イノシシ. 2《話》汚らしい人、卑劣な人、打算的な人.
puercoespín 男 → puerco espín.
puericia 女 少年[少女]期(7歳から14歳くらい).
puericultor, tora 名 保父[保母]、育児専門家.
puericultura 女 育児法、育児学.
pueril 形 1幼児の；子どもっぽい、幼稚な. 2ナイーブな、純真な、騙されやすい.
puerilidad 女 1 子どもっぽさ、幼稚さ. 2 子どもっぽい言動[考え]、くだらないこと、枝葉末節.
puérpera 女《医学》出産直後の女性、産婦(さんぷ).
puerperal 形《医学》産褥(さんじょく)の、産後の. ━ periodo ━ 産褥期. fiebre ━ 産褥熱.
puerperio 男《医学》産褥(さんじょく)期；産後.
puerro 男《植物》ポロネギ、リーク、西洋ネギ.

puerta [プエルタ] 女 1門、出入り口、戸口；（中世都市の）城門. ~ de emergencia 非常用ドア. ~ de servicio 通用門. ~ principal 正門、正面玄関. ~ trasera 裏口、裏門. 2a) ドア、戸、扉. ~ falsa 隠し扉. ~ giratoria 回転ドア. ~ vidriera ガラス戸. escuchar detrás de la(s) ~(s) 盗み聞きする、立ち聞きする. b) 部屋；家、建物. ━Vive en el piso segundo ~ B. 彼は2階のB号室に住んでいる. 3門戸（に至る）道、可能性. ━abrir [cerrar] la ~ 道を開く[閉ざす]. 4《スポ》（サッカーなどの）ゴール. 5《主に 複》（市に入るための）通行料；関税. 6《スポ》（スキーの）旗門. 7《情報》ポート、ゲート. ━ ~ de impresora プリンタ・ポート. ► a las puertas 差し迫って、間近に控えて. a las puertas de …の寸前に、瀬戸際で、今にも…するばかりに. ━estar a las puertas de la muerte 瀕死の状態である. a puerta cerrada 非公開で、秘密裏に. cerrarse todas las puertas 冷たくされられる、無視される. coger [agarrar] la puerta 急に出て行く、立ち去る. dar con la puerta en las narices [en la cara] 門前払いする、要求をにべもなく断る. (de) puerta a puerta 戸口から戸口へ、ドアツードアで. de puerta en puerta 一軒一軒. de puertas (para) adentro 内々に、秘密に. echar las

puertas abajo 戸口で大声で呼んでドアを壊すほど強くたたく。**en puertas de...** (= a las puertas de...). **enseñar la puerta** (人を)追い出す; 解雇する。**entrárseLE por las puertas** 思いがけないことが起こる。**franquear las puertas** 歓迎する,もてなす。**llamar a la(s) puerta(s) de...** (人)の助けを求める。**poner en la puerta de la calle** (=enseñar la puerta). **por la puerta falsa** 隠れて,こっそりと。**por la puerta grande** 闘牛場のメインゲートから; 堂々と,意気揚揚と。(querer) **poner puertas al campo** 欲望を無理に抑える。**tomar la puerta** (=coger la puerta).

Puerta del Sol 固名 プエルタ・デル・ソル(マドリードの広場).

puertaventana 囡 (窓の)内扉, 雨戸.

puerto [プエルト] 男 **1** 港, 港湾(地区). ～ de arribada 寄航港. ～ deportivo ヨットハーバー. ～ franco [libre] (税関の不要な)自由港. **2** 避難場所, 隠れ家; 庇護者, 頼れる人. ～ de salvación 避難所. **3** 港. 町. **4** (山の)峠; 峰, 嶺. ▸ **arribar [llegar] a (buen) puerto** 困難を克服して目的を達成(成就)する。**puerto de arrebatacapas** 吹きさらし; 盗賊の巣. **tomar puerto** 入港する。

Puerto Príncipe 固名 ポルトープランス(ハイチの首都).

Puerto Rico 固名 プエルトリコ(米国自治領, 公式名 Estado Libre Asociado de Puerto Rico, 首都 San Juan).

puertorriqueñismo 男 プエルトリコ特有の語法[言い回し, 語彙].

puertorriqueño, ña 形 男 プエルトリコ(人)の; プエルトリコ人.

pues [プエス] 1 接 **1** 原因,理由から,なぜならば…,だから。—Ponte el abrigo, ～ afuera hace mucho frío. コートを着なさい,外はとても寒いから. **2** [条件] …ならば。—P～ tanto te gusta, cómpralo. それほど気に入ったのなら, 買いなさいよ. **3** [結果] そうならば, それなら, それでは。—Tengo frío. -P～ ponte el abrigo 私は寒い. —それならオーバーを着なさい. **4** [言いよどみ・ためらい語調緩和] そうですね, ええと, まあ…。—¿Tú crees que vendrán? -P～ ... no lo sé. 君は彼が来ると思う?—うーん, わからない. **5** [疑問語так的に] どうして, なぜ. —Mañana no voy a clase. -¿P～? 明日私は授業に出ない. —どうして. **6** [文頭で後の文を強調] まったく…だ. —P～ no faltaba más. もちろんですとも, いや結構です. **7** [肯定の副詞的に] もちろん, たしかに. —¿Conque ya lo sabías? -P～. それじゃもうそれを知っていたのだね. —もちろん. **8** [対照] でも, だけど. —A mí no me gustan los toros. -P～ a mí me encantan. 私は闘牛が嫌いだ. —でも私は大好きだけど. ▸ **pues bien** (1) (話の切り出し)さて, それでは。(2) わかった, よろしい. **pues mira [mire]** あのね, ところで. **pues que** [+直説法] [理由] …だから [なので], なぜなら. **¡Pues qué!** (怒り・非難)何だと, だからどうなんだ.

puesta 囡 **1** (ある状態に)置く[置かれる]こと, 実施, 始動; 上演。～ en escena (演劇作品の)上演, 演出。～ de largo (女性の)社交界へのデビュー。～ a punto (エンジンなどの)調整。～ en marcha del motor [del nuevo negocio] エンジンの始動[新しい商売の開始]. **2** (太陽,月の)沈むこと, 入り。—la ～ de(l) sol 日没. **3** a) 産卵期。—Esta gallina está en la ～. この雌鳥は今卵を産んでいるところだ. b) (雌鳥1羽についての)産卵量[数]. c)産卵期. **4** (トランプなどの)掛け金. **5** (スポ)(レスリングの)フォール. **6** (商業) (競売での)競り合い.

puestero 男 [中南米] **1** 露天商, 売店の売り子. **2** (農場の中の)家畜世話人.

puesto[1] [プエスト] 男 **1** (物や人の占める)場所, 位置; 部署, 持ち場。～ de mando ～ de mando [指揮室]. ¡Que cada uno ocupe su ～! 各員配置に付け。**2** 席, 座席. **3** 職, 仕事; 地位, 役目。～ de trabajo 勤務口. **4** 順位, 位置。—quedar en el primer ～ 1位になる. **5** 売店, スタンド; 屋台(店), 露店。—Tiene un ～ de carne en el mercado. 彼は市場で肉屋をやっている. **6** (警備隊などの)詰め所, 駐屯地. ～ de socorro 救援所. ～ de control 検問所. ～ fronterizo 国境検問所. ～ de mando 司令部, 指揮所. **7** (狩猟の待ち伏せ場所, 隠れ場所. ▸ **en el puesto de** [+人] …の立場から; …の代わりに. **estar en [mantenerse, guardar] su puesto** 分(自分の立場)をわきまえている. **puesto a** [+不定詞] [条件] …するような場合には; …しようと思えば.

puesto, ta 過分 (→ poner(se)) 形 **1** 置かれた, 置いた; 用意された。—con la mano **puesta** al pecho 胸に手を置いて. La mesa ya está **puesta**. もう食卓の用意ができている. **2** 身につけた。—un caballero muy bien ～ とても身なりの立派な紳士. **3** 上品に飾られた, 趣味のよい服の. **4** [+en=vivir] (話)物知りの, 大変詳しい。—estar ～ en gastronomía 食通である. ▸ **con lo puesto** 着のみ着のまま. **puesto que** (1) [理由, 原因] …であるから, …だから. (2) [条件] …しても. **tenerlos bien puestos** 勇気がある, 男らしい.

puf[1] 男 (クッション式の)スツール.

puf[2] 間 (不快さを示す)うぇっ, ふう, うっ.

púgil 男 (文) (スポ) ボクサー. **2** (歴史) (古代ローマの)剣闘士.

pugilato 男 (文) **1** (スポ) ボクシング, 拳闘. **2** 格闘, けんか; (激しい)論争.

pugilista 男 [中南米] 格闘技の選手, ボクサー.

pugilístico, ca 形 ボクシングの.

pugna 囡 戦い; 紛争, 対立, けんか.

pugnacidad 囡 (文) 好戦性, 攻撃

性.

pugnar 自 **1** 戦う,争う. **2** [+ por/ para + 不定詞] 執拗(よう)に…する,頑固に …する,…するのに躍起となる.

pugnaz 形 《文》好戦的な,攻撃的な.

Puig 固 プイグ (Manuel ~)(1933- 90,アルゼンチンの作家).

puja 女 《商業》**1** 競り上げ. **2** 入札価格.

pujador, dora 名 (競売の)競り手,入札者.

pujamen 男 《海事》帆の下辺部.

pujante 形 勢いのある,活気がある.

pujanza 女 勢い,勢力,活力.

pujar¹ 自 **1** [+ para/por + 不定詞] …しようと一所懸命になる,何とか…しようとする. **2** ためらう,言いよどむ. **3** 《話》泣きそうになる. **4** 力を入れる,いきむ.

pujar² 他 《商業》競り上げる,(競売で)高い値をつける. ━ 他 《商業》…の値を競り上げる.

pujo 男 **1** 《医学》渋り腹,(排便[排尿]を伴わない)強い便[尿]意. **2** [主に 複] **a)** 自負,気取り. **b)** 熱望,欲求. **3** 衝動.

pulcramente 副 きちんとして,清潔に.

pulcritud 女 **1** 身ぎれい,清潔,きちんとしていること. **2** 細心,入念.

pulcro, cra 形 **1** きちんとした,清潔な. **2** 入念な,ていねいに仕上げた.

pulga 女 **1** 《虫類》ノミ(蚤). ~ acuática [de agua] ミジンコ. **2** (玩具の)小さな独楽(こま). **3** 《話》小さなサンドイッチ. ~ buscarLE las pulgas 挑発する,わざと怒らせる. sacudirse las pulgas 《話》責任逃れをする,頼りにならない. tener malas pulgas 《話》気難しい,怒りっぽい.

pulgada 女 インチ(長さの単位,英語圏では2.54cm,スペインでは約2.3cm).

pulgar 男 親指 (=dedo ~).

pulgarada 女 **1** (親指での)弾き飛ばし. **2** ひとつまみ. **3** →pulgada.

pulgón 男 《虫類》ゆきみ,アリマキ.

pulgoso, sa 形 ノミだらけの,ノミのたかった.

pulguillas 男女 [単複同形] 《話》怒りっぽい人.

pulidamente 副 入念に,洗練されて,きちんと.

pulidez 女 [複 pulideces] **1** 磨かれていること,光沢,美しさ. **2** 手入れが行き届いていること,入念. **3** 洗練,優美,凝りすぎ.

pulido, da 過分 [→ pulir] 形 **1** 磨き上げられた,光沢のある. **2** 入念に手をかけた;きれいに仕上がった. **3** 洗練された,凝り過ぎの. ━ 男 磨くこと,つや出し.

pulidor, dora 形 磨く,つやを出す. ━arena *pulidora* 磨き砂. ━ 男 つや出し用薬剤,研磨器. ━ 女 つや出し用機械.

pulimentación 女 =pulimento.

pulimentar 他 …のつやを出す,磨き上げる.

pulimento 男 つや出し,手入れ,研磨;つや出し剤.

pulir 他 **1** を(こすり)磨く,…のつやを出す. ~ un cristal ガラスを磨き上げる. **2** (教養,技術,文章など)に磨きをかける,…の仕上げをする,を洗練させる. ━ se 再 **1** 磨きがかかる,上品になる,身ぎれいになる. **2** を浪費する.

pulla 女 **1** 皮肉,当てこすり. **2** 卑猥(ひわい)なことば.

pulman, pullman [く英] 男 [複 púlmanes] (豪華な)一等客車,寝台車,長距離バス.

pulmón 男 **1** 《解剖》肺,肺臓. ~ de acero [artificial] 鉄の肺,人工呼吸器. respirar a pleno [todo] ~ 深呼吸する. **2** [時に 複] **a)** 声量. ―gritar a pleno ~ 声を限りに叫ぶ. **b)** 持久力. ~ del equipo 《スポ》スタミナのあるチームの要. **3** (酸素を作り出す)緑地帯. **4** 《動物》~ marino クラゲ.

pulmonado, da 形 《動物》有肺類の. ━ 男 [複] 有肺類.

pulmonar 形 肺の. ―tuberculosis ~ 肺結核.

pulmonaria 女 《植物》**1** プルモナリア (ムラサキ科). **2** 樹の幹などに寄生する地衣類.

pulmonía 女 《医学》肺炎. ~ asiática 新型肺炎,SARS.

pulóver 男 《服飾》プルオーバー (頭からかぶって着る服,特にセーター).

pulpa 女 **1 a)** (モモやメロンのような柔らかい)果肉. **b)** (骨や殻のない)柔らかい肉. **2 a)** 《解剖》髄(ずい),髄質. ~ dentaria 歯髄. **b)** 《植物》(茎の)髄. **3** (サトウキビなどの)搾りかす. **4** (製紙原料の)パルプ.

pulpejo 男 (体の中で)肉が盛り上がっている小部分 (耳たぶ,親指の付け根,指の腹など).

pulpería 女 [中南米] 食料雑貨店.

pulpero, ra 名 [中南米] 食料雑貨店主[店員].

pulpeta 女 薄切りの柔らかい肉.

púlpito 男 **1** (教会の)説教壇. **2** 説教師の職.

pulpo 男 《動物》タコ(蛸); 荷を固定するフック付きロープ(紐(ひも)); 《話》痴漢,通り魔. ▶*poner*LE *como un pulpo* (人を)ひどく怒る.

pulposo, sa 形 多肉質の,柔らかい,パルプ状の.

pulque 男 プルケ (リュウゼツランから作るメキシコの酒).

pulquería 女 [中南米] プルケや軽食を出す居酒屋,酒屋.

pulquérrimo, ma 形 《文》大変きちんとした,非常に美しく整えられた.

pulsación 女 **1** 脈動,脈を打って流れること. **2** 脈拍,鼓動. **3** (ピアノなどの)タッチ,キーを一打ちすること; (弦の)一弾き.

pulsador 男 (押しボタン式の)スイッチ,ブザー.

pulsar 他 **1** (ボタン,キーなど)を指先で押

púlsar す[たたく], クリックする; (弦楽器や鍵盤楽器を)弾く。— **el timbre** ベルを鳴らす。— **las teclas** キーを打つ。**2** (人の)脈をとる。**3** (意見や動向を探る)。── 圓 脈打つ, 鼓動する。

púlsar 男 《天文》パルサー。

pulsátil 形 脈打つ, 鼓動する。—**un dolor** — ずきんずきんとする痛み。

pulsatila 囡 《植物》セイヨウオキナグサ。

pulsativo, va 形 《医学》拍動(性)の。—**dolor** — 拍動性疼痛(とうつう)。

pulseada 囡 【中南米】腕相撲。

pulsear 圓 腕相撲をする。

pulsera 囡 **1** 腕輪, ブレスレット; (腕時計の)バンド。—**reloj de** — 腕時計。**2** 足輪, アンクレット。**3** 《幼児の手首には》手首のくびれ, たるみ。

pulsión 囡 《心理》欲動, 動因。

pulso 男 **1** 脈, 脈拍, 鼓動; (手首の)脈所。— **arrítmico** 不整脈。**2** (手先の)器用さ, (技術の)確かさ。**3** 慎重さ, 用心深さ。**4** 手首(の力); 腕相撲。—**echar un** — 腕相撲をとる。**5** 挑戦, 対立, 抵抗。**6** 《電気》パルス。▶ **a pulso** (1) 手先で, 手[腕]の力だけで。(2) 自分の力で, 独力で。(3) 《皮肉》自分のせいで。 **tomar el pulso a...** (1) 脈を取る。(2) (人の)考えを打診する, 腹さぐりをする, あらかじめ調べる。

pulsómetro 男 脈拍計。

pululación 囡 《文》繁殖, 大量発生; 増殖; 群れ集まり。

pulular 圓 **1** 群がる, 群れる, 寄り集まる。**2** 繁殖する, はびこる, 増える。

pulverización 囡 **1** 粉末化, 粉砕。**2** 噴霧, 霧吹化, 吹き付け。

pulverizador, dora 形 粉末化する, 霧状にする。── 男 スプレー, 噴霧器, 霧吹き, アトマイザー。— **nasal** 鼻孔吸入器。

pulverizar [1.3] 他 **1** を粉末にする, 砕く。**2** (液体)を噴霧する, 吹き付ける。**3** を粉砕する, 打ち破る。── **se** 囨 粉々[霧状]になる。

pulverulento, ta 形 **1** 粉末状の。—**un medicamento** — 粉薬。**2** 粉まみれの, ほこりだらけの。

pum 男 《擬音》(銃声・衝撃・破裂音で)パン, ドン。▶ **ni pum** 《話》全然…ない。—**Yo no entiendo ni pum.** 私はさっぱりわかりません。

puma 囡 《動物》ピューマ。

pumba 囡 《擬音》(落下・転倒・衝撃音で)バッタン, ドスン, ガン。

pumita 囡 軽石。

puna 囡 【中南米】**1** (アンデス山脈一帯の)寒冷な荒れ地。**2** 高山病。

punción 囡 **1** 《医学》穿刺(せんし)。**2** 刺し傷, 刺すような痛み。

puncionar 他 《医学》(人)に穿刺(せんし)する, 針を刺す。

pundonor 男 自負心, 面目, 誇り。

pundonoroso, sa 形 自負心のある, 面目を重んじる。

pungir [3.6] 他 **1** を刺す。**2** (精神的に)傷つける, を苦しめる。

punible 形 処罰に値する, 罰せられるべき。

punición 囡 処罰, 刑罰。

púnico, ca 形 《歴史》カルタゴ[ポエニ]の, カルタゴ[ポエニ]人(の)。—**Guerras Púnicas** ポエニ戦争。── 男 古代カルタゴ語。

punir 他 を罰する。

punitivo, va 形 処罰の, 刑罰の。—**justicia punitiva** 処罰, 処刑。

punk 形 《話》~ 【音楽・服装などが】パンク(調)の, パンクの好きな。── 男 パンク(音楽・ファッション); パンクファン。

punki 形名 《スペイン》→**punk**.

punta 囡 **1** 先, 先端; 尖ったもの[部分]。—~ **de lápiz** 鉛筆の先。**2** (物を掛けるための)小さな釘(くぎ)。**3** 岬, 砂嘴(さし)。—**la P~ de Tarifa** タリファ岬。**4** (特に精神的なものについて)少し, 少量。—**Ése tiene una ~ de loco.** いつは少し頭がおかしい。**5** (タバコの)吸殻。**6** (人の)集団; かなりの量。**7** (大きな群れから離れた)家畜の小さい群れ。**8** (鹿の)枝角; (闘牛の)角, 角(ヅノ)。**9** (ブドウ酒などの)酸味。**10** (美術)銅針, 鉄筆。**11** 襟縁ドリルのレース。**12** (舞踏) トウダンス, つま先で踊ること。—**bailar de [en] ~s** トウダンスを踊る。▶ **a punta de lanza** とても厳格に, きっちりと。**a punta (de) pala** たくさん, 大量に。**acabar [terminar] en punta** 中途半端に終わる, 尻切れとんぼになる。**de punta** (1) 垂直に。—**con el pelo de punta** 髪の毛を逆立てて。(2) 最先端の。—**tecnología (de) punta** 先端技術。(3)《話》真剣に。(4) 敵対した, 険悪な状態の。**de punta a cabo** 端から端まで, 初めから終わりまで。**de punta a punta** 端から端まで, 初めから終わりまで。**de punta en blanco** 着飾って, めかし込んで; 甲冑(かっちゅう)に身をかためて。**estar hasta la punta de los pelos de...** …にうんざりしている, 閉口している。**horas punta** ラッシュアワー。**sacar punta a...** (1) 先を尖らせる。—**sacar punta al lápiz** 鉛筆を削る。(2) 悪くとる, 曲解すると探しすぎる。(3) 使い方, 酷使する; 乱用する。**tener... en la punta de la lengua** (1) 口に滑らかうちから言える; 喉まで出かかっている。(2) 思い出せそうで思い出せない。**velocidad punta** 最高速度。

puntada 囡 **1** 縫い目, 針目, ステッチ。**2** 当てこすり, ほのめかし。—**soltar ~s** 当てこすりを言う。**3** 激痛, 差しこみ。▶ **no dar puntada** (1) 《話》何もしない, 手を出さない。(2) 見当はずれのことを言う。

puntal 男 **1** つっかい棒, 支柱。**2** 支えとなる[重要]な人[もの]。**3** 【中南米】軽食, おやつ。**4** 《海事》船の(船底から上甲板までの)高さ。

puntapié 男 蹴飛ばし。—**Me dio [pegó] un ~ en la espinilla.** 私は彼に向こうずねを蹴られた。▶ **a puntapiés** 乱暴に, 不当に。

puntazo 男 **1** 突き(傷), 刺し(傷)。**2** (闘牛)(角による)突き(傷) (cornada より

punteado 軽いもの). **3** 当てこすり, 皮肉.
punteado 男 **1** 点線;《美術》点描. —grabado ～ 点刻法. **2**《音楽》つま弾き.
puntear 他 **1** …に点を打つ;《美術》を点描する. **2** …に印をつける, をチェックする. **3**《音楽》をつま弾く. **4**《中南米》**a**) を率いる. **b**) を鋤(*)き起こす.
punteo 男 **1**《音楽》つま弾き. **2**《商業》チェック, 照合.
puntera 女 **1**《靴, 靴下の》つま先部分; つま革,《靴の先端の補強部分》. **2**《話》蹴飛ばし. **3** 鉛筆キャップ.
puntería 女 **1** ねらい, 照準. **2** 射撃の技量, 射撃術. ▶ **dirigir la ～ a** [hacia] … …にねらいをつける. **2** 射撃の技量, 射撃術. ▶ **afinar la puntería** (1) 注意深くねらいを定める. (2) 細心の注意をもって事に当たる.
puntero, ra 形名 **1**〖＋en に〗抜きんでた(人), 優れた(人), トップの(人, チーム). —tecnología puntera 先端技術. 射撃の正確な. — 男 **1** 指示棒, 教鞭(ﾍﾝ). **2** のみ, たがね. **3** 時計の針; 刻印器. **4**《情報》カーソル. ～ **del ratón** マウス・ポインタ.
puntiagudo, da 形 先のとがった.
puntilla 女 **1**《縁飾り用の》レース. **2**《闘牛で》とどめを刺す短剣. ▶ **dar la puntilla a**《闘牛で牛に》とどめを刺す; …に致命的な打撃を与える. **de puntillas** つま先立ちで. —**ponerse** [**estar**] **de puntillas** つま先で立つ[立っている].
puntillazo 男 **1** 蹴飛ばし. **2**《闘牛》とどめの一撃.
puntillero 男《闘牛》(とどめを刺す)闘牛士.
puntillismo 男《美術》点描画法.
puntillista 形男女 点描画法の; 点描画家.
puntillo 男 **1**《つまらないことに対する》行き過ぎた自尊心, **2** 些細なこと, 枝葉末節. **3**《音楽》付点.
puntilloso, sa 形 気難しい, 口やかましい; 神経過敏な.

punto [ﾌﾟﾝﾄ] 男 **1** 点. **a**) 点. —línea de ～s 点線. **b**)《言語》(i や j の上の)点; (句読点の)ピリオド F. **c**)《記号としての》点. —～s suspensivos 省略符号. ～ **y aparte** 改行はま. ～ **y coma** セミコロン「;」. ～ **y seguido** ピリオドを打って改行する. **2 a**) 時点, 瞬間. **b**)《場所》点, 地点. —～ **de acceso**《通信》アクセス・ポイント. ～ **de partida** 出発点. ～ **de interrupción** 中断点, 区切り点, ブレークポイント. ～ **de venta** 販売点[小売点]. **3** 点, 程度; 段階. —～ **álgido** [**culminante**] 頂点, 最高潮. ～ **crítico** 臨界点. ～ **de congelación** 氷点. **4** 問題点, 論点. —～ **ciego**《解剖》盲点. (2) 見落としてしまう事柄. —bicho [flaco] 弱点. **5** 方位. —～s **cardinales** 基本方位, 東西南北. **6 a**)《服飾》縫い目, 編み目, ステッチ. **b**)《医学》縫合. **c**)《編み物, 針仕事で》縫うこと. —artículos de ～ ニットウェア. hacer ～ 編む. **7 a**)《ｽﾎﾟ, ゲーム》ポイント, 点; (試験などの)点. —Venció por ～s. 彼は判定勝ちした. **b**)《経済》(相場の単位)ポイント, 点. **8** 少量. **9**《数学》句点の記号(2・3＝2×3). **10**《音楽》スタッカート記号: 音の高さ, ピッチ. **11**《医学》心臓の鋭い痛み. ▶ **al punto** (1) すぐに, ただちに. (2)《料理》ミディアムで. (3)〖＋de〗ちょうど…時に. **a punto** (1) ちょうどいい時に, 間に合って. (2) 用意のできた. **a punto de**〖＋不定詞〗まさに…するところ. **a punto de caramelo**《話》機が熟した. **a punto fijo** 確かに, 正確に. **con puntos y comas**《話》細部に, 微に入り細に入り. **dar en el punto** …の中心を射る. **de todo punto** 絶対に, まったく. **en punto** (1) ちょうど, きっかり. (2) 折しく. **en su punto** ちょうど良い状態である. **ganar puntos** 評判をとる, 名を上げる. **hasta cierto punto** ある点[程度]までは, まずまず. **perder (muchos) puntos** 評判を落とす. **poner a punto** チューンナップする, 最高の状態にする. **poner los puntos a [en] …** …に狙いをつける, 的を絞る. **poner los puntos sobre las íes** (1)《曖昧なものを》はっきりさせる, 明確にする. (2) 細かい点にまで気を配る, 詳細に述べる. **poner punto final a …** …に終止符を打つこと. **punto de apoyo** 支え; 根拠. **punto de contacto** 接点, 類似点. **punto de vista** 観点, 視点. —desde un **punto de vista técnico** 技術的観点から見れば. **punto en boca**《話》秘密を守る, 黙っていること. **punto muerto** (1)《自動車》(ギアの)ニュートラル. (2) 行き詰まり. **punto negro** (1)《道路の》危険箇所. (2) 問題点; 危険性. **punto neurálgico** (1) 中心;《解剖》神経中枢. (2) 重要だが扱いにくい問題. **punto por punto** 詳細に. **sin faltar punto ni coma** (＝ con puntos y comas). **subir de punto** (議論などが)熱をなる, 感情が高まる. **y punto** (議論などで)これで終わりだ, 他にもう何もない.

puntocom 男《情報》ドットコム.
puntuable 形 計算に入る, 評価される.
puntuación 女 **1** 句読点を付けること), 句読法. **2** (試験やスポーツなどの)得点, 点数; (試験の)成績, 評価.
puntual 形 **1** 時間どおりの, 時間厳守の; 几帳面な, (任務に)忠実な. **2** (説明などが)正確な, 精密な, 綿密な, 詳細な. **3** 適切な, 適当な. —tema ～ 適切なテーマ. **4** (全般的でなく) 具体的な, 局部的な, 限定的な.
puntualidad 女 時間を守ること, きちょうめん; 正確さ.
puntualización 女 明確化, 明確な説明.
puntualizar [1.3] 他 **1** …と明確にする, 明らかにする, はっきりさせる. **2** を詳述する, 細かく説明する, 詳細に述べる.
puntualmente 副 時間厳守して, 時

puntuar [1.6] 他 **1** …に句読点を打つ. **2** を採点する, 評価する. ── 自 **1** 【+para ために】(試合結果などが)算定に入る, 得点となる. **2** 採点する, 評価する.

puntura 囡 **1** 刺し傷, 刺し跡. **2** (印刷)(印刷機の)紙押さえ用つめ.

punzada 囡 **1** 突き刺し, 刺し傷. **2** (刺すような)鋭い痛み. **3** 心のうずき, 苦悩.

punzante 形 **1** 刺すような, 鋭い. ─arma ～ 鋭い刃物. **2** 痛烈な, 辛辣(しんらつ)な. ─palabras ～s 刺(とげ)のある言葉.

punzar [1.3] 他 **1** 突き刺す, 突く, …に穴を開ける. **2** …に痛みを与える, を苦しめる. ── (se) 自 (再) (刺すように)痛む, うずく, 刺し込む.

punzó 形 【中南米】鮮紅色の.

punzón 男 **1** (技術, 機械) 千枚通し, きり. **2** 彫刻刀, のみ. **3** (コインなどの)刻印器, 型押し器.

puñada 囡 げんこつ[こぶし]での殴打, パンチ.

*****puñado** 男 **1** 一握りの, 一つかみの; 少量の, 少数の. ─un ～ de caramelos 一つかみの飴. **▶puñados** たくさん, 多量に.

puñal 男 短剣, 短刀, ヒ首(あいくち). **▶poner un puñal en el pecho a…** (人)を脅迫する, (人)に無理強いをする.

puñalada 囡 **1** (短刀などで)刺す[突く]こと, 刺し[突き]傷. ─dar una ～ a…(人)を刺す. **2** 衝撃, 痛手. **3** 【話】ひどく落胆[失望]させるもの[こと]. **▶coser a puñaladas a…** 〈話〉をめった突き[刺し]にする. **puñalada trapera** 裏切り.

puñeta 囡 **1** (長衣 toga の縁取りとなる袖口. **2** 【話】ばかげた[くだらない]こと[もの]. **3** 自慰. ─hacerse la ～ 自慰をする. ─ **de la(s) puñeta(s)** 〈話〉もののすごい, ひどい, しようもない. ─ **a hacer puñetas** 〈話〉**1** mandar [enviar] a hacer puñetas 〈話〉(人)を追い払う, (人)に冷たくする; (物事)を拒絶する. (2) irse a hacer puñetas 〈話〉だめになる; 失敗に終わる. (3) y a hacer puñetas 〈話〉(それで)おしまい(=sanseacabó). ─ **hacer la puñeta** 〈話〉(人)をうんざり[いらいら]させる, (人)を不快にさせる. **¡Puñeta(s)!** 〈卑〉くそっ, 畜生. **¡Vete a hacer puñetas!** 〈卑〉消え失せろ.

puñetazo 男 げんこつの殴打, パンチ.

puñetería 囡 不快さ, 不快なもの; 厄介, 困難.

puñetero, ra 形 〈話〉嫌な, 最低の, いまいましい. ─vida puñetera みじめな生活.

*****puño** [プニョ] 男 **1** 握りこぶし, げんこつ. **2** 握り, 柄(え), 取っ手. **3** 袖口, カフス; 袖口の飾り. **4** ひと握り, ひとつかみ. ─coger un ～ de arena ひと握りの砂をつかむ. **5** (ドアなどの)ノブ, 握り. **6** 腕力, 強さ; 体力, 気力. ─hombre de ～s 強い男. **▶apretar los puños** 大いに努力する, 懸命に頑張る. **comerse los puños** 〈話〉ひもじい思いをする. **como puños** 〈抽象名詞と〉**1** とても大き

い; すごい. **como un [el] puño** (1)(空間について)小さい, 狭い. (2)〈抽象名詞と〉とても大きい, 明らかな. **de (su) puño y letra [de propio puño]** 自筆の[で], 直筆の[で]. **tener [meter] a… en un puño** (人)を意のままにする, 牛耳る.

pupa 囡 **1** (口の周りの)発疹, 吹き出物; かさぶた. **2** 〈幼〉傷, 痛いところ. **3** 〈虫類〉蛹(さなぎ). **▶hacer pupa a…** (人)に痛い思いをさせる, (人)を傷つける.

pupila 囡 **1** 〈解剖〉瞳, 瞳孔. **2** 洞察力, 鋭敏さ. **3** 売春婦.

pupilaje 男 **1** 保護下にあること, 被後見. **2** 駐車場の使用権[使用料]. **3** (まれ)下宿屋; 下宿代.

pupilar 形 **1** 被後見人(の), 未成年(者)の. **2** 〈解剖〉瞳孔の.

pupilo, la 名 **1** (保護下にある)孤児; (法律)被後見人. **2** 下宿生, 寮生. **3** (先生からなど)生徒, 弟子, (スポーツ)(コーチから見て)選手. **▶medio pupilo** 昼食を学内で取る通学生.

pupitre 男 **1** (天板が手前に傾いている)机, 学校机. **2** (機械) コンソール, 制御盤. **3** (酒蔵の)ビン立て.

pupo 男 【中南米】へそ.

puquío 男 【中南米】泉; 水源.

purasangre 形囡 サラブレッドの.

puré 男 (料理) ピューレ, 裏ごし; ポタージュ. **▶estar hecho puré** 〈話〉くたくたである.

pureza 囡 純粋(さ), 清浄, 純潔; 処女性.

purga 囡 **1** (医学) 下剤. **2** 追放, 粛清, パージ. **3** (産業)廃棄物.

purgación 囡 **1** (医学) 下剤をかけること, 通じをつけること. **2** 複 (医学) 淋病(りんびょう). **3** 月経, 生理.

purgador, dora 形 浄化する, (不純物)を除去する.

purgamiento 男 **1** 浄化, 除去. **2** 下剤をかけること.

purgante 形 **1** 下剤の, 便通をよくする. **2** 浄化する. ── 男 下剤, 通じ薬.

purgar [1.2] 他 **1 a)** を清める, 浄化する, …の不純物[不要・有害なもの]を取り除く; …の排水[ガス抜き]をする. **b)** を漂白[追放, 一掃]する. **2** (罪)を償う, あがなう; (罰・刑罰)を受ける, 服役する. **3** …に浣腸(かんちょう)をする, 下剤をかける. ── 自 不純物を排出し, 異物を排出する. ── **se** 再 **1** (自分で)浣腸をする, 下剤をのむ. **2** …から不純物が排出される.

purgativo, va 形 =purgante.

purgatorio 男 (しばしば P～) **1** (カトリック)煉獄(れんごく). **2** 試練(の場), 苦難.

puridad 囡 〈文, まれ〉純粋, 純潔. **▶en puridad** 率直に, はっきりと.

purificación 囡 **1** 浄化, 純化. **2 a)** (宗教)お清め. **b)** (カトリック) (P～)聖母マリアの清めの祝日(2月2日).

purificador, dora 形 浄化する. ─sistema ～ de aguas 浄水装置, 浄水器. ── 男 浄化装置, 清浄器.

de aguas 浄水器.
purificar [1.1] 他 **1** を清浄にする, 清める, 純化する. **2** (心)を清くする, 浄化する. **3** を洗練する, 磨き上げる. **4** (金属)を精錬する. ― *se* 清浄になる, きれいになる, すっきりする.

purismo 男 (言語, 芸術などにおける)純粋主義.

purista 形男女 純粋[純正]主義の[主義者].

puritanismo 男 (宗教)ピューリタニズム; 厳格[厳ণ]主義.

puritano, na 形名 (宗教)ピューリタンの(人), 清教徒の; (道徳・宗教的に)厳格[厳正]な(人), 厳格主義者.

puro¹, ra 形 [プロ, ラ] **1** 純粋な, 混じり気のない. ―lana *pura* 純毛. **2** 汚れのない, 清澄な. ―aire ~ きれいな空気. **3** 純真な, 無邪気な, 清純な, 純潔な. **4** (学問などが)純粋の, 理論的な. ―filosofía *pura* 純粋哲学. **5** [名詞の前で] 単なる, まったくの. ―la *pura* verdad 正真正銘の事実. por *pura* coincidencia まったくの偶然で. por ~ capricho ほんの出来心で. en ~ invierno 冬の最中に. **6** [中南米] a) [+名詞] …ただ…だけ. b) [+a と] よく似た. c) [メキシコ] […の] そっくりの. ► *a puros (de)* …の力で, …のおかげで, …によって. *de puro* とても…なので, あまり恐ろしくて彼は震えていた. ― 副 [中南米] 《話》単に. **2** [南米] 《話》ちょうど.

puro² 男 [プロ] **1** 葉巻. **2** 《話》罰, 制裁.

púrpura 女 **1** [形 としても使う] 赤紫色, 紫がかった深紅色. **2** 紫衣; (紫衣を着る)高位高官位. **3** (貝類) アクキガイ; 貝類を原料とする染料. **4** (医学) 紫斑病, 紫斑. ― 形 赤紫色の.

purpurado 男 (カト) 枢機卿.

purpurar 他 **1** を赤紫に染める. **2** …に紫衣を着せる.

purpúreo, a 形 **1** 赤紫色の, 紫色の. ―color ~ 赤紫色. **2** 帝位の, 高官の.

purpurina 女 **1** (化学) プルプリン(色の染料). **2** (美術) 青銅[洋銀]粉末.

purpurino, na 形 → purpúreo.

purulencia 女 (医学) 化膿(♅).

purulento, ta 形 (医学) 化膿(♅)した, 化膿性の. ―herida *purulenta* 膿(♎)を持った傷, 化膿した傷.

pus 男 (医学) 膿(♎).

pus-, pusi- 動 →poner [10.7].

pusilánime 形 弱気の, 意気地のない. ― 男女 意気地のない人, 小心者.

pusilanimidad 女 弱気, 臆病.

pústula 女 (医学) 膿疱(♆).

pustuloso, sa 形 (医学) 膿疱(♆)性の, 膿疱のできた.

puta 女 **1** 《卑》売春婦. **2** 《卑》売女(♇), 淫売(♈), 尻軽女. ―iHijo de ~! 馬鹿野郎, この野郎.

putada 女 《卑》汚い手口, 卑怯な行為.

putañero, ra 形男 《話》=putero.

putativo, va 形 (主に血縁関係について)推定上の, 一般にはそうだと思われている. ―padre ~ 推定上の父.

puteada 女 [中南米] ののしり, 非難.

putear 自 《卑》**1** よく女遊びをする, しばしば売春婦のもとへ通う. **2** 売春をする. ― 他 《卑》**1** を困らせる, …に嫌な思いをさせる, ひどい目にあわす. **2** [中南米] …に下品なことを言う, をののしる.

puterío 男 売春; (集合的に) 売春婦.

putero 形男 《話》売春婦をよく買う(男).

puto, ta 形 《卑》**1** [+名詞] 〔強調・怒り〕 a) [否定文で] まったく(…ない). ―No tengo ni *puta* idea. さっぱりわからない. b) [肯定文で] ―iQué *puta* suerte tienes! 君はまったくついてるね. **2** 《俗》不快な, いまいましい. **3** 困難な, 厄介な. ―examen ~ 難しい試験. **4** 売春する, ふしだらな. ► *de puta madre* 《卑》すごい, すばらしい, 最高の. *de puta pena* 最悪に, とても悪く. *ir de putas* (男が)女を買う. ― 男 男娼. ► *me cago en la puta* (失敗して)ちくしょう. *pasarlas putas* つらい目にあう.

putón 男 《話, 軽蔑》尻軽女, 性的に奔放な女性.

putrefacción 女 腐敗, 腐乱; 腐敗物.

putrefacto, ta 形 腐った, 腐敗した.

putrescente 形 腐りかかった, 腐った.

putrescible 形 腐りやすい, 腐敗しやすい.

putridez 女 腐敗, 腐りかかった.

pútrido, da 形 腐った, 腐敗した.

putuno 男 [中南米] (牛の角などで出来た)ラッパの一種.

puya 女 **1** (闘牛の牛に用いる)槍(♆)の先端部, (家畜に用いる)突き棒の先端部. **2** 当てこすり, 皮肉.

puyazo 男 (闘牛) (槍(♆)による)突き(傷).

puzle 男 (ジグソー)パズル; 難問.

puzolana 女 ポゾラン(火山灰などのセメント材料).

puz(z)le 男 ジグソーパズル (=rompecabezas). ―hacer un ~ パズルをする.

pyme [ピメ] 頭字 [<*pequeña y mediana empresa*] 中小企業.

pyrex 男 (商標) パイレックス(耐熱ガラス食器).

Q, q

Q, q 女 スペイン語アルファベットの第18文字.

Qatar 固名 カタール(首都 Doha).

qatarí 形 ―(es) カタール (Qatar)(人)の, カタールに関する. ― 男女 カタール人[出身者].

q.b.s.m. 《略号》 =que besa su mano (通信文で)敬具.

q.e.p.d. 《略号》 =que en paz des-

q.e.s.m. 814 **que**

canse 安らかに眠れ(墓碑の銘文).

q.e.s.m. 〖略号〗= que estrecha su mano (通信文で)敬具.

quark 〈英〉 男 [複 ~s] 〖物理〗クオーク.

quásar 〈英〉 男 〖天文〗クエーサー, 準恒星状天体.

que[1] 〖ケ〗代 (関係) 〖無変化; 無強勢語〗〖先行詞は事柄または明示されない前文の中で先行詞のある語, そしてそれは, そしてそのこと〗**1**〖制限用法〗**a)**〖+直説法〗…である…, …する…. —La chica *que* está hablando con José es mi prima. ホセと話している女の子は私の従姉妹です. 〖先行詞が人で現在の直接目的語である場合は前置詞 a はつかない〗. **b)**〖+接続法〗…である…, …する…ような. —Aquí no hay nada *que* me guste. ここには私の気に入るようなものは何もない. 〖接続法が用いられるのは先行詞が不定あるいは否定されている場合など〗. **c)**〖+不定詞〗…すべき…, —¿Tiene usted algo *que* declarar? 何か申告すべきものをお持ちですか. 〖説明用法, 主に+直説法〗である…, そしてその人は…. —Este coche, *que* me costó mucho, no corre bien. この車は随分高かったのだがあまりよくない. **3**〖前置詞(a·con·de·en の承)+ …制限用法だが先行詞は主に物·事…ような〗. —¿Qué tal resultó el asunto *de que* me hablaste el otro día? この間話してくれた件はどうなった? Ya no existe la casa *en que* nacimos. もう私たちが生まれた家は存在しない. El día (*en) que* llegué a Tokio diluviaba. 私たちが東京に着いた日は大雨だった. 〖先行詞が時を表す場合, 前置詞は省略されることが多い〗. **4**〖制限用法〗…は…だから, して…であるからこそ. —El *Tú que* eres muy antiguo suyo, ¿no podrías pedirle ese favor? 君は彼の親友なんだからそれを頼んでみたらどうかな.

— el que, la que 代 (関係) [複 男 los que, 女 las que, 中 → lo que] 〖先行詞は人·物, 先行詞の性·数により定冠詞が変化する〗**1**〖制限用法〗…である…, …する…. —El señor con el *que* ella está hablando es un famoso médico. 彼女が話をしている紳士は有名な医者だ. Esa es la razón por *la que* no fui a la fiesta. それがパーティーに行かなかった理由です. 〖制限用法では前置詞なしでは用いられない〗. **2**〖説明用法, +直説法〗である…, その人[それ人]は…. —Escribí a Carmen, *la que* está ahora en Tokio estudiando. 私はカルメンに手紙を書いたが, 彼女は現在東京に留学中のカルメンだ. 〖説明用法では前置詞なしでも用いられる. このときel que は単なる説明用法というより同格関係代名詞のことが多い〗. **3**〖独立用法〗**a)**〖+直説法〗…である人, …する人. —De las cuatro chicas, *la que* lleva gafas es mi novia. 4 人の女の子のうちメガネをかけたのが僕の恋人だ. 〖el que が特定の先行詞を持たない場合は quien と置換可能〗. **b)**〖+接続法〗…であるよう

な)人, …する(ような)人. —Los *que* te lo hayan dicho, te engañan. おまえにそのようなことを言った連中はおまえをだましているのだ. **c)**〖強調構文で〗…であるのは…である. —Fue él *el que* me lo contó. 私にそれを告げたのは彼です.

— lo que 代 (関係) 中 無変化. 無強勢語〗〖先行詞は事柄または明示されない前文の中で先行詞のある語, そしてそれは, そしてそのこと〗 **1**〖制限用法〗…のこと, …のところ. —Llegué tarde, por *lo que* no pude verte. 僕は到着が遅れた. だから(そのことによって)君に会えなかった. **2**〖独立用法〗…すること. —Eso es precisamente *lo que* quise decir. それこそまさに私の言いたかったことだ. 〖+形容詞·副詞+que, 強調構文で〗どんなに…である…, …であること. —No sabes *lo* cansada *que* estoy. 私がどんなに疲れているかあなたは分からない. No quiere a su madre, con *lo* buena *que* es. 彼は母親がどんなに善人としても愛じていない. **4**〖接続法+lo que + 接続法, 譲歩〗たとえ…であろうと…. —Digan *lo que* digan, iremos a la montaña. 彼らが何というと私たちは山に行く. ▶ *lo que es*… …に関しては, …ということは, …. —*Lo que es* estudiar, sí estudié mucho. 勉強ということなら, ええず いぶん勉強しましたよ. **más [menos]** 〖+形容詞·副詞〗 *de lo que* …であるよりもより…だ[…であるほど …でない]. —Ella es *más* guapa *de lo que* yo imaginaba. 彼女は僕の思っていた美人だ.

que[2] 〖ケ〗接 **1**〖名詞節を導く〗**a)**〖+直説法〗(…する)こと, (…)ということ. —Creo *que* tienes razón. 君の言うことはもっともだと思う. **b)**〖+接続法; 意志·疑惑·可能性·感情·評価判断などを示す述語に支配される〗(…する)ということ, (…する)ようにと, (…する)とは. —Quiero *que* me digas la verdad. 君に本当のことを言ってもらいたい. Dudo *que* esté en casa. 彼は彼が家にいないのではないかと思う. **2**〖前置詞+que +直説法/接続法〗〖述語の補足〗(…する)こと, (…する)ということ. —Estoy seguro de *que* se casarán. 私は彼らが結婚するのは確かだと思う. Tengo miedo de *que* se enfade. 彼が怒るのではないかと心配だ. 〖*de ~* の後で; 名詞の修飾〗…という…. —El hecho de *que* no haya venido no significa indeferencia. 彼が来なかったということは無関心を意味しない. **3**〖+接続法〗**a)**〖間接命令〗…しなさい. —*Que* pase el siguiente. 次の人を通しなさい. **b)**〖願望〗どうか…ようにと, すればいいのに. —¡*Que* seas feliz! 彼が幸せであればいいんだが. **c)**〖命令の口調〗(…しろ)と言っているんだ. —*Que* calles, te digo. 黙れと言ってるんだ. **4**〖比較の対象〗…より. —Es más alto *que* Elena. 彼はエレナより背が高い. **b)**〖(と同じ). —Pienso lo mismo *que* tú. 私は君と同じに考えた. **c)**〖否定の後で〗…しか(ない). —No hay otro remedio *que* estudiar. 勉強するしかない. **5**『理由; 命令形の後などで』…だから, …なので. —Habla más alto, *que no te oigo bien*. もっと大声で話して, よく聞こえないから. **6**『結果; tan, tanto の後などで』…ので. Trabajó *tanto que cayó enfermo*. 彼は働きすぎて病気になった. **7**『さまざまな接続詞に相当する用法』 a) 『逆接』ですなければ. —Date prisa, *que llegamos tarde*. 急ぎ, そうしないと私たちは遅刻するよ. b)『仮定』…ならば. —*Que ese día no puedes*, avísanos. その日だめなら私たちに知らせてくれ. c)『目的; +接続法』…するように. —Abre el balcón, *que entre aire*. バルコニーの戸を開けなさい, 風が入るように. d)『限界; +接続法』…する限り. —*Que yo sepa*, aún es soltera. 私の知る限り, 彼女は独身だ. e)『程度』…するほど. —La sopa está *que arde*. スープはやけどするほど熱い. f)『様態』…のように. —El niño corre *que vuela*. 男の子は飛ぶように早く走った. g)『譲歩; +接続法』…であろうと(なかろうと). —Quiera *que no*, tendrá que hacerlo. 好むと好まざるとにかかわらず彼はそれをしなくてはならないだろう. h)『+ no』…ではなくて. —Son terroristas, *que no héroes*. 彼らは英雄ではなくてテロリストだ. **8**『強調を込めた断定・繰り返し』…ということだ, …のだ. —¿Cómo has dicho?—*Que no*. 君は何て言ったの.—だめと言ったんだよ. **9**『驚き・不信を示す反問』…だなんて, …だと. —¿*Que* viene el jefe? えっ ボスが来るんだって? **10**『que の前後に同じ語を繰り返して強調する』…し…する. —Corre *que corre*. 走りに走る. **▶a la que**『+直説法』『話』…すると, …のときに. **es que** …ということだ, つまり….

qué[ケ]代〔疑〕〔無変化〕『物・事柄について用いられる』**1**『直接疑問文で』 a)何, どんなもの, どんなこと. —¿*Qué* es esto? これは何ですか. ¿*Qué* es María?—Es abogada. マリアの職業は何ですか. —弁護士です. ¿A *qué* se dedica usted?—Soy profesor. ご職業は何ですか. —教師です. b)『+se trata』何の話ですか. b)『相手の話の名詞部分が聞き取れなかったとき, 定冠詞 + 』何. —¿*Te interesa la semiología*?—La semiología. 君は記号学に関心があるかい?—何だって?—記号学だ. c)『反語として』何で. —*Que* sí estoy contento? ¡*Qué* voy a estar contento! 満足してるかだって? 私が満足してるわけないだろう. **2**『間接疑問文で』 a)何, どんなもの, どんなこと. —No sé *qué debo hacer*. 私は何をすべきかわからない. b)『+不定詞』何を…すべきか. 私は何と答えていいのかわからなかった. **▶a mí [ti] qué** 私[君]には関係ないよ. **no sé qué** …saber. **¿Por qué...?** なぜ(…か), どうして(…か). 『口語では por qué no...? (1)『主語は聞き手, 直説法現在形で依頼の表現』してくれませんか. (2)『主語は話し手を含む複数, 直説法現在形で勧誘』…しませんか, …しましょうよ. **¡qué de...!** なんと多くの…だろう, なんとたくさんの…だろう. —*¡Qué de gente* [coches]! なんてたくさんの人[車]だろう! **¿Qué tal?** →saber. ¿*Qué tal?* — tal. *¡Qué va!* →ir. **¿Y [eso] qué?** それがどうしたのか, それが何だというのか. **y qué sé yo** → saber.

— 形〔疑問〕〔強勢; 無変化〕**1**『直接疑問文で』何の…, 何という…, どんな…. —¿*Qué día de la semana es hoy*? 今日は何曜日ですか. ¿*Qué número calza usted*? あなたの靴のサイズはいくつですか. b)どの…. —¿*Qué coche te gusta más, éste o aquél*? どっちの車が好きですか. こっちですか, あっちですか. c)『cuánto の代わりに』どれだけの…. —Oye, ¿*qué dinero llevas*? ねえ, お金いくら持ってる. **2**『間接疑問文で』何の…, 何という…, どんな…. —¿*Sabes qué película ponen mañana*? 明日何の映画をやるか知ってる? **3**『+名詞+más [tan] + 形容詞, 感嘆文』何という…, 何という…. —*¡Qué libro más [tan] interesante!* なんておもしろい本だろう.

— 副 **1**『+形容詞・副詞, 感嘆文』なんと…なんて…. —*¡Qué rico está!* 何ておいしいんだろう! **2**『cuánto の代用として』『話』どれだけ. —¿*Qué te costó esa moto*? そのバイクいくらだった?

quebracho 男【植物】ケブラチョ(南米産の樹木).

quebrada 女 狭い山道; 峡谷, 谷間.

quebradero 男 割る物, 砕く物[者]. **▶quebradero de cabeza** 心配ごと, 悩み源泉の種.

quebradizo, za 形 **1**壊れやすい, 割れやすい, もろい. **2**(体が)弱い, 虚弱な, 病弱な. **3**(声が)弱々しい; 震え声の. **4**意志[性格]が弱い, 動揺しやすい.

quebrado, da 形 [→quebrar] 形 **1**割れた, 壊れた; (骨が)折れた. **2**(土地が)起伏の激しい, でこぼこした. **3**(線が)ジグザグの, 折れ曲がった. **4**【数】分数の. —número ~ 分数. **5**色艶が悪い(さえない); (声が)かすれた. **7**『南米』『話』(料金などが)不合格の, (試験などが)合格が難しい. — 男 **1**分数. **7**破産. — 名 破産者; 【医学】ヘルニア患者.

quebradura 女 **1** a)裂け目, 割れ目, 亀裂. b)峡谷. **2**【医学】ヘルニア.

quebraja 女 裂け目, 割れ目.

quebrantado, da 過分 [→quebrantar] **1**侵害された, 害した; 弱まった. **2**破産した.

quebrantador, dora 形 **1**砕く, 破壊する. **2**法を破る. **3**効力を弱める.

quebrantahuesos 男【単複同形】【鳥類】ヒゲワシ.

quebrantamiento 男 **1**破ること, 砕くこと. **2**侵害, 侵犯; 不履行. **3**(気力・体力の)衰弱, 衰え.

quebrantar 他 **1 a)** を砕く、壊す、粉々にする。**b)** をこじ開ける。**c)** をつぶす、細かくする。**d)** …にひびを入らせる。**2**(法)に違反する、を破る、(義務)を果さない。—— un contrato 契約違反をする。~ la ley 法律を破る。**3** を悪化させる、失わせる；弱める、脆くする。—— se 再 悪化する、弱まる、無くなる。

quebranto 男 **1** 損失、損害；破砕。**2** 消耗、衰弱；激しい疲労。**3** 気落ち、落胆；悲嘆。

quebrar [4.1] 他 **1** を壊す、台無しにする、割る。—— la puerta de una patada ドアを蹴飛ばす **2** を折る、曲げる。—— la cintura 腰を曲げる。**3** を中止させる、断念させる、妨害する。**4**(障害物や圧力)を克服する、打ち負かす。—— 自 **1** (商業)破産する、倒産する。**2** [+ con と]絶交する、仲違いする。—— se 再 **1** 砕ける、壊れる。**2**(自分の体の一部)を折る、脱臼する。**3**(土地・山脈が)途切れる；(声が)途切れる、かすれる。**4** ヘルニアになる。**5**(声が)かすれる、かすれる。

quebrazón 男〖中南米〗(ガラスや食器などが音を立てて)割れること。

queche 男《船舶》ケッチ(北欧の1本マストの帆船)。

quechemarín 男 2本マストの小型帆船、ヨール。

quechua 形 ケチュア人(ペルー、ボリビアの先住民)の；ケチュア語の。—— 男女 ケチュア人。—— 男 ケチュア語。

queda 女 夜間外出禁止時間(を告げる鐘)。► toque de queda 夜間外出禁止令。

quedada 女 **1** とどまること；滞在。**2** 風が和らぐこと。**3**〖中南米〗《俗》(婚期を逸した)未婚の女、オールド・ミス。

quedar [ケダル] 自 **1** 残る、残っている、ある。—— Quedan dos semanas para la Navidad. クリスマスまでに2週間ある。**2** …となる、…になる。—— La carta ha quedado sin contestar. 手紙は返事を出さないままになった。**3** [+ con と](特定の日時に)会うことにする、会う約束をする。—¿Dónde quedamos? どこで会おうか。**4** [+ en に]終わる、終了する。—— Todo su esfuerzo quedó en nada. あらゆる努力は無になった。**5** ある、位置する。—Correos queda al final de esta calle. 郵便局はこの道の突き当たりにある。**6**(服などが)似合う、映える。—Ese vestido te queda muy bien. そのドレスは君にとてもよく似合うよ。**7** [+ bien/mal](いい・悪い印象を与える)。**8** [+ en で](意見が)一致する、合意に達する。—Bien, quedamos en que tú me llamas mañana. よし、君が明日僕に電話をすること、でいいね。**9** [+ por + 不定詞]がまだ…していない。—Todavía quedan algunos deberes por acabar. まだ宿題がいくつか終わっていない。**10** [+ por/como + 名詞・形容詞]として通じる、…として評価される。—— por embustero 大嘘つきの評判を持つ。—— se 再 **1** [+ en に]いる、残留する、滞在する。—Me quedaré en Madrid todo el mes de agosto. 私は8月中マドリードに留まるだろう。**2**(状態)になる。—— se callado 黙り込む。**3**(物)を自分のものにする、手元に置く。—Quédatela y me la devuelves mañana. 君がそれを持っていてくれ、明日返してくれたらいいから。► ¿En qué quedamos? どうする事に決める？ quedar a deber 借りにしておく。 quedar(se) atrás …残る。 quedarse con… **(1)**(物)を自分のものにする。**(2)**(人)をだます、ぺてんにかける。**(3)** …を記憶する。 quedarse en blanco = blanco. quedarse en tierra 乗りそこなう。 quedarse frío [helado] **(1)** 強い印象を受ける、凍りつく。**(2)** 凍える。 quedarse tan ancho [fresco] 平然としている。 quedarse tieso 死ぬ。 que no quede por… …に関しては異存はない、賛成だ。—Por mí que no quede. 私は賛成だ。

quedo 副 小声で。—— -, da 形 (声や足音などが)静かな。

quehacer 男〖主に複〗務め、仕事、用事。——los —es domésticos [de casa] 家事。

queimada 女 ケイマダ(ガリシア地方の蒸留酒 orujo に砂糖、レモンを加えた温かい飲み物)。

queja 女 **1 a)** 不平、苦情；クレーム。**b)** 〖複〗不満の種。**2** 訴訟。**3** 嘆き[苦しみ](の声)。

quejarse [ケハルセ] 再 **1** [+ de について]不平を言う、こぼす、嘆く。**2** [+ a に]訴え出る、告訴する。

quejica 形 不平ばかり言う。—— 男女 不平家。

quejicoso, sa 形 愚痴っぽい。

quejido 男 **1**(苦痛・悲しみの)うめき声。**2** 不平、嘆き；嘆き。

quejigo 男〖植物〗カシワの一種。

quejón, jona 形 愚痴っぽい、不平家。

quejoso, sa 形 **1** [+ de に]不満[恨み]を持った。**2**(口調・声音が)不平がましい。

quejumbre 女(特に長々とした)愚痴、不平；嘆き声。

quejumbroso, sa 形 **1**(声・口調などが)限りない、悲しげな、嘆くような。**2** 愚痴っぽい、泣き言ばかり言う、不平たらたらの。—— 名 愚痴っぽい人、泣き言ばかり言う人。

queloide 男《医学》ケロイド。

queltehue 男《鳥類》ナンベイタゲリ。

quema 女 **1** 燃やすこと、燃えること；火事。**2** 火刑、火あぶり。**3**〖話〗蔵払い、在庫一掃セール。► huir de la quema 危険から逃れる、割地を避ける。

quemadero 男 ごみ焼き場；(昔の)火刑場。

quemado, da 過分 [→ quemar] 形 **1 a)**焼けた、焦げた。**b)** 日に焼けた；やけどした。**2** 腹を立てた、3人冠を失った。—— 男 **1 a)** a)焼けた[焦げた]もの。—Huele a …焦げ臭い。**b)** 焼ぐこと、焼ける[焦げる]

こと. **2** 山火事の跡.

quemador, dora 形 焼く, 燃やす(ための). ― 名 燃やす人; 放火者. ― 男 燃焼装置, バーナー. —— de gas ガスバーナー.

***quemadura** 囡 **1** (主に火による)やけど(の跡). **2**〖植物〗(麦などの)黒穂病; 植物の霜枯れ.

***quemar** [ケマル] 他 **1** a) を焼く, 焼却する, 燃やす. ── grasa 体脂肪を燃やす. b) を焦がす. —— la almohada con un cigarrillo タバコで枕に焼け焦げを作る. c) を日焼けさせる; やけどさせる. d) を焼くような思いをさせる, ヒリヒリさせる, 刺激する. ―El aguardiente me quema la garganta. 焼酎を飲んだらのどが焼けつくようだ. **3**〖酷暑または酷寒が植物〗を枯らす, 枯死させる. **4** a) を困らせる, 悩ませる, 怒らせる. b) を疲れさせる, 消耗させる. **5**〖金〗を浪費する. —— su fortuna 自分の財産を使い尽くす. **6** を傷める. **7** を腐食する. ── 自 **1** 熱い. ―No lo toques, que quema. 触らないで, 熱いから. **2** ピリリと辛い. ── **se** 再 **1** a) 焼ける, 燃え上がる. b) やけどする, 火傷を負う; 日焼けする. c) 暑がる. d) 焦げる. ―Se me quemó la tortilla. 私はオムレツを焦がした. **2** 枯れる, 枯死する. **3** 腹を立てる, いらだつ; 消耗する. **4** (クイズなどで)正解に近づいている. ―¡Que se quemas! いいぞ, もう一頑張りだ. **5**〖+ por/de に〗身を焦がす, 恋い焦がれる; 感激する.

quemarropa → **a quemarropa** 副 (1)〖銃撃などを〗至近距離から. (2) 思いがけなく, だしぬけに.

quemazón 囡 **1** 焼けるような暑さ. **2** 燃焼, 焼却. **3** かゆみ; 焼けるような痛み, 熱さ, 不きげん; 恨み. **5**〖特に在庫一掃の〗大安売り.

queña 囡〖音楽〗ケーナ.

quep- 動 →caber [18].

quepa-(-) 動 caber の接・現在.

quepi 男〖中米〗→quepis.

quepis 男〖単複同形〗ひさしのついた帽子, 軍帽, 制帽.

quepo 動 caber の直・現在・1単.

queque 男〖中南米〗ケーキ.

queratina 囡〖生化〗ケラチン.

queratitis 囡〖単複同形〗〖医学〗角膜炎.

queratosis 囡〖単複同形〗〖医学〗角化症.

querella 囡 **1** 論争, 口論. **2**〖法律〗訴訟, 告訴, 糾弾. —presentar ~ contra... …に対して訴訟を起こす. **3** 不平, 不満.

querellante 形〖法律〗提訴する; 訴訟を提起できる. ── 男女 原告, 起訴人.

querellarse 再 **1**〖法律〗〖+ contra/de を〗…に対して訴訟を起こす. **2** 不平を言う.

querencia 囡 **1** a) (特に生まれ育った土地への)愛着, 未練; ホームシック. b)〖動物〗帰巣本能. **2** 古巣. **3**〖闘牛〗ケレンシア(闘牛場内で牛が行きたがる場所, またはそこへ行きたがる癖).

querendón, dona 形〖中南米〗**1** やさしい, 情愛の深い. **2** お気に入りの. ── 名 恋人, お気に入り.

***querer** [ケレル][4.8] 他 **1** a)〖物〗を望む; 〖+ 不定詞〗…したい, したく思う;〖que + 接続法〗…してほしいと思う. ―Quiero cerveza. 私はビールが欲しい. Quiero ir al médico esta tarde. 私は今日の午後医者に行きたい. Quisiera que me dijeses la verdad. (できることなら)私に本当のことを言ってほしいのだ. Puede usted venir, si quiere. よろしかったら下さい. b) …するつもりでいる, …と決めている, 決心している. ―Quiere dejar de fumar. 彼はタバコをやめようと思っている. c) を必要とする, 要求する;〖+ がぴったりだ, 似合う. ―Este salón quiere una bonita alfombra. この部屋にはきれいなじゅうたんが必要だ. **2** a) を愛する, …が好きである. ―Yo te quiero a ti, no a ella. 私は彼女でなくて君が好きなのだ. **3** a)〖+ 不定詞〗〖疑問文の形で〗…してもらえないか. —¿Quieres callarte ya? いいかげんに黙ってくれないか. b) (相手を誘う)…する気はありませんか. —¿Quieres venir a mi casa? 私の家に来たくありませんか. c)〖+ que + 接続法〗(申し出る)…しましょうか. —¿Quieres que te ayude? 手を貸しましょうか? **4** もう少しで…しそうである. —Parece que quiere nevar. 雪が降りそうだ. **5** (トランプなどで)賭金のつり上げに応じる. ● *como quien no quiera la cosa* 何気ない風で, 何食わぬ顔をして. *como quiera* お好きなように. *como quiera que* (1)〖+ 接続法〗どんなに…でも. (2)〖+ 直説法〗…なので, …である以上, …であるからには. *cuando quiera* いつでも(好きなときに). *donde quiera* → *dondequiera*. *lo que quiera* なんでも(好きなものを); 好きなだけたくさん. *por lo que más quieras* お願いだから. *¿Qué más quieres?* それで十分じゃないか. (que) *quieras que no* 否応なしに. *¡Qué quieres que le haga [que le hagamos]!* どうしろというんだ. しかたないじゃないか. *querer decir* (1) を意味する. (2) と言いたい, 言いたがる. *¡que si quieres!* えい, いれったい; やってもむだだった; うんざりだな. *sin querer* 思わず, ふと. ── 男 **1** 愛, 愛情; 恋. —tener ~ a... …に愛情[好意]を抱く.

***querido, da** [ケリド, ダ] 過分 (→querer) 形 **1** 愛された, 望まれた. **2** 好きな, 好きな. b) (手紙の冒頭で)拝啓, 親愛なる. ―*Querida Merche.* 拝啓メルチェ様. ── 名 **1** (恋人や家族などの間で用いられる愛称)お前, あなた. **2** 愛人, 情人.

querindongo, ga 名〖話, 軽蔑〗愛人.

quermes 男〖単複同形〗**1**〖虫類〗エ

quermés ンジムシ. **2** エンジムシからとる染料, えんじ.

quermés 女 [複 quermeses] → kermés.

querosén, queroseno 男 灯油, ケロシン.

querosene 男 [南米] →querosén.

querr- 動 →querer [4.8].

querube, querubín 男 **1**《聖書》天使ケルビム(知識をつかさどる天使.) **2** 天使のようにかわいい子(特に子ども).

quesada 女 →quesadilla.

quesadilla 女 **1** チーズケーキ. **2**《メキシコ》溶けたチーズをはさんだトルティーリャ.

quesera 女 **1** チーズ皿. **2** チーズ工場.

quesería 女 **1** チーズ店; チーズ工場. **2** チーズ作りに適した時期.

quesero, ra 形 **1** チーズの. **2** チーズのような. **3** チーズ好きの. ── 名 チーズ作りの職人; チーズ商人.

quesillo 男 [南米] 塩の入っていない柔らかいチーズ. ▶ *pan y quesillo*《植物》ナスタ, ペンタグラフ.

quesito 男 (小さく切って包装された)チーズの一切れ.

queso 男 チーズ. ── ~ *de bola* オランダチーズ. ~ *de Burgos*(ブルゴスの羊乳のチーズ.) ~ *manchego* ラ・マンチャ・チーズ(羊のチーズ.) ~ *rallado* おろしチーズ, 粉チーズ. ▶ *queso de cerdo*《料理》豚の頭肉のゼリー寄せ.

quetzal 男 **1** ケツァル(グアテマラの通貨単位.) **2**《鳥類》キヌバネドリ.

quevedesco, ca 形 ケベードの; ケベード風の;(風刺・皮肉が)痛烈な.

Quevedo 固名 ケベード (Francisco de ~)(1580-1645, スペインの政治家・小説家・詩人.)

quevedos 男 鼻めがね.

quia, quiá 間《俗》とんでもない, まさか; ばかばかしい.

quiasmo 男《修辞》交差対句法, キアスムス.

quiché 形 キチェ人の, キチェに関する; キチェ語の. ── 男女 キチェ人. ── 男 キチェ語.

quichua 形 男女 男 →quechua.

quicial 男《蝶番(ちょうつがい)を取り付ける》縦枠(わく).

quicio 男 **1**《蝶番(ちょうつがい)を取り付ける》縦枠(わく). **2** 開いたドアと壁の間のすき間. **3** 常態; 常軌. ─ *estar fuera de* ~ 常軌を逸している, はめをはずしている. ▶ *sacar de quicio* (1)(物事を)誇張する, 行き過ぎる. (2)(人を)いらいら[激怒]させる.

quid 男 要点, 肝心な点. ▶ *dar en el quid* 適切なことを言う[する], 正鵠(せいこく)を射る.

quídam 男《話》**1** 誰かさん, なんのだれがし. **2** 取るに足らない人.

quid pro quo《ラテン》**1** 無益だ, 代用品, お返しの物. **2** 思い違い, 誤解.

*****quiebra** 女 **1** 崩落, 破滅; 失敗, 挫折. **2**《商業》破産, 倒産. **3** 割れ目, 裂け目, 亀裂, ひび.

quiebro 男 **1** 身体をそらす[曲げる]姿勢. **2**《音楽》装飾音. **3**《闘牛》上半身をひねって牛をかわす技.

*****quien** [キエン] 代 (関係) [複 ~es, 無強勢型] **1** [先行詞は人] **1** [制限用法] **a)** [+直説法, 口語では+前置詞の場合のみ] …である…. ── La señorita de ~ os hablé ayer es la hija del jefe. 昨日君たちに話したお嬢さんは上司の娘さんだ. **b)** [+不定詞] …すべき…. ── Tiene una familia a ~ mantener. 彼には養わなければならない家族がある. **2** [説明用法, +直説法] 《文》そしてその人は…. ── De repente entró Juan, ~ acababa de volver de Francia. 突然フアンが入ってきたのだが, 彼はフランスから戻ったばかりだった. [説明用法では quien が関係節の主語として用いられる. 先行詞は固有名詞などのような特定の人を指すのが一般的.] **3** [独立用法, +直説法] …である[する]人. ── A ~ madruga Dios le ayuda. [諺] 早起きは三文の得. **4** [独立用法, +接続法] …である[する]ような人. ── Que levante la mano ~ lo sepa. その事を知っている方は手をあげてください. **5** [強調構文で] …である[する]のは…である. ── Él fue ~ me hizo ese favor. 私にその親切を申し出てくれたのは彼でした. **6** [接続法 + quien + 接続法] ~ sea, no aceptará ese trabajo. 誰であれそんな仕事は引き受けないだろう. ▶ *como quien*... まで…のように. *como quien no quiere la cosa* こっそりと, そしらぬ顔で; さりげなく. *como quien oye llover* 《話》馬耳東風に…. *quien más, quien menos*... 誰でも多かれ少なかれ….

*****quién** [キエン] 代 (疑問) [複 ~es, 無強勢型] **1** [直接疑問文で] **a)** だれ, どなた. ── ¿Q ~ fue el inventor de la radio? ラジオの発明者はだれですか. ¿A ~ estás buscando? だれを探しているの. **b)** [de+] だれの. ── ¿De ~ es aquella bicicleta? あの自転車はだれのですか. **2** [間接疑問文で] だれ, だれか, どなた. ── ¿Sabes ~ es aquel señor? あの男性がだれか知っていますか. **b)** [+不定詞] だれを[だれに]…すべきか. ── No sabía a ~ dirigirse. 彼はだれに話すべきか分からなかった. **3** [+接続法過去] 過去に了, 願望で] 私が…だったらなあ. ── ¡Q ~ tuviera tu edad! 君くらいの年齢だったらなあ! ▶ *no ser quién para* [+不定詞] …する資格[権限]がない. *quién sabe* さあ, どうだか分からない.

*****quienquiera** 代 (不定) [複 quienesquiera, 使用はまれ] [主に + que + 接続法] [任意の人・物を示す] …する誰でも, …するどんな人でも. ── ¿Q ~ que lo vea, no dará crédito a sus ojos. それを見た人は誰が自分の目を疑うことだろう.

quier- 動 →querer [4.8].

*****quietismo** 男 **1** 静寂主義. **2** 無活動; 無為, 無気力.

quietista 形 静寂主義の. ── 男女 静寂主義者.

quieto, ta [キエト, タ] 形 **1** 動かない, じっとした. —¡Estate ~! じっとしていなさい, 行儀よくしない. ¿Q~! 動かないで; (犬に)おすわり, (馬に)どうどう. **2** (性格や状態が)穏やかな, 落ち着いた; おとなしい.

quietud 女 **1** 動かないこと, 不動. **2** 静止; 静けさ, 落ち着き.

quijada 女 《解剖》顎骨(ぎら); あご.

quijera 女 《馬具の》頬(ほお)革(ひたい革と鼻革をつなぐ).

quijotada 女 ドン・キホーテなこと[行ない]; 空想的[熱狂的]なこと.

quijote 男 **1** (el Q~) ドン・キホーテ(セルバンテスの書いた小説 El Ingenioso Hidalgo Don Quijote de la Mancha の略称). **2** ドン・キホーテのような人, 非現実的理想主義者. **3** (よろいの)もも当て. **4** (馬の)尻.

quijotería 女 ドン・キホーテな性格; ドン・キホーテじみたこと.

quijotesco, ca 形 ドン・キホーテ的な; 気どった; 向こう見ずな.

quijotismo 男 ドン・キホーテの精神[行動・言動].

quila 女 《南米》《植物》タケ(竹)の一種.

quilatar 他 **1** (宝石の)カラット数を量る. (貴金属などの)重量を量る. **2** (宝石を)鑑定する, (金属を)試金する.

quilate 男 **1** カラット(宝石の重量単位, 約0.2グラム). **2** 純金含有度の単位(純金を24とする). —(oro de) 22 ~s 22金. **3** 完成度.

quilla 女 **1** (船の)竜骨. —colocar la ~ de un buque (船の建造の第一歩として)竜骨を据える. **2** (鳥の)竜骨突起.

quillay 男 《南米》《植物》キラヤ, セッケンボク.

quilo¹ 男 →kilo.

quilo² 男 《生理》乳糜(にゅうび).

quilogramo 男 →kilogramo.

quilombo 男 《南米》**1** 売春宿. **2** けんか; 騒ぎ.

quilómetro 男 →kilómetro.

quilovatio 男 →kilovatio.

quiltro 男 《チリ》(主に雑種の)イヌ.

quimbambas ➡ *en las quimbambas* どこか遠いところで.

quimera 女 **1** 《ギ神》キメーラ(火を吐く怪獣). **2** 空想, 妄想, とてつもない考え. —vivir de ~s 夢想にふけって暮らす.

quimérico, ca 形 空想的な; ばかげた, 実現できそうもない.

quimerista 形 **1** 空想家の. **2** けんか好きな. — 男女 **1** 空想家. **2** けんか好き.

química 女 **1** 化学. — ~ orgánica 有機化学. ~ inorgánica [mineral] 無機化学. **2** 添加物を多く含んだ食品.

químico, ca 形 化学の, 化学の. —industria *química* 化学工業. compuesto ~ 化合物. — 名 化学者.

quimioterapia 女 《医学》化学療法.

quimo 男 《生理》糜汁(びじゅう)(胃液と混じって粥(かゆ)状になった食物).

quimono [< 日] 男 →kimono.

quina 女 **1** 《植物》キナノキ. **2** キナ皮(キニーネの原料); キナ(キナ皮から作った煎じ薬).

quinado, da 形 キナ入りの. —vino ~ キナ入りの薬用ブドウ酒.

quinario, ria 形 5つの要素[まとまり, 数字]からなる.

quincalla 女 安物の装身具[小物]; 小間物.

quincallería 女 **1** 金物[小間物]商店. **2** 《集合的に》金物類; 安物の装身具[小物].

quincallero, ra 名 **1** 金物[小間物]屋主人, 金物[小間物]商. **2** 金物細工師.

quince [キンセ] 形 《数》**1** 15の. **2** 《序数的に》15番目の. — 男 15(の数字).

quinceañero, ra 形 10代の, ティーンエージャーの. — 名 ティーンエージャー; 15歳前後の人.

quinceavo, va 形 15分の1(の).

quincena 女 **1** 2週間, 半月, 15日間. **2** 2週分の給料; 15日間の拘留; 《音楽》2オクターブ(15度の音程).

quincenal 形 **1** 2週間に1回の, 隔週(発行)の, 半月刊[月2回刊行]の; 15日ごとの. —revista ~ 半月刊誌. **2** 15日間の, 2週間の, 半月の; 15日間[2週間]続く.

quincha 女 《南米》**1** (麦わらの壁や天井を支える)イグサの網. **2** よしずと泥で作った壁.

quinchar 他 (壁などを)よしずで作る.

quincho 男 《南米》(食品保存用の)あずまや, わらぶき小屋.

quincuagenario, ria 形 50歳前後の; 50歳代の. — 名 50(歳)代の人.

quincuagésimo, ma 形 《数》**1** 50番目の. **2** 50等分の. — 男 50分の1.

quindécimo, ma 形 15番目の; 15等分の.

quingentésimo, ma 形 《数》500番目の; 500等分の. — 男 500分の1.

quiniela 女 **1** キニエラ, サッカー(や競馬など)の公営賭博, トトカルチョ. —jugar a las ~s キニエラを買う. **2** キニエラの用紙.

quinielista 男女 サッカー賭博(とと)に賭(か)ける人.

quinielístico, ca 形 キニエラの, キニエラに関する.

quinientos, tas 形 《数》**1** 500の. **2** 《序数的に》500番目の. — 男 500(の数字).

quinina 女 《化学》キニーネ(マラリアの薬・解熱剤).

quino 男 **1** 《植物》キナノキ. **2** キナ皮.

quínola 女 **1** トランプで, 同種の札4枚そろえること. **2** 《複》同種の札を4枚そろえた者が勝つ, トランプ・ゲームの一種. **3** 奇妙なもの[こと].

quinqué 男 [複 ~s] 石油ランプ.

quinquenal 形 5年間の; 5年ごとの. —plan ~ 5か年計画.

quinquenio 男 5年間; 5年勤続毎に与えられる特別手当.

quinqui 男女 1 キンキ(スペイン北部で放浪生活をしていた社会集団). 2 (通常徒党を組む)悪党, 盗賊.

quinta 女 1 〔軍事〕 a) 徴兵をきめる抽選. b)(新年度に兵籍に入る)新規の徴兵同年兵. —entrar en ~s 兵役につく. librarse de ~s 退役する. 2 (いなかにある)別荘. 3 〔音楽〕第5度音程.

quintacolumnista 男女 第5列の活動家, スパイ, 工作員.

quintaesencia 女 1 真髄, 精髄. 2 典型(的な例).

quintal 男 1 キンタル(昔の重量単位, カスティーリャ地方では46kgに相当). —pesar un ~ 〔話〕とても重い. ▶ *quintal métrico* 100kg.

quintar 他 1 (人)をくじ引きにより徴兵する. 2 (人・物の集合から)くじ引きで5個[5人]ごとに1個[1人]ずつ取る.

quintería 女 農園, 農家.

quintero, ra 名 (農園で働き)小作人; (一般に)農夫.

quinteto 男 1 〔音楽〕五重奏(曲), クインテット. —~ *para cuerdas* 弦楽五重奏曲. 2 〔詩学〕(各行9音節以上の)五行詩[連].

quintilla 女 〔詩学〕(各行8音節の)五行詩[連].

quintillizo, za 形 五つ子の. — 男 複 五つ子.

Quintín(San) 固名男 ▶ *armarse la de San Quintín* 大げんかをする.

quinto, ta 形 [キント, 略] 〔数〕 1 5番目の. 2 5分の1の. — 男 1 5分の1. 2 徴兵予定者, 入営予定の青年. 3 (ビールの)小瓶. 4 〔歴史〕5分の1税; 5分の1の貢納金(戦利品から国王に納める).

quintral 男 〔南米〕 1 〔植物〕ヤドリギ科の植物. 2 スイカやマメ類などがかかる病気.

quíntuple 形 5倍の. — 男 5倍の(量・数).

quintuplicar 他 を5倍にする. —se 再 5倍になる.

quíntuplo, pla 形 5倍の. — 男 5倍.

quinua 女 〔植物〕キノア.

quinzavo, va 形 =quinceavo.

quiñazo 男 〔南米〕 1 独楽[こま]を別の独楽にぶつけること. 2 独楽でできた穴. 3 衝突.

quiñón 男 (共同所有物, 共同事業などで)各人の分担部分; (農業で)割り当て地.

quiosco 男 1 売店, キオスク(駅・街路・公園などで新聞, 雑誌, 飲み物などを販売する). 2 あずまや.

quiosquero, ra 名 売店の人, 店主.

quipu 男 〔歴史〕キープ(インカ帝国の結縄文字).

quique 男 〔南米〕〔動物〕イタチの一種.

quiquiriquí 男 [複 ~(e)s] 〔擬音〕コケコッコー(おんどりの鳴き声).

quirófano 男 手術室.

quiromancia, quiromancía 女 手相占い.

quiromántico, ca 形 手相の, 手相に関する. — 名 手相見, 手相占い師.

quiromasaje 男 手によるマッサージ.

quiróptero, ra 形 〔動物〕翼手(よく)類の, コウモリ類の. — 男 複 翼手類, コウモリ類.

quirquincho 男 〔動物〕キルキンチョ(アルマジロの一種).

quirúrgico, ca 形 外科の.

quis- 男 =querer 〔4.8〕.

quisco 男 〔チリ〕ハシラサボテンの一種.

quisicosa 女 〔話〕なぞなぞ; 難問.

quisque 代 (不定)〔話〕▶ *cada quisque* めいめい, それぞれ. *todo quisque* みんな, 全員.

quisquilla 女 〔動物〕エビ. — 男女 〔話〕ささいなことで怒り出す人.

quisquilloso, sa 形 1 (人が)細かい, ささいなことにこだわる; 気の小さい. 2 (人が)怒りっぽい, 気難しい.

quiste 男 〔医学〕嚢(のう)胞.

quístico, ca 形 〔医学〕嚢(のう)胞状の.

quita 女 (債務者が行う)借金の免除[割引き]. ▶ *de quita y pon* 取りはずし可能, 取りかけ取りはずしが自在の.

quitaesmalte 男 マニキュア落とし, 除光液.

quitaipón 男 =quitapón.

quitamanchas 男 〔単複同形〕染(し)み抜き(剤).

quitamiedos 男 〔単複同形〕(危険な箇所の)手すり, ガードレール.

quitanieves 男 〔単複同形〕; 女 〔単複同形〕除雪機; 除雪車.

quitapenas 男 〔単複同形〕〔話〕アルコール飲料, 酒.

quitapón 男 (馬・ろばなどの額(ひたい)につける房(ふさ)のついた)頭飾り. ▶ *de quitapón* 取りはずし可能.

quitar 〔キタル〕他 1 を取り除く, 撤去する, 外す, 取り去る. — ~ *el cuadro de la pared* 壁から絵を外す. 2 を消す, 消去する. —El limón quita la sed. レモンはのどのかわきをいやす. 3 〔+ *a* 〕(人から)を奪う, 盗む, 取る. —Me quitaron la cartera. 私は札入れを取られた. 4 を禁じる, はばむ. —El niño me quitó el ir de compras. 子どものせいで私は買物に行けなかった. 5 を免除する, 免れさせる, 妨げる, 免ずる. 6 を撤廃する. —**se** 再 1 脱ぐ; 取り去られる. —~*se la gabardina* コートを脱ぐ. ~*se los zapatos* 靴を脱ぐ. 2〔+ *de* 〕をやめる. —~*se del tabaco* タバコをやめる. 3〔+ *de* 〕どく, 立ち去る. —*Quítate de ahí*. そこをどいて. ▶ *de quita y pon* 取り外し可能. —*mesa de quita y pon* 組立て式テーブル. *¡quita (allá)!* 〔話〕よ

せよ，やめろ．**quitando...** を除いて，例外として．**quitar de la cabeza** 断念する，あきらめる．—*Quítate* eso *de la cabeza.* そんな考えは捨ててしまえ．**quitar de las manos** 争って買い求める，引っ張りだこである．**quitar de delante** [**encima**] 厄介者(物)から逃れる，追い払う．**quitarse de en medio** 自殺する；邪魔しない．**sin quitar ni poner** 手加減せずに，忠実に，脚色せずに．

quitasol 男 日傘；ビーチ・パラソル．

quite 男 **1 a)** 取り除くこと．**b)** 妨害．**2**〔闘牛〕キターテ(牛を襲う相手を他の闘牛士のカーバを使って引き離すこと)．**3**〔フェンシングなどで，相手の剣先の〕受け流し，かわし．►**ir** [**salir**] **al quite** 助けに駆けつける．

quiteño, ña 形 キト (Quito, エクアドルの首都)の．—名 キトの人．

quitina 女〔生化〕キチン．

quitinoso, sa 形〔生化〕キチンを含む，キチン性の，キチンに関する．

Quito 固 キト(エクアドルの首都)．

quitón 男〔貝類〕ヒザラガイ．

quizá(s) [キサバス] 副 **1** たぶん，おそらく，ことによると．—¿Hará frío mañana?—*Q*~. 明日は寒くなるかな．—たぶん．**2**〔+直説法(確信度が大きい)〕*Q*~ vendrá la señora. きっとその婦人は来るだろう．〔+接続法(確信度が小さい)〕*Q*~ esté enfermo. 彼はことによると病気だ．**2**〔動詞の後に来るときは直説法〕—Iré.—*Q*~, mañana. ぼくは行く，明日行くと．►*quizá y sin quizá* 絶対に，きっと．

quórum 〈ラテン〉 男 複 ~s〔議事進行・議決に必要な〕定足数．

R, r

R, r 女 スペイン語アルファベットの第19文字．

rabadán 男 牧羊者〔羊飼い〕の頭(かしら)．

rabadilla 女 **1**〔解剖〕尾骨．**2**〔食肉牛の〕しり肉．**3**〔鳥の〕尾翼(おばね)〔尾の付け根の丸くふくれた部分〕．

rabanero, ra 形名〔話〕あつかましい〔粗野な〕(人)．—女 ラディッシュを入れる容器．

rabanillo 男〔植物〕セイヨウノダイコン．

rabaniza 女〔植物〕アブラナ科の植物の一種．

rábano 男〔植物〕ハツカダイコン．—~ **encarnado**〔植物〕~ ► **picante** ► ワサビダイコン．►(*no*) *me importa un rábano* / *no se me da un rábano* 私にはどうでもいいことだ．*tomar el rábano por las hojas* すっかり勘違いする．¡(*Y*) *un rábano!* ばかな，とんでもない．

rabdomancia 女 →radiestesia.

rabear 自 **1**〔犬が〕尾を振る．**2**〔海事〕〔船が〕船尾を振る．

rabel 男〔音楽〕ラベル(バイオリンに似た古楽器)．

rabí 男〔宗教〕ラビ，先生(ユダヤ教の教師や律法学者)．

rabia 女 **1** 怒り，激怒，いらだち．—Me da ~ que siempre se meta conmigo. 彼がいつも私に干渉するのは腹立たしい．**2** 嫌悪，反感．—¡Qué ~ tienes! いやぁねぃ．**3**〔医学〕狂犬病，恐水病．►*con rabia* とても，ひどく．

rabiar 自 **1**〔+*contra* に対して〕激怒する，かんかんに怒る．**2**〔+*de*〕〔激痛を〕感じる，（…に）苦しむ．—~ *de dolor* 痛みにさいなまれる．**3** 恐水病〔狂犬病〕にかかる．**4**〔+*por* を〕強く希望する，熱望する．**5** 度を越している．—Este guiso pica que rabia. この料理はびっくりするほど辛い．►*a rabiar* 強く，激しく．*estar a rabiar*（2人が）犬猿の仲である．*hacer rabiar* 激怒させる．

rábico, ca 形 狂犬病の．

rabicorto, ta 形〔動物などが〕尾の短い；（人が）短か過ぎる服を着た．

rábida 女〔歴史〕国境に置かれ，要塞を兼ねたイスラム寺院．

rabieta 女〔話〕（一時的，突発的な）立腹，かんしゃく．—*coger una* ~ 激怒する．

rabihorcado 男〔鳥類〕メスグロダンカンドリ．

rabilargo, ga 形〔鳥，動物などが〕尾が長い；（人が）すそ長の服を着た．—男〔鳥類〕オナガ．

rabillo 男 **1**〔鳥・動物の，小さな〕尾；〔葉・花・実の〕柄；〔麦のような〕細い部分．**2**〔植物〕ドクムギ．**3**（人の目の）端．►*mirar con el rabillo del ojo*（1）横目で見る；流し目を送る．（2）警戒〔不信・憎しみ〕の目で見る．*rabillo del ojo*〔話〕目じり．

rabínico, ca 形〔宗教〕ラビの．

rabino 男〔宗教〕ラビ(ユダヤ教の教師・律法学者)．→rabí.

rabión 男 急流，早瀬．

rabiosamente 副 激怒して；猛烈に，荒々しく．

rabioso, sa 形 **1** 激怒した．—~ *de ira* 怒り狂っている．**2**（苦痛が）激しい，（願望が）強烈な．—~ *de dolor* 激痛に苦しむ．**3** 狂犬病にかかった．—*perro* ~ 狂犬病にかかった犬．

rabiza 女 **1** 釣竿の先．**2**〔海事〕(固定のための)短いロープ．

rabo 男 **1**〔動物の〕尾，しっぽ；尾状のもの．—~ *del gato* 猫の尾．~〔料理〕テール．**2**〔植物〕葉柄，茎，柄．—~ *del ojo* 目じり．►*con el rabo entre las piernas* しっぽを巻いて，しょげて，うちひしがれて．

rabón, bona 形〔動物が〕尾の短い；尾がない，切り尾の．

rabudo, da 形〔動物が〕尾の長い〔大きい〕．

rábula 男 口先ばかりの無能な弁護士．

racanear 自 **1** なまける；（仮病などを使って）さぼる．**2**〔話〕けちる，出し惜しみする．

racanería 女〔話〕けち，怠けること．

rácano, na 形 **1** けちな．**2** 怠け者の，

無精な. ―名 **1** けちん坊. **2** 怠け者, 無精者.

racha 囡 **1**(短時間の)突風, 一陣の風. **2** 一時的な幸運[不運], 一連の物事. ―**buena** ― 幸運, 好機. **mala** ― 不運, 悪い巡り合わせ. **a** ~**s** 時々思い出したように(始めるなど).

racheado, da 厖 (風が)断続的に強く吹く.

:**racial** 厖 人種(上)の, 民族の. ~**-discriminación** [**prejuicio**] ~ 人種差別[人種的偏見].

***racimo** 男 **1**(ブドウなどの)房; 房状のもの, 束, ひとかたまり. ―**un** ~ **de uvas** ひと房のブドウ. **2**《植物》(フジの花のような)総状花序, 花房.

raciocinar 自 推理する, 推論する.
raciocinio 男 **1** 推理力; 理性. **2** 推論, 推理, 論証(すること).

ración 囡 **1**(1人分の割り当て量, 配給(量). **2**(料理など)1人前, 1盛, 1皿. **3**《軍事》(兵)の1日分の糧食. ►**a media ración** 不十分に, 乏しく. **a ración** ひかえめに, わずかずつ.

***racional** 厖 **1**(人, 行動が)理性的な, 理性のある, 道理をわきまえた. ―**ser** ~ 理性的存在, 人間. **2**(言動, 思想などが)合理的な, 理性に基づいた. **3** 推論の, 理論的な. **4**《数学》有理の. ―男 囡 理性あるもの, 人間.

racionalidad 囡 合理性, 純理性.
racionalismo 男 **1** 理性主義, 理性論, 合理論. **2**《哲学》合理主義.
racionalista 厖 **1** 合理主義の, 理性[合理論]の継承者. ―男 囡 **1** 合理主義者. **2** 理性論者.
racionalización 囡 合理化. ―~ **industrial** 産業の合理化.
racionalizar [1.3] 他 を合理化する. ―~ **la producción** 生産を合理化する.
racionamiento 男 配給, 配給制度.
racionar 他 **1** を配給する, 割り当てる. **2**(食料, 衣料, 燃料など)を配給制にする.
racismo 男 人種差別主義[政策].
racista 厖 人種差別の, 人種差別主義の. ―男 囡 人種差別主義者.
racor 男 (管などの)継ぎ手, 接続部品.
rada 囡《海事》(船が停泊できる)入江, 泊地.
:**radar** 男 レーダー, 電波探知機.

radiación 囡 **1**《物理》a)(光, 熱などの)放射, 放射能. ~ **nuclear** 核放射線. ~ **solar** 太陽放射. b)(放射される)光, 熱, 放射線. **2** 抹消, 削除.
radiactividad 囡《物理》放射能.
radiactivo, va 厖 放射性の, 放射能のある. ―**desechos** ~**s** 放射性廃棄物. **material** ~ 放射性物質.
radiado, da 厖 (過分 →**radiar**) 厖 **1** a)放射状[形]の; 射出した. b)《生物》放射相称の. c)《植物》が周辺花を持つ. **2** ラジオで放送された. ―**entrevista radiada** ラジオ・インタビュー.
***radiador** 男 **1**(自動車などの)ラジエーター, 冷却器. **2** 放熱器, 輻射(ふくしゃ)暖房器.

radial 厖 **1**《数学》半径の. **2** 放射状の, 輻射状の. ―**neumático** ~ ラジアルタイヤ. **3** ラジオ(放送)の.
radián 男《数学》ラジアン.
radiante 厖 **1**(光, 熱)を放つ, 輻射(ふくしゃ)の, 放射する. ―**energía** ~ 放射エネルギー. **2** 輝く. ―**Hace un sol** ~. 太陽が光り輝いている. **3** うれしそうな, にこやかな. ―~ **sonrisa** 晴れやかな笑顔.
***radiar** 他 **1**(光, 熱など)を放射する. **2** をラジオで放送する. **3**《医学》(患部)に放射線を照射する. **4**《南米》を削除する.
radicación 囡 **1** 根づくこと; [+en へ]の定住. **2**《数学》開法.
:**radical** 厖 **1** 根本的な, 基本的な. ―**medidas** ~**es** 根本的対策. **2** 急進の, 急進主義の;過激(派)の. **3**《植物》根の, 根生の. ―**yema** ~ 芽. **hoja** ~ 根葉. ―男 囡 急進主義者; 過激派. ―男 **1**《言語》語根. **2**《数学》根号, ルート(√). **3**《化学》基.
radicalismo 男 (政治的な)急進主義, 過激論.
radicalizar [1.3] 他 を急進的[過激]にする. ―**se** 再 過激になる, 先鋭化する.
radicalmente 副 **1** 根本的に, 徹底的に, 根底から. **2** 過激に, 急進的に.
radicando 男《数学》被開法数(根号の下の数字).
radicar [1.1] 自 [+**en** に] **1** 根づく, 定住する. **2** 存在する, 由来する. ―**se** 再 [+**en** に]根づく; 定住する.
radícula 囡《植物》幼根, 胚根(成長して主根になる).
radiestesia 囡 (地下水か鉱脈などを見つける)ダウジング.

:**radio** [ラディオ] 男 **1** 半径; 範囲. ―~ **de acción** 行動半径, 勢力(活動)範囲. **2**(車輪の)輻(や), スポーク. **3**《解剖》橈骨(とうこつ)(前腕の2骨の1つ). **4**《化学》ラジウム(金属元素; 元素記号 Ra). **5** 無線電報. ―囡 **1** ラジオ放送(**radiodifusión** の短縮語), 無線通信. **2** ラジオ(受信機). ►**radio macuto**《話》根拠のない噂り.
radioactividad 囡 → **radiactividad**.
radioactivo 厖 → **radiactivo**.
radioaficionado, da 男 囡 アマチュア無線家, ハム.
radioastronomía 囡 電波天文学.
radiobaliza 囡 ラジオビーコン, 無線標識.
radiobiología 囡 放射線生物学.
radiocasete 男 ラジカセ, ラジオカセット.
radiocomunicación 囡 無線通信.
radiodiagnóstico 男《医学》X 線診断.
radiodifundir 他 をラジオで放送する.
radiodifusión 囡 放送; ラジオ放送.
radiodifusor, sora 厖 ラジオ放送の, ラジオ放送する. ―囡 ラジオ放送局.

radioelectricidad 女 無線工学.

radioemisora 女 〖中南米〗ラジオ放送局.

radioescucha 男女 ラジオの聴取者, リスナー.

radiofaro 男 〖通信〗ラジオビーコン, 無線標識局.

radiofonía 女 ラジオ(放送); 無線電信〖電話〗.

radiofónico, ca 形 ラジオ(放送)の; 無線電信による.

radiofrecuencia 女 〖通信〗無線周波数.

radiogoniómetro 男 ラジオコンパス, 無線方位測定器.

radiografía 女 〖医学〗レントゲン撮影; レントゲン写真.

radiografiar 他 1 〖医学〗(患部など)をレントゲン撮影する. 2 無線で送信する.

radiográfico, ca 形 レントゲン撮影の[による].

radiograma 男 →radiotelegrama.

radiogramola 女 (作り付けの)ラジオ付ステレオ(装置).

radiola 女 〖南米〗→radiogramola.

radiolario, ria 形 〖動物〗放散虫(目)の. —— 男 〖動物〗放散虫(目の生物; 属(R~)放散虫目.

radiolocalización 女 〖電気〗電波探知(法).

radiología 女 〖医学〗1 放射線学. 2 レントゲン写真の撮影学[判読].

radiológico, ca 形 〖医学〗放射線(医)学の, 放射線(医)学に関する.

radiólogo, ga 名 放射線専門医; レントゲン撮影技師.

radiometría 女 〖物理〗放射線測定.

radionovela 女 ラジオドラマ.

radiorreceptor 男 ラジオ[無線電信]の受信器, レシーバー. —— de contrastación (ラジオ, テレビなどの)モニター, 監視装置.

radioscopia 女 〖医学〗放射線[X線, レントゲン]透視(法), レントゲン診察(法).

radioscópico, ca 形 X線[レントゲン]透視(法)の.

radiosonda 女 〖気象〗ラジオゾンデ.

radiotaxi 男 無線タクシー.

radiotécnico, ca 形 無線工学の. —— 名 無線工学技師.

radiotelefonía 女 無線電話.

radioteléfono 男 無線電話(機).

radiotelegrafía 女 無線電信.

radiotelegráfico, ca 形 無線電信の.

radiotelegrafista 男女 無線電信技師.

radiotelegrama 男 無線電報.

radiotelemetría 女 電波測距, 遠隔測定法.

radiotelescopio 男 〖天文〗電波望遠鏡.

radioterapia 女 〖医学〗放射線療法.

radiotransmisor 男 無線送信機.

radioyente 男女 ラジオ聴取者, リスナー.

radón 男 〖化学〗ラドン(元素記号 Rn).

RAE 〖頭字〗(<Real Academia Española) 女 スペイン王立学士院.

raedera 女 1 削る, はがす〖削り取る〗道具〖器具〗. 2 (左官が使う)ならしごて.

raedura 女 1 削ること; こすって[こすってなめらかにする]こと; 地ならし. 2 〖主に 複〗削りかす. 3 すり傷.

raer [10.1] 〖ただし直・現 raigo; 接・現 raya(=)の活用形もある〗他 1 を削りこすり落とす; を(平らに)ならす. 2 (衣服などを)すり切れさせる. 3 (悪習などを)根絶する.

Rafa 固名 〖男性名〗ラファ (Rafael の愛称).

Rafael 固名 〖男性名〗ラファエル.

ráfaga 女 1 a) (風・光などが)突然・瞬間的に起こること. —— de luz 閃光. b) 突風, 一陣の強風. —— una ~ de viento 一陣の風. 2 一斉射撃; (自動小銃などの)連射.

rafia 女 〖植物〗ラフィア椰子.

rafting 〈英〉 〖スポ〗ラフティング(ゴムボートによる急流下り).

raglan, raglán 形 〖服飾〗ラグラン型の(そで). —— 男 ラグラン[外套].

ragú 男 1 肉の煮込み; シチュー. 2 〖南米〗ひどい空腹.

raicilla 女 〖植物〗幼根, 細根.

raid 〈英〉 男 1 急襲, 襲撃. —— aéreo 空襲. 2 持久[耐久]テスト.

raído, da 過分 (<raer) 形 1 (衣服が)すり切れた, 端のほつれた; ぼろの. 2 (人が)みすぼらしい.

raigambre 女 1 〖植物〗張った根, 根の集まり. 2 (人の)閲歴, 素性. 3 (ある土地への)定着; 伝統.

raigón 男 1 (木の)太い根; 切り株. 2 〖解剖〗歯根(.).

rail 男 〖鉄道〗のレール.

raíz 〖ライス〗女 〖複〗raíces. 1 〖植物〗根. 2 根もと. 3 原因, 起源. 3 〖言語〗語根. 4 〖数学〗根. —— cuadrada [cúbica] 平方[立方]根. ▶ a raíz de... ... のすぐ後に, ... の結果. arrancar [cortar] de raíz 根こそぎにする, 根絶する. de raíz すっかり, 完全に. echar raíces 根をおろす, 定着する. tener raíces しっかりと根をおろす, 定着している.

raja 女 1 割れ目, 裂け目; ひび. 2 a) (パン・チーズ・果物などの)一切れ. —— una ~ de melón メロンの一切れ. b) (木・ガラスなどの)かけら; 木っ端(.). ▶ hacer rajas 分ける, 分配する.

rajá 男 〖複〗rajas. (インドや東インド諸国の)王, 首長. ▶ vivir como un rajá 王侯貴族のような暮らしをする.

rajado, da 過分 (<rajar) 形 1 割れた, 裂けた. 2 〖話〗臆病な. 3 〖南米〗〖話〗本物の.

rajadura 女 細長い切れ目, 割れ目.

rajar 他 **1 a)** を割る, 裂く; …にひびを入らせる. **—** los cristales 窓ガラスを割る. **b)** (果物などを)くし形に切る. 薄く切る. **2** 《話》(人)を刃物で傷つける. **3**《中南米》《話》(人)を首にする. **4**《南米》《話》(を)落第させる. **—** 自 **1**《話》ぺちゃくちゃしゃべる. **2**《中南米》悪口を言う, けなす. **3**《話》自慢する, ほらを吹く. **— se** 再 **1** 割れる, 裂ける; ひびが入る. **2**《話》尻込みする, あとずさりする, 逃げ出す.

rajatabla 副 ▶ **a rajatabla** 断固として, どんなことがあっても. **pagar a rajatabla**《中南米》期限どおりに支払う.

rajuela 女 加工されていない平石.

ralea 女 **1**〈軽蔑〉(人の, 主に悪い)性質, 素性; 家柄; (人間の)格. **—de baja ~** 悪質な, よこしまな; 家柄の低い. **2**(動植物の)品種, 血統(系), 種類, 品そろえ.

ralentí 男 **1**(映画) スローモーション. **—al ~** スローモーションで. **2**《自動車》アイドリング.

ralentizar 他 を遅くする, スローモーションにする.

rallador 男 おろし金(誇)(料理用具).

ralladura 女 **1**《主に複》すりおろしたもの. **—**s de queso 粉チーズ. **2** すりおろし跡(すりおろした後にできる溝や筋).

rallar 他 **1**(食べ物)をすりおろす. **2**(人)をいらいらさせる, (人)に不快な感じを与える.

rallo 男 **1** おろし金(誇)(料理用具). **2** すり.

rally 〈<英〉 男 《複》 **—(e)s**《自動車》ラリー.

ralo, la 形 **1**(髪・ひげなどが)薄い, まばらな. **2**(衣服が)ゆるい編み方の. **3**(森林が)開けた, 広々とした.

rama [ラマ] 女 **1**(木の)枝. **2**(家系)の分枝, 分家; 分流. **3**分野, 部門. **4**支線, 支脈. **5**支店.

▶ **andarse** [**irse**] **por las ramas** 本筋に入らない, 話の本筋から外れる; もって回った言い方をする. **en rama** 未加工の, 生の. **—algodón en rama** 原綿.

ramada 女 **1** 枝(の茂り). 《集合的に》木の葉. **2**《中南米》小屋, あばら屋.

ramadán 男《イスラム教の》ラマダーン.

ramaje 男 《集合的に》木の枝 [葉].

ramal 男 **1**(綱の撚(り)糸, 綱; (馬などの)端綱(誇). **2** 支流; 支脈; (鉄道・自動車道などの)支線. **3**(建築)(1つの踊り場を挟んだそれぞれの)一続きの階段.

ramalazo 男 **1**むちのような痛み. **2**(感情の)激発; 激烈的な悲しみ.

rambla 女 **1 a)** 水流; 水路. **b)** 水量の少ない川の河床. **2**(カタルーニャ・バレンシア・バレアル諸島の)大通り; 並木道.

rameado, da 形 (紙・布などが)枝や花の模様の(ついた).

ramera 女 売春婦.

ramificación 女 **1** 枝分かれ, 分枝. **2** 成り行き, 結果. **3** 下位区分.

ramificarse [1.1] 再 **1** 枝分かれする. 分岐[分派]する. **2** **+en** に分かれる.

*ramillete 男 **1**(小さな)花束, ブーケ. **2**(美しいものや優れたものの)集まり; 撰集.

— de máximas 格言集.

ramio 男《植物》カラムシ, ラミー.

ramo 男 **1**小枝, 枝, 切り枝. **2**花束, ブーケ, 束. **—** de flores 花束. **3**部門, 分野, 業種. **—** del saber 学問の分野.

Ramón 固名《男性名》ラモン.

ramón 男 **1**(家畜飼料の)小枝. **2**(剪定(緩)などで)切り落とした木の葉の集まり.

ramonear 自 **1** 剪定する. **2**(動物が)木の枝や葉を食べる.

ramoneo 男 (木の)枝を払うこと; 枝を払う期間.

Ramón y Cajal 固名 ラモン・イ・カハル (Santiago ~)(1852-1934, スペインの組織学者, 1906年ノーベル医学生理学賞受賞).

ramoso, sa 形《植物》枝の多い; 枝葉の茂った.

rampa 女 **1**坂, 斜面; (階段を用いずに高さの違う場所を結ぶ)スロープ. **—** de lanzamiento (ミサイル・ロケットなどの)発射台.

rampante 形《紋章》(ライオンなどが)後脚で立ち上がった.

ramplón, plona 形 **1**(人, 行為などが)粗野な, 品のない; 不作法な. **2**(物が)粗製の, 粗悪の.

ramplonería 女 粗野・粗悪であること; 粗悪な物, 粗野な言葉[行為].

*rana 女 **1**《動物》カエル. **2**カエルの形をした人形の口にコインを投げ入れるゲーム.

▶ **cuando la(s) rana(s) crie(n) pelo(s)** 万が一にも起こらないことなら. **hombre rana** 潜水夫. **salir rana** 裏切る, 失望させる.

ranchería 女 **1**小集落, 部落. **2**《中南米》田舎の村落, 粗末な家の集落.

ranchero, ra 名 **1** 牧場[農場]の. **2**[メキシコ] 臆病な. **—** 名 **1** 炊事係. **2** 農場監督; 農場労働者, 農夫. **—** 名《複》《メキシコ》民謡の一種.

*rancho 男 **1**(兵士, 囚人などのために大量に作る)食事, 給食. **2**あばら屋, (わらぶきの)小屋; 小屋の集落. **3**《中南米》大農場, 牧場, (牛・馬などの)居住区. ▶ **hacer [formar] rancho aparte**《話》他の人々から離れる, 別行動を取る.

ranciedad 女 **1** 古さ, 古臭いこと; 円熟性, 古さゆえの味わい. **2**(食品が古いことから)すえた匂い, 臭み. **3** (古くるの)酸味; 芳醇(??)さ.

*rancio, cia 形 **1**(ワインや食べ物が時が経過して)風味をました[いたんだ]. **—** Este jamón está **—**. このハムは古くて変な味がする. **2**(ワインなどが)芳醇な, 年代もの. **3** 古めかしい, 古くさい. **4**(伝統や血筋が)古い, 古来の. **—** 男 古さ, 古めかしさ.

rand 男 《複》 **~s** ランド(南アフリカ共和国の通貨単位).

randa 女 レース飾り.

ranglan, ranglán —raglán.

rango 男 **1**(特に上層階級の)階級, 地位, 位. **2**《中南米》贅沢, 豪奢.

ranilla 女《動物》蹄叉(誇).

ranking 男 ランキング.

ranunculáceo, a 形《植物》キンポウゲ科の.　—— 女《植物》キンポウゲ科の植物; 複〈R~〉キンポウゲ科.

ranúnculo 男《植物》キンポウゲ科の植物.

ranura 女（木材・石などにあけた）小さく細長い穴[溝, 裂け目]; （自動販売機などの）料金投入口, スロット. —— ～ de expansión《情報》拡張スロット.

raño 男（カキ貝などを採取するための）手鉤[⁑].

rap 男〈複 ～s〉《音楽》ラップ(ミュージック)(の).

rapacería 女 1 盗癖. 2 窃盗[⁑].

rapacidad 女 強欲, 貪欲[⁑]; 盗癖.

rapada 他 →cabeza. —— 男女 スキンヘッド(頭を短く刈った右翼的な青少年).

rapado 男 坊主刈り.

rapadura 女《中南米》黒砂糖; 自家製の砂糖菓子.

rapapolvo 男《話》叱責, 大目玉.

rapar 他 1（人の）ひげをそる; を坊主頭にする. 2《話》を盗む; 強奪する. —— **se** 再 ひげをそる, 坊主頭になる.

rapaz¹ 形〈rapaces〉 1 盗癖の(ある). 2《鳥類》捕食性の. —— ～ 猛禽[⁑]. ——《鳥類》猛禽(類). —— diurna [nocturna] 日中[夜間]に捕食する猛禽.

rapaz², **paza** 名〈男性形の 複 は rapaces〉子ども, 少年[少女].

rape 男 1 急いで[ざっと]ひげをそること; 雑な散髪. 2《魚類》アンコウ. ▶ **al rape** 根元から, きれいに（ひげ・髪などをそる）. —cortar el pelo al rape 丸坊主にする.

rapé 男 嗅(⁑)たばこ.

rapel, rápel 男（登山で）懸垂降下, ラペル.

rapero, ra 形《音楽》1 ラップの. 2 ラップを歌う, ラッパーの. —— 名《音楽》ラッパー.

rápidamente 副 速く, すばやく.

rapidez 女 速さ, 敏速さ.

rápido, da 形 1 速い, 急な. 2 素早い, とっとり早い. 3《列車が》急行の. —tren ～ 急行列車. —— 男 1 急行列車. 2 急流, 早瀬. —— 副 急いで, 速く.

rapiña 女 強奪, 強奪, 略奪. ▶ **ave de rapiña**《鳥類》猛禽(類).

rapiñar 他 1（物を力ずくで）奪う, 強奪する. 2（価値のない物を）くすねる.

raposa 女 1《動物》キツネ, 雌ギツネ(=zorra). 2《話》ずる賢いやつ.

raposera 女 キツネの穴.

raposería 女 ずる賢いこと; ずる賢いやり方.

raposo 男 1《動物》雄ギツネ(=zorro). 2《話》ずる賢いやつ.

rapsoda 男 古代ギリシア叙事詩の吟遊詩人. —— 男女（一般に）叙事詩人, 叙事詩を朗読[朗唱]する人.

rapsodia 女 1《音楽》狂詩曲, ラプソディー. 2（古代ギリシアの）叙事詩, 史詩.（特にホメロスの）吟誦(⁑⁑)詩の一節.

raptar 他 1 を誘拐する, かどわかす. 2（特に女性を）強奪する.

rapto 男 1 誘拐, かどわかし. 2 強奪. 3 衝動; 急な発作. 4 有頂天, 狂喜.

raptor, tora 名 誘拐者, 誘拐犯.

raque 男（海岸で難破船などから）漂流物を拾うこと. —andar [ir] al ～ 漂流物を拾う.

raqueta 女 1（テニス, 卓球などの）ラケット; （テニスなどの）選手. 2（賭博[⁑]場などで）賭(*)け金を集める棒. 3 かんじき(= ～ de nieve). 4 環状交差（点）, （方向転換用の）迂(⁑)回路.

raquialgia 女《医学》脊椎[⁑]痛, 背痛.

raquídeo, a 形《解剖》脊(⁑)柱の[に関する]. —conducto (bulbo) ～ 延髄.

raquis 男〈単複同形〉1《解剖》脊(⁑)柱. 2 **a)**《植物》花軸, 葉軸. **b)**《鳥類》羽軸.

raquítico, ca 形 1 **a)**《医学》くる病の[にかかった]. **b)**（木などが）成長の止まった, 発育不全の. 2 非常に小さい, 不十分な, 貧弱な. —— 名 くる病患者.

raquitismo 男《医学》くる病.

raramente 副 1 めったに…しない; まれに, 珍しく. 2 奇妙に, 変なように.

rarefacción 女 希薄化.

rareza 女 1 まれであること, 珍しさ; 希少価値. 2 **a)** まれな出来事; まれな[珍しい]もの[事]. **b)**（人の）奇行, 奇習. 3（空気などの）希薄.

rarificar [1.1] 他（気体などを）希薄にする.

raro, ra [ラロ, ラ] 形 1 まれな, めったにない. —Le veo rara vez. 彼とはめったに会わない. 2 珍しい, 奇妙な. —¡Qué ～! 何ておかしなことだ! —ser ～ que《+接続法》…とは珍しいことだ. 3 変な, 変わり者の. 4（ガスが）希薄な.

ras 男 平らなこと; 同じ高さであること. ▶ **a las [al] ras de [con]**… …と同じ高さの[で], 同一平面の[で]; …とすれすれの[に]. **a ras de tierra** （1）地面すれすれの[に]. —volar a ras de tierra 地面すれすれに飛ぶ. （2）低俗な.

rasante 形（地面などの）すれすれの. —tiro ～《軍事》水平射撃. vuelo ～ 超低空飛行. —— 女（道・地面などの）勾配(⁑), 傾斜（度）.

rasar 他 1（升[⁑]などに入れた穀粒・粉などを）平らにならす; すり切りにする（升などを直接目上の語とする）. 2 をかすめて飛ぶ[通る].

rasca 女 1《話》寒さ. 2《中南米》酔い.

rascacielos 男〈単複同形〉超高層ビル, 摩天楼.

rascado, da 過分[→rascar] 形 1《中南米》怒りっぽい; 向こう見ずな. 2《南米》《話》酔っぱらった.

rascador 男 1 搔(⁑)いたり, こそげたりする道具; やすり, おろし金(⁑). 2 飾りヘアピン.

rascadura 囡 ひっかくこと，こそげたりけずること；ひっかき傷，こそげ落としたこみ.

rascar [1.1] 他 **1** を掻(か)く，ひっかく. **2** をこすり[こそげ]落とす；をこすってきれいにする. **3** ギターなどを下手に弾く，をかき鳴らす. ▶ **llevar [tener] qué rascar** 容易に解決し得ない災害を抱える. **— se** 再 **1** 体を掻く. **2**《中南米》《話》酔っ払う. ▶ **rascarse el bolsillo** 金を全部使ってしまう.

rascatripas 男女《単複同形》《話》(弦楽器，特にバイオリンの)下手な演奏家.

rascón, cona 形 (ワインなどが)きつくてしぶい，すっぱい. **—** 男《鳥類》クイナ.

rasera 囡 フライ返し.

rasero 男 **1** (升(ます)に盛った穀類などをならす)斗掻(はき)き. **2** フライ返し(で穴あきしゃもじ). ▶ **medir por el mismo rasero / medir por un rasero** 平等に[わけ隔てなく]扱う.

*****rasgado, da** 過分 [→rasgar] 形 **1** 裂けた，破れた，ほころびた. **2** (目が)切れ長の，細くて切れ上がった. **—ojos ~s** 切れ長の目. **3** (口，窓などの)横長の，幅広の.

rasgadura 囡 **1** 裂くこと. **2** 裂けた箇所，裂け目，ほころび.

rasgar [1.2] 他 **1** を引き裂く，破る. **— la carta** 手紙を引き裂く. **2** を奏でる，爪弾(づめびき)く，かき鳴らす. **— la guitarra** ギターを爪弾く. **— se** 再 裂ける，破れる.

rasgo 男 **1** 性格，特質，特徴 容姿，顔だち. **2** 字画，(筆の)線；字体，4書体，筆様式，(りっぱな)働き. **3**《言語》特徴，素性. **— distintivo** 示差的特徴，弁別素性. ▶ **a grandes rasgos** 大まかに，概略的に.

rasgón 男 (布・紙などの)裂け目，切れ目，鉤(かぎ)裂き.

rasgueado 男 (ギターなどの)かき鳴らし.

rasguear 他 **1** (ギターなどの)かき鳴らす. **2** (文字を)書く. **—** 自 ペンで飾り文字を書く.

rasgueo 男 → rasgueado.

rasguñar 他 **1** を掻く，ひっかく. **2** を素描する，スケッチする.

rasguño 男 **1** ひっかいた跡，ひっかき傷. **2** 素描，スケッチ.

*****raso, sa** 形 **1** 平らな，平坦な. **—inmenso campo ~** 広大な平原. **2** なめらかな，すべすべした. **3** 晴れわたった，澄みわたった. **4** すり切り一杯の. **—una cucharada rasa de azúcar** スプーンすり切り一杯の砂糖. **5** (地面)すれすれの，低い. **—vuelo ~** 地面すれすれの飛行. **6** ひらの，肩書きのない. **—soldado ~** 二等兵. **7** (椅子(いす)の背)もたれのない. **—** 男 **1** サテン，繻子(しゅす). **2** 平地，広々とした土地. ▶ **al raso** 戸外で，野外で.

raspa 囡 **1**(魚の)骨，小骨. **2**《植物》(穀物の)芒(のぎ). **3**《植物》(ブドウなどの房の)花梗，花柄(かへい); 穂軸. **—** 男女《話》感じの悪い無愛想な人. **2**《メキシコ》粗野[下品]な人.

raspado 男 けずり取ること，こそぎ落とすこと; 《医学》(特に子宮内膜の)搔爬(そうは).

raspador 男 やすり，おろし金(がね),(ペンキをはがす)かきとり，字けずりナイフ.

raspadura 囡 **1** こそげ落とすこと[削り取ること]. **2** こそげ落とした[削り取った]跡. **3** 主に複 削りかす.

raspante 形 (酒などが)舌にぴりりとくる.

raspar 他 **1** をこすり[こそげ]落とす，削り取る. **2** をかすめる，かすめて通る；…にひっかき傷をつける. **3** (酒などが)舌にぴりりとくる; すっぱい. **4**《中南米》を叱りつける. **—** 自 (酒などが)ぴりりとくる; (衣服などが)ちくちくする.

raspilla 囡《植物》ワスレナグサ.

raspón 男 擦(す)り傷，かすり傷. **2**《メキシコ》叱責.

rasponazo 男 擦(す)り傷，かすり傷.

rasposo, sa 形 **1** ざらざらした，(きめの)粗い，(触るとちくちくする. **2** (舌に)ぴりりとくる; すっぱい (魚が)小骨の多い. **3**《南米》a)(服が)ぼろぼろの; ぼろ服を着た. b)けちな.

rasqueta 囡 **1** (表面を削る[ならす]ための)かきとり. **2**《中南米》馬櫛(ぐし).

rasquetear 他《中南米》(馬に)ブラシをかける.

rastra 囡 **1** まぐわ，レーキ，ハロー (土を砕くならす農具). **2** (荷物などを引いて運ぶ)布袋，(ロ)車; 引きずって[吊して]運ぶ物. **3** トロール網，底引き網. **4** (玉ねぎ・果実などの編み物)，束房. **5**《南米》(ガウチョのベルト飾り). ▶ **a la rastra / a rastras** (1) 引きずって. (2) 無理やりに，いやいやながら，しぶしぶ. **andar a rastras** つらい思いをする.

rastreador, dora 形 追跡する(ための). **—perro ~** 猟犬.

rastrear 他 **1**(人，動物など)を追跡する，探索[調査]する. **2**(網などで水底をさらう，掃海する. **3**(トロール網で魚)を取る. **—** 自 **1** (人を)捜し，地面をかすめて飛ぶ. **2** 熊手(くまで)を使う.

rastreo 男 **1**(物を捜して)水底をさらうこと; 掃海. **2**《漁業》トロール[底引き網]漁. **3** 追跡，捜索.

rastrero, ra 形 **1** 低く[地面すれすれに]飛ぶ. **2** (人・行為が)卑しい，下劣な. **3**《植物》(地面を)はい広がる.

rastrillada 囡 **1** 熊手(くまで)・レーキで掻(か)くこと. **2**《中南米》(人・動物が)通った跡，足跡; (踏みならした)小道.

rastrilladora 囡《農業》ヘイレーキ，集草機.

rastrillar 他 **1**(畑，地面など)を熊手(くまで)[レーキ]で掻(か)く. **2** を熊手ですいて草を取る[きれいにする]. **— el césped del jardín** 公園の芝を刈る. **3**(麻，亜麻など)を櫛(くし)けずる. **4** を扱(こ)く.

rastrillo 男 **1** 熊手(くまで)，レーキ. **2**(麻，亜麻など)をすく(櫛. **3**(城，城門の)鉄格子. **4** (城の)落し格子，鉄柵. **4** のみの市.

*****rastro** 男 **1**《農業》くま手，まぐわ. **2** 形跡，痕跡. ▶ **perder el ~** (手がかり)を見失う. **3** 畜殺場. **4** (El R〜)(マ

ドリード)のみの市. ▶**ni rastro** 何も…ない.

rastrojera 女 刈り取った後の畑.

rastrojo 男 **1**(麦などの)刈り株. **2** 刈り取った後の畑. —estar en ～ (田畑が)種をまいていない.

rasura, rasuración 女 ひげそり.

rasurador 男 《メキシコ》電気ひげそり機, シェーバー.

rasurar 他 (ひげ)をそる, (人)のひげをそる. — **se** 再 (自分の)ひげをそる.

rata 女 **1**《動物》ネズミ, 大ネズミ. ～ de agua 川ネズミ. ～ de alcantarilla ドブネズミ. ▶**hacer[se] la rata**《アルゼンチン》《話》授業をサボる. **más pobre que la [una] rata/más pobre que las ratas**《話》ひどく貧乏な. —— 男 **1** 物摸(ξ); あき巣ねらい. **2**《俗》けちん坊.

ratafía 女 ラタフィア, 果実酒.

rataplán 男 [擬音]ドンドン(たいこの音). [rataplán]

ratear 他 **1** を巧妙に盗む. **2** 比例(案)分して割り当てる[減らす]. —— 自 地面をはって進む.

ratería 女 **1** こそ泥, 掏摸(ξ). **2**(商取引き上の)卑しさ, さもしさ.

ratero, ra 形 **1** さもしい, 卑劣な. **2** 物を盗む, こそ泥の. —— 名 こそ泥, 掏摸(ξ).

raticida 男 殺鼠(ξ)剤, 猫いらず.

ratificación 女 批准, 裁可; 批准書.

ratificar [1.1] 他 を批准[裁可]する, 追認する. — **se** 再 を批准される. **2**［+en］を追認する, 承認する.

rating 男 視聴率.

ratio 女［または 男］比率, 割合;《数学》比.

Ratisbona 固名 女 レーゲンスブルク(ドイツの都市).

rato¹ 男 (おもに短い)時間, しばらくの間. —～s libres [de ocio] 暇な時間, 余暇. Pasé largo ～ esperándole. 私は彼を待ちながら長時間過ごした. ▶**a cada rato** 絶えず, ひっきりなしに. **al (poco) rato** 少し後に, 間もなく. **a ratos** (1)時々, たまに. (2)(繰り返し使っ)ある時は…またある時は…. **a ratos perdidos** 暇な時に, 手の空いた時に. **de rato en rato** 時々, たまに. **¡Hasta otro rato!** (別れの挨拶)ではまた, また会いましょう. **hay rato** (主に hayや tener, ir などの現在形と用いられて)時間がかかる. **pasar el rato** (1)時間を過ごす, 暇つぶしをする. (2)(主に否定文で)何もしないで時間をとる. **un buen rato** (1)長い時間, 久しく. (2)楽しい時間. **un mal rato** 嫌な思い, 不愉快な時間. **un rato** (1)少しの時間, ちょっとの間. (2)とても, すごく.

ratón [ラトン] 男 **1**《動物》ハツカネズミ. ～ de almizcler ジャコウネズミ. ～ de biblioteca [archivo] 本の虫, 勉強家. **2**《情報》マウス. ～ óptico 光学式マウス. ～ para bus バス・マウス. ▶**tener ratón**《南米》二日酔いである.

ratona 女 ネズミの雌.

ratonar 他 (ネズミが)をかじる.

ratonera¹ 女 **1 a)** ネズミ捕り(器). **b)** わな. —caer en la ～《話》わなにかかる, だまされる. **2** ネズミの穴, ネズミの巣窟(ξ).

ratonero, ra² 形 ネズミの(ような). —águila **ratonera**《鳥類》ノスリ(カ月上の鳥). ▶**música ratonera**《猫の》ギャーギャー鳴く[騒ぐ]声.

ratonil 形 →ratonero.

rauco, ca 形 《詩》しわがれた.

raudal 男 **1** 急流, 奔流, 激流. **2** 氾濫(ξ), 殺到, 大量. —～**es de luz** 光の洪水. ～ **a raudales** 大量に, ふんだんに. **un raudal de...** たくさんの, 大量の.

raudo, da 形《詩》速い, 速やかな.

Raúl 固名《男性名》ラウル.

raulí 男［複］—(e)s《南米》《植物》ラウリ(ブナ科の樹木).

ravioli 男 [主に 複](パスタ料理の)ラビオリ.

raya¹ [ラヤ] 女 **1** 線, 筋, 罫線. —leer las ～s de la mano 手相を見る. **2** 頭髪の分け目. **3** 限界(国や県などの)境界(線). **4**(記号の)ダッシュ(—). —dos ～s que「等号」=. **punto y** ～ ビリオドを打ってダッシュを続ける. **5** 縞模様, ストライプ. —tela de ～s ストライプの生地. ▶**a rayas** 縞模様の, ストライプの. **pasar[se] de (la) raya** 限界を超える, 行き過ぎる. **poner [tener] a raya** 抑える, 抑制する.

raya² 女《魚類》エイ.

rayadillo 男 縞(ξ)模様の木綿.

rayado, da 過分［→rayar］形 **1** 罫(ξ)の引いてある, 縞(ξ)模様の. —papel ～ 罫紙. **tela rayada** 縞模様の布地. **2** ひっかき傷のついた. —— 男 **1** 単数形で集合的に] 罫, 罫線, 縞(ξ)模様. **2** 罫線を引くこと.

rayador 男《南米》《鳥類》クロハサミアジサシ.

rayano, na 形 **1**［+con に］隣接した; (…との)境にある. **2**［+en］ほとんど…と言ってよい, もう少しで…の.

rayar 他 **1** …に線を引く. **2** …に引っ掻き傷をつける, (線を引いて)消す. —— 自［+con］接している, 隣接する. **2**［+en］近づく, (…と)似たり寄ったりの. —Eso raya en la estupidez. それはばかげたことだ. **3**(夜が)明ける.［主語は mañana, alba, día, luz のことが多い］. **4** 際立って, 抜きん出る. — **se** 再 **1** 傷がつく. **2**《南米》正気を失う.

rayo [ラヨ] 男 **1** 光線. —los ～s del sol 太陽光線. **2**《物理》放射線, 輻射(ξ)線. —～s X X 線. ～s gamma ガンマ線. ～s infrarrojos 赤外線. ～s ultravioletas 紫外線. ～s láser レーザー光線. **3** 電光, いなびかり, 稲妻. **4** 敏捷な人, 活発な人. **5** 突然の不幸, 禍い. **6** (車輪の)スポーク. ▶**echar rayos** [**estar que echa rayos**] 激怒する. **¡Mal rayo le [te] parta!** (ののしりの表現)ちくしょうめ, くたばりやがれ. **rayo de**

luz.

rayón 男《商標》レーヨン.

rayuela 女 **1** 短い線. **2** a) 石投げ[投げ銭]遊び. b) 石けり遊び.

raza [ラサ] 女 **1** 人種, 民族;《動物》種族. —~ humana 人類. —~ negra [blanca, amarilla] 黒色[白, 黄色]人種. ~ aria アーリア人種. **2** 血筋, 家系. ▶de raza 純血種の, 血統のよい. —caballo de raza サラブレッド.

razia 女 **1** 急襲, 襲撃. **2** 一斉手入れ.

razón [ラソン] 女 **1** 理由, 原因；動機. —~ de ser 存在理由. **2** 道理, 義理, 筋；正当性, 正しさ. —Tienes ~. 君の言うとおりだ. **3** 理性, 思慮分別, 判断力；正気. —perder la ~ 理性[分別]をなくす, 気がふれる. **4** 伝言, ことづて；知らせ. —Cerrado por vacaciones. R~: Alcalá 300. 休暇につき休業. お問い合わせはアルカラ通300まで. **5** 比率, 割合；《数学》比；比例. —~ aritmética 算術比. en ~ directa [inversa] a... ...に正比例[反比例]して. ▶atender a razones（主に否定文で）聞き分けがいい, 道理が分かる. darle la razón（人）が正しいことを認める,（人の意見）に同意する. en razón a [de]（1）...に応じて.（2）...が原因で.（3）...に関して. entrar en razón 納得する, 道理を聞き分ける. meter a... [hacer LE entrar] en razón 道理を...（人）を納得させる. razón de Estado 国家的見地, 超法規的観点. razón social 商号, 社名.

razonable 形 **1** 理性的な, 道理をわきまえた. **2** 理にかなった, 筋の通った. **3** 適当な,（値段が）手ごろな. —un precio ~ 手ごろな値段.

razonado, da 過分 [→ razonar] **1** 理論的な, よく考えられた. **2** 詳細な, 細目にわたる. —cuenta razonada 勘定の明細書.

razonador, dora 形 男女 論理的な（人）, 理論家（の）.

razonamiento 男 **1** 推論, 推理, 思索. **2** 論証, 論説.

razonar 自 考えをまとめる, 論理立てて考える；（論理的に）考えを述べる. —他（頭を使って）...について考えをまとめる, 考究する, 意見をまとめる.

razzia 女 →razia.

re 男《音楽》ニ音（レ）.

reabastecer [9.1] 他 ...に燃料[食料]を補給する.

reabrir 他 を再び開く, 再開する.

reabsorber 他 を再吸収する.

reabsorción 女 再吸収.

reacción 女 **1** 反応作用, 反動, 反発. **2**《化学, 医学》反応, 副作用;《物理》反作用. —~ en cadena 連鎖反応. ~ nuclear 核反応. avión a [de] ~ ジェット機. **3**《政治》反動, 保守.

reaccionar 自 **1** 反応する, 対応する, 対処する. **2**（健康状態など）好転する, 回復する. **3** 化学反応を起こす,（化学的に）反応する. **4** 反撃する, 反撃を加える. **5** [+ante/contra] に反発する. **6**《物理》反作用を及ぼす.

reaccionario, ria 形 反動的な, 反動主義の. — 男女 反動主義者.

reacio, cia 形 **1** 頑固な, 強情な. **2** [+ a 不定詞/不定冠詞] ...に反対の, 気が進まない, ...したがらない.

reactancia 女《電気》リアクタンス；音響リアクタンス.

reactivación 女 **1**（景気などの）回復, 立ち直り. **2** 再活性化.

reactivar 他 を再び活動させる, 再活性化する；さらに活発化する.

reactivo, va 形 **1** 反応を示す, 反応する. **2** 反作用の, 反動の. — 男《化学》試薬, 試剤.

***reactor** 男 **1**《航空》ジェット機；ジェットエンジン. **2** 原子炉. —~ nuclear [atómico] 原子炉.

reacuñar 他（貨幣など）を改鋳（かい）する.

readaptación 女 再適応, 再順応；リハビリ. **2** 再調練. —~ profesional 職業再訓練.

readaptar 他（人）を再び順応[適応]させる；（人）を再び採用する. —se 再 [+ a ...] 再び順応する.

readmisión 女（主に人）を再び受け入れること；再雇用.

readmitir 他（人）を再び受け入れる；再雇用する.

reafirmar 他 を再び肯定[保証, 断言]する, 再確認する.

reagrupación 女 再編成, 再集結.

reagrupamiento 男 再編成（= reagrupación）.

reagrupar 他 を再編成する；再集結める. —se 再 再集まる.

reajustar 他 **1** を再調整[再調節]する. **2**（賃金・料金・給料・税額など）を改定［値上げ, 値下げ]する.

reajuste 男 **1** 再調整. **2** 賃金・給料・税額などの改定. **3**（人員の）入れ替え；（内閣などの）改造.

***real**[1] [レアル] 形 現実の, 本物の, 実在の. —personaje ~ 実在の人物.

***real**[2] [レアル] 形 **1** 王の, 王家の, 王立の. —palacio ~ 王宮. familia [casa] ~ 王家. **2** りっぱな, 大げさな（皮肉で）. — 男 **1**（スペインの古い貨幣）レアル（= 25 céntimos）. **2**《軍事》本陣, 陣地, 野営地. ▶asentar [sentar] el real [los reales]（1）《軍事》野営を張る.（2）（ある場所に）落ち着く, 定着する. no tener un real 一銭もない, びた一文もない. no valer un real 一文の値打ちもない. por cuatro reales 二束三文で.

realce 男 **1**《美術》浮き彫り, レリーフ；浮き彫り作品[細工]. —bordar a [de] ~ 浮き上げに刺繍（しゅう）する. **2** 輝き, きらめき. **3**《美術》光の当たった部分.

realengo, ga 形 **1** 国王の, 王室の, 国有の. **2** 持ち主のない；《中米》飼い主の

realeza 囡 **1** 国王であること; 王位; 王権. **2** 王としての[王のような]尊厳; 高貴. **3** 王族(の全体).

realice(-), realicé(-) 動 →realizar [1.3].

realidad 囡 **1** 現実; 実際. —**virtual** 仮想現実. **2** 真実(性). ▸ **en realidad** 実は, 本当は, 実際には.

realimentación 他 (電気)フィードバック.

realismo¹ 男 **1** 現実主義; 《哲学》実在論. **2** 写実主義, リアリズム. ▸ **realismo mágico** 魔術的リアリズム.

realismo² 男 王党主義, 王政主義.

realista¹ 形 **1** 現実主義の, 写実主義の, リアリズムの; 《哲学》実在論の. —男女 **1** 現実主義者, 写実主義者; 実在論者. **2** 実用主義者, 現実順応主義者.

realista² 形 王政[王党]の. —男女 王政[王党]主義者.

realizable 形 **1** (計画・目標などが)実行[達成]可能な, 現実的な. **2** (財産・所有物が)換金可能な.

realización 囡 **1** 実現, 現実化, 実行. **2** 成果, 作品. **3** (映画, テレビの)製作, 演出. **4** 現金化, 換金.

realizador, dora 名 (映画・テレビなどの)プロデューサー, 製作者.

realizar [レアリサル][1.3] 他 **1** (計画・夢)を実現する, 実行する. **2** (計画・夢)を実現する. — **un proyecto** [**una idea**] 計画[考え]を実行に移す. **3** (映画・テレビ番組)の製作を指導する. — **una película** 映画を製作する. **4** を換金する, 現金化する; 売りさばく. — **se** 再 **1** 実現する. **2** 自己の能力を十分に発揮する, (目標を達成して自分の活動に)満足を覚える.

realmente 副 本当に, 真に; 実は; 実際は.

realojamiento 男 →realojo.

realojar 他 (社会から疎外された人々, または緊急時に被災者)を新たな場所に[移転]させる, 住まわせる, 収容する.

realojo 男 (社会から疎外された人々, または緊急時の被災者)の移住, 移転.

realquilado, da 過分 [→realquilar] 形 転貸借の. —名 転借人[また借り]人.

realquilar 他 **1** を転貸する,又貸しする. **2** を再び賃貸[賃借]する.

realzar [1.3] 他 **1** を際立たせる, 傑出させる, 実物以上に立派に見せる, 持ち上げる. **2** (写真, 美術)…の一部を明るくして目立たせる.

reanimación 囡 **1** 元気[活気]を取り戻させる[取り戻す]こと. **2** (医学) 蘇生(﹅﹅).

reanimar 他 **1** (人)に元気・活力を取り戻させる. **2** (呼吸・心臓の動き・意識)を取り戻させる, 息を吹き返させる. — **se** 再 元気[活力]を取り戻す, 元気づく.

reanudación 囡 **1** 再開, やり直し. **2** 続行. **3** (契約などの)更新.

reanudar 他 **1** を再開させる, 復活させる, 継続させる. — **se** 再 再開する, 復活する, 継続する.

reaparecer [9.1] 自 再び現われる; (芸能人などが)復帰する.

reaparición 囡 **1** 再出現; (事件などの)再発; (芸能人などの)復帰.

reapertura 囡 再開業, 再開.

rearguïr 他 →redargüir.

rearmar 他 …に再軍備[再武装]させる. — **se** 再 再軍備[再武装]する.

rearme 男 再軍備, 再武装.

reaseguro 男 再保険, 再保証.

reasumir 他 **1** (職務・責任など)を再び引き受ける. **2** を要約する.

reasunción 囡 再び取る[引き受ける]こと; 回収.

reata 囡 **1** (馬などを1列に並べてつなぐための)ロープ[ひも]. **2** (主に荷物を運ぶ馬[ロバ]の)列, 数珠つなぎの人[馬]. ▸ **de [en] reata** 1列になって, 次々と続いて.

reavivar 他 **1** を再び活気づける, 再び励ます. **2** を元気づける; をあおる, かき立てる. — **una pena** 悲しみをあおる. — **se** 再 さらに[再び活気を]増す.

rebaba 囡 (鋳)(物などの)ばり, (粗い)削り[彫り]あと.

rebaja 囡 **1 a)** 割り引き, 値引き. — **de precios** 大売り出し, バーゲンセール. **b)** 割り引け額. **2** 低下, 低減. — **de impuestos** 減税. ▸ **rebajas** [**grandes rebajas**] 大売り出し, バーゲンセール, 特売.

rebajado, da 過分 [→rebajar] 形 **1** (値段が)安くなった. **2** 下がった, 低くなった. **3** 《建築》(アーチが)三中心の, 扁平(﹅)の.

rebajamiento 男 **1** 低下, 下がること; 沈下. **2** 屈辱, 不面目.

rebajar 他 **1** を値引きする, 値下げする. — **el precio** 値段を下げる. **2** をもっと低くする, 掘り下げる. **3** (酒など)を薄める, 地味にする. **4** …の価値を落とす, を卑屈にさせる. **5** [+ de (任務)] …に免除する, 外す. **6** 《建築》を扁平アーチ形にする. — **se** 再 **1** 低くなる, 下がる. **2** 腰を低くする, 卑屈になる.

rebaje 男 **1** →rebajo. **2** [南米] (ギアを低速に切り替えることによる)減速.

rebajo 男 (縁, へりの)切り取り, (板などを互いにはめ込んでつなぐための)みぞ.

rebalsa 囡 水たまり, (液体の)たまり, よどみ.

rebalsar 他 (水など)をよどませる, せき止める. — **se** 再 (水などが)よどむ, 淀をつくる; せき止められる.

rebañada 囡 (おもにパンの)細長い一切れ. —**cortar en —s** を切って細長い切れに分ける.

rebañar 他 **1** (パンなど)をスライスする. **2** (おもに人の体の一部)を切り除きとる.

rebañadura 囡 **1** (主に複) (容器などにくっついた)残り物, 食べ残し. **2** 残さず

取りつくす[食べつくす]こと.
rebañar 他 **1 a)**(容器などから)すっかり取りつくす，残さず取る．**b)**(食べ物を残さずにいる）．**2** そっくり持ち去る．
rebaño 男 **1** 羊の群，(獣の)群．**2**［集合的］(カトリックの)信徒，会衆．**3** 付和雷同的な［自主性のない］人々の集団．
rebasar 他 **1**(液体が，容器)からあふれ出る．**2** を越える．上回る; …より多い．**3**《海事》を避けて通る，迂回(ﾝ)する．**4**(場所)を立きる; (人)のもとを去る．
rebatible 形 論駁［論破(ﾊﾞ)］できる．
rebatimiento 男 論駁(ﾊﾞ)，論破．
rebatiña 女 奪い合い，争奪［通例，次の成句で］．▶**andar a la rebatiña** (1)［+ de で]奪い合いをする．(2) 激論を戦わせる．
rebatir [3] 他 **1**(理論など)を論駁する，に反駁(ﾊﾞ)する．**2** …に反撃する; を退ける．**3** を激しく打［たたく］．
rebato 男 (太鼓・鐘などの)警報器を鳴らすこと; 警報，非常召集．—**llamar[tocar] a** 警鐘を鳴らす．
rebeca 女《服飾》カーディガン．
rebeco 男《動物》シャモア，スイス［アルプス］カモシカ．
rebelarse 再 **1**［+ contra に］反抗する，従わない．**2**［+ contra に対して］反乱を起こす，謀反する．
rebelde 形 **1** 反乱した，反抗的な．—**ejército** ～ 反乱軍．**2**(人・動物が)手に負えない，御しがたい．**3** 制圧［抑圧］するのが難しい．—**una enfermedad** ～ 治りにくい病気．**4**《法律》(法廷への)欠席した．—男女 **1** 反乱者．**2**(法廷への)欠席者．
rebeldía 女 **1** 反逆(心)，反抗(心)．**2**(裁判への)欠席．▶**en rebeldía** 出廷を拒否している．
rebelión 女 **1** 反逆，反乱．—～ **militar** 軍部の反乱．**2**《法律》反逆罪．
rebenque 男 (昔の使用船で使った鞭; 《中南米》(乗馬用の)むち．
reblandecer [9.1] 他 を柔らかくする，軟化させる．—**se** 再 柔らかくなる，ふやける．
reblandecimiento 男 柔らかくなる［する］こと，軟化; (医学)軟化．—～ **cerebral** 脳軟化症．
rebobinado 男 **1**(フィルム・テープなどの)巻きもどし．**2**(糸巻き糸の)交換．
rebobinar 他 **1**(フィルム・テープなど)を巻きもどす．**2**(糸巻きの糸)を取り換える．
rebocillo, rebociño 男 (女性がはおる)短いショール．
rebollo 男《植物》トルコガシ．
reborde 男 外縁，縁の突出部，へりにそって突出した部分．
rebosadero 男 排水管，排水口，(ダムなどの)水はけ口．
rebosante 形 **1**［+ de で］いっぱいの，あふれそうな(容器など)．**2**［+ de に］満ちた，(…)が過剰な．
rebosar 自 **1 a)**［+ de から］(液体が)こぼれる，あふれる．—**El vino rebosa del vaso.** ワインがグラスからあふれた．**b)**(容器に)入りきらない液体)があふれる．**2**［+ de で］いっぱいである，(…)に満ちている．—他 をあり余るほど持つ．—**se** 再 (容器が)あふれる，一杯になる．
rebotado, da 過分［→ rebotar］形 (失敗させたに)成功［再婚］した(人)．
rebotar 自 **1**(ボールなどが)はずむ，はね返る，bound．**2** ぶつかる．**3**(情報)［メール］(が)届かずに戻ってくる．—他 **1** をはね返す，を撃退する．**2**(話)をきらわせる．**3**《中米》をはねつける．—**se** 再《話》腹を立てる．
rebote 男 はずむこと，バウンド; はね返り，反発．▶**de rebote** はね返って，はずんで; 結果として; 間接的に．
reboteador, dora 形《スポ》(バスケットボール)リバウンドの．
rebotica 女 薬局の控え部屋，店の奥の部屋．
rebozar [1.3] 他 **1**(マントなどで顔)を覆う; 覆いかぶす．—～ **su cara con el manto** マントで顔を覆う．**2**(肉・魚など)に衣をつける，衣をつけてフライにする．**3** を汚す．—**se** 再 顔を隠す．
rebozo 男 **1**(顔を覆う)ベール，マスク．**2** 顔を隠すこと．**3** 偽装．**4** 口実．▶**sin rebozo** はっきりと，包み隠さず，ざっくばらんに．
rebrincar 自 (喜んで)飛び跳ねる．
rebrotar 自 (植物，植木が)芽を出す，再び芽を出す．
rebrote 男 新芽，発芽．
rebudiar 自 (イノシシが)うなる．
rebufar 自 (牛などが)激しくうなる，何度もうなる．
rebufo 男 **1**(発砲時の衝撃，反動．**2** 航跡，後流．
rebujar 他 **1** をしっかりとくるむ．**2** をくしゃくしゃに丸める; をこんがらからせる．—**se** 再 (コートなどで)よく身をくるむ．
rebujo 男 **1** ぞんざいに丸めた包み，くしゃくしゃに丸めた(丸まった)物．**2**(顔を隠すための)布，立え襟．
rebullicio 男 騒動，大騒ぎ，混乱．
rebullir(se) [3.9] 自再 (じっとしていた人・動物が)動き出す，うごめく．
reburujar 他《話》ぐちゃぐちゃに包む，丸める．
rebusca 女 **1** 捜索，追究; 調査．**2**(果実・小麦などの)収穫後の残り物．
rebuscado, da 過分［→ rebuscar］形 (言葉・スタイルなどが)凝った，きさな，わざとらしい．—**estilo** ～ 気取った文体．
rebuscador, dora 形 (入念に)探す，調査の．—男 探し回る人．
rebuscamiento 男 気取り，きさ(な態度)[言葉]，わざとらしさ．
rebuscar [1.1] 他 **1** を(入念に)探し求める，ていねいに探す．**2** をひっかき回す，引っ繰り返す．**3**(収穫のあとの取り残しの実)を拾う，拾い集める，あさる．—～ **aceitunas** オリーブの実を拾い集める．
rebusque 男 **1**《中南米》巧みに問題を解決できる才能．**2**《南米》たまたまひらめ

rebuznar 自 (ロバが)鳴く.

rebuzno 男 ロバの鳴き声. —dar ~s (ロバが)鳴き声をあげる.

recabar 他 1 [+ con/de を] (人)に(懇願の末に)手に入れる. ~ ayuda [fondos] 援助[資金]を獲得する. 2 [+ con/de (人)に]…をくれと頼む, 請う; (権利・注目など)を要求する.

*__recadero, ra__ 名 使いの者, メッセンジャー; 使い走り.

*__recado__ 男 1 伝言, メッセージ. —¿Quiere dejarle algún ~? 彼に何かメッセージはありますか. 2 (頼まれた)用事. 3 用具; 買い物. 4 (よろしくとの)あいさつ, 伝言. 5 用具, 用品. —~ de escribir 筆記用具. ▶ coger [tomar] recado 伝言を受ける, メッセージを聞く.

recaer [10.1] 自 1 [+ en に] a) 再び落ちる. b) (邪道・悪習などに)再び陥る. 2 [+ en] (病人が)病気をぶり返す. — ~ en la gripe また風邪(ぜ)をぶり返す. 3 [+ en/sobre] (…の)ものとなる; (…の)身に掛かってくる, (…に)ふりかかる.

recaída 女 1 (悪習・過ちなどの)再発, 再犯; (昔の悪習への)逆戻り. 2 (病気の)再発.

recalada 女 (船の)陸地接近, 陸地初認.

recalar 他 (水などが)…にしみ込ませる, をぬらす. — 自 1 (船が陸[港]を見つける: 陸[港]に近づく; (風, 潮が)陸に近づく. 2 (中南米) 行きつく. 3 《話》(人が)突然現われる, 立ち寄る. — se 再 ぬれる, 湿る.

recalcar [1.1] 他 (語や音節)を強調して発音する[言う]; を強調する, 言い張る.

recalcitrante 形 強情な, しつこい, 手に負えない.

recalentamiento 男 1 過熱, オーバーヒート. — ~ global [de la tierra] 地球温暖化. 2 再加熱, 温め直し. — ~ de la economía 経済の再活性化.

*__recalentar__ [4.1] 他 1 を再び温める, 温め過ぎる. 2 を過熱させる, 熱し過ぎる. — se 再 1 過熱する. 2 (暑さのために)傷む, 腐る; 実を結ばない.

recalentón 男 急激な[過剰な]加熱.

recalificación 女 (土地などの)再評価.

recalificar 他 (土地など)を再評価する.

recalmón 男 《海事》(突然の)なぎ.

recalzar [1.3] 他 1 (植物の根もとに)盛り土をする. 2 (すでにでき上がっている建物)の土台を補強する.

recalzo 男 (植物・建物などの)土台の補強.

recamado 男 (刺繍(しゅう)の)浮き上げ, 浮き出し.

recamar 他 (衣服などに)浮き上げの刺繍(しゅう)をする.

recámara 女 1 (銃の)薬室. 2 (炭鉱の)火薬庫. 3 (次の間, 奥の部屋, 衣装部屋. 4 下心, 陰謀. 5 《中南米》寝室.

recamarero, ra 名 《メキシコ》(ホテルの)客室清掃員.

recambiar 他 1 (部品など)を交換する. 2 を取り換える. 3 《商業》再び手形を振り出す.

recambio 男 1 予備の部品, 交換用部品, スペア. (ボールペンの)替芯. —piezas de ~ 交換用部品. rueda de ~ スペア・タイヤ. 2 (部品などの)交換(をすること).

recapacitar 自 [+ sobre について] よく考える, 熟考(じゅっこう)する. — 他 をよく考えてみる, …について熟考する.

recapitulación 女 1 要約, 概括. 2 《生物》発生反復.

recapitular 他 …の要点を繰り返す, を要約する; を概観する.

Recaredo 固有名 レカレード(516-601, 西ゴート王, 在位586-601).

recarga 女 1 詰め替え; 人員の入れ替え. 2 (弾薬などの)再装填(てん); 充電. 3 再課税.

recargable 形 再充電できる.

recargado, da 過分 [→recargar] 1 荷を積み過ぎた, [+ de の]多過ぎる. 2 ごてごてと飾り立てた.

recargamiento 男 (文学や美術などで)装飾が過剰なこと, 詰め込み過ぎ.

recargar [1.2] 他 1 …に荷を積み直す; を再充電する, 再充填(てん)する. — ~ las pilas 電池を再充電する. ~ la pistola ピストルに弾丸を込め直す. 2 [+ de を] …にぎゅうぎゅう詰めにする, 入れ過ぎる. — ~ el baúl de ropa トランクに服を詰め過ぎる. 3 をごてごてと飾る. 4 (仕事)をたくさん負わせる. 5 (税金など)を増額[追徴]する. — se 再 1 (空気が)よどむ. 2 《メキシコ》もたれる, 寄りかかる.

recargo 男 1 新たな積み荷, 新たな負担. 2 追徴金; 超過追加料金.

recatado, da 過分 [→recatar] 形 1 思慮分別のある, 慎重な, 用心深い. 2 (特に女性が)慎み深い, しとやかな.

recatar 他 を隠す, 隠す, 秘密にする. — se 再 [+ de + 不定詞] 慎重に…する, …するのを躊躇(ちゅうちょ)する.

recato 男 1 謙遜さ, 慎み, (特に女性の)しとやかさ. 2 慎重さ, 用心.

recauchutado 男 (古タイヤの)再生.

recauchutar 他 (古タイヤ)を再生する.

recaudación 女 1 徴収(金額), 集金(額), 募金(額). — ~ de impuestos 税金の徴収. 2 領収金額, 受領額; 収入. 3 税務署.

recaudador, dora 形 徴税の; 集金の. — 名 収税吏.

recaudar 他 1 (税金など)を徴収する, 集金する; (寄付金)を集める, 募る. 2 (貸した金)を回収する.

recaudatorio, ria 形 徴収[集金]の.

recaudería 女 《メキシコ》 香辛料店.

recaudo 男 1 集金, 収税. 2 用心, 保護, 管理. 3 保証金. ▶ estar [poner] a (buen) recaudo しっかりと保管[保護]されている.

recazo 男 1 (刀剣の)鍔(つば). 2 (ナイ

rece(-) (小刀の)峰.

rece(-), recé(-) → rezar [1.3].

recelar 自 [＋de＋] 疑う，信用しない，…といぶかる．—他 疑う，信用しない．[＋que＋直説法] …といぶかる．

recelo 男 疑い，疑念，不信．

receloso, sa 形 疑い深い，怪しむ．

recensión 女 **1** (新聞などの)書評，批評．**2** (文芸作品などの)校訂(版)．

rental 形 (子牛・羊などの)哺乳(ほにゅう)中の，まだ乳離れしていない．—男 乳離れしない獣の子．

recentísimo, ma 形 [reciente の絶対最上級] 最近の，最新の，真新しい．

recepción 女 **1** 受け取ること，受領．—Acusamos ～ de su atenta carta. 貴状拝受いたしました．**2** 受け入れ，入会．**3** 接見；歓迎会，レセプション．**4** 受付，(ホテルの)フロント．**5** [放送] 受信．

recepcionista 男女 (会社・病院・ホテルなどの)受付係，フロント係．

receptáculo 男 **1** 容器，入れ物；置き場．**2** [植物] 花托(か)，花床(しょう)．

receptividad 女 **1** 感受性，受容力．**2** [医学] 罹患(りかん)性．

receptivo, va 形 (人が)感受性の強い，理解が早い，敏感な．

receptor, tora 形 受ける，受け入れる；受信する．—aparato ～ 受信機．—名 受ける人，受領者．—～ de hígado 肝臓移植を受けた人．—男 (テレビ・ラジオの)受信機，(電話の)受話器．

recesión 女 [経済] 景気後退，不景気．

recesivo, va 形 **1** [遺伝で]劣性の，潜性の．**2** [経済] (景気が)後退傾向の．

receso 男 **1** 休息，中断．**2** [中南米] 休止(期間)，休会，休暇．

receta 女 **1** (薬の)処方箋，処方．**2** [料理の]調理法，レシピ．**3** 秘訣，(適切な)方法．

recetar 他 (薬を)処方する．

recetario 男 **1 a)** 処方，処方箋[口語]，処方薬．**b)** 薬局方．**2** 作り方[レシピ](の本)．—～ de cocina 調理法(の本)．

rechazable 形 拒絶できる，拒絶すべき．

rechazamiento 男 **1** 拒絶，拒否；却下．**2** 撃退，はね返し．

rechazar [1.3] 他 **1** を拒否する．拒絶する．—～ una demanda 要求を拒否する．**2** [医学] に拒絶反応を示す．**3** をはじく，はね返し．**4** (スポ) (サッカーでキーパーがボールを)パンチングする，クリアする．**4** を退ける，撃退する．

rechazo 男 **1** 拒絶，拒否．**2** はね返り，反発．▶ **de rechazo** (1)はね返って．(2)間接的に．

rechifla 女 **1** 嘲(ちょう)笑，あざけり，愚弄(ろう)．**2** あざけりの言葉[行為]；(ひやかしの)口笛，野次(やじ)．

rechiflar 他 を野次って[ばかにして]口笛を吹く．

rechinamiento 男 (ドアなどの)きしむ音，きしみ；歯ぎしりの音．

rechinar 自 (ドアなどが)きしむ，きーきー[ぎーぎー]音をたてる；(歯が)きしる．

rechinido, rechino 男 → rechinamiento.

rechistar 自 口を利く．

rechoncho, cha 形 [話] (人・動物が)ずんぐりした，太った．

rechupete ▶ **de rechupete** [話] 非常においしくて，素晴らしい．

recial 男 急流，早瀬，激流．

recibí 男 受領書；「受領済み」のサイン．

recibido, da 過分 [→recibir] 形 **1** 受け取った．**2** 迎え入れられた．**3** 一般に認められた[受け入れられた]．

recibidor, dora 形 受け取る，受領する．—名 受け取り人．—男 玄関ホール；待合室，応接間．

recibimiento 男 **1** 歓迎，歓待，応接．**2** 玄関ホール，応接間；待合室，控えの間．**3** 受け取ること，受領，受理．

recibir [レシビル] 他 **1 a)** を受け取る，受け取る，もらう．b) (賞)を受ける，授与される，授かる．—～ cincuenta mil euros como premio 賞金として5万ユーロを受け取る．**d)** を受諾する．—～ la propuesta 提案を受け入れる．**e)** (殴打・弾丸)を受ける，被る．—～ una bofetada 1発頬(ほお)を食らう．**2 a)** を受け入れる，認める．**b)** (食物)を受け付ける．**3 a)** を出迎える．—Iré a recibirlo al aeropuerto a ～ a un amigo 友人を空港へ迎えに行く．**b)** を迎え入れる．**c)** ～ por esposa 妻として迎え入れる．**c)** を歓迎する．**d)** (客)に応接する．**e)** (医者が患者)を診療する．**4** [通信] を受信する．**5** [建築] を固定する，据える．**6** [闘牛] (闘牛士が止めを刺すべく牛)を待ち構える．—～ 自 客を迎える，客に対応する．—El dentista no recibe los viernes. その歯科医は金曜日は休診だ．—se 自 [＋de＋] 学位を得る．

recibo 男 **1** 受け取り，受け入れ；受領．—acusar ～ de... を受け取った旨知らせる．**2** 領収書，受領書，レシート．▶ **ser de recibo** [物が主語] 受け入れてもよい，受け取ってもよい状態の．

reciclable 形 → reciclaje.

reciclaje 男 **1** リサイクル，再循環．**2** 再教育，再調整．

reciclamiento 男 → reciclaje.

reciclar 他 **1** リサイクル[循環利用]する，再生利用[再生加工]する．**2** 再教育[再調整]する．

recidiva 女 (病気の)再発，ぶり返し．

reciedumbre 女 強いこと，力強さ；たくましさ．

recién 副 **1** [＋過分] …したばかりの．—vestido ～ comprado 買いたての洋服．niño ～ nacido 生まれたばかりの赤ん坊．los ～ casados 新婚夫婦．**2** [中南米] **a)** たったいま，いましがた．—Un R-～ hemos llegado. わたしたちはいましがた着いたばかりだ．**～** ahora たったいま，いましがた．**b)** [接続詞的に] …するとすぐに．

reciente [レシエンテ] 形 1 最近の, 近ごろの. —un suceso [una noticia] ~ 最近のできごと [最新のニュース]. 2 新鮮な, でき立ての.

recientemente 副 最近, この前, 少し前に.

recinto 男 構内, 境内; 囲い地. —ferial 見本市会場.

recio, cia 形 1 強い, たくましい. 2 太い, 厚い; 頑丈な. —cuerda recia 太いロープ. 3 はげしい, 厳しい. 4 (声が) 大きい, 高い. — 副 1 はげしく, 強く. 2 大声で. ▶ de recio 強く.

recipiendario, ria 名 (会議などで正式に承認された) 新入会員.

recipiente 形 受け取る. — 男 1 容器, 入れ物, うつわ. 2 つり鐘形のガラス容器.

recíprocamente 副 相互に, たがいに.

reciprocar [1.1] 他 …に (同様の行為で) 報いる, お返しをする;(物事を対応させる) 交換し合う, こたえ合う. — 自 交換し合う, こたえ合う.

reciprocidad 女 1 相互性, 相互作用. 2 報い, お返し, 仕返し. 3《経済》(通商などの) 互恵(主義).

recíproco, ca 形 1 相互の, 交互の. —dependencia recíproca 相互依存. 2 逆の, 相反する. ▶ a la recíproca 反対に, 逆に, 逆もまた同様.

recitación 女 (詩などの) 暗唱; 朗読, 吟唱.

recitado 男 1 暗唱, 吟唱; 暗唱 [吟唱] される作品. 2《音楽》レチタティーボ, 叙唱.

recital 男 1 (公開での, 詩などの) 朗読(会), 暗唱. 2 リサイタル, 独唱会, 独奏会.

recitar 他 (詩などを) 暗唱する, (詩などを) 吟唱する.

recitativo, va 形《音楽》叙唱(調)の, レチタティーボの.

reclamación 女 1 要求, 請求. 2 異議申し立て, 苦情, クレーム. —libro de reclamaciones (ホテルなどの) 苦情申し立て帳.

reclamar 他 1 a) を要求する, 請求する. —Reclamó el pago de la deuda a su amigo. 彼は友人に借金の支払いを要求した. b) を必要とする. —Te reclaman en la portería. 管理人室で君に用事があるそうだ. 2《司法》を召喚する. 3 (おとりを使って鳥を) 呼ぶ, おびき寄せる. — 自 【+contra に】反対する, 異議を申し立てる, 苦情を言う; (…に対して) 上訴する.

reclame 女《アルゼンチン, ウルグアイ》【中南米】宣伝, 広告, 広告. —mercadería de ~ 目玉商品, 特売品.

reclamo 男 1 a) (鳥を呼ぶための) 声; おとりの笛, 鳥笛. b) (同類を呼ぶ鳥) の鳴き声. 2 誘惑するもの, さそわれ. 3 広告, 宣伝, キャッチフレーズ. — publicitario 広告, 宣伝文句. 4《法律》異議, 不服申し立て;《商業》クレーム, 苦情.

reclinación 女 寄り掛かること, 傾くこと.

reclinar 他 をもたせかける, 寄せかける, 寄りかからせる. — se 再 もたれかかる, 寄りかかる.

reclinatorio 男 1 祈禱(きとう) 台 (教会でひざまずくときの信者用のいす). 2 ひじ掛け. 3 長いす.

recluir [11.1] 他 1 閉じ込める, 監禁する. — se 再 閉じこもる, 世間から遠ざかる.

reclusión 女 1 監禁 (する [される] こと), 投獄, 入獄. 2 隠遁(とん); 閉居. 3 刑務所, 監獄, 拘置所. 4 隠遁の地, 隠れ家.

recluso, sa 形 収監された. — 名 囚人.

recluta 男女 召集兵, 志願兵; 新兵. — 女 徴兵; 募集.

reclutamiento 男 1 徴兵, 新兵募集. 2 [集合的に] (ある年度の) 徴集兵, 補充兵. 3 (一般的に) 募集. — ~ de personal スタッフ募集.

reclutar 他 を徴兵 [募集] する.

recobrar 他 を取り戻す, 回復する. —~ la salud 健康を回復する. — se 再 1 a) (健康が) 回復する. b)【+de から】我に帰る, 意識を取り戻す. 2【+de を】取り戻す; (…から) 立ち直る.

recobro 男 1 取り戻し, 回収. 2 (病気などからの) 回復; 立ち直り.

recocer [5.9] 他 1 a) を煮返す, 再び煮る; を暖めなおす. b) を煮過ぎる. 2《冶金》を焼きなおす. — se 再 1 煮 [焼き] 過ぎている. 2 (話) 内心腹立てる.

recochineo 男 (迷惑・不快な行為にさらに伴った) 冗談, 皮肉を言うこと.

recocina 女 (台所に接する) 皿洗い場; 台所の隣の作業室.

recodo 男 1 (川・道などの) 曲り目, 曲り角. 2 (出っ張ったかど, すみ.

recogedor, dora 名 集める人; (収穫物を) 刈り取る人. — ~ de basura ごみ収集人. — 男 ちり取り.

recogepelotas 男女《単複同形》《スポ》ボールボーイ [ガール].

recoger [レコヘル] [2.5] 他 1 a) ~ を拾う, 拾い上げる. —~ las monedas コインを拾う. b) を引き出す, 取り出す, 取り込む. —~ la ropa 洗濯物を取り込む. 2 a) を集める. —~ la basura ゴミを拾う. b) (湿気など) を吸い取る, (水) を集める. —Esa pared recoge humedad. その壁は湿気を吸い取る. 3 を迎えに行く. 4 a) を摘む, 収穫する. b) (成果) を享受する, 活用する. 5 をひき取る, …の面倒を見る; を収容する. —Le recogieron en un asilo de ancianos. 彼は老人ホームに入れられた. 6 を片付ける, しまう; 折りたたむ. —~ el mantel テーブルクロスを折りたたむ. 7 を考慮する, 採用する, 取り上げる. —~ las ideas 考えを取り入れる. 8 を回収する. 9 (衣服などの) 寸法を詰める. たくしあげる. 10《闘牛》(闘牛士の方へ牛) を向ける. — se 再 1 寝る, 就寝する. 2 引きこも

recogida 女 **1** 収集, 回収, 集めること. —~ de basuras ごみの回収.《情報》ガーベッジ・コレクション. ~ del correo 郵便の収集. ~ selectiva (ごみの)分別収集.《農業》収穫, 取り入れ. **3**《更生して》穏健筋に入った女性.

recogido, da 過分 [→ recoger] **1** (拾い)集めた; 迎え入れた; 収めた. **2** 隠遁した, 引きこもった. —llevar una vida recogida 引きこもった生活を送る. **3** 場所が閉静な, 落ち着く. —un lugar — 閑静な場所. **4** こぢんまりした, 広がらない. —sombrero de alas recogidas つばの狭い帽子. **5** (短く)詰めた, (服などをたくし上げて)髪を結った. —pelo — 結った髪. **6** (動物の)胴が短い, **7** (車の)両方の角が狭まった. —男《服の》あげ, タック;《髪の》アップ.

recogimiento 男 **1** 集中, 没頭, 熱中. **2** 隠遁(いんとん), 引き籠もること.

recoja(-), **recojo** 動 → recoger [2.5].

recolección 女 **1** 収穫, 刈り入れ. **2** 収穫期. **3** 集金, 取り立て. **4** 要約, 概要.

recolectar 他 **1** (作物を)収穫する, 刈り入れる. **2** を集める, 収集する, 集合させる.

recolector, tora 形《作物などを》収穫する(人, 国など). —名 収穫する人, まとめ人, 収税官.

recoleto, ta 形 **1** (場所が)静かな, 閑静な, 平穏な. **2** (人が)静かな, 口数の少ない; (人が)地味な, 質素な. **4** 修道の, 隠遁した. **1** 修道士[女]. **2** もの静かな人; 質素な人, 仙人.

recolocación 女 再就職, 再配置.

recombinación 女《生物》(遺伝子などの)組み換え.

recomendable 形 勧められる, 推薦(すいせん)できる.

recomendación 女 **1** 推薦, 推奨, 推挙; 勧告. —carta de — 推薦状, 紹介状. **2** 勧め, 勧告, 忠告. —*recomendación del alma* 臨終の祈り.

recomendatorio, ria 形 推薦の, 紹介の; 勧告の.

recomendado, da 過分 [→ recomendar] 形名 推薦された(人).

recomendar [レコメンダル] [4.1] 他 **1** を推薦する, 推奨する. **2** を勧める, 勧告する. —Te *recomiendo* que no le digas nada a ella. 君に忠告しておくが, 彼女には何も言わない方がいいぞ. **3** を委(ゆだ)ねる, 託す.

recomenzar [4.5] 他 を再開する. —自 再び始まる.

recomerse [2] 再《+ de de》いらいらする, じれる.

recomiend- 動 → recomendar [4.1].

recompensa 女 償い, 報い, 報酬.

recompensar 他 **1** …に報奨金を出す, 報いる, を褒賞する. **2** …に弁償する, 償う.

recomponer [10.7] 他 を修繕[修理]する, 直す.

reconcentración 女《特に精神的な》集中, 専念, 専心.

reconcentramiento 男 → reconcentración.

reconcentrar 他 **1** a) を一点に集める. b)《感情》を募らせる, 集中させる. **2**《感情》を押し隠す, 内に秘める, 偽る. **3** を濃縮する. — se 再 **1**《+ en に》集中する, 専心する. **2**《感情が募(つの)る, 高ぶる.

reconciliable 形 和解[調停]可能な.

reconciliación 女 和解, 調停.

reconciliador, dora 形 和解させる(ような), 調停的な. — 名 調停者, 仲裁者.

reconciliar 他 を仲直りさせ, 和解させる. — se 再 仲直りする, 和解する.

reconcomerse [2] 再 → recomerse.

reconcomio 男 **1** いらだち, 焦燥(しょうそう). **2**《話》切望, 渇望.

recóndito, ta 形《奥深く》隠された, ひそかな, 人目につかない.

reconducir [9.2] 他 (問題や議論などを)正常な状態に戻す.

reconfortante 形 慰めになる, 元気づける. **2** 強壮効果のある. — 男《薬学》強壮剤.

reconfortar 他 を慰める, 励ます, 元気づける. **2** 強壮にする.

reconocer [レコノセル] [9.1] 他 **1** a) を同一人[物]と認める, 識別する; 見分ける. —La *reconocí* por la voz. 声で彼女だとわかった. b)(サインなど)を正当と認める, 確認する. —~ una firma サインの確認をする. c) を認める. —*Reconozco* que tienes razón. 私は君が正しいことは認める. **2** を承認する, 認証する. —~ el nuevo Estado 新国家を承認する. **3**《司法》を認知する. —~ al hijo 息子の子を認知する. **4** を検査する, 精査する, 点検する. **5** (医者が患者を)診察する. **5** …に感謝する, 謝意を表する. — se 再 **1** 自分を…と認める, 自認する. —Ella *se reconoció* autora del crimen. 彼女は自分を犯人と認めた. **2**《+ en に》自分の姿を認める. —El abuelo *se reconoció en* su nieto. 私は孫は自分とそっくりだと思った. **3** 識別される, 識別できる.

reconocible 形 見分けがつく; それと分かる(ほどの); 見覚えがある.

reconocidamente 副 **1** 感謝して. **2** 明らかに, 疑いなく.

reconocido, da 過分 [→ reconocer] 形 **1** 認められた, 認知された. —hijo — 認知された子. **2** 明らかな, 定評のある. **3** 感謝している.

reconocimiento 男 **1** 識別, 見分けること. **2** 認知, 承認. **3** 検査, 調査. —avión [vuelo] de — 偵察機[飛行]. ~ médico 健康診断. **4** 感謝の気持

ち). —en ～ de [a] …に感謝して.

reconozc- 動 →reconocer [9.1].

reconquista 女 1 再征服, 取り戻すこと, 奪回. 2 (R～)〖歴史〗国土回復運動.

reconquistar 他 を再征服[奪回]する, 取り戻す.

reconsiderar 他 を考え直す, 再考する.

reconstitución 女 再構成, 再編成; 再建.

reconstituir [11.1] 他 1 を再建する, 立て直す, 再確立する. —～ la empresa 会社を立て直す. 2 を復元する, 再現する. 3〖医学〗(器官)を再生させる. — se 再 1 復興する. 2〖医学〗再生する, 元に戻る.

reconstituyente 形 (健康を)回復させる, (身体などを)強壮にする. —tónico ～ 強壮剤. — 男 強壮剤〖薬〗.

reconstrucción 女 再建, 復興, 復元.

reconstruir [11.1] 他 1 (建造物)を再建する, 建て直す. 2 を修復する, 再構成する. 3 を再現する.

recontar [5.1] 他 1 を数え直す. —～ los votos 票数を数え直す. 2 を再び物語る, 話し直す.

reconvención 女 1 非難; 叱責(しっせき), 小言. 2 譴責(けんせき), 罪をきせること. 3〖司法〗反訴.

reconvenir [10.9] 他 1 を非難[叱責(しっせき)]する, …に罪をきせる, …のせいにする. 2〖司法〗…に反訴する.

reconversión 女 1 (特に経済上の)再編成, 再転換; (産業の)再組織化. —～ industrial 産業構造の再編成. 2 再調練. —～ profesional 職業再訓練.

reconvertir [7] 他 1〖+en に〗を変える, 組み替える, 再編する. 2 (人)を再訓練する. 3 (産業などを)再転換する.

recopilación 女 1 編纂(へんさん), 編集; 集成, 選集. 2 法典, 法規集. —～ de (las) leyes 法規集, 法集成. 3 要約, 梗(こう)概.

recopilador, dora 名 編集[編纂(さん)]者.

recopilar 他 1 (資料などを)集める, 収集する; 編集する. 2 を要約する. 3 (法律などを法典に)編む, (規則などを)成文化する.

recopilatorio, ria 形 収集の, 編集の.

recorcholis 間 →corcholis.

récord 男〖複〗～s (スポーツ競技などの)記録. —batir un ～ 記録を破る. —en un tiempo ～ 記録的なタイムで.

recordable 形 1 記憶に残る. 2 思い出すべき.

recordación 女 記憶, 思い出, 追憶.

recordar [レコルダァ] [5.1] 他 1 を思い出す, 想起する; 覚えている. —No recuerdo su dirección. 私は彼の住所を覚えていない. 2 を(人に)思い出させる, 忘れないようにさせる. 3 注意を呼びかける, 警告する. 4〖中南米〗を録音する. — 自〖中南米〗目を覚ます. ▶ si mal no recuerdo/si no recuerdo mal 私の記憶違いでなければ.

recordativo, va 形 注意を喚起させる. —carta recordativa 催促の手紙, 督促状.

recordatorio, ria 形 注意を喚起する(ための). — 男 1 (人, 出来事の)思い出となるもの, 記念品, 形見. 2 (日付や名前などがはいった)記念カード, 記念スタンプ. 3 お知らせ, 注意(の喚起).

recordman 男〖複〗～s (スポ) 記録保持者(=plusmarquista).

recordwoman 女〖複〗～s (スポ) (女性の)記録保持者 (=plusmarquista).

recorrer 他 1 を歩く, 巡る, 踏破する. —～ toda España スペイン全国を回る. b) を歩き回る. 2 …にざっと目を通す. —～ el periódico 新聞にざっと目を通す. 3〖印刷〗(行の長さを)調整する, (字)を次行に送る.

recorrido 男 1 旅程, 旅行, 踏破. 2 進路, 経路, ルート. —～ del autobús バスの路線. 3 巡回路; (スポ) ラウンド, 一巡. 4〖機械〗(ピストンなどの)一行程, 動作. 5 こまかい叱責, 非難. —dar un ～ a〖+人〗…にくどくどと小言を言う.

recortable 形 (紙などが)切ることのできる. — 男 切り抜き絵.

recortado, da 過分 [→recortar] 形 1 切り取られた. 2 (植物の葉・海岸線などが)縁にぎざぎざのある. —hojas recortadas 鋸歯(きょし)状の葉.

recortar 他 1 を切り取る, 切り離す. 2 を切り抜く. —～ un artículo del periódico 新聞記事を切り抜く. 3 を減らす, 少なくする, 小さくする. —～ gastos 出費を抑える. 4 (美術)…の輪郭を描く. — se 再 1 (…の輪郭が)くっきりと浮き上がる.

recortasetos 男〖複〗生け垣剪(せん)定機.

recorte 男 1 切り取ること, 裁断; (植物などの)刈り込み; (情報)クリッピング. 2 (経済)切り詰め, 削減. —～ del presupuesto 予算の削減. 3〖主に複〗切り取ったもの, 切れ端, 切りくず, (裁縫の)裁ちくず. —álbum de ～s スクラップブック.

recoser 他 1 (特に, ほどいた物を)縫いなおす, 二度縫いする. 2 を(ざっと)繕う, かがる; …に継ぎを当てる.

recostar [5.1] 他 1〖+ en/ sobre に〗をもたせる; を立てかける. 2 を曲げる, 折り曲げる. — se 再 1〖+ en/ sobre に〗もたれ掛かる, 靠る. —～ se en el sofá ソファーにもたれる. 2 (体・または体の一部を)後ろにそらせる. 3 横になる; しばし休む.

recova 女 1 鳥や卵の市場. 2 アーケード. 3〖狩猟〗猟犬の群れ.

recoveco 男 1 (道路・川・廊下などの)曲がり目, カーブ. 2 (部屋などの)隅; 奥まった場所. 3 (気分・元気の)衰退, 減退. —～s del alma [del corazón] 意気消

沈. **4**【主に複】はっきりしない話し方［態度］. —sin ~s 率直な［に］，包み隠しのない. **5**複〔物事の表象，迂会（えん）〕曲折.

recreación 囡 **1** 娯楽；休養，気晴らし. **2** 再創造.

recrear 他 **1** 楽しませる，喜ばせる. **2** 再生する，再創造する，再現する. — **se** 再 楽しむ.

recreativo, va 形 **1** 娯楽の，レクリエーションの；保養の. **2** 愉快な，面白い.

recrecer [9.1] 他 **1** 大きくする，増大する. — 自 **1**〔川などが〕増水する；増加する，ふえる. **2**〔再び起こる〕現われる〕. — **se** 再 元気づく，元気を取り戻す.

recrecimiento 男 **1** 増加，増大；増水. **2** 再発.

recreo 男 **1** 娯楽，楽しみ，気晴らし. —casa de ~ 別荘. sala de ~ 娯楽室. **2**（学校の）休憩時間.

recría 囡 飼育，養殖.

recriar [1.5] 他 **1**（動物）を育てる，飼育する；（動物）に餌（えさ）をやって太らせる.

*recriminación 囡 非難（のことば），とがめ（立て）；（法律）抗弁.

recriminar 他 **1**（人）を非難する，とがめる. **2** …に抗弁する，非難し返す.

recriminatorio, ria 形 非難する.

recrudecer [9.1] 自 **1**（悪いことが）ぶり返す，再発する；再び悪化する. — **se** 再 再発する，再び悪化する.

recrudecimiento 男 **1**（病気・寒さなどの）悪化，激化. **2** 再発，ぶり返し. —~ de un mal 病気の再発.

recrudescencia 囡 → recrudecimiento.

recta 囡 直線；（競技場などの）直線コース.

rectal 形 （解剖）直腸の.

rectamente 副 **1** まっすぐ，直線的に. **2**（道徳的に）正しく，公正に；賢く. **3** 正確に，誤りなく，正しく.

*rectangular 形 長方形の，矩（く）形の；四角い. **2** 直角の，（図形が）直角を持つ.

*rectángulo, la 形 （数学）直角の. — triángulo ~ 直角三角形. — 男 長方形.

*rectificación 囡 **1** 訂正，改正，修正，矯正. **2**（電気）整流.

rectificador, dora 形 修正［矯正］する. — 男（電気）整流器；整流素子. — 囡 研磨機，研削器.

*rectificar [1.1] 他 **1** …の誤りを正す，訂正する. **2**（意見・言動）を改める；修正する. **3** …に反対する，反対意見を述べる. **4** をまっすぐにする，真直にする. **5**（電気）を整流する. **6**（金属のゆがみ・歪）を修正する，修繕する，調整する. **7**（化学）を精留する. — **se** 再 言動を悔い改める，前言を訂正する.

rectificativo, va 形 訂正［修正］する.

rectilíneo, a 形 **1** 直線的な；直線的な. **2**（人が）生（き）真面目な，謹厳実直な.

*rectitud 囡 **1** まっすぐなこと，一直線. **2** 正しさ，正直，公正さ.

*recto, ta 形 **1** まっすぐな，直線の，垂直な. —línea recta 直線. ángulo ~ 直角. Pon el respaldo ~.（椅子の背もたれをまっすぐに立てなさい. **2** 正しい，公平な；正直な，高潔な. —juez ~ 公平な裁判官. **3** 意味が本来の，文字通りの. — 副 —Siga esta calle todo ~. この道をずっとまっすぐに行ってください. — 男 **1**（解剖）直腸. **2**（開いた本の）右ページ.

rector, tora 形 主要な，指導的な，支配的な. —idea rectora 主要な考え. principio ~ 指導原理. — 男 **1** 指導者，長. **2**（大学の）学長，（宗教学校の）校長. — 男 教区司祭.

rectorado 男 **1**（大学の）学長［総長］であること，学長職. **2** 学長の任期. **3** 学長室.

rectoral 形 学長［総長］の. — 囡 教区司祭館.

rectoría 囡 **1** a）学長の家，学長事務所，b）学長の職［権限］. **2**（カト）主任司祭の家，司祭館.

rectoscopia 囡 （医学）直腸検査.

rectoscopio 男 （医学）直腸鏡.

recua 囡 **1**（馬，ラバなどの）隊列. **2**（人・動物の）一団，群れ. **3**《話》連続した物；次々に起こる一連の事柄. —una ~ de problemas 一連の問題点.

recuadrar 他 を枠にはめる，縁どる；…に枠を付ける；（絵など）を額に入れる.

recuadro 男 **1** 四角い枠［囲い］，額縁. **2**（新聞などの）囲み記事；（強調のための）四角の枠.

recubrimiento 男 **1** 重ね塗り，上塗り，コーティング. **2** 上塗り剤，被覆. — anticorrosivo さび止め［防錆（ぼうせい）］剤.

recubrir [3.2] 他 **1** を覆う，包む，覆い隠す. **2**［+ con/de で］を覆う，…の表面を覆う，をコーティングする. **3**（建物の）屋根を修復する.

recuelo 男 **1**（漂白用の）強い灰汁（あく）. **2** 二番煎（せん）じの（薄い）コーヒー.

recuento 男 **1** 勘定，（全部の）数え上げ，—el ~ de votos 票の集計. **2** 財産目録，在庫目録. **3**（金庫などの）内容検査. **4** 数え直し.

recuerd- 動 →recordar [5.1].

*recuerdo 【レクエルド】男 **1** 思い出，回想，記憶，記念（品），思い出の品，形見. **3** 土産品. —~ s de Toledo トレドの土産. **4** よろしくというあいさつ. —R~s a tu mujer. 奥さんによろしく.

recuesto 男 坂，斜面，傾斜地.

reculada 囡 **1** 後退，後ずさり；退却. **2** 譲歩，しりごみ. **3**（銃砲の）反動.

recular 自 **1** 後退する，後ずさりする. **2**《話》譲歩する，しりごみする.

reculón 男 急に後退すること.

recuperable 形 取り戻せる；回復［回収］可能な.

*recuperación 囡 **1**（病気などからの）回復；意識［落ち着きなど］を取り戻すこと；（気持ちの）立ち直り. **2**（損失，損害の）回復，復旧；取り戻す［される］こと. **3** 追試験.

recuperador, dora 形 取り戻す，回復する；回収する． ― 男 〖機械〗復熱装置，回収熱交換器．

recuperar 他 **1** (失ったもの・健康などを) 取り戻す，を回復[回収]する．~ el conocimiento 意識を回復する．**2** (廃物など) を回収する，償う．~ el tiempo perdido 遅れを取り戻す．**3** (廃物を)再利用可能にするために回収する．**4** …に追加合格する． ― **se** 〔病気などから〕回復する，元気になる；気分が良くなる．

recuperativo, va 形 回復の（ための）．

recurrente 形 回帰性の；周期的に繰り返す，循環的な．-fiebre ~ 回帰熱． serie ~ 循環数列． ― 男女 〖法律〗 上訴人．

recurrir 自〖+ a〗 **1** a) (他人の助力・好意に) 訴える，(を)当てにする．**b**) (普通ではないもの) を用いる，に頼る． ~ a calmantes 鎮静剤に頼る．**2** (病気が)ぶり返す，再び悪化する．**3**〖contra-〗〖+〗不服として上告する． ― 他〖司法〗…に不服の申し立てをする，上訴(告)する，控訴する． ~ la sentencia 判決に不服の申し立てをする．

recurso 男 **1** 手段，方法．-como [en] último ~ 最後の手段として．hombre de ~s 機転のきく人．**2** a) 資源，資力． ~s económicos 資金，資力． ~s naturales 天然資源．**b**)〖情報〗リソース． ~s externos アウトソーシング．**3** 〖法律〗上訴，上告． ~ de apelación 控訴． ~ de casación 破棄申し立て．

recusación 女 **1** 拒否，拒絶．**2**〖司法〗(裁判官などへの)忌避．

recusante 形 拒絶する，反抗的な． ― 男女 **1** 抵抗者，拒否者，拒絶する人．**2**〖司法〗忌避者．

recusar 他 **1** を拒絶[拒否]する．**2**〖司法〗を忌避する．

:**red** 女 **1** 網，ネット；網製品． ~ de alambre 金網． ~ de araña クモの巣． ~ barredera トロール，底引き網． ~ de tenis テニスのネット． ~ de pesca 漁網．**2** 網状の組織，~網，ネット(ワーク)；(店舗などの)チェーン． ~ de emisoras 放送網． ~ de espionaje スパイ[諜報]網． ~ de información 情報網． ~ ferroviaria 鉄道網． ~ de ventas 販売網．**3** わな，計略；誘惑．-caer en la ~ わなにはまる．**4**（R~）インターネット．-reservar hotel por la R~ インターネットでホテルを予約する．► **echar** [**tender**] **las redes** (1) 網を仕掛ける，網を打つ．(2) 準備をする，対策を立てる．

redacción 女 **1** 文章作成，執筆，起草．**2** 作文．**3** a) 編集．-- de una revista 雑誌の編集．**b**) 〖集合的に〗編集者；編集部[室]．

redactar 他 **1** を文章化する，書き上げる，作文する．**2** を編集する． ― 自 文章を書く．

redactor, tora 形 編集[執筆]する． ― 名 **1** a) 編集者；校訂者． ― (en) jefe 編集長．**b**) (新聞，雑誌の)主筆，執筆者，作者． ~ de textos publicitarios コピーライター．

redada 女 **1** 網を投げること．**2** 一網にかかった[一度に捕えられた]魚・動物など，獲物．**3** 〖話〗 (警察の)手入れ，一斉検挙．

redaño 男 **1** 〖解剖〗 腸間膜．**2** 覆〖話〗勇気，度胸；元気．

redargüir [11.2] 他 (他人の議論に)反論する；を無効だと反駁(はん)する．

redecilla 女 **1** (髪飾り用の)ネット．**2** (反芻(さん)動物の)第2胃，ハチノス．

redecir [10.11] 他 を何度も[しつこく] 言う，言い張る．

rededor 男 周辺，あたり〖通例，次の成句で〗．► **al** [**en**] **rededor** (**de**...) (…)の周囲に，まわりに．

redefinir 他 を再定義する．

redención 女 **1** a) (身の代金などによる) 救い，救出．**b**) 〖カト〗(キリストの犠牲による)人間の罪あがない，贖罪(と`)．**2** 〖法律〗買い戻し，(抵当物件の)請け出し，質請け．

redentor, tora 形 買い戻す，買い戻し[請け出し]する．**2** 救う；質受け人，身請け人．► **El Redentor** 救世主イエス・キリスト．

redentorista 形 レデンプトール[至聖贖罪主]修道会の，レデンプトール修道士の． ― 男女 レデンプトール修道士[女]．

redescuento 男 〖商業〗再割引．

redicho, cha 過分（→ redecir）形 (話し方が)気取った；学者ぶった．

rediez 間 (怒り・驚きで)おやまあ，なんとまあ．

redil 男 (家畜を入れておく)囲い場，羊小屋．

redimible 形 **1** 買い戻し[質受け]できる；救済できる；償い得る．

redimir 他 **1** 〖+ de から〗 (人)を免れさせ，自由にする，解放する．**2** を(金を払って) 救い出す，請け戻す， ~ a los esclavos 奴隷を解放する[請け戻す]．**3** 〖経済〗〖+ de から〗を請け戻す，買い戻す．**4** (苦しみ・痛みなど)を終わらせる． ― **se** 再 〖+ de から〗を免れる，(…から)自由の身となる．**2** 逆境に打ち勝つ．

redingote 男 〖服飾〗 **1** (昔の)乗馬用コート，フロックコート．**2** (胴をしぼった)女性用コート．

rediós 間 (驚き・怒りを表して)何だって，えっ．

redistribución 女 再分配，再配布．

redistribuir [11.1] 他 を再分配する．

rédito 男 **1** 利子．-a ~ 利子付きで． ~s de los ~ 覆 複利．**2** 利益．

redituar [1.6] 他 (利子・利益などを)生む，もたらす．

redivivo, va 形 **1** 生き返った，復活した．**2** (故人に)そっくりの，生き写しの．

redoblado, da 過分（→ redoblar）形 **1** 増強[増大，補強]された．**2** (人が)がっちりした体格の，たくましい．

redoblamiento 男 倍増，増強．

redoblante 男 〖音楽〗 中太鼓．テ

ナー・ドラム.

redoblar 他 **1** を倍加[激増]する; 強化する. — ~ la guardia 警戒を強める. **2** を折り曲げる, 折りたたむ; を二重にする. **3**(話など)を繰り返す, 繰り返して言う. **4**(打ち込んだ釘の先など)を打ち曲げて[つぶして]固定させる. — 自 太鼓を連打[ローリング]する.

redoble 男 **1** 倍加, 増大, 強化. **2** 繰り返し. **3** 太鼓の連打, ドラム・ロール.

redoma 女 (実験用の)フラスコ.

redomado, da 形 (人が)ひどい, どうしようもない.

redomón, mona 形 《中南米》(馬が)良く調教されていない, 不馴れな.

redonda 女 **1**(広い)地域, 一帯; 周囲. **2** 牧草地. **3**(印刷)ローマン体(= letra ~). **4**《音楽》全音符. **5**《海事》横帆. ▶ *a la redonda* 周囲に[で], 一帯に[で].

redondeado, da 過分 [→ redondear] 形 ほぼ円形の, 丸に近い.

redondear 他 **1** を丸くする. **2**(仕事など)を完全に終える. **3**(数)を丸める, …の端数を切り捨てる. — **se** 再 丸くなる.

redondel 男 **1** 丸, 円形, 丸い物. **2**(闘牛の)闘技場. **3**《服飾》ケープ.

redondeo 男 **1** 丸くすること, 丸みをつけること. **2** 端数の切り捨て.

redondez 女 **1** 丸さ, 丸み, 円形. **2** 弧. **3** 球面. — *en toda la ~ de la tierra* 世界中に[で].

redondilla 女 **1** 8音節の四行詩 (abba と脚韻を踏む). **2**《印刷》ローマン体(= letra ~).

:redondo, da [レドンド, ダ] 形 **1** 丸い, 円形の, 球形の. — *mesa redonda* 円卓. **2** 完全な, 完璧な, 申し分のない. — *un triunfo ~* 完璧な勝利. **3** 端数のない, 端数を切り捨てた. — *diez mil yenes ~s* きっちり1万円. **4** 明確な, きっぱりとした. — 男 **1** 丸いもの, 円形のもの. **2** 牛のもも肉. ▶ *caerse (en) redondo* ばったりと倒れる, 完全に崩れ落ちる. *en redondo* (1) ぐるっと1周, 円を描いて. (2) きっぱりと.

redopelo 男 ▶ *a [al] redopelo* 逆に; 逆なでに.

redorar 他 …の金箔(ぱく)を張り直す.

:reducción 女 **1** 縮小, 減少, 削減. — ~ *de los gastos* 経費の削減. **2** 圧. **3**《歴史》レドゥクシオン(植民地時代にイエズス会が建設した先住民教化村). **4**《数学》換算. **5**《論理》還元. — *al absurdo* 背理法.

reducible 形 → reductible.

:reducido, da 過分 [→ reducir] 形 **1** 縮小された, 削減された. **2** 限られた, 少ない, 小さい.

reducidor, dora 名 《南米》故買(ばい)屋.

:reducir [9.3] 他 **1** を減らす, 弱める, 縮小する. — ~ *los gastos* 出費を抑える. **2** [+ a/en に](物事)を変える, 帰着させる. — *El terremoto redujo la ciudad a ruinas.* 地震が都市を廃墟に変えた. **3** を縮約する, 短縮する, まとめる. **4**『+ a に』服従させるを鎮圧[制圧]する. — ~ *a los rebeldes* 反乱者を服従させる. **5**《料理》(汁など)を煮詰める, 濃縮する. **6**(貨幣)を通分する, 約分する. — ~ *un quebrado* 分数を通分する. **7**(ある数値)を換算する. **7**《医学》を整骨する, 整復する. **8**《化学》を還元する. **9**《物理》(原子・イオンに)電子を帯びさせる. **9**《南米》…の盗品取引をする. — 自《自動車》ギアを落とす. — **se** 再 **1**『+ a 』…する, 最終的に(…)になる. **2**『+ a + 不定詞』…しかない, …だけにする. **3**『+ en 』を節約する. **4** を液化する, 気化する; 固体化する.

reductible 形 縮小できる, 減らせる. **2**《数学》約分できる. **3**《化学》還元できる.

reducto 男 《軍事》砦(とりで), 要塞; 《比喩》最後の牙城(が じょう).

reductor, tora 形 《化学》還元する. — 名 動 還元剤.

reduj- 動 → reducir [9.3].

redundancia 女 **1** 余分, 過多. **2** (不要な)繰り返し, 重複, 冗語. **3**《情報》冗長(度).

redundante 形 余分の, 多過ぎる; 重複した.

redundar 自 [+ en] 結果として(利益または不利益)になる, 帰する. — *en beneficio [perjuicio] del pueblo* 町にとって有利[不利]になる.

reduplicación 女 **1** 倍加, 激増; 強化. **2**《言語》畳音; 畳語. **3** 反復.

reduplicar [1.1] 他 **1** を二重にする, 倍加[増加]する. **2** を強化する, 強烈にする.

reduzc- 動 → reducir [9.3].

reedición 女 再版, 重版, 復刻(版).

reedificación 女 再建, 建て直し. **2** 復興; 挽回(ばんかい).

reedificar [1.1] 他 **1** を再建する, 建て直す. **2** を復興する; を挽回(ばんかい)する.

reeditar 他 を増刷する, 再版する; 再刊する.

reeducación 女 **1** 再教育, 再訓練. **2**(病後の)リハビリ, 機能回復訓練.

reeducar [1.1] 他 **1** を再教育[再訓練]する. **2** …に機能回復訓練を施す, リハビリを行なう; を再訓練する.

reelaborar 他 (計画など)を練り直す, 作り直す.

reelección 女 **1** 再選, 再当選. **2** 再選挙.

reelecto, ta 形 再選された. — *el presidente ~ del comité* 再選された委員長. — ~ *del comité* 再選された委員長.

reelegir [6.2] 他 を再選する, 改選する.

reelegible 形 再選可能な.

reembarcar [1.1] 他 **1**(人)を再び乗船させる; (人・荷物)を再び乗せる; 積み替える. — **se** 再 再乗船する, (乗り物)に再び

reembarque 男 再乗船; 積み替え.

reembolsable 形 払い戻し[償還]可能な, 払い戻すべき.

reembolsar 他 (費用・借金などを)払い戻す, 返済する; (債券などを)償還する. **— se** 再 払い戻しを受ける.

reembolso 男 払い戻し(金), 返済(金); 償還(金). ▶ *a* (*contra*) *reembolso* 代金着払いで.

reemplazable 形 交換[交替]可能な.

reemplazante 男女 代理人, 身代わり; 補欠; 後任.

reemplazar [1.3] 他 **1** 取り替える, 交換する; [+ con/por に] を交替させる. —~ *las pilas* 電池を交換する. **2 a**) …に取って代わる, …の後を継ぐ. **b**) …の代わり(代理)をする.

reemplazo 男 **1** 取り換え(られること), 置き換え. **2**(軍事)集合(的), (毎年の)新規招集兵. ▶ *de reemplazo*(軍事)(兵隊などが)予備役の, 待命中の.

reemprender 他 を再開する, …に再び取り組む.

reencarnación 女 **1** 生まれ変わること; (霊魂の)再受肉; 霊魂再来説. **2**(ある人の)生まれ変わり, 化身, 再来.

reencarnar(se) 自 (再) 生まれ変わる, (霊魂が)再び受肉する. **— se** 再 会合する.

reencontrar 他 を再発見する. **— se** 再 再会する.

reencuentro 男 **1** 衝突. **2**(軍事)(小部隊の)小競り合い. **3** 再会.

reenganchar 他 (軍事)を再入隊させる; (報奨金を出して)再召集する. **— se** 再 再入隊する.

reenganche 男 (軍事)(兵の)再入隊, 再召集; 再入隊報奨金.

reenviar [1.5] 他 (郵便物などを)返送する; 転送する.

reenvidar 他 (賭(か)け金を)増やす, …に賭ける.

reenvío 男 返送; 転送.

reescribir 他 を書き直す.

reestrenar 他 (劇・映画作品などの)再上演[再上映]する.

reestreno 男 (劇・映画作品などの)再上演, 再上映, リバイバル. ▶ *de reestreno*(映画館が)再上映専門の.

reestructuración 女 **1** 再組織, 再編成. **2**(財政などの)再建.

reestructurar 他 **1** を再編成[再構成]する, 組織し直す. **2**(財政などの)を再建する.

reexaminar 他 を再試験する, 再検査[再検討]する.

reexpedir [6.1] 他 (郵便物などを)転送する, 返送する.

reexportar 他 を再輸出する.

refacción 女 **1** 軽い食事. **2** 修理, 修復. **3**〖メキシコ〗交換部品, スペア.

refaccionar 他 〖中南米〗(おもに建物などを)修理する, 改築する.

refajo 男 (服飾)(昔の厚地の)ペチコート, アンダースカート; スカート.

refección 女 **1** 軽食. **2** 修理, 修復.

refectorio 男 (修道院・寄宿舎などの)食堂.

referencia 女 **1** 言及; 関連(づけ), 関係. —*hacer ~ al estado de la economía* 経済状況について言及する. **2** 報告, 情報. **3** 参考, 参考文献, 出典. **4** 複(身元や能力などの)保証書, 照会. ▶ *con referencia a…* …に関して.

referencial 形 参照用の, 参考[基準]となる. **2**(言語)指示的な.

referendo 男 → referéndum.

referéndum 男[複 ~s] 国民投票, 一般投票, レファレンダム.

referente 形 [+ *a* に]関する. **— 男**(言語)指示対象.

réferi, referí 男〖中南米〗(スポ)審判.

referir [レフェリル] [7] 他 **1** を語る, 述べる, 説明する. **2** [+ *a* に]を位置づける, 結びつける. **3** を参照させる. **— se** 再 [+ *a* に] **1** 言及する, (…のことを)言う, (を)指す. —*No se refiere a mí, sino a ti*. 彼らは私のことを言っているのではなく, 君のことを言っているのだ. **2** 関係する.

refier- 動 → referir [7].

refilón 男 ▶ *de refilón* (1) ちらっと(見る), 軽くかすめて. (2) 斜めに, はすに. —*mirar a… de refilón*(人を)横目で見る, 疑い(非難)の目で見る.

refinación 女 **1** 精練, 精製; 純化. **2** 洗練; 優雅.

refinado, da 過分 [→ refinar] 形 **1** 洗練された, 上品な, あかぬけた. **2** 精製した, 精錬した. **3**〖時に皮肉〗手の込んだ, 巧妙極まる. **— 男 1** 精製, 精錬. **2** 精製品.

refinamiento 男 **1** 洗練(されていること); 上品(さ), 優雅(さ). **2** 入念, 配慮, 細心. **3** 精巧な品[装置, 設備]. **4** 念の入ったもの, …の極み. ▶ *tratar con crueldad con refinamiento* この上ない残酷に扱う. **5** 残忍, 無慈悲.

refinanciación 女 (金融)再融資, 再出資; 借り換え.

refinanciar 他 (金融)に再融資する[再出資する]; を借り換える.

refinar 他 **1** を洗練する, 上品にする, に磨きをかける. **2** を精製する, 精錬する, …の不純物を除く. —~ *azúcar* 砂糖を精製する. **— se** 再 上品になる, 洗練される.

refinería 女 (石油・砂糖などの)精製所; 精錬所.

refino 男 **1**(石油・金属などの)精製. **2**〖メキシコ〗蒸留酒.

refir- 動 → referir [7].

refitolero, ra 形名 **1** 気取った(人), もったいぶった(人). **2** めかしこんだ(人). **3**(修道院などの)食事係の(人).

reflectante 形 反射の, 反射する.

reflectar 他 (物理)(光・熱などを)反射する, (音を)反響する. **—** 自 (物理)(光・熱などが)反射する, (音が)反響する.

reflector, tora 形 (物理)反射の,

reflejar 反射.—superficie *reflectora* 反射面.—男 1 反射器; 反射鏡; 反射望遠鏡. 2 映写機, プロジェクター. 3 スポットライト. 4 サーチライト.

reflejar 他 1 を反射させる. 2 を反映させる, 映し出す. 色(ﾂﾔ)にする. 3 を表す, 表現する.—**se** 再 1 反射する. 2 映る, 反映する.

reflejo, ja 形 1 反射した; 反映した. 2 反射的な, 反射的に起こる. 3 (言語) 再帰の. 4 (痛みなどが) 患部とは違う部分に現れる.—男 1 反射光. 2 (鏡などに写った) 像, 映像. 3 反映. 4 反射作用, 反射運動. ~ condicionado 条件反射. 5 複 反射神経, 運動神経. 6 複 (髪の) メッシュ染め液.

reflexión 女 1 よく考えること, 熟考, 反省.—sin ~ よく考えずに. 2 反射, 反映, 反射光[熱]. 3 映ったもの, 映像, (水などに映った)影. 4 意見, 忠告, 助言. 5 (言語) 再帰性, 再帰動詞の機能.

reflexionar 自 (+*sobre* について) 熟考する, 省察する.

reflexivo, va 形 1 (言語) 再帰の.—pronombre ~ 再帰代名詞. verbo ~ 再帰動詞. 2 反省する, 熟考する, 思慮深い, 慎重な. 3 反射する.

reflorecer [9.1] 自 1 (花が) 返り咲く. 2 (一度衰えた人・ものなどが) 隆盛を取り戻す, 返り咲く.

reflorecimiento 男 返り咲き.

reflotación 女 →reflotamiento.

reflotamiento 男 浮揚(ﾌﾖｳ); 立て直し, 回復.

reflotar 他 1 (沈没した船などを) 浮上げらせる, 引き揚げる. 2 (計画・事業など) を再建させる, (会社など) を立ち直らせる.—自 (会社などが) 立ち直る.

refluir [11.1] 自 1 逆流する. 2 (+*en* に)(結果的になる.

reflujo 男 引き潮.

refocilación 女 →refocilo.

refocilar (下品なことで) を楽しませる.—**se** 再 (+*con* 下品なことで) / (+*en* 他人の不幸で) 楽しむ.

refocilo 男 1 (悪意のある)下品な楽しみ. 2 (中南米) 雷光, 雷鳴.

reforestación 女 植林.

reforestar 他 …に植林する.

reforma 女 1 改革, 改善. ~ educativa 教育改革. 2 改装, 改築, リフォーム. 3 (la R~) (歴史) 宗教改革.

reformación 女 改革, 改善, 改良.

reformado, da (過分 → *reformar*) 形 改革[改善]された; 変更[修正]された.—calendario ~ グレゴリオ暦. religión *reformada* (宗教) 新教, プロテスタンティズム.—名 (宗教) プロテスタント, 新教徒.

reformador, dora 形 改革[改善]する; 改革派の.—名 改革者, 改革運動家, 改革者.

reformar 他 1 を改革する, を改変する. ~ la casa 家を改装する. ~ la Constitución 憲法を改正する. ~ (人) を

矯正する, 改めさせる.—**se** 再 1 (習慣・行動が) 改まる, 変わる. 2 改修される, 改正される.

reformatorio, ria 形 1 改良[改革](のための). 2 感化[矯正](のための).

reformismo 男 改革[改良, 革新]主義.

reformista 形 改革派の.—男女 改革家, 改革論者.

reforzado, da (過分 → *reforzar*) 形 強化[補強]された; 増強された.—cristal ~ 強化ガラス. puerta *reforzada* 強化扉.

reforzador 男 1 (写真) 補力液. 2 (電気) 昇圧器.

reforzar [5.5] 他 1 を強化する, 強化にする. 2 (写真) (ネガ) を補力する, …の明暗度を増強する.—**se** 再 強化される, 強くなる.

refracción 女 (物理) 屈折(作用).—ángulo de ~ 屈折角. índice de ~ 屈折率. doble ~ 複屈折.

refractar 他 を屈折させる.—**se** 再 屈折する.

refractario, ria 形 1 a) 耐熱性の, 耐火性の.—ladrillo ~ 耐火れんが. material ~ 耐熱材. vestiduras *refractarias* 耐火服. b) (+*a* に) 抵抗力[耐性]がある; (病気に) かかりにくい.—Es ~ *a* la gripe. 彼は風邪を引きにくい人だ. 2 (+*a* に) 反抗する, 反対の; (を) 受けつけない.

refrán 男 ことわざ(諺).

refranero 男 ことわざ集.

refregar [4.4] 他 1 をこする, 摩擦する, 磨く. 2 (話) (面と向かって, 人) を非難する, しつこくのしる.

refregón 男 (話) こすること, 摩擦.

refreír [6.6] 他 1 を再び油で揚げる, 揚げ直す. 2 を油で揚げ過ぎる.

refrenamiento 男 抑制, 制御; 制止.

refrenar 他 1 を抑制する, 制御する; (感情など) を抑える. 2 (馬) を手綱で御する.—**se** 再 自制する, (感情など) を抑える.

refrendar 他 1 a) (旅券・文書などに) 裏書きする. b) (小切手, 書類などに) 副署[連署]する. 2 …の真正を証明する, 認証する.

refrendo 男 1 ビザ, 査証. 2 副署, 副署すること. 3 是認, 賛成, 支持.

refrescante 形 気持ちのいい, さわやかな, 爽(ｻﾜ)快にさせる.—bebida ~ 清涼飲料.

refrescar [1.1] 他 1 を冷やす, 冷却する. ~ la habitación 部屋を涼しくする. 2 (感情・記憶) をよみがえらせる. 3 (温度が) 下がる.—**se** 再 1 冷える, 涼しくなる. 2 体を冷やす, 冷たい物を飲む, 涼む. 3 生気を取り戻す.

refresco 男 1 清涼飲料水, ソフトドリンク. 2 (軽い) 飲食物. ▶ *de refresco* 新しい, 増援の, 加勢の.

refresquería 女 (中米) (駅などの)

ジュース売店.
refriega 囡 小競り合い, けんか.
***refrigeración** 囡 **1** 冷却, 冷蔵, 冷房. **2** 冷房装置, 冷蔵装置.
refrigerado, da 過分 [→refrigerar] 形 **1** 冷えた; 涼しくした. **2** 冷房装置つきの(部屋など).
refrigerador, dora 形 冷蔵(用)の, 冷凍(用)の. ── 男 **1** 冷蔵庫. **2**《機械》冷却装置. ── 囡《中米》冷蔵庫.
refrigerante 形 冷却する. ── 男 **1** 冷却剤. **2**(容器)凝縮器.
***refrigerar** 他 を冷却する, 冷蔵する.
refrigerio 男 **1** 軽食, 間食. **2** 安心, 安らぎ.
refringencia 囡《物》屈折性.
refringente 形 屈折する, 屈折性の.
refrito 男 **1** ニンニク・タマネギなどを油で炒めたソース. **2**(文学作品などの)焼き直し, 改作.
refucilo 男 稲妻, 稲光.
refuerzo 男 **1** 補強(材), 強化. **2**《軍事》増援; 援軍, 増援部隊. **3**(服飾)当て布.
refugiado, da 過分 [→refugiar] 亡命した, 避難した. ── 名 亡命者, 避難民, 難民. ── un político 政治亡命者. campo de ～s 難民キャンプ.
***refugiar** 他 をかくまう, 保護する. ── se 再 助力[保護·慰め]を求める, 避難する, 亡命する; [+de] を避ける.
***refugio** 男 **1** 避難, 保護. **2** 避難所, 隠れ場所; 山小屋. **3**(道路の)安全地帯. ▶ refugio atómico [nuclear] 核シェルター.
refulgencia 囡 輝き, 光彩.
refulgente 形 光り輝く.
refulgir [3.6] 自 光り輝く, きらめく.
refundar 他 を再建する, 作り直す.
refundición 囡 **1** 鋳(い)直し. **2** 改作(物), 脚色(作品). **3** 統合, 併合.
refundidor, dora 名 脚色者, 翻案者, 改訂者.
refundir 他 **1**(金属)を鋳直す. **2**(文学作品などの)を脚色する, 改作する; を書き直す. **3** を統合する, 含む. **4**《中米》を紛失する. **5**《メキシコ》を投獄する.
refunfuñar 自 ぶつぶつ不平[愚痴]を言う.
refunfuño 男 不平, 愚痴.
refunfuñón, ñona 形 名 不平の多い(人).
refutable 形 反論[論駁(ろんばく)]しうる, 論破可能な.
refutación 囡 反論, 論駁(ろんばく), 論破.
refutar 他 を論破する; …に反駁(ろんばく)する, 論破する.
refutatorio, ria 形 反論に役立つ.
regadera 囡 **1** じょうろ; スプリンクラー. **2** 灌漑(かんがい)用水路. **3**《中米》シャワー. ▶ **estar como una regadera**《比喩, 話》気が違っている.
regadío, a 形 (土地の)灌漑(かんがい)できる. ── 男 灌漑; 灌漑地. ─cultivo de ～

灌漑農業. tierra de ～ 灌漑地.
regador, dora 名 散水する人; 灌漑(かんがい)する人. ── 男《海×》じょうろ.
regala 囡《船舶》船縁(ふなべり), 舷縁(げんえん), ガンネル.
***regalado, da** 過分 [→regalar] 形 **1** 贈られた, もらった. **2** 安楽な, 気楽な. **3** ただ同然の, 馬鹿みたいに安い. **4** 美味な, 美味しい.
***regalar** 他 **1** を贈る, プレゼントする. ── un reloj 時計を贈る. **2** を喜ばせる, 楽しませる; もてなす. **3** を安心させる. ── se 再 [+con] を喜ぶ, 楽しむ.
regalía 囡 **1**《歴史》国王の特権; (一般に) 官職や身分などによる特権; 特典. **2** 複 特別手当て, 臨時手当て. **3**《中米》贈り物.
regalismo 男 (国王の教会支配を認める)帝王教権主義.
regaliz 男 **1**《植物》カンゾウ. **2** カンゾウの根; カンゾウのエキス.
:**regalo** [レガロ] 男 **1** 贈り物, プレゼント, おまけ, 土産. ── de cumpleaños 誕生日のプレゼント. hacer un ～ a... ...に贈り物をする. **2** 楽しみ, 楽しいこと[もの], 安楽, 快適. **3** ごちそう, 珍味.
regalón, lona 形《話》**1** 甘やかされた. **2**(生活などが)安楽な, ぜいたくな. ── 名 甘やかされた人, ぜいたくが好きの人.
regante 形 灌漑(かんがい)の. ── 男女 **1** 水利権所有者. **2** 水番, 用水管理人.
regañadientes ▶ a regañadientes いやいやながら, しぶしぶ.
regañar 他 を叱る, …に小言を言う. ── 自 **1** 言い争う, 口論する, 口げんかをする. **2** [+con] 絶交する, 縁を切る. **3**(犬が)歯をむき出しそうな.
regañina 囡 叱責(しっせき), 小言.
regaño 男 **1** しかめつら, 怒り顔. **2**《話》叱責(しっせき), 小言.
regañón, ñona 形《話》怒りっぽい(人), 口やかましい(人).
regar [4.4] 他 **1** …に水をまく, 灌漑(かんがい)する, 散水する. **2**(川が)土地を検(あ)る, うるおす. **3** …に血液を送る. **4** [+con で] …をまき散らす.
regata¹ 囡 ボート[ヨット]レース, レガッタ.
regata² 囡 灌漑(かんがい)用水路.
regate 男 **1** 身を(ひょいと)かわすこと. ─hacer [dar] un ～ 身をかわす. **2**《スポ》(フェイントをかけて)相手をかわすこと.
regatear¹ 他 **1** を値切る, …の値引き交渉をする. ── el precio 値切る. **2**《話》を惜しむ, けちる〔主に否定文で用いられる〕. ── no ── esfuerzos 努力を惜しまない. ── 自 身体をかわす, 《スポ》フェイントをする.
regatear² 自 ボートレースをする.
regateo 男 **1** 値切ること; 値引き交渉. **2** 言い逃れ, ごまかし.
regatista 男女《スポ》ボートレース[レガッタ]の選手.
regato 男 **1**(小さな)小川. **2** 灌漑(かんがい)

regatón, tona 形名 食料品の小売りをする(人). ― 男 1 (ステッキ, 傘などの)石突き; 鉤竿(ホキボ)の先端.

regazo 男 1 ひざ(座ったときの腰からひざがしらまでの部分); (座ったときの)スカートのひざのくぼみ. 2 安らぎの場.

regencia 女 1 摂政政治; 摂政職; 摂政期間. 2 統治.

*****regeneración** 女 再生; 更生, 改心.
regeneracionismo 男 (19世紀末スペインの)再興運動.
regeneracionista 形 (歴史) (19世紀末スペインの)再興運動の. ― 男女 再興運動家.
regenerador, dora 形名 再生[更正]させる(人). ― 男 再生処理器.
*****regenerar** 他 1 を再生させる, 復活させる; 再生処理[利用]する. 2 を更生させる, 悔い改めさせる, 復活する. 2 更生する, 悔い改める.

regenerativo, va 形 再生[更正]の.
regenta 女 1 (女性の)市長; 支配人. 2 摂政(セッシょウ)の妻.
regentar 他 1 (職務を臨時に[代理として])務める, 代行する. 2 を運営[経営]する, 統率する.
regente 形 1 支配[統治]する, 管理する. 2 摂政の. ―reina ― 摂政王妃. ― 男女 1 摂政, 2 (雇われている)支配人, 店長. ― 男 (歴史)高等法院長官.

reggae 男 (音楽)レゲエ.
regicida 形 国王殺しの, 弑逆(シギャク)の, 大逆の. ― 男女 国王暗殺者.
regicidio 男 国王殺し, 弑逆(シギャク)(罪).
regidor, dora 形 支配する; 経営する. ― 名 1 統治者, 支配者. 2 市会議員. 3 (演劇)舞台監督; (映画)助監督.

régimen 男 [複 ―es]. 1 (政治)制度, 政体, 体制, 政権. ―antiguo ― 旧体制, アンシャンレジーム. ― capitalista 資本主義体制. 2 方法, 様式, 慣例. ― de vida 生活様式. ― de lluvias 降雨状況. 3 (医学)食餌(シュシ)療法, ダイエット. ―estar a ― ダイエット中である. 4 (言語) (前置詞などの)支配; 被制辞. 5 (エンジンなどの)回転速度. ► **régimen económico** (経済)貿易政策から見た一国の経済状況. **régimen hidrográfico** (土木)季節ごとの川の水量の状況.

regimentar [4.1] 他 (軍事)を連隊に編成[編入]する.
*****regimiento** 男 1 (軍事)連隊. 2 運営, 管理, 支配. 3 (話)群衆, 大勢の人.
*****regio, gia** 形 1 王の. 2 豪華な, 壮麗な, 立派な.

región [レヒオン] 女 1 地方, 地域, 地帯, 地方. 2 領域, 区域, 管区. 3 (解剖) (体の)部位, 局部. ―inguinal (解剖)鼠径部. ► **región aérea** (航空)航空管区. **región militar** (軍事)軍管区.

*****regional** 形 地方の, 地域的な, 地帯の.

regionalismo 男 1 a) 地方(分権)主義. b) 郷土愛. 2 地方特有の言葉[表現].
regionalista 形 地方(分権)主義の. ― 男女 地方(分権)主義者.
regionalización 女 地方分権化; 地域分割.
regionalizar 他 を地方分権化する; 地域に分割する.

*****regir** [6.2] 他 1 を支配する, 指揮する, 統治する. 2 (言語)を要求する, を支配する. ―Ese verbo *rige* preposición. その動詞は前置詞を取る. ― 自 1 有効である, 効力がある. 2 (機械・組織などが)正常に機能する; 頭がしっかりしている.

*****registrado, da** 過分 [→ registrar] 形 記録[登録]した, 登録[登記]済みの, 記録された. ―marca *registrada* 登録商標.

registrador, dora 形 記録する, 登録する. ―caja *registradora* 金銭登録器, レジスター. ― 名 1 登記係, 登録係. ― ― de la propiedad 不動産登記士. 2 検査官, 監督者. ― 男 記録装置. ► ― 女 金銭登録器, レジスター (= caja ~).

*****registrar** 他 1 を検査する, 捜索する, 点検する; ボディーチェックする. ― una casa 家宅捜索をする. 2 a) を記録する, 表示する, 示す. b) 記帳する, 数え上げる. 3 を登録する, 登記する. ― ― una marca 商標を登録する. 4 (中南米)を書留にする. 5 ／私録する. 6 を録音する, 録画する. ▶ ¡**A mí que me registren!** (話) 無実を訴えて]好きなだけ調べてくれ; 私のせいじゃない. ― **se** 再 1 自分の名前を登録する; (ホテルに)チェック・インする. ― *se* en un hotel ホテルにチェック・インする. 2 記録される, 見られる.

*****registro** 男 1 登録簿, 登記簿, 台帳; 登記所, 記録保存所. ― civil 戸籍簿(役場). ― de actos de última voluntad 遺言証書登記所. ― de la propiedad 不動産登記簿[登記所]. ― de la propiedad industrial 特許権登録簿, 特許庁. ― de la propiedad intelectual 著作権登録簿. ― mercantil 商業登記[登録]簿. ― parroquial 教会区戸籍簿. 2 登録, 登記; 記録. ― ― de sonido 録音. ― ― de marcas 商標登録. 3 検査, 調査; 捜査. 4 (無実を疑う人などに対して)の検査孔(窓). 5 (音楽)音域 (ピアノのペダル, (オルガンの)ストップ, 音色. ―tener un ― amplio 音域が広い. ― grave [agudo] 低い[高い]音域. 6 (本の)しおり. 7 (時計の)調節つまみ. 8 (情報)記憶素子, レジスター, レコード. ― ― de usuario ユーザー登録. 9 (言語)言語使用域. ― ― coloquial 口語体. ► **tocar muchos [todos los] registros** いろいろ手を尽くす, あらゆる手段に訴える.

regla [レグラ] 女 1 定規, ものさし. 2 規則, 規定, ルール. ― ― de la circulación 交通法規. 3 習慣,

習わし, 決まり. **4** 手本, 模範. **5** 指示, 指図; マニュアル. **6** 法則; 公式. ~ de tres 三数法(外項の積は内項の積に等しいという法則). las cuatro ~s 四則(加減乗除). **7** 生理, 月経. **8** 《修道会の》会則, 宗風. **9** 《情報》ルーラー. **en regla** 規定どおりに, 整って, きちんとした. **poner en regla** 整理する, 片づける. **por regla general** ふつう, 一般的に. **salirse de la regla** やり過ぎる, 行き過ぎである.

reglado, da 過分 [→ reglar] 形 **1** (紙に)罫線の引いてある. —papel ~ 罫紙. **2** 節度(慎しみ)のある. **3** 統制された.

reglaje 男 **1** 《機械》調整, 調節. **2** 《軍事》(照準の)修正.

‡reglamentación 女 規制, 統制; 《集合的に》規則.

reglamentar 他 を規制[統制]する; …のための規則を設ける.

reglamentario, ria 形 規定の, 正規の, 正式の. —hora *reglamentaria* 規定の時刻, 門限. uniforme ~ 制服.

reglamentista 形 規則にうるさい, 規則に忠実な.

‡reglamento 男 **1** 《集合的に》規則, ルール; 内規. —~ del fútbol サッカーのルール. **2** 取り締まり, 取締; 条令.

reglar 他 **1** を統制[規制]する, 取り締まる **2** (紙)に罫(☆)線を引く; …に定規で線を引く. **3** (行為)を控える, 自粛する.

regleta 女 《印刷》インテル.

regocijado, da 過分 [→ regocijar] 形 (人が)大喜びの, うれしがっている.

‡regocijar 他 を喜ばせる, 嬉しがらせる, 楽しませる. —**se** 再 喜ぶ, 嬉しがる, 楽しむ.

‡regocijo 男 歓喜, 大喜び.

regodearse 再 〖+ 現在分詞〗(…して)楽しむ; 〖+ con/en〗(他人の不幸など)を喜ぶ, 楽しむ.

regodeo 男 (しばしば悪趣味な)喜び, 楽しみ.

regoldar [5.7] 自 《話》げっぷをする, おくびを出す.

regoldo 男 《植物》野生のクリ.

regolfo 男 (小さな)入り江, 湾.

regordete, ta 形 《話》(人などが)まるまる太った, ずんぐりした.

regrabadora 女 (DVD-R・CD-R の)ドライブ, エンコーダー.

‡regresar [レグレサル] 〖主に中南米〗帰る, 戻る. —~ a casa 家に戻る. — 他 〖中南米〗を返す, 戻す. —~ la plata a 金を返す. — **se** 再 〖中南米〗帰る, 戻る.

regresión 女 後戻り, 逆行; 衰退. **2** 退歩, 衰退; 下落. **3** 《生物》退化. **4** 《心理》退行.

regresivo, va 形 逆行[退行]する, 後ろへの. —marcha *regresiva* 後退, バック. movimiento ~ 逆行, 後退.

‡regreso 男 帰り, 帰って来る[戻る]こと, 帰途, 帰宅, 帰りの道. —estar de ~ 帰っている, 帰宅する.

regüeldo 男 げっぷ, おくび.

reguera 女 《灌漑(☆)用》の水路.

reguero 男 **1**(こぼれた水などの, 一筋の)跡; 一筋. —correr un ~ de sangre 一筋の血が流れている. **2**《灌漑(☆)用》の水路. ▶ *como un reguero de pólvora* あっという間に.

regulable 形 規制[調整]できる.

‡regulación 女 規制; 調整; コントロール. —~ de empleo 雇用調整. ~ de nacimientos 産児制限. ~ de precios 物価統制.

regulador, dora 形 規制[調整]する, 調節用の. — 男 **1**《機械》調節器, レギュレーター. —~ cardiaco [cardíaco] (心臓の)ペースメーカー. **2** 調節つまみ.

‡regular [レグラル] 形 **1** 規則的な, きちんとした, 定期的な. **2** 正規の, 正しい. —ejército ~ 正規軍. **3** 一般の/普通の/普通の, あまあの; 凡庸(☆)な, よくも悪くもない. —Este vino es ~. このワインは可もなく不可もなし. **4** (hb)普通に属する. —clero ~ 修道司祭. **5** 《数学》(辺の長さが)等しい, 等辺の; 等角の. —polígono ~ 正多角形. **6** 《言語》規則的な. —verbos ~ *es* 規則動詞. ▶ *por lo regular* 普通は, 一般に. — 男 **1** 《歴史》(モロッコの)現地人部隊. **2** 《軍事》セクタ・メリーリャ駐屯スペイン歩兵部隊. — 副 可もなく不可もなく, まあまあで; あまり上々な く. — 1 を定める, 規定する, 規制する. —la actividad comercial 商業活動を規制する. **2** 《機械》を調節する, 調整する. —~ el calor 温度を調節する.

‡regularidad 女 **1** 規則正しさ, 定期的なこと; きちょうめんさ. —con ~ 規則正しく. **2** 一定なこと, 均整, 調和. **3** 正規, 正式.

regularización 女 規則正しくすること; 正常化; 調整.

regularizar [1.3] 他 を正規のものにする; を規則正しくする; を調整する.

regularmente 副 **1** 規則的に, 定期的に, **2** 良くも悪くもなく, まずまずで. **3** 通例, 一般に, 大概.

regulativo, va 形 規制の, 管理する.

régulo 男 **1** 小国の王. **2** (R~)《天文》レグルス(獅子座のα星). **3** 《冶金》銀, マット. **4** 《神話》バシリスク(伝説上の動物).

regurgitación 女 (食べた物の)吐き戻し.

regurgitar 自 **1** (動物が食べた物を)吐き戻す, 2 あふれ出す.

regusto 男 後味, 余韻.

rehabilitación 女 **1** (病人などの)社会復帰, リハビリ; 更生. **2** 復権, 復職; 名誉[信用]回復.

rehabilitar 他 **1** を(元の状態に)復帰させる, 復権[復職]させる. **2** を社会復帰させる, リハビリさせる. **3** を改修する, 修復する, 復興する. — **se** 再 社会復帰する, 復権[復職]する.

‡rehacer [10.10] 他 **1 a)** を作り直す,

やり直す，書き直す．— una falda スカートを仕立て直す．b) を立て直す，修理する，…に手を加える．2 を取り戻す，回復させる．— la salud 健康を取り戻す．— se 男 1 元気[力]を取り戻す，復活する．2 落ち着きを取り戻す，精神的に立ち直る．

rehala 囡 (大物猟のための)猟犬の群れ．

rehecho, cha 過分 [→ rehacer] 形 1 作り直した; 回復した，立ち直った．2 (体つきが)ずんぐりした，がっしりした．

rehén 男女 [複 rehenes] 1 人質．2 抵当(物件)，かた．

rehilamiento 男 《言語》レイラミエント([s,] [j] などの子音の調音点で震えを伴い，同時に有声化が起きる)．

rehilar [1.7] 自 1 震える，揺れる．2 (矢などが)うなりをたてる．3 《言語》レイラミエントを伴って発音する．

rehilete 男 1 投げ矢，ダーツの矢，2 《スポ》(バドミントンなどの)羽根，シャトル．

rehogar [1.2] 他 《料理》を蒸し焼き[ソテー]にする．

rehuir [11.1] 他 を避ける，逃れる; …に近寄らないようにする．

rehundir 他 を更に深く掘る．

rehusar [1.8] 他 を拒絶する，拒否する，断わる．

reidor, dora 形 1 (人が)陽気な，愉快なく，笑う．2 (顔，目などが)笑っている．

reimplantación 囡 《医学》再移植．

reimplantar 他 を再導入する; を再移植する．

reimportar 他 を逆輸入[再輸入]する．

reimpresión 囡 再版(本)，増刷．

reimpreso, sa 過分 [→reimprimir] 形 増刷[再版]された．

reimprimir 他 を増刷[再版]する．

reina [レイナ] 囡 1 女王，女帝．2 王妃．3 女王のような人[物]，花形，最高のもの．4 《虫類》女王蜂．5 (トランプの)クイーン(の札); (チェスの)クイーン．► **reina claudia** 《植物》グリーンゲージ(西洋スモモの一種)．**reina de los prados** 《植物》メドースイート，セイヨウナツユキソウ．

reinado 男 1 治世，時代．2 君臨，統治，支配．

reinante 形 1 治める，君臨する．— soberano → 君臨する王．2 優勢な，はびこる．

reinar [レイナル] 自 1 君臨する，支配する．2 支配的である，優勢である．

reincidencia 囡 再犯．

reincidente 形 再犯の; 常習犯の．— 男女 再犯者; 常習犯．

reincidir 自 [+ en に] (犯罪などを)再び犯す，(過ちなどに)再び陥る．

reincorporar 他 1 を再び合体させる; を再合併[再編入]する．2 (人)を(職場・勤務に)復帰させる．— se 男 1 [+ a と] 再合併[再編入]する; (職場・勤務に)復帰する．

reineta 囡 《植物》レネット(香りの強い青リンゴ)．

reingresar 自 [+ en に] 復帰[再加入]する．

reingreso 男 再加入，復帰．

reiniciar 他 《情報》リセットする，再起動する．

reino [レイノ] 男 1 王国．2 …界(自然を3つに分けたもの)．— animal 動物界．~ mineral 鉱物界．~ vegetal 植物界．3 分野，世界，領域．4 (キリスト教の)神の国．

Reino Unido 固名 英国，連合王国，イギリス(首都ロンドン Londres)．

reinserción 囡 社会復帰 (= ~ social)．

reinsertado, da 過分 [→ reinsertar] 形 社会復帰した(人)．

reinsertar 他 1 を社会復帰させる．2 を再挿入する，再び差し込む．— se 男 1 社会復帰する．2 再挿入される; 再び入り込む．

reinstalación 囡 再設置; 復職[復権]．

reinstalar 他 を再び取り付ける，再設置する; (人)を復職[復権]させる．

reintegrable 形 1 復帰[復職]可能．2 払い戻し可能な．

reintegración 囡 1 復帰，復職．2 払い戻し，還付，返済．

reintegrar 他 1 を返済する，払い戻す．— una parte del sueldo 給料の一部を返納する．2 を復職させる，再加入させる．3 …に印紙を貼る．— se 男 1 [+ a に] 復帰する，社会復帰する．2 取り戻す，払い戻しを受ける．

reintegro 男 1 払い戻し; 返済; (宝くじの)払い戻し，残念賞．2 復帰，復職．3 収入印紙，収入印紙代の金額．

reinversión 囡 《経済》再投資．

reír [レイル] [6.6] 自 笑う．► **reír a mandíbula batiente** 大笑いする，高笑いする．**reír para sus adentros** こっそり陰で笑う．— 他 [に]笑う．— mucho un chiste 冗談に大笑いする．— se 男 1 笑う．2 [+ de を] あざ笑う，嘲笑する，からかう．— **No te rías de** los defectos ajenos. 他人の欠点を笑うものではない．

reiteración 囡 繰り返し，反復; 繰り言．

reiteradamente 副 繰り返して，たびたび，何度も．

reiterado, da 過分 [→ reiterar] 形 繰り返される，反復の．► **reiteradas veces** 何度も，たびたび．

reiterar 他 を繰り返す，反復する，もう1度する[言う]．— se 男 1 [+ en に] 固執する，を曲げない．2 繰り返す．

reiterativo, va 形 1 繰り返しの，反復の(多い)くどい．2 《言語》反復相の．

reivindicación 囡 1 (権利の)要求，主張．— reivindicaciones salariales 賃金に関する要求．2 (権利・信用・名声の)回復，復権．

reivindicar [1.1] 他 **1**(権利などを)要求する, 主張する. **2**(権利・信用・名声などを)取り戻す, 回復する. **3**(テロなどの)犯行声明を出す.

reivindicativo, va 形 **1** 要求の. —plataforma *reivindicativa* (労働組合の)要求事項. **2** 回復する, 取り戻す.

reivindicatorio, ria 形 要求[回復]の; 要求[回復]のための.

reja¹ 囡 鉄格子, 鉄柵;〖情報〗グリッド. ▶*estar entre rejas* 〖俗〗牢に入っている.

reja² 囡〖農業〗すき先, すき刃; 耕作.

rejalgar 男〖鉱物〗鶏冠石.

rejego, ga 形 (人・動物などが)反抗的な, 手に負えない.

rejería 囡 **1** 鉄柵[鉄格子]製造. **2**〖集合的に〗鉄柵[鉄格子].

rejilla 囡 **1** 格子; 格子窓, さんま室の小窓. —*de la puerta* ドアの小窓. **2**(藤や柳などの)枝編みの細工. **3**(電車やバスの)網棚. **4**(金属製の)火鉢, 足温器(オーブンなどの金網製のもの)の受け皿. **5**〖機械, 電気〗グリル; 制御格子. —*de radiador* ラジエーターグリル.

rejo 男 **1** 先のとがった鉄の棒; 長くぎ, 太針. **2**〖虫類〗(ハチなどの)針. **3**〖植物〗幼根, 胚根(はいこん). **4**(肉体的な強さ, 丈夫さ. **5**〖中南米〗鞭(むち). **6**〖南米〗搾乳;〖集合的に〗乳牛.

rejón 男 **1**〖闘牛〗手槍. **2** 独楽(こま)の軸.

rejoneador 男〖闘牛〗レホネアドール (騎馬闘牛士).

rejonear 他〖闘牛〗(牛)を馬上から手槍(てやり)で突く.

rejoneo 男〖闘牛〗馬上から手槍で牛を突くこと.

*rejuvenecer [9.1] 他 **1** を若返らせる. **2** を一新する, 刷新する, 近代化する. —自 若返る. —*se* 再 若返る.

rejuvenecimiento 男 若返り.

***relación** 囡 [レラシオン] **1** 関係, 関連. 〖複〗交際, 交流, 付き合い. —*relaciones amorosas* 恋愛関係. *relaciones de parentesco* 血縁[親族]関係. *relaciones diplomáticas* 外交関係. *relaciones ilícitas* 不倫な関係. *estar en buenas [malas] relaciones con...* …と仲がいい[悪い]. **3**〖複〗知人, 縁故者; コネ. **4**〖複〗恋愛関係, 愛人関係, 肉体関係. **5** 話すこと, 言及; 報告(書). **6** リスト, 一覧表, 目録. **7** 比率, 割合. ▶*con relación a...* (1)…について. (2) …と比較して, に比べて. *en relación con...* (= *con relación a...*) *ponerse en relación con...* …と連絡をとる. *relaciones públicas* 宣伝活動, ピーアール.

***relacionado, da**(過分 → *relacionar*)形 **1**(+ *con* と)関係のある, 関連の, (…に)関する. **2**(+ *con* (人)と)関係がある, 縁故関係がある. —*Está bien* ~. 彼は人脈が広い縁故が多い.

***relacionar** 他 **1**(+ *con* と)を関係づける, 関連づける. **2**〖文〗を報告する, 陳述する, 説明する. **3**…の一覧表を作る, を表[リスト]にする. —*se* 再 〖+ *con* と〗付き合う, 交際する.

relacionista 男女 広報(ピーアール)担当者, 渉外係.

relajación 囡 **1** 緩み, 弛緩, リラックス. —*de los músculos* 筋肉の弛緩. **2** 緩み, たるみ; 締まりのなさ. **3** 緩和, 軽減. **4**〖医学〗ヘルニア.

relajado, da(過分 → *relajar*) 形 **1** リラックスした, 緩んだ, 弛緩した. **2** たるんだ; 放縦な, 身持ちの悪い. **3**〖医学〗(臓器が)ヘルニアにかかった.

relajamiento 男 →*relajación*.

relajante 形 弛緩させる, 緊張を解く. —*tónico* → 精神安定剤. **2**〖南米〗甘ったるい. —男 下剤, 緩下薬.

***relajar** 他 **1** を緩ませる, 弛緩させる. **2** を和らげる, リラックスさせる. —~ *la tensión* 緊張を和らげる. **3**〖規則など〗を緩和する, 軽減する. **4**〖南米〗(飲食物が)人に当たった. —*se* 再 **1** a) リラックスする, 余分な力を抜く. b) (緊張が)解ける, なごむ. **2** 悪習に染まる, 堕落する.

relajo 男 **1** 混乱, 乱雑; 堕落; 放蕩(ほうとう). **2** 大騒ぎ, どんちゃん騒ぎ. **3**〖中南米〗悪ふざけ, 粗野な冗談; 嘲笑(ちょうしょう), あざけり.

relamer 他 **1** 唇をなめる; (動物が)自分の体をなめる. 〖2〗舌なめずりをする; 舌鼓を打つ. **2** 満足げにする, 悦に入る. —*se* 再 **1** a) リラックスする, 余分な力を抜く. b) 自慢する.

relamido, da(過分 → *relamer*)形 **1** 気取った, とりすました, きざな. **2**〖中南米〗恥知らずな.

***relámpago** 男 **1**〖気象〗稲妻, 稲光, 雷. **2** フラッシュ, 閃光(せんこう), きらめき. **3**〖無変化〗稲妻のような, 非常に早い[短い]. *relámpago* —*guerra* ~ 電撃戦.

relampagueante 形 ぴかっと[きらりと]光る, きらめく.

relampaguear 自〖無主語で〗稲光がする, 稲妻が光る. **2** 閃光を放つ, きらめく, 点滅する.

relampagueo 男 稲妻が光ること; 閃光(せんこう), きらめき.

relance 男 **1** 偶然の出来事, **2**〖賭け事などで〗2回目の(2回続けての)チャンス. ▶*de relance* 偶然に, 思いがけず.

relanzamiento 男 再活性化; 再販売.

relanzar [1.3] 他 **1** を再発売する; …を再度着手する. **2** 拒絶する, はね返す.

relapso, sa 形 **1** 再犯の. **2**〖宗教〗再び異端に帰依した. —名 **1** 再犯者. **2**〖宗教〗再び異端に帰依した人, 再転宗者.

***relatar** 他 を語る, 物語る, 述べる. **2**〖法律〗報告する.

relativamente 副 相対的に, 比較して.

relatividad 囡 **1** 相対性, 関連性; 依存性. **2**〖物理〗相対性理論. —*teoría de la* ~ 相対性理論.

relativismo 男《哲学》相対論, 相対主義.

relativista 形《哲学》相対論的の, 相対主義の. ── 男女 相対論者, 相対主義者.

relativizar 他 を相対化する.

relativo, va 形 **1** 相対的な, 比較的, 比較もした上での. **2**［+ a に］関係のある, 関連している. —problemas ～s al paro 失業問題. **3** ある程度の, まずまずの, 大したことのある. —enfermedad de *relativa* importancia 少し気をつけた方がよい病気. **3** ご議論の余地がある. 問題がある. —Tu opinión es muy *relativa*. 君の意見はとても問題がある. **4**《言語》関係を示す, 関係…. —pronombre ～ 関係代名詞. ── 男《言語》関係詞. ▶ **en lo relativo a...** …に関しては.

relato 男 **1** 物語, 話. **2**《文学作品としての》語り物, 物語, 話; 叙述. **3** 報告(書).

relator, tora 名 **1** 語り手, ナレーター, 物語る人. **2**《会議の》報告者.

relax 男《単複同形》リラックス.

relé 男《電気》継電器, リレー.

releer [2.6] 他 を読み直す, 再び読む.

relegación 女 追放; 格下げ, 左遷.

relegar [1.2] 他 **1**［+ a に］を追いやる, 追放する. —～ al olvido 忘れさる, 忘却にゆだねる. **2** を落とす, 格下げする, 左遷する.

relente 男 夜露; 夜気.

relevancia 女 重要性, 意義; 傑出していること.

relevante 形 **1** 目立つ, 顕著な; 傑出した. **2** 重要な, 意義のある. **3**《言語》弁別的な.

relevar 他 **1**［+ de から］…に免除する, 《義務・責任などから》を解放する. —～ de una obligación 義務を免除する. **2**［見張り役などを］交代する. —～ la guardia 見張りを交代する. **3** を際立たせる, 浮き彫りにする. ── **se** 自 交代する.

relevo 男 **1**《軍事などの》交代(すること); 交代人員. **2**《スポ》リレー. —carrera de ～s リレー競争. ～ estilos（水泳の）メドレー・リレー. ～ por etapas《情報》フレーム・リレー.

relicario 男 **1** 聖遺物箱; 聖遺物室. **2**《装身具の》ロケット.

relieve 男 **1** 浮き彫り, レリーフ, 盛り上げ; 浮彫り細工. —mapa en ～ 立体地図. alto ～ 高浮き彫り. medio ～ 半肉（浮き）彫り. bajo ～ 浅浮き彫り. **2** 目立つこと, 傑出, 卓越, 重要性. —persona de ～ 著名な（傑出した）人. **3**［土地の］起伏; 地形. ▶ **poner de [en] relieve** 強調する.

religión [レリヒオン] 女 **1**《宗教》宗教, 宗派; 信仰, 信仰生活. —～ católica カトリシズム（トリック）. **2**《信仰のような》大切なもの, 信条. ▶ **entrar en religión** 修道院に入る.

religiosamente 副 **1** 宗教的に, 信心深く. **2** きちょうめんに, 綿密に.

religiosidad 女 **1** 宗教心, 信仰心, 信心深さ. **2** きちょうめんさ. —con toda ～ 実にきちょうめんに.

religioso, sa 形 **1** a)《宗教》宗教の, 宗教上の, 信仰の. b) 信心深い, 信仰のあつい, 敬虔な. **2** 良心的な, 厳正な. —silencio … 厳（ごそ）かな静けさ. ── 名 宗教家, 宗教に従事する者, 聖職者, 修道士［女］.

relimpio, pia 形《話》実に清潔な, こざっぱりした, 真新しい.

relinchar 自《馬が》いななく.

relincho 男 **1**《馬の》いななき. —dar ～s（馬が）いななく. **2** 歓声.

relinga 女《海事》《帆の》縁索（ふちづな）, ボルトロープ.

reliquia 女 **1** 遺物, 遺品, 残存物. **2**《カト》《聖人・殉教者などの》聖骨, 聖遺物. **3** 記念品, 形見. **4**（病気などの）後遺症.

rellano 男 **1**（階段の）踊り場. **2**（坂道などの途中にある）平らな所.

rellenar 他 **1** を満たす, いっぱいにする. —～ un vaso コップを満たす. **2**（からになったもの）を再び満たす（詰める）. **3** …に詰め物をする. —～ una almohada 枕に綿などを詰める. **4**（用紙）に書き込む, 記入する. —～ un formulario 用紙に書き込む. **5**（人）を満腹にさせる.

relleno, na 形 **1** いっぱいになった, 満たされた. **2**（食べ物が）詰め物のはいった. —pimientos ～s ピーマンのひき肉詰め. ── 男 **1** 詰めること, 満たすこと, 充填（じゅう）. **2**（料理の）詰め物; （建築などの）充填物. **3**（会話などの）付け足し; （記事などの）埋め草; 余談. —de ～ 付け足しの.

reloj [レロ(ホ)] 男 時計; 時計店. —～ atómico 原子時計. ～ de arena 砂時計. ～ de bolsillo 懐中時計. ～ despertador 目覚まし時計. ～ digital デジタル時計. ～ de sol 日時計. ～ de pared 柱時計. ～ de pulsera 腕時計. adelantarse el ～ 時計が進む. atrasarse el ～ 時計が遅れる. Por mi ～ son las seis. 私の時計では6時です. ▶ **contra reloj**《スポ》タイムトライアルの. —carrera contra reloj タイムトライアルレース. **ser como un reloj** 時間にきちょうめんである. 時間厳守である.

relojería 女 **1** 時計店; 時計工場. **2** 時計製造業. —bomba de ～（con mecanismo) de ～ 時限爆弾.

relojero, ra 名 時計職人; 時計商. —～ 時計ケース; 時計を載せる台.

reluciente 形 **1** 輝く, (きらきら)光る; 色鮮やかな. **2** （人が）太っていて血色の良い, 健康そうな.

relucir [9.2] 自 **1** 光り輝く, きらきらと光る. **2** 秀でている, 優れている, 抜きん出ている. ▶ **sacar a relucir**《話》を不意にばらす, 暴露する. **salir a relucir**《話》明るみに出る, 表面化する.

reluctancia 女 **1** 気が進まないこと, い

reluctante

やるべきこと. **2**《物理》磁気抵抗.

reluctante 形 気が進まない, いやいやながらの.

relumbrante 形 きらきら輝く, まばゆいばかりの, 燦然(さん)たる.

relumbrar 自 **1** 輝く, 光る, 照る. **2** 際立つ, 異彩を放つ, 秀でる.

relumbrón 男 **1** 閃(せん)光, きらめき. **2** けばけばしさ; 虚飾. —— de — かきわ倒しの; 見せびらかしの.

remachado 男 リベット[ボルト]で留めること.

remachador, dora 名 リベット打ち工. —— 女 リベット打ち機.

remachar 他 **1** リベット[ボルト]で留める. **2**《釘の頭などを》打ち曲げて[たたきつぶして]固定する. **3** を力説する.

remache 男 **1** リベット, ボルト; 《服飾》鋲(びょう). **2** リベットで留めること. 3《釘の頭などを》打ち曲げて[たたきつぶして]固定すること.

remador, dora 名 こぐ人, こぎ手.

remake 男 《映画などの》リメイク.

remallar 他 《網》を繕う, 補強する.

remanente 形 残っている, 残り物の. **2**《物理》残留磁気の. —— 男 **1** 残り《物, 残余. **2** 残高; 残金.

remangar [1.2] 他 《袖(そで), 裾(すそ)》たくし上げる, まくりあげる, 折り返す. —— **se** 再 **1**《自分の衣服の袖, 裾》をたくし上げる, まくり上げる, 折り返す. **2**《話》強く決意する.

remanguillé 女 ▶ *a la remanguillé* でたらめに[な], 乱雑に[な], いい加減に[な].

remansarse 再 《水の流れが》淀(よど)む, 水たまりになる.

remanso 男 《川などの》淀(よど)み; 水たまり. ▶ *un remanso de paz* 安らぎの場.

remar 自 **1** 《船[ボート]》をこぐ, かいを操る. **2** 苦労する, 苦闘する.

remarcar [1.1] 他 **1** を指摘する; …に特に注目させる. **2** …に再び印をつける, 印をつけ直す.

rematadamente 副 **1** 全く, すっかり, 完全に. **2** ひどく, 絶望的に.

rematado, da 過分 [→rematar] 形 **1**《愚かさなどが》救いようのない, 全くの. —— *loco* — 完全な狂人. **2**《司法》《被告が》有罪を宣告された. **3**《子どもが》いたずらな. —— *pícaro* — いたずらっ子.

rematador, dora 名 《スポ》ゴールを決める人. **2**【中南米】競買人.

rematante 男女 《競売の》最高額入札者, 落札者.

rematar 他 **1 a)** …に止めを刺す; 駄目を押す, 追い討ちをかける. —— *al caballo herido* 傷ついた馬に止めを刺す. **b)** を終える, 完結させる. **2**《裁縫で縫い目・玉結び》を作る. —— *la costura* 返し縫いをする. **3** を費消する, 使い果たす. **4**《スポ》《サッカー・スマッシュ・スパイクなど》を決める. 5《競売で》をせり落す; 競売にかける. **6**《残った商品》を安売りする. —— 自 [+en で] **1**《形が…で》終わる. —— *La muralla rema-* *taba en puntas.* 城壁は先端がぎざぎざになっている. **2**《スポ》ゴールする, スマッシュ[スパイク]を決める. —— *de cabeza* ヘディングシュートを決める.

remate 男 **1** 終わり; 完了, 仕上げ. —— *dar* — を終わりにする, 完了する. **2** 端, 先端. **3**《建築》《建物上部の》装飾, 尖頂. **4**《競売で》落札. **5**【中南米】競売. **6**《スポ》《サッカーなどの》シュート. —— *de cabeza* ヘディング・シュート. ▶ *de remate* 《愚かさ, 狂気などが》救いようのない, 全くの. *por remate* 最後に, 終わりに.

rembolsar 他 → reembolsar.

rembolso 男 → reembolso.

remecer 他 を揺らす, 揺さぶる.

remedar 他 **1** をまねる, 模倣する. **2**《人》の物まねをする, …のまねをしてからかう《人を笑わせる》.

remediar 他 **1** …に対処する, を解決する, 打開する. **2** を回避する, 避ける. **3** を救済する, 援助する. ▶ *no poder remediar*《話》…を避けられない, 思わず…してしまう.

remedio [レメディオ] 男 **1**《救済》方法, 手段, 《解決》策. —— *Esto tiene fácil* ~. これは解決が簡単だ. **2** 治療; 療法, 薬. —— ~ *casero* 民間療法, 簡易治療. **3** 救い, 助け. **4** 矯正, 修正. **5**《司法》控訴, 上告. **6**《貨幣の》公差. ▶ *El remedio es peor que la efermedad.*《諺》病気よりも治療の方が危い. *ni para un remedio* 全く…ない. *no haber [quedar, tener] más [otro] remedio que...* …の他に方法をえない. *No hay remedio.* しかたがない, 処置なしだ. *no tener remedio* どうしようもない, 手がつけられない. *poner remedio a...* を終わらせる, 決着をつける. *¿Qué remedio me queda?* どうしようもない, どうしようもない. *sin remedio* どうしようもない, やむをえない.

remedo 男 《不完全な, またはふざけた》物まね, 模倣; パロディー.

remembranza 女 記憶; 回想, 追憶.

rememoración 女 回想, 思い出; 記憶.

rememorar 他 を思い出す.

rememorativo, va 形 記念の, 思い出させる《ための》.

remendado, da 過分 [→remendar] 形 **1**《衣類など》継ぎの当たった, 繕ってある. **2**《動物》がぶちの, まだらの.

remendar [4.1] 他 **1** …につぎを当てる, 当て布[パッチ]を縫い付ける; を繕う. —— *unos pantalones* ズボンにつぎを当てる. **2** を補う, 付け足す, 加える.

remendón, dona 形《洋服屋・靴屋など修繕専門の》繕い職の. —— *zapatero* ~ 靴修理職人. —— 名 靴修理職人; 仕立て直し職人.

remera 女《鳥類》風切り羽.

remero, ra 名《船・ボートの》こぎ手, 漕手(そうしゅ).

remesa 女 (商品などの)発送、《商業》船積み；発送品、送金(額).

remesar 他 1 (商品)を輸送する、発送する. 2 (金額)を送る、送金する.

remeter 他 1 (外に出たもの)を元どおりに入れる、元に戻す. 2 を押し込む、詰め込む.

remezón 男 1 《中南米》(小さな)地震. 2 《南米》揺らすこと.

remiendo 男 1 繕い、修繕；修理. 2 修繕した箇所；継ぎ、当て布. —echar un ~ a... …に継ぎを当てる. 3 修正、訂正. 4 (一時的な)補足、間に合わせ. 5 《動物》のぶち、まだら模様.

remilgado, da 形 1 気取った、きざな. 2 上品ぶった；うるさい、礼儀作法に気を遣い過ぎる.

remilgo 男 1 気取った[きざな]態度. 2 好みのやかましさ、こうるさと. ► hacer [andar con] remilgos 気取る、お上品ぶる.

reminiscencia 女 1 追憶、回想、思い出. 2 《文学、芸術作品などで》以前の作品の影響(なごり).

remirado, da 過分 [→ remirar] 注意深い、用心深い、慎重な.

remirar 他 1 を再び見る、見直す. 2 を繰り返し見る；をよく見る.

remisible 形 許せる、容赦[免除]できる.

remisión 女 1 発送；配送. 2 a) 赦免. b) 刑期の短縮、減刑. 3 (病気・苦痛などの)鎮静、軽減. 4 参照；(他の箇所を参照せよという)注意書き. 5 延期. ► sin remisión 必ず、間違いなく.

remiso, sa 形 1 気の進まない、いやいやながらの. 2 怠慢な、だらけた.

remite 男 (郵便物の)差出人の住所氏名（Rte. または R.と略記される）.

remitente 男女 差出人、送り主、発信人(略 Rte.). — 形 送り主側の、発送[発信]する.

R

remitido 男 (新聞に載せる有料の)広告(記事).

remitir [レミティル] 他 1 を発送する、送る、送付する. 2 を委(ゆだ)ねる、任せる. 3 《司法》を赦免する、免除する. 4 を参照させる. — 自 1 和らぐ、治まる、弱まる. 2 [＋ a を] 引用する. — se 再 [＋ a に] 1 ゆだねる、任せる、従う. 2 を参照する.

remo 男 1 (ボートなどの)オール、櫂(かい). 2 苦労、骨折り. 3 [複] (人間の手足、四肢)；(動物の)脚；(鳥類の)翼. ► a [al] remo 漕(こ)いで.

remoción 女 1 移動、移転、転居. 2 除去、撤去、一掃. 3 解任、免職. 4 (人員の)入れ替え.

remodelación 女 改装、改造.

remodelar 他 1 (建築などを)改装[改造]する. 2 (組織などを)改編[改造]する.

remojar 他 1 [＋ en ＋] をつける、ひたす、ぬらす. 2 [＋ en ＋] (パンなどを)浸す、ちょっとつける. —~ el pan en la leche パンをミルクに浸す. 3 《話》を祝って乾杯する[飲む]. — se 再 (水などに)浸る、つかる；ぬれる、ずぶぬれになる.

remojo 男 (水などに)浸すこと、つけること；浸し、つけ. ► echar..a [en] remojo をそのままにして[放って]おく；その時機の熟を待つ.

remojón 男 1 《話》ずぶぬれ；どしゃ降り. 2 《料理》(ミルクなどに浸した)パン切れ.

remolacha 女 《植物》ビート；サトウダイコン、テンサイ(甜菜) (= ~ azucarera). —~ forrajera フダンソウ(家畜の飼料用). 2 ビートの根(食用).

remolachero, ra 形 ビートの. — 名 ビート生産者[販売].

remolcador 男 1 引き船、タグボート. 2 レッカー車、牽引(けんいん)車.

remolcar [1.1] 他 を曳航(えいこう)する、牽引する. 2 無理強いする、誘い込む.

remoler [5.2] 他 を砕く、ひく、ひきつぶす. — 自 《南米》《話》楽しく[派手に]過ごす.

remolienda 女 《南米》お祭り騒ぎ、ばか騒ぎ.

remolinar(se) 自[再] 1 (水流、風などが)渦を巻く；(ほこり、煙などが)渦となって立ちのぼる. 2 (人々が)群がる.

remolinear 他 を渦巻きにする. — 自 じっくり考える.

remolino 男 1 (水流、風、煙、ほこりなどの)渦巻き、渦. 2 (つむじの近くの頭髪の、なでつけられない)立ち毛. 3 群集、人だかり；ぞろぞろ動き出す人々. 4 動揺、混乱.

remolón, lona 形 (人の)怠惰な、不精な. — 名 怠惰な[不精な]人、なまけ者. —hacerse ~ 怠ける.

remolonear 自 怠ける、サボる、おこたる.

remolque 男 1 (ロープなどで)引く[引かれる]こと、牽引(けんいん)；(船舶)曳航(えいこう). 2 引き綱、牽引ロープ；(船舶)曳航索. 3 トレーラー、付属車. ► a remolque (1) 引かれて、引っぱられて. (2) 人に引きずられて、人に強要されて.

remonta 女《軍事》1 軍馬の補充[飼育]. 2 《集合的に》軍馬. 3 軍馬の厩舎(きゅうしゃ).

remontar 他 1 (山・坂)を登る. —~ una cuesta 坂を登る. 2 (川)をさかのぼる. 3 を(空高く)上げる. —~ el vuelo (鳥・飛行機が)高く飛ぶ、舞い上がる. 4 を克服する. —~ una crisis 危機を乗り越える. 5 (地位・ランクを)上げる. — se 再 1 a) 舞い上がる、空高く飛ぶ. b) (社会的な地位が)上がる、頭角を表す. 2 [＋ a に] (時期が)さかのぼる. 3 [＋ a に] (金額が)上がる、達する. 4 [＋ a に] (精神的に)回帰する、立ち戻る.

remonte 男 1 克服、上昇. 2 《スポ》(バスク地方の球技)レモンテ；レモンテに使うかご状の器具. 3 《スポ》(スキーなどの)リフト.

remoquete 男 あだ名、ニックネーム. —poner un ~ a ... …にあだ名をつける.

rémora 女 1 《魚類》コバンザメ. 2 障害、じゃまになる物[人、事].

remorder [5.2] 他 (人)に後悔させる、

自責の念を与える；（人）を悩ます．

remordimiento 男 **1** 良心の呵責(かしゃく)，自責の念；悔恨．— s de conciencia 良心の呵責．

remotamente 副 はるか遠く［昔］に．► ni remotamente 少しも，全然(…ない)．

remoto, ta 形 **1**（時間・空間的に）遠い，離れた．—en una época remota 古い時代に．**2** ありそうにない，よほどまれた．

remover [5.2] 他 **1**（液体）を振ってまぜ合わせる，かき混ぜる．**2** を移動する，移し変える，動かす．**3** をむし返す，掘り返す．**4** を排除する，取り除く．**5** を解任する．— 自 [+ en の] 詮索する，捜査する．— se 再（落ち着きなく）動き回る，身動きするじっとしていない．

remozamiento 男 **1** 新装，模様替え．**2** 若返り．

remozar [1.3] 他 **1**（外観などを）新しくする，一新［刷新］する．**2** 若返らせる．— se 再 **1** 新しくなる，一新する．**2** 若返る，若く見える．

remplazar [1.3] 他 → reemplazar.
remplazo 男 → reemplazo.
rempujar 他《話》を押す，押しつける，押しやる．
rempujón 男《話》一押し，一突き．

remuneración 女 報酬，報償，代償．

remunerador, dora 形 割りに合う，十分報酬のある，もうかる．

remunerar 他 **1**（人）に報酬を与える，謝礼をする，償いをする．**2** もうかる，見返りがある．

remunerativo, va 形（仕事などが）割りに合う，金になる，もうかる．

renacentista 形 ルネサンスの，ルネサンス時代［様式］の，ルネサンスに関する．— 男女 **1** ルネサンス活動家（文学者，芸術家など）．**2** ルネサンス研究家．

renacer [9.1] 自 **1 a)** 再び生まれる，再生する．**b)**（花が）再び咲く，（植物が）再び生える．**2** 元気を取り戻す，よみがえる；息を吹き返す．

renaciente 形 再生中の；復活［復興］しつつある．

renacimiento 男 **1**（el R～）［歴史］ルネサンス，文芸復興．**2** 再生，復活．

renacuajo 男 **1**［動物］オタマジャクシ．**2**《話》ちびの人・子ども．

renal 形［解剖］腎臓(じんぞう)の．—cólico ～ 腎(じん)疝痛(せんつう)．insuficiencia ～ 腎不全．

renano, na 形 ライン川(el Rin) の；ライン地方の．— 名 ライン地方の人．

rencilla 女《主に複》口げんか，口論；いさかい．

rencilloso, sa 形 けんか好きな；すぐけんかする，短気な．

renco, ca 形 足の不自由な人．— 名 足の不自由な人．

rencontrar 他 → reencontrar.

rencoroso, sa 形 **1**（性格的に）恨みっぽい．**2** 恨み［憎悪］を抱いた，恨んでいる．

rencuentro 男 → reencuentro.

rendibú 男［複]～(e)s へつらい，媚(こ)を売ること．

rendición 女 **1** 降服；引き渡し．—~ incondicional 無条件降服．**2** 利益；収益．

rendidamente 副 **1** 素直に，おとなしく；卑屈に．**2** ぐったりして．

rendido, da（過分）[→ rendir] 形 **1** [+ de に] まいっている，首ったけの；従順な[estar+]．—estar ～ de amor 恋がっこリになっている．**2** 疲れ切った[estar+]．**3** 降伏した，屈服した．

rendija 女（細長い）すき間，割れ目，亀裂．

rendimiento 男 **1** 効率，性能；生産性(高)．**2**（商業）収益・利回り．**3** 服従，屈服；こびへつらい．**4**《文》ご機嫌とり，へつらい．

rendir [6.1] 他 **1** を降伏させる，屈伏させる，打ち負かす．**2** を引き渡す，交付する．**3** を疲れ切らせる，ぐったりさせる．**4 a)**（信仰などを）捧げる，示す，表す．— ~…を崇拝する．**b)** …（に銃・剣・旗で）敬礼する．**5**…に言うことをきかせる，を意のままにする，服従させる．**6**（効率・実利）生む，生じる，上げる．**7** …の説明・報告を行う，提出する．—~ informe 報告をする．— 自 成果［利益］を上げる，効率が良い，儲かる．—Rinde poco en su trabajo. 彼は仕事の成果が上がっていない．— se 再 **1** [+ de で] 疲れ切る，ぐったりする．**2** [+ a に] 身を任せる，るれる，ふける．**3** [+ a に] 降伏する，屈伏する．

renegado, da（過分）[→ renegar] 形 **1**（キリスト教からイスラム教へ）改宗した，背教の；変節［脱党］した．**2** 怒りっぽい，ぶつぶつと不平がましく言う．— 名 **1**（キリスト教からイスラム教への）改宗者，背教者；変節漢．**2** 怒りっぽい人，不平屋．

renegar [4.4] 自 **1** [+ de を] **a)**（思想・信仰を）捨てる，放棄する；（政党などから）脱退する．—~ del catolicismo カトリックを棄教する．**b)** 嫌う；義絶する，（…と）縁を切る．**2** [+ de について] 不平を鳴らす．— 他 ぶつぶつ文句を言う．**3** の（…を）罵る．

rengón, gona 形《話》気難しい，ぶつぶつと不平ばかり言う．— 名《話》気難し屋，不平屋．

renegrido, da 形 真っ黒な；黒ずんだ；黒く汚れた．

RENFE, Renfe [頭字]＜Red Nacional de Ferrocarriles Españoles〉女 スペイン国営鉄道．

renglón 男 **1**（文章の）行．**2** 支出項目，費目．**3**［複］便り，文章．—poner unos renglones a… …に便りをする．► a renglón seguido（それなのに）すぐに，とっさに．

rengo, ga 形名 → renco．

renguear 自《中南米》足をひきずる，不自由な足で歩く．

renguera 女 → renquera．

reniego 男 **1** 呪(のろ)うこと，呪い（の言

葉); 神への冒涜(ﾄﾞｸ)の言葉. **2** 罵(ﾉﾉﾉ)りの言葉), 悪口雑言. **3** 不平, 文句.

renio 男 〖化学〗レニウム(元素記号Re).

reno 男 〖動物〗トナカイ.

renombrado, da 形 有名な, 名高い.

***renombre** 男 名声, 有名, 高名; 評判.

renovable 形 更新できる.

renovación 女 **1** 新しくする[なる]こと; 更新, (手形などの)書き換え. **2** 修復. **3** 改装. **4** 再編成, 再組織.

***renovador, dora** 形 新しくする, 刷新[革新・更新]する. ━━ 名 刷新する人, 改革者.

***renovar** [5.1] 他 **1** を再生させる; 刷新する. **5.1** 再生する. **3** を入れ替える. **4** 新たに行う. **5** を更新する. ━━ el contrato 契約を更新する. **6** を修理する, 修繕する. ━━ se 再 新しくなる; 再開[更新]される; 繰り返される.

renqueante 形 足の不自由な.

renquear 自 **1** 足をひきずって歩く. **2** (苦労しながら)どうにかやっていく; 難儀する. **3** 欠陥がある, 完全でない. **4** 〔話〕踵(ｶｶﾄ)[で](する), ためらう.

renqueo 男 足を引きずって歩くこと.

renquera 女 〖中南米〗足の不自由なこと, 足の障害.

***renta** 女 **1** 金利所得, 年金. ━━ anual 年収. vivir de sus ～s 自分の収入で暮らす. ━━ impuesto sobre la ～ 所得税. ～ per cápita 1人当たり収入. ～ bruta 総所得. ～ nacional 国民総所得. ～ pública 国家歳入. **3** 国債, 公債. **4** 賃貸料, 家賃, 地代.

rentabilidad 女 有利さ, 収益性; 利益さ.

rentabilización 女 収益化.

rentabilizar [1.3] 他 収益をあげる, 元をとる.

rentable 形 **1** もうかる, 有利な. ━━ un negocio ～ もうかる仕事. **2** ためになる, 有益な.

rentado, da 過分 [→rentar] 形 収入[所得]のある.

rentar 他 **1** (利益)をもたらす. **2** 〖中南米〗を賃貸する.

rentero, ra 名 **1** 小作人. **2** 公債の競買の入札者.

rentista 男女 **1** 公債[社債]所有者. **2** 金利生活者, 資産家.

rentístico, ca 形 財政の, 財務の. ━━ reforma rentística 財政改革.

rentrée 〔<仏〕女 **1** (活動の)再開; 休み明け. **2** (政界などへの)復帰.

renuencia 女 気が進まないこと; いやがること.

renuente 形 (人が)気が進まない, いやがりの, しぶしぶの.

renuevo 男 **1** 〖植物〗芽, 新芽; 若枝. ━━ echar ～s 芽を出す. **2** 更新; 再開, 復活.

renuncia 女 **1** (権利などの)放棄

明), 棄権, 断念. **2** 〖法律〗棄権証書. **3** 辞職, 辞任; 辞表.

renunciación 女 →renunciamiento.

renunciamiento 男 (権利などの)放棄; 自己犠牲.

renunciante 形 (権利などを)放棄する, 棄権する; 辞職[辞任]する. ━━ 男女 放棄者, 棄権者; 辞職者.

renunciar 自 **1** [＋a を] あきらめる, 放棄する, 断念する. ━━ al mundo 世を捨てる. **2** [＋a を] a) (職務を)辞める. ━━ a un puesto 辞職する. b) (嗜好品などを)断つ. **3** [＋a を] (申し出などを)断る. **4** (トランプゲームで出す札がないのに)パスする, 別の組の札を出す.

renuncio 男 **1** うそ, ごまかし. ━coger a (＋人) en ～ (人の)うそを見破る. **2** (トランプゲームでリボークする場札または親の出した札と別種の札を出すこと).

reñidamente 副 ひどく, 激しく (争う, 口論するなど).

reñidero 男 闘鶏場.

***reñido, da** 過分 [→reñir] 形 **1** [＋con と] けんかを[仲違い]している, 仲が悪い, 不和な [estar＋]. ━━ Está reñida con su novio. 彼女は恋人とけんかしている. **2** (競争などが)伯仲した, 接戦の. **3** 両立しない, 相反する.

reñidor, dora 形 名 怒りっぽい(人); けんか早い(人).

reñir [ﾆﾆﾙ] [6.5] 自 [＋con と] けんかをする, 争う; 仲違いをする. ━━ 他 **1** を叱る, 叱責する. ━━ a su hijo 息子を叱る. **2** [batalla, desafío, pelea などを目的語として] (戦い)をする, 争う.

reo[1] 男女 罪人, 犯人, 容疑者; 〖司法〗被告人. ━━ de Estado 政治犯, 反逆者. ～ de muerte 死刑囚.

reo[2] 男 〖魚類〗ブラウントラウト(サケ科ニジマス属).

reojo ▶ mirar de reojo 横目で見る; 憎しみの[疑いの]目で見る.

reordenación 女 再編成, 再整理.

reordenar 他 を再編成する, 再整理する.

reorganización 女 再編成, 再編成, 再組織. ━━ ministerial [del gabinete] 内閣改造.

reorganizar [1.3] 他 (組織など)を再編成[再組織]する, 改組する.

reóstato 男 〖電気〗加減抵抗器.

repanchigarse, repanchingarse [1.2] 再 ゆったりと[だらりと]腰かける.

repantigarse, repantingarse [1.2] 再 →repanchigarse.

reparable 形 **1** 修繕[修理]できる; 取り返せる. **2** ━━ daño ～ 修復可能な損傷; 取り返せる損害. **2** 注目に値する.

***reparación** 女 **1** 修理, 修繕. **2** 償い, 補償, 賠償.

reparador, dora 形 名 **1** a) 活気づける, 元気を回復させる, 気持ちのいい. b) 強壮

reparar [レパラル] 他 **1** を修理する。修繕する。直す。 a) を償う，補償する，…の埋め合わせをする。— ~ el daño 損害を償う。b) …を訂正する。**3** …に力を取り戻させる。— 自［＋en に］気づく，注意を払う。— 再 考慮する。— No reparó en medios para conseguirlo. 彼はそれを達成する手段を考慮しなかった。

reparativo, va 形 **1** 修理［修繕］の；修理に使う。**2** 償いの，賠償の。

reparo 男 **1** 異議，反対，不服；難癖。— poner — ~ …に異議を唱える［難癖をつける］。**2** 躊躇，ためらい，遠慮，気おくれ。— tener — en [＋不定詞] …するのは気がひける。**3** (スポ) (フェンシングで相手の剣先を)受け流すこと。**4** 【医学】強壮剤，栄養剤［食品］。

repartición 女 **1** 分配，分与。**2** 分割，区分。

repartidor, dora 配達する，配給［配布］する。— 名 配達人，配布係。— ~ de periódicos 新聞配達。

repartimiento 男 **1** 分配；(仕事などの)割り当て，分担。**2** 課税，賦課。**3** 〔歴史〕レパルティミエント(中南米でスペイン人入植者が先住民を強制労働に徴発した制度).

repartir [レパルティル] 他 **1** を配る，分け与える；配達する。— ~ los dulces entre los niños 子どもたちにお菓子を配る。**2** を配置する。**3** を(均等に)配分する，取り分ける。**4** (仕事・役割など)を振り分ける，割り当てる。— ~ los papeles **5** (段階)を加える，見積る。— se 再 **1** を分け合う，分け合う。**2** 散らばる。

***reparto** 男 **1** 割当て，分担，分配；分割。**2** 配達，配送；伝達。— ~ a domicilio 宅配。**3** 〔演劇〕配役，キャスティング。

repasador 男 〔南米〕布巾(ふきん).

***repasar** 他 **1** を見直す，調べ直す，点検する。**2** を復習する。**3** をさっと読む，…に目を通す。**4** (着物の破れ)を縫い直す，繕う。— ~ los botones de la chaqueta 上着のボタンを付け直す。**5** をさっと掃除する，清掃する。**6** (雑巾・アイロンなど)を再び通す。

repaso 男 **1** 復習。**2** (機械などの)検査，チェック，点検。**3** (衣類などの)繕い。**4** 叱(しか)りつけ。— **dar un repaso a…** (1) を復習する; …にざっと目を通す，復習する。(2) (人)よりも(知識，技能の面で)優れていることを見せる。

repatriación 女 本国送還；本国帰還，帰国。

repatriado, da 過分 [→ repatriar] 形 本国に送還された，帰還した。— 名 本国送還者，帰国者。

repatriar [1.5] 他 (人)を本国へ送還する。— se 再 本国へ帰還する，帰国する。

repechar 自 (急斜面を)登る。

repecho 男 (短くて)急な坂；急勾配(こうばい)，急斜面。

repeinado, da 過分 [→ repeinar] 形 頭をめかし込んだ。

repeinar 他 (人)の髪を入念にとかす。— se 再 髪を入念にとかす，髪型を直す。

repelar 他 …の毛を完全に刈る，丸坊主にする;【＋a＋人】(人)の髪を引っぱる。

repelente 形 **1** 嫌悪を催させる，不快な; (人などを)よせつけない。**2** 知ったかぶりの，鼻につく。

repeler 他 **1** を拒絶する；を撃退する，追い返す。**2** (意見・提案など)を拒否［却下］する。**3** (熱・弾丸・水などを)跳ね返す，はね返す。— ~ el agua 水をはじく。**4** (人)に不快にする，いやにならせる。— se 再 仲が悪い，性が合わない。

repellar 他 (建築) (壁などに)しっくい［プラスター］を塗る。

repelo 男 逆毛; (爪(つめ)の周りの皮の)ささくれ; 木のけばだちざさくれ。► **a repelo** 逆毛で。

repelón 男 髪の毛を引っぱること。

repelús 男 (漠然とした恐怖，拒絶感。

repeluzno 男 **1** 身震い，おののき。**2** 嫌悪；恐怖。

repensar [4.1] 他 を再考する；を熟考する，よく考えてみる。

repente [レペンテ] 男 **1** 突発的な動作，衝動。— un ~ de celos [ira] 突然の嫉妬［怒り］，突然かっとなること。**2** 突然浮かぶ考え，予感。— Me dio el ~ de que él estaba enamorado de mí. 彼が私に恋しているのではないかという考えが突然浮かんだ。► **de repente** 突然に。

repentinamente 副 突然，不意に，にわかに。

repentino, na 形 突然の，急の，不意の。— un cambio ~ de tiempo 天候の急変。muerte *repentina* 急死。

repentista 男女 即興でスピーチ［演奏］する人，即興詩人。

repentizar [1.3] 自 **1** (音楽・詩などを)即興する，即興演奏する。**2** (音楽) 初見で演奏する［歌う］。

repera 女 ► *ser la repera* 《話》すごい。

***repercusión** 女 反響，余波；(間接的)影響。

repercutir 自 **1** (音が)反響する，反射する，鳴り響く。**2** 跳ね返る。**3** 【＋en に】影響する，反映する。

***repertorio** 男 **1** 目録，リスト，一覧表。— ~ de aduanas 税関物品別課税表。**2** 集められたもの，ひとそろい。**3** 〔演劇，音楽〕(得意な)演目，上演目録，曲目，レパートリー。

repesar 他 を量りなおす，再計量する。

repesca 女 **1** 《話》(不合格者のための)再試験(=examen de ~)。**2** (スポ) 敗者復活戦。

repescar [1.1] 他 (不合格者)を再試

repetición 囡 **1** 繰り返し，反復． **2**《修辞》反復法． **3**《美術》(作者自身による)複製． ► **de repetición** 連発式の． —**fusil de repetición** 連発銃．**reloj de repetición**（15分[30分]ごとに鐘を打つ）復打時計．

repetidamente 副 繰り返して，何度にもまたび．

repetido, da 過分 [→repetir] 形 **1** 繰り返された，たび重なる．—**en repetidas ocasiones** 何度も，再三，重複した．► **repetidas veces** 繰り返し，何度も．

repetidor, dora 形 繰り返す，反復の．—**alumno** ～ 留年生．—名 **1** 留年生．**2**《通信》**1**（テレビ・ラジオの）中継局．**2**（電信用の）増幅器；中継器．

repetir [レペティル] [6.1] 他 **1** 繰り返す，繰返し言う；まねる．—～ **curso** 留年する．**2**（落着いて）…を再復習する．**3**（飲み物などを）お代わりする．—**～ ensaladilla** ポテトサラダをお代わりする [repetir de...となることもある]．—自 **1**（料理・飲み物の）後味が残る．**2**（料理の）お代わりをする．—**se** 再 **1**（ある考えを）繰り返し主張する．**2** 繰り返される．

repetitivo, va 形 反復の，繰り返しの多い．

repicar [1.1] 他 **1**（鐘）を打ち鳴らす，連打する．**2** 細かく切り刻む．—自（鐘，太鼓が）鳴り響く．

repintar 他 **1** を塗り変える，…に色を塗り直す．**2** …に雑に色を塗る，色を塗りたくる．—**～ se** 再 厚化粧する．

repipi 形《話》(特に子どもに)ませた，大人ぶった［気取った］口をきく．—男女《話》ませた子ども，気取った人．

repique 男（鐘などを）打ち鳴らすこと，連打．

repiquete 男 **1**（鐘や太鼓の）にぎやかな音．**2**（人や軍隊の）衝突，小競(ぜ)り合い．

repiquetear 他 **1**（鐘・太鼓など）を連打［乱打］する，かんかん［とんとん］と鳴らす．—自（鐘・太鼓などが）鳴り響く，続けざまに鳴る；（雨などが）音をたてて打ちつけられる．

repiqueteo 男（鐘・太鼓などの）乱打，乱打音；かんかん［とんとん・かたかた］いう音．

repisa 囡 **1** 壁などから突き出た)棚，棚板．— **de chimenea** マントルピース．— **de ventana** 窓の下枠．**2**《建築》持ち送り．

repit- 動 →repetir [6.1].

replantar 他 **1**（植物）を植えかえる，移植する．**2** …に同じ物を植える；…に植え変える．—**～ de berenjenas el huerto** 菜園に(新たに)ナスを植える．

replanteamiento 男 最立案，見直し．

replantear 他 **1**（計画など）を見直す．**2**《建築》(建物)の見取り図を地面に移し描く．

replección 囡 **1** 充満，充実．**2** 満腹，飽食．

replegar [4.4] 他 **1** を折りたたむ，折り重ねる．**2**《軍事》(軍隊などを)(整然と)撤退[退却]させる．—**～ se** 再《軍事》(整然と)撤退[退却]する．

repleto, ta 形 **1**[＋**de**で]満ちあふれた，ひしめき合った，ぎっしり詰まった [estar ＋]．**2** 満腹した [estar ＋]．**3** まるまる太った，肥満した．

réplica 囡 **1** 反駁(く)，答弁．—**¡No quiero ～s!** 口答えはしないでくれ．**2** a)《美術》複製，レプリカ． b)《情報》ミラーリング；レプリケーション．**3**《法律》被告答弁に対する原告の第20の訴答．

replicar [1.1] 他 **1** …と反論する，言い返す，口答えする．—自 **1** 反論する，口答えする．

replicón, cona 形 名 口答えばかりする(人)，生意気な(人)，議論好きな(人)．

repliegue 男 **1** しわ，ひだ；折り目．**2**（土地の）起伏．**3** 折りたたむこと．**4**《軍事》撤退，退却．

repoblación 囡 **1** 再入植；再植民．**2**（植物を(再び)植えること，(再)植林；植えられた植物群．— **forestal** 植林．

repoblar [5.1] 他 **1**（ある地域）に再入植する．**2** …に(再)植林する．

repollo 男 **1** キャベツ．**2**（キャベツなどの)玉菜の結球．

repolludo, da 形 **1**（植物が)結球状の，結球状の．**2**《話》(人などが)ずんぐりした．

reponer [10.7] 他 **1** を補充する；を元に戻す，復帰させる．—**～ fuerzas** 活力を取り戻す．**2** を再上演［再入場・再放送］する．**3** …と言い返す，反論する．—**～ se** 再 **1**（病気から)回復する．**2** 立ち直る，平静になる，落ち着きを取り戻す．

reportación 囡 抑制，自制，慎み．

reportaje 男 ルポルタージュ，報道記事［番組］；ドキュメンタリー番組［映画]．— **gráfico** 報道写真，カメラルポ．

reportar 他 **1**（感情・怒りなど）を抑える，鎮める．—**～ su indignación** 怒りを抑える．**2**（利益・不利益など）をもたらす．**3**《中南米》報告［報道］する，伝える．—**se** 再 自制する；静まる，落ち着く．

reporte 男 報道，報道記事事；報告．

reportear 他《中南米》**1** を取材する，(取材のために)…の写真を撮る．**2** を報道する．

repórter (＜英) 男 →reportero.

reporteril 形 記者の，通信員の，レポーターの．

reporterismo 男 記者［通信員］の職［仕事］．

reportero, ra 名 記者，通信員，レポーター．— **gráfico** 報道カメラマン，写真ジャーナリスト．

reposacabezas 男［単複同形］（車のシートなどの)ヘッドレスト．

reposadamente 副 落ち着いて，ゆったりと．

reposado, da 過分 [→reposar] 形 [estar＋]**1** 落ち着いた，穏やかな，ゆったりとした．**2** 休息した，疲れのとれた．

reposapiés 男［単複同形］（オートバ

reposar 自 **1** 休む, 休息[休憩]する; 静養する. **2** 横になる, 昼寝をする, 仮眠をとる. **3** 埋葬されている. **4** (ワイン・パン生地などが)寝かされている; (煮込んだ物が火と止めた後)かれる. **5** (おりが沈殿して液体が)澄む. ─ 他 をもたせかける. ▶ **reposar la comida** 食休みをする. ─ **se** 再 **1** (液体が)澄む. **2** (ワインなどが)寝かせてある; (煮込んだ物が)かれる.

reposera 女 [南米] デッキチェアー.

reposición 女 **1** 元に戻[戻す]こと, 復活, 再生; (健康の)回復. **2** (劇で映画などの)再上演[映], リバイバル. **3** 取り替えること), 交換. **4** 補充, 補給. **5** 返答, 抗弁.

repositorio 男 貯蔵所, 倉庫.

reposo 男 **1** 休む, 休息, 中断. ─ hacer ─ 静養する. **2** 安息, 安心, 安らぎ. **3** 休止, 静止.

repostar 他 (燃料・食糧などを)補給する, 補充する. ─ ~ combustible 燃料を補給する. ─ 自 燃料を補給する; 給油する.

repostería 女 **1** 菓子店, ケーキ屋, 菓子製造所. **2** 菓子製造業; ケーキ作り. **3** 食料品置き場.

repostero, ra 名 ケーキ[菓子]職人, 菓子販売店主. ─ 男 **1** 紋章入りの壁掛け. **2** [南米] 食料貯蔵室; 食堂.

reprender 他 を叱る, とがめる, いましめる.

reprensible 形 とがめるべき, 非難すべき, けしからぬ.

reprensión 女 叱責(しっせき), 懲戒; 非難.

represa 女 **1** a) (水などを)せき止めること. b) ダム, 貯水池. **2** (感情などの)抑制.

represalia 女 [主に複] 報復, 仕返し, 復讐(ふくしゅう). ─ tomar ~s contra ... ...に対して報復措置を取る.

represar 他 ...に報復する, を罰する.

represar 他 **1** をせき止める. ─ ~ una corriente 流れをせき止める. **2** (感情など)を抑える.

representable 形 **1** (劇などが)上演可能な. **2** 表現する得る. **3** 代表的な.

representación 女 **1** 表すこと[もの]. a) 表現, 描写, 表示. ─ ~ gráfica グラフィック・ディスプレイ. b) (演劇)上演, 公演; 演技. c) 肖像, 影像; 表象, 象徴. **2** 代表, 代理. ─ (権); (集合的に)代表団. ─ ~ proporcional 比例代表制. **3** (人の)影響力, 重み.

representante 形 代表(者)の, 代理(人)の. ─ 男女 代理人, 代表者; 販売代理人; (プロ選手の)代理人. ─ ~ de los afectados 被害者代表. ~ diplomático 外交代表者.

representar 他 **1** を表す, 表象する, 象徴する. La paloma blanca *representa* la paz. 白い鳩は平和の象徴だ. **2** (絵などが)を描いている, 描写する. **3** を叙述する, 言い表す, 説明する. **4** (演劇)(劇)を上演する. **5** (ある役・役割を)演じる, ...に扮する. ─ ~ el papel de payaso 道化師の役割を演じる. **6** を代表する. **7** (公式に)人・団体)の代理を務める, を代行する. **8** (ある年齢)に見える. ─ José *representa* la edad que tiene. ホセは年相応に見える. **9** 『+ para に』を意味する, ...の意味を持つ, 重要である. **10** ...の典型である. ─ 自 重要である. ─ *Ese* viaje *representa* mucho para mí. その旅行は私にとっては重要なことだ. ─ **se** 再 想像する, 思い描く.

representatividad 女 代表(的)であること.

representativo, va 形 **1** 代表的の, 象徴的な, 典型的な. **2** 代表する, 代理の. ─ cargo ~ 代理職. democracia representativa 代表制(間接)民主主義.

represión 女 **1** 抑圧, 弾圧; 抑制. **2** (心理) 抑圧.

represivo, va 形 抑圧的な, 弾圧的な.

represor, sora 形 抑圧[弾圧]者. ─ 名 抑圧[弾圧]者.

reprimenda 女 叱責(しっせき), 非難.

reprimido, da 過分 [→reprimir] 形 (性的に)抑圧された.

reprimir 他 **1** (感情・衝動など)を抑制する, 抑える, こらえる. ─ ~ un bostezo あくびをこらえる. **2** を鎮圧する, 制圧する; 抑圧する. **3** (心理) を抑圧する. ─ **se** 再 自分を抑える, 自制する; 『+ de + 不定詞』(...する)を我慢する, こらえる.

reprise 女 (エンジンの)加速, 加速性能.

reprobable 形 (行為が)非難されるべき, ふらちな.

reprobación 女 **1** 非難, 叱責(しっせき). **2** (宗教) 劫詞(ごうし); 神の罰, 神に見捨てられること.

reprobado, da 過分 [→ reprobar] 形 **1** 不合格[落第]になった. **2** 非難された. **3** (宗教) 神に見放された(人).

reprobador, dora 形 (人が)非難[叱責(しっせき)]する; 不合格にする. ─ 名 非難[叱責]する人; 不合格にする人.

reprobar [5.1] 他 **1** (人・行為)を非難する, とがめる. **2** を容認しない; を不合格にする.

reprobatorio, ria 形 非難の; 非難する.

réprobo, ba 形 名 (宗教) 神に見放された(人), 地獄へ落ちる(人).

reprocesamiento 男 再処理.

reprocesar 他 を再処理する.

reprochable 形 非難されるべき, とがめられるべき得る.

reprochar 他 を非難する, 責める, とがめる.

reproche 男 **1** 非難, 叱責, とがめ. **2** とがめることば.

reproducción 女 **1** 再生, 再現. **2** (主に文学で)芸術作品の)模写, 複製, 模造. **3** (生物) 生殖(作用). ─ ~ asistida 不

妊治療. **4** 再生産. **5**(病気などの)再発.

reproducir [9.3] 他 **1**を再現する;(音・映像などを)再生する. **2**(言葉を)繰り返す, もう一度言う. **3**(絵・写真・文章などを)模写する, まねる; 複写する, 複製する. **— se** 再 **1**再び起こる, 再発する, 再現される. **2** 子孫を残す, 繁殖する.

reproductor, tora 形 **1** a)(解剖)生殖の. b)(動物が)種畜用の. **2** 再生の, 複写の. —*máquina reproductora* 複写機. — 男 再生装置. —~ DVD DVDドライブ.

reprografía 女 (文書などの)複写.

reprográfico, ca 形 複写の.

reprógrafo, fa 名 (電子装置・写真などによる本や文の)複写技術者.

reps 男 [単複同形] 畝(゚*うね*)織り布(室内装飾用).

reptar 自 這(*は*)う, 腹ばいで進む.

reptil 形 (動物) 爬虫類の. — 男 (動物) 爬虫類(*はちゅうるい*).

república [レプブリカ] 女 **1** 共和国, 共和政体. **2** 国家, 自治体. **3** 公益, 公共. ▶ *república de las letras* [*literaria*] 〔集合的に〕文壇の人々.

republicanismo 男 共和制, 共和政体; 共和主義.

republicano, na 形 共和国の, 共和主義の, 共和党の. —*partido* ~ 共和党. — 名 共和主義者[支持者], 共和党員.

repudiable 形 拒絶[非難]されうる; (妻を)離婚されかねない.

repudiación 女 拒絶, 拒絶; 絶縁. **2** 《法律》(権力などの)放棄.

repudiar 他 **1**を拒絶[拒否]する, 道徳的に否認する. **2**(合法的に, 妻を)離縁する. **3**《法律》(権利などを)放棄する.

repudio 男 **1**(合法的な, 妻の)離縁. **2**拒絶, 拒否.

repuesto, ta 過分 (→*reponer*) 形 **1**元に戻った, 復帰した; (健康などが)回復した. **2**取り替えられた. — 男 **1** 備蓄, 貯え, 貯蔵. **2** 交換部品, 予備の部品. ▶ *de repuesto* 予備の, 代わりの; 非常用の. —*una rueda de repuesto* スペアタイヤ.

repugnancia 女 **1** [+ a/hacia/por への] 嫌悪(感), いやけ; 不快感. —*tener* ~ *a*.../*sentir* ~ *por*... を嫌悪する, いやがる. **2** 気がすすまないこと. **3** 不承不承, 矛盾, 不一致.

repugnante 形 不快感を与える, いやな, 鼻持ちならない. —*un olor* ~ 不快な臭い. *un* ~ *suceso*. いまわしい出来事.

repugnar 他 [+ a ...に] 嫌悪[不快感]を催させる, とても嫌いである. —*Me repugna el tocino.* 私は豚の脂身は大嫌いだ. — 他 を嫌う, 嫌悪する; はねつける.

repujado 男 **1** 打ち出し細工, エンボス加工; レプーセ法, 裏打ち法. **2** 打ち出し細工の作品.

repujar 他 (金属板・皮革などに)浮き彫り工を施す, 浮き出し模様をつける.

repulgar [1.2] 他 **1**(服飾)(服などに)へり[ふち]をつける, へり[ふち]縫いをする. **2**(ケーキなど)にふち飾りをつける.

repulgo 男 **1**(服飾)へム. **2**(ケーキなどの)ふち飾り.

repulir 他 **1**をよく磨く, 再び磨く. **2**...に磨きをかける; を完璧にしようとする. **3**(人や物)を小ぎれいにする, ...におしゃれをさせる. **— se** 再 おめかしする, 着飾る.

repullo 男 **1** ぴくっと[はっと]すること. —*dar un* ~ ぴくっとする. **2** ダーツの矢.

repulsa 女 **1** 断わり, 拒絶; 却下. **2** 非難; 叱責(*しっせき*). —*echar una* ~ *a* ~ を非難[叱責]する.

repulsar 他 **1**(意図・要求などを)拒絶[拒否]する. **2**(人・行為)を非難する, 糾弾する.

repulsión 女 **1** 憎悪, 嫌悪(感), 反感, 嫌気(*けんき*). **2** 撃退, 反撃; 断わり, 拒絶. **3** 物理 反発作用, 斥力.

repulsivo, va 形 いやな, むかつくような, 気持ちの悪い.

repunta 女 **1** 前兆, きざし, 徴候. **2** [メキシコ] 増水.

repuntar 自 《海事》潮が差し[引き]始める. **— se** 再 **1**(ブドウ酒が)酸っぱくなり始める. **2**(人が)不機嫌になる; いさかいを起こす.

repunte 男 《海事》潮の差し[引き]始め.

reputación 女 評判, 名声, 好評. —*perder la* ~ 名声を失う.

reputado, da 過分 (→*reputar*) 形 評判の高い, 高名な〔名詞の前または後〕.

reputar 他 [+ *como/de/por* と] を評価する, 見なす, 考える. —~ *en mucho* ...を高く評価する.

requebrar [4.1] 他 **1**(女性)の機嫌を取る, ...に言い寄る, 求愛する. **2**(人)におせじを言う, おべっかを使う. **3**を(さらに)細かく砕く, 粉々に砕く.

requemado, da 過分 (→*requemar*) 形 焦げた, 黒焦げになった; 陽焼けした.

requemar 他 **1**(料理などを)焦がす, 焼き過ぎる. **2**(飲食物が口の中を)やけどさせる. **3**(日光などが植物を)枯らす, ひからびさせる. **— se** 再 **1** 焦げる. **2**(口の中が)やけどする. **3**(植物が)ひからびる;(陽に当たり過ぎて)枯れる. **4** ひそかに憎しみを抱く.

requeridor, dora 形 要求する, 要請する. — 名 **1** 要求する人, 依頼人. **2**《司法》召喚者; 勤告者.

requerimiento 男 **1** a) 願い, 頼み. b) 要求, 請求. **2**《司法》(裁判所への)出頭命令(書); 召喚状.

requerir [7] 他 **1**を必要とする. —*Este edificio requiere reformas.* この建物には改修工事が必要だ. **2** を要求する, 求める; 《法律》(当局などが)要求する, 命じる. **3** を説得する, ...の考えを変えさせる.

▶ *requerir de amores* 求愛する.

requesón 男 コテージチーズ.

requeté 男 《歴史》カルロス党義勇軍[義勇兵].

requetebién 副《話》すごく良く、素晴らしく。

requiebro 男 (女性への)お世辞、へつらいの言葉。—decir ～s a... (人)におべっかを使う、言い寄る。

réquiem 男《カト》レクイエム、死者のためのミサ(曲)。

requilorios 男複 1 過度に形式ばった(回りくどい)ものの言い方。2 余分な飾り。

requinto 男《音楽》1 ソプラニーノクラリネット、ソプラノギター。2 レキントギター。—— 男女《音楽》ソプラニーノクラリネット奏者。

requirente 形 要望する、要求[請求]する。—— 男女 要望者、要求者。

requisa 女 1 検査、監査、視察。2 (軍隊による、食糧や馬などの)徴用、徴発。

requisar 他 を徴用する、徴発する。

requisición 女 徴用、徴発。

requisito 男 必要条件、要件；資格。

requisitoria 女《司法》請求、(裁判所への)請求命令。

res 名 1 四足獣(家畜も野生の動物も指す)。—～ lanar 羊。— vacuna 牛。—～ (動物の)一頭。—～《中南米》牛。—carne de ～ 牛肉。

resabiado, da 過分〔→ resabiarse〕 形 1 悪い癖(悪知恵)のついた、ずる賢い。2 (馬や闘牛などが)癖の悪い、かんが強くて扱いにくい。

resabiar 他 …に悪い癖[習慣]をつける。—— se 再 1 悪い癖[習慣]を身につける。2 不機嫌になる。

resabido, da 形 1 知ったかぶりの、物知りぶる、見えを張った。2 よく知っている。

resabio 男 1 いやな後味、悪い癖。2 悪い癖。

resaca 女 1 (海事)引き波。2《話》二日酔い。—tener ～ 二日酔いである。3 (商業)戻り替為手形。

resalado, da 形 (話し方などが)気のきいた；魅力的な。

resaltar 自 1 目立つ、際立つ、抜きん出る。—Este niño *resalta* por su inteligencia. この男の子は頭のよさではクラスで群を抜いている。2 張り出す、出っ張る。3 弾(き)む、はね上がる。—— 他 を際立たせる、強調する。

resalte 男《建築》出っ張り、突出部。

resalto 男 1 突起(部分)、出っ張り；突き出ていること。2 はね返り、はね上がり。

resalvo 男 (摘まずに残しておく)新芽、若木。

resarcible 形 補償[賠償]可能な。

resarcimiento 男 1 補償；賠償。2 賠償[補償]金、払い戻し。

resarcir [3.5] 他〔+de を〕(人)に補償する、弁償する、補償する。—— se 再〔+de の〕埋め合わせをする、取り戻す、雪辱をする。

resbalada 女《中南米》滑ること、滑走、スリップ。

resbaladero, ra 形 滑りやすい。—— 男 滑りやすい所。—— 女《中南米》滑り台。

resbaladizo, za 形 1 (物の表面・場所が)すべりやすい、つるつる[ぬるぬる]した。2 (問題などが)慎重を要する、扱いの難しい。

resbalamiento 男 滑ること、滑って転ぶこと。

resbalar 自 1 滑る、スリップする 1 滑り落ちる、伝って落ちる。2 (床などが)滑りやすい。3 過ちを犯す、へまを仕出かす。4〔+a〕《話》(人)の関心を引かない、(人)にとってどうでもいい。—La política le *resbala*. 彼は政治には興味がない。—— se 再 滑る、滑り落ちる；足を滑らす。

resbalón 男 1 滑ること、滑走、スリップ。2 間違い、へま；失言。▶ dar *[pegar] un resbalón* つまずく、滑って転ぶ。

resbaloso, sa 形 滑りやすい。

rescatar 他 1〔+de〕(危険・災害・悲惨などから)(人)を救い出す、救出する。2 (人質など)を救出する、取り戻す、身請けする。3 (盗まれた物など)を取り戻す、奪回する。4 (忘れられた事・失われた時などを)取り戻す；(思い出などを)呼び覚ます。—～ una hipoteca 抵当を請け戻す。

rescate 男 1 救助、救出、救援。2 (捕虜などの)釈放、身受け。c)(失ったもの)を取り返すこと；奪還。2 身代金、賠償金。

rescindir 他 (契約など)を取り消す、無効にする、破棄する。

rescisión 女 (契約などの)取り消し、破棄、解約。

rescoldo 男 1 残り火、埋(う)み火。2 (消えきらずに残っている)気持ち、余情、未練。

rescripto 男 1《歴史》(君主の)回答書、返書。2《カト》(ローマ教皇の)答書。

resecación 女 乾燥、干上がり。

resecar¹ [1.1] 他《医学》を切除する、摘出する。

resecar² [1.1] 他 をからからに乾燥させる、干からびさせる。—— se 再 からからに乾燥する、干上がる。

resección 女《医学》切除(術)、摘出(術)。

reseco, ca 形 1 からからに乾燥した、干からびた。2 やせこけた。—— 男 口の乾き。

reseda 女《植物》モクセイソウ。

resembrar 他 (土地)に種をまき直す。

resentido, da 過分〔→ resentirse〕形 1〔+con/contra を〕恨んでいる、(…に)憤慨した、怒っている〔estar で〕。2 ひがみっぽい。—— 名 1 怒りっぽい人、ひがみっぽい人。2 恨んでいる人。

resentimiento 男 恨み、遺恨。

resentirse [7] 再 1 がたが来る、弱ってくる；壊れかける。2〔+de のせいで〕痛む、痛みを感じる。3〔+de/por/con を〕怒る、恨む、不快に思う。

reseña 女 1 記述、(特徴)描写、叙述。2 (文芸)評論、書評。3 概要、要約。

reseñable 形 記述するに値する、取り上げるに値する。

reseñar 他 1 …の書評をする、評論をする、を要約する。3 (人・動物)の特徴を記述する；閲書面を作る。

reserva 女 1 予約；指定；指定券。2 蓄え、予備(品)；《経済》準備金、保有(高)；(石油などの)埋蔵量。— víveres

～ 保存食,非常食. ～s de petróleo 石油の埋蔵量. ～ de divisas [de oro] 外貨準備高[金保有高]. **3** 差し control すること. a) 遠慮,控えめ,慎み. —sin ～s 遠慮なしに言う. b) 慎重,用心,よそよそしさ. c) 秘密. 内密. —documentos de absoluta ～ 極秘書類. **4** 保留品;条件,制限. **5** (軍事) 予備隊(艦隊), 予備役, 予備兵. —tropas de ～ 予備軍隊. **6** 居留地,指定保護地;禁漁[禁猟]区. —～ nacional 国立公園. —～ natural 自然保護区. ▸ **a reserva de** [+que+接続法] …という条件なら; でなければ. —(スポ) 補欠選手,控え選手. —男 3年以上寝かせたワインや酒.

reservación 女 **1** 取って置くこと,蓄え. **2** (権利などの)保留;条件,制限. **3** 予約.

reservadamente 副 遠慮がちに,控えめに,内密に.

reservado, da 過分 [→reservar] 形 **1** 予約された,貸し切りの [estar+]. —R～. [掲示] 予約席,予約済み. **2** 取っておいた,保留した,予備の. **3** 無口な,(性格などの)控えめな,内気な. **4** 内密の,秘密の. —男 (レストラン・車両などの)個室,貸し切り室,予約席.

reservar 他 **1** を予約する. **2** を取っておく,貯えておく,(一部を残しておく). **3** を留保する,控える,差し控える. —**se** 再 **1** を自制する,差し控える,留保する. **2** 満を持する,じっと機会を待つ.

reservista 男女 (軍事) 予備兵.

reservón, vona 形 (話) 遠慮がちな,打ち解けない,口数の少ない.

reservorio 男 **1** (医学)(病原)保有宿主. **2** (植物,動物)(細胞・器官などの)槽. **3** (中南米) タンク,貯水池[槽].

resfriado, da 過分 [→resfriarse] 形 風邪を引いた [estar+]. —男 風邪. —coger [agarrar, pescar, pillar] un ～ 風邪を引く.

resfriar [1.5] 他 (気候が)寒くなる,冷える. —**se** 再 **1** 風邪を引く. **2** (情熱・関係などが)さめる,冷える,冷たくなる.

resfrío 男 (中南米) **1** 風邪. **2** 冷却.

resguardar 他 [+de (悪天候などから)] を守る,保護する;防御する. —**se** 再 [+de から] 守る,防御する. —**se** 再 [+de から] 身を守る.

resguardo 男 **1** 保護(するもの),防御, 保証. **2** (商業) 受領書,預かり証. **3** (商業) 保証,担保(物件),保証金.

residencia 女 **1** 居住,在住,駐在;居住地. **2** 住居,住まい;(主に立派な家)邸宅. **3** 長期滞在用ホテル. **4** 寮,宿舎;住宅,社宅,官舎. —～ de estudiantes 学生寮. **5** 養護施設,ホーム. —～ de ancianos 老人ホーム. —～ de huérfanos 孤児院.

residencial 形 (主に高級)住宅地[住宅向きの],居住用の. —zona [barrio] ～ 高級住宅地. —男 (中南米) 宿泊所,安宿.

residente 形 **1** [+en に] 居住する;長期滞在する,駐在する,常駐の. —japoneses ～s en París パリ在住の日本人. —ministro ～ 弁理公使. **2** 住み込みの. —médico ～ (病院住み込みの)研修医. —男女 居住者;長期滞在者;駐在員.

residir 自 [+en] **1** 居住する,住む,在住する. **2** (問題などが)ある,存在する. —El problema reside en convencerla. 問題は彼女を説得することだ. **3** (権利・責任などが…)にある,属する. —El poder legislativo reside en las Cortes. 立法権は国会にある.

residual 形 残りの;残留した,残りかすの. —aguas ～es 下水,汚水.

residuo 男 **1** 残りかす,残余物;残留物;廃棄物;(化学)残滓(ざ). —～s radioactivos 放射線廃棄物. **2** 残り(物),残余. **3** (数学)(引き算の)差,残り;(割り算の)剰余,余り.

resignación 女 **1** 辞職,辞任. —presentar la ～ 辞表を提出する. **2** あきらめ,忍従.

resignar 他 (権力・任務などを)引き渡す,ゆだねる. —**se** 再 **1** [+con と] 甘受する,忍従する,あきらめる. **2** [+a+不定詞] あきらめて…する.

resiliencia 女 **1** (物理) 弾力性;弾性エネルギー. **2** 回復力;復元力.

resiliente 形 **1** (物理) 弾力性の. **2** 回復力のある,すぐ立ち直れる.

resina 女 やに,松やに,樹脂. —～ sintética 合成樹脂.

resinar 他 (木)から樹脂[やに]を採る.

resinero, ra 形 樹脂の;樹脂の多い. —名 樹脂採集人.

resinoso, sa 形 樹脂の;樹脂質の.

resistencia 女 **1** 抵抗,反抗;妨害. —～ pasiva 消極的抵抗. **2** 抵抗力,耐久性,持久力. **3** (物理) 抵抗力,強度;(電気) 抵抗,抵抗器. **4** 地下抵抗運動,レジスタンス.

resistente 形 **1** [+a に] 対して抵抗力[耐性]のある,耐える[強い]. —al calor 耐熱性の. **2** 抵抗する,反抗する. **3** 疲れを知らない,持久力[スタミナ]のある;耐える. **4** (植物) 耐寒性の. —男女 (歴史) レジスタンス運動の闘士.

resistible 形 抵抗[反抗]できる,耐えられる.

resistir 他 **1** (力・重圧など)に耐える,持ちこたえる. —El dique pudo ～ la riada. 堤防は増水に耐えることができた. **2** に耐える,我慢する,こらえる;抵抗する. —自 **1** に耐える,持ちこたえる,まだ使える. —Este reloj resiste todavía. この時計はまだもつ. **2** 耐える,我慢する,こらえる;抵抗する. —**se** 再 **1** 抵抗する,反抗する;我慢する,こらえる. **2** [+a+不定詞] (…することに)抵抗する;(…することを)拒む. —Me resisto a creer lo que me dices. 君の言うことはどうしても信じられない. **3** (話) (人)にとっては,厄介である,難しい. —El francés se me resiste. フランス語は私の手に負えない.

resistividad 女 《電気》抵抗率.

resma 女 連(紙の枚数単位; =20manos=500枚).

resmilla 女 (便箋(びんせん)の)100行.

resobado, da 形 (話題などが)ありふれた, 使い古された, 陳腐な.

resobar 他 をいじくり回す, 手荒く扱う.

resobrino, na 名 甥(おい)[姪(めい)]の子.

resol 男 (太陽の)反射光, 反射熱, 照り返し.

resolana 女 日当りのよい場所, 日だまり.

resollar [5.1] 自 1 呼吸する; 荒い呼吸をする, ぜいぜい息をする. 2 《話》(音信不通だった人が)消息を伝える.

resoluble 形 解決できる.

resolución 女 1 決定, 決意; 決議(案). —tomar una ~ 決定する. ~ judicial 法的裁定. aprobar una ~ 決議案を承認する. 2 解決(策). 3 決断力. —hombre de gran ~ 決断力のある男. 4 解像度. en resolución 要約すると.

resolutivo, va 形 1 (問題などの)解決に役立つ. 2 《医学》(腫瘍(しゅよう)・炎症を)消散させる. 3 分解[溶解]させる; 分析(用)の. —— 男 《医学》消散剤, 溶解剤.

resoluto, ta 形 1 断固とした, 決然とした. 2 てきぱきした.

resolutorio, ria 形 解決に役立つ, 解消する能力がある. —cláusula resolutoria 《法律》解除条項[条件].

resolver [レソルベル] [5.11] 他 1 (問題を)解決する, 解明する, 解く. ~ una ecuación 方程式を解く. ~ un asunto 事件を解決する. 2 を決心する, 決定する; 決議[決議]する. —Resolvieron divorciarse. 彼らは離婚することに決めた. 3 (疑いなどを)晴らす, 解明する. 4 (手続きなど)をとる, 済ませる. —— se 再 1 [+a+不定詞] (…することを)決心する, 決意する. 2 解決する; 決着する, 片付く. 3 [+en] (大したことのない結果)になる; 変わる. 4 《医学》(炎症・腫物などが)消える, 散る.

resonador, dora 形 (音が)反響する, 鳴り響く; (部屋などが)共鳴を起こす. —— 男 《物理》共鳴体, 共鳴器, 共振体.

resonancia 女 1 響き, 反響. 2 《物理》共鳴; 《電気》共振. 3 影響, 反響, 重要性.

resonante 形 (音が)反響する, よく響く. —una voz ~ よく通る声. 2 評判のめざましい.

resonar [5.1] 自 1 鳴り響く. 2 反響する, 共鳴する.

resoplar 自 荒い息, あえぎ; 荒い鼻息. —dar ~s あえぐ. 2 荒々しい返答.

resoplido 男 1 荒い息, あえぎ; 荒い鼻息. —dar ~s あえぐ. 2 荒々しい返答.

resoplo 男 →resoplido.

resorber 他 を再び吸い込む, 再吸収する.

resorción 女 再吸収, 再吸入.

resorte 男 1 ばね, スプリング, ぜんまい. 2 弾力, 弾性. 3 手段, 方策. ► *tocar todos los resortes* あらゆる方策をつくす.

respaldar¹ (椅子の)背, 背もたれ.

respaldar² 他 1 (人)を支持する, 支援[援助・後援]する. 2 (書類などに)裏書きする. 3 を保証する. —— se 再 1 [+en/contra] による. 2 [+en/con を] 頼りにする, (…に)頼る.

respaldo 男 1 (椅子の)背, 背もたれ. 2 a) (紙・書類などの)裏, 裏面. —firmar al [en el] ~ 裏面に署名する. b) (書類などの)裏書き. 3 後援, 援助. 4 保証, 確約.

respectar 自 [+a に] 関する, 関(かん)する. ► *por [en] lo que respecta a ...* …に関しては, …に関する限り.

respectivamente 副 それぞれ, めいめいに.

respective 副 → respectivamente. ► *respective a...* 《話》…に関しては.

respectivo, va 形 それぞれの, 各自の. —Cada policía estaba en su puesto. 各警官はそれぞれの持ち場にいた. ► *en lo respectivo a ...* …に関しては.

respecto [レスペクト] 男 関係, 関連, 関連. ► *al [a este, ese] respecto* その件[これ・それ]に関して. *con respecto a [respecto a, respecto de]* …に関して.

respetabilidad 女 尊敬に値すること, 立派さ; 社会的地位.

respetable 形 1 尊敬すべき, 尊重すべき. 2 かなりの, 相当な. —— 男 《話》(劇などの)観客, 聴衆.

respetar 他 1 を尊敬する, 尊重する, 敬(けい)する. ~ los derechos humanos 人権を尊重する. 2 (法規など)を守る, 順守する. 3 を大事にする, 大切にする, 保存する.

respeto [レスペト] 男 1 尊敬, 敬意, 尊重. —— guardar [tener, tratar con] a ... に敬意をはらう. falta de ~ 不作法. 2 敬意の表示, (よろしくとの)あいさつ. —La delegación ha presentado sus ~s al alcalde. 代表団は市長に表敬訪問した. 3 恐れ. ► *campar por sus respetos* 自分の思い通りにする, 好きなようにふるまう. *faltar al respeto [perder el respeto] a...* に失礼にあたることをする, 敬意を払わない. *por respeto a ...* を考慮して. *respeto humano* 他人への配慮, 世間体.

respetuosidad 女 丁重さ, ていねいさ, 慇懃(いんぎん).

respetuoso, sa 形 敬意をはらう, うやうやしい.

respingar [1.2] 自 1 (衣服の裾などが)持ち上がっている. 2 (動物が)いやがってうなりながら身をもたえる. 3 (人が)不平を言う, いやがる.

respingo 男 1 (驚いて)びくっとすること. —dar un ~ びくっとする. 2 (人から命令・依頼を受けたときの)無愛想な「つっけんど

respingón, gona 形《話》(鼻)上を向いた; めくれ上がった. —nariz ～ 上を向いた鼻.

respirable 形 呼吸できる, 呼吸に適した.

***respiración** 女 **1** 呼吸(作用), 息. ～ artificial 人工呼吸. ～ asistida (機械を使った)人工呼吸. ～ boca a boca マウス・ツー・マウス人工呼吸. ～ pulmonar [abdominal] 胸[腹]式呼吸. **2** 換気, 通風, 空気の流通. ▸ *sin respiración*《話》(1)(感動や驚きで)息をつまらせた, 息をこらした, かたずを飲んだ. —quedarse *sin respiración* 息をつまらせる. dejar *sin respiración* a... (人)の息をつまらせる. (2)息を切らした; へとへとになった, 疲労困憊した.

respiradero 男 **1** 通気孔, 通気口. **2** 安堵(あんど), 安心; 息抜き.

respirador, dora 形 呼吸する. —男 [医学]人工呼吸装置.

respirar [レスピラル] 自 **1** 呼吸する, 息をする. ～ profundamente [hondo] 深呼吸する. ～ con dificultad 息を切らす, あえぐ. —tener dificultad para ～ 呼吸困難になる. **2** 息をしている, 生きている. **3** (部屋などの)空気を入れ換える, 換気する. —～ el cuarto 部屋の換気をする. **4** 一息つく, ほっとする. **5** 休息する. —dejar ～ a los caballos 馬を休ませる. **6**[普通否定文で]ものを言う, 口を開く. **7**[無主語の3人称単数形で](大気が)涼しくなる. —*Respira* por la noche. 夜間は涼しい. **8** 新鮮な空気を吸う, 外気にあたる. **9** 音沙汰がある. —他 **1** 呼吸する, 吸い込む. ～ aire puro きれいな空気を吸う. **2** を醸(かも)し出す, ににみ出す. —Tu madre *respira* alegría. 君のお母さんは見るからにうれしそうだ. **3**(臭いなど)を放つ. ▸ *no dejar respirar a...*《話》(人)に気の休まる暇もないほど口うるさい. *no poder (ni) respirar* (1)とても疲れている. (2)とても忙しい. *respirar tranquilo* ほっと安堵(あんど)の胸を撫(な)で下ろす. *sin respirar* (1)休む間もなく, 休みなく. (2)息を凝らして, 熱中して. —mirar [escuchar] *sin respirar* 息を凝らして見る[聞く].

respiratorio, ria 形 呼吸の; 呼吸のための. —aparato ～ 呼吸器. ejercicios ～s 深呼吸.

respiro 男 **1** 呼吸. **2** 安堵, 一息つくこと, 安らぎ. **3**(仕事の)休息.

resplandecer [9.1] 自 **1** 輝く, きらめく, 光り輝く. **2**[+de/en/por で] 優れている, 秀でる. 卓越している. —～ de hermosura 美しさに輝く. **3**(人が)喜びに顔を輝かす, (顔が)喜びに輝く.

resplandeciente 形 **1** 輝いている. **2**[+de/en/por で]秀でている, 卓越している.

***resplandor** 男 輝き, 光彩, きらめき; 閃光. —～ del sol 太陽の輝き. ～ del rayo 稲妻の閃光.

responder [レスポンデル] 他 [+a に] ...と答える, 返答する, 応答する. —*Le respondí* que no me convencía. 私は納得がいかないと彼に返事した. —自 **1**[+a に]返事をする, 答える; 応答する. —～ a una carta 手紙の返事を書く. **2**[+a に/+con で]応(こた)える, 応じる, 報いる. —～ a la esperanza [súplica] de... (人)の期待[願い]に応える. El público *respondió* con una larga ovación. 観客は大喝采を送った. **3**[+a に] 対応する, 見合う; 合致する. **4**(機械などが)反応する, 対応できる, 作動[機能]する. **5** 効果がある, 好結果[利益]を生む. **6**[+a に] 感謝する, 謝意を表す. —～ *a* las atenciones 親切に感謝する. **7**[+a に]言い返す, 反論する, 口答えする. —～ *a* los padres 両親に口答えする. **8**[+ de について] 責任がある, 責任を持つ. —～ *del* pago 支払いの責任を持つ. **9**[+ por で](人)に保証する, (人)の保証人となる. —Yo *respondo* por ti en todo. 私があらゆる点で君に責任を持つ. **10**[+de/por を] 保証する, 請け合う. **11**[+ de の]罰を食う, 報いを受ける. ▸ *responder al nombre de...* ...という名前である; ...と呼ぶと答える.

respondón, dona 形《話》口答えする(人), 反抗的な(人).

responsabilidad 女 責任, 責務. —cargar con la ～ de... ...の責任をもつ. ～ limitada 有限責任. sentido de ～ 責任感. libre de ～ 免責の.

responsabilizar [1.3] 他 [+ de の] 責任を...に負わせる. —**se** 再 [+ de の] 責任を負う.

responsable 形 **1** 責任感のある. **2** [+ de に] 責任を持つ, 責任を負う. —persona ～ 責任者, 担当者. Él es el ～ *del* escándalo. 彼がそのスキャンダルの張本人だ. ▸ *hacerse [salir] responsable de...* ...の責任を負う, ...の責任を取る. —男 責任者.

responso 男 **1**(カト)死者のための祈り. **2**《話》叱責(しっせき).

responsorio 男 (カト)(朗誦後独唱でまたは聖歌隊が歌う)レスポンソリウム, 応唱.

respuesta [レスプエスタ] 女 **1** 答え, 返事, 返答. **2** 反応, 反響.

resquebrajadizo, za 形 ひびが入りやすい, 割れやすい.

resquebrajadura 女 亀裂, ひび, 割れ目.

resquebrajamiento 男 亀裂[ひび]が入ること.

resquebrajar 他 ...に亀裂を作る, をひび入らせる. —**se** 再 ひびが入る.

resquebrar(se) [4.1] 自 (再) ひびが入る.

resquemor 男 (心の中の)不安, もやもやした気持ち, 怒り.

resquicio 男 **1**(ドアとかまちの間の)すき間; (一般に)すき間, 穴. **2** わずかな望み, 小さな可能性. —un ～ de esperanza

一縷(いちる)の望み.

resta 囡 **1**〖数学〗引き算. —hacer 〜s 引き算する. **2**引き算した残り.

*restablecer [9.1] 他 **1**(元の状態を)取り戻す, 回復させる; を復旧させる;〖情報〗リセットする. —〜 el orden 秩序[平和]を回復させる. —〜 las relaciones diplomáticas 国交を回復する. — **se** 再 **1**〖+ de から〗(病気から)回復する, 治る, 立ち直る. **2**復旧[回復]される; 再興[再建]される.

restablecimiento 男 **1**再建, 再興, 復旧. **2**(健康)の回復.

restallar 自 **1**(鞭(むち)などが)ピュッ[パシッ]と鳴る, うなる. **2**舌を鳴らす, 舌打ちする. — 他 (鞭などを)ピュッ[パシッ]と鳴らす.

restallido 男 (鞭(むち)などが)ピュッ[パシッ]と鳴る音; 舌打ちの音.

restante 形 残りの, 残っている.

restañar 他 (血液などを)止める. —〜 la sangre 止血する. ▶ *restañar las heridas* (1)心の傷を癒(いや)す. (2)傷口の血を止める.

*restar 他 **1**〖数学〗〖+ de から〗(数)を引く, 減じる. **2**〖+ de から〗を奪っている, 低下させる, 弱める. —〜 fuerzas al enemigo 敵の戦力を低下させる. — 自 **1**残る, 余る. **2**〖+ para までに〗まだある. —*Restan sólo tres días para los exámenes*. 試験までにあと3日しかない.

*restauración 囡 **1**復旧, 回復. **2**再興, 復興, 復位; 王政復古. **3**修復, 復元; 修復工事.

restaurador, dora 名 レストラン店主; 美術品修復技術者.

*restaurante 男 レストラン, 料理店. —〜 japonés 日本料理店.

*restaurar 他 **1**(古美術品・建物などを)修復する, 復元する. **2**(元の状態を)取り戻す, 回復させる; 復旧する. —〜 la tranquilidad 平穏を取り戻す[回復させる]. **3**(政治体制などを復活させる, 復興[復古]させる. —〜 la monarquía 王政を復活させる. **4**(体力・元気などを)回復する, 取り戻す.

restinga 囡 浅瀬, 暗礁.

restitución 囡 **1**返還, 返却. —〜 de lo robado 盗品の返還. **2**回復, 復旧.

restituir [11.1] 他 **1**を返す, 返還する. **2**をもとに戻す, 回復[復旧]する. —〜 la fachada a su forma original 建物の正面を元の形に復元する.

restitutorio, ria 形 返還の, 返却の, 還付の.

resto [レスト] 男 **1**残り, 余り, 残し. **2**〖複〗残りもの, 食べ残し. —〜s de comida 食べ残し. **3**遺骸(がい), 遺体. —〜s mortales 遺体. **4**〖複〗遺物, 遺跡. **5**〖数学〗(引き算の)差; (割り算の)余り. **6**〖スポ〗(球技)リターン; レシーバー(の位置), 返球地点. ▶ *echar el resto* (1)全力を尽くす. (2)有り金全部を賭ける.

restorán 男 →restaurante.

restregar [4.4] 他 **1** a)を(ごしごし)する, (強く)摩擦する. b)を磨く. **2**(衣類などを)揉(も)む. **3**しつこくあてにする. — 再 (自分の体を)こする.

restregón 男 **1**こすること, こすって磨くこと. **2**こすった跡.

restricción 囡 **1**制限. **2**〖主に 複〗節減, 削減. —*restricciones eléctricas* 電気供給節減.

restrictivo, va 形 制限する, 制限の. —tomar medidas *restrictivas* 規制措置を講じる.

restringir [3.6] 他 **1**を制限する, 限定する. —〜 gastos 出費を抑える. **2**〖生理〗(筋肉などを)収縮させる.

restriñir [3.10] 他 **1**を収斂(しゅうれん)させる, 収縮させる. **2**〖医学〗を便秘させる.

resucitación 囡 蘇生(そせい)(法).

resucitar 他 **1**を生き返らせる; 〖医学〗蘇生(そせい)させる. **2**を復活させる, よみがえらせる. —〜 un recuerdo 忘れていたことを思い出させる. **3**〖話〗 元気づける. — 自 生き返る, 蘇生する; 復活する.

resudar 自 汗ばむ, 軽く汗をかく. — **se** 再 にじみ出る, 漏る.

resuello 男 息, 荒い息. —sin 〜 を切らして.

resueltamente 副 決然として, 断固として, きっぱりと.

resuelto, ta 過分 [→resolver] 形 **1**決然[断固]とした, きっぱりした. —con gesto 〜 決然とした面持ちで. **2**〖+ a + 不定詞〗 …することを決心[覚悟]した. **3**解決された; 問題のない. —Todo está 〜. すべて解決された.

resuelv- 動 →resolver [5.11].

resulta 囡 **1**〖主に 複〗欠員, 空席. —cubrir las 〜 欠員を補充する. **2**結果, 成果. —de 〜 de … …の結果として. **3**(審議などの)結論, 決議.

*resultado [レスルタド] 男 **1**結果, 成果, 効果. **2**〖数学〗解答, 答え. ▶ *dar* (*buen*) *resultado* いい結果を生む, うまくいく.

resultante 形 **1**〖+ de の〗結果として生じる[生じた]. **2**合成された. —fuerza 〜〖物理〗合力. — 囡 〖物理〗合力.

*resultar [レスルタル] 自 **1**〖+ de から〗結果として生じる, 生まれる. **2**〖+ 形容詞/副詞/名詞〗 …の結果になる, …に終わる. —*Sus esfuerzos resultaron nulos*. 彼の努力は結果的に無駄となった. **3**〖話〗(期待通り)良い結果になる, うまくいく, 上首尾に終わる. —*El proyecto resultó*. 計画は成功裡に終わった. **4**〖主に+不定詞〗…と判明する, 分かる. —*si resulta ser verdadero*… もしそれが事実なら. **5**〖3人称単数形で +que + 直説法〗(意外にも)…という結果になる, …という evidence になる. —*Resulta que* ella es una buena persona. 彼女は善人であることが分かった. **6**〖+ en + 名詞〗…の結果をもたらす, …になる. —*Los esfuerzos resultaron en vano*. 努力は無駄となった. **7** …に思える, …と思う.

—La película me *resultó* aburrida. その映画は退屈だった。**8**[＋a/en＋金額](費用が)かかる。

resultón, tona 形 きれいな、魅力的な。

resumen 男 要約、概要、レジュメ。—hacer ～ de... ...の要約をする。▶*en resumen* (1) 要約して、(2) 結局、要するに。

resumidero 男 [中南米] 排水溝。

resumir 他 を要約する、概括する、まとめる。▶*resumiendo* 要約すれば、要するに、簡単に言えば。── **se** 再 **1**[＋en という] 結果になる[終わる]、(…に)帰する;変化する。**2**[＋en に] 要約される、まとめられる。

resurgimiento 男 復興、回復、再起。

resurgir [3.6] 自 **1** 再び現れる、再現する、復活する。**2** 元気を取り戻す、再起する。

resurrección 女 **1** 復活、生き返り。—la R～ 〈宗教〉キリストの復活。Domingo de R～ 〈宗教〉復活祭の日。── de la carne 〈宗教〉最後の審判の日のすべての死者の復活。**2** 復興、再起。

retablo 男 **1** 祭壇背後の飾壁[ついたて]、祭壇画。**2**[聖書の話を題材にした]宗教劇。**3** 人形劇。

retacar [1.1] 他 (よりたくさん容器にはいるように、内容物)を押し込み、詰め込む。

retacharse 再 [メキシコ] 引き返す、戻る。

retaco 男 **1** 銃身の短い銃(薬莢が補強されている)。**2** [話] ずんぐりむっくりした人。**3**(ビリヤードの)ショートキュー。

retador, dora 形 挑戦する；挑戦的な。── 男 挑戦者。

retaguardia 女 **1**〈軍事〉(部隊の)後衛、しんがり。**2** 銃後、非交戦地域。▶*a [en la] retaguardia* 遅れを取って、*a retaguardia de...* ...のうしろで[から].

retahíla 女 (事柄の)連続、連なり。

retal 男 [布・皮・紙・板金などの] 切れ端、残りくず。

retama 女 〈植物〉エニシダ。

retamal, retamar 男 エニシダの生育地[群生地]。

retamo 男 [中南米] →retama.

retar 他 **1**[＋a (人)に](決闘などに) 挑む。**2** を非難する;を譴責(%?)する。

retardación 女 **1** 遅延、遅滞。**2** 減速。

retardado, da 過分 [→retardar] 形 **1** 遅れた；遅延の。**2**[中南米](精神)遅滞の。

retardador, dora 形 遅滞する；減速の。

retardar 他 を遅らせる、滞らせる；(進行、発展などを)妨げる。── se ━━ el pago 支払いを先に延ばす。── se 再 遅れる。

retardo 男 遅延、遅滞；延期。

retasar 他 **1** を評価し直す、その価値を付け直す。**2**(競売で)見積り額を下げる。

retazar 他 分割する、細かくする。

retazo 男 **1** 残り布({$^?_$})、端布({$^?_$})。**2**(文章・演説などの)断片。

retejar 他 (屋根)を修理する(欠けている瓦({$^?_$})を補うなどして)。

retejer 他 を目を詰めて織る、固く織る。

retel 男 (カニなどを獲る)籠網。

retemblar [4.1] 自 震える、震動する。

retén 男 **1**〈軍事〉予備軍[隊];(消防などの)隊。—un ～ de bomberos 消防隊。**2** 蓄え、予備品。

retención 女 **1** 保持、保有、保存。**2**〈法律〉留置、拘置、監禁。**3**(給料などの)控除、差し引くこと；支払い停止。**4**〈医学〉停滞、貯留。── de orina 尿閉。**5** 交通渋滞。

retener [10.8] 他 **1 a)** を保持する、保存する、置いておく。**b)**(水分などを)含む、吸い込む。—El algodón *retiene* el agua. 綿は水を吸い込んでいる。**2** を記憶にとどめる。**3** を引きとめる、留置する。**4** を妨げる、阻止する。**5** (ある命令・感情など、天引きする)を差し押さえる。— Le retuvieron el sueldo. 彼に給料を差し押えられた。**6** (感情などを)抑制する、抑える、こらえる。—～ el aliento 息を殺す。── se 再 (感情などを)抑制する、抑える、こらえる。

retentivo, va 形 **1** 保持する、保持力のある。**2** 記憶力が強い。── 女 記憶力。—tener buena [mala] ～ 記憶力が良い[悪い]。

reteñir [6.5] 他 を再び染める、染め直す。

reticencia 女 **1** それとなく言うこと；あてこすり。—hablar con ～ (はっきり言わずに)それとなく言う、ほのかす。**2**(心理的な)抵抗；ためらい。

reticente 形 (言葉・話し方が)暗示的な、言外に意味のある。

rético, ca 形 〈歴史〉(古代ローマの属州)ラエティア(Retia)の。── 男 〈言語〉レト・ロマン語。

retícula 女 **1**〈光学〉レチクル、十字線。**2**(写真製版用の)網線井桁印。**3** 網状のもの、網状組織。

reticular 形 網状の。

retículo 男 **1** 望遠鏡のレンズに付いている十字線。**2**〈動物〉(反芻(%?)動物の)第二胃。**3** 網状のもの、網状組織。

retina 女 〈解剖〉(眼球の)網膜。

retiniano, na 形 〈解剖〉網膜の。

retinte 男 染め直し。

retintín 男 **1**(耳の中に残る、鐘の音などの)響き、余韻。**2**[話]皮肉、嫌味、あてこすり。—hablar con ～ 皮肉たっぷりに話す。

retinto, ta 形 焦げ茶色の、暗い栗色の。

retiñir [3.10] 自 (耳の中に)余韻が残る。

retirada 女 **1**〈軍事〉の退却、撤退、撤兵。**2** 引退、退職、退役。**3** 取消、撤去、回収；(預金などの)引き出し、撤退。避難所。▶*batirse en retirada* 退却する。*cortar la retirada* 敵の退路を断つ。(言い逃れができないように)先手を打つ。*cu-*

brir(se) la retirada 退却の準備をしておく；万全の備えをする．

***retirado, da** [過分] [→retirar] [形] **1** 人里離れた，辺鄙(な)な．(場所に対しては） [estar +]. —**Mi casa está un poco retirada.** 私の家は少しへんぴな所にある．**2** 引退した．退職した．引きこもった．(軍人が)退役の． —**oficial ~** 退役将校． — [名] 引退者，退職者，退役軍人．

***retirar** [他] **1** [+de から] **a)** を引き離す，分離する，遠ざける． —**~ las chuletas del fuego** 火からスペアリブを遠ざける．**b)** を取り除く，片付ける；（預金）を下ろす． —**~ la nieve de la carretera** 道路の雪をかき出す．**2** を引退させる，退職させる．**3** を引っ込める，回収する．**4** (発言など)を取り下げる，取り消し，撤回する．**5** を取り止める，中止する．—— **se** [再] **1** [+de から] 離れる，遠ざかる，引き下がる．**2** [+de から] 引退する，引きこもる，隠遁する．—**~se al campo** 田舎に引っ込む．**3** (軍)に帰る．**4** (軍隊)が撤退する．

***retiro** [男] **1** 引退；退職，退役，退役．—**edad de ~** 定年．**2 a)** 隠遁所，人里離れた静かな場所．**b)** 隠退；閉居．—**vivir en ~** 隠遁生活をする．**3** 退職などの引き出し．**4** 退職年金，恩給．**5** [カト] 静修．

reto [男] **1** 挑戦．**2** 挑戦すべき目標．**3** 叱責(%)，非難．

retobado, da [過分] [→retobar] [形] **1** (中米) 頑固な；反抗的な，口答えする．**2** (南米) 閉じ込められた．

retobar [他] (南米) ···に革を張る． —— **se** [再] (南米) **1** 頑固な態度を取る．**2** 不平[愚痴]を言う．

retobo [男] (南米) **1** 革張り，**2** くず，残りかす．**3** [ノ゛] 桶包(?%)用の革．

retocado, da [形] [f.?] →retoque.

***retocar** [1.1] [他] **1 a)** (作品などに)最後の仕上げをする，仕上げの手を加える．**b)** (計画などを)手直しする，修正する；(写真を)修整する．**2** (を修復する，修理する．—— **un cuadro** 絵を修復する．**3** (髪形・化粧)を直す，整える．**4** を何度も触る． —— **se** [再] (自分の髪形・化粧を)手直しする．

retomar [他] を再開する；取り直す．

retoñar [自] **1** (植物・種子など)が新芽を出す．**2** 再び現れる，再発する．

retoño [男] **1** 芽，新芽．**2** [戯] 幼児，子ども；幼い息子．

***retoque** [男] 修正，手直し；仕上げ．

retor [男] 撚(");り糸の綿．

retorcedura [女] →retorcimiento.

retorcer [5.9] [他] **1** をねじる，ひねる；を絞る．—— **un alambre** 針金をよじる．**2** (相手の論法)を逆手に取って相手に反論する．**3** (発言の内容)をねじ曲げる，歪曲(¿)する．—— **se** [再] **1** もだえる；からみ合う．**2** (苦痛などに)身をよじる．— **~ de risa** 身をよじって笑う．

***retorcido, da** [過分] [→retorcer] [形] **1** ねじれた，よじれた．**2** (文体などが)回りくどい．**3** 陰険な，底意地の悪い，ひねくれた． — **mente retorcida** ねじけた心． — [名]

陰険な[底意地の悪い・ひねくれた]人．

retorcijón [男] 激痛，ねじれ．

retorcimiento [男] **1** よじれ，ねじれ，絞(?)り合わせ；絞ること．**2** (話し方・文体などの)回りくどさ，難解さ．**3** (真意の取り違え，曲解；歪曲(¿¿)．**4** (性格のゆがみ，ひねくれ，身をよじること．

***retórica** [女] **1** 修辞学，レトリック．**2** 美辞麗句；詭弁．**3** [複] 回りくどい話，持って回った言い方．

***retórico, ca** [形] 修辞学[雄弁術]の，修辞的な．—**figura retórica** 比喩． — [名] **1** 修辞学者．**2** 雄弁家，美辞麗句を弄(?)する人．

retornable [形] (容器などが)再利用でき る，返却できる．

***retornar** [自] **1** [+a に] 帰る，戻る． —**~ a la patria** 母国に帰る．**2** [+a の] 手に戻る． — [他] を戻す，返す．

***retorno** [男] **1** 帰る[戻る]こと，帰還．**2** 返すこと，返却．**3** [情報] キャリッジリターン (**~ de carro**). —— **automático de la palabra** ワード・ラップ．

retorrománico, ca [形] [言語] レト・ロマン語(の)．

retorsión [女] やり返し，仕返し．

retorta [女] [化学] レトルト，蒸留器．

retortero [男] ►al retortero. **andar** [ir] **al retortero** とても忙しい． **llevar** [traer] **a…al retortero** (1)を夢中にさせる，言いなりにさせる．(2)をこき使う，きりきり舞いさせる．

retortijón [男] **1** ひねくれること，強いひねり．—**dar retortijones a…** を強くねじる[ひねる，絞る]．**2** [話] 急激な腹痛，胃痙攣(?)(**~ de tripas**).

retostado, da [過分] [→retostar] [形] こげ茶色の．

retostar [5.1] [他] を焼き直す；焦がす；焼き過ぎる．

retozar [1.3] [自] **1** (子ども・動物などが)はしゃぎ回る．**2** (男女が)いちゃつく．

retozo [男] **1** 跳ね回ること，はしゃぎ回り．**2** (男女の)いちゃつき．

retozón, zona [形] **1** 浮かれた，はしゃぎ屋の．**2** (笑いなどが)込み上げてくる．

retracción [女] **1** 引っ込める[引っ込む]こと；撤退．**2** 撤回．**3** 取り消．**4** [医学] 退縮．

retractación [女] **1** (前言の)取り消し，撤回．**2** [法律] 取り[買い]戻し．

retractarse [再] 前言を撤回する；[+de を] 取り消す，撤回する．

retráctil [形] (猫の爪・カメの頭のように) 引っ込められる．

retracto [男] [法律] 買い戻し(権)． —**derecho de ~** 買い戻し権．**2** 取り消し，撤回．

***retraer** [10.4] [他] [文] **1** [+de を] (人)に思い止まらせる，断念させる．**2** (体の一部など)を引っ込める，隠す．—**El caracol retrae sus cuernos.** カタツムリは角を引っ込める． —— **se** [再] [文] **1** [+de を] あきらめる，思い止まる．**2** 後退する；引き下がる．**3** [+en/a に, +de から] 引きこ

もる, 隠遁する. —～*se del* mundo. 世間から姿を消す.

*__retraído, da__ 過分 〔→retraer〕 形 **1** 引きこもった, 隠遁した. **2** 内気な, 引っ込み思案の.

retraimiento 男 **1** 隠遁(とん), 閑居. **2** 隠れ家. **3** 内気, 引っ込み思案.

retranca 女 **1** (馬具の)尻繋(がい). **2** 〔中南米〕ブレーキ. **3** (言葉・行動などの)裏の意味, 隠された意図.

retransmisión 女 **1** a) (テレビ・ラジオの)中継放送. —～ en directo 生中継. ～ en diferido 中継録画[録音]. b) 再放送. **2** (伝言などの)中継ぎ.

retransmitir 他 **1** a) を(テレビ・ラジオで)中継放送する, 生中継する. b) を再放送する. **2** (伝言など)を中継ぎして伝える.

*__retrasado, da__ 過分 〔→retrasar〕 形 **1** 遅れた, 遅い 〔estar＋〕. —un tren ～ 延着した列車. **2** (発達・成長などが)遅れた, 遅れている 〔estar＋〕. **3** 知恵遅れの. —— 名 知恵遅れの人. ▶ ***retrasado mental*** (1) 知恵遅れの人. (2)《軽蔑》大ばか, まぬけ.

‡**retrasar** 他 **1** を遅らせる, 遅くする. —～ la paga 支払いを遅らせる. **2** a) を渋滞させる, 停滞させる. b) を遅刻させる. —— 自 遅れる. —Mi reloj *retrasa*. 私の時計は遅れる. —— **se** 再 **1** 遅れる, 遅くなる, 遅刻する. **2** 後れをとる, (他よりも)遅れている.

‡**retraso** 男 **1** 遅れ, 遅滞, 遅延. —llegar con quince minutos de ～ 〔con un ～ de quince minutos〕 15分遅れで着く. **2** 低開発, 後進性. **3** 〔主に 複〕 (借金)返済の遅れ, 滞納. ▶ ***retraso mental*** 知恵遅れ.

‡**retratar** 他 **1** …の肖像画を描く, 肖像写真を撮る. **2** (人物など)を描写する. —— **se** 再 **1** 肖像画を描いてもらう, 自分の写真を撮ってもらう. **2** (自分の姿が)写し出される, 描写される.

*__retratista__ 男女 肖像画家[写真家].

‡**retrato** 男 **1** 肖像(画), ポートレート. —～ de cuerpo entero 全身の肖像画. **2** 人物描写. ▶ ***retrato robot*** (1) モンタージュ写真, 似顔絵. (2) 典型像. ***ser el vivo retrato de...*** …にそっくり[生き写し]である.

retrechero, ra 形 **1**《話》(人が)魅力的な, 人を引きつけるような. —ojos ～*s* 魅惑的な目つき. **2**《話》ずる賢い, ごまかしのうまい. **3** 〔中南米〕けちな.

retrepado, da 過分 〔→retreparse〕 形 うしろへ傾いた; (ゆったりと)もたれた.

retreparse 再 ふんぞり返る, (椅子の背に)もたれる.

retreta 女 **1** 《軍事》帰営のラッパ. **2** 夜の軍隊パレード. **3** 〔中南米〕軍楽隊の野外コンサート.

retrete 男 便所; 便器.

retribución 女 報酬, 謝礼; 報い.

retribuir [11.1] 他 (人・仕事)に報酬を支払う; (恩など)に報いる, お返しする.

retributivo, va 形 もうけになる, 報酬のある(仕事など); 報酬の.

retro 形 〔無変化〕 レトロな, 懐古趣味の.

retro- 接頭 「後方へ, 逆に; 過去に遡って」 の意. —*retro*activo, *retro*ceder, *retro*gradar.

retroacción 女 **1** あと戻り, 後退. **2** 遡(そ)及, 遡(さかのぼ)ること.

retroactividad 女 (法律・効力などの)遡(そ)及性, 遡及力.

retroactivo, va 形 (効力などが)過去に遡(さかのぼ)る; (法律などが)遡(そ)及力のある. —efectos ～*s* 遡及力[効果].

retrocarga 女 ▶ ***de retrocarga*** (銃砲が)元込め式の.

‡**retroceder** 自 **1** 〔＋en/a/hacia へ, ＋hasta まで〕 後退する, 後戻りする, 後ろに下がる. **2** 後に引く, しりごみする, ひるむ. **3** 断念する.

retrocesión 女 《法律》 (物や権利の)返還.

retroceso 男 **1** 後退, 後戻り. —～ en la economía 景気の後退. **2** (病状の)ぶり返し, 悪化. **3** (銃などの発射の)反動.

retrocohete 男 逆噴射ロケット.

retrógrado, da 形 **1** a) 時代遅れの. b) (政治・思想的に)復古的な, 保守反動的な. **2** 逆行する, 後退する. —— 名 時代遅れの人; 復古派の人, 保守反動主義者.

retropropulsión 女 《航空》 ジェット推進.

retrospección 女 回顧, 回想, 思い出.

retrospectivo, va 形 過去を振り返った, 回顧の. —echar una mirada *retrospectiva* a を振り返って[回顧して]みる. —— 女 回顧展.

retrotraer [10.4] 他 **1** 〔＋a まで〕を過去に遡(さかのぼ)らせる. —～ el relato *a* los tiempos de la guerra 話を戦争中にまで遡らせる. **2** 《法律》…の日付を実際よりも前にする. —— **se** 再 過去に遡る 〔＋a の時点まで〕.

retroversión 女 《医学》 後傾(症), 後屈.

retroviral 形 〔単複同形〕 《生物, 医学》 レトロウイルスの.

retrovirus 男 〔単複同形〕 《生物, 医学》 レトロウイルス.

retrovisor 男 《自動車》 (車の)バックミラー, サイドミラー.

retrucar [1.1] 自 **1** (ビリヤードで)(玉が)キスする. **2** (トランプゲームで相手の賭(か)け金に対して)賭け返す.

retruécano 男 **1** 語順をさかさまにして全く意味の違うことを言う修辞法[言葉遊び]. **2** 言葉遊び, 語呂(ごろ)合わせ.

retruque 男 **1** 言い返し, 口答え. **2** (ビリヤードの)(戻り玉の)キス. **3** (トランプゲームで相手の賭(か)け金への)賭け返し. ▶ ***de retruque*** 〔中南米〕 (その)反動で, はずみで; (その)結果として.

retumbante 形 **1** (音・歓声などが)鳴

retumbar 2 大げさな、仰々しい。

retumbar 自 1（音や声が）鳴り響く、反響する。2（場所が、音で）響き渡る、こだまする。

retumbo 男 1 鳴り響く音、とどろき。2 鳴り響くこと、反響。

reuma, reúma 男［しばしば 女］《医学》リウマチ。

reumático, ca 形《医学》リウマチ(性)の。— 名 リウマチ患者。

reumatismo 男 →reuma, reúma.

reumatología 女《医学》リウマチ学。

reumatólogo, ga 名《医学》リウマチ専門医[学者]。

reún- 動 →reunir [3.12].

reunificación 女 再統一。

reunificar 他 を再度統一させる。— **se** 再 再統一する。

reunión ［レウニオン］女 1 集まり、集会、会合。— social 親睦会。— de vecinos 住民集会。— en la cumbre 首脳会議。punto de ~ 集合場所。2（集会の）参加者、会衆。3 集めること、収集。— ~ de datos データの収集。

reunir ［レウニル］[3.12] 他 1（人）を集める、召集する。— ~ a los hijos 子どもたちを呼び集める。2（物・金）を集める、収集する。— ~ datos [el dinero] 資料[金]を集める。3（条件・資質）を備える、満たす。— **se** 再 1 集まる、集合する。2《+con と》会う。3 再び一緒になる、よりが戻る。

reutilización 女 再利用。

reutilizar 他 を再利用する。

revacunación 女《医学》（ワクチンの）再接種、再種痘。

revacunar 他（人）に再びワクチンを接種する、再種痘する。

reválida 女 1 最終試験、学力認定試験。2 再び有効にすること、認定。

revalidación 女 再び有効にすること、認定。

revalidar 他 1 を再び有効にする。を認定する。2（科目などの）最終試験［学力認定試験］を受ける。— **se** 再 最終試験［学力認定試験］を受ける。

revalorización 女 1 再評価。2（通貨の）切り上げ、価値の回復。

revalorizar [1.3] 他 1 を再評価する。2（通貨）を切り上げる。

revaluación 女 →revalorización.

revaluar 他 1 を再評価する、再検討する。2（通貨）を切り上げる。

revancha 女 1 報復、仕返し。— tomar(se) la ~ de … …の仕返しをする。2（スポ）雪辱戦、リターンマッチ。

revanchismo 男 復讐（ふくしゅう）心。

revanchista 形 報復（主義）の。— 男女 報復主義者。

revejido, da 形（年齢の割に）老け込んだ。

revelación 女 1 暴露、発覚。2 意外な話、新しい事実。3（神の）啓示、天啓。4（新人の）登場。

revelado 男《写真》現像。

revelador, dora 形 明らかにする、暴露する。— 名 暴露者、漏洩（ろうえい）者。— 男《写真》現像液。

revelar 他 1 を明らかにする、公表する、暴露する。2 を表す、証明する、物語る。— Sus palabras *revelan* inquietud. 彼の言葉には不安が現れている。3《写真》を現像する。4（神が）を啓示する。— **se** 再 1（本性・実像）を現す、示す。2 明らかになる、…という結果になる。

revellín 男《建築》（城の）半月堡（ほう）。

revendedor, dora 名 転売する、再販売の。— 名 転売者、ダフ屋。

revender 他 を再び売る、転売する、を小売りする。

revenir [10.9] 自 元に戻る。— **se** 再 1（少しずつ）縮む。2（保存食や酒が）酸っぱくなる。3 水分を出す、（パンなどが）しける。

reventa 女 1 転売、小売り。2 プレイガイド。

reventador, dora 名（公演や会合を野次などで）訪害する人、騒ぎ屋。

reventar [4.1] 他 1 a) を破裂させる、爆発［爆破］させる。b) をつぶす、壊す、たたき壊す。c)（袋など）を破る、（服など）を引き裂く。2 をぶち壊す、台無しにする。3（人・動物）を酷使する、疲労困憊（こんぱい）させる。— ~ al caballo 馬をへたばらせる。4《話》をひどく不快にする。— 自 1 a)（風船などが）割れる、破裂する、破れる。b)（卵などが）割れる、つぶれる。c)（波が）砕ける。— Las olas *revientan* contra las rocas. 波は岩に当って砕ける。d)（エンジンなどが）壊れる。2 疲労困憊する、へとへとになる。3《話》a)《+por と》してたまらない。b)《+de で》（感情などが）爆発する、噴出する。— ~ de risa 爆笑する。4《話》《+a と》…てって》腹立たしい、いらだつ。— Me revienta que te rías de mí. 私は君がばかにするのが腹立たしい。5《+de で》いっぱいである。6《話》くたばる、死ぬ。— **se** 再 1 破裂する、パンクする。2（人・動物が）疲労困憊する、へとへとになる。

reventazón 女（波などが）砕け散ること；砕浪。

reventón, tona 形 1 破裂しそうな、はち切れんばかりの、はじけそうな。— boca *reventona* でっかい口。labios *reventones* ぽってりした唇。clavel ~ オランダセキチク。2（目が）飛び出しそうな、出目の。— ojos *reventones* 飛び出しような目、出目。— 男 1《話》破裂、（タイヤの）パースト、パンク。2《話》死にそうな羽目、窮地。

rever [16] 他 を再び見る、再び調べる；注意深く調べる。

reverberación 女 反射光[熱]；残響（ざん）。

reverberar 自 1 a)（光が）反射する。b)（表面が）光を反射する、きらきら光る。2（音が）響き渡る、響き返る。

reverbero 男 1 反射光、照り返し。2 反射器；反射鏡；（ガラス・金属など、光を反）

射する物[面]. **3** (反射鏡を備えた)街灯. **4** 《中南米》卓上こんろ.

reverdecer [9.1] 自 **1** (植物・野原などが)再び青々となる. **2** (廃れていたものが)よみがえる. ── 他 (植物・野原などを)再び青々とさせる.

***reverencia** 囡 **1** 畏敬の念, 尊敬, 敬意. **2** おじぎ, 敬礼. **3** 尊師(聖職者への敬称). ─Su [vuestra] ~ 神父さま, 尊師.

reverencial 形 恭(ﾆｶ)しい, 崇敬の念に満ちた.

***reverenciar** 他 崇(ｽﾟ)める, 崇拝する, 尊敬する.

reverendísimo, ma 形 《宗教》高貴な(司教などの高位聖職者に対する敬称).

***reverendo, da** 形 《宗教》(聖職者の敬称で)…師, …様. ── 名 神父; シスター.

reverente 形 敬虔(ｹｲ)な, 恭しい. ─con una actitud ~ 重たな態度で.

reversa 囡 《中米》(車の)バック, 後進.

reversible 形 **1** 逆にできる, 反転可能な, 逆行可能な. ─reacción ~ 《化学》可逆反応. tren ~ 前後に運転室のある列車. **2** (衣服などが)裏返しに表にされる. ─abrigo ~ リバーシブルのコート. **3** 《法律》(判決などが)破棄[取消]可能な.

reversión 囡 **1** 元どおりになること; 逆戻り; 復帰. **2** 《法律》(財産・権利などの)復帰.

***reverso** 男 裏(面), 逆, 反対. ─el ~ de la moneda コインの裏側. ─*ser el reverso de la medalla* まったく反対(の人, もの)である.

revertir [7] 自 **1 a**) 元どおりになる; 逆戻りする. **b**) 《法律》 〔+ a ～〕 (財産・権利などが)復帰する, 帰属する. **2** 〔+ en ～〕 (結果的に)〜になる. ── ~ *en* beneficio [perjuicio] *de* … にとって有利[不利]になる.

R

***revés** [ﾚﾍﾞｽ] 男 **1** 裏(面), 背面. **2** 手の甲, 手の甲での打撃; [ｽﾎﾟ] (テニスの)バックハンド・ストローク. **3** 逆境, 不運, 挫折. ─los ~*es de la vida* 人生の逆境. ~*es de fortuna* 不運. ▶*al revés* 逆に, さかさまに. *del revés* (位置が) 逆に, さかさまに. ─*volver… del revés* 裏がえしにする, 位置を変える.

revestimiento 男 上張り, 外装, コーティング.

***revestir** [6.1] 他 **1** 〔+ de/con で〕 を覆う, かぶせる, 上張りをする. ── el suelo con corcho 床をコルクで覆う. **2** (外観)を呈する, 帯びる, 物語る. ─La lesión no *reviste* gravedad. その傷は重くなさそうだ. **3 a**) 〔+ con で〕 を補う, ごまかす, 粉飾する. **b**) …のふりをする. ── *se* 自 **1** 〔+ de で〕 身に付ける, 持つ. **2** 〔+ de で〕 いっぱいになる, …だらけになる. **3** (聖職者が)祭服を着る.

reviejo, ja 形 非常に高齢の. ── 男 木の枯れ枝.

revirar 他 をひねる, ねじる; を反対向き

にする. ── 自 《海事》(船が)再び針路を変える.

revisada 囡 《中南米》→*revisión*.

***revisar** 他 **1** を点検する, 検査する; 校閲する. ── ~ el motor del coche 車のエンジンを点検する. **2** を直す, 調べ直す, 再検討する.

***revisión** 囡 **1** 見直し, 再検討, 再調査. **2** 点検, 検査, 調査; 検閲. ─*pasar la ~ médica* [*del coche*] 検診[車検]を受ける. **3** 校正, 校閲, 校訂. **4** 《司法》再審.

revisionismo 男 《政治》修正主義.

revisionista 形 修正主義(者)の, 修正社会主義の. ── 男女 修正主義者, 修正社会主義者.

***revisor, sora** 形 **1** 検札係, 車掌. **2** 検査(官), 監査人. ── ~ *de cuentas* 会計監査人. **3** 校閲者, 校正係. ── 囡 検査(校正)する人, 監査人(のための).

***revista** 囡 **1** 雑誌, 定期刊行物, 紀要. ── ~ *semanal* [*mensual*] 週刊[月刊]誌. ~ *de modas* ファッション雑誌. ~ *del corazón* ゴシップ雑誌. **2** 評論, 批評. ── ~ *de libros* 書評. **3** 点検, 検討, 検査. **4** 《軍事》閲兵, 観閲. **5** (演劇) レビュー. ── ~ *musical* ミュージカル・レビュー. **6** 《法律》再審理. ▶ *pasar revista* (1) 点検する. (2) 閲兵する, 親兵式を行う. (3) 回顧する.

revistar 他 《軍事》を閲兵[親兵]する; (軍艦)を観艦する.

revistero, ra マガジン・ラック. ── 名 新聞・雑誌の評論欄担当記者. ── ~ *deportivo* スポーツ記者. ~ *literario* 文芸担当記者.

revitalización 囡 活性化; 再び生気[生命]を与えること.

revitalizar [1.3] 他 をよみがえらせる; …の生気を回復させる; を活性化する.

revival 〈英〉 リバイバル, 再流行.

revivificar [1.1] 他 を元気づける; を生き返らせる, よみがえらせる.

***revivir** 自 **1** 生き返る, 復活する. **2** 再燃する, 再現する. ── 他 を思い出す, …の記憶がよみがえる.

revocabilidad 囡 取り消しできること.

revocable 形 廃止[取消]できる; 廃止可能な.

revocación 囡 取り消し, 廃止; 《法律》撤回, 破棄.

***revocar** [1.1] 他 **1** を無効にする, 取り消す, 破棄する. ── ~ *una ley* 法律を無効にする. ~ *una orden* 注文を取り消す. **2** (壁を)塗り替える, 塗り直しをする. **3** (煙などを)逆流させる. ── 自 逆流する, 後戻りする.

revocatorio, ria 形 取り消しの, 廃止の; 《法律》撤回の, 破棄の.

revoco 男 《建築》外壁の塗り直し, しっくい塗り. **2** (煙などの)逆流, 吹き戻し.

revolar [5.1] 自 **1** (鳥が)再び飛び立つ. **2** (鳥が)飛び回る.

revolcadero 男 (動物が)泥浴びする

所.

revolcar [5.3] 他 1 をひっくり返す、引きずり倒す、転倒させる。 2《話》(議論などで人)を打ち負かす、やっつける、やりこめる。 3《話》を不合格にする、落第させる。 ── **se** 再 1 転げ回る、のたうち回る。~ de risa 笑い転げる。 2《俗》性的関係を持つ。

revolcón 男 1 転倒する[させる]こと、ころげまわること。 2 論破。▶ *dar un revolcón a ...* (1)~をひっくり返させる。(2)《話》(議論などで)人をへこませる、さんざんやっつける。

revolear 自 ぐるぐると飛び回る。 ── 他《南米》(投げ縄など)をぶんぶん振り回す。

revolotear 自 1（鳥・虫などが）飛び回る、はね回る。 2 ひらひら舞う、宙を舞う。 3《話》(人)につきまとう、べったりくっつく。

revoloteo 男 ひらひら飛び回ること; 飛び回ること、旋回。

revoltijo 男 1 ごたまぜ、乱雑、雑多な物の山。 2 もつれ、紛糾。

revoltillo 男 1 → revoltijo。 2《料理》野菜などに卵を溶いて炒めた料理。

revoltoso, sa 形 1 いたずら好きな、わんぱくな; 手に負えない。 2 反抗的な、騒動的な。 ── 名 1 いたずら坊主、おてんば。 2 反抗者、暴徒。

revolución [レボルシオン] 女 1 革命、大変革。~ industrial 産業革命。 2 変革、革新。 3 回転、旋回;《天文》公転。

revolucionar 他 1 をひっくり返す、動転[動揺]させる、に騒ぎを引き起こす。 2 …に革命を起こす、変革する。 3《機械》…の回転数を上げる。~ el motor エンジンの回転数を上げる。

revolucionario, ria 形 1 革命の; 革命的な; 革新的な。~ ideas revolucionarias 革命的思想。 ── 名 革命家、革命運動家。

revolvedora 女《メキシコ》コンクリートミキサー。

revolver [5.11] 他 1 a) をかき混ぜる、かき回す。~ la ensalada サラダをかき混ぜる。b) をひっくり返す。 2 a) を不愉快にさせる、腹立たせる。 ── La hipocresía me revuelve. 偽善には私は腹が立つ。b) …に吐き気を催させる。c) (…の心)をかき乱す。 3 を熟考する、熟慮する。 4 を思い出させる、調べ回る。 ── 間［+en を］詮索する、調べ回る。 ── **se** 再 1 寝返りを打つ、身もだえる、のたうち回る。~ *se en la cama* ベッドで寝返りを打つ。 2 a) 振り向く、振り返る。b)［+contra に対して］立ち向かう、刃向かう。 3 (天候が)悪天候になる。 4 (沈殿物がかき回されて水が)濁る。

revólver 男 リボルバー、回転弾倉式連発拳銃。

revoque 男 1 (壁の)塗り替え、塗り直し; しっくい塗り、壁土で; 水性白色［石灰］塗料。

revuelco 男 1 転倒、転落。 2 論破。

revuelo 男 1 a) (鳥が)再び飛ぶこと、飛び回ること。b) (鳥など)群で飛ぶ[舞い上がる]こと。 2 動揺、混乱。 3《中南米》(闘鶏が)爪で襲いかかること。

revuelta 女 1 (街頭での)騒乱、暴動; 乱闘。 2 曲がり角、カーブ。 3 (カーブで)曲がること。

revuelto, ta 過分［→ revolver］形［estar+］ 1 かき回された、かき混ぜた、ごちゃごちゃになった。~huevos ~s スクランブル・エッグ。 2 混乱した、混乱した。~ pelo ~ 乱れ髪、取り乱した、(精神的に)動揺した、不安になった。 4 (天候が)荒れ模様の。 ── El día *está* muy ~. 今日の天候は非常に不安定だ。 5 (水などが)濁った、混濁した。 6 いたずらな、腕白な。 ── 男 卵とじ料理。~ de gambas 小エビの卵とじ。

revulsivo, va 形《医学》誘導[反対]刺激の。 ── 男 1《医学》誘導薬; 誘導器具。 2 刺激、誘発。

rey [レイ] 男 1 王、国王、君主。~ *absoluto* 絶対君主。~ *constitucional* 立憲君主。~ de Romanos《歴史》神聖ローマ皇帝。 2 (動植物などの)王様、(ある分野の)第１人者、王。── El león es el ~ de los animales. ライオンは百獣の王である。(el) ~ del petróleo 石油王。 3《ゲーム》(チェスやトランプの)キング、王将。▶ a *como cuerpo de rey* → *cuerpo*. A rey muerto, rey puesto.《諺》誰かが欠けてもそれを補う者が現われる。*día de los Reyes*《キリスト教》主顕祭、主の御公現の祝日(１月６日)。 *rey de armas*《歴史》紋章院長官。

reyerta 女 口論、口げんか; けんか。

Reyes 男 レジェス［レイエス］(Alfonso ~)(1889-1959, メキシコの詩人・思想家).

Reyes Magos 固名《聖書》東方の三博士。

reyezuelo 男 1 小国の王; 族長。 2 (鳥類)キクイタダキ属の各種の鳥。

rezagarse [1.2] 再 遅れる、遅れを取る。

rezandero, ra 名 よく祈る(人)。

rezar [レサル] [1.3] 他 1 (祈りの文句)を唱える、祈る。~ el padrenuestro 主の祈りを唱える。~ la misa (歌म ではなく)読誦[どくじゅ]ミサを挙げる。 2《話》(文書が)~と書いてある、うたう。── El letrero reza lo siguiente: …. 掲示は次のことをうたっている。 ── 自 1［+ a に］(神・聖人などに)祈る; お祈りをする。~ a los santos 聖人に祈りを捧げる。~ por la paz 平和を祈る。 2《話》書いてある、書かれている。 ── como reza la nota 注に書いてあるように。 3《話》(口の中で)何かぶつぶつ文句を言う。

rezo 男 祈り、祈祷[きとう]。

rezón 男《海事》(小型の)四つ爪錨[いかり]。

rezongar [1.2] 自 (命じられたことに)ぶつぶつ不平を言う。

rezongo 男 ぶつぶつ言うこと、不平、不満。

rezongón, gona 形 ぶつぶつ不平

rezumar を言う(人), 不満たらたらの(人).

rezumar 自 (液体などが)にじみ出る, 漏(も)れる. —El sudor le *rezumaba* por la frente. 彼の額に汗がにじんでいた. —他 をにじみ出させる; を漏らす. —**se** 再 1 (容器が)漏る; (液体が)漏れ出る. —El agua se *rezuma* por la cañería. 水が水道管から漏れている. 2 (秘密が)漏れる; (事実が)現れる, 見える.

Rh [< 英] 男 [単複同形] ▶ **factor Rh** (医学用) Rh 因子.

rho 女 ロー(ギリシャ語アルファベットの第17字: P, ρ).

ria-, ría- 動 →reír [6.6].

ría 女 1 (地理) 広い河口; 入り江; リアス. 2 (スポ) (障害物競技の)水堀.

riacho, riachuelo 男 小川.

riada 女 1 川の氾濫(はんらん), 大水, 洪水. 2 (転義) 殺到, 大量.

rial 男 リアル(イランなどいくつかの中東諸国の通貨単位).

ribazo 男 土手, 堤; 斜面.

ribeiro 男 (スペイン)リベイロ (Ribeiro) 産のワイン.

Ribera 固名 リベラ (José de ~) (1591-1652, スペインの画家).

ribera 女 (川, 海, 湖の)岸(辺), 土手; 沿岸(の地域).

ribereño, ña 形 川岸[海岸, 湖畔]の, 川岸[海岸, 湖畔]に近い[に沿った]. —名 川岸[海岸, 湖畔]の住人.

ribete 男 1 (服飾) 縁飾り, トリミング; (補強または装飾用の)縁取りテープ. 2 (話を面白くするための)言い足し, 余談. 3 (話) 徴候, 現れ.

ribeteado 男 縁飾りをすること.

ribetear 他 (服飾)…に縁飾りをつける, トリミングする.

ribonucleico 形 ▶ **ácido ribonucleico** リボ核酸(ARN).

ribosoma 男 (生化) リボソーム.

ricacho, cha 形 (話, 軽蔑) 大金持の, 成金の. —名 (話, 軽蔑) 大金持, 成金.

richembra 女 [複 richembras, richembras] (歴史) 大貴族[大公]の夫人[息女].

ricamente 副 1 快適に. —Aquí lo paso tan ~. ここで私はすごく快適に過ごしている. 2 富裕に; 豪華に. 3 素晴らしく.

Ricardo 固名 (男性名) リカルド.

ricino 男 (植物) トウゴマ(唐胡麻), ヒマ (蓖麻). —aceite de ~ ヒマシ油.

rickshaw [< 日] 男 [複 ~s] 人力車, 輪タク.

rico, ca [リコ, カ] 形 1 金持ちの, 裕福な家庭. 2 豊かな, たくさんある, 富んだ, 一杯の [+ en/de]. —alimento ~ en proteínas たんぱく質が豊富な食べ物. 3 (土地が) 肥沃な, 肥えた. —tierras *ricas* 肥沃な土地. 4 豪華な, ぜいたくな, 高価な. 5 おいしい, うまい. —Esta carne está muy *rica*. この肉はとてもおいしい. 6 かわいらしい, 愛らしい. —¡Qué *rica* está la niña con ese vestido! あのドレスを着るとこの女の子は何てかわいいのだろう. —名 1 金持ち. —nuevo ~ 成金. 2 (子どもに向かって愛情をこめた呼びかけ)ねえ, 君, おまえ. 3 (軽蔑)な呼びかけ) お前. —¡Venga, ~! さあ来いよ, お前.

ricohombre 男 [複 ricoshombres, ricohombres] (歴史) 大貴族, 大公.

rictus 男 [単複同形] 顔を引きつらせる こと, 口をゆがめること, 引きつった笑い. —~ de amargura [dolor] 苦笑い.

ricura 1 おいしさ, 美味であること; おいしいもの. 2 かわいらしいこと; 素晴らしいこと.

ridiculez 女 [複 ridiculeces] 1 滑稽なばかげたこと; 滑稽さ, ささいなこと, 取るに足りないこと.

ridiculizar [1.3] 他 (人)をばかにする, からかう, あざける.

ridículo, la 形 1 ばかげた, 滑稽な, おかしな. 2 ほんのわずかな, 取るに足りない. —Le pagan un salario ~. 彼にはほんのわずかな給料をもらっている. —男 1 滑稽な状態, 物笑いの種. ▶ **hacer el ridículo** ばかげたことをする, ばかなことをする. **poner [dejar]…en ridículo** をばかにする, からかう.

rie-, ri(é-) 動 →reír [6.6].

riego 男 1 水撒き, 散水. —~ por aspersión スプリンクラーによる散水. 2 灌漑(かんがい); 灌漑用水. —canal de ~ 灌漑用水路. ▶ **riego sanguíneo** 血液の循環.

riel 男 1 (鉄道の)レール, 線路. 2 延べ棒, インゴット.

rielar 自 (文) [+ en に] (月などの光が)映っているかのよう.

rielero, ra 名 (メキシコ) 鉄道員.

rienda 女 1 手綱. 2 (複) 支配, 統制. —criticar sin ~ あからさまに批判する. ▶ **aflojar las riendas** 手綱をゆるめる. **a rienda suelta** 全速力で; 思う存分, ほしいまま. **a toda rienda** 全速力で. **coger [tener] las riendas** (1) 手綱をとる. (2) 引き受ける. **dar rienda suelta a…** …に自由にさせる, 思う存分させる. **soltar la rienda de…** …に身を任せる, ふける. **volver (las) riendas** 後もどりする.

riesgo 男 1 危険, 冒険. 2 (保険の対象となる)災害. —seguro a todo ~ 全災害保険. ▶ **a [con] riesgo de…** を覚悟のうえで, …の危険を承知のうえで. **correr (el) riesgo de…** …する危険をおかす.

riesgoso, sa 形 (中南米) 危険な.

rifa 女 1 くじ引き. 2 くじ引き福引. —benéfica チャリティーくじ. 2 くじ引き福引き所.

rifar 他 を賞品にくじを売る. —**se** 再 を取りあう; をめぐって争う.

rifeño, ña 形 (モロッコ北部の)リフ山脈 (Rif) の. —名 リフ山脈の住民[出身者].

rifirrafe 男 (話) (ささいな)けんか, 小ぜ

rifle 男 ライフル銃.

rigidez 女 1 堅いこと, 硬直, 曲がらないこと. 2 厳しさ, 厳密さ.

rígido, da 形 1 堅［固］い, 曲がらない. —disco — ハードディスク. 2 厳しい. 3 (性格・規則などに) 柔軟性がない, 頑固な.

rigodón 男《歴史》リゴドン舞踊(17-18世紀に流行した, 2/4または4/4拍子の快活な二人舞踊); リゴドン舞曲.

rigor 男［リゴル］1 厳しさ, 厳格さ. —Castiga con ~ a sus hijos. 彼は厳しく子どもを罰する. 2 正確, 精密. 3 (気候の) 厳しさ. — ~ del clima 気候の厳しさ. — ~ del frío 厳しい寒さ. ▶ **de rigor** (1) おさだまりの, お決まりの. (2) 不可欠の, …でなくてはならない. **en rigor** 厳密に言うと, 実際は. **ser el rigor de las desdichas** 悪い星の下に生れた人である.

rigorismo 男 1 厳しさ, 厳格さ, 厳格すぎること. 2 厳格主義.

rigorista 形 非常に厳格な, 厳格主義の. — 男女 非常に厳格な人, 厳格主義者.

rigor mortis〔ラテン〕男 死後硬直.

rigurosamente 副 厳しく, 絶対に.

rigurosidad 女 厳しさ, 厳格さ.

riguroso, sa 形 1 厳しい, 厳格な. 2 厳正な, 正確な. 3 (気候が) 厳しい. — ~s calores del verano 夏の厳しい暑さ.

rija 女《医学》涙嚢(のう)瘻.

rijosidad 女 1 a) 好色, みだらなこと. b) (動物の) 発情, 盛り. 2 けんか早いこと, 短気.

rijoso, sa 形 1 a) 好色な 形 b) (動物が) 盛りのついた. 2 けんか早い, すぐに怒る.

rilar 自 震える, 身震いする.

rima 女 1 韻(を踏むこと), 脚韻, 押韻. — ~ asonante 類音韻. — ~ consonante 同音韻. 2 複 韻文, 詩歌; 抒情詩.

rimador, dora 形 男 詩を踏むのだけが目立つ(詩人).

rimar 他《+con と》…の韻を合わせる. — 自 1 韻を踏む. 2 韻文を作る, 詩を書く.

rimbombancia 女 1 大言壮語; 大げさな言[表現]. 2 もったいぶること; 大げさ［な行為・態度］.

rimbombante 形 1 (言葉・態度などが) 大きな, 誇張した. 2 派手な, けばけばしい, これ見よがしの.

rímel 男 マスカラ(化粧品).

rimero 男 (積み重ねた物の) 山, 堆(だい)積. —un ~ de libros [platos] 本[皿]の山.

Rin 固名 (el Río ~) ライン川(ヨーロッパの大河).

rincón 男［リンコン］1 隅(ぎ), か ど. —un ~ de la habitación 部屋の隅. 2 片隅, 一隅. 3 かくれ場所, へんぴな場所. 4 片隅に置き忘れた物. 5 狭い土地[部屋].

rinconada 女 片隅, (広場や街路の) 隅.

rinconera 女 三角形のコーナー家具.

ring〔＜英〕男 (スポ) ボクシングなどのリング.

ringlera 女 (物の) 列, 並び.

ringorrango 男 1 (文字の) 飾り書き. 2 [主に 複] 無用の飾り.

rinitis 女《単複同形》《医学》鼻炎.

rinoceronte 男《動物》サイ(犀).

rinofaringe 女《解剖》鼻咽腔(いんくう), 鼻咽頭.

rinología 女《医学》鼻科学.

rinoplastia 女《医学》鼻形成術.

rinoscopia 女《医学》鼻腔検査.

riñ- 動 ~reñir [6.5].

riña 女 けんか, 口論.

riñón 男 1《解剖》腎臓, (食用となる牛や豚などの) 腎臓. — ~ artificial 人工腎臓. 2 複 腰部. —Me duelen los riñones. 腰が痛い. ▶ **costar un riñón**《俗》とても高い; 高くつく. **tener riñones**《俗》根性がある, 勇気がある.

riñonada 女 1《解剖》(腎臓(いう)を包む) 脂肪皮膜. 2 腰部; 腎臓のある体の部分. 3《料理》腎臓のシチュー.

riñonera 女 (腰用ふとんの) コルセット.

rió, rio 動 →reir [6.6].

río[2] 男［リオ］1 川, 流れ. — ~ arriba [abajo] 上流に[下流に]. el ~ Ebro エブロ川. 2 大量, たくさん. —un ~ de gente 大勢の人. ▶ **a río revuelto** 混乱のさなかで, どさくさにまぎれて. **A río revuelto, ganancia de pescadores.**《諺》混乱に乗じて第三者が利益を得る. **Cuando el río suena, agua lleva.**《諺》火の無いところに煙は立たぬ. **de perdidos al río**《話》覚悟を決めてやり終える. **pescar en [a] río revuelto**《諺》漁夫の利を占める.

Río de Janeiro 固名 リオデジャネイロ(ブラジルの都市).

Rioja 固名 1 La ~ ラ・リオーハ(スペインの自治州). 2 リオハ(アルゼンチンの州・州都).

rioja 男 (スペインのラ・リオーハ産のワイン.

riojano, na 形 ラ・リオーハ (La Rioja, スペイン北部の自治州・県; アルゼンチン北西部の州・都市)の. — 男女 ラ・リオーハ(出身)の人.

rioplatense 形 (ラ・プラタ川(el Río de la Plata)の; ラ・プラタ川流域の. — 男女 ラ・プラタ川流域の住民[出身者].

riostra 女《建築》突っ張り, 支柱, 筋交い.

ripia 女 磨いてない(でこぼこした)薄い木の板.

ripio 男 1 石くず, 割栗(かい)石, れんがの破片. 2 くず, 残りかす. 3 (文章の) 埋め草; (詩の意味のない) 冗語. ▶ **no perder ripio** 一言も聞き漏らさずに聞く; 細部まで見落さずに見る.

ripioso, sa 形 (詩などの) 冗語の多い.

riqueza 女［リケサ］1 富, 財産. 2 豊かさ, 豊富. 3 ~

華, ぜいたく, りっぱなこと. ▶*riqueza imponible* 課税財産.

risa [リサ] 囡 **1** 笑い, 笑い声. ——**comerse [contener] la** ~ 笑いをこらえる. **estallar [morirse, partirse, retorcerse, reventar, troncharse] de** ~ 大笑いする, 腹を抱えて笑う. **2** おかしいこと, 笑いの種. —¡Qué ~ ! なんておかしい事. Su hijo es la ~ de todo el pueblo. 彼の息子は町中のもの笑いの種だ. ▶ **muerto de risa** 見飽きられた, 忘れられた. **tomar a risa** 笑いに付する, はかする, 相手にしない.

riscal 男 (切り立った)岩山の多い場所.

risco 男 切り立った岩山, 岩壁.

riscoso, sa 形 (山などが)険しい, 急勾配(こうばい)の; 岩のごつごつした.

risible 形 **1** おかしい, こっけいな. **2** 笑うべき, ばかげた.

risotada 囡 高笑い, ばか笑い.

ristra 囡 **1** (ニンニク・タマネギなどの)数珠つなぎ. **2**《話》一連のもの; 連続. —una ~ de palabrotas 悪口の連発.

ristre 男 (甲冑(かっちゅう)の胸部の)槍(やり)受け [通例, 次の成句で]. ▶ **en ristre** 構えの姿勢で. —pluma *en ristre* ペンを手に持って.

risueño, ña 形 **1** にこにこした, ほほえんだ. **2** 心地よい, ゆかいな. **3**(見通しが)明るい, 輝かしい.

ritmar 他 …にリズムを付ける.

rítmico, ca 形 リズミカルな, 律動的な; 韻律のある; 周期的な.

ritmo 男 **1** リズム, 律動, 拍子. —**marcar el** ~ リズムをとる. **2**(進行の)速度, 割合, ペース. —**a buen** ~ いい調子で働く. **3** 周期(性). —~ respiratorio 呼吸の周期. **4**[詩歌] 韻律;[音楽] リズム.

rito 男 **1**(宗教的)儀式, 祭式; 典礼. —~ católico カトリックの典礼. **2**(儀式的)習慣, 習わし.

ritornelo 男 **1**[音楽] リトルネロ. **2** リフレイン, 反復.

ritual 形 典礼の, 祈禱(きとう)式の. —男 **1** 典礼, 祈禱式. **2** 典礼書, 定式書, 儀式書. ▶ **ser de ritual** 習慣で, しきたりの.

ritualidad 囡 形式[儀礼]主義の, 儀礼を重んじる.

ritualismo 男 形式[儀礼]主義; 形式[儀礼]の偏重.

ritualista 形 形式[儀礼]主義的な; 形式を重んじる. —男女 形式[儀礼]主義者.

rival 形 競争する, ライバルの. —男女 競争相手, ライバル, 好敵手.

rivalidad 囡 競争, 張り合い; 敵対.

rivalizar [1.3] 自 **1**[+ por と][+ con と] 争う, 競う, 対抗する. **2**[+ en において] 張り合うに, いい勝負である.

Rivas 固名 (Duque de ~) リーバス公爵(1791-1865, スペインの詩人・劇作家).

Rivera 固名 リベラ (Diego ~)(1886-

1957, メキシコの画家).

rivera 囡 小川.

rizado, da 過分 [→rizar] 形 **1**(髪が)巻き毛の, 縮れ毛の. —**pelo** ~ カールした(巻き毛). **2** さざ波の立った. —男 (髪の)カール.

rizador 男 ヘア・アイロン, カール用アイロン; ヘア・カーラー.

rizar [1.3] 他 **1**(毛を)縮れさせる, カールさせる, 巻き毛にする. **2**…に折り目をつける, しわをつける. **3**…にさざ波を立たせる. —**se** 再 **1** 髪が縮れる, (自分の髪を)巻き毛にする. —~se el pelo 自分の髪の毛をカールさせる. **2** さざ波が立つ.

rizo, za 形 巻き毛の, カールの. —**pelo** ~ 巻き毛. —男 **1** 巻き毛, 縮れ毛, カール. **2**(水面の)さざ波. **3** テリーベルベット(ビロードの一種). **4**[航空] 宙返り. —**hacer un** ~ 宙返りをする. ▶ **rizar el rizo** (1) 宙返りをする. (2) 事をよりややこしくする. (3) うまく(術などを)やってのける.

rizófito, ta, rizofito, ta 形[植物] 有根植物の, 根のある. —囡複 (R~) 有根植物.

rizoma 男[植物] 根茎, 地下茎, リゾーム.

rizópodo, da 形[動物] 根足虫綱[類]の. —男 **1** 根足虫(アメーバ・有孔虫など). **2** 複 根足虫綱.

rizoso, sa 形 (髪が)巻きやすい; 巻き毛になりやすい, 縮れ毛(気味)の.

ro 男 ロー(ギリシャ語アルファベットの第17字; ρ, p)

robalo, róbalo 男[魚類] バス.

robar [ロバル] 他 **1 a)**(物)を盗む, 奪う, すり取る. —Me *robaron* la cartera en el metro. 私は地下鉄の中で札入れを盗まれた. **b)**(時間)を奪う, とる. —El trabajo me *roba* el sueño. 仕事で私は睡眠時間をとられた. **2**(土地など)を削り取る, 狭くする. **3**(トランプ・ドミノで)山から札[牌]をとる, 沢山集める, 我が物とする. —Te toca ~. カードをとるのは君の番だ.

Roberto 固名 (男性名) ロベルト.

robín 男 錆(さび).

robinia 囡[植物] ニセアカシア, ハリエンジュ.

robinsón 男 (ロビンソン・クルーソーのような)独立独歩の人.

robinsonismo 男 (ロビンソン・クルーソーのような)独立独歩の生き方.

roblar 他 (打ち込んだくぎの先などを)打ち曲げる[たたきつぶす].

roble 男 **1**[植物] オーク(カシワ, ナラ, カシなどの木); オーク材. **2** たくましい人; 頑丈なもの.

robleda 囡 →robledo.

robledal 男 オークの森.

robledo 男 オークの林.

roblón 男 **1** リベット, 鋲(びょう). **2**(屋根瓦の)棟.

robo [ロボ] 男 **1** 盗み, 窃盗, 強盗. **2** 盗まれたもの, 盗難品.

robot 男 複 ~s **1** ロボット, 人造人

間. —— de cocina フードプロセッサー. **2** あやつり人形, 他人の言うとおりに動く人.

robótica 囡 ロボット工学.

robotizar [1.3] 他 (工場などを)ロボット化する.

robustecer [9.1] 他 を丈夫にする, 頑丈にする. —— **se** 貪 丈夫になる, 頑丈になる.

robustecimiento 男 強化, 補強.

robustez 囡 (人や物の)頑丈さ, 丈夫さ.

robusto, ta 形 **1** 頑健な, たくましい. **2** がっしりした, 丈夫な(作りの).

roca [ロカ] 囡 **1** 岩, 岩石, 石. **2** 堅くてしっかりしたもの; 不動の人. —corazón de — 不動の心.

► cristal de roca →cristal.

rocadero 男 糸巻き棒.

rocalla 囡 **1** [集合的] 岩[石]のかけら, 割栗(ホタ)石. **2** 大玉のビーズ.

rocalloso, sa 形 小石の多い, 石ころだらけの.

rocambolesco, ca 形 並はずれた, 途方もない.

rocanrol 男 (音楽) ロックンロール.

roce 男 **1** こする[こすれる]こと, すれること, **2** こすれ跡, すり傷. **3** つき合い, 交際. **4** 不和, いさかい; 摩擦.

rochela 囡 (中米) さわめき; 騒ぎ, 歓声.

rociada 囡 **1** (水などを)まく[まき散らす]こと, 吹きかけること; 散水. **2** ぬらすこと, 湿らすこと. **3** (主に言葉・殴打などの)連発. **4** 叱(*)りつけ, 小言, 5 霰, しぐれ.

rociador 男 霧吹き, 噴霧器, スプレー.

rociadura 囡 (水などを)まき散らす[かける]こと; 散水, 散布.

rociar [1.5] 他 **1** [+con を] (水などを)…にまく, かける, 吹きかける. **2** をまき散らす, ばらまく, 投げ散らす. **3** [+con を] (料理に飲物を)つける, 添える. —— la carne con un vino tinto 肉料理に赤ワインを添える.

rocín 男 **1** 老いぼれ馬, 駄馬. **2** 荷役馬. **3** (話) 無知な人; 粗野な人.

rocinante 男 やせ馬; 老いぼれて役に立たなくなった馬.

Rocío 囲名 [女性名] ロシーオ.

rocío 男 **1** 露, (水)滴. **2** 霧雨.

rococó 男 (美術) ロココ様式. —— 形 **1** ロココ様式の. —palacio de estilo — ロココ様式の宮殿. **2** 装飾過剰の.

rocódromo 男 (ロッククライミングの)野外コンサート会場.

rocola 囡 (中米) ジュークボックス.

rocoso, sa 形 **1** 岩の多い, 岩だらけの, 岩石の. **2** 岩石のような, 岩のように堅い.

roda 囡 (船舶) 船首材; 船首.

rodaballo 男 (魚類) ターボット, イシビラメ. —— menor ヒラメ.

rodada 囡 **1** わだち, 車輪の跡. **2** (中米) 落馬; 馬の転倒.

rodado 形 [過分] [→rodar] **1** 車両の, 車両交通の. —tráfico [tránsito] — 車両交通, 自動車の交通量. **3** (ころ

がって)丸くなった. —canto —/piedra rodada 丸い小石. **3** (話) (事が)思いがけなく[ちょうどよく]起こる. —Ha venido rodada la ocasión. 思いがけないチャンスが訪れた. —(南米) 車両.

rodador, dora 形 転がる, 転がる. —— 男 (自転車競技などで) 平地が得意な選手.

rodadura 囡 回転, 転がす[転がる]こと.

rodaja 囡 **1 a)** 小さな車輪. (家具などの)キャスター; 円盤. **b)** (拍車の)歯車. **c)** (機械) ローラー. **2** (食べ物の輪切りにしたもの, スライス. —limón en — 輪切りにしたレモン. una — de salchichón 一枚のスライス・ソーセージ.

rodaje 男 **1** (映画) 撮影. **2** (集合的に) 車輪. **2** (自動車などの)慣らし運転, 慣らし運転中; (物事に対する)慣れ. —estar en — 慣らし運転中である.

rodal 男 **1** (まわりと異なっている)変色した部分. —un — sin pelo 円形に脱毛した部分. **2** (植物の)様子が周りと異なっている土地.

rodamiento 男 (機械) 軸受け, ベアリング.

Ródano 囲名 (el Río ~) ローヌ川.

rodante 形 転がる, 回転する.

rodapié 男 **1** 幅木(笄ᵉ). **2** (家具の下に張る)幕布.

rodar [5.1] 貪 **1 a)** 転がる, 転がって行く. **b)** 転がり落ちる, 転落する. **c)** 滑り降りる, 滑降する. —— escalera abajo 階段を転がり落ちる. **d)** (水滴などが)したたり落ちる, 流れ落ちる. **2** (車両が)動く, 走る. **3** 回る, 回転する. **4** 旅をする, 移り歩く, 渡り歩く. —— por todo el mundo 世界中を転々とする. **5** 順調に行く. —Rueda bien el negocio. 商売は繁盛している. **6** 出回っている, (あちこちに)転がっている. —Detrás de la droga rueda la delincuencia. 麻薬の背後には犯罪が横行している. —— 他 **1** (映画) **a)** を撮影する. **b)** …に出演する. **2** (車に)慣らし運転をする. **3** を転がす. ► echar a rodar (話) を台なしにする, ぶちこわす.

Rodas 囲名 ロードス島 (ギリシャの島).

rodear [ロデアル] 他 **1** を囲む, 取り囲む; 包囲する. —La policía rodeó el edificio. 警官隊は建物を包囲した. **2** [+con を] …に巻く, 巻きつける, (腕などを)回す. —Le rodeó el cuello con los brazos. 彼は彼女の首に手をかけた. **3 a)** を一周する. —— el lago 湖を一周する. **b)** を迂回する, 巻く. **4** を回避する, 避けては通る. —— el tema 問題を回避する. **5** (中南米) (家畜を) 1か所に集める. —— 貪 **1** [+ por を] 迂回する, 遠回りする. —— **se** 再 **1** [+ de で] 取り囲まれる. —Ella se rodeó de aduladores. 彼女はおべっかを使う連中に取り囲まれた. **2** (落ち着かず)動き回る.

rodela 囡 (古) 円盾 (笠²).

rodeno, na 形 (土・岩石などが)赤い. —tierra rodena 赤土.

rodenticida 男 (薬学) 殺鼠剤.

rodeo 男 **1** 回り道, 迂回. —**dar un ~** 回り道をする. **2** 複 遠回しな言い方, 持って回った話し方. —**andar(se) con ~s**(本題に入らずに)遠回しに言う. **3** 〘主に 複〙回避, 回り道. **4 a)** ロデオ, カウボーイの競技会. **b)** 〘中南米〙家畜の駆り集め.

rodera 女 わだち, 車輪の跡.

rodete 男 **1**(三つ編みの髪を結った)束髪, 巻き髪. **2**(頭に荷物を載せるための)当て. **3** 水車の羽根板.

rodilla [ロディヤ] 女 **1** 膝(ʰˢ). **2** 台布巾. ▶**caer de rodillas** ひざまずく. **de rodillas** ひざまずいて. **hincar [poner, doblar] la rodilla** (1)ひざまずく, 片膝をつく. (2)屈服する. 服従する. **hincarse [ponerse] de rodillas** ひざまずく.

rodillazo 男 膝(ʰˢ)蹴り.

rodillera 女 **1** 膝(ʰˢ)当て, 膝の防具. **2** ズボンの膝継ぎされ. **3** ズボンの膝のたるみ.

rodillo 男 **1** ローラー, 地ならし機, 圧延機. **2**(重い物を動かすための)ころ. **3**〘料理〙めん棒. **4**(洗濯物の)しわ伸ばし機.

rodio 男〘化学〙ロジウム(元素記号 Rh).

Rodó 固名 ロドー (José Enrique ~ (1872-1917, ウルグアイの思想家・作家).

rododendro 男〘植物〙シャクナゲ.

Rodrigo 固名 〘男性名〙ロドリーゴ.

rodrigón 男 **1**〘植物を支える〙支柱, つっかえ棒. **2** 昔の貴婦人のお供をした老僕.

roedor, dora 形 **1**〘動物〙齧歯(ʰˢ)目の, 齧歯類の. **2** 物をかじる. **3** 心をさいなむ, 胸の痛む. —男 齧歯目の動物(ネズミ・リスなど).

roedura 女 **1** かじること. **2** かじった跡, かじり取った部分.

roel 男〘紋章〙(小)円形.

roer [10.1] 他 〘ただし直 royo; 接・現 roya(-)の活用もある〙他 **1 a)** をかじる. **b)** …の骨から肉をかじり取る. **2** を侵食する, むしばむ. —La enfermedad le *roía* la salud. 病気によって彼の健康はむしばまれていた. **3**(良心などを)苦しめる, さいなむ, 痛めつける.

rogación 女 **1** 願い, 陳情, 嘆願.

rogar [ガルル] [5.4.] 他 **1** を懇願する, を願う, 頼む. — silencio 静寂を求める. (人などに)を祈願する. ▶**hacerse (de) rogar** もったいぶる, 何度も相手に頭を下げさせる. —自 頼む, 祈る. — por el enfermo 病人のために祈る.

rogativas 女 複 祈禱(ʳˢ), 祈願, 嘆願の祈り.

rogatorio, ria 形 懇願の.

rogue-, rogué 動 →rogar [5.4.]

Rojas 固名 ロハス (Fernando de ~) (1465?-1541, スペインの作家).

rojear 自 **1** 赤くなる, 赤みがかる; 赤く見える. **2**(物が)赤く映える, (物の)赤が目立つ.

rojez 女 赤いこと, 赤色, 赤み. **2** 皮膚の赤くなった部分.

rojizo, za 形 赤みがかった, やや赤い.

rojo, ja [ロホ, ハ] 形 **1** 赤い, 赤色の. —**pelo ~** 赤毛. **2**(恥ずかしさで)赤い, 赤面した. —**ponerse ~** 赤くなる, 赤面する. **3** 共産主義の, 左翼の, 〘スペイン市民戦争で〙共和派の. —名 共産主義者, 左翼, 共和派の人. —男 赤, 赤色. —El semáforo está en ~. 信号は赤になっている. ▶**al rojo blanco** 白熱の. **al rojo cereza**(熱されて)真赤になっている. **al rojo (vivo)** (1) 白熱している, 真赤になっている. (2) 興奮した, 熱狂した. **Mar Rojo** 紅海. **rojo de labios** 口紅.

rol 男 **1 a)** 名簿; 目録, 表. **b)**〘海事〙船員名簿. **2 a)**〘演劇〙役, 役割. **b)**(一般に)役目, 任務, 務め.

rolar 自〘海事〙**1** 旋回する. **2**(風向きが)変わる.

roldana 女(滑車の)綱車.

rollizo, za 形 **1** 丸い, 円筒(形)の, 円柱(状)の. **2** 丸々と太った, 肉づきの良い, ふっくらとした. **3** がっしりした, 頑丈な. —男 丸太.

rollo 男 **1** 巻いたもの, 1巻き, 円筒状のもの. — de papel higiénico トイレットペーパー 1巻き. **en ~** 巻いた(状態の). **2 a)**(写真, 映画の)フィルム 1巻き. **b)**〘料理〙めん棒. **c)** ロールパン, ドーナツ形のパン. **d)**(木の)丸太. **e)**(羊皮紙などの)巻き物. **3**(腹や手足の)贅肉. **4**〘話〙a) いやな[人事], 退屈な[人物]. —Ese tío es un ~. あいつはいやなやつだ. ¡Vaya ~! 何て退屈だ. ¡Corta el ~, hombre! おしゃべりはそこまでにしてくれよ. **b)** 問題, 一件. ▶**rollo de primavera**〘料理〙春巻.

rolo 男〘中米〙(印刷用の)ローラー.

Roma 固名 ローマ (イタリアの首都). **2** バチカン; ローマ教皇. ▶**mover [remover, revolver] Roma con Santiago** あらゆる手段をとる.

romadizo 男〘医学〙鼻風邪.

romaico, ca 形 現代ギリシャ語(の).

romana 女 さおばかり, てんびん.

romance 形〘言語〙ロマンス語の. —**lenguas ~** ロマンス諸語. —男 **1**〘文学〙ロマンセ(1行 8 音節からなる小叙事詩). **2**〘言語〙ロマンス語; 〘ラテン語に対しての〙スペイン語. **3** 恋愛(事件), ロマンス, 情事. **4** 無駄口実; くどい言い訳. ▶**hablar en romance** よくわかるようにはっきり話す.

romancear 他 をロマンス語に翻訳する.

romancero 固名〘文学〙ロマンセ集.

romancesco, ca 形 小説的な, (小説のように)奇異な, 空想的な. —**pasión** *romancesca* 現実離れした情熱.

romanche 男 ロマンシュ語(の).

romancista 男女〘歴史〙ロマンス語で書く(作者).

romanesco, ca 形 **1** ローマ(人)の (→ románico); 〘建築, 美術〙ロマネスク様式

の. **2** 小説的な, 小説のような.

romaní 男 カロ語(ロマ〖ジプシー〗の言語).

románico, ca 形 **1**〖建築, 美術〗ロマネスク様式の. —estilo ～ ロマネスク様式. **2**〖言語〗ロマンス語(ラテン語系統の言語)の. —lenguas *románicas* ロマンス諸語. —arte *románico* ロマネスク様式.

romanismo 男 ロマ精神[制度].

romanista 男女 **1** ロマンス語学者, ロマンス文学者. **2** ローマ法学者. —— 形 **1** ロマンス語学(者)の, ロマンス文学(者)の. **2** ローマ法学者の.

romanística 女 **1** ロマンス語学[文学]研究. **2** ローマ法研究.

romanización 女 ローマ(文明)化.

romanizar [1.3] 他 **1**〖歴史〗ローマ化する, ローマの支配下に置く, ローマ文明の中に取り込む. —— se 再 (土地が)ローマ化する.

romano, na 形 **1** ローマ(Roma) の, ローマ帝国の, (古代)ローマ[風]の. —números ～*s* ローマ数字の. **2** (ローマカトリックの). —La Iglesia *Romana* ローマカトリック教会. **3**〖印刷〗ローマン体の(普通の欧文印刷字体). —letras *romanas* ローマン体の文字. —— 名 **1** (古代)ローマ人, ローマ人市民, ローマ出身者.
► *a la romana* (話) **obra de romanos* 大事業, 大変な仕事, 至難の業(わざ).

romanticismo 男 **1** ロマン主義, ロマン派. —～ literario 文芸上のロマン主義. **2** ロマンチックなこと, ロマンチズム.

romántico, ca 形 **1** ロマンチックの, 空想的な, 感傷的な. **2** ロマン主義の, ロマン派の. —escritor ～ ロマン主義の作家. —época [literatura] *romántica* ロマン主義の時代[文学]. —— 名 **1** ロマン主義[派]の芸術家, ロマン主義者. **2** ロマンチックな人.

romanza 女〖音楽〗ロマンス(叙情的な小曲).

romaza 女〖植物〗ヒメスイバ(ギシギシ属).

rombal, rómbico, ca 形〖数学〗ひし形の, 斜方形の.

rombo 男 **1**〖数学〗ひし形, 斜方形. **2**〖魚類〗ヒラメ.

romboedro 男〖数学〗斜方六面体, 菱(ひし)面体の.

romboidal 形〖数学〗偏菱(へん)形の[を有する], 長斜方形の[を有する].

romboide 男〖数学〗偏菱(へん)形, 長斜方形(長方形でない平行四辺形).

romería 女 **1**〖宗教〗巡礼の旅, 聖地巡り. **2** 村祭り, 祭礼; (宗教行事・聖地参拝の)野外ダンスパーティー. **3**(大勢の)人出, 人の波.

romero[1] 男〖植物〗マンネンロウ, ローズマリー.

romero[2], **ra** 名 巡礼の, 巡礼者の.

romo, ma 形 **1** (刃先などが)とがっていない; (刀等が)刃先のない. **2** (人が)注意力の鈍い, ぼんやりした, 鈍感な. **3** (鼻が)低い

(人が)鼻ぺちゃの.

rompecabezas 男〖単複同形〗**1** パズル, ジグソーパズル; なぞなぞ. **2** 難問, 難題, 頭痛の種.

rompecorazones 形 男女〖単複同形〗(色気で)異性にほれられやすい人.

rompedizo, za 形 これり[割れ]やすい.

rompedor, dora 形 **1** 破壊する, 壊し屋の. **2** 進歩的な, 革新的な. **3**〖南米〗迷惑な, しつこい. —— 名 壊し屋.

rompehielos 男〖単複同形〗砕氷船.

rompehuelgas 男女〖単複同形〗(話)スト破り.

rompenueces 男〖単複同形〗くるみ割り器.

rompeolas 男〖単複同形〗防波堤, 波よけ.

romper [ロンペル] [2.1] 他 **1** ～ a) を割る, 砕く; 折る. —～ *una rama* 枝を折る. b) を引き裂く, 破る. —～ *el silencio* 沈黙を破る. c) を切り[ほどけ]やすくする; (靴など)をはきつぶす. —～ *las botas* ブーツをはきつぶす. **3** を壊す, 破壊する. —*El sol rompía la niebla.* 日がさして霧を消していった. **4** を中断する, 遮(さえぎ)る. —～ *las negociaciones* 交渉を中断する. —～ *el aire* 空気を遮(さえぎ)る. **5** (約束などを)破る, …に違反する. —～ *el noviazgo* 婚約を破棄する. **6** (土地)を切り開く, 開墾する. **7** を始める. —～ *las hostilidades* 敵対を始める. —— 自 **1** a) 仲違(たが)いする, けんか別れする. —*Los novios han roto.* 恋人たちはけんか別れした. b)〖+con〗と縁を切る, 絶交する, 別れる. —～ *con su novio* 恋人と別れる. **2**〖+por通って〗(水)がしみ出る. **3** a) 始まる. —*al* ～ *el día* 夜が明けると. b)〖+a+不定詞/en+名詞〗(…し)始める. —～ *a llorar*. 泣き出す. **4** (波が)砕け散る. **5**〖話〗大成功する, 大ヒットする. **6** (花が)開く, 咲く. ►*de rompe y rasga* 大胆な, 肝の据わった. —— **se** 再 **1** 粉々になる, 折れる, 砕ける. —～ *se una pierna* 片脚を折る. **2** 穴が開く, 破れる. **3** 壊れる. —*Se ha roto el televisor.* テレビが壊れた. **4** 途切れる. **5** (約束などが)破られる, 破棄される.

rompiente 男 **1** 岩礁. **2** 複 〖岩で砕ける〗波.

rompimiento 男 **1** 破綻, 断絶, 絶交. **2** 不和, 仲違い.

rompope 男〖メキシコ〗ロンポペ, エッグノッグ(カクテルの一種).

ron 男 ラム酒. —～ *añejo* 熟成ラム酒.

roncador, dora 形 名 いびきをかく(人).

roncar [1.1] 自 **1** いびきをかく. **2** (雄ジカなどが)鳴く.

roncear 自 **1** ぐずぐずする; 面倒がる. **2** (船が他の船よりも)遅れて[のろのろ]進む. —— 他〖中南米〗(てこなどで重い物を)動かす.

roncero, ra 形 (人が)のろい, ぐずぐずした, しぶしぶの.

roncha 女 **1**(虫さされ・打撲などによる)腫れ(上がり). **2**(食べ物の薄い輪切り). —una ~ de limón 薄切りのレモン1枚. ▶ **levantar ronchas** 人を悩ます, 悔しがらせる.

ronchar 他 をボリボリ[ガリガリ]音を立てて食べる.

ronchón 男 (小さい腫れ)れもの.

ronco, ca 形 **1**声がかれた, かすれた, しゃがれ声の. —voz ronca しゃがれ声. **2**(低く)うなる.

ronda 女 **1**夜警, 夜回り; 巡察, パトロール. —ir de ~ パトロールに出かける. **2**ロンダ(楽器を奏で歌いながら若い女性の住む家々を巡り歩く). **3**グループの全員にひとわたりする分の飲食物. **4**(トランプの)一勝負, 一回. **5**環状道路, 村の回りの遊歩道. **6**交渉(の一回), ラウンド. **7**(警察・郵便配達などの)一巡(する区域); (鳥などの)旋回. **8**《スポ》シリーズ. —primera ~ 予選. —de octavos 準々決勝戦シリーズ.

rondalla 女 **1**(街路を歌い演奏して歩く)楽隊. **2**作り話, でっちあげ.

rondar 自 **1 a)** ロンダ(→ronda **2**)をする. **b)**(見張りのために)巡回する. **c)** 夜間通りをぶらつく. —~ por las calles 通りをぶらつく. **2 a)** しきりに頭をよぎる. **b)**(考えが)思い浮かぶ. **3**(眠気・病気などが)とりつき始める. —Me ronda el sueño. 私は眠気がさしてきた. —他 **1 a)** を夜回りする, 巡回する, 見回る. **b)** を夜出歩く, を頻繁に訪れる. **3 a)** …に付きまとう, まといつく, 付き添う. —Aquella idea no dejaba de ~le por la cabeza. そういう考えが彼の頭を離れようとしないのだった. **b)**(女性)に言い寄る, 誘いをかける. **c)**(女性)にロンダをしかけて気を引く. **4**(年齢などが)…前後である.

rondel 男 《詩学》ロンデル(3連14行から成るフランス風の詩形).

rondeño, ña 形 ロンダ(Ronda, アンダルシア地方マラガ県の都市)の, ロンダ出身の. — 名 ロンダ(出身)の人. — 女 ロンデーニャ(ロンダの民謡と舞踏).

rondín 男 **1**巡回, 夜の見回り; (海軍倉庫の)見張り番. **2**《南米》夜警.

rondó 男 〖複 ~s〗 **1**《音楽》ロンド(形式), 回旋曲. **2**《詩学》ロンド.

rondón ▶ **de rondón** 《話》向う見ずに, 無断で, 勝手に.

ronquear 自 声がかれている; しゃがれ声で話す.

ronquedad 女 しわがれ(かすれ)声.

ronquera 女 声のかすれ[しわがれ].

ronquido 男 **1**《主に複》いびき. **2**(風などの)うなり, ひゅーひゅーいう音.

ronronear 自 **1**(猫が)ごろごろいう, のどを鳴らす. **2**(考えなどが)人を不安にする.

ronroneo 男 猫がのどを鳴らすこと, 猫がのどを鳴らす音.

ronzal 男 **1**(馬などの)端綱(はづな). **2**(船舶)(帆をたたみ込むための)索; (船の万力滑車の)ロープ.

ronzar [1.3] 他 をがりがり[ばりばり]音を立てて食べる.

roña 女 **1**(羊などの)疥癬(かいせん), 皮膚(ひふ). **2 a)**(金属の)さび. **b)**(植物の)さび病. **3**(こびりついた)汚れ, しみ; 垢(あか). **4**松の樹皮. — 男女 けちな人.

roñería, roñosería 女 けち, 吝嗇(りんしょく), しみったれ.

roñoso, sa 形 **1**(羊などが)疥癬にできた. **2**(金属が)さびた, さびついた. **3**汚い, 不潔な; あかで汚れ切った. **4**《話》けちな, しみったれな. **5**《中南米》恨み[悪意]をいだいた.

ropa 女 〖ロバ〗 **1**《集合的に》衣服, 衣類. — ~ hecha 既製服. — limpia 洗濯した服. ~ usada 古着. **2**(シーツ・タオルなど)家庭内の布類, リネン. —~ blanca リンネルの布類, 下着. —~ de cama (シーツ, ベッドカバーなど)ベッド用リネン. ~ de mesa テーブルクロス. ~ interior 下着類. ▶ **en ropas menores** 下着姿で. **Hay ropa tendida.** 壁に耳あり. **La ropa sucia se lava en casa.** 〖諺〗内輪の恥は隠してこそなくすべき.

ropaje 男 **1**礼服(聖職者などの). **2**厚着. **3**(一般に)衣類. **4**ものの言い方, 言葉づかい. **5**美辞麗句.

ropavejería 女 古着店, 古道具屋.

ropavejero, ra 男女 古着商人, 古道具商人.

ropavieja 女 〖メキシコ〗野菜などとともに煮込んだ牛肉料理.

ropería 女 **1**洋服店; 衣類販売業. **2**衣装部屋.

ropero, ra 男女 **1**洋服店員, 既製服の商人. **2**衣装係. — 男 **1**洋服だんす, 衣装だんす. **2**衣装部屋. **3**衣類を分配する慈善団体.

ropón 男 ガウン, マント.

roque 男 《ゲーム》(チェスの)ルーク, 城. ▶ *estar* [**quedarse**] **roque** 眠っている, 眠り込む.

roquedal 女 岩だらけの[ごつごつした]土地.

roquedal 男 岩だらけの[ごつごつした]土地.

roquedo 男 岩; 岩山; 崖壁.

roquefort 〔<仏〕男 〖複 ~s〗 ロックフォールチーズ.

roqueño, ña 形 **1**岩だらけの, ごつごつした. **2**岩のように固い.

roquero, ra[1] 形 岩の; 岩の上の.

roquero, ra[2] 形 《音楽》ロックの; ロック好きの. — 名 ロック歌手; ロックのファン.

roquete 男 〖カト〗(聖職者が着る)筒状の袖がある短い白い法衣.

rorcual 男 《動物》ナガスクジラ. —~ blanco シロナガスクジラ.

rorro 男 赤ちゃん, 小さな子ども.

ros 男 《軍事》(面頰(めんぼお)のついた円筒形の軍帽).

Rosa 固名 《女性名》ロサ.

rosa 女 〖ロサ〗《植物》バラ(の花). —~ del azafrán サフランの花. —~ del Japón ツバキ. ~ de Jericó ヨブ. — 形 《無変化》バラ色の, ピンク

の. —una camisa ~ ピンク色のシャツ. ——男 1 バラ色, ピンク. —tela de un ~ claro 明るいピンクの布. 2《建築》教会のバラ窓, 円窓. 3《俗》〔女〕の赤い頬, あざ. ▶ como una rosa (1) 元気はつらつとした. (2) 快適な, くつろいだ. No hay rosa sin espinas. とげのないバラはない《この世には完全な幸せはない》. novela rosa 甘い恋愛小説. rosa de los vientos [rosa náutica] コンパスカード《羅針盤の文字盤で全周を32等して方位を配したもの》.

rosáceo, a 形 1 バラ色の, ピンクの. 2《植物》バラ科の. ——女 複《植物》バラ科の植物.

rosada 女 霜.

rosado, da 形 1 バラ色の, ピンクの. —vino ~ ロゼ・ワイン. 2 バラの; バラの入った. ——男 ロゼ・ワイン.

rosal 男《植物》バラの木, バラの茂み〔生垣〕. —~ silvestre 野バラ.

rosaleda, rosalera 女 バラ園, バラの花壇.

Rosario 固名 1《女性名》ロサリオ. 2 ロサリオ《アルゼンチンの都市》.

rosario 男 1《宗教》《カトリック》の数珠, ロザリオ; ロザリオの祈り. —rezar el ~《1つの祈りごとに1つの玉を繰って》お祈りを唱える. 2 一続き(のもの), 数珠つなぎ(のもの). —un ~ de desgracias たて続けの不幸. 3《話》背骨, 脊柱. ▶ acabar como el rosario de la aurora まとまりないうちに終ってしまう.

Rosas 固名 ロサス《Juan Manuel de ~》(1793-1877, アルゼンチンの独裁者).

rosbif [<英] 男 複 ~s《料理》ローストビーフ.

rosca 女 1 a) 円筒形のもの; リング状〔ドーナツ型〕の物. b) ドーナツ型のパン〔ケーキ〕. 2 ねじ. ねじ山. 3 らせん, らせん形のもの. 4《中南米》派閥, 仲間. 5《頭に荷物を載せるための》当て布. ▶ hacer la rosca a...《人》に取り入る, ごまをする. hacerse (una) rosca 体を丸くして寝る. no comerse una rosca《俗》異性とうまく行かない. pasarse de rosca (1) やり過ぎる, 言い過ぎる. (2) ねじがすり減っていて合わない.

roscado, da 過分〔→roscar〕形 ねじ山の付いた, ねじ式の. ——男 ねじ切り.

roscar [1.1] 他 1 ねじを切る. 2 をねじ込む.

rosco 男 1 リング状のパン〔ケーキ〕; ドーナツ. 2《首・腹などの》ぜい肉. 3 浮き輪. 4《話》〔テストの〕0点. ▶ no comerse un rosco《俗》失恋する.

roscón 男 1 リング状の大型のパン〔ケーキ〕. —R~ de Reyes 御公現の祝日《1月6日》の祝い菓子《中に小さな人形などがはいっている》. 2〔テストの〕0点.

rosedal 男《南米》バラ園.

roséola 女《医学》ばら疹(しん).

roseta 女 1 頬の赤み, 紅潮. 2 バラの模様〔形〕をしたもの;《リボンなどの》結び目; じょうろ散水口. 3 複 ポップコーン.

rosetón 男 1《建築》バラ窓, 円花窓. 2 バラの模様の装飾.

rosicler 男 1 朝焼け《のあかね色》. 2《鉱物》ルビー・シルバー, 濃〔淡〕紅銀鉱.

rosillo, lla 形《馬などが》葦毛(あしげ)の.

rosita 女 1 小さなバラ. 2 複 ポップコーン. ▶ de rositas 楽々と, たやすく.

rosquilla 女 1 ドーナツ. —venderse como ~s ドーナツのように《簡単に・よく》売れる. 2 うじ虫, 毛虫.

rostichería 女《メキシコ》ローストチキン屋.

rostro [ロストロ] 男 1《人間の》顔, 顔面. 顔つき. ——~ alegre [sonriente] 笑顔. 2《鳥の》くちばし. 3《古》《軍・戦艦》の船首の突出部, 衝角. ▶ tener (mucho) rostro ずうずうしい顔をする, 厚かましい. torcer el rostro しかめ面をする.

rota 女 1《植物》トウ《籐》. 2 敗走, 壊滅. 3《軍》敗北; 廃止.

rotación 女 回転. 《地球の》自転. —fondo de ~ 回転資金. ~ de cultivos《農業》輪作.

rotacismo 男《言語》ロタシズム, r 音化.

rotar 自 1 回転する. 2 交代する.

rotario, ria 形 ロータリークラブの. —Club R~ ロータリークラブ. ——名 ロータリークラブ会員.

rotativo, va 形 1 回転する: 回転式の. —fondo ~ 運営資金. 2 交代制の, 輪番制の. —cultivo ~ 輪作. 3《印刷》輪転式の, 輪転機の. —máquina rotativa 輪転機. ——男《文》新聞. —~ vespertino 夕刊紙. 2《印刷》輪転機.

rotatoriamente 副 回転して; 交代で, 順番に.

rotatorio, ria 形 回転する, 回転式の:《回転(運動)の》. —movimiento ~ 回転運動. puerta rotatoria 回転ドア.

roten 男《植物》トウの木.

rotería 女《南米》粗野な〔下品な〕ふるまい〔言動〕.

rotisería 女《南米》《焼き肉・チーズ・ハム・ソーセージなどを売る》総菜屋.

rotonda 女 1 円形〔半円形〕の建物《広間, 回廊, 広場》.

rotor 男《機械》《モーターなどの》回転子, 回転部分. 2《航空》《ヘリコプターなどの》回転翼.

rotoso, sa 形《南米》ぼろを着た, みすぼらしい.

rótula 女 1《解剖》膝蓋骨(しつがいこつ), ひざの皿. 2《機械》玉継ぎ手, ボールソケット形軸継ぎ手.

rotulación 女 1 レタリング; 文字〔記

rotulador 男 フェルトペン, マーカー.

rotuladora 女 レタリング機.

rotular[1] 他 **1** ···にはり紙をする, 看板[標識]をつける. **2** ···に見出し[表題]をつける. **3**(地図などに)文字を書き込む; レタリングする.

rotular[2] 形 膝蓋骨(とつ)の. —lesión ~ 膝蓋骨損傷.

rotulista 男女 レタリング製作者[デザイナー].

:rótulo 男 **1** 看板, 掲示(板), 標識. —~ luminoso ネオンサイン. **2** 見出し, 表題, タイトル. **3**(ビンや箱などのラベル, 付け札.

rotundamente 副 きっぱりと, 断定的に; にべもなく.

rotundidad 女 **1**(言葉・態度の)きっぱりとした感じ, 率直さ. **2** 丸み.

:rotundo, da 形 **1**(受け答えなどが)きっぱりした, 断固とした, そっけない. —Me dio un sí ~. 彼は私にきっぱりとはいと答えた. **2**(文体が)確か, うまく表現している.

rotura 女 **1** 破損, 破壊, 損傷. **2** 破損箇所; 割れ目. **3**〖医学〗損傷; 骨折. **4** 中断; 決裂. —~ de las negociaciones 交渉決裂.

roturación 女 開墾, 開拓.

roturar 他 (土地を)開墾する, 開拓する.

rouge〈仏〉男 口紅, ルージュ.

roulotte〈仏〉女 トレーラーハウス (= caravana, casilla rodante).

round〈英〉男 〖スポ〗(ボクシングの)ラウンド.

roya 女 〖農業〗さび病.

royalty〈英〉男 著作権[商標権, 特許権]使用料, 印税, ロイヤリティ.

roza 女 **1**(壁や天井に配管用にあける)穴, 溝. **2**(除草しvarious)作付け地.

rozadura 女 **1** かすり傷, ひっかき傷, 擦過傷. **2** こすった[かすった]跡, すり切れ. **3**〖植物〗樹皮の腐敗病.

rozagante 形 **1**(服装が)目立つ, はでな, けばけばしい. **2** 満足げな; 得意げな, 自慢げな.

rozamiento 男 **1** こすること; すり傷. **2**〖物理〗摩擦; 〖機械〗摩耗, 摩滅. **3** あつれき, 不和. —tener un ~ con ... (人)と仲たがいする.

rozar[1.3] 他 **1** をかすめる, かする, こすって傷つける. **2** をすり減らす, 摩耗させる. **3**(すり傷・しみ・魚の目を)作る. **4** ···の雑草をとる. **5** ···に近い, 似ている; ···すれすれである. —El precio roza los quinientos euros. 値段は500ユーロになるかならないかくらいだ. — 自[+en ...] **1**(差し)に近づく. —Su modo de reír roza en la burla. 彼の笑い方は嘲笑に近い. **2**[+con ...] 付き合う, 交際する.

Rte.(略号) =remitente 発信人, 発送者.

RTVE[頭字]〈Radio Televisión Española〉女 スペイン国営放送.

rúa 女 通り, 街路.

ruana 女 〖中南米〗(服飾)(毛織の)ポンチョ.

Ruanda 国名 ルワンダ(首都 Kigali).

ruandés, desa 形 ルワンダの. —名 ルワンダ人.

ruano, na 形 (馬などが)葦毛(あし)の.

Rubén 男 (男性名)ルベン.

rubefacción 女 〖医学〗発赤(誤).

rúbeo, a 形 赤みがかった, 赤みを帯びた.

rubeola, rubéola 女 〖医学〗風疹(じん), 三日ばしか.

rubescente 形 赤みがかった.

rubí 男 (複~(e)s)〖鉱物〗ルビー, 紅玉, (時計の)石.

rubia 女 ⇒rubio.

rubiáceo, a 形 〖植物〗アカネ科の. —女 アカネ科の植物; 複 (R~)アカネ科.

rubial 男 アカネ畑.

rubiales 男女〖単複同形〗〖話〗金髪の人.

Rubicón 国名 ルビコン川(イタリアの河川). — ▶ pasar el Rubicón ルビコン川を渡る重大な決意をして, ついに最後の一線をこえる).

rubicundez 女 **1** 血色の良さ; 赤み. **2**〖医学〗(皮膚の発赤(誤).

rubicundo, da 形 **1**(顔色などが健康で)赤い, 血色の良い. **2** 赤みがかった, 赤らんだ.

rubidio 男 〖化学〗ルビジウム(元素記号 Rb).

:rubio, bia 形 **1** 金髪の, ブロンドの. —pelo ~ 金髪. **2**(タバコが)軽い(種類の), ルビオの. —tabaco ~ 軽いタバコ. —男 **1** 金髪の男性. **2** 金色, 亜麻色. **3**(魚類)ホウボウ. **4** 軽いタバコ. —女 金髪の女. —rubia platino プラチナブロンド.

rublo 男 ルーブル(ロシアの通貨単位).

rubor 男 **1** 真っ赤, 真紅. **2** 赤面, (顔やはだの)紅潮. **3** 恥ずかしさ, 羞恥(いう). —sin el menor ~ 全然恥ずかしげもなく.

:ruborizar[1.3] 他 を赤面させる, 恥じ入らせる, 恥ずかしがらせる. — se 再 赤面する; 恥じ入る, 恥ずかしがる.

ruboroso, sa 形 **1**[estar +] 恥じらった, 顔を赤らめた. **2**[ser +] はにかみ屋の, 恥ずかしがりな; すぐに赤面する.

:rúbrica 女 **1** 表題, (章・節などの)題名, 見出し. **2**(署名に添えるような)飾り書き, 花押. **3** 最後, 結び. — ▶ de rúbrica 〖文〗型通りの, 決まりきった; 慣例的な.

rubricar[1.1] 他 **1**(書類)に花押を記し, 頭文字で署名する. **2** を仕上げる, しめくくる. **3**(事柄)を認める; ... に同意する; を証言する.

rubro 男 〖中南米〗表題, 題名, 見出し.

ruca[1] 女 〖植物〗ルッコラ.

ruca[2] 女 〖南米〗先住民の小屋.

rucio, cia 形 **1**(動物の毛が)灰色の; (馬が)葦毛(あし)の. **2**(人が)しらがまじりの, ごま塩頭の. **3**〖南米〗金髪の.

(動物)ロバ.

ruco, ca 形 〖中米〗(馬などが)老いぼれた, 役立たずになった.

ruda 女 〖植物〗ヘンルーダ, 芸香(ｳﾝ).

rudeza 女 **1** 不作法, がさつさ, 粗雑. —responder con — ぶっきらぼうに答える. **2** ざらつき, ざらざらしていること. **3**(気候の)厳しさ, 荒馬さ. **4** 愚かさ. —～ de entendimiento 頭の鈍さ.

rudimental, rudimentario, ria 形 **1** 基本の; 初歩の. —conocimientos *rudimentales* 基礎知識. **2**〖生物〗未発達の, 発育不全の. **3**〖生物〗(器官の)痕跡(ｾﾝｾｷ)の.

rudimento 男 **1** 複 基本, 基礎知識. —～s de la química 化学の基本. **2**〖生物〗(器官の)未発達な段階. **3**〖生物〗痕跡(ｾﾝｾｷ)の.

rudo, da 形 **1** 粗雑な, 粗い; ざらざらした. —suelo — でこぼこした地面. **2** 粗野な, 不作法な, 洗練されていない. **3** 打撃などが激しい, 厳しい; 難しい, きつい. —trabajo — 骨の折れる仕事.

rueca 女 糸巻棒.

rued- 動 ⇒*rodar* [5.1].

rueda 女 〖ルエダ〗男 **1** 車輪, 輪. —(家具などの)キャスター. —～ de automóvil 自動車の車輪. —～ de molino (粉をひく)石うす. —～ hidráulica [de agua] 水車. —～ dentada 歯車. —～ de recambio [repuesto] スペアの車輪. —～ delantera [trasera] 前[後]輪. —～ de alfarero ろくろ. **2**(人や物の)輪. —車座. —en — 円形になって. **3**(果物・肉・魚などの)輪切り, スライス, 切り身. —～ de salchichón 腸詰め一切れ. **4**(クジャクなどの)扇状に広げた尾羽. **5** 順番; 一巡. **6**ルビ花火. **7**ルビ円座. ▶ chupar rueda (1)(自転車競技で)他の選手の後ろについて風を避ける. (2)他人の骨折りで便乗する. hacer la rueda (1)尾羽を広げる. オスがメスの回りをまわる. (2)ごきげんをとる, …に取り入る. (3)(女性に)言い寄る, 口説く. ir [marchar] sobre ruedas 物事がうまく行く. la rueda de la fortuna (運命の女神が人間の浮沈を生じさせたという)運命の輪, 転変. rueda de prensa 共同記者会見.

ruedo 男 **1**(丸いものの)へり, 縁. 縁. **2**(闘牛)開技場, アレーナ. **3** 丸いマット. **4**(人の)輪, 人垣. **5** 縁飾り.

rueg- 動 ⇒*rogar* [5.4].

ruego 男 〖ルエゴ〗男 願い, 頼み, 懇願. —un. —a ～ de …の願いに応じて. ▶ *ruegos y preguntas* (会議・集会で)質疑応答(の時間).

rufián 男 **1** 売春あっせん業者, ポン引き; 売春宿の主人. **2** 悪党; ごろつき.

rufianear 自他 …に売春のあっせんをする.

rufianesco, ca 形 **1** 下劣な, ならず者の. —～ 女 **1**(集合的に)ならず者たち. **2** 暗黒街.

rufo, fa 形 **1** 赤毛の, 金髪の, 頭髪が

薄茶色の. **2** 巻き毛の, 縮れ毛の.

rugby [く英] 男 〖ﾗｸﾞﾋﾞｰ〗ラグビー.

rugido 男 **1**(猛獣などの)ほえ声, うなり声; 叫び声. **2**(嵐や風の)ゴーゴーという音, うなり; とどろき. **3** 話 お腹のゴロゴロ音.

rugir [3.6] 自 **1**(猛獣が)ほえる, 咆哮(ｺﾞﾛ)する. **2** 話 大声をあげる, 大きな叫び声を発する. **3**(海や風が)うなりを発する, うなる, ほえる. **4** 話(腹が)鳴る.

rugosidad 女 **1** しわだらけであること, しわ. **2** ざらざら[ごつごつ・でこぼこ]していること.

rugoso, sa 形 **1** しわの寄った, しわだらけの. **2** ざらざらした, (表面が)粗い; でこぼこの.

ruibarbo 男 〖植物〗ダイオウ属, ダイオウの根茎.

ruido 男 〖ルイド〗男 **1** 物音, 騒音, 雑音. —hacer — 物音をたてる. **2** 騒動, 大騒ぎ, もめごと. ▶ *hacer [meter] ruido* 物議をかもす, 大騒ぎになる. *mucho ruido y pocas nueces* 〖諺〗大山鳴動してネズミ一匹; から騒動. *ruido de sables* (軍の)不穏な動き.

ruidosamente 副 **1** 大きな音[声]をたてて, 騒がしく, にぎやかに. **2** 世間あっと言わせるように.

ruidoso, sa 形 **1** 騒々しい, やかましい, うるさい. **2** 世間を騒がせる, 世間で評判の, うわさの. —acontecimiento — 世間を騒がせた出来事.

ruin 形 **1** いやしい, 下劣な. **2** けちな. **3** 小さい, 発育不全の.

ruina 女 **1** 崩壊, 荒廃, 倒壊. —El edificio amenaza —. 建物は崩壊しそうだ. **2** 複 廃墟, 遺跡. **3** 破滅, 没落. —ir a la — 破滅していく人. **4** 破産. —estar en la — 破産している. **5** 破滅, 破産の原因. —El alcohol ha sido su —. アルコールが彼の破滅の原因だった. **6** 衰えた人[物].

ruindad 女 卑劣さ, 下劣さ; 卑劣な行為.

ruinoso, sa 形 **1** 崩れかけた, 荒れ果てた, 荒廃した. —edificio — 崩壊しそうな建物. **2** 破滅的な, 破滅を招く, (経済的に)損失の大きい. —La situación de la agricultura es *ruinosa*. 農業の状況は破滅的だ.

ruiseñor 男 〖鳥類〗ナイチンゲール, さよなきどり.

Ruiz de Alarcón 固名 ルイス・デ・アラルコン(Juan〜)(1581?–1639?, メキシコ生れのスペインの劇作家).

rulero 男 〖南米〗ヘアカーラー.

ruleta 女 〖ゲーム〗ルーレット. —～ rusa ロシアンルーレット.

rulotear 自 〖メキシコ〗タクシーを運転する, (タクシーが)町を流す.

ruletero, ra 名 **1** 〖中南米〗ルーレット場の所有者[経営]者. **2**〖メキシコ〗タクシー運転手.

rulo 男 **1** ローラー; 地ならし機; 圧延機. **2**〖料理〗麺(ﾒﾝ)棒. **3** ヘアカーラー. **4** 巻き

毛, 縮れ毛.
Rumania 図名 ルーマニア (首都 Bucarest).
rumano, na 形 ルーマニア (Rumania) の, ルーマニア人[語]の. ── 名 ルーマニア人, ルーマニア出身の人. ── 男 ルーマニア語.
rumba 囡 **1**《音楽》ルンバ. **2**(フラメンコの)ルンバ(2拍子リズムの一種).
rumbeador 男《南米》道案内人, 道をよく知っている人.
rumbear 自 **1**《中南米》進んで行く. **2**《中南米》どんちゃん騒ぎをする.
rumbero, ra 形《南米》ルンバ(好き)の; お祭り好きの.
rumbo 男 **1**《航空, 海事》方向, 進路, コース. ──corregir el ～ 進路を修正する. cambiar el ～ 進路を見失う. **2**方針, やり方, 道. ──cambiar el ～ de la vida 人生の進路を変える. **3**ぜいたく, 豪勢. ──celebrar una boda con mucho ～ 豪勢に結婚式を催す.
rumboso, sa 形 **1**気前のよい, 鷹揚(紀)な, 太っ腹な. **2**豪勢な, 豪華な, 威いたくな.
rumia 囡 **1**反芻(譲う). **2**沈思, 熟考.
rumiante《動物》反芻(譲う)動物, 複反芻類. ── 形 反芻する, 反芻類[動物]の. ──animales ～s 反芻動物.
rumiar 他 **1**反芻(譲う)する. **2**熟考する, 熟慮する, 思い巡らす. **3**(不平など)ぶつぶつ言う.
rumor 男 **1**うわさ, (世間の)評判. ──circular [correr] el ～ de que... といううわさである. **2**さざやき, ざわめき. **3**(樹木・風・水などの)かさかさいう音, ざわめき音.
rumorear 他 をうわさする. ── 自 ざわめく. **── se** 自 (ある事が)うわさされている; [+que+直説法] …といううわさが流れている. ─Se rumorea que.... …といううわさだ.
rumoroso, sa 形 **1**かすかな音を立てる, さらさらいう, ざわめく. ──arroyo ～ さらさら流れる小川. **2**うわさになっている.
runa 囡《言語》ルーン文字, 北欧古代文字(古代ゲルマン人の文字).
rúnico, ca 形 ルーン文字の, ルーン文字で書かれた. ──caracteres ～s ルーン文字.
runrún 男 **1**がやがやいう声. **2**うわさ. **3**(機械などの)ぶーんという音.
runrunearse 再 さわめく, 音を立てる.
runruneo 男 **1**うわさ. **2**ざわめき.
rupestre 形 **1**(絵や彫刻が)岩に描かれた[彫られた]. ──pintura ～ 洞窟(芸)画. **2**《生物》岩に生える; 岩の上に生える. ──planta ～ 岩生植物.
rupia 囡 ルピー(インド・パキスタンなどの通貨単位).
ruptura 囡 **1**決裂, 絶交, 断交. ── de relaciones diplomáticas 国交断絶. **2**破損, 破壊; 破損箇所. **3**《医学》裂傷. **4**《軍事》突破(作戦).
rural 形 **1**地方の, 田舎の, 農村の. ──vida ～ 田舎の生活. costumbres

～es 田舎の風習. **2**粗野な, 田舎くさい.
ruralismo 男 **1**田舎生活; 田舎らしさ, 農村[田園]であること.
Rusia 囡 ロシア(首都 Moscú).
ruso, sa 形 ロシアの, ロシア出身の. ── 名 ロシア人. ── 男 ロシア語.
rusticidad 囡 **1**いなか風; 素朴, 質朴. **2**粗野, がさつさ.
rústico, ca 形 **1**田舎の, 農村の. **2**粗野な, 無骨な. ──modales ～ 粗野なふるまい. ── 名 田舎の人, 農民;《軽蔑》田舎者. **● en [a la] rústica** 仮綴(譜)じの, 柔らかい表紙の, ペーパーバックの.
ruta 囡 **1**道(筋), 道程, ルート. **1**-jacobea サンティアーゴ巡礼ルート. **2**《比喩》進路, やり方.
rutáceo, a 形《植物》ミカン科の. ── 囡《植物》ミカン科の植物; 複 (R～)ミカン科.
rutenio 男《化学》ルテニウム(元素記号 Ru).
rutero, ra 形 道路の, 行程の. **2**《メキシコ》新聞配達人.
rutilante 形 光り輝く, きらめいている, ぴかぴかする. ──estrellas ～s きらめく星々.
rutilar 自《文》輝く, きらめく.
rutilo 男《鉱物》ルチル, 金紅石.
rútilo, la 形 ＝resplandeciente.
rutina 囡 きまった仕事[手続き], 日常の仕事; (情報)ルーチン.
rutinario, ria 形 **1**決まり切った, 型どおりの, いつもながらの. ──dar su ～ paseo いつもどおりの散歩をする. **2**(人が)型にはまった, 月並の, ありきたりの.
rutinero, ra 形 **1**日常お決まりの, 習慣的な, 慣例の. ──trabajo ～ いつもの仕事. **2**(人が)慣例に忠実な; 平凡な, 並みの人. ── 名 慣例に忠実な人; 凡人.

S, s

S, s 囡 スペイン語アルファベットの第20文字.
S.(略号) **1**＝sur fem. **2**＝san(男性の聖人に)に冠….
S.A.(略号) **1**＝Sociedad Anónima 株式会社. **2**＝Su Alteza 殿下. **3**＝Sudamérica 南米.
sábado 男 [サバド] 土曜日. ──S ～ de Gloria [S ～ Santo](か) 聖土曜日(復活祭の前の土曜日).
sábalo 男《魚類》シャッド(大型のニシン).
sabana 囡《地理》(熱帯・亜熱帯の)大草原, サバンナ.
sábana 囡 **1**敷布, シーツ. **──bajera [encimera]** 敷布[上掛けシーツ]. **2**《宗教》聖壇の掛け布. ▶ *Sábana Santa*(か)キリスト埋葬のときに包んだ聖骸布. *pegarse las sábanas*《話》

寝過ごす，朝寝坊をする．

sabandija 女 **1** 虫，虫けら；小さな爬(は)虫類．**2**《話》虫けらのようなやつ，薄汚い人，卑劣な人．

sabanear 自《中南米》草原(サバナ)を歩き回る[回る]．

sabanero, ra 形名 サバンナの(人)；サバンナに住む(人).

sabanilla 女 **1**《宗教》(教会の)祭壇布．**2** 小さな布；小さなシーツ．

sabañón 男《主に〈複〉》しもやけ；《医学》凍瘡(ｿｳ)．▶**comer como un sabañón**《話》大食する，がつがつ食べる．

sabático, ca 形 土曜日の．▶**año sabático** サバティカル・イヤー，有給休暇年；《宗教》(古代ユダヤで，7年ごとの)安息年．

sabatino, na 形 土曜日の．

sabbat 男〈複～s〉**1**(ユダヤ教の)安息日．**2** サバト(魔女[魔法使い]の夜の集会)．

sabedor, dora 形〈+ de〉…を知っている，を知っている，(…について)情報を持っている．

sabelotodo 男女《単複同形》《話》知ったかぶりをする人，物知りぶる人．

saber [サベル] [17] 他 **1**〈+ 名詞〉…を知っている．分かる．〈+ 不定詞，+ que + 直説法，+ si + 直説法，+ 疑問詞 + 直説法〉…を，を知っている．—¿*Sabes* su número de teléfono? 彼の電話番号を知っているかい．No *sé* ir a tu casa. 私は君の家への行き方を知らない．*Sé que* me engañó. 私は彼が私をだましたことを知っている．No *sé si* piensa venir. 私は彼が来るのかどうか知らない．『**saber** はあることを知識[情報]として知っている，あることを技能として持っていることを表す』**2**〈+ 不定詞〉…ができる，…する能力を持つ．—La niña ya *sabe* nadar. 女児はもう泳ぎができる．自 **1** 知っている，頭が良い，博識である；〈+ de〉知っている．—No *sé* nada *de* ella desde hace diez años. 私は10年このかた彼女について何も知らない．**2**〈+ a〉味がする，気がする，(…と)感じられる．—Este pan *sabe a* queso. このパンはチーズの味がする．**3** 抜け目ない，用心深い．▶**a saber** すなわち，言い換えれば．**no saber a qué carta quedarse** 迷う，決断がつかない，どうしたらいい分からない．**no saber de la misa la media** (**mitad**)〈+ de〉《話》…について全く知らない．**no saber dónde meterse** 穴があったら入りたい，とても恥ずかしい．**no saber lo que tiene**《話》大変しあわせである；自分あるいは自分のものの価値が分かっていない．**no saber por dónde** (**se**) **anda**《話》何をやっているのか全く分からない，どうやったらいいか全然分からない．**no sé cuántos**〈+ 名詞〉何だかよく分からない…，なんのたれだれ．**no sé qué**〈+ 名詞〉何だかよく分からない…，得体の知れない…．—Pepe dice que habla *no sé qué* idioma. ペペは何とかという言語をしゃべると言っている．**no sé qué te diga**《言いよどんで》何て言っ

たらいのか．**para que sepas**《念のために》言っておくけど．**qué sé yo** [**yo qué sé**]《開き直り》私が知るものか，分かるわけないだろう；《話》よく分からないけれど．**que yo sepa** 私の知る限り．**quién sabe** どうか，知れたものではない．**saber a poco** 足りない．不充分だ．**saber estar**(人)が場所柄をわきまえる．—Ella *sabe estar*. 彼女は場所柄をわきまえてふるまう．**saber mal** 不快感を与える．すまないという思いを与える．落ち着かなくする．**sabérselas todas**《話》抜け目がない，経験豊富である．**vete a saber**/**vaya usted a saber**(まあ探ってごらんなさい）絶対分からないから．**¡y qué sé yo!** その他いろいろ．——男 **1** 知識．学問．知ること．

sabiamente 副 **1** 賢明に，思慮深く；《文修飾副詞として》賢明にも．**2** 巧みに，上手に．

sabicú 男《植物》西インド諸島原産のマメ科の高木．

sabidillo, lla 形名《軽蔑》知ったかぶりの(人)，利口ぶった(人).

sabido, da 過分 [→*saber*] 形 **1** 知られている．—*como es bien ~* よく知られているように．**2**《皮肉》博識な，学問のある．**3**(物が)いつもの．

sabiduría 女 **1** 知識，学識．**2** 分別，賢明さ，知恵．—Libro de la S~ (旧約聖書の)知恵の書．

sabiendas ▶**a sabiendas** 知っていながら，承知の上で，わざと．

sabihondo, da 形名《話》知ったかぶりをする(人)，もの知り顔の(人)，理屈屋(の).

sabina 女《植物》ビャクシン属(ヒノキ科．薬用植物).

sabino, na 形名《歴史》(古代イタリア中部の)サビニ人の(人)．——男 サビニ語．

sabio, bia [サビオ，ビア] 形 **1** 知識のある．学識のある．**2** 賢明な，分別のある；道理にかなった．—una *sabia* actitud さすがな態度．**3**(動物が)訓練された，調教された．——名 **1** 知識のある人；賢明な人．—*De ~* es mudar de opinión.《諺》君子は豹変(ﾋｮｳﾍﾝ)す．**2** 大学者，学識の豊かな人．

sabiondo, da 形名 = *sabihondo, da*

sablazo 男 **1** サーベルでの一撃；サーベルによる傷．刀傷．**2** おねだり，金の無心，借り．—*dar un* [~*s*] *a ...*(人)に金をねだる[たかる].

sable[1] 男 **1** サーベル，騎兵刀；《フェンシングの》サーブル(剣の一種)．**2**《話》他人に金をせびること；他人に金をねだる能力．

sable[2] 男《紋章》黒色．

sablear 自《話》…に金をせびる[たかる]；…にたかって生活する．

sablista 形名《話》他人にたかって生活する(人).

saboneta 女(ふたの付いた)懐中時計．

sabor [サボル] 男 **1** 味，味覚，風味．—*un helado con ~* a menta ミント味のアイスクリーム．una

bebida sin ～ 味のない(まずい)飲み物. **2** 味わい, 趣(ホネ). —Su última novela tiene un ligero ～ exótico. 彼の最新の小説は少しエキゾチックな趣がある. **3** 印象, 思い. **—dejar un ～ triste** 悲しい思いをさせる. ◆ **dejar a／c. mal sabor de boca** …に嫌な後味を残す.

saborear 他 **1** を味わう, 賞味する. **2** を楽しむ, 満喫する. — un buen libro 良書を楽しむ. **3** …に味つけをする.

saboreo 男 賞味; 満喫; 調味.

saborizante 男 風味付けの. —男 風味料.

sabotaje 男 **1** サボタージュ, 怠業. **2**(労働争議中に労働者が機械・製品などに対して故意に行う)破壊行為, 生産妨害.

saboteador, dora 形名 サボタージュの, サボタージュする(人).

sabotear 他 …にサボタージュを起こす; を故意に妨害(破壊)する.

saboyano, na 形名 《歴史》サヴォイ(フランス南東部の地方, もと公国)の(人), サヴォイ王家の(人).

sabr- 動 →**saber** [17].

sabroso, sa [サブロソ, サ] 形 **1** おいしい, 風味のある. **2** 実質的な, (内容が)充実した. —un sueldo — かなりの給料. **3** 面白い, 快い, 楽しい. —un ～ cuento 面白い話. **4** 《話》少々塩辛い.

sabrosura 女《中南米》おいしさ, 風味のある.

sabueso, sa 名《動物》ブラッドハウンド犬(=perro ～). —名 探偵, 刑事; 《皮肉》嗅ぎまわり屋.

saburra 女《医学》舌苔(セッ), 舌ごけ(胃などの食物残渣(サ)などによる)苔状物.

saburroso, sa 形《医学》(胃などの食物残渣(サ)などによる)舌状物のある.

saca[1] 女(布製の丈夫な)大袋; 郵袋.

saca[2] 女 **1** 取り出すこと, 取り除くこと, 引き抜くこと. **2**(公証人が作成して認可を得た)謄本.

sacabocado, sacabocados 男【sacabocados は単複同形】穴あけ器, 穴あけばさみ, パンチ.

sacabuche 男《音楽》サックバット(中世のトロンボーン); サックバット奏者.

sacaclavos 男【単複同形】釘抜き.

sacacorchos 男【単複同形】コルク栓抜き.

sacacuartos 男【単複同形】《話》金を無駄遣い(浪費)させるもの(活動, ビジネス).

sacada 女(国・地方自治体などの)飛び地.

sacador, dora 名《スポ》(球技の)サーバー.

sacaleches 男【単複同形】母乳の搾乳器.

sacamanchas 男【単複同形】(洗濯に使う)しみ抜き剤.

sacamanteças 男【単複同形】《話》切り裂き魔, バラバラ殺人犯.

sacamuelas 名【単複同形】《話》**1** 歯医者. **2** おしゃべりな人.

sacaperras 男【単複同形】→**sacacuartos**.

sacapuntas 男【単複同形】鉛筆削り.

sacar [サカル] [1.1] 他 **1** + a/de/por から)を取り出す; 引き出す, 抽出する; を連れ出す; (歯などを)引き抜く. —～ dinero del banco 銀行から預金を引き出す. Sacó al perro a pasear. 彼は犬を散歩に連れ出した. —～ una muela 奥歯を抜く. **2** [+a/de から]を得る, 手に入れる, 獲得する. —～ el carnet de conducir 運転免許証を取得する. **3** (入場券・切符を)買う; (当たりくじを)引き当てる, (掛け金を)獲得する; …に合格する, 合格点を取る; …の成績を取る. —～ dos entradas para un partido de fútbol サッカーの試合の入場券を2枚買う. Saqué tres sobresalientes. 私は優を3つとった. **4** [+de から]を導き出す, 引き出す, 解決する. —De esto sacamos la conclusión siguiente. このことから次の結論を得た. **5** [+de から]を救う, 救出する. **6** を作り出す, 生産する; を世に出す, 発行する;(テレビなどに)出演させる, 登場させる. —～ una fotocopia [foto] コピー[写真]をとる. **7** を見つけ出す, 探し出す. —～ defectos a los demás 他人のあらさがしをする. **8**(染みを)抜く, 除去する. —～ una mancha 染みを抜く. **9**(裁縫で上げ・詰めを)下ろす, 伸ばす. **10** を上回る, 追い越す. —Ella me saca tres años. 彼女は私より3歳年上だ. **11**(スポ)(サッカーでボールを)キックする;(テニスなどでボールを)サーブする. ◆ **sacar a bailar** …一緒に踊ろうと頼む;(話題に)を持ち出す. **sacar adelante** を養う; 育てる;(事態)を好転させる, 向上させる. **sacar a (la) luz**(作品)を発表する, …に日の目を見させる;(真実)を明るみに出す, 告白する. **sacar de sí** a …を激怒させる. **sacar en claro [en limpio]** …にはっきりした結論を出す. —～(スポ) **1** サーブする. **2**(サッカーで)キックオフする, キックする; スローインする. ◆ **se** —～ **1** を取得する. **2** [+de から](自分の身に付けている物)を取り除く. **3**(自ら)服を脱ぐ.

sacárido 男《化学》糖類, 炭水化物.

sacarífero, ra 形 砂糖を作る(含む).

sacarímetro 男 **1**《化学》検糖計. **2** ワインの糖度を計る器械.

sacarina 女《化学》サッカリン.

sacarino, na 形 砂糖の; 砂糖のような, 糖質の. **2** 糖分を含む.

sacarosa 女《化学》蔗糖(ショシ), スクロース, サッカロース.

sacerdocio 男《カト》司祭職, 聖職者の身分;【集合的に】司祭団; 聖職者たち. **2** 聖職.

sacerdotal 形(カトリックなどの)聖職者の(ような), 司祭の.

sacerdote 男 聖職者, 僧;《カト》司祭.

sacerdotisa 女《宗教》(キリスト教以

saciable 形 (欲求が)満足させ得る; (人が)簡単に満足する.

saciar 他 **1**(空腹・のどの渇きを)癒(い)す, 満腹させる. **2**(人または欲求・必要)を満足させる. (意)させる. —~ su curiosidad …の好奇心を満足させる, うんざりさせる, 飽き飽きさせる. —**se 1**〔+ con/de で〕満足する. **2**〔+ con/de で〕うんざりする, 飽き飽きする.

saciedad 女 飽満;充足, 堪能(かんのう)すること. **2**飽き飽きすること.

:saco 男 **1**袋, かばん. —~ de dormir 寝袋. **2**袋の中身, 一袋分. **3**《生物》囊(のう)(体液などをふくむ袋状のもの). **4**ゆったりとした上っ張り, スモック. **5**《中米》ジャケット. **6**略奪. —el ~ de Roma《歴史》ローマの略奪. **7**〔+ de〕(…の性質を多くのっている人もの). —~ de malicia [gracia] 悪意にみちた人[大変面白い人]. ▶echar de saco roto《話》(聞いたことが)右の耳から入って左の耳からぬける, 馬の耳に念仏. entrar a saco 略奪する. meter en el mismo saco《話》十把ひとからげにする.

sacón 男《南米》《服飾》ショートコート.

sacralización 女 神聖化(すること).

sacralizar 他 を神聖化する.

sacramentado, da 形《カト》聖化[聖別]された; (臨終にある人が)臨終の秘蹟を受けた. —Jesús ~ 聖体, 聖餐式のパン, ホスチア.

sacramental 形《宗教》《カト》(カトリックで)秘跡の; (プロテスタントで)聖礼典の; 聖餐の.

sacramentar 他《カト》(パン)を聖変化させる, 聖別する; (臨終の人)に臨終の秘跡を授ける.

:sacramento 男《宗教》《カト》秘跡(洗礼, 堅信, 聖体, 告解, 終油, 品級(ひんきゅう)叙階), 婚姻のそれぞれ). —el Santísimo S~ 聖体. —del altar 聖餐式;《宗教》聖体. ▶últimos sacramentos 死に瀕した人が受ける悔悛(かいしゅん), 聖体, 終油の秘跡. administrar [recibir] los sacramentos (死に瀕した人に)悔悛(かいしゅん), 聖体, 終油の秘跡を与える.

sacratísimo, ma 形 きわめて神聖な.

sacrificador, dora 形 犠牲をささげる, いけにえを捧(さ)げる. —男 **1**供儀者, 犠牲を払う人, いけにえを捧げる人. **2**畜殺者.

:sacrificar [1.1] 他 **1**をいけにえとして捧げる. **2**(家畜のなど)を畜殺する, 処分する. **3**(ある目的のため)を犠牲にする, 手放す. —~ la vida por la patria 祖国のために生命を犠牲にする. —**se 1**〔+ por/para のため〕自らを犠牲にする; を我慢する.

:sacrificio 男 **1**いけにえ, 捧げもの. —~ humano 人身御供(ひとみごくう). **2**犠牲をささげること. **3**畜殺; 虐殺.

sacrifiqué(-), sacrifique(-) 動 → sacrificar [1.1].

sacrilegio 男 神聖を汚(けが)すこと, 神聖冒瀆(ぼうとく)すること; 神聖冒瀆の行為.

sacrílego, ga 形 神聖を汚(けが)す, 冒瀆(ぼうとく)的な, 不敬な(人または行為). —男 冒瀆者.

sacristán, tana 名《宗教》聖具室係.

sacristía 女《宗教》(教会の)聖具室.

sacro, cra 形 **1**神聖な, 聖なる. —el S~ Imperio (Romano)《歴史》神聖ローマ帝国. **2**《解剖》仙骨(部)の. —男《解剖》仙骨 =hueso ~).

sacrosanto, ta 形 (人・場所・法律などが)きわめて神聖な, 不可侵の, 至聖の.

sacudida 女 **1**振ること; 揺れること, 震動. —~ sísmicas 地震. **2**はたくこと, たたくこと. **3**ショック, 衝撃. —~ eléctrica 電気ショック. **4**(政治などの)大変動, 激変, 動乱.

sacudidor, dora 形 揺する; はたく. —男 (掃除用具の)はたき; ふとんたたき.

sacudimiento 男 揺さぶること; たたきてほこりを落とすこと; はたきの使用.

sacudir 他 **1**を揺さぶる, 揺する, 揺り動かす. **2**をはたく, 払い落とす, ほこりを落とす. —~ la alfombra じゅうたんのほこりをはたく. **3**を叩く, 支打つ, 殴る. **4**…の心を揺さぶる, を感動させる, 驚かす. —**se 1**を払い落とす, 振り払う, 払いのける. **2**…から逃れる, を寄せつけない.

sacudón 男《中米》強く揺さぶること; 大衝撃.

sádico, ca 形 サディズム[サディスト]的な, 加虐的な. —名 サディスト.

sadismo 男 サディズム, 加虐性色欲異常; 残酷好き.

sadomasoquismo 男 サド・マゾヒズム, 加虐被虐性欲.

sadomasoquista 形男女 サド・マゾヒズムの傾向のある.

saduceo, a 形 名《宗教》サドカイ派(霊魂の不滅や復活などを信じないユダヤ教の一派)の(人).

saeta 女 **1**矢. **2**《音楽》サエタ. ◆聖週間の聖母マリアなどの行列に向かって歌われるアンダルシア地方の宗教歌.

saetazo 男 **1**矢を射ること. **2**矢による傷.

saetera 女 銃眼; 矢狭間(やざま).

saetero, ra 形 矢の. —男 **1**《音楽》サエタの歌い手. —男《歴史》(弓の)射手.

saetín 男 **1**無頭釘(くぎ), 頭部のない細釘. **2**(水車を回すための)導水溝.

safari 男 **1**(特にアフリカの)狩猟旅行, サファリ. **2**サファリ・パーク.

safena 女《解剖》伏在静脈.

saga 女《文学》**1**サガ, 北欧(王侯)伝説. **2**一族物語, 年代記.

sagacidad 女 **1**機敏さ, 抜けめのなさ, 利口さ. **2**(犬などの)嗅覚の鋭さ, 鼻がきくこと.

sagaz 形 **1**利口な, 物わかりの速い; 慧眼(けいがん)の, 洞察力のある. **2**(犬などが)嗅覚

sagita 女 《数学》矢.

sagitario 形 男女 《無変化》射手(て)座生まれの(人). ─ 男 **1**(S〜) 《天文》射手座;(十二宮の)人馬宮. **2**号の射手, 弓術家.

sagrado, da 形 **1** 聖なる, 神聖な. ─ Sagrada Familia 聖家族(キリスト, 聖母マリア, 聖ヨハネなどを描いた絵). Sagrada Escritura 聖書. **2** 侵しがたい, 畏敬すべき.
─ 男 聖域, 避難場所. ◆かつて教会の特権で犯罪者が教会内に逃げ込むと捕らえられなかったことに因る.

sagrario 男 《カト》 **1** 聖所(教会内で聖櫃(ひつ)を収めてある場所). **2**(大聖堂の中の)礼拝堂, 会堂.

sagú 男 **1**《植物》サゴヤシ. **2** サゴ. ◆サゴヤシの幹の髄からとった白い米粒状のでんぷん.

saguaipé 男《中南米》《生物》吸血, ジストマ.

saguntino, na 形 名 サグントの(人).

sah 男 シャー(王政時代のイラン王の称号).

Sahara 固名 (Desierto del 〜)サハラ砂漠(アフリカ北部の砂漠).

Sáhara, Sahara 固名 サハラ砂漠(アフリカ北部の砂漠).

saharaui 形 サハラ砂漠に旧スペイン領西サハラ)の. ─ 名 (西)サハラ砂漠の住民[出身者].

sahariana 女 《服飾》サファリ・ジャケット.

sahariano, na 形 名 サハラ砂漠の(人).

sahumador 男 香(を)をたくための容器.
sahumar [1.8] 他 …に香(を)をたきしめる.

sahumerio 男 香(を);香の煙;香をたくこと.

saín 男 **1**獣脂, 動物の脂肪. **2**(特に灯油用の)魚油.

sainete 男 《演劇》サイネーテ. ◆18世紀スペインで流行した一幕物の風俗喜劇.
sainetero, ra 名 《演劇》サイネーテ(sainete)の作家, サイネーテ作家.
sainetista 男女 → sainetero.

saíno 男 《動物》ヘソイノシシ, ペッカリー.

sajar 他 《医学》(うみ・血などを出すために)腫れたものなど)を切開する.

sajón, jona 形 名 《歴史》サクソン族[人]の.

Sajonia 固名 ザクセン(ドイツの地方).

sake, saki <日> 男 酒, 日本酒.

sal¹ [サル] 女 **1** 塩, 食卓塩. ─ 〜 común 食塩. 〜 gema 岩塩. **2** 面白さ, ウィット, 趣き. ─ la 〜 de la vida 人生の妙味. **3** いきいきとした魅力, 活発さ. **4**《化学》塩(か). **5** 複 浴用剤; 気つけ薬. ◆ **con sal y pimienta** 機知がきいて, ウィットに富んだ. **sal gorda** 粗野(を), 品のない冗談.

sal² 動 → salir [10.6].

sala 女 **1** 広間, 室, 居間. ─ 〜 de estar 居間. **2** 会場, ホール. ─ 〜 de exposiciones ショールーム. 〜 de fiestas 宴会場; ダンスホール. **3** 劇場, 映画館. ─ 〜 X ポルノ映画館. **4** 法廷, 裁判所. ◆ **sala de operaciones** 手術室(→quirófano).

salabre 男 魚取り網, たも網.

salacidad 女 好色, わいせつ, 淫乱(えん).

salacot 男《複 〜s》(熱帯地用の)日よけ帽, 防暑ヘルメット.

saladería 女 (肉の)塩漬け加工業, 塩漬け肉製造業.

saladero 男 (肉・魚の)塩漬け加工場.

saladillo, lla 形 軽く塩味の付いた.
─ 男《植物》ハマグアカザ.

salado, da 過分 ─ → salar 形 **1** 塩気のある, 塩辛い. **2** 機知に富んだ, 気のきいた, おもしろい. **3** 魅力的な, かわいらしい. **4**《中南米》不運な.

salador, dora 形 塩漬けにする. ─ 男 名 (肉の)塩漬け加工業者.

saladura 女 塩の使用, 塩漬けにすること;(食品の)塩蔵.

Salamanca 固名 サラマンカ(スペイン, カスティーリャ・レオン地方の県・県都).

salamandra 女 **1**《動物》サンショウウオ. **2** (石炭を用いる)サラマンダー・ストーブ.

salamanqueja 女《中南米》《動物》ヤモリ.

salamanqués, quesa 形 名 サラマンカ(Salamanca)の(人). ─ 女 《動物》ヤモリ.

salame, salami 男《料理》サラミソーセージ.

salar 他 **1**(保存のために肉・魚などを)塩漬けにする. **2**(料理に塩を入れる, 塩味をつける;(料理)に塩を入れすぎる. **3**《中南米》をだめにする, 台なしにする; …に不運をもたらす. ─ 男《中南米》天然塩田, 岩坑.

salarial 形 賃金の, 給料の.

salario 男 賃金, 給料. ─ 〜 base 基本給. 〜 por hora 時間給.

salaz 形 好色な, わいせつな.

salazón 女 **1**(肉・魚を)塩漬けにすること; 塩漬け加工(業). **2**複 塩漬け肉, 塩漬け魚.

salchicha 女 (豚肉の)腸詰め, ソーセージ.

salchichería 女 ソーセージ店.
salchichero, ra 名 ソーセージ販売[製造]業者.
salchichón 男《料理》太いサラミ・ソーセージ.

salcochar 他 (食べ物を)塩ゆでにする.

saldar 他 **1**を返済[完済]する, 精算する;(口座などを)しめる. **2** を安売り[投げ売り]する. **3**…に決着をつける.

saldero, ra 名 《メキシコ》 → saldista.

saldista 男女 在庫一掃セールをする商人.

saldo 男 **1** 清算, 支払い. ─ 〜 de la deuda 借金の清算. **2** 収支, 貸借勘定,

saldr- —~ acreedor [positivo] 貸方残高. ~ deudor [negativo] 借方残高. **3** 大売り出し, バーゲン. **4** はんぱ物, 残り物.

saldr- 動 →salir [10.6].

saledizo, za 形 突き出した, 出っ張った. —balcón ~ 突き出たバルコニー.

salero 男 **1** (食卓・台所用の)塩入れ, 塩つぼ. **2** 魅力, 愛嬌(きょう), 機知. —tener mucho ~ 魅力がある.

saleroso, sa 形 《話》魅力的な, 愛嬌(きょう)のある, 機知に富んだ.

salesa 形女 《S-とも綴る》《カト》聖母訪問会の(修道女).

salesiano, na 形男女 《カト》サレジオ会の(修道士[女]).

saleta 女 (王家の)控え室, 次の間.

salg- 動 →salir [10.6].

salicáceo, a 形 《植物》ヤナギ科の. —— 女 《植物》ヤナギ科の植物; 複 《S~》ヤナギ科.

salicaria 女 《植物》エゾミソハギ.

salicilato 男 《化学》サリチル酸塩, サリチル酸エステル.

salicílico, ca 形 《化学》サリチル酸の.

sálico, ca 形 《歴史》サリカ(フランク族中の)サリ支族の. —ley sálica サリカ法典.

sa|lida 女 [サリダ] [10.6] **1** 出ること, 出発, 発車. —~ internacional 国際線出発(ゲート). **2** 出口. —~ de emergencia [de incendios] 非常口. **3** (太陽など天体が)出ること, 昇ること. —~ del sol 日の出. **4** 解決策, 方法; 言い逃れ, 弁解. —No veo ninguna ~ a este problema. この問題には解決策が見あたらない. **5** おもしろい考え, 気のきいた返答. **6** 販売, 売れゆき. —tener mucha ~ よく売れる. **7** 支出. —~s y entradas 支出と収入. **8** 漏れ, はけ口. **9** (演劇)登場. **10** (競技用の)スタート, 出走. **11** (スポ)スタート. **12** (情報)アウトプット, 出力; (テレビなどの)出力端子. ▶ ***dar la salida*** 出発[スタート]の合図をする. ***salida de pie [pata] de banco/salida de tono*** へまな言動, 不適切な発言. ***tener salida a*** ...に通じている; ...に面している.

salidero 男 出口.

salidizo 男 《建築》張り出し(建物の外に張り出して造りつけた部分).

salido, da 過分 [→salir] **1** 突き出ている, 出っ張っている. **2** 《女性形のみ》(雌が)盛りのついた, 発情した.

sa|liente 形 **1** 突き出た, 出っ張った, 張り出した. **2** 目立った, 抜きんでた, 顕著な. **3** やめて行く, 退職[離任, 引退]する(予定の). **4** (太陽などが)出る, のぼる. —— 男 **1** 出っ張り, 張り出した部分, 突出部. **2** 東.

salífero, ra 形 塩分を含んだ.

salificar [1.1] 他 《化学》を塩化する. —**se** 再 《化学》塩化する.

salina 女 **1** 岩塩坑, 岩塩産地. **2** [主に 複] 塩田; 製塩所[場].

salinero, ra 形 塩田の; 製塩に関する.

—~ 名 製塩業者; 塩商人.

salinidad 女 塩分(含有率), 塩度; 塩気.

salino, na 形 塩分を含んだ; 塩気のある, 塩辛い.

sa|lir [サリル] [10.6] 自 **1** 《+ de から》出る, 外出する; 出発する; 《+ de + 名詞》(…の)出かける; 《+ a + 不定詞》(をしに)出かける. —El tren *sale* a las tres y cuarto. 列車は3時15分に発車する. —~ de compras 買物に出掛ける. ~ *de viaje* 旅行に出掛ける. ~ *a dar un paseo* 散歩に出かける. **2** (芽などが)出る, (歯などが)生える, 生じる; (答え)が出る, (問題)が解ける; (日)が出る, 昇る; 現れる, 姿を現す. —*Le ha salido un diente a la niña*. その女の子に歯が1本生えた. *No me salen las cuentas*. 私は計算が出来ない. *El sol sale a las seis*. 日の出は6時だ. **3** 《+ a に》(機会などが)やって来る, 訪れる; 《+ a に》(記憶などが)頭に浮かぶ; (くじなど)が当たる; 当選する. —*Me ha salido una buena oportunidad*. またとないチャンスが私に到来した. *No me sale su apellido*. 私は彼の姓が出て来ない. *Salió presidente por votación*. 彼は投票で議長に当選した. **4** 《+ a に》(道などに)通じる. **5** 《+ con と》デートする, 付き合う, 交際する. **6** 《+ en に》(写真に)写る; (新聞などに)出る. —¡*Qué bien has salido en esa foto!* その写真で君は何とよく映っていることか. **7** (新聞・雑誌などが)出る, 発行される. **8** 出る張る, 突き出ている; 目立つ. **9** 《+ de から》辞める, 脱退する; 脱する, 抜け出す; 越える, 逸脱する; 外れる. —~ *de un partido* 脱党[離党]する. **10** (染みが)消える. **11** 《+ de から》作られる, 出来る. **12** 《+ a/por に》値段が...になる, かかる. —*Cada plato sale a dos euros*. 皿1枚は2ユーロである. **13** 《+ 名詞/形容詞》(結果として)...になる. —*Todas sus hijas han salido muy guapas*. 彼の娘たちは皆大変な美人になった. **14** 《+ con と》(意外なこと・突然なことを)言い出す, しでかす. **15** 《+ con と》やり遂げる, 達成する. —~ *con el propósito de* 目的を達成する. **16** 《+ a に》似る. —*Esta niña ha salido a su padre*. この女の子は父親に似ている. **17** 《+ por を》保証または...の味方する. ▶ ***a lo que salga/salga lo que salga*** 《話》考えなしに, 当てずっぽうに. ***salir adelante*** 難関を切り抜ける. ***salir*LE *caro*...《行動・行為が》...に高くつく. ***salir bien [mal]*** うまく行く[行かない], 成功[失敗]する. ***salir pitando*** 大急ぎで飛び出す[走り出す]. —**se** 再 **1** 漏れる, 溢れ出る. **2** あふれる; 吹きこぼれる. **3** (はじなどが)抜ける, 外れる. —*Se ha salido el tornillo*. ねじがとれた. **4** 《+ de から》抜け出す, 脱退する. **5** 《+ de から》(規範・常軌などから)外れる, そいれる, 逸脱する. ***salirse con la suya*** 思った通りにやる, 我意を通す.

salitero, ra 形 硝石の. —— 名 硝

salitral 男 硝石工. — 女 硝石層.

salitre 男 硝石床.

salitre 男 【化学】硝石, 硝酸カリウム.

saliva 女 唾液(だ), つば. **~ gastar saliva** (説得などしようとして)無駄に話す. **tragar saliva** (怒りなどの)感情を抑える, がまんする.

salivación 女 1 つば[よだれ]を出すこと, 唾液(だ)分泌. 2【医学】唾液過多, 流涎(りゅうぜん)(症).

salivadera 女 《南米》痰壺(たんつぼ).

salival 形 つばの, 唾液の.

salivar 自 1 唾液を分泌する, つばを出す. 2 つばを吐く.

salivazo 男 (吐き出した)つば; つばを吐くこと.

salivera 女 《主に 複》(馬具の)馬銜(はみ)につける数珠玉.

salmantino, na 形名 サラマンカ (Salamanca)の(人).

salmer 男 【建築】弓形迫持の台石.

salmista 男 詩編の作者[作曲者]; 詩編詠唱者; 賛美歌を歌う人.

salmo 男 1 聖歌, 賛美歌. 2 (S~)《聖書》(旧約聖書の)詩編.

salmodia 女 1 聖歌詠唱; 詩編朗唱. 2《話》単調な(変化のない, 退屈な)歌.

salmodiar 自 聖歌[賛美歌]を歌う; 詩編を詠唱する. — 他《詩·歌など》を単調な調子で読む[歌う].

salmón 男 1【魚類】サケ, 鮭. 2 ~ ahumado スモーク·サーモン. 2 サーモンピンク.

salmonado, da 形 サケに似ている; サーモンピンク(色)の.

salmonela, salmonella 女 サルモネラ菌.

salmonelosis 女【単複同形】【医学】サルモネラ感染症.

salmonete 男【魚類】ヒメジ.

salmónidos 男複【魚類】サケ科.

salmorejo 男【料理】サルモレホ(ピューレ状に仕上げたトマトの冷製スープ).

salmuera 女 1 飽和状態の塩水; 鹹水(かんすい). 2 (塩漬けに用いる)塩水, 漬け汁, (塩漬けから出る)汁.

salobral 形 塩分を含んだ, 塩辛い. — 男 塩分を含んだ土地.

salobre 形 (自然の状態で)塩分を含んでいる; 塩気のある.

salobridad 女 塩分(を含んでいること); 塩気; 塩味.

saloma 女 (共同作業をしながら歌う)仕事歌, 労働歌.

Salomón 男 1《聖書》ソロモン(前10世紀のイスラエルの王). 2 (Islas ~)ソロモン諸島(首都 Honiara).

salomónico, ca 形 ソロモン王 (el rey Salomón)の(ような); 思慮分別のある, 賢明な. **— decisión salomónica** 賢明な決断. **● columna salomónica**【建築】らせん状の飾りのついた円柱.

salón [サロン] 男 1 居間, 客間. 2 大広間, 集会室, ホール. **~ de belleza** 美容院. **~ de juegos** ゲームセンター. **~ de pintura** 画廊. **~ de masaje** マッサージ店. **~ de actos** 講堂. 3 展示(場). — **~ de muestras** [exposiciones] ショールーム. 4 【俗】社交界, サロン(名士の集まり). **● de salón** 通俗的な, 軽薄な.

saloncillo 男 (劇場·レストランなどの)特別室, 小広間.

salpicadera 女《メキシコ》泥よけ.

salpicadero 男 1 (自動車·飛行機などの)計器盤, ダッシュボード. 2 (馬車の)泥よけ.

salpicadura 女 1 (水·泥などが)跳ねかかること, (水·泥などを)跳ねかける[跳ねかす]こと. 2 複 飛び散り, (飛び散ったものの)染み, 斑点. 3 複 巻き添え, はじけ火.

salpicar [1.1] 他 1 [+ de/con で] …に跳ねかける, 跳ね散らす. 2 振りまく, まき散らす. — **~ agua sobre el suelo** 地面に水をまく. 2 をちりばめる. 3 [+ de/con で] …に振りまく, 交える; をちりばめる. — **la mesa con rosas** テーブルの上にバラの花を散らす.

salpicón 男 1 飛び散り, (水·泥などの)跳ね上げ; (跳ね上げでついた)染み. 2【料理】サルピコン. ● 肉·魚などを刻んで塩やこしょう·ドレッシングで味つけしたサラダ. 3 切り刻んだもの, 細かく砕いたもの.

salpimentar [4.1] 他 1【料理】に塩コショウで味をつける. 2 [+con で] …に趣を添える, 味わいをつける.

salpresar 他【料理】を塩漬けにする.

salpullido 男【医学】発疹(ほっしん), 蕁麻疹(じんましん). 2 虫さされ跡; はれもの.

salsa 女 1 【料理】ソース; 肉汁, ドレッシング. **~ tártara** タルタル·ソース. **~ vinagreta** フレンチ·ドレッシング. 2 おもしろみ, 刺激にするもの. 3【音楽, 舞踊】サルサ(キューバ系ラテン音楽·ダンス). ● **en su propia salsa** 本領を発揮して, 気楽に.

salsera 女 ソース入れ.

salsero, ra 形【音楽, 舞踊】サルサの.

saltador, dora 形 跳びはねる, 飛ぶ. — 名 《スポ》(スキー·陸上の)ジャンプ競技の選手. **~** (縄跳びの)縄.

saltadura 女 (石などの表面の)欠けた跡.

saltamontes 男【単複同形】(虫類)バッタ, イナゴ.

saltaojos 男【単複同形】【植物】ボタン; シャクヤク.

saltar [サルタル] 自 1 跳ぶ, 跳躍する. 2 飛び降りる, 降り立つ. **— ~ en paracaídas** パラシュートで降下する. 3 [+ sobre で] 飛びかかる, 襲いかかる. **~** [+ a] (場所に)飛び出す, 登場する. 4 (物が)跳ねる, 飛び出す; 爆発する; 砕け散る, 四散する. 5 激しく怒り出す, 怒りの頂に至る. 6 [+ con] (意外な·突飛なことを)言いだす[しだす]. 7 突然鳴り出し, 作動する. — **la alarma** 警報が鳴り出す. 8 急により高い地位につく; 突然とんでもない場所へ移る. — 他 1 を跳ぶ, 跳び越える. **— ~ una zanja de dos metros** 幅

2m の溝を跳び越える. **2** を読み[書き]とばす[落とす]. **— se** 再 **1** 跳び越える. **2** を読み[書き]とばす[落とす]. —*Me salté* una página. 私は1ページ読みとばした. **3** …に違反する, を破る. —*Se ha saltado* un semáforo. 彼は信号を無視した. ▸ ***andar [estar] a la que salta*** 好機を待ち構える; 他人のすきをうかがう. ***hacer saltar a...*** …を解雇する; 怒らせる. ***saltar a la vista [a los ojos]*** 見え見えである, 明々白々である. ***saltar por los aires [en pedazos]*** 爆発する; (ことが)だめになる. ***saltarse a la torera*** (規則など)を無視する.

saltarín, rina 形 《話》 **1** (人が)落ち着かない, 絶えず忙しく動き回っている, そわそわした. **2** よく跳びはねる, 踊る, 舞う. **—** 名 《話》 **1** 落ち着かない人. **2** 踊り手, ダンサー.

salteador, dora 名 追いはぎ (=〜 de caminos).

saltear 他 **1** …に襲いかかる; (人から)を強奪する, 略奪する. **2** をとばす, とびとびにする. **3** 《料理》をソテーにする. **4** を出し抜く, …の先手を打つ.

salterio 男 **1** 《宗教》(旧約聖書の)詩編, 詩編集, 詩編入り典礼書; 聖務日課書の詩編部分. **2** 《音楽》プサルテリウム.

saltimbanqui 男女 (旅回りの)曲芸師, 軽業師.

salto** 男 **1** 飛び上がること, 跳躍. —dar [pegar] un 〜 飛び上がる. de un 〜 ひと飛びで. dar 〜*s* de alegría 小躍りして喜ぶ. **2** 《スポ》ジャンプ, 跳躍, ダイビング. —〜 de altura 走り高飛び. 〜 de goma バンジージャンプ. 〜 de longitud 幅飛び. 〜 de [con] pértiga 飛び板飛び込み. 〜 mortal とんぼ返り, 宙返り. triple 〜 三段飛び. 〜 con paracaídas スカイダイビング. **3** (2つの物の間の)へだたり, 推移. —Entre estos dos acontecimientos hay un 〜 de diez años. この2つの出来事の間には10年の開きがある. **4** 急変, 急転. **5** (文章の)省略部分, 空白; 落丁. **6** (はげしい)鼓動, 動悸. —Al abrir la carta, me dio 〜*s* el corazón. その手紙を開けるとき私は心臓がドキドキした. **7** 滝 (=〜 de agua), 断崖, 絶壁. ▸ ***a salto de mata すばやく(逃れる); ゆきあたりばったりに, その日暮らしに. ***a saltos*** とばしとばし, 思い出したように; 跳びはねて. ***de [en] un salto*** すぐさま; 一飛びで. ***salto atrás*** 後戻り. ***salto de cama*** 《服飾》ガウン.

saltón, tona 形 **1** (目・前歯などが)出た, 突き出た. —ojos 〜*es* 出目. dientes 〜*es* 出っ歯. **2** 跳びはねる. **—** 男 《虫類》バッタ, イナゴ.

salubre 形 健康的な, 健康に良い.

salubridad 女 **1** 健康であること; (気候などが)健康に良いこと. **2** (統計による)公衆衛生状態.

****salud** [サル] 女 **1** 健康(状態), (体の)調子. —estar bien [mal] de 〜 元気である[調子が悪い]. tener poca 〜 調子が良くない. **2** 福利, 福祉; 活力. ▸ ***curarse en salud*** 対策を講じる. **—** 間 **1** 乾杯. —¡Salud! 乾杯. ¡A la salud de todos! 皆の健康を祝して乾杯. **2** (くしゃみをした人に向って)お大事に.

saluda 男 (無署名の簡単な)挨拶状, 通知.

***saludable** 形 **1** 健康な, 元気そうな; 健康によい. —aire fresco y 〜 新鮮で健康的な空気. **2** ためになる, 有益な.

****saludar** [サルダル] 他 [+a に] **1** 挨拶する; 敬礼する; よろしくと言う. —*Saluda a* tus padres de mi parte. 君の両親に私からよろしくと伝えてくれ. **2** (物事)を歓迎する. **— se** 再 挨拶を交わす.

****saludo** [サルド] 男 **1** 挨拶, 会釈, おじぎ. **2** よろしくとの伝言, (手紙の結びの文句)敬具, 草々. —un afectuoso 〜 [un 〜 cordial] 敬具. ¡*S*〜*s* a todos! 皆さんによろしく. **3** 《軍事》敬礼.

salutación 女 あいさつ, あいさつの言葉[仕方]. ▸ ***la Salutación angélica*** 《カト》天使祝詞, アベマリア.

salutífero, ra 形 **1** 健康に良い, 健康的な. **2** 有益な, 健全な.

salva 女 **1** (拍手などの)あらし, 一斉に起こる喝采(かっさい). **2** 《軍事》礼砲, 祝砲; 敬礼.

salvabarros 男 〖単複同形〗 (自動車・自転車などの)泥よけ.

salvación** 女 **1** 救出, 救助. **2** 《宗教》救い, 救済. ▸ ***tabla de salvación →tabla.

salvado 男 (穀物の)ふすま, ぬか.

Salvador 固名 《男性名》サルバドール.

***salvador, dora** 形 救いとなる, 救いの. **—** 名 救済者, 救い手. **—** 男 (El *S*〜)救い主, イエス・キリスト.

***salvadoreño, ña** 形名 エル・サルバドル(El Salvador)の(人).

salvaguarda 女 →salvaguardia.

salvaguardar 他 を保護する, 守る; 護衛する.

salvaguardia 女 **1** 通行[入構, 入国]許可証, 安全通行証. **2** 保護, 擁護; 防御.

salvajada 女 残忍な行為, 乱暴(な言行), 蛮行.

***salvaje** 形 **1** 野蛮な, 未開の; 粗野な. **2** 野性の. **—** 男女 **1** 未開人, 野蛮人. **2** 粗野な人, 不作法者.

salvajería 女 →salvajada.

salvajina 女 野生動物; 猛獣.

salvajismo 男 **1** 野蛮さ, 残忍; 未開の状態. **2** 残忍な行為, 蛮行.

salvamanteles 男 〖単複同形〗 なべ敷き, テーブルマット.

salvamento 男 救助, 救出(活動). —〜 y socorrismo 人命救助, ライフセービング.

salvapantalla, salvapantallas 男 《情報》スクリーンセイバー.

S

salvar [サルバル] 他 1 《+ de から》 を救う, 救助する. 2 《キリスト教》 を救う, …の罪を許す. 3 を避ける, 回避する. 4 を除外する, 考慮しない. 5 を走破する, 踏破する. 6 を克服する, 乗り越える. 7 《スポ》(走り高跳び・棒高跳びのバーを)越える. 8 《文書の修正部分を》有効であると注記する. ── se 再 1 《+ de を》 免れる, (…から)助かる, 命拾いする. 2 《宗教》救済される. ▶ sálvese quien pueda 全員退避.

salvavidas 男《単複同形》 1 救命具; 浮き袋, 浮き輪. 2《名詞の後について形容詞的に》救命用の. ─chaleco ─ 救命胴衣.

salve 間 《詩》《挨拶で》 どうも, ごきげんよう. ── 女 聖母交唱.

salvedad 女 条件, ただし書き; 留保. ─con la ─ de ... ...という条件で.

salvia 女 《植物》サルビア, 薬用サルビア.

salvilla 女 《コップなどをはめるくぼみのついた》盆, トレー.

salvo, va [サルボ, バ] 形 安全な, 危険のない. ▶ a salvo 《+ de 《危険》から》 無事に, 無傷で, 安全に. dejar a salvo を除外する, 別にする. en salvo 安全に, 無事に. poner a salvo を安全な場所に置く. ponerse a salvo 安全な場所に身を置く. sano y salvo 無事な, つつがない, 変わりない. ── 前 を除いて(は), …以外は, …を除けば. ── casos en que ...する場合を除いて. ▶ salvo que 《+ 接続法》/ salvo si 《+ 直説法》 ...しない限り. salvo que 《+ 直説法》 ...であることを除けば.

salvoconducto 男 《特に戦時の特定地区の》安全通行券, 通行許可証.

samán 男 《植物》サマン (熱帯アメリカ産の巨木).

sámara 女 《植物》翼果.

samario 男 《化学》サマリウム.

samaritano, na 形名 《歴史》サマリア (Samaria) の.

samba 女 《音楽, 舞踊》サンバ (ブラジルの民族舞曲・舞踊).

sambenito 男 1 汚名, 悪評; 不名誉. 2 《歴史》囚衣. 3 《歴史》教会の戸口に掲げられた悔悟者の名と科を書いた板.

samnita 形男女 《歴史》 サムニウム (Samnio, 古代イタリアの国)の(人).

Samoa 固名 サモア独立国(首都 Apia, 旧称西サモア).

samoano, na 形 1 サモア (Samoa) (出身)の. 2 サモア語の. ── 名 サモア人. ── 男 サモア語.

samovar 男 サモワール (ロシア風の湯沸かし器).

samoyedo, da 形名 《シベリア北西部の》サモエード族の(人). ── 男 サモエード語.

sampán 《中/国》男 サンパン.

Samuel 固名 《男性名》サムエル.

samurái 《日/国》男 《日本の》さむらい,

武士.

San 形 《santo の語尾消失形》《男性の個人名の前に置いて》聖…. ─ San Pedro 聖ペテロ.

sanador, dora 形名 治療する(人).

sanalotodo 男 万能薬.

sanamente 副 1 健全に, 健康的に. 2 誠実に, 心から.

sanar 他 《病気・傷・病人》を治し, 治療する. 回復させる. ── 自 《病気・傷》が治る, 直る; 《病人》が回復する.

sanativo, va 形 治療の; 治療に有効な.

sanatorio 男 サナトリウム, (長期の)療養所, 診療所.

Sancho 固名男 1 サンチョ(男子名). 2 サンチョ・パンサ (Sancho Panza, ドン・キホーテの従者). 3 サンチョ3世大王. ♦ Sancho Ⅲ (Tercero), el Mayor, ナバーラ王, 在位 1000-35.

sanchopancesco, ca 形 《文学》サンチョ・パンサのような, 実際的な.

sanción 女 1 《法律》 (違反者・国際法違反国に対する)制裁, 処罰. ─poner una ─ 制裁を加える. sanciones económicas 経済制裁. 2 承認, 許可; 《法律》批准.

sancionable 形 1 罰しうる; 制裁に値する, 処罰すべき. 2 承認[認可]しうる.

sancionador, dora 形 処罰する.

sancionar 他 1 《法律》を処罰する, ...に制裁を加える. 2 を承認する, 認可する; 《法律》を批准する.

sancochar 他 《料理》を半ゆでで[半煮え]にする; (下ごしらえなどのために)あらかじめ固めにゆでておく.

sancocho 男 1《中南米》《料理》サンコーチョ. 2 生煮えの料理.

San Cristóbal y Nieves 固名 セントクリストファー・ネイビス (首都 Basseterre).

sanctasanctórum 男《単複同形》 1 《宗教》(ユダヤ教の)至聖所. 2 最も神聖な場所, 聖域.

sanctus 形 《単複同形》《カト》サンクトゥス. ♦ ミサの式文のひとつ.

sandalia 女 サンダル.

sándalo 男 《植物》ビャクダン.

sandez 女 《複 sandeces》 ばかげたこと.

sandía 女 《植物》スイカ.

sandial 男 スイカ畑.

sandinismo 男 サンディニズム (ニカラグアの革命運動).

sandinista 形男女 サンディニスタ(の); ニカラグアの民族解放戦線支持者(の).

sandio, dia 形 《話》ばかな(人), 愚かな(人).

Sandra 固名 《女性名》サンドラ.

sandunga 女 1《話》《複 -g[ġ]as》 魅力; 機知. 2《中南米》 大宴会, お祭り騒ぎ. 3《舞踊》サンドゥンガ (メキシコの民族舞踊).

sandunguero, ra 形名 魅力的な(人), 愛嬌[ǎa]のある(人), 機知に富んだ

(人).

sandwich <英> 男 《複》—(e)s 《料理》サンドイッチ.

saneado, da [過分] [→sanear] 形 1 (財政・収入・地位などが)安定した. 2 (財産などが)免税の, 税金がかからない.

saneamiento 男 1 (経済の)再編成, (財政の)再建, (通貨の)安定化. 2 衛生にすること, 浄化; 衛生設備.

sanear 他 1 (経済状態・財政)を再建する, 立て直す; (通貨)を安定させる. 2 (土地・家など)の衛生状態を良くする. 3 を修理する.

sanedrín 男 《歴史》サンヘドリン. ◆ローマ統治時代, エルサレムにあったユダヤ人の最高自治機関.

sanfermines 男 サンフェルミン祭. ◆スペインのパンプローナで行なわれる祭, 牛追いで有名(7月7日から14日).

sangradera 女 1《医学》ランセット(外科用の両刃のメス). 2《人工》水路, 放水路; 灌漑(かんがい)用水路. 3《漁山(りょうざん)》治療の際の血受け用.

sangrado 男 《印刷》インデント(文字の字下げ).

sangrador 男 1 瀉血(しゃけつ)師. 2 放水口; 注血口.

sangradura 女 1 肘(ひじ)の内側. 2《医学》放血, 瀉血(しゃけつ); (放血のための)血管切開. 3 排水口, 放水口.

sangrante 形 1 出血している; 血だらけの. 2 ひどい, 極悪の; 血の出るような, 厳しい.

sangrar 他 1 …から血を抜き取る, 瀉血(しゃけつ)する, 刺絡(しらく)する. 2 を排水する; (木)に切り口をつけて樹脂を取る. 3 (人)を苦しめる. 4《話》(人)から金を搾り取る. 5《印刷》(文側)の字下げする. ― 自 1 出血する. 2 (精神的に)痛む.

sangre [サングレ] 女 1 血, 血液. ― ◇ roja [arterial] 動脈血. ~ negra [venosa] 静脈血. donar ~ 献血をする. 2 血統, 血筋; 家柄. ~ azul 貴族の家柄. un caballo de pura ~ 血統の良い馬. 3 気質, 性質. 4 流血, 殺戮. ▶ a sangre fría あわてず冷静に, 平然として; 冷酷に. a sangre y fuego 情け容赦なく; 譲らず. bullirle a...la sangre …の血が騒ぐ, 血気にはやる. chupar la sangre a... (人)を搾取する, こき使う. correr sangre (けんかなどで)負[死]傷者が出る. de sangre caliente [fría] 《動物》温血[冷血]の; (人が)かっとなる[冷静な]. encenderLE [alterarLE, freírLE, quemarLE] la sangre (人)をいらだたせる, 怒らせる. hacer [hacerse] sangre …に血の出る軽傷を負わせる[血の出る軽傷を負う]. hacerse mala sangre 《話》苦しむ. lavar con sangre (侮辱などに)血でそそぐ, 血で血を洗う復讐をする. llevar... en la sangre 生まれつき…の素質を持つ. mala sangre → malasangre. no llegar la sangre al río (争いなどが)大事に至らない. sangre de horchata 《話》物に動じない冷

静な性格. *sangre ligera* 《中南米》感じのいい人, 人見知りをしない人. *subírsele la sangre a la cabeza* かっとなる, 頭に血が上る. *sudar sangre* 《話》多くの苦労をする, 辛酸をなめる.

sangría 女 1 サングリア(赤ワインをベースにして砂糖, 炭酸水, レモン, オレンジなどの果物を加えた冷たい飲み物). 2《医学》血抜き, 瀉血(しゃけつ). 3《解剖》肘(ひじ)の内側. 4 流出, 出費. 5 (樹液を採るために樹皮につけた)切り口; 排水路. 6《印刷》(段落の1行目の)字下げ, インデント.

sangriento, ta 形 1 出血している, 血まみれの. 2 血みどろの, 流血の. 3 残酷な, 痛烈な.

sangrón, grona 形 《メキシコ》無礼な, ずうずうしい.

sanguijuela 女 1《動物》ヒル(蛭). 2 人から金銭を搾り取る者, たかり屋.

sanguina 女 1 赤のクレヨン[コンテ](で描いたデッサン). 2《植物》チミカン, ブラッドオレンジ(=naranja ~).

sanguinario, ria 形 残酷な, 残虐な, 血に飢えた. ― 女《鉱物》血石, ブラッドストーン.

sanguíneo, a 形 1 血の, 血液の. 2 血液を含んだ. ―grupo ~ 血液型. 2 血の色をした, 血紅色の. 3 (人が)多血質の; 血の気が多い, 短気な.

sanguino, na 形 1 血の, 血液の. 2 (オレンジの)果肉が赤い. ― 男《植物》クロウメモドキ属の植物.

sanguinolencia 女 出血(していること); 血まみれ(の状態).

sanguinolento, ta 形 出血している; 血まみれの; 充血した.

sanguis 男 《単複同形》《カト》キリストの血となったブドウ酒.

sanidad 女 1 衛生, 公衆衛生; 保健. ― ~ pública 公衆衛生, 公衆保健, 健全.

sanitario, ria 形 1《公衆》衛生の, 衛生上の. ― 男 (トイレ・浴室などの)衛生設備. ― 名 保健士, 衛生兵の職員.

sanjacobo 男 ハムとチーズのカツ.

sanjuanada 女 サン・ファン (San Juan, 聖ヨハネ)祭(6月24日).

San Juan de la Cruz 固名 サン・フアン・デ・ラ・クルス(1542-1591, スペインの宗教家・詩人).

San Marino 固名 サンマリノ(イタリア半島の小国).

San Martín 固名 サン・マルティン (José de ~)(1778-1850, ラテンアメリカ独立運動の指導者).

sanmartín 男 サン・マルティン祭(11月11日)のころ. ―llegarLE [venirLE] a 〔+人〕 su ~ 《話》…にもいつか苦しみの日が訪れる.

sano, na [サノ, ナ] 形 1 健康な, 元気な. ―Alma (Mente) *sana en cuerpo* ~. 《諺》健全なる精神は健全なる肉体に宿る. 2 健康によい, 健康な. 3 健全な, 正常な. 4 無傷の, 傷んでない. ―una pera *sana* 傷んでいないナシ. 5 堅実な, 誠実な. ―politica financiera *sana* 堅実な財政政策. ▶ *cortar por lo sano* 思いきった策をとる. *sano y salvo* 無事に, つつがなく.

San Peterburgo 固名 サンクトペテルブルグ(旧名レニングラード).

San Salvador 固名 **1**(エルサルバドルの首都). **2** サン・サルバドル島(西インド諸島の島).

sánscrito, ta 形男 サンスクリット(の), 梵語(ボン)(の).

sanseacabó 男 《話》〖主に y sanse-acabó の形で〗それで《話》おしまい, これ以上何も言うことはない.

sansón 男 怪力の男.

santa 女 聖女; 聖女のような人.

Santa Anna 固名 サンタアナ(Antonio López de ~)(1791-1876, メキシコの大統領, 在任 1833-55).

santabárbara 女 《軍事》(軍艦の)弾薬庫, 火薬庫.

Santa Cruz de Tenerife 固名 サンタ・クルス・デ・テネリーフェ(スペイン, カナリア自治州の州都の1つ, テネリーフェ島にある).

Santa Lucía 固名 セントルシア(首都 Castries).

Santander 固名 サンタンデール(スペイン, カンタブリア自治州の州都; コロンビアの県).

santanderino, na 形 サンタンデール (Santander, スペイン北部の都市)の(人).

santateresa 女 《虫類》カマキリ.

Santa Teresa de Ávila 固名 (聖)テレサ(1515-82, スペインのカトリック修道女).

Santelmo 男 —fuego de ~ セントエルモの火. ◆船のマストに現れるコロナの放電現象.

santería 女 **1** 偶像崇拝; (宗教的)盲信. **2**〖中南米〗サンテリーア(アフリカ起源の宗教にキリスト教が混交した民間信仰). **3**〖中南米〗聖人像[聖人画, 聖具]店.

santero, ra 形 **1** 偶像を崇拝する, 聖人像を過度に崇拝(メ)する. —— 名 **1** 聖堂[修道院]の管理人. **2** 聖人像を持って家から家へと施しを求めて歩く人. **3**〖中南米〗(病気などを治す)祈禱(トゥ)師.

Santiago 固名 **1**(~ el Mayor)(聖書)(聖)大ヤコブ(十二使徒の一人, スペインの守護聖人, 祝日は7月25日). **2**(男性名)サンティアゴ.

Santiago de Chile 固名 サンティアーゴ・デ・チレ(チリの首都).

Santiago de Compostela 固名 サンティアーゴ・デ・コンポステーラ(スペイン, ガリシア地方の首都, 中世以来の聖地).

Santiago el Mayor 固名 (聖書)(聖)大ヤコブ(十二使徒の一人, 祝日は7月25日).

santiagueño, ña 形名 サンティアーゴ・デル・エステーロ (Santiago del Estero)の(人).

santiaguero, ra 形名 サンティアーゴ・デ・クーバ (Santiago de Cuba)の(人).

santiagués, guesa 形名 サンティアーゴ・デ・コンポステーラ (Santiago de Compostela)の(人).

santiaguino, na 形名 サンティアーゴ・デ・チレ (Santiago de Chile)の(人).

santiaguista 形 聖ヤコブ騎士団 (la orden militar de Santiago, 12世紀末に結成された僧兵団)の(僧兵).

santiamén ▶ *en un santiamén* 《話》一瞬に, たちまち, またたく間に.

santidad 女 神聖(であること), (聖人のような)聖潔. ▶ *Su Santidad* (ローマ教皇)に対する尊称聖下.

santificable 形 《宗教》神聖にしうる; 聖別すべき; 列聖に値する.

santificación 女 《宗教》**1** 神聖化, 聖なるものとすること, 聖別(マ)めること, 聖別(式). **2** 列聖[聖人の列に加えること.

santificar [1.1] 他 《カト》**1** 聖者の列に加える, 神に捧げる, 聖なるものとしたたえる.

santiguar [1.4] 他 …に対して十字を切る; を十字を切って祝福する. —— se **1**(自分に)十字を切る. **2**《話》びっくり仰天する; びっくりして十字を切る.

santimonia 女 《植物》アラゲシュンギク, カタクチギク.

***santísimo, ma**〖santo の絶対最上級〗とても神聖な. —la Virgen *Santísima* 聖母マリア. S~ Padre ローマ教皇. —— 男 《カト》(el S~)聖体.

santo, ta [サント, タ] 形 **1** 聖なる, 神聖な. tierra *santa* 墓地. Espíritu S~ 聖霊. **2** 聖…〖女性の聖人名と, 男性の聖人名でも Domingo, Tomás, Toribio の前につける. その他の男性の聖人名の前は San になる〗. **3** 聖…〖復活祭前の一週間とその各曜日と一緒には〗. —*Semana Santa* 聖週間. **4** 敬虔な, 信心深い, 聖人のような. **5** とてもよく, よく効く. —*medicina santa* とてもよく効く薬. **6**《話》名詞の意味を強調. —*Pasé todo el ~ día metido en casa*. 私はまる一日家に閉じ籠もっていた. —— 名 **1** 聖人, 聖者(カトリック教会に聖人と認められた人). **2** 忍耐強く徳のある人, 聖人のような人. —— 男 **1**《カト》聖人の日; 聖名(洗礼名の元となった聖人の日を祝う習慣がある). **2** 聖人の像(絵). 〖主に 複数〗聖像 挿絵. ▶ *alzarse [cargar] con el santo y la limosna* 人の物までごっそり持ち去る. *¿a qué santo?/¿a santo de qué?*《話》一体どうして, *desnudar un santo para vestir a otro*《話》あることを調整するために借金を苦にしてくる; 借金を借金で返す. *¡Dios santo! / ¡Santo Dios! / ¡Vírgen santa!*(驚き・賞讃などの感嘆)わあ, あら, すごい. *írsele el santo al cielo*《話》ばったりと忘れる. *llegar y besar el santo*《話》一瞬にして目的を達成する. *no ser santo de la devoción de uno*《話》一瞬にして目的を達成する. *no ser santo de la devoción de uno*《話》好きになれない; 虫が好かない. *¡Por todos los santos (del cielo)!* お願いだから, 後生だから. *quedarse para vestir santos*

(女性が)ずっと独身のままでいる. *santo y seña* 合言葉.

santón 男 1 (キリスト教以外, 特にイスラム教の)行者, 隠者. 2 【話】(影響力を持つ)大物, ボス(しばしば皮肉, 軽蔑(ﾍﾞﾂ)の意味がこもる). 3 《俗》偽善者, えせ信心家.

santoral 男 〔カト〕 1 聖人伝. 2 聖人の祝日表. 3 聖人の聖務日課等集(典礼文集).

Santo Tomé y Príncipe 固名 サントメ=プリンシペ(公式名 República Democrática de Santo Tomé y Príncipe, 首都 Santo Tomé).

†**santuario** 男 〔宗教〕神聖な場所, (神殿・寺院などの)聖域, 聖地.

santurrón, rrona 形 1 信心に凝り固まった, 過度に信心深い. 2 信心家ぶった, 殊勝ぶった. ― 名 1 信心に凝り固まった人. 2 えせ信心家, 偽善者.

San Vicente y Granadinas 固名 セントビンセント=グレナディーン(首都 Kingstown).

saña 女 1 (攻撃・非難などの)執拗(ｼﾂﾖｳ)さ, 激しさ, 容赦のなさ. 2 怒り, 激怒.

sañudo, da 形 1 激怒した, 怒り狂った; 怒りっぽい. 2 (攻撃・非難などが)執拗な, 容赦ない, 残忍な.

sapear 他 《南米》をじろじろ眺める; 《話》こっそり監視する.

sapidez 女 味わい, 風味(のあること).

sápido, da 形 味わい[風味]のある.

sapiencia 女 〔文〕 1 知恵, 賢さ, 英知. 2 知識, 学識.

sapiencial 形 〔文〕知恵に関する. **—libros ～es** 〔旧約聖書中の〕知恵の書.

sapiente 形 賢い, 知恵のある; 学問[学識]のある.

sapientísimo, ma 形 〔sapiente, sabio の絶対最上級〕 とても博学な.

sapindáceo, a 形 〔植物〕ムクロジ科の. ― 女 ムクロジ科の植物; 複(S～)ムクロジ科.

sapino 男 〔植物〕モミの木.

‡**sapo** 男 1 【動物】ヒキガエル. 2 (名前のわからない, とくに水中の)虫, 小動物. ► *echar [soltar] (por la boca) sapos y culebras* 【話】どなりちらす, 悪態をつく.

saponáceo, a 形 〔化学〕せっけん質の, せっけんの(ような).

saponificar [1.1] 他 〔化学〕を鹼化(ｶﾝｶ)する, せっけんにする.

saprófito, ta, saprofito, ta 形 〔生物〕腐敗の, 腐敗物を栄養源とする.

saque 男 〔スポ〕 (テニスなどの)サーブ, サービス; サービスライン (=línea de ～); (サッカー・ラグビーの)キック・オフ (=～ inicial). **—～ de castigo** ペナルティ・キック. **～ de esquina** コーナー・キック. **～ de puerta** ゴール・キック. ► *tener buen saque* 大食いである; 大食いする.

saque(-), saqué(-) 動 → *sacar* [1.1].

saqueador, dora 形 略奪する, 強奪する. ― 名 略奪者, 強奪者.

saquear 他 (都市・建物などを)荒らし回る, …から略奪する.

saqueo 男 略奪, 強奪.

saquería 女 1 袋の製造, 袋製造業. 2 【集合的に】 袋類.

saquerío 男 【集合的に】 袋類.

SAR 【略字】 [<*Servicio Aéreo de Rescate*] スペイン空軍レスキュー隊.

S.A.R. 【略字】 = *Su Alteza Real* 殿下.

Sara 固名 〔女性名〕

sarampión 男 〔医学〕はしか, 麻疹(ｼﾝ).

sarandí 男 《南米》 〔植物〕アカネ科ファブンサス.

sarao 男 (音楽や談話の)夜会, イブニング・パーティー.

sarape 男 《メキシコ》 〔服飾〕 サラーペ. ♦ 原色の幾何学模様のある毛布地で, 主にポンチョとして用いられる.

sarasa 男 《俗》 女っぽい男, おかま; 同性愛の男.

Sarasate 固名 サラサーテ (Martín Pablo de ～)(1844-1908, スペインの作曲家・バイオリニスト).

sarazo, za 形 《中南米》 (主にトウモロコシが)実り始めた, 実りかけの.

sarcasmo 男 (辛辣な)皮肉, いやみ; 風刺.

sarcástico, ca 形 皮肉な, いやみな; 風刺的な.

sarcófago 男 〔歴史〕 (古代の装飾を施した)石棺.

sarcoma 男 〔医学〕肉腫(ｼｭ).

sardana 女 〔音楽, 舞踊〕サルダーナ (カタルーニャ地方の輪になって踊る民族舞踊およびの曲).

†**sardina** 女 イワシ. ► *estar como sardinas en lata* ぎゅうぎゅう詰めである.

sardinada 女 〔料理〕 イワシの網焼き.

sardinel 男 〔建築〕 (煉瓦の)小端立(ﾊﾞﾀﾞﾃ)積み.

sardinero, ra 形 〔漁業〕イワシの, イワシ漁の. ― 名 イワシ漁師; イワシ売り.

sardineta 女 1 小イワシ. 2 ヤマメ.

sardo, da 形 サルデーニャ島 (Cerdeña)の(人). ― 男 サルデーニャ語.

sardonia 女 〔植物〕タガラシ.

sardónico, ca 形 冷笑的な; 皮肉な.

sarga¹ 女 〔織物〕サージ(綾(ｱﾔ)織りの服地).

sarga² 女 〔植物〕キヌヤナギ.

sargazo 男 〔植物〕ホンダワラ(海藻).

sargento 男女 1 〔軍事〕軍曹; 巡査部長. 2 暴君, ワンマンな人.

sargentona 女 【話, 軽蔑】男まさりの女; 厳格でいばった女.

sargo 男 〔魚類〕クロダイ, チヌ.

sari 男 [<ヒンディー] 〔服飾〕サリー (インド女性の民族衣装).

sarín 男 〔化学〕サリン(ガス).

sarmentoso, sa 形 1 植物のつるのような; (手・指などが)やせて細長い. 2 〔植物〕つるのある, つるを持った.

Sarmiento 固名 サルミエント (Domin-

sarmiento 男 〔植物〕(ブドウ・ツタなどの)つる茎.

sarna 女 〔医学〕疥癬(ポシ), 皮癬(ピ). ▶ *más viejo que la sarna* ひどく古ぼけた; 老いぼれた. *Sarna con gusto no pica.* 〖諺〗自ら招いた面倒は苦にならない.

sarniento, ta 形 〖中米〗 →sarnoso.

sarnoso, sa 形 〔医学〕疥癬(ポシ)〔皮癬(ピ)〕にかかった(人).

sarpullido →salpullido.

sarraceno, na 形 〔歴史〕サラセン人(中世のイスラム教徒)(の), サラセン人風の.

sarracina 女 1 乱闘, 大勢のけんか. 2 大量破壊, 大量死; 大虐殺. 3 大勢の処罰; (試験で)大量の不合格.

sarro 男 1 (こびりついた)水あか; 沈殿物; 滓(ポ). 2 歯石. 3 〔医学〕舌苔(ポシ).

sarta 女 一連(のもの), ひとつづき; 数珠つなぎにしたもの.

sartén 女 フライパン. ▶ *tener la sartén por el mango* 支配する, 統制する.

sartenada 女 フライパン一杯分, フライパンで一回に焼く量.

sartenazo 男 フライパンによる殴打.

sartorio 男 〔解剖〕縫工筋 (=músculo~).

sasánida 形 〔歴史〕ササン朝(ペルシア) (226-651)の. ── 男女 ササン朝ペルシア人.

sastre, tra 名 1 洋服屋, 仕立て屋, テーラー. 2 (舞台用の)衣装屋. ▶ *cajón de sastre* →cajón.

sastrería 女 洋服仕立業; (注文服の)洋服店.

satán 男 1 〈S~〉悪魔, サタン. 2 悪魔のような人; いたずらっ子.

satanás 男 1 〈S~〉悪魔, サタン. 2 邪悪な人.

satánico, ca 形 1 〔宗教〕サタンの, 魔王の. 2 悪魔のような, 凶悪な, 邪悪な.

satanismo 男 1 悪魔的な行為; 悪魔的な特性. 2 悪魔主義; 悪魔教, 悪魔崇拝.

satanización 女 悪魔化, 極悪化.

satanizar 他 を悪魔化する, 極悪化する (→demonizar).

satélite 男 1 〔天文〕衛星; 人工衛星. ── *artificial* 人工衛星. 2 衛星国, 衛星都市. 3 取り巻き, 腰ぎんちゃく. 4 (機械)衛星歯車.

satén 男 〔織物〕サテン, 繻子(ポ).

satín 男 〖中南米〗→satén.

satinado, da 形 繻子(ポ)のような, 光沢[つや]のある, つややかした. ── 男 光沢, つや, つや出し.

satinar 他 (布・紙などに)光沢をつける, つやや出しする.

sátira 女 風刺; 風刺文学, 風刺文[詩].

satírico, ca 形 1 風刺の, 風刺的な (文学・文学者). 2 風刺を好む, 皮肉屋の. ── 名 1 風刺作家, 風刺詩人. 2 風刺好き, 皮肉屋.

satirio 男 〔動物〕ノネズミ.

satirión 男 〔植物〕サティリオン(ランの一種).

satirizar [1.3] 他 を風刺する.

sátiro 男 1 〈ときにS~〉〔ギ神〕サテュロス. 2 (サテュロスのような)好色な男.

satisfacción 女 1 満足(感), 充足(感), 満足させること[もの]. 2 謝罪, 償い. 3 自負心; うぬぼれ.

satisfacer [10.10] 他

1 を満足させる; を納得させる; を喜ばせる; (のどのかわきを)いやす. 2 (条件などを)満たす, (需要)に応える, (希望)をかなえる, …に添う. 3 …に答を出す, 解決策を与える, を解決する 4 を支払う, まかなう, …の埋め合わせをする; …に報いる, を償う, あがなう. ── **se** 再 1 〔+con に〕満足する. 2 〔+de の〕仕返しをする, 報復される.

satisfactorio, ria 形 1 満足のいく, 納得できる. 2 好ましい, 良好な.

satisfag(-), satisfar(-), satisfaz(-) 動 →satisfacer [10.10].

satisfecho, cha サティスフェチョ, チャ 過分 [→satisfacer] 形

1 〔+con/de に〕満足した, 満ち足りた, 喜んだ. ──Estoy ~ *con* mi nuevo destino. 私は新しい使命に満足している. 2 満腹した, 腹いっぱいの〔*estar* +〕. ──No, gracias. Estoy ~ ya. いや, 結構です. もうお腹いっぱいです. 3 充足した, 償った, 返済した.

satisfic- 動 →satisfacer [10.10].

sátrapa 男 〔歴史〕(古代ペルシア帝国の)地方総督, 太守. 2 暴君, ずる賢い男.

saturación 女 飽和, 充満, いっぱいになる[する]こと. ── *del mercado* 市場の飽和, 供給過剰.

saturado, da 過分 [→saturar] 形 〔+*de* で〕充満した; (が)一杯に詰まった; 〔化学〕〔+*de* で〕飽和した, 飽和状態の.

saturar 他 〔+*de* で〕を一杯にする, 満たす; 〔化学〕を飽和させる. ── **se** 再 〔+*de* で〕一杯になる; 〔化学〕飽和する.

saturnal 形 〔天文〕土星の. 2 〔ロ神〕サトゥルヌスの (Saturno, 農耕の神の). ── 女 1 ばか騒ぎ, 乱痴気騒ぎ. 2 〈ときにS~〉複 農神祭, サトゥルヌスの祭り.

saturnino, na 形 1 むっつりした, 陰気な. 2 〔化学〕鉛の; 〔医学〕鉛による, 鉛中毒の.

saturnismo 男 〔医学〕鉛中毒(症), 鉛毒症.

Saturno 固男 1 〔ロ神〕サトゥルヌス(農耕神). 2 〔天文〕土星.

sauce 男 〔植物〕ヤナギ. ── *llorón* [*de Babilonia*] シダレヤナギ.

sauceda 女 ヤナギの林.

saucedal 男 →sauceda.

saúco 男 〔植物〕ニワトコ.

saudade 女 郷愁, ノスタルジー.

saudí 形 男女 [複]~(e)s サウジアラビア (Arabia Saudí) の(人).

saudita 形 →saudí.

sauna 女 サウナ風呂(ᶠᵘʳᵒ); サウナ浴場.

saurio 形 [動物] トカゲ類の. —— 男 [動物] トカゲ類.

savia 女 1 樹液. 2 元気, 活力, 生気.

saxo 男 → saxofón. —— 男女 → saxofonista.

saxofón, saxófono 男 [音楽] サキソフォン, サックス.

saxofonista 男女 サックス奏者.

saya 女 [服飾] スカート.

sayal 男 目の粗い毛織物, 粗ラシャ.

sayo 男 [歴史, 服飾] チューニック(ひざ上まで届く丈で前なしで上衣).

sayón 男 1 死刑執行人. 2 [カト] 聖週間に長いチューニックを着て行列する信徒.

sazón 女 1 成熟, 円熟. 2 味つけ, 調味. 3 好機, 時期. ▶ *a la sazón* その時に. *en sazón* 折よく.

sazonado, da 過分 [→ sazonar] 1 [+ de] 味つけした, 調味した. 旨い, おいしい. 2 機知に富んだ, ウィットのある, 味わい深い.

sazonar 他 1 [料理] に味をつける, 味つけをする, を調味する. 2 を成熟させる, 完全なものにする. —— se 再 成熟する, 熟れる; うるおう.

scánner 男 [情報, 医学] スキャナー (→escáner).

scherpa 男女 (ネパールの)シェルパ族の.

scherzo 男 [音楽] スケルツォ.

scooter 男 [単複同形, または ~s] スクーター (→escúter).

scout [<英] 男 ボーイスカウト.

SE [略号] =sudeste [sureste] 南東.

S.E. [略号] =Su Excelencia 閣下.

se¹ [セ] [代] [再帰] [与格・対格] 3 人称単数・複数; 再帰用法] 1 [対格] 自分自身を; [与格] 自分自身に; 自分自身を. —Ella *se* mira en el espejo. 彼女は自分の姿を鏡に映す. Ella *se* ama a sí misma. 彼女は自分自身を愛する. Los niños *se* lavan las manos antes de comer. 子どもたちは食事の前には手を洗う. 2 [対格・与格; 3 人称複数; 相互再帰用法] お互いに…し合う. —Ella y yo *nos* queremos. 彼女と私とは愛し合っている. 3 [与格; 3 人称複数; 主として動詞について或る意味を強めたり変えたりする] a) [自動詞＋ se; 強意用法] —El nene *se* ha dormido. 赤ん坊は寝ついた. Carlos pasó la semana sin hacer nada. カルロスはその週を何もしないで無為に過ごした. *Me* temo haberle ofendido. 私は彼を怒らせたのではないかと心配した. b) [自動詞/他動詞 + se; 転意用法] —*Se* fue sin despedirse de mí. 彼は私に別れの挨拶をすることなく立ち去った. *Se* comió tres libras de vaca. 彼はビフテキ3人前をペロリと平らげた. 4 [再受動用法; 主語は原則として, 動詞は 3 人称単数・複数に限られる] …れる, られる. —Aquí *se* cultiva el trigo. ここでは小麦が栽培されている. 5 [不定主語用法; 動詞は必ず3人称単数形3人は(一般に)…する, …である. —En este restaurante *se* come muy bien. このレストランはとてもおいしい.

se² [セ] [代] [人称] [与格] 3 人称単数・複数; 話し手でも話し相手でもなどの他の人を指す] 彼に, 彼女に, 彼らに; [3 人称単数・複数; usted, ustedes に対応する] あなたに, あなたがたに; [3 人称単数・複数; 物を指す] それに, それらに. —¿Le vas a enviar este paquete?-Sí, *se* le enviaré pronto. 君にこの小包を送る? —うん. すぐに送るつもりだ [与格・対格代名詞がともに 3 人称の時に, 後の le, les にはこの *se* の形式になる].

sé 動 →saber [17]; →ser [12].

sea(-), seá(-) 動 →ser [12].

SEAT 固名 [<*So*ciedad *E*spañola de *A*utomóviles de *T*urismo] スペイン自動車製造会社, セアト.

sebáceo, a 形 皮脂様[性]の; 脂肪を分泌する.

Sebastián 固名 [男性名] セバスティアン.

sebo 男 1 獣脂, グリース; (人の)脂肪. 2 肥満. 3 脂汚れ. 4 [解剖] 皮脂.

seborrea 女 [医学] 脂漏(症).

seboso, sa 形 1 獣脂の; 脂肪(質)の; 脂肪の多い. 2 脂じみた, 脂で汚れた.

sebucán 男 [中米] (ヤシの葉で作ったキャッサバ製造用の)濾(ᶜ)し器.

seca 女 1 日照り, 干ばつ; 乾期. 2 [地理] 砂州, 浅瀬; 砂丘. 3 [医学] 腺(ᵏⁱ)の肥大[梗塞(ᵏᵒˢᵒᵏᵘ)].

secadero 男 (果実・チーズなどの)乾燥室, 乾燥場.

secado 男 乾かすこと, 乾燥(させること).

secador, dora 形 乾燥させる, 乾かす. —— 男 (ヘア)ドライヤー; エアタオル(手の乾燥機). —— ~ *de pelo* [*manos*] ヘアドライヤー[エアタオル]. —— 女 (特に衣類の)乾燥機.

secamente 副 冷淡に, そっけなく, ぶっきらぼうに.

secamiento 男 乾燥(する[させる]こと).

secano 男 (灌漑(ᵏᵃⁿᵍᵃⁱ)設備のない)乾地農法の土地 (=campo de ~, tierra de ~).

secante¹ 形 乾燥させる, 乾かす; 吸湿性の. —papel ~ 吸い取り紙. calor ~ 乾燥した暑さ. —— 男 1 吸い取り紙. 2 (塗料の乾燥を早める)乾性油. 3 [スポ] (相手選手をマークする人.

secante² 形 [数学] 割線の, 正割の, セカントの. —— 女 [数学] 割線, 正割, セカント.

secapelos 男 [単複同形] ヘア・ドライヤー.

secar [1.1] 他 1 を乾かす, 乾燥させる; ふく, ぬぐう. 2 …の水分を下ろ(ᵍᵒ)させる, 枯れさせる. 3 [ˢᵃッˢᵃー] (相手チームのフォワード)にきついマークをしてプレイできなくさせる. 4 (傷などを)乾かす, 治す. ——

se 再 **1** 乾く, 乾燥する. **2**（河川などの水が）かれる;（草木が水不足で）枯れる. **3**（人が）やせ衰える, 衰弱する. **4**（想像力が）干上がる, 燃え尽きる; 無感動になる.

secarral 男 〖地理〗乾草地.

sección 女 **1**（本の）節, セクション;（新聞の）欄. **2**部門, 部, 課; 売り場. **3**切断, 切断面;断面(図). **―～ vertical de un objeto** ある物体の垂直断面(図). **4**部分, 区分; 派, セクト. **―Esta ～ de la planta está desocupada.** フロアのこの区画は使用されていない. **5**〖軍事〗小隊.

*seccionar 他 ～を切り落とす; 断片にする, 分割する.

secesión 女（国家・教会・党派などからの）脱退, 離脱, 分離. **―Guerra de S～**〖歴史〗(アメリカ合衆国の)南北戦争.

secesionismo 男 分離主義.

secesionista 形 名 分離派の(人), 脱退論支持の(人).

seco, ca [セコ, カ] 形 **1**乾いた, 乾燥した, 湿気のない [estar+].（気候などが)乾燥性の [ser+]. **2**（川などが)水のかれた, 干上がった; 干した, 乾物の;（植物が)枯れた, ひからびた. **―frutos ～s** ナッツ. **hojas secas** 枯れ葉. **3**やせっぽちの, やせこけた, 骨と皮の. **4**脂気のない, かさかさした;（果実が)汁気のない, ぱさぱさした. **5**（音が)鈍い, 響きのない; 空咳(ぜき)の. **6**（酒が)辛口の, ドライの. **7**（人・言葉などが)そっけない, 無愛想な;（作品などが)無味乾燥な, 面白みのない;（人が)無情な, 冷たい. **▶a secas** ただそれだけで（で), ただ単に. **dejar seco a ...**〖話〗（人)を即死させる, 撃ち殺す;（人)を愕然[呆然]とさせる, 言葉を失わせる. **en seco** 突然, いきなり, 出し抜けに;（洗濯を)ドライで(の), 陸に上がって.

secoya 女 〖植物〗セコイア.

secreción 女 〖生理〗分泌, 分泌作用; 分泌物.

secreta 女（カト）（ミサの)密誦(とう).

secreta 男女〖話〗私服警官.

secretar 他 〖生理〗を分泌する.

*secretaría 女 **1**事務局, 秘書室[室], 書記局. **2**書記[秘書]の職. **3**（集合的に)書記局員, 秘書課員. **4**〖中南米〗省, 局.

secretariado 男 **1**事務局, 秘書室; 官房. **2**書記[秘書]の職. **3**秘書学.

*secretario, ria 男女 **1**秘書. **2**書記(官), 書記. **―S～ de Estado**（米国の)国務長官. **S～ General de Naciones Unidas** 国連事務総長.

secretear 自〖話〗[＋con ＋人] ひそひそ話をする, 内緒話をする.

secreteo 男〖話〗ひそひそ話, 内緒話.

secreter 男 書き物机, ライティングデスク.

secretismo 男 秘密主義.

*secreto, ta [セクレト, タ] 形 秘密の, 内密の;人目につかない, 内緒の. **―agente ～** 秘密諜(ちょう)報員. **votación secreta** 無記名投票. **―** 男 **1**秘密, 機密; 内緒(ごと). **―guardar [revelar] un ～** 秘密を守る[明らかにする]. **estar en el ～** ...の秘密を知っている. **2**〔＋para のため〕〕秘訣, 秘伝. **▶en secreto** こっそりと, 秘密に. **secreto a voces**〖話〗公然の秘密. **secreto de Estado** 国家機密. **secreto profesional** 職業上の守秘義務.

secretor, tora 形 〖生理〗分泌(性)の, 分泌(物)に関する; 分泌を促す.

secta 女 **1**分派, 派閥, セクト; 学派; 宗派 (=～ religiosa). **2**〖宗教〗〖しばしば軽蔑的に〗異端.

sectario, ria 形 名 **1**〖軽蔑〗党派心の強い(人), セクト主義的な(人). **2**分派の[学派の, 宗派の](人).

sectarismo 男 派閥心, セクト主義; 政治[宗教]的不寛容さ.

*sector 男 **1**分野, 部門; 党派. **―～ privado [público]** 民間[公共]部門. **―～ primario [secundario, terciario]** 第一次[第二次, 第三次]産業部門. **2**地区, 区域. **3**〖数学〗扇形. **―～ circular** 扇形.

sectorial 形 分野[部門]の.

secuaz 男女 **1**（熱心な)追随者;（忠実な)信奉者, 同志. **2**〖軽蔑〗子分, 取り巻き, 手下.

secuela 女 **1**影響, 結果. **2**〖医学〗後遺症.

secuencia 女 **1**一連のもの[こと], ひと続き, 連続. **―una ～ de tragedias** 一連の悲劇. **2**〖映画〗シークエンス[まとまりのある一連のシーン];（カト）（ミサ曲の)続誦(ぞく);〖情報〗シークエンス;〖数学〗列, 数列.

secuencial 形 一連の, 連続的な.

secuenciar 他 を連続させる.

secuestrador, dora 名 **1**誘拐する人, 人質を取る人. **2**〖法律〗差し押さえる人, 没収する人. **3**ハイジャックする人. **―** 男 **1**誘拐犯. **2**〖法律〗差し押さえ人. **3**ハイジャッカー, 乗っ取り犯.

*secuestrar 他 **1**（身代金目当てに）を誘拐する, 2（乗物）をハイジャックする, 乗っ取る. **2**〖法律〗を差し押さえる, 押収する; 発禁処分にする.

*secuestro 男 **1**誘拐; ハイジャック, 乗っ取り. **2**押収, 没収, 差し押え.

*secular 形 **1**世俗の, 俗人の, 非宗教的な. **2**〖宗教〗在俗の. **―sacerdote [clero] ～** 教区[在俗]聖職者. **3**百年以上の, 数百年も続く; 百年[世紀]ごとの. **―** 男 〖宗教〗教区付き司祭, 在俗司祭.

secularización 女 **1**（教育などの）宗教[教会]からの分離, 世俗化. **2**〖カト〗（修道院戒律を)修道院外[教区在位]司祭への変更; 還俗(げんぞく).

secularizar [1.3] 他 **1**を教会[教会領]から分離する, 世俗化する. **2**〖カト〗（修道院戒律を)修道院外[教区在位]司祭にする. **― se** 還俗する.

secundar 他 を支持する, 支援する; 補佐する.

*secundario, ria 形 **1**第二の, 二次

secundinas

的な，二番目の．**2** 副次的な，重要でない．**3** 中等教育の，中学校の．▶ **enseñanza secundaria** 中等教育．*era secundaria*《地質》中生代．

secundinas 女《複》《医学》産衣(뺙).

sed [セ]女 **1**《喉の》渇き，渇(뺙)き．—tener ~ 喉が渇いている．apagar [quitar] la ~ 喉の渇きをいやす．**2** 熱望，渇望．**3**《農業》干魃(뺙), 乾燥．

seda 女 生糸, シルク, 絹糸, 絹布．— ~ artificial レーヨン．— ~ cruda 生糸．▶ *como una seda* スムーズに，問題なく；（人が）従順な．*de seda* 絹のような，すべすべした．

sedación 女《苦しみ・悲しみなどの》鎮静．

sedal 男 釣り糸．

sedán 男 セダン（型乗用車）．

sedancia 女 鎮静作用[効果]．

sedante 形 **1** 安らぎを与える，苦しみを和らげる，ほっとさせる．**2**《薬学》痛みを緩和する，鎮静剤[鎮痛]効果のある．— 男《薬学》鎮静剤，鎮痛剤．

sedar 他《痛みを和らげる，《興奮・悲しみを》鎮める；を落ち着かせる．

sedativo, va 形《医学》鎮痛させる．— 男《薬学》鎮静剤，鎮痛剤．

sede 女 **1** 本拠地, 本部, 本社．**2** 司教(管)区．**3**《競技・会議の》開催地．— ~ olímpica オリンピック開催地．▶ **Santa Sede** 教皇庁，バチカン．

sedentario, ria 形 **1**（仕事などが）座ってする；座ってばかりいる，閉じこもりがちの（生活が）．**2** 定住する，定住性の．

sedentarismo 男 定住（していること），定住性．

sedente 形 座った姿勢の．

sedeño, ña 形 絹の，絹製の；絹のような．

sedería 女 **1** 絹物販売店；服地屋．**2**《集合的で》絹織物，絹製品．

sedero, ra 形 絹の．— 名 絹物商；服地商．

sedicente 形《しばしば軽蔑的に》自称の．—el ~ artista 自称芸術家．

sedición 女 反乱, 暴動．

sedicioso, sa 形 謀反を起こした，反乱の．暴動の．— 名 反逆者；破壊分子；扇動者．

sediento, ta 形 **1**（人・動物が）のどが渇いた．**2**（土地・植物などが）乾燥した．**3**〘+de〙渇望する．

sedimentación 女 《地質》沈降, 堆(뺙)積（作用）．

sedimentar 他 **1**（かすなど）を沈殿させる，堆(뺙)積させる．**2**（感情）を静める，落ち着かせる．— se 再 **1**（かすなどが）沈殿する，堆積する．**2**（感情）が静まる，落ち着く．

sedimentario, ria 形 沈殿物の；沈殿物(뺙)積（作用）による．

sedimento 男 **1** 沈殿物，おり；堆(뺙)積物．**2** 心の傷あと．

sedoso, sa 形 絹のような，（絹のように）柔らかい，すべすべした．

seducción 女 **1** 誘惑，そそのかし．**2** 魅力，魅惑．

seducir [9.3] 他 **1** を悪の道へと誘う，誘惑する．**2** を魅惑する，魅了する；（性的に）を誘惑する；口説き落とす．

seductivo, va 形 魅惑的な，人をひきつける，心をそそる．

seductor, tora 形名 魅惑的な(人)，人を誘惑する(人)，欲望をそそる(人)．

seduj- → seducir [9.3]．

sefardí, sefardita 形名 形《歴史》セファルディーの（の）．♦ 1492年の追放令でスペインから追放されたスペイン系ユダヤ人．

segador, dora 名 刈り入れ人．— 女 刈り取り機．— 男 刈り取り機；芝刈り機．

segar [4.4] 他 **1**（草・穀物など）を刈る，刈り取る．**2**（突き出た部分）を切り取る，切り落とす．**3**（希望など）を断ち切る，（成長など）を妨げる．

seglar 形 **1** 非聖職者の，一般信徒[平信徒]の，在俗の．**2** 世俗の，世俗的な．— 男女 在俗の人，非聖職者，一般信徒．

segmentación 女 **1** 分割，区分，区分．**2**《生物》卵割，分割．

segmentado, da 形《動物》環節からなる．

segmentar 他 を分割する．— se 再 分裂する．

segmento 男 **1**（区分された）部分，区分．**2**《数学》線分 (= ~ lineal); 弓形 (= ~ circular); 球台 (= ~ esférico)．**3**《動物》環節．

segoviano, na 形名 セゴビヤ (Segovia) の(人)．

segregación 女 **1** 分離，隔離（特に人種による）差別．**2**《生理》分泌．

segregacionismo 男 人種隔離主義（政策）, アパルトヘイト．

segregacionista 形 男女 人種隔離主義者の(人)，人種差別肯定者の(人)．

segregar [1.2] 他 **1** を分離[隔離]する；（人）を差別する；（人）を除名する．**2**《生理》を分泌する．

segueta 女 糸鋸(뺙)．

seguetear 自 糸鋸(뺙)を使って作業する．

seguida 女 進みぐあい, 続き．▶ *de seguida* すぐ, ただちに (= inmediatamente)．*en seguida* → enseguida．

seguidamente 副 **1** 続けて，連続して (→ de seguida)．**2** すぐあとに，直ちに (→ enseguida)．

seguidilla 女 **1**《音楽》セギディーヤス．♦ スペインの代表的な3拍子の民俗舞踊．**2**《詩学》セギディーヤ．

seguidismo 男 追従．

seguido, da 過分 (→ seguir) 形 **1** 連続した，続けざまに．**2** まっすぐな，一直線の．— 副 **1** まっすぐに．**2** すぐあとから，続いて．▶ *punto y seguido* ピリオドを打ち，改行せずに続ける．

seguidor, dora 名 信奉者，追随者，ファン．— 形 信奉する，付き従う；ファ

ンの.

seguimiento 男 **1** 追跡; 追究. ―ir en ~ de を追い求める. **2** 継続, 続行.

seguir [セギル] [6.3] 他 **1** …の後を追う, …の後に来る, …に続く; を尾行する, …の後をつける. **2** を守り, 順守する; を模範とする, まねする; …に身を任せる, 身を委ねる; を理解する. **3** を続ける, 継続する, 続投する. **4** を目で追う; を見続ける[聞き続ける]. ―La siguió con la mirada. 彼は彼女を目で追った. 5 を履修する, 専攻する. ― 自 **1** 続く; [+ a に] 後続する. ―Esta carretera sigue de Madrid hasta La Coruña. この道路はマドリードからラ・コルーニャまで続いている. Sigue al dorso. 裏へ続く. **2** まである, 続いている. ―Toda mi familia sigue bien. 私の家族は皆変わりありません. ¿Cómo sigue usted? あなた, ごきげんいかがですか. **3** [+ por を] 行く, たどる. ―Siga por esta calle hasta la plaza. 広場までこの通りをまっすぐ行って下さい. **4** [+ con] (職業を) 継ぐ. **5** [+ 現在分詞/形容詞/ con] … し続ける. ―Sigue leyendo, por favor. どうぞ読み続けて下さい. Sigue con dolor de cabeza. 彼女はまだ頭痛が治っていない. ―― se 再 (あ結論から) 次の結論が出される, 派生する, 引き出される. ―De ello se sigue que no debemos precipitarnos. そのことから言えるのは, 我々はあわてていけないということだ. ▶**seguir adelante con [en]** あくまで…を続ける. **seguir sin** [+ 不定詞] 依然として…ない.

según [セグン] 前 [+人称代名詞は主格形を用いる] **1** [依拠] …によれば. ―S~ el mapa, la carretera pasa por la orilla del mar. 地図によれば道路は海岸のそばを通るようだ. S~ Platón プラトンによれば. **2** [基準] …に従って. ―Los huevos están clasificados ~ el tamaño. 卵は大きさによって分類されている. **3** [条件] により. ―Iré contigo, ~ dónde. 君と一緒に行くけど, 行き先による. ―― 副 **1** [依拠] …するところによれば. ―S~ dice el guía, ... ガイドによれば…である. **2** [同時進行] …にしたがって, …と同時に [未来のときは + 接続法]. ―S~ evoluciona el enfermo, se decidirá si operarle o no. 病人の状況次第で手術するかどうか決まることになる. **3** [方法・様態] …のように, …にしたがって. ―Todo queda ~ estaba. 何もかも以前のままだ. **4** [単独で] 場合による. ―¿Vienes conmigo? ―S~. 君は僕と来るか? ―場合によるよ. ▶**según que** [+ 接続法] …によって. **según y cómo** [**conforme**]... …によって; [単独] 場合による.

segunda 女 →segundo.

segundero 男 (時計の) 秒針.

segund*o, da* [セグンド, ダ] 形 (数) **1** 第 2の, 2番目の. ―~ piso 3階 (→piso). Isabel II (*segunda*) イザベル2世. (英国の) エリザベス2世. **2 2**位[等]の, 次の; 二流の. ―~ premio 2等賞. ▶**de segunda mano** →**mano**. **segunda intención** → **intención**. **segundo plano** 後景. ―― 名 **1** [主に定冠詞を伴う][男の] 人], 2番目, 位, 第2. **2** 次席(の人), 代理者, 補佐役. **3** (ボクシングなどの) セコンド, 介添人. ―― 男 **1** (時間・角度の) 秒; 『話』ほんの一瞬. ―Espere un ~, por favor. すみません, ほんのちょっと待ってください. ▶**en un segundo** 一瞬の間に, たちまち, すぐに. **sin segundo** 比類のない. ―― 女 **1** (乗り物の) 2等, 2等車 (=*segunda clase*). **2**『自動車』セカンドギア (=*segunda marcha*). **3**下心, 底意 (=*segunda intención*). **4**『音楽』2度(音程). ―― 副 第2に, 次に.

segundogénito, ta 形名 第2子(の).

segundón, dona 名 **1** 次男, 第2子である男子; 第二子以下の息子. **2** 2番手(の人), ナンバー2(の人).

segur 女 斧(の); まさかり.

seguramente 副 **1** たしかに, きっと. **2** たぶん, おそらく. **3** 確実に.

seguridad 女 **1** 安全, 安全性, セキュリティー. ―~ ciudadana [social] 治安. cinturón de ~ 安全ベルト. **2** 信頼, 確実性. ―Tiene mucha ~ en sí mismo. 彼は大きな自信がある. **3** 確信. ―tener la ~ de que …ということを確信する. **4** 防御, 防衛手段; 保障. ―medidas de ~ 防衛手段. S~ Social 社会保障. Consejo de S~ (国連の) 安全保障理事会. ▶**para mayor seguridad** 大事をとって, 念のため.

segur*o, ra* [セグロ, ラ] 形 **1** 確信している, 信じている. ―estar ~ de [+ que + 直説法] …を確信している. no estar ~ de [+ que + 接続法] …かどうか確信がない. **2** 確実な. ―ser ~ [+ que + 直説法] …は確かである. **3** 安全な. ―un sitio ~ 安全な場所. **4** 信頼できる. ―fuentes seguras 信頼できる筋. **5** 確定した, 安定した. ―fecha segura 確定した日時. **6** しっかりした, 堅実な. ▶**dar por seguro** ~を当然のことと思う, 確実視する. ―― 副 **1** 確かに, はっきりと. **2** きっと. ―¿Me llamarás mañana? ―S~. 明日電話してくれる? ―きっとするよ. ▶**seguro que** [+ 直説法] きっと…. ―― 男 **1** 保険. ―~ a todo riesgo 総合保険. compañía de ~s 保険会社. ~ contra incendios 火災保険. ~ de vida 生命保険. ~ social 社会保険. póliza de ~ 保険証券. **2** (鍵・銃の) 安全装置, ロック. ▶**a buen seguro** [**al seguro**] たぶん. **de seguro** [**a buen seguro, al seguro**] たしかに, きっと. **en seguro** 安全なところで. **sobre seguro** 安全に.

seibó 男 [中米] 食器戸棚, サイドボード.

seis [セイス] 形 (数) 6の, 6個[人]の; [序数詞的に] 6番目の. —— 男 6; 6の数字.

seiscientos, tas 形 (数) 600の, 600個[人]の; [序数詞的に] 600番目の. —— 男 600; 600の数字.

seise 男 祭のときに大聖堂で歌う6人組の少年の一人・一人.

seisillo 男 《音楽》6連符.

seísmo 男 地震.

selacio, a 形 《魚類》軟骨魚類の. —— 男 軟骨魚類.

selección 女 1 選ぶこと, 選択;《生物》淘汰(とうた). —— natural 《生物》自然淘汰. 2 選ばれた人(もの); より抜き, 精選品; 選抜[代表]チーム; 選集. —— la japonesa de fútbol. サッカーの日本代表チーム.

seleccionado 男 《南米》《スポ》ナショナル・チーム.

seleccionador, dora 形名 選択する[選抜・選択]する(人・機械).

seleccionar 他 選ぶ, 選抜する.

selectividad 女 1 選抜試験, (特に大学入学の)資格試験. 2《電気》(受信機などの)選択感度, 分離度.

selectivo, va 形 選択の; 選抜[選考]のための.

selecto, ta 形 選ばれた, 精選された, 極上の.

selector, tora 形 選抜[選別]する. —— 男 《情報》セレクター.

selenio 男 《化学》セレン, セレニウム.

selenita 女 1《鉱物》セレナイト, 透明石膏(せっこう). 2《化学》亜セレン酸塩. —— 男女 (想像上の)月人.

selenografía 女 《天文》月理学, 月面地理学.

selenosis 女 《単複同形》《医学》(爪に出る)白い斑点.

self-service 男 セルフサービス (→ autoservicio).

sellado, da 形 1 押印[捺印(なついん)]してある, 封印された. 2 切手の貼ってある. ▶ *papel sellado* 印紙. —— 男 押印; 封印; 切手を貼ること.

sellador, dora 形名 切手を貼る(もの); 押印する(もの).

sellar 他 1 (書類などに)判を押す, 押印する. 2 ⟨+ con で⟩…に印をつける, 跡をつける. 3 …に切手[印紙, 証紙]を貼る. 4 …に封をする, 封印する; をかたく閉じる, ふさぐ. 5 (取引・約束などを)強調にする, 確固としたものにする.

sello 男 1 切手 (= ~ postal); 印紙, 証紙. —— *fiscal* 収入印紙. *poner* ~ *en la carta* 手紙に切手を貼る. 2 印, 印鑑, スタンプ; 印鑑付き指輪. 3 押された印(ひん), 検印, 品質保証印. 4 特徴, しるし. 5 封印(ふういん), シール. 6《薬の》オブラート; カプセル.

Seltz 固名 —agua de ~ セルツァ(炭酸)水.

selva 女 1《地理》密林, 森林, ジャングル. 2 いろんなもののごたまぜ, 混乱.

selvático, ca 形 森林の, 密林の, ジャングルの; 野生の.

silvicultura 女 → silvicutura.

selvoso, sa 形 《南米》密林(のような), 森林の多い, 森林に覆われた.

sema 男 《言語》意味素.

semáforo 男 1 信号(機), 交通信号. 2《海事》手旗信号 (= ~ de banderas), (鉄道の)腕木信号機.

semana [セマナ] 女 週, 1週間. —la ~ que viene [próxima] 来週. la ~ pasada 先週. esta ~ 今週. ¿Qué día de la ~ es hoy? —Hoy es miércoles. 今日は何曜日ですか. —水曜日です. ▶ *entre semana* 週日に, ウィークデーに. *fin de semana* 週末. *la semana que no tenga viernes* будет ありえないとき. *semana laboral* 平日. *Semana Santa* 《宗教》聖週間(復活祭前の1週間).

semanal 形 1 毎週の, 1週間の. 2 週刊の.

semanalmente 副 毎週, 週に1回に; 週ずきの.

semanario, ria 形 毎週の, 週1回の, 週ずきの. —— 男 1 週刊誌[紙]. 2 7個で一組になっているもの; 7個のリングからなる腕輪 (= ~ de pulseras).

semantema 男 《言語》意義素.

semántica 女 → semántico.

semántico, ca 形 1《言語》意味論の, 意味論に関する. 2 意味(上)の, 語義(上)の. —— 男 《言語》意味論者.

semantista 男女 意味論学者.

semasiología 女 《言語》意味論, 意義論.

semblante 男 1 顔つき, 顔の表情; 顔だち. 2 (物事の)見通し, 局面, 様子.

semblantear 他 《中南米》(人)の顔色を見る.

semblanza 女 (個人の)略歴; 人物評.

sembradío, a 形 (土地・畑などが)種まき[耕作]に適した. —— 男 種まき[耕作]用の土地.

sembrado, da 過分 (→ sembrar) 1 種をまいた; ⟨+ de が⟩ ちりばめられた, まき散らされた. 2《話》ひょうきんな (*estar +). —— 男 (種をまいた)畑.

sembrador, dora 形 種をまく(人). —— 女 《農業》種まき機, 播種(はしゅ)機.

sembrar [4.1] 他 1 (種を)まく, …に種をまきつける. 2 ⟨+ de で⟩ …にまく, まき散らす, ばらまく. 3 を引き起こす. —— *la discordia entre los dos hermanos* 兄弟げんかをさせる. 4 …の土台作りをする, 基礎固めをする. ▶ *Quien siembra vientos recoge tempestades.* 『諺』 悪事を働く者はその報いを受ける.

sembrío 男 《南米》→ sembrado.

semejante [セメハンテ] 形 1 ⟨+ a が⟩ 類似した, 似た. —Eres ~ *a* tu padre en el carácter. 君は性格の点でお父さんと似ている. *Son dos ideas* ~s. それらは2つの

semejanza 似た考えである. **2** そのような, 同様の. —No he visto a ～ mujer. 私はそんな女性は今まで見たことがない. **3**〖数学〗相似形の. —**No he visto a ～ mujer.** 私はそんな女性は今まで見たことがない. **3**〖数学〗相似形の.

semejanza 囡 **1** 類似, 類似点. **2**(修辞)直喩(ゆ).

semejar 自 …に似ている: (…のように)見える, 思える. —**se** 再 **1**[＋a に]似ている. **2** 互いに似ている.

semen 男〖生理〗精液.

semental 形男 種畜の(雄), 繁殖用の(雄).

sementera 囡 **1**〖農業〗種まき: 種まきの時期. **2**〖農業〗種をまいた畑.

***semestral** 形 **1** 半年ごとの, 年2回の. **2** 半年(間)の, 6か月間の. —asignatura ～ 半期科目.

semestralmente 副 半年ごとに, 年2回.

:semestre 男 **1** セメスター, (2学期制の学期. **2** 6か月間, 半年間.

semiabierto, ta 形 半開きの.

semiautomático, ca 形 半自動の.

semibreve 囡〖音楽〗全音符.

semicilíndrico, ca 形 半円筒の.

semicilindro 男 半円筒.

semicircular 形 半円の, 半円形の.

semicírculo 男 半円, 半円形.

semicircunferencia 囡〖数学〗半円周.

semiconductor, tora 形男〖電気〗半導体(の).

semiconserva 囡(殺菌されていない, 塩漬けなどの)保存食.

semiconsonante 囡〖言語〗半子音. —囡〖言語〗半子音.

semicorchea 囡〖音楽〗16分音符.

semicultismo 男 半教養語, 準学識語. ◆通常の音韻変化を完全には経ていないラテン語・ギリシア語起源の語.

semidesértico, ca 形 ほとんど住む人のない, ほとんど人通りのない.

semidesnudo, da 形 半裸の.

semidiámetro 男〖数学〗半径.

semidiós, sa 名 **1** 神と人との間に生まれた半神半人, 神人(ギリシア神話のHércules など). **2** 神格化された英雄, 傑出した人物.

semidormido, da 形 うとうと[うつらうつら]している, 半睡状態の.

semieje 男〖数学〗(楕円(ぷ)・双曲線などの)半軸.

semiesfera 囡 半球.

semiesférico, ca 形 半球の, 半球形の.

semifinal 形〖主に複〗準決勝(戦).

semifinalista 名 準決勝進出の(選手, チーム); 準決勝戦の.

semifusa 囡〖音楽〗64分音符.

semiinconsciente 形男女 半無意識状態の(人).

***semilla** 囡 **1**〖植物〗種(g), 種子. **2**(争いなどの)種, 原因.

semillero 男 **1** 苗床, (植物の)温床. **2** 養成所; 源, 発生地; (悪事などの)温床, 巣.

semilunar 形 半月形の, 半月状の: 三日月形の.

semimedio 男〖スポ〗(ボクシングの)ウェルター級.

semimetal 男〖化学〗半金属.

seminal 形 **1**〖生理〗精液の. **2**〖植物〗種子の.

***seminario** 男 **1** 神学校. **2** セミナー, ゼミ.

seminarista 男 **1** 神学生. **2** セミナー[ゼミナール]受講生.

seminífero 形〖解剖〗精液を運ぶ[生じる]. **2**〖植物〗種子を生ずる.

semiología 囡 **1** 記号学. **2**〖医学〗症候学.

semiológico, ca 形 記号学の; 症候学の.

semiólogo, ga 名 記号学者; 症候学者.

semiótica 囡 **1** 記号学. **2**〖医学〗症候学.

semiótico, ca 形 **1** 記号学の, 記号論の. **2**〖医学〗症候学の.

semipermeable 形 **1**〖物理, 化学〗(膜などが)半透性の. **2** 部分的に透過性のある.

semipesado, da 形男〖スポ〗(ボクシングの)ライトヘビー級の(選手).

semiprecioso, sa 形(鉱石の)準宝石の.

semiproducto 男 半製品.

semirrecta 囡〖数学〗半直線.

semirrecto 形〖数学〗(角度が)45度の.

semisalvaje 形(動植物が)半ば野生の; (民族などが)半ば未開の.

semisótano 男 半地下室.

semisuma 囡 合計の半分.

semita 1 セム族の, セム系の. **2** ユダヤの, ユダヤ人の. —名男 **1** セム族人. ◆ヘブライ人, アルメニア人, フェニキア人, アラビア人, アッシリア人など. **2** ユダヤ人.

semítico, ca 形 **1** セム族の, セム系の. **2** ユダヤ(人)の. **3**〖言語〗セム語派の. —男〖言語〗セム語派.

semitismo 男 **1** セム族的気質; ユダヤ人の気質. **2** セム[ヘブライ]語的言い回し[表現].

semitista 名女 セム学者.

semitono 男〖音楽〗半音.

semivocal 形〖言語〗半母音の(の).

sémola 囡〖料理〗セモリナ粉.

semoviente 形 家畜の. —男〖主に複〗家畜.

sempiterno, na 形〖文〗**1** 永遠の; 永続する; 不朽の. **2** いつもながらの, 相変わらずの.

sen 男〖植物〗センナ.

Sena (el río ～) セーヌ川.

seña 囡〖植物〗→sen.

***senado** 男 **1**〖政治〗(議会の)上院, 貴族院; 上院[貴族院]議事堂. **2**〖歴史〗(古代ローマの)元老院.

senador, dora 名〖政治〗上院議

senaduría 女 議員, 貴族院議員.

senaduría 女 **1**《政治》上院[貴族院]議員の職[地位, 任期]. **2**《歴史》(古代ローマの)元老院議員の職[地位, 任期].

senario, ria 形 6つの要素からなる.

senatorial 形 **1**《政治》上院[貴族院]の; 上院[貴族院]議員の. **2**《歴史》(古代ローマの)元老院(議員)の.

sencillamente 副 **1**簡単に, 平易に, あっさりと. **2**簡素に, 質素に, 飾り気なく. **3**簡単に[平たく]言えば. **4**《形容詞の前で》本当に, 実に.

sencillez 女 **1**簡単なこと, 平易さ; 単純さ. **2**素朴, 質素; 純真さ, 純朴さ.

sencillo, lla [センシヨ, ヤ] 形 **1**簡単な, 単純な. **2**質素な, 簡素な, 庶民の. **3**素朴な, 純朴な; 気さくな, 気取りのない; お人好しの, 無邪気な. **4**単一の, 単独の; (切符が)片道の. **5**(布などが)薄手の, (造りが)やわな. ——男 **1**《中南米》小銭. **2**(レコードの)シングル盤《disco ~》.

senda 女 **1**小道, 細道; (庭や畑の中の通り)道. **2**進むべき道; 手段, 方法.

senderismo 男 (特定のルートをたどるスポーツとしての)山歩き, ハイキング.

senderista 名 **1**(特定のルートをたどるスポーツとしての)山歩きの人, ハイキングの人. **2**(ペルーのゲリラ組織)センデロ・ルミノーソの. ——男女 **1**(特定のルートをたどるスポーツとしての)山歩きをする人, ハイカー. **2**センデロ・ルミノーソのメンバー.

sendero 男 小道 (→senda). ▶ **Sendero Luminoso** センデロ・ルミノーソ《「輝く道」, ペルーのゲリラ組織》.

sendos, das 形 《文》老輪, 老年期. それぞれの, おのおのひとつずつの.

senectud 女 《文》老輪, 老年期.

Senegal 固名 セネガル《首都 Dakar》.

senegalés, lesa 形 セネガル (Senegal, アフリカ西部の共和国)の(人).

senequismo 男 セネカ哲学[主義].

senequista 形 セネカ哲学・主義・セネカの処世術(支持者)の. ——男女 セネカ哲学者, セネカの処世術の支持者.

senescal 男 (王家などの)執事, 家令, 重臣.

senescalía 女 《歴史》(王家の)執事の職務[権威]; 重臣の職務[権威].

senescencia 女 老化(現象), 老衰.

senescente 形 老化の始まった.

senil 形 老人の, 老年(性)の.

senilidad 女 **1**老衰, 老化(現象); もうろく. **2**老年期.

sénior 形 **1**(親子など, 同じ名前の2人のうち)年上のほうの, 親の, シニア. **2**《スポ》シニアクラスの. ——男女 **1**年長者, 年上の人. **2**《スポ》シニアクラスの選手.

seno 男 **1**《雅》胸; 乳房, (衣服の)胸部, 胸元. **2**内部, 奥まったところ, 深み, 空洞; 波の谷間. **3**子宮; 胎内. —— materno マザ, 母体. **4**入江. **5**小さな湾, 入江. **6**《数学》正弦, サイン. **7**(骨の)洞(ξ), 腔(ξ).

sensación 女 **1**感じること, 感じ; 感覚. ——dar a... la ~ de que... (人)に...という予感がする. tener la ~ de que... ...という予感[気]がする. **2**感動, 興奮, センセーション. ——causar ~ センセーションを巻き起こす.

sensacional 形 **1**世間を驚かせる, 刺激的な, 大評判の. **2**《話》すばらしい, 非常によい.

sensacionalismo 男 (報道・芸術などの)扇情主義, センセーショナリズム.

sensacionalista 形男女 扇情主義の(人); 扇情主義者の(人).

sensatez 女 分別, 賢明さ, 思慮.

sensato, ta 形 (人・行動などが)分別のある, 賢明な.

sensibilidad 女 **1**感受性, 感性. **2**感覚, 感じること. **3**(機器の)感度; 精度; (フィルムの)(感光)度.

sensibilización 女 **1**敏感にすること, 感度を高めること. **2**《写真》フィルムなどに感光性を与えること, 増感. **3**《医学》感作(ホ).

sensibilizado, da 過分 (→sensibilizar) 形 (物の)感度が高められた.

sensibilizar [1.3] 他 **1**(人・感覚などを)敏感にする, 感じやすくする. **2**(世論などを)喚起する. **3**《写真》(フィルムなどに)感光性を与える, 増感する. **4**《医学》(人・生体を)感作(ホ)する.

sensible 形 **1**[+a に] 敏感な, 感じやすい; 感受性の鋭い, 心の優しい; (機械などが)高感度の, 高精度の. **2**感覚[知覚力]のある. **3**はっきり知覚された, 目立った, 著しい; 知覚[認知]できる, 感覚で捕らえられる. **4**《音楽》導音の.

sensiblemente 副 著しく, 目に見えて, かなり.

sensiblería 女 感傷癖, 涙もろいこと.

sensiblero, ra 形名 感傷的な(人), 涙もろい(人).

sensitivo, va 形 **1**感覚の; 知覚能力のある. **2**感じやすい, 敏感な, 影響されやすい. **3**感覚を刺激する. ——女 《植物》ミモザ, ネムリグサ, オジギソウ《マメ科の多年草》.

sensor 男 《情報》センサー.

sensorial 形 《生理》感覚(上)の, 知覚(上)の.

sensorio, ria 形 《生理》感覚(上)の, 知覚(上)の.

sensual 形 **1**官能的な; 肉感的な, セクシーな. **2**快楽的な, 好色の. **3**感覚に訴える, 感覚による.

sensualidad 女 官能的であること; 好色, 肉欲.

sensualismo 男 **1**官能主義; 好色, 肉欲(にふけること). **2**《哲学》感覚論.

sensu stricto 《ラテン》厳密な意味で.

sentado, da [センタド, ダ] 過分 (→sentar)の **1**座った, 座っている. **2**(人が)落ち着いた, 腰の据わった, 分別のある. **3**確定した, 設立[樹立]した, 制定した.
▶ **dar ... por sentado** (物事)を当然のこ

とと思いこむ. ━━ 囡 **1**(抗議のための)座り込み, 居残りストライキ. **2**座っていること, 座っている時間; 座ってじっくり語り合うこと. ▶ *de una sentada* 一度に, 一息に, 一気に.

sentar [センタル] [4.1] 他 **1**座らせる, 着席させる. **2**を確立する, 設定する, 築く. ━━ 自 **1**似合う, ふさわしい, マッチする. *Le sienta bien la nueva chaqueta.* こんどの上着は君にぴったりだ. **2**[+bien/mal]良い[悪い]感じを与える. *Le sentó mal que nos riésemos.* 私たちが笑ったことで彼は感情を害した. **3**[話][+bien/mal](ある食物が消化が)良い[悪い]; ために[為に]なる[ならない], 有[無]益である. ━━*Te sentará bien tomar el sol.* 君のからだには日光浴がいいだろう. ━━ se 再 **1**座る, 腰掛ける, 腰を下ろす. ━━*se a la mesa* [*en la silla*] テーブルにつく[椅子に座る]. **2**[話](天候などが)安定する, 落ち着く. ━━*El tiempo se ha sentado después de la tormenta.* 嵐のあと天気は持ち直した. ▶ *sentar como un tiro* 似合わない, 気に食わない. *sentar (un) precedente* 先例を作る.

sentencia 囡 **1**(司法)裁定, 判決; 判定. **2**格言, 金言.

sentenciar 他 **1**[+*a*](人)を…の刑に処する;(人)に…の判決を言い渡す. ━━*a cinco años de cárcel* 懲役5年を言い渡す. ━━*los libros a la hoguera* 本を焚書(ふんしょ)の刑に処す. **2**(法律)(人・事件)を裁判する, 審判する, 審査する. **3**[格言]を言う. **4**を断言する, 明言する.

sentencioso, sa 形 **1**もったいぶった, おごそかな, いかめしい. **2**格言的な, 教訓を含む.

sentidamente 副 **1**悲しそうに, 残念そうに;悲しい気持ちで. **2**心から, 本当に.

sentido [センティド] 男 **1**意味, 意味の解釈; 意義, 重要性. ━*en* ━ *estricto* 狭義では. *no tener* ━ 意味がない. **2**感覚, 感覚機能; センス. ━*cinco* ━*s* 五感. ━ *del humor* ユーモアのセンス. ━ *de la orientación* 方向感覚. **3**意識, 正気; 思慮, 分別, 判断力, 良識. ━*perder* [*recobrar*] *el* ━ 気を失う[正気に戻る]. ━*común* [*buen* ━] 常識, 良識. **4**方向, 向き. ━*¡Estamos corriendo en el* ━ *contrario al destino!* 我々は目的地とは反対の方向を走っているよ. ▶ *con los cinco sentidos* [話] 注意深く, 熱心に. *(de) sentido común* 常識の(で). *poner los* [*sus*] *cinco sentidos en…* [話](ある事)に神経を集中する, 没頭する. *sexto sentido* 第六感, 直感 (=intuición). *sin sentido* 意味の無い, 無意味に;気を失った, 意識の無い;馬鹿げた, 分別の無い.

sentido, da 過分 [→sentir] 形 **1**心からの. **2**怒りっぽい;感じやすい性格の.

sentimental 形 **1**(人が)感傷的な, 情にもろい; 感動的な, 情感を表す. **2**(作品が)感傷的な, センチメンタルな, お涙ちょうだいの. **3**恋愛の, 愛情の. ━*compañero* [*compañera*] ━ 愛人, 内縁関係の人. **4**感情の, 情緒の. ━*educación* ━ 情操教育. ━ 男女 感傷[感情]的な人, 感情過多の人.

sentimentalismo 男 **1**感傷, 感傷癖, 涙もろさ. **2**感傷主義, 情緒主義.

sentimiento [センティミエント] 男 **1**気持ち, 感じ, 感情. ━*expresar sus* ━*s* 自分の気持ちを表す. **2**思いやり, 人間らしい気持ち, 感情. ━*buenos* ━*s* 思いやり, 感情. ━*un* ━ ━ 思いやりの無い人, 冷血漢, 自責. **3**悲しみ, 苦しみ. ━*Le acompaño en el* ━. お悔やみ申し上げます.

sentina 囡 **1**(船舶)ビルジ(船底の汚曲した部分). **2**下水道, 下水溝; 汚水だめ. **3**悪の温床, 悪の巣窟(そうくつ).

sentir [センティル] [7] 他 **1**を感じとる, 感知する; 思う; を聞きつける, 感知する; を予感する; (芸術などを)味わう. ━━ *a* に感動する. ━ *calor* [*frío*] 暑さ[寒さ]を感じる. ━ *hambre* [*sed*] 空腹[のどの渇き]を感じる. ━ *alegría* [*miedo, tristeza*] 喜び[恐怖, 悲しみ]を感じる. ━ *pasos* 足音を感じる. **2**を気の毒に思う, 気の毒に思う. ━*Siento mucho la muerte de su padre.* 彼の父親が亡くなったとは残念だ. *Siento haberte hecho esperar.* お待ち遠さま. ━━ se 再 **1**[+*形容詞*/*副詞*] ━と感じる, ━という気分である. ━━*se enfermo* 病気のような気分する. **2**不満に思う, 不快に感じる. **3**[+*de*] が痛む. **4**(ないがしろにされて)傷つく. ━━ 男 意見, 考え, 感情, 気持ち. ▶ *dejarse* [*hacerse*] *sentir* あらわとなる, だれの目にも明らかとなる. *lo siento mucho* 大変申し訳ありません[どうもすみません]; 大変残念です[遺憾に思います]. *sin sentir* 感づかぬうちに, 知らぬ間に, 知らず知らずのうちに.

sentón 男 [メキシコ] 尻もち.

senyera 囡 (カタルーニャの)州旗.

seña 囡 **1**合図; 身ぶり. **2**(人や物の)特徴, 人相背格好. **3**[複] 住所. **4**(軍事) 合言葉. ━*santo y* ━ 合言葉. ▶ *hablar por señas* 身ぶり手ぶりで話す. *por* [*para*] *más señas* さらに特徴を付け加えると;とりわけ, おまけに. *señas personales* 人相, 人の身体的な特徴.

señal [セニャル] 囡 **1**印, 目印, マーク; 象徴. ━*hacer la* ━ *de la cruz* 手で十字を切る. **2**手掛かり, 証拠; 跡, 痕跡. **3**兆し, 兆候; 片鱗. **4**合図, 信号; 警報; 標識. ━ *de llamada* (電話の)呼び出し信号. *dar la* ━ *de alarma* 警戒警報を出す. ━*es de tráfico* 交通(道路)標識. **5**傷, 傷あと. **6**手付金, 頭金, 契約金. ▶ *en señal de* …の印として, 印に.

señaladamente 副 **1**特に, とりわけ, ことに. **2**明らかに, はっきりと.

señalado, da 過分 [→señalar] 形

1 定められた, 指定された, 予定の. **2** 目立つ, めざましい, 顕著な. **3** 著名な, 名うての.

señalamiento 男 **1** 指示, 指摘, 指定. **2** 《司法》[..]

señalar [セニャラル] 他 **1** …に印をつける, をマークする. **2** を指差す; 指揮する. **3** を指示する, 示す; を意味する, 表す. **4** …の値踏みをする. **5** …に傷をつける, を負傷させる; …の名声に傷をつける. **——se** 再 抜きん出る, 頭角を現わす, 目立つ.

señalero 男《中南米》**1**《自動車》ウインカー, 方向指示器. **2** 信号手.

señalización 女 **1**《集合的に》交通標識; 交通標識の体系. **2** 交通標識[信号機]の設置.

señalizar [1.3] 他 (道路などに) 交通標識[信号機]を設置する.

señera 女 アラゴン王国を構成していた各自治州の旗.

señero, ra 形 無類の, 傑出した, 特にすぐれた.

señor [セニョル] 男 **1**《男性に対する敬称として》 …さん, …様; …氏 [Sr. と略される. 呼びかけ以外は定冠詞を付け, 姓または姓名の前に付ける]. 圏 **——** 夫妻. **——Sr.** Gutiérrez グティエレスさん. **Sr.** Manuel Gutiérrez マヌエルグティエレスさん. **El Sr.** Ramírez es de Granada. ラミレス氏はグラナダの出身です. Los **——es** de Gonzaga tienen dos hijos. ゴンサガ夫妻には二人のお子さんがいらっしゃいます. **2**《男性に対する呼びかけとして》**——** ¡Señoras y **——es**! 皆さん, Buenos días, **——**. おはようございます. ¡Oiga!, ¿Es usted de aquí?–Sí, **——** y mismele, この店の方ですか. –はい, そうです. **3** 男の人; 紳士. **——**Es todo un **——**. 彼は立派な紳士だ. **4** 主人, 雇い主; 所有者. **5** 君主, 領主. **——** feudal 封建領主. **6** 主イエスキリスト; 神 [大文字で書きはじめる]. **——** ¡(Nuestro) S**——**! 主イエスキリスト. **7**[手紙で] **——**Muy **——** (**es**) mío(**s**); Muy **——** (**es**) nuestro(**s**); 拝啓. **——, ra** 形 **1** 名詞に後置[付] 高貴な, 優雅な, 上品な. **2** 名詞に前置して, 意味を強調する 《話》とっても大きな. 立派な; ひどい.

señora 女 [セニョラ] **1**《既婚の女性に対する敬称として》…夫人, …さん, …様[Sra. と略される. 呼びかけ以外は定冠詞を付け, 姓または姓名の前に付ける] **——Sra.** Gutiérrez グティエレス婦人. **Sra.** Ángela Gutiérrez アンヘラグティエレスさん. La **Sra.** Ramírez es de Granada. ラミレス夫人はグラナダの出身です. **2** 夫人, 奥さん. **——**Buenas noches, **——**. こんばんは, 奥さん. **3** 婦人, 女性; 淑女. **——** tienda de confección para **——s** 婦人服店. **4** 妻, 女房. **5** 女主人, 奥様. **——**Lo siento, señor, pero la **——** no está. すみません, 奥様はいらっしゃいません. **6 ——**Nuestra S**——** 聖母マリア. **7**[手紙で] **——**Muy **——** mía 拝啓.

señorear 他 **1** を統治する, 支配する. 言いなりにする. **2**《感情》を抑制する, 抑える. **3**《まわりの土地・建物など》からひときわ高くそびえている. **——**El castillo señorea la ciudad. その城は町でひときわ高くそびえている. **4**《話》…に対して威張り散らす, 尊大にふるまう. **——se** 再 **1**[+ de から] わが物とする; 奪い取る, 占領する. **2** 冷静沈着に振る舞う, 威厳のある態度を示す.

señoría 女 **1**《敬称; しばしば su Señoría, vuestra Señoría の形で》閣下; 奥様, お嬢様. ◆貴族・判事・議員など身分の高い人, およびその夫人, 令嬢に用いる. **2**《歴史》(中世ルネッサンス期イタリアなどの共和制都市国家の) 市会.

señorial 形 **1** 威厳[品位]のある, 堂々とした, 荘重な. **2** 領主の, 君主の; 貴族の.

señorío 男 **1** 支配(権), 統治(権), 領主権. **——** feudal 宗主権. **2** 領地; 荘園. **3** 威厳, 荘重さ. **4**《集合的に》上流階級の人々, お歴々; 有名人.

señorita 女 **1**《未婚女性に対する敬称》…さん, …様 [Srta. と略される. 呼びかけ以外は定冠詞を付け, 姓または姓名の前に用いられない]. doña といっしょには用いられない. **2** お嬢さん, 未婚の女性 [職務中の女性に対する敬称や, 呼びかけにも用いられる]. **——**¿Qué desea usted, **——**? どんなご用件ですか, お嬢さん. **3**《使用人が主人に対して》お嬢さん; 奥様[既婚の女主人に対しても用いることがある]. **4**(未婚か既婚かを問わず, 生徒から見た女性の) 先生.

señoritingo, ga 名《軽蔑》(金持ちで世間知らずの) お坊ちゃん, お嬢ちゃん.

señoritismo 男《軽蔑》世間知らず.

señorito 男 [セニョリト] **1**《使用人が見て主人に対して》お坊ちゃま, 若旦那様. **2** どら息子; 道楽者.

señorón, rona 形 (しばしば軽蔑的に) 金持ちの; 金持ちぶった, 大物ぶった. **——** 名 金持ち, 大物; 旦那ぶった[奥様然とした] 人.

señuelo 男 **1** おとり, デコイ (鳥をおびき寄せる), わな. **2**(人を陥れる) わな, 計略.

seo 女《スペイン, アラゴン地方の》大聖堂.

sepa, sepá(-) 動 **——**saber [17].

sépalo 男《植物》萼(がく)片.

separable 形 分離可能な, 区別できる; 取りはずし可能な.

separación 女 **1** 分けること, 分離; 別離, 別居. **——** conyugal 《法律》(夫婦の) 別居. **2** 隔たり, 間隔.

separadamente 副 別々に, 単独に, 離れて.

separado, da 過分 [→ separar] 形 **1** 分離した, 離れた, 区切られた. **2** 別居した, 別れた. ▶ **por separado** 別々に, 別個に, 分離して. **——** 名 別居中の人[夫, 妻].

separador 男《情報》セパレーター.

separar 他 [セパラル] **1**[+ de から] を引き離す, 遠ざける. **——** al niño *de* la chimenea 子供を暖炉から遠ざける. **2**[+ de から] を (…と) 区別する, えり分ける, 区別する; [+ de から] を

別する.—Debes ~ tu vida pública de la privada. 君は君の公的生活を私生活から区別すべきだ. **3**〖+de から〗(人)を解任する, クビにする. ── **se** 再 **1** 別れ別れになる:〖+de から〗…から離れる, を辞める. **2**(夫婦が)別居する. **3**〖+de と〗別行動をとる, 分派行動をとる, が▽独立する.

separata 女〖印刷〗〖論文などの〗抜き刷り.

separatismo 男〖政治〗分離主義.

separatista 形男女〖政治〗分離主義者(の).

sepelio 男 (宗教儀式を伴った)埋葬.

sepia 女 **1**〖美術〗セピア, ♦イカの墨から作る黒茶色の絵の具. **2**〖動物〗コウイカ; (一般に)イカ. ── 男 セピア色(の).

sepsis 女〖単複同形〗〖医学〗→ septicemia.

septembrino, na 形 9月の.

septenario, ria 形 7つ1組の, 7個から成る. ── 男 **1** 7日間. **2**〖宗教〗7日間の祈禱(きとう).

septenio 男 7年間, 七年期.

*septentrión 男 **1** 北, 北方; 北風. **2**(S~)〖天文〗北斗七星, 大熊座.

*septentrional 形 北の, 北方の.

septeto 男〖音楽〗七重奏[唱]; 七重奏[唱]団.

septicemia 女〖医学〗敗血症.

septicémico, ca 形〖医学〗敗血症の.

séptico, ca 形〖医学〗腐敗性の, 腐敗による; 敗血症(性)の.

septiembre 男 9月 (→setiembre).

septillo 男〖音楽〗7連符.

séptima 女 →séptimo.

*séptimo, ma [セプティモ, マ] 形〖数〗**1** 第7の. **2**〖序数詞の〗7番目の. —Fernando VII (séptimo) フェルナンド7世. **3** 7分の1の. ── 男 第7のもの[人], 7番目, 第7位. ── 男 7分の1. ── 女〖音楽〗7度; 〖音程〗.

septingentésimo, ma 形〖数〗**1** 第700番目の. **2** 700分の1(の).

septo 男〖解剖〗中隔, 隔膜, 隔壁.

septuagenario, ria 形 70歳代の. ── 名 70歳代の人.

septuagésimo, ma 形〖数〗**1** 第70番目の. **2** 70分の1の. ── 男 70分の1.

septuplicar [1.1] 他 を7倍(に)する.

séptuplo, pla 形 男 7倍の.

sepulcral 形 **1** 墓の; 埋葬に関する. —inscripción ~ 墓碑銘. **2** 墓地のような, 陰気な, 不気味な.

*sepulcro 男 **1**(石製の棺や箱の形をした)墓. —Santo S~ 聖墓(キリストの墓). **2**(教会の祭壇に設けられた)遺品の安置場所. ▸ **ser un sepulcro** 秘密を忠実に守る.

*sepultar [1.1] 他 **1** 墓に安置する, 埋葬する. **2** をすっかり覆い隠す, 壊滅させる, 葬り去る. **3** を忘れ去る. **4** を不安・悲痛のどん底に陥れる. ── **se** 再〖+en〗(悲嘆の)どん底に陥る.

sepulto, ta 形 埋葬された; 埋もれた.

sepultura 女 **1** 埋葬. —dar ~ al difunto 故人を埋葬する. **2**(地面に掘られた)墓, 墓穴, (死者が埋葬された場所としての)墓地. —cavar una ~ 墓穴を掘る.

sepulturero, ra 名 墓掘り人.

sequé, seque(-) 動 →secar [1.1].

sequedad 女 **1** 乾燥(状態). **2** 冷淡, そっけなさ.

sequedal 男 乾燥地, 乾燥地帯.

sequía 女 (長期の日照り); 早魃(かんばつ).

sequillo 男 砂糖をまぶした焼き菓子.

séquito 男 **1**〖集合的で〗(特に王族, 貴族などの)随員, 従者, 側近の人々. **2**〖集合的で〗(政治家などの)支持者グループ, 取り巻き; (タレントなどの)ファン. **3**(事件・戦争・災害などの)余波, 影響.

SER (字で)〖<Sociedad Española de Radiodifusión〗女 スペインラジオ放送.

*ser [セル] [12] 自 I〖繋辞(ひじ)として〗**1** …である〖A es B. AはBである〗という文において AとBの同一性, Aの属性を表す. **a**)〖半永久的性質〖属性〗〗—Es una mujer muy inteligente. 彼女はとても頭のいい女性です. **b**)〖身分, 職業, 国籍, 宗教〗—Ellos son funcionarios. 彼らは公務員だ. Soy francesa. 私はフランス女性です. **c**)〖原因〗—El beber fue su perdición. 飲酒が彼の破滅のもとだった. **d**)〖素材関係〗—Este reloj es mío. この時計は私のだ. **e**)〖出身地〗—Es extremeña. 彼女はエクストレマドゥーラの出身だ. **f**)〖材質関係〗—La mesa es de madera. テーブルは木製である. **g**)〖日時, 曜日, 日付〗—Hoy es miércoles, 23 de julio. 今日は7月23日, 水曜日である. **h**)〖計算の答〗—Cinco menos tres son dos. 5−3=2. **i**)〖価格〗—¿Cuánto es un café con leche? カフェオレはいくらですか. **j**)〖断定, 定義〗—Es así. (鞭を打って)その通りだ. **2**〖無主語文で, 時期を表す〗—Ya es tarde. もう遅い. Es la una. 1時です. **3**〖+de〗**a**)〖所有関係〗—Este libro es de Pablo. この本はパブロのだ. **b**)〖所属〗—Es del Partido Liberal. 彼は自由党員だ. **c**)〖出身地〗—Emilio es de Oviedo. エミリオはオビエドの出身だ. **d**)〖典型的属性〗—Ese detalle es muy de ella. そんな心遣いはいかにも彼女らしい. **4**〖+con〗**a**)〖同意〗—Soy con usted en todo lo que ha hecho. 私はあなたのなさったことすべてに賛成です. **b**)〖応対〗—Espere un momento, que en seguida soy con usted. 少々お待ちを, すぐ参りますから. **5**〖+para〗**a**)〖用途〗—Los idiomas son para comunicarse. ことばはコミュニケーションをとるためだ. **b**)〖適合〗—Este traje no es para ti. このスーツは君にふさわしくない. **6**〖主に点過去形, 未来形, 接続法現在形で〗…になる. —Cuando seas mayor, lo comprenderás. 君が大人になったら, きっ

ser(-)

とそれがわかるだろう。**7** [+ 不定詞/que]
—Es necesario estudiar [que estudiemos] mucho. よく勉強する必要がある. Es cierto que está casado. 彼が結婚しているのは確かだ. **8** [関係詞を使った強調構文２] —Es Juan el que me ama más. 私を一番愛してくれているのはフアンだ.
II [一般的動詞として] **1** ある, 存在する. —Pienso, luego soy. 我思う, ゆえに我あり. **2** 起こる, 行なわれる, 催される. —La boda es en el Hotel Palace. 結婚式はパレスホテルで[行なわれる]. **3** [様態の副詞] —¿Cómo fue el accidente? 事故はどんなでしたか? ◆ ['…である' を表わす動詞として, ser の他に, estar がある. 用語が形容詞または形容詞用法の句の場合, ser は主語の半永久的性質・属性を表わし, estar は一時的状態を表わす. → Soy viejo. 私は老人だ. Estoy viejo. 私はもう年老いた. また estar には「所在」を表わす用法がある.
III [主語に性・数一致する過去分詞を従えて受身の意味を出す] —La noticia fue difundida por la prensa. ニュースは新聞によって広まった. — 男 **1** 存在. humano 人間. S~ Supremo 至高の存在. 神. **2** 人物. **3** 生. 生命, 存在理由. **5** 人間 (= humano)
▶ **a [de] no ser por** もし…がなかったら, …でなければ. **a no ser que** [+ 接続法] …もし…でないならば. **a poder ser** できることなら. **¿Cómo es eso?** [+ 直説法] どうして…なんだ. **como sea** 是が非でも, 何とかして. **érase que se era/érase una vez** 昔むかしある所に…が住んでおりました. **es más** さらに言えば, その上. [+ 直説法] 実は…である (言い訳/釈明). [疑問文で] …ということか. **no es que** [+ 接続法] …というわけではない. **no sea que** [+ 接続法] …だといけないので. **o sea** または. **o somos o no somos** ここが our men ところだ, 思い切ってやってみる. **¿Qué ser de ...?** …はどうなるだ. **sea como [cual] sea** いずれにしても, 何がなんでも. **sea..., sea...** …かあるいは…か, …にせよ…にせよ. **ser de** [+ 不定詞] …すべきである, のはずである. **si no es por** もしかでなければ, もし…がいなかったら. **soy contigo [con usted]** すぐに行きます. **un [sí] es no es** かのずし少し, わずか.
ser(-) 動 → ser [12].

sera 女 荷かご.
seráfico, ca 形 **1** [宗教] セラフィム (のような), 熾(し)天使の(ような). **2** [宗教] アッシジの聖フランチェスコの; 聖フランチェスコ修道会の. **3** 穏やかな, 温和な.
serafín 男 [宗教] **1** セラフィム, 熾(し)天使. **2** [一般に] 天使; (天使のように)かわいい人.
serba 女 ナナカマドの実.
serbal 男 [植物] ナナカマド (バラ科の落葉小高木).
Serbia 固名 セルビア (首都 Belgrado). ■
serbio, bia 形 名 セルビアの(人). — 男 セルビア語.

sermón

serbobosnio, nia 形 名 ボスニア・ヘルツェゴビナ共和国のセルビア人(の).
■─ 男 セルビア・クロアチア語.
serenar 他 **1** 落ち着かせる, 平静にさせる, 安堵(ど)させる. — **se** 再 **1** 落ち着く, 平静になる, 安堵(ど)する. **2** (海・風などが)穏やかになる, 静まる, 凪(な)ぐ.
serenata 女 (音楽) セレナーデ, 小夜(よ)曲.
serenidad 女 **1** 静けさ, 静寂; 落ち着き, 冷静. **2** 晴朗; のどかさ, 平穏. **3** [Su とともに敬称として] 殿下.
serenísimo, ma 形 [情報] ▶ **Su serenísima Majestad** 殿下; 国王陛下.
sereno, na 形 **1** 静かな, 穏やかな; 落ち着いた, 冷静な. —Las olas están serenas. 波は穏やかだ. **persona serena** 冷静な人. **2** 穏やかな; (晴れて) 穏やかな. —El día [cielo] está ~. 今日は晴天だ[空は晴れわたっている]. — 男 **1** 夜露, 夜気. **2** 夜警, 夜回り. ▶ **al sereno** 夜間戸外で, 夜露にあたって.
Sergio 固名 (男性名) セルヒオ.
serial 男 (テレビ・ラジオの) 続き物, 連続ドラマ.
seriamente 副 **1** 真剣に, まじめに, 本気で. **2** ひどく, 重大に, 深刻に.
seriar 他 続き物にする, を一続きにする.
sérico, ca 形 絹の.
sericicultor, tora, **sericicultor, tora** 名 養蚕家.
sericicultura, sericicultura 女 養蚕(業).
serie 女 **1** ひと続き, 一連のもの; (テレビドラマなどの) 連続物; 叢書; (切手などの) 一揃い, 一組. —una ~ de pruebas 一連の証拠. **número de** ~ シリアルナンバー. **2** [話] 多くのもの. **3** (スポ) 予選. **4** (数学) 級数を表わすシリーズ. **5** (電気) 直列の(に). **fuera de serie** 並外れた, 特別の.
seriedad 女 **1** まじめさ, 誠実さ. **2** 確実さ, 品位; 分別. **3** 重大さ, 深刻さ.
serigrafía 女 [印刷] シルクスクリーン印刷(法).

serio, ria [セリオ, リア] 形
1 まじめな, 真剣な; 誠実な, 信頼できる; 正式の, 厳粛な. —**en tono ~** 真剣な調子で. **una persona seria** 誠実な人. **una recepción seria** 正式なレセプション. **2** 堅苦しい, きまじめな; (表情などが) 堅い, 険しい. **3** (事件などが) 重大な, ゆゆしい; (病気などが) 重い. —**enfermedad seria** 重い病気. **4** (色などが) 地味な, 落ち着いた. ▶ **en serio** 真剣に, 本気で. 熱心に, 一生懸命に. **tomar ... en serio** (事を真に受ける, まじめにとる.
sermón 男 **1** [宗教] 説教. —S~ de la Montaña. (聖書) 山上の垂訓. **2** お説教, 小言. —**echar un** ~ **a ...** …に お説教する.

S

sermonario 男 説教集.

sermoneador, dora 形名 説教好きの, 説教ばかりする(人).

sermonear 自 1〔話〕…に小言を言う, お説教をする. 2〔宗教〕〔神父などが信者に〕説教する. — 他〔宗教〕説教する.

sermoneo 男 小言, お説教.

serología 女〔医学〕血清学.

serón 男〔馬, ロバなどに背負わせる〕荷かご, 背負いかご.

seronegativo, va 形名〔医学〕(エイズなどの)血清診断で陰性反応の(人).

seropositivo, va 形名〔医学〕(エイズなどの)血清診断で陽性反応の(人).

serosidad 女〔生理〕漿液(しょう); 漿液性.

seroso, sa 形〔生理〕漿液(しょう)の; 漿液性の; 漿液を分泌する.

seroterapia 女〔医学〕→sueroterapia.

serpear 自 →serpentear.

serpentario 男 1(S〜)〔天文〕へびつかい座. 2〔鳥類〕ヘビクイワシ.

serpenteado, da 過分 〔→ serpentear〕 形 曲がりくねった, 蛇行した.

serpentear 自 1〔道・川などが蛇のように曲がりくねる, 蛇行する. 2〔蛇のように〕くねくね〔ずるずる〕とはう〔はう〕.

serpenteo 男 1 蛇行, 曲がりくねり, ジグザグ. 2 這(は)うこと, 這い歩き.

serpentín 男〔蒸留器などの〕らせん管, 蛇管.

serpentina 女 1〔パーティーなどで投げる〕紙テープ. 2〔鉱物〕蛇紋石.

serpentino, na 形 1 ヘビの, ヘビに似ている, 曲がりくねった. 2 ヘビの(ような).

serpiente 女 1〔動物〕ヘビ(蛇). 〜 de cascabel ガラガラヘビ. 〜 pitón ニシキヘビ. 2 悪への誘惑者, 悪魔; 狡猾な人. ▶**serpiente emplumada**〔神話〕羽毛のはえた蛇, ケツァルコアトル.

serpollo 男〔植物〕の新芽, 若枝.

serrado, da 形 のこぎり状の, ぎざぎざの, 鋸歯(きょし)状の.

serradora 女 動力のこぎり.

serraduras 女 おがくず, のこぎりくず.

serrallo 男〔イスラム教国の〕後宮, ハーレム.

serranía 女 山地, 山岳地帯, 山の多い地方.

serraniego, ga 形 →serrano.

serranilla 女〔詩〕騎士と羊飼いの娘の恋を歌った短い行からなる詩.

serrano, na 形 1 山地の, 山国の, 山に住む. 2〔詩〕はつらつとした, 見目麗しい. — 名 山地の住民, 山国の人. ▶**jamón serrano** ハモン・セラーノ(スペイン産生ハム).

serrar〔4.1〕他 のこぎりで切る: のこぎりで挽(ひ)いて作る.

serrato 形 —músculo — 鋸筋(きょきん).

serrería 女 製材所.

serrijón 男 小さな山脈.

serrín 男 おがくず, のこぎりの切りくず; く

ず.

serruchar 他 1 を手びきのこぎりで切る. 2〔中南米〕を裏切る, …に造反する.

serrucho 男〔片手で使う〕手びきのこぎり.

serventesio 男〔詩学〕第1行と第3行, 第2行と第4行が同韻の4行詩.

servicial 形 よく気がつく, 世話好きな.

servicio 男 [セルビシオ] 1 客へのサービス, 給仕; サービス料; 公的サービス, 公益業務; (交通などの)便, 運行. 〜 a domicilio 宅配サービス. 〜 incluido サービス料込みで. 〜 público 公共サービス. Hay 〜 de autobús. バスの便(びん)があります. 2 勤務, 勤め;〔軍事〕兵役, 軍務. —hoja de 〜 職歴. estar de 〜 勤務中である. 〜 militar 兵役. 3 奉仕(品), 尽力, 世話. —〜s sociales 社会奉仕. 4 有用, 役に立つこと; 功労. 5 便所, トイレ;〔主に ⊕〕公衆便所. 6 召使, 使用人; 使用人部屋. —〜 doméstico 召使. 7〔食器などのセット, …ぞろい, 一つの〜 de mesa テーブルセット(ナイフやフォークなど一式). 8〔テニスなどの〕サーブ, サービス. ▶ a su servicio エマ・サルバドールさんですか. —はい, (私が)そうです. ▶ Servidor de usted.〔用件を頼まれるときなどの丁寧な言い方〕何でございましょうか. Su〔atento〕seguro servidor.〔丁寧な手紙での敬具(の略記)〕S. [atto.] s.s.). 男〔情報〕サーバー. 〜 de correo メールサーバー.

servidumbre 女 1〔集合的に〕(一箇所で働く)使用人たち, 召使たち. 2 奴隷(の状態), 隷属; 束縛, 拘束; 抑えきれない衝動, 断ち切れない欲望. 3〔法律〕地役権.

servil 形 1 卑屈な, へつらっらう; 奴隷根性の. 2 奴隷の, 下僕の, 召使いの.

servilismo 男 1 卑屈さ, へつらい; 奴隷根性, 奴隷状態, 隷属.

servilleta 女〔食卓用ナプキン.

servilletero 男 ナプキンリング.

servio, via 形 →serbio.

servir〔6.1〕自 1〔+ de として〕役立つ, 有用である; 〔+ para のために〕役立つ. —El bolígrafo *sirve* para escribir. ボールペンはものを書くのに役立つ. 2 …に仕える, サービスする;〔+de〕…として働く, 役立つ; 使用人として働く; 食事を出す, 給仕する. —¿En qué puedo 〜le? 何のご用でしょうか, 何を差し上げましょうか. Estuvo *sirviendo* en la casa de un abogado. 彼はある弁護士の家で使用人として働いていた. ¿Le *sirven* ya a usted? もうご注文はうかがいましたか. El sótano *sirve* de

[como] refugio. 地下室は避難場所にもなる. **3** 兵役につく, 軍人として働く. **4**〔スポ〕サービスをする, サーブをする. ― 他 **1**〔テーブル・カウンターに料理を〕出す, 運ぶ, 給仕する. **2** を与える, くれる. **3** を卸す. 供給する: 配達する. ― **se** 再 **1**〔+不定詞〕…してくださる. — *Sírvase* usted escribirme en cuanto llegue allá. あちらにお着きになりしだい手紙をくださいませ. **2**〔+de〕用いる, 使う. **3**〔料理を〕自分で取る, 〔飲物を〕自分でつぐ. — *Sírvase* usted, por favor. どうぞお取り下さい. ▶ **ir servido**〔皮肉〕勘違いしている, 見当違いである. **para servirle** どうぞよろしく.

servo 男 → servomecanismo.

servocroata 形 → serbocroata.

servodirección 女〔自動車〕パワーステアリング.

servofreno 男〔機械〕サーボブレーキ.

servomecanismo 男〔機械〕サーボ機構.

servomotor 男〔機械〕サーボモーター.

sesada 女〔料理〕(羊などの)脳のフライ.

sésamo 男〔植物〕ゴマ;〔集合的に〕ゴマの実. ▶ *¡Sésamo, ábrete! ¡Ábrete, sésamo!* 開け, ゴマ.

sesear 自〔言語〕ce, ci, z の子音を [θ]音でなく [s]音で発音する.

sesenta [セセンタ] 形〔数〕**1** 60の, 60個[人]の. **2**〔序数詞的に〕60番目の. ― 男 60(の数字).

sesentavo, va 形〔数〕60分の1 (の), 60等分の.

sesentón, tona 形 男女〔話〕60歳(ぐらい)の(人); 60歳台(ぐらい)の(人).

seseo 男〔言語〕ce, ci, z の子音を [θ]音でなく [s]音で発音すること.

sesera 女 **1**〔解剖〕頭蓋(がい); 脳. **2**〔話〕頭脳, 知力.

sesgado, da 過分〔→sesgar〕形 **1** 斜めに置かれた; 傾いた. **2** 歪曲(わいきょく)された, 偏向した.

sesgar [1.2] 他 **1** を傾ける, 斜めにする. **2** を歪曲(わいきょく)する.

sesgo 男 **1** 斜め, 傾き; (布地裁断の)バイアス. **2**(取り引きなどの)成り行き, 方向. ▶ **al sesgo** 斜めに, 傾いた.

sesión 女 **1**(個々の問題や活動のための)会議, 会合, 集まり. ― 〜 plenaria 本会議. abrir la 〜 開会[開廷]する. levantar [cerrar] la 〜 閉会[閉廷]する. **2**(議会などが)開かれていること; 会期, 開会[開廷]期間. **3**(映画や演劇などの)上映, 上演, 公演. — Hay dos *sesiones* por la tarde. 午後には2回上映[上演]される. **4**(仕事などの)継続時間; 1回分の診察.

seso 男 **1**〔主に複〕脳; (食用となる牛や羊の)脳. **2** 頭脳, 知力, 頭. ― tener mucho [poco] 〜 頭がいい[悪い]. ▶ **beber** [*beberse, perder*] **el seso** [*los sesos*] 頭が変になる, 気が狂う. **calentarse** [*devanarse*] **los sesos** 知恵を絞る, 脳みそを絞る. **tener sorbido el seso**〔+a を〕を夢中にする, を虜にする;〔+por に〕に首ったけする.

sesquicentenario, ria 形 150の. ― 男 150年祭.

sestadero 男〔家畜のための〕日陰の休み場.

sestear 自 **1**(昼食後に)昼寝する. **2**(家畜が)日陰で休む.

sesteo 男 **1** 昼寝, 午睡. **2**(家畜が)日陰で休むこと.

sestercio 男〔歴史〕セステルティウス貨.

sesudo, da 形〔しばしば皮肉〕賢い, 抜け目ない, 分別のある.

set 男〔複 〜s〕**1**〔スポ〕(テニス・バレーボールなどの)セット. **2**(道具などの)セット, 一そろい. **3**〔映画〕セット.

seta 女〔植物〕(主に食用の)キノコ.

setecientos, tas 形〔数〕**1** 700の, 700個[人]の. **2**〔序数詞的に〕700番目の. ― 男 700(の数字).

setenta [セテンタ] 形〔数〕**1** 70の, 70個[人]の. **2**〔序数詞的に〕70番目の. — *los* (*años*) 〜 (その世紀の)70年代, 70歳代. ― 男 70(の数字).

setentavo, va 形 男〔数〕70分の1 (人).

setentón, tona 形 男女 70歳代の(人).

setiembre 男 9月 (→septiembre).

sétimo, ma 形 → séptimo.

seto 男 **1** 柵(さく), 囲い. **2** 生け垣, 垣根 (＝〜 vivo [verde]).

setter 男〔動物〕セッター.

seudohermafrodita 形 男女 性同一障害のある(人).

seudónimo 男 ペンネーム, 筆名; 芸名; 偽名.

seudópodo 男〔生物〕(原生動物の)仮足(かそく), 偽足.

severidad 女 **1** 厳しさ, 厳格さ. **2** 過酷さ, 激しさ.

severo, ra [セベロ, ラ] 形〔+con/para に対して〕厳しい, 厳格な, 厳正な; (表情などが)いかめしい, いかめしい. — Era muy 〜 con sus hijos. 彼は子どもたちに大変厳しかった. **2**(気候などが)厳しい, 過酷な. — Tuvimos un invierno muy 〜. 非常に厳しい冬だった. **3**(外見などが)飾り気のない, 簡素な, 殺風景な.

sevicia 女〔文〕残酷さ, 残忍性, 野蛮さ.

Sevilla 固名 セビリア[セビーリャ](スペインの都市名).

sevillanas 女複〔音楽, 舞踊〕セビリャーナス. ▶ スペイン, セビーリャの伝統的な民謡・舞踊.

sevillano, na 形 セビーリャの(人).

sexagenario, ria 形 男女 60歳代の(人).

sexagesimal 形 60の, 60ずつで数える, 60進数[進法]の.

sexagésimo, ma 形 (数) **1** 第60の, 60番目の. **2** 60分の1の. —— 男 60分の1.

sex appeal, sexapil 男 セックスアピール, 性的魅力.

sexar 他 (動物)の性別判定をする.

sexcentésimo, ma 形 (数) **1** 第600の, 600番目の. **2** 600分の1の. —— 男 600分の1.

sexenio 男 6年間.

sexi 形 セクシーな, 色っぽい; 挑発的な. —— 男 性的な魅力.

sexismo 男 性差別, 性差別主義.

sexista 形 男/女 性差別主義の(人).

sexo 男 **1** (生物の)性; 性別. —el ~ débil 女性, el bello ~ 女性. **2** 性器. **3** セックス, 性行為.

sexología 女 《医学》性科学.

sexólogo, ga 男/女 性科学者.

sex shop 男 ポルノショップ.

sex symbol 男 セックスシンボル.

sexta 女 **1** (カト)六時課. **2** 《音楽》6度(音程). **3** 《歴史》(古代ローマの)日中を4つに分けた3番目の時間(正午から午後3時)の.

sextante 男 《海事》六分儀.

sexteto 男 **1** 《詩学》(一行8音節以下の)6行詩. **2** 《音楽》六重奏(唱); 六重奏[唱]曲; 六重奏[唱]団.

sextilla 女 《詩学》(一行8音節以下の)6行詩.

sextillón 男 6倍数.

sextina 女 《詩学》セクスティーナ. ◆各行11音節で, 6行連句と3行連句1つからなる詩.

sexto, ta [セ(ク)スト, タ] 形 (数) **1** 第6の, 6番目の. **2** 6分の1の. —— 男 **1** 第6のもの[人], 6番目, 第6位. **2** 6分の1. —— 男 6倍になる.

sextuplicar [1.1] 他 を6倍にする[増やす]. —— 再 6倍になる.

séxtuplo, pla 形 男 6倍の.

sexuado, da 《生物》有性の.

sexual 形 性の, 性的な, 〜 discriminación ~ 性差別. órganos ~es 性器, 生殖器. educación ~ 性教育. acoso ~ セクシュアル・ハラスメント. reproducción ~ 有性生殖.

sexualidad 女 **1** 性的機能, 性的能力. **2** 性生活, 性行為.

sexualmente 副 性的に; 性別による.

sexy 形 → sexi.

Seychelles 固名 セイシェル(首都Victoria).

sha 男 → sah.

share 男 (テレビなどの)視聴率(=cuota de audiencia).

sheriff <英> 男 (米国の)保安官; (英国の)執行官.

sherry 男 シェリー酒 = vino de Jerez).

shock <英> 男 《複 shock, ~s》ショック, 衝撃 (→ choque).

shogun <日> 男 将軍.

shopping 男 《話》ショッピング, 買い物.

shorts 男 複 《服飾》ショートパンツ(= pantalón corto, pantalones cortos).

shot 男 《南米》(スポ)(サッカーの)シュート.

show <英> 男 ショー, 見せ物 (= espectáculo).

show woman <英> 女 (番組・ショーの)女性司会者[紹介者](= animadora, presentadora).

si¹ 男 《複 ~s》《音楽》口音(シ).

si² 接 **1** 《条件》もし…ならば, …だとすれば. —*Si* tienes tiempo, ven. もし時間があったら, 来なさい. **2** 《対立》…ではあるが, —*Si* los hay educados, también muy maleducados. 行儀のよい人もいるにはいるが, 大変悪い人もいる. **3** 《非現実的な仮想》もし…ならば; 《過去の事実に反する仮想》もし…であったならば. —*Si* tuviera dinero, compraría un coche. 私はお金があるならば自動車を買うのだけれども. *Si* hubiera tenido dinero, habría comprado un coche. 私はお金があったならば自動車を買ったのだけれども. **4** 《間接疑問文》…かどうか. —No sé *si* viene hoy. 私は彼が今日来るかどうか知らない. **5** 《願望文》…であればいいのに. —¡*Si* me tocara la lotería! 宝くじが当ればいいのに. **6** 《話》《文頭で強調》…なのに. —*Si* te lo he dicho mil veces. 君に何回もそれを言ったのに. **7** 《疑問文の内容》…かな? —¿*Si* me habrá mentido? 彼は私にうそをついたのだろうか? ¿*Si* serás caradura? おまえはそんな恥知らずなのか?

▶ **como si** 《+接続法過去[過去完了]》まるで…であるか[であったか]のように. —Ellos me trataron *como si* fuera su propio hijo. 彼らは私をまるで我が子のように扱ってくれた. **si bien** … …だけれども. **si es que** 《+直説法》…ということならば. —*Si es que* no puedes, dímelo claramente. もしできないのならはっきりそう言ってくれ.

sí¹ 代 《再帰》 [se の前置詞格]. 3人称 単数・複数, con の後で consigo となる 自分(自体), それ(自体). —Nunca piensa en *sí* misma. 彼女は決して自分自身のことを考えない. ▶ **de sí** それ自体で, それだけで; 元来, もともと. **de por sí** それ自体で, それだけで. **en sí** それ自体で, それだけで. **entre sí** 心の中で, 内心で, だれにも聞こえないように. **fuera de sí** 我を忘れて, 興奮して, 怒り狂って. **para sí (mismo)** 心の中で, 内心で, だれにも聞こえないように. **por sí solo** それだけで; 自分だけで, 独力で.

sí² 副 **1 a)** 《肯定の答え》はい, ええ. —¿Me comprendes?—Sí. (私の言ったことが)分かったかい?—はい. ¿Qué tal un café?—Sí, por favor. コーヒーでもどう? —はい, いただきま

す. ¿Ah, sí? ああ, そうなんですか. b)〖否定疑問・否定命令に対して〗いや, いいえ. —¿No has terminado los deberes? —Sí, ya los he terminado. 宿題は終わってないの? —いや, もう終わったよ. c)電話を受けて」... —Sí, diga. はい, もしもし. **2**〖肯定して〗そう, 本当に, 確かに. —Ah, sí, ya me acuerdo. ああそうだ, 今思い出した. **3**〖完全な節の代用〗そう(だ), そうする. —Creo que sí. 私はそう思う. ▶ *porque sí* 〖話〗そうだってそうだから, そうしたいから. 〖強調して〗本当に, 実に, *¡pues sí!* もちろんだ, そうとも, もっての外だ, まったく困ったもんだ. —¿Está usted enterado de todo? —*¡Pues sí!* 全部ご存じなんですか. —もちろんですよ. *pues sí que* 〖+直説法〗〖話〗〖皮肉の意〗本当に(まったく)…だ. *—¡Pues sí que* estáis buenos! まったく君たちなどいもんだ. —— 男〖複 ~es〗肯定の答え, 賛成, 承諾.

sialismo 男〖医学〗流涎(りゅうぜん), 唾液過多.

siamés, mesa 形 シャム(Siam)の(人). —— 男 シャム語. ▶ *gato siamés* シャム猫. *hermanos siameses* シャム双生児.

sibarita 形 男女 **1**〖歴史〗古代ギリシャのシュバリタ(市民). **2** ぜいたくな(人), 享楽的な(人); 色好みの(人).

sibaritismo 男 ぜいたく好き, 享楽主義; 色好み.

siberiano, na 形 名 シベリヤ(Siberia)の(人).

sibil 男〖食料品などの〗地下貯蔵室, 地下のほら穴.

sibila 女〖古代ギリシャ・ローマで予言能力があるとされた〗巫女(みこ), 女予言者, 女占い師.

sibilante 形 **1** シューシュー音をたてる. **2**〖音声〗歯擦音の. —— 女〖音声〗歯擦音［[s], [z], [sh], [zh] など］.

sibilino, na 形 **1** 巫女(みこ)の(ような); 女予言者(女占い師)の(ような). **2** 神託のような, 予言的な; 謎めいた.

sic 原文のまま, ママ.

sicalipsis 女〖単複同形〗**1** エロチシズム, 猥褻(わいせつ). **2** ポルノ, 好色文学; ポルノ映画(写真).

sicalíptico, ca 形 挑発的な, いかがわしい, ポルノの.

sicario 男 殺し屋, 刺客.

sicastenia 女〖医学〗神経衰弱, 精神衰弱.

siciliano, na 形 名 シチリア島(Sicilia)の, シチリア人(の). —— 男 シチリア方言.

siclo 男 イスラエルで使われた銀貨.

sicoanálisis 男 精神分析(法); 精神分析学 (→psicoanálisis).

sicoanalista 共 精神分析医, 精神分析学者 (→psicoanalista).

sicoanalizar 他 (人)の精神を分析する, …に精神分析を施す (→psicoanalizar).

sicodélico, ca 形 幻覚的な, サイケデリックな, (色彩などが)けばけばしい (→psicodélico).

sicodrama 男〖医学〗心理劇, サイコドラマ (→psicodrama).

sicofanta, sicofante 共 こびへつらう人, 追従(ついしょう)者; 中傷者.

sicología 女 →psicología.

sicológico, ca 形 →psicológico.

sicólogo, ga 名 →psicólogo.

sicomoro, sicómoro 男〖植物〗エジプトイチジク.

sicono 男〖植物〗イチジク果.

sicópata 男女〖医学〗精神病質者 (→psicópata).

sicopatía 女〖医学〗精神病質 (→psicopatía).

sicopático, ca 形〖医学〗精神病(質)の, 精神障害の (→psicopático).

sicosis 女〖単複同形〗〖医学〗精神病 (→psicosis). —— *maniacodepresiva* 躁鬱(そううつ)病.

sicoterapia 女〖医学〗心理療法, 精神療法 (→psicoterapia).

SIDA, sida (頭字)〖<Síndrome de Inmunodeficiencia Adquirida〗男 エイズ(後天性免疫不全症候群)〖英 AIDS〗.

sidecar [<英] 男〖オートバイのサイドカー.

sideral, sidéreo, a 形〖天文〗星の, 恒星の; 星座の.

siderita 女〖鉱物〗菱(りょう)鉄鉱.

siderurgia 女 製鉄(業).

siderúrgico, ca 形 製鉄(業)の. —*industria siderúrgica* 製鉄業. *fábrica siderúrgica* 製鉄所.

sidofobia 女 エイズ(SIDA)恐怖症, エイズに対する嫌悪感.

sidoso, sa 形 名〖軽蔑〗エイズ(SIDA)の(患者).

sidra 女 シードル, リンゴ酒.

sidrería 女 シードル[リンゴ酒]屋.

sidrero, ra 形 シードル[リンゴ酒]の. —— 名 シードル[リンゴ酒]製造[販売]業者.

siega 女 **1** 収穫, 取り入れ; 草刈り. **2** 収穫期, 刈り入れ時. **3** 収穫物; 収穫高.

siembra 女 **1** 種まき; 種まきの時期, 播種(はしゅ)期. **2** 種まきした畑.

siempre [シエンプレ] 副 **1** いつも, 常に, いつでも. —Siempre hace lo mismo. 彼はいつも同じ事をしている. **2** とにかく, いずれにせよ. **3** きっと, 確かに, 必ず. ▶ *como siempre* いつものように, 相変わらず. *de siempre* いつもの; 昔からの, 古くからの. *desde siempre* 以前から, ずっと前から. *¡Hasta siempre!* またいつか会いましょう; いつもお待ちしています. *para siempre* いつまでも, 永遠に. *por siempre [jamás]* 永遠[永久]に, いつまでも. *siempre que* 〖+接続法〗…するならいつでも; 〖+直説法〗…するときはいつも. *siempre y cuando [que]* 〖+接続法〗…するならいつでも.

siempreviva 女〖植物〗永久花; (特

sien 女 《解剖》こめかみ; びん.

siena 男形 濃いくり色(の).

sienita 男 閃長(ﾚﾝちょう)岩.

sient- 動 1 → sentar [4.1]. 2 → sentir [7].

sierpe 女 1《動物》ヘビ. 2 ひどく醜い人; 怒りっぽい人. 3 (ヘビのように)くねくねとしたもの.

sierra 女 [シエラ] 1 のこぎり, 鋸. —~ circular 電動丸のこ. 2 山脈, 山々; 山地.

Sierra Leona 固名 シエラ・レオネ(首都 Freetown).

siervo, va 名 1 奴隷. 2 奉仕する人, しもべ; 召使い, 何でも言うことをきく人. 3 (自らを卑下して)私め, しもべ. ▶ **siervo de Dios** 神の使い(⁀), **siervo de la gleba**《歴史》世襲農奴.

sieso 男《解剖》直腸の末端部(肛門を含む).

siesta 女 1 昼寝, 午睡. —dormir [echar(se)] la (una) ~, tomar u ~ 昼寝をする. 2 真昼, 昼下がり.

siete 形《数》[シエテ] 7の, 7つ[個, 人]の; 《序数詞で》7番目の. —男 1 7(の数字). 2《俗》(衣服などの)かぎ裂き. ▶ **más que siete**《俗》たくさん, どっさり.

sietecolores 男《単複同形》ナナイロフウキンチョウ.

sietemesino, na 形 1 妊娠7か月で生まれた, 早産の. 2 発育不全の, ひよわな, 未熟児の. 3 (子どもが)生意気な, 大人ぶった. —名 1 早産児. 2 未熟児. 3 大人ぶった子ども.

sífilis 女《単複同形》《医学》梅毒.

sifilítico, ca 形《医学》梅毒の(患者); 梅毒にかかった(人).

sifón 男 1 サイフォン, 吸い上げ管. 2 (排水管の)U字管, トラップ; 防臭弁. 3 (炭酸水を入れる)サイフォン瓶; 炭酸水, ソーダ水.

sig(-) 動 → seguir [6.3].

sigilo 男 1 秘密(にすること), 内密(のやり方). —con mucho [gran] ~ こっそりと, 秘密裡(ﾘ)に. 2 慎重さ, 思慮深さ, 用心.

sigilografía 女 印章学.

sigiloso, sa 形 1 秘密中の, 内密の, 人目を盗んだ. 2 慎重な, 思慮のある; 静かな, 沈黙の.

sigla 女 1 (頭文字による)略語, 略字, 略号. —PSOE es la ~ [son las ~s] de Partido Socialista Obrero Español. PSOEはスペイン社会労働党の略号である. 2 (一般に)略語, 短縮形.

siglo 男 [シグロ] 1 世紀, 100年[間]; 時代. —El S~ de Oro 黄金世紀(スペイン文学の隆盛期となった17世紀). en el s.XX (siglo veinte) 20世紀に. — VII a.de J.C. (séptimo antes de Jesucristo) 紀元前7世紀. 2 長い年月, 長い間. —Hace ~s que no te veo. 君にはもう長い間会っていない. 3 俗世間, 俗界, 現世. ▶ **por los siglos de los siglos** 永遠に, 未来永劫に.

sigma 女 シグマ(ギリシャ語アルファベットの第18字: Σ, σ).

sigmoideo, a 形 S字状の. —男《解剖》S状結腸.

signar 他 1 (書類などに)判を押す, 調印する. 2《宗教》…に対して十字を切る; を十字を切って祝福する. 3 …に署名する, サインする. —**se** 再《宗教》十字を切る.

signatario, ria 形 署名した, (条約などに)調印した: 署名[調印者]の. —名 署名者, 調印者.

signatura 女 1 (書籍などの)分類番号, 書架番号, カタログ番号. 2 (本物であることを証明する)署名, サイン. 3《印刷》背丁(ﾃ⁀).

significación 女 1 意味, 語義. 2 重要性, 意義.

significado 過分 (→ significar) 男 1 語義, 意味. —¿Cuál es el ~ de esta palabra? この語の意味は何ですか. 2《言語》シニフィエ, 所記, 記号内容. ▶ **, da** 有名な, 周知の, 特に優れた.

significante 形 重大な, 意義深い. —男《言語》シニフィアン, 能記, 記号表現.

significar 他 [シグニフィカル] [1.1] …する, 示す; …に等しい. —No sé qué *significa* en español esa palabra. 私はその言葉がスペイン語で何という意味か知らない. 2 を表明する, 表す, 述べる. —自 《+ para》 にとって》重要である. —**se** 再 1《+ por》 抜きん出る, 群を抜く, 図抜ける. 2 (政治上・宗教上の)考えを表明する.

significativo, va 形 1 意味を表す, 意味を持つ, 《+ de 》を表す[示す]. 2 意味ありげな, 意味深長な, 暗示的な. —mirada *significativa* 意味ありげな視線. 3 意味のある, 有意義な.

signifique(-), signifiqué(-) 動 → significar [1.1].

signo 男 1 記号, 符号. —~s de puntuación 句読点. — lingüístico 言語記号. ~ más [positivo] プラス記号(+). ~ menos [negativo] マイナス記号(-). 2《+ de 》 表れ, しるし, 証拠. 3 傾向, 動向; 兆候, 兆し. 4 (占星術で)…座.

sigo, sigue(-), sigui- 動 → seguir [6.3].

siguiente 形 1 次の, 次に続く, 翌…. —el día — 翌日. 2 以下の, 次に述べる, 下記の. —男女 次の人.

sij 男女《~es》シーク教徒(の).

sílaba 女《言語》音節, シラブル. — abierta [libre] 開音節, 母音で終わる音節. ~ aguda [átona] アクセントのある[ない]音節. ~ cerrada [trabada] 閉音節, 子音で終わる音節.

silabario 男 つづり字教科書. ◆読み方を習うために単語が音節ごとに分けて書いてあ

silabear 他 《文章・単語》を音節に区切る, 音節ごとに切って発音する. — 自 音節ごとに発音する.

silabeo 男 音節に区切ること, 音節に切って発音すること.

silábico, ca 形 音節の.

silba 女 《野次・抗議・ブーイングの》口笛.

silbante 1 ヒューヒューいう. 2《音声》歯擦音の. — 女《音声》歯擦音.

silbar 自 1 口笛［指笛］を吹く, 2 《風などが》ビュービュー吹く;《弾丸・矢などが》ビューッと飛ぶ: Silbaba [Zumbaba] y silbaba. シュンシュン[ヒューヒュー]と鳴る[いう, 飛ぶ]. 3《劇場などで》口笛を吹いてやじる. — 他 1《メロディー》を口笛で吹く,《人・犬など》に口笛を吹き送る; …を口笛で呼ぶ, …に口笛でやじる.

silbatina 女〔南米〕非難の口笛; やじ.

silbato 男 警笛, 汽笛; 呼び子, ホイッスル.

silbido, silbo 男 1 口笛(の音); 呼び子［警笛, 汽笛］の音. —dar un ～ 口笛［呼び子］を吹く. 2 ビューッという［やじの］口笛. 3 非難［やじ］の口笛. ▶ *silbido de oídos* 耳鳴り.

silenciador 男《銃などの》消音装置, サイレンサー;《エンジンの》マフラー.

silenciar 他 1 …について沈黙する, を黙殺する; もみ消す. 2《人》を黙らせる, 静かにさせる.

silencio 男 1 沈黙, 無言; 秘密を守ること, 黙秘; 音信不通. —¡S～! 静粛に. guardar ～ 黙っている. imponer ～ a … を黙らせる. romper el ～ 沈黙を破る. 2 静かなこと, 静寂. —Aquí hay un ～ absoluto. ここは静まりかえっている. 3《音楽》休止, 休止符. ▶ *en silencio* 黙って, ものも言わずに; 不平を言わずに, 黙々と.

silencioso, sa 形 1 沈黙した, 無言の, 無口な. 2 静かな, 静寂な, 閑静な. 3《機械などが》音の静かな, 音を立てない, 低騒音の.

silente 形《詩》静かな, 落ち着いた.

silepsis 女《単複同形》1《言語》兼用法, 軛(くびき)語法, シンプシス. ◆性・数・人称の変化が意味的に行なわれること. Ej. La mayor parte votaron en contra. 大部分の人が反対票を投じた. 2《修辞》兼用法. ◆1 語を本来の意味と比喩的意味の 2 義に用いること. 例: Lo dejaron más suave que un guante. 彼らは彼を手袋よりも柔らかくした（完全に手よずけた）.

sílex 男《単複同形》《鉱物》燧石(すいせき), 火打ち石.

sílfide 女《神話》（女の）空気［風］の精.

silfo 男《神話》（男の）空気［風］の精.

silicato 男《化学》珪酸(けいさん)塩; 珪珪エステル.

sílice 女《化学》シリカ, 二酸化珪(けい)素, 無水珪酸.

silíceo, a 形《化学, 鉱物》シリカの（ような）, シリカを含む, 珪質(けいしつ)の.

silícico, ca 形《化学》珪素［ケイ素］の. —ácido ～ ケイ酸.

silicio 男《化学》珪(けい)素 (元素記号 Si).

silicona 女《化学》シリコン.

silicosis 女《単複同形》《医学》珪(けい)肺（症）.

silicua 女《植物》長角果.

silla [シャ] 女 1 椅子. —sentarse en una ～ 椅子に座る. ～ de la reina（二人が手を互いに組んで作る）手車. ～ de ruedas 車椅子. ～ de tijera（足が animar かしむ）折り畳み椅子. ～ eléctrica（処刑用の）電気椅子. 2 鞍(くら). —～ de montar 鞍. ～ jineta 競馬用の鞍. 3《宗教》玉座, 高位の聖職者の座, 権威の座. ▶ *mover la silla a …* 《話》…の職［地位］を失うように策をめぐらす. *pegársele la silla a …* 長い時間椅子に座っている;（訪問先で）長いこと過ごす. *quitar la silla a …* 《話》…の職［地位］を奪う.

sillar 男 1《建築》切り石. 2 馬の背.

sillería[1] 女 1《集合的に》椅子;（劇場などの通りの, 教会の）聖歌隊席. 2 いす製造工場; 椅子販売店. いす製作［販売］業.

sillería[2] 女《建築》《集合的に》切り石, 切り石造りの建物.

sillero, ra 名 1 椅子製造［販売, 修理］業者. 2 鞍(くら)製造業者.

silleta 女〔中南米〕椅子.

silletazo 男 椅子での殴打.

sillín 男 1（自転車・オートバイなどの）サドル, シート. 2 軽装の鞍(くら).

sillón 男 肘掛け椅子. —～ multiposiciones リクライニングチェア.

silo 男 1 サイロ; 穀物・飼料などの（地下）倉庫. 2《軍事》ミサイル用の地下格納庫.

silogismo 男《論理, 哲学》三段論法.

silogístico, ca 形《論理, 哲学》三段論法の［による］.

silogizar [1.3] 自《論理, 哲学》三段論法で推論する.

silueta 女 1 影, シルエット. 2《美術》半画面像, 立像影（特に女性）の外輪.

siluetar, siluetear 他 …の輪郭を［シルエット］を描く.

silúrico, ca 形 男《地学》シルル紀（の）.

siluro 男《魚類》ナマズ.

silva 女 1 雑録. 2《詩学》シルバ. ◆7 音節と 11 音節を組み合わせた詩型; シルバで書かれた詩.

silvano 男〔ローマ神〕森の半神.

silvático, ca 形 1 森の, 森に住む. 2 田舎（風）の, 素朴な; 粗野な.

silvestre 形 1《主に植物が》野生の, 自生の. —plantas ～s 野生の植物. 2（土地が）人の住んでいない, 荒々しい.

silvicultor, tora 名 林学者, 育林学研究者. 植林者.

silvicultura 女 林学; 営林, 造林.

sima 女 1（地表・氷河などの）深い割れ目［裂け目］, 深い穴, 底知れぬ穴. 2《地質》シマ.

simbiosis 囡《単複同形》《生物》(相利)共生.

simbiótico, ca 形《生物》共生の.

simbólico, ca 形 1 象徴的な, 象徴する. 2 象徴の, 記号[符号]の, 記号[符号]による. —una cantidad simbólica 形ばかりの金額.

simbolismo 男 1 象徴性, 《事物の》象徴的な意味. 2 記号[符号]による表示; 記号体系. 3《文学, 美術》象徴主義, シンボリズム.

simbolista 形 1《文学, 美術》象徴主義(者)の; 象徴主義者の. 2 記号[符号]を用いる. —名 1《文学, 美術》象徴主義者. 2 象徴[記号, 符号]を使う人.

simbolizar [1.3] 他 1《事物》を象徴する, 表わしている; の象徴[記号]である. 2《+ con/en で》(人)が(事)を象徴[記号]で表す.

símbolo 男 1 象徴, 表象, シンボル. 2 記号, 符号; 元素記号.

simbología 囡 1 象徴体系, 表象体系. 2 象徴学.

simetría 囡 対称, 均斉; 調和(美).

simétrico, ca 形 対称の; 均整の取れた, 釣り合った.

simiente 囡 1 種(た), 種子. 2 (もめごと・災いなどの)原因, 種. 3 精液.

simiesco, ca 形 サルに似た, サルのような; サル《類人猿》の.

símil 男 1 類似(点); 似ていること. 2 比較, 対照. 3《修辞》直喩(%), 明喩.

similar 形 1《+ a と》類似した, 共通点のある. 2《数学》相似の.

similicadencia 囡《修辞》2つ以上の文の末尾に似通った音や同じ語尾を持つ語を用いる形式.

similitud 囡 類似性; 相似.

símilor 男 金色模様, 模造金, ピンチベック. ◆de similor 見かけ倒しの, いんちきの.

simio, mia 名《動物》サル, 類人猿.

simón 男 辻馬車, 貸し馬車(= coche ~). 囡 辻馬車[貸し馬車]の御者.

simonía 囡《カト》聖職[聖物]売買, 沽聖(ほ...).

simoníaco, ca, simoníaco, ca 形《カト》聖職[聖物]売買をなす; 沽聖(ほ...)の. —男《カト》聖職[聖物]売買者.

simpatía 囡 [シンパティア] 1 好感, 好意; 優美 —tener [sentir] ~ a [por]... ...に好感を抱く. 2 魅力. 3 共感, 同感; 支持者, 友人.

simpático, ca 形 [シンパティコ, カ] 1 (人が)感じのよい, 好感の持てる, 愛想のいい. —Es un chico ~ y divertido. 彼は感じが良くて楽しい男の子だ. 2 気持のいい, 楽しい, 快適な. 3 好意的な, 親切な, 優しい. —Era muy simpática conmigo. 彼女は私に大変親切だった. 4《生理》交感神経(系)の. 5《中南米》《話》美人の, 格好がいい. —男《生理》交感神経 (= nervio ~).

simpaticón, cona 形名《話》見た目だけ感じのいい(人).

simpatizante 形 共鳴[同調]する, 支持する, 同情する. —名男 共鳴[同調]者, 支持者, シンパ.

simpatizar [1.3] 自《+ con と》1 魅力を覚える, 共感を覚える, 親密になる. 2 (思想などに)共鳴する.

simple 形 [シンプレ] 1 単一の, 単独の. —interés ~ 《金融》単利. una sustancia ~ 単体. 2 ただの前まの単なる, ただの. —por ~ curiosidad 単なる好奇心で. a ~ vista ちょっと見たところでは. 3 単純な, 簡単な. 4 簡素な, 質素な, 飾り気のない. —La decoración de la habitación es muy ~. その部屋の装飾は非常に簡素である. 5 (人が)単純な, 純朴な; お人好しの, まぬけな. —un carácter ~ 単純な性格. —男女 お人好し, まぬけ.

simplemente 副 1 単に, ただ. 2 純粋に, 平易に. 3 まったく, 本当に.

simpleza 囡 1 愚直さ, お人好しさ, とるにたらぬこと. 2 つまらないもの, とるに足らないこと.

simplicidad 囡 1 単純さ, 簡単なこと; 簡素. 2 純真さ, 無邪気さ, 素朴さ.

simplificación 囡 単純化, 簡略化; 単純化したもの.

simplificar [1.1] 他 1 を単純化する, 単純化する. 2《数学》を約分する.

simplismo 男 過度の単純化; 短絡的な考え方.

simplista 形 あまりに単純な, 短絡的な, 割り切り過ぎの. —男女 あまりに単純な考え方をする人, 短絡的な人.

simplón, plona 形名 お人よしな(人), ばかな(人), 愚直な(人).

simposio 男 (主に学問上の特定の問題についての)討論会, シンポジウム.

simulación 囡 1 見せかけ, ふり; 仮病. 2 シミュレーション; 模擬実験.

simulacro 男 1 見せかけ, ふり. 2 実地訓練;《軍事》擬装. 3 像, 似姿; 幻影.

simulado, da 形 見せかけの, 偽りの; 模擬の.

simulador, dora 形 ふりをする. —男《機械》シミュレータ.

simular 他 1 を偽る, 装う; ...に見せかける, ...の振りをする. 2《機械》のシミュレートをする.

simultáneamente 副 同時に, 一斉に.

simultanear 他 を同時に行う.

simultaneidad 囡 同時性, 同時であること.

simultáneo, a 形 同時の, 一斉の, 同時に起こる. —ecuaciones simultáneas 《数学》連立方程式. traducción simultánea 同時通訳.

simún 男 シムーン. ◆アラビア, 北アフリカなどの砂漠で起こる砂を含む乾いた熱風.

sin

sin [シン] 前 **1**…のない，…なしで．—Me gusta el café *sin* azúcar. 私は砂糖のないコーヒーが好きだ．**2**《+不定詞》…しないで，…せずに．—Llevo dos días *sin* dormir. 私は2日間眠らずにいる．¡Oye, *sin* ofender! いいですか，私を怒らせないでください．**3**…のほかに．—Costó diez dólares *sin* los gastos de envío. 輸送料のほかに10ドルかかった．**4**《条件》…がないと，…しないと．—*Sin* paraguas nos vamos a empapar. 傘がないと濡れてしまいますよ．▶ *sin embargo* → *embargo*. *sin falta* → *falta*. *sin que*《+接続法》…しないで．*sin más (ni más)* → *más*.

sinagoga 囡 **1** シナゴーグ，ユダヤ教会堂;《集合的に》ユダヤ教会，ユダヤ教徒の集会．

sinalefa 囡《言語》母音融合[合一]．◆語末の母音が次の語の語頭の母音と融合すること，また同一の音節内で発音されること．

sinapismo 男 **1** からし泥(3)〖軟膏(ｶﾞｳ)〗．**2** 迷惑な[うんざりする]人[物，事]．

sinapsis 囡《単複同形》《医学》シナプス．

sinarquía 囡 **1** 共同支配．**2**《企業などが国に対して持つ》政治的圧力．

sinceramente 副 心から，本気に; 誠実に．

sincerarse 再《+ ante の前で/con に》すべてを告白する，腹蔵なく話す．— *ante el juez* 裁判官の前ですべてを話す．

sinceridad 囡 誠実; 正直; 率直．—con toda ~ 正直に［率直に］言って．

sincero, ra [シンセロ, ラ] 形 誠実な，誠意のある，心からの．—Ella le dio su más ~ pésame. 彼女は心からのお悔やみを彼に述べた．

sinclinal 形《地質》向斜の，向斜性の．

síncopa 囡 **1**《言語》語中音消失(例: Natividad → Navidad など)．**2**《音楽》シンコペーション，移勢法．

sincopado, da 形《音楽》シンコペーションを用いた．

sincopar 他 **1**《言語》の語中音を消失させる．**2**《音楽》シンコペートする．**3** を短縮する．

síncope 男 **1**《医学》失神, 気絶．**2**《言語》語中音消失．

sincrético, ca 形 諸説混交の; 融合の

sincretismo 男 **1**《宗教, 哲学》諸教[諸説]混交(主義), シンクレティズム．**2**《言語》融合．

sincronía 囡 **1** 同時性; 同時に発生すること．**2**《言語》共時態[相]; 共時論, 共時的研究．

sincrónico, ca 形 **1** 同時(性)の, 同時に発生する．**2**《物理》同期式の．**3**《言語》共時態[相]の; 共時的研究の．

sincronismo 男 **1** 同時性, 同時発生．**2**《物理》同期性(的)．

sincronización 囡 同期(化), 同調, 同時化．

sincronizar [1.3] 他 **1** …の時刻を合わせる; を同時に進行[作動]させる; を同期させる．—natación *sincronizada* シンクロナイズド・スイミング．**2** を同調させる, シンクロする．

sincrotrón 男《物理》シンクロトロン．

sindéresis 囡 分別, 良識, 判断力．

sindicación 囡 組合化．

sindicado, da 過分 [→sindicar] 形 囝 労働組合に加盟している(人). — 男 労働組合員．

sindical 形 労働組合の．—*movimiento ~* 組合運動．

sindicalismo 男 労働組合主義, サンディカリズム; 労働組合活動．

sindicalista 形 囝 労働組合主義の(人), サンディカリストの(人).

sindicar [1.1] 他《労働者などを》労働組合に組織する(=組合化する). — *se* 再 **1** 労働組合に加入する．**2** 労働組合を結成[組織]する．

sindicato 男 **1** 労働組合．**2** 組合, シンジケート．

sindicatura 囡 破産管財人の職[事務所]．

síndico 男 **1**《法律》破産管財人．**2**《地域・組織などの》代表者, 共益委員．

síndrome 男《医学》症候群, シンドローム．— ~ de abstinencia 禁断症状．~ de inmunodeficiencia adquirida 後天性免疫不全症候群, エイズ(《略号》SIDA)．~ metabólico メタボリック・シンドローム．

sinécdoque 囡《修辞》提喩(法), 代喩．

sinecura 囡《待遇のよい》閑職, 楽な仕事, 名誉職．

sine die [ラテン] 副 無期限に．

sine qua non [ラテン] 形 不可欠な．

sinéresis 囡《言語》合音, 母音縮約．◆隣接する2つの母音を1つの二重母音として発音すること．例えば te-a-tro → tea-tro．

sinergia 囡《生理》《筋力などの》共同作用;《薬学》《薬などの》相乗効果(作用)．

sinestesia 囡《心理》《視覚・味覚・聴覚などの》共感覚．

sinfín 男 無数, 無限．

sínfisis 囡《単複同形》**1**《植物》合生, 癒(ﾕ)合．**2**《解剖》線維軟骨結合．

sinfonía 囡 **1**《音楽》交響曲, シンフォニー．**2** 調和, ハーモニー．—una ~ de colores 様々な色の織りなすハーモニー．

sinfónico, ca 形《音楽》交響曲の, シンフォニーの．— 男 交響楽団(= *orquesta sinfónica*)．

sinfonista 男女 交響楽作曲家; 交響楽団員．

Singapur 固名 シンガポール．

singapurense 形 男女 シンガポールの(人).

singladura 囡 **1**《海事》《正午から計り始める》1日の航行距離; 航行日(正午か

singlar 自 (ある方向に)航行する.

single 男 **1**(スギ)シングルス. **2**(レコードなどの)シングル版.

:singular 形 **1** 並外れた,まれに見る,比類のない. **2** 特異な,奇妙な,風変わりな. —un carácter 〜風変わりな性格. **3** 単独の,唯一の; 〖言語〗単数の. —男〖言語〗単数(形).

singularidad 女 **1** 特異性,風変わり; 独自性. **2** 単独性,単一性; 単数であること.

singularizar [1.3] 他 **1** 〜 を目立たせる,個別化する; 選び出す,えり抜く. **2** 〖言語〗単数形にする,単数形で使う. —se 自 目立つ,立派である,傑出する.

:singularmente 副 特に,格別,際だって.

sinhueso 女 〖話〗舌.

siniestra 女 〖文〗左手; 左.

siniestrado, da 形 損害を受けた,被災した; (乗り物などが)事故に遭った,遭難した. —男 被害者,被災者,犠牲者.

siniestro, tra 形 **1** 不吉な,忌まわしい,悲惨な. **2** 悪意のある,よこしまな,不気味な. —cara siniestra 不気味な顔. **3** 〖文〗左の,左側の. —男 災難,災害,事故.

sinnúmero 男 無数,途方もない数.

sino¹ [シノ] 接 **1** [no と相関して] 訂正を示す. no A, 〜 B] A ではなくて B. —No ha viajado en tren 〜 en coche. 彼は汽車ではなくて自動車で旅行した. 2 〖排除〗〜，除外〗(しか). —Nadie ha asistido a la reunión 〜 su padre. その会議には彼の父しか出席しなかった. **3** 〖追加, no sólo... 〜 (también)...〗(…だけでなく)…も(また). —Él estudia no sólo matemáticas 〜 también literatura. 彼は数学だけでなく文学も勉強している. **4** 〖疑問詞の後で〗… 以外に(あるだろうか). —¿Dónde 〜 en este país pueden ocurrir estas cosas? この国以外でこんなことが起こるだろうか.

sino² 男 運命,宿命.

sinodal 形 〖宗教〗宗教[教会]会議の.

sinódico, ca 形 **1** 〖宗教〗宗教[教会]会議の. **2** 〖天文〗(惑星の)合(ゴウ)の.

sínodo 男 〖宗教〗宗教会議, 教会会議. **2** 〖天文〗(惑星の)合(ゴウ).

sinología 女 中国研究, 中国学.

sinólogo, ga 男 中国研究家, 中国学者.

sinonimia 女 〖言語〗同義(性), 類義(性).

sinónimo, ma 形男 〖言語〗同義語(の), 類義語.

sinopsis 女 〖単複同形〗梗概(%), 要約, シノプシス.

sinóptico, ca 形 梗概(%)の, 大意の, 概観的な.

sinovia 女 〖生理〗(関節)滑液.

sinovial 形 〖生理〗滑液の, 滑液を分泌する.

sinovitis 女 〖単複同形〗〖医学〗滑膜炎.

sinrazón 女 (権力などの乱用による)不正(行為), 不法. —cometer sinrazones 不正を働く.

sinsabor 男 〖主に 複〗不満, 悩み, 苦労の種.

sinsentido 男 ばかげたこと, 説明のつかないこと.

sinsonte 男 〖鳥類〗マネシツグミ.

sinsubstancia, sinsustancia 男女 中身のない人, 軽薄者.

sintáctico, ca 形 〖言語〗統語論の, 統語的な.

sintagma 男 〖言語〗連辞; 句. —〜 verbal 動詞句.

sintagmático, ca 形 〖言語〗連辞の; 統辞関係の.

sintasol 男 〖商標〗ビニタイル.

:sintaxis 女 〖単複同形〗〖言語〗統語論, 統辞論, シンタックス.

sinterización 女 〖冶金〗焼結.

:síntesis 女 〖単複同形〗**1** 総合, 統合; 総合体. **2** 総括, 要約. —en 〜 要約すると, 一言で言えば. **3** 〖化学, 情報〗合成. —〜 de voz 音声合成.

sintético, ca 形 **1** 総合的な, 総合の. —juicio — 総合的判断. **2** 〖工業製品が〗合成の, 人工の; 合成織維の.

sintetizador, dora 形 統合[総合]する; 合成する. —男 〖音楽〗シンセサイザー.

sintetizar [1.3] 他 **1** を総合する, まとめる, 要約する. **2** 〖化学〗を合成する.

sinti- 動 →sentir [7].

sintoísmo 男 〖宗教〗神道.

sintoísta 〔< 日〕形男女 神道の(信者).

síntoma 男 **1** 〖医学〗(病気の)兆候, 症状. **2** (物事の)兆し, 兆候; 前兆, 前触れ.

sintomático, ca 形 **1** 〖医学〗症状の; (病気の)徴候を示す; 対症的な. **2** [+ de の]徴候[前兆]となる, (を)示す, 表す.

sintomatología 女 **1** (病気の)総合的症状. **2** 〖医学〗徴候学, 症候学, 病状所見.

sintonía 女 **1** 〖電気〗同調(ラジオなどの)チューニング. **2** 〖テレビ・ラジオ番組の〗テーマ音楽. **3** 調合, 一致.

sintónico, ca 形 〖電気〗同調の.

sintonización 女 **1** 〖電気〗同調, チューニング. **2** (一般に)同調, 調和.

sintonizador 男 〖電気〗チューナー, 受信機.

sintonizar [1.3] 他 **1** 〖電気〗を同調させる. (チューナーを)…に合わせる. —〜 Radio Nacional de España (ラジオのダイヤルを)スペイン国営放送に合わせる. —自 [+ con と/に]調和する, 順応する.

sinuosidad 女 **1** 曲がりくねり, カーブ, 蛇行. **2** くぼみ, へこみ. **3** (言葉の)回りくどさ, 分かりにくさ.

sinuoso, sa 形 **1** 曲がりくねった, 蛇行

sinusitis 909 **sitiador**

した. **2**(人・方法などが)回りくどい, 本心を隠した;(問題などに)こみ入った.

sinusitis 囡《単複同形》《医学》副鼻腔(⁵)炎, 静脈洞炎.

sinusoide 囡《数学》シヌソイド.

sinvergonzón, zona 《話》いたずらな(人), 厚かましい(人).

sinvergonzonería, sinvergüencería 囡 **1**恥知らず(な性格), 厚顔無恥. **2**恥知らずな言動, 卑劣なやり方.

sinvergüenza 形名 恥知らず(の), ずうずうしい(人); ろくでなし(の). ——un tío ~ 恥知らずな奴.

sinvergüenzada 囡《南米》《話》卑劣な仕打ち, きたない謀略.

sinvivir 男(不安・恐怖などに)生きた心地もしない状態.

sionismo 男 シオニズム, シオン主義.

sionista 形 シオニズムの, シオン主義の. —— 男女 シオニスト, シオン主義者.

sioux 形《単複同形》(北米先住民の)スー族の.

Siqueiros 固名 (David Alfaro ~)(1896-1974, メキシコの象徴派の壁画家).

siquiatra 男女 精神科医; 精神病学者(→psiquiatra).

siquiatría 囡 精神医学.

síquico, ca 形 精神的な, 心的な, 心の.

siquiera [シキエラ] 接《譲歩》+接続詞》…でも, …ですらも.
——No dejes de llamarme por teléfono, ~ sea la medianoche. たとえ夜中でも必ず私に電話してくれ.
—— 副 **1**少なくとも. ——Déjame acabar este trabajo. 少なくともこの仕事を終わらせてくれ. **2**《否定副詞とともに》…さえも…ない. ——No tiene ~ zapatos. 彼は靴も持っていない. ▶ **ni siquiera** …さえも…ない.

sirena 囡 **1**サイレン, 警笛. **2**人魚; 《ギ神》セイレン(美しい歌声で船乗りを誘い難破させたと言われる半人半魚の海の精).

sirenio 形男《主に|複|》(動物)海牛目類の(動物).

sirga 囡《海事》(船を引く)網.

sirgar [1.2] 他《海事》(船を)引き綱で引く.

Siria 固名 シリア(首都 Damasco).

siríaco, ca, siriaco, ca 形名 シリアの(人). —— 男《古代》シリア語.

sirimiri 男 霧雨状の雨.

siringa 囡 **1**《音楽》パンフルート, パンパイプ. **2**《中南米》《植物》ゴムノキ.

siringe 囡《鳥類》鳴管.

sirio, ria 形名 シリアの(人).

sirle 男(ヒツジやヤギなどの)糞, 排泄物.

siroco 男《気象》シロッコ(＊サハラ砂漠に発しアフリカ北岸から地中海周辺に吹く熱風.

sirope 男(海の)浅瀬.

sirte 囡(海の)浅瀬.

sirv- 動 →servir [6.1].

sirventés 男 シルヴァンテス(フランス中世の吟遊詩人の作った風刺詩).

sirviente, ta 名 使用人, 召使い.
—— 男 悩手.

sisa 囡 **1**《話》(小金を)くすねること, ちょろまかし. **2**《服飾》(衣服の)袖ぐり.

sisal 男《植物》サイザル. **2**サイザル麻, シザル麻, サイザルヘンプ.

sisar 他 **1**(小金を)くすねる, ちょろまかす. **2**《服飾》(衣服に)袖ぐりを開ける.

sisear 他《注意を引く, 人を静かにさせる, または非難・不同意を表すためにシッシッ[シー, ツッツッ, チッチッ]と言う. —— 他 (講演者などを)シッシッ[シー, ツッツッ, チッチッ]と言って野次る.

siseo 男《注意を引く, 人を静かにさせる, または非難・不同意を表すためのシッシッ[シー, ツッツッ, チッチッ]という声.

sísmico, ca 形 地震の, 地震に関する; 地震によって起こる.

sismo 男 地震.

sismógrafo 男 地震計.

sismología 囡 地震学.

sismólogo, ga 名 地震学者.

sismómetro 男(地震の強さを計る)地震計.

sisón¹, sona 形名 (小金を)よくくすねる(人), 手癖の悪い(人), 盗癖のある(人).

sisón² 男《鳥類》ヒメノガン(姫野雁).

sistema 男 **1**制度, 組織; 機構, 体制. ——~ económico capitalista 資本主義体制. ——~ educativo 教育制度. **2**体系, 系統; 組織網, …系;(地理)山系, 山脈. ——~ nervioso 神経組織[系]. ——~ solar 太陽系. S~ Central (イベリア半島の)中央山系. **3**(組織立った)方式, 方法, …法. ——~ decimal 十進法. ——~ métrico (decimal) メートル法. **4**装置, システム, システム (en disco)《情報》(ディスク)オペレーティングシステム. ——~ de localización [posicionamiento] global 地球測位システム, GPS. ▶ **por sistema**(特別な根拠なく)いつも決まって, 習慣的に.

sistemáticamente 副 **1**体系的に, 組織的に, 整然と. **2**一貫して; 規則的に.

sistemático, ca 形 **1**体系的な, 組織的な, 系統だった. ——método ~ 系統的方法. **2**(人が)几帳面な, いつも変わらない, 型どおりの. —— 囡 **1**《生物》分類学. **2**体制, 体系論.

sistematización 囡 組織化, 体系化, 系統立て.

sistematizar [1.3] 他 を体系化する, 組織化する.

sistémico, ca 形 組織[体系]全体の; 全身の.

sístole 囡 **1**《医学》(心)収縮, (心)収縮期, **2**《詩学》音節短縮.

sistro 男《音楽》シストラム. ◆古代エジプトで用いられた大きな鈴状の楽器.

sitiado, da 形名[→sitiar] 包囲された(人), 包囲攻撃された人.

sitiador, dora 形名 包囲(攻撃)する(者), 取り囲んでいる.

sitial 男 (儀式用の)座席, (特に)貴賓席.

sitiar 他 1 《軍事》(軍隊が町, 砦などを)包囲(攻撃)する. 2 (人)を取り囲めて, 悩ます.

sitio [シティオ] 男 1 場所, 所; 箇所. —en cualquier ～ どこでも. en todos los ～s 至る所に. 2 席, 座席; ポスト, 位置, 地位; 身分. —El joven cedió el ～ al anciano. その若者は席を譲った. 3 空間, 余地, 場所. 4 《軍事》包囲(戦). —levantar el ～ 包囲を解く. 5 (王侯・貴族の)別荘. —Real S～ 王室の御用邸. 6 《情報》サイト. —～s web Web サイト. ― *dejar a ... en el sitio* …を即死させる. *estado de sitio* 戒厳状態. *hacer (un) sitio* 場所[席]をあける. *poner a ... en su sitio* 《話》…に身の程を思い知らせる. *quedarse en el sitio* 《話》即死する.

sito, ta 形 [+en に] 位置する. —una librería *sita en* el número ocho de la Calle de Goya ゴヤ通り8番地所在の書店.

situación [シトゥアシオン] 女 1 状況, 状態; 情勢. —en una ～ delicada 微妙な状況に. No está en ～ de ayudarte. 彼は君を援助できるような状況ではない. 2 地位, 身分; 職. 場所, 立地条件. —～ social 社会的地位, 身分. 3 位置, 場所, 立地条件.

situado, da 過分 (→situar) 形 1 (ある場所に)位置している. 2 [bien などを伴って](恵まれた)境遇の, (良い)地位にある.

situar [シトゥアル] [1.6] 他 ア [+en に]を配置する, 位置づける. 2 (資金を)…に割り当てる, 充当する; を預金する. —**se** 再 1 位置する, 場所を占める, 居る. 2 高い地位につく. 3 (数値が)…である.

siútico, ca 形 《チリ》きざな, 気取った.

siux 形 《単複同形》(北米先住民の)スー族の(人). ― 男 スー語.

skay 〈久英〉 男 合成皮革 (=escay).

sketch 〈久英〉 男 (複)-e(s) 寸劇, コント.

skin, skin head, skinhead 形 男女 (複) ～s スキン・ヘッド(の) (=cabeza rapada).

S.L. 《略号》女 =Sociedad Limitada 有限会社.

slalom 男 (スキーの)回転競技; スラローム (=eslalom).

slip 男 (複) ～s 1 《服飾》(男子用下着の)パンツ, ブリーフ. 2 《中南米》《服飾》水泳パンツ (→eslip).

slogan 男 (複) ～s スローガン, モットー, 標語 (→eslogan).

smash 男 (テニスの)スマッシュ.

smog 男 スモッグ (→esmog).

smoking 男 (複) ～s 《服飾》タキシード (→esmoquin).

snob 形 男女 (複) ～s 俗物(の), 上流気取りの(人), きざな(人) (→esnob).

snowboard 男 《単複同形》スノーボード.

so¹ 前 …のもとに. ― 副 〖＋形容詞/名詞, 強調〗下で…, ひどく…. —*¡S～ tonto!* 何てばかなんだ!

so² 間 (動物を制する声) どうどう.

so- 接頭 →sub-.

soasar 他 《料理》をさっと焼く; …に(強火で)軽く焼け目をつける.

soba 女 《話》殴打, ひっぱたくこと.

sobaco 男 腋(ワキ)の下; 《解剖》腋窩(ワキワ).

sobado, da 過分 (→sobar) 形 1 (衣服などが)着古した, 擦り切れた; 使い古した. 2 ありふれた, 陳腐な. ― 男 《スペイン》《料理》ソバード(ラードや油を使った菓子パン).

sobador, dora 名 《中米》脱臼(キヲ)を治すのがうまい人.

sobajar 他 をいじくり回す, 荒々しく扱う; をしわくちゃにする.

sobajeo 男 →sobado.

sobaquera 女 《服飾》 1 袖(ソデ)ぐり, アームホール(腕を通す穴). 2 (腋(ワキ)の下に当てる)汗よけ(の布).

sobaquillo ▶ *a sobaquillo* (物を投げるときに)下手投げで. *de sobaquillo* (闘牛) (banderilla を打けとときに)後方へ.

sobaquina 女 わきが.

sobar 他 1 (物)をいじり回す, 手荒く扱う; (人)にしつこく触る. 2 (皮な)どをもんで柔らかくする. 3 (罰として, 人)をたたく. 4 《中南米》をマッサージする.

soberanamente 副 非常に, きわめて, この上なく.

soberanía 女 1 《政治》主権, 統治権; 宗主権. 2 《政治》独立, 自治. 3 至上, 卓越.

soberanista 形 《政治》分離独立主義の. ― 男女 分離独立主義者.

soberano, na 形 1 主権を有する, 至上権を持つ, 独立した. —*estado ～* 主権国家. 2 この上ない, とてつもない, 大変な. ― 名 君主, 元首; 主権者.

soberbia 女 1 思い上がり, 尊大, 高慢. 2 壮大さ, 壮麗さ, 立派さ.

soberbio, bia 形 1 高慢な, 傲慢(ゴウマン)な, 尊大な. 2 壮大[壮麗]な, 立派な, すばらしい. 3 非常に大きい, とてつもない, すごい.

sobo 男 しつこく触ること.

sobón, bona 形 《話》(人の体に)やたらに触りたがる(人); いちゃつくのが好きな(人).

sobornable 形 (人が)買収されやすい, 金で動く, 賄賂(ワイロ)のきく.

sobornador, dora 形 (人に)賄賂(ワイロ)を贈る, 買収する.

sobornar 他 (人)に賄賂(ワイロ)を贈る, を買収する.

soborno 男 賄賂(ワイロ)行為(贈賄または収賄), 買収.

sobra 女 1 過剰, 余剰, 超過. 2 残り(もの), 余り(もの); (複)(余ったくず, くず肉. ― *de sobra* ありあまるほどの, 余分な, 十二分に. *estar de sobra* 余計である. 邪魔(者)である.

sobradamente 副 十分すぎるほど, 大いに, 極度に.

sobradillo 男 〘建築〙さしかけ屋根, 下屋(げ), ひさし.

sobrado, da 過分 [→sobrar] 形 **1** 余った, 残った, 余分な. **2** 十分すぎる, あり余る, 余裕のある. **3**〘南米〙思い上がった, 尊大な. ── 副 十二分に, 十分すぎるほど. ── 男 **1** 根裏部屋. **2** 複〘南米〙(食事の)残り物, 食べ残し.

***sobrante** 形 余っている, 残っている, 余分の. ── 男 **1** 余り, 残り, 余剰. **2** 余金, 繰越金高, 残額.

***sobrar** 自 **1** 余る, あり余る; 残っている. **2** 余計である, 不必要である; (人が)じゃまである.

sobrasada 女〘料理〙ソブラサーダ. ◆豚のひき肉などでできた辛くて太いソーセージ.

sobre[1] 男 **1** 封筒. **2** 小袋.

sobre[2] 〘ソブレ〙前
I〘場所〙**1**…の上で[に, へ]. ──Pon el libro ~ la mesa. その本をテーブルの上に置きなさい. **2**(離れて)…の上を[に]. …の上空を──Subimos a mayor altura, y volamos ~ las nubes. われわれは高度を上げて雲の上を飛んだ. **3**へ, をめがけて, …に向かって ──impuesto ~ la renta [el valor añadido] 所得[付加価値]税. **4**を見張って, 監視して.
II〘主題〙…について, …に関して(の). ──Estuvieron hablando ~ ecología. 彼らはエコロジーについて話していた.
III〘加算〙…に加えて, ──S~ su inteligencia tiene una gran memoria. 彼は聡明なばかりでなく記憶力にも優れている. **2** …の上に加えて ──3 ~ 100 100に対して3.
IV〘比較, 優位〙…に対して, …よりも.
V〘回転の中心〙…の回りを, を中心にして.
VI〘保証〙〘商業〙…を引換えに; …あてに; …を担保にして.
VII〘後, 反復〙…の後で; …につぐ…, …ばかり. ──Acumuló éxito ~ éxito. 彼女は成功に成功を重ねた.
VIII〘副詞的に〙およそ…, 約…; …頃に. ──Nos veremos ~ las cuatro. 4時頃に逢いましょう.
IX〘接近〙**1** …に面して. **2** …に迫った, …に近づいた.

sobreabundancia 女 過多, 過剰, あり余っていること.

sobreabundante 形 過多の, 余剰の, あり余る.

sobreabundar 自 多すぎる, 過剰である; あり余るほどある.

sobreagudo, da 形 男〘音楽〙(楽器)の最も高音の).

sobrealimentación 女 栄養過多; 食物[栄養]の与えすぎ.

sobrealimentar 他 **1**(人に)食べさせすぎる, を栄養過多にする. **2**〘機械〙(エンジン)を過給する.

sobrealzar [1.3] 他 をとても高く上げ, 高く上げすぎる.

sobreañadir 他 さらに加える; 余分に付け足す.

sobreasada 女 →sobrasada.

sobrecalentar [4.1] 他 (エンジンなど)を過熱[オーバーヒート]させる. ── se 再 過熱[オーバーヒート]する.

sobrecama 女 ベッドカバー.

sobrecarga 女 **1** 荷物の積みすぎ, 過積載; 積みすぎた荷物. **2** 心の重荷, 精神的負担; 重責. **3**〘電気〙過負荷.

sobrecargar [1.2] 他 **1**(車など)に荷を積みすぎる, 人を乗せすぎる. **2**(人)に過重な負担をかける; 〘電気〙(回路など)に負荷をかけすぎる. **3**〘服飾〙(縫い目のへり)を伏せ縫いにする.

sobrecargo 男女 (飛行機・船舶の)パーサー.

sobreceja 女〘眉(まゆ)のすぐ上の)額(ひたい).

sobrecogedor, dora 形 驚かせる, ぎょっとさせる.

sobrecoger [2.5] 他 **1**(人)を不意に[びっくり, どきり, と, ぎくりと]させる, 驚かす; (人だ)の不意を打つ. ── se 再 ぎょっと[びっくり, どきり, と, ぎくりと]する.

sobrecogimiento 男 ぎょっと[どきり, と, ぎくりと]すること, 驚愕(きょうがく).

sobrecubierta 女 **1** ブックカバー, (本の)ジャケット. **2**(カバーの上にさらにする)カバー.

sobrecuello 男〘服飾〙**1** 聖職者用カラー, ローマン・カラー, クレリカル・カラー. **2** 重ね襟, オーバーカラー.

sobredicho, cha 形 前述の, 上記の.

sobredimensionar 他 **1** …のために過剰な空間を割く. **2** を誇張する.

sobredorar 他 …に金めっきする.

sobredosis 女〘単複同形〙(薬・麻薬の)服用過多.

sobreentender [4.2] 他 (言葉など)を頭の中で補う[補って解釈する]; (ことから)を暗黙のうちに了解する, 察する. ── se 再 暗黙のうちに了解される, ほのめかされている.

sobreentendido, da 過分 [→sobreentender] 形 暗黙に了解された, 暗黙の了解の. ── 男 暗黙に了解されたこと.

sobreesdrújulo, la 形 女〘言語〙終わりから4番目の音節にアクセントのある(語).

sobreexceder 他 →sobrexceder.

sobreexcitación 女 極度の興奮, 異常興奮.

sobreexcitado, da 過分 [→sobreexcitar(se)] 形 極度に興奮した, 熱狂しすぎた.

sobreexcitar 他 (人)を極度に興奮させる. ── se 再 極度に興奮する, 熱狂する.

sobreexplotación 女 過度の開発[開拓].

sobreexplotar 他 (天然資源)を過度に開発[開拓]する.

sobreexponer [10.7] 他〘写真〙を

露出過多にする。

sobreexposición 女 《写真》露出過多.

sobrefalda 女 《服飾》上スカート, オーバースカート.

sobrefaz 女 [複 sobrefaces] 表面, 外面; 表(ピガ).

sobrefusión 女 《化学》過融解.

sobregirar 他 《商業》を過振りする.

sobregiro 男 《商業》過振り.

sobregrabar 他 《情報》を上書きする.

sobrehaz 女 [複 sobrehaces] **1** 表(ピガ), 外面, 表面. **2** 外見, 見かけ. **3** 覆い, カバー.

sobrehilado 男 《服飾》(布がほつれるのを防ぐ)縁かがり, へりかがり.

sobrehilar [1.7] 他 《服飾》(布)の縁(へり)をかがる.

sobrehumano, na 形 超人的な, 人間わざでない; 神業の.

sobreimpresión 女 《映画, 写真》重ね焼き付け, オーバーラップ.

sobreimpreso, sa 形 重ね刷りした.

sobreimprimir [3.4] 他 《印刷》を重ね刷りする.

sobrellenar 他 [+ de で]を満たしあふれさせる.

sobrellevar 他 **1**(苦痛・困難などに)耐える, を我慢する, こらえる. **2**(苦労・負担)を分かち合う, 軽くしてやる. **3**(欠点・過失)を見逃す, 大目に見てやる.

sobremanera 副 非常に, とても.

sobremesa 女 《会食者たちがまだ立ち去る前の食後のひととき; 食後の会話. ▶ *de sobremesa* 卓上(用)の; 食後に[の].

sobremodo 副 非常に, とても.

sobrenadar 自 (液体の表面・空中などに)浮かぶ, 漂う.

sobrenatural 形 **1** 超自然的な, 不可思議な, 神秘的な. **2** 死後の世界に存在する.

sobrenombre 男 異名: あだ名, 愛称.

sobrentender [4.2] 他 → sobreentender.

sobrentendido, da 過分 [→ sobrentender] 形 暗黙の. — 男 暗黙の了解.

sobrepaga 女 割り増し賃金, 特別手当, 賞与.

sobreparto 男 産褥, 産褥(ピォ)(期).

sobrepasar 他 **1** を超える, 超過する. **2** をしのぐ; …より勝る; …に打ち勝つ.

sobrepelliz 女 [複 sobrepellices] 《宗教》サープリス. ◆儀式で聖職者・聖歌隊員が着る短い白衣.

sobrepeso 男 積みすぎ, 重量超過.

sobreponer [10.7] 他 **1** を重ねる, 積み重ねる. **2** [+ a に対して] を優先させる, 上位に置く. — **se** 再 **1** [+ a](困難・感情・誘惑などに)打ち勝つ, を克服する. **2** 立ち直る, しっかりする.

sobreprecio 男 割り増し料金, 追加料金.

sobreproducción 女 生産過剰, 過剰生産.

sobrepuerta 女 **1** カーテンボックス. **2** (ドアの上につける絵や布の)飾り.

sobrepuesto 形 《服飾》アップリケ.

sobrepujar 他 [+ en で](人)をしのぐ, …に勝る, を越える.

sobrero, ra 形 **1**《闘牛》(牛が)予備の. **2** 余分の; 予備の, スペアの. — 男 《闘牛》(予定された牛が使えない時のための)予備の牛.

sobresaliente 形 **1** 抜きん出た, 傑出した, 優れた. **2** 突き出た, 飛び出た, 張り出した. — 男 《成績の優〘良 notable の上〙, 優等. — 男女 《闘牛》代役, 主役などの代役.

sobresalir [10.6] 自 **1** 突出する, 出っ張る. **2** [+ por/de で] 優秀である, 秀でる, 傑出する.

sobresaltar 他 (人)をびっくりさせる, ぎょっとさせる; (人)を怖がらせる. — **se** 再 [+ con/por に] びっくりする, ぎょっとする; おびえる.

sobresalto 男 **1** びっくりすること, どきっとすること, 驚き, 仰天. **2** 恐怖, 恐れ.

sobresanar 自 (傷などが)表面だけ癒(い)える. **2** うわべを取り繕う.

sobrescrito 男 あて名, 上書き.

sobresdrújulo, la 形 → sobreesdrújulo.

sobreseer [2.6] 他 **1** 《司法》(審理)を中止する, 打ち切る, 棄却する. **2** をあきらめる, 思いとどまる, 断念する.

sobreseimiento 男 《司法》(裁判・審理の)打ち切り; (訴えの)棄却, 却下.

sobrestadía 女 《商業》**1**(貨物船の)超過停泊, 滞船. **2** 超過停泊料金, 滞船料.

sobrestante 男 《工場・工事現場などの)現場監督, 作業長.

sobrestimación 女 過大評価, 買いかぶり.

sobrestimar 他 を過大評価する, 買いかぶる. — **se** 再 自分を過大評価する, うぬぼれる.

sobresueldo 男 特別手当て, 割増賃金, 追加給.

sobretasa 女 追加料金, 割増料金, 加徴金.

sobretensión 女 《電気》過電圧.

sobretodo 男 オーバー, 外套.

sobrevalorar 他 を過大評価する.

sobrevenir [10.9] 自 《3人称のみ》(事が)突然起こる, 不意に発生する.

sobreventa 女 オーバーブッキング.

sobrevidriera 女 《建築》**1**(二重ガラス窓の)外窓. **2**(ガラス窓の補強用の)金網.

sobreviviente 形 生き延びている, 生き残った, 生存している. — 男女 生存者, 生き残った人.

sobrevivir 自 **1** [+ a より] 長生きする. **2** [+ a から] 生き残る, 生き延びる. **3** 何とか生活していく.

sobrevolar [5.1] 他 《航空》…の上空を飛ぶ.

sobrexceder 他 を上回る, まさる, しのぐ.

sobrexcitación 女 → sobreexcitación.

sobrexcitar 他 →sobreexcitar.

sobriedad 女 **1** 控え目, 節制, 節度. **2** 地味, 簡素.

sobrino, na 名 甥(ホシ), 姪(ポ). — ~ segundo いとこの息子.

sobrio, ria 形 **1**《+de/en に》控えめな, 節度のある; (食事などが) 軽い, あっさりした. **2** 地味な, 簡素な. **3** 酔っていない, しらふの.

socaire 男 物陰; 風の当たらない側[部分]; 風を遮るもの. ▶ **al socaire de ...** …の保護[庇護]を受けて[のもとで].

socaliña 女 (人を思う通りに行動させるための)術策, 策略; 口のうまさ.

socapar 他 《南米》(他人のミス)をかばう, 隠す.

socarrar 他 を少し焦がす; …の表面を(軽く)焼く, をあぶる. — **se** 再 少し焦げる, 表面が(軽く)焼ける.

socarrón, rrona 形名 **1** 皮肉な(人), いやみな(人); 陰で人を笑いものにする(人). **2** ずるい(人), 悪賢い(人), 陰険な(人).

socarronería 女 **1** 皮肉, いやみ, 当てこすり, 冷やかし; 悪賢さ; 陰険さ.

socavación 女 下を掘ること; 根元を掘ること.

socavar 他 **1** …の下を掘る, …の下に穴を掘る. **2** を害する, むしばむ, 弱らせる.

socavón 男 (地面の)沈下, 陥没, くぼみ.

sochantre 男 《宗教》聖歌隊長, 教会の合唱指揮者.

sociabilidad 女 社交性, 交際上手, 人づきあいのよさ.

sociable 形 **1** 社交的な, 交際上手な, 人づきあいの良い. **2** (動物が)人になつきやすい.

social [ソシアル] 形 **1** 社会の, 社会的な; 社会派の. — **clase** ~ 社会階級. **posición** ~ 社会の地位. **2** 会社の, 法人の. — **capital** ~ 株式会社の資本金. **3** 社会の, 社会を営む; (動物が)群居する; (植物が)群生する. — **s** 複 社会科学(=ciencias ~es).

socialdemocracia 女 社会民主主義.

socialdemócrata 形 社会民主主義(者)の. — 男女 社会民主主義者, 社会民主党員.

socialismo 男 社会主義, 社会主義運動.

socialista 形 社会主義(者)の, 社会党(員)の. — 男女 社会主義者, 社会党員.

socialización 女 社会主義化; (土地・企業などの)国有化, 国営化.

socializar [1.3] 他 を社会主義化する; (土地・企業など)を国有化する, 国営化する.

sociedad [ソシエダ] 女 **1** 社会, 世の中; 世間. — ~ **civil** 市民社会. ~ **computerizada [informatizada]** 情報化社会. **2** 協会, (学)会; 組織, 団体. **3** 会社, 法人. — ~ **anónima** (略号) S.A.) 株式会社. ~ **(de responsabilidad) limitada** (略号) S.L.) 有限会社. ~ **cooperativa** 協同組合. **4** 社会階層, …界; 社交界. — **buena [alta]** ~ 上流階級.

societario, ria 形 (特に労働)団体の, 協会の.

socio, cia 名 **1** (組織や団体の)一員, 会員, メンバー. — **de número** 正会員. **2** (商業)共同経営者, 共同出資者; 事業のパートナー. **3** 《話》(仕事の)同僚, 仲間, 友人.

sociobiología 女 社会生物学.

sociocultural 形 社会文化的な.

socioeconómico, ca 形 社会経済の, 社会経済的な.

sociolingüístico, ca 形 社会言語学の. — 女 社会言語学.

sociología 女 社会学.

sociológico, ca 形 社会学の, 社会学的な.

sociólogo, ga 名 社会学者.

sociometría 女 統計[計量]社会学.

socolor 男 口実, 言いわけ. ▶ **socolor de ...** を口実として.

socorrer 他 を助ける, 救助する.

socorrido, da 過 (→socorrer) 形 便利な, 役に立つ.

socorrismo 男 応急手当, 救急療法; 人命救助, ライフセービング.

socorrista 男女 救助隊員, 救急隊員, (プール・海岸などの)ライフセーバー.

socorro 男 **1** 救助, 救援, 救出. — **pedir** ~ 助けを求める. **2** (金・食糧などの)救援物資. **3** 《軍事》援軍; 救援隊. — 間 助けて! 助けてくれ!

socrático, ca 形名《哲学》ソクラテス(Sócrates, 前470/69〜399, 古代ギリシャの哲学者)の, ソクラテス哲学の, ソクラテス学派の(人).

soda 女 **1** ソーダ水, 炭酸水. **2** 《化学》ソーダ.

sódico, ca 形 《化学》ナトリウムの.

sodio 男 《化学》ナトリウム(元素記号 Na).

sodomía 女 (特に男性の)同性愛, 男色; 肛門性交.

sodomita 男 **1** (特に男性の)同性愛の, 男色の; 肛門性交の[する]. **2** 《歴史》ソドムの; ソドムのような悪徳に満ちた. — 男女 **1** (特に男性の)同性愛者; 獣姦者. **2** ソドム人.

sodomizar 他 …に肛門性交をする.

soez 形 下品な, 卑猥(ひゎぃ)な; 粗野な.

sofá 男 ソファー. — ~ **cama** ソファーベッド.

sofión 男 怒りの声, 不機嫌な声[返事]; 叱責(ヒっセヨ).

sofisma 男 詭(き)弁(を弄(ろう)すること), こじつけ, 屁(へ)理屈.

sofista 形 男女 詭(き)弁の; 詭弁を弄(ろう)する(人). ━ 男 〖歴史〗(古代ギリシャの)ソフィスト.

sofistería 女 詭(き)弁(法), こじつけ, 屁(へ)理屈.

sofisticación 女 1 気取り, わざとらしさ, 過度の技巧. 2 〖知的・人工的な〗洗練; 精巧さ.

sofistica|do, da 過分 (→ sofisticar) 形 1 気取った, きざな, わざとらしい. 2 〖機械などが〗複雑な, 精巧な, 精緻(せいち)な.

sofisticar [1.1] 他 1 …を歪曲(わいきょく)する, ゆがめる, ごまかす. 2 …に不自然な動きを加える; を巧妙にしすぎる. 3 〖機械など〗を複雑化する, 精巧にする.

sofístico, ca 形 〖議論などが〗詭弁の, こじつけの; 〖人が〗詭弁を弄(ろう)する.

sofito 男 〖建築〗(軒蛇腹・雪びさしなどの)下端(たん).

soflama 女 1 大演説, 熱弁, 獅子吼(く), 獅子叫(きょう). 2 弱い(消えかけの)炎. 3 赤面.

soflamar 他 …を焦がす, あぶる; …の表面を焼く. ━ se 再 (軽く)焦げる.

sofocación 女 1 息苦しさ, 息の詰まるような感じ, 窒息. 2 (反乱などの)鎮圧, 鎮圧; 〖事件・事件などの〗もみ消し, 鎮火.

sofocante 形 1 〖暑さなどが〗息苦しいほどの, むっとする. 2 〖雰囲気などが〗息が詰まりそうな, 重苦しい, うっとうしい.

sofocar [1.1] 他 1 …を息苦しくさせる, 呼吸困難にする, 窒息させる. 2 をうんざりさせる, …に大迷惑をかける. 3 を消す, 消火する; を鎮圧する. ~ la rebelión 反乱を鎮圧する. 4 を恥じ入らせる, …に恥をかかせる. ━ se 再 1 息が詰まる, 窒息する. 2 恥じ入る, 恥をかく. 3 いらいらする, 腹を立てる.

sofoco 男 1 窒息. 2 息のつまるような感じ; 窒息. 2 (大きな)気がかり, 心配. 3 赤面; 恥ずかしさ;《生理》体のほてり.

sofocón 男 《話》不安, 腹立たしさ; 不快感.

sofoquina 女 《話》息が詰まるような暑さ.

sófora 女 〖植物〗エンジュ.

sofreír [6.6] 他 〖料理〗を軽く油で揚げる, さっと炒(いた)める.

sofrenar 他 1 (馬)の手綱を強く引いて止める. 2 をきつく叱(しか)る. 3 (興奮・情熱など)を抑制する, 抑える.

sofrito 男 〖料理〗ソフリト. ◆タマネギ, ニンニクなどを油で炒めて作られた調味料[料理のベース].

sofrología 女 〖医学, 心理〗自律訓練法.

sofról|ogo, ga 女 〖医学, 心理〗自律訓練法の施術[指導]者.

software 男 〖情報〗ソフトウェア, プログラム.

soga 女 縄, 綱, ロープ. ▶ *dar soga a ...* (ある話題について話すように)(人)に水を向ける; (人)をからかう, ばかにする. *estar con la soga a la garganta [al cuello]* 絶体絶命の危機に瀕している, にっちもさっちも行かない. *hablar de [mentar, nombrar] la soga en casa del ahorcado* 場違いな話題を持ち出す.

sogún <日> 男 〖歴史〗(征夷大)将軍.

soirée <仏> 女 夜会; (オペラなどの)夜の部.

sois 動 →ser [12].

soja 女 〖植物〗ダイズ(大豆). ━salsa de ~ しょう油.

sojuzgar [1.2] 他 を征服する, 鎮圧する.

sol¹ 男 〖音楽〗ト音(ソ).

sol² 男 〖化学〗ゾル, コロイド溶液.

sol³ 男 〖ソル〗男 1 太陽, 日. ━salir el ~ 日が昇る. ponerse [caer] el ~ 日が沈む, 日が暮れる. sentarse al ~ 日向(ひなた)に座る. 2 日光, 日なた; 晴天. ━tomar el ~ 日光浴をする. al ~ 日なた. *Hace* ~. 晴れている. 3 かわいい子, 愛する人; (呼びかけておまえ, あなた. 4 〖闘牛の〗日なたの席. 5 ペルーの旧貨幣ソル. ▶ *arrimarse al sol que más calienta* 《話》力のある人にしもよる. *de sol a sol* 日が出て沈むまで.

solado 男 〖建築〗床張り; (タイルなどを)張った床.

solador, dora 名 〖建築〗床張り職人.

solamente [ソラメンテ] 副 ただ...のみ, 単に, ━ *no solamente..., sino que (también)...* ...であるだけでなく...でもある. *solamente que* 〘+直説法〙ただ...だけなのだ; 〘+接続法〙...しさえすれば, ...さえいれば.

solana 女 1 日当たりの良い場所, 日だまり, 日なた. 2 サンルーム; (日当たりの良い)ベランダ, テラス.

solanáce|o, a 形 〖植物〗ナス科の. ━ 女複 〖植物〗ナス科の植物; (S~)ナス科.

solanera 女 1 強い日差し, 焼けつくような日差し. 2 〖医学〗日射病. 3 日差しの強すぎる場所.

solano 男 東風.

solapa 女 〖服飾〗1 (ジャケットの)折り襟, ラベル. 2 (ポケットの垂れ蓋(ぶた)); (本のカバー・封筒などの)折り返し.

solapa|do, da 過分 (→ solapar) 形 ずるい, こそくな, 卑劣な; 陰険な.

solapar 他 1 〘+con で〙(悪意など)を隠す. 2 を一部が重なり合うように置く[並べる]. ━ 自 1 一部が重なり合っている, 重なる. 2 〖服飾〗前合わせが[打ち合わせが]重なり合う.

solar¹ 形 太陽の, 太陽から生じる, 太陽熱[光]利用の. ━*bateria* ~ 太陽電池. *crema* ~ 日焼け止めクリーム. *energía* ~ 太陽エネルギー.

solar² 男 1 土地, 敷地, (建設などの)用地. 2 名家, 名門, 旧家.

solar³ [5.1] 他 **1**(建物・場所に)床板を張る、敷石を敷く；…の床張りをする。**2**(靴)の底革を張り替える。

solariego, ga 形 名門の、名家の、古い家柄の。── 名 名門[名家]出身の人。

solario, solárium 男《療養所などの》日光浴場、サンルーム、(プールサイドなどの)サンデッキ。

solaz 男 **1** 慰め、慰安、慰めとなるもの。**2** 娯楽、気晴らし、レクリエーション。

solazar [1.3] 他 …を楽しませる；…を慰める、…の慰め[安らぎ]となる。── **se** 再 ［＋con で］楽しむ、息抜きをする。

solazo 男《話》焼けつくような日差し。

soldada 女（特に軍隊の）給料、俸給、賃金。

soldadesco, ca 形 兵士の、軍隊の。── 女 **1** 軍隊（集合的に）兵士たち。**2**《軽蔑》規律の乱れた軍隊。

soldado [ソルダド] 男女 **1** 兵、兵隊、軍人。── ～ voluntario 志願兵。**2**（信仰や主義のために戦う）戦士、闘士。

soldador, dora 名 溶接工；はんだ付け工。── 男 はんだごて。

soldadura 女 **1** はんだ付け、溶接。**2** はんだ付けした部分、溶接部、接合点。**3** はんだ、溶接剤。

soldar [5.1] 他 をはんだ付けする、溶接する。── **se** 再 結び付く、接合する。

soleá 女〈複 soleares〉フラメンコのソレアレス。

soleado, da 形 日当たりの良い；日にさらした。

soleamiento 男 日照、日当たり；日に当てる[当てる]こと。

solear 他 を日に当てる、日なたに置く、日干しにする。── **se** 再 日光浴をする。

solecismo 男《言語》文法[語法]上の誤り、破格。

soledad 女 **1** 孤独；孤独感、寂寥（じゃく）(感)。**2**〘主に 複〙寂しい場所、人の住んでいない所。

solemne 形 **1**（儀式などが）盛大な、荘重な、荘厳な。**2**（態度・口調などが）厳かな、重々しい；もったいぶった。**3**〘名詞の前〙まったくの、とんでもない、ひどい。

solemnidad 女 **1** 盛大、荘厳さ、おごそかな様子。**2** 儀式、式典；宗教的儀式、典礼。

solemnizar [1.3] 他 を厳粛に行う；盛大に祝う。

solenoide 男《電気》筒状コイル、ソレノイド。

sóleo 男《解剖》ひらめ筋。

soler [ソレル] [5.2] 自 …するのが常である、…する習わしである。── Ella *suele* volver a las siete. 彼女はふつう7時に戻ってくる。◆直説法点過去形、未来形、同過去未来形、命令法は用いられない。

solera 女 **1** 由緒、伝統、格式。── vino de ～ 年代物のワイン。**2**（建築）枕太(い)、梁(はり)、桁(けた)；横木、**3**（柱などの）台座、土台石、柱礎。**4**（ブドウ酒の）おり、かす。**5** 下臼(した)。

solfa 女 **1**《音楽》ソルフェージュ。**2**《話》殴打、ひっぱたくこと。▶ *poner en solfa*《話》をからかう、あざ笑う、ひやかす。
tomar en solfa をからかう、あざ笑う。

solfatara 女（地質）硫気孔。

solfear 他《音楽》を階名(ドレミファ)で歌う。

solfeo 男《音楽》ソルフェージュ、視唱(法)。

solicitación 女 **1** 申請、依頼；要求、要請。**2** 誘惑、誘い；求愛。

solicitador, dora 名 申請者、志願者、申込者。── 形 申請する、懇願する。

solicitante 形 申請の[応募]する。── 男女 志願者、申し込み者。

solicitar 他 **1** を請求する、申請する；請願する。**2**（注意・関心）を呼ぶ、引きつける。**3**（女性）を口説く、…に言い寄る。

solícito, ta 形 ［＋con に対して］よく気のつく；思いやりのある。

solicitud 女 **1** 申込み、申請(書)、請求(書)。**2** 思いやり、心づかい。▶ *a solicitud* 申込み[請求]次第。

solidariamente 副 連帯で、団結、結束；連帯責任。

solidaridad 女 連帯した、団結した。── responsabilidad *solidaria* 連帯責任。

solidarizar [1.3] 他 を連帯させる、団結させる；に連帯責任を負わせる。── **se** 再（互いに）連帯[団結]する。［＋con と］連帯[団結]する。

solideo 男《カト》聖職者用の縁なしの小帽子。

solidez 女 **1**（物事の）堅固さ、固いこと、丈夫さ。**2**（考え・論拠の）確固としていること、確かなこと。

solidificación 女 凝固、凝結、(液体の)固体化。

solidificar [1.1] 他（液体）を凝固[凝結]させる、固体化する。── **se** 再 凝固する、凝結する、固体化する。

sólido, da 形 **1** 固体の、固形の。**2** 丈夫な、堅固な。**3** 確実な、堅実な；健全な。── un empresario de ～ prestigio 手堅く評価されているビジネスマン。**4**（物理、数学）立体の。**2** 固体；〘医学〙固形食。

soliloquio 男 **1** 独り言、独語。**2**（演劇）独白、モノローグ。

solimán 男《化学》昇汞(しょうこう)、塩化水銀。

solio 男（天蓋(がい)つきの）王座、玉座。

solípedo, da 形《動物》単蹄(てい)の。── 男《動物》単蹄動物；ウマ科の動物。

solipsismo 男《哲学》唯我論。

solista 男女《音楽》独唱者、独奏者、ソリスト。

solitario, ria 形 **1** 孤独な、単独の。**2** 誰もいない、人通りのない；人里離れた。▶ *en solitario* 単独で、一人で；ソロで。── 名 世捨て人、隠者、世間から離れた人。── 男 **1**（トランプなどの）一人遊び。**2**（指輪の）単石のダイアモンド。── 女《動物》ジョウチュウ、サナダムシ。

sólito, ta 形 通例の,普段の,慣例の.

soliviantar 他 **1** を扇動する,そそのかす;(感情)をかきたてる. **2** を怒らせる,いらいらさせる. **— se** 再 **1** 反抗する,反乱を起こす. **2** 怒る.

soliviar 他 を持ち上げる,押し上げる. **— se** 再 (横たわっていた人が)半ば起き上がる,半身を起こす.

solla 女《魚類》プレイス(カレイ科).

sollado 男《海事》最下甲板.

sollo 男《魚類》チョウザメ (→ esturión).

sollozar [1.3] 自 すすり泣く,むせび泣く.

sollozo 男 すすり泣き;《主に複》すすり泣く声,嗚咽(お).

solo, la [ソロ, ラ] 形 **1** 孤独な,寂しい;一人の,単独の. —Estaba [Me sentía] muy sola. 私はとても寂しかった. El niño ya camina ~. 赤ちゃんはもう一人で歩いている. Lo hice yo ~. それは私がやった. **2**《名詞の前で》ただ一つの,唯一の. —Hay una sola solución. 一つだけ解決策がある. **3**(コーヒー・茶が)ブラックの,(ウイスキーが)ストレートの. ▶ **a solas** 自分一人だけで,助けなしで. **—** 男《音楽》ソロ.

solo, sólo [ソロ] 副《power 場合はアクセント符号付き》…だけ,ただ…,…のみ. —Es ~ un momento. ちょっと時間がかかりそうだ. ¡Pero si es ~ un niño! しかし,彼はまだ子供ではないか. **con sólo [sólo con]**《+不定詞》…するだけで, **con sólo [sólo con] que**《+接続法》…するだけで,…しさえすれば. **no sólo..., sino (también)** …だけでなく…もまた.

solomillo 男《料理》ロイン,ヒレ.

solsticio 男《天文》至(し). **— de invierno [verano]** 冬至[夏至].

soltar [5.1] 他 **1** を解放する,自由にする. **2** を放す,放つ;をゆるめる,ほどく,解く. **3** を出任せに言う;ぶちまける. **4** を出し,放出する;排出する. **5**(声などを突然に発する;(感情)をあらわにする. — ~ una grito 叫び声をあげる. ~ una carcajada 高笑いする. **6**《話》(一発)をかます,食らわせる,ぶんなぐる. — ~ una bofetada 平手打ちを食わせる. **7**(問題・困難)を解決する,解く. **8**(排便(☆))をよくする,快適にする. **— se** 再 **1**(自分の髪など)をとく,ほどく. **2** 自分を解き放つ. **3** 上達する,腕が上がる. **4** 本性を丸出しにする,さらけ出す,のびのび振舞う. **5**《+ a +不定詞》…し始める;《+ con ≫突然始める;—~se a andar (歩けなかった人が突然)歩けるようになる. **6** 便通がよくなる.

soltería 女 未婚(であること),独身(状態);独身生活.

soltero, ra [ソルテロ, ラ] 形 独身の,未婚の; 自由な,気ままな. **— 名** 独身者,未婚の人.

solterón, rona 名《話,軽蔑》独り者,婚期を過ぎて独身の人.

soltura 女 **1**(弁舌・文章などの)なめらか さ,流暢(☆)さ. —hablar español con ~ スペイン語を流暢に話す. **2** 敏捷(☆)さ,機敏さ;身軽さ.

solubilidad 女 溶けること,可溶性,溶解度.

soluble 形 **1** 溶ける,可溶性の. **2**(問題など)解決できる,解答できる.

solución 女 **1**(問題などの)解決,解答;解決策[法]. **2**《化学》溶解;溶液. — ~ saturada 飽和溶液. ▶ **sin solución de continuidad** 連続して,続いて.

solucionar 他 を解決する,解く. — ~ un problema 問題を解く.

solvencia 女 **1**(会社などの)支払い能力;資力,信用性. **2**(負債・税金・勘定などの)支払い,決算,清算.

solventar 他 **1**(負債・税金・勘定などを)を支払う,返済する,清算する. **2**(問題・紛争など)を解決する,処理する,片付ける.

solvente 形 **1** 支払い能力のある;借金[負債,債務]のない. **2** 有能な,職務遂行能力のある. **3**《化学》溶解力がある,(他の物質を)溶かす. **— 男**《化学》溶媒,溶剤.

soma 男《生物》体(☆);《医学》体細胞.

somalí 形 男女 ソマリアの(人). **— 男** ソマリ語.

Somalia 固名 ソマリア(首都 Mogadiscio).

somanta 女《話》(人を)たたくこと,殴打.

somatar 他《中米》(人を)たたく,殴る,ぶつ.

somatén 男(カタルーニャの)自警団,市民軍.

somático, ca 形 **1**《生物,医学》体(☆)の,体性の. **2** 身体の,肉体的な.

somatización 女《心理》精神的変調が体の不調となって現れること.

somatizar 他 (精神的変調)を(無意識に)身体的不調で表わす. **— (se)** 自 (精神的変調)が体の不調となって現れる.

sombra 女 [ソンブラ] **1** 陰,日陰,物陰. —luz y ~ 光と影. sentarse a la ~ 日陰に座る. **2** 陰 (暗)闇,夕闇. — el reino de las ~s 闇の王国. **3** 影,影法師;影のように付きまとう人. — ~ de ojos アイシャドー. **4** 亡霊,幽霊;面影. **5**(陰) 無知,わからなさ. **6**(絵画などに対する)欠点,汚点. **7**《俗》運,幸運. ▶ **a la sombra de ...**の陰に[で],...の庇護のもとで,...の援助で; **hacer sombra** 光をさえぎる,陰をつくる;影を薄くする,目立たなくする. **ni por nombre** 少しも…ない. **no ser ni sombra de lo que era** 見る影もない(ほど別人に変わってしまう). **no ser su sombra** 見る影もない(ほど悪く変わってしまう)(= no ser ni sombra de lo que era). **tener buena sombra** (人が)感じがよい,魅力がある;善意を持っている. **tener mala sombra** 悪意を持っている;(人が)運が悪い.

sombrajo 男 (木の枝などあわせの物で作った)日よけ, 日陰.

sombreado 男《美術》陰影うけ, 明暗法, ハッチング.

sombrear 他 **1** を陰にする; …に陰を落とす. **2**《美術》…に陰影をつける, 明暗[濃淡]をつける; ハッチングをする.

sombrerazo 男 帽子を取ってする大げさな挨拶[礼].

***sombrerería** 女 帽子店, 帽子製造所[工場].

***sombrero, ra** 名 帽子製造[販売]者. —— 女 帽子箱;〖南米〗帽子掛け.

sombrerete 男 **1**〖植物〗(キノコの)かさ. **2**(煙突の頂上につける)煙突帽.

sombrerillo 男〖植物〗(キノコの)かさ.

sombrero 男 [ソンブレロ] (周りに縁のある)帽子. —ponerse [quitarse] el ~ 帽子をかぶる[脱ぐ]. ~ de tres picos 三角帽子. ~ de copa シルクハット. **2** 演説者の天蓋. **3** キノコ, 笠. ▶quitarse el sombrero ante... …に脱帽する, 敬意を払う.

sombrilla 女 日傘, パラソル.

***sombrío, bría** 形《文》**1** 暗い, 薄暗い. **2** 陰気な, うっとうしい.

someramente 副 大まかに, ざっと; 表面的に.

somero, ra 形 表面的な.

***someter** 他 **1** を屈服させる, 従わせる, 服従させる. **2**〖+a〗(人)を付するかける, 処する. **3** を提出する, 提案する, 訴える. —— se 再〖+a〗**1** 屈服する, 服従する, 従う;を受け入れる. **2** 自分自身をゆだねる.

sometimiento 男 **1** 服従; 降伏, 降参. **2**〖+a〗…を受けること, …にゆだねること.

somier 男 (ベッドの)マットレス台, ボックスプリング.

somnífero, ra 形 催眠性の, 眠りを誘う. —— 男 睡眠薬, 催眠薬.

somnolencia 女 眠気, 半睡状態; けだるさ.

somnoliento, ta 形 **1** 眠くなるような, 眠い. **2** 眠い, 半睡の, ぼうっとしている.

somorgujar 他 を沈める, 浸す, 潜らせる.

somormujo 男〖鳥類〗カイツブリ.

somos 動 →ser [12].

Somoza Debayle 固名 ソモーサ・デバイレ (Anastasio ~)(1925-80, ニカラグアの大統領).

son[1] 動 →ser [12].

son[2] 男 **1** (快い)音, (楽器の)音(ね). **2** うわさ, (世間の)評判. **3** 方法, やり方, 流儀. —en [a, por] este ~ このやり方で, こうやって. **4**《音楽, 舞踊》ソン (キューバの民族音楽・舞踊). ▶al son de... …の[伴奏に]合わせて, …に合わせて. ¿A qué son? / ¿A son de qué? どうして?, どういうわけで? en son de... …の態度[様子]で.

sonado, da 過分 [→ sonar] 形 **1**〖ser +〗有名な, 話題[評判]になっている; 音に聞こえた. —una fiesta muy sonada 世に名高い祭り. **2**〖estar +〗《話》気が狂っている, いかれた. **3** (ボクサーがパンチを受けて)足がふらついている.

sonaja 女《音楽》(タンバリンの)鈴, ジングル; 鈴つきタンバリン; (おもちゃの)がらがら.

sonajero 男 (おもちゃの)がらがら.

sonambulismo 男《医学》夢遊病, 夢中遊行症.

sonámbulo, la 形名《医学》夢遊病の(患者).

sonante 形 **1** よく鳴る, 響き[鳴り]渡る. —pago en moneda ~ 現金払い. **2**《言語》自鳴音の, ソナントの. **3**《言語》自鳴音, ソナント.

sonar[1] 〖英》男 ソナー, 水中音波探知機.

sonar[2] [ソナル] [5.1] 自 **1** 音を立てる, 音がする, 鳴り響く. —Suena el teléfono. 電話が鳴る. **2** 〖間接目的語代名詞と共に〗漠然とした思い出がある, 見たことがある, 聞いたことがある; 《話》…と思える, …のようである. —Su nombre me suena. 彼女の名前を私は聞いたことがある. **3** 拳がっている, うわさされている, ささやかれている. **4** 発音される, 読まれる. **5** (時計が)…時を知らせる, …時を打つ. — las tres 時計が3時を打つ. **6**〖中南米〗死ぬ, 重病にかかる; 嫌な思いをする. —— 他 **1**(鼻)をかんでやる. **2** を鳴らす. —— se 再 (鼻) をかむ. ▶como suena / así como suena / tal como suena あのままに伝えるような形, 文字どおり. sonar bien [mal] 良い[悪い]印象を与える.

sonata 女《音楽》ソナタ, 奏鳴曲.

sonatina 女《音楽》ソナチネ, 小奏鳴曲.

sonda 女 **1**《海事》測鉛; (測鉛などによる)測深. **2**《気象》観測機, 探査機. 探査用ロケット (= ~ espacial). **3**《医学》(外科用)ゾンデ, 消息子; 探り針. **4** (直されない部分を探る[探って作業する]ための道具.

sondar 他 **1**《海事》(測鉛などを用いて)(海などの)深さを測る, (水深)を測深する. **2**《気象, 天文》(大気, 宇宙などを)探査する. **3**《医学》(人)の体内にゾンデ[探り針]を入れて検査[処置]する.

sondear 他 →sondar 1, 2.

sondeo 男 **1**《海事》測深, 水深測量; 水底調査. **2** (人の意向・世論などを知るための)探り; 世論調査 (= ~ de opinión (pública)) 世論調査. **3**《医学》ゾンデを用いた検査[処置]. **4**《土木》ボーリング, 穿孔(#!!), 掘削(分)調査.

sonetillo 男《詩学》8音節以下のソネット.

sonetista 男女《詩学》ソネット詩人.

soneto 男《詩学》ソネット, 十四行詩.

sónico, ca 形 音速の; 音の, 音波の.

sonido 男 [ソニド] 男 **1** 音(&), 音響. —la velocidad del ~ 音速. **2**《音声》音(に).

soniquete 男 →sonsonete.

sonora 囡 《音声》有声音.

sonoridad 囡 **1** 音響, 音が響き渡ること. **2** 《言語》有声性, 有声であること;《音(乐)》の響き(度).

sonorización 囡 **1** 《映画》音入れ. **2** 《言語》(無声音の)有声化. **3** 《アンプ・スピーカーなどの》音響機器の設置.

sonorizar [1.3] 他 **1** 《映画》…に音入れをする. **2** 《言語》(無声音の)有声化する. **3** …に音響[拡声]装置を設置する.

sonoro, ra 形 **1**(声などが)朗々とした, よくとおる;よく響く. — *una voz sonora* 朗々とした声. **2**(場所的に)音のよく響き渡る. **3** 音の, 音のある, 音を出す. — *banda sonora*《映画》サウンドトラック. **4**《言語》有声の.

sonreí(-) 動 →sonreír [6.6].

sonreír [ソンレイル] [6.6] 圓 **1** ほほえむ, 微笑する. **2**(運が人に)味方する, ほほえみかける. — **se** 再 ほほえむ.

sonri-, sonrí- 動 →sonreír [6.6].

sonriente 形 微笑する, ほほえみかける, にこにこしている.

sonrisa 囡 ほほえみ, 微笑;笑顔.

sonrojar 他 …を赤面させる. — **se** 再 赤面する, 顔を赤らめる;恥じ入る.

sonrojo 男 赤面(すること).

sonrosado, da 過分 [→ sonrosar] 形 (主に人の顔が健康的に)バラ色の, 血色の良い.

sonrosar 他 (人を)紅潮させる, 赤面させる;をバラ色にする;…に赤みを帯びさせる. — **se** 再 紅潮する, 赤面する;バラ色になる, 赤みを帯びる.

sonsacar [1.1] 他 (情報, 秘密など)を巧みに聞き出す, 知るために人にかまをかける, 時間かけて引き出す.

sonsear 圓 〖中南米〗ばかげたことをする[言う].

sonsera 囡 〖中南米〗ばかげた言動, 言行.

sonso, sa 形名 〖中南米〗ばかげた(人), 愚かな(人).

sonsonete 男 **1** 単調にくり返さす音, トントン[コツコツ]いう音. **2** 繰り言(特に頼み事や愚痴などの)しつこい話. **3** からかうような口調[笑い].

soñador, dora 形名 夢見るような(人), 夢想にふける(人).

soñar を [ソニャル] [5.1] 圓 **+con** 夢に見る. **2** 熱望する, 切望する;夢想する, 夢うつつである. — 他 …の夢を見る, を夢見る. ▶ *ni soñarlo*/*ni lo sueñes* 絶対不可能である. *soñar despierto* 夢を本当と思い込む.

soñarrera, soñera 囡 (強い)眠気, 睡魔.

soñolencia 囡 眠気;夢うつつ, 半睡状態.

soñoliento, ta 形 眠い, うとうとしている, 眠そうな.

sopa 囡 **1** スープ. — ~ *de ajo* ガーリックスープ. ~ *juliana* 野菜スープ. **2** スープでコーヒーなどに浸したパン;パンの入ったスープやミルクなどの料理. ▶ *a la sopa boba*《他人の世話になって, 居候生活の, *como* (*hecho*) *una sopa*《話》ずぶぬれになって. *dar sopas con honda a ...*《話》…よりはるかにまさる, …の顔色をなくさせる. *estar sopa*《話》よく眠っている;酔っぱらっている. *hasta en la sopa* いたるところに.

sopaipilla 囡 〖南米〗(平らな円形に揚げた)ドーナツの一種.

sopapear 他《話》(人)を平手で打つ, …にびんたを食らわせる.

sopapo 男 平手打ち, びんた.

sopar, sopear 他 (を)スープ・ソースなどに)浸す.

sopera 囡 (ふた付きの)スープ鉢.

sopero, ra 形 スープ用の. — 男 スープ皿 (→plato ~). — 囡 スープ好きの人.

sopesar 他 **1** を持ち上げて重さを測る. **2**(困難・利害など)をあらかじめ検討する.

sopetón ▶ *de sopetón* 突然, 思いがけなく, 前ぶれもなく.

sopicaldo 男 〖料理〗具のほとんどないスープ.

soplado, da 過分 [→ soplar] 形 酔っ払った. — 男 ガラス吹き作業〖製法〗.

soplador, dora 名 ガラス吹き職人. — 男 ふいご, (扇ぎたの)せんす.

soplamocos 男 〖単複同形〗《話》平手打ち, びんた;顔(特に鼻のあたり)への打.

soplapollas 男女 〖単複同形〗〖卑〗ばかな人, まぬけ.

soplar 圓 **1** 息を強く吐く. **2**(風が)吹く;(機械が)風を送る. **3**《話》大酒を飲む, (酒を)飲み過ぎる. — 他 **1** に息を吹く[吹きかける], 吹き消す, 吹き飛ばす. — *el polvo* …にほこりを吹きかける. — *la sopa* 冷ますために…にスープを吹く. **2**(熱したガラスの塊・風船)を吹いてふくらませる. **3**《話》を密告する, 告げ口する. **4**《話》をこっそり盗む. **5** を小声で[こっそり]教える. **6**《ゲーム》(チェッカーで相手の駒(き))を取る, 取り上げる. — **se** 再 **1**(自分の体の一部に)を吹く. **2** 大量に食べる[飲む]. ▶ *¡Sopla!* 驚いた.

soplete 男 **1**(溶接用の)発炎装置, 吹管, トーチ. **2**《音楽》バグパイプのチャンター.

soplido 男 (息・風の)強いひと吹き.

soplillo 男 (火を起こすための)うちわ.

soplo 男 **1**(息を)吹くこと;(風の)一吹き. **2** またたく間, 一瞬. **3**《話》告げ口, 密告;(試験などで)小声でこっそり教えること. **4**《話》(心臓などの)雑音.

soplón, plona 形《話》密告好きな. — 名《話》告げ口屋の, 密告者, たれ込み屋.

soponcio 男《話》気絶, 失神, 卒倒.

sopor 男 **1** 眠気, 睡魔. **2**《医学》(重

睡(ﾐﾝ)に近い深い睡眠(状態). 嗜眠(ｼﾐﾝ).

soporífero, ra 形〖話〗眠けを催す, ひどく退屈な. ―― 男 眠気を催すもの; 睡眠薬.

soportable 形 我慢できる, 耐えられる, なんとかしのげる.

soportal 男〖建築〗ポーチ, (屋根のついた)車寄せ; 複〖建築〗アーケード.

soportar 他 1 支える, …に堪える. 2 我慢する, 耐え忍ぶ.

soporte 男 1 支える(物); 台; 支柱. 2 (精神的な)支え. 3〖情報〗記憶[記録]媒体, メディア.

soprano 男〖音楽〗(女性・少年の)ソプラノ, ソプラノ声部; ソプラノ楽器. ―― 男女〖音楽〗ソプラノ歌手.

*sor 女〖修道女の名前につける敬称〗シスター…, …尼.

sorber 他 1 (液体)をする, ちびちびり飲む; を吸う. 2 を吸収する, 吸い込む, 吸い上げる. 3 (言葉・話)に聞き入る; 熱心に聞く, 傾聴する.

sorbete 男 1 シャーベット. 2〖中南米〗ストロー.

sorbo 男 (飲み物の)ひと口[ひと飲み, ひとすすり](の量). ► *a (pequeños) sorbos* (飲み物を)少しずつ. *de un sorbo* (飲み物を)一口で.

sordera 女 耳が聞こえないこと, 難聴.

sordez 女〖音声〗無声性.

sordidez 女 1 不潔な(状態)[行為], むさ苦しさ; 惨めさ. 2 浅ましさ, けち, 強欲.

sórdido, da 形 1 場所・環境などが)汚い, むさ苦しい; (身なり・建物などが)惨めな, みすぼらしい. 2 けちな, 強欲な; 下品な, みだらな.

sordina 女〖音楽〗弱音器, (ピアノの)ダンパー(ペダル), (管楽器のミュート. ► *con sordina* ひそかに, こっそりと.

sordo, da [ソルド, ダ]形 1 耳の不自由な, 聴覚障害の. 2 耳を貸さない. 3 (音や痛みが)にぶい. 4〖言語〗無声の. 5 (怒りや嘆きが)抑えられた, 鬱積した. ► *a la sorda [lo sordo, sordas]* ひそかに, こっそりと. ―― 名 耳の不自由な人.

sordomudez 女 聾啞(ﾛｳｱ).

sordomudo, da 形 名 聾啞(ﾛｳｱ)の(人).

sorgo 男〖植物〗モロコシ.

soriano, na 形 ソリア(Soria)の(人).

soriasis 女〖単複同形〗〖医学〗乾癬(ｾﾝ).

sorna 女 皮肉(の言葉), 嫌味, 当てこすり.

soro 男〖植物〗(シダ植物の)胞子嚢(ﾉｳ)群.

sorocharse 再〖中南米〗高山病にかかる.

soroche 男〖中南米〗1 高山病. 2 赤面.

sorprendente 形 驚くべき; 意外な, 珍しい, 特別な.

sorprender [ソルプレンデル] 他 1 をびっくり

させる, 驚かす, 仰天させる. 2 …に不意打ちを食わせる, …の不意を突く. 3 を暴露する, あばく, 明るみに出す. ―― *se* 再〖+ *de* に〗びっくりする, 驚く, 仰天する.

sorpresa [ソルプレサ]女 1 (不意の)驚き. ―― ¡Qué [Vaya] ～! わあ驚いた. 2 びっくりする事[物], 思いがけない事[物]. 3〖軍事〗奇襲, 不意打ち. ► *de [por] sorpresa* 不意に, 意表をついて.

sorpresivo, va 形〖中南米〗意外な, 予測しない, 突然の.

sortear 他 1 をくじ引きで決める, 抽選にする. 2 を回避する, 避ける, よける. 3 …の兵役の勤務地を抽選で決める.

*sorteo 男 くじ引き, 抽選; くじ. ► *por ～ くじ引き[抽選]で.

sortija 女 1 (装身具用の)指輪. 2 巻き毛, カール.

sortilegio 男 1 占い; 魔法, 魔術. 2 魔力, 魅力.

SOS [エセオエセ]《略号》〖＜モールス信号〗遭難信号, SOS.

sosa 女 1〖化学〗炭酸ナトリウム, ソーダ. 2〖植物〗オカヒジキ.

sosaina 形男女〖話〗退屈な(人), 面白味のない(人).

sosegado, da 形 1 (海・天候などが)穏やかな. 2 (人・気持ち・態度などが)落ち着いた; 平穏な.

sosegador, dora 形 静める, なだめる; 穏やかにする.

*sosegar [4.4] 他 を落ち着かせる; を静める, 穏やかにする. ―― 自 一息入れる, 休む, 休息する. ―― *se* 再 1 落ち着く, 静まる, 治まる. 2 一息入れる, 休む.

sosera, sosería 女 つまらないこと, 退屈なこと; つまらなさ.

sosia 男 そっくりの人, 瓜(ｳﾘ)二つの人, 生き写し(の人).

sosias 男女〖単複同形〗→sosia.

sosiego 男 落ちつき, 平静; 静けさ, 平穏.

soslayar 他 1 (困難・問題・いやな質問など)を回避する, 逃れる, かわす. 2 (狭い所を通れるように)を傾ける, 斜めにする, 横にする.

soslayo ► *al [de] soslayo* 斜めに, (狭い所を通れるように)傾けて; (困難・問題などを)かわして, よけて. *mirar... de soslayo* を横目で見る; 嫌[非難, 不快]の目で見る.

soso, sa 形 1 味(風味)のない; 塩気の足りない. 2 面白味のない, 味気ない, 退屈な.

sospecha 女 疑い, 嫌疑; (…ではないかと)感うくこと. ► *bajo sospecha* 嫌疑をかけられて, 疑われて. *fuera [por encima] de toda sospecha* 疑われる余地なく[のない].

sospechar [ソスペチャル] 他〖+ *que* + 直説法〗…ではないかと気づく, 想像する; 〖+ *que* + 接続法〗…ではないかと疑う. ―― 自〖+ *de* に〗不信の念を持つ, を信用しな

sospechosamente 副 疑い深く；怪しげに；疑わしいことには．

sospechoso, sa 形 疑わしい，怪しい，不審な．── 名 疑わしい人，容疑者．

sostén¹ 男 →sostener [10.8]．

sostén² 男 1 支え；支えるもの，支柱；支える人，大黒柱．2 ブラジャー．

sostendr- 動 →sostener [10.8]．

sostener [ソステネル] [10.8] 他 1 を支える，補強する．2 …と主張する，弁護する．3 …の生活を支える，を養う．4 を応援する，支援する，支持する．5 を続ける，維持する，持続する．── se 再 1 倒れずに)立っている，動かずにいる．2 生計を立てる，自活する．

sostenga(-), sostengo 動 → sostener [10.8]．

sostenibilidad 女 支持[持続]可能(性)．

sostenible 形 1 支えられる．2 持続可能な，維持することができる．─desarrollo → 持続可能な発展．

sostenido, da 過分 [→sostener] 形 1《音楽》半音高い．2 持続する，絶え間ない；(相場などが)安定した．3 名《音楽》嬰記号，シャープ(♯)．

sostenimiento 男 1 支え；支えること，支持．2 (主張・意見などの)支持，擁護．3 維持；扶養．

sostien-, sostuv- 動 → sostener [10.8]．

sota 女 1 (数字の10に相当するスペイン風トランプの)ジャック．2《軽蔑》恥知らずな女．── 男女《南米》知らないふりをする(人)．

sotabanco 男 1 屋根裏；屋根裏部屋．2《建築》(アーチの上の)石．

sotabarba 女 二重顎(ぁご)；頰ひげ．

sotana 女《カト.服飾》スータン(司祭の平服)．

sótano 男 地階，地下室；地下貯蔵庫．

sotavento 男《海事》風下(側)．

sotechado 男 掘立て小屋，物置，納屋．

soterramiento 男 埋めること，埋め隠すこと．

soterrar [4.1] 他 1 を埋める，埋めて隠す．2 を隠す，見えない[現われない]ようにする．

soto 男 (特に川岸の)並木，木立；雑木林．

sotobosque 男《森などの》下生え．

soufflé 男 →suflé．

soul 男 ソウルミュージック(の)．

soviet 男 [複 ~s]《政治, 歴史》ソビエト，労働者評議会．

soviético, ca 形名 ソビエトの，ソ連の(人)．

sovietización 女《政治, 歴史》ソビエト化，共産化；ソ連圏に入ること．

sovietizar [1.3] 他《政治, 歴史》(国などを)ソビエト化する，共産化する；をソ連圏に入れる．

soy 動 →ser [12]．

soya 女《中南米》→soja．

spa 男 温泉，湯治場．

spaguetti, spagueti [〈伊〉男] →espagueti．

sparring [〈英〉男 [複 ~s]《スポ》(ボクシングの)スパーリングパートナー (=esparrin)．

speaker [〈英〉男] 1 →locutor．2《南米》ラジオのアナウンサー．

speech [〈英〉男《単複同形》→discurso．

spleen [〈英〉男] →esplín．

sponsor 男 [複 ~s] 後援者，後援会(→patrocinador)．

sport 形《服飾》スポーツウェアの(の)；くつろぎ[ラフな，非公式な]服装(の) (→deportivo)．

spot [〈英〉男《放送》スポット広告 (→anuncio)．

spray [〈英〉男] スプレー (→aerosol)．

sprint, esprint [〈英〉男 [複 ~s]《スポ》スプリント，短距離競争，全力疾走 (=esprin)．

sprinter 《スポ》スプリント；短距離走，全力疾走 (=esprínter)．

sputnik 男 スプートニク(旧ソ連の人工衛星)．

Sr. (略号) [複 ~(e)s.] =Señor (男性に)…様[氏, さん]，…御中．

Sra. (略号) [複 ~s.] =Señora (既婚女性に)…様[様, さん]，…御中．

Sri Lanka 固名 スリランカ(首都 Sri Jayawardenapura Kotte)．

Srta. (略号) [複 ~s.] =Señorita (未婚女性に)…様[さん]，…御中．

S.S. (略号) 1 =Su Santidad 教皇聖下．2 =Seguro Social 社会保険．3 =Seguro Servidor [複 SS. SS.]《商業文で》敬具．4 =Su Señoría 閣下．

SSE (略号) =sudsueste 南南東．

SSO (略号) =sudsuoeste 南南西．

S.S.S. (略号) =Su Seguro Servidor [複 SS. SS.] =Su Seguro Servidor (商業文で)敬具．

Sta. (略号) =santa (女性の聖人に)聖…．

stábat máter [〈ラテン〉男] 賛美歌『悲しみの聖母は立てり』．

stand [〈英〉男 [複 ~s] 売店，スタンド，屋台 (=caseta, puesto)．

standing 男《社会的》地位 (→categoría)．

star 男女 スター，花形．

starter 男 (エンジンの)スターター (→estárter)．

statu quo [〈ラテン〉男] 現状；その時の状態．

status [〈英〉男《単複同形》(社会的)地位(→estatus)．

Sto. (略号) =santo (一部の男性の聖人に)聖…．

stock 男 [複 ~s]《商業》(商品の)在庫，在庫品，ストック (=existencias)．

stop 男 [複 ~s]《交通標識》の止まれ，ストップ，一時停止；(電報で)終止符，ピリオド．

stricto sensu [〈ラテン〉副] 厳密な意

味で.

strip-tease, striptease [＜英] 男 ストリップショー (=estriptis, estriptís).

:su [ス] 形 [所有] 1 [唖] L~s] 3人 単数・複数; 話し手でも話し相手でもない他人を指す] 彼の, 彼らの, 彼女の, 彼女らの; [3人称 単数・複数; usted, ustedes に対応する] あなたの, あなたがたの; [3人称単数・複数; 聖なるもの, その, それらの. —No asisto a su clase. 私は彼の授業に出ていない. Su marido es japonés. 彼女の夫は日本人だ [前に定冠詞・指示形容詞をつけない. 名詞の後・叙述補語としては suyo が用いられる. un amigo suyo 1人の彼の友人].

suajili 男 スワヒリ語.

suasorio, ria 形 説得的, 説得力のある.

:suave [スワベ] 形 1 柔らかい, なめらかな. 2 [形状が] 平らな, 緩い. —curva— 緩やかなカーブ. 3 動きがなだらかな, 軽やかな. —marcha— スムーズな走行. 4 [刺激・作用が] 柔らかな, 穏やかな; 優しい, 心地良い. —vino— 軽い口当たりのワイン. brisa~ 心地良いそよ風. 5 柔和な, おっとりした; 従順な. 6 [メキシコ] すばらしい, 魅力的な.

:suavidad 女 1 滑らかさ, 柔らかさ, 快さ. 2 優しさ, 穏やかさ, 温厚さ. 3 平らなこと, 平坦.

suavización 女 柔軟[穏やか]にすること.

suavizador, dora 形 1 滑らかにする, 柔らかくする. 2 和らげる, 穏やかにする. —~ de agua 軟水化装置, カルシウム[不純物]除去器. ~ de cabello(宅).

suavizante 男 [衣類を柔らかくする] 柔軟剤, ソフナー.

:suavizar [1.3] 他 1 ~ を柔らかくする, 軟らかくする, 和らげる. 2 [態度などを] 軟化させる. 3 …のコントラストを弱める. —~ un color 色のコントラストを弱める. —se 再 1 柔らかになる, 軟らかくなる, 和らぐ. 2 緩和される, 穏やかになる.

suba 女 [南米] 値上がり, 値上げ.

subacuático, ca 形 水面下の, 水中の.

subafluente 男 [川の支流からさらに分かれた] 支流.

subalimentación 女 [医学] 栄養不良, 栄養失調.

subalterno, na 形 [身分などが] 下の, 下級の, 下役の. —~ 男 部下, 下級[下位]の者; 下働き.

subálveo, a 形 河床の下の.

subarrendador, dora 名 又貸しする人, 転貸者.

subarrendamiento 男 → subarriendo.

subarrendar [4.1] 他 を又貸し[又借り]する, 転貸[借]する.

subarrendatario, ria 名 又借り人, 転借人.

subarriendo 男 又貸し, 又借り, 転貸借.

subártico, ca 形 北極に近い, 亜北極の.

subasta 女 競売, 競り(；), オークション; (公共事業などの) 入札. —sacar a ~ オークションにかける. sacar a pública ~ 公売にかけ, 公開入札にかける.

subastador, dora 名 [商業] 競売人.

subastar 他 を競売にかける, 競売で売る; …の入札を行う.

subastero, ra 名 (競売で意図的に) 値をつり上げる人.

subatómico, ca 形 [物理, 化学] 亜原子の, 原子構成要素の.

subcampeón, ona 名 (競技・競争などの) 第2位の者[チーム]; 準優勝者.

subcelular 形 [生物] 亜細胞の.

subclase 女 1 下位区分. 2 [生物] 亜綱.

subclavio, via 形 [解剖] 鎖骨の下の. —~ 男 [解剖] 鎖骨下静脈.

subcomisión 女 小委員会, 分科会.

subcomité 男 →subcomisión.

subconjunto 男 [数学] 部分集合.

subconsciencia 女 [心理] 潜在意識, 下意識.

subconsciente 形 [心理] 潜在意識の(中にある), 下意識下の. —~ 男 [心理] 潜在意識, 下意識.

subcontinente 男 亜大陸(インド, グリーンランド, ニューギニアなど).

subcontrata 女 下請け契約.

subcontratación 女 下請け, 下請け契約.

subcontratar 他 …と下請けの契約をする.

subcontratista 男女 下請け業者.

subcontrato 男 下請け契約.

subcortical 形 大脳皮質下の.

subcostal 形 [解剖] 肋骨下の, 肋下の.

subcultura 女 サブカルチャー.

subcutáneo, a 形 [医学, 解剖] 皮下の.

subdelegación 女 再委託, 再委任; その事務所.

subdelegado, da 名 (被委任者の) 代理人, 副代理人, 再受託者.

subdesarrollado, da 形 開発の遅れた, 後進の.

subdesarrollo 男 低開発(状態); 後進(性).

subdiácono 男 [カト] 副助祭.

subdirección 女 副社長[副会長, 副所長などの職[地位]; 副社長[副会長, 副所長など]の事務所[執務室].

subdirector, tora 名 1 副社長, 副支配人, 副部長, 副会長. 2 副所長, 副校長, 副館長. 3 助監督; 副指揮者; 副編集長.

súbdito, ta 形 [+ de に] 支配された, 従属[服従]する. —~ 名 1 家来; 臣民, 臣下. 2 国民, 公民, 人民.

subdividir 他 をさらに分ける, 再分割する, 細別する. —se 再 再分割される,

細別される.
subdivisión 女 再分割[細別](すること); 下位区分.
subdominante 女 《音楽》下属音. サブドミナント(音階の第4音).
subemplear 他 を不完全雇用する.
subempleo 男 不完全雇用.
suberoso, sa 形 コルク質の, コルク状の.
subespecie 女 《生物》亜種.
subestación 女 《生物》変電所.
subestimar 他 を過小評価する, 軽視する, 見くびる.
subfamilia 女 《生物》亜科.
subfusil 男 自動小銃.
subgénero 男 下位ジャンル;《生物》亜科.
subgobernador, dora 名 副総裁, 副総督, 副知事, 副総監.
subgrupo 男 1 下位集団, サブグループ. 2《数学》部分群.
subida 女 1 登ること; 上方へあがること, 上昇. 2 上り板, 上りの坂. 3《温度などの》上昇;《物価の》上昇, 騰貴. 4 昇進, 昇格, 出世.
*__subido, da__ 過分 (→ subir) 形 1 高い, 高められた. 2 上に伸びた;《衣類が》上に突っ張った, 襟を立てた. 3《刺激・作用が》強烈な, 鮮烈な, 激しい. ―olor ～ 強列な臭い. rojo ～ 強烈な[鮮やかな]赤色. 4 《un/el + 形容詞》この上ない, とびきりの. 5《話》うぬぼれた, 増長した.
subíndice 男 1《印刷》下つき数字[文字], 添え字;《数学》添字.
subinspección 女 副検査[副監督]官の職務[地位, 事務所].
subinspector, tora 名 副検査官, 副監査官.
subintendente 男女 副主計, 主計代理.
*__subir__ 〔スビル〕自 1《+ a に》登る, 上がる, 達する;《乗り物・動物》に乗る. ― al Monte Fuji 富士山に登る. ～ al autobús [tren] バス[電車]に乗る. La deuda sube a 1000 euros. 借金は1000ユーロに増える. 2 増える, 上がる, 大きくなる. ― la fiebre [la temperatura] 熱[気温]が上がる. 3 昇進する; 向上する. 4《音・調子が》高くなる;《音楽》高音域が出る. ― 他 1 を増やす, 上げる, 大きくする. ― el volumen de la radio ラジオの音量を上げる. 2 を高く持ち上げる, 上げる. ― los brazos 腕をあげる. 3 を登る. ― la escalera 階段を登る. 4《車に人・物》を乗せる, 積む; 運び上げる. 5 を値上げする. 6 を昇進させる. 7《音》を高くする. ― **se** 再 1《+ a に》よじ登る, はい上がる. 2《身に付けているもの》を上げる, 高くする. ―*se las mangas de la camisa* シャツの袖をまくる. 3《+ a《人》に》《話》酔わせる; 思い上がらせる, いい気にさせる. ―La victoria *se le ha subido.* 勝利のせいで彼はうぬぼれた. 4《+ a に対して》《話》大きな態度をとる, ばかにする. ▶ *subirse__LE__ a la cabeza* (酒・アルコールが人を)酔わせる; (人を)思い上がらせる, 鼻高にさせる, いい気にさせる.
súbitamente 副 突然, 不意に, 急に.
súbito, ta 形 1 突然の, 急激な, 突発的な. 2 衝動的な, 激しやすい. ★ de súbito 突如として. ― 副 突然, 急激に, にわかに.
subjefe 男 副主任, 次長; 補佐官; 助役.
subjetividad 女 主観性, 主観的であること.
subjetivismo 男 1《哲学》主観論, 主観主義. 2 主観的態度, 自己本位な態度.
*__subjetivo, va__ 形 1 主観的な; 思念上の. ―*juicios* ～ 主観的な判断. 2 個人的な, 私的な. 3《医学》自覚症状の. ―*síntoma* ～ 自覚症状.
*__subjuntivo, va__ 形《言語》接続法(の).
sublevación 女 反乱, 蜂起; 暴動.
sublevar 他 1《+ contra に対して》…に反乱を起こさせる, 反抗させる, を決起させる. 2 を憤慨させる, 反発させる. ― **se** 再 1《+ contra に対して》反乱を起こす, 決起する. 2 憤慨する, 反発する.
sublimación 女 1《心理》昇華; 純化, 高尚化;《化学》昇華.
sublimado 男《化学》昇華物.
sublimar 他 1《心理》(情念・欲求などを)昇華させる, 純化する, 高尚にする. 2《化学》(物質を)昇華させる. ― **se** 再《化学》昇華する.
sublime 形 1 崇高な, 気高い, 至高の. 2 特上の, 極上の.
sublimidad 女 崇高, 荘厳; 高尚; 極致.
subliminal 形《心理》閾(いき)値下の, サブリミナルの. ―*efecto* ～ サブリミナル効果.
sublingual 形《解剖》舌下の.
sublunar 形 月下の; 地上の; この世の. ―*el mundo* ～ この世.
submarinismo 男 潜水, ダイビング.
submarinista 男女 潜水作業員; ダイバー; 潜水艦乗組員. ― 形 潜水の, 潜水の.
submarino, na 形 水面下の; 海中の, 海底の. ― 男 1 潜水艦. 2《スペイン》侵入者, スパイ.
submaxilar 形《解剖》下顎(がく)の; 顎下腺(せん)の, 顎下骨(こつ)の.
submúltiplo, pla 形 男《数学》約数(の).
submundo 男 下層社会; 暗黒街, 闇(やみ)の社会.
subnormal 形《特に知能的に》普通標準)以下の, 知恵遅れの. ― 男女 知恵遅れの人(特に子ども).
subnormalidad 女 1 知恵遅れ. 2 普通以下であること.
suboficial 男女《軍事》下士官(曹長・軍曹など).
suborden 男《生物》亜目.

subordinación 囡 **1** 従属(関係), 服従; 下位に置く[置かれる]こと. **2**《言語》従属関係.

subordinado, da 過分 [→ subordinar] 形 **1** 服従する, 服従した; [+a より も] 服従する. **2**《言語》従属の, 従位の. —— 名 部下, 配下; 下位[下位]の者.

subordinante 形 従属させる, 下位に置く. —— 囡《言語》主節.

subordinar 他 **1**[+a より] を下位に置く; (…)に従属[服従]させる. **2**《言語》(節などを)従属させる, 従位関係に置く. —— se 再 **1**[+a に] 従属[服従]する, 仕える, 従う. **2**《言語》従属する, 従位関係にある.

subprefecto 男 副知事, 副長官.

subproducto 男 副産物, 第二次製品.

subrayable 形 **1** 特筆に値する, 注目すべき, 顕著な. **2** 下線を引くことができる.

subrayado, da 過分 [→ subrayar] 形 **1** 下線[アンダーライン]を引いた, 強調された. —— 男 下線部; イタリック体 [斜体字]の部分.

subrayar 他 **1** …に下線[アンダーライン]を引く. **2** を強調する, 力説する.

subregión 囡 **1**(región 中の)小区域, 小地域. **2**《生物》亜区.

subreino 男《生物》亜界.

subrepticiamente 副 こっそり, こそこそと, 隠れて.

subrepticio, cia 形 内密の, 内々の; こそこそした.

subrogación 囡《法律》代位; 代位弁済, (権利などの)肩代わり.

subrogar [1.2] 他《法律》(権利など)を(第三者に)代位させる, 肩代わりさせる. —— se 再《法律》代位する, 肩代わりする.

subrutina 囡《情報》サブルーチン.

subsahariano, na 形名 サハラ以南の(人).

subsanación 囡 埋め合わせ, 補償.

subsanar 他 **1** を償う, 補う; …の埋め合わせをする. **2**(困難などを)克服する, 乗り越える.

subscribir 他 →suscribir.

subscripción 囡 →suscripción.

subscriptor, tora 名 → suscriptor.

subscrito 過分 [→subscribir] 形 → suscrito.

subsecretaría 囡 次官の職; 副秘書 [秘書補佐, 秘書官]職; その執務室.

subsecretario, ria 名 秘書の補佐[代理]; (スペインの省庁の)次官.

subsecuente 形 →subsiguiente.

subseguir(se) [6.3] 自 再 [+a の] 後にすぐ続く[続いて起こる], (…に)後続する.

subsidiar 他 (人・団体などに)補助金 [助成金]を給付する.

subsidiario, ria 形 **1** 補助的な, 代わりの, 予備の. **2** 助成[金]の[による], 補助

金[による], 扶助の[による].

subsidio 男 補助(金), 助成(金); 給付金, 手当. —~ para la investigación 研究助成金.

subsiguiente 形 その次の, 直後の; 次に(結果として)続く.

subsiguientemente 副 [+a に] 続いて, 引き続いて.

subsistencia 囡 **1** 生存; 生活, 暮らし, 生計. **2**《主に 複》生活必需品; 食糧.

subsistente 形 (依然として)残っている, 残存する, 生き残っている.

subsistir 自 **1** 存続する, 残存する, 継続している. **2** 生存する, 生計を維持する; 棲息する.

subsónico, ca 形 亜音速の, 音速より遅い.

substancia 囡 →sustancia.

substanciación 囡 → sustanciación.

substancial 形 →sustancial.

substanciar 他 →sustanciar.

substancioso, sa 形 →sustancioso.

substantivación 囡《言語》→sustantivación.

substantivar 他 →sustantivar.

substantividad 囡 → sustantividad.

substantivo, va 形男 →sustantivo.

substitución 囡 →sustitución.

substituible 形 →sustituible.

substituir 他 →sustituir.

substitutivo, va 形男 →sustitutivo.

substituto, ta 形名 →sustituto.

substituy- 動 →substituir [11.1].

substracción 囡 →sustracción.

substraendo 男 →sustraendo.

substraer [10.4] 他 →sustraer.

substrato 男 →sustrato.

subsuelo 男 **1**《地質》心土, 下層土. **2** 地下.

subsumir 他 を包括[包摂]する.

subtender [4.2] 他《数学》…に対して弦を引く; (曲線・折れ線などの)両端を線分で結ぶ.

subteniente 男名《軍事》准尉.

subterfugio 男 口実, 言い訳; ごまかし.

subterráneo, a 形 **1** 地下の, 地中の. —paso ~ 地下道. **2** 隠れた, 表に出ない; 秘密の. —— 男 **1** 地下, 地下室, 地下倉庫. **2**《南米》地下鉄.

subtipo 男 亜類型, サブタイプ.

subtitular 他 **1** …に副題[サブタイトル]をつける. **2** …に字幕(スーパー)をつける.

subtítulo 男 **1** 副題, サブタイトル. **2**《主に 複》(映画)字幕, スーパー(インポーズ); テロップ.

subtotal 男 小計.

subtropical 形 亜熱帯の.

suburbano, na 形 **1** 郊外の, 町はず

suburbial 形 →suburbano.

suburbio 男 **1** 郊外, 町はずれ, 都市周辺地域. **2** 場末, (町はずれの)スラム(街).

subvalorar 他 過小評価する, 見くびる.

subvención 女 助成(金), 補助(金); 奨励(金).

subvencionar 他 助成する, …に助成金[補助金]を出す, 奨励金を支給する.

subvenir [10.9] 自 〖+a＋名〗(特に財政的に)援助する; (…の)費用を負担する.

subversión 女 (秩序などの)転覆, 破壊; 革命.

subversivo, va 形 反体制的な, (秩序などを)破壊[転覆]しようとする.

subvertir [7] 他 (政府・体制などを)覆す, 破壊する; (主義・思想などを)打倒[打破]する.

subyacente 形 **1** 下にある, 下方にある, 下に横たわる. **2** 隠れた, 裏に潜んだ.

subyacer 自 下にある; 潜む.

subyugación 女 **1** 征服, 鎮圧; (圧制的な)支配. **2** 屈服, 隷属.

subyugador, dora 形 **1** 人の心を奪うような(人), 魅惑的な(人), ほれぼれさせる(人). **2** 征服する(人), 支配する(人).

subyugar [1.2] 他 **1** を征服する; を隷属させる, (圧制的に)支配する. **2** を魅了する, うっとりさせる. —— **se** 再 〖+a に〗隷属する, 屈従する.

succión 女 吸うこと, 吸引, 吸い上げ, 吸い込み.

succionar 他 を吸う, 吸引される, 吸い上げる.

sucedáneo, a 形 〖+de の〗代用の, 代わりの. —— 男 代用品, 代替物; まがい物.

:**suceder** [スセデル] 自 **1** 起こる, 生じる. —suceda lo que suceda 何が起ころうと. Lo que sucede es que… 実は…である. **2** 〖+a に〗続く, (…の)後にくる. —— 他 …の後を継ぐ, 後継となる, を継承する.

*sucedido 《話》出来事, 事件.

*sucesión 女 **1** 連続, 継起. **2** 継承, 後継. —Guerra de ～ de España スペイン王位継承戦争(1701-1715). **3** 〖法律〗相続; 相続財産, 遺産. **4** 跡取り, 後継者; 子孫.

*sucesivamente 副 相次いで, 次々と. ► y así sucesivamente 以下同様に.

:**sucesivo, va** 形 相次ぐ, 連続的な; 引き続く. —tres partidos ～s 3試合連続. en días ～s 日を追って. ► en lo sucesivo 今後は, これからは.

:**suceso** 男 **1** 出来事, イベント, 事件; 事故. —sección (páginas) de ～s (新聞の)社会面, 三面記事. **2** 結果, 成り行き; 成功, 成果.

*sucesor, sora 名 後継者, 継承者; 相続人. —— 形 後を継ぐ; 相続する.

sucesorio, ria 形 相続の[に関する], 継承の[に関する].

*suciedad 女 **1** 不潔(さ), 汚れ; 汚物. **2** 卑劣さ: 下品, 卑猥(ʋ͡).

sucinto, ta 形 簡潔な, 手短な.

*sucio, cia 形 **1** 汚い, 汚れた, 不潔な. **2** 汚れやすい, 汚れになる. **3** 不潔にしている, きれいを好まない. **4** (色が)くすんだ, さえない. **5** 卑劣な, 不正な. —negocio ～ 不正な取引. **6** 下品な, 卑猥な. —— 副 汚く, 雑に; 不正に, 卑劣に.

Sucre 固名 **1** スクレ(コロンビアの県; ベネズエラの州; ボリビアの県; 同国の首都). **2** スクレ (Antonio José de ～) (1795-1830, ボリビアの大統領).

sucre 男 スクレ(エクアドルの旧通貨単位). ►現在は米ドルを使用.

súcubo 男 女の姿になって睡眠中の男と交わるという夢魔.

sucucho 男 〖南米〗狭苦しい部屋.

suculencia 女 栄養豊富(なこと); 美味.

suculento, ta 形 **1** 栄養豊富な; 美味な. **2** 〖植物〗多肉の, 多汁の.

sucumbir 自 〖+a に〗屈服する, 負ける. —— a la adversidad 逆境に屈する. **2** 命を落とす, (事故・災害などで)死ぬ; 滅亡する.

*sucursal 女形 支店(の), 支社(の), 支局(の).

sud 男 〖中南米〗南.

sudaca 形 男女 〖話, 軽蔑〗南米の(人).

sudación 女 〖医学〗発汗; 発汗療法.

sudadera 女 〖服飾〗トレーナー, ジャージー上着, スウェットシャツ. **2** 大汗をかくこと.

Sudáfrica 固名 南アフリカ共和国(公式名 República de Sudáfrica, 首都 Pretoria).

sudafricano, na 形 名 南アフリカ共和国の(人).

Sudamérica 固名 南アメリカ[南米].

sudamericano, na 形 名 南米の(人).

Sudán 固名 スーダン(首都 Jartum).

sudanés, nesa 形 名 スーダンの(人).

sudar 自 **1** 汗をかく, 発汗する. **2** 水分を出す, 樹脂[樹液]を出す; (物が)水滴をつける, 結露する. —— la pared 壁が結露する. **3** 汗をたらして〖懸命に〗働く, 苦労する. **4** 〖話〗を汗で失らす, 汗でぐっしょりにする. **2** (を努力で)かち得る, 獲得する, 我が物とする. ► hacer sudar a… …をうんと働かせる.

sudario 男 (埋葬のための)屍衣(͡), 経かたびら; 死者の顔にかぶせる布.

sudeste 形 男 **1** 南東の, 南東部(の) 〖略号〗SE. **2** 南東の風.

sudista 形 女 〖歴史〗(アメリカ合衆国の南北戦争での)南軍の(人), 南軍側の(人).

sudoeste 形 男 (しばしば S～) 南西の(の), 南西部(の); 南西風 〖略号〗SO (の).

sudor 男 1 汗。発汗。—con el ~ de la frente 額に汗して、一生懸命努力して。estar bañado [empapado] en ~ 汗びっしょりである。2 主に 複 困苦、骨折り。3 (物の表面の)水分、水滴；(植物の)樹液。

sudoración 女 発汗。

sudoriento, ta 形 汗にまみれた、汗びっしょりの。

sudorífero, ra, sudorífico, ca 形 発汗をうながす、発汗性の。— 男 発汗剤 (=medicamento ~)。

sudoríparo, ra 形 (生理、解剖) 発汗の、汗分泌の。

sudoroso, sa 形 1 汗にまみれた、汗びっしょりの。2 (人が) 汗かきの。

sudoso, sa 形 汗にまみれた、汗びっしょりの。

sudsudeste 男 1 南南東。2 南南東の風。

sudsudoeste 男 1 南南西。2 南南西の風。

Suecia 固名 スウェーデン (首都 Estocolmo)。

sueco, ca 形名 スウェーデン (人)。— 男 スウェーデン語。—*hacerse el sueco* 《話》わからない[聞こえない]ふりをする。

suegro, gra 男 男(女) [姑(しゅうとめ)]、義理の父[母]、義父[母]。

suel- 動 →soler [5.2]。

suela 女 1 靴底；なめした革、靴底革。2 (魚類) シタビラメ。*de siete [tres, cuatro] suelas* 《話》ひどい、どうしようもない。*medias suelas* (靴の修理用の)半革、半敷き；応急処置、間に合わせ。*no llegarle a la suela del zapato* (人)の足元にもおよばない。

suelazo 男 1 (南米) 転倒。2 予想外の失敗。

sueldo [スエルド] 男 給料、賃金、俸給。—~ anual [mensual] 年俸[月給]。~ base 基本給。► *a sueldo* 金で雇われて、給料をもらって。

suelo [スエロ] 男 1 地面、地上。2 床(ゆか)。3 土地、土壌、地質；敷地。4 (文) 地方、国。5 (容器の)底。► *arrastrarse* [*echarse*] *por el suelo* [*por los suelos*] へりくだる；卑屈になる。*besar el suelo* 《話》前にばったり倒れる。*dar consigo en el suelo* 倒れる、転ぶ。*estar por los suelos* (価値・評価などが)下がっている、(状態などが)悪化している。*medir el suelo (con su cuerpo)* ばったり倒れる。*suelo natal* 祖国、故郷 (→ patria)。*venirse al suelo* (物が)倒れる；(組織などが)崩壊する。

suelt- 動 →soltar [5.1]。

suelta 女 解放；(動物などを)放すこと；自由。

suelto, ta 形 1 放たれた、解かれた；解放された、自由な。2 ゆったりとした、ゆるんだ、はずれかけた。3 ばらの；(揃っていない)片方の、固まりにならない。4 奔放な；軽はずみな、ふしだらな。5 手慣れた、自在な；(文章が)軽やかで平明な。6 小銭の。—*dinero* ~ 小銭。— 男 1 小銭。2 小記事の。

suen- 動 →sonar [5.1]。
sueñ- 動 →soñar [5.1]。

sueño [スエニョ] 男 1 睡眠、眠り。—~ *pesado* 深い眠り。*descabezar [echar] un* [*el*] ~ うとうとする、まどろむ。2 眠気。—*tener* ~ 眠い。3 夢、夢の中の出来事。—*tener un buen [mal]* ~ 良い[悪い]夢をみる。4 憧れ、望み；幻想。—*abrigar un dorado* ~ 大望を抱く。► *caerse de sueño* 《話》眠くてたまらない。*coger el sueño* 寝つく、寝入る。*conciliar el sueño* 寝つく。*ni en sueños* [*ni por sueño*] 絶対に…ない、決して…ない。*perder el sueño por...* を…をひどく心配する、…が気掛かりでしかたがない。*quitar el sueño a...* 《話》(事物が)心配で…が眠れない。

suero 男 (医学) 漿液(しょうえき)、血清。

sueroterapia 女 (医学) 血清療法。

suerte [スエルテ] 女 1 運；運命。—宿命。—¡(Buena) S~! 御幸運を、頑張って下さい。*tener buena [mala]* ~ 運がいい[悪い]。*Les deseamos buena* ~。皆様の御幸多きをお祈りします。2 境遇、身の上。3 くじ、抽籤(ちゅうせん)。—*por* [*a*] ~ くじで。4 種類、5 方法、やり方。6 (闘牛の) 各場面、各演技。► *caerle* [*tocarle*] *en suerte* (くじなどで)物分け当たる。*de suerte que* [+直説法] [結果] 従って；[+接続法] [目的・方法] …するように。*por suerte* 運よく、幸運にも。*probar suerte* 運を試す、(運を信じて)何かを試しにやってみる。

suertero, ra 形 (中南米) 幸運な、運のいい。

suertudo, da 形 《話》幸運な、運のいい。

sueste 男 (海事) (水夫の)防風帽。

suéter 男 セーター。

suevo, va 形 (歴史) スエビ族の。— 名 (歴史) スエビ人。

sufí 男女 形 (複)—(e)s スーフィー教徒(の)。

suficiencia 女 1 (軽蔑) 自信過剰、うぬぼれ；物知りぶること。2 能力、資性、力量。—*mostrar su* ~ 能力を発揮する。3 十分さ、足りること、充足。

suficiente [スフィシエンテ] 形 1 [+ para] (…にとって[しむのに])十分な、適正な、有効な；[+ que + 接続法] (…だけすれば)十分だ。2 適性のある。3 ひとりよがりの、尊大な。— 男 (成績評価の)可。

suficientemente 副 十分に；[*lo* ... 形容詞/副詞 + (como) *para*] (…するのに)十分なだけ。

sufijación 女 (言語) 接尾辞付加。

sufijo, ja 形 男 (言語) 接尾辞(の)、接尾的な。

sufismo 男 (宗教) スーフィー教、スー

フィーズム．

suflé 男 〖料理〗スフレ．

sufragáneo, a 形 付属の，他の管轄下にある．— 男 〘カト〙補佐司教．

sufragar [1.2] 他 **1**（費用などを）負担する，まかなう．**2** …に出資する；…の費用を負担する．**3**〘中南米〙…に投票する．— 自〘中南米〙[+a に] 投票する．

sufragio 男 **1** 選挙；選挙法，選挙方法．**2** 票；投票．**2**（資金などの）援助，後援．**3**〘カト〙代祷(だいとう)，とりなしの祈り．

sufragismo 男 婦人参政権運動，婦人参政権論．

sufragista 男女 形 婦人参政権論者（の）．

sufrible 形 我慢できる，耐えられる．

sufrido, da 過分（→sufrir）形 **1** 忍耐強い，辛抱強い．**2** 耐久性のある（布などが）色褪せしない；（色が）汚れの目立たない．

sufridor, dora 形 名 苦しんでいる（人，物である（人），耐えている（人）．

sufrimiento 男（心身の）苦しみ，苦痛；苦悩．

sufrir ［スフリル］ 自 **1** 苦しむ，悩む．**2** [+de を]病む，患う．— 他 **1**（害などを）被る，（苦難などを）体験する．—〜 persecuciones 迫害を受ける．**2**（苦痛・逆境に）堪える，こらえる，我慢する．—〜 hambre 空腹に耐える．

sugerencia 女 提案，勧め；暗示，示唆．

sugerente 形 示唆に富む，暗示的な．

sugerir [7] 他 **1** 示唆する，暗示する；勧める．**2** を思い起こさせる，連想させる．

sugestión 女 暗示，示唆；提案．

sugestionable 形（人が）影響されやすい，暗示にかかりやすく．

sugestionar 他 **1** …の考え方に影響を及ぼす，感化する；暗示にかける．**2** …の心をとらえる，を魅了する．夢中にさせる．— **se** 再 自己暗示にかかる，盲信する．

sugestivo, va 形 **1** 示唆する，暗示に富む；[+de を] 思い起こさせる．**2** 魅力的な．

sugier-, sugir- 動 → sugerir [7]．

suicida 形 自殺の；自殺的な，無謀な．— 男女 自殺者．

suicidarse 再 自殺する．

suicidio 男 自殺，自殺的行為．—ataque 〜 自爆テロ．

suidos 男複〘動物〙イノシシ科の動物．

sui géneris [〈ラテン〉] 特有の；独特の．

suite 女 **1**（ホテルなどの）スイートルーム，特別室．**2**〘音楽〙組曲．▶ **suite ofimática** 〘情報〙オフィススイート．

Suiza 固名 スイス（首都 Berna）．

suizo, za 形 スイスの（人）．— 男〘料理〙スイツ（卵と砂糖の入った丸い菓子パン（=bollo 〜）．

sujeción 女 **1** 服従，従属．—〜 a las leyes 法の遵守．**2** 拘束，束縛；しばる［つなぐ］こと．**3** 留め具，つなぐ物，支える道具．

sujetador, dora 形 留める，つなぐ，締める．— 男（服飾）ブラジャー．

sujetalibros 男〘単複同形〙ブックエンド，本立て．

sujetapapeles 男〘単複同形〙（紙を束ねる）クリップ，紙ばさみ．

sujetar 他 **1** を支配する，服従させる．—〜 la ropa con pinzas 洗濯ばさみで衣服を留める．**2** を押さえる，を固定させる，支える．— **se** 再 [+a に] **1** つかまる，しがみつく，2 服する，合わせる，合致する．—Debe 〜se a lo dispuesto en el reglamento. ルールに規定されていることに従わねばならない．

sujeto, ta 形 **1** 固定された，留められた，押さえられた．**2**[+a …]に拘束された，縛りつけられた；…に従う；を要する．—Está 〜 al tiempo [trabajo]. 時間［仕事］に縛られている．〜 a derechos arancelarios 関税の対象となる．— 男 **1** 人，（軽蔑）やつ．**2**〘言語〙主語．**3**〘哲学〙主体，主観．

sulfamida 女〘化学，薬学〙スルホンアミド．

sulfatación 女〘化学〙硫酸化．

sulfatado 男〘化学〙硫酸（塩）処理；硫酸（塩）化．

sulfatar 他 **1**〘農業〙（植物）に硫酸銅［鉄］溶液を噴霧する，（植物）を硫酸銅［鉄］溶液に浸す．**2**〘化学〙を硫酸（塩）処理する；を硫酸化する．

sulfato 男〘化学〙硫酸塩；硫酸エステル．

sulfhídrico, ca 形〘化学〙硫化水素の．

sulfito 男〘化学〙亜硫酸塩．

sulfurado, da 形 **1**〘化学〙硫化した．**2** 激怒した，かんかんに怒った．

sulfurar 他 **1** を激怒させる，かんかんに怒らせる．**2**〘化学〙を硫化する，硫黄と化合させる．— **se** 再 激怒する，かんかんに怒る．

sulfúreo, a 形〘化学〙硫黄の，硫黄質［色］の；硫黄を含んだ．

sulfúrico, ca 形〘化学〙の，〘化学〙に6価の硫黄を含む．

sulfuro 男〘化学〙硫化物．

sulfuroso, sa 形〘化学〙硫黄色の，硫黄質の；(特に6価の)硫黄を含む．

sultán 男 スルタン，サルタン．♦イスラム教国の君主．

sultana 女 スルタン［サルタン］の妃(きさき)［母，姉，妹，娘］．

sultanato 男 スルタンの領土；スルタンの位［地位］．

suma [スマ] 女 **1** 合計；総計；金額．**2** 足し算，加算．—ha-cer 〜s 足し算をする．**3** 全書，大全．**4** 真髄，権化．▶ **en suma** 要するに，つまり．

sumador, dora 形 足し算の；合計の，合計する．— 男 加算器，計算器．

sumamente 極度に，大変．

sumando 男〘数学〙（足し算の）項．

sumar 他 **1** を合計する，足し算をする，

sumarial 形《司法》起訴(状)に関する；予審(のための)．

sumario, ria 形 **1** 要約した，簡潔な，手短な．**2**《法律》略式の，簡易な．── 男 **1** 要約，概略．**2**《法律》起訴；予審．

sumarísimo, ma 形《法律》(裁判が)略式の，即決の．

sumergible 形 潜水できる；水中用の，防水の．── 男 潜水艦［艇］．

sumergido, da 過分 [→ sumergir] **1** 水中の．**2** 潜伏した，水面下の，地下の．**3** 沈思している，考えにふける．

sumergimiento 男 →sumersión．

sumergir [3.6] 他［+en に］**1** を沈める，水没させる，浸す．**2** を没頭させる，沈入させる．── 再 **1** 沈む，水没する，潜水する．**2**［+en に］没頭する，没入する，ふける．

sumerio, ria 形《歴史》シュメールの．── 名《歴史》シュメール人．

sumersión 女 **1** 潜水，**2** 浸水，冠水；沈没；［+en］…への沈潜．

sumidero 男 排水口［溝］，水はけ口；排水路，下水道．

sumiller 男名 **1** (レストランの)ワイン係，ソムリエ．**2**《歴史》(王宮の)執事，侍従，家令．

suministración 女 供給，支給；補給．

suministrador, dora 形名 供給する(人)，補給する(人)．

suministrar 他 を供給する，支給する，提供する．

suministro 男 **1** 供給，支給，補給．**2** 複 必需品；食糧．**3** 供給物；蓄え，在庫品．

sumir 他 **1**［+en を］陥れる，追い込む．**2** を沈める，埋める．**3** (カト)(聖体)を拝領する．── 再 **1**［+en に］没頭する，専念する；(ある状態に)陥る，ふける；沈没する；埋もれる．

sumisión 女 **1** 服従，降伏．**2** 従順(な態度)，柔和，素直さ．

sumiso, sa 形 従順な，おとなしい，服従的な．

súmmum 男 最高点，頂点，極み．

sumo¹, ma 形 **1**［名詞に前置して］最高位の．—la *suma* autoridad 最高権威．**2** 最高度の，極度の．—con ~ cuidado 細心の注意を払って，**♦ a lo sumo** 多くとも，せいぜい．

sumo² ［＜日］男 (スポ) 相撲．

suní, sunní 形男女［複 ともに ~(e)s］《宗教》イスラム教スンニ派の(イスラム教徒)．

sunita, sunnita 形 《宗教》イスラム教スンニ派の．── 男女 《宗教》イスラム教スンニ派の教徒．

sunna ［＜アラビア］ 女 《宗教》スンナ．♦イスラム教で予言者ムハンマド(Mahoma)の言行に関する口伝，およびそれに関する律法．

suntuario, ria 形 ぜいたくな，奢侈(ばっ)の；ぜいたくに関する．

suntuosidad 女 ぜいたく(さ)，奢侈(ばっ)，豪華さ．

suntuoso, sa 形 豪華な，ぜいたくな，高価な．

sup- 動 →saber [17]．

supeditación 女 従属，服従．

supeditar 他［+a に］従わせる，服従させる，従わせる．── 再 同［+a に］従う，服従する，合わせる．

súper 形《話》すごい，すばらしい．── 副《話》すごく良く，すばらしく；非常に．── 男《話》スーパー(マーケット)．── 形《話》ハイオクタン価ガソリン(の)．

superable 形 打破できる，乗り越えることのできる，打ち勝つことのできる．

superabundancia 女 過多，過剰．

superabundante 形 多すぎる，ありあまる，過剰の．

superabundar 自 あり余るほど多くある，多すぎる，過剰である．

superación 女 **1** 克服，凌駕(♭☆)，乗り越えること．**2** 克己，自己改善．—afán de ~ 向上心．

superalimentar 他 に過度な食べ物［栄養］を与える．

superar 他 **1** …より勝る，をしのぐ，…に先んじる．**2** (ある限界・数値)を越える，超過する．**3** (障害・困難)を乗り越える，克服する，脱する；を突破する．—Hay que ~ los prejuicios raciales. 人種の偏見を克服する必要がある．► la primera prueba 第 1 次試験を突破する．── 再 進歩する，向上する．

superávit 男［単複同形または複 ~s］**1** (商業)黒字，剰余，余剰金．── ~ comercial 貿易黒字．**2** 過剰，超過．

supercarburante 男 高オクタン価ガソリン，ハイオク．

superchería 女 いんちき，いかさま，詐欺．

superciliar 形《解剖》眉(ね)の，眉に接した，眼窩［眼腐］上の．

supercomputador 男《情報》スーパーコンピューター．

supercomputadora 女 → supercomputador．

superconductividad 女《物理》超伝導(性)．

superconductor, tora 形《物理》超伝導の．── 男《物理》超伝導体．

superdirecta 女《自動車》オーバードライブ，増速駆動装置．

superdominante 女《音楽》下中音．♦音階の第 6 音．長音階のラ，短音階のファ．

superdotado, da 形名 極めて優秀な(人)，天才的な(人)．

superego 男《心理》超自我．

supererogación 女 義務以上に勤めること，余分な努力．

superestrato 男 **1**《言語》上層(言語)．**2**《地質》上層．

superestructura 女 **1** 上部構造，

superferolítico, ca 形 上品[繊細]すぎる; きざな, 気取った.

superficial 形 **1** 表面の, 表層の; 浅い. —tensión ~《物理》表面張力. ozono ~ 対流圏オゾン. **2** 表面的な, うわべだけの; 浅薄な, 薄っぺらな. —amistad ~ 見せかけの友情.

superficialidad 女 浅薄(なこと), 表面的なこと, 皮相.

superficialmente 副 **1** 浅薄に, うわべだけ(で). **2** 表面上は, 表面的には.

superficie 女 **1** 表面, 表層. —~ del mar 海面. —~ terrestre [de la tierra] 地表. **2** 面積, 面; 広がり. **3** 外観, 見かけ.

superfino, na 形 **1** 極細の, 極薄の. **2** 極上の, とびきりの; 非常に上品な.

superfluidad 女 過剰, 余分, 余分な物, 余分な事.

superfluo, flua 形 余分な, 不要な, 無駄な.

superfosfato 男《化学》過リン酸塩; 過リン酸肥料.

superhombre 男 超人, スーパーマン.

superíndice 男《印刷》上付き文字.

superintendencia 女 **1** 監督[指図, 管理](すること). **2** 監督(者)[管理人]の職; その執務室.

superintendente 男女 監督者, 管理者.

superior[1] 形 [+a] **1**《位置》(…より)上の, 上の. **2**《数量, 度数》(を)上回る, (…より)多い[大きい]. —estancia ~ a un mes 1 か月を超える滞在. extremo ~《数学》上限. **3**《段階, 等級》(…より)上の, 上級の, 高等の. —curso ~ 上級コース. enseñanza [educación] ~ 高等教育. **4**《質》(…より)優れた, 上質 [上等]の; (…より)意義がある.

superior[2], **riora** 名 **1** 上役, 上司, 先輩. **2**《カト》修道院長.

superioridad 女 **1**[+ sobre に対する]優越, 優位; 高慢. —sentimiento [complejo] de ~ 優越感. **2** 定冠詞 + 当局, 官憲. —por disposición de la ~ 当局のお達しにより.

superlativo, va 形 **1** 極度の, 極端な; 最高の. —en grado ~ 極端[最大]に. **2**《言語》最上級の. —男《言語》絶対最上級. —~ absoluto 絶対最上級.

superligero, ra 形《スポ》(ボクシングの)ライトウェルター級.

supermán 形 男《話》スーパーマン(のような), 超人(的)の.

supermercado 男 スーパーマーケット.

supernova 女《天文》超新星.

supernumerario, ria 形 **1** 定員外の, 余分の. **2**《休職中の》. —名 臨時雇い; 冗員; エキストラ.

superordenador 男 → supercomputador.

superpoblación 女 人口過剰; 人口過密.

superpoblado, da 形 人口過剰の, 人口過密の.

superpoblar 他 (土地を)人口過密にする.

superpondr- 動 → superponer [10.7].

superponer [10.7] 他 **1** を重ねる, 重ね合わせる, 上に置く. **2**[+a より]を優先させる, 重んじる. —**se** 再 [+a より]前にある, 先に立つ, 先行する.

superposición 女 **1** 上に置くこと, 重ね合わせ; 重なり. **2** 優先, 重視.

superpotencia 女 超大国.

superproducción 女 **1** 生産過剰. **2**《映画》超大作.

superpus- 動→superponer [10.7].

superrealismo 男 超現実主義, シュールレアリズム.

superrealista 形 シュールレアリズムの, 超現実主義の.

supersecreto, ta 形 極秘の, 最高機密の.

supersónico, ca 形 超音速の, 音速を超えた.

superstición 女 迷信, 縁起かつぎ; 盲信.

supersticioso, sa 形 名 迷信深い(人); 迷信の, 迷信的な.

supérstite 形《法律》(財産権共有者の中で)生き残った.

supervalorar 他 を過大評価する, 買いかぶる.

superventas 形《単複同形》ベストセラー(の), 大ヒット(の).

supervisar 他《仕事・労働者・施設など》を監督する, 指図する, 管理する.

supervisión 女 監督(すること), 指図, 管理.

supervisor, sora 名 監督(者), 管理者, 管理人;《情報》スーパーバイザー.

supervivencia 女 生き残ること, 生存, 存続. —lucha por la ~ 生存競争.

superviviente 形 生き残っている. —男女 生存者, 生き残り.

superyó 男《心理》超自我.

supinación 女 **1** あお向け(になる[でいる]こと). **2**《手・足の》回外(運動).

supinador 男《解剖》回外筋.

supino, na 形 **1** あお向けの, あお向けになった. —posición supina あお向け. **2**《悪いことに関して》ひどい. —男《言語》(ラテン語の)動詞状名詞, スピーヌム.

súpito, ta 形 突然の.

suplantación 女 **1**《違法に》取って代わること; 地位を奪うこと. **2**《文書などの》改ざん(紙).

suplantar 他 **1**…に取って代わる; …の地位を奪う. **2**《文書などを》改ざん(紙)する.

suplementario, ria 形 追加の, 補充の, 補遺の.

suplemento 男 **1** 補充, 追加; 付属品. **2** 増刊(号), 別冊付録, 補遺(かい). —~ dominical **3** 割増料金, 追加料金. —~ por exceso de equipaje 重量オーバーによる荷物の割増

suplencia 囡 代用, 代理; 代理[代行]期間.

suplente 形 代理の, 代行の; 補欠の. —— 男女 代理人; 補欠; (情報)ダミー.

supletorio, ria 形 追加の, 補足の, 補助の. ── 男 補助物, 予備, (親子電話の)子機.

:**súplica** 囡 懇願, 嘆願; 嘆願書, 請願書. —a ~ de …に懇願されて, …の要求に応じて.

suplicación 囡 1嘆願, 懇願, 哀願. 2《司法》上訴.

:**suplicante** 形 懇願[哀願]する, 陳情する. ── 男女 懇願する人, 陳情者.

suplicar [1.1] 他 1を懇願する, 嘆願[哀願]する. 2《法律》上訴する, 控訴する.

suplicatoria 囡 《法律》(上級の裁判所の)審理依頼状, 証人調査依頼状.

suplicatorio, ria 形 嘆願[哀願・懇願]の. ── 男 《法律》 1→suplicatoria. 2(議員に対する)逮捕許諾請求.

suplicio 男 1(苦痛を伴う)刑罰, 体刑, 拷問. 2(肉体的・精神的)激しい苦痛, 苦悶.

supliqué(-), suplique(-) 動 → suplicar [1.1].

suplir 他 1を補う, 補足する, 補完する. 2…に取って代わる, …の代理[代役]を務める.

supón, supondr- 動 → suponer [10.7].

:**suponer** [スポネル] [10.7] 他 1…と想像する, 推測する, 推定する. —*Supongo que* estás de acuerdo. 君は賛成だと私は推察している. 2…と仮定する, 想定する. —*Supongamos que* ella viene. 彼女は来ると仮定してみよう. 3を前提とする; 意味する. ── 自 重要である, 意味がある. **● ser de suponer que**《+直説法/接続法》…と考えられる, あり得る, 当然だ. —*Es un* ~. これは仮定の話だ.

suponga(-), supongo 動 →suponer [10.7].

:**suposición** 囡 想像, 推測; 仮定. —~ gratuita (根拠の無い)当て推量.

supositorio 男 座薬, 座剤.

supraclavicular 形 《解剖》鎖骨上の.

supranacional 形 超国家的な, 一国の規模を越えた.

suprarrenal 形 《解剖》腎臓(じん)の上にある, 副腎の.

suprasensible 形 1高感度の; 過敏な. 2超感覚的な, 五感を超越した.

supremacía 囡 優位, 最高位; 覇権.

:**supremo, ma** 形 1最高位の, 最高権威の. —Tribunal S~ 最高裁判所. Ser [Hacedor] ~ 唯一存在(神). 2最高度の, 至上の. 3最後の, 最終局面の, 決定的な.

supresión 囡 1削除, 消去, 省略. 2廃止, 撤廃.

suprimir 他 1を廃止する, 排除する, 取り除く. 2を削除する; 省略する;《情報》削除する, デリートする.

supuestamente 副《文修飾副詞として》推定では…, …と思われる, …と想像される.

supuesto, ta 過分 → suponer 形 1《+名詞》…と想定[推定]された, 仮定の; …の嫌疑のある. —~ delincuente 容疑者. *supuesta* obra de Goya ゴヤのものと推定される作品. 2偽の, 偽装した. 3《+名詞》当然のこと[もの]と思う, 前提として考える. **● dar por supuesto** もちろん, 当然. **supuesto que**《+直説法》…であるから;《+接続法》…であると仮定すれば. ── 男 推定, 推測, 仮定.

supuración 囡 化膿, 膿(うみ).

supurar 自 化膿する, 膿(うみ)む.

supus- 動 → suponer [10.7].

sur 〈スル〉男 1南, 南部. 2南風.

sura 囡 スーラ, ♦コーランの章, 節.

surafricano, na 形 →sudafricano.

sural 形 《解剖》ふくらはぎの, 腓腹(ひふく)の.

suramericano, na 形名 南米の(人)(→sudamericano).

surcar [1.1] 他 1(船が水)を切って進む, 航行する;(鳥・飛行機が空中)を飛ぶ. 2…に筋[線]をつける;(畑)に畝溝をつける.

surco 男 1(畑の畝と畝の間の)溝; 畝. 2跡, 筋. —~ de barco 航跡. 3(顔などの)しわ.

surcoreano, na 形名 韓国(Corea, Corea del Sur)の(人), 大韓民国の(人).

sureño, ña 形名 南の, 南部の(人), 南からの(人).

sureste 男 →sudeste.

surf 〈英〉男 →surfing.

surfear 自《スポ》サーフィンをする.

surfing 男《スポ》サーフィン.

surfista 男女 サーファー.

surgimiento 男 生じること, 現れること.

surgir [3.6] 自 1《+ de から》(水などが)わき出る, 噴出する, 姿を現わす. 2(現象・問題などが)急に出現する, 現われる, 生じる. 3そびえ立つ, 高く上がる.

Surinam 固名 スリナム (首都 Paramaribo).

suripanta 囡《軽蔑》身持ちの悪い女.

surja(-), surjo 動 →surgir [3.6].

surmenage〈仏〉男 過労, 過労による体調不良.

suroeste 男 →sudoeste.

surrealismo 男 超現実主義, シュールレアリズム.

surrealista 形 超現実主義の, シュールレアリズムの. ── 男女 超現実主義者, シュールレアリスト.

sursureste 男 南南東(の風).

sursuroeste 男 南南西(の風).

surtidero 男 1(貯水池などの)排水口, 水はけ口. 2(水の)噴出.

:**surtido, da** 過分 (→surtir) 形 1《+

de が）豊富に揃った，品揃えの良い．**2** 男 **1** 取り合わせの，詰め合わせの．―男 **1** 取り揃え，品揃え．**2** 詰め合わせ，取り合わせ．

surtidor 男 **1**（水の）噴出，噴射．**2**（ガソリンスタンドの）給油機．―形 供給する，補給する．

surtir 他 [+de] …に供給する，提供する．―自 噴出する，湧き出る．

se 再 [+de] 仕入れる，供給される．

surto, ta 形《海事》[+en]（船が）…に停泊している，投錨（ ）している．

sus¹ （所有）su の複数形．

sus² （犬などを追い払うときの）しっ！

susceptibilidad 女 **1** 怒りっぽさ，短気．**2** 感受性，感じやすさ．

susceptible 形 **1** [+de を] できる，可能性がある．**2**（人が）怒りっぽい，短気な．**3** [+a に] 過敏な，影響されやすい．

:**suscitar** 他（感情・反応などを）引き起こす，生じさせる，起こす．

:**suscribir** [3.3] 他 **1**（文書の末尾に）署名する，サインをする．**2** …に賛同する，同意する，同調する．**3**（株・債券など）を取得する，買い付ける．― **se** 再 [+a に] **1**（前金を払って）定期［予約］購読を申し込む，定期［予約］講読の申込をする．**2** 入会する，加入する．

suscripción 女 **1** 入会，株式，定期購読などの）予約，申込み．―abrir [cerrar] la ～ 入会［購読］申込みの受付が始まる［終わる］．**2** 予約［入会］金，定期購読料，入会金，会費．**3** サイン，署名．**4** 同意，賛成．

suscriptor, tora 名 **1** 購読者，予約者，申込者，応募者．**2** 同意者，賛同者；署名者．

suscrito, ta 過分 [→ suscribir] 形 **1**（人が）署名した，**2**（人が）予約した，予約購読している．―名 署名者．

sushi [<日 寿] 男《料理》寿司．

susodicho, cha 形 名《文》前述の（者），上記の（者）．

S
suspender 他 **1** をつるす，ぶら下げる，掛ける．―～ una lámpara del techo 天井から電灯をつるす．**2** を中止する，保留する．（情報）サスペンドする．**3**（給料の支払）を一時停止する，停職にする．―～ de empleo y sueldo 停職にする．**4** を不合格にする，落第させる．（学生が単位）を落とす．（学科目）に不合格となる．―Le han suspendido en física. 彼は物理（の単位）を落とした．Suspendí la filosofía. 私は哲学（の単位）を落とした．**5** をうっとりさせる，夢中にさせる．―形 不合格となる，落第する．― **se** 再 **1** [+de から] ぶらさがる．**2** 中止する．

suspense 男 サスペンス．

suspensión 女 **1** 中止，停止；延期．―～ de pagos 支払い停止．**2**（自動車）サスペンション．**3**（液体・気体中の）浮遊物，浮遊状態．**4**（化学）懸濁（ ）（液）．**5** つるすこと，掛けること．

suspensivo, va 形 中止の，停止の，保留の．―puntos ～s 省略記号（…）．

:**suspenso, sa** 形 **1** 吊りさげた，宙に浮いた．―～ en el aire 宙うりになった．**2** 唖然とした，あっけにとられた，当惑した．**3** 中断された，停止になった．**4** 不合格の．―名 **1** 不合格者，落第生．―男 **1** [en+] 中断，保留．―dejar en ～ la discusión 議論を先送りにする．**2**（成績の）不合格，不可；不合格科目．―dar un ～ a ...（人）を不合格にする［（人）に不合格の判定を下す］．

suspensores 男複《中南米》《服飾》ズボンつり，サスペンダー．

suspensorio, ria 形 つり下げの，つるすための；懸垂式の．―名 **1** つり包帯．**2**（男子運動選手用の）サポーター．

suspicacia 女 疑惑，不信感；疑い深さ．

suspicaz 形 疑い深い，邪推する；警戒心の強い．

suspirado, da 過分 [→suspirar] 形 待望の，待ちに待った．

:**suspirar** 自 **1** ため息をつく．**2** [+por を] 熱愛する，熱望する．

:**suspiro** 男 **1**（悲しみや満足などの）ため息，嘆息．―dar [exhalar, lanzar] un ～ ため息をつく．**2**（風などの）そよぐ音；かすかな音，ほとんど知覚されないもの．**3**（話）とても短い期間，一瞬．―en un ～ あっという間に．**4** メレンゲでできた菓子．**5**《音楽》4分休止（符）．▶ **dar [exhalar] el último suspiro** 息を引き取る，死ぬ．

sustancia 女 **1** 物質，物体．―～ liquida [sólida] 液［固］体．**2** 本質，実質；中身；要点．―captar la ～ 本質をつかむ．**3** 栄養分，滋養分；エキス，汁．▶ **en sustancia** 実質的には，要するに．

sustanciación 女 **1** 要約，簡約．**2**《法律》実証，立証．

sustancial 形 **1** 本質的な，根本的な，本質に関わる．**2** 実質的な，中身のある．**3** 栄養のある．

sustanciar 他 **1**（本・話などを）要約する，簡約化する．**2**《法律，司法》を審理する；（主張など）を立証する，実証する．

sustancioso, sa 形 **1** 栄養のある，滋養に富む．**2** 価値のある，内容の充実した；実質的な．

sustantivación 女《言語》名詞化．

sustantivar 他《言語》（動詞・形容詞など）を名詞化する，名詞として使う．

sustantividad 女 **1** 実質性，実体性．**2**《言語》名詞性．

:**sustantivo, va** 形 **1** 実質的な；根本的な，本質的な．**2**《言語》名詞の働きをする．―男《言語》名詞，実詞．

sustentable 形 **1**（議論・学説などが）支持できる，擁護［弁護］できる．**2** 支えられる；維持できる，持続可能な．

sustentación 女 **1** 支え（となるもの），支持；維持．**2** 生計，暮らしの支え；扶養．

sustentáculo 男 支え（となるもの），支柱；台座．

sustentador, dora 形名 支える（物・人），支えとなる（物・人）．

sustentamiento 男 **1** 支え，支持；

sustentar 維持する. **2** 生計; 扶養. **3** 支持, 擁護, 弁護.

sustentar 他 **1** を支える. **2** を養う, 扶養する, …の生計を支える. **3** を維持する, 擁護する. ━ **se** 再 **1**〖+ de を〗摂取する, (…で)栄養を取る. **2** 身を立てる, 暮らす. **3**〖+ en の上に〗支えられる, 成り立つ; 立つ.

sustento 男 **1** 生活(の支え), 生計; 糧(ﾃ), 食物. **2** 支え, 支えるもの, 支持.

sustitución 女 **1** 取り替え; 代用, 代替. **2** 代理; 〘法律〙(相続の)代襲. **3** 〘数学〙代入.

sustituible 形 取り替えできる, 代替[代用・代理]可能な; 代わりのある.

sustituir [11.1] 他 **1** 〖+ con/ por と〗を置き換える, 入れ替える, 取り替える; 〘情報〙上書きする. ━*Sustituye* la comida *por* un simple bocadillo. 彼は昼食の代わりにサンドイッチだけを食べている. **2** …に取って代わる, …の代理[代役]をする.

sustitutivo, va 形 代用の, 代理の. ━ 男 代用品.

sustituto, ta 男女 代理人, 身代わり, 補欠; 代役; 後任者. ━ 男 代わりの, 代理の.

sustituy- 動 →sustituir [11.1].

susto 男 (突然の)恐怖を伴った驚き, 鷲愕(ｶﾞｸ). ━¡Qué ～! わあ, びっくりした. Me di [Me llevé, Me pegué] un ～ al ver aquella sombra. あの影を見て私はぎょっとした. ▶ *dar susto al miedo*〘話〙ぞっとする, 見るも恐ろしい.

sustracción 女 **1** 盗み, 窃盗; 横領; 巻き上げ(ること). **2** 〘数学〙引き算; 差し引き, 控除.

sustraendo 男 〘数学〙減数, 引く数.

sustraer [10.4] 他 **1** を盗む, くすねる. **2** を取り除く, 除去する, 撤去する. **3** 〘数学〙を引く; 差し引く. ━ **se** 再〖+ a/de を〗うまくかわす, (…に)はぐらかす, (…から)逃れる, 免れる.

sustrato 男 **1** 下層, 基層; 〘地質〙下層土, 土壌. **2** 〘言語〙基層(言語).

susurrante 形 **1** ささやく(ような), つぶやく(ような). **2** サラサラ[カサカサ]と鳴る.

susurrar 自 **1** ささやく, つぶやく, 小声で言う. **2** サラサラ[カサカサ]と鳴る, 小さな音をたてる. ━ **se** 再 (うわさなどが)広まる.

susurro 男 **1** ささやき, つぶやき. **2** サラサラ[カサカサ]する音; 低音; そよぎ.

sutil 形 **1** 薄い, 細い, 細かい. **2** かすかな, 微妙な, 淡い. **3** 巧妙な; 感覚の鋭さ, 抜け目ない. ━persona ～ 鋭敏な[抜け目ない]人. palabras ～es 巧妙な言い回し.

sutileza 女 **1** 鋭敏さ, 機知, ウィット. **2** 回りくどい言葉, 凝った言い方, 美辞麗句. **3** 繊細さ.

sutilidad 女 →sutileza.

sutilizar [1.3] 他 **1** を薄くする, 薄くする. **2** を洗練する, 微妙にする; (感覚などを)鋭敏にする. **3** を微細[巧妙]に論じる.

sutura 女 **1** 〘医学〙(傷口の)縫合(ﾎﾞ). **2** 縫い目, 縫じ目. **3** 〘解剖〙(頭蓋(ﾅ)の)縫合線.

suturar 他 〘医学〙を縫合(ﾎﾞ)する, 縫い合わせる.

suyo, ya [スヨ, ヤ] 形 (所有)
1 〖強勢〗〖複〗～s
〖名詞の後で〗〖3人称単数・複数; 話し手でも話し相手でもない他の人をさす〗彼らの, 彼女の, 彼女らの; 〖3人称単数・複数; usted, ustedes に対応する〗あなたの, あなたがたの; 〖3人称単数・複数; 物をさす〗それの, それらの. ━la idea *suya* その考え. ━名詞の前では su が用いられる. **2**〖叙述補語として〗彼らのもの, 彼女のもの, 彼女らのもの, あなたのもの, あなたがたのもの. ━La idea fue *suya*. その考えは彼女のものだった. ▶〖定冠詞をつけて所有代名詞として〗彼らのもの, 彼女のもの, 彼女らのもの, あなたのもの, あなたがたのもの. ━Mi mujer y la *suya* son buenas amigas. 私の妻と彼女の奥さんとは仲良しだ. ▶ *de suyo* それ自体で, もともと. *hacer suyo* (人の考えなどを)がものとする, 賛同する. *hacer una* [*alguna, otra*] *de las suyas*〘話〙いつもの困ったことをしかす. *los suyos* 自分の家族[仲間]. *ir a lo suyo* 自分勝手なことをする. *salirse con la suya* 思いどおりにする. *ser muy suyo* 自己流にやっている; (性格が)変わっている.

svástica 女 **1** まんじ(卍), 逆まんじ(卐). **2** 鉤(ｶﾞ)十字(章), ハーケンクロイツ(ナチスドイツの国章. →esvástica).

swahili 男 スワヒリ語 (→suajili).

Swazilandia 固名 スワジランド (首都 Mbabane).

swing <英> 男 **1**〖複〗～s 〘スポ〙ボクシング・ゴルフなどの)スイング. **2** 〘音楽〙スイング(ジャズの一形式).

switch <英> 男 〖中南米〗(車の)スターター; (電気の)スイッチ.

T, t

T, t 女 スペイン語アルファベットの第21文字.

taba 女 **1** 〘解剖〙距骨(ｼﾞ)(かかと付近にある骨の一つ). **2** 羊の距骨(または似た形の物)を投げる子どもの遊び.

tabacal 男 タバコ畑, タバコ農園.

tabacalero, ra 形 タバコの, タバコの栽培・運搬などに関する. ━industria *tabacalera* タバコ産業. ━名 タバコ生産者; タバコ商人. ━女 タバコ(専売)公社.

tabaco 男 **1** 〖喫煙用の〗タバコ(葉を集合名詞として通常単数形で用いる). (植物の)タバコ(の葉). ━～ negro 黒っぽい葉の強いタバコ. ～ picado 刻みタバコ. ～ rubio バージニア種の軽いタバコ. ～ de hebra 細長く刻んだタバコ. tomar ～ 嗅ぎタバコを吸う.

tabacoso, sa 形 タバコ臭い.

tabal 男 (塩[酢]漬けのイワシやニシンを保

tabalada 女 **1** 殴打，平手打ち．**2**（落っこちついたりしたりもち．

tabalear 自 （テーブルなどを）指でこつこつ叩く．— 他 を揺らす，振る．

tabaleo 男 **1**（テーブルなどを）指で叩くこと［音］．**2** 揺らすこと，振ること．

tabanco 男 **1**（食べ物の）屋台，露店．**2**《中米》屋根裏．

tábano 男 **1**《虫類》アブ．**2**《話》しつこい人．

tabanque 男 （陶芸用ろくろを回すための足で回す）フライホイール，はずみ車．

tabaquera 女 **1** 嗅ぎタバコ入れ；タバコ入れ．**2**（パイプの）火皿．

tabaquería 女 タバコ店．

tabaquero, ra 形 タバコ（業）の；タバコを生産する；タバコを製造［販売］する．— 名 タバコ屋［商人］；タバコ生産者［農家］．

tabaquismo 男 タバコ［ニコチン］中毒，過度の喫煙．

tabaquista 男女 **1** ヘビースモーカー，タバコ中毒の人．**2** タバコ（品質）鑑定者．

tabardillo 男 **1**《医学》日射病．**2**《話》いやな［やっかいな］人．**3**《医学》腸チフス．

tabardo 男 《服飾》**1**（昔の農民が着た）厚い布製のゆったりした上着．**2** そで無しの外套（がいとう）．

tabarra 女 《話》いやなこと［人］；やっかいな（人）．— *dar la tabarra* 《話》（同じことを言い張って，人をうるさがらせる，うんざりさせる．

tabasco 男 《料理》タバスコ（ソース）．

tabasqueño, ña 形 タバスコ (Tabasco)（出身）の，タバスコの住民［出身者］．

taberna 女 居酒屋，飲み屋．

tabernáculo 男 **1**《宗教》幕屋（まくや）．**2**〈カト〉聖櫃（せいひつ）．**3**《歴史》（古代ユダヤ人が住んだ）幕屋，テント．

tabernario, ria 形 **1** 居酒屋ふうの，下品な，野卑な．**2** 居酒屋の．

tabernero, ra 名 居酒屋の主人［女将］；居酒屋の給仕人．

tabes 女《単複同形》《医学》癆（ろう）（症），消耗（症）．— ~ *dorsal* 脊髄（せきずい）癆．

tabica 女《建築》（階段の蹴込（けこ）み板），穴をふさぐ板，カバープレート．

tabicar［1.1］他 **1**（入り口・窓などを）ふさぐ，通れなくする．**2** を壁で仕切る．— **se** 再 ふさがる，詰まる．— *Se me ha tabicado la nariz*．私は鼻が詰まった．

tabique 男 **1** 薄い壁，間仕切り，隔壁．— ~ *corredizo* アコーディオン・カーテン，~ *colgado* カーテンウォール，~ *de panderete* 小口積みれんがの壁．~ *sordo* 中空壁．~《解剖》隔膜．— ~ *nasal* 鼻中隔．

tabla 女 **1 a)** 板；棚（板），— ~ *de anuncios* 揭示板．~*s de la ley* 十戒（の石板）．~ *de picar* まな板，~ *de planchar* アイロン台．~ *del pecho* 胸板．~ *de río* 川幅が広く流れのない所．**b)**《美術》タブロー，板絵．**2** 表，リスト，

目録；《情報》配列．— ~ *de logaritmos* 対数表，~ *de materias* 索引，~ *de multiplicar* かけ算の九九表．**3**（スカートなどの襞（ひだ）），プリーツ．**4**（並木などで区画された）畑，（小区画の）野菜畑，段々畑．**5**［牌］引き分け，（チェスの）ステールメイト，手詰まり．— *hacer* [*quedar en*] ~*s* 引き分けになる．**6**《スポ》（水泳・サーフィンなどの）板，ボード．**7** 舞台；俳優稼業．— *salir* [*subir*] *a las* ~*s* 舞台に出る，演ずる．*Este actor no tiene* ~*s*，この役者は演技がうまくない．**8**《闘》（競技場と客席を隔てる）闘牛場の柵．闘技場内の柵に近い所．**9** トイレの便座．— *a raja tabla* [*a rajatabla*]（命令の実行などが）絶対に，何が何でも．*hacer tabla rasa de* 知らん顔をする，無視する．*tabla de salvación* 最後の手段，頼みの綱．

tablada 女 《農業》（灌漑（かんがい）のために区切った）畑の一区画．

tablado 男 **1** 舞台，ステージ；板張りの台［壇］，— *salir* [*subir*] *al* ~ 舞台に出る，登場する．**2** 板張りの床．

tablaje 男 **1**［集合的に］板類．**2** 賭博（とばく）．

tablajero 男 肉屋の主人．

tablao 男 [tablado の語中音消失形] タブラオ（= ~ *flamenco*，フラメンコのショーを見せる酒場）．

tablavela 女 ウインドサーフィン（→ windsurf, windsurfing）．

tablavelista 男女 ウインドサーファー（→ windsurfista）．

tablazón 女 **1** 板張り；張り板．**2**（船舶）甲板の（板張り）材料，敷き板；外板．

tableado 男 《服飾》襞（ひだ）つけ，プリーツ．

tablear 他 **1**（木材）を板にする；（金属）を板状に伸ばす．**2**《服飾》（服地に）襞（ひだ）［プリーツ］をつける．

tablero, ra 形 板材にする，板材用の．— 男 **1** 板．— ~ *de anuncios* 揭示板．~ *eléctrico* 電光揭示板．**2** 黒板（= *encerado*）；ボード，パネル．**3** チェス盤；ゲーム盤．**4**（機械）計器盤，制御盤，ダッシュボード（= *salpicadero*，~ *de instrumentos* [*de mandos*]）．**5**（情報）タブレット（= ~ *de gráficos*）．**6**（バスケットボールの）バックボード．

tableta 女 **1** 板チョコ（= ~ *de chocolate*）．**2** 錠剤．**3**《情報》タブレット．

tabletear 自 （板・拍子木などが）カチカチ（カタカタ）鳴る；（機械・モーター・機関銃などが）ガタガタ［バリバリ］音をたてる．

tableteo 男 （板・拍子木などの）カチカチ［カタカタ］音；（機械・モーター・機関銃などの）がたがた［バリバリ］いう音．

tablilla 女 **1**（小さな）（小さな）揭示板，告知版．**2**《医学》添え木，当て木．

tablón 男 **1** 大きな板；厚板．**2** 揭示板，告知版．— ~ *de anuncios* 揭示板．~ *de anuncios electrónico* 電子揭示板．

tabloncillo 男 小板．

tabor 男 《歴史》（モロッコ戦争における）スペイン正規軍大隊．

tabú 男 《複》~(e)s タブー, 禁忌; 禁句. ── 形 《無変化》タブーの. —tema ~ タブーとなっている話題. palabra ~ 禁句, 忌み言葉.

tabuco 男 1 掘っ立て小屋. 2 狭苦しい部屋.

tabulación 女 《情報》タブの操作［設定］. タブを入れること; 表作成.

tabulador 男 《情報》タビュレーター, タブ（キー）.

tabular 他 1 表にする, 表で示す. 2 《情報》…にタブを入力する. ── 形 1 表の形になる, 表の. 2 平板状の, 平たい.

taburete 男 1 《背・ひじ掛けのない1人用の》腰掛け, 丸いす, スツール. 2 背もたれが非常に低いいす.

TAC《頭字》［＜*Tomografía Axial Computerizada*］女 CT スキャン.

tac 男《擬音》チクタク, カチカチ, どきどき《時計・心臓などの音》.

tacada 女 1《ビリヤードなどで》玉を突くこと, ストローク. 2《ビリヤードの》連続得点, 連続キャノン. ▶ *de una tacada* 一気に, 一息に.

tacañear 自 1 けちけちする, 出し惜しみする. 2 ずる賢く振る舞う.

tacañería 女 1 けち, 貪欲(どんよく); 貪欲な行い. 2 ずる賢さ; ずる賢い行為.

tacaño, ña 形 1 けちな. 2 ずる賢い, 狡猾な.

tacatá, tacataca 男《幼児用の》歩行器.

***tacha** 女 1 欠点, きず, 汚点; 不名誉. 2 鋲(びょう), 飾り鋲, 釘(くぎ). 3《法律》《裁判での》不信動議（証人の供述に対する無効の申立て）. ▶ *poner tachas a* ～ …にけちをつける.

tachadura 女《文字などに線を引いて》消すこと, 抹消; 消し跡.

***tachar** 他 1《線を引いて》消す, 抹消する. 2《+*de*として》を非難する, とがめる. ── ~ el programa *de* tendencioso その番組を偏向していると非難する. 3《司法》《証言に》異議を申し立てる.

tachero, ra 男 1 砂糖工場のボイラー係. 2 ブリキ屋. 3 タクシー運転手.

tacho 男《中南米》1 鍋; フライパン. 2 バケツ; 洗面器. 3 砂糖工場のボイラー. ▶ *irse al tacho*《中南米》《話》(1) 失敗する. (2) 死ぬ.

tachón 男 1 書いたものを消した線, 抹消線. 2 飾り鋲, 飾り釘. 3《服飾》縁飾り, トリミング.

tachonar 他 1《+*con/de*を》…にちりばめる. 2 …に飾り鋲(びょう)を打つ. 3《服飾》…に縁飾りをつける.

tachuela 女 1 鋲(びょう); 飾り鋲. 2《話》背の低い人.

tacita 女 小さなカップ. ▶ *la Tacita de Plata* 小さな銀杯《カディス *Cádiz* の異名》.

tácito, ta 形 1 暗黙の, 口に出さない, 言外の. —*acuerdo* 暗黙の了解. 2 無口な, もの静かな.

taciturnidad 女 1 無口, 寡黙. 2 憂鬱(ゆううつ), 陰気.

***taciturno, na** 形 1《*ser*+》無口な, 寡黙な, 口数の少ない. 2《*estar*+》もの憂げな, 寂しげな; ふさぎ込んだ.

***taco** 男 1 木片, コルク; 埋め木, 詰め物. 2《紙の》一綴(と)り, 一冊, 束. ── ~ *de papel* メモ用紙の綴り. ~ *de billetes de metro* 地下鉄の回数券. calendario de ~ はぎ取り式のカレンダー, 日めくり. 3《チーズ・ハムなどの, 小さくて堅い》一切れ. 4《話》ののしりの言葉, 悪たれ口. —*soltar* ~s 悪態をつく. 5《話》乱雑, 散らかった物の山; 混乱. 6《ビリヤードの》キュー. 7《中南米》《料理》タコス. 8《靴の》スパイク. 9《靴の》かかと, 10 間食, おやつ; おつまみ. 11《話》～歳. —Ya he cumplido cuarenta ~s. 私はもう 40 歳になってしまった. ▶ *armarse un taco* 困ったことになる, 混乱してしまう.

tacógrafo 男 タコグラフ, 速度記録計.

tacómetro 男《自動車》（エンジンなどの）回転速度計, タコメーター.

tacón 男《靴の》かかと, ヒール. —*zapatos de* ~ *alto* ハイヒール. ~ *(de) aguja* スパイクヒール. 2《主に複》ハイヒールの靴.

taconazo 男 かかとで床[地面]を踏み鳴らすこと, かかとで床を打つ音; かかとで蹴ること.

taconear 自 1 かかとを鳴らして《急いで・尊大に》歩く; かかとで蹴る, 奔走する. 2《踊りで》かかとで床[地面]を踏み鳴らす.

taconeo 男 靴音; かかとを踏み鳴らすこと[音].

táctica 女 1 作戦, 策略; 駆け引き. 2《軍事》戦術, 戦法. ── ~ *defensiva* 防御戦術. ▶ *táctica de [del] avestruz* いやなことは見ないようにする態度.

***táctico, ca** 形 戦術の, 戦術的な. —*arma nuclear táctica* 戦術核兵器. ── 名 戦術家, 策略家.

táctil 形 触覚の. —*sensación* ~ 触感.

***tacto** 男 1 触覚, 触れること; 触った感じ. —*Esta tela es suave al* ~. この布は手触りがいい. 2 器用さ, 上手, 機転, 如才なさ. —*Ten mucho* ~ *al decírselo*. 彼女にそれを言う時には上手くやりなさい. 3《医学》触診.

tacuara 女《南米》ホウライチク《南米産の竹の一種》.

tacurú 男《複》~(e)s《南米》1 アリ塚. 2 アリの一種.

taekwondo〔《朝鮮》〕 男《スポ》テコンドー.

tafetán 男 1《織物, 服飾》タフタ, こはく織り. 2 絆創膏(ばんそうこう)(=~ *inglés*). 3 旗. 4《複》女性の盛装.

tafia 女 タフィア《ラム酒の一種》.

tafilete 男 モロッコ革.

tafiletear 他 …にモロッコ革を張る.

tagalo, la 形 名《フィリピン》のタガログ人(の), タガログ語の. ── 男 タガログ語.

tagarnina 囡 **1**〔植物〕キバナアザミ. **2** 質の悪い葉巻きタバコ.

tagarote 男〔鳥類〕ハイタカ(鷂).

tagua 囡 **1**〔鳥類〕オオバン(大鷭). **2**〔植物〕アメリカゾウゲヤシ(象牙椰子).

tahalí 男〔軍〕‒(e)s. **1**〔肩から斜めにかけて剣, 太鼓などを吊る〕綬帯(ﾋ ﾞ),帯皮; 剣帯. **2**〔歴史〕〔兵士がお守りを入れた〕革の小箱.

Tahití 固名 タヒチ.

tahitiano, na 形名 タヒチ(島)の(人). ‒‒‒ 男 タヒチ語.

tahona 囡 **1** パン屋 (= panadería). **2**〔馬を動力とした〕製粉機, 製粉場.

tahonero, ra 囲 パン屋の主人.

tahúr, hura 囲 **1** ばくち打ち, ギャンブラー; 賭け事好き. **2** いかさま師.

taichí, taichi〔中〕男 太極拳.

taifa 囡 **1**〔歴史〕‒reino de ~ (s) (1) タイファ王国 (1031 年コルドバのカリフ王国滅亡後分裂してできた小王国). (2) 分裂状態, 群雄割拠. **2** 派閥, 徒党.

taiga〈露〉囡〔地理〕タイガ(亜寒帯の針葉樹林).

tailandés, desa 形 タイ(人・語)の. ‒‒‒ 男 タイ人. ‒‒‒ 男 タイ語.

Tailandia 固名 タイ (首都 Bangkok).

taimado, da 形 **1** ずるい, 抜け目のない, 悪賢い. **2** 不機嫌な.

taimarse〔南米〕 **1** ずる賢く行動する, 悪知恵を働かせる. **2** 意地をはる, すねる.

taimería 囡 悪賢さ, 抜け目なさ, 悪知恵.

taíno, na 形〔歴史〕(絶滅した西インド諸島の先住民)タイーノ(人)の. ‒‒‒ 男 タイーノ人. ‒‒‒ 男 タイーノ語.

Taipéi 固名 タイペイ〔台北〕(台湾の首都).

taita 囡 **1**〈話〉パパ, お父ちゃん. **2**〔南米〕…様(敬称). ‒¡ ~ cural! 神父様! el ~ Dios 神様.

Taitao 固名 (Península de ~) タイタオ半島(チリ南西部にある).

Taiwán 固名 台湾 (首都台北 Taipei).

taiwanés, nesa 形 台湾 (Taiwán) (人)の. ‒‒‒ 男 台湾人.

tajada¹ 囡 **1**〔食べ物, 特に肉の〕1 切れ, 切り身. **2**〈話〉利益; 分け前. ‒sacar ~ de ~〔利益・分け前として何とかところを見る, うまい汁を吸う.
ll. llevarse la mejor ~ いちばん良いところを見る, うまい汁を吸う.

tajadera 囡 **1**〔料理〕肉切り包丁. **2**〔料理〕肉切り台, まな板. **3**〔技術〕冷(ﾋ)たがね.

tajadero 男〔料理〕肉切り台, まな板.

tajado, da² 過分 (→tajar) 形 **1**〔岩・がけなどが〕切り立った, 険しい. **2**〈話〉酔っぱらった.

tajador, dora 形 切る, 切るための. ‒‒‒ 男〔料理〕肉切り用のまな板.

tajamar 男 **1**〔海事〕〔船首の〕水切り. **2**〔建築〕〔橋脚の〕水よけ. **3** 堤防, 防波堤, 防潮壁. **4**〔南米〕ダム.

tajante 形 **1** a) 断定的な, きっぱりとした; はっきりした. ‒dar una ~ negativa きっぱりと否定する. b) 厳しい, 妥協のない, 有無を言わせない. **2** 切る, 切れる. ‒cuchillo con un filo muy ~ とてもよく切れる刃のついた包丁.

tajar 他 **1** を切る, 切り分ける, 切り取る.

tajear 他〔南米〕切る, 切断する; 切り目を入れる.

Tajo 固名 (el Río ~) タホ川 [テージョ川] (スペイン・ポルトガルの河川).

tajo 男 **1** a)〔深い〕切り傷; 切り口, 断面. b) 切ること, 切断. ‒de un ~ ばっさりと, 一太刀のもとに. **2** 断崖, 絶壁; 峡谷. **3**〔話〕仕事, 作業. **4**〔畑, 鉱山などで〕作業中の地点(鉱山での切羽(\ )). **5**〔肉きり用の〕まな板. **6**〔刃物の〕刃.

tal〔タル〕形 (不定) **1 a)**〔質的に〕そのような, そんな. ‒No debes decir tal cosa. 君はそんなことを言ってはいけない. b)〔叙述用法〕〔前述内容を受けて先に述べた, 以上; それ. ‒Tal es mi idea. 以上が私のアイデイティです. c)〔tal ... tal ... と繰り返して〕類似の, そのような. ‒De tal padre, tal hijo.〔諺〕カエルの子はカエル. **2**〔程度として〕そんな, それほど〔これほど〕の. **3**〔+ como〕…と同じような, …のような. ‒Nunca hemos visto tal desvergüenza como la de esta señora. 私たちにこの女性のような厚かましさを見たことがない. **4**〔+ que〕あまりに…なので…だ. ‒Hace tal frío que nadie se atreve a salir. あまりに寒いので誰も外出しようとしない. **5**〔明示せずに〕しかじかの, これこれの. ‒tal cantidad しかじかの金額. **6 a)**〔不定冠詞 + tal + 固有名詞〕…とかいう人. ‒Hay un tal Alberto a la puerta. アルベルトとかいう人が玄関に来ています. b)〔不定冠詞 + tal〕〔軽蔑〕つまらない人. ‒Ése es un tal. そいつはつまらない奴だ. una tal〔軽蔑〕売春婦. **7** a)〔定冠詞 + tal + 人をあらわす名詞, 軽くからかった表現〕あの…は. ‒Es muy terco el tal Rodríguez. あのロドリゲスはとても頑固だ. b)〔定冠詞 + tal〕(前述された)その人, そいつ, あの人, あいつ. ▶ **como si tal cosa** (1) 何事もなかったように. (2) 平然と, 無造作に. **tal cual** (1)〔何も変えず〕そのままに, そのように. (2)〔+ 単数名詞〕〈話〉わずかばかりの; まあまあの, まずまずの. **tal para cual**〈話〉どっちもどっちの, 似たりよったりの, どんぐりの背比べ. **tal vez**〔+ 接続法/直説法〕たぶん, おそらく. **... y tal**〔話〕…など. **tal y tal**〔cual〕あれこれの, しかじかの. ‒‒‒ (不定) **1** そのような〔物, 事〕. ‒Nunca he visto tal oído tal. そのようなことは見たことも聞いたこともない〔tal 的称に言及する時には tal cosa の方が好まれる〕. **2** ある人, 誰か. ▶ **como tal**〔先行する名詞を受けてそのまま…で〕, それだけでは〕. **con tal de** 〔+ 不定詞〕/ **con tal (de) que**〔+ 接続法〕〔条件〕…ならば, …という条件ならば; …しさえすれば. **fulano de tal** 某氏. ¡**No hay tal!**〔感嘆〕そんなことはない. **que sí tal**〔y〕**que si cual**〈話〉あれこれ, あれや

これや. **tal y cual** [**tal**]《話》あれやこれや, 何だかんだ. しかじか. ── 副 **1 a**) [+ como] …のような方法で…, …のように. ─*Tal hablaba, como si no existieran los demás.* 彼はまるで他の人がいないかのような話し方をしていた. **b**) [+ que] それを…なので…. ─*Tal hablaba, que parecía que lo había visto.* 彼はそれをまるで見たかのように話していたので, それを見たかのようだった. **2** [sí, no に後続して強調] 確かに, 断じて. ─*Tal [como, así como] ...*, *tal ...* …と同様に, …だ. *¿Qué tal?* (1)《話》(親しい者どうしでの挨拶)元気かい. (2) **a**) どのように. **b**) [動詞なしで] どうだったか. ─*¿Qué tal el fin de semana?* 週末はどうでしたか. ─*¿Qué tal si..* [+直説法現在は1人称複数形]? …しません か. ─*¿Qué tal si tomamos algo?* 何か飲みませんか. *tal cual* [**como**] …するように, …なるままに, …するように, [+así] …するように, …のように. ─*Tal cual se siente él, así me siento yo.* 彼が感じるように私も感じている. (3) [+ser] そうであるが, そうではあるものの.

tala 女 **1** 伐採. **2** 棒打ち遊び; 棒打ち遊びの棒. **3** 刈り込み, 剪定(芝). **4** 破壊, 混乱, 荒廃.

talabarte 男 [革製の]剣帯, 刀帯.

talabartería 女 **1** 馬具製造所, 革具工場. **2** 馬具店, 革具店.

talabartero, ra 男 女 **1** 馬具職人, 革具職人. **2** 馬具商, 革具商.

talacho 男 《メキシコ》鍬(ん).

taladrador, dora 形 **1** 穴をあける, 穿孔(穴)する, 掘削する. ─*aparato* ~ 穴あけ器. **2** 突き刺すような, 鋭い. ── 男 女 穴をあける人. ── 女 [機械] ドリル, 穿孔(学)機.

taladrar 他 **1** …に[ドリルなどで]穴をあける; (切符など)にパンチを入れる. **2** 騒音などが, 耳をつんざく.

taladro 男 **1** [機械] ドリル, 穿孔(学)機; きり. **2** [ドリルなどであけた]穴.

talamete 男 [船舶] 小型船の船首甲板.

tálamo 男 **1**《文》**a**) (特に新婚の夫婦の)寝床, 初夜の床 (=~ nupcial). **b**) (特に新婚の)夫婦の寝室. **2** [解剖] 視床 (=~s ópticos). **3** [植物] 花床.

talán 男 [擬音] [通常くり返しで] カーンカーン (鐘の音). **2** 鐘の(ような)音.

talanquera 女 **1** 柵(ク), 防壁. **2** 避難所, 安全な所.

talante 男 **1** 機嫌, 気分. ─*estar de buen* [*mal*] ~ 機嫌が良い[悪い]. **2** 気質, 気性. **3** 意欲.

talar 形 (衣服が)かかとまで届く. ── 他 **1** (木など)を根元から切り倒す, 切り倒す. **2** (木など)を剪定(学)する, 刈り込みする. **3** (町, 国など)を荒廃する, 破壊[荒廃]させる.

talasocracia 女 制海権, 海上権.

talasoterapia 女《医学》海洋療法 (海水や海洋性気候などを利用した医学療法).

talayot, talayote 男 [バレアレス諸島に残る]先史時代の巨石建造物.

talco 男 **1** 滑石粉, タルカムパウダー(化粧用の打ち粉) (=*polvos de* ~). **2**《鉱物》滑石[タルク].

taled 男 タリス (ユダヤ人が礼拝のときに使うショール).

talega 女 **1**(粗布などでできた)浅くて広口の袋, 手提げ袋. **2** 一袋分. **3**《主に複》金, 財産; 大金. **4** ヘアネット.

talegada 女 **1** 一袋分. **2** (転んだときの)打撲, 強打.

talegazo 男 (転んだときの)打撲, 強打.

talego 男 **1**(粗布などでできた)細長い袋, 手提げ袋. **2**《話》太った人, ずんぐりした人. **3**《俗》刑務所.

taleguilla 女 [闘牛] 闘牛士のズボン.

talento 男 **1** 才能, 天分; すぐれた才能, 知性. **2** 才能[タレント]のある人. **3**《歴史》タラント (古代ギリシャ・ローマの貨幣単位).

talentoso, sa, talentudo, da 形 才能のある, 有能な.

talero 男《南米》(乗馬用の)鞭(%).

talgo [頭字] (<*Tren Articulado Ligero Goicoechea Oriol*) 男 [鉄道] タルゴ特急.

talibán, bana 形 名《複》*talibanes* または単複同形 タリバーン, イスラム神学生.

talidomida 女《薬学》サリドマイド.

talio 男《化学》タリウム (元素記号 Tl).

talión 男 「目には目を」の主義, 同害刑, 復讐(穴)刑. ─*ley del* ~ 同害刑法, 復讐刑法.

talismán 男 お守り, 魔よけ.

talla 女 **1**(木・石・金属などを)刻ること. **a**) 彫刻; 彫刻品, 木彫り. **2**(宝石などの)カット; 彫金. **2 a**) 身長, 背丈; 身長計. ─*Mi* ~ *es de un metro setenta.* 私の身長は1m70cmです. サイズ, 寸法. **3** 知的[精神的]能力, 才能. ─*dar la talla* (1) (入隊などの)身長の基準を満たす. (2) (一般に)必要な条件を満たす, 基準に達する.

tallado, da 過分 [→*tallar*] 形 **1** 彫った, 細工した. **2** 研磨した. ── 男 **1** 彫刻, 彫金, 木彫り; 彫刻[彫金]すること. **2** (宝石の)カット, 研磨.

tallador, dora 男 女 **1** 彫刻師, 彫金師; 彫刻家. **2**《軍事》(新兵などの)身長測定官.

tallar 他 **1** (木・石・金属など)を彫る, 刻む, 彫刻[彫金]する. **2** (宝石を)カットする, 研磨する. **3** (人)の身長を測る. **4** (トランプのカードなどを)配る, ディールする. **5**《メキシコ》こする, 磨く. ── *se* 再《メキシコ》働く.

tallarín 男《主に複》[料理] タリエリーニ(スープ用の平たく短いパスタ).

talle 男 **1** 体型, スタイル, プロポーション. **2** 胴, ウエスト. **3** 女の胴回り; 衣服の肩から腰までの長さ[丈].

taller 男 **1** 作業場, 仕事場, アトリエ, 工房. **2** 自動車修理工場. **3** [集合的

tallista 男女 木彫り師、木の彫刻家.

:tallo 男 〖植物〗 **1** 茎. **2** 新芽.

'talludo, da 形 **1**〔植物が茎の長い、茎の育った. **2** 背の高い; 背筋の伸びた. **3**〔しばしば縮小辞形 (talludíto, ta) で〕若くない、十分大人の; いい年をした.

talmente 副 《話》まさに、まるっきり.

talmúdico, ca 形 〖宗教〗 タルムードの (el Talmud, ユダヤ教の律法とその注解の集大成)の.

talo 男 〖植物〗 葉状体.

talófito, ta, talofito, ta 形 〖植物〗 葉状植物の. ── 女 〖主に複〕(T~) 葉状植物.

talón 男 〖植物〗 **1** かかと; (靴・靴下の) かかと; (馬などのあと足のかかと. **2** 半券、クーポン(券); (小切手帳から切り取った)小切手. ── de canje 引換券. **3** (銃の) 台尻. **4** (バイオリンの弓などの)握り部分. **5** (タイヤの) 輪縁(ﾘﾑ), フランジ. **6** 〖建築〗蛇腹曲線型(ｼﾔﾊﾞﾗ). ▶ pisarle los talones (a...) 《話》(人)のすぐ後をつける. talón de Aquiles 〖解剖〗アキレス腱(ﾀﾞ); 弱点.

talonario, ria 形 クーポン式の, 小切手帳型の. ── 男 クーポン帳、クーポン券、受取証紙. ── de cheques 小切手帳.

talonazo 男 かかとで蹴ること, かかとで踏みつけること.

talonear 他 〖中南米〕(馬)に拍車をかける. ── **2** 〖ｷﾘｽﾄ〕かかとを合せて敬礼する. **2** 〖ﾒｷｼｺ〕働く.

talonera 女 〖服飾〕 **1** 靴下のかかとのあて布. **2** 縁取り材料、バイアス布.

talud 女 斜面、傾斜地; 勾配(ｺｳ).

tamal 男 〖料理〕 **1** タマル、タマーレ(トウモロコシの粉と挽き肉などの入った包み、トウモロコシやバナナの皮で包んで蒸したメキシコ料理). **2** 陰謀、はかりごと.

tamalero, ra 名 〖中南米〕タマル売り、タマル製造者.

tamango 男 〖南米〕古靴、粗末な靴.

tamañito, ta 形 困惑した、ろうばいした: estoy ~. 恐縮した. ──dejar a〔+ 人〕~(人)を困惑させる. quedarse ~ 困惑する.

tamaño, ña 形 〖タマニョ, ニャ〕 **1**〔+ 無冠詞名詞〕それほど大きな[小さな]、そのような. **2**〔+ como 〕同じくらい大きな. ── 男 大きさ、サイズ、寸法. ── ¿Qué ~ tiene ese campo de juegos? その運動場の広さはどのくらいですか. a [de] ~ natural 実物[等身]大の.

támara 女 〖植物〕 **1** (カナリア諸島産の)ナツメヤシ; ナツメヤシの林. **2** 複 〖房になったナツメヤシの実.

tamarao 男 〖動物〕タマラオ、ミンドロヤマスイギュウ.

tamarindo 男 〖植物〕 **1** タマリンド(マメ科の常緑高木). **2** タマリンドの実(食用・薬用になる).

tamarisco, tamariz 男 〖植物〕ギョリュウ(御柳, ギョリュウ科の落葉小高木).

tamarugo 男 〖南米〕〖植物〕(パンパに育つ)イナゴマメの木の一種.

Tamayo 固名 タマーヨ (Rufino ~) (1899-1991, メキシコの画家).

Tamayo y Baus 固名 タマーヨ・イ・バウス (Manuel ~) (1829-98, スペインの劇作家).

tambache 男 〖メキシコ〕 (主に衣類の)包み、荷物; 山積み.

tambaleante 形 よろめく、ふらふらしている, 不安定な.

tambalear(se) 自 (再) **1** よろめく、ふらつく、よろよろ歩く. **2** 不安定である.

tambaleo 男 **1** よろめき、ふらつき、揺れ. **2** 不安定、動揺.

tambero 男 〖南米〕 **1** 宿屋[売春宿]の、**2** 搾乳の、酪農の. **3** 〖南米〕宿屋[売春宿]の主人. **2** 酪農家、搾乳作業者.

:también 〖タンビエン〕副 **1**〔肯定文で〕~もまた. ──¿Tú vas a comer? Pues yo ~. 君食事に行くの? じゃあ僕も行くよ. Los sellos se pueden comprar ~ en los estancos. 切手はタバコ屋でも買えますよ. **2** その上、さらに、加えて. ── Es muy guapa y ~ inteligente. 彼女はとてもかわいくて頭も良い. ▶ no sólo ... sino (que) también ...〔動詞が複数の場合は que を入れる〕…だけでなく…も.

tambo 男 **1** 〖南米〕宿屋. **2** 〖南米〕搾乳所. **3** 〖メキシコ〕たる.

:tambor 男 **1** 〖音楽〕太鼓、ドラム; 鼓手. ──tocar el ~ 太鼓をたたく. **2** 〖料理〕(製果用の)ふるい; (コーヒー・ココアの)ロースター. **3** 〖服飾〕(円形の)刺繍(ｼｭｳ)枠. **4** (回転式拳銃の)弾倉. **5** 〖解剖〕鼓膜. **6** 〖建築〕(大きな部屋の中に仕切られた)小部屋; ドラム、鼓状部; 円筒形石材、太鼓石(円柱の一部をなす). **7** 〖海事〕(汽船の)外車輪郭(おおい); 車輪(ｼﾔ)(錨を巻き上げる装置). **8** 〖機械〕ブレーキドラム; (洗濯機の)ドラム. ── 男女 太鼓奏者、鼓手. ▶ a tambor batiente 意気揚々と.

tambora 女 **1** 〖音楽〕大太鼓. **2** 〖中米〕うそ.

tamborear 自 指でとんとん叩く.

tamboril 男 〖音楽〕小太鼓.

tamborilada 女 **1** しりもち、転倒; しりもち[転倒]の音. **2** (頭・肩へのげんこつ、手打ち.

tamborilear 自 **1** 〖音楽〕太鼓[小太鼓]を叩く. **2** 指でとんとん叩く. **3** (雨)がぱらぱらと音をたてる. ── 他 をほめる、賞賛する.

tamborileo 男 **1** 〖音楽〕太鼓[小太鼓]を叩くこと. **2** 指でとんとん叩くこと.

tamborilero, ra 名 〖音楽〕鼓手, 太鼓[小太鼓]奏者.

tamborín 男 →tamboril.

Tamerlán 固名 ティムール (1336-1405, ティムール帝国の始祖).

Támesis 男 (el Río ~) テムズ川.

tamil 形 男女 タミル(人)の; タミル人. ── 男 タミル語.

tamiz 男〖複 tamices〗（目の細かい）ふるい. ► *pasar por el tamiz* をふるいにかける; 選別する.

tamizar [1.3] 他 **1** をふるいにかける. **2** をより分ける, 選別する; 洗練する.

tamo 男 **1** ほこり, 綿ぼこり, ちり. **2** 毛くず, 綿くず.

támpax 男〖単複同形〗〖商標〗（生理用）タンポン（→tampón）.

tampoco [タンポコ] 副〖否定〗 〖tampoco を動詞の前に置く場合 no は不要〗 **1** …もまた(…ない). —Si tú no vas, yo ~. 君が行かないなら, 私も行かない. ¿T~ hoy vienes? 今日も君は来ないのか. **2** その上(…ない). —No vino y ~ llamó por teléfono. 彼は来なかった上, 電話もしなかった. ► *ni tampoco* …すらもない.

tampón 男 **1** スタンプ台. —*apretar el sello en el* ~ スタンプをスタンプ台に押しつける. **2** タンポン, 止血栓.

tamtan 男 **1** 〖音楽〗タムタム（アフリカ先住民が用いた胴長の太鼓）. **2** タムタムの連打.

tamujo 男 〖植物〗（ほうきの材料となる）トウダイグサ科の一種.

tan 副〖不定〗〖tanto の語尾脱落形, + 形容詞／副詞〗 **1** それほど, そんなに, こんなに. —No hables *tan* rápido, por favor. そんなに早口で話さないで. **2 a)**〖tan ... como + 名詞〗…と同じくらい…. —Esta novela es *tan* interesante *como* aquella. この小説はあれと同じくらい面白い. **b)**〖tan ... como + 形容詞〗…であり同様に…. —Es *tan* inteligente *como* prudente. 彼は賢くあり慎重でもある. **c)**〖tan ... como + 文〗…のように…. —Conseguirlo no es *tan* fácil como dicen. それを達成するのは彼らが言うほど簡単ではない. **3**〖tan ... que〗あまりに…なので…. —Hablas *tan* rápido *que* no entiendo lo que dices. あなたは非常に早口だから何を言っているか分からない. **4**〖感嘆文で, qué + 名詞 + tan + 形容詞〗何と…な…. —¡Qué día *tan* bonito! 何とすてきな日だろう. ► *de tan* あまりに…で. *ni tan siquiera* …さえ…でない. *tan... pronto como...* →*pronto*. *tan siquiera* せめて, 少なくとも.

tanaceto 男〖植物〗ヨモギギク.

tanagra 女（古代ギリシャのタナグラの遺跡で出土した）タナグラ人形.

tanate 男 **1**〖中米〗背負いかご; 背嚢(のう), 皮袋. **2**〖メキシコ〗〖俗〗睾丸. ► *cargar con los tanates*〖中米〗引っ越す, 立ち退く.

tanatología 女 死亡学.
tanatorio 男 遺体安置所.

tanda 女 **1**（分けられた）群れ, 組, 集団. **2** 一続き, 一連のもの[こと]. **3**〖スペイン〗順番. **4**（玉突きなどの）一勝負, 一試合. **5**〖中南米〗（演劇・映画の）一幕, 一回の上演. **6**〖ラプラタ〗広告欄.

tándem 男〖＜英〗〖複 ~(e)s〗 **1** 二人乗り自転車. **2** 二人組, コンビ; 二つ組.

► *en tándem* 組んで, 連係して; 〖電気, 機械〗直列の.

tanga[1] 女〖ゲーム〗チト（→chito）.
tanga[2] 女〖スペインでは 男〗超ビキニ（水着）.

tángana, tangana 女 〖話〗大騒ぎ, 騒動; もめごと, けんか.

tanganillo 男 支え, つっかい棒, (一時的に)支えとなる物.

tangencia 女 〖数学〗接触（した状態）.

tangencial 形 **1** 〖数学〗接線の; 正接[タンジェント]の; (力などが)接線に沿って働く. **2** わずかに触れる［関連する］程度の.

***tangente** 形（線や面の）接する. —— 女〖数学〗接線; タンジェント, 正接. ► *salirse [irse, escaparse] por la tangente*〖話〗答えをはぐらかす, うまく言い逃れる.

Tánger 国名 タンジール（モロッコ北部の港町）.

tangerino, na 形 タンジールの(人). —— 女〖植物〗タンジェリン（の実）, マンダリンオレンジ（=naranja mandarina [tangerina]）.

tangible 形 **1** 触れることができる, 触知できる; 有形の. **2** 明白な, 確実な, 確かな.

***tango** 男 〖音楽〗タンゴ. —— ~ *canción* タンゴ・カンシオン（歌が主要なタンゴ）.

tanguear 自 タンゴを踊る.

tanguero, ra 形 タンゴの. —— 名 タンゴの作曲者［演奏者］.

tanguillo 男（スペイン, カディス県の）フラメンコ.

tanguista 男女 **1**（ダンスホールなどで客の踊りの相手をする）ダンサー. **2**（特にタンゴの）踊り手.

tánico, ca 形 〖化学〗タンニン(性)の. —*ácido* ~ タンニン酸.

tanino 男〖化学〗タンニン.

tanka 〖＜日〗男［女〗短歌.

tano, na 男〖南米〗〖話, 軽蔑〗italiano.

tanque 男 **1**（燃料・水などを蓄える）タンク; (ос̣́)水槽, 油槽. **2**〖軍事〗戦車, タンク. **3**（水・油などの）輸送船, タンカー, タンクローリー.

tanqueta 女〖軍事〗小型戦車.

tantalio 男〖化学〗タンタル（元素記号Ta）.

tantán 男 どら, ゴング; タムタム（太鼓）. —— 間〖擬音〗カンカン（鐘の音）; ドンドン（太鼓の音）.

tantarán, tantarantán 間〖擬音〗ドンドン, タンタン（太鼓などの音）. —— 男 殴打, 激しく揺さぶり.

tanteada 女〖メキシコ〗もっともらしい嘘をつくこと.

tanteador, dora 名〖スポ〗 **1** スコアラー, 得点記録係. **2** 得点者. —— 男〖スポ〗スコアボード, 得点掲示板.

***tantear** 他 **1**（大体の値）を見積る, 目分量で測る, 概算する. **2 a)**（意図・腹）を探る, …に探りを入れる; 打診する. **b)**〖闘牛〗（どの程度の牛であるかを）試す. **3**（事前に）検討する, 試験する, 調査する. **4**

tanteo（ゲームの得点）を記録する．手探りする，手探りで進む．— 自 **1** 手探りする．**2**〔司法〕（落札価格と同額で取得する）優先権を行使する．

tanteo 男 **1** 概算，見積もり．**2** 手探り（を入れること），打診．**3**〔スポ〕得点．**4**（大まかな）計画，試し，検査；優先購入権．► *a [por] tanteo* 大まかに，概算で；当て推量で．

tantico, ca 形〔話〕ごくわずかな，きわめて少ない．— 男〔話〕ごくわずかな量．

tanto, ta〔タント，タ〕形（不定）**1** それほど多くの，あんなに〔こんなに〕多くの．—Yo no podía imaginar *tanta* pobreza. 私はあれほどの貧困は想像もできなかった．**2**〔+como 同等比較〕…と同じ数〔量〕の．—No tengo *tanta* suerte como José. 私はホセほど運がよくはない．**3**〔+que〕とても多くの…なので…だ．—Anoche tomé ~ café *que* no pude dormir bien. 昨夜はコーヒーをたくさん飲み過ぎてあまりよく眠れなかった．**4**〔+cuanto〕…するだけの．—Te daré ~ dinero *cuanto* quieras. 君に望むだけの金をやろう．**5**〔数詞＋，数を ぼかした表現〕…という，いくつかの．—Juan tiene cuarenta y ~s años, ¿no? フアンは40何才だよね．— 代 (不定) **1** それほど多くの物〔人，量〕．それほどの事．—Para ella yo era uno de ~s, nada más. 彼女にとって僕はたくさんのうちの一人に過ぎなかった．**2**〔+como 同等比較〕…と同じだけ多くの数〔量〕の人〔物〕．—¿Tienes dinero?—Sí, pero no ~ *como* tú. お金持っているかい．—ええ，でも君ほどではないよ．**3**〔+que〕あまりに多くの物〔人，量〕…で．—A la fiesta vinieron ~s, *que* no cabía un alfiler en la sala. そのパーティーには立錐の余地もないほど多くの人が来た．**4**〔数詞＋，数・量をぼかす表現〕いくつか．…なにがし．—a ~ s de agosto 8月の何日かに．► *en [entre] tanto que* (1)〔+直説法〕〔文〕…するまで．(2)〔+直説法〕…する間．(3)〔+接続法〕…する限り．(4)〔+名詞〕…として．—*En cuanto que* ministra, su decisión fue correcta. 大臣として彼女の決定は正しかった．*mientras tanto* →mientras．*no es para tanto*. それは大したことではない，それほどのことではない．*otro tanto*（前述と）同じ数〔量〕，同じ事．*por [lo] tanto* したがって，それゆえに，だから．*tanto monta [monta tanto]* どちらでも，同じである．— 副〔形容詞と副詞の前では *tan*〕**1** それほど多く，そんなに．—¿Llueve ~ en Galicia? ガリシアはそんなに雨が降るんですか．**2**〔+como 同等比較〕**a)**〔…と同じだけ多く，…と同じに．—La quiere ~ *como* a su madre. 彼は母親に対すると同じくらい彼女を愛している．**b)**〔…と同様に〕…も．…もも，…も，～ en Madrid *como* en Barcelona... マドリードでもバルセロナでも…．**3**〔+que〕あまり多くの…なので…だ，…するほど多く…だ．—No trabajo *que* no tenga tiempo para descansar. 私は休む時間がないほどたくさん働いてはいない．**4**〔+cuanto〕…するだけ…．—Mi mujer gasta ~ *cuanto* quiere. 私の妻は好きなだけお金を使う．**5**〔+比較級，強調〕いっそう，さらに，ずっと．—Si puedes venir mañana, ~ *mejor*. 明日来れるなら，さらにいい．► *en tanto en cuanto…*〔法律〕…する限りにおいて（=en tanto que…）．*ni tanto así*（親指と中指あるいは人差し指を合わせたジェスチャーを伴いながら）これっぽっちも〔少しも〕ない．*ni tanto ni tan calvo [poco]*〔話〕（極端な行動をしようとする人に注意する表現として）ほどほどに〔しなさい〕．*tanto*〔+比較級 + cuanto + 比較級〕…すればするほど…する．*tanto es así que* だから…，そういうわけで…．*tanto más que …だからなおのこと*．*tanto…, tanto …* …するほど…する．—*Tanto* tienes, *tanto* vales. 金を持てばそれほど君の価値ほどが上がる．*¡Y tanto!*〔話〕（相手の発言・行動に賛同することを強調して）そのとおり，まったくだ．— 男 **1** ある数〔量〕；(1) いくらか，何がしか．**2**〔スポ〕得点，点，点数．—Perdimos por tres ~ a uno. 私たちは3対1で負けた．► *algún tanto* いくらか，少し．*al tanto de …* …を知った，…に精通した．—¿Estáis *al tanto* de las últimas noticias? 君たちは最新のニュースを知っているかい．〔話〕…の世話になって；…を担当して．*apuntarse un tanto (a su favor)* 点を稼ぐ，有利になる．*en su tanto* その割合で．*un tanto* (1)（副詞として）少し，何かしら，いくぶん．(2)〔+de〕何かしらの，いくぶんの，少しの．— 女 複〔話〕夜遅い時間．—Llegué a las *tantas* de la noche. 私は夜遅い時間に家に着きました．

tantra〔＜サンスクリット〕男〔宗教〕（ヒンドゥー教の）タントラ（聖典）．
tantrismo 男 タントラ仏教．
Tanzania 固名 タンザニア．
tanzano, na 形 男 タンザニアの（人）．
tañ- er →tañer [2,7]．
tañedor, dora 男 女 演奏者．—~ de guitarra ギター奏者．
tañer 他（打楽器や弦楽器）を弾く．— 自 指でトントン叩く．
tañido 男（鐘・打楽器・弦楽器の）音：〔宗教〕弔いの鐘，弔鐘．
tao 男〔宗教〕（道教・儒教の）道．
taoísmo 男〔宗教〕道教．
taoísta 形 — 男 女 道教の信奉者，道士．
tapa 女 **1**（箱などの）ふた，栓，キャップ．**2**〔料理〕酒のつまみ，つきだし．—ir de ~s 次々と（3本の）表紙，ハードカバー．**4**（靴の）かかと革．**5**〔料理〕（牛の）外腿（に）肉．**6** 水門．► *levantar [saltar] la tapa de los sesos a …*（人）の脳天を打ち抜いて殺す．*tapa de los sesos* 脳天．
tapabarro, taparrabos 男〔南米〕（車などの）泥よけ，フェンダー．
tapaboca, tapabocas 男〔tapabo-

tapacubos 男〖単複同形〗 1 (服の)(特に,幅の広い)え巻き,マフラー. 2〖話〗(人の話をさえぎること,黙らせること;口封じ. 3 口への殴打. 4〖メキシコ〗(医療従事者が着用する)マスク.

tapacubos 男〖単複同形〗〖自動車〗ハブキャップ,ホイールキャップ.

tapaculo 男〖植物〗ノイバラ,ノイバラの実.

tapadera 女 1 蓋(ふた);覆い,カバー. 2 隠す(ための)人[もの],隠れ蓑(みの).

tapadillo 男 1 (女性がベールなどで)顔を隠すこと. 2〖音楽〗(オルガンの)フルートストップ. ▶ **de tapadillo** こっそりと,内緒で.

tapado, da 過分 [→ **tapar**] 形 1 蓋(ふた)をした,覆われた,隠されている. 2〖中南米〗(馬などの)毛が一色の. ─ 名 1〖メキシコ〗(当選確実だが公示まで名が隠されている)大統領の有力候補. 2〖南米〗頭の悪い人,まぬけ. 3〖南米〗1〖服飾〗(女性・子ども用の)コート. 2 隠された財宝.

tapajuntas 男〖単複同形〗〖建築〗窓枠やドア枠と壁の間をふさぐ縁[詰め]物.

‡**tapar** 他 1 …に蓋(ふた)[栓]をする,ふたをし,かぶせる. 2 (穴などを)ふさぐ,防ぐ. 3 をさえぎる,覆い隠す. ─ Las nubes tapaban el sol. 雲が太陽を覆い隠している. 4 包み隠す,かばう,かくまう. ─ ~ el escándalo スキャンダルを隠す. 5 …によしん[毛布]をかける,を布で覆う. ─ **se** 再 1 くるまる,身をくるむ. 2 を覆う隠す.

taparrabo, taparrabos 男 1 腰布,ふんどし. 2 水泳パンツ.

tapatío, a 形〖メキシコ〗グアダラハラ (Guadalajara) (出身)の. ─ 名 グアダラハラの住民[出身者].

tape 男〖単複同形〗〖南米〗〖軽蔑〗(先住民的な外見の)がっしりとして背の低い男.

tapera 女〖南米〗 1 廃村,廃屋. 2 掘っ立て小屋,あばら屋.

tapete 男 1 テーブルセンター,小型のテーブル掛け;家具に掛ける布. 2 小型のじゅうたん〖敷物〗. ▶ **estar sobre el tapete** (問題などが)検討中である. **poner [colocar] sobre el tapete** (問題などを)提起する. 俎上(そじょう)に載せる.

‡**tapia** 女〖建築〗塀,土塀,石塀,垣. ▶ **más sordo que una tapia**〖話〗ひどく耳が遠い.

tapial 男〖建築〗 1 (日干し煉瓦などの)塀;壁,土塀. 2 (コンクリートを流し込む)板枠.

tapiar 他 1 を塀[壁]で囲む,塀[壁]で仕切る. 2 を壁で覆う[ふさぐ].

tapicería 女 1〖集合的に〗タペストリー,つづれ織り;壁掛け. 2〖家具の〗布張り装飾. 3 タペストリーの制作[技術]. 4 タペストリーの工房[製作所,店].

tapicero, ra 名 1 タペストリー[つづれ織り]職人. 2 家具の布張り職人.

tapilla 女〖南米〗(靴の)ヒール先.

tapioca 女 タピオカ.

tapir 男〖動物〗バク(獏).

tapisca 女〖中米〗トウモロコシの収穫[取り入れ].

tapiscar [1.1] 他〖中米〗(トウモロコシ)を収穫する[取り入れる].

tapiz 男 (複 **tapices**) 1 タペストリー,つづれ織り;壁掛け. 2 (地面・床などを)覆うもの.

tapizado 男 1 (家具などの)布張り. 2 布張りの材料.

tapizar [1.3] 他 1 (家具などに)布張りする. 2 (家具・壁などを)タペストリーで飾る. 3 (床など)を覆う.

tapón 男 1 栓(せん),ふた. ─ ~ **corona** (瓶の)王冠. ~ **de rosca [de tuerca]** ねじぶた. 2 交通渋滞,障害,妨害. 3〖医学〗タンポン,止血栓,綿球. 4〖話〗ずんぐりした人,太って背の低い人. 5〖話〗(バスケットボールなどの)シュートのカット,インターセプト. 7 耳垢.

taponamiento 男 1〖医学〗タンポン挿入(法). 2 交通渋滞. 3 栓[詰め物]をすること,(穴,割れ目などを)ふさぐこと.

taponar 他 1 a)…に栓[詰め物]をする,(すき間)をうめる. b)を詰まらせる;(場所)を通行できなくする. 2〖ガーゼ・綿などで,傷口〗をふさぐ,(出血など)を止める. ─ **se** 再 1 自分の…に栓をする. 2 鼻・耳などが詰まる,ふさがる. ─ **Se me ha taponado la nariz.** 私は鼻は詰まっている.

taponazo 男 1 (コルク栓などを抜くときの)ポンという音;コルク栓が飛んで当たること.

taponero, ra 形 栓の,ふたの. ─ **industria taponera** 栓製造業. ─ 名 栓[ふた]業者.

tapujo 男 1〖主に 複〗隠し立て,ごまかし,偽り. ─ **decir sin ~** 包み隠さず言う. 2〖服飾〗顔を隠すためのもの,ベール.

taqué 男〖機械〗タペット.

taquear 他 1 を叱りつける. 2〖+ **de** ~〗をいっぱいにする. ─ 自 1〖中南米〗ビリヤードをする. 2〖メキシコ〗タコスを食べる. ─ **se** 再〖南米〗満腹する.

taquera 女 (ビリヤードの)キュー立て.

taquería 女〖メキシコ〗タコス店.

taquero, ra 名〖メキシコ〗タコス売り.

taquicardia 女〖医学〗頻拍(ひんぱく),頻脈.

taquigrafía 女 速記術.

taquigrafiar [1.5] 他 を速記する.

taquigráfico, ca 形 速記(術)の.

taquígrafo, fa 名 速記者.

‡**taquilla** 女 1 切符売り場[窓口]. 2 書類棚,キャビネット;分類[整理]棚;ロッカー. 3 (芝居などの)興行の収入[利益]. ▶ **hacer taquilla** 切符の売れ行きがよい.

taquillaje 男 1 (劇場などの)入場券の販売枚数. 2 (劇場などの)入場券の売上高.

taquillero, ra 形 (出し物・俳優などが)興業成績のよい,大当たりの. ─ 名 切符売り,窓口係.

taquillón 男 (玄関ホールなどに置く)飾り棚.

taquimeca 女《話》《女性の》速記兼タイピスト.

taquimecanografía 女 タイプ速記術.

taquimecanógrafo, fa 名 速記兼タイピスト.

taquimetría 女 スタジア測量, 視距測量.

taquímetro 男 タキメーター, スタジア測量器, 視距儀.

tara 女 **1** 風袋(ネネン)(《積み荷・乗客などを除いた》車両重量. **2** 欠陥, 欠点; 短所. **3** 身体障害. —~ hereditaria 先天性身体障害. **4** 風袋銘(ネネ), 分銅.

tarabilla 女 **1** 早口, まくしてたてること, あわてた話し方. **2**《戸・窓の》戸閉まり用の留め金, 桟. — 男女 早口な人, とりとめなくしゃべる人.

tarabita 女〔南米〕《渡しかごの》ロープ, (川に張った)渡し綱.

taracea 女 寄せ木細工; はめ込み細工, 象眼.

taracear 他 …に《装飾として》はめ込む, 象眼する; ちりばめる [+ con].

tarado, da 形 **1** 欠陥[傷]のある. **2** 身体に障害のある(人). **3** 《話, 軽蔑》頭のおかしい(人); まともなことができない(人).

tarahumara (メキシコ北西ワワワ州に住む)タラウマラ(人)の, タラウマラ語の. — 男女 タラウマラ人. — 男 タラウマラ語.

tarambana 形 **1** 《話》落ち着きのない(人), そそっかしい(人); 頭のおかしい(人).

taranta 女〔中南米〕**1** 精神障害, 狂気. **2** 当惑, うろたえ, 混乱. **3** 酒酔い, 酩酊(ホシ). — 女 (虫類) 毒グモ, タランチュラ.

tarantela 女 《音楽, 舞踊》タランテラ.

tarántula 女 《虫類》毒グモ, タランチュラ.

tarar 他 …の風袋を量る[差し引く].

tarará 男 《擬音》ラッパの音[合図].

tararear 他 を口ずさむ, 鼻歌で《ハミングで》歌う.

tarareo 男 鼻歌, ハミング.

tararí 《擬音》 **1** 《しばしば tararí tarará の形で》ブーブー, パンパカパーン《トランペット・ラッパの音》. **2** トランペット[ラッパ]の音. — 間 まさか, そんなばかな, とんでもない.

tararira 女〔南米〕《魚類》ホーリー《大型の淡水魚》.

tarasca 女 **1** 《聖体行列の》大蛇の張り子. **2** 《話》醜い女; ずうずうしい女.

tarascada 女 **1** 噛(ヵ)みつくこと; 噛まれた傷. **2** つっけんどんな[答うな]返事. **3** 段れ.

tarascar [1.1] 他 **1** 《犬などが》噛(ヵ)みつく. **2** 《人》につっけんどんに話す, がみがみ言う.

tarascón 男 噛(ヵ)みつき.

taray 男 《植物》ギョリュウ《御柳》.

tardanza 女 遅れ, のろさ, 遅滞; 遅刻.

tardar [タルダル] 自 ＋不定詞するのに **1** 時間がかかる. —¿Cuánto tarda el tren de Madrid a Sevilla? マドリードからセビーリャまで列車でどのくらいかかりますか. **2** 手間取る, 遅れる, ぐずぐずする. —Ana tarda mucho en arreglarse. アナは身仕度にとても時間がかかる. — se 再 《3人称単数, 無主語》《一般に》時間がかかる. ▶ a más tardar 遅くとも.

tarde [タルデ] 女 **1** 午後. —a las 4 de la ~ 午後4時に. Nos veremos mañana por la ~. 明日の午後に会いましょう. **2** 夕方. —la hora punta de la ~ 夕方のラッシュアワー. — 副 **1** 遅く, 遅れて, 遅刻して. —El autobús llegó 5 minutos ~. バスは5分遅れで来た. **2** 後で. ▶ a la caída de la tarde / al caer la tarde 夕暮れに. a media tarde 午後3時ごろに. Buenas tardes. (午後, 日暮れまでのあいさつ)こんにちは; さようなら. de tarde 《衣服が》昼用の; 《興行が》昼の, マチネーの. —vestido de tarde アフタヌーンドレス. función de tarde 昼《マチネーの》興行. de tarde en tarde たまに, まれに. hacerse tarde (時間が) 遅くなる. más tarde あとで, のちほど. (más) tarde o (más) temprano 遅かれ早かれ. más pronto o más tarde → pronto.

tardíamente 副 遅れて, 遅くなって(から), 遅ればせに.

tardío, a 形 遅い. a) 遅れをとった, 遅延した, 手遅れの. b) 晩生[晩成]の, 晩咲きの. —fruto ~ (1)晩生[晩なり]の果実. (2)遅れた結果[成熟]. escritor ~ 晩成した作家. c) 晩年の. —hijo ~ 年を取ってからの子. d) 後期の, 末期の. —latín ~ 後期ラテン語. e) 《医学》 遅発性の, 過期の.

tardo, da 形 のろい, 緩慢な; 鈍い. —con paso ~ ゆっくりとした足取りで. ~ en entender 飲み込みが遅い.

tardofranquismo 男 《歴史》フランコ体制の後期(1966-1975).

tardón, dona 形名 《話》のろまの, ぐずの.

tarea 女 **1** 仕事, 作業; 業務, 任務. —~s domésticas 家事. **2** 宿題, 課題. **3** 《情報》タスク.

tarifa 女 **1** 料金, 運賃; 料金表. —~ reducida 割引料金. **2** 税(額), 関税; 税率. ▶ tarifa plana 定額料金.

tarifar 他 **1** …の価格[料金, 税率]を決める. **2** …の料金を取る. — 自 《話》争う, けんかする; 不和になる.

tarifario, ria 形 料金の, 定価の.

tarifeño, ña 形名 《カディス県の都市》タリファ (Tarifa) の(人).

tarima 女 **1** 《地面・床より高い》壇, 台; 教壇. **2** 寄せ木づくりの床.

tarja 女 《木製の》割り符.

tarjar 他 …に印をつける; …に × 印をつけて消す.

tarjeta [タルヘタ] 女 **1** 名刺, カード; 名札, (カード型の)証明書. —~ de visita 名刺. ~ de crédito クレジットカード. ~ (de) prepago プリペイドカード. ~ de embarque

搭乗券. ~ de socio 会員証. ~ de identidad 身分証明書. ~ magnética 磁気カード. ~ telefónica テレフォンカード. ~ amarilla [roja] (サッカーの)イエロー[レッド]カード. ~は がき. ~~ de Navidad クリスマスカード. ~ postal はがき. 3《情報》カード. ~~ de expansión [de vídeo gráfica] 拡張[ビデオ, グラフィック]カード. ~ perforada パンチカード. ~ inteligente IC カード. ~ SIM SIM カード(携帯電話用の IC カード).

tarjetera 女《中南米》→tarjetero.

tarjetero 男 名刺入れ, カード入れ.

tarlatana 女 (繊維の)タラタナ.

tarot 男 [複~s] 1 タロットカード [= cartas de ~]. 2 タロット占い; タロット遊び.

tarquín 男 泥土, 軟泥, へどろ.

tarraconense 1 タラゴーナ (Tarragona, カタルーニャ地方の都市)の. 2《歴史》タラコ (Tarraco, ローマ時代、現在のタラゴーナおよびその周辺の地域)の. — 男女 1 タラゴーナの住人[出身者]. 2《歴史》タラコの人.

Tarragona 固名 タラゴーナ(スペインの県・都邑).

Tárrega 固名 タレガ (Francisco ~) (1855-1909, スペインの作曲家・ギタリスト).

tarrina 女 (食品用の小さな)ケース. ~ de caviar キャビアのケース.

tarro 男 1 缶(淡), 広口の瓶(淡). 2《話》(人の)頭, 頭脳. —tener un buen ~ 頭がいい. ► comer el tarro a... (人)をうまく説得する, 言いくるめる. comerse el tarro 思い悩む, くよくよ考える.

tarsero 男《動物》メガネザル.

tarso 男 1《解剖》足根(骨). 2《節足動物の)付節; (馬などの)後足の足首の関節; (鳥類の)跗蹠(淡)(脚の part of 脚).

tarta 女 (大きな円形の)ケーキ, タルト.

tártago 男 1《植物》トウダイグサ. 2《話》災難, 不幸. 3《話》厄介もの, いたずら.

tartajear 自 どもる, 口ごもる; たどたどしく話す.

tartajeo 男 どもること, 吃音(哉); たどたどしい話し方.

tartajoso, sa 形名 (話し方が)どもる(人), 口ごもる(人).

tartaleta 女《料理》(小さい円形の)タルト.

tartamudear 自 どもる, 口ごもる; たどたどしく話す.

tartamudeo 男 どもること, 口ごもること.

tartamudez 女 どもり, 吃音(哉).

tartamudo, da 形名 どもる(人), 口ごもる(人).

tartán 男《服飾》タータン, 格子縞(淡)の毛織物.

tartana 女 1 幌付きの2輪馬車. 2 (船舶)1本マストの三角帆船. 3《話》(主に自動車を指して)おんぼろ, ポンコツ.

tartáreo, a 形《文》タルタロスの, 地獄の(ような).

tartárico, ca 形《化学》酒石(酸)の[を含む, から得た]. —ácido tartárico 酒石酸.

tártaro, ra 形 1 タタール(人)の, 韃靼(淡)(人)の. 2《料理》タルタルの. —salsa tártara タルタルソース. — 名 タタール人, 韃靼(淡)人. — 男 1 タタール語. 2 酒石. 3 歯石. 4《文》地獄.

tartera 女 1 弁当箱; 食べ物の密閉容器. 2《料理》(パイ・ケーキを焼く)平鍋(淡). 3《料理》(パイ・ケーキ用の)型.

tartesio, sia 形《歴史》タルテソスの. — 名《歴史》タルテソス人.

Tartessos 固名 タルテソス(青銅器時代末~前6世紀ごろのイベリア半島南西部の王国).

tartrato 男《化学》酒石酸塩.

tártrico, ca 形《化学》酒石(酸)の. —ácido ~.

tartufo 男 偽善者.

tarugo 男 1 (短くて厚い)木片. 2 (硬くなった)パンの切れ端. 3 (木製の)くさび, 栓; 木釘(淡). 4 木製の舗装用ブロック. 5《話》あほう, うすのろ. 6《話》ずんぐりした人.

tarumba 形 [estar +] 困惑した, 狼狽(淡)した. —volver ~ a... (人)を困惑させる. volverse ~ 困惑する.

tas 男 (金属細工用の)小型の金床(淡).

tasa 女 1 料金. 2 割合, 率, レート. ~ de cambio 為替レート. ~ de desempleo [paro] 失業率. ~ de natalidad [mortalidad] 出生[死亡]率. ~ preferencial プライム・レート. 3 公定価格, 相場. 4 制約, 限度, 制限. —poner una ~ a los gastos mensuales 月々の出費を制限する. 5 税金. ► sin tasa (ni medida) 際限なく.

tasación 女 1 見積もり(額), 評価(額), 査定(額). 2 計算.

tasador, dora 形 評価する, 査定する, 鑑定する. —perito ~ 査定の専門家. — 名 鑑定士, 鑑定人.

tasajear 他《メキシコ》(肉)を乾燥させる, 乾燥肉にする.

tasajo 男 1《料理》乾燥肉, 干し肉. 2 肉の切り身.

tasar 他 1 [+en と] を査定する, 評価する, 値踏みする. 2 …の公定価格を決める, 値段をつける. 3 …に上限を決める, を制限する; 出し惜しむ. — la comida al enfermo 患者に食事を制限する.

tasca 女 1 酒場, 居酒屋 (→taberna). 2 賭博(淡)場.

tascar [1.1] 他 1 (麻・亜麻(淡)など)をたたいて繊維にする. 2 (動物が草)をはしばし食べる. ► tascar el freno (1) (馬がいらだって)轡(淡)をかむ. (2) (人が怒りを抑えて)しぶしぶ義務を果たす.

tata 女《幼》ばあや, お姉ちゃん(乳母・家政婦への呼びかけ). 2《話》女中, お手伝いさん. — 男《中南米》《話》パパ, お父ちゃん.

tatami 〈日〉男 畳.

tatamí [〈日〉] 男 畳.

tatarabu̱elo, la 名 高祖父[母](曾祖父母の父母).

tataranie̱to, ta 名 玄孫(やしゃご)(ひ孫の子).

ta̱te 間 1 分かった, なるほど. 2 危ない, 気をつけろ; ゆっくり.

tatetí 男〈南米〉〈ゲーム〉三目並べ.

ta̱to 男〈幼〉お兄ちゃん.

tatú 男〈動物〉オオアルマジロ.

tatua̱je 男 入れ墨, 入れ墨模様.

tatua̱r [1.6] 他 …の入れ墨をする. ── se 再 自分の体に(…の)入れ墨をする.

tau T字形. ── 女 タウ(ギリシャ語アルファベットの第19字. T, τ).

ta̱ula 女(バレアレス諸島に残る)T字型の巨石.

taumaturgia 女 奇跡を行うこと[力], 魔法, 神通力.

taumatúrgico, ca 形 奇跡を起こす力の, 神通力の.

taumaturgo, ga 名 奇跡を行う人, 神通力のある人.

taurino, na 形名 1 闘牛の, 闘牛好き(の); 雄牛の. 2〈南米〉牡牛座の人.

ta̱uro 男女〈無変化〉牡牛座生まれの(人). ── 男 (T〜)〈天文〉牡牛座(十二宮の)白羊宮.

tauró̱maco, ca 形 闘牛通の; 闘牛通の, 闘牛に詳しい人.

tauroma̱quia 女 1 闘牛術. ── escuela de 〜 闘牛学校. 2 闘牛術の本.

tauromáquico, ca 形 闘牛(術)の.

tautología 女 1 同語[類語]反復, トートロジー. 2〈論理〉恒真式.

tautoló̱gico, ca 形 1 同語[類語]反復の, トートロジーの. 2〈論理〉恒真式の.

taxativamente 副 限定的に, 厳密な意味で.

taxativo, va 形 1 制限的な, 厳密な, 明確な. 2 絶対的な, 議論を許さない.

ta̱xi 男 タクシー. ──coger [tomar] 〜 タクシーをつかまえる.

taxidermia 女 剥製(はくせい)(術). ──taller de 〜 剥製工房.

taxidermista 男女 剥製(はくせい)職人.

taxímetro 男 タクシーの料金メーター.

taxista 男女 タクシー運転手.

taxón 男〈生物〉分類単位[群].

taxonomía 女 1 分類学で; 分類. 2〈生物〉分類法.

taxonó̱mico, ca 形〈分類学[法]の, 分類の, 名の.

Tayikistán 固名 タジキスタン(公式名 República de Tayikistán, 首都 Dushanbé).

ta̱za [タサ] 女 1 茶碗, カップ; 茶碗[カップ]一杯(分). ──dos 〜s de caldo スープ2杯. 〜 graduada 計量カップ. 2 (噴水の)水盤. 3 便器.

taza̱r [1.3] 他〈再〉(衣服が)擦り切れる, ほころびる.

tazón 男 (取っ手のない)大カップ, ボール, 碗(わん).

TDT 〈頭字〉[〈Televisión Digital Terrestre〉] 女〈放送〉地デジ(放送), 地上波デジタルテレビ[放送].

te¹ 女〈複〉〜s] 1 T字; T字形. 2 T定規.

te² [テ] 代 (人称) 2人称単数与格・対格 1 [直接補語として] 君[おまえ]を. ──Te quiere mucho. 彼は君をとても愛している. 2 [間接補語として] 君[おまえ]に. ──Te regalo un ramo de rosas. 私は君に1束のバラを贈ります. 3 [再帰代名詞として] ──No te has lavado las manos. 君は手を洗っていない.

té [テ] 男 1 茶. ── con leche ミルクティー. ── negro 紅茶. ── verde 緑茶. 2 茶の集まり, ティーパーティー. 3〈植物〉茶の木. ▶té borde [de España, de Europa] 〈植物〉アリタソウ. té de los jesuitas [del Paraguay] マテ茶.

tea 女 1 たいまつ, トーチ. 2〈話〉酔い. ──coger una buena 〜 すっかり酔っぱらう.

teatrino, na 形〈カト〉テアティーノ修道会の. ── 名〈カト〉テアティーノ修道会の司祭[修道士].

teatra̱l 形 1 演劇の, 芝居の. ──grupo 〜 劇団. representación 〜 芝居の上演. 2〈軽蔑〉芝居がかった, わざとらしい. ──en tono 〜 わざとらしい調子で.

teatralidad 女 1 演劇性; 演技力. 2 芝居がかった様子, 大げさ, わざとらしさ.

teatraliza̱r 他 劇にする; 劇的に見せる.

teatrero, ra 形 1 芝居がかった, 大げさな. 2〈話〉芝居[演劇]好きな. ── 名〈話〉1 大げさな人, わざとらしく振る舞う人. 2 芝居[演劇]好き.

tea̱tro [テアトロ] 男 1 演劇, 芝居. ──obra de 〜 戯曲. 2 [集合的に] 劇作品, 戯曲. 3 演劇活動; 演劇界. 4 観客. 5 演技, 見せかけ. ──Su amor era un puro 〜. 彼女の愛はまさに見せかけだった. 6 [演劇] 劇場. 7 [演劇] 舞台, ステージ; (出来事の)舞台, 現場. ── de operaciones〈軍事〉戦域. ▶ hacer [tener] teatro〈比喩〉芝居がかる, 大げさなことをする.

teba̱no, na 形〈歴史〉テーベ(Tebas, 古代ギリシャの都市)の. ── 名〈歴史〉テーベの人.

tebeo 男 (子ども向けの)漫画雑誌, 漫画本. ▶estar más visto que el tebeo〈話〉とても有名な人.

te̱ca¹ 女〈植物〉チーク, チーク材.

te̱ca² 女 1〈動物, 解剖〉包膜. 2〈植物〉(コケ植物の)胞子嚢, (蘚類の)蒴(さく); (被子植物の)花粉嚢.

te̱ca³ 女〈カト〉聖遺物箱.

techa̱do 男〈建築〉屋根. ──bajo 〜 屋根の下で, 屋内で.

techa̱r 他 …に屋根をふく, 天井をかぶせる.

te̱cho 男 1〈建築〉天井. 2〈建築〉

techumbre 囡 **1** 屋根. **3** 家, すまい. —No tiene ~ donde cobijarse. 彼には住む家がない. **4 a)** 頂点, 極限, 限界; 最高限度. —tocar ~ 頂点[限界]に達する. **b)**〖航空〗上昇限度, 最高限度. ▶ **sin techo** ホームレスの. —los sin techo ホームレス.

techumbre 囡〖集合的で〗屋根組; 屋根, 天井.

tecla 囡 (タイプライター・ピアノなどの)鍵(",), キー. ~~ de las mayúsculas [de función]〖情報〗シフト[ファンクション]キー. ▶ **dar en la tecla**〖話〗うまくやりとげる, 適切な行動を取る. **tocar (todas) las teclas** あらゆる手を尽くす, すべてを考慮に入れる, 万全を期す.

teclado 男 **1** 鍵盤; キーボード. **2**〖音楽〗キーボード(鍵盤のついた電子楽器).

teclear 自 **1** (タイプライター・ピアノなど)のキーをたたく[押す]; タイプを打つ; ピアノを弾く, **2** 指でコツコツたたく. ——〖人〗に働きかける.

tecleo 男 **1** キーをたたくこと[音]. **2** 指でコツコツたたくこと[音].

teclista 男女 **1**〖音楽〗キーボード奏者. **2**〖印刷, 情報〗キーオペレーター.

tecnecio 男〖化学〗テクネチウム(元素記号 Tc).

*técnica 囡 **1** 技術. ~~ pedagógica 教授法. **2** 方法, 手段; 手法. **3** 技巧, テクニック.

técnicamente 副 **1** 技術的に. **2** 専門的に; 専門用語[術語]を使って.

tecnicidad 囡 専門性, 専門的な性質; 専門的な方法[表現].

tecnicismo 男 **1** 専門用語, 術語. **2** 専門性, 専門的な性質.

*técnico, ca 形 **1** 専門の, 専門的な, 専門分野の. —terminología técnica 専門用語. **2** 技術的の. **a)** 技術上の, 科学技術の. —enseñanza técnica 技術教育. **b)** 特定技能の, 技能資格の. —escuela técnica 専門学校. **3** 技巧的な, 術のすぐれた. ——男 **1** 技術者, 技術員. **2** (特定技術·職能の)専門家. ~~ dental 歯科技工士. ~ de sonido 音響技師. **2**(スポ)監督, コーチ; 技巧派の選手.

tecnicolor 男〖商標, 映画〗テクニカラー.

tecnificar 他 …に最新技術を導入する; を技術的に進歩させる.

tecnocracia 囡 テクノクラシー, 技術主義, 技術者支配; 技術主義社会.

tecnócrata 男女 テクノクラート(の), (特に経営·管理の職にある)専門技術者(の), 技術官僚.

tecnocrático, ca 形 テクノクラートの[による].

*tecnología 囡 **1** テクノロジー, 科学技術; 工学. ~~ electrónica 電子工学. ~ punta 先端技術. **2** 科学技術用語; 専門用語, 術語.

tecnológico, ca 形 テクノロジーの, 科学技術の. ▶ **parque tecnológico** 科学·技術革新都市, テクノパーク.

tecnólogo, ga 名 技術者, 科学技術者, 工業技術者.

tecolote 男【メキシコ】**1**〖鳥類〗ミミズク. **2**〖話〗警官; 夜警. ——形【メキシコ】〖話〗酔っぱらった.

tecomate 男【中米】**1**〖植物〗ヒョウタン; ヒョウタンの椀(). **2** 土鍋[陶器]の椀.

tectónico, ca 形〖地質〗地質構造の, 構造地質学の. ——囡〖地質〗構造地質学, テクトニクス.

tedéum 男〖単複同形〗(しばしば T~)〖カト〗賛美の歌, テデウム.

tedio 男 退屈, 倦怠(").

tedioso, sa 形 **1** 退屈な, 飽き飽きする. **2** うるさい, 迷惑な.

teflón〖商標〗テフロン.

Tegucigalpa 固名 テグシガルパ(ホンジュラスの首都).

tegucigalpense 形 テグシガルパ(Tegucigalpa)(出身)の. ——男女 テグシガルパの人.

tegumento 男〖生物〗(動物の)外皮, 皮; (植物の)外皮, 包被.

Teherán 固名 テヘラン(イランの首都).

Teide 固名 (el ~)テイデ山(カナリア諸島, テネリフェ島の火山, スペインの最高峰).

teína 囡〖化学〗テイン, (茶に含まれる)カフェイン.

teísmo 男〖哲学〗有神論.

teísta 形〖哲学〗有神論の. ——男女〖哲学〗有神論者.

teja 囡 **1** (屋根の)瓦(). ~~ árabe 丸瓦. ~ plana 平瓦. **2** (僧·牧師の)帽子. **3**〖植物〗シナノキ, 菩提樹. ▶ **a toca teja**〖話, 比喩〗現金で, 即金で. **de tejas abajo** この世の[で], 現世の. **de tejas arriba**〖話〗あの世の[で], 天国の.

tejadillo 男〖建築〗小屋根, ひさし.

tejado 男 (特にスペインの)屋根.

tejano, na 形 **1** テキサス(Tejas, Texas)の. **2**〖服飾〗ジーンズの. —pantalón ~ ジーンズ·パンツ. ——男〖主に 複〗〖服飾〗ジーンズ.

tejar 他 (建物)の屋根に瓦()をふく, (屋根)に瓦をふく; …にタイルを敷く. ——男 瓦[れんが, タイル]工場.

tejavana 囡 掘っ立て小屋.

tejedor, dora 形 織る, 編む, 織物の, 編み物の. —máquina tejedora 織機, 編み機. ——男 **1**〖虫類〗アメンボ. **2**〖鳥類〗ハタオリドリ. ——囡 織機, 編み機.

tejedura 囡 **1** 織ること; 編むこと. **2** 織り方, 織り目.

tejeduría 囡 **1** 織り方, 織物技術. **2** 織物工場, 紡績工場.

tejemaneje 男〖話〗**1** たくらみ, 奸計. **2** 大騒ぎ, 大忙し.

tejer 他 **1 a)** を織る, 織り上げる. **b)** を編む, 編み上げる. ~~ un jersey de lana ウールのセーターを編む. **c)** (クモが)網を張る. (芋虫·カイコが)まゆを作る. **2 a)** をたくらむ, 計画する, 構想する. **b)** を…に備える, …のために努力する. ▶ **tejer y destejer** あれこれ迷う, 一進一退をくり返

す.

tejería 囡 瓦(ﾂﾟ)[れんが, タイル]工場.

tejero, ra 瓦(ﾂﾟ)[れんが, タイル]職人.

tejido 男 **1** 織物; 布地, 生地 (→tela); 織りната方[目]. —~ de punto ジャージー(服地). **2**[〈植物, 解剖〉]組織. —~ muscular [nervioso] 筋肉[神経]組織. **3** 組織, 体系. —~ social [industrial] 社会[産業]組織. **4** {un ~ de + 複数名詞} 連続, 一連のもの. —un ~ de mentiras 一連の嘘.

tejo[1] 男 **1** [石投げ遊び・石けりなどで使う]投げ石, おはじき. **2** 石投げ遊び. **3** [輪投げ用の]輪. **4** 金塊. ▶ tirar [echar] los tejos (話) (人に)気のある素振りをする, 色目を使う.

tejo[2] 男 [植物]イチイ.

tejoleta 囡 **1** 土器片, 瓦(ﾂﾟ)[れんが, タイルのかけら. **2** [音楽][陶製の]カスタネット.

tejón 男 [動物]アナグマ(穴熊).

tejonera 囡 アナグマ[タヌキ]の巣[穴].

tejuelo 男 **1** [本の背に貼る]ラベル. **2** 土器片, 瓦(ﾂﾟ)[れんが, タイルのかけら.

tel., teléf. (略)= teléfono teléfono.

tela 囡 **1 a**) 布, 布地, 織物. **b**) [美術]カンバス, 画布, 油絵. **2** 表面の薄膜; [解剖]膜, 膜組織. —~ de cebolla タマネギの薄皮. **3** [仕事の]難しさ. **4** 話題, 話の種. **5** クモの巣 (= ~ de araña). **6** 目のくもり, かすみ. **7** (話)金, 財産. ▶ haber tela que cortar 話題がたくさんある. haber [tener, ser] tela (marinera) (話)手間がかかる, やっかいである. poner... [estar] en tela de juicio …を問題にする, 検討する, …が問題になっている, 疑わしい.

telamón 男 [建築]男像柱 (→atlante).

telar 男 **1** 機織, 機織り機. **2** [主に 複]織物工場. **3** [演劇][緞帳(ﾄﾞ)の]照明・大道具などを操作する舞台上の天井部.

telaraña 囡 **1** クモの巣. **2** 薄霧. **3** 目のかすみ. **4** [情報]ウェブ. —~ mundial ワールド・ワイド・ウェブ, WWW. ▶ mirar las telarañas けそを守っている, 上の空である. tener telarañas en los ojos 公平な判断ができない, 判断力が鈍っている.

telasoterapia 囡 →talasoterapia.

tele 囡 (話)テレビ (television, televisor の短縮語).

teleadicto, ta 形 (話)テレビ好きの(人).

telebanco 男 キャッシュディスペンサー, 現金自動引出[支払い]機.

telebasura 囡 (話)低俗な[くだらない]テレビ番組.

telecabina 囡 ゴンドラ型ロープウェイ.

telecirugía 囡 遠隔外科手術.

teleclub 男 (複)—(e)s 地域や田舎の公民館などの)共同テレビ視聴室, 同娯楽室.

telecomedia 囡 [放送](テレビの)連続コメディ・ドラマ.

telecompra 囡 電話[インターネット]による買い物, テレビショッピング.

telecomunicación 囡 **1** 遠距離通信. **2** 電気通信; 電気通信学.

teleconferencia 囡 電話会談[会議].

telecontrol 男 リモートコントロール, 遠隔操作.

telediario 男 テレビニュース.

teledifusión 囡 テレビ放送; テレビ番組.

teledirección 囡 遠隔操作, リモートコントロール, 無線誘導.

teledirigido, da 形 リモコン[遠隔操作]の. —proyectil ~ 誘導ミサイル[弾].

teledirigir 他 を遠隔操縦[無線誘導]する.

telefacsímil 男 →telefax.

telefax 男 (複)~es ファクシミリ, ファックス.

teleférico 男 ロープウェイ, ケーブルカー.

telefilm, telefilme 男 テレビ(用)映画.

telefonazo 男 (話)電話をかけること. —dar un ~ a … (人)に電話をかける.

telefonear 自 [+ a に] 電話する. —他 を電話で知らせる.

telefonema 男 電報電報(電話で申し込む電報).

telefonía 囡 電話(方式), 音声通信 (技術). ▶ telefonía móvil 携帯電話(システム).

telefónico, ca 形 電話の, 電話による; 電話局[会社]の. —cabina telefónica 電話ボックス. circuito ~ 電話回線. escucha telefónica 電話盗聴.

telefonillo 男 **1** インターフォン. **2** [インターフォン付き]オートロック.

telefonista 男女 電話交換手, オペレータ, 電話技師.

teléfono [テレフォノ] 男 電話. 電話 機. —llamar por ~ 電話をかける. guía de ~s 電話帳. coger [colgar] el ~ 電話を取る[切る]. ~ celular [móvil] 携帯電話. ~ de teclado プッシュホン. ~ fijo 固定電話. ~ gratuito フリーダイヤル. ~ público ~ inalámbrico [sin hilos] コードレス電話.

telefoto 囡 →telefotografía.

telefotografía 囡 望遠写真(術); 電送写真, 写真電送術.

telefotográfico, ca 形 望遠写真術の; 写真電送術の.

telegenia 囡 (人が)テレビ映りがよいこと.

telegénico, ca 形 テレビ映りのよい.

telegrafía 囡 電信(技術). —~ sin hilos [inalámbrica] 無線電信. —~ óptica 光通信.

telegrafiar [1.5] 他 を電報で知らせる, 電信で送る. —自 電報を打つ.

telegráfico, ca 形 **1** 電信[電報]の, 電信[電報]による. —giro ~ [transferen-

cia telegráfica 電報為替. **2**〈文体が、電報のように〉簡潔な.

telegrafista 男女 電信技師, 無線技師.

telégrafo 男 電信, 電信機, 信号機.

telegrama 男 電報, 電文.

teleimpresor 男 電信印刷機, テレプリンター, テレタイプ.

teleie 男〖話〗失神, 気絶, 卒倒.

telemando 男 リモートコントロール, 遠隔操作[制御].

telemática 女〖情報〗テレマティーク[テレマティクス]〈電気通信とコンピュータを融合させた情報通信技術〉.

telemático, ca 形〖通信〗テレマティーク[テレマティクス]の.

telemetría 女 遠隔測定(法).

telemétrico, ca 形 遠隔測定[測距儀]の, (カメラなどの)距離計の.

telémetro 男 **1** 測距儀, 測遠儀. **2** テレメター, 遠隔測定器. **3** (カメラなどの)距離計.

telenovela 女 連続テレビ小説.

telenque 形〖チリ〗病弱な.

teleobjetivo 男〖写真〗望遠レンズ.

teleología 女〖哲学〗目的論.

teleológico, ca 形〖哲学〗目的論の, 目的論による.

teleósteo, a 形〖魚類〗硬骨魚類の. ━ 男女〖魚類〗硬骨魚類.

telépata 男女 テレパシー能力者.

telepatía 女 テレパシー, 精神感応.

telepático, ca 形 テレパシーの, 精神感応の.

telepedido 男 電話[インターネット]による注文.

telepredicador, dora 名 テレビ説教[伝道]師.

teleproceso 男〖情報〗テレプロセシング, 遠隔情報処理.

telequinesia, telequinesis 女 念力[念動力]; 瞬動現象.

telera 女 **1** 横杆, 横木. **2** 鋤(き)棒.

telerreceptor 男 テレビ受像機.

telerruta 女〖複なし〗(電話などによる)道路交通情報.

telescópico, ca 形 **1** 望遠鏡の; 望遠鏡で見える. **2** 望遠鏡がなければ見えない, (遠くて)肉眼では見えない. **3**〈望遠鏡の筒のような〉入れ子式の, 伸縮式の. ━antena telescópica ロッドアンテナ.

telescopio 男 望遠鏡. ━~ Habel ハッブル望遠鏡.

teleserie 女 連続テレビドラマ.

telesilla 男 (スキー場の椅子型の)リフト.

telespectador, dora 名 テレビ視聴者.

telesquí 男 (スキー場の)Tバーリフト, ロープ塔.

teleteatro 男 テレビ放送される芝居; 連続テレビドラマ.

teletexto 男 文字放送.

teletienda 女 テレビショッピング.

teletipo 男〖商標〗テレタイプ; テレタイプ通信文.

teletrabajo 男 テレワーク〈情報通信機器を利用してオフィスを離れて行う仕事〉, 在宅勤務[ワーク].

televenta 女 →teletienda.

televidente 男女 テレビ視聴者.

televigilancia 女〈建物・機械・自然現象などの〉遠隔監視.

televisar 他 をテレビ放送する.

televisión 女 **1** テレビ[放送・受信機]; テレビ局. ━~ de alta definición ハイビジョンテレビ(略好) T. A. D.. ~ de pago ペイテレビ(有料テレビ放送). ~ digital デジタルテレビ. ~ digital terrestre 地上デジタルテレビ. ~ por cable ケーブルテレビ. ~ privada [pública] 民間[公共]テレビ.

televisivo, va 形 **1** テレビの. **2** テレビ向けの, テレビに適した; テレビ写りの良い.

televisor 男 テレビ受信機.

televisual 形 テレビの, テレビ関係の.

télex 男〖単複同形〗テレックス; テレックス通信文.

telilla 女 **1** (牛乳など液体の表面に生じる)皮膜. **2** 薄手の毛織物.

telón 男〖演劇〗(舞台の)幕. ━~ de boca 舞台前面の幕. ~ de foro 背景幕. ~ de acero〖歴史〗鉄のカーテン. ▶ caer el telón 幕が降りる; 解決する. **telón de fondo** (1) 背景幕. (2)(物事, 出来事の)背景, 状況.

telonero, ra 形 前座の. ━ cantante telonera 前座の(女性)歌手. ━ 名 **1** 前座の人〖役者, 歌手, 芸人, 選手〗. **2** (舞台の)幕[緞帳(どんちょう)].

telúrico, ca 形 **1**〖地質〗地球の. ━fenómenos ~s 地球科学の現象. **2**〖化学〗テルルの, テルルを含む.

telurio 男〖化学〗テルル(元素記号 Te).

telurismo 男 風土が住民に及ぼす影響.

teluro 男〖化学〗→telurio.

tema¹ 男 **1** 主題, 題目, テーマ, 話題; 題材. ━cambiar de ~ 話題を変える. **2**〖音楽〗主題, テーマ, 主旋律; 歌, 曲. ━~ musical テーマソング, テーマミュージック. **3** (試験・宿題の)問題, 課題. **4**〖言語〗語幹.

tema² 女 執念, 執着; 反感.

temario 男 **1**〖集合的に〗テーマ, (講義・講演などの)題目; 会議事項. **2** 題目リスト, (研究・討議などの)プログラム.

temática 女〖集合的に〗主題, テーマ. **2** 教義, イデオロギー.

temático, ca 形 **1** テーマの, 主題に関する; テーマの, 主題の. **2**〖言語〗語幹の. ━vocal temática 幹母音. **3**〖音楽〗主題の.
▶ **parque temático** テーマパーク.

tembladal 男 沼沢地, 泥炭地.

tembladera 女 **1** (激しい)体の震え, 身震い. **2** せん状の針金に施した宝石.

tembladeral 男〖南米〗沼地, 湿地.

tembladero, ra 形 震える, 揺れる; おのく. ━ 男 沼地, 湿地.

temblador, dora 形 震える, 揺れる; おのく. ━ 名〖宗教〗クエーカー教徒.

temblar [4.1] 自 1 震える, 身震いする. ~ de frío 寒さで身震いする. 2 揺れる, 震動する. 3 怖がる, 恐れのおのく, びくびくする. ▶ **dejar [quedar] temblando**《話》(1) ほとんど使わずにして[なくなる]. (2) ぞっとさせる, 不安にさせる.

tembleque 男 1 体・声などが震える, わななく. 2《南米》病弱な. — 男《話》体・声などの震え, 身震い.

tembleequear 自 激しく震える; 身震いする.

temblón, blona 形 すぐに震える, 震えがちな; 震えが止まらない. — 男《植物》ハコヤナギ (=álamo ~).

temblor 男 1 震え, 身震い, 振動. 2 おののき, 戦慄. 3 地震 (=~ de tierra).

tembloroso, sa 形 1 震えた. a)《感情で》震える. —con voz *temblorosa* 声を震わせて. b) 揺れる, ゆらめく. 2 震えさせる; ぞっとさせる. —recuerdo ~ おぞましい記憶.

:**temer** [テメル] 他 1 を怖がる, 恐れる. 2 a)《 + 直説法》を心配する. —*Temo que vendrá una desgracia*. 私は何か悪い事が起こるのが心配だ. b)《 + 接続法》（…のではないかと）心配する, 懸念する; 疑う. —*Temo que se haya perdido*. 私は彼が道に迷ったのではないかと思う. ▶《 + por》を心配する. — se 再 1《 + 直説法/ + 接続法》を心配する; 疑う. —*Me temo que he perdido la cartera*. 私は財布を失くしたかもしれない. 2 互いに恐れを抱く.

temerario, ria 形 1 無謀な, むこうみずの, 無分別な. 2 軽率な, 気の早い, はやまった.

temeridad 女 無謀さ; 軽率; 無謀な行為.

temerón, rona 形《人が》いばりちらす. — 名 いばりちらす人.

temerosamente 副 おそるおそる.

temeroso, sa 形 1《 + de》を恐れている, 怖がっている. 2 臆病な. 3 恐ろしい, 恐るべき.

temible 形 恐ろしい, 恐るべき.

:**temido, da** 過分 (→temer) 形 恐れられる, 恐れていた, 心配[懸念]される. —*situación temida* 懸念される事態.

temor 男 1 恐れ, 恐怖. 2 心配, 不安, 懸念. 3 畏[お]れ, 畏敬(いけい). —~ de Dios 神への畏敬の念.

témpano 男 1 氷塊, 浮氷. 2《音楽》太鼓の皮, ドラムヘッド. 3 硬い平板状のかたまり. ▶ *como un témpano* 冷えきった.

témpera 女《美術》テンペラ絵の具; テンペラ画.

temperamental 形 1 気質の, 気性の, 気質的な. 2 気性の激しい, 気まぐれな, 怒りっぽい.

:**temperamento** 男 1 気質, 気性; 気性の激しさ, 活気. 2《美術, 文学》表現力. 3《中南米》《気象》気候, 天候. 4《音楽》平均律.

temperancia 女 自制されていること; 節制; 控え.

temperante 形 1 怒り・興奮などを鎮める;《医学》鎮静作用のある. 2《南米》禁酒主義の. — 男女《南米》禁酒主義者.

temperar 他 1 を和らげる, 加減[軽減]する. 2《医学》(痛み・症状)を和らげる, 鎮静する. 3《音楽》を調律する, チューニングする (特に弦楽器を). — 自《中米》避暑する; 転地(療養)する. — se 再 1《気候》が温暖になる. 2 和らぐ, 軽減する.

:**temperatura** 女 1《気象》気温;《一般に》温度. 2《医学》体温; 高熱. —tener ~ 熱がある. tomar la ~ a ... …の体温を計る. ▶ *temperatura ambiente* 室温.

temperie 女 天候, 天気, 気象.

tempero 男 種まき[農作業]に最良の状態.

:**tempestad** 女 1《気象》嵐, しけ, 悪天候. —~ de arena 砂嵐. ~ de nieve 吹雪. 2 激論, 騒ぎ, 興奮, 激情.

tempestuoso, sa 形 1 嵐の, 悪天候の;《天気・海》荒れ模様の. 2《比喩》大荒れの, 騒々しい, 興奮した.

templa 女《美術》テンペラ絵の具; テンペラ画(法).

templadamente 副 程よく, 節度をもって.

templado, da 形 1 暖かい. a) ぬるい, 温かい. —*agua templada* 温水. b) 温暖な; 温帯気候の. —*zona templada* 温帯地方[温帯]. 2 適度な. a) 控えめな, 抑えぎみの. b) 節度ある. c)《音楽》調律[調弦]した, ほろ酔いの. 3 落ち着いた, 度胸のすわった. 4《金属・ガラスなどが》焼き入れした, 強化した. —*acero ~* 鍛鉄. *cristal ~* 強化ガラス. 5《なぞなぞ》正解に近い. 6《中米》利発な, 抜け目ない. c)《南米》恋している. — 男《金属・ガラスなどの》焼き入れ, 強化処理.

templador 男 調律用器具.

templanza 女 1 抑制, 節制, 控えめ. 2 温暖. 温和; 適温. 3《美術》(色彩の)調和.

templar 1 を温める, 適温にする. —~ *la leche* 牛乳を温める. 2 を和らげる, 鎮める, 抑える. 3《金属・ガラス》を焼き入れする, 焼き戻す. 4《音楽》(楽器)を調律する, チューニングする. —~ *la guitarra* ギターを調律する. 5 (ねじなど)を締める, 固定する. 6 (色・光)を和らげる; (色)を調和させる. 7《闘牛》(ムレタなどの動き)を牛の動きに合わせる. — 自《気象》が暖かくなる;《寒さ》が緩む. — se 再 1 自制する, 節制する. 2 温まる, 適温になる. 3《気候》が鎮まる, 和らぐ;《風雨》がおさまる. 4 ほろ酔い加減になる. 5《南米》《 + de》に恋する.

templario 男《歴史》神殿[テンプル]騎士団員.

temple 男 1 度胸, 勇気. 2 気分, 機嫌. 3《美術》テンペラ画; テンペラ画法.

—pintar al ～ テンペラ画を描く. **4**《金属・ガラスの》焼き入れ, 焼き戻し. **5**《音楽》調律, チューニング. **6** 天候, 天気, 気温.

templéte 男 **1** 小礼拝堂, お堂. **2** [ここら, やしろ; 祭壇. **3**《屋根つきの》野外音楽堂.

‡témplo 男 [テンプロ] **1**《宗教, 建築》寺, 寺院, 神殿; 礼拝堂, 教会堂, 聖堂. — ～ budista 寺. — ～ sintoísta 神社. **2**《一般に》殿堂, すごい. ▶ *como un templo*《話》巨大な, すごい.

tempo 男《音楽や動きなどの》テンポ.

témpora 女《主に 複》四季の斎日《季節の始めに節食し祈りをささげる3日間》.

‡temporáda 女 **1** 時, 時期, シーズン. — ～ alta ハイシーズン. — ～ baja シーズンオフ. — ～ de turismo 観光シーズン. — ～ de lluvias 雨季, 梅雨. **2** 期間. ▶ *de temporada* 一定期間の, 一時的の.

temporal[1] 形 こめかみの, 側頭部の. — hueso ～ 側頭骨. — lóbulo ～ 側頭葉. — 男 側頭骨.

‡temporal[2] 形 **1** 一時的な, 臨時の, 仮の. — empleo [trabajo] ～ 臨時の職. suspensión ～ de licencia 免許の一時停止. **2** 世俗の, 現世の. **3** 時間の;《言語》時を表す, 時制の. — concordancia ～ 時制の一致《照応》. — 男 **1** 嵐, 暴風(雨). — ～ de nieve 雪嵐. **2** 雨期. **3**《比喩》災い, 困難. ▶ *capear el temporal* 嵐を切り抜ける; 困難を乗り切る.

temporalidád 女 **1** 一時性, 臨時であること; はかなさ. **2**《主に 複》世俗的財産《所有物》《特に教会・聖職者の収入・財産》.

temporalizár[1.3] 他 **1** 一時的にする, 世俗的にする; 一時的《世俗的》なものとして扱う.

temporálmente 副 一時的に, 臨時に, 間に合わせに.

temporáneo, a 形 **1** 臨時の, 仮の, 当座の. **2** 一時的な, つかの間の.

temporário, ria 形 一時的な, 臨時の.

temporéro, ra 形 臨時雇いの;《特に収穫時のみ農業に従事する》季節労働の. — 名 臨時雇い; 季節労働者.

temporizadór 男《技術》《電気機器・カメラなどの》タイマー,《爆弾の》時限装置.

temporizár[1.3] 自 **1** 時勢に迎合する, 日和見をする. **2** 2時間をつぶす, 時間稼ぎ《一時しのぎ》をする.

tempranál 男《農業》《畑・農地が》早生《せ》種用の.

tempranaménte 副 早く, 早めに; 初期に.

tempranéro, ra 形 **1**《通常より》早い. **2** 早生の.《農業》早生《せ》種の. — 名 早起きの人.

tempraníto 副《話》ちょっと早く, 早めに.

‡tempráno, na 形 [テンプラノ, ナ] **1** 早い. **2** a) 早い時間の, 早期の, 初期の. — síntoma ～ 初期症状. b) 早生の, はしりの, 初物の. — fruta *temprana* 早生《はしり》の果物. — 男 早生の作物. — 副 早く, 早いうちに, 早期に. — *levantarse ～ temprano* 早起きする. ▶ *más tarde o más temprano* [*más tarde o más temprano*] 遅かれ早かれ, いずれそのうち.

tému 男《チリ産の》バラ科モモ科の木.

ten[1] 動 → *tener* [10.8].

ten[2], **ten con ten** 男《単複同形》《話》慎重, 用心; 如才なさ, 均衡. — llevar las cosas en un ～ 慎重を保つ. — ～ *con tener* 慎重に.

tenacidád 女 粘り強さ, 執拗さ; 頑固さ;《物の》頑丈さ.

tenacíllas 女 複 **1**《角砂糖・ケーキなどをはさんで取る》はさみ, トング. **2** ヘアアイロン, カールごて.

tenánte 男《紋章》盾持ち《盾を支える人, 天使など》.

tenáz 形 **1** 粘り強い, 頑固な. **2** なかなか取れない; 効果が長持ちする. — *dolor* ～ しつこい痛み. **3** 硬い, 強靱な; 強い.

tenáza 女《主に 複》**1** a)《技術》やっとこ, ペンチ, 各種のはさみ具. b)《菓子などをつまむ》はさみ, トング. c)《医学》鉗子《かんし》; ピンセット. d) 釘抜き. **2**《動物》《エビ・カニ・サソリなどの》はさみ,《昆虫の鉗子状器官. ▶ *no se puede coger... ni con tenazas* …はひどく汚れている.

tenazón 女 ▶ *a* [*de*] *tenazón* (1) 突然に, 不意に, にわかに. (2) 狙いもそこそこに.

tenca[1] 女《魚類》テンチ《コイ科の食用魚の一種》.

tenca[2] 女《南米》《鳥類》マネシツグミ.

tendál 男 **1** 天幕, 日よけ, 雨よけ. **2**《オリーブの実の収穫時などに》木の下に広げる張り布. **3**《集合的に》干し物. **4** 物干し場.

tendaláda 女《中南米》散乱したもの.

tendedéro 男 **1** 物干し場. **2**《集合的に》物干し用のロープ《針金》; タオル掛け.

tendejón 男 売店, 屋台店.

tendél 男 **1**《れんがなどを積むときに水平を見るための》張りひも. **2**《れんがなどの目地に塗る》モルタル.

tendéncia 女 **1**《主に 複》傾向, 趨勢《すうせい》, 動向, 風潮. **2** 性向, 性癖. — *Tiene* ～ *a perder los nervios.* 彼はとかく短気をおこす.

tendencióso, sa 形 偏向した,《特定の思想・観点に》偏った.

tendénte 形 ▶ [+ *a* の] 傾向がある,《…に》なりがちな. **2** [+ *a* を] 目指した, 目的とした.

‡tendér [テンデル] [4.2] 他 **1** を広げる, 敷く, 伸べる. — ～ *una manta* 毛布を広げる. **2** a) を敷設する,《橋》を架ける, 渡す. — ～ *un puente sobre el río* 川の上に橋を架ける. b)《ロープなど》を張る, 張り渡す. **3** を横にする, 横たえる, 寝かせる. **4**《洗濯物》を干す, つるす. **5** を差し出す, 差し伸べる.

—~ la mano para saludar 挨拶するために手を差し伸べる. **6** (罠)を仕掛ける.
— 自 **1 a**) 『[+a+不定詞] …する傾向がある, …しがちである. —*Tiende a* deprimirse. 彼はすぐ意気消沈してしまう. **b**) 『[+a] (特に色について)…がかった. —un color que *tiende* a amarillo 黄色がかった色. **2** 『数学』『[+a] …(に限りなく)近づく, 近接する. —**se** 自 横になる.

ténder 男 [鉄道] 炭水車, テンダー.
tendera 女 **1** 店の女主人; 女の店番. **2** 女のテント張り.
tenderete 男 **1** 露店, 屋台. **2** 物干し場. **3** 乱雑さ, 混乱; 散らかった物.
:**tendero, ra** 名 **1** 店の主人, 店員, 小売り商. **2** テント職人.
*:**tendido, da** 週分 [→ tender] 形 **1** 広げられた. **a**) (洗濯物などが)干された, のばされた. **b**) (手が)差し伸べられた. **c**) 広々とした. **2** 張られた; (橋などが)架けられた; 敷設された. **3** 横になった. **4**『闘牛』(剣の突きが)水平に近い. —estocada *tendida* 水平に(深く)入った突き. **5** (海が)うねった. —mar *tendida* うねった海. **6** (走りが)全力の. —a galope ~ 全力疾走で.
▶ *dejar a ... tendido*〈話〉〈人〉を打ちのめす. —男 **1** 架線, 橋梁; (ケーブルなどの)敷設, 配線[配管]; [集合的に] (敷設された)電線[導管]. **2** [集合的に] 洗濯物; 洗濯物を干すこと. **3** [闘牛] スタンド席. **4** [中南米] [集合的に] 寝具類. **5** [メキシコ] 露店.
tendiente 形 [中南米] =tendente.
tendinitis 女 [単複同形] [医学] 腱炎(けんえん).
tendinoso, sa 形 (肉が)腱(けん)質の, 筋っぽい; 腱の. —inflamación *tendinosa* 腱炎.
tendón 男 [解剖] 腱(けん). —~ de Aquiles アキレス腱; [比喩] 弱点.
tendr- 動 =tener [10.8].
tenebrismo 男 [美術] テネブリズム, 明暗対比画法.
tenebrista 形 [美術] (絵画・画家が)テネブリズムの, テネブリズム的な.
tenebrosidad 女 暗さ; 暗やみ.
*:**tenebroso, sa** 形 **1** 真っ暗な, 暗闇の. **2** 暗い, 暗鬱な; 絶望的な. —perspectiva *tenebrosa* 暗い[絶望的な]見通し. **3** 隠密の, 不法の; 陰険な. —negociación *tenebrosa* 闇取引.
:**tenedor**[1] 男 **1** フォーク. **2** [スペイン] レストランの格付け (1本から5本まで). —restaurante de cuatro ~es 4本フォークのレストラン.
tenedor[2], **dora** 名 **1** [+de を持つ]人. **2** [+de] (商業) (証券・手形などの)所有者, 持参者. **3** (球技の)玉拾い人.
▶ *tenedor de libros* 簿記係.
teneduría 女 **1** 簿記; 帳簿; 簿記[帳簿]係の職 (=~ de libros). **2** 簿記[帳簿]係の執務室.
tenencia 女 **1** 所有, 所持. **2** 中尉, 代理人 (teniente) の職[任期]. —~ de alcaldía (市町村の)助役の職. **3** 中尉

[代理人]の執務室.
*:**tener** [テネル] [10.8] 他 **1** を持つ. **a**) 『[+ 具体名詞]『[所有] —*Tienen* dinero. 彼らは金持ちだ. *Tengo* un perro. 私は犬を飼っている. Ella va a ~ un niño. 彼女に子どもが生まれようとしている. **b**) 『[+ 抽象名詞]『[所有] — mucho poder en la empresa 会社で絶大な権力を持っている. **c**) 『[年齢] —¿Cuántos años *tiene* ella? 彼女は何歳か. **d**) 『[享受, 時間経過] —He tenido un mes muy divertido. 私は大変楽しい1か月を過ごした. **e**) 『[特徴, 形状] —Pili *tiene* el pelo rubio. ピリはブロンドの髪の毛をしている. **f**) 『[含有] —El piso *tiene* siete habitaciones. そのマンションには7部屋ある. **g**) 『[雇用, 採用] —El director me *tiene* de chófer. 社長は私を運転手として雇っている. **h**) 『[感情, 感覚] —*Tengo* mucho miedo a las arañas. 私はクモがとても怖い. *Tengo* mucho frío [calor]. 私はとても寒い[暑い]. ~ hambre 空腹である. ~ sed のどが渇いている. ~ vergüenza 恥ずかしい. **i**) 『[体調, 疾病] —¿Qué *tiene* tu padre? お父さんはどうしたの. —El *tiene* cáncer de estómago. 彼は胃癌(い)にかかっているんだ. **j**) 『[実行, 業務, 会合 開催] —*Tengo* una cita a las 4 en la estación. 私は4時に駅で人と待ち合わせている. **k**) 『[把握, 保持] —*Ten* estos libros mientras me ato el cordón del zapato. 靴のひもを結んでいる間, これらの本を持っていてくれ. **l**) 『[貯蔵, 保管] —Este depósito *tiene* petróleo. この倉庫には石油が貯蔵されている. **m**) 『[受問] —*Tenga* usted la vuelta. お釣りは取っておいてください. 『[+ 直接目的語 + que + 不定詞] …すべき…がある. —*Tengo* un montón de cosas que contarte. 私は君に話さなければならないことがたくさんある. **3** 『[+ 形容詞(直接目的語と性数一致) + 直接目的語] …にしている. —*Tienes* la chaqueta mojada. 君の上着は濡れている. **b**) ~ の状態でいる. —Ya me *tienes* harto. 私はもう私に飽きている. **4** 『[+ 過去分詞(直接目的語と性数一致) + 直接目的語] …にしてある. —Ya *tengo* escritas esas dos cartas. 私はそれら2通の手紙をもう書いてある. **5 a**) 『[+por] …と思う, 見る. —Me *tienen* por un tipo raro. 私は奇人と思われている. **b**) 『[+ a + 名詞/形容詞] …を考える, 見なす. **c**) 『[+ en (省略されることもある)と] …と評価する, 判断する. —Le *tienen* en gran estima. 彼は高く評価されている. **7** 『[+ 直接目的語 + 現在分詞] …を…させておく. —*Tengo* a un amigo mío esperando fuera. 私は友人を一人外で待たせてある. **b**) …に…している. —*Tiene* a su hija trabajando de cajera. 彼の娘はレジ係として働いている. **8** 『[[+ que + 不定詞] …しなければならない, …する必要がある. ~ Ahora mismo *tengo* que salir de compras. 私は今直ぐ買物に出

掛けねばならない. No *tienes que* contestar su carta. 彼の手紙に返事を書く必要はないよ. **b)** …するに違いない. —*Tiene que* nevar pronto. 間もなく雪が降るに違いない. ▶*aquí tienes .../aquí tiene usted...* (1)(人·物を手渡して)[はい], …をどうぞ; をお受け取りください. (2)(人·物を別の人に紹介して)こちら[これ]が…です. (*Conque*) ¿*esas tenemos*? 何だって, そりゃないだろう. *no tener dónde caerse muerto* 赤貧の状態で生活する. *no tenerlas todas con*SIGO どうも自信がない, 何か悪いことが起こりそうである. *no tener más que* [+不定詞]…しさえすればよい. *no tener por dónde agarrarlo* [*cogerlo*] (1)(人·物が)非常に悪い, どうしようもない. (2)欠点がない. *tener en contra* 敵に回す, …に対立している. *tener en mucho* を尊重する. *tener en poco* [*en menos*] を軽視する, 見くびる. *tenerla tomada con...* を嫌う, 非難する. *tenerlo crudo* 難しくしている. *tenerlo suyo* 見かけより魅力的である, 思った以上に面白いが, それなりに難しい. *tener para sí* 思う, 想像する. *tener por seguro* を確信する. *tener presente* …が心に残る; 心に留める, 考慮する. *tener que ver con...* …と関係がある. **——*se* 再** **1**しっかり立っている, 姿勢を保つ, ゆるがない. —*Tengo tanto sueño que no me tengo*. 私は眠くて立っていられない. **2**[+*a*に]執着する. **3**[+形容詞·過去分詞]…になっている. —*La niña ya se tiene sola*. その女の子はひとりぼっちだ. **4**[+*por*と]自分を考える. —*Se tiene por un genio*. 彼は自分を天才だと思っている.

tenería 囡 なめし皮工場; 皮なめし(法).

Tenerife 固名 テネリーフェ(スペイン, カナリア諸島の最大の島).

teng- 動 →tener [10.8].

tenia 囡〖動物〗条虫, サナダムシ.

tenida 囡 **1**集まり, 会合, 集会. **2**〖南米〗〖話〗衣服.

tenientazgo 男 中尉[助佐, 警部補]の職[地位].

teniente 男女 **1**陸軍[空軍]中尉. —～ *coronel* 陸軍[空軍]中佐. —～ *de navío* 海軍大尉. ～ *general* 陸軍[空軍]中将. **2**代理人, 助役; 警部補. —～ *de alcalde* 市町村助役. —— 形 [*estar*+]〖話, 戯〗耳が遠い, 聞こえない.

:**tenis** 男〖単複同形〗〖スポ〗テニス. —*raqueta de* ～ テニスラケット. —*de mesa* 卓球. **2**〖スポ〗テニスコート. **3**複 テニスシューズ.

tenista 男女〖スポ〗テニス選手, テニスプレヤー.

tenístico, ca 形 テニスの, テニスに関する.

Tenochtitlán 固名 テノチティトラン(アステカ王国の首都, 現在のメキシコ市).

:**tenor** 男 **1**〖音楽〗テノール; テノール歌手. **2**文面, (文書の)内容. ▶*a este tenor* この調子で. *a tenor de...* …に従って.

tenora 囡〖音楽〗テノーラ(オーボエに似た楽器).

tenorio 男 プレイボーイ, 女たらし, ドンファン.

tenosinovitis 囡〖単複同形〗〖医学〗腱鞘炎.

tensar 他 をぴんと張る.

tensiómetro 男 血圧計.

:**tensión** 囡 **1**緊張(状態); 精神的緊張, ストレス, 重圧. —*estar en* [*bajo*] ～ 緊張している. **2**〖医学〗血圧 (= ～ *arterial*). —～ *alta* 高血圧. ～ *baja* 低血圧. **3**伸張, 張り. —～ *superficial* 表面張力. **4**〖物理〗圧力. (気体の)膨張力. —～ *eléctrica* 電圧.

tensionar 他 →tensar.

:**tenso, sa** 形 **1**張った. **a)** ぴんと張った; 張力のかかった. —*cuerda tensa* ぴんと張ったひも[弦]. **b)** (筋肉が)緊張した(張った). (体が)こわばった. —*Tengo* ～*s los brazos*. 私は腕がこわばっている. **2** (精神的に)緊張している, 張りのある; 緊迫した. —*relaciones tensas* 緊迫[緊張]した関係. **3**〖言語〗(音声が)張りのある.

tensón 囡〖詩学〗テンソン(プロバンス地方の競詩[論争詩]).

tensor, sora 形 伸張性のある, 張る. —*músculos tensores*〖解剖〗張筋. —— 男 **1**〖解剖〗張筋. **2**〖技術〗引き締めねじ. **3**〖数学, 物理〗テンソル.

:**tentación** 囡 誘惑, 誘い, 誘惑するもの, [+*de* + 不定詞]…したいという気持ち. ▶*caer en la tentación* 誘惑に負ける.

tentacular 形 **1**〖動物〗触手[触腕]の; 触手[触腕]を持った. **2**〖植物〗触毛[触角]の; 触糸[触毛]を持った. **3**触手状の.

tentáculo 男 **1**〖動物〗(下等動物の)触手, (頭足類の)触腕. **2**〖植物〗触糸, 触毛. **3**影 影響力.

tentadero 男〖闘牛〗子牛の選定をするための囲い場.

:**tentador, dora** 形 誘惑する, 興味[欲求]をそそる, 期待を持たせる. —— 男 誘惑する人. —*el* T ～ 悪魔.

tentar [4.1] 他 **1**を誘惑する, 魅惑する. **2**を手探りする, …に触れる, さわる. —*Tentó la pared buscando el interruptor*. 彼は壁面を手探りでスイッチを探した. **3**〖闘牛〗(長槍で子牛)を試す [選定する].

tentativa 囡 **1**試み, 企図; 努力. **2**〖司法〗未遂行為. —～ *de asesinato* 殺人未遂.

tentativo, va 形 **1**試験的な, 手探りの; 実験的な. **2**暫定案の, 正式決定前の. —*nómina tentativa* 仮登録簿.

tentemozo 男 **1**支柱, つっかえ棒. **2**起きあがりこぼし. **3**(馬具の)頷(おとがい)革, 頷(おとがい)鎖(くさり).

tentempié 男 **1**軽食, 軽い食事. **2**起きあがりこぼし.

tentetieso 男 起き上がりこぼし.

tenue 形 **1**細い; 薄い, 希薄な,

—hilos ~s 細い糸. ~ niebla 薄い霧. **2** わずかな; かすかな, 弱々しい. —voz ~ 弱々しい声. **3** 簡素な.

tenuidad 囡 **1** 細さ, 薄さ. **2** わずか(なこと); かすかな(こと), 弱々しさ. **3** つまらないもの, ささいなこと.

teñido, da 過分 [→teñir] 形 **1** 染めた. **2** [+ de の] 傾向のある, …気味の. ―囲 **1** 染色, 染めること. **2** 染料.

teñir [6.5] 他 [+ de に] を染める, 色[色] を染める. **2 a**) [+ de の] 色を帯びさせる, 傾向を帯びさせる. **b**) を帯びる, 貫く, …に一貫する. **3** (色) をぼやけさせる, 暗くする. —**se** 再 (自分の) 髪を染める.

teocali 囲 【歴史】(アステカ人が丘上に築いた) 神殿, 祭壇.

teocracia 囡 神権政治, 神政; 神政国家.

teocrático, ca 形 神権政治[神政] の; 神政国家の.

teodicea 囡 【哲学, 神学】弁神論, 神義論.

teodolito 囲 経緯儀, セオドライト.

Teodoro 固名 【男性名】オオドーロ.

teofanía 囡 【神学】神の出現, 神の顕現(没).

teogonía 囡 神々の系譜; 神統系学, 神統記.

teologal 形 神学(上) の, 神学的な.

teología 囡 神学. —~ de la liberación 解放の神学. ~ mística 神秘神学.

teológico, ca 形 神学(上) の, 神学的な.

teologizar [1.3] 自 神学を講ずる; 神学を研究する.

teólogo, ga 形 神学(上) の, 神学的な. ―名 神学生, 神学者.

teorema 囲 【数学, 論理】定理; 一般法則. —~ de Pitágoras ピタゴラスの定理.

teorético, ca 形 理論的な, 理論上の.

teoría [テオリア] 囡 **1** 理論, 説, 学説; 理屈. **2** 推測, 憶測. ▶ en teoría 理論的には…(実際はそうでないという意味がこめられる).

teóricamente 副 理論上は, 理論的には.

teórico, ca 形 理論の, 理論的な, 理論上の, 理論だけの. —física teórica 理論物理学. ―名 理論家; «軽蔑» 理屈だけの人. ―囲 理論.

teorizar [1.3] 自 理論[学説] を立てる. ―他 を理論づける.

teosofía 囡 【神学】神智学.

teosófico, ca 形 【神学】神智学(上) の.

teósofo, fa 名 【神学】神智学者.

Teotihuacán 固名 テオティワカン(メキシコの古代遺跡都市).

tépalo 囲 【植物】花被片.

tepe 囲 (移植のため四角に切り出した) 一片の芝生.

tepetate 囲 【中米】**1** (鉱山の) 廃物. **2** 建築用石材.

tequila 囲 テキーラ(メキシコ産の蒸留酒).

tequilería 囡 【メキシコ】テキーラ工場[販売店].

tequio 囲 **1** 【メキシコ】【歴史】(スペイン人が先住民に課した) 労役. **2** 【中米】厄介事.

TER 《頭字》[<Tren Español Rápido] 囲 《単複同形》テル, スペイン特急列車.

terabyte [<英] 囲 《複 ~s》【情報】テラ [1 兆] バイト(《略号》TB).

terapeuta 男女 【医学】治療専門家, セラピスト.

terapéutica 囡 【医学】治療法, 治療論; 治療法.

terapéuticamente 副 治療目的で, 治療の点で.

terapéutico, ca 形 【医学】治療 (上) の, 治療[療法] の; 治療[健康維持] に役立つ.

terapia 囡 【医学】治療, 治療法, セラピー. —~ de grupo グループ療法. ~ ocupacional [laboral] 作業療法.

teratología 囡 奇形学.

terbio 囲 【化学】テルビウム(元素記号Tb).

tercamente 副 がんこに, 強情に; しつこく.

tercena 囡 **1** 【中南米】肉屋. **2** 専売店.

tercer, tercera 形 →tercero.

terceramente 副 第 3 に, 3 番目に.

tercería 囡 **1** 調停, 仲裁; 仲介. **2** 【司法】第三者 [第三当事者] の権利. **3** 完春斡旋(紐).

tercerilla 囡 【詩学】(1 行 8 音節以下の) 3 行詩句.

tercermundismo 囲 **1** 第三世界の状況, 第三世界問題. **2** 《軽蔑》まるで第三世界のような(前近代的な)状態.

tercermundista 形 **1** 第三世界の, 第三世界の人の. **2** 《軽蔑》まるで第三世界のような, 遅れた, 前近代的な.

tercero, ra [テルセロ, ラ] 形 《数》《男性単数名詞の前では tercer》**1** 第 3 の. —T~ Mundo 第三世界. tercera parte 【情報】サード・パーティ. **2** [序数的に] 3 番目の, 33 分の 1 の. —una tercera parte de los ingresos 収入の 3 分の 1. ―名 **1** [主に 複] 第三者 (= tercera persona). **2** 仲裁者, 調停人. **3** 〔複〕 【情報】 サード・パーティ. ―囡 **1** (自動車などの) サード・ギア, 第 3 速. **2** 【音楽】3 度(音程). —tercera mayor [menor] 長[短] 3 度. ▶ a la tercera 3 度目に. tercera edad 老年(期), 高齢.

tercerola 囡 **1** 短銃, ショットガン. **2** 【音楽】小型のフルート. **3** 中型の樽(2). **4** 〔話〕 (列車の) 3 等車(席).

terceto 囲 **1** 【詩学】(各行 11 音節の) 3 行連句. (通常, 第 1 行と第 3 行が押韻する.) **2** 【音楽】三重奏[唱]; 三重奏[唱

曲.

tercia 囡 **1**〈カト〉〔聖務日課の〕第3時課(午前9時など). **2**〔古代ローマで, 昼間を4つに分けたうちの〕第2番目の時間帯(現在の午前9時から正午). **3**〔トランプゲームで〕同種の3枚続き.

terciado, da **1** 中型の. **2** 斜めの, 斜めに置いた. —con el sombrero ～ 帽子を斜めにかぶって. **3** 3分の1欠けた.
— 男 **1** 広刃の刀. **2** 幅広のリボン.

terciana 囡〔主に 複〕〔医学〕三日熱.

terciar 自 **1**〔+ entre の間を〕仲裁する; 仲介する. **2**〔+en〕〔討論など〕に加わる, 参加する. **3**〔+en〕〔衣服などを斜めに〕置く〔掛ける〕. **2** を3等分する. **3**〔荷物の背の両側に積み荷の〕釣り合いを取る. **4**〔農業〕〔畑に〕第3耕を施す.
— se 再 **1** を(自分の体に)斜めに掛ける. —～se la rifle a la espalda 小銃を斜めに背負う. **2**〔3人称単数で〕〔機会などが〕偶然生じる, 好機が訪れる. —si se tercia 良い機会があったら.

terciario, ria 形 第3の, 3番目の; 第3次の. —sector ～ 第三次産業(サービス業など). **2**〔地質〕第三紀の. —terrenos ～s 第三紀の地層. — 男〔地質〕第三紀. — 名〈カト〉〔修道会の〕第三会員.

tercio, cia 形〔主に2桁以上の序数で〕3番目の. — 男 **1** 3分の1, 2(ビールの)3分の1リットル瓶. **3** 3つに区分されたものの各部. **4**〔軍事〕a)〔志願兵・義勇兵等の〕部隊; (T～)部隊. b)〔治安警察隊などの〕方面隊. c)〔歴史〕歩兵連隊. **5**〔闘牛〕a)〔闘牛場で計3つの〕各場, (特に中央 (medios) と木構付近 (tablas) と中間部分. b) (1回の闘牛の)3段階 (varas, banderillas, muerte).
► cambiar de tercio 話題を変える.
— 名〔中南米〕〔話, 軽蔑〕人, やつ.

terciopelado, da 形 ビロードのような, 柔らかな. — 男 ベロア; 模造ビロード.

terciopelo 男 ビロード, ベルベット.

terco, ca [テルコ, カ] 形 強情な, 頑な; 頑に守られる. — 名 強情な人.

Tere 固名〔女性名〕テレ(テレーサ Teresa の愛称).

terebinto 男〔植物〕テレビンノキ(地中海地方産のウルシ科の木).

terebrante 形〔痛みが〕突き刺すような.

Teresa 固名〔女性名〕テレーサ.

teresa 囡 **1**〔歴足(れきそく)〕カルメル会修道女. **2**〔虫類〕カミキリ. **3**〔主に 複〕〔俗〕女性の胸.

teresiano, na 形 名〔宗教〕聖テレーサ (Santa Teresa de Jesús; 1512～1582) の; カルメル会テレジア派の修道女.

tergal 男〔商標, 服飾〕テルガル.

tergiversación 囡 **1**〔意見・事実の〕歪曲(わいきょく); 曲解. **2** ごまかし, 言い逃れ.

tergiversar 他 **1**〔意見・事実〕を歪

曲(わいきょく)する, 誤り伝える; を曲解する. **2** をごまかす, 言い逃れる.

termal 形 温泉の. —aguas ～es 温泉. balneario ～ 湯治場.

termas 囡 複 **1** 温泉(施設), 湯治場; 湯治. **2**〔歴史〕〔古代ローマの〕公衆浴場.

termes 男〔単複同形〕〔虫類〕シロアリ.

térmico, ca 形 **1** 熱の, 温度の; 熱による. —central térmica 火力発電所. **2** 保温の. —recipiente ～ 保温びん.

terminacho 男〔話, 軽蔑〕下品な言葉, 卑語.

terminación 囡 **1** 終了, 終わり, 中止, 完了. **2** 完成; 結末, 結果, 終点. **3** 端, 末端. **4**〔言語〕語尾.

terminado, da 過分 (→ terminar) 形 **1** 終了した. **2** 完成した. —productos ～s 完成品. — 男 仕上げ.

terminal 形 **1** 最後の. a) 最終段階の. —informe ～ 最終報告. b)〔医学〕末期の. —cáncer ～ 末期癌. **2** 末端の, 末端の, 終点の. —estación ～ 終着駅. b)〔植物〕頂生の. — 男 **1** 出荷基地. **2**〔電気〕端子, 電極. **3**〔情報〕端末(装置). —～ de [una] ～ de trabajo ワークステーション. **4** 結合具, 連結具. — 囡 **1**〔交通機関の〕終点, 終着駅; ターミナル, 乗降基地, 発着基地. **2**〔解剖〕末端, 末端突起物. —～ nerviosa 神経終末.

terminante 形 断定的な, 決定的な, きっぱりとした.

terminar [テルミナル] 他 を終える, を終了する, を完了する. — 自 **1** 終わる, 終了する, 完了する. **2** a)〔+ por + 不定詞〕とうとう…する, ついに…する. —Terminaron por rendirse. とうとう彼らは降伏した. b)〔+ 現在分詞〕とうとう, 最後に…する. —Terminó marchándose. ついに彼は立ち去った. **3**〔+ de + 不定詞〕…したばかりである. **4**〔+ con〕a) 終わらせる; を台無しにする. b)〔人〕と別れる. **5**〔+ en〕で終わる. b)〔+ en〕…がある. — se 再 **1** 終わる, 終了する. **2** 無くなる. —Se ha terminado el pan. パンが無くなった. **3** 終えてしまう, 使ばやく済ませる.

término [テルミノ] 男 **1** 終わり. **2** a) 端, 末端. b) 境, 境界. —～ de la provincia 県境. **3** 期限, 期間. **4** a) 言葉, 語; (特に)専門語. —～ técnicos この木には専門語が多い. b) 覆言い方, 表現. **5** 地区, 管轄区域. —～ municipal 市の管轄地, 市域. **6**〔audio〕条件, 規準. **7**〔論理〕a)〔ひとつの概念を完全に内包する名辞. b)〔命題や三段論法の〕名辞. **8**〔数学〕〔数式や数列の成分となる〕項; (分数の)分子, 分母. **9**〔美術〕〔遠近法の〕景.
► en último término 結局, とどのつまり. llevar a término 完全に行う, 成し遂げる. poner término a… をやめさせる, 中止させる. por [como] término medio 平均して.

terminología 女 《集合的に》専門用語, 術語. --~ médica 医学用語.
terminológico, ca 形 専門用語の, 術語の. --diccionario ~ 専門用語辞典.
termita¹ 女 《虫類》シロアリ.
termita² 女 《化学》テルミット.
termite 男 →termita¹.
termitero 男 シロアリの巣.
termo 男 魔法瓶. --~ jarra 魔法瓶.
termoconductor 男 《物理》熱伝導体.
termodinámico, ca 形 《物理》熱力学の. -- 女 《物理》熱力学.
termoelasticidad 女 《物理》熱弾性.
termoelectricidad 女 《電気, 物理》熱電気; 熱電気学.
termoeléctrico, ca 形 《電気, 物理》熱電気の. --efectos ~s 熱電効果. par ~ 熱伝対(ﾂｲ).
termoestable 形 《化学》耐熱(性)の, 熱安定の.
termogénesis 女 〖単複同形〗《生物》(体内での)熱発生, 産熱.
termografía 女 自記温度法;《医学》サーモグラフィー.
termógrafo 男 自記温度計;《医学》サーモグラフ.
termoiónico, ca 形 《物理》熱イオンの; 熱電子の. --tubo ~ 《テレビ・ラジオの》熱電子管.
termolábil 形 易熱性の, 熱不安定性の.
termología 女 熱学.
termometría 女 温度測定(学), 検温.
termométrico, ca 形 温度計の, 温度測定(学)の.
termómetro 男 温度計; 体温計.
termonuclear 形 熱核(反応)の, 核融合の, 熱核(水素)爆弾の.
termopar 男 《物理》熱電対, サーモカップル.
termopila 女 《物理》熱電対列, 熱電堆, サーモパイル.
termoplástico, ca 形 熱可塑性の. -- 男 熱可塑性の物質.
termoquímica 女 《化学》熱化学.
termorregulación 女 温度調節;《生物》体温調節(機能).
termorregulador, dora 形 温度調節の;《生物》体温調節(機能)の. -- 男 温度調節器, サーモスタット.
termorresistente 形 耐熱性の.
termos 男 〖単複同形〗 魔法瓶.
termosifón 男 1 瞬間湯沸かし器, 給湯装置, 《家庭用》ボイラー. 2 温水暖房器. 3 《物理》熱サイフォン.
termosolar 形 太陽熱の. --energía ~ 太陽熱エネルギー(=energía solar térmica). planta ~ 太陽光熱発電所.
termostato, termóstato 男 サーモスタット, 自動温度調節器.

termosudación 女 《医学》温熱発汗法.
termotanque 男 《南米》ガス湯わかし器.
termotecnia 女 熱工学.
termoterapia 女 《医学》温熱療法.
termoventilador 男 温風扇.
terna 女 1 3人組, 三人組. 2 3人の候補者(のリスト). 3 《さいころで》3のペア.
ternario, ria 形 1 3つから成る, 三つ組の. 2 《化学》三元の. --compuesto ~ 三元化合物. 3 《音楽》3拍子の. --compás ~ 3拍子(の小節). --(カト) 3日間の祈り.
terne 形 1 頑固な, 強情な. 2 強がりの. 3 頑丈な.
ternera 女 1 《料理》子牛の肉; 牛肉. --estofado de ~ ビーフシチュー. 2 《動物》雌の子牛.
ternero 男 《動物》(雄の)子牛.
terneza 女 1 優しさ, 情け深さ; 涙もろさ. 2 《主に 《話》愛の言葉, 甘い言葉, 睦言(ﾑﾂ).
ternilla 女 《解剖》軟骨, 軟骨組織.
ternísimo, ma 〖tiernoの絶対最上級〗 非常に優しく; きわめて柔らかい.
terno 男 1 《服飾》三つ揃い, スリーピース. 2 3 3人組, 3人組. 3 《話》ののしり言葉, 悪口; のろいの言葉.
ternura 女 1 やさしさ, 愛情; やさしい態度, 愛情を示す行為. --con ~ 優しく. 2 甘い言葉, 愛の言葉.
tero 男 《南米》→teruteru.
terpeno 男 《化学》テルペン.
terquear 自 頑固な態度を取る, 意固地になる.
terquedad 女 頑固さ, 強情.
terracota 女 テラコッタ, 粘土の素焼き, 素焼きの土器.
terrado 男 《建築》平屋根, 屋上, ルーフ・テラス.
terraja 女 1 《機械》《ボルトなどのねじ切りの》ダイス回し. 2 縫壁(ﾇﾘｶﾍﾞ)用の型板.
terral 《気象》陸から吹く. -- 男 《気象》陸風(特にスペインの地中海岸で)陸から吹く風, 陸風 (=viento ~).
terramicina 女 《薬学》テラマイシン.
Terranova 固名 ニューファンドランド島 (カナダの島).
terranova 男 ニューファンドランド犬 (=perro de ~).
terraplén 男 1 盛り土(された土地), 土手. 2 《地面の》勾配(ｺｳﾊﾞｲ), 坂. 3 土塁, 土塁.
terraplenar 他 1 《土地》を平らにする, 地ならしする. 2 ...に土手を作る, 盛り土をする.
terráqueo, a 形 水陸から成る, 水陸の. --globo ~ 地球儀.
terrario 男 陸生小動物を飼育する容器.
terrateniente 男女 大地主, 大土地所有者.
terraza 女 1 《建築》テラス, 大型バルコニー; カフェテラス; 屋上. 2 《農業》段々畑, 区画. 3 《地理》段丘.

terrazgo 男 **1** 耕地, 農地, 畑. **2** 小作料, (小作人が農地の地主に支払う)地代.

terrazo 男《建築》テラゾ.

terregoso, sa 形 (土地が)土塊の多い.

terremoto 男 地震.

terrenal 形 この世の, 現世の, 俗世の.

terreno¹ 男 **1** 土地, 地所; 地表, 地盤. **2** 分野, 領域, (活動の)場; 場面. **3**《スポ》グランド, コート. **4**《地質》層[群], 地形. — volcánico 火山層. ▶allanar [preparar] el terreno《比喩》下準備をする. 地ならしする. ganar terreno 進む, 前進する, 優勢になる. minar el terreno a…… の計画をさわ壊す. perder terreno 不利な立場に立つ, 劣勢になる. saber qué terreno se pisa 事情に詳しい, 問題の性質を見極める. sobre el terreno 実地の[で], その場で. tantear el terreno 状況[意図]を見きわめる[探る]. terreno abonado 温床.

terreno², na 形 現世の, この世の, 世俗の.

térreo, a 形 土のような.

terrera 女《鳥類》ヒバリ.

terrero, ra 形 **1** 土の, 地面の; 土運び用の. **2**(鳥が)地面をかすめて飛ぶ; (馬が)足をほとんど上げずに進む. — 男 **1** 盛り土. **2**(鉱山などの)捨て石の山.

terrestre 形 **1** 地球の. —corteza — 《地学》地殻. **2** 地上の, 陸上の. —transporte — 陸上輸送. **3**《生物》陸生の. —fauna [flora] — 陸生動物相[植物相]. **4** 地上の, 現世の, 世俗の. — 男女 地球人.

terrible [テリブレ] 形 **1** 恐ろしい, 怖い; 残酷な, 過酷な. **2** 凄い, すさまじい; ひどい. **3**《話》手に負えない; 嫌な性格の. —niño — 手に負えない子ども. **4**《話》辛い, 過酷な.

terrícola 男女 **1** 陸生動物, 陸生植物. **2** 地球人. — 形 陸に住む, 陸生の.

terrier 男 テリア犬.

terrífico, ca 形 恐ろしい, 怖い.

terrina 女《料理》テリーヌ; テリーヌを作る逆円錐形の陶器. **2**(園芸に用いる)逆円錐形の鉢.

territorial 形 領土の.

territorialidad 女 **1** 領土であること, 領土の地位; 属領性. **2** 領土権. **3** なわばり意識;(動物の)なわばり制.

territorialmente 副 領土上.

territorio 男 **1** 領土, 領地, 領域, 国土; 領域, 地域. **2** 縄張り, テリトリー. **3** 受け持ち区域, 管区. **4**《中南米》直轄領.

terrizo, za 形 土でできた, 土製の.

terrón 男 **1**(砂糖などの)かたまり. — de azúcar 角砂糖. ~ de sal 岩塩. **2** 土くれ, 塊.

terror 男 **1** 恐怖, 恐ろしさ. —película de ~ ホラー映画. **2** 恐怖[恐ろしさ]を起こす人[物]. **3**《政治》恐怖政治; 恐怖時代.

terrorífico, ca 形 **1** 恐ろしい, 怖い. **2**《話》ひどい.

terrorismo 男 **1** テロ(行為), テロリズム. — callejero 街頭テロ. **2**《政治》恐怖政治(= ~ de Estado).

terrorista 形 **1** テロ(リスト)の. —atentado — テロ事件. **2**《政治》恐怖政治の. — 男女 テロリスト.

terroso, sa 形 **1** 土の, 土でできた; 土のような. **2** 土色の; 土[泥]で汚れた.

terruño 男 **1** 郷土, 生地, 故郷. **2** 1区画の土地; 耕地.

tersar 他 をなめらかにする.

terso, sa 形 **1** なめらかな, すべすべした. **2** 光沢のある. **3** 澄んだ, 明るい. —mar — 澄んだ海. **4**(言葉が)流麗な.

tersura 女 **1** なめらかさ, 平坦さ. **2** つや, 光沢, 輝き.

tertulia 女 **1**(気の合った仲間の習慣的な)集い, 会合. **2**(同好の)仲間, サークル. — literaria 文学サークル, 文学同人. **3**《情報》チャット.

tertuliano, na 形 集いの, 会合での. — 名 集い[会合, 茶話会]の常連.

tertuliante 男女 →tertuliano.

tertuliar 自 《中南米》集いに[会合, 茶話会]に出席する; 集まる, 会って歓談する.

Teruel 固名 テルエル(スペインの県・県都).

teruteru 男《南米》《鳥類》ナンベイタゲリ.

tesar 他《海事》(索・帆・綱などを)ピンと張る.

tesela 女(モザイクに用いる)大理石などの四角い小片, テッセラ.

tesina 女 **1**(大学の)卒業論文. **2** 小論文.

tesis 女《単数同形》**1** 意見, 見解, 主張. **2** 学位論文, 博士論文. **3**《哲学》定立, テーゼ.

tesitura 女 **1**《音楽》(歌手・楽器などの)声域, 音域. **2** 気分, 機嫌, 精神状態. **3** 状況, 事情.

tesla 男《物理》テスラ(磁束密度の単位)(《略号》T).

teso, sa 形 ぴんと張った. — 男 (山・丘などの)頂, 頂上. **2**(平面の)突起.

tesón 男 がんばり, 忍耐, 根気.

tesonería 女 **1** 忍耐(力), がんばり, ねばり強さ, **2** 頑固, 強情.

tesonero, ra 形 **1** がんばり屋の, ねばり強い, 不屈の. **2** 頑固な, 強情な, しつこい.

tesorería 女 **1** 国庫, 公庫;(企業などの)資金. **2** 会計課, 経理部; 財務局.

tesorero, ra 名 **1** 会計係, 経理係, 出納係; 財務官. **2**《宗教》(教会の)宝物管理係.

tesoro [テソロ] 男 **1** 宝, 宝物. **2** 富, 財産. **3** 貴重な人物, 宝.(愛する人への呼びかけにも用いる). **4** 国庫. — público [nacional] 国庫. **5**(辞書や全集のタイトルに用いられて)宝典, 珠玉集.

test [<英] 男 [複 ~s] テスト, 試験; 心理テスト.

testa 女 **1** 頭, 額(ひたい). **2** 頭脳, 理解力, 能力. ► ~ coronada 君主, 王.

testáceo, a 形《動物》有殻の, 外殻を持つ. —男 有殻動物.

testado, da 過分 [→testar] **1** 遺言を残した(人). **2** 遺言で定められた, 遺贈された.

testador, dora 名 遺言者.

testaferro 男 (当人ではない) 名義人, ダミー.

testamentaría 女 **1** 遺言の執行. **2**〖集合的に〗遺言執行関係書類. **3** (遺言者の死後, 相続人に譲渡される前の) 遺産. **4** 遺言執行者の会議.

testamentario, ria 形 遺言の, 遺言に関する; 遺言による. —名 遺言執行者.

testamento 男 **1** 遺言, 遺言状[書]. —~ abierto 臨終口頭遺言(書). — ~ cerrado [escrito] 秘密遺言(書). — ~ ológrafo 自筆遺言(書). **2** 旧約[新約]聖書. —Antiguo [Viejo] T~ 旧約聖書. Nuevo T~ 新約聖書.

testar 自 遺言する, 遺言状を作成する. —他 **1** を消す, 抹消する. **2** を試す, 点検する.

testarada 女 →testarazo.

testarazo 男 頭をぶつけること, 衝突; 頭突き.

testarudez 女 頑固なこと, 強情.

testarudo, da 形 **1** 頑固な, 頭が固い; 固執した. **2** 変え難い. —名 頑固者.

testera 女 **1** 前面, 正面. **2**《動物》前頭部. **3** (馬の)額(ひたい)飾り.

testero 男 **1** →testera. **2** 正面壁, 主壁.

testicular 形《解剖》睾丸(こうがん)の.

testículo 男《解剖》睾丸(こうがん), 精巣.

testificación 女 **1**《司法》証言. **2** 立証; 証拠. ►servir de ~ de ... ...の証拠となる.

testifical 形《司法》証人の.

testificar [1.1] 他 **1**《司法》を証言する. **2** を断言する. **3** ...の証拠となる.

testigo 男女 **1** 証人. —~ de cargo [de descargo] 原告[被告]側証人. **2** 目撃者・立会人. —~ ocular 目撃者. —男 **1** 証拠, 証明, 証し. **2**《スポ》(リレー競技の)バトン.

testimonial 形《司法》証拠の, 証拠[証明]になる. —prueba ~ 証拠. —女《司法》証拠書類. **2** (人物・資格などの) 証明書; 推薦状.

testimoniar 他 **1** を証言する, 証言する; ...の証拠となる. **2** を述べる, 表明する. —自 証言する, 証人になる.

testimonio 男 **1** 証言. —falso ~ 偽証. **2** 証拠, 証明, 証し. **3**《司法》宣誓供述書. **4**〖情報〗トークン. ►levantar falso testimonio a ... (人)を中傷する, 誹謗する.

testosterona 女《生物》テストステロ

ン(睾丸から分泌される男性ホルモン).

testuz 男 **1** (馬などの)額(ひたい). **2** (牛などの)うなじ, 首筋.

teta 女 **1** 乳房, 乳首. **2**《話》おっぱい. **3** 授乳, 哺乳(ほにゅう). —dar (la) ~ a ... ...に授乳する. niño de ~ 乳幼児, 乳飲み子. quitar la ~ a ... ...を離乳させる. **3** 小山, 丘. —形《無変化》《俗》とても良い.

tetamen 男《俗》(特に豊満な)女性の乳房.

tetania 女《医学》テタニー症, 強直, 強直性痙攣(けいれん)症.

tetánico, ca 形《医学》**1** 破傷風の, 破傷風による. **2** テタニーの, 強直性の.

tétano(s) 男《tétanos は単複同形》《医学》**1** 破傷風. **2** (筋肉の)強直, テタニー.

tetera[1] 女 ティーポット, (蛇口つきの)紅茶沸かし, 急須.

tetera[2] 女《中南米》おしゃぶり, (哺乳瓶の)乳首.

tetero 男《中米》哺乳瓶 (=biberón).

tetilla 女 (男・雄の)乳首; (哺乳瓶の)乳首.

tetina 女 (哺乳瓶の)乳首.

tetón 男 (刈り込まれた後, 幹に残った)枝.

tetona 形《話》胸の大きな(女性).

tetracampeón, ona 名 4 回優勝した(人)[チーム].

tetracordio 男《音楽》四音音階, テトラコード.

tétrada 女 4つ組; 4分子.

tetraedro 男《数学》四面体.

tetragonal 形 四角形の.

tetrágono 男《数学》四角形, 四辺形.

tetralogía 女 **1**《演劇》(古代ギリシャの)四部劇 (3悲劇と1風刺劇から成る). **2**《文学》四部作.

tetramorfos 男 (しばしば T~)《宗教, 美術》四福音書記者を象徴する組み合わせ形象.

tetramotor 形《航空》4エンジン搭載の. —男《航空》4エンジン搭載機.

tetraplejía 女《医学》四肢麻痺.

tetrapléjico, ca 形《医学》四肢麻痺の(人), 四肢麻痺を患った(人).

tetrápodo, da 形《動物》四足の. —男 **1** 四足獣, 四肢動物. **2**《商標》テトラポッド(消波用のコンクリート製四脚体).

tetrarca 男《歴史》(古代ローマの)四分領主; (属領・分国の)小王.

tetrarquía 女《歴史》四分領主の職[領地]; 四分統治, 四頭政治.

tetrasílabo, ba 形 (単語・詩句が)4つの, 4音節から成る. —男 4音節語.

tetrástrofo 男 (1連)4行詩.

tétrico, ca 形 陰気な, 憂鬱(ゆううつ)な, もの悲しい.

Tetuán 固名 テトゥアン(モロッコの都市).

tetuda 形 《話》(女性の)乳房が大きい。 —— 女 《話》乳房の大きい女性.

teutón, tona 形名 1 《歴史》チュートン族[人](の). 2 ドイツ人(の).

teutónico, ca 形 1 《歴史》チュートン族[人]の. 2 ドイツ人の. —— 男 《歴史, 言語》チュートン語; ゲルマン語.

‡**textil** 形 繊維の, 織物の; 織物用の. —— 男 繊維 (=fibra ~).

‡**texto** 男 1 文献, 書物; 教科書. —libro de ~ 教科書. el Sagrado T~ 聖書. 2 《注, 挿絵などに対して》本文. 3 (注釈書・翻訳などの)原文, テキスト. —~ plano 《情報》プレーンテキスト. 4 引用文, 抜粋; 聖書の句. ▶ **procesador de textos** ワープロ.

textual 形 1 本文の, 原文の; 《文学》テキストの. —crítica ~ 《文学》原文批判, テキストクリティーク. 2 原文どおりの, 逐語的な.

textualmente 副 1 原文どおりに, 一語一句違えずに. 2 原文に関しては.

texturizar 他 (布や繊維に)風合[質感]を与える.

textura 女 1 織物. 2 (物質の)組織, 構造, 織成. 3 織り方, 織物の状態; 織り目. 4 《情報》テクスチャ.

tez 女 (顔の)皮膚, 肌; 顔色.

tezontle 男 〖メキシコ〗(建築用に用いられる)火山岩の一種.

theta 女 テータ, シータ(ギリシャ語アルファベットの第8字; Θ, θ).

thriller 《英》男 スリラー(映画) (= película de suspense).

ti [ティ] 代 《人称》1 《人称単数前置詞格》《前置詞の後で》君[おまえ]. —Lo hice para ti. 私はそれを君のためにしました. por ti mismo 君一人の力で, 独力で. por ti 君としては.《con と用いられるときは contigo となる》. ▶ **Hoy por ti y mañana por mí.** [諺] 明日はわが身だ[お互い様だ].

tía 女 1 おば, 伯母, 叔母. —— abuela 大おば. ~ carnal おば. —— segunda 父方の従姉妹(ﾟ﹅). 2《話》(親しみきって)おばさん, おばちゃん. —la ~ Rosa ロサおばさん《個人名の前につけるときは通常無強勢》. 3《話》(しばしば軽蔑)やつ, あいつ, 女. 4《話》売春婦. ▶ **¡Cuéntaselo a tu tía!** 《話》そんなこと, だれが信じるもんか. **No hay tu tía.** 《話》どうしようもない, 処置なしだ. **¡Tu tía!** 《話》だめだ, とんでもない.

tialina 女 《生化》プチアリン.

tiamina 女 《生化》チアミン, サイアミン.

tianguis 男 〖単複同形〗〖メキシコ〗(小さな)市場(ﾞﾟ﹅), 市.

tiara 女 1 (ローマ教皇の)教皇冠, 三重冠; 教皇の位. 2 (古代ペルシアなどの)冠, 頭飾り, 頭巾(ﾞ﹅). 3 ティアラ(女性用頭飾り).

Tíbet 固名 チベット.

tibetano, na 形 チベットの. —— 名 チベット人. —— 男 チベット語.

tibia 女 《解剖》脛骨(ﾞ﹅)(向こうずねの骨).

tibiar 他 〖主に中南米〗を温かくする(ぬるめに)温める.

tibieza 女 1 なまぬるさ, なま暖かさ, 微温. 2 熱意のなさ, 不熱心.

tibio, bia 形 1 なまぬるい, なま暖かい, 微温の. —agua tibia ぬるま湯. 2 気乗りしない, 熱のこもらない; 淡々とした. ▶ **ponerse tibio** 《話》(1)たらふく食べる. (2)(人が)汚れる, きたなくなる. **poner tibio a...** 〘話〙…をののしる, 侮辱する.

tibor 男 (中国や日本の)陶製[素焼き]の壺(ﾞ﹅).

tiburón 男 1《魚類》サメ, 鮫. 2 野心家.

tic 男 [複 ~s] 1《医学》チック(症)(顔面などの筋の不随意痙攣(ﾟ﹅)). 2 癖(ﾟ﹅).

ticket [<英] 男 [複 ~s] 1 領収書, レシート. 2 チケット, 切符, 入場券.

tico, ca 形名〖中南米〗《話》コスタリカ(Costa Rica)の; コスタリカ人(の).

tictac, tic-tac 男 《擬音》(時計の)チクタク(いう音), カチカチ(いう音).

tiembl- →temblar [4.1].

tiemblo 男 《植物》(ポプラに似た)ヨーロッパヤマナラシ.

‡**tiempo** [ティエンポ] 男 1 時, 時間; 期間, 間; タイム; ひま, 余暇. —— de acceso [de respuesta] 《情報》アクセスタイム[応答時間]. —— de ejecución 《情報》実行時間, ランタイム. Hace ~ que no viene por aquí. 彼はずいぶん長い間このあたりに姿を見せていない. No tengo ~. 私は時間[暇]がない. 2 [主に単数] a) 時代, 頃. —en ~ de Carlos III カルロス3世の時代に. en mis ~s 私が若い頃には. b) 好機, 時機, 機会; 季節. —A su ~ lo sabrás. 君がそれを知るべき時が来れば分かるように. fruta de ~ 旬の果物. 3 天気, 天候. —— anormal 異常気象. Hace buen [mal] ~. いい[悪い]天気だ. 4《言語》時制. —— simple [compuesto] 単純[複合]時制. —— absoluto [relativo] 絶対[相対]時制. 5《スポ》ハーフタイム. —primer [segundo] ~ del partido 試合の前半[後半]. ~ muerto タイムアウト. pedir ~ タイムを取る. 6《技術》(エンジンの)サイクル. 7 (通常1歳未満の子どもや動物の)年齢. —¿Cuánto ~ tiene su hijo? お子さんは何か月ですか. 8《海事》嵐, 荒天. 9《音楽》テンポ. 10《宗教》(典礼暦上の)時, 季節. —— pascual 復活節. —— de pasión 受難節. 11《天文》時. —— solar [verdadero] 真太陽時. ▶ **acomodarse al tiempo** 状況に従う. **a tiempo** 時間通りに, 間に合って. **a tiempo completo** フルタイムで, 常勤の. **a tiempo parcial** パートタイム. **al correr del tiempo** 将来になって, 時がたってから, 後になって. **al mismo tiempo** 同時に. **al poco tiempo** その後すぐに. **al tiempo** [si no, al tiempo] 時が来れば, **andando el tiempo** (= al correr del tiempo). **a un [al] tiempo** 同時に.

con el tiempo 時がたつにつれて. **con tiempo** 前もって, あらかじめ, ゆっくりと, 間に合って. **correr el tiempo** 時間が経つ. **¡Cuánto tiempo [sin verle]!** 久しぶりですね. **dar tiempo a** …に時間を与える, …に時間がある. **dar tiempo al tiempo** 機会を待つ. **de algún [un] tiempo a esta parte** 少し前から. **dejar…al tiempo** …が解決するのを待つ. **del tiempo de Maricastaña** 《話》ずい分古い; 流行遅れの. **en tiempo en tiempo** 時々. **en otro tiempo** 以前, かつて. **en otros tiempos** 昔, 以前に. **en poco tiempo** たちまち, 短時間で. **estar a tiempo de…** 〖＋不定詞〗まだ…する時間がある. **faltar tiempo para** 〖＋不定詞〗…がたちまち[すぐに]…する. **fuera de tiempo** 時間外れに; 時機を失して. **ganar tiempo** 時を稼ぐ. **gastar [malgastar] el tiempo** 時間をむだにする. **hacer tiempo** (1) 時間をつぶす. (2) 暇つぶしをする. **llevar tiempo** 時間がかかる. **matar [engañar, entretener] el tiempo** 時をつぶす. **noche de los tiempos** →noche. **pasar el tiempo** 時を過ごす. **perder [el] tiempo** 時間を無駄にする. **por un tiempo** しばらくの間. **sin perder [pérdida de] tiempo** 時を移さずに, ただちに. **¡Tanto tiempo!** 久しぶりですね. **tiempo perdido** 無駄な時間; 失われた時間. **tomarse (SU) tiempo** 時間の余裕を見る. **un tiempo** 昔, かつては.

tiend- 動 →tender [4.2].

tienda [ティエンダ] 女 **1**店, 小売店. ~~ **de comestibles** [**ultramarinos**] 食料品店. ~~ **de modas** ブティック, ファッション店. ~~ **on-line [on-line]** オンラインショップ. **2**テント, 天幕. ~~ **de campaña** [**de campo**] キャンプ用のテント. **3**〘日光・雨よけの〙幌, シート. ►**ir de tiendas** 買物に行く.

tiene(-) 動 →tener [10.8].

tient- 動 →tentar [4.1].

tienta 女 **1**〘闘牛〙子牛の選定(勇猛さをテストする). **2**〘医学〙探り針, 消息子, ゾンデ. **3**明敏さ, 才気, 如才のなさ. ►**a tientas** 手探りで; 当てずっぽうで.

tiento 男 **1**慎重さ, 用心. **2**手探り; 手触り. **3**確かな技術, 技能の見事さ. **4**〘盲人の〙杖（の）. **5**〘音楽〙試し弾き. **6**〖中米〗〘音楽〙ティエントス(フラメンコの一種). **7**《話》殴打, 一撃. **8**〘曲芸師の〙バランス棒. ►**con tiento** 注意深く, 慎重に. **dar un tiento a…** を一口飲む[食べる], を試す, …に探りを入れる.

*****tiernamente** 副 優しく, 愛情深く.

:tierno, na 形 **1**柔らかい, しなやかな. **2**若い, 幼い; ~~ **niño** 幼児, **tallo** ~~ 若芽, 若枝. **3**優しい, 情愛に満ちた; 〘刺激が少なくて〙優しい. **4**感傷を誘う, 心に滲みる; 可愛らしい. **5**感じやすい, 涙もろい. **6**ひ弱い, 繊細な. **7**〖中米〗〘実が〙熟していない. ━ 名 〖中米〗**1**赤ん坊.

2末っ子.

:tierra [ティエラ] 女 **1**(la T~~) 地球. **2**陸地, 陸. **3**地面, 大地. ~~**bajo** ~~ 地下に. **4**土地, 地所; 土, 土壌. ~~ **fértil [estéril]** 肥えた[やせた]土地. ~~ **laborable** 耕作可能地. **5**国, 地方; 生地, 故郷. ~~ **natal** 故郷, 郷土; **¿Cuál es tu** ~~? あなたの故郷はどちらですか. **6**(天国に対して)現世, この世, 世の中. **7**〘電気〙アース, 接地線. ►**besar la tierra** うつぶせに倒れる. **besar la tierra que… pisa** 《話》…に深く感謝する, 敬意を払う. **caer por tierra** 倒れる. 失敗する. **dar tierra con…** を倒す, 捨てる. **dar tierra a…** を埋葬する. **de la tierra** 〘果実などが〙その土地の産の, 地元産の, 国産の. **echar tierra a [sobre]…** …には言及しない, を話題にしない. **echar por tierra** 計画などを駄目にする, 失敗させる. **irse [venirse] a tierra** 倒れる, 破壊する, 失敗に帰す. **poner tierra (de) por medio** 逃げさる, 大急ぎで逃げる. **por tierra** 陸路で, 陸路で. **quedarse en tierra** (乗り物に乗れず) 乗り遅れる. **tierra adentro** 奥地で. **tierra batida** 〘スポ〙(テニスの)クレーコート. **tierra de labor** 耕地. **tierra de nadie** 中立地帯. **tierra firme** 大陸, 陸地. **Tierra Prometida** 〘聖書〙約束の地(カナン). **tierra rara** 〘化学〙希土類化物. **Tierra Santa** 〘聖書〙聖地. **tomar tierra** (1)〘海事〙入港する, 上陸する. (2)〘航空〙着陸する. (3)慣れる, 様子が分かる. **¡Trágame, tierra!** 穴があったら入りたい. **tragárseLE a… la tierra** …が姿を消す. **venirse a tierra** (=irse a tierra).

Tierra del Fuego 固名 ティエラ・デル・フエゴ(南アメリカ大陸南端の地域).

tierral 男 〖メキシコ〗砂ぼこり, 土煙 (→polvareda).

:tieso, sa 形 **1**ぴんと張った[立った]; 背筋を伸ばした, 凛とした. **2**こわばった, 硬直した. ~~**tela tiesa** ごわごわした布. **3**(寒さで)かじかんだ. **4**〖ir＋〗《話》誇らしげな, 鼻高々な, 取りすました. **5**《話》〘態度が〙堅苦しい, 無愛想な, 冷淡な. **6**〖estar＋〗《話》強情な, 執拗な, 頑固な. **7**《話》即死の. **8**(ショックで)唖然とした, ぽかんとした. ►**dejar tieso a…**《話》(1)(人)を即死させる. (2)(人)を唖然させる. **quedarse tieso**《話》(1)(寒さで)かじかむ, こわばる. (2)死ぬ. (3)唖然とする, びっくりする. **tenérselas [traérselas] tieso** 〖＋con〗に敢然と立ち向かう. ━ 副 〖＋con con〗話に聞く耳を傾ける. ━ 副 ひどく, 強く. ━**golpear**~~ ひどく殴りつける.

*****tiesto** 男 **1**(おもに土製の)植木鉢. **2**〖主に 南米〗土器[陶器]の破片. ►**mear fuera del tiesto** 《話》的外れ[場違い]なことをする.

tiesura 女 **1**堅さ, こわばり, 硬直. **2**うぬぼれ, 横柄さ. **3**がんこさ.

tífico, ca 形 〘医学〙発疹チフスの,

tiflología —— 男 《医学》発疹チフス患者.

tiflología 女 《医学》盲目学.

tiflólogo, ga 名 《医学》盲目学者.

tifo 男 〖メキシコ〗→tifus.

tifoidea 女 《医学》腸チフス.

tifoideo, a 形 《医学》発疹チフスの, 腸チフスの. —fiebre *tifoidea* 腸チフス.

tifón 男 《気象》台風.

tifus 男 〖単複同形〗《医学》チフス. —～ exantemático 発疹チフス.

***tigra** 女 **1** 雌の虎. **2** 《中南米》雌のジャガー.

***tigre** 男 **1** 虎; 雄の虎. —～ tasmanio タスマニア・タイガー（絶滅した有袋類）. **2** 《中南米》ジャガー. **3** 残忍な人. ▶oler a tigre 《話》悪臭がする, ひどく臭い.

***tigresa** 女 **1** 雌の虎. **2** 残忍な〔危険な, 色っぽい〕女性.

tigrillo 男 《動物》ヤマネコ; オセロット.

Tigris 固名 (el ～) チグリス川（西アジアの大河）.

tija 女 （鍵の, 通常円筒形の）心棒.

***tijera** 女 **1** はさみ. —cortar con las ～s をはさみで切る. **2** はさみ状のもの. **3** （羊用の）剪毛（(せんもう)）機. **4** 木挽（こ）台. **5** 溝, ホはけ, 排水溝. ▶echar tijera a la *tijera* 《話》(1) ばっさりと切る, 意を決して切る. (2) （映画・文学作品などを）カットする. meter *tijera* en... ...に口を挟む.

tijeral 男 《南米》**1** 屋根を支える骨組み. **2** 棟上げ式.

tijereta 女 **1** 《虫類》ハサミムシ. **2** （ブドウの）巻きひげ. **3** 小型のはさみ. **4** 挟み跳び（脚を交叉させて跳ぶこと）(= salto de ～).

tijeretada 女 はさみで切ること.

tijeretazo 男 → tijeretada.

tijeretear 他 **1** はさみで切る; 誤って〔下手に〕はさみで切る. **2** 《話》（他人のことに）干渉する, ちょっかいを出す, おせっかいを焼く.

tijereteo 男 **1** はさみで切ること, はさみで切る音. **2** 《話》（他人のことへの）干渉, ちょっかい, おせっかい.

tila 女 **1** 《植物》シナノキ (→tilo); シナノキの花. **2** シナノキの花の茶.

tílburi 男 （一頭立て, 無蓋の）軽二輪馬車.

tildar 他 **1** (+ de として) を責める〔悪口を言う〕. —Me *tildaron* de sinvergüenza. 私は恥知らずと言われた. —にティルデ(~)を打つ, アクセント記号(′)を打つ. **3** を抹消する.

tilde 女 **1** エニェの符号 (ñ の上についた波形の符号), **2** アクセント符号 (á の上についたアクセントの印号). **3** 中傷, 汚名. **4** 小さなもの.

tiliche 男 〖主に 複〗《中米》がらくた, 安物.

tilichero, ra 名 《中米》行商人, 呼び売り商人.

tilico, ca 形 〖メキシコ〗体の弱い, やせた.

tilín 男 〔擬音〕チリンチリン, リンリン（鈴の音）. ▶en un *tilín* 《南米》《話》たちまち, 即座に. hacer *tilín* a... 《話》...の気に入る.

tilingo, ga 形 《中南米》ばかな, 頭のおかしい.

tillado 男 板張り; 板張りの床.

tilma 女 《南米》かぶり布, ポンチョ.

tilo 男 《植物》シナノキ, ボダイジュ, リンデン.

timador, dora 名 詐欺（(さぎ)）師, ペテン師.

tímalo 男 《魚類》ヒメマス.

timar 他 **1** (人) から物をだまし取る. **2** （嘘の約束をして）だます.

timba 女 **1** 《話》（賭け事の）勝負, ゲーム. **2** 《話》賭博（(とばく)）場, 上.ば. **3** 《中米》たいこ腹.

timbal 男 **1** 《音楽》ティンバル. **2** 〖主に 複〗《音楽》ティンバレス（キューバ音楽で用いる2個一組の小太鼓）. **3** 《料理》タンバール（鶏肉や野菜を焼いたもの）.

timbalero, ra 名 《音楽》ティンパニ奏者; ティンバレス奏者.

timbiriche 男 《中米》小さな店.

timbó 男 《南米》アメリカネムノキの一種.

timbrado, da 過分 〔→ timbrar〕形 **1** （書類などが）証印のある. **2** （通常 bien～の形で）（声が）よく通る, よく響く.

timbrar 他 **1** （書類・封書など）に印紙〔切手〕を貼る, 証印を押す. **2** （切手）に消印を押す.

timbrazo 男 けたたましい呼び鈴[ベル]の音.

***timbre** 男 〔ティンブレ〕 **1** ベル（の音）. **2** 収入印紙, 証紙, シール. —～ móvil 収入印紙. **3** 《中米》切手. **4** （楽器などの）音色, 音質. **5** 偉業, 功績.

timeleáceo, a 形 《植物》ジンチョウゲ科の. —女 《植物》ジンチョウゲ科.

timidez 女 **1** 臆病, 小心, 内気. **2** かすかなこと.

***tímido, da** 形名 〔ティミド, ダ〕**1** 内気な（人）, 気の小さい（人）, 臆病な（人）, 遠慮がちな（人）. **2** 〖主に 複〗かすかな. —*tímida* luz [sonrisa] かすかな光[笑み].

timo[1] 男 《話》詐欺（(さぎ)）, ペテン. —dar un ～ a... ...に詐欺を働く.

timo[2] 男 《解剖》胸腺（(きょうせん)）.

timón 男 **1** 《海事, 航空》（船・飛行機の）舵（(かじ)）. **2** 舵取り, 主導権. —llevar el ～ de... ...の舵取りをする. **3** （動（すき）の）柄. **4** （車の長柄（(ながえ)）. かじ棒. **5** 《中米》（車の）ハンドル (→volante).

timonear 自 《海事》舵（(かじ)）を取る, 操舵（(そうだ)）する. **2** 《中米》（車を）運転する.

timonel 男女 《海事》操舵手（(そうだしゅ)）, 舵（(かじ)）取り.

timonera 女 《鳥類》尾羽.

timonero, ra 形 **1** 柄のついた. **2** 《鳥類》pluma *timonera* 尾羽.

timorato, ta 形 **1** 臆病な, 小心な; 恥ずかしがり屋の. **2** 伝統的な倫理を気にする, 道徳に厳しい.

timpánico, ca 形 **1** 《解剖》鼓（(つづみ)）膜

timpanitis 囡 〖単複同形〗〖医学〗 1 鼓(つづみ)腸. 2 中耳炎.

timpanización 囡 〖医学〗鼓(つづみ)腸.

timpanizarse [1.3] 再 〖医学〗 (主に腹部がガスなどで)膨脹する, 鼓(つづみ)腸になる.

tímpano 男 1〖解剖〗a)鼓(つづみ)膜. b)中耳腔(くう). 2〖音楽〗a)〖主に複〗ティンパニ. b)ダルシマー. c)小太鼓. 3〖建築〗ティンパヌム. 4〖印刷〗チンパン.

tina 囡 1 (素焼きの大がめ, (工業用の)槽, タンク. 2 (木製の)桶(おけ), たらい. 3 風呂桶, 浴槽.

tinaja 囡 1 (水・油・ワインなどの保存用の, 素焼きの)大がめ. 2 大がめ1杯分の液体の量.

tinca 囡 〖南米〗(指先で)軽くはじくこと. 2〖チリ〗予感, 虫の知らせ.

tincar [1.1] 他〖南米〗を(指先で)軽くはじく, をたたく. — 自〖チリ〗予感がする.

tinción 囡 染色.

tinerfeño, ña 形 テネリーフェ(Tenerife, Canarias 諸島の島, またそこにある都市)の(人).

tinglado 男 1 騒ぎ, 無秩序, ごたごた. 2 陰謀, 術策, 策略. 3 納屋, 物置; 小屋. 4 (板張りの)壇.

tiniebla 囡 〖主に複〗闇, 暗闇. 2 複 無知, 蒙昧(もうまい). —estar en ~s 全くわからない. 3 〖カト〗テネブレ, 暗闇の朝課. ▶ *príncipe de las tinieblas* サタン, 魔王.

tino 男 1 射撃(弓)の腕前, 狙いの確かさ. 2 分別; 確かな判断. 3 節度, 控えめ. —*gastar sin ~* 湯水のように金を使う.

tinta 〔ティンタ〕囡 1 インク, 墨. —~ *china* 墨. — *del calamar* イカの墨. — *simpática* [*invisible*] あぶり出しインク, 隠しインク. 2 複 色調, 色合い. ▶ *cargar* [*recargar*] *las tintas* 《話》大げさに言う, 誇張する. *correr* [*ríos de tinta*] (新聞・雑誌などで)…について盛んに書かれる, …が盛んに取り沙汰される. *de buena tinta* 《話》(情報の出所が)信頼に足る, 確かな. *medias tintas* (表現・態度などが)あいまいな, はっきりしない, 不明瞭な. *media tinta* (色彩の)ハーフトーン, 半濃淡; (明暗の)中間色. *sudar tinta* [*china*] 《話》血のにじむような努力をして達成する.

tintar 他 を染める, 染色する.

tinte 男 1 染色, 染めること. 2 染料. 3 染物屋; ドライクリーニング店(=*tintorería*). 4 見かけ, うわべの雰囲気.

tinterillo 男 〖中南米〗いかさま弁護士, 訴訟好きな人.

tintero 男 インク壺, インク瓶. ▶ *dejar*[*se*]... *en el tintero* を忘れる.

tintillo, lla 形 明るい色の赤ワイン(〖アルゼンチン〗赤ワイン. — 形 (ワインが)明るい赤色の.

tintín 男 〔擬音語〕チリンチリン(鈴などの音), カチン(コップの当たる音).

tintinar, tintinear 自 チリンチリン[カチン]と鳴る.

tintineo 男 チリンチリン[カチン]と鳴ること.

tinto, ta 形 1 (ワインが)赤の, 赤黒い. —*vino* — 赤ワイン. 2〖+ *de, en*〗染まった. — 男 1 赤ワイン (= *vino tinto*). 2〖南米〗ブラック・コーヒー.

tintóreo, a 形 (植物などが)染料になる; 染色用の.

tintorera 囡 〖魚類〗ヨシキリザメ.

tintorería 囡 1 クリーニング店. 2 ドライ・クリーニング. 3 染物店, 染色工場. 4 染色.

tintorero, ra 1 クリーニング屋の店主[店員]. 2 染物屋の店主[店員], 染物職人.

tintorro 男 《話》(おもに安物の)赤ワイン.

tintura 囡 1 染色, 染め物. 2 染料(液). 3 付け焼き刃, 生半可(な知識). 4〖薬学〗チンキ(剤). —~ *de yodo* ヨードチンキ.

tiñ- 動 →*teñir* [6.5].

tiña 囡 1〖医学〗白癬(はくせん), しらくも; たむし. 2〖虫類〗ハチノスツヅリガ, ハチミツガ.

tiñería 囡 〖話〗貧乏. 2〖話〗けち, しみったれ.

tiñoso, sa 形 1〖医学〗白癬(はくせん)にかかった. 2〖軽蔑〗けちな. — 名 1〖医学〗白癬患者. 2〖軽蔑〗けちな人.

tío 〔ティオ〕男 1 おじ, 伯父, 叔父 (→ *tía* 「おば」). —~ *carnal* おじ(父母の兄弟). 2 複 おじ夫婦. 3 大おじ(祖父母の兄弟) (= ~ *abuelo*). —~ *abuelo paterno* 父方の大おじ. 4《話》(軽蔑または尊敬の意味をこめて)あの人, やつ, あいつ; すごいやつ. —*Es un ~ formidable*. あいつはすごいよ. 5《話》(親しみを込めて)おにさん. 6《話》某, 誰それ(名前がわからない, またはそれを伏せる場合).

tiovivo 男 回転木馬, メリーゴーラウンド.

tipa 囡 〖植物〗ティーパ(南米産のマメ科の高木).

tiparraco, ca 《話, 軽蔑》取るに足りない人物; 変なやつ.

tipazo 男 よいスタイル, スタイルのよい人. —*tener buen ~* スタイルがよい.

tipejo, ja 名 《話, 軽蔑》変なやつ, 唐変木; 取るにたりない人.

tipi 男 〔歴史〕ティピ(アメリカ先住民の移動式テント小屋).

tipicidad 囡 1 典型性. 2〖法律〗犯罪構成要件の該当性.

típico, ca 形 1 典型的な, 代表的な, 特有の. 2 伝統的な, 古来からの.

tipificación 囡 1 分類; 特徴づけ. 2 典型, 3 規格化すること, 標準化.

tipificar [1.1] 他 1 を分類する. 2 …の特徴をなす; …の典型となる. 3 を規格に合わせる, 標準化する.

tipismo 男 1 地方色, 郷土色; 伝統. 2 典型的であること.

tiple 男 **1**《音楽》ソプラノ, 最高音部. **2**《音楽》ティプレ(サルダーナなどに使われる木製楽器). **3**《音楽》トレブルギター, 高音ギター. **4**《海事》(一本柱の)帆柱. —— 男女 《音楽》ソプラノ歌手.

:tipo [ティポ] 男 **1** 型, 類型, 型式, **2** 姿, スタイル, かたち. **3** 性質, 人格, タイプ. **4**《商業》率, レート. —— ~ de interés 利率. ~ de cambio 為替レート. **5**《話》[しばしば軽蔑的に]人, やつ, 男. — raro 変わった人, 風変わりなタイプ. —Juan no es mi ~. ファンは私の好みのタイプじゃない. **7**《作品の》登場人物. **8**《印刷》活字, 字体, 書体(= ~ de imprenta). **9**《植物, 動物》型, 類型. ◆ aguantar [mantener] el tipo 敢然と立ち向かう, たじろがない. jugarse el tipo a... …に命を賭ける.

tipografía 女 **1** 印刷, 活版印刷, 印刷法. **2** 印刷所, 印刷工場. **3** 書体.

tipográfico, ca 形 印刷の, 活版印刷の. —error = 誤植.

tipógrafo, fa 名 印刷工, 植字工. —— 男 《稀》書体.

tipoi 男 《南米》《服飾》ティポイ(袖なしのチュニック).

tipología 女 **1** 類型論[学], 分類学, タイポロジー. **2**《神学》予表論.

tipómetro 男 《印刷》活字尺, 組み版用ゲージ.

típula 女 《虫類》ガガンボ.

tique (< 英) 男 《複》~s, tiquets》**1** チケット, 切符. **2** 証書, 証書. **3** 預り証.

tiquete 男 《中南米》チケット, 切符.

tiquismiquis 男女 《単複同形》ささいなことにこだわる人. —— 男《複》**1** 細かい苦労, よけいな心配; 枝葉末節にこだわること. **2** 綿々とめめしい表現, 細かいことにこだわる. —《話》ささいなことをかつぎまわり, 細かいことにこだわる. ◆ andar(se) con tiquismiquis 《話》ささいなことにこだわる.

tira 女 **1** 細長い切れ, ひも(状のもの), ストラップ. **2** [la +]《話》たくさん, とても, 大いに. —Vino la ~ de gente. 大勢の人々が来た. esperar la ~ 長いこと待つ. **3**《新聞などの》続きマンガ漫画 (= ~ cómica). **4** 帯状式の回数券. **5**《中南米》《俗》警察.

tirabeque 男 **1** サヤエンドウ. **2**《おもちゃの》パチンコ.

tirabuzón 男 **1** 巻き毛, カール. **2** コルク栓抜き. ◆ sacar LE 《話》 con tirabuzón (人)からむりやり聞き出す, 泥を吐かせる.

tirachinas 男 《単複同形》(石などを飛ばす)おもちゃ. おもちゃのパチンコ.

tirada 女 **1** かなりの距離; 長い期間. **2** 一続き. **3** 投げること. **4**《印刷》1回の印刷部数; 刷数. —— aparte 抜き刷り. ◆ de [en] una tirada 一気に, いっぺんに.

tiradera 女 《歴史》(アメリカ先住民の用いた)長い矢.

tirado, da 過分 [→ tirar] 形 **1** 投げ(捨て)られた. **2**《話》とても安い. **3**《話》とてもたやすい. **4**《話》苦境に陥れた, 進退きわまった. —— 名《話》堕落した人, ならず者.

tirador, dora 名 (銃や弓の)射手, 撃つ人; 投げる人. —— 男 **1**《ドアや引き出しなどの》取っ手, 握り, ノブ; 《機械などの》つまみ. **2**《鐘や鈴を鳴らす》紐. **3**《小石を飛ばす》ぱちんこ. **4**《石工の使う》金属製の定規. **5**《南米》(ガウチョの幅広の)ベルト.

tirafondo 男 **1** 木ねじ. **2**《医学》ピンセット, 鉗子(%).

tiragomas 男 《単複同形》(小石などを飛ばす)ぱちんこ.

tiraje 男 **1** 印刷; 印刷部数. **2** 投げること, 投げること; 引っ張ること. **3**《中南米》煙突の煙道.

tiralevitas 男女 《単複同形》《話》おべっか使い, お追従者.

tiramisú 男 《複》~s》《料理》ティラミス(北イタリア生まれのチーズケーキの一種).

tiranía 女 **1**《政治》専制政治, 圧制, 暴政; 専制国家. **2**《歴史, 政治》(古代ギリシャの)僭主政治. **3** 圧力, 弾圧, 抑圧.

tiranicida 形 暴君殺害の, 暴君殺害者の. —— 名 暴君殺害者.

tiranicidio 男 暴君殺害.

tiránico, ca 形 専制的な, 圧制的な; 暴虐な.

tiranizar [1.3] 他 **1** (人々・国などに)専制政治を行う, 圧制を施す. **2** を思いのままに支配する; を虐げる.

tirano, na 名 **1** 暴君, 専制君主, 僭主. **2** 横暴な人. —— 形 専制的な, 圧制的な, 暴虐な, 非道な.

tiranosaurio 男 ティラノサウルス.

tirante [estar +] **1** ぴんと張った, つっ張った. **2** (関係が)緊張した, 険悪な. —— 男 **1** 《服飾》サスペンダー, ストラップ, 吊り紐. **2**《建築》下弦材, つなぎ梁; (吊り橋の)桁(½). **3** (馬車・橇の)引き綱[革紐]. **5** 腕木.

tirantez 女 **1** 張った状態; 緊張, 緊迫(した関係). **2**《建築》梁(½).

:tirar [ティラル] 動 **1 a)** (石・ボール)を投げる, ほうる; (水)をぶっかける. — el papel al suelo 紙を床に捨てる. **b)** (ボール)を蹴(%)る. —El delantero tiró a puerta. フォワードはボールをゴールに蹴り込んだ. **2 a)** (紙・灰)を落とす, 散らかす. **b)** を倒す, 壊す. —Están tirando un antiguo edificio. 古いビルを取り壊し中だ. **3** を捨てる, 廃棄する, 手放す. —No tires la basura en la calle. 通りにごみを捨てるな. **4** を浪費する, 無駄遣いする. —Eso es ~ el dinero. それはお金をドブに捨てるようなものだ. **5**《話》を不合格にする, 落とす. **6** (写真)を撮る, 撮影する, (カメラの)シャッターを切る. —Les tiró una foto a los novios. 彼は新郎新婦の写真を撮った. **7** を刷る, 印刷する, 出版する. —Nuestra revista semanal tira unos cien mil ejemplares. 我々の週刊誌は約10万部を発行している. **8**

tirilla (線)を引く, (設計図)の線引きをする. **~ una línea punteada** 点線を引く. **9** …に(危害など)を加える. **~ una coz** (馬が)蹴る. **~ un pellizco** つねる. **10** を発射する, 撃つ. **~ fuegos artificiales** 花火を打ち上げる. ── 圓 **1** [+de] を引く. **~ de la puerta** ドアを引いて開ける. **2 a)** [+a に] 気に入る, 好きである, 魅力である. **~ a la cocina** この若者は料理作りが好きだ. **b)** [+a/hacia の方に] 興味がある, 適性を示す. **~ hacia la música** 音楽に興味がある. **3** (衣服が)きつい, きつくなる. **~Este vestido me tira de cintura** このドレスは腰回りがきつい. **4** [+de (武器など)を] 取り出す, 手に取る. **~ de la pistola** ピストルを取り出す. **5** 撃つ, 射撃する, 発射する. **6 a)** (事が)うまく進行する, 運ぶ. **~El negocio tira bien** 取引は順調に運んでいる. **b)** 力を発揮する, 馬力がある. **~Este camión tira bien en las subidas** このトラックは上り坂で威力を発揮する. **7 a)** よく燃える, 火つきがよい. **b)** (煙突などが)吸い込みがよい, 煙をよく通す. **~Esta chimenea tira bien** この煙突は煙の通りがよい. **8 a)** (人が)何とかやって行く, どうにか生きて行く, 長持ちする, もつ, 使用に耐える. **~Esta lavadora tirará cinco años más.** この洗濯機はあと5年はもつだろう. **9 a)** [+para に] なりたがっている, …志望である, (を)目指している. **~Esta chica tira para abogada.** この女性は弁護士志望である. **b)** [+a] …色がかる, (…の)傾向がある. **~Su pelo tira a rojo.** 彼女の頭髪は赤毛に近い. **c)** [+a] …に似ている. **~La niña tira a su madre.** 女の子は母親似だ. **10** [+de を] 元気づける. **b)** 活性化する. **11** [+de を] 引きつける, 引き寄せる. **~El imán tira del hierro.** 磁石は鉄を引き寄せる. **12** [+a/hacia の方に] 行く, 進む. ── **se** 再 **1** [+a へ] 飛び込む, 飛び降りる, 飛びかかる. **2** 寝そべる; 倒れる, 転がる. **3** (時間)を過ごす, 費やす. **~Me he tirado la mañana arreglando el televisor.** 私はテレビを修繕して午前中を費やした. **4** 《俗》[+a と] セックスする. ▶ **a todo tiro** どんなにずっと延ばしても, せいぜい, 多くて. **ir tirando** 何とかやっていく, なんとか暮らしていく. **tira y afloja** いざこざ, やりとり, 駆け引き. **tirar a matar** 意地の悪い言動をする. **tirar con bala (rasa)** →tirar.

tirilla 囡 **1** 細ひも; 短いひも. **2** 《服飾》 (シャツの)台襟(↔), ネックバンド(カラーを取りつける所).

tirio, ria 形 名 《歴史》 テュロスの, 古代フェニキアの港町)の(人). ▶ **tirios y troyanos** 敵味方, 大猿の仲 (→テュロス人とトロヤ人).

tirita 囡 ばんそうこう, バンドエイド.

tiritar 自 **1** (寒さ・恐怖などで) 震える. ~ **de frío** 寒さで震える. **2** 《話》 [**tiritando** の形で] 尽きてしまいそうな, 破産寸前の.

tiritera 囡 《話》(寒さによる)震え; (発熱による)悪寒.

tiritón 男 震え, 身震い; 悪寒.

tiritona 囡 《話》(寒さ・熱などの)震え, 悪寒.

tiro 男 **1** 発砲, 射撃, 発射; 射程. ~Tenía dos ~s en el pecho. 彼は胸に二発撃たれていた. Se oyeron ~s y gritos. 銃声と叫び声が聞こえた. **~ al blanco** 射的, 標的射撃. **~ al plato** クレー射撃. **2** 投げること; 引くこと. **3** (スポ) キック, シュート, スロー. **~ a puerta** シュート. **~ con arco** アーチェリー. **~ de recreo** 射的. **~ de penalty** ペナルティキック. **~ de recreo** 射的. **~ libre** フリースロー. **4** (一組の引き馬)(馬車などの)引き綱. **~ par 4** 頭立て. **5** (巻き上げ)機械, ひも, レバー. **6** (煙突などの)通風; 通風口. **7** 《服飾》 **a)** (布地の)長さ; **b)** 肩辺りの尻から股までの幅. **c)** 股上; 股下. **8** 砲身, 銃身. **9** 階段の一区切り. ▶ **a tiro** 射程内で, 手の届く範囲内で. **a tiro hecho** (1) ねらいを外さず, 確実に. (2) 意図して. **al tiro** 《中南米》 すぐに. ~ **un tiro de piedra** すぐ近くに. **caer como un tiro** (= sentar como un tiro). **de tiros largos** めかし込んで, 着飾って. **errar el tiro** 失敗する. **ni a tiros** 《話》 絶対…しない. **no van por ahí los tiros** (言ったこと, 思ってたことなどが) 間違っている, 外れた. **pegarse un tiro** 《話》 銃で自殺する. **pegar un tiro [dos, cuatro tiros] a …** を撃ち殺す. **salir el tiro por la culata** 予想外のことが起こる, 期待を外れる. **sentar como un tiro** 《話》…にショックを与える, の気に入らない; …に似合わない.

tiroideo, a 形 《解剖》甲状腺(の). ── **hormona tiroidea** 甲状腺ホルモン.

tiroides 形 《無変化》《解剖》甲状腺(の). ── 男 《単複同形》《解剖》甲状腺.

tirolés, lesa 形 チロル地方(Tirol)の. ── 名 チロル地方の住民[出身者].

tirolina 囡 (登山などの)チロリアンブリッジ.

tirón 男 **1** 強く引っぱること. **dar un ~ de pelo** 彼は彼女の髪の毛を強く引っぱった. **2** ひったくり. **3** (スポ) スパート. **4** (筋肉の)引きつり. **5** 魅力, ▶ **de un tirón** 一度に, 一気に.

tirosina 囡 《生化》チロシン(代謝に重要なアミノ酸).

tirotear 他 …に繰り返し発砲する. ── **se** 再 **1** 撃ち合う. **2** 言い争う, 口論する.

tiroteo 男 撃ち合い, 銃撃; 銃声.

tirreno, na 形 《歴史》 **1** エトルリア(人・語)の. **2** ティレニア(海)の. ── 名 《歴史》エトルリア人.

tirria 囡 《話》嫌悪, 反感.

Tirso de Molina 固名 ティルソ・デ・モリーナ(1580頃-1648, スペインの劇作家).

tisana 囡 煎(せ)じ薬, 薬湯.

tísico, ca 形《医学》肺結核の、肺結核にかかった。— 名《医学》肺結核患者。

tisiología 女《医学》結核病学.

tisis 女《単複同形》《医学》肺結核.

tisú 男〔複〕—(e)s〕1《織物》ラメ、金糸・銀糸を織り込んだ絹織物。2 ティッシュペーパー.

tisular 形《生物》(生体)組織の.

tita 女《話, 幼》おばさん、おばちゃん.

titán 男 1 (通常 T〜) (ギ神) ティタン、タイタン。2 大物、傑物;怪力の男.

titánico, ca 形 1 巨大な、並外れた、超人的な。2《化学》チタンの。3 (ギ神) ティタンの、タイタンの.

titanio 男《化学》チタン(元素記号 Ti).

títere 男 あやつり人形。— 男 1 傀儡(らい)、他人の言うままに動く人。—gobierno — 傀儡政権。2 でくの坊、自分の意志のない人. ● *no poder [quedar] títere con cabeza* (1) めちゃめちゃにする、台無しにする、(2) 徹底的にこきおろす[けなす].

titerista 男女 あやつり人形師、人形使い.

titi 男女《俗》若い人; (特に) 若い女の子.

tití 男〔複〕—(e)s〕《動物》キヌザル、ティーティーモンキー.

Titicaca 固名 (Lago 〜) ティティカカ湖.

titilación 女 1 (小さな) 震え、痙攣(けい). 2 (星などの) またたき、きらめき.

titilar 自 1 (小さく) 震える、痙攣(けい) する。2 またたく、きらめく.

titileo 男 1 (星などの) またたき、きらめき; (光の) 明滅.

titipuchal 男〔メキシコ〕群衆、人ごみ、雑踏 (→muchedumbre).

titirimundi 男 コズモラマ、世界風俗のぞきめがね.

titiritar 自 (寒さ・恐怖などで) 震える.

titiritero, ra 名 1 人形師、あやつり人形使い。2 曲芸師、軽業師.

tito¹ 男《話, 幼》おじさん、おじちゃん.

tito² 男 果物の種.

titubeante 形 1 躊躇(ちゅうちょ) する、ためらいがちな。2 口ごもる、言いよどむ、どもる (言し方).

***titubear** 自 1 口ごもる、言いつかえる、言い淀む。2 迷う、ためらう、躊躇(ちゅうちょ) する。3 ふらつく、よろめく.

titubeo 男 1 躊躇(ちゅうちょ)、ためらい。—sin—(s) 躊躇せずに。2 口ごもり、言いよどみ、どもり。3 ふらつき、よろめき、ふらつき.

titulación 女 1 学位の (取得)、大学卒の資格。2 題名 [表題] をつけること、タイトルづけ.

***titulado, da** 過分 [→titular] 題名された、表題 [見出し] のついた. — 形 名 資格を持った(人); [+en で] の学位を持った(人); (爵位等の) 称号を有する人.

***titular¹** 形 1 正規の資格 [肩書き] を持つ、正式に任命された。—profesor — 正

教員; (大学の) 準教授。—jugador — 正選手。3《印刷》見出し用の (文字)。—letras —es 見出し用の (大きな) 文字。— 男女 1 a) 資格所有者, 正規の担当者。b) 正教員。c) 名義人, 筆頭者。2 (スポ) レギュラー選手、正選手。— 男《新聞記事などの》見出し.

titular² 他 1 …に題名 [見出し] をつける. 2 (人) に称号 [肩書き、爵位] を与える。— 自《化学》滴定する。— se 再 1 [+en で] の学位を取得する。2 …という題名 [タイトル] である。—¿Cómo se titula la película? その映画のタイトルは何ですか.

titularidad 女 1 正規の資格 [肩書] (を持つこと)。2 名義、所有権.

titulillo 男《印刷》欄外見出し、柱.

titulitis 女《単複同形》《話, 軽蔑》学歴 [資格, 学位] 偏重.

***título** 男 1 題名, 表題, 題目。2 権利, 資格; 称号, 肩書。—〜 nobiliario 爵位。3 理由, 根拠。4 (スポ) 選手権, タイトル。5《商業》債券、証券 (不動産の権利証書。—〜 de propiedad 不動産登記証書。6 (法令・法律文書などの) 編、章。7 (法律) 資格、権利. ● *a título de* …(1) …の資格で [立場で]、(2) …として. *títulos de crédito* …(放送、映画) クレジットタイトル.

tiza 女 1 白墨、チョーク。2 (ビリヤードで、キューにつける) チョーク、滑り止め。3 焼いた鹿の角.

tizna 女 すす、汚れ.

tiznadura 女 (すすなどで黒く) 汚すこと; 汚れ.

tiznajo 男 (すすなどの) 汚れ.

tiznar 他 1 を (すす・煙などで) 黒く汚す; 汚れをつける。2 (名誉など) を汚す; (人) を侮辱する。— se 再 1 (すす・煙などで) 黒く汚れる、すすける。2 (自分の体を) 汚す。3《中南米》酔っぱらう.

tizne 男 (ときに 女) (なべなどについたすすの) 汚れ.

tiznón 男 (すす・煙などの) 黒い汚れ.

tizo 男 (薪(まき) などの) 燃えさし、燠(おき).

tizón 男 1 (薪(まき) などの) 燃えさし、燠(おき)。2 (れんがが石材の) 一番小さな面、小口面。3《植物》黒穂病、黒穂病菌. ● *a tizón* (れんがが石材の小口面を表に出して) 積んだ.

tizona 女《話》刀、剣、武器.

tizonazos 男複《話》地獄の火あぶりの刑.

tizonear 自 (暖炉などの) 火をつついてかき立てる.

tlaconete 男〔メキシコ〕ナメクジの一種.

tlapalería 女〔メキシコ〕金物雑貨店.

tlascal 男〔メキシコ〕トウモロコシ粉のトルティーリャ.

TLC 〔頭字〕〈Tratado de Libre Comercio de América del Norte〉 男 北米自由貿易協定 (英 NAFTA).

TNT 〔頭字〕〈trinitrotolueno〉男《化学》トリニトロトルエン、TNT 火薬.

toa 女《海事》船の曳航(えいこう) 用の綱、引き綱; 錨索.

toalla 囡 タオル, 手ぬぐい; タオル地; 枕カバー, ふきん. ― de baño バスタオル. ▶ *arrojar* [*lanzar*] *la toalla* (1) 《スポ》(ボクシングなどで)タオルを投げ入れる. (2) あきらめる, 放棄する, さじを投げる.

toallero 男 タオル掛け.

toar 他 《海事》(船)を曳航(設)する, 牽引する.

toba 囡 1《地質》凝灰岩. 2 歯石. 3 人差し指で薬指を親指の上をすべらせて, 人や物をはじくこと. 4《話》タバコの吸いがら. 5《植物》オオヒレアザミ.

tobar 男《地質》凝灰岩の採取場.

tobera 囡 (炉・コンロなどの)通気管; ノズル.

tobillero, ra 形 1 くるぶしまで届く(ズボン, コートなど). ― *gabardina tobillera* くるぶしまで届くレインコート. ― 囡 くるぶし用のサポーター.

tobillo 男 くるぶし.

tobogán 男 1 すべり台, すべり道. 2《スポ》トボガン, リュージュ. 3 (商品運搬用の)スロープ.

toca 囡 1《服飾》(女性用の)頭巾(ボ), かぶり物; (女性用の)つばの狭い帽子. 2 (修道女の)頭巾(ボ); (看護婦の)ナースキャップ.

tocable 形 1 (音楽が)演奏可能な, 演奏が容易な. 2 触れることができる.

tocadiscos 男《単複同形》レコードプレーヤー.

tocado, da 過分 [→*tocar*] 形 1 (果物などが)痛み始めた. 2《話》頭のおかしくなった. 3《スポ》負傷した. 不調の.

tocador, dora 名 演奏する(人). ― 名 演奏者, 演奏家. ― 男 1 鏡台, 化粧台; 化粧道具入れ, 化粧室. ― *articulos de* ~ 化粧品. 2 化粧室, 化粧室.

tocamiento 男 1 接触, さわること, 触れること. 2 ひらめき, 着想, インスピレーション.

tocante 形 触れる, 関わる. ▶ *en* [*por*] *lo tocante a...* …に関しては. *tocante a...* …に関しては, …に関して.

tocar [トカル][1.1] 他 1 a) …に触れる, さわる. ― *Me tocó en el brazo.* 彼は私の腕にさわった. b) …をいじくり回す, いじる; 手直しする. ― *No toques más la carta, que está muy bien escrita.* 手紙はとても良く書けているから, これ以上文章をいじるな. 2 (楽器)を奏する, 奏でる. ― ~ *la guitarra* ギターを弾く. b) …を演奏する. 3 (鐘など)を鳴らす, …で合図する. ― ~ *las campanas* [*castañuelas*] 鐘[カスタネット]を打ち鳴らす. 4 …に言及する, 触れる, …について述べる. 5 を感動させる, …に感銘を与える. 6 …の責任をとる, …に悩む, 苦しむ. 7 (船が)…に寄港する, 立ち寄る. ― 自 1 [+ a と] 番である, 順番[役]に当たっている. ― *A ti te toca lavar los platos hoy.* 今日皿を洗うのは君の番だ. 2 [+ a と] (くじに)当たる, 当選する. ― *A Gonzalo le ha tocado el gordo.* ゴンサーロに宝くじの 1 等が当たった. 3 [+ a と] …に関係する. 4 鳴らる. ― *Tocó la sirena.* サイレンが鳴った. ―

a muerto 弔鐘が鳴る. 5 [+ *que*] 偶然…である. ― *Aquel día tocó que ella estaba fuera de casa.* あの日は偶然彼女は外出中であった. 6 [+ a/en と] (船が)寄港する. 7 [+ *en* と] …に近い, 似る. 8 [+ a と] 親戚(紀)関係にある. ― **se** 再 1 (自分の頭に) …をかぶる. ― ~ *se con un sombrero* 帽子をかぶる. 2 (自分の身体に)触れる. ― ~ *se las manos* 両手をこすり合わせる. 3 接触し合う, 触れ合う. ▶ *en* [*por*] *lo que toca a...* …に関しては. *tocar a* [+ 人] *bailar con la más fea* 《話》…に損な役回りが当たる. *tocar de cerca* (1) 実際的な知識がある. (2) [+ a と] …に密接な関係にある. *tocar fondo* → *fondo*.

tocata 囡 1《音楽》トッカータ. 2 殴打. 3《話》レコードプレーヤー.

tocateja, ya ▶ *a tocateja* 即金で.

tocayo, ya 名 同名の人, 同名異人.

tocho, cha 形《話》愚かな, まぬけな. ― 男《話》1 愚か者, まぬけ. 2 厚本, 読むのに骨の折れる本.

tocinería 囡 豚肉店.

tocinero, ra 名 豚肉店の店員.

tocino 男 (塩漬けの平らな塊状の)豚の脂肪. ― ~ *de* [*del*] *cielo* 卵黄とシロップを固めて作った菓子. ― *entreverado* 豚の背のすじ肉の付いた脂身. ― *fresco* 塩漬けにしていない, とったばかりの豚の脂身.

toco, ca 名《中米》→ *tocayo*.

tocología 囡《医学》産科学.

tocólogo, ga 名《医学》産科医.

tocomocho 男《話》偽物のくじを使った詐欺; 偽物のくじ.

tocón, cona 男 1 (木の)切り株. 2 (切断された手足の)付け根, 断端. ― 形《話》何でも触りたがる[手に取りたがる]; すぐ相手の体に触る人.

tocuyo 男《南米》粗い木綿布.

todavía [トダビア] 副 1 まだ, いまだに. ― *El tren* ~ *no sale.* 列車はまだ出発しない. *¿?* ~ *está abierta la tienda?* 店はまだ開いていますか. 2 それでも, なおも; まだしも. ― *Lo tengo todo preparado, y* ~ *me veo ansioso.* 全て準備は整っているのに, それでもまだ落ち着かない. 3 [比較表現を伴い] なお一層, ずっと, はるかに. ― *Es* ~ *más trabajador que su padre.* 彼は父よりもなお一層働き者だ.

todo, da [トド, ダ] 形 (不定) 1 [単数 + 冠詞・所有形容詞・指示形容詞など] …の全体, …の全部. ― *Ha perdido toda su fortuna.* 彼は自分の財産をすべて失った. *No he visto nada hermoso en toda mi vida.* 私の一生でこんな美しいものは見たことがない. *Lo que quieras.* 何でも君の好きにしろ. *Come de todo.* 何でも食べる. 全部食べない. 2 [単数 + 不定冠詞] まったくの, 完全な. ― *Las negociaciones han sido* ~ *un fracaso.* 交渉はまったくの失敗だった. 3 [単数, 複数・所有形容詞・指示形容詞なしで] …なら誰でも, いかな

todopoderoso 　　　　　963 　　　　　**tolondro**

る…も. —T～ hombre es mortal. 人間は誰でも死ぬものである. **4**〖複数, 冠詞・所有形容詞・指示形容詞＋複数名詞〗すべての…. —Murieron ～s los años [días, meses, semanas] 毎年[日, 月, 週]. **5**〖＋地名〗全城・全任民. He viajado por ～ México. 私はメキシコ全国を旅行した. —La niña tiene toda la cara de su abuela. その女の子は顔が祖母そっくりだ. **7**〖＋名詞＋不冠詞〗全く; 完全な〖強調のような役割を果たす〗. —Me habló con toda franqueza. 彼は極めて率直に私に話した. **8**〖＋lo＋形容詞〗全く; 一杯に. —Ella es muy cariñosa, ～ lo contrario de su hermana. 彼女は妹とは全く反対にとても優しい. —— 代 (不定)**1**〖m〗すべての事に物. —Muchas gracias por ～. いろいろありがとうございました. ¿Cuánto es ～? 全部でいくらですか. b)〖lo を伴い直接目的語として〗Te doy ～. 君に全部あげるよ. **2**〖複〗すべての人. —～s estamos cansados. 私たちは全員疲れている. —— 副 全体, 全部, 全面. —actuar como un ～ 一体となって行動する. すっかり, すべて. —Llegaron a casa ～ borrachos. 全員すっかり酔払って帰宅した. ▶**ante todo** まず初めに, 第一に. **a pesar de todo** それにもかかわらず, 結局それでも, それにしても. **así y todo** (結局)それにもかかわらず, そうであっても. **a todo esto**/**a todas éstas**〖時間〗その間(ずっと). **con todo** しかし, とはいえ. **con（es) y con eso**/**con y con eso**＝(así y todo). **del todo** すっかり, まったく. **después de todo** 結局のところ. **de todas todas**〖断定の強調〗きっと. **de todo** あらゆる種類のもの. **de todos modos** いずれにせよ, とにかく. **en un todo** 全体として. **estar en [a] todo** 全責任を引き受けている, すべてに目を配る. **jugarse el todo por el todo** 一か八か勝負にでる. **ser todo uno** 同じ一つのものである; 同時である. **sobre todo** 多くの中でも特に, とりわけ. **todo lo** 最大限の, 出来る限りの. **todo lo más o y todo ス**…までも; …はあるが.

todopoderoso, sa 形 全能の, 万能の; 絶大な力を持つ. —el T～ 形 全能者, 神.

todoterreno 形 (車などが)悪路でも走行できる, オフロード用の. ·**coche** ── ジープ. **moto** ── オフロード・バイク. —— 名〖自動車〗ジープ.

tofe, toffee 男〖＜英〗〖男〗〖料理〗タフィー(キャンディーの一種).

tofo 男 **1**〖医学〗通風結節. **2**〖南米〗耐火白色粘土.

tofu〖＜日〗男 豆腐.

toga 女 **1**〖司法官・教授などが着る〗ゆるやかな礼服〖職服〗. **2**〖歴史, 服飾〗(古代ローマの)トーガ.

togado, da 形〖司法官・教授などが〗職服をまとった. —— 名 司法官, 裁判官, 法曹人.

Togo 固名 トーゴ(首都 Lomé).

toilete, toilette 女〖＜仏〗 **1** 洗面, 身繕い. **2**〖時に 男〗トイレ. **3** 化粧台, 鏡台.

toisón 男 **1**〖歴史〗a) 金羊毛騎士団(＝la Orden del Toisón de Oro). b) 金羊毛騎士団の記章. **2** 羊の毛皮. ▶**el Toisón de Oro**〖羊毛〗金の羊毛皮.

tojo 男〖植物〗ハリエニシダ.

token〖＜英〗男〖複 ～s〗〖情報〗トークン(プログラミング言語のソースコードを構成する最小単位); セキュリティトークン; 認証トークン.

tokenización. 女〖情報〗トークン化.

Tokio 固名 東京(日本の首都).

tokiota 形 東京の(人).

toldar 他 **1** …に日よけ[雨覆い]をつける, テントを張る. **2**(壁)を修飾する[飾る].

toldería 女〖南米〗インディオ集落.

toldilla 女〖船舶〗船尾楼甲板.

toldillo 男〖南米〗担架のような輿(ﾖ).

toldo 男 **1** 天幕, テント, 日よけ. **2**(馬車などの)幌(ﾎﾛ).

tole 男 **1** どよめき, 騒ぎ, 喧噪. **2** 悪いうわさ, 悪評.

toledano, na 形 トレドの. —— 名 トレドの住人[出身者].

Toledo 固名 トレド(スペイン, カスティーリャ・ラ・マンチャ自治州の州都).

tolerable 形 耐えられる, 許容できる.

tolerado, da 過分〖→ tolerar〗形〖estar＋〗(映画などが)一般向けの, 成人向けではない.

tolerancia 女 **1** 抵抗力, 耐久力; (困難・苦痛に対する)堪える力, 忍耐力. **2**(他人の行動や意見に対する)寛容, 雅量. **3**〖建築・機械の〗許容限度〖誤差〗. **4**(貨幣の)公差. **5**〖医学〗(薬品や毒物に対する)耐性. ▶**tolerancia de cultos**(国教以外の)信仰の自由.

tolerante 形 寛容な, 寛大な, 度量のある.

tolerantismo 男〖宗教上の〗寛容主義, 信教自由主義.

tolerar 他 **1** を我慢する, こらえる; もちこたえる. **2** を容認する, (異なる意見)を受け入れる. **3** を許可する, 許す. **4**(飲物など)を受け付ける, 意に介しない.

toletazo 男〖中南米〗こん棒による一撃.

tolete 男 **1**〖海事〗櫓栓(ﾛｾﾝ), オール受け, 駒(ﾎ)ベそ. **2**〖中南米〗こん棒. —— 形・男名〖中南米〗まぬけ(の), うすのろ(の).

toletole 男〖話〗騒ぎ, 騒動の, 混乱.

tolla 女 **1** 湿地, 沼地. **2**〖中米〗(家畜に水をやる)水桶, 桶(ｵ).

tollina 女〖話〗ひっぱたくこと, むち打つこと, 殴打.

tolmo 男 (道標のようにそびえ立った)大岩.

toloache 男〖メキシコ〗ナス科の毒草.

tolondro, dra 形 落ち着きのない

tolondrón(人),注意力散漫な(人),そわそわした(人),あわて者. ── 男 こぶ;頭(ﾋﾀｲ)れ物.

tolondrón 男 こぶ;頭(ﾋﾀｲ)れ物.

Tolosa 固名 トゥールーズ(フランスの都市).

tolteca 形 〖歴史〗トルテカ族の,トルテカ文化の. ── 男女〖歴史〗トルテカ人(古代メキシコの先住民族). ── 男〖歴史〗トルテカ語.

tolueño 男〖化学〗トルエン.

tolva 女 ホッパー(穀物・石炭などを下に落とすじょうご形の装置). ──camión ～ コンクリート・ミキサー車.

tolvanera 女 砂あらし, 砂ぼこり.

toma 女 **1** 取ること, 採取. ── de declaración 事情聴取. ── de muestras 標本抽出, サンプリング. ～ de sangre 採血. ～ de tierra 着陸, 着地;〖電気〗アース. **2** 掌握; 引き受けること, 就任. ～ de conciencia 自覚, 認識. ～ de posesión 就任. ～ (薬などの)服用, 一服. **4** (電気・電話の)差し込み口, コンセント;(水道などの)栓. ── de agua 蛇口, 放水口. ～ de aire 通風口, 換気口. ～ de corriente (電気の)コンセント. **5** 占領, 攻略.

tomacorriente 男〖中南米〗(電源を取る)コンセント.

tomada 女 **1**(戦争による土地の)奪取, 占領. **2**〖中南米〗(電気の)プラグ, コンセント.

tomadero 男 **1**取っ手, 柄. **2** 蛇口, 放水口.

*tomado, da 過分 [→tomar] 形 **1** しわがれた, かすれた. **2** ひなびた. **3** [estar+]〖中南米〗酒に酔った.

tomador, dora 形〖中南米〗飲んべえの. ── 男 **1**(商業)手形名宛(ﾅｱﾃ)人, 手形の受取人. **2**〖中南米〗飲んべえ. ── (船製)ガスケット(畳んだ帆を帆桁(ﾎﾞﾀ)に結びつけるための細い綱).

tomadura 女 **1**取ること. **2**(戦争による土地の)奪取, 占領. **3**(薬などの)一服.
▶ **tomadura de pelo** からかい, ひやかし; 冗談.

tomahawk [<英] 男 トマホーク(北米先住民の戦闘用斧(ﾏｻｶﾘ)).

tomaína 女 プトマイン, 死毒.

tomar [トマル] 他 **1 a**)(を)(手に)取る, 持つ; 抱き上げる. ── ～ el diccionario en las manos 辞書を手に取る. **b**)をつかむ. ── Me *tomó* de un brazo. 彼は私の腕をつかんだ. **c**)をすくい上げる, 引き出す. ── ～ sangre 採血する. **d**)を浴びる, 吸い込む. ── ～ el sol en la playa 浜辺で日光浴をする. ── ～ el aire [el fresco] (新鮮な)空気を吸い込む[涼を取る]. **e**)(ノート)をとる. ── ～ apuntes ノートをとる. **f**)(食事)を取る, 食べる; 飲む. ── ～ el desayuno 朝食を取る. ── ～ un café コーヒーを1杯飲む. **2 a**)を買う, 買収する; を手に入れる. ── ～ dos entradas 入場券を2枚購入する. **b**)を借りる, 賃借りする. ── ～ un coche [un palco] 車を借りる[ボックス席を取る]. **c**)(習慣)を身につける, …に染まる. ── ～ el vicio de fumar 喫煙の悪習を身につける. **3 a**)(態度・措置)をとる. ── ～ una actitud incomprensible 理解しがたい態度をとる. **b**)(決心)をする. ── ～ la decisión de ingresar en un asilo 老人ホームに入る決心をする. **c**)を行使する, 使う, 用いる. **4**を受け取る, もらう. ─*Tome* usted la vuelta. お釣りはさしあげます. **5**(乗り物)に乗る. ── ～ un taxi タクシーに乗る. ── ～ el tren [el avión, el autobús, el metro] 列車[飛行機, バス, 地下鉄]に乗る. **6**を雇う, 採用する. **7**(名前)を継ぐ, を占める, を継承する. **8**を占める, 包囲する. **9 a**)[+ por と]を思う, みなす; 勘違いする. ── ～ una cosa *por* otra あることを別のことと勘違いする. **b**)[+ a と]を解する, 解釈する. ── ～ *a* broma 冗談にする. ～ *a* bien [mal] よいに[悪いに]考える. **10**(写真)を撮る, 撮影する. ── ～ fotos de la Sagrada Familia 聖家族教会の写真を撮る. **11**(品物・道)を選ぶ; 行く, 進む. ─*Tomamos* la carretera de La Coruña. 我々はラ・コルーニャ街道を行った. ～ una curva カーブを切る. **12**(体温)を測る, 計測する;(データ)を集計する. ─Sus padres le *tomaron* la temperatura. 両親は息子の体温を測った. **13**(やり方など)に従う, を受け継ぐ. **14**(気力など)を得る. ── ～ aliento 一息入れる; 息を吹き返す. **15**[+ a 名詞] ～ する. ── ～ una resolución 決心する. ～ a aborrecimiento 嫌悪する. **16**(生理的欲求などが)…に起こる. ─Le *tomó* el sueño [la risa]. 彼は眠気に襲われた[笑いがこみあげた]. **17**(雄が雌と)交尾する. ── 自 **1**[+ a/hacia/por の方向に]向う, 進む. **2**[中南米]酒を飲む. **3**(植物が)根づく.
── **se** 再 **1 a**)を浴びる, 吸い込む. ── ～*se* una ducha シャワーを浴びる. **b**)(休暇などを)取る. ── ～*se* vacaciones 休暇を取る. **c**)を解釈する, 受け取る. ── ～*se a* broma 冗談ととる, 2 錯覚する. **3**[+ con と]けんかをする. ─Se *tomaba con* cualquiera. 彼はだれとでもけんかした. **4**酔っぱらう. **5**しゃがれた声になる; 鼻声になる. **6**〖医学〗測定される. ── ～*se la* presión. 血圧を測る. ▶ **de armas tomar** (性格の)豪胆な, 果断な. **tenerla tomada con** …につらく当たる, 辛く当たる. **¡Toma!** (1)(物を渡す時)ほら, はい. (2)こりゃ, おどろいた. (3)何だ, くだらない. (4)なるほど, 分かった. (5)ざまあ見ろ. **tomarla con** (1)…に反感をもつ, 意地悪をする; を非難する. (2)…にじゃれつく. **tomar a bien** よい意味に理解する. **tomar sobre sí** を引き受ける. **toma y daca** お互いさま, 引き持たれつ, ギブ・アンド・テイク. **¡Tómate ésa!** いい気味だ, ざまあ見ろ.

Tomás 固名〖男性名〗トマス.

tomatada 女〖料理〗トマトを揚げたの; トマトサラダ.

tomatal 男 トマト畑.

tomatazo 男 トマトの投げつけ.

tomate 男 **1**〖植物〗トマト,トマトの実. —～ bola トマト. — frito 揚げトマト. **2**〔靴下や手袋の〕破れ,穴. ▶ *como un tomate* 〖話〗(トマトのように)赤い.

tomatera 囡 〖植物〗トマトの木.

tomatero, ra 形 トマトの;トマト栽培者. —— 男 〖料理〗トマト料理に適した〔食材〕.

tomavistas 男 〖単複同形〗8ミリカメラ,小型撮影機.

tómbola 囡 慈善目的の宝くじ;慈善バザーくじの抽選会場.

tómbolo 男 〖地理〗(島と対岸を結ぶ)砂州(さ),地峡.

tomento 男 〖植物〗綿毛〔ビロード毛〕.

tomillo 男 〖植物〗タイム,タチジャコウソウ. —～ blanco シナヨモギ. — salsero タイム(香草).

tomismo 男 〖哲学〗トマス・アクィナス (Tomás de Aquino, 1225-1274)の神学説,トマス説.

tomista 形 〖哲学〗トマス派の. —— 男女 〖哲学〗トマス派神学者.

tomiza 囡 アフリカハネガヤの綱.

tomo 男 **1** 書籍の巻,冊;(大型の)本. **2** 重要性,価値. ▶ *de tomo y lomo* 全くの,徹底的な,第一級の.

tomografía 囡 〖医学〗(X線)断層撮影(法).

ton 男 ▶ *sin ton ni son* 理由もなく,とりとめもなく,筋道も立てず.

ton. (略号) =tonelada トン.

toná [tonada の語中音消失形] 囡 〖音楽〗無伴奏のフラメンコ歌謡.

tonada 囡 **1** 歌詞,歌うために書かれた詩. **2** 歌,節,メロディー. **3**〖中南米〗〔言葉の〕なまり;口調.

tonadilla 囡 **1**(短い歌曲用の)歌詞;短い歌曲. **2**〖音楽〗トナディーリャ(18世紀後半スペインで流行した小規模な歌劇).

tonadillero, ra 名 トナディーリャの作曲家〔歌手〕.

tonal 形 **1**〖音楽〗音調の,調性の;調性を有する. **2**〖美術〗色調の. **3**〖言語〗音調の,抑揚の;声の高さの[による].

tonalidad 囡 **1**〖音楽〗調性,音調. —～ mayor [menor] 長[短]調. **2**〖美術〗色調. **3**(ラジオなどの)音質,トーン. **4**〖言語〗抑揚,イントネーション.

tonante 形 雷〔雷鳴〕のような,とどろく.

tonel 男 **1** 樽(たる);1樽分の量. **2** 〖話〗とても太った人.

tonelada 囡 **1** トン(重量の単位). —～ métrica (de peso) メートルトン(1,000 kg). —～ de peso 重量トン. **2**(船舶の大きさ・積載量の単位). **3**〖集合的に〗樽(たる).

tonelaje 男 (船舶・車両などの)トン数,容積トン数,重量. —～ bruto [neto] 総[純]トン数. barco [buque] de gran —～ 大型船.

tonelería 囡 **1** 樽(たる)〔桶(おけ)〕製造業. **2** 樽[桶]工場;樽[桶]販売店. **3**〖集合的に〗樽,桶.

tonelero, ra 名 樽(たる)職人,桶(おけ)職人. —— 形 樽(たる)の,桶(おけ)製造の.

tonelete 男 **1**〖歴史〗(甲冑の)スカート型腰当て. **2**〖服飾〗(膝までの)短いスカート;〖演劇〗(昔の)男性用の短いスカート.

Tonga 固名 トンガ(首都 Nukualofa).

tonga, tongada 囡 **1**(積み重ね・盛りなどの)層. **2** 山積みになった物.

tongo 男 八百長;不正,ごまかし.

tónica 囡 **1**(清涼飲料水の)トニック (=agua ～). **2** 全体的な傾向,雰囲気,調子. **3**〖音楽〗主音.

tonicidad 囡 〖生理〗(筋肉などの)緊張,緊張度.

tónico, ca 形 **1** 強勢のある,アクセントのある. —sílaba *tónica* 強勢のある音節. **2** 強壮の,活力をつける. **3**〖音楽〗主音の. —— 男 **1** トニック・ローション,強壮剤. —～ capilar ヘアトニック. **2**〖医学〗強壮剤. —～ cardíaco [cardiaco] 強心剤.

tonificación 囡 強壮にすること,活力を与えること,元気づけること.

tonificante 形 強壮にする,活力を与える,元気づける. —bebida ～ 強壮ドリンク.

tonificar [1.1] 他 (体の組織に)活力を与える,を元気づける,引き締める.

tonillo 男 **1** 口調,話し方. **2** 単調な(抑揚のない)話し方;皮肉な話しぶり. **3**〔言葉の〕なまり.

tonina 囡 **1**〖魚類〗マグロ. **2**〖動物〗イルカ.

tono [トノ] 男 **1**(音の)調子,音色. **2**〖音楽〗音調,口調,語気,語調. —bajar [subir] el ～ 語気を和らげる[荒くする]. **3** 書物,講演などの)調子,傾向;論調,作風,風格;階級. **5** 色調,色合い;色の濃淡. —un ～ rojizo 赤っぽい色調. **6**〖音楽〗音階,調. —～ mayor 長音階,長調. —～ menor 短音階,短調. **7**〖解剖〗(器官・組織の)正常な緊張状態. **8** 詩,歌. ▶ *darse tono* 気取る,もったいぶる;思い上がる. *de buen* [mal] *tono* 上品[下品]な. *estar a tono con* 釣り合っている,調和している. *fuera de tono* 場違いの,場違いに. *salida de tono* 突拍子も無いこと,調子外れ(な事),むちゃ(なこと). *subido de tono* (1)(言葉・行為などが)下品な,きわどい. (2)(特に議論が)過熱した.

tonsila 囡 〖解剖〗扁桃腺(へんとうせん).

tonsura 囡 〖カト〗(聖職者の頭頂部の)丸い剃髪(ていはつ);剃髪式.

tonsurado, da 過分 〔→ tonsurar〕 形 〖カト〗剃髪式の,剃髪式を受けた. —— 男 〖カト〗剃髪式を受けた人,聖職者.

tonsurar 他 **1**〖カト〗を剃髪(ていはつ)する,の剃髪式を行う. **2**(羊)の毛を刈る.

tontada 囡 愚かな言動,ばかげたこと.

tontaina 形 〖話〗ばかな,まぬけな. —— 男女 〖話〗ばか者,まぬけ.

tontamente 副 **1** ばからしく,ばかげたやり方で. **2** 愚かにも,**2** 気づかれないうちに.

tontear 自 **1** ばかなことをする[言う]. **2**〖話〗(+ con とじゃつく;(異性を)誘惑する,(異性に)言い寄る.

tontera 女 ばかげた言動, 愚かなこと.

tontería 女 **1** 愚かさ; ばかなこと[言葉, 行動], くだらないこと. ―Es una ～ que te molestes por eso. そんなことで君が腹を立てるなんてばかげている. **2** こび, へつらい, おべっか.

tontiloco, ca 形 ばかで軽率な.

tontivano, na 形 見栄っぱりの, 気取った.

tonto, ta[トント, タ]形 **1** ばかな, 愚かな, 間抜けな, 馬鹿げた, ばかげた. **2** 純真な, お人好しな. **3** 感じやすい, 涙もろい. **4** 無意味な, 無意義な. ―gasto ～ 無駄な出費, 無駄遣い. **5**《話》迷惑な, 煩わしい. **6**[estar+～]思い上がった, 高慢な. ―Está muy ～ con el premio que ganó hace años. 彼は何年も前に取った賞のことを鼻にかけている. **7**[estar+～]びっくり仰天した, 呆然とした. ―Me quedé ～ oyendo la noticia. 私はそのニュースを聞いて大変驚いた. ― 男 ばか者, 愚か者; お人好しの人. ― 男 道化師. ― ～ de circo ピエロ. ▶ **a lo tonto**《話》[しばしば繰り返して]無意識のうちに, 知らぬ間に. **a tontas y a locas**《話》でたらめに, むちゃくちゃに, いいかげんに, でまかせに. **hacer el tonto** (1)《くだらない事をして無駄に過ごす; ばかな事をする, もて遊ぶ. (2)ばかな事を言う, 冗談[しゃれ]を言う. **hacerse el tonto** しらばくれる, 気づかない[知らない, 聞こえない]ふりをする. **hacer tonto a** [ヲ]《話》(人を)欺く[かつぐ]. **ponerse tonto**《話》気取る, 偉そうな態度を取る. 思い上がる. (2)(子どもなどが)ぐずる, むずかる, 甘ったれる. **ser tonto del bote** [de capirote, de remate]《話》正真正銘のばかである, ばか丸出しである.

tontorrón, rrona 形《話》大ばかの. ― 男《話》大ばか者.

tontuna, tontura 女 ばかげたこと, 愚かな言動.

toña 女 **1** 棒打ち遊び(両端のとがった棒を別の棒で打って飛ばす遊び); 棒打ち遊びの棒. **2**《話》猛打, 殴りつけ. **3**《話》酔っ払うこと.

Toño 固名《男性名》トーニョ (Antonio の愛称).

top¹ 男[複 ～s]**1**《服飾》トップス(キャミソール・ベアトップなど), タンクトップ. **2** リーダー的人物.

top² 男《海事》(iT～)! 止まれ(船を止めるための間).

topacio 男《鉱物》トパーズ, 黄玉. ―～ ahumado 黄玉. ―～ oriental インド黄玉. **falso** ～/～ **de Hinojosa** 擬黄玉.

topada 女 頭突き, 頭[角]をぶつけること.

topadora 女《南米》ブルドーザー; キャタピラー式トラクター.

topar 自 **1**[+con/con a]にぶつかる, 衝突する. **2**[+con(障害物に)]ぶち当たる, 突き当たる. **3**[+con と]偶然出会う, 出くわす. **4**《闘牛》[+contra(欄)に](牛が激突する; 動物が角で突く. ―**se** 再 [+con に] 出くわす; 突き当たる.

tope¹ 男 **1** 限度, 限界, 頂点. ―fecha ～ 期限, 締め切り日. **precio** ～ 最高価格. **Has llegado al** ～ **de mi paciencia**. 君にはもう我慢の限界だ. **2** 先端, 端. **3**《海事》檣頭(しょうとう)(船のマストのてっぺん); 檣楼員(マストの先の見張り人). ― 男 [**a**] **tope** ぎゅうぎゅう詰めで, 満員で; 最大限に, ぎりぎりまで. **hasta el tope** [**los topes**] 満杯で, 満員で.

tope² 男 **1** 緩衝(かんしょう)器, バンパー. 止め具; ドア押さえ; (線路の)車止め. **3** 障害, 障壁. **頂突き. 5** けんか, いさかい.

topera 女 モグラの巣.

topetar 自[+contra に] (特に角のある動物が)ぶつかる, 頭突きをくらわす. ― 他 …にぶつかる.

topetazo 男 衝突; 頭をぶつけること, 頭突き.

topetear 他 → topetar.

topetón 男 → topetazo.

tópico, ca 形 **1**(表現・考えなどが)ありふれた, 平凡な, 使い古された. **2**《薬学》外用の. ― 男 **1** ありふれた表現[考え], つまらない表現[考え], 古くさい表現[考え], きまり文句. **2**《薬学》外用薬. **3**(議論や考えのもとになる)一般原理, 根拠. **4**《中南米》話題, 論題, テーマ.

toples, topless [＜英] 女[単複同形]トップレスの女性. ― 男[単複同形] **1** トップレス. **2** トップレスバー.

topo 男 **1**《動物》モグラ. **2**《話》目がよく見えない人. **3**《話》へまな人, 間抜け人. **4**《話》スパイ, 密偵, 間諜(かんちょう). **5** 水玉模様. **6**[集合的]スペイン内戦終了後に潜伏していた共和制支持者.

topocho, cha 形《南米》まるまる太った, ふっくら[ぽっちゃり]した.

topografía 女 **1** 地形図作成(術); 地形測量[調査]; 地形学. **2** 地誌(学); (一地方の)地形, 地誌.

topográfico, ca 形 地形(学)の, 地誌(学)の. ―carta **topográfica**. mapa ～ 地形図, 地勢図. **levantamiento** ～ 地形測量.

topógrafo, fa 男 **1** 地形[地誌]学者; 地形測量者; 地形測量士.

topología 女《数学》位相幾何学, トポロジー; 位相.

toponimia 女 **1** 地名学. **2**[集合的に] (ある地域・国の)地名.

toponímico, ca 形 地名学の, 地名の.

topónimo 男 地名.

toqu- 動 → tocar [1.1.].

toque 男 **1a**) (瞬間的に軽く)触れること, さわること. **b**)(薬などを)塗ること. **2** (主に何かを知らせるために, 鐘や太鼓などの)鐘を鳴らすこと; その音. ― ～ **del alba** 暁の鐘. ～ **de ánimas** 晩鐘. ～ **de diana** 起床ラッパ[太鼓]. ～ **de difuntos** 弔鐘. **Dio dos** ～**s de timbre**. 彼は2度鈴を鳴らした. **3**(おもに仕上げの)1筆, 1書き, 加筆; 筆致. **4** 試験, テスト,

toquetear

検査。—piedra de ~ 試金石。**5**［重要なことなどを］喚起すること。—~ de atención 注意の喚起、警告。**6** 要点、重要な点、根本。—Ahí está el ~. そこが要点だ。**7** 色調、特色、特徴、…らしさ。► *a toque de campana* (1) 規則正しく。(2) 時間通りに、時間に正確に。*dar los primeros toques a...* (事を)始める；着手する；計画する。*toque de queda* (戒厳令下などの)夜間外出禁止令。

toquetear 他 **1** 手でいじりまわす、やたらにさわる。**2** (楽器を)いじる、かき鳴らす。**3** 《俗》(人)をなで回す、愛撫する。

toqueteo 男 **1** 手でいじりまわすこと、もてあそぶこと。**2** 楽器をいじる[かき鳴らす]こと。**3** 人をなで回すこと、愛撫。

toquilla 女 [服装] (主に三角形の)スカーフ、ニットの肩掛け、ショール。

tora¹ 女 **1** (ユダヤ教の)トーラ、律法(書)。**2**【歴史】ユダヤ税。

tora² 女 牛をかたどった仕掛け花火。

torácico, ca 形 胸の、胸部の、胸郭の。—cavidad *torácica* 【解剖】胸腔(きょう)。

toral 形 **1** 主要な。**2** 頑丈な、丈夫な。—arco ~ 補強アーチ。—男 銅棒、銅棒の型。

tórax 男〔単複同形〕**1** 【解剖】胸、胸郭；胸壁(きょう)。**2** (昆虫・節足動物の)胸部。

torbellino 男 **1** 旋風、つむじ風；竜巻。**2** (何かが)次から次へと起こること。**3** 慌ただしい人、落ちつきのない人。

torca 女 ドリーネ(すり鉢状のくぼ地)。

torcaz 形 [鳥] torcaces 《鳥類》モリバトの、—paloma ~ モリバト。

torcecuello 男 《鳥類》アリスイ(キツツキ科)。

torced|or, dora 形 よじる、ねじる。—名 【キューボ】タバコをよる人、葉巻職人。—男 紡錘。

torcedura 女 **1** ねじること；ねじれ、ゆがみ。**2**【医学】捻挫(ねん)；筋違い。**3** 安ワイン。

torcer [5,9] 他 **1** ~をねじ曲げる、ひん曲げる。**2** ~をねじる、よじる、える。— ~ el brazo del niño 子どもの腕をねじる。— los ojos 斜視になる。~ la ropa 洗濯物を絞る。**2 a**)(方向)を変える、(首)を回す。— ~ la cabeza 首を回す［振り向く］。**b**)(意見・考え)を変えさせる、変える。—No lograrás ~ su voluntad. 君に彼の意志を曲げさせることはできないだろう。**3** ~を(悪の道へと)誘い込む、堕落させる。**4** ~を誤解する、曲解する、悪意にとる。**5** (怒り・不快感)を顔に出す、(顔)をしかめる。— ~ el gesto [el morro] 顔をしかめる。—自 **1** (人・車が角などを)曲がる、折れる。**2** (道が)曲がる、折れる。— se 自 **1** ねじれる、曲がる、折れる。**2** くじく。— ~se el tobillo くるぶしを捻挫する。**3** 考え[意図]を変える。**4** 悪の道に走る、ぐれる。**5** (事業・計画が)失敗する、挫折する。

torcida 女 1 (ろうそく・ランプの)芯(し)、

967

torna

灯心。**2**【南米】(スポーツの)ファンの集団。

torcido, da 過分 [→ torcer] 形 **1** [estar +] 曲がった、ねじれた、傾いた。**2** [estar +] 心の曲がった、ひねくれた、下心のある、よこしまな；ゆがんだ。**3**【中米】不運な、不幸な。**4**《話，隠》麻雀で酩酊した。—男 絹の太いより糸。

torcijón 男 **1** 急な腹痛、さしこみ。**2** ねじれ、よじれ。

torcimiento 男 **1** ねじること；ねじれ、ゆがみ。**2**《話》捻挫(ねん)。

tórculo 男 刻印機。

tordillo, lla 形 (馬などが)葦毛(あし)の、白黒まだらの、白黒ぶちの。

tordo, da 形 (馬などが)葦毛(あし)の、白黒まだらの、白黒ぶちの。—una mula *torda* 葦毛のラバ。—男 葦毛の馬。**2**《鳥類》ツグミ。

torear 他 **1** (牛)と戦う、(牛)をあしらう。**2** (困難・いやな人など)を避ける、かわす。— ~ bien las dificultades 困難なことをうまくかわす。**3** (人)を適当にあしらう、(人)に言い逃れを言う。**4** (人)をからかう、愚弄する。—No se deja ~ por nadie. 《話》彼は人に馬鹿にされるのを許さない。**5**【中米】(動物)をけしかける、挑発する。**6**【南米】(犬の)(人)に吠えかかる。—自 **1** 闘牛する。**2** (牛の)交尾する。

toreo 男 闘牛(をすること)、闘牛術[の技]。— ~ a caballo 馬上の闘牛。

torera 女 **1** 闘牛士の着る短い上着；ボレロ。**2** (服飾)ボレロ、短い胴着。► *saltarse a la torera* (義務・約束などを)無視する、違反する。

torería 女 **1**〔集合的に〕闘牛士たち；闘牛士の技；闘牛士の勇敢さ。**2** いたずら。**3**【中米】いたずら。

torer|o, ra 形 闘牛の、闘牛士の。—名 闘牛士(特にマタドール)。

torete 男 **1** 闘牛に、勇敢でない牛。**2** 元気の良い頑健な子ども。

toril 男 (闘牛の)囲い場。

torio 男 【化学】トリウム(元素記号Th)。

torito 男 **1**【南米】甲虫類の一種。**2**【南米】《鳥類》シラギクタイランチョウ。**3**【メキシコ】あぜ足取りの質問。**4**【メキシコ】カクテルの一種。

tormenta 女 **1** 嵐、暴風雨、大しけ。— ~ tropical ハリケーン。**2** 激動、騒動(きょう)。— ~una ~ de protestas 抗議の嵐。**3** 不運、逆境。

tormento 男 **1 a**) (精神的・肉体的)苦痛、苦しみ、悩み。**b**) 苦痛[苦悩]の原因、苦労[心労]の種。**2** 拷問。

tormentoso, sa 形 **1** 嵐の、暴風雨の；(天気が)荒れ模様の。**2** 激しい、激烈な。

Tormes 男 — トルメス川(スペイン北西部、ドゥエロ川の支流)。

tormo 男 **1** (孤立した)岩山。**2** 塊(かたま)。— ~ de azúcar 角砂糖。

torna 女 **1** 帰ること、帰還、さ返し、返却、返還。**2** (用水路・溝などの)堰(せ)、仕切り口。► *volver* [*cambiar*] *a...las tornas* (人)のつきを変える、(人)に仕返しを

tornaboda 女 結婚式の翌日の祝宴.

tornada 女 帰ること, 帰途; (同じ場所に) 再び行くこと.

tornadizo, za 形 1 (人が) すぐ考えを変える, 移り気な, 意志薄弱な. 2 (天候などが) 変わりやすい. 3 変節 [転向] した, 裏切った.

tornado 男 〖気象〗 トルネード, 竜巻.

tornapunta 女 1 〖建築〗 方杖(ほえ). 2 支え, 支柱.

tornar 自 1 帰る, 戻る. 2 〖＋a＋不定詞〗 再び…する. —他 1 を返す, 戻す, 元に戻す. 2 〖＋en〗 を…に変える. —**se** 再 …になる; 変わる. ► **tornar en sí** 意識をとり戻す.

tornasol 男 1 (光の当たり方で変化する) きらめき. 2 〖化学〗 リトマス (色素). —**papel de ～** リトマス試験紙. 3 〖植物〗 ヒマワリ.

tornasolado, da 過分 〖→ tornasolar〗 形 虹色[玉虫色]にきらめく, 光沢のある; (光の当たり方で) 光沢が変化する.

tornasolar 他 …に光沢[つや]を与える, 虹色[玉虫色]に光らせる. —**se** 再 (光の当たり方によって変わるような)光沢がある, 虹色[玉虫色]に光る.

tornavoz 男 〖複 tornavoces〗 反響版, 共鳴板.

torneado, da 過分 〖→ tornear〗 形 1 旋盤[ろくろかんな]で削った[加工した]. 2 (身体・脚などが) やわらかい曲線の. —男 旋盤[ろくろかんな]による加工.

torneador, dora 男 1 旋盤工. 旋盤[ろくろかんな]で加工する人. 2 男 馬上槍試合の出場者.

tornear 他 を旋盤[ろくろかんな]で削る[加工する], 旋削する. —自 1 ぐるぐる回る, 回転する, 旋回する. 2 あれこれと考えを巡らす. 3 (中世の) 馬上槍試合に出る.

torneo 男 1 トーナメント, 勝ち抜き戦. 2 (中世の) 馬上槍試合.

tornería 女 1 旋盤作業[技術]; 旋盤加工, 旋盤[ろくろ]細工. 2 旋盤工場.

tornero, ra 男 1 旋盤工, 旋盤[ろくろかんな]で加工する人. 2 (修道院の) 回転式受付台の係の. —名 1 男 旋盤工, 旋盤[ろくろかんな]で加工する人. 2 女 (修道院の) 回転式受付台の係の修道女.

tornillería 女 1 〖集合的に〗 ねじ, ねじくぎ. 2 ねじ製造業; ねじ販売業, ねじ販売店.

tornillo 男 ねじ, ねじくぎ, ボルト; 万力. —**～ de banco** 万力, バイス, クランプ. ► **apretar los tornillos** (人に)圧力をかける, はっぱをかける, 強要する. **faltar un tornillo** 思慮分別を欠く, 頭が狂っている. **tener flojos los tornillos** 思慮分別が無い, 頭が狂っている.

torniquete 男 1 〖医学〗 止血帯, 圧迫帯. 2 回転木戸; 回転式改札口.

torniscón 男 〖話〗 1 つねること. 2 手の甲で人の顔や頭をたたくこと.

torno 男 1 (大工の) 旋盤. —**～ de** ceramista [alfarero] 陶工ろくろ. 2 (歯科の) ドリル. 3 (重い物を持ち上げる) ウインチ. 4 (修道院などの) 回転式の入り口. 5 —**～ de banco** 万力. ► **en torno a～** (1) …に関して. (2) …の回りに. (3) …ぐらい. **en torno de…** …の周辺に, …に関して.

toro [トロ] 男 1 雄牛. —**～ bravo** (闘牛の攻撃的な牛). —**～ de lidia** 闘牛の牛. 2 複 闘牛. —**ir a los ～s** 闘牛を見に行く. 3 強くたくましい男. 4 〖天文〗 雄牛座; 金牛宮. 5 〖建築〗 半円状の凸面をしたくり形, 大玉縁(ぶ). (数学) 円環面体. ► **coger** [**agarrar, tomar**] **el toro por los cuernos** 恐れず困難に立ち向かう. **ver** [**mirar**] **los toros desde la barrera** 高見の見物をする.

toronja 女 〖中南米〗 〖植物〗 1 グレープフルーツ(の実). 2 ザボン(の実).

toronjil 男 〖植物〗 メリッサ, セイヨウヤマハッカ.

toronjina 女 〖植物〗 メリッサ, セイヨウヤマハッカ.

toronjo 男 〖中南米〗 〖植物〗 1 グレープフルーツ(の木). 2 ザボン(の木).

torozón 男 1 不安, 落ち着きのなさ. 2 〖獣医〗 (激痛を伴う) 腸疝; 動物が腸炎であるときに呼ばれること.

torpe 形 1 動きが鈍い, のろい, よく動かない. —**Mi abuela ya está ～ de movimientos**. 祖母はもう体がよく動かない. 2 〖＋con/en/para が〗 不器用な, 下手な, ぎこちない; 苦手な. —**Es ～ con las manos**. 彼は手先が不器用だ. 3 頭の回転が鈍い, 愚鈍な, 愚かな, ばかな. —**Es muy ～ para las matemáticas**. 彼は数学ができない[得意でない]. 4 淫らな, 卑猥な. —**conversación ～** 猥談(ぼい). 5 見当外れの, 場違いな, 不適切な. ► **torpe de oído** 耳の遠い.

torpedeamiento 男 →torpedeo.

torpedear 他 1 〖軍事〗 を魚雷で攻撃する. 2 (計画・政策など) を粉砕する, 失敗させる.

torpedeo 男 〖軍事〗 魚雷攻撃.

torpedero, ra 形 〖軍事〗 (船が) 魚雷を搭載した. —**lancha torpedera** 魚雷艇. —名 1 男 〖軍事〗 魚雷艇[水雷艇]; 雷撃機. 2 男 魚雷射手.

torpedo 男 1 〖軍事〗 魚雷. 2 〖魚類〗 シビレエイ.

torpemente 副 のろのろと; ぎこちなく, 不器用に; 愚かにも.

torpeza 女 1 不器用さ, 動きの鈍さ, のろま, のろさ. 2 a) 愚鈍, 頭の鈍さ, うすのろ. b) ばかな言動, よどまな(な行為・態度), 醜態. —**cometer una ～** 醜態を演じる. 3 猥褻(ねい)(な言動・行為).

torpón, pona 形 (人が反応の鈍い, のろまな, 不器用な.

torpor 男 〖医学〗 麻痺(ね), 無感覚, しびれ. 2 不活発, 無気力.

torrado 男 炒(い)って塩をまぶしたエジプト豆.

torrar 他 (コーヒー・カカオなどを)炒(い)る, ローストする; を(炒りすぎて)焦がす.

torre [トレ] 女 **1** 塔, やぐら, タワー. ~ de Babel バベルの塔. ~ de control (空港の)管制塔. ~ de extracción 石油 井戸 のやぐら. encerrarse en una ~ de marfil 象牙の塔に閉じこもる. **2** 高い建物, 楼閣; 鐘楼. ~ del homenaje (城の)主塔, 天守閣. **3** (チェスの)ルーク. **4** (軍艦の)砲塔. **5** (送信・送電用の)鉄塔.

torrefacción 女 炒(い)ること, 焙(ほう)じること.

torrefactar 他 を炒(い)る, 焙(ほう)じる.

torrefacto, ta 形 炒(い)った, 焙(ほう)じた.

torreja 女 《料理》フレンチトースト.

Torremolinos 固名 トレモリノス (スペイン南部の都市).

torrencial 形 (雨が)激しい, 豪雨(のよう)な; (水流が)激しい. ーlluvia ー豪雨.

torrente 男 **1** 急流, 激流, 奔流. **2** a) (人の)殺到, 大勢. b) (物の)氾濫(はん); 大;多量. ーtener un ~ de voz 声量あふれる声をしている.

torrentera 女 渓流, 谷川; (水流によってできた)小渓谷.

torrentoso, sa 形 《南米》激流の, 急流の.

torreón 男 (城・広場の防衛のための)大きな塔(やぐら).

torrero 男 灯台守(り); (見張り塔の)見張り番.

torreta 女 **1** 《軍事》司令塔; (大砲などの)砲塔; 銃座. **2** (建物に付属した)小塔. **3** (通信用の)鉄塔.

torrezno 男 《料理》油で揚げた豚の脂身; ベーコンフライ.

tórrido, da 形 **1** 熱帯の. **2** 灼熱(しゃくねつ)の, ひどく暑い.

torrija 女 **1** 《料理》フレンチトースト. **2** 《話》酔い.

torsión 女 **1** ねじり, ねじれ. **2** 《機械, 物理》トーション, ねじり力. **3** 《医学》捻転(ねんてん). ~ intestinal 腸捻転.

torso 男 **1** (人の)胴体, 上半身. **2** 《美術》トルソ (頭と手足のない人体像).

torta 女 **1** 《料理》ケーキ, パイ; パイ状の塊. ~ de carne ミートパイ. **2** 《話》平手打ち, 殴打, ひっぱたき. ーdar una ~ ひっぱたく. **3** 《話》衝突や転倒などの衝撃, 打撃. **4** 《印刷》フォント. ▶ **costar la torta un pan** 《話》苦労の割にはいい結果がよくない, 結局高くつく. **ni torta** まったく…ない. **no tener ni media torta** 弱い, 病弱である. **ser tortas y pan pintado** 《話》(1)いたって簡単なことである, なんの造作もないことである. (2)(損害, 労働などが)他と比べるとずっと少ない(軽い).

tortada 女 **1** 《料理》(肉・菓子などを入れた)パイ, ミートパイ. **2** 《農業》(肥料・飼料用の)油かす. **3** 《建築》しっくい.

tortazo 男 **1** 《話》平手打ち, びんた. **2** 激突; 衝撃.

tortel 男 リング状のパイ [焼き菓子].

tortera 女 パイ皿.

torticero, ra 形 不正な, 不当な.

tortícolis 女 《ときに 男, 単複同形》(寝違えなどによる)首の痛み; 《医学》斜頸.

tortilla 女 **1** 《料理》オムレツ. ~ (a la) española (ジャガイモ入りの)スペイン風オムレツ. ~ francesa (卵だけの)プレーンオムレツ. ~ paisana 野菜入りオムレツ. **2** 《中米》(トウモロコシの粉で作ったトルティーリャ, タコスの皮. ▶ **hacer tortilla a...** をペチャンコにする, 粉々にする. **volverse [cambiar] la tortilla** 状況が反対になる, 期待に反した結果になる: ツキが変わる.

tortillería 女 《メキシコ》トルティーリャの売店.

tortillero, ra 名 《メキシコ》トルティーリャ売り. ー 女 《俗》レスビアン.

tortita 女 《料理》パンケーキ; (詰め物をした)パイ. ▶ **hacer [dar] tortitas** (幼児などに)遊びで手をたたかせる.

tórtola 女 《鳥類》キジバト.

tortolito, ta 形 《話》**1** 未熟な, 不慣れな; おどおどした. **2** (恋人同士が)仲睦まじい, そわそわしている.

tórtolo 男 **1** 《鳥類》(仲睦まじい)恋人; 複 恋人同士, カップル. **2** 《鳥類》オスのキジバト.

Tortosa 固名 トルトーサ (スペイン東部の都市).

tortuga 女 《動物》(陸および海の)カメ(亀). ーandar a paso de ~ のろのろと歩く.

tortuosidad 女 **1** 曲がりくねっていること, 曲折. **2** よこしまさ, 陰険さ, 悪賢さ.

tortuoso, sa 形 **1** 曲がりくねった, カーブの多い. **2** よこしまな, 陰険な, 悪賢い.

tortura 女 **1** 拷問, 責め苦. **2** (精神的・肉体的な)苦痛, 苦悩, 苦しみ.

torturador, dora 形 拷問する. ー 名 拷問する人.

torturar 他 **1** を拷問にかける. **2** を苦しめる, 責めさいなむ. ー **se** 再 ひどく苦しむ, 悩む, 苦悩する.

torunda 女 (消毒や薬の塗布などに用いる)綿球.

toruno 男 《南米》(3歳を過ぎて)去勢された牛.

torva 女 《気象》吹雪(ふぶき); 暴風雨, 暴風雪.

torvisco 男 ジンチョウゲ科の植物.

torvo, va 形 (目つきなどが)険しい, 恐ろしい. ーuna torva mirada 険しい目つき.

torz― 形 →torcer [5.9].

torzal 男 **1** 絹のより糸, 刺繍糸. **2** 《南米》(革の編みひも); 革ひもの鞭(むち).

tos 女 咳(せき), せきの出る病気. ーtener ~ せきが出る. ~ ferina 百日咳. ~ perruna 激しい咳. ~ seca から咳, 咳払い.

tosca 女 **1** 凝灰岩. **2** 歯石.

toscano, na 形 名 トスカーナ (Toscana, イタリア中西部の州)の(人); 《建築》ト

tosco, ca 形 1 粗雑な、雑な、粗末な；簡素な。—escultura tosca 荒削りの彫刻．tela tosca 地の粗い布、粗布．2 粗野な、不作法な、教養のない．

tosedera 女 〖中南米〗しつこい咳、咳込むこと。

toser 自 1 咳(せき)をする、咳が出る。2 わざと咳払いをする。3〖＋a〗対抗する、匹敵する〖通常否定文で〗．—A mí nadie me tose. 私に私にはかなわない．

tósigo 男 1 毒、毒物．2 悩み、苦しみ、苦悩．

tosigoso, sa 形 (人が)よく咳(せき)をする、咳の発作のある．

tosquedad 女 1 粗野、無作法．2 粗雑、荒削りな感じ．

tostación 女 焙煎(ばいせん)、炒(い)ること．

tostada 女 トースト．

tostadero 男 1 (コーヒー豆の)焙煎(ばいせん)場；焙煎器．2 ひどく暑い場所；灼熱(しゃくねつ)の地．

***tostado, da** 形 (→tostar) 1 きつね色に焼けた；炒(い)った；きつね色の．2 日焼けした、小麦色の．—cutis ～ 日焼けした肌．— 男 1 こんがり焼くこと；炒(いた)ること、焙煎．2〖料理〗トースト、トーストサンド．3 (肌の)日焼け．4〖南米〗焼きトウモロコシ．

tostador, dora 形 トーストする；炒(い)る、焙(や)く。— 名 焙く、焙る人、焙煎する人。— 男 トースター；コーヒーロースター、焙煎(ばいせん)器。— 女 トースター．

tostadura 女 トーストすること；炒(い)る、焙(や)じる、焙煎(ばいせん)．

***tostar** [5.1] 他 1〖料理〗(食物、とくにパンなど)をきつね色に焼く、あぶる．—castañas (bellotas) 栗(どんぐり)を焼く．～ un pollo チキンを焼く．2 (皮膚)を焼く、3 を熱する、熱くする．—se 再 1 こんがりと焼ける．2 熱くなる．3 日焼けする．—Se ha tostado esquiando. 彼はスキーをして日焼けした．

tostón 男 1〖話〗うんざりさせるような物〖人〗；退屈な物〖人〗．2〖主に南米〗クルトン．3〖話〗炒(い)ったガルバンソ豆．4〖料理〗子豚の丸焼き．

***total** [トタル] 形 1 全体の、全部の、総体の．2 全面的の、完全な、全体の—guerra ～ 全面戦争〔総力戦〕．sentir una tranquilidad ～ すっかり安心する．〖話〗完璧な、素晴らしい。— 男 1 総計、合計、総額．2 全体、全部、全員．—～ de la población 総人口．▶ **en total** ～ 全部で、合計で；結局、つまりは．— 副 〖話〗結局、要するに．

totalidad 女 全体、総体、全部．

totalitario, ria 形 1 包括的な、総括的な．2〖政治〗全体主義の、全体主義的な．—régimen [sistema] ～ 全体主義体制．

totalitarismo 男〖政治〗全体主義．

totalitarista 形〖政治〗全体主義(者)の．— 男女〖政治〗全体主義者．

totalizador, dora 形 合計する、まとめる．

totalizar [1.3] 他 を合計する、集計する；総計…に達する．

totalmente 副 全く、完全に、全面的に．

tótem 男 〖複 ～s〗トーテム；トーテムポール．

totémico, ca 形 トーテムの、トーテム崇拝の．—pilar ～ トーテムポール．

totemismo 男 トーテム崇拝、トーテミズム．

totora 女〖南米〗〖植物〗トトラ；ガマ．

totovía 女〖鳥類〗モリヒバリ．

totuma 女〖植物〗ヒョウタン(の実)；ヒョウタンの実で作った容器．

totumo 男〖植物〗ヒョウタン、ヒョウタンノキ．

tótum revolútum [ラテン] 男〖単複同形〗〖話〗混乱(状態)、乱雑〔revoltijo〕．

tour [＜仏] 男〖複 ～s〗1 ツアー、周遊旅行．2 (音楽家・劇団などの)ツアー、巡業、公演旅行．—T～ de Francia (スポ) ツール・ド・フランス(長距離自転車レース)．▶ **tour de force** [fórs] 離れわざ、巧みなわざ．**tour operador** 団体旅行業者(→turoperador)．

tournée [＜仏] 女 1 ツアー、周遊旅行．2 (音楽家・劇団などの)ツアー、巡業、公演旅行．

toxemia 女〖医学〗毒血症；妊娠中毒症．—～ gravídica 妊娠中毒症．

toxicidad 女 毒性、有毒性．

tóxico, ca 形 有毒な、毒性のある．—gas ～ 有毒ガス．— 男 毒物、毒薬．

toxicología 女 毒物学、毒理学、中毒学．

toxicológico, ca 形 毒物学の、毒理学の、中毒学の．

toxicólogo, ga 名 毒物学者、毒理学者、中毒学者．

toxicomanía 女 麻薬中毒、麻酔中毒．

toxicóman/o, na 形 麻薬中毒の．— 名 麻薬中毒患者．

toxicosis 女〖単複同形〗〖医学〗中毒症．—～ de embarazo 妊娠中毒症．

toxina 女 毒素、トキシン．

toxoplasmosis 女〖単複同形〗〖医学〗トキソプラスマ症．

tozudez 女 頑固(さ)、強情(さ)．

tozudo, da 形 名 頑固な(人)、強情な(人)．—(動物)の言うことを聞かない．

tozuelo 男 (動物の)首筋．

***traba** 女 1 (動物や物が動かないよう)結ぶこと、止めるもの；足かせ、(馬の)足綱．2 妨害、障害、じゃま物．▶ **poner trabas** 妨害する、じゃまする．

trabacuenta 女 1 計算間違い．2 論争、議論、言い争い．

trabado, da 過分 (→trabar) 形 1 (逃がないように)つながれた．2 (話などが)まとまりのある．3 (マヨネーズなどのように)どろり

trabadura 囡 結合、結びつき；つなぎ止め。

trabajado, da 過分 [→ trabajar] 囲 1 丹精こめた、念入りに作った。2 (仕事などで) 疲れきった、精魂尽き果てた。

trabajador, dora 形 1 よく働く、勤勉な、働き者の。2 労働者の、労働者階級の。—clase trabajadora 労働者階級。—图 労働者；職工、工員。~ autónomo 自営業者。~ estacional 季節労働者。~ temporal 臨時労働者。~ temporero 臨時雇 [季節] 労働者。~ social ソーシャルワーカー。—男《南米》《鳥類》セッカカマドドリ (雪下寛鳥)。

trabajar [トラバハル] 自 1 働く、仕事をする；勉強する。—~ en el campo 畑仕事をする。Ese estudiante trabaja mucho. その学生はよく勉強する。Ese actor trabaja muy bien. その俳優はとても演技が上手だ。2 [+de+無冠詞名詞] を職業としている、職業は…だ、…の社員である。—Trabaja de diseñadora. 彼女の職業はデザイナーだ。Trabaja como jardinero. 彼の職業は庭師だ。3 a) 作業する、稼動する。—Los ordenadores trabajan según programas determinados. コンピューターは特定のプログラムに従って動く。b) 働く、力を発揮する。—~ por la paz 平和のために活動する。4 [+con≥] 取引する。5 (作物の収穫が) ある。—他 1 を細工する、加工する；…に手を加える。—~ la madera [el cuero] 木[皮革] を加工する。2 (土地・畑) を耕す。3 を働きかける、目指す。—Ha trabajado el ascenso. 彼は出世を目指した。4 を勉強する、学ぶ、研究する。—~ la filosofía 哲学を勉強する。~ la masa パン生地をこねる。6 (体)を鍛える。—se 再 [+a≥] (懸命に)働きかける、説得する。—~se a los clientes 顧客たちに働きかける。► **El que no trabaja, no come.** [諺] 働かざる者、食うべからず。

trabajo [トラバホ] 男 仕事 1 a) (心身の活動としての) 仕事、業務、作業；勉強、研究。~ corporal [físico] 肉体労働。~s forzados [forzosos] 強制労働；いやな仕事。~ intelectual 知的労働。~ de equipo チームワーク。~ de campo フィールドワーク。~ de zapa 裏面工作。día de ~ 仕事日、平日。b) (はたすべき) 仕事、業務；就労。~ por horas [a tiempo parcial] アルバイト、パートタイム。~ por turno 交代制業務。c) [賃金を受ける] 仕事、職場。—ir al ~ 仕事に行く。estar sin ~ 失業中である。d) (生産力としての) 労働、労働力。2 (仕事の結果としての) 作品、著作、研究(成果)。~ de manos 手工芸品。3 努力；苦労。—sin ~ わけなく、容易に。4 複 苦難、

辛苦、苦労。5《物理》仕事、仕事量。► **costar trabajo**《事物が主語》…するのに骨がおれる、…するのに苦労する。**dar trabajo** 手間がかかる、面倒である。**de trabajo** 仕事用の、労働用の。

trabajosamente 副 苦労して、骨を折って、やっとのことで。

trabajoso, sa 形 1 困難な、厄介な、骨の折れる。—Es un plato ~ de hacer. これは作るのに苦労する料理だ。2《中南米》気難しい。

trabalenguas 男《単複同形》早口言葉、発音しにくい語句。

trabamiento 男 接合、結合。

trabar 他 1 を結び合わせる、接合 [結合] させる、組み合わせる。2 (液) を濃くする、濃縮する。…に粘りを与える。—~ una salsa ソースを濃縮する。~ las claras 卵の白味に粘り気を与える (固く泡立てる)。3 を開放する、始める。—~ amistades 交友関係を広げる。~ batalla 戦闘を交える。4 を捕らえる、捕まえる。しっかりとつかむ。5 を阻害する、邪魔する。6 を固定する、を動かなくさせる。—自 かみ合う、引っ掛かる。—Este gancho no traba. このホックは掛からない。—se 再 1 (錠前・掛け金が) かみ合う。2 (舌などが) もつれる、口ごもる。3 固まる、粘り気が出る。4 論争し合う；戦火を交える。

trabazón 囡 1 接合(部)、結合(部)、つなぎ。2 (話の) つながり、まとまり；首尾一貫性。3 (マヨネーズなどの) とろみ、粘り気。

trabe 囡《建築》梁(は)、桁(けた)。

trabilla 囡《服飾》1 (ズボンなどの) ベルト通し。2 (足・靴の底にかけてズボンなどを留める) ストラップ、ズボン吊り。3 (上着・コートなどの) 背ベルト。

trabucaire 形 強がりの、大胆な。—男《歴史》(18-19世紀に) らっぱ銃 (trabuco) で武装したカタルーニャの反徒。

trabucar [1.1] 他 1 (言葉・綴りなど)を言い間違える、書き間違える。2 を混同する、取り違える。3 (順番・秩序など)を乱す、ごちゃごちゃにする。—se 再 (順番・秩序などが) 乱れる、混乱する。

trabucazo 男 1 ラッパ銃の発射；ラッパ銃による負傷。2 衝撃的な事件、ショッキングな知らせ。

trabuco 男《歴史》ラッパ銃。

traca 囡 1 (導火線でつないで次々に爆発するようになっている) 爆竹 [打ち上げ花火]。2 (花火の最後を飾る) 大爆発。

trácala 囡《話》《中米》ぺてん、策略。

tracalada 囡《話》《中南米》群集；多数。—una ~ de… 多くの…。

tracalero, ra 形《メキシコ》(人が) 金猾(ずるい)、ずるい；詐欺の。

tracción 囡 引くこと、牽引(けんいん)(力)；駆動。~ delantera [trasera] 前輪 [後輪] 駆動。~ a [en] las cuatro ruedas 四輪駆動。

trace(-), **tracé(-)** 動 → trazar [1.3]。

tracería 囡《建築》狭間(はざま) 飾り、ト

レーサリー.

Tracia 固名 《歴史》トラキア(バルカン半島の地方).

tracio, cia 形名 《歴史》トラキア(Tracia) の, トラキア人[語]の; トラキア人. ―男《歴史, 言語》トラキア語.

tracoma 男《医学》トラコーマ, トラホーム.

tracto 男 1《解剖》管; (神経の)束. ―~ biliar 胆管. ~ digestivo 消化管. 2(カトリ) 詠誦(えいしょう). 3 トラクトゥス. 3 (時間的な)間(あいだ), 間(ま).

tractor, tora 形 牽引(けんいん)する. ―rueda tractora《機械》動輪, (自動車などの)駆動輪. ―男 トラクター; 牽引車.

tractorista 男女 トラクター運転者.

tradición 女 1 伝統, 慣習, しきたり. 2 伝説, 伝承, 言い伝え. 3《司法》譲渡, 交付, 引渡し.

tradicional 形 1 伝統的, 伝統的な, 慣例の. ―gramática ~ 伝統文法. 2 昔ながらの, 昔風の, 保守的な. 3 ありきたりの.

tradicionalismo 男 伝統主義.

tradicionalista 形 伝統主義の, 伝統主義的な, 伝統主義者の. ―男女 1 伝統主義者. 2 カルリスタ(19世紀スペインのカルロス党員, カルリスタ(carlista).

tradicionalmente 副 伝統的に.

traducción 女 1 翻訳(すること, 訳すこと); 翻訳(文・作品), 訳(文). ―~ directa 外国語を自国語に翻訳すること(したもの). ~ inversa 自国語を外国語に翻訳すること(したもの). ~ literal 直訳, 逐語訳. ~ libre 意訳, 自由訳. ~ simultánea 同時通訳. ~ automática (情報)自動翻訳. ~ yuxtalineal 対訳. 2(あるテキストや作品の)解釈.

traducible 形 翻訳可能な, 言い換え可能な.

traducir [トラドゥシル][9.3] 他 1 を翻訳する, 訳す. ―~ una obra al japonés 彼はある作品を日本語に訳す. 2 a) を表現する, 言い表す. b) を解説する, 説明する. 3《+ en に》を変える, 変化させる. ―**se** 再《+ en に》に変わる.

traductor, tora 名 翻訳者, 訳者の; 通訳(者). ―nota del ~ 訳注. ―形 翻訳する, 翻訳の, 通訳の. ―programa ~《情報》翻訳プログラム. ―男《情報》翻訳ソフト, 翻訳ルーチン, トランスレータ.

traduji-, traduzc- 動 → traducir [9.3].

traedizo, za 形 持ち運びできる; よそから持ってきた.

traer [トラエル][10.4] 他 1 を持って来る, 連れて来る. 2 を持参する. ―¿Me *traes* una cerveza? ビールを1本持って来てくれる? 身につける, 着ている. ―~ un vestido muy elegante とてもしゃれたドレスを着ている. 3…の原因・理由となる, を引き起こす, もたらす. ―La ociosidad *trae* muchos vicios. 無為は多くの悪徳の元だ. 4 を含む, 掲載している, …が付いている. ―Esa revista suele ~ artículos interesantes. その雑誌は興味深い記事を載せるのが常である. 5 を(ある状態・状況)にする, 置く. ―~ inquieto 気をもませる. 6 を持つ, 経験している. ―*Traigo* mucha hambre. 私はとてもお腹が空いている. ▶ **traer a la memoria** を思い出す, 懐かしむ. **traerLE al fresco** 《話》関心ない, 無関心である. **traer a [+人] mal traer** を苦しめる; 怒らせる. **traer consigo** を引き起こす. **traer cuenta** 割に合う, 有利である. **traer de acá para allá** あちこちと引っ張り回す. **traer de cabeza** 《話》心配させる, 悩ませる. **traérsELA floja** 《俗》関係ない, 無関心である. **traer sin cuidado** 関係ない, 無関心である. ―**se** 再 (を)たくらむ, 謀る.
▶ **traérselas** 《話》(見かけよりも)難問を提起する, なかなかの難物である.

trafagar [1.2] 自 1 忙しく立ち働く, せかせかと動き回る. 2 商売する, 商いをする.

tráfago 男 1 盛んな往来, 活気. 2 忙しなさ, 大にし.

Trafalgar 固名 (Cabo ~) トラファルガー(岬)(スペイン南西部の岬).

traficante 男女 商人, 取引業者; 密売人. ―形《+ con/en を》商う, 取引する, 密売する.

traficar [1.1] 自《+ con, en を》商売する, 闇で売買する.

tráfico [トラフィコ]男 1 交通, 往来, 輸送, 運輸. ―~ aéreo 空の交通, 航空輸送. ~ rodado 車両交通. accidente de ~ 交通事故. señales de ~ 交通標識. 2《商業》交易, 貿易. ―~ de divisas 外国為替取引. ~ de esclavos《歴史》奴隷売買. 3 (不正な)取引, 密売, 売買. ―~ de drogas 麻薬の取引[密売]. ~ de influencias 政治的影響力[権力]の不正利用. 4《通信》トラフィック.

trafiqu- → traficar [1.1].

tragacanto 男《植物》トラガカントノキ; (これを材料とする)トラガカントゴム.

tragaderas 女[複]《話》1のど, のどぶと. 2 信じやすさ, 人よしであること.

tragadero 男 1 (特に液体の)吸い込み口, 排水口. ―~ de la pila 流しの排水口. 2《話》のど.

tragador, dora 名 食いしん坊, 大食漢. ―~ de fuego 火吹き芸人.

trágala 男 1《歴史》トラガラ(19世紀初頭, 自由主義者が王党派を風刺した歌). 2 無理強い.

tragaldabas 男女[単複同形]《話》1 食いしん坊, 大食家. 2 何でも信じ込む人, お人よし.

tragaleguas 男女[単複同形] よく歩く人, 健脚家.

tragaluz 男 [複 tragaluces] 天窓, 採光窓, 明かり取りの窓.

tragamonedas 女【単複同形】【南米】スロットマシーン, (コイン)ゲーム機.

tragantada 女 ごくんと飲み下すこと, 嚥下(%).

tragantón, tona 形名【話】大食いの, 食いしん坊(%)の; 大食家.

tragantona 女《話》 1 大ごちそう, 大宴会; 飽食. 2 無理に飲み込むこと. 3 無理やり信じ込ませること.

tragaperras 女【単複同形】スロットマシーン, (コインを入れる)ゲーム機 (=máquina ~).

:**tragar** [1.2] 他 自 1 a) を飲み込む, 嚥下(%)する. b) (水)を吐け出す. —Este tubo de desagüe no traga bien el agua. この排水管は水はけが良くない. c) (水面にあるもの)を水没させる, 沈める. —Las olas se tragaron la barca de pesca. 釣り舟は波に飲まれた. d) を食い終える, (番組などを)最後まで見る. e) をかきこむ, がつがつ食べる. 2 を信じ込む, 鵜呑(%)みにする. 3 を消費する, 使い果たす. —~ mucha electricidad 電気を多く食う. 4 a) を我慢する, こらえる, …に耐える. b) を抑える, 抑制する. —Se tragó su orgullo. 彼は自分のプライドをぐっと抑えた. c) を包み隠す. —el dolor 痛くないふりをする. 5【海の】《話》 a) …にぶつかる, 衝突する. —~se una farola 街灯に衝突する. b) (信号など)を無視する. —~se no tragar a/a no poder tragar …に反感を抱く, を嫌う.

tragasables 男女【単複同形】剣(%)マイフを飲み込む軽業師.

tragedia 女 1 悲劇. 2 悲劇的事件, 惨事. —Sus proyectos pararon [terminaron] en ~. 彼の計画は惨めな結末に終った.

trágicamente 副 1 いたましいことに, 悲惨なことに. 2 悲劇的に, 悲惨に.

trágico, ca 形 1 悲劇の. —novela trágica 悲劇小説. 2 悲劇的な, 悲惨な. —accidente — いたましい事故. 3【話】悲観的な. ▶ponerse trágico (1) 物事を深刻に受け取る, 悲観的になる. (2) (状況が)深刻になってくる. — 名 悲劇作家 (=autor ~), 悲劇俳優【女優】 (= actor [actriz trágica]).

tragicomedia 女 1 悲喜劇. 2 悲喜劇的なできごと, 泣き笑い.

tragicómico, ca 形 1 悲喜劇の. 2 悲喜劇的な.

trago 男 1 (ひと飲みの)量, 一口. 2 《俗》 酒(飲), 飲酒. 3《俗》不幸, 不運, 苦しみ. —pasar un mal ~ 苦しみを味わう. ▶a tragos 少しずつ. de un trago 一口で, 一気に.

tragón, gona 形名【話】大食漢の, 大食いの人; 食いしん坊の人.

tragonería 女【話】大食, 食食癖.

tragu- 動 →tragar [1.2].

:**traición** 女 1 裏切り, 反逆, 背信. 2 反逆罪; 売国行為. —alta ~ 大逆罪. ▶a traición 裏切って.

:**traicionar** 他 1 を裏切る, …に背く. 2 …の失敗[挫折]の原因を作る, を失敗させる, 挫折させる. 3 (無意識に)を表す, うっかり表に出す.

traicionero, ra 形名 1 裏切り(者)の, 反逆の. 2 信用できない; 見かけだおしの. 3 暴露する. — 名 裏切り者.

traída 女 持ってくること, 運び入れ, 供給. —~ de aguas 給水.

:**traído, da** 過分 [→traer] 1 持ってきた, もたらされた. 2 使い古した, 着古した. ▶traído por los pelos 無理にこじつけた, ありそうにない. traído y llevado 言い古された, 陳腐な, 話題にされた.

traidor, dora 形 1【+a への】裏切り(者)の, 反逆の; 二心ある, 不実な. —ojos ~es ずるそうな眼差し; 反抗的な目つき. 2【話】見かけに反して危険な[有害な], 人をだます. —un resfriado ~ 油断のならない風邪. 3 (馬などが)反抗的な, 手に負えない, 不従順な. —caballo ~ 言うことを聞かない馬. — 名 裏切り者, 反逆者; 背信者, 不実者. —~ a la patria 売国奴. ▶Traductor, traidor. 翻訳に誤りはつきもの. — 男 反抗的な馬, じゃじゃ馬.

traidoramente 副 裏切って, 反逆的に.

traig- 動 →traer [10.4].

trailer, tráiler【<英】 男【複】~(e)s 1 トレーラー. 2【映画】予告編.

traílla 女 1 (動物, とくに狩猟や訓練のときに犬をつなぐ)革ひも, 綱. 2 (皮でもつながれた)犬の一団. 3【技術】地ならし機. 4【農業】まぐわ.

traillar [1.7] 他 (地面)を地ならし機[まぐわ]でならす, 平らにする.

traína 女【漁業】引き網, トロール網にもイワシ漁でよく使われる.

trainera 女【漁業】引き網漁船; トロール船; イワシ漁船. 2 (ボートレース用の)ボート.

traiña 女【漁業】(イワシ漁用の大きな)引き網.

traj- 動 →traer [10.4].

Trajano 固名 トラヤヌス (Marco Ulpio ~)(53-117, スペイン生まれのローマ皇帝, 在位 98-117).

:**traje**【トラヘ】男 1 a) スーツ (男性用は, 上着とズボン, または チョッキ, 女性用は上着とスカートから成る). —~ sastre [de chaqueta] (上着とスカートまたはパンツから成る男物仕立ての婦人用スーツ). b) (特別な目的・用途の)衣服, …服, …着. —~ corto フランツの闘牛手と闘牛士などが着用するチョッキとウエストコートや腰の部分がぴったりとしたズボンから成る服. ~ de baño 水着. ~ de ceremonia [de etiqueta] (主に男性の)礼服, 正装; 制服. ~ de diario [de casa] 平服, ふだん着. ~ de gala (男女の)正装, 式服. ~ espacial 宇宙服. ~ de luces (金や銀の刺繍(%)のある)闘牛士の服. ~ de noche (女性の)イブニングドレス. ~ de novia ウェディングドレス. c) 服装, 身な

trajeado り.2(ある時代,地方,階級などに特有な)服装,衣装.—un ~ típico de Japón 和服. el ~ regional asturiano アストゥリアス地方の民族衣装.

trajeado, da 過形 [→trajear] 形 正装した,身なりの良い.—bien [mal] ~ 身なりの良い[悪い].

trajear 他 (人)に服を着せる,正装させる;(人)に衣服をあてがう.—**se** 再 服を着る,(スーツ・ドレスなどで)正装する;(自分の)衣服をつくる.

trajín 男 1《話》(せわしない)用事;大忙し,奔走.2《話》雑用,用事,用事.—el ~ de la casa 家事.3 運送.

trajinante 形 運送の. —— 男女 1 運送業者.2《俗》あくせくしている人.

trajinar 自 1 忙しく動き回る,あくせくと働く,奔走する.2《俗》性交する.—— 他 1 を運ぶ,運搬する.—— 再 1《話》(人)を説得する,くどく.2《俗》性交する.

trajinería 女 運搬,配送.

tralla 女 1(先が房になっている)鞭(ǒ);鞭の先の房.2 ロープ,綱.

trallazo 男 1 鞭(ǒ)打ち,鞭打ちの音.2 厳しい批判,激しい叱責.3 強い打撃;(サッカーの)強いキック,強いシュート.

trama 女 1(小説や劇などの)筋(書き),構想,プロット.2 共謀;陰謀,たくらみ.3(織物の)横糸;(織物の横糸に使う)絹糸.4(テレビの)走査線.

tramar 他 1(悪事)をたくらむ,画策する.2(縦糸に横糸)を通す.3《グラフィック・アートなどでイメージ》を網目スクリーンにかける.

tramitación 女 (一連の)手続き,処理.

tramitar 他 …の手続きを取る;を処理する.—— su pasaporte パスポート取得の手続きをする.

trámite 男 (物事を行うための)手続き,処理;正式な手続き.

tramo 男 1(道路などの)区間,一区切り;(土地の)区画.2(2つの踊り場の間の)階段.3(内容・期間を分割した)部分.

tramontana 女 1 北風.2 北側;北部.3 うぬぼれ,驕(ᵅ)り,尊大さ.

tramontano, na 形 山の向こうの;山の向こうから.

tramontar 自 山の向こうへ行く.—— 他 (国または領土に関して)向こう側に行く.

tramoya 女 1《演劇》舞台装置,仕掛け.2 計略,策略.

tramoyista 男女 1《演劇》舞台(装置)係,道具方,裏方.2 計略家,策士,ペテン師.

trampa 女 1(動物を捕える)罠(ǎ);落し穴.おとり.—poner una ~ para liebres 野ウサギの罠を仕掛ける.2 a)人(を陥れる)計略,策略,罠.—caer en la ~ 罠にはまる.b)(賭博の)いかさま,ペテン.—hacer ~(s)(いかさま[ずる]をする).c)手品,トリック.3(店の上げぶた,(床下へ通じる)戸;(カウンターなどの)はね上げ戸.4(滞った)借金. ▶ coger a...en una [la] trampa (人)の悪事の現場を押さえる.

sin trampa ni cartón ごまかしもいかさまもなく,種も仕掛けもありません.

trampantojo 男《話》ごまかし,トリック.

trampear 自《話》1 なんとかやりくりする.苦しい生活を切り盛りする.2 借金生活をする;人から金をだまし取って生活する.—— 他 1(苦境から逃れるため)楽をするために,人に嘘をつく,(人)をだます.2(人)から金をだまし取る.

trampero, ra 男女 罠(ǎ)を使って狩をする猟師;罠を仕掛ける人.

trampilla 女 1《建築》(床または天井につけられた)揚げ戸.2《服飾》(ズボンなどの)フライ(ファスナー部分を隠す布).

trampolín 男 1《スポ》体操競技のトランポリン.2《スポ》(水泳の)飛びこみ台.—salto de ~ 飛び板飛び込み.3《スポ》(陸上競技の)踏み切り板.4《スポ》(スキーの)ジャンプ台.—— largo (スキージャンプの)ラージヒル.—— corto (スキージャンプの)ノーマルヒル.5(成功のための)踏み台.

tramposo, sa 形 (人が)いんちきをする,いかさまをする,ずるい.—— 名 1 いんちきをする人,いかさま師,詐欺師.2 借金の返済を渋る人.

tranca 女 1 太い棒,こん棒.2 かんぬき.—echar [poner] la ~ かんぬきをかける.3《話》酔っ払い,泥酔.—coger [pillar] una ~《話》酔っ払う. ▶ a trancas y barrancas《話》やっとのことで,苦労のあげく.

trancada 女 1 大いな歩幅;大また歩き.

trancar 他 (扉など)にかんぬき[差し錠]をかける.

trancazo 男 1 こん棒で殴(ᵅ)ること;強打,ぶつけること.2《話》ひどい風邪(ᵅ).3《俗》泥酔.

trance 男 1(決定的な)時,(重大な)時期;危急の時.—el postrer [último] ~ 臨終.2 夢うつつ,恍惚(こうこつ),睡状態.—despertar del ~ 昏(ｺﾝ)睡状態から覚める. ▶ a todo trance どんなに無理を払ってでも,危険をかえりみず. en trance de (1)…の途中に.(2)まさに…するばかりの.

tranchete 男 (靴職人の使う)革用ナイフ.

tranco 男 1 大また,大また歩き.2 敷居.3 戦居. ▶ a trancos 大急ぎで,あわてて.

tranquera 女 1 欄(ᵏ),矢来(ᵑ).2《南米》(柵についている)木戸.

tranquero 男《建築》1 枠(ᵏ)石.2 石柱[窓枠]用の切石.

tranquil 男《建築》(おもりのついた下げ振り糸が示す)垂直線,鉛直線.

tranquilamente 副 1 静かに,穏やかに,安らかに.2 安心して,落ち着いて.3 ゆっくりと,急がず,悠々と.

tranquilidad 女 平静,平穏;落ち着き.—hablar con toda ~ とても冷静に話す.

tranquilizador, dora 形 心をなごませる,落ち着かせる.

tranquilizante 男《医学》鎮静剤,精神安定剤,トランキライザー. ── 形 落ち着かせる,鎮静させる;《医学》精神安定(剤)の.

tranquilizar [1.3] 他〈心〉を平静にする,落ち着かせる,なだめる. ── se 再 平静になる,安心する,落ち着く.

tranquilla 女 1 掛け金,かんぬき. 2《話》(相手に本心を言わせるために掛けるわな,(言葉)のわな.

tranquillo 男《話》こつ,要領. ─coger [dar con, pillar] el ~ de… …のこつをつかむ,要領を覚える.

tranqui*lo, la* [トランキロ, ラ] 形 1 (場所・環境が)静かな,穏やかな. ─El mar está ~ hoy. 今日の海は穏やかだ. 2 [ser/estar +] (人が)穏やかな,おとなしい. 3 [estar +] 落ち着いた,平静な,平然とした. 4 a) [estar +] 安心した,心配のない. b)《話》[間投詞的に] 安心しなさい. ─¡T~! 大丈夫. 5 (物事・状況が)平穏な,のんびりした. ─llevar una vida *tranquila* のんびり[平穏に]暮らす. 6 良心に恥じるところのない. ─tener la conciencia *tranquila* 良心にやましいところがない. 7 (義務などに)だらしがない.

transacción 女 1《商業》取引,売買(契約). 2 譲歩,妥協. 3《法律》示談,和解. 4《情報》トランザクション.

transalpino, na 形 (イタリアから見て)アルプスの向こう側の;アルプス横断の.

transandino, na 形 アンデスの向こう側の,アンデス横断の. ── 男 アンデス横断鉄道.

transar 自《中南米》妥協する,譲歩する. ── 他《メキシコ》《話》〈人〉からだましとる,だまくらかす. ── se 再《中南米》妥協する,譲歩する.

transatlántico, ca 形 大西洋の向こうの;大西洋横断の. ── 男 大西洋横断定期船;大型客船.

transbordador, trasbordador 男 (主に川などの)フェリー(ボート),渡し船;スペースシャトル. ── 形 espacial スペースシャトル. ── funicular ケーブルカー. ── 乗り換え[積み換え]用の.

transbordar 他 1〈貨物〉を移し替える,積み替える. 2 乗り換えさせる. ── 自 乗り換える.

transbordo 男 乗り換え;積み換え.

transcendencia 女 → trascendencia.

transcendental 形 → trascendental.

transcendentalismo 男 → trascendentalismo.

transcendente 形 → trascendente.

transcender 自他 → trascender.

transcontinental 形 大陸横断の.

transcribir [3.3] 他 1 a)〈を〉転写する,書き換える. ─el texto ruso en caracteres latinos ロシア語のテキストをラテン文字に書き換える. b)〈を〉文字化する. c)〈を〉書き写す,筆写する. d)〈を〉音標文字[音声記号]で書き表す. 2〈を〉(他の楽器用に)編曲する.

transcripción 女 1 転写,筆写,複写;表記. ── fonética 音声表記. 2 (他の言語や文字への)書き換え(たもの). 3《音楽》編曲.

transcriptor, tora 男女 形 転写[筆写]する(人);編曲する(人).

transculturación 女 異文化の受容,異文化への適応.

transcultural 形 多様な文化にまたがる,通文化的な,異文化間の.

transcurrir 自 (時が)過ぎる,経過する,推移する.

transcurso, trascurso 男 (時間の)経過,推移;期間. ─en el ~ de dos días 2日間で.

transducción 女《医学》形質導入.

transductor 男《エネルギー》変換機.

transeúnte 形 通行人,通りがかりの人. 2 短期滞在者. ── 1 通りがかりの,通行中の. ─un peatón ~ 通行人,歩行者. 2 短期滞在者の,一時的居住の. 3《医学》一過性の.

transexual 形 性転換した;異性化願望のある,性同一性障害の. ── 男女 性転換者;異性化願望の持ち主.

transexualidad 女 性転換;異性化願望,性同一性障害.

transexualismo 男 → transexualidad.

transferencia 女 1 譲渡;名義変更. ── de acciones 株式名義書き換え. 2 為替,振替,送金. ── bancaria 銀行振替. 3 移動,移転. ── de un jugador 選手の移籍. 4《心理》感情転移. 5《情報》転送.

transferible 形 譲渡可能な;移転[移動]できる.

transferir [7] 他 1〈人〉を異動させる,〈物・金など〉を移動させる. 2〈お金〉を振り込む. 3〈財産・権利など〉を譲渡する. 4〈語の意味〉を比喩によって変化[拡大]する. 5 を延期する.

transfier- 動 → transferir [7].

transfiguración 女 1 変貌(ぼう),変身. 2 (La T~)《聖書》キリストの変容(マタイによる福音書」17章1-9節など);変容の祝日,顕栄祭(8月6日).

transfigurar 他 を 変貌(ぼう)させる. ── se 再 変貌する,姿(すがた)形を変える.

transfir- 動 → transferir [7].

transfixión 女 (棺などの)貫通.

transfocador 男《映画,写真》ズームレンズ.

transformable 形 変形できる,変換可能な. ─sillón ~ (en cama) ソファーベッド.

transformación 女 変形,変質,転換;《生物》変態.

transformacional 形《言語》変形の. ─gramática ~ 変形文法.

transformado, da 過分 [→ transformar(se)] 形 変形された,加工された;

transformador, dora 形 変形する, 変換する; 加工する. —industria *transformadora* 加工産業. — 男 (電気) 変圧器, トランス.

transformar 他 **1 a)** (物)を変える, 変形させる, 変化させる. **b)** (人)を変える, 変容させる, 変貌(㌹)させる. **c)**〖+en に〗変える, 加工する. —~ la harina en pan 小麦粉をパンにする. **2 a)**《スポ》(サッカーなどでペナルティーを)得点に変える. —~ el penalti en gol ペナルティキックでゴールを決める. **b)**《スポ》(ラグビーで)コンバートする. —**se** 再 〖+en に〗変わる, 変化する. — 自 《スポ》(ラグビーでトライの後)コンバートを決める.

transformativo, va 形 **1** 変化の, 変形の. **2** 《言語》変形の.

transformismo 男 **1** 《生物》生物変移説. **2** 早変わりの芸.

transformista 形 **1** 《生物》生物変移説支持者. — 男女 **1** 《生物》生物変移説支持者. **2** 早変わりの芸人.

tránsfuga 男女 **1** 脱走兵, 逃亡者. **2** 転向者, 変節漢.

transfuguismo 男 《政治》政党[党派]を移籍すること.

transfundir 他 **1 a)**(液体)を移し替える, 注入する. **b)**《医学》(血液)を輸血する. **2**(話など)を広める, 流布させる. —**se** 再 (話などが)広まる, 流布する.

transfusión 女 **1**《医学》輸血. **2**(液体の)移し替え, 注入.

transfusor, sora 形 《医学》輸血の [を行う].

transgénico, ca 形 《生物》遺伝子組み換えの.

transgredir 他 《文》(法律など)を犯す, 破る; …に違反する.

transgresión 女 《文》違反, 違犯, 違背.

transgresivo, va 形 違反の, 違反する.

transgresor, sora 形 《文》(法律などに)違反する, 違反した. — 名 違反者.

transiberiano, na 形 シベリア横断の. — 男 (el T~)シベリア横断鉄道.

transición 女 **1** 移り変わり, 移行, 変遷. —~ de tono 音調[転調]の変化. **2** 過渡期, 変わり目. —período de ~ 過渡期.

transido, da 形 〖estar +, + de に〗《文》苦しんでいる, さいなまれている, 打ちひしがれている. —~ de dolor 悲しみに打ちひしがれた.

transigencia 女 **1** 妥協, 譲歩. **2** 妥協的な態度, 寛大さ.

transigente 形 寛容な; 妥協的な.

transigir [3.6] 自 **1** 〖+ con と/en のことで〗妥協する, 折り合って, 歩み寄る. —No estoy dispuesto a ~ en mis principios. 私の主義を曲げるつもりはない. **2** 〖+ con と〗容認する, (…に)同意する.

Transilvania 固名 (los Alpes de ~)トランシルバニア・アルプス(ルーマニアの山脈).

transilvano, nva 形名 トランシルバニアの(人).

transistor 男 **1** (電気)トランジスタ. **2** トランジスタ・ラジオ.

transistorizado, da 形 (電気)トランジスタを用いた, トランジスタ式の.

transitable 形 (道などが)通行可能な.

transitar 自 〖+ por を〗通行する, 通る.

transitividad 女 他動詞性.

transitivo, va 形 《言語》他動詞の, 他動詞構文の. —verbo ~ 他動詞. — 男 《言語》他動詞.

tránsito 男 **1** 通ること, 通行, 通過. **2** (人・車・船・航空機の)交通, 往来; 交通量. —~ de peatones 歩行者の行き来. **2** 輸送, 運送; 移動. —agente de ~ 運送会社. ~ rodado 車輛(による)輸送. **4 a)**(特に聖母の死, 昇天), 死. **b)** (T~) 聖母被昇天(祭)(8月15日) ► *de tránsito* かりに, 一時的に; (客, 貨物が)通過中の. —viajeros [mercancías] *de tránsito* 通過旅客[貨物].

transitoriedad 女 はかなさ, 移ろいやすさ, 過渡性.

transitorio, ria 形 **1** 一時的な, 過渡的な, 暫定的な. —empleo ~ 臨時採用; 臨時職. período ~ 過渡期. **2** はかない, 束の間の. —ilusión *transitoria* はかない願望.

translación 女 **1**《天文》(地球の)公転. **2** 移動, 移送. **3**《言語》比喩, 転義. **4** 翻訳. **5** 複写, 転写.

translaticio, cia 形 《言語》比喩(ゆ)的な, 転義の. —sentido ~ 比喩的な意味, 転義.

transliteración 女 《言語》翻字(な).

transliterar 他 を翻字する

translucidez 女 半透明.

translúcido, da 形 透けて見える, 半透明の. —plástico ~ 半透明プラスチック.

transluciente 形 半透明の.

translucir [9.2] 他 →traslucir.

transmigración 女 **1**《宗教》(霊魂の)乗り移り; 輪廻(ね), 転生. **2** 移住, 移民.

transmigrar 自 **1**《宗教》(人などが)生まれ変わる, 転生する; (霊魂が)乗り移る. **2** 移住する, (民が)移動する.

transmigratorio, ria 形 **1** 移住の, 移民の. **2** 《宗教》輪廻(な)の, 転生の.

transmisibilidad 女 **1** 伝達[送信]可能性, 伝染性; 遺伝すること. **3** 譲渡可能であること.

transmisible 形 **1** 送る[伝える]ことのできる, 伝達[送信]可能な. **2** 伝染性の; 遺伝による. **3** 譲渡可能.

transmisión 女 **1** 伝えること, 送ること, 伝達. **2** 感染. —enfermedad de ~ sexual 性行為感染症. **3**《機械》伝動[駆動]装置; (車の)トランスミッション, 変速

機．**4** 放送，中継；送信．━━ in directo 実況放送，生中継．**5** 継承，委譲；《法律》讓渡．━━ de bienes 財産の讓渡．

transmisor, sora 形 1伝える，伝達する；伝染させる．**2** 送信する，放送する．━━ 男《通信》送信機．

:transmitir 他 **1** a)（情報）を伝える，伝達する．b)（動き）を伝える，伝動する；《物理》伝導する．**2** を放送する，放映する，中継する．━━ in directo un partido 試合を中継する．**3** をうつす，感染させる．━Un mosquito *transmite* la fiebre del Nilo. 蚊がナイル熱を伝染させる．**4** を讓渡する．━━ **se** 再（病気が）うつる，伝染する．

transmudar 他 **1** を移す，移動［移転］させる．**2**（物質）を変化［変質］させる．**3**（人）の考えを変えさせる．━━ **se** 再 **1** 移る，移動［移転］する．**2** 変化［変質］する．**3** 考えを変える．

transmutable 形 変化［変形，変質］しうる．

transmutación 囡 **1** 変化，変形，変質．**2**《物理》(原子核の)変換．**3**《生物》(種の)変化．

transmutar 他 【＋ en に】を変化［変形・変質］させる．**2**《物理》(物質)を変換する．━━ **se** 再 【＋ en に】変化［変形・変質］する．

transnacional 形 多国籍の．━━ 囡 多国籍企業．

transoceánico, ca 形 **1** 大洋の向こうの．**2** 大洋横断の．

transpacífico, ca 形 **1** 太平洋の向こうの．**2** 太平洋横断の．

transparencia 囡 **1** 透明な状態［性質］，透明度．**2** スライド；OHP のシート．

transparentar 他 **1** を透かして見せる．**2** をほのめかす，うかがわせる．━━ 自 透ける．━━ **se** 再 **1** 透ける，透けて見える．**2**（内心の感情などが）透けて見える，表情に表れる．**3**《話》(人が)やせ細っている．

:transparente 形 **1** 透明な，透き通った．**2** 澄んだ，きれいな．━agua━ 澄んだ［透明な］水．**3** 極めて薄い，透けて見える．**4** 明白な，分かりやすい，見え透いた．━mentira━ 見え透いた嘘．**5**（情報などが）透明な，ガラス張りの，情報を開示した（人・集団が）包み隠しのない，率直な．━━ 男 **1**（光を和らげる）薄手のカーテン，シェード，ブラインド．**2**《建築》(教会の祭壇奥の)ガラス窓，ステンドグラス（内側から照明を当てる）看板，広告．

transpiración 囡 **1** 発汗．**2**《植物》蒸散．

transpirar 自 **1** 発汗する．**2**《植物》蒸散する．**3**（衣服などが）汗を通す．

transpirenaico, ca 形 **1**（スペインから見て）ピレネー山脈の向こう側の．**2** ピレネー山脈横断の．

transplantar 他 →trasplantar.

transpondr- 動 → transponer [10.7].

:transponer [10.7] 他 **1** を移す，移転する．**2** を越える，飛び越える．**3** を動揺させる．━━ **se** 再 **1**（太陽などが）沈む，隠れる．**2** うとうとする，うたた寝をする．

transportable 形 輸送できる；持ち運びできる．━televisor━ ポータブル・テレビ．

transportación 囡 輸送，運送，運搬．

transportador, dora 形 物を運ぶ，運搬の．━cinta [banda] *transportadora* ベルトコンベア．━━ 男 **1** 分度器．**2**（機械）コンベア，運搬機．━━ de correa ベルトコンベア．━━ 图 運搬者．━━ 囡 運搬機，コンベア；運搬施設．

:transportar 他 **1** を運ぶ，運送する，運搬する．**2**（虚構の世界などへ)連れて行く，誘う．**3** を夢中にさせる，陶然とさせる，うっとりさせる．**4**（音楽）を移調する．━━ **se** 再 うっとりさせる，我を忘れる．

:transporte 男 **1** a) 運送，輸送，運搬機．━los ～ s públicos [colectivos] 公共輸送機関．b)（兵士や物資の）輸送船［機］．**2** 有頂天；逆上．━en un ～ de alegría [ira] 喜びで［怒りで］有頂天になって［逆上して］．**3**（音楽）転調，移調．

transportista 男女 運送業者，運搬人，トラック運転手．━━ 形 運送業の．━compañía━ 運送会社．

transposición 囡 **1** 移動，転移，移し替え．**2**（言語，修辞）転置法．**3**（数学）移項．**4**（音楽）移調．

transpositivo, va 形 **1** 転移［移動］の，移し替えの．**2** 転置法の．

transpus- 動 →transponer [10.7].

transu(b)stanciación 囡《カト》化体（かい），全質変化（説）．

transubstanciar 他《宗教》(パンとワインを全質変化［化体］させる)キリストの肉と血にする．

transuránico, ca, transuranio, nia 形《化学》(原子番号がウランの92よりも大きい)超ウランの．━━ 男《化学》超ウラン元素．

transustanciar 他 →transubstanciar.

transvasar 他 **1**【＋ a に】(液体)を移し替える．━━ el vino de las cubas *a* las botellas ワインを樽から瓶に移す．**2**（川の水など）を他の川・湖などに引く．

transvase 男 **1**（液体の）移し替え．**2** 灌漑（かんがい），川の水などを他の川・湖などに引くこと；灌漑路，用水，放水路．

transverberación 囡 **1** 貫通．**2**《カト》～ del corazón de Santa Teresa 聖テレサの苦しみ（天使の矢が胸を貫いた神秘体験）．

transversal 形 **1** 横切る，横断の；（垂直に）交差する．**2** 傍系親族の．━━ 男女 傍系親族．━━ 囡 **1**（数学）横断線．**2**【＋ de と】交差する通り．━una ━ *de* Serrano セラーノ通りと交差する通り．

transverso, sa 形 **1** 横向きの，横断する．**2** ━músculo━《解剖》横筋．

:tranvía 男 **1** 路面電車，（近郊の町を結ぶ）近郊電車；その路線・車輌．

tranviario, ria 形 路面電車の. ― 名 路面電車の運転手[従業員].

trapa 女 (La T～) 〖カト〗トラピスト修道会. ― 女/男 〖人々の足音や声の騒ぎ〗〖通常繰り返して使う〗.

trapacear 自 詐欺(ぎ)を働く, いかさまをする; 不正取引をする.

trapacería 女 詐欺(ぎ), いんちき; 不正取引.

trapacero, ra 形 詐欺(ぎ)を働く, いかさま者の; 不正取引をする. ― 男/女 詐欺師, いかさま師.

trapacista 形 詐欺(ぎ)を働く, いかさま者の; 不正取引をする. ― 男/女 詐欺師, いかさま師.

trapajoso, sa 形 1〖人が〗ぼろをまとった; 〖服が〗ぼろぼろの. 2 発音が不明瞭な, ぼそぼそとしゃべる.

trápala 女 1〖話〗騒ぎ, 喧騒(ソネ). 2〖話〗ごまかし, いんちき, 詐欺(ぎ). 3〘擬音〙バカげた〖馬の蹄(ミン)の〗音. ― 共 〖話〗うそつき, 詐欺師. 2 おしゃべりな人.

trapalear 自 1〖人が〗大きな足音をたてる; 〖馬が〗蹄(ミン)の音をたてる. 2 無駄口をたたく.

trapalón, lona 形 〖話〗1 おしゃべりな, やたらにしゃべる. 2 うそつきの. ― 男/女 〖話〗おしゃべりな人. うそつき.

trapatiesta 女 〖話〗〖けんか・言い争いなどによる〗騒ぎ, 騒動.

trapaza 女 →trapacería.

trapeador 男 〖中南米〗モップ, 床ぞうきん.

trapear 他 〖中南米〗をぞうきん[モップ]でふく. ― 自 〖3人称のみ〗〖大粒の〗雪が降る.

trapecio 男 1〖体操・サーカスの〗ブランコ. 2〖数学〗台形. ― isósceles 等脚台形. 3〖解剖〗〖背筋上部の〗僧帽筋. 4〖解剖〗〖手首の〗大多角骨.

trapecista 男/女 〖サーカスの〗空中ブランコ乗り.

trapense 形 〖カト〗トラピスト〖修道〗会の. ― 男/女 トラピスト会修道士[修道女].

trapería 女 1 〖集合的に〗ぼろ, ぼろ切れ, 布くず. 2 a)古着屋, 中古衣料店. b)古道具屋, 中古品店.

***trapero, ra** 男/女 くず屋, 廃品回収業者.

trapezoedro 男 〖数学〗ねじれ双角錐, 偏方多面体; 〖結晶学で〗偏方[扇](形)二十四面体.

trapezoidal 形 〖数学〗不等辺四角形の.

trapezoide 男 1〖数学〗不等辺四角形. 2〖解剖〗〖手首の〗小多角骨.

trapiche 男 1〖オリーブ・サトウキビなどの〗圧搾機. 2〖南米〗〖鉱石の〗粉砕機.

trapichear 自 1 陰でたくらむ, こそこそと策謀する. 2 小売りする; 小口の商売をする. 3 非合法な商売[小口の商売]をする.

trapicheo 男 〖話〗1〖主に 複〗不正なやり口, こそこそしたたくらみ. 2 小売り;

小口の商売. 3 非合法な小売り; 非合法な小口の商売.

trapichero, ra 名 1 オリーブ[サトウキビ]搾(ひ)りの職人. 2 〖話〗小売り[非合法な]商売をする人.

trapillo 男 1 小さなぼろ切れ. 2 〖話〗へそくり, わずかな貯え. ▶ de trapillo 普段着の, 普段着のままで.

trapío 男 〖話〗1〖闘牛用の牛の〗姿の良さ; 〖闘牛用の牛の〗闘志, 荒々しさ. 2〖特に女性の〗優雅さ, 気品.

trapisonda 女 〖話〗1 大げんか, もめごと, 騒ぎ. 2 詐欺(ぎ), いんちき, ぺてん.

trapisondear 自 〖話〗騒ぎを起こす.

trapisondista 共 〖話〗1 けんか好きな〖人〗; もめごとを起こす人, トラブルメーカー. 2 詐欺師, ぺてん師.

trapito 男 1 小さなぼろ切れ. 2〖複〗〖特に女性の〗衣服. ▶ trapitos de cristianar 一張羅.

trapo 男 1 a) ぼろ, ぼろぎれ; 端ぎれ. b) 〖集合〗布きん, 雑巾. 2〖船にある全ての〗帆. 3〖俗〗〖闘牛の赤い布, ケープ, ムレタ. 4〖複〗〖軽蔑〗〖主に女性の〗着物, 衣服. ▶ a todo trapo (1)〖海事〗帆をいっぱいに張って, (2) 全速力で, 素早く, estar hecho un trapo 〖肉体の・精神的に〗ぼろぼろになる, 疲労困憊(ぱい)して. poner [tratar] a... como un trapo (sucio) 〖人〗をしかりつける, 〖人〗をひどくののしる. sacar [salir] los trapos a relucir [a la colada] 過去の古傷をほじくり出すｌ[が暴露される]. soltar el trapo 〖こらえきれずに〗泣き[笑い]出す.

traque 男 1〖爆竹・花火などの〗炸裂(ミン)する音. 2 導火線. 3〖音のする〗おなら.

tráquea 女 1〖解剖, 動物〗気管. 2〖植物〗導管.

traqueal 形 1〖解剖〗気管の. ― infección ～〖医学〗気管感染. 2〖動物〗気管呼吸の. 3〖植物〗導管の.

traquear 自/他 →traquetear.

traqueo 男 →traqueteo.

traqueotomía 女 〖医学〗気管切開〖術〗.

traquetear 自 〖物が動いて〗ごとごと[がたがた]と音をたてる, 大きな音を出す. ― 他 1 を音をたてて振る[動かす]; 〖中身を混ぜるために〗瓶などを)よく振る. 2 〖話〗をいじくりまわす.

traqueteo 男 1 ごとごと[がたがた]という音. 2〖花火・爆竹などの, 続けざまの〗炸裂(ミン)する音.

traquido 男 1 銃声. 2〖木が折れたり, 物が壊れたりするときの〗ぽきっ[ばきっ]という音.

tras¹

〖トラス〗 前 1〖場所〗…の後ろで[に]; …の後に. ― El sol comienza a ocultarse ～ la montaña. 太陽が山の後ろに隠れ始める. 2〖時間〗…の後で. ― 〜～ la muerte de su padre cambiaron mucho las cosas. 父親の死後, 生活が大きく変わった. 3〖同一名

詞(句)をつなげて] 次々に. —día ～ día 日に日に[毎日]. **4**《＋不定詞》…した後で; …したうえに, …にした後に(それでも). —T～ comer todo, aún pidió más. 彼は全部食べた後でまだ注文した. (el～)《話》尻(り), 腰. ◆ *tras de ～* の後るで[に]; …の後で, …のうえに, さらに.

tras² 間 〔擬音〕トントン(特にドアをノックする時などは～, のように繰り返し使う).

trasalpino, na 形 →transalpino.
trasaltar 男 (教会の)祭壇の後ろ, 祭壇裏.
trasandino, na 形 →transandino.
trasatlántico, ca 形 →transatlántico.
trasbordador, dora 形男 →transbordador.
trasbordar 他 →transbordar.
trasbordo 男 →transbordo.

‡**trascendencia** 女 **1** 重要性, 重大さ. —un problema de gran ～ [sin ～] 重大な[取るに足りない]問題. **2** (秘密などが)漏れること, 伝わること. — del secreto 秘密の漏洩. **3** 超越, 卓越. **4** 見抜く力, 洞察力.

‡**trascendental** 形 **1** 極めて重要な; 大変意義深い; 卓越した. —hecho de importancia ～ 極めて重大な出来事. **2** 〖哲学〗超越論的な. —ente ～ 超越的存在. **3**〖数学〗超越の.

‡**trascendentalismo** 男 〖哲学〗先験論.

‡**trascendente** 形 **1** 極めて重要な[意義深い]. **2**〖哲学〗超越的な. **3**〖数学〗超越の.

‡**trascender** [4.2] 自 **1** (ニュースなどが)もれ伝わる, 知れ渡る. —El caso ha trascendido a la prensa. この事件は新聞の知るところとなった. **2**《文》《＋a》(影響などが)広がる, 波及する. **3**《文》《＋de を》越える, 超越する. — 他 **1** 超える, 超越する. **2** を見抜く, 推し量る.

trascendido 男 《南米》非公式に広まったニュース.

trascocina 女 (台所の奥の)小部屋.
trascolar [5.1] 他 **1** (液体を)漉(こ)す, 濾過(ろか)する. **2** を越える.
trasconejarse 再 **1** (狩りで, 獲物が)猟犬の後ろにまわる, 猟犬をやり過ごす. **2** 《話》(物が)紛れる, どこに行ったかわからなくなる.

trascordarse [5.1] 再《＋de を》忘れる, ど忘れする.
trascoro 男 **1** (教会の)聖歌隊席の奥の空間, 奥内陣. **2** (教会の)聖歌隊席の後列.
trascorral 男 **1** (農家の)家畜小屋[囲い場]の奥の空き地. **2**《話》尻(り).
trascribir 他 →transcribir.
trascripción 女 →transcripción.
trascuarto 男 次の間, 控えの間.
trascurrir 自 →transcurrir.
trascurso 男 →transcurso.
trasdós 男 〖建築〗**1** (アーチ・丸天井の)外輪(がいりん). **2** (柱の一部をさらに張り出した)付け柱, 片蓋(かたぶた)柱.

trasegar [4.4] 他 **1** (液体を)移し替える; (物を)移動させる. **2** をひっくり返す, かき回す; ちらかす. **3**《話》(アルコール飲料)をたくさん飲む.
trasera 女 後ろ, 後部, 背面.
trasero, ra 形 うしろの, 後部の. — 男 **1** おしり, 尻, 臀部(でんぶ). **2**《俗》祖先, 先祖.
trasferencia 女 →transferencia.
trasferir [7] 他 →transferir.
trasfiguración 女 → transfiguración.
trasfigurar 他 →transfigurar.
trasfixión 女 →transfixión.
trasfondo 男 **1**《比喩》背景; 背後の事情. —～ histórico 歴史的背景. **2** 隠された本音, 底意. **3** (底・壁・仕切りの向こうの)隠れた場所[場所].
trasformación 女 → transformación.
trasformador 形男 →transformador.
trasformar 他 →transformar.
trasformativo, va 形 → transformativo.
trásfuga 男女 →tránsfuga.
trasfundir 他 →transfundir.
trasfusión 女 →transfusión.
trasfusor, sora 形 →transfusor.
trasgo 男 **1** 小鬼, 小悪魔, (いたずらな)小妖精. **2** いたずらっ子, わんぱく小僧.
trasgredir 他 →transgredir.
trasgresión 女 →transgresión.
trasgresor, sora 形名 → transgresor.
trashoguero, ra 形 (仕事に出ないで)家でぶらぶらしている, 怠惰な, なまけ者の. — 男 **1** (暖炉の)背壁. **2** (太い)薪(まき).
trashumación 女 → trashumancia.
trashumancia 女 移牧(季節ごとの家畜の移動).
trashumante 形 移牧の; 季節ごとに移動する. —ganado ～ 移牧される家畜.
trashumar 自 (家畜などが)移牧する(季節ごとに新しい牧草地に移動する).
trasiego 男 (特に液体の, 他の容器への)移し替え, 入れ替え, 詰め替え. —En el ～ se perdió parte del aceite. 油を移し替える時に少しこぼしてしまった. **2** 混乱; ばたばたとした忙しさ.
trasijado, da 形 やせ細った.
traslación 女 →translación.
trasladable 形 移動可能な.

‡**trasladar** 他 **1**《＋a へ》を移す, 移動する. **2**《＋a へ》(人)を配置換えする. **3** 《＋a と》(会議の日を)変更する, 延期する. —～ la apertura del congreso al próximo viernes 会議の開会日を次の金曜日に変更する. **4**《＋a に》を訳す, 翻訳する. —～ el texto latino al español ラテン語のテキストをスペイン語に訳す. **5** を

複写する, 転写する. **6** を提出する. 上申する. **7**〔考えなど〕を表現する, 形にする. —— **se** 再 〖+a に〗引っ越す, 転居する.

trasládo 男 **1** 移動, 移転; 転居, 転任. **2** コピー, 複写. **3**《司法》告示〔文〕, 通知書.

traslapar 他 **1**〔二つのもの〕を一部重ね合わせる. **2** をオーバーラップさせる.

traslapo 男 **1** 重なり合うこと; 重なり合った部分, 重ね目. **2**《映画》オーバーラップ.

traslaticio, cia 形 →translaticio.

traslativo, va 形 譲渡の, 委譲の.

traslúcido, da 形 →translúcido.

trasluciente 形 →transluciente.

traslucir [9.2] 他 (しばしば無意識に)示す, 表す, かいま見せる. —— 自 **1** 半透明である, 透けて見える. **2**〔感情などが〕いま見える, 見て取れる. —dejar ～ かいま見せる, ほのめかす. —— **se** 再 **1** 半透明である, 透けて見える. **2**〔感情などが〕かいま見える, 見て取れる.

trasluz 男 **1** 透過光. **2** 反射光. ▶**al trasluz** 光に透かして.

trasmallo 男《漁業》刺し網; 刺し網漁.

trasmano 男 (ゲームなどの)二番手, 後手. ▶**a trasmano** (1) 手の届かないところに. (2) 不便なところに; 人里離れたところに.

trasmigración 女 → transmigración.

trasmigrar 自 →transmigrar.

trasminar 他 **1**〔地面〕を掘って地下〔坑道〕を作る. **2** を浸透させる. —— 自 浸透する, にじみ出る. —— **se** 再 浸透する, にじみ出る.

trasmisible 形 →transmisible.

trasmitir 他 →transmitir.

trasmudar 他 →transmudar.

trasmundo 男 来世, あの世.

trasmutable 形 →transmutable.

trasmutación 女 → transmutación.

trasmutar 他 →transmutar.

trasnacional 形 女 → transnacional.

trasnochada 女 →trasnochado.

trasnochado, da 形 **1** 古くなった; 新味のない, 陳腐な. —naranja trasnochada ひからびたオレンジ. idea trasnochada 新味のないアイデア. **2** やつれた, 健康を損ねた. —— 女 夜更かし; 徹夜.

trasnochador, dora 形名 夜更かしのする人, 宵っ張り(の).

trasnochar 自 **1** 徹夜する, 夜更かしをする. **2** 外泊する.

trasnoche 男《話》夜ふかし; 徹夜. —programa de ～ 深夜番組.

trasoír [10.2] 他 聞き間違える.

trasojado, da 形 やつれた; 目に隈ができた.

trasoñar [5.1] 他 を勘違いする; …について思い違いをする.

trasovado, da 形《植物》〔葉が〕倒卵形の.

traspalar, traspalear 他 を(シャベルで)すくって移す; 移動する.

traspapelar 他〔書類〕を紛失する. —— **se** 再〔書類〕がなくなる, 見当たらなくなる.

transparencia 女 →transparencia.

transparentar 他 →transparentar.

transparente 形 →transparente.

traspasamiento 男 →traspaso.

traspasar 他 **1** を移す, 移動する. **2** を渡る, 横切る, 渡河する. —— un río [un camino] 川[道]を渡る. **3 a)** を譲渡する, 売り渡す. **b)** を譲る, 引き渡す. **4 a)** を貫く, 突き抜く, 貫通する. —El agua traspasó la pared. 水が壁にしみ通った. **b)** を(心理的に)打ちのめす, さいなむ. **5** を越える, 超過する. —— を追い越す. **6** 《法》〔法律・制限〕を犯す, 違反する. —— la velocidad permitida 制限速度を越える.

traspaso 男 **1** 通過, 移動; 横断, 貫通. **2** 譲渡, 譲渡物件[財産], 譲渡価格. —— de una propiedad 不動産の譲渡. **3** 深い悲しみ, 悲嘆; 悲しみの原因.

traspatio 男《南米》裏庭.

traspié 男 **1** つまずき, よろめき. **2** 失敗, 失態. —cometer [dar] un ～ しくじる, 失敗を演じる.

traspiración 女 →transpiración.

traspirar 自 →transpirar.

traspirenaico, ca 形 → transpirenaico.

trasplantado, da 形 内臓移植者, レシピエント.

trasplantar 他 **1**〔植物〕を移植する, 植え替える. —— los claveles de la maceta al jardín 植木鉢のカーネーションを庭に移植する. **2**〔臓器〕を移植する. **3** を持ち込む, 導入する. **4**〔人〕を移住させる. **5**〔施設など〕を転任させる. —— **se** 再 移住する.

trasplante 男 移植, (植物の)植え替え; (臓器などの)移植. —hacer [realizar] un ～ de corazón 心臓移植を行う. —— de riñón 腎臓移植.

trasponer [10.7] 他 →transponer.

traspontín 男 →traspuntín.

transportador, dora 形 [→ transportador].

transportar 他 →transportar.

transporte 男 →transporte.

transportín 男 →traspuntín.

transportista 形 男女 →transportista.

trasposición 女 →transposición.

traspositivo, va 形 → transpositivo.

traspuesta 女 **1** 移動, 置き換え, 移し替え. **2**〔視界をさえぎる〕山, 丘. **3** 逃走; 隠避, 退避. **4** (母屋の裏にある)小屋, 戸, 庭.

traspuesto, ta 過分 [→ trasponer] うとうとした.

traspunte 男女《演劇》**1** プロンプター (せりふ付け役). **2**〔役者の出番の〕呼び出し

traspuntín 男 1 《乗り物の》補助いす, 折りたたみいす. 2 小型のクッション. 3 《話》尻(¿).

trasquila 女 →trasquiladura.

trasquilad|or, dora 名 《羊などの》毛を刈る人.

trasquiladura 女 1 《羊毛などの》刈り取り, 剪毛(苋); 剪毛期.

trasquilar 他 1 《人の》髪を下手に刈る, とら刈りにする. 2 《羊などの》毛を刈る. 3 《話》切り詰める, 削減する.

trasquilón 男 《話》1 下手な散髪, とら刈り. 2 不正に得た金; 《金銭の》不正な使いこみ; 痛手. ▶ **a trasquilones** 《話》とら刈りに; でたらめに, めちゃくちゃに.

trastabillante 形 つまずくことの多い.

trastabillar 自 1 つまずく, よろめく, ゆらぐ. 2 どもる, 口ごもる.

trastada 女 《話》 1 《特に子どもの》いたずら, 悪ふざけ. 2 汚い手口, 不正, いかさま.

trastazo 男 《話》体の一部を》ぶつけること, 強打, 激突.

traste 男 1 《音楽》《ギターなどの》フレット. 2 圈 《中南米》《集合的に》道具. 3 《南米》尻(¿). ▶ **dar al traste con ...** …を台無しにする, めちゃくちゃにする. **irse al traste** 台無しになる, めちゃくちゃになる.

trastear 他 1 《音楽》《ギターなどの》フレットをつける, (フレットのついた楽器を) 弾く. 2 《話》《人などを》操る. 3 《闘牛》《牛をムレータでおわす[あしらう]. ─ 自 1 かき回して探す. 2 いたずらをする.

trasteo 男 1 《闘牛》1 《牛をムレータでかわす[あしらう]こと. 2 《話》人などを好きなように操ること.

trastera 女 1 物置, がらくた部屋. 2 圈メメキシコ 食器戸棚.

trastería 女 1 《集合的に》古道具, がらくたの山. 2 いたずら, 悪ふざけ.

trastero, ra 形 物置の. ─ **cuarto** ~ 物置部屋. ─ 男 1 《部屋》物置, 納屋, 納戸. 2 圈メメキシコ 食器戸棚.

trastienda 女 1 《店の奥の》部屋. 2 《話》用心, 抜け目なさ, 悪がしこさ. 3 《話》隠し事.

trasto 男 1 a) 《家財》道具, 家具, 用品. b) がらくた, 古道具. c) 《働一揃いの》道具, 用具. **los ~s de pescar** 釣り道具. **los ~s de golf** ゴルフ用具. 2 役に立たない者, ごくつぶし. ▶ **tirar los trastos a la cabeza** 《物を投げ合うような》大げんかをする, 大口論をする.

trastocar [1.1] 他 1 《物を》ごちゃごちゃにする, 混乱させる. ─ **se** 再 1 《人が》取り乱す, 頭がおかしくなる.

trastornado, da 過分 [→ trastornar] 形 《人が》取り乱した, 気のふれた; 《精神が》不安定な.

trastornar 他 1 錯乱させる, 狂わせる; 動転させる. 2 《問題などを》心配させる. 3 を混乱させる. 4 を熱中させる. 夢中にさせる. ─ Este vino me trastorna. 私はこのワインに目がない. 5 を移し替える; ごちゃごちゃにする, ひっかき回す. ─ **se** 再 錯乱する, 気がふれる; 動転する.

trastorno 男 1 混乱, 動揺; 騒ぎ, 面倒. 2 《体の》不調, 《軽い》病気; 《医学》障害. ─ ~s alimenticios [de personalidad] 栄養[人格]障害. ~ **mental** 精神錯乱.

trastrabillar → trastabillar.

trastrocamiento 男 1 誤解, 取り違え. 2 変更.

trastrocar [5.3] 他 1 《意味》を取り違える, 誤解[曲解]する. 2 《順番などを》変える, 変更する, 入れかえる.

trastrueque 男 → trastrocamiento.

trasudar 自 汗ばむ, 軽く汗をかく. ─ 他 《人に》汗ばませる.

trasudor 男 汗ばむこと, 《軽い》発汗.

trasunto 男 1 転写, 写本, コピー. 2 《正確な》複製, 模写; 《正確な》描写. 3 要約. 4 《考え方などの》反映.

trasvasar 他 → transvasar.

trasvase 男 → transvase.

trasvenarse 再 出血する, 《液体が》こぼれる, もれる.

trasverberación 女 → transverberación.

trasversal 形 → transversal.

trasverso 形 → transverso.

trasvolar [5.2] 他 《土地・領域などの》上を飛び越える.

trata 女 人身売買. ─ ~ **de blancas** 《主に売春のための》白人女性の人身売買.

tratable 形 1 《人が》つき合いやすい, 好感の持てる. 2 《問題などが》扱いやすい, 処理し得る; 《病気などが》治療可能な.

tratadista 男女 専門書の著者, 《学術的な》論文の執筆者.

tratado 男 1 条約, 協定(書); 契約(書). ─ ~ **de amistad y buena vecindad** 友好善隣条約. **firmar un** ~ **de paz** 講和条約を結ぶ. 2 《専門分野についての》学術的な》著作, 論文.

tratamiento 男 1 取り扱い; 扱い方. 2 敬称, 肩書き, 称号. 3 a) 《医者の》行う》処置, 治療(法), 治療薬. ─ ~ **de radioterapia** 放射線療法. b) 《化学・冶金などの》処理; 製法. ─ ~ **térmico** 熱処理. ~ **de textos** 《情報》ワードプロセッシング. ~ **de la información** 《情報》情報処理.

tratante 男女 《特に家畜の》商人, 仲買人. ─ ~ **de [en] ganado** 家畜仲買人. ─ 形 《化粧品などが》トリートメント効果のある. **champú** ~ トリートメント・シャンプー.

tratar [トラタル] 他 1 a) を扱う, 取り扱う; 待遇する. ─ **Le tratan como si fuera un niño.** 彼はまるで子どもみたいに扱われている. b) 《物》を扱う, 用いる, 使う. c) 《問題など》を取り扱う, 取り上げる. ─ ~ **un importante problema** 重大な問題を取り扱う. 2 [+ **de**] a) を《…で》遇する, 呼ぶ. ─ **No me trates de usted, trátame de tú.** 君, 私を「あなた」呼ばわ

りしないでくれ,「君」で呼んでくれ. b) (人)を…扱いする, (…と)見なす. —En el barrio le tratan de golfo. この地区では彼はならず者扱いされている. **3** を処理する, 加工する. **4** を協議する, 交渉する. **5** (医者が)を治療する, 処置する. **6** (情報)を情報処理する. —~ los datos 情報データを処理する. —自 **1** [+ de/sobre について] 論じる, 話す, (を)話題にする. **2** [+ con と] つき合う, 交際する. **3** [+ de + 不定詞 / + que + 接続法] …しようと努める, 努力する. —~ de obtener el mejor resultado posible できるだけ良い結果を得ようと努める. **4** [+ en の] 商売をする, (を)扱う. —~ en antigüedades 骨董品の商いをしている. **5** [+ con と] を扱う, 用いる. —**se** [+ con と] つき合う, 交際する. **2** [3人称のみ, + de] 話題・問題は…である. —¿De qué se trata? 何の話なの.

tratativa 囡《南米》(予備)交渉.

‡**trato** 男 **1** a) 扱い(方), (人に対する)態度, 待遇. —~ de nación más favorecida 最恵国待遇. b) 交際, 付き合い; 交渉. —~ carnal 肉体関係. estar en ~s con ... …と交渉中である. **2** a) 取り決め, 協定, 約定. —¡T~ hecho! これで決まりだ. b) 取り引き, 契約. —cerrar [hacer] un ~ 取り引きに合意する, 契約を結ぶ. **3** 敬称. ▶**malos tratos**《法律》虐待.

trauma 男 **1**《医学, 心理》精神的外傷, トラウマ. —~ síquico (精神的)トラウマ. **2** 心の痛手, (後を引く)精神的ショック. **3**《医学》外傷.

traumático, ca 形 **1**《医学》外傷(性)の; 外傷治療の. —sufrir una grave lesión traumática 重い外傷を負う. **2** (精神的)トラウマになるような, 衝撃的な, shockingな.

traumatismo 男《医学》外傷, 損傷; 外傷性障害. —~ craneal 頭蓋骨損傷. ~ síquico 精神的外傷.

traumatizado, da 過分 [→ traumatizar(se)] 形 トラウマ[外傷]を受けた(人).

traumatizante 形 トラウマ[精神的ショック]の原因となる.

traumatizar [1.3] 他 (人)にトラウマ[精神的ショック]を与える. —**se** 自 トラウマ[外傷]を受ける.

traumatología 囡《医学》外傷学, 災害外科学.

traumatólogo, ga 名《医学》外傷(学)の専門医.

trávelin《←英》男《映画》ドリー(移動式撮影機台); ドリーによる移動撮影; 移動撮影シーン.

[トラベシ] **través** 男《主に成句で用いられる》**1** 傾き, 傾斜; ねじれ. **2**《船舶》ビーム, 甲板梁. ▶**a través de ...**《de + 名詞句の部分が所有形容詞になることがある》(1) を通して, を横切って, …越しに. —a través de la ventana 窓越しに. un madero colocado a través del río 川にかけ渡した丸太. a través de los siglos 幾世紀にも渡って. Pasaban todos los ruidos a través de la pared. 壁を通して物音がすべて筒抜けだった. (2) …の間から. —pasar a través de los árboles 木々の間を抜けて通る. (3) を介して, 通じて, …から(= por medio de). —a través de la televisión テレビを通じて. ▶**al través** (1) 横向きへ, 間を通った. (2) 横(向きに), 斜めに. **dar al través con ...** …を台無しにする, ぶちこわす. ▶**de través** 横(向きに), 横断して.

travesaño 男 横木, 横材; 《建築》桁(t́); **2**《スポ》(サッカーなどの)ゴールのクロスバー(=横木). **3** 長枕.

travesear 自 **1** 落ち着きなく動き回る. **2** てきぱきと考えごを話す].

travesero, ra 形 横向きの, 横向きに置いた. —**barra travesera** 横木. **flauta travesera**《音楽》フラウト・トラベルソ(フルートの前身の古楽器).

travesía 囡 **1** (幹線道路を結ぶ)支道, 横道, 脇道. **2** (2地点間の)距離, 道のり. **3** (海・空の)横断(旅行), 渡航. **4**《軍事》(横からの攻撃を防ぐための)防御・土塁, 横壁(́). **5**《海事》陸へ向けて吹く横風.

travestí, travestí 男女《俗 ~s》異性服装倒錯者; 男装[女装]した人.

travestido, da 形名 異性の服装をした(人), 女装[男装]趣味の人.

travestirse [6.1] 再 (男性が)女装する, (女性が)男装する.

travestismo 男 服装倒錯.

travesura 囡 (子どもなどの)いたずら, 悪ふざけ; (大人の)茶目っ気のある行為, 機転のきいた冗談. —hacer ~s いたずらをする.

traviesa 囡 **1**《鉄道》a) 枕(t́)木. b) (車台の)つなぎ材. **2**《建築》a) 大梁(t́), 横桁(t́). b) 側面の主壁.

travieso, sa 形 **1** いたずら好きな, 腕白な, じっとしていない. **2** 抜け目のない, 賢い.

‡**trayecto** 男 **1** 行程, 道のり, 距離; 区間. **2** 経路, ルート; 路線. —el ~ del tren 電車の路線. final del ~ 終点.

trayectoria 囡 **1** 軌道, 弾道; 軌跡. —~ de un planeta 惑星軌道. **2** 経歴.

trayendo → traer [10.4].

‡**traza** 囡 **1** (建物の)平面図, (機械の)設計図(; 計画. **2** 外見, 容姿, 面持ち. **3** 能力, 才覚. ▶**por las trazas** 見たところ, 見るからに.

trazado, da 過分 [→ trazar] 形 [bien/mal +] 描かれた, 設計された; 図の, 図案の. [bien/mal +] 外見のよい[悪い]. —男 **1**《建築》(設計)図, 図面. **2** (道路・線路などの)路線(図), 道筋, ルート; 川筋. **3** 輪郭(線).

trazador, dora 名形 **1** 構想する[の], 立案する[の]; 設計する[の]. **2** 描く, 素描する[の]. **3** 曳光(t́)の, 光跡を残す. —男 **1** 立案者; 設計者; 製図家. —男 **1**

図の装置. —~ de gráficos《情報》作図装置, プロッタ. **2**《医学, 生物》トレーサー(検査用の放射性物質).

trazar [1.3] 他 **1**(線)を引く, (図)を描く. —~ un plano de la fábrica 工場の平面図を描く. **2**を考える, 考案する, 用意する. **3**を(簡潔に)叙述する, 描写する.

trazo 男 **1 a)**(描かれた)線; 筆づかい, 筆致. **b)**(字の)1画(%). —~ magistral 太く書く字の1画. **c)**輪郭(図), 描線. —dibujar al ~ 輪郭図で描く. **2 a)**(服のしわ. **b)**(衣類の)折り目, ひだ.

trébede 囡《建》床下暖房の部屋. **2** 3本脚の五徳.

trebejo 男〖主に複〗用具, 道具. —~s de la cocina 台所用品. **2**(チェスの)駒(゙゚).

trébol 男〖植物〗クローバー. **2**(トランプの)クラブの札.

trece [トレセ] 形〖数〗**1** 13の. **2**〖序数的に〗13番目の. ► estar [mantenerse, seguir] en sus trece 意見や立場を固守する. — 男 **1** 13. ► estar [mantenerse, seguir] en sus trece 意見や立場を固守する.

treceavo, va 形 13分の1の. — 男 13分の1 (=trezavo).

trecho 男 **1** 距離, 道のり. **2**(ある行為にかかる)時間; 時の経過. ► a trechos 所々に; 断続的に. de trecho en trecho (空間, 時間の)間隔をおいて.

trefilado 男〖技術〗延伸加工.

trefilar 他 (金属)を引き伸ばして針金にする; (針金)を引き伸ばして細くする.

trefilería 囡 針金工場.

tregua 囡 **1** 休戦, 停戦協定. **2 a)**(労働の諸活動を)休むこと, 休息. **b)**(苦痛などの一時的)休止.

treinta [トレインタ] 形〖数〗**1** 30の. **2**〖序数的に〗30番目の. — 男 30.

treintaidosavo, va 形 32等分の, 32分の1の. — 男 32分の1. —en ~《印刷》32折り判の.

treintañero, ra 形名 30歳台の(人).

treintavo, va 形 30等分の, 30分の1の. — 男 30分の1.

treintena 囡 **1**〖集合的に〗(約)30のまとまり. **2** 30分の1. **3** 30歳ぐらいの年齢, 30歳台.

trematodo 男〖生物〗吸虫(ヒツジの肝臓などに寄生する).

tremebundo, da 形 恐ろしい, 不気味な, ぞっとするような.

tremedal 男 沼地, 湿地.

tremendismo 男 **1** 視聴者を不安にさせる報道. **2**《美術, 文学》トレメンディスモ(現実の過激な部分を誇張する手法).

tremendista 形名 **1**《美術, 文学》トレメンディスモの(芸術家[作家]). **2**(報道などが)視聴者を不安にさせる傾向にある.

tremendo, da 形 **1** 恐ろしい, ほんぞっとするような. —crimen ~ 恐ろしい犯罪. **2** ものすごい, ひどい, 途方もない, 並み外れた, 巨大な. —Tengo un dolor de cabeza ~. 私はものすごく頭が痛い. **3**《話》(子どもが)腕白で, 手に負えない. ► por la tremenda 乱暴な[思いきった]方で; 大げさに. tomar(se) a la tremenda《話》大げさに考える.

trementina 囡《化学》テレビン油. —aceite de ~ テレビン油.

tremielga 囡《魚類》シビレエイ.

tremolante 形 **1** はためく, 翻(ほん)る, ひらひらする. **2**(声が震える. —con voz ~ 震え声で.

tremolar 自 (旗などが)はためく, 翻(ほん)る. — 他 (旗)などを振る.

tremolina 囡 **1** 騒ぎ, 騒動. —armar la ~ 騒ぎを起こす. **2** 強風, 暴風.

trémolo 男〖音楽〗トレモロ, 顫音(せん). **2** 声の震え, 震え声.

tremor 男 震え, 震動.

trémulo, la 形 **1** 震える. **2**(光などが)揺らめく, 点滅する, チカチカする.

tren [トレン] 男 **1** 列車, 電車. —tomar el [bajar del] ~ 列車に乗る[を降りる]. perder el ~ 列車に乗り損なう. ~ de cercanías 郊外[近距離]電車. T~ de Gran Velocidad 超高速列車, TGV (フランス新幹線). ~ correo 郵便列車. ~ expreso [rápido] 急行列車. ~ de mercancías 貨物列車. ~ ómnibus 各駅停車の列車. ~ tranvía 各駅停車の近距離列車. **2**(走る)ペース. **3** 機械, 装置, 設備. —~ de aterrizaje (飛行機の)着陸装置. ► a todo tren 金に糸目をつけないで, 贅(!")を尽くして. estar como un tren《話》美男[美女]である, すばらしい. para parar un tren 大量の[に], たっぷりと. perder el último tren (1) 終電車に乗り遅れる. (2) 最後のチャンスを逃す. tren de vida 暮らし向き, 生活水準.

trena 囡《話》監獄, 刑務所.

trenca 囡 **1**《服飾》ダッフルコート. **2**(植物の)主根. **3**(蜜蜂用の蜂巣(!")の)桟(!"). ► meterse hasta las trencas《話》ぬめるにはまる; (商売・問題などの)深みにはまる.

trencilla 囡 飾りひも, (装飾用の)編みひも, 組みひも.

trenhotel 男 長距離夜行列車.

treno 男 哀歌, 哀悼歌, 挽歌(ばん).

trenza 囡 **1** 髪の三つ編み. **2** (3つ以上のひもでつくる)組みひも, 編みひも.

trenzado 男 **1**(髪の)三つ編み. **2** 飾りひも, (装飾用の)組みひも, 編みひも. **3**《舞踊》(バレエの)アントルシャ(跳び上がっている間に脚を交差させる動作).

trenzar [1.3] 他 (髪・ひもなど)を編む, 組む, 三つ編みにする. — 自 (バレエで)アントルシャをする.

trepa¹ 囡 **1** よじ登ること. **2** でんぐり返り, 前転. —男女《話, 軽蔑》出世のことばかり考える人.

trepa² 囡 **1** 穿孔(せん). **2**《服飾》縁飾り. **3** 木目.

trepado 男 **1**《服飾》縁飾り. **2** 穿

trepador, dora 形 よじ登る. —ave trepadora (キバシリなど)木によじ登る鳥. planta trepadora つる植物, 匍匐(ほふく)植物. —名 (鳥類)(キバシリなど)木によじ登る鳥. (植物)つる植物, 匍匐植物. —名 〖話, 軽蔑〗出世のことばかり考えている人.

trepanación 女 (頭蓋(とうがい)の)穿孔(せんこう), 穿頭術.

trepanar 他 〖医学〗(特に頭蓋に)穿孔(せんこう)する, 穿頭(せんとう)する.

trépano 男 1 〖医学〗穿頭器, 冠状のこぎり, トレフィン. 2 〖機械〗削岩機.

trepar 自 1〖+a に/por を〗よじ登る, 登攀(とうはん)する. 2(植物が)伝ってゆく. —La hiedra trepa por la pared. つたが壁を上へと伝っていった. 3〖話〗(あらゆる手段を用いて)成り上がる, 登りつめる.

trepatroncos 男〖単複同形〗(鳥類)アオゲラ, シジュウカラ.

trepidación 女 (地面・機械などの)震動, 震え.

trepidante 形 1 激しい, 目まぐるしい, 息つく間もない. 2 震動する, 震える.

trepidar 自 (地面・機械などが)震動する, 揺れる, 震える.

tres 〖トレス〗 形 (数) 1 3つ(個, 人)の. 2〖序数的に〗3番目の. —男 3. ▶ como tres y dos son cinco 確実に, 明らかに; 絶対に. ni a la de tres 〖否定文で〗どうしても…できない.

tresbolillo 男 ▶ a [al] tresbolillo さいころの五の目状に, 五点型に.

trescientos, tas 形 (数) 1 300の. 2〖序数的に〗300番目の. —男 300.

tresdoblar 他 1 …を3倍にする. 2 …を3回する. 3 3回折る, 三つ折りにする.

tresillo 男 1 応接三点セット(ソファ1つと安楽椅子2個から成る). 2 3人掛けのソファ. 3 トレシーヨ(3人で遊ぶトランプ遊びの一種). 4 〖音楽〗3連符.

tresnal 男 〖農業〗(脱穀後)の束ねた穀物を積み上げた山.

treta 女 1 たくみ, 策略, 計略. 2 〖スポ〗(フェンシングの)フェイント.

trezavo, va 形 →treceavo.

tría 女 選別, えり分けること; 選び出すこと.

triaca 女 1 昔の万能薬(アヘンなどを含んでいた). 2 治療薬.

tríada, tríade 女 3つ組, 3つ一組のもの, 3点セット.

trial 男 〖スポ〗(オートバイや自転車の)トライアル(競技).

triangulación 女 1 三角測量. 2 〖スポ〗三角パス.

triangular[1] 形 1 三角形の. —músculo —〖解剖〗三角筋. pirámide —三角錐, 四面体. 2 三者間の. —torneo —〖スポ〗3チーム〖3か国対抗試合. —男 〖スポ〗3チーム〖3か国対抗試合.

triangular[2] 他 1 〖建築〗を三角に配置する, 三角に分ける. 2 を三角測量する. 3 〖スポ〗三角パスをする.

triángulo 男 1 三角形. —— equilátero 正三角形. — escaleno 不等辺三角形. — isósceles 二等辺三角形. — rectángulo 直角三角形. 2 三角関係. 3 〖音楽〗トライアングル.

triar [1.5] 他 …を選別する, えり分ける.

triásico, ca 形 男 〖地質〗三畳紀(の). —terreno triásico 三畳紀の地層.

triate 〖メキシコ〗三つ子の. —男女 三つ子(の一人).

triatleta 男女〖スポ〗トライアスロン選手.

triatlón 男〖スポ〗トライアスロン.

tribal 形 部族の, 種族の. —sociedad — 部族社会.

tribalismo 男 1 部族組織, 部族制. 2 同族意識, 同族的忠誠心, 部族の優越感.

tribu 女 1 (主に原始・古代の)部族, 種族. —una — nómada 遊牧部族. 2 (生物)族(科 (familia)と綱 (género)の間のグループ). 3 大家族, 大集団, 徒党.

tribulación 女 1 苦難, 試練, 逆境. 2 悩み.

tribuna 女 1 a) 演壇, 説教壇. b) 意見発表の場. 2 a) (街頭に設置された, 主に貴客用の)観覧席, 見物席. b) (競技場の)階段式の観覧席. 3 (教会などの窓やバルコニーのある)回廊.

tribunal 男 1 a) 裁判所, 法廷. —T— de Justicia Internacional 国際司法裁判所. T— Supremo 最高裁(判所). T— Constitucional 憲法裁判所. T— Penal Internacional 国際刑事裁判所. b) 裁きの場, 裁判. —— de Dios 神の裁き, 最後の審判. 2 訴訟, 裁判. —— acudir a los —es 訴訟を起こす. d)〖集合的に〗裁判官, 判事. 2 評議〖審査〗委員会;〖集合的に〗評議〖審査〗委員. —T— de Cuentas 会計検査院. — de examen 審査〖試験〗委員会.

tribunicio, cia 形 1 護民官の. 2 弁舌の, 雄弁な.

tribuno 男 1 〖歴史〗(古代ローマの)護民官 (— de la plebe). —— militar (古代ローマの)軍団司令官. 2 (特に政治家の)弁舌家, 雄弁家.

tributación 女 納税; 租税制度; みつぎ物.

tributar 他 1 (税金など)を納める, 納税する; 貢献[上納]する. 2 (敬意など)を捧げる, 払う, 表す. —— un homenaje 敬意を表する, 賞賛する. —自 納税する.

tributario, ria 形 1 税の, 租税の. 2 納税の義務を持つ, 納税の. 3 (川が)支流の; …に注ぐ〖+de〗. —río tributario 支流. —名 納税者.

tributo 男 1 税(の総称), 租税(個々の税の名称としては用いない); 貢ぎ物, 仔益に対する代償; 負担. 3 賛辞, 敬意.

tricampeón, ona 名 3回の優勝を遂げた人〖チーム〗.

tricéfalo, la 形 3つ頭の.
tricentenario 男 300年(間); 300年(記念)祭.
tricentésimo, ma 形 (数) **1** 300番目の. **2** 300分の1の. — 男 300分の1.
tríceps 男〖単複同形〗〖解剖〗三頭筋(=músculo ~).
triciclo 男 三輪車.
triclínico, ca 形〖鉱物〗三斜晶系の.
triclinio 男〖歴史〗(古代ローマの食卓用の)寝椅子; 寝椅子が置かれた食堂.
tricolor 形 3色の,3色にトリコロールの; 三色旗の. **—bandera** — 三色旗.
tricornio 男 **1** 三角帽子. **2**〖スペイン〗〖話〗治安警備隊員.
tricot 男〖服飾〗ニットの服[布].
tricota 女〖中米〗セーター.
tricotar 自 編み物をする. **—máquina de ~** 編み機. — 他 を編む,を編んで作る.
tricotomía 女 **1**〖植物〗(枝・葉・葉などの先が)3つに分かれること. **2** 3つに分ける, 三分法.
tricotosa 女 編み機 (=máquina ~).
tricromía 女〖印刷〗三色印刷(法)(三原色の組み合わせによる).
tricúspide 形〖解剖〗三尖(弁)の. **—válvula** ~ (心臓の)三尖弁. — 女〖解剖〗(心臓の)三尖弁.
tridáctilo, la 形〖動物〗指が3本の.
tridente 男 **1** 三叉(きく)の道具[やす・くま手]. **2**〖神話〗(海神ネプチューンが持つ)三叉のほこ.
tridentino, na 形 トレント(Trento, イタリアの都市)の(人). —〖カト〗トリエント公会議(1545-63年)の.
tridimensional 形 三次元の,立体の. **—imagen** — 立体映像.
triduo 男〖カト〗 **1** 三日黙祷(ちん),三日黙想. **2** (特に)聖三か日(聖週間の木・金・土曜日).
triedro, dra 形 3つの面を持つ(数学)三面体の. — 男〖数学〗三面体; 三面角.
trienal 形 **1** 3年の, 3年間の. **2** 3年ごとの, 3年に1度の.
trienio 男 **1** 3年間, 3か年. **—el T~ liberal**〖歴史〗自由主義の3か年(1820-23年). **2** (3年ごとに支給される)勤続手当.
trifásico, ca 形〖電気〗(電流が)三相の. **—corriente trifásica** 三相交流.
trífido, da 形〖植物〗葉が3裂の.
trifoliado, da 形〖植物〗三小葉の, 3つの小葉を持つ.
trifolio 男〖植物〗トリフォリウム.
triforio 男〖建築〗トリフォリウム.
trifulca 女 **1**〖話〗けんか, 口論; (争いによる)騒ぎ. **2** (溶鉱炉の)送風装置(3本のレバーを持つ).
trifurcarse [1.1] 再 三叉(ざん)に分かれる, 3つに分岐する.
***trigal** 男〖主に複〗小麦畑.
trigémino, na 形〖解剖〗三叉(さん)神経の. **—nervio** ~ 三叉神経. — 男〖解剖〗三叉神経.
trigésimo, ma 形 (数) **1** 30番目の, 第30の. **2** 30分の1の. — 男 30分の1.
triglifo 男〖建築〗トリグリフォス, トリグリフ.
trigo 男〖トリゴ〗 **1** 小麦, 小麦の実[種]. **—~ candeal** 白小麦. **~ marzal** 春まき小麦. **~ sarraceno** ソバ. ▶**no ser trigo limpio** (人柄や事柄が)いかがわしい, いんちきさい.
trigonometría 女〖数学〗三角法.
trigonométrico, ca 形〖数学〗三角法の, 三角法による; 三角関数の.
trigueño, ña 形 **1** 小麦色の, (頭髪が)金茶色の, 濃いブロンドの. **2** (肌が)浅黒い[オリーブ]色の, 黄褐色の. **3**〖中南米〗〖婉曲〗浅黒い; 黒人の.
triguero, ra 形 **1** 小麦の. **—campos ~s** 小麦畑. **2** 小麦の間で栽培される. **—espárrago** ~ 小麦の間で栽培されるアスパラガス. **3** 小麦栽培に適した. — 名 小麦商人.
trilátero, ra, trilateral 形〖数学〗3つの辺を持つ.
trile 男 伏せた3つのカップやカードから特定の1つを当てさせる路上賭博.
trilero 男〖主に複〗カップやカードを使った路上賭博 (trile) の賭博師.
trilingüe 形 3か国語の, 3か国語を話す; 3か国語対照の.
trilita 女〖化学〗TNT 火薬, トリニトロトルエン.
trilito 男〖考古〗トリリトン (3つの石から成る巨石記念物).
trilla 女〖農業〗脱穀; 脱穀期; 脱穀機. **2**〖中南米〗〖話〗めった打ち, 殴打.
trillado, da 過分 [→trillar] **1** 脱穀された. **2** ありふれた, ありきたりの; 使い古された. ▶**camino trillado** →camino.
trillador, dora 形〖農業〗脱穀の, 脱穀する. **—máquina trilladora** 脱穀機. — 女 脱穀機.
trilladura 女〖農業〗脱穀.
trillar 他 **1**〖農業〗を脱穀する. **—~ el trigo** 小麦を脱穀する. **2**〖話〗を繰り返して使う, 古くなるまで使う.
trillizo, za 名 三つ子の. — 名 三つ子(の一人).
trillo 男〖農業〗脱穀機.
trillón 男〖数学〗百京(芥), 10の18乗.
trilobite 男〖古生物〗三葉虫; 複 三葉虫類.
trilobulado, da 形〖植物〗(クローバーのように, 葉が)三裂の, 3つの小葉に分かれた. **—arco** ~ 三葉形アーチ.
trilogía 女 (文学作品などの)三部作.
trimembre 形 3部構成の, 3人の.
trimestral 形 **1** 3か月ごとの, 年4回の; 学期ごとの(3学期制を取る学校で). **2** 3か月間の.
trimestralmente 副 3か月ごとに, 毎

季に.

trimestre 男 **1** 3か月間, 四半期; (3学期制の1つの)学期. **2** (支払い・受取りの)3か月分.

trimotor 形 (飛行機が)3エンジンの. ——男 (航空) 三発機, 3エンジンの飛行機.

trinar 自 **1** (鳥が)さえずる. **2** (音楽)トリルで奏する. ▶estar que trina 《話》かんかんに怒っている, いきり立つ.

trinca 囡 **1** 3個組, 3人組. **2** (海事)繋索(貳). **3** (少人数の)徒党, 仲間.

trincar[1.1] 他 **1** を縛りつける, 縛りそえける; (海事)を縛って固定する. **2** を捕える, 投獄する. **3** 《話》を盗む.

trincar[2] [1.1] 他 《話》(酒)を飲む.

trincha 囡 (服飾)(ベストやズボンの幅を調節するベルト, アジャスター.

trinchante 男 **1** 肉を切り分けるナイフ; 肉を押さえるフォーク. **2** (肉を切り分ける)給仕人. ——形 (食卓で)肉を切り分ける.

trinchar 他 **1** (肉などを)切り分ける. **2** 《話》を仕切る.

trinchera 囡 **1** トレンチコート. **2** (軍隊の)塹壕(ぞう). **3** (鉄道や道路の)切り通し.

trinchero 男 **1** (肉を切り分けたり, 食器を載せたりする)配膳台, ワゴン. **2** (肉を切り分ける)大皿.

trinchete 男 (靴底を切る)ナイフ.

trineo 男 橇(そり).

Trini 固名 《女性名》トリニ (Trinidad の愛称).

Trinidad 固名 《女性名》トリニダード (男性の名としても用いられる). —トリニダード(キューバ・ボリビア・ウルグアイの都市).

trinidad 囡 **1** (宗教) 三位(%)一体. —(Santísima) T~ 三位一体. **2** 《軽蔑》3人組.

Trinidad y Tobago 固名 トリニダード・トバゴ(首都 Puerto España).

trinitaria 囡 (植物)三色すみれ, パンジー.

trinitario, ria 形名 **1** (カト) 聖三位一体会の (Orden de la Santísima Trinidad) の(修道士[女]). **2** トリニダード・トバゴ (Trinidad y Tobago) の(人), トリニダード (Trinidad) の(人).

trinitrotolueno 男 (化学)トリニトロトルエン, TNT (高性能爆薬として使われる).

trino[1], **na** 形 **1** 3部分から成る. **2** (宗教)三位一体の:聖三位一体修道会の. —Dios es ~ y uno. 神は唯一にして三位[ぢ]なる.

trino[2] 男 **1** さえずり. **2** (音楽)トリル.

trinomio 男 (数学)三項式.

trinquetada 囡 **1** (海事)(強風など悪天候下でのフォアマストのみによる航行. **2** (中南米) 苦境, ピンチ.

trinquete 男 **1** (機械)(歯車の)歯止め, つめ. **2** (スポ)フロントン(壁にボールをぶつけて打ち合うスペインの球技)の屋内コート. **3** (海事)フォアマスト, 前檣(キ); フォースル, 前檣大帆.

trinquis 男 《単複同形》《話》(酒の)一飲み, 一杯.

trío 男 **1** 3人組, 3個組. —un ~ de ases エース3枚組. **2** (音楽)トリオ, 三重唱[奏]団; 三重唱[奏]曲.

tríodo 男 (物理) 三極真空管.

tripa 囡 **1** 内臓, はらわた, 腸. **2** 《話》おなか, 太鼓腹; 妊婦の腹. Me duele la ~, おなかが痛い. **3** (壺(呈)などの)膨らんだ部分. **4** 中身, 内部. —las ~s de un melón メロンの種子(柔らかい部分). las ~s de un reloj 時計の機械部分. ▶echar las tripas 《話》激しく吐く. echar tripa おなかが出る. hacer de tripas corazón 勇気を奮い起こす. revolvérseLE a ... las tripas 《話》(人)に吐き気[嫌悪感]が起きる. rompérseLE a ... una tripa 《話》(人)が(頼みごとなどの)変な気を起こす.

tripada 囡 《話》満腹, 腹一杯食べること.

tripanosoma 男 (虫類)トリパノソーマ.

tripanosomiasis 囡 《単複同形》(医学)トリパノソーマ症.

tripartición 囡 三分割.

tripartir 他 を三分する, 3つに分ける.

tripartito, ta 形 三者(人・国)間の; 3部分から成る. —un acuerdo ~ 三国間協定.

tripería 囡 **1** 臓物店; 臓物店街. **2** 《集合的》臓物.

tripero, ra 名 **1** 臓物売り. **2** 《話》大食漢. ——男 腹巻き.

tripicallero, ra 名 臓物料理売り.

tripicallos 男複 臓物料理(牛の胃などの煮込み).

triplano 男 (航空) 主翼が3枚の航空機.

triple 形 **1** 3倍の. **2** 三重の, 3段の. —~ salto (スポ) 三段跳び. puerta ~ 三重扉. avenida de ~ calzada 3車線の大通り. **3** 三者からなる. —~ alianza 三国同盟. **4** 《話》大変な, ものすごい. —~ idiota 大ばか. **5** —~ espacio (印刷) トリプルスペース. ——男 **1** 3倍. —al —al ~ 3倍に[で]. **2** 《話》(バスケットボールの)3ポイント; (野球の)三塁打. —pegar un ~ 三塁打を打つ. **3** (音楽)3重奏. **4** (電気)3口コンセント.

triplemente 副 3倍に, 三重に, 3つの意味で.

triplete 囡 トリオ(→trío).

triplete 男 (スポ) (サッカーなどで)ハットトリック. —lograr un ~ con goles de bella factura 見事なゴールでハットトリックを達成する.

triplicación 囡 3倍[三重]にすること, 3部作ること.

triplicado, da 過分 [→triplicar] 3倍[三重]の, 3つ1組の. ——男 三部作成した同一文書の3通目. ▶por triplicado (正副)3通作成して.

triplicar[1.1] 他 を3倍[三重]にする, 3部作る. ——se 囡 3倍になる.

tríplice 形 →triple.

triplicidad 女 3倍[三重]であること.

tri̱plo, pla 形 →triple.

trípode 男 (カメラ用)三脚; 三脚椅子 [テーブル].

tripón, pona 形 《話》→tripudo.

tríptico 男 **1**《美術》三つ折りの絵画 (特に宗教画), トリプティク. **2** 3枚続きの祭壇画.

*triptongo 男《言語》三重母音.

tripudo, da 形 太鼓腹の, おなかの出た.

tripulación 女《集合的に》(船・飛行機の)乗組員, 搭乗員.

tripulante 男女 (船・飛行機の)乗組員, 乗組員.

*tripular 他 **1**(船・航空機)を操縦する, 運行する. —~ el avión 飛行機を操縦する. **2**…に乗り組む; 乗務する.

triquina 女《虫類》旋毛(½)虫(哺乳動物に寄生する線虫).

triquinosis 女《単複同形》《医学》旋毛虫症.

triquiñuela 女《話》ごまかし, 策略; 言い逃れ.

triquitraque 男 **1**(物が揺れたりぶつかり合う)ガタゴト音. —el ~ del tren 列車の通る音. **2**爆竹, 紙花火.

trirreme 男《歴史》(古代の)3段オールのガレー船.

tris 男 **1**《話》わずか, 少しの間. **2**《擬音》パリッ, ピッ(ガラスなどが割れたり, ひびが入るときの音). — **estar en un tris de** [+不定詞] /**estar en un tris (de) que** [+接続法] もう少しで…しそうになる. **por un tris** もう少しのところで, 間一髪で.

trisagio 男《宗教》三聖誦(½)(三位一体を称える祈り).

trisar 自 (ツバメなどが)さえずる鳴く.

trisca 女 **1**物を踏み潰す音, 踏み鳴らす音. **2**騒ぎ, 騒動.

triscar [1.1] 自 **1**跳ね回る, じゃれる, ふざける. **2**踏みつける, 足音を立てる. — 他 **1**(のこぎり)の目立てをする. **2**を混合する. **3**(のこぎり)の目立てをする.

trisección 女《数学》三(等)分.

trisemanal 形 **1**週に3回の, **2** 3週間ごとの.

trisemanalmente 副 週に3回; 3週間ごとに.

trisílabo, ba 形《言語》3音節の. —— 男 3音節語.

tri̱ste [トリステ] 形 **1**[estar +](人の)悲しい, 悲しんでいる. —Esta música me pone ~. 私はこの音楽を聞くと悲しくなる. **2**(表情などが)悲しげな, 悲しそうな, 沈んだ. —expresión [cara, mirada] ~ 悲しそうな表情[眼差し]. tener los ojos ~s 悲しげな目をしている. **3**[ser +](物事が)悲しい, 悲しみを誘う; 痛ましい, 悲惨な. —suceso [destino] ~ 悲しい出来事[運命]. una ~ noticia 悲しい知らせ. tener un ~ final 痛ましい[悲惨な]最後を遂げる. **4**陰鬱(⅔)な, 陰気な, 薄暗い, もの寂しい, わびしい. —vida ~ わびしい生活. paisaje ~ もの寂しい風景. habitación ~ 陰鬱[薄暗い]部屋. **5**[ser +, que + 接続法]残念な, 悲しむべき, 嘆かわしい, つらい. —Es ~ que siempre haya guerras en el mundo. 世界で戦争が絶えないのは悲しいことだ. Es la ~ realidad. それは残念ながら事実だ. **6**色のくすんだ[あせた]. **7**(植物が)しおれた. **8**[+名詞]貧弱な, わずかな, 乏しい, 取るに足らない; 質の悪い. —~ sueldo 薄給. Me han servido una ~ copa de vino. 彼らは申し訳程度のワインを一杯だけ出してくれた. —— 男《南米》《音楽》トリステ(アンデス高原の民謡で, ギターの伴奏で歌うもの悲しい恋歌).

*tristeza 女 悲しみ, 哀愁; 悲しみの原因.

tristón, tona 形 寂しげな, 悲しげな. —— 男 陰気な人, ふさぎ込んだ人.

tritio 男《化学》トリチウム, 三重水素.

tritón 男 **1**《動物》イモリ. **2**《ギ神》(T~)トリトン(半人半魚の海神).

trituración 女 粉砕, 粉砕.

triturador, dora 形 粉砕する, すりつぶす. —— 男 ディスポーザー(生ゴミ処理機). —— 女 粉砕機.

triturar 他 **1**を粉砕する, すりつぶす, 挽く. —~ la carne 肉を挽く. **2**をかみ砕く, 咀嚼(⅔)する. **3**を(肉体的・精神的に)痛めつける. 苦しめる. **4**(理論など)を論駁(⅔)する, 非難する.

triunfador, dora 形 勝者の, 勝利した. —— 男女 勝利者.

*triunfal 形 **1**勝利の, 凱旋(⅔)の, 勝利を祝う; 成功した. **2**熱狂的な, 華々しい. —acogida ~ 熱狂的な歓迎. **3**勝ち誇った, 意気揚々とした.

triunfalismo 男 自信過剰, 自信満々であること.

triunfalista 形 勝利を確信した, 自信過剰の. —— 男女 自信家.

triunfalmente 副 勝ち誇って, 意気揚々と.

triunfante 形 [+ de/en で] 勝利した, 勝利の; 成功した; 勝ち誇った.

*triunfar 自 [+ en で] 勝つ, 勝利を博する. —~ en la liga リーグ優勝する. **2**成功を収める, 成功する. **3**(トランプゲームで)切り札を出す.

*triunfo 男 **1** a) (大)勝利; 大成功, 大当たり. b) トロフィー, 勝利のしるし. c) (古代ローマの)凱旋式. **2**(カード・ゲームの)切り札にする. **en triunfo** 意気揚々と. **costar un triunfo**《事柄が主語》大きな努力が必要となる.

triunvirato 男 **1**《歴史》(古代ローマの)三頭政治. **2** 3人の連合政治, 三者連合.

triunviro 男《歴史》(古代ローマの)三頭政治の執政者.

trivalente 形 3つの機能[価値]を持つ; 《化学》3価の.

*trivial 形 **1**ささいな, 取るに足らない, つ

まらない. —conversación ～ よもやま話. **2** 陳腐な, ありふれた, 平凡な. —conclusión [expresión] ～ 陳腐な結論[表現].

*__trivialidad__ 女 取るに足らない物事, くだらないこと; 平凡, 陳腐.

trivialización 女 軽視, 過少評価.

trivializar [1.3] 他 を軽視する, 小さく扱う.

trivio 男 **1** 三叉路(さんさろ), 三つ辻. **2**《歴史》三学(中世の大学の教養科目のうち, 文法・修辞・弁証法).

trívium 男《歴史》三学(中世の大学の教養科目のうち, 文法・修辞・弁証法).

triza 女 かけら, 小片, 断片. ►***hacer trizas...*** 物を粉々[びりびり]にする.

trocaico, ca 形男《詩学》(韻律が)長短格の(詩), 強弱格の(詩).

trocamiento 男 →trueque.

trocánter 男《解剖》転子(大腿骨上部の突起).

trocar[1] 男《医学》套(とう)管針(外科で腹腔などから採液するのに用いられる).

*__trocar__[2] [5.3] 他 **1**〔＋por と〕を交換する, 物々交換する, 取り換える. **2**〔＋en に〕を変える. —～ el amor *en* antipatía 愛情を反感に変える. **3** を間違える, 取り違える. **4** を吐く, もどす. —— **se** 再〔＋en に〕変わる.

trocear 他 **1** を細かくする, 刻む. **2**(古い爆発物)を処理する.

troceo 男 切り刻み, 切り分け.

trocha 女 **1** 脇道, 抜け道; (草むらの中の)細道. **2**〔南米〕(レールの)軌間.

troche, trochemoche ►***a troche y moche*** [***a trochemoche***]《話》めちゃくちゃに, でたらめに.

trocoide 形男 **1**《数学》トロコイド(の), 余擺(よはい)線(の). **2**《解剖》車軸関節.

trofeo 男 **1** トロフィー, 優勝記念品. **2** 戦利品; 戦勝や狩猟の記念となる装飾品(敵の武器や獣の頭の剥製など). **3** 勝利, 優勝.

trófico, ca 形《生物》栄養(上)の. —cadena *trófica* 食物連鎖.

troglodita 形 **1**《歴史》洞窟に住む, 穴居生活を送る. **2** 野蛮な, 粗野な. **3** 大食の. —— 男女 **1**《歴史》穴居人. **2** 野蛮人, 粗野な人. **3** 大食漢.

troglodítico, ca 形 **1** 穴居(生活)の, 洞窟に住む. **2** 野蛮な, 粗野な.

troika 女 トロイカ(ロシアの3頭立て馬ぞり).

troj 女 穀物置き場, 穀物倉庫.

troja 女〔中南米〕→troj.

troje 女 →troj.

trola 女《話》うそ, 作り話.

trole 男 **1**《電気》触輪, トロリー. **2**〔中南米〕トロリーバス.

trolebús 男 トロリーバス.

trolero, ra 形名《話》うそつき(の).

tromba 女《気象》(海上の)竜巻, つむじ風. ►***como una*** [***en***] ***tromba*** 嵐のように, すごい勢いで. ***tromba de agua*** どしゃ降り, 集中豪雨; 突然すごい勢いでやってくる物事.

trombo 男《医学》血栓.

trombocito 男《生物》血小板.

tromboflebitis 女〔単複同形〕《医学》血栓性静脈炎.

trombón 男《音楽》トロンボーン. —— 男女《音楽》トロンボーン奏者.

trombosis 女〔単複同形〕《医学》血栓症.

trompa 女 **1**《音楽》ホルン. **2**《動物》a)(ゾウやバクなどの)発達した鼻口部. b)(昆虫の)吻, 口先. **3**《話》(人の)特に大きい鼻; 〔中南米〕厚い唇. **4** 大ごま, うなりごま. **5**《解剖》管. —～ de Falopio 卵管. ～ de Eustaquio 耳管, エウスタキオ管. **6**《話》酒酔い. —coger una ～ 酔っ払う. **7**《建築》スキンチ, 隅迫持(すみせりもち). —— 男女《音楽》ホルン奏者.

trompada 女《話》**1** ぶつかること, (正面)衝突. **2** 打撃, パンチ.

trompazo 男 →trompada.

trompear 自 こまを回す. —— 他〔中南米〕をなぐりつける, …とぶつかる.

trompeta 女《音楽》トランペット; ラッパ. —— 男女《音楽》トランペット奏者; ラッパ吹き. —— 男《話》役立たず, つまらない奴.

trompetada 女《話》場違いの言葉.

trompetazo 男 **1** ラッパなどの(甲高い調子はずれの)音. **2**(ラッパなどで)殴ること.

trompetear 自 トランペット[ラッパ]を吹く.

trompetería 女 **1**《音楽》〔集合的に〕(楽団などの)トランペット部. **2** パイプオルガンの音栓.

trompetero, ra 名 **1**《音楽》トランペット吹き, ラッパ手. **2** トランペット[ラッパ]を作る人.

trompetilla 女 補聴器.

trompetista 男女《音楽》トランペット奏者.

trompicar [1.1] 他 をよろつかせる, ふらつかせる. —— 自 よろよろする, (何度も)つまずく.

trompicón 男 **1** つまずき, よろめき; 揺れ. **2** 打撃, 強打. ►***a trompicones*** (1) 途切れ途切れに, やっとのことで. (2) 力ずくで, 無理矢理.

trompillar 他自 →trompicar.

trompis 男〔単複同形〕《話》殴打, 打撃.

trompiza 女〔南米〕殴り合いのけんか.

trompo 男 **1** こま. —jugar al ～ こまを回す, こまで遊ぶ. **2**《話》まぬけ, のろま. **3**《貝類》サザエ. ►***ponerse como*** [***hecho***] ***un trompo***《話》たらふく[いやというほど]食べる[飲む].

trompudo, da 形 唇の厚い; 口をとがらせた.

trona 女 (脚の高い食事用)ベビーチェアー.

tronada 女《気象》雷雨.

tronado, da 過分〔→tronar〕形 **1** 使い古した. **2**《卑》気のふれた, 頭のおかしい.

tronante 形 (雷のように)とどろく.

tronar [5.1] 自 1 《3人称単数形のみ》雷が鳴る. 2 (大音響が)とどろき渡る, 鳴り響く. 3《+ contra を》どなりつける, ののしる. 4《+ con と》仲たがいする, けんか別れする. ── 他 《中米》《科目を》落とす. 2 (学生を)落第させる.

tronazón 女《中米》雷雨.

troncal 形 幹の, 胴体の; 主要な.

troncar [1.1] 他 → truncar.

troncha 女《南米》一切れ, 一片, スライス.

tronchar 他 1 (木などを)へし折る, 折る. 2 (希望などを)挫く, 断つ. 3《話》(人)をぐったりさせる. ── **se** 再 1 折れる, だめになる; へたばる. ▶ **troncharse de risa**》 笑いこける.

troncho 男《植物》(野菜の)芯, 軸, 茎. ~ **de col** キャベツの芯.

tronco¹ 男 [トロンコ] 1 (木の)幹; 丸太 = (leño). 2 (身体の)胴, 胴体; 主要部. ~ **del encéfalo** 脳幹. 3 (共通の)祖先, 先祖. 4 (車などを引く2頭以上の)馬[牛]など, 連畜. 5《数学》錐台, 切頭体. ~ **de cono** 円錐台. ~ **de pirámide** 角錐台. 6 のろま, とんま. ▶ **dormir como un tronco**《話》ぐっすり眠る. **estar como [hecho] un tronco**《話》ぐっすり眠っている.

tronco², **ca** 名《話》仲間, 友人.

troncocónico, ca 形 円錐(☆)台(形)の.

tronera 女 1 (建築)小窓, 明け取り. 2 (軍事)銃眼, 狭間(ﾊ゙ﾏ); (海事)砲窓. 3 (ビリヤードの)ポケット. 4 (折り紙の)紙鉄砲. 5 《話》遊び人, 道楽者.

tronido 男 1 雷鳴; 大音響. 2 ~ → tronío.

tronío 男《話》豪勢, 派手.

trono 男 1 a) 王位, 王権. ── ocupar el ~ 即位する. suceder en el ~ 王位を継承する. b) 王座, (儀式で)最高位の人が座る座席. 2 龕(ガ) 《神学》(9階級中上から3番目の)座天使.

tronzar [1.3] 他 1 を切り分ける, 割る. 2 を(疲れで)ぐったりさせる. 3《服飾》(スカートに)細かいプリーツをつける.

tropa 女 1 a) 軍隊. ── **de asalto** 突撃隊. b) 陸軍, 兵士たち. c) (将校と区別して)兵, 下士官. 2 (主に人の)群, 一団; 群衆. ── una ~ **de mujeres** 女性の一団. 3《南米》(特に移動中の)家畜の群.

tropel 男 1 (動きのある)群衆, ひしめき; 多数(の人々など). 2 急ぎあわてること, 殺到. 3 乱雑, 山積み. ▶ **en [de] tropel** どっと, 殺到して.

tropelía 女 1 虐待, 横暴. ── **acto de** ~ 虐待行為, 不法行為.

tropero 男《南米》1 牛飼い, 牧童. 2 粗野な人.

tropezar [4.5] 自 1《+ con/en に》つまずく, 足を取られる. ── una piedra 石につまずく. 2《+ con/contra に》突き当たる, 衝突する, ぶち当たる. 3《+ con に》出くわす, ばったり会う. 4 間違う, 過ちを犯す. 5《+ con と》言い争いをする, 口論する; 意見が衝突する. ── **se** 再《+ con に》出くわす, ばったり会う.

tropezón 男 1 つまずき, ぶつかり. ── dar un ~ つまずく, よろっとする. 2 失敗, 間違い. 3《料理》《話》(スープなどの)具, 実. ── una paella con muchos *tropezones*《話》具だくさんのパエリャ. ▶ **a tropezones**《話》途切れ途切れに, つっかえながら.

tropical 形 1 熱帯(性)の, 熱帯地方の. ── clima ~ 熱帯性気候. 2 ひどく暑い, 熱帯のような, 酷暑の. ── calor ~ 猛暑. 3《話》派手な, 大げさな; 熱気ある, 熱気溢れる.

trópico¹, **ca** 形《修辞》比喩(の), 文彩(の), 転義(の).

trópico², 男《天文》回帰線. ── ~ **año** ~ 太陽年, 回帰年. ── 男 1《地理》回帰線. 2《天文》天の回帰線. ~ **de Cáncer** 北回帰線, 夏至線. ~ **de Capricornio** 南回帰線, 冬至線. 2 熱帯地方.

tropiec-, tropiez- 動 → tropezar [4.5].

tropiezo 男 1 つまずき. 2 障害, 邪魔; 災難, 不運. 3 過ち, 過失, 失敗;《話》男女間の過ち. 4 意見の対立, 衝突.

tropilla 女《南米》(乗馬用の)馬の群れ.

tropismo 男《生物》向性, 屈性. ── positivo [negativo] 正[負]の向性.

tropo 男《修辞》比喩, 転義.

tropología 女 比喩の(語法), (教訓としての)比喩の使用.

tropológico, ca 形 比喩的な, 比喩の.

troposfera 女《気象》対流圏.

troque(-), troqué(-) 動 → trocar [5.3].

troquel 男《工業》打ち型, 打ち抜き型.

troquelador 男 (車のプレートの)刻印機.

troquelar 他《工業》を型押しする, 鋳造する.

troqueo 男《詩学》(古典詩の)長短格, (スペイン詩などの)強弱格.

trotacalles 男女《単複同形》《話》ぶらぶらしている人, 遊び人.

trotaconventos 女《単複同形》男女の仲を取り持つ女.

trotador, dora 形 (馬などの)速足の, よく走る.

trotamundos 男女《単複同形》世界を歩きまわっている人, 旅行家.

trotar 自 1 a) (馬が)速足(ﾊﾔｱｼ)で駆ける. b) (人)り)馬を速歩で疾走させる. 2 走り回る, 駆けずり回る.

trote 男 1 (馬の)速足. ── El caballo corre al ~. 馬は速足で走っている. 2 忙しい仕事, 激務, 激しい活動. 3 乱暴な, 4 使い古しこと. ▶ **a [al] trote** 速足で; 大急ぎで. **no estar para muchos [esos] trotes** (1) 激務に耐えら

trotón れない. (2) 使い古した. *para todo trote* ふだん着の, 日常用の.

trotón, tona 形 〖馬について〗足の速い. ── 男 〖動物〗速歩馬, トロッター馬.

trotskismo 男 トロツキズム, トロツキー主義(ロシアの革命家 Trotski: 1879-1940 の思想).

trotskista 形 トロツキズムの, トロツキストの. ── 男女 トロツキスト.

troupe 〖<仏〗 劇団, サーカス団.

trova 女 1(中世に吟遊詩人によって吟唱・朗読された)詩歌. 2(一般的に)韻文, 詩.

trovador, dora 男 〖歴史〗吟遊詩人, トルバドゥール(中世, 南仏を舞台にオック語で作詞作曲した叙情詩人の総称). ── 名 〖文〗詩人. 形 〖文〗詩の, 韻文の; 吟遊詩人の.

trovadoresco, ca 形 〖歴史, 文学〗トルバドゥール〖吟遊詩人〗(風)の.

trovar 自 〖詩〗歌を作る. ── 他 1をもじって歌う. 2〖比喩〗を歪曲する, …に異なる意味をつける.

trovero 男 〖歴史〗トルベール(中世, 北仏を舞台にオイル語で作詞作曲した詩人の総称).

trovo 男 (大衆的な)恋愛詩.

troyano, na 形名 〖歴史〗トロイ(小アジア北西部の古都)の(人).

trozar 他 を割る, 砕く.

trozo 男 1(物の)断片, 一片, 一部分. ─un ~ de madera [pan, papel] 木の切れ端[パンのひとかけら, 紙の断片]. 2(文学・音楽・美術などの)作品の一部, 断片.

trucha 女 特殊用カメラ.

trucaje 男 〖映画〗トリック撮影, 特殊効果撮影.

trucar 他 1…に策略を仕掛ける. 2(エンジンなど)を改造する.

trucha[1] 女 〖魚類〗マス(鱒). ~-arcoiris 虹鱒. ~ de mar [marina] ウミマス.

trucha[2] 女 〖中米〗屋台.

truchero, ra 形 (川などが)マスの多い.

truchimán, mana 名 〖話〗1通訳; 仲介者. 2悪党, ずる賢こい奴.

truchuela 女 タラの幼魚(塩漬).

truco 男 1トリック, 仕掛け; ごまかし, いかさま; 〖映画〗トリック撮影. 2こつ, 要領. 3〖ゲーム〗(ビリヤードで)相手の玉をポケットに入れること.

truculencia 女 すさまじさ, 戦慄, 残虐.

truculento, ta 形 すさまじい, ぞっとするような, 残虐の.

trueco 男 →trueque.

trueno 男 1 a) 雷, 雷鳴. b)(雷のような)とどろき, 大音響. ─~ gordo 花火の爆音. 2向う見ずな若者, 無鉄砲な若者.

trueque 男 1交換, 物々交換. ─comercio de [por] ~ 〖中南米〗物々交換制貿易, バーター制貿易. 2〖中南米〗おつり. ▶a [en] *trueque de*... と交換で, …の代わりに.

trueque(-) 動 →trocar [5.3].

trufa 女 1〖植物〗トリュフ, 西洋松露. 2(チョコレートの)トリュフ, チョコレートクリーム.

trufar 他 1(肉など)にトリュフを詰める[添える]. 2〖スペイン〗を(密かに)混入させる, 潜入させる.

truhán, hana 形名 1悪党(の), 詐欺(師)(の), やくざ. 2おどけ者(の), ひょうきんな(人), 道化師.

truhanería 女 1悪事, ぺてん. 2道化, おどけ.

truhanesco, ca 形 1不正な, ペテンの. 2おどけた.

trujal 男 1〖機械〗(ブドウやオリーブの)圧搾機, 搾油機. 2(石けん製造用の)炭酸ソーダを入れるかめ.

trujamán, mana 名 〖まれ〗通訳; 世話役, 相談役.

Trujillo 固名 1トルヒーリョ(スペインの都市; ホンジュラスの都市; ベネズエラの都市; ペルーの都市). 2トルヒーリョ (Rafael ~) (1891-1961, ドミニカ共和国の独裁者・大統領, 在任 1942-52).

trulla 女 1騒ぎ, 騒音. 2雑踏, 人込み.

trullo[1] 男 1〖俗〗刑務所. 2(ブドウの)圧搾場.

trullo[2] 男 〖鳥類〗コガモ.

truncado, da 形 (→ truncar) 〖数学〗(円錐などについて)先端を切った, 切頭の. ─*pirámide truncada* 切頭角錐. *cono* ~ 切頭円錐.

truncamiento 男 先端を切ること, 削除; 中途で終わらせること.

truncar [1.1] 他 1…の一部を削除する, をカットする, 切断する. 2を中断させる, 阻止する.

trunco, ca 形 一部分欠けた, (手足などを)切断された.

truque 男 1トランプ遊びの一種. 2石蹴り遊びの一種.

trusa 女 1〖中南米〗水泳パンツ. 2(ひざ上の)ズボン, パンツ.

trust 〖<英〗 男 〖単複同形〗〖経済〗トラスト, 企業合同.

truste 男 =trust.

tse-tsé 女 〖虫類〗ツェツェバエ.

tsunami 〖<日〗 男 津波.

:**tu** 〖トゥ〗形〖所有〗〖単数〗〖2人称単数〗君(おまえ)の. ─*¿Este es tu libro?* これは君の本ですか. *Tienes que asegurarte con tus propios ojos.* 君は自分自身の目で確かめなければいけない 〖前に定冠詞や指示形容詞つくことはできない. 名詞の後や主語の補語としては *tuyo* が用いられる〗.

:**tú** 〖トゥ〗代〖人称〗〖2人称単数主格〗: 〖与格・対格 te, 前置詞格 ti〗1 〖主語として〗君〖おまえ〗(が)は. ─*Tú lo sabes todo.* 君は何でも知っている 〖*主語の tú* は表示しないのが普通. それを示すときは強調や対比の意味〗. 2〖主語の補語となる; 人〗…は君〖おまえ〗(だ). ─¡*Ah!, ¿eres tú?* やあ, 君か

い《このような場合，動詞は叙述補語に一致する》. ► **de tú a tú** 親密に，ひざをつめて. **hablar [llamar, tratar] de tú a tú** 君[おまえ]で話をする［呼ぶ］.

tuareg 形《複 ~s》(サハラのベルベル系遊牧民の)トゥアレグ(人)の. ── 男女 トゥアレグ人.

tuba[1] 男 〘音楽〙チューバ(金管楽器の一種).

tuba[2] 女 (フィリピン産の)ヤシ酒.

tuberculina 女 〘医学〙ツベルクリン. **—reacción de ~** ツベルクリン反応.

tubérculo 男 **1**〘医学〙結節, 隆起物. **2**〘植物〙塊茎(ホネ), 塊根(ホネ).

tuberculosis 女〘単複同形〙〘医学〙結核. **─ ~ pulmonar** 肺結核.

tuberculoso, sa 形 **1**〘医学〙結核(性)の，結核にかかった. **2** 結節状の；塊茎(ホネ)状の. ── 男女 結核患者.

tubería 女 **1** 導管, 管(の集合). **2** 管工場；管業者.

tuberosa 女 〘植物〙チュベローズ, 月下香(ケッカ).

tuberosidad 女 結節, 隆起；〘植物〙塊茎(ホネ).

tuberoso, sa 形 結節のある, 隆起した；〘植物〙塊茎(ホネ)状の.

tubo 男 **1** (液体や気体を通す)管, パイプ；筒. **─ ~ del agua** 水道管. **~ de desagüe** 下水管. **~ de ensayo** 試験管. **~ de escape** 排気管. **~ de rayos catódicos** ブラウン管, 陰極線管. **~ de vacío** 真空管. **2** (歯磨きなどの)チューブ. **~ de pasta dentífrica** 歯磨きチューブ. **~ de pintura** 絵の具チューブ. **3**〘解剖〙管, 管状器官. **~ capilar** 毛細管. **~ digestivo** (口から肛門までの)消化管. **~ intestinal** 腸管, 腸.

tubular 形 管の, 管状の, 管から成る. ── 男〘スポ〙競技用自転車のタイヤ. ► **caldera tubular** →caldera.

túbulo 男〘解剖〙細管. **─ ~ seminífero** 精細管.

tucán 男〘鳥類〙オオハシ.

tuco, ca 形〘中南米〙片腕の(人), 片手の(人). ── 男〘中南米〙切断された手足の基部.

tuco-tuco, tucu-tucu 男《複 ~s》〘南米〙〘動物〙ツコツコ(南米産ネズミ科の齧歯(ゲッシ)類の総称；地下に穴を掘って住む).

tucúquere 男〘南米〙〘鳥類〙マゼランワシミミズク.

tucura 女〘南米〙〘虫類〙イナゴ, バッタ.

tudesco, ca 形 **1** ザクセン(Sajonia)の(人). **2**〘皮肉〙ドイツ人(= alemán). ── 男 ドイツ式外套.

tueco[1] 男 **1** (木の虫食い穴. **2** 切り株.

tuerc- 動 →torcer [5.9].

tuerca 女 ナット. **─ tío tierna una ~** (口語) そいつはちょっと頭のねじがゆるんでいる. ► **apretar a ... las tuercas** (人)にねじを巻く, ...の気持の緩みを正す.

tuerce- 動 →torcer [5.9].

tuerce 男〘中米〙災い, 不運.

tuerto, ta 形 **1** 片目の(人). **2 a)**〘文〙よじれた, 曲がった. **b)**〘比喩〙ねじ曲げられた, 不正な. ► **a tuertas o a derechas** (1) よく考えずに, 軽率に, でたらめに. (2) 是非はともかく, 良かれ悪しかれ.

tuerz- 動 →torcer [5.9].

tuest- 動 →tostar [5.9].

tueste 男 炒ること, 焼き色をつけること.

tuétano 男 **1**〘解剖〙髄, 骨髄. **2** 真髄, 核心, 奥底. ► **hasta los tuétanos** [**el tuétano**] 〘話〙骨の髄まで.

tufarada 女 異臭, 悪臭, 強烈な臭い.

tufillas 男女〘単複同形〙〘話〙気難しい, 怒りっぽい人.

tufo[1] 男 **1** 腐臭, 異臭；悪臭. **2**〘複〙〘話〙気取り, 高慢.

tufo[2] 男 (耳元などにかかる)巻き毛.

tufo[3] 男〘地質〙凝灰岩.

tugurio 男 ぼろ家, あばら家；みすぼらしい部屋. **2** 羊飼いの小屋.

tul 男《仏》〘織物〙チュール.

Tula 固名 トゥラ(メキシコ, トルテカ文明の遺跡).

tulio 男〘化学〙ツリウム(元素記号 Tm).

tulipa 女 (チューリップ型のランプシェード. かさ.

tulipán 男〘植物〙チューリップ(の花).

tullido, da 過分 [→ **tullirse**] 形 不随の, (体や手足の)麻痺した(人), 体の不自由な人.

tullimiento 男 不随, (手足の)麻痺, 身体障害.

tullir [3.9] 他 **1** (人)を身体障害にする, (人)の体をきかなくさせる. **2** (人)をくたくたにする, 打ちのめす. **── se** 再 手足が不自由になる[麻痺する], 不随になる.

tumba[1] 女 **1** (地中に埋めり, 石を建てたりした)墓, 墓所. **2** 口の固い人, 物言わぬ人. ► **a tumba abierta** (1) 全速力で, まっしぐらに. (2) 大胆に, 遠慮なく, やみくもに. ► **cavar su (propia) tumba** 自ら墓穴を掘る. **ser (como) una tumba** 〘話〙(人)が口が堅い.

tumbaga 女 **1** トムバック, 人造金(銅と亜鉛との合金). **2** (人造金でできた)指輪.

tumbar 他 **1 a)** ~ を倒す, 打ち倒す. **─Le tumbó de un tremendo puñetazo.** やつは彼をすさまじいパンチで倒した. **b)** ~ を横にする, 寝かせる. **c)** ~ を(地面わり)たおす) 倒す, 傾ける. **─Al tomar la curva tumba la moto.** カーブを切るとき彼はオートバイをかいぶし傾ける. **2** 〘話〙(人)を卒倒させる, 呆然とさせる. **─El coñac me ha tumbado.** 私はコニャックに酔って伸びてしまった. **3**〘話〙~を不可にする. 落第させる. **4** を殺す, 撃ち倒す. **── se** 再 **1** 寝そべる, 横になる, 体を伸ばす. **2** たるむ, だらける.

tumbo[1] 男 **1** (車両などの)激しい揺れ, 動揺. **2** 転倒, 転覆. ► **dar tumbos** よたよたする；どうにかこうにか, 苦労して, ...

tumbón, bona 形名〘話〙**1** 怠け者(の), 怠惰な(人). **2** ずるい(人), 腹黒い

(人). ―― 囲 デッキチェアー, (折畳式の)寝椅子. ―~ plegable multiposiciones 折り畳み式リクライニング・デッキチェア.

tumefacción 囡 《医学》腫れ, 膨脹.
tumefacto, ta 形 《医学》腫れ上がった.
túmido, da 形 → tumefacto.
tumor 男 《医学》腫瘍(ようよう); 膨張. ―~ maligno [benigno] 悪性[良性]腫瘍. ― cerebral 脳腫瘍.
tumoración 囡 《医学》腫瘍(ようよう), 腫れ.
tumoral 形 腫瘍の.
túmulo 男 1 (石や土を盛り上げた)墳墓, 塚; 古墳. 2 (葬儀で棺を安置しておく)柩台.
tumulto 男 1 騒乱, 暴動. 2 騒ぎ, 混乱, 喧騒(けんそう).
tumultuario, ria 形 → tumultuoso.
tumultuoso, sa 形 騒然とした, 激しい; 騒動を引き起こす.
tuna¹ 囡 《植物》ウチワサボテンの実.
tuna² 囡 トゥナ(中世の衣裳を着て歌い歩く学生の一団).
tunantada 囡 悪行, 悪さ, 下劣な行為.
tunante, ta 形 悪党の, ずる賢い. ― 名 悪党, ごろつき; いたずらっ子.
tunantería 囡 悪行; 下劣な行為; 卑劣であること.
tunda 囡 1 (棒や鞭での)殴打, めった打ち. ―dar una ~ a... (人)を叩きのめす. 2 大変な骨折り, くたくたにすること.
tunda² 囡 《織物》剪毛(せんもう)すること, (毛織物表面の)けばを取ること.
tundición 囡 《織物》→ tunda².
tundidor, dora 名 《織物》剪毛(せんもう)する(人); 剪毛職人. ― 男 剪毛機.
tundidura 囡 《織物》→ tunda².
tundir 他 《話》1 (人)を棒や鞭などで打ちのめす, お仕置きする. 2 くたくたにする.
tundir² 他 《織物》を剪毛(せんもう)する, 刈り込む.
tundra 囡 《地理》ツンドラ, 凍土帯, 凍原.
tunear 自 やくざな暮らしをする, ぶらぶらして暮らす.
tuneci 形 名 → tunecino.
tunecino, na 形 名 1 チュニス(Túnez)の(人). 2 チュニジア(Tunicia)の; チュニジア人.
:túnel 男 トンネル, 地下道, 洞. ―~ aerodinámico 風洞. ~ de lavado 洗車機.
tuneladora 囡 トンネル掘削機.
tuneo 男 → tuning.
Túnez 固名 チュネス(チュニジアの首都).
tungsteno 男 《化学》タングステン(元素記号 W).
túnica 囡 1 《服飾》チュニック(腰までのゆったりした上衣). 2 《解剖》被膜; 《植物》種皮.

tunicado, da 形 被膜に包まれた; 外皮のある.
tunicela 囡 《カト》トゥニチェラ, (ミサのとき司祭がトト祭服の下に着る服)祭服.
Tunicia 固名 チュニジア(首都 Túnez).
tuning 男 (車を最良の状態にするための)調整, カーチューニング, チューンアップ(= puesta a punto).
tuno, na 形 名 (ときに親愛を込めて)悪党(の), 恥知らず(の), いたずら好き(な). ― 男 トゥナ(tuna)の構成員.
tuntún ►al (buen) tuntún (1) 考えなしに, 行き当たりばったりに. (2) いかげんに, でたらめに.
tupamaro, ra 名 トゥパマロス(ウルグアイの左翼ゲリラ)の(1).
tupaya 囡 《動物》ツパイ, リスモドキ.
tupé 男 1 (額にたれる)前髪. 2 《話》ずうずうしさ, 厚かましさ.
tupido, da 過分 (→ tupir) 形 1 目のつんだ, 密な. ―un ~ bosque うっそうとした森. un paño ~ 厚手の生地. 2 (感覚や頭脳が)鈍い.
tupí-guaraní 形男女 トゥピ・グアラニ族(の人). ― 男 トゥピ・グアラニ語.
tupinambo 男 《植物》キクイモ.
tupir 他 を密にする, (布地の目などを)詰まらせる, (草など)を密生させる. ― 自 密になる, 生い茂る. ― se 再 1 ―~ 2 《話》腹一杯詰め込む. 3 《中南米》頭がぼうっとする, 何が何だかわからなくなる.
tupper 〈英〉男 タッパーウェア(食品密封保存容器).
turba¹ 囡 〔主に 複〕暴徒の群れ, 群衆, 群れ.
*turba² 囡 (燃料・肥料用の)ピート, 泥炭.
turbación 囡 混乱; 当惑, 動揺.
turbado, da 過分 (→ turbar(se)) 形 [estar +] 混乱した, 動揺した, 当惑した.
turbador, dora 形 混乱させる, 心を乱す. ―Me dirigió unas palabras *turbadoras*. 彼は私に向かってまどわすようなことを言った.
turbamulta 囡 《軽蔑》群衆, 烏合(うごう)の衆.
turbante 男 《服飾》ターバン.
*turbar 他 1 a) ~ をかき乱す, 混乱させる. b) を妨害する, 妨害する. ―~ el silencio [el sosiego] 静寂を乱す. 2 a) ~ を動転させる, (心)に動揺させる, どぎまぎさせる. b) (士気)を失わせる. (意気)を消沈させる. ― se 再 1 動転する, 動揺する, うろたえる. 2 意気消沈する, 落胆する, 悲嘆にくれる.
turbera 囡 《地質》泥炭地.
turbidez, turbieza 囡 → turbiedad.
turbiedad 囡 1 濁り, 不透明; 不明瞭. 2 混乱.
turbina 囡 《機械》タービン. ―~ hidráulica 水タービン. ~ de vapor 蒸気タービン.
turbinto 男 《植物》コショウボク, サン

ショウモドキ.

turbio, bia 形 **1** 濁った,不透明な. —El agua está *turbia*. 水が濁っている. **2** [画・像などの]不鮮明な,かすんだ,ぼやけた. **3** 不鮮明な,曖昧(あいまい)な,はっきりしない. **4** [商売などが]法的に怪しげな,いかがわしい,胡散(うさん)臭い. —~s negocios いかがわしい商売. **5** 混乱した,騒然とした. — 男 [油・ワイン・酢などの]沈殿物,おり. — 副 かすんで,不鮮明に. —Ya veo ~. 目がかすんできた.

turbión 男 **1**《気象》スコール,(突風を伴う)にわか雨. **2**(なだれのように)降りかかる物事. —un ~ de balas 弾丸の雨.

turbo 形《無変化》(乗り物等に)ターボ(コンプレッサー)搭載の. — 男 ターボ(コンプレッサー).

turbobomba 女《機械》ターボポンプ.
turbocompresor 男《機械》ターボコンプレッサー.
turbogenerador 男《機械》タービン発電機.
turbohélice 男《航空》ターボプロペラエンジン.
turbomotor 男《機械》ターボモーター.
turbonada 女《気象》雷雨,(雷を伴うに)わか雨.
turbopropulsor 男 ターボプロップエンジン.
turborreactor 男《航空》ターボジェット.
turbulencia 女 **1**《気象》乱気流;《物理》乱流. **2** 騒ぎ,混乱;不穏. **3** 濁り,不鮮明.
turbulento, ta 形 **1** 乱れた,荒れた,混乱した. **2** 騒ぎを起こす,騒々しい.
turca 女《話》酔い. —coger una ~ 泥酔する.
turco, ca 形名 **1** トルコ(Turquía)(人・語)の;トルコ人;《歴史》オスマントルコの(人). —el gran ~ オスマン大皇帝(=sultán). **2**『中南米』《軽蔑》アラブ系移民の. ▶ *cabeza de turco* スケープゴート. — 男 トルコ語.
turcomano, na 形 トルクメニスタン(Turkmenistán)の,トルクメン(人)の. — 名 トルクメニスタン[トルクメン]人.
turdetano, na 形《歴史》(前ローマ時代にイベリア半島南部に居住した)トゥルデタニー(Turdetania)(人)の. — 名 トゥルデタニー人.
túrdiga 女 革ひも.
turf 男〔《英》『スポ』〕競馬場;競馬.
turfista 形名 競馬好きの(人);競馬狂.
turgencia 女 張り,膨満,勃起.
turgente 形 張った,膨らんだ,勃起した.
túrgido, da 形《文》→turgente.
turíbulo 男 下げ香炉.
turiferario 男 **1** 香炉を下げる人,香炉持ち. **2** おべっか使い.
turificar〔1.1〕他 …に香をたき込める.
Turín 固名 トリノ(イタリアの都市).
turión 男《植物》(アスパラガスなどの)若茎.

turismo 男 **1** 観光旅行,観光事業,(スポーツの)遠征旅行. —viaje de ~ 観光旅行. **2** 自家用車,ツーリングカー. —automóvil de ~ 自家用車.
turista 男女 観光客,遠征中のスポーツ選手. —clase ~ ツーリストクラス『形容詞的に』.
turístico, ca 形 **1** 観光の. —guía *turística* 観光案内(書);(女性の)観光ガイド. ciudad *turística* 観光都市. **2** ツーリストクラスの. —clase *turística* ツーリストクラス.
Turkmenistán 固名 トルクメニスタン(首都 Ashgabad).
turma 女 **1**《解剖》睾丸(こうがん). **2**《植物》トリュフ.
turmalina 女《鉱物》電気石(でんきせき)(硼素,アルミニウムなどを含む珪酸塩鉱物).
túrmix 女(または 男)『単複同形』(商標)ミキサー.
turnar 自 交代する,順番でやる. — **se** 再『+en + 名詞 / + para + 不定詞』を交代でする. —Nos *turnamos* para fregar los platos. 私たちは交代で皿洗いをしている.
turno 男 **1** 順番,番. —~ de preguntas 議会(会議)での質疑応答. **2** 交替(制);(仕事などの)シフト,交替勤務の人. —trabajo por ~s 交替勤務. Está en el ~ de día [noche]. 彼は日[夜]勤だ. ▶ *de turno* (1) 当番の. —médico *de turno* 当番医. (2) 目下の;よく言われる,いつもの. *turno de oficio*《法律》国選弁護人の輪番制.
turolense 形名 テルエル(Teruel,スペイン東部の都市)の(人).
turón 男《動物》ケナガイタチ.
turoperador 男 団体旅行業者(=operador turístico).
turquesa 女《鉱物》トルコ石. — 形 トルコ石色(明るい青緑色)の,ターコイズブルーの(=azul ~). —una falda azul ~ ターコイズブルーのスカート.
turquesco, ca 形 トルコ(Turquía)の;トルコ風の.
Turquestán 固名 トルキスタン(チュルク系民族が居住する中央アジアの地域).
turquí 形名 藍色の. —azul ~ 藍色.
Turquía 固名 トルコ(首都 Ankara).
turrar 他 をこんがり焼く,焦がす.
turrón 男 トゥロン(アーモンドなどを炒って糖蜜でまとめた菓子,クリスマスによく食べる).
turronería 女 トゥロン屋,トゥロンを売る店.
turronero, ra 名 トゥロン売り;トゥロン製造者.
turulato, ta 形《話》呆然とした,仰天した.
turullo 男 (羊飼いが使う)角笛.
turulo 男 トゥルレー(トランプ遊びの一種,同価の札を3枚そろえる). — 形《卑》正気でない,おかしくなった. ▶ *¡Turu-*

rú! まさか(不信感や冷やかしを表す).
tus 形 (所有) tu の複数形.
tusa 女 [中南米] **1** トウモロコシの軸[外皮,繊毛]. **2**(馬の)たてがみ. **3**あばた. **4**身持ちの悪い女.
tusar 他 [中南米] (毛などを)刈る,刈り込む.
tusígeno, na 形 [医学] 咳を誘発する.
tusílago 男 [植物] フキタンポポ.
tuso, sa 形 [中南米] **1** 刈り込まれた. **2** 尾のない,尾を切り取られた. **3** あばたらけの.
tusor 男 [織物] (タフタ織りの)綿布.
tute 男 **1** トゥーテ(トランプ遊びの一種,4枚の王か馬のカードを集める). **2**(同じь類の)4人の集まり. ▶ **dar un tute a...** を酷使する. **darse un tute** 集中して[必死で]する.
tutear 他 (人)と tú を使って話す,親しい付き合いをする. ── **se** 再 互いに tú を使って話す.
tutela 女 《法律》 後見. ── ejercer la ～ del niño 孤児の後見人になる. **2** 保護,監督. **3** 指導,指導する仕事.
tutelar 形 《法律》 後見する,後見人の. ──gestión ── 後見. **2** 保護する. ──ángel ～ 守護の天使. divinidad ～ 守護神. ── 他 を後見する,保護する.
tuteo (usted でなく) tú を用いて話すこと.
tutiplé(n) 男 ▶ **a tutiplé(n)** 〘話〙(見境なしに)大量に,たっぷりと.
tutor, tora 名 **1** 《司法》 後見人,保護者; (一般的な)保護者,守護者. **2**(全教科の)家庭教師;(大学の個別科目の)指導教官,チューター. **3** 《農業》 添え木,支柱.
tutoría 女 **1** 《法律》 後見,保護,監督. **2**(教育上の)指導.
tutriz 女 (複 trutrices)(女性の)後見人,保護者,指導教官.
tutsi [男女] ツチ族(の人).
tutú¹ 男 (複 ～s) [中南米] (鳥類) ハチクオモドキ.
tutú² 男 (複 ～s) 〘服飾〙チュチュ(バレリーナ用の短いスカート).
tuv-動 →tener [10.8].
Tuvalu 女 ツバル(首都 Funafuti).
tuya 女 [植物] コノテガシワ(アメリカの針葉樹の一種).
tuyo, ya [トゥヨ] 形 (所有) 〘複〙 tuyos, tuyas (2人称単数; tú に対応する) **1** [名詞の後で] 君[おまえ,あなた]の. ──aquella casa *tuya* あの君の家. Me he puesto una camisa *tuya*. 私は君のシャツの1枚を着た [名詞の前では tu が用いられる]. **2** 〘叙述補語として〙君[おまえ,あなた]のもの. ──¿Es ～ este libro? この本は君のかね? **3** 〘定冠詞を付けて所有代名詞となる〙 a) 君[おまえ・あなた]のもの. ──*Lo mío* es tu ～. 私のものは君のものだ. b) 君[おまえ・あなた]の得意(なもの). ──*Lo* ～ es la música. 君の得意なのは音楽だ. c) 〘副詞的に〙 とても,かなり

(→ mucho). ▶ **la tuya** 君の好機. ──Ahora es *la tuya*. 君のチャンスだ.
los tuyos 君の家族[仲間・味方]. (**una**) **de las tuyas** 君のいつもの手[やり方・ふざけ・へま].
tuza 女 [メキシコ] [動物] ホリネズミ.
TVE 《略号》女 =Televisión Española. スペイン国営テレビ.
tweed [英] 男 [織物] ツイード.

U, u

U, u 女 (複 úes) スペイン語アルファベットの第22文字.
u 接 [接続詞 o が o や ho で始まる語の前で用いられる形] …か…, …または…. ──siete *u* ocho 7か8. mujer *u* hombre 女性か男性.
ubérrimo, ma 形 (非常に)肥沃な,(大麦)豊かな.
ubicación 女 設置;位置,場所.
ubicar [1.1] 自 [+en に] 位置する. ── 他 [+en に] …に置く,配置する,位置づける. ── **se** 再 [+en に] 位置する.
ubicuidad 女 遍在,全ての場所に同時に存在すること; 《宗教》 (神の)遍在.
ubicuo, cua 形 **1** 《宗教》 遍在する, 全ての場所に同時に存在する. **2** どこにでも現れる,神出鬼没の.
ubre 女 (哺乳動物の)乳房.
ucase 男 **1** 《歴史》 (旧帝政ロシアの)勅令. **2** 理不尽な命令,一方的な命令.
UCI 《頭字》 [<*U*nidad de *C*uidados *I*ntensivos] 女 《医学》 集中治療室(英 ICU).
Ucrania 女 ウクライナ(首都 Kiev).
ucraniano, na, ucranio, nia 形名 ウクライナの(人). ── 男 ウクライナ語.
Ud. 《略号》 =usted あなた.
Uds. 《略号》 =ustedes あなた方.
UE 《頭字》 [<*U*nión *E*uropea] 女 欧州(ヨーロッパ)連合(英 EU).
UEFA 《頭字》 [<*U*nión *E*uropea de *F*útbol *A*sociación] (スポ) ヨーロッパ・サッカー連合.
uf 間 ふう,やれやれ,まったく (疲れ・嫌悪・安堵などを表す).
ufa 間 [南米] (疲れ・不快・拒絶などを表して) はあ,ふう,ふん,やれやれ.
ufanarse 再 [+con/de を] 自慢する,得意になる.
ufanía 女 自慢,うぬぼれ,思い上がり.
ufano, na 形 **1** [estar +, + con/de/por] (…に関して) 自慢げな,誇らしげな,思い上がった. **2** [estar +, + con に] 満足した,喜んだ. **3** 意気込んだ,張り切った.
ufología 女 UFO研究.
Uganda 女 ウガンダ(首都 Kampala).
ugandés, desa 形名 ウガンダの(人).
ugrofinés, nesa 形 フィン・ウゴル語族の. ── 男 フィン・ウゴル語族.

UGT《頭字》[<*Unión General de Trabajadores*] 囡『スペイン』労働者総連合(社会労働党系の組合連合).

ujier 男囡 **1** (官廷や裁判所などの)門衛, 門番. **2** 下級官吏, 廷吏.

ukelele 男 《音楽》ウクレレ.

ulano 男 《軍事》(ドイツ・オーストリア・ロシアの)槍騎(き)兵.

úlcera 囡 《医学》潰瘍.

ulceración 囡 《医学》潰瘍(き)化.

ulcerar 他 《医学》(人)に潰瘍(き)を生じさせる. ━━**se** 再 潰瘍化する, ただれる.

ulcerativo, va 形 潰瘍(き)性の, 潰瘍を生じる.

ulceroso, sa 形 《医学》潰瘍(き)性の, 潰瘍にかかった; 潰瘍の.

ulema 男 ウラマー(イスラムの法『宗教』学者).

ulmáceas 囡複 《植物》ニレ科植物.

ulterior 形 [+a] 《文》(時間的に)…の後の, 先々の; (空間的に)後ろの. **2** (空間的に)…の向こうの. **3** 《歴史》(ローマ帝国領内でローマから)最も離れた, 遠隔地の.

ulteriormente 副 後に, その後, 引き続き.

ultimación 囡 完成, 終了, 詰め.

últimamente 副 **1** 最近, 近頃. **2** 最後に; 結局.

ultimar 他 **1** を完成する, 終了する, 仕上げる. **2**《中南米》を始末する, 殺す.

ultimátum 男 [複 ~s] 最後通牒; 最終決定『提案』.

último, ma [ウルティモ, マ] 形 **1** 最後の, 終わりの;《宗教》臨終の. ━━ tren 終電車. hasta el ~ momento 最後まで. Hoy es el ~ día de clase. 授業は今日で終わりだ. **2** 究極的な, 決定的な, 最終的な. fin ~ 究極の目的. *última* pena 死刑. ~ precio 最低価[これ以上下げられないぎりぎりの値段]. **3** 最近の, 最新の, 直近の. *estos* ~s *años* この2·3年. *últimas noticias/noticias de última* hora 最新の『ホット』ニュース. **4** 最低の, 最悪の. *en* ~ caso 最悪の場合には. ▶ *ahora* último《中南米》最近; 最後に. *a la* última《話》進歩·流行の最先端に. *estar en las últimas*《話》死にかけている; 金が尽きかけている. *por último* 最後に, 結局. *ser lo último*《話》[最低, 最高である, 我慢できない; 最新型『最新流行』である. ━━ 名 最後の人[物]; 後者; 最低の人. ━━ 男 (週·月·年の)最後の時期. ▶ *a últimos de...* …の終わり頃, …末.

ultra 形 《政治》極右の, 過激な; 極右の. ━━ 男囡 極端論者の, 過激派; 極右主義者.

ultra- 接頭「越えて, 向こう側へ, 超…, 過…」の意.

ultracorrección 囡 《言語》過剰修正.

ultraderecha 囡 《政治的)極右.

ultraderechista 形 男囡 極右の(人), 極右主義の(人, 党員).

ultraísmo 男 《文学》ウルトライスム(1920年頃スペイン·中南米の詩人が起こした形式·テーマの革新を唱えた文学運動).

ultraísta 形 男囡 《文学》ウルトライスムの(詩人).

ultraizquierda 囡 《政治的)極左.

ultraizquierdista 形 男囡 極左の(人), 極左主義の(人, 党員).

ultrajador, dora 形 名 乱暴を働く(人), 侮辱する(人).

ultrajante 形 侮辱的な, 無礼な.

ultrajar 他 を侮辱する, 辱める; 踏みにじる.

ultraje 男 侮辱, 無礼な言動; 暴行.

ultraligero, ra 形 超軽量型の(飛行機).

ultraliviano, na 形 →ultraligero.

ultramar 男 海外, 海外の国.

ultramarino, na 形 海外の; 外国産の. ━━ 男 **1**(輸入)食料品. **2**[単数扱い]食料品店 =tienda de ~.

ultramicroscopio 男 限外顕微鏡.

ultramoderno, na 形 超モダンな, 超近[現代]的な.

ultramontanismo 男 《宗教》教皇権至上主義.

ultramontano, na 形 **1** 山の向こう側の. **2** 《宗教》教皇権至上主義の. ━━ 名 《宗教》教皇権至上主義者.

ultramundano, na 形 超現世の, あの世の.

ultranza ▶ *a ultranza* 必死に, 何としても, 断固として; 完全な, 徹底した.

ultrarrápido, da 形 超高速の.

ultrarrojo, ja 形 《物理》赤外(線)の.

ultrasensible 形 超高感度の.

ultrasónico, ca 形 《物理》超音波の.

ultrasonido 男 《物理》超音波.

ultratumba 囡 死後, あの世[とくに de ultratumba という結合合わせでよく用いられる]. ━━ 男 あの世で.

ultravioleta 形 [単複同形, 複 ~s] 《物理》紫外(線)の. ━━ *rayos* ~s 紫外線 (→UVA).

úlula 囡 《鳥類》モリフクロウ(= antillo).

ulular 自 (動物や風が)うなる, 吠える; (フクロウなどが)鳴く.

umbela 囡 《植物》繖(き)形花序.

umbelífero, ra 形 《植物》セリ科の, 繖(き)形花序の. ━━ 囡複 セリ科植物.

umbilicado, da 形 へそ状の; へそ状の窪みを持つ.

umbilical 形 《解剖》へその.

umbráculo 男 《植物用の》日よけ.

umbral 男 **1** 敷居, 口 [主に 複] 始まり, 入り口, 第一歩. **2** 限界(点), 境界.

umbría 囡 日当たりの悪い地域, 日陰地.

umbrío, a 形 日当たりの悪い, 日陰の.

umbroso, sa 形 日をよく遮る.

un, una

un, una [ウン, ウナ] 冠 (不定)【強勢語; 女性用 una】【アクセントのある a, ha ではじまる女性単数名詞の直前では una は un となることがある: un haya または una haya「1本のブナの木」】**1**〔個々の名詞の単数形に付けて〕ある1つ[1人]の…, 何かの, どこかの….—*un amigo mío* 私のある友人. **2**〔数詞として〕1つの, 1人の…. —*una persona* 1名. **3**〔総称的に〕どの…も, …ならばだれでも; …というものは…. —*Una mujer no debe andar sola por estas calles.* 女性が1人通りを歩いてはいけない. **4**〔固有名詞に付けて〕〈…と〉いうような人, …のようなもの. —*un tal señor Fernández* フェルナンデスさんという人. —*Eres un sol.* 君は太陽のような人だ. **5**〔名詞(句)を強調する〕本当の, まさに…. —¡*El señor López es un profesor!* ロペスさんは本当の教師だ. **6**〔複〕いくつかの, 何人かの. —*unos libros* 何冊かの本. —*unas semanas* 数週間. **7**〔複数形で〕〔+ 数詞〕およそ…, 約…. —*unos cinco meses* 約5か月.

una 形 (数)〔強勢〕 uno の女性形. — 冠 (不定) uno の女性形.

UNAM 〔頭字〕〔< *U*niversidad *N*acional *A*utónoma de *M*éxico〕女 メキシコ国立自治大学.

Unamuno 固名 ウナムノ (Miguel de 〜)(1864-1936, スペインの思想家・詩人・小説家).

unánime 形 全員同意見の, 満場一致の, 異口同音の.

unánimemente 副 満場一致で, 異口同音に.

unanimidad 女 満場一致, 全員の合意. —*por ~* 満場一致で.

uncial 形 (字) アンシャル字体の.

unción 女 **1** (油, 軟膏などの)塗布. **2**〔カト〕(聖油の)塗布; 終油の秘跡). **3** 献身, 傾倒, 熱心.

uncir [3.5] 他 (牛などを)くびきでつなぐ, …にくびきをかける.

undécimo, ma 形 (数) 11番目の; 11分の1の. — 男 11分の1.

underclock 〔< 英〕男 (情報) アンダークロック (CPUのデジタル回路を, 定格を下回る速度で動かせる).

UNED 〔頭字〕〔< *U*niversidad *N*acional de *E*ducación a *D*istancia〕女 〔スペイン〕国立通信教育大学.

UNESCO, Unesco 〔頭字〕〔< 英〕女 国連教育科学文化機関, ユネスコ(スペイン語: *O*rganización de las *N*aciones *U*nidas para la *E*ducación, la *C*iencia y la *C*ultura).

ungimiento 男 (宗教) 塗油, 聖油を塗ること.

ungir [3.6] 他 **1** (宗教) …に聖油を塗って聖別する, 終油を施す. **2**…に油などを塗る.

ungüento 男 **1** 軟膏(なんこう), 塗り薬. **2** ごまかし, 一時しのぎ; 懐柔策. ▶ *ungüento amarillo*〔話, 皮肉〕万能薬.

unguiculado, da 形 (動物) 有爪(ゆうそう)の, 爪を持つ(哺乳動物).

unguis 男〔単複同形〕(解剖) 涙骨.

ungulado, da 形 (動物) 有蹄(ゆうてい)の; 有蹄動物の. — 男 有蹄動物.

ungular 形 爪(つめ)の.

únicamente 副 もっぱら…だけ, ただ…だけ.

unicameral 形 (政治) 一院制の.

UNICEF, Unicef 〔頭字〕〔< 英〕男 国際連合児童基金, ユニセフ(スペイン語: *F*ondo de las *N*aciones *U*nidas para la *I*nfancia).

unicelular 形 (生物) 単細胞の.

unicidad 女 単一性, 一つしかないこと; 独特.

único, ca [ウニコ, カ] 形 **1** 唯一の, ただ一つ[一人]の. **2**〔名詞に後置〕類(たぐい)まれな, 並ぶものがない; 特異な.

unicolor 形 単色の.

unicornio 男 **1** 一角獣, ユニコーン. **2** サイ.

unidad 女 **1 1**個, 一人, 1単位. **2** (計量などの)単位. **3** まとまり, 単一性, 統一性. **4** (機械や設備などの)1式, 装置, ユニット. —*~ de cuidados intensivos* [UCI] 集中治療室 (ICU). **5** (軍隊などの)部隊, 編隊. ▶ *unidad de vigilancia intensiva* [UVI] 集中治療室 (= *~ de cuidados intensivos*).

unidamente 副 仲良く, 結束して.

unidimensional 形 一次元の.

unidireccional 形 (物理) 一方向の, 単向の.

unido, da 過分 [→ *unir*] 形 つながった, 結組[団結, 連合]した, 仲のよい.

unifamiliar 形 一家族用の. —*vivienda ~* 一戸建て住宅.

unificación 女 統一, 統合; 単一化.

unificador, dora 形 統一する, 統合する. — 名 統一者, 統合者.

unificar [1.1] 他 …を一つにまとめる, 統一[統合]する. 単一化する. — *se* 再 一つにまとまる, 一つになる, 統一[統合]される.

unifoliado, da 形 (植物) 単葉の.

uniformado 男〔南米〕警察官, 刑事.

uniformar 他 **1** …を一様[一律]にする, 画一化する, 規格化する. **2** …に制服[ユニフォーム]を着せる. — *se* 再 一様[一律]になる, 画一化する.

uniforme 形 **1** 同じの, 同形の, 均一の; 一様の. —*color ~* 単色. *movimiento ~* (物理) 等速度運動. **2** 変化のない; 単調な. — 男 制服, ユニフォーム.

uniformidad 女 画一性, 均質性, そろっていること.

uniformizar [1.3] 他 …を一様に[画一]化する. — *se* 再 一様になる.

unigénito, ta 形 一人っ子の; 唯一の. —*el Unigénito* (宗教) 神の子キリスト.

unilateral 形 片側だけの, 一方的な.

—contrato ~ 〔法律〕片務契約.
unilateralidad 囡 偏っていること, 一方的なこと.
unilateralmente 副 一方的に.
unión 〔ウニオン〕囡 **1** 結合, 合体; 協会, ユニオン. **3** 連邦, 連合. —U~ Europea → Unión Europea. **4** 結婚. **5** 〔機械〕連結(器). ジョイント. —*en unión de...* …と一緒に (=*junto con*).

Unión Europea 固名 欧州〔ヨーロッパ〕連合, EU.

unionismo 男 〔政治〕統一主義.
unionista 形 〔政治〕統一〔連合〕主義の. —男女 統一〔連合〕主義者.
unipersonal 形 **1** 個人の; 個人向けの. **2**〔言語〕単人称の. —*verbo* ~ 単人称動詞. ◆*llover* などが3人称単数の活用形しか持たない動詞. —男 〔演劇〕一人芝居.

unir 〔ウニル〕他 **1** を結びつける, 結合させる; を合併させる, 統合する;〔+*con* と〕を連結させる, つなげる. **2** を結婚させる. 〔医学〕(傷口)を縫合する, 閉じる. — *se* 再〔+*a* に〕加わる, 参加する; 結びつく, 団結する; 近接する, 隣接する. **2** 結婚する **3** 混ざる, 混ざり合う.

unisex 形 ユニセックスの, 男女共用の.
unisexual 形 〔生物〕単性の.
unisón 形 男 →*unísono*.
unisonancia 囡 **1**〔音楽〕同音, 同度. **2**(演説などにおける)単調さ, 一本調子.
unísono, na 形 **1**〔音楽〕同音の, 同じ高さの音の. **2** 斉唱, 斉奏. ▶ *al unísono* いっせいに, そろって.
unitario, ria 形 **1** 単一の, 統一の. **2** 単位の.
unitarismo 形 **1**〔政治〕統一主義, 中央集権主義. **2**〔宗教〕ユニテリアン主義.
unitivo, va 形 結合させる.
univalvo, va 形 **1**〔貝類〕単殻の. **2**(植物)単弁の, 単室の. —男 〔貝類〕単殻軟体動物.
universal 形 **1** 全世界の, 万国の. **2** 普遍的な, 一般的な; 万能の. —*verdad* ~ 普遍的真理. **3** 宇宙の, 森羅万象の. —*atracción* (*gravitación*) ~ 万有引力. —男 **1**〔主に〕普遍的特性(哲学)一般概念.
universalidad 囡 普遍性, 一般性.
universalización 囡 普遍化, 一般化.
universalizar [1.3] 他 を普遍化する, 一般化する.
universalmente 副 普遍的に, あまねく; 世界中で.
universidad 囡 大学, 総合大学; 大学(の建物[施設]; 大学の関係者[教職員].
universitario, ria 形 **1** 大学の. **2** 大学生(の); 大学卒の, 大卒者. ▶ *Colegio Universitario* →*colegio*. *residencia universitaria* 学生寮.

universo 男 **1** 宇宙, 万物. **2** 領域, 分野, 世界. **3**〔統計〕母集団. —*, sa* 世界の, 宇宙の (=*universal*).
univocidad 囡 一義性.
unívoco, ca 形 一義の; 同質の, 同価値の.

uno, una 〔ウノ, ウナ〕形 (数)〔男性名詞の前では *un*〕**1** 一つの, 1個の, 一人の. —No tengo más que *un* euro. 私は1ユーロしか持っていない. Póngame *una* caña. 生ビールを1杯ください. **2** 単数または名詞の後で; 序数的に〕第1の, 1番目の. —Vamos a empezar por la lección *una*. 第1課から始めましょう. **3** 一体の, 同一の. —(数字の)1. —男 1 (時刻の)1時. —Es la *una* y media. 1時半だ.〔話〕ひとつこと, 大変なこと. —Mira los nubarrones que se están formando. Va a caer *una* buena. ほら, だんだん大きな黒い雲がたちこめてきている. ひどい嵐になりそうだ. —代 (不定)〔複〕~s〕**1**〔不定の人・物を示す〕ある人, あるもの, 一般的に〕人. 人というもの, 人はだれでも. **2**〔名詞の代わりに〕一つ, 一人; 一つのこと. —*uno* de mis mejores amigos 私の親友の一人. **3** 〔*otro* と対比して〕ある人〔もの〕, 一方(の, のもの). ▶ *a* (*de*) *una* 一度に, 同時に; *cada uno* (*una*) 各人, おのおの, めいめい; 一つずつ, 一人ずつ. *de uno en uno* 一つずつ, 順々に. *hacer una de las suyas* (*tuyas*) いつものくせでうそ〔悪ふざけ〕をする. *lo uno por lo otro* 釣り合いがとれたこと. *más de uno* 一人〔一つ〕ならず, 多くの人〔もの〕. *no dar* (*acertar*) *una* 常に的外れである. *una de* 〔+名詞〕〔話〕大変な数〔量〕の…. —Había en la plaza *una* de gente. 広場には大変な数の人がいた. *una de dos* 二つのうちの一, いずれか一方. *una y otra vez* 何度も, しばしば. *uno*(s) *con otro*(s) 平均して, 均して, 平均で. *el uno al otro* 互いに. *uno de tantos* (*más, del montón*) 十把ひとからげの人〔物〕, 大したことのないもの, 同類. *uno mismo* 自分自身. *uno por* (*a*) *uno* 一つずつ, 順々に. *uno que otro* 一人二人, いくつかの. *unos cuantos* いくつか(の), 数人(の), 何人か(の). *uno tras* [*detrás de*] *otro* 次々に. *uno u otro* どちらか一方. *uno y otro* どちらも, 二人〔二人〕とも.

untadura 囡 **1** 油〔軟膏〕を塗ること. **2** 潤滑油, 軟膏.
untar 他 **1**〔+*con* などを〕…に塗る, 塗布する;〔+*con* を〕〔…に〕つける;〔+*en* に〕を浸す. **2**〔話〕(わいろ)を贈る, 買収する. — *se* 再 **1**(油など)で自分を汚す, 汚れる; 塗る. **2**〔話〕わいろを受け取る, 私腹を肥やす.
unto 男 **1**(塗り付けるための)油, グリース, 軟膏. **2** 脂肪, 脂身. **3**〔話〕賄賂 (*きくわい*) (=*soborno*). **4**〔中南米〕靴墨.
untuosidad 囡 油っぽさ, べたつき.

untuoso, sa 形 1 油っぽい、べとべとした、ぬるぬるした。2 甘ったるい、へつらうような。

untura 女 →untadura.

unza(-), unzo 動 →uncir [3.5].

uña 女 [ウニャ] 1 つめ(爪). 〔つめ・牛や馬の蹄(ひづめ)〕 1 つめ(爪). 2 (牛獣の)鉤爪(かぎづめ). 3 サソリの毒針. 4 (木、金属のとげ)刺み目、切り込み. 5 (器具などの爪、爪かかり；(海軍) 錨爪. ▶ afilar(se) las uñas 《話》 大いに知恵を働かせる. a uña de caballo 《話》 全速力で、大急ぎで. con uñas y dientes 精一杯、ありったけの力で. dejar(se) las uñas en… 《話》…に精を出す. de uñas 《話》 敵意がある. enseñar [mostrar, sacar] las uñas 《話》 敵意を示す、牙(きば)をむく. ser largo de uñas [tener las uñas afiladas] 盗癖がある、手癖が悪い. ser uña y carne 《話》 一心同体である、切っても切れぬ仲である.

uñada 女 爪跡、(爪の)ひっかき傷.

uñero 男 (爪の回りの)炎症、ひょうそ；爪が肉に食いこんでいること.

uñeta 女 〔南米〕(ギターなどの)ピック.

upa 間 よいしょ、それ (子供などを持ち上げる際のかけ声) (=aúpa.)

upar 他 (子供などを)抱き上げる、持ち上げる.

uralaltaico, ca, uraloaltaico, ca 形 〔言語〕 ウラル・アルタイ語族(の).

Urales 固名 (Montes ～) ウラル山脈 (ロシア西部).

uralita 女 〔商標〕 アスベスト、石綿セメント.

uranio¹, nia 形 天体の、宇宙の.

uranio² 男 〔化学〕 ウラン、ウラニウム (元素記号U).

Urano 固名 1 〔ギ神〕 ウラノス. 2 〔天文〕 天王星.

urbanidad 女 礼儀正しさ、エチケット；品の良さ.

urbanismo 男 1 都市計画. 2 〔中南米〕宅地造成、土地開発.

urbanista 形女 都市計画の(専門家).

urbanístico, ca 形 都市計画の、都市化に関する.

urbanita 形 男女 都会人(の)、都会好きの(人).

urbanización 女 1 都市化、都市開発. 2 新興住宅地、分譲地、ニュータウン.

urbanizar [1.3] 他 1 …を都市化する、開発する. 2 …に教育を施す、(生活習慣・礼儀などを)教える. ── se 再 (人が)都会人らしくなる.

urbano, na 形 1 都市の、都会の. 2 都会的な、洗練された.

urbe 女 大都市、都会.

urca 女 〔歴史〕 大型の貨物船.

urchilla 女 〔植物〕 リトマスゴケ(地衣類)；その染料.

urdidor, dora 形名 〔織物〕 整経する、縦糸を機(はた)にかける(職人)、整経工. ── 男 整経機.

urdiembre 女 〔古〕 →urdimbre.

urdimbre 女 1 〔織物〕 縦糸. 2 陰謀、悪だくみ.

urdir 他 1 (陰謀)をたくらむ、企てる. 2 (縦糸)を掛ける、揃える、整経する.

urdu, urdú 男 ウルドゥー語.

urea 女 〔化学〕 尿素.

uremia 女 〔医学〕 尿毒症.

urente 形 焼けつく、ひりひりする.

uréter 男 〔解剖〕 (輸)尿管.

uretra 女 〔解剖〕 尿道.

uretritis 女 〔単複同形〕 〔医学〕 尿道炎.

urgencia 女 1 緊急、差し迫ったこと、応急. 2 緊急に必要なこと、切迫. 3 〔主に複〕(病院の)救急センター、救急治療. 4 救急患者、緊急を要する病気〔負傷〕. ▶ con urgencia 至急、緊急に.

urgente 形 1 緊急の、差し迫った. ── ser ── [+不定詞 / + que + 接続法] 早急に…する必要がある、至急…が必要.

urgir [3.6] 自 (物事が)急を要する、切迫している、緊急に必要とする. ── 他 1 [+ a + 不定詞] (…するよう)…に強制する、せきたてる. 2 を強く要求する.

úrico, ca 形 尿酸の、尿の. ── ácido ──. 尿酸.

urinario, ria 形 尿の、泌尿の. ── 男 公衆便所、簡易便所.

urja(-), urjo 動 →urgir [3.6].

urna 女 1 投票箱；くじ引き用の箱. ── acudir [ir] a las ～s 投票に行く. 2 骨つぼ；つぼ. 3 ガラスケース.

uro 男 〔動物〕 オーロックス.

urodelos 男複 〔動物〕 有尾両生類.

urogallo 男 〔鳥類〕 ヨーロッパオオライチョウ.

urogenital 形 〔医学〕 泌尿生殖器の、尿性器の.

urografía 女 〔医学〕 尿路造影(法).

urolitiasis 女 〔単複同形〕 尿路結石症.

urología 女 〔医学〕 泌尿器科学.

urólogo, ga 名 〔医学〕 泌尿器科医.

uroscopia 女 〔医学〕 尿検査.

urraca 女 1 〔鳥類〕 カササギ. 2 おしゃべり(な人)；がらくたを集めるのが好きな人.

URSS 〔ウルス〕 〔頭字〕 (< *Unión de Repúblicas Socialistas Soviéticas*) 女 ソビエト社会主義共和国連邦 (1922-91).

Úrsula 固名 〔女性名〕 ウルスラ. (Santa ～) 聖ウルスラ(聖女、祝日は10月21日).

ursulina 形 1 〔カト〕 ウルスラ会の(修道女)；複 ウルスラ会. 2 極端に内気な女性.

urticáceo, a 形名 〔植物〕 イラクサ(の).

urticante 形 ちくちくする.

urticaria 女 〔医学〕 蕁麻疹(じんましん).

urubú 男 (複 ~es) 〔中南米〕 〔鳥類〕 クロコンドル.

Uruguay 固名 ウルグアイ (公式名 *República Oriental del Uruguay*、首都 Montevideo).

uruguayismo 男 ウルグアイ特有の語法[言い回し、単語].

uruguayo, ya 形名 ウルグアイ (Uruguay) の(人).

urunday 男 [中南米]《植物》ウルンダイ(ウルシ科アストロニウム属の樹木).

usado, da 過分 [→usar] 形 中古の、使用済みの; [estar+] 使い古された.

usanza 女 様式、方法; 慣習. ▶ a la usanza de... ...風に、式に.

usar [ウサル]形 **1** ～を使う、用いる. **2**(習慣的に)～を身に着ける、着用する、かぶる. —Yo no uso gafas. 私は眼鏡をしていない. **3**[+不定詞] ～するならわしである、習慣とする. —自[+de を]用いる、利用する、行使する. —se 再 頻繁に使われる、流行される、はやる.

usía 代 [vuestra señoría の縮約形] 閣下、貴殿.

usina 女 [南米] 工場; 発電所; 市街電車駅.

uso [ウソ]男 **1** 使用、利用; 行使. —objetos de ～ personal 私用物、身の回り品. **2** 用途、使い道; 使用可能性、使用の自由. **3** 習慣、慣例. ▶ al uso 習慣に従って. en buen uso まだ充分使える. en [fuera de] uso 使用中の[使わなくなった]. en uso de を使って、行使して. hacer uso de ～を使う、行使する.

usted [ウステ]代 (人称)《強勢》[複 —es] 形 **3** 人称単数主格・前置詞格; 初対面の人、目上の人やあまり親しくない相手に用いる. **1**[主語として] あなたは、あなたが. —U～ ha sido muy amable. あなたはとても親切でした. **2**[叙述補語として] —¿Es ～? それはあなたですか. **3**[前置詞の後で用いられる] あなた. —Lo he comprado para ～. 私はそれをあなたのために買いました.

ustedes [ウステデス]代 (人称)《強勢》[usted の複数形] **1** あなたがた 3 人称複数主格・前置詞格; 初対面の人、目上の人やあまり親しくない相手に用いる. **2**[中南米][vosotros の代わりに用いられる] 君たち、あなたがた[親しい人にも親しくない人にも用いられる].

usual 形 普通の、普段の.

usualmente 副 ふつう、通常.

usuario, ria 形 使用する、利用する. —名 使用者、利用者、ユーザー.

usufructo 男 《法律》用益権.

usufructuar [1.6] 他 ～の用益権を持つ、用益権を行使する.

usufructuario, ria 形名 用益権を持つ(人); 利用権および所有権を持つ(人).

usura 女《商業》**1** 高利、暴利. **2** 金貸し業、高利貸し、金を貸すこと.

usurario, ria 形 (法外な)高利の、暴利を(食)(む).

usurero, ra 名 **1**《商業》高利貸し. **2** 法外な収益を得る人.

usurpación 女 **1**(地位・権利・土地などの)強奪、横取り. **2**《法律》横領、侵害.

usurpador, dora 形 強奪する、横領する、侵害する. —名 奪取者、横領者、侵害者.

usurpar 他 **1**[+a](地位、権力、土地など)を～から強奪する、横取りする. **2**(権利など)を侵害する.

usuta 女 [中南米] サンダルの一種.

utensilio 男 道具、器具、用具.

uterino, na 形《解剖》子宮の.

útero 男《解剖》子宮.

UTI《頭字》[<Unidad de Terapia Intensiva] 女 =UCI、UVI.

útil [ウティル]形 **1**[+a/para に] 役立つ、有用な. —Te será ～ conocerlo. 彼と知り合っておくと役立つでしょう. **2** 有効な. —día — 営業日. 《法律》有効日. —男[主に 複] 道具、用具.

utilería 女 用具、道具一式; 《演劇》小道具.

utilero, ra 名 **1**《演劇》小道具係 (→utilero). **2**《スポ》サッカーチームの道具係 (→utillero).

utilice(-), utilicé(-) 動 → utilizar [1.3].

utilidad 女 **1** 有用(性)、有益(性)、実用性、役に立つこと. **2**《商業》利益、もうけ. ▶ de utilidad 有用な.

utilitario, ria 形 功利主義の、実利的な; 実用本位の. —男 軽自動車 (coche).

utilitarismo 男《哲学》功利主義[説].

utilitarista 形《哲学》功利主義の. —男女 功利主義者.

utilizable 形 使える、利用できる、有効な.

utilización 女 利用、活用.

utilizar [1.3] 他 を利用する、使用する、役立たせる.

utillaje 男 [集合的に] 用具、道具一式.

utillería 女 →utilería.

utillero, ra 名 →utilero.

utopía 女 ユートピア、理想郷.

utópico, ca 形 ユートピアの、理想郷の、非現実的な. —名 夢想家.

utopismo 男 夢想的な、空想的理想主義の.

utopista 形 夢想的な、空想的理想主義の. —男女 夢想家、空想的理想家.

utrero, ra 名 2 歳から 3 歳までの子牛.

UVA《頭字》[<ultravioleta A]形 A 波紫外線の. —rayos ～ 紫外線A.

uva 女《植物》ブドウ(葡萄)、ブドウの実. —～ blanca [negra] 黄緑[暗紫]色のブドウ. —～ s de la suerte 幸福のブドウ(スペインで大晦日から新年にかけて鐘の音に合わせて 1 つずつ食べるブドウ). —～ s pasas 干しブドウ、レーズン. ▶ de uvas a peras 《話》たまにしか～しない. estar de mala uva《話》機嫌が悪い. tener mala uva《話》悪意を持っている、怒りっぽい.

uve 女 (アルファベットの) V [v] の名称. —～ doble (アルファベットの) W.

uvero, ra 形 ブドウの. —名 ブドウ

売り, ブドウ商人.
UVI〔頭字〕(<*Unidad de Vigilancia Intensiva*〕女《医学》集中治療室(英 ICU).
úvula女《解剖》口蓋(ぷ)垂, のどひこ.
uvular形 1《解剖》口蓋(ぷ)垂の. 2《音声》口蓋垂調音の.
Uxmal固名 ウシュマル(メキシコの古代都市遺跡).
uxoricida形男 妻殺しの(夫).
uxoricidio男 妻殺し.
uy間 痛い, (喜びや驚きの)おや.
Uzbekistán固名 ウズベキスタン(首都Tashkent).
uzbeko, ka, uzbeco, ca形名 ウズベキスタンの(人).

V, v

V, v〔中南米で[bé]と呼ばれることがある〕女 1 スペイン語アルファベットの第23文字. 2 (V) (ローマ数字の) 5.
V.《略号》1 =Véase. 参照. 2 =voltio《電気》ボルト.
va(-)動 →ir [19].
vaca〔バ カ〕女 1 雌牛. ~ marina マナティー, ジュゴン, enfermedad de las ~s locas 狂牛病. 2 牛肉, 牛革. 3《中南米》共同出資(金). ► *las vacas flacas [gordas]* 窮乏[繁栄]の時期, つらい[楽しい]日々.
vacación〔バカオン〕女〔主に複〕休暇, 休日, 休養; 休暇の時期——tomar *vacaciones* 休暇を取る. estar *de vacaciones* 休暇中である.
vacacional形 休暇の.
vacada女 牛の群れ.
vacancia女〔主に中南米〕欠員, 空席, 空き.
vacante形 (職などが)空いている, 空席の. —un puesto [una plaza] ~ 欠員[空席]. —女 空き, 欠員.
vacar[1.1] 自 1 (地位・職・場所などが)空く. 2 [+ de で] 欠く, (…が)不足している. 3 (一定期間仕事などを)休む.
vaci-動 →vaciar [1.5].
vaciadero男 下水溝, 排水管; ゴミ捨て場.
vaciado¹過分 (→vaciar)男 1 空にすること. 2 鋳造; 型に入れて作ること[作られたもの]. 3 穴掘り; くり抜くこと.
vaciado², da形《中南米》《話》おもしろい, 楽しい.
vaciamiento男 空にすること.
vaciante女 引き潮.
vaciar[1.5]他 1 を空ける, 空(ポ)にする. —~ *una botella* 瓶を空ける. 2 (内容物)をまく, 注ぐ. —~ *el agua en el jardín* 水を庭にまく. 3 …に穴を開ける; くり抜く, 空洞にする. 4 鋳造する, 鋳型に流し込む. 5 (本などから)抜き出す. —*se* 再 1 空になる. 2 本心をさらけ出す, 秘密をぶちまける. 3 [+ en に] 全力を

頼注する.
vaciedad女 空虚; 無内容, ばかげたこと. —*decir ~es* くだらないことを言う.
vacilación女 1 揺れること, 揺れ, 動揺. 2 ためらい, 躊躇(ちちゅう), 優柔不断.
vacilada女《中米》1 楽しみ, 喜び. 2 からかい, 冗談.
vacilante形 1 不安定な; よろよろする, 震える. —*andar con pasos* ~*s* よろよろと歩く. 2 ためらいがちの, はっきりしない.
vacilar自 1 揺れる. ふらつく, よろめく. 2 [+ en と] 迷う, ためらう, 躊躇(ちちゅう)する. 3 [+ entre … y … との] 中間である, (…の間を)揺れ動く. 4《中米》《話》楽しむ, 喜ぶ. — 他《話》をからかう, 冷やかす.
vacile男《俗》からかい, 冗談; 大騒ぎ.
vacilón, lona形《話》冗談好きの(人), 人をからかう(人). —男《中南米》《話》お祭り騒ぎ, どんちゃん騒ぎ.
vacío, a〔バシオ, ア〕形 1 (=estar +) 空の, 空いている; 人がいない. —*El pueblo se queda ~ en invierno.* 村は冬の間人気(ヒレ)がなくなる. *Tengo el estómago ~.* おなかがぺこぺこだ. 2 (心が)空虚な, 虚しい. —*una vida vacía* 虚ろな人生. 3 [+ *de* で] (内容が)軽薄な. —男 1 空所, 空間; 空白; 空間, 虚空. 2 虚しさ, 寂しさ, (心の)隙間(ホホ). 3《物理》真空. 4 脇腹;《中南米》《料理》リブ肉. ► *al vacío* (1) 空中に. (2) 真空状態で[に]. —*envasar al vacío* 真空パックにする. *caer [quedar] en el vacío* 無視される, 反応を得られないで. *de vacío* 何も積まずに; 成果を得られずに. *en (el) vacío* 空転して; 成果なく, 無駄に. *hacer el vacío* [+ *a*] (人)を疎んじる, ないがしろにする.
vacuidad女 空であること, 空疎さ, 中身のないこと.
vacuna女《医学》ワクチン.
vacunación女《医学》ワクチン注射; 予防接種.
vacunar他 1 [+ *contra* の]《医学》予防接種をする. 2 [+ *contra*] (人)に(逆境・苦難などに対する)免疫をつける. —*se* 再 [+ *contra* の] 1 予防接種を受ける. 2 (逆境・苦難などに対する)免疫ができる.
vacuno, na形 牛の, ウシ科の; 牛革の.
vacuo, cua形 1 空の, 空っぽの. 2 中身のない, くだらない.
vacuola女《生物》液胞, 空胞.
vade男 1 ファイル, 紙ばさみ; 書類かばん(=vademécum). 2 書き物机, 書き物台.
vadeable形 (川などの)浅瀬を渡れる.
vadear他 1 (川などの)浅瀬を渡る, 徒歩で(歩いて)渡る. 2 (困難などを)乗り越える. —*se* 再 振る舞う, 立ち回る.
vademécum〔ラテン〕男〔複〕~s (= vademécum). 便覧, ハンドブック, 必携の書.
vade retro〔ラテン〕去れ, 退け.
vado男 1 (歩いて渡れる)浅瀬. 2 (歩道

上の)車両出入り口.
vagabundear 自 1 さまよう, 放浪する; 浮浪生活を送る. 2 歩き回る.
vagabundeo 男 放浪, 放浪生活; 歩き回ること.
***vagabundo, da** 形 放浪する, 流浪の, 浮浪の. — 名 放浪者, 宿無し, 浮浪者.
***vagamente** 副 ぼんやりと, 漠然と, 曖昧(ホェ)に.
vagamundear 自 →vagabundear.
vagamundo, da 形 名 →vagabundo.
vagancia 女 1 怠惰, 怠け. 2 流浪, 浮浪, 働かずにぶらぶらすること.
vagante 形 1 放浪する, さまよう. 2 (よじなど)ぐらぐらする, 緩い.
***vagar**[1] [1.2] 自 1 [+ por を] さまよう, さまよい歩く, 流浪する. 2 [+ por を]歩き回る.
***vagar**[2] 男 1 時間に余裕がある; 暇である. 2 のらくら暮らす, 怠けて過ごす. — 男 1 暇, 余暇, 余裕. 2 落ち着き, 悠長さ, のろさ.
vagaroso, sa 形 移ろいやすい, さまよう.
vagido 男〔新生児の〕泣き声.
vagina 女〔解剖〕膣(ホゥ).
vaginal 形〔解剖〕膣(ホゥ)の.
vaginitis 女〔単複同形〕〔医学〕膣(ホゥ)炎.
***vago, ga** 形 1 はっきりしない, 曖昧(ホェ)な, ぼやけた. 2〔軽蔑〕怠け者の,〔定職なしに〕ぶらぶらしている, 放浪する. —〔軽蔑〕怠け者, 放浪者. — 男〔解剖〕迷走神経(=nervio ~).
vagón 男〔鉄道の〕車両, 客車, 貨車.
vagoneta 女〔小型の〕無蓋(ホェ)貨車, トロッコ.
vagotonía 女〔医学〕迷走神経緊張.
vaguada 女〔地理〕谷間, 凹線.
vagué(-), vague(-) 動 → vagar[1.2].
vaguear 自 →vagar[2] 2.
***vaguedad** 女 曖昧(ホェ)さ, はっきりしないこと; 曖昧な言葉〔表現〕.
vaguería 女 怠け心, 怠惰.
vaharada 女 1〔蒸気, 息などの〕ひと吹き. 2 臭気, におい.
vahear 自 湯気をたてる, 蒸気を放つ.
vahído 男 めまい, 立ちくらみ, (一瞬)気が遠くなること.
vaho 男 1 蒸気, 湯気. 2 複〔医学〕吸入.
vaina 女 1〔剣などの〕鞘(紅), ケース. 2〔植物〕〔豆などの〕莢(紅), 葉鞘(紅紅). 3〔中南米〕〔話〕厄介なこと, 困難, 嫌なこと.〔話〕ろくでなし, 役立たず.
vainazas 男女〔単複同形〕〔話〕無精者, だらしない人, 怠け者.
vainica 女〔服飾〕ヘムステッチ, 縁かがり.
vainilla 女〔植物〕バニラ;〔料理〕バニラエッセンス.
vaivén 男〔複〕vaivenes 1 揺れ, 振

れ; 往復運動. 2 移り変わり, 浮き沈み, 有為転変.
vaivoda 男〔歴史〕中世・近世のスラブ系東欧で使われた称号. 元来は軍司令官の称号だったが, 県・郡規模の領主の称号に変化した.
vajilla 女〔集合的に〕食器(セット).
val- 動 →valer [10.5].
valdense 形〔歴史, 宗教〕ワルドー派 (Pedro de Valdo)の. — 男女 ワルドー派信徒.
valdepeñas 男〔単複同形〕バルデペーニャス(スペイン南部の町)産のワイン.
valdr- 動 →valer [10.5].
***vale**[1] 男 1 引き換え券, クーポン券, 商品券. 2 受領書; 約束手形, 支払券, 無料入場券.
***vale**[2]〔スペイン〕〔話〕オーケー(同意, 承諾を表す表現). — ¿Vamos a comer? - V~. 食事しに行こうか. - いいよ. Te espero a las ocho. ¿V~? 8 時に待ってるよ, いいかい.
***valedero, ra** 形 1 [+ hasta/ para/ por] …の[…の間, …まで]有効な.
valedor, dora 名 保護者, 後援者.
Valencia 女〔地理〕バレンシア(スペイン東部の自治州, 州都; ベネズエラの都市).
valenciana 女〔中南米〕ズボンの裾の折り返し.
valencianismo 男〔言語〕バレンシア(Valencia)方言, バレンシア地方特有の語法.
***valenciano, na** 形 バレンシア(Valencia)の(人). — 男〔カタルーニャ語の一方言である〕バレンシア語.
valentía 女 1 勇敢さ, 活力; 大胆さ. 2 勇敢な行為, 偉業.
valentísimo, ma 形〔valienteの絶対最上級〕非常に勇敢な.
***valentón, tona** 形 名 空威張りの(人), 強がりの.
*☆**valer** [バレル] [10.5] 他 1 …の値段である, 値段は …である. — ¿Cuánto vale esta blusa? このブラウスはおいくらですか? 2 …の価値がある, …にふさわしい; …に相当する. — Un euro vale hoy 136 yenes. 今日 1 ユーロは 136 円だ. 3 結果として …となる, …という結果となる, …のもととなる. 4〔文〕を守る, 守護する. — 自 1 [+ para のために] 役立つ, 利用できる; 適している, 向いている, (…の)資質がある. 2 a) [+ a の助けになる, (…の)助けとなる. b) — Este visado no vale. Está caducado. このビザは無効です. 期限が切れています. b) [+ 不定詞が主語で] …してしまう[的否定文で] …してはいけない. 3 [+ por に] 相当する, 匹敵する, (…の)値打ちがある. — Cada cupón vale por mil yenes. クーポン券は 1 枚 1,000 円の価値がある. 4 (人が)立派である, (大きさが)合っている. ▶ hacerse valer 実力を発揮する, (当然のこととして)上位に立つ. hacer valer 主張する, 物を言わせる. más

vale [valiera]『[+不定詞]/+que+接続法』…する方が良い，…の方がましである．—*Más vale no precipitarse.* あわてない方が良い．**no valer para nada** 何の役にも立たない；無能である．**vale la pena**『[+不定詞]』…するだけの価値がある．**valer lo que pesa** 大変価値がある，尊敬に値する．**ìválgame [Dios]!**〖不快・驚きの〗何てことだ；おやまぁ．—**se** 再 1『[+de]』用いる，利用する，使う．—*se de una herramienta* 工具を使用する．2 一人で身の回りのことができる；自活する．—名 価値，価格，値打ち，真価；能力．

Valera 固名 バレーラ (Juan)（1824-1905，スペインの小説家）．

valeriana 女〖植物〗カノコソウ．

valerosidad 女 勇敢さ，勇ましさ．

valeroso, sa 形 勇敢な，勇ましい．

valetudinario, ria 形名 病弱な(人)，病気がちの(人)．

valg- 動 → valg [10.5]．

valí 男〖複〗—(e)s ワーリー（イスラム教国の地方行政官）．

valía 女 価値，有用性；能力．

validación 女 有効性の付与，有効化，批准．

validar 他 を有効化する，批准する；を確かにする．

validez 女 有効性，効力，正当性．

valido, da 過分〔→ valer(se)〕形 男王の寵臣(ˆˎ)，お気に入りの，寵愛を受けている．

válido, da 形 1（法的に）有効な，効力のある．2（人が）強壮な，たくましい，丈夫な；（老人が）身体が自由な．—名 健常者，身体の自由な老人．

valiente [バリエンテ] 形 1 勇敢な，勇ましい，向こう見ずの．2 強がりの，空威張りする．3『[+名詞，主に感嘆や皮肉]』見事な，大したこと；すごい，ひどい，相当の．—男女 1 勇敢な人，勇者．2 自慢屋，ほらふき，空威張り屋．

valija 女 1 旅行かばん．2（郵便物を入れる）皮袋．**— diplomática**（税関手続きを免除される）外交文書袋．

valimiento 男 寵(ˆ)愛，引き立て，ひいき．

valioso, sa 形 1 価値の高い，高価な．2 貴重な，価値のある，有益な．

valkiria 女 → valquiria.

valla 女 1 柵，囲い，垣根．2（街角，主要道路などに置かれた）広告板．3〖スポ〗ハードル．—*110 metros* —*s* 110メートルハードル．▶*romper* [*saltar*(*se*)] *la valla* [*las vallas*] 節度を越える，枠を外れる．

valladar 男 囲い，柵；障壁．

vallado 男 囲い，塀；防壁．

Valladolid 固名 バリャドリード（スペイン，カディーリャ・イ・レオン自治州の州都）．

vallar 他 …に柵を巡らす，囲いをする．

valle 男 1 谷，谷間；谷間の集落，谷間の村．2（河の）流域．

vallisoletano, na 形名 バリャドリード(Valladolid)の(人)．

valón, lona 形 ワロン（ベルギー南東部にある Valonia）(人・語)の．—名 ワロン人．—男 ワロン語．—女 1（服飾）（17世紀頃用いられた）大きいる飾り．2〔中南米〕（刈りこまれた）馬のたてがみ．

valor [バロル] 男 1 価値，真価，値打ち．—*tener* — 価値がある．*objetos de* — 貴重品．—*añadido* 付加価値．2 勇気，度胸，勇敢さ．—*tener* — 勇気がある．3 有効性，力，効力．4（商業）価格，価値；複 証券，株式．5 価，数値．6〔話〕ずうずうしさ，無礼．7〖音楽〗(音符の)長さ．▶*armarse de valor* 勇気を奮い起こす．

valoración 女 1 評価，査定，価値判断；アセスメント．2 価値の見直し［引き上げ］，再評価．

valorar 他『[+en（金銭的に）と]』を評価する，見積もる，査定する．2 …の真価を認める，を尊重する．3 …の価値を高める．

valorativo, va 形 評価［価値］の，評価する．

valorización 女 1 価値の引き上げ，値上げ．2 査定，値踏み，（金銭的）評価．

valorizar [1.3] 他 1 …の価値を上げる，評価を高める．2 を（金銭的に）評価する，査定する．

valquiria 女〖神話〗ワルキューレ（北欧神話中の武装した処女たち；倒れた戦士を天上に導く）．

vals 男〖単複同形〗〖音楽〗ワルツ．

valsar 自〖音楽〗ワルツを踊る．

valuación 女 → valoración.

valuar [1.6] 他 → valorar.

valva 女 1〖貝類〗（2枚貝などの）貝殻．2〖植物〗莢(ˆ)，蒴片(ˎˈˋ)，莢片(ˋˉˈ)．

válvula 女 1〖機械〗弁，バルブ．—*de escape* 排気弁．2〖解剖〗弁，弁膜．3〖電気〗真空管（= — *electrónica*）．

valvular 形 弁の，弁状の，弁膜の．

vampiresa 女（特に映画で）妖婦，魔性の女，男を惑わす女．

vampirismo 男 吸血鬼伝説［信仰］．

vampirizar 他 を乱用［搾取］する，をいいように使う．

vampiro 男 1〔中南米〕〖動物〗吸血コウモリ．2 吸血鬼．3（吸血鬼のような）搾取者，他人を食いものにする人．

vanadio 男〖化学〗バナジウム（元素記号V）．

vanagloria 女 虚栄，見栄，尊大．

vanagloriarse [1，1.5] 再『[+de/por]』を自慢する，鼻にかける，…だとうぬぼれる．

vanaglorioso, sa 形名 見栄っぱり(の)，偉ぶった(人)，尊大な(人)．

vanamente 副 1 むだに，空しく．2 根拠もなく．3 うぬぼれて，見栄を張って．

vandalaje 男〔中南米〕→ vandalismo.

vandálico, ca 形 1 破壊的な，野蛮な．2〖歴史〗バンダル（5世紀にイベリア半島に移ったゲルマンの部族）の．

vandalismo 男（芸術，文化，自然などに対する）破壊の態度，蛮行．

vándalo, la 名 **1** 破壊的な(人), 野蛮な(人), 乱暴者. **2**〖歴史〗バンダル族の(人).

vanguardia 女 **1**〖軍隊〗の前衛, 第一線. **2**〖政治・芸術活動〗の前衛, アバンギャルド; 先導者. ▶**a la [en] vanguardia**〔estar, ir などと用いられて〕〖＋de の〕最先端を行く, 先頭に立つ.

vanguardismo 男〖文学, 美術〗前衛主義, アバンギャルド運動.

vanguardista 形男女〖文学, 美術〗前衛主義(派)の(人), アバンギャルドの(人).

vanidad 女 **1** 虚栄(心), うぬぼれ, 虚飾. **─** halagar la ~ 虚栄心を満たす. **2** 空虚(なこと), はかなさ; はかない事〔物〕.

vanidoso, sa 形 虚栄心の強い, うぬぼれた.

vano, na 形 **1**〖バ, ナ〗果てない, 中身がない; からっぽの. **2** 虚栄心の強い, うぬぼれた. **3** 根拠のない; むなしい. **4**〖文〗架空の, 実在しない. **5** 実りのない, 無駄な. **─** 男〔壁の〕開口部. ▶**en vano** 無駄に, 虚しく.

vapor 男 **1** 蒸気, 湯気, 蒸発気体. **2** 汽船, 蒸気船. ▶**al [a todo] vapor**〔料理などを〕蒸して; 全速力で.

vapora 女 小型蒸気船.

vaporización 女 **1** 蒸発, 気化. **2**〖医学〗蒸気による治療.

vaporizador 男 **1** 噴霧器, スプレー. **2** 蒸気発生装置.

vaporizar [1.3] 他 **1** を蒸発させる, 気化させる. **2** を噴霧する. **─ se** 再 蒸発する, 気化する.

vaporoso, sa 形 **1** 蒸気を出す, 蒸気のたちこめた. **2**〔布などが〕薄物の, 透ける.

vapulear 他 **1** を(繰り返し)たたく, (ふとんなどを)はたく. **2** を叱りつける, 非難する, 酷評する.

vapuleo 男 **1** たたくこと, 打ちのめし. **2** 叱責, 非難, 酷評.

vaquería 女 **1** 酪農場, 搾乳場. **2** 乳牛の群れ (=vacada).

vaquerizo, za 形 乳牛の, 牛の. **─** 名 牛飼い (=vaquero). **─** 女〔冬期用の〕牛舎.

vaquero, ra 形名 牛飼いの, カウボーイの; ジーンズの, デニムの. **─** 男〔主に複〕〖服飾〗ジーンズ.

vaqueta 女 (なめした)子牛の革.

vaquilla 女 **1**〔素人闘牛用に使われる〕子牛. **2**〔複〕〔子牛を使った〕素人闘牛. **3**〖中南米〗〔1歳半から2歳の〕子牛.

vaquillona 女〖中南米〗〔2歳から3歳の〕若い雌牛.

vara 女 **1** 細長い棒; 杖; 〔葉を取った〕枝. **─** de pescar 釣り竿. **2**〔権威の象徴としての〕杖, 権杖, 官杖. **3** バラ (長さの単位: 83.59cm); バラ単位のものさし. **4**〔植物〕(ムギなどの)茎. **5**〖闘牛〗槍. ▶**tener vara alta** 権力をふるう, 影響力を持つ.

varada 女〖海事〗座礁; 乗り上げ, (船を浜に)引き上げること.

varadero 男〖海事〗乾ドック, 船舶乗り
(修理, 建造, 清掃用)保管所.

varado, da 過形 (→varar) 形 **1**〖海事〗座礁した, 乗り上げた; 浜に引きあげられた. **2**〖中南米〗失業した, 失業中の. **─** 名〖中南米〗失業者, 定職のない者.

varadura 女〖海事〗座礁, (船を浜に)引き上げること.

varal 男 **1**〔太く長い棒, 大太; 〔荷車などの〕輪〔=じ〕. **2**〖話〗ひょろ長い人, のっぽ.

varano 男〖動物〗オオトカゲ.

varapalo 男 **1** こん棒, (棒での)殴打. **2** 強い叱責, 大目玉.

varar 自〖海事〗座礁する, (船が浜に)乗り上げる. **2** 行き詰まる; 暗礁に乗り上げる. **─** 他〔船〕を浜に引き上げる.

varazo 男 (棒での)殴打, 強打.

varear 他 **1** を(棒で)たたく; (棒で木の実)をたたき落とす. **2**〖南米〗(競走馬を)調教する.

varenga 女〖海事〗肋板〔ろく〕, 船底床板.

vareo 男 棒でたたくこと, 実をたたき落とすこと.

vareta 女 **1** 鳥もち竿. **2**〖服飾〗〔布上の〕しま模様.

varetazo 男〖闘牛〗(角による)横からの突き.

varí─ 連〔→variar [1.5].

variabilidad 女 変わりやすさ, 可変性.

variable 形 **1** 変わりやすい; 気まぐれの. **2** 可変の, 変えられる. **─día de fiesta** ~ (年によって)日が変わる祝祭日, 移動祝祭日. **─** 女〖数学〗変数.

variación 女 **1** 変化, 変動; 偏差. **2**〖音楽〗変奏曲.

variado, da 過形 (→variar) 形 多様な, 変化に富む; 不均質な.

variante 形 **1** 異形, 異種, 異本; (異形同の)差異. **2** 抜け道, 迂回道. **3**〖スペイン〗〖サッカーなど〕引き分けの記号X または遠征チームの勝ちの名. **─** 女 変わる, 変わりやすい.

variar [1.5] 他 **1** を変える, 変更する, 変化させる. **2** …に変化をつける, を多様化する, 多彩にする. **─** 自 **1**(いろいろに)変わる, 変化する. **2**〔＋de/en 形・状態を〕変える, 取り替える. **3**〔＋de と〕異なる, 違う.

varice, várice 女〖中南米〗→variz.

varicela 女〖医学〗水痘〔とう〕, 水痘疹〔しん〕.

varicoso, sa 形〖医学〗静脈瘤〔りゅう〕の, 静脈瘤性の.

variedad 女 **1** 変化(のあること), 多様性, 相違; (あるグループ内にみられる)種類, 変種. **2**〔複〕〖演劇〗バラエティー・ショウ, 寄席演芸.

varietés 男/女複 バラエティ(ショー).

varilarguero 男〖闘牛〗〖話〗ピカドール.

varilla 女 **1**〔細長い棒, 枝, つえ; 傘, 扇などの骨. **2** カーテンレール. **3**〖話〗あごの骨.

varillaje 男〖集合的に〕傘, 扇などの骨

(全体).

vario, ria [バリオ, リア] 形 1 [名詞に前置] 幾いくつかの, 数人の. 2 様々な, 多様な. ― 名 いくつかの物事, 数人. ― 男複 (分類名として)その他.

variólico, ca, varioloso, sa 形 (医学) 天然痘(ﾄ)の(患者), 天然痘にかかった(人).

variopinto, ta 形 種々多様な, 雑多な, 色とりどりの.

varita 女 (短い)棒. ― mágica [de las virtudes] 魔法の杖.

variz 女 [複 varices] (医学) 静脈瘤(ｯｰ).

varón 男 (女子と区別しての)男, 男子.

varonil 形 男性的な; [ほめことばとして] 男らしい; 男性の, 男性用の.

varsoviano, na 形名 ワルシャワ(Varsovia)の(人).

vasallaje 男 (歴史) (君主に対して)臣下の関係にあること. 2 従属, 隷属. 3 貢ぎ物.

vasallo, lla 形 1 臣下の, 忠誠の誓いを立てた. 2 従属する, 統治される. ― 名 1 臣下, 家臣. 2 隷従者, 従属者.

vasar 男 (壁から張り出した)食器棚.

vasco, ca 形名 バスク地方の(人). ―el País V~ バスク地方. ― 男 バスク語.

vascófilo, la 名 バスク(語)研究家, バスク(語)研究愛好者.

vascofrancés, cesa 名 フランス領バスク地方の(人).

vascohablante 形男女 バスク語話者の.

vascón, cona 形名 (歴史) バスコニアの(人).

vascongado, da 形名 バスク地方の(人).

vascuence 形男 バスク語の.

vascular 形 (解剖, 動物, 植物) 血管の, 導管の, 管状の.

vasectomía 女 (医学) 精管切除(術).

vaselina 女 1 (化学) ワセリン. 2 (スポ) ループシュート.

vasera 女 食器棚; (コップを載せる)盆.

vasija 女 鉢, つぼ, 器.

vaso 男 [バソ] 男 1 コップ, グラス; コップ一杯の(量). 2 容器, 入れ物; (装飾用の)つぼ, 花びん. 3 (解剖, 植物) 導管, 脈管, 管. ▶ahogarse en un vaso de agua (話)つまらない事を大げさに騒ぐ.

vasoconstrictor, tora 形 (医学) 血管を収縮させる. ― 男 血管収縮剤 [神経].

vasodilatador, dora 形 (医学) 血管を拡張させる. ― 男 血管拡張剤[神経].

vasomotor, tora 形 (医学) 血管運動を調整する, 血管運動神経の.

vástago 男 1 (植物)新芽, 若枝. 2 (文)息子, 血を引く者. 3 (機械)軸, 連接棒, ロッド. 4 [中南米] (バナナなどの) 茎.

vastedad 女 広大さ, 莫大さ.

vasto, ta 形 広大な, 非常に広い; 莫大な, 巨大な.

vate 男 (文) 1 詩人. 2 予言者.

váter, váter 男 (水洗)便所; (水洗便所の)便器.

vaticanista 形男女 バチカンの; 教皇至上主義者の(の).

Vaticano 固名 Ciudad del ~ バチカン市国.

vaticano, na 形 バチカン市国[宮殿]の, ローマ教皇庁の. ― 男 (V~) バチカン市国, ローマ教皇庁.

vaticinador, dora 形名 予言[予見]する(人).

vaticinar 他 予言する, 予告する.

vaticinio 男 予言, 予知, 占い.

vatímetro 男 (電気) ワット計, 電力計.

vatio 男 (電気) ワット(電力, 仕事量の単位).

vaya 間 あれ, まあ, へえ, 畜生, おやおや (驚き・感嘆・失望・怒りなどを表す). ―Me ha tocado la lotería. ¡V~! くじが当たったのだ. ―まあ, すごい. La excursión se ha suspendido. ¡V~! 遠足が中止になったんだって. 何てことだ. ▶¡Vaya con...! …には驚いた. ¡Vaya problema [día, etc.]! 何て困ったことだ[日]だ.

vaya(-), vayá- 動 →ir [19].

Vd. (略号) [複 ~s.] =usted あなた.

Vda. (略号) =viuda 未亡人.

ve¹ 動 →ir [19]; ver [16].

ve² 女 (アルファベットの)V, v の名称 (=uve).

vea(-) 動 →ver [16].

vecinal 形 近隣の; 市町村の.

vecindad 女 1 近いこと, 近接; 近所, 近隣. 2 [集合的に] (ある建物や地域の)住民, 住人. ―casa de ~ 共同住宅.

vecindario 男 [集合的に] (ある地域の)住民, 住人.

vecino, na [ベシノ, ナ] 形 1 隣人, (同じ町や地域の)人. 2 (特定地域の)住人, 居住者. ― 形 1 隣りの, 近隣の, 近所の. 2 似た, 類似の.

vector 男 (数学, 物理) ベクトル (大きさと向きを有する量). ―radio ~ 位置ベクトル.

vectorial 形 (数学, 物理) ベクトルの.

Veda 固男 ベーダ(バラモン教の聖典).

veda 女 (法令による)禁止; 禁猟[漁]; 禁猟[漁]期間.

vedado, da 過分 [→vedar] 形 立ち入り禁止の, (法令などにより)禁じられた. ―coto ~ 禁猟区, 保護区. ― 男 立ち入り禁止区域, 禁猟[漁]区.

vedar 他 1 (法令で)禁じる, 禁止する. 2 を妨げる, 妨害する.

vedegambre 男 (植物) バイケイソウ.

vedet(te), vedete 女 女性スター, 花形女優.

védico, ca 形 《宗教》ベーダ(バラモン教の聖典 Veda) の; ベーダ語の.

vedija 女 (羊毛, 毛髪などの)房; もつれ毛, 縮れ毛.

vedismo 男 《歴史》ベーダ教信仰[宗教], (原始)バラモン教.

veedor, dora 形 見る, 好奇の目を向ける. — 男 《歴史》 **1** (ギルドの)検査役; 調査[管理]官. **2** 《南米》競馬監督官.

vega 女 **1** 肥沃な平野, 沃野; 肥沃な河川の流域. **2** 《中米》タバコの栽培地. **3** 《チリ》湿地.

vegetación 女 **1** 《集合的に》(ある地域や気候の)植物, 草木. 植生. **2** 《複》《医学》アデノイド, 腺様増殖(症).

vegetal 形 植物の, 植物性の. — 男 **1** 植物 (=planta). **2** 《俗》植物人間 (=verduras). **3** 《複》野菜.

vegetar 自 **1** (植物)生長する, 生育する; 芽を出す. **2** (人が)植物状態で生きる; 無気力に暮らす, 閑居する.

vegetarianismo 男 菜食主義.

vegetariano, na 形名 菜食主義(の人).

vegetativo, va 形 **1** 生長に関する, 栄養の. **2** 《生理, 医学》植物性の, 自律神経の. **3** 不活発な, 生きているというだけの. —**estado ~** 植物状態.

vegoso, sa 形 《チリ》(土地が)湿った.

veguer 男 **1** 《歴史》(アラゴン, カタルーニャ, マヨルカで)執政官, 代官. **2** (アンドーラで)保護国の使節, 代表.

veguero, ra 名 (主に스페인タバコ農園で働く)農夫. — 男 (一枚葉の)葉巻タバコ.

vehemencia 女 激しさ, 激烈, 猛烈さ.

vehemente 形 熱情的な, 激しい; 衝動的な.

vehicular[1] 他 **1** 乗り物の, 車の. **2** 《言語》(母語が異なる集団同士の)伝達上の, コミュニケーション上の. —**lengua ~** 共通語.

vehicular[2] 他 を伝える.

vehículo 男 **1** (水・陸・空の)輸送機関, 乗り物; 車, 船. **2** 伝達物, 媒介物; 伝達手段.

veía(-) 動 →ver [16].

veintavo, va 形名 《数》 20分の1(の).

veinte [ベインテ] 形 《数》 20 の, 《序数的に》 20 番目の. — 男 20(の数字); 20 日.

veinteañero, ra 形名 20代の(人).

veinteavo, va 形 →veintavo.

veintena 女 (約)20個[人, 日, 年].

veinteno, na 形 **1** → vigésimo. **2** →veintavo.

veinticinco 形 《数》 25 の, 《序数的に》 25 番目の. — 男 25(の数字); 25 日.

veinticuatro 形 《数》 24 の, 《序数的に》 24 番目の. — 男 24(の数字); 24 日.

veintidós 形 《数》 22 の, 《序数的に》 22 番目の. — 男 22(の数字); 22 日.

veintinueve 形 《数》 29 の, 《序数的に》 29 番目の. — 男 29(の数字); 29 日.

veintiocho 形 《数》 28 の, 《序数的に》 28 番目の. — 男 28(の数字); 28 日.

veintipico 形 《単複同形》 →veintitantos.

veintipocos, cas 形名 → veintitantos.

veintiséis 形 《数》 26 の, 《序数的に》 26 番目の. — 男 26(の数字); 26 日.

veintisiete 形 《数》 27 の, 《序数的に》 27 番目の. — 男 27(の数字); 27 日.

veintitantos, tas 形 《複》 20 いくつかの, 20 余りの.

veintitrés 形 《数》 23 の, 《序数的に》 23 番目の. — 男 23(の数字); 23 日.

veintiún 形 《veintiuno の語尾消失形》21の.

veintiuno, na 形 《数》 21 の, 《序数的に》 21 番目の. — 男 21(の数字); 21 日. — 男 トランプやダイスの21.

veis 動 →ver [16].

vejación 女 侮辱, 虐待, いじめ.

vejamen 男 《複 vejámenes》 侮辱, いじめ, 揶揄(ᡋ), 風刺.

vejar 他 を侮辱する, 虐待する.

vejatorio, ria 形 屈辱的な, 侮辱的な.

vejestorio 男 《話, 時に軽蔑》老いぼれ.

vejete 男 《話》年寄り(の), 老人. — 男 《演劇》(おどけ役の)老人.

vejez 女 《複 vejeces》 **1** 老い, 老年, 老齢; 老年期. **2** 老人特有の奇行, 奇癖.

vejiga 女 **1** 《解剖》膀胱(ᡨ); 囊(ᡨ). **2** 《医学》水膨れ, 疱疹(ᡨᡨ).

vela[1] 女 **1** 眠らないこと, 徹夜. —**estar [permanecer] en ~** 眠らずにいる. **2** ろうそく. **3** 夜警, 夜の見張り; 通夜, 徹夜の看病; 《宗教》夜業. **4** 《複》(子どもの)鼻水. ▶ **a dos velas** 《話》 《estar/quedarse +》 (1) (ほとんど)無一文で, (2) 何も分からず〔知らず〕に, 付き合えない. **aguantar [sujetar, sostener] la vela** (恋人たちが二人きりにならないようにデートに付き合う). **(derecho) como una vela** 極めて真っ直ぐな. **encender [poner] una vela a Dios y otra al diablo** 敵味方双方と仲良くする. **no dar vela a…en un entierro** (話)…に口を差しはさませない. **ser más derecho [tieso] que una vela** 真っ直ぐだ.

vela[2] 女 **1** 帆, 帆船; 天幕. —**alzar ~s** 出帆(ᡨᡨ)する. **hacer(se) [darse] a la ~** 出帆[出港]する. **largar las ~s** 出帆[出港]する. ▶ **a la vela** 必要な準備[用意]をした. **a toda vela** 満帆に風を受けて; 全力で, 一生懸命に; 大急ぎで, あわてて. **a velas desplegadas [tendidas]** (= a toda vela). **recoger [arriar] velas** 帆を降ろす; 引きさがる, 考えを収める.

velación 女 **1**—晩寝ないこと; (特に聖

velada 体, 故人などを)寝ずに見守ること, 通夜. 2 〖主に (複) (カト)〗婚姻のミサで新郎新婦にベールをかける儀式.

velada 囡 1 夜の集まり,〈夕食後の〉パーティー. 2〈音楽会, スポーツなどの〉夜の部, 夜間興行.

velador, dora 名 寝ずの番をする人, 番人. — 男 丸テーブル, 円卓;〖中南米〗ナイトテーブル (=mesa de noche). — 囡〖中南米〗テーブルランプ.

veladura 囡《美術》上塗り.

velamen 男《船舶》〖集合的に〗帆 (=velaje).

velar[1] 形《解剖》軟口蓋(がい)の;《音声》軟口蓋音の. — 囡《音声》軟口蓋音 ([k], [g], [x] などの).

velar[2] 他 …の通夜をする;を徹夜で看病する. — 自 1 徹夜する, 夜通し起きている. 2 [+por で] 気遣う, […に]注意を払う. 3 (カト) 〖聖体の前で〗徹夜の礼拝をする.

velar[3] 他 1 を包み隠す, (真意など)を覆い隠す. 2 (誤ってフィルム)を感光させる, かぶらせる. 3 …にベールをかける. 4《美術》…に透明な絵の具で上塗りをする, グラッシをほどこす. — se 再 1 (フィルムが)感光する, かぶる. 2 ベールをかぶる.

velarizar 他《音声》を軟口蓋(がい)音化する.

velatorio 男 1 通夜; 通夜の参列者. 2 〖病院などで死者に夜付き添うための〗遺体安置室.

velay 間 (無関心, あきらめを表して)さあね, やれやれ.

velcro 男《商標》マジックテープ.

veleidad 囡 気まぐれ, 思い付き; 移り気, 変わりやすさ.

veleidoso, sa 形 移り気な, 気まぐれな, 変わりやすい.

velero, ra 形《海事》帆走の, (帆船が)よく走る. — 男《海事》帆船;《航空》グライダー.

veleta 囡 1 風見, 風向計. 2 (魚釣りの)浮き. — 男女 移り気な人, 無定見な人.

velis nolis [くラテン] 否でも応でも.

veliz 男〖中米〗スーツケース.

vello 男 1 うぶ毛, (頭髪, 髭などを除く柔らかく短い)体毛. 2 (果物の表面にある)軟毛; 綿毛.

vellocino 男 羊毛, 羊皮.

vellón[1] 男 1 (羊一頭分の)羊毛. 2 羊毛皮. 3 羊毛房.

vellón[2] 男 〖昔の〗銅貨; 銅貨の原料にした銅と銀の合金.

vellosidad 囡 体毛[綿毛]に覆われていること, 毛深さ; 体毛.

velloso, sa 形 体毛[綿毛]に覆われた, 産毛のはえた, 綿毛の.

velludo, da 形 (非常に)毛深い, 毛むくじゃらの. — 男 フラシ天(ビロードの一種).

velo 男 1 ベール, ショール; 薄絹, 薄い布. 2 くもり, かすみ; 見せかけ, 偽装. 3 〖写真〗かぶり. ► correr [descorrer] el velo 真相を隠す [明かす]. correr [echar] un tupido velo sobre 秘密にする, 話題にしない. tomar el velo 修道女になる. velo de paladar《解剖》硬口蓋(がい).

velocidad 囡 1 速いこと, 迅速, 速さ; 速度, 速力. —a gran [toda] ~ 全速力で. 2 (自動車などの)変速装置, 変速ギア; (その)速度.

velocímetro 男 速度計, スピードメーター.

velocípedo 男 (初期の)(2)(3) 輪自転車.

velocista 男女《スポ》短距離走者, スプリンター.

velódromo 男 競輪場.

velomotor 男 原(動機)付き自転車 (=ciclomotor).

velón, lona 男 1 石油ランプ, カンテラ. 2 大ろうそく. — 囡〖中南米〗たかり屋, 居候.

velorio 男 1 〖農村部で, 一仕事終わった後の〗夜の打ち上げ会. 2 (特に子どもの)通夜.

veloz 形 副 〖複 veloces〗 速い(速く), 素早い(素早く).

vemos 動 → ver [16].

ven 動 → ver [16].

vena 囡 1《解剖》静脈; 血管. 2 鉱脈, (地層中の)水脈;《植物》葉脈. 3 (石や木の理(め), 条(じ), しま. 4 気分, 衝動; 詩的感興. 5 (詩の)才能; 才気. ► dar LE a … la vena [por …] 〖3人称単数形で〗をする気になる, 衝動をおこしてする. estar en vena (para …) をする気分になっている.

venablo 男 投げ槍, 投げ矢. ► echar venablos ののしる, 怒りでわめく.

venada 囡 突然おかしくなること, 狂気の発作.

venado 男《動物》シカ;《料理》シカ肉.

venal[1] 形《解剖》静脈の.

venal[2] 形 1 売り物の. 2 金次第の, 買収されやすい.

venalidad 囡 金次第で動くこと, 汚職体質.

venático, ca 形 気違いじみた, 変わり者の.

venatorio, ria 形 狩りの, 狩猟の.

vencedero, ra 形《商業》期限付きの, 期限が切れる.

vencedor, dora 名 勝者, 勝利者. — 形 勝った, 勝利を収めた.

vencejo[1] 男《鳥類》アマツバメ (雨燕).

vencejo[2] 男 (特に穀物などを束ねる)ひも, わら.

vencer 〖ベンセル〗[2.4] 他 1 (相手)を打ち負かす, 破る; (欲求・誘惑など)に打ち勝つ; [+a/en で] …に勝る. — ~ el dolor [el sueño] 痛み [眠気]に打ち勝つ. 2 を克服する, 乗り越える, 抑える. 3 (重みが)をそらせる, 曲げる, 壊す. — 自 1 (期限が)切れる, 満期になる. 2 勝つ, 勝ち越す, 勝(まさ)る. — se 再 (重みで)曲がる, かしぐ, 壊れる.

vencetósigo 男 〔植物〕カモメヅル(カガイモ科).

vencible 形 打ち負かせる, 克服できる.

*vencido, da 過分 [→vencer] 1 期限切れの, 満期の. 2 打ち負かされた, 破れた. ── 名 敗者. ▶*A la tres* [*A las tres*] *va la vencida*. 〔諺〕三度目の正直. *de vencida* 終わりそうな, 力尽きそうな.

*vencimiento 男 1 (支払などの)期限. (手形などの)満期, 満了; 締切. 2 (重みで)たわむこと, しなること; 湾曲. 3 打ち勝つこと, 克服すること.

venda 女 包帯. ▶*caérsele la venda de los ojos* 目から鱗(^うろ)が落ちる, 迷いから覚める. *llevar* [*tener*] *una venda en* [*delante de*] *los ojos* 物が見えない状態にある. *ponerle a...una venda en* [*delante de*] *los ojos* (人)に真実に対して目をふさげる, 道理をわからなくさせる.

vendaje 男 〔医学〕包帯を巻くこと; 包帯. ── enyesado ギプス.

vendar 他 …に包帯を巻く. ▶*vendarle los ojos a...* (人)に真実に対して目をふさがせる, 道理をわからなくさせる.

vendaval 男 (特に南や南西から吹く)強風, 嵐.

vendedor, dora 名 販売員, 店員, セールスマン. ── 形 売る, 販売の, 売り手の.

:vender [ベンデル] 他 1 [+*por*/*a* (価格)で] 売る, 販売する. 2 (良心・秘密などを)売り渡す; を裏切る. ── a *un amigo* 友人を売る. ── 自 (売上などが)ある, 成功をおさめる. ─*La novela negra vende mucho*. この暗黒小説はよく売れる. ── *se* 再 1 売られる; 売れる, 売りさばける. 2 買収される, わいろを受け取る, 汚職をする. 3 うっかり本音を漏らしてしまう, 手の内をさらけ出す. 4 [+ *por* として] 名前を売っている, (…という)あやしい評判がある. ▶*estar vendido* 危険な状態にある. *vender caro* 高く売りつける, 相手をてこずらせる. *venderse caro* 高くとまっている, 人を寄せつけない.

vendetta 女 1 復讐. 2 (マフィアの)血争解決.

vendible 形 売れる.

vendimia 女 1 ブドウの取り入れ, 収穫; 収穫祭; 収穫期. 2 ボロ儲け.

vendimiador, dora 名 ブドウを摘む人.

vendimiar 他 1 (ブドウを)摘む, (ブドウを)収穫する. 2 (自分の利益のために)利用する, …から利益を吸う.

vendr- 動 →venir [10.9].

veneciano, na 形名 ベネチア[ベニス] (Venecia)の(人).

venencia 女 (ワインなどを樽からくみ上げる)長柄付きカップ.

venenciador, dora 名 venenciaでワインを樽からグラスにつぐ人.

veneno 男 1 毒. 2 有害物, 害毒. 3 (ことばに含まれる)悪意, 敵意; とげ.

venenosidad 女 毒性.

venenoso, sa 形 1 有毒の, 毒性の, 有害の. 2 悪意のある, 人を傷つけようとする.

venera 女 1 〔貝類〕ホタテ貝(の一種); ホタテ貝の貝殻. ◆Santiago de Compostelaへの巡礼者がマントにこの貝殻を縫い付けた. 2 (ホタテ貝の形をした)騎士団の記章.

*venerable 形 1 (高齢, 高徳で)敬うべき; 立派な. 2 〔カト〕尊者(聖人, 福者に次ぐ位の).

*veneración 女 尊敬, 敬愛; 崇拝.

venerando, da 形 →venerable.

*venerar 他 1 を尊ぶ, 敬う. 2 を崇拝する, あがめる, (聖人)を崇敬する.

venéreo, a 形 1 〔医学〕性交による, 性病の. 2 性愛の.

venereología 女 〔医学〕性病学.

venero 男 1 泉. 2 (何かの)源; 宝庫.

venezolanismo 男 ベネズエラ特有の表現, ベネズエラ方言.

venezolano, na 形名 ベネズエラの(人).

Venezuela 固名 ベネズエラ(公式名 República Bolivariana de Venezuela, 首都 Caracas).

venga 1 (促して)さあ, 早く. 2 (不信・驚きなどを示し)そんな, まさか.

venga(-) 動 →venir [10.9].

vengador, dora 形 復讐(^{しゅう})する, 報復の. ── 名 復讐者.

venganza 女 報復, 仕返し.

vengar [1.2] 他 [+ *a* (人)のために, + *en* に対して] …の復讐(^{しゅう})をする, 敵(^{かたき})を討つ, 仕返しをする. ── *se* 再 [+*de* について, + *en* に対して] 報復をする, 仕返しをする.

vengativo, va 形 報復的な; 復讐(^{しゅう})心の強い(人), 執念深い(人).

vengo 動 →venir [10.9].

vengu- 動 →vengar [1.2].

venia 女 1 許可, 承認(許可を与える人への尊敬を含む). 2 お辞儀.

venial 形 (罪や違反について)軽い, 軽微な, 許される. ─*pecado* ── 〔カト〕小罪.

venialidad 女 (罪や違反の)軽さ, 軽微なこと.

venida 女 1 来ること, 訪れ. 2 帰り, 帰還.

venidero, ra 形 来たるべき, これからの, 将来の. ── *en lo* ── 将来には. ── 男複 次の世代, 後世の人々.

:venir [ベニル] [10.9] 自 1 来る, やって来る. 着く; (人が)現れる, 変貌する. ─*el mes que viene* 来月. *Ya viene la primavera*. 春が来た. *Voy al cine. ¿Vienes conmigo?*─*Sí, voy*. 私は映画を見に行くけど, 君もいっしょに来るかい. ─ああ, 行くよ. ~ *ante el rey* 王の前に出頭する(姿を現す). **2 a**) [+ *a* (人)に] 生じる, 起こる; (感情・考えが)頭に浮かぶ. ─*Le vinieron ganas de llorar*. 彼は泣きたくなった. **b**) [+ *sobre* に] 思いがけず起こる, (…を襲う); 攻撃する. **3** [+ *de* …の)出身[出]である, (…)産である; (…に)由来する; (…に)起因する. ─*¿De dónde vienes?*─*Vengo de España*. 君,

どこから来たの. -スペインからだよ. Esa palabra viene del griego. その単語はギリシャ語から来ている. **4**〖+a にとって〗(物・事)がぴったりする, 似合う; ［+ bien/mal］…に都合が良い［悪い］. —El traje te viene bien. そのスーツは君にぴったりの. Esta chaqueta me viene ancha [estrecha]. この上着は私にはだぶだぶ[きつい]. Esta tarde me viene bien. 今日の午後は私は都合が良い. **5**〖+ en …〗載っている. Tu nombre no viene en la lista. 君の名前は名簿に載っていない. **6**〖+ con（意外なこと）を〗言う, 言い出す. —No me vengas con esas tonterías. そういう馬鹿なことを私に言わないでくれ. 〖+ en + 無冠詞名詞〗(…)になる; (…するに)至る. —Vino en deseo de tomarse unas vacaciones. 彼は休暇をとりたい気持ちになった. **8**〖+ a + 不定詞〗…するために来る;…するように［ことに］なる;…するに至る. —Vengo a pedirte que me hagas un favor. 私は君にお願いがあってやって来た. **9**〖+ de + 不定詞〗…してきたところだ. —Vengo de hacer unas compras. 私はちょっと買い物をしてきたところだ. **10**〖+ 現在分詞〗…してずっと,…し続けて来る,…していた. **11**〖+ 過去分詞〗…の状態で来る, …されたものである. **12**〖+ en について〗妥協する, 同意する;〖+ en 〗を（当局が）決定する. ▶*¿A qué viene eso?*〖+ 名詞〗なぜ…なのか. *en lo (que) por venir*将来において. *¡venga!* (1) さあ来い; さあ急いで〈相手を tú で呼んでいてもこの形を用いる〉. (2)〖拒絶を表わして〗駄目だよ, とんでもない. *venir a menos* 落ちぶれる. *venir (muy) ancho [grande]* 荷が重い, 負担が重過ぎる. *venir rodado* (偶然に)福のよいことが起こる. — *se* 囲 **1** (はるばる)やってくる. —*Se vino de Sevilla a Granada andando*. 彼はセビーリャからグラナダまで歩いてやって来た. **2** 妥協する, **3** オルガスムに達する, いく. ▶*venirse abajo [a tierra]* 崩れる; 失敗する. *venirse a buenas* 妥協する, 譲歩する.

venoso, sa 形〖解剖〗静脈の, 静脈のはっきりした; 〖植物〗葉脈のある.

venta 女 **1** 売ること, 販売, 売り出し, **2** 販売数量, **3** (街道や郊外の)宿屋, 旅館.

ventada 女 一陣の風.

ventaja 女 **1** 優位, 優勢, 有利. —*llevar ~ a …* …より優位に立っている. **2** 有利な点, 長所, 強み; 利点, プラス, **3** (スポーツやゲームで)優位, ハンディキャップ;（テニスの）アドバンテージ. —*ley de ~*〈スポ〉（サッカーなど）アドバンテージルール. *llevar una ~ de …/llevarle ~ de …* …の差をつけている, 上回っている. **4**〖軍〗給料の特別手当て. **5**〖南米〗（商いによる）利益. ▶*sacar ventaja de …* …から利益を得る; (チャンス)を利用する［逃さない］.

ventajear 他〖中南米〗**1**…より優勢に立つ, …に勝る. **2**(を)汚い手段で負かす.

ventajista 男女《軽蔑》(商売などで)あくどい(人), 利にさとい(人), ずる賢い(人).

ventajoso, sa 形 **1** 有利な, 利益を生む. **2**〖中南米〗《話》利己的な, 功利主義の.

ventana 女 [ベンタナ] **1** 窓, 窓枠;〖情報〗ウィンドウ. **3**〖解剖〗鼻孔. ▶*arrojar [echar, tirar] … por la ventana* …を無駄にする, 浪費する; 取り逃がす. *echar [tirar] la casa por la ventana* …casa.

ventanaje 男〖集合的に〗窓.

ventanal 男 大窓.

ventanear 自《話》窓からよく顔をのぞかせる.

ventanilla 女 **1** (銀行, 切符売り場などの)窓口 (=taquilla). **2** (乗り物の)窓. **3** (封筒の)宛名窓.

ventanillo 男 **1** 小窓. **2** (訪問客などを見るための)のぞき窓.

ventano 男 小窓.

ventarrón 男 強風.

ventear 他 **1**〖時に自〗(動物が)(におい)を嗅ぐ; **2** を嗅ぎ回る, 詮索する; 嗅ぎ付ける. **3** 風に当てる. …に風を通す. — 自〖3人称単数の活用で〗(強)風が吹く. — *se* 囲 **1** (乾きで)ひび割れる.

ventero, ra 名 宿屋の主人［女将］.

ventilación 女 換気, 通風, 風通し; 換気孔, 通風口.

ventilador 男 扇風機; 換気扇[装置]; 通風[換気]孔.

ventilar 他 **1**…に風を通す, …の換気を行う. **2** を風に当てる, 外気にさらす, 干す. **3**〖+ con と〗話し合って, …を決める, …の決着を付ける. **4** (私事)を言いふらす. — *se* 囲 **1** 風が通る, 通風[換気]孔がある. **2** 十分風に当たる, 臭い［湿気］がなくなる. **3**《話》食べ尽くす, 飲み尽くす, 平らげる; (人)を片付ける, 殺す; (仕事)を片付ける, 済ませる.

ventisca 女〖気象〗吹雪(ふぶき), (雪を伴う)嵐, 強風.

ventiscar [1.1] 自〖3人称単数の活用で〗〖気象〗ふぶく; (風)で雪が舞い上がる, 雪が吹き溜まりを作る.

ventisquear 自 =ventiscar.

ventisquero 男 **1** 万年雪, 雪渓; 雪の残る場所. **2** (山中の)ふぶきやすいところ.

ventolera 女 **1** 突風, とつ風; (風車の)羽根. **2** 気まぐれ, 気ばった考え, 思い付き. ▶*darle a …* la *ventolera de*〖+ 不定詞〗《話》突然…する気になる, したくなる.

ventolina 女〖海事〗(方向の変わりやすい)微風.

ventor, tora 形 (動物が)嗅覚の利く, においをかぎ分ける.

ventorrillo 男 (地方の町外れにある)小食堂, ドライブイン;〖中南米〗小さな店.

ventorro 男《軽蔑》安宿, 木賃宿.

ventosa 女 **1** 吸盤. **2** 通気孔, 換気孔.

ventosear 自 おならをする, 放屁する.

ventosidad 女 (腸内の)ガス, 腹の張り.

ventoso, sa 形 風の強い.

ventral 形 《解剖》腹の, 腹部の.

ventresca 女 魚の腹身.

ventricular 形 《解剖》心室の, 脳室の.

ventrículo 男 《解剖》心室; 脳室.

ventrílocuo, cua 形 腹話術の. ━名 腹話術師.

ventriloquia 女 腹話術.

ventrudo, da 形 腹の出た, 太鼓腹の.

ventura 女 1 運, 運命, 《文》幸運, 幸福. –probar ~ 運を試す, 一か八かやってみる. 2 偶然. ►**a la (buena) ventura** 運にまかせて, 成り行きにまかせて. **decir [echar] la buena ventura** 運命を占う. **por ventura** 《文》[疑問文で]まさか, ひょっとして.

venturoso, sa 形 幸運な, 幸せな.

Venus 固名 1 (ﾛｰﾏ神) ヴィーナス(愛と美の女神). 2 《天文》金星.

venus 女 1 《絶世の美女. 2 《まれ》性的快楽.

venusiano, na 形 金星の.

venz- → vencer [2.4].

veo 動 → ver [16].

ver [ベル] [16] 他 1 を見る, を見掛ける, …が見える. –~ la televisión テレビを見る. Miré pero no *vi* a nadie. 私は目をこらして見たが, だれも見えなかった. 2 [+ 直有分詞] …しているのを見る[見える]; [+ 不定詞] …するのを見る[見える]. –*Veo* a los niños jugando al escondite. 私は子どもたちが隠れんぼうをしているのを見ている. Las *vemos* correr. 私たちは彼女らが走るのを見る. 3 (人)に会う. –Iré a *verte* mañana. 私は明日君に会いに行く. 4 …が分かる, …に気づく, を理解する; を知る, 見出す. –Ya *veo* lo que quieren decir. 私は彼らが言いたいことが分かった. Te *veo* muy triste. 君はとても悲しそうだね. 5 を扱う, …について論じる. –Mañana *veremos* el tema que quieres discutir. 私たちは君が議論したがっているテーマを明日取り上げよう. 6 を調べる, 検討する; 診察する. –¡A *ver* si …! …かどうか確かめてみよう. 7 ~と思う, 考える, を想像する. –Eso lo *veo* imposible. それは私には不可能だと思う. ►**aquí donde ver** こう[ああ] 見えても. –*Aquí donde me ven* ustedes, … 私はこう見えましても…. **a ver** (1)《話》どれどれ, 見てみよう. (2)さて, ところで. –*A ver* qué hace ahora. さて彼は今度何をするかな. (3) そのとおり, もちろん, 仕方ない. 《注意の喚起で》注目. **a ver si** [+ 直説法] (1) [提案, 要請]…したらどうか. –*A ver si* te callas. 黙ってくれないか. (2)[期待, 懸念] …だ[できる]といいが. –*A ver si* hay suerte. 運良ければいいが. (3)[疑惑, 予想] (もしかして)…かもしれない. –*A ver si* es que ha perdido la llave. 彼が鍵をなくしたということも考えられる. **estar por ver** まだ分からない, 未確認だ. **estar(se) viendo** …と疑い始める. (疑わしい)と予見する. **habrá que ver** …は疑わしい, 要警戒だ. ¡**habrase visto!** 〔驚き, 嫌悪〕こういうことだぴどい, こんなことがあっていいのか！. **para que veas** 〔驚き見ろ. (**que**) **no veas** (あることが)君には分からないほどすごい…. **Si te he visto no me acuerdo.** 恩知らず(な奴)だ. **verás…/verá usted…** (説明の前に)実はこういうことなんだ. …が…で分かると; 〔脅し〕今に見ていろ; [+ **como**] …でしょうだよ. **ya lo veo** なるほど, わかった. (**ya**) **veremos** そうなる分かるな, そうだなあ; そうだろうかな, 今は何とも言えない. **verlas venir** (1)相手の意図を抜けく; 成り行きを見る. (2)目にしが利く. ━自 1 見る; 会う; 考える, 視力がある. –No *veo* bien estos días. 最近私は目がよく見えない. 3 [+ **de** + 不定詞] …しようとつもりでいる. ►**hay que ver** (…には)驚いた, (…なんて)信じられない; まったくもう. **no tener nada que ver con…** …とは(全く)無関係である. **no tener que ver** 重要ではない, 大したことではない; 不都合ではない. **tener (algo) que ver con…** …と(何か)関係がある. **vamos a ver** さあ, さて(と); さあえーと; いかね. **Ver es creer.** 〔諺〕百聞は一見に如かず. **Ver y creer/Ver para creer** (1) (= Ver es creer). (2) これは驚いた, まさか. ¿**éves**? ほらね, わかるでしょ. ━**se** 再 1 [+ 形容詞/過去分詞] …である, …の状態にある. ━~**se pobre [abatido]** 貧乏である[打ちのしがれる]. ~**se obligado a** [+ 不定詞] …しなければならない, …せざるを得ない. ~**se en un apuro** 苦境にある. 2 見える. –Desde aquí no *se ve* nada. ここからは何も見えない. 3 自分の姿を見る. ━~**se al espejo** 自分の姿を鏡で見る. 4 (互いに)会う, 会見する; [+ **con** と] 会う. –¡Cuánto tiempo sin ~**nos**! 永らくご無沙汰しました. ►**se ve que** [+ 直説法] …ということが分かる, 明らかである. **vérselas con** (ある人)と対決する, けんかする. ━男 1 視覚, 視力. 2 外見, 外観, 容姿. 3 意見, 考え. –**a mi** ~ 私の考えで.

vera [ベラ] 女 1 (川や海の)岸, そば, 近く.

veracidad 女 真実性, 誠実さ.

veranada 女 《牧畜業の》夏場, 夏期.

veranda 女 ベランダ, 縁側.

veraneante 男女 避暑客.

veranear 自 夏の休暇を過ごす, 避暑をする.

veraneo 男 避暑.

veraniego, ga 形 夏の; 夏らしい, 夏のような.

veranillo 男 (季節外れの)暑さの戻り, 小春日和. ~ **de San Martín [Miguel]** スペインで秋の中頃に訪れる季節の小春日和. ~ **de San Juan** 《中南米》(南半球の)6月の終わりに見られる小春日和.

verano [ベラノ] 男 **1** 夏. **2**(熱帯地方の)乾期.

veras 女複 真実, 事実, 誠実《次の表現以外には用いられない》. ▶ **de veras** 本気で, 冗談でなく; とても, 非常に. **ir de veras** 現実のものである, 本物である.

veraz 形 〔複 veraces〕(言明が)真実の, 事実と合った; (人が)誠実な, 正直な.

verba 女 饒舌, 言葉巧みなこと.

verbal 形 **1** 言葉による, 口の. **2**(言語)動詞の, 動詞を含む; 動詞から派生した.

verbalismo 男 内容よりも言葉遣いにこだわること.

verbalista 形男女 言葉偏重の(人).

verbalizar 他 (意見・気持ちなどを)言葉で表す.

verbasco 男 〖植物〗モウズイカ (= gordolobo).

verbena 女 **1** 前夜祭, 夜祭(聖人の祝日の前夜に屋外でダンスなどが行われる祭); 屋外で行われるダンス. **2**〖植物〗クマツヅラ, バーベナ.

verbenero, ra 形 祭りの, にぎやかな. —男 好きの人, にぎやかな人.

verbigracia 副 例えば (= por ejemplo; 略 v.g.).

verbo 男 **1**〖言語〗動詞. —~ auxiliar 助動詞. ~ intransitivo. 自動詞. ~ transitivo 他動詞. **2** 言葉, 言葉遣い. **3**(el V ~)〖キリスト教〗み言葉(三位一体の第二位格であるイエス=キリストのこと).

verborrea 女 饒舌(じょう), 多弁, 言葉数の多さ.

verbosidad 女 ことばの冗長さ, くどいこと.

verboso, sa 形 言葉数の多い, くどい, 冗長な.

verdad [ベルダ] 女 **1** 本当, 真実, 真理; 信憑(ひょう)性. —~ científica 科学的真理. **2** 事実, 実際, 実在. —Es ~ que tiene cáncer. 彼が癌(がん)なのは本当です. **3** 誠実, まこと. —hombre de ~ 誠実な人. **4**〖文末で付加疑問として〗そうですよね. —No puedes venir, ¿~? 君は来られないんだよね. ▶ **a decir verdad** (告白として)実は, 本当は; (前言と既成事実を否定・修正して)まさかそんな本当は. **a la verdad** (= a decir verdad). **bien es verdad que** (= verdad es que). **de verdad que** (言っていること)が本当である. 本当に~だ; 実際に, 本当に; 正真正銘の, 本物の. **la verdad (es) que** 実は, 本当は, **la verdad es que** いかにも~である. **una verdad como un templo [un puño]** 疑いのない真実, 火を見るより明らかな事実.

verdaderamente 副 本当に, 実に, 全く.

verdadero, ra 形 **1** 本当の, 真実の, 実際の. **2** 本物の, 正真正銘の.

verdal 形 〖植物〗(熟した後も)果実が緑色の.

verdasca 女 (緑色の, しなやかな)小枝, 細い枝.

verde [ベルデ] 形 **1** 緑(色)の; (信号)青色の. —El semáforo está ~ 信号が青だ. **2**〖estar +〗(果物などが), 青々とし; 水分を含んだ, 乾かしていない, 生木の. **3**〖estar +〗(果物などが), (計画などが)完成していない. **4**〖話〗(人の)新米の, 未熟な, 完全でない. **5** 卑猥な, わいせつな, 好色な. —viejo ~ すけべじい. **chiste ~** 猥談. **6** 環境〖自然〗保護(派)の, 無公害の. —partido ~ (政治) 環境保護党, 緑の党. ▶ **dar luz verde a...** …にゴーサインを出す. **ponerse verde** 〖話〗(度が過ぎて)嫌になる. **poner verde a...** 〖話〗(人)をこき下ろす; (人)をしかりつける. —男 **1** 緑色. —~ esmeralda エメラルドグリーン. **2** (信号の)青 (=luz ~). **3** 芝生, 若草原; 木・葉の茂み. **4**〖政治〗環境保護団体(党員, 主義者, 緑の党 (=los ~s).

verdear [9.1] 自 〖通常3人称単数形で〗(野や草木などが)緑でおおわれる, 青々とする.

verdecer [9.1] 自 〖通常3人称単数形で〗(野や草木などが)緑でおおわれる, 青々とする.

verdecillo 男 〖鳥類〗アオカワラヒワ (= verderón).

verdegay 形男 薄緑(の).

verdemar 形男 海緑色(の).

verderol, verderón 男 〖鳥類〗アオカワラヒワ.

verdial 男 〖主に複〗(マラガ地方のファンダンゴ)ベルディアーレス.

verdiblanco, ca 形 〖話〗(スポ)ユニフォームの色が白と緑のチームや選手).

verdín 男 **1**〖植物〗(池の水面を覆うアオミドロ, アオコ; (湿った場所, 果物などに生じる)カビ, 青緑, 若葉. **3** 緑青(ろくしょう).

verdinegro, gra 形 暗緑色の.

verdolaga 女 〖植物〗スベリヒユ; 複 青菜類.

verdor 男 **1**〖植物〗が青々と茂っていること, 新緑, 緑. **2** 若々しさ, 水々しさ.

verdoso, sa 形 緑色がかった, 緑色の入った.

verdugada 女 〖建築〗(土台などの)水平積みレンガ.

verdugado 男 〖服飾〗〖古〗(スカートを膨らませるためにに用いられた)輪骨入りペチコート[スカート].

verdugo 男 **1**〖歴史〗死刑執行人, 刑吏. **2** 暴君, 残虐な人; 苦しみを与えるもの. **3**〖植物〗若枝, 新芽. **4**(目, 鼻, 口を残して顔面全体に被る)毛糸の目出し帽.

verdugón 男 **1** 鞭(むち)に打たれた跡, みみず腫れ. **2** 若枝, 新芽.

verduguillo 男 細身の剣; (ひげそり用の)かみそり.

verdulería 女 **1** 八百屋, 青果店. **2**〖話〗猥褻(わいせつ)な言葉, みだらなこと.

verdulero, ra 男女 青果商, 野菜売り.

verdura 女 **1**(一般的に)野菜; (特に)緑色野菜, 青物. **2**(主に植物の)緑, 緑色. —la ~ **de los prados** 草原の緑.

わいせつ, わいせつな行為.

verdusco, ca 形 暗緑色の, 濁った緑色の.

verecundia 女《文》羞恥心, 恥ずかしさ, はにかみ (=vergüenza).

verecundo, da 形 恥ずかしがりの, 内気な.

vereda 女 1 (踏み固められた)小道, 細道. 2《中南米》歩道. ▸ *hacer a... entrar en vereda*《話》に義務を守らせる.

veredicto 男 1《司法》(陪審員による)評決. 2 (権限を受けた委員による)答申, 裁定, 意見の申し立て.

verga 女 1 細い棒; 《船舶》帆桁(ほげた). 2《解剖, 動物》(哺乳類の)陰茎, ペニス.

vergajazo 他 (牛の陰茎で作った)鞭(むち)で打つこと, 鞭による一打ち.

vergajo 男 (牛の陰茎で作られた)鞭(むち).

vergel 男 果樹園, 花畑, 花壇.

vergonzante 形 恥じ入った.

vergonzosamente 副 恥ずかしげに, 恥ずかしそうに.

°vergonzoso, sa 形 1 恥ずべき, 恥ずかしい. ― *partes vergonzosas*《解剖》恥部. 2 恥ずかしがりの, はにかみ屋の, 内気な(人); 恥ずかしそうな(人).

vergüenza [ベルグエンサ]女
1 恥ずかしさ, 恥ずかしい気持ち, 羞恥心. ― *sentir* ~ 恥ずかしく思う. *sin* ~ 恥知らずの. 2 恥, 恥ずべき行為; 恥のもと, 恥さらし. 3 恥ずかしがり, 気後れ; 弱気. ― *Me da* ~ *pedirle tal cosa.* 私は彼にそんな事を頼むのは恥ずかしい. 4 尊厳, 名誉. ― *hombre de* ~ 誉れ高い人. 5《複》(人体の)恥部, 陰部.
▸ *perder la vergüenza* 羞恥心を捨てる, 厚かましくなる.

vericueto 男《主に複》難路, 難所, 険しい道.

verídico, ca 形 1 真実の, 本当の. 2 誠実な, 嘘をつかない. 3 真実味のある, 本当らしい.

verificación 女 1 (真実性の)実証; (機器・作業結果などの)検査, 確認, 検証. 2 履行, 履行.

verificador, dora 形 検査する, 確認する, 実証する. ― 名 検査員. ― 男 検査用機器.

°verificar [1.1] 他 1 を真実であると証明する, 立証する, 実証[確証]する. 2 を検査する, 点検する, 確認する. 3 を実行する, 実施する. ― *se* ― 1 行なわれる, 実施される. 2 実証[立証]される.

verificativo, va 形 証明となる, 立証の.

verija 女《解剖》陰部, 恥丘.

verisímil 形 →*verosímil*.

verismo 男 1《文学, 美術》ベリスモ, 真実主義. 2 写実的であること, 事実を生々しく描写するやりかた.

verja 女 鉄格子戸, 柵[さく]; 格子窓, 格子戸.

verjurado 形 (papel ~で) 透かし模様入りの紙.

vermicida 形 男《医学》駆虫剤の; 虫下しの.

vermicular 形 蠕虫(ぜんちゅう)状の; 虫のはったような; 回虫の.

vermiforme 形 蠕虫(ぜんちゅう)状の, (ミミズ, 蛆[うじ]などの)虫の形をした.

vermífugo, ga 形 虫下しの, 駆虫薬の.

vermú, vermut 男[複~s] 1 ベルモット酒. 2《中南米》(映画などの)昼の部, マチネー.

vernáculo, la 形 (主に言語について)その土地本来の, 自分の土地の.

vernal 形《文, 詩》春の.

vernier 男《技術》副尺, バーニヤ.

vero 男 1《紋章》テンの毛皮. 2《複》《紋章》毛皮紋(小さい鐘型を青色と銀色で交互に並べた模様).

verónica 女 1《闘牛》ベロニカ(両手でカパを広げて牛を待ち受ける型). 2《植物》クワガタソウ.

verosímil 形 本当らしい, 信じられる, ありうる.

verosimilitud 女 本当らしさ, 真実味, 信憑(しんぴょう)性.

verosímilmente 副 おそらく, 確かに.

verraco 男 種豚; (スペインのケルト系先住民の)豚・牛の彫刻. ― **, ca** 形《南米》勇敢な, 有能な, 優れた.

verraquear 自 1 ぶつぶつ言う, ぶうぶう言う. 2 (子どもが)泣きわめく.

verraquera 女 泣きわめき, 泣き叫び.

verriondo, da 形 (*estar* +] (豚などが)発情期の, さかりのついた.

verruga 女《医学》いぼ; 《植物》瘤[こぶ].

verrugoso, sa 形 いぼ[こぶ]だらけの, いぼ[こぶ]のある.

versado, da 過分 [→versar] 形 [+en] ...に精通した, 詳しい, 熟練した.

versal 形《印刷》大文字の.

versalita 形 女《印刷》スモールキャピタル体の(活字), 小型大文字の.

Versalles 固名 ベルサイユ(フランスの都市).

versallesco, ca 形 1 ベルサイユの, 宮殿風の. 2《話》優雅な, 典雅な.

versar 自 [+ *acerca de/sobre* について]述べる, を扱う.

versátil 形 1 気が変わりやすい, すぐ意見を変える. 移り気な. 2 方向が変わる[変わりやすい], 反転する. 3 用途の広い, 幅のある.

versatilidad 女 1 移り気, 変わりやすさ. 2 反転の, 用途の広さ.

versículo 男 1《宗教》聖書やコーランなどの章を細分した)節. 2《詩学》(不定形詩の)行.

versificación 女 作詩, 韻文化; 韻律形式.

versificador, dora 形 作詩家.

°versificar [1.1] 自 詩を書く, 作詩する. ― 他 を韻文で書く, 韻文で書く.

versión 女 1 翻訳, 訳, 翻訳テキスト. 2 (事柄や作品の)解釈, 説明. 3 (ある解釈

versista 囡 (趣味で)詩を作る人, (素人)詩人; 作詩家.

verso¹ 男 1 (特定の韻律法に従った)詩; 詩の一行. — blanco [libre, suelto] 無定形詩, 自由詩. 2 (散文に対する)韻文; 詩句. 3 《俗》(一般的な意味での)詩, 詩歌.

verso², sa 形 裏ページの, 偶数ページの, 左側のページの. — 男 裏ページ, 偶数ページ, 左側のページ.

versolari 男 (バスク地方の即興詩人.

vértebra 囡 《解剖》脊椎(ਧ਼ਨ), 椎(ਧ਼ਨ)骨.

vertebrado, da 形 《動物》脊椎(ਧ਼ਨ)を持つ, 脊椎動物の. — 男 (複) 脊椎動物.

vertebral 形 《解剖》脊椎(ਧ਼ਨ)骨からなる. — columna ~ 脊柱.

vertebrar 他 …に一貫性[まとまり]をもたせる.

vertedera 囡 《農業》すきのへら.

vertedero 男 1 瓦礫(ਪ਼ਨ)捨て場, ごみ捨て場. 2 排水口; 排出口.

vertedor 男 排出口, 排水口, 注ぎ口.

verter [4.2] 他 1 を注ぐ, つぐ, 空ける. 2 [+en/sobre に]をこぼす, 漏れ流す[させる]. 3 《文》[+a に]を翻訳する. 4 《文》(意見など)を表明する, 述べる. — 自 [+a/en に](河が)注ぐ. — se こぼれる.

vertical 形 垂直な, 直立した; 縦の. — 囡 1 《数学》垂直線. 2 逆立ち, 逆立ちの姿勢. 3 《写》給直画.

verticalidad 囡 垂直であること, 垂直性.

verticalmente 副 垂直に, 縦に.

vértice 男 1 (2つの線が交わって角をつくるときの)頂点, 角度; (複数の平面が交わる)頂点; (円錐の)頂点, 頂上. 2 《解剖》頂, 頭頂, 頭蓋頂点.

verticilado, da 形 《植物》輪生の, 輪生をなす.

verticilo 男 《植物》輪生.

vertido 男 (ごみ等を)捨てること; 《主に複》廃棄物.

vertiente 囡 《時に男》1 斜面, スロープ; 傾斜. 2 (問題や事態などの)一側面; とらえ方, 見方. — 形 注ぐ, 流れる.

vertiginosidad 囡 目が回る[くらむ]ほど速いこと.

vertiginoso, sa 形 1 めまいを起こさせるような, 目が回る. 2 めまぐるしい, 急速な; 激しい.

vértigo 男 1 めまい, 目がくらむこと; 失神. 2 逆上, 乱心, 激しい興奮; (俗的の)精神錯乱. 3 目まぐるしさ, 異常な性急さ.

vertimiento 男 注ぐこと, こぼすこと.

ves 動 →ver [16].

vesania 囡 激怒, 狂乱; 《医学》精神錯乱.

vesánico, ca 形 名 激怒した; 《医学》精神錯乱の, 精神錯乱者の; 狂気の(人).

vesical 形 《解剖》膀胱(ਬ਼ਨ)の.

vesicante, vesicatorio, ria 形 水泡を生じる, 発泡剤の.

vesícula 囡 《解剖》小嚢(ਨ਼ਨ), 小胞; 《医学》水疱(ਲ਼ਨ); 《植物》気胞, 液胞.

vesperal 男 《カト》晩課集.

véspero 男 1 夕暮れ時. 2 宵の明星.

vespertino, na 形 夕方の, 晩の. — lucero ~ 宵の明星. — 男 夕刊 (=diario ~).

vespino 男 《商標》ミニバイク.

Vespucio 固 ベスプッチ (Amérigo ~)(1454-1512, イタリアの航海者・商人).

vestal 囡 《ロ神》ベスタ神(?)に仕えた女神官. — 形 《宗教》(古代ローマで)ベスタ神に仕える巫女(ਜ਼ਨ)の; 処女.

vestíbulo 男 1 (建物の)入口ホール, (家の)玄関 (ホテルのロビー). 2 《解剖》前庭, 内耳の一部.

vestido, da [ベスティド, ダ] 過分 [→ vestir(se)] 形 [+ de の]を着た, 身に着けた; [+副詞]の服装をした. — 男 1 衣服, 着物; 服装, 身なり (ワンピースの婦人服, ドレス. ~ de noche イブニング・ドレス. 3 《集合的に》服装, 服飾.

vestidor 男 更衣室; 楽屋.

vestidura 囡 1 《文》服, 衣服. 2 《複》《カト》僧服. ▶ **rasgarse las vestiduras** おおげさに嘆く, おおげさに腹を立てる.

vestigio 男 (痕跡(ਨ਼ਨ)), 形跡, しるし; 《主に複》遺跡 [遺物].

vestigio 男 怪物, 化け物.

vestimenta 囡 《集合的に》衣服, 衣装; 服装. 2 《主に複》(司祭の)祭服.

vestir [ベスティル] [6.1] 他 1 …に衣服を着せる. 2 …に衣服を支給する, 衣服を作って[買って]やる. 3 …の服を仕立てる[作る]. 4 [+con/de で]を覆う, …に上張りする, を飾る. ~ el comedor *con* azulejos 食堂の壁に青タイルを張る. 5 を身につける, 着用する. — 自 1 服を着る; [+ de の]衣服を着る. ~ *de* uniforme [luto] 制服[喪服]を着る. ~ *de* etiqueta 正装をする. 2 (衣服が)品が良い, 決まっている, 似合う. 3 《話》はくが付く, 見栄えがするようになる. 4 (衣服が)適する, 良い. — **se** 再 1 服を着る; [+ de の]服を着る. 2 服を買う, 服を仕立てさせる, あつらえる. 3 [+ de で] 覆われる. ▶ **de vestir** 改まった, 正装の. *el mismo que viste y calza* まぎれもない本人. *Vísteme despacio, que tengo prisa.* 《諺》せいては事を仕損じる.

vestuario 男 1 持ち衣装, 衣装. 2 《演》舞台衣装. 3 更衣室; 楽屋; クローク.

veta 囡 1 編目(ਸ਼ਨ), 筋(ਨ਼ਨ), 木目, 石目. 2 《地質》鉱脈. 3 性向, 傾向.

vetar 他 を拒否する, (拒否権によって)否認する.

veteado, da 過分 [→ vetear] 形 縞目(ਸ਼ਨ)[木目, 石目]のある. — 男 縞(ਸ਼ਨ)模様.

vetear 他 (天然木や大理石のように見せるため)縞目(ਸ਼ਨ)[木目, 石目]を入れる.

veteranía 囡 熟練性, 先輩であること, 年功.

veterano, na 形名 **1**（軍隊での）古参（の）. **2** 古く経験を積んだ（人）, 古参兵.

veterinario, ria 名 獣医. ——形 獣医（学）の, 獣医学についての. ——囡 獣医学.

veto 男 〖政治〗拒否（権）; 不認可, 禁止.

vetustez 囡 年を経ていること, 古びていること.

vetusto, ta 形 古びた, 古くさい, 古色蒼然たる.

vez ［ベス］ 囡〖複〗 veces **1** 回, 度. —esta ～ 今回, 今度. dos veces a la semana 週2回. muchas veces 何度も. rara ～ めったに（…しない）. una ～ más もう一度. **2** 機会, 時. —por primera [segunda] ～ 初めて［2度目に］. **3** 倍. —Éste es dos veces más caro que aquél. これは2倍も値段が高い. **4** 順番, 番. —¿Quién da [tiene] la ～? 次は誰の番ですか? の最後は誰ですか? ▶ *a la vez* ［＋que と］同時に, 一度に. *a mi* [*tu, su...*] *vez* （一方）私［君, 彼 …］もまた. *alguna vez/alguna que otra vez* 時に, たまに;〖疑問文で〗かつて. *algunas veces* 時々. *a veces* 時々. *cada vez* (1) 毎度そのたびごとに. (2)［＋que …するときに, …するときはいつも〕. (3)〖比較級とともに〗ますます, だんだんと. *cien* [*cien mil, cientos de, mil, miles de*] *veces* 何度も何度も, たびたび. *de una* (*sola*) *vez* (1) 一度に, 一気に, 息もつかず. (2)〖いらだちの表現で〗はっきりと, きっぱりと. *de una vez para siempre* [*por todas*] 決定的に, きっぱりと. *de vez en cuando* [*en vez*] 時々. *en vez de* の代わりに, ではなくて; どころか. *hacer las veces de...* …の代わりをする, 代理を務める. *otra vez* 再び, もう一度;〖命令や勧告で〗次は, 今度こそは. *pedir la vez* 列［順番］の最後はだれか尋ねる. *por una vez* 一度だけは（例外的に）. *tal vez* ［＋接続法］たぶん, おそらく. *toda vez que...* …だから, …なので, …であるからには. *tomar la vez* 先を越す, 先んじる. *una que otra vez* めったに…しない. *una vez* (1) 一度, かつて. (2)［＋過去分詞（＋que）＋直説法］いったん［ひとたび］…すると; …した後で〖仮定的な意味が強い〗＋接続法］. *una vez que* いったん…したら; 一度 …をして, …してから. *una vez..., y otra vez...* ある時は…また ある時は…. *una y otra vez* 長々と, しつこく.

v.g., v. gr.〖略号〗＝ラテン verbi gracia (por ejemplo) 例えば.

vi 動 →ver［16］.

vía ［ビア］囡 **1** 道, 道路, 通り. *V*～ *Láctea* 天の川. *Gran V*～ グラン・ビア（都市の重要な広い通りの名称）. **2** 経路, 経由地;〖無冠詞の副詞的補語として〗…経由で. —*por* ～ *oral* 口から. *por* ～ *aérea* 航空便. *una retransmisión* ～ *satélite* 衛星中継. **3**（鉄道の）線路, レール; 軌道 ;（道路の）車線. ～ *ancha* [*estrecha*] 広［狭］軌. ～ *muerta* 引込線, 待避線. *en* ～ *pública* ○○に. ——囡 *férrea* 線路 [＝ferrocarril]. **4**〖司法〗手段, 処分, 手続き;〖化学〗処理, 処理法. —*por* ～ *judicial* 法的手段で. **5**〖解剖〗管, 道. ▶ *dar vía libre a...* （人や車に）道を空ける［譲る］. *en vías de...* 進行中の, 手続き中の. —*país en vías de desarrollo* 発展途上国. *por vía de...* …の方法［手段］で. …によって, …という形で. *vía ejecutiva*〖法律〗強制執行［手段］.

viabilidad 囡 **1** 実現可能性, 現実性. **2**（新生児, 胎児の）生存能力, 成育力.

viable 形 **1** 実現可能な, 実行性のある. **2**（新生児, 胎児が）成育力のある, 生きのびる力を備えた. **3** 通行可能の.

vía crucis, viacrucis 男 **1** 十字架の道(ミチ); その時の用いられる書: キリストの苦難を表す14の十字架または絵. **2** 苦悩, 苦難.

viaducto 男（谷間にかかる）高架橋, 高架道路［鉄道］.

viajante 男女 外交員, セールスマン, 出張販売人. ——形 旅をする.

viajar ［ビアハル］自 **1** 旅行する. 旅をする;（乗り物で）通る. —～ *en autobús* バスで旅行する［通う］. **2** 運行する, 航行する: 運ばれる, 運送される. **3**〖隠〗(麻薬で）幻覚を見る, トリップする.

viaje[1] 男（短い刃物でのひと突き, 襲撃.

viaje[2] ［ビアヘ］男 **1** 旅をすること, 旅行; 旅行記. —～ *de novios* 新婚旅行. *estar de* ～ 旅行中である. *hacer un* ～ 旅行する. **2**（物の運搬, ある目的のために）行くこと; 往復すること, 往復. **3**〖俗〗(麻薬による）トリップ. ▶ *agarrar* (*un*) *viaje*〖南米〗〖話〗招待［提案など］を受ける.〖*¡Buen viaje!* よいご旅行を! *de un viaje*〖南米〗一気に, 一度に.

viajero, ra ［ビアヘロ, ラ］名 **1** 旅人, 旅行者. **2** 乗客, 旅客. ——形 旅をする, 渡りの.

vial 形 道路の, 交通の. ——男 **1** 並木道. **2**〖医学〗アンプル.

vialidad 囡 道路網, 道路施設.

vianda 囡 食べ物, 料理（特に肉や魚などの主菜）; 料理を盛った大皿.

viandante 男女 歩行者, 通行人.

viaraza 囡〖中南米〗思いつきの行動, 突飛な行為.

viario, ria 形 道路の.

viaticar [1.1]他〖宗教〗(臨終者に）聖体を授ける.

viático 男 **1**〖宗教〗臨終の聖体拝領［聖餐］. **2**（公用の）旅費, 出張手当; 旅行用糧食.

víbora 囡 **1**〖動物〗ヨーロッパクサリヘビ. **2** 腹黒い人, 意地の悪い人; からむ人.

viborear 自〖南米〗(川・道）が蛇行する

vibración 囡 震える[震わす]こと, 震え, 振動.

vibrador, dora 形 振動する. — 男 振動器;《俗》(性具の)バイブレーター.

vibráfono 男《音楽》ビブラフォン.

vibrante 形 1 震える. 振動する. 響く. 2 心を震わせる, 興奮させる. 3《音声》("r"などの)震え音の. — 男《音声》震え音, 顫動音 (=sonido ~).

vibrar 自 1《物が》震える, 振動する, 揺れる. 2 震えおののく, 《声・体などが》震える; 感動する. — 他 を震わせる, 振動させる, 揺らす.

vibrátil 形《解剖》(ある器官が)振動する, 振動性の.

vibrato 男《音楽》ビブラート.

vibratorio, ria 形 振動する.

vibrión 男《生物》ビブリオ(細菌の一種).

vibrisas 囡複 (猫のひげなどの)触毛; 剛毛.

viburno 男《植物》ガマズミ(属の植物).

vicaría 囡 1 → vicario. 2《植物》ツルニチソウ(属の植物).

vicaría 囡 vicario (助任司祭, 司祭代理, 教区牧師)の職[地位, 所管区域, 住居]. ▶ **pasar por la vicaría** 《話》結婚する (=casarse).

vicarial 形《カト》代理の.

vicariato 男 1 助任司祭[司祭代理, 教区牧師]館. 2 助任司祭[司祭代理, 教区牧師]の職[任期].

vicario, ria 形 代理の, 代理人(の). — 男 1 教皇[司教]代理. 2 《教区の》助任司祭. — 囡 (女子修道院の)副院長.

vice- 接頭「副, 次, 代理」の意.

vicealmirante 男女 海軍中将.

vicecanciller 男女 1 官書記官, 副長官, 大学副総長. 2《カト》教皇庁尚書院長代理;《中南米》外務大臣代理.

vicecónsul 男女 副領事.

vicegobernador, dora 名 副知事.

Vicente 固名《男性名》ビセンテ.

vicepresidencia 囡 副大統領[副総裁, 副社長]の地位.

vicepresidente, ta 名 副大統領, 副総裁, 副社長.

vicerrector, tora 名 副学長, 副校長, 副総長.

vicesecretaría 囡 副書記の職[執務室].

vicesecretario, ria 名 書記[秘書, 長官]代理, 副書記[副長官].

vicetiple 囡《話》《音楽》コーラスガール.

viceversa 副 逆もまた同様である; 逆に. ~y ~ 逆もまた~. — 男 逆のもの, 反対のもの.

vichy 囡 ヴィシー織り(エプロンなどに用いられるストライプやチェックの綿布の一種).

viciar 他 1 をだめにする, 損なう. 2 (人)を堕落させる, (人, 動物)に悪い習慣をつけ

る. 3 を無効にする. 4 …の原形をゆがめる, を歪曲(ホきょく)する. — se 再 1 堕落する, 【+con に】おぼれる, (…の)悪癖にはまり込む. 2 変形する, ゆがむ, 反り返る.

vicio 男 [ビシオ] 男 1 悪徳. 2 悪い癖, 悪習. 3 欠陥, 不備; 《法律》(書類などの)瑕疵(かし). 4 甘やかし, しつけの悪さ. 5《枝葉の茂りすぎ, (芽, 苗の)生えすぎ, 植えすぎ. ▶ **de** ~ **vicio** たいした理由でなく;《話》とてもよい, とても上手に.

vicioso, sa 形 1 悪癖のある, 堕落した; 邪悪な. 2 欠陥のある, 誤った. 3《植物》が茂った. 4《話》甘やかされすぎた. — 名 悪癖のある人, 常習者; 堕落した人. ▶ **círculo vicioso** 悪循環.

vicisitud 囡 1《急な変化, 変動. 2 出来事, 事件. 3 浮き沈み, 栄枯盛衰. —las —es de la vida 人生の浮き沈み.

víctima 囡 1 犠牲者, 被害者, 罹災者. 2 生贄(いけにえ), 人身御供(ごくう).

victimar 他《中南米》を殺す.

victimario, ria 名 加害者;《中南米》殺人者.

victimismo 男 被害者(犠牲者)を気取ること.

victimista 形 被害者意識を持った.

victimización 囡 (人や動物を)犠牲[いけにえ]にすること.

victimizar 他 (人や動物を)犠牲[生贄(にえ)]にする, …に損害を与える.

Víctor 固名《男性名》ビクトル.

víctor 間 →vítor.

Victoria 固名《女性名》ビクトリア.

victoria 囡 1 勝ち, 勝利. 2《困難や欲望などの》克服, 抑制. 3 ほろ付きの二人乗り馬車.

victoriano, na 形《歴史》《英国の》ビクトリア朝(風)の, ビクトリア女王(時代)の.

victorioso, sa 形 勝利を得た, 勝利の; に勝ち誇った.

vicuña 囡《動物》ビクーニャ(アンデスに住むラクダ科の動物); ビクーニャ織.

vid 囡《植物》(種としての)ブドウ, ブドウの木.

vida 囡 [ビダ] 囡 1 命, 生. 生きていること. —quitar la ~ 命を奪う. perder la ~《事故などで》命を落とす. quitarse la ~ 自殺する. 2 一生, 生涯, 寿命. —amigo de toda la ~ 生涯の友人. 3 生活, 暮らし; 人生, 実生活. — ~ privada 私生活; nivel de ~ 生活水準, estilo [modo] de ~ 生活様式. Lleva [Vive] una ~ muy modesta. 彼はとてもつましい生活をしている. Así es la ~. 人生とはこんなものだ. 4 生計, 生活の糧, 生活必需品. —ganar(se) la ~ 生計を立てる, 生活費を稼ぐ. 5 生気, 元気, 活気, 輝き. —lleno de ~ 活気に満ちた, 元気一杯の; un cuadro con mucha ~ 生き生きとした絵. 6《比喩》命(のように貴重な人・物). —El fútbol es su ~. サッカーは彼の生きがいだ. ¡Mi ~!/¡V~ mía! ねえ, お前[あなた]. 7《宗教》—la~ futura [eterna/otra [mejor] ~ 来世, 永遠の生命の. 8《言

売春. —**mujer [chica] de la ～ 売春婦**. **echarse a la ～** 売春する. **ser de la ～** 売春婦である. ▶ **abrirse a la vida** 生まれる. **a vida o muerte** 生きるか、一か八かの. **buscar(se) la vida** (仕事などの)生活[生計]手段を見つける、生活の糧(ﾃ)を稼ぐ；なんとかやりくる. **complicar(se) la vida** 苦労を背負い込む. **con vida** 生まれて、生き残って. —**salir con vida** del accidente aéreo 飛行機事故から生還する[で命拾いする]. **costar la vida** 死ぬ思いをさせる、死ぬ程苦しめる、犠牲にする、(人の)命を奪う. **dar la vida por...** …のために命を捧げる、多大の犠牲を払う. **dar mala vida** (特に夫が妻を)虐待する. **dar vida a...** …を作り出す、生む. **darse la gran vida [buena vida, la vida padre]** (働かないで)裕福に[安楽に]暮らす、遊び暮らす. **de mi vida** (仕事や企業に)一生尽くす、骨を埋める. **de mi vida** 〖親愛〗(呼びかけ語)を置き、愛願・叱責の時〗私のいとしい、最愛の. —**hija de mi vida** 私のまな娘よ；ねえ、お前. **de por vida** 生きている限り、一生ずっと、終身の. **de toda la vida** ずっと前からの. **en la [su] vida** 決して…ない；(否定表現)かつて一度も[決して]…ない〖文頭など動詞の前では no は不用〗. **en vida** 生きている間に、生存中に. **entre la vida y la muerte** 瀕死(ﾋﾝ)の状態で、死にそうになって. **escapar [salir] con (la) vida** (危機から)脱する、生還する (=con vida). **hacer la vida imposible a...** を迫害する、虐げる. **hacer por la vida** 食べる. **nunca [jamás] en la [su] vida** 一度も[在の[su] vida). **partir de esta vida** この世を去る、死ぬ. **pasar a mejor vida** 《婉曲》(1)あの世へ行く、死ぬ、亡くなる. (2)使えなくなる. **¡por (mi) vida!** 天命に誓って、きっと、必ず. **¿qué es de tu vida?** (しばらく会わなかったときの挨拶)元気だった？どう過していた？ **tener la vida en [pendiente de] un hilo** 大きな危険にさらされている (=pender de un HILO). **tener siete vidas como los gatos** 《俗》大きな危険から無傷で逃れる、九死に一生を得る、傷つきやすい. **vender cara la vida** 勇敢に死ぬまで戦う、敵に多くの犠牲を与えて戦死する.

vide 〈ラテン〉参照、見よ (= véase；〖略号〗v., vid.).

vidente 形 目が見える. —男女 予知能力者、予言者、占い師.

vídeo, video 男 ビデオ(録画再生機器)；ビデオ(技術、システム)；〖話〗ビデオテープ.

videoaficionado, da 名 ビデオ愛好者、アマチュア・ビデオカメラマン.

videoarte 男 ビデオ技術の芸術.

videocámara 女 ビデオカメラ.

videocasete 女[男] ビデオテープ.

videocasetera 女 《中南米》ビデオデッキ.

videocinta 女 ビデオテープ.

videoclip 男 〖複〗〜s ビデオクリップ、プロモーションビデオ.

videoclub 男 〖複〗〜(e)s レンタルビデオショップ.

videoconferencia 女 テレビ会議；ビデオによる講演.

videoconsola 女 テレビゲーム機.

videocontrol 男 ビデオカメラによる監視システム.

videodisco 男 ビデオディスク、レーザーディスク.

videófono 男 →videoteléfono.

videofrecuencia 女 (テレビ)の映像周波数.

videograbar 他 (ビデオで)録画する.

videográfico, ca 形 ビデオの、ビデオで撮った.

video jokey 〈英〉男女 →videoyóquey.

videojuego 男 テレビ[ビデオ]ゲーム.

videoteca 女 1 収集したビデオテープ、ビデオライブラリー. 2 ビデオ収納棚、ビデオラック.

videoteléfono 男 テレビ電話.

videovigilancia 女 監視[防犯]カメラ(システム).

videoyóquey 〈英〉男女 〖複〗videoyoqueis〗ビデオジョッキー.

vidorra 女 《話》安楽生活、気楽な生活.

vidriado 男 釉薬(ﾕｳﾔｸ)をかけること、釉薬のかかった陶磁器；釉薬.

vidriar [1, 1.5] 他 …に釉薬(ﾕｳﾔｸ)をかける、つやを付ける. —se 再 ガラス状になる.

vidriera 女 1 ガラス窓[戸]；ステンドグラス. 2 《中南米》ショーウィンドー.

vidriería 女 ガラス工場、ガラス屋[店]；《集合》(窓ガラスを入れる)ガラス.

vidriero, ra 名 (ガラス工場の)ガラス職人、ガラス工；ガラス販売業者.

vidrio 男 (材料としての)ガラス、ガラス製品、ガラス板. ▶ **pagar los vidrios rotos** ぬれぎぬを着せられる；一人で罪をかぶる.

vidriosidad 女 (ガラスのような)もろさ、こわれやすさ、傷つきやすさ；滑りやすさ.

vidrioso, sa 形 1 もろい、こわれやすい. 2 (ガラスのように)つるつるした、(凍って)滑りやすい. 3 (問題が)微妙な、デリケートな. 4 怒りっぽい、傷つきやすい. 5 (目が)生気のない、死んだような.

vieira 女 〖貝類〗ホタテ貝；その貝殻 (Santiago de Compostela への巡礼者のシンボル).

viejales 男女 〖単複同形〗《話》年寄り、じいさん[ばあさん].

viejo, ja [ビエホ、ハ] 形 1〖ser +〗とった、年老いた. —**hacerse** 〜 老いる、年を取る. 2〖ser +〗古い、何ヶ月を経た；〖estar +〗古くなった、使い古した. —**ropa vieja** 古着. 3〖estar +〗老いた、老い込んだ. —**Está** 〜 **para su edad.** 彼は年齢の割には老けている. 4 昔の；〖名詞に前置して〗昔からの. ▶ **ser más viejo que (el patriarca) Matusalén** ひどく年を

vien- 取っている. ― 名 **1** 老人, おじさん[おばあさん]; 《話, 軽蔑》じじい[ばばあ]. **2** 《話》(愛情を込めて)親父さん[お袋さん], おじさん[お婆さん]. **3** 《話》(親しみを込めて)友人, 夫[妻]を指してあいつ, あの人; (呼びかけて)あなた, 君. ► **año viejo** 大晦日《話》年越し. **caerse de viejo** 古くなる; 老け込む. **de viejo** 中古(販売の, 古物(商)の. **la cuenta de la vieja** 《話》指を使った計算; 単純な作業.

vien- → **venir** [10.9].

Viena 固名 ウィーン(オーストリアの首都).

vienés, nesa 形名 ウィーン (Viena) の(人).

viento [ビエント] 男 **1** 風. ―Hace [Corre, Sopla el] ~. 風が吹いている. **levantarse el** ~ 風が吹き始める. ― **de proa** とも風, 逆風. **2** うぬぼれ, 虚栄(心). **3** 張り綱, 吊りロープ, (アンテナなどの)支え綱. **4** (俗)胃や腸にたまるガス, おなら. **5** 《狩猟》獲物の臭い, 臭跡; (犬や鷹などの)嗅覚. ► **a los cuatro vientos** 四方八方に, あらゆる所に. **beber los vientos por** (物・事)を切望して懸命になる; 恋い焦がれる. **como el viento** 素早く, 急速に. **contra viento y marea** 逆境に負けず に, 困難や障害に立ち向って. **con viento fresco** 黙って, 文句を言わずに; さっさと, **correr malos vientos** 状況が悪い, 事情が良くない. **dar el viento** を察する. …ではないかと思う. ―*Me da el viento que nos está engañando.* 彼が私たちを欺いているのではないかと思える. **llevarse el viento** はかなく消える. **viento en popa** 順風満帆で, 幸運に, 繁栄して.

vientre [ビエントレ] 男 **1** 腹, 腹部; 内臓, 腸内. ― **bajo** ~ 下腹部. **2** (楽器・陶器の)ふくらんだ部分, 胴. ► **descargar [evacuar, exonerar, mover] el vientre** 排便する. 大便をする. **hacer de [del] vientre** 排泄する.

viernes [ビエルネス] 男 《単複同形》金曜日. ― **V**~ *Santo* 聖週間の金曜日.

vieron 動 → **ver** [16].

vierteaguas 男 《単複同形》《建築》水切り.

Vietnam 固名 ベトナム(首都 Hanoi).

vietnamita 形男女 ベトナムの; ベトナム(Vietnam) の(人). ― 男 ベトナム語.

*****viga** 女 **1** 《建築》梁(はり), 桁(けた). **2** (オリーブなどの)搾(しぼ)り機, 圧搾(き)機.

vigencia 女 有効性, 効力.

vigente 形 《estar+》(法律などが)効力を持つ, 現行の, 施行中の.

vigesimal 形 《数学》20 個単位の, 20 進法の. ― **numeración** ~ 20 進法.

vigésimo, ma 形 (数) **1** 20 番目の. **2** 20 分の 1 の. ― 男 20 分の 1.

vigía 男女 見張り番, 監視員. ― 女 監視塔, 望楼.

*****vigilancia** 女 見張り, 用心, 警戒; 監視.

*****vigilante** 形 警戒する, 用心した. ― 名 警備員, 監視員. ― ~ *jurado* (民間会社の)ガードマン.

vigilar 他 を見張る, 監視する, 警戒する. ― 自 《+*por*/*sobre* を》監視する, 警戒する. 見守る.

vigilia 女 **1** 寝ずの番, 徹夜(の仕事); 不眠. **2** (特に宗教的祭日の)前夜; 前夜祭; 前夜の祈り. **3** 《カト》小斎(肉食を断つこと), 精進(料理).

*****vigor** 男 **1** 力, 力強さ, 活力. **2** (法律の)効力, 拘束力; 施行. **3** (組織や団体の)威力, 勢力. **4** (表現, 作品の)迫力, 力強さ, 説得力.

vigorizador, dora 形 元気を出させる, 活気づける.

vigorizar [1.3] 他 …に活気を与える, を活気づける, 元気づける. ― **se** 再 活気づく, 元気が出る, 活性化する.

vigoroso, sa 形 活力のある, 元気な, 力強い.

viguería 女 《建築》《集合的に》梁(はり), 桁(けた).

vigueta 女 《建築》小梁(はり), 小桁(げた).

VIH 《頭字》《<*Virus de Inmunodeficiencia Humana*》男 《医学》エイズ・ウィルス(英 HIV).

vihuela 女 《音楽》ビウエラ(ギターに似た中世スペインの弦楽器).

vihuelista 男女 《音楽》ビウエラ奏者.

vikingo, ga 形名 《歴史》バイキング(の).

vil 形 卑劣な, 卑しい; 何の値打ちもない; 卑金属. ► **el vil metal** 金銭.

vilano 男 《植物》(タンポポ, アザミなどの)冠毛, 綿毛.

vileza 女 卑劣さ, 卑しさ; 卑劣な行為.

vilipendiar 他 をさげすむ, 卑しめる, けなす.

vilipendio 男 さげすみ, 軽蔑; 中傷.

vilipendioso, sa 形 軽蔑のこもった, 侮蔑に満ちた.

Villa 固名 ビリャ[ビージャ] (Pancho ~) (1877-1923, メキシコ革命の指導者).

*****villa** 女 **1** 別荘, 別邸. **2** 町(特権や歴史的伝統を持った)町.

Villadiego 固名 ► *coger* [*tomar*] *las de Villadiego* 《話》(あわてて)逃げ出す, 姿をくらます.

villanaje 男 **1** 平民であること, 生まれの卑しいこと. **2** 《集合的に》村人, 村民, 百姓.

*****villancico** 男 **1** クリスマスの歌, クリスマス・キャロル. **2** 《詩学》ビジャンシーコ: 導入部分と反復部分から成る詩歌(民謡); この形式の短い歌曲.

villanesco, ca 形 百姓(風)の, 田舎の.

*****villanía** 女 **1** 極悪非道な; 卑劣な行為, 悪事. **2** 卑しい生まれた身分.

*****villano, na** 形 **1** 卑劣な, 下劣な; 粗野な. **2** (昔)平民の; 村(人)の. ― 名 **1** 悪党; 卑劣な人. **2** 《歴史》平民; 村人.

villorrio 男 《軽蔑》(へんぴな)田舎町, 片田舎.

vilo ►**en vilo** 宙ぶらりんに, 空中に; 落ち着かない状態で, 気をもんで.

vilorta 女 1 輪, たが; 止め金; 座金(ぎ。). 2 《植物》クレマチス.

vilorto 男 1 《植物》クレマチス. 2 輪, たが.

vimos 動 →ver [16].

vin- 動 →venir [10.9].

vinagre 男 1 酢, ワインビネガー. 2 いつも不機嫌な人, 怒りっぽい人.

vinagrera 女 1 (卓上の)酢入れ, 酢の入った瓶(宮); 複 調味料入れ(普通オリーブ油と酢が対になったもの). 2 《植物》スカンポ, スイバ.

vinagreta 女 《料理》ビネグレットソース(酢, 油, 塩, 刻み玉葱などからなるソース).

vinagrillo 男 1 弱い酢. 2 《南米》《植物》オオキバナカタバミ.

vinajera 女 1 《宗》(ミサで用いる)ブドウ酒と水を入れた2つの小瓶の(一つ). 2 2つの小瓶と小瓶を乗せる盆.

vinatería 女 ワイン販売店, ブドウ酒店; ブドウ酒の取引.

vinatero, ra 形 ワインの. — 名 ワイン業者.

vinaza 女 (澱(š)から作った)安物のブドウ酒(ワイン).

vinazo 男 《話》強くて濃いブドウ酒(ワイン).

vinca, vincapervinca 女 《植物》ツルニチニチソウ.

vincha 女 《中南米》ヘアバンド, カチューシャ.

vinchuca 女 《中南米》《虫類》サシガメ.

vinculable 形 〖＋a に〗結び付けられる; 《法律》…に相続人を限定できる.

vinculación 女 1 結び付き, つながり, 関連. 2 《法律》(不動産の)相続人限定.

vincular 他 1 〖＋a に〗を結び付ける. 2 〖＋a に〗を拘束する. 3 〖＋en に〗(希望などを)つなぐ. 4 《法律》〖＋a に〗(不動産の)相続人を限定する. — **se** 再 結び付く, つながる.

vínculo 男 1 絆(き), 結び付き, つながり. 2 《法律》限嗣(ミこ)相続, 相続人の限定.

vindicación 女 1 復讐. 2 (侵害された権利や名誉の)擁護, 主張.

vindicar [1.1] 他 1 …の復讐をする(仕打ちに)報復をする. 2 (不当に侵害された権利や名誉などを)擁護する, (…の回復)を主張する.

vindicativo, va 形 1 報復的な, 執念深い. 2 擁護する.

vindicatorio, ria 形 擁護する, 擁護のための; 懲罰の, 制裁の.

vindicta 女 〖文〗制裁; 復讐.

vinería 女 ワインショップ, ブドウ酒店.

vínico, ca 形 ブドウ酒の.

vinícola 形 ブドウ酒(ワイン)生産(製造, 醸造)の.

vinicultor, tora 名 ブドウ栽培者, ブドウ酒(ワイン)生産者, ブドウ酒醸造家.

vinicultura 女 ブドウ(ワイン)生産, ブドウ酒製造.

vinífero, ra 形 ワインを作る.

vinificación 女 ブドウ(ワイン)醸造, ワイン醸造過程.

vinílico, ca 形 《化学》ビニル(基)の.

vinillo 男 (アルコール分の)弱いブドウ酒(ワイン); 上質のブドウ酒.

vinilo 男 ビニール; 《化学》ビニル(基).

vino 男 〖ビノ〗ブドウ酒, ワイン; 果実酒. —～ blanco [tinto] 白[赤]ワイン. ～ rosado ロゼワイン. ～ de aguja [espumoso] スパークリング[発泡性の]ワイン. ～ de Jerez シェリー酒. ～ de la casa ハウスワイン. ～ de mesa テーブル・ワイン. ～ seco 辛口のワイン. ～ verde 舌触りの渋い辛口のワイン.

►**dormir el vino** 酔って眠る. **tener buen [mal] vino** 酒癖が良い[悪い]. **vino de la tierra** 地元産ワイン, ビール. **vino dulce** (ペドロ・ヒメネス種, モスカテル種, モナストレル種などのブドウの品種から造る)甘味のあるワイン. **vino generoso** (普通のワインよりも)熟成させた強いワイン, 酒精強化ワイン.

vinoso, sa 形 (特に色が)ブドウ酒のような.

viña 女 ブドウ畑, ブドウ園. ►**ser una viña** 《話》ドル箱である, 大きな利益を生む元である. **tener una viña con** 《話》…で大もうけする.

viñador, dora 名 ブドウ栽培者.

viñatero, ra 名 《中南米》→ viñador.

viñedo 男 (大規模な)ブドウ園.

viñeta 女 1 《印刷》(本のタイトルページ, 章頭, 章尾などに付ける)飾り模様; 《情報》バナー. 2 (セリフ, コメントのついた)挿し絵, カット.

vio 動 →ver [16].

viola¹ 女 《音楽》ビオラ. — 男女 ビオラ奏者.

viola² 女 《植物》スミレ.

violáceo, a 形 1 すみれ色の, 紫色の. 2 《植物》スミレ科の. — 女 複 《植物》スミレ科の植物.

violación 女 1 違反, 侵害; 冒涜(ミ). 2 強姦(ミォ), レイプ.

violado, da 形 形 スミレ色(の).

violador, dora 形 名 1 違反する(人), 侵害する人. 2 強姦する(人).

►**violar** 他 1 (法)に違反する, (権利)を侵害する. 2 (女性)に暴行する, 強姦する, 凌辱する. 3 (神聖な場所)を荒らす, 冒涜(ど)する.

►**violencia** 女 1 暴力, 暴行, 強姦. —～ de género [contra la mujer] 女性に対する暴力. ～ doméstica ドメスティックバイオレンス. 2 激しさ, 猛烈さ, 熱烈さ.

violentamente 副 激しく; 暴力的に; 無理やりに.

►**violentar** 他 1 をこじ開ける; (家などに)押し入る, 侵入する. 2 を無理強いする, 強

制する。**3** …に不愉快な思いをさせる,迷惑をかける;…を怒らせる。**4**《文》…に暴力をふるう,…を暴行する。**5**《原文》ねじ曲げる,歪曲(わいきょく)する,曲解する。**— se** 再 **1** 自己を抑制する,我慢する。**2** 当惑する,困惑する,立ち往生する。**3** 怒る,激怒する。

violento, ta [ビオレント,タ] 形 **1** 暴力的な,乱暴な;激烈しやすい。—usar medios ~s 暴力的手段に訴える。un carácter ~ 激しやすい性格。**2**(程度の)激しい,猛烈な。**3** 不自然な,無理やりの,**4** 気まずい,きまりの悪い。

violero, ra 名 弦楽器製作者[職人]。**—** 男《虫類》カ(蚊)。

violeta 女《植物》スミレ;スミレの花。**—** 男女 スミレ色の。

violetera 女 スミレ売り。

violetero 男(スミレを入れる)小鉢,花器。

violín 男《音楽》バイオリン。**—** 男女 (オーケストラの)バイオリン奏者。► violin de Ingres 趣味,余技。

violinista 男女《音楽》バイオリニスト,バイオリン奏者。

violón 男《音楽》コントラバス。**—** 男女 コントラバス奏者。

violoncelista 男女《音楽》チェロ奏者,チェリスト。

violoncelo 男《音楽》チェロ。

violonchelista 男女 → violoncelista.

violonchelo 男 → violoncelo.

vip, VIP, v.i.p 男女《複》vips または単複同形》重要人物。

viperino, na 形 マムシの,毒蛇の;毒蛇のような,邪悪な。

vira 女(靴底と甲の継ぎ目を補強する)細革,2 細身の矢。

virada 女《海事》転回,針路の変換。

virador 男 **1**《写真》調色液。**2**《海事》補助索,吊索。

virago 女 男まさりの女。

viraje 男 **1**(船,その他の乗り物が)方向を変えること,方向転換,旋回。**2** 曲がり角,転回点。**3**(意見,態度などの)転向,急変。**4**《写真》調色。

viral 形《医学》ウイルス(性)の,ウイルスによる。

virar 自 {+ a/hacia へ} 方向[進路]を変える(特に移動中の乗り物や運転者が,また,比喩的に人の意志,態度について)。**—** 他 **1**(海事》…の針路を変える。**2**《写真》を調色する。

virazón 女 **1** 日中は海から,夜間は陸から吹く風。**2** 風向きの急な変化。**3**(考えなどが突然変わること,(方針などの)急な方向転換。

virgen [ビルヘン] 女《複》virgenes》**1**《聖書》(la V~)聖母マリア。—La Santisima V~ 聖母マリア。**2**(la V~)聖母マリア像[図]。**3**(V~)《天文》乙女座;(十二宮の)処女宮。► un [una] viva la Virgen 男女 のんきな人,いい加減な人,無責任な人(→

vivalavirgen)。**¡Virgen santisima! [¡Santisima Virgen!]**(驚き,悲しみ,憤り,嘆願などの感嘆表現)ああ,後生ですよ,ちくしょう。**—** 男女 処女,童貞。**—** 形 **1** 処女の,童貞の。**2** 処女らしい,純潔な。**3** 触れられたことのない,未踏の,未開の;未使用の。—pelicula ~(撮影されていない)生フィルム。**4** 本物の,混ざり物のない,加工されていない。—lana ~ 純毛,バージンウール。

virgiliano, na 形 ウェルギリウス(ローマの詩人)の。

virginal 形 処女の;《宗教》聖母マリアの;純潔な,けがれのない。

virgíneo, a 形 → virginal.

virginidad 女 **1** → virginidad。**2**(V~)《天文》乙女宮;(十二宮の)処女宮。**3**《話》《解剖》処女膜(=himen)。**—** 形 **1**《話》処女の,童貞の。**2**《無変化》乙女座生まれの(人)。

virguería 女 **1**《話》出来上がりがすばらしいもの,見事な技。**2**(過度の)装飾,飾り。

vírgula 女 **1** 小さい棒,細線。**2**《医学》コレラ菌。

virgulilla 女 文字に付加する記号。

vírico, ca 形 → viral.

viril 形 **1**(成人)男性の。—miembro ~ ペニス,陰茎。**2** 男性的な,男らしい。

virilidad 女 **1** 男らしさ,たくましさ,力強さ。**2**(男子の成年,壮年期。

virilismo 男《医学》男性症。

virilizar 他 を男性化する。**— se** 再 男性的になる。

virola 女(ナイフや工具などの先端の)止め金,はめ輪;(杖,傘などの)石突き。

virología 女 ウイルス学。

virólogo, ga 男女 ウイルス学者。

virosis 女《単複同形》《医学》ウイルス性疾患。

virote 男(鉄の矢じりのついた)太矢。

virreina 女《歴史》副王夫人;(女性の)副王。

virreinal 形 副王の,副王領の。

virreinato 男《歴史》副王領;副王の職務[地位,任期]。

virrey 男《歴史》副王,総督,太守。の地位。

virtual 形 **1** 事実上の,実際上の;潜在的な。**2** 仮想上の,非現実の。

virtualidad 女 実際上の能力,実質,潜在している力,可能性。

virtualmente 副 実質的には,事実上;潜在的に。

virtud [ビルトゥ] 女《複》—es》**1** 徳,善,美徳;徳行。—~es cardinales《カト》枢要徳(慎重,正義,堅忍,節制の4徳)。**2**,功能,効力;効き目,利点。**3** 力,勢力,実効;能力。► en [por] virtud de … …の力で,…によって。

virtuosismo 男(特に楽器演奏の)並外れて高度な技術性,(名人芸的な)技巧。

virtuoso, sa 形 **1** 徳のある(人), 高潔な(人). **2** (特に音楽などの)名人(の), 名手(の).

viruela 女 **1** 《主に 複》《医学》天然痘, 疱瘡(ほうそう). **2** あばた, 痘痕(とうこん); あばた状のぶつぶつ. —picado de ～s あばたのある.

virulé ▶ *a la virulé* 《話》ゆがんで, 曲がって; ひどい状態で.

virulencia 女 **1** (病気などの)悪性(ウィルス性)であること. **2** (文体などに)毒があること.

virulento, ta 形 **1** 《医学》ウィルス性の, 悪性の; 化膿した. **2** (文体などに)毒のある, 辛辣な.

virus 男 《医学》《単複同形》《医学, 情報》ウィルス, 《コンピューター》ウィルス.

viruta 女 (木や金属などの)削りくず, かんなくず.

vis 女 ▶ *vis a vis* 向かい合って, 直接顔を合わせて. *vis cómica* 人を笑わせる才能, ひょうきんさ.

visa 女 《中南米》 →visado.

visado 男 ビザ, 査証.

visaje 男 しかめっ面, 顔をゆがめること; おどけ顔.

visar 他 **1** (書類・器具などを)検査する, 審査する, 確認する. **2** (旅券などを)査証する, 裏書する, 証明する. **3** 《砲撃・測量で》…に照準を合わせる.

víscera 女 《主に 複》《解剖》内臓, はらわた.

visceral 形 **1** 《解剖》内臓の. **2** 腹の底からの, 根深い. **3** 感情を表に出す, 気性の激しい.

viscosa 女 《化学》ビスコース.

viscosidad 女 粘着性, ねばねば[どろどろ]していること; 《物理》粘性, 粘度; 《動物, 植物》粘液, ねばねばしたもの, ぬめり.

viscosilla 女 ビスコース(レーヨン).

viscoso, sa 形 ねばねばした, 粘着質の; ぬるめらした.

visera 女 **1** (野球帽などの)ひさし, つば. **2** サンバイザー. **3** 《歴史》兜(かぶと)の前額(ひたい). **4** (車の)遮光板, 日除け.

visibilidad 女 **1** 見えること, 見える程度, 視界. **2** 《気象, 海事》視程.

visible 形 **1** 目に見える, 目につく; 可視の; 明らかな, 明白な. **2** [+ estar] 《話》人前に出られる; きちんと服を着た.

visiblemente 副 明らかに, 目に見えて.

visigodo, da 形名 《歴史》西ゴート人(の). —男 複 西ゴート族.

visigótico, ca 形 西ゴート族の.

visillo 男 《主に 複》(薄手の)カーテン.

visión 女 **1** 見ること, 見えるもの; 視覚, 視力. **2** まぼろし, 幻覚, 幻想. **3** 見方, 見解. **4** 《俗》見っともない人(物), 変てこな人(物). ▶ *ver visiones* 思い違いをする, 錯覚する.

visionado, da 形 (テレビや映画の批評などを目的的に)映像を見ること.

visionar 他 (専門的に映像を)検査する.

visionario, ria 形 空想的な, 幻なを見る; 現実離れした. —名 幻を見る人, 夢想家; 現実の見えない人.

visir 男 《歴史》(イスラム教国の)大臣.

visita 女 **1** 訪問, 見舞, 見物. —de cumplido [cumplimiento] 儀礼上の訪問. hacer una ～ a … を訪問する. **2** 訪問客, 客, 見物人. —Tengo una ～ esta tarde. 今日の午後, 私には来客がある. **3** 見学, 検査; 往診, 回診. ▶ *pagar [devolver] la visita* 答礼訪問する.

visitación 女 《宗教》聖母マリアの聖エリザベート訪問, 聖母訪問の祝日(7月2日).

visitador, dora 形 **1** 訪問好きな, よく訪れる. —名 **1** 訪問好きな人, よく訪れる人. **2** 《歴史》《行政》巡察使, 《巡察官》《宗教》巡察使. **3** (製薬会社の)セールスマン[レディ]. MR(＝médico).

visitante 形 訪問する人, 見舞いの. —el equipo ～ 遠征[ビジター]チーム. —名 男 訪問客, 面会人, 観光客. **2** 視察者, 巡察官.

visitar 他 [ビシタル] **1** を訪れる, 訪問する; を観光する, 見学する; …に参詣する. **2** (病人)を見舞う; (医者が病人に)往診する; を診察する, 診察する. **3** を視察する.

visiteo 男 家に呼んだり呼ばれたりすること.

visivo, va 形 視覚の, 視力の.

vislumbrar 他 **1** をほのかに見る, おぼろげに見る. **2** (解決などの)糸口が見える, (新事実など)の輪郭が見える, を推測する.

vislumbre 女 **1** ちらっとさす光, (かすかな)きらめき. **2** 兆候, しるし; うすうすわかること.

viso 男 **1** 《主に 複》つや, 光沢, 玉虫色の輝き. **2** 外観, 様相. **3** 《服飾》透ける服の下につける色物のアンダードレス, 裏地. ▶ *de viso* 著名な, 立派な.

visón 男 《動物》ミンク; ミンクの毛皮.

visor 男 《写真》ファインダー; 《情報》ディスプレイ; (銃砲の)照準器.

visorio, ria 形 鑑定, 検査の.

víspera 女 **1** (祭日などの)前日, 前夜. —la ～ de Navidad クリスマス・イブ. **2** 複 直前, 間際. **3** 複 《古代ローマの》夕暮, 夕方. **4** 《宗教》晩祷(18時から21時の祈り), 夕べの折り(聖歌).

vist- ▶ vestir [6.1].

vista 女 [ビスタ] **1** 視覚, 視力; 視界, 視野. —ser corto de ～ 近視である. —cansada 老眼. perder la ～ 失明する. tener buena [mala] ～ 見がよい[悪い]. **2** 見ること, 観察. —a primera [simple] ～ 一見して, ひと目で. clavar la ～ en … をじっと見る. apartar la ～ 目をそらす. **3** 洞察力, 先見の明, 鑑識眼. **4** 景色, 風景, 眺め. — panorámica 全景, 眺望. **5** 外見, 見た目, 見てくれ. —Esta paella tiene una ～ deliciosa. このパエーリャはおいしそうだ. **6** 風景画, 風景写真, 絵葉書. **7** 《司法》審理, 審問. **8** カスス, 襟胸等で. —名 税関吏, 検察官. ▶ *a*

la vista 一見して、見たところ; 人目に触れて、公開されて; 明らかな; 将来における、先を見越して. **a (la) vista de...** を見ると、を監視して、…に注意して; を考慮すると、…によると. **a vista de...** …の面前で、…に直面して; …と比較して、…と比べて. **a vista de pájaro** 鳥瞰(ちょうかん)した[に]な. **comerse con la vista** (怒り、羨望、好奇心などの感情で)見つめる、じろじろと見る. **conocer de vista a...** (人の)顔を知っている、(人)を見かけたことがある. **con vistas a...** を目差して、意図して. **echar la vista a...** を見る、…に視線を向ける; …に目星をつける. **empañarse [nublarse] la vista** 目が霞(かす)む; (感極まって)目に涙があふれる. **en vista de ...** を考慮して、…から判断して. **hacer la vista gorda** 見ぬ振りをする、黙認する. **¡Hasta la vista!** [挨拶] さようなら、また会う日まで. **irse la vista** 目がくらむ、めまいがする. **no perder de vista** …に監視を続ける、気を付ける; 思い続ける、忘れない. **nublarse la vista** (= empañarse la vista). **pasar [poner] la vista en...** (= echar la vista a ...). **perder de vista** 見えなくなる; …と付き合わなくなる、音信不通になる. **punto de vista** 観点、視点、立場. **saltar a la vista** 明らかである、当たり前である. **volver la vista atrás** 昔を思う、過ぎた事を考える.

:**vistazo** 男 一見、ひと目; 一読. —echar [dar] un ～ ちらっと[ざっと]見る.

viste 動 →ver [16]; vestir [6.1].

vistillas 囡 高台、展望台.

:**visto, ta** 過分 [→ver] 形 **1** 見られた、目にされた、目に見えるところにある. **2** 考察された、調べられた; 《法律》審理された; 《estar bien [mal] visto** (社会的に)よい[悪い]ものと考えられた. **estar muy visto** 《話》使い古してある、流行遅れである. **Está visto que...** 明らかに…である. **no [nunca] visto** 見たこともない、驚くべき. **por lo visto** 見たところでは、どうも. **visto bueno** 承認済み(書類などの認証印、《略号》V.° B°.). 男 承認、認め合. **visto que** 《+直説法》(理由)…だから、…であるからには. **visto y no visto** 《話》あっという間(の).

vistosidad 囡 派手さ、華やかさ、人目を引くこと.

vistoso, sa 形 派手な、華やかな.

visual 形 視覚の、視覚による. — 囡 視線.

visualidad 囡 見栄え、あでやかさ.

visualización 囡 視覚化、映像化.

visualizador 男 《情報》ビューアー.

visualizar [1.3] 他 **1** を視覚化[映像化]する、目に見えるようにする. **2** を思い浮かべる. **3** を(視覚で)認める.

visualmente 副 視覚的に、視覚によって.

:**vital** 形 **1** 生命の、生命維持の. **2** 不可欠な、生死に関わる; 極めて重要な. **3** 活力のある、エネルギーにあふれた.

vitalicio, cia 形 終生の、終身の. — 男 終身年金; 生命保険.

vitalidad 囡 **1** (生命体や文体などの)活力、生命力; 活気. **2** (根本的な)重要性.

vitalismo 男 **1** 《生物、哲学》生気論. **2** 活力、元気.

vitalista 形 **1** 《生物、哲学》生気論の. **2** 活気あふれる、元気いっぱいの. — 男囡 生気論者.

vitalizar [1.3] 他 …に生命[活力、生気]を与える.

:**vitamina** 囡 ビタミン.

vitaminado, da 形 ビタミン入りの、ビタミン添加の.

vitamínico, ca 形 ビタミンの、ビタミンを含む.

vitando, da 形 避けるべき; 忌まわしい、おぞましい.

vitela 囡 子牛革紙(子牛の革で作った上質の獣皮紙).

vitelino, na 形 《生物》卵黄の.

vitelo 男 《生物》卵黄.

vitícola 形 ブドウ栽培の.

viticultor, tora 名 ブドウ栽培者.

viticultura 囡 ブドウ栽培.

vitíligo 男 《医学》白斑(はく).

vitivinícola 形 ブドウ栽培[ブドウ酒製造]の.

vitivinicultor, tora 名 ブドウ栽培者; ブドウ酒製造者.

vitivinicultura 囡 ブドウ栽培、ブドウ酒製造.

vito 男 ビト(スペイン、アンダルシーア地方に伝わる陽気な踊り、それに伴う歌).

vitola 囡 **1** 葉巻タバコの銘柄・種類(を表す帯). **2** 外見、風采.

vítor 男 《主に複》歓呼、万歳の声、喝采. — 間 万歳、いいぞ.

vitorear 他 …に喝采する、歓呼の声を上げる.

Vitoria 囡 **1** ビトリア(スペイン、バスク自治州の州都). **2** ビトリア (Francisco de ～)(1486-1546、スペインの法学者).

vitoriano, na 形 (スペインの)ビトリア (Vitoria)の. — 名 ビトリアの住民.

vitral 男 (教会などの)ステンドグラス(の窓).

vítreo, a 形 ガラスの、ガラス製の、ガラス状の.

vitrificable 形 ガラス化できる.

vitrificación 囡 ガラス化、透明樹脂塗装.

vitrificar [1.1] 他 をガラス化する、ガラス状にする; …に透明樹脂を塗る. — se 再 ガラス化する、ガラス状になる.

vitrina 囡 ガラスの陳列ケース(棚)、ショーウィンドウ.

vitriolo 男 《化学》硫酸塩、濃硫酸.

vitrola 囡 《中南米》レコードプレイヤー、蓄音機.

vitriólico, ca 形 **1** 《化学》硫酸(塩)の、腐食性の. **2** 辛辣な、痛烈な.

vitualla 囡 《主に複》(特に軍隊などで)食糧、糧食、兵糧.

vituperable 形 非難されるべき、けしからん.

vituperación 女 非難, とがめだて; 罵倒(ばとう).

vituperar 他 を厳しく非難する, 罵倒する.

vituperio 男 非難の言葉, ののしり.

viuda 女 《植物》マツムシソウ(科の植物).

viudedad 女 **1** 未亡人[男やもめ]の身分. **2** 寡婦年金, 配偶者死亡による手当.

viudez 女 未亡人[男やもめ]の暮らし.

viudita 女 **1**(若い)未亡人. **2**《中南米》《鳥類》タイランチョウ(属の鳥).

viudo, da 形 未亡人の, 男やもめの. ── 名 未亡人, 男やもめ. ▶ **viuda negra** 毒グモの一種.

viva 男 歓呼の声, 万歳の声. ── 間 万歳, やったぞ.

vivac 男 〔複 ~s〕 →vivaque

vivacidad 女 **1** 活気, 生命力;(色彩の)鮮やかさ. **2** 利発さ, 鋭敏さ, 敏捷さ.

vivalavirgen 男女 《話》《軽蔑的に》いい加減な人, 無責任な人.

vivales 男女 〔単複同形〕 《話》 ずる賢い奴.

vivamente 副 **1** 深く, 強く, 心から. **2** 生き生きと, 鮮やかに. **3** 力強く, 元気良く.

vivaque 男 (登山, 軍隊などの)ビバーク, 露営, 野営; 衛兵所.

vivaquear 自 (登山, 軍隊などで)ビバークする, 露営する, 野営する.

vivar¹ 男 (ウサギなどの)飼育場; 養殖場, 養魚池.

vivar² 他 《中南米》に喝采を送る.

vivaracho, cha 形 活発な, 利発な, おてんばの.

vivaz 形 **1** 機敏な, 鋭敏な, 利発な. **2** 活気のある, 力強い. **3**(特に色について)強烈な, 激しい. **4**《植物》多年生の.

vivencia 女 (個人に深く影響を及ぼした)体験出来事.

vivencial 形 自己確立に関わる, 個人の体験的な.

víveres 男複 食糧, 食物, 食料品.

vivero 男 **1** 苗床, 栽培所, ビニールハウス. **2** 養殖場, 養魚池. **3** 温床, 生み出す元.

Vives 固名 ビーベス (Juan Luis ~) (1492–1540, スペインの人文学者・哲学者).

viveza 女 **1**(行動の)素早さ, 敏捷性, 活発さ. **2**(感情・表現などの)激しさ, 熱っぽさ, 力強さ. **3**(創意・表現などの)鋭さ, 鮮やかさ;(色などの)鮮やかさ, 輝き;(目つきの)輝き.

vividero, ra 形 住むことのできる, 住むのに適した.

vívido, da 過分 〔→vivir〕 形 個人的に経験した, 体験から生まれた, 生の.

vívido, da 形 生き生きした, 鮮やかな.

vividor, dora 形 生活する;(人が)よく働く. ── 名 他人を当てにして生活している者, 寄食者, たかりや.

vivienda 女 住まい, 住居.

viviente 形 男女 生きている(人). ── se ~ s 生物.

vivificación 女 活気[元気]づけ, 蘇生.

vivificador, dora 形 活気[元気]づけする, 生気を蘇らせる.

vivificante 形 →vivificador.

vivificar [1.1] 他 を活気[元気]づける; …に生気を与える, 生き返らせる.

vivíparo, ra 形 《動物, 植物》胎生の. ── 名 胎生動物.

vivir [ビビル] 自 **1** 生きる, 生きている, 存命する. —Ya no vive. Murió hace dos años. 彼はもう生きていない. 2年前に死去した. **2** 生活する, 暮らす; 〔+de で〕 生計を立てる. **3** 住む. —Mi tío vive en Nueva York. 私の叔父はニューヨークに住んでいる. **4**(思い出などが記憶に)残る, 存続する. —El recuerdo de mi madre vivirá siempre en mí. 母の思い出はいつまでも私の記憶に残るよ. **5** 《話》長持ちする, 持ちこたえる. —Estos zapatos vivirán poco. この靴はあまり長持ちしないだろう. ── 他 **1** を生きる, 経験する, 過ごす. **2** …と一体化する, 一体感をもつ, …になり切る. ▶ **no dejar vivir** 《話》 を困らせる, 悩ませる, …に迷惑をかける. **no vivir** 《話》 心配で生きた心地がしない. **viva** 万歳. —¡Viva el rey! 王様万歳. **vivir bien** 暮らしやすい, 居心地が良い; いい暮らしをしている, 裕福である; まっとうな暮らしをしている. **vivir para ver** 《話》 これは驚いた, 信じられない; 生が楽しみだ. ── 男 〔形容詞と共に〕 生活, 暮らし; 生き方. ▶ **de mal vivir** 品行の悪い, 道を踏み外した.

vivisección 女 《医学》生体解剖.

vivo, va [ビボ, バ] 形 **1** 生きている, 生命を持つ. —un ser ~ 生物. estar ~ 生きている. **2** 存続している, 活発な, 活発な活気に満ちた; 強烈な. **3** 活発な; 激しい, 強烈な. **4** 生き生きとした, 眼前に見るような. **5** 鋭い, 敏捷な; 抜け目のない;(建築)鋭角の. ── 名 **1** 抜け目ない人. **2** 生者, 生きている人. ── 男 **1**《服飾》縁取りリボン, へり. **2** 縁, へり. ▶ **a lo vivo** 生々しく, 激しく. **de lo vivo a lo pintado** 月とスッポン(ほど異なる). **en vivo** 生放送[演奏]で; 直接に, じかに. **vivo** [**vivito**] **y coleando** 《話》(死んだと思われていた人が)元気でぴんぴんしている, 無事である. **lo (más) vivo** 急所, 核心, 肝心なところ.

viyela 女《商標》ビエラ(綿と羊毛の混紡糸で織られた柔らかいフランネル).

vizcacha 女《動物》ビスカーチャ(齧歯(げっし)類, チンチラ科の南米産小動物).

vizcachera 女 ビスカーチャの巣穴.

vizcaíno, na 形 名 ビスカヤ (Vizcaya) の(人).

vizcaitarra 男女 スペイン, ビスカヤの自立独立を支持する(人).

vizcondado 男 子爵の地位[財産, 領土].

vizconde 男 子爵; 伯爵の権限の代行

vizcondesa 1022 **volátil**

者.

vizcondesa 女 子爵夫人.

V.M. [略号] =Vuestra Majestad 陛下.

vocablo 男 語, 言葉.

vocabulario 男 1 [集合的に] 語彙(ご). 2 語彙表[集], 用語表; (ある言語の)総語彙.

:vocación 女 1 天職, 使命, 仕事. 2 天性, 資質, 才能. —tener ~ de … …の才能がある, …に向いている. 3 〔宗教〕天命, 神のお召し, 神命;［主に 複］聖職志願者. ► errar la vocación 職業の選択を誤る.

vocacional 形 天性の, 天職の.

vocacionalmente 副 職業上, 天職として.

:vocal 形 1 声の, 口頭の. 2 口頭の, 言葉による. 3 〔音声〕母音の, 母音字. —— 男女 （総会や委員会などで）発言権を持つ者, 委員.

vocálico, ca 形 〔音声〕母音の.

vocalismo 男 (一言語の)母音体系[組織].

vocalista 男女 〔音楽〕ボーカリスト, 歌い手.

vocalización 女 1 〔音楽〕発声法. 2 〔音声〕母音化. 3 はっきりとした発音.

vocalizar [1.3] 他 1 をはっきり発音する. 2 〔音声〕を母音化する. —— 自 〔音楽〕(母音を用いて)発声練習をする.

vocalmente 副 声に出して, 言葉で, 口頭で.

vocativo 男 〔言語〕呼格.

voceador, dora 形名 1 大声を出す(人), 告げ知らせる(人); (呼び込みまでする)物売り; [中南米] 新聞売り. 2 （略称） お触れを伝える役人（=pregonero）.

***vocear** 自 1 大声を上げる, 叫ぶ. —— 他 1 を大声で言う, 触れ回る. 2 を大声で呼び止める. 3 （秘密などを）言い触らす, 暴露する. 4 …に喝采を送る, 歓呼の声を上げる. 5 を物語る, 示す.

voceras 男 〔単複同形〕おしゃべりな人; ほら吹き.

vocerío 男 叫び声, 騒ぐ声, 喧騒(じ).

vocero, ra 名 〔中南米〕スポークスマン, 代弁者.

vociferación 女 騒ぐ声, わめきたて, 叫喚.

vociferador, dora 形名 大声を出す, 叫びたてる.

vociferante 形 →vociferador.

vociferar 自 大声を出す, 騒ぎ立てる. —— 他 を大声で叫ぶ, 騒ぎ立てる.

vocinglería 女 わめき声, 騒ぎ立てる声; 騒々しさ.

vocinglero, ra 形名 大声で話す(人), わめきたてる(人); おしゃべりの(人).

vodca, vodka 男 ウオッカ.

vodevil 男 〔演劇〕ボードビル（歌, 踊り, 黙劇などが間に入る風刺的軽喜劇）.

vodú 男 〔中南米〕〔宗教〕ブードゥー教.

vol. [略号] =volumen 巻, 部; 量, 額; 音量.

volada 女 一飛び, (短距離の)飛行.

voladero 男 断崖.

voladito, ta 形 〔印刷〕(文字が)肩つきの.

voladizo, za 形 張り出した, 突き出した. —— 男 〔建築〕突出し; 軒, ひさし.

volado, da 過分 [→volar] 形 1 〔印刷〕肩つきの. —letras voladas 肩つきの文字. 2 〔建築〕張り出した, 突き出した. ► estar volado 〔話〕落ち着かない, 気をもんでいる;（麻薬で）幻覚状態にある.

volador, dora 形 1 飛ぶ. 2 (飛ぶように)速い, 素早い. —— 男 1 ロケット花火. 2 〔魚類〕ニシヒメホウボウ; イカの一種（マイカより大きく食用）. 3 [中南米] 〔植物〕レースパーク. 4 ボラドール(芸能の一種).

voladura 女 爆破, 発破(ぱつ).

volandas 女 複 ► en volandas 宙吊りで, ぶら下がって, 担ぎ上げて; 〔話〕すっ飛んで, 大急ぎで.

volandera 女 1 (車軸などの)ワッシャー, 座金. 2 (ひき臼の)回転石, 上臼.

volandero, ra 形 1 [ぶらさがった状態で]ゆらゆらした, 固定されていない. 2 偶発的な; その場だけの. 3 〔鳥類〕飛び立ったばかりの.

volandillas 女 複 ► en volandillas (=en volandas).

***volanta** 女 〔中南米〕(特に, アンティル諸島の)馬車.

volantazo 男 急ハンドル(を切ること).

***volante** 形 1 飛行する. —objeto ~ no identificado 未確認飛行物体, UFO (略号 ovni). 2 移動する: 固定場所をもたない; 〔軍事〕遊撃の. —sede ~ 移動基地. —— 男 1 〔自動車〕ハンドル; [比喩的に]車, モータースポーツ. 2 書状, 書き付け; [中南米] ビラ. 3 〔服飾〕服や壁掛けのフリル, 縁飾り. 4 〔機械〕はずみ車. 5 〔スポ〕(バドミントンの)シャトルコック, 羽根. 6 〔スポ〕ボランチ(サッカーで攻守の中心となるポジション).

volantín 男 1 (数個の針をつけた)釣糸. 2 [中南米] 凧.

volapié 男 〔闘牛〕ボラピエ（走りながら牛の肩を突く技, とどめをさす時に用いられる）.

:volar [ボラル 5.1] 自 1 飛ぶ, 飛行する: 飛行機旅行をする, (人が)飛ぶ, 飛行機を操縦する; (うわさなどが速く)伝わる: 吹き飛ぶ, 飛び散る. 2 〔話〕(あっと言う間に)無くなる, 消え失せる. 3 too大急ぎで行く, 飛んで行く; [+a+不定詞] 大急ぎで…する. 4 [+de から] 自立する, ひとり立ちする. 5 (建物が)張り出す, 突き出る. —— 他 1 を爆破する. 2 (鳥)を飛び立たせる. ► echar a volar （ニュースを）世に広める, 言いふらす. echarse a volar 飛び始める, 飛び立つ. volando 急いで, すぐに. —— se 再 1 舞い上がる; 吹き飛ぶ; 飛び去る. 2 [中南米] 激怒する, いきり立つ.

volatería 女 1 鷹(たか)狩り, 訓練した鳥を用いた狩. 2 家禽(きん)類, 鳥類.

volátil 形 1 飛ぶ, 飛ぶことができる; (空

volatilidad 中を)浮遊する. **2** 変わりやすい,不安定な. **3**《化学》揮発性の,蒸発しやすい.

volatilidad 囡 飛ぶことができること; 不安定性; 揮発性.

volatilizar [1.3] 他 を揮発させる, 蒸発させる. ── se 再 **1** 蒸発する, 気化する. **2** 消えて無くなる.

volatín 男 《綱渡りなどの》曲芸, 軽業; 曲芸師, 軽業師.

volatinero, ra 名 《綱渡りなどの》曲芸師, 軽業師.

volcán 男 **1** 火山. ~ activo 活火山. ~ apagado [extinto] 死火山. **2** 激しい感情, 激情. ▶ *estar sobre un volcán* 危険な状況にある, 一触即発の状況にある.

volcánico, ca 形 **1** 火山の, 火山性の. **2** 燃えるような, 激しい.

volcar [5.3] 他 **1** を倒す, ひっくり返す. **2**《中身》をぶちまける. ── 自 ひっくり返る, 転覆する, 横転する. ── se 再 **1** 倒れる, ひっくり返る. **2**《+con に対して》気を配る, 喜ばせる事に努める. **3**《+en に》没頭する, 専念する.

voleá 囡《スポ》ボレー(球が地につかないうちに打ち返すこと).

volear 他《スポ》《球 など》を打ち返す. **2**《種など》をばらまく. ── 自《スポ》ボレーをする.

voleibol, volei 男《スポ》バレーボール.

voleo 男《スポ》バレーボール. **2**《話》一撃, 平手打ち. ▶ *a* [*al*] *voleo* ばらまくように, ばらばらに. ─ *sembrar al voleo* をばらまく.

volframio 男《化学》タングステン(元素記号W).

volibol 男《スポ》バレーボール.

volición 囡 意志作用, 意志力.

volitivo, va 形 意志の, 意志に基づいた.

vollován 男《料理》ボローバン(様々なものが中身に詰まった丸いパイの一種).

volqueta 囡《中南米》ダンプカー.

volquete 男 ダンプカー, 放下車.

voltaico, ca 形《電気》ボルタ式の, ボルタ電池の, 動電気の.

voltaje 男《電気》電圧, ボルト数.

voltámetro 男《電気》ボルタメーター, 電解電量計.

voltario, ria 形《中南米》移り気な, 気まぐれな, わがままな.

volteada 囡《中南米》**1** 家畜の駆り集め, 護牛. **2** 転向, 脱党.

volteador, dora 名 曲芸師, 軽業師.

voltear 他 **1** をひっくり返す, 逆さにする; をぐるっと回す; 引き回す. **2** を一変させる, 変化させる. **3**《鐘》を突く, 打ち鳴らす. **4**《中南米》《容器》をかっぽす, こぼす;《身体の一部》を回す. ── 自《方向が》変わる, 曲がる. ── se 再《中南米》**1**《政《俗》》に転向する, 鞍替えする. **2** 振り向く. **3**《+con と》セックスする.

volteo 男 **1** ひっくり返し, 反転, 回転. **2** 曲馬師, 曲乗り. **3** 鐘の打ち鳴らし.

voltereta 囡 宙返り, とんぼ返り.

volterianismo 男 ボルテール(Voltaire)主義《哲学》.

volteriano, na 形 ボルテール主義の. ── 名 ボルテール主義者.

voltímetro 男《電気》電圧計.

voltio 男《電気》ボルト(《略号》V).

volubilidad 囡 変わりやすさ, 移り気.

voluble 形 **1** 変わりやすい, 移り気な, 気まぐれな. **2**《植物》巻き付く.

volumen 男《複 volúmenes》 **1** 大きさ, かさ; 体積, 容積. **2** 巻. 冊. **3** 音量, 声量, 音の大きさ. **4** 量, 規模; 出来高.

volumetría 囡 容量[体積]測定(法).

volumétrico, ca 形 容量[体積]測定の.

voluminoso, sa 形 分量の多い, かさのある, 分厚い.

voluntad [ボルンタ] 囡 **1** 意志 (の 力), 意欲, 決意. ─buena ~ 善意, 好意. mala ~ 悪意. ~ ferrea 不屈の意志. Lo hizo por su propia ~. 彼は自らの自由意志でそれをした. tener mucha ~ [poca ~] やる気満々である[ほとんどやる気がない]. **2** 意思, 意向; 望み, 願い. última ~ 遺言. Puedes hacerlo a tu ~. 君の好きなようにやっていいよ. **3** 愛情, 好意; 好み, 愛着. **4**(la ~) 思し召し, お志. ─ ¿Cuánto le debo?─*La* ~. おいくらですか.─思し召しで結構です. **5**(la ~)《話》チップ(= propina). ▶ *a voluntad* (*de ...*) (─の)好きなように[だけ], 随意に. *contra su voluntad* 自分の意に反して, いやいやながら. *de* (*buena*) *voluntad* 好意で; 好きで. *ganar*(*se*) *la voluntad de...* (人)の好意を得る. 気持ちをつかむ. *hacer* su (*santa*) *voluntad* 自分の好きなようにする.

voluntariado 男 **1**[集合的に]ボランティア(団体); 志願兵, 義勇兵. **2**《軍事》志願入隊.

voluntariedad 囡 **1** 意志に基づくこと, 自発性, 随意. **2** わがまま, 気まぐれ; 意志の強さ.

voluntario, ria 形 自由意志による, 自発的な; 随意の. ── 名 ボランティア, 志願者; 志願兵.

voluntarioso, sa 形 **1** 熱意のある, 意志が強い. **2** わがままな, 我が強い, 強情な; 気まぐれな.

voluntarismo 男《哲学》主意説[主義].

voluptuosidad 囡 官能性, 肉感性; 官能的快楽.

voluptuoso, sa 形 **1** 官能的な, 肉感的な. **2** 享楽的な, 快楽を求める. ── 名 享楽的な人.

voluta 囡《建築》(イオニア式, コリント式の柱頭などに見られる)渦巻き型の装飾.

volver [ボルベル] [5.11] 自 **1**《+a に》戻る, 帰る, 帰ってくる. ~ a casa 家に帰る. **2**《+a + 不定詞》再び[また]…する. ~ a empezar 再び始める. **3**《+a へと》曲が

vólvulo

る, 向きを変える. —*Vuelva usted a la derecha*. 右へ曲がってください. **4** [+ por] を守る. ▶ **volver a nacer** 一命を取り留める. **volver atrás** 後戻りする, 引き返す. **volver en sí** 我に返る, 意識を取り戻す. **volver sobre sí** (1) 自省する. (2) (ある事を) あきらめる. (3) 損失から立ち直る; 平静と元気を取り戻す. — 他 **1** を裏返す, ひっくり返す, 反転させる. ~ la tortilla オムレツをひっくり返す. **2** [+ a/hacia へ] を向ける, 振り向ける, …の向きを変える. ~ la espalda 背中を向ける. **3** (ページなどを) めくる. ~ la página ページをめくる. **4** [+ a] を返す, 戻す, 返却する. **5** [+名詞/形容詞] を…に変える, させる, 閉める, 開ける. **7** (ドア・鍵など) を回転させる, 閉める, 開ける. ▶ **volver lo de abajo arriba** [*lo de arriba abajo*] 乱 すっかりひっくり返す. —**se** 再 **1** [+a へ] 帰る, 戻る; 引き返す. **2** [+名詞/形容詞] になる, 変わる. —*~se loco* 狂人になる. **3** [+ hacia の方を] 振り向ける, 振り返る, 向く. **4** 裏返しになる, ひっくり返る. ▶ **todo se le vuelve**… …が…するばかりである. —*Después de que murió su hijo todo se le vuelve* llanto. 息子が死んでからというもの彼は泣いてばかりいる. **volverse atrás** 約束を破る, 前言を撤回する. **volverse contra**… (1) …と敵対する, …を攻撃する; …に腹を立てる. (2) (物事が) かえって…に裏目に出る. **volverse loco de alegría** [*de contento*] ひどく喜ぶ, 狂喜する.

vólvulo 男 (医学) 腸捻転(とん)(= intestinal).

vómer 男 (解剖) (鼻の) 鋤骨(じょ).

vomitar 他 **1** を吐く, 嘔吐する; 戻す; を吐いた物で汚す. **2** を噴出 [放出] する, 吹く. **3** 自白する, 白状する, 吐く. **4** (悪口) を浴びせる. — 自 吐く, 嘔吐する.

vomitivo, va 形 **1** (医学) 吐き気を催させる. **2** へどが出そうな, ひどくまずい. — 男 (医学) 吐剤.

***vómito** 男 吐くこと, 嘔吐(おと)する物, 反吐(へ). ▶ **provocar a vómito** (俗) 不愉快にさせられる, 反吐(へ)が出る.

vomitona 女 (話) (繰り返し起こる) 激しい嘔吐.

vomitorio, ria 形 →vomitivo. — 男 (建築) 古代ローマの円形劇場, 現代の競技場の) 出入り口, 通用門.

voracidad 女 **1** 旺盛な食欲, がつがつ食べること. **2** 食欲さ, むさぼるような熱心さ.

vorágine 女 **1** 大渦巻き. **2** 騒乱, 喧騒.

voraz 形 (複 voraces) 大食の; がつがつした, むさぼるような, 食欲な.

vórtice 男 **1** 渦, 渦巻き; つむじ風. **2** (気象) 台風(の目), 熱帯低気圧(の中心).

vorticela 女 (虫類) ツリガネムシ.

vos 代 (人称) (中南米) [2人称単数主格・前置詞格; 親しい間柄の相手に tú の代わりに用いる] **1** [主語として] 君[おまえ]が

[は]. **2** [叙述補語として] …は君[おまえ] (だ). (このような場合には動詞は叙述補語と一致する). —¿Sos vos? それは君か? **3** [前置詞の後で用いられる] 君, おまえ. **4** [2人称複数主格・前置詞格; 身分の高い相手に対して用いる] (古) あなた様(が, は), 貴(たっ)下.

vosear 他 …に vos を用いて話しかける. — 自 vos を用いて話す (→ vos, voseo).

voseo 男 (中南米) 話し相手を (tú でなく) vos で呼ぶこと.

***vosotras** 代 (人称) [vosotros の女性形] あなたたちが[は], [全員が女性のときにだけ用いられる].

***vosotros** [ボソトロス] 代 (人称) 女 vosotras) [2人称複数主格・前置詞格; 親しい間柄の相手に対して用いられる. 中南米やスペインの南部では vosotros の代わりに ustedes が用いられる]. **1** [主語として] 君[おまえ]たちが[は]. —*¿V~ sois estudiantes?* 君たちは学生ですか [主語の代名詞は表示しないのが普通. わざわざ主語を示すときは強調や対比の意味がある]. **2** [叙述補語として] …は君[おまえ]たち(だ). —*Sois ~ los que tienen [tenéis] que decidir*. 決定をしなければならないのは君たちだ. **3** [前置詞の後で用いられる] 君[おまえ]たち. —*Con ~ iré a la playa*. 君たちといっしょに海岸へいこう.

votación 女 投票(すること), 票決; 投票数, 得票.

votante 形 投票する. — 男女 投票者; 有権者.

votar 他 **1** …に投票する. **2** を票決する, 議決する. — 自 [+ a/por に] 投票する. ~ en blanco 白票を投じる.
▶ **¡Voto a Belcebú** (*a tal, a bríos*)! 何だと, くそっ, そりゃ驚いた.

votivo, va 形 奉納の.

***voto** 男 **1** 投票, 賛否表示; (個々の) 票. ~ de calidad キャスティングボート. ~ de censura 不信任投票; 信任. ~ de confianza 信任投票; 信任. ~ secreto 無記名投票. ~ útil (最有力な候補者でなく次点の候補者に入れる)戦術的投票. **2** 票決権, 選挙権. **3** (宗教) (神や聖人などに対して行う) 誓い, 誓約, 誓願; 奉納品, 供え物. —*~ simple* [*solemne*] (カト) 単式 [盛式] 誓願. **4** 意見, 見解. **5** 不敬な言葉, ののしりの言葉. **6** [主に 複] 願い, 希望, 願望. —*hacer ~s por*… …を願う, 心から祈る.

voy 動 →ir [19].

voyerismo 男 →voyeurismo.

voyerista 男女 →voyeur.

voye(u)rismo [く仏] 男 のぞき見, 窃視癖(の).

voyeur [く仏] 男女 (複 ~s) のぞき魔(の).

***voz** [ボス] 女 (複 voces) **1** (人や動物の) 声, 音声, 声の質, 声の調子. ~ aguda 金切り声. ~ empañada かすれ (涙) 声. ~ de la conciencia 良心

の声. **~ del mar** 海鳴り. **tener buena [mala] ~** 声がいい[悪い]. **aclararse la ~** 咳(芝)払いする. **2**[主に 複]叫び声, 怒鳴り声, 大声. **3** 言葉, 語. **4**(合唱や合奏の)声部, パート; 歌手, ボーカル. **5** 意見, 声. ~ **pública** [común] 世論, 民衆の意見. **6** 評způsob, 風聞; 中傷. **―correr la ~ de ...** …のうわさが広まる. **7** (議会や集会での)発言権. **8** [言語]態. ~ **activa** [pasiva] 能動[受動]態. ▶ **alzar la voz** (=levantar la voz). **a media voz** 小さい声で, 低い声で. **a una voz** 満場一致で. **a voces** 大声で, 叫んで. **a voz en cuello** [en grito] 精一杯声を張り上げて. **dar una voz/ dar voces** (1) 叫ぶ, どなる. (2) [+a を]遠くから大声で呼ぶ. **dar voces al viento** [en el desierto] 無駄なことを(努力を)する. **de viva voz** 口頭で, 口述で. **en voz alta** [baja] 高い[低い]声で; 公然と[密かに]声の状態[調子]がいい. **estar en voz** 声の状態[調子]がいい. **estar pidiendo a voces** (物事が何かを)緊急に必要としている. **levantar la voz** 声を高める, 大声を上げる;《話》[+a に対して]声を荒げる, 横柄な口をきく. **llevar la voz cantante** (交渉·集会などで)指導権を握る, のさばる. **mudar [cambiar] de [la] voz** 声変わりする.

vozarrón 男 どら声, 太く濁った声.
vudú 男 →vodú.
vuecencia 男女《vuestra excelencia の縮約形》閣下, 貴下.
vuel- → volar [5.1].
vuelapluma ▶ **a vuelapluma** 筆に任せて, 走り書きで.
vuelco 男 **1** ひっくり返り, 転倒, 転覆; こぼれること. **2** 変化, 変遷; 破綻, 失敗. **3** (情報) ダンプ. ▶ **dar un vuelco el corazón** (心臓がひっくり返るほど)大変驚く, 強い印象を受ける.
vuelillo 男《服飾》袖口のフリル.
vuelo 男 **1** 飛ぶこと, 飛行; (鳥や航空機の)飛行距離, 飛行時間. **~ libre** 自由飛行, ハンググライダー. **2** (航空機の)便, フライト. **el ~ 3406 de Iberia con destino a Paris** イベリア航空パリ行き3406便. **3** 翼, 羽根. **4** (衣服のゆったりとした部分, フレア. **5** (建物の)突出部, せり出し部. ▶ **a [al] vuelo** 飛んでいる. **alzar [emprender, levantar] el vuelo** 飛び立つ, 舞い上がる; 巣立つ. **cazarlas [cogerlas, pillarlas, pescarlas] al vuelo** すばやく理解する, 飲み込みが早い. **coger [tomar] vuelo** 増大する, 発展する; 重要性を帯びる. **cortar los vuelos** (…の)翼をへし折る. **de altos vuelos** 重要な, 壮大な. **de [en] un vuelo** 踏やく, 素早く.

vuelta [ブエルタ] 女 **1** (全部または部分的な)回転, 旋回. **~dar una ~** 一回転する; 一回りする. ~ **al mundo** 世界一周. ~ **de campana** 宙返り, とんぼ返り. **2** (ある場所を)一回りすること, ひと巡り, 散歩, ライブ. **―dar una ~ por ...** …を一回り[一周]する, 散歩する. **3** 曲線, 曲がり, そり. **4** 戻ること, 帰還. **~-ida y ~ 往復. 5** 返し回, 返還, 返済. **6** おつり. **7** (繰り返さ行為での)順, 回, 度. **8** 裏, 裏側, 反対側. **9** (状態や考え方などの)急激な変化, 転換, 豹変. **10** 襟や袖口の飾り布. **11** (編み日の)列, 段. ▶ **a la vuelta** 帰路で[に], 帰りに; 近々; すぐ近くに. (3) 後ろに, 裏側に, 向こう側に. **a la vuelta de ...** (1) …の帰りに; …が戻ったら. (2) [+人が] 帰るまで, 帰ったあと. (3) …を曲がったところに. (4) [+時間] …たったら, …後に. **a la vuelta de la esquina** とても近くに, もうすぐ. **andar a vueltas** けんかする. **andar a vueltas con [para, sobre]** 一生懸命に考える, 全力で取り組んでいる; かかずらう. **a vuelta de ...** (1) …の近くに, ほとんど. (2) …の末ようやく, …を多用して. **a vuelta de correo** 折り返しして(返信). **buscar las vueltas a ...** (ある人の)あら探しをする. **coger las vueltas a ...** (ある人の)計画·意図·性格を見抜く. **dar cien [mil] vueltas a ...**《話》(1) …のことをよく考える. (2) (ある人) より能力·能力の点ですぐれている. **dar(se) una vuelta [+por に]** (1) 散歩する. (2) 小旅行する; さっと見て回る, 巡回する. (3) (…に)立ち寄る. **dar la vuelta** (1) (出発地点に)戻る, 帰る. (2) 意見[態度]を変える. ▶ **dar la vuelta a ...** (1) を裏返す. **―dar la vuelta a la tortilla** トルティーヤをひっくり返す. (2) を一周する. **―dar la vuelta al mundo** 世界を一周する. (3) を曲がる. **―dar la vuelta a la esquina** 角を曲がる. (4) を回す. **dar(se) media vuelta** (1) 立ち去る, 帰ってしまう. (2) 半回転する; 振り向く, くびすを返す. **dar vueltas** (1) 回転する. 巡る. (2) [+por を] (発見することを)探し回る; を歩き回る. (3) [+a に]考えを巡らす, (…に)よく考える. **de vuelta** 帰る途中で, 帰り道で. **estar de vuelta** (1) 帰[戻]っている. (2) 《話》[+de を] 実は既に熟知している. (3) (すべて体験済みで)老獪(23) である. **¡Hasta la vuelta!** 戻ってくるまでさようなら, 行ってらっしゃい. **No hay que darle vueltas.** 他に解決策はない, これで決定だ. 明白である. **no tener vuelta de hoja** (ある事は)疑いの余地が無い. 明白である. **poner de vuelta y media a ...** (ある人)を非難·中傷する, 傷める. **¡Vuelta!** (しつこさや頑固さに腹を立てて)またか, いいかげんにしろ.

vuelto, ta 過分 (→volver) 形 **1** [+a/ hacia の方に]向いた. **2** 裏返された, 裏返しの. — 男《中南米》おつり, 釣り銭.
vueludo, da 形《服飾》フレアのたっぷりした.
vuelv- 動 →volver [5.11].
vuestro, tra [ブエストロ, トラ] 形《所有》

[複 ~s] [2人称複数: vosotros, vosotras に対応する。スペインの南部や中南米では su が用いられる）**1**【名詞の前で】君たちの。—¿Es ésta *vuestra* escuela? これが君たちの学校かい。**2**【名詞の後で；強勢語】君[おまえ]たちの。—aquella casa *vuestra* あの君たちの家。**3**【叙述補語として】君[おまえ]たちのもの。—Este huerto es ~. この果樹園は君たちのものだ。**4**【定冠詞をつけて所有代名詞となる】君[おまえ]たちのもの。—Nuestro profesor es muy amable, pero el ~ no lo es. 私たちの先生はとても親切だが君たちの先生はそうではない。**5**【敬意の複数；1人の身分の高い相手に対してその尊称に付ける】陛下の，閣下の。—*Vuestra* Majestad 陛下．*Vuestra* Señoría 閣下。▶*la vuestra* 君たち[おまえたち]の好機．*los vuestros* 君たちの家族[仲間，部下]．

vulcanismo 男 【地質】火山活動。
vulcanita 女 【化学】エボナイト，硬化ゴム。
vulcanización 女 【化学】加硫。
vulcanizar [1.3] 他 【化学】（生ゴム）を加硫処理する。
vulcanología 女 火山学。
vulcanólogo, ga 名 火山学者。
vulgar 形 **1**通俗的な，一般大衆の；ありふれた，平凡な。—latín ~【言語】俗ラテン語。**2**（軽蔑）俗悪な，下品な。—— 男女 俗人，凡人；下品な人。
vulgaridad 女 **1**下品[な言動]，俗悪。**2**通俗性，陳腐。
vulgarismo 男 俗語(法)，卑語(法)。
vulgarización 女 大衆化，通俗化。
vulgarizar [1.3] 他 **1**を大衆化する，一般に広める，普及させる。**2**を通俗化する；…の品位を下げる。—— *se* 自 **1**普及する，一般に広まる。**2**通俗化する，堕落する。
vulgarmente 副 下品に，俗に。
vulgo 男 [el +, 集合的に] **1**人民，民衆；大衆。**2**無教養な人々，専門の知識のない人々。—— 副 俗に言うと。
vulnerabilidad 女 傷つきやすさ，もろさ，弱さ。
vulnerable 形 [+a] …に対して弱い，傷つきやすい，感じやすい。
vulneración 女 **1**損傷，傷つけること。**2**違反，違背。
vulnerar 他 **1**を傷つける，害する。**2**（法律など）に違反する，を破る。
vulnerario, ria 形 【医学】傷に効く。
vulpeja 女 【動物】雌キツネ。
vulpino, na 形 雌キツネの；雌キツネのような，ずる賢い。
vulva 女 【解剖】（女性生殖器の）外陰部，陰門。
vulvitis 女 【単複同形】【医学】外陰炎。

W, w

W, w 女 スペイン語アルファベットの第24文字。

wagneriano, na 形 ワーグナー (Ricardo Wagner, ドイツの作曲家)の，ワーグナー(の音楽)を崇拝する。—— 名 ワーグナー(の音楽)の崇拝者。
walkie-talkie ［＜英］男 ウォーキートーキー，トランシーバー。
walkman 男【単複同形または 複 ~s】（商標）ウォークマン。
washingtoniano, na 形 名 ワシントン (Washington) 市[州]の人。
váter, water-closet ［＜英］男【話】水洗便所[便器]（=váter, vater）．
waterpolista 男女（スポ）水球選手。
waterpolo ［＜英］男（スポ）水球，ウォーターポロ。
wau 男（または 女）【音声】ワウ(半子音[半母音]の u)．
web, WEB ［＜英］女【複 webs】【情報】ホームページ。—— 形【情報】ウェブサイト。—— oficial 公式ホームページ。
webcam 女【情報】ウェブカメラ。
weber, weberio ［＜英］男【電気】ウェーバー。
webmaster ［＜英］男【情報】ウェブマスター。
week-end ［＜英］男 週末。
wélter ［＜英］男 (スポ)（ボクシングの）ウエルター級。
western ［＜英］男 西部劇，ウエスタン。
whiskería 女（主に）ウイスキーを出すバー；(女性が接待するいかがわしい)バー。
whisky, whiskey ［＜英］男（whiski, güisqui と綴られることもある）ウィスキー。
windsurf, windsurfing ［＜英］男（スポ）ウインドサーフィン。
windsurfista 男女 ウインドサーファー。
wolframio 男 →volframio．
wombat ［＜英］男【動物】ウォンバット。
workstation ［＜英］男【情報】ワークステーション。

X, x

X, x 女 **1**スペイン語アルファベットの第25文字。**2**(X)（ローマ数字の）10。**3**【数学】変数，未知数；未知のもの。—a la hora ~ ある時刻に。
xantofila 女 【化学】キサントフィル。
xantoma 男 【医学】黄色腫(しゅ)。
xenismo 男 【言語】原語の綴りを保持した外来語。
xenófilo, la 形 名 外国(人)好きの(人)。
xenofobia 女 外国(人)嫌い。
xenófobo, ba 形 名 外国(人)嫌いの(人)。—política *xenófoba* 外国人排斥政策。
xenón 男 【化学】キセノン(希ガスの一つ，元素記号 Xe)．

xerocopia 女 〔印刷〕ゼロックスコピー.
xerocopiar 他 をコピーする.
xeroderma 女 〔医学〕乾皮症.
xerófilo, la 形 〔植物〕乾燥を好む, 乾燥性の.
xerofítico, ca, xerofito, ta 形 〔植物〕乾性的な.
xeroftalmía, xeroftalmia 女 眼球乾燥症, ドライアイ.
xerografía 女 〔印刷〕ゼログラフィー(乾式複写法).
xerografiar [1.5] 他 をゼログラフィーで複写する, ゼロックスコピーする.
xerográfico, ca 形 コピーの.
xi 女 クシー(ギリシャ語アルファベットの第14字, Ξ, ξ).
xifoideo, a 形 〔解剖〕剣状突起の.
xifoides 男 〔無変化〕〔解剖〕剣状突起の; 剣状突起. —apéndice ～ 剣状突起.
xilema 男 〔植物〕木質部, 木部.
xileno 男 〔化学〕キシレン.
xilófago, ga 形 〔昆虫などが〕木を食う, 木に穴をあける; 〔虫類〕キクイムシ.
xilofón 男 →xilófono.
xilofonista 男 〔音楽〕木琴奏者.
:**xilófono** 男 〔音楽〕木琴, シロフォン.
*xilografía 女 1 木版, 木版彫刻. 2 木版印刷, 木目印刷法.
xilográfico, ca 形 〔印刷〕木版の, 木版術の.
xilórgano 男 〔歴史〕(古代の)木琴の一種.
Xunta de Galicia 〔ガリシア語の定冠詞 a を伴ってA X〜で〕ガリシア自治州政府(=A Xunta).

Y, y

Y, y 女 スペイン語アルファベットの第26文字.

:**y** 〔i〕腰 〔i や hi で始まる語の前で e と なる〕 1〔語・句・節・文を結ぶ〕…と…, そして…, および…. —pan y mantequilla パンとバター. Es guapa y atractiva. 彼女は美人で魅力的だ〔異なった人称を結ぶ場合は普通2人称, 1人称, 2人称, 1人称の順になる: tú y yo 君と僕〕. 2〔数詞と結んで〕…と…, …に加えて…. —sesenta y tres 63. Diez y cinco son quince. 10足す5は15. Son las once y veinte. 11時20分です. 3〔時間的順序を示す〕そして…, それから, すると. —Encontró la llave y abrió la puerta. 彼は鍵を見つけ, そしてドアを開けた. 4〔結果〕それで, だから. —Estudió mucho y pasó el examen. 彼は非常に勉強したので, 試験に合格した. 5〔命令文の後で〕そうすれば…. —Date prisa, y llegarás a tiempo. 急ぎなさい, そうすれば間に合うから. 6〔同じ語を繰り返して反復を示す〕次々に. —Llegaron cartas y cartas. 次々に手紙が届いた. 7〔逆接〕…でも, それでも, しかし. —Está agotado

y se empeña en seguir. 彼は疲れきっているのに, それでも先へ進もうとする. 8〔文頭で〕 a)〔話題の切り出し・変更〕ところで, では…は？ —¿Y Pedro? で, ペドロはいるの？ ¿Y si no encontramos hotel? で, もしホテルが見つからなかったら(どうするの?).〔この意味では y で始まる語の前でもとならない: ¿Y Isabel? この Y には強勢がかかることもある〕. b)〔驚き・不信・疑いなどを表して〕で も, それでも, だって. —Y no me habías dicho nada. でも君は何も言ってくれなかったじゃないか. ▶**y eso que...** …だけれども. **¿Y qué?** 〔話〕それがどうした.

〔Y〕 :**ya** 副 1 前には成立していなかった事柄が今や成立するようになったことを表す〕もう, 既に; 今や, 今, 今 a)〔完了; 既在の状況〕もう, 既に. —¿Ya has hecho tus deberes? もう宿題やった？ b)〔新たな状況〕既に今; 今, ようやく. —Ya estamos en primavera. もう春です. Ya caigo 〔entiendo, veo〕. ああ, わかった. c)〔行為の開始〕もう, 今すぐ. —Ya voy. 今行きます. ¡Vete ya! 早く出て行け. d)〔+no〕〔状況の停止〕もう, もはや; 〔拒絶〕もういい. —Ya no lo quiero. 私はもう彼を愛していない. ¡Basta ya de bromas! 冗談はもうたくさんだ. e)〔+直説法未来形〕〔不確定な事柄に対する期待, または脅し〕今に, そのうち. —Ya nos veremos. いつかお会いしましょう. f)〔強め〕¿Crees que viene mi papá? —Ya lo creo. お父さん来ると思う？ —もちろん. 2〔単独でまたは繰り返して用いられ, (一時的な)同意, 理解, 想起, 時に皮肉, 不信〕そうだね, わかった, なるほど. —Quiero irme a vivir a un apartamento. —Ya, ya, de eso hablaremos después. ここを出てアパートに住もうと思うの. —わかった, わかった, その話は後でしよう. ¡Ah, ya! El es el actor que siempre sale en la tele. あっ, わかった. いつもテレビに出てる俳優だ. ▶**desde ya** 〔話〕今から; 今すぐ. **no ya... sino...** / **ya no... sino...** ただ…だけではなく, …も. —Te lo digo no ya por tu bien sino por el de tu familia. 君のためだけじゃなくて君の御家族のためを思って言ってるんだ. **(Y) y está.** さあそれでよし; もういいです. **ya estar** 〔+現在分詞〕〔話〕〔苛立ち('%')を含んだ命令〕さあ…するんだ. —Ya estás volviendo. もういい加減に帰りなさい. **¡Ya lo creo!** もちろん, 当然だ; とんでもない. **ya mismo** 〔話〕すぐに, 今すぐ. —Ya mismo está la comida. もうご飯ですよ. **ya que** 〔前提となる事実や確定的な状況を説明する〕…なのだから, ～故に. **ya veremos** →ver. **ya... ya...** …であったり…であったり, あるいは…. —Ya por una cosa, ya por otra, siempre está preocupada. 彼女は何やかやと心配ばかりしている.
yac 男 〔動物〕→yak.
yacaré 男 〔中南米〕〔動物〕(アリゲーター亜科の)ワニ.
yacente 形 横たわる, 横になっている. —una estatua ～ 横臥像.

yacer 〔ヤセル〕[9.1]〔ただし,直・現・1単 ya(z)go, 接・現 ya(z)ga(-)の活用形もある〕自《文》**1 a)** 横たわる, 寝そべる. **b)** 存在する. **2**〔+con と〕性的関係を持つ. 〔＋死体が墓に葬られている, 眠っている. **3**

yacht〔英〕男 →yate.

yachting〔英〕男 ヨットレース, ヨットスポーツ.

yaciente 形 →yacente.

yacija 女 **1**(粗末な)寝床, 寝わら. **2** 墓, 墓穴.

yacimiento 男 **1**〔鉱業〕鉱脈, 鉱床. ~ petrolífero 油田. ~ de carbón 石炭層, 炭層. **2**〔考古〕遺跡. ~ paleolítico 旧石器時代の遺跡.

yacuzzi 男/女 ジャグジー.

yaga(-), yago 動 →yacer [9.1].

yagua 女〔中南米〕〔植物〕ダイオウヤシ.

yagual 男〔中米〕(荷物を載せて運ぶための)頭当て.

yaguar 男〔南米〕→jaguar.

yaguareté 男〔南米〕→jaguar.

yaguré 男〔中米〕〔動物〕スカンク.

Yahvé 固名〔聖書〕ヤハウェ(旧約聖書で用いられる神の呼称).

yak 男〔複 ~s〕〔動物〕ヤク(ウシ科の哺乳類).

Yakarta 固名 ジャカルタ(インドネシアの首都).

yámbico, ca 形〔詩学〕(ギリシャ, ラテン詩の)短長格の, 長短格の.

yambo¹ 男〔詩学〕短長格, 長短格.

yambo² 男〔植物〕フトモモの木(果実は pomarrosa).

yanacón 男〔南米〕〔歴史〕小作人の先住民.

yanacona 男女〔南米〕〔歴史〕**1** スペイン人に仕える先住民; インカ帝国の召使い. **2** 農園で小作人として働く先住民.

Yangon 固名 ヤンゴン(ミャンマーの旧首都).

yanki 形 男女 →yanqui.

yanqui 形 男女〔複 ~s〕《しばしば軽蔑》アメリカ(合衆国)人の, アメリカ人(の), ヤンキー(の).

yantar 他 自〔古〕(を)食べる主に昼食についていう). —— 男〔古〕食事; 食べ物, 料理.

yapa 女〔南米〕おまけ, 追加分; チップ. **de yapa** おまけに, その上; ただで.

yarará 女〔動物〕ハララカアメリカハブ(猛毒を持つヘビ).

yaraví 男 ヤラビ(南米の先住民族の歌謡の一種).

yarda 女 ヤード(約91.4センチに相当する長さの単位).

yare 形〔中南米〕ユッカ(yuca)の毒汁.

yaro 男〔植物〕アルム(サトイモ科).

yatagán 男 ヤタガン(トルコ人などが用いた刃が曲線型の刀).

yate 男 (大型の)ヨット, クルーザー.

yaya 女〔中南米〕**1**〔植物〕ランスウッド(パンレイシ科の高木; アンテイル諸島の木).

2 傷, かすり傷.

yayo, ya 男女〔話〕おじいさん[おばあさん], 祖父[祖母].

yaz〔＜英〕男〔音楽〕ジャズ.

yazc-, yazg- 動 →yacer [9.1].

y Cía. (略号) =y compañía …会社.

ye 女 文字yの名前.

yedra 女〔植物〕→hiedra.

yegua 女 **1** 雌馬; (特に5歳以上の)雌馬(雄馬, 馬の総称はcaballo). **2**〔中米〕葉巻タバコの吸い殻.

yeguada 女 飼い馬の群.

yeguar 形 雌馬の.

yeguarizo, za 形〔南米〕(雌)馬の, (雌)馬に関する.

yeguato, ta 男 雌馬と雄ロバのかけ合わせの. —— 女〔動物〕ラバ.

yegüería 女 →yeguada.

yegüerizo, za 名 雌馬の. —— 男 馬飼い.

yegüero, ra 名 馬飼い.

yeísmo 男〔言語〕Y音化("ll"の[ʎ]を"y"[j]と同じように発音すること).

yeísta 形 男女 Y音化の("ll"を"y"の音で発音する); Y音化する人.

yelmo 男 (中世に用いられた頭部と顔面を覆うかぶと).

yema 女 **1** 卵の黄身, 卵黄;〔中南米〕卵. **2**〔植物〕の芽, 新芽. **3** 指, 指先. —— del dedo 指の腹. **4**〔料理〕ジェマ(卵黄と砂糖で作った菓子).

Yemen 固名 イエメン国(公式名 República de Yemen, 首都 Saná).

yemení, yemenita 形 男女 イエメン(Yemen)の; イエメン人.

yen 男 円(日本の通貨単位).

yendo 動 ir の現在分詞.

yerba 女 **1** 草, 牧草 (=hierba). **2**〔中南米〕マテ茶 (=hierba [yerba] mate). **3**〔トホ話〕マリファナ.

yerbabuena 女 →hierbabuena.

yerbal 男〔中南米〕**1** マテ茶畑. **2** 草地, 草原.

yerbatero, ra 名〔中南米〕**1** マテ茶の栽培者, 業者, 商人. **2**(薬草を処方する)民間療法士(の), まじない師(の).

yerbear 自〔中南米〕マテ茶を飲む.

yerbera 女 マテ茶を入れる容器.

yerg- 動 →erguir [6.3].

yermo, ma 形 **1** 未開墾の, 荒れた, 不毛の. **2** 人の住んでいない, 寂れた. —— 男 荒れ地, 不毛の地; 人の住まない土地.

yerna 女〔中南米〕〔話〕嫁.

yerno 男 娘婿.

yero 男〔主に複〕〔植物〕エルブム(マメ科, 飼料用).

yerr- 動 →errar [4.6].

yerra 女〔南米〕→hierra.

yerro 男 **1** 間違い, 過失, ミス. **2**(宗教, 倫理, 芸術上の)過ち, 誤り.

yérsey, yersi 男 **1**〔メリヤス編みの布地)ジャージー.

yerto, ta 形 (寒さ, 恐れ, 死などにより)硬直した, こわばった. —— tener los pies

~ de frío 寒さで足がかじかむ.

yesal, yesar 男 《鉱業》石膏(ﾁﾟ)採掘場.

yesca 囡 **1** 火口(ﾀﾞ), 火付けに用いる燃えやすいもの; 乾いて燃えやすくなったもの. —encender [mechero] de ～ 点火器, ライター. **2 a)** 起爆剤, ちょっとした刺激で事態を激化させるようなもの[人]. **b)** のどの渇きを煽る食べ物.

yesera 囡 石膏(ﾁﾟ)採掘場; 石膏工場.

yesería 囡 石膏(ﾁﾟ)工場, 石膏店; 石膏細工.

yesero, ra 形 石膏(ﾁﾟ)の. — 名 石膏職人, 石膏屋; 壁塗り職人, 左官.

yeso 男 **1** 石膏(ﾁﾟ), 漆喰(ｼｯ), プラスター. —～ blanco 仕上げ用の白色石膏. —～ mate 下地用の石膏. **2** 《美術》石膏像. **3** チョーク, 白墨.

yesón 男 (建物を取り壊した後に出る)しっくい材, がれき.

yesoso, sa 形 石膏(ﾁﾟ)の, 石膏を含む, 石膏のような.

yesquero, ra 形 火口(ﾀﾞ)の. — 名 **1**(火口を用いた)ライター; (ライターを入れる)袋. **2** 火口職人, 火口屋.

yeti 男 (ヒマラヤの)雪男.

yeyé 形 《話》(音楽や服装が)60年代のはやりの, イェイェの.

yeyuno 男 《解剖》空腸.

yezgo 男 《植物》ニワトコ(スイカズラ科の落葉大低木).

yiddish, yidis 男 イディッシュ語の, イディッシュ語に関する. — 男 イディッシュ語.

yihad 男 (イスラム教の)ジハード(聖戦).

yin 男 (陰陽の)陰. —yin-yang 陰陽.

yonqui, yonki 〔<英 junkie〕 男女《隠》ヘロイン中毒者.

yo 〔ヨ〕代 (人称) **1** 私, 私が. ※与格・対格 me, 前置詞格 mí 〕 **1** 【主語として】私は, 私が. —Yo no quiero hacer eso. 私はそれをしたくない 〔主語の yo は表示しないのが普通. それを示す時は強調や対比の意味〕. Ella es más alta que yo. 彼女は私より背が高い. **2**【叙述補語として】…は私(だ). —Soy yo. 私は私です〔動詞は叙述補語に一致する〕. ▶ *Yo que tú [él, ella, usted]* 《話》私が君[彼, 彼女, あなた]だったら. — 男 自我, エゴ.

yod 男 《音声》ヨッド("pie"[pjé]のように二重母音に現れる硬口蓋音; ヤ行音). **2** ヘブライ語アルファベットの第10字.

yodado, da 形 《化学》ヨウ素を含む, ヨード処理された.

yodo 男 《化学》ヨード, ヨウ素(ハロゲン族元素の一つ, 元素記号 I).

yodoformo 男 《化学》ヨードホルム.

yoduro 男 《化学》ヨウ化物.

yoga 男 ヨガ.

yogui 男女 ヨガの修業を行う人, ヨガの行者.

yogur 男 ヨーグルト. —～ con frutas 果物入りヨーグルト. ～ desnatado [natural] 脱脂[ナチュラル]ヨーグルト.

yogurtera 囡 ヨーグルト製造器.

yola 囡 《海事》ヨール(4本,又は6本オールの小型の船舶推進艇); ヨール型帆船.

yonqui 男 《俗》→yonki.

yoquey, yoki 男 (競馬の)騎手, ジョッキー.

yoyo, yoyó 男 元(ｺﾞﾏ)(玩具のヨーヨー).

yuan 男 元(ｹﾞﾝ)(中国の貨幣単位).

yubarta 囡 《動物》ザトウクジラ.

yuca 囡 《植物》**1** ユッカ(ユリ科イトラン属, 観賞用). **2** 《中南米》キャッサバ.

yucal 男 キャッサバ畑.

Yucatán 固名 **1** ユカタン(メキシコの州). **2** (Península de ～) ユカタン半島.

yucateco, ca 形名 ユカタン(メキシコ東部の州, 半島)の(人). — 形 ユカタン語の.

yudo 〔<日〕 《スポ》柔道.

yudoka 〔<日〕男女 柔道家.

yugada 囡 **1** 《農業》2頭立ての牛馬によって一日に耕される土地面積(約32ヘクタール). **2** (くびきでつながれた)2頭立ての牛馬.

yugo 男 **1** (牛馬の)くびき. **2** 束縛, 拘束; 圧制. **3** 鐘を吊るす横木. ▶ *sacudir(se) el yugo* 束縛[支配]から逃れる.

yugoeslavo, va, yugoslavo, va 形名 旧ユーゴスラビア(人)の; 旧ユーゴスラビア人.

Yugoslavia 固名 《歴史》旧ユーゴスラビア.

yugular[1] 《解剖》頸部(ｹｲ)の. —vena ～ 頸静脈. — 囡 頸静脈.

yugular[2] 他 …の首を絞む, (…の進展)を妨げる.

yungas 囡複 《中南米》(アンデス山脈ふもとの)暑い谷間部.

yungla 囡 ジャングル, 密林.

yunque 男 **1** 鉄敷(ｶﾅ), 鉄床(ｱﾝ). **2** 困難に耐える人, 努力家. **3** 《解剖》(中耳の)砧(ｷﾇ)骨.

yunta 囡 (くびきでつながれて農作業をする)2頭立ての牛馬.

yuntería 囡 **1** 【集合的に】2頭立ての牛馬. **2** 家畜小屋.

yuntero 男 2頭立ての牛馬を使う農民.

yusera 囡 (ひき臼の)回転石の台, 下石.

yuso 《古》下に.

yuta 囡 《中南米》《俗》警察.

yute 男 《植物》ジュート, 綱麻(ﾂﾅ), 黄麻(ｺｳ); ジュートで織った布.

yuxtaponer [10.7] 他 〔+a〕 を…に並置する, を…と接する.

yuxtaposición 囡 並置, 並列.

yuxtapuesto, ta 過分 (→ yuxtaponer) 〔+a に/con と〕並置された, 並列された.

yuyal 男 《南米》草地, 雑草地.

yuyero, ra 形 《南米》(薬草を処方する)民間療法士; 薬草売り. — 形 《南米》薬草好きの.

yuyo 男 《南米》雑草; (食用の)野草, 薬草.

yuyuba 囡 《植物》ナツメの実.

Z, z

Z, z 囡 スペイン語アルファベットの第27文字(最終字).

zabordar 自《海事》(船が)座礁する,乗り上げる.

zacatal 男《中米》牧草地.

zacate 男《中米》牧草, まぐさ.

zacateca/no, na 男/囡 → zacateca, zacateco.

zacateca/s, ca サカテカス (Zacatecas, メキシコの州·州都)の(人); サカテカス族の人.

zafada 囡《海事》舫付け,(邪魔なものの)取り除き,取り外し.

zafado, da 過分 [→zafar] 囡 1《中米》ずうずうしい, 恥知らずの. 2《中南米》頭のおかしい, 気が変な.

zafadura 囡《南米》脱臼, ねんざ.

zafaduría 囡《南米》ずうずうしい言葉[態度]; 無礼.

zafar 他《海事》を片付ける, …の荷を軽減する. ——**se** 再 **1**《＋de から》逃れる, (を)免れる. **2**《中南米》脱臼する. ——~**se un brazo** 片腕を脱臼する. **3** ほどける, 外れる.

zafarrancho 男 **1**《海事, 軍事》船上掃除; 戦闘準備. **2** 《話》騒ぎ, 混乱; けんか. ▶**zafarrancho de combate** 戦闘準備.

zafiedad 囡 粗野, 無骨, 品の無さ.

zafio, fia 圏 粗野な, 品の無い, 無作法な.

zafiro 男 **1**《鉱物》サファイア, 青玉(誓ン). **2** サファイアブルー.

zafra¹ 囡 油缶; (油を切るための)穴のあいた缶.

zafra² 囡 **1**(特にサトウキビの)収穫; 収穫量; 収穫期. **2** 砂糖生産. **3**《鉱業》スラグ, 鉱滓(蔫).

zaga 囡 **1** 背後; 後部. **2**《軍事》後方部隊. ——男 (ゲームなどの)最後の者. しんがり. ——**a la zaga [en zaga]** 後ろに, **no ir [quedarse] en zaga a [de]** …(ある人物に)ひけをとらない.

zagal, gala 男/囡 **1** 若者, 青年[娘]. **2** 羊飼いの青年[娘].

zagalejo 男 **1** 少年, (小柄の)若者. **2**《服飾》アンダースカート, ペチコート.

zagalón, lona 体格のよい若者[娘].

zaguán 男 玄関, 戸口.

zaguero, ra 圏 後ろの, 後方の, しんがりの; 後部に荷を積みすぎた. ——男 **1**《スポ》バックポジションの選手, 後衛.

zahareño, ña 圏 (タカに)人に慣れにくい, 飼いにくい; 無愛想な.

zaheridor, dora 圏 非難する, 中傷の.

zaherimiento 男 非難, 中傷.

zaherir [7] 他 **1** を非難する, とがめる. **2** を中傷する, 嘲笑する.

zahína 囡《植》モロコシ(属).

zahones 男複《服飾》(狩猟, 農作業用の)オーバーズボン.

zahorí 囡 (地下水脈のありかを探る)透視者, 占い師; 透察力のある人.

zahorra 囡《海事》バラスト, 底荷(船の安定をよくするために船底に積むおもり).

zahúrda 囡 豚小屋; ボロ家.

zaino, na 圏 **1**(馬が)栗色一色の; (牛が)黒一色の. **2** 不誠実な, 人を欺く, 信用できない; (動物)癖の悪い, 扱いにくい.

zaireño, ña 圏 旧ザイール (Zaire)の(人).

zalagarda 囡 **1** 待ち伏せ, わな; 《話》策略, 落とし穴. **2**《話》大騒ぎ, けんか.

zalama, zalamería 囡 おだて, おもねり; 甘言.

*****zalamer/o, ra** 圏 囡 お世辞を言う(人), へつらう人, おべっか使い.

zalea 囡 羊の毛皮.

zalema 囡 **1**《話》へつらい, おだて; お世辞. **2**《話》敬礼, へりくだった挨拶.

zamacuco 男 **1**《話》陰に回ってうまく立ち回る人, 狡猾な人. **2**《話》まぬけ, 馬鹿.

zamacueca 囡《音楽》クエカ(チリ, ボリビアの民族舞踊).

zamarra 囡《服飾》毛皮のベスト[ジャケット]. **2** 羊の毛皮.

zamarrear 他 **1** をつかんで揺さぶる; (犬などが)(獲物)をくわえて振り回す. **2** 《話》を小突き回す; やり込める.

zamarrico 男 羊革の背負い袋.

zamarrilla 囡《植物》ニガクサの一種, シソ科).

zamarro 男 **1** 毛皮のベスト[ジャケット]. **2**《中米》乗馬ズボン.

zamba 囡《音楽》サンバ(アルゼンチンの民俗舞踊[音楽]).

zambardo 男《南米》**1** へま, どじ(な人). **2** まぐれ当たり.

Zambia 固名 ザンビア (首都 Lusaka).

zambo, ba 圏 **1** X脚 (内反脚)の(人·動物). **2**《中南米》a)黒人と先住民との混血(の). b)白人と黒人との混血(の) (=mulato). **c)** 縮れ毛の(人). ——男《動物》クモザル.

zambomba 囡《音楽》サンボンバ(打楽器). ——間 これは驚いた, おやまあ.

zambombazo 男《話》**1** 大音響; 爆発. **2** パンチ, 一撃.

zambombo 男《話》田舎者, 粗野な人.

zamborondón, dona 圏《話》**1** 粗野な, がさつな, 雑な. **2** 不器用な.

zambra 囡 **1** サンブラ(アンダルシアのジプシーの踊り); (ジプシー·モーロ人)の歌や踊りを中心とした祭り. **2**《話》どんちゃん騒ぎ, 大騒ぎ.

zambucar [1,1] 他 (トランプの札などを)すばやく隠す, 紛れ込ませる.

zambullida 囡 **1**(水中への)飛び込み, 潜り. **2**《スポ》(フェンシングの)フェイント, 突

zambullir [3.9] 他 〔＋ en に〕 をさっと浸す〔つける〕．（水などに）突っ込む． — la sardina *en* el vinagre イワシを酢にどっと通す． **— se** 再 **1**〔＋ a/en に〕飛び込む, 潜る, つかる． **2**〔＋ en に〕のめり込む, 没入する． **3** 隠れる, 潜り込む．

Zamora 固名 サモーラ（スペイン北西部の県・郡都）.

zamora 男 《スポ》（サッカーのスペイン1部リーグで, その年の最少失点ゴールキーパー.） —Trofeo Zamora サモラ（最優秀ゴールキーパー）賞.

zamorano, na 形名 サモーラ (Zamora) の(人).

zampa 女 《建築》杭, パイル.

zampabollos 男女〔単複同形〕大食漢；まぬけな人.

zampar 他 **1**〔＋ en に〕を突っ込む〔つける, 入れる〕. **2** を投げつける〔打ちつける〕；（パンチなどを）食らわせる. **3** をがつがつ食う, むさぼり食う． **— se** 再 **1** がつがつ食べる, むさぼり食う． **2**〔＋ en に〕（不注意で, 見ないではまり込み, 入り込む.

zampatortas 男女〔単複同形〕《話》 **1** 大食い, 大食漢． **2** 能無し, 間抜け.

zampeado 男 《建築》（弱い地盤の上に建築するための）基礎工事, べた基礎.

zampear 他 …に基礎工事をする.

zampón, pona 形名 《話》 **1** 大食いの, 大食漢の． **2** 潜りの,（許可なしに）入り込んだ.

zampoña 女 《音楽》 a) サンポーニャ, 連管笛. b) 麦笛． **2**《比喩》くだらないこと, たわごと.

zamuro 男 《中米》《鳥類》クロコンドル, ハゲタカ.

zanahoria 女 《植物》 にんじん.

zanca 女 **1**（鳥類の）足；《話》（人間や動物の）細くて長い足． **2**《建築》側桁さ（階段の段板を支える斜材）.

zancada 女 （大股の）一歩, 歩み. ► de [en] dos zancadas あっという間に, 直に.

zancadilla 女 **1** 足かけ, 足すくい（相手を転ばすために足を出すこと）． **2** わな, 策略.

zancadillear 他 **1** …に足をすくう, 足を払う. **2** 《話》 わなにかける,…の邪魔をする.

zancajear 自 歩き回る, うろうろする.

zancajo 男 **1** かかとの骨；（靴, 靴下の）かかと部分． **2**《話》背が低くて不格好な人.

zancajoso, sa 形 **1** Ｏ脚 内反膝）の, 足曲りの. **2** かかとが破れた靴下をはいた. **3** かかとが汚れた.

zancarrón 男 《軽蔑》 **1**（ほとんど肉のついていない）脚の骨. **2**《話》 ものを知らない教師.

zanco 男〔主に 複〕竹馬. ► estar [andar, ponerse] en zancos 《話》有利な立場にある.

zancón, cona 形 《話》 **1** 脚の長い. **2**《中南米》丈の短すぎる.

zancudo, da 形 脚の長い；《鳥類》渉禽しょうきん類の（くちばし, 首, 脚が長く, 浅い水中を歩いて餌を捜す鳥）． —ave *zancuda* 涉禽類の鳥． — 男 《中南米》蚊.

— 複名 《鳥類》涉禽類.

zanfonía 女 《音楽》 サンフォニア, ハーディーガーディー（ハンドルを回して音を出す鍵盤つき擦弦楽器）.

zanganada 女 《話》 ばかげたこと, 的外れなこと.

zanganear 自（働かずに）ぶらぶらする. 怠けて暮らす.

zanganería 女 怠けること, 怠惰.

zángano, na 男 《動物》ミツバチの雄. — 名《話》 **1** 役立たず；何もしない人, 怠けもの． **2** どじな奴, まぬけ.

zangolotear 他 《話》を揺さぶる, 揺する, 振る．**— (se)** 再《話》 **1**（きちんと固定されていないために）揺れる, がたがたする． **2** 動き回る, うろうろする.

zangoloteo 男 がたつき, 揺れ；うろうろすること.

zangolotino, na 形 《話》 赤ん坊のような, 幼見的な.

zangón 男 《話》 図体ばかり大きくなって働かずにのらくらしている若者.

zanguango, ga 形 《南米》 怠け者の, 無気力な(人)；のろまな(人).

zanja 女 **1** 溝, 掘割り；墓穴． **2**《中南米》降雨でできた溝状の凹, 雨溝, 水路.

zanjar 他 **1**（議論などに）決着をつける, 片を付ける,（困難などを）切り抜ける． **2** …に溝を掘る.

zanjón 男 **1** 深い溝, 水路． **2**《南米》断崖, 峡谷.

zanquear 自 **1** 大股で〔急ぎ足で〕歩く；駆けずり回る． **2** がにまたで〔左に傾いて〕歩く.

zanquilargo, ga 形 《話》 脚の長い.

zanquituerto, ta 形 《話》 がに股の, 脚の曲がった.

zapa¹ 女 **1**《軍事》 塹壕ざんごう, 坑道． **2**（塹壕を掘る）鋤〔鍬〕. ► **labor** [trabajo] **de zapa**（反政府分子などの）地下活動, 地下工作.

zapa² 女 **1**《軍事》鮫皮.

zapador 男 《軍事》工兵. —cuerpo de —*es* 工兵隊.

zapallo 男 《南米》《植物》ヒョウタン, カボチャ（の一種）.

zapapico 男 つるはし, 根掘り鍬くわ.

zapar 自 塹壕ざんごうなどを掘る.

zaparrastroso, sa 形 《話》ぼろぼろの, 薄汚れた.

Zapata 1 (Península de ～) サパータ半島（キューバの半島）． **2** サパータ (Emiliano ～) (1879?-1919, メキシコの革命家・農民運動指導者).

zapata 女 **1** 車輪の輪止め；くさび. — ～ de freno ブレーキシュー. **2** 馬の脚にはかける当てもの． **3**《建築》柱の梁受け． **4** 半長靴.

zapatazo 男 **1**（人や物の, 地面を）蹴りつけること,（靴などによる）殴打． **2**《海事》帆が激しく（風で）鳴ること． ► **tratar a... a zapatazos**（人）を手ひどく扱う, 虐待する.

zapateado 男 《舞踊, 音楽》サパテアード（フラメンコの足の踏み鳴らし).

zapatear 他 1 《床》を踏み鳴らす; 踏みつける, 蹴りつける. 2 《話》を虐待する, 手荒く扱う. — 自 1 《舞踊, 音楽》サパテアードで踊る, 足を踏み鳴らす. 2 《海事》《帆》がばたばた鳴る.

zapateo 男 足の踏み鳴らし, 蹴りつけ; 《舞踊, 音楽》タップダンス, サパテアード.

zapatera 女 靴箱, 靴入れ.

zapatería 女 1 靴屋; 靴工場. —— de viejo 靴直し屋. 靴製製造業.

zapatero, ra 名 靴職人, 靴屋. —— 男 1 下駄箱. 2《虫類》あめんぼ. 3《魚類》熱帯アメリカの海にいる硬骨魚類の名. —— 形 1 靴の, 製靴の. 2《調理》たいそう豆などの野菜類が》固い. ► *Zapatero, a tus zapatos.* 《諺》分相応にしていろ, よけいな口《出しするな.

zapateta 女 《舞踊などで》飛び上がって履いている靴を手でたたく《左右の靴を打ち合わせる》動作.

zapatiesta 女 《話》大騒ぎ, 大げんか.

zapatilla 女 1 靴 布靴, 上履き, スリッパ; スニーカー; バレーシューズ (=~s de bailarina). —— ~s deportivas [de deporte] 運動靴. en ~s スリッパ履きで; 運動靴で. 2 《スポ》《フェンシングの剣やビリヤードのキューの先端につける》先革. 3 《動物》《ウシなどの》ひずめ.

zapato [サパト] 男 《主に 複》靴, 短靴. —— *ponerse [quitarse] los* ~s 靴をはく [脱ぐ]. ► *como chico con zapatos nuevos* 《話》とてもうれしそうに. *no llegar a la suela de los zapatos* ひどく劣る. *saber dónde aprieta el zapato* 自分自身や現実をよくわきまえている, 分相応に振る舞う.

zapatón 男 1 大きい靴, どた靴. 2《南米》オーバーシューズ.

zape¹ 間 《俗》ホモ, おかま.

zape² 間 1 シッ, シッ《猫などを追い払う声》. 2 おや, まあ《驚きを表す》.

zapear 自 《話》《放送》ザッピングする, 《リモコンで》チャンネルを頻繁に変える. — 他 《猫などを》しっと言って追い払う; 《人を》追い払う.

zapear¹ 他 《猫などを》追い払う; 《人を》厄介払いする.

zapear² 自 リモコンでテレビのチャンネルを次々に変える.

zapeo 男 →zapping.

zapote 男 《植物》サポジラ, チューインガムノキ. その果実.

zapoteca, zapoteco 男女 サポテカ族《メキシコ, オアハカ州の先住民族》の人; サポテカ語の. —— 男 サポテカ語.

zapotillo 男 《植物》サポジラ, チューインガムの木.

zapping [ス英] 男 ザッピング; リモコンでテレビのチャンネルを頻繁に変えること.

zaque 男 1 小さい革袋. 2《話》大酒飲み.

zaquizamí 男 1 屋根裏部屋, 屋根裏. 2 小さくむさくるしい部屋[家].

zar 男 《歴史》ツァー《帝政ロシアなどの皇帝の称号》.

zara 女 《植物》トウモロコシ.

zarabanda 女 1 《舞踊》サラバンド《16, 17世紀スペインの陽気な舞踊[音楽]》. 2 大騒ぎ, 騒動.

zaragata 女 《話》騒動, けんか.

zaragate 男 《中米》ろくでなし, 悪党.

zaragatero, ra 形 1 騒ぎをよく起こす, 好む人. 2 →zalamero.

zaragatona 女 《植物》オオバコ《属の一種》.

Zaragoza 固名 サラゴサ《スペイン, アラゴン自治州の州都》.

zaragozano, na 形 《スペインの》サラゴサ (Zaragoza) の(人).

zaragüelles 男複 1《スペインのバレンシア, ムルシア地方の農村で用いられる》ひだ付きのゆったりとしたズボン. 2《植物》ドジョウツナギ属《イネ科》.

zaranda 女 ふるい, ざる; 濾し器.

zarandajas 女複 《話》くだらないこと, しょうもないこと.

zarandear 他 1《ふるい》を振る, を揺する; 《人を》もみくちゃにする. 2 をふるう, ふるいにかける, 濾(こ)す. 3 駆けまわる, 駆けずる. —— *se* 再 1《中米》腰を振って歩く, 右往左往する.

zarandeo 男 1 ふるいにかけること; 濾(こ)すこと. 2 振ること; 揺すること, 揺れ. 3 駆けずり回ること, 奔走. 4《中米》腰を振って歩くこと.

zarandillo 男 1 小さなふるい. 2《話》せわしない人[子ども], 落ち着きのない人[子ども]. ► *llevar [traer] a...como un zarandillo* 《人を》きりきりまいさせる, 右往左往させる.

zarapito 男 《鳥類》ダイシャクシギ.

zaraza 女 《服飾》《木綿の》更紗(サラサ).

zarazas 女複 殺鼠(サっソ)剤.

zarazo, za 形 《中南米》《果物が》熟れかけの, 色つき始めの.

zarceño, ña 形 イバラの(ような).

zarcero, ra 形 《動物》小形猟犬の. —perro ~ 小形猟犬.

zarceta 女 《鳥類》シマアジ.

zarcillo 男 1《リング型の》イヤリング. 2《植物》巻きひげ.

zarco, ca 形 明るい青色の, ライトブルーの.

zarévich 男 《単複同形》《歴史》《帝政ロシアの》皇太子.

zarigüeya 女 《動物》オポッサム.

zarina 女 《歴史》《帝政ロシアの》皇后; 女帝.

zarismo 男 《歴史》《帝政ロシアの》専制君主政治, ツァーリズム.

zarista 形 《歴史》《帝政ロシアの》専制君主政治の, ツァーリズムの. —— 男女 帝政ロシアの支持者.

zarpa 女 1《ライオン, ネコなどの》鋭い爪《のついた前脚, 前足》. 2 泥はね, 泥染み. 3 錨を揚げること. ► *echar la zarpa a...* に飛びかかる, 我がものにする.

zarpada 女 《猛獣の》爪による一撃.

zarpar 自 《海事》錨(`ィカ`)を揚げる, 出港する.

zarpazo 男 →zarpada.

zarpear 他 《中米》…に泥をはねかける、をどろどろに汚す.

zarrapastroso, sa 形 《話》汚らしい、薄汚れた、ぼろぼろの.

zarria 女 **1** 泥はね、泥染み. **2** ぼろ、ぼろきれ. **3**《サンダルの》革ひも.

*zarza 女《植物》**1**)バラ科キイチゴ属の植物数種の総称、クロイチゴ. **2** イバラ、野イバラ.

zarzal 男《植物》キイチゴ[イバラ]の茂み.

zarzamora 女《植物》キイチゴ[イバラ]の実、ブラックベリー; キイチゴ[イバラ].

zarzaparrilla 女《植物》サルサパリラ; サルサ根(薬用、飲料用).

zarzaperruna 女《植物》ノイバラ.

zarzarrosa 女《植物》ノイバラの花.

zarzo 男 (作物の乾燥やカイコ棚などに用いた)網代(ぁじろ)、網床、すのこ.

zarzuela 女 **1**《演劇》サルスエラ(スペインで17世紀に発祥したオペレッタ); サルスエラの脚本. **2**《料理》サルスエラ(スペイン、カタルーニャ地方の魚介類の煮こみ料理).

zarzuelero, ra 形 サルスエラの、サルスエラに関する.

zarzuelista 男女《演劇》サルスエラの脚本家[作曲家].

zas 間《擬音》**1** パシッ、ガツン、ガチャン(パンチの音、衝撃音). **2** パッ、サッ(物事が突然起きる様).

zascandil 男《話》役立たず、おっちょこちょい; でしゃばり.

zascandilear 自《話》でしゃばる、首を突っ込む; 役にも立たないことをする.

zeda 女 →zeta.

zedilla 女 →cedilla.

zéjel 男《詩学》セヘル(アラビア起源のスペインの民衆詩の詩形).

zen 〔<日〕男《宗教》禅、座禅. ── 形 禅(宗)の.

zenit 男 →cenit.

zepelín 男 飛行船、ツェッペリン飛行船.

zeta 女 **1** セタ(スペイン語アルファベットの最終字、Z, z). **2** ゼータ(ギリシャ語アルファベットの第6字、Ζ, ζ).

zeugma, zeuma 女《言語》くびき語法(一つの動詞または形容詞が同一文中で二つ以上の要素に関して用いられるとき二度目以降を省略とする).

zigoma 男《解剖》頬骨(きょう).

zigoto 男《生物》接合子[体].

ziguratˊ 男〜s〕《建築》ジッグラット(古代メソポタミアで造られた階層状の聖塔).

zigzag 男 ジグザグ形、稲妻形、電光形、Z字形.

zigzagueaŕ 自 ジグザグ形[Z字形]に進む[歩く].

zigzagueo 男 ジグザグに進むこと.

Zimbabwe 固名 ジンバブエ(首都Harare).

zinc 男《化学》→cinc.

zíngaro, ra 形 →cíngaro.

zipizape 男《話》けんか、騒動. ──armar un〜 騒ぎを起こす.

zipper 〔<英〕男《中米》ジッパー.

zircón 男 →circón.

zirconio 男《化学》ジルコニウム(元素記号 Zr).

zoantropía 女《心理》自分を動物と思い込む妄想.

zócalo 男 **1**《建築》(建物の)土台、礎石; (柱の台座(の最下部). **2**《建築》幅木(室内の壁の最下部に張る横木)、腰板. **3**《メキシコ》都市の中央広場.

zocato, ta 形 **1** 左利きの. **2** (果物が)しなびた、熟れ過ぎて腐った.

zoclo 男 木靴、(木底の)サンダル.

zoco¹, ca 形《まれ》左利きの.

zoco² 男 (北アフリカの)市場.

zodiacal 形《天文》黄道帯[獣帯]の.

zodíaco, zodiaco 男《天文》黄道帯、獣帯、十二宮. ▶ *signos de zodiaco* 黄道十二宮.

zollipar 自《話》すすり泣く、泣きじゃくる、しゃくり上げる.

zollipo 男《話》すすり泣き、泣きじゃくり、しゃくり上げ[泣くこと].

zombi(e) 男《複 zombies》ゾンビ. ──男名 ゾンビのような(人)、ぼうっとした(人)、頭のおかしい(人)、馬鹿、間抜け.

zona 〔ソナ〕女 **1** a)地帯、地域. 〜 *azul* (パーキングメーターのある)駐車制限区域. 〜 *catastrófica de desastre* 災害指定地域. 〜 *bélica* 被災地. 〜 *franca* 免税区域. 〜 *verde* 緑地帯. 〜 *boscosa* 山林地帯. 〜 *euro* ユーロ地域. 〜 *peatonal* 歩行者天国. b)帯、帯状の部分. c)《地理》(寒帯、温帯などの)帯. 〜 *glacial* 寒帯. 〜 *templada* 温帯. 〜 *tórrida* [*tropical*] 熱帯. **2**《法律》範囲、領域. 〜 *de influencia* (国際法上の)勢力範囲. 〜 *fronteriza* 国境地帯. 〜 *económica* [*marítima*] *exclusiva* 排他的経済水域.

zonal 形 帯状の; 地帯の.

zoncear 自《話》《中南米》馬鹿の真似をする、ふざける.

zoncera 女《話》《中南米》間の抜けたこと、馬鹿なこと; つまらないこと.

zoncería 女 つまらないこと、面白味のないこと.

zonda 男《南米》ソンダ(アンデス山脈からアルゼンチンに吹く乾いた熱風).

zonzo, za 形名《特に中南米》《話》馬鹿(な)、間抜け(な); 退屈な(人)、つまらない(人).

zoo 男 動物園.

zoófago, ga 形《動物》肉食の.

zoofilia 女 動物に対する病的愛情; 獣姦.

zoófito 男《動物》植虫(サンゴ、イソギンチャクなど形が植物に似た動物の総称).

zoogeografía 女 動物地理学.

zoografía 女 動物誌学.

zooide 形 動物様の、動物の. ──男《生物》子虫(独立の運動能力をもつ生物体又は細胞); 個虫(群体を構成する各個体).

zoolatría 囡 動物崇拝.
zoología 囡 動物学.
zoológico, ca 形 動物の; 動物学の. ― 男 動物園 (=parque ～).
zoólogo, ga 图 動物学者.
zoom [<英] 图 〖写真, 映画〗画像の拡大[縮小], ズーム; ズームレンズ.
zoomorfo, fa 形 動物をかたどった.
zoonosis 囡 〖医学〗人畜[獣]共通感染症, 動物原生感染症.
zoospermo 男 〖生物〗精子, 精虫.
zoospora 囡 〖植物, 動物〗精胞子, 遊走子.
zootecnia 囡 畜産学, 家畜飼育法.
zootécnico, ca 形 畜産学の, 家畜飼育法の.
zopas 图 〖単複同形〗〖話〗舌足らずで話す人, s を c[θ]で発音する人.
zopenco, ca 形 〖話〗間抜けな, のろまの. ― 图 間抜け, うすのろ.
zopilote 男 〖中南米〗〖動物〗クロコンドル, ハゲタカ.
zopo, pa 形 手[足]が奇形の[不自由な].
zoquete 男 **1** 木片, 木切れ. **2** 〖堅くなった〗パンの固まり. **3** 〖話〗ずんぐりした小男. ― 男囡 〖話〗うすのろ, でくのぼう, ばか.
zorcico 男 ソルツィーコ (スペイン, バスク地方の民謡 [舞踊]).
zoroástrico, ca 形 ゾロアスター教の. ― 图 ゾロアスター教徒.
Zoroastro 图名 ゾロアスター (前6世紀頃, ペルシャのゾロアスター教の始祖).
zorongo 男 (スペインのアラゴン, ナバーラ地方の農夫が巻いた) 鉢巻き, **2** 束髪, 髷(まげ), **3** ソロンゴ (スペイン, アンダルシーア地方の民謡 [舞踊]).
zorrera 囡 **1** 狐の巣穴. **2** 煙の立ちこめた部屋, 空気の悪い部屋.
zorrería 囡 〖話〗ずる賢さ, 狡猾(こうかつ)さ; 悪だくみ, 卑劣な行為.
zorrero, ra 形 **1** ずる賢い, 狡猾(こうかつ)な. **2** 狐狩用の. ― perro ～ フォクスハウンド.
*zorro, rra 图 **1** キツネ. ―― azul 銀ギツネ. **2** 〖俗〗ずる賢い人, 腹黒い人, 狡猾(こうかつ)な人. ― 形 〖話〗ずる賢い, 狡猾(こうかつ)な. ― 男 **1** キツネの毛皮. **2**〖中南米〗スカンク. 3雄はたき. ― 男囡 **1** (重荷を積む) 荷車. **2** 売春婦. **3** 〖話〗酔い. ―agarrar [coger] una zorra 酔っ払う. ► estar hecho unos zorros 疲れ果てている. hacerse el zorro とぼける, 知らん顔をする. no tener ni zorra (idea) 〖話〗まったく知らない [分からない].
zorruno, na 形 キツネの, キツネのような. ―mañas zorrunas ずる賢い企み.
zorzal 男 **1** 〖鳥類〗ツグミ. **2** ずる賢い人. ► zorzal marino 〖魚類〗クロベラ.
zóster 形 帯状の.

zote 形 〖話〗うすのろの, 頭の足りない.
***zozobra** 囡 **1** 不安, 心配, 懸念. **2** (船の) 難破, 沈没; (事業などの) 失敗, 破産. **3** 悪天候, 時化.
***zozobrar** 国 **1 a**) 大しけにあう, 海難にあう. **b**) (船が) 沈没する, 難破する, 遭難する. **2** (事業などが) 危機に瀕している, 破綻(はたん)寸前である. **3** 不安である, 苦悩する.
― 他 (船・事業などを) 危険にさらす.
zuavo 男 〖歴史〗ズアーブ兵 (アルジェリア人から成るフランス軍歩兵).
zueco 男 **1** (農民が用いる) 木靴; 突っかけ靴 (かかとの部分に覆いのない靴). **2** (病院などで用いられる木 [コルク] 底の革靴.
zulaque 男 (管の継ぎ目などを封じるのに用いられる) ペースト, 封泥(ふうでい).
zulla 囡 〖植物〗イワオウギAの一種.
zulo 男 (人質などを監禁する) 隠れ家, アジト; (不法な物品の) 保管場所.
zulú 男囡 〖複〗～(e)s **1** ズールー族 (南アフリカのバンツー系民族)(の人). **2** 〖話〗野蛮な人, 無作法な人.
zumaque 男 〖植物〗スマック (ウルシ属の一種). ―― falso ニワウルシ. ～ del Japón ウルシの木. **2** 〖話〗ワイン.
zumba 囡 **1** からかい, 冷やかし, 冗談. **2** (先頭の牛馬がつける) 大鈴. **3** 〖中南米〗鞭(むち)打ち, 投打. **4** うなり板 (ひもを通した板を振り回してうなりを立てるおもちゃ).
zumbado, da 過分 [→zumbar] 形 〖話〗頭のおかしい.
zumbador, dora 形 ぶんぶんいう, うなる. ― 男 〖電気〗ブザー. ―tocar el ～ ブザーを鳴らす.
***zumbar** 国 **1** (虫・機械が) 低い振動音を立てる, ブンブン[ズーズー, ブツブツ]と言う. ―Las abejas zumban. 蜜蜂がブンブン言っている. **2** 耳鳴りがする. ―Me zumban los oídos. 私は耳鳴りがする. **3** (ある事態が) 差し迫っている. ― 他 〖話〗叩く, 殴る. ― se 国 [+ de を] あざ笑う, からかう, ふざける. ► zumbando 大急ぎで.
zumbido 男 **1** (ハチやモーターなどのブーンという) 音, 騒音; 耳鳴り. **2** 〖俗〗げんこなぐること, パンチ.
zumbo 男 →zumbido.
zumbón, bona 形 人をからかう, ふざけた. ― 图 ふざけ屋, おどけもの.
zumiento, ta 形 〖まれ〗水気の出る, 汁気のある.
zumo 男 **1** (主に野菜や果物の) ジュース, 絞り汁. **2** 効用, 有用性; 利益.
zumoso, sa 形 汁気の多い, 汁気のある.
zunchar 他 を鉄たがで補強する, …に鉄たがをはめる.
zuncho 男 (補強に用いる) 鉄たが, 止め金.
Zurbarán 图名 スルバラン (Francisco de ～) (1598-1664, スペインの画家).
zurcido 男 繕い; 繕いもの.
zurcidor, dora 图 繕う人, 服を補修する人.

zurcir [スルシル] [3.5] 他 を繕う，…に継ぎを当てる．—**huevo de ~** 《服飾》(靴下修繕用の)卵形かがり台．▶ **que te zurzan** 《話》もうたくさんだ, いい加減にしろ; ざまあみろ, いいきみだ. **zurcir voluntades** 男女の仲を取り持つ．

zurdazo 男 《スポ》左足でのキック, 左腕でのパンチ．

zurdear 自 (右手の代わりに)左手を使う．

zurdo, da 形 名 **1** 左利きの(人); サウスポー. **2** 左の (= izquierdo); 左手の. —— 女 左手, 左足. ▶ **a zurdas** (1) 左手[左足]で. (2)《話》期外れに, 間違って. **no ser zurdo** 《話》馬鹿ではない, やり手である．

zurear 自 (ハトが)クークーと鳴く．

zurito, ta 形 (ハトが)野生の. —**paloma zurita** ヒメモリバト．

zuro, ra 形 →zurito. —— 男 (トウモロコシの)芯, 穂軸．

zurra 女 **1**《話》たたきのめし, 殴打. **2** 革なめし. **3**《話》乱闘, けんか. **4**《話》つらい仕事．

zurrador 男 革なめし職人, 製革業者．

zurrapa 女 **1** 主に 複 (液体中の)おり, かす. —**~s del café** コーヒーのかす. **2**《話》かす, くず．

zurrar 他 **1**《話》(皮)をなめす. **2**《話》たたきのめす, お仕置きする. **3**《話》(議論や競争などで)打ち負かす, やっつける. **4**《話》を(人前で)ののしる, こきおろす. ▶ **zurrarle a ... la badana** 《話》(人)を殴る; をこきおろす．

zurriaga 女 →zurriago.

zurriagar [1.2] 他 を鞭(むち)で打つ．

zurriagazo 男 **1** 鞭(むち)による一撃. **2** (突然の不運; 思いがけない)つらい仕打ち．

zurriago 男 鞭(むち), 革ひも．

zurriburri 男《話》**1** 騒ぎ, 騒動. **2** ろくでなし, くず．

zurrido 男 きしみ音, ものが当たる耳障りな音．

zurrón 男 **1** (食料や獲物を入れる)革袋. **2** (動物)羊膜. **3**(植物)外皮, 殻．

zurullo 男 **1** だま, 塊(かたまり). **2**《話》人糞(ふん)．

zurumbático, ca 形 茫然とした, ぼうっとした．

zurupeto 男《話》(登録されていない)株式仲買人; (無資格の)公証人．

zurz- 動 →zurcir [3.5].

zutano, na 名《話》『名前を覚えていなかったり, 名前を隠したりする時に, mengano y zutano とか fulano, mengano y zutano, あるいは fulano, mengano, zutano y perengano などという語句の中で用いる』ある人, だれそれ, なにがし．

zuzo 間 (犬を追い払う声)しっしっ (= chucho).

zuzón 男《植物》ノボロギク.

日常会話

*カタカナ発音には強勢を示していない.

■あいさつ

おはよう.
Buenos días.
ブエノス ディアス

こんにちは.
Buenas tardes./ Buenas./ Muy buenas.
ブエナス タルデス / ブエナス / ムイ ブエナス

こんばんは.
Buenas noches.
ブエナス ノチェス

(親しい人に) やあ.
¡Hola!/ ¿Qué tal?/ ¿Qué hay?
オラ / ケタル / ケアイ

おやすみなさい.
Buenas noches./ Que descanse.
ブエナス ノチェス / ケ デスカンセ

お元気ですか.
¿Cómo está usted?
コモ エスタ ウステ

はい, 元気です. あなたは?
Bien, gracias, ¿y usted?
ビエン グラシアス イ ウステ

まあまあです.
Así, así.
アシ アシ

奥さんはお元気ですか.
¿Cómo está su señora [esposa, mujer]?
コモ エスタ ス セニョラ[エスポサ, ムヘル]

ご主人はお元気ですか.
¿Cómo está su marido [esposo]?
コモ エスタ ス マリド[エスポソ]

彼 [彼女] は元気です.
(Él [Ella]) está bien.
(エル[エャ]) エスタ ビエン

はじめまして.
Mucho gusto.
ムチョ グスト

お目にかかれてうれしいです.
Encantado(a) de conocerle [conocerla]
エンカンタド(ダ) デ コノセルレ[コノセルラ]

ようこそアンダルシアへ.
Bienvenido(a) a Andalucía.
ビエンベニド(ダ) ア アンダルシア

お疲れですか.
¿Está usted cansado(a)?
エスタ ウステ カンサド(ダ)

大丈夫ですよ.
Estoy bien, gracias.
エストイ ビエン グラシアス

ちょっと疲れました.
Estoy un poco cansado(a).
エストイ ウン ポコ カンサド(ダ)

さようなら.
Adiós.
アディオス

じゃあまたあとで.
Hasta luego.
アスタ ルエゴ

どうぞ, 楽しい旅を!
¡Que tenga un buen viaje!/ ¡Buen viaje!
ケ テンガ ウン ブエン ビアヘ / ブエン ビアヘ

体にお気をつけください!
¡Cuídese!
クイデセ

あなたも!
¡Igualmente!
イグワルメンテ

■紹介

私は山田宏と申します.
Me llamo Hiroshi Yamada.
メヤモ ヒロシ ヤマダ

姓は山田, 名前は宏です.
Mi nombre es Hiroshi y mi apellido es Yamada.
ミ ノンブレス ヒロシ イ ミ アペイド エス ヤマダ

ヒロと呼んでください.
Llámeme Hiro, por favor.
ヤメメ ヒロ ポル ファボル

誕生日は5月15日です.
Mi cumpleaños es el quince de mayo.
ミ クンプレアニョス エス エル キンセ デ マヨ

お名前は?
¿Cómo se llama usted?
コモ セヤマ ウステ

お名前をもう一度お願いします.
Repítame su nombre, por favor.
レピタメス ノンブレ ポル ファボル

お名前はどう書きますか.
¿Cómo se escribe su nombre?
コモ セ エスクリベス ノンブレ

どこからいらしたのですか.
¿De dónde es usted?
デ ドンデ エス ウステ

日本から来ました. / 日本人です.
Soy de Japón./ Soy japonés(esa).
ソイ デ ハポン / ソイ ハポネス(サ)

メキシコは初めてです.
Éste es mi primer viaje a México.
エステ エス ミ プリメル ビアヘ ア メヒコ

スペインには2度来たことがあります.
Ya he venido a España dos veces.
ヤ エ ベニド ア エスパニャ ドス ベセス

こちらへは休暇で来ました.
Estoy aquí de vacaciones.
エストイ アキデ バカシオネス

仕事で来ています.
Estoy aquí de negocios.
エストイ アキ デ ネゴシオス

留学です.
Estoy aquí para estudiar.
エストイ アキ パラ エストゥディアル

学生です.
(Yo) soy estudiante.
(ヨ) ソイ エストゥディアンテ

看護師です.
(Yo) soy enfermero(a).
(ヨ) ソイ エンフェルメロ(ラ)

銀行に勤めています.
(Yo) trabajo en un banco.
(ヨ) トラバホ エン ウン バンコ

主婦です.
(Yo) soy ama de casa.
(ヨ) ソイ アマ デ カサ

商店の経営者です.
(Yo) tengo una tienda.
(ヨ) テンゴ ウナ ティエンダ

こちらは友人の山田理恵さんです.
Ésta es la señorita Rie Yamada, una amiga mía.
エスタ エス ラ セニョリタ リエ ヤマダ ウナ アミガ ミア

■お礼を言う・謝る

ありがとう. / どうもありがとう.
Gracias./ Muchas gracias.
グラシアス / ムチャス グラシアス

お気遣い本当にありがとう.
Muchas gracias por sus atenciones.
ムチャス グラシアス ポル スス アテンシオネス

今日は本当にありがとう.
Muchas gracias por todo.
ムチャス グラシアス ポルトド

スペインみやげをありがとう.
Gracias por el recuerdo de España.
グラシアス ポル エル レクエルド デ エスパニャ

どういたしまして.
De nada./ No hay de qué.
デ ナダ / ノ アイ デ ケ

こちらこそ.
Igualmente.
イグワルメンテ

すみません, 失礼しました.
Lo siento./ Perdone./ Disculpe.
ロ シエント / ペルドネ / ディスクルペ

遅れてすみません.
Perdone por haber llegado tarde.
ペルドネ ポル アベル イェガド タルデ

大丈夫ですか.
¿Está usted bien?
エスタ ウステ ビエン

大丈夫です.
Estoy bien./ Está bien.
エストイ ビエン / エスタ ビエン

痛みますか.
¿Le duele?
レ ドゥエレ

いいえ, なんともありません.
No, no pasa nada./ No es [ha sido] nada
ノ ノ パサ ナダ / ノ エス [ア シド] ナダ

気にしないでください.
No se preocupe.
ノ セ プレオクペ

■祝う・なぐさめる

おめでとう.
¡Felicidades!/ ¡Enhorabuena!
フェリシダデス / エノラブエナ

よかったね.
¡Qué bien!/ Me alegro de saberlo./¡Cuánto me alegro!
ケ ビエン / メ アレグロ デ サベルロ / クワント メ アレグロ

心からお祝い申し上げます.
Le felicito de todo mi corazón.
レ フェリシト デ トド ミ コラソン

日常会話

ご出産おめでとう.
¡Felicidades por el nacimiento de tu hijo [hija]!
フェリシダデス ポル エル ナシミエント デ トゥ イホ[イハ]

合格おめでとう.
¡Enhorabuena por haber aprobado el examen!
エノラブエナ ポル アベル アプロバド エル エクサメン

(大学)入学おめでとう.
¡Enhorabuena por haber sido aceptado(a) en la universidad!
エノラブエナ ポル アベル シド アセプタド(ダ) エン ラ ウニベルシダ

卒業おめでとう.
¡Enhorabuena por tu graduación!
エノラブエナ ポル トゥ グラドゥアシオン

ご就職おめでとう.
¡Felicidades [Enhorabuena] por haber conseguido un empleo!
フェリシダデス [エノラブエナ] ポル アベル コンセギド ウン エンプレオ

お誕生日おめでとう.
¡Feliz cumpleaños!
フェリス クンプレアニョス

ご結婚おめでとう.
¡Enhorabuena [Felicidades] por tu casamiento!
エノラブエナ[フェリシダデス] ポル トゥ カサミエント

メリークリスマス!
¡Feliz Navidad!/ ¡Felices Pascuas!
フェリス ナビダ / フェリセス パスクワス

あけましておめでとう.
¡Feliz Año Nuevo!
フェリス アニョ ヌエボ

お気の毒に.
Lo siento mucho./ Es una lástima [pena].
ロ シエント ムチョ / エス ウナ ラスティマ[ペナ]

お悔やみ申し上げます.
Le [La] acompaño en el sentimiento.
レ[ラ] アコンパニョ エン エル センティミエント

それは大変ですね.
Es terrible./ ¡Qué horror!
エス テリブレ / ケ オロル

■呼びかけ

(ちょっと)すみません.
Oiga, por favor. / Perdón./ Por favor.
オイガ ポル ファボル / ペルドン / ポル ファボル

待って. / ちょっと待って.
Espere./ Un momento, por favor.
エスペレ / ウン モメント ポル ファボル

ちょっと通してください.
Déjeme pasar, por favor.
デヘメ パサル ポル ファボル

お先にどうぞ.
Usted primero./ Después de usted.
ウステ プリメロ / デスプエス デ ウステ

お手伝いしましょうか.
¿Le [La] ayudo?
レ[ラ] アユド

すみませんが….
Disculpe, pero.../ Perdone, pero.../ Oiga, por favor.
ディスクルペ ペロ / ペルドネ ペロ / オイガ ポル ファボル

ちょっとお尋ねしたいのですが.
¿Puedo hacerle una pregunta?
プエド アセルレ ウナ プレグンタ

これは何ですか
¿Qué es esto?
ケ エス エスト

もう一度おっしゃってください.
¿Me lo puede repetir, por favor?/ Otra vez, por favor.
メ ロ プエデ レペティル ポル ファボル / オトラ ベス ポル ファボル

何?
¿Cómo?/ ¿Qué?
コモ / ケ

もっとゆっくり話していただけますか.
¿Podría hablar más despacio, por favor?
ポドリア アブラル マス デスパシオ ポル ファボル

■肯定, 否定

はい(そうです).
Sí./ Así es.
シ / アシ エス

そのとおりです.
Eso es./ Exactamente.
エソ エス / エクサクタメンテ

わかりました. / なるほど.
Entiendo./ Lo comprendo./ Ya veo.
エンティエンド / ロ コンプレンド / ヤ ベオ

いいですよ.
　Está bien.
　エスタ ビエン

もちろんですよ.
　Por supuesto./ Claro.
　ポル スプエスト / クラロ

いいえ.
　No.
　ノ

ちがいます.
　No es así.
　ノ エス アシ

知りません.
　No sé.
　ノ セ

いいえ, けっこうです.
　No, gracias.
　ノ グラシアス

いやです.
　No quiero./ De ninguna manera.
　ノ キエロ / デ ニングナ マネラ

■感情

すばらしい!
　¡Maravilloso!/ ¡Fantástico!/ ¡Fenomenal!
　マラビヨソ / ファンタスティコ / フェノメナル

すごい!
　¡Estupendo!
　エストゥペンド

おもしろい.
　¡Qué divertido(a)!
　ケ ディベルティド (ダ)

楽しかった.
　Lo he pasado muy bien.
　ロ エ パサド ムイ ビエン

わくわくしています.
　¡Estoy muy excitado(a)!
　エストイ ムイ エクスシタド (ダ)

ええっ?本当ですか.
　¿Eh? ¿De verdad?
　エ デ ベルダ

信じられません.
　No puedo creerlo.
　ノ プエド クレエルロ

残念です.
　Es una lástima.
　エス ウナ ラスティマ

悲しいです.
　Estoy triste.
　エストイ トリステ

心配です.
　Estoy preocupado(a).
　エストイ プレオクパド (ダ)

困っています.
　Tengo un problema./ Estoy en un apuro.
　テンゴ ウン プロブレマ / エストイ エン ウン アプロ

■待ち合わせ

午後5時でご都合はいかがでしょうか.
　¿Le parece bien a las cinco de la tarde?
　レ パレセ ビエン ア ラス シンコ デ ラ タルデ

では, 明日の朝10時にしましょう.
　Entonces, quedamos mañana a las diez de la mañana.
　エントンセス ケダモス マニャナ ア ラス ディエス デ ラ マニャナ

どこで待ち合わせましょうか.
　¿Dónde quedamos?
　ドンデ ケダモス

では, ホテルのロビーでお会いすることにしましょう.
　Entonces, nos veremos en el vestíbulo del hotel.
　エントンセス ノス ベレモス エン エル ベスティブロ デル オテル

迎えに来てくれますか.
　¿Puede venir a buscarme?
　プエデ ベニル ア ブスカルメ

車で迎えに行きますか.
　Voy a buscarle [buscarla] en coche.
　ボイ ア ブスカルレ [ブスカラ] エン コチェ

■許可

ここに座ってもいいですか.
　¿Puedo sentarme aquí?
　プエド センタルメ アキ

ここで写真を撮ってもいいですか.
　¿Se puede sacar fotos aquí?
　セ プエデ サカル フォトス アキ

タバコを吸ってもいいですか.
　¿Se puede fumar?/ ¿Está permitido fumar?
　セ プエデ フマル / エスタ ペルミティド フマル

見てもいいですか.
　¿Puedo verlo [verla]?
　プエド ベルロ [ベルラ]

ここに書いてください.
　Escríbalo aquí, por favor.
　エスクリバロ アキ ポル ファボル

砂糖を取ってもらえますか.
　¿Me pasa usted el azúcar?
　メ パサ ウステ エル アスカル

日常会話

見せてもらえますか.
¿Me lo [la] enseña usted?
メ ロ[ラ] エンセニャ ウステ

■何時からですか？

開店は何時ですか.
¿A qué hora abre la tienda?
ア ケ オラ アブレ ラ ティエンダ

閉店は何時ですか.
¿A qué hora cierra la tienda?
ア ケ オラ シエラ ラ ティエンダ

7時閉店です.
La tienda cierra a las siete.
ラ ティエンダ シエラ ア ラス シエテ

何時開演ですか.
¿A qué hora comienza la función?
ア ケ オラ コミエンサ ラ フンシオン

試合は午後6時に始まります.
El partido comienza a las seis.
エル パルティド コミエンサ ア ラス セイス

映画は何時に終わりますか.
¿A qué hora termina la película?
ア ケ オラ テルミナ ラ ペリクラ

朝食は何時から何時までですか.
¿Desde [De] qué hora hasta [a] qué hora se puede desayunar?
デスデ[デ] ケ オラ アスタ[ア] ケ オラ セ プエデ デサユナル

7時半から9時までです.
Desde las siete y media [De siete y media] hasta las nueve [a nueve].
デスデ ラス シエテ イ メディア[デ シエテ イ メディア] アスタ ラス ヌエベ[ア ヌエベ]

■入国・出国

パスポートを見せてください.
Déme su pasaporte, por favor./
¿Me da su pasaporte, por favor?
デメ ス パサポルテ ポル ファボル /
メ ダス パサポルテ ポル ファボル

入国目的は何ですか.
¿Cuál es el motivo de su visita?
クワル エス エル モティボ デ ス ビシタ

観光です.
(Para hacer) turismo.
(パラ アセル) トゥリスモ

商用です.
(Por) negocios.
(ポル) ネゴシオス

留学です.
Estudios./ Para estudiar.
エストゥディオス / パラ エストゥディアル

何日間の滞在ですか.
¿Cuántos días va a estar [permanecer] aquí?
クワントス ディアス バ ア エスタル [ペルマネセル] アキ

5日間[2週間]です.
Voy a estar cinco días [dos semanas].
ボイ ア エスタル シンコ ディアス[ドス セマナス]

帰りの航空券はお持ちですか.
¿Tiene usted billete [boleto] de vuelta?
ティエネ ウステ ビイェテ[ボレト] デ ブエルタ

はい, これです.
Aquí está./ Aquí tiene usted.
アキ エスタ / アキ ティエネ ウステ

何か申告するものはありますか.
¿Tiene algo que declarar?
ティエネ アルゴ ケ デクララル

いいえありません.
No, no tengo nada que declarar.
ノ ノ テンゴ ナダ ケ デクララル

これは申告の必要がありますか.
¿Tengo que declarar esto?
テンゴ ケ デクララル エスト

これは何ですか.
¿Qué es esto?
ケ エス エスト

心臓の薬です.
Es una medicina [un medicamento] para el corazón.
エス ウナ メディシナ[ウン メディカメント] パラ エル コラソン

医師の診断書を持っています.
Tengo un certificado médico firmado por mi médico.
テンゴ ウン セルティフィカド メディコ フィルマド ポル ミ メディコ

これは国外に持ち出せません.
Está prohibido sacar esto del país.
エスタ プロイビド サカル エスト デル パイス

ワシントン条約違反です.
Es una violación de la Convención de Washington.
エス ウナ ビオラシオン デ ラ コンベンシオン デ ワシントン

酒・タバコ類をお持ちですか.
¿Tiene [lleva] usted tabaco o alcohol?
ティエネ[イェバ] ウステ タバコ オ アルコオル

身の回り品だけです．
No, sólo efectos personales.
ノ ソロ エフェクトス ペルソナレス

これは課税対象となります．
Está sujeto a impuestos./ Es imponible.
エスタ スヘト ア インプエストス / エス インポニブレ

■乗り物

地下鉄の駅はどこですか．
¿Dóde está la estación de metro?
ドンデ エスタ ラ エスタシオン デ メトロ

切符売り場はどこですか．
¿Dónde se venden los billetes?
ドンデ セ ベンデン ロス ビイェテス

マドリードまで2枚ください．
Dos billetes para Madrid, por favor.
ドス ビイェテス パラ マドリ ポル ファボル

この列車はレオンに行きますか．
¿Este tren para en León?
エステ トレン パラ エン レオン

この列車は急行ですか．
¿Éste es un tren expreso?
エステ エス ウン トレン エ(ク)スプレソ

乗り換えが必要ですか．
¿Tengo que cambiar de tren?/
¿Tengo que hacer transbordo?
テンゴ ケ カンビアル デ トレン / テンゴ ケ アセル トランスボルド

どこで乗り換えるのですか．
¿En qué estación tengo que cambiar [hacer transbordo]?
エン ケ エスタシオン テンゴ ケ カンビアル[アセル トランスボルド]

どこで降りたらいいですか．
¿Dónde tengo que bajarme?
ドンデ テンゴ ケ バハルメ

特急列車に乗ってください．
Tome el tren rápido.
トメ エル トレン ラピド

サラゴサで乗り換えてください．
Cambie [Haga transbordo] en Zaragoza.
カンビエ[アガ トランスボルド] エン サラゴサ

ゴヤは3つ目の駅です．
Goya es la tercera estación.
ゴヤ エス ラ テルセラ エスタシオン

バルセローナ行きのAVEは12番線からです．
El AVE para Barcelona sale de la vía doce.
エル アベ パラ バルセロナ サレ デ ラ ビア ドセ

スタジアム行きのバスはどこから出ますか．
¿De dónde sale el autobús para el estadio?
デ ドンデ サレ エル アウトブス パラ エル エスタディオ

リッツホテルまでお願いします．
Al Hotel Ritz, por favor.
アル オテル リツ ポル ファボル

この住所までお願いします．
Lléveme a esta dirección, por favor.
イェベメ ア エスタ ディレクシオン ポル ファボル

5月17日のマドリード行きの便はありますか．
¿Hay algún vuelo para Madrid que salga el día diecisiete de mayo?
アイ アルグン ブエロ パラ マドリ ケ サルガ エル ディア ディエシシエテ デ マヨ

満席です．
Está completo.
エスタ コンプレト

空席待ちでお願いします．
¿Podría ponerme en lista de espera?
ポドリア ポネルメ エン リスタ デ エスペラ

エコノミーで2席お願いします．
Quisiera [Quería] dos asientos en clase turista.
キシエラ[ケリア] ドス アシエントス エン クラセ トゥリスタ

窓[通路]側の席をお願いします．
Quisiera [Quería] uno de ventanilla [de pasillo], por favor.
キシエラ[ケリア] ウノ デ ベンタニヤ[デ パシヨ] ポル ファボル

預ける荷物はありません．
No llevo equipaje para facturar.
ノ イェボ エキパヘ パラ ファクトゥラル

この荷物を預けます．
Voy a [Quiero] facturar este equipaje.
ボイ ア[キエロ] ファクトゥラル エステ エキパヘ

日常会話

荷物が出てきません.
Mi equipaje no ha salido todavía.
ミ エキパヘ ノ ア サリド トダビア

明日までにリッツホテルに届けてください.
Por favor, mándemelo al Hotel Ritz hoy o mañana a más tardar.
ポル ファボル マンデメロ アル オテル リツ オイ オ マニャナ ア マス タルダル

■ホテル

今夜は部屋はありますか.
¿Tiene una habitación [habitaciones libres] para esta noche?
ティエネ ウナ アビタシオン [アビタシオネス リブレス] パラ エスタ ノチェ

1泊いくらですか.
¿Cuánto es por una noche?
クワント エス ポル ウナ ノチェ

1泊です. / 2 [3] 泊です.
Una noche. / Dos [Tres] noches.
ウナ ノチェ / ドス [トレス] ノチェス

ツインをお願いします.
Una habitación doble [con dos camas], por favor.
ウナ アビタシオン ドブレ [コン ドス カマス] ポル ファボル

バス [シャワー] 付きの部屋をお願いします.
Una habitación con baño [ducha], por favor.
ウナ アビタシオン コン バニョ [ドゥチャ] ポル ファボル

インターネットの使える部屋をお願いします.
Una habitación con acceso a Internet, por favor.
ウナ アビタシオン コン アクセソ ア インテルネト ポル ファボル

ルームサービスはありますか.
¿Hay servicio de habitaciones?
アイ セルビシオ デ アビタシオネス

■ホテルでのトラブル

もしもし, 505 号室です.
Oiga, esta es [le hablo desde] la habitación 505.
オイガ エスタ エス [レ アブロ デスデ] ラ アビタシオン シンコ セロ シンコ

キーを部屋に置き忘れました.
He dejado [Dejé] la llave en la habitación.
エ デハド [デヘ] ラ ヤベ エン ラ アビタシオン

エアコンがききません.
No funciona el aire acondicionado.
ノ フンシオナ エル アイレ アコンディショナド

お風呂場の電球が切れています.
Está fundida la bombilla del baño.
エスタ フンディダ ラ ボンビヤ デル バニョ

お湯が出ません.
No sale agua caliente.
ノ サレ アグワ カリエンテ

シャワーが出ません.
No funciona la ducha.
ノ フンシオナ ラ ドゥチャ

トイレットペーパーがありません.
No hay papel higiénico.
ノ アイ パペル イヒエニコ

■道を尋ねる

バス停はどこですか.
¿Dónde está la parada de autobús?
ドンデ エスタ ラ パラダ デ アウトブス

最寄りの駅はどこですか.
¿Dónde está la estación más cercana?
ドンデ エスタ ラ エスタシオン マス セルカナ

この辺に公衆トイレはありますか.
¿Hay algún servicio por aquí cerca?
アイ アルグン セルビシオ ポル アキ セルカ

オペラハウスへはこの道でいいですか.
¿Esta calle conduce al Teatro de la Ópera?
エスタ カイェ コンドゥセ アル テアトロ デ ラ オペラ

デパートに行きたいのですが.
¿Para ir a unos grandes almacenes?
パラ イル ア ウノス グランデス アルマセネス

遠いですか.
¿Está lejos de aquí?
エスタ レホス デ アキ

歩いて行けますか.
¿Se puede ir andando?
セ プエディル アンダンド

すぐそこですよ.
Está ahí, muy cerca.
エスタ アイ ムイ セルカ

ここからだとかなりありますよ.
Está bastante lejos de aquí.
エスタ バスタンテ レホス デ アキ

200 メートルほどです．
　Está a unos doscientos metros de aquí.
　エスタ ア ウノス ドスシエントス メトロス デ アキ

歩いて10分ほどです．
　Se tarda unos diez minutos andando [a pie].
　セ タルダ ウノス ディエス ミヌトス アンダンド[ア ピエ]

駅の前にあります．
　Está enfrente[delante] de la estación.
　エスタ エンフレンテ[デランテ] デ ラ エスタシオン

右手[左手]にあります．
　Está a la derecha [izquierda].
　エスタ ア ラ デレチャ[イスキエルダ]

道の反対側です．
　Está al otro lado de la calle.
　エスタ アル オトロ ラド デ ラ カイェ

角にあります．
　Está en la esquina.
　エスタ エン ラ エスキナ

あの白いビルです．
　Es aquel edificio blanco.
　エス アケル エディフィシオ ブランコ

このビルの中にあります．
　Está en este edificio.
　エスタ エン エステ エディフィシオ

この道をまっすぐ行ってください．
　Siga todo recto por esta calle.
　シガ トド レクト ポル エスタ カイェ

次の[2つ目の]交差点を右に曲がってください．
　Gire [Doble] a la derecha en el próximo [segundo] cruce.
　ヒレ[ドブレ] ア ラ デレチャ エン エル プロクシモ[セグンド] クルセ

突き当りを右に曲がってください．
　Gire [Doble] a la derecha al final de la calle.
　ヒレ[ドブレ] ア ラ デレチャ アル フィナル デ ラ カイェ

入り口[出口]はどこですか．
　¿Dónde está la entrada [salida]?
　ドンデ エスタ ラ エントラダ[サリダ]

■ツアー

観光ツアーのパンフレットはありますか．
　¿Tienen algún folleto con las giras que ofrecen?
　ティエネン アルグン フォイェト コン ラス ヒラス ケ オフレセン

日帰りツアーはありますか．
　¿Tienen alguna gira de un día?
　ティエネン アルグナ ヒラ デ ウン ディア

半日ツアーはありますか．
　¿Tienen alguna gira de medio día?
　ティエネン アルグナ ヒラ デ メディオ ディア

ツアーの料金はいくらですか．
　¿Cuánto cuesta la gira?
　クワント クエスタ ラ ヒラ

ツアーに食事はついていますか．
　¿La gira incluye comidas?
　ラ ヒラ インクルイェ コミダス

ツアーにカサ・ミラは入っていますか．
　¿La gira incluye la entrada a la Casa Milà?
　ラ ヒラ インクルイェ ラ エントラダ ア ラ カサ ミラ

日本語のガイドはついていますか．
　¿Nos acompaña un guía que hable japonés?
　ノス アコンパニャウン ギア ケ アブレ ハポネス

ホテルまで送迎バスがあります．
　Hay un servicio de autobús que los lleva al hotel.
　アイ ウン セルビシオ デ アウトブス ケ ロス イェバ アル オテル

■食事

お腹がすきました．/ のどが渇きました．
　Tengo hambre./ Tengo sed.
　テンゴ アンブレ / テンゴ セ

バルで休みましょう．
　Descansemos en un bar.
　デスカンセモス エン ウン バル

何か召し上がりたいものはありますか．
　¿Qué le gustaría comer?
　ケ レ グスタリア コメル

嫌いなものはありますか．
　¿Hay algo que no le guste?
　アイ アルゴ ケ ノ レ グステ

何でも大丈夫です．
　Cualquier cosa está bien.
　クワルキエル コサ エスタ ビエン

いいレストランを教えていただけませんか．
　¿Me podría recomendar algún buen restaurante?
　メ ポドリア レコメンダル アルグン ブエン レスタウランテ

この店はおいしくて安いです．
　En este restaurante se come bien y barato.
　エン エステ レスタウランテ セ コメ ビエン イ バラト

日常会話

6時から3名で予約をお願いします．
Quisiera hacer una reserva para tres personas a las seis.
キシエラ アセル ウナ レセルバ パラ トレス ペルソナス ア ラス セイス

何分ぐらい待ちますか．
¿Cuánto tiempo tenemos que esperar?
クワント ティエンポ テネモス ケ エスペラル

禁煙席をお願いします．
Una mesa para no fumadores, por favor.
ウナ メサ パラ ノ フマドレス ポル ファボル

タバコはどこで吸えますか．
¿Dónde podría fumar?
ドンデ ポドリア フマル

ご注文は何になさいますか．
¿Qué van a tomar ustedes?/ ¿Qué quieren tomar ustedes?
ケ バン ア トマル ウステデス / ケ キエレン トマル ウステデス

お勧めはなんですか．
¿Qué me recomienda?
ケ メ レコミエンダ

トルティーリャ（ジャガイモ入りオムレツ）をください．
Una tortilla, por favor.
ウナ トルティリャ ポル ファボル

お水をいただけますか．
¿Me trae un vaso de agua, por favor?
メ トラエ ウン バソ デ アグワ ポル ファボル

これは注文していません．
Yo no he pedido esto.
ヨ ノ エ ペディド エスト

私が頼んだのは子牛のフィレです．
He pedido un filete de ternera.
エ ペディド ウン フィレテ デ テルネラ

頼んだものがまだ来ません．
Todavía no ha llegado lo que he pedido.
トダビア ノ ア イェガド ロ ケ エ ペディド

しばらくお待ちください．
Un momento, por favor.
ウン モメント ポル ファボル

飲み物は何がよろしいですか．
¿Desea algo para [de] beber?
デセア アルゴ パラ [デ] ベベル

ワインをグラスでください．
Un vaso de vino, por favor.
ウン バソ デ ビノ ポル ファボル

アルコールはだめなんです．
Yo no bebo./ Yo no tomo alcohol.
ヨ ノ ベボ / ヨ ノ トモ アルコオル

乾杯！
¡Salud!
サル

お腹が一杯でデザートはいりません．
Estoy lleno(a). No deseo postre.
エストイ イェノ(ナ) ノ デセオ ポストレ

テイクアウトでハンバーガー2個をお願いします．
Dos hamburguesas para llevar, por favor.
ドス アンブルゲサス パラ イェバル ポル ファボル

オレンジジュースをください．
Un zumo [jugo] de naranja, por favor.
ウン スモ [フゴ] デ ナランハ ポル ファボル

ここで食べます．
Para comer aquí.
パラ コメル アキ

おいしいです！
¡Qué rico [rica]!/ ¡Qué sabroso [sabrosa]!
ケ リコ[リカ] / ケ サブロソ[サブロサ]

この料理，大好物なんです．
Este plato es mi favorito./ Me encanta este plato.
エステ プラト エス ミ ファボリト / メ エンカンタ エステ プラト

ごめんなさい，これはちょっと食べられません．
Lo siento, pero no puedo comer esto.
ロ シエント ペロ ノ プエド コメル エスト

アレルギーが出るんです．
Me da alergia.
メ ダ アレルヒア

もう十分いただきました．
Ya he comido suficiente.
ヤ エ コミド スフィシエンテ

お腹が一杯です．
Estoy lleno(a)./ Estoy satisfecho(cha).
エストイ イェノ(ナ) / エストイ サティスフェチョ(チャ)

たいへんおいしかったです，ごちそうさま．
He comido muy bien [a mi gusto], muchas gracias.
エ コミド ムイ ビエン[ア ミ グスト] ムチャス グラシアス

■買い物

いらっしゃいませ.
¿Qué desea [deseaba] usted?/
¿En qué puedo servirle?
ケ デセア[デセアバ] ウステ / エン ケ プエド セルビルレ

ちょっと見ているだけです.
Sólo estoy mirando, gracias.
ソロ エストイ ミランド グラシアス

婦人服売場はどこですか.
¿Dónde venden ropa de señora?
ドンデ ベンデン ロパ デ セニョラ

紳士服売場は何階ですか.
¿En qué piso [planta] venden ropa de caballero?
エン ケ ピソ[プランタ] ベンデン ロパ デ カバイェロ

こちらへどうぞ.
Por aquí, por favor.
ポル アキ ポル ファボル

あのスカートを見せていただけますか.
¿Podría mostrarme esa falda, por favor?
ポドリア モストラルメ エサ ファルダ ポル ファボル

右端のものを見せてください.
Déjeme ver, por favor, el [la] que está más a la derecha.
デヘメ ベル ポル ファボル エル[ラ] ケ エスタ マス ア ラ デレチャ

その赤いのを見せていただけますか.
¿Podría mostrarme ese rojo [esa roja], por favor?
ポドリア モストラルメ エセ ロホ[エサ ロハ] ポル ファボル

サイズは38です.
Mi talla es la 38.
ミ タヤ エス ラ トレインタ イ オチョ

大きすぎます.
Es demasiado grande.
エス デマシアド グランデ

小さすぎます.
Es demasiado pequeño [pequeña]
エス デマシアド ペケニョ[ペケニャ]

ちょうどいいです.
Es la talla justa./ Me queda a la medida.
エス ラ タヤ フスタ / メ ケダ ア ラ メディダ

違うデザインのはありますか.
¿Tiene alguno [alguna] de otro diseño?
ティエネ アルグノ[アルグナ] デ オトロ ディセニョ

これより大きいのはありますか.
¿Tiene otro [otra] más grande?
ティエネ オトロ[オトラ] マス グランデ

これより小さいのはありますか.
¿Tiene otro [otra] más pequeño [pequeña]?
ティエネ オトロ[オトラ] マス ペケニョ[ペケニャ]

試着してもいいですか.
¿Puedo probármelo?
プエド プロバルメロ

お似合いです.
Le queda [sienta] bien.
レ ケダ[シエンタ] ビエン

これをください.
Me llevo este [esta].
メ イェボ エステ[エスタ]

これを3つください.
Déme [Póngame] tres de éstos [éstas], por favor.
デメ[ポンガメ] トレス デ エストス[エスタス] ポル ファボル

別々に包んでいただけますか.
¿Podría envolvérlos por separado?
ポドリア エンボルベルロス ポル セパラド

■支払う

割り勘にしましょう.
Paguemos a escote [a medias, entre todos].
パゲモス ア エスコテ[ア メディアス, エントレ トドス]

お勘定をお願いします.
La cuenta, por favor.
ラ クエンタ ポル ファボル

いくらですか. / 全部でいくらですか.
¿Cuánto es?/ ¿Cuánto es en total?
クワント エス / クワント エス エン トタル

現金[カード]で支払います.
Voy a pagar en efectivo [con tarjeta].
ボイ ア パガル エン エフェクティボ [コン タルヘタ]

計算が間違っています.
Esta cuenta está equivocada.
エスタ クエンタ エスタ エキボカダ

おつりが足りません.
El cambio no es correcto.
エル カンビオ ノ エス コレクト

100ユーロ札を渡しました.
Le he dado [Le di] un billete de cien euros.
レ エ ダド[レ ディ] ウン ビイェテ デ シエン エウロス

日常会話

■電話・メール

もしもし，アロンソさんはいらっしゃいますか．
Oiga, ¿está el Sr. Alonso?
オイガ エスタ エル セニョル アロンソ

私は田中と申します．
Me llamo Tanaka./ Soy Tanaka.
メ ヤモ タナカ / ソイ タナカ

メサ夫人をお願いしたいのですが．
¿Podría hablar con la Sra. Meza?
ポドリア アブラル コン ラ セニョラ メサ

そのままお待ちください．
Espere un momento, por favor.
エスペレ ウン モメント ポル ファボル

ただ今ほかの電話に出ております．
Atiende otra llamada ahora.
アティエンデ オトラ ヤマダ アオラ

電話があったことをお伝えください．
Por favor, dígale que la [le] he llamado.
ポル ファボル ディガレ ケ ラ[レ] エ ヤマド

番号を間違えました．
Me he equivocado(a) [Me equivoqué] de número.
メ エ エキボカド(ダ) [メ エキボケ] デ ヌメロ

発信音のあとにメッセージをどうぞ．
Por favor, deje su mensaje después de oír la señal.
ポル ファボル デヘ ス メンサヘ デスプエス デ オイル ラ セニャル

メールアドレスを教えていただけますか．
¿Cuál es su dirección de e-mail [correo electrónico]?
クワル エス ス ディレクシオン デ イメイル[コレオ エレクトロニコ]

メールアドレスはこれです．
Ésta es mi dirección de e-mail [correo electrónico].
エスタ エス ミ ディレクシオン デ イメイル[コレオ エレクトロニコ]

あとでメールを差し上げます．
Le mando un e-mail [correo electrónico] después.
レ マンド ウン イメイル[コレオ エレクトロニコ] デスプエス

メールで連絡を取り合いましょう．
Vamos a seguir en contacto a través de e-mail [del correo electrónico].
バモス ア セギル エン コンタクト ア トラベス デ イメイル[デル コレオ エレクトロニコ]

メールをしたのですが，ご覧になられましたか．
¿Ha visto [leído] el mensaje que le mandé?
ア ビスト[レイド] エル メンサヘ ケ レ マンデ

自分のホームページを作りました．
Hice una página web.
イセ ウナ パヒナ ウェブ

■郵便局・銀行

この小包を日本に送りたいのですが．
Quisiera [Quería] mandar este paquete a Japón.
キシエラ[ケリア] マンダル エステ パケテ ア ハポン

この小包を航空便で送りたいのですが．
Quisiera [Quería] mandar este paquete por avión [correo aéreo].
キシエラ[ケリア] マンダル エステ パケテ ポル アビオン[コレオ アエレオ]

100ドルをユーロ[円]に換えてください．
Quisiera cambiar cien dólares en euros [yenes].
キシエラ カンビアル シエン ドラレス エン エウロス[イェネス]

トラベラーズチェックを現金にしてください．
¿Podría cambiar estos cheques de viajero?
ポドリア カンビアル エストス チェケス デ ビアヘロ

ATMはどこにありますか．
¿Dónde está el cajero automático?
ドンデ エスタ エル カヘロ アウトマティコ

■トラブル

パスポートをなくしました．
He perdido el pasaporte.
エ ペルディド エル パサポルテ

電車の中にかばんを忘れました．
He dejado [Dejé] olvidada la bolsa en el tren.
エ デハド[デヘ] オルビダダ ラ ボルサ エン エル トレン

ここに上着を忘れたようです．
Creo que he dejado [Creo que dejé] olvidada aquí mi chaqueta.
クレオ ケ エ デハド [クレオ ケ デヘ] オルビダダ アキ ミ チャケタ

見つかったらホテルに電話をください.
Por favor, llámeme al hotel si la encuentran.
ポル ファボル ヤメメ アル オテル シ ラ エンクエントラン

財布を盗まれました.
Me han robado [Me robaron] la cartera [billetera].
メ アン ロバド [メ ロバロン] ラ カルテラ[ビイェテラ]

このくらいの大きさの黒い肩掛けかばんです.
Es una bolsa de hombro como de este tamaño.
エス ウナ ボルサ デ オンブロ コモ デ エステ タマニョ

助けて!
¡Socorro!
ソコロ

火事だ!
¡Incendio!/ ¡Fuego!
インセンディオ / フエゴ

どろぼう!
¡Ladrones!
ラドロネス

おまわりさん!
¡Policía!
ポリシア

お医者さんを呼んで!
¡Llamen a un médico!
ヤメン ア ウン メディコ

救急車を!
¡Llamen una ambulancia!
ヤメン ウナ アンブランシア

けが人がいます.
Hay un herido [unos heridos].
アイ ウン エリド[ウノス エリドス]

病人がいます.
Hay un enfermo [unos enfermos].
アイ ウン エンフェルモ[ウノス エンフェルモス]

彼は動けません.
No puede moverse.
ノ プエデ モベルセ

私は被害者です.
Yo soy la víctima.
ヨ ソイ ラ ビクティマ

日本語の通訳をお願いします.
Quiero un intérprete de japonés.
キエロ ウン インテルプレテ デ ハポネス

■体調

この近くに薬局はありますか.
¿Hay una farmacia por aquí cerca?
アイ ウナ ファルマシア ポル アキ セルカ

日本語の話せる医師はいますか.
¿Hay algún médico que hable japonés?
アイ アルグン メディコ ケ アブレ ハポネス

気分が悪いのですが.
No me siento bien.
ノ メ シエント ビエン

風邪をひきました.
He cogido [pillado] un resfriado.
エ コヒド[ピヤド] ウン レスフリアド

咳がひどいんです.
Toso mucho.
トソ ムチョ

下痢をしています.
Tengo diarrea.
テンゴ ディアレア

息が苦しいです.
Tengo dificultad para respirar.
テンゴ ディフィクルタ パラ レスピラル

熱があります.
Tengo fiebre.
テンゴ フィエブレ

頭が痛みます.
Me duele la cabeza./ Tengo dolor de cabeza.
メ ドゥエレ ラ カベサ / テンゴ ドロル デ カベサ

胃が痛みます.
Me duele el estómago./ Tengo dolor de estómago.
メ ドゥエレ エル エストマゴ / テンゴ ドロル デ エストマゴ

ここがとても痛いです.
Me duele mucho aquí.
メ ドゥエレ ムチョ アキ

何か持病はありますか.
¿Tiene usted alguna enfermedad crónica?
ティエネ ウステ アルグナ エンフェルメダ クロニカ

糖尿病です.
Tengo diabetes.
テンゴ ディアベテス

高[低]血圧です.
Tengo la tensión alta [baja].
テンゴ ラ テンシオン アルタ[バハ]

私は卵アレルギーです.
Soy alérgico(a) a los huevos.
ソイ アレルヒコ(カ) ア ロス ウエボス

私は妊娠3か月です.
Estoy embarazada de tres meses.
エストイ エンバラサダ デ トレス メセス

日常会話

歯が痛みます.
Me duele una muela./ Tengo dolor de muelas.
メ ドゥエレ ウナ ムエラ / テンゴ ドロル デ ムエラス

入れ歯がこわれました.
Se me ha roto la dentadura postiza.
セ メ ア ロト ラ デンタドゥラ ポスティサ

足首をねんざしました.
Me he torcido el tobillo.
メ エ トルシド エル トビヨ

やけどをしました.
Me he quemado.
メ エ ケマド

検査が必要です.
Tiene que hacerse un reconocimiento.
ティエネ ケ アセルセ ウン レコノシミエント

1日に3回飲んでください.
Tómelo tres veces al día.
トメロ トレス ベセス アル ディア

食前[後]に飲んでください.
Tómelo antes [después] de comer.
トメロ アンテス[デスプエス] デ コメル

1回2錠です.
Tome dos píldoras cada vez.
トメ ドス ピルドラス カダ ベス

風邪薬をください.
Quisiera alguna medicina contra el resfriado [para el catarro].
キシエラ アルグナ メディシナ コントラ エル レスフリアド[パラ エル カタロ]

頭痛薬はありますか.
¿Tiene alguna medicina para aliviar el dolor de cabeza?
ティエネ アルグナ メディシナ パラ アリビアル エル ドロル デ カベサ

この薬を常用しています.
Habitualmente tomo esta medicina.
アビトゥワルメンテ トモ エスタ メディシナ

二日酔いです.
Tengo resaca.
テンゴ レサカ

寝不足です.
No he dormido suficientemente.
ノ エ ドルミド スフィシエンテメンテ

少し気分がよくなりました.
Ahora me siento un poco mejor.
アオラ メ シエント ウン ポコ メホル

すっかりよくなりました.
Ya me encuentro muy bien.
ヤ メ エンクエントロ ムイ ビエン

SANSEIDO'S
DAILY
CONCISE
DICCIONARIO
ESPAÑOL

Japonés-Español

和西辞典

凡　　例

1. 見出し語
- 見出し語を五十音順に配列し, 長音は直前の母音に置き換えた位置に置いた. 派生関係の強いものは, 適宜追い込みにした.
- 同音異義語は別立てとせずにまとめた場合もある.
- 見出し語には一般的な漢字仮名交じり表記を併記した.

2. 訳　語
- 訳語は基本的かつ代表的なものにしぼって載せた.
- 訳語が複数ある場合は, 必要に応じて( )で意味を限定した.
- 性によって変化する部分を( )に入れてイタリック体で示した.

3. 品詞等
- 訳語の名詞には, 男 女 男女 名 を表示した.
- 必要なものには 単(単数), 複(複数), 単複(単複同形)を表示した.

4. 使用地域・位相・語源・専門分野
- それぞれ《 》内に示した. そのうち, 以下のものには略語を用いた.

　《文》: 文章体　《俗》: 俗語　《話》: 談話体, 口語　《幼》: 幼児語
　《英》: 英語　《伊》: イタリア語　《仏》: フランス語　《独》: ドイツ語
　《日》: 日本語　《スポ》: スポーツ

5. 文法情報
- 訳語と共起する前置詞を《 》で, 文法的注意事項を〚 〛で示した.

6. 用例・成句
- 用例は‖で示し, 用例中の見出し語相当部分は ～ で省略した.
- 成句は▶で示した.
- 用例・成句では, 主語が明確でない場合は, 原則として男性形で代表させた.

7. 合成語
- 2語以上からなる合成語は, ♦をつけて用例の後にまとめた.

8. 記号・カッコ類
( )：訳語の意味限定, 語の省略　　　　　‖：用例開始
[ ]：直前の語との交換　　　　　　　　　▶：成句
《 》：使用地域, 位相, 語源, 専門分野　　♦：合成語開始
《 》：共起する前置詞　　　　　　　　　/：文例等の併記
〚 〛：文法的注意事項　　　　　　　　　会話：会話の用例

あ

アーケード soportal 男, arcada 女
アーチ arco 男, ◆**アーチ道** pasadizo abovedado 男
アームチェア sillón 男, butaca 女
アーモンド almendra 女
アール（面積の単位）área 女
あい 愛 amor 男, cariño 男, afecto 男 《a, por》
あいかぎ 合鍵 duplicado de una llave 男, copia de una llave 女
あいかわらず 相変わらず como siempre; (依然として) todavía, aún; (いつも) siempre ‖~の de siempre
あいきょう 愛敬 simpatía 女, encanto 男 ‖~のある simpático(ca), encantador(dora)
あいこく 愛国 ◆**愛国者** patriota 男女 **愛国心** patriotismo 男
あいことば 合い言葉 contraseña 女, (標語) eslogan 男
アイコン icono 男
あいさつ 挨拶 (出会いの) saludo 男, (別れの) despedida 女, (かた苦しい) salutación 女 ‖~する (出会いの) saludar; (別れの) despedir 歓迎の~をする decir unas palabras de bienvenida ◆**挨拶状** tarjeta de saludo 女
アイシャドー sombra de ojos 女
あいしゅう 哀愁 melancolía 女 ～を感じる sentirse triste ～を帯びた melancólico(ca)
あいしょう 愛称 apodo 男, sobrenombre 男
あいしょう 相性 ‖~がいい llevarse bien; entenderse (bien) 《con》 ~が悪い no llevarse bien; no entenderse (bien) 《con》
あいじょう 愛情 afecto 男, cariño 男, amor 男 《a, por》
あいじん 愛人 amante 男女
アイス (水) hielo 男; (アイスクリーム) helado 男 ◆**アイスコーヒー** café helado 男, café con hielo 男 **アイススケート** patinaje sobre hielo 男 **アイスティー** té helado 男, té con hielo 男 **アイスホッケー** hockey sobre hielo 男
あいず 合図 seña 女, señal 男 ‖手で~する señalar con la mano
アイスランド Islandia ‖~の islandés(desa)
あいする 愛する amar, querer
あいそ 愛想 ‖~のよい amable, afable, simpático(ca)
あいた 空いた libre
あいだ 間 entre ‖3時と5時の~ entre (las) tres y (las) cinco 書類の~に entre los documentos 3年の~ tres años; durante [por] tres años ‖~に 私が外にいた~に mientras yo estaba fuera しばらくの~ un rato, un momento; (会話) un ratito, un momentito
あいついで 相次いで uno tras otro, sucesivamente
あいて 相手 (一緒に物事をする人) compañía 女, (パートナー) compañero(ra) 名; (敵) rival 男女, oponente 男 ‖顧客の~をする atender a los clientes
アイデア idea 女 ◆**アイデアマン** hombre de ideas 男 Es un hombre de muchas y buenas ideas.
アイティー IT tecnologías de la información 女
あいどくしょ 愛読書 libro predilecto [favorito]
アイドル ídolo 男
あいにく 生憎 por desgracia, desgraciadamente, lamentablemente
アイバンク banco de ojos 男
あいぶ 愛撫 ‖~する acariciar
あいま 合間 (間隔) intervalo 男; (休止) pausa 女
あいまい 曖昧 ‖~な ambiguo(gua), (漠然とした) vago(ga); (はっきりしない) impreciso(sa), oscuro(ra)
あいらしい 愛らしい amable, encantador(dora); (かわいくて美しい) bonito(ta), lindo(da)
アイルランド Irlanda ‖~の irlandés(desa)
アイロン plancha 女
あう 会う (人に会う) ver 《a》; (出会う) encontrar 《a》, encontrarse 《con》; (会合する) verse, reunirse
あう 合う (ぴったり合う・似合う) quedar [sentar, ir] bien 《a》; (目的にふさわしい) ser apropiado(da) [adecuado(da)] 《para》
あう 遭う (遭遇・経験する) tener, pasar 《por》, experimentar 事故に~った私は大雨に遭った. Me sorprendió una fuerte lluvia.
アウト (野球) eliminado 男 ◆**アウトサイダー** persona de fuera 女, forastero(ra) 名, no afiliado(da) 男, extraño(ña) 名 **アウトプット** salida 女; (英) output 男 **アウトライン** (概略) resumen 男, compendio 男; (輪郭) contorno 男
あえぐ 喘ぐ jadear; (苦しそうに息をする) respirar con dificultad
あえて 敢えて ‖~する (思い切って) atreverse a 〖+不定詞〗; (危険を冒して) arriesgarse [aventurarse] a 〖+不定詞〗
あえる 和える aliñar 《con で》
あえん 亜鉛 cinc 男, zinc 男
あお 青 azul 男; (緑色) verde 男
あおい 青い azul; (緑の) verde; (顔が青ざめいる) pálido(da)
あおい 葵 malva 女
あおぐ 仰ぐ (上を見る) mirar arriba, alzar la vista; (尊敬する) respetar 《a》
あおぐ 扇ぐ abanicar
あおざめる 青ざめる ponerse páli-

あお(da), perder el color
あおじろい 青白い pálido(da)
あおむけ 仰向け ‖～になる acostarse [tumbarse] boca arriba　～に倒れる caerse boca arriba
あおる 煽る (扇動する) avivar, incitar
あか 赤 rojo 男
あか 垢 suciedad 女, mugre 女 ◆耳垢 cera (de los oídos) 女
あかい 赤い rojo(ja); (顔が) colorado(da) ‖赤くなる ponerse rojo(ja), enrojecerse; (顔が) ponerse colorado(da)
あかぎれ 皸 grieta (de la piel) 女
あかし 証し prueba 女
あかじ 赤字 déficit 男; (損失) pérdida 女 ‖～になる arrojar déficit
アカシア acacia 女
あかす 明かす ‖人に秘密を～ revelar un secreto a …　寝ずに夜を～ pasar la noche sin dormir
あかちゃん 赤ちゃん bebé 男女 ‖～ができる[生まれる] tener un(una) niño(ña)
あかつき 暁 amanecer 男;《文》alba 女
アカデミー academia 女 ◆アカデミー賞 (映画) Oscar 男
あかぼう 赤帽 (駅などの) maletero 男, mozo (de la estación) 男
あかみ 赤身 (肉の) carne magra 女; (魚の) carne roja 女
あがめる 崇める venerar, adorar
あからさま ‖～な (明白な) claro(ra); (率直な) franco(ca)
あかり 明かり luz 女; (電気スタンドなど移動可能な) lámpara 女 ‖～をつける encender la luz　～を消す apagar la luz
あがる 上がる subir, ascender, elevarse; (緊張する) ponerse nervioso(sa)
あかるい 明るい (光・色などが) claro(ra); (性格などが) alegre ‖明るくなる aclarar, clarear; (人工の光で) iluminarse
あんぽう 赤ん坊 bebé 男女 ‖《話》nene(na) 名, crío(a) 名
あき 秋 otoño 男
あき 空き (すき間) espacio 男; (部屋の) habitación libre 女; (場所の) sitio libre 男 ◆空きびん botella vacía 女　空き家 casa deshabitada [desocupada] 女
あきない 商い comercio 男, negocio 男
あきなう 商う vender; (取引する) dedicarse al comercio [negocio] 《de》
あきらか 明らか ‖～な claro(ra), (明白な) evidente; ～になる salir a la luz, darse a conocer, hacerse público
あきらめる 諦める desistir 《a》, renunciar 《a》
あきる 飽きる hartarse 《de》; (退屈する) aburrirse 《de》
アキレスけん アキレス腱 tendón de Aquiles 男

あきれた 呆れた (愛想が尽きる) repugnante; (ばかげた) ridículo(la); (驚くべき) asombroso(sa),《話》increíble
あきれる 呆れる (愛想が尽きる) estar harto(ta) 《cansado(da)》《con, de》; (驚く) asombrarse 《admirarse》《de》
あく 開く abrir, abrirse
あく 空く (中身が空になる) vaciarse; (地位・席・場所などが) quadarse [estar] libre [desocupado(da)]; (暇になる) estar libre
あく 悪 mal 男; (不正) injusticia 女, maldad 女; (悪徳) vicio 男
あくい 悪意 malicia 女, malevolencia 女, mala intención 女
あくうん 悪運 mala suerte 女 ‖～が強い tener la suerte del diablo
あくじ 悪事 mala acción 女, injusticia 女; (犯罪) delito 男
あくしつ 悪質 ‖～な (不正な) injusto(ta); (悪意のある) malicioso(sa) ～な業者 comerciante tramposo(sa)
あくしゅ 握手 saludo dando la mano 男; (固い) apretón de manos 男 ‖～する dar la mano 《a》, saludar 《a》 con un apretón de manos
あくしゅう 悪臭 mal olor 男 ‖～を放つ oler mal
あくじゅんかん 悪循環 círculo vicioso 男 ‖～に陥る entrar [caer] en un círculo vicioso
アクション acción 女 ‖～映画 película de acción
あくせい 悪性 ‖～の maligno(na)
アクセサリー [集合的] adornos 男複, joyas 女複; (機械などの付属品) accesorio 男
アクセス acceso 男
アクセル acelerador 男 ‖～を踏む pisar el acelerador　～を離す aflojar [soltar] el acelerador
アクセント acento 男
あくとう 悪党 malvado(da) 名, maleante 男, canalla 男女
あくび 欠伸 bostezo 男 ‖～をする dar un bostezo, bostezar
あくま 悪魔 demonio 男, diablo 男
あくむ 悪夢 pesadilla 女
あくめい 悪名 mala fama 女, mala reputación 女
あくゆう 悪友 mal(mala) amigo(ga) 名, mal(mala) compañero(ra) 名,〖複数形で〗 malas compañías 女
あくよう 悪用 abuso 男 ‖～する abusar, hacer mal uso 《de》
あぐら 胡座 ‖～をかく sentarse con las piernas cruzadas
あくりょく 握力 fuerza de puño 女
アクリル acrílico(ca) ◆アクリル樹脂 resina acrílica 女
アクロバット acrobacia 女
あげあし 揚げ足 ‖～を取る encontrar 《a + 物・事》 todo tipo de defectos, acusar 《a + 物・事》 de pequeñeces
あけがた 明け方 amanecer 男, ma-

あけはなす 開け放す abrir de par en par, abrir completamente; (開けておく) dejar abier*to(ta)*

あけぼの 曙 aurora 女

あけまして 明けまして 《会話》～おめでとう(ございます) iFeliz [Próspero] Año Nuevo!

あける 開ける abrir 〖穴を～ hacer [abrir] un agujero, agujerear, perforar

あける 空ける (空にする) vaciar

あける 明ける 〖夜が～ amanecer, hacerse de día 年が～ comenzar el año.

あげる dar 《a》

あげる 上げる (高い所へ) subir, elevar; (量・価格を) subir, aumentar; (手・顔を) levantar

あげる 挙げる (手を) levantar 〖例を～ dar [ofrecer, poner] un ejemplo

あげる 揚げる freír

あご 顎 mandíbula 女 ◆**あごひげ** barba 女

アコーディオン acordeón 男

あこがれ 憧れ anhelo 男, ansia 女, deseo 男; (賞賛) admiración 女 《por》

あこがれる 憧れる anhelar; suspirar 《por》, (賞賛する) admirar

あさ 朝 mañana 女; (夜明け) amanecer 男 ‖～に por la mañana ～から晩まで de [desde] la mañana a [hasta] la noche ～早く por la mañana temprano 毎～ todas las mañanas, cada mañana

あさ 麻 (植物, 繊維) cáñamo 男; (布) lino 男

あざ 痣 (生まれつきの) mancha 女; (打撲などによる) cardenal 男

あさい 浅い (深さが) poco profun*do(da)*, (傷などが) leve; (眠りが) lige*ro(ra)*; (考えなどが) superficial

あさがお 朝顔 dondiego (de día) 男

あざける 嘲る ridiculizar; burlarse [reírse] 《de》

あざけり 嘲り burla 女

あせ 浅瀬 bajío 男, banco de arena 男; (歩いて渡れる) vado 男

あさって 明後日 pasado mañana

あさねぼう 朝寝坊 (人) dormi*lón(lona)* 男 ‖～する levantarse tarde

あさばん 朝晩 mañana(s) y tarde(s); por la mañana y por la tarde

あさひ 朝日 sol naciente 男, sol de la mañana 男

あさましい 浅ましい (卑劣な) vil, bajo(ja); (行為などが恥ずべき) vergonzo*so(sa)*, (嘆かわしい) deplorable

あざむく 欺く engañar 《a》

あさめし 朝飯 desayuno 男 ‖そんなことは～前だ Es pan comido./Es coser y cantar.

あざやか 鮮やか ‖～な (色などが鮮明な) vivo(va), (はっきり見える) claro(ra); (華々しい) brillante

あざらし 海豹 foca 女, lobo marino

あさり 浅蜊 almeja 女

アザレア azalea 女

あざわらう 嘲笑う reírse [burlarse, mofarse] 《de》

あし 足 (人の足(足首から下)) pie 男; (人の脚) pierna 女; (動物・鳥・昆虫の足) pata 女 ◆**足跡** pisada 女, huella 女, (動物の) rastro 男 **足音** pasos 男複 **足かせ** grillos 男複, grilletes 男複 (重param) carga 女; **足首** tobillo 男 **足どり** (歩き方) paso 男, marcha 女; (犯人などの) pista 女 **足場** (建築現場などの) andamio 男, estribo 男; (足を掛ける所) lugar [punto] de apoyo 男

あじ 味 sabor 男; (風味) gusto 男; (魅力) encanto 男 ‖～をみる probar ～のよい sabroso(sa), rico(ca), delicio*so(sa)* ～のない soso(sa)

あじ 鯵 chicharro 男, jurel 男

アジア Asia ‖～の asiático(ca) ◆**アジア人** asiático(ca)

アジカ león marino 男

あじけない 味気ない insípido(da), anodino(na); (退屈な) aburrido(da)

あじさい 紫陽花 hortensia 女

アシスタント ayudante 男女, asistente 男女

あした 明日 mañana

あじみ 味見 ‖～する probar, degustar, catar

あじわう 味わう saborear, degustar 男, gusto 男; ‖～のある文章 frase sugestiva [con mucho sentido] 女

あじわう 味わう saborear, degustar; (楽しむ) gozar 《de》, disfrutar; (鑑賞する) apreciar; (経験する) experimentar

あす 明日 mañana ‖～の朝[晩] mañana por la mañana [noche]

あずける 預ける guardar

あずかる 与る tomar parte 《en》, participar 《en》

あずき 小豆 judía roja 女

あずける 預ける dejar, depositar

アスパラガス espárrago 男

アスピリン aspirina 女

アスファルト asfalto 男

あせ 汗 sudor 男 ‖～をかく sudar; 《文》 transpirar

あせも 汗疹 salpullido 男

あせる 焦る (急ぐ) apresurarse; (待ちきれなくなる) impacientarse, perder la paciencia

あせる 褪せる perder el color ‖色褪せた descolori*do(da)*

アゼルバイジャン Azerbaiyán (首都バクー Bakú) ‖～の azerbaiyano(na)

あぜん 唖然 ‖～とする quedarse boquiabier*to(ta)* [mu*do(da)*] de asombro, atóni*to(ta)*

あそこ allí, 《中南米》allá

あそび 遊び juego 男; (楽しみ) diver-

あそぶ sión 女, entretenimiento 男, (気晴らし) pasatiempo 男, ocio 男 ◆遊び相手 compañero(ra) de juego [de diversiones] 名 遊び道具 juego 男; (おもちゃ) juguete 男 遊び場 campo de juego 男

あそぶ 遊ぶ jugar; (楽しむ) divertirse, pasarlo bien; (何もしない) no hacer nada

あだ 仇 ‖父の～を討つ vengar a su padre

あたい 値 (価値) valor 男; (値段) precio 男 ‖彼の徒労の行動は賞賛に～する。Su conducta merece elogio.

あたえる 与える dar; (贈呈する) regalar, obsequiar; (賞・権利などを) otorgar, conceder; (提供する) ofrecer; (供給する) proporcionar, suministrar

あたかも (まるで) como si [+ 接続法過去] ‖時～ justo entonces

あたたかい 暖かい・温かい (温度が) templado(da); (気候が温和な) suave; (心が) cálido(da), amable

あたたかさ 暖かさ・温かさ tibieza 女, calidez 女

あたたまる 暖まる・温まる calentarse

あたためる 暖める・温める calentar

アタッシェケース maletín 男

あだな 綽名・渾名 apodo 男

アダプター adaptador 男

あたふたと de prisa, apresuradamente

あたま 頭 cabeza 女 ‖～がいい inteligente, ser listo(ta) ～が悪い ser poco inteligente, ser tonto(ta) ～がおかしい estar loco(ca) ～が固い tener la cabeza dura

あたらしい 新しい nuevo(va); (新鮮な) fresco(ca); (新型・新式の) moderno(na), (現代の) actual

あたり 当たり (命中) acierto 男; (成功) éxito 男

あたり 辺り (周囲) alrededor 男; (近辺) barrio 男 ‖この～に por aquí, en estos alrededores

-あたり -当たり ‖一人～ por persona

あたりさわり 当たり障り ‖～のない話をする hablar de un tema inofensivo [inocuo]

あたりちらす 当たり散らす desahogar su ira [desahogarse] ‖con + 人〉

あたりまえ 当たり前 ‖(当然の) natural, lógico(ca); (普通の) normal; (ありふれた) común, ordinario(ria)

あたる 当たる (ぶつかる) golpear, pegar, chocar; (命中・的中する) acertar 〈en〉; (相当する) equivaler 〈a〉; (該当する) corresponder 〈a〉 ‖ボールが彼の頭に当たった。La pelota le dio [pegó, golpeó] en la cabeza. 私は宝くじで100万円当たった。Me tocó un millón de yenes en la lotería.

あちこち aquí y allí, por aquí y por allí; (行ったり来たりして) de un lado para otro; (至る所) por todas partes

あちら (あそこ) allí, 《中南米》allá, (あの人) aquél, aquella ‖通りの一側に al otro lado de la calle

あっ (驚き) ah, ay, oh, vaya, caramba, dios mío; (注意喚起) oye [oiga], mira [mire]

あつい 厚い grueso(sa) ‖～本 libro grueso ～雲 nubes densas

あつい 篤い cordial

あつい 熱い caliente

あつい 暑い caluroso(sa) ‖今日は～。Hoy hace calor.

あっか 悪化 empeoramiento 男, deterioro 男 ‖～する empeorar, deteriorarse; (病状などが) ponerse grave 事態はさらに～する。La situación va de mal en peor.

あつかい 扱い tratamiento 男, (機械などの操作) manejo 男, uso 男, operación 女

あつかう 扱う tratar; (機械などを) manejar, operar, (商品などを) comerciar 〈con, en〉, vender

あつかましい 厚かましい descarado(da), insolente, 《話》fresco(ca); (恥知らずな) desvergonzado(da), sinvergüenza

あつがみ 厚紙 (厚い紙) papel grueso 男; (ボール紙) cartón 男

あつぎ 厚着 ‖～する ponerse mucha ropa, abrigarse bien 彼は～している。Lleva mucha ropa.

あつくるしい 暑苦しい bochornoso(sa), sofocante

あっけない inesperado(da); (期待はずれの) decepcionante

あつさ 厚さ grosor 男, espesor 男 ‖～が7cmである tener siete centímetros de grosor

あつさ 熱さ・暑さ calor 男

あっさり sencillo(lla), simple ‖～した食事 comida ligera 女

あっしゅく 圧縮 compresión 女 ‖～する comprimir

あっしょう 圧勝 victoria aplastante (abrumadora) ‖～する conseguir una aplastante victoria

あっせん 斡旋 mediación 女

あっち ‖～に[で] allí, 《中南米》allá 女

あつで 厚手 ‖～の生地 tela gruesa 女

あっとう 圧倒 aplastamiento 男 ‖～する abrumar, aplastar, oprimir ～的な abrumador(dora), aplastante

あっぱく 圧迫 (圧力) presión 女; (重圧) opresión 女; (抑圧) supresión 女 ‖～する (しいたげる) oprimir, (抑圧する) suprimir

アップデート actualización 女 ‖～する actualizar, poner al día

アップリケ adorno 男

アップルパイ tarta 女 [pastel 男 de manzana

あつまり 集まり (集会) reunión 女 (集団) grupo 男

あつまる 集まる reunirse, juntarse

あつみ 厚み grosor 男, espesor 男

あつめる 集める reunir, juntar; (収集する) coleccionar

あつらえ 誂え ‖お～向きの (ぴったりの) apropiado(da); (理想的な) ideal; (申し分のない) perfecto(ta)

あつらえる 誂える encargar (a la medida)

あつりょく 圧力 presión 女 ‖～をかける presionar《a + 人》, ejercer presión《sobre + 人》◆圧力釜 olla de presión 女 圧力団体 grupo de presión

あつれき 軋轢 roce 男, fricción 女

あて 当て (目的・目標) objeto 男; (期待) esperanza 女; (頼り) confianza 女 ‖～にする contar《con》, depender《de》; (期待する) esperar 彼は～にならない No se puede confiar en él. …あて …宛て ‖～の dirigido(da) a…

あてこすり 当て擦り alusión 女

あてこする 当て擦る lanzar una indirecta, insinuar

あてさき 宛て先 dirección 女, destino 男

あてな 宛名 (相手の氏名) destinatario(ria) 名; (住所) dirección 女, señas 女複

あてはまる 当て嵌まる (適用できる) ser aplicable《a》; (有効である) ser válido(da)《para》; (言える) ser verdad《de》

あてはめる 当て嵌める aplicar《a》

あてる 当てる (ぶつける) golpear, pegar; (言い当てる) acertar, adivinar; (賞品・賞金を) ganar; (ある場所にあてがう) poner《en》, aplicar《a, en》; (割り当てる) asignar; (お金・時間を) dedicar

あと 後 después 副, más tarde …の～で después de… ～へ (後方へ) atrás

あと 跡 rastro 男; (人・動物の) huella 女; (傷・しみなどの) marca 女

あとあし 後足 patas traseras 女複

あとあじ 後味 regusto 男, dejo 男 ‖～の悪い出来事 suceso del que queda un dejo amargo [desagradable]

あとがき 後書き epílogo 男; (手紙の) posdata 女

あとかた 跡形 ‖～もなく sin dejar rastro

あとかたづけ 後片付け ‖食事の～をする quitar [recoger] la mesa y lavar los platos [la vajilla]

あどけない inocente, ingenuo(nua), cándido(da)

あとつぎ 跡継ぎ sucesor(sora) 名

あととり 跡取り ‖～息子 hijo heredero 男

アドバイス consejo 男 ‖～する aconsejar《a + 人》, dar un consejo《a + 人》

あとばらい 後払い pago diferido [aplazado] 男; (着払い) pago a la entrega 男 ‖～で買う comprar al fiado; (クレジットで) comprar a crédito

アトピー alergia 女; 《医学》atopia 女 ◆アトピー性皮膚炎 dermatitis atópica 女《軽症》

あとまわし 後回し ‖～にする dejar para después

アトランダムに al azar

アトリエ taller 男, estudio 男

アドリブ improvisación 女 ‖～でピアノを演奏する tocar el piano improvisando

アドレス dirección 女

あな 穴 agujero 男; (すき間・空き間) hueco 男; (地面の) hoyo 男; (小さな) orificio 男; (通り抜けられる) abertura 女; (針の) ojo 男 ‖～埋めする cubrir, tapar; (～で埋める) llenar

アナウンサー locutor(tora) 名

アナウンス anuncio 男 ‖～する anunciar

あなた usted, (親しい人に) tú

あなどる 侮る menospreciar, desdeñar

アナログ ‖～の analógico(ca)

あに 兄 hermano (mayor) 男

アニメ(ーション) dibujos animados 男複, animé 男

あね 姉 hermana (mayor) 女

あの aquel(quella)

アパート piso 男, apartamento 男; (ワンルーム) estudio 男;《中南米》departamento 男;《コロンビア》condominio 男; (建物全体) edificio 男 [casa de pisos]

あばく 暴く revelar, descubrir, hacer público(ca)

あばれる 暴れる (乱暴にふるまう) actuar violentamente [salvajemente]; (はしゃいで騒ぐ) alborotar, (話) armar jaleo; (馬が) desbocarse

アバンチュール aventura 女

アピール (懇願・訴え) llamamiento 男; (魅力) atractivo 男

あびせる 浴びせる (質問などを) echar, lanzar; (水などを) tirar《sobre》

あひる 家鴨 pato 男; (雌) pata 女

あびる 浴びる ‖シャワーを～ ducharse 日光を～ tomar el sol

あぶ 虻 tábano 男

アフガニスタン Afganistán ‖～の afgano(na)

アフターケア (手術後の) atención [vigilancia] pos(t)operatoria 女

アフターサービス servicio pos(t)venta 男

あぶない 危ない (危険な) peligroso(sa); (不確実な) incierto(ta); (不安定な) inestable

あぶら 油脂 aceite 男; (動物油脂) grasa 女; (石油) petróleo 男

あぶらえ 油絵 pintura al óleo 女, óleo 男

あぶらっこい 脂っこい grasiento(ta)

あぶらみ 脂身 grasa 女, 《話》gordo

あぶらむし 油虫 pulgón 男; (ゴキブリ) cucaracha 女

アフリカ África ‖～の africano(na) ◆**アフリカ人** africano(na) 名 **アフリカ大陸** continente africano 男

あぶる 炙る asar a la parrilla [brasa], pasar por el fuego

あふれる 溢れる desbordarse, rebosar(se) ‖ビールがグラスからあふれた La cerveza se rebosó del vaso.

あべこべ ‖～の (正反対の) contrario(ria) 〈a〉; (方向・順序が逆の) inverso(sa) 〈a, de〉 invertido(da) ‖～に al revés, contrariamente

あへん 阿片 opio 男

アボカド aguacate 男; 《南米》 palta 女

アメリカンフットボール fútbol americano 男

あま 尼 monja 女

あま 亜麻 lino 男

あま 海女 buceadora 女

あまい 甘い dulce; (楽観的な) optimista; (寛容すぎる) indulgente; (結び目などが) flojo(ja)

あまえる 甘える portarse [comportarse, actuar] como un niño mimado [una niña mimada]; (人の好意に) aprovecharse de la amabilidad 《de＋人》

あまがさ 雨傘 paraguas 男

あまくち 甘口 ‖～の dulce

あまぐつ 雨靴 chanclos 男複; (ゴム長靴) botas de goma [agua, lluvia] 複

あます 余す dejar

あまだれ 雨だれ gotas de lluvia 女複

アマチュア aficionado(da)

あまのがわ 天の川 La Vía Láctea 女, El Camino de Santiago 男

あまねく 遍く (広く) por [en] todas partes; (一般に) generalmente; (普遍的に) universalmente

あまみず 雨水 agua de lluvia 女

あまもり 雨漏り gotera 女 ‖屋根から～する Hay una gotera en el tejado.

あまやかす 甘やかす mimar

あまやどり 雨宿り ‖～する protegerse [guarecerse] de la lluvia; (雨がやむのを待つ) esperar a que se pase la lluvia

あまり 余り resto 男, lo que queda ‖～にも demasiado, excesivamente

アマリリス amarilis 女

あまる 余る (残る) quedar, sobrar; (有り余る) tener de sobra, tener demasiado

あまんじる 甘んじる (十分ながらも我慢する) contentarse 〈con〉; (あきらめて甘受する) resignarse 〈a, con〉

あみ 網 red 女; (焼き網) parrilla 女

あみだな 網棚 rejilla 女

あみど 網戸 mosquitera corredera 女, mosquitero corredero 男

アミノさん ～酸 aminoácido 男

あみばり 編み針 aguja de tejer 女

あみめ 網目 malla 女

あみめ 編み目 punto 男

あみもの 編み物 labores de punto 複 ‖～をする hacer punto

あむ 編む (手で) hacer punto; (かぎ針で) hacer ganchillo; (機械で) tricotar; (かご・ひもなどを) tejer

あめ 雨 lluvia 女 ‖～が降る llover

あめ 飴 caramelo 男

アメーバ ameba 女

アメリカ (アメリカ合衆国) Estados Unidos (de América) 男複 ‖時に単数扱い; (アメリカ大陸) América 女 ‖～の (アメリカ合衆国の) estadounidense, norteamericano(na); (アメリカ大陸の) americano(na) ◆**アメリカ人** estadounidense 男女, norteamericano(na)

あやうく 危うく (…しそうになる) por (muy) poco, casi 《 ＋直説法》

あやしい 怪しい (疑わしい) dudoso(sa), sospechoso(sa); (変な) extraño(ña), raro(ra)

あやしむ 怪しむ sospechar

あやつりにんぎょう 操り人形 títere 男, marioneta 女

あやふやな (不確実な) incierto(ta); (漠然とした) vago(ga); (信頼できない) poco fiable

あやまち 過ち (過失) error 男, falta 女; (罪) pecado 男 ‖～を犯す cometer un error [una falta]

あやまり 誤り error 男, equivocación 女

あやまる 謝る pedir perdón 《a＋人》

あやまる 誤る equivocarse 〈de, en〉, confundirse 〈de〉

あやめ 菖蒲 lirio 男

あゆみ 歩み (歩く速さ) paso 男; (歩くこと) caminata 女; (進行) marcha 女

あゆむ 歩む (進む) marchar; (歩く) caminar

あらあらしい 荒々しい (乱暴な) brutal; (激しい) violento(ta)

あらい 粗い (きめの粗い) rugoso(sa); (表面がざらざらした) áspero(ra)

あらい 荒い (乱暴な) brutal; (激しい) violento(ta), (粗野な) rudo(da), tosco(ca); (海・波が) agitado(da)

あらいぐま 洗い熊 mapache 男, oso lavador 男

あらいざらい 洗い浚い ‖～しゃべる decirlo [confesarlo] todo

あらう 洗う lavar; (自分の体を) lavarse

あらかじめ 予め de antemano, por adelantado, con antelación

あらかた casi

アラカルト a la carta

あらさがし 粗探し ‖～する buscar defectos 〈de〉, 《話》 andarse en pequeñeces, 《話》 meterse 《con＋人》

あらし 嵐 tormenta 女, tempestad 女

あらす 荒らす (めちゃめちゃにする) des-

あらすじ あら筋 (小説などの) argumento 男; (概略) resumen 男

あらそい 争い lucha 女; (腕力・武力による) pelea 女; (競争) competencia 女; (口論) discusión 女

あらそう 争う luchar; (競争する) competir; (口論する) discutir

あらた 新た ‖~な nuevo(va), reciente ~に de nuevo, nuevamente

あらたまる 改まる (変わる) cambiar(se); (よくなる) mejorarse; (格式ばる) hacerse formal ‖年が~ empezar el año nuevo

あらためて 改めて (別の機会に) en otra ocasión; (もう一度) de nuevo, otra vez, nuevamente 《口語》~お目にかかります Volveré en otra ocasión [en otro momento].

あらためる 改める (変更する) cambiar, modificar; (改善する) mejorar; (矯正する) enmendar; (訂正する) corregir

あらっぽい 荒っぽい ⇒荒々しい

アラビア Arabia ‖~の árabe ♦アラビア数字 cifras arábigas 女複, números arábigos

アラブ ‖~の árabe ♦アラブ人 árabe 男女

アラブしゅちょうこくれんぽう -首長国連邦 Emiratos Árabes Unidos 男複, (略) (los) EAU ‖~の emiratí

あらゆる (すべての) todo(da), todos(das)

あられ 霰 granizo 男

あらわ 露わ ‖怒りを~にする mostrar abiertamente su enfado 胸を~にする con el pecho descubierto

あらわす 表す (表現する) expresar, manifestar; (意味する) representar; (象徴する) simbolizar; (証明する) mostrar

あらわす 現す ‖姿を~ aparecer

あらわす 著す (書く) escribir; (出版する) publicar

あらわれる 現れる (出現する) aparecer, salir; (到来する) llegar; (感情などが表に出る) expresarse, mostrarse

あり 蟻 hormiga 女

アリア 《音楽》aria 女

ありあまる 有り余る sobrar

ありありと (生き生きと) vivamente; (はっきりと) claramente

ありえない 有り得ない imposible ‖そんなことは~ Eso es imposible. Eso no puede ser.

ありえる 有り得る posible

ありがたい 有り難い (感謝すべき) valioso(sa), apreciable, de agradecer; (感謝している) estar agradecido(da)

ありがとう 有り難う gracias, muchas gracias ‖色々と~ Gracias por todo. 来てくれて~ Gracias por venir.

ありきたりの (普通の) ordinario(ria), normal; (ありふれた) común

ありさま 有様 (状態) estado 男, situación 女; (光景) escena 女

ありそう 有りそう ‖~な probable, verosímil

ありのまま 有りのまま ‖~に (実態どおりに) tal cual; (率直に) francamente 物事を~に描く describir las cosas tal como [cual] son

アリバイ coartada 女

ありふれた ありふれた (普通に見かける) común, normal; (日常の) ordinario(ria), cotidiano(na); (ありきたりの) corriente, común y corriente

ある 在る・有る (存在する) haber, existir; (場所にある) estar, encontrarse; (持っている) tener; (起こる・生じる) pasar, ocurrir

ある 或 algún(guna); un(una) ‖~人 alguno(na)

あるいは 或いは (または) o 《次の単語がoまたはhoで始まるときはu となる》; (一部は…また一部は…) unos... y otros...

アルカリ álcali 男

あるく 歩く caminar, andar 歩いて行く ir a pie, ir andando

アルコール alcohol 男 ♦アルコール飲料 bebida alcohólica 女

アルジェリア Argelia ‖~の argelino(na)

アルゼンチン Argentina ‖~の argentino(na)

アルツハイマーびょう -病 enfermedad de Alzheimer 女

アルト contralto 男女 ‖~歌手 contralto

アルバイト (時間制の) trabajo por horas 男; (副業) empleo subsidiario 男; (臨時の) empleo [trabajo] provisional 男

アルバニア Albania ‖~の albanés(nesa)

アルバム álbum 男

アルファベット alfabeto 男, abecedario 男 ‖~順に por orden alfabético; alfabéticamente

アルプス Alpes 男複

アルミニウム aluminio 男

アルミホイル papel (de) aluminio [plata] 男

あれ (あの物・あの人) aquél(quella); (あの事) aquello; (あのとき) entonces

あれから desde entonces, desde aquel momento

あれほど tanto

あれやこれや ‖~で忙しい estar ocupado(da) con esto y con lo otro

あれる 荒れる (天候が) estar revuelto(ta); (海が) estar agitado(da); (土地が) estar baldío(a); (建物などが) arruinarse; (皮膚が) ponerse áspero(ra)

アレルギー alergia 女 ‖~性の alérgico(ca) ♦アレルギー反応 reacción alérgica 女

アレンジ adaptación 女, arreglo 男

アロエ áloe 男

あわ 泡 espuma 囡; (気泡) burbuja 囡
あわい 淡い (色が薄い) pálido(ra), claro(ra); (かすかな) ligero(ra), tenue
あわせて 合わせて (合計で) en total
あわせる 合わせる (一緒にする) juntar, unir; (合計する) sumar, (加える) añadir; (調節・調整して合わせる) ajustar
あわただしい 慌ただしい apresurado(da), precipitado(da)
あわてる 慌てる (狼狽する) desconcertarse, no saber qué hacer; (平静を失う) perder la cabeza; (急ぐ) precipitarse, apresurarse ‖~必要はない No hay prisa.
あわび 鮑 abulón 男, oreja de mar 囡
あわれ 哀れ ‖~な (人・状態などが) penoso(sa), lastimoso(sa); (悲しい) triste; (みじめな) miserable
あわれみ 哀れみ lástima 囡; (同情) compasión 囡, simpatía 囡; (慈悲) piedad 囡
あわれむ 哀れむ (かわいそうに思う) tener lástima [pena] 《de + 人》; (同情する) simpatizar 《con + 人》
あん 案 (提案) propuesta 囡; (示唆) sugerencia 囡, (計画) plan 男, proyecto 男; (考え) idea 囡
あんい 安易 ‖~な fácil; (表面的な) superficial ～に考える tomar(la) a la ligera
アンカー último(ma) relevista 名
あんがい 案外 inesperadamente
あんき 暗記 ‖~する memorizar, aprender de memoria ～している saber de memoria
アンケート encuesta 囡; (用紙) cuestionario 男
あんこう 鮟鱇 rape 男
あんごう 暗号 código 男, clave 囡, cifra 囡
アンコール bis 男; [[掛け声]] ¡Otra, otra!
あんこく 暗黒 oscuridad 囡, tinieblas 囡複 ◆暗黒街 submundo del delito 男, bajos fondos 男複
アンゴラ Angola ‖~の angoleño(ña)
あんさつ 暗殺 asesinato 男 ‖~する asesinar
あんざん 暗算 cálculo mental 男
あんじ 暗示 (示唆) sugestión 囡; (ヒント) alusión 囡, insinuación 囡; (手がかり) pista 囡
あんしつ 暗室 cámara oscura 囡
あんしょう 暗唱 recitación 囡 ‖~する recitar
あんしょうばんごう 暗証番号 código secreto 男, número secreto 男, clave 囡
あんじる 案じる preocuparse 《por》
あんしん 安心 ‖~する tranquilizarse, aliviarse; quedarse tranquilo(la) お手紙を読んで～しました Me ha tranquilizado su carta.
あんず 杏子 albaricoque 男
あんせい 安静 reposo 男, descanso 男
あんぜん 安全 seguridad 囡 ‖~な seguro(ra) ◆安全かみそり rasuradora 囡, maquinilla (de afeitar) 囡 安全地帯 zona de seguridad 囡;(道路にある歩行者用の) refugio 男 安全ピン imperdible 男
アンダーライン subrayado 男
あんてい 安定 estabilidad 囡 ◆安定成長 crecimiento estable 男
アンティーク antigüedades 囡複, objeto antiguo 男
アンテナ antena 囡
アンドラ Andorra ‖~の andorrano(na)
あんな tal, semejante
あんない 案内 guía 囡; (情報) información 囡; (通知) aviso 男 ‖~する guiar, enseñar; (同行する) acompañar; (通知する) avisar ◆案内書 guía 囡 案内所 información 囡 案内人 guía 男女
あんに 暗に indirectamente, implícitamente, insinuando
アンパイア árbitro(tra) 名
アンバランス desequilibrio 男
アンプ amplificador 男
アンプル ampolla 囡
アンペア amperio 男
あんもくの 暗黙の tácito(ta), implícito(ta)
アンモニア amoniaco 男
あんらくな 安楽な ‖~な cómodo(da), confortable, agradable, ameno(na) ◆安楽椅子 sillón 男 安楽死 eutanasia 囡

い

い 胃 estómago 男 ‖私は～が痛い Tengo dolor de estómago./Me duele el estómago.
-い -位 ‖第1～ el primer puesto 男
いあわせる 居合わせる estar [encontrarse] (presente) 《en + 場所》 por casualidad
いい ⇨よい
いいあてる 言い当てる acertar
いいあらそう 言い争う discutir, disputar, reñir
いいあらそい 言い争い discusión 囡, disputa 囡
いいあらわす 言い表す expresar, describir
いいえ no; [[否定疑問に対して]] sí ‖《会話》～結構です No, gracias.
いいかえす 言い返す replicar
いいかえる 言い換える decir...en otras palabras (de otro modo) ‖言い換えれば en otras palabras
いいかげん いい加減 ‖~な (無責任な)

いいかた 言い方 (話し方) forma de hablar; (言い表し方) manera de decir 囡

いいき 言い気 〖会話〗あいつは～なもんだ Es un tipo muy despreocupado.

いいきかせる 言い聞かせる (説得する) convencer, persuadir

いいすぎ 言い過ぎ exageración 囡 〖会話〗それは～だ Exageras./ Te has pasado.

イースター Pascua 囡

いいそこなう 言い損なう (失言する) equivocarse al decir algo; (言い忘れる) olvidarse de decir algo

いいつけ 言いつけ (命令) mandato 男, orden 囡; (告げ口) 〖話〗soplo 男

いいつける 言いつける (命令する) mandar, ordenar; (告げ口する) 〖話〗dar el soplo, chivarse, 〖話〗soplar

いいつたえ 言い伝え (伝承) tradición (oral) 囡; (伝説) leyenda 囡

いいなずけ 許婚 prometido 男, prometida 囡

いいのがれ 言い逃れ (言い訳) excusa 囡; (あいまいな返事) respuesta evasiva 囡

いいのがれる 言い逃れる (弁解する) dar excusas; (あいまいな返事をする) dar una evasiva

いいはる 言い張る insistir 《en》; sostener

いいぶん 言い分 (意見) opinión 囡; (不平) queja 囡 〖会話〗彼の～を聞こう Oigamos lo que tenga que decir.

いいまわし 言い回し (表現) expresión 囡; (慣用表現) modismo 男

E メール E メール correo electrónico 男; e-mail 男

イーユー EU Unión Europea 囡

いいよる 言い寄る (誘いかける) cortejar, galantear

いいわけ 言い訳 excusa 囡, disculpa 囡, pretexto 男 ‖～をする poner una excusa, excusarse 《de》

いいん 委員 miembro de un comité [de una comisión] 男女 ◆**委員会** comité 男, junta 囡, comisión 囡; (会合) reunión del comité **委員長** president*e(ta)* (del comité) 名

いいん 医院 clínica 囡, consultorio 男

いう 言う decir, contar; (話す) hablar ‖…は～までもない Ni que decir tiene que 〖＋直説法〗.

いえ 家 casa 囡; (家庭) hogar 男; (住居) domicilio 男 ‖友達の～へ行く ir a casa de un amiga [de una amiga]

いえき 胃液 jugo gástrico 男

イエス・キリスト Jesucristo 男, Jesús Cristo 男

いえで 家出 ‖～する escaparse [irse] de casa

イエメン Yemen ‖～の yemení, yemenita

いえる 癒える ⇨治る

いえん 胃炎 gastritis 囡

いおう 硫黄 azufre 男

イオン ion 男

いか 烏賊 (甲イカ) sepia 囡, jibia 囡; (甲のない) calamar 男

いか 以下 (より少ない) inferior 《a》, menos 《de＋数値, que＋他の対象》; (次に述べるもの) lo siguiente ‖～は…である Lo que sigue es …

いがい 意外 ‖～な (予期しない) inesperad*o(da)*, (驚くべき) sorprendente

-いがい - 以外 excepto, salvo, menos ‖…ということ～ excepto que …

いかいよう 胃潰瘍 úlcera de estómago 男

いかが 如何 〖会話〗今日はご気分は～ですか ¿Qué tal se encuentra hoy? アイスクリームは～ ¿Quieres un helado?

いかがわしい 怪しげな sospechos*o(sa)*; (ふだらな) indecente

いかく 威嚇 amenaza 囡, intimidación 囡

いがく 医学 Medicina 囡, ciencia médica 囡 ‖～(上)の médic*o(ca)*

いかす 生かす (生きたままにしておく) dejar vivir 《a》; (活用する) aprovechar, utilizar, servirse 《de》; valerse 《de》

いかすい 胃下垂 gastroptosis 囡, ptosis gástrica 囡

いかせる 行かせる (命じて行かせる) enviar 《a＋人》; (行かせてやる) dejar ir 《a＋人》‖助けを呼びに～ enviar 《a＋人》 a buscar ayuda

いかだ 筏 balsa 囡; almadía 囡

いかに 如何に (どのように) cómo; (どれほど と多く) cuánto; (どの程度に) lo＋形容詞; (どんなに…しても) por＋形容詞・副詞＋que ‖君は彼女の～賢いかを知らない No sabes lo lista que es. その仕事が～難しくても por difícil que sea el trabajo

いかめしい 厳めしい (威厳のある) imponente, majestuos*o(sa)*; (仰々しい) solemne; (重苦しい) grave; (厳しい) sever*o(ra)*

いかり 怒り ira 囡, cólera 囡; 《スペイン》 enfado 男; 《中南米》 enojo 男; (激怒) rabia 囡 ‖～にまかせて en un ataque de cólera

いかり 錨 ancla 囡 ‖～を降ろす echar anclas

いかる 怒る enfadarse, enojarse

いかん 遺憾 lástima 囡, pena 囡 ‖…は～である Siento mucho [Es lamentable] 〖que＋接続法〗.

いき 息 aliento 男; (呼吸) respiración 囡 ‖～が切れる quedarse sin aliento 彼は～が臭い Le huele mal el aliento. ～をひそめる contener

いき [aguantar] la respiración
いき 意気 (元気) ánimo 男; (決意) decisión 女 ‖〜消沈している estar deprimido(da) [desanimado(da)]
いき 粋 ‖〜な chic; elegante
いき 生きのいい muy fresco(ca), fresquísimo(ma)
…いき …行き con destino a…; para …
いぎ 意義 significado 男; (意味) sentido 男; (重要性) importancia 女 ‖〜のある importante, de importancia
いぎ 異議 reparo 男, objeción 女 ‖〜を唱える poner reparos ⟨a⟩, oponerse ⟨a⟩, objetar ⟨a⟩
いきいき 生き生き ‖〜とした animado(da), vivo(va)
いきうつし 生き写し ‖彼は父親に〜だ Es el vivo retrato de su padre.
いきうめ 生き埋め ‖〜になる ser enterrado(da) vivo(va)
いきおい 勢い (力) fuerza 女; (はずみ) ímpetu 男, velocidad 女
いきがい 生き甲斐 razón de vivir
いきかえる 生き返る resucitar, volver a la vida
いきかた 生き方 forma [manera] de vivir 女
いきごみ 意気込み entusiasmo 男
いきさき 行き先 destino 男
いきさつ 経緯 circunstancias 女複, detalles 男複
いきた 生きた (生きている) vivo(va), con vida, viviente
いきづまる 息詰まる ‖〜ような沈黙 silencio opresivo
いきている 生きている vivo(va), con vida, viviente
いきどまり 行き止まり callejón sin salida 男
いきなり (突然に) de repente, repentinamente; (唐突に) súbitamente; (予告なく) sin previo aviso
いきぬき 息抜き descanso 男, respiro 男
いきのこる 生き残る sobrevivir
いきのびる 生き延びる sobrevivir
いきもの 生き物 ser vivo [viviente, animado], criatura 女
いきょう 異郷 extranjero 男
いきょう 異教 otra religión 女; (異端) herejía 女 ◆異教徒 (異端の信者) hereje 男女
イギリス ⇨英国
いきる 生きる vivir
いく 行く ir ‖…しに〜 ir [a+不定詞] そろそろ行きます Ya me voy. 何もかもうまく行った Todo salió [fue, marchó] bien.
いくじ 育児 cuidado de los niños 男 ◆育児休暇 permiso de maternidad 男
いくじ 意気地 ‖〜のない cobarde
いくせい 育成 formación 女
いくつ (何個) cuántos(tas); (何歳) cuántos años
いくつか algunos(nas)
いくぶん 幾分 un poco, algo
いくら 幾ら (金額) cuánto; (分量) cuánto(ta); (どんなに…しても) por mucho [que+直説法・接続法] 【会話】〜ですか ¿Cuánto es [cuesta, vale]?
イクラ huevas de salmón 女複
いくらか 幾らか un poco, algo
いけ 池 estanque 男
いけいれん 胃痙攣 retortijones estomacales 男複
いけがき 生け垣 seto 男
いけない (悪い) malo(la), malvado(da) ‖…しては〜 no deber [+不定詞], no se puede [+不定詞] うそをついては〜 No debes mentir. …すると〜 para que no [+接続法], para no [+不定詞] 気分が悪くなると〜から私はこの薬を飲みます Tomo esta medicina para no sentirme mal.
いけにえ 生け贄 sacrificio 男, (犠牲者) víctima 女
いけばな 生け花 arte japonés de arreglo floral, arreglo floral de ikebana 男
いける 生ける ‖花瓶に花を〜 confeccionar [realizar] un arreglo floral en un florero
いけん 意見 opinión 女, parecer 男, idea 女 ‖〜を言う opinar, dar su opinión
いけん 違憲 ‖〜の inconstitucional
いげん 威厳 dignidad 女
いご 以後 desde ahora, (de aquí) en adelante, a partir de ahora ‖…〜 desde [después de…, …en adelante
いこう 移行 transición 女, traslado 男 ◆移行期 período 男 de transición
いこう 意向 (意思) intención 女; (希望) 男; (意見) opinión 女
いこう 憩う descansar
イコール ‖5プラス2〜7 Cinco más dos igual a siete.
いこく 異国 país extranjero 男 ‖〜の extranjero(ra); (異国情緒ある) exótico(ca)
いごこち 居心地 ‖〜がよい agradable, cómodo(da), acogedor(dora)
いさかい 諍い disputa 女, discusión 女
いざかや 居酒屋 bar 男; (スペイン) taberna 女; (ラ米) cantina 女; (キューバ) barra 女
いさく (不和) desavenencia 女; (口論) disputa 女, riña 女
いさましい 勇ましい valiente, valeroso(sa), bravo(va)
いさめる 諫める amonestar
いさん 遺産 (相続財産) herencia 女; (先祖伝来の) patrimonio 男 ◆遺産相続 herencia 女 文化遺産 patrimonio cultural 男
いさんかた 胃酸過多 hiperclorhidria 女

いし 石 piedra 囡; (小さな) guijarro 男; (大きな) roca 囡

いし 意志 voluntad 囡 ‖～が強い tener una voluntad firme

いし 意思 (意向) voluntad 囡, intención 囡; (希望) deseo 男 ‖～決定をする tomar una decisión, tomar la decisión 《de》

いし 医師 médico(ca) 名 ◆医師会 colegio de médicos 男, asociación médica 囡

いじ 維持 mantenimiento 男, conservación 囡 ‖～する mantener, conservar ◆維持費 gastos de mantenimiento

いじ 意地 ‖～の悪い malicioso(sa); ～っ張りな terco(ca), obstinado(da)

いじ 遺児 huérfano(na) 名, hijo(ja) del difunto [de la difunta]

いしき 意識 conciencia 囡, conocimiento 男, sentido 男 ‖～的に conscientemente; (わざと) a propósito, deliberadamente ◆～がある estar consciente ◆意識を失う perder el conocimiento [sentido]

いじけた retorcido(da)

いしつ 異質 heterogeneidad 囡 ‖～な heterogéneo(a); diferente

いしつぶつ 遺失物 objeto perdido ◆遺失物取扱所 oficina [sección] de objetos perdidos

いじめ 苛め maltrato 男, acoso 男

いじめる 苛める maltratar, acosar, hostigar

いしゃ 医者 médico(ca) 名

いしゃりょう 慰謝料 indemnización 囡

いしゅう 異臭 mal olor 男, hedor 男

いじゅう 移住 (国内の) migración 囡; (他国への) emigración 囡; (他国からの) inmigración 囡

いしょ 遺書 testamento 男

いしょう 衣装 vestido 男, traje 男

いしょう 意匠 diseño 男

いじょう 以上 (より多い) más de; (同じかより多い) o más ‖12歳の～の子どもたち niños de doce o más años 男複 ～です(一連の伝達を終える時の) Eso es todo. ～のこと(上述の) lo anterior, lo dicho, lo (arriba) mencionado

いじょう 異常 ‖～な anormal, extraño(ña), raro(ra)

いじょう 異状 novedad 囡, anomalía 囡

いしょく 異色 ‖～の original, único(ca)

いしょく 移植 transplante 男 ‖臓器を～する transplantar, transplantar un órgano ◆心臓[腎臓]移植 transplante de corazón [riñón] 男

いしょく 委嘱 ⇒委託

いしょくじゅう 衣食住 comida 囡, vestido 男 y cama 囡; alimento 男, ropa 囡 y alojamiento 男 [y techo 男]

いじる tocar, manosear

いじわる 意地悪 ‖～な malicioso(sa), malévolo(la), con mala intención

いじん 偉人 gran hombre 男, gran personaje 男

いす 椅子 silla 囡; (長椅子) sofá 男; (肘掛け椅子) sillón 男 ◆揺り椅子 mecedora 囡 折り畳み椅子 silla plegable 囡 車椅子 silla de ruedas 囡

いずみ 泉 fuente 囡, manantial 男

イスラエル Israel 男 ‖～の israelí, israelita

イスラム islam 男, islamismo 男 ◆イスラム教 islam 男, islamismo 男, religión islámica [musulmana] 囡 ◆イスラム教徒 musulmán(mana) 名

いずれ (間もなく) pronto, (近いうちに) un día de éstos, (遅かれ早かれ) tarde o temprano; (とにかく) de todos modos; (どちら) cuál, que

いせい 異性 sexo opuesto 男, otro sexo 男

いせい 威勢 ‖～のよい animado(da), vigoroso(sa)

イセエビ 伊勢海老 langosta 囡

いせき 遺跡 ruinas 囡複, restos 男複

いぜん 以前 antes; (昔) antiguamente, en otro tiempo; (ずっと前) hace (mucho) tiempo ‖～の anterior, de antes

いぜん 依然(として) todavía, como siempre

いそ 磯 costa 囡 (rocosa), playa 囡 (rocosa)

いそいそと alegremente, de (muy) buena gana

いそうろう 居候 gorrón(rrona) 名

いそがしい 忙しい estar ocupado(da) 《con》 ‖忙しすぎて…できない estar demasiado ocupado(da) para ‖＋不定詞

いそぎ 急き ‖～の urgente, apremiante

いそぐ 急ぐ darse prisa, apresurarse

いぞく 遺族 familia del difunto [de la difunta] 囡

いぞん 依存 dependencia 囡 ‖～する depender 《de》

いた 板 (木の) tabla 囡; (金属の) plancha 囡, lámina 囡; (石の) losa 囡

いたい 痛い doloroso(sa); (人が主語になって) tener dolor 《de》 ‖頭[おなか]が～ Me duele la cabeza [el vientre]. Tengo dolor de cabeza [vientre]. 足が～ Me duelen los pies.

いたい 遺体 cadáver 男, restos mortales 男複

いだい 偉大 grande ‖～な男 gran hombre

いたいたしい 痛々しい penoso(sa), lastimoso(sa)

いたく 委託 encargo 男, consignación 囡

いだく 抱く (腕に抱く) abrazar; (心の中に持つ) guardar, tener, abrigar

いたずら 悪戯 travesura 囡, broma 囡 ‖～な travieso(sa)

いたずらに 徒らに en vano, inútilmente, para nada

いただき 頂 cima 囡, cumbre 囡, cúspide 囡; (とがった) pico 男

いただく 頂く recibir; (お金を請求する) cobrar; (飲食する) comer, beber, tomar ‖…していただけますか ¿Podría [Me hace el favor de] [＋不定詞]?

いたち 鼬 comadreja 囡 ◆いたちごっこ (悪循環) círculo vicioso 男

いたで 痛手 (大きな損失) gran pérdida 囡, duro golpe 男

いたばさみ 板挟み (ジレンマ) dilema 男 ‖～になる estar entre la espada y la pared

いたましい 痛ましい lamentable, miserable, trágico(ca)

いたみ 痛み dolor 男

いたみ 傷み daño 男

いたむ 痛む doler, sentir [tener] dolor

いたむ 傷む dañarse, estropearse

いたむ 悼む ‖…の死を～ llorar [lamentar] la muerte de ...

いためる 炒める rehogar, sofreír, saltear

いためる 傷める dañar, estropear

イタリア Italia 囡 ‖～の italiano(na) ◆**イタリア語** italiano 男 ◆**イタリア人** italiano(na)

イタリック cursiva 囡

いたる 至る (到着する) llegar «a»; (ある結果になる) resultar [acabar] «en» ‖**いたるところ 至る所** ‖～に en [por] todas partes, en todos sitios

いたわる 労る tratar «a＋人» con consideración [con amabilidad]

いたんしゃ 異端者 hereje 男女, heterodoxo(xa) 男

いち 一 uno 男

いち 市 (定期的な) mercado 男; (博覧会) feria 囡

いち 位置 posición 囡, ubicación 囡, lugar 男 ‖会話～について、用意、ドン Preparados, listos, ¡Ya!

いちいち 一々 (一つ一つ) uno por uno, de uno en uno; (詳しく) con todo detalle

いちいん 一員 miembro 男; socio(cia) 男

いちおう 一応 (ともかく) de todos modos; (念のために) por si acaso; (さしあたり) de [por] el momento; (いくぶん・まあまあ) más o menos

いちがつ 一月 enero 男

いちげき 一撃 golpe 男

いちご 苺 fresa 囡, (南米) frutilla 囡

いちじ 一時 (しばらく) por un momento, (por) un rato; (ひところでは) antes, en un [otro] tiempo ‖～的に temporalmente ◆**一時金** (一回だけの賃金) asignación única 囡; (特別手当) gratificación 囡, paga extra [extraordinaria]

いちじ 一次 ‖～の (最初の) primero(ra), primario(ria); (予備の) preliminar ◆**一次産業** sector primario 男

いちじく 無花果 (実) higo 男, (木) higuera 囡

いちじるしい 著しい notable

いちど 一度 una vez ‖～に (同時に) al mismo tiempo; (一気に) a la vez ～も…ない nunca, jamás ～か二度 una o dos veces もう～ otra vez

いちどう 一同 todos 男複 ‖**出席者一同** todos los presentes

いちにち 一日 (ある日) un día; (一日中) todo el día

いちにん 一任 ‖～する confiar «a＋人», encargar «a＋人»

いちにんまえ 一人前 (食事など) ración 囡; (大人) adulto(ta), persona mayor 囡 ‖スパゲティー～ una ración de espaguetis, espaguetis para una persona ～の職人 un artesano cabal [hecho y derecho] 男

いちねん 一年 un año

いちば 市場 mercado 男, plaza 囡

いちばん 一番 (番号) número uno 男; (順位) primer lugar 男, primera posición 囡 ‖～高い el [la] más alto(ta)

いちぶ 一部 (一部分) parte 囡; (一冊) ejemplar 男, copia 囡

いちべつ 一瞥 ‖～する dar [echar] una ojeada, dar [echar] un vistazo

いちまい 一枚 (紙・板・ガラスなど) hoja 囡, lámina 囡; (パン) rebanada 囡, (ハム・チーズ) loncha 囡, (厚い) plancha 囡

いちめん 一面 (一方の面) un lado, un aspecto, una cara ‖あたり一面 por todas partes

いちもく 一目 ‖彼に～置く (優越性を認める) admitir [reconocer] su superioridad; (降参する) inclinarse ante él

いちもくさん 一目散 ‖～に逃げる escapar [huir] desesperadamente, escapar [huir] a todo correr

いちやく 一躍 ‖～有名になる hacerse famoso(sa) de repente [de la noche a la mañana]

いちやづけ 一夜漬け ‖～の勉強をする empollar apresuradamente

いちょう 銀杏 gingko 男, ginkgo 男

いちょう 胃腸 estómago 男 e intestinos 男複; (話) tripas 囡複 ◆～薬 digestivo 男

いちらんひょう 一覧表 lista 囡, tabla 囡, cuadro 男

いちりゅう 一流 ‖～の de primera (clase [categoría])

いつ 何時 cuándo

いつう 胃痛 dolor de estómago 男; (医学) gastralgia 囡

いつか (未来のあるとき) algún [un] día,

(近いうちに) un día de estos, (いつかそのうち) tarde o temprano; (以前に) antes, una vez

いっか 一家 (家族) familia 囡, (家庭) hogar 男

いっかい 一回 una vez, una ocasión

いっかい 一階 piso bajo 男, planta baja 囡

いっき 一気 ‖～に (休まずに) sin parar, de un tirón; (一飲みに) de un trago

いっけん 一見 (一度見ること) ojeada 囡, vistazo 男; (見かけ上は) aparentemente ‖～したところ al parecer, a primera vista

いっこ 一個 uno(na), una pieza, una unidad

いっこう 一行 (行動をともにする人たち) grupo 男; (随行員たち) séquito 男

いっこう 一考 ‖～願います Les rogamos que lo tengan en cuenta. ～に値する valer la pena considerar

いっこく 一刻 (瞬間) momento, un instante ‖それは～を争う No se debe perder (ni) un minuto [segundo].

いっさい 一切 (全部) todo, totalmente ‖～ない no...en absoluto ◆一切合切 todo(da) junto(ta)

いっさくじつ 一昨日 anteayer, antes de ayer

いっさんかたんそ 一酸化炭素 monóxido de carbono 男

いっしき 一式 conjunto 男, juego 男, equipo 男, serie 囡

いっしゅ 一種 un tipo, una clase, una especie

いっしゅう 一周 una vuelta ‖～する dar una vuelta

いっしゅうかん 一週間 una semana

いっしゅん 一瞬 un instante, un momento

いっしょ 一緒 ‖～に juntos ...と～に junto con... みんな～に todos juntos

いっしょう 一生 la vida ‖～の間 toda la vida

いっしょうけんめい 一生懸命 ‖～に con todas las fuerzas, con toda el alma ～に努力する esforzarse al máximo

いっする 逸する ‖機会を～ perder [dejar escapar] la oportunidad

いっせい 一斉 ‖～に (そろって) todos juntos, conjuntamente; (同時に) a la vez, al mismo tiempo; (声をそろえて) a coro

いっせきにちょう 一石二鳥 ‖～となる matar dos pájaros de un tiro

いっそ ‖降参するぐらいなら～死んだほうがいい Antes morir que rendirse.

いっそう 一層 más, todavía [aún] más

いっそく 一足 靴～ un par de zapatos →飛びに de un salto

いったい 一体(全体) 〔疑問文で〕 ¿qué [cómo, dónde ...] diablos ...?

いつだつ 逸脱 desviación 囡, extravío 男

いっち 一致 (合意) acuerdo 男, consenso 男; (符合) coincidencia 囡; (対応) concordancia 囡 ‖～する ponerse de acuerdo ≪con≫; coincidir ≪con≫

いっちょういっせき 一朝一夕 ‖～にはできない No se puede hacer de la noche a la mañana.

いっちょういったん 一長一短 ‖～がある tener ventajas y desventajas

いっちょくせん 一直線 ‖～に en línea recta

いつつ 五つ cinco

いっつい 一対 un par, una pareja

いってい 一定 ‖～の (不変の) determinado(da), fijo(ja); (規則的な) regular

いってき 一滴 una gota

いつでも 何時でも cuando sea, en cualquier momento, a cualquier hora

いっとう 一等 (競技などの) primer lugar 男; (一等賞) primer premio 男; (乗り物などの) primera clase 囡

いっぱい 一杯 ‖～の una taza [una copa, un vaso] ≪de≫ 水[ワイン]を～飲む beber [tomar] un vaso de agua [vino] コーヒー[お茶]を～ una taza de café [té] 縁を～の lleno(na) hasta el borde ～で～である estar lleno(na) de ...

いっぱく 一泊 ‖ホテルで～する alojarse una noche en un hotel

いっぱん 一般 ‖～の (一般的な) general; (普通の) ordinario(ria) ～に en general, generalmente, normalmente ～的に言えば en términos generales ～化する generalizar ～公開する exponer [abrir] al público en general

いっぴきおおかみ 一匹狼 ‖彼は～だ Es un lobo solitario.

いっぷく 一服 (休憩) descanso 男; (たばこの) bocanada 囡 ‖～する (休憩する) descansar, tomarse un descanso; (たばこを吸う) fumar, (話) echarse un cigarrillo

いっぽ 一歩 paso 男

いっぽう 一方 (片方) uno [una], el otro [la otra]; uno de los dos [una de las dos]; ～の parcial, unilateral ◆一方通行 〔標識〕 Sentido único 男; Dirección única 囡

いっぽう 一報 ‖～する informar, avisar

いつまでも 何時までも por [para] siempre; eternamente

いつも (常に) siempre; (通常) normalmente ‖～のように como siempre ～...とは限らない no siempre

いつわ 逸話 anécdota 囡, cuento 男, historia 囡

いつわり 偽り (うそ) mentira 囡; (作り

いつわる 偽る (うそを言う) mentir; (だます) engañar; (装う) fingir
イデオロギー ideología 女
いてざ 射手座 Sagitario 男
いてつく 凍てつく ‖～寒さだ Hace un frío que pela.
いてん 移転 mudanza 女, traslado 男
いでん 遺伝 herencia 女 ‖～(子)の genético(ca), génico(ca) **いでん子** 遺伝子 gen 男, gene 男 **遺伝子療法** terapia génica 女 **遺伝病** enfermedad hereditaria 女
いと 糸 hilo 男; (弦) cuerda 女; (釣り糸) sedal 男
いと 意図 intención 女, propósito 男
いど 井戸 pozo 男
いど 緯度 latitud 女
いどう 移動 movimiento 男, traslado 男, transferencia 女 ◆**移動図書館** biblioteca circulante 女
いとぐち 糸口 ‖解決の～ pistas 女複 [indicios 男複] para una solución
いとこ 従兄弟・従姉妹 primo(ma) 名
いどころ 居所 (行方が明白な所在) paradero 男; (住)所) dirección 女, señas 女複 ‖彼の～を知っている Sé dónde está él.
いとしい 愛しい querido(da), amado(da)
いとなむ 営む (経営する) llevar [dirigir] ‖**事業を～** llevar [dirigir] un negocio **多忙な生活を～** llevar una vida ocupada
いどむ 挑む (挑戦する) desafiar, retar; (試みる) intentar
いない 以内 ‖～ antes de [[＋時間]]; en [a, con] menos de 1 週間～に antes de [en menos de] una semana ここから1キロ～に a menos de un kilómetro de aquí
いなか 田舎 (農村部) campo 男, zona rural 女, provincia 女; (故郷) pueblo (natal) 男 ◆**田舎者** (軽蔑) paleto(ta) 名
いなご 蝗 langosta 女, saltamontes 男(単複)
いなさく 稲作 cultivo de arroz 男
いなずま 稲妻 relámpago 男, rayo 男 ‖～が走る relampaguear
いななく 嘶く (馬が) relinchar, (ロバが) rebuznar
いなびかり 稲光 relámpago 男; (雷鳴) rayo 男 ‖～がする relampaguear
いなや 否や ‖…するや～ tan pronto como..., en cuanto...
イニシアチブ (主導権) iniciativa 女
イニシャル iniciales 女複, primeras letras 女
いにん 委任 comisión 女, delegación 女 ◆**委任状** poder 男, procuración 女
いぬ 犬 perro(rra) 名 ◆**犬小屋** perrera 女

いね 稲 planta de arroz 女
いねむり 居眠り cabezada 女 ‖～をする dormitar, dar [echar] una cabezada
いのしし 猪 jabalí 男
いのち 命 vida 女 ‖～を助ける salvar la vida ⟨de⟩ ～を危険にさらす arriesgar la vida ～を落とす perder la vida
いのり 祈り oración 女, rezo 男
いのる 祈る rezar, orar
いばら 茨 espina 女, zarzas 女複
いばる 威張る (偉ぶる) darse aires; (横柄に振舞う) fanfarronear; (自慢する, 鼻にかける) jactarse ⟨de⟩
いはん 違反 violación 女, infracción 女
いびき 鼾 ronquido 男 ‖～をかく roncar
いびつ 歪 ‖～な deformado(da)
いぶかる 訝る dudar que [[＋接続法]], sospechar que [[＋直説法]]
いぶき 息吹 aliento 男, efluvios 男
いふく 衣服 ropa 女, vestido 男, prenda de vestir 女
いぶす 燻す ahumar
いぶつ 異物 cuerpo extraño 男
いぶつ 遺物 reliquia 女
イブニングドレス traje de noche 女
イベリコぶた ―豚 cerdo ibérico 男
いぼ 疣 verruga 女
いほう 違法 ilegal, ilícito(ta); prohibido(da)
いま 今 ahora, actualmente, en este momento ‖～の actual (会話) ‖行きます Ya voy.
いま 居間 sala 女 [cuarto 男] de estar
いまいましい 忌々しい irritante, molesto(ta)
いまごろ 今頃 [por] ahora, en estos momentos, a estas horas
いましめる 戒める (諭す) reprender, amonestar; (禁じる) prohibir; (警告・注意する) advertir; (懲らしめる) castigar
いまだ 未だ todavía, aún ‖～かつて …を見たことがない No he visto nunca …
いまわしい 忌わしい abominable, detestable, repugnante
いみ 意味 (言葉の) significado 男, sentido 男; (言外の) connotación 女, implicación 女 ‖～する significar, querer decir; (暗に) implicar
イミテーション imitación 女
いみん 移民 (外国への移住) emigración 女, (外国からの移住) inmigración 女; (外国への移住者) emigrante 男女名, (外国からの移住者) inmigrante 男女名
いむべき 忌むべき odioso(sa), abominable
イメージ imagen 女 ‖～アップする mejorar la imagen ～ダウンする dañar la imagen
いも 芋 (ジャガイモ) patata 女, 《中南米》 papa 女; (サツマイモ) batata 女, 《中

いもうと 1065 **いわば**

南米》 camote 男
いもうと 妹 hermana (menor [pequeña]) 女
いもの 鋳物 producto fundido [variado, moldeado] 男
いや 嫌な desagradable, repugnante, detestable, molesto(ta), odioso(sa), abominable
いやいや 嫌々 (気の進まぬまま) de mala gana
いやがらせ 嫌がらせ acoso 男, ofensa 女 ‖〜をする molestar 《a + 人》
いやがる 嫌がる no querer 〖a + 不定詞〗, no tener ganas de 〖a + 不定詞〗
いやくきん 違約金 indemnización 女
いやくひん 医薬品 medicamento 男
いやし 癒し ‖〜の効果がある aliviador(dora)
いやしい 卑しい (貪欲な) avaro(ra); (身分の低い) humilde, bajo(ja); (下品な) vulgar, ruin
いやしむ 卑しむ despreciar, desdeñar
いやす 癒す (病気などを) curar, aplacar; (空腹などを) satisfacer, apagar
イヤホン auricular 男
いやみ 嫌味 ‖〜な sarcástico(ca), irónico(ca), ofensivo(va)
いやらしい 嫌らしい (不愉快な) desagradable; (けがらわしい) sucio(cia); (みだらな) indecente, obsceno(na), lascivo(va)
イヤリング 《スペイン》pendientes 男複; 《中南米》aretes 男複
いよいよ 愈々 (ついに) por fin, al fin; (ますます) cada vez más, más y más
いよう 異様な raro(ra), extraño(ña)
いよく 意欲 (意志) voluntad 女, ganas 女複; (熱意) afán 男, entusiasmo 男 ‖〜的な野心的な ambicioso(sa)
いらい 依頼 petición 女, solicitud 女 ‖人に…するように〜する pedir 〖rogar, solicitar〗《a + 人》〖que + 接続法〗 ◆依頼人 (弁護士などの) cliente 男女
いらい 以来 desde, a partir de
いらいら irritarse, ponerse nervioso(sa)
イラク Iraq, Irak; ‖〜の iraquí
イラスト ilustración 女, dibujo 男
イラストレーター ilustrador(dora) 男女, dibujante 男女
いらっしゃい (ようこそ) ¡Bienvenido(da)!; (どうぞ) ¡Adelante! ‖こっちへ〜 (子供などに) Ven aquí.
イラン Irán 男 ‖〜の iraní
いりえ 入り江 ensenada 女, cala 女
いりぐち 入り口 entrada 女
いりくんだ 入り組んだ complicado(da), complejo(ja)
いりまじる 入り交じる mezclarse, entremezclarse
いりみだれて 入り乱れて con desorden, confusamente
いりょう 衣料 ropa 女, vestido 男, prendas de vestir 女複

いりょう 医療 tratamiento médico 男, cuidados médicos 男複, atención [asistencia] médica 女 ◆医療機関 centro médico 男 医療ミス error médico 男
いりょく 威力 poder 男; (権力) autoridad 女; (勢力) influencia 女
いる 居る (存在する) haber, existir; (場所にいる) estar, encontrarse; (居住する) vivir, residir 〖会話〗だれかいますか No había nadie en casa. マドリードに〖機内〗に〜 estar en Madrid [en el avión]
いる 要る (必要とする) necesitar, exigir, requerir; (必要である) ser necesario(ria), hacer falta
いる 射る ‖矢を〜 tirar, disparar
いる 鋳る fundir
いるい 衣類 ropa 女, vestido 男, prendas de vestir 女複
いるか 海豚 delfín 男
いれい 異例 ‖〜の (例外的な) excepcional; (前例のない) sin precedente
いれかえる 入れ換える sustituir [cambiar] 《por》
いれずみ 入れ墨 tatuaje 男
いれば 入れ歯 diente postizo 男, muela postiza 女; 〖集合的〗dentadura postiza 女
いれもの 入れ物 recipiente 男, estuche 男
いれる 入れる meter, poner; (注ぎ込む) echar, verter; (挿入する) introducir, insertar; (入らせる) hacer pasar [entrar]; (許可を与えて) admitir; (送り込む) enviar; (含める) incluir ‖車を車庫に〜 meter el coche en el garaje
いろ 色 color 男 ‖その〜は君によく似合う Ese color te va [sienta] bien. 君の車は何〜なの? ¿De qué color es tu coche? ◆色鉛筆 lápiz de colores 男
いろいろ 色々 ‖〜な varios(rias), diferentes, distintos(tas), diversos(sas)
いろけ 色気 atracción sexual [erótica] 女
いろじろ 色白 ‖〜の de tez clara [blanca]
いろどり 彩り colorido 男, coloración 女
いろめがね 色眼鏡 (サングラス) gafas de color [sol] 女複; (クリスタル) cristales ahumados 男複 ‖〜で見る hacer un juicio parcial de
いろん 異論 ⇒ 異議
いわ 岩 roca 女, peña 女 ◆岩山 peñón 男
いわい 祝い (祝賀) felicitación 女; (式など) celebración 女, fiesta 女
いわう 祝う (言葉で) felicitar; (式など挙げて) celebrar, festejar
いわし 鰯 sardina 女
いわば 言わば por decir [decirlo] así;

いわゆる digamos
いわゆる llamado(da), que se llama [llaman]
いわれ 謂れ (理由) razón 女, motivo 男, causa 女; (由来) historia 女, origen 男
いん 韻 rima 女 ‖~を踏む rimar
いんうつ 陰鬱な ⇨陰気
いんが 因果 destino 男, suerte 女
いんかん 印鑑 sello 男
いんき 陰気 ‖~な melancólico(ca), sombrío(a)
いんぎん 慇懃 ‖~な cortés, atento(ta)
インク tinta 女
いんけん 陰険 ‖~な malicioso(sa), insidioso(sa)
いんげんまめ 隠元豆 judía 女;《スペイン》alubia 女,《中南米》frijol 男
インコ perico 男, periquito 男
いんさつ 印刷 impresión 女, imprenta 女 ‖~する imprimir ◆印刷機 impresora 女 印刷所 imprenta 女 印刷物 impreso 男
いんし 印紙 timbre 男, póliza 女, sello 男
いんしゅう 因習 (古い習慣) vieja costumbre 女
いんしょう 印象 impresión 女 ‖…という~をもつ tener la impresión de que… いい～を与える dar [causar]《a+人》una buena impresión …の～はどうですか ¿Qué impresión le ha dado [causado] …?, ¿Qué le ha parecido …? ◆第一印象 primera impresión 女
いんしょう 印章 sello 男
いんしょく 飲食 ‖~する comer y beber ◆飲食店 restaurante 男
インスタント ‖~の instantáneo(a) ◆インスタントコーヒー café instantáneo 男
インストール ‖~する instalar
インストラクター instructor(tora) 名;(スポーツの) monitor(tora) 名
インスリン insulina 女
インスピレーション inspiración 女
いんせい 陰性 ‖~の (反応が) negativo(va); (気質が) sombrío(a)
いんぜい 印税 derechos de autor 複
いんせき 姻戚 pariente político(ca) 男女
いんぜんたる 隠然たる latente
いんそつ 引率 ‖~する guiar [llevar]《a+人》
インターチェンジ empalme (de carreteras) 男
インターネット internet 男/女
インターバル descanso 男, intervalo 男
インターフェロン interferón 男
インターホン interfono 男, telefonillo 男
いんたい 引退 jubilación 女, retiro 男 ‖~する jubilarse, retirarse

インタビュー entrevista 女 ‖~する entrevistar
インチ pulgada 女
いんちき (ごまかし) engaño 男, trampa 女; (詐欺) fraude 男; (うそ) mentira 女
インディヘナ (アメリカ大陸の先住民) indígena 男女
インテリ intelectual 男女
インテリア (室内装飾) decoración de interiores 女
インド India ‖~の indio(dia), hindú
いんとく 隠匿 encubrimiento 男, ocultación 女 ‖~する encubrir, ocultar
インドネシア Indonesia ‖~の indonesio(sia)
イントネーション entonación 女
いんないかんせん 院内感染 infección hospitalaria 女
インプット entrada 女
インフラ infraestructura 女
インフルエンザ gripe 女, influenza 女
インフレ inflación 女
インボイス factura 女
いんぼう 陰謀 conspiración 女, complot 男, intriga 女
いんゆ 隠喩 metáfora 女
いんよう 引用 cita 女, citación 女 ‖~する citar
いんりょう 飲料 bebida 女 ◆飲料水 agua potable 女
いんりょく 引力 gravitación 女, gravedad 女

う

ウイークエンド fin de semana 男
ウイークデー día de semana 男, día laboral 男 ‖~に entre semana, en días laborales
ウイークポイント punto débil 男
ウイスキー whisky 男, güisqui 男
ウイット ingenio 男, agudeza 女 ‖~に富んだ lleno(na) de ingenio
ウイルス virus 男
ウインカー intermitente 男;《中南米》direccional 女
ウインク guiño 男
ウインドーショッピング ‖~する mirar escaparates
ウインナー salchicha vienesa 女
ウール lana 女 ‖~のセーター suéter [jersey] de lana 男
うえ 上 (上部) parte superior 女; (表面) superficie 女 ‖~の(方の) superior, de arriba ~に arriba, encima …の…に〔の、を〕en…, sobre…, encima de… テーブルの~の花びん el florero que está en la mesa ~から desde arriba 1つ~のサイズ una talla [medida] mayor 10歳から~の子ども niños(ñas) con diez o [y] más años,

うえ 飢え hambre 囡

ウエイター camarero 男;《中南米》mesero 男

ウエイトレス camarera 囡;《中南米》mesera 囡

ウエート peso 男 ‖…に~を置く dar importancia a... ◆**ウエートリフティング** levantamiento de pesas 男, halterofilia 囡

うえき 植木 planta 囡 [arbusto 男, árbol 男] de jardín ◆**植木鉢** maceta 囡, tiesto 男 **植木屋** jardin*ero(ra)*

ウエスト cintura 囡, talle 男

ウエディング boda 囡 ◆**ウエディングケーキ** pastel de boda 男 **ウエディングドレス** vestido [traje] de novia 男 ◆**ウエディングマーチ** marcha nupcial 囡

うえる 植える plantar, poblar

うえる 飢える pasar [tener] hambre, estar hambrient*o(ta)*

うお 魚 (生きている魚) pez 男; (食べ物としての) pescado 男

うおのめ 魚の目 (足の) callo 男

ウォーミングアップ (ejercicio 男 de) precalentamiento 男

うおざ 魚座 (占星・天文) Piscis 男

うかい 迂回 desvío 男, rodeo 男 ◆**迂回路** desvío 男, rodeo 男

うがい 嗽 gargarismo 男, gárgaras 囡複 ‖~する hacer gárgaras [un gargarismo], enjuagarse la boca ◆**うがい薬** colutorio 男, gargarismo 男

うかう 伺う (訪れる) visitar, hacer una visita; (尋ねる) preguntar; (聞く) oír, ser informad*o(da)*

うかつ 迂闊 ‖~な descuidad*o(da)*, imprudente

うかびあがる 浮かび上がる emerger; (ぼんやり現れる) surgir

うかぶ 浮かぶ flotar

うかべる 浮かべる flotar, hacer flotar; (心に) acordarse 《de》

うかる 受かる ‖試験に~ aprobar el examen

ウガンダ Uganda ‖~の ugandés*(desa)*

うき 浮き (釣りの) flotador 男 ◆**浮き袋** (水泳用の) flotador 男; (救命用の) salvavidas 男; (魚の) vejiga natatoria 囡

うき 雨季 estación [época] de lluvias 囡

うきあがる 浮き上がる salir [subir] a la superficie

うきうき 浮き浮き ‖~と alegremente, jubilosamente, con gozo

うきぼり 浮き彫り relieve 男

うく 浮く flotar

うぐいす 鶯 ruiseñor (japonés) 男

ウクライナ Ucrania ‖~の ucranian*o(na)*

うけあう 請け合う (保証する) garantizar, asegurar; (引き受ける) encargarse 《de》

うけいれ 受け入れ aceptación 囡

うけいれる 受け入れる (人を) aceptar; (受諾する) aceptar, admitir; (同意する) estar de acuerdo 《con》

うけおう 請け負う (契約する) contratar; (引き受ける) encargarse 《de》

うけつぐ 受け継ぐ suceder 《en》, heredar

うけつけ 受付 recepción 囡 ◆**受付係** recepcionista 男女

うけつける 受け付ける (受諾する) aceptar, (受け取る) recibir

うけとり 受け取り (受け取ること) recepción 囡; (受領証) recibo 男

うけとる 受け取る recibir; (解釈する) interpretar, comprender, entender

うけみ 受け身 (文法) voz pasiva 囡; (消極的態度) actitud pasiva 囡; (柔道) ukemis 男複, caídas 囡複

うけもつ 受け持つ encargarse 《de》, hacerse cargo 《de》

うける 受ける (受け取る) recibir; (得る) conseguir, obtener; (被る) sufrir ‖試験を~ presentarse al [tomar el] examen ~に~ asistir a clase 電話を~ contestar [atender] el teléfono

うごかす 動かす (物を移動させる) mover; (操作する) accionar, manejar; (心を動かす) emocionar

うごき 動き movimiento 男, acción 囡

うごく 動く (移動する) moverse; (機械が作動する) funcionar; (行動する) actuar

うごめく 蠢く bullir

うさぎ 兎 (野生の) liebre 囡; (飼育されている) conejo 男

うし 牛 (雄) toro 男; (雌) vaca 囡; 《中南米》res 囡; (子牛) terner*o(ra)*; (去勢した牛) buey 男

うじ 蛆 gusano 男

うしなう 失う perder ‖~ものは何もない No hay nada que perder. 多くの人命が失われた Hubo numerosas víctimas.

うしろ 後ろ parte posterior [trasera] 囡 ‖…の~の席 asiento trasero de... 男 ~の ...de detrás, ...trasero(ra), ...posterior ~に (hacia) atrás ...の~を歩く ir detrás de... ~から por detrás ◆**後ろ足** patas traseras 囡複

うす 臼 (つき臼) mortero 男; (ひき臼) piedra de moler 囡

うずまき 渦 remolino 男, vorágine 囡

うすあかり 薄明かり media luz 囡, penumbra 囡; (朝夕の) crepúsculo 男

うすい 薄い (厚さが) fin*o(na)*, delgad*o(da)*; (色が) pálid*o(da)*, tenue, clar*o(ra)*; (髪が) ral*o(la)*, espaciad*o(da)*; (濃度・密度) liger*o(ra)* ‖紙のように~ fin*o(na)* como un papel ~コーヒー café ligero [flojo]

うすうす 薄々 vagamente, ligera-

うずうず ‖…に～気がついている tener una ligera conciencia de...
うずうず ‖…したくて～する estar inquieto(ta) por [+不定詞]
うすきみわるい 薄気味悪い siniestro(tra)
うずく 疼く (鈍く痛む) doler sordamente
うずくまる 蹲る (前かがみになる) ponerse en cuclillas; (しゃがむ) agacharse, acurrucarse
うすぐらい 薄暗い sombrío(a), a media luz
ウズベキスタン Uzbekistán ‖～の uzbeko(ka)
うすぺら 薄っぺら ‖～な (薄い) ligero(ra), delgado(da); (うわべだけの) superficial
うずまき 渦巻き espiral 女; (水流の) remolino 男, vorágine 女
うすめる 薄める diluir, aguar
うずめる 埋める ‖…を地面に～ enterrar; 手に顔を～ hundir la cara en sus manos
うずもれる 埋もれる enterrarse
うずら 鶉 codorniz 女
うすれる 薄れる (光・記憶などが) debilitarse; (色が) decolorarse; (苦痛などが) mitigarse, aliviarse
うせつ 右折する girar [doblar] a la derecha
うせる 失せる desaparecer
うそ 嘘 mentira 女, embuste 男 ‖～をつく mentir, decir mentiras ◆嘘つき mentiroso(sa) 名, embustero(ra) 名
うた 歌 canción 女; (歌唱) canto 男; (詩歌) poema 男, poesía 女
うたう 歌う cantar
うたがい 疑い (疑念) duda 女; (嫌疑) sospecha 女, desconfianza 女 ‖…は～よう[～の余地]がない No cabe duda de que [+直説法]; ～なく indudablemente, sin duda (alguna)
うたがう 疑う (怪しいと思う) dudar 《de》, dudar [sospechar] [de + 接続法]; (信用しない) desconfiar 《de》 ‖私はそれが本当かどうか疑っている Dudo de que eso sea cierto.
うたがわしい 疑わしい (確信が持てない) dudoso(sa), incierto(ta); (疑問のある) discutible; (怪しい) sospechoso(sa)
うち 内 (内部) interior 男, parte interior 女 ‖その日の～に en el mismo día …しないうちに antes de [+不定詞], antes de que [+接続法] 5冊の本の～から1冊選ぶ elegir uno de entre los cinco libros
うち 家 casa 女; (家庭) hogar 男, familia 女 ‖《会話》～へおいでよ Ven a mi casa.
うちあげ 打ち上げ (信用して話す) confiarse 《a+人》; (白状する) confesar
うちあげる 打ち上げる lanzar
うちあわせ 打ち合わせ (会議) reunión 女; (取り決め) arreglo 男 ‖～る disponer, organizar, fijar
うちかつ 打ち勝つ derrotar, vencer; (克服する) superar
うちがわ 内側 interior 男, parte interior [interna] 女, parte de dentro
うちき 内気 timidez 女 ‖～な tímido(da), vergonzoso(sa)
うちけす 打ち消す negar
うちこむ 打ち込む (釘などを) clavar; (専念する) dedicarse 《a》, entregarse 《a》
うちとけた 打ち解けた abierto(ta), franco(ca)
うちのめす 打ちのめす (なぐり倒す) tirar al suelo, abatir; (精神的にめいらせる) abatir, deprimir
うちやぶる 打ち破る (たたきこわす) derribar, romper; (打ち負かす) vencer, derrotar
うちゅう 宇宙 universo 男, espacio 男, cosmos 男 ◆宇宙ステーション estación espacial 女 宇宙船 nave espacial 女, astronave 女 宇宙線 rayos cósmicos 男複 宇宙飛行士 astronauta 男女
うつ 打つ (たたく) golpear, dar un golpe 《a》; (殴る・ひっぱたく) pegar ‖ラケットでボールを～ golpear la pelota con la raqueta 人の心を～ conmover 《a+人》
うつ 撃つ disparar, tirar
うつ 討つ ‖父親のかたきを～ vengar a su padre
うっかりして por descuido, distraídamente
うつくしい 美しい hermoso(sa), bello(lla), bonito(ta); (主に中南米) lindo(da); (人の外見が) guapo(pa)
うつくしさ 美しさ belleza 女, hermosura 女
うつし 写し copia 女; (複写機によるコピー) fotocopia 女
うつす 写す (書き写す・描き写す・複写する) copiar, hacer una copia 《de》; (写真を撮る) fotografiar, sacar [hacer] una foto 《de》
うつす 映す (反射する) reflejar; (映写する) proyectar
うつす 移す (位置を動かす) mudar, trasladar, transferir; (病気を) contagiar ‖計画を実施に～ poner el plan en práctica [marcha]
うったえ 訴え (訴訟) pleito 男, demanda 女, litigio 男, proceso 男; (不平など) queja 女, acusación 女
うったえる 訴える (告訴する) acusar [denunciar] 《a+人》《de》, poner pleito 《a+人》《por》; (不平・痛みなどを) quejarse 《de》‖世論に～ apelar a la opinión pública
うつつ 現 ‖…に～をぬかす estar perdi-

うってつけ 打ってつけ ‖～の(最適の) adecuado(da); (理想的な) ideal

うっとうしい 鬱陶しい (気がめいるような) deprimente; (陰気な・しつこい) pesado(da), molesto(ta)

うっとり ‖～している estar encantado(da) [embelesado(da), embriagado(da)] ‹de, por›; ～させる encantar, embelesar, embriagar

うつびょう 鬱病 depresión 女

うつぶせ 俯せ ‖～になる ponerse [acostarse] boca abajo

うつむく 俯く (下を見る) mirar hacia abajo; (頭をたれる) ir cabizbajo

うつりかわり 移り変わり (変化) cambio 男; (進化・発展) evolución 女; (推移) transición 女

うつりかわる 移り変わる (変化する) cambiar; (進化・発展する) evolucionar

うつる 移る (移動・移転する) mudarse, trasladarse; (変化する) cambiar(se); (病気などが) contagiarse, transmitirse

うつる 映る (反射する) reflejarse; (映写が) proyectarse

うつる 写る ‖その写真では私はよく写っている En esa foto salgo bien.

うつろ 空ろ [虚ろ] ‖～な vacío(a), hueco(ca)

うつわ 器 (容器) recipiente 男, envase 男; (皿) plato 男

うで 腕 brazo 男 ‖人の～をつかむ coger [agarrar] del [por el] brazo ‖～を組んで con los brazos cruzados ◆**腕相撲をする** echar un pulso ‹con+人›　**腕時計** reloj de pulsera 男　**腕輪** brazalete 男, pulsera 女

うてん 雨天 (tiempo 男 de) lluvia 女, tiempo lluvioso 男

うながす 促す (催促する) apremiar, urgir; (促進・助長する) fomentar

うなぎ 鰻 anguila 女, (食用の稚魚) angula 女

うなじ 項 nuca 女; (話) cogote 男

うなずく 頷く asentir con la cabeza, mover la cabeza afirmativamente

うなりごえ うなり声 (人の苦痛などの) gemido 男, quejido 男; (猛獣などの) rugido 男, gruñido 男, aullido 男

うなる 唸る (人が苦痛などで) gemir, quejarse; (動物の) rugir, gruñir, aullar

うに 海胆 erizo de mar 男

うぬぼれ 自惚れ presunción 女; (虚栄心) vanidad 女; (誇り) orgullo 男

うぬぼれる 自惚れる presumir ‹de›; ser vanidoso(sa)

うねる (道・川が左右に) serpentear; (波が) ondular, formarse olas

うは 右派 〘集合的〙 derecha 女; (人) derechista 男女

うぶ 初 ‖～な cándido(da), inocente, ingenuo(nua)

うま 馬 caballo 男; (雌) yegua 女; (子馬) potro(tra)

うまい 旨い bueno(na), rico(ca), sabroso(sa), delicioso(sa)

うまい 巧い ⇒上手

うまく (上手に) bien, con habilidad ‖～行く ir bien, salir bien

うまみ 旨み (味) sabor 男; (独特の魅力) encanto 男, maestría 女, arte 男; (利益) provecho 男

うまる 埋まる (埋もれる) quedar enterrado(da), hundirse; (いっぱいになる) estar lleno(na) ‹de›, llenarse ‹de›

うまれ 生まれ nacimiento 男 ‖彼はいい家の～だ Es de buena familia.

うまれつき 生まれつき de nacimiento, por naturaleza

うまれる 生まれる (人・動物が) nacer, ver la luz; (物事が生じる) surgir, originarse

うみ 海 mar (時に 女); (大洋) océano 男 ‖～の marino(na), marítimo(ma) ‖～は凪いで[荒れて]いる El mar está sereno [revuelto].

うみ 膿 pus 男

うみがめ 海亀 tortuga marina [de mar] 女

うみべ 海辺 (ビーチ) playa 女; (海のすぐ近くの砂地) orilla (del mar) 女; (海岸) costa 女

うむ 生む・産む (人が出産する) dar a luz, dar nacimiento ‹a›; (動物が出産する) parir; (卵を) poner huevos, aovar; (産出する) producir, generar; (引き起こす) causar

うめ 梅 (木) ciruelo 男; (実) ciruela 女

うめあわせ 埋め合わせ ‖～として支払う indemnizar ‹por›, pagar como [en] compensación ‹por›

うめあわせる 埋め合わせる compensar; indemnizar

うめく 呻く gemir

うめたてる 埋め立てる (湖・沼を) desecar; (海を) ganar terreno al mar

うめる 埋める (土の中に) enterrar; (空間・穴を満たす) llenar, rellenar; (覆う) cubrir ‖欠員を～ cubrir una plaza

うもう 羽毛 pluma 女; 〘集合的〙 plumaje 男

うやまう 敬う respetar, honrar; (尊ぶ・崇拝する) venerar

うよく 右翼 (政治上の) derecha 女, ala derecha 女; (人) derechista 男女

うら 裏 (裏手・後ろ) parte de atrás 女 ‖家は教会の～です La casa está detrás de la iglesia. ◆**裏側** reverso 男, otro lado 男, dorso 男

うらおもて 裏表 una y otra cara 女, los dos caras 女, uno y otro lado 男, los dos lados 男, cara 女 y cruz 女, anverso 男 y reverso 男 ‖～のある

うらがえし 裏返し ‖シャツを～に着る ponerse la camisa al revés

うらがえす 裏返す poner al [del] revés; volver (del revés); dar la vuelta (a)

うらがき 裏書き (小切手の) endoso 男 ‖～する endosar

うらぎり 裏切り traición 囡 ◆裏切り者 traidor(dora) 名

うらぎる 裏切る (人を) traicionar, engañar; (期待を) defraudar, 《話》 fallar

うらぐち 裏口 puerta trasera 囡, puerta de atrás 囡 ‖～入学する comprar su ingreso en la universidad

うらごえ 裏声 falsete 男

うらじ 裏地 forro 男 ‖～をつける forrar 《con, de》

うらづける 裏付ける (理論などを) fundamentar, acreditar

うらどおり 裏通り calleja 囡, callejuela 囡, calle secundaria 囡

うらない 占い adivinación 囡; (手相) quiromancia 囡; (カード) cartomancia 囡; (夢) oniromancia 囡

うらないし 占い師 adivino(na) 名; (手相) quiromántico(ca) 名; (カード) cartomántico(ca) 名; (夢) oniromántico(ca) 名

うらなう 占う adivinar, augurar

うらみ 恨み rencor, resentimiento 男

うらむ 恨む guardar [tener, sentir] rencor 《a + 人》

うらやましい 羨ましい envidiable ‖君の成功が～ Envidio tu éxito.

うらやむ 羨む envidiar, sentir [tener] envidia

ウラン uranio 男

うり 瓜 melón 男 ‖彼は兄に～二つだ Es igualito que su hermano.

うりあげ 売り上げ venta 囡

うりきれ 売り切れ ‖～の[た] agotado(da)

うりきれる 売り切れる agotarse

うりだし 売り出し (発売) lanzamiento 男, puesta en venta 囡, (バーゲン) rebajas 囡複, oferta 囡

うりだす 売り出す sacar [lanzar] a la venta, poner en el mercado

うりて 売り手 vendedor(dora) 名

うりね 売り値 precio de venta 男; (小売り値) precio de venta al público 男 [《略》 p.v.p.]

うりば 売り場 (百貨店などの) sección 囡; (カウンター) mostrador 男

うりもの 売り物 artículo 男, producto comercial 男 ‖～の車 coche en venta 男 《会話》これは～ですか ¿Esto es para vender?

うりょう 雨量 precipitaciones 囡複, volumen de agua caída 男

うる 売る vender ‖彼に車を1000ユーロで売った Le vendí el coche por mil euros.

うるうどし 閏年 año bisiesto 男

うるおい 潤い humedad 囡 ‖生活に～を与える enriquecer la vida

ウルグアイ Uruguay ‖～の uruguayo(ya)

うるさい 煩い (騒々しい) ruidoso(sa), (迷惑な) molesto(ta); (しつこい) insistente, pesado(da); (要求の多い) exigente

うるし 漆 barniz (del Japón) 男

うれい 憂い (悲しみ) tristeza 囡, pena 囡; (懸念・心配) preocupación 囡, inquietud 囡

うれえる 憂える preocuparse, inquietarse 《por》

うれしい 嬉しい (estar) alegre, contento(ta), (喜ぶ) alegrarse 《de》‖あなたが来てくださって～ Me alegro de que Ud. haya venido. 《会話》まあ ¡Qué alegría!, ¡Qué contento(ta) estoy!

うれゆき 売れ行き venta 囡; (需要) demanda 囡

うれる 売れる venderse ‖この雑誌はよく～ Esta revista se vende bien. 飛ぶように～ 《話》venderse como rosquillas

うろこ 鱗 escama 囡

うろたえる alterarse, perder la calma

うろつく vagar, callejear 《por》

うわき 浮気 infidelidad 囡; (不倫) adulterio 男

うわぎ 上着 (ジャケット) chaqueta 囡; (男性用の) americana 囡, 《中南米》 saco 男

うわぐすり 釉薬 (ほうろう) esmalte 男; (ニス) barniz 男; (陶器の) vidriado 男

うわごと delirio 男 ‖～を言う delirar; (たわ言を言う) decir tonterías [disparates]

うわさ 噂 rumor 男; (陰口) chisme 男 ‖…という～だ, …だと～だ Corre [Circula] el rumor de que 《+ 直説法》.

うわついた 浮ついた frívolo(la), poco serio(ria)

うわのそら 上の空 ‖～である estar distraído(da) [despistado(da)]

うわべ 上辺 (表面) superficie 囡; (外見) apariencia 囡

うわまわる 上回る superar 《a》, exceder 《a》, sobrepasar

うわやく 上役 jefe(fa) 名, superior(riora) 名

うん 運 (その場限りの) suerte 囡; (人生を左右するような) fortuna 囡; (運命) destino 男 ‖～がいい tener (buena) suerte ～が悪い no tener suerte, tener mala suerte 死ななくて彼は～が良かった Tuvo la suerte de no matarse. ～良く afortunadamente

うんえい 運営 administración 囡, dirección 囡 ‖～する administrar, dirigir

うんが 運河 canal 男

うんこう 運航[航] (電車などの)servicio (de transporte) 男; (飛行機の)vuelo 男; (天体の)movimiento 男

うんざり ‖～している estar harto(da) [aburrido(da), cansado(da)] 《de》

うんせい 運勢 destino 男, ventura 囡; (星回り) estrella 囡

うんそう 運送 transporte 男 ◆運送会社 empresa [agencia, compañía] de transportes

うんちん 運賃 (旅客運賃) tarifa 囡, precio de viaje 男; (船・飛行機の)pasaje 男; (船の)flete 男; (貨物の)precio de transporte 男

うんてん 運転 (自動車などの)conducción 囡, 《中南米》manejo 男; (機械の)operación 囡 ‖～する (自動車などを)conducir, 《中南米》manejar; (機械などを)poner en marcha, hacer funcionar conductor(tora) 男囡, chófer 男囡 ◆運転免許証 carnet [carné] (de conducir); licencia de conducir 囡

うんどう 運動 (身体の)ejercicio (físico) 男, gimnasia 囡; (社会的・政治的な)movimiento 男; (物理的な)movimiento 男 ‖～する (身体を動かす) hacer ejercicio; (社会的・政治的に) hacer una campaña 《por, contra》; (物体が) moverse ◆運動靴 zapatillas [de deporte] 囡 運動会 fiesta [reunión] deportiva [atlética] 囡 運動場 campo deportivo [de deportes]

うんぱん 運搬 transporte 男

うんめい 運命 destino 男, fortuna 囡

うんゆ 運輸 transporte(s) 男, transportación 囡

え

え 絵 (絵画) cuadro 男; (線画) dibujo 男; (絵の具による) pintura 囡; (素描) esbozo 男, bosquejo 男; (線・鉛筆画) ilustración 囡 ‖～を描く (線画を) dibujar; (絵の具で) pintar

え 柄 (ほうき・フライパンなどの棒状の) mango 男; (鍋などの半円形の) asa 囡; (引き出しなどの、または刀などの) empuñadura 囡

エアコン aire acondicionado 男, acondicionador de aire, climatizador 男 ‖～のついた climatizado(da)

エアバス aerobús 男, airbus 男

エアメール correo aéreo [por avión]

エアロビクス aeróbic 男

えいえん 永遠 eternidad 囡 ‖～の eterno(na), permanente, perpetuo(tua) ‖～に para siempre, eternamente

えいが 映画 (一本一本の)película 囡; (総称)cine 男 ‖～を見に行く ir al cine ～を見る ver una película ◆映画館 cine 男

えいきゅう 永久 eternidad 囡, permanencia 囡 ‖～に para siempre, eternamente

えいきょう 影響 influencia 囡; (効果)efecto 男; (衝撃)impacto 男 《en, sobre》 ‖～を与える influir 《en》, ejercer influencia 《en, sobre》 ～を受ける recibir una influencia, dejarse influir, ser influido(da) ◆影響力 influencia 囡 ～力がある influyente

えいぎょう 営業 comercio 男, negocios 男中 [[英]] Abierto ◆営業時間 horario comercial [de comercio] 男, horas de oficina 囡 営業所 oficina 囡 (支店・支社)sucursal 囡 営業部 departamento de ventas 男

えいご 英語 inglés 男, lengua inglesa 囡

えいこう 栄光 gloria 囡

えいこく 英国 Inglaterra, Gran Bretaña; (正式名) El Reino Unido de Gran Bretaña e Irlanda del Norte ‖～の inglés(glesa), británico(ca) ◆英国人 inglés(glesa) 男囡

えいしゃ 映写 proyección 囡 ◆映写機 proyector 男

えいじゅう 永住 ‖～する residir permanentemente, establecerse 《en》

エイズ sida 男 (後天性免疫不全症候群 síndrome de inmunodeficiencia adquirida の略)

えいせい 衛星 satélite 男 ◆衛星国 país [estado] satélite 男 衛星中継 retransmisión por satélite 囡 衛星都市 ciudad satélite 囡 衛星放送 radiodifusión por satélite 囡

えいせい 衛生 sanidad 囡, higiene 囡 ‖～的な sanitario(ria), higiénico(ca)

えいぞう 映像 imagen 囡

えいぞくてき 永続的 ‖～な permanente, duradero(ra)

えいてん 栄転 ‖～する ser promovido(da) y transferido(da)

えいびん 鋭敏 ‖～さ agudeza 囡 ～な agudo(da), inteligente

えいぶん 英文 texto [frase] en inglés

えいへい 衛兵 centinela 男, guardia 囡

えいゆう 英雄 (男性の) héroe 男; (女性の) heroína 囡

えいよ 栄誉 (栄光) gloria 囡; (名誉) honor 男

えいよう 栄養 nutrición 囡, alimentación 囡 ‖～のある nutritivo(va), alimenticio(cia) ◆栄養価 valor nutritivo 男

えいり 鋭利 ‖～な afilado(da), cortante
エージェンシー agencia 女
エージェント agente 男
エース as 男; (テニスなどのサービスエース) ace 男
ええと esto..., vamos a ver..., veamos ...
エープリルフール Día de los (Santos) Inocentes 男 (スペイン語圏では12月28日)
エール (応援の) gritos 男複
えがお 笑顔 cara sonriente 女, sonrisa 女
えかき 絵描き pintor(tora) 名
えがく 描く (線画を) dibujar; (絵の具で) pintar; (描写する) describir
えき 駅 estación 女 ◆**駅員** empleado(da) de estación 名 **駅長** jefe(fa) de estación
エキサイティング ‖～な excitante
エキサイトする excitarse
えきしゃ 易者 adivino(na) 名
えきしょう 液晶 cristal líquido 男
えきじょう 液状 ‖～の líquido(da) ◆**液状化** licuefacción 女
エキス (抽出物) extracto 男
エキストラ (映画などの) extra 男女
エキスパート especialista 男女, experto(ta) 名
エキゾチック ‖～な exótico(ca)
えきたい 液体 líquido 男 ‖～の líquido(da)
えきびょう 疫病 peste 女; (伝染病) epidemia 女
エクアドル Ecuador ‖～の ecuatoriano(na)
エクスタシー éxtasis 男
エグゼクティブ ejecutivo(va) 名
えくぼ hoyuelo 男
エゴイスト egoísta 名 ◆**エゴイズム** egoísmo 男
エコノミークラス clase turista 女
エコノミークラスしょうこうぐん エコノミークラス症候群 síndrome de la clase turista 男
エコノミスト economista 男女
えこひいき 依怙贔屓 (偏愛) predilección 女, favoritismo 男; (不公平) parcialidad 女 ‖～**する** favorecer a ..., ser parcial con ...
エコロジー ecología 女
えさ 餌 (飼料) cebo 男, pienso 男; (食べ物) comida 女, alimento 男; (まぐさ) forraje 男; (穀餌) granos 男複
えじき 餌食 presa 女; (犠牲) víctima 女
エジプト Egipto ‖～の egipcio(cia)
えしゃく 会釈 ‖～**する** saludar《a》; (軽くお辞儀する) saludar《a+人》con una ligera inclinación
エスエフ SF (空想科学小説) ciencia ficción 女; (個々の小説) novela de ciencia ficción 女
エスカルゴ (カタツムリ料理) caracolada 女
エスカレーター escalera automática [mecánica, móvil] 女
エスカレートする escalar, agravarse
エスキモー esquimal 男女 ‖～の esquimal
エストニア Estonia ‖～の estonio(nia), estoniano(na)
エスニック ‖～の étnico(na) ◆**エスニックりょうり** エスニック料理 comida étnica 女
エスプレッソ café exprés 男, expreso 男
えだ 枝 rama 女; (小枝) ramo 男; [集合的] ramaje 男
えたい 得体 ‖～の知れない misterioso(sa), extraño(ña), raro(ra)
エチオピア Etiopía ‖～の etiopí
エチケット (礼儀) urbanidad 女, buenos modales 男複, buenas formas [maneras] 女複
エチュード (練習曲) estudio 男
エックスせん X線 rayos X (equis) 男複
えっけん 謁見 audiencia 女
えっけんこうい 越権行為 ‖～**をする** abusar de su autoridad
エッセー ensayo 男
エッセンス esencia 女
エッチ ‖～な obsceno(na); 《話》 verde
エッチング aguafuerte 男 [女]
えつらん 閲覧 lectura (atenta) 女 ‖～**する** (読む) leer (atentamente); (調べる) consultar
エナメル (塗料) esmalte 男; (エナメル皮) cuero esmaltado [charolado] 男
エヌジーオー NGO ONG 女, organización no gubernamental 女
エネルギー energía 女
エネルギッシュ ‖～な enérgico(ca)
えのぐ 絵の具 colores 男複, pinturas 女複 ◆**油絵の具** óleos 男複, pinturas de óleo 女複 **水彩絵の具** acuarelas 女複, colores de acuarela 男複
えはがき 絵葉書 (tarjeta 女) postal (ilustrada) 女
えび 海老 (伊勢エビ) langosta 女; (車エビ) langostino 男; (小エビ) (スペイン) gamba 女; (中南米) camarón 男
エピソード anécdota 女, episodio 男
エピローグ epílogo 男
エプロン delantal 男
エポック época 女 ‖～**メーキングな** (画期的) histórico(ca), que hace época
えほん 絵本 libro ilustrado [con ilustraciones] 男
エメラルド esmeralda 女 ◆**エメラルドグリーン** verde esmeralda 男
えもの 獲物 (狩猟などの) caza 女; (漁の) pesca 女
えら 鰓 agallas 女複, branquias 女複
エラー error 男, fallo 男
えらい 偉い grande, importante
えらぶ 選ぶ elegir, escoger, seleccionar
えり 襟 cuello 男; (上着の折り返し部

分) solapa 女 ◆**襟首・足** nuca 女 **襟巻き** bufanda 女
エリート〖集合的〗élite 女, flor y nata 女 ‖～社員 empleado(da) de la élite 名
エリトリア Eritrea ‖～の eritreo(a)
える 得る conseguir, obtener, ganar;（苦労して）lograr, adquirir;（受け取る）recibir
エルサルバドル El Salvador ‖～の salvadoreño(ña)
エレガント ‖～な elegante
エレキギター guitarra eléctrica 女
エレクトロニクス（電子工学）electrónica 女
エレベーター《スペイン》ascensor 男;《中南米》elevador 男
えん 円（円形）círculo 男;（通貨）男 ◆**円高** apreciación del yen 女 **円安** depreciación del yen 女 **円建て決済** liquidación en yenes 女 **円建て相場** cotización del yen 男
えん 縁（関係）relación 女, conexión 女;（きずな）lazo, vínculo 男
えんえき 演繹 deducción 女 ‖～する deducir
えんかい 宴会 banquete 男, fiesta 女
えんかい 沿海（歴史）historia 女;（変遷）evolución 女
えんかく 遠隔 ◆**遠隔操作** control [manejo] remoto [a distancia] 男
えんかつ 円滑 ‖～な（順調な）suave;（調和の取れた）armonioso(sa) ‖～に進む marchar bien [sin dificultad]
えんがん 沿岸（大洋の）costa 女;（海・湖・大河の）litoral 男 ◆**沿岸漁業** pesca costera [de bajura] 女 **沿岸警備隊** guardacostas 男
えんき 延期 aplazamiento 男, prórroga 女
えんぎ 演技 actuación 女, interpretación 女
えんぎ 縁起 ‖～のよい de buen augurio [agüero]
えんきょく 婉曲 ‖～的に eufemísticamente;（遠まわしに）con rodeos ‖～表現 eufemismo 男
えんきんほう 遠近法 perspectiva 女
えんけい 円形 círculo 男, redondel 男, forma redonda 女
えんげい 園芸（庭造り）jardinería 女;（園芸学）horticultura 女 ◆**園芸植物** planta de jardín 女
えんげい 演芸（総称）espectáculo 男;（個々の演技・演目）actuación 女 ◆**演芸場** teatro 男, sala de variedades 女
エンゲージリング anillo de compromiso 男
えんげき 演劇（総称）teatro 男;（個々の作品）drama 男, obra de teatro 女
えんこ 縁故 relación [personal] 女, conexiones 女複
えんご 援護 apoyo 男, ayuda 女 ‖～する apoyar, ayudar
えんさん 塩酸 ácido clorhídrico 男

えんし 遠視 hipermetropía 女 ‖～の hipermétrope
エンジニア ingeniero(ra) 名
えんしゅう 演習（練習）ejercicio 男, práctica 女;（ゼミナール）seminario 男;（訓練）entrenamiento 男
えんしゅう 円周 circunferencia 女
えんじゅく 円熟 madurez 女 ‖～した maduro(ra)
えんしゅつ 演出 dirección 女 ‖～する dirigir ◆**演出家** director(tora) 名
えんじょ 援助 ayuda 女, asistencia 女;（公的な）auxilio 男;（支援）apoyo 男 ‖～する ayudar, auxiliar, apoyar ～を求める pedir ayuda [apoyo]
えんしょう 炎症 inflamación 女
えんじる 演じる interpretar, hacer el papel (de)
エンジン motor 男 ‖～をかける arrancar el motor, poner el motor en marcha
えんしんりょく 遠心力 fuerza centrífuga 女
えんすい 円錐 cono 男 ‖～形の cónico(ca)
エンスト fallo del motor 男, calado 男 ‖車が～を起こした Se caló [paró] el motor (del coche).
えんせい 遠征 expedición 女
えんせいしゅぎ 厭世主義 pesimismo 男 ◆**厭世主義者** pesimista 男女
えんぜつ 演説 discurso 男 ‖～する pronunciar [dar] un discurso ◆**演説者** orador(dora) 名, conferenciante 男女
えんせん 沿線 ‖～に al lado [a lo largo] de la línea de un ferrocarril
えんそ 塩素 cloro 男
えんそう 演奏 interpretación 女 ‖～する interpretar;（楽器を）tocar ◆**演奏会** concierto 男
えんそく 遠足 excursión 女
えんたい 延滞 atraso 男, retraso 男
えんだん 演壇 estrado 男, tribuna 女
えんだん 縁談（結婚の申し込み）proposición [propuesta] de matrimonio 女
えんちゅう 円柱（建築）columna 女;（数学）cilindro 男
えんちょう 延長（期間の）prórroga 女, prolongación 女;（長さの）extensión 女
えんとう 円筒 cilindro 男 ‖～形の cilíndrico(ca)
えんどう 豌豆 guisante 男;《中南米》arveja 女
えんとつ 煙突 chimenea 女
えんばん 円盤 disco 男 ◆**円盤投げ** lanzamiento de disco 男 **空飛ぶ円盤** platillo volante 男
えんぴつ 鉛筆 lápiz 男 ‖～を削る sacar punta al lápiz, afilar el lápiz ◆**鉛筆削り** sacapuntas 男〖単複同形〗, afilalápices 男〖単複同形〗
えんぶん 塩分 sal 女, salinidad 女
えんぽう 遠方 lugar lejano [distan-

えんまん 円満 ‖～な feliz;(平和な) pacífico(ca);(友好的な) amistoso(sa)
えんゆうかい 園遊会 fiesta al aire libre 女
えんよう 遠洋 ◆遠洋漁業 pesca de altura 女 遠洋航海 navegación de altura 女
えんりょ 遠慮 (控えめ) reserva 女;(内気) timidez 女;(謙虚) modestia 女 ‖～なく (率直に) francamente, sin reservas;(自由に) con toda libertad

お

お 尾 cola 女, rabo 男
オアシス oasis 男〔単複同形〕
おい 甥 sobrino 男
おい! ¡Eh!, ¡Oye!
おいおい 追々 (近いうちに) pronto, dentro de poco;(しかるべき時に) en su momento, a su debido tiempo
おいかえす 追い返す rechazar, despedir;(追い払う) alejar
おいかける 追いかける (追跡する) perseguir, seguir;(あとを追う) correr 《tras》
おいこす 追い越す adelantar
おいしい 美味しい delicioso(sa), sabroso(sa), rico(ca), bueno(na)
おいしげる 生い茂る crecer frondosamente
おいた 老いた viejo(ja), envejecido(da)
おいだす 追い出す echar, expulsar, arrojar
おいつく 追いつく alcanzar;《スペイン》 coger
おいつめる 追い詰める (窮地に) acorralar, acosar
おいはらう 追い払う alejar, ahuyentar;(驚かせて) espantar
おいる 老いる hacerse viejo(ja), envejecer
オイル aceite 男;(石油) petróleo 男;(日焼け用の) loción bronceadora 女
おう 追う (追いかける) perseguir, seguir;(追い求める) buscar;(追いやる) espantar;(追放する) expulsar
おう 負う (責任などを) aceptar, hacerse cargo 《de》;(背負う) llevar 《cargar》 a la espalda
おう 王 rey 男;(君主) monarca 男
おうえん 応援 (声援) animación 女;(支持) apoyo 男;(助力) ayuda 女
おうおう 往々 ‖～にして (しばしば) frecuentemente, a menudo
おうかくまく 横隔膜 diafragma 男
おうかん 王冠 corona 女;(瓶の) tapón 男, chapa 女
おうぎ 扇 abanico 男
おうきゅう 王宮 palacio real 男;(アラビア風の) alcázar 男
おうきゅうしょち 応急処置 medidas de emergencia 女複;(応急手当て) primeros auxilios 男複
おうこく 王国 reino 男;(君主国) monarquía 女
おうごん 黄金 oro 男 ‖～の de oro, dorado(da)
おうし 雄牛・牡牛 toro 男;(去勢した) buey 男 ◆牡牛座 Tauro 男, Tauro
おうじ 王子 (王位継承者) príncipe 男;(王位継承者でない) infante 男
おうじ 皇子 príncipe (imperial) 男
おうしつ 王室 casa [familia] real 女
おうしゅう Europa ◆欧州連合 La Unión Europea 女, 略 UE
おうしゅう 押収 apropiación 女;(没収) confiscación 女
おうじょ 王女 (王位継承者) princesa 女;(王位継承者でない) infanta 女
おうじょ 皇女 princesa (imperial) 女
おうじる 応じる (答える) contestar [responder] 《a》;(承諾する) acceder [asentir, consentir] 《a》;(受け入れる) aceptar;(希望・必要などを満たす) satisfacer
おうせつしつ・おうせつま 応接室・応接間 sala de visitas 女;(大邸宅の) recibidor 男
おうだ 殴打 ‖～する golpear, pegar, dar golpes 《a》
おうたい 応対 ‖～する (迎える) recibir;(接客する) atender
おうだん 横断 cruce 男, travesía 女 ‖～する cruzar, atravesar ◆横断歩道 paso de peatones [de cebra] 男
おうちょう 王朝 dinastía 女
おうてん 横転 ‖～する volcar, dar un vuelco, caer de lado
おうと 嘔吐 vómito 男 ‖～する vomitar
おうとう 応答 respuesta 女, contestación 女 ‖～する responder, contestar
おうひ 王妃 reina 女
おうふく 往復 ida 女 y vuelta 女 ‖～する ir y volver [venir] ◆往復切符 [乗車券] billete [boleto] de ida y vuelta 男 往復葉書 tarjeta postal con respuesta pagada 女
おうぼ 応募 (申し込み) solicitud 女;(参加) participación 女;(登録) inscripción 女 ‖～する solicitar;(競技などに) inscribirse 《para》 ◆応募者 solicitante 男女, participante 男女
おうぼう 横暴 ‖～な (暴君的な) tiránico(ca);(圧政的な) opresor(sora);(不当な) arbitrario(ria)
おうむ 鸚鵡 loro 男, papagayo 男
おうよう 応用 aplicación 女 ‖～する aplicar;(実用に供する) poner en práctica ◆応用問題 problemas [ejercicios] de aplicación 男複
おうらい 往来 (人・車の通行) tráfico 男, circulación 女;(通り) calle 女 ‖激しい～ mucho tráfico 男
おうりょう 横領 desfalco 男, apro-

おうレンズ 凹~ lente cóncava 女

おえる 終える terminar, acabar; (完成させる) finalizar, completar; (演説などを) concluir ‖…を～ terminar de [＋不定詞]

おおあめ 大雨 lluvias torrenciales 女複

おおい 多い mucho(cha), numeroso(sa), gran cantidad 《de》; 《話》 montón 男 ‖友達に～ tener muchos amigos ビタミンの～くだもの una fruta rica en vitaminas 女

おおい 覆い cubierta 女, funda 女

おおいそぎ 大急ぎ ‖～で a toda prisa, lo más rápido posible

おおいに 大いに [動詞＋] mucho; muy [＋形容詞・副詞]

おおう 覆う (かぶせる) cubrir; (隠す) tapar, ocultar

おおうりだし 大売り出し rebajas 女複; (特売) ofertas 女複; (在庫一掃セール) liquidación 女

おおがかり 大掛かり ‖～な de gran escala

おおがた 大型 ‖～の grande, de gran tamaño, de grandes proporciones

おおかみ 狼 lobo(ba) 名

おおきい 大きい grande, [[名詞単数形の前で]] mayor; (声・音・背が) alto(ta); (年長の) mayor ‖～家 una casa grande 女, una gran casa 女 彼は私より10センチ～ Él es diez centímetros más alto que yo.

おおきく 大きく ‖～する hacer más grande, agrandar; (幅を) ampliar; (勢力などを伸ばす) extender ～なる (大きさが) hacerse más grande, agrandarse; (成長する) crecer; (大人になる) hacerse mayor ～なったら何になりたい? ¿Qué quieres ser de mayor?

おおきさ 大きさ tamaño 男; (服の) talla 女

おおきな 大きな ⇨大きい

おおく 多く (多数) mucho(cha), numeroso(sa); (多量) mucho(cha), gran cantidad 《de》; (大部分) la mayor parte 《de》

オークション subasta 女; (中南米) remate 男

おおくまざ 大熊座 La Osa Mayor

オーケー De acuerdo., Bien.; (スペイン) Vale.; (中南米) Okei.

おおげさ 大袈裟 ‖～な exagerado(da)

オーケストラ orquesta 女

おおごえ 大声 ‖～で en voz alta

おおざっぱ 大雑把 ‖～な (概略的な) esquemático(ca); (近似的な) aproximado(da) ～に (近似的に) aproximadamente; (詳細を省いて) a grandes rasgos

オーストラリア Australia 女 ‖～の australiano(na)

オーストリア Austria 女 ‖～の austriaco(ca)

おおぜい 大勢 mucha gente 女, muchedumbre 女, multitud (de personas) 女

オーソドックス ‖～な ortodoxo(xa)

オーソリティー autoridad 女

オーダー (注文) pedido 男, encargo 男; ─メーカの─ traje de encargo 男

オーディオ ‖～ビジュアルの audiovisual

オーディション audición 女; (演劇などの) casting 男 ‖～を受ける presentarse a una audición [un casting]

オーデコロン colonia 女, agua de colonia 女

おおどおり 大通り calle [avenida] principal 女, calle mayor 女

オートクチュール alta costura 女

オートバイ moto 女, motocicleta 女

オードブル entremeses 男複

オートマチック ‖～の automático(ca) ♦**オートマチック車** coche (con cambio) automático

オートメーション automatización 女

オーナー dueño(ña) 名, propietario(ria) 名

オーバー (コート) abrigo 男, gabán 男 ‖～する (超える) superar, exceder ～な (大げさな) exagerado(da) ♦**オーバーホール** revisión general 女

オープニング inauguración 女, apertura 女

オーブン horno 男

オープン inauguración 女, apertura 女 ‖～する abrir, inaugurar ～な abierto(ta)

オーボエ oboe 男

おおまか 大まか ‖～な aproximado(da), general

おおみそか 大晦日 el último día del año 男 ‖～の夜 Nochevieja 女

おおむかし 大昔 antigüedad 女, tiempos remotos 男複

おおむぎ 大麦 cebada 女

おおめ 大目 ‖～に見る pasar por alto; (話) hacer la vista gorda

おおもじ 大文字 mayúscula 女

おおや 大家 casero(ra) 名; propietario(ria) [de casas de alquiler] 名

おおやけ 公 ‖～の público(ca); (公式な) oficial

おおよろこび 大喜び gran alegría 女

おおらか 大らか ‖～な (心の広い) abierto(ta), comprensivo(va); (寛大な) generoso(sa)

オーラ aura 女

オール (ボートの) remo 男; (全部) todo(da) 女

オールラウンド ‖～の (多才な) versátil

オーロラ aurora (polar) 女

おおわらい 大笑い carcajada 囡 ‖~する soltar una carcajada

おか 丘 cerro 男, colina 囡

おかあさん お母さん madre 囡;《話》mamá 囡

おかえし (返礼) devolución 囡;(贈り物) regalo 男,(つり銭) cambio 男, vuelta 囡,《中南米》vuelto 男;(仕返し) revancha 囡, venganza 囡

おかげ お陰 ‖…の~で gracias a… 成功したのはあなたの~だ Le debo mi éxito a Ud.

おかしい (奇妙な) raro(ra), extraño(ña);(怪しい) dudoso(sa), sospechoso(sa);(愉快な) gracioso(sa), cómico(ca);(楽しくて笑いを誘う) divertido(da) ‖彼が欠席するなんて~ Es raro [extraño] que falte a clase.

おかす 犯す (罪を) cometer un delito 法律を~ violar la ley 女性を~ violar a una mujer

おかす 冒す ‖危険を~ correr un riesgo

おかす 侵す (他国などを) invadir;(権利などを) violar, infringir

おかず plato 男

おがむ 拝む (祈る) rezar, orar;(あがめる) adorar, venerar

おかね お金 ⇨ 金(金)

おがわ 小川 arroyo 男

おかわり お代わり ‖コーヒーをお願いします ¿Me pone otra taza de café (, por favor)?

おかん 悪寒 escalofrío 男

おき 沖 alta mar 囡

-おき -置き ‖ 1 [2] 日~に cada dos [tres] días

おきあがる 起き上がる (立ち上がる) levantarse;(寝ていて上半身を起こす) incorporarse

おきざり 置き去り ‖~にする abandonar, dejar atrás

オキシダント oxidante 男

おきて 掟 (法律) ley 囡;(決まり) regla 囡, norma 囡, reglamento 男;(戒律) mandamiento 男

おぎなう 補う complementar, suplir, compensar;(欠員などを) cubrir

おきにいり お気に入り favorito(ta), preferido(da)

おきもの 置物 adorno (de la habitación) 男, figura decorativa 囡

おきる 起きる (起床する) levantarse;(目覚める) despertarse;(立ち上がる) levantarse, ponerse de pie

おきわすれる 置き忘れる dejar olvidado(da)

おく 置く poner;(順序良く) colocar;(放置する) dejar;(設置する) instalar ‖テーブルの上に花びんを~ poner el florero en [sobre] la mesa

おく 奥 fondo 男;(内部) interior 男;(背後, 裏) parte posterior 囡

おく 億 cien millones 男複 ‖ 10~ mil millones

おくがい 屋外 ‖~の exterior ~で [に] al aire libre

おくじょう 屋上 (傾斜のある屋根) tejado 男;(平たい屋根) azotea 囡, terrado 男

おくさん 奥さん señora 囡, 略 Sra.

おくない 屋内 ‖~の de interior ◆屋内スポーツ deportes de interior 男複 屋内プール piscina cubierta 囡

おくびょう 臆病 ‖~な cobarde, tímido(da)

おくる 送る (発送する) enviar, mandar, expedir, despachar, remitir;(人を送り届ける) llevar, acompañar;(見送る) despedir;(過ごす) pasar ‖幸福な人生を~ pasar una vida feliz, vivir feliz

おくる 贈る regalar;(授与する) otorgar, conceder;(贈呈する) ofrecer

おくれ 遅れ retraso 男, tardanza 囡, demora 囡 ‖仕事で~を取る quedarse atrasado(da) [atrás] en el trabajo

おくれる 遅れる (遅刻する) llegar tarde [con retraso];(遅れている) estar [quedarse] atrasado(da) [atrás], tener retraso [atraso];(時計が) retrasarse, atrasarse ‖電車に~ perder el tren

おけ 桶 cubo 男, tina 囡

おこす 起こす (目を覚まさせる) despertar;(起床させる) levantar;(倒れたものを) levantar, incorporar;(引き起こす) causar, provocar;(活動などを) empezar, iniciar;(企業などを) establecer

おこたる 怠る (怠ける) desatender, descuidar ‖職務を~ faltar a las obligaciones

おこない 行い (品行) conducta 囡, comportamiento 男;(行為) acción 囡, acto 男

おこなう 行う hacer, obrar;(実行する) llevar a cabo, realizar, ejecutar;(会などを) celebrar

おごり 奢り invitación 囡;《話》私の~だ Invito yo.

おこる 起こる ocurrir, suceder, tener lugar;《話》pasar

おこる 怒る enfadarse 《con + 人, por + 事柄》, enojarse

おごる 奢る invitar, convidar

おごる 驕る (高ぶる) estar orgulloso(sa) 《de》; (ごう慢である) ser arrogante; (思い上がる) ser vanidoso(sa)

おさえる 押さえる (動かないように) sujetar, sostener; (固定しておく) sujetar, fijar, mantener firme; (ピンなどで) prender; (捕らえる) atrapar, coger; (手に入れる) conseguir; (差し押さえる) embargar

おさえる 抑える (鎮圧する) reprimir, sofocar; (抑制する) controlar, contener; (制限する) limitar, refrenar; (感情を) aguantar

おさき お先 ‖〜にどうぞ Pase usted (primero).

おさない 幼い pequeño(ña); (幼稚な) infantil, pueril; (未熟な) inmaduro(ra)

おさまる 収まる (入れ物に) caber 《en》

おさまる 治まる (解決する) quedar resuelto(ta); (終わる) terminar, cesar; (風・気持ちなどが静まる) calmarse, cesar; (痛みが和らぐ) aliviar(se), apaciguar(se)

おさめる 治める (統治する) reinar, gobernar; (力ずくで) reprimir, dominar, sofocar; (話し合いなどで) resolver

おさめる 納める (支払う) pagar, abonar; (しまう) guardar, poner en su sitio

おさめる 収める (入れる) meter; (戻す) colocar [poner] donde estaba; (片づける) guardar ‖権力を手中に〜 llegar al poder

おさめる 修める ‖義務教育を〜 terminar [completar] la educación obligatoria

おじ 伯父・叔父 tío 男

おしあう 押し合う empujarse (unos a otros)

おしあける 押し開ける abrir empujando; (無理に) abrir a [por] la fuerza

おしあげる 押し上げる empujar hacia arriba

おしあてる 押し当てる pegar 《contra》

おしい 惜しい (残念な) lamentable; (貴重な) valioso(sa), precioso(sa) ‖惜しい! ¡Qué pena [lástima]!

おじいさん お爺さん (祖父) abuelo 男, [親しみを込めて] abuelito 男, (老人) anciano 男, 《話》 viejo 男

おしうり 押し売り (行為) venta agresiva [forzada] 女, (人) vendedor(dora) agresivo(va)

おしえ 教え (教育) enseñanza 女; (指導) instrucción 女; (教義・教え) doctrina 女

おしえる 教える enseñar; (見せて示す) indicar; (レッスンをする) dar lecciones 《a + 人》; (教育する) educar

おじぎ お辞儀 inclinación 女, reverencia 女 ‖〜する inclinarse, hacer (una) reverencia

おしこむ 押し込む meter apretando

おしすすめる 押し進める llevar adelante; (助長する) promover

おしつける 押しつける empujar, apretar, oprimir 《contra》; (強制する) imponer, forzar

おしつぶす 押しつぶす aplastar

おしとおす 押し通す (無理に通う) imponer, forzar; (言い張る) insistir 《en》

おしとどめる 押し止める detener, contener, frenar, parar

おしどり 鴛鴦 pato mandarín 男

おしべ 雄蕊 estambre 男

おしボタン 押しボタン botón 男, pulsador 男, (呼び鈴、警報の) llamador 男

おしまい お仕舞い fin 男

おしむ 惜しむ (倹約する) ahorrar, escatimar; (けちである) ser mezquino(na) [tacaño(ña)]; (残念に思う) sentir, lamentar; (尊重する) valorar, apreciar

おしめ pañal 男

おしゃべり お喋り charla 女; (おしゃべりな人) charlatán(tana) 名 ‖〜する charlar

おしゃれ ‖〜する ponerse guapo(pa), ir bien vestido(da) ‖〜な elegante

おじょうさん お嬢さん (他人の娘) su hija 女; (呼びかけ) señorita 女

おしょく 汚職 corrupción 女; (賄賂) soborno 男

おしろい 白粉 polvos (para la cara) 男複

おす 押す empujar, apretar; (ボタンなどを) pulsar

おす 雄 macho 男 ‖〜の macho

おせじ お世辞 cumplido 男, (女性に対する) halago 男, (大げさな) piropo 男, lisonja 女

おせっかい お節介 ‖〜な entrometido(da) ‖〜を焼く (干渉する) entrometerse 《en》; (鼻を突っ込む) 《話》 meter las narices 《en》

おせん 汚染 contaminación 女 ‖〜を contaminar

おそい 遅い (時間が) tardío(a) ‖〜朝食を取る desayunar tarde; (速度が) lento(ta)

おそう 襲う atacar; (襲撃する) asaltar; (強奪する) atracar; (災害などが) azotar

おそなえ お供え (神への供え物) ofrenda 女

おそらく 恐らく tal vez, quizá(s), a lo mejor, probablemente, posiblemente

おそれ 恐れ (心配) temor 男; (危険性) peligro 男; (恐怖) miedo 男

おそれる 恐れる tener miedo 《de [a] + 名詞・不定詞, de que + 接続法》; temer 《 + 名詞・不定詞, que + 接続法》

おそろしい 恐ろしい horrible, terrible, horroroso(sa), temible; (ぎょっとするような) espantoso(sa)

おそわる 教わる aprender ‖私はロサにスペイン語を教わった Aprendí el español de Rosa./ Rosa me enseñó español.

オゾン ozono 男 ◆オゾン層 capa de ozono 女 オゾンホール agujero de ozono

おたがい お互い ‖~に mutuamente, recíprocamente, uno(na) a otro(tra)

おたまじゃくし お玉杓子 (カエルの子) renacuajo 男; (料理用しゃくし) cucharón 男

おだやか 穏やか ‖~な (平穏な) suave, tranquilo(la); (適度な) moderado(da)

おち 落ち (冗談などの) gracia 女; (抜かすこと) omisión 女

おちあう 落ち合う reunirse

おちいる 陥る caer ⟨en⟩

おちつき 落ち着き calma 女, tranquilidad 女 ‖~のない (じっとしていない) inquieto(ta); (神経質な) nervioso(sa)

おちつく 落ち着く (気分が) tranquilizarse; (安定する) estabilizarse

おちど 落ち度 (過失) falta 女, culpa 女; (誤り) equivocación 女

おちば 落ち葉 hojas caídas 女複; [集合的] hojarasca 女

おちゃ お茶 té 男

おちる 落ちる caer(se); (陥没する) hundirse; (成績・人気などが) bajar; (しみ・汚れなどが) quitarse; (試験などに) suspender

おっと 夫 marido 男, esposo 男

オットセイ oso marino 男

おつり お釣り vuelta 女, cambio 男

おでき (吹き出物) erupción 女, grano 男; (腫れ・むくみ) hinchazón 女

おでこ (額) frente 女

おてん 汚点 (不名誉) mancha 女, tacha 女, borrón 男

おてんば お転婆 muchacha revoltosa 女

おと 音 sonido 男, ruido 男

おとうさん お父さん (父・父親) padre 男; [親しい呼びかけ] papá 男, papi 男

おとうと 弟 hermano menor [pequeño] 男

おどおど した目付き mirada temerosa 女

おどかす 脅かす ⇒脅す, 驚かす

おとぎばなし お伽話 cuento de hadas 男

おといあわせ (長所) punto fuerte 男; (顧客) cliente 男女

おどけ bromista, gracioso(sa), bufonesco(ca)

おとこ 男 hombre 男, varón 男; (若い男) chico 男, muchacho 男 ‖~の masculino(na) ~の子 niño 男 ~らしい varonil, viril

おとさた 音沙汰 (消息) noticia 女

おどし 脅し amenaza 女

おとしだま お年玉 aguinaldo de Año Nuevo 男

おとす 落とす (物体を) hacer caer; (量・価値などを) reducir; (品質・声・音量などを) bajar; (しみ・汚れを) quitar, eliminar; (試験などで) suspender; (抜かす) omitir

おどす 脅す (脅迫する) amenazar; (怖がらせる) asustar, intimidar

おとずれ 訪れ (訪問) visita 女; (到来) llegada 女, venida 女

おとずれる 訪れる visitar, hacer una visita

おととい 一昨日 anteayer, antes de ayer ‖~の朝 anteayer por la mañana

おととし 一昨年 ‖~に hace dos años

おとな 大人 adulto(ta) 名, mayor 男女, persona mayor 女

おとなしい 大人しい (温和な) apacible, manso(sa); (従順な) obediente, dócil; (物静かな) tranquilo(la); (地味な) sobrio(bria)

おとめ 乙女 (若い女性) joven 女, chica 女; (処女) doncella 女, virgen 女 ◆乙女座 Virgo 男, Virgen 女

おどり 踊り baile 男, danza 女

おどりば 踊り場 (階段の) rellano 男, descanso 男

おとる 劣る ser peor ⟨que⟩, ser inferior ⟨a⟩; (下位である) estar por debajo ⟨de⟩

おどる 踊る bailar, danzar

おどる 躍る saltar ‖喜びに胸が躍った Mi corazón saltó de alegría.

おとろえる 衰える (弱くなる) debilitarse; (嵐・風などが) perder fuerza

おどろかす 驚かす sorprender, asombrar; (おびえさせる) asustar, espantar; (驚嘆させる) maravillar, admirar

おどろき 驚き sorpresa 女, asombro 男; (おびえること) susto 男, espanto 男; (驚嘆) maravilla 女, admiración 女

おどろく 驚く sorprenderse ⟨de⟩, asombrarse ⟨de, por⟩; (おびえる) asustarse ⟨de⟩, espantarse ⟨de⟩; (驚嘆する) maravillarse ⟨de, ante⟩, admirarse ⟨de⟩

おなか お腹 vientre 男; (話) (大きく出た) barriga 女; (胃) estómago 男; (腸) (話) tripa 女

おなじ 同じ mismo(ma); (等しい) igual

おなじく 同じく ‖…と同じく del mismo modo que, de la misma manera que, al igual que, tal como

おなら (話) pedo 男

おに 鬼 demonio 男, diablo 男; (鬼ごっこの) perseguidor(dora) 名

おにいさん お兄さん ⇒兄

おね 尾根 cresta 女

おの 斧 hacha 女; (手おの) hachuela 女

おのおの 各々 cada ‖~が20ユーロずつ払った Cada uno pagó veinte euros.

おば 伯母・叔母 tía 女

おばあさん お婆さん (祖母) abuela 女; [親しみを込めて] abuelita 女; (老人) anciana 女; (話) vieja 女

オパール ópalo 男

おばけ お化け (幽霊) fantasma 男, (亡魂) espíritu 男, (怪物) monstruo 男 ◆ **お化け屋敷** casa encantada [embrujada] 女

おはよう お早う ‖(会話)お早う(ございます) Buenos días.

おび 帯 faja 女; (ベルト) cinturón 男

おびえる 脅える・怯える asustarse, espantarse 《por, de》

おひつじざ 牡羊座 Aries 男

おびやかす 脅かす (脅迫する) amenazar; (怖がらせる) atemorizar, asustar, intimidar; (危険にさらす) poner en peligro

オフィス oficina 女, despacho 男

オブザーバー observador(dora) 名

オフシーズン temporada baja 女

オブジェ objeto de arte 男, objeto artístico 男

オプション opción 女 ‖~の opcional, optativo(va), facultativo(va)

おぶつ 汚物 suciedad 女; (排泄物) excrementos 男複

オブラート oblea 女

オフレコで extraoficialmente

オフロード ‖~車 coche todo terreno 男, todoterreno 男

おべっか servilismo 男, adulación 女; (話) peloteo 男

オペラ ópera 女

オペレーター operador(dora) 名

オペレッタ opereta 女

おぼえ 覚え (記憶) memoria 女; (経験) experiencia 女 ‖それは身に~のないことです No sé nada de eso.

おぼえがき 覚え書き nota 女; (メモ) apunte 男

おぼえる 覚える (記憶する) memorizar, aprender de memoria; (覚えている) recordar, acordarse 《de》; (習得する) aprender; (感じる) sentir

おぼれる 溺れる ahogarse

オマーン Omán ‖~の ómaní

おまえ お前 tú; (夫婦間、子供などに対する呼びかけ) querido(da) 名

おまけ (景品) regalo 男; (値引き) descuento 男

おまもり お守り (身につける) amuleto 男; (魔除け) talismán 男

おまわりさん お巡りさん policía 男女

おむつ pañal 男

オムレツ tortilla (de huevos) 女

おめでとう ¡Felicidades!, ¡Enhorabuena! ‖誕生日~ Feliz cumpleaños.

おもい 重い (重量が) pesado(da); (気分が) deprimido(da); (動きが) lento(da); (責任が) importante, serio(ria); (病気などが) grave

おもい 思い (考えること) pensamiento 男, reflexión 女; (気持ち) sentimiento 男; (願望) deseo 男; (愛情) amor 男

おもいがけない 思いも掛けない (予期しない) inesperado(da); (突然の) repentino(na); (偶然の) casual, accidental

おもいきって 思い切って atrevidamente, audazmente ‖~…する atreverse 《a+不定詞》, osar 《+不定詞》

おもいきり 思い切り ‖~のよい decidido(da), resuelto(ta); ~の悪い indeciso(sa) ~を殴る golpear con toda la fuerza ~を楽しむ disfrutar al máximo [lo más posible, (話) a tope]

おもいこむ 思い込む creerse, dar en creer

おもいださせる 思い出させる recordar 《a+人》

おもいだす 思い出す recordar, acordarse 《de》

おもいちがい 思い違い equivocación 女

おもいつき 思いつき idea 女, ocurrencia 女

おもいつく 思いつく ‖いい考えを思い付いた Se me ocurrió una buena idea.

おもいで 思い出 recuerdo 男, memoria 女, reminiscencia 女

おもいどおり 思い通り ‖~に (好きなやり方で) a su gusto; (望んでいた通りに) como esperaba; (満足の行くように) satisfactoriamente

おもいやり 思いやり consideración 女; (同情) simpatía 女, compasión 女

おもう 思う pensar, creer; (判断する) calcular; (想像する) imaginar; (推測する) suponer ‖明日は晴れると~ Supongo que haga buen tiempo mañana. 思ったとおりの結果になった Resultó como se esperaba. 君の意見が正しいと~ Creo que su opinión es correcta.

おもかげ 面影 (顔) cara 女, rostro 男; (心象) imagen 女

おもくるしい 重苦しい pesado(da), cargado(da), opresivo(va)

おもさ 重さ peso 男, pesadez 女; (重大性) gravedad 女 ‖~を測る pesar

おもしろい 面白い (興味深い) interesante; (楽しい) divertido(da); (こっけいな) gracioso(sa)

おもしろがらせる 面白がらせる divertir, hacer gracia 《a+人》

おもだった 主だった principal, destacado(da), importante

おもちゃ 玩具 juguete 男

おもて 表 (裏・表の) cara 女, anverso 男; (前面) delantera 女, frente 男, fachada 女 ‖~か裏か ¿Cara o cruz? ~で (戸外で) fuera, al aire libre

おもて 表 (表面) superficie 女, faz 女; (うわべ) apariencia 女

おもてどおり 表通り calle principal [mayor] 女

おもな 主な (最も重要な) principal; (際立った・著名な) destacado(da); (主導的な) dominante; (根本的な) fundamental, capital; (重要な) importante

おもに 主に principalmente, mayormente; (典型的に) típicamente

おもに 重荷 (心理的負担) peso 男, carga pesada 女

おもむき 趣 (魅力・風情) encanto,

おもり 重り (はかりの) peso 男; (釣り糸の) plomo 男

おもわく 思惑 (予期) expectativa 女, esperanza 女; (計算) cálculo 男; (投機) especulación 女

おもわず 思わず (心ならずも) sin querer, involuntariamente; (無意識に) inconscientemente

おもわれる 思われる parecer ‖私には…と～ Me parece que… 人に…と思われてしまうヨ Van a pensar que…

おもんじる 重んじる (重要視する) valorar mucho, dar importancia《a》; (尊敬する·尊重する) respetar

おや 親 (両親) padres 男複; (父親) padre 男; (母親) madre 女

おやかた 親方 (巨匠·大家) maestro 男; (経営者·上司) patrón, jefe 男

おやしらず 親知らず muela del juicio 女

おやすみ お休み (休暇) vacaciones 女複, permiso 男; (欠席) ausencia 女 ‖～(なさい)〘あいさつ〙Buenas noches./ Hasta mañana.

おやつ お八つ merienda 女

おやぶん 親分 (上役) jefe 男, (リーダー) dirigente 男, líder 男; (暴力団の) cabecilla 男, patrón 男

おやゆび 親指 pulgar 男, dedo gordo 男

およぐ 泳ぐ nadar; (水浴する) bañarse

およそ 凡そ aproximadamente, más o menos, unos(nas) 〚+数詞〛; (ほとんど) casi, prácticamente; (一般に) en general, generalmente

および 及び y, así como

およぶ 及ぶ (達する) llegar《a》, alcanzar《a》; (ある所まで広がる) extenderse《por, a》; (含む) cubrir

オランダ Holanda, los Países Bajos ‖～の holandés(desa)

おり 折 (機会) oportunidad 女, ocasión 女

おり 檻 (動物の) jaula 女; (監房) celda 女

おりあう 折り合う (仲良くやって行く) llevarse bien《con》; (同意する) ponerse de acuerdo《con》

オリーブ (実) aceituna 女, oliva 女; (木) olivo 男 ◆オリーブ油 aceite de oliva 男

オリエンテーリング orientación 女

おりかえす 折り返す (紙などを) doblar; (引き返す) volver; (向きを変える) cambiar la dirección ‖お返事ください Le ruego que me conteste a vuelta de correo.

オリジナル original 男 ‖～の original

おりたたみ 折り畳み ‖～式の plegable

おりたたむ 折り畳む plegar, doblar

おりまげる 折り曲げる doblar; (体を) inclinarse

おりめ 折り目 pliegue 男, doblez 男; (ズボンの) raya 女

おりもの 織物 tejido 男, tela 女

おりる 下りる bajar(se), descender《de》

おりる 降りる (乗り物から) bajar《de》, descender《de》; (辞意する) dimitir, retirarse

オリンピック Los Juegos Olímpicos 男複, La Olimpiada 女

おる 折る romper, quebrar; (たたむ) doblar, plegar

おる 織る tejer

オルガン órgano 男; (手回し) organillo 男 ◆オルガン奏者 organista 男女

オルゴール caja de música 女

おれる 折れる romperse, quebrarse; (曲がる) doblar; (譲歩する) ceder

オレンジ (実) naranja 女; (木) naranjo 男; (色) (color) naranja 男

おろか 愚か ‖～な tonto(ta), estúpido(da), necio(cia)

おろし 卸 ◆卸売り venta al por mayor 女 卸売り業者 mayorista 男女, comerciante al por mayor 男女 卸値 precio al por mayor

おろす 下ろす·降ろす bajar, descender; (下に置く) poner abajo, poner en el suelo; (引き下ろす) derribar; (積み荷を) descargar; (預金を) retirar, sacar

おわり 終わり fin 男, final 男; (会などの) cierre 男

おわる 終わる acabar, terminar, concluir, finalizar

おん 恩 (恩義) obligación 女; (親切) amabilidad 女, benevolencia 女

おんかい 音階 escala musical 女

おんがく 音楽 música 女 ‖～の de música, musical ◆音楽家 músico(ca) 名 音楽会 concierto 男; (独奏会) recital 男

おんかん 音感 oído 男

おんきゅう 恩給 pensión 女

おんきょう 音響 (音) sonido 男; (騒音) ruido 男; (ホールなどの) acústica 女 ◆音響効果 efectos sonoros 男複

おんけい 恩恵 favor 男, beneficio 男

おんけん 穏健 ‖～な moderado(da)

おんこう 温厚 ‖～な (穏やかな) apacible, suave, plácido(da); (優しい) afable, gentil

おんしつ 温室 invernadero 男 ◆温室効果 efecto de invernadero 男

おんじん 恩人 bienhechor(chora), benefactor(tora)

おんせい 音声 (声) voz 女; (音) sonido 男 ◆音声学 fonética 女

おんせつ 音節 sílaba 女

おんせん 温泉 aguas 女複 [baños 男複] termales ◆温泉場 balneario 男

おんたい 温帯 zona templada 女

おんだん 温暖 ‖～な templado(da); (温かい) tibio(bia), cálido(da)

おんち 音痴 ‖～である no tener oído (para la música)

おんど 温度 temperatura 囡 ◆**温度計** termómetro 男
おんどり 雄鶏 gallo 男
おんな 女 mujer 囡; (若い女) chica 囡, muchacha 囡 ‖～の、～らしい femenino(na); (～の子) niña 囡
おんぶ ‖～する llevar 《a + 人》 a la espalda 〈a cuestas〉
おんぷ 音符 nota (musical) 囡
オンライン ‖～の en línea, conectado(da); (英) on line
おんりょう 音量 volumen 男
おんわ 穏和 ‖～な (気候が) templado(da); (性質が) apacible, plácido(da)

か

か 科 (大学・病院などの) departamento 男, sección 囡; (課程) curso 男; (動植物の) familia 囡
か 課 (教科書の) lección 囡; (会社・官庁などの) sección 囡
か 可 (成績) aprobado 男
か 蚊 mosquito 男; 《中南米》 zancudo 男
-か (または) o; [[o=は は ho=で始まる語の前で]] u
が 我 ‖～の強い obstinado(da), terco(ca)
が 蛾 mariposa nocturna 囡, polilla 囡
カーキ カーキ ‖～色の caqui
かあさん 母さん madre 囡, mamá 囡
ガーゼ gasa 囡
カーソル cursor 男
カーディガン chaqueta de punto 囡, cárdigan 男, rebeca 囡
カーテン cortina 囡; (薄手の) visillo 男 ‖～を開ける[閉める] abrir [echar] las cortinas ◆**カーテンコール** llamada a escena 囡
カード tarjeta 囡; (書き込み用) ficha 囡
ガード (鉄橋) viaducto 男, puente ferroviario 男; (護衛すること) guarda 囡; (スポーツの) defensa 囡 ◆**ガードマン** guardián(diana), vigilante de seguridad 男女 **ガードレール** barrera de seguridad (protección) 囡 ◆**ボディーガード** guardaespaldas 男女 (単複)
カートリッジ cartucho 男
ガーナ Ghana 囡 ‖～の ghanés(nesa)
カーニバル carnaval 男
カーネーション clavel 男
カーブ curva 囡
カーペット alfombra 囡
カボベルデ Cabo Verde ‖～の caboverdiano(na)
ガーリック ajo 男
カール rizo 男; (長い髪の) bucle 男 ‖髪を～をする rizarse el pelo ～した rizado(da)
ガールスカウト 《スペイン》 exploradora 囡, escultista 囡, 《英》 girl scout

ガールフレンド amiga 囡; (恋人) novia 囡
かい 会 reunión 囡; (非公式の) encuentro 男; (公式の) asamblea 囡; (パーティー) fiesta 囡; (おしゃべりの) tertulia 囡; (団体組織) sociedad 囡, asociación 囡 ‖～を開く[催す] tener [celebrar] una reunión
かい 階 piso 男, planta 囡 ‖1～ piso bajo 男, planta baja 囡 6～建てのビル edificio de seis pisos [plantas] 4～に住んでいる vivir en el cuarto piso [la cuarta planta]
かい 貝 (二枚貝) almeja 囡; (甲殻類) mariscos de concha 男複
かい 回 vez 囡 ‖1～ una vez 2～ dos veces
かい 甲斐 ‖～する～がある Vale la pena de [[+ 不定詞]].
かい 櫂 remo 男
がい 害 daño 男 ‖～する dañar, perjudicar, hacer daño 《a》 健康を～する dañarse la salud ～のある perjudicial 《para》
がいあつ 外圧 (外国からの) presiones externas [del extranjero] 囡複
ガイアナ Guyana ‖～の guyanés(nesa)
かいいれる 買い入れる comprar, adquirir
かいいん 会員 socio(cia) 名, miembro 男, afiliado(da) ◆**会員証** carné de socio **会員名簿** lista de socios [miembros] 囡
かいえん 開演 ‖～は午後5時です La función comienza a las cinco de la tarde.
かいおうせい 海王星 (天文) Neptuno 男
かいおき 買い置き ‖～する proveerse [aprovisionarse] 《de》
かいか 開花 florecimiento 男 ‖～する florecer
かいが 絵画 cuadro 男; (絵の具による) pintura 囡
がいか 外貨 divisas 囡複; (貨幣) moneda extranjera 囡 ◆**外貨準備高** reserva de divisas [en] divisas
かいかい 開会 apertura 囡, inauguración 囡 ◆**開会式** inauguración 囡, ceremonia de apertura [inauguración] 囡
かいがい 海外 ‖～の extranjero(ra) ～で en el extranjero ～からの del extranjero ◆**海外貿易** comercio exterior **海外旅行** viaje al extranjero 男
がいかい 外界 mundo exterior 男
かいかく 改革 reforma 囡 ‖～する reformar, hacer una reforma
がいかく 外角 (数学) ángulo exterior 男
かいかつ 快活 ‖～な alegre, jovial ～さ alegría 囡, jovialidad 囡

かいかぶる 買い被る sobreestimar, supravalorar, apreciar en exceso

かいがら 貝殻 concha 女

かいかん 快感 placer 男, sensación placentera [agradable] 女

かいがん 海岸 costa 女, orilla del mar 女; (砂浜) playa 女 ◆**海岸線** línea costera 女

がいかん 外観 aspecto (exterior) 男, apariencia 女

がいかん 概観 visión general [panorámica] 女, panorama 男

かいき 回帰 vuelta 女

かいき 会期 sesión 女, período de sesiones 男

かいき 怪奇な misterioso(sa); (異様な) grotesco(ca)

かいぎ 会議 reunión 女, consejo 男, junta 女; (政治的な) asamblea 女; (学術的な) congreso 男; (講演会) conferencia 女 **~を開く** celebrar una reunión ◆**会議室** sala de reuniones [juntas] 女

かいぎてき 懐疑的 ~な escéptico(ca)

かいきゅう 階級 clase 女; (地位) categoría 女, rango 男; (等級) grado 男; (序列) jerarquía 女 ◆**階級意識** conciencia de clase 女 **階級闘争** lucha de clases 女

かいきょう 海峡 estrecho 男

かいきょう 回教 Islam 男, islamismo 男

かいぎょう 開業 apertura 女, inauguración 女 **~する** abrir, inaugurar 女; (店などを) abrir, inaugurar; (医者などを) ejercer ◆**開業医** médico liberal [que ejerce] 男

かいぐん 海軍 marina (de guerra) 女, fuerzas navales 女

かいけい 会計 cuenta 女, contabilidad 女 **~をお願いします** La cuenta, por favor. ◆**会計係** contable 男女, contador(dora) 名 **会計監査** auditoría 女 **公認会計士** contador(dora) público(ca) 名

かいけつ 解決 solución 女, resolución 女 **~する** solucionar, resolver, arreglar 問題の~策 solución del problema 女 それは何の~にもなっていない Eso no soluciona nada.

かいけん 会見 entrevista 女 **~する** entrevistarse ⟨con⟩, tener una entrevista ⟨con⟩

がいけん 外見 apariencia 女, aspecto 男

かいげんれい 戒厳令 ley marcial 女

かいこ 蚕 gusano de seda 男

かいこ 解雇 despido 男 **~する** despedir

かいこ 回顧 retrospección 女 **~する** recordar

かいご 介護 cuidado 男 **~する** cuidar, atender, asistir

かいこう 開校 ~する inaugurar una escuela

かいごう 会合 reunión 女; (非公式) encuentro 男; (公式) asamblea 女 **~を開く** tener una reunión, reunirse

がいこう 外交 diplomacia 女 **~(上)の** diplomático(ca) ◆**外交官** diplomático(ca) 名 **外交政策** política exterior 女 **外交辞令** 彼がそれを言ったのは外交辞令だ Lo dijo como un cumplido. [Lo dijo por diplomacia.]

がいこうてき 外向的 ~な extrovertido(da), abierto(ta)

がいこく 外国 extranjero 男, país extranjero 男 **~の** extranjero(ra), exterior **～へ行く** ir al extranjero ◆**外国為替** cambio extranjero, cambio de divisas 男 **外国語** lengua extranjera 女, idioma extranjero 男 **外国人** extranjero(ra) 名 **外国旅行** viaje al extranjero 男

がいこつ 骸骨 esqueleto 男

かいこん 開墾 ~する roturación 女

かいさい 開催 ~する celebrar ~される celebrarse, tener lugar

かいさつぐち 改札口 revisor automático 男

かいさん 解散 (組織の) disolución 女; (会議などの) dispersión 女 **~する** (組織を) disolver; (組織が) disolverse

がいさん 概算 cálculo aproximado 男 **~する** hacer un cálculo aproximado ⟨de⟩

かいさんぶつ 海産物 productos marinos 男; (海産食品) pescados y mariscos 男

かいし 開始 principio 男, comienzo 男 **~する** empezar, comenzar, iniciar

かいじ 開示 aclaración 女 **~する** aclarar, hacer público(ca)

がいし 外資 capital extranjero 男

がいして 概して en general, en términos generales; (全体から見て) en conjunto

かいしめ 買い占め acaparamiento 男

かいしめる 買い占める acaparar

かいしゃ 会社 empresa 女, compañía 女, firma 女 **~に勤める** trabajar en una empresa **~を辞める** dejar su empresa ◆**会社員** empleado(da) (de una empresa) 名; (事務系の) oficinista 男女 **株式会社** sociedad anónima 女 [略 S.A.] **有限会社** sociedad de responsabilidad limitada 女 [略 S. L., S.R.L.]

がいしゃ 外車 coche [automóvil] de importación 男

かいしゃく 解釈 interpretación 女 **~する** interpretar

がいじゅ 外需 demanda exterior 女

かいしゅう 回収 recogida 女; (欠陥品などの) retirada 女; (お金の) cobro 男 **~する** recoger; (欠陥品などを) retirar; (お金を) cobrar

かいしゅう 改修 reparación 女 **~す**

かいしゅう 改修 repiarar
かいしゅう 改宗 conversión 女 ‖仏教に～する convertirse al budismo, hacerse budista
かいしゅう 怪獣 monstruo 男
がいしゅつ 外出 ‖～する salir 〜中である estar fuera [ausente]
かいじょ 解除 cancelación 女 ‖～する cancelar, anular 武装を～する desarmar
かいしょう 解消 cancelación 女, anulación 女 ‖契約を～する cancelar el contrato
かいじょう 会場 local 男 〖しばしば複〗, lugar 男; (見本市・博覧会などの) recinto 男
かいじょう 開場 apertura 女
かいじょう 海上 ‖～で en el mar 〜の marino(na); (海事の) marítimo(ma)
がいしょく 外食 ‖～する comer fuera
かいしん 改心 arrepentimiento 男 ‖～する arrepentirse, enmendarse
がいじん 外人 ⇨ 外国(人)
かいすい 海水 agua de mar 女 ◆海水着 bañador 男, traje de baño 男 海水浴 baño en el mar 男 ‖～浴に行く ir a bañarse
かいすう 回数 número de veces 男; (頻度) frecuencia 女 ◆回数券 bono 男, cupón 男
がいする 害する dañar, perjudicar, hacer daño 〈a〉
かいせい 快晴 tiempo despejado 男
かいせい 改正 revisión 女; (語句などの) enmienda 女 ‖～する revisar; (語句などを) enmendar
かいせき 解析 (数学の) análisis 男 ‖～する analizar
かいせつ 解説 (説明) explicación 女; (注釈・テレビなどの) comentario 男 ‖～する explicar, comentar ◆解説者 comentarista 男
かいぜん 改善 mejora 女, mejoramiento 男, progreso 男 ‖～する mejorar
がいせんもん 凱旋門 arco de triunfo 男
かいそう 回想 recuerdo 男 ‖～する recordar; (話) acordarse〈de〉
かいそう 改装 reforma 女 ‖～する reformar
かいそう 海草・海藻 alga (marina) 女
かいそう 階層 jerarquía 女; (社会の) capa (social) 女, clase (social) 女, categoría 女
かいそう 回送 (転送) reenvío 男; (バスなどの表示) Fuera de servicio.
かいぞう 改造 (組織の) reorganización 女, reestructuración 女; (建物などの) reforma 女, remodelación 女 ‖～する (組織を) reorganizar, reestructurar; (建物などを) reformar, remodelar; (他の物に作り直す) transformar 〈en〉
かいぞうど 解像度 resolución 女
かいそく 快速 ‖～の rápido(da), de alta velocidad ◆快速列車 tren rápido 男
かいそく 会則 estatuto 男, reglamento 男
かいぞく 海賊 pirata 男女
かいたい 解体 (建物などの) demolición 女; (機械などの) desmantelamiento 男; (車などの) desguace 男; (組織の) disolución 女 ‖～する (建物などを) demoler; (機械などを) desmantelar; (車などを) desguazar; (組織を) disolver ◆解体業者 demole*dor(dora)* 名, desguaza*dor(dora)* 名
かいたく 開拓 explotación 女; (耕作) cultivo 男 ‖～する explotar; (耕作する) cultivar ◆開拓者 (先駆者) pione*ro(ra)* 名; (植民者) coloniza*dor(dora)* 名
かいだん 会談 conversación 女; (会議) reunión 女 ‖～する mantener conversaciones 〈con〉
かいだん 階段 escalera 女; escalones 男複 ‖～をとる subir (por) la escalera 〜を降りる bajar (por) la escalera
かいだん 怪談 cuento 男 [historia 女] de fantasmas [de miedo]
ガイダンス orientación 女, guía 女
かいちく 改築 reconstrucción 女, remodelación 女 ‖～する reconstruir, remodelar
がいちゅう 害虫 insecto dañino 男
かいちゅうでんとう 懐中電灯 linterna (eléctrica) 女
かいちょう 会長 president*e(ta)* 名
かいつう 開通 ‖～する (道路などの) apertura (al tráfico) 女; (開業) inauguración 女
かいて 買い手 comprador(dora) 名; (客) cliente 男女 ◆買い手市場 mercado de compradores 男
かいてい 海底 fondo del mar 男, lecho marino 男 ‖～の submari*no(na)* ◆海底ケーブル cable submarino 男 海底トンネル túnel submarino 男
かいてい 改訂 revisión 女 ‖～する revisar ◆改訂版 edición revisada 女
かいてい 改定 revisión 女 ‖～する revisar
かいてき 快適 ‖～な cómo*do(da)*, agradable, amen*o(na)* 〜さ comodidad 女, amenidad 女
かいてん 回転 vuelta 女, giro 男; (軸の回りの) rotación 女 ‖～する dar vueltas, girar ◆回転競技 (スポ) slalom 男 [eslálon/], eslalon 男 回転ドア puerta giratoria 女
かいてん 開店 (新規開店) inaugurar; (その日の営業開始) abrir
ガイド (案内人) guía 男女; (ガイドブック) guía 女

かいとう 回答 respuesta 女, contestación 女 ‖~する responder, contestar

かいとう 解答 respuesta 女, solución 女 ‖問題に~する solucionar el problema

かいとう 解凍 descongelación 女 ‖~する descongelar

かいどう 街道 carretera 女

がいとう 該当 ‖~する corresponder 《a》; (項目に入る) caer 《bajo》; (適用される) aplicarse 《a》

がいとう 街灯 farol 男 (脚のついた) farola 女

かいどく 解読 ‖~する descifrar, des(s)codificar

がいどく 害毒 (害毒) mal 男; (被害) daño 男, perjuicio 男; (毒) veneno 男 ‖社会に~を流す ejercer una influencia nociva en [corromper] la sociedad

ガイドブック guía 女

ガイドライン directrices 女複, líneas directivas 女複

かいならす 飼い馴らす domar, domesticar

かいなんきゅうじょ 海難救助 salvamento [rescate] marítimo 男

かいにゅう 介入 intervención 女 ‖~する intervenir 《en》

かいぬし 飼い主 dueño(ña) 名, amo(ma) 男

がいねん 概念 concepto 男, idea 女, noción 女

がいはく 外泊 ‖~する pasar la noche [dormir] fuera (de su casa)

かいはつ 開発 desarrollo 男; (資源などの利用) explotación 女 ‖~する desarrollar; (資源などを) explotar ◆開発途上国 país en (vías de) desarrollo 男

かいばつ 海抜 ‖~200メートルの所にある estar a 200 metros sobre el nivel del mar

かいひ 会費 cuota (de socio) 女

かいひ 回避 ‖~する evitar, eludir; (巧みに避ける) esquivar; (はぐらかす) evadir

がいひ 外皮 (動植物の) epidermis 女; (果物の) piel 女; (樹皮など) corteza 女

がいぶ 外部 exterior 男 ‖…の~に en el exterior de..., fuera de...

かいふく 回復 (病気などの) recuperación 女; (改善) mejoría 女 ‖~する recuperar(se), mejorar(se) ◆回復期 convalecencia 女

かいぶつ 怪物 monstruo 男

がいぶん 外聞 (世評) reputación 女, fama 女; (体裁) apariencia 女 ‖~の悪い deshonroso(sa), vergonzoso(sa)

かいへん 改変 ‖~する cambiar, modificar, reformar

かいほう 介抱 cuidado 男, atención 女 ‖~する cuidar, atender

かいほう 解放 liberación 女, emancipación 女 ‖~する liberar, emancipar

かいほう 開放 ‖~する abrir ~的な abierto(ta); (人が率直な) franco(ca)

かいほう 解剖 anatomía 女, disección 女; (検死) autopsia 女 ‖~する diseccionar, anatomizar ◆解剖学 anatomía 女

かいまく 開幕 ‖~する (演劇などが) levantar [subir] el telón; (試合などが) comenzar, empezar

がいむ 外務 ◆外務省 Ministerio de Asuntos [Relaciones] Exteriores 男 外務大臣 Ministro(tra) de Asuntos [Relaciones] Exteriores 名

かいめい 解明 solución 女 《a, de》 ‖~する solucionar

かいめん 海綿 esponja 女

がいめん 外面 ⇒外見

かいもの 買い物 compra 女 (しばしば複) ‖~をする hacer compras ~に行く ir de compras

かいやく 解約 cancelación 女, anulación 女 ‖~する cancelar, anular

かいよう 海洋 mar 男 ‖, océano 男 ◆海洋汚染 contaminación marina 女 海洋学 oceanografía 女

がいらい 外来 ‖~の (外国の) extranjero(ra); (輸入された) importado(da) ◆外来患者 paciente externo(na) 男女 外来語 préstamo 男, extranjerismo 男

かいらく 快楽 placer 男

かいりつ 戒律 mandamiento 男, precepto 男

がいりゃく 概略 resumen 男, sumario 男, compendio 男; sinopsis 女

かいりゅう 海流 corriente marina 女

かいりょう 改良 mejora 女, mejoramiento 男; (改革) reforma 女 ‖~する mejorar

かいろ 回路 circuito 男

がいろ 街路 calle 女, avenida 女 ◆街路樹 árboles de la calle 男複

かいわ 会話 conversación 女; (おしゃべり) charla 女; (対話) diálogo 男 ‖~する conversar, charlar, dialogar

かいん 下院 Cámara Baja 女; (スペインの) Congreso de los Diputados 男 ‖下院議員 diputado(da) 名

かう 買う comprar; (高価な物を) adquirir

かう 飼う tener; (飼育する) criar ‖犬 [猫] を飼っています Tengo un perro [gato].

カウボーイ vaquero 男

ガウン bata 女; (裁判官などの) toga 女

カウンセラー (助言者) asesor(sora) 名, consejero(ra) 名 ◆心理カウンセラー (p)sicólogo(ga) 名

カウンセリング (一般的な助言) asesoramiento 男; (心理カウンセラーによる) orientación (p)sicológica 女

カウンター (銀行・空港などの) mostrador 男; (バーなどの) barra 女; (レジの) caja 女; (計数器) contador 男; (ボクシングの)

カウント ‖ーする cuenta 囡 ◆**カウントダウン** cuenta atrás 囡
かえ替え・代え repuesto 男, recambio 男; (代わりする物・人) substituto(ta) 名
かえす 返す devolver
かえって (反対に) al [por el] contrario; (むしろ) más bien, antes bien
かえで 楓 arce 男
かえり 帰り vuelta 囡, regreso 男 ‖ ~に a la vuelta, de regreso　~が早い[遅い] volver pronto [tarde]　~を急ぐ darse prisa en volver
かえりみる 顧みる (後ろを見る) mirar hacia atrás; (反省する) reflexionar; (気にかける) hacer caso《a+人/de+事》
かえる 蛙 rana 囡; (ヒキガエル) sapo 男
かえる 帰る (もとの場所へ) volver, regresar; (去る) irse, marcharse ‖家に~ volver [regresar] a casa
かえる 変える cambiar, (変更する) modificar; (別の物に) transformar, convertir《en》; (改正する) reformar ‖考えを~ cambiar de opinión 顔色を~ cambiar [mudar] el semblante
かえる 代える・換える (AをBに交換する) cambiar《A por B》; (代用する) sustituir, reemplazar
かえる 返る 我に~ volver en sí
かえん 火炎 llama 囡 ◆**火炎瓶** cóctel molotov 男 **火炎放射器** lanzallamas 男
かお 顔 cara 囡, rostro 男 ‖大きな~をする darse importancia [《話》aires]　~が広い tener muchos amigos [conocidos]　~がきく tener mucha influencia　~を立てる salvar el honor《de+人》　~色がいい tener un aspecto saludable　~色が悪い tener mala cara, estar pálido(da)
かおり 香り aroma 男, fragancia 囡 ‖コーヒーの~がする Huele a café.
がか 画家 pintor(tora) 名
がかい 瓦解 ‖ーする derrumbarse, colapsarse, destruirse
かがいしゃ 加害者 agresor(sora) 名
かかえる 抱える (両腕で) llevar en los brazos; (小わきで) llevar bajo el [debajo del] brazo ‖4人の子供を抱えている tener cuatro hijos (que mantener)
かかく 価格 precio 男 ‖**小売~** precio de venta al público 男 ◆**価格表** lista de precios 囡
かがく 科学 ciencia 囡 ‖ ~の[的な] científico(ca) ◆**科学技術** tecnología 囡 **科学者** científico(ca) 名
かがく 化学 química 囡 ‖ ~の[的な] químico(ca) ◆**化学製品** químico(ca) 名
かかげる 掲げる (高く上げる) levantar; (掲示する) anunciar, colocar; (旗を) izar
かかし 案山子 espantapájaros 男
かかせない 欠かせない imprescindible, indispensable
かかと 踵 (足の) talón 男; (靴の) tacón 男
かがみ 鏡 espejo 男; (姿見) luna 囡 ‖ ~を見る mirarse al [en el] espejo
かがみ 鑑 ejemplo 男, modelo 男
かがむ 屈む inclinarse; (しゃがむ) agacharse; (うずくまる) acurrucarse
かがやかしい 輝かしい brillante, espléndido(da), magnífico(ca)
かがやき 輝き brillo 男, resplandor 男, fulgor 男
かがやく 輝く brillar, resplandecer, relucir
かかり 係 (担当者) encargado(da) 名; (責任者) responsable 男女; (部署) sección 囡, departamento 男
かかる 掛かる・架かる (垂れ下がる) colgar; (水などがはねて) salpicar; (水などが落ちて) caer; (鍵が) cerrar[se]; (橋が) tender《sobre》‖壁に絵が掛かっている De la pared cuelga un cuadro.　それにはいくらかかりますか ¿Cuánto cuesta eso?　それをやるのに1時間~ Se tarda una hora en hacerlo.　医者に~ consultar [ir a ver] a un médico　仕事に~ ponerse a trabajar
かかる 罹る (病気に) enfermar; (スペイン) coger; (中南米) agarrar; (苦しむ) padecer de 病気に~ caer enfermo(ma)
かかわらず 拘わらず ~にも~ a pesar de, pese a ‖+名詞, que+直説法, aunque ‖+直説法(時に接続法)　それ~にもかかわらず sin embargo, no obstante
かかわりあう 係[関]わり合う ‖ ~と~ meterse en ~
かかわる 係る・関わる (関与する) relacionarse [《話》meterse]《con》; (影響する) afectar《a》, tocar ‖それは私たちの名誉に~問題です Es un problema que afecta a nuestro honor.
かかん 果敢 ‖ ~な valiente, intrépido(da)
かき 柿 caqui 男
かき 牡蠣 ostra 囡
かき 下記 ‖ ~の siguiente, abajo mencionado(da)　~の通り como sigue
かき 夏期・夏季 verano 男
かぎ 鍵 llave 囡; (錠) cerradura 囡, cerrojo 男; (問題解決の) clave 囡, pista 囡 ‖ドアに~をかける cerrar la puerta con llave ◆**鍵穴** ojo de la cerradura
かぎ 鉤 gancho 男
かきあつめる 掻き集める recoger; (熊手で) rastrillar
かきいれる 書き入れる rellenar, completar
かきうつす 書き写す copiar, transcribir
かきかえる 書き換える (書き改める) reescribir; (やさしく書き直す) adaptar; (契

かきかた 書き方 manera 女 [modo 男] de escribir; (書式) fórmula 女; (習字) caligrafía 女

かきこみ 書き込み apunte 男, nota 女, anotación 女

かきこむ 書き込む escribir, apuntar, anotar; (用紙に) rellenar

かきそえる 書き添える añadir

かきたてる 搔き立てる (感情などを) avivar, excitar, estimular

かきとめ 書留 correo certificado 男 ‖…を～で送る enviar...por correo certificado

かきとめる 書き留める anotar, apuntar, tomar apuntes

かきとり 書き取り dictado 男

かきとる 書き取る tomar apuntes 《de》

かきなおす 書き直す (訂正する) corregir, revisar; (もう一度書く) volver a escribir, escribir de nuevo

かきね 垣根 (囲い) valla 女, cerca 女; (生け垣) seto 男

かぎばり 鉤針 ganchillo 男, aguja de gancho 女

かきまぜる 搔き混ぜる remover; (ミキサー・泡だて器で) batir

かきまわす 搔き回す (かきまぜる) remover; (秩序・平静を乱す) molestar, alborotar, alterar

かきみだす 搔き乱す turbar, perturbar, alterar

かきゅう 下級 ‖～の inferior ◆下級裁判所 tribunal 男 [juzgado 男,《中南米》corte 男] inferior 下級生 alum*no(na)* de cursos inferiores 名

かきゅう 火急 ‖～の urgente, apremiante

かきょく 歌曲 canción 女

かぎり 限り límite 男 ‖～ない sin límite, sin fin, ilimit*ado(da)*, infinit*o(ta)* できるべっこれにする Haré todo lo que pueda [todo lo posible, cuanto me sea posible]. 私の知るべってsepa

かぎる 限る limitar, poner un límite 限られた limit*ado(da)* そうとも限らない No necesariamente es así.

かきん 家禽 aves de corral 女

かく 書く escribir; (書き留める) apuntar; (執筆する) redactar; (創作する) componer

かく 描く (線画を) dibujar, trazar; (彩色して) pintar

かく 欠く (足りない) carecer 《de》, faltar; (一部をこわす) romper el borde 《de》‖～ことのできない imprescindible, indispensable

かく 掻く rascar*(se)*

かく 核 núcleo 男 ‖～の nuclear ◆核家族 familia nuclear 女 核実験 ensayo 男 [prueba 女] nuclear 核燃料 combustible nuclear 核廃棄物 residuos nucleares 男複 核兵器 arma nuclear 女

かく 格 (地位) estado 男, posición 女; (階級) rango 男, categoría 女;《言語》caso 男

かく -各- cada ‖～部屋 cada habitación 女, cada cuarto 男

かく -隔- ‖～週に [で] cada dos semanas

かぐ 嗅ぐ oler; (鼻をくんくんさせて) olfatear

かぐ 家具 mueble 男 ‖～つきの amueblado*(da)*

がく 額 (金額) suma 女, valor 男, cantidad 女; (額縁) marco 男

がくい 学位 título (académico) 男

かくいつてき 画一的 ‖～な uniforme

かくう 架空 ‖～の (想像上の) imaginari*o(ria)*, fantástic*o(ca)*; (事実と異なる) fictici*o(cia)*, fals*o(sa)*

かくえきていしゃ 各駅停車 tren que (se) para en todas las estaciones 男

がくえん 学園 escuela 女, centro docente [educativo] 男

がくげいいん 学芸員 conservad*or(dora)*, curad*or(dora)*

かくげつ 隔月 ‖～に cada dos meses, en meses alternos

かくげん 格言 (ことわざ) proverbio 男, refrán 男; (処世訓) máxima 女

かくご 覚悟 (用意・心構え) preparación 女, disposición 女; (決心) resolución 女, decisión 女 ‖～する prepararse, estar dispuest*o(ta)* [preparad*o(da)*]; (話) list*o(ta)* 《a》; (決心する) decidirse 《a》

かくさ 格差 diferencia 女 ‖～を是正する corregir las diferencias

かくざい 角材 madero cuadrado 男

かくざとう 角砂糖 terrón de azúcar 男; (スペイン) azucarillo 男

かくじ 各自 cada un*o(na)*, cada cual

がくし 学士 licenciad*o(da)* 名

がくしき 学識 ‖～豊かな erudit*o(ta)*, doct*o(ta)* ◆学識経験者 persona culta y experimentada 女

かくじつ 確実 ‖～な ciert*o(ta)*, segur*o(ra)* ～に ciertamente, seguramente, con seguridad, sin falta ～さ (確かなこと) certeza 女, seguridad 女; (信頼性) fiabilidad 女

がくしゃ 学者 estudios*o(sa)* 名; (専門家) especialista 男女; (科学者) científic*o(ca)* 名, (研究者) investigad*or(dora)*

かくじゃく 矍鑠 ‖～としている estar como un roble, tener una salud de hierro

がくしゅう 学習 (学科の) estudio 男; (技能などの) aprendizaje 男 ‖～する estudiar, aprender

がくじゅつ 学術 ‖～的な académic*o(ca)*

がくしょう 楽章 movimiento 男

かくしん 確信 (信念) convicción 女, creencia 女; (自信) seguridad 女 ‖～

かくしん する creer firmemente, estar seguro(ra) [convencido(da)] 《de + 名詞, (de) que + 直説法》

かくしん 革新 (技術の) innovación 囡; (制度などの) reforma, renovación 囡 ‖~的な innovador(dora), revolucionario(ria)

かくしん 核心 meollo 男, médula 囡, núcleo 男 ‖~に触れる ir a la raíz; (話) ir al grano [al asunto]

かくす 隠す esconder, ocultar; (感情などを) disimular, disfrazar 〖隠されている〗oculto(ta)

がくせい 学生 estudiante 男女 ◆学生運動 movimiento estudiantil 男; 学生証 carnet [carné] de estudiante 男; 学生食堂 comedor de estudiantes 男

かくせいき 拡声器 altavoz 男

かくせいざい 覚醒剤 estimulante 男, droga estimulante 囡

がくせつ 学説 teoría 囡, doctrina 囡

かくだい 拡大 expansión 囡, ampliación 囡 ‖~する extender, ampliar ◆拡大鏡 lupa 囡

がくだん 楽団 conjunto (musical) 男; (バンド) banda 囡; (オーケストラ) orquesta 囡

かくちょう 拡張 ampliación 囡, extensión 囡 ‖~する ampliar, extender

がくちょう 学長 (大学の) rector(tora) 名

かくづけ 格付け clasificación 囡 ‖~する clasificar

かくてい 確定 decisión 囡, determinación 囡 ‖~する decidir, determinar

カクテル cóctel 男

かくど 角度 ángulo 男 ‖さまざまな~から見て diferentes [varios] ángulos

かくとう 格闘 ‖~する luchar, pelear

かくとく 獲得 ‖~する conseguir, obtener, lograr, adquirir

かくにん 確認 confirmación 囡 ‖~する confirmar ◆未確認情報 noticia [información] no confirmada 囡

がくねん 学年 año escolar 男, curso (académico) 男

かくのうこ 格納庫 (航空) hangar 男

かくばった 角張った cuadrado(da)

かくはん 攪拌 ‖~する batir, remover ◆かくはん器 (主に手動の) batidor 男; (主に電動の) batidora 囡

がくひ 学費 gastos de estudios 男複; (授業料) tasas académicas 囡複

がくふ 楽譜 partitura 囡 ‖~を読む leer una partitura

がくぶ 学部 facultad 囡 ◆学部長 decano(na) 名

がくぶち 額縁 marco (de un cuadro) 男 ‖~に入れる marcar

かくへき 隔壁 división 囡, separación 囡, tabique 男

かくべつ 格別 ‖~の (特別の) especial, particular; (例外的な) excepcional; (著しい) notable; (普通でない) extraordinario(ria)

かくほ 確保 ‖~する asegurar; (予約する) reservar

かくまく 角膜 〖解剖〗córnea 囡

かくめい 革命 revolución 囡 ‖~の (的な) revolucionario(ria)

がくもん 学問 estudio 男 (しばしば複), ciencia 囡 ‖~的な científico(ca)

がくや 楽屋 camerino 男

かくやく 確約 ‖~する asegurar, prometer formalmente; (誓う) jurar

かくやすい 安い muy barato(ta), baratísimo(ma); (値引きされた) con descuento, a [con] precio reducido; (話) a precio de ganga

がくようひん 学用品 material escolar 男, útiles escolares 男複

かくり 隔離 aislamiento 男; (伝染病予防のための) cuarentena 囡 ‖~する aislar, poner en cuarentena

かくりつ 確立 establecimiento 男 ‖~する establecer

かくりつ 確率 probabilidad 囡

かくりょう 閣僚 miembro del gabinete 男

がくりょく 学力 nivel escolar [académico] 男; (知識) conocimientos escolares [académicos] 男複

かくれが 隠れ家 escondite 男

がくれき 学歴 historial académico 男, antecedentes académicos 男複

かくれる 隠れる esconderse, ocultarse; (避難する) refugiarse 《en》

かくれんぼう ‖~をする jugar al escondite

がくわり 学割 descuento para estudiantes 男

かけ 賭け apuesta 囡, juego (con dinero) 男 ‖~をする apostar

かげ 影, 陰 sombra 囡 ‖~の~に[で] detrás de ...

がけ 崖 precipicio 男, barranco 男; (海岸の) acantilado 男 ‖崖崩れ derrumbamiento 男, derrumbe 男, deslizamiento de tierras 男 ‖崖っぷちにある〖比喩〗estar al borde del abismo

かけあう 掛け合う negociar《con + 人》

かけあし 駆け足 ‖~で corriendo; (話) a paso redoblado

かけい 家系 linaje 男, genealogía 囡

かけい 家計 (家庭の予算) presupuesto familiar 男; (家庭の財政状態) economía familiar 囡; (生活費) gastos de vida 男複

かげえ 影絵 silueta 囡

かげき 過激 ‖~な (極端な) extremo(ma); (急進的な) radical; (暴力的な) violento(ta); (過度の) excesivo(va), exagerado(da) ◆過激分子 elemento radical [extremista] 男

かげき 歌劇 ópera 囡

かげぐち 陰口 ‖…の~をきく murmu-

かけごえ 掛け声 (叫び声) grito 男; (呼び声) llamada 女, llamamiento 男; (かっさい) ovación 女

かけごと 賭け事 ⇨賭博

かけざん 掛け算 multiplicación 女

かけだし 駆け出し (新米) novato(ta) 名; (初心者) principiante 男女

かけつ 可決 aprobación 女 ‖〜する aprobar

かけっこ 駆けっこ carrera 女

-(に)かけて ‖週末に〜 a lo largo del fin de semana

かけどけい 掛け時計 reloj de pared 男

かけね 掛け値 ‖〜なしに言って sin exageración 〜なしの値段 precio neto 男

かけひき 掛け引き (策略) táctica 女, estrategia 女; (取り引き) regateo 男

かけぶとん 掛け布団 edredón 男

かけよる 駆け寄る acercarse corriendo (a)

かけら 欠片 trozo 男, pedazo 男, fragmento 男 ‖…の〜もない No hay ni pizca de…

かげり 翳り ensombrecimiento 男, oscurecimiento 男

かける 掛ける・架ける (吊り下げる) colgar; (置く・立てかける) poner, colocar; (ふりかける) echar; (はね散らす) salpicar; (植物に水を) regar; (橋を) cruzar, tender 《sobre》; (スイッチを入れて作動させる) poner; (お金を) gastar ‖電話を〜 llamar, telefonear《a+人》

かける 欠ける (不足する) faltar, carecer de; (一部がこわれる) romperse, partirse ‖月が欠けた La Luna ha menguado.

かける 駆ける correr; (馬が) galopar

かける 賭ける apostar (dinero)《en, por》; (命・財産などを) arriesgar(se)《en》

かげる 陰る ensombrecerse; (暗くなる) oscurecer

かげん 加減 ‖〜する (調節する) ajustar, regular; (適度にする) moderar; (味つける) sazonar ‖いい〜な人 persona irresponsable [negligente]

かこ 過去 pasado ‖〜の pasado(da)

かご 籠 cesta 女; (大きめの) cesto 男; (鳥かご) jaula 女

かこい 囲い (さく) cerca 女, valla 女; (塀) tapia 女

かこう 下降 descenso 男; (徐々の) baja 女; (落下) caída 女 ‖〜する descender, bajar

かこう 火口 cráter 男

かこう 河口 desembocadura 女, boca (de un río)

かこう 加工 elaboración 女, procesamiento 男 ‖〜する elaborar, procesar

かごう 化合 ‖〜させる combinar《A con B》◆化合物 compuesto (químico)

かこうがん 花崗岩 granito 男

かこく 過酷・苛酷 ‖〜な (残酷な) cruel; (厳しい・辛い) duro(ra), severo(ra)

かこむ 囲む rodear; (さくで) cercar

かさ 傘 (雨傘) paraguas 男; (日傘) parasol 男, sombrilla 女 ◆傘立て paragüero 男

かさ 嵩 volumen 男, bulto 男

かさい 火災 incendio 男, fuego 男 ◆火災報知器 alarma contra incendios

かざい 家財 ◆家財道具 enseres del hogar 男複, efectos domésticos 男複; (家具類) muebles 男複

かさかさ ‖〜の seco(ca) (y áspero(ra)), reseco(ca)

かざぐるま 風車 (おもちゃの) molinillo (de viento) 男

がさつ ‖〜な rudo(da), grosero(ra); (無作法な) descortés, mal educado(da)

かさなる 重なる amontonarse, apilarse; (重複する) coincidir

かさねる 重ねる (積み上げる) amontonar, apilar; (繰り返す) repetir

かさばる 嵩張る abultar ‖かさばった包み paquete voluminoso 男

カザフスタン Kazaj(i)stán ‖〜の kazajo(ja)

かざみどり 風見鶏 veleta (en forma de gallo) 女

かさむ 嵩む ‖借金が〜 Las deudas aumentan [se acumulan].

かざむき 風向き (風の方向) dirección del viento 女; (形勢) situación 女

かざり 飾り adorno 男, ornamento 男; (集合的) decoración 女

かざりつけ 飾り付け adornos 男複, decoración 女 ‖〜をする adornar, ornamentar, decorar

かざる 飾る adornar, ornamentar, decorar; (服装などで) engalanar; (陳列・展示する) exponer, exhibir ‖うわべを飾る人 persona ostentosa [afectada] 女

かざん 火山 volcán 男 ◆活火山 volcán activo 休火山 volcán durmiente [inactivo] 男 死火山 volcán apagado 男

かし 菓子 (ケーキ) pastel 男; (スペインの大きなケーキ) tarta 女; (キャンディー・チョコレート類) dulce 男, caramelo 男, golosina 女; (クッキー) galleta 女 ◆菓子屋 pastelería 女

かし 歌詞 letra (de una canción) 女

かし 貸し (貸し付けられた物・金) préstamo 男; (貸貸し) alquiler 男 ◆貸し主 (土地・家屋の) propietario(ria) 男女, arrendador(dora) 名; (債権者) acreedor(dora) 名 ‖彼に100ユーロの〜がある Me debe 100 euros.

かし 樫 roble 男, encina 女; (実)

bellota 女

かし 仮死 muerte aparente 女 ◆仮死状態 síncope 男

かじ 火事 incendio 男, fuego 男 ◆山火事 incendio forestal 男

かじ 家事 faenas domésticas 女複, trabajo de la casa [del hogar] 男

かじ 舵 timón 男 ‖～を取る estar al timón, gobernar una nave

がし 餓死 ‖～する morir de hambre

かじかむ ‖手がかじかんでいる Tengo las manos entumecidas.

かしきり 貸し切り ‖～の alquilado(da)

かしこい 賢い inteligente; 《話》listo(ta)

かしこまりました (わかりました) Entendido, De acuerdo, Muy bien.; (喜んで) Con mucho gusto.

かしだし 貸し出し (金銭の) préstamo 男; (金を取らないで物の) préstamo 男; (金を取って物の) alquiler 男

かしつ 過失 error 男, falta 女, equivocación 女; (事故) accidente 男; (不注意) descuido 男

かじつ 果実 fruto 男; (果物) fruta 女 ◆果実酒 licor de frutas 男

かしつけ 貸し付け préstamo 男, crédito 男

カジノ casino 男

カシミア cachemir 男, casimir 男, casimira 女

かしゃ 貨車 vagón de carga 男

かしや 貸し家 casa de alquiler 女

かしゃくない 仮借ない despiadado(da), sin piedad

かしゅ 歌手 cantante 男女; (民謡の) cantador(dora) 男女; (フラメンコの) cantaor(ora) 名; (バンドの) vocalista 男女

かじゅ 果樹 árbol frutal 男, frutal 男 ◆果樹園 huerta (de frutales) 女

カジュアル ‖～な informal ◆カジュアルウェア ropa informal (de sport) 女

かしゅう 歌集 cancionero 男

かじゅう 果汁 (スペイン) zumo 男; (中南米) jugo 男

かじゅう 荷重 carga 女, peso 男

カシューナッツ anacardo 男

かしょ 箇所 lugar 男, sitio 男; (一点) punto 男; (部分) parte 女; (文章の一節) pasaje 男

かじょう 過剰 ‖～な excesivo(va), demasiado(da)

かじょうがき 箇条書き ‖～にする escribir... en orden numérico, enumerar... por escrito

かしょくしょう 過食症 bulimia 女

かしら 頭 (頭部) cabeza 女; (長) jefe(fa) 名; caudillo 男

—かしら Me pregunto si... ‖この男の人は誰～ ¿Quién será este señor?

かしらもじ 頭文字 inicial 女, letra inicial 女

かじる 齧る morder, dar un mordisco《a》, roer; (少し学ぶ) aprender un poco [algo] 《de》

かす 糟・粕・滓 residuo (しばしば複)

かす 貸す prestar; (話) dejar; (賃貸しする) alquilar, arrendar ‖金を少し貸してくれないか ¿Puedes prestarme un poco de dinero?

かず 数 número 男 ‖～に入れる contar, incluir ～で勝る superar en número ～知れない innumerable

ガス gas 男 ‖～をつける[消す] abrir [cerrar] el gas ～が漏れしている Hay una fuga [un escape] de gas. ～欠になった Se nos ha acabado la gasolina. ◆ガスストーブ estufa de gas 女 ガスレンジ cocina de gas 女 天然ガス gas natural 男

かすかな 幽かな・微かな (弱い) débil, tenue; (はっきりしない) vago(ga); (わずかな) ligero(ra)

カスタネット castañuelas 女複

カステラ bizcocho 男

かずのこ 数の子 huevas de arenque 女複

かすみ 霞 bruma 女, neblina 女

かすむ 霞む cubrirse de bruma [de neblina], estar brumoso(sa) [nebuloso(sa)]

かすめる 掠める (盗む) robar; (かすって通る) rozar

かすりきず 掠り傷 arañazo 男, rozadura 女

かする 科する ‖罰金を～ poner una multa《a+人》, multar《a+人》

かすれる 掠れる ‖かすれた声で con voz ronca かすれた字 letras borrosas 女複

かぜ 風 viento 男, aire 男 ‖～が吹いている Hace viento. 部屋に～を通す ventilar la habitación ～通しのよい bien ventilado(da) ～の便りに...と聞いた Supe de oídas que [＋直説法]., Llegó a mis oídos que [＋直説法].

かぜ 風邪 resfriado 男, catarro 男, constipado 男; (インフルエンザ) gripe 女 ‖～をひく coger un resfriado, resfriarse ～気味である tener algo de resfriado, estar medio resfriado(da)

かせい 火星 Marte 男 ‖～の marciano(na) ◆火星探査機 sonda marciana

かせい 加勢 ‖～する ayudar, prestar apoyo [auxilio]《a》

かせいふ 家政婦 asistenta 女, empleada doméstica 女

かぜい 課税 ‖～する gravar con un impuesto [con impuestos], cargar un impuesto《a, sobre》

かせき 化石 fósil 男

かせぐ 稼ぐ ganar ‖時間を～ ganar tiempo

かせつ 仮説 hipótesis 女

カセット casete 男 (時に 女)

かせん 下線 ‖～を引く subrayar

かせん 化繊 fibra sintética [química] 女

かそう 仮装 disfraz 男 ‖～する

がぞう 画像 imagen 女

かぞえる 数える contar

かそく 加速 aceleración 女 ‖～する acelerar

かぞく 家族 familia 女 ‖6人～です En mi familia somos seis. ◆家族手当 subsidio familiar 男 大家族 familia numerosa [grande] 女 核家族 familia nuclear 女

ガソリン gasolina 女；《中南米》nafta 女 ‖～を入れる echar gasolina ◆ガソリンスタンド gasolinera 女

かた 肩 hombro 男 ‖～で息をする jadear ‖～をすくめる encogerse de hombros

かた 型 (ひな型) modelo 男；(鋳型) molde 男；(動作の形式) forma 女；(様式) tipo 男, estilo 男 ‖～にはまった estereotipado(da) ‖～破りの original, poco común

かた 過度 exceso 男, demasía 女

-かた -方 ‖…様~ a cargo de..., al cuidado de… ‖いずれも~話し~ manera 女 [modo 男] de hablar

カタール Qatar 男 ‖～の qatarí

かたい 固い・堅い・硬い duro(ra), sólido(da)；(まじめな) serio(ria), formal；(確固とした) firme；(融通がきかない)inflexible, rígido(da) ‖堅く考える tomárselo en serio ‖～ことを言わないで No deberías ser tan estricto(ta). 固い結び目 nudo bien apretado 男

かだい 課題 (問題) problema 男；(宿題) tarea 女, deberes 男複；(主題) tema 男 ‖当面の～ asunto [problema] urgente 男

かだい 過大 ‖～な excesivo(va) ‖～評価する sobreestimar, sobrevalorar

かたいれ 肩入れする patrocinar, respaldar《a + 人》

かたおもい 片思い amor no correspondido 男

かたがき 肩書き título 男

カタカタ ‖～鳴る hacer ruido, taquetear, golpetear

がたがた ‖～のいす silla desvencijada [tambaleante] 女

かたがみ 型紙 patrón (de papel) 男

かたがわり 肩代わり ‖彼の借金の～をする hacerse cargo de sus deudas

かたき 敵 enemigo(ga) 名, adversario(ria) 男；(ライバル) rival 男女 ‖父の～を討つ vengar a su padre

かたぎ 堅気 ‖～の decente

かたくな 頑な ‖～な terco(ca), obstinado(da)

かたくるしい 堅苦しい formal, ceremonioso(sa) ‖～ことは抜きにしましょう Dejemos las formalidades.

かたこと 片言 ‖～で話す (外国語を) chapurrear；(つかえながら) farfullar；(幼児などがたどたどしく) balbucear

かたかさ 堅さ・固さ・硬さ (物体の) dureza 女；(信念などの) firmeza 女, solidez 女

かたすかし 肩透かし ‖～を食わせる (拍子抜けさせる) decepcionar；(対決を避ける) evadir [esquivar] enfrentarse《a + 人》

カタストロフィー catástrofe 女

かたち 形 (外見) forma 女, figura 女；(形式) forma 女, formalidad 女

かたちづくる 形作る (形成する) formar；(作る) hacer, elaborar

かたづく 片付く (部屋などが整理される) ponerse en orden；(解決される) arreglarse, solucionarse；(終了する) acabar(se), terminar(se)

かたづける 片付ける (整理する) limpiar, arreglar；(取り去る) quitar, recoger；(解決する) arreglar, solucionar；(終わらせる) acabar, terminar

かたつむり 蝸牛 caracol 男

かたな 刀 espada 女 ‖～を抜く sacar [desenvainar] la espada

かたはば 肩幅 anchura de los hombros 女 ‖～が広い ser ancho(cha) de hombros

かたほう 片方 el uno [la una]；(他方) el otro [la otra]

かたまり 塊・固まり masa 女；(固まった物) bulto 男；(大きな) mole 女；(肉・チーズなどの) trozo 男

かたまる 固まる (物が硬くなる) endurecerse, (話) ponerse duro(ra)；(凝固する) cuajarse；(ひとまとまりに集まる) agruparse ‖考えが固まった La idea se ha tomado cuerpo./ La idea se ha concretado.

かたみ 形見 recuerdo 男

かたみ 肩身 ‖～が狭い [広い] sentirse orgulloso(sa) [avergonzado(da)]

かたみち 片道 ida 女

かたむく 傾く inclinarse

かたむける 傾ける inclinar ‖耳を～ escuchar atentamente

かためる 固める endurecer；(強固にする) fortalecer, consolidar；(凝固させる) narrar；(話す) hablar ‖国境を～ fortalecer la frontera

かためん 片面 un lado, una cara

かたよる 偏る, 片寄る ‖偏った考え opinión parcial 女

かたりあう 語り合う hablar,《話》charlar；《メキシコ》platicar

カタル catarro 男

かたる 語る contar；(物語る) relatar, narrar；(話す) hablar

カタログ catálogo 男

かたわら 傍ら ‖～の〜 al lado de…

かだん 花壇 arriate 男, macizo (de flores) 男

かち 価値 valor 男, mérito 男 ‖～のある valioso(sa) 女 ◆価値判断 juicio de valor 男

かち 勝ち victoria 女, triunfo 男

-がち (…い)勝ち (傾向がある) tender a 〖+不定詞〗；(しばしばする) soler 〖+不定

かちかち ‖時計が〜という El reloj hace tic-tac.
かちき 勝ち気 ‖〜な resoluto(ta), resuelto(ta)
かちく 家畜 animal doméstico 男; [集合的] ganado 男
かちほこる 勝ち誇る triunfar《sobre》勝ち誇った triunfante
かちょう 課長 jefe(fa) de sección 名
かちょう 家長 cabeza de familia 男女
かちょう 鵞鳥 ganso 男
かつ 勝つ ganar, vencer, derrotar; (勝利する) triunfar《sobre》 うちのチームが3対2で勝っている Nuestro equipo va ganando por tres a dos.
かつ 且つ y, y también, y a la vez, y al mismo tiempo
かつあい 割愛 ‖〜する omitir
かつお 鰹 bonito 男
がっか 学科 departamento 男; (科目) asignatura 女, materia 女
がっかい 学会 sociedad académica 女
がっかい 学界 mundo académico 男
がつがつ ‖〜食う devorar, comer con voracidad
がっかりする desanimarse, desilusionarse, decepcionarse
かっき 活気 ‖〜のある (元気な) animado(da), (活動的な) activo(va), enérgico(ca) 〜づく animarse, avivarse
がっき 楽器 instrumento musical
がっき 学期 (2学期制の) semestre 男; (3学期制の) trimestre 男
かっきてき 画期的 ‖〜な que hace época, que marca un hito
がっきゅう 学級 clase 女
かつぐ 担ぐ (肩に) cargar; (かついで運ぶ) llevar a cuestas; (だます) engañar, (話) tomar el pelo《a＋人》
がっくりする quedarse desanimado(da) [abatido(da)], sin fuerzas
かっけ 脚気 beriberi 男
かっこ 確固 ‖〜とした firme, resuelto(ta)
かっこ 括弧 paréntesis 男
かっこう 格好 (外形･容姿) figura 女, forma 女, (姿勢) postura 女; (具合) aspecto 男, apariencia 女; (服装) vestido 男 ‖〜の (ちょうどよい) adecuado(da), apropiado(da), (理想的な) ideal 〜いい bonito(ta), (中南米) lindo(da), (人が) guapo(pa), (話) guay, chulo(la)
かっこう 郭公《鳥類》cuco 男, cuclillo 男
がっこう 学校 escuela 女, (小中学校) colegio 男, instituto 男, (各種学校) academia 女 ‖〜に通う ir a la escuela 〜に入る entrar [ingresar] en una escuela
かっさい 喝采 (声) ovación 女, aclamación 女; (拍手) aplauso 男

かつじ 活字 (1個の) tipo de imprenta 男; (活字の字体) impresión 女
かっしゃ 滑車 polea 女, garrucha 女
がっしゅく 合宿 concentración 女 ‖〜する concentrarse
がっしょう 合唱 coro 男 ‖〜する cantar a [en] coro
かっしょく 褐色 color pardo [moreno] 男 ‖〜の pardo(da), moreno(na)
がっしりした (頑丈な) fuerte, sólido(da); (体格が) robusto(ta)
かっせいか 活性化 ‖〜する activar
かっそう 滑走 ‖〜する deslizarse ◆滑走路 pista de despegue [de aterrizaje] 女
がっそう 合奏 concierto 男 ‖〜する tocar en un concierto
カッター (ナイフ) cutter (発音/kúter/); (裁断機) cortadora 女
がっちりした (丈夫な) robusto(ta), macizo(za); (けちな) tacaño(ña)
かつて (過去のある時に) una vez, alguna vez; (以前) antes, anteriormente
かって 勝手 ‖〜な (利己的な) egoísta 〜に (自由に) libremente, como quiera [quieras], (無断で) sin permiso; (ひとりでに) por sí solo(la)
かっとなる ponerse rabioso(sa) [colérico(ca)], montar en cólera
カット (削除･削減･編集) corte 男, (挿し絵) ilustración 女, grabado 男 ‖〜する (切断) cortar; (削除) suprimir
かっとう 葛藤 conflicto 男
かつどう 活動 actividad 女, (人の) acción 女, (作業) operación 女 ‖〜的な activo(va), enérgico(ca) ◆活動家 activista 男女
かっぱつ 活発 ‖〜な activo(va), dinámico(ca); (元気のよい) vivo(va); (生気のある) animado(da), (精力的な) enérgico(ca) 〜に activamente, animadamente
カップ (茶わん) taza 女; (大きな) tazón 男; (優勝杯) copa 女
カップル pareja 女
がっぺい 合併 unión 女, fusión 女; (吸収による) absorción 女 ‖〜する unirse, fusionarse; (吸収する) absorber
かつやく 活躍 ‖〜する hacer un gran trabajo, mostrar gran actividad, mostrarse activo(va)
かつよう 活用 (利用) aprovechamiento 男, utilización 女, (応用) aplicación 女, (語形変化) conjugación 女 ‖〜する (利用する) aprovechar 動詞を〜させる conjugar los verbos
かつら 鬘 peluca 女, (ヘアピース) peluquín 男
かつりょく 活力 energía 女, vitalidad 女, vigor 男
カツレツ filete rebozado 男
かてい 家庭 familia 女, hogar 男 ‖〜を持つ formar un hogar; (結婚する)

かてい casarse ◆家庭教師 profesor(sora) particular 男

かてい 過程 proceso 男

かてい 課程 curso 男

かてい 仮定 suposición 女, supuesto 男; (仮説) hipótesis 女 ‖～する suponer《que＋接続法》

カテゴリー categoría 女

かでんせいひん 家電製品 electrodomésticos 男複

かど 角 esquina 女; (隅) rincón 男 ‖～のカフェ cafetería de la esquina ～を左に曲がる doblar [girar] a la izquierda en la esquina

かど 過度 ‖～の excesivo(va), demasiado(da)

かとう 下等 ‖～な inferior, bajo(ja)

かどう 可動 ‖～の movible, móvil, movedizo(za)

かどう 稼動 (操業) funcionamiento 男, operación 女

かとき 過渡期 período de transición 男, transición 女

かどで 門出 comienzo 男, inicio 男, principio 男

カトリック (宗教) catolicismo 男 ‖～の católico(ca)

かなあみ 金網 alambrera 女, red de alambre 女, tela metálica 女

かない 家内 (自分の妻) mi mujer 女 ◆家内工業 industria familiar 女

かなう 叶う cumplirse, realizarse, hacerse realidad

かなう 敵う (適する) convenir《a》; (役立つ) servir《para, a》; (条件などを満たす) satisfacer

かなえる 叶える cumplir, satisfacer

かなきりごえ 金切り声 chillido 男 ‖～をあげる chillar, dar chillidos

かなぐ 金具 herraje 男

かなしい 悲しい triste, apenado(da); (苦しんでいる・悩んでいる) afligido(da); (悲しむべき・嘆かわしい) lamentable ‖～ことに lamentablemente, desgraciadamente, por desgracia

かなしみ 悲しみ tristeza 女; (死・不幸などに対する) pena 女, dolor 男

かなしむ 悲しむ sentir dolor, estar triste, entristecerse; (深く悲しむ) lamentar, afligirse

カナダ Canadá 男 ‖～の canadiense

かなづち 金槌 martillo 男

かなめ 要 (扇の) clavillo 男; (要点) punto esencial 男, esencia 女, tema 男

かなもの 金物 objetos [utensilios] de metal 男複; (金具) accesorios metálicos 男複; herrajes 男複 ◆金物屋 ferretería 女

かならず 必ず (きっと) con seguridad, ciertamente; (間違いなく) sin falta; (常に) siempre ‖～しも…でない no siempre, no necesariamente

かなり bastante, considerablemente, notablemente ‖～の (数量・大きさ・程度が) bastante, considerable, notable

カナリア canario 男

かに 蟹 cangrejo 男 ◆蟹座 Cáncer 男

かにゅう 加入 (仲間に加わること) afiliación 女; (電話・保険など) inscripción 女; (承認されて入ること) ingreso 男 ‖～する afiliarse《a》, inscribirse《en》, ingresar《en》

カヌー canoa 女

かね 金 (金銭) dinero 男, (南米) plata 女; (金属) metal 男 ‖～を儲ける ganar dinero ◆金づる (話) filón 男, mina de oro 女

かね 鐘 campana 女 ‖～が鳴る Tocan las campanas.

かねつ 過熱 ‖～する recalentarse

かねもうけ 金儲け ‖～する ganar [hacer] dinero

かねもち 金持ち rico(ca) 名, persona rica [adinerada] 女 ‖～の rico(ca)

かねる 兼ねる (AとBの両方に役立つ) servir de A y (de) B, valer para A y (para) B; (兼務する) desempeñar A y B al mismo tiempo ‖～兼ねる (できない) no poder, ser incapaz de [［＋不定詞］; (する勇気がない) no atreverse a [＋不定詞]

かのう 可能 ‖～な posible; (実行可能な) realizable, viable ～ならば si es posible ◆可能性 posibilidad 女

かのう 化膿 supuración 女 ‖～する supurar, (話) hacer pus

かのじょ 彼女 (彼女が) ella; (彼女の) su, suyo(ya), de ella; (彼女を) la; (彼女に) le; (恋人) novia 女

かば 河馬 hipopótamo 男

カバー cubierta 女, tapa 女; (ベッドの) colcha 女

かばう 庇う (弁護する) defender, apoyar; (保護する) proteger

かはん 河畔 orilla 女, ribera 女

かばん 鞄 cartera 女, (ハンドバッグ) bolso 男; (ショルダーバッグ) bandolera 女; (アタッシェケース) maletín 男

かはんしん 下半身 parte [mitad] inferior del cuerpo 女

かはんすう 過半数 mayoría 女

かび 黴 moho 男 ‖～臭い Huele a moho.

かび 華美 vistosidad 女 ‖～な vistoso(sa), llamativo(va)

がびょう 画びょう (スペイン) chincheta 女, (中南米) chinche 女

かびん 花瓶 florero 男, jarrón 男

かびん 過敏 ‖～な muy sensible, hipersensitiva《a》

かぶ 株 (植物の切り株) cepa 女, tocón 男; (根) raíz 女; (株式) acción 女; (会社が発行する株全体) bolsa (de valores) 女 ‖～が上がる [下がる] subir [bajar] la estimación de alguien ～に手を出す jugar en [a] la bolsa

かぶ 下部 parte inferior 女
かぶ 蕪 nabo 男
カフェ ⇨ カフェテリア
カフェイン cafeína 女
カフェテリア cafetería 女
がぶがぶ ‖～飲む beber a grandes tragos, 《話》chupar
かぶき 歌舞伎 kabuki 男
かぶしき 株式 acción 女 ⇨ **株 ◆株式会社** sociedad anónima 女［略 S.A.］**株式市場** mercado bursátil [de valores] 男
カフス puño 男 **◆カフスボタン** gemelos 男
かぶせる 被せる (AをBに) cubrir, tapar 《B con A》‖…に罪を～ echar la culpa a…
カプセル cápsula 女
かぶと 甲・兜・冑 casco(de guerrero) 男, yelmo 男
かぶぬし 株主 accionista 男女 ◆**株主総会** junta [asamblea] general de accionistas
かぶりつく dar un mordisco 《a》
かぶる 被る (帽子などを)ponerse; (頭からすっぽり覆う) cubrirse, taparse 《con》; (水などを)echarse; (引き受ける) aceptar ‖他人の罪を～ aceptar [asumir] culpas ajenas
かぶれ irritación de la piel [cutánea] 女
かふん 花粉 polen 男 ◆**花粉症** fiebre del heno 男, polinosis 女
かべ 壁 pared 女; (野外の大きな) muro 男; (障壁・障害) barrera 女 ‖**壁に耳あり** Las paredes oyen. **◆壁紙** papel de pared 男
かへい 貨幣 (金(かね))dinero 男; (通貨・硬貨) moneda 女; (紙幣) billete 男 ◆**貨幣価値** valor monetario 男
かべん 花弁 pétalo 男
かぼちゃ 南瓜 calabaza 女
ガボン Gabón 男 ‖～の gabonés(nesa)
かま 釜・窯 (鍋) olla 女; (オーブン) horno 男; (ボイラー) caldera 女
かま 鎌 (片手用)hoz 女; (両手用大型) guadaña 女
かまう 構う (気にかける) preocuparse 《por》; (干渉する) meterse 《en》; (世話する) cuidar, atender ‖どうぞお構いなく No se moleste. ‖どちらでも構わない Me da igual./No me importa.
かまきり 蟷螂 mantis (religiosa) 女, santateresa 女
かまど 竈 horno 男
がまん 我慢 paciencia 女 《con, ante》‖～する aguantar, tener paciencia 《話》もう～できない Ya no aguanto más. /Se me está acabando la paciencia. ‖～強い aguantador
かみ 紙 papel 男 ‖～1枚 una hoja de papel ◆**紙おむつ** pañal desechable 男 **紙袋** bolsa de papel 女
かみ 髪 pelo 男, cabello 男 ‖～を梳く peinarse ◆**髪型** peinado 男; (特に男性の) corte de pelo 男

かみ 神 dios 男［しばしば D～］; (女神) diosa 女 ‖～の divino(na) ～に祈る rezar a Dios ～の業 (奇跡) milagro 男; (超人的な行い) acto sobrehumano 男, prodigio 男
がみがみ ‖～言う reñir, regañar
かみそり 剃刀 navaja de afeitar 女 ‖～の刃 hoja de afeitar 女 ◆**電気かみそり** máquina [maquinilla] de afeitar 女
かみつ 過密 ‖～なスケジュール agenda apretada 女 ◆**過密都市** ciudad superpoblada 女
かみつく 噛み付く morder, 《話》dar [pegar, tirar] un mordisco 《a》
カミツレ manzanilla 女, camomila 女
かみなり 雷 rayo 男; (雷鳴) trueno 男; (稲光) relámpago 男 ‖～が鳴る tronar
かみん 仮眠 ‖～する dormir(se) un rato, echar(se) un sueñecito
かむ 噛む morder; (口中で噛み砕く) masticar
かむ ‖鼻を～ sonarse la nariz
ガム chicle 男
がむしゃら ‖～な (無謀に) sin pensar, irreflexivamente; (必死に) desesperadamente
カムフラージュ camuflaje 男
かめ 瓶 cántaro 男, tinaja 女
かめ 亀 tortuga 女; (淡水に棲む大型の) galápago 男
かめい 加盟 ‖～する ingresar 《en》, afiliarse 《a》
かめい 仮名 nombre supuesto 男
がめつい avaro(va)
カメラ cámara [fotográfica] 女 ◆**カメラマン** (写真家) fotógrafo(fa) 名
カメルーン Camerún 男 ‖～の camerunés(nesa)
カメレオン camaleón 男
かめん 仮面 máscara 女, careta 女; (変装・仮装用) disfraz 男
がめん 画面 (映像) imagen 女; (映像が映る面) pantalla 女
かも 鴨 pato (salvaje [silvestre]) 男
かもく 課目・科目 materia 女, asignatura 女
かもく 寡黙 ‖～な callado(da), taciturno(na)
-かもしれない Es posible [Puede] que [+接続法].
かもつ 貨物 carga 女 ◆**貨物船** barco de mercancía(s) 男 **貨物列車** tren de mercancía(s) 男
かもめ 鷗 gaviota 女
かやく 火薬 pólvora 女 ◆**火薬庫** polvorín 男
かゆ 粥 gachas de arroz 女複
かゆい 痒い picar; (痒さを感じる) sentir picor ‖背中が～ Me pica la espalda.
かよう 通う ir, frecuentar 《a》‖**学校**

かようきょく 歌謡曲 canción popular 囡

がようし 画用紙 papel de dibujo 男

かようび 火曜日 martes 男

から 空 ‖~の vacío(a); ~にする vaciar

から 殻 cáscara 囡; (貝の) concha 囡

-から (場所) desde, de; (時間) desde, de, a partir de ‖明日~ a partir de mañana 子供の頃~ desde su infancia (niñez)

がら (模様) dibujo 男

カラー (襟) cuello 男; (色) color 男 ◆**カラー写真** foto [fotografía] en color 囡 **カラープリンター** impresora en color 囡

からい 辛い picante; (塩辛い) salado(da)

からかう tomar el pelo ⟨a⟩, gastar una broma ⟨a⟩, burlarse ⟨de⟩, bromear ⟨con⟩

がらがら (空いている) vacío(a), desierto(ta)

からくさもよう 唐草模様 arabesco 男

がらくた trastos 男複, cachivaches 男複; (くず) basura 囡 ◆**がらくた市** rastro 男

からくち 辛口 ‖~の (料理) picante; (塩辛い) salado(da); (酒) seco(ca)

からし 辛子・芥子 mostaza 囡

からす 烏 cuervo 男

ガラス 硝子 cristal, vidrio 男 ‖~器、~製品 cristalería 囡 1枚の~ una hoja de cristal [vidrio], un cristal [vidrio]

からだ 体 cuerpo 男 ‖~によい[悪い] bueno(na) [malo(la)] para la salud ~を大事にする cuidarse, cuidar su salud ~を壊す perder la salud

からて 空手 karate 男, kárate 男

からまる 絡まる enredarse, enmarañarse

がらんとした vacío(a), desierto(ta)

かり 借り deuda 囡, préstamo 男 ‖私は彼に500ユーロの~がある Le debo 500 euros.

かり 狩り caza 囡, cacería 囡 ‖~をする cazar

かり 仮 ‖~の (臨時の) temporal; (暫定的な) provisional; (試験的な) tentativo(va); (仮定の) supuesto(ta), hipotético(ca) ~に…としたら (現実にあり得る場合) si ‖[+直説法現在]; (現実にあり得ない場合) si ‖[+接続法過去]; (過去の事実に反する仮定) si ‖[+接続法過去完了]

かり 雁 ganso silvestre 男, ánsar 男

かりいれ 刈り入れ (収穫) cosecha 囡 ‖~をする cosechar, recolectar

カリウム potasio 男

かりかた 借方 debe, débito 男

カリカチュア caricatura 囡

カリキュラム currículo 男

カリスマ carisma 男

かりたてる 駆り立てる incitar, impulsar ⟨a⟩

カリフラワー coliflor 囡

がりべん がり勉 ⟨スペイン⟩ empollón(llona) 名 ‖~する ⟨スペイン⟩ empollar

かりゅう 下流 curso 男 [cuenca 囡] inferior (del río) ‖~へ行く ir río abajo

かりゅうど 狩人 cazador(dora) 名

かりる 借りる pedir [tomar]... prestado(da); (金を出して) alquilar, rentar, arrendar ‖本を図書館から~ sacar un libro [prestado] de la biblioteca

かる 刈る (草などを) segar; (髪の毛などを) cortar

かるい 軽い (物が) ligero(ra); (食事・病気・気持ちなどが) ligero(ra), leve ‖~食事 comida ligera 囡 ~足取りで a paso ligero 軽くする aligerar; (負担などを) aliviar

カルシウム calcio 男

カルチャー cultura 囡 ◆**カルチャーショック** choque cultural 男

カルテ historia [hoja] clínica 囡

かるはずみ 軽はずみ ‖~な indiscreto(ta); (無分別な) imprudente; (不注意な) descuidado(da)

かるわざ 軽業 acrobacia 囡 ◆**軽業師** acróbata 男囡

かれ 彼 (彼が) él; (彼の) su, suyo(ya), de él; (彼に) lo, ⟨スペイン⟩ le; (彼に) le; (恋人) novio 男

かれい 鰈 rodaballo 男

かれい 華麗 ‖~な magnífico(ca), espléndido(da)

カレー curry 男 (発音 [kúri]) ◆**カレー粉** polvo de curry 男

ガレージ garaje 男, cochera 囡

がれき 瓦礫 escombros 男複, cascotes 男複

かれら 彼ら (彼らが) ellos; (彼らの) su, suyo(ya), de ellos; (彼らを) los, ⟨スペイン⟩ les; (彼らに) les

かれる 枯れる secarse, marchitarse ‖枯れた seco(ca), muerto(ta)

カレンダー calendario 男

かろう 過労 exceso de trabajo 男; (極度の疲労) agotamiento 男 ◆**過労死** muerte (provocada) por exceso de trabajo 囡

がろう 画廊 galería (de arte) 囡

かろうじて 辛うじて (やっと) a duras penas; (危ういところで) ⟨話⟩ por los pelos; (苦労して) con dificultad

カロリー caloría 囡

かろんじる 軽んじる (軽く扱う) tomar a la ligera; (軽視・蔑視する) menospreciar; (あまり評価にしない) hacer poco caso de, dar poca [escasa] importancia a

かわ 川 río 男; (小川) arroyo 男

かわ 皮 (人間・動物・果実の) piel 囡; (オレンジ・レモンなどの厚い) cáscara 囡

かわ (木・パンの) corteza 囡 ‖〜をむく pelar; 面〜が厚い descarado(da), fresco(ca)
かわ 革 cuero 男; (なめし革) piel curtida 囡 ‖〜製の de cuero, de piel
がわ 側 lado 男; (論争などの一方) parte 囡
かわいい 可愛い (愛らしい) bonito(ta), 《中南米》lindo(da), 《スペイン》majo(ja); (いとしい) querido(da); (小さい) pequeño(ña)
かわいがる 可愛がる (愛する) querer, sentir cariño (por); (愛撫する) acariciar
かわいそう 可哀想 ‖〜な pobre; (悲しい) triste; (みじめな) miserable; (残酷な) cruel
かわいた 乾いた seco(ca)
かわかす 乾かす secar
かわかみ 川上 curso [cuenca] superior (del río)
かわき 渇き (喉の渇き) sed 囡
かわき 乾き (乾燥) sequedad 囡
かわぎし 川岸 orilla 囡, ribera 囡
かわく 渇く (喉が) tener sed
かわく 乾く (乾燥する) secarse
かわしも 川下 curso [cuenca] inferior (del río)
かわせ 為替 (外国通貨の交換) cambio (de divisas) 男 ◆**為替レート** cambio 男, tipo de cambio 男, cotización 囡, tasa 囡 **外国為替市場** mercado de divisas 男 **郵便為替** giro postal 男
かわった 変わった extraño(ña), raro(ra), curioso(sa)
かわら 瓦 teja 囡
かわら 河原・川原 cauce [lecho] seco del río
かわり 代わり・替わり (代用品) sustitutivo 男; (人) sustituto(ta) 名, suplente 男; (取替え品) repuesto 男 ‖〜に en vez [lugar] de... 〜をする sustituir, suplir
かわり 変わり (変化) cambio 男, modificación 囡; (相違) diferencia 囡 ‖お〜ありませんか ¿Todo va [marcha] bien?, 《話》¿Qué hay de nuevo? ◆**変わり者** excéntrico(ca) 名, extravagante 男女
かわりやすい 変わり易い variable, inconstante; (気持ちが) caprichoso(sa), versátil
かわる 代わる sustituir, suplir ‖〜わる por turno, a turnos; (次々に) uno tras otro, alternativamente
かわる 変わる cambiar; (変動する) variar; (形や性質が) convertirse 《en + 名詞》, volverse 《+ 形容詞 名詞》
かん 缶 lata 囡, bote 男 ◆**缶ビール** lata de cerveza 囡
かん 勘 (直感) intuición 囡; (本能) instinto 男; (芸術・スポーツなどの) sentido 男
かん 管 tubo 男; [集合的] tubería 囡; (比較的太い) caño 男; [集合的] cañería 囡

-かん -間 ‖4日〜 por [durante] cuatro días, cuatro días
がん 雁 》雁(飛)
がん 癌 cáncer 男 ‖〜にかかる tener cáncer 〜で死ぬ morir de cáncer ◆**胃がん** cáncer de estómago 男, **肺がん** cáncer de mama 肺がん cáncer de pulmón 男
かんえん 肝炎 hepatitis 囡
かんおけ 棺桶 ataúd 男, féretro 男
かんか 感化 influencia 囡, influjo 男 ‖〜する influir 《en, sobre》, ejercer influencia [influjo] 《en, sobre》
かんがい 灌漑 riego 男, irrigación 囡, regadío 男
がんかい 眼科医 oculista 男女, oftalmólogo(ga) 男
かんがえ 考え (思いつき) idea 囡; (思考) pensamiento 男; (意見) opinión 囡; (意図) intención 囡 ‖それはいい〜だ Es una buena idea. 私の〜では en mi opinión, a mi parecer 〜をする meditar ◆**考え方** forma 囡 [modo 男, manera 囡] de pensar
かんがえだす 考え出す idear; (考案する) inventar
かんがえなおす 考え直す pensar [pensárselo] otra vez, reconsiderar; (意見を変える) cambiar de opinión
かんがえられる 考えられる ‖考えられない inimaginable, inconcebible
かんがえる 考える pensar 《en, sobre》; (熟慮する) reflexionar, considerar ‖よく〜 pensar bien それについてどう考えますか ¿Qué piensa [opina] sobre eso?
かんかく 感覚 sentido 男, sentimiento 男, sensación 囡; (感性) sensibilidad 囡
かんかく 間隔 (時間的・空間的) intervalo 男; (空間的) distancia 囡, espacio 男
かんかつ 管轄 jurisdicción 囡, competencia 囡 ◆**管轄官庁** autoridad competente 囡
かんがっき 管楽器 instrumento (musical) de viento 男
カンガルー canguro 男
かんかん ‖〜になって怒る ponerse furioso(sa)
がんがん ‖頭が〜する tener un fuerte dolor de cabeza
かんき 換気 ventilación 囡 ‖〜する ventilar, airear ◆**換気扇** ventilador 男
かんき 寒気 frío 男
かんきゃく 観客 espectador(dora) 名; [集合的] público 男, audiencia 囡 ◆**観客席** asiento 男; (スタジアムなどの階段状の) gradas 囡
かんきょう 環境 ambiente 男, medio 男, medio ambiente 男, atmósfera 囡 ‖〜に優しい ecológico(ca) ◆**環境汚染** contaminación del medio ambiente [ambiental, medioambiental] 囡 環

かんきり 缶切り abrelatas 男

かんく 玩具 juguete 男

かんけい 関係 (関連) relación 女; (つながり) conexión 女, contacto 男; 密接な~がある tener una íntima relación ⟨con⟩

かんげい 歓迎 bienvenida 女 ‖~する dar la bienvenida ⟨a⟩ ◆歓迎会 fiesta de bienvenida

かんげき 感激 ‖~する conmoverse, emocionarse

かんけつ 完結 ‖~する completar, concluir

かんけつ 簡潔 ‖~な conciso(sa); (手短な) breve

かんげんがく 管弦楽 música de orquesta 女

かんこ 歓呼 ovación 女, aclamación 女

かんご 看護 ‖~する cuidar, atender ⟨a⟩ ◆看護師 enfermero(ra) 名

がんこ 頑固 ‖~な terco(ca), obstinado(da)

かんこう 刊行 ‖~する publicar

かんこう 観光 turismo 男 ◆観光案内所 oficina de turismo ◆観光客 turista 男女

かんこうちょう 官公庁 (組織) organismos públicos 男複; (役所) oficinas públicas 女複

かんこく 勧告 consejo 男, exhortación 女; (勧め) recomendación 女; (提言) sugerencia 女 ‖~する aconsejar, exhortar; (勧める) recomendar; (提言する) sugerir

かんこく 韓国 Corea del Sur; (正式名) República de Corea 女 ‖~の surcoreano(na) ◆韓国語 coreano 男 ◆韓国人 coreano(na) 名, surcoreano(na) 名

かんごく 監獄 cárcel 女, prisión 女

かんさ 監査 inspección 女; (会計などの) auditoría 女 ◆監査役 inspector(tora) 名, auditor(tora) 名

かんさつ 観察 observación 女 ‖~する observar

かんさん 換算 ‖ユーロを円に~する convertir euros en yenes

かんし 監視 vigilancia 女, guardia 女

かんし 冠詞 artículo 男

かんじ 感じ (感覚) sensación 女, sensibilidad 女; (感触) tacto 男; (印象) impresión 女; ~のよい agradable; (人が) simpático(ca)

かんじ 漢字 carácter chino 男

かんしき 鑑識 (鑑定) juicio 男; (犯罪確認) identificación criminal 女 ◆鑑識課 sección de identificación (criminal) 女

がんじつ 元日 día de Año Nuevo 男

かんして 関して ‖…に~は de, sobre, acerca de, en cuanto a, por lo que respecta a, en lo que concierne a

かんしゃ 感謝 agradecimiento 男, gratitud 女 ‖~する agradecer, dar las gracias ⟨a⟩

かんじゃ 患者 paciente 男女

かんしゃく 癇癪 ‖~を起こす ponerse colérico(ca), (話) estallar

かんしゅう 慣習 costumbre 女, uso 男; (因習) convención 女; (伝統) tradición 女

かんしゅう 観衆 espectadores 男複, [集合的] público 男

かんじゅせい 感受性 sensibilidad 女, delicadeza emocional 女

がんしょ 願書 solicitud 女, impreso de solicitud 男

かんしょう 干渉 intervención 女, intromisión 女 ‖~する intervenir, meterse ⟨en⟩

かんしょう 感傷 ‖~的な sentimental

かんしょう 鑑賞 ‖~する apreciar

かんじょう 感情 sentimiento 男, emoción 女 ‖~を込めて歌う cantar con mucho sentimiento ~的な emocional; (感情に駆られた) impulsivo(va) ◆国民感情 sentimiento nacional 男

かんじょう 勘定 (計算) cuenta 女, cálculo 男; (請求書) cuenta 女, factura 女 ‖ ~をお願いします La cuenta, por favor. ~を払う pagar la cuenta ~に入れる (考慮する) tener en cuenta

がんじょう 頑丈 ‖~な fuerte, robusto(ta)

かんしょく 間食 (おやつ) merienda 女, (話) tentempié 男

かんじる 感じる sentir, tener la sensación ⟨de⟩; (気づく) darse cuenta ⟨de⟩

かんしん 関心 interés 男 ‖…に~がある tener interés por [en]...

かんしん 感心 ‖~な (賞賛すべき) admirable ~する admirar, admirarse ⟨de⟩, quedar admirado(da) ⟨con, por⟩

かんじん 肝心 ‖~な esencial, principal, muy importante

かんすう 関数 (数学) función 女

かんする 関する de, sobre, acerca de, referente a, concerniente a ‖私に~限り en [por] lo que a mí se refiere

かんせい 完成 ‖~させる completar, cumplir; (仕上げにする) perfeccionar ◆完成品 producto [artículo] acabado [terminado] 男

かんせい 歓声 (喝采) ovación 女, aclamación 女; (喜びの叫び声) grito de alegría [júbilo] 男 ‖~を上げる ovacionar, gritar de alegría [júbilo]

かんせい 感性 sensibilidad 女

かんぜい 関税 arancel 男, derechos aduaneros [arancelarios] 男複 ◆関税障壁 barrera arancelaria [aduanera]

がんせき 関税率 tarifa aracelaria 女
がんせき 岩石 peña 女, roca 女
かんせつ 関節 articulación 女, coyuntura 女
かんせつ 間接 ‖~の indirecto(ta)
かんせん 感染 infección 女, contagio 男 ‖~する (病気が人に) contagiar; infectar; (人が病気に) contagiarse, infectarse 《de》
かんせん 幹線 ◆幹線道路 carretera principal [troncal] 女
かんぜん 完全 ‖~な perfecto(ta), completo(ta), entero(ra)
かんそ 簡素 ‖~な sencillo(lla), simple
がんそ 元祖 (創業者) fundador(dora) 名; (発明者) inventor(tora) 名
かんそう 感想 (印象) impresión 女; (意見) opinión 女, parecer 男; (批評) comentario 男
かんそう 乾燥 ‖~した seco(ca); (からからに) reseco(ca) ‖~する secarse
かんぞう 肝臓 hígado 男
かんそく 観測 observación 女 ‖~する observar ◆観測所 observatorio 男
かんたい 寒帯 zona glacial 女
かんたい 艦隊 flota 女; (大規模な) armada 女
かんだい 寛大 ‖~な generoso(sa), tolerante, indulgente
かんだかい 甲高い (声の高い) agudo(da); (金切り声の) chillón(llona), estridente
かんたん 簡単 ‖~な fácil, sencillo(lla) ‖~に sencillamente, fácilmente ~に言うと en resumen, en pocas palabras
かんたん 感嘆 ‖~する admirar, admirarse 《de》◆感嘆符 signo de exclamación [admiración] 男
がんたん 元旦 ⇨元日
かんだんけい 寒暖計 termómetro 男
かんちがい 勘違い equivocación 女, error 男 ‖~している estar equivocado(da), estar en un error
かんちょう 干潮 marea baja 女, bajamar 女
かんちょう 官庁 oficina del gobierno [gubernamental] 女
かんつう 姦通 adulterio 男
かんづめ 缶詰 conserva 女, lata (de conserva) 女 ‖イワシの~ sardinas en lata [conserva] 女複
かんてい 鑑定 valoración 女, peritaje 男
かんてい 官邸 residencia oficial 女
かんてつ 貫徹 logro 男 ‖~する lograr, llevar a cabo
かんてん 観点 punto de vista 男, perspectiva 女
かんでんち 乾電池 pila (seca) 女
かんどう 感動 emoción 女 ‖~する conmoverse, emocionarse 《con, por》 ~的な emocionante, conmove-

かんむり 冠

dor(dora)
かんとうし 間投詞 interjección 女
かんとく 監督 supervisión 女; (監視) vigilancia 女; (指導) dirección 女; (監督者) supervisor(sora) 名; (職場の) gerente 男女; (映画などの) director(tora) 名; (サッカーなどの) entrenador(dora) 名 ‖~する supervisar; (監視) vigilar; (指導) dirigir; (世話をする) cuidar, encargarse 《de》; (チームなどを) 《話》llevar
かんな 鉋 cepillo 男; (大型の) garlopa 女
かんぬき 閂 cerrojo 男
かんねん 観念 (概念) noción 女, concepto 男; (意識) sentido 男 ‖~する (あきらめる) resignarse, rendirse
かんのう 官能 sensualidad 女, voluptuosidad 女 ‖~的な sensual, voluptuoso(sa)
かんぱ 寒波 ola de frío 女
カンパ (資金集め) recaudación 女, colecta 女 ‖~を募る hacer una colecta
かんぱい 乾杯 brindis 男 ‖~する brindar, hacer un brindis 乾杯! ¡Salud!
カンバス lienzo 男
かんばつ 干ばつ・旱魃 sequía 女
がんばる 頑張る (努力する) esforzarse; (固執する) persistir 《en》; (主張し続ける) insistir 《en》がんばれ! ¡Ánimo!
かんばん 看板 letrero 男; (映画などの) cartelera 女; (広告の) anuncio 男
かんぱん 甲板 cubierta 女
かんび 甘美 ‖~な dulce, exquisito(ta)
ガンビア Gambia ‖~の gambiano(na)
かんびょう 看病 asistencia 女, atención 女, cuidado 男 ‖~する asistir, atender, cuidar
かんぶ 幹部 directivo(va) 名
かんぺき 完璧 ‖~な perfecto(ta) ‖~に perfectamente
がんぺき 岸壁 (桟橋) muelle 男, embarcadero 男; (海岸の崖) acantilado 男
かんべつ 鑑別 ‖~する discernir, distinguir
かんべん 勘弁 ‖~する perdonar, disculpar
かんべん 簡便 ‖~な (簡単な) fácil; (持ち運びが) portátil; (取り扱いが) práctico(ca); (便利な) cómodo(da)
がんぼう 願望 deseo 男; (切望) anhelo 男, ansia 女
かんぼく 灌木 arbusto 男, mata 女
カンボジア Camboya; (正式名) Reino de Camboya 男 ‖~の camboyano(na)
かんぼつ 陥没 hundimiento 男, depresión 女
カンマ coma 女
かんむり 冠 corona 女

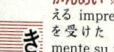

かんめい 感銘 impresión 囡; ‖～を与える impresionar 私は彼の勇気に深い～を受けた Me impresionó profundamente su valor.
かんもん 喚問 (召喚) llamada 囡, llamamiento 男; (召喚) citación 囡
かんやく 丸薬 píldora 囡
かんゆう 勧誘 invitación 囡; ‖～する invitar
がんゆう 含有 ‖～する contener ◆含有量 contenido 男
かんよ 関与 participación 囡
かんよう 寛容 tolerancia 囡, generosidad 囡; ‖～な tolerante, generoso(sa)
かんようく 慣用句 modismo 男, frase hecha 囡
がんらい 元来 (もともと) originalmente, en (su) origen, por naturaleza; (本質的に) esencialmente
かんらくがい 歓楽街 barrio 男 [zona 囡] de diversiones
かんらく 陥落 ‖～する caer, rendirse
かんり 管理 administración 囡; (運営・経営) gerencia 囡; (支配・統制) control 男 ‖～する administrar; (統制する) controlar ◆管理人 administrador(dora) 男囡, gerente 男囡; (アパートなどの) portero(ra) 男囡
かんり 官吏 funcionario(ria) (del Estado) 男囡
かんりゅう 寒流 corriente fría 囡
かんりょう 完了 ‖～する terminar, concluir
かんりょう 官僚 burócrata 男囡; ‖～的な burocrático(ca) ◆官僚政治 burocracia 囡
かんれい 慣例 costumbre 囡, uso 男, práctica 囡; (因習) convención 囡; (伝統) tradición 囡
かんれい 寒冷 ◆寒冷前線 frente frío 男
かんれん 関連 relación 囡, relevancia 囡 ‖～のある relacionado(da) ‹con› …と～して con relación [respecto, referencia] a…, en relación con… AとBを～づける relacionar A con B
かんろく 貫禄 buena presencia 囡, dignidad 囡
かんわ 緩和 ‖～する (規則などを) relajar; (苦痛などを) calmar, suavisar ◆規制緩和 liberalización 囡, desregulación 囡

き

き 木・樹 (樹木) árbol 男; (木材) madera 囡 ‖～を植える plantar un árbol ～を切り倒す cortar [talar] un árbol ～でできた de madera
き 気 (心) corazón 男, mente 囡; (性格) carácter 男; (意志) voluntad 囡; (意識があること) conocimiento 男 ‖…に～がつく darse cuenta de… ～に入る gustar ～にする preocuparse ‹de› ～をつける tener cuidado ‹con›
ギア (歯車) rueda dentada 囡; (自動車の) caja de cambios 囡
きあつ 気圧 presión atmosférica 囡 ◆気圧計 barómetro 男
ぎあん 議案 proyecto de ley 男
キー (鍵) llave 囡; (ピアノ・コンピューターなどの) tecla 囡
キーパー portero(ra) 男囡, guardameta 男囡
キーボード teclado 男
キーホルダー llavero 男
きい 奇異 ‖～な extraño(ña), raro(ra)
きいろ 黄色 amarillo 男 ‖～い[の] amarillo(lla)
ぎいん 議員 miembro de una asamblea 男囡; (国会の) diputado(da) 男囡, congresista 男囡; (上院の) senador(dora) 男囡; (下院の) diputado(da) 男囡; (市議会の) concejal 男囡
キウイ kiwi 男
きえい 気鋭 ‖～の joven y brioso(sa)
きえる 消える desaparecer; (見えなくなる) perderse de vista; (火・電灯・ガスなどが) apagarse
ぎえんきん 義援金 contribución 囡, donación 囡; (組織的な) fondo de ayuda 男
きおく 記憶 memoria 囡; (思い出) recuerdo 男 ‖～する (暗記する) aprender de memoria; (覚えている) tener en la memoria; (思い出す) recordar, acordarse ‹de› ◆記憶障害 dismnesia 囡 記憶装置 memoria 囡 記憶力 memoria 囡, retentiva 囡
キオスク quiosco 男
きおん 気温 temperatura 囡 ◆最高 [最低] 気温 temperatura máxima [mínima] 囡
きか 気化 vaporización 囡, gasificación 囡 ‖～する (液体などを) vaporizar, gasificar; (液体などが) vaporizarse, gasificarse
きか ◆幾何学 geometría 囡
きが 飢餓 hambre 男
ぎが 戯画 caricatura 囡
きかい 機会 ocasión 囡, oportunidad 囡 ‖この～を使って…する aprovechar esta ocasión para [[＋不定詞]]
きかい 機械 máquina 囡; [[集合的に]] maquinaria 囡; (時計などの) mecanismo 男 ‖～を動かす hacer funcionar la máquina, poner en marcha la máquina ～的な mecánico(ca) ◆機械工 mecánico(ca)
きかい 器械 (器具) instrumento 男, aparato 男
きかい 奇怪 ‖～な misterioso(sa), extraño(ña)
きがい 危害 daño 男 ‖～を加える hacer daño ‹a›, dañar
ぎかい 議会 asamblea 囡; (国会)

きがえ congreso 男, parlamento 男; (市町村議会) concejo (municipal) ‖~制主義 democracia parlamentaria ～を召集する convocar el parlamento

きがえ 着替え cambio de ropa

きがえる 着替える cambiarse (de ropa)

きがかり preocupación 女, inquietud 女 ‖~な preocupante

きかく 企画 proyecto 男, plan 男 ‖~を立てる planear, proyectar, hacer [elaborar] un proyecto

きかく 規格 norma 女, tipo 男, modelo 男

きがく 器楽 música instrumental 女

きかざる 着飾る engalanarse, ponerse elegante

きかせる 聞かせる (話して) contar《a+人》; (読んで) leer《a+人》

きがね 気兼ね ‖~する sentirse incómodo(da)《ante + 人》～なく sin reserva, francamente, libremente

きがる 気軽な ‖~に (簡単に・遠慮せずに) libremente, sin reparos; (親しく) de manera amistosa

きかん 期間 período 男, duración 女; (契約などの) plazo 男

きかん 機関 (政府などの) organismo 男; (社会的施設) institución 女, organización 女; (エンジン) motor 男 ◆機関車 locomotora 女 機関銃 ametralladora 女

きかん 器官 órgano 男

きかん 帰還 vuelta 女, regreso 男 ‖~する volver, regresar

きかん 季刊 ‖~の trimestral

きかんし 気管支 bronquio 男 ◆気管支炎 bronquitis 女

きき 危機 crisis 女; (緊急事態) emergencia 女 ‖~的 crítico(ca) ～に瀕している estar en un momento crítico ◆危機管理 gestión de una crisis 女

ききいる 聞き入る escuchar atentamente [con atención]

ききいれる 聞き入れる (要求などを) acceder《a》, consentir《en》; (忠告を) aceptar

ききて 聞き手 oyente 男女; (インタビュアー) entrevistador(dora) 名; (聴衆) audiencia 女

ききとり 聞き取り audición 女; (リスニング) comprensión auditiva 女; (聞いて書きություն) dictado 男

ききみみ 聞き耳をたてる escuchar atentamente,《話》ser todo(da) oídos

ききめ 効き目・利き目 efecto 男, eficacia 女 ‖~のある eficaz

ききゃく 棄却 rechazo 男 ‖~する rechazar

ききゅう 気球 globo (aerostático) 男, aeróstato 男, balón 男

ききょう 帰郷 vuelta 女 [regreso 男] a casa [al pueblo] ‖~する volver [regresar] a casa [al pueblo]

きぎょう 企業 empresa 女 ◆企業家 empresario(ria) 名 大企業 gran empresa 女

きぎょう 起業 ◆起業家 empresario(ria) 名

ぎきょく 戯曲 drama 男, obra teatral [de teatro] 女

ききん 基金 fondo 男, fundación 女

ききん 飢饉 hambre 女, penuria [escasez] de víveres 女

ききんぞく 貴金属 metal precioso 男

きく 聞く (聞こえる) oír; (注意して聞く) escuchar; (聞き知る) oír, saber, enterarse《de》; (従う) obedecer, hacer caso《a, de》; (尋ねる) preguntar ‖…のことうわさを～ oír hablar de ...

きく 効く (効果があ efeitos) tener [producir, hacer] efecto, resultar eficaz

きく 利く ‖ブレーキが利かない El freno no funciona.

きく 菊 crisantemo 男

きぐ 器具 aparato 男; (精密な) instrumento 男; (調理・掃除などの) utensilio 男

きぐ 危惧 ‖~する preocuparse《por》, estar inquieto(ta)《por》

きくばり 気配り (配慮) atención 女; (注意) cuidado 男

きけい 奇形 deformidad 女, deformación 女

ぎけい 義兄 cuñado 男

きげき 喜劇 comedia 女 ‖~的な cómico(ca)

きけん 危険 peligro 男, riesgo 男 ‖~な peligroso(sa), arriesgado(da) ～を冒す correr un riesgo, aventurarse ◆危険信号 señal de peligro 女 危険人物 persona peligrosa 女

きけん 棄権 (投票などの) abstención (de voto) 女; (権利などの放棄) abandono 男, renuncia 女; (競技への不出場) retirada 女 ‖~する (投票を) abstenerse (de votar); (権利を) abandonar, renunciar《a》; (競技を) retirarse《de》

きげん 期限 plazo 男, límite 男, término 男; (期間) período 男 ‖~の切れた caducado(da), expirado(da)

きげん 機嫌 humor 男, estado de ánimo 男 ‖~がいい [悪い] estar de buen [mal] humor …の～を損ねる ofender a uno ～をとる《話》hacer la pelota《a》

きげん 起源 origen 男, procedencia 女, fuente 女, principio 男

きげん 紀元 (時代) era 女, época 女; (西暦) era cristiana 女 ◆紀元前 antes de Cristo [Jesucristo]

きこう 気候 clima 男; (天気) tiempo 男

きこう 機構 (組織) organización 女; (全体の仕組み) mecanismo 男; (骨組み) marco 男

きこう 寄港 ‖~する hacer escala (en un puerto)

きごう 記号 signo 男, símbolo 男; (印) señal 女

ぎこう 技巧 arte 男 (女), técnica 女 (手仕事の) artesanía 女

きこえる 聞こえる (耳に入る) oírse, llegar a oídos ‖嘘のように聞こえる Suena a mentira. 聞こえますか ¿Me oye (usted)?

きこく 帰国 ‖～する volver [regresar] al país [a la patria]

きごころ 気心 ‖～の知れた友だち amigo(ga) de confianza

きこちない torpe, poco natural; (堅苦しい) rígido(da)

きこなし 着こなし ‖～がうまい vestir(se) bien

きこん 既婚 ‖～の casado(da)

きざ 気障 ‖～な afectado(da); 《話》cursi, chulo(la)

きさい 記載 ‖～する registrar; (言及する) mencionar

ぎざぎざの (のこぎり歯状の) serrado(da), dentado(da); (不ぞろいな) recortado(da), con picos

きさく 気さく ‖～な (友好的な) toso(sa), cordial; (率直な) franco(ca), sencillo(lla)

きざし 兆し (兆候) señal 女, indicio 男; (悪い) presagio 男

きざむ 刻む (細かく切る) picar; (彫る) esculpir, tallar

きし 岸 orilla 女, ribera 女; (海の) costa 女, playa 女

きし 騎士 caballero 男

きじ 雉子 faisán 男

きじ 記事 artículo 男; (ニュース) noticia 女

きじ 生地 (布) tela 女, paño 男; (パンの) masa 女

ぎし 技師 ingeniero(ra) 名

ぎし 義姉 cuñada 女

ぎしき 儀式 ceremonia 女; (宗教的な) rito 男, ritual 男

きしつ 気質 temperamento 男, naturaleza 女

きじつ 期日 día 男 [fecha 女] fijada(da) [determinado(da), señalada(da)]; (期限) fecha límite 女, plazo 男

きしむ 軋む chirriar, crujir

きしゃ 汽車 tren 男

きしゃ 記者 periodista 男女; (特派員) corresponsal 男女, enviado(da) (especial) 名 ◆記者会見 rueda [conferencia] de prensa 女

きしゅ 騎手 jinete(ta) 名; (競馬の) jockey 男女 (発音/yóki/), yóquey 男女

きしゅ 機首 morro 男, proa (del avión) 女

きしゅくしゃ 寄宿舎 residencia (de estudiantes) 女, internado 男; (大学生寮) (スペイン) colegio mayor 男

きじゅつ 記述 descripción 女 ‖～する describir

きじゅつ 奇術 prestidigitación 女, juego de manos 男

ぎじゅつ 技術 técnica 女; (科学技術) tecnología 女 ‖～の técnico(ca) ◆技術革新 innovación técnica 女 技術者 técnico(ca) 名; (技師) ingeniero(ra) 男

きじゅん 基準 norma 女, modelo 男; (判断の) criterio 男; (根拠) base 女 ‖必要なを満たす cumplir con las normas requeridas

きしょう 気象 fenómeno atmosférico 男, meteorología 女 ◆気象衛星 satélite meteorológico 男 気象学 meteorología 女 気象台 estación meteorológica 女

きしょう 起床 levantamiento 男 ‖～する levantarse

きしょう 記章 insignia 女, emblema 男

きしょう 気性 temperamento 男, naturaleza 女

ぎしょう 偽証 falso testimonio 男; (法律) perjurio 男 ‖～する testimoniar [jurar] en falso

キス beso 男 ‖～をする besar, dar un beso (a)

きず 傷・疵 herida 女; (切り傷) corte 男; (刺し傷) puñalada 女; (引っかき[かすり]傷) arañazo 男; (品物の欠陥) defecto 男; (品物の損傷) daño 男 ‖～を負う ser herido(da), recibir una herida ◆傷跡 cicatriz 女 傷口 abertura de la herida 女

きすう 奇数 número impar 男, non 男

きずく 築く (建設する) construir, edificar ‖富を～ hacer una fortuna

きずつく 傷つく hacerse daño, herirse

きずつける 傷つける hacer daño (a), herir

きずな 絆 lazo 男, vínculo 男

きせい 規制 (取り締まり) reglamentación 女, control 男; (管理) control 男; (制限) restricción 女 ‖～する reglamentar, controlar ◆規制緩和 desregulación 女

きせい 既成 ‖～の (確立した) establecido(da), consumado(da); (現存する) existente

きせい 既製 ‖～の hecho(cha), preparado(da), confeccionado(da), de confección ◆既製服 ropa confeccionada [hecha, de confección] 女

きせい 帰省 ‖～する volver [regresar] a casa

ぎせい 犠牲 sacrificio 男 ‖～にする sacrificar ～になる sacrificarse, ser (la) víctima (de) どんな～を払ってでも a toda costa, cueste lo que cueste ◆犠牲者 víctima 女

きせいちゅう 寄生虫 parásito 男

きせき 奇跡 milagro 男

ぎせき 議席 escaño 男

きせつ 季節 estación 女; (時期・シーズン) temporada 女 ‖～外れの fuera de

きぜつ

estación [de tiempo] ◆**季節風** viento estacional 男; (モンスーン) monzón 男 **季節労働者** temporero(ra) 名, trabajador(dora) estacional 男

きぜつ 気絶 ‖〜する desmayarse, desvanecerse, perder el conocimiento [sentido]

きせる 着せる vestir, poner; (罪を) echar

きせん 汽船 vapor 男, barco de vapor 男

ぎぜん 偽善 hipocresía 女 ◆**偽善者** hipócrita 男

きそ 基礎 base 女, fundamento 男 ‖…に〜を置く basarse en… 〜的な básico(ca), fundamental ◆**基礎工事** obras de cimentación 女複 **基礎知識** conocimiento básico [fundamental]

きそ 起訴 acusación 女, procesamiento 男 ‖〜する acusar, procesar

きそう 競う competir, rivalizar, contender

きそう 起草 redacción 女 ‖〜する esbozar, preparar [redactar] un borrador

きぞう 寄贈 donación 女

ぎそう 偽装 camuflaje 男; (変装) disfraz 男 ‖〜する camuflar, disfrazar.

ぎぞう 偽造 falsificación 女 ‖〜する falsificar

きそく 規則 regla 女; 〖集合的〗 reglamento 男 ‖〜的な regular ◆**規則違反** violación de una regla 女

きぞく 貴族 noble 男女, aristócrata 男女

きた 北 norte 男 ‖〜の del norte, norteño(ña), 〘文〙 septentrional

ギター guitarra 女 ‖〜を弾く tocar la guitarra

きたい 期待 expectativa 女; (希望) esperanza 女 ‖〜する esperar 〚que＋接続法〛; (当てにする) contar con 〚que＋接続法〛; (…に添う) satisfacer las expectativas 〜に反して contra [en contra de] lo esperado …に〜をかける poner esperanzas en

きたい 気体 gas 男 ‖〜の gaseoso(sa)

ぎだい 議題 tema (de discusión) 男

きたえる 鍛える (訓練する) entrenar; (増強する) fortalecer, robustecer; (しつける) disciplinar; (鉄などを) forjar

きたく 帰宅 vuelta 女 [regreso 男] a casa ‖〜する volver [regresar, llegar] a casa

きたちょうせん 北朝鮮 Corea del Norte; (正式名) República Popular Democrática de Corea 女 ‖〜の norcoreano(na)

きたない 汚い (汚れた) sucio(cia), de-

1101

saseado(da); (卑劣な) vil, sucio(cia) ‖汚くする ensuciar 〜手を使う emplear medios sucios, jugar sucio, hacer trampas 金に〜 ser ruin con el dinero

きたる 来る que viene, próximo(ma), siguiente

きち 基地 base 女

きち 機知 ingenio 男, agudeza 女; (ユーモア) gracia 女 ‖〜に富んだ ingenioso(sa), agudo(da), gracioso(sa)

きちょう 貴重 ‖〜な precioso(sa), valioso(sa), de valor ◆**貴重品** objetos de valor 男複

きちょう 機長 capitán(tana) 男 [comandante 男複] (del avión)

きちょう 議長 presidente(ta) 男

きちょうめん 几帳面 ‖〜な meticuloso(sa), escrupuloso(sa), concienzudo(da)

きちんと (整然と) en orden, ordenadamente; (正しく) correctamente; (正確に) exactamente, con exactitud; (規則正しく) regularmente

きつい (窮屈な) apretado(da), estrecho(cha); (辛い) duro(ra), severo(ra); (性格が) fuerte, riguroso(sa)

きつえん 喫煙 ‖〜する fumar ◆**喫煙者** fumador(dora) 男 **喫煙席** asiento para fumadores 男

きづかう 気遣う preocuparse 《por》

きっかけ (動機) motivo 男; (好機) ocasión 女; (偶然の) casualidad 女 ‖…の〜になる provocar…, ser la causa de…

きっかり ‖10時に〜 a las diez en punto, exactamente a las diez

きつく (厳しく) estrictamente

きづく 気付く notar, darse cuenta 《de》; (発見する) descubrir; (意識を回復する) volver en sí

キック saque 男, patada 女 ‖〜する dar una patada 《a》 ◆**キックオフ** saque inicial 男

きっさてん 喫茶店 cafetería 女, salón de té 男

きっすい 生粋 ‖〜の auténtico(ca); puro(ra)

きっちり (正確に) exactamente, con precisión; (正しく) correctamente; (しっかりと) apretadamente

キッチン cocina 女

きつつき 啄木鳥 pájaro carpintero

きって 切手 sello (postal) 男; 《中南米》 estampilla 女

きっと seguramente, con seguridad, sin falta

きつね 狐 zorro(rra) 名

きっぱりと rotundamente, tajantemente, definitivamente

きっぷ 切符 billete 男, 《中南米》 boleto 男; (入場券) entrada 女; (劇場・スポーツ観覧などの指定席の) localidad 女

◆**切符売場** taquilla 女

きてい 規定（規則）regla 囡; [[集合的]] reglamento 男
きてい 既定 ‖~の fijo(ja), establecido(da), determinado(da)
ぎてい 義弟 cuñado 男
きてき 汽笛 pito 男;（その音）pitido 男;（船の）sirena 囡
きてん 機転 ‖~がきく ser ingenioso(sa), tener tacto
きとう 祈祷 oración 囡, rezo 男, devociones 囡(複)
きどう 軌道（天体の）órbita 囡;（線路）vía (férrea) 囡 ‖~に乗せる poner en marcha [camino]
きとく 奇特 ‖~な（賞賛に値する）digno(na) de elogio
きとく 危篤 ‖~である estar en estado crítico (muy grave)
きどる 気取る（もったいぶる）ser afectado(da) [presumido(da)], darse aires; (…のふりをする) afectar 気取った afectado(da), presumido(da)
きなが 気長に（急がずに）sin prisa(s);（のんびりと）con calma, tranquilamente;（ゆっくり）despacio
ギニア Guinea 囡 ‖~の guineano(na)
ギニア・ビサウ Guinea-Bissau ‖~の bissauguineano(na)
きにいり 気に入り ‖お～の favorito(ta)
きにゅう 記入 ‖~する rellenar, escribir, cumplimentar
きぬ 絹 seda 囡 ‖~の de seda, ～のような seoso(sa)
きねん 記念 conmemoración 囡 ‖~すべき conmemorable …を～して en conmemoración [memoria, recuerdo] de … ◆記念写真 foto de recuerdo 囡 記念碑 monumento (conmemorativo) 男 記念日 día conmemorativo 男;（毎年の）aniversario 男 記念品 recuerdo 男
きのう 昨日 ayer ‖~の朝 ayer por la mañana ～の新聞 el periódico de ayer 男
きのう 機能 función 囡 ‖~する funcionar
きのう 技能 técnica 囡, habilidad 男, destreza 囡
きのこ 茸 seta 囡, hongo 男
きのどく 気の毒な（かわいそうな）pobre;（不幸な）desgraciado(da),（哀れな）miserable, lastimoso(sa) 人を～に思う sentir pena [lástima, compasión]《por》, compadecerse《a》
きのみ 木の実 fruto 男, nuez 囡
きば 牙 colmillo 男;（犬歯）diente canino 男
きはつ 揮発 volatilización 囡 ‖~性の volátil
きばつ 奇抜 ‖~な（新奇な）novedoso(sa),（独創的な）original, singular
きばらし 気晴らし diversión 囡, distracción 囡;（休養）recreo 男 ‖~をする divertirse, distraerse

きはん 規範 norma 囡;（基準）modelo 男
きばん 基盤 base 囡, fundamento 男
きひ 忌避 evasión 囡
きびきび きびきびした vivo(va), activo(va), ágil
きびしい 厳しい duro(ra), extricto(ta), severo(ra), rígido(da), riguroso(sa)
きひん 気品 elegancia 囡, gracia 囡 ‖~のある elegante, distinguido(da)
きびん 機敏 ‖~な ágil, rápido(da), agudo(da)
きふ 寄付 donación 囡, contribución 囡 ‖~する donar, contribuir
きふ 義父（配偶者の父）suegro 男;（継父）padre adoptivo 男, padrastro 男
ギプス escayola 囡 ‖~をつける enyesar, escayolar
キプロス Chipre ‖~の chipriota
きぶん 気分 humor 男, estado de ánimo 男 ‖~はどうですか ¿Cómo está [se siente usted? ～がよい［悪い］estar bien [mal], sentirse bien [mal]
きぼ 規模 escala 囡, envergadura 囡;（大きさ）dimensión 囡, tamaño 男
ぎぼ 義母（配偶者の母）suegra 囡;（継母）madre adoptiva 囡, madrastra 囡
きぼう 希望 esperanza 囡, deseo 男;（期待・見込み）expectativa 囡（要求）ruego 男, petición 囡 ‖~する desear, esperar;（要求する）rogar, pedir
きぼり 木彫り talla (de madera) 囡
きほん 基本 base 囡, fundamento 男 ‖~的な básico(ca), fundamental ◆基本的人権 derechos humanos básicos [fundamentales] 男(複) 基本料金 tarifa base [básica] 囡
ぎまい 義妹 cuñada 囡
きまぐれ 気紛れ ‖~のよい generoso(sa);（気まぐれな）caprichoso(sa), antojadizo(za)
きまじめ 生真面目 ‖~な serio(ria), concienzudo(da)
きまつ 期末（学期末［2学期制の］）fin del semestre 男;（学期末［3学期制の］）fin del trimestre 男;（会計の）fin [cierre] del ejercicio 男;（2学期制の）examen final 男;（2学期制の）examen semestral 男;（3学期制の）examen trimestral 男
きまま 気まま ‖~な caprichoso(sa) ～に a su gusto
きまり 決まり（規則）regla 囡, reglamento 男;（解決・決着）arreglo 男;（合意）acuerdo 男;（個人的習慣）costumbre 囡;（社会的習慣）convención 囡, uso 男 それで話は～だ Trato hecho.; De acuerdo. ◆決まり文句 frase hecha; cliché 男
きまる 決まる decidirse, determinarse, fijarse
ぎまん 欺瞞 engaño 男, trampa 囡 ‖~に満ちた engañoso(sa), tramposo(sa)

きみ 君 (君が) tú; (君の) tu, tuyo(ya); (君を・君に) te ‖ねえ, ～ ! ¡Oye, tú!

きみ 気味 ‖～の悪い siniestro(tra), lúgubre

きみ 黄身 yema (de huevo) 女

-ぎみ -気味 風邪へだ Estoy un poco resfriado(da)/Tengo un ligero resfriado.

きみじか 気短 ‖～な impaciente, irascible

きみつ 機密 ‖～の confidencial, secreto(ta), reservado(da)

きみどり 黄緑 verde amarillento 男

きみょう 奇妙 ‖～な extraño(ña), raro(ra)

ぎむ 義務 obligación 女 ‖…する～がある tener la obligación de [＋不定詞] ／ 〜を果たす cumplir con el deber 〜を受けられた obligatorio(ria) ♦**義務教育** educación [enseñanza] obligatoria 女

きむずかしい 気難しい (扱いにくい) difícil; (怒りっぽい) de mal genio, irascible

きめ 木目・肌理 textura 女, tacto 男 ‖～の粗い de vetas gordas 〜の細かい de vetas finas; (繊細な) delicado(da); (肌の) fino(na), delicado(da)

ぎめい 偽名 nombre falso [fingido] 男

きめる 決める decidir, fijar, determinar ‖スペインに留学することに決めた He decidido [Me he decidido a] estudiar en España.

きもち 気持ち (感じ) sensación 女, (感情) sentimientos 男複; (気分) humor 男, estado de ánimo 男, ánimo 男 ‖～のよい agradable; (人が) simpático(ca) 〜よく (機嫌よく) de buen humor, a gusto, alegremente; (喜んで・進んで) de buena gana

きもの 着物 (衣服) prenda (de vestir) 女, traje 男, vestido 男; (和服) kimono 男, quimono 男

ぎもん 疑問 (疑念) duda 女; (質問) pregunta 女 ‖～の余地はない No hay [cabe] duda. ♦**疑問文** oración interrogativa 女

きやく 規約 (規則) regla 女, reglamento 男; (協約) acuerdo 男, estatuto 男

きゃく 客 (訪問客) visitante 男女; (招待客) invitado(da) 名, convidado(da) 名; (宿泊客) huésped 男女; (顧客) cliente 男, (乗客) viajero(ra) 名, pasajero(ra) 名 ‖～をもてなす obsequiar a los invitados ♦**客室** habitación 女; (飛行機の) cabina (de pasajeros) 女; (船の) camarote 男 **客室係** (ホテルの) empleado(da) del servicio de habitaciones 名 **客室乗務員** (飛行機の) azafato(ta) (de vuelo) 名, auxiliar de vuelo 男女, (中南米) aeromozo(za) 名

ぎゃく 逆 ‖～の contrario(ria) 女, opuesto(ta) 女, inverso(sa) 女 ‖～にする (順序を) invertir; (向き・表裏を) poner al revés; (上下を) poner boca abajo …とは～に al contrario de …

ギャグ gag 男 [複 ～s]; (ジョーク) chiste 男

ぎゃくしゅう 逆襲 contraataque 男 ‖～する contraatacar

きゃくしょく 脚色 (劇化) dramatización 女; (改作) adaptación 女

きゃくせき 客席 sala auditorio 女; (1階席) patio de butacas 男; (座席) asiento 男, localidad 女; (1階の座席) butaca 女

ぎゃくせつ 逆説 paradoja 女 ‖～的な paradójico(ca)

ぎゃくたい 虐待 maltrato 男, trato abusivo 男 ‖～する maltratar

きゃくちゅう 脚注 nota al pie (de página) 女

ぎゃくてん 逆転 ‖～する invertirse 〜させる invertir

きゃくほん 脚本 guión 男 ♦**脚本家** guionista 男女

きゃくま 客間 (応接室) sala de visitas 女; (客用の寝室) cuarto de huéspedes 男

ギャザー (装飾) frunce 男

きゃしゃ 華奢 ‖～な (繊細な) delicado(da); (ほっそりした) fino(na), delgado(da); (こわれやすい) frágil, quebradizo(za)

キャスター (脚輪) ruedita 女; (ニュースキャスター) presentador(dora) 男女; (de un noticiero) 男, locutor(tora) 名

キャスト (配役) reparto 男, elenco 男

キャタピラ oruga 女

きゃっか 却下 rechazo 男, rechazamiento 男 ‖～する rechazar

きゃっかん 客観 ‖～的な objetivo(va) ♦**客観性** objetividad 女

キャッシュ dinero en efectivo 男 ‖～で支払う pagar en efectivo ♦**キャッシュカード** tarjeta (de cajeros automáticos) 女; (デビットカード) tarjeta (de débito) 女

キャッチフレーズ lema 男, (e)slogan 男 [複 ～s]

キャップ (ふた) tapa 女; (ひさしのない帽子) gorro 男; (ひさしのある帽子) gorra 女; (ペンなどの) capucha 女, capuchón 男; (責任者) jefe(fa) 名

ギャップ vacío 男, hueco 男 ‖～を埋める llenar el vacío ♦**ジェネレーションギャップ** abismo generacional 男

キャビア caviar 男

キャビン (飛行機の) cabina 女; (船の) camarote 男

キャプテン capitán(tana) 名

キャベツ col 女, repollo 男

ギャラ (出演料) caché 男, (報酬) remuneración 女, honorarios 男複

キャラクター (性格) carácter 男; (登場人物) personaje 男

キャラバン (隊商) caravana 女

キャラメル caramelo (blando) 男

ギャラリー (画廊) galería 女; (ゴルフの) galería 女

キャリア (経歴) carrera 女; (職歴) experiencia profesional 女; (保育者) portad*or*(*dora*) 男

ギャング gángster 男 (発音/ gánster/)

キャンセル cancelación 女, anulación 女

キャンデー caramelo 男

キャンバス (画布) lienzo 男

キャンパス campus, recinto universitario 男

キャンピングカー autocaravana 女

キャンプ camping 男 (発音 [kámpin]), campamento 男 ‖〜をする acampar, hacer camping ◆**キャンプ場** (lugar [terreno]男) de camping [campamento] 男

ギャンブル juego (con apuestas) 男, apuesta 女

キャンペーン campaña 女

きゅう 九・9 nueve 男 ‖〜番目 noven*o*(*na*) 〜分の1 un noveno, una novena parte

きゅう 急 ‖これは〜を要する問題だ Es un problema urgente [apremiante]. 〜な (緊急の) urgente, apremiante; (突然の) repentin*o*(*na*); (即座の) inmediat*o*(*ta*) 〜に de repente, inesperadamente

きゅう 級 (等級) clase 女; (階級) categoría 女; (段階) grado 男; (水準) nivel 男

きゅう 球 (球体) globo 男, esfera 女; (ボール) bola 女, pelota 女

きゅうえん 救援 (救助・救済) socorro 男, rescate 男, auxilio 男; (助力) ayuda 女, asistencia 女 ◆**救援隊** equipo de salvamento [socorro] 男

きゅうか 休暇 vacaciones 女複, descanso 男 ‖〜をとる tomar(se) unas vacaciones

きゅうかく 嗅覚 olfato 男 ‖〜が鋭い tener un olfato agudo

きゅうがく 休学 ‖〜する interrumpir (temporalmente) [suspender] sus estudios

きゅうかん 急患 caso urgente 男, paciente de urgencia 男女

きゅうかんちょう 九官鳥 miná 女, mainate 男

きゅうぎ 球技 juego de [con] pelota 男

きゅうきゅう 救急 ‖〜の de urgencia ◆**救急車** ambulancia 女 ◆**救急箱** botiquín de primeros auxilios 男

ぎゅうぎゅう ‖〜詰めである ir como sardinas en lata

きゅうぎょう 休業 cierre 男, paro 男 ‖〜する cerrar

きゅうきょく 究極 ‖〜の últim*o*(*ma*), final, definitiv*o*(*va*)

きゅうくつ 窮屈 ‖〜な (きつい) estre*cho*(*cha*), apretad*o*(*da*); (堅苦しい) formal, rígid*o*(*da*); (居心地の悪い) incómod*o*(*da*)

きゅうけい 休憩 descanso 男; (学校の) recreo 男 ‖〜する descansar, tomar un descanso ◆**休憩室** sala de descanso 女 **休憩所** lugar 男 [zona 女] de descanso

きゅうげき 急激 ‖〜な (突然の) repentin*o*(*na*), súbit*o*(*ta*); (急速な) rápid*o*(*da*)

きゅうこう 急行 ◆**急行列車** tren rápido 男, expreso 男 **急行料金** tarifa de expreso 男

きゅうこうか 急降下 picado 男, descenso en picado 男 ‖〜する descender en picado

きゅうこん 球根 bulbo 男

きゅうこん 求婚 ‖〜する pedir en matrimonio 〈a〉

きゅうさい 救済 socorro 男, auxilio 男; (助力) ayuda 女; (魂の) salvamento 男

きゅうし 急死 muerte repentina 女 ‖〜する morir repentinamente [de repente]

きゅうし 休止 suspensión 女; (休み) pausa 女 ‖〜する suspender, hacer una pausa

きゅうじ 給仕 camarer*o*(*ra*) 名

きゅうしき 旧式 ‖〜の de estilo antiguo; (時代遅れの) anticuad*o*(*da*), pasad*o*(*da*) de moda

きゅうじつ 休日 día de descanso 男; (祝日) día festivo 男, fiesta 女

きゅうしゅう 吸収 absorción 女 ‖〜する absorber

きゅうじゅう 九十 noventa 男 ‖〜番目 の nonagésim*o*(*ma*)

きゅうしゅつ 救出 salvar, socorrer, rescatar

きゅうしょ 急所 punto 男 [parte 女] vital; (要点) punto clave [esencial] 男; (弱点) punto flaco

きゅうじょ 救助 salvamento 男, socorro 男, rescate 男 ‖〜する salvar, socorrer, rescatar

きゅうじょう 窮状 situación difícil 女, desgracia 女; (困窮) penuria 女

きゅうしょく 給食 abastecimiento [suministro] de comida 男; (学校の) almuerzo escolar 男

きゅうしんてき 急進的 ‖〜な radical ◆**急進派** secta radical 女; (人) radical 男女

きゅうじん 求人 oferta de trabajo [de empleo] 女, búsqueda de personal 女

きゅうしんりょく 求心力 fuerza centrípeta 女

きゅうすい 給水 abastecimiento [suministro] de agua 男

きゅうせい 旧姓 apellido materno 男; (女性の結婚前の) apellido de soltera 男

きゅうせい 急性 ‖～の agudo(da)
きゅうせん 休戦 tregua 囡, armisticio 男, alto el fuego 男
きゅうせんぽう 急先鋒 ‖～である estar en la vanguardia
きゅうそく 休息 ⇨ 休憩(きゅうけい)
きゅうそく 急速 ‖～な rápido(da), acelerado(da) ～に rápidamente, rápido, con rapidez
きゅうだい 及第 ‖～する aprobar
きゅうだん 糾弾 acusación 囡, censura 囡 ‖～する acusar, censurar
きゅうち 窮地 ‖～に立たされる estar [verse] en un apuro
きゅうてい 宮廷 corte 囡
きゅうでん 宮殿 palacio 男
きゅうてんちょっか 急転直下 ‖～に de repente, repentinamente, de golpe
きゅうとう 急騰 subida repentina [brusca] 囡 ‖～する subir repentinamente [bruscamente]
ぎゅうにく 牛肉 carne de vaca 囡; (子牛の) carne de ternera 囡
ぎゅうにゅう 吸入 inhalación 囡 ‖～する inhalar
ぎゅうにゅう 牛乳 leche (de vaca) 囡
きゅうば 急場 (危機) crisis 囡; (緊急の場合) emergencia 囡 ‖～しのぎに como medida de emergencia
キューバ Cuba 囡 ‖～の cubano(na)
きゅうびょう 急病 enfermedad repentina 囡
きゅうふ 給付 (金) subsidio 男, subvención 囡
きゅうへい 旧弊 convenciones anticuadas 囡複
きゅうめい 究明 ‖～する averiguar, indagar, investigar, esclarecer
きゅうめい 救命 salvación 囡 ◆**救命胴衣** chaleco salvavidas 男 **救命ボート** bote salvavidas 男
きゅうやくせいしょ 旧約聖書 Antiguo Testamento 男
きゅうゆ 給油 ‖～する repostar
きゅうゆう 級友 compañero(ra) de clase 图
きゅうゆう 旧友 viejo(ja) amigo(ga) 图, antiguo(gua) amigo(ga) 图
きゅうよ 給与 salario 男, sueldo 男 ◆**給与体系** sistema salarial 男
きゅうよう 休養 descanso 男; (療養) reposo 男
きゅうよう 急用 asunto urgente [apremiante] 男
きゅうり 胡瓜 pepino 男
きゅうりょう 丘陵 colina 囡, loma 囡; (高台) altura 囡
きゅうりょう 給料 salario 男, sueldo 男 ◆**給料日** día de paga 男
ぎゅっと ‖～抱きしめる dar un fuerte abrazo
きよ 寄与 ‖～する contribuir 《a》
きよう 器用 ‖～な habilidoso(sa), mañoso(sa), (熟練した) hábil, diestro(tra); (多才な) versátil
きょう 起用 ‖～する nombrar, designar, elegir
きょう 今日 hoy ‖～の朝[午後, 夜] esta mañana [tarde, noche]; hoy por la mañana [tarde, noche] ～の新聞 el periódico de hoy ～から a partir de hoy, desde hoy
ぎょう 行 línea 囡, renglón 男; (詩の) verso 男
きょうあく 凶悪 ‖～な atroz, malvado(da), perverso(sa)
きょうい 胸囲 contorno 男 [medida 囡] de pecho, perímetro torácico 男
きょうい 脅威 amenaza 囡
きょうい 驚異 maravilla 囡, prodigio 男
きょういく 教育 educación 囡, enseñanza 囡 ‖～する educar, dar una educación, instruir ～的な educativo(va), instructivo(va) ◆**性教育** educación sexual 囡
きょういん 教員 profesor(sora) 图, docente 男女; (小学校の) maestro(tra) 图; [[集合的]] profesorado 男
きょうか 教科 asignatura 囡, materia 囡
きょうか 強化 fortalecimiento 男, reforzamiento 男 ‖～する fortalecer, reforzar
きょうかい 協会 asociación 囡, sociedad 囡
きょうかい 境界 límite 男, frontera 囡
きょうかい 教会 iglesia 囡; (大聖堂) catedral 囡; (イスラム教の) mezquita 囡; (ユダヤ教の) sinagoga 囡
ぎょうかい 業界 sector industrial 男, círculos industriales 男複 ◆**金融業界** sector bancario 男
きょうがく 共学 coeducación 囡, educación mixta 囡
きょうがく 驚愕 sobresalto 男, espanto 男
きょうかしょ 教科書 libro de texto 男
きょうかつ 恐喝 chantaje 男 ‖～する chantajear, hacer chantaje 《a》
きょうかん 共感 simpatía 囡 ‖～する simpatizar 《con》, tener [sentir] simpatía 《por》
きょうき 凶器 arma (mortífera, asesina) 囡
きょうき 狂気 locura 囡, demencia 囡
きょうき 狂喜した loco(ca) de alegría, extasiado(da), embelesado(da)
きょうぎ 協議 (討議) discusión 囡; (相談) consulta 囡 ‖～する (議論する) discutir, deliberar; (相談する) consultar
きょうぎ 競技 (試合) juego 男, partido 男; (賞をめざす) competición 囡 ◆**競技会** competición (deportiva) 囡 **競技場** estadio 男, campo de juego

ぎょうぎ 行儀 modales 男複 ‖~よくする portarse bien

きょうきゅう 供給 suministro 男, abastecimiento 男 ‖AにBを供給する suministrar B A A, abastecer A de [con] B　需要と供給 demanda y oferta

きょうく 教区 parroquia 女

きょうぐう 境遇 situación 女, circunstancia 女

きょうくん 教訓 lección 女, escarmiento 男;(寓意的な) moraleja 女

きょうけんびょう 狂犬病 hidrofobia 女, rabia (canina) 女

きょうこ 強固 ‖~な firme, sólido(da), fuerte

きょうこう 恐慌 pánico 男

きょうこう 強硬 ‖~な firme, duro(ra), inflexible

きょうこう 教皇 Papa 男, Sumo Pontífice 男

きょうごう 競合 ‖~する competir 《con》

きょうこく 峡谷 cañón 男, garganta 女, quebrada 女

きょうこく 強国 potencia 女, nación poderosa 女

きょうざい 教材 material didáctico [docente] 男

きょうさく 凶作 mala cosecha 女

きょうさんしゅぎ 共産主義 comunismo 男 ‖~の comunista ◆共産主義者 comunista 男女

きょうさんとう 共産党 partido comunista 男

きょうし 教師 profesor(sora) 名;(小学校の) maestro(tra) 名

ぎょうし 凝視 ‖~する mirar fijamente, fijar la mirada [la vista, los ojos] 《en》

ぎょうじ 行事 (催し物) acto 男, evento 男;(式典) ceremonia 女

きょうしつ 教室 clase 女, aula 女

きょうしょうしゃ 業者 comerciante 男女

きょうじゅ 教授 (人) catedrático(ca) 名;(教えること) enseñanza 女, docencia 女

きょうじゅ 享受 goce 男, disfrute 男 ‖…をする gozar [disfrutar] de …

きょうしゅう 郷愁 nostalgia 女, añoranza 女

きょうしゅく 恐縮 ‖~する (深く感謝する) agradecer enormemente [profundamente];(申し訳なく思う) sentirlo mucho

ぎょうしゅく 凝縮 condensación 女

きょうじゅつ 供述 declaración 女

きょうしょく 教職 enseñanza 女, docencia 女 ◆教職課程 curso de formación pedagógica 男

きょうしん 狂信 fanatismo 男

きょうせい 強制 coacción 女, imposición 女 ‖Aに…するように強制する obligar [forzar] 《a+人》《que+接続法》

きょうせい 共生 coexistencia 女;《生物》simbiosis 女

ぎょうせい 行政 administración 女 ◆行政権 poder administrativo [ejecutivo] 男

きょうせき 業績 (仕事) trabajo realizado 男;(成果) resultado 男

きょうそう 競争 competencia 女, rivalidad 女 ‖~する competir [rivalizar] 《con》 ◆競争相手 competidor(dora) 名;(ライバル) rival 男女

きょうそう 競走 carrera 女

きょうぞう 胸像 busto 男

きょうそうきょく 協奏曲 concierto 男

きょうそん 共存 ‖~する coexistir, cohabitar

きょうだい 兄弟 hermano 男;(姉妹) hermana 女 [会話] ご〜いらっしゃいますか ¿Tiene usted hermanos?

きょうだい 強大 ‖~な potente, poderoso(sa)

きょうだい 鏡台 tocador 男

きょうたん 驚嘆 ‖~する maravillarse [asombrarse] 《de》;(感嘆する) admirarse 《de》

きょうだん 教壇 tarima 女, estrado 男

きょうちょう 強調 énfasis 男 ‖~する enfatizar, subrayar, poner de relieve, poner énfasis 《en》

きょうちょう 協調 ‖~する cooperar 《con》 ~的な cooperativo(va)

きょうつう 共通 ‖~の común …に~している ser común a … ◆共通点 punto en común 男

きょうてい 協定 pacto 男, convenio 男

きょうど 郷土 tierra natal 女, patria chica 女

きょうとう 教頭 (副校長) subdirector(tora) 名

きょうどう 共同 ‖~の (共用の) común;(合同の) conjunto(ta) …と~で en colaboración con … ◆共同作業 colaboración 女 共同声明 comunicado conjunto 男 共同体 comunidad 女

きょうどうくみあい 協同組合 cooperativa 女

きょうはく 脅迫 ‖~する amenazar

きょうはん 共犯 complicidad 女 ◆共犯者 cómplice 男女

きょうふ 恐怖 miedo 男, horror 男, terror 男 ‖~を感じる tener [sentir] miedo, sentir terror

きょうぶ 胸部 tórax 男, pecho 男

きょうふう 強風 viento fuerte 男, vendaval 男, ventarrón 男

きょうほ 競歩 marcha (atlética) 女

きょうぼう 共謀 conspiración 女 ‖~する conspirar

きょうぼう 凶暴 ‖~な feroz, brutal, violento(ta)

きょうみ 興味 interés 男 ‖~をもつ tener interés 《en, por》　~深い

ぎょうむ 業務 trabajo 男, negocio 男, servicio 男, deber 男

きょうゆう 共有 ‖~の copropiedad 女

きょうよう 教養 (知能両面の) cultura 女, educación 女; (知識) saber 男, conocimientos 男複 ‖~のある culto(ta)

きょうよう 強要 ‖人に…することを~する forzar [coaccionar]《a + 人》[[que + 接続法]]

きょうらく 享楽 placer 男, goce 男

きょうり 郷里 tierra 女 [lugar 男] natal [de nacimiento]

きょうりゅう 恐竜 dinosaurio 男

きょうりょう 狭量 ‖~な poco generoso(sa), intolerante

きょうりょく 協力 colaboración 女, cooperación 女 ‖~する colaborar, cooperar …と~して en colaboración con… ‖~的な cooperativo(va) ◆協力者 colaborador(dora) 名, cooperador(dora) 名

きょうりょく 強力 ‖~な poderoso(sa), potente, fuerte

きょうれつ 強烈 ‖~な intenso(sa), fuerte; (激しい) impetuoso(sa), violento(ta)

ぎょうれつ 行列 desfile 女; (宗教上の) procesión 女; (順番待ちの) cola 女;《数学》matriz 女

きょうわ 共和 ◆共和国 república 女 共和党 partido republicano 男

きょえいしん 虚栄心 vanidad 女 ‖~の強い vanidoso(sa)

きょか 許可 permiso 男; (公式の) autorización 女; (入場・入学などの) admisión 女; (承認) aprobación 女 ‖人に…することを~する permitir [admitir]《a + 人》[[que + 接続法]] ~を求める pedir [solicitar] permiso ◆許可証 licencia 女; (通行の) pase 男

ぎょかいるい 魚介類 pescados 男複 y mariscos 男複

ぎょかくだか 漁獲高 cantidad 女 de pesca 女, pesca 女

ぎょがんレンズ 魚眼― objetivo ojo de pez 男, ojo de pez 男

きょぎ 虚偽 ‖~の falso(sa)

ぎょぎょう 漁業 pesca 女, industria pesquera 女

きょく 曲 (楽曲) música 女; (小曲) pieza (musical) 女; (旋律) melodía 女; (歌) canción 女, tema 男

きょく 局 (官庁・会社などの) departamento 男, división 女 ◆テレビ局 estación [emisora] de televisión 女

きょく 極 polo 男 ‖北~ Polo Norte 男 南~ Polo Sur 男

きょくげい 曲芸 juego malabar 男, malabarismo 男; (アクロバット) acrobacia 女

きょくげん 極限 límite 男;《話》tope 男 ◆極限状態 situación límite 女

きょくしょう 極小 mínimo 男

きょくせつ 曲折 ‖紆余(うよ)~ vicisitudes 女複, altibajos 男複

きょくせん 曲線 curva 女 ‖~を描く trazar una curva

きょくだい 極大 máximo 男

きょくたん 極端 ‖~な (極度の) extremado(da), extremo(ma); (過度の) excesivo(va)

きょくち 極致 suma 女, punto culminante 男

きょくち 局地 ‖~的な (ある特定の地域の) local

きょくちょう 局長 director(tora) 名, jefe(fa) 名

きょくど 極度 ‖~の extremo(ma) ~に extremadamente, sumamente

きょくとう 極東 Extremo Oriente 男

きょくどめ 局留め lista de correos 女

きょくぶ 局部 (一部) parte 女; (患部) parte afectada 女; (陰部) partes pudendas [vergonzosas] 女複 ◆局部麻酔 anestesia local 女

きょくめん 局面 (段階) etapa 女, fase 女; (状況) situación 女

きょこう 挙行 celebración 女 ‖~する celebrar

きょこう 虚構 ficción 女 ‖~の ficticio(cia)

ぎょこう 漁港 puerto pesquero 男

きょじゃく 虚弱 ‖~な enfermizo(za), débil

きょじゅう 居住 ‖~する vivir, habitar, residir ◆居住者 residente 男女

ぎょじょう 漁場 lugar de pesca 男

きょしょくしょう 拒食症 anorexia 女

きょじん 巨人 gigante 男, coloso 男, titán 男

ぎょする 御する gobernar ‖馬を~ dirigir 《a》un caballo

きょぜつ 拒絶 rechazo 男 ‖~する rechazar ◆拒絶反応 reacción de rechazo 女

ぎょせん 漁船 barco pesquero 男, pesquero 男

ぎょそん 漁村 pueblo pesquero 男

きょだい 巨大 ‖~な gigantesco(ca), enorme, inmenso(sa), colosal

きょっかい 曲解 mala interpretación 女, (歪曲) tergiversación 女, distorsión 女 ‖~する interpretar mal; (歪曲する) tergiversar, distorsionar

ぎょっとする llevarse un susto

きょてん 拠点 (根拠地) base 女, baluarte 男; (足がかり) punto de apoyo 男

きょねん 去年 el año pasado 男

きょひ 拒否 rechazo 男, denegación 女 ‖~する rechazar, denegar …に対して~権を行使する ejercer su (derecho a) veto 《contra》 ◆拒否反応《医学》

きよむ 虚無 nada 女; ‖~的な nihilista ◆**虚無主義** nihilismo 男

きよめる 清める purificar, depurar

ぎょもう 漁網 red de pesca 女

きょよう 許容 tolerancia 女, admisión 女, permiso 男; ‖~する tolerar, admitir, permitir 人が…するのを~する permitir que [[+接続法]]

ぎょらい 魚雷 torpedo 男

きょり 距離 distancia 女; (間隔) intervalo 男; ‖…と~を置く mantener la(s) distancia(s) ⟨con⟩

きょろきょろ ‖~まわりを見る mirar alrededor con curiosidad

きらい 嫌い ‖猫が~だ No me gustan los gatos.; (強調して) Odio [Detesto, Aborrezco] los gatos.

きらう 嫌う aborrecer, detestar, odiar

きらきら ‖~と光る brillar, relucir, relumbrar

きらく 気楽 ‖~な despreocupado(da), tranquilo(la)

きらめく brillar, relucir, relumbrar

きり 霧 niebla 女, bruma 女; (薄い) neblina 女 ‖~がかかっている Hay niebla. ◆**霧吹き** pulverizador 男, nebulizador 男

きり 錐 taladro 男, barrena 女

きり ‖~をつける poner fin ⟨a⟩ ~のない interminable, sin límites

ぎり 義理 (義務) deber 男; (借金) deuda 女, obligación 女 ‖~堅い fiel a sus obligaciones, que tiene un gran sentido del deber ～を欠く faltar a su deber ～の母 madre política 女

きりあげる 切り上げる (終わりにする) poner fin ⟨a⟩, terminar, concluir; (端数を) redondear por exceso

きりかえ 切り換え cambio 男

きりかえる 切り換える cambiar; (更新する) renovar

きりかぶ 切り株 (樹木の) tocón 男; (稲などの) rastrojo 男

きりきざむ 切り刻む cortar en trozos

きりきず 切り傷 corte 男, cortadura 女

ぎりぎり ‖~の時間になって en el último momento 私は~の生活をしている Vivo a duras penas con lo que gano.

きりくち 切り口 corte 男; (木などの) entalladura 女; (立体の切断面) sección 女

きりこみ 切り込み corte 男

きりさげ 切り下げ devaluación 女

きりさめ 霧雨 llovizna 女 ‖~が降る lloviznar

ギリシャ Grecia ‖~の griego(ga)

きりすてる 切り捨てる (切って排する) desechar; (端数を) omitir, redondear por defecto

キリスト Jesucristo 男, (Jesús) Cristo 男 ◆**キリスト教** cristianismo 男, religión cristiana 女 ‖~の cristiano(na) ~教徒 cristiano(na) 名

きりたおす 切り倒す (伐採する) talar

きりつ 規律 (秩序) orden 男; (集団の) disciplina 女; (規定) regla 女, reglamento 男

きりつ 起立 ‖~する levantarse, ponerse en [de] pie

きりつめる 切り詰める (出費などを) reducir, recortar, economizar; (長さ・時間を) acortar, abreviar

きりとる 切り取る recortar, quitar

きりぬき 切り抜き (新聞・雑誌などの) recorte 男

きりぬく 切り抜く recortar, cortar

きりぬける 切り抜ける (危機などを) salir, librarse, evadirse ⟨de⟩; (困難などを) superar, vencer

キリバス Kiribati ‖~の kiribatí, kiribatiano(na)

きりはなす 切り離す (切って離す) cortar; (分離する) separar; (取り外す) apartar

きりひらく 切り開く abrir, despejar; (開拓する) roturar

きりふだ 切り札 (トランプの) triunfo 男; (最後の手段) último recurso 男

きりみ 切り身 filete 男; (横切りの) tajada 女

きりゅう 気流 corriente atmosférica 女, corriente de aire

きりょう 器量 ‖~のよい guapo(pa)

きりょう 技量 (技能) destreza 女, técnica 女; (能力) habilidad 女

きりょく 気力 ánimo 男, espíritu 男; (元気) vigor 男, energía 女, empuje 男

キリン jirafa 女

きる 切る cortar; (電気製品などを) apagar, desconectar; (電話を) colgar ‖爪を~ cortarse las uñas 携帯電話のスイッチを~ desconectar el móvil

きる 着る ponerse; (身支度する) vestirse ‖着ている llevar

キルギス Kirguistán; ‖~の kirguiz [男女同形]

きれ (布) tela 女; (ぼろきれ) trapo 男; (端切れ) retal 男

-きれ 一切れ ‖~のパン un trozo de pan; (薄切り1枚) una rebanada de pan

きれい 綺麗 ‖~な (美しい) bonito(ta), hermoso(sa), (中南米) lindo(da); (清潔な) limpio(pia) ~にする limpiar

きれつ 亀裂 grieta 女 ‖~が入る grietearse

きれる 切れる (切断される・電話が切れる) cortarse; (期限が) expirar; (使い切って) acabarse, agotarse ‖ガソリンが切れた Se nos ha acabado la gasolina.

キロ (キログラム) kilogramo 男, kilo 男; (キロメートル) kilómetro 男

きろ 帰路 camino de vuelta 男

きろ 岐路 ‖~に立つ estar en la

きろく 記録 registro 男; (文書) documento 男, archivo 男; (議事録) actas 女複; (スポーツ) récord 男, marca 女 ‖～する registrar; (書き留める) apuntar 〜を〈更新する〉batir el récord 〜的な数字 cifra récord 女

キロリットル kilolitro 男
キロワット kilovatio 男

ぎろん 議論 discusión 女; (紙上などの) polémica 女; (口論) disputa 女; (ディベート) debate 男 ‖～する discutir, tener una discusión; disputar; debatir 〜の余地のない indiscutible

ぎわく 疑惑 (嫌疑) sospecha 女; (疑い) duda 女

きわだつ 際立つ sobresalir, destacar(se); (他との対比によって際立つ) distinguirse 《por》

きわどい 際どい ‖～ところで por (muy) poco; (間一髪で) por un pelo [los pelos] 〜冗談 un chiste obsceno [(話) verde]

きわめて 極めて muy; (並外れて) extraordinariamente, (極度に) sumamente

きん 金 oro 男 ‖～色の dorado(da)
ぎん 銀 plata 女 ‖～色の plateado(da)

きんいつ 均一 ‖～の uniforme 〜料金 precio fijo 男; (電車などの) tarifa uniforme 女

きんえん 禁煙 [掲示] Prohibido fumar; No fumar ‖～する dejar de fumar ◆禁煙車 vagón de [para] no fumadores 男

きんか 金貨 moneda de oro 女
ぎんか 銀貨 moneda de plata 女
ぎんが 銀河 Vía Láctea 女; (話) Camino de Santiago 男 ◆銀河系 sistema galáctico 男; Galaxia 女

きんがく 金額 suma 女; (代金) importe 男

きんがしんねん 謹賀新年 [カードなどの言葉] Le deseo (un) Feliz [Próspero] Año Nuevo.

きんかん 近刊 ‖～書 (近日出版予定の) libro de próxima aparición 男; (最近出版された) libro recién publicado 男

きんがん 近眼 ⇨近視
きんかんがっき 金管楽器 cobres 男複
きんかんしょく 金環食 eclipse anular 男

きんきゅう 緊急 ‖～の urgente, apremiante, de emergencia ◆緊急事態 emergencia 女, urgencia 女

きんぎょ 金魚 pez de colores 男

きんけんせいじ 金権政治 plutocracia 女

きんこ 金庫 caja fuerte 女; (銀行などの金庫室) cámara acorazada 女

きんこう 近郊 cercanías 女複, afue-

ras 女複, alrededores 男複

きんこう 均衡 equilibrio 男 ‖～を保つ mantener el equilibrio 〜をやぶる alterar [perder] el equilibrio

ぎんこう 銀行 banco 男 ◆銀行員 bancario(ria) 名, empleado(da) de banco 名 銀行強盗 (行為) atraco a un banco 男; (犯人) atracador(dora) de bancos 男女 中央銀行 banco central 男

きんこつ 筋骨 ‖～たくましい musculoso(sa)

きんし 禁止 prohibición 女 ‖～された prohibido(da) 人に…することを〜する prohibir 《a + 人》[＋不定詞, que + 接続法]

きんし 近視 miopía 女 ‖～である ser miope, ser corto(ta) de vista

きんしつ 均質 homogeneidad 女 ‖～の homogéneo(a)

きんじつ 近日 ‖～中に dentro de poco [pocos días], próximamente, un día de estos

きんしゅ 禁酒 ‖～する dejar [abstenerse] de beber

きんしゅく 緊縮 austeridad 女, restricción 女 ◆緊縮財政 finanzas austeras [restrictivas] 女複 緊縮予算 presupuesto austero [restrictivo] 男

きんじょ 近所 vecindad 女, barrio 男 ‖～の人 vecino(na) 名

きんじる 禁じる prohibir ‖人が…することを〜する prohibir 《a + 人》[＋不定詞, que + 接続法]

きんせい 近世 edad [época] moderna 女, tiempos modernos 男複

きんせい 均整 (釣り合い) proporción 女; (バランス) equilibrio 男; (左右対称) simetría 女

きんせい 金星 Venus 男

きんせん 金銭 dinero 男 ‖～上の dinero, dinerario(ria), económico(ca), pecuniario(ria)

きんぞく 金属 metal 男 ‖～の de metal, metálico(ca) ◆金属工業 metalurgia 女, industria metalúrgica 女 金属探知器 detector de metales 男

きんだい 近代 edad [época] moderna 女, tiempos modernos 男複 ‖～的な moderno(na) ◆近代化 modernización 女

きんちょう 緊張 tensión 女, nerviosismo 男 ‖～する ponerse nervioso(sa) [tenso(sa)] ◆緊張緩和 distensión 女

きんとう 近東 Oriente Próximo 男, Cercano Oriente 男

ぎんなん 銀杏 nuez 女 [semilla 女] de ginkgo [gingko]

きんにく 筋肉 músculo 男 ◆筋肉痛 dolor muscular 男

きんねん 近年 últimos años 男複 ‖～に[は] en los [estos] últimos años

きんぱく 緊迫 tensión 女, tirantez 女 ‖～した tenso(sa), tirante

きんぱく 金箔 pan de oro 男
きんぱつ 金髪 pelo [cabello] rubio 男 ‖~の女性 mujer rubia 女, rubia 女
ぎんばん 銀盤 (スケートリンク) pista de hielo [patinaje] 女
きんべん 勤勉 diligencia 女 ‖~な diligente; aplicado(da)
ぎんみ 吟味 (検査) examen 男, escrutinio 男; (精選) cuidadosa selección 女; (熟考) reflexión 女 ‖~する (精査する) examinar a fondo, escrutar; (精選する) seleccionar cuidadosamente; (熟考する) reflexionar
きんむ 勤務 (仕事) trabajo 男; (職務) servicio 男, deber 男 ‖~する trabajar, estar de servicio, prestar servicio
きんメダル 金- medalla de oro 女
ぎんメダル 銀- medalla de plata 女
きんもつ 禁物 ‖彼の前でその話は~だ Ese tema de conversación es (un) tabú para él.
きんゆ 禁輸 embargo 男
きんゆう 金融 finanzas 女(複) ◆金融機関 institución [entidad] financiera 女 金融市場 mercado financiero 男 金融引き締め restricción financiera 女
きんようび 金曜日 viernes 男
きんよく 禁欲 ascetismo 男, abstinencia 女 ‖~的な ascético(ca), estoico(ca)
きんり 金利 interés 男; (利率) tipo de interés 男
きんりょうく 禁漁区 coto (de caza) 男, vedado (de caza) 男
きんりん 近隣 vecindad 女 ◆近隣諸国 países vecinos 男(複)

く

く 九・9 nueve
く 区 (行政区画) distrito 男; (地区) barrio 男, zona 女
く 句 frase 女, locución 女; (詩句) verso 男
ぐ 具 (料理の材料) ingrediente 男
ぐあい 具合 (調子・状態) estado 男 ‖体の~がよい estar en buenas condiciones, encontrarse bien
グアテマラ Guatemala 女 ‖~の guatemalteco(ca)
くい 杭 estaca 女
くい 悔い arrepentimiento 男
クイーン (女王) reina 女; (トランプ・チェスの) reina 女
くいき 区域 zona 女, distrito 男, área 女
くいしんぼう 食いしん坊 comilón(lona) 男 女, tragón(gona) 男 女
クイズ adivinanza 女 ◆クイズ番組 programa concurso 男
くいちがい 食い違い discrepancia 女, desacuerdo 男
くいちがう 食い違う discrepar 《de, con》; (矛盾する) contradecirse 《con》
くいつくす 食い尽くす comerse enteramente
くいとめる 食い止める detener, frenar
くう 食う (食べる) comer; (虫が) picar; (消費する) gastar ‖ガソリンを~ gastar mucha gasolina
クウェート Kuwait ‖~の kuwaití
くうかん 空間 espacio 男
くうき 空気 aire 男; (雰囲気) atmósfera 女, ambiente 男 ‖部屋の~を入れ替える ventilar [airear] la habitación
くうきょ 空虚 ‖~な vacío(a), vano(na)
くうぐう ‖~寝ている estar profundamente dormido(da)
くうぐん 空軍 ejército del aire 男, fuerzas aéreas 女(複)
くうこう 空港 aeropuerto 男
くうしつ 空室 habitación libre 女
くうしゃ 空車 taxi libre 男
くうしゅう 空襲 ataque aéreo 男
くうすう 偶数 número par 男
くうせき 空席 asiento libre 男; (職などの) vacante 女, puesto vacante 男
くうぜん 空前 ‖~の sin precedentes
くうぜん 偶然 casualidad 女 ‖~に casualmente, por casualidad ~の casual, accidental ~の一致 pura casualidad [coincidencia]
くうそう 空想 ilusión 女, fantasía 女; (想像) imaginación 女 ‖~する imaginar, figurarse
ぐうぞう 偶像 ídolo 男 ◆偶像崇拝 idolatría 女
くうちゅう 空中 ‖~に en [por] el aire
クーデター golpe de Estado 男
くうどう 空洞 cavidad 女, hueco 男
くうはく 空白 espacio en blanco 男 ‖~の en blanco
くうばく 空爆 bombardeo aéreo 男
くうふく 空腹 hambre 女 ‖~である tener hambre
クーポン cupón 男, vale 男
くうゆ 空輸 transporte aéreo 男
クーラー (空調) aire acondicionado 男
くうろ 空路 ‖~で en [por] avión, por vía aérea
ぐうわ 寓話 fábula 女, alegoría 女
クエスチョンマーク signo de interrogación 男
クォーツ (水晶) cuarzo 男 ◆クォーツ時計 reloj de cuarzo 男
くかく 区画 división 女; (土地の) parcela 女; (街区) manzana 女 《中南米》 cuadra 女
くがつ 九月 septiembre 男 ‖~に en septiembre
くかん 区間 trayecto 男, tramo 男
くき 茎 tallo 男
くぎ 釘 clavo 男 ‖~を打ち込む

clavar un clavo 《en》 ～付けにする clavar 《en》 彼の視線はテレビに～付けになっていた Él tenía la vista clavada en la televisión. ～をさす（警告する） advertir ◆釘抜き sacaclavos 男

くきょう 苦境 dificultad 女, apuro 男

くぎり 区切り（分け目）división 女;（終わり）final 男;（休止）pausa 女

くぎる 区切る dividir;（分離する）separar

くぐる 潜る pasar 《por debajo de》

くけい 矩形 rectángulo 男

くさ 草 hierba 女;（雑草）mala hierba 女

くさい 臭い（悪臭の）maloliente;（においがする）oler mal ‖ガス～ Huele a gas.

くさかり 草刈り ‖～をする cortar la hierba ◆草刈り機 segadora 女

くさき 草木 vegetación 女, plantas 女複

くさち 草地（草原）prado 男

くさばな 草花 flor 女

くさび 楔 cuña 女

くさり 鎖 cadena 女

くさる 腐る pudrirse, corromperse ‖腐った podrido(da), pasado(da)

くし 串 pincho 男, broqueta 女, brocheta 女

くし 櫛 peine 男 ‖～でとかす（自分の髪を）peinarse

くじ 籤 sorteo 男;（宝くじ）lotería 女 ‖～で決める sortear

くじく 挫く（ねんざする）torcerse;（やる気を失わせる）desanimar

くじける 挫ける desanimarse, desalentarse

くじゃく 孔雀 pavo real 男

くしゃくしゃ ‖～にする arrugar, estrujar

くしゃみ estornudo 男 ‖～をする estornudar

くじょ 駆除 exterminación 女 ‖～する exterminar

くじょう 苦笑 ‖～する sonreír con amargura

くじょう 苦情 queja 女, reclamación 女 ‖～を言う quejarse 《de》 ～を申し立てる formular una reclamación

くじら 鯨 ballena 女

くしん 苦心 ‖～する sufrir 彼はそれを終わらせるのに～した Le costó muchísimo trabajo terminarlo.

くず 屑 basura 女, desechos 男複, desperdicios 男複;（食べ物の）restos 男複

くすくす ‖～笑う reírse entre dientes

くずぐずする tardar mucho en 《＋不定詞》

くすぐったい sentir [tener] cosquillas

くすぐる 擽る hacer cosquillas 《a＋人》

くずす 崩す（破壊する）destruir, derribar ‖5千円札を千円札に～ cambiar un billete de cinco mil yenes en billetes de mil

くすぶる 燻る humear

くすり 薬 medicina 女, medicamento 男 ‖～を飲む tomar(se) una medicina ◆薬屋（店）farmacia 女;（人）farmacéutico(ca) 男

くすりゆび 薬指 dedo anular 男

くずれる 崩れる（崩壊する）derrumbarse, destruirse;（形が）deformarse

くすんだ oscuro(ra), apagado(da),（つやのない）mate

くせ 癖（奇妙な）manía 女;（習慣）hábito 男, costumbre 女 ‖～がある tener el hábito [la costumbre] de 《＋不定詞》

くそ 糞 excremento 男;《俗》mierda 女 ‖くそっ! ¡Mierda!

くたい 具体 ‖～的な concreto(ta) ～化する concretar, materializar

くだく 砕く romper, quebrantar

くたくた くたくたになる（疲れて）estar agotado(da) [rendido(da)]

くだける 砕ける romperse;（粉々になる）hacerse pedazos

ください 下さい ‖リンゴを2キロ～ Déme dos kilos de manzanas, por favor.

くだす 下す ‖判決を～ pronunciar [dictar] la sentencia 命令を～ ordenar, dar una orden

くたばる morir,《俗》estirar la pata

くたびれる cansarse

くだもの 果物 fruta 女

くだらない 下らない（価値のない）inútil;（取るに足りない）trivial, insignificante;（ばかげた）tonto(ta)

くだり 下り bajada 女, descenso 男 ◆下り坂 bajada 女, descenso 男

くだる 下る（降りる）bajar, descender;（命令が）ser ordenado(da);（…の判決が）ser sentenciado(da)《a》

くち 口 boca 女;（容器の）boca 女 ‖～がかたい ser discreto(ta) ～が悪い tener mala lengua ～をそろえて（異口同音に）unánimemente

くち 愚痴 queja 女 ‖～をいう quejarse《de》

くちえ 口絵 frontispicio 男

くちかず 口数 ‖～の多い charlatán(tana), hablador(dora) ～の少ない callado(da), de pocas palabras

くちがね 口金（かばんの）cierre 男;（びんの）chapa 女

くちきき 口利き ‖…の～で gracias a los buenos oficios de...

くちぎたない 口汚い insultante ‖口汚くののしる injuriar, insultar

くちぐるま 口車 ‖～に乗せる engañar

くちげんか 口喧嘩 discusión 女, riña 女 ‖～する discutir, disputar

くちごたえ 口答え ‖～する replicar

くちずさむ 口ずさむ canturrear

くちぞえ 口添え ‖～する recomendar
くちだし 口出し ‖余計な～するな No te metas en lo que no te importa.
くちどめ 口止め ‖～する hacer《a＋人》prometer que no va a decir nada, amordazar
くちばし 嘴 pico 男
くちび 口火（ガス器具の）llama 女, piloto 男 ‖～を切る（引き起こす）provocar, suscitar
くちひげ 口髭 bigote 男
くちびる 唇 labio 男 ‖～を噛む morderse el labio ◆上[下]唇 labio superior [inferior] 男
くちぶえ 口笛 silbido 男 ‖～を吹く silbar
くちぶり 口振り manera de hablar 女
くちべに 口紅 lápiz 男 [barra 女] de labios ‖～をつける pintarse los labios
くちやくそく 口約束 ‖～をする prometer de palabra, hacer una promesa verbal
くちょう 口調 tono 男
くつ 靴 zapatos 男複 calzado 男 ‖～をはく ponerse los zapatos ～を脱ぐ quitarse los zapatos ◆靴屋 zapatería 女 靴墨 betún 男, crema para zapatos 女 靴べら calzador 男
くつう 苦痛 dolor 男, sufrimiento 男;（精神的な）pena 女
くつがえす 覆す derribar, echar abajo;（判決を）revocar
クッキー pasta 女,（ビスケット）galleta 女
くっきり claramente
クッキング cocina 女
くっし 屈指 ‖日本～のギタリスト un*o(na)* de los mejores guitarristas de Japón
くつした 靴下 calcetines 男複;（ハイソックス）calcetines largos 男複
くつじょく 屈辱 ‖～的な humillante
クッション cojín 男
ぐっすり ‖～眠る dormir profundamente [como un tronco]
くっせつ 屈折 refracción 女 ‖～する refractar
くたく 屈託 ‖～のない desenfada*do(da)*, desenvuel*to(ta)*
ぐったり ‖～した extenua*do(da)*, agota*do(da)*
くっつく くっ付く pegarse《a》, adherirse《a》
くっつける くっ付ける juntar;（貼り付ける）pegar
くっぷく 屈服 ‖～する rendirse [someterse]《a》 ～させる rendir, someter
くつろぐ 寛ぐ ponerse [sentirse] a gusto, relajarse ‖どうぞおくつろぎください Póngase cómo*do(da)*.
くどい pesa*do(da)*;（冗長な）proli*jo(ja)*

くどう 駆動 tracción 女
くとうてん 句読点 signo de puntuación 男
くどく 口説く（女性を）cortejar;（説得する）convencer [[de [para] que＋接続法]], persuadir [[para que＋接続法]]
ぐどん 愚鈍 ‖～な imbécil, estúpi*do(da)*
くなん 苦難 dificultad 女, penalidad 女
くに 国 país 男;（国家）nación 女, estado 男 ‖お～はどちらですか ¿De qué país es usted?
くばる 配る repartir, distribuir
くび 首 cuello 男;（うなじ）nuca 女;（解雇）despido 男 ‖～をしめる（絞殺する）estrangular ～を縦に振る asentir con la cabeza ～を横に振る negar con la cabeza
くびかざり 首飾り collar 男
くびすじ 首筋 nuca 女
くびわ 首輪 collar 男
くふう 工夫（着想）idea 女,（発想）invención 女 ‖～する（考えだす）idear;（発明する）inventar
くぶん 区分 división 女 ‖～する dividir
くべつ 区別 distinción 女, diferenciación 女 ‖AとBを～する distinguir [diferenciar] A de B
くぼみ 窪み hueco 男,（地面の）hoyo 男
くぼんだ 窪んだ hundi*do(da)*
くま 熊 oso(sa) 名
くまで 熊手 rastrillo 男
くまなく 隈なく ‖～さがす buscar por todos los sitios
くみ 組（グループ）grupo 男,（一対）par 男, pareja 女;（クラス）clase 女
くみあい 組合 corporación 女, asociación 女 ◆労働組合 sindicato 男 協同組合 cooperativa 女
くみあわせ 組み合わせ combinación 女
くみあわせる 組み合わせる combinar《con》;（結びつける）unir
くみいれる 組み入れる integrar, incorporar
くみきょく 組曲 suite 女
くみたて 組み立て montaje 男, ensamblaje 男
くみたてる 組み立てる montar;（文・理論を）construir
くむ 組む（協力する）colaborar《con》, asociarse《con》 ‖脚を～ cruzar las piernas 足場を～ armar un andamio
くむ 汲む・酌む ‖井戸から水を～ sacar agua del pozo
くめん 工面する ‖金を～する juntar dinero
くも 雲 nube 女 ‖～をつかむような話だ Es una quimera.
くも 蜘蛛 araña 女 ◆蜘蛛の巣 telaraña 女
くもゆき 雲行き（空模様）tiempo 男,

くもり 曇り (天候) tiempo nublado 男 ◆曇りガラス vidrio [cristal] esmerilado 男

くもる 曇る nublarse, ponerse nublado(da) 曇った nublado(da) 男

くもん 苦悶 angustia 女 ‖顔に～の色を浮かべる poner cara de angustia

くやくしょ 区役所 ayuntamiento de distrito 男

くやしい 悔しい sentirse frustrado(da) [humillado(da)] ‖ああ～ ¡Qué rabia!

くやみ 悔やみ (後悔) pesar 男; (弔意) pésame 男 ‖お～を述べる dar el pésame

くやむ 悔やむ (後悔する) arrepentirse (de); (残念に思う) sentir

くよくよする desanimarse

くら 倉 (倉庫) almacén 男

くら 鞍 silla de montar 女, montura 女

くらい 暗い oscuro(ra), sombrío(bría); (陰気な) sombrío(bría), triste ‖暗くなる oscurecer

くらい 位 (階級) rango 男, categoría 女

-くらい -位 (およそ) más o menos, aproximadamente, unos(nas) ‖+数詞‖…と同じ～ tan ‖+形容詞・副詞‖ como

グライダー planeador 男

クライマックス clímax 男, momento [punto] culminante 男

グラウンド campo (de deportes) 男

くらがり 暗がり lugar oscuro 男, oscuridad 女

クラクション bocina 女, claxon 男

ぐらぐら ‖～する vacilar, tambalearse

くらげ 水母 medusa 女

くらし 暮らし vida 女 ‖～を立てる vivir 《de》, ganarse la vida

クラシック ‖～の clásico(ca) ◆クラシック音楽 música clásica 女

クラス (学級) clase 女; (等級) clase 女, categoría 女 ◆クラス会 reunión de antiguos alumnos ◆クラスメート compañero(ra) de clase 男

くらす 暮らす vivir, pasar la vida ‖幸せに～ llevar una vida feliz, vivir felizmente

グラス (脚付き) copa 女; (コップ) vaso 男

グラタン gratén 男

クラッカー (菓子) galleta salada 女; (爆竹) petardo 男

ぐらつく vacilar, tambalearse

クラッシュ (情報) bloqueo del sistema 男

クラッチ embrague 男

グラビア ‖～写真 fotograbado 男

クラブ club 男; (トランプの) trébol 男; (ゴルフの) palo (de golf) 男

グラフ gráfico 男, gráfica 女

グラフィックデザイナー diseñador(dora) gráfico(ca) 名, grafista 男女

くらべる 比べる comparar 《con》 ‖…に～ en comparación con…

グラム gramo 男

くらやみ 暗闇 oscuridad 女, tinieblas 女複

くらむ 眩む ‖目が～ (盲目になる) cegarse; (光などで) deslumbrarse

クラリネット clarinete 男

グランドピアノ piano de cola 男

グランプリ gran premio 男

くり 栗 castaña 女; (木) castaño 男

くりあげる 繰り上げる (日付などを) adelantar, anticipar

クリーナー limpiador 男; (電気掃除機) aspiradora 女

クリーニング ◆クリーニング屋 (店) lavandería 女; (人) lavandero(ra) 名 ◆ドライクリーニング limpieza 女 [lavado 男] en seco

クリーム crema 女 ◆生クリーム nata 女

グリーン verde 男; (ゴルフの) 《英》 green 男 ◆グリーン車 vagón de primera clase 男

グリーンピース guisante 男, 《中南米》 arveja 女

くりかえし 繰り返し repetición 女

くりかえす 繰り返す repetir, reiterar

クリケット 《英》 críquet 男

くりこし 繰り越し (次期への) saldo a cuenta nueva 男

くりこす 繰り越す ‖その金額を翌年に～ pasar [llevar] la suma al siguiente año

クリスタル cristal 男

クリスチャン cristiano(na) 名

クリスマス Navidad 女 ‖メリー～ ¡Feliz Navidad! ◆クリスマスイブ Nochebuena 女 ◆クリスマスカード tarjeta de Navidad 女 ◆クリスマスツリー árbol de Navidad 男 ◆クリスマスプレゼント regalo de Navidad 男

グリセリン glicerina 女

クリック (情報, 英) clic 男 ‖ダブル～する hacer doble clic

クリップ 《英》 clip 男, sujetapapeles 男[単複]; (髪の) horquilla 女

グリップ (取っ手) asidero 男; (ラケットなどの) mango 男

クリニック clínica 女

グリル (焼き網) parrilla 女

くる 来る venir 《a》; (到着する) llegar 《a》; (起因する) venir 《de》, derivarse 《de》 ‖日本から来ました Vengo de Japón. こっちに来なさい Ven aquí [acá].

くるう 狂う (気が) volverse loco(ca); (機械などが) no funcionar; (予定などが) trastornar, alterar

グループ grupo 男

グルジア Georgia ‖~の georgiano(na)

くるしい 苦しい doloroso(sa), penoso(sa) ‖~立場にある estar en una situación apurada

くるしみ 苦しみ dolor 男, pena 女, sufrimiento 男

くるしむ 苦しむ sufrir, padecer

くるしめる 苦しめる hacer sufrir [padecer]

くるぶし 踝 tobillo 男

くるま 車 coche 男, automóvil 男, (乗り物) vehículo 男 ‖~に乗る subir a un coche ~を運転する conducir (un coche) ◆車いす silla de ruedas 女

くるまえび 車海老 langostino 男

くるまる envolverse

くるみ 胡桃 nuez 女, (木) nogal 男

くるむ envolver

グルメ gastrónomo(ma) 名, 《仏》 gourmet 男女

くれ 暮れ (年末) fin del año 男, (夕暮れ) anochecer 男, atardecer 男

グレー gris 男

クレーター cráter 男

クレープ (食べ物の) crepe 女; (織物の) crepé 男

グレープフルーツ pomelo 男, toronja 女

クレーム reclamación 女 ‖~をつける presentar una reclamación

クレーン grúa 女

クレジット crédito 男 ◆クレジットカード tarjeta de crédito 女

ぐれつ 愚劣 ‖~な estúpido(da)

グレナダ Granada ‖~の granadino(na)

クレヨン crayón 男

くれる 暮れる ‖日が~ anochecer, oscurecer

くれる 呉れる (与える) dar, regalar; (…してくれる) tener la amabilidad [[de + 不定詞]], ser tan amable [[de + 不定詞]]

クレンザー (洗剤) detergente 男; (磨き粉) polvo limpiador 男

くろ 黒 negro 男 ‖黒い negro(gra); (日に焼けた) moreno(na)

クロアチア Croacia 女 ‖~の croata

くろう 苦労 (困難) dificultad 女; (心配) preocupación 女; (努力) esfuerzo 男 ‖~する tener problemas [dificultades] [[para + 不定詞]]

くろうと 玄人 profesional 男女, experto(ta) 男

クローク guardarropa 男

クローズアップ primer plano 男

クローバー trébol 男

グローバリゼーション globalización 女

グローブ guante 男

クロール ‖~で泳ぐ nadar a crol

クローン clon 男

くろじ 黒字 superávit 男 ‖貿易~ superávit comercial 男

クロスワードパズル crucigrama 男

くろずんだ 黒ずんだ negruzco(ca)

クロッカス azafrán de primavera 男, croco 男

くろパン 黒~ pan negro [moreno] 男

くろまく 黒幕 eminencia gris 女

クロム cromo 男

クロワッサン cruasán 男, 《中南米》 medialuna 女

くわ 鍬 azada 女

くわ 桑 (木) moral 男, morera 女; (実) mora 女

くわえる 加える añadir, agregar; (含める) incluir ‖危害を~ hacer daño 《a + 人》 …に加えて además de …

くわえる 銜える ‖パイプを~ llevar una pipa en la boca

くわしい 詳しい detallado(da), minucioso(sa); (精通している) conocer bien

くわだて 企て (陰謀) conspiración 女, complot 男; (計画) plan 男, proyecto 男

くわだてる 企てる (陰謀する) conspirar 《contra》; (計画する) planear; (試みる) intentar [[+ 不定詞]], tratar [[de + 不定詞]]

くわわる 加わる (参加する) participar [tomar parte] 《en》; (付け加わる) añadirse

-くん -君 田中~ Señor Tanaka

ぐん 郡 distrito 男, 《スペイン》 término municipal 男

ぐん 軍 (軍隊) ejército 男

ぐんかん 軍艦 buque [barco] de guerra 男

ぐんこくしゅぎ 軍国主義 militarismo 男

くんじ 訓示 instrucciones 女複

ぐんじ 軍事 ‖~的な militar ◆軍事行動 acción militar 女 軍事費 (予算) presupuesto militar 男; (経費) gastos militares 男複 軍事力 fuerza militar 女

くんしゅ 君主 monarca 男女, soberano(na) 男女

ぐんしゅう 群衆・群集 multitud 女, muchedumbre 女, gentío 男

ぐんしゅく 軍縮 desarme 男, reducción de armamentos 女 ◆軍縮会議 conferencia sobre el desarme 女

くんしょう 勲章 condecoración 女

ぐんじん 軍人 militar 男女; (兵士) soldado 男女; (将校) oficial 男女

くんせい 燻製 ahumado 男 ‖~にする ahumar

ぐんたい 軍隊 ejército 男, fuerzas armadas 女複 ‖~の militar

ぐんとう 群島 archipiélago 男

ぐんび 軍備 armamento 男 ◆軍備縮小 desarme 男, reducción de armamentos 男

ぐんぶ 軍部 militares 男複, autoridades militares 女複

くんりん　君臨 ‖～する reinar
くんれん　訓練 entrenamiento 男, ejercicio 男 ‖～する entrenar

け

け　毛 (髪) pelo 男; (頭髪) cabello 男; (体毛) vello 男; (羽毛) pluma 女
-け　-家 familia 女〈鈴木～の人々 los Suzuki, la familia Suzuki〉
けあな　毛穴 poro 男
けい　刑 (刑罰) pena 女; (判決) sentencia 女
げい　芸 (技芸) arte 男; (演技) actuación 女; (芸事) destreza 女 ‖～のない人 persona anodina 男
けいあい　敬愛 veneración 女 ‖～する venerar
けいい　敬意 respeto 男〈…に～を表して en honor de...〉
けいえい　経営 administración 女, gestión 女 ‖～する administrar, dirigir ◆経営者 empresario(ria) 男女; (所有者) propietario(ria) 男; (支配人) gerente 男女
けいえん　敬遠 ‖～する evitar
けいおんがく　軽音楽 música ligera 女
けいか　経過 (進展) progreso 男, desarrollo 男; (時の) paso 男, transcurso 男 ‖～する (時が) pasar, transcurrir
けいかい　軽快 ‖～な ligero(ra) 〈～に con ligereza〉
けいかい　警戒 precaución 女, cautela 女; (見張り) vigilancia 女 ‖～する tomar precauciones; (見張る) vigilar
けいかく　計画 plan 男, proyecto 男 ‖～する planear, hacer un plan ‖～な planeado(da); (前もって考えた) premeditado(da); (故意の) intencional
けいかん　警官 (agente de) policía 男女
けいかん　景観 paisaje 男, vista 女
けいき　景気 situación económica 女 ‖～がよい La economía marcha bien. ◆景気回復　recuperación económica 女　景気停滞　estancamiento económico 男　景気変動　fluctuación económica 女
けいき　契機 (機会) ocasión 女; (転機) momento crucial 男
けいき　計器 contador 男
けいく　警句 epigrama 男, aforismo 男
けいぐ　敬具 Atentamente./ Cordialmente.
けいけん　経験 experiencia 女 ‖～する tener la experiencia 〈de〉, experimentar
けいけん　敬虔 ‖～な devoto(ta), pío(a)
けいげん　軽減 ‖～する reducir, aligerar
けいこ　稽古 práctica 女, ejercicio 男, entrenamiento 男; (芝居などの) ensayo 男 ‖～する practicar, entrenarse
けいご　敬語 expresión 女 [término 男] de cortesía, habla cortés 女
けいご　警護 escolta 女, guardia 女 ‖～する escoltar, guardar
けいこう　傾向 tendencia 女 ‖…の～がある tender 〈a＋不定詞〉
けいこう　携行 ‖～する llevarse
けいこうぎょう　軽工業 industria ligera 女
けいこう　蛍光 ◆蛍光灯 lámpara fluorescente 女
けいこうひにんやく　経口避妊薬 anticonceptivo oral 男
けいこく　渓谷 valle 男
けいこく　警告 advertencia 女 ‖～する advertir, avisar
けいさい　掲載 publicación 女 ‖～する publicar, insertar
けいざい　経済 economía 女 ‖～の[的な] económico(ca) ◆経済学 ciencias económicas 女複　経済学者 economista 男女　経済危機 crisis económica 女　経済制裁 sanción económica 女　経済政策 política económica 女　経済成長 crecimiento económico 男　経済大国 potencia económica 女
けいさつ　警察 policía 女 ‖～の policiaco(ca) 〈～に通報する informar a la policía〉 ◆警察官 (agente de) policía 男女　警察署 comisaría (de policía) 女　警察犬 perro policía 男
けいさん　計算 cálculo 男 ‖～する calcular, hacer un cálculo ◆計算機 (máquina) calculadora 女
けいし　軽視 ‖～する menospreciar, tener en poco
けいじ　刑事 detective 男女 ‖～上の criminal, penal
けいじ　掲示 aviso 男, anuncio 男 ‖～する anunciar, poner un anuncio ◆掲示板 tablón [tablero] de anuncios 男
けいじ　形而 ‖～上の metafísico(ca)
けいしき　形式 forma 女; (形式ばった行為) formalidad 女
けいしゃ　傾斜 inclinación 女, pendiente 女 ‖～した inclinado(da)
けいじゅつ　芸術 arte 男 ‖～の[的な] artístico(ca) ◆芸術家 artista 男女　芸術作品 obra de arte 女
けいしょう　警鐘 campana de alarma 女 ‖～を鳴らす dar la alarma
けいしょう　継承 sucesión 女 ‖～する suceder, heredar
けいしょう　敬称 título (honorífico) 男, tratamiento 男
けいじょう　経常 ◆経常収支 balanza por cuenta corriente 女
けいしょく　軽食 comida ligera 女, refrigerio 男
けいず　系図 árbol genealógico 男

けいすいろ 軽水炉 reactor de agua ligera 男
けいせい 形成 formación 女 ‖～する formar
けいせい 形勢 situación 女, circunstancias 女
けいせき 形跡 indicio 男, rastro 男, huella 女
けいそ 珪素 silicio 男
けいぞく 継続 continuación 女 ‖～する continuar, seguir
けいそつ 軽率 imprudencia 女 ‖～な imprudente, ligero(ra)
けいたい 携帯 ‖～する llevar ～用の portátil ◆携帯電話 teléfono móvil [《中南米》celular] 男
けいちょう 傾聴 ‖～する escuchar atentamente
けいちょうふはく 軽佻浮薄 ⇨軽薄
けいてき 警笛 silbato 男, pito 男; (自動車の) bocina 女 ‖～を鳴らす tocar el silbato [la bocina]
けいと 毛糸 hilo de lana 男; (羊毛) lana 女
けいど 経度 longitud 女
けいとう 系統 sistema 男
けいとう 傾倒 ‖～する dedicarse [entregarse]《a》
けいとう 芸当 habilidad 女; (曲芸) acrobacia 女
げいにん 芸人 artista 男女
げいのう 芸能 espectáculos 男複 ◆芸能人 artista 男女
けいば 競馬 carreras de caballos 女複 ◆競馬場 hipódromo 男
けいはく 軽薄 ‖～な frívolo(la), ligero(ra)
けいはつ 啓発 ilustración 女 ‖～する iluminar, ilustrar
けいばつ 刑罰 castigo 男, pena 女
けいはんざい 軽犯罪 delito menor 男
けいひ 経費 gastos 男複, expensas 女複
けいび 警備 guardia 女, custodia 女 ‖～する guardar, custodiar ◆警備員 vigilante de seguridad 男女
けいひん 景品 regalo 男, premio 男
けいふ 系譜 árbol genealógico 男
けいふ 継父 padrastro 男
けいぶ 警部 inspector(tora) de policía 男女
けいべつ 軽蔑 desprecio 男, desdén 男 ‖～する despreciar, menospreciar ～すべき despreciable
けいぼ 継母 madrastra 女
けいほう 警報 alarma 女
けいむしょ 刑務所 prisión 女, cárcel 女
けいもう 啓蒙 ilustración 女 ‖～する ilustrar
けいやく 契約 contrato 男 ‖～する contratar, hacer un contrato ～を取り消す anular [cancelar] el contrato ◆契約違反 violación de un contrato 女 契約書 contrato 男
けいゆ 軽油 aceite ligero 男
けいゆ 経由 ‖…を…して vía …, por …
けいようし 形容詞 adjetivo 男
けいらん 鶏卵 huevo (de gallina) 男
けいり 経理 contabilidad 女
けいりゃく 計略 estratagema 女, artimaña 女; (わな) trampa 女
けいりゅう 渓流 torrente (montañoso) 男
けいりょう 計量 ‖～する medir; (重さを) pesar
けいりん 競輪 carrera ciclista de apuesta 女
けいれい 敬礼 saludo 男 ‖…に～する saludar《a＋人》, hacer un saludo (militar)《a＋人》
けいれき 経歴 (職業的) carrera 女; (履歴) currículo 男, currículum vitae 男; (前歴) historial 男
けいれん 痙攣 calambre 男, convulsión 男
けいろ 経路 vía 女, ruta 女
けう 希有 ‖～の raro(ra), excepcional
ケーオー KO fuera de combate 男, K.O., 《英》knock-out 男
ケーキ pastel 男; (大きい丸型の) tarta 女, torta 女
ゲージ (指示器) indicador 男; (測定器) calibrador 男
ケース (容器) estuche 男; (場合) caso 男 ‖～バイ～で caso por caso
ゲート puerta 女 ◆搭乗～ puerta de embarque 女
ケーブル cable 男 ◆ケーブルテレビ televisión por cable 女 ケーブルカー funicular 男
ゲーム juego 男; (試合) partido 男
けおりもの 毛織物 tejido de lana 男
けが 怪我 herida 女 ‖～をさせる herir ～をする herirse, hacerse una herida 傷ついた herido(da) 男女複
げか 外科 cirugía 女 ◆外科医 cirujano(na) 男女
けがす 汚す manchar, ensuciar; (名誉を) deshonrar
けがらわしい 汚らわしい sucio(cia), repugnante
けがれ 汚れ (汚点) mancha 女; (不浄) impureza 女 ‖～のない inocente, puro(ra)
けがわ 毛皮 piel 女 ‖～のコート abrigo de piel 男
げき 劇 teatro 男, drama 男; (作品) obra de teatro 女 ‖～的な dramático(ca) ◆劇作家 dramaturgo(ga) 男女
げきじょう 劇場 teatro 男
げきじょう 激情 violenta emoción 女, pasión 女
げきたい 撃退 ‖～する rechazar
げきだん 劇団 compañía teatral 女
げきど 激怒 furia 女, cólera 女, rabia 女 ‖～する ponerse furioso(sa)
げきれい 激励 ‖…するよう～する ani-

げきろん *mar 《a+人》《a+不定詞》*

げきろん 激論 acalorado debate 男

げげん 怪訝 ‖〜そうに con extrañeza

げこう 下校 ‖〜する volver [salir] de la escuela

けさ 今朝 esta mañana

げざい 下剤 purgante 男, purga 女

かし 芥子 adormidera 女; (ヒナゲシ) amapola 女

げし 夏至 solsticio de verano 男

けしいん 消印 matasellos 男

けしき 景色 paisaje 男, (眺め) vista 女; (全景) panorama 男

けしゴム 消し- goma (de borrar) 女

けじめ (区別) distinción 女; (収拾) solución 女 ‖〜をつける (区別する) distinguir

げしゃ 下車 ‖〜する (列車から) bajarse del tren

げしゅく 下宿 (食事付きの) pensión 女, casa de huéspedes 女 ‖〜する vivir en una pensión

げじゅん 下旬 ‖4月〜に a finales de abril

けしょう 化粧 maquillaje 男 ‖〜する maquillarse, pintarse ◆化粧室 cuarto de aseo 男, tocador 男 (トイレ) servicio 男 化粧品 artículos de tocador 男複, cosmético 男

けしん 化身 encarnación 女, personificación 女

けす 消す (火・電灯を) apagar, extinguir; (文字などを) borrar; (取り除く) quitar

げすい 下水 aguas residuales 女; (設備) alcantarillado 男 ◆下水道 alcantarilla 女

ゲスト invitado(da) 名

けずる 削る (かんなで) cepillar; (鉛筆を) afilar; (予算を) suprimir, quitar; (削減する) reducir

けた 桁 (数字の) cifra 女, dígito 男; (建物の) viga 女

けだかい 気高い noble, sublime

けたたましい ruidoso(sa), estrepitoso(sa)

けだもの 獣 bestia 女

けち たかねり mezquindad 女; (人) tacaño(ña) 名 ‖〜な tacaño(ña), mezquino(na) ‖〜をつける criticar, poner tachas 《a》

ケチャップ (英) ketchup 男

けつあつ 血圧 presión arterial 女, tensión (arterial) 女

けつい 決意 decisión 女, resolución 女

けつえき 血液 sangre 女 ◆血液型 grupo sanguíneo 男 血液検査 análisis de sangre 男

けつえん 血縁 parentesco 男, linaje 男

けっか 結果 resultado 男, consecuencia 女; (成果) fruto 男; (原因に対する) efecto 男 ‖…の〜として a consecuencia de…, como resultado de…

の〜 en consecuencia

けっかい 決壊 ‖〜する romperse, reventar

けっかく 結核 tuberculosis 女(単複)

けっかん 欠陥 defecto 男, deficiencia 女 ‖〜構造上の〜 defecto estructural ◆欠陥商品 producto defectuoso

けっかん 血管 vaso sanguíneo 男

げっかん 月刊 ‖〜の mensual

けっき 血気 ‖〜盛んな vigoroso(sa)

けつぎ 決議 resolución 女, decisión 女 ‖〜する resolver, tomar una resolución

げっきゅう 月給 sueldo [salario] mensual 男

けっきょく 結局 después de todo; (最後には) al final, finalmente

けっきん 欠勤 ausencia 女

げっけい 月経 menstruación 女

げっけいじゅ 月桂樹 laurel 男

けっこう 決行 ‖〜する llevar a cabo, realizar

けっこう 血行 circulación de la sangre 女

けっこう 結構 ‖いえ、〜です No, gracias. 会場は〜混んでいた Había bastante gente en la sala.

けつごう 結合 unión 女, combinación 女 ‖〜する unirse, combinarse

げっこう 月光 claro de luna 男

けっこん 結婚 matrimonio 男, casamiento 男 ‖〜する casarse 《con》, contraer matrimonio 《con》 〜している estar casado(da) 〜を申し込む pedir 《a+人》 en matrimonio, (女性の親に) pedir la mano 《de》 ◆結婚式 boda 女 〜式を挙げる celebrar la boda

けっさい 決済 liquidación 女

けっさく 傑作 obra maestra 女

けっさん 決算 balance 男

けっして 決して nunca, jamás ‖彼は〜うそをつかない Él nunca miente.

けっしゃ 結社 asociación 女, sociedad 女

げっしゃ 月謝 cuota mensual 女

げっしゅう 月収 ingresos mensuales 男複

けっしゅつ 傑出 ‖〜する sobresalir 《por》, distinguirse 《por》 〜した sobresaliente, destacado(da)

けっしょう 結晶 (結晶体) cristal 男; (作用) cristalización 女

けっしょう 決勝 final 女

げっしょく 月食 eclipse lunar 男

けっしん 決心 decisión 女, determinación 女 ‖…することを〜する decidirse 《a+不定詞》, tomar la decisión 《de+不定詞》

けっせい 結成 organización 女, formación 女 ‖〜する organizar, formar

けっせい 血清 suero 男

けっせき 欠席 ausencia 女 ‖〜してい

けっせき る estar ausente 授業に～する faltar a clase

けっそく 結束 unión 女; (統一性) unidad 女

けつだん 決断 decisión 女, determinación 女 ‖～する tomar una decisión

けっちゃく 決着 ‖～をつける solucionar, poner fin《a》

けってい 決定 decisión 女 ‖～する decidir, determinar ～的な decisivo(va); (確定的な) definitivo(va)

けってん 欠点 defecto 男, falta 女; (短所) punto débil 男

けっとう 血統 sangre 女, linaje 男 ♦ 血統書 pedigrí 男

けっとう 決闘 duelo 男

けっとう 血糖 glucemia 女

けっぱく 潔白 inocencia 女

げっぷ 月賦 mensualidad 女

げっぷ eructo 男 ‖～する eructar

けっぺき 潔癖 ‖～な escrupuloso(sa)

けつぼう 欠乏 carencia 女, escasez 女

けつまつ 結末 fin 男, final 男; (戯曲などの) desenlace 男

げつまつ 月末 ‖～に a fines de mes

げつようび 月曜日 lunes 男

けつれつ 決裂 ruptura 女 ‖～する romperse

けつろん 結論 conclusión 女 ‖…という～に達する llegar a la conclusión de que [+直説法]

げどくざい 解毒剤 antídoto 男

けとばす 蹴飛ばす dar una patada [un puntapié]《a》

けなげ 健気 ‖～な (感嘆すべき) admirable; (勇敢な) valiente

けなす 貶す criticar, hablar mal 《de》

ケニア Kenia ‖～の keniano(na), keniata

げねつざい 解熱剤 antipirético 男, febrífugo 男

けねん 懸念 aprensión 女, miedo 男

ゲノム genoma 男 ‖ヒト～ genoma humano 男

けはい 気配 señal 女, indicio 男

けばけばしい llamativo(va), estridente

けびょう 仮病 enfermedad fingida 女

げひん 下品 ‖～な vulgar, de mal gusto, grosero(ra)

けぶかい 毛深い peludo(da), velludo(da)

けむい 煙い lleno(na) de humo

けむし 毛虫 oruga 女

けむり 煙 humo 男

けむる 煙る humear, echar humo

けもの 獣 bestia 女; (猛獣) fiera 女

けらげら ‖～と笑う reírse a carcajadas

げり 下痢 diarrea 女 ‖～をする tener diarrea

ゲリラ guerrilla 女; (兵) guerrillero(ra) 名

ける 蹴る dar una patada [un puntapié] 《a》; (拒絶する) rechazar

ゲルマニウム germanio 男

けれつ 下劣 ‖～な ruin, despreciable, vil

けれども (しかし) pero, sin embargo; (…だけれども) aunque [+直説法], a pesar de

ゲレンデ pista de esquí 女

ケロイド queloide 男

けわしい 険しい escarpado(da), abrupto(ta) ‖～表情で con un semblante grave [severo]

けん 件 asunto 男; (事件) caso 男 ‖…の…については en cuanto a …

けん 券 (英) ticket 男; (切符) billete 男, (中南米) boleto 男 ♦入場券 entrada 女

けん 県 prefectura 女, provincia 女

けん 剣 espada 女; (サーベル) sable 男

けん 軒 ‖6～の家 seis casas 女

けん 腱 tendón 男

けん 圏 esfera 女, zona 女 ‖スペイン語～の国々 los países de habla hispánica 男複

げん 弦 cuerda 女

けんあく 険悪 ‖～な amenazador(dora), tempestuoso(sa)

げんあん 原案 proposición 女 [plan 男] original

けんい 権威 autoridad 女 ‖～主義的な autoritario(ria)

けんいん 牽引 remolque 男 ‖～する remolcar

けんいん 検印 sello de control 男

げんいん 原因 causa 女; (発端) origen 男 ‖…の～となる causar, originar …が～で a causa de…, debido a …

げんえい 幻影 ilusión 女

けんえき 検疫 cuarentena 女

げんえき 現役 ‖～の activo(va) ～の選手 jugador(dora) en activo 男

けんえつ 検閲 censura 女

けんお 嫌悪 antipatía 女; (嫌気) asco 男; (憎悪) odio 男

けんか 喧嘩 pelea 女, riña 女 ‖～する pelear, reñir

げんか 原価 precio de coste 男

けんかい 見解 opinión 女, punto de vista 男

げんかい 限界 límite 男 ‖～に達する llegar al límite ～を越える pasar el límite

けんがく 見学 visita 女 ‖～する visitar, hacer una visita

げんかく 幻覚 alucinación 女

げんかく 厳格 ‖～な riguroso(sa), estricto(ta), severo(ra)

げんがくざい 幻覚剤 alucinógeno 男

げんがく 弦楽 música de cuerda 女

げんがく 減額 reducción 女 ‖～する reducir

げんかしょうきゃく 減価償却 depreciación 女, amortización 女

げんがっき 弦楽器 instrumento de cuerda

げんかん 玄関 vestíbulo 男; (入口) entrada 女

けんぎ 嫌疑 sospecha 女 ‖…に～をかける sospechar 《de+人》

げんき 元気 energía 女, vigor 男, ánimo 男 ‖～な (元気のある) enérgico(ca), (健康な) sano(na); (快活な) alegre ～うける animar ～を出せ ¡Ánimo!/¡Anímate!

けんきゅう 研究 estudio 男, investigación 女 ‖～する estudiar, investigar ◆研究室 sala de estudio 女; (個人の) despacho 男; (化学実験の) laboratorio 男 研究者 estudioso(sa) 名, investigador(dora) 名 研究所 instituto 男, centro de investigación 男

げんきゅう 言及 referencia 女, mención 女 ‖～する referirse 《a》, mencionar

けんきょ 謙虚 ‖～な modesto(ta), humilde

けんきん 献金 contribución 女, donación 女

げんきん 現金 efectivo 男, dinero contante 男 ‖～で支払う pagar en efectivo 小切手を～にかえる hacer efectivo [cobrar] un cheque ◆現金自動支払機 cajero automático 男

げんきん 厳禁 ‖～する prohibir terminantemente

げんけい 原型 prototipo 男, arquetipo 男

けんけつ 献血 donación de sangre 女

けんげん 権限 autoridad 女, poder 男, potestad 女

げんご 言語 lengua 女, idioma 男, habla 女 二ヶ国語使用の bilingüe 多ヶ国語の multilingüe ◆言語学 lingüística 女 言語学者 lingüista 男女 言語障害 defecto del habla 男

けんこう 健康 salud 女 ‖～な sano(na) ～によい saludable, bueno(na) para la salud ～を害する perjudicar la salud ◆健康食品 alimentos sanos 男 健康診断 revisión médica 女, reconocimiento médico 男

げんこう 原稿 manuscrito 男; (草稿) borrador 男

げんこう 言行 las palabras y las obras [los hechos]

げんこう 現行 ‖～の (現在の) actual; (効力のある) vigente

げんこうはん 現行犯 ‖～で逮捕する detener 《a+人》 in fraganti [en flagrante]

げんこつ 拳骨 puño 男

けんさ 検査 examen 男, inspección 女, revisión 女 ‖～する examinar, inspeccionar ◆検査官 inspector(tora) 名

けんざい 健在 ‖～である gozar de buena salud

げんざい 現在 presente 男, actualidad 女 ‖～の actual, presente ～まで hasta ahora

げんざいりょう 原材料 materia prima 女

けんさく 検索 búsqueda 女 ‖～する buscar ◆検索エンジン buscador 男

げんさく 原作 original 男, obra original 女

けんさつ 検札 revisión 女

けんさつかん 検察官 ⇒検事

けんさん 検算 ‖～する examinar las cuentas

げんさんち 原産地 lugar de origen 男

げんし 原子 átomo 男 ◆原子核 núcleo atómico 男 原子爆弾 bomba atómica 女 原子物理学 física nuclear 女 原子力 energía atómica 女 原子力発電所 central nuclear 女

げんし 原始 ‖～的な primitivo(va) ◆原始時代 tiempos primitivos 男複

けんじ 検事 fiscal 男女

けんじ 堅持 ‖～する perseverar 《en》

けんじつ 堅実 ‖～な seguro(ra), firme

げんじつ 現実 realidad 女 ‖～の real, verdadero(ra) ～的な realista

けんじゃ 賢者 sabio(bia) 名

げんしゅ 元首 jefe(fa) de Estado 名

けんしゅう 研修 estudio 男; (実地の) capacitación práctica 女

けんじゅう 拳銃 pistola 女

げんじゅう 厳重 ‖～な riguroso(sa), estricto(ta), severo(ra)

げんじゅうしょ 現住所 dirección actual 女

げんしゅく 厳粛 ‖～な solemne

けんしゅつ 検出 detección 女 ‖～する detectar

けんしょう 検証 inspección 女, comprobación 女 ‖～する inspeccionar, comprobar

けんしょう 懸賞 (賞金・賞品) premio 男; (褒賞) recompensa 女

げんしょう 減少 disminución 女, reducción 女 ‖～する disminuir, reducirse

げんしょう 現象 fenómeno 男

げんじょう 現状 situación 女 [estado 男] actual ～では en la situación actual ～を維持する mantener la situación actual

げんしょく 原色 color primario 男

けんしん 検診 revisión médica 女, reconocimiento médico 男

けんしん 献身 ‖～的に con abnegación

けんじん 賢人 sabio(bia) 名

げんぜい 減税 reducción de impuestos 女

げんせいりん 原生林 selva virgen 女

けんせき 譴責 censura 女, reprimenda 女 ‖～する censurar, reprender

けんせつ 建設 construcción 女 ‖～する construir, edificar ～的な constructivo(va) ◆建設現場 lugar donde se construye una obra
げんせん 源泉 fuente 女 ◆源泉徴収票 certificado de impuestos deducidos de la fuente de ingresos
げんぜん 厳然たる（厳かな） solemne; (明白な) innegable
げんそ 元素 elemento 男
けんぞう 建造 construcción 女 ‖～する construir
げんそう 幻想 fantasía 女, ilusión 女
げんぞう 現像 revelado 男 ‖～する revelar
げんそく 原則 principio 男, norma 女 ‖～として en principio
げんそく 減速 ‖～する reducir [disminuir] la velocidad
けんそん 謙遜 ‖～して con modestia
げんそん 現存 ‖～の existente
けんたい 倦怠 tedio 男, aburrimiento 男
げんたい 減退 ‖～する decrecer 食欲が～する perder el apetito
げんだい 現代 nuestra época 女, edad contemporánea 女 ‖～の actual, moderno(na), contemporáneo(a)
けんち 見地 punto de vista 男
げんち 現地 lugar del suceso [en cuestión] 男 ‖～時間 hora local 女
げんち 言質 ‖～を与える comprometerse 〈a〉 ～を取る conseguir (su) promesa
けんちく 建築 arquitectura 女; (建造) construcción 女 ◆建築家 arquitecto(ta) 名 建築物 edificio 男, construcción 女
けんちょ 顕著 ‖～な notable, marcado(da), destacado(da)
げんつきじてんしゃ 原付自転車 ciclomotor 男
けんてい 検定 ‖～する (認可する) autorizar; (検査する) examinar
けんてい 献呈 ‖～する ofrecer, regalar
げんてい 限定 limitación 女, restricción 女 ‖～する limitar, restringir ◆限定版 edición limitada 女
げんてん 減点 ‖試験で5点～された Me quitaron 5 puntos en el examen.
げんど 限度 límite 男 ‖彼の野心には～がない Su ambición no tiene límites.
けんとう 見当 ‖～をつける calcular, adivinar ～がはずれる equivocarse ～違いの equivocado(da), desacertado(da)
けんとう 検討 examen 男, investigación 女, estudio 男 ‖～する examinar, investigar, estudiar
けんとう 健闘 ‖～する luchar [jugar] bien ～を祈ります ¡Buena suerte!
げんどうりょく 原動力 fuerza motriz 女, motor 男
げんば 現場 lugar 男; (犯行の) lugar del suceso 男
げんばく 原爆 bomba atómica 女
けんばん 鍵盤 teclado 男
けんびきょう 顕微鏡 microscopio 男
けんぶつ 見物 visita 女 ‖～する visitar, ver
げんぶん 原文 (texto) original 男
けんぽう 憲法 constitución 女 ‖～の constitucional ～を改正する revisar [enmendar] la constitución
けんぼうしょう 健忘症 amnesia 女
げんぽん 原本 original 男
げんまい 玄米 arroz integral 男
げんみつ 厳密 ‖～な riguroso(sa), estricto(ta); (正確な) exacto(ta) ～に con rigor, estrictamente
けんめい 賢明 ‖～な sabio(bia), sensato(ta)
けんめい 懸命 ⇨一生懸命
げんめい 言明 declaración 女, afirmación 女 ‖～する declarar, afirmar, manifestar
げんめつ 幻滅 desengaño 男, desilusión 女
けんもん 検問 inspección 女, control 男 ‖～する inspeccionar, controlar
げんや 原野 tierras vírgenes 女複
けんやく 倹約 ahorro 男, economía 女 ‖～する ahorrar, economizar
げんゆ 原油 (petróleo) crudo 男
けんり 権利 derecho 男 ‖…の～がある tener derecho a... ～を主張する reivindicar un derecho ～を放棄する ceder un derecho ～を行使する ejercer un derecho
げんり 原理 principio 男 ◆原理主義 fundamentalismo 男 原理主義者 fundamentalista 男女
げんりょう 原料 materia prima 女
げんりょう 減量 ‖～中である estar a régimen
けんりょく 権力 poder 男; (権限) autoridad 女 ‖～を握る tomar el poder ◆権力者 poderoso(sa) 名
げんろん 言論 expresión 女, palabra 女 ‖～の自由 libertad de expresión 女 ◆言論界 prensa 女

こ

こ 子 niño(ña) 名; (息子・娘) hijo(ja) 名; (動物の) cría 女 ‖～一人っ～ hijo(ja) único(ca) 名
こ 弧 arco 男
こ 個 ‖リンゴ5～ cinco manzanas
ご 五・5 cinco ‖～番目の quinto(ta) ～分の1 un quinto
ご 語 palabra 女; (言語) lengua 女
ご －後 ‖3年～に tres años después
コアラ koala 男

こい 恋 amor 男 ‖…を〜をする enamorarse 《de》 〜に破れる perder su amor, tener un desengaño amoroso
こい 故意 ‖〜に intencionadamente, con intención
こい 濃い （液体が）espeso(sa), denso(sa), fuerte; （色が）oscuro(sa)
こい 鯉 carpa 女
ごい 語彙 vocabulario 男, léxico 男
こいがたき 恋敵 rival en el amor 男女
こいし 小石 piedrecita 女, china 女, guijarro 男
こいしい 恋しい querido(da)
こいぬ 子犬・小犬 cachorro(rra) 名
こいびと 恋人 novio(via) 名
コイル bobina 女
こいわずらい 恋煩い ‖〜をしている tener mal de amores
コイン moneda 女 ◆コインランドリー lavandería automática 女 コインロッカー consigna automática 女
こう 功 ‖〜を奏する surtir efecto
こう 香 incienso 男
ごう 号 número 男
こうあん 考案 ‖〜する idear, inventar
こうい 好意 buena voluntad 女, favor 男; （親切）amabilidad 女; （好意）simpatía 女 ‖〜を示す mostrar simpatía 《por》 〜的な favorable; 〜的な amable; （友好的な）amistoso(sa)
こうい 行為 acto 男; （行い）conducta 女, comportamiento 男
こうい 校医 médico(ca) titular de una escuela
ごうい 合意 ‖〜する acordar 〜に達する llegar a un acuerdo
こういう ‖〜時には en este caso
こういしつ 更衣室 vestuario 男
こういしょう 後遺症 secuela 女
こういん 行員 empleado(da) de banco 男
ごういん 強引 ‖〜な agresivo(va) 〜に a la fuerza
ごうう 豪雨 lluvia torrencial 女
こううん 幸運 (buena) suerte 女 ‖〜な afortunado(da) 〜にも afortunadamente, por suerte
こうえい 光栄 honor 男
こうえき 公益 interés público 男
こうえつ 校閲 revisión 女
こうえん 公園 parque 男
こうえん 公演 representación 女, función 女
こうえん 講演 conferencia 女
こうえん 後援 ‖〜する patrocinar, （支援する）apoyar
こうおん 高音 tono agudo 男 ‖〜の alto(ta), agudo(da)
ごうおん 轟音 ruido ensordecedor 男
こうか 効果 efecto 男, eficacia 女 ‖〜的な efectivo(va), eficaz
こうか 硬貨 moneda 女

こうか 高価 ‖〜な caro(ra), costoso(sa)
こうか 降下 descenso 男, bajada 女
こうか 校歌 himno escolar 男
ごうか 豪華 ‖〜な lujoso(sa), de lujo ◆豪華客船 lujoso transatlántico 男 豪華版 edición de lujo 女
こうかい 公開 ‖〜の abierto(ta), público(ca) 〜する hacer público(ca), abrir al público ◆（大学の）公開講座 curso de extensión (universitaria) 男, curso (universitario) abierto al público 男
こうかい 後悔 arrepentimiento 男 ‖〜する arrepentirse 《de》 〜を先に立たず A lo hecho, pecho./A burro muerto, la cebada al rabo.
こうかい 航海 navegación (marítima) 女, travesía en barco 女 ‖〜する navegar ◆航海術 náutica 女
こうがい 公害 contaminación ambiental 女
こうがい 郊外 afueras 女複, periferia 女
ごうがい 号外 edición extra 女
こうかいどう 公会堂 salón de actos municipal 男, auditorio municipal [público] 男
こうかがくスモッグ 光化学— esmog [neblumo] fotoquímico 男
こうがく 工学 ingeniería 女
こうがく 光学 óptica 女
こうかく 合格 aprobación 女, admisión 女 ‖〜する aprobar ◆合格者 aprobado(da) 名 合格通知 carta 女 [aviso 男] de admisión
こうかつ 狡猾 ‖〜な astuto(ta)
こうかん 交換 intercambio 男, cambio 男 ‖〜する （AとBを）cambiar [sustituir] A por B; （互いに）intercambiar 意見を〜する intercambiar opiniones
こうかん 好感 ‖〜のもてる agradable, simpático(ca)
こうがん 厚顔 ‖〜無恥な desvergonzado(da), descarado(da)
こうがん 睾丸 testículo 男
ごうかん 強姦 violación 女
こうがんざい 抗癌剤 medicina anticancerosa 女
こうき 高貴 ‖〜な noble
こうき 好機 buena ocasión 女, oportunidad 女
こうき 後期 segunda mitad 女; （2学期制の）segundo semestre 男
こうき 後記 epílogo 男
こうき 校旗 bandera de la escuela 女
こうぎ 講義 （授業）clase 女; （講座）curso 男 ‖〜をする dar clase
こうぎ 抗議 protesta 女, reclamación 女 ‖〜する protestar 《contra》
こうぎ 合議 （討議）deliberación 女; （意見の一致）consenso 男
こうきあつ 高気圧 alta presión at-

こうきしん 好奇心 curiosidad 囡 ‖~から por curiosidad　~の強い curioso(sa)
こうきゅう 高級 ‖~な de primera clase, de calidad superior
こうきゅう 恒久 ‖~的な permanente, perpetuo(tua)
こうきょ 皇居 Palacio Imperial 男
こうきょう 公共 ‖~の público(ca) ◆公共施設 instalaciones públicas 囡複
こうきょう 好況 prosperidad 囡
こうぎょう 工業 industria 囡 ‖~の industrial ◆工業都市 ciudad industrial 囡 軽[重]工業 industria ligera [pesada] 囡
こうぎょう 鉱業 industria minera 囡, minería 囡
こうきょうきょく 交響曲 sinfonía 囡
こうきん 拘禁 ‖~する detener, arrestar
ごうきん 合金 aleación 囡
こうぐ 工具 herramienta 囡
こうくう 航空 aviación 囡 ◆航空会社 compañía aérea 囡　航空機 avión 男　航空便 correo aéreo 男 ‖~便で por avión
こうけい 光景 escena 囡, espectáculo 男
こうげい 工芸 artesanía 囡
ごうけい 合計 suma 囡, total 男 ‖~する sumar
こうけいき 好景気 prosperidad 囡
こうけいしゃ 後継者 sucesor(sora) 名
こうげき 攻撃 ataque 男 ‖~する atacar ~的な agresivo(va)
こうけん 貢献 contribución 囡 ‖~する contribuir 〈a〉
こうけん 後見 tutela 囡
こうげん 高原 meseta 囡, altiplanicie 囡, 《中南米》altiplano 男
こうご 口語 habla [lenguaje] coloquial 男
こうご 交互 ‖~に alternativamente
ごうご 豪語 ‖~する alardear [jactarse] 〈de〉
こうこう 高校 instituto de bachillerato 男 ◆高校生 estudiante de bachillerato 男女
こうこう 孝行 piedad 囡, amor filial 男
こうこう 口腔 cavidad bucal 囡
こうこう 煌々 ‖~と輝く brillar, relucir
こうごう 皇后 emperatriz 囡
ごうごう 轟々 ‖~と鳴る retumbar, tronar
こうごうしい 神々しい divino(na); (崇高な) sublime
こうこがく 考古学 arqueología 囡 ◆考古学者 arqueólogo(ga) 名
こうこく 広告 anuncio 男, publicidad 囡 ‖~する anunciar, hacer publicidad ◆広告代理店 agencia de publicidad 囡

こうこつ 恍惚 ‖~として con éxtasis [embeleso]
こうさ 交差・交叉 cruce 男 ‖~する cruzarse ◆交差点 cruce 男
こうざ 口座 cuenta 囡 ‖~に金を振り込む ingresar el dinero en una cuenta bancaria
こうざ 講座 curso 男
こうさい 交際 relaciones 囡複, trato 男 ‖~する tener relaciones [trato] 〈con〉; (男女間で) salir 〈con〉 ◆交際費 gastos de relaciones sociales [de representación]
こうさく 工作 (手作業) trabajo manual 男; (働きかけ) maniobra 囡 ‖~する (働きかける) hacer maniobras [gestiones]
こうさく 耕作 cultivo 男, labranza 囡 ◆耕作地 tierra de cultivo 囡
こうさつ 考察 (熟慮) consideración 囡; (研究) estudio 男 ‖~する considerar, estudiar
こうさん 公算 probabilidad 囡, posibilidad 囡
こうさん 降参 rendición 囡 ‖~する rendirse 〈a〉; (服従する) someterse 〈a〉
こうざん 高山 montaña alta 囡 ◆高山植物 planta [flora] alpina 囡　高山病 mal de altura 男, 《中南米》soroche 男
こうざん 鉱山 mina 囡
こうし 子牛 ternero(ra) 名
こうし 公私 ‖~混同する mezclar[confundir] lo público con lo privado
こうし 講師 (講演者) conferenciante 男女, 《中南米》conferencista 男女; (大学の) profesor(sora) 名 ‖専任 profesor(sora) numerario(ria)　非常勤 ~ profesor(sora) no numerario(ria)
こうし 公使 ministro(tra) 名
こうし 格子 reja 囡, rejilla 囡
こうじ 工事 obra 囡 ‖~中である estar en obras [construcción]
こうじ 公示 anuncio público [oficial] 男 ‖~する anunciar públicamente [oficialmente]
こうしき 公式 ‖~の oficial　~に oficialmente 数学の~ fórmula 囡
こうしつ 皇室 Casa [Familia] Imperial 囡
こうじつ 口実 pretexto 男, excusa 囡 ‖…を~にして con el pretexto [la excusa] de…
こうしゃ 後者 el último [la última], éste(ta)
こうしゃ 校舎 edificio escolar 男
ごうしゃ 豪奢 ‖~な lujoso(sa), suntuoso(sa)
こうしゅう 口臭 fetidez del aliento 囡
こうしゅう 公衆 público 男 ‖~の público(ca) ◆公衆電話 teléfono pú-

こうしゅう　公衆 público 男
こうしゅう　講習 curso ♦講習会 curso 男;(短期の) cursillo 男
こうしゅうだい　絞首台 horca 女
こうじゅつ　口述 dictado 男 ‖～する dictar ♦口述筆記 dictado 男 口述試験 examen oral 男
こうしょ　高所 altura 女 ♦高所恐怖症 acrofobia 女
こうじょ　控除 deducción 女 ‖～する deducir
こうしょう　交渉 negociación 女;(会談) conversación 女 ‖～する negociar《con》
こうしょう　高尚 ‖～な refinado(da), exquisito(ta)
こうじょう　工場 fábrica 女 ♦工場長 director(tora) de la fábrica 名
こうじょう　向上 (改善) mejora 女; (進歩) avance 男, progreso 男 ‖～する (改善する) mejorar; (進歩する) progresar
ごうじょう　強情 ‖～な terco(ca), testarudo(da), obstinado(da)
こうじょうせん　甲状腺 tiroides 女(単複)
こうしょうにん　公証人 notario(ria) 名,《中南米》escribano(na) 名
こうしん　行進 marcha 女, desfile 男 ‖～する marchar, desfilar ♦行進曲 marcha 女
こうしん　更新 renovación 女 ‖～する renovar
こうしん　後進 ⇒後輩
こうしんりょう　香辛料 especia 女
こうすい　香水 perfume 男
こうずい　洪水 inundación 女; (大洪水) diluvio 男
こうすいりょう　降水量 precipitación 女
こうずか　好事家 curioso(sa) 男
こうせい　公正 justicia 女 ‖～な justo(ta), imparcial ―に con justicia, justamente
こうせい　攻勢 ofensiva 女
こうせい　構成 composición 女, estructura 女 ‖～する componer, constituir
こうせい　厚生 bienestar social 男
こうせい　後世 generaciones futuras 女(複), posteridad 女
こうせい　恒星 estrella (fija) 女
こうせい　校正 corrección de pruebas 女 ‖～する corregir pruebas
ごうせい　合成 síntesis 女(単複) ‖～する sintetizar ―の sintético(ca);(複合の) compuesto(ta) ♦合成樹脂 resina sintética 女
ごうせい　豪勢 ‖～な lujoso(sa), fastuoso(sa)
こうせいねんきん　厚生年金 pensión de jubilación 女
こうせいのう　高性能 ‖～の de alto rendimiento;(強力な) potente
こうせいぶっしつ　抗生物質 antibiótico 男
こうせき　功績 mérito 男;(貢献) contribución 女
こうせき　鉱石 mineral 男
こうせつ　降雪 nevada 女 ♦降雪量 nevada 女
こうせん　光線 rayo 男;(光) luz 女
こうせん　鉱泉 fuente de agua mineral 女;(鉱水) agua mineral 女
こうぜん　公然 ―と abiertamente, en público ▶公然の秘密 secreto manifiesto [a voces] 男
こうぜんてき　好戦的 ‖～な belicoso(sa)
こうそ　控訴 apelación 女 ‖～する apelar, presentar una apelación
こうそ　公訴 acusación pública 女
こうそ　酵素 enzima 女(または男)
こうそう　高層 ♦高層ビル edificio de muchos pisos 男 超高層ビル rascacielos 男(単複)
こうそう　構想 concepción 女;(計画) plan 男;(思いつき) idea 女
こうぞう　構造 estructura 女
ごうそう　豪壮 ⇒豪勢
こうそく　高速 alta velocidad 女 ♦高速道路 autopista 女
こうそく　校則 reglamento escolar 男
こうそく　拘束 ‖～する restringir;(束縛する) atar (a);(拘留する) detener ～力 fuerza vinculante
こうたい　交代・交替 (変更) cambio 男;(交互) alternancia 女;(交替制) turno 男 ‖～する cambiar, sustituir;(交互に) alternar《con》～制勤務 trabajo por turnos
こうたい　後退 retroceso 男 ‖～する retroceder
こうたい　抗体 anticuerpo 男
こうだい　広大 ‖～な inmenso(sa), vasto(ta)
こうたいし　皇太子 príncipe heredero 男
こうたく　光沢 lustre 男, brillo 男 ‖～のある lustroso(sa)
ごうだつ　強奪 atraco 男, robo 男 ‖～する atracar
こうだん　公団 corporación pública 女
ごうたん　豪胆 ‖～な intrépido(da), audaz
こうちゃ　紅茶 té (negro) 男
こうちょう　好調 ‖～である (体調が) estar en buena forma;(仕事などが) marchar bien
こうちょう　校長 director(tora) de la escuela 名
こうちょく　硬直 ‖～した rígido(da), tieso(sa)
こうつう　交通 tráfico 男, circulación 女 ‖～の便がいい estar bien comunicado(da) ～違反をする infringir las normas de circulación この通りに～量が多い En esta calle hay mucho tráfico [mucha circulación]. ♦交通

機関 medios de transporte 男複 交通事故 accidente de tráfico 男 交通費 gastos de transporte 男複 交通標識 señal de tráfico 女
こうつごう 好都合 ‖~な conveniente, favorable
こうてい 肯定 afirmación 女 ‖~する afirmar ~的な afirmativo(va), positivo(va)
こうてい 皇帝 emperador 男
こうてい 校庭 patio de escuela 男
こうていぶあい 公定歩合 tasa de descuento oficial 女
こうてき 公的 ‖~な público(ca), oficial
こうてつ 更迭 ‖~する sustituir, reemplazar
こうてつ 鋼鉄 acero 男
こうてん 好転 ‖~する mejorar, ponerse mejor
こうど 高度 altitud 女, altura 女 ‖~な avanzado(da)
こうど 高等 ‖~な superior, avanzado(da)
こうとう 口頭 ‖~の oral ~で oralmente, verbalmente ◆口頭試験 examen oral 男
こうとう 喉頭 laringe 女
こうどう 行動 acción 女, acto 男;(ふるまい) conducta 女 ‖~する actuar;(ふるまう) comportarse ~的な activo(va)
こうどう 講堂 salón de actos 男, auditorio 男
ごうとう 強盗 (人) atracador(dora) 名; (行為) atraco 男, asalto 男, robo 男
ごうどう 合同 combinación 女, unión 女 ‖~の conjunto(ta)
こうとうさいばんしょ 高等裁判所 Tribunal Superior 男
こうとうむけい 荒唐無稽 ‖~の absurdo(da), disparatado(da)
こうどく 購読 (定期・予約) suscripción 女 ‖~する suscribirse 《a》 ◆購読料 cuota de suscripción 女
こうない 校内 ‖~で en el recinto de la escuela ◆校内暴力 violencia escolar 女
こうないえん 口内炎 estomatitis 女 〔単複〕
こうにゅう 購入 compra 女, adquisición 女 ‖~する comprar, adquirir
こうにん 公認 ‖~の reconocido(da), autorizado(da) ◆公認記録 récord oficial 男 公認会計士 contador(dora) público(ca) 名
こうにん 後任 sucesor(sora) 名
こうねん 光年 año luz 男
こうねんき 更年期 climaterio 男;(女性の) menopausia 女
こうのとり 鸛 cigüeña 女
こうはい 交配 cruce 男, hibridación 女

こうはい 荒廃 ruina 女, devastación 女, desolación 女 ‖~した arruinado(da), devastado(da)
こうはい 後輩 (学校の) estudiante de cursos inferiores 男女 ‖~の (年齢が) más joven;(仕事で) más nuevo(va) (en la empresa)
こうばい 勾配 pendiente 女, inclinación 女
こうばい 購買 compra 女, adquisición 女
こうばしい 香ばしい aromático(ca), fragante
こうはん 後半 segunda mitad 女;(試合の) segundo tiempo 男
こうはん 広汎 ‖~な extenso(sa), amplio(a)
こうばん 交番 puesto de policía 男
こうはんい 広範囲 ‖~にわたる amplio(lia), extenso(sa)
こうび 交尾 apareamiento 男, cópula 女 ‖~する aparearse, copularse
こうひょう 公表 anuncio público 男, publicación 女 ‖~する hacer público(ca), publicar
こうひょう 好評 buena acogida [aceptación] 女 ‖~を博する tener una buena acogida [acogida favorable]
こうふ 公布 ‖~する promulgar
こうふ 交付 expedición 女 ‖旅券を~する expedir un pasaporte
こうふう 校風 ambiente [espíritu] de una escuela 男
こうふく 幸福 felicidad 女 ‖~な feliz ~に felizmente
こうふく 降伏 rendición 女, capitulación 女 ‖~する rendirse 《a》
こうぶつ 好物 plato preferido 男
こうぶつ 鉱物 mineral 男
こうふん 興奮 excitación 女, entusiasmo 男 ‖~する excitarse, entusiasmarse ◆興奮剤 estimulante 男, excitante 男
こうぶん 構文 construcción 女
こうぶんしょ 公文書 documento oficial [público] 男
こうへい 公平 ‖~な justo(ta), equitativo(va), imparcial ~に con justicia, imparcialmente
こうほ 候補 candidato(ta) 名, aspirante 男女
こうぼ 酵母 (パン種) levadura 女
こうほう 広報 (活動) relaciones públicas 女複
こうほう 後方 ‖~に detrás 《de》 ~の posterior
こうぼう 工房 taller 男
ごうほう 合法 ‖~的な legal, legítimo(ma)
こうま 小馬・子馬 (小馬) jaca 女; (4, 5歳までの) potro(tra) 名
ごうまん 高慢 soberbia 女, orgullo

ごうまん 傲慢 arrogancia 女 ‖～な arrogante, insolente

こうみゃく 鉱脈 yacimiento 男, filón 男, veta 女

こうみょう 巧妙 ‖～な ingenioso(sa) 男, hábil

こうみん 公民 ciudadan*o*(*na*) ◆公民権 derechos civiles 男複 公民館 centro comunitario 男

こうむ 公務 función pública 女 ◆公務員 funcionari*o*(*ria*) 名

こうむる 被る (損害などを) sufrir; (恩恵を) recibir

こうめい 高名 ‖～な famoso(sa), muy conocido(da)

こうめいせいだい 公明正大 ‖～な imparcial, just*o*(*ta*)

こうもく 項目 punto 男, artículo 男

こうもり 蝙蝠 murciélago 男

こうもん 肛門 ano 男 ◆肛門科 proctología 女

こうもん 校門 puerta [entrada] de la escuela 女

ごうもん 拷問 tortura 女

こうや 荒野 despoblado 男, yermo 男

こうやく 膏薬 emplasto 男

こうよう 公用 (職務) asunto oficial 男; (使用) servicio oficial 男

こうよう 効用 (有用) utilidad 女; (効き目) efecto 男

こうよう 紅葉 hojas enrojecidas 女複

こうようじゅ 広葉樹 árbol de hoja ancha 男

ごうよく 強欲 codicia 女, avaricia 女 ‖～な codicioso(sa), avar*o*(*ra*)

こうら 甲羅 caparazón 男

こうらく 行楽 excursión 女 ◆行楽地 lugar turístico 男

こうり 小売り venta al por menor 女 ◆小売価格 precio al por menor 男 小売り店 tienda de venta al público 女

こうり 高利 alto interés 男; (法外な) usura 女 ◆高利貸し usurer*o*(*ra*) 名

ごうり 合理 ‖～な racional ～化する racionalizar

こうりつ 効率 rendimiento 男; (能率) eficiencia 女, eficacia 女

こうりつ 公立 ‖～の (公共の) públic*o*(*ca*); (市町村の) municipal

こうりゅう 交流 intercambio 男; (電気の) corriente alterna 女 ◆文化交流 intercambio cultural 男

ごうりゅう 合流 ‖～する (川・道などが) confluir; (人が) juntarse, reunirse

こうりょ 考慮 consideración 女 ‖～する considerar, reflexionar ～に入れる tener en cuenta

こうりょう 荒涼とした desolado(da), desiert*o*(*ta*)

こうりょう 香料 (香辛料) especia 女; (香水) perfume 男

こうりょく 効力 efecto 男, eficacia 女; (法的な) validez 女, vigencia 女 ‖～のある eficaz; (法的に) válid*o*(*da*), vigente

こうれい 高齢 tercera edad 女, edad avanzada 女 ◆高齢化 envejecimiento de la sociedad [población] 男

ごうれい 号令 mandato 男, voz de mando 女

こうろ 航路 línea [ruta] de navegación 女

こうろう 功労 mérito 男; (貢献) contribución 女

こうろん 口論 disputa 女 ‖～する disputar, discutir

こうわじょうやく 講和条約 tratado de paz 男

こえ 声 voz 女; (さえずり) canto 男 ‖～を掛ける (呼びかける) llamar; (挨拶する) saludar; (誘う) invitar 小さな[大きな]～で en voz baja [alta]

ごえい 護衛 guardia 女, escolta 女; (人) guardaespaldas 男女単複 ‖～する guardar, escoltar

こえだ 小枝 ramita 女, ramilla 女

こえる 越える・超える traspasar, pasar; (横切る) cruzar, atravesar; (超過する) exceder, pasar 国境を～ cruzar [atravesar] la frontera 限度を～ pasar el límite

こえる 肥える (太る) engordar ‖肥えた (土地が) fértil; (太った) gord*o*(*da*)

コークス coque 男

ゴーグル gafas protectoras 女複

コース (道筋) ruta 女, trayecto 男; (マラソンの) recorrido 男; (競走・競泳の) calle 女; (課程) curso 男

コーチ (人) entrenad*or*(*ora*), monit*or*(*tora*) ‖～する entrenar

コート gabardina 女; (オーバー) abrigo 男; (球技の) cancha 女

コード (電気の) cable 男; (暗号) código 男

コートジボワール Costa de Marfil ‖～の marfileñ*o*(*ña*)

コーナー (隅) rincón 男; (曲がり角) esquina 女; (売り場) sección 女 ◆コーナーキック saque de esquina 男, córner 男

コーヒー café 男 ‖～を入れる hacer [preparar] café

コーラ cola 女

コーラス coro 男

こおらせる 凍らせる helar, congelar

こおり 氷 hielo 男 ‖～のように冷たい frí*o*(*a*) como el hielo, helad*o*(*da*) ◆氷砂糖 azúcar cande 男

こおる 凍る helarse, congelarse 凍った helad*o*(*da*)

ゴール (マラソンなどの) meta 女; (球技の) gol 男 ‖～を決める marcar [meter] un gol

コールタール alquitrán de hulla 男

ゴールデン ◆ゴールデンアワー horas de máxima [mayor] audiencia 女複

ゴールデンウィーク semana de oro 囡
こおろぎ 蟋蟀 grillo 男
こがい 戸外で al aire libre, fuera
こかい 誤解 malentendido 男; **~を招く** causar un malentendido **~する** entender mal, malentender
こがいしゃ 子会社 compañía filial 囡
コカイン cocaína 囡
ごかく 互角 **~の** igual, equivalente **~の試合** juego igualado
ごがく 語学 (外国語) idioma extranjero 男, lengua extranjera 囡; (言語学) lingüística 囡
ごかくけい 五角形 pentágono 男
こかげ 木陰 sombra de un árbol 囡
こがす 焦がす quemar, chamuscar
こがた 小型 **~の** pequeño(ña); (携帯用の) portátil
ごがつ 五月 mayo 男; **~に** en mayo
こがらし 木枯らし viento frío de invierno 男
ごかん 五感 cinco sentidos 男
ごかんせい 互換性 **~のある** compatible
ごきげんよう ご機嫌よう Que le vaya bien./Adiós.
こぎって 小切手 cheque 男; **~で払う** pagar con un cheque
ゴキブリ cucaracha 囡
こきゃく 顧客 cliente 男女, cliente(ta) 名; [[集合的]] clientela 囡
こきゅう 呼吸 respiración 囡; **~する** respirar
こきょう 故郷 tierra natal 囡, patria chica 囡; (祖国) patria 囡
こぐ 漕ぐ remar
ごく 語句 palabras y frases 囡複
ごく 極 muy
ごくあくひどう 極悪非道 **~な** malvado(da), atroz
こくえい 国営 **~の** estatal, nacional 国営化 nacionalización 囡
こくおう 国王 rey 男
こくぎ 国技 deporte nacional [tradicional] 男
こくご 国語 (日本語) lengua japonesa 囡, japonés 男; (母語) lengua materna 囡; (言語) lengua 囡
こくさい 国際 **~的な** internacional ◆**国際化** internacionalización 囡 **国際関係** relaciones internacionales 囡複 **国際法** derecho internacional 男 **国際電話** llamada internacional 囡
こくさん 国産 **~の** (de fabricación) nacional
こくじん 黒人 negro(gra) 名
こくせい 国政 administración nacional 男, gobierno de la nación 男
こくせいちょうさ 国勢調査 censo 男
こくせき 国籍 nacionalidad 囡 **~不明の** de nacionalidad desconocida ◆**多国籍企業** (empresa) multinacional 囡
こくそ 告訴 acusación 囡, denuncia 囡; **~する** acusar, denunciar, presentar una denuncia
こくそう 穀倉地帯 granero 男
こくたん 黒檀 ébano 男
こくち 告知 notificación 囡; **~する** notificar, informar
こくど 国土 territorio nacional 男 ◆**国土防衛** defensa nacional 囡
こくどう 国道 carretera nacional 囡
こくない 国内 **~の** nacional, interior ◆**国内線** (飛行機の) ruta [línea] aérea nacional 囡 **国内総生産** producto interior [interno] bruto 男; 略 PIB
こくはく 告白 confesión 囡; **~する** confesar
こくはつ 告発 acusación 囡, denuncia 囡; **~する** acusar, denunciar
こくばん 黒板 pizarra 囡 **~ふき** borrador 男
こくふく 克服 **~する** superar, vencer
こくべつ 告別 despedida 囡
こくべつしき 告別式 ceremonia fúnebre 囡, funeral 男
こくほう 国宝 tesoro nacional 男
こくぼう 国防 defensa nacional 囡
こくみん 国民 pueblo 男, nación 囡; **~の** nacional ◆**国民感情** sentimiento nacional 男 **国民総生産** producto nacional bruto 男; 略 PNB
こくむだいじん 国務大臣 Ministro(tra) de Estado 男
こくめい 克明 **~な** detallado(da), minucioso(sa)
こくもつ 穀物 cereales 男複
こくゆう 国有 **~の** estatal, nacional **~化する** nacionalizar
ごくらく 極楽 paraíso 男
こくりつ 国立 **~の** nacional
こくるい 穀類 ⇨ 穀物
こくれん 国連 Organización de las Naciones Unidas 囡 [略 ONU] ◆**国連安全保障理事会** Consejo de Seguridad de las Naciones Unidas 男
ごくろうさま ご苦労様 Muchas gracias (por todo lo que ha hecho).
こけ 苔 musgo 男
こげる 焦げる quemarse; (表面が) chamuscarse
ここ **~に**[へ] aquí **~まで** hasta aquí **~から** de [desde] aquí **~だけの話だけど** entre noso*tros*(*tras*)
ここ 個々 **~の** cada; (個人の) individual
ここ 古語 palabra antigua 囡, arcaísmo 男
ごご 午後 tarde 囡; **~に** por la tarde **~3時に** a las tres de la tarde
ココア (飲み物) chocolate 男; (カカオの粉末) cacao 男
こごえ 小声 **~で** en voz baja
こごえる 凍える helarse
ここく 故国 patria 囡, país natal 男
ここちよい 心地よい agradable, có

こごと 小言 ‖~を言う（叱る）regañar; (不平を言う) quejarse 《de》

ココナツ coco 男

ここのつ 九つ ⇨ 九(きゅう)

こころ 心 corazón 男, (魂) alma 女, (精神) espíritu 男, (感情) sentimiento 男 ‖~のこもった de todo corazón ~の中では en el fondo del corazón ~に留める guardar en el corazón

こころあたり 心当たり ‖~がある tener idea 《de》

こころえる 心得る（知っている）saber; (承知している) comprender, entender

こころがける 心掛ける（努力する）intentar [tratar de]《[＋不定詞]; (留意する) tener en cuenta

こころがまえ 心構え preparación 女 ‖…の～はできている estar preparado(da) [dispuesto(ta)]《para》

こころがわり 心変わり cambio de idea 男; (裏切り) traición 女 ‖~する cambiar de idea

こころぐるしい 心苦しい ‖…するのは~ Me duele [da pena]《[＋不定詞]》.

こころざし 志（意志）voluntad 女, (意図) intención 女, (大望) ambición 女; (決意) resolución 女; (目標) objetivo 男

こころざす 志す proponerse《[＋不定詞]》, aspirar 《a》

こころづかい 心遣い consideración 女, atención 女

こころぼそい 心細い intranquilo(la) ‖心細く思う sentirse inseguro(ra) [desamparado(da)]

こころみ 試み prueba 女, intento 男, ensayo 男

こころみる 試みる probar, intentar, ensayar

こころもとない 心許無い intranquilo(la), inseguro(ra)

こころゆくまで 心行くまで a su gusto

こころよい 快い agradable, grato(ta); (爽快な) refrescante

こころよく 快く de buen grado, con mucho gusto

ござ 茣蓙 estera 女

こざかしい 小賢しい sabihondo(da)

こさくにん 小作人 arrendatario(ria) 名

こさめ 小雨 llovizna 女

ごさん 誤算 error de cálculo 男, equivocación 女

こし 腰（ウエスト）cintura 女; (臀部) cadera 女; (背中の下部) riñones 男複 ‖~が痛い Me duelen los riñones.

こじ 孤児 huérfano(na) 名

こじ 固持 persistencia 女 ‖~する persistir 《en》

こじあける こじ開ける ‖戸を~ forzar una puerta

こしかけ 腰掛け（椅子）silla 女; (スツール) taburete 男; (ベンチ) banco 男

こしかける 腰掛ける sentarse

こじき 乞食 mendigo(ga) 名

こしつ 固執 ‖~する insistir [persistir] 《en》

こしつ 個室 cuarto individual 男

ゴシック ‖~の gótico(ca)

こじつけ sofisma 男

ゴシップ chisme 男, cotilleo 男

こしゅ 戸主 cabeza de familia 男女

ごじゅう 五十 cincuenta ‖~番目の quincuagésimo(ma)

ごじゅん 語順 orden de las palabras 男

こしょう 故障 avería 女 ‖~する averiarse ～している estar averiado(da), no funcionar ～中【掲示】No funciona./Fuera de servicio.

こしょう 胡椒 pimienta 女

ごしょく 誤植 errata 女, error de imprenta 男

こじれる 拗れる complicarse

こじん 個人 individuo 男 ‖~的な individual, personal; (私的な) particular, privado(da) ◆個人主義 individualismo 男 ◆個人レッスン clase particular [privada] 女

こす 越す・超す ‖冬を～ pasar el invierno それに越したことはない No hay nada mejor que eso.

こす 漉す filtrar, colar

こずえ 梢 copa 女

コスタリカ Costa Rica ‖~の costarricense

コスチューム traje, disfraz 男

コスト coste 男, costo 男

コスモス cosmos 男(単複)

こする 擦る frotar; (磨く) fregar

こせい 個性 personalidad 女, individualidad 女; (独創性) originalidad 女

こせき 戸籍 registro civil 男 ◆戸籍抄本 extracto del registro civil 男 ◆戸籍謄本 copia del registro civil 女

こぜに 小銭 cambio 男, suelto 男; (硬貨) moneda 女 ◆小銭入れ monedero 男

ごぜん 午前 mañana 女 ‖~（中）に por la mañana ~7時に a las siete de la mañana

こそこそ en secreto, a escondidas

ごぞんじ ご存知 ‖~のとおり como usted sabe

こたい 固体 sólido 男 ‖~の sólido(da)

こだい 古代 edad antigua 女, antigüedad 女 ‖~の antiguo(gua)

こだい 誇大 ‖~な exagerado(da)

こたえ 答え respuesta 女; (計算などの) solución 女

こたえる 答える contestar [responder] 《a》

こたえる 応える（応じる）corresponder 《a》; (痛感させる) afectar ‖…の期待に~ responder a las expectativas

ごたごた problema 男, conflicto 男; (混乱) confusión 女 ‖~を起こす causar problemas

こだち 木立ち arboleda 女
こだま 木霊・谺 eco 男
こだわる 拘る aferrarse 《a》, obstinarse 《en》
ごちそう ご馳走 comida deliciosa 女, banquete 男 ‖～する (おごる) invitar 《a》 君に夕食を～しよう Te invito a cenar.
ごちゃごちゃ ‖～の desordenado(da) ～にする desordenar, revolver
こちょう 誇張 exageración 女 ‖～する exagerar
こちら (場所) aquí, acá ‖どうぞ～へ (Pase) por aquí, por favor. ありがとう――こそ Gracias.- A usted [ti].
こつ 秘訣 truco 男, secreto 男
こっか 国家 estado 男, nación 女 ‖～の estatal, nacional ◆国家元首 jefe(fa) de Estado 国家公務員 funcionario(ria) del Estado 名
こっか 国歌 himno nacional 男
こっかい 国会 (日本の) Dieta 女; (スペインの) Cortes 女複; (米国の) Congreso 男; (英国の) Parlamento 男 ‖～を召集 [解散] する convocar [disolver] la Dieta ◆国会議員 diputado(da) 名, congresista 男女, parlamentario(ria) 名
こづかい 小遣い dinero de bolsillo 男
こっかく 骨格 esqueleto 男; (体格) constitución 女
こっき 国旗 bandera nacional 女
こっきょう 国境 frontera 女
コック (料理人) cocinero(ra) 名
こっけい 滑稽 ‖～な gracioso(sa), cómico(ca)
こっこ 国庫 tesoro nacional [público] 男 ◆国庫補助 subsidio del gobierno 男
こっこう 国交 relaciones diplomáticas 女複
こつこつ ‖～働く trabajar con perseverancia
ごつごつ ～した escarpado(da); (平らでない) irregular ～した山 (岩の多い) montaña rocosa 女
こつずい 骨髄 médula ósea 女 ◆骨髄移植 trasplante de médula ósea 男
こっせつ 骨折 fractura 女 ‖～する fracturarse 〔quebrarse〕 el brazo
こつそしょうしょう 骨粗鬆症 osteoporosis 女(単複)
こっそり en secreto, furtivamente; (非合法に) clandestinamente
こづつみ 小包 paquete 男
こっとう 骨董 ◆骨董品 antigüedades 女複 骨董屋 tienda de antigüedades 女
こつばん 骨盤 pelvis 女(単複)
コップ vaso 男
こて 鏝 paleta 女
こてい 固定 ‖～する fijar, sujetar ～された fijo(ja) ◆固定観念 idea fija 女
こてん 古典 clásico 男 ‖～の[的な] clásico(ca)

こてん 個展 exposición individual [personal] 女
こと 事 asunto 男, cosa 女 ‖君に言いたい～がある Quiero decirte una cosa. やる～がたくさんある Tengo muchas cosas que hacer. ～を起こす causar problemas
こと 古都 antigua capital 女
-ごと -毎 cada ‖10分～に cada diez minutos
ことう 鼓動 latido 男, palpitación 女
こどうぐ 小道具 accesorios 男複
ことがら 事柄 ⇨事(こと)
ことく 孤独 soledad 女; (孤立) aislamiento 男 ‖～な solitario(ria)
ことごとく 尽く (すべての) todo(da)
ことこまかに 事細かに con todo detalle
ことし 今年 este año ‖～の秋 este otoño
ことづけ 言付け recado 男, mensaje 男 ‖～にとどける dejar un recado 《a + 人》
ことなる 異なる ser diferente [distinto(ta)] 《a, de》 ‖異なった diferente, distinto(ta)
ことに 殊に especialmente; (中でも特に) sobre todo
ことば 言葉 (言語) lengua 女, lenguaje 男; (単語) palabra 女 ‖～の verbal ～で話す hablar(dirigir la palabra) 《a + 人》 ～では言い表せない indescriptible
こども 子供 niño(ña) 名; (息子・娘) hijo(ja) 名 ‖～じみた infantil, pueril ～扱いする tratar 《a + 人》 como si fuera un niño [una niña] その計画は～だましだ Es un plan pueril. ◆子供時代 infancia 女, niñez 女 子供服 ropa infantil [para niños] 女 子供部屋 cuarto de los niños 男
ことり 小鳥 pájaro 男, pajarito 男
ことわざ 諺 refrán 男, proverbio 男
ことわり 断り (辞退) rechazo 男; (許可) permiso 男
ことわる 断わる rechazar, rehusar; (許可を求める) pedir; (予告する) avisar
こな 粉 polvo 男, (穀物の) harina 女 ◆粉石鹸 jabón en polvo 男 粉ミルク leche en polvo 女
こなごな 粉々 ‖～にする hacer pedazos ～になる hacerse pedazos 〔añicos, polvo〕
にもつ 小荷物 paquete 男
コネ enchufe 男 ‖～がある tener enchufe
こねこ 小猫 gatito(ta) 名
こねる 捏ねる amasar
この este(ta) ‖[+名詞]
このあいだ この間 (先日) el otro día; (数日前) hace unos días; (最近) hace poco, recientemente 〔～から今までの〕 el otro día, desde hace unos días
このあたり この辺り ⇨この辺(へん)
このうえない この上ない (もっと多い)

このくらい 美しさ belleza soberana
このくらい この位 así
このごろ この頃 estos días; (最近) últimamente
このさい この際 en esta ocasión; (今) ahora
このさき この先 (前方に) más adelante [allá]; (今後) a partir de ahora; (将来) en el futuro
このつぎ この次 la próxima vez ‖~の próximo(*ma*), siguiente
このとおり この通り así, de esta forma [manera]; (ご覧のように) como ve usted
このところ この所 últimamente, recientemente
このは 木の葉 hoja 囡
このへん この辺 ‖~に por aquí, cerca de aquí
このまえ この前 (先日) el otro día ‖~の日曜日 el domingo pasado
このましい 好ましい agradable, favorable; (望ましい) deseable
このまま ‖~にしておく dejar...tal como está [están]
このみ 好み gusto 團, afición 囡
このむ 好む querer; (…の方を) preferir 《a》 ‖~と好まざるとにかかわらず彼はそれをしなくてはならない Le guste o no, tiene que hacerlo.
このよ この世 este mundo
このような この様な ⇒こんな
このんで 好んで por su gusto
こはく 琥珀 ámbar 團
こばこ 小箱 (ケース) estuche 團
こばな 小鼻 alas [aletas] (de la nariz) 囡⑧
こばなし 小話 chiste 團, historieta 囡
こばむ 拒む rechazar, rehusar, negar
コバルト cobalto 團
こはるびより 小春日和 (北半球で) veranillo de San Martín [San Miguel] 團; (南半球で) veranillo de San Juan
こはん 湖畔 orilla de un lago 囡
ごはん ご飯 arroz cocido 團; (食事) comida 囡 ‖~を炊く cocer arroz
コピー copia 囡, fotocopia 囡 ‖~する copiar, hacer [sacar] una copia ~・アンド・ペーストする《情報》copiar y pegar ◆**コピー機** fotocopiadora 囡
こひつじ 小羊・仔羊 cordero(*ra*) 图
こびと 小人 enano(*na*) 图
こびる 媚びる halagar, adular
こぶ 鼓舞 ‖~する alentar, levantar el ánimo ‖士気を~する levantar la moral 《de》
こぶ 瘤 chichón 團, bulto 團
こふう 古風 ‖~な arcaico(*ca*); (古良い) anticuado(*da*)
ごぶさた ご無沙汰 ‖~して申し訳ありません Debo disculparme por mi largo silencio.
こぶし 拳 puño 團

こぶね 小舟 barca 囡
コブラ cobra 囡
こふん 古墳 tumba antigua 囡, túmulo 團
こべつ 個別 ‖~の individual ~に individualmente
ごぼう 牛蒡 bardana 囡, lampazo 團
こぼす 零す (液体を) verter, derramar; (不平を言う) quejarse 《de》
こぼれる 零れる verterse, derramarse; (あふれ出る) rebosar 《de》
こま 独楽 peonza 囡, trompo 團
ごま 胡麻 ajonjolí 團, sésamo 團 ◆**ごま油** aceite de ajonjolí 團
コマーシャル anuncio 團, publicidad 囡; 《中南米》comercial 團
こまかい 細かい (小さい) pequeño(*ña*), menudo(*da*); (微細な) fino(*na*); (詳細な) detallado(*da*), minucioso(*sa*)
ごまかし trampa 囡, engaño 團; (見せかけ) simulación 囡
ごまかす (だます) engañar; (取り繕う) disimular
こまく 鼓膜 tímpano (del oído) 團
こまめ 小まめ ‖~に働く trabajar con diligencia
こまやか 細やか ‖~な afectuoso(*sa*), cariñoso(*sa*)
こまらせる 困らせる poner en un apuro; (悩ませる) molestar, fastidiar
こまる 困る tener problemas, estar en un apuro ‖金に~ andar apurado(*da*) de dinero, tener apuros de dinero
ごみ basura 囡 ‖~だらけの lleno(*na*) de basura ◆**ごみ収集車** camión de la basura 團, vertedero 團 ◆**ごみ捨て場** basurero 團, vertedero 團 ◆**ごみ箱** basurero 團, (紙くずかご) papelera 囡 ◆**ごみ袋** bolsa de basura 囡 **生ごみ** basura biodegradable 囡
こみいった 込み入った complicado(*da*), complejo(*ja*)
こみち 小道・小径 (野山の) senda 囡; (路地) callejuela 囡, callejón 團
コミュニケ comunicado 團
コミュニケーション comunicación 囡
こむ 混む ‖~混んでいる estar lleno(*na*) [repleto(*ta*), atestado(*da*)] ‖手の込んだ intrincado(*da*)
ゴム goma 囡, caucho 團 ◆**消しゴム** goma (de borrar) 囡 **輪ゴム** goma 囡
こむぎ 小麦 trigo 團 ◆**小麦粉** harina (de trigo) 囡
こめ 米 arroz 團
こめかみ sien 囡
コメディアン cómico(*ca*) 图, comediante(*ta*) 图
コメディー comedia 囡
こめる 込める ‖ピストルに弾を~ cargar la pistola ‖心を込めて sinceramente
ごめん ご免 ‖~ください Buenos días.; (昼食前) Buenas tardes.; (夜) Buenas noches.; (部屋に入る時) ¿Se puede? ~なさい Perdón./Perdo-

コメント comentario 男;《会話》ノ―です Sin comentarios.
コメント comentario 男;《会話》ノ―です Sin comentarios.
こもじ 小文字 (letra) minúscula 女
こもり 子守 (人) niñero(ra) 名;（ベビーシッター）canguro 男女 ‖～をする cuidar a un niño [una niña] ◆**子守り歌** canción de cuna 女
こもる 篭もる (閉じこもる) encerrarse ‖煙がこもっている estar lleno(na) de humo
コモロ Comoras ‖～の comorense
こもん 顧問 consejero(ra) 名, asesor(sora)
こや 小屋 choza 女, cabaña 女
ごやく 誤訳 traducción errónea 女 ‖～する traducir mal
こやし 肥やし fertilizante 男
こゆう 固有 ‖～の propio(pia) 《de》;（特有の）típico(ca), peculiar ◆**固有名詞** nombre propio 男
こゆび 小指 (dedo) meñique 男
こよう 雇用 ‖～する emplear ◆**雇用契約** contrato de trabajo 男, 雇用主[者] empleador(dora) 名, patrón(trona) 名;**被雇用者** empleado(da) 名 ◆**雇用条件** condiciones de empleo 女複 **雇用保険** seguro de desempleo 男
こよみ 暦 calendario 男, almanaque 男
こら ¡Eh!
こらえる 堪える（我慢する）tolerar;（抑える）reprimir, contener ‖笑いを～ contener [aguantar] la risa
ごらく 娯楽 diversión 女, entretenimiento 男
こらしめる 懲らしめる castigar
コラム columna 女 ◆**コラムニスト** columnista 男女
こりごり ‖…には～だ estar harto(ta) de…
こりしょう 凝り性 ‖～の人（完璧主義者）perfeccionista 男女
こりつ 孤立 aislamiento 男 ‖～した aislado(da), solitario(ria) ～する aislarse
ゴリラ gorila 男
こりる 懲りる escarmentar
こる 凝る ‖～に～ estar loco(ca)《por》 肩が～ tener los hombros endurecidos 凝った (手の込んだ) elaborado(da)
コルク corcho 男 ◆**コルク栓抜き** sacacorchos 男《単複》
ゴルフ golf 男 ‖～をする jugar al golf ◆**ゴルフ場** campo de golf 男
ゴルファー golfista 男女, jugador(dora) de golf 男
これ éste(ta), esto ‖～から a partir de ahora, desde ahora;（今後）de ahora en adelante;（将来）en el futuro ～まで (今までに) hasta ahora
コレクション colección 女
コレクトコール llamada a cobro revertido 女

1130

コレステロール colesterol 男
コレラ 【医学】cólera 男
ころ 頃 ‖私が若かった～ cuando era joven, en mi juventud 7時～ alrededor de las siete
ころがす 転がす hacer rodar
ころがる 転がる rodar
ごろごろ ‖～する hacer el vago 猫が～いう ronronear
ころし 殺し asesinato 男, homicidio 男 ‖**殺し屋** asesino(na) (a sueldo) 名
ころす 殺す matar;（暗殺する）asesinar;（抑える）contener
ごろつき gamberro(rra) 名
コロッケ croqueta 女
ころぶ 転ぶ caer(se) 男 ‖どっちに転んでも損はない De cualquier manera no se va a perder nada.
ころも 衣（法衣）hábito 男 ‖（フライの）～をつける rebozar
コロン dos puntos 男複
コロンビア Colombia ‖～の colombiano(na)
こわい 怖い・恐い terrible, horrible;（厳格な）severo(ra)
こわがる 怖がる・恐がる tener miedo《a, de》, temer ‖怖がらせる dar miedo《a +人》, espantar
こわごわ 恐々 tímidamente
こわす 壊す romper, destruir;（建造物を）derribar
こわばった 強張った rígido(da), tieso(sa)
こわれる 壊れる romperse, destruirse;（故障する）averiarse ‖壊れた roto(ta);（故障した）averiado(da), estropeado(da) 壊れやすい frágil このラジオは壊れている Esta radio está averiada [no funciona].
こん 紺 azul marino 男 ‖～の azul marino
こんい 懇意 ‖～な amistoso(sa), íntimo(ma)
こんかい 今回 ‖～は esta vez
こんがらかる enredarse;（事柄などが）complicarse
こんがり ‖～焼けた tostado(da)
こんがん 懇願 ruego 男, petición 女, súplica 女 ‖～する rogar, suplicar
こんき 根気 paciencia 女, perseverancia 女 ‖～よく con paciencia, pacientemente
こんきゅう 困窮（貧困）pobreza 女;（難局）dificultades 女複
こんきょ 根拠 fundamento 男, base 女 ‖～のない sin fundamento
コンクール concurso 男
コンクリート hormigón 男,《中南米》concreto 男
こんけつ 混血 mestizaje 男 ‖～の人（白人と先住民の）mestizo(za) 名;（白人と黒人の）mulato(ta) 名
こんげつ 今月 este mes ‖～中に dentro de este mes
こんご 今後 (de aquí) en adelante,

コンゴ (コンゴ共和国) República del Congo 囡; (コンゴ民主共和国) República Democrática del Congo 囡 ‖〜の congoleño(na)

こんごう 混合 mezcla 囡 ‖〜する mezclar 《con》

コンコース salón 男, vestíbulo 男

コンサート concierto 男

こんざつ 混雑 congestión 囡, aglomeración 囡 ‖〜している estar atestado(da) [lleno(na)] 《de》

コンサルタント consultor(tora) 图, consejero(ra) 图, asesor(sora) 图

こんしゅう 今週 esta semana

こんじょう 根性 (気力) ánimo 男, energía 囡; (度胸) agallas 囡複 ‖彼は〜がある Es un hombre de carácter.

こんすい 昏睡 coma 男 ‖〜状態にある estar en coma

こんせい 混声 ◆混声合唱団 coro mixto 男

こんせき 痕跡 huella 囡, rastro 男, vestigio 男

こんぜつ 根絶 erradicación 囡, (絶滅) exterminación 囡 ‖〜する erradicar, exterminar

コンセプト concepto 男

こんせん 混線 (電話の) cruce 男 ‖電話が〜している Hay un cruce de líneas.

コンセンサス consenso 男

コンセント enchufe 男, toma de corriente 囡

コンソメ consomé 男

コンタクトレンズ lente de contacto 囡複, lentilla 囡 ‖ハード[ソフト]〜 lentes de contacto duras [blandas] 囡複

こんだて 献立 menú 男

こんだんかい 懇談会 reunión amistosa 囡

コンチェルト concierto 男

こんちゅう 昆虫 insecto 男

コンディション 状態 forma 囡 ‖〜がいい estar en forma 〜が悪い estar en baja forma

コンテスト concurso 男

コンテナ contenedor 男

コンデンサー condensador 男

こんど 今度 (今回) esta vez, ahora; (最近) recientemente; (次回) la próxima vez, otra vez; (近いうちに) dentro de poco ‖〜は君の番だ Ahora es tu turno./Ahora te toca. 〜は気をつけます La próxima vez tendré más cuidado.

こんどう 混同 confusión 囡 ‖AとBを〜する confundir A con B

コンドーム condón 男, preservativo 男

ゴンドラ góndola 囡

コントラスト contraste 男

コントラバス contrabajo 男

コントロール control 男 ‖〜する controlar

こんとん 混沌 caos 男 単複

こんな tal, así ‖[名詞+] como éste(ta) ‖夜の〜時間に esta hora de la noche 〜風に así 〜に美しい景色を見たことがない No he visto nunca un paisaje tan hermoso como éste.

こんなん 困難 dificultad 囡, problema 男 ‖〜な difícil; (骨の折れる) penoso(sa), duro(ra)

こんにち 今日 hoy, hoy (en) día

こんにちは 今日は Hola., 《話》Buenas.; (昼食前) Buenos días.; (昼食後) Buenas tardes.

コンパ fiesta 囡

コンパートメント compartim(i)ento 男

コンパクト (化粧用) polvera 囡 ‖〜な compacto(ta)

コンパクトディスク (disco) compacto 男

コンパス compás 男

こんばん 今晩 esta noche

こんばんは 今晩は Buenas noches.

コンビ pareja 囡

コンビーフ carne de vaca en conserva 囡

コンビナート complejo (industrial) 男

コンビニエンスストア supermercado abierto 24 horas

コンビネーション combinación 囡

コンピューター ordenador 男, 《中南米》computadora 囡, computador 男 ◆コンピューターウイルス virus informático 男 **コンピューターグラフィックス** gráficos por ordenador 男

こんぶ 昆布 alga (marina comestible) 囡

コンプレックス complejo 男; (劣等感) complejo de inferioridad 男

こんぼう 棍棒 porra 囡, garrote 男

こんぽう 梱包 empaquetado 男, embalaje 男

こんぽん 根本 fundamento 男, raíz 囡 ‖〜的な fundamental, básico(ca) 〜的に fundamentalmente, radicalmente

コンマ coma 囡

こんや 今夜 esta noche

こんやく 婚約 compromiso matrimonial 男, esponsales 男複 ◆婚約者 prometido(da) 名, novio(via) 名 婚約指輪 anillo de compromiso 男

こんらん 混乱 confusión 囡, desorden 男 ‖〜した confuso(sa) 〜する confundirse; (動揺する) turbarse 〜させる confundir, alborotar

こんれい 婚礼 boda 囡, casamiento 男

こんろ 焜炉 hornillo 男

こんわく 困惑 perplejidad 囡, desconcierto 男 ‖〜する quedarse perplejo(ja), desconcertarse

さ

さ 差 (違い) diferencia 女; (距離) distancia 女 ||貧富の～ diferencia entre los pobres y los ricos 男
ざ 座 (席) asiento 男; (地位) puesto 男, posición 女 ～につく tomar asiento, sentarse ～をはずす retirarse
さあ (促して) ¡Venga!/¡Vamos!; (困惑) pues (mira [mire]), no sé
サーカス circo 男
サーキット circuito 男, autódromo 男
サークル círculo 男, club 男, peña 女
ざあざあ ||雨が～降る llover mucho [a cántaros, a mares]
サーチライト reflector 男, proyector 男
サーバー 《情報》 servidor 男; 《スポ》 sacador(dora) 名
サービス servicio 男 ||～する servir, atender, prestar (un) servicio このレストランは～がよい En este restaurante atienden [sirven] bien. これは～です (飲食店などで)(A esto) Invita la casa. ◆**サービスエリア** área de servicio 女
サービス業 industria de los servicios 女 **サービス料** servicio 男 ||～料込みで servicio incluido
サーブ saque 男, servicio 男 ||～する sacar, servir, hacer el saque
サーファー surfista 男女
サーフィン surf 男, surfing 男 ||～をする hacer [practicar] surf
サーフボード tabla de surf 女
サーモン salmón 男
さい 際 ||非常[必要]の～には en caso de emergencia [necesidad] この～ en esta ocasión 出発の～に en el momento de salida
さい 犀 (動物の) rinoceronte 男
-さい -歳 ||彼は30～だ Tiene treinta años (de edad). あなたのお母さんは何ですか? ¿Qué edad [Cuántos años] tiene su madre? 2歳の時に a la edad de dos años, a los dos años
さいあい 最愛の su más querido(da)
さいあく 最悪 ||～の el [la] peor 〖＋名詞〗 ～の場合 en el peor de los casos
さいあく 罪悪 pecado 男, culpa 女
さいえん 菜園 huerta 女, huerto 男
さいかい 再会 ||～する encontrarse [verse] de nuevo; (人と) volver a ver 《a＋人》
さいかい 再開 reanudación 女 ||～する reanudar, reabrir, empezar de nuevo
さいがい 災害 desastre 男, calamidad 女, catástrofe 女; (事故) accidente 男 ||～に見舞われる sufrir [padecer] un desastre ◆**地震災害救助** auxilio a las víctimas del terremoto

さいこう

ざいかい 財界 mundo financiero [económico] 男, círculos [centros] financieros 男複
さいかく 才覚 recursos 男複, ingenio 男
ざいがく 在学 ||大学に～中である estar matriculado(da) en una universidad
さいき 才気 ingenio 男, chispa 女 ||～あふれる brillante, ingenioso(sa)
さいぎしん 猜疑心 recelo 男, sospecha 女 ||～の強い receloso(sa)
さいきょういく 再教育 reeducación 女; (再訓練) reciclaje 男 ||～する reeducar
さいきん 最近 recientemente, últimamente ||～の reciente, último(ma)
さいきん 細菌 bacteria 女, germen 男; (微生物) microbio 男
さいく 細工 (加工) trabajo 男, obra 女; 工芸品 artesanía 女; (策略) artificio 男, maniobra 女 ||～する trabajar, tallar; (策略) manipular, amañar
さいくつ 採掘 explotación 女, extracción 女 ||～する explotar, extraer
サイクリング ciclismo 男 ||～をする practicar el ciclismo
サイクル ciclo 男, período 男
さいけつ 採決 votación 女, voto 男
さいけつ 採血 extracción de sangre 女 ||～する sacar [extraer] sangre
さいげつ 歳月 tiempo 男, años 男複 ▶歳月人を待たず El tiempo no espera.
さいけん 再建 reconstrucción 女; (再興) restablecimiento 男 ||～する reconstruir, reedificar, restablecer
さいけん 債権 crédito 男 (中南米) acreencia 女 ||～者 acreedor(dora) 名
さいけん 債券 bono 男, obligación 女
さいげん 際限 ||～のない sin límites, ilimitado(da), infinito(ta) ～がない no tener [conocer] límite(s)
ざいげん 財源 recursos financieros 男複, (資金) fondos 男複
さいけんとう 再検討 revisión 女, reconsideración 女; (再調整) reexamen 男 ||～する revisar, reexaminar, reconsiderar
さいご 最後 fin 男, final 男, último 男 ||～の último(ma), final ～に por último, al fin, al final ～通牒 ultimátum 男
さいご 最期 (死) muerte 女, fin 男 ||～の último(ma)
ざいこ 在庫 existencias 女複, stock 男 ||～一掃セール liquidación de existencias
さいこう 最高 máximo 男 ||～の máximo(ma), supremo(ma) ～記録を出す establecer la mejor marca ◆**最高裁判所** Tribunal Supremo 男 **最大**

検索庁 Fiscalía del Supremo 囡 **最高速度** velocidad máxima 囡 máxima puntuación 囡, la nota más alta 囡 **最高峰** la cima más alta 囡
さいこう 採光 alumbrado 男
さいこう 再考 ‖～する reconsiderar, reflexionar
さいころ 賽子 dado 男
さいこん 再婚 segundas nupcias 囡複, segundo matrimonio 男
さいさき 幸先 ‖～がよい ser un [de] buen augurio
さいさん 採算 ‖～が合う rentable, lucrativo(va), provechoso(sa) **独立性** sistema de autonomía financiera [de autofinanciación] 男
ざいさん 財産 fortuna 囡, propiedad 囡, bienes 男複 ‖～を築く amasar [hacer] una fortuna ◆**財産家** persona rica [adinerada] 囡, multimillonario(ria) 男囡 **財産分与** distribución de propiedad 囡 **財産目録** inventario de bienes 男
さいじつ 祭日 (祝日) día festivo [feriado] 男, (祭日の日) día de fiesta 男, (国民の) fiesta nacional 囡
ざいしつ 材質 calidad de los materiales 囡; (材料) material 男
さいして 際して con motivo [ocasión] de …
さいしゅう 最終 ‖～の último(ma), final ～的な definitivo(va), final
さいしゅう 採集 ‖～する coleccionar
さいしゅつ 歳出 gastos anuales 男複
さいしょ 最初 principio 男, comienzo 男 ‖～の primero(ra) ～に en primer lugar, primero, primeramente ～から desde el comienzo [el principio] ～は al principio, al comienzo
さいしょう 最小 ‖～の mínimo(ma), el [la] 〖+名詞〗 más pequeño(ña), el [la] menor ◆**最小公倍数** mínimo común múltiplo
さいじょう 最上 ‖～の superlativo(va), ～の de primera [óptima] calidad ～階 el piso más alto
さいしょうげん 最小限 mínimo 男 ‖～の mínimo(ma)
さいしょくしゅぎしゃ 菜食主義者 vegetariano(na) 名
さいしん 最新 ‖～の último(ma), el [la] 〖+名詞〗 más nuevo(va) ～型の de último modelo
さいしん 細心 ‖～の cuidadoso(sa), prudente ～の注意を払って con sumo cuidado, con escrúpulo
サイズ tamaño 男, (洋服) medida 囡, talla 囡; (靴) número 男 ～をはかる tomar [medir] la talla ～が合わない no ser de su talla [número], no quedarLE bien (会話) 服の～はいくつですか- 40 です ¿Cuál es su talla? – Es la cuarenta.
さいせい 再生 (録画の) reproducción 囡; (リサイクル) reciclaje 男; (新生) regeneración 囡 ‖～する reproducir; (リサイクルする) reciclar; (失われた器官を) regenerar
ざいせいき 最盛期 auge 男, apogeo 男, flor 囡
さいせいし 再生紙 papel reciclado 男
さいせん 再選 reelección 囡 ‖～を果たす ser [salir] reelegido(da)
さいせん 賽銭 limosna 囡, óbolo 男 ～箱 cepillo (de limosnas) 男
さいぜん 最善 todo lo posible, lo máximo, lo mejor ～を尽くす hacer (todo) lo posible ～の el [la] mejor ～策 las mejores medidas 囡複
さいぜんせん 最前線 frente 男, vanguardia 囡, primera línea 囡
さいそく 催促 ‖～する apremiar, acuciar
サイダー gaseosa 囡, soda 囡
さいだい 最大 ‖～の el [la] más grande, el [la] mayor, el [la] máximo(ma) 日本一～の湖 el mayor lago [el lago más grande] de Japón ◆**最大公約数** máximo común divisor **最大風速** velocidad máxima del viento 囡
さいだいげん 最大限 máximo 男 ‖～の máximo(ma) ～に利用する aprovechar al máximo
さいたく 採択 adopción 囡 ‖～する adoptar
ざいたく 在宅 ‖～している estar en casa ◆**在宅医療** asistencia pública [médica] domiciliaria 囡 **在宅勤務** trabajo en casa 男
さいだん 祭壇 altar 男
さいだん 裁断 corte 男; (決定) decisión 囡; (判断) juicio 男 ‖～する cortar ～を下す decidir, juzgar, tomar una decisión 《sobre》
ざいだん 財団 fundación 囡
さいちゅう 最中 ‖食事の～に en medio [mitad] de la comida, durante la comida …している～である estar 〖+現在分詞〗
さいてい 最低 ‖～の mínimo(ma), el [la] más bajo(ja) ～3000ユーロは必要だ Se necesitan 3000 euros como mínimo. ◆**最低限** mínimo 男 **最低賃金** salario [sueldo] mínimo 男
さいてき 最適 ‖～な ideal (idóneo(a)) 《para》, el [la] más adecuado(da) 《para》
さいてん 採点 calificación 囡, evaluación 囡, corrección 囡 ‖～する puntuar, calificar; (答案を) corregir
サイト (情報) sitio 男, espacio 男, página (de) web 囡
さいど 再度 otra vez, de nuevo ‖～…する volver a 〖+不定詞〗
サイド lado 男 ◆**サイドビジネス** negocio suplementario 男 **サイドブレーキ** freno de mano 男 **サイドミラー**

さいなむ 苛む atormentar
さいなん 災難 desastre 男, calamidad 女;(事故) accidente 男
ざいにゅう 歳入 rentas anuales 女複
ざいにん 罪人 delincuente 男女, criminal 男女;(宗教上の) pecador(dora) 名
さいのう 才能 talento 男, genio 男, capacidad 女 ‖~のある de talento, dotado(da) 《para》 ~を発揮する mostrar [desplegar] su talento
さいはい 采配 ‖~を振る dirigir, mandar
さいばい 栽培 cultivo 男 ‖~する cultivar, criar
さいはつ 再発 recaída 女, reaparición 女, recidiva 女 ‖~する recaer, reaparecer
さいばん 裁判 juicio 男, justicia 女;(訴訟) pleito 男 ‖~にかける llevar [someter] a juicio, poner un pleito ~に訴える recurrir a la justicia, acudir a los tribunales ~に勝つ[負ける] ganar [perder] un pleito ◆裁判官 juez 男女
さいばんしょ 裁判所 tribunal 男;(法廷) juzgado 男 ◆家庭裁判所 Tribunal de Familia 男 簡易裁判所 Tribunal de primera instancia 男 地方裁判所 Tribunal de Distrito 男 高等裁判所 Tribunal Superior 男 最高裁判所 Tribunal Supremo 男, Corte Suprema 女
さいふ 財布 (札入れ) cartera 女, billetera 女;(小銭入れ) monedero 男 ‖~の紐を締める apretarse el cinturón ~の紐を緩める aflojar la bolsa
さいぶ 細部 detalle 男, pormenor 男 ‖~にわたって detalladamente, minuciosamente, con todo detalle
さいぶんか 細分化 ‖~する subdividir
さいへん 再編 reorganización 女 ‖~する reorganizar, reestructurar
さいほう 裁縫 costura 女, labores 女複 ‖~をする coser ◆裁縫道具 utensilios [útiles] de costura 男複
さいぼう 細胞 célula 女 ‖~の celular ◆細胞分裂 división celular 女 細胞学 citología 女
ざいほう 財宝 tesoro 男, riquezas 女複
さいほうそう 再放送 reposición 女, retransmisión 女 ‖~する reponer, retransmitir
さいまつ 歳末 fin de año 男
さいみんじゅつ 催眠術 hipnotismo 男 ‖~をかける hipnotizar
さいむ 債務 deuda 女, débito 男, pasivo 男
ざいむ 財務 finanzas 女複
さいもく 細目 detalles 男複, pormenores 男複
ざいもく 材木 madera 女

さいよう 採用 ‖~する adoptar;(雇う) emplear
ざいりゅう 在留 ‖~する residir, vivir ◆在留外国人 residente extranjero(ra)(en Japón)
さいりよう 再利用 reciclaje 男 ‖~する reciclar
さいりょう 最良 ‖~の el [la] mejor [+名詞], óptimo(ma)
さいりょう 裁量 albedrío 男, arbitrio 男 ‖~…の~に任せる dejar...a su arbitrio (discreción)
ざいりょう 材料 material 男, materia 女;(料理などの) ingrediente 男
ざいりょく 財力 poder financiero 男, recursos 男複
ザイル cuerda de escalada 女
さいるい 催涙 ‖~ガス gas lacrimógeno 男
サイレン sirena 女
サイレント ‖~映画 cine mudo 男, película muda 女
サイロ (倉庫) silo 男
さいわい 幸い felicidad 女, dicha 女 ‖~にも afortunadamente, por fortuna [suerte] 雨が彼に~した La lluvia le favoreció. これ~と aprovechando [sin perder] la ocasión
サイン (署名) firma 女;(有名人の) autógrafo 男;(合図) seña 女;(信号) señal 女 ‖~する firmar; (有名人の) dar [firmar] un autógrafo ◆サイン帳 álbum de autógrafos 男
サインペン rotulador 男, marcador 男
サウジアラビア Arabia Saudí [Saudita] 女 ‖~の saudí
サウスポー (野球) lanzador(dora) zurdo(da)
サウナ sauna 女, baño de vapor 男
サウンド sonido 男 ‖~トラック (映画) banda sonora 女
-さえ aun, incluso, hasta ‖子供で~それを知っている Aun [Hasta] los niños lo saben. 彼は暇~あれば本を読んでいる Cuando [Siempre que] está libre pasa el tiempo leyendo.
さえぎる 遮る (進路を) interceptar;(話などを) interrumpir; (妨げる) impedir
さえずる 囀る cantar, gorjear, trinar
さえた 冴えた (色・音・光などが) claro(ra), esplendoroso(sa); (頭が) brillante, despejado(da) ‖顔色が冴えない tener un aspecto apagado, tener mala cara 気分が冴えない sentirse deprimido(da)[desanimado(da)]
さえる 冴える ‖目が冴えて眠れない estar desvelado(da) 頭が冴えている tener la mente despejada [lúcida]
さお 竿 pértiga 女, caña 女;(金属製の) varilla 女
さか 坂 cuesta 女, declive 男, pendiente 女 ‖上り~ subida 女 下り~ bajada 女 ~を上る[下る] ir cuesta

arriba [abajo], subir [bajar] la cuesta
さかい 境 límite 男, linde 女 (時に 男); (国境) frontera 女 ‖~を接する limitar [lindar, colindar] ≪con≫
さかえる 栄える prosperar, florecer
さかく 差額 diferencia 女
さかさま 逆さま ‖~の inverso(sa) ‖に反対に、逆に、あべこべに 順序を~にする invertir el orden
さがしだす 捜し出す encontrar, hallar; (場所を) localizar; (発見) descubrir
さがす 捜す・探す buscar, ir [andar] en busca ≪de≫ ‖職を~ buscar trabajo [empleo] 行方を~ averiguar el paradero ≪de≫
さかずき 杯 copa 女, copita 女
さかだち 逆立ち vertical 男, pino 男 ‖~をする hacer el pino
さかだてる 逆立つ erizarse
さかだてる 逆立てる erizar, poner de punta
さかな 魚 (食品として) pescado 男; (生きている) pez 男 ◆魚屋 (店) pescadería 女; (人) pescadero(ra) 名
さかなで 逆撫で ‖…の神経を~する poner ≪a+人≫ los nervios de punta
さかのぼる 遡る ‖川を~ ir río arriba, remontar el río 彼の家系は十五世紀に~ Su linaje se remonta al siglo XV.
さかば 酒場 taberna 女, bar 男, pub 男
さかみち 坂道 cuesta 女, camino en cuesta 女 ⇨坂
さかや 酒屋 (店) licorería 女, vinatería 女, tienda de vinos y licores 女
さからう 逆らう oponer, oponerse [resistirse, desobedecer] ≪a≫ ‖彼はいちいち私に~ Siempre me lleva la contraria.
さからって 逆らって ‖…に~ contra…, en contra de…
さかり 盛り auge 男, plenitud 女; (発情) celo 男 ‖今が~で [と] estar en la flor de vida; (人気の) estar en el auge de la fama; (花の) estar en plena floración ◆盛り場 lugar 男 [zona 女] de diversión y recreo
さがる 下がる bajar; (ぶら下がる) pender [colgar]
さかん 左官 albañil 男
さかん 盛ん ‖~な (繁栄) próspero(ra), (活動的) activo(va); (人気のある) popular ‖~になる (繁栄) prosperar; (流行) ponerse de moda; (人気) popularizarse
さき 先 (先端) cabo 男, (先頭) cabeza 女; (将来) futuro 男 ‖~に (もっと先に) más adelante; (最初に) en primer lugar; (前もって) anticiparse, de antemano 選挙は2週間~だ Las elecciones tienen lugar dentro de dos semanas. 人々は~を争って列車に乗り込んだ La gente luchaba por subir al tren en primer lugar.
さぎ 詐欺 estafa 女, timo 男, engaño 男 ◆詐欺師 estafador(dora) 名, timador(dora) 名
さぎ 鷺 garza 女
さきおくり 先送り ‖決定を~する posponer [aplazar] la decisión
さきおととい 一昨昨日 hace tres días
さきがけ 先駆け vanguardia 女; (先駆者) precursor(sora) 名, pionero(ra) 名
さきごろ 先頃 (最近) recientemente, hace unos días; (先日) el otro día
さきざき 先々 (将来) futuro 男, porvenir 男 ‖行く~で en todas partes
サキソホン ⇨サックス
さきだつ 先立つ ‖彼は妻に先立たれた Sobrevivió a su mujer.
さきどり 先取り ‖時代を~する adelantarse [anticiparse] a su época
さきばしる 先走る precipitarse
さきばらい 先払い ‖~する dar [hacer] un anticipo
さきほど 先程 ‖~から desde hace un momento ― 言ったように como he dicho antes
さきまわり 先回り ‖~する adelantarse; (近道をして) atajar
さきもの 先物 futuros 男複 ‖~を買いをする comprar futuros ◆先物取引 operaciones de futuros 女複 先物取引市場 mercado de futuros 男
さきゅう 砂丘 duna 女, médano 男
さきゆき 先行き futuro 男, porvenir 男
さぎょう 作業 trabajo 男, obra 女, faena 女, operación 女 ◆作業服 traje de faena 男, bata 女; (つなぎ) mono 男
さきんずる 先んずる adelantarse, anticiparse
さく 策 medidas 女複, medio 男 (案) plan 男 ‖~を講じる tomar medidas [los medios] ≪para≫ ~を弄する utilizar [recurrir a] una treta ~を巡らす trazar un plan
さく 柵 valla 女, barrera 女, (鉄柵) reja 女; (囲い) cerca 女
さく 咲く florecer, echar flores
さく 裂く rasgar, desgarrar; (破る) romper; (切り裂く) rajar; (関係を) dividir, separar
さく 割く ‖時間を~ dedicar tiempo ≪a≫
さくいん 索引 índice 男
さくげん 削減 reducción 女, disminución 女 ‖人員~ reducción de personal, recorte de plantilla ‖~する reducir, disminuir, recortar
さくさん 酢酸 ácido acético 男
さくし 作詞 ‖~する componer [es-

cribir] la letra de (una canción) ◆作詞家 autor(tora) de la letra de (una canción) 名

さくし 策士 persona de recursos; (策略家) intrigante 男女

さくじつ 昨日 ⇨昨日(ポシ)

さくしゃ 作者 autor(tora) 名; (執筆者) escritor(tora) 名

さくしゅ 搾取 explotación 女 ‖~する explotar

さくじょ 削除 supresión 女, expurgación 女 ‖~する suprimir, borrar; (線等で) tachar

さくせい 作成 redacción 女 ‖~する (文書を) redactar; (計画などを) elaborar

さくせん 作戦 estrategia 女, táctica 女; (軍隊の) operaciones 女複 ‖~をたてる elaborar [planear] una estrategia

さくねん 昨年 el año pasado

さくばん 昨晩 ⇨昨夜

さくひん 作品 obra 女, pieza 女, producción 女

さくぶん 作文 composición 女, redacción 女

さくもつ 作物 cosecha 女; (農産物) producto agrícola 男

さくや 昨夜 anoche, ayer por la noche

さくら 桜 cerezo 男

さくらそう 桜草 primavera 女, prímula 女

さくらんぼ 桜桃 cereza 女

さぐり 探り ‖~を入れる tantear [sondear] ⟨a + 人⟩

さぐりだす 探り出す (秘密を) sonsacar; (意向を) sondear

さくりゃく 策略 ardid 男, estratagema 女 ‖~を用いる emplear [valerse de] un artificio 〜を巡らす urdir [fraguar] una estratagema

さぐる 探る tantear, sondear, investigar

さくれつ 炸裂 ‖~する explotar, estallar

ざくろ 石榴 granado 男; (実) granada 女

さけ 鮭 salmón 男

さけ 酒 (日本酒) sake 男; (ワイン) vino 男; (リキュール) licor 男; (アルコール飲料) bebida alcohólica 女 ‖~を飲む beber ～が強い aguantar [resistir] mucho bebiendo ～に酔う emborracharse, embriagarse 彼は~癖が悪い Tiene mal vino. ◆酒飲み bebedor(dora) 名

さけびごえ 叫び声 grito 男, clamor 男, exclamación 女 ‖~を上げる lanzar [dar] un grito

さけぶ 叫ぶ gritar, exclamar, lanzar [dar] un grito

さけめ 裂け目 grieta 女, raja 女

さける 避ける evitar, eludir, huir ‖避け難い inevitable, ineludible

さける 裂ける rasgarse, desgarrarse, tirarse, romperse

さげる 下げる bajar; (吊るす) colgar ‖音量[値段]を～ bajar el volumen [el precio] 食器を～ retirar [recoger] los platos

さこく 鎖国 aislamiento nacional 男

さこつ 鎖骨 clavícula 女

ざこつ 坐骨 (解剖) isquion 男 ◆坐骨神経痛 ciática 女

ささ 笹 bambú enano 男

ささい 些細 ‖~な insignificante, trivial

ささえ 支え soporte 男, apoyo 男, sostén 男

サザエ trompo 男

ささえる 支える soportar, sostener, apoyar

ささげる 捧げる dedicar; (生涯を) consagrar; (献呈) ofrecer, ofrendar

ささつ 査察 inspección 女 ◆査察官 inspector(tora) 名

さざなみ さざ波 escarceo 男

ささやき 囁き susurro 男, cuchicheo 男, murmullo 男

ささやく 囁く susurrar, cuchichear, murmurar

ささる 刺さる clavarse

さじ 匙 cuchara 女 (小さじ) cucharilla 女, cucharita 女 ‖~を投げる abandonar; (医師が) desahuciar

さしあげる 差し上げる ⇨与える

さしあたり 差し当たり por ahora, de [por el] momento

さしえ 挿絵 ilustración 女, grabado 男, dibujo 男

さしおさえ 差し押さえ embargo 男, incautación 女; (財産の) confiscación 女

さしおさえる 差し押さえる embargar, incautarse ⟨de⟩; (財産を) confiscar

さしかえる 差し替える reemplazar, cambiar

さしき 挿し木 esqueje 男

さしこみ 差し込み (コンセント) enchufe 男; (挿入) inserción 女

さしこむ 差し込む insertar, meter, introducir プラグを～ enchufar 窓から光が～ Los rayos del sol entran por la ventana.

さしさわり 差し障り ⇨差し支(ネネ)え

さししめす 指し示す indicar, señalar

さしず 指図 instrucciones 女複, indicaciones 女複; (命令) orden 女 ‖~する dar indicaciones [órdenes]; (命令する) ordenar

さしせまる 差し迫る acercarse, aproximarse ‖試験が差し迫っている Los exámenes están a la vuelta de la esquina. 差し迫った inminente, apremiante

さしだしにん 差出人 remitente 男女

さしだす 差し出す presentar, entre-

さしつかえ 差し支え (支障) inconveniente 男; (異論) objeción 女, oposición 女 ‖~ない no tener inconveniente《en》

さしとめる 差し止める impedir, prohibir

さしはさむ 差し挟む ‖口を~ meter baza, intervenir《en》

さしひき 差し引き deducción 女; (勘定) balance 男

さしひく 差し引く deducir, descontar ‖経費を~ deduciendo los gastos

さしみ 刺身 sashimi 男, pescado crudo cortado en lonjas 男

さしゅ 詐取 estafa 女, timo 男, fraude 男 ‖~する timar [estafar]《a+人》

さしょう 査証 (旅券の) visado 男

さしょう 詐称 ‖経歴を~する adulterar su historia personal

さじょう 砂上 ‖~の楼閣を築く hacer [levantar] castillos de naipes

ざしょう 挫傷 《医学》contusión 女

ざしょう 座礁 encalladura 女, varadura 女 ‖~する varar; (岸に) encallar

さじん 砂塵 polvareda 女

さす 刺す pinchar, punzar, (虫が) picar ‖~ような痛み dolor punzante [penetrante] 男

さす 指す indicar, señalar, apuntar ‖時計は4時を指している Las manecillas del reloj marcan las cuatro.

さす 差す・射す ‖傘を~ abrir el paraguas ‖部屋に日が~ Entra [Penetra] el sol en la habitación. ‖彼女の顔に赤味がさした Se puso un poco colorada.

さす 注す ‖目薬を~ echarse [aplicar(se)] colirio a [en] los ojos ‖油を~ echar aceite en el engranaje

さす 挿す・差す ‖花瓶に花を~ colocar [poner] flores en un florero ‖刀を~ ceñir(se) la espada (a la cintura)

さす 洲 (波でできた) barra 女; (河口の) banco de arena 男, alfaque 男

さすが ‖~に (期待通り) como es [era] de esperar; (当然) verdaderamente, con razón. ‖~の彼らの問題は解けないだろう Incluso él no podrá resolver el problema.

さずかる 授かる recibir ‖私たちは3人の子供を授かった Dios nos ha bendecido con tres hijos.

さずける 授ける dar, conceder

サスペンス ♦サスペンス映画 película de suspense [《中南米》de suspenso] 女

さすらい vagancia 女, vagabundeo 男 ‖~の vagabundo(da)

さすらう vagar, vagabundear

さする 擦る frotar suavemente, acariciar

ざせき 座席 asiento 男, plaza 女; (劇場などの) localidad 女 ‖~につく ocupar el asiento ♦座席指定券 billete con asiento reservado

させつ 左折 ‖~する girar [doblar, torcer] a la izquierda

ざせつ 挫折 fracaso 男, frustración 女 ‖~する fracasar, frustrarse; (計画が) abortarse

-させる (使役) hacer [mandar]《[+不定詞]《a+人》; (強制) forzar [obligar]《[+不定詞]《a+人》; (放任) dejar《[+不定詞]《a+人》

ざせん 座禅 zazen 男, meditación religiosa zen 女 ‖~をする practicar zazen

さそい 誘い invitación 女; (誘惑) tentación 女 ‖~に応じる aceptar la invitación

さそう 誘う invitar; (誘惑する) tentar ‖涙を~ provocar [arrancar] lágrimas《a+人》‖あの音楽は眠気を誘った Esa música me causó [dio] sueño. ‖悪事に~ incitar al mal

さそいこむ 誘い込む arrastrar, atraer

さそいだす 誘い出す sacar, invitar a salir juntos(tas)

さそり 蠍 escorpión 男, alacrán 男 ♦蠍座《天文》Escorpión 男

さだまった 定まった fijo(ja), determinado(da); (安定した) estable

さだまる 定まる determinarse, fijarse, estabilizarse

さだめる 定める establecer, determinar; (日時を) fijar

ざだんかい 座談会 coloquio 男, mesa redonda 女, tertulia 女

ざちょう 座長 (会議の) presidente(ta) 名; (演劇などの) líder 男女

さつ 札 billete 男 ‖100ユーロ~ billete de 100 euros 男 ♦札束 fajo de billetes 男

さつ 冊 ejemplar 男, copia 女 ‖1~の本 un libro 男

ざつ 雑 ‖~な chapucero(ra), poco esmerado(da), descuidado(da)

さつえい 撮影 fotografía 女, (映画) rodaje 男, filmación 女 ‖~する fotografiar; (映画) filmar, rodar

ざつおん 雑音 ruido 男

さっか 作家 escritor(tora) 名; (著者) autor(tora) 名

ざっか 雑貨 artículos diversos 男複

サッカー fútbol 男 ♦サッカー選手 futbolista 男女, jugador(dora) de fútbol 名 サッカーチーム equipo de fútbol 男

さっかい 殺害 ‖~する asesinar, matar

さっかく 錯覚 ilusión 女 ‖~する forjar(se) [concebir] una ilusión ‖目の~ ilusión óptica 女

ざっかや 雑貨屋 tienda 女; (掃除・大工道具など) droguería 女; (人) tende-

さつき 皐月 《植物》azalea 女
さっき hace poco, hace un rato [un momento]
ざっきょ 雑居 ‖~ビル edificio multiuso 男
さっきょく 作曲 composición musical 女 ‖~する componer ◆作曲家 compositor(tora) 男
さっきん 殺菌 esterilización 女 ‖~する esterilizar, desinfectar 《低温~する pasteurizar》
サックス saxófono 男, saxo 男
ざっくばらん ‖~な abierto(ta), franco(ca), directo(ta) ‖~に francamente, sinceramente ～に言えば francamente hablando
さっさと rápidamente, de prisa, enseguida
さっし 察し ‖彼は~がいい Es perspicaz [penetrante, agudo]. お~のとおり como has imaginado
ざっし 雑誌 revista 女
ざつじ 雑事 quehaceres 男複
ざっしゅ 雑種 híbrido 男, cruzado 男 ‖~の híbrido(da), mestizo(za)
さつじん 殺人 homicidio 男, asesinato 男 ‖~を犯す cometer un homicidio ◆殺人犯 asesino(na) 名, homicida 男女 殺人罪 delito de homicidio 男女 殺人事件 caso de asesinato 男 殺人未遂 tentativa de homicidio 女
さっする 察する imaginar, figurarse, suponer ‖~だろうと…らしい Imagino [Me figuro] que 《+直説法》
ざつぜん 雑然 ‖~とした desordenado(da), revuelto(ta) ～と confusamente, en desorden
ざっそう 雑草 malas hierbas 女複, maleza 女
さっそく 早速 enseguida, inmediatamente, ahora mismo
ざつだん 雑談 charla 女, cháchara 女 ‖~する charlar
さっちゅうざい 殺虫剤 insecticida 男
さっと (突然)de repente; (すばやく) ágilmente, rápidamente; (すぐ) de pronto, al momento
ざっと (およそ) más o menos; (大雑把に) someramente; (手短に) brevemente ‖~目を通す hojear, mirar por encima
さっとう 殺到 ‖~する abalanzarse, afluir, agolparse 応募者が~した Los solicitantes acudieron en tropel.
ざっとう 雑踏 gentío 男
さっぱり ‖英語は~わからない No comprendo nada de nada [ni jota] de inglés. 分かり~ 忘れる olvidarse de todo 気分が~する sentirse fresco(ca) ～した物が食べたい Quiero comer algo (de sabor) ligero [natural]. 彼は~した性格だ Tiene un carácter franco.
ざっぴ 雑費 gastos varios [diversos]

さっぷうけい 殺風景 ‖~な desolado(da), insípido(da), prosaico(ca)
さつまいも 薩摩芋 batata 女,《中南米》camote 男
ざつむ 雑務 pequeños trabajos [quehaceres 男複], pequeñas obligaciones 女複
さて bueno, (ahora) bien, entonces
さてい 査定 tasación 女, valoración 女 ‖~する tasar, valorar
サディスト sádico(ca) 名
サディズム sadismo 男
さておき ‖冗談は~ bromas aparte 何は~ antes de nada
さと 里 pueblo 男, aldea 女
さといも 里芋 colocasia 女
さとう 砂糖 azúcar 男/女 ‖~不使用の sin azúcar ◆黒砂糖 azúcar negro 男 砂糖入れ azucarero 男
さどう 茶道 ceremonia del té 女
さどう 作動 funcionamiento 男 ‖~する funcionar, andar
さとうきび 砂糖黍 caña de azúcar 女
さとうだいこん 砂糖大根 remolacha 女
さとおや 里親 ⇨ 義父, 養母
さとご 里子 niño(ña) acogido(da) 名
さとす 諭す amonestar
さとり 悟り 《仏教》nirvana 女; (啓示) iluminación 女; (理解) comprensión 女 ‖~を開く descubrir la verdad absoluta
さとる 悟る comprender, entender; (認識)reconocer; (気づく) darse cuenta 《de》‖彼は悟ったようなことを言う Habla como si lo supiera todo. 悟ったような顔をする darse aires [dárselas] de sabio
サドル (自転車) sillín 男,《中南米》asiento 男
さなか 最中 ‖冬の~に en pleno invierno, en mitad del invierno
さなぎ 蛹 pupa 女, crisálida 女
サナトリウム sanatorio 男
さは 左派 izquierda 女;(人) izquierdista 男女 ‖~の izquierdista, de izquierda
さば 鯖 caballa 女
サバイバル supervivencia 女
さばき 裁き justicia 女; (判決) decisión 女, fallo 男
さばく 砂漠 desierto 男 ‖~化 desertización 女 ～化する desertizarse
さばく 裁く juzgar, hacer justicia
さばく 捌く (売る) vender; (処理する) despachar
さび 錆 orín 男, herrumbre 女, óxido 男 ‖~が付く oxidarse ～を落とす desherrumbrar, desoxidar ◆錆止め antioxidante 男
さびしい 寂しい solitario(ria), solo (la); (悲しい) triste; (場所が) apartado

さびしさ (da), retirado(da) ‖寂しくなる ponerse triste, entristecerse 寂しく思う sentirse solo(la) 君がいなくて～ Te echo de menos./Te extraño.

さびしさ 寂しさ soledad 囡

ざひょうじく 座標 coordenadas 囡複 ◆座標軸 eje de coordenadas 男

さびる 錆びる oxidarse ‖錆びている estar oxidado(da)

サファイア zafiro 男

サファリ ◆サファリパーク safari 男

サブタイトル subtítulo 男

サフラン azafrán 男

さべつ 差別 discriminación 囡; (隔離) segregación 囡 ‖～する discriminar ～的な discriminatorio(ria) ◆人種差別 discriminación racial 囡 性差別 discriminación sexual 囡 待遇差別 trato discriminatorio [desigual] 男

さほう 作法 modales 男複, maneras 囡複; (儀式等の) ceremonial 男

サポーター venda elástica 囡, rodillera 囡; (手首の) muñequera 囡; (サッカーなどの) aficionado(da) 名, hincha 男女, seguidor(dora) 名

サボタージュ sabotaje 男 ‖～をする sabotear, hacer sabotaje

サボテン cactus 男

サボる ‖授業を～ hacer novillos, fumarse la clase 仕事を～ fumarse el trabajo

さま 様 ‖彼女の着物姿は～になっている Ella está elegante con el quimono.

-さま -様 (男性の) señor; (女性の) señora; (未婚女性) señorita

ざま 様 ‖なんたる～だ ¡Qué vergüenza!/¿No te da vergüenza? ～を見ろ ¡Toma ya!/¡Te lo mereces!

さまざま 様々 ‖～な varios(rias), diversos(sas), variados(das)

さます 覚ます (目を) despertar(se); (酔いを) despejar ‖(迷いから) 目を覚ませ ¡Desengáñate!

さます 冷ます enfriar, entibiar

さまたげ 妨げ estorbo 男, obstáculo 男, impedimento 男

さまたげる 妨げる estorbar, impedir

さまよう 彷徨う vagar, errar

サミット Cumbre 囡 ‖地球～ Cumbre de la Tierra 囡

さむい 寒い frío(a) ‖今日は～ Hoy hace frío. (私は)～ Tengo frío.

さむがり 寒がり ‖～の friolero(ra)

さむけ 寒気 ‖～がする sentir [tener] escalofríos

さむさ 寒さ frío 男

さむざむ 寒々 ‖～とした helado(da), invernal

さめ 鮫 tiburón 男

さめる 覚める despertar(se); (迷いから) desengañarse ‖彼はもう酔いが覚めた Ya se le ha pasado [quitado] la borrachera.

さめる 冷める enfriarse, entibiarse ‖冷めたコーヒー café frío 男

さめる 褪める (色が) descolorarse

さも 然も ‖～得意げに con aire altivo, ostentosamente ～ありな Eso no me extrañará./Es natural[lógico(ca)].

サモア Samoa ‖～の samoano(na)

さもないと o, si no ‖急がないと, ～遅れるよ Date prisa o llegarás tarde.

さや 莢 (植物の) vaina 囡

さや 鞘 (刀の) vaina 囡

さやいんげん 莢隠元 judía verde 囡

ざやく 坐薬 supositorio 男

さゆう 左右 ‖～に a la derecha y la izquierda ～する influir 一生を～する大事件 acontecimiento que decide la suerte de toda la vida

さよう 作用 acción 囡; (効果) efecto 男 ‖～する actuar; (薬が) operar

さようなら Adiós./(また会いましょう) Hasta la vista./(また後ほど) Hasta luego./(また明日) Hasta mañana./(近いうちに) Hasta pronto.

さよく 左翼 (派) izquierda 囡; (人) izquierdista 男女; (飛行機・隊列の) ala izquierda 囡 ‖～の izquierdista

さら 皿 plato 男 ‖～を洗う lavar [fregar] los platos

さらいげつ 再来月 ‖～に dentro de dos meses

さらいしゅう 再来週 ‖～に dentro de dos semanas

さらいねん 再来年 ‖～に dentro de dos años

さらう 攫う (奪い去る) llevarse; (独占する) acaparar; (川底などを) rastrear

さらけだす 曝け出す revelar, poner al descubierto

ざらざら áspero(ra), rasposo(sa); (ほこりで) polvoriento(ta)

さらす 曝す exponer; (漂白する) blanquear ‖危険に身を～ arriesgar la vida

サラダ ensalada 囡 ◆サラダオイル aceite para ensalada 男 サラダ菜 lechuga para ensalada 囡

さらに 更に (なお一層) todavía [aún] más, cada vez más; (その上) además, encima

サラブレッド purasangre 男女, caballo de pura sangre [raza] 男

サラミ salami 男, salchichón 男

サラリー salario 男, sueldo 男, paga 囡

サラリーマン asalariado 男, empleado 男, oficinista 男女

ザリガニ cangrejo de río 男, ástaco 男

さりげない involuntario(ria), inconsciente ‖さりげなく sin afectación, con naturalidad, como si tal cosa

さる 猿 mono(na) 名 ◆猿芝居 farsa 囡 猿真似 imitación superficial 囡, remedo 男

さる 去る irse, marcharse

ざる 笊 cesta de bambú 囡, colador grande 男

さるぐつわ 猿轡 mordaza 囡 ‖～をかませる amordazar, poner una mordaza

サルビア salvia 囡

サルベージ salvamento 男 ～船 lancha de salvamento 囡

サルモネラきん -菌 salmonella 囡

さわ 沢（谷川）arroyo 男;（沼地）valle 男, marisma 囡, ciénaga 囡

さわがしい 騒がしい ruidoso(sa), bullicioso(sa), escandaloso(sa)

さわがせる 騒がせる alborotar, agitar, molestar ‖お騒がせしました Perdone por haberle causado tantas molestias.

さわぎ 騒ぎ alboroto 男, jaleo 男;（騒動）disturbio 男 ‖～を起こす armar un alboroto [jaleo], causar un escándalo …するどころの～ではない no es momento para .../ no hay por qué〔＋不定詞〕

さわぎたてる 騒ぎ立てる escandalizar

さわぐ 騒ぐ alborotar(se);（騒音）hacer [meter] ruido;（お祭り騒ぎ）armar una juerga

ざわつく agitarse, excitarse

さわやか 爽やか ‖～な fresco(ca), refrescante

さわる 触る tocar ‖～べからず〔掲示〕No tocar.

さわる 障る ‖身体に～ perjudicar [dañar] la salud 気に～ molestar, disgustar, ofender

さん 三・3 tres 男 ‖～番目の tercero(ra) ～分の1 un tercio 男, una tercera parte 囡

さん 酸 ácido 男 ‖～(性)の ácido(da) ◆酸化 oxidación 囡

さんか 参加 participación 囡 ‖～する participar《en》◆参加者 participante 男女 参加賞 recuerdo de participación

さんか 産科 tocología 囡, obstetricia 囡 ◆産科医 tocólogo(ga) 名

さんか 賛歌 himno 男

ざんがい 残骸 restos 男複;（建物の）escombros 男複, ruinas 囡複

さんかく 三角 triángulo 男 ‖～の triangular ◆三角形 triángulo 男

さんがく 山岳 cordillera 囡, sierra 囡 ‖～地帯 zona montañosa 囡

ざんがく 残額 saldo 男, resto 男

さんがつ 三月 marzo 男 ‖～に en marzo

さんかん 参観 ‖～する visitar

さんぎいん 参議院 Cámara Alta (de Senadores) 囡,《スペイン》Senado 男

さんきゃく 三脚 trípode 男

ざんぎゃく 残虐 ‖～な cruel, brutal, atroz

さんぎょう 産業 industria 囡 ‖～の industrial

ざんぎょう 残業 trabajo extra 男, horas extra 囡複 ‖2時間～する trabajar dos horas extra

ざんきん 残金 resto 男;（差引残高）saldo 男

サングラス gafas de sol 囡複

ざんげ 懺悔 confesión 囡 ‖～する confesarse《de》

さんご 珊瑚 coral 男 ◆サンゴ礁 arrecife coralino [de coral]

さんこう 参考 referencia 囡, consulta 囡 ‖～にする consultar, referir ～になる servir de referencia, ser útil (como referencia)《para》 ご～のために para su información ◆参考書 libro de consulta 男 参考資料 datos de referencia 男複 参考文献 bibliografía 囡

ざんこく 残酷 crueldad 囡, brutalidad 囡, atrocidad 囡 ‖～な cruel, brutal;（非人間的な）inhumano(na) ～に con crueldad, despiadadamente

さんさん 散々 ‖～な目にあう pasar un mal rato

さんじ 惨事 desastre 男, catástrofe 囡

さんじ 参事 consejero(ra) 名

さんじせいげん 産児制限 control de natalidad 男

さんじゅう 三十 treinta 男 ‖～番目の trigésimo(ma) ～分後に dentro de media hora, media hora después

さんじゅう 三重 triple 男 ‖～の triple

さんしゅつ 算出 ‖～する calcular

さんしゅつ 産出 producción 囡 ‖～する producir

さんしょう 参照 ‖～する consultar, ver

さんしょくすみれ 三色菫 pensamiento 男

ざんしん 斬新 ‖～な nuevo(va), original

さんすい 散水 riego 男 ◆散水車 camión regadera [de riego] 男

さんすう 算数 aritmética 囡;（数学）matemáticas 囡複

さんする 産する producir

さんせい 賛成 aprobación 囡, consentimiento 男, conformidad 囡 ‖～する aprobar, asentir, consentir ～である estar de acuerdo《con》動議は～多数により可決された La moción fue aprobada por una mayoría. ～の方は挙手願います Que levanten la mano quienes estén a favor. ～投票 voto a favor 男

さんせい 酸性 ‖～の ácido(da) ◆酸性雨 lluvia ácida 囡

さんせいけん 参政権 derechos políticos 男複

さんそ 酸素 oxígeno 男 ◆酸素マスク máscara de oxígeno 囡

さんそう 山荘 casa de campo 囡, villa 囡, chalet [chalé] (de montaña) 男

ざんぞう 残像 imagen consecutiva [persistente] 女

さんぞく 山賊 bandolero 男, bandido 男

ざんだか 残高 saldo 男 ‖銀行預金～ saldo bancario 男

サンタクロース Santa Claus 男, Papá Noel 男

サンダル sandalias 女複

さんだんとび 三段跳び triple salto 男

さんち 産地 lugar de origen 男, región productora 女

さんちょう 山頂 cumbre 女, cima 女

さんてい 算定 cálculo 男 ‖～する calcular; (見積る) estimar

ざんていてき 暫定的 ‖～な provisional, temporal, transitorio(ria)

サンドイッチ sándwich 男; (フランスパンの) bocadillo 男

さんどう 賛同 aprobación 女, asentimiento 男 ‖～する aprobar, asentir

ざんにん 残忍 brutalidad 女, crueldad 女 ‖～な brutal, cruel, desalmado(da)

ざんねん 残念 ‖～な lamentable, deplorable ～ながら desgraciadamente ～だ ¡Qué lástima! …なのは～だ sentir [lamentar] [[que + 接続法]], es (una) lástima [[que + 接続法]]

さんねんせい 三年生 estudiante de tercer curso [de tercer año, de tercero] 男女

サンバ 《音楽》(ブラジルの) samba 女

さんばい 三倍 triple 男, tres veces 女複 ‖～にする triplicar, multiplicar por tres

さんぱい 参拝 ‖～する ir a rendir culto a templo, ir al templo a rezar

さんばし 桟橋 embarcadero 男, muelle 男

さんぱつ 散髪 ‖～する cortarse el pelo

ざんぱん 残飯 sobras 女複 [restos 男複] de comida

さんび 賛美 alabanza 女, exaltación 女 ‖～する alabar, exaltar ◆賛美歌 himno 男

さんぴ 賛否 si o no, el pro o el contra, aprobación o rechazo ‖～両論 los pros y los contras それには～両論ある Hay opiniones a favor y en contra de ello. ～を問う someter a votación

ザンビア Zambia ‖～の zambiano(na)

さんぷ 散布 esparcimiento 男; (霧状の) pulverización 女 ‖～する esparcir, pulverizar

さんぷく 山腹 ladera 女, falda 女

さんふじんか 産婦人科 tocoginecología 女 ◆産婦人科医 tocoginecólogo(ga) 男女

さんぶつ 産物 producto 男; (成果) fruto 男, resultado 男

サンプル muestra 女, espécimen 男

さんぶん 散文 prosa 女 ‖～の[的な] prosaico(ca)

さんぽ 散歩 paseo 男 ‖～する pasear, dar un paseo [una vuelta] ～に出る[行く] salir [ir] de paseo ◆散歩道 paseo 男

さんぼう 参謀 oficial del estado mayor 男

サンマリノ San Marino ‖～の sanmarinense

さんまん 散漫 ‖～な distraído(da), despistado(da)

さんみ 酸味 acidez 女, agrura 女 ‖～のある ácido(da), agrio(gria)

さんみゃく 山脈 sierra 女, cordillera 女

さんゆこく 産油国 país productor de petróleo 男

さんらん 産卵 ‖～する poner un huevo; (魚が) desovar, frezar

さんらん 散乱 dispersión 女 ‖～する dispersarse, esparcirse

ざんりゅう 残留 ‖～する permanecer, quedarse

さんりんしゃ 三輪車 triciclo 男

さんれつ 参列 asistencia 女, presencia 女 ‖～する asistir 《a》 ◆参列者 asistente 男女, presente 男女

さんろく 山麓 ‖～に al pie de la montaña

し

し 四 ⇨四(よん)

し 市 ciudad 女, municipio 男 ‖～の municipal

し 死 muerte 女 ‖過労～ muerte por exceso de trabajo 女 ～の灰 cenizas letales [radiactivas] 女複

し 詩 (個々の詩) poema 男; (ジャンル) poesía 女; (詩句･韻文) verso 男

し 師 maestro(tra) 男女

-し 氏 señor 男; (氏族) familia 女

-し -史 historia 女 ‖日本～ historia de Japón 女

じ 字 letra 女, carácter 男; (筆跡) escritura 女 ‖～が上手[下手]だ tener (una) buena [mala] letra

じ 地 (地面) tierra 女, suelo 男; (布地) tela 女, tejido 男; (本性) naturaleza 女, carácter 男

じ 痔 《医学》hemorroides 女複, almorranas 女複

-じ -時 ‖3～ちょうどに a las tres en punto 2～半です Son las dos y media.

しあい 試合 (球技) partido 男; (格闘技) pelea 女, lucha 女, combate 男 ‖～をする jugar un partido 《contra》 ～に勝つ[負ける] ganar [perder] el partido

しあがる 仕上がる terminarse, quedarse acabado(da)

しあげ 仕上げ acabado 男; (絵などの)

しあげる retoque final ‖最後の～をする dar la última mano [los últimos toques]
しあげる 仕上げる acabar, terminar
しあさって 明々後日 dentro de tres días
しあつ 指圧 shiatsu 男, digitopuntura 女
しあわせ 幸せ felicidad 女, dicha 女 ‖～な feliz ～に暮らす vivir feliz, llevar una vida feliz
しあん 試案 plan piloto [de prueba] 男
しあん 思案 pensamiento 男, meditación 女, reflexión 女 ‖～する pensar《en, sobre》, considerar
じい 辞意 propósito de dimisión 男, intención de dimitir 女
シーアは -派 (イスラム教徒) los chiíes 男複
ジーエヌピー GNP producto nacional bruto 男(略 PNB)
シーエム CM anuncio publicitario 男
しいく 飼育 cría 女, crianza 女 ‖～する criar
じいしき 自意識 conciencia de sí mismo 女
シーズン temporada 女, época 女
シーズンオフ temporada baja 女
シーソー balancín 男, subibaja 男
シーツ sábana 女
シーッ ichis(t)!, ichitón!
シーティー CT ◆CTスキャン (医学) tomografía (axial) computarizada 女
シーディー CD disco compacto 男, CD 男 ◆CDロム CD-ROM, cederrón 男
しいてき 恣意的 ‖～な arbitrario(ria), caprichoso(sa)
シート (座席) asiento 男; (紙一枚) hoja 女; (覆い) funda 女, cubierta 女 ‖シルバー～ asiento reservado para ancianos y minusválidos 男 防水～ lona impermeable 女
シード preselección 女 ‖～する preseleccionar
シートベルト ‖～を締める abrocharse el cinturón de seguridad
ジーパン (pantalones) vaqueros [tejanos] 男複
シーピーユー CPU (中央処理装置) (情報) unidad central de proceso 男
ジープ todoterreno 男, jeep 男(複)
シーフード pescados y mariscos 男複
しいる 強いる obligar, forzar
シール pegatina 女; (封印) sello 男
しいれ 仕入れ compra 女, surtido 男
しいれる 仕入れる comprar, surtirse《de》
しいん 子音 consonante 女
しいん 死因 causa de la muerte 女
シーン escena 女
じいん 寺院 (仏教) templo 男
ジーンズ ⇨ジーパン

しうんてん 試運転 prueba 女, viaje de prueba 男
シェア participación (en el mercado) 女
しえい 市営 ‖～の municipal
しえい 私営 ‖～の privado(da)
じえい 自衛 defensa propia 女, autodefensa 女 ‖～する defenderse 一手段を講じる (国家) tomar medidas de autodefensa; (個人) tomar medidas para defenderse ◆自衛権 derecho de defensa 男 自衛隊 Fuerzas (Japonesas) de Autodefensa 女複 陸[海上, 航空]自衛隊 Fuerzas Terrestres [Navales, Aéreas] de Autodefensa 女複
しえき 使役 ‖～動詞 verbo factitivo [causativo] 男
シェービング ◆シェービングクリーム crema de afeitar 女 シェービングフォーム espuma de afeitar 女
ジェスチャー gesto 男, gesticulación 女, mímica 女, ademán 男
ジェット ◆ジェットエンジン motor de reacción 男, reactor 男 ジェット機 reactor 男, avión a [de] reacción 男
ジェットコースター montaña rusa 女
ジェトロ JETRO Organización de Comercio Exterior del Japón
ジェネレーション generación 女
シェパード pastor alemán 男
シェフ chef 男女, jefe(fa) de cocina 男女
シェリーしゅ -酒 jerez 男
シェルター 核～ refugio antiatómico 男
しえん 支援 apoyo 男, ayuda 女 ‖～する apoyar
しお 塩 sal 女 ‖～をふる echar [poner] sal《a》 ～で味をつける salar, condimentar con sal ◆塩入れ salero 男 塩鮭 salmón salado 男 塩水 agua salada 女
しお 潮 marea 女; (潮流) corriente marina 女 ‖～が満ちる[引く] subir [bajar] la marea
しおかぜ 潮風 brisa marina [del mar] 女
しおからい 塩辛い salado(da)
しおづけ 塩漬け salazón 女 ‖～にする salar, poner en salmuera
しおどき 潮時 tiempo (oportuno) 男, momento oportuno [propicio] 男
しおひがり 潮干狩り ‖～に行く ir a (re)coger mariscos a la playa durante la marea baja
しおり 栞 marcador (de páginas) 男, señalador (de libros) 男
しおれる 萎れる marchitarse, ponerse mustio(tia), ajarse《萎れている estar marchito(ta)》
しか 鹿 ciervo 男, venado 男
しか 歯科 odontología 女 ◆歯科医 dentista 男女, odontólogo(ga) 名 歯科技工士 protésico(ca) dental

しか 市価 precio de mercado 男
-しか sólo, solamente ‖3時間～寝ていない No dormí más que tres horas.
じか 直 ‖～に directamente, de primera mano, personalmente
じか 時価 precio actual [del día, corriente] 男
じが 自我 ego 男, yo 男 ‖～が強い egoísta
しかい 司会 ‖～する presidir, actuar de presentador(dora) ◆司会者 (会議の) presidente(ta) 男; (討論会の) moderador(dora) 男; (番組の) presentador(dora) 男
しかい 視界 campo visual [de visión] 男, visibilidad 女 ‖～良好[不良] buena [mala] visibilidad ‖～ゼロ visibilidad cero [nula] 女
しがい 市街 calle 女, barrio 男 ◆市街戦 combate callejero 男 市街地図 plano de la ciudad 男
しがい 市外 ‖～に en las afueras [los alrededores] de la ciudad, en las afueras 局番 prefijo 男 ◆市外通話 conferencia 女
じかい 次回 la próxima vez, la vez siguiente
しがいせん 紫外線 rayos ultravioleta(s) 男複
しかえし 仕返し venganza 女, desquite 男, revancha 女 ‖…の～をする vengarse de [por, en]…
…しかかっている estar a punto de [＋不定詞], estar por [＋不定詞]
しかく 資格 (地位・職業) calificación 女, calidad 女, título 男; (法的) capacidad 女; (権利) derecho 男; (能力) competencia 女; (要件) requisito 男; (許可) autorización 女, permiso 男 ‖～のある calificado(da), titulado(da) …の～を取る obtener el título de… …する～がある estar cualificado(da) para [＋不定詞], tener derecho a [＋不定詞] …の～で en calidad de… ◆資格検定試験 examen de capacidad 男 資格審査 examen de calificación 男 有資格者 titulado(da) 名, persona cualificada 女
しかく 四角 (正方形) cuadrado 男; (四辺形) cuadrilátero 男 ‖～い cuadrado(da), rectangular
しかく 視覚 sentido de la vista 男, visión 女, vista 女 ‖～の visual
しがく 史学 historia 女
しがく 私学 escuela privada 女; (私立大学) universidad privada 女
しがく 詩学 poética 女
じかく 自覚 conciencia 女 ‖～する tener conciencia [ser consciente] 《de》
しかけ 仕掛け dispositivo 男, mecanismo 男, artefacto 男
しかし pero; (しかしながら) sin embargo, no obstante
じがじさん 自画自賛 autobombo 男
じき 直 ‖～に pronto, enseguida, ‖～する alabarse a sí mismo(ma)
じかせい 自家製 ‖～の casero(ra)
じがぞう 自画像 autorretrato 男
したた 仕方 manera 女, modo 男, forma 女 ‖…の～ modo [manera 女] de [＋不定詞] ‖～がない No hay [queda] más [otro] remedio./¡Qué le vamos a hacer! ‖～なく sin ganas, de mala gana, contra su voluntad
…しかちである estar inclinado(da) a [＋不定詞]
しがつ 四月 abril 男 ‖～に en abril
じかつ 自活 independencia económica 女 ‖～する mantenerse a sí mismo(ma), independizarse económicamente
しかつめらしい serio(ria); (形式ばった) solemne; (深刻な) grave
しかつもんだい 死活問題 cuestión de vida o muerte 女, cuestión crucial 女
しかみつく agarrarse [abrazarse]
しかめる 顰める ‖顔を～ hacer muecas, torcer el gesto [la cara], fruncir [torcer] el ceño
しかも …y además
じかようしゃ 自家用車 automóvil particular 男
しかる 叱る reprender, reñir, regañar ‖叱られる ser reprendido(da)
しかん 士官 oficial 男女 ◆下士官 suboficial 男
しがん 志願 ‖～する solicitar; (申し出る) ofrecerse ‖＋不定詞] ◆志願者 aspirante 男女, solicitante 男女, candidato(ta) 名 志願兵 voluntario(ria) 名
じかん 時間 (時) tiempo 男; (単位) hora 女 ‖2～で en dos horas ‖この仕事は～がかかる Este trabajo requiere mucho tiempo. ～がない no tener tiempo …するのに～がかかる tardar (＋時間) en [＋不定詞] …する～だ Ya es hora de… ～どおりに着く llegar a tiempo ～を割く dedicar tiempo 《を》 ～を潰す hacer [matar] el tiempo ～を無駄にする gastar [perder] el tiempo ～に正確である ser puntual ◆時間割 horario escolar [de clases] 男 現地時間 hora local 女
しき (儀式) ceremonia 女, acto 男; (宗教的) rito 男; (数式) expresión 女, fórmula 女; (方式) método 男 ‖フランス～の[に] al estilo francés, a la francesa, a lo francés ◆式次第 programa de la ceremonia 男
しき 四季 cuatro estaciones (del año) 女複
しき 指揮 mando 男, dirección 女 ‖～する mandar, dirigir ◆指揮官 comandante 男 指揮者 (音楽) director(tora) (de la orquesta) 名 指揮棒 batuta 女

じき dentro de poco 彼はもう~30歳になります Ronda los [Tiene casi] treinta años.

じき 時期 tiempo 男, época 女, temporada 女 ‖毎年この~には en esta época del año ~が来たら話します Te lo diré cuando llegue el momento. ~が来れば分かる El tiempo dirá. ~尚早な prematuro(ra)

じき 時機 ocasión 女, oportunidad 女 ‖~をうかがう esperar el momento oportuno [favorable]

じき 磁気 magnetismo 男 ‖~を帯びた magnético(ca)

じき 磁器 porcelana 女

しきい 敷居 umbral 男 ‖~を跨ぐ pasar [atravesar] el umbral

しきいし 敷石 losa 女, adoquín 男 ‖~を敷いた enlosado(da)

しききん 敷金 fianza 女, depósito 男

しきさい 色彩 color 男, colorido 男 ‖~豊かな colorido(da), lleno(na) de color (de colorido) ◆色彩感覚 sentido del color

しきじ 式辞 ‖~を述べる pronunciar un discurso (en una ceremonia)

しきりつ 識字率 tasa de alfabetización 女

しきしゃ 識者 sabio(bia) 名, erudito(ta) 名, intelectual 男

しきじょう 式場 sala de ceremonias 女; (結婚式場) salón de bodas 男

しきそ 色素 pigmento 男, colorante 男

しきち 敷地 terreno 男, solar 男 ‖大学の~内に en el recinto [campus] de la universidad

しきちょう 色調 matiz 男, tono 男; (美術) tonalidad 女, matización 女

しきてん 式典 ceremonia 女

じきひつ 直筆 ‖~の autógrafo(fa)

しきふく 式服 traje de etiqueta [de gala] 男

しきべつ 識別 ‖AとBを~する distinguir [discernir] A de B

しきもの 敷物 alfombra 女; (部屋全体の) moqueta 女

じぎゃく 自虐 masoquismo 男

しきゅう 支給 ‖~する (賃金) pagar; (品物) suministrar

しきゅう 至急 ‖~の urgente, apremiante, de urgencia 大~ con toda [la mayor] urgencia

しきゅう 子宮 útero 男, matriz 女

じきゅう 時給 pago por hora 男 ‖~1000円稼ぐ cobrar mil yenes por hora

じきゅうじそく 自給自足 autosuficiencia 女; (一国の) autarquía 女

じきゅうりょく 持久力 aguante 男, resistencia 女

しじょう 市況 estado del mercado 男; (株式の) situación de la bolsa 女

じきょう 自供 confesión 女 ‖~する confesar [reconocer] (su delito)

じぎょう 事業 empresa 女, negocio 男 ‖~を起こす fundar [montar] una empresa ~を営む administrar una empresa, llevar [manejar] un negocio

しぎょうしき 始業式 ceremonia de inauguración 女

しきょく 支局 sucursal 女, delegación 女

じきょく 時局 situación [coyuntura] actual 女, estado actual 男

しきり 仕切り división 女, tabique 男, separador 男

しきりに 頻りに (頻繁に) a menudo, con mucha frecuencia; (熱心に) ansiosamente

しきん 資金 fondos 男複, recursos 男複; (資本金) capital 男

しきんせき 試金石 piedra de toque 女, prueba 女

しく 敷く poner, echar; (鉄道を) construir; (広げる) extender ‖道に砂利を~ (re)cubrir el camino con grava

じく 軸 eje 男, árbol 男; (旋回軸) pivote 男

しぐさ 仕種・仕草 ademán 男, gesto 男; (ふるまい) conducta 女

ジグザグ ‖~に進む avanzar en [de] zigzag, zigzaguear

しくしく ‖~泣く lloriquear, gimotear 胃が~痛む sentir un dolor sordo y continuo de estómago

しくじる fracasar, salir mal

ジグソーパズル rompecabezas 男 (単複)

シグナル señal 女; (信号機) semáforo 男

しくみ 仕組み estructura 女, mecanismo 男, dispositivo 男

シクラメン ciclamen 男

しぐれ 時雨 llovizna (de finales de otoño) 女

じけ 時化 temporal 男, tormenta 女, tiempo borrascoso 男

しけい 死刑 pena capital [de muerte] 女 ‖被告に~を宣告する condenar al acusado a muerte ~を執行する ejecutar [aplicar] la pena de muerte ◆死刑囚 condenado(da) a muerte 名

しげき 刺激 estímulo 男, incentivo 男; (興奮) excitación 女; (推進) impulso 男 ‖~する estimular, excitar; (挑発) provocar ~的な estimulante; (興奮) excitante; (扇情的) sensacional; (挑発的) provocativo(va) ~物[剤] estimulante, excitante

しげみ 茂み (木の) espesura 女; (潅木・草の) maleza 女

しける 湿気る humedecerse, ponerse húmedo(da), (食べ物が) revenirse

しける 時化る agitarse, encresparse ‖海が時化ている El mar está agitado

しげる [encrespado].

しげる 茂る ‖茂った frondoso(sa), espeso(sa)

しけん 試験 examen 男, prueba 女, test 男 ‖~を受ける hacer [realizar] un examen, presentarse al examen ~をする examinar, poner un examen ~に合格する pasar [aprobar] el examen ~に落ちる suspender el examen ~的に experimentalmente, a prueba ◆**試験飛行** vuelo de prueba [de ensayo] 男 **試験管** tubo de ensayo 男, probeta 女

しげん 資源 recursos 男複 ‖天然~ recursos naturales 男複 人的~ recursos humanos 男複

じけん 事件 caso 男; (事柄) asunto 男; (出来事) suceso 男, acontecimiento 男 ‖~に巻き込まれる verse implicado(da) [involucrado(da)] en un suceso ~を捜査する investigar el caso

じげん 次元 (物理, 数学) dimensión 女 ‖~の違う de otro orden [otra categoría] 2~の 2の dos dimensiones, bidimensional

じげんばくだん 時限爆弾 bomba de tiempo [de relojería] 女

じこ 事故 accidente 男, desgracia 女, incidente 男 ‖不慮の~に遭う sufrir [tener] un accidente inesperado ~を起こす causar [ocasionar] un accidente ◆**事故死** muerte por accidente 男 **交通事故** accidente de tráfico 男

じこ 自己 auto-; (自分自身) sí mismo(ma) ‖~紹介をする presentarse a sí mismo(ma) ~満足 autosatisfacción 女 ~嫌悪に陥る odiarse [sentir odio] a sí mismo(ma) ~中心的な egocéntrico(ca)

しこう 思考 pensamiento 男, idea 女 ‖~力 facultad [capacidad] de pensar 女

しこう 志向 aspiración 女, intención 女, orientación 女 ‖~する aspirar 〈a〉, orientarse 〈a, hacia〉

しこう 施行 ‖法律を~する poner una ley en vigor

しこう 嗜好 gusto 男 ◆**嗜好品** pequeños placeres 男複; (贅沢品) artículos de lujo 男複

じこう 時効 prescripción 女 ‖~になった prescrito 男 10年で~になる prescribir [extinguirse por prescripción] a los diez años

じごう 次号 número siguiente 男

じこく 時刻 hora 女, tiempo 男 ‖出発[到着]~ hora de salida [de llegada] 女 ◆**時刻表** horario 男

じごく 地獄 infierno 男 ‖~の(ような) infernal, del infierno

しごと 仕事 trabajo 男, labor 女; (任務) tarea 女, cargo 男; (雇用) empleo 男, colocación 女; (職業) profesión 女, ocupación 女 ‖~をする trabajar ~ができる hacer bien su trabajo, ser eficiente en el trabajo (会話) おー は何ですか ¿Cuál es su profesión?/¿A qué se dedica Ud.?

しこむ 仕込む entrenar, enseñar

しさ 示唆 ‖~する sugerir, insinuar ~に富む sugestivo(va)

じさ 時差 diferencia horaria 女, horas de diferencia 女 ‖~ぼけ desfase horario 男

しさい 司祭 sacerdote 男, cura 男

じざけ 地酒 sake de producción local 男, vino de la tierra 男

しさつ 視察 inspección 女, observación 女 ‖~旅行 visita de inspección 女 ~する inspeccionar, hacer [realizar] una inspección

じさつ 自殺 suicidio 男 ‖~する suicidarse, quitarse la vida

しさん 資産 bienes 男複, propiedades 女複, fortuna 女

じさん 持参 ‖~する traer [llevar] consigo ◆**持参金** dote 女 (男)

しじ 指示 indicación 女, instrucción 女 ‖~する indicar, dar instrucciones ~代名詞[形容詞] pronombre [adjetivo] demostrativo

しじ 支持 apoyo 男; (後援) respaldo 男 ‖~する apoyar, respaldar ~を得る[失う] obtener [perder] el apoyo ◆**支持者** seguidor(dora) 名, partidario(ria) 名

じじ 時事 actualidad 女, sucesos actuales 男複 ◆**時事問題** cuestiones 女複 [problemas 男複] de actualidad

ししつ 資質 cualidades 女複, don 男

じじつ 事実 hecho 男, verdad 女, realidad 女 ‖~に基づいた basado(da) en los hechos, fundamentado(da) en la verdad ~上 de hecho ~無根の噂 rumor infundado [sin base] 男

ししゃ 支社 sucursal 女

ししゃ 死者 muerto(ta) 名

ししゃ 使者 mensajero(ra) 名, enviado(da) 名

ししゃかい 試写会 preestreno 男

じしゃく 磁石 imán 男

ししゃごにゅう 四捨五入 ‖~する redondear (la cifra)

じしゅ 自首 ‖~する entregarse a la policía

ししゅう 刺繡 bordado 男, bordadura 女 ‖~する bordar ◆**刺繡糸** hilo de bordar 男

ししゅう 詩集 colección de poemas 女, antología poética 女

ししゅう 始終 del principio al fin, de cabo a rabo; (いつも) todo el tiempo

じしゅう 自習 ‖~する estudiar solo [a solas]

しじゅうそう 四重奏 cuarteto 男

ししゅうびょう 歯周病 periodontitis 女

じしゅきせい 自主規制 control voluntario 男, autocontrol 男

ししゅつ 支出 gasto, desembolso 男, 《中南米》egreso 男 ‖~する gastar, desembolsar

じしゅてき 自主的 ‖~な (自発的) voluntario(ria); (独立した) independiente

ししゅんき 思春期 adolescencia 女, pubertad 女

ししょ 司書 bibliotecario(ria) 名

じしょ 辞書 diccionario 男

じしょ 地所 terreno 男, tierra 女

じじょ 次女 segunda hija 女

ししょう 支障 obstáculo 男, impedimento 男, inconveniente 男

しじょう 市場 mercado 男 ‖~に出回る salir al mercado ‖~を開拓する explotar el mercado ◆市場経済 economía de mercado 女 市場調査 estudio de mercado 男

じしょう 自称 ‖弁護士と~する hacerse pasar por abogado(da)

じじょう 事情 circunstancias 女複, situación 女; (理由) razón 女 ‖やむを得ぬ~で por circunstancias [causas] inexcusables [inevitables] 家庭の~で por razones [asuntos] familiares ‖~が許せば si las circunstancias lo permiten

じじょう 自乗 《数学》cuadrado 男, segunda potencia 女 ‖~する cuadrar, elevar al cuadrado

ししょうしゃ 死傷者 muertos y heridos 男複;(犠牲者) víctimas 女

ししょく 試食 degustación 女, cata 女 ‖~する probar, degustar, catar

じしょく 辞職 dimisión 女, renuncia 女 ‖~する dimitir 総~する dimitir en pleno [en bloque]

じじょでん 自叙伝 autobiografía 女

ししょばこ 私書箱 apartado (postal) [de correos] 男

ししん 指針 directrices 女複; (手引き) guía 女;(磁石の) aguja 女 ‖~となる servir de guía

しじん 詩人 poeta 男;(女流) poetisa 女

じしん 自信 confianza en sí mismo(ma) 女 ‖~をつける[なくす] desarrollar [perder] la confianza en sí mismo(ma) ‖~がある[ない] tener [no tener] confianza en sí mismo(ma) ‖…する~がある estar seguro(ra) de 〖+不定詞〗

じしん 地震 terremoto 男, seísmo 男, sismo 男 ‖震度3の~ terremoto de intensidad tres 男

じしん 自身 ‖彼~ él mismo

ジス JIS (日本工業規格) Normas Industriales de Japón 女複

しすい 自炊 ‖~する hacerse [prepararse] la comida

しすう 指数 índice 男; 《数学》exponente 男 ‖物価~ índice de precios 男

しずか 静か ‖~な silencioso(sa), tranquilo(la); (寡黙) callado(da) ‖~に silenciosamente, tranquilamente, en calma ‖~にしろ！ ¡Silencio!¡A callar!

しずく 滴・雫 gota 女

しずけさ 静けさ silencio 男, tranquilidad 女, calma 女

システム sistema 男 ‖~エンジニア ingeniero(ra) de sistemas 名

じすべり 地滑り corrimiento [deslizamiento, desprendimiento] de tierras 男

しずまる 静まる・鎮まる tranquilizarse, sosegarse; (痛み・風が) calmarse

しずむ 沈む hundirse, sumirse; (船が) irse a pique; (日が) ponerse; (気分が) deprimirse

しずめる 静める・鎮める calmar, tranquilizar, sosegar; (騒ぎを) sofocar, reprimir

しずめる 沈める hundir, sumergir

しせい 姿勢 postura 女, posición 女; (態度) actitud 女, (ポーズ) pose 女 ‖正しい~で con la espalda recta [erecta] ‖~を正す enderezarse

しせい 施政 ◆施政方針演説 discurso sobre la política administrativa 男

じせい 自制 autocontrol 男, autodominio 男 ‖~する controlarse, dominarse, contenerse

じせい 時勢 tiempos 男複, época 女

じせい 《言語》tiempo 男

しせいかつ 私生活 vida privada [íntima] 女

しせき 史跡 monumento [lugar] histórico 男; (遺跡) restos 男複, ruinas 女複

しせつ 施設 establecimiento 男, institución 女, instalación 女 ‖スポーツ[文化]~ instalación deportiva [cultural] 女

しせつ 使節 enviado(da) 名, mensajero(ra) 名, delegado(da) 名 ◆使節団 delegación 女, misión 女, legación 女

しせん 視線 mirada 女, vista 女

しせん 支線 línea secundaria 女, ramal 男

しぜん 自然 naturaleza 女 ‖~の[な] natural; (自然発生的) espontáneo(a); (生来の) innato(ta) ‖~の営み obra de la naturaleza ‖~に de forma natural, con naturalidad; (ひとりでに) (por sí) solo(la), espontáneamente ◆自然科学 ciencias naturales 女複 自然現象 fenómeno natural 男 自然保護[破壊] conservación [destrucción] de la naturaleza 女

じぜん 事前 ‖~に antes, previamente, de antemano

じぜん 慈善 caridad 女, beneficencia 女 ‖~の benéfico(ca), caritativo(va)

しそ 紫蘇 ajedrea 女

しそう 思想 ideas 女複, 〖集合的〗pensamiento 男; (イデオロギー) ideolo-

-しそうだ 思想家 pens*ador*(*dora*) 名, ideólo*go*(*ga*) 名 思想弾圧 represión de la libertad ideológica
-しそうだ 《雨》❶降り出し〜 Parece que va a llover./Amenaza lluvia.
しそうのろうろう 歯槽膿漏 piorrea alveolar 女
じそく 時速 velocidad por hora 女 ‖〜60キロで運転する conducir a sesenta kilómetros por hora
じぞく 持続 duración 女 ‖〜する durar, continuar 〜的な dura*dero*(*ra*), perdurable 〜可能な成長 crecimiento sostenible 男
しそん 子孫 descendiente 男女, 〖集合的〗 descendencia 女
じそんしん 自尊心 amor propio 男, autoestima 女, orgullo 男, dignidad 女
した 下 parte inferior 女 ‖〜の = de abajo; (下位の) menor (que), inferior (a) …の〜に debajo de... 〜に[へ] abajo ネコはベッドの〜にいる El gato está debajo de la cama.
した 舌 lengua 女 ‖〜がもつれる trabárseLE la lengua 〜を出す sacar la lengua ▶舌を巻く quedarse maravill*ado*(*da*) [boquiabi*erto*(*ta*)]
しだ 羊歯 helecho 男
したい 肢体 ‖〜不自由児 niño(ña) minusváli*do*(*da*) [discapaci*tado*(*da*)] 名
したい 死体 cadáver 男, cuerpo muerto 男; (動物の腐った) carroña 女
-したい querer [desear, tener ganas de] 〖+不定詞〗
しだい 次第 ‖〜に gradualmente, poco a poco 家に着き〜 nada más llegar a casa すべて事と〜による Todo depende de las circunstancias.
じたい 辞退 ‖〜する rechazar, rehusar, declinar
じたい 事態 situación 女, estado de cosas 男, circunstancias 女
じだい 時代 época 女, tiempo 男, era 女, edad 女 ‖〜を反映した reflejar [anticiparse a] la edad 古きよき〜 buenos tiempos de antes 男複 〜遅れの anticu*ado*(*da*), pas*ado*(*da*) de moda 明治の〜 en la era de Meiji 鉄器〜 Edad de Hierro ◆**時代錯誤** anacronismo 男
したう 慕う adorar, amar, sentir cariño (por)
したうけ 下請け subcontrato 男 ‖〜に出す subcontratar ◆**下請け業者** subcontratista 男女
したうち 舌打ち chasquido de la lengua 男 ‖〜する chascar [chasquear] la lengua
したがう 従う (ついて行く) seguir, acompañar; (服従する) obedecer; (服従する) someterse (a); (守る) observar, respetar ‖忠告に〜 seguir su consejo
したがき 下書き borrador 男
したがって 従って por eso, por (lo) tanto, por consiguiente, de modo que; (…に従って) según..., de acuerdo con...
したぎ 下着 ropa interior 女
したく 支度 preparativos 男複, preparación 女 ‖〜する preparar, hacer preparativos
じたく 自宅 su casa 女, su domicilio 男 ‖〜で仕事をする trabajar en casa 〜にいる estar en casa
したごころ 下心 segunda intención 女 ‖〜がある tener un motivo oculto [una segunda intención]
したごしらえ 下ごしらえ preparativos 男複, preparación previa 女 ‖〜をする preparar previamente
したじ 下地 (基礎) base 女, fundamento 男
したしい 親しい ínti*mo*(*ma*), familiar, entrañable ‖親しくなる hacerse ami*go*(*ga*) (de), hacer amistad (con) 親しくする ser ami*go*(*ga*) (de) 親しく話す con familiaridad, con confianza
したじき 下敷き ‖車の〜になる quedarse aplast*ado*(*da*) por un coche
したしみ 親しみ amistad 女, familiaridad 女; (好感) simpatía 女
したしらべ 下調べ estudio previo 男; (予習) preparación 女
-しだす comenzar [empezar] a 〖+不定詞〗
したたか ‖〜な astu*to*(*ta*); (不屈な) du*ro*(*ra*)
したたらず 舌足らず ‖〜な説明 explicación somera e insuficiente 女 〜に話す hablar sin vocalizar bien
したたる 滴る gotear, chorrear
したつづみ 舌鼓 ‖〜を打つ comer con gusto [con deleite]
したっぱ 下っ端 subalter*no*(*na*) 名, subordin*ado*(*da*) 名, inferior 男女
したて 下手 ‖〜に出る comportarse con humildad [modestia] (hacia, con)
-したて ‖彼は結婚〜である Está recién casado.
-したとたん -した途端 nada más 〖+不定詞〗
したどり 下取り ‖〜する aceptar un artículo usado como parte del pago al vender otro nuevo
したなめずり 舌なめずり ‖〜する relamerse
したぬり 下塗り primera mano [capa] de pintura 女
したはら 下腹 bajo vientre 男; 《解剖》 hipogastrio 男
したび 下火 ‖〜になる extinguirse, apagarse; (人気が) caer, disminuir
したびらめ 舌平目 lenguado 男
-したほうがよい ser mejor 〖+不定詞, que+接続法〗‖そう〜ですよ Es

したまち 下町 barrio popular 男
したまわる 下回る (…より) ser inferior a…, estar (por) debajo de…, 成績は予想を大いに～ものだった Las notas fueron mucho más bajas de lo que yo esperaba.
したみ 下見 ‖～する inspeccionar con anticipación, hacer una inspección preliminar [previa]
したむき 下向き ‖～になる (うつ伏せに) ponerse boca abajo; (相場が) bajar, declinar, decaer
じだらく 自堕落 ‖～な indecente, disoluto(ta)
じだん 示談 arreglo [acuerdo] extrajudicial ‖～にする arreglar amistosamente sin acudir a los tribunales
じだんだ 地団太 ‖～を踏む patear, dar patadas en el suelo
しち 七 ⇨ 七(な)
しち 質 empeño 男; (担保) prenda 女 ‖～に入れる empeñar ♦質屋 casa de empeños 女; (人) prestamista 男女
じち 自治 autonomía 女, municipalidad 女 ♦地方自治体 autonomía 女, municipalidad 女
しちがつ 七月 julio 男 ‖～に en julio
しちじゅう 七十 ⇨ 七十(ななじゅう)
しちめんちょう 七面鳥 pavo(va) 名
しちゃく 試着 ‖～する probarse ♦試着室 probador 男
しちゅう 支柱 soporte 男, puntal 男, sostén 男
シチュー estofado 男, guisado 男 ‖ビーフ～ estofado [guisado] de ternera 男
しちょう 市長 alcalde 男; (女性) alcaldesa 女
しちょう 自嘲 ‖～する burlarse [reírse] de sí mismo(ma)
しちょうかく 視聴覚 ‖～の audiovisual
しちょうしゃ 視聴者 televidente 男女, telespectador(dora) 名, [集合的] audiencia 女
しちょうそん 市町村 municipalidades 女複 ‖～の municipal
しちょうりつ 視聴率 índice 男 [cuota 女] de audiencia
しつ 質 calidad 女 ‖～のいい[悪い] de buena [mala] calidad ～的な cualitativo(va)
しっ ¡Chis!; ¡Chist!; ¡Chitón!
じつ 実 ‖～に realmente, verdaderamente, de verdad ～は de hecho, a decir verdad, la verdad es que ‖[＋直説法] ～の母 verdadera madre 女
しつう 歯痛 dolor de muelas 男
じつえき 実益 beneficio 男, lucro 男, utilidad 女 ～を兼ねた趣味 pasatiempo lucrativo 男
じつえん 実演 demostración 女, actuación 女 ‖～をする demostrar

じっか 実家 casa paterna [de los padres] 女
しっかく 失格 descalificación 女 ‖～する ser descalificado(da), descalificar(do/da)
しっかり (堅固に) sólidamente, (強く) fuertemente, (きちんと) como debe ser; (十分に) mucho ‖～した firme, sólido(da), fuerte; (信頼できる) de confianza ～しろ (元気だせ) ¡Ánimo!; (諦めるな) ¡No te rindas!
じっかん 実感 ‖～する experimentar, sentir, darse cuenta 《de》
しっき 漆器 laca 女, vajilla de laca japonesa 女
しつぎおうとう 質疑応答 preguntas y respuestas 女複
しっきゃく 失脚 caída 女 ‖～する caer, perder su posición [puesto]
しつぎょう 失業 desempleo 男, paro 男 ‖～している estar en el paro [sin trabajo] ～する perder el trabajo, quedarse sin trabajo ♦失業者 desempleado(da) 名 失業対策 medidas contra el desempleo 女複 失業手当 subsidio de desempleo 男 失業保険 seguro de desempleo 男 失業率 índice 男 [tasa 女] de desempleo
じつぎょう 実業 negocio 男; (商業) comercio 男 ♦実業家 hombre 男 [mujer 女] de negocios, empresario(ria) 名, industrial 男女 実業界 mundo de los negocios 男
じっきょうほうそう 実況放送 transmisión en directo 女 ‖～の… de…transmitir…en directo
シックな elegante, de buen gusto
しっくい 漆喰 yeso 男; (仕上げ用) estuco 男
じっくり cuidadosamente, con calma ‖～考える pensar detenidamente
しつけ 躾 disciplina 女, educación 女, modales 男複 ‖～のよい[悪い] bien [mal] educado(da)
しっけ 湿気 humedad 女 ‖～のある húmedo(da)
じっけい 実刑 pena de prisión 女 ‖彼は懲役5年の～判決を受けた Le [Lo] condenaron a tres años de cárcel [prisión].
しつける 躾ける educar
しつげん 失言 desliz 男, lapsus linguae 男 ‖失言する irse de la lengua, tener una inconveniencia
じっけん 実験 experimento 男, prueba 女, ensayo 男, [集合的] experimentación 女 ‖～をする experimentar, hacer experimentos, ensayar ～的な experimental ♦実験室 laboratorio 男 実験装置 equipo de laboratorio 男
じつげん 実現 realización 女, cumplimiento 男, ejecución 女 ‖～する realizar, llevar a cabo ～可能な realizable, factible, viable
しつこい (執拗な) insistente, perti-

しっこう 執行 ejecución 囡, ‖~する ejecutar ◆執行委員会 comité ejecutivo 男 執行猶予 suspensión de la ejecución de la condena

しっこう 失効 extinción 囡, ‖~する extinguirse

じっこう 実行 práctica 囡, realización 囡, ejecución 囡, ‖~する realizar, poner [llevar a la] práctica 彼は~力がある Es un hombre de acción.

じっさい 実際 ‖~に realmente, en efecto, de hecho, verderamente ~の real, verdadero(ra) ~的な práctico(ca), real ~には en realidad, a decir verdad

じつざい 実在 existencia 囡 ‖~する existir ~の real, existente, de carne y hueso

しっさく 失策 error 男, fallo 男, equivocación 囡

じっし 実施 práctica 囡; (法律などの) entrada en vigor 囡 ‖~する realizar, llevar a cabo; (法律などを) poner en vigor

じっしつ 実質 su(b)stancia 囡, esencia 囡 ‖~的な substancial, esencial, sustantivo(va) ◆実質金利 tasa de interés real 実質賃金 salario real 男

じっしゅう 実習 prácticas 囡複, ejercicios 男複; (授業) clase [enseñanza] práctica 囡 ◆実習生 aprendiz(diza) 名, persona en prácticas 囡

じっしょう 実証 demostración 囡, prueba 囡, muestra 囡 ‖~する demostrar, probar ◆実証主義《哲学》positivismo 男

じじょう 実情・実状 circunstancias actuales 囡複, situación verdadera 囡

しっしん 失神 ‖~する desmayarse, perder el sentido [el conocimiento]

じっしんほう 十進法 sistema 男 [numeración 囡] decimal

しっせき 叱責 reprensión 囡, reprimenda 囡 ‖~する reprender

じっせき 実績 resultado verdadero 男; (業績) trabajo realizado 男, logro 男 ‖~をあげる obtener mejores resultados

じっせん 実践 práctica 囡 ‖~的な práctico(ca) ~する practicar, poner en práctica, llevar a la práctica

しっそ 質素 ‖~な sencillo(lla), simple, sobrio(bria) ~に con sobriedad, con sencillez

しっそう 失踪 ‖~する desaparecer, fugarse

しっそう 疾走 ‖~する correr a toda velocidad [a toda marcha]

しっそく 失速 pérdida de velocidad 囡 ‖~する perder velocidad

じつぞん 実存 existencia 囡 ‖~する existir ~の existencial ◆実存主義《哲学》existencialismo 男

じったい 実体 su(b)stancia 囡, esencia 囡, realidad 囡 ‖~のない insustancial

じったい 実態 situación real 囡, verdaderas circunstancias 囡複

しったかぶり 知ったか振り ‖~をする dárselas de sabio, hacer como que lo sabe todo ~する人 sabelotodo 男囡, sabidillo(lla) 名

じっち 実地 ‖~の práctico(ca) ◆実地教育 enseñanza práctica 囡 実地検査 inspección práctica [en el lugar] 囡

じっちゅうはっく 十中八九 en nueve de diez casos

じっちょく 実直 ‖~な honesto(ta), honrado(da), serio(ria)

しっと 嫉妬 envidia 囡; (男女間の) celos 男複 ‖~する envidiar, tener [sentir] celos (de) ~深い envidioso(sa), celoso(sa)

しつど 湿度 humedad 囡 ‖~計 higrómetro 男

じっと ‖~している estar quieto(ta) ⋯を~見る mirar fijamente

しっとり ‖~した humedecido(da), mojado(da); (落ち着いた) sereno(na)

しつない 室内 interior 男 ◆室内競技 atletismo en pista cubierta 男

ジッパー cremallera 囡

しっぱい 失敗 fracaso 男, fallo 男 ‖~する fracasar, fallar, salir mal ~に終わる terminar [acabar] en fracaso

しっぱひとからげ 十把一絡げ ‖~に todos(das) por igual, sin (hacer) distinción

しっぴつ 執筆 ‖~する escribir, redactar

しっぷ 湿布 compresa (húmeda) 囡

じつぶつ 実物 cosa misma [verdadera] 囡, objeto real 男, original 男 ‖~大の de [a] tamaño natural [verdadero] ~そっくりの igual [idéntico(ca)] al original

しっぽ 尻尾 rabo 男, cola 囡 ‖~を振る mover el rabo; (へつらう) adular, hacer la pelota ~を出す (本性を出す) asomar [enseñar] la oreja

しつぼう 失望 (期待外れ) desilusión 囡, decepción 囡; (絶望) desesperación 囡 ‖~する desilusionarse, decepcionarse ~した decepcionado(da)

じつむ 実務 negocio 男, práctica 囡

しつめい 失明 ‖~する perder la vista, quedarse ciego(ga)

しつもん 質問 pregunta 囡; (尋問) interrogación 囡; (議会などでの) interpelación 囡 ‖~する preguntar, hacer una pregunta 何か~がありますか ¿Hay [Tiene Ud.] alguna pregunta? ~攻めにする acosar [acribillar] a preguntas 《a + 人》◆質問表 cuestio-

しつよう 執拗 ‖～な persistente, insistente; (しつこい) pesad*o(da)*

じつよう 実用 uso práctico 男 ‖～的 práctic*o(ca)*, útil ～化する poner en uso práctico ◆**実用性** utilidad (práctica) 女

しつりょう 質量 masa 女

じつりょく 実力 capacidad 女, competencia 女 ‖～のある capacitad*o(da)*, competente, capaz ～のない incompetente ～を発揮する demostrar [mostrar] su (verdadera) capacidad ◆**実力行使** uso de la fuerza 男; (ストライキ) huelga 女 **実力者** persona influyente [poderosa] 女 **実力主義** meritocracia 女

しつれい 失礼 ‖～な impertinente, descortés, maleduca*do(da)* (会話) ～ですが小島さんでしょうか Perdone, señor, ¿es Ud. Kojima? ～します (挨拶) Perdón./Perdone usted./Con permiso; (別れ際) Lo siento, pero tengo que irme ya./ Ya me voy [me marcho].

じつれい 実例 ejemplo 男, caso 男

しつれん 失恋 desengaño amoroso 男 ‖～する sufrir [tener] un desengaño amoroso

じつわ 実話 caso real 男, historia verdadera 女

してい 指定 señalamiento 男, designación 女 ‖～する señalar, designar ◆**指定席** asiento reservado 男

してき 指摘 indicación 女 ‖～する indicar, señalar, advertir

してき 詩的 ‖～な poétic*o(ca)*

してき 私的 ‖～な privad*o(da)*, particular; (個人的) personal

してつ 私鉄 ferrocarril privado 男, línea privada de ferrocarriles 女

…してはいけない no deber [＋不定詞]

…してもよい poder [＋不定詞]

してん 支店 sucursal 女, filial 女

してん 支点 punto de apoyo 男, fulcro 男

してん 視点 punto de vista 男

しでん 市電 tranvía 男

じてん 辞典 diccionario 男, léxico 男 ‖～を引く consultar el diccionario

じてん 事典 ◆**百科事典** enciclopedia 女

じてん 時点 ‖現～では en este momento, ahora

じてん 自転 rotación (sobre su eje) 女 ‖地球の～ rotación terrestre 女

じでん 自伝 autobiografía 女

じてんしゃ 自転車 bicicleta 女, (話) bici 女 ‖～に乗る montar en bicicleta ～で行く ir en bicicleta ～レース〖競技〗 ciclismo 男, carrera ciclista 女

しと 使徒 apóstol 男

しどう 指導 dirección 女, orientación 女, guía 女 ‖～する dirigir, orientar, guiar, instruir …の～を受ける recibir orientación de… ～的な役目を果たす hacer de guía, desempeñar un papel orientador ◆**指導者** dirigente 男女, líder 男女, guía 男女 **学習指導要領** plan de estudios oficial 男

しどう 始動 arranque 男 ‖～する arrancar, ponerse en marcha

じどう 自動 ‖～の automátic*o(ca)* ～的に automáticamente ～化する automatizar ～引き落としする domiciliar el pago ◆**自動制御** control automático 男 **自動ドア** puerta automática 女 **自動販売機** máquina (expendedora) automática 女 **自動現金引き出し機** cajero automático 男

じどう 児童 niñ*o(ña)* 名; (学童) escolar 男女,〖集合的〗infancia 女 ◆**児童心理学** psicología infantil 女 **児童相談所** consultorio infantil 男 **児童文学** literatura infantil 女

じどうし 自動詞 〖言語〗verbo intransitivo 男

じどうしゃ 自動車 automóvil 男, coche 男, (中南米) carro 男 ◆**電気自動車** coche eléctrico 男 **自動車工業** industria automovilística 女 **自動車事故** accidente automovilístico [de automóvil] 男 **自動車修理工場** garaje 男, taller de reparación 男 **自動車メーカー** fabricante de automóviles 男女

しとげる し遂げる acabar, completar, realizar, lograr

しとしと ‖雨が～降る lloviznar, llover suavemente

じとじとした húme*do(da)*, moja*do(da)*

しとやか ‖～な recatad*o(da)*, modos*o(sa)*

しどろもどろ ‖～の titubeante, confus*o(sa)*, incoherente

しな 品 artículo 男, género 男, producto 男; (品質) calidad 女 ‖この店は～がそろっている Esta tienda tiene buen surtido de artículos. ～がよい[悪い] ser de buena [mala] calidad

しない 市内 ‖～に en [dentro de] la ciudad ～通話 llamada urbana [local] 女

しない 竹刀 espada de bambú 女

…しないで sin 〖＋不定詞〗

しなう 撓う arquearse, doblarse, encorvarse

しなぎれ 品切れ ‖砂糖は～です Se han agotado las existencias de azúcar.

しなびる 萎びる marchitarse

しなもの 品物 ◆**品**(ぢな)

シナモン (香料) canela 女; (植物) canelo 男

しなやか ‖～な (曲げやすい) flexible, elástic*o(ca)*; (優美な) elegante

シナリオ guión 男, escenario 男

じなん 次男 segundo hijo 男

…しにくい es difícil de 〖+不定詞〗, no es fácil de 〖+不定詞〗

しにものぐるい 死に物狂い ‖～の desesperado(da) ‖～で desesperadamente

しにん 死人 muerto(ta) 名; (故人) difunto(ta) 名

じにん 辞任 dimisión 女 ‖～する dimitir

しぬ 死ぬ morir(se), fallecer, perder la vida 〖死んだ muerto(ta), difunto(ta), fallecido(da)〗私の死んだ祖父 mi difunto abuelo 癌で[老衰で]～ morir de cáncer [de vejez, de viejo] 空腹で死にそうだ Me muero [Me estoy muriendo] de hambre. 若くして～ morir joven

じぬし 地主 propietario(ria) del terreno 名; (大規模) terrateniente 男女

しのぐ 凌ぐ superar, ganar; (耐える) aguantar, soportar; (防ぐ) protegerse 《de》 ‖～を superar la crisis 今年の夏はしのぎやすい Este año tenemos un verano fácil de llevar.

しのびあし 忍び足 ‖～で de puntillas, sin hacer ruido

しのびこむ 忍び込む introducirse a hurtadillas [a escondidas] 《en》, penetrar [colarse] 《en》

しのぶ 忍ぶ (我慢する) soportar; (隠れる) esconderse, ocultarse 〖人目を忍んで a escondidas, a hurtadillas〗

しば 芝 césped 男 ‖～を刈る cortar el césped ♦芝刈り機 cortacésped 男, cortadora de césped 女

しはい 支配 (統治) gobierno 男; (威圧的) dominio 男, dominación 女; (規制) control 男 ‖～する gobernar, dominar, controlar ‐ 階級 clase gobernante [dirigente] 女 ♦支配者 (政治的) gobernante 男女, dominador(dora) 名; (企業・政党) dirigente 男女

しばい 芝居 teatro 男; (作品) obra teatral [de teatro] 女 ‖～を上演する representar una obra de teatro, poner la obra en escena ‐ をする hacer teatro; (だます) engañar

しはいにん 支配人 gerente 男女, director(tora) 名 ♦総支配人 gerente general 男女

じはく 自白 confesión 女 ‖～する confesar, hacer una confesión

じばくテロ 自爆- atentado suicida 男

じばさんぎょう 地場産業 industria regional 女

しばしば a menudo, con frecuencia

しはつ 始発 ‖～列車に乗る tomar el primer tren del día ‐ 駅 estación de origen 女

じはつてき 自発的 ‖～な voluntario(ria), espontáneo(a)

しばふ 芝生 césped 男

しはらい 支払い pago 男 〖表示〗～済み Pagado. ♦支払い期限 plazo de pago 男 支払い日 día de pago 男

しはらう 支払う pagar 〖勘定を～ pagar la cuenta〗

しばらく (少しの間) un rato, un momento; (当分は) de [por el] momento; (長い間) buen rato, largo tiempo ‖～して al poco rato, al cabo de un rato ～でしたね ¡Cuánto tiempo sin vernos!

しばる 縛る atar, amarrar, anudar

しはん 市販 ‖～の en venta ♦市販品 artículo en el mercado 男

じばん 地盤 (土地) terreno 男, suelo 男; (基礎) fundamento 男 ‖～を固める (建物の) reforzar los cimientos; (選挙の) fortalecer la esfera de influencia

しはんき 四半期 trimestre 男

しひ 私費 ⇨自費

じひ 慈悲 caridad 女, misericordia 女, conmiseración 女; (哀れみ) piedad 女 ‖～深い caritativo(va), misericordioso(sa)

じひ 自費 ‖～で del propio bolsillo, a su costa, a sus expensas

じびいんこうか 耳鼻咽喉科 otorrinolaringología 女 ♦耳鼻咽喉科医 otorrinolaringólogo(ga) 名, otorrino(na)

じびき 字引 diccionario 男

しひょう 指標 índice 男; (経済の) indicador 男

じひょう 辞表 dimisión 女 ‖～を提出[撤回]する presentar [retirar] su dimisión

じびょう 持病 enfermedad crónica 女

しびれる 痺れる entumecerse; (麻痺) paralizarse

しぶ 支部 (oficina) sucursal 女

しぶ 渋 (タンニン) tanino 男

じふ 自負 (誇り) orgullo 男; (自信) confianza en sí mismo(ma) 女 ‖～する presumir 《de》, creerse

しぶい 渋い (味が) amargo(ga), áspero(ra); (趣味・色が) sobrio(bria), austero(ra) ‖～顔をする poner cara de desagrado [cara larga]

しぶき 飛沫 agua pulverizada 女, salpicadura de agua 女, rociada 女 ‖～をあげる salpicar

しふく 至福 beatitud 女

しふく 私服 traje [ropa] de paisano

ジプシー gitano(na) 名, calé 男女 ‖～の gitano(na)

しぶしぶ 渋々 con desgana, de mala gana, a regañadientes

ジフテリア difteria 女

しぶとい tenaz, perseverante ‖～奴だ ¡Qué tipo tan tenaz [obstinado]!

しぶみ 渋み sabor áspero 男, gusto amargo 男 ‖～がある áspero(ra)

しぶる 渋る ‖返事を～ no estar dispuesto(ta) a dar una respuesta

じぶん 自分 〚主語人称代名詞＋〛mismo(ma), sí mismo(ma) ‖～で or sí mismo(ma), solo(la) ～としては満足している Por mi parte, estoy satisfecho(cha).

じぶんかって 自分勝手 ‖～な egoísta, caprichoso(sa)

しへい 紙幣 billete (de banco) 男

じへいしょう 自閉症 autismo 男 ‖～の autista

シベリア Siberia

しへん 紙片 trozo de papel 男

じへん 事変 incidente 男, caso 男

しほう 司法 justicia 女 ‖～の judicial ◆**司法官** togado(da) 名, magistrado(da) 名 **司法権** poder judicial 男 **司法書士** escribano(na) judicial 男 **司法制度** sistema judicial 男 **司法当局** autoridad judicial 女

しほう 四方 ‖～に por todas partes, por todos lados

しぼう 死亡 muerte 女, fallecimiento 男, defunción 女 ‖～する morir, fallecer ◆**死亡証明書** certificado [acta 女] de defunción **死亡率** mortalidad 女

しぼう 脂肪 grasa 女, sebo 男

しぼう 志望 aspiración 女, anhelo 男 ‖～する aspirar ⟨a⟩, pretender ◆**志望者** aspirante 男女

じほう 時報 señal horaria 女

しぼむ 萎む marchitarse

しぼる 絞る estrujar; (ねじって) retorcer; (範囲を狭める) limitar; (叱る) echar una bronca ‖ラジオの音量を～ bajar el volumen de la radio

しぼる 搾る (果汁など) exprimir ‖牛の乳を～ ordeñar la vaca

しほん 資本 capital 男, fondos 男複 ‖～の自由化 liberalización de capitales 女 ◆**資本家** capitalista 男女 **資本金** capital 男 **資本主義** capitalismo 男

しま 島 isla 女 ‖～の住民 isleño(ña) 名, insular 男女 ◆**島国** país insular [isleño] 男 **島国根性** mentalidad insular 女

しま 縞 raya 女, rayado 男 ‖～模様の or 〔a〕 rayas, rayado(da) 名 格子～のシャツ camisa de cuadros 女

しまい 姉妹 hermanas 女複

しまう (片付ける) arreglar, ordenar; (元の場所に戻す) poner …en su lugar; (保管する) guardar ‖しまっておく tener guardado(da)

しまうま 縞馬 cebra 女

じまく 字幕 (映画) subtítulo 男

しまつ 始末 (処理) arreglo 男 ‖～する acabar 〈con〉, arreglar, despachar あの子は～に負えない El (ese) niño está imposible. ◆**始末書** justificación 女, apología por escrito 女

しまった ¡Ay [Dios] mío!／¡Maldita sea!

しまり 締まり ‖～のない flojo(ja), fofo(fa)

しまりや 締まり屋 ahorrador(dora) 名

しまる 閉まる cerrar(se) ‖店は何時に閉まりますか ¿A qué hora se cierra la tienda? そのドアは閉まっている La puerta está cerrada.

しまる 締まる (筋肉など) endurecerse, ponerse musculoso(sa)

じまん 自慢 orgullo 男 ‖～する enorgullecerse 〈de〉, presumir 《de》 ～気に orgullosamente ～じゃないが modestia aparte ◆**自慢話** autoalabanza 女, fanfarronada 女

しみ 染み mancha 女 ‖～をつける manchar 〈de, con〉; (自分の服に) mancharse 〈de, con〉 ～を抜く quitar las manchas ～抜き quitamanchas 男 〔単複〕

しみ 紙魚 (虫類) lepisma 女

じみ 地味 ‖～な (色が) sobrio(bria), austero(ra); (簡素な) sencillo(lla), modesto(ta)

しみこむ 染み込む empapar, calar

しみでる 染み出る rezumar(se), filtrarse

しみとおる 染み透る penetrar, permear

シミュレーション simulación 女

しみる 染みる empaparse [infiltrarse, penetrar, calar]《en》; (ひりひりする) escocer, irritar, picar

しみん 市民 ciudadano(na) 名, habitante 男女 ‖～の municipal, civil, cívico(ca) ～税 impuesto municipal 男 ◆**市民運動** movimiento civil 男 **市民権** ciudadanía 女

じむ 事務 trabajo administrativo [de oficina] 男 ‖～的な能力がある tener capacidad administrativa ◆**事務員** oficinista 男女 **事務官** funcionario(ria) administrativo(va) 名 **事務次官** viceministro(tra) 名 **事務所** oficina 女, despacho 男; (弁護士の) bufete 男 **事務総長** secretario(ria) general 名 **事務用品** artículos [útiles] de oficina 男複

ジム gimnasio 男; (ボクシングの) gimnasio de boxeo 男

しめい 指名 nombramiento 男, designación 女 ‖～する nombrar, designar

しめい 氏名 nombre(s) y apellido(s) 男 〔複〕

しめい 使命 misión 女

しめきり 締め切り (期限) límite 男, plazo 男, cierre 男; (期日) fecha límite [tope] 女 ‖登録の～はいつですか ¿Cuándo vence el plazo para matricularse?

しめきる 締め切る ‖申し込みを～ cerrar el plazo de solicitudes

しめしあわせる 示し合わせる ‖示し合わせて de común acuerdo, según un

じめじめした húm*edo(da)*, (雨の多い) lluvios*o(sa)*

しめす 示す enseñar, indicar, mostrar ‖具体例を～ dar [ofrecer] un ejemplo concreto

しめだす 締め出す excluir, expulsar, echar

じめつ 自滅 autodestrucción 女 ‖～する destruirse a [por] sí mism*o(ma)*

しめった 湿った húm*edo(da)*, moja*do(da)*

しめっぽい 湿っぽい húm*edo(da)*; (陰気な) triste

しめる 閉める cerrar ‖蛇口[ガス栓]を～ cerrar el grifo [la llave del gas]

しめる 締める ajustarse, abrocharse; (ねじを) apretar ‖ベルトを～ abrocharse el cinturón

しめる 占める ocupar

しめる 湿る humedecerse, ponerse húm*edo(da)*

しめる 絞める estrangular

しめん 地面 suelo 男, terreno 男; (空に対し) tierra 女

しも 霜 escarcha 女, helada 女 ‖～が降りる Escarcha./Cae una helada.

じもと 地元 ‖～の local, del lugar; (本拠地の) de casa

しもはんき 下半期 segundo semestre 男

しもやけ 霜焼け sabañones 男複

しもん 指紋 huella digital [dactilar] ‖～を取る sacar [tomar] las huellas dactilares 《a+人》

しや 視野 (視界) vista 女, campo visual 男, visión 女; ～が広い tener una visión amplia

じゃあ (ところで) bien, bueno, entonces

ジャー (魔法瓶) termo 男

じゃあく 邪悪 ‖～な mal*o(la)*, mal*vado(da)*, pervers*o(sa)*

ジャージー (スウェット) chándal 男; (セーター) suéter 男; (チームシャツ) camiseta 女

ジャーナリスト periodista 男女

ジャーナリズム periodismo 男

シャープ (音楽) sostenido 男

シャープペンシル portaminas 男 (単複), lapicero 男, lapicero 男 ‖～の芯 mina 女

シャーベット sorbete 男

ジャイカ JICA Agencia de Cooperación Internacional del Japón

しゃいん 社員 emple*ado(da)* (de una compañía) 名, 〚集合的〛 personal 男, plantilla 女

しゃか 釈әсa (釈迦牟尼) Shakiamuni, (el) Buda

しゃかい 社会 sociedad 女; (世間) mundo 男 ‖～(的)な social ◆社会学 sociología 女 社会学者 sociólo*go(ga)* 名 社会主義 socialismo 男 社会主義者 socialista 男女 社会党 partido socialista 男 社会保険 seguro social 男

じゃがいも 芋 patata 女, 《中南米》 papa 女

しゃがむ agacharse, ponerse en cuclillas

しやく 試薬 reactivo 男

しゃく 癪 ‖～にさわる (形容詞) ofensi*vo(va)*, irritante; (他動詞) ofender, irritar

しゃくし 杓子 paleta 女 ‖～定規の formalista, rígi*do(da)*

じゃくし 弱視 (医学) ambliopía 女 ‖～の ambliope

しやくしょ 市役所 ayuntamiento 男, municipalidad 女

じゃぐち 蛇口 grifo 男, 《中南米》 llave 女

じゃくてん 弱点 punto débil [flaco] 男, debilidad 女, defecto 男

しゃくど 尺度 escala 女, medida 女; (基準) criterio 男; (変化・世論) barómetro 男

しゃくねつ 灼熱 ‖～の ardiente, apasion*ado(da)* ～の恋 amor ardiente 男 ～の太陽 sol abrasador 男

しゃくほう 釈放 liberación 女 ‖～する poner 《a+人》 en libertad, soltar

しゃくめい 釈明 justificación 女, pretexto 男 ‖～する disculparse《de, por》

しゃくや 借家 casa de alquiler 女 ‖～人 inquilin*o(na)* 名, arrendata*rio(ria)* 名

しゃくよう 借用 préstamo 男 ‖～する alquilar, arrendar

しゃげき 射撃 disparo 男, tiro 男 ‖～する disparar, tirar

ジャケット chaqueta 女, americana 女, 《中南米》 saco 男; (CD などの) funda 女

じゃけん 邪険 ‖～な despia*dado(da)*, inhuman*o(na)*; ～に扱う maltratar

しゃこ 車庫 (自動車の) garaje 男

しゃこう 遮光 ‖～する impedir el paso de la luz

しゃこうてき 社交的 ‖～な sociable

しゃざい 謝罪 disculpa 女, excusa 女 ‖～する pedir perdón [disculpas], disculparse 《de, por》

しゃじつしゅぎ 写実主義 realismo 男

しゃしょう 車掌 revis*or(sora)* 名, 《中南米》 conduct*or(tora)* 名

しゃしょく 写植 fotocomposición 女

しゃしん 写真 foto 女, fotografía 女 ‖～を撮る sacar [hacer] una foto 《de》 ～を現像する revelar una foto ～を引き伸ばす ampliar una foto ～うつりがいい fotogénic*o(ca)* この～はよく撮れている Salió bien esta foto. ◆写真家 fotógraf*o(fa)* 名 写真機 cámara (fotográfica) 女

ジャズ (英) jazz 男

じゃすい 邪推 ‖～する sospechar sin motivo

ジャスミン jazmín 男

しゃせい 写生 bosquejo 男, boceto 男, esbozo 男 ‖～する bosquejar, esbozar

しゃせつ 社説 editorial 男

しゃせん 車線 carril 男

しゃたく 社宅 viviendas de una empresa para su personal 女複

しゃだん 遮断 ‖～する cortar, interrumpir ◆[踏切の]遮断機 barrera del paso a nivel 女

しゃち 鯱 orca 女

しゃちょう 社長 director(tora) general 名, presidente(ta) 名

シャツ (ワイシャツ) camisa 女; (肌着) camiseta 女

じゃっかん 借款 crédito 男, préstamo 男

じゃっかん 若干 un poco, algo ‖～の… algo [un poco] de [[＋単数名詞]], algunos(nas) [unos(nas)] [[＋複数名詞]]

じゃっき 惹起 ‖～する causar, originar

ジャッキ gato 男, cric 男

しゃっきん 借金 deuda 女, préstamo 男, débito 男 ‖…に～がある tener una deuda con…, deberLE ～を返す pagar [saldar, liquidar] la deuda ～で首が回らない estar endeudado(da) hasta las orejas

ジャック (スペイン式トランプの) sota 女
◆**ジャックナイフ** navaja 女

しゃっくり hipo 男 ‖～をする hipar, tener hipo

ジャッジ juez 男名, árbitro(tra) 名

シャッター (雨戸・よろい戸) persiana 女, postigo 男; (カメラ) obturador 男; (シャッターボタン) disparador 男 ‖～を切る disparar

シャットアウト ‖～する (締め出し) excluir, dejar fuera

しゃてい 射程 tiro 男, alcance 男 ‖～内[外]にある estar a tiro [fuera del alcance]

しゃどう 車道 calzada 女

しゃにくさい 謝肉祭 carnaval 男

しゃにむに 遮二無二 ‖～働く trabajar a lo loco

しゃふつ 煮沸 ‖～する hervir

しゃぶる chupar, chupetear

しゃべる 喋る hablar, charlar

シャベル (スコップ) pala 女; (小さい) paleta 女

しゃほん 写本 manuscrito 男

シャボンだま -玉 pompa de jabón 女

じゃま 邪魔 molestia 女, obstáculo 男, estorbo 男 ‖～をする molestar, estorbar 交通の～になる impedir la circulación ～者扱いする tratar como si fuera un estorbo ～な molesto(ta)

ジャム mermelada 女

しゃめん 斜面 declive 男, pendiente 女

しゃもじ 杓文字 paleta (para servir el arroz cocido) 女

じゃり 砂利 [集合的] grava 女; (小さな) gravilla 女

しゃりょう 車輛 vehículo 男; (鉄道) vagón 男; (電車) coche 男

しゃりん 車輪 rueda 女

しゃれ 洒落 (笑い話) chiste 男; (冗談) broma 女, (語呂合わせ) juego de palabras 男 ‖～を言う decir una gracia, hacer un juego de palabras

しゃれい 謝礼 recompensa 女, retribución 女, remuneración 女; (医者・弁護士などへの) honorarios 男複

しゃれた 洒落た (服装などが) de buen gusto, refinado(da); (言葉が) ingenioso(sa) ‖～格好をする vestirse con elegancia

じゃれる 戯れる ‖犬がボールでじゃれている El perro juguetea con una pelota.

シャワー ducha 女 ‖～を浴びる ducharse, tomar [darse] una ducha

ジャングル selva 女, jungla 女

シャンソン canción francesa 女

シャンデリア araña 女

ジャンパー chaqueta 女, cazadora 女, 《中南米》 saco 男

シャンパン champán 男, champaña 男

ジャンプ salto 男 ‖～する saltar, dar un salto

シャンプー champú 男

ジャンボ (ジャンボ機) jumbo 男

ジャンル género 男, clase 女, categoría 女

しゅ 種 (生物の) especie 女; (種類) clase 女, tipo 男

しゅい 首位 primer puesto [lugar] 男

しゅう 私有 ‖～の privado(da), de propiedad privada

しゅう 週 semana 女 ‖今～ esta semana 先～ la semana pasada 来～ la próxima semana, la semana que viene ～1回の semanal

しゅう 州 (スペインの自治州) comunidad autónoma 女, autonomía 女; (アメリカ・メキシコ) estado 男; (アルゼンチン・キューバ) provincia 女; (スイス) cantón 男

じゆう 自由 libertad 女 ‖～な libre ～に libremente ～にする liberar ～化する liberalizar ご～にお召し上がり[お飲み]ください Por favor, sírvase usted mismo. ドイツ語を～にあやつる dominar el alemán perfectamente ◆**自由化** liberalización 女 **自由主義** liberalismo 男 **自由席** asiento libre [no reservado] 男 **100メートル自由形** cien metros libre 男複

じゅう 十 ‖10 diez 男 ‖～番目の décimo(ma) ～分の1 un décimo

じゅう 銃 fusil 男, arma de fuego 女

-じゅう -中 ‖一日～ todo el día スペインで～ en toda España

じゅうあつ 重圧 presión 女, opresión 男

しゅうい 周囲 alrededor 男, contorno 男 ‖~を見回す mirar a su alrededor ～の状況から判断すると juzgar por las circunstancias

じゅうい 獣医 veterinario(ria) 名

じゅういち 十一 once 男 ‖~番目の undécimo(ma)

じゅういちがつ 十一月 noviembre 男 ‖~に en noviembre

しゅうえき 収益 ganancia 女, beneficio 男

じゅうおく 十億 mil millones 男複

しゅうかい 集会 reunión 女, asamblea 女, mitin 男

しゅうかく 収穫 cosecha 女; (ブドウの) vendimia 女; (成果) fruto 男 ‖~する cosechar, recolectar; (ブドウを) vendimiar ◆収穫期 época de cosecha 女

しゅうがくりょこう 修学旅行 viaje de estudios [de fin de curso] 男

じゅうがつ 十月 octubre 男 ‖~に en octubre

しゅうかん 習慣 costumbre 女; (個人的な) hábito 男; (日常的な) rutina 女; (社会の) uso 男, convención 女 ‖~によって costumbre ～の な acostumbrado(da), habitual ...する～がある tener la costumbre de [+ 不定詞], soler [+ 不定詞]

しゅうかん 週間 semana 女 ◆読書週間 Semana del Libro 女

しゅうかん 週刊 ‖~の semanal ◆週刊誌 revista semanal 女, semanario 男

しゅうき 周期 período 男, ciclo 男 ‖~的な periódico(ca), cíclico(ca)

しゅうき 臭気 mal olor 男, hedor 男

しゅうぎいん 衆議院 (スペイン) Congreso de los Diputados 男, Cámara Baja [de Representantes] 女

しゅうきゅう 週休 ‖~2日制 semana laboral de cinco días

しゅうきゅう 週給 salario 男 [paga 女] semanal

じゅうきょ 住居 vivienda 女, residencia 女, domicilio 男

しゅうきょう 宗教 religión 女 ‖~(上)の religioso(sa) ◆宗教的な religioso(sa) 名 宗教改革 reforma religiosa 女 宗教団体 institución [organización] religiosa 女 宗教法人 persona jurídica religiosa 女

しゅうぎょう 就業 ‖~する ponerse a trabajar ◆就業時間 horas de trabajo 女複, jornada laboral 女

しゅうぎょう 修業 ◆修業証書 diploma (de estudios) 男

しゅうぎょう 終業 ◆終業式 ceremonia 女 [acto 男 de clausura del curso (académico)]

じゅうぎょういん 従業員 empleado(da) 男, dependiente(ta) 名, [[集合的]] personal 男, plantilla 女

しゅうきん 集金 cobro 男, recaudación 女 ‖~する cobrar

じゅうきんぞく 重金属 metal pesado 男

じゅうく 十九 ⇒十九(じゅう)

シュークリーム petisú 男

しゅうけい 集計 ‖~する sumar, contar; (票を) escrutar

しゅうげき 襲撃 ataque 男, asalto 男 ‖~する atacar, asaltar

じゅうけつ 充血 congestión 女

じゅうご 十五 quince 男 ‖~番目の decimoquinto(ta) ～分(間) un cuarto de hora 男, quince minutos 男複

しゅうごう 集合 reunión 女 ‖~する reunirse, congregarse, juntarse ◆集合時間 hora de reunión [encuentro] 女 集合場所 lugar de encuentro 男

じゅうこうぎょう 重工業 industria pesada 女

じゅうごや 十五夜 noche de luna llena [de plenilunio] 女

ジューサー licuadora 女

しゅうさい 秀才 persona brillante [muy inteligente] 女

しゅうさく 習作 (美術) estudio 男

じゅうさつ 銃殺 ‖~する fusilar, pasar por las armas

じゅうさん 十三 trece 男 ‖~番目の decimotercero(ra)

しゅうし 収支 ingresos y gastos 男複, balance 男

しゅうし 修士 (学位)(títulode)máster 男, maestría 女 ◆修士課程 máster 男, maestría 女

しゅうし 終始 desde el principio hasta el fin

しゅうじ 習字 caligrafía 女

じゅうし 十四 ⇒十四(じゅう)

じゅうし 重視 ‖~する dar [conceder] importancia 〈a〉

じゅうじ 十字 cruz 女 ‖~を切る hacer la señal de la cruz; (自分に) santiguarse ◆十字架 cruz 女 十字軍 Cruzada 女 十字路 cruce 男, encrucijada 女

じゅうじ 従事 ‖~する dedicarse 〈a〉, ocuparse 〈de〉

しゅうじがく 修辞学 retórica 女

じゅうしち 十七 ⇒十七(じゅう)

しゅうじつ 終日 todo el día, el día entero

じゅうじつ 充実 ‖~した pleno(na), satisfactorio(ria) ～させる enriquecer

しゅうしふ 終止符 (ピリオド) punto final 男 ‖~を打つ poner fin [(un) punto final]

しゅうしゅう 収集 colección 女; (切手の) filatelia 女; (ごみの) recogida de la basura 女 ‖~する coleccionar ◆収集家 coleccionista 男女; (切手の) filatelista 男女

しゅうしゅう 収拾 事態を~する controlar [dominar] la situación ~がつかなくなる quedar fuera de control

じゅうしゅく 収縮 ‖~する contraerse, encoger(se)

じゅうじゅん 従順 ‖~な obediente, dócil

じゅうしょ 住所 domicilio 男, dirección 女, señas 女 ¿Cuál es su dirección? ~不定の sin domicilio conocido [fijo] ◆住所変更 cambio de domicilio 男

じゅうしょう 重傷 herida [lesión] grave 女 ‖~を負う resultar [ser] gravemente herido(da)

しゅうしょく 就職 obtención de un puesto de trabajo 男 ‖~する colocarse, conseguir un empleo ◆就職活動 búsqueda de trabajo 女, gestiones para conseguir un empleo 複 就職口 puesto de trabajo 男 就職難 escasez de empleo 女

しゅうしん 終身 ‖~の vitalicio(cia), ~ 雇用 empleo vitalicio [de por vida] 男 ~刑 cadena perpetua 女

しゅうじん 囚人 preso(sa) 名, prisionero(ra) 名, recluso(sa) 名

じゅうしん 重心 centro de gravedad 男

ジュース zumo 男, 《中南米》jugo 男 |オレンジ~ zumo [jugo] de naranja

しゅうせい 修正 corrección 女, enmienda 女; (変更) modificación 女; (見直し) revisión 女 ‖~する corregir, enmendar; (変更) modificar ◆修正案 enmienda 女

しゅうせい 習性 hábito 男, costumbre 女

しゅうせい 終生 toda la vida ‖~の vitalicio(cia), de toda la vida

しゅうせき 集積 acumulación 女 ‖~する acumular, amontonar ◆集積回路 (電気) circuito integrado 男

しゅうせん 終戦 terminación 女 [fin 男] de la guerra

しゅうぜん 修繕 reparación 女, arreglo 男 ‖~する reparar, arreglar

じゅうそう 重曹 bicarbonato sódico 男

じゅうそく 充足 ‖~する satisfacer, complacer

じゅうぞく 従属 subordinación 女, dependencia 女 ‖~する subordinarse(a); (依存) depender 《de》

じゅうたい 渋滞 atasco 男, embotellamiento 男, retención (de tráfico) 女, caravana 女 ‖交通が~している El tráfico está congestionado./ Hay retenciones.

じゅうたい 重体 ‖~である estar grave, encontrarse en un estado grave

じゅうだい 十代 ‖~の de entre diez y diecinueve años de edad

じゅうだい 重大 ‖~な importante; (深刻な) serio(ria), grave ◆重大事件 acontecimiento trascendental [de gran importancia] 男

じゅうたく 住宅 vivienda 女, domicilio 男, casa 女 ◆住宅金融公庫 Corporación de Crédito para Vivienda 女 住宅手当 subsidio para [para la] vivienda 男 住宅難 falta de viviendas 女 住宅費 gastos de residencia 男複 住宅ローン préstamo [crédito de] para la vivienda 男

しゅうだん 集団 grupo 男, agrupación 女, colectividad 女 ‖~の colectivo(va), en grupo ~で行動する actuar en grupo ◆集団安全保障 seguridad colectiva 女 集団心理 psicología colectiva 女

じゅうたん 絨毯 alfombra 女

じゅうだん 縦断 ‖~する (大陸などを) atravesar; (縦に切る) cortar verticalmente

しゅうち 周知 ‖~の notorio(ria), ~のごとく como es bien sabido, como todo el mundo sabe

しゅうちしん 羞恥心 pudor 男, sentimiento de vergüenza 男

しゅうちゃく 執着 ‖~する apegarse [aferrarse, tener apego] 《a》

しゅうちゃくえき 終着駅 (estación) terminal 女

しゅうちゅう 集中 concentración 女; (権力など) centralización 女 ‖~する concentrar, centralizar 神経を~する concentrarse 《en》 ~的な intensivo(va) ◆集中豪雨 (局地的) tromba de agua 女 集中講義 curso intensivo 男 集中治療室 unidad de cuidados intensivos 女 (略 UCI)

しゅうてん 終点 (駅) (estación) terminal 女, final del trayecto 男

しゅうでん 終電 último tren 男

じゅうてん 重点 punto importante [esencial] 男; (強調) énfasis 男 ‖…に~を置く poner énfasis en..., dar importancia a...

じゅうでん 充電 carga 女 ‖~する cargar ~式電池 pila recargable 女

しゅうと 舅 suegro 男, padre político 男

シュート (サッカー) chut 男, tiro 男

しゅうとう 周到 ‖~な計画 plan meticuloso [bien pensado] 男

しゅうどう 修道 ◆修道院 monasterio 男, convento 男 修道会 orden religiosa 女 修道士 monje 男, fraile 男, hermano 男 修道女 monja 女, religiosa 女, hermana 女

じゅうどう 柔道 yudo 男

しゅうとく 習得 adquisición 女, aprendizaje 男; (熟達) dominio 男 ‖~する (習う) aprender; (身につける) dominar

しゅうとく 拾得 ‖~する (拾う) recoger; (見つける) encontrar, hallar

しゅうとく 修得 ‖~する (単位を) con-

しゅうとめ 姑 suegra 女

じゅうなな 十七 diecisiete 男 ǁ〜番目の decimoséptim*o(ma)*

じゅうなん 柔軟 ǁ〜な flexible, elástic*o(ca)*, adaptable

じゅうに 十二 doce 男 ǁ〜番目の duodécim*o(ma)*

じゅうにがつ 十二月 diciembre 男 ǁ〜に en diciembre

じゅうにしちょう 十二指腸 duodeno 男 ◆十二指腸潰瘍 úlcera duodenal 女

しゅうにゅう 収入 ingresos 男複, renta 女 ǁ〜が多い[少ない] tener muchos [pocos] ingresos ◆収入印紙 póliza 女, timbre 男 収入源 fuente de ingresos 女

しゅうにん 就任 ǁ〜する tomar posesión de su cargo

じゅうにん 住人 habitante 男女, residente 男女

しゅうねん 執念 persistencia 女, obstinaci*ón(da)*, (執拗な) persistente

-しゅうねん -周年 ǁ創立百〜を祝う celebrar el centenario de la fundación

しゅうのう 収納 guarda 女, almacenamiento 男

しゅうは 宗派 secta (religiosa) 女, confesión 男

しゅうはすう 周波数 frecuencia 女

じゅうはち 十八 dieciocho 男 ǁ〜番目の decimoctav*o(va)*

じゅうびょう 重病 enfermedad grave 女

しゅうふく 修復 restauración 女, renovación 女 ǁ〜する restaurar, renovar

しゅうぶん 秋分 ǁ〜の日 día del equinoccio de otoño 男

じゅうぶん 十分 ǁ〜な bastante, suficiente; (満足すべき) satisfactori*o(ria)* 〜に bastante, suficientemente 〜条件 condición suficiente 女 もう〜です Basta con eso. 〜いただきました Ya estoy satisfec*ho(cha)*.

しゅうへん 周辺 periferia 女, alrededores 男複 ǁ…の〜に en alrededores de…, en las afueras de…

しゅうまつ 週末 fin de semana 男

じゅうまん 十万 cien mil 男

じゅうみん 住民 habitante 男女 ◆住民運動 movimiento popular 男 住民税 impuesto municipal 男 住民登録 empadronamiento 男 住民投票 plebiscito 男 住民票 certificado de empadronamiento 男

しゅうや 終夜 ǁ電車の〜運転 servicio nocturno de trenes 男

じゅうやく 重役 ejecutiv*o(va)* 名 役会 junta directiva 女, consejo de administración 男

じゅうゆ 重油 aceite [petróleo] pesado 男

しゅうゆう 周遊 ǁ〜する hacer un viaje de recorrido

しゅうよう 収容 ǁ〜する acoger, asilar (ホテルなど) alojar; (病院) internar ◆収容所 (捕虜) campo de concentración 男; (難民) campo de refugiados 男 収容能力 capacidad 女; (劇場の) aforo 男

じゅうよう 重要 ǁ〜な importante, de importancia …することが〜である es importante ǁ+不定詞, que+接続法 〜な役割を演じる jugar [desempeñar] un papel importante ◆重要参考人 testigo de importancia [esencial] 男女 重要書類 documento importante 男 重要人物 (英) vip 男女

じゅうよん 十四 catorce 男 ǁ〜番目の decimocuart*o(ta)*

じゅうらい 従来 hasta ahora ǁ〜の tradicional, convencional

しゅうり 修理 reparación 女, arreglo 男 ǁ〜する reparar, arreglar ◆修理工 mecánic*o(ca)* 名 修理工場 taller de reparación 男, garaje 男

しゅうりょう 終了 fin 男, terminación 女, conclusión 女 ǁ〜する terminar, acabar

しゅうりょう 修了 ǁ学業を〜する terminar [completar] los estudios

じゅうりょう 重量 peso 男 ◆重量挙げ (スポ) levantamiento de pesos 男, halterofilia 女

じゅうりょく 重力 gravedad 女

しゅうろく 収録 (録画・録音) grabación 女 ǁ〜する grabar

じゅうろく 十六 dieciséis 男 ǁ〜番目の decimosext*o(ta)*

しゅうわい 収賄 soborno 男, cohecho 男

しゅえい 守衛 guardia 男女, guarda 男女

しゅえん 主演 ǁ〜する trabajar como protagonista, protagonizar ◆主演俳優 actor*(triz)* principal 名

しゅかんてき 主観的 ǁ〜な subjetiv*o(va)*

しゅき 手記 apuntes 男複; (回想録) memorias 女複

しゅぎ 主義 principios 男複, doctrina 女 ǁ〜に忠実な ser fiel a los principios 〜に反する ir en contra de sus principios

しゅぎょう 修行 ǁ〜する entrenarse; (宗教) practicar el ascetismo

じゅきょう 儒教 confucianismo 男, confucionismo 男

じゅぎょう 授業 clase 女, curso 男 ǁ今日は〜がない Hoy no hay clase. 〜に出る[欠席する] asistir [faltar] a clase ◆授業時間 horas lectivas [de clase] 女複 授業料 gastos de enseñanza 男複; (大学の) derechos de matrícula 男複

じゅく 塾 academia privada [preparatoria] 女
しゅくが 祝賀 celebración 女
じゅくご 熟語 modismo 男, frase hecha 女, locución 女
しゅくさいじつ 祝祭日 ⇨ 祝日
しゅくじ 祝辞 palabras de felicitación 女複 ‖~を述べる dar la enhorabuena
じゅくした 熟した maduro(ra)
しゅくじつ 祝日 día festivo [feriado] 男; 国民の) fiesta nacional 女
しゅくしゃ 宿舎 alojamiento 男
しゅくしょう 縮小 reducción 女 ‖~する reducir 30%~コピー fotocopia reducida al treinta por ciento 女
じゅくす 熟す madurar ‖機が熟した Ha llegado el momento oportuno.
じゅくすい 熟睡 ‖~する dormir profundamente [como un tronco]
しゅくだい 宿題 deberes 男複, (中南米) tarea 女
しゅくてん 祝典 celebración 女, festejo 男
しゅくでん 祝電 telegrama de felicitación 女
じゅくねん 熟年 edad madura 女
しゅくはい 祝杯 brindis 男単複
しゅくはく 宿泊 alojamiento 男, hospedaje 男, (滞在) estancia 女 ‖~する alojarse, hospedarse ◆宿泊施設 establecimiento hostelero 男 宿泊所 alojamiento 男, posada 女 宿泊者名簿 registro 男 [lista 女] de huéspedes
しゅくふく 祝福 ‖~する felicitar; (聖職者が) bendecir
しゅくめい 宿命 destino 男, sino 男, fatalidad 女
じゅくりょ 熟慮 ‖~する considerar ~の末 después de pensarlo [considerarlo] mucho
じゅくれん 熟練 destreza 女, maestría 女 ‖~した experto(ta), experimentado(da) ◆熟練工 trabajador(dora) [obrero(ra)] cualificado(da) 名, experto(ta) 名
しゅげい 手芸 labores 女複, artesanía 女
しゅけん 主権 soberanía 女 ‖~を有する tener soberanía [el poder soberano] ◆主権者 soberano(na) 名 主権在民 soberanía popular 女
じゅけん 受験 ‖~する examinarse, tomar [presentarse a] un examen ◆受験生 examinando(da) 名
しゅご 主語 sujeto 男
じゅこう 受講 ‖~する asistir a un curso [a una clase]
しゅこうぎょう 手工業 industria artesanal 女, artesanías 女複
しゅこうげい 手工芸 artesanía 女
しゅさい 主催 ‖~する promocionar, organizar ◆主催者 patrocinador(dora) 名, organizador(dora) 名

しゅし 種子 semilla 女, simiente 女
しゅし 趣旨 (目的) propósito 男, objetivo 男, finalidad 女; (要旨) resumen 男
しゅし 樹脂 resina 女 ◆合成樹脂 resina sintética 女
しゅじい 主治医 médico(ca) de familia [de cabecera] 男女
しゅしゃせんたく 取捨選択 ‖~する elegir, seleccionar
しゅじゅつ 手術 operación 女 ‖~する operar ~を受ける operarse, someterse a una operación ◆手術室 quirófano 男, sala de operaciones 女
しゅしょう 主将 capitán(tana) (del equipo) 名
しゅしょう 首相 primer(mera) ministro(tra) 名, (スペインの) presidente(ta) (del gobierno) 名
しゅしょう 殊勝 ‖~な digno(na) de elogio, admirable
じゅしょう 受賞 ‖~する recibir un premio [un galardón] ◆受賞者 ganador(dora) (de un premio) 名, galardonado(da) 名
じゅしょう 授賞 ‖~する dar [otorgar] un premio
しゅしょく 主食 alimento básico 男
しゅじん 主人 amo(ma) 名, patrón(trona) 名; (店主) dueño(ña) 名; (夫) marido 男, esposo 男 ◆主人公 protagonista 男女
じゅしん 受信 recepción 女 ‖~する recibir, captar ◆受信機 receptor 男
じゅせい 受精 fecundación 女
じゅせい 授精 ‖人工授精 inseminación artificial 女
しゅせき 首席 primer puesto 男 ‖~で卒業する graduarse con la máxima calificación
しゅぞく 種族 (部族) tribu 女; (動物の) especie 女; (人類) raza 女
しゅだい 主題 tema 男, asunto 男
じゅたい 受胎 concepción 女
しゅだん 手段 medio 男, medidas 女複, recurso 男 ‖あらゆる~を用いる usar todos los medios 最後の~として como último recurso
しゅちょう 主張 insistencia 女, argumentación 女; (意見) opinión 女 ‖~する insistir (en), argumentar
しゅつえん 出演 ‖~する テレビに~する aparecer [salir, actuar] en (la) televisión
しゅっか 出火 ‖隣りの家から~した El incendio se originó en la casa vecina.
しゅっか 出荷 envío 男, transporte 男
しゅつがん 出願 ‖~する solicitar; (試験などに) presentar una solicitud ◆出願者 aspirante 男女, solicitante 男女
しゅっきん 出勤 ‖~する ir al trabajo
しゅっけつ 出血 hemorragia 女 ‖~する tener una hemorragia

しゅっけつ 出欠 ‖～をとる pasar lista
しゅつげん 出現 aparición 女 ‖～する aparecer, surgir
じゅつご 術語 término técnico 男, [集合的] terminología (técnica) 女
じゅつご 述語 predicado 男
しゅっこう 熟考 ‖～する considerar
しゅっこく 出国 ‖～する salir del país
しゅっさん 出産 parto 男, alumbramiento 男 ‖～する dar a luz, alumbrar; (動物) parir
しゅっし 出資 inversión 女, financiación 女
しゅっしょ 出所 (出どころ) origen 男, procedencia 女; (情報の) fuente 女 ‖～する salir de la prisión
しゅっしょう 出生 ⇨ 出生(せい)
しゅつじょう 出場 participación 女 ‖～する participar 〈en〉 ◆出場者 participante 男女; (コンテストの) concursante 男女
しゅっしん 出身 ‖…の～である ser de … ◆出身地 lugar de origen 男, ciudad [pueblo] natal 女 出身国 país natal 男
しゅっせ 出世 éxito social 男; (会社での) promoción 女, ascenso 男 ‖～する triunfar en la vida; (会社で) promocionarse, ascender
しゅっせい 出生 nacimiento 男 ◆出生率 índice de natalidad 男 出生地 lugar de nacimiento 男
しゅっせき 出席 asistencia 女 ‖～する asistir 〈a〉 ～している estar presente ◆出席者 asistente 男女
しゅっちょう 出張 viaje de negocios [de trabajo] 男 ‖～する viajar por negocios ◆出張所 agencia 女, sucursal 女 出張費 gastos del viaje de trabajo 男複
しゅってい 出廷 ‖～する comparecer ante el juez
しゅっとう 出頭 ‖警察に～する comparecer ante [presentarse a] la policía
しゅっぱつ 出発 salida 女, partida 女 ‖～する salir, partir ～を見合わせる aplazar la salida ◆出発点 punto de partida 男 出発ロビー sala de embarque 女
しゅっぱん 出版 publicación 女, edición 女 ‖～する publicar, editar ◆出版業 negocio editorial 男 出版社 editorial 女, casa editora [editorial] 女
しゅっぱん 出帆 ‖～する zarpar
しゅっぴ 出費 gastos 男複, expensas 女複, desembolsos 男複
しゅっぴん 出品 ‖～する exponer, exhibir ◆出品者 expositor(tora) 男女 出品物 objeto expuesto 男
しゅつりょく 出力 potencia de salida 女
しゅと 首都 capital 女
しゅとう 種痘 vacunación 女

しゅどう 手動 ‖～の manual
じゅどう 受動 ‖～的な pasivo(va) ◆受動態 (言語) voz pasiva 女
しゅどうけん 主導権 iniciativa 女; (覇権) hegemonía 女 ‖～を取る tomar la iniciativa
しゅとく 取得 adquisición 女 ‖～する adquirir, obtener, conseguir
しゅとして 主として principalmente, sobre todo
じゅなん 受難 sufrimiento 男, padecimiento 男
ジュニア júnior 男女, joven 男女
じゅにゅう 授乳 ‖～する amamantar, dar de mamar
しゅにん 主任 jefe(fa) 名, director(tora) 男女
しゅのう 首脳 jefe(fa) 名, dirigente 男女 ‖各国～ jefe(fa) de estado 名
じゅひ 守備 defensa 女
じゅひ 樹皮 corteza 女
しゅび 首尾 ‖～よく con éxito, satisfactoriamente
しゅびいっかん 首尾一貫 ‖～した coherente, consecuente
しゅひん 主賓 invitado(da) principal [de honor] 名
しゅふ 主婦 ama de casa 女
しゅふ 首府 ⇨ 首都
しゅぼうしゃ 首謀者 cabecilla 男女
しゅみ 趣味 afición 女, pasatiempo 男, hobby 男; (好み) gusto 男 ‖～がよい[悪い] tener buen [mal] gusto, ser de buen [mal] gusto 私の～に合わない No es de mi gusto.
じゅみょう 寿命 (duración de la) vida 女 ‖～が長い[短い] tener una vida larga [corta] その電池はもう～だ La pila está agotada [gastada]. ◆平均寿命 esperanza 女 [promedio 男] de vida
しゅもく 種目 (スポ) prueba 女; (階級) categoría 女
じゅもく 樹木 árbol 男
じゅもん 呪文 conjuro 男, palabra mágica 女 ‖～を唱える decir [pronunciar] un conjuro
しゅやく 主役 protagonista 男女; (役) papel principal 男
じゅよ 授与 ‖～する conferir, conceder, otorgar
しゅよう 主要 ‖～な principal, importante, primario(ria) ◆主要人物 personaje 男, persona principal 女
しゅよう 腫瘍 tumor 男 ◆悪性[良性]～ tumor maligno [benigno] 男
じゅよう 需要 demanda 女 ‖～が多い[少ない] tener mucha [poca] demanda ～と供給の法則 (経済) ley de la oferta y la demanda 女
しゅり 受理 ‖～する aceptar, recibir
じゅりつ 樹立 ‖～する establecer, fundar, instaurar 世界記録を～する establecer [batir] un récord mundial
しゅりゅうだん 手榴弾 granada de

しゅりょう 狩猟 caza 囡, cacería 囡
じゅりょう 受領 recepción 囡, recibo 男 ◆受領証 recibo
しゅりょく 主力 fuerza principal 囡 ◆主力メンバー principales miembros
しゅるい 種類 clase 囡, especie 囡, género 男; (型) tipo 男 ◆あらゆる～の toda clase de...
シュレッダー trituradora 囡
しゅろ 棕櫚 palma 囡
しゅわ 手話 dactilología 囡
じゅわき 受話器 auricular (del teléfono) 男
しゅわん 手腕 capacidad 囡, habilidad 囡, talento 男
じゅん 順 orden 男 ‖～を追って話す hablar en el orden debido ～不同に sin orden アルファベット～に por orden alfabético
じゅん- 準- ‖～会員 miembro asociado 男
じゅんい 純な puro(ra), inocente
じゅんい 順位 posición 囡, lugar 男, clasificación 囡
じゅんえき 純益 beneficio neto 男
じゅんえん 順延 aplazamiento 男 ‖～する aplazar
じゅんかい 巡回 (警官・警備員の) patrulla 囡 ‖～する patrullar
しゅんかん 瞬間 momento 男, instante 男
じゅんかん 循環 circulación 囡 ‖～する circular ◆循環器〖解剖〗aparato circulatorio 男
じゅんきょ 準拠 ‖～する basarse [apoyarse] 〈en〉
じゅんきょう 殉教 martirio 男 ◆殉教者 mártir 男女
じゅんきょうじゅ 准教授 profesor(sora) adjunto(ta) 男
じゅんきん 純金 oro puro 男
じゅんけつ 純潔 pureza 囡, castidad 囡, virginidad 囡 ‖～な puro(ra), casto(ta), virgen
じゅんけっしょう 準決勝 semifinal 囡
じゅんさ 巡査 (agente de) policía 男女
じゅんし 巡視 patrulla 囡
じゅんじゅん 順々に por [en] orden
じゅんじゅんけっしょう 準々決勝 cuartos de final 男
じゅんじょ 順序 orden 男; (手順) procedimiento 男 ‖～よく ordenadamente ～立った sistemático(ca), ordenado(da) ～を踏む seguir los trámites de rigor
じゅんじょう 純情 inocencia 囡 ‖～な inocente, ingenuo(nua), cándido(da)
じゅんすい 純粋 ‖～な puro(ra), genuino(na)
じゅんちょう 順調 ‖～な favorable, satisfactorio(ria) 万事～だ Todo va [marcha] bien. ～に行く ir sobre ruedas, marchar viento en popa ～に滑り出す empezar con buen pie
じゅんとう 順当 ‖～な normal, natural ～に normalmente, bien
じゅんのう 順応 adaptación 囡 ‖～する adaptarse 〈a〉 ～性のある adaptable, flexible
じゅんぱく 純白 ‖～の blanquísimo(ma), inmaculadamente blanco(ca)
じゅんばん 順番 orden 男, turno 男 ‖～に por turno [orden]
じゅんび 準備 preparación 囡, preparativos 男 ‖～する preparar, hacer los preparativos; prepararse 《para》 ～万端整った Todo está listo [preparado]. ◆準備運動 precalentamiento 男 準備金 reservas 囡復
じゅんぷう 順風 viento favorable 男 ‖～満帆である ir (con) el viento en popa
しゅんぶん 春分 ‖～の日 día del equinoccio de primavera 男
じゅんれい 巡礼 peregrinación 囡 ◆巡礼者 peregrino(na) 名
じょい 女医 médica 囡, doctora 囡
しよう 使用 uso 男, empleo 男 ‖～する usar, utilizar, emplear ◆使用者 (雇い主) empleador(dora) 名; (利用者) usuario(ria) 名 使用中〖掲示〗Ocupado. 使用人 empleado(da) 名 使用法 modo de empleo [de uso] 男; (商品の) instrucciones (de uso) 囡復
しよう 仕様 ‖いまさらどう～もない ¡Ya no hay remedio! ◆仕様書 especificaciones 囡復
しよう 私用 (私事) asunto personal [privado, particular] 男
しょう 賞 premio 男, galardón 男
しょう 省 ministerio 男
しょう 章 capítulo 男
しょう 滋養 ‖～のある nutritivo(va)
しょう 情 sentimiento 男, compasión 囡 ‖～の深い afectuoso(sa), cariñoso(sa) ～の薄い frío(a), despiadado(da) ～にもろい sentimental ...～が移る empezar a querer a... ～を寄せる tomar cariño a...
じょう 錠 (錠前) cerradura 囡; (差し錠) cerrojo 男; (南京錠) candado 男
-じょう -条 憲法第一～ el Artículo Primero de la Constitución 男
-じょう -嬢 señorita 囡
しょういだん 焼夷弾 bomba incendiaria 囡
じょういん 乗員 tripulante 男女, 〖集合的〗tripulación 囡
じょういん 上院 Cámara Alta 囡, Senado 男 ◆上院議員 senador(dora) 名
しょううちゅう 小宇宙 microcosmos 男復
じょうえい 上映 ‖～する poner, proyectar
しょうエネ 省- ahorro de energía

じょうえん 上演 representación 女 ‖～する representar, poner en escena

しょうか 消化 digestión 女 ‖～する digerir ―不良を起こす indigestarse, tener indigestión ◆消化器官 aparato digestivo 男, órganos digestivos 男複

しょうか 消火 ‖～する extinguir [apagar] un incendio ◆消火器 extintor 男, 消火栓 boca de incendios 女

しょうか 昇華 sublimación 女 ‖～する sublimar

しょうが 生姜 jengibre 男

じょうか 浄化 depuración 女 ‖～する depurar

しょうかい 紹介 presentación 女; (推薦) recomendación 女 ‖～する presentar, recomendar 自己～する presentarse a sí mismo(ma) …の～で por recomendación de… ◆紹介状 carta de presentación 女; (推薦状) carta de recomendación 女; (就職などで) referencias 女複

しょうかい 照会 referencia 女 ‖～する pedir informes ◆照会先 referencia 女

しょうかい 商会 empresa 女, compañía 女, firma 女

しょうがい 生涯 vida 女 ‖～の友 amigo(ga) de toda la vida 名 ◆生涯教育 educación permanente 女

しょうがい 傷害 herida 女, lesión 女 ◆傷害保険 seguro contra accidentes 男

しょうがい 障害 obstáculo 男, estorbo 男, impedimento 男; (心身の) discapacidad 女 ‖～を乗り越える superar [vencer] las dificultades ◆障害者 minusválido(da) 名, discapacitado(da) 名 障害物競走 carrera con [de] obstáculos 女 胃腸障害 trastorno gastrointestinal 男

しょうがくきん 奨学金 beca 女

しょうがくせい 奨学生 becario(ria) 名

しょうがくせい 小学生 alumno(na) de primera enseñanza [de la escuela primaria] 名

しょうがつ 正月 el Año Nuevo 男

しょうがっこう 小学校 escuela primaria [de primera enseñanza] 女

しょうがない 仕様がない ⇨仕様

しょうかん 召喚 (法律) citación 女 ‖～する citar, emplazar

しょうき 正気 (意識) conciencia 女, conocimiento 男; (狂気に対し) juicio 男, cordura 女 ‖～である estar cuerdo(da) [en su juicio] ～ではない estar loco(ca), no estar en su (sano) juicio ～を失う[回復する] perder [recuperar] el juicio

しょうぎ 将棋 ajedrez japonés 男

じょうき 蒸気 vapor 男 ◆蒸気機関車 locomotora de vapor 女

じょうき 常軌 ‖～を逸した extravagante, excéntrico(ca)

じょうぎ 定規 regla 女

じょうきげん 上機嫌 ‖～である estar de buen humor

しょうきぼ 小規模 ‖～に en [a] pequeña escala

しょうきゃく 焼却 incineración 女 ‖～する incinerar, quemar

しょうきゃく 償却 amortización 女

じょうきゃく 乗客 pasajero(ra) 名, viajero(ra) 名

しょうきゅう 昇給 aumento salarial 男

しょうきゅう 昇級 promoción 女, ascenso 男 ‖～する promocionarse, ser promovido(da)

じょうきゅう 上級 grado superior 男 ‖～の superior, de rango superior ◆上級生 estudiante superior [alumno(na) 名] de cursos superiores

しょうぎょう 商業 comercio 男, negocios 男複 ‖～化する comercializar

じょうきょう 状況 (周囲の) circunstancias 女複; (置かれた立場) situación 女 ‖目下の～では en las circunstancias actuales

じょうきょう 上京 ‖～する ir [venir(se)] a Tokio

しょうきょくてき 消極的 ‖～な (受け身の) pasivo(va); (否定的な) negativo(va)

しょうきん 賞金 premio (en metálico) 男, prima 女

しょうぐん 将軍 general 男; (幕府の) (日) shogun 男, sogún 男

じょうげ 上下 ‖～に de arriba abajo; (垂直に) verticalmente

じょうけい 情景 escena 女, vista 女

しょうげき 衝撃 choque 男, golpe 男; (強い影響) impacto 男 ‖～的な espantoso(sa), impactante ～を与える impactar, conmocionar ～を受ける recibir un impacto

しょうけん 証券 valores 男複, título 男, bono 男 ◆証券アナリスト analista de valores 名 証券会社 compañía [sociedad] de valores [de acciones] 女 証券市場 mercado de valores 男 証券取引所 bolsa de valores 女

しょうげん 証言 testimonio 男, testificación 女 ‖～する testificar, testimoniar ◆証言者 testigo 男女

じょうけん 条件 condición 女 ‖…という～で a [con la] condición de [＋不定詞, que＋接続法] …～付きの condicional ◆条件反射 reflejo condicionado 男 必要条件 requisito 男

しょうこ 証拠 prueba 女, testimonio 男, evidencia 女 ‖～不十分で por falta de pruebas ～として como prueba ◆証拠隠滅 supresión [destrucción] de pruebas 女 証拠書類 prueba documental 女 証拠品 prue-

ba 女

しょうご 正午 mediodía 男 ‖~に a [al] mediodía

じょうご 漏斗 embudo 男

しょうこう 将校 oficial 男女

しょうこう 照合 cotejo 男, confrontación 女 ‖AをBと~する cotejar A con B

しょうごう 称号 título 男

じょうこう 条項 cláusula 女, artículo 男

しょうこうかいぎしょ 商工会議所 Cámara de Comercio e Industria 女

しょうこうねつ 猩紅熱 escarlatina 女

じょうこく 上告 apelación (a un tribunal superior) 女 ‖~する apelar

しょうさい 詳細 detalles 男複, pormenores 男複 ‖~に detallado(da), minucioso(sa)

じょうざい 錠剤 pastilla 女

しょうさっし 小冊子 folleto 男; (政治的) panfleto 男

しょうさん 称賛・賞賛 alabanza 女, elogio 男, admiración 女 ‖~する alabar, elogiar ~に値する elogiable, admirable, merecer elogio

しょうさん 硝酸 ácido nítrico 男

じょうし 上司 jefe(fa) 男

じょうじ 情事 amorío 男, asunto amoroso 男, romance 男

しょうしか 少子化 baja natalidad 女

しょうじき 正直 honradez 女 ‖~な honrado(da), honesto(ta) ~なところ a decir verdad, hablando francamente

じょうしき 常識 sentido común 男 ‖~のある que tiene sentido común, sensato(ta) それは~だ Eso es de sentido común.

しょうしつ 焼失 ‖~する incendiarse, quemarse

じょうしつ 上質 ‖~の de calidad (superior)

しょうしゃ 商社 casa comercial 女, compañía de comercio 女

しょうしゃ 勝者 ganador(dora) 男女, vencedor(dora) 男女

じょうしゃ 乗車 ‖~する (電車に) subir al tren ◆乗車券 billete 男,《中南米》boleto 男 乗車料金 tarifa 女

じょうじゅ 成就 (達成) logro 男; (完成) consumación 女; (実現) realización 女 ‖~する lograr, realizar

しょうしゅう 招集・召集 ‖~する (議会を) convocar; (軍隊を) llamar a filas

しょうじゅう 小銃 fusil 男, rifle 男

しょうじゅつ 詳述 ‖~する explicar detalladamente

じょうじゅん 上旬 ‖3月に~に a principios de marzo

しょうしょ 証書 (権利証書) escritura 女; (証明書) certificado 男, certificación 女

しょうじょ 少女 chica 女, muchacha 女

しょうしょう 少々 un poco, algo

しょうじょう 症状 síntoma 男

しょうじょう 賞状 diploma de honor 男

じょうしょう 上昇 subida 女, ascenso 男 ‖~する subir, ascender

しょうじる 生じる (起こる) ocurrir, producirse; (不意に) surgir

しょうしん 昇進 ascenso 男, promoción 女 ‖~する ascender, promocionarse

しょうしんしょうめい 正真正銘 ‖~の genuino(na), auténtico(ca)

じょうず 上手 ‖~な bueno(na), diestro(tra), hábil 彼は商売~だ Se le dan bien los negocios.

しょうすう 小数 decimal 男, fracción decimal 女 ◆小数点 coma decimal 女

しょうすう 少数 ‖~の minoritario(ria) 女 ◆少数意見 opinión minoritaria 女 少数派 minoría 女 少数民族 minoría étnica 女

しょうする 称する llamarse, denominarse

じょうせい 情勢 situación 女, circunstancias 女複 ◆世界情勢 situación mundial 女

しょうせつ 小説 novela 女; (短編) cuento 男 ◆小説家 novelista 男女, escritor(tora) 男女

じょうせつ 常設 ‖~の permanente ◆常設委員会 comité permanente 男

じょうぜつ 冗舌・饒舌 ‖~な locuaz, hablador(dora)

じょうせん 乗船 ‖~する embarcarse, subir a bordo

しょうそう 焦燥 impaciencia 女, ansiedad 女

しょうぞう 肖像 retrato 男 ◆肖像画 retrato 男

じょうぞう 醸造 fermentación 女; (蒸留) destilación 女 ‖~する fermentar ◆醸造所 destilería 女

しょうそく 消息 noticia 女, información 女

しょうたい 招待 invitación 女 ‖~する invitar, convidar ◆招待客 invitado(da) 男女, convidado(da) 男女 招待状 carta [tarjeta] de invitación 女 招待席 asientos para invitados 男複

しょうたい 正体 verdadero carácter 男, verdadera naturaleza 女 ‖~を現わす revelarse, quitarse la máscara ~を暴く desenmascarar

じょうたい 状態 estado 男, situación 女 現在の~では en la situación actual

しょうだく 承諾 aceptación 女, consentimiento 男 ‖~する aceptar, consentir 〈en〉 ◆承諾書 carta de aceptación 女

じょうたつ 上達 (進歩) progreso 男; (向上) mejora 女 ‖~する progresar, adelantar

しょうだん 商談 conversaciones (co-

じょうだん 冗談 broma 囡, (笑い話) chiste 男 ‖~を言う (からかう) gastar bromas; (笑い話を) contar chistes ～で de [en] broma ～半分に medio en broma ～はやめろ ¡Basta de bromas! 6時間も待つなんて～じゃない Esperar seis horas no es ninguna broma. ～にも程がある Es una broma pesada.

しょうち 承知 ‖~している estar enterado(da) 《de》 ご～のように como usted sabe そんなことは百も～だ Lo sé perfectamente. (会話)～しました De acuerdo./Entendido./Muy bien.

じょうちょ 情緒 emoción 囡 ◆情緒不安定 inestabilidad emocional 囡 ◆情緒障害 trastorno [disturbio] emocional 男

しょうちょう 象徴 símbolo 男 ‖~的な simbólico(ca), emblemático(ca) ‖~する simbolizar ◆象徴主義 simbolismo 男

しょうちょう 小腸 intestino delgado 男

じょうちょう 冗長 ‖~な prolijo(ja); (くどい) pesado(da)

しょうてん 焦点 enfoque 男, foco 男 ‖~を合わせる (カメラの) enfocar (con la cámara) ～が合っていない desenfocado(da) ◆焦点距離 (写真) distancia focal 囡

しょうてん 商店 tienda 囡, comercio 男 ◆商店街 zona comercial 囡

じょうと 譲渡 (権利・財産などの) transmisión 囡 ‖~する ceder, traspasar, enajenar

しょうどう 衝動 impulso 男, impulsión 囡 ‖~的な impulsivo(va)

じょうとう 上等 ‖~な de (buena) calidad, superior, excelente

しょうどく 消毒 desinfección 囡 ‖~する desinfectar, esterilizar ◆消毒薬 desinfectante 男, antiséptico 男

しょうとつ 衝突 choque 男, colisión 囡 ‖~する chocar [colisionar] 《con, contra》 利害の～ conflicto de intereses 男

しょうに 小児 niño(ña) 名 ◆小児科 pediatría 囡 ◆小児科医 pediatra 男女

しょうにゅうせき 鐘乳石 estalactita 囡

しょうにん 承認 (是認) aprobación 囡; (同意) consentimiento 男; (許可) autorización 囡; (正式な認可) reconocimiento 男 ‖~する aprobar, autorizar; (批准) ratificar

しょうにん 証人 testigo 男女 ‖~として testificar …を～に立てる poner 《a+人》 por testigo ◆弁護側[検察側]証人 testigo de descargo [de cargo] 男女

しょうにん 商人 comerciante 男女

じょうにん 常任 ‖~の (終身の) permanente; (常置の) regular ◆常任委員 miembro permanente del comité 男

じょうねつ 情熱 pasión 囡, ardor 男, fervor 男 ‖~的な apasionado(da), entusiasta

しょうねん 少年 chico 男, muchacho 男 ◆少年院 reformatorio 男, correccional 男 ◆少年法 ley del menor 囡

じょうば 乗馬 equitación 囡, hípica 囡

しょうはい 勝敗 victoria 囡 o derrota 囡

しょうばい 商売 negocio 男, comercio 男 ‖~をする dedicarse al comercio, llevar un negocio ～を始める montar [poner] un negocio ◆商売柄 por exigencias de su profesión 商売人 comerciante 男女 ◆商売敵 competidor(dora) comercial 名

じょうはつ 蒸発 evaporación 囡, vaporización 囡; (失踪) desaparición 囡 ‖~する evaporarse; (失踪) desaparecer

じょうはんしん 上半身 parte superior del cuerpo 囡 ‖~の de medio cuerpo, de la cintura para arriba

しょうひ 消費 consumo 男 ‖~する consumir ◆消費者 consumidor(dora) 名 消費者物価指数 índice de precios al consumo 男 消費税 impuesto de [por, sobre el] consumo 男; (付加価値税) IVA (= impuesto sobre el valor añadido) 男

しょうひょう 商標 marca (registrada [de fábrica]) 囡

しょうひん 商品 artículo 男, mercancía 囡; (在庫品) existencias 囡 ‖~化する comercializar ◆商品券 vale de compra 男

しょうひん 賞品 premio 男, galardón 男

じょうひん 上品 elegancia 囡, distinción 囡 ‖~な refinado(da), elegante

しょうぶ 勝負 (競争) competición 囡 (試合) partido 男; (競技・ゲーム) juego 男 ‖~をする competir 《con》, luchar 《con, contra》; (ゲーム) jugar una partida ～に勝つ[負ける] ganar [perder] el partido [en el juego] 堂々と～する jugar limpio ◆勝負事 juego de azar 男, partida 囡; (賭け事) apuesta 囡

じょうぶ 丈夫 ‖~な (健康な) sano(na); (強健な) fuerte, robusto(ta) 体を~にする fortalecer el cuerpo

じょうぶ 上部 parte superior [de arriba] 囡

しょうふだ 正札 etiqueta de precio 囡

しょうぶん 性分 carácter 男, naturaleza 囡, temperamento 男

しょうへい 招聘 ‖~する invitar

しょうべん 小便 orina 囡, (婉曲, 幼) pipí 男; (話) pis 男 ‖~する orinar

じょうほ 譲歩 concesión 囡 ‖~する ceder, hacer concesiones

しょうほう 使用法 ⇨ 使用

しょうぼう 消防 ◆消防士 bombero(ra) 女 消防隊 cuerpo de bomberos 男 消防車 coche [camión] de bomberos 男 消防署 cuartel [parque] de bomberos 男

しょうほう 情報 información 女, noticia 女 ‖～を提供する dar [ofrecer] información ～を得る obtener información ～を流す difundir la noticia ◆情報科学 ciencia de la información 女, informática 女 情報検索 búsqueda (en la Red) 女

じょうまえ 錠前 cerradura 女; (南京錠) candado 男

しょうまっせつ 枝葉末節 detalles (sin importancia) 男複, cuestión secundaria 女

しょうみ 正味 ‖～の neto(ta); (商業) líquido(da) ～重量 peso neto 男

しょうみ 賞味 ‖～する saborear ◆賞味期限 fecha de caducidad 女 ‖[表示]～期限… Consumir preferentemente antes de...

じょうみゃく 静脈 vena 女 ◆静脈注射 inyección intravenosa 女

じょうむいん 乗務員 tripulante 男女, [集合的] tripulación 女

しょうめい 照明 iluminación 女, alumbrado 男 ‖～を当てる iluminar, alumbrar

しょうめい 証明 demostración 女, certificación 女 ‖～する (仮定を) demostrar; (文書で) certificar; (無実を) probar ◆証明書 certificado 男, acta 女

しょうめつ 消滅 ‖～する desaparecer, extinguirse; (権利などが) caducar, vencer

しょうめん 正面 (前部) frente 男, cara principal 女; (建物の) fachada 女 ‖～玄関 puerta [entrada] principal 女 ～のーに enfrente de...

しょうもう 消耗 (消費) consumo 男 ‖～する consumirse; (損耗する) desgastarse; (体力を) agotarse ◆消耗品 artículos de consumo 男複

じょうやく 条約 tratado 男, convenio 男, pacto 男

しょうゆ 醤油 salsa de soja 女

しょうよ 賞与 gratificación 女, bonificación 女, paga extra(ordinaria) 女

じょうようしゃ 乗用車 coche [automóvil] de turismo 男

しょうらい 将来 futuro 男, porvenir 男 ‖～の futuro(ra), venidero(ra) ～性のある con porvenir

しょうり 勝利 victoria 女, triunfo 男 ‖～を収める ganar, triunfar, conseguir [obtener] una victoria ～に導く llevar el equipo a la victoria ◆勝利者 ganador(dora) 男女

じょうりく 上陸 desembarco 男 ‖～する desembarcar

しょうりゃく 省略 omisión 女 ‖～する omitir; (短縮する) abreviar ◆省略形 abreviatura 女

じょうりゅう 上流 curso superior del río 男 ‖～に[で] río arriba ◆上流階級 clase alta 女

じょうりゅう 蒸留 destilación 女 ‖～する destilar 蒸留酒 licor destilado 男

しょうりょう 少量 ‖～の塩 un poco [una pizca] de sal

じょうりょくじゅ 常緑樹 árbol de hoja perenne 男

しょうれい 奨励 (促進) fomento 男, promoción 女 ‖～する fomentar, promover

じょうれい 条令・条例 ordenanza 女, regla 女, [集合的] reglamento 男

じょうれん 常連 asiduo(dua) 男女; (客) cliente(ta) fijo(ja) (habitual) 男女

じょうろ 如雨露 regadera 女

しょうろう 鐘楼 campanario 男

しょえん 初演 estreno 男, primera representación 女

ショー espectáculo 男, (英) show 男 ◆ショーウインドー escaparate 男, (中南米) vidriera 女 ショールーム salón [sala] de exposición 男

じょおう 女王 reina 女, soberana 女 ◆女王蜂 abeja reina 女

ジョーカー (トランプの) comodín 男

ジョーク broma 女, (笑い話) chiste 男

ショーツ (女性の) bragas 女複

ショート (電気) cortocircuito 男 ‖～する producirse un cortocircuito ～カットの髪 cabello [pelo] corto 男 ◆ショートパンツ pantalones cortos 男複

ショール chal 男

しょか 初夏 ‖～に al principio [a comienzos] de verano

しょか 書架 estantería 女

じょがい 除外 exclusión 女, excepción 女 ‖～する excluir, exceptuar

しょがくしゃ 初学者 principiante 男女

しょかつ 所轄 jurisdicción 女 ‖～官庁 autoridades competentes 女複

しょかん 書簡 carta 女, misiva 女, epístola 女

しょき 初期 primer período 男, primera etapa 女 ‖～化する (情報) inicializar

しょき 書記 (政党などの) secretario(ria) 男女

しょきゅう 初級 curso elemental [básico] 男

じょきょ 除去 ‖～する eliminar, deshacerse ⟨de⟩

ジョギング jogging 男, footing 男, aerobismo 男

しょく 私欲 propio provecho, interés personal 男

しょく 職 trabajo 男, empleo 男, labor 女 ‖～を得る conseguir trabajo [empleo], colocarse ～を変える cambiar de trabajo ～のない parado(da), sin empleo ～を捜す buscar trabajo

しょく [empleo] 手に~をつける aprender un oficio (manual)
しょく 食 ‖~が進む tener buen [mucho] apetito ～が細い está desganado(da), ser de poco comer
しょくあたり 食中り ⇨ 食中毒
しょくいん 職員 empleado(da) 男女, oficinista 男女; (公務員) funcionario(ria) 名; [[集合的]] personal 男, plantilla 女 ♦ 職員室 sala de profesores 女 教職員 personal docente y administrativo
しょくえん 食塩 sal de mesa 女
しょくぎょう 職業 (専門的) profesión 女; (仕事) trabajo 男, ocupación 女, empleo 男 ‖ 会話 ~は何ですか ¿Qué profesión tiene usted? ～上の profesional …を～にする tener... como profesión ♦ 職業訓練校 escuela de formación profesional 女 職業病 enfermedad profesional 女
しょくご 食後 ‖~に después de comer [la comida]
しょくざい 食材 ingrediente 男
しょくざい 贖罪 expiación 女
しょくじ 食事 comida 女 ‖~をする comer ～の後片付けをする recoger la mesa ～を出す servir la comida 会話 ～の時間です Es hora de comer.
しょくせき 職責 deberes profesionales 男複 ‖~を果たす cumplir con la responsabilidad profesional
しょくぜん 食前 ‖~に antes de comer ♦ 食前酒 aperitivo 男
しょくだい 燭台 candelero 男
しょくたく 食卓 ‖~につく sentarse a la mesa ～の用意をする poner la mesa ～を片付ける quitar la mesa
しょくたく 嘱託 empleado(da) temporal [sin contrato fijo] 男
しょくちゅうどく 食中毒 intoxicación alimentaria 女
しょくつう 食通 gurmé 男女, gourmet 男女
しょくどう 食堂 comedor 男, restaurante 男 ♦ 食堂車 coche comedor 男, vagón restaurante 男
しょくどう 食道 esófago 男
しょくにく 食肉 carne 女
しょくにん 職人 artesano(na) 名, trabajador(dora) manual 名 ♦ 職人気質 espíritu artesano 男 職人芸 artesanía 女
しょくのうきゅう 職能給 sueldo basado en el rendimiento laboral 男
しょくば 職場 lugar de trabajo 男; (事務所) oficina 女 ‖~に復帰する reincorporarse a la oficina [al trabajo]
しょくばい 触媒 (化学) catalizador 男
しょくパン 食パン pan de molde 男 ‖~一枚 una rebanada de pan 女
しょくひ 食費 gastos de comida [de alimentación] 男複
しょくひん 食品 alimento 男, comestibles 男複 ♦ 食品衛生 higiene alimentaria 女 食品加工業 industria alimenticia 女 食品添加物 aditivo alimentario 男
しょくぶつ 植物 planta 女, vegetal 男, vegetación 女 ‖~(性)の vegetal ♦ 植物園 jardín botánico 男 植物学 botánica 女
しょくみん 植民 colonización 女 ♦ 植民地 colonia 女 ‖~化する colonizar ～地時代 época colonial
しょくむ 職務 cargo 男, oficio 男, obligación 男 [deber 男] profesional, función 女 ♦ 職務規定 reglamento de conducta interna [de los empleados] 男 職務権限 atribuciones (profesionales) 女複 職務質問 (警官の) interrogatorio policial 男
しょくもつ 食物 alimento 男, comida 女; (食料品) comestibles 男複 ♦ 食物繊維 fibra dietética 女 食物連鎖 cadena alimentaria 女
しょくよう 食用 ‖~の comestible ♦ 食用油 aceite comestible [para cocinar] 男
しょくよく 食欲 apetito 男, gana(s) de comer 女複 ‖~がある tener apetito ～不振である estar desganado(da), no tener apetito
しょくりょう 食糧 alimentos 男複, comestibles 男複, víveres 男複 ‖~不足 escasez de alimentos 女
しょくりょうひんてん 食料品店 tienda de comestibles 女
しょくれき 職歴 historial profesional 男, antecedentes profesionales 男複; (経歴) carrera profesional 女
しょくん 叙勲 condecoración 女 ‖~する condecorar
しょけい 処刑 ejecución 女 ‖~する ejecutar, ajusticiar
しょけん 所見 opinión 女, observación 女, parecer 男
じょげん 助言 consejo 男; (専門的な) asesoramiento 男; (提言) sugerencia 女 ‖~する aconsejar, dar un consejo ～を求める pedir consejo 《a + 人》 ~に従う seguir el consejo
じょこう 徐行 ‖~する ir [conducir] despacio, disminuir la velocidad
しょさい 書斎 estudio 男, despacho 男
しょざい 所在 ‖ 責任の～を明らかにする esclarecer de quién es la responsabilidad ♦所在地 domicilio 男
じょさいない 如才ない diplomático(ca)
じょし 女子 (若い娘) chica 女, muchacha 女; (女) mujer 女, señora 女 ♦女子学生 estudiante 女 女子大学 universidad femenina 女
しょしき 書式 formulario 男, modelo 男, impreso 男

じょしし 叙事詩 poema épico 男; (ジャンル) poesía épica 女
じょしゅ 助手 ayudante 男女, asistente(ta) 名
しょしゅう 初秋 ‖～に a comienzos [al principio] del otoño
じょじゅつ 叙述 ‖～する relatar, narrar
しょしゅん 初春 ‖～に a comienzos [al inicio] de la primavera
しょじゅん 初旬 principio del mes 男
しょじょ 処女 virgen 女, mujer virgen 女
じょじょに 徐々に gradualmente, poco a poco
じょじょうし 叙情詩 poema lírico 男; (ジャンル) poesía lírica 女
しょしんしゃ 初心者 principiante 男女
じょすう 序数 (número) ordinal 男
じょせい 女性 mujer 女, [集合的] sexo femenino 男 ‖～の[的な] femenino(na) 形 ◆女性解放運動 feminismo 男, movimiento feminista 男
じょせい 助成 ‖～する subvencionar, dar un subsidio ◆助成金 subvención 女; (公的) subsidio 男
しょせいじゅつ 処世術 arte de vivir
しょせき 書籍 libro 男, publicación 女
じょそう 助走 carrerilla 女, arranque 男 ‖～する tomar carrerilla
じょそう 除草 ◆除草剤 herbicida 男
ぞくす 属く pertenencia 女 ‖～する pertenecer ⟨a⟩
しょたい 所帯 familia 女, hogar 男 ‖～を持つ (結婚する) casarse; (家産を作る) formar [crear] un hogar
しょたい 書体 escritura 女
しょたいめん 初対面 primer encuentro 男 ‖彼らは～です Es la primera vez que se ven.
しょだな 書棚 (全体の) estantería 女; (個々の) estante 男
しょち 処置 medidas 女複, remedio 男; (治療) tratamiento 男 ‖～する tomar medidas, dar un tratamiento ～を誤る tomar medidas equivocadas
しょちょう 署長 (警察) comisario(ria) (de la policía) 男女, jefe(fa) de comisaría 男女
しょっかく 触覚 tacto 男 ‖～の táctil
しょっかく 触角 (虫類) antena 女
しょっき 食器 vajilla 女; (一人分の) cubierto 男 ◆食器洗い機 lavavajillas 男[単複], lavaplatos 男[単複] 食器棚 aparador 男, vasar 男
ジョッキ jarra (de cerveza) 女
ショック shock 男, choque 男, golpe 男 ‖～を与える dar [producir] un choque ～を受ける sufrir [recibir] un choque ◆ショック死 muerte a consecuencia de un shock 女 ショック療法 tratamiento de choque 男 ショックア

ブソーバー (緩衝装置) amortiguador 男
しょっけん 職権 autoridad (concedida) 女 ◆職権濫用 abuso de autoridad 男
しょっこう 職工 obrero(ra) 名
しょっぱい salado(da)
ショッピング compra 女 ◆ショッピングセンター centro comercial 男 ショッピングカート carrito de la compra 男
じょてい 女帝 emperatriz 女, reina 女
しょてん 書店 librería 女
しょとう 初冬 ‖～に a comienzos [al inicio] del invierno
しょとう 初等 ‖～の primario(ria), elemental ◆初等教育 enseñanza primaria 女, educación primaria 女
しょとう 諸島 archipiélago 男, islas 女複
しょどう 書道 caligrafía japonesa 女
じょどうし 助動詞 verbo auxiliar 男
しょとく 所得 ingresos 男複, renta 女 ◆所得税 impuesto sobre la renta 男 国民所得 renta nacional 女
しょにんきゅう 初任給 sueldo inicial 男
しょばつ 処罰 castigo 男, sanción 女 ‖～する castigar, penalizar, sancionar
しょひょう 書評 reseña 女, recensión 女 ‖～をする reseñar, hacer la reseña 《de》
しょぶん 処分 (売却) venta 女; (処罰) castigo 男, sanción disciplinaria 女 ‖～する (売却) vender, liquidar; (捨てる) echar, tirar; (処罰) castigar
じょぶん 序文 prólogo 男, introducción 女, prefacio 男
しょほ 初歩 elementos 男複, rudimentos 男複 ‖～的な elemental, básico(ca)
しょほう 処方 ‖薬を～する recetar una medicina ◆処方箋(ぜん) receta 女
じょまく 序幕 (劇の) primer acto 男, acto primero 男; (物事の始め) comienzo 男, principio 男
じょまく 除幕 inauguración 女 ‖銅像の～式 ceremonia inaugural [de descubrimiento] de una estatua 女
しょみん 庶民 pueblo 男 ‖～的な popular
しょめい 署名 firma 女; (花押) rúbrica 女; (有名人の) autógrafo 男 ‖～する firmar 書類に～捺印する firmar y sellar un documento ～を集める recoger [reunir] firmas ◆署名運動 campaña de recogida de firmas 女 署名者 firmante 男女, signatario(ria)
じょめい 除名 expulsión 女 ‖～する expulsar, excluir
しょもつ 書物 libro 男
じょや 除夜 Nochevieja 女 ‖～の鐘 campanadas de los templos de

Nochevieja *el(la)* sueco(ca)

しょゆう 所有 posesión 囡, propiedad 囡 ‖～する poseer ◆**所有権** propiedad 囡, derecho de propiedad 男 **所有者** propietario(ria) 名, dueño(ña) 名 **所有物** posesiones 囡(複); (所持品) efectos personales; (財産) propiedad 囡 **所有地** propiedad 囡 **所有語** (言語) posesivo 男

じょゆう 女優 actriz 囡

しょり 処理 ‖～する despachar; (紛争・問題を) arreglar; (情報) procesar

じょりゅう 女流 ‖～の femenino(na); (将棋で) de categoría femenina ◆**女流作家** escritora 囡 **女流画家** pintora 囡

じょりょく 助力 ayuda 囡, auxilio 男

じょるい 書類 papeles 男(複), documento 男, documentación 囡 ‖～を作成する redactar un documento ‖～に必要事項を記入する rellenar un documento ‖～を送検する enviar los documentos relacionados con un caso (criminal) a la fiscalía

ショルダーバッグ bolso de bandolera 男

じょれつ 序列 orden 男, grado 男, rango 男

じょろん 序論 introducción 囡

しょんぼりと abatido(da), alicaído(da), deprimido(da)

じらい 地雷 ◆**対人地雷** mina antipersonal 囡

しらが 白髪 cana 囡, pelo canoso 男 ‖～の canoso(sa)

しらかば 白樺 abedul 男

しらける 白ける aguarse ‖座を白けさせる aguar, amargar 座を白けさせる人 aguafiestas 男女(単複)

しらじらしい 白々しい ‖～ 嘘を言う decir una mentira manifiesta [transparente]

しらす 焦らす impacientar, irritar

しらせ 知らせ noticia 囡, aviso 男, información 囡

しらせる 知らせる avisar, comunicar, informar; (警告) advertir ⟪de⟫

しらない 知らない no saber, no tener idea, desconocer, ignorar

しらばくれる hacerse *el(la)* tonto(ta)

しらふ 素面 ‖～である estar sobrio(ria)

しらべ 調べ (調査) investigación 囡, indagación 囡, examen 男; (尋問) interrogatorio 男; (旋律) melodía 囡 ‖**図書館で～ものをする** consultar documentos en la biblioteca

しらべる 調べる (調査) investigar, averiguar, indagar; (辞書・地図) consultar; (検査) registrar; (尋問) interrogar ‖**辞書で～** consultar un diccionario 警察に調べられる ser interrogado(da) por la policía

しらみ 虱 piojo 男

しらんかお 知らん顔 ‖～をする hacerse el(la) sueco(ca)

しり 尻 nalgas 囡(複), trasero 男, (話) culo 男 ‖**(女性が)～軽である** ser frívola [ligera, licenciosa] ‖～**が重い (怠け者)** perezoso(sa) 彼女は夫を～に敷いている Ella es la que lleva los pantalones.

シリア Siria ‖～の sirio(ria)

しりあい 知り合い conocido(da) 名 ‖～の conocido(da) 彼とは古くからの～だ Le conozco desde hace muchos años./Él es un viejo conocido mío.

しりあう 知り合う (互いに) conocerse

シリーズ serie 囡

じりき 自力 ‖～で por sus propios medios

じりき 地力 capacidad 囡, habilidad 囡 ‖～を発揮する mostrar [desplegar] su propia capacidad

しりきれとんぼ 尻切れとんぼ ‖～に終わる quedar inacabado(da)

しりごみ 尻込み ‖～する vacilar ⟪en⟫, titubear, echarse (para) atrás

シリコン silicio 男

しりすぼみ 尻すぼみ ‖～に終わる quedar en agua de borrajas

しりぞく 退く (後退) retroceder, retirarse; (定年で) jubilarse; (辞職) dimitir

しりぞける 退ける rechazar; (撃退) repeler

しりつ 市立 ‖～の municipal

しりつ 私立 ‖～の privado(da)

じりつ 自立 independencia 囡 ‖～する independizarse ⟪de⟫ ～した女性 mujer independiente 囡

じりつ 自律 independencia 囡, autonomía 囡 ◆**自律神経** nervios autónomos 男(複)

しりぬぐい 尻拭い ‖～をする pagar los platos rotos ⟪de⟫, pagar culpas ajenas

しりめつれつ 支離滅裂 incoherencia 囡 ‖～な incoherente

しりもち 尻餅 ‖～をつく caerse de culo

しりゅう 支流 afluente 男

しりょ 思慮 reflexión 囡, consideración 囡; (分別) discreción 囡; (慎重) prudencia 囡 ‖～深い discreto(ta), reflexivo(va) ～に欠ける imprudente, irreflexivo(va)

しりょう 資料 dato 男, material 男; (文献) documentos 男(複) ‖～を収集する recoger datos, documentarse

しりょう 史料 documentos (históricos) 男(複)

しりょう 飼料 pienso 男, cebo 男, forraje 男 ◆**人工飼料** piensos artificiales [animales] 男(複)

しりょく 視力 vista 囡, visión 囡

じりょく 磁力 magnetismo 男

シリンダー cilindro 男

しる 知る (人・場所を体験的に) conocer; (知識・情報として) saber, enterarse

しる 《de》‖《会話》彼のこと知ってる? – 知らない ¿Lo [Le] conoce Ud.? – No lo [le] conozco. 知っている (通じている) estar al corriente 《de》 私の～限り you sepa 知らぬ間に sin que yo lo sepa それは私の知ったことではない No tengo nada que ver con eso./No es asunto mío.

しる 汁 (吸物) sopa 囡; (煮だし汁) caldo 男; (果汁) jugo 男, zumo 男; (樹液) savia 囡

シルエット silueta 囡

シルク seda 囡 ◆**シルクロード** Ruta de la Seda 囡

しるし 印 señal 囡, marca 囡 ‖～を付ける marcar, hacer una señal

しるす 記す marcar, anotar

シルバー (銀) plata 囡 ◆**シルバーシート** asientos reservados (para ancianos y discapacitados) 男複

しれい 司令 mandato 男, orden 囡 ◆**司令部** comandancia 囡, cuartel general 男 **司令官** comandante 男女

じれい 辞令 nombramiento 男

じれったい irritante, exasperante

しれる 知れる salir a la luz

しれわたる 知れ渡る llegar a conocerse, difundirse

しれん 試練 prueba 囡, examen 男; (受難) calvario 男; (逆境) adversidad 囡

ジレンマ dilema 男 ‖～に陥っている encontrarse en un dilema

しろ 城 castillo 男; (アラブの) alcazaba 囡, alcázar 男

しろ 白 blanco 男; (潔白) inocencia 囡 ‖彼は～だ (無実) Él es inocente. ～に blanquecino(na)

しろい 白い blanco(ca) ‖白くなる blanquear(se) ～目で見る mirar con malos ojos [con frialdad]

しろうと 素人 aficionado(da) 名, amateur 男女; (門外漢) lego(ga) 名, profano(na) 名

しろくま 白熊 oso polar [blanco] 男

しろくろ 白黒 ‖～の写真 foto en blanco y negro 囡

じろじろ ‖～の顔を～見る mirar a... la cara con indiscreción [de hito en hito]

シロップ jarabe 男, almíbar 男 ‖果実の～漬け fruta en almíbar 囡

しろみ 白身 ‖卵の～ clara (del huevo) 囡 ～の魚 pescado blanco 男

じろり ‖～と見る mirar fijamente, echar una mirada escrutadora

しわ arruga 囡 ‖～(目じりの) patas de gallo 囡 ～になる arrugarse ～にならない inarrugable ～を伸ばす desarrugar 眉間に～を寄せる fruncir el ceño

しわける 仕分ける clasificar, dividir

しわざ 仕業 acto 男, obra 囡 ‖いったいこれは誰の～だ ¿Quién ha hecho esto?

しわす 師走 diciembre 男, fin de año 男

しん 芯 (果物などの) corazón 男; (鉛筆の) mina 囡; (ろうそく・ランプの) mecha 囡, pabilo 男

しん- 真 - ‖～の verdadero(ra), real, auténtico(ca)

しん- 新 - nuevo(va), neo- ‖～雪 nieve recién caída 囡 ～記録を作る establecer una nueva marca [un nuevo récord]

しん- 親 - pro-, -filo ‖～米政権 régimen proestadounidense [pronorteamericano] 男

しんあい 親愛 ‖～なる querido(da), estimado(da)

しんい 真意 (気持ち) verdadera intención 囡; (言葉の) sentido verdadero 男

じんいてき 人為的 ‖～な artificial ～ミス fallo humano 男

じんいん 人員 personal 男, plantilla 囡 ‖～整理 reducción de personal [de plantilla]

じんえい 陣営 ‖保守[革新]～を擁護する defender el campo conservador [reformista]

しんえん 深淵 abismo 男

じんえん 腎炎 《医学》 nefritis 囡 《単複》

しんか 進化 evolución 囡 ‖～する evolucionar ◆**進化論** (生物) evolucionismo 男, teoría de la evolución 囡

しんか 真価 verdadero valor 男, valía real 囡 ‖～を発揮する demostrar su verdadero valor

シンガー cantante 男女 ◆**シンガーソングライター** cantautor(tora) 名

しんかい 深海 abismo marino 男 ◆**深海魚** pez abismal 男

しんがい 侵害 (違反) violación 囡, (抵触) infracción 囡 ‖プライバシーの～ violación de la intimidad [vida privada] 囡 人権を～する violar [infringir] los derechos humanos

しんがく 進学 ‖大学に～する ir [acceder] a la universidad 囡 大学～率 tasa de acceso a la universidad 囡

しんがく 神学 teología 囡

じんかく 人格 personalidad 囡, carácter 男

しんかくか 神格化 ‖～する divinizar, deificar

しんがた 新型 nuevo modelo [tipo] 男 ‖～の風邪 nuevo tipo de gripe 男

シンガポール Singapur ‖～の singapurense

しんかん 新刊 libro recién publicado 男

しんぎ 審議 discusión 囡, consideración 囡, deliberación 囡 ‖～する discutir, debatir, deliberar ～中である (議案の) estar en estudio [en discusión] ～を打ち切る[再開する] cerrar [reanudar] la discusión ◆**審議会**

しんぎ 審議 asamblea deliberante 女, consejo 男
しんぎ 真偽 veracidad 女
しんぎ 信義 lealtad 女, fidelidad 女
しんきゅう 進級 ‖3年生に～する pasar al tercer año
しんきょ 新居 nueva casa 女
しんきょう 心境 estado mental [de ánimo] 男
しんきょくめん 新局面 ‖～に入る entrar en una fase nueva
しんきろう 蜃気楼 espejismo 男
しんきろく 新記録 nuevo récord 男; 《スポ》plusmarca 女 ‖～を樹立する establecer un nuevo récord
しんきんかん 親近感 simpatía 女 ‖～を覚える sentir simpatía [por]
しんきんこうそく 心筋梗塞 infarto de miocardio 男
しんぐ 寝具 ropa de cama
しんくう 真空 vacío 男 ‖～の vacío(a) 男 ◆真空管 tubo de vacío 男, válvula 女
ジンクス mal presagio 男, maldición 女
シンクタンク（頭脳集団）equipo de cerebros 男
シングル ‖～の individual ◆シングルベッド[ルーム] cama [habitación] individual 女 ◆シングルマザー madre soltera 女
シングルス《スポ》individual 男
シンクロナイズドスイミング natación sincronizada 女
しんけい 神経 nervio 男 ‖～の nervioso(sa) ～が太い tener nervios de acero ～が細い ser delicado(da) [susceptible, sensible] ～が鈍い ser insensible ～を高ぶらせる tener [estar con] los nervios de punta ～過敏の hipersensible ◆神経科 neurología 女 ◆神経痛 neuralgia 女 ◆神経衰弱 neurastenia 女
しんけいしつ 神経質 ‖～の nervioso(sa)
しんげつ 新月 luna nueva 女, novilunio 男
しんけん 真剣 ‖～な serio(ria) ～に en serio ～に ponerse serio(ria)
じんけん 人権 derechos humanos 男(複) ～を尊重する respetar los derechos humanos ◆基本的人権 derechos humanos fundamentales 男(複)
しんげんち 震源地（震央）epicentro 男
じんけんひ 人件費 gastos de personal 男(複)
しんご 新語 neologismo 男, palabra nueva 女
しんこう 進行 marcha 女, avance 男 ‖～する marchar, avanzar;（病気が）agravarse ◆進行істо moderador(dora) 男
しんこう 信仰 fe 女, credo 男, religión 女, creencia 女 ‖～する creer ‹en›, tener fe ～心の厚い religioso(sa), piadoso(sa) ～を捨てる abjurar [renegar] de su fe ～を持つ tener creencias religiosas ◆信仰生活 vida religiosa 女
しんこう 振興 ‖～する fomentar, promocionar, impulsar
しんごう 信号 semáforo 男, señal 女, disco 男 ‖～を送る enviar [emitir] señales [señas] ～を無視する saltarse el semáforo
じんこう 人口 población 女, número de habitantes 男 ‖～の増加［減少］ aumento [descenso] de la población 男 ～調査をする levantar el censo de población ◆人口過剰 superpoblación 女, exceso de población 男 ◆人口密度 densidad demográfica 女 ◆人口統計学 demografía 女
じんこう 人工 ‖～の artificial ◆人工衛星 satélite artificial 男 ◆人工呼吸 respiración artificial [boca a boca] 女 ◆人工授粉 inseminación artificial 女 ◆人工知能 inteligencia artificial 女 ◆人工芝 césped artificial 男
しんこきゅう 深呼吸 ‖～をする respirar profundamente [hondo]
しんこく 深刻 ‖～な serio(ria), grave, crítico(ca)
しんこく 申告 declaración 女 ‖～する declarar ◆申告書 declaración 女
しんこん 新婚 ‖ほやほやの夫婦 recién casados 男(複), pareja recién casada 女 ◆新婚旅行 viaje de luna de miel 男
しんさ 審査 ‖～する examinar, juzgar
じんざい 人材 recursos humanos 男(複), persona capacitada [competente] 女 ‖～不足 falta de recursos humanos 女
しんさつ 診察 consulta médica 女, reconocimiento médico 男 ‖～する pasar consulta 女 ～を受ける hacerse un reconocimiento médico ◆診察券 tarjeta de consulta 女
しんし 紳士 caballero 男, señor 男 ‖～的な caballeroso(sa) ◆紳士協定 pacto de caballeros 男 ◆紳士服 ropa de caballero
じんじ 人事 administración de personal（de recursos humanos）◆人事異動 cambio [movimiento] de personal 男
しんしつ 寝室 dormitorio 男, alcoba 女
しんじつ 真実 verdad 女, realidad 女 ‖～の verdadero(ra), real
しんじゃ 信者 creyente 男女, fiel 男女
じんじゃ 神社 santuario [templo] sintoísta 男
しんじゅ 真珠 perla 女 ◆養殖[天然]真珠 perla cultivada [fina] 女
じんしゅ 人種 raza 女 ◆人種差別 racismo 男, discriminación racial 女

しんじゅう 心中 doble suicidio 男
しんしゅくじざい 伸縮自在 ‖~の elástico(ca); (アンテナなど) telescópico(ca)
しんしゅつ 進出 avance 男, expansión 女 ‖海外に～する avanzar [extender] sus actividades al extranjero
しんしょう 心証 impresión 女 ‖~がよい dar [causar] una buena impresión
しんじょう 心情 sentimiento 男
しんじょう 信条 principios 男複, credo 男
しんしょうしゃ 身障者 minusválido(da) 名, discapacitado(da) 名
しんしょく 浸食〔地質〕 erosión 女;〔化学〕corrosión 女
しんじる 信じる creer; (信頼する) confiar 《en》‖神[幽霊]の存在を～ creer en Dios [en los fantasmas] 彼は自分が成功すると信じている Está seguro de su éxito. そんなこととても信じられない Es increíble.
しんしん 心身 ‖~をきたえる fortalecer el cuerpo y el espíritu ～ともに健康だ encontrarse física y mentalmente sano(na) ◆心身症〔医学〕enfermedad psicosomática 女
しんじん 新人 novato(ta) 名
しんじんぶかい 信心深い devoto(ta) 名
しんすい 心酔 ‖~する adorar, admirar ◆心酔者 admirador(dora) 名, devoto(ta) 名
しんすい 浸水 inundación 女 ‖~する inundarse; (船が) hacer agua
しんすい 進水 botadura 女 ‖~させる botar
しんずい 真髄・神髄 esencia 女, quintaesencia 女
しんせい 申請 solicitud 女 ‖~する solicitar, presentar una solicitud
しんせい 神聖 ‖~な santo(ta), sagrado(da)
じんせい 人生 vida 女 ‖幸福な～をおくる llevar una vida feliz ～経験の豊富である tener mucho mundo ◆人生観 concepto de la vida 男
しんせき 親戚 pariente(ta) 名, familiar 男女 ◆親戚関係 parentesco 男
シンセサイザー〔音楽〕sintetizador 男
しんせつ 親切 ‖~な amable, simpático(ca), afable ～に amablemente ～心から por amabilidad ご～にありがとうございます Muchas gracias por su amabilidad.
しんせつ 新設 ‖~する establecer, organizar, fundar
しんせん 新鮮 ‖~な fresco(ca) ～味に欠ける carecer de frescura
しんぜん 親善 buena voluntad 女, amistad 女 ◆親善試合〔スポ〕partido amistoso 男
しんそう 真相 ‖事件の～を明らかにする revelar [sacar a la luz] la verdad del caso
しんぞう 心臓 corazón 男 ‖~の cardíaco(ca), cardiaco(ca) ～発作を起こす tener [sufrir] un ataque cardíaco ◆心臓移植 transplante cardíaco [del corazón] 男 心臓マッサージ masaje cardíaco 男 心臓ペースメイカー marcapasos 男複
じんぞう 腎臓 riñón 男 ◆腎臓結石 cálculo renal 男
じんぞう 人造 ‖~の artificial, sintético(ca)
しんぞく 親族 pariente(ta) 名, familiar 男女
じんそく 迅速 ‖~な rápido(da), pronto(ta)
しんたい 身体 cuerpo 男 ◆身体検査 revisión médica 女, reconocimiento médico 男
しんだい 寝台 cama 女; (列車・船の簡易寝台) litera 女 ◆寝台車両 coche cama 男
じんたい 人体 cuerpo humano 男
しんたいそう 新体操 gimnasia rítmica 女
しんたくかいしゃ 信託会社 sociedad fiduciaria 女
しんだん 診断 diagnóstico 男, diagnosis 女〔単複〕‖~を下す diagnosticar ◆診断書 certificado médico 男
しんち 陣地 posición (militar) 女, campo 男
しんちゅう 真鍮 latón 男
しんちょう 身長 estatura 女, altura 女 ‖~はどのくらいですか ¿Cuánto mides?/ ¿Qué estatura tienes? 私は～170センチです Mido uno setenta./Tengo un metro setenta de estatura. ～順に por orden de estatura
しんちょう 慎重 prudencia 女, discreción 女 ‖~な prudente ～に prudentemente ～さを欠く ser imprudente
しんちんたいしゃ 新陳代謝 metabolismo 男
しんつう 心痛 angustia 女, sufrimiento mental 男
じんつう 陣痛 dolores de parto 男複, contracciones uterinas 女複
シンデレラ La Cenicienta
しんてん 進展 desarrollo 男, progreso 男 ‖~する desarrollarse, progresar
しんてん 親展 Privado./ Confidencial. ‖~の confidencial
しんでん 神殿 santuario 男, templo 男
しんでんず 心電図 electrocardiograma 男, electro 男
しんど 震度 intensidad sísmica 女 ‖~3 intensidad de tres grados (en la escala japonesa) 女
しんどう 振動 vibración 女; (振り子) oscilación 女 ‖~する vibrar, oscilar
しんどう 震動 temblor 男, sacudida

女, (乗り物) tumbo 男, traqueteo 男 ‖～する temblar, vibrar, dar sacudidas [tumbos]

じんどう 人道 ‖～的な humanitario(ria) 形 ◆人道主義 humanitarismo 男

シンドローム síndrome 男

シンナー diluyente 男, disolvente 男

しんにゅう 進入 ‖～する entrar《en》

しんにゅう 侵入 ‖～する invadir, penetrar [infiltrarse]《en》◆侵入者 invasor(sora) 名, intruso(sa) 名

しんにゅうせい 新入生 novato(ta) 名, estudiante 男女 [alumno(na) 名] nuevo(va)

しんにん 信任 confianza 女 ◆信任投票 voto de confianza 男

しんにん 新任 ‖～の nuevo(va), recién nombrado(da)

しんねん 信念 convicciones 女複, creencia 女, convencimiento 男, fe 女

しんねん 新年 año nuevo 男 ‖～おめでとう ¡Feliz Año Nuevo!

しんぱい 心配 preocupación 女; (不安) inquietud 女, ansiedad 女; (危惧) temor 男 ‖～する preocuparse《por, de》～をかける preocupar ～である ser aprensivo(va), preocuparse demasiado ～事がある tener preocupaciones ～している estar preocupado(da)《por, de》～しないで ¡No te preocupes! 何を～しているのですか ¿De qué se preocupa usted?

ジンバブエ Zimbabwe ‖～の zimbabuense

シンバル platillos 男複, címbalo 男

しんぱん 審判 juicio 男, arbitraje 男 ◆審判員 (競技などの) juez 男女; (ボクシング・サッカーなどの) árbitro(tra) 名

しんぴ 神秘 misterio 男 ‖～的な misterioso(sa)

しんぴょうせい 信憑性 credibilidad 女

しんぷ 神父 padre 男, sacerdote 男

しんぷ 新婦 novia 女

シンフォニー sinfonía 女

じんぶつ 人物 persona 女; (重要な) personaje 男

シンプル ‖～な simple, sencillo(lla)

しんぶん 新聞 periódico 男, diario 男, [集合的] prensa 女 ‖～に載る salir [aparecer] en el periódico ～を取る suscribirse [abonarse] a un periódico ◆新聞記者 periodista 男女

じんぶんかがく 人文科学 letras (humanas) 女複, humanidades 女複

しんぽ 進歩 progreso 男, adelanto 男, avance 男 ‖～する progresar, adelantar ～的な progresista, avanzado(da) ◆進歩主義 progresismo 男

しんぼう 辛抱 ‖～する aguantar, soportar ～強い ser paciente, tener paciencia

じんぼう 人望 popularidad 女, estimación 女 ‖～を集める gozar [disfrutar] de popularidad

しんぽうしゃ 信奉者 devoto(ta) 名, seguidor(dora) 名

しんぼく 親睦 ‖～を深める cultivar la amistad

シンボジウム simposio 男

シンボル símbolo 男

しんまい 新米 novato(ta) 名, nuevo(va) 名, bisoño(ña) 名; (とれたての米) arroz nuevo (de la última cosecha)

しんましん 蕁麻疹 urticaria 女

しんみつ 親密 ‖～な íntimo(ma), amistoso(sa), entrañable

じんみゃく 人脈 contactos 男複 [relaciones 女複] personales

じんみん 人民 pueblo 男

しんめ 新芽 brote 男, retoño 男

じんめい 人命 vida (humana) 女 ◆人命救助 salvamento [rescate] (de vidas)

シンメトリー simetría 女

じんもん 尋問 interrogatorio 男 ‖～する interrogar

しんや 深夜 medianoche 女 ‖～に a medianoche, a altas horas de la noche ◆深夜放送 programa nocturno 男 (de medianoche)

しんやくせいしょ 新約聖書 Nuevo Testamento 男

しんゆう 親友 amigo(ga) íntimo(ma) 名

しんよう 信用 confianza 女; (取引上の) crédito 男 ‖～する confiar《en》～できる confiable, de confianza ◆信用貸し crédito 男 信用金庫 caja de crédito 女

しんようじゅ 針葉樹 coníferas 女複

しんらい 信頼 confianza 女 ‖～する confiar《en》～できる confiable, merecer confianza ～を裏切る traicionar la confianza ～関係を築く establecer una relación de mutua confianza

しんらつ 辛辣 ‖～な mordaz, agrio(gria)

しんり 心理 ‖～的な (p)sicológico(ca) ◆心理学 (p)sicología 女 心理カウンセラー (p)sicólogo(ga) 名

しんり 真理 verdad 女

しんり 審理 ‖～する juzgar

しんりゃく 侵略 invasión 女, agresión 女 ‖～する invadir ◆侵略行為 acto de agresión 男 侵略者 invasor(sora) 名 侵略国 país invasor [agresor] 男

しんりょう 診療 ◆診療所 clínica 女, consultorio 男, consulta 女

じんりょく 尽力 ‖～する hacer [no escatimar] esfuerzos

しんりん 森林 bosque 男; (ジャングル) selva 女

しんるい 親類 pariente(ta) 名, familiar 名; [集合的] parentela 女 ‖近

じんるい い〔遠い〕~ pariente(ta) cercano(na) [lejano(na)] 名

じんるい 人類 humanidad 女, ser humano 男;〔生物〕raza [especie] humana 女 ◆~の humano(na) 男 ♦ **人類学** antropología 女 **人類学者** antropólogo(ga) 男

しんろ 進路 camino 男;〔将来の〕carrera 女;〔船の〕derrota 女 ‖ 彼は卒業後の~を決めた Determinó el camino a seguir después de graduarse.

しんろ 針路 rumbo 男, dirección 女;〔船の〕derrota 女

しんろう 新郎 novio 男

しんろう 心労 preocupaciones 女複, angustia 女, tormento 男

しんわ 神話 mito 男,〚集合的〛mitología 女

す

す 巣 nido 男;〔クモ〕telaraña 女;〔ハチ〕colmena 女;〔アリ〕hormiguero 男 ‖ ~を作る anidar, nidificar

す 酢 vinagre 男

ず 図 figura 女, dibujo 男;〔図表〕esquema 男, gráfica 女 ‖ ~に乗る engreírse

すあし 素足 ~で歩く andar descalzo(za)

ずあん 図案 diseño 男, dibujo 男

すいあつ 水圧 presión hidráulica 女

すいい 推移 cambio 男, evolución 女;〔展開〕desarrollo 男

すいい 水位 nivel del agua 男

スイートピー guisante [chícharo] de olor 男

ずいいん 随員 acompañante 男女,〚集合的〛séquito 男

すいえい 水泳 natación 女

すいおん 水温 temperatura del agua 女

スイカ 西瓜 sandía 女

すいがい 水害 daños de las inundaciones 男複

すいがら 吸い殻 colilla 女

すいきゅう 水球〈スポ〉waterpolo 男, polo acuático 男

すいぎゅう 水牛 búfalo(la) (de agua) 名

すいぎん 水銀 mercurio 男

すいげん 水源 fuente (de un río) 女, manantial 男

すいこう 推敲 ‖ ~する elaborar, retocar

すいこう 遂行 ‖ ~する llevar a cabo, cumplir «con»

すいこむ 吸い込む aspirar, respirar;〔液体を〕absorber

すいさいが 水彩画 acuarela 女

すいさつ 推察 ‖ ~する conjeturar, inferir

すいさんぎょう 水産業 industria pesquera 女, pesca 女

すいさんぶつ 水産物 productos marítimos [marinos] 男複

すいし 水死 ‖ ~する ahogarse, morir ahogado(da)

すいじ 炊事 ‖ ~する cocinar, guisar

すいしゃ 水車 molino de agua 男;〔水汲み〕noria 女

すいじゃく 衰弱 debilitación 女 ‖ ~する debilitarse

すいじゅん 水準 nivel 男 ‖ ~の高い[低い] de nivel alto [bajo]

すいしょう 水晶 cuarzo 男, cristal (de roca) 男

すいじょう 水上 ◆**水上スキー** esquí acuático 男

すいじょうき 水蒸気 vapor de agua 男

すいしん 推進 ‖ ~する propulsar

スイス Suiza 女 ‖ ~の suizo(za)

すいせい 水星 Mercurio 男

すいせい 彗星 cometa 男

すいせん 推薦 recomendación 女 ‖ ~する recomendar, proponer, presentar …の~で por recomendación de … ◆**推薦状** carta de recomendación

すいせん 水仙 narciso 男

すいせんトイレ 水洗- wáter, retrete 男

すいそ 水素 hidrógeno 男

すいそう 水槽 cisterna 女, depósito de agua 男

すいそうがく 吹奏楽 música de banda 女

すいぞう 膵臓 páncreas 男〔解剖〕

すいそく 推測 conjetura 女, suposición 女 ‖ ~する conjeturar, suponer ~が当たる acertar

すいぞくかん 水族館 acuario 男

すいたい 衰退 decadencia 女, ocaso 男 ‖ ~する decaer, declinar

すいちゅう 水中 ‖ ~の submarino(na) ~カメラ cámara submarina [acuática] 女

すいちょく 垂直 ‖ ~な vertical, perpendicular

スイッチ interruptor 男, botón 男 ‖ ラジオの~を入れる poner [encender, conectar] la radio ラジオの~を切る apagar [desconectar] la radio

すいてい 推定 deducción 女 ‖ ~する deducir, presumir ~人口 población calculada 女

すいでん 水田 arrozal (de regadío) 男, campo de arroz 男

すいとう 水筒 cantimplora 女

すいどう 水道 agua corriente 女, conducción de agua 女 ‖ ~を引く instalar [poner] el agua corriente ~を出す[止める]abrir [cerrar] el grifo ◆**水道管** cañería [tubería] de agua 女 **水道水** agua corriente 女 **水道栓** grifo 男 **水道屋** fontanero(ra) 名

すいとる 吸い取る〔布などで〕absorber;〔機械で〕aspirar

すいばく 水爆 bomba de hidrógeno 囡
すいはんき 炊飯器 olla arrocera 囡
ずいひつ 随筆 ensayo 男
すいふ 水夫 marinero(ra) 名
すいぶん 水分 agua 囡, (湿気) humedad 囡 ‖~の多い jugoso(sa)
ずいぶん 随分 muy, mucho; (かなり) bastante
すいへい 水平 ‖~の horizontal ◆水平線 horizonte 男
すいへい 水兵 marino(na) 名, marinero(ra) 名
すいみん 睡眠 sueño 男 ‖6時間の~をとる dormir seis horas ◆睡眠時間 horas de sueño 囡 睡眠不足 falta de sueño 囡 睡眠薬 somnífero 男, soporífero 男
すいめん 水面 superficie del agua 囡
すいようせい 水溶性 ‖~の hidrosoluble
すいようび 水曜日 miércoles 男(単複)
すいり 推理 deducción 囡, conjetura 囡 ‖~する deducir ◆推理小説 novela policíaca [policíaca] 囡
すいりょく 水力 energía hidráulica 囡 ◆水力発電所 central [planta] hidroeléctrica 囡
すいれん 睡蓮 nenúfar 男
すいろ 水路 canal 男
すう 吸う (気体を) respirar, aspirar; (液体を) chupar, sorber; (タバコを) fumar
すう 数 número 男
スウェーデン Suecia 囡 ‖~の sueco(ca)
すうじつ 数日 unas [algunas, varias] veces 囡
すうがく 数学 matemáticas 囡(複)
すうじ 数字 cifra 囡, número 男
すうしき 数式 (公式) fórmula 囡
ずうずうしい 図々しい descarado(da), fresco(ca), desvergonzado(da)
スーダン Sudán ‖~の sudanés(nesa)
スーツ traje 男 ◆スーツケース maleta 囡
すうねん 数年 unos [algunos, varios] años 男(複)
スーパー super- ◆スーパーコンピュータ superordenador 男, supercomputadora 囡 スーパーマーケット supermercado 男 大型スーパーマーケット hipermercado 男 スーパースター superestrella 男囡 スーパーマン superman 男, superhombre 男
すうはい 崇拝 ‖~する adorar, venerar, rendir culto
スープ sopa 囡, caldo 男
すうりょう 数量 cantidad 囡
すえ 末 ‖今月の~ a fin de este mes よく考えた~ después de pensarlo muy bien
スエード ante 男
すえつける 据え付ける instalar, establecer
すえっこ 末っ子 hijo(ja) menor 名
すえる 据える poner, instalar
ずが 図画 (絵) pintura 囡, dibujo 男
スカート falda 囡 ◆ミニスカート minifalda 囡
スカーフ pañuelo 男, fular 男
ずかい 図解 ilustración 囡, gráfico 男 ‖~する ilustrar ~入りの ilustrado(da)
すがいこつ 頭蓋骨 cráneo 男, calavera 囡
スカイダイビング paracaidismo (deportivo) 男
スカウト (人) cazatalentos 男囡(単複) ‖モデルを~する buscar y contratar para modelos
すがお 素顔 cara sin maquillar [maquillaje] 囡
すがすがしい 清々しい refrescante, fresco(ca)
すがた 姿 figura 囡; (身なり) apariencia 囡 ‖~を現す aparecer, presentarse ~を消す desaparecer
すがる 縋る agarrarse 〈a〉; (頼る) recurrir [aferrarse] 〈a〉
ずかん 図鑑 enciclopedia ilustrada 囡, libro ilustrado 男
スカンク mofeta 囡
すき 好き ‖~である gustar 私はりんごが~だ Me gustan las manzanas. 彼はギターを弾くのが~だ A él le gusta tocar la guitarra. ~な favorito(ta), preferido(da), predilecto(ta) ~なだけ食べなさい Come cuanto quieras. お~なように como quiera Ud./ como guste
すき 隙 descuido 男, ‖~のない cauteloso(sa), (完璧な) impecable, irreprochable 敵に~を見せない estar en (estado de) alerta ante el enemigo …の~に乗ずる aprovecharse de un descuido de…
すき 鋤 arado 男, laya 囡
すぎ 杉 cedro japonés 男 ◆糸杉 ciprés 男
-すぎ -過ぎ ‖3時~だ Son las tres y pico. 真夜中~まで hasta pasada la medianoche 飲み~ exceso de bebida 囡 それは言い~だ Exageras un poco.
スキー esquí 男 ‖~をする esquiar ◆スキーウェア prendas de esquí 囡(複) スキー靴 botas de esquí 囡(複) スキー場 estación de esquí 囡; (ゲレンデ) pista de esquí 囡
スキーヤー esquiador(dora) 名
すきかって 好き勝手 ‖~なことをする obrar a su antojo [capricho]
すききらい 好き嫌い gustos 男(複) y aversiones 囡(複), caprichos 男(複)
すぎさる 過ぎ去る pasar(se)
すきずき 好き好き ‖~な人~です Es cuestión de gustos./ Eso es cosa de gustos.

ずきずき ‖～する痛み dolor punzante [pulsátil] 男

スキップ ‖～する andar a saltitos

すきとおった 透き通った transparente, cristalino(na) ‖～水 agua cristalina 女

すぎない 過ぎない ‖これは始まりに～ Esto no es más que el comienzo.

すきま 隙間 abertura 女, rendija 女; (壁の) brecha 女; (割れ目) resquicio 男 ‖この家は～風が入る En esta casa hay corriente de aire.

スキムミルク leche desnatada [descremada] 女

スキャナー (情報) escáner 男

スキャン ‖～する (情報) escanear

スキャンダル escándalo 男

スキューバダイビング submarinismo 男

すぎる 過ぎる (通る) pasar; (時間が) pasar, transcurrir ‖電車はもう京都を通り過ぎた El tren ya ha pasado Kioto. 時間が～ Pasa [Transcurre, Corre] el tiempo. 彼は50歳を過ぎてるでしょう Debe de tener más de cincuenta años.

-すぎる -過ぎる ‖しゃべり～ hablar demasiado これは高～ Esto es demasiado caro.

スキン (避妊具) preservativo 男, condón 男 ◆**スキンシップ** contacto físico 男 **スキンダイビング** buceo 男, submarinismo 男 **スキントリング** cuidado de la piel 男 **スキンヘッド** cabeza rapada 女

ずきん 頭巾 capucha 女, caperuza 女; (とんがり頭巾) capirote 男

すく 梳く (髪を) peinar; (羊毛・綿糸を) cardar

すく 鋤く ‖畑を～ arar el campo

すく 空く ‖お腹が～ tener [sentir] hambre 前の方が空いている Hay más sitio [asientos libres] en la parte de delante.

すぐ 直ぐ inmediatamente, enseguida, ～に ahora mismo 郵便局は～そこです La oficina de correos está ahí al lado [a unos pasos de aquí]. ～怒る enfadarse fácilmente

すくい 救い ayuda 女, rescate 男; (救済) salvamento 男, socorro 男

すくう 救う salvar; (救出) rescatar, socorrer

すくう 掬う coger, tomar, recoger ‖手で水を～ coger agua con las manos 足を～ poner una zancadilla 《a+人》

スクーター escúter 男, scooter 男

スクープ primicia 女, exclusiva 女

スクール escuela 女 ◆**スクールバス** autobús escolar 男

すくない 少ない ‖数が～ pocos(cas); (量が) poco(ca) ‖少なくする disminuir

すくなからぬ 少なからぬ no poco(s) (ca(s)), mucho(s)(cha(s)) ‖～金額 no poco dinero 男

すくなくとも 少なくとも por lo menos, al menos, como mínimo

すくなめ 少なめ ‖～に見積もる calcular por lo bajo

すくむ 竦む paralizarse, encogerse

すくめる 竦める ‖肩を～ encogerse de hombros, encoger los hombros

スクラップ (切り抜き) recorte 男; (くず鉄) chatarra 女 ◆**スクラップブック** álbum de recortes 男

スクラム 《スポ》 melé 女 ‖～を組む hacer [formar] una melé; (デモ) formar una cadena humana

スクランブル ◆**スクランブルエッグ** (料理) huevos revueltos 男複

スクリーン pantalla 女 ‖～セーバー (情報) protector de pantalla 男

スクリュー hélice 女

すぐれた 優れた excelente, superior; (上質の) de buena calidad

すぐれる 優れる exceder, aventajar 《en》 ‖気分が優れない (気分・体の調子) sentirse mal; (健康が) estar mal de salud

スクロール ‖～する (情報) enrollar, desplazar el cursor ～バー (情報) barra de enrollar 女

ずけい 図形 figura 女

スケート patinaje 男 ‖～をする patinar ～靴 patines 男複 **スケートボード** monopatín 男, tabla de patinar 女 **スケートリンク** pista de patinaje 女 **アイス[ローラー]スケート** patinaje sobre hielo [sobre ruedas]

スケール escala 女 ‖～の大きな計画 proyecto de gran envergadura 男

スケジュール plan 男, programa 男, agenda 女

ずけずけ sin reparo, sin reservas ‖～ものを言う no tener pelos en la lengua

スケッチ boceto 男, bosquejo 男, esbozo 男 ‖～をする bosquejar, esbozar ◆**スケッチブック** bloc de dibujos 男

すける 透ける ser transparente; (透けて見える) transparentarse

スコア 《スポ》 tanteo 男 ◆**スコアボード** marcador 男, tanteador 男

すごい 凄い (素晴らしい) formidable, fenomenal; (恐ろしい) horrible; (非常な) extraordinario(ria); (激しい) tremendo(da), espantoso(sa)

ずこう 図工 dibujos y trabajos manuales 男複

スコール turbión 男, aguacero 男, chubasco 男

すこし 少し un poco, algo ‖～前に hace poco ～あとで poco después ～ずつ poco a poco ～前に ～前に antes de las seis 彼はスペイン語を～話します Habla un poco de español. ～でも早く来てください Venga cuanto

すこしも 少しも ‖〜…でない nada de ..., ningún(guna) 《＋ 単数名詞》‖ en absoluto, lo más mínimo

すごす 過ごす pasar《楽しく》; pasar-lo bien 時間を無駄に〜 perder [malgastar] el tiempo いかがお過ごしですか ¿Cómo está usted?/¿Cómo le va?

スコップ pala 囡;《小さいシャベル》 paleta 囡

すこやか 健やか ‖〜な sano(na)

すさまじい《恐ろしい》terrible, horrible, espantoso(sa), tremendo(da),《驚くべき》asombroso(sa)

ずさん 杜撰 ‖〜な《工事など》chapucero(ra)

すし 鮨 sushi 男

すじ 筋《道理》razón 囡, lógica 囡;《話》argumento 男;《情報》fuente 囡;《筋肉》músculo 男;《腱》tendón 男;《繊維》fibra 囡 首の〜を違える torcerse el cuello, sufrir una tortícolis 〜の通った lógico(ca), coherente 確かな〜から de buena fuente, de fuente fidedigna

すじがき 筋書《話の》argumento 男;《計画》plan 男 ‖万事〜どおりに運んだ Todo marchó como estaba planeado.

すじちがい 筋違い ‖〜の injusto(ta), irrazonable

すしづめ すし詰め ‖〜の電車 tren atestado de pasajeros 男

すじみち 筋道《道理》razón 囡, lógica 囡 ‖〜を立てて話す ofrecer una relación coherente《de》

すじむかい 筋向かい ‖〜の oblicuamente opuesto(ta)《a》

すじめ 筋目 pliegue 男, doblez 男

すじょう 素性《身元》identidad 囡;《生まれ》nacimiento 男, procedencia 囡, origen 男;《前歴》antecedentes 男複

ずじょう 頭上 ‖〜に sobre [encima de] la cabeza

すす 煤 hollín 男, tizne 男

すず 鈴 cascabel 男, campanilla 囡;《カウベル》esquila 囡

すず 錫 estaño 男

すずき 鱸《魚類》lubina 囡, robalo [róbalo] 男

すすぐ 濯ぐ enjuagar, aclarar

すずしい 涼しい fresco(ca) ‖今日は〜 Hoy hace fresco. 〜顔で impasiblemente, con frescura

すずしさ 涼しさ frescura 囡, fresco 男

すすむ 進む avanzar, adelantar;《進歩》progresar;《地位・レベル》avanzar;《時計が》adelantar(se) ‖決勝に〜 pasar a la final 進んだ考え idea

avanzada [progresista]

すずむ 涼む tomar (el) fresco

すすめ 勧め consejo, recomendación 囡 ‖医者の〜に従う seguir los consejos del médico

すずめ 雀 gorrión 男

すずめばち 雀蜂 avispa 囡

すすめる 進める adelantar, llevar adelante;《促進》promover ‖時計を〜 adelantar el reloj 近代化を〜 promover la modernización

すすめる 勧める recomendar, sugerir;《忠告》aconsejar ‖ビールを〜 ofrecer [invitar a] una cerveza

すずらん 鈴蘭 muguete 男

すすりなく すすり泣く sollozar

すする 啜る sorber, beber a sorbos

すすんで 進んで de buena gana, con gusto

すそ 裾《服の》bajos 男複;《折り返し》dobladillo 囡;《スカートの》ruedo 男;《山の》falda 囡

スター《映画》estrella de cine 囡

スタート salida 囡, partida 囡 ‖〜する salir, partir, arrancar ♦**スタートライン** línea de salida 囡

スタイリスト estilista 男女

スタイル tipo 男, físico 男, figura 囡;《文体・様式》estilo 男

スタジアム estadio 男

スタジオ estudio 男

スタッフ《集合的》personal 男, plantilla 囡;《一人》empleado(da) de

スタミナ fuerza [resistencia] física 囡, energía 囡, aguante 男

すたれる 廃れる caer en desuso;《時代遅れ》hacerse anticuado(da);《流行遅れ》pasar de moda

スタンダード estándar 男

スタンド《観客席》tribuna 囡, gradería 囡;《机上》lámpara de mesa 囡;《ガソリン》estación de servicio 囡 ♦**スタンドプレー** juego espectacular [apoteósico] 男

スタンバイ ‖〜をする estar preparado(da) [en espera]

スタンプ sello 男, estampilla 囡;《消印》matasellos 男複 ♦**スタンプ台** tampón 男

スチーム vapor 男

スチール《鋼鉄》acero 男

スチュワーデス auxiliar de vuelo 囡, azafata 囡,《中南米》aeromoza 囡

スチュワード auxiliar de vuelo 男, azafato de vuelo 男,《中南米》aeromozo 男

-ずつ ‖1つ[1人]〜 uno(na) por la [uno(na) 2つ[2人]〜 de dos en dos

ずつう 頭痛 dolor de cabeza 男;《医学》jaqueca 囡 ‖〜がする Tengo dolor de cabeza./Me duele la cabeza. 〜の種 quebradero de cabeza 男 〜薬 medicina 囡 [analgésico 男] para el dolor de cabeza

ズッキーニ calabacín 男

スツール taburete 男, banqueta 女, escabel 男

すっかり ‖彼女は病気からよくなった Ella se ha restablecido por completo. そのときから彼の態度は一変わってしまった Desde entonces, su actitud ha cambiado totalmente.

すっきり ‖気分が～する refrescarse, sentirse refrescado(da)

ズック (布地) lona 女, arpillera 女; (ズック靴) zapatillas de lona 女複, playeras 女複

すけ 酢漬け (野菜などの) encurtido 男; (魚の) escabeche 男

ずっと mucho (más), muy; (長い間) por mucho tiempo, todo el tiempo; (絶え間なく) sin interrupción ‖～以前に hace mucho tiempo 一日中～ (durante) todo el día

すっぱい 酸っぱい ácido(da), agrio(gria) ‖酸っぱくなる agriarse, avinagrarse 口が酸っぱくなるほど言う repetir hasta la saciedad

すっぱぬく すっぱ抜く revelar, propalar

ステーキ bistec 男, bisté 男

ステージ escena 女, escenario 男

ステーションワゴン 《自動車》ranchera 女

すてき 素敵な magnífico(ca), precioso(sa), bonito(ta)

ステッカー pegatina 女, adhesivo 男

ステッキ bastón 男

ステッチ (服飾) puntada 女, punto 男

ステップ (ダンス) paso 男; (踏み段) estribo 男; (階段) peldaño 男, escalón 男; (草原) estepa 女

すでに 既に ya, antes ‖～述べたように como dije antes, como mencioné anteriormente

すてる 捨てる abandonar, desechar, tirar ‖捨てられた abandonado(da)

ステレオ estereofonía 女, estéreo 男 ◆**ステレオセット** equipo estereofónico

ステロイド 《化学》esteroide 男

ステンドグラス vidriera 女

ステンレス acero inoxidable 男

ストーカー acosador(dora) 名

ストーブ estufa 女, calentador 男

ストーリー argumento 男, trama 女; (物語) historia 女

ストール estola 女

ストッキング medias 女複 ◆**パンティーストッキング** pantis 男複, pantimedias 女複

ストック existencias 女複, stock 男; (スキーの) bastón de esquí 男

ストップ parada 女 ‖～する parar(se), detenerse ◆**ストップウォッチ** cronómetro 男

ストライキ huelga 女, paro 男 ‖～をする hacer huelga ～に入る ir a la huelga ～中である estar en huelga ～を中止する desconvocar la huelga

ストライプ ‖～のシャツ camisa a [de] rayas 女

ストリップ (ショー) estriptis [estriptís] 男

ストレート ‖～の recto(ta); (直接の) directo(ta) ～で勝つ ganar el partido sin perder ni un set ウイスキーを～で飲む tomar el whisky solo

ストレス estrés 男, tensión 女 ‖～がたまる estresarse

ストレッチ (運動) estiramiento 男, estreching 男; (最後の直線コース) recta final 女 ‖～をする hacer ejercicios de estiramiento

ストロー paja 女, pajita 女

ストローク (スポ) brazada 女

ストロボ (写真) flash (electrónico) 男

すな 砂 arena 女 ‖～をまく echar arena ～を噛むような insípido(da), soso(sa) ◆**砂嵐** tempestad de arena 女 **砂時計** reloj de arena 男 **砂地** arenal 男 **砂浜** playa (arenosa) 女

すなお 素直 ‖～な obediente, dócil

スナック snack-bar 男; (軽食) tentempié 男, comida ligera 女

スナップ (foto) instantánea 女; (ひねくれた) cinético(ca)

すなわち 即ち es decir, o sea, a saber, en otras palabras

スニーカー zapatillas deportivas [de deporte] 女複, (スペイン) playeras 女複

すね 脛 (向こう脛) espinilla 女

すねる 拗ねる (不機嫌になる) ponerse de mal humor, disgustarse; (拗ねた) estar disgustado(da) [de mal humor]; (ひねくれた) estar cínico(ca)

ずのう 頭脳 cerebro 男, cabeza 女; (知性) inteligencia 女 ‖～的な intelectual, cerebral ～明晰である ser inteligente [listo(ta)] ◆**頭脳流出** fuga de cerebros 女 **頭脳労働** trabajo intelectual [mental] 男

スノーボード (スポ) snowboard 男

スパーク chispa 女

スパークリングワイン vino espumoso 男

スパート (スポ) tirón 男 ‖～をかける dar un tirón, demarrar

スパイ espía 男女; (行う) espionaje 男 ‖～をする espiar

スパイク ◆**スパイクシューズ** zapatillas con clavos [con púas] 女複

スパイス (料理) especia 女

スパゲッティ espaguetis 男複

すばこ 巣箱 (蜂蜜の) colmena 女; (野鳥の) nido artificial de pájaros 男

すばしっこい ágil, ligero(ra)

すはだ 素肌 piel desnuda 女

スパナ llave (inglesa [de tuercas]) 女

ずばぬけた ずば抜けた sobresaliente, excepcional, extraordinario(ria)

ずばぬけて ずば抜けて con mucho, excepcionalmente

すばやい 素早い ágil, veloz, rápido(da)
すばらしい 素晴らしい magnífico(ca), estupendo(da), espléndido(da)
ずはん 図版 lámina 囡, ilustración 囡, dibujo 男
スピーカー altavoz 男, 《中南米》 altoparlante 男
スピーチ discurso 男, alocución 囡 ‖ ~をする pronunciar un discurso
スピード velocidad 囡, rapidez 囡 ‖ ~を出す acelerar, aumentar la velocidad, correr mucho ~を落とす reducir la velocidad ◆**スピード違反** exceso de velocidad 男 **スピード写真(機)** fotomatón 男 **スピード制限** límite de velocidad 男 **スピードスケート** patinaje de velocidad 男
スピーディー ‖~な veloz, rápido(da)
ずひょう 図表 diagrama 男, tabla 囡
スピン 《スポ》 efecto 男;《自動車》 trompo 男
スフィンクス esfinge 囡
スプーン cuchara 囡;（小さな）cucharilla 囡
ずぶとい 図太い audaz, atrevido(da), descarado(da)
ずぶぬれ ずぶ濡れ ‖~の calado(da), hasta los huesos, empapado(da) ~になる calarse [empaparse] hasta los huesos
スプリング （ばね）muelle 男, resorte 男
スプリンクラー aspersor 男, rociador 男;（消火システム）sistema de aspersión automática 男
スプレー aerosol 男, pulverizador 男 ‖ヘア~ aerosol [pulverizador] para el cabello 男
スペア recambio 男, repuesto 男 ◆**スペアタイヤ** rueda [llanta] de recambio [de repuesto] 囡
スペイン España 囡 ‖~の español(ñola) ◆**スペイン語** español 男, castellano 男 **スペイン人** español(ñola) 男
スペース espacio 男, sitio 男, lugar 男 ◆**スペースシャトル** tra(n)sbordador espacial 男
スペード （トランプの）espada 囡
…すべきである deber ‖+不定詞
スペクトル 《物理》espectro 男
スペシャリスト especialista 男女
すべすべした liso(sa), suave
すべて 全て todo 男 ‖~の todo(da)
すべらす 滑らす ‖彼は足を滑らした Dio [Pegó] un resbalón.
すべりだい 滑り台 tobogán 男
すべりやすい 滑りやすい resbaladizo(za)
すべる 滑る deslizar(se), resbalar(se)
スペル ortografía 囡 ‖~を言う deletrear
スポイト cuentagotas 男 《単複》
スポーク （自転車の）radio 男
スポークスマン portavoz 男女,《中南米》vocero(ra) 名
スポーツ deporte 男 ‖~をする hacer [practicar] deporte ◆**スポーツウェア** ropa de deporte 囡;（ジャージ）chándal 男 **スポーツカー** coche deportivo 男 **スポーツマン** deportista 男女 **スポーツマンシップ** deportividad 囡, deportivismo 男
スポーティー ‖~な deportivo(va) ~な服 ropa de aire deportivo 囡
スポットライト（演劇）foco 男, reflector 男
すぼめる 窄める estrechar ‖口を~ fruncir los labios 肩を~ encogerse de hombros
ズボン pantalón 男, pantalones 男複 ‖~をはく ponerse los pantalones
スポンサー patrocinador(dora) 名, espónsor 男女
スポンジ esponja 囡
スマート ‖~な esbelto(ta);（服装など）elegante, refinado(da)
すまい 住まい vivienda 囡, casa 囡
すます 済ます（終える）acabar, terminar ‖勘定を~ pagar la cuenta 笑って~ tomar a risa [a broma]
すます 澄ます（水を）clarificar;（気取る）presumir;（平気を装う）mostrarse impasible ‖耳を澄まして聞く escuchar atentamente [con atención]
スマッシュ《スポ》mate 男, smash 男
すまない 済まない（詫って）Perdón./Lo siento.;（感謝）Gracias.
すみ 隅 rincón 男 ‖~から~まで捜す buscar por todas partes 本を~から~まで読む leerse un libro de cabo a rabo ~々に在る [por] todos los rincones
すみ 炭 carbón (vegetal) 男
すみ 墨 tinta china 囡;（イカの）tinta 囡, sepia 囡
すみきった 澄み切った despejado(da), claro(ra)
すみなれる 住み慣れる acostumbrarse a vivir
すみません 済みません Perdón./Lo siento./Perdona [Perdone].‖（呼びかけで）あの~が Oiga, por favor.
すみやかに 速やかに rápidamente, pronto;（即座に）en seguida
すみれ 菫 violeta 囡
すむ 住む vivir 《en》, residir 《en》
すむ 済む acabar(se), terminar(se) ‖気が~ quedarse contento(ta) [satisfecho(cha)] 済んでしまったから仕方がない A lo hecho, pecho.
すむ 澄む clarificarse, aclararse, ponerse transparente
スムーズ ‖~な suave, regular, armonioso(sa) ~に bien, sin problemas
すもう 相撲 sumo 男
スモーカー fumador(dora) 名
スモークサーモン salmón ahumado

スモッグ smog 男, esmog 男

スモッグ smog 男, esmog 男

すもも 李 (木) ciruelo 男; (実) ciruela 女

すやすや ‖~眠る dormir tranquilamente [apaciblemente]

-すら aun, hasta, incluso ⇨さえ

スライス (チーズ・ハム) loncha 女, lonja 女; (レモン・メロンなど) raja 女; (玉ねぎなど) rodaja 女; (肉) tajada 女; (パン) rebanada 女

スライド 《写真》 diapositiva 女, transparencia 女

ずらす (移す) mover, desplazar; (時間などを) cambiar

すらすら con facilidad, con fluidez, con soltura

スラックス pantalones 男複, pantalón 男

スラム barrio bajo 男, suburbio 男

すらり ‖~とした esbelto(ta), bien proporcionado(da)

スラング jerga 女, argot 男

スランプ baja forma 女, mala racha 女 ‖~に陥る caer en baja forma, dejar de estar en forma

すり 掏摸 ratero(ra) 名, carterista 男女

スリーブ (袖) manga 女

すりおろす 擦り下ろす rallar

すりかえる すり替える cambiar secretamente

すりガラス 磨り~ cristal esmerilado [opaco] 男

すりきれる すり切れる (des)gastarse

すりこみ 擦り込み 《心理》 impronta 女

すりこむ 擦り込む frotar 《薬を皮膚に~ darse fricciones de ungüento en la piel

スリッパ zapatillas 女複

スリップ (服飾) combinación 女; (横滑り) patinazo 男, derrape 男 ‖~する resbalarse, patinar

すりつぶす 磨り/潰す (固い物を) triturar, majar; (柔らかい物を) moler; (叩いて) machacar

スリナム Surinam ‖~の surinamés(mesa)

すりばち すり鉢 mortero 男, almirez 男

スリム ‖~な esbelto(ta)

すりむく 擦り剝く rasparse, excoriarse

スリラー ‖~映画 película de terror [de suspense] 女

スリランカ Sri Lanka ‖~の cingalés(lesa), de Sri Lanka

スリル emoción 女, intriga 女, suspense 男 ‖~満点である estar lleno(na) de suspense

する (行なう) hacer, practicar; (してみる) probar; (スポーツ・ゲームを) jugar; (従事) dedicarse 《a》 何も~ことがない No tengo nada que hacer.

する 刷る imprimir

する 擦る frotar; (やすりで) limar; (おろし) rallar

ずる fullería 女 ‖~をする hacer trampa [fullería]

ずるい 狡い astuto(ta), taimado(da), sagaz

ずるがしこい 狡賢い astuto(ta), mañoso(sa), ventajista

すると (その時・それから) entonces; (そこで) luego; (そして) y

するどい 鋭い (刃物が) afilado(da), puntiagudo(da); (頭脳が) agudo(da), penetrante, perspicaz ‖~質問 pregunta aguda 女 ~目つき mirada penetrante 女 鋭さ agudeza 女

ずるやすみ ずる休み ‖~をする faltar a clase [al trabajo], hacer novillos

すれすれ ‖~に a ras de tierra; (かろうじて) a duras penas; (危ないところで) por muy poco

すれちがう すれ違う cruzarse 《con》

ずれる (それる) desviarse; (ずれ落ちる) deslizarse

スローガン slogan 男, lema 男

スロープ pendiente 女, cuesta 女, rampa 女; (下り坂) bajada 女

スローフード comida lenta 女

スローモーション cámara lenta 女

スロットマシン tragaperras 男女 (単複)

スロバキア Eslovaquia ‖~の eslovaco(ca)

スロベニア Eslovenia ‖~の esloveno(na)

スワジランド Suazilandia ‖~の suazilandés(desa)

すわる 座る sentarse 《席に~ tomar [ocupar] asiento 机に向かって~ sentarse a la mesa 座らせる sentar 座っている estar sentado(da)

ずんぐりした rechoncho(cha), achaparrado(da)

すんぜん 寸前 ‖~に inmediatamente [justo] antes de ...

すんなり sin problemas [dificultad], como la seda

スンニー一派 (イスラム教) secta sunnista 女

すんだ 澄んだ puro(ra), limpio(pia), transparente

すんぽう 寸法 medida 女; (大きさ) tamaño 男, (靴などの) número 男

せ

せ 背 (身長) estatura 女, talla 女; (背中) espalda 女; (椅子などの) respaldo 男 ‖~が高い[低い] alto(ta) [bajo(ja)] ~を伸ばす enderezarse 窓に~を向けて座る sentarse de espalda a la ventana 《会話》 ~はどのくらいありますか―173センチあります ¿Cuánto mide Ud.?―Mido uno setenta y tres. ◆背

かっこう 格好 físico 男, talla 女

せい 性 sexo 男; (性質) naturaleza 女; (文法の) género 男 ‖~的な sexual ◆性教育 educación sexual 女 性差別 discriminación sexual 女 sexismo 男 性犯罪 delito sexual 男

せい 精 (力) energía 女, vigor 男 (精энергия) espíritu 男 ~を出して勉強する estudiar con empeño [con diligencia]

せい 姓 apellido 男

せい ‖…の~で por culpa de…; (原因) a [por] causa de…, debido a… 自分の失敗を他人の~にする echar la culpa de su fracaso a otro それは私の~ではない Eso no es culpa mía. 気の~だよ Son imaginaciones tuyas.

-せい -製 de fabricación francesa この机はスチール~だ Esta mesa es [está hecha] de acero.

ぜい 税 impuesto 男; (国税) contribución 女 ‖~を課す gravar [cargar] con un impuesto ~込みで incluidos los impuestos ◆税引所得 renta neta 女 税率 tasa impositiva [de impuestos], tarifas fiscales 複

せいい 誠意 sinceridad 女, honestidad 女, buena fe 女 ‖~のある sincero(ra)

せいいっぱい 精一杯 con todas sus fuerzas; (できる限り) todo lo posible

せいいん 成員 miembro 男

せいえき 精液 semen 男

せいえん 声援 ánimo 男, aplausos 男複 ‖~を送る animar

せいおう 西欧 Occidente 男, Europa (occidental) 女

せいか 成果 resultado 男, fruto 男

せいか 生家 casa natal 女

せいか 聖火 fuego sagrado 男; (オリンピックの) llama olímpica 女 (リレーで運ぶ) antorcha (olímpica) 女

せいか 聖歌 (賛美歌) himno 男, canto litúrgico 男 ◆聖歌隊 coro 男

せいかい 正解 solución correcta 女, respuesta exacta 女 ‖〈会話〉~です ¡Correcto!

せいかい 政界 mundo político 男, círculos políticos 男複

せいかく 性格 carácter 男; (気質) temperamento 男; (全特徴) personalidad 女 ‖~の不一致による離婚 divorcio por incompatibilidad de caracteres 男 ◆性格俳優 actor(triz) de carácter 男

せいかく 正確 ‖~に correctto(ta), exacto(ta) ‖~に言うと para ser exactos

せいがく 声楽 música armónica [vocal] 女

せいかつ 生活 vida 女 ‖~する vivir ~力がある tener capacidad para ganarse la vida ~保護を受ける beneficiarse de la ayuda social ◆生活水準 nivel de vida 男 生活費 coste de vida 男 生活習慣病 enfermedades relacionadas con el estilo de vida 女複

せいかん 静観 ‖~する observar tranquilamente [con calma]

せいかん 精悍 ‖~な viril, varonil

せいがん 請願 petición 女, súplica 女, ruego 男

ぜいかん 税関 aduana 女 ‖~の手続き trámites aduaneros 男複 ~を通る pasar por la aduana ◆税関検査 control aduanero 男

せいき 世紀 siglo 男 ‖21~ siglo veintiuno 男

せいき 生気 vitalidad 女, vigor 男 ‖~のある activo(va), enérgico(ca), lleno(na) de vida ~のない顔をしている tener la cara apagada [sin vida]

せいき 正規 ‖~の legal, formal; (公認の) autorizado(da)

せいぎ 正義 justicia 女

せいきゅう 性急 ‖~な precipitado(da)

せいきゅう 請求 demanda 女, reclamación 女 ‖~する pedir, demandar, reclamar ◆請求額 cantidad exigida [requerida] 女 請求書 cuenta 女, factura 女, solicitud de pago 女

せいぎょ 制御 control 男 ‖~する controlar

ぜいきん 税金 impuesto 男; (国税) contribución 女 ‖~を納める[徴収する] pagar [recaudar] impuestos ~のかからない libre de impuestos

せいくうけん 制空権 ‖~を握る dominar [controlar] el espacio aéreo

せいけい 生計 vida 女 ‖~を立てる ganarse la vida

せいけい 整形 ◆整形外科 ortopedia 女 整形外科医 ortopedista 男女, ortopédico(ca) 名 美容整形外科 cirugía estética 女

せいけい 西経 longitud oeste 女

せいけつ 清潔 ‖~な limpio(pia)

せいけん 政権 poder político 男; (政府) gobierno 男 ‖~の座につく conquistar [tomar] el poder político ◆政権交代 cambio de gobierno 男 政権政党 partido en el poder 男 連立政権 gobierno de coalición 男

せいけん 生検 (医学) biopsia 女

せいげん 制限 límite 男, limitación 女, restricción 女 ‖~する limitar [restringir] la libertad ~なく sin límite ◆制限時間 tiempo limitado 男, límite de tiempo 男 制限速度 velocidad máxima permitida [autorizada] 女

ぜいげん 税源 fuente [procedencia] de los impuestos 女

せいこう 成功 éxito 男 ‖~する tener éxito [salir bien] 〈en〉 〈会話〉~をお祈りします ¡Ojalá que tenga éxito!

せいこう 精巧 ‖~な exquisito(ta), refinado(da)

せいさ 性差 diferencia sexual 女

せいざ 星座 constelación 女

せいさい 制裁 sanción 女, castigo 男 ‖～を加える sancionar, imponer sanciones

せいさく 政策 política 女 ‖経済～を立てる elaborar [formular] una política económica

せいさく 製作 fabricación 女, producción 女 ‖～する producir, hacer, fabricar

せいさん 生産 producción 女, fabricación 女 ‖～する producir, fabricar ◆～的な productivo(va) ◆生産性 productividad 女 生産高 producción (total) 女 生産物 producto 男

せいさん 清算 liquidación 女, saldo 男 ‖～する liquidar, saldar

せいし 生死 ‖～の境をさまよう debatirse [estar] entre la vida y la muerte

せいし 制止 ‖～する parar, detener, frenar

せいし 静止 ‖～する pararse, inmovilizarse, quedarse quieto(ta)

せいし 精子 espermatozoide 男

せいじ 政治 política(統治) gobierno 男 ‖～的(な) político(ca) ～に携わる dedicarse a la política ◆政治家 político(ca) 男女, estadista 男女 政治学 ciencias políticas 女複 政治献金 donación política 女 政治団体 organización política 女

せいしき 正式 ‖～な formal, oficial; (合法的な) legal ～に formalmente ～な手続きを踏む cumplir las formalidades

せいしつ 性質 naturaleza 女; (性格) carácter 男 ‖仕事の～上 por la naturaleza del trabajo

せいじつ 誠実 sinceridad 女, honradez 女 ‖～な sincero(ra), honrado(da)

せいじゃ 聖者 santo(ta) 名

せいじゃく 静寂 silencio 男, quietud 女

せいしゅう 税収 ingresos tributarios 男複

せいしゅく 静粛 ‖～に願います ¡Se ruega silencio!/¡Silencio, por favor!

せいじゅく 成熟 madurez 女 ‖～する madurar ～した maduro(ra)

せいしゅん 青春 juventud 女

せいしょ ‖～する poner [pasar] a [en] limpio

せいしょ 聖書 la (Santa) Biblia 女

せいしょう 斉唱 ‖～する cantar al unísono [a coro]

せいじょう 正常 ‖～な normal ～化する normalizar(se) ～に con normalidad

せいじょう 清浄 ‖～な puro(ra), limpio(pia)

せいしょうねん 青少年 juventud 女, jóvenes 男複

せいしょく 生殖 reproducción 女; (動物の) procreación 女 ◆生殖器 órganos genitales 男複

せいしょくしゃ 聖職者 clérigo 男, eclesiástico 男, clero 男

せいしん 精神 espíritu 男, mente 女; (魂) alma 女; (意志) voluntad 女 ‖～的 espiritual, mental, moral ◆精神安定剤 tranquilizante 男 精神異常 aberración mental 女 精神科医 (p)siquiatra 男女 精神病 enfermedad mental 女, psicosis 女(単複) 精神病質 trastorno mental 男 精神分析 psicoanálisis 男(単複) 精神力 fuerza mental 女

せいじん 成人 mayor (de edad) 男女, adulto(ta) 名 ‖～する llegar a la mayoría de edad ◆成人映画 película para adultos [mayores] 女 成人病 enfermedad de los adultos 女

せいじん 聖人 santo(ta) 名

せいず 製図 diseño 男, dibujo 男 ‖～する diseñar, delinear un plano

せいする 制する (支配する) dominar, controlar; (抑える) reprimir

せいぜい (多くても) a lo sumo, como mucho, como máximo, a lo más

せいぜい 税制 sistema fiscal [tributario], régimen impositivo 男

せいせいどうどう 正々堂々 ‖～と勝負する jugar limpio [deportiva y limpiamente], luchar limpiamente

せいせき 成績 (結果) resultado 男; (評価) calificación 女; (点数) nota 女, puntuación 女 ‖よい［悪い］～を取る sacar buenas [malas] notas ◆成績証明書 certificado académico [de calificaciones]

せいせん 精選 ‖～する seleccionar ～した selecto(ta)

せいぜん 整然 ‖～と ordenadamente, en (buen) orden

せいせんしょくりょうひん 生鮮食料品 verduras 女複 y pescados 男複 frescos, alimentos frescos 男複

せいそ 清楚 ‖～な limpio(pia) y arreglado(da) ～な身なりをしている estar [ir] bien vestido(da)

せいそう 正装 ‖～する vestirse de etiqueta [de ceremonia, de gala]

せいそう 清掃 limpieza 女 ‖～する limpiar, hacer una limpieza ◆清掃車 (ごみ収集の) camión de la basura 男; (道路などの) barredora 女

せいぞう 製造 fabricación 女, producción 女 ‖～する fabricar, producir ◆製造業 industria manufacturera 女 製造業者 fabricante 男

せいそうけん 成層圏 (気象) estratosfera 女

せいぞん 生存 existencia 女; (生命) vida 女; (生き残ること) supervivencia 女 ‖～する existir, vivir, supervivir ◆生存競争 lucha por la vida 女 生存権 derecho a la vida 男 生存者 sobreviviente 男女, superviviente 男女

せいたい 生態 ecología 女 ◆生態学 ecología 女 生態系 ecosistema 男
せいたい 政体 régimen 男, forma de gobierno 女
せいだい 盛大 ‖~な solemne, pomposo(sa)
せいたく 贅沢 lujo 男, suntuosidad 女 ‖~な lujoso(sa) ‖~な暮らしをする vivir con mucho lujo ◆贅沢品 artículo de lujo 男
せいち 精緻 ‖~な esmerado(da), minucioso(sa)
せいち 聖地 Tierra Santa 女, lugar sagrado 男
せいちょう 成長・生長 crecimiento 男; (発展) desarrollo 男, progreso 男 ‖~する crecer, desarrollarse ◆成長率 tasa de crecimiento 女 経済成長 crecimiento económico
せいつう 精通 ‖~する ser buen conocedor [buena conocedora] 《de》, conocer a fondo
せいてい 制定 ‖~する (法律を) legislar, establecer
せいてき 静的 ‖~な estático(ca)
せいてき 性的 ‖~な sexual
せいてつじょ 製鉄所 fábrica siderúrgica 女
せいてん 晴天 cielo despejado 男
せいでんき 静電気 electricidad estática 女
せいと 生徒 alumno(na) 名
せいど 制度 institución 女, sistema 男 ‖~化する institucionalizar
せいとう 正当 ‖~な justo(ta), justificado(da); (合法的) legal, legítimo(ma) ‖~化する justificar ~な理由なしに sin razones justificadas ～防衛 en legítima defensa
せいとう 政党 partido político 男 ‖ 二大政党制 bipartidismo
せいとう 正統 ‖~の ortodoxo(xa); (血筋などが) legítimo(ma) ◆正統性 ortodoxia 女
せいどう 青銅 bronce 男
せいとん 整頓 arreglo 男, orden 男 ‖~する arreglar, poner en orden
せいなる 聖なる santo(ta)
せいなん 西南 suroeste 男, sudoeste 男
せいねん 青年 joven 男女, chico(ca) 名; [[集合的]] juventud 女
せいねんがっぴ 生年月日 fecha de nacimiento 女
せいのう 性能 (効率) rendimiento 男; (品質) calidad 女 ‖~のよい de gran [alto] rendimiento; (品質) de buena [alta] calidad
せいはんたい 正反対 antítesis 女 (単複) ‖~の diametralmente opuesto(ta)
せいび 整備 mantenimiento 男, conservación 女; (修理) arreglo 男 ‖~する arreglar, reparar, mantener ◆整備工場 taller (de reparaciones) 男
せいびょう 性病 enfermedad venérea 女
せいひれい 正比例 ‖…に~する estar en proporción directa de ...
せいひん 製品 producto 男, artículo 男, mercancía 女 ‖~化する comercializar ◆製品開発 desarrollo de productos 男
せいふ 政府 gobierno 男 ◆政府開発援助 (ODA) Asistencia Oficial para el Desarrollo 女 (AOD)
せいふ 西部 oeste 男, occidente 男
せいふく 征服 conquista 女 ‖~する conquistar
せいふく 制服 uniforme 男; (学校の) uniforme escolar 男
せいぶつ 生物 ser vivo [viviente, animado] 男, organismo 男; (動物) animal 男 ◆生物学 biología 女 生物化学 bioquímica 女 生物工学 biotecnología 女 生物兵器 armas (químicas y) biológicas 女複
せいぶつ 静物 ◆静物画 bodegón 男, naturaleza muerta 女
セイフティーネット red de seguridad 女
せいぶん 成分 ingrediente 男, elemento 男
せいふん 製粉 ◆製粉所 molino harinero 男
せいべつ 性別 sexo 男; (性の区別) distinción de sexo 女
せいぼ 聖母 Nuestra Señora 女
せいぼ 歳暮 regalo de fin de año 男
せいぼう 制帽 (学校の) gorra de uniforme escolar 女; (一般の) gorra oficial 女
せいほうけい 正方形 cuadrado 男
せいほく 西北 noroeste 男
せいほん 製本 encuadernación 女
せいみつ 精密 ‖~な preciso(sa), minucioso(sa), detallado(da) 胃の~検査をしてもらう hacerse un examen médico minucioso del estómago ◆精密機械 instrumento de precisión
せいむしょ 税務署 oficina de impuestos 女
せいめい 生命 vida 女 ‖~にかかわる傷 herida mortal [fatal] 女 ◆生命維持装置 equipo para la respiración asistida 生命科学 ciencias de la vida 女複 政治生命 vida política 女 生命倫理 bioética 女 生命線 línea de la vida 女 生命保険 seguro de vida 男 生命力 vitalidad 女
せいめい 姓名 nombre(s) y apellido(s) 男複
せいめい 声明 declaración 女, comunicado 男
せいもん 正門 entrada principal 女
せいやく 制約 restricción 女, limitación 女 ‖~する limitar, restringir
せいやく 誓約 juramento 男 ‖~する

せいゆう 声優 (映画) dobla*dor(dora)* 名

せいよう 西洋 Occidente 男; ‖~の occidental

せいよう 静養 descanso 男, reposo 男 ‖~する descansar, reposar

せいらい 生来 por naturaleza ‖~の de nacimiento

せいり 整理 ‖~する arreglar, ordenar 書類を~する ordenar los papeles 人員を~する reducir la plantilla [el personal] ◆整理番号 número de referencia 整理だんす cómoda 女

せいり 生理 fisiología 女; (月経) menstruación 女, regla 女 ‖~中である estar con la regla ◆生理学 fisiología 女 生理痛 dolores menstruales 男複 生理用品 compresa higiénica 女

ぜいりし 税理士 contable 男女 [ase*sor(sora)*] 名 fiscal

せいりつ 成立 (形成) formación 女 ‖新内閣が~した Se formó un nuevo gabinete. 法案が~した Ha sido aprobado un proyecto de ley.

ぜいりつ 税率 tasa impositiva [de impuestos] 女

せいりょういんりょう 清涼飲料 refresco 男, bebida no alcohólica 女

せいりょく 勢力 poder 男, potencia 女; (影響力) influencia 女 ‖~のある influyente, poderos*o(sa)* ~を伸ばす extender su influencia ◆勢力争い lucha por el poder 女 勢力範囲 esfera de influencia 女

せいりょく 精力 energía 女, vigor 男 ‖~的な enérgi*co(ca)*, vigoros*o(sa)*

せいれい 聖霊 (宗教) Espíritu Santo 男

せいれき 西暦 era cristiana 女; (紀元後) después de Jesucristo

せいれつ 整列 ‖~する alinearse, ponerse en fila

セージ (植物) salvia 女

セーター suéter 男, jersey 男

セーブ ‖~する (情報) (保存)する guardar, archivar

セーラーふく -服 traje de marinero 男

セール rebajas 女複, liquidación 女

セールスポイント (長所) ventaja 女

セールスマン viajante 男女, vende*dor(dora)* a domicilio 名

せおう 背負う llevar a las espaldas [a cuestas]

せおよぎ 背泳ぎ espalda 女 ‖~をする nadar a espalda

せかい 世界 mundo 男; ‖~的(な) mundial ~的に有名な mundialmente famos*o(sa)* ~中で en [por] todo el mundo 自分の~に引きこもる encerrarse en sí mism*o(ma)* ◆世界遺産 Patrimonio de la Humanidad 男

せかす 急かす meter [dar] prisa

せき 席 asiento 男; (場所) plaza 女, sitio 男 ‖~につく tomar asiento, sentarse ~を譲る ceder el asiento ~を外す retirarse 飛行機の~を予約する reservar un billete de avión

せき 咳 tos 女 ‖~をする toser

せき 堰 dique 男; (ダム) presa 女

せき 石英 cuarzo 男

せきがいせん 赤外線 rayos infrarrojos 男複

せきざい 石材 piedra 女

せきじゅうじ 赤十字 Cruz Roja 女

せきじゅん 席順 orden de asientos 男

せきずい 脊髄 médula espinal 女

せきたてる 急き立てる apremiar, apresurar

せきたん 石炭 carbón 男, hulla 女

せきちゅう 脊柱 columna vertebral 女, espina dorsal 女

せきつい 脊椎 vértebra 女

せきどう 赤道 ecuador 男

せきどめ 咳止め ‖~ドロップ[シロップ] pastilla [jarabe 男] para la tos

せきにん 責任 responsabilidad 女 ‖~のある地位 posición [cargo] de responsabilidad …について~がある ser responsable de… ~を取る hacerse responsable 〈de〉 ~を果たす cumplir (con) su deber [responsabilidad] ~を回避する eludir la responsabilidad ~感が強い tener (un) fuerte sentido de la responsabilidad ◆責任者 responsable 男女

せきばらい 咳払い carraspeo 男 ‖~をする carraspear

せきはんが 石版画 litografía 女

せきひ 石碑 (墓石) lápida (sepulcral) 女

せきぶん 積分 (数学) integral 女

せきめん 赤面 ‖~する ponerse roj*o(ja)*, ruborizarse

せきゆ 石油 petróleo 男; (灯油) queroseno 男

せきり 赤痢 disentería 女

セクシー (英) sexy

セクト (宗教的) secta 女; (政治的) facción 女

セクハラ acoso sexual 男

せけん 世間 mundo 男, sociedad 女 ‖彼は~を知らずです No conoce nada del mundo. ~並みの ordinari*o(ria)*, corriente ~離れした生き方をしている llevar una vida fuera de lo común ~体を気にする temer el qué dirán, preocuparse por las apariencias ~話をする cotillear, charlar

-せざるをえない no poder (por) menos de [que] [[＋不定詞], no tener [haber] más remedio que [[＋不定詞]

セシウム cesio 男

せしゅう 世襲 ‖~の hereditari*o(ria)* ◆世襲財産 patrimonio 男

ぜせい 是正 ‖~する corregir, rectificar

せぞく 世俗 ‖~の (この世の) mundano(na), vulgar; (非宗教的) laico(ca), profano(na)

せだい 世代 generación 囡 ‖~の断絶 abismo 男 [brecha 囡] generacional ◆世代交代 cambio [relevo] generacional

せたいぬし 世帯主 cabeza de familia 男女

せつ 節 (文章の) sección 囡, párrafo 男, pasaje 男; (詩の) estrofa 囡 ‖その~はお世話になりました Le agradezco mucho su gentileza del otro día.

せつ 説 opinión 囡, parecer 男; (学説) teoría 囡

ぜつえん 絶縁 ‖~する romper las relaciones 《con》 ◆絶縁体 (電気) aislante 男, aislador 男

せっかい 石灰 cal 囡 ◆石灰岩 (piedra) caliza 囡

せっかい 切開 incisión 囡 ◆帝王切開 operación cesárea 囡

せっかく ‖~の努力が水の泡になった Todos nuestros esfuerzos no sirvieron para nada. ~ですが行けません Me gustaría, pero no puedo ir.

せっかち ‖~な apresurado(da), impaciente

せつがん 接岸 ‖~する atracar 《en》

せっき 石器 ◆石器時代 Edad de Piedra ‖旧石器時代 Paleolítico 男 新石器時代 Neolítico 男

せっきょう 説教 sermón 男 ‖~する predicar, sermonear

ぜっきょう 絶叫 ‖~する exclamar

せっきょく 積極 ‖~的な activo(va); (肯定的な) positivo(va) ~的に activamente ~性に欠ける ser poco emprendedor(dora) ◆積極策 política activa 囡

せっきん 接近 ‖~する acercarse 《a》, aproximarse 《a》

セックス (性行為) acto sexual 男, sexo 男 ‖~アピールがある tener atractivo sexual, ser sexy

せっけい 設計 diseño 男, proyecto 男 ‖~する diseñar, proyectar ◆設計図 diseño 男, plano 男

せっけっきゅう 赤血球 glóbulo rojo 男

せっけん 石鹸 jabón 男 ‖~で洗う lavar con jabón ◆石鹸入れ jabonera 囡 石鹸水 agua jabonosa 囡

ゼッケン (スポ) dorsal 男

せっこう 石膏 yeso 男

ぜっこう 絶交 ‖~する romper 《con》, romper la(s) amistad(es)

ぜっこう 絶好 ‖~の magnífico(ca), excelente, ideal ~の機会 la mejor oportunidad 《que》

ぜっさん 絶賛 ‖~する tributar [hacer] los máximos elogios, hacer grandes alabanzas

せっし 摂氏 ‖気温は~10度です La temperatura es de diez grados centígrados.

せっしゅ 摂取 toma 囡, ingestión 囡 ‖~する tomar, ingerir

せっしゅ 接種 inoculación 囡 ‖ワクチンを~する vacunar

せっしょう 折衝 negociación 囡 ‖~する negociar 《con》

せっしょく 接触 contacto 男 ‖~する contactar 《con》, establecer contacto 《con》 ~を保つ[断つ] mantener [romper] el contacto 《con》 ◆接触感染 infección por contacto 囡

せつじょく 雪辱 desquite 男, venganza 囡 ‖~する desquitarse, vengarse 《de》

ぜっしょく 絶食 ayuno 男 ‖~する ayunar

せっする 接する lindar [limitar] 《con》; (応接する) atender, tratar

せっせい 節制 moderación 囡, sobriedad 囡 ‖~する moderarse, controlarse

せっせと diligentemente, con ahínco

せってん 接戦 partido [juego] reñido [muy disputado]

せっそう 節操 ‖~のない inconstante, sin principios

せつぞく 接続 conexión 囡 ‖~する conectar 《con》, enlazar 《con》

せつぞくし 接続詞 conjunción 囡

せったい 接待 hospitalidad 囡, agasajo 男, obsequio 男 ‖~する atender; (歓待する) agasajar

ぜったい 絶対 ‖~に absolutamente, en absoluto, del todo ~の absoluto(ta) ~に … ない nunca, jamás, nunca jamás ~絶命である estar [encontrarse] entre la espada y la pared

ぜつだい 絶大 ‖~な muy grande, enorme

せつだん 切断 ‖~する cortar, seccionar; (医学) (手足を) amputar

せっちゃくざい 接着剤 pegamento 男, adhesivo 男

せっちゅう 折衷 ◆折衷案 término medio 男, compromiso 男

ぜっちょう 絶頂 apogeo 男, cenit 男, cumbre 囡

せってい 設定 ‖~する establecer; (日取りを) fijar

せってん 接点 punto de contacto [de tangencia] 男

セット (一組) juego 男; (テニスの) set 男; (映画の) plató 男; (舞台の) escenario 男, decorado 男; (髪の) marcado 男 ‖タイマーを~する poner el temporizador

せっとう 窃盗 robo 男, hurto 男 ◆窃盗犯 autor(tora) del robo 名

せっとく 説得 persuasión 囡 ‖~する convencer, persuadir ~力のある convincente, persuasivo(va)

せつに 切に ‖～願う desear fervientemente [de todo corazón] 〖＋不定詞, que＋接続法〗
せっぱく 切迫 ‖～した apremiante, acuciante, inminente
ぜっぱん 絶版 ‖～の本 libro agotado
せつび 設備 equipo, instalación 女, comodidades 女複 ◆設備投資 inversiones en instalaciones y equipos 女複
せっぷん 接吻 beso 男
ぜっぺき 絶壁 precipicio 男, acantilado 男
ぜつぼう 絶望 desesperación 女, desesperanza 女 ‖～する desesperarse ～的な desesperad*o*(*da*)
せつめい 説明 explicación 女 ‖～する explicar, dar una explicación «de» ～のつかない inexplicable ◆説明書 folleto explicativo, instrucciones 女複
ぜつめつ 絶滅 ‖～する extinguirse ～の危機に瀕している estar en peligro de extinción
せつやく 節約 ahorro 男, economía 女 ‖～する economizar, ahorrar 経費を～する economizar [reducir] los gastos
せつりつ 設立 ‖～する establecer, fundar, formar
せともの 瀬戸物 porcelana 女, cerámica 女
せなか 背中 espalda 女, dorso 男 ‖～を向ける dar [volver] la espalda «a» ～を丸める doblar la espalda ～合わせに espalda con espalda
ゼネスト huelga general 女
せのび 背伸び ‖～する ponerse de puntillas, empinarse
ぜひ 是非 (必ず) cueste lo que cueste, pase lo que pase ‖～とも si falta, a toda costa ～パーティーにいらしてください No deje de venir a la fiesta.
セピアいろ -色 color (de) sepia 男
せびる pedir con insistencia
せびろ 背広 traje 男
せぼね 背骨 espina dorsal 女, columna vertebral 女
せまい 狭い estrech*o*(*cha*); (小さい) pequeñ*o*(*ña*)
せまる 迫る (要求する) exigir, demandar; (近づく) acercarse, aproximarse ‖必要に迫られて apremiad*o*(*da*) por la necesidad 試験が間近に迫っている El examen está a la vuelta de la esquina.
せみ 蝉 cigarra 女, chicharra 女
セミコロン punto y coma 男
ゼミナール seminario 男
セミプロ semiprofesional 男女
せめいる 攻め入る invadir
せめて al [por lo] menos, siquiera, como mínimo
せめる 責める (非難する) acusar «de», reprochar
せめる 攻める atacar
セメント cemento 男
ゼラチン gelatina 女
ゼラニウム geranio 男
セラピスト terapeuta 男女
セラミックス cerámica 女
せり 競り subasta 女, licitación 女 ‖～に出す poner en [sacar a] subasta
せりあう 競り合う (AとBの点で) competir con A en B
ゼリー gelatina 女 ‖ロイヤル～ jalea real 女
せりふ 台詞・科白 diálogo 男
セルフサービス autoservicio 男
セルフタイマー autodisparador 男, temporizador [disparador] automático 男
セルロイド celuloide 男
セルロース celulosa 女
セレナーデ serenata 女
ゼロ cero 男
セロテープ celo 男, celofán 男, cinta adhesiva 女
セロハン celofán 男
セロリ apio 男
せろん 世論 opinión pública 女 ◆世論調査 encuesta de opinión 女
せわ 世話 cuidado 男, atención 女 ‖～をする cuidar ～の焼ける子 niñ*o*(*ña*) difícil [problemátic*o*(*ca*)] 名 仕事を～する ayudar «a＋人» a encontrar un trabajo …の～になる estar al cuidado de... 大きな～だ No es asunto tuyo./A ti no te importa. お～になりました Muchas gracias por sus atenciones.
せん 千 mil 男
せん 線 línea 女, raya 女 ‖～を引く trazar una línea ～の入った紙 papel rayado 男
せん 栓 (瓶など) tapa 女, tapón 男; (コルク栓で) corcho 男; (水道・ガスの) llave 女 ‖～を抜く descorchar, destapar ◆栓抜き (コルク栓の) sacacorchos 男単複; (瓶の) abrebotellas 男単複, abridor 男
せん 腺 (解剖) glándula 女
ぜん 善 bien 男
ぜん- 全～ tod*o*(*da*), tod*os*(*das*); (全体の) total, enter*o*(*ra*), complet*o*(*ta*) ‖全世界 todo el mundo
ぜん- 前～ ex-, anterior ‖～総理大臣 el ex primer ministro 男
ぜんあく 善悪 el bien y el mal
せんい 繊維 fibra 女 ◆繊維製品 productos textiles 男複 合成繊維 fibra sintética 女 食物繊維 fibra dietética 女
ぜんい 善意 buena voluntad 女, bondad 女
せんいん 船員 marinero 男, marino 男; [集合的] tripulación 女
ぜんいん 全員 tod*os*(*das*) ‖～一致で

せんえい 先鋭・尖鋭 ‖～な (急進的な) extremista, radical

ぜんえい 前衛 (軍隊の) vanguardia 女 ‖～的な (芸術的) vanguardista

せんえつ 僭越 ‖～ながら…させていただきます Permítanme el atrevimiento de 〚＋不定詞〛.

せんが 線画 dibujo lineal 男

ぜんか 前科 ‖～のある[ない] con [sin] antecedentes penales

せんかい 旋回 ‖～する girar, volar en círculo

ぜんかい 前回 la vez anterior

ぜんかい 全快 ‖～する recuperarse [recobrar la salud] completamente

せんかん 戦艦 acorazado 男, buque de guerra 男

ぜんき 前期 (2学期制の) primer semestre 男; (前半) primera mitad 女; (時代などの) primer período 男

せんきょ 選挙 elecciones 女複 ‖～する elegir ～の electoral ～に勝つ[負ける] ganar [perder] las elecciones ～違反をする violar la ley electoral ◆選挙運動 campaña electoral 女 選挙区 distrito 男 [circunscripción 女] electoral 選挙権 derecho a voto 男 選挙人 elector(tora) 名 被選挙権 elegibilidad 女

せんきょ 占拠 ‖～する ocupar, tomar

せんきょうし 宣教師 misionero(ra) 名

せんくしゃ 先駆者 precursor(sora) 名, pionero(ra) 名

ぜんけい 前景 primer plano 男

せんげつ 先月 el mes pasado

せんけん 先見 ‖～の明がある ser previsor(sora)

せんげん 宣言 declaración 女, proclamación 女 ‖～する declarar, proclamar

ぜんけん 全権 plenos poderes 男複 ‖～を委任する otorgar plenos poderes ◆全権大使 embajador(dora) plenipotenciario(ria) 名

せんご 戦後 posguerra 女

ぜんご 前後 ‖～左右を見回す mirar a todo su alrededor 2人は～して到着した Llegaron los dos casi simultáneamente [uno detrás de otro]. 彼は30歳～だ Ronda los treinta años. ～の見境もなく a ciegas, irreflexivamente ◆前後関係 contexto 男

せんこう 選考 selección 女 ‖～する seleccionar, elegir ◆第一次選考 primera selección 女 選考委員会 comité de selección 男 選考基準 criterio de selección 男

せんこう 専攻 especialidad 女 ‖～する especializarse 《en》

せんこう 先行 ‖～する preceder 《a》, adelantarse 《a》

せんこう 閃光 ráfaga de luz 女; (稲妻) relámpago 男

せんこう 線香 pebete 男, varita de incienso 女

せんこく 宣告 ‖～する sentenciar, declarar, condenar 無罪[有罪]を～する declarar inocente [culpable]

ぜんこく 全国 todo el país ‖～(的)に en [por] todo el país ～的な nacional ◆全国中継 retransmisión para todo el país センサー sensor 男

せんさい 繊細 ‖～な delicado(da), fino(na)

せんさい 戦災 daños de la guerra 複

せんざい 洗剤 detergente 男

せんざい 潜在 ‖～的な latente, potencial ～意識 subconsciencia 女, subconsciente 男 潜在能力 capacidad potencial 女

ぜんさい 前菜 (オードブル) entremeses 男複

せんし 戦死 ‖～する morir en la guerra

せんしじだい 先史時代 período prehistórico 男

せんじつ 船室 camarote 男, cabina 女

せんじつ 先日 el otro día; (数日前) hace unos días

ぜんじつ 前日 el día anterior

せんしゃ 戦車 tanque 男, carro de combate 男

ぜんしゃ 前者 aquél(quélla), el primero, la primera

せんしゅ 選手 jugador(dora) 名 ◆選手権 campeonato 男 選手団 equipo 男

せんしゅう 先週 la semana pasada 先々～ hace dos semanas

ぜんしゅう 全集 obras completas 女複, colección 女

せんじゅうみん 先住民 indígena 男女, aborigen 男女

せんしゅつ 選出 elección 女 ‖～する elegir

せんじゅつ 戦術 táctica 女, estrategia 女

せんじょう 洗浄 ‖～する lavar, limpiar; (傷口などを) irrigar

せんじょう 戦場 campo de batalla [combate] 男

ぜんしょう 全勝 ‖～する ganar todos los partidos

ぜんしょう 全焼 ‖～する quedar completamente destruido(da) [arrasado(da)] por un incendio

せんじょうてき 扇情的 ‖～な provocativo(va); (報道など) sensacional 女

せんしょく 染色 teñido 男, tintura 女

せんしょくたい 染色体 cromosoma 男

せんしん 先進 avance 男, progreso 男 ‖～する avanzar, progresar

ぜんしん 全身 todo el cuerpo, el cuerpo entero 男

せんしんこく 先進国 país avanzado 男

センス（感覚）sentido 男;（審美眼）(buen) gusto 男 ‖ユーモアの～がある tener sentido del humor

せんす 扇子 abanico 男

せんすい 潜水 buceo 男, sumersión 女 ‖～する bucear, sumergirse ◆潜水艦 submarino 男, 潜水夫 buzo 男

せんせい 先生 maestro(tra) 名, profesor(sora) 名

せんせい 宣誓 jura 女, juramento 男 ‖～する jurar, prestar juramento

せんせい 専制 tiranía 女, despotismo 男

ぜんせい 全盛 apogeo 男, plenitud 女 ‖～を極める alcanzar su apogeo [plenitud]

せんせいじゅつ 占星術 astrología 女, horóscopo 男

センセーショナル ‖～な sensacional

センセーション ‖大～を巻き起こす producir (una) gran sensación

せんせん 戦線 frente (de batalla) 男

せんぜん 戦前 ‖～に antes de la guerra

せんせん 前線 frente 男 ◆温暖[寒冷]前線 frente cálido [frío] 男

ぜんぜん 全然 ‖～…ない no…nada [en absoluto]

せんぞ 先祖 antepasado(da) 名, ascendiente 男女 ‖～代々の ancestral

せんそう 戦争 guerra 女 ‖～をする hacer la guerra 中である estar en guerra ～に勝つ[負ける] ganar [perder] la guerra ～を放棄する renunciar a la guerra ◆戦争犯罪 crímenes de guerra 男複

ぜんそうきょく 前奏曲 preludio 男

ぜんそく 喘息 asma 女 ◆喘息患者 asmático(ca) 名

ぜんそくりょく 全速力 ‖～で走る correr a toda velocidad

センター centro 男

ぜんたい 全体 total 男, totalidad 女 ‖～の todo(da), total ～として en conjunto, en general ◆全体主義 totalitarismo 男

ぜんだいみもん 前代未聞 ‖～の inaudito(ta), sin precedentes

せんたく 選択 elección 女, selección 女, opción 女 ‖～する elegir, seleccionar ～の余地がない No hay posibilidad de elección [alternativa]. ◆選択科目 asignatura opcional 女, optativa 女 選択肢 opciones 女複

せんたく 洗濯 lavado (de ropa) 男, colada 女 ‖～する lavar ～物を干す tender la ropa ◆洗濯機 lavadora 女 全自動乾燥洗濯機 lavasecadora 女 洗濯屋 lavandería 女;（ドライ）tintorería 女

せんたん 先端 punta 女, extremidad 女 ‖…の～を行っている estar a la vanguardia de… ◆先端技術 tecnología punta (puntera) 女

センチ ⇨センチメートル

ぜんち 全治 curación completa 女

ぜんち 前置 preposición 女

センチメートル centímetro 男

センチメンタル ‖～な sentimental

せんちょう 船長 capitán(tana) 名

ぜんちょう 全長 longitud total 女

ぜんちょう 前兆 augurio 男, agüero 男, presagio 男

ぜんてい 前提 premisa 女 ‖～とする presuponer ◆前提条件 condición previa 女

せんでん 宣伝 propaganda 女;（広告）publicidad 女 ‖～する hacer propaganda [publicidad] (de), dar publicidad ◆宣伝活動 campaña publicitaria 女 宣伝効果 efecto publicitario (sensacional) 男

せんてんてき 先天的 ‖～な innato(ta), congénito(ta);（遺伝的）hereditario(ria)

セント céntimo 男, centavo 男

せんど 鮮度 frescura 女

ぜんと 前途 futuro 男, porvenir 男, perspectiva 女 ◆～有望な青年 joven muy prometedor 男

せんとう 先頭 cabeza 女, frente 男;（率先）vanguardia 女 ‖列の～に立っている estar en cabeza de la cola みんなの～に立つ encabezar, ir a la cabeza

せんとう 戦闘 combate 男, batalla 女, lucha 女 ◆戦闘員 combatiente 男女 戦闘機 caza 男 戦闘部隊 unidad combatiente 女

せんとう 銭湯 baño público 男, casa de baños 女

せんどう 先導 ‖～する guiar, ir de guía

せんどう 扇動 agitación 女, instigación 女 ‖～する agitar, instigar

セントラルヒーティング calefacción central 女

せんない 船内 ‖～に[で] a bordo (del barco), en el barco

せんにゅうかん 先入観 prejuicio 男

せんにん 選任 ‖～する elegir, nombrar

ぜんにん 善人 buena persona 女

ぜんにんしゃ 前任者 antecesor(sora) 名, predecesor(sora) 名

せんぬき 栓抜き ⇨栓抜

せんねん 専念 ‖～する dedicarse ⟨a⟩, entregarse ⟨a⟩

ぜんねん 前年 el año anterior

せんのう 洗脳 lavado de cerebro 男 ‖～する lavar el cerebro ⟨a+人⟩

ぜんのう 全能 ‖～の omnipotente, todopoderoso(sa)

せんばい 専売 monopolio 男 ‖～する monopolizar

せんぱい 先輩 mayor《que》男女, alumno(na) [empleado(da)] más antiguo(gua) 名

せんぱく 浅薄 ‖～な ligero(ra), superficial
せんばつ 選抜 ‖～する seleccionar
せんばん 旋盤 torno 男
せんぱん 戦犯 criminal de guerra 男女
ぜんはん 前半 primera mitad [parte] 女; (スポ) primer tiempo 男
ぜんぱん 全般 ‖～的な general, global
せんび 船尾 popa 女
ぜんぶ 全部 total 男; (全体) totalidad 女; ～の todo(da) ～でいくらになりますか ¿Cuánto es todo [en total]?
ぜんぶ 前部 parte delantera 女
せんぷうき 扇風機 ventilador 男
せんぷく 潜伏 ‖～する esconderse, ocultarse
ぜんぶん 全文 texto completo 男, todo el texto
せんべい 煎餅 "senbei", especie de galleta de arroz salada 女
せんべつ 餞別 regalo de despedida 男
せんぽう 先方 (相手) parte contraria 女, la otra parte 女
せんぼう 羨望 ‖～的となる ser objeto de envidia
ぜんぽう 前方 ‖～に delante, al frente
ぜんまい 発条 muelle 男, resorte 男; (時計などの) cuerda 女
せんめい 鮮明 ‖～な nítido(da), claro(ra)
ぜんめつ 全滅 aniquilación 女, destrucción total 女 ‖～させる aniquilar
せんめん 洗面 ‖～する lavarse la cara ◆洗面器 palangana 女 洗面所 aseo 男, lavabo 男, cuarto de baño 男 洗面台 lavabo 男
ぜんめん 全面 ‖～的な completo(ta), total, general ～的に completamente ◆全面戦争 guerra total 女
ぜんめん 前面 (parte) delantera 女, frente 男; (建物の) fachada 女
せんもん 専門 especialidad 女 ‖～の [的な] especializado(da), técnico(ca), profesional これは私の～外です Eso no es mi especialidad. …を～にする especializarse en… ◆専門家 especialista 男女, experto(ta) 男女 専門学校 escuela técnica 女 専門医 médico(ca) 男女 専門用語 término técnico 男, [集合的で] terminología 女
ぜんや 前夜 víspera 女, la noche anterior
せんやく 先約 ‖今夜は～があります Tengo un compromiso previo para esta noche.
せんゆう 占有 ‖～する poseer, ocupar
せんよう 専用 ‖～の reservado(da), exclusivo(va), privado(da) 自転車～道路 carril reservado [exclusivo] para bicicletas 男 女性～[揭示] Sólo Señoras.
せんりつ 旋律 melodía 女
ぜんりつせん 前立腺 próstata 女
せんりゃく 戦略 estrategia 女
せんりょう 占領 ocupación 女, posesión 女 ‖～する ocupar ◆占領軍 ejército de ocupación 男
せんりょう 染料 tintura 女, tinte 男, colorante 男
ぜんりょう 善良 ‖～な bueno(na), bondadoso(sa)
ぜんりょく 全力 ‖～を尽くす hacer todo lo posible
せんれい 先例 precedente 男 ‖～を作る sentar un precedente
せんれい 洗礼 bautismo 男
ぜんれい 前例 precedente 男
せんれつ 前列 primera fila 女
せんれん 洗練 ‖～された refinado(da), fino(na), elegante
せんろ 線路 vía (férrea) 女, rail 男

そ

そあく 粗悪 ‖～な de mala calidad, tosco(ca)
そう ‖～して (方法) así, de ese modo; (そして) y, y luego ～いうわけで por esta razón, por eso ～言えば a propósito, por cierto 私も～思います Creo que sí. ええ、～です Sí, así es. ～ですか ¿(Ah) Sí? ～, 彼は来ません No, él no viene.
そう 層 capa 女, lecho 男; (地層) estrato 男; (階層) clase 女, categoría 女
そう 沿う ‖川に沿って歩く caminar a lo largo del río [bordeando el río]
そう 添う cumplir, satisfacer ‖…の期待を～ cumplir [satisfacer] sus deseos [expectativas]
そう 僧 (仏教の) bonzo 男; (修道僧) monje budista 男
そう 相 aspecto 男; (人相) fisonomía 女; (言語) aspecto 男
ぞう 象 elefante(ta) 男
ぞう 像 (姿) imagen 女, figura 女; (影像) estatua 女; (肖像) retrato 男
そうあん 草案 anteproyecto 男, borrador 男
そうい 相違 ‖…と～する diferir 《de》, ser diferente 《distinto(ta)》《de》
そうい 創意 ‖～に富んだ original, creativo(va) ～を工夫をする usar la inventiva
そうお 憎悪 odio 男, abominación 女
そうおう 相応 ‖～の apropiado(da) [adecuado(da)] 《a, para》, idóneo(a) 《para》 年～に振舞う comportarse de acuerdo con la edad
そうおん 騒音 ruido 男, barullo 男 ◆騒音公害 contaminación acústica

ぞうか 増加 aumento 男, incremento 男; (伸び) crecimiento 男 ‖～する aumentar, crecer, incrementarse ◆増加率 tasa de aumento

ぞうか 造花 flor artificial 女

そうかい 総会 asamblea [junta] general 女, reunión plenaria 女 ‖株主～ junta [asamblea] general de accionistas

そうかい 爽快 ‖～な refrescante, agradable

そうがく 総額 suma (total) 女, total 男, monto 男

そうかつ 総括 resumen 男; (反省) revisión 女 ‖～する resumir, sintetizar, hacer un resumen 《de》

そうかん 創刊 ‖雑誌を～する fundar una revista ◆創刊号 primer número 男

そうがんきょう 双眼鏡 gemelos 男復, prismáticos 男復

そうき 早期 ‖～の発見[診断] detección [diagnóstico] precoz

そうぎ 葬儀 funeral 男 ‖～に参列する asistir a un funeral

ぞうき 臓器 órgano 男, vísceras 女復 ‖～移植 trasplante de órganos 男 ◆提供 donación de órganos 女

ぞうきばやし 雑木林 bosquecillo, arboleda 女

そうぎょう 操業 operación 女 ‖～する operar; (漁業) faenar

そうきょくせん 双曲線 《数学》hipérbola 女

そうきん 送金 remesa 女 ‖～する enviar [remitir] dinero

ぞうきん 雑巾 trapo 男, bayeta 女, paño 男 ‖～がけをする fregar el suelo con la bayeta

そうぐう 遭遇 encuentro (casual) 男 ‖～する encontrarse 《con》

ぞうげ 象牙 marfil 男

そうけい 総計 total 男, suma total 女

ぞうけい 造形 plástica 女 ‖～的な plástico(ca) ◆造形美術 artes plásticas 女復, plástica 女

そうげん 草原 prado 男, pradera 女

そうこ 倉庫 almacén 男, depósito 男

そうご 相互 ‖～の mutuo(tua), recíproco(ca) ◆相互依存 dependencia mutua 女 ◆相互理解 entendimiento mutuo 男

そうこう 走行 ‖～する recorrer ◆走行距離 recorrido 男

そうごう 総合 síntesis 女 ‖～する sintetizar, juntar ‖～的な sintético(ca), integral ◆総合大学 universidad 女 ◆総合病院 policlínica 女

そうごん 荘厳 ‖～な solemne, grandioso(sa), magnífico(ca)

そうさ 捜査 investigación 女, pesquisas 女復 ‖～する investigar, indagar, realizar pesquisas

そうさ 操作 manejo 男, operación 女 ‖～する manejar

そうさい 総裁 presidente(ta) 名 ◆日銀総裁 gobernador(dora) del Banco de Japón 名

そうさい 相殺 compensación 女 ‖A をBで～する compensar [contrapesar] A con B

そうさく 捜索 búsqueda 女 ‖～する buscar ‖～願いを出す presentar una solicitud de búsqueda ◆捜索隊 equipo de búsqueda

そうさく 創作 creación 女; (執筆) escritura 女 ‖～する crear, inventar; (小説を) escribir

そうじ 掃除 limpieza 女 ‖～する limpiar, hacer la limpieza ◆掃除機 aspiradora 女

そうじ 送辞 palabras de despedida 女復

そうしき 葬式 funeral 男

そうじしょく 総辞職 dimisión en bloque [en pleno] 女

そうしつ 喪失 pérdida 女 ‖記憶を～する perder la memoria

そうしゃ 走者 corredor(dora) 名

そうじゅう 操縦 manejo 男, dirección 女, pilotaje 男 ‖飛行機[船]を～する pilotar un avión [un barco] ◆操縦士 piloto 男女 ◆副操縦士 copiloto 男女 ◆操縦室 cabina 女

そうじゅく 早熟 precocidad 女 ‖～な precoz

そうしゅん 早春 ‖～に a comienzos [al inicio] de primavera

そうしょ 双書・叢書 colección 女, biblioteca 女

そうしょ 蔵書 biblioteca 女, colección de libros 女

そうしょく 装飾 decoración 女, ornamentación 女; (室内・家具などの) decorado 男 ‖～する decorar, adornar ◆装飾品 adorno 男, ornamento 男

そうしん 送信 ‖ニュースを～する transmitir una noticia ‖メールを～する enviar un correo electrónico ‖画像を～する transmitir [emitir] imágenes

そうしん 増進 aumento 男, mejora 女 ‖体力を～する mejorar la resistencia física

そうしんぐ 装身具 accesorios 男復, adorno 男

そうすう 総数 número total 男

ぞうぜい 増税 subida de impuestos 女 ‖～する subir los impuestos

そうせいじ 双生児 gemelos(las) 名, mellizos(zas) 名

そうせつ 創設 fundación 女, creación 女 ‖～する fundar, crear

そうせん 造船 construcción naval 女 ◆造船所 astillero 男

そうせんきょ 総選挙 elecciones generales 女復

そうそう 早々 ‖～に立ち去る mar-

そうぞう 想像 imaginación 女 ‖～する imaginar(se), figurarse　～上の imaginario(ria), imaginativo(va)　～を絶する inimaginable　～力を働かせる usar la imaginación　～もつかないことだ No me lo puedo ni imaginar.

そうぞう 創造 creación 女 ‖～する crear　～的な creativo(va) ◆創造性 creatividad 女, originalidad 女 創造力 capacidad creativa

そうぞうしい 騒々しい ruidoso(sa), bullicioso(sa) ‖～しく ruidosamente

そうぞく 相続 sucesión 女 ‖～する heredar ◆相続税 derechos sucesorios 男複, impuesto sucesorio 男 相続人 heredero(ra) 名 相続財産 herencia 女

-そうだ 彼らは近々結婚する～ Se dice [Dicen] que van a casarse dentro de poco.

そうたい 早退 ‖学校を～する marcharse [irse] de la escuela antes de la hora establecida

そうたい 総代 representante 男女, delegado(da) 名

そうだい 壮大 ‖～な magnífico(ca), grandioso(sa)

そうだい 増大 aumento 男, incremento 男, crecimiento 男 ‖～する aumentar, incrementar

そうたいてき 相対的 ‖～な relativo(va)　～に relativamente

そうだん 相談 consulta 女 ‖…について～する consultar 《a》, pedir consejo 《a》　～がまとまる llegar a un acuerdo　～の上で después de consultar con… ◆相談役 consejero(ra) 名, asesor(sora) 名

そうち 装置 aparato 男, dispositivo 男, mecanismo 男

ぞうちく 増築 ampliación (de una casa) 女 ‖～する ampliar [agrandar] un edificio

そうちょう 早朝 ‖～に temprano por la mañana, a primera hora de la mañana

そうてい 想定 suposición 女, supuesto 男 ‖～する suponer

そうてい 贈呈 ‖AにBを～する obsequiar a A con B

そうとう 相当 ‖…に～する (相応)corresponder 《a》; (同価値)ser equivalente 《a》　～な bastante, considerable　それ～の処置を取る tomar las medidas apropiadas [adecuadas]

そうどう 騒動 alboroto 男, tumulto 男, disturbio 男

そうなん 遭難 (海)naufragio 男; (山)accidente de montaña 男 ‖～する naufragar ◆遭難者 víctima 男女, náufrago(ga) 名

そうにゅう 挿入 inserción 女 ‖…に～する insertar 《en》

そうば 相場 cotización 女, bolsa 女

‖～が上がる[下がる] subir [bajar] la cotización ◆相場師 especulador(dora) 名, bolsista 男女　為替相場 tipo de cambio

そうび 装備 equipo 男 ‖～する equiparse 《de, con》

そうふ 送付 envío 男, expedición 女 ‖～する enviar, remitir ◆送付先 destino 男, dirección 女

ぞうふくき 増幅器 (電気)amplificador 男

そうべつかい 送別会 ‖～を開く dar [ofrecer] una fiesta de despedida 《a》

そうほう 双方 ambos(as), ambas partes ‖～の合意で por acuerdo mutuo

そうむぶ 総務部 departamento de asuntos generales

ぞうめい 聡明 ‖～な inteligente, avispado(da), sagaz

ぞうもつ 臓物 (鶏などの) menudillos 男複, asaduras 女複; (特に牛などの) vísceras 女複

そうらん 騒乱 disturbios 男複, alboroto 男, tumulto 男

ぞうり 草履 sandalias japonesas 女複; (部屋履き) chancletas 女複

そうりだいじん 総理大臣 primer(mera) ministro(tra) 名

そうりつ 創立 fundación 女, creación 女 ‖～する fundar, crear ◆創立者 fundador(dora) 名

そうりょ 僧侶 ⇨ 僧

そうりょう 送料 gastos de transporte [de envío] 男複

そうりょうじ 総領事 cónsul general 男女 ◆総領事館 consulado general 男

そうれい 壮麗 ‖～な grandioso(sa), espléndido(da)

そうわ 挿話 episodio 男

ぞうわい 贈賄 soborno 男, cohecho 男

そえる 添える acompañar, añadir, agregar

ソース (料理) salsa 女

ソーセージ (そのまま食べる) embutido 男; (料理して食べる) salchicha 女

ソーダ (化学) sosa 女 ◆ソーダ水 gaseosa 女, soda 女

そがい 疎外 ‖～する marginar, discriminar　～感を持つ sentirse marginado(da)

-そく -足 ‖靴一～ un par de zapatos 男

ぞくあく 俗悪 vulgaridad 女 ‖～な vulgar, grosero(ra)

そくい 即位 coronación 女, entronización 女 ‖～する subir al trono

ぞくご 俗語 vulgarismo 男, lenguaje vulgar 男

そくざ 即座 ‖～に inmediatamente, al instante, en seguida

そくし 即死 morir en el acto

そくしん 促進 ‖～する promover, favorecer, fomentar; (早める) acelerar

ぞくする 属する pertenecer 《a》; (従属) depender 《de》

ぞくせい 属性 atributo 男

ぞくせき 即席 ‖～の instantáneo(a), improvisado(a)

ぞくぞく ‖～する (寒くて) sentir escalofríos, tiritar うれしくて～する temblar de alegría

ぞくぞく 続々と sucesivamente, uno(na) tras [detrás de] otro(tra)

そくたつ 速達 correo urgente ‖～で手紙を出す enviar una carta (por correo) urgente ◆速達料金 tarifa de correo urgente 女

そくてい 測定 ‖～する medir

そくど 速度 velocidad 女 ‖時速120キロの～で走る correr a una velocidad de 120 kilómetros por hora ◆速度計 velocímetro 男 速度制限 límite de velocidad 男

そくばい 即売 venta en el lugar 女 ◆展示即売会 exposición 女 y ventas 女

そくばく 束縛 sujeción 女, yugo 男, coartación 女; (制限) restricción 女 ‖～する restringir, limitar, coartar

ぞくはつ 続発 ‖～する suceder uno(na) tras otro(tra), ocurrir en sucesión

ぞくぶつ 俗物 (e)snob 男女 ◆俗物根性 (e)snobismo 男

ぞくぶつてき 即物的 ‖～な material

そくほう 速報 noticia de última hora 女 ‖ニュース～ (英) flash 男

そくめん 側面 lado 男, costado 男

そくりょう 測量 medición 女, agrimensura 女 ‖～する medir; (水深を) sondar, sondear ◆測量技師 agrimensor(sora) 男

そくりょく 速力 velocidad 女

ソケット portalámparas 男複

そこ ese lugar ‖彼は～にいます Está (por) ahí. すぐ～です Está ahí al lado./Está a unos pasos de aquí. ～が問題なんだ Ése es el problema./Ahí está el quid de la cuestión.

そこ 底 fondo 男; (靴の) suela 女 ‖資金が～をついた Se nos han acabado los fondos.

そこい 底意 intención oculta 女

そこいじ 底意地 ‖～の悪い malicioso(sa), malévolo(la)

そこう 素行 comportamiento 男, conducta 女

そこく 祖国 patria 女 ◆祖国愛 patriotismo 男

そこそこ (せいぜい) ‖como mucho [máximo], a lo sumo ‖学校まで歩いて5分～です A la escuela no se tarda más de cinco minutos a pie. 彼は挨拶も～に飛び出して行った Después de saludar apresuradamente, se marchó.

そこぢから 底力 fuerza verdadera 女 ‖～がある tener reservas de fuerza

そこで allí; (その時) entonces; (ところで) pues; (だから) por eso

そこなう 損なう estropear, dañar, perjudicar ‖健康を～ dañar [perder] la salud

-そこなう -損なう ‖最終電車に乗り～ perder el último tren

そこなし 底無し ‖～の sin fondo, sin remedio ～の酒飲み bebedor(dora) insaciable

そこぬけ 底抜け ‖彼は～のお人好しだ Es más bueno que el pan./Tiene un corazón de oro.

そこね 底値 precio mínimo 男, cotización mínima 女

そこびえ 底冷え ‖今夜は～する Esta noche hace un frío penetrante.

そこびきあみ 底引き網 red barredera (de arrastre) 女

そざい 素材 material 男; (小説などの) materia 女

そし 阻止 ‖～する detener, estorbar, impedir

そしき 組織 organización 女; (構造) estructura 女; (体系) sistema 男; (生物) tejido 男 ‖～する organizar ～的な organizado(da), sistemático(ca) ◆組織化 sistematización 女 組織力 capacidad de organización [organizativa] 女 組織犯罪 crimen organizado 男

そしつ 素質 aptitud 女, talento 男, don 男 ‖語学の～がある tener talento para las lenguas

そして y, e [e は i-, hi-で始まる語の前で]

そしゃく 咀嚼 ‖～する masticar

そしょう 訴訟 pleito 男, proceso 男, demanda 女 ‖…に～を起こす poner pleito a ..., demandar a ... ～を取り下げる retirar la demanda ◆訴訟手続き diligencias 女複, proceso 男, procedimiento [trámite] judicial 男

そしょく 粗食 dieta sencilla 女, comida frugal 女

そせん 祖先 antepasado 男, ancestro 男

そそぐ 注ぐ (かける) verter, echar, regar; (流れ込む) desembocar; (集中する) concentrar ‖この川は太平洋に注いでいる Este río desemboca en el Pacífico.

そそっかしい (思慮のない) atolondrado(da); (不注意な) descuidado(da), despistado(da)

そそのかす 唆す instigar [incitar, inducir] a [＋不定詞]

そそりたつ そそり立つ erguirse

そだち 育ち (発育) crecimiento 男; (養育) crianza 女 ‖～がよい [悪い] estar bien [mal] educado(da) ～も盛りである estar en pleno crecimiento

そだつ 育つ crecer, desarrollarse; (教育を受ける) formarse

そだて 育て ‖～の親 padres adopti-

そだてる 育てる criar; (教育する) formar, educar; (栽培する) cultivar

そち 措置 medidas 囡 ‖適切な~を取る tomar medidas adecuadas

そちら (そこ) ahí, allí, allá; (人) ése(sa), usted; (物) ése(sa) ‖~に (方向) en esa dirección, por ahí

そつのない intachable, sensato(ta)

そっき 速記 taquigrafía 囡, estenografía 囡 ◆**速記者** taquígrafo(fa) 图, estenógrafo(fa) 图

そっきょう 即興 improvisación 囡 ‖~の improvisado(da) ‖~で作る[演奏する] improvisar

そつぎょう 卒業 graduación 囡 ‖大学を~する graduarse [licenciarse] en [por] una universidad ◆**卒業式** ceremonia de graduación **卒業証書** diploma 男 **卒業生** graduado(da) 图, (中南米) egresado(da) 图

ソックス calcetines 男複, (中南米) medias 囡複

そっくり ‖…に~である parecerse mucho [como dos gotas de agua] a… ‖その町は20年前と~のままだ La ciudad sigue exactamente igual que hace veinte años.

そっけない 素っ気無い brusco(ca); (ぶっきらぼうな) seco(ca); (冷淡な) frío(a)

そっこう 続行 ‖~する continuar, seguir, proseguir

そっこうじょ 測候所 estación meteorológica 囡

そっせん 率先 ‖~して…する tomar la iniciativa de [[+不定詞]

そっちゅう 卒中 apoplejía 囡 ‖~の発作を起こす sufrir una apoplejía [un derrame cerebral]

そっちょく 率直 ‖~な franco(ca) ‖~に言って hablando francamente [sin rodeos]

そっと ‖~触れる tocar con cuidado [suavemente] 彼女を~しておきなさい Déjala en paz.

ぞっと ‖~する sentir horror ~ような光景 escena espeluznante [escalofriante] 囡

そっとう 卒倒 desmayo 男, desfallecimiento 男 ‖~する desmayarse, desfallecer

そで 袖 manga 囡 ‖~をまくる (ar)remangarse, subirse las mangas ◆**袖口** bocamanga 囡; (ワイシャツの) puño (de manga) 男 **袖の下** soborno 男, cohecho 男, (中南米) coima 囡

ソテー 《料理》 salteado 男

そと 外 ‖…の~で[に] fuera de…, ~の exterior, externo(na), de fuera ~で[に] fuera, afuera, (屋外) al aire libre, fuera de casa ~で食事(外食)する comer fuera

そとうみ 外海 alta mar 囡

そとぼり 外堀 foso exterior 男

そとがわ 外側 (lado) exterior 男, parte externa 囡 ‖~の exterior, externo(na)

そとづら 外面 ‖彼は~がよい Es simpático con todo el mundo fuera de casa.

そなえ 備え (準備) preparación 囡, prevención 囡; (物品などの) preparativos 男複 《para》 ‖~付けの食器棚 aparador empotrado 男 ▶備えあれば憂いなし Hombre prevenido vale por dos.

そなえる 備える (準備する) prepararse; (備え付ける) equipar 老後に~ prepararse para la vejez 文才を備えている estar dotado(da) de talento literario ソナタ sonata 囡 ‖ピアノ~ sonata para piano 囡

その ese(sa) ‖~間 mientras tanto, entre tanto ~ような場合 en tal caso ~ように así

そのうえ その上 además, encima

そのうち pronto, dentro de poco, un día de estos

そのかわり その代わり en su lugar; (反対に) en cambio

そのくせ その癖 sin embargo, aún así, a pesar de eso

そのご その後 después, más tarde, luego

そのころ その頃 por [en] aquel entonces

そのた その他 otros [las otras], el resto, los demás ‖~の (los, las) otro(tras) [[+複数名詞], los, las demás [[+複数名詞] スペインと~ヨーロッパ諸国 España y otros países europeos

そのため その為 ‖~に (原因) por eso, por (lo) tanto; (結果) por consiguiente; (目的) para eso

そのつど cada vez

そのとおり その通り ‖~だ Así es./Eso es./Tienes [Tiene] razón./Exacto [Exactamente]./Efectivamente.

そのとき その時 entonces, en ese momento

そのば その場 ‖私はたまたま~に居合わせた Resultó que yo estaba en el lugar.

そのひ その日 ese día ‖~のうちに en el mismo día ~暮らしの生活をする vivir al día

そのへん その辺 por ahí ‖どこか~にあるよ Está por ahí.

そのほか その外 ⇨その他(た)

そのまま ‖~お待ちください!No cuelgue, por favor! ‖~にしておく dejar las cosas tal como están

そのもの その物 ‖彼は善良~だ Él es la bondad en persona. ~ずばりだ ¡Eso es!/¡Precisamente!

そば 側·傍 lado 男 ‖…の~に[で] al lado de…; (近くに) cerca de… ~の食料品屋 tienda de comestibles de al

そば 蕎麦〘植物〙alforfón 男, trigo sarraceno 男

そばかす 雀斑 peca 女 ‖〜のある pecoso(sa)

そびえる 聳える erguirse

そふ 祖父 abuelo 男

ソファー sofá 男

ソフトな suave ◆**ソフトウェア** 〘情報〙software 男, programa 男 **ソフトクリーム** helado cremoso 男

そふぼ 祖父母 abuelos 男複

ソプラノ soprano 男; (人) soprano 男女

そぶり 素振り (態度) ademán 男, aspecto 男; (様子) aire 男 (気配) indicio 男; (顔つき) apariencia 女

そぼ 祖母 abuela 女

そぼく 素朴 sencillez 女, simplicidad 女 ‖〜な sencillo(lla), simple

そまつ 粗末 〜な (質が悪い) pobre; (粗野な) tosco(ca); (質素な) humilde, frugal 〜な食事 comida humilde 女 お金を〜にする despilfarrar el dinero

そむく 背く desobedecer; (裏切る) traicionar; (法律に) infringir

そむける 背ける ‖目を〜 apartar los ojos 現実から目を〜 cerrar los ojos a la realidad

ソムリエ sumiller 男

そめる 染める teñir, tintar ‖髪を赤く〜 teñirse el pelo de rojo

そもそも (事の起こり) origen 男, principio 男 ‖これが〜間違いのもとだった El error tuvo su origen en esto.

そや 粗野 ‖〜な (下品な) vulgar; (言動に) tosco(ca), grosero(ra); (無作法な) rudo(da)

そよう 素養 conocimiento 男, formación 女, cultura 女 ‖…の〜がある tener conocimientos de…

そよかぜ そよ風 brisa 女

そよぐ (音をたてる) temblar; (揺れる) vibrar, oscilar

そよそよ ‖〜と風が吹く La brisa sopla dulcemente./ Sopla un viento suave.

そら 空 cielo 男 ‖〜高く舞い上がる elevarse alto(ta) en el cielo

そら 〜で ‖詩を〜で朗唱する recitar una poesía de memoria

そらいろ 空色 azul cielo [celeste] 男 ‖〜の celeste, azul claro

そらす 逸らす desviar ‖話を〜 desviar la conversación, cambiar de tema 質問を〜 eludir [soslayar] la pregunta

そらに 空似 ►他人の空似 parecido casual [accidental]

そらまめ 空豆 haba 女

そらみみ 空耳 ‖どうやら〜だったようだ He debido oír mal.

そらもよう 空模様 aspecto del cielo 男 ‖〜が怪しい El cielo amenaza lluvia.

そり 橇 trineo 男

そり 反る (弓形に) arquearse; (板などが) combarse

そる 剃る ‖ひげを〜 (自分で) afeitarse

それ ése(sa), eso ‖〜はさておき Eso aparte … 〜がどうした ¿Y qué (importa eso)? 〜でこそプロだ Eso es ser profesional.

それいらい それ以来 desde [a partir de] entonces

それから (その後) (y) entonces, y, después (de eso)

それきり 〜の話は…立ち消えになった El asunto quedó en nada.

それくらい ‖〜のことでへたれるな No te desanimes por tan poca cosa.

それぞれ cada uno(na) ‖〜に respectivamente 〜の respectivo(va), de cada uno(na)

それだけ ‖〜は勘弁してください Haré cualquier cosa menos eso.

それで (だから) por (lo) tanto, así que …; (それから) entonces

それでは entonces, pues ‖〜出かけようか Entonces, ¿salimos?

それでも a pesar de ello, sin embargo

それどころか (その上) encima; (逆に) al contrario

それとなく indirectamente ‖〜言う insinuar, sugerir

それとも o, u ‖o か o-, ho-で始まる語の前で

それなら entonces, en ese caso, si es así, pues ‖〜私がやりましょう Entonces, yo voy a hacerlo.

それに y, además ‖〜しても (pero) con todo (y con eso), (pero) aún así; (たとえそうでも) incluso así, así y todo

それにつけても a propósito de eso

それにもかかわらず a pesar de ello

それほど ‖今日は〜暑くない Hoy no hace tanto calor. 〘会話〙忙しいの。-〜でもないわ。¿Estás ocupada? -No mucho.

それまで hasta entonces [ese momento] ‖断られたら〜のことだ Si nos dicen que no, pues no pasa nada.

それゆえ por eso, por (lo) tanto

それる 逸れる desviarse, apartarse

ソロ 〘音楽〙solo 男 ‖〜で歌う cantar un solo

そろい 揃い (一式) juego 男 ‖新しい家具〜 un nuevo juego de muebles 男 〜の (対の) parejo(ja) その双子はお〜の服を着ている Los mellizos llevan un traje igual.

そろう 揃う (整う) completarse; (集まる) reunirse ‖この店には品物が揃っている Esta tienda tiene un buen surtido (de mercancías). 高さが揃っている tener la misma altura もうメンバーが全員揃ったか ¿Ya están todos los miembros?

そろえる 揃える (集める) reunir, colec-

そろそろ cionar; (一様にする) igualar; (整理する) ordenar
そろそろ poco a poco; (まもなく) pronto
そろばん 算盤 ábaco 男
そわそわする estar impaciente, ponerse nervioso(sa)
そん 損 pérdida 女; (損害) daño 男 ‖〜な (不利な) desventajoso(sa), desfavorable ◆〜をする perder, sufrir pérdidas ◆損益計算書 estado de pérdidas y ganancias
そんがい 損害 daño 男, perjuicio 男 ‖〜を与える dañar, perjudicar ～を受ける sufrir daños ◆損害賠償 indemnización 女, compensación 女 ◆損害保険 seguro contra daños 男
そんけい 尊敬 respeto 男 ‖〜する respetar, estimar ～すべき人 persona respetable 女 ～に値する merecer respeto, ser digno(na) de respeto
そんげん 尊厳 dignidad 女 ‖人間の～を傷つける[保つ] lesionar [mantener] la dignidad humana ◆尊厳死 muerte digna 女
そんざい 存在 existencia 女, ser 男 ‖〜する existir, ser ◆存在理由 razón de ser 女
そんざい ‖〜な desatento(ta), descuidado(da) ～に sin cortesía, descuidadamente
そんしつ 損失 pérdida 女 ◆損失補塡 compensación por la pérdida 女
そんしょう 損傷 daño 男, deterioro 男 ‖〜を与える dañar
そんぞく 存続 subsistencia 女, pervivencia 女 ‖〜する persistir, subsistir
そんだい 尊大 ‖〜な arrogante, insolente, altivo(va)
そんちょう 尊重 respeto 男 ‖〜する respetar, estimar, apreciar
そんちょう 村長 alcalde 男, alcaldesa 女
そんとく 損得 pérdidas y ganancias 女(複) ‖〜抜きで行動する obrar desinteresadamente [con desinterés]
そんな tal, semejante ～もの[こと] tal cosa ～ことだろうと思った Me lo imaginaba. ～はずはない Eso no puede ser. ～つもりじゃなかった No fue [ha sido] ésa mi intención. もう～時間なの Ya son las tantas.
そんなに tan [＋形容詞·副詞]; [動詞＋] tanto; tan tos(tas) [＋名詞] ‖彼は～歌がうまくない No canta tan bien. ～働くなよ No trabajes tanto.
ぞんぶん 存分 ‖〜に a sus anchas, al máximo ～食べる comer hasta hartarse [hasta no poder más]

た

た 田 arrozal 男, campo de arroz 男 ‖〜を耕す arar un arrozal
た 他 ‖〜の otro(tra) ～の人たち los demás, los otros
ダース docena 女
タートルネック cuello (de) vuelto [cisne] 男 ◆〜のセーター suéter [jersey] de cuello vuelto 男
タービン turbina 女
ターボ turbo 男 ◆ターボジェット(エンジン) motor turbo 男
ターミナル (終着駅) (estación) terminal 女; (空港の) terminal aérea 女
ターン giro 男, viraje 男 ‖〜する girar, virar
たい 鯛 besugo 男
タイ (同点) empate 男
タイ (国) Tailandia 女 ‖〜の tailandés(desa)
-たい -対 ‖A対B A contra B; (A, B間の) entre A y B 3〜1で勝つ ganar (por) 3 a 1
だい 代 (時代) época 女, tiempo 男; (世代) generación 女; (統治期間) reinado 男
だい 台 mesa 女; (台座) pedestal 男
だい 題 título 男; (主題) tema 男
だい 大 ‖ぶし〜の石 piedra del tamaño de un puño ～のオペラ好き gran aficionado(da) a la ópera
たいあたり 体当たり ‖〜する lanzarse 〈contra〉
タイアップ cooperación 女
たいあん 対案 contraoferta 女
たいい 大意 idea principal 女; (要約) resumen 男
たいいく 体育 educación física 女 ◆体育館 gimnasio 男
だいいち 第一 ‖〜の primero(ra), primario(ria) ～に en primer lugar, primero ◆第一位 primer lugar [puesto] 男
たいいん 退院 ‖〜する salir del hospital
たいえき 退役 retiro 男 ‖〜する retirarse [jubilarse] del servicio activo
ダイエット dieta 女, régimen 男 ‖〜をする ponerse a dieta [régimen] ～中である estar a dieta [régimen]
たいおう 対応 ‖〜する (相当する) corresponder 〈a〉; (対処する) hacer frente 〈a〉
ダイオキシン dioxina 女
たいおん 体温 temperatura (corporal) 女 ◆体温計 termómetro 男
たいか 退化 degeneración 女, regresión 女 ‖〜する degenerar
たいか 大家 (gran) maestro(tra) 女, autoridad 女; (専門家) experto(ta) 女
たいか 耐火 ‖〜の refractario(ria)
たいかい 大会 (多人数の) congreso 男; (総会) asamblea general 女; (代表者の) convención 女
たいがい 大概 generalmente, en general

たいかく 体格 constitución 囡, complexión (física) 囡

たいがく 退学 ‖～する dejar [abandonar] los estudios, dejar de estudiar

だいがく 大学 universidad 囡 ◆大学院 escuela de graduados 囡, (curso de) pos(t)grado 男 大学生 universitario(ria) 名 大学病院 hospital universitario 男

たいき 大気 atmósfera 囡, aire 男 大気汚染 contaminación atmosférica 囡

だいぎし 代議士 diputado(da), parlamentario(ria) 名

たいきゃく 退却 retirada 囡 ‖～する retirarse

たいきゅうせい 耐久性 durabilidad 囡, resistencia 囡

たいきょ 退去 evacuación 囡, desalojamiento 男 ‖～する evacuar, desalojar, salir

たいきん 大金 dineral 男, gran suma de dinero 囡

だいきん 代金 importe 男, precio 男

だいく 大工 carpintero(ra) 名 ◆大工仕事 carpintería 囡

たいぐう 待遇 trato 男, (客扱い) servicio 男

たいくつ 退屈 aburrimiento 男 ‖～な aburrido(da); (単調な) monótono(na)

たいぐん 大群 (動物の) manada 囡 (魚の) banco 男; (蜂などの) enjambre 男, (鳥などの) bandada 囡 ◆蜜蜂の~ enjambre de abejas

たいけい 体系 sistema 男 ‖～的な sistemático(ca) ‖～的に sistemáticamente ～化する sistematizar

たいけい 体型 figura 囡, tipo 男

だいけい 台形 trapecio, trapezoide 男

たいけつ 対決 enfrentamiento 男, confrontación 囡; (対戦) encuentro 男 ‖～する enfrentarse ⟨con⟩

たいけん 体験 experiencia 囡 ‖～する experimentar, tener la experiencia ⟨de⟩

たいげん 体現 encarnación 囡

たいげんそうご 大言壮語 fanfarronada 囡, fanfarronería 囡 ‖～する fanfarronear

たいこ 太鼓 tambor 男 ‖～をたたく tocar un tambor

たいこう 対抗 competencia 囡, rivalidad 囡 ◆対抗策 contramedida 囡 対抗馬 rival 男女 ‖～する oponerse ⟨a⟩; (競う) competir ⟨con⟩

だいこう 代行 (人) representante 男女, suplente 男女 ‖学長～ rector(tora) interino(na) 名 ～をする suplir, representar

たいこく 大国 país grande 男; (強国) gran potencia 囡

だいこん 大根 rábano japonés 男

たいざい 滞在 estancia 囡, permanencia 囡 ‖～する quedarse, estar, permanecer ◆滞在許可証 permiso de residencia 男 滞在地 lugar de estancia 男

だいざい 題材 material 男, materia 囡 (主題) tema 男

たいさく 対策 medidas 囡 [[主に⑱]]

だいさん 第三 ‖～の tercero(ra) ◆第三国 tercera nación 囡 第三者 tercero(ra) 名, tercera persona 囡

たいし 大使 embajador(dora) 名 ◆大使館 embajada 囡 ‖在西日本～館 Embajada de Japón en España ◆

たいじ 胎児 (妊娠3ヶ月以後の) feto 男; (妊娠3ヶ月未満の) embrión 男

たいじ 退治 exterminio 男 ‖～する exterminar

だいじ 大事 resumen 男, compendio 男 ◆ダイジェスト版 edición abreviada 囡

たいした 大した grande [[単数名詞の前で gran]]; (重要な) importante; (重大な) grave, serio(ria) ～にする (気を配る) cuidar (bien), tratar bien お～に Cuídese (bien).

だいじ 大事 ‖～な (重要な) importante; (重大な) grave, serio(ria) ～にする (気を配る) cuidar (bien), tratar bien お～に Cuídese (bien).

たいした 大した grande [[単数名詞の前で gran]]; (重要な) importante; (重大な) grave, serio(ria) ～人 あいつは～やつだ Es una gran persona. ～ことはない No es (nada) grave.

たいしつ 体質 constitución 囡, complexión 囡

たいして 対して ‖…に～ (向かって) hacia, a; (反対して) contra; (関して) sobre

たいして 大して ‖～…ない no tan～, no muy…, no…mucho

たいしゃ 代謝 metabolismo 男

たいしゃくたいしょうひょう 貸借対照表 balance 男

たいしゅう 大衆 público 男, masas 囡⑱, pueblo 男 ‖～的な popular ◆大衆小説 novela popular 囡 大衆食堂 restaurante popular 男

たいじゅう 体重 peso 男 ‖～を計る pesar ◆体重計 báscula [balanza] (de baño) 囡

たいしゅつ 退出 ‖～する salir

たいしょ 対処 ‖～する hacer frente ⟨a⟩

たいしょう 対称 simetría 囡 ‖～的な simétrico(ca)

たいしょう 対照 contraste 男 ‖…と～的に en contraste con…

たいしょう 対象 objeto 男, blanco 男

たいしょう 大将 (陸軍) capitán general 男; (海軍) almirante 男

たいじょう 退場 salida 囡 ‖～する salir [irse] ⟨de⟩; (演劇) hacer mutis 男 expulsar ⟨スポ⟩

だいしょう 代償 compensación 囡

たいしょうぶ 大丈夫 ‖～ですか ¿Está usted bien? 病人はもう～です El paciente ya está fuera de peligro.

たいしょく 退職 jubilación 囡, retiro

たいしん ‖〜する jubilarse, retirarse
たいしん 耐震 ‖〜の antisísmico(ca)
たいしん 退陣 (辞任) dimisión 囡; (引退) retiro 男
だいしん 大臣 ministro(tra) 名
だいず 大豆 soja 囡
たいすい 耐水 ‖〜の resistente al agua, impermeable
たいすう 対数 logaritmo 男
だいすう 代数 álgebra 囡
だいすき 大好き 彼女は甘い物が〜だ Le gustan mucho [encantan] los dulces.
たいする 対する ‖…に〜 (向かって) hacia, a; (反対して) contra; (関する) sobre
たいせい 体制 sistema 男, régimen 男, estructura 囡
たいせい 大勢 ‖〜に従う seguir la corriente [tendencia general]
たいせい 態勢 actitud 囡, postura 囡
◆警戒態勢 alarma 囡
だいせいどう 大聖堂 catedral 囡
たいせいよう 大西洋 (Océano) Atlántico 男
たいせき 体積 volumen 男
たいせき 退席 ‖〜する dejar el asiento; (部屋を出る) dejar la sala
たいせき 堆積 acumulación 囡, sedimentación 囡
たいせつ 大切 ‖〜な importante; (貴重な) valioso(sa), precioso(sa) 〜にする cuidar bien
たいせん 対戦 ‖〜する jugar un partido, competir 《con》
たいそう 大層 muy, mucho
たいそう 体操 gimnasia 囡, ejercicio físico 男
だいそれた 大それた (向こう見ずな) atrevido(da); (でたらめな) absurdo(da)
たいだ 怠惰 ‖〜な perezoso(sa), haragán(gana)
だいたい 大体 (おおよそ) más o menos, aproximadamente
だいだい 橙 (color) naranja 男; (果実) naranja amarga 囡 ‖〜色の anaranjado(da)
だいたすう 大多数 inmensa mayoría 囡
たいだん 対談 conversación 囡; (会見) entrevista 囡
だいたん 大胆 ‖〜な atrevido(da), audaz
だいち 大地 tierra 囡
だいち 台地 meseta 囡; (高原) altiplanicie 囡
たいちょう 隊長 capitán(tana) 名, jefe(fa) 名
だいちょう 大腸 intestino grueso 男
タイツ leotardos 男複, mallas 囡複
たいてい 大抵 generalmente, en general
たいど 態度 actitud 囡, conducta 囡, comportamiento 男
たいとう 対等 ‖〜な igual 《a》
だいどうみゃく 大動脈 aorta 囡
だいとうりょう 大統領 president(ta) 名 ◆大統領官邸 residencia presidencial 囡 大統領候補 candidato(ta) a la presidencia 名 大統領選挙 elecciones presidenciales 囡複 大統領夫人 esposa del Presidente 囡, la Primera Dama 囡
だいどころ 台所 cocina 囡 ‖〜仕事 trabajo de cocina 男
だいとし 大都市 gran ciudad 囡, metrópoli 囡
タイトル título 男
だいなし 台なし ‖〜にする estropear, trastornar
ダイナマイト dinamita 囡
ダイナミック ‖〜な dinámico(ca)
だいに 第二 ‖〜の segundo(da), secundario(ria)
たいにん 退任 retiro 男, dimisión 囡 ‖〜する retirarse, dimitir
ダイニング comedor 男 ◆ダイニングキッチン cocina-comedor 男
たいねつ 耐熱 ‖〜の resistente al calor ◆耐熱ガラス vidrio termorresistente 男
ダイバー buzo 男, buceador(dora) 名
たいはい 退廃 decadencia 囡 ‖〜的な decadente
たいばつ 体罰 castigo corporal [físico] 男
たいはん 大半 más de la mitad; (大部分) la mayoría, la mayor parte
たいひ 堆肥 estiércol 男, (英) compost 男
たいひ 待避 ‖〜する refugiarse
たいひょう 代表 representación 囡 ‖〜的な representativo(va); (典型的な) típico(ca) ◆代表者 representante 男女 代表団 delegación 囡
タイピン alfiler de corbata 男
ダイビング (潜水) buceo 男; (飛び込み) salto 男 ‖〜をする bucear
タイプ (型) tipo 男; (種類) clase 囡 ‖〜を打つ escribir a máquina ◆タイプライター máquina de escribir 囡
だいぶ 大分 (非常に) muy, mucho; (かなり) bastante
たいふう 台風 tifón 男
だいぶぶん 大部分 la mayor parte, la mayoría
たいへいよう 太平洋 Océano Pacífico 男
たいへん 大変 muy, mucho ‖〜な (ひどい) terrible; (重大な) grave; (困難な) difícil; (多くの) mucho(cha)
だいべん 大便 heces 囡複, excrementos 男複
たいほ 逮捕 detención 囡, arresto 男 ‖〜する detener, arrestar
たいほ 退歩 retroceso 男, regresión 囡

たいほう 大砲 cañón 男
たいぼう 待望 ‖~の largamente [muy] esperado(da)
だいほん 台本 guión 男
たいま 大麻 cáñamo 男;（マリファナ）marihuana 女
タイマー temporizador 男
たいまん 怠慢 negligencia 女, descuido 男 ‖~な negligente, descuidado(da)
タイミング ‖~よく oportunamente
タイム tiempo 男;（中断）tiempo muerto 男
タイムリー ‖~な oportuno(na)
だいめい 題名 título 男
だいめいし 代名詞 pronombre 男
たいめん 体面（体裁）apariencias 複;（名誉）honor 男 ‖~を保つ salvar [guardar] las apariencias
だいもく 題目 título 男
タイヤ neumático 男;（車輪）rueda 女.《中南米》llanta 女
ダイヤ（ダイヤモンド）diamante 男;（車運行表）horario (de trenes);（トランプ）diamante 男
ダイヤモンド ⇨ダイヤ
ダイヤル disco 男, dial 男
たいよ 貸与 préstamo 男 ‖~する prestar
たいよう 太陽 sol 男 ◆太陽エネルギー energía solar 女 太陽系 sistema solar 男 太陽光線 rayos solares 複 太陽電池 célula [batería] solar 女 太陽暦 calendario solar 男
たいよう 大洋 océano 男
だいよう 代用 sustitución 女 ◆代用食 alimento sustitutivo 男 代用品 sustitutivo 男, sucedáneo 男
たいら 平ら ‖~な llano(na), plano(na) 表面を~にする allanar [nivelar] una superficie
たいらげる 平らげる ‖料理を全部~ comerse toda la comida
だいり 代理（代行）representación 女, suplencia 女 ◆代理店 agencia 女 代理人 representante 男, sustituto(ta) 名 代理母 madre suplente 女
たいりく 大陸 continente 男 ◆大陸横断鉄道 ferrocarril transcontinental 男 大陸間弾道弾 misil balístico intercontinental 男 大陸性気候 clima continental 男 大陸棚 plataforma continental 女 新[旧]大陸 Nuevo [Viejo] Continente 男
だいりせき 大理石 mármol 男
たいりつ 対立 oposición 女 ‖~する oponerse 〈a〉
たいりょう 大量 ‖~の… gran cantidad de…, mucho(cha)… ~に en gran cantidad ◆大量虐殺 masacre 女 大量生産 producción en serie 女
たいりょう 大漁 ‖今日は~だった La pesca de hoy ha sido buena.
たいりょく 体力 fuerza (física) 女
タイル azulejo 男 ‖~張りの alicatado(da)
ダイレクトメール publicidad por correo [directa] 女
たいわ 対話 diálogo 男, conversación 女
たいわん 台湾 Taiwán 男 ‖~の taiwanés(nesa)
たうえ 田植 plantación del arroz 女 ‖~をする plantar el arroz
ダウン（鳥の綿毛）plumón 男 ‖~する（ボクシングで）caer (a la lona) ◆ダウンタウン centro (de la ciudad) 男
ダウンロード descarga 女 ‖~する descargar, bajar
だえき 唾液 saliva 女 ‖~が出る salivar
たえず 絶えず continuamente;（いつも）siempre
たえま 絶え間 ‖~ない continuo(nua), constante ～なく continuamente, sin cesar
たえる 耐える aguantar, soportar
たえる 絶える（死滅する）extinguirse;（止む）detenerse;（終わる）acabarse
だえん 楕円 óvalo 男, elipse 女
たおす 倒す derribar, tumbar, derrumbar
タオル toalla 女 ◆タオル掛け toallero 男
たおれる 倒れる caer(se), derrumbarse
たか 高 ‖~を括る menospreciar, no hacer caso 〈de〉
たか 鷹 halcón 男
だが（しかし）pero
たかい 高い alto(ta), elevado(da);（高価な）caro(ra)
たがい 互い ‖~に mutuamente, recíprocamente
だかい 打開 ‖~する romper;（克服する）superar
たかく 高く ‖~する elevar, subir
たかく 多額 ‖~の… gran cantidad de…
たかさ 高さ altura 女;（海抜）altitud 女
たかだい 高台 altura 女, elevación 女, eminencia 女
だがっき 打楽器 instrumento de percusión 男;《総称》batería 女
たかとび 高跳び ‖走り高跳び salto de altura 男 棒高跳び salto con pértiga 男
たかとび 高飛び ‖国外へ~する huir al extranjero
たかなみ 高波 grandes olas 複, olas altas 複
たかね 高嶺 ‖私には~の花だ Está fuera de mi alcance.
たかのぞみ 高望み ‖~する apuntar demasiado alto, ser demasiado ambicioso(sa)
たかびしゃ 高飛車 ‖~な autoritario(ria), despótico(ca)
たかぶる 高ぶる ‖神経が~ excitarse,

ponerse nervioso(sa) おごり高ぶった engreído(da), presumido(da)

たかまる 高まる subir, elevarse; (増加する) aumentar

たかみ 高み ‖～の見物をする mirar sin hacer nada, observar como puro(ra) espectador(dora)

たかめる 高める elevar; (増やす) aumentar; (改善する) mejorar

たがやす 耕す cultivar, labrar; (鋤で) arar

たから 宝 tesoro 男

だから (したがって) por eso, por (lo) tanto, así que; (…だから) porque, 〖文頭で〗como

たからくじ 宝くじ lotería 女 ‖～に当たる tocarLE [caerLE] la lotería

たからさがし 宝捜し caza de tesoros 女

たかる 集る ‖砂糖に蟻が～ Las hormigas pululan [se aglomeran] en el azúcar.

-たがる querer [desear] 〖＋不定詞〗

たかん 多感 ‖～な impresionable, sensible

たき 滝 catarata 女, cascada 女

だきあげる 抱き上げる alzar [tomar] en brazos

たきぎ 薪 leña 女

タキシード esmoquin 男

だぎてき 多義的 ‖～な polisémico(ca)

たきび 焚き火 ‖～をする hacer [encender] una hoguera

だきょう 妥協 compromiso 男, concesión 女 ‖～する comprometerse 《con》, llegar a un compromiso 〖acuerdo〗

たく 炊く ‖飯を～ hervir [cocer] arroz

たく 焚く quemar, hacer fuego

だく 抱く abrazar, llevar [tomar] en brazos

たくえつ 卓越 excelencia 女 ‖～した excelente, destacado(da), sobresaliente

たくさん 沢山 (数・量が) mucho; (十分) bastante; 〖会話〗もう～だ ¡Ya está bien!/¡Basta!

タクシー taxi 男 ◆タクシー乗り場 parada de taxis 女

たくじしょ 託児所 guardería infantil 女

たくす 託す encargar, confiar

タクト (音楽) batuta 女

たくはい 宅配 servicio de mensajería 男, servicio [reparto] a domicilio 男 ‖～便で送る enviar por mensajería

たくましい 逞しい (力強い) robusto(ta), vigoroso(sa); (丈夫な) fuerte

たくみ 巧み ‖～な bueno(na), hábil, diestro(tra)

たくらみ 企み (陰謀) complot 男, conspiración 女, intriga 女

たくらむ 企む tramar ‖陰謀を～ tramar un complot, conspirar 《contra》

たくわえ 蓄え reserva 女, provisión 女; (貯金) ahorros 男複

たくわえる 蓄える ahorrar, reservar, acumular

たけ 竹 bambú 男

たけ 丈 (身長) altura 女, talla 女, estatura 女 ‖スカートの～を長くする alargar la falda

-だけ sólo, solamente

たけうま 竹馬 zancos (de bambú) 男複 ‖～に乗る andar con zancos

だげき 打撃 golpe 男, choque 男

だけつ 妥結 solución 女, acuerdo 男 ‖～する llegar a [alcanzarse] un acuerdo

たけのこ 筍 brote de bambú 男

たこ 蛸 pulpo 男

たこ 凧 cometa 女, (中南米) volantín 男 ‖～揚げをする hacer volar una cometa

たこ 胼胝 callo 男, callosidad 女

だこう 蛇行 serpenteo 男, meandro 男 ‖～する serpentear

たこくせき 多国籍 ‖～の multinacional ◆多国籍企業 (empresa) multinacional 女

たごん 他言 ‖～は無用です Que no lo sepa [No se lo digas a] nadie.

たさい 多彩 ‖～な multicolor; (変化に富む) varios(rias), diversos(sas)

たさん 多産 ‖～な fecundo(da), prolífico(ca)

ださん 打算 ‖～的な calculador(dora), interesado(da)

だし 出し (煮出し汁) caldo 男; (口実) excusa 女

たしか 確か ‖～な seguro(ra), cierto(ta) ‖～に seguramente, ciertamente

たしかめる 確かめる comprobar, confirmar, asegurarse 《de》

タジキスタン Tayikistán ‖～の tayiko(ka)

たしざん 足し算 suma 女, adición 女 ‖～をする sumar

たしなみ 嗜み (趣味) gusto 《por》男; (心得) conocimiento 《de》男; (慎み) modestia 女

だしぬけ 出し抜け ‖～に bruscamente, de repente

だじゃれ 駄洒落 ‖～を言う hacer un juego de palabras sin gracia, contar un mal chiste

たしゅようたよう 多種多様 ‖～の gran variedad de, muy variado(da)

たしょう 多少 (数の) número 男; (量の) cantidad 女 ‖～の… un poco de ma,

たしょく 多色 ‖～の polícromo(ma), multicolor

たじろぐ acobardarse [retroceder]

だしん 打診 ‖～する (医者が) examinar por percusión, percutir; (意向を)

たす tantear, sondear

たす 足す añadir, sumar, adicionar

だす 出す (外に) sacar [echar] fuera; (取り出す) sacar; (見せる) descubrir, revelar; (送る) enviar; (提出する) presentar

-だす -出す ‖…し～ empezar a 〖＋不定詞〗, ponerse a 〖＋不定詞〗

たすう 多数 muchos 男徴; (大多数) mayoría 女 ‖～の… mucho(cha)…, numeroso(sa)… ◆多数派 grupo mayoritario

たすうけつ 多数決 ‖～で決める decidir por mayoría

たすかる 助かる salvarse; (生き残る) sobrevivir ‖おかげで助かりました Muchas gracias por su ayuda.

たすけ 助け ayuda 女, auxilio 男, socorro 男

たすけおこす 助け起こす ayudar a levantarse

たすける 助ける ayudar, auxiliar; (救助する) salvar

たずねる 尋ねる preguntar, interrogar

たずねる 訪ねる visitar, hacer una visita

だせい 惰性 inercia 女; (習慣) costumbre 女

たそがれ 黄昏 caída de la tarde 女, crepúsculo 男 ‖～時に a la caída de la tarde, al atardecer

ただ ‖～の (普通の) normal, ordinario(ria); (無料の) gratuito(ta) ‖～の風邪です Es un simple catarro.

ただ ‖彼女は～泣くばかりだった Ella no hacía más que llorar.

だだ 駄々 ‖～をこねる importunar, ponerse pesado(da)

だたい 堕胎 aborto provocado 男 ‖～する abortar

ただいま ただ今 ahora, en este momento; (すぐ) en seguida

たたえる 称える elogiar, alabar

たたかい 戦い lucha 女; (戦争) guerra 女; (戦闘) batalla 女, combate 男

たたかう 戦う luchar [combatir] 〈con, contra〉

たたきこわす 叩き壊す derribar, destrozar

たたく 叩く (打つ) golpear, dar un golpe, pegar

ただごと ただ事 ‖～ではない Esto es algo fuera de lo corriente.

ただし 但し pero, sin embargo

ただしい 正しい correcto(ta), justo(ta), exacto(ta)

ただす 正す corregir, rectificar

たたずむ 佇む estar un rato de pie

ただちに 直ちに inmediatamente, en seguida

ただばたらき ただ働き ‖～する trabajar gratis

たたむ 畳む (折って) doblar, plegar; (閉じて) cerrar

ただもの ただ者 ‖彼は～ではない No es un hombre cualquiera.

ただよう 漂う flotar; (風などに流されて) ir a la deriva

たたり 祟り maldición 女

ただれる 爛れる ‖皮膚がただれてしまった Se le ha ulcerado la piel.

たち 質 (性質) carácter 男; (体質) constitución 女 ‖～の悪いいたずら broma pesada 女

たちあがる 立ち上がる levantarse, ponerse en [de] pie

たちいりきんし 立入禁止 〖掲示〗 Prohibido el paso./No pasar.

たちうお 太刀魚 (pez 男) cinta 女

たちおうじょう 立ち往生 ‖～する quedarse atascado(da), atascarse

たちぎき 立ち聞き ‖～する escuchar a escondidas

たちぐい 立ち食い ‖～する comer de pie

たちさる 立ち去る irse, marcharse

たちどまる 立ち止まる pararse, detenerse

たちなおる 立ち直る recuperarse 〈de〉

たちのく 立ち退く desalojar ‖立ち退かせる desahuciar, desalojar

たちのぼる 立ち上る subir, elevarse

たちば 立場 posición 女, situación 女

たちまち 忽ち (すぐに) en seguida; (一瞬のうちに) en un momento; (突然) de repente

たちみせき 立ち見席 localidades de pie 女複

たちむかう 立ち向かう hacer frente [enfrentarse] 〈a〉

だちょう 駝鳥 avestruz 男

たちよる 立ち寄る pasar 〈por〉, visitar (de paso)

たつ 立つ levantarse; (物が立っている) estar, haber

たつ 建つ construirse, edificarse

たつ 経つ pasar, transcurrir ‖時が～につれて con el paso del tiempo

たつ 発つ salir, partir

たつ 断つ (やめる) dejar; (断絶する) romper; (遮断する) cortar

たつ 裁つ cortar

たっきゅう 卓球 ping-pong 男, tenis de mesa 男

だっきゅう 脱臼 dislocación 女, luxación 女 ‖～する dislocarse

タックル 〈スポ〉(ラグビーの) placaje 男, 《中南米》tacle 男 ‖～する placar, hacer un placaje

だっこ ‖妹ちゃんを～する llevar al bebé en brazos

だっこく 脱穀 trilla 女 ‖～する trillar

だっしにゅう 脱脂乳 leche desnatada 女

だっしめん 脱脂綿 algodón hidrófilo 男

たっしゃ 達者 ‖~な (壮健) sano(na); (上手) hábil
ダッシュ (符号) raya 囡, guión 男 ‖~する lanzarse [echar a correr] 《hacia》
だっしゅうざい 脱臭剤 desodorante 男
だっしゅつ 脱出 escape 男, salida 囡 ‖~する escaparse, huir
だっしょく 脱色 decoloración 囡 ‖~する decolorar
たつじん 達人 experto(ta) 名, maestro(tra) 名
たっする 達する alcanzar, llegar 《a》 ‖~する logro 男 ‖~する lograr, conseguir
だつぜい 脱税 evasión 囡 [fraude 男] fiscal ‖~する evadir impuestos
だっせん 脱線 descarrilamiento 男; (話の) digresión 囡
だっそう 脱走 huida 囡
たった sólo, solamente ‖彼は今出て行った Acaba de salir.
だったい 脱退 retirada 囡, separación 囡
タッチ toque 男; (ピアノやキーボードの) tacto 男; (絵画の) toque ◆**タッチライン** 《スポ》 línea de banda 囡
だっちょう 脱腸 hernia 囡
たつのおとしご 竜の落とし子 caballito de mar 男, hipocampo 男
だって (なぜなら) porque; (…もまた) también; (…でさえ) hasta
たっての 達ての ‖~願い fuerte insistencia 囡
たづな 手綱 riendas 囡複
だっぴ 脱皮 muda (de piel) 囡
タップダンス claqué 男
たつまき 竜巻 (陸上の) remolino 男; (海上の) tromba 囡
だつもう 脱毛 depilación 囡
だつらく 脱落 omisión 囡 ‖~する abandonar, faltar
たて 縦 longitud 囡, largo 男; (高さ) altura 囡 ‖~に a lo largo; (垂直に) verticalmente
たて 盾 escudo 男 ‖~に取る utilizar como escudo
-たて ‖大学を出~の教師 profesor(sora) recién salido(da) de la universidad 名, 焼き~のパン pan recién hecho 男
たていと 経糸 urdimbre 囡
たてうり 建て売り ‖~する vender casas ya construidas
たてがき 縦書き escritura vertical 囡 ‖~する escribir de arriba a abajo
たてかける 立て掛ける apoyar 《contra》
たてがみ 鬣 (馬の) crines 囡複; (ライオンの) melena 囡
たてじま 縦縞 rayas verticales 囡複
たてつづけ 立て続け ‖~に en sucesión, sucesivamente
たてふだ 立て札 tablero [cartel] de avisos 男
たてまえ 建前 (理屈) teoría 囡; (原則) principio 男
たてもの 建物 edificio 男, construcción 囡
たてゆれ 縦揺れ (地震の) temblor vertical 男 ‖~する cabecear
たてる 立てる levantar, erguir
たてる 建てる construir, edificar
だとう 打倒 ‖~する derrotar, derribar
だとう 妥当 ‖~な apropiado(da), adecuado(da)
たどうし 他動詞 verbo transitivo 男
たとえ 例え ‖~何が起ころうと pase lo que pase
たとえば 例えば por ejemplo
たとえる 譬える (AをBに) comparar A a [con] B
たどる 辿る seguir
たな 棚 estante 男; (食器棚) aparador 男
たに 谷 valle 男; (峡谷) barranco 男
ダニ (虫) garrapata 囡
たにがわ 谷川 arroyo (de montaña) 男
たにん 他人 otro(tra) 名, desconocido(da) 名
たぬき 狸 tejón 男
たね 種 semilla 囡; (果実の) pepita 囡, hueso 男, pipa 囡
たねあかし 種明かし revelación de un truco ‖手品の~をする revelar el truco de un número de magia
たねうし 種牛 toro semental 男
たねうま 種馬 caballo semental 男
たねぎれ 種切れ ‖~になる acabarse
たねまき 種蒔き siembra 囡 ‖~する sembrar
たのしい 楽しい divertido(da), entretenido(da), agradable; (陽気な) alegre
たのしませる 楽しませる entretener, divertir; (喜ばせる) agradar, alegrar
たのしみ 楽しみ gusto 男, placer 男; (気晴らし) diversión 囡
たのしむ 楽しむ disfrutar, divertirse, entretenerse, pasarlo bien
たのみ 頼み petición 囡, ruego 男 ‖~の綱が切れた He perdido mi última esperanza.
たのむ 頼む pedir, rogar ‖~から助けてくれ Ayúdame, te lo pido por favor.
たのもしい 頼もしい (digno(na)) de confianza; (有望な) prometedor(dora) ‖~を頼もしく思う encontrar a… digno(na) de confianza
たば 束 haz 男, manojo 男; (花の) ramo 男; (紙などの) fajo 男
たばこ 煙草 tabaco 男; (紙巻き) cigarrillo 男; (葉巻) (cigarro) puro 男 ‖~を吸う fumar ◆**たばこ屋** estanco 男, tabaquería 囡
たばねる 束ねる atar, liar
たび 旅 viaje 男 ‖~をする viajar,

たび 度 ‖…する〜に cada vez que …
たびかさなる 度重なる repetido*s(das)*, sucesivo*s(vas)*
たびさき 旅先(目的地) destino 男 ‖〜で(旅行中) en el viaje
たびじたく 旅支度をする hacer la maleta
たびだつ 旅立つ salir [partir]《para, a》‖旅立ち salida 女, partida 女
たびたび 度々 frecuentemente, a menudo, muchas veces
たびびと 旅人 viajero*(ra)* 名; (観光客) turista 男女
ダビング copia 女; 《映画》doblaje 男
タフ ‖〜な duro*(ra)*, fuerte
タブー tabú 男
だぶだぶ ‖〜の demasiado grande, holgado*(da)*
ダブる coincidir (en parte); (留年する) repetir curso〔〕
ダブル ‖〜の上着 chaqueta cruzada 女 ◆ダブルクリック doble clic 男 ダブルベッド cama doble [matrimonial, de matrimonio]
ダブルス dobles 男複
たぶん 多分 probablemente, quizá*(s)*, tal vez
たべあきる …を食べ飽きる estar harto*(ta)* de (comer)…
たべかけ 食べ掛け ‖〜のステーキ bistec a medio comer
たべごろ 食べ頃 ‖〜だ El melocotón está en su punto.
たべさかり 食べ盛り ‖〜の子供 niño*(ña)* en edad de crecer
たべすぎる 食べ過ぎる comer demasiado
タペストリー tapicería 女
たべほうだい 食べ放題 ‖〜のレストラン restaurante con bufé libre 男
たべもの 食べ物 comida 女, alimento 男
たべる 食べる comer, tomar ‖昼飯を〜 comer, almorzar
たほう 他方 otro ‖〜では por otro lado, por otra parte
たぼう 多忙 ‖〜な ocupado*(da)*, 〜である estar muy ocupado*(da)*
だぼく 打撲 contusión 女
たま 玉 bola 女
たま 球 (テニスなどの) pelota 女; (サッカーなどの) balón 男
たま 弾 bala 女, proyectil 男
たまご 卵 huevo 男; (魚の) hueva 女 ‖小説家の〜 futuro escritor*(tora)* 名
たましい 魂 alma 女, espíritu 男
だましうち だまし討ち ‖〜にする atacar por sorpresa (aprovechando que el contrario está desprevenido)
だます 騙す engañar, embaucar
たまたま 偶々 por casualidad
たまつき 玉突き billar 男 ◆玉突き衝突 colisión múltiple 女, choque en cadena 男

だまって 黙って en silencio; (無断で) sin decir nada, sin permiso
たまに 偶に de vez en cuando
たまねぎ 玉葱 cebolla 女
たまのこし 玉の輿 ‖〜に乗る casarse con alguien de una familia de más alto nivel social
たまむし 玉虫 buprestro 男 ‖〜色の iridiscente; (あいまいな) ambiguo*(gua)*
たまらない 堪らない (我慢できない) insoportable ‖…したくて〜 estar impaciente por [+不定詞], tener muchas ganas de [+不定詞]
たまりかねる no poder aguantar
だまりこむ 黙り込む quedarse callado*(da)*
たまる 溜まる acumularse, amontonarse
だまる 黙る callarse, dejar de hablar
ダミー (俺) hombre de paja 男 ‖〜会社 empresa fantasma 女
ダム presa 女, embalse 男
ため …の 為に para …, por … ‖〜になる bueno*(na)*, instructivo*(va)*
だめ 駄目 ‖〜にする dañar, estropear 〜なる fallar, fracasar; (傷む) estropearse
ダメージ daño 男
ためいき 溜息 suspiro 男 ‖〜をつく suspirar
ためし 試し prueba 女, ensayo 男 ‖〜に a prueba
ためす 試す probar, poner a prueba, ensayar
ためらい 躊躇い vacilación 女
ためらう 躊躇う vacilar [dudar]《en》
ためる 貯める ahorrar, acumular, almacenar
ためる 溜める ‖仕事を〜 tener trabajo acumulado
たもつ 保つ mantener, guardar, conservar
たやすい fácil, sencillo*(lla)*
たよう 多様 ‖〜な vario*s(rias)*, diverso*s(sas)*
たより 便り (手紙) carta 女; (消息) noticias 女
たより 頼り (信頼) confianza 女; (依存) dependencia 女 ‖〜にする tener confianza《en》
たよる 頼る depender《de》, contar《con》
たら 鱈 bacalao 男
-たら ‖(もし…ならば) si; (…するときに) cuando [+接続法]
たらい 盥 cuba 女, barreño 男, tina 女
だらく 堕落 corrupción 女, depravación 女 ‖〜する corromperse, pervertirse, depravarse
-だらけ ‖ごみ〜である estar lleno*(na)* de basura
だらける estar indolente [apático*(ca)*, perezoso*(sa)*]

だらしない descuid*ado(da)*, negligente
たらす 垂らす（液体を）derramar;（ぶら下げる）colgar
-たらず -足らず a [en] menos de ‖5分～で en menos de cinco minutos
だらだら ～した演説 discurso tedioso [aburrido] 男 ～と続く alargarse, prolongarse
タラップ escalerilla 女
だらり ～と腕を～と垂らす dejar caer los brazos　カーテンの紐が～と垂れている El cordón cuelga de la cortina.
-たり 雨が降ったり止んだりする llover a intervalos
ダリア dalia 女
たりない 足りない faltar, no ser [tener] bastante [suficiente]
たりょう 多量 ‖～の gran cantidad de, mucho(*cha*)
たりる 足りる ser bastante [suficiente], bastar
たる 樽 cuba 女, barril 男;（大樽）tonel 男
だるい floj*o(ja)*, languid*o(da)*
たるむ 弛む aflojar, relajarse ‖たるんだ floj*o(ja)*
だれ 誰 quién;（誰か）alguien ‖～もいない No hay nadie.
たれる 垂れる（下がる）bajar, colgar;（したたる）gotear
だれる aflojar;（退屈する）aburrirse
タレント artista 男
-だろう creo [supongo]〖que＋直説法〗‖明日は雨～ Lloverá mañana.
タワー torre 女
たわし estropajo 男
たわむ 撓む doblarse, encorvarse, curvarse
たわむれる 戯れる divertirse, jugar
たん 痰 flema 女, esputo 男 ‖～を吐く esputar, escupir
だん 団 grupo 男, banda 女
だん 段（階段の）escalón 男, peldaño 男;（棚）estante 男;（段階）grado 男
だん 壇 plataforma 男, estrado 男;（演壇）tribuna 女
だんあつ 弾圧 opresión 女, represión 女 ‖～する oprimir, reprimir
たんい 単位 unidad 女;（授業の）crédito 男
たんいつ 単一 ‖～の únic*o(ca)*, sol*o(la)*
たんか 担架 camilla 女, angarillas 女
たんか 単価 precio por unidad 男
たんか 啖呵 ‖～を切る hablar con un tono incisivo
タンカー petrolero 男
だんかい 段階 grado 男, etapa 女 ‖～的な gradual
たんかだいがく 単科大学 universidad de una sola facultad 女
たんがん 嘆願 petición 女, solicitud 女, súplica 女 ‖嘆願書 súplica 女

だんがん 弾丸 bala 女;（砲弾）proyectil 男
たんき 短気 impaciencia 女 ‖～な impaciente, irascible
たんき 短期 ‖～の cort*o(ta)*, de corta duración ◆短期国債 bonos del Estado a corto plazo 男複 短期大学 universidad para carreras de dos años 女
たんきゅう 探究 investigación 女, estudio 男
たんきょり 短距離 distancia corta 女 ◆短距離競走 carrera de velocidad 女 短距離選手 velocista 男女
タンク cisterna 女, depósito 男 ◆タンクローリー camión cisterna 男
だんけつ 団結 unión 女, unidad 女, solidaridad 女
たんけん 探検・探険 expedición 女, exploración 女
たんけん 短剣 puñal 男, daga 女
だんげん 断言 declaración 女, afirmación 女
たんご 単語 palabra 女, vocablo 男 ◆単語集 vocabulario 男
タンゴ tango 男
だんこ 断固 ‖～たる resuelt*o(ta)*, firme　～として decididamente, resueltamente, firmemente
たんこう 炭坑 mina de carbón 女
だんこう 談合 componenda 女
ダンサー bailar*ín(ina)* 名
だんざい 断罪 condena 女, condenación 女 ‖～する condenar
タンザニア Tanzania ‖～の tanzan*o(na)*
たんさん 炭酸 ácido carbónico 男 ‖～の carbónic*o(ca)* ◆炭酸飲料 bebida gaseosa 女
だんし 男子 hombre 男, varón 男;（青少年）chico 男, muchacho 男 ‖～の masculin*o(na)*
だんじき 断食 ayuno 男
たんしゅく 短縮 reducción 女, disminución 女
たんじゅん 単純 simplicidad 女, sencillez 女 ‖～な simple, sencill*o(lla)* ◆単純化 simplificación 女
たんしょ 短所 defecto 男, desventaja 女
だんじょ 男女 hombre 男 y mujer 男, los dos sexos 男複
たんじょう 誕生 nacimiento 男 ‖～する nacer ◆誕生祝い regalo de cumpleaños 男 誕生日 cumpleaños 男(単複)
たんしん 単身 ‖～で solo 札幌へ～赴任する vivir solo (sin la familia) en Sapporo en razón de su trabajo
たんしん 短針 manecilla [aguja] pequeña del reloj 女
たんす 箪笥（洋服だんす）armario 男;（整理だんす）cómoda 女
ダンス baile 男, danza 女 ◆ダンスパーティー baile 男

たんすい 淡水 agua dulce 女
たんすう 単数 singular 男 ‖〜の singular
だんせい 男性 hombre 男, varón 男 ‖〜の masculino(na)
たんせき 胆石 cálculo biliar
だんぜん 断然 sin ninguna duda, rotundamente
たんそ 炭素 carbono 男
だんそう 断層 falla 女
だんぞくてき 断続的 ‖〜な intermitente ‖〜に intermitentemente, a intervalos
たんだい 短大 ⇨ 短期(大学)
だんたい 団体 grupo 男, cuerpo 男;(組織) organización 女 ◆団体旅行 viaje colectivo [en grupo]
たんたん 淡々 ‖〜とした (冷静な) tranquilo(la);(無関心な) indiferente
だんだん 段段 (徐々に) gradualmente;(少しずつ) poco a poco
だんち 団地 colonia de apartamentos〖《中南米》 departamentos〗 男
たんちょう 単調 ‖〜な monótono(na)
たんちょう 短調 tono menor 男
だんちょう 団長 jefe(fa) de un grupo 名
たんてい 探偵 detective 男女
たんとう 担当 ‖〜する encargarse (de) ◆担当者 encargado(da) 名
たんとう 短刀 puñal 男, daga 女
たんどく 単独 ‖〜の solo(la);(独立した) independiente;(個々の) individual ◆単独行動をとる actuar individualmente
だんどり 段取り arreglos 男複, preparativos 男複 ‖〜をつける hacer preparativos (para)
だんな 旦那 (店などの主人) amo 男;(夫) marido 男;(呼びかけ) señor 男
たんなる 単なる simple, mero(ra) 〖名詞の前で〗
たんに 単に sólo, solamente, simplemente
たんにん 担任 ‖〜の教師 profesor(sora) encargado(da) de una clase 名, tutor(tora) de curso 名
たんねんに 丹念に cuidadosamente, con cuidado
だんねん 断念 ‖〜する renunciar (a), abandonar, desistir (de)
たんのう 堪能 ‖〜な bueno(na), hábil ‖〜する disfrutar, estar satisfecho(cha) 〈con〉
たんのう 胆嚢 vesícula biliar 女
たんぱ 短波 onda corta 女 ◆短波放送 transmisión [emisión] en onda corta 女
たんぱく 淡泊 ‖〜な (食物が) sencillo(lla), poco graso(sa)
たんぱくしつ 蛋白質 proteína 女
タンバリン pandereta 女
たんびしゅぎ 耽美主義 esteticismo 男
ダンピング 《英》dumping 男

ダンプカー (camión de) volquete 男
たんぺん 短編 cuento 男, obra corta 女 ◆短編映画 cortometraje 男 短編小説 cuento 男
だんぺん 断片 fragmento 男, trozo 男
たんぼ 田圃 arrozal 男
たんぽ 担保 garantía 女, hipoteca 女 ‖〜付きの hipotecario(ria)
だんぼう 暖房 calefacción 女 ◆暖房器具 estufa 女, calentador 男
タンポポ 蒲公英 diente de león 男
ダンボール 段ボール cartón ondulado 男
タンポン tampón 男
たんまつ 端末 terminal 男
たんまり mucho, abundantemente
だんめん 断面 corte 男, sección 女
だんやく 弾薬 munición 女
だんゆう 男優 actor 男
だんらく 段落 párrafo 男
だんりゅう 暖流 corriente cálida 女
だんりょく 弾力 elasticidad 女, flexibilidad 女 ‖〜のある elástico(ca), flexible
たんれん 鍛練 entrenamiento 男
だんろ 暖炉 chimenea 女
だんわ 談話 conversación 女, comentario 男 ◆談話室 salón 男

ち

ち 血 sangre 女 ‖〜が出る sangrar
ち 地 (大地) tierra 女; (場所) lugar 男
チアノーゼ cianosis 女〖単複〗
ちあん 治安 orden público 男, seguridad ciudadana 女
ちい 地位 (身分) posición 女, rango 男;(役職) puesto 男
ちいき 地域 región 女, zona 女, área 女 ‖〜の regional, local ◆地域社会 comunidad local 女
ちいさい 小さい pequeño(ña);(音などが) bajo(ja)
チーズ queso 男
チーター guepardo 男
チーフ jefe(fa) 名
チーム equipo 男 ‖〜ワーク trabajo de equipo 男
ちえ 知恵 sabiduría 女, inteligencia 女 ◆知恵の輪 anillas mágicas 女複
チェーン cadena 女 ‖〜店 tienda de una cadena 女
チェコ (共和国) República Checa 女 ‖〜の checo(ca)
チェス ajedrez 男 ‖〜をする jugar al ajedrez
ちえっ vaya, caramba
チェック (検査) control 男, chequeo 男;(小切手) cheque 男;(格子) cuadros 男
チェックアウト salida de un hotel 女 ‖〜する (支払いをする) pagar la factura

チェックイン registro en un hotel 男 ‖〜する registrarse en un hotel
チェリー (さくらんぼ) cereza 女
チェロ violoncelo 男 ◆**チェロ奏者** violoncelista 男女
チェンバロ clavecín 男, clavicémbalo 男
ちか 地下 subterráneo 男 ‖〜の subterráneo(a) ◆**地下資源** recursos subterráneos 男複
ちか 地価 precio de la tierra 男
ちかい 近い cercano(na), próximo(ma); (近くに) cerca ⟨de⟩
ちかい 誓い juramento 男, promesa 女
ちがい 違い diferencia 女; (区別) distinción 女
ちがいない 違いない deber [[de+不定詞]], seguro [[que+直説法]]
ちがいほうけん 治外法権 jurisdicción extraterritorial 女, extraterritorialidad 女
ちかう 誓う jurar, prometer
ちがう 違う ser diferente [distinto(ta)] ⟨a, de⟩, diferenciarse ⟨de⟩; (間違っている) estar equivocado(da)
ちかがい 地下街 centro comercial subterráneo 男
ちかく 近く (近くの) cercano(na), próximo(ma); (近くに) cerca ⟨de⟩
ちかく 知覚 percepción 女, sentido 男
ちがく 地学 ciencias de la tierra 女複; (地質学) geología 女
ちかごろ 近頃 recientemente
ちかしつ 地下室 sótano 男
ちかすい 地下水 aguas subterráneas 女複
ちかづく 近づく acercarse ⟨a⟩, aproximarse ⟨a⟩
ちかづける 近づける acercar
ちがって 違って diferente [distinto(ta)] ⟨a, de⟩
ちかてつ 地下鉄 metro 男, 《南米》 subte(男)
ちかどう 地下道 paso subterráneo 男
ちかみち 近道 atajo 男 ‖〜をする tomar un atajo
ちかよる 近寄る ⇨近付く
ちから 力 fuerza 女, poder 男; (元気) vigor 男, energía 女 ‖〜ずくで por la fuerza ~が強い fuerte, vigoroso(sa) ◆**力仕事** trabajo físico 男
ちかん 痴漢 (変質者) pervertido(da) 男
ちきゅう 地球 Tierra 女, globo (terrestre) 男 ◆**地球温暖化** calentamiento global 男 **地球儀** globo terráqueo 男
ちぎる 千切る (紙などを) rasgar, romper; (パンなどを) partir
ちぎれる 千切れる rasgarse, romperse
チキン pollo 男 ◆**ローストチキン** pollo asado 男
ちく 地区 zona 女, barrio 男
ちくさん 畜産 ganadería 女 ◆**畜産業者** ganader(o)(ra) 男女
ちくしょう 畜生 (ののしり) ¡maldita sea!
ちくせき 蓄積 acumulación 女
ちくちくする picar
ちくでんち 蓄電池 acumulador 男, batería 女
ちくのうしょう 蓄膿症 sinusitis 女 (単複)
ちぐはぐ ‖〜な (矛盾した) contradictorio(ria); (調和していない) discordante, incoherente
ちくび 乳首 (女性の) pezón 男; (男性の) tetilla 女
ちけい 地形 relieve 男, topografía 女, configuración del terreno 女 ‖〜上の topográfico(ca)
チケット billete 男, entrada 女
ちこく 遅刻 retraso 男 ‖〜する llegar tarde [con retraso]
ちじ 知事 gobernad(or)(dora) 男女
ちしき 知識 conocimiento 男, sabiduría 女 ‖〜人 intelectual 男女
ちしつ 地質 naturaleza del suelo 女 ◆**地質学** geología 女
ちじょう 地上 tierra 女, suelo 男 ‖〜の terrestre ◆**地上権** derechos de superficie 男
ちじん 知人 conocid(o)(da) 男女
ちず 地図 mapa 男; (市街の) plano 男 ◆**地図帳** atlas 男 (単複)
ちすじ 血筋 linaje 男, sangre 女
ちせい 知性 inteligencia 女
ちせつ 稚拙 ‖〜な infantil, inmaduro(ra)
ちそう 地層 estrato 男, capa (geológica) 女
ちだらけ 血だらけ ‖〜の ensangrentado(da)
ちたい 地帯 (環状の) zona 女; (帯状の) cinturón 男; (区域) área 女
チタン titanio 男
ちち 父 padre 男 ‖〜(方)の paterno(na)
ちち 乳 leche 女; (母乳) leche de madre 女; (乳房) pecho 男, mama 女
ちちおや 父親 padre 男
ちぢこまる 縮こまる encogerse; (寒くて) acurrucarse
ちぢむ 縮む (布などが) encogerse; (筋肉・金属が) contraerse
ちぢめる 縮める (長さ・時間を) acortar, reducir
ちちゅうかい 地中海 (Mar) Mediterráneo 男
ちぢれげ 縮れ毛 pelo rizado 男
ちぢれる 縮れる rizarse, encresparse
ちつ 腟 vagina 女
ちつじょ 秩序 orden 男; (規律) disciplina 女
ちっそ 窒素 nitrógeno 男
ちっそく 窒息 asfixia 女, sofoco 男,

ahogo ~する asfixiarse, sofocarse

ちっとも ‖~…ない en absoluto; (決して…ない) nunca; (何も…ない) no ... nada

チップ (心付け) propina 囡; (半導体の《英》) chip 男, pastilla 囡

ちてき 知的 ‖~な inteligente, intelectual

ちてん 地点 punto 男; (場所) lugar 男

ちなまぐさい 血腥い sangriento(ta)

ちなむ 因む ‖…にちなんで con motivo de..., en memoria de ...

ちねつ 地熱 geotermia 囡

ちのう 知能 inteligencia 囡 ◆**知能指数** cociente [coeficiente] intelectual 男 **知能犯** crimen inteligente 男; (人) criminal inteligente 男女

ちび pequeño(ña) 名; (軽蔑) enano(na) 名

ちびちび poco a poco

ちぶさ 乳房 pecho 男, seno 男

チフス tifus 男《単複》◆**腸チフス** (fiebre) tifoidea 囡

ちへいせん 地平線 horizonte 男

ちほう 地方 región 囡; (中央に対して) provincia 囡 ‖~の regional, local, provincial ◆**地方分権** descentralización 囡

ちみつ 緻密 precisión 囡, exactitud 囡 ‖~な preciso(sa), (綿密な) minucioso(sa), (細心な) detallado(da)

ちめい 地名 nombre propio de lugar 男

ちめいてき 致命的 ‖~な fatal, mortal

ちめいど 知名度 celebridad 囡 ‖~の高い muy conocido(da) [famoso(sa)]

ちゃ 茶 té 男 ◆**茶漉**(こ)**し** colador de té 男

チャーター fletam(i)ento 男 ‖**飛行機を~する** fletar un avión ◆**チャーター機** avión fletado 男 **チャーター便** vuelo chárter 男

チャーハン arroz frito [salteado] 男

チャーミング ‖~な encantador(dora); (人をひきつける) atractivo(va)

チャイム campanilla 囡, timbre 男, carillón 男

ちゃいろ 茶色 marrón 男; (栗色) castaño 男

ちゃかす 茶化す ridiculizar, burlarse 《de》

ちゃく 着 ‖背広1~ un traje 男

ちゃくし 嫡子 (跡取り) hijo(ja) heredero(ra) 名; (嫡出子) hijo(ja) legítimo(ma) 名

ちゃくじつ 着実 ‖~な firme, constante, seguro(ra)

ちゃくしゅ 着手 ‖~する ponerse [empezar] 《a+不定詞》, emprender

ちゃくしょく 着色 coloración 囡 ◆**着色剤** colorante 男

ちゃくすい 着水 ‖~する acuatizar, amarar

ちゃくせき 着席 ‖~する sentarse, tomar asiento

ちゃくそう 着想 idea 囡, concepción 囡

ちゃくち 着地 aterrizaje 男; (スポ) caída 囡 ‖~する aterrizar

ちゃくちゃくと 着々と regularmente, progresivamente

ちゃくにん 着任 incorporación (a un puesto de trabajo) 囡 ‖~する incorporarse a un puesto

ちゃくばらい 着払い ‖~で contra [a] reembolso

ちゃくふく 着服 desfalco 男, malversación 囡 ‖~する desfalcar, malversar

ちゃくもく 着目 atención 囡 ‖~する prestar atención 《a》

ちゃくよう 着用 ‖~する ponerse; (着用している) llevar

ちゃくりく 着陸 aterrizaje 男 ‖~する aterrizar

ちゃっかり ‖~した (打算的な) calculador(dora); (賢い) astuto(ta), listo(ta)

チャック cremallera 囡

チャット (情報, 英) chat 男

チャド Chad 男 ‖~の chadiano(na)

ちゃのま 茶の間 cuarto 男 [sala 囡] de estar

チャペル capilla 囡

ちやほやする adular; (甘やかす) mimar

チャリティー beneficencia 囡 ◆**チャリティーショー** espectáculo benéfico 男

チャレンジ reto 男, desafío 男

ちゃわん 茶碗 taza 囡; (食事用の) cuenco 男

チャンス ocasión 囡, oportunidad 囡

ちゃんと (正式に) formalmente; (正確に) correctamente, exactamente; (間違いなく) sin falta

チャンネル canal 男, cadena 囡

チャンピオン campeón(ona) 名

ちゆ 治癒 curación 囡 ‖~する curar(se)

ちゅう 注 nota 囡, comentario 男

ちゅう 中 promedio 男, media 囡 ‖**-ちゅう** -中 ‖**今月~に** dentro de este mes **私の留守~に** en [durante] mi ausencia

ちゅうい 注意 atención 囡; (用心) cuidado 男 ‖~**深い** cuidadoso(sa), atento(ta)

チューインガム chicle 男

ちゅうおう 中央 centro 男, medio 男 ‖~の central

ちゅうおうアフリカ 中央-(共和国) República Centroafricana 囡 ‖~の centroafricano(na)

ちゅうかい 仲介 mediación 囡 ◆**仲介者** intermediario(ria) 名, mediador(dora) 名

ちゅうがえり 宙返り voltereta 囡; (飛行機の) rizo 男

ちゅうがく 中学 ◆中学生 estudiante de secundaria 男女 中学校 escuela secundaria inferior 女
ちゅうかりょうり 中華料理 comida china 女
ちゅうかん 中間 medio 男 ‖~の medio(dia), intermedio(dia) ◆中間試験 (examen) parcial 男
ちゅうきゅう 中級 curso intermedio 男 ‖~の intermedio(dia)
ちゅうきんとう 中近東 Medio y Próximo Oriente 男
ちゅうくらい 中位 ‖~の mediano(na), medio(dia)
ちゅうけい 中継 (放送) retransmisión 女
ちゅうこ 中古 ‖~の de segunda mano ◆中古車 coche [automóvil] de segunda mano 男 中古品 productos de segunda mano 複
ちゅうこく 忠告 consejo 男 ‖~する aconsejar; (警告する) advertir
ちゅうごく 中国 China 女 ‖~の chino(na) ◆中国語 chino 男 中国人 chino(na) 名
ちゅうさい 仲裁 mediación 女, arbitraje 男 ◆仲裁人 mediador(dora) 名, árbitro(tra) 名
ちゅうざい 駐在 estancia 女, residencia 女
ちゅうさんかいきゅう 中産階級 clase media 女
ちゅうし 中止 cese 男, interrupción 女; (一時的) suspensión 女 ‖~する cesar, interrumpir; (一時的に) suspender
ちゅうじえん 中耳炎 otitis media 女 (単複)
ちゅうじつ 忠実 fidelidad 女, lealtad 女 ‖~な fiel, leal
ちゅうしゃ 注射 inyección 女
ちゅうしゃ 駐車 aparcamiento 男, 《中南米》estacionamiento 男 ◆駐車場 aparcamiento 男
ちゅうしゃく 注釈 nota 女, comentario 男
ちゅうしゅつ 抽出 extracción 女; (見本の) muestreo 男
ちゅうじゅん 中旬 ‖6月~に a mediados de junio
ちゅうしょう 中傷 calumnia 女; (名誉毀損) difamación 女
ちゅうしょう 抽象 abstracción 女 ‖~的な abstracto(ta) ◆抽象画 pintura abstracta 女
ちゅうしょうきぎょう 中小企業 pequeñas y medianas empresas 複 [略 pymes]
ちゅうしょく 昼食 comida 女, 《中南米》almuerzo 男 ‖~をとる comer, almorzar
ちゅうしん 中心 centro 男, medio 男; (核心) núcleo 男 ◆中心人物 personaje 男 [figura 女] central 中心地 centro 男

ちゅうすいえん 虫垂炎 apendicitis 女 (単複)
ちゅうすう 中枢 centro 男, núcleo 男
ちゅうせい 中世 época medieval 女, Edad Media 女 ‖~の medieval
ちゅうせい 中性 (文法上の) (género) neutro 男; (化学上の) neutralidad 女
ちゅうせい 忠誠 lealtad 女, fidelidad 女
ちゅうせいし 中性子 neutrón 男
ちゅうぜつ 中絶 aborto 男 ‖~する abortar
ちゅうせん 抽選 sorteo 男 ‖~に当たる tocarLE en el sorteo, sacar un número premiado
ちゅうぞう 鋳造 ‖~する fundir, acuñar
ちゅうたい 中退 ‖~する dejar [abandonar] los estudios
ちゅうだん 中断 interrupción 女; (一時的) suspensión 女 ‖~する interrumpir; (一時的に) suspender
ちゅうちょ 躊躇 vacilación 女 ‖~する vacilar [dudar] «en»
ちゅうと 中途 ‖~で a medio camino
ちゅうとう 中東 Medio Oriente 男, Oriente Medio 男
ちゅうとうきょういく 中等教育 educación [enseñanza] secundaria 女
ちゅうどく 中毒 intoxicación 女; (麻薬などの) adicción «a» 女 ◆アルコール中毒 alcoholismo 男
チューナー sintonizador 男
ちゅうにかい 中二階 entresuelo 男
チューニング sintonización 女; 《音楽》preludio 男
ちゅうねん 中年 edad mediana [madura] 女
ちゅうばん 中盤 ‖選挙は~戦に入った La campaña electoral ha entrado en su etapa intermedia.
ちゅうぶ 中部 centro 男 ◆中部地方 zona [región] central 女
チューブ tubo 男; (タイヤの) cámara 女
ちゅうべい 中米 América Central 女 ‖~の centroamericano(na)
ちゅうぼう 厨房 cocina 女
ちゅうもく 注目 ‖~する prestar [poner] atención «a»; ~すべき notable, digno de atención
ちゅうもん 注文 pedido 男, encargo 男 ◆注文書 nota de pedido 女
ちゅうゆ 注油 engrase 男, lubricación 女
ちゅうよう 中庸 moderación 女
ちゅうりつ 中立 neutralidad 女 ‖~の neutral
チューリップ tulipán 男
ちゅうりゅう 中流 (川の) curso medio 男; (中産階級) clase media 女
ちゅうわ 中和 ‖~する neutralizar(se)
チュニジア Tunicia 女 ‖~の tunecino(na)
ちょう 兆 billón 男
ちょう 長 jefe(fa) 名, director(tora)

ちょう 腸 intestino 男; (動物の)tripas 女

ちょう 蝶 mariposa 女 ◆蝶ネクタイ corbata de lazo 蝶結び lazo 男

ちょうあい 寵愛 favor 男 ‖～を受ける ser el [la] favorito [favorita] (de)

ちょういん 調印 firma 女 ‖条約に～する firmar un tratado

ちょうえき 懲役 prisión 女, reclusión 女

ちょうえつ 超越 ‖～する trascender

ちょうおんそく 超音速 ‖～の supersónico(ca)

ちょうおんぱ 超音波 ultrasonido 男 ◆超音波診断 ecografía 女

ちょうか 超過 excedente 男, exceso 男 ◆超過勤務 horas extras 女

ちょうかい 戒 sanción 女 ◆懲戒免職 destitución disciplinaria 女

ちょうかく 聴覚 oído 男, audición 女

ちょうかん 朝刊 periódico de la mañana 男, edición matutina 女

ちょうかん 長官 director(tora) [secretario(ria)] general 名

ちょうき 長期 período [plazo] largo 男

ちょうきょう 調教 entrenamiento 男; (猛獣の) doma 女

ちょうきょり 長距離 larga distancia 女 ◆長距離電話 llamada de larga distancia 女, conferencia 女

ちょうこう 兆候 indicio 男, señal 女; (病気の) síntoma 男

ちょうこう 聴講 ‖～する asistir a una clase ◆聴講生 oyente 男女

ちょうごう 調合 preparación de un medicamento 女

ちょうこうそう 超高層 ‖～ビル rascacielos 男(単複)

ちょうこく 彫刻 escultura 女 ◆彫刻家 escultor(tora) 名

ちょうさ 調査 investigación, estudio 男; (アンケートなどによる) encuesta 女

ちょうし 調子 estado 男, condición 女; (音調, 口調) tono 男

ちょうじ 寵児 ‖時代の～ hombre del momento 男, personaje de moda 男

ちょうしぜんてき 超自然的 ‖～な sobrenatural

ちょうしゅ 聴取 escucha 女

ちょうしゅう 徴収 recaudación 女, cobro 男

ちょうしゅう 聴衆 auditorio 男, público 男

ちょうしょ 長所 cualidad 女, virtud 女; (利点) ventaja 女

ちょうしょ 調書 (法律) atestado 男 ‖～を取る tomar declaración

ちょうじょ 長女 hija mayor 女

ちょうしょう 嘲笑 ridículo 男, burla 女

ちょうじょう 頂上 cima 女, cumbre 女

ちょうしょく 朝食 desayuno 男 ‖～を取る desayunar, tomar el desayuno

ちょうしん 長針 minutero 男, aguja larga 女

ちょうじん 超人 superhombre 男, supermujer 女

ちょうせい 調整 ajuste 男, regulación 女; (複数のものの) coordinación 女

ちょうせつ 調節 ajuste 男, regulación 女

ちょうせん 挑戦 desafío 男, reto 男 ◆挑戦者 desafiador(dora) 名

ちょうせん 朝鮮 Corea ◆朝鮮語 coreano 男

ちょうぞう 彫像 estatua 女

ちょうだい 頂戴 ‖～する (もらう) recibir; (食べる) comer, tomar

ちょうたつ 調達 abastecimiento 男, aprovisionamiento 男

ちょうたんぱ 超短波 muy alta frecuencia 女

ちょうちょう 町長 alcalde(desa) 名

ちょうちょう 長調 tono mayor 男

ちょうちょう 蝶々 ⇨蝶(ﾁｮｳ)

ちょうちん 提灯 farolillo 男, linterna 女

ちょうつがい 蝶番 gozne 男, bisagra 女

ちょうてい 調停 mediación 女, arbitraje 男

ちょうてん 頂点 (頂上) cima 女, cumbre 女; (最高潮) clímax 男

ちょうど 丁度 justo; (正確に) exactamente

ちょうとっきゅう 超特急 tren de alta velocidad 男

ちょうなん 長男 hijo mayor 男

ちょうねんてん 腸捻転 vólvulo (intestinal) 男

ちょうのうりょく 超能力 poderes sobrenaturales 男(複)

ちょうはつ 長髪 pelo largo 男

ちょうはつ 挑発 provocación 女, incitación 女 ‖～的な provocativo(va)

ちょうばつ 懲罰 castigo 男, sanción 女

ちょうふく 重複 repetición 女 ‖～した repetido(da)

ちょうへん 長編 ◆長編映画 largometraje 男 長編小説 novela (larga) 女

ちょうぼ 帳簿 registro 男, libros (de cuentas) 男(複)

ちょうほう 重宝 ‖～な conveniente, práctico(ca), útil ～する resultar muy útil

ちょうぼう 眺望 vista 女, perspectiva 女

ちょうほうけい 長方形 rectángulo 男 ‖～の rectangular

ちょうまんいん 超満員 ‖～の lleno(na) [abarrotado(da)] (de)

ちょうみりょう 調味料 condimento 男

ちょうみん 町民 habitantes de una ciudad 男女 複
ちょうめん 帳面 (ノート) cuaderno 男; (手帳) libreta 女
ちょうもんかい 聴聞会 audiencia 女
ちょうやく 跳躍 salto 男
ちょうり 調理 cocina 女 ◆調理法 receta 女
ちょうりつ 調律 afinación 女 ||ピアノを～する afinar un piano
ちょうりゅう 潮流 (海流) corriente marina 女; (思潮) corriente 女
ちょうりょく 聴力 audición 女, capacidad auditiva 女
ちょうわ 調和 armonía 女; (釣り合い) equilibrio 男 ||～する armonizar 《con》
チョーク tiza 女
ちょきん 貯金 ahorros 男複 ◆貯金通帳 libreta de ahorros 女 貯金箱 hucha 女
ちょくげき 直撃 ||～する dar un golpe directo
ちょくしん 直進 ||～する ir derecho
ちょくせつ 直接 directamente ||～の direct(ta) ◆直接税 impuesto directo 男 直接選挙 elección directa 女
ちょくせん 直線 línea recta 女
ちょくばい 直売 venta directa 女
ちょくめん 直面 ||～する afrontar, enfrentarse 《a, con》
ちょくやく 直訳 traducción literal 女
ちょくりつ 直立 ||～の vertical, derecho(cha)
ちょくりゅう 直流 corriente directa (continua) 女
チョコレート chocolate 男
ちょさく 著作 obra 女 ◆著作権 derechos de autor 男
ちょしゃ 著者 autor(tora) 名
ちょすいち 貯水池 depósito de agua 男, embalse 男
ちょぞう 貯蔵 almacenamiento 男; (保存) conservación 女
ちょちく 貯蓄 (金) ahorros 男複; (行為) ahorro 男
ちょっかく 直角 ángulo recto 男
ちょっかん 直感 intuición 女 ||～的な intuitivo(va)
チョッキ chaleco 男
ちょっけい 直径 diámetro 男
ちょっこう 直行 ||～する ir directamente ◆直行便 vuelo directo 男
ちょっと (少し) un poco; (少しの間) rato 男, momento 男 ||～お待ちください Espere un momento, por favor.
ちょめい 著名 ||～な famoso(sa), célebre
チョリソ (料理) chorizo 男
ちょろちょろ ||水が～と流れる Corre un hilillo de agua.
ちらかす 散らかす dejar tirado(da), desordenar ||散らかった部屋 habitación desordenada 女
ちらし 散らし folleto 男, prospecto 男
ちらちら ||～舞う mecerse ～光る parpadear
ちらばる 散らばる dispersarse, desparramarse
ちらほら ||着物姿の女性も～見える Se ven algunas mujeres con kimono.
ちり 塵 polvo 男
ちり 地理 geografía 女 ||～的な geográfico(ca)
チリ Chile ||～の chileno(na)
ちりがみ 塵紙 pañuelo de papel 男
ちりぢり 散り散り ||～になる dispersarse
ちりとり 塵取り recogedor (de polvo) 男
ちりょう 治療 tratamiento (médico) 男, cura 女 ◆治療費 gastos médicos 男複 治療法 tratamiento 男, terapia 女
ちりょく 知力 capacidad intelectual 女, inteligencia 女
ちる 散る (花・葉などが) caer(se); (分散する) dispersarse
ちんあげ 賃上げ aumento de sueldo 男
ちんか 沈下 hundimiento 男
ちんがし 賃貸し alquiler 男, arrendamiento 男
ちんがり 賃借り alquiler 男, arrendamiento 男
ちんぎん 賃金 salario 男, sueldo 男
ちんじゅつ 陳述 declaración 女; (法律) alegato 男
ちんじょう 陳情 petición 女, solicitud 女
ちんせいざい 鎮静剤 sedante 男; (精神安定剤) tranquilizante 男
ちんたい 沈滞 estancamiento 男; (不活発) inactividad 女
ちんたい 賃貸 alquiler 男, arrendamiento 男
ちんちょう 珍重 ||～する valorar [apreciar] mucho
ちんつうざい 鎮痛剤 analgésico 男
ちんでん 沈殿 sedimentación 女 ◆沈殿物 poso 男; (堆積物) sedimento 男
チンパンジー chimpancé 男
ちんぷ 陳腐 ||～な (使い古した) gastado(da); (ありふれた) ordinario(ria); (古くさい) pasado(da) de moda
ちんぷんかんぷん ||それは私には～だ No entiendo ni jota./Eso es chino para mí.
ちんぼつ 沈没 hundimiento 男; (難破) naufragio 男 ||～する hundirse
ちんみょう 珍妙 ||～な extraño(ña), extravagante
ちんもく 沈黙 silencio 男 ||～する callarse
ちんれつ 陳列 exposición 女, exhibición 女

つ

ツアー (団体旅行) viaje organizado [en grupo] 男, 《仏》tour 男
つい ‖~今しがた hace un momento
つい 対 男 ‖~の un par de
ついか 追加 adición 女, suplemento 男 ◆追加料金 recargo 男
ついきゅう 追及 ‖責任を~する exigir la responsabilidad
ついきゅう 追求 búsqueda 女, persecución 女 ‖~する buscar, perseguir
ついきゅう 追究 investigación 女 ‖~する investigar
ついげき 追撃 persecución 女
ついし 追試 examen de recuperación 男
ついじゅう 追従 seguimiento 男 ‖~する seguir
ついしょう 追従 adulación 女 ‖お~を言う adular
ついしん 追伸 posdata 女 [略 P.D.]
ついせき 追跡 persecución 女
ついたち 一日 ‖2月~ el uno [primero] de febrero
ついたて 衝立 mampara 女, biombo 男
ついて de, sobre ‖それに~は de [sobre] eso
ついで 次いで después de
ついで ‖~に de paso ~に言っておきますが dicho sea de paso
ついていく seguir; (同伴する) acompañar
ついている tener buena suerte ‖ついていない tener mala suerte
ついとう 追悼 luto 男, condolencia 女 ‖~する dolerse por la muerte 《de》
ついとつ 追突 colisión trasera 女 ‖~する chocar 《contra, con》
ついに 遂に por [al] fin, finalmente
ついばむ 啄ばむ picotear
ついほう 追放 expulsión 女; (国外への) destierro 男, exilio 男
ついやす 費やす (金を) gastar, costar; (捧げる) dedicar
ついらく 墜落 caída 女 ‖~する estrellarse, caer
ツイン ‖~の部屋 habitación doble 女
つうか 通貨 moneda 女 ‖~の monetario(ria) ◆通貨危機 crisis monetaria
つうか 通過 paso 男 ‖~する pasar ◆通過儀礼 rito de iniciación 男
つうがく 通学 ‖~する ir a la escuela
つうかん 通関 ‖~する pasar (por) la aduana
つうきん 通勤 ‖~する ir al trabajo
つうこう 通行 circulación 女, paso 男; (乗り物の往来) tráfico 男 ◆通行人 transeúnte 男女; (歩行者) peatón(tona) 名 通行料金 peaje 男
つうこく 通告 notificación 女, aviso 男
つうじて 通じて (仲介) por, a través de
つうしょう 通商 comercio 男
つうじょう 通常 normalmente, habitualmente ‖~の habitual, ordinario(ria)
つうじる 通じる (乗り物が) ir; (道路などが) llevar [ir] 《a》; (電話などが) comunicarse 《con》 ‖このホテルでは英語は~ En este hotel se habla inglés.
つうしん 通信 comunicación 女; (文通) correspondencia 女 ◆通信教育 enseñanza a distancia 女 通信社 agencia de noticias 女
つうせつ 痛切 ‖~に vivamente, intensamente
つうぞく 通俗 ‖~的な popular, vulgar ◆通俗小説 novela popular [vulgar] 女
つうち 通知 aviso 男, anuncio 男 ◆通知表 boletín de calificaciones [notas] 男
つうちょう 通帳 libreta de banco 女
つうどく 通読 ‖~する leer de principio a fin
ツーピース (服飾) vestido de dos piezas 男
つうふう 通風 ventilación 女
つうほう 通報 ‖AにBを~する informar a A de [sobre] B
つうやく 通訳 traducción 女; (人) intérprete 男女
つうよう 通用 ‖~する (有効である) ser válido(da); (受け入れられる) ser aceptado(da)
ツーリスト turista 男女
つうれい 通例 ‖~は generalmente, normalmente
つうれつ 痛烈 ‖~な duro(ra), violento(ta); (辛らつな) mordaz
つうろ 通路 paso 男, pasaje 男
つうわ 通話 llamada (telefónica) 女
つえ 杖 bastón 男
つか 柄 empuñadura 女
つかい 使い (用件) recado 男; (使者) mensajero(ra) 名
つがい 番 pareja 女
つかいかた 使い方 modo de empleo 男, uso 男
つかいこなす 使いこなす manejar
つかいこみ 使い込み malversación 女
つかいこむ 使い込む (横領する) malversar, desfalcar
つかいすぎる 使い過ぎる gastar en exceso ‖金を~ gastar demasiado dinero
つかいすて 使い捨て ‖~の desechable
つかいだて 使い立て ‖お~してすみませんが ¿Sería usted tan amable de...?
つかいで 使い出 ‖~がある durar mucho

つかいなれる 使い慣れる familiarizarse 《con》, acostumbrarse 《a》
つかいばしり 使い走り ‖～をする hacer recados
つかいはたす 使い果たす gastar, agotar ‖金を～ gastar todo el dinero
つかいふるす 使い古す gastar, desgastar ‖使い古した gasta*do*(*da*), usa*do*(*da*)
つかいみち 使い道 ‖～のない inútil
つかいもの 使い物 ‖～にならない no valer, no servir, ser inútil
つかいやすい 使い易い fácil de usar
つかいわける 使い分ける （正しく）usar bien;（必要に応じて）usar según la necesidad
つかう 使う usar, utilizar, manejar;（金·時間を）gastar;（人を）emplear
つかえる 使える servir,（有効な）ser váli*do*(*da*)
つかえる 仕える servir 《a》
つかえる 支える atascarse ‖パイプに何かが つかえる Algo atasca el tubo.
つかつか ‖～と歩み寄る acercarse sin vacilar 《hacia》
つかのま 束の間 ‖～の momentáneo(a), pasajero(ra)
つかまえる 捕まえる atrapar, capturar
つかまる 捕まる（捕らえられる）ser atrapa*do*(*da*)［captura*do*(*da*)］
つかまる 掴まる（しがみつく）agarrarse ［sujetarse］《a》
つかみあい 掴み合い lucha cuerpo a cuerpo 囡 ‖～をする luchar cuerpo a cuerpo, agarrarse
つかみどころ つかみ所 ‖～のない vago(ga), equívoco(ca)
つかみどり つかみ取り ‖～をする tomar a puñados
つかむ agarrar, tomar,《スペイン》coger
つかる 浸かる inundarse, sumergirse
つかれ 疲れ cansancio 男, fatiga 囡 ‖～を取る quitarse el cansancio
つかれる 疲れる cansarse 《de, con》;（疲れさせる）cansar;（疲れている）estar cansa*do*(*da*)
つき 月（天体）luna 囡;（暦の）mes 男 ‖～に一度 una vez al mes
つき（運）suerte 囡
-つき al［a la］, por ‖1日に～ al［por］día 一人に～ por persona
-つき -付き ‖風呂～の部屋 habitación con cuarto de baño 男
つぎ 次 ‖～の siguiente, próxi*mo*(*ma*)
つぎ 継ぎ ‖～を当てる remendar
つきあい 付き合い relación 囡
つきあう 付き合う tratar 《a, con》, tener trato 《con》,（異性と）salir 《con》,（行動をともにする）acompañar 《a》
つきあげる 突き上げる（圧力をかける）presionar
つきあたり 突き当たり final 男, fondo 男 ‖通りの～に al final de la calle
つきあたる 突き当たる（衝突する）chocar 《con, contra》;（遭遇する）encontrar
つきおとす 突き落とす precipitar, arrojar, tirar
つきかえす 突き返す rechazar, rehusar
つぎき 接木 injerto 男
つきころす 突き殺す matar de una puñalada
つきさす 突き刺す clavar, pinchar, apuñalar
つきそい 付き添い asistencia 囡;（人）acompañante 男女
つきそう 付き添う（世話する）cuidar, atender;（同行する）acompañar
つきだす 突き出す ‖窓から顔を～ sacar la cabeza por la ventana
つぎたす 継ぎ足す（加える）añadir;（広げ）ampliar;（長くする）alargar
つきづき 月々 todos los meses, cada mes
つぎつぎ 次々 uno(na) tras otro(tra), sucesivamente
つきつける 突きつける apuntar ‖ピストルを～ apuntar con una pistola 《a》
つきつめる 突き詰める profundizar ‖突き詰めて考える reflexionar a fondo
つきでる 突き出る sobresalir, salir fuera
つきとおす 突き通す atravesar, traspasar
つきとばす 突き飛ばす dar un empujón
つきとめる 突き止める descubrir, encontrar;（場所を）localizar
つきなみ 月並み ‖～な corriente, ordina*rio*(*ria*)
つきぬける 突き抜ける atravesar, traspasar
つぎはぎ 継ぎ接ぎ ⇨ 継ぎ
つきはなす 突き放す alejar a empujones;（見捨てる）abandonar
つきひ 月日 ‖～が経つにつれて con el paso del tiempo ～が経つのは早いものだ El tiempo vuela [pasa volando].
つきまとう 付きまとう perseguir;（妄想などが）obsesionar
つきみ 月見 ‖～をする admirar la belleza de la luna
つぎめ 継ぎ目 juntura 囡;（板·布の）costura 囡
つきゆび 突き指 ‖～をする torcerse el dedo
つきよ 月夜 noche de luna 囡
つきる 尽きる acabarse, agotarse ‖～ことない inagotable
つく 付く pegarse 《a》, adherirse 《a》;（持っている）tener;（付き添う）atender ‖…が付いた（備わった）provis*to*(*ta*) de…
つく 着く llegar 《a》;（達する）alcan-

つく 突く pinchar, picar ‖…で～ pinchar con ...
つく 就く ocupar, dedicarse 《a》
つく 点く ‖明かりが点いている La luz está encendida.
つく 継ぐ (受け継ぐ) suceder 《a》; (相続する) heredar
つぐ 注ぐ verter [echar] 《en》
つくえ 机 escritorio 男, mesa 女
つくす 尽くす (ささげる) dedicarse 《a》, servir
つぐない 償い compensación 女
つぐなう 償う compensar, reparar
つぐみ 鶫 tordo 男, zorzal 男
つくりあげる 作り上げる (完成する) completar; (築き上げる) edificar; (創造する) crear
つくりだす 作り出す (生み出す) producir; (発明する) inventar
つくりなおす 作り直す rehacer
つくりばなし 作り話 historia inventada 女 ‖～をする inventar una historia
つくる 作る (製造) hacer, fabricar; (生産) producir; (創造) crear; (建設) construir; (組織) fundar
つくろう 繕う reparar; (かがって) zurcir; (当て布をして) remendar ‖その場を～ arreglar las cosas provisionalmente
つけ 付け ‖～で買う comprar a crédito ‖今飲みすぎていると、あとで～が回ってくるぞ El exceso en la bebida lo pagarás después.
つけあわせ 付け合わせ (料理) guarnición 女
つげぐち 告げ口 delación 女, soplo 男 ‖～する delatar, soplar
つけくわえる 付け加える ⇨ 付け足す
つけこむ 付け込む aprovecharse 《de》 ‖人の弱みに～ aprovecharse de su debilidad
つけたし 付け足し adición 女; (補足) suplemento 男
つけたす 付け足す añadir [agregar] 《a》; (補足する) complementar
つけね 付け根 ‖肩の～ articulación del hombro 女
つけねらう 付け狙う perseguir, acechar
つける 付ける poner; (固定する) fijar; (接着) pegar
つける 着ける (着用する) ponerse; (着けている) llevar
つける 点ける ‖明かりを～ encender la luz ラジオを～ poner la radio
つける 浸ける remojar, mojar
つげる 告げる anunciar; (言う) decir
つごう 都合 conveniencia 女 ‖～のよい conveniente; (有利な) favorable ～の悪い inconveniente; (不利な) desfavorable
つじつま 辻褄 ‖～の合う coherente, consecuente

つた 蔦 hiedra 女
つたえる 伝える decir, comunicar, informar
つたわる 伝わる transmitirse; (うわさなどが) divulgarse
つち 土 tierra 女, suelo 男
つちかう 培う cultivar
つちけむり 土煙 nube de polvo 女 ‖～を立てる levantar una nube de polvo
つちふまず 土踏まず puente 男
つつ 筒 cilindro 男, tubo 男
つづき 続き continuación 女, continuidad 女
つっきる 突っ切る ‖人込みを～ abrirse paso a través de la muchedumbre
つつく 突く picar, pinchar; (くちばしで) picotear
つづく 続く continuar, seguir; (持続する) durar
つづけて 続けて sucesivamente; (中断なしに) sin interrupción [cesar]
つづける 続ける continuar, seguir
つっこむ 突っ込む (突進する) lanzarse 《a, contra》; (AをBに) meter A en B
つつじ 躑躅 azalea 女
つつしみ 慎み (控え目) discreción 女; (謙遜) modestia 女 ‖～深い discreto(ta), modesto(ta)
つつしむ 慎む ‖医者にタバコを～ように言われた El médico me aconsejó que no fumara.
つつしんで 謹んで ‖～お悔やみ申し上げます Le doy mi más sentido pésame.
つっぱる 突っ張る ‖筋肉が～ tener los músculos agarrotados
つつましい 慎ましい modesto(ta), reservado(da)
つつみ 包み paquete 男
つつみかくさず 包み隠さず (率直に) francamente
つつむ 包む envolver 《con, en》; (覆う) cubrir 《con》
つづり 綴り ortografía 女 ‖あなたの名前の～を言って下さい Deletree su nombre, por favor.
つづる 綴る deletrear; (書く) escribir
つとめ 務め deber 男, obligación 女; (任務) cargo 男
つとめ 勤め ‖～に出る ir al trabajo ◆ 勤め口 empleo 男 勤め先 lugar de trabajo 男 勤め人 empleado(da) 名
つとめる 勤める trabajar 《en》
つとめる 務める ‖主役を～ actuar de [como] protagonista
つとめる 努める tratar ［de＋不定詞］, procurar ［＋不定詞］ esforzarse ［en [para, por]＋不定詞］
つな 綱 cuerda 女; (太い) cable 男
つながり 繋がり enlace 男, lazos 男(複); (関係) relación 女
つながる 繋がる comunicarse 《con》; (関係する) relacionarse 《con》
つなぐ 繋ぐ (ひもなどで) atar; (連結する) unir ‖手を～ ir de la mano 《con》

つなひき 綱引き juego de la cuerda 男

つなみ 津波 《日》tsunami 男

つね 常 ‖〜に (いつも) siempre; (絶えず) continuamente それは世の〜だ Así es la vida. 〜ならぬ transitorio(ria)

つねる 抓る pellizcar

つの 角 cuerno 男

つばき 椿 camelia 女

つばき 唾 saliva 女, esputo 男

つばさ 翼 ala 女

つばめ 燕 golondrina 女

ツバル Tuvalu ‖〜の tuvalu*ano(na)*

つぶ 粒 grano 男 ‖〜揃いの igualmente bueno*s(nas)*

つぶさに (注意深く) cuidadosamente; (詳しく) detalladamente ‖〜を語る informar de...con todo detalle

つぶす 潰す aplastar, estrujar

つぶやく 呟く susurrar, murmurar

つぶより 粒選り ‖〜の escogido*(da)*, selecto*(ta)*

つぶれる 潰れる aplastarse; (壊れる) romperse ‖会社が潰れた La compañía ha quebrado.

ツベルクリン tuberculina 女 ‖〜反応 reacción tuberculínica 女

つぼ 壺 (容器) tarro 男, pote 男, jarrón 男 ‖〜を心得ている tener maña

つぼみ 蕾 brote 男, capullo 男

つま 妻 esposa 女, mujer 女

つまさき 爪先 punta del pie 女; (靴の) punta del calzado 女

つましい 倹しい económico*(ca)*, frugal

つまずく 躓く tropezar

つまみ 摘まみ (取っ手) pomo 男, tirador 男; (一つまみ) una pizca 《de》; (酒の) tapa 女

つまみぐい つまみ食い ‖〜する comer a escondidas, pellizcar

つまむ 摘む pinzar, (つかむ) coger

つまようじ 爪楊枝 palillo (de dientes) 男

つまらない 詰まらない (取るに足りない) insignificante; (面白くない) aburrido*(da)*, soso*(sa)*

つまり (すなわち) es decir, o sea; (要するに) en resumen

つまる 詰まる atascarse, estar taponado*(da)*; (充満する) estar lleno*(na)* ‖息が〜 sofocarse, ahogarse

つみ 罪 crimen 男, delito 男; (宗教上の) pecado 男 ‖〜のない inocente 〜を犯した culpable

つみあげる 積み上げる amontonar, apilar

つみかさねる 積み重ねる amontonar, apilar

つみき 積み木 cubos (de madera) 男

つみこむ 積み込む cargar; (船に) embarcar

つみたて 積み立て acumulación 女 ♦ **つみたてきん** 積み立て金 reservas 女 [主に複]

つみに 積み荷 carga 女

つみほろぼし 罪滅ぼし expiación 女, reparación 女

つむ 積む (積み上げる) amontonar, apilar; (荷を) cargar ‖経験を〜 acumular experiencias

つむ 摘む coger, recoger

つむぐ 紡ぐ hilar

つめ 爪 uña 女; (鳥獣の) garra 女

つめあと 爪痕 rasguño 男 ‖台風の〜 daños causados por el tifón 男

つめあわせ 詰め合わせ surtido 男

つめえり 詰め襟 cuello alzado [levantado] 男

つめきり 爪切り cortauñas 男 [単複]

つめこむ 詰め込む atestar, llenar

つめたい 冷たい frío*(a)*, helado*(da)*

つめたさ 冷たさ frío 男, frialdad 女; (冷淡さ) indiferencia 女

つめる 詰める (AにBを) meter A en B; (詰め物をする) rellenar ‖席を〜 correrse

つもり ‖...する〜である ir a [pensar, tener la intención de] [＋不定詞] 〜は自分では利口な〜でいる Él se cree inteligente.

つもる 積もる acumularse, amontonarse

つや 艶 lustre 男, brillo 男 ‖〜を消した deslustrado*(da)*, mate

つゆ 露 rocío 男 ▶ そんなことは露知らず sin saber nada de eso

つゆ 梅雨 estación [temporada] de lluvias 女

つよい 強い fuerte, poderoso*(sa)*; (激しい) intenso*(sa)*, violento*(ta)* ‖〜に〜 (抵抗力がある) resistente a...; (得意な) fuerte en...

つよがり 強がり fanfarronada 女, bravata 女

つよき 強気 ‖〜の agresivo*(va)*, firme

つよく 強く con fuerza, fuertemente

つよさ 強さ (力) poder 男, fuerza 女, potencia 女; (激しさ) intensidad 女

つよび 強火 ‖〜で a fuego vivo

つよまる 強まる hacerse más fuerte, fortalecerse

つよみ 強み punto fuerte 男; (利点) ventaja 女

つよめる 強める reforzar, fortalecer

つらあ 面 [善人面の] cara de ángel 女 ▶ どの〜さげてここへ来たんだ ¿Cómo tienes el descaro de presentarte aquí?

つらあて 面当て ‖〜を言う lanzar una indirecta

つらい 辛い duro*(ra)*, penoso*(sa)*; (苦しい) doloroso*(sa)* ‖〜立場にある encontrarse en una posición difícil

つらがまえ 面構え ‖不敵な〜をしている tener un aspecto intrépido

つらなる 連なる extenderse

つらぬく 貫く penetrar; (貫徹する) llevar a cabo

つらのかわ 面の皮 ‖～を剥ぐ desenmascarar ～が厚い sinvergüenza, descarado(da)

つらよごし 面汚し ‖一家の～である ser la vergüenza de la familia

つらら 氷柱 carámbano 男

つり 釣り pesca 女; (釣り銭) cambio 男, vuelta 女,《中南米》vuelto 男

つりあい 釣り合い equilibrio 男, proporción 女

つりあう 釣り合う equilibrarse 《con》; (調和する) armonizar 《con》

つりがね 釣り鐘 campana 女

つりざお 釣り竿 caña de pescar 女

つりばし 吊り橋 puente colgante 男

つる 鶴 grulla 女 ▶鶴の一声で por real decreto

つる 蔓 sarmiento 男; (眼鏡の) patilla 女

つる 弦 cuerda 女

つる 釣る pescar

つる 吊る colgar, suspender

つるす 吊るす ⇨吊る

つるつる ‖～の (すべりやすい) resbaladizo(za); (肌などが) suave

つるはし 鶴嘴 zapapico 男, pico 男

つれ 連れ acompañante 男

つれあい 連れ合い cónyuge 男女; (夫) marido 男, (妻) mujer 女

つれこ 連れ子 hijo(ja) de un matrimonio anterior

つれこむ 連れ込む llevar [traer]《a》

つれさる 連れ去る llevarse

つれそう 連れ添う llevar

つれだす 連れ出す sacar

つれだって 連れ立って (…と一緒に) con …; (一緒に) juntos(tas)

つれて 連れて ‖犬を～散歩する dar un paseo con el perro ～するに～ a medida que …

つれていく 連れて行く llevar ‖生徒を遠足に～ llevar de excursión a los alumnos

つれてかえる 連れて帰る traer 《a》, volver 《con》

つれてくる 連れて来る traer

つわり 悪阻 náuseas del embarazo 女複

つんと ‖～すました estirado(da), engreído(da)

ツンドラ tundra 女

て

て 手 (人間・動物の) mano 女; (手段) medio 男; (人手) mano de obra 女 ▶～をつないで歩く caminar de la mano ～が早い (喧嘩で) tener la(s) mano(s) larga(s) ～を貸す echar una mano 《a》 ～を抜く chapucear, descuidar el trabajo それは私の～に負えない No puedo controlarlo. ～の込んだ細工 trabajo elaborado この子には～を焼いている Este niño me causa muchos problemas.

-で (場所) en; (原因・理由) por, debido a

であい 出会い encuentro 男

であう 出会う encontrar; (偶然に) encontrarse

てあし 手足 miembros 男複, extremidades 女複

てあつい 手厚い cordial, cariñoso(sa) ‖～を手厚くもてなす tratar con gran hospitalidad a …

てあたりしだい 手当たり次第 al azar

てあて 手当て tratamiento 男; (補助金) subsidio 男; (賞与) gratificación 女

てあらい 手洗い (洗面所) lavabo 男, (トイレ) servicio 男, (cuarto de) baño 男, water 男, retrete 男

-である ser

ていあん 提案 propuesta 女; (申し出) oferta 女

ティー (お茶) té 男; (ゴルフの) tee 男 ▶ティーカップ taza de té 女 ティーバッグ bolsita de té 女

ディーエヌエー ADN 男, ácido desoxirribonucleico 男

ティーシャツ Tシャツ camiseta 女

ディーゼル ◆ディーゼルエンジン (motor) diésel 男 ディーゼル車 diésel 男

ディーブイディー DVD 男, disco de vídeo digital 男

ていいん 定員 número fijo (de personas) 男, número de plazas 女

ティーンエージャー adolescente 男女

ていえん 庭園 jardín 男

ていおう 帝王 monarca 男; (皇帝) emperador 男

ていか 定価 precio fijo 男

ていか 低下 baja 女, caída 女

ていかん 定款 estatuto 男

ていかんし 定冠詞 artículo determinado 男

ていき 定期 ‖～的 regular, periódico(ca) ◆定期券 pase 男, abono 男 定期検査 revisión médica periódica 女 定期預金 depósito a plazo fijo 男

ていぎ 定義 definición 女 ‖～する definir

ていきあつ 低気圧 baja presión (atmosférica) 女

ていきゅう 低級 ‖～な (低俗な) vulgar

ていきゅうび 定休日 día fijo de descanso 男

ていきょう 提供 oferta 女 ‖～する ofrecer 男

テイクアウト ‖～の para llevar

ディクテーション dictado 男

ていけい 提携 asociación 女, colaboración 女 ‖～する asociarse 《a, con》, colaborar 《con》

ていけつ 締結 conclusión 女 ‖平和条約を～する concertar un tratado de paz

ていけつあつ 低血圧 hipotensión 女

ていげん 提言 propuesta 女

ていこう 抵抗 resistencia 女; (反対) oposición 女 ◆抵抗器 (電気) resistencia 女 ◆抵抗力 resistencia 女

ていこく 帝国 imperio 男 ◆帝国主義 imperialismo 男 帝国主義者 imperialista 男

ていこく 定刻 ‖~に a la hora (fijada); (予定の時刻) a la hora prevista

ていさい 体裁 apariencia 女 ‖~を繕う guardar las apariencias

ていさつ 偵察 reconocimiento 男, exploración 女

ていし 停止 parada 女, detención 女; (中断) suspensión 女 ◆定時制高校 escuela secundaria de tiempo parcial 女

ていじ 提示 presentación 女 ‖~する presentar, mostrar

ていしゃ 停車 parada 女 ‖~する parar

ていしゅ 亭主 marido 男, esposo 男

ていじゅう 定住 ‖~する establecerse, asentarse

ていしゅつ 提出 presentación 女 ‖~する presentar

ていしょう 提唱 ‖~する proponer

ていしょく 定食 cubierto 男 ‖本日の～ menú del día 男

でいすい 泥酔 ‖~している estar totalmente borracho(cha)

ていすう 定数 número fijo 男; (数学) constante 女

ディスカウント descuento 女 ◆ディスカウントショップ tienda de descuento 女

ディスカッション discusión 女

ディスク disco 男 ◆ディスクジョッキー (英) disc jockey 男女, pinchadiscos 男女(単複) 磁気ディスク disco magnético 男, disco flexible 男

ディスコ discoteca 女

ディスプレイ exposición 女; (情報) pantalla 女

ている 呈する ‖深刻な様相を～ presentar un aspecto serio

ていせい 訂正 corrección 女, enmienda 女

ていせつ 定説 teoría establecida 女

ていせん 停戦 alto el fuego 男, tregua 女

ていそ 提訴 ‖~する llevar a los tribunales

ていぞく 低俗 ‖~な vulgar

ていたい 停滞 estancamiento 男

ていたく 邸宅 mansión 女, residencia 女

ていちゃく 定着 estabilidad 女 ‖~する establecerse

ていちょう 丁重 ‖~な cortés, atento(ta)

ていちょう 低調 ‖~な bajo(ja), flojo(ja)

ティッシュペーパー pañuelo de papel 男

ていでん 停電 apagón 男, corte de electricidad 男

ていど 程度 (度合い) grado 男; (レベル) nivel 男 ‖～ある～まで hasta cierto punto

ていとう 抵当 hipoteca 女, prenda 女 ◆抵当権 hipoteca 女 抵当物件 objeto hipotecado 男

ディナー cena 女

ていねい 丁寧 ‖~な cortés, atento(ta)

ていねん 定年 jubilación 女 ‖~になる llegar a la jubilación

ていはく 停泊 anclaje 男 ‖~する anclar

ていひょう 定評 ‖~のある reputado(da), reconocido(da)

ディフェンス defensa 女

ていへん 底辺 ‖社会の～ capas más bajas de la sociedad 女複 三角形の～ base de un triángulo 女

ていぼう 堤防 dique 男

ていぼく 低木 arbusto 男

ていめい 低迷 ‖~する no mejorar [avanzar]

ていり 定理 teorema 男

でいり 出入り (収支) ingresos 男 y salidas 女 ‖~する entrar y salir, frecuentar 我が家は人の～が多い Mi casa es muy frecuentada. ◆出入口 entrada 女, salida 女

ていりゅうじょ 停留所 parada 女, (中継点) paradero 男

ていれ 手入れ (世話) cuidado 男; (修繕) arreglo 男 ‖~をする cuidar, arreglar

ディレクター director(tora) 名

ディレクトリ (情報) directorio 男

ティンパニー timbal 男

テーゼ tesis 女

データ dato 男 ◆データ処理 procesamiento de datos 男 データバンク banco de datos 男 データベース base de datos 女

デート cita 女 ‖~する salir《con》

テープ cinta 女; (カセットテープ) casete 女 (または 男); (接着用) cinta adhesiva 女 ◆テープレコーダー grabadora 女, magnetófono 男 ビデオテープ cinta de vídeo 女

テーブル mesa 女 ◆テーブルクロス mantel 男

テーマ tema 女 ◆テーマソング canción principal 女

テールランプ faros pilotos 男複

ておくれ 手遅れ ‖もう～だ Es demasiado tarde.

てがかり 手がかり (痕跡) pista 女; (解決の鍵) clave 女

てがき 手書き ‖~の manuscrito(ta), escrito(ta) a mano

てがける 手掛ける (扱う) tratar《de》;

でかける (着手する) emprender

でかける 出かける (外出する) salir; (出発する) partir

てがた 手形 (為替手形) letra 囡 ◆約束手形 pagaré 男

てかてか ‖~の brillante, reluciente

でかでか ‖その事件は新聞に~と載った Los periódicos publicaron la noticia del suceso en grandes titulares.

てがみ 手紙 carta 囡; (郵便物) correo 男

てがら 手柄 mérito 男, hazaña 囡

てがる 手軽 ‖~な fácil, sencillo(lla)

てき 敵 enemigo(ga) 名; (対戦相手) adversario(ria) 名

てき 滴 gota 囡 ‖茶を一~も飲まない no beber ni una gota

でき 出来 resultado 男

できあい 出来合い ‖~の hecho(cha)

できあい 溺愛 ‖~する querer ciegamente [con locura] 《a》

できあがる 出来上がる acabarse, terminarse

てきい 敵意 hostilidad 囡 ‖~のある hostil

てきおう 適応 adaptación 囡 ‖~する adaptarse 《a》 ◆適応性 capacidad de adaptación 囡

てきかく 的確 ‖~な exacto(ta), preciso(sa)

てきごう 適合 adaptación 囡 ‖~する ajustarse [adaptarse] 《a》

できごころ 出来心 ‖~で por el impulso del momento

できごと 出来事 suceso 男; (重大な) acontecimiento 男; (付随的な) incidente 男

てきし 敵視 ‖~する considerar como enemigo 《a》

てきし 溺死 ahogo 男 ‖~する ahogarse

てきしゅつ 摘出 extracción 囡

テキスト texto 男; (教科書) libro de texto 男

てきする 適する ser adecuado(da) [apropiado(da)] 《para》

てきせい 適性 aptitud 囡 ◆適性検査 prueba de aptitud 囡

てきせつ 適切 ‖~な adecuado(da), oportuno(na)

できそこない 出来損ない ‖~の料理 plato mal cocinado 男

てきたい 敵対 ‖~する oponerse 《a》 ◆敵対行為 acción hostil 囡

できだか 出来高 (生産高) producción 囡; (株などの) volumen 男; (農産物の) cosecha 囡 ‖~払いで働く trabajar a destajo

できたて でき立て ‖~の recién hecho(cha)

てきちゅう 的中 ‖~する acertar, dar en el blanco

てきとう 適当 ‖~な adecuado(da), apropiado(da), conveniente; (無責任な) irresponsable ‖~に lo que (mejor) LE parezca

てきど 適度 ‖~の moderado(da), mesurado(da)

てきぱき (活発に) activamente; (効率よく) eficazmente

てきびしい 手厳しい riguroso(sa), severo(ra)

できもの 出来物 (腫れ物) bulto 男, divieso 男; (吹き出物) grano 男

てきよう 適用 aplicación 囡 ‖~する aplicar 《a》

てきよう 摘要 sumario 男, resumen 男

できる 出来る poder [+不定詞]; (技術がある) saber [+不定詞]; (可能である) ser posible [+不定詞]; (…から作られる) estar hecho(cha) de… ‖あいつは一男だ Es un hombre capaz. ~だけ早く cuanto antes, lo antes posible ~だけのことはするつもりだ Haré todo lo posible [todo lo que pueda].

てぎわ 手際 ‖~がよい diestro(tra), hábil ~が悪い torpe

てぐち 手口 método 男, procedimiento 男

でぐち 出口 salida 囡

テクニック técnica 囡

てくび 手首 muñeca 囡

でくわす 出くわす encontrarse 《con》

てこ 梃子 palanca 囡 ▶彼はてこでも動かない Jamás cede./Es muy terco.

てごころ 手心 ‖~を加える tratar con indulgencia [miramientos]

てこずる 手こずる tener problemas [dificultades] 《con》

てごたえ 手応え reacción 囡; (効果) efecto 男

でこぼこ 凸凹 desigualdad 囡 ‖~の desigual

デコレーション adorno 男, decoración 囡

てごろ 手頃 ‖~な conveniente, manejable ~な値段 precio razonable 男

てごわい 手強い duro(ra), formidable

デザート postre 男

デザイナー diseñador(dora) 名; (服飾) modista 男女

デザイン diseño 男 ‖~する diseñar 素敵な~の de diseño precioso

てさき 手先 manos 囡複, dedos 男複; (手下) instrumento 男

てさぐり 手探り ‖~で a tientas ~する tentar

てさげかばん 手提げ鞄 cartera 囡

てざわり 手触り tacto 男

でし 弟子 discípulo(la) 名; (見習い) aprendiz(diza) 名 ‖~入りする hacerse discípulo(la)

てしごと 手仕事 trabajo manual 男, artesanía 囡

てした 手下 subordinado(da) 名

デジタル digital ◆デジタルカメラ cámara digital 囡 デジタル時計 reloj digital 男 デジタル放送 transmisión

てじな 手品 prestidigitación 囡 ◆手品師 prestidigit*ador(dora)* 名

でしゃばり 出しゃばり entromet*ido(da)* 名

でしゃばる 出しゃばる entrometerse

てじゅん 手順 procedimiento 男, trámite 男

てじょう 手錠 esposas 囡榎

てすう 手数 ‖～のかかる moles*to(ta)* ◆手数料 derechos 男榎, comisión 囡

デスク mesa 囡, escritorio 男; (編集者) redact*or(tora)* 名 ◆**デスクワーク** trabajo de oficina 男

デスクトップコンピューター ordenador 男 [[中南米]] computadora 囡 de sobremesa [escritorio]

テスト examen 男, prueba 囡

てすり 手摺 pasamanos 男, barandilla 囡

てせい 手製 ⇨ 手作り

てそう 手相 rayas de la mano 囡榎 ‖～を見る leer la mano

てだすけ 手助け ayuda 囡

でたらめ 出鱈目 disparate 男 ‖～に al azar

てぢか 手近 ‖～な familiar; (近くの) cercan*o(na)* ～に a mano, al alcance

てちがい 手違い error 男, equivocación 囡

てちょう 手帳 agenda 囡, libreta 囡

てつ 鉄 hierro 男, [[中南米]] fierro 男; (鋼鉄) acero 男

てっかい 撤回 retirada 囡, retractación 囡

てつがく 哲学 filosofía 囡 ‖～的な filosófic*o(ca)* ◆**哲学者** filós*ofo(fa)* 名

てつき 手つき ‖～も鮮やかで hábilmente, con destreza

てっき 鉄器 objetos de hierro 男 ◆**鉄器時代** Edad del Hierro 囡

デッキ (船の) cubierta 囡; (列車の) plataforma 囡 ◆**デッキチェア** silla plegable 囡, tumbona 囡

てっきょ 撤去 retirada 囡; (取り壊し) desmantelamiento 男 ‖～する retirar, desmantelar

てっきょう 鉄橋 puente de hierro 男; (鉄道の) puente de ferrocarril 男

てっきんコンクリート 鉄筋～ ‖～の建物 edificios de hormigón [[中南米]] concreto] armado 男

てづくり 手作り ‖～の hech*o(cha)* a mano

てつけきん 手付け金 depósito 男

てっこう 鉄鋼 hierro 男 y acero 男

てっこうせき 鉄鉱石 mineral de hierro 男

てっこつ 鉄骨 armazón de hierro 男

デッサン esbozo 男, boceto 男

てっせい 鉄製 ‖～の de hierro

てったい 撤退 retirada 囡, evacuación 囡

てつだい 手伝い ayuda 囡; (人) ayudante 男女

てつだう 手伝う ayudar, prestar ayuda《a》

でっちあげる でっち上げる inventar(se)

てつづき 手続き procedimiento 男, trámite 男

てってい 徹底 ‖～した平和主義者 pacifista a ultranza 男女 ～的な complet*o(ta)*, perfect*o(ta)*

てつどう 鉄道 ferrocarril 男; (列車) tren 男

デッドヒート ‖激しい～を演じる disputar una reñida carrera《con》

てっぱん 鉄板 plancha de hierro 囡

てつぼう 鉄棒 barra de hierro 囡; (体操用) barra fija 囡

てっぽう 鉄砲 fusil 男, escopeta 囡

てつや 徹夜 vela 囡 ‖～する pasar la noche en vela

テナー tenor 男

テナント inquilin*o(na)* 名

テニス tenis 男 ‖～をする jugar al tenis

デニム ‖～の vaquer*o(ra)*

にもつ 手荷物 equipaje de mano 男 ◆**手荷物預り所** (駅などの) consigna 囡; (劇場などの) guardarropa 男

てぬき 手抜き ‖～する descuidar, chapucear ◆**手抜き工事** obra chapucera 囡

てぬぐい 手拭い toalla 囡

テノール tenor 男

てのこう 手の甲 dorso de la mano 男

てのひら 手の平 palma (de la mano) 囡 ▶手のひらを返すように冷たくなる volverse de repente frí*o(a)*《con》

デノミネーション denominación 囡

では bien, bueno

デパート (grandes) almacenes 男榎

てはい 手配 arreglo 男, preparativos 男榎 ‖～する arreglar, disponer

はじめに 手始めに en primer lugar, para empezar

てはず 手筈 preparación 囡, preparativos 男榎 ‖～を整える hacer los preparativos

てばなす 手放す deshacerse [desprenderse]《de》

てびき 手引き guía 囡, manual 男

デビュー debut 男 ‖～する estrenarse, debutar

てぶくろ 手袋 guantes 男榎

てぶら 手ぶら ‖～で sin llevar nada

デフレ(ーション) deflación 囡

てほん 手本 modelo 男, ejemplo 男

てま 手間 (時間) tiempo 男; (労力) trabajo 男 ‖～がかかる costar (trabajo)

デマ rumor falso 男 ‖～を飛ばす propagar un rumor falso

てまえ 手前 ‖小田原の1つ～の駅で降りる bajarse del tren en una estación antes de Odawara ～味噌を並べる alabarse a un*o(a)* mism*o(ma)*

でまえ 出前 servicio (reparto) a domicilio 男

でまかせ 出任せ ‖口から〜を言う decir disparates
でまど 出窓 ventana salediza 囡
てまね 手まね gesto 男, señas 囡[主に複]
てまねき 手招き ‖〜する hacer una señal con la mano
でみせ 出店 (支店) sucursal 囡; (露店) puesto (de venta) 男
てみやげ 手土産 regalo 男
でむかえる 出迎える salir a recibir
デメリット desventaja 囡
-ても ‖雨が降〜行きます Iré aunque llueva.
デモ manifestación 囡 ‖戦争反対〜行進をする manifestarse contra la guerra
-でも ‖たとえ…〜 aunque［＋接続法］
デモクラシー democracia 囡
てもと 手元 ‖…を〜に置く tener 〜にある資料 los datos que tengo a disposición
デモンストレーション demostración 囡
デュエット dúo 男
てら 寺 templo (budista) 男
てらす 照らす alumbrar, iluminar ‖照らし合わせる comparar《con》
テラス terraza 囡
デラックス ‖〜な lujoso(sa), de lujo
てりかえす 照り返す reflejar
デリケート ‖〜な delicado(da), sensible
テリトリー territorio 男
てる 照る brillar
でる 出る (外に出る) salir; (去る) irse; (出発する) partir; (現れる) aparecer ‖テレビ［映画］に〜 salir en la televisión [una película]
てれくさい 照れ臭い tener vergüenza ‖照れ臭そうに vergonzosamente
テレパシー telepatía 囡
テレビ televisión 囡, (話) tele 囡; (受像機) televisor 男 ‖〜を見る ver la televisión ◆テレビゲーム videojuego 男
テレホンカード tarjeta telefónica 囡
てれや 照れ屋 vergonzoso(sa)
てれる 照れる sentir vergüenza, avergonzarse
テロ(リズム) terrorismo 男 ◆テロリスト terrorista 男女 自爆テロ atentado suicida 男 爆弾テロ atentado con bomba 男
テロップ subtítulo 男
てわたす 手渡す entregar, dar
てん 点 punto 男; (試験の) nota 囡
てん 天 cielo 男; (神) Dios 男
てんあつ 電圧 voltaje 男, tensión (eléctrica) 囡
てんい 転移 (医学) metástasis 囡 (単複) ‖〜する propagarse
てんいん 店員 dependiente(ta) 名
てんえん 田園 campo 男 ◆田園都市 ciudad rural 囡

てんか 天下 (この世) mundo 男; (全国) todo el país
てんか 点火 encendido 男 ‖〜する encender
てんか 転嫁 ‖責任を〜する echar la culpa《a＋人》
てんか 電化 electrificación 囡 ◆電化製品 aparatos eléctricos 男複
てんかい 展開 desarrollo 男, evolución 囡
てんかぶつ 添加物 aditivo 男
てんかん 転換 cambio 男; (方向転換) vuelta 囡
てんかん 癲癇 epilepsia 囡
てんき 天気 tiempo 男 ‖今日は〜がいい[悪い] Hoy hace buen [mal] tiempo. ◆天気図 mapa meteorológico 男 天気予報 predicción 囡 [pronóstico 男] del tiempo
でんき 電気 electricidad 囡; (電流) corriente eléctrica 囡 ‖〜の eléctrico(ca)
でんき 伝記 biografía 囡 ◆伝記作者 biógrafo(fa) 名
でんきゅう 電球 bombilla 囡
てんきょ 転居 mudanza 囡 ‖〜する cambiarse, mudarse
てんきん 転勤 traslado 男 ‖〜する trasladarse
てんけい 典型 tipo 男, ejemplo 男 ‖〜的な típico(ca)
てんけん 点検 revisión 囡, inspección 囡 ‖〜する revisar
でんげん 電源 (コンセント) enchufe 男, toma de corriente 囡
てんこ 点呼 llamada 囡 ‖〜する pasar lista
てんこう 天候 tiempo 男
てんこう 転校 cambio de escuela 男 ‖〜する cambiar de escuela ◆転校生 alumno(na) que ha cambiado(da) de escuela 男
てんこう 転向 conversión 囡 ‖〜する convertirse
でんこう 電光 luz eléctrica 囡 ‖〜石火のごとく como un relámpago
てんごく 天国 cielo 男, paraíso 男
でんごん 伝言 recado 男, mensaje 男
てんさい 天才 genio 男 ‖〜的な genial
てんさい 天災 calamidad 囡 [desastre 男] natural
てんさく 添削 corrección 囡 ‖〜する corregir
てんし 天使 ángel 男 ‖〜のような angelical
てんじ 点字 braille 男
てんじ 展示 exposición 囡 ‖〜する exponer, exhibir ◆展示会 exposición 囡 展示品 obras expuestas 囡複
でんし 電子 electrón 男 ‖〜の electrónico(ca) ◆電子工学 (ingeniería) electrónica 囡 電子出版 publicación electrónica 囡 電子メール correo

electrónico 男 電子レンジ (horno) microondas 単複
でんじは 電磁波 onda electromagnética 女
てんしゃ 転写 transcripción 女 ‖～する transcribir
でんしゃ 電車 tren 男 ‖～に乗る tomar el tren; (乗り込む) subir al tren ◆電車賃 tarifa de tren 女
てんしゅつ 転出 mudanza ◆転出届 notificación de cambio de domicilio 女
てんじょう 天井 techo 男 ‖物価は～知らずだ Se disparan los precios.
でんしょう 伝承 tradición 女; (民間伝承) folklore 男
てんじょういん 添乗員 guía turístico(ca) 男
てんしょく 天職 vocación 女
てんしょく 転職 cambio de empleo 男 ‖～する cambiar de empleo
でんしょばと 伝書鳩 paloma mensajera 女
でんしん 電信 telégrafo 男 ‖～で por telégrafo
てんすう 点数 punto 男
てんせい 天性 naturaleza 女 ‖～の innato(ta), de nacimiento
でんせつ 伝説 leyenda 女 ‖～的な legendario(ria)
てんせん 点線 línea de puntos 女
でんせん 伝染 infección 女, contagio 男 ‖～する infectarse, contagiarse ～性の infeccioso(sa), contagioso(sa) ◆伝染病 enfermedad infecciosa [contagiosa], epidemia 女
でんせん 電線 línea eléctrica 女
てんそう 転送 reenvío 男, reexpedición 女 ‖～する reenviar, reexpedir
てんたい 天体 astro 男, cuerpo celeste 男 ◆天体望遠鏡 telescopio astronómico 男
でんたく 電卓 calculadora (de bolsillo) 男
でんたつ 伝達 comunicación 女, transmisión 女
てんち 天地 el cielo y la tierra 男
でんち 電池 pila 女, batería 女; (乾電池) pila seca 女
でんちゅう 電柱 poste de electricidad 男
てんてき 点滴 gota a gota 女
テント tienda (de campaña) 女,《中南米》carpa 女 ‖～を張る montar una tienda
てんとう 転倒 ‖～する caer(se)
でんとう 伝統 tradición 女 ‖～的な tradicional ◆伝統芸能 arte tradicional 男
でんとう 電灯 luz eléctrica 女
でんどう 伝導 conducción 女 ‖～する conducir
でんどう 伝道 misiones 女複
てんとうむし 天道虫 mariquita 女
てんにん 転任 traslado 男

でんねつき 電熱器 calentador eléctrico 男
てんねん 天然 naturaleza 女 ‖～の natural ◆天然記念物 especie rara protegida por la ley
てんねんとう 天然痘 viruela 女
てんのう 天皇 emperador(triz) 名 ◆天皇制 sistema imperial 男
てんのうせい 天王星 Urano 男
でんぱ 電波 onda radioeléctrica 女
てんび 天火 horno 男
てんびき 天引 retención 女 ‖～する retener
でんぴょう 伝票 nota 女, volante 男
てんびん 天秤 balanza 女 ‖～にかける comparar ◆天秤座 Libra 女
てんぷ 添付 ‖～する adjuntar ◆添付書類 documento adjunto 男 添付ファイル archivo adjunto 男
てんぷく 転覆 vuelco 男; (政府などの) derrocamiento 男
てんぶん 天分 don 男, genio 男
でんぷん 澱粉 fécula 女, almidón 男 ‖～質の feculento(ta)
テンポ ritmo 男;《音楽》tempo 男
てんぼう 展望 vista 女, (見通し) perspectiva 女
でんぽう 電報 telegrama 男
デンマーク Dinamarca ‖～の danés(nesa)
てんまつ 顛末 todo lo ocurrido; (詳細) todos los detalles
てんまど 天窓 claraboya 女, tragaluz 男
てんめつ 点滅 parpadeo 男 ‖～する parpadear
てんもん 天文 ‖～学的な[上の] astronómico(ca) ◆天文学 astronomía 女 天文台 observatorio (astronómico) 男
てんやく 点訳 transcripción en braille 女
てんよう 転用 ‖～する destinar a otro fin
てんらく 転落 caída 女 ‖～する caerse
てんらんかい 展覧会 exposición 女, exhibición 女
でんりゅう 電流 corriente eléctrica 女 ‖この針金には～が通じている Por este alambre pasa una corriente eléctrica.
でんりょく 電力 energía eléctrica 女, electricidad 女
でんわ 電話 teléfono 男 ‖～をかける llamar (por teléfono), telefonear ～を切る colgar (el teléfono) ◆電話機 teléfono 男 電話局 central telefónica 女 電話帳 guía telefónica 女 電話番号 número de teléfono 男 電話ボックス cabina telefónica 女 携帯電話 (teléfono) móvil [《中南米》celular] 男

と

と 戸 puerta 女
と 都 ◆都知事 gobernad*or(dora)* de Tokio 男 都庁 Gobierno metropolitano de Tokio 男
-と（並列）y;（随伴）con
と 度 ‖～を越す excederse《en》
-ど -度（回数）vez 女;（温度・角度・経緯度）grado 男
ドア puerta 女
とい 樋 canalón 男
とい 問い pregunta 女, interrogación 女
といあわせ 問い合わせ petición [solicitud] de información 女 ◆問い合せ先 referencias 女複
といあわせる 問い合わせる pedir [solicitar] información《de》
といかえす 問い返す volver a preguntar
といかける 問いかける hacer una pregunta《a》, preguntar《a》
といし 砥石 piedra de afilar 女
といただす 問い質す ‖不審な点を～ preguntar sobre los puntos dudosos
ドイツ Alemania 女 ‖～の alem*án(mana)* ◆ドイツ語 alemán 男 ドイツ人 alem*án(mana)*
いつめる 問い詰める interrogar
トイレ servicio 男, (cuarto de) baño 男, retrete 男, water 男 ‖〈会話〉～はどこですか ¿Dónde está el servicio?
トイレットペーパー rollo de papel higiénico 男
とう 党 partido 男;（徒党）pandilla 女
とう 塔 torre 女;（尖塔）aguja 女
とう 問う preguntar, interrogar ‖責任を～ acusarle de ser responsable《de》
-とう -等（等級）clase 女;（賞）premio 男;（…など）etcétera
どう ‖～したの ¿Qué te pasa? ギリシャ旅行は～でしたか ¿Qué tal fue el viaje a Grecia? ～見ても（よくても）a lo sumo, como mucho
どう 胴 tronco 男, cuerpo 男
どう 銅 cobre 男;（ブロンズ）bronce 男
どうあつせん 等圧線 isobara 女
どうあん 答案（papel de) examen 男;（解答）respuesta 女
どうい 同意 acuerdo 男, aprobación 女 ‖～する estar de acuerdo《con》
どういう（何の）qué;（どんな方法で）cómo
どういげんそ 同位元素 isótopo 男
どういたしまして De nada./No hay de qué.
とういつ 統一 unidad 女, unificación 女 ‖～する unificar
どういつ 同一 ‖～の mism*o(ma)*, igual

とういん 党員 miembro del partido 男
どういん 動員 movilización 女 ‖～する movilizar
とうえい 投影 proyección 女 ‖～する proyectar
とうおう 東欧 Europa Oriental [del Este] 女
どうか 同化 asimilación 女 ‖～する asimilar
どうか ‖本当か～彼に聞いてみよう Vamos a preguntarle si es verdad.
どうか 銅貨 moneda de cobre 女
とうかい 倒壊 ‖～する derrumbarse
とうがい 等外 ‖～作品 obra no clasificada 女
とうがい 当該 ‖～の en cuestión
どうかく 同格 mismo rango 男;（文法で）aposición 女
どうかせん 導火線 mecha 女;（誘因）causa 女
とうがらし 唐辛子 chile 男 [guindilla 女] en polvo, ají molido 男
とうかん 投函 ‖～する echar al buzón
どうかん 同感 ‖私もあなたと～です Estoy de acuerdo con usted.
とうき 冬期・冬季 invierno 男
とうき 投機 especulación 女 ◆投機家 especulad*or(dora)* 名
とうき 陶器 cerámica 女
とうぎ 討議 discusión 女, debate 男 ‖～する discutir, debatir
どうき 動機 motivo 男, móvil 男 ‖～づけ motivación 女
どうき 動悸 palpitación 女, latido 男
どうぎ 動議 moción 女
どうぎ 道義 moralidad 女, moral 女 ‖～的な moral
どうぎご 同義語 sinónimo 男
とうきゅう 等級 clase 女, grado 男
とうぎゅう 闘牛 corrida (de toros) 女
どうきゅう 同級 ‖～生 compañer*o(ra)* de clase 名
どうきょ 同居 convivencia 女 ‖～する convivir
どうぎょう 同業 misma profesión 女 ◆同業者 compañer*o(ra)* de negocio 名
とうきょく 当局 autoridad 女 ‖関係～ autoridades competentes 女複
どうぐ 道具 herramienta 女, instrumento 男 ‖～箱 caja de herramientas 女
どうくつ 洞窟 cueva 女, caverna 女
とうげ 峠 paso 男, puerto (de montaña) 男;（危機）crisis 女
どうけ 道化 bufón 男 ◆道化師 payas*o(sa)* 名
とうけい 統計 estadística 女 ‖～的な estadístic*o(ca)*
とうけい 東経 longitud este 女
とうげい 陶芸 cerámica 女, alfarería 女 ◆陶芸家 ceramista 男女

とうけつ 凍結 congelación 女

どうけん 同権 mismos derechos 複 ‖男女～ los mismos [igualdad de] derechos para hombres y mujeres 複

とうこう 登校 ‖～する ir a la escuela ≠拒否する negarse a ir a la escuela

とうごう 統合 integración 女, unificación 女

どうこう 瞳孔 pupila 女

どうこう 動向 (傾向) tendencia 女; (動き) movimiento 男

どうこう 同行 ‖～する acompañar, ir 《con》

どうこうかい 同好会 club 男

とうざ 当座 ‖～の temporal, provisional ～は de [por el] momento ◆当座預金 cuenta corriente 女

とうざい 東西 este y oeste ▶洋の東西を問わず en [por] todo el mundo

どうさつ 洞察 ‖～する penetrar ◆洞察力 perspicacia 女

とうさん 倒産 quiebra 女, bancarrota 女 ‖～する quebrar, hacer quiebra [bancarrota]

どうさん 動産 bienes muebles 男複

とうし 投資 inversión 女 ‖～する invertir 《en》 ◆投資家 inversor(sora) 名

とうし 闘志 espíritu combativo 男

とうし 凍死 muerte de frío 女 ‖～する morir de frío

とうじ 当時 entonces, en [por] aquel tiempo

とうじ 冬至 solsticio de invierno 男

とうじ 答辞 discurso de respuesta 男

どうし 動詞 verbo 男

どうし 同士 ‖私たちはいとこ～です Somos primos.

どうし 同志 camarada 男女, compañero(ra) 名

どうじ 同時 ‖～に al mismo tiempo, simultáneamente ◆同時通訳 interpretación [traducción] simultánea 女; (人) intérprete simultáneo(a) 名

とうじき 陶磁器 cerámica 女, loza 女

どうじだい 同時代 ‖～の contemporáneo(a) ◆同時代人 contemporáneo(a) 名

とうじつ 当日 ese día, el mismo día

どうしつ 同質 misma calidad 女 ‖～の homogéneo(a)

どうして (なぜ) por qué; (どのようにして) cómo

どうしても (ぜひ) a toda costa; (必然的に) forzosamente

とうしゃばん 謄写版 mimeografía 女

とうしゅ 党首 líder [dirigente] de un partido 男女

とうしょ 投書 ‖～する escribir una carta 《a》

とうしょ 当初 ‖～の original

とうじょう 登場 aparición 女; (舞台への) entrada en escena 女 ‖～する aparecer ◆登場人物 personaje 男

とうじょう 搭乗 embarque 男 ‖～する embarcarse ◆搭乗券 tarjeta de embarque

どうじょう 同情 compasión 女 ‖～する tener compasión 《de》, compadecer

どうしようもない No queda más remedio./No hay manera.

とうしん 答申 informe 男 ‖～する presentar un informe

とうしんだい 等身大 ‖～の de tamaño natural

とうすい 陶酔 embeleso 男 ‖～する embelesarse, embriagarse

どうせ (いずれにせよ) de todos modos; (結局) después de todo

とうせい 統制 (管理) control 男; (規制) regulación 女 ‖～する controlar, regular

どうせい 同性 mismo sexo 男

どうせい 同棲 vida de pareja 女 ‖～する vivir en pareja

とうせん 当選 ‖～する ser elegido(da); (懸賞に) ganar un premio

とうぜん 当然 naturalmente ‖～の natural ···するのは～だ es natural 《que+接続法》

どうぞ por favor ‖お先に～ Usted primero, por favor.

とうそう 逃走 huida 女, fuga 女

とうそう 闘争 lucha 女, conflicto 男

どうそう 同窓 ◆同窓生 antiguo(gua) alumno(na) 名 同窓会 reunión de antiguos alumnos 女

どうぞう 銅像 estatua de bronce 女

どうぞく 同族 ◆同族会社 empresa familiar 女

とうた 淘汰 selección 女 ‖～する seleccionar, eliminar

とうだい 灯台 faro 男

どうたい 胴体 tronco 男, cuerpo 男

とうたつ 到達 llegada 女 ‖～する llegar 《a》, alcanzar; (努力の末) conseguir

とうち 統治 gobierno 男, dominio 男

とうち 倒置 inversión 女 ‖～する invertir

とうちゃく 到着 llegada 女 ‖～する llegar 《a》 ◆到着ホーム andén de llegada 男 到着時刻 hora de llegada

とうちょう 盗聴 ‖電話を～する intervenir [pinchar] un teléfono ‖～された El teléfono ha sido intervenido.

どうちょう 同調 ‖～する ponerse de acuerdo 《con》, simpatizar 《con》

とうてい 到底 ‖この結果には～満足できない Los resultados no son nada satisfactorios.

どうてい 童貞 virginidad 女 ‖~の人 virgen 男

どうでもよい ∣そんなことは~ No me importa.

どうてん 同点 empate 男 ‖~になる empatar

とうとい 尊い precioso(sa); (高貴な) noble

とうとう 到頭 por fin, al final ∣彼女は~泣き出した Al final se echó a llorar.

どうとう 同等 ‖~の igual ~に con igualdad

どうどう 堂々 ‖~たる imponente; (威厳のある) digno(na) ‖~巡りをする estar en un círculo vicioso

どうとく 道徳 moral 女 ‖~的な moral ◆**道徳観念** sentido moral 男

とうなん 東南 sureste 男 ◆**東南アジア** Sureste Asiático 男

とうなん 盗難 robo 男

どうにか (かろうじて) apenas; (なんとか) de un modo u otro

とうにゅう 投入 (投資) inversión 女 ‖軍隊を~する concentrar tropas

どうにゅう 導入 introducción 女 ‖~する introducir

とうにょうびょう 糖尿病 diabetes 女 〔単独〕

どうねんぱい 同年輩 ‖~の de la misma edad

とうは 党派 partido 男; (派閥) facción 女

とうばん 当番 turno 男

どうはん 同伴 acompañamiento 男 ‖~する acompañar

どうはんが 銅版画 grabado en cobre 男

とうひ 逃避 huida 女, fuga 女

とうひょう 投票 votación 女; (票) voto 男 ‖~する votar ◆**投票率** índice de votación 男

とうふ 豆腐 (日) tofu 男, cuajada de soja 女

とうぶ 東部 este 男, oriente 男

どうふう 同封 ‖~する adjuntar

どうぶつ 動物 animal 男 ◆**動物園** parque zoológico 男, zoo 男 **動物学** zoología 女

とうぶん 当分 (しばらくは) por algún tiempo; (今のところ) por ahora

とうぶん 等分 ‖~の igual ~する dividir en partes iguales

とうぶん 糖分 azúcar 男

とうほう 東方 ‖~の oriental

とうぼう 逃亡 fuga 女, huida 女

どうほう 同胞 compatriota 男女

とうほく 東北 nor(d)este 男 ◆**東北地方** región de Tohoku 女

どうみゃく 動脈 arteria 女

とうみん 冬眠 hibernación 女 ‖~する hibernar

とうめい 透明 ‖~な transparente

どうめい 同盟 alianza 女 ◆**同盟国** país aliado 男

どうメダル 銅 - medalla de bronce 女

とうめん 当面 de momento ‖~の (現在の) presente; (差し迫った) inmediato(ta), urgente

どうも ‖~ありがとう Muchas gracias. ~よくわからない No acabo de entenderlo.

どうもう 獰猛 ‖~な feroz

とうもろこし 玉蜀黍 maíz 男

どうやら ‖~…のようだ Parece que 〖+直説法〗

とうゆ 灯油 queroseno 男

とうよう 東洋 Oriente 男 ‖~の oriental

どうよう 動揺 agitación 女, perturbación 女 ‖~する agitarse, perturbarse

どうよう 同様 ‖~に igualmente ~の mismo(ma); (似ている) parecido(da)

どうよう 童謡 canción infantil 女

どうらく 道楽 (趣味) afición 女, pasatiempo 男; (放蕩) libertinaje 男

どうらん 動乱 disturbio 男, sublevación 女

どうり 道理 razón 女 ‖~にかなった razonable

どうりょう 同僚 compañero(ra) de trabajo 名

どうりょく 動力 fuerza motriz 女

どうろ 道路 carretera 女, calle 女 ‖~は工事中だ La carretera está en obras. ◆**道路地図** mapa de carreteras 男 **道路標識** señal de tráfico 女

とうろ 灯籠 linterna 女

とうろく 登録 registro 男, inscripción 女, matrícula 女 ‖~済〖揭示〗 Registrado. ◆**登録商標** marca registrada 女 **登録番号** número de registro 男

とうろん 討論 debate 男, discusión 女

どうわ 童話 cuento infantil 男; (おとぎ話) cuento de hadas 男

とうわく 当惑 confusión 女, perplejidad 女

とお 十 ⇨ 十(とお)

とおい 遠い lejano(na), remoto(ta)

トーゴ Togo ‖~の togolés(lesa)

とおく 遠く ‖~に lejos 《de》

とおざかる 遠ざかる alejarse 《de》

とおざける 遠ざける alejar, distanciar ‖~どおし、~通し ‖母は働き~です Mi madre sigue trabajando sin parar.

とおす 通す pasar, dejar pasar ‖…を通して a través de ...

トースター tostador 男

トースト tostada 女

とおで 遠出 excursión 女

ドーナツ (英) donut 男, rosquilla 女

トーナメント torneo 男

とおのく 遠のく alejarse; (疎遠になる) distanciarse

ドーピング dopaje 男, (英) doping 男 ‖~する doparse

とおまわし 遠回し ‖~の indirec*to(ta)* ~に indirectamente, con rodeos
とおまわり 遠回り rodeo 男 ‖~する dar un rodeo
ドーム cúpula 女, domo 男 ◆**ドーム球場** Estadio cubierto con un domo
とおり 通り calle 女; (大通り) avenida 女; (人・車の往来) tráfico 男
-とおり -通り いつもの~ como siempre
とおりあめ 通り雨 chubasco 男, chaparrón 男
とおりいっぺん 通り一遍 ‖~の (表面的な) superficial; (形式的な) formal; (おきまりの) convencional
とおりかかる 通り掛かる pasar《por》‖通り掛かりに de camino
とおりこす 通り越す pasar, dejar atrás
とおりすぎる 通り過ぎる pasar (de largo)
とおりぬけ 通り抜け ‖~無用〔掲示〕Se prohíbe pasar./Prohibido el paso.
とおりぬける 通り抜ける atravesar
とおりみち 通り道 paso 男, camino 男
とおる 通る pasar, circular;(横断する) atravesar
トーン tono 男
とかい 都会 ciudad 女 ‖~の〔的な〕urba*no(na)* ◆**都会人** ciudada*no(na)* 名 **都会生活** vida urbana 女
とかげ 蜥蜴 lagarto 男
とかす 溶かす (液体で) disolver;(金属などを) fundir
とかす 梳かす ‖髪を~ peinarse
とがった 尖った puntiagu*do(da)*, (鋭い) agu*do(da)*
とがめる 咎める ‖ echar la culpa, reprochar ‖気が~ remorder《a+人》
とがらす 尖らす sacar punta《a》
どかん ‖花火が~と鳴る estallar los fuegos artificiales
とき 時 tiempo 男;(時刻) hora 女;(時代) época 女;(時機) momento 男;(…する時) cuando, al〔+不定詞〕‖~として a veces ~の首相 primer ministro de entonces
とき 朱鷺 ibis 男
とき 土器 vasija de barro
ときおり 時折 de vez en cuando
どぎつい (派手な) llamati*vo(va)*;(露骨な) cru*do(da)*
どきっと ‖~する asustarse
ときどき 時々 a veces, de vez en cuando
どきどき ‖私は胸が~した Me palpitaba el corazón.
ときには 時には a veces, algunas veces
ときはなつ 解き放つ libertar, liberar
ときふせる 説き伏せる convencer, persuadir
ときめく 時めく ‖今を~ en el apogeo de la gloria
ドキュメンタリー documental 男
どきょう 度胸 valor 男 ‖~のある valiente
とぎれる 途切れる interrumpirse, cesar
とく 得 ganancia 女;(有利) ventaja 女 ‖~をする ganar, sacar ventaja《de》
とく 徳 virtud 女
とく (ほどく) desatar;(解決する) solucionar, resolver
とく 説く explicar;(説教する) predicar
とぐ 研ぐ afilar, aguzar;(米を) lavar el arroz
どく 退く apartarse, echarse a un lado
どく 毒 veneno 男 ◆**毒ガス** gas tóxico 男 **毒キノコ** hongo venenoso 男 **毒物質** sustancia tóxica 女
とくい 得意 (顧客) cliente 男女 ‖~がある ser bueno en…, estar fuerte en…
とくい 特異 ‖~な singular, peculiar ◆**特異体質** idiosincrasia 女
どくがく 独学 ‖~の autodidac*to(ta)* ~する estudiar por sí mis*mo(ma)*
とくぎ 特技 especialidad 女
どくさい 独裁 dictadura 女 ◆**独裁者** dicta*dor(dora)*
とくさつ 特撮〔映画〕trucaje 男
どくさつ 毒殺 envenenamiento 男 ‖~する envenenar
とくさん 特産 producto especial〔famoso〕
どくじ 独自 ‖~の original, pro*pio(pia)*;(独立した) independiente
どくしゃ 読者 lec*tor(tora)* 名;(定期購読者) abona*do(da)*
とくしゅ 特殊 ‖~な especial, particular ◆**特殊性** particularidad 女
とくしゅう 特集〔記事〕artículo especial 男 ‖~する presentar [tener] un especial informativo
どくしょ 読書 lectura 女 ‖~する leer ◆**読書週間** semana de la lectura
どくしょう 独唱 solo 男 ◆**独唱者** solista 男女
とくしょく 特色 característica 女 ‖~のある caracterís*tico(ca)*
どくしん 独身 ‖~の solte*ro(ra)* ◆**独身者** solte*ro(ra)* 名
どくする 毒する envenenar, corromper
どくぜつ 毒舌 ‖~を振るう hablar mordazmente ◆**毒舌家** lengua viperina 女
どくせん 独占 monopolio 男 ‖~する monopolizar
どくぜん 独善 ‖~的な autosuficiente, arbitra*rio(ria)*
どくそう 独奏 solo 男 ◆**独奏者** solista 男女

どくそう 独創 ‖～性 originalidad 囡 ～的な original
どくそく 督促 ‖～する apremiar ◆～状 carta de apremio 囡
ドクター doctor(tora) 图; (医師) médico(ca)
とくだね 特種 (noticia) exclusiva 囡
どくだん 独断 ‖～で専行する actuar arbitrariamente ～的な arbitrario(ria)
とぐち 戸口 puerta 囡, entrada 囡
とくちょう 特徴 característica 囡, particularidad 囡
とくちょう 特長 cualidad 囡, mérito 男
とくてい 特定 ‖～の determinado(da), especifico(ca)
とくてん 得点 punto 男, tanto 男; (試験の) nota 囡
とくてん 特典 privilegio 男, ventaja 囡
どくとく 独特 ‖～な (特有の) particular; (類のない) único(ca); (独創的な) original, (独自の) propio(pia)
とくに 特に especialmente, particularmente
とくばい 特売 rebajas 囡(復) ◆特売品 oferta 囡
とくはいん 特派員 corresponsal 男女, enviado(da) especial 图
どくはく 独白 monólogo 男 ‖～する monologar
とくひつ 特筆 ‖～すべき notable, digno(na) de mención
とくべつ 特別 ‖～な especial, particular; (例外的な) excepcional
どくへび 毒蛇 serpiente venenosa 囡
どくぼう 独房 celda 囡
どくほん 読本 libro de lectura 男
とくめい 匿名 anonimato 男 ‖～の anónimo(ma)
どくやく 毒薬 veneno 男
とくゆう 特有 ‖～の particular, peculiar; (独自の) propio(pia)
どくりつ 独立 independencia 囡 ‖～の[した] independiente ◆独立国 país independiente 男 独立宣言 declaración de independencia 囡
どくりょく 独力 ‖～で solo, por sí mismo(ma)
とげ 棘 espina 囡, púa 囡
とけい 時計 reloj 男 ‖～回りに en el sentido de las agujas del reloj ～と反対回りに en sentido contrario a las agujas del reloj ◆時計店 relojería 囡
とけこむ 溶け込む fundirse; (適応) adaptarse ‹a›
とける 解ける (問題が) resolverse; (ほどける) desatarse
とける 溶ける (熱で) derretirse; (液体の中で) disolverse ◆砂糖は水に～ El azúcar se disuelve en el agua.
とげる 遂げる alcanzar, conseguir, realizar

とこ 床 cama 囡 ‖～に就く acostarse; (病気で) guardar cama
どこ dónde ‖～か alguna parte, algún sitio ～に住んでいるの ¿Dónde vives?
とこや 床屋 (店) peluquería 囡; (人) peluquero(ra) 图
ところ 所 lugar 男, sitio 男
-ところ ‖それ～か al contrario, lejos de eso
ところが pero, sin embargo
ところで ahora bien, por cierto
ところどころ 所々 en algunas partes
とさか 鶏冠 cresta 囡
とざす 閉ざす cerrar
とざん 登山 alpinismo 男 ‖～をする subir una montaña ◆登山家 alpinista 男女
とし 年 año 男; (年齢) edad 囡 ‖～を取った viejo(ja), anciano(na)
とし 都市 ciudad 囡 ‖～の urbano(na)
どじ ‖～なやつ estúpido(da) 图
としうえ 年上 ‖～の mayor
としかさ 年甲斐 ‖彼は～もなく激怒した Con la edad que ya tiene y se puso como una fiera.
としかっこう 年格好 ‖50 ぐらいの～の男 un hombre que tiene unos cincuenta años
としご 年子 ‖私の子供たちは～です Mis hijos se llevan un año.
としこし 年越し ‖～する recibir el Año Nuevo
とじこめる 閉じ込める encerrar
とじこもる 閉じこもる encerrarse
としごろ 年頃 edad 囡 ‖～の娘 hija en edad casadera 囡
とした 年下 ‖～の menor
としつき 年月 años 男(復), tiempo 男
-として ‖私～は en cuanto a mí 仮にそれが事実だ～ aunque fuera verdad 友人～助言する aconsejar como amigo
どしどし (遠慮せずに) sin reservas; (ためらいなく) sin vacilar
としなみ 年波 ‖誰も寄る～には勝てない Nadie puede luchar contra la edad.
としは 年端 ‖～も行かぬ少女 niña de corta edad 囡
とじまり 戸締まり ‖～をする cerrar la puerta
どしゃくずれ 土砂崩れ desprendimiento de tierras 男
どしゃぶり 土砂降り ‖～の雨が降る llover a cántaros
としょ 図書 libro 男
どじょう 土壌 suelo 男
どじょう 泥鰌 locha 囡
としょかん 図書館 biblioteca 囡
としより 年寄り anciano(na) 图; (時に軽蔑) viejo(ja) 图
とじる 閉じる cerrar

とじる 綴じる (整理する) archivar; (本を) encuadernar
としん 都心 centro de la ciudad 男
どしん ‖～と de golpe
トス ‖ボールを彼に～する tirarle la pelota
どせい 土星 Saturno 男
どそう 塗装 pintura 女 ‖～する pintar
どそう 土葬 entierro 男 ‖～する enterrar
どそく 土足 ‖～で con los zapatos puestos ◆土足厳禁〘掲示〙Prohibido entrar calzado.
どだい 土台 base 女, fundamento 男
とだえる 途絶える interrumpirse, cesar
とだな 戸棚 armario 男; (作りつけの) alacena 女
どたばた ‖～と ruidosamente ～喜劇 astracanada 女
とたん 途端 ‖…した～に tan pronto como…, nada más 〘＋不定詞〙
トタン ◆トタン板 chapa de zinc [cinc] 女
どんなば 土壇場 ‖～で en el último momento
とち 土地 terreno 男, tierra 女
どちゃく 土着 ‖～の nativo(va), autóctono(na)
とちゅう 途中 ‖～で en el camino, a medio camino
どちら (どれ) cuál; (どこ) dónde 〘電話で〙～様ですか ¿Con quién hablo?
どちらか ‖～と言えば彼女は内気な方だ Ella es más bien tímida.
どちらにしても ‖～彼が悪いのだ De todos modos, es culpa suya.
どちらも ‖彼らは～左きっきでした Los dos son zurdos. 彼女も彼女のお母さんも～来なかった Ni ella ni su madre vinieron.
とっか 特価 precio especial 男
どっかいりょく 読解力 ‖～がある tener capacidad de lectura y comprensión de la misma
とっきゅう 特急 (tren) rápido 男
とっきょ 特許 patente 女 ◆特許庁 Oficina de Patentes 女
ドッキング acoplamiento 男 ‖～する acoplarse
ドック dique 男 ◆人間ドック revisión médica completa 女
とくに 特に ‖彼らは～結婚しました Ya hace tiempo que se casaron.
とっくみあい 取っ組み合い ‖～をする luchar cuerpo a cuerpo
とっくん 特訓 entrenamiento especial [intensivo] 男 ‖～する dar un entrenamiento especial
とつげき 突撃 ataque 男, carga 女
とっけん 特権 privilegio 男 ◆特権階級 clase privilegiada 女
ドッジボール balón prisionero 男
どっしりした macizo(za), imponente
とっしん 突進 ‖～する lanzarse, abalanzarse
とつぜん 突然 de repente ◆突然死 muerte repentina 女 突然変異《生物》mutación 女
どっちつかず ‖～の (あいまいな) ambiguo(gua); (中立的な) neutral
どっちみち de cualquier modo; (結局) después de todo
とって 取っ手 asa 女; (扉・引き出しなどの) tirador 男
-とって ‖私に～ para mí
とっておく 取っておく guardar; (別にして) apartar; (予約) reservar
とってかわる 取って代わる sustituir, reemplazar
とってくる 取って来る traer
ドット punto 男
とつにゅう 突入 ‖～する lanzarse
とっぱ 突破 superación 女 ‖～する (敵陣を) romper; (困難を) superar
とっぱつ 突発 ‖～する ocurrir de improviso; (戦争などが) estallar ～の de repente, inesperado(da)
とっぴな 突飛な extravagante, extraordinario(ria)
とっぴょうし 突拍子 ‖～もない事を言う decir disparates
トッピング ‖チョコレートを～したアイスクリーム un helado con chocolate por encima
トップ primer puesto 男 ‖彼はクラスの～だ Es el primero de la clase.
とつめんきょう 凸面鏡 espejo convexo 男
とつレンズ 凸～ lente convexa 女
どて 土手 ribera 女, orilla 女
とい 徒弟 aprendiz(diza) 名
とても muy 〘＋形容詞・副詞〙; 〘動詞＋〙mucho
とどく 届く llegar, alcanzar
とどけ 届け informe 男; (通知) aviso 男
とどける 届ける (報告する) informar, avisar; (送る) enviar, mandar
とどこおりなく 滞りなく (遅れずに) sin retraso; (順調に) sin novedad
とどこおる 滞る retrasarse, atrasarse ‖滞っている estar atrasado(da)
とのう 整う (準備が) estar listo(ta) [preparado(da)]
とのえる 整える (準備する) preparar(se); (きちんとする) arreglar
とどまる 留まる permanecer, quedarse; (限定される) limitarse
とどめる 止める detener; (限定する) limitar
とどろき 轟き estruendo 男, fragor 男
とどろく 轟く tronar
トナー (コピー機・プリンターの) tóner 男
ドナー donante 男
となえる 唱える rezar, recitar ‖異議を～ poner una objeción
トナカイ reno 男

となり 隣 ‖…の~に al lado de … ~の人 vecino(na)
どなる 怒鳴る gritar, exclamar
とにかく 兎に角 de todos modos
どの (どれ) cuál; (何の) qué; (だれ) quién ‖~季節が好きですか ¿Cuál es tu estación favorita? 東京の~辺に住んでいますか ¿En qué parte de Tokyo vive usted?
どのくらい どの位 cuánto; (時間) cuánto tiempo
とのさま 殿様 señor (feudal) 男
どのように ‖~それを解決したの ¿Cómo lo has solucionado?
トパーズ topacio 男
とはいえ pero, aunque
とばく 賭博 juego 男
とばす 飛ばす hacer volar; (ロケットなどを) lanzar; (ページなどを) saltarse
とび 鳶 milano 男
とびあがる 跳び上がる saltar, dar un salto
とびうお 飛魚 pez volador 男
とびおきる 跳び起きる saltar de la cama
とびおりる 飛び下りる bajar de un salto, saltar
とびかかる 飛びかかる saltar [lanzarse]《sobre》
とびこえる 跳び越える saltar, salvar
とびこみ 飛び込み (水泳の) salto 男
とびこむ 飛び込む ‖岩から海に~ tirarse [saltar] al mar desde una roca
とびさる 飛び去る irse volando
とびだす 飛び出す salir corriendo [precipitadamente], saltar《de》
とびたつ 飛び立つ levantar el vuelo; (島から) echarse a volar
とびちる 飛び散る esparcirse, desparramarse
とびつく 飛びつく ⇨ 飛びかかる
トピック topico 男, tema 男
とびのる 飛び乗る ‖タクシーに~ subir a un taxi a toda prisa
とびばこ 跳び箱 plinto 男
とびはねる 飛び跳ねる saltar, brincar
とびら 扉 puerta 女; (本の) portada 女
とふ 塗布 ‖~する (薬などを) aplicar
とぶ 飛ぶ volar
とぶ 跳ぶ saltar, brincar
どぶ 溝 zanja 女, cuneta 女
とほ 徒歩 ‖~で a pie, andando
とほう 途方 ‖~に暮れる no saber qué hacer ~もない extraordinario(ria)
どぼく 土木 ♦土木工事 obras públicas 女複, 土木工学 ingeniería civil 女
とぼける 惚ける disimular, fingir ignorancia
とぼしい 乏しい pobre, escaso(sa) ‖…に~ carecer de …
とぼとぼ ‖~歩く caminar con (aire de) cansancio
トマト tomate 男

とまどう 戸惑う desconcertarse, quedarse perplejo(ja)
とまりがけ 泊まりがけ ‖~でバルセロナに行く ir a Barcelona para pasar unos días
とまる 止まる・停まる parar(se), detenerse; (止む) cesar
とまる 泊まる alojarse, hospedarse, quedarse
とみ 富 riqueza 女, bienes 男複
ドミニカ (ドミニカ国) Dominica; (ドミニカ共和国) República Dominicana 女 ‖~の dominicano(na)
とむ 富む (豊かになる) enriquecer(se); (裕福である) ser rico(ca)
とむらう 弔う ‖死者を~ rezar por los difuntos
とめがね 留め金 broche 男, cierre 男
とめる 止める・停める parar, detener; (阻止する) impedir
とめる 泊める ‖…を一晩~ alojar《a una noche +人》
とめる 留める sujetar, fijar
とも 友 amigo(ga) 名
とも 艫 popa 女
ともかく (どちらにしても) de todos modos; (…は別として) además 《aparte de …》
ともかせぎ 共稼ぎ ‖あの夫婦は~だ En esa familia, marido y mujer trabajan.
ともす 灯す・点す encender
ともだおれ 共倒れ ‖~になる arruinarse los dos; (倒産する) quebrar juntos(tas)
ともだち 友達 amigo(ga) 名; (仲間) compañero(ra) 名
ともなう 伴う (連れて行く) llevar; (一緒に行く) acompañar ‖技術の進歩に伴って con el avance de la tecnología
ともに 共に juntos(tas) ‖彼と~働く trabajar con él
どもる 吃る tartamudear
どようび 土曜日 sábado 男
とら 虎 tigre 男; (雌) tigresa 女
どら 銅鑼 gong(o) 男
トライ (ラグビーの) ensayo 男 ‖~する ensayar
ドライ ‖~な seco(ca); (現実的で) práctico(ca)
ドライアイス hielo seco 男
トライアスロン triatlón 男
トライアングル triángulo 男
ドライクリーニング limpieza en seco 女
ドライバー (運転者) conductor(tora) 名; (ねじ回し) destornillador 男
ドライブ paseo en coche 男 ‖~する dar un paseo en coche
ドライヤー secador de pelo 男
トラウマ (医学) trauma 男
とらえどころ 捕らえ所 ‖~のない人物 persona escurridiza 女
とらえる 捕える capturar, atrapar, 《スペイン》coger

トラクター tractor 男
トラコーマ (医学) tracoma 男
トラック camión 男;《スポ》pista 女
ドラッグストア farmacia 女, droguería 女
トラブル problema 男,《話》lío 男
トラベラーズチェック cheque de viaje [viajero] 男
ドラマ drama 男; (テレビの連続ドラマ) serie 女
ドラマチック ‖~な dramático(ca)
ドラム tambor 男 ‖~を叩く tocar el tambor ◆ドラム缶 bidón 男
トランク baúl 男, (車の) maletero 男
トランクス (スポーツ用) calzón 男; (下着) calzoncillos 男
トランジスタ transistor 男 ◆トランジスタラジオ transistor 男
トランジット tránsito 男
トランプ ‖~をする jugar a las cartas
トランペット trompeta 女 ‖~を吹く tocar la trompeta
トランポリン trampolín 男
とり 鳥 (小さな) pájaro 男; (大きな) ave 女
とりあえず 取り敢えず (まず) en primer lugar; (さしあたり) de momento, por ahora
とりあげる 取り上げる (人から) quitar [privar]《a》
とりあつかい 取り扱い trato, tratamiento 男 ◆取り扱い説明書 manual de instrucciones 男
とりあつかう 取り扱う tratar, manejar
トリートメント acondicionador 男
とりいれ 取り入れ cosecha 女, recolección 女
とりいれる 取り入れる (中に入れる) recoger; (収穫する) cosechar; (採用する) adoptar
とりえ 取り柄 mérito 男, (punto) fuerte 男
トリオ trío 男
とりおさえる 取り押さえる atrapar, arrestar
とりかえす 取り返す recuperar, recobrar
とりかえる 取り替える cambiar, sustituir
とりかかる 取りかかる ponerse 〖a + 不定詞〗, emprender
とりかご 鳥籠 jaula 女
とりかこむ 取り囲む rodear, cercar
とりかわす 取り交わす intercambiar
とりきめ 取り決め (合意) acuerdo 男, (決定) decisión 女
とりきめる 取り決める ponerse de acuerdo, fijar
とりくむ 取り組む trabajar《en》, abordar
とりけす 取り消す cancelar, anular; (発言などを) desdecirse《de》
とりこ 虜 prisionero(ra) 男女 ‖~にする cautivar
とりこみ 取り込み ‖お…中すみません Perdone por interrumpir sus ocupaciones.
とりこむ 取り込む ‖洗濯物を~ recoger la ropa
とりこわす 取り壊す derribar, demoler
とりさる 取り去る eliminar, quitar
とりしまりやく 取締役 director(tora) 男女
とりしまる 取り締まる controlar; (処置を取る) tomar medidas
とりしらべ 取り調べ investigación 女, indagación 女
とりしらべる 取り調べる investigar, interrogar
とりそこなう 取り損なう ‖ボールを~ no lograr atrapar la pelota
とりそろえる 取り揃える ‖…を豊富に取り揃えた店 una tienda que tiene un amplio surtido de…
とりだす 取り出す sacar
とりたてる 取り立てる cobrar
とりちがえる 取り違える (意味を) entender mal ‖AとBを~ confundir A con B
とつ 都立 ‖~の metropolitano(na), municipal de Tokio
トリック truco 男;《映画》(トリック撮影) trucaje 男
とりつける 取り付ける instalar, fijar
とりで 砦 fuerte 男, fortaleza 女
とりとめのない 取り留めのない incoherente
とりにがす 取り逃がす dejar escapar, perder
とりにく 鶏肉 pollo 男
とりのぞく 取り除く eliminar, quitar
とりはだ 鳥肌 ‖~が立つ ponerse《a + A》la carne de gallina
とりひき 取引 negocio 男; (商売) comercio 男 ◆取引先 cliente 男女 取引高 volumen de transacciones 男 証券取引所 la Bolsa 女
トリプル triple 男
ドリブル regate 男,《英》dribbling 男 ‖~をする regatear
とりぶん 取り分 parte 女
とりまき 取り巻き (軽蔑) parásito(ta), adlátere 男女
とりまく 取り巻く rodear
とりみだす 取り乱す perturbarse, trastornarse
トリミング (写真) recortes 男複
とりもどす 取り戻す recobrar, recuperar
とりやめる 取り止める cancelar, suspender
トリュフ trufa 女
とりょう 塗料 pintura 女
どりょく 努力 esfuerzo 男 ‖~する esforzarse《en, para, por》◆努力家 gran trabajador(dora) 男女
とりよせる 取り寄せる hacer un pedido

ドリル (練習) ejercicio 男; (穿孔機) taladro 男
とりわけ 取り分け especialmente
とる 取る (つかむ) tomar,《スペイン》coger; (得る) obtener; (奪う) quitar ‖塩を取ってください ¿Puede pasarme la sal, por favor?
とる 捕る・獲る atrapar; (魚を) pescar
とる 採る recoger; (採用する) tomar, emplear
ドル dólar 男
トルクメニスタン Turkmenistán ‖~の turkmeno(na)
トルコ Turquía ‖~の turco(ca)
トルティーリャ 《料理》tortilla 女
とるにたりない 取るに足りない insignificante, de poca importancia
ドルばこ 一箱 mina de oro 女
どれ cuál, qué
どれい 奴隷 esclavo(va) 名
トレース calco 男
トレードマーク marca registrada [de fábrica] 女
トレーナー (シャツ) sudadera 女; (コーチ) entrenador(dora)
トレーニング entrenamiento 男 ‖~する entrenarse ◆**トレーニングパンツ** pantalones de chandal 男(複)
トレーラー remolque 男
どれくらい cuánto
ドレス vestido 男
ドレッサー ropero 男
ドレッシング aliño 男, aderezo 男
どれでも cualquiera ‖~好きな本を買っていいよ Puedes comprar cualquier libro.
どれほど cuánto, cómo
どれも (肯定で) todos(das) で; (否定で) ninguno(na)
とれる 取れる (はずれる) desprenderse; (除去される) quitarse, desaparecer
トレンチコート trinchera 女
どろ 泥 barro 男 ‖~まみれの lleno(na) de barro
とろう 徒労 ‖~に終わる resultar en vano
どろあい 泥仕合 ‖~をする insultarse
トロッコ vagoneta 女
ドロップ caramelo 男
どろどろ (泥状の) fangoso(sa); (濃くて) espeso(sa)
どろなわ 泥縄 ‖~式で apresuradamente
どろぬま 泥沼 pantano 男 ‖交渉が~に陥った Las negociaciones están empantanadas.
トロフィー trofeo 男
どろぼう 泥棒 (人) ladrón(drona) 男女; (行為) robo 男
どろみず 泥水 agua lodosa 女
どろよけ 泥除け guardabarros 男
トロリーバス trolebús 男
どろんこ 泥んこ ‖~遊びをする jugar con barro

トロンボーン trombón 男
どわすれ 度忘れ ‖彼の名を~した Ahora no me sale su nombre.
トン tonelada 女; (船の) tonelaje 男
ドン ‖位置について、用意、~ ¡Preparados! ¡Listos! ¡Ya! —とぶつかる chocar (con, contra)
トンガ Tonga ‖~の tongano(na)
とんかつ 豚~ filete de cerdo rebozado 男
どんかん 鈍感 ‖~な torpe, insensible
どんぐり 団栗 bellota 女
どんこう 鈍行 (列車) tren que para en todas las estaciones
どんじゅう 鈍重 ‖~な lerdo(da)
とんだ …に富んだ rico(ca) en …
とんち 頓知 ingenio 男, chispa 女 ‖~がきく ser ingenioso(sa)
どんちゃんさわぎ どんちゃん騒ぎ ‖~をする juerga 女
とんちんかん 頓珍漢 ‖~な事を言う decir un disparate
どんつう 鈍痛 dolor sordo 男
とんでもない (予想しない) inesperado(da); (はなはだもない) extraordinario(ria); (ばかげた) absurdo(da)
とんとん ‖ドアを~たたく golpear la puerta
どんどん (速く) rápidamente; (次々に) uno(na) tras otro(tra) ‖病人は~良くなっている El enfermo está mejorando rápidamente.
どんな qué ‖~風に cómo ～…も cualquier [［＋名詞］]
どんなに cuánto, cómo ‖君が~主張しても彼は意見を変えないだろう Por mucho que insistas, él no cambiará de opinión.
トンネル túnel 男
どんぶり 丼 cuenco 男, tazón 男
とんぼ 蜻蛉 caballito del diablo, libélula 女
とんぼがえり とんぼ返り ‖~をする dar una voltereta 東京へ行って大阪へと~する ir a Tokio y volver el mismo día de Osaka
とんや 問屋 (店) tienda al por mayor; (人) mayorista 男女
どんよく 貪欲 avaricia 女 ‖~な avaro(ra)
どんより ‖~した天気 tiempo cargado 男

な

な 名 nombre 男; (姓) apellido 男 ‖~の知れた célebre, famoso(sa) …の~のもとに con el pretexto de …
-ない (否定) no ‖私は出かけたく~ No quiero salir.
ない 無い (存在しない) no haber [existir]; (欠如) no tener
ないえん 内縁 pareja de hecho

∥～の夫 concubino 男　～の妻 concubina 女

ないか 内科　medicina interna 女　◆**内科医** internista 男女

ないがい 内外　por dentro y por fuera ∥～の で dentro y fuera de...　～のニュース noticias nacionales y extrajeras 女

ないかく 内閣　gabinete 男, gobierno 男　◆**内閣総理大臣** primer(mera) ministro(tra) 男女;《スペイン》presidente(ta) de gobierno 名

ないがしろ 蔑ろ ∥～にする menospreciar, prestar poca atención 女

ないこうてき 内向的 ∥～な introvertido(da)

ナイジェリア Nigeria ∥～の nigeriano(na)

ないしきょう 内視鏡　endoscopio 男

ないじゅ 内需　demanda interna 女

ないしょ 内緒　∥～の secreto(ta), confidencial　～で en secreto …にて～する a espaldas de...

ないしょく 内職　trabajo suplementario 男

ないしん 内心　pensamientos íntimos 男複 ∥～では interiormente

ないしんしょ 内申書　certificado académico 男

ないせい 内政　política interior 女, asuntos internos 男複

ないせん 内戦　guerra civil 女

ないせん 内線　(電話の) extensión 女

ないぞう 内臓　entrañas 女複, órganos internos 男複, vísceras 女複

ナイター partido nocturno 男

ないてい 内定　decisión oficiosa [informal] 女

ないてき 内的 ∥～な interior

ナイトクラブ club nocturno 男

ナイフ cuchillo 男; (折りたたみ式の) navaja 女

ないぶ 内部　interior 男 ∥～に en el interior, dentro　～の interior, interno(na), de dentro

ないふくやく 内服薬　medicina oral 女

ないふん 内紛　discordia interna 女

ないみつ 内密 ∥～の confidencial, secreto(ta)

ないめん 内面　interior 男, fondo 男

ないよう 内容　contenido 男, materia 女; (大意) sustancia 女　◆**内容見本** páginas de muestra 女複

ないらん 内乱　guerra civil 女; (反乱) rebelión 女

ナイロン nailon 男, nilón 男

ナウル Nauru ∥～の nauruano(na)

なえ 苗　plantón 男　◆**苗床** semillero 男, almáciga 女

なお (一層) más; (まだ) todavía, aún ∥～いしことは y lo que es peor

なおかつ y además

なおさら 尚更　aún (mucho) más, más aún

なおざり 等閑 ∥～にする no hacer caso (de), descuidar

なおす 直す　reparar, arreglar; (訂正・矯正する) corregir ∥ネクタイを～ arreglarse la corbata

なおす 治す　curar

なおる 直る　repararse, arreglarse; (矯正する) corregirse

なおる 治る　curarse, recuperarse

なか 中　interior 男 ∥…の～に[で, へ] en..., dentro de..., en el interior de... …の～から (範囲) entre..., de... 雨の～を bajo la lluvia

なか 仲　relaciones 女複 ∥～がよい［悪い］llevarse bien [mal]《con》2人の～を裂く hacer que dos personas rompan sus relaciones　～を取り持つ mediar《entre》

ながい 長い　largo(ga) ∥～間 mucho tiempo; (ずっと前から) hace mucho (tiempo)

ながいき 長生き ∥～する vivir muchos años

ながいす 長椅子　sofá 男; (ベンチ) banco 男

なかがいにん 仲買人　corredor(dora) 名

ながぐつ 長靴　botas 女複

なかごろ 中頃 ∥90年代の～ a mediados de los años noventa

ながさ 長さ　longitud 女, largo 男 ∥1メートルの棒 palo de un metro de longitud 男

ながし 流し　fregadero 男

ながす 流す　hacer correr; (注ぐ) echar, verter; (排水する) desaguar, vaciar ∥音楽を～ emitir música

ながそで 長袖　manga larga 女

なかたがい 仲違い ∥～する enemistarse [pelearse]《con》

ながつづき 長続き ∥～する durar mucho

なかでも 中でも　sobre todo, más que nada

なかなおり 仲直り　reconciliación 女 ∥～する reconciliarse《con》

なかなか bastante ∥私には～分からなかった Tardé mucho en comprenderlo.

なかにわ 中庭　patio 男

ながねん 長年　muchos años 男複

なかば 半ば　mitad 女, medio 男 ∥7月～に a mediados de julio

ながびく 長引く　tardar mucho; (だらだらと) alargarse

なかほど 中程 ∥～に en medio de, en (la) mitad de

なかま 仲間　compañero(ra) 名; (同僚) compañero(ra) de trabajo 名; (協力者) colaborador(dora) 名 ∥～入りをする unirse al grupo　～外れにする dejar fuera　◆**仲間意識** compañerismo 男

なかみ 中身　contenido 男

なかめ 眺め　vista 女, paisaje 男 ∥～

のいい部屋 habitación con buenas vistas 囡
ながめる 眺める mirar, observar
なかもち 長持ち ‖～する durar mucho tiempo, ser dudader*o(ra)*
なかやすみ 中休み descanso 男, pausa 囡
なかゆび 中指 dedo corazón 男
なかよく 仲良く ‖～する llevarse bien 《con》 ～なる hacerse amigo*(ga)* 《de》
なかよし 仲良し ‖～である ser buenos amigos, tener buenas relaciones 《con》
ながれ 流れ corriente 囡, flujo 男, curso 男
ながれこむ 流れ込む verter, desembocar
ながれだす 流れ出す derramarse, salirse
ながれぼし 流れ星 estrella fugaz 囡
ながれる 流れる correr, fluir; (時間が) pasar; (人々・物事が) circular
なき 泣き ‖～の涙で con lágrimas en los ojos ～をみる llorar lágrimas de sangre
なきあかす 泣き明かす llorar toda la noche
なきおとす 泣き落とす convencer 《人+ を》 con lágrimas
なきがお 泣き顔 cara llorosa 囡
なきくずれる 泣き崩れる romper a llorar
なきごえ 泣き声 llanto 男; (すすり泣き) sollozo 男; (涙声) voz llorosa 囡
なきごえ 鳴き声 (鳥・虫の) canto 男
なきごと 泣き言 queja 囡 ‖～を言う quejarse 《de》, lamentarse 《de》
なきさけぶ 泣き叫ぶ llorar, chillar
なきじゃくる 泣きじゃくる sollozar
なきだす 泣き出す echarse a llorar 《わっと～》 romper a llorar
なきつく 泣き付く rogar, suplicar
なきっつら 泣きっ面 ‖～に蜂 A perro flaco todos son pulgas./ Las desgracias nunca vienen solas.
なきどころ 泣き所 punto flaco [débil] 男 ▶弁慶の泣き所 talón de Aquiles 男
なきねいり 泣き寝入り ‖～する resignarse 《a, con》
なきべそ 泣きべそ ‖～をかく lloriquear
なきまね 泣き真似 ‖～(を)する fingir llorar
なきむし 泣き虫 llorón*(rona)* 图
なきわめく 泣き喚く chillar
なきわらい 泣き笑い ‖～する reír con lágrimas en los ojos
なく 泣く llorar; (涙を流す) derramar lágrimas ‖～のをこらえる contener las lágrimas 感動して～ derramar lágrimas de emoción
なく 鳴く (鳥・虫が) cantar ‖小鳥が～ cantar, trinar 猫が～ maullar
なぐさめ 慰め consuelo 男
なぐさめる 慰める consolar; (元気づけ

る) animar
なくす 無くす (失う) perder; (廃止する) suprimir
なくなる 無くなる (紛失する) perderse; (消える) desaparecer; (尽きる) acabarse
なくなる 亡くなる morir, fallecer
なぐりあう 殴り合う pelearse a puñetazos
なぐりがき 殴り書き ‖～(を)する garabatear
なぐりこみ 殴り込み ‖～をかける lanzar un ataque contra el enemigo
なぐりたおす 殴り倒す derribar a golpes
なぐる 殴る golpear; (こぶしで) dar un puñetazo; (平手で) dar una bofetada
なげかわしい 嘆かわしい lamentable, deplorable
なげき 嘆き lamento 男, queja 囡, (悲しみ) pena 囡
なげく 嘆く lamentar, deplorar
なげすてる 投げ捨てる tirar, arrojar
なげやり 投げ遣り ‖～な negligente, descuidad*o(da)*
なげる 投げる lanzar, tirar, arrojar; (放棄する) abandonar
なごやか 和やかな (友好的な) amistos*o(sa)*; (平穏な) pacífic*o(ca)*
なごり 名残 rastro 男, vestigio 男 ‖～を惜しむ sentir tener que despedirse 《de》 ～惜しそうに (しぶしぶ) de mala gana
なさけ 情け (同情) compasión 囡; (哀れみ) piedad 囡; (慈悲) misericordia 囡 ‖～深い compasiv*o(va)*, misericordios*o(sa)* ～によって por compasión ～容赦なく sin compasión [piedad]
なさけない 情けない lamentable; (みじめな) miserable ‖…は～ es lamentable [una vergüenza] [[que+接続法]]
なし 無し ‖…の(で) sin… …~で済ます prescindir 《de》
なし 梨 (実) pera 囡; (木) peral 男
なしとげる 成し遂げる realizar, cumplir
なじみ 馴染み ‖～の bien conocid*o(da)*, familiar; (常連の) habitual
なじむ 馴染む acostumbrarse 《a》, familiarse 《con》
ナショナリズム nacionalismo 男
ナショナリスト nacionalista 男女
なじる 詰る culpar, reprochar
なす 茄子 berenjena 囡
なぜ 何故 por qué; (何のため) para qué ‖～だか分からずに sin saber por qué razón
なぜなら 何故なら porque, pues
なぞ 謎 misterio 男, enigma 男 ‖～をかける hacer una insinuación ～を解く solucionar un enigma ～めいた misterios*o(sa)*, enigmátic*o(ca)*
なぞなぞ 謎々 adivinanza 囡, acertijo 男 ‖～遊びをする jugar a las adivinanzas [los acertijos]
なた 鉈 hacha 囡, hachuela 囡

destral 男

なだかい 名高い famoso(sa), célebre

なたね 菜種 semilla de colza 女

なだめる 宥める tranquilizar, calmar

なだらか ‖~な suave

なだれ 雪崩 avalancha 女, alud 男

なつ 夏 verano 男 ‖~に en verano ～の盛りに en pleno verano ◆夏服 ropa de verano 女 夏みかん cidra china 女 夏休み vacaciones de verano 女複

なついん 捺印 ‖~する estampar [poner] el sello, sellar

なつかしい 懐かしい añorado(da), nostálgico(ca)

なつかしむ 懐かしむ sentir nostalgia 〈de〉, añorar, echar de menos

なづけおや 名付け親 (代父) padrino 男; (代母) madrina 女

なづける 名付ける nombrar, poner el nombre 〈de〉

ナッツ nuez 女, frutos secos 男複

なっとく 納得 comprensión 女, entendimiento 男 ‖~する (了解する) comprender; (説得されて) convencerse 〈de〉 ～がいくような convincente

なつめ 棗 〔植物〕azufaifa 女

ナツメグ nuez moscada 女

なでおろす 撫で下ろす ‖胸を～ dar un suspiro de alivio

なでがた 撫で肩 hombros caídos 男複

なでしこ 撫子 clavellina 女

なでつける 撫で付ける ‖髪を～ alisarse el pelo

なでる 撫でる acariciar

など etcétera, 〔略 etc.〕‖…のような como…, por ejemplo…

ナトリウム sodio 男

なな、なの 七・7 ‖～番目の séptimo(ma) ～分の1 un séptimo

ななじゅう 七十 setenta ‖～番目の setenta, septuagésimo(ma)

ななめ 斜め ‖~の oblicuo(cua), inclinado(da); (対角線の) diagonal ～に oblicuamente, en diagonal

なに 何 qué ‖～が欲しいの ¿Qué quieres? ～が何だかさっぱりわからない No entiendo nada de nada. ～が起こるろうも pase lo que pase

なにか 何か algo ‖～飲み物を下さい Déme algo de beber.

なにくわぬ 何食わぬ ‖～顔で con un aire de inocencia

なにげ 何気 ‖～ない involuntario(ria), inconsciente

なにごと 何事 ‖～もなかったかのように como si no hubiera pasado nada

なにしろ 何しろ (とにかく) de cualquier modo; (なぜなら) porque

なにひとつ 何一つ ‖やましいことは～ありません No tengo ningún escrúpulo de conciencia.

なにも 何も nada ‖私は～することがない No tengo nada que hacer.

なにもの 何者 ‖彼は～だ ¿Quién es él?

なにやら 何やら ‖～うれしそうだね No sé por qué será pero te veo muy feliz.

なにより 何より por encima de todo, en primer lugar

なのる 名乗る presentarse, dar el nombre 〈de〉

なびく 靡く ondear, temblar; (屈する) ceder 〈a, ante〉

ナビゲーター navegante 男女

ナプキン (食卓用) servilleta 女; (生理用) compresa 女

なふだ 名札 tarjeta de identificación 女; (荷物の) etiqueta de equipaje 女

ナフタリン naftalina 女

なぶる 嬲る (ばかにする) burlarse 〈de〉

なべ 鍋 (両手鍋) cacerola 女; (片手鍋) olla 女

なま 生 ‖～の (自然のままの) crudo(da); (冷凍でない) fresco(ca) ～の声を聞く escuchar opiniones francas 魚を～で食べる comer pescado crudo ◆生中継 emisión en directo [vivo] 女 生ビール cerveza de barril 女, (一杯) una caña (de cerveza) 女 生放送 transmisión en directo [vivo] 女

なまあたたかい 生暖かい templado(da), tibio(bia)

なまいき 生意気 ‖~な descarado(da), insolente, impertinente ～なことを言う decir insolencias

なまえ 名前 nombre 男; (姓) apellido 男 ‖～を伏せる no mencionar el nombre ～名前負けする no ser digno(na) de llevar ese nombre

なまかわき 生乾き ‖~の medio seco(ca)

なまき 生木 madera verde 女

なまきず 生傷 herida 女

なまくさい 生臭い oler a pescado

なまクリーム 生クリーム nata 女; (ホイップクリーム) nata batida 女

なまけもの 怠け者 perezoso(sa) 名, vago(ga) 名

なまける 怠ける holgazanear; (怠る) descuidar

なまこ 海鼠 cohombro de mar 男

なまごみ 生ごみ basura orgánica 女

なまず 鯰 siluro 男

なまぬるい 生ぬるい tibio(bia) ‖~やり方 medida tibia [blanda] 女

なまハム 生～ (ハモン・セラーノ) jamón serrano 男

なまはんか 生半可 ‖~な知識 conocimientos superficiales 男複

なまみ 生身 ‖私だって～の人間だ Soy de carne y hueso.

なまみず 生水 agua no hervida 女

なまめかしい 艶めかしい provocativo(va), voluptuoso(sa)

なまもの 生物 alimentos crudos 男複

なまやさい 生野菜 verduras frescas 女複

なまり 鉛 plomo 男

なまり 訛り acento 男

なみ 波 ola 女, onda 女 ‖～にさらされる ser arrastrado(da) por las olas del mar 時代の～に乗る ir con [seguir] la corriente de los tiempos ◆**高波** olas altas 女複, mar encrespado 男;（中くらいの）mediano(na)

なみ 並 ‖～の ordinario(ria), común;（中くらいの）mediano(na)

なみうちぎわ 波打ち際 playa 女

なみうつ 波打つ ondear

なみかぜ 波風 ‖～を立てる causar problemas

なみき 並木 hilera de árboles 女
並木道 alameda 女, avenida 女

なみだ 涙 lágrima 女 ‖～を流す derramar lágrimas …の～を誘う hacer llorar a … …の頁献の映画 película lacrimosa [sentimental]

なみたいてい 涙大抵 ‖それは～のことはない Eso no es nada fácil.

なみだぐましい 涙ぐましい doloroso(sa), conmovedor(dora)

なみだぐむ 涙ぐむ saltarse ⟨a + 人⟩ las lágrimas

なみだもろい 涙もろい sentimental

なみなみならぬ 並々ならぬ extraordinario(ria)

なみのり 波乗り（英）surf 男, surfing 男

なみはずれた 並外れた extraordinario(ria), excepcional

ナミビア Namibia ‖～の namibio(bia)

なめくじ 蛞蝓 babosa 女, limaza 女

なめしがわ 鞣皮 cuero curtido 男

なめす 鞣す curtir

なめらか 滑らか ‖～な suave, liso(sa)

なめる 舐める lamer;（見くびる）no tomarse en serio ‖あめを～ chupar un caramelo 会話 相手をなめてかかるな No subestimas a tu rival.

なや 納屋 granero 男, depósito 男

なやましい 悩ましい sensual, voluptuoso(sa)

なやます 悩ます molestar, fastidiar 頭を～ sufrir ⟨por⟩, preocuparse ⟨por, de⟩

なやみ 悩み preocupación 女;（苦悩）pena 女 ‖～を打ち明ける confiar sus preocupaciones

なやむ 悩む preocuparse ⟨por, de⟩, sufrir ⟨por⟩

ならう 習う aprender [[+ 不定詞];（勉強する）estudiar;（レッスンを受ける）tomar clase ⟨de⟩

ならう 倣う（模倣する）imitar, copiar ‖…の例に～ seguir el ejemplo de…

ならす 馴らす domar;（家畜化する）domesticar

ならす 慣らす acostumbrar [habituar] ⟨a⟩;（気候・風土に）aclimatar ⟨a⟩

ならす 鳴らす tocar, hacer sonar

ならす 均す allanar, aplanar

-ならない ‖…しなければ～ deber [tener que] [[+ 不定詞];（主語を特定せずに）haber que [[+ 不定詞] …してはーno deber [[+ 不定詞]

ならぶ 並ぶ ponerse en fila;（列をつくる）hacer cola ‖テニスでは彼に～者はいない No tiene rival en tenis.

ならべたてる 並べ立てる citar, mencionar

ならべる 並べる（配列よく）colocar;（一列に）alinear, poner en fila ‖本を棚に～ colocar los libros en la estantería

ならわし 習わし costumbre 女, convención 女;（伝統）tradición 女

なりあがり 成り上がり hacerse rico(ca) ◆**成り上がり者** advenedizo(za) 名

なりきん 成金 advenedizo(za) 名, nuevo rico 男

なりたち 成り立ち origen 男;（歴史）historia 女

なりたつ 成り立つ（構成される）formarse ⟨de⟩, consistir ⟨en⟩, constar ⟨de⟩

なりゆき 成り行き curso 男, desarrollo 男

なる 成る・為る（身分・地位に）hacerse, llegar a ser;（状態・性質に）ponerse [quedarse, volverse] [[+ 形容詞];（変化する）convertirse ⟨en⟩;（結果...となる）resultar ‖弁護士で～ hacerse abogado(da) 有名で～ hacerse famoso(sa) 木の葉が赤く～ Las hojas se ponen rojas.

なる 生る dar [producir] fruto

なる 鳴る sonar;（鳴り響く）resonar

ナルシスト narcisista 男女

なるべく ～早く lo antes posible, cuanto antes

なるほど 成る程（本当に）verdaderamente, efectivamente;（会話）（あいづち）Comprendo./Ya (Veo).

ナレーション narración 女

ナレーター narrador(dora) 名

なれなれしい 馴れ馴れしい demasiado familiar ⟨con⟩, tomarse demasiadas confianzas ⟨con⟩

なれる 慣れる acostumbrarse ⟨a⟩, familiarizarse ⟨con⟩;（順応する）adaptarse ⟨a⟩

なわ 縄 soga 女, cuerda 女

なわとび 縄跳び salto a la comba 男 ‖～をする saltar a la comba

なわばり 縄張り territorio 男;（勢力範囲）zona de influencia 女 ‖～を荒らす invadir su territorio ～争いをする disputarse el control de un territorio

なんい 南緯 latitud sur

なんおう 南欧 Europa meridional [del Sur] 固

なんか 軟化 ablandamiento 男 ‖～する ablandarse, suavizarse

なんかい 何回 ‖~も muchas veces, repetidamente
なんかい 難解 ‖~な difícil
なんきょく 南極 Polo Sur [Antártico] 男 ◆南極大陸 Antártida 女
なんきんまめ 南京豆 cacahuete 男, (中南米) maní 男
なんこう 軟膏 pomada 女, ungüento 男
なんざん 難産 ‖彼女は~だった Tuvo un parto difícil.
なんじ 何時 ‖今~ですか ¿Qué hora es?
なんじかん 何時間 ‖ここから東京まで~かかりますか ¿Cuántas horas se tarda de aquí a Tokio?
なんすい 軟水 agua blanda 女
なんせい 南西 suroeste 男, sudoeste 男
ナンセンス disparate 男, absurdo 男
なんだ 何だ ‖~君か ¡Hombre! ¡Vaya! ¡Eres tú!
なんたいどうぶつ 軟体動物 molusco 男
なんちょう 難聴 dificultad para oír 女
なんて 何て ⇨何と
なんでも 何でも cualquier cosa ‖この店では~売っている En esta tienda venden de todo.
なんてん 難点 punto difícil 男; (弱点) punto flaco 男
なんと 何と cómo, qué, cuál ‖ (金額) あなたに~お礼を言ったらいかわかりません No sé cómo agradecérselo. ~寒いんだろう ¡Qué frío (hace)!
なんど 何度 ‖~も muchas veces, repetidamente
なんとう 南東 sureste 男, sudeste 男
なんとか 何とか ‖私が~しよう Déjamelo a mí.
なんとしても 何としても a toda costa, cueste lo que cueste
なんとなく 何となく sin saber por qué, sin razón especial
なんにち 何日 ‖今日は~ですか ¿A cuántos estamos hoy?/¿Qué día del mes es hoy?
なんにん 何人 ‖ご家族は~ですか ¿Cuántos son en su familia?
なんの 何の ‖~話をしているの ¿De qué estás hablando? ~役にも立たない no servir para nada
なんぱ 難破 naufragio 男 ‖~する naufragar
ナンバー número 男 ◆ナンバープレート placa de matrícula 女
なんびょう 難病 enfermedad de difícil curación 女
なんぴょうよう 南氷洋 Océano Antártico 男
なんぶ 南部 sur 男, región del sur 男
なんべい 南米 América del Sur 女, Sudamérica 女 ‖~の sudamerican*o(na)*
なんぼう 南方 sur 男
なんぼく 南北 norte y sur 男 ◆南北問題 problema norte-sur 男
なんみん 難民 refugiad*o(da)* 名 ◆難民キャンプ campo de refugiados 男
なんもん 難問 problema difícil 男

に

に 二・2 dos ‖~番目の segund*o(da)* ‖~分の1 un medio
に 荷 carga 女; (船荷) flete 男 ‖~を積む cargar
-に 於て en; (方向) a, hacia; (対象) a, para ‖7時~ a las siete 2000年~ en (el año) 2000
にあい 似合い ‖彼らは~の夫婦だ Ellos forman [hacen] una buena pareja.
にあう 似合う (服装などが) ir [sentar, quedar] bien «a + 人» ‖その帽子は君によく~ Ese sombrero te va [sienta, queda] muy bien.
にあげ 荷揚げ descarga 女 ‖~する descargar
ニアミス casi colisión 女
ニーズ necesidades 女複, requisitos 男複
にえきらない 煮え切らない indecis*o(sa)*
にえる 煮える cocerse; (沸く) hervir
におい 臭い・匂い olor 男; (芳香) aroma 男 ‖~(嫌な)~がする oler bien [mal] ~のよい aromátic*o(ca)* ~をかぐ oler コーヒーの~がする Huele a café.
におう 臭う・匂う oler
にかい 二回 dos veces 女複 ‖~目 por segunda vez
にかい 二階 primer piso 男, primera planta 女 (一階は piso bajo) ‖~建ての家 casa de dos pisos 女
にがい 苦い amarg*o(ga)*; (つらい) dur*o(ra)* ‖~思い出 recuerdo amargo 男
にがす 逃がす (自由にする) liberar; (取り逃がす) dejar escapar
にがつ 二月 febrero 男 ‖~に en febrero
にがて 苦手 ‖数学は~だ Mi punto flaco [No se me dan] las matemáticas. チョコレートは~だ No me va el chocolate.
にがにがしい 苦々しい desagradable, fastidios*o(sa)*
ニカラグア Nicaragua 女 ‖~の nicaragüense
にかわ 膠 cola 女
にがわらい 苦笑い sonrisa amarga 女 ‖~する sonreír amargamente
にきび 吹出物 grano 男, acné 男
にぎやか 賑やか ‖~な animad*o(da)*; (陽気な) alegre, jovial
にぎり 握り (取っ手) mango 男, asa 女 ◆握り拳 puño 男

にぎりしめる 握り締める agarrar con fuerza, apretar
にぎりつぶす 握り潰す aplastar en la mano; (事)too去る enterrar
にぎる 握る agarrar, asir ‖ハンドルを~ ponerse al volante 証拠を握っている tener una prueba
にぎわう 賑わう estar animado(da); (繁盛する) prosperar
にく 肉 carne 囡 ‖~がつく engordar 肉料理 plato de carne 男
にくい 憎い ‖私は彼が~ Lo odio [detesto].
-にくい ‖…し~ difícil de [+ 不定詞]
にくがん 肉眼 ‖~で a simple vista
にくさ 憎さ ▶可愛さ余って憎さ百倍 El amor más profundo puede convertirse en odio.
にくしみ 憎しみ odio 男, aversión 囡 ‖~を抱く odiar, detestar
にくしょく 肉食 ‖~の carnívoro(ra) ◆肉食獣 (animal) carnívoro 男
にくしん 肉親 consanguíneo(a) 名
にくせい 肉声 voz natural 囡
にくたい 肉体 cuerpo 男; (精神に対して) carne 囡 ‖~の [的な] corporal, físico(ca) ◆肉体関係 relaciones sexuales 囡複 肉体美 belleza física [del cuerpo] 囡 肉体労働 trabajo físico 男
にくだんご 肉団子 albóndiga 囡
にくづき 肉付き ‖~のよい gordo(da), grueso(sa)
にくづけ 肉付け ‖~する (彫刻家が) modelar
にくばなれ 肉離れ desgarro muscular 男
にくひつ 肉筆 autógrafo 男, propia letra 囡
にくまれぐち 憎まれ口 ‖~をたたく decir palabras maliciosas
にくまれっこ 憎まれっ子 ▶憎まれっ子世にはばかる Mala hierba [Bicho malo] nunca muere.
にくまれやく 憎まれ役 papel de malo 男
にくむ 憎む odiar, detestar ‖~べき odioso(sa), detestable
にくや 肉屋 (人) carnicero(ra) 名; (店) carnicería 囡
にくらしい 憎らしい odioso(sa), detestable
にぐるま 荷車 carro 男, carreta 囡
ニクロム nicromo 男
にげこうじょう 逃げ口上 pretexto 男, excusa 囡
にげみち 逃げ道 salida 囡, escapatoria 囡
にげる 逃げる huir, escaparse, fugarse ‖彼は妻に逃げられた Su mujer lo abandonó.
にごす 濁す ‖言葉を~ dar una respuesta vaga
ニコチン nicotina 囡 ◆ニコチン中毒 nicotinismo 男
にごった 濁った turbio(bia); (汚染された) contaminado(da)
にこにこ ‖~する sonreír
にこやか ‖~な sonriente
にごる 濁る enturbiarse; (汚染される) contaminarse
にさんかたんそ 二酸化炭素 dióxido de carbono 男
にし 西 oeste 男, occidente 男 ‖~の del oeste, occidental
にじ 虹 arco iris 男
にじ 二次 ‖~の secundario(ria) ◆二次会 segunda fiesta 囡 二次試験 segunda serie de exámenes 囡
ニジェール Níger ‖~の nigerino(na)
にじます 虹鱒 trucha arco iris 囡
にじむ 滲む correrse
にしゃたくいつ 二者択一 alternativa 囡
にじゅう 二十 veinte ‖~番目の vigésimo(ma)
にじゅう 二重 ‖~の doble
にしん 鰊 arenque 男
ニス barniz 男
にせ 偽 ‖~の falso(sa); (偽造の) falsificado(da)
にせい 二世 (日系) segunda generación 囡, nisei 男囡 ‖フェリペ~ Felipe II(segundo)
にせもの 偽物 (模造品) imitación 囡; (偽造品) falsificación 囡
にせる 似せる imitar; (偽造する) falsificar
にそう 尼僧 monja 囡
にたつ 煮立つ hervir, bullir
にたにた ‖~笑う dirigir《a+人》una sonrisa desdeñosa (maléfica)
にちじ 日時 día y hora
にちじょう 日常 ‖~の cotidiano(na), diario(ria); (普通の) ordinario(ria), corriente
にちふつ 日仏 ‖~の franco-japonés(nesa)
にちべい 日米 ‖~の entre Japón y Estados Unidos
にちぼく 日墨 ‖~の entre Japón y México
にちぼつ 日没 puesta de sol 囡
にちや 日夜 día y noche; (絶えず) constantemente
にちようだいく 日曜大工 bricolaje 男 ‖~をする (話) bricolajear
にちようび 日曜日 domingo 男 ‖~に el domingo
にちようひん 日用品 artículos de uso cotidiano 男複
にっか 日課 tarea diaria 囡, trabajo diario 男
にっかん 日刊 ‖~の diario(ria)
にっき 日記 diario 男 ‖~をつける escribir un diario ◆日記帳 diario 男
にっきゅう 日給 jornal 男
ニックネーム apodo 男
にづくり 荷造り embalaje 男 ‖~を

ニッケル níquel
にっこう 日光 luz solar [del sol] ‖~浴をする tomar el sol
にっこり ‖~する sonreír alegremente
にし 日誌 ⇨日記
にしゃびょう 日射病 insolación 囡
にっしょく 日食 eclipse solar [del sol] 男
にっせい 日西 Japón y España
にっちゅう 日中 día 男 ‖~に de día
にってい 日程 programa del día 男; (旅の)plan de viaje 男
ニット punto 男 ◆ニットのスカート falda de punto 囡
につめる 煮詰める espesar
にど 二度 dos veces 囡複 ‖同じ間違いを二と繰り返すな No vuelvas a repetir el mismo error.
にとう 二等 segunda clase 囡; (二等賞) segundo premio 男
にとうぶん 二等分 ‖リンゴを~する partir la manzana por la mitad
ニトログリセリン nitroglicerina 囡
になう 担う (引き受ける) asumir, encargarse 《de》; (背負う) cargar sobre los hombros
にばい 二倍 doble 男
ニヒル ‖~な nihilista
にぶ 二部 ‖~リーグ segunda división 囡
にぶい 鈍い (動きが) torpe, lento(ta); (痛み・音が) sordo(da)
にふだ 荷札 etiqueta 囡
にほん 日本 Japón ‖~の japonés(nesa) ◆日本語 japonés 男 日本人 japonés(nesa) 男
にもつ 荷物 equipaje 男; (負担) carga 囡
にやにや ‖~する (ばかにしたように) sonreír burlonamente
ニュアンス matiz 男
にゅういん 入院 hospitalización 囡 ‖~する hospitalizarse, ingresar en un hospital
にゅうか 入荷 llegada de mercancías 囡
にゅうかい 入会 ‖~する ingresar 《en》, hacerse miembro 《socio(cia)》 《de》
にゅうがく 入学 ingreso 男, entrada 囡 ‖~する ingresar [entrar] 《en》 ◆入学試験 examen de admisión [ingreso] 男
にゅうがん 乳癌 cáncer de mama 男
にゅうぎゅう 乳牛 vaca lechera 囡
にゅうきん 入金 (受け取り) recibo 男; (支払い) pago 男
にゅうこく 入国 entrada 囡; (移住) inmigración 囡 ‖~する entrar 《en》; (移住する) inmigrar
にゅうさつ 入札 licitación 囡, subasta 囡

にゅうさん 乳酸 ácido láctico 男 ◆乳酸菌 bacteria de ácido láctico 囡
にゅうし 入試 examen de admisión 男
にゅうし 乳歯 diente de leche 男, diente primario 男
にゅうじ 乳児 lactante 男女; (赤ん坊) bebé 男
ニュージーランド Nueva Zelanda ‖~の neocelandés(desa)
にゅうしゃ 入社 ‖~する ingresar en una compañía
にゅうしゅ 入手 ‖~する obtener, conseguir, adquirir
にゅうじょう 入場 entrada 囡 ‖~する entrar 《en》 ◆入場券 entrada 囡 入場料 (derechos 男複) de entrada 囡
にゅうしょく 入植 inmigración 囡
ニュース (知らせ) noticia 囡; (テレビの) noticias 囡複, boletín (informativo) 男 ‖最新~ últimas noticias 囡複 ◆ニュースキャスター locutor(tora) 名
ニュース速報 (英) flash 男, noticia de última hora 囡
にゅうせいひん 乳製品 productos lácteos 男複
にゅうせん 入選 ‖~する ser seleccionado(da)
ニュートラル ‖~な (中立な) neutral; (中間的な) neutro(tra)
にゅうねん 入念 ‖~な cuidadoso(sa), esmerado(da); (綿密な) minucioso(sa)
ニューフェース nueva estrella 囡
にゅうもん 入門 ‖~する hacerse discípulo(la) 《de》 ◆入門書 introducción 囡
にゅうよく 入浴 ‖~する bañarse, tomar un baño
にゅうりょく 入力 entrada 囡 ‖コンピュータにデータを~する introducir [almacenar] datos en el ordenador
にゅうわ 柔和 ‖~な apacible, dulce
にょう 尿 orina 囡
にょうぼう 女房 mujer 囡, esposa 囡
にらみあう 睨み合う mirarse fijamente; (対立する) estar enfrentados
にらむ 睨む mirar severamente [con malos ojos], fijar la mirada 《en》
にりつはいはん 二律背反 antinomia 囡
にりゅう 二流 ‖~の de segunda clase
にる 似る parecerse 《a》, ser parecido(da) 《a》
にる 煮る cocer, guisar; (ゆでる) hervir ▶煮ても焼いても食えないやつだ Es un tipo intratable.
にれ 楡 olmo 男
にわ 庭 jardín 男; (中庭) patio 男 ‖~の手入れをする cuidar un jardín ◆庭木 árbol de jardín 男 庭師 jardinero(ra) 名
にわかあめ 俄か雨 chaparrón 男, chubasco 男 ‖~にあう sorprender 《a+人》 un chaparrón

にわかに de repente, de improviso
にわとり 鶏 (雄) gallo 男; (雌) gallina 女; (若鶏) pollo ◆鶏小屋 gallinero 男
にんい 任意 ‖~の opcional, facultativo(va); (自発的の) voluntario(ria) ◆任意保険 seguro facultativo 男
にんか 認可 aprobación 女, autorización 女 ‖~する aprobar, autorizar ◆認可証 autorización 女
にんき 人気 popularidad 女 ‖~のある popular ~を博する ganar [adquirir] popularidad ◆人気者 persona popular 女
にんき 任期 mandato 男
にんぎょ 人魚 sirena 女
にんぎょう 人形 (女の) muñeca 女; (男の) muñeco 男 ◆人形劇 teatro de marionetas [títeres] 男
にんげん 人間 hombre 男, ser humano 男 ‖~(的)の humano(na) ◆~業とは思えない Eso parece sobrehumano.
にんしき 認識 comprensión 女, entendimiento 男, cognición 女 ‖~する comprender, reconocer ‖~を新たにする cambiar totalmente de idea
にんしょう 人称 (言語) persona 女 ‖1~ primera persona 女
にんじょう 人情 sentimientos humanos 男複, humanidad 女; (同情心) compasión 女
にんしん 妊娠 embarazo 男 ‖~している estar embarazada ◆妊娠中絶 interrupción del embarazo 女, aborto 男
にんじん 人参 zanahoria 女
にんずう 人数 número de personas 男
にんそう 人相 facciones 女複, rasgos 男複, fisonomía 女
にんたい 忍耐 paciencia 女 ‖~強い paciente
にんてい 認定 certificación 女, constatación 女 ‖~する certificar, autorizar
にんにく 大蒜 ajo 男
にんぷ 妊婦 mujer embarazada [encinta] 女
にんむ 任務 cargo 男; (使命) misión 女; (義務) deber 男
にんめい 任命 nombramiento 男, designación 女 ‖~する nombrar, designar

ぬ

ぬいぐるみ 縫いぐるみ peluche 男 ‖熊の~ osito de peluche 男
ぬいめ 縫い目 costura 女
ぬいもの 縫い物 costura 女 ‖~をする coser
ぬう 縫う coser
ヌード desnudo 男

ぬか 糠 salvado de arroz 男
ぬかす 抜かす omitir, saltarse
ぬかり 抜かり ‖~なく cautelosamente, cuidadosamente
ぬかるみ 泥濘 barro 男, lodazal 男
ぬきがき 抜き書き extracto 男
ぬきずり 抜き刷り separata 女
ぬきだす 抜き出す extraer, sacar
ぬきとる 抜き取る sacar; (選び出す) elegir; (盗む) robar
ぬきんでる 抜きん出る ‖…で~ sobresalir [distinguirse] 《por》 抜きん出た sobresaliente
ぬく 抜く sacar, extraer; (省く) omitir, pasarse; (追い抜く) adelantar
ぬぐ 脱ぐ quitarse ‖服を~ quitarse la ropa, desnudarse
ぬぐう 拭う limpiar(se), enjugar(se)
ぬけがら 脱け殻 muda 女
ぬけめ 抜け目 ‖~のない astuto(ta), listo(ta)
ぬける 抜ける caerse, salirse; (不足する) faltar ‖髪の毛が~ caerse 《a +人》 el pelo, 底が~ caerse [desprenderse] el fondo
ぬし 主 amo(ma) 男, dueño(ña) 男, propietario(ria) 名
ぬすみ 盗み robo 男 ‖~を働く cometer un robo
ぬすみぎき 盗み聞き ‖~する escuchar a hurtadillas
ぬすみみる 盗み見る mirar a hurtadillas [disimuladamente]
ぬすむ 盗む robar ‖私はカメラを盗まれた Me han robado la cámara. 人目を盗んで secretamente, a escondidas
ぬの 布 tela 女, tejido 男
ぬま 沼 pantano 男 ◆沼地 ciénaga 女
ぬらす 濡らす mojar
ぬりえ 塗り絵 dibujos para colorear 男複
ぬる 塗る (ペンキなどを) pintar; (薬を) poner, aplicar
ぬるい 温い tibio(bia), templado(da)
ぬるむ ぬるむ ‖~した resbaladizo(za), (中南米) resbaloso(sa)
ぬるまゆ ぬるま湯 agua tibia 女
ぬれぎぬ 濡れ衣 ‖~を着せる echar 《a + 人》 la culpa
ぬれる 濡れる mojarse ‖濡れた mojado(da)

ね

ね 根 raíz 女 ‖~に持つ guardar rencor ▶根も葉もない infundado(da), sin fundamento
ね 値 (値段) precio 男; (費用) coste 男
ね 音 sonido 男 ‖~を上げる rendirse
ねあがり 値上がり subida del precio 女 ‖~する subir
ねあげ 値上げ subida 女 [aumento

男 del precio ‖~する aumentar el precio

ねいる 寝入る dormirse

ねいろ 音色 sonido 男

ねうち 値打ち valor 男 ‖~のある[ない] de [sin] valor

ねえ (呼びかけに) oye, mira

ネーム nombre 男 ◆**ネームプレート** placa con el nombre 女

ネオン neón 男 ◆**ネオンサイン** anuncio de neón 男, letrero luminoso 男

ネガ negativo 男

ねがい 願い deseo 男, anhelo 男 ‖ひとつお～があるのですが Quisiera pedirle un favor. ～をかなえる cumplirse un deseo

ねがいでる 願い出る pedir, presentar una petición

ねがう 願う desear, querer ►それは願ったり叶ったりだ Eso es justo lo que yo deseaba.

ねがえり 寝返り ‖~をうつ darse la vuelta en la cama

ねがえる 寝返る (敵方につく) pasarse al enemigo

ねかす 寝かす dormir; (横にする) acostar

ねぎ 葱 cebolleta 女, puerro 男

ねぎる 値切る regatear

ねくずれ 値崩れ caída brusca del precio 女

ネクタイ corbata 女 ‖~を締める ponerse una corbata ～を着用する llevar corbata ◆**蝶ネクタイ** pajarita 女

ネグリジェ camisón 男

ねこ 猫 gato 男; (雌) gata 女 ▶猫の手も借りたいほどの忙しさ Estoy sumamente ocupado(da). ◆**猫をかぶる** 《話》hacerse la mosquita muerta

ねこじた 猫舌 ‖私は～だ Mi lengua no tolera lo caliente.

ねこぜ 猫背 ‖~の cargado(da) de espaldas

ねこそぎ 根こそぎ ‖~にする arrancar de raíz; (根絶する) erradicar

ねごと 寝言 ‖~を言う hablar en sueños

ねこなでごえ 猫撫で声 ‖~で con voz zalamera

ねこばば 猫糞 ‖~する apropiarse 《de》, desfalcar

ねこむ 寝込む dormirse, quedarse dormido(da); (病気で) estar en cama

ねころぶ 寝転ぶ tumbarse

ねさがり 値下がり baja de precio 女 ‖~する bajar

ねさげ 値下げ rebaja 女, descuento 男 ‖~する rebajar, hacer una rebaja

ねざす 根ざす originarse [tener sus orígenes] 《en》

ねじ 螺子 tornillo 男 ◆**ねじ回し** destornillador 男

ねじまげる 捩じ曲げる torcer, retorcer; (歪曲する) deformar

ねじる 捩る torcer, retorcer

ねすごす 寝過ごす quedarse dormido(da)

ねずみ 鼠 rata 女; (ハツカネズミ) ratón 男 ◆**ねずみ取り** ratonera 女

ねそべる 寝そべる tumbarse, echarse

ねたきり 寝たきり encamado(da) ◆ **寝たきり老人** anciano(na) postrado(da) en cama 名

ねたみ 妬み envidia 女

ねたむ 妬む envidiar, tener envidia 《de》

ねだん 値段 precio 男 ◆**値段表** lista de precios 女

ねつ 熱 calor 男; (病気の) fiebre 男; (気温・体温) temperatura 女; (熱中) entusiasmo 男 ‖~がある tener fiebre ～をはかる tomar la temperatura 《a+人》 ～のこもった acalorado(da) ～が冷める enfriarse la pasión, perder el entusiasmo

ねつい 熱意 entusiasmo 男, pasión 女

ネッカチーフ pañuelo 男

ねっから 根っから nato(ta), por naturaleza

ねつききゅう 熱気球 globo de aire caliente 男

ねっきょう 熱狂 entusiasmo 男; (興奮) excitación 女 ‖~的な entusiasta, fanático(ca) ～する entusiasmarse 《con, por》

ねつく 寝付く dormirse; (病気で) guardar cama

ねつく 根付く arraigar, echar raíz

ネックレス collar 男, cadena 女, gargantilla 女

ねつじょう 熱情 fervor 男, ardor 男, pasión 女

ねっしん 熱心 ‖~な entusiasta, ferviente; (勤勉な) aplicado(da)

ねっする 熱する calentar; (熱くなる) calentarse

ねつぞう 捏造 ‖~する falsificar, inventar

ねったい 熱帯 zona tropical 女 ‖~の tropical

ねっちゅう 熱中 ‖~する entusiasmarse 《con, por》, apasionarse 《por, con, en》

ネット red 女; (インターネット) La Red 女,《英》 Internet 男 女

ねっとう 熱湯 agua hirviendo 女

ネットワーク red 女

ねつびょう 熱病 fiebre 女 ‖~にかかる contraer pirexia

ねつぼう 熱望 anhelo 男, ansia 女 ‖~する anhelar, ansiar

ねづよい 根強い profundamente arraigado(da)

ねつれつ 熱烈 ‖~な ferviente, apasionado(da)

ねどこ 寝床 cama 女 ‖~に入る acostarse, meterse en la cama

ネパール Nepal ‖~の nepalés(lesa)

ねばねば ‖～した pegajoso(sa)

ねばり 粘り pegajosidad 囡, adherencia 囡

ねばりづよい 粘り強い perseverante, paciente

ねばる 粘る ser pegajoso(sa); (根気よく) persistir [no cejar] 《en》

ねびき 値引き descuento 男, rebaja 囡 ‖～する hacer un descuento

ねぶかい 根深い profundamente arraigado(da)

ねぶくろ 寝袋 saco de dormir 男

ねぶそく 寝不足 falta de sueño 囡

ねふだ 値札 etiqueta del precio 囡

ねぶみ 値踏み valoración 囡, tasación 囡 ‖～する valorar, tasar

ねぼう 寝坊 ‖～する quedarse dormido(da), levantarse tarde

ねぼける 寝ぼける estar medio dormido(da)

ねほりはほり 根掘り葉掘り ‖～聞く preguntar por todos los detalles

ねまき 寝巻き (パジャマ) pijama 男; (ネグリジェ) camisón 男

ねまわし 根回し realizar operaciones previas

ねむい 眠い tener sueño

ねむけ 眠気 sueño 男

ねむり 眠り sueño 男 ‖～が浅い[深い] tener un sueño ligero [profundo] ◆眠り薬 somnífero 男

ねむる 眠る dormir; (眠り込む) dormirse ‖ぐっすり～ dormir profundamente, dormir como un tronco 海底に～財宝 tesoros ocultos en el fondo del mar 男複

ねもと 根元 ‖雑草を～から抜く arrancar de raíz las malas hierbas

ねゆき 根雪 nieves persistentes 囡複

ねらい 狙い puntería 囡, blanco 男; (目的) fin 男, objetivo 男 ‖～をつける apuntar 《a》, dirigir la puntería 《hacia》 ～撃ちする tirar apuntando 《a》, disparar con puntería

ねらう 狙う apuntar 《a》; (目標とする) aspirar 《a》; (得ようとする) buscar

ねりはみがき 練り歯磨き pasta dentífrica 囡

ねる 寝る (眠る) dormir; (床に就く) acostarse, ir(se) a la cama; (病気で) guardar cama; (横たわる) acostarse ‖昨夜はよく寝た Anoche dormí bien. ～時間だ Es hora de ir a la cama.

ねる 練る amasar; (計画·文章などを) elaborar

ねん 念 ‖～のため para asegurarse, por si acaso ～を入れて cuidadosamente, con atención

-ねん -年 año 男

ねんいり 念入り ‖～な cuidadoso(sa); (綿密な) minucioso(sa)

ねんえき 粘液 mucosidad 囡

ねんがじょう 年賀状 tarjeta de felicitación de Año Nuevo 囡

ねんがっぴ 年月日 fecha 囡

ねんかん 年鑑 anuario 男

ねんかん 年間 ‖～の anual

ねんきん 年金 pensión 囡, jubilación 囡

ねんぐ 年貢 tributo 男

ねんげつ 年月 años 男複, tiempo 男

ねんごう 年号 nombre de una era 男

ねんこうじょれつ 年功序列 sistema de antigüedad 男

ねんざ 捻挫 esguince 男, torcedura 囡 ‖足首を～する tener un esguince de tobillo, torcerse el tobillo

ねんしゅう 年収 ingresos anuales 男複

ねんじゅう 年中 (一年中) todo el año; (毎日) todos los días; (いつも) siempre

ねんしゅつ 捻出 ‖～する arreglárselas 《para》

ねんしょう 燃焼 combustión 囡 ‖～する quemarse

ねんしょう 年商 venta anual 囡

ねんしょう 年少 ‖～の menor, más joven(que)

ねんだい 年代 (世代) generación 囡, edad 囡; (時代) época 囡

ねんちゃく 粘着 ‖～性の adhesivo(va)

ねんちゅうぎょうじ 年中行事 actos anuales 男複

ねんちょう 年長 ‖～の mayor, más viejo(ja)(que)

ねんど 粘土 arcilla 囡

ねんど 年度 (学校の) curso académico 男; (会計の) año fiscal 男

ねんとう 念頭 ‖…を～におく tener presente..., tener...en cuenta

ねんねん 年々 de año en año; (毎年) cada año

ねんぱい 年配 ‖～の mayor

ねんぴょう 年表 tabla cronológica 囡

ねんぽう 年俸 salario [sueldo] anual 男

ねんまく 粘膜 membrana mucosa 囡

ねんまつ 年末 fin de año 男 ‖～に al final del año

ねんりき 念力 poder mental 男, fuerza mental 囡

ねんりょう 燃料 combustible 男 ‖～を補給する repostar ◆燃料タンク depósito [tanque] de combustible 男

ねんりん 年輪 anillo (de los árboles) 男

ねんれい 年齢 edad 囡 ◆年齢制限 límite de edad 男 年齢層 grupo de edad 男

の

の 野 campo 男

-の (所有·所属) de; (場所) de, en; (…のための) para; (…に関する) sobre ‖この

ノイローゼ 本は私～です Este libro es mío. 英語～先生 profesor(sora) de inglés 革～ジャケット chaqueta de cuero 名

ノイローゼ neurosis 女

のう 能 (能力) capacidad 女, talento 男 ‖～ある鷹は爪を隠す El águila sagaz sus uñas esconde.

のう 脳 cerebro 男, sesos 男複 ◆脳溢血 hemorragia cerebral 女 脳炎 encefalitis 女 [単複] 脳死 muerte cerebral 女 脳震盪 conmoción cerebral 女 脳卒中 apoplejía cerebral 女

のうえん 農園 granja 女

のうか 農家 (家) casa de labrador 女

のうがく 農学 agronomía 女 ◆農学者 agrónomo(ma) 名 農学部 facultad de agronomía 女

のうき 納期 (金銭の) fecha de pago 女; (物品の) fecha de entrega 女

のうぎょう 農業 agricultura 女 ‖～の agrícola

のうぐ 農具 herramientas agrícolas 女複

のうこう 農耕 agricultura 女

のうこう 濃厚 ‖～な espeso(sa), denso(sa); (味・色などが) fuerte; (ワインが) generoso(sa)

のうさんぶつ 農産物 productos agrícolas 男複

のうしゅく 濃縮 concentración 女 ‖～する concentrar, condensar

のうじょう 農場 granja 女, finca 女; (大規模な) hacienda 女

のうぜい 納税 pago de impuestos 男

のうそん 農村 pueblo agrícola 男 ◆農村地帯 zona rural 女

のうたん 濃淡 luz 女 y sombra 女, matiz 男

のうち 農地 terreno agrícola 男 ◆農地改革 reforma agraria 女

のうど 濃度 concentración 女, densidad 女

のうどう 能動 ‖～的な activo(va) ◆能動態 voz activa 女

のうにゅう 納入 pago 男, (供給) suministro 男 ‖～する pagar, suministrar

ノウハウ conocimientos (técnicos) 男複, (英) know-how 男

のうひん 納品 ‖～する entregar

のうふ 農夫・農婦 agricultor(tora) 名

のうべん 能弁 elocuencia 女 ‖～な elocuente

のうみん 農民 agricultor(tora) 名

のうむ 濃霧 niebla densa [espesa] 女

のうやく 農薬 pesticida 男

のうりつ 能率 eficacia 女, eficiencia 女 ‖～的な eficaz, eficiente

のうりょく 能力 capacidad 女, competencia 女, habilidad 女 ‖～する～がある tener capacidad para ‖【+不定詞】 ◆能力給 sueldo según la capacidad 能力主義 meritocracia 女 支払能力 capacidad de pago 女

ノーコメント ‖～だ Sin comentarios.

ノースリーブ ‖～の sin mangas

ノート cuaderno 男; (メモ) apunte 男, nota 女

ノーベルしょう ～賞 Premio Nobel 男 ‖～受賞者 ganador(dora) del Premio Nobel 名

のがす 逃す perder ‖好機を～ perder una buena oportunidad

のがれる 逃れる escapar(se) 《de》, huir 《de》, (免れる) salvarse 《de》

のき 軒 alero 男

のけぞる 仰け反る inclinarse hacia atrás

のけもの 除け者 ‖～にする dejar al margen [dar de lado] 《a + 人》

のこぎり 鋸 sierra 女 ‖～でひく serrar

のこす 残す dejar; (余す) ahorrar, reservar ‖後世に名を～ dejar el nombre a la posteridad

のこす 遺す dejar ‖財産を～ dejar una fortuna 《a + 人》

のこらず 残らず completamente, totalmente

のこり 残り resto 男 ‖今年も～少なくなった Falta poco para acabar el año. ◆残り物 restos 男複, sobras 女複

のこる 残る (とどまる) quedarse; (残存する) quedar; (余る) sobrar 男 ‖私にはまだ10万円残っている Aún me quedan cien mil yenes.

のさばる (…の思い通りにする) salirse con la suya, dominar

ノズル boquilla 女, tobera 女

のせる 乗せる (積む) llevar, cargar; (欺く) engañar

のせる 載せる (置く) colocar, poner; (記載する) publicar

のぞき 覗き ◆覗き趣味 (人) mirón(rona) 名 覗き魔 《仏》 voyeur 男女 覗き窓 mirilla 女

のぞく 覗く mirar, observar; (顔を出す) asomarse; (興味を持って) curiosear

のぞく 除く quitar, eliminar ‖…を除いて aparte de …, excepto …

のぞましい 望ましい deseable, aconsejable

のぞみ 望み deseo 男, anhelo 男, (希望) esperanza 女 ‖ピアニストになりたいという～ deseo de hacerse pianista 彼らには勝てる～が少ない Tienen pocas posibilidades de ganar.

のぞむ 望む querer, desear; (期待する) esperar ‖それこそ～ところだ Esto es exactamente lo que quiero.

のち 後 después, luego, más tarde

のちのち 後々 en el futuro

のちほど 後ほど 【会話】 また～ Hasta luego [ahora].

ノック llamada a la puerta 女 ‖ドアを～する llamar a la puerta

ノックアウト 《英》 knock out 男, 《中南米》 noqueo 男 ‖～する poner fuera de combate

ノット nudo 男

のっとる 乗っ取る adueñarse 《de》; (飛行機を) secuestrar

のっぽ persona muy alta 女

-ので porque, ya que; como 《文頭で》

のど 喉 garganta 女 ‖~が渇く tener sed ~が痛い tener dolor de garganta ►喉から手が出るほど欲しい desear vivamente

のどか ~な tranquilo(la), apacible

-のに (にもかかわらず) aunque, a pesar de; (ために) para; (…だといのに) ojalá 〖+接続法〗

ののしる 罵る insultar, decir palabrotas

のばす 伸[延]ばす alargar, prolongar; (延期する) aplazar, prolongar; (まっすぐにする) estirar ‖髪を伸ばしている llevar el pelo largo 子供の才能を~ desarrollar la capacidad del niño

のばなし 野放し ‖~にする dejar suelto(ta)

のはら 野原 campo 男

のばら 野薔薇 rosa silvestre 女

のび 伸び crecimiento 男 ‖~をする estirarse

のびあがる 伸び上がる (つま先で立つ) ponerse de puntillas

のびちぢみ 伸び縮みする elástico(ca)

のびなやむ 伸び悩む avanzar poco; (停滞する) entrar en un período de estancamiento

のびのび 延び延び ‖~になる (延期になる) aplazarse repetidamente

のびのび 伸び伸び ‖~と a su gusto, a sus anchas

のびる 伸[延]びる alargarse, estirarse; (延長される) prolongarse; (延期になる) aplazarse; (能力などが) progresar; (成長する) crecer

ノブ pomo 男

のべ 延べ en total ‖~人数 número total de personas 男

のべる 述べる expresar, decir; (言及する) mencionar

のぼせる 逆上せる marearse; (夢中になる) estar loco(ca) 《por》

のぼり 幟 bandera 女; (吹き流し・長旗) banderola 女

のぼり 上り ◆上り列車 tren que se dirige a Tokio 上り坂 subida 女, ascenso 男

のぼる 上る subir; (上昇する) elevarse; (昇進する) ascender; (…に達する) llegar a ‖川を~ ir río arriba

のぼる 登る subir 山に~ subir 《a》 una montaña 木に~ subir a un árbol

のぼる 昇る ‖太陽が~ salir el sol

のみ 蚤 pulga 女 ◆蚤の市 mercado al aire libre 男, mercadillo 男; (スペイン) rastro 男

のみ 鑿 cincel 男; (木製用) formón 男

-のみ solamente, sólo

のみぐすり 飲み薬 medicina oral 女

のみこみ 飲み込み ‖~が早い[遅い] tener un entendimiento rápido [lento] (理解する) entender

のみこむ 飲み込む tragar, engullir; (受け入れる) entender

のみち 野道 senda 女

-のみならず (AだけでなくBも) no sólo A sino también B; (さらに) además

ノミネート nominación 女 ‖~される ser nominado(da) 女

のみほす 飲み干す beberse

のみみず 飲み水 agua potable 女

のみもの 飲み物 bebida 女; (清涼飲料水) refresco 男

のみや 飲み屋 bar 男, taberna 女; (中南米) cantina 女

のむ 飲む beber, tomar; (飲み込む) tragar; (受け入れる) aceptar ‖コーヒーを~ tomar un café 〈会話〉飲みに行こう Vamos a tomar una copa.

めりこむ のめり込む sumergirse 《en》; (夢中である) estar absorto(ta) 《en》

のらいぬ 野良犬 perro callejero [vagabundo] 男

のらねこ 野良猫 gato callejero [vagabundo] 男

のり 糊 pegamento 男; (洗濯用) almidón 男

のり 海苔 alga (marina) 女

のりおくれる 乗り遅れる perder

のりかえ 乗り換え cambio 男, tra(n)sbordo 男 ◆乗り換え駅 estación de tra(n)sbordo [enlace] 女

のりかえる 乗り換える hacer tra(n)sbordo, cambiar ‖電車[バス]を~ cambiar de tren [autobús]

のりくみいん 乗組員 〖集合的〗 tripulación 女; (個々の) tripulante 男女

のりこえる 乗り越える pasar [saltar] por encima de…; (困難を) superar, vencer

のりこす 乗り越す pasarse

のりこむ 乗り込む subir 《a》, embarcarse

のりづけ 糊付け almidonado 男 ‖~する poner pegamento; (洗濯で) almidonar

のりば 乗り場 (タクシーの) parada de taxis 女; (バス停) parada de autobús 女; (船の) embarcadero 男

のりもの 乗り物 vehículo 男

のる 乗る (乗り物に) subir 《a》, montar 《a》, tomar; (…に乗って行く) ir en…; (物の上に) subirse 《a》 ‖バイクに~ montar en moto …のリズムに乗って踊る bailar al ritmo de…

のる 載る (置いてある) haber, estar; (掲載される) aparecer, figurar

ノルウェー Noruega 女 ‖~の noruego(ga)

ノルディック ‖~複合競技 combinada nórdica 女

ノルマ cantidad asignada de trabajo

のろい 鈍い lento(ta)
のろい 呪い maldición 女, imprecación 女
のろう 呪う maldecir, imprecar
のろのろ ‖～と lentamente, despacio; (怠惰に) perezosamente
のろま 鈍間 (軽蔑) lerdo(da) 名 ‖～な torpe; (ばかな) tonto(ta)
のんき 暢気 ‖～な tranquilo(la), despreocupado(da); (楽天的な) optimista ～に暮らす llevar una vida despreocupada
ノンストップ sin paradas, directo ‖この列車は東京までーです Este tren no para hasta Tokio.
のんだくれ 飲んだくれ borracho(cha) 名
のんびり tranquilamente; (ゆっくり) despacio ‖～する estar tranquilo(la) ～した (のどかな) tranquilo(la), apacible
ノンフィクション no ficción 女, obra documental 女
ノンプロ aficionado(da) 名 ‖～の no profesional

は

は 葉 hoja 女
は 歯 diente 男; (奥歯) muela 女 ‖～が痛い tener dolor de muelas
は 刃 filo 男, hoja 女; (かみそりの刃) hoja (cuchilla de afeitar 女)
は 派 (流派・学派) escuela 女; (派閥) facción 女; (宗派) secta 女
ば 場 lugar 男, sitio 男
バー (酒場) bar 男, taberna 女
ばあい 場合 caso 男; (事情) circunstancia 女 ‖…の～は en caso de 〖＋名詞・不定詞, que＋接続法〗; (もし…なら) si 〖＋直説法現在・接続法過去〗
パーキング aparcamiento 男, (中南米) estacionamiento 男 ◆**パーキングメーター** parquímetro 男
はあく 把握 ‖～する captar, comprender, percatarse
バーゲン rebajas 女複
バーコード código de barras 男
バージョン versión 女
パーセント por ciento 男; (パーセンテージ) porcentaje 男
バーチャル ‖～な virtual ◆**バーチャルリアリティー** realidad virtual 女
パーティー fiesta 女; (歓迎会) recepción 女
バーテン (英) barman 男
ハート corazón 男
ハード ‖～な duro(ra) ◆**ハードウェア** (英) hardware 男 **ハードディスク** disco duro 男
パート (部分) parte 女; (仕事) trabajo a tiempo parcial 男 ◆**パートタイマー** emplead*o(da)* a tiempo parcial

パートナー compañero(ra) 名, socio(cia) 名
ハードル valla 女 ◆**ハードル競走** carrera de vallas 女
バーナー mechero 男, quemador 男
ハーフ (ハーフタイム) descanso 男, medio tiempo 男
ハーブ hierba medicinal 女 ◆**ハーブティー** infusión 女, tisana 女
ハープ arpa 女
バーベキュー barbacoa 女
バーベル barra con pesas 女
バーボン (英) bourbon 男, burbon 男
パーマ permanente 女 ‖～をかける hacerse la permanente
ハーモニー armonía 女
ハーモニカ armónica 女
バーレーン Bahrein 男
はい (質問に対して) sí; (承諾して) de acuerdo ‖〖会話〗運転できないんですか？-はい，〖No sabes conducir?- No, no sé. はい，これ Aquí tienes [está].
はい 灰 ceniza 女
はい 杯 〖ビール[水]1～ un vaso de cerveza [agua] コーヒー1～ una taza de café
はい 肺 pulmón 男 ‖～の pulmonar
ばい 倍 doble 男
パイ pastel 男; (肉・魚などの) empanada 女, pastel 男
バイアスロン biatlón 男
はいいろ 灰色 gris 男 ‖～の gris
ハイウェー carretera 女, (高速道路) autopista 女
ハイエナ hiena 女
はいえん 肺炎 pulmonía 女
バイオ- bio- ◆**バイオセンサー** biosensor 男 **バイオテクノロジー** biotecnología 女 **バイオハザード** riesgo [peligro] biológico 男 **バイオマス** biomasa 女
バイオリン biorritmo 男
パイオニア pionero(ra) 名
バイオリン violín 男 ◆**バイオリニスト** violinista 男女
はいかい 徘徊 ‖～する vagar, deambular
ばいかい 媒介 mediación 女 ‖～する mediar; (伝染させる) transmitir
はいかつりょう 肺活量 capacidad pulmonar 女
はいかん 配管 cañería 女, tubería 女
はいがん 肺癌 cáncer de pulmón 男
はいきガス 排気- gases de escape 男複
はいきぶつ 廃棄物 desecho 男, residuo 男, basura 女
はいきょ 廃墟 ruinas 女複, restos 男複
ばいきん 黴菌 microbio 男, bacteria 女
ハイキング excursión 女
バイキング vikingo(ga) 名 ◆**バイキング料理** bufé sueco 男

は

はいく 俳句《H》haiku 男

バイク moto(cicleta) 女;《ミニバイク》escúter 男

はいぐうしゃ 配偶者 cónyuge 男女, esposo(sa) 名

はいけい 拝啓 Muy señor(ñora) mío(a);（会社・団体あて）Muy señores míos

はいけい 背景 fondo 男;（背景的事情）trasfondo 男

はいけつしょう 敗血症 septicemia 女, sepsis 女単複

はいご 背後 espalda 女

はいざら 灰皿 cenicero 男

はいし 廃止 abolición 女 ‖～する abolir, suprimir

はいしゃ 敗者 perdedor(dora), vencido(da) 名

はいしゃ 歯医者 dentista 男女, odontólogo(ga) 名

ハイジャック secuestro (de aviones) 男 ‖～犯 secuestrador(dora) 名

ばいしゃく 媒酌 ‖～する arreglar un casamiento ◆媒酌人 casamentero(ra) 名

ばいしゅう 買収 compra 女;（贈賄）soborno 男 ‖～する comprar;（贈賄する）sobornar

ばいしゅん 売春 prostitución 女 ‖～する prostituirse ◆売春婦 prostituta 女

ばいしょう 賠償 compensación 女, indemnización 女 ‖～する compensar, indemnizar ◆賠償金 compensación 女, indemnización 女

はいしょく 配色 combinación de colores 女

はいしん 背信 traición 女

ばいしんいん 陪審員 jurado 男

はいすい 排水 ‖～する drenar

ばいすう 倍数 múltiplo 男

はいせき 排斥 expulsión 女, exclusión 女 ‖～する expulsar, excluir, rechazar

はいせつ 排泄 excreción 女, evacuación 女 ‖～する excretar, evacuar ◆排泄物 excremento 男

はいせん 敗戦 derrota 女 ◆敗戦国 país vencido 男

ばいせん 倍線 duplicación 女

ハイソックス calcetines largos 男複

ばいたい 媒体 medio 男

はいたつ 配達 servicio [reparto] a domicilio 男 ‖～する servir [repartir] a domicilio

はいたてき 排他的 ‖～な exclusivo(va)

バイタリティー vitalidad 女

はいち 配置 disposición 女, colocación 女 ‖～する disponer, colocar

ハイチ Haiti ‖～の haitiano(na)

ハイテク alta tecnología 女

ばいてん 売店 (新聞などの) quiosco 男;（屋台）puesto 男

バイト (アルバイト) trabajo por horas

バイト （情報量の単位）《英》byte 男, octeto 男 ‖メガ～《英》megabyte 男

はいとう 配当（割り当て）reparto 男;（株の）dividendo 男

ばいどく 梅毒 sífilis 女単複

はいはい 這い這い ‖～する gatear, andar a gatas

ばいばい 売買 compraventa 女;（取引）comercio 男 ‖～する comprar y vender;（取引する）comerciar

バイバイ adiós,《中南米》chao

バイパス baipás 男;（医学）baipás 男, puente coronario 男

ハイヒール zapatos de tacón alto 男複

はいびょう 肺病 enfermedad de pulmón 女;（肺結核）tuberculosis pulmonar 女単複

ハイビジョンテレビ televisión de alta definición 女

はいふ 配布 reparto 男, distribución 女 ‖～する repartir, distribuir

パイプ (管) tubo 男;（煙草の）pipa 女

ハイファイ alta fidelidad 女

パイプライン oleoducto 男

ハイブリッド ‖～の híbrido(da)

バイブル la Biblia 女 ⇒聖書

ハイフン guión 男

はいぼく 敗北 derrota 女

ハイヤー coche de alquiler (con chófer) 男

バイヤー comprador(dora) 名

はいやく 配役 reparto (de papeles) 男

はいゆう 俳優 actor(triz) 名

ばいりつ 倍率（レンズの）aumento 男 ‖この大学の入試は～が高い Hay mucha competencia para entrar en esta universidad.

はいりょ 配慮 atenciones 女複;（考慮）consideración 女 ‖～する tener atenciones 《con》, tener en consideración

バイリンガル bilingüe 男女

はいる 入る entrar《en》;（入り込む）meterse《en》;（収容できる）caber ‖このスタジアムには10万人～ En este estadio caben cien mil personas.

はいれつ 配列 colocación 女, disposición 女

パイロット piloto 男女

バインダー (文房具) carpeta 女

はう 這う arrastrarse;（四つん這いで）andar a gatas

パウダー polvo 男

バウンド bote 男,《中南米》pique 男 ‖～する botar,《中南米》picar

はえ 蠅 mosca 女

パエーリャ paella 女

はえぎわ 生え際 línea del nacimiento del pelo 女

はえぬき 生え抜き ‖～の（生粋の）de pura cepa, auténtico(ca)

はえる 生える crecer, salir; (芽を出す) brotar
はおる 羽織る ponerse sobre los hombros
はか 墓 tumba 囡; (墓場) cementerio 男 ◆墓石 lápida sepulcral 囡
ばか 馬鹿 tonto(ta) 名, idiota 男女, estúpido(da) 名 ‖〜げた absurdo(da), estúpido(da) 〜なことを言う decir tonterías 〜にする burlarse 《de》
はかい 破壊 destrucción 囡 ‖〜する destruir ◆破壊力 capacidad destructiva 囡
はがき 葉書 (tarjeta) postal 囡
はがす 剥がす despegar, desprender
はかせ 博士 doctor(tora)
はかどる 捗る progresar, avanzar
はかない 儚い (空しい) vano(na); (束の間の) fugaz; (短命の) efímero(ra)
はがね 鋼 acero 男
ばかばかしい 馬鹿馬鹿しい absurdo(da); (こっけいな) ridículo(la)
はがゆい 歯痒い estar impaciente
はからう 計らう arreglar, procurar 《que+接続法》
はからずも 図らずも (思いがけなく) inesperadamente, (偶然) por casualidad
はかり 秤 balanza 囡
はかりうり 計り売り venta al peso 囡
はかりしれない 計り知れない incalculable, inestimable
はかる 測る・計る・量る (長さ・大きさなどを) medir; (重さを) pesar
はかる 図る planear; (陰謀を) tramar 自殺を〜 intentar suicidarse
はかる 諮る consultar, someter 《a》
はがれる 剥がれる despegarse, desprenderse
バカンス vacaciones 囡複
はき 破棄 anulación 囡; (法律などの) revocación 囡 ‖〜する anular, revocar
はきけ 吐き気 náuseas 囡複 ‖〜がする sentir náuseas
はきごこち 履き心地 ‖この靴は〜がいい Estos zapatos son cómodos.
パキスタン Pakistán ‖〜の paquistaní
はきだす 吐き出す vomitar
はきちがえる 履き違える (靴を) confundirse de calzado; (考え違いをする) entender mal, confundir 《con》
はぎとる 剥ぎ取る (AからBを) arrancar B de A
はきはき ‖〜と claramente
はきもの 履き物 calzado 男
はきゅう 波及 ‖〜する propagarse, extenderse; (影響する) influir 《en》
はきょく 破局 catástrofe 男, desastre 男
はく 掃く barrer
はく 吐く (嘔吐する) vomitar; (つばを) escupir; (息を) espirar
はく 履く ponerse ‖履いている llevar
はく 箔 lámina (de metal) 囡
はぐ 剥ぐ arrancar, quitar; (樹皮を) descortezar; (動物の皮を) desollar
バグ 《情報》error 男
はくい 白衣 (医者などの) bata blanca 囡
ばくが 麦芽 malta 囡
はくがい 迫害 persecución 囡 ‖〜する perseguir
はくがく 博学 ‖〜の erudito(ta)
はぐき 歯茎 encía 囡
ばくげき 爆撃 bombardeo 男 ‖〜する bombardear ◆爆撃機 bombardero 男
はくさい 白菜 col china 囡
はくし 白紙 papel 男 [hoja 囡] en blanco ‖〜に戻す comenzar de nuevo
はくし 博士 doctor(tora) ◆博士号 título de doctor 男, doctorado 男
はくしゃ 拍車 ‖〜を掛ける acelerar, espolear
はくしゃく 伯爵 conde 男
はくしゅ 拍手 (拍手喝采) aplauso 男 ‖〜する aplaudir
はくしょ 白書 libro blanco 男
はくじょう 白状 confesión 囡 ‖〜する confesar
はくじょう 薄情 ‖〜な frío(a), insensible
はくじん 白人 blanco(ca) 名
はくせい 剥製 disecación 囡
ばくぜん 漠然 ‖〜と vagamente 〜とした vago(ga), impreciso(sa)
ばくだい 莫大 ‖〜な enorme, inmenso(sa)
ばくだん 爆弾 bomba 囡 ‖〜を仕掛ける colocar una bomba
ばくち 博打 juego de apuestas 男
はくちょう 白鳥 cisne 男
バクテリア bacteria 囡
はくねつ 白熱 ‖〜した acalorado(da)
ばくは 爆破 ‖〜する volar, (hacer) estallar
はくはつ 白髪 canas 囡複
ばくはつ 爆発 explosión 囡 ‖〜する explotar, estallar ◆爆発物 explosivo 男
はくぶつがく 博物学 historia natural 囡
はくぶつかん 博物館 museo 男
はぐらかす esquivar, eludir
はくらんかい 博覧会 exposición 囡
はくりょく 迫力 vigor 男, fuerza 囡 ‖〜のある vigoroso(sa), enérgico(ca)
はぐるま 歯車 rueda dentada 囡, engranaje 男
ばくろ 暴露 divulgación 囡, revelación 囡 ‖〜する divulgar, revelar
はけ 刷毛 brocha 囡
はげ 禿 calvicie 囡 ‖〜の calvo(va)
はげしい 激しい violento(ta), intenso(sa)
はげたか 禿鷹 buitre 男
バケツ cubo 男
はげます 励ます animar, alentar

はげみ 励み ánimo 男; (刺激) estímulo 男

はげむ 励む aplicarse 《a, en》, concentrarse 《en》

ばけもの 化け物 monstruo 男

はげる 剥げる (塗料などが) desprenderse, descharcarse; (色が) descolorarse

はげる 禿げる quedarse calvo(va) ‖禿げた calvo(va)

はけん 覇権 hegemonía 女, supremacía 女

はけん 派遣 envío 男 ‖～する enviar ◆派遣社員 trabajador(dora) temporal 名

はこ 箱 caja 女; (大箱) cajón 男

はこにわ 箱庭 jardín en miniatura 男

はこぶ 運ぶ llevar, transportar; (物事が進む) ir, salir

バザー bazar 男; (慈善の) bazar benéfico 男

はさまる 挟まる quedarse atrapado(da) 《entre》 ‖歯に～が… ～ tener metido(da) entre los dientes

はさみ 鋏 tijeras 女複

はさむ 挟む (間に置く) meter 《entre》; (はさまれる) pillarse; (つかむ) sostener

はさん 破産 quiebra 女, bancarrota 女 ‖～する quebrar, hacer bancarrota

はし 橋 puente 男 ‖川に～を架ける construir un puente sobre el río

はし 端 extremo 男; (先端) punta 女; (縁) borde 男 ‖～から～まで del principio al fin, (話) de cabo a rabo

はし 箸 palillos 男複 ▶箸にも棒にもかからない inútil, incorregible

はじ 恥 vergüenza 女; (不名誉) deshonra 女, deshonor 男 ‖～をかく sentir vergüenza, sentirse humillado(da) ～を知れ ¡Qué vergüenza!

はしか 麻疹 sarampión 男

はしがき 端書き prólogo 男, prefacio 男

はしくれ 端くれ ‖これでも芸術家の～だ Soy artista, aunque nada del otro mundo.

はしけ 艀 barcaza 女, lancha 女

はしご 梯子 escalera (de mano) 女

はじまり 始まり comienzo 男, principio 男

はじまる 始まる empezar, comenzar

はじめ 初め principio 男, comienzo 男; (起源) origen 男 ‖～から desde el principio

はじめて 初めて por primera vez ‖～の primero(ra)

はじめまして 初めまして Encantado(da)./Mucho gusto.

はじめる 始める empezar, comenzar ‖…し～ empezar 《ponerse》 [[a + 不定詞]]

ばしゃ 馬車 carro de caballos 男; (豪華な) carroza 女 ‖～馬のように働く trabajar como un esclavo

はしゃぐ retozar; (浮かれ騒ぐ) armar jolgorio

パジャマ pijama 男

ばじゅつ 馬術 equitación 女

はしゅつじょ 派出所 puesto de policía 男

ばしょ 場所 lugar 男, sitio 男; (余地) espacio 男 ‖～柄もわきまえず sin tener en cuenta las circunstancias

はじょう 波状 ‖～の (波打つ) ondulado(da), ondulante

はしら 柱 pilar 男; (円柱) columna 女

バジリコ albahaca 女

はしりたかとび 走り高跳び salto de altura 男

はしりはばとび 走り幅跳び salto de longitud 男

はしりよる 走り寄る acudir corriendo 《a》

はしる 走る correr; (乗り物が) ir, marchar

はじる 恥じる avergonzarse, sentir vergüenza

はす 蓮 loto 男

バス ‖バスは9時に着く～だ El autobús llegará [debe de llegar] a las nueve. そんな～はない No puede ser.

バス (乗り物) 男; (長距離バス) autocar 男 ◆バスガイド guía de autobús 男女 バスターミナル terminal de autobuses 男 バス停 parada de autobús 女 観光バス autocar (de turismo) 男, autobús turístico 男

パス (ボールの) pase 男; (通行許可証) pase 男; (定期券) abono 男 ‖ボールを～する pasar la pelota 《a》 ～する (トランプなどで) pasar

はずかしい 恥ずかしい (恥ずかしく思う) avergonzado; (恥ずべき) vergonzoso(sa) ‖恥ずかしげもなく sin vergüenza

はずかしめる 辱める deshonrar, humillar

バスケット (かご) cesta 女 ◆バスケットボール baloncesto 男, (中南米) básquetbol 男

はずす 外す (取り外す) quitar(se); (降ろす) descolgar; (ボタンを) desabrochar(se)

パスタ pasta 女

バスタオル toalla de baño 女

パステル pastel 男

バスト busto 男; (胸囲) anchura de pecho 女

パスポート pasaporte 男

はずみ 弾み impulso 男 ‖～がつく tomar impulso ものの～で al primer impulso

はずむ 弾む rebotar ‖話が～ tener una animada conversación チップを～ dar una propina generosa

パズル rompecabezas 男 (単複)

はずれ 外れ (郊外) afueras 女複; (空くじ) número no premiado 男

はずれる 外れる (離れる) deprenderse,

バスローブ soltarse; (逸脱する) desviarse 《de》; (当たらない) no acertar
バスローブ bata de baño 囡
パスワード contraseña 囡, clave 囡
はせい 派生 derivación 囡 ‖～する derivar 《de》
ばせい 罵声 insulto 男, injuria 囡 ‖～を浴びせる insultar; (野次る) abuchear
パセリ perejil 男
パソコン ordenador personal 男, (中南米) computador [computadora 囡] personal
はそん 破損 daño 男, desperfecto 男 ‖～する dañarse, averiarse
はた 旗 bandera 囡
はだ 肌 piel 囡, (特に顔の) cutis 男 (単複) ‖～が荒れる ponerse la piel áspera
バター mantequilla 囡
パターン modelo 男, patrón 男
はたおり 機織 tejido 男; (人) tejedor(dora) 男
はだか 裸 desnudez 囡 ‖～の desnudo(da) ‖～になる desnudarse, quitarse la ropa
はだぎ 肌着 ropa interior 囡
はたけ 畑 campo 男; (菜園) huerta 囡; (専門分野) especialidad 囡
はだざむい 肌寒い fresco(ca)
はだざわり 肌触り tacto 男 ‖～のよい suave al tacto
はだし 裸足 ‖～の descalzo(za)
はたす 果たす realizar, cumplir
はたち 二十歳 veinte años 男複
はたと (急に)de repente, de pronto
バタフライ (水泳) mariposa 囡
はためく ondear, flamear
はたらき 働き (仕事) trabajo 男; (機能) función 囡 ‖～盛りである estar en la plenitud de su vida laboral ◆働き蜂[蟻] abeja [hormiga] obrera 囡
はたらきかける 働き掛ける convencer; (圧力をかける) presionar
はたらく 働く trabajar; (機能する) funcionar
パタン ‖ドアを～と閉める dar un portazo
はち 八・8 ocho ‖～番目の octavo(va) ～分の1 octavo 男
はち 蜂 (ミツバチ) abeja 囡; (スズメバチ) avispa 囡 ‖～の巣 panal 男; (巣箱) colmena 囡
はち 鉢 (どんぶり) tazón 男; (植木鉢) maceta 囡 ◆鉢植え planta criada en maceta 囡
ばち 罰 (天罰) castigo del cielo 男
はちがつ 八月 agosto 男 ‖～に en agosto
バチカン El Vaticano ‖～の vaticano(na)
はちきれる estallar, rebosar
はちじゅう 八十 ochenta ‖～番目の octogésimo(ma)
はちまき 鉢巻き banda ceñida en torno a la cabeza 囡, "hachimaki" 男
はちみつ 蜂蜜 miel 囡
はちゅうるい 爬虫類 reptiles 男複
はちょう 波長 longitud de onda 囡
ばつ 罰 castigo 男; (刑罰) pena 囡 ‖～を与える castigar, imponer un castigo
はつあん 発案 sugerencia, iniciativa 囡 ‖…の～で por iniciativa de…
はついく 発育 (成長) crecimiento 男 (発達) desarrollo 男
はつおん 発音 pronunciación 囡
はっか 発火 encendido 男, ignición 囡
はっか 薄荷 menta 囡
ハッカー (情報) intruso(sa) informático(ca) 男囡, hacker 男囡, jáquer 男囡
はつが 発芽 germinación 囡, brote 男
はっかく 発覚 ‖～する ser descubierto(ta), revelarse
はつかねずみ 二十日鼠 ratón 男
はっかん 発汗 sudor 男, transpiración 囡
はっき 発揮 ‖～する demostrar, desplegar
はっきょう 発狂 ‖～した demente, loco(ca)
はっきり claramente, evidentemente; (率直に) francamente ‖～した claro(ra), evidente; (率直な) franco(ca)
パッキング (包装) empaquetado 男, embalaje 男
バック (背景) fondo 男; (後援者) patrón(trona) 男囡 ◆バックアップ (情報) copia de seguridad 囡 バックグラウンドミュージック música de fondo 囡
バックナンバー número atrasado 男
バックミラー (espejo) retrovisor 男
バッグ bolso 男
はっくつ 発掘 excavación 囡, desenterramiento 男 ‖～する excavar
バックル hebilla 囡
ばつぐん 抜群 ‖～の destacado(da), sobresaliente
パッケージ paquete 男 ◆パッケージツアー viaje organizado 男
はっけっきゅう 白血球 glóbulo blanco 男
はっけつびょう 白血病 leucemia 囡
はっけん 発見 descubrimiento 男 ‖～する descubrir
はつげん 発言 (意見) opinión 囡; (所見) observación 囡 ‖～する opinar, hablar
はつこい 初恋 primer amor 男
はっこう 発行 publicación 囡, edición 囡 ‖～する publicar, editar ◆発行部数 tirada 囡
はっこう 発酵 fermentación 囡
はっこう 発光 ‖～する irradiar luz
はっさん 発散 emisión 囡, emanación 囡 ‖ストレスを～させる librarse del

バッジ insignia 女, chapa 女
バッシ 発射 disparo, tiro 男 ‖〜する disparar, tirar
はっしゃ 発車 salida 女 ‖〜する salir, partir
はっしん 発信 ‖〜する enviar, remitir
はっしん 発疹 erupción 女, salpullido 男
バッシング vapuleo 男, crítica 女
ばっすい 抜粋 extracto 男 ‖〜する extraer
はっする 罰する castigar, sancionar
はっする 発する irradiar, emitir; (声などを) dar, lanzar
はっせい 発生 aparición 女 ‖〜する aparecer, ocurrir, producirse
はっそう 発送 envío 男 ‖〜する enviar, mandar
はっそう 発想 idea 女
ばった 飛蝗 saltamontes 男 (単複)
はったつ 発達 desarrollo 男; (成長) crecimiento 男 ‖〜する desarrollarse
はっちゅう 発注 ‖〜する hacer un pedido
パッチワーク (英) patchwork 男
ばってき 抜擢 ‖〜する elegir, seleccionar
バッテリー batería 女
はってん 発展 desarrollo 男; (進歩) progreso 男 ‖〜する desarrollarse, progresar ◆発展途上国 país en vías de desarrollo
はつでん 発電 generación eléctrica 女 ◆発電機 generador de electricidad 男, dinamo 女, dínamo 女 発電所 central eléctrica 女
バット (野球の) bate 男
ハットトリック (英) hat trick 男, tres goles (en un partido) 男(複), tripleta 女, triplete 男
はつばい 発売 venta 女 ‖〜する poner en venta
ハッピーエンド final feliz 男
はっぴょう 発表 anuncio 男 (作品などの) presentación 女; (印刷物での) publicación 女 ‖〜する anunciar, presentar, publicar
はつびょう 発病 ‖〜する enfermar
はっぷ 発布 promulgación 女, proclamación 女
はっぽう 発砲 ‖〜する disparar
はつめい 発明 invención 女 ‖〜する inventar ◆発明家 inventor(tora) 名
はつらつ 溌剌 ‖〜とした vivo(va), animado(da)
はて 果て fin 男, término 男
はで 派手 ‖〜な llamativo(va), vistoso(sa)
パテ (充填剤) masilla 女; (料理) paté 男
はてしない 果てしない sin fin; (際限のない) ilimitado(da); (広大な) inmenso(sa)

ばてる agotarse
はと 鳩 paloma 女; (雄) palomo 男
ばとう 罵倒 ‖〜する injuriar, insultar violentamente
パトカー coche patrulla 男
パドック (英) paddock 男
はとば 波止場 muelle 男, embarcadero 男
バドミントン bádminton 男
パトロール patrulla 女 ‖〜する patrullar
パトロン patrón(trona) 名; (芸術・学問の) mecenas 男女
バトン (リレーの) testigo 男; (鼓笛隊の) bastón 男
はな 花 flor 女 ‖〜をもたせる dar todo el mérito 《a + 人》 ▶花より団子 De lo feo a lo hermoso, deme Dios lo provechoso. ◆花屋 (人) florista 男女; (店) floristería 女, florería 女
はな 鼻 nariz 女; (犬・馬などの鼻口部) hocico 男 ‖〜が高い tener una nariz grande「alta」(自慢である) estar orgulloso(sa) 《de》 〜が詰まる tener la nariz atascada 〜をほじる hurgarse en la nariz 〜の穴 ventana nasal 女
はな 洟 moco 男 ‖〜をかむ sonarse la nariz
はないき 鼻息 ‖〜が荒い (やる気がある) respirar confianza (en sí mismo)
はなうた 鼻歌 tarareo 男 ‖〜を歌う tararear
はながみ 鼻紙 pañuelo de papel 男
はなくそ 鼻糞 moco 男
はなげ 鼻毛 vello de la nariz 男
はなごえ 鼻声 voz gangosa [nasal] 女
はなさき 鼻先 ‖〜に delante de las narices 《de》
はなし 話 (物語) historia 女; (会話) conversación 女; (おしゃべり) charla 女 ‖〜が合う entenderse bien 〜をつける llegar a un acuerdo 《con》, arreglarse 《con》
はなしあい 話し合い conversación 女; (交渉) negociación 女
はなしあう 話し合う discutir, hablar
はなしかける 話しかける dirigirse 《a》, dirigir la palabra 《a》
はなしことば 話し言葉 lengua hablada 女
はなす 話す hablar, decir; (語る) contar ‖…について〜 hablar de …
はなす 放す soltar
はなす 離す separar [apartar] 《de》
はなたば 花束 ramo de flores 男
はなぢ 鼻血 hemorragia nasal 女
はなっぱしら 鼻っ柱 ‖〜の強い (小生意気な) impertinente; (我を張る) obstinado(da)
バナナ plátano 男
はなはだ 甚だ muy, excesivamente
はなはだしい 甚だしい grave, tremendo(da), enorme

はなばなしい 華々しい magnífico(ca), espectacular
はなび 花火 fuegos artificiales 男複 ‖~を上げる lanzar fuegos artificiales
はなびら 花びら pétalo 男
パナマ Panamá ‖~の panameño(ña)
はなみず 鼻水 moco 男
はなむこ 花婿 novio 男
はなもちならない 鼻持ちならない repugnante, intolerante
はなもよう 花模様 ‖~の floreado(da)
はなやか 華やか ‖~な esplêndido(da), magnífico(ca)
はなよめ 花嫁 novia 囡
はなればなれ 離れ離れ ‖~の separado(da)
はなれる 離れる separarse, apartarse, alejarse
はなわ 花輪 corona de flores 囡
はにかむ mostrar timidez
パニック pánico 男
バニラ vainilla 囡
バヌアツ Vanuatu ‖~の vanuatuense
はね 羽 pluma 囡; (翼) ala 囡 ‖~を伸ばす pasarlo en grande, irse de parranda
ばね muelle 男, resorte 男
はねあがる 跳ね上がる (急に上がる) dispararse
はねつける (拒絶) rechazar, rehusar
ハネムーン luna de miel 囡
はねる 跳ねる saltar
パネル panel 男 ◆パネルディスカッション panel de discusión 男; foro 男
パノラマ panorama 男
はは 母 madre 囡 ‖~の日 Día de la Madre 男
はば 幅 anchura 囡, ancho 男
パパ papá 男
パパイヤ papaya 囡
ははおや 母親 ⇒母
はばかる 憚る ‖~の materno(na)
はばたき 羽ばたき aleteo 男
はばたく 羽ばたく aletear
はばつ 派閥 facción 囡
はばとび 幅跳び salto de longitud 男
はばひろい 幅広い ancho(cha), extenso(sa)
バハマ Bahamas ‖~の bahamés(mesa)
はばむ 阻む impedir; (行く手をふさぐ) bloquear
ババロア bavarois 男
パビリオン pabellón 男
パプアニューギニア Papúa Nueva Guinea ‖~の papú
パフェ copa de frutas, helado y nata 《仏》 parfait 男
パフォーマンス actuación 囡
はぶく 省く suprimir, omitir
ハプニング suceso imprevisto 男
ハブラシ 歯~ cepillo de dientes 男

パプリカ pimentón 男
バブル ‖~経済 burbuja económica 囡
はへん 破片 fragmento 男, trozo 男
はま 浜 playa 囡
はまき 葉巻 puro 男, cigarro 男
はまぐり 蛤 almeja 囡
はまべ 浜辺 ⇨浜
はまる 嵌まる encajar 《en》, ajustarse ‖罠に~ caer en la trampa
はみがき 歯磨き (練り状の) pasta de dientes 囡
ハミング ‖~する tararear
ハム jamón 男
ハムスター hámster 男
はめこむ 嵌め込む encajar 《en》; (象眼) incrustar
はめつ 破滅 ruina 囡, perdición 囡 ‖~する arruinarse ~させる arruinar
はめる 嵌める encajar, ajustar; (身につける) ponerse; (だます) engañar
ばめん 場面 escena 囡
はも 鱧 congrio 男
はもの 刃物 instrumento cortante 男
はもん 波紋 onda 囡; (反響) repercusión 囡
はもん 破門 expulsión 囡; (宗教上の) excomunión 囡
はやい 早い temprano(na), pronto(ta) ‖…するにはまだ~ Es pronto [temprano] para 〚+不定詞〛 ▶早い者勝ち El primero tiene prioridad [lleva los de ganar].
はやい 速い rápido(da), veloz ‖彼は食べるのが~ Él come rápido.
はやおき 早起き ‖~する madrugar, levantarse temprano
はやがてん 早合点 ‖~する concluir precipitadamente
はやく 早く・速く pronto, temprano; (速度が) rápido ‖できるだけ~ cuanto antes, lo antes posible ~しなさい Date prisa.
はやくち 早口 ‖~である hablar rápido
はやさ 速さ rapidez 囡; (速度) velocidad 囡
はやし 林 (森) bosque 男; (木立) arboleda 囡
はやす 生やす dejar crecer
はやね 早寝 ‖~する acostarse temprano
はやびけ 早引け ‖~する (学校を) irse de la escuela antes de la hora
はやめ 早め ‖~に un poco antes 《que》
はやめる 早める (時期を) adelantar; (速度を) acelerar
はやり 流行り ‖~の de moda
はやる 流行る ponerse de moda; (繁盛する) prosperar
はら 腹 vientre 男, barriga 囡; (胃) estómago 男 ‖~が痛い tener dolor de vientre ~が減る tener hambre

ばら ～を立てる enfadarse 《con》
ばら 薔薇 rosa 囡; (木) rosal 男
バラード balada 囡
はらいもどし 払い戻し reembolso 男
はらいもどす 払い戻す reembolsar, devolver el dinero
はらう 払う pagar, abonar
ばらうり ばら売り ‖～する vender por unidades [piezas]
バラエティー variedades 囡複
パラオ Palaos ‖～の palauano(na)
パラグアイ Paraguay ‖～の paraguayo(ya)
はらぐろい 腹黒い astuto(ta), ladino(na)
はらごなし 腹ごなし ‖～に散歩する pasear para favorecer la digestión
パラシュート paracaídas 男(単複)
はらす 晴らす ‖疑いを～ disipar una duda 恨みを～ vengar
ばらす (解体する) desmontar; (暴露する) revelar
パラソル parasol 男, quitasol 男
はらだたしい 腹立たしい irritante, exasperante
はらだちまぎれ 腹立ちまぎれ ‖～に en un acceso de furia
はらっぱ 原っぱ campo 男
パラドックス paradoja 囡
はらばい 腹這い ‖～で boca abajo, de bruces ～で進む arrastrarse
ばらばら ‖～する inquietarse
ばらばら ‖～に en pedazos; (雑然) en desorden ～になる hacerse pedazos; (四散する) dispersarse
パラフィン parafina 囡
はらぺこ 腹ぺこ ‖～である tener un hambre canina
パラボラ (アンテナ) antena parabólica 囡
はらまき 腹巻き faja 囡
ばらまく ばら蒔く dispersar, desparramar
パラリンピック Los Juegos Paralímpicos 男複
はらわた 腸 tripas 囡複, entrañas 囡複, vísceras 囡複
バランス equilibrio 男 ◆バランスシート balance 男
はり 針 aguja 囡 ‖～に糸を通す enhebrar una aguja
はり 梁 viga 囡
はりあう 張り合う competir, rivalizar
はりあげる 張り上げる ‖声を～ alzar la voz
バリアフリー ‖～の libre de barreras
バリウム bario 男; (造影剤) papilla 囡
バリエーション variación 囡
はりがね 針金 alambre 男
はりがみ 貼り紙 anuncio 男, letrero 男; (ポスター) cartel 男
バリカン maquinilla de pelar [para cortar el pelo] 囡

ばりき 馬力 caballo (de fuerza)
はりきる 張り切る ser enérgico(ca); (頑張る) trabajar mucho
バリケード barricada 囡
ハリケーン huracán 男
はりだす 張り出す (掲示する) fijar; (出っ張る) sobresalir
はりつけ 磔 crucifixión 囡
はりつける 貼り付ける pegar
バリトン barítono 男
はる 春 primavera 囡 ‖～物の服 ropa de primavera 囡
はる 張る (伸び広がる) extenderse; (網などを) tender
はる 貼る poner, fijar; (のりで) pegar
はるか 遥か ‖～な lejano(na), remoto(ta) ～に a lo lejos, a mucha distancia
バルコニー balcón 男
バルバドス Barbados ‖～の barbadense
はるばる 遥々 de [desde] muy lejos
バルブ válvula 囡
パルプ pulpa 囡, pasta de papel 囡
はるまき 春巻 rollo [rollito] de primavera
はるやすみ 春休み vacaciones de primavera
はれ 晴れ buen tiempo 男, cielo despejado 男
バレエ (仏) ballet 男
ハレーすいせい -彗星 Cometa Halley 男
パレード desfile 男
バレーボール voleibol 男, balonvolea 囡
パレスチナ Palestina ‖～の palestino(na)
パレット paleta 囡
はれもの 腫れ物 hinchazón 囡, inflamación 囡
バレリーナ bailarina 囡
はれる 腫れる hincharse; (炎症を起こす) inflamarse ‖腫れた hinchado(da), inflamado(da)
はれる 晴れる ‖晴れた空 cielo despejado 男 霧が～ despejarse [disiparse] la niebla
ばれる revelarse, descubrirse
バレンタインデー día de San Valentín 男
はれんち 破廉恥 desvergüenza 囡, infamia 囡
バロック barroco 男
パロディー parodia 囡
バロメーター barómetro 男
パワー power 男, energía 囡
ハワイ Hawai ‖～の hawaiano(na)
パワフル ‖～な fuerte, vigoroso(sa)
はん 判 sello (personal) 男; (ゴム印) sello (de goma)
はん 半 medio 男, mitad 囡 ‖1時

~ una hora y media ／~ダース media docena 女
はん 版 edición 女
はん 班 grupo 男, equipo 男
ばん 晩 (日没まで) tarde 女; (日没から日の出まで) noche 女
ばん 番 (順番) turno 男, vez 女; (番号) número 男; (配列) orden 男; (見張り) guardia 女
パン pan 男 ‖~を焼く hacer pan ◆パン粉 pan rallado 男 ◆パン屋 panadería 女; (人) panadero(ra) 男女
はんい 範囲 ámbito 男, alcance 男; (活動などの) campo 男; (勢力などの) esfera 女
はんいご 反意語 antónimo 男
はんえい 繁栄 prosperidad 女 ‖~する prosperar
はんえい 反映 reflejo 男 ‖~する reflejarse 《en》
はんえん 半円 semicírculo 男
はんが 版画 grabado 男
ハンガー percha 女, 《中南米》gancho 男
はんかがい 繁華街 centro de la ciudad 男
はんがく 半額 mitad de precio 女
ハンカチ pañuelo 男
ハンガリー Hungría ‖~の húngaro(ra)
バンガロー 《英》bungalow 男
はんかん 反感 antipatía 女 ‖~を買う provocar la antipatía 《de》
はんぎゃく 反逆 traición 女, rebelión 女 ‖~する rebelarse 《contra》
はんきゅう 半球 hemisferio 男
はんきょう 反響 eco 男, resonancia 女; (影響) repercusión 女
パンク pinchazo 男 ‖~する tener un pinchazo
ばんぐみ 番組 programa 男
バングラデシュ Bangladesh ‖~の bangladés(h)i
はんけい 半径 radio 男
はんげき 反撃 contraataque 男 ‖~する contraatacar
はんけつ 判決 sentencia 女, fallo 男
はんげつ 半月 media luna 女
はんけん 版権 derechos de autor 男
ばんけん 番犬 perro guardián 男
はんこ 判子 sello personal 男
はんご 反語 ironía 女
はんこう 犯行 delito 男
はんこう 反抗 rebeldía 女, (抵抗) resistencia 女 ‖~する rebelarse 《contra》; (抵抗する) resistirse 《a》
反抗期 edad [etapa] de rebeldía 女
はんごう 番号 número 男
ばんこく 万国 ‖~の internacional, universal
はんざい 犯罪 crimen 男, delito 男 ‖~を犯す cometer un crimen [delito] ◆犯罪者 criminal 男女, delincuente 男女

ばんざい 万歳 ¡Viva!, ¡Viva el rey! ‖国王陛下~
はんざつ 繁雑 ‖~な complicado(da)
ハンサム ‖~な guapo
はんさよう 反作用 reacción 女
ばんさん 晩餐 cena 女
はんじ 判事 juez 男
ばんじ 万事 ▶万事休す Todo se acabó.／Nada puede hacerse ya.
パンジー pensamiento 男
バンジージャンプ puentismo 男
はんしゃ 反射 reflejo 男; (物理) reflexión 女 ‖~する reflejar(se)
はんしょう 反証 prueba de refutación 女
はんじょう 繁盛 ‖~する prosperar
はんしょく 繁殖 reproducción 女 ‖~する reproducirse
はんすう 反芻 ‖~する rumiar
ハンスト huelga de hambre 女
パンスト panti(s) 男 (複), medias 女 (複)
はんズボン 半- pantalones cortos 男 (複)
はんする 反する ser contrario(ria) [opuesto(ta)] 《a》
はんせい 反省 ‖~する reflexionar 《sobre》; (後悔する) arrepentirse 《de》
はんせん 帆船 velero 男, barco de vela 男
ハンセンびょう -病 lepra 女
ばんそう 伴奏 acompañamiento 男
ばんそうこう 絆創膏 esparadrapo 男, 《スペイン》tirita 女, 《中南米》curita 女
はんそく 反則 falta 女
はんそで 半袖 ‖~の de manga corta
はんだ 半田 soldadura 女 ‖~うける soldar
パンダ (oso) panda 男
ハンター cazador(dora) 名
はんたい 反対 (逆) lo contrario; (異議・抵抗) oposición 女, objeción 女 ‖~の contrario(ria) [inverso(sa)] 《a》… に~する oponerse 《a》, estar en contra de... ▶反対勢力 fuerzas opositoras 女 (複), oposición 女 反対側 el otro lado, el lado opuesto
バンタムきゅう -級 peso gallo 男
パンタロン pantalón 男
はんだん 判断 juicio 男 ‖~する juzgar ▶判断力 capacidad de juicio 女
ばんち 番地 número (de calle) 男
パンチ (ボクシング) puñetazo 男; (ハサミ) perforadora 女
はんつき 範疇 categoría 女
パンツ (男性用下着) calzoncillos 男 (複), (ズボン) pantalones 男 (複)
はんてい 判定 juicio 男, decisión 女 ‖~する juzgar, decidir
パンティー bragas 女 (複), 《中南米》calzones 男 (複) ◆パンティーストッキング panti(s) 男 (複), pantimedias 女 (複)

ハンディキャップ (英) handicap, desventaja 男

はんてん 斑点 mancha 女, pinta 女

はんてん 反転 vuelta 女, inversión 女 ‖～する dar la vuelta, invertirse

バンド (ベルト) cinturón 男

バンド (楽団) banda ◆ロックバンド banda de rock 女

はんとう 半島 península 女

はんどう 反動 reacción 女 ‖～的な reaccionar*io(ria)*

はんどうたい 半導体 semiconductor 男

ハンドバッグ bolso (de mano) 男

ハンドブック manual 男

ハンドボール balonmano 男

パントマイム pantomima 女

ハンドル (自動車の) volante 男, (中南米) timón 男, (自転車の) manillar 男, (中南米) manubrio 男

はんにち 半日 medio día 男

はんにん 犯人 delincuente 男女, aut*or(tora)* de un crimen 名

ばんにん 番人 guarda 男女

ばんねん 晩年 últimos años 男複

はんのう 反応 reacción 女 ‖～する reaccionar ⟨a⟩

ばんのう 万能 de todo[～の] todopoderos*o(sa)*, omnipotente

はんぱ 半端 ‖～な incomplet*o(ta)*, descabalad*o(da)*

バンパー parachoques 男(車複), (中南米) paragolpes 男(車複)

ハンバーガー hamburguesa 女

ハンバーグ hamburguesa 女

はんばい 販売 venta 女 ◆販売員 vended*or(dora)* 名

はんばく 反駁 refutación 女, rebatimiento 男

ばんぱく 万博 exposición internacional [universal] 女

はんぱつ 反発 ‖～する rechazar, reaccionar ⟨contra⟩

はんぴれい 反比例 ‖～する estar en proporción inversa ⟨a⟩

はんぷく 反復 repetición 女 ‖～する repetir

パンプス zapatos de salón 男複

ばんぶつ 万物 todo; (神の創造物) creación 女

パンフレット folleto 男

はんぶん 半分 mitad 女, medio 男 ‖～ずつに分ける dividir por la mitad

ハンマー martillo 男 ◆ハンマー投げ lanzamiento de martillo 男

はんめい 判明 ‖～する aclararse, resultar [que＋直説法]

はんも 繁茂 ‖～する crecer frondos*o(sa)*

はんもく 反目 antagonismo 男, hostilidad 女

ハンモック hamaca 女

はんらん 反乱 rebelión 女, insurrección 女 ‖～を起こす rebelarse ⟨contra⟩

はんらん 氾濫 inundación 女, desbordamiento 男

はんれい 凡例 nota preliminar 女, guía para el uso 女

はんろん 反論 refutación 女, impugnación 女 ‖～する refutar

ひ

ひ 火 fuego 男; (炎) llama 女 ‖なべを～に掛ける poner la olla al fuego ～を付ける [消す] encender [apagar] el fuego ▶それは火を見るよりも明らかだ Es tan claro como la luz del día. 火のない所に煙は立たぬ Cuando el río suena, agua lleva.

ひ 日 (太陽) sol 男; (日光) luz del sol 女; (一日) día 男 ‖～に当たる tomar el sol

ひ 比 proporción 女

ひ 非 (過失) error 男 ‖～の打ちどころがない intachable, perfect*o(ta)*

び 美 belleza 女

ひあい 悲哀 tristeza 女, pena 女

ひあがる 干上がる secarse, desecarse

ピアス pendiente 男

ひあそび 火遊び ‖～する jugar con fuego

ひあたり 日当たり ‖～のよい solead*o(da)*

ピアノ piano 男 ◆ピアニスト pianista 男女

ヒアリング (語学の) comprensión auditiva 女; (公聴会) audiencia pública 女

ピーアール PR relaciones públicas 女複 ‖～する dar publicidad

ビーカー vaso de precipitados 男

ひいき 晶屓 ‖～する favorecer

ピーク punto culminante 男

びいしき 美意識 sentido de la belleza 男

ビーズ cuenta 女, abalorio 男

ビーだま -玉 canica 女, (中南米) bolita 女

ビーチ playa 女

ピーティーエー PTA asociación de padres y maestros 女

ひいでる 秀でる sobresalir, destacarse

ビート [エイト～ ocho tiempos 男複] 強烈な～の音楽 música de potente ritmo 男

ビーナス Venus

ピーナッツ cacahuete 男; (中南米) maní 男

ビーバー castor 男

ビーフ carne de vaca 女, (中南米) carne de res 女 ◆ビーフシチュー estofado de carne de vaca 男

ピーマン pimiento 男

ビール cerveza 女

ヒーロー héroe 男

ひうん 悲運 desgracia 女, mala

ひえこむ 冷え込む ‖明日は冷え込みそうだ Mañana hará mucho frío.
ひえしょう 冷え性 ‖私は～だ(血の巡りが悪いので) Soy de constitución propensa al enfriamiento (porque mi circulación sanguínea no es buena).
ひえる 冷える (寒くなる) hacer más frío; (冷たくなる) enfriarse ‖冷えた frío(a)
ピエロ payaso(sa) 名
びえん 鼻炎 inflamación nasal 女
ビオラ viola 女
ひがい 被害 daño 男; (損失) pérdida 女 ‖～を受ける sufrir un daño ～者 víctima 女 **被害妄想** manía persecutoria 女
ひかえ 控え (写し) copia 女; (覚え書き) nota 女 ‖～の選手 suplente 男女 **控え室** sala de espera 女
ひかえめ 控えめ ‖～な moderado(da), discreto(ta); (謙虚な) modesto(ta)
ひがえり 日帰り ‖～旅行 viaje de un día 男
ひかえる 控える (抑制する) abstenerse 《de》; (書きとめる) apuntar
ひかく 比較 comparación 女 ‖AとBを～する comparar A con B ～的 comparativamente, relativamente ♦ **比較級** comparativo 男
ひかく 皮革 cuero 男, piel 女
びがく 美学 estética 女
ひかげ 日陰 sombra 女
ひがさ 日傘 sombrilla 女, parasol 男, quitasol 男
ひがし 東 este 男 ‖～の del este, oriental
ひがしティモール 東‐ Timor Oriental 男 ‖～の timoreñse
ぴかぴか ‖～光る brillar, relumbrar
ひがむ 僻む tener envidia
ひからびる 干からびる desecarse ‖干からびた reseco(ca)
ひかり 光 luz 女 ‖～を放つ emitir luz, lucir ◆ **光ファイバー** fibra óptica 女
ひかる 光る brillar, lucir
ひかん 悲観 pesimismo 男 ‖～する ser pesimista 《sobre, por》
ひがん 彼岸 semana equinoccial 女
ひきあい 引き合い ‖～に出す hacer referencia 《a》, citar
ひきあう 引き合う tirar...de ambos lados; (元が取れる) compensar
ひきあげ 引き上げ (難破船の) salvamento 男; (値段などの) subida 女, aumento 男
ひきあげる 引き上げる (引っ張り上げる) alzar, levantar; (撤退する) retirarse
ひきあわせる 引き合わせる (紹介する) presentar; (照合する) cotejar 《con》
ひきいる 率いる (連れて行く) llevar; (統率する) mandar, dirigir
ひきうける 引き受ける aceptar, asumir, encargarse 《de》
ひきおこす 引き起こす (事件・問題などを) causar, provocar; (倒れたものを) levantar
ひきかえ 引き換え ‖…と～に a cambio de ...
ひきかえす 引き返す volver; (来た道を) desandar
ひきかえる 引き換える intercambiar 《por》
ひきがえる 蟇 sapo 男
ひきがね 引き金 gatillo 男 ‖～を引く apretar el gatillo
ひきげき 悲喜劇 tragicomedia 女
ひきこもる 引き籠もる ‖家に～ quedarse encerrado(da) en casa
ひきさく 引き裂く (紙などを) desgarrar; (仲を) separar
ひきさげる 引き下げる reducir, rebajar
ひきざん 引き算 resta 女, su(b)stracción 女 ‖～する restar, su(b)straer
ひきしお 引き潮 bajamar 女, reflujo 男
ひきしめる 引き締める apretar ‖気を～ concentrarse
ひきずる 引き摺る arrastrar
ひきだし 引き出し cajón 男
ひきだす 引き出す sacar; (結論を) deducir
ひきたたせる 引き立たせる realzar, destacar
ひきちぎる 引きちぎる arrancar; (引き裂く) rasgar
ひきつぐ 引き継ぐ suceder 《a+人, en+仕事》, heredar
ひきつける 引き付ける atraer; (魅了する) encantar
ひきつづき 引き続き sucesivamente, seguidamente
ひきとめる 引き止める detener
ひきとる 引き取る (物などを) retirar; (人を) encargarse 《de》
ビギナー principiante 男女
ビキニ (水着) bikini 男
ひきにげ 轢き逃げ atropello 男 y huida 女 del lugar cometido
ひきぬく 引き抜く arrancar
ひきのばす 引き伸ばす (写真を) ampliar; (ゴムなどを) estirar
ひきはなす 引き離す separar; (競争相手を) distanciarse
ひきはらう 引き払う dejar, evacuar
ひきょう 卑怯 ‖～な cobarde ◆ **卑怯者** cobarde
ひきよせる 引き寄せる arrimar, atraer
ひきわける 引き分ける (試合を) empatar
ひきわたし 引き渡し entrega 女; (犯罪人の) extradición 女
ひきわたす 引き渡す entregar; (権利などを) traspasar
ひく 引く tirar 《de》, 《中南米》 jalar 《de》; (数を) restar; (注意を) atraer

ひく 退く retirarse
ひく 弾く tocar, interpretar
ひく 轢く atropellar
ひくい 低い bajo(ja) ‖低くする bajar, 低くなる bajar
ひくつ 卑屈 ‖~な servil
びくっとする asustarse
ピクニック picnic 男
びくびくする tener miedo 《a, de》
ひぐま 熊 oso(sa) pardo(da) 名
ピクルス encurtidos 男
ひぐれ 日暮れ anochecer 男
ひげ 髭 (口ひげ) bigote 男; (あごひげ) barba 女; (猫などの) bigote 男 ‖~を剃る afeitarse, 《中南米》rasurarse ‖~を生やしている tener [llevar] bigote [barba] ◆ひげ剃り (電気かみそり) máquina de afeitar (eléctrica) 女, maquinilla 女
ひげ 卑下 ‖~する humillarse
ひげき 悲劇 tragedia 女 ‖~的な trágico(ca)
ひけつ 秘訣 secreto 男, clave 女
ひけつ 否決 rechazo 男 ‖~する rechazar
ひける 引ける ‖気が~ cohibirse
ひご 庇護 protección 女
ひこう 飛行 vuelo 男 ◆飛行士 piloto 男女 飛行船 aeronave 女
ひこう 非行 delincuencia (juvenil) 女 ◆非行少年 delincuente juvenil 男女
びこう 備考 nota 女
びこう 鼻孔 orificios nasales 男複
びこう 尾行 persecución 女 ‖~する perseguir
ひこうかい 非公開 ‖~の (秘密の) secreto(ta); (部外者を閉め出した) a puerta cerrada
ひこうき 飛行機 avión 男 ◆飛行機雲 estela de condensación 女
ひこうしき 非公式 ‖~の no oficial, extraoficial
ひごうほう 非合法 ‖~の ilegal, clandestino(na)
ひごうり 非合理 ‖~な irracional
ひこく 被告 acusado(da) 名
ひごろ 日頃 siempre, habitualmente
ひざ 膝 rodilla 女; (座ったときの) regazo 男 ‖~を交えて話し合う hablar íntimamente
ビザ visado 男, 《中南米》 visa 女
ピザ (伊) pizza 女
びさい 微細 ‖~な minucioso(sa), minúsculo(la)
ひさいしゃ 被災者 damnificado(da) 名
ひざかけ ひざ掛け manta de viaje 女
ひさし 庇 (家の) alero 男; (帽子の) visera 女
ひざし 日差し sol 男
ひさしぶり 久し振り 《会話》~ だね ¡Cuánto tiempo (sin verte)!
ひざまずく 跪く arrodillarse, ponerse de rodillas

ひさん 悲惨 ‖~な (哀れな) miserable; (恐ろしい) horrible
ひじ 肘 codo 男
ひしがた 菱形 rombo 男
ビジネス negocio 男 ◆ビジネスマン hombre de negocios 男
ひしゃく 柄杓 cucharón 男
ひじゅう 比重 peso específico 男
びじゅつ 美術 bellas artes 女複, arte 男 ◆美術館 museo 男 美術品 obra de arte 女
ひじゅん 批准 ratificación 女 ‖~する ratificar
ひじょ 秘書 secretario(ria) 名
びじょ 美女 mujer bella
ひじょう 非常 ‖~に muy [[形容詞と副詞を修飾]], mucho [[動詞を修飾]] ◆非常口 salida de emergencia 女 非常手段 medidas excepcionales 女複
ひじょう 非情 ‖~な despiadado(da)
びしょう 微笑 sonrisa 女
ひじょうきん 非常勤 ‖~の por horas, de tiempo parcial
ひじょうしき 非常識 ‖~な absurdo(da), insensato(ta)
ひしょち 避暑地 lugar de veraneo 男
びしょぬれ びしょ濡れ ‖~の empapado(da) ~になる calarse hasta los huesos
ビジョン visión (de futuro) 女
びじれいく 美辞麗句 palabras floridas 女複
びじん 美人 mujer hermosa, guapa 女
ひすい 翡翠 jade 男
ビスケット galleta 女
ヒステリー histeria 女
ヒステリック ‖~な histérico(ca)
ピストル pistola 女; (回転弾倉の) revólver 男
ピストン émbolo 男, pistón 男 ‖空港とホテルの間をバスが~輸送している Hay un servicio de autobuses de enlace entre el aeropuerto y el hotel.
ひずむ 歪む pandearse, combarse
びせいぶつ 微生物 microbio 男
ひそ 砒素 arsénico 男
ひそう 悲壮 ‖~な patético(ca); (英雄的な) heroico(ca)
ひぞう 脾臓 bazo 男
ひそか 密か ‖~な secreto(ta) ~に en secreto, secretamente
ひぞく 卑俗 ‖~な vulgar
ひそひそ (小声で) en voz baja ‖~話をする cuchichear
ひだ 襞 pliegue 男
ひたい 額 frente 女
ひたす 浸す remojar, mojar
ビタミン vitamina 女 ◆ビタミン剤 tableta de vitaminas 女
ひたむき ‖~な entregado(da); (決然とした) resuelto(ta)
ひだり 左 izquierda 女 ‖~の izquierdo(da) ~に a la izquierda 《会話》
ひだりがわ 左側 lado izquierdo 男

ひだりきき 左利き ‖～の zurdo(da)
ひたん 悲嘆 pena 囡, aflicción 囡
ひつう 悲痛 ‖～な penoso(sa), doloroso(sa)
ひっかかる 引っ掛かる (物が) engancharse 《en》; (だまされる) dejarse engañar 《por》
ひっかく 引っ掻く arañar
ひっかける 引っ掛ける enganchar; (つるす) colgar; (だます) engañar
ひっき 筆記 ‖～試験 examen escrito 男 ‖～用具 artículos de escritorio 男複
ひつぎ 柩 ataúd 男
ひっきりなし ‖～に sin parar, incesantemente
びっくり ‖～する sorprenderse ～仰天する quedarse atónito(ta)
ひっくりかえす 引っ繰り返す volcar, dar la vuelta 《a》
ひっくりかえる 引っ繰り返る volcarse; (倒れる) caerse
ひづけ 日付 fecha 囡
ピッケル piolet 男
ひっこし 引っ越し mudanza 囡, traslado 男
ひっこす 引っ越す mudarse, trasladarse
ひっこみじあん 引っ込み思案 ‖～な tímido(da), retraído(da)
ひっこむ 引っ込む retirarse, (閉じこもる) encerrarse
ピッコロ flautín 男
ひつじ 羊 oveja 囡; (雄の) carnero 男; (子羊) cordero(ra) 名 ◆羊飼い pastor(tora) 名
ひっし 必死 ‖～の desesperado(da) ～に desesperadamente
ひっしゃ 筆者 autor(tora) 名
ひっしゅう 必修 ‖～の obligatorio(ria)
ひつじゅひん 必需品 necesidad 囡
ひっす 必須 ‖～の indispensable
ひっせき 筆跡 letra 囡, escritura 囡 ◆筆跡鑑定 análisis de la letra 男
ひつぜん 必然 ‖～的に inevitablemente ◆必然性 necesidad 囡
ひっそり ‖～と silenciosamente
ひったくる 引ったくる arrebatar
ピッチ 急～ a ritmo rápido
ヒッチハイク autostop 男 ‖～をする hacer autostop
ピッチャー (野球の) lanzador(dora) 名
ピッチャー (水差し) jarro 男
ひってき 匹敵 ‖～する igualarse 《a》
ヒット (成功) éxito 男; (野球の) golpe 男 ‖～する tener éxito
ビット (英) bit 男
ひっぱく 逼迫 ‖～した apurado(da), difícil
ひっぱりだこ 引っ張り凧 ‖～である ser muy solicitado(da)
ひっぱる 引っ張る tirar 《de》
ヒップ caderas 囡複
ひづめ 蹄 (馬の) casco 男; (牛などの) pezuña 囡
ひつよう 必要 ‖～な necesario(ria) 《para》 ～に迫られて por necesidad ◆必要経費 gastos necesarios 男複 必要条件 condición necesaria 囡, requisito indispensable 男
ビデ bidé 男
ひてい 否定 ‖～する negar, desmentir ～の negativo(va)
ビデオ vídeo 男, (中南米) video 男 ◆ビデオカメラ videocámara 囡 ビデオテープ cinta de vídeo 囡 ビデオレコーダー grabadora de vídeo 囡
びてき 美的 ‖～の estético(ca)
ひでり 日照り sequía 囡
ひとく 秘匿 secreto 男
ひと 人 (男女ともに) persona 囡, ser humano 男, hombre 男; (人々) gente 囡
ひとあたり 人当たり ‖～のいい amable, afable
ひどい 酷い (激しい) violento(ta), terrible; (悪い) horrible ひどく叱られる recibir una fuerte reprimenda
ひといき 一息 ‖～で de un tirón ～に飲み干す beberse de un trago
ひといちばい 人一倍 ‖彼は～勉強する Él estudia más que nadie.
ひとがら 人柄 personalidad 囡
ひとぎき 人聞き ‖～の悪いことを言うな No digas cosas ofensivas.
ひときれ 一切れ un pedazo 《de》
ひとく 美徳 virtud 囡
ひとくち 一口 (食べ物の) bocado 男; (飲み物の) trago 男; (分け前) parte 囡
ひとけ 人気 ‖～のない desierto(ta)
ひとけい 日時計 reloj de sol 男
ひとこと 一言 ‖～で言うと en una palabra ～も言わずに sin decir palabra
ひとごみ 人込み multitud 囡, gentío 男
ひところし 人殺し (行為) asesinato 男; (人) asesino(na)
ひとさしゆび 人差し指 (dedo) índice 男
ひとさわがせ 人騒がせ ‖～なことをする crear inquietud
ひとしい 等しい igual 《a, que》; (同一) el mismo 《la misma》《que》; (同等) equivalente 《a》
ひとじち 人質 rehén 男 ‖…を～にとる tomar [tener]... como rehén
ひとしれず 人知れず en secreto, secretamente
ひとずき 人好き ‖～のする atractivo(va), agradable
ひとそろい 一揃い ‖～の un juego de
ひとだかり 人だかり multitud 囡
ひとだすけ 人助け ayuda 囡, buena acción 囡
ひとちがい 人違い ‖～をする (AをBと取り違える) tomar a A por B; (AとBを混同する) confundir a A con B
ひとつ 一つ uno(na) ‖～になる unir-

ひとつきあい 人付き合い ‖～がよい sociable

ひとづて 人伝 ‖～に de oídas

ひとつぶ 一粒 un grano

ひとづま 人妻 mujer de otro 女; (既婚女性) mujer casada 女

ひとで 人出 gentío 男

ひとで 人手 mano de obra 女 ◆人手不足 escasez de mano de obra 女

ひとで 海星 estrella de mar 女

ひととおり 人通り ‖～の多い通り calle transitada 女

ひととき 一時 un momento

ひとなつっこい 人懐っこい sociable, afable

ひとなみ 人並み ‖～の normal, ordinario(ria)

ひとなみ 人波 ‖～にもまれる ser zarandeado(da) por la multitud

ひとびと 人々 gente 女

ひとまえ 人前 ‖～で en público

ひとまかせ 人任せ ‖～にする dejar...a otro

ひとみ 瞳 pupila 女

ひとみしり 人見知り ‖～する ser tímido(da) [vergonzoso(sa)] (con extraños)

ひとめ 一目で a primera [simple] vista

ひとめ 人目 ‖～を忍んで a escondidas ～を避ける evitar ser visto(ta) ～を引く atraer la atención 《de》

ひとめぼれ 一目惚れ enamorarse [amor] a primera vista 《de》, flechazo 男

ひとやすみ 一休み descanso 男 ‖～する descansar

ひとり 一人 ‖～で solo(la) ～ずつ uno(na) a uno(na), de uno(na) en uno(na)

ひどり 日取り fecha 女

ひとりごと 独り言 monólogo 男 ‖～を言う hablar consigo

ひとりっこ 一人っ子 hijo(ja) único(ca) 名

ひとりぼっち 一人ぼっち ‖～で solo(la)

ひとりよがり 独り善がり ‖～の autosuficiente

ひな 雛 cría de ave 女; (鶏の) pollo 男

ひながた 雛型 modelo 男, maqueta 女

ひなぎく 雛菊 margarita 女

ひなた 日向 ‖～で al sol

ひなびた 鄙びた rústico(ca), rural

ひなん 避難 ‖～する refugiarse ◆避難訓練 prácticas de evacuación 女(複) 避難所 documento confidencial 男

ひなん 非難 reproche 男, censura 女; (批判) crítica 女 ‖～する reprochar, criticar

ビニール vinilo 男 ◆ビニール袋 bolsa de plástico 女

ひにく 皮肉 ironía 女 ‖～な irónico(ca)

ひにひに 日に日に de día en día

ひにょうき 泌尿器 aparato urinario 男

ひにん 避妊 anticoncepción 女, contracepción 女

ひねつ 微熱 fiebre ligera 女

ひねる 捻る torcer; (回す) girar

ひのいり 日の入り puesta de sol 女

ひので 日の出 salida de sol 女

ひのまる 日の丸 bandera del Sol Naciente 女, bandera japonesa 女

ひばち 火鉢 brasero 男

ひばな 火花 chispa 女

ひばり 雲雀 alondra 女

ひはん 批判 crítica 女 ‖～する criticar

ひばん 非番 ‖～である no estar de servicio

ひび 罅 grieta 女 ‖～が入る agrietarse

ひびき 響き (音響) sonido 男; (反響) resonancia 女

ひびく 響く sonar, resonar; (影響を及ぼす) repercutir 《en》

ひひょう 批評 crítica 女 ‖～する criticar, hacer una crítica 《de》 ◆批評家 crítico(ca) 名

ひふ 皮膚 piel 女; (特に顔の) cutis 男 ◆皮膚科 dermatología 女 皮膚科医 dermatólogo(ga) 名

ひぶん 碑文 inscripción 女

びぶん 微分 diferencial 女

ひぼう 誹謗 calumnia 女

びぼう 美貌 belleza 女, buena presencia 女

ひぼん 非凡 ‖～な extraordinario(ria), fuera de lo común

ひま 暇 tiempo (libre) 男 ‖～な libre, desocupado(da) ～をつぶす matar el tiempo

ひまご 曾孫 bisnieto(ta) 名, biznieto(ta) 名

ひまわり 向日葵 girasol 男

ひまん 肥満 gordura 女, obesidad 女 ‖～の gordo(da), obeso(sa)

ひみつ 秘密 secreto 男 ‖～の secreto(ta), confidencial; (隠された) oculto(ta) ～にする mantener en secreto ◆秘密警察 policía secreta 女 秘密文書 documento confidencial 男

びみょう 微妙 ‖～な delicado(da), sutil

ひめ 姫 princesa 女

ひめい 悲鳴 grito 男 ‖～をあげる dar un grito

ひめん 罷免 despido 男, destitución 女

ひも 紐 cordón 男, cuerda 女 ‖靴～ cordón de los zapatos 男 …をーでくくる atar...con una cuerda

ひもと 火元 origen del fuego 男

ひやかす 冷やかす gastar una broma, tomar el pelo

ひやく 飛躍 (論理などの) salto 男; (急

成長) progreso rápido 男 ‖~する saltar

ひゃく 百 ciento 男, cien 男; (百の…) cien [[名詞と mil の前で]] ‖何~もの… centenares de… ～番目の centésimo(ma) 男 ～パーセント cien por cien, ciento por ciento

ひゃくしょう 百姓 agricultor(tora) 男女
ひゃくてん 百点 cien puntos 男複
ひゃくにちぜき 百日咳 tos ferina 女
ひゃくにちそう 百日草 zinnia 女
ひゃくねん 百年 cien años 男複 ◆百年祭 centenario 男
ひゃくはちじゅうど 百八十度 ‖~転換する cambiar radicalmente
ひゃくまん 百万 millón 男
びゃくや 白夜 noche blanca 女
ひやけ 日焼け broncearse 男 ‖~する broncearse ◆日焼け止めクリーム crema solar 女 日焼け用オイル bronceador 男

ヒヤシンス jacinto 男
ひやす 冷やす enfriar, refrescar [頭を~ calmarse, serenarse]
ひゃっかじてん 百科事典 enciclopedia 女
ひゃっかてん 百貨店 grandes almacenes 男複
ひやひや ‖~する tener miedo [[de que + 接続法]], temer [[que + 接続法]]
ビヤホール cervecería 女
ひややか 冷ややか ‖~な frío(a); (無関心な) indiferente
ひゆ 比喩 figura retórica 女; (隠喩) metáfora 女 ‖~的な figurado(da)
ヒューズ fusible 男
ヒューマニズム (人本主義) humanismo 男; (人道主義) humanitarismo 男
ピューレ puré 男
ビュッフェ bufé 男
ひよう 費用 gasto 男, coste 男
ひょう 表 tabla 女, cuadro 男; (リスト) lista 女 ‖~を作る hacer una tabla [lista]
ひょう 票 voto 男
ひょう 雹 granizo 男
ひょう 豹 leopardo 男, pantera 女
びよう 美容 belleza 女 ◆美容院 salón de belleza 男 美容師 (理容師) peluquero(ra) 男女
びょう 秒 segundo 男
びょう 鋲 (リベット) remache 男; (画鋲) chincheta 女, (中南米) chinche 女; (靴底の) tachuela 女
びょういん 病院 hospital 男; (診療所) clínica 女, consulta 女
ひょうか 評価 evaluación 女, valoración 女 ‖~する evaluar, valorar 高く~する apreciar, estimar ◆評価額 valoración 女, tasa 女
ひょうが 氷河 glaciar 男 ◆氷河期 período glacial 男
ひょうき 表記 (表記法) notación 女; (書くこと) escritura 女 ‖~の住所 dirección mencionada en el sobre [arriba]

びょうき 病気 enfermedad 女 ‖~の enfermo(ma) ～になる enfermar, ponerse enfermo(ma)
ひょうぎかい 評議会 consejo 男
ひょうきん 剽軽 ‖~な gracioso(sa), cómico(ca)
ひょうけつ 票決 votación 女
ひょうげん 表現 expresión 女; (芸術作品の) representación 女 ‖~する expresar, representar
ひょうげんきん 病原菌 germen patógeno 男
ひょうご 標語 eslogan 男, lema 男
ひょうさつ 表札 placa [de una puerta] con un nombre 女
ひょうざん 氷山 (英) iceberg 男
ひょうし 表紙 cubierta 女; (雑誌の) portada 女
ひょうし 拍子 compás 男, ritmo 男
ひょうじ 表示 indicación 女 ‖~する indicar, mostrar
ひょうしき 標識 señal 女
びょうしつ 病室 habitación de un enfermo 女
びょうしゃ 描写 descripción 女 ‖~する describir
びょうじゃく 病弱 ‖~な enfermizo(za)
ひょうじゅん 標準 estándar 男; (平均) promedio 男 ‖~的な estándar, normal ◆標準語 lengua estándar 女
ひょうしょう 表彰 ‖~する (賞を与える) galardonar; (栄誉を与える) honrar ◆表彰状 diploma de honor 男 表彰台 podio 男
ひょうじょう 表情 expresión 女, gesto 男 ‖~豊かな expresivo(va)
びょうじょう 病床 ‖~についている estar en cama, guardar cama
びょうじょう 病状 estado de una enfermedad (de un enfermo [una enferma]) 男
ひょうせつ 剽窃 plagio 男 ‖~する plagiar
ひょうだい 表題 título 男
ひょうたん 瓢箪 calabaza 女
ひょうてき 標的 blanco 男
びょうてき 病的 ‖~な enfermizo(za)
ひょうでん 評伝 biografía crítica 女
びょうどう 平等 igualdad 女 ‖~な igual ～に por igual
びょうにん 病人 enfermo(ma) 男女; (患者) paciente 男女
ひょうはく 漂白 blanqueo 男 ‖~する blanquear ◆漂白剤 lejía 女
ひょうばん 評判 reputación 女, fama 女 ‖~の famoso(sa); (人気のある) popular ～になる (名をあげる) ganar fama; (人気になる) hacerse popular
ひょうひ 表皮 epidermis 女 (単複)
ひょうほん 標本 espécimen 男; (植物の) herbario 男; (統計の) muestra 女
ひょうめい 表明 ‖~する manifestar, expresar

ひょうめん 表面 superficie 女; (外見) apariencia 女 ‖～化する revelarse, salir a la luz ◆～的な superficial, aparente ◆表面張力 tensión superficial 女
びょうりがく 病理学 patología 女
ひょうりゅう 漂流 deriva 女 ‖～する ir a la deriva
ひょうろん 評論 crítica 女; (新聞・雑誌の) reseña ◆評論家 crítico(ca) 名
ひよく 肥沃 ‖～な fértil; (生産的な) productivo(va)
びよく 尾翼 empenaje de cola 男
ひよけ 日除け toldo 男; (窓の) persiana 女
ひよこ 雛 pollo 男, pollito 男
ひょっこり inesperadamente, de improviso
ひよりみしゅぎ 日和見主義 oportunista 男女
ビラ prospecto 男; (政治的な) octavilla 女
ひらいしん 避雷針 pararrayos 男 (単複)
ひらおよぎ 平泳ぎ braza 女 ‖～で泳ぐ nadar a braza
ひらく 開く abrir, abrirse
ひらけた 開けた abierto(ta); (文明化した) civilizado(da); (進歩的な) progresista
ひらける 開ける (文明化する) civilizarse; (発展する) desarrollarse
ひらたい 平たい llano(na), plano(na)
ピラニア piraña 女
ピラフ (仏) pilaf 男
ピラミッド pirámide 女
ひらめ 平目 (舌平目) lenguado 男
ひらめく 閃く (ひるがえる) ondear; (光る) destellar ‖良い考えが閃いた Se me ocurrió una buena idea.
びり 最後 el último, la última
ビリオド punto 男 ‖～を打つ poner un punto; (終わらせる) poner fin 《a》
ひりつ 比率 proporción 女
ひりひり ‖～する (痛みで) escocer; (刺激する) picar
ビリヤード billar 男
ひりょう 肥料 fertilizante 男, abono 男
ひる 昼 (正午) mediodía 男; (昼間) día 男
ひる 蛭 sanguijuela 女
ビル edificio 男
ピル píldora 女
ひるがえす 翻す (撤回する) desdecirse 《de》, retractarse de lo dicho
ひるがえる 翻る (はためく) ondear
ひるごはん 昼御飯 comida 女, almuerzo 男
ひるね 昼寝 siesta 女
ひるま 昼間 día 男
ひるむ 怯む (しりごみする) retroceder; (おじける) acobardarse
ひるやすみ 昼休み descanso para comer [del mediodía] 男

ひれ 鰭 aleta 女
ヒレ (肉の) filete 男
ひれい 比例 proporción 女 ‖～する ser proporcional 《a》
ひれつ 卑劣 ‖～な vil; (軽蔑すべき) despreciable
ひろい 広い amplio(plia), extenso(sa); (幅が) ancho(cha) ‖心の～い人 una persona de gran corazón
ヒロイン heroína 女
ひろう 拾う recoger; (見つける) encontrar
ひろう 疲労 cansancio 男, fatiga 女
ひろう 披露 ‖～する anunciar, presentar ◆披露宴 banquete de boda 男
ビロード terciopelo 男
ひろがる 広がる extenderse; (幅が) ensancharse
ひろげる 広げる extender, ampliar; (幅を) ensanchar; (畳んだ物を) desplegar
ひろさ 広さ (面積) superficie 女; (広がり) extensión 女; (幅) anchura 女
ひろば 広場 plaza 女
ひろびろ 広々 ‖～とした espacioso(sa), amplio(plia)
ひろま 広間 sala 女, salón 男
ひろまる 広まる extenderse, divulgarse; (流布する) circular
ひろめる 広める divulgar, difundir, propagar
びわ 枇杷 níspero (del Japón) 男
ひん 品 ‖～のある elegante, distinguido(da) ～のない vulgar, grosero(ra)
びん 瓶 botella 女; (香水などの) frasco 男
びん 便 (運行) servicio 男; (飛行機の) vuelo 男
ピン alfiler 男; (ヘアピン) horquilla 女; (ボーリングの) bolo 男
ひんい 品位 elegancia 女; (威厳) dignidad 女
びんかん 敏感 ‖～な sensible
ピンク rosa 女 ‖～色の rosado(da)
ひんけつ 貧血 anemia 女
ひんこん 貧困 pobreza 女
ひんし 品詞 parte de la oración 女
ひんし 瀕死 ‖～の moribundo(da), agonizante
ひんしつ 品質 calidad 女 ◆品質管理 control de calidad 男
ひんじゃく 貧弱 ‖～な débil; (わずかな) escaso(sa)
ひんしゅ 品種 especie 女, raza 女
びんしょう 敏捷 agilidad 女 ‖～な ágil
ひんせい 品性 carácter 男, personalidad 女
ピンセット pinzas 女複
びんせん 便箋 papel de cartas 男
ピンチ (窮地) aprieto 男, apuro 男; (危機) crisis 女

ヒント pista 女, clave 女
ピント foco 男 ‖～を合わせる enfocar
ピンはね comisión 女
ひんぱん 頻繁 ‖～に frecuentemente, a menudo
びんぼう 貧乏 pobreza ‖～な pobre
ピンぼけ ‖～である estar desenfocado(da)
ピンポン ping-pong 男 ⇒卓球

ふ

ふ 府 prefectura 女, provincia 女; (中心) centro 男
ぶ (部分) parte 女; (部門) departamento 男, sección 女; (刊行物の単位) ejemplar 男
ファーストネーム nombre 男
ファーストフード comida rápida 女
ぶあい 歩合 porcentaje 男, tipo 男; (手数料) comisión 女
ぶあいそう 無愛想 ‖～な insociable, poco amistoso(sa)
ファイト espíritu combativo 男
ファイル (紙ばさみ) carpeta 女;《情報》archivo 男
ファインダー visor 男
ファインプレー buena [bonita] jugada 女
ファウル falta 女
ファゴット fagot 男
ファジー ‖～な vago(ga), impreciso(sa)
ファシズム fascismo 男 ◆ファシスト fascista 男女
ファスナー cremallera 女
ぶあつい 分厚い voluminoso(sa), grueso(sa)
ファックス fax 男 ‖～を送る enviar un fax
ファッション moda 女
ふあん 不安 inquietud 女, preocupación 女 ‖～な inquieto(ta), intranquilo(la) ～にさせる inquietar
ファン fan 男女, admirador(dora) 名, hincha 男女; (愛好家) aficionado(da) 名;(熱狂的な) entusiasta 男女
ファンタジー fantasía 女
ふあんてい 不安定 ‖～な inestable
ファンデーション base de maquillaje 女
ファンファーレ fanfarria 女
ふい 不意 ‖～の imprevisto(ta), repentino(na)
ブイ boya 女
フィアンセ prometido(da) 名
フィート pie 男
フィーリング sentimiento 男
フィールド campo 男 ◆フィールドワーク trabajo de campo 男
フィギュアスケート patinaje artístico
フィクション ficción 女

ふいご 鞴 fuelle 男
フィジー Fiji ‖～の fijiano(na)
ふいちょう 吹聴 ‖～する divulgar; (自慢して) jactarse 《de》
ふいっち 不一致 desacuerdo 男, discrepancia 女
フィットネスクラブ club de fitness 男
フィナーレ final 男
フィリピン Filipinas ‖～の filipino(na)
フィルター filtro 男
フィルム película 女;《映画》film(e) 男
ふいん 部員 miembro 男
フィンランド Finlandia ‖～の finlandés(desa)
ふう 封 sello 男 ‖～をする cerrar una carta
-ふう -風 ‖フランス～の[で] a la francesa, al estilo francés
ふうあつ 風圧 presión del viento 女
ふうか 風化 erosión 女 ‖～する erosionarse
フーガ fuga 女
ふうがわり 風変わり ‖～な raro(ra), excéntrico(ca)
ふうき 風紀 moral pública 女
ふうきり 封切り estreno 男
ふうけい 風景 paisaje 男
ふうさ 封鎖 bloqueo 男 ‖～する bloquear
ふうさい 風采 apariencia 女, presencia 女
ふうし 風刺 sátira 女 ‖～的な satírico(ca)
ふうしゃ 風車 molino de viento 男
ふうしゅう 風習 costumbre 女, uso 男
ふうしん 風疹 rubéola 女, rubeola 女
ふうせん 風船 globo 男
ふうそく 風速 velocidad del viento 女
ふうぞく 風俗 costumbres 女複; (風紀) moral pública 女
ブータン Bután, Bhutan ‖～の butanés(nesa)
ふうちょう 風潮 tendencia 女, corriente 女
ブーツ botas 女複
ふうど 風土 clima 男
ふうとう 封筒 sobre 男
ふうふ 夫婦 matrimonio 男
ふうみ 風味 sabor (delicado) 男, gusto (exquisito) 男
ブーム auge 男, boom 男
ブーメラン bumerán 男
ふうりょく 風力 fuerza del viento 女
プール piscina 女
ふうん 不運 mala suerte 女, desgracia 女 ‖～な desgraciado(da)
ふえ 笛 pito 男;(横笛) flauta 女
フェア (催し) feria 女 ‖～な justo(ta), limpio(pia) ◆フェアプレー juego lim-

フェイント finta 女

フェーンげんしょう -現象 fenómeno (de) Foehn

フェザーきゅう -級 peso pluma 男

フェスティバル festival 男

フェミニズム feminismo ◆フェミニスト feminista 男女

フェリー transbordador 男, 《英》ferry 男

ふえる 増える aumentar, incrementarse

フェルト fieltro 男 ◆フェルトペン rotulador 男

フェロモン feromona 女

フェンシング esgrima 女

フェンス valla 女

ぶえんりょ 無遠慮 ‖～な sin reservas, indiscreto(ta)

フォアグラ 《仏》 foie gras 男

フォーク (食器) tenedor 男

フォーク ◆フォークソング folk 男, canción folklórica 女 ◆フォークダンス baile folklórico 男

フォーマット (情報) formato 男

フォーム forma 女

フォーラム foro 男

フォルダ (情報) carpeta 女

フォワード delantero(ra) 名

ふおん 不穏 ‖～な inquietante

ふか 孵化 incubación 女

ぶか 部下 subordinado(da) 名, subalterno(na) 名

ふかい 深い profundo(da), hondo(da); (濃い) denso(sa) ‖～する profundizar 深さする profundidad 女

ふかい 不快 ‖～な desagradable, incómodo(da), molesto(ta)

ふかかい 不可解 ‖～な incomprensible; (神秘的な) misterioso(sa)

ふかくじつ 不確実 ‖～な incierto(ta)

ふかけつ 不可欠 ‖～な indispensable, imprescindible

ふかさ 深さ profundidad 女

ふかす 蒸かす cocer al vapor

ぶかっこう 不格好 ‖～な mal hecho(cha), feo(a)

ふかのう 不可能 ‖～な imposible

ふかんぜん 不完全 ‖～な imperfecto(ta), incompleto(ta)

ぶき 武器 arma 女

ふきかえ 吹き替え (録音での) doblaje 男

ふきげん 不機嫌 ‖～な de mal humor, malhumorado(da)

ふきそく 不規則 ‖～な irregular

ふきだす 吹き出す (笑い出す) echarse a reír; (噴出する) brotar

ふきつ 不吉 ‖～な de mal agüero, siniestro(tra)

ふきでもの 吹出物 grano 男; (発疹) erupción 女

ふきとばす 吹き飛ばす llevarse, arrebatar

ふきとる 拭き取る enjugar, limpiar

ぶきみ 不気味 ‖～な siniestro(tra), inquietante

ふきゅう 普及 divulgación 女, difusión 女 ‖～する divulgarse

ふきゅう 不朽 ‖～の inmortal, eterno(na)

ふきょう 不況 depresión 女, recesión 女

ぶきよう 不器用 ‖～な torpe, desmañado(da)

ふきん 布巾 paño 男, trapo 男

ふきん 付近 vecindad 女 ‖…の～に cerca de…

ふきんこう 不均衡 desequilibrio 男

ふく 服 ropa 女, traje 男 ‖～を着る ponerse la ropa, vestirse

ふく 吹く soplar ‖笛を～ tocar una flauta

ふく 拭く enjugar, limpiar

ふく 福 suerte 女, fortuna 女

ふく 副- vice- ‖～学長 vicerrector(tora) 名

ふぐ 河豚 pez globo 男

ふくいん 福音 evangelio 男

ふくえき 服役 ‖～する cumplir una condena

ふくがん 複眼 ojos compuestos 男複

ふくぎょう 副業 empleo suplementario 男

ふくげん 復元 restauración 女 ‖～する restaurar, restituir

ふくごう 複合 complejo 男 ‖～の compuesto(ta), complejo(ja)

ふくざつ 複雑 ‖～な complicado(da), complejo(ja)

ふくさよう 副作用 efecto secundario 男

ふくさんぶつ 副産物 subproducto 男, derivado 男

ふくし 福祉 bienestar 男 ◆福祉事業 obra social 女 福祉国家 Estado del Bienestar

ふくし 副詞 adverbio 男

ふくしゃ 複写 copia 女

ふくしゃ 輻射 radiación 女

ふくしゃちょう 副社長 vicepresidente(ta) 名

ふくしゅう 復習 repaso 男 ‖～する repasar

ふくしゅう 復讐 venganza 女 ‖～する vengar, vengarse 《de》

ふくじゅう 服従 obediencia 女 ‖～する obedecer

ふくすう 複数 ‖～の plural ◆複数形 plural 男

ふくする 服する obedecer

ふくせい 複製 reproducción 女

ふくそう 服装 vestido 男, ropa 女

ふくだい 副題 subtítulo 男

ふくつう 腹痛 dolor de estómago [vientre] 男

ふくびき 福引き rifa 女, sorteo 男

ふくまくえん 腹膜炎 peritonitis 女 (単複)

ふくむ 含む contener, incluir

ふくめん 覆面 máscara 囡 ‖~をした enmascarado(da)
ふくよう 服用 ‖~する tomar
ふくらはぎ 脹ら脛 pantorrilla 囡
ふくらます 膨らます inflar, hinchar
ふくらむ 膨らむ inflarse, hincharse
ふくり 複利 interés compuesto
ふくれつら ふくれ面 ‖~をする poner morros, poner cara de mal humor
ふくれる 膨れる hincharse; (不機嫌になる) ponerse de mal humor
ふくろ 袋 bolsa 囡, saco 男
ふくろう 梟 lechuza 囡
ふくろこうじ 袋小路 callejón sin salida 男
ふくろだたき 袋叩き ‖~にする dar una buena paliza 《a + 人》 entre muchos
ふくわじゅつ 腹話術 ventriloquia 囡
ふけい 父兄 padres 男複
ふけいき 不景気 depresión 囡, recesión 囡 ‖~な deprimido(da)
ふけいざい 不経済 ‖~な poco económico(ca)
ふける 老ける envejecer, hacerse viejo(ja)
ふける 更ける ‖夜もだいぶ更けてきた La noche estaba muy avanzada.
ふける 耽る estar ensimismado(da) [absorto(ta)] 《en》
ふけんこう 不健康 ‖~な poco sano(na), malsano(na)
ふこう 不幸 infelicidad 囡, desgracia 囡 ‖~な infeliz, desgraciado(da) ◆~にも desgraciadamente
ふごう 富豪 persona muy rica 囡; (大富豪) millonario(ria) 名
ふごう 符合 coincidencia 囡 ‖~する coincidir 《con》
ふごうかく 不合格 suspenso 男 ‖~科目になる suspender una asignatura
ふこうへい 不公平 ‖~な injusto(ta), parcial
ふごうり 不合理 ‖~な ilógico(ca), irrazonable
ふさ 房 (果実の) racimo 男; (房飾り) borla 囡; (髪の) mechón 男
ブザー timbre 男
ふさい 夫妻 matrimonio 男 ‖山田~ los señores Yamada
ふさい 負債 deuda 囡
ふざい 不在 ausencia 囡
ふさがる 塞がる (通れない) estar bloqueado(da); (空いていない) estar ocupado(da)
ふさく 不作 mala cosecha 囡
ふさぐ 塞ぐ (覆って) tapar; (通路などを) bloquear; (占有する) ocupar
ふざける (冗談を言う) bromear; (遊び騒ぐ) juguetear
ぶさほう 無作法 ‖~な maleducado(da), descortés

ふさわしい 相応しい apropiado(da) [adecuado(da)] 《para》; (値する) digno(na) 《de》
ふさんせい 不賛成 desaprobación 囡, desacuerdo 男
ふし 節 (体の) articulación 囡; (木などの) nudo 男; (歌の) melodía 囡
ふじ 藤 glicina 囡 ‖~色の de color lila
ふじ 不治 ‖~の incurable
ぶじ 無事 ‖~に sano(na) y salvo(va); (平穏に) en paz
ふしぎ 不思議 ‖~な raro(ra), extraño(ña); (神秘的な) misterioso(sa); (謎の) enigmático(ca) ‖世界の七~ las siete maravillas del mundo
ふしぜん 不自然 ‖~な poco natural
ふじちゃく 不時着 aterrizaje forzoso
ふしちょう 不死鳥 fénix 男 単複
ふじつ 不実 ‖~な desleal; (不貞) infiel
ふしみ 不死身 ‖~の inmortal
ふじゆう 不自由 ‖金に~している andar mal de dinero
ふじゅうぶん 不十分 ‖~な insuficiente; (不完全な) imperfecto(ta)
ぶしょ 部署 puesto 男
ふしょう 負傷 herida 囡 ‖~する herirse ◆負傷者 herido(da) 名
ふじょう 浮上 ‖~する subir a la superficie
ぶしょう 無精 ‖~な perezoso(sa), descuidado(da)
ふじょうり 不条理 ‖~な absurdo(da)
ふしょく 腐食 corrosión 囡 ‖~する corroerse
ぶじょく 侮辱 insulto 男, ofensa 囡 ‖~する insultar, ofender
ふしん 不信 desconfianza 囡
ふじん 婦人 mujer 囡, señora 囡 ‖婦人警官 mujer policía 囡
ふじん 夫人 esposa 囡, señora 囡 ◆
ふしんせつ 不親切 ‖~な poco amable
ふしんにん 不信任 desconfianza 囡 ◆不信任案 moción de censura 囡
ぶすい 無粋 ‖~な insensible
ふせい 不正 injusticia 囡, ilegalidad 囡 ‖~な injusto(ta), ilegal
ふせいかく 不正確 ‖~な incorrecto(ta), inexacto(ta)
ふせいじつ 不誠実 ‖~な insincero(ra), desleal
ふせいみゃく 不整脈 arritmia 囡
ふせぐ 防ぐ (予防する) prevenir, evitar; (防御する) defenderse 《de》
ふせつ 敷設 construcción 囡 ‖~する construir, tender
ふせる 伏せる (身を伏せる) tumbarse boca abajo; (表を下にして) poner boca abajo; (隠す) guardar en secreto
ぶそう 武装 armamento 男 ‖~した armado(da), ~する armarse ◆武装解除 desarme 男

ふそく 不足 escasez 囡, insuficiencia 囡, falta 囡 ‖~する faltar, carecer《de》

ふそく 不測 ‖~の inesperado(ra), imprevisto(ta)

ふそく 付属 ‖~の anejo(ja) ◆付属品 accesorios 男複

ふそん 不遜 ‖~な insolente, arrogante

ふた 蓋 tapa 囡; (瓶などの) tapón 男 ‖~をする tapar

ふだ 札 etiqueta 囡; (トランプの) carta 囡

ぶた 豚 cerdo(da) 名, puerco(ca) 名, cochino(na) 名,《中南米》chancho 名

ぶたい 舞台 escenario 男, escena 囡 ◆舞台裏 camerino 男 舞台装置 decorado 男

ぶたい 部隊 unidad 囡, cuerpo 男

ふたご 双子 gemelos [las] 名複, mellizos(zas) 名複 ◆双子座 Géminis 男

ふたしか 不確か ‖~な incierto(ta), inseguro(ra)

ふたたび 再び otra vez, de nuevo

ふたつ 二つ dos 男 ‖~とも los [las] dos, ambos(bas) ～とない único(ca)

ぶたにく 豚肉 carne de cerdo 囡,《中南米》carne de puerco 囡

ふたり 二人 los [las] dos, dos personas 囡

ふたん 負担 carga 囡 ‖~する (支払う) pagar; (責任を引き受ける) hacerse responsable《de》

ふだん 普段 ‖~は normalmente, de ordinario ◆普段着 ropa de diario

ふだん 不断 ‖~の incesante, constante

ふち 縁 borde 男 ‖~なしの眼鏡 gafas sin aros 囡複

ぶち 斑 ‖~の moteado(da), manchado(da)

ふちゃく 付着 ‖~する pegarse [adherirse]《a》

ふちゅうい 不注意 descuido 男; (怠慢) negligencia 囡 ‖~な descuidado(da), negligente

ぶちょう 部長 director(tora) de departamento [sección] 名

ふつう 普通 ‖~の corriente, ordinario(ria) ～は normalmente, generalmente ◆普通預金 cuenta de ahorro 囡 普通列車 tren ordinario 男

ふつか 二日 dos días 男複 ‖~目 segundo día 男

ぶっか 物価 precios 男複 ‖東京は~が高い La vida es cara en Tokio. ◆消費者物価指数 índice de precios al consumo 男

ふっかつ 復活 resurgimiento 男 ‖~する resurgir, renacer ◆復活祭 Pascua [de Resurrección] 囡

ふつかよい 二日酔い ‖~になる tener resaca

ぶつかる chocar [darse]《con, contra》

ふっきゅう 復旧 restauración 囡 ‖~する restaurar, restablecer

ぶっきょう 仏教 budismo 男 ◆仏教徒 budista 男女

ふっきらぼう ‖~な brusco(ca), seco(ca)

ぶつける (投げつける) tirar; (打ち当てる) darse《con》

ふっこう 復興 reconstrucción 囡, restauración 囡 ‖~させる reconstruir, restaurar

ふつごう 不都合 inconveniencia 囡

ふっこく 復刻 ‖~する reimprimir

ぶっしつ 物質 materia 囡, substancia 囡 ‖~の material

プッシュホン teléfono de teclado 男

ぶっしょく 物色 ‖~する buscar, rebuscar

ふっそ 弗素 flúor 男

ぶっそう 物騒 ‖~な peligroso(sa)

ぶつぞう 仏像 imagen de Buda 囡

ぶったい 物体 objeto 男

ふっとう 沸騰 ebullición 囡 ‖~する hervir, bullir

フットボール (サッカー) fútbol 男 ‖アメリカン~ fútbol americano 男

フットライト candilejas 囡複

フットワーク juego de piernas 男

ふつぶつ ‖~言う hablar entre dientes, murmurar; (不平を言う) refunfuñar

ぶつぶつこうかん 物々交換 trueque 男 ‖~する trocar《por》

ぶつよく 物欲 ‖~の強い materialista

ぶつり 物理 física 囡 ◆物理学者 físico(ca) 名

ふで 筆 pincel 男; (ペン) pluma 囡

ふてい 不定 ‖~の indefinido(da) ◆不定冠詞 artículo indefinido 男 不定詞 infinitivo 男

ブティック《仏》boutique 囡

プディング pudín [pudin] 男

ふてきとう 不適当 ‖~な inadecuado(da), impropio(pia)

ふてくされる 不貞腐れる mostrarse descontento(ta), (話) enfurruñarse

ふでばこ 筆箱 plumier 男

ふてぶてしい descarado(da)

ふと de repente, de improviso

ふとい 太い grueso(sa), gordo(da)

ふとう 不当 injusticia 囡 ‖~な injusto(ta); (不法な) ilegal

ふとう 埠頭 muelle 男

ふどう 不動 ‖~の inmóvil; (確固たる) firme

ぶどう 葡萄 (果実) uva 囡; (木) vid 囡

ふどうさん 不動産 bienes inmuebles [raíces] 男複 ◆不動産業 agente inmobiliario(ria) 男女 不動産業 inmobiliaria 囡

ふところ 懐 (胸) seno 男, pecho 男 ‖~具合がいい tener buen bolsillo

ふとさ 太さ grosor 男, grueso 男

ふとじ 太字 letra gruesa 女
ふとっぱら 太っ腹 ‖～の generoso(sa), magnánimo(ma)
ふともも 太股 muslo 男
ふとる 太る engordar, ponerse gordo(da) 《太った gordo(da), grueso(sa)》
ふな 鮒 carpín 男
ふなたび 船旅 viaje en barco 男
ふなのり 船乗り marinero 男
ふなびん 船便 ‖～で por vía marítima, por barco
ふなよい 船酔い mareo 男 ‖～する marearse
ぶなん 無難 ‖～な (安全な) seguro(ra); (まずまずの) aceptable
ふにんしょう 不妊症 esterilidad 女, infecundidad 女
ふね 船・舟 barco 男; (大型の) buque 男; (小船) barca 女 ‖～で行く ir en barco ～を漕ぐ remar ▶乗り掛かった船だ Hemos llegado demasiado lejos para volver atrás.
ふねんせい 不燃性 ‖～の incombustible, ininflamable
ふはい 腐敗 podredumbre 女, descomposición 女; (堕落) corrupción 女 ‖～する pudrirse, descomponerse 《～した podrido(da), descompuesto(ta)》
ふひつよう 不必要 ‖～な innecesario(ria)
ふびん 不憫 ‖～な pobre 〖+名詞〗, lastimoso(sa)
ふひん 部品 pieza 女
ふぶき 吹雪 tormenta de nieve 女, ventisca 女
ぶぶん 部分 parte 女, porción 女 ‖～的に en parte
ふへい 不平 queja 女, descontento 男 ‖～を言う quejarse 《de》
ぶべつ 侮蔑 desprecio 男, menosprecio 男
ふべん 不便 ‖～な incómodo(da), inconveniente
ふへんてき 普遍的 ‖～な universal
ふぼ 父母 padres 男複
ふほう 訃報 ‖…の～に接する enterarse de la muerte
ふほう 不法 ‖～な ilegal, ilícito(ta)
ふまじめ 不真面目 ‖～な poco serio(ria)
ふまん 不満 descontento 男 ‖～な descontento(ta), insatisfecho(cha)
ふみきり 踏切 paso a nivel 男
ふみだい 踏み台 escabel 男, banqueta 女; (手段) trampolín 男
ふみつける 踏みつける pisar, pisotear
ふみにじる 踏み躙る pisotear
ふみんしょう 不眠症 insomnio 男
ふむ 踏む pisar
ふめい 不明 ‖～な (知られていない) desconocido(da); (不明瞭な) oscuro(ra)
ふめいよ 不名誉 deshonra 女, deshonor 男 ‖～な deshonroso(sa)
ふめいりょう 不明瞭 ‖～な poco claro(ra), indistinto(ta)
ふめつ 不滅 ‖～の inmortal
ふもう 不毛 ‖～な estéril
ふもと 麓 pie 男, falda 女
ぶもん 部門 sección 女, departamento 男; (範疇) categoría 女
ふやす 増やす aumentar, incrementar
ふゆ 冬 invierno 男
ふゆう 浮遊 ‖～する flotar
ふゆかい 不愉快 ‖～な desagradable, molesto(ta)
ふよう 扶養 ‖～する mantener
ふよう 不用 ‖～な innecesario(ria); (役に立たない) inútil
ぶよう 舞踊 danza 女, baile 男
フライ 《料理》frito 男
フライ 《野球》 《英》fly 男
フライきゅう -級 peso mosca 男
フライト vuelo 男
プライド orgullo 男, amor propio 男
プライバシー intimidad 女, privacidad 女 ‖～を侵害する invadir [violar] la intimidad
フライパン sartén 女
プライベート ‖～な privado(da), personal
フライング salida nula [en falso] 女
ブラインド persiana 女
ブラウス blusa 女
ブラウンかん -管 tubo de rayos catódicos 男
プラカード pancarta 女, cartel 男
プラグ enchufe 男
ぶらさがる ぶら下がる colgar(se) 《de》
ぶらさげる ぶら下げる colgar, suspender
ブラシ cepillo 男 ‖～に～をかける cepillar
ブラジャー sujetador 男, sostén 男; (中南米) brasier 男
ブラジル Brasil ‖～の brasileño(ña)
プラス más
フラスコ matraz 男
プラスチック plástico 男
フラストレーション frustración 女
ブラスバンド banda de música 女
プラズマ plasma 男
プラタナス plátano 男
プラチナ platino 男
ぶらつく dar una vuelta, pasear
ブラック (黒) negro 男 ◆ブラックユーモア humor negro 男 ブラックリスト lista negra 女
フラッシュ 《英》flash 男
プラットホーム andén 男, (中南米) plataforma 女
プラネタリウム planetario 男
ふらふら ‖～する (めまいがする) marearse; (よろめく) tambalearse
ぶらぶら ‖～する (揺れ動く) balancearse; (あちこち行く) vagar
フラメンコ flamenco 男
プラム ciruela 女
フラメンコ flamenco 男

プラモデル maqueta de plástico 囡
ぶらん 腐乱 putrefacción 囡, podredumbre 囡 ‖～する pudrirse
フラン (旧通貨) franco 男
プラン plan, proyecto 男
ブランク vacío 男
プランクトン plancton 男
ぶらんこ columpio 男
フランス Francia ‖～の francés(cesa) ◆フランス語 francés 男 フランス人 francés(cesa)
プランター jardinera 囡
フランチャイズ franquicia 囡
ブランデー (英) brandy 男
ブランド marca 囡
プラント planta 囡
ふり 不利 desventaja 囡 ‖～な desfavorable
ふり 振り (外見) apariencia 囡 ‖…の～をする aparentar, fingir
ぶり 鰤 (日) buri 男
-ぶり -振り ‖彼の話し～ su modo de hablar 私は5年～に彼に会った Hacía cinco años que no lo veía.
フリー ‖～の libre, independiente ◆フリーキック (サッカー) tiro libre 男 フリーダイヤル llamada gratuita 囡
フリーター persona que trabaja libremente a tiempo parcial 囡
プリーツ pliegue 男
ブリーフ calzoncillos 男複
ブリーフケース maletín 男
ふりえき 不利益 desventaja 囡; (損失) pérdida 囡
ふりかえ 振替 transferencia 囡
ふりかえる 振り返る (振り向く) darse la vuelta, volverse; (思い出す) recordar
ふりかける 振り掛ける (AにBを) echar B en A
ブリキ hojalata 囡
ふりこ 振り子 péndulo 男
ふりこみ 振り込み transferencia 囡
ふりこむ 振り込む hacer una transferencia
プリズム prisma 男
ふりつけ 振り付け coreografía 囡
プリペイド prepago 男
ふりむく 振り向く volverse, volver la cabeza
ふりょ 不慮 ‖～の accidental, imprevisto(ta)
ふりょう 不良 ‖～の malo(la), mal [男性単数名詞の前で] ◆不良債権 crédito 男 [deuda 囡] incobrable 不良少年 joven delincuente 男
ふりょく 浮力 flotabilidad 囡
ぶりょく 武力 fuerza militar 囡
フリル volante 男
ふりん 不倫 adulterio 男
プリン flan 男
プリンター impresora 囡
プリント (印刷物) copia 囡 ‖～アウトする imprimir
ふる 降る caer; (雨が) llover; (雪が) nevar
ふる 振る agitar, menear
ふるい 古い viejo(ja), antiguo(gua)
ふるい 篩 cedazo 男, tamiz 男
ブルー azul 男 ◆ブルーカラー obrero(ra) 男
ブルース (英) blues 男
フルート flauta 囡
ブルーベリー arándano 男
ふるえ 震え temblor 男, estremecimiento 男
ふるえる 震える temblar, estremecerse
ブルガリア Bulgaria ‖～の búlgaro(ra)
ブルキナファソ Burkina Faso ‖～の burkinés(nesa)
フルコース cubierto 男
ふるさと 故郷 tierra 囡 [pueblo 男] natal
ブルジョワ burgués(guesa) 名; (階級) burguesía 囡
ブルゾン cazadora 囡
ブルドーザー (英) bulldozer 男
ブルドッグ buldog 男
プルトニウム plutonio 男
ブルネイ Brunei Darussalam ‖～の bruneano(na)
ふるほん 古本 libro usado [de segunda mano] 囡 ◆古本屋 (店) librería de viejo [lance] 囡; (人) librero(ra) de viejo 男
ふるまい 振る舞い comportamiento 男, conducta 囡
ふるまう 振る舞う portarse, comportarse
ふるめかしい 古めかしい anticuado(da), pasado(da) de moda
ブルンジ Burundi ‖～の burundés(desa)
ぶれい 無礼 ‖～な descortés, maleducado(da)
プレー juego 男, jugada 囡
ブレーキ freno 男 ‖～をかける frenar
プレート (板) placa 囡
フレーム marco 男; (眼鏡の) montura 囡
プレーヤー (選手) jugador(dora) 名; (レコードの) tocadiscos 男[単複]; (CD の) reproductor de disco compacto [de CD] 男
ブレーン cerebro 男
ブレザー chaqueta de sport 囡
プレス prensa 囡
フレスコが -画 fresco 男
ブレスレット pulsera 囡, brazalete 男
プレゼンテーション presentación 囡
プレゼント regalo 男 ‖～する regalar, hacer un regalo
プレタポルテ (仏) prêt-à-porter 男
フレックスタイム horario flexible 男
プレッシャー presión 囡
フレッシュ ‖～な fresco(ca)

プレハブじゅうたく -住宅 casa prefabricada
プレミアム premio 男
ふれる 触れる tocar; (言及する) referirse《a》
フレンチドレッシング vinagreta 女
ブレンド mezcla 女
ふろ 風呂 baño 男; (浴槽) bañera 女 ‖~に入る bañarse, tomar un baño ◆風呂場 cuarto de baño 男
プロ profesional 男女
ふろうしゃ 浮浪者 vagabundo(da) 名
ブローカー corredor(dora) 名
ブローチ broche 男
ブロードバンド banda ancha 女
ふろく 付録 suplemento 男, apéndice 男; (景品) regalo 男
プログラマー programador(dora) 名
プログラミング programación 女
プログラム programa 男
プロジェクト proyecto 男
プロセス proceso 男
プロダクション producción 女
ブロック bloque 男
ブロッコリー brócoli 男, brécol 男
フロッピーディスク disquete 男, disco flexible 男
プロテクター protector 男
プロテスタント protestante 男女
プロデューサー productor(tora) 名
プロバイダー proveedor 男
プロパガンダ propaganda 女
プロパンガス gas propano 男
プロフィール perfil 男
プロペラ hélice 女
プロポーション (釣り合い) proporción 女; (スタイル) tipo 男
プロポーズ proposición [propuesta] de matrimonio 女 ‖…に~する hacer una proposición de matrimonio
プロモーション promoción 女
プロモーター promotor(tora) 名
プロレス lucha libre profesional 女
プロレタリア proletario(ria) 名; (階級) proletariado 男
プロローグ prólogo 男
ブロンズ bronce 男
フロント (ホテルなどの) recepción 女 ◆フロントガラス parabrisas 男(単複)
ブロンド ~の rubio(bia) 男
プロンプター apuntador(dora) 名
ふわ 不和 discordia 女
ふわたり 不渡り (手形) letra rechazada 女
ふん 分 minuto 男
ふん 糞 excremento 男, heces 女複
ぶん 文 frase 女, oración 女
ぶん 分 parte 女, porción 女 ‖~相応に暮らす vivir de acuerdo con sus posibilidades
ぶんあん 文案 borrador 男
ふんいき 雰囲気 ambiente 男, atmósfera 女
ふんか 噴火 erupción 女 ‖~する entrar en erupción

ぶんか 文化 cultura 女 ◆文化祭 festival cultural 男
ふんがい 憤慨 indignación 女 ‖~する indignarse
ぶんかい 分解 descomposición 女 ‖~する descomponer
ぶんがく 文学 literatura 女 ‖~の literario(ria)
ぶんかつ 分割 división 女 ‖~する dividir ◆分割払い pago a plazos 男
ふんきゅう 紛糾 ‖~する complicarse
ぶんぎょう 分業 división del trabajo 女
ぶんげい 文芸 (文学) literatura 女
ぶんけん 文献 documentos 男複, datos 男複; (参考文献) bibliografía 女
ぶんこ 文庫 biblioteca 女 ◆文庫本 libro de bolsillo 男
ぶんご 文語 lenguaje literario 男; (書き言葉) lenguaje escrito 男
ぶんこう 分校 escuela afiliada [filial] 女
ぶんごう 文豪 gran escritor(tora) 名
ふんさい 粉砕 ‖~する aplastar, destrozar
ぶんし 分子 (化学) molécula 女; (数学) numerador 男; (一部の者) elemento 男
ふんしつ 紛失 ‖~する perder; (消える) desaparecer
ふんしゃ 噴射 chorro 男
ぶんしょ 文書 documento 男 ‖~で por escrito
ぶんしょう 文章 (文) frase 女; (文体) estilo 男; (作文) composición 女 ‖~がうまい escribir bien
ぶんじょう 分譲 parcelación 女 ‖~する parcelar ◆分譲マンション piso en venta 男
ふんしょく 粉飾 ‖~する falsear
ふんすい 噴水 fuente 女
ぶんすいれい 分水嶺 (línea) divisoria de aguas 女
ぶんすう 分数 fracción 女, número quebrado 男
ぶんせき 分析 análisis 男 ‖~する analizar
ふんそう 紛争 conflicto 男
ぶんたい 文体 estilo 男
ぶんたん 分担 parte 女 ‖~する compartir, repartir
ふんだん ‖~に en abundancia
ぶんちん 文鎮 pisapapeles 男(単複)
ぶんつう 文通 ‖~する escribirse, cartearse
ふんとう 奮闘 ‖~する luchar, esforzarse
ぶんどう 分銅 contrapeso 男
ぶんぱいぎょうしゃ 分配業者 transportador 男
ぶんぱい 分配 distribución 女, reparto 男 ‖~する distribuir, repartir
ぶんぴつ 分泌 secreción 女, segregación 女
ぶんぷ 分布 distribución 女

ぶんぶん ‖～いう zumbar
ふんべつ 分別 prudencia 囡, juicio 男
ぶんべん 分娩 parto 男
ぶんぼ 分母 denominador 男
ぶんぽう 文法 gramática 囡
ぶんぼうぐ 文房具 objetos [artículos] de escritorio 男⑧ ‖～屋 papelería 囡
ふんまつ 粉末 polvo 男
ぶんみゃく 文脈 contexto 男
ぶんみん 文民 civil 男
ふんむき 噴霧器 pulverizador 男, vaporizador 男
ぶんめい 文明 civilización 囡
ぶんや 分野 campo 男, sector 男
ぶんり 分離 separación 囡 ‖～する separar
ぶんりょう 分量 cantidad 囡;（薬などの）dosis 囡⟨単複⟩
ぶんるい 分類 clasificación 囡 ‖～する clasificar
ぶんれつ 分裂 división 囡 ‖～する dividirse, desunirse

へ

-へ a, hacia, para
へ 屁 《俗》pedo 男 ‖～をする tirarse un pedo
ヘア pelo 男 ♦**ヘアスタイル** peinado 男 **ヘアブラシ** cepillo para el pelo 男
ペア pareja 囡
へい 塀 muro 男, tapia 囡, pared 囡, valla 囡
へいい 平易 ‖～な fácil, sencillo(lla)
へいえき 兵役 servicio militar 男
へいおん 平穏 ‖～な tranquilo(la), pacífico(ca)
へいかい 閉会 clausura 囡 ♦**閉会式** ceremonia de clausura 囡
へいがい 弊害 mal efecto 男, mala influencia 囡
へいき 兵器 arma 囡
へいき 平気 ‖～な tranquilo(la), indiferente
へいきん 平均 promedio 男 ‖～の medio(dia) ～して por término medio ♦**平均寿命** esperanza de vida (al nacer) 囡
へいげん 平原 llanura 囡
へいこう 平行 ‖～の paralelo(la) ⟨a⟩ …にして走る correr paralelo(la) a ...
へいこう 平衡 equilibrio 男
へいこう 閉口 ‖～する embarazarse ⟨por⟩
へいごう 併合 anexión 囡 ‖～する anexionar, anexar
へいこうゆにゅう 並行輸入 importación paralela 囡
へいさ 閉鎖 cierre 男 ‖～する cerrar
へいし 兵士 soldado 男⑧
へいじつ 平日 día entre semana 男; (仕事の日) día laborable 男 ‖～に entre semana
へいしゃ 兵舎 cuartel 男
へいじょう 平常 ‖～の normal, habitual
へいせい 平静 ‖～な tranquilo(la), sereno(na)
へいぜん 平然 ‖～と impasiblemente, tranquilamente
へいそつ 兵卒 soldado 男⑧
へいち 平地 terreno llano 男
へいてん 閉店 ‖～する cerrar una tienda ♦**閉店時間** hora de cierre 囡
へいねつ 平熱 temperatura normal 囡
へいねん 平年 año normal [ordinario] 男
へいばん 平板 ‖～な monótono(na)
へいふく 平服 ropa de diario 囡
へいほう 平方 ‖100－メートル 100 metros cuadrados ♦**平方根** raíz cuadrada 囡
へいぼん 平凡 ‖～な común, ordinario(ria), corriente
へいや 平野 llanura 囡
へいりょく 兵力 fuerzas militares 囡⑧
へいわ 平和 paz 囡 ‖～な pacífico(ca) ♦**平和主義** pacifismo 男
ペイント (ペンキ) pintura 囡
ベーコン beicon 男, panceta 囡
ページ página 囡 ‖～をめくる pasar las páginas
ベージュ 《仏》beige 男
ベース base 囡;（音楽）bajo 男
ペース ritmo 男, paso 男 ♦**ペースメーカー** (医学) marcapasos 男⟨単複⟩
ペースト pasta 囡
ベール velo 男
へきが 壁画 (pintura 囡) mural 男
へきち 僻地 lugar apartado [remoto] 男
ヘクタール hectárea 囡
ベクトル vector 男
へこむ 凹む hundirse, abollarse
へさき 舳先 proa 囡
ベスト lo mejor 男;（衣服の）chaleco 男 ‖～を尽くす hacer todo lo posible ♦**ベストセラー** superventas 男⟨単複⟩
ペスト peste 囡
へそ 臍 ombligo 男
へた 下手 ‖～な malo(la);（不器用な）torpe
へだたり 隔たり distancia 囡;（相違）diferencia 囡
へだたる 隔たる estar distante ⟨de⟩, distar ⟨de⟩
へだてる 隔てる separar, apartar
ペダル pedal 男
ペチコート enaguas 囡⟦主に⑧⟧
べつ 別 ‖～の otro(tra);（異なる）diferente, distinto(ta) ～にする apartar ～に理由もなく sin ninguna razón especial
べっかん 別館 anexo 男
べっきょ 別居 ‖～する vivir separa-

べっそう 別荘 chalé 男, casa de campo 女
ヘッド ◆ヘッドホン auriculares 男複, cascos 男複, 《中南米》 audífonos 男複 ヘッドライト faro 男
ベッド cama 女 ベッドカバー colcha 女, 《中南米》cubrecama 男 ベッドタウン ciudad dormitorio 女
ペット animal doméstico [de compañía] 男
べつべつ 別々 ‖~の separado(da); (異なった) diferente, distinto(ta) ~に separadamente; (個別に) individualmente
へつらう 諂う halagar, lisonjear
べつり 別離 separación 女, despedida 女
ヘディング (サッカー) cabezazo 男
ベテラン veterano(na) 名, experto(ta) 名
ベトナム Vietnam ‖~の vietnamita
べとべと ‖~の pegajoso(sa)
へどろ lodo 男, fango 男
ペナルティー castigo 男, penalti 男 ◆ペナルティーエリア área de penalti 女 ペナルティーキック (tiro de) penalti 男
ベナン Benín ‖~の beninés(nesa)
ペニシリン penicilina 女
ペニス pene 男
ベニヤいた -板 contrachapado 男
ベネズエラ Venezuela ‖~の venezolano(na)
へばりつく へばり付く pegarse [agarrarse] (a)
へび 蛇 serpiente 女
ヘビーきゅう -級 peso pesado 男
ベビー ◆ベビーごー coche de niño 男 ベビーシッター niñero(ra) 名, 《スペイン》canguro 男女
へま equivocación 女, torpeza 女
へや 部屋 habitación 女, cuarto 男; (寝室) dormitorio 男
へら 篦 espátula 女, paleta 女
へらす 減らす reducir, disminuir
ベラルーシ Bielorrusia ‖~の bielorruso(sa)
ベランダ balcón 男, terraza 女
へり 縁 borde 男; (川などの) orilla 女
ベリーズ Belice ‖~の beliceño(ña)
ヘリウム helio 男
ペリカン pelícano 男
へりくつ 屁理屈 argucia 女, sofisma 男
ヘリコプター helicóptero 男
ヘリポート helipuerto 男
へる 減る disminuir, reducirse
ベル timbre 男 ‖電話の~が鳴る sonar el teléfono
ペルー Perú ‖~の peruano(na)
ベルギー Bélgica ‖~の belga
ヘルツ hercio 男, hertz 男
ベルト cinturón 男 ◆ベルトコンベアー cinta [banda] transportadora 女
ヘルニア hernia 女

ヘルメット casco 男
ベルリン Berlín
ベレーぼう -帽 boina 女
ヘロイン heroína 女
へん 変 ‖~な raro(ra), extraño(ña); (怪しげな) sospechoso(sa)
へん 辺 (図形の) lado 男; (周辺) alrededores 男複
べん 便 ‖交通の~がよい estar bien comunicado(da)
べん 弁 válvula 女; (方言) dialecto 男, acento 男
ペン pluma 女
へんあつき 変圧器 transformador 男
へんか 変化 cambio 男; (変動) variación 女 ‖~する cambiar, variar
べんかい 弁解 excusa 女, disculpa 女, pretexto 男 ‖~する dar una excusa [disculpa]
へんかく 変革 (改革) reforma 女; (変化) cambio 男
へんかん 返還 devolución 女 ‖~する devolver, restituir
べんき 便器 taza (de retrete) 女, inodoro 男
べんぎ 便宜 comodidad 女, facilidades 女複 ‖A(人)にBのための~を図る proporcionar [dar] facilidades a A para B
ペンキ pintura 女
へんきゃく 返却 devolución 女
べんきょう 勉強 estudio 男 ‖~する estudiar; (学ぶ) aprender
へんきょう 編曲 arreglo 男, adaptación 女 ‖~する arreglar, adaptar
ペンギン pingüino 男
へんけん 偏見 prejuicio 男
べんご 弁護 defensa 女; (正当化) justificación 女 ‖~する defender
へんこう 変更 cambio 男, modificación 女 ‖~する cambiar, modificar
べんごし 弁護士 abogado(da) 名
へんさい 返済 devolución 女, reembolso 男 ‖~する devolver, reembolsar
へんさん 編纂 compilar ‖~する compilación 女
へんじ 返事 respuesta 女, contestación 女 ‖~をする responder, contestar
へんしつきょう 偏執狂 ⇒偏執狂(へんしゅうきょう)
へんしゅう 編集 redacción 女 ‖~する redactar, editar; (映画を) montar ◆編集者 redactor(tora) 名 編集長 redactor(tora) jefe 男 編集部 redacción 女
へんしゅうきょう 偏執狂 monomanía 女
べんじょ 便所 servicio 男, cuarto de baño 男, retrete 男, wáter 男
べんしょう 弁償 indemnización 女 ‖~する indemnizar
へんしょく 変色 ‖~する cambiar de color

ペンション pensión 女
へんしん 返信 respuesta 女, contestación 女
へんしん 変身 metamorfosis 女(単複) ‖～する metamorfosearse, transformarse 《en》
へんじん 変人 persona excéntrica [rara] 女
へんせい 編成 organización 女, formación 女 ‖～する organizar, formar
へんせん 変遷 transición 女, evolución 女
へんそう 返送 ‖～する reenviar
へんそう 変装 disfraz 男 ‖～する disfrazarse 《de》
ペンダント colgante 男
ベンチ banco 男; (スポ) banquillo 男
ペンチ alicates 男複
ベンチャーキャピタル capital (de) riesgo 男
へんどう 変動 cambio 男; (価格の) fluctuación 女
べんとう 弁当 ‖学校に～を持っていく llevarse la comida a la escuela
へんとうせん 扁桃腺 amígdala 女
ペンネーム seudónimo 男
へんぴ 辺鄙 ‖～な retirado(da), apartado(da)
べんぴ 便秘 estreñimiento 男 ‖～する estreñirse ～している tener estreñimiento
へんぴん 返品 devolución 女, (品物) mercancía devuelta 女 ‖～する devolver
ペンフレンド amigo(ga) por correspondencia 名
へんぼう 変貌 transformación 女, transfiguración 女
べんめい 弁明 excusa 女; (説明) explicación 女 ‖～する dar excusas, explicar
べんり 便利 ‖～な cómodo(da), conveniente
べんろんたいかい 弁論大会 concurso de oratoria 男

ほ

ほ 帆 vela 女
ほ 穂 espiga 女
ほあん 保安 seguridad 女
ほい 補遺 suplemento 男, apéndice 男
ほいくえん 保育園 guardería (infantil) 女, 《独》 kindergarten 男
ボイコット boicoteo 男 ‖～する boicotear
ホイッスル pito 男, silbato 男
ボイラー caldera 女
ホイル lámina de metal 女
ぼいん 母音 vocal 女
ぼいん 拇印 huella digital del pulgar 女

ポイント (得点・活字の大きさ) punto 男; (要点) punto esencial 男
ほう 方 ‖南の～へ hacia el sur 私は紅茶よりコーヒーの～が好きだ Prefiero el café al té. 君は家にいた～がいい Deberías quedarte en casa.
ほう 法 derecho 男, ley 女; (法典) código 男; (方法) método 男
ほう 棒 palo 男, barra 女 ‖一生を～に振る malograr la vida
ほうあん 法案 proyecto de ley 男
ほうい 包囲 sitio 男, asedio 男, cerco 男 ‖～する sitiar, cercar
ほうい 方位 dirección 女, rumbo 男
ほういがく 法医学 medicina forense [legal] 女
ぼういんぼうしょく 暴飲暴食 excesos en la comida y bebida 男複
ほうえい 放映 ‖～する televisar
ぼうえい 防衛 defensa 女 ‖～する defender ◆防衛費 gastos de defensa 男複
ぼうえき 貿易 comercio (exterior) 男 ◆貿易収支 balanza comercial 女
ぼうえんきょう 望遠鏡 telescopio 男
ぼうえんレンズ 望遠- teleobjetivo 男
ほうおう 法王 Papa 男
ぼうおん 防音 ‖～の insonorizado(da)
ほうか 砲火 fuego (de artillería) 男; (砲撃) cañoneo 男
ほうか 放火 incendio premeditado [provocado] 男 ‖～する incendiar ◆放火魔 pirómano(na) 名
ぼうか 防火 ◆防火装置 equipo contra incendios 男
ほうかい 崩壊 derrumbamiento 男 ‖～する derrumbarse
ぼうがい 妨害 obstrucción 女 ‖～する poner obstáculos, impedir
ほうがく 方角 dirección 女, rumbo 男
ほうがく 法学 derecho 男
ほうかご 放課後 después de las clases
ほうかつ 包括 ‖～する abarcar, comprender
ぼうかん 傍観 ‖～する mirar como espectador(dora)
ほうがんし 方眼紙 papel cuadriculado 男
ほうがんなげ 砲丸投げ lanzamiento de peso 男
ほうき 箒 escoba 女
ほうき 法規 reglamento 男, código 男
ほうき 放棄 abandono 男, renuncia 女 ‖～する abandonar, renunciar
ほうきゅう 俸給 salario 男, sueldo 男
ぼうぎょ 防御 defensa 女
ぼうくうごう 防空壕 refugio antiaéreo 男
ぼうくん 暴君 tirano(na) 名
ほうけん 封建 ‖～的な feudal

ほうげん 方言 dialecto 男
ぼうけん 冒険 aventura 女 ‖~する tener [correr] una aventura ◆冒険家 aventurero(ra) 名
ぼうげん 暴言 lenguaje violento 男
ほうこう 方向 dirección 女, rumbo 男 ‖~転換する cambiar de dirección
ぼうこう 暴行 violencia 女
ぼうこう 膀胱 vejiga 女 ◆膀胱炎 cistitis 女 (単複)
ほうこく 報告 informe 男 ‖~する informar 《de, sobre》
ほうさく 豊作 buena cosecha 女
ほうさく 方策 medidas 女(複), remedio 男
ほうさん 硼酸 ácido bórico 男
ほうし 奉仕 servicio 男
ぼうし 帽子 sombrero 男; (縁なしの) gorro 男; (ひさしのある) gorra 女
ぼうし 防止 prevención 女 ‖~する prevenir
ほうしき 方式 (方法) método 男; (体系) sistema 男
ほうしゃ 放射 radiación 女 ‖~状の radial ~性の radiactivo(va) ◆放射性廃棄物 residuos radiactivos 男(複)
ほうしゃせん 放射線 radiación 女 ◆放射線療法 radioterapia 女
ほうしゃのう 放射能 radiactividad 女 ‖~のある radiactivo(va)
ほうしゅう 報酬 retribución 女
ほうじゅう 放縦 ‖~な libertino(na)
ほうじゅん 芳醇 ‖~な añejo(ja)
ほうしん 方針 línea 女 (政策) política 女
ほうじん 法人 persona jurídica 女, corporación 女
ぼうすい 防水 ‖~の impermeable
ほうせき 宝石 joya 女; (原石) piedra preciosa 女
ぼうぜん 茫然 ‖~とする quedarse atónito(ta)
ほうそう 放送 emisión 女, transmisión 女 ‖~する emitir, transmitir ◆放送局 emisora 女
ほうそう 包装 envoltura 女 ‖~する envolver
ぼうそう 暴走 conducción imprudente 女 ◆暴走族 pandillas de moteros temerarios y violentos 女(複)
ほうそく 法則 ley 女, principio 男
ほうたい 包帯 venda 女 ‖~をする vendar
ぼうだい 膨大 ‖~な enorme, colosal
ぼうたかとび 棒高跳び salto con pértiga 《(中南米) garrocha》 男
ぼうだち 棒立ち ‖~になる quedarse inmóvil
ほうち 放置 ‖~する dejar; (おろそかにする) desatender
ぼうちゅうざい 防虫剤 (殺虫剤) insecticida 男
ほうちょう 包丁 cuchillo de cocina 男

ぼうちょう 傍聴 asistencia 女
ぼうちょう 膨張 dilatación 女, expansión 女 ‖~する dilatarse
ほうてい 法廷 tribunal 男, juzgado 男, 《中南米》 corte 男
ほうていしき 方程式 ecuación 女
ほうてき 法的 ‖~な legal, jurídico(ca)
ほうどう 報道 información 女, noticia 女 ◆報道陣 prensa 女, periodistas 男(女)
ぼうどう 暴動 revuelta 女, motín 男
ぼうとく 冒涜 profanación 女; (言葉による) blasfemia 女 ‖~する profanar, blasfemar
ほうにん 放任 ‖~する dejar hacer lo que se quiera
ぼうねんかい 忘年会 fiesta de fin de año 女
ぼうはてい 防波堤 rompeolas 男 (単複), malecón 男
ぼうはん 防犯 prevención de la delincuencia 女
ほうび 褒美 recompensa 女
ぼうび 防備 defensa 女
ぼうびき 棒引き ‖借金を~にする condonar una deuda
ほうふ 豊富 ‖~な abundante, rico(ca)
ほうふ 抱負 (大志) ambición 女; (計画) plan 男
ぼうふう 暴風 tempestad 女, huracán 男, vendaval 男
ぼうふうりん 防風林 bosque de protección contra el viento 男
ほうふく 報復 venganza 女, represalias 女(複)
ぼうふざい 防腐剤 antiséptico 男
ぼうへき 防壁 barrera 女; (城壁) muralla 女
ほうべん 方便 expediente 男, recurso 男
ほうほう 方法 modo 男, manera 女 ‖(体系的)な método 男
ほうぼう 方々 ‖~に en todas partes
ほうぼく 放牧 pastoreo 男
ほうまん 豊満 ‖~な opulento(ta)
ほうむ 法務 ◆法務省 Ministerio de Justicia 男 法務大臣 ministro(tra) de Justicia 男
ほうむる 葬る enterrar, sepultar
ぼうめい 亡命 exilio 男 ‖~する exiliarse ◆亡命者 exiliado(da) 名, refugiado(da) político(ca) 名
ほうめん 方面 dirección 女; (地方) región 女; (分野) campo 男
ほうもん 訪問 visita 女 ‖~する (人を) visitar 《hacer una visita》 《a + 人》; (場所を) visitar
ほうよう 抱擁 ‖~する abrazar
ほうようりょく 包容力 ‖~のある tolerante
ぼうよみ 棒読み ‖~する leer con voz monótona
ぼうらく 暴落 brusca caída 女

ほうらつ 放埒 ‖~な libertino(na)
ぼうり 暴利 beneficios excesivos 男複
ほうりだす 放り出す echar; (放棄する) dejar
ほうりつ 法律 ley 女, derecho 男
ぼうりゃく 謀略 trama 女
ほうりゅう 放流 ‖~する (魚を) poblar (de peces)
ぼうりょく 暴力 violencia 女 ‖~を振るう emplear la violencia ◆暴力団 grupo mafioso 男, mafia 女 暴力団員 mafioso(sa) 名
ボウリング bolos 男複
ほうる 放る tirar, arrojar
ボウル cuenco 男, bol 男
ほうれい 法令 ley 女, legislación 女
ぼうれい 亡霊 fantasma 男
ほうれんそう -草 espinaca 女
ほうろう 放浪 ‖~する vagar
ほうろう 琺瑯 esmalte 男
ほうわ 飽和 saturación 女
ほえる 吠える ladrar; (遠吠えする) aullar
ほお 頬 mejilla 女
ボーイ (ホテルの) botones 男(単複); (レストランの) camarero 男 ◆ボーイスカウト (英) boy scout 男, escultista 男
ポーカー póquer 男 ◆ポーカーフェイス cara de póquer 女
ボーカル vocalista 男女
ボーキサイト bauxita 女
ホース manguera 女
ポーズ postura 女, pose 女 ‖~をとる posar
ほおづえ 頬杖 ‖~をつく apoyar la mejilla en la mano
ボート bote 男, barca 女
ボーナス bonificación 女, paga extra 女
ほおばる 頬張る tener la boca llena 〈de〉
ほおべに 頬紅 colorete 男
ホームシック ‖~にかかる echar de menos, sentir nostalgia 〈de〉, añorar
ホームステイ ‖~する alojarse en casa de una familia
ホームページ página web 女
ホームルーム reunión de toda la clase 女
ホームレス persona sin hogar 女
ポーランド Polonia 女 ‖~の polaco(ca)
ホール (会館・大広間) sala 女, salón 男
ボール (テニス・野球などの) pelota 女; (サッカーなどの) balón 男
ポール pértiga 女
ボールがみ -紙 cartón 男
ボールペン bolígrafo 男
ほか 他 ~の otro(tra) ~の人たち los otros [demás] …の~は menos [excepto]...
ほかく 捕獲 ‖~する capturar
ぼかす 暈す degradar, difuminar
ほがらか 朗らか ‖~な alegre, jovial

ほかん 保管 custodia 女, almacenamiento 男 ‖~する guardar, almacenar
ぼき 簿記 contabilidad 女, 《中南米》 contaduría 女
ほきゅう 補給 abastecimiento 男, suministro 男 ‖~する abastecer, suministrar
ぼきん 募金 colecta 女
ほくい 北緯 latitud norte 女
ほくおう 北欧 Europa septentrional [del Norte] 女 ◆~諸国 países nórdicos 男複
ボクサー boxead*or(dora)* 名
ぼくし 牧師 pastor 男
ぼくじょう 牧場 granja 女; (大きな) pradera 女
ボクシング boxeo 男, 《中南米》《英》 box 男
ほくせい 北西 noroeste 男
ぼくそう 牧草 pasto 男, hierba 女
ぼくちく 牧畜 ganadería 女 ◆牧畜業者 ganader*o(ra)* 名
ほくとう 北東 nordeste 男, noreste 男
ほくとしちせい 北斗七星 Osa Mayor 女, Septentrión 男
ほくぶ 北部 norte 男
ほくべい 北米 América del Norte 女
ぼくめつ 撲滅 ‖~する erradicar, exterminar
ほくろ 黒子 lunar 男
ほげい 捕鯨 pesca de ballenas 女
ぼけい 母系 ‖~の matern*o(na)*
ほけつ 補欠 suplente 男女, sustitut*o(ta)* 名 ◆補欠選挙 elección parcial 女
ポケット bolsillo 男
ぼける 惚ける chochear, atontarse
ほけん 保険 seguro 男 ‖~に加入する hacerse un seguro, asegurarse ~を掛ける asegurar ◆保険会社 compañía de seguros 女 保険金 cantidad asegurada 女 保険料 prima de seguro 女 保険証書 póliza de seguros 女
ほけん 保健 sanidad (civil) 女 ◆保健センター centro de salud pública 男
ほご 保護 protección 女 ‖~する proteger ◆保護者 protec*tor(tora)* 名; (両親) padres 男複
ほご 補語 complemento 男
ぼご 母語 lengua materna [nativa] 女
ほこう 歩行 andar 男 ◆歩行者 peat*ón(ona)* 名
ぼこう 母校 《中南米》 alma máter 女
ぼこく 母国 país natal 男 ◆母国語 lengua materna [nativa] 女
ほこらしい 誇らしい ‖~く orgullosamente
ほこり 埃 polvo 男 ‖~だらけの polvorient*o(ta)*
ほこり 誇り orgullo 男; (威厳) dignidad 女 ‖~高い orgullos*o(sa)*

ほこる 誇る estar orgulloso(sa)《de》, enorgullecerse《de》
ほし 星 estrella 囡;《天体》astro 男
ほしい 欲しい querer, desear
ほしくさ 干し草 heno 男
ほじくる 穿る hurgar, escarbar
ポジション posición 囡
ほしぶどう 干し葡萄 pasa 囡
ほしゃく 保釈 libertad bajo fianza 囡 ◆**保釈金** fianza 囡
ほしゅ 保守《機械の整備》mantenimiento 男 ◆〜的な conservador(dora) ◆**保守主義** conservadurismo 男
ほしゅう 補修 reparación 囡
ほしゅう 補習 clase complementaria 囡
ほじゅう 補充 ‖〜する llenar, suplir
ほしゅう 募集 convocatoria 囡, reclutamiento 男 ‖〜する buscar, reclutar
ほじょ 補助 ayuda 囡, asistencia 囡 ‖〜する ayudar, prestar asistencia
ほしょう 保証 garantía 囡, aval 男 ‖〜する garantizar ◆**保証金** fianza 囡 ◆**保証書** garantía 囡 **保証人** fiador(dora) 名
ほしょう 保障 seguridad 囡
ほしょう 補償 indemnización 囡, compensación 囡 ‖〜する indemnizar ◆**補償金** indemnización 囡
ほす 干す・乾す secar
ボス jefe(fa) 名
ポスター cartel 男,《中南米》afiche 男
ホステス《パーティーなどの》anfitriona 囡;《バーの》chica de alterne 囡
ホスト《パーティーなどの》anfitrión 男
ポスト buzón 男;《地位》puesto 男
ボストンバッグ bolsa de viaje 囡
ボスニア・ヘルツェゴビナ Bosnia-Herzegovina ‖〜の bosnio(nia)
ホスピス residencia para enfermos desahuciados 囡
ほせい 補正 ‖〜する rectificar ◆**補正予算** presupuesto suplementario 男
ぼせい 母性 maternidad 囡
ほそい 細い delgado(da), fino(na);《狭い》estrecho(cha)
ほそう 舗装 pavimento 男 ‖〜する pavimentar
ほそく 補足 complemento 男, suplemento 男
ほそながい 細長い largo(ga) y delgado(da) [estrecho(cha)]
ほぞん 保存 conservación 囡 ‖〜する conservar
ポタージュ potaje 男, crema 囡
ぼだいじゅ 菩提樹 tilo 男
ほたてがい 帆立貝 vieira 囡
ほたる 蛍 luciérnaga 囡
ボタン botón 男 ‖〜を掛ける[外す] abrocharse [desabrocharse] los botones
ぼち 墓地 cementerio 男
ホチキス grapadora 囡,《中南米》engrapadora 囡
ほちょう 歩調 paso 男
ほちょうき 補聴器 audífono 男
ほっかい 北海 Mar del Norte 男
ぼっかてき 牧歌的 ‖〜な pastoral
ぼっき 勃起 erección 囡 ‖〜する entrar en erección
ほっきにん 発起人 promotor(tora) 名
ほっきょく 北極 polo norte 男 ◆**北極星** estrella polar 囡
ホック corchete 男
ホッケー《英》hockey 男
ほっさ 発作 ataque 男 ‖〜的に en un arrebato [ataque]《de》
ぼっしゅう 没収 ‖〜する confiscar
ぼっする 没する《死ぬ》morir;《船などが》hundirse
ほっそく 発足 fundación 囡
ほっそり ‖〜した esbelto(ta), delgado(da)
ほったん 発端《起源》origen 男;《始まり》comienzo 男
ポット《魔法瓶》termo 男
ぼっとう 没頭 ‖〜する concentrarse《en》, entregarse《a》
ほっとする sentir alivio
ホットドッグ perrito caliente 男,《中南米》《英》hot-dog 男
ホットライン teléfono rojo 男
ぼっぱつ 勃発 ‖〜する estallar
ポップコーン palomitas 囡[[主に複]], rosetas 囡複
ポップス música pop 囡
ぼつらく 没落 caída 囡 ‖〜する arruinarse
ボツワナ Botsuana ‖〜の botsuano(na)
ボディー ◆**ボディーガード** guardaespaldas 囡名[単複] **ボディービル** culturismo 男
ポテトチップス patatas fritas 囡複
ホテル hotel 男
ほてる 火照る ponerse colorado(da), acalorarse, sonrojarse
ほど 程 私はペドロー英語が上手くない No hablo inglés tan bien como Pedro. 多ければ多い〜よい Cuanto más, mejor. 我慢するにも〜がある He llegado al límite de mi paciencia.
ほどう 歩道 acera 囡
ほどう 舗道 calle pavimentada 囡
ほどう 補導 ‖〜する guiar, tutelar
ほどく 解く desatar, desanudar
ほとけ 仏 Buda 男
ほどける 解ける desatarse, desanudarse
ほどこす 施す dar;《行う》hacer
ほととぎす 不如帰 cuco chico 男, un tipo de cuclillo 男
ほどなく 程なく pronto, dentro de poco
ほとばしる 迸る chorrear
ほどほど 程々 ‖〜に moderadamente

ほどよい 程よい 《妥当な》 razonable; 《適度な》 moderado(da)
ほとり 辺り orilla 囡
ボトル botella 囡
ほとんど casi; 《事実上》 prácticamente; 《大部分》 la mayor parte 囡 ‖~…ない apenas 《動詞の前、または no +動詞の後》
ポニーテール cola de caballo 囡
ぼにゅう 母乳 leche materna 囡
ほにゅうびん 哺乳瓶 biberón 男
ほにゅうるい 哺乳類 mamíferos 男復
ほね 骨 hueso 男; 《魚の》 espina 囡 ‖~を折る 《骨折する》 romperse, fracturarse; 《苦労する》 tener dificultades 《para》
ほねおしみ 骨惜しみ ‖~する escatimar esfuerzos
ほねおり 骨折り fatigas 囡複, esfuerzo 男 ▶骨折り損のくたびれ儲け Todos los esfuerzos resultaron vanos.
ほねぐみ 骨組み 《骨格》 complexión 囡; 《構造》 armazón 男, estructura 囡
ほねぶと 骨太 ‖~の de complexión robusta
ほねやすめ 骨休め ‖~する reposar, descansar
ほのお 炎 llama 囡
ほのか 仄か ‖~な débil, vago(ga)
ほのめかす 仄めかす insinuar, aludir 《a》; 《示唆する》 sugerir
ホバークラフト aerodeslizador 男
ほばしら 帆柱 mástil 男
ポピュラー ‖~な popular
ほひょう 墓標 lápida sepulcral 囡
ボブスレー 《英》 bobsleigh 男
ポプラ álamo 男
ほへい 歩兵 infante 男
ほぼ ⇒ほとんど
ほぼ 保母 profesora de guardería 囡
ほほえましい 微笑ましい enternecedor(dora), risueño(ña)
ほほえみ 微笑み sonrisa 囡
ほほえむ 微笑む sonreír
ポマード gomina 囡, fijador 男
ほまれ 誉れ honor 男, gloria 囡
ほめる 褒める elogiar, alabar; 《よく言う》 hablar bien 《de》
ホモ homosexual 男
ぼやく quejarse 《de》
ぼやける volverse borroso(sa)
ほゆう 保有 ‖~する tener, poseer
ほよう 保養 ‖~する reposar ◆保養地 balneario 男
ほら 法螺 fanfarronada 囡 ‖~を吹く fanfarronear ◆ほら吹き fanfarrón(rrona)
ぼら 鯔 mújol 男, albur 男
ほらあな 洞穴 cueva 囡, caverna 囡
ボランティア voluntario(ria) 名
ほり 堀 foso 男
ポリープ pólipo 男
ポリエステル poliéster 男
ポリエチレン polietileno 男
ポリオ polio 囡

ポリシー política 囡
ほりだしもの 掘り出し物 《得な買い物》 ganga 囡; 《価値のある見つけ物》 hallazgo 男
ほりだす 掘り出す desenterrar
ボリビア Bolivia ‖~の boliviano(na)
ポリぶくろ ~袋 bolsa de plástico 囡
ほりゅう 保留 reserva 囡 ‖~する reservar
ボリューム volumen 男 ‖~のある食事 comida copiosa 囡
ほりょ 捕虜 prisionero(ra) 名 ‖~になる caer prisionero(ra)
ほる 掘る cavar, excavar
ほる 彫る tallar, grabar, esculpir
ボルト 《電圧》 voltio 男; 《ねじ》 perno 男
ポルトガル Portugal ‖~の portugués(guesa)
ポルノ pornografía 囡
ホルマリン formol 男, formalina 囡
ホルモン hormona 囡
ホルン trompa 囡
ほれる 惚れる enamorarse 《de》
ぼろ 襤褸 《布》 trapo 男; 《ぼろ布》 harapo 男
ポロシャツ polo 男
ほろにがい ほろ苦い ligeramente amargo(ga)
ほろびる 滅びる extinguirse, arruinarse
ほろぼす 滅ぼす arruinar, destruir
ぼろぼろ ‖~の desgastado(da), hecho(cha) jirones
ホワイトハウス Casa Blanca 囡
ほん 本 libro 男
ぼん 盆 bandeja 囡
ほんかくてき 本格的 ‖~な verdadero(ra), auténtico(ca); 《全面的な》 a toda escala
ほんかん 本館 edificio principal 男
ほんき 本気 ‖~の serio(ria) ~で seriamente, en serio
ほんきょち 本拠地 base 囡, sede 囡
ホンコン 香港 Hong Kong ‖~の hongkonés(nesa)
ほんしき 本式 ‖~の formal
ほんしつ 本質 esencia 囡 ‖~的な esencial
ほんじつ 本日 hoy ‖~休業 Cerrado Hoy.
ほんしゃ 本社 casa matriz [central] 囡, sede 囡
ホンジュラス Honduras ‖~の hondureño(ña)
ほんしょう 本性 carácter verdadero 男, naturaleza 囡
ほんしん 本心 verdadera intención 囡 ‖~を明かす confiar la verdadera intención 《a》, abrir el corazón 《a》
ぼんじん 凡人 persona ordinaria 囡
ほんせき 本籍 domicilio legal 男
ほんそう 奔走 ‖~する 《努力する》 esforzarse 《por, para, en》

ほんたい 本体 (主要部) cuerpo 男; (本質) esencia 女

ほんだな 本棚 estantería 女

ぼんち 盆地 cuenca 女, hoya 女

ほんてん 本店 casa matriz [central] 女, sede 女

ほんど 本土 tierra firme 女

ポンド (通貨) libra (esterlina) 女; (重量単位) libra 女

ほんとう 本当 ‖~の verdadero(ra), real; (本当の) auténtico(ca) ‖~に verdaderamente, realmente ‖~は a decir verdad, en realidad

ほんにん 本人 interesado(da) 名, persona en cuestión 女

ほんね 本音 verdadera intención 女

ボンネット (自動車の) capó 男

ほんの (単なる) simple; (ささやかな) pequeño(ña) ‖~少し un poquito, una pizca

ほんのう 本能 instinto 男 ‖~的に instintivamente, por instinto

ほんのり ligeramente

ほんば 本場 (起源) origen 男; (中心地) centro 男

ほんぶ 本部 sede 女, oficina central 女

ポンプ bomba 女

ほんぶん 本文 texto 男

ボンベ bombona 女

ほんぽう 奔放 ‖~な libre, desenfrenado(da)

ほんみょう 本名 nombre verdadero 男

ほんめい 本命 favorito(ta) 名

ほんもの 本物 original 男 ‖~の auténtico(ca), verdadero(ra)

ほんや 本屋 librería 女; (人) librero(ra) 名

ほんやく 翻訳 traducción 女 ‖~する traducir《a》◆翻訳者 traductor(tora)

ぼんやり vagamente ‖~とした vago(ga)

ほんらい 本来 originalmente, por naturaleza; (本質的に) esencialmente ‖~の original, natural

ほんりょう 本領 ‖~を発揮する desplegar su verdadera capacidad, mostrar lo mejor《de》

ほんろん 本論 tema principal 男

ま

ま 間 (時間) tiempo 男; (空間) espacio 男 ‖あっという~に en un instante [abrir y cerrar de ojos] 雑談をして~を持たせる pasar el tiempo charlando ‖~の悪い inoportuno(na)

ま 魔 ‖~が差して por un impulso interior ◆魔除け talismán 男

まあ Bueno,~(驚きなど) ¡Anda!/Oh./¿De verdad?

マーガリン margarina 女

マーク marca 女 ‖~する marcar

マーケット mercado 男

マーケティング (英) marketing 男

マーシャルしょとう 諸島 Islas Marshall ‖~の marshalés(lesa)

マージャン 麻雀 mah-jong 男

マージン margen 男

まあたらしい 真新しい flamante

マーチ (行進曲) marcha 女

まあまあ regular, así así ‖~の regular, razonable

マーマレード mermelada 女

-まい -枚 ‖紙2~ dos papeles 男複, dos hojas de papel 女複

まい- 毎- (すべての) todos(das); (各…) cada

まいあさ 毎朝 todas las mañanas, cada mañana

マイカー coche propio 男

マイク micrófono 男

マイクロバス microbús 男

マイクロフィルム microfilm(e) 男

まいご 迷子 niño(ña) perdido(da) 名 ‖~になる perderse

まいじ 毎時 a cada hora; (時間あたり) por hora

まいしゅう 毎週 todas las semanas, cada semana

まいそう 埋葬 entierro 男 ‖~する enterrar

まいぞうきん 埋蔵金 oro enterrado 男; (機密費) fondos reservados 男複

まいつき 毎月 todos los meses, cada mes

まいど 毎度 cada vez, siempre

まいとし 毎年 todos los años, cada año

マイナー ‖~な sin importancia, de segundo orden

マイナス menos 男 ‖気温は~5度です La temperatura es de cinco grados bajo cero.

まいにち 毎日 todos los días, cada día ‖~の diario(ria); (日常の) cotidiano(na)

まいばん 毎晩 todas las noches, cada noche

マイペース ‖~で a su ritmo

マイホーム casa propia 女

まいる 参る ‖参った! Me rindo. すぐに戻って参ります Vuelvo enseguida.

マイル milla 女

マイルド ‖~な suave

まう 舞う danzar; (宙を) volar

まうえ 真上 ‖~に justo encima《de》

マウス ratón 男

マウンテンバイク bicicleta de montaña 女

まえ 前 ‖5年~に hace cinco años …する~に antes de ‖＋不定詞, que+接続法) 5年~から desde hace cinco años ドアの~で delante de la puerta ~もって de antemano

まえあし 前足 pata delantera 女

まえうり 前売り venta por anticipa-

まえおきdo 図 ◆前売り券 entrada de venta anticipada 囡
まえおき 前置き preámbulo 男
まえがき 前書き prólogo 男, prefacio 男
まえかけ 前掛け delantal 男
まえがみ 前髪 flequillo 男,《中南米》cerquillo 男
まえきん 前金 anticipo 男
まえばらい 前払い adelanto 男, pago por adelantado 男
まえば 前歯 diente delantero 男
まえむき 前向き ‖～な positivo(va) ‖～に考える pensar positivamente
マカオ Macao ‖～の macaense
まかす 負かす derrotar, vencer
まかせる 任せる encargar A a B ‖私に任せなさい Déjamelo todo a mí.
まがりかど 曲がり角 esquina 囡 ‖人生の～ momento crucial de la vida 男
まかりとおる 罷り通る ‖この国では不正が罷り通っている En este país reina la injusticia.
まがる 曲がる doblar, girar, torcer ‖曲がった curvo(va), torcido(da) 右へ～ doblar [girar] a la derecha ネクタイが曲がってるよ Llevas la corbata torcida.
マカロニ macarrones 男複
まき 薪 leña 囡 ‖～を割る cortar leña
まきげ 巻き毛 pelo rizado 男
まきこむ 巻き込む quedar [ser] atrapado(da); (関係に) implicar 〈en〉 ‖機械に指を巻き込まれる pillarse los dedos en ...
まきじゃく 巻き尺 cinta métrica 囡, metro 男,《中南米》centímetro 男
まきちらす まき散らす derramar, esparcir
まきつける 巻き付ける enrollar, enroscar
まきもどす 巻き戻す rebobinar
まきもの 巻き物 rollo de papel escrito 男, manuscrito enrollado 男
まぎらわしい 紛らわしい confuso(sa)
まぎれこむ 紛れ込む mezclarse 〈con〉, perderse 〈entre〉
まく 幕 telón 男; (芝居の) acto 男
まく 膜 capa 囡; (液体表面の) nata 囡
まく 巻く enrollar; (包む) envolver
まく 蒔く sembrar ‖疑いの種を蒔く sembrar la sospecha
まく 撒く esparcir; (尾行などを) despistar ‖庭に水を～ regar el jardín
まくあい 幕間 entreacto 男, intermedio 男
まくさ 秣 forraje 男
マグニチュード magnitud (de escala Richter) 囡
マグネシウム magnesio 男
マグマ magma 男

まくら 枕 almohada 囡 ‖～を高くして寝る dormir plácidamente ◆枕カバー funda de almohada 囡
まくる 捲る remangar, arremangar
まぐれ ‖～で por casualidad
まぐろ 鮪 atún 男
まけ 負け derrota 囡
まけいくさ 負け戦 batalla desesperada 囡
まけいぬ 負け犬 perdedor(dora) 名
まけおしみ 負け惜しみ ‖～を言う no reconocer su derrota
まけずおとらず 負けず劣らず ‖彼は兄に～ハンサムだ Es tan guapo como su hermano.
まけぎらい 負けぎらい ‖彼は～だ No le gusta perder.
マケドニア Macedonia ‖～の macedonio(nia)
まける 負ける perder ‖2対0で～ perder por dos a cero
まげる 曲げる doblar, curvar, torcer
まけんき 負けん気 ‖～が強い (強情な) terco(ca); (競争心の強い) competitivo(va)
まご 孫 nieto(ta) 名
まごころ 真心 ‖～のこもった sincero(ra), cordial
まごつく estar confuso(sa) [perplejo(ja)]
まこと 誠・真 verdad 囡
まさか ‖～そんなはずはない No puede ser./ Es imposible. ～の時には en caso de emergencia
まさつ 摩擦 fricción 囡, rozamiento 男
まさに 正に exactamente, precisamente ‖～出発するところだった Estaba a punto de salir. ～その通り Exactamente./Exacto.
まさる 勝る・優る superar 〈a〉, ser superior 〈a〉 ‖Aの方がBより～だ Es preferible A a B.
まし ‖Aの方がBより～だ Es preferible A a B.
マジック(魔術) magia 囡; (マジックペン) rotulador 男,《中南米》marcador 男
まして(や)(まして…ない) mucho [aún] menos
まじない 呪い conjuro 男
まじめ 真面目 ‖～な serio(ria); (誠実な) sincero(ra) ‖～に seriamente
まじゅつ 魔術 magia 囡 ◆魔術師 mago(ga)
まじょ 魔女 bruja 囡, hechicera 囡
まじりけ 混じり気 ‖～のない puro(ra)
まじる 混じる mezclarse
まじわる 交わる (交差する) cruzarse; (交際する) tratar(se) 〈con〉
ます 増す aumentar
ます 升 medida de capacidad 囡
ます 鱒 trucha 囡
まず primero, en primer lugar, ante todo
ますい 麻酔 anestesia 囡 ‖～をかける

まずい 不味い malo(la) ‖~時に a una hora inoportuna　まずそうな料理 plato poco apetecible 〔女〕　~ことになった La situación se ha puesto mal./Han surgido problemas.
マスカット uva moscatel 〔女〕
マスカラ rímel 〔男〕
マスク (鼻と口を覆う) mascarilla 〔女〕; (仮面) máscara 〔女〕
マスコット mascota 〔女〕
マスコミ medios de comunicación 〔男複〕
まずしい 貧しい pobre; (非常に) indigente ‖~人々 los pobres 〔男女〕
まずしさ 貧しさ pobreza 〔女〕
マスター ‖スペイン語を~する dominar el español ◆**マスターキー** llave maestra 〔女〕
マスタード mostaza 〔女〕
マスト mástil 〔男〕
マスプロ producción en masa [serie] 〔女〕
ますます ‖~この映画が好き[嫌い]になった Cada vez me gusta más [menos] la película.
まずまず ‖~の値段 precio razonable 〔男〕
マスメディア medios de comunicación 〔男複〕
ませた precoz
まぜる 混ぜる mezclar; (かき混ぜる) remover
マゾヒズム masoquismo 〔男〕 ◆**マゾヒスト** masoquista 〔男女〕
また (再び) otra vez, de nuevo; (…もまた) también; (…もまた…ない) tampoco; (その上) y (también) ‖~の機会に en otra ocasión (会話) じゃあね Hasta luego./Hasta pronto.
また 股 entrepierna 〔女〕 ► 世界を股にかける viajar por todo el mundo
まだ 未だ (今なお) todavía, aún; (わずかに) sólo ‖~雨が降っている Sigue lloviendo.
マダガスカル Madagascar ‖~の malgache
またがる 跨る cabalgar 《en, sobre》‖馬に~ montarse a horcajadas sobre un caballo
またぐ 跨ぐ (交差する) cruzar; (乗り越える) franquear
まだしも ‖彼の外見は~話し方が気に入らない De aspecto no está mal, pero no me gusta su manera de hablar.
またせる 待たせる hacer esperar
またたく 瞬く centellear ‖~間に en un abrir y cerrar de ojos
マタニティードレス vestido de embarazada 〔男〕
または 又は ‖A~B A o B 〚o, ho で始まる語の前では u〛
まだら 斑 mancha 〔女〕, pinta 〔女〕
まち 町・街 ciudad 〔女〕; (小さな) pueblo 〔男〕; (街頭) calle 〔女〕‖~中で en la calle　~へ出る ir a la ciudad
まちあいしつ 待合室 sala de espera 〔女〕
まちあわせる 待ち合わせる quedar [citarse] 《con + 人》
まちうける 待ち受ける esperar; (用意している) estar listo(ta) 《para》
まぢか 間近 ‖~に迫っている acercarse
まちがい 間違い equivocación 〔女〕, error 〔男〕, falta 〔女〕
まちがえる 間違える equivocar, cometer un error; (AをBと取り違える) confundir A con B ‖間違って por error [equivocación]
まちがった 間違った equivocado(da), falso(sa)
まちどおしい 待ち遠しい esperar con ilusión [impaciencia]
まちぶせ 待ち伏せ ‖~する acechar
まって ‖少々お待ち下さい Espere un momento, por favor.
まつ 待つ esperar
まつ 松 pino 〔男〕
まつえい 末裔 descendiente 〔男女〕
まっか 真っ赤 ‖~な rojo(ja), encendido(da), muy colorado(da)
まっき 末期 fase final 〔女〕‖(病気が)~の terminal
まっくら 真っ暗 ‖~な completamente oscuro(ra)　お先~だ Veo mi futuro muy negro.
まっくろ 真っ黒 ‖~な completamente negro(gra)
まつげ 睫毛 pestaña 〔女〕
マッサージ masaje 〔男〕‖~する dar un masaje
まっさいちゅう 真っ最中 ‖…の~に en pleno(na) 〚+ 名詞〛
まっさお 真っ青 ‖~な (顔色が) pálido(da)
まっさかさま 真っ逆さま ‖~に落ちる caer de cabeza
まっさき 真っ先 ‖~に手を上げる levantar la mano el primero
マッシュルーム champiñón 〔男〕
まっしょう 抹消 ‖~する borrar
まっしろ 真っ白 ‖~な blanquísimo(ma), blanco(ca) como la nieve
まっすぐ 真っ直ぐ ‖~な derecho(cha), recto(ta); (正直な) honrado(da)　~に derecho, recto; (垂直に) verticalmente
まったく 全く totalmente, completamente; (少しも…ない) no…en absoluto; (本当に) verdaderamente ‖~興味ありません No me interesa absolutamente nada.
まったん 末端 (先端) punta 〔女〕, extremo 〔男〕
マッチ fósforo 〔男〕, cerilla 〔女〕; (試合) partido 〔男〕‖~する encender un fósforo　~する (調和する) combinar 《con》
マット (敷物) esterilla 〔女〕; (玄関の) felpudo 〔男〕; (体操用の) colchoneta 〔女〕
マットレス colchón 〔男〕

マッハ Mach 男

まつばづえ 松葉杖 muleta 女

まつやに 松脂 resina de pino 女

まつり 祭り festival 男, festividad 女, fiesta 女 ‖お～気分で浮かれる estar de fiesta ►もうあとの祭りだ Ya es demasiado tarde.

まつる 祭る deificar

-まで hasta; (…さえ) incluso ‖7時～に出発しなくてはならない Tengo que salir antes de las siete. 最後～ hasta el final

まてんろう 摩天楼 rascacielos 男

まと 的 blanco 男; (対象) objeto 男 ‖～を射た acertado(da) ～外れな desacertado(da); (場違いな) impropio(pia)

まど 窓 ventana 女; (乗物の) ventanilla 女 ‖～から外を見る mirar por la ventana ～側の席 (飛行機で) asiento de [junto a la] ventanilla 女

まどぐち 窓口 ventanilla 女, taquilla 女

まとまる 纏まる (合意する) acordar; (集まる) reunirse ‖まとまった金 una importante cantidad de dinero 交渉がまとまった En las negociaciones se consiguió un acuerdo.

まとめ 纏め resumen 男, sumario 男

まとめる 纏める (集める) reunir, juntar; (整える) ordenar; (解決する) arreglar ‖考えを～ poner las ideas en orden

まとも (な) (正直な) honrado(da), (まじめな) serio(ria); (分別のある) sensato(ta) あれは～な人間のすることではない Hay que ser tonto(ta) para hacer una cosa así. ～に (正面から) de frente, de cara; (直接) directamente

まどろむ dormitar

まどわす 惑わす confundir, desconcertar

マナー modales 男複

まないた まな板 tabla de cortar 女

まなざし 眼差し mirada 女

まなつ 真夏 ‖～に en pleno verano

まなぶ 学ぶ aprender; (勉強する) estudiar

マニア maniático(ca)

まにあう 間に合う llegar a tiempo, alcanzar

まにあわせ 間に合わせ ‖～の provisional, improvisado(da)

まにあわせる 間に合わせる (用意する) preparar; (なんとかする) arreglarse «con»

マニキュア manicura 女 ‖～をして hacerse la manicura

マニュアル manual 男

まぬかれる 免れる librarse [escapar] «de»; (免除される) liberarse «de»

まぬけ 間抜け ‖～な tonto(ta), estúpido(da)

まね 真似 imitación 女 ‖～をする imitar 馬鹿な～はよせ ¡Déjate de tonterías!

マネーサプライ oferta monetaria 女

マネージャー (支配人) gerente 男女; (芸能人などの) (英) manager 男女

マネキン maniquí 男

まねく 招く invitar ‖私はパーティーに招かれた Me invitaron a la fiesta. 誤解を～ causar un malentendido

まねる 真似る imitar, copiar

まばたき 瞬き parpadeo 男, pestañeo 男 ‖～する parpadear, pestañear

まばら 疎ら ‖～な ralo(la); (点在する) disperso(sa)

まひ 麻痺 parálisis 女単複 ‖～する paralizarse

まひる 真昼 ‖～に en pleno día, a plena luz del día; (正午) a mediodía

マフィア mafia 女 ‖～の mafioso(sa)

まぶしい 眩しい deslumbrante, cegador(dora)

まぶた 瞼 párpado 男

まふゆ 真冬 ‖～に en pleno invierno

マフラー bufanda 女; (消音器) silenciador 男, (中南米) mofle 男

まほう 魔法 magia 女 ‖～にかかっている estar hechizado(da) ～をかける hechizar ◆魔法使い mago(ga) 名; (魔女) bruja 女 魔法びん termo 男

マホガニー caoba 女

まぼろし 幻 fantasma 男; (幻覚) visión 女

まま 儘 ‖すべてが昔の～だ Todo sigue igual que antes. ドアを開けた～にしておく dejar la puerta abierta

ママ (母親) mamá 女, (話) mama 女; (女主人) dueña 女

ままこ 継子 hijastro(tra) 名

ままごと ‖～をする jugar a las casitas

ままはは 継母 madrastra 女

まみず 真水 agua dulce 女

まむし 蝮 víbora 女

まめ ‖～な (勤勉な) diligente

まめ 豆 legumbre 女

まめ 肉刺 ampolla 女; (うおのめ) callo 男

まめつ 摩滅 ‖～する desgastarse

まもなく 間も無く pronto, dentro de poco

まもの 魔物 demonio 男, diablo 男

まもり 守り defensa 女; (お守り) amuleto 男

まもる 守る defender, proteger ‖規則を～ obedecer las reglas

まやく 麻薬 droga 女 ◆麻薬中毒 drogadicción 女, toxicomanía 女

まゆ 眉 ceja 女 ‖～をひそめる fruncir las cejas ◆眉墨 lápiz de cejas 男

まゆ 繭 capullo 男

まよい 迷い vacilación 女; (幻想) ilusión 女

まよう 迷う (道に) perderse; (ためらう) vacilar [dudar] «en»

まよなか 真夜中 medianoche 女 ‖～

マヨネーズ a medianoche
マヨネーズ mayonesa 女
マラウィ Malawi ‖~の malauí
マラソン maratón 男, ~選手 corredor(dora) de maratón 名
マラリア malaria 女, paludismo 男
まり 鞠 pelota 女 ‖~をつく botar una pelota
マリ Malí ‖~の maliense
マリネ escabeche 男
マリファナ marihuana 女, mariguana 女
まる 丸 círculo 男 ‖~で囲む rodear con un círculo 一日 todo el día, un día entero
まるい 丸い・円い redondo(da), circular ‖事を丸く治める arreglar el asunto pacíficamente 人柄が丸くなる suavizarse
まるがり 丸刈り ‖~にする cortar el pelo al cero [rape]
まるくび 丸首 ‖~の de cuello redondo
まるた 丸太 tronco 男
マルタ Malta ‖~の maltés(tesa)
マルチメディア multimedia 男女
まるで como, como si 《+接続法・過去형》‖私には~わからなかった No entendí ni jota.
まるまる 丸々 ‖~とした redondo(da)
まるみ 丸み ‖~を帯びた redondeado(da)
まるやね 丸屋根 cúpula 女, domo 男
まれ 稀 ‖~な raro(ra), excepcional ~に raramente
マレーシア Malasia ‖~の malasio(sia), malayo(ya)
まわす 回す (回転させる) girar ;(順に送る) pasar
まわり 周り (周囲) circunferencia 女;(近況) vecindario 男 ‖先生の~に座る sentarse en torno al profesor
まわり 回り ‖火の~が早かった El fuego se propagó rápidamente.
まわりくどい 回りくどい indirecto(ta)
まわりみち 回り道 rodeo 男 ‖~をする dar un rodeo
まわる 回る dar vueltas, girar ‖地球が太陽の回りを~ La Tierra gira alrededor del Sol.
まん 万 (1万) diez mil ‖100~ millón 男
まんいち 万一 en el caso de que 《+接続法》‖~の場合は por si acaso; (非常の場合) en caso de emergencia
まんいん 満員 ‖~の lleno(na), completo(ta)
まんえん 蔓延 ‖~する propagarse, extenderse
まんが 漫画 cómic 男, 《日》manga 男; (アニメ) dibujos animados 男複 ‖~家 caricaturista 男女, dibujante 男女
まんかい 満開 ‖桜が~だ Los cerezos están en plena floración.

マンガン manganeso 男
まんき 満期 vencimiento 男 ‖~になる vencer
まんきつ 満喫 ‖~する disfrutar 《de》
まんげきょう 万華鏡 caleidoscopio 男
マンゴー mango 男
まんじょういっち 満場一致 ‖~で por unanimidad
マンション (一戸) piso 男, apartamento 男, 《中南米》departamento 男
まんせい 慢性 ‖~の crónico(ca)
まんぜん 漫然 ‖~と (目的なしに) sin objeto; (ぼんやりと) ociosamente
まんぞく 満足 satisfacción 女 ‖~させる satisfacer ~する[している] estar satisfecho(cha) [contento(ta)] 《con, de》 ~のいく satisfactorio(ria)
まんタン 満- ‖~にする llenar el depósito [tanque]
まんちょう 満潮 marea alta 女, pleamar 女
まんてん 満点 calificación máxima 女
マント capa 女
マンドリン mandolina 女
まんなか 真ん中 medio 男, centro 男 ‖…の~に en medio de …, en el centro de …
マンネリ (型にはまった考え) estereotipo 男;(決まり切った型) rutina 女 ‖~化した (型じみの) rutinario(ria)
まんねんひつ 万年筆 (pluma) estilográfica 女
まんびき 万引き hurto 男, robo en tiendas 男 ‖~する hurtar en una tienda
まんぷく 満腹 ‖私は~だ Estoy lleno(na).
まんべんなく 万遍なく por todas partes
マンホール registro 男, boca de alcantarilla 女
まんぽけい 万歩計 podómetro 男
マンモス mamut 男
まんりき 万力 gato 男

み

み 実 (果実) fruto 男; (実質) sustancia 女 ‖~のなっている木 árbol con fruto 努力が~を結んだ Los esfuerzos dieron fruto.
み 身 (体) cuerpo 男; (肉) carne 女 ‖私には~に覚えのないことです No sé nada de eso. ~を挺して exponiendo la vida ~を持ち崩す descarriarse ▶身から出た錆に Tú te lo has buscado.
みあげる 見上げる mirar hacia arriba
みあやまる 見誤る (人を) confundir 《con》
みあわせる 見合わせる (顔を) mirarse;

みいだす（延期する）aplazar
みいだす 見出す encontrar
ミーティング reunión 女
ミイラ momia 女 ►ミイラ取りがミイラになる ir por lana y volver trasquilado
みいり 実入り ‖～のよい rentable
みうしなう 見失う perder de vista
みうち 身内 familia 女;（親類）pariente 男女 ‖～だけで en la intimidad
みえ 身栄 vanidad 女 ‖～を張る aparentar
みえすいた 見え透いた ‖～うそ mentira transparente 女
みえる 見える ver;（現れる）aparecer;（…に見える）parecer ‖彼女は年より若く～ Ella aparenta menos edad de la que tiene.
みおくる 見送る（人を）despedir;（延期する）aplazar;（断念する）renunciar〈a〉
みおとす 見落とす no darse cuenta〈de〉, dejar pasar
みおぼえ 見覚え ‖彼の顔には～がある Lo conozco de vista./ Me suena su cara.
みおろす 見下ろす mirar hacia abajo
みかい 未開 ‖～の（原始の）primitivo(va);（未踏の）inexplorado(da)
みかいけつ 未解決 ‖～の sin resolver, pendiente
みかえす 見返す（見直す）repasar;（振り向いて見る）mirar hacia atrás
みかえり 見返り recompensa
みがき 磨き ‖スペイン語に～をかける perfeccionar el dominio que se tiene del español
みかく 味覚 gusto 男, sabor 男
みがく 磨く pulir, bruñir;（練り上げる）perfeccionar
みかけ 見かけ apariencia 女, aspecto 男 ►人は見かけによらない No se puede juzgar a la gente por su apariencia./ Las apariencias engañan.
みかた 味方 amigo(ga), partidario(ria) ‖～する ser partidario(ria)〈de〉
みかた 見方 opinión 女;（観点）punto de vista 男
みかづき 三日月 luna en cuarto creciente 女
みがって 身勝手 ‖～な egoísta
みがまえる 身構える mantenerse alerta
みがる 身軽 ‖～な ligero(ra), ágil;（自由な）libre
みかん 蜜柑 mandarina 女;（木）(naranjo) mandarino 男
みかんせい 未完成 ‖～の incompleto(ta), inacabado(da)
みき 幹 tronco 男
みぎ 右 derecha 女 ‖～の derecho(cha) ～に a la derecha〈de〉
みぎうで 右腕 brazo derecho 男
みぎがわ 右側 lado derecho 男
みぎきき 右利き ‖～の diestro(tra)
ミキサー batidora 女;（音量調整装置）mezcladora 女
みぎまわり 右回り ‖～に en el sentido de las agujas del reloj
みきわめる 見極める（確認する）comprobar;（探究する）examinar a fondo
みくだす 見下す despreciar
みくびる 見くびる subestimar
みくるしい 見苦しい feo(a);（恥ずべき）vergonzoso(sa)
ミクロネシア Micronesia ‖～の micronesio(sia)
ミクロン micrón 男, micra 女
みごと 見事 ‖～な formidable, admirable, estupendo(da) ‖～に踊る bailar maravillosamente ‖～に失敗する fracasar por completo
みこみ 見込み（可能性）posibilidad 女;（期待）esperanza 女;（予想）previsión 女 ‖～のある青年 joven prometedor 男 成功の～がない no hay ninguna esperanza de éxito ～が外れた No se han cumplido mis previsiones.
みこむ 見込む esperar, prever
みこん 未婚 ‖～の母 madre soltera
ミサ misa 女
ミサイル misil 男 ‖～を発射する lanzar un misil
みさき 岬 cabo 男
みじかい 短い corto(ta);（簡潔な）breve ‖短くする acortar 気が～ tener mal genio
みじたく 身支度 ‖～する arreglarse;（着替える）cambiarse
みじめ 惨め ‖～な miserable, desgraciado(da)
みじゅく 未熟 ‖～な inmaduro(ra);（経験不足）inexperto(ta)
みしらぬ 見知らぬ desconocido(da), extraño(ña)
ミシン máquina de coser 女
ミス（間違い）error 男, falta 女 ‖～を する cometer un error
みず 水 agua 女 ‖花に～をやる regar las flores …の話に～をさす interrumpir《a+人》
みずあび 水浴び ‖～する bañarse
みすい 未遂 intento 男, tentativa 女
みずいろ 水色 azul claro 男
みずうみ 湖 lago 男
みずかき 水掻き membrana interdigital 女
みずがめざ 水瓶座 Acuario 男
みずから 自ら él mismo, ella misma
みずぎ 水着 bañador 男, traje de baño 男
みずくさい 水臭い ‖～な reservado(da), distante
みすごす 見過す no darse cuenta〈de〉;（大目に見る）pasar por alto
みずさし 水差し jarra 女, jarro 男
みずしらず 見ず知らず ‖～の descono-

みずたまもよう 水玉模様 ‖～の de lunares
みずたまり 水溜まり charco 男
みずっぽい 水っぽい aguado(da), acuoso(sa)
ミステリー misterio 男; (推理小説) novela policíaca [negra] 女
みすてる 見捨てる abandonar, dejar
みずとり 水鳥 ave acuática 女
みずぶくれ 水腫れ ampolla 女
ミスプリント errata, error de imprenta 男
みずべ 水辺 ‖～で al borde del agua
みずぼうそう 水疱瘡 varicela 女
みすぼらしい miserable, pobre
みずみずしい 瑞々しい fresco(ca), lozano(na)
みずむし 水虫 hongos 男複, pie de atleta 男
みせ 店 tienda 女 ‖～を出す abrir [poner] una tienda
みせいねん 未成年 ‖～の menor ◆未成年者 menor de edad 男
みせかけ 見せ掛け ‖～の simulado(da), fingido(da)
みせさき 店先 ‖～で delante de la tienda
みせつける 見せつける ‖実力を～ demostrar la capacidad 《de》
みせばん 店番 ‖～をする atender una tienda, despachar
みせびらかす 見せびらかす exhibir, ostentar
みせもの 見せ物 espectáculo 男 ‖～になる convertirse en objeto de la curiosidad pública
みせる 見せる mostrar, enseñar, presentar
みぞ 溝 zanja 女; (側溝) cuneta 女; (気持ちの) abismo 男
みぞう 未曾有 ‖～の inaudito(ta), nunca visto(ta)
みぞおち 鳩尾 epigastrio 男
みそこなう 見損なう ‖(会話) 彼を見損なった Tenía de él una idea equivocada. / (失望した) Me ha decepcionado.
みそめる 見初める enamorarse a primera vista
みぞれ 霙 aguanieve 女
-みたい ‖彼は怒っている～だ Parece enfadado.
みだし 見出し (新聞などの) titulares 男[主に複] ◆見出し語 entrada 女
みだしなみ 身だしなみ ‖～を整える arreglarse
みたす 満たす llenar 《de》; (満足させる) satisfacer
みだす 乱す desordenar, perturbar
みだれ 乱れ desorden 男, turbación 女
みだれる 乱れる desordenarse; (気が動転する) turbarse ‖乱れた desordenado(da)

みち 道 camino 男; (街路) calle 女; (道路) ruta 女 ‖～を聞く [教える] preguntar [indicar] el camino ～を譲る ceder el paso ～を塞ぐ cortar [cerrar] el paso ►すべての道はローマに通ず Todos los caminos llevan a Roma.
みち 未知 ‖～の desconocido(da)
みちあんない 道案内 ‖～をする enseñar el camino 《a》
みちくさ 道草 ‖～を食う entretenerse en el camino
みちしお 満ち潮 marea alta, pleamar 女
みちじゅん 道順 itinerario 男, ruta 女
みちしるべ 道標 poste indicador 男; (里程標) mojón kilométrico 男
みちすう 未知数 incógnita 女
みちた 満ちた ‖「…に～ lleno(na) de…
みちのり 道のり distancia 女, trayecto 男
みちびく 導く (案内する) guiar; (指導する) dirigir
みちる 満ちる llenarse 《de》 ‖潮が～ subir la marea
みつ 蜜 miel 女
みっかい 密会 reunión secreta 女
ミックス mezcla 女 ‖～する mezclar
みつげつ 蜜月 luna de miel 女
みつける 見付ける encontrar, hallar; (発見する) descubrir
みつご 三つ子 trillizos(zas) 名 (複) ►三つ子の魂百まで Genio y figura hasta la sepultura.
みっこう 密航 travesía clandestina 女 ‖～する viajar clandestinamente [de polizón]
みっこく 密告 denuncia 女 ‖友人を警察に～する denunciar a un amigo a la policía
みっしつ 密室 cuarto cerrado [secreto] 男
みっしゅう 密集 ‖～する apiñarse, aglomerarse
みっせい 密生 ‖～する crecer frondosamente
みっせつ 密接 ‖～な estrecho(cha); (親密な) íntimo(ma)
みっつ 三つ tres
みつど 密度 densidad 女 ◆人口密度 densidad demográfica 女
みっともない (見苦しい) feo(a); (恥ずべき) vergonzoso(sa)
みつばい 密売 venta clandestina 女 ◆密売人 contrabandista 男女
みつばち 蜜蜂 abeja 女
みっぺい 密閉 ‖～する cerrar herméticamente
みつめる 見つめる mirar fijamente
みつもり 見積もり estimación 女, presupuesto 男 ‖～を出す hacer un presupuesto
みつもる 見積もる calcular, estimar ‖高く～ sobreestimar 低く～ subestimar

みつやく 密約 promesa secreta
みつゆ 密輸 contrabando 男 ‖～する hacer contrabando
みつりょう 密漁・密猟 pesca [caza] furtiva 女 ‖～する pescar [cazar] furtivamente
みつりん 密林 selva 女, jungla 女
みてい 未定 ‖～の indeciso(sa), no decidido(da)
みとう 未踏 ‖～の inexplorado(da)
みとおし 見通し perspectiva 女 ‖～のきかないカーブ curva con poca visibilidad 君の考えていることはお～だ Sé lo que piensas.
みとおす 見通す (見抜く) advinir; (予測する) prever
みとめる 認める (承認) reconocer, admitir, aceptar; (目にする) ver
みどり 緑 verde 男; (草木の) verdor 男 ‖～の verde
みとりず 見取り図 croquis 男 単複
みとる 看取る ‖母の最期を～ estar al lado de la madre en el último momento de su vida
ミドルきゅう -級 peso medio 男
みとれる 見とれる contemplar encantado(da)
みな 皆 (誰も) todos(das), todo el mundo; (どれも) todo
みなおす 見直す (再検討する) repasar, revisar; (再評価する) apreciar más
みなしご 孤児 huérfano(na) 名
みなす 見なす considerar, juzgar 《como》‖彼は死亡したものと見なされた Lo dieron por muerto.
みなと 港 puerto 男
みなみ 南 sur 男 ◆南半球 hemisferio austral 男
みなみアメリカ 南- América del Sur 女 ‖～の sudamericano(na)
みなみアフリカ 南- Sudáfrica 女 ‖～の sudafricano(na)
みなもと 源 (出所) fuente 女; (起源) origen 男
みならい 見習い aprendizaje 男; (人) aprendiz(diza) 名
みならう 見習う tomar como ejemplo 《a》; (まねる) imitar
みなり 身なり (外見) aspecto 男, apariencia 女
みなれた 見慣れた familiar
みにくい 醜い feo(a), desagradable
ミニスカート minifalda 女
ミニチュア miniatura 女
みぬく 見抜く adivinar
みね 峰 (山頂) pico 男, cima 女
ミネラル mineral 男 ◆ミネラルウォーター agua mineral 女
みのう 未納 ‖～の no pagado(da), atrasado(da)
みのうえ 身の上 (経歴) vida 女; (境遇) problema personal 男
みのがす 見逃す (逃す) perder; (見落とす) no darse cuenta 《de》; (大目に見る) pasar por alto

みのしろきん 身代金 rescate 男
みのまわり 身の回り ‖～の世話をする cuidar 《a [de] + 人》 ～品 efectos personales 男
みのり 実り ‖～の多い fructuoso(sa)
みのる 実る dar fruto
みはなす 見放す abandonar
みはらし 見晴らし vista 女
みはり 見張り guardia 女, vigilancia 女; (人) vigilante 男女 ‖～をする hacer guardia
みはる 見張る vigilar; (目を) maravillarse
みぶり 身振り gesto 男 ‖～手振りで話す hablar gesticulando
みぶん 身分 estado 男, posición 女; (階級) clase 女 ◆身分証明書 carné de identidad 男, 《スペイン》Documento Nacional de Identidad 男
みぼうじん 未亡人 viuda 女
みほん 見本 muestra 女, modelo 男 ◆見本市 feria de muestras 女
みまい 見舞い ‖病院へ～に行く ir al hospital a hacer una visita 《a + 人》
みまう 見舞う ‖不幸に見舞われる ser víctima de una desgracia
みまもる 見守る observar, mirar con atención
みまわす 見回す ‖自分の周囲を～ mirar a su alrededor
みまわる 見回る patrullar
-みまん - 未満 ‖18歳～の方お断り Prohibida la entrada a menores de dieciocho años.
みみ 耳 oreja 女; (聴覚器官) oído 男 ‖彼は～がいい Tiene buen oído. ～が遠い oír mal ～にする oír, enterarse 《de》 ～を塞ぐ taparse los oídos 彼は私の話に～を貸さない No me hace caso.
みみかき 耳掻き mondadoídos 男 単複, mondaorejas 男 単複
みみたぶ 耳朶 lóbulo de la oreja
みみず 蚯蚓 lombriz 女
みみずく (鳥類) búho 男
みめい 未明 ‖～に de madrugada
みもと 身元 identidad 女 ◆身元保証人 fiador(dora) 名, garante 男女
みゃく 脈 pulso 男 ‖～をとる tomar el pulso 《a + 人》
みゃくはく 脈拍 ⇒脈
みやげ 土産 (記念品) recuerdo 男; (手土産) regalo 男
みやこ 都 (首都) capital 女; (都会) ciudad 女
みやぶる 見破る descubrir
ミャンマー Myanmar ‖～の birmano(na)
ミュージカル musical 男
ミュージシャン músico(ca) 名
みょう 妙 ‖～な extraño(ña), raro(ra)
みょうごにち 明後日 pasado mañana
みょうじ 名字 apellido 男
みょうれい 妙齢 ‖～の en la flor de la vida
みらい 未来 futuro 男, porvenir 男

ミリグラム miligramo 男
ミリメートル milímetro 男
みりょく 魅了 ‖~する encantar, fascinar
みりょく 魅力 encanto 男, atractivo 男 ‖~的 atractivo(va), encantador(dora)
みる 見る ver; (注意して) mirar; (じっと) contemplar; (試みる) intentar ‖テレビを~ ver la televisión (会話) その映画はもう見ましたか ¿Has visto la película? どう見ても彼は間違っている Evidentemente está equivocado.
みる 診る (医者に診てもらう consultar al médico)
ミルク leche 女 ‖~で子供を育てる criar a un niño con biberón
みるみる 見る見る ‖~うちに en un instante [momento]
ミレニアム milenio 男
みれん 未練 apego 男, pesar 男
みわくてき 魅惑的 ‖~な encantador(dora), seductor(tora)
みわける 見分ける (AとBを) distinguir [discernir] A de B
みわたす 見渡す verse; (見下ろす) dominar
みんい 民意 voluntad del pueblo 女, opinión pública 女
みんえい 民営 ‖~の privado(da) ◆民営化 privatización 女
みんか 民家 casa particular 女
みんかん 民間 ‖~の (公的でない) privado(da); (軍に対して) civil ◆民間人 civil 男
ミンク visón 男
みんげいひん 民芸品 artesanía 女
みんじ 民事 ‖~の civil ◆民事訴訟 proceso civil 男
みんしゅ 民主 ‖~的な democrático(ca) ◆民主化 democratización 女 民主主義 democracia 女 民主党 Partido Democrático 男
みんしゅう 民衆 público 男, pueblo 男
みんしゅく 民宿 pensión 女
みんぞく 民族 (人種) raza 女; (国民) pueblo 男 ‖~の racial, étnico(ca) ◆民族衣装 traje étnico 男 民族主義 nacionalismo 男
みんぞく 民俗 folclore 男 ◆民俗学 folclore 男
ミント menta 女
みんぽう 民法 derecho civil 男
みんよう 民謡 canción popular 女
みんわ 民話 cuento popular 男

む

む 無 nada 女 ‖~に帰する reducirse a nada
むい 無為 ociosidad 女
むいしき 無意識 inconsciencia 女 ‖~の inconsciente ~のうちに inconscientemente, involuntariamente
むいちもん 無一文 ‖~の sin un céntimo [(中南米) centavo]
むいみ 無意味 ‖~な sin sentido, insignificante
ムード ambiente 男
ムールがい ~貝 mejillón 男
むえき 無益 ‖~な inútil, vano(na)
むえん 無縁 ‖~の ajeno(na) [extraño(ña)] (a)
むかい 向かい ‖~の家 casa de enfrente
むがい 無害 ‖~な inofensivo(va); (薬などが) inocuo(cua)
むかいあう 向かい合う estar frente a frente
むかう 向かう (目指す) dirigirse (a, hacia); (出発する) partir [para] (机に向かっている sentarse al escritorio
むかえ 迎え ‖~に行く ir a buscar
むかえる 迎える recibir, acoger; (招く) invitar
むかし 昔 hace mucho tiempo ‖~の viejo(ja), antiguo(gua) ~は antiguamente; (以前は) antes ~かたぎの chapado(da) a la antigua ◆昔話 cuento antiguo 男
むかつく (会話) ~なあ ¡Qué asco!
むかで 百足 ciempiés 男 (単複)
むかんかく 無感覚 ‖~な insensible
むかんけい 無関係 ‖~の independiente ~である no tener relación (con)
むかんしん 無関心 ‖~な indiferente (a)
むき 向き dirección 女, orientación 女 ~を変える cambiar la dirección [de] 南~の部屋 habitación que da al sur 男 ~になる (本気になる) ponerse serio(ria)
むき 無機 ‖~的な inorgánico(ca) ◆無機物 materia inorgánica 女
むき 無期 ‖~の indefinido(da) ◆無期延期する aplazar indefinidamente 無期懲役 cadena perpetua 女
むぎ 麦 (小麦) trigo 男; (大麦) cebada 女; (ライ麦) centeno 男
むきず 無傷 ‖~の intacto(ta), ileso(sa)
むきだし 剥き出し ‖~の desnudo(da)
むきりょく 無気力 ‖~な inerte, indolente
むぎわら 麦藁 paja 女 ◆麦わら帽子 sombrero de paja 男
むさん 無菌 ‖~の aséptico(ca)
むく 向く volverse [mirar] (a, hacia); (面する) dar (a); (適する) ser apto(ta) [apropiado(da)] (para) (気が~ tener ganas de [+不定詞]
むく 剥く pelar, mondar
むくい 報い (罰) castigo 男; (報酬) recompensa 女
むくいる 報いる recompensar, corresponder

むくち 無口 ‖~な callad*o*(*a*)
むくどり 椋鳥 estornino 男
むくむ hincharse
-むけ -向け ‖日本への輸出 exportación a Japón
むけい 無形 ‖~の inmaterial
むける 向ける volver, dirigir 注意を~ prestar atención 《a》
むこ 婿 yerno 男; (花婿) novio 男
むごい 惨い·酷い cruel
むこう 向こう otro lado 男, lado opuesto 男; (先方) otra parte 女 ‖学校は教会の~にある La escuela está detrás [al otro lado] de la iglesia. ~を張る rivalizar 《con》
むこう 無効 ‖~の nul*o*(*a*), inválid*o*(*a*); (期限切れの) caducad*o*(*a*)
むこうずね 向こう脛 espinilla 女
むこうみず 向こう見ず ‖~な imprudente; (大胆な) atrevid*o*(*a*)
むこくせき 無国籍 ‖~の sin nacionalidad, apátrida
むごん 無言 ‖~の silencios*o*(*sa*), callad*o*(*a*) ~ で en silencio, sin decir nada
むざい 無罪 inocencia 女 ‖~の inocente ~になる ser absuelt*o*(*a*) [declarado] inocente]
むさぼる 貪る ‖暴利を~ obtener ganancias exorbitantes
むざん 無惨 ‖~な horrible, cruel
むし 虫 insecto 男, bicho 男 ‖~に刺された Me ha picado un insecto. ▶虫の知らせ presentimiento 男 彼はどうも虫が好かない Él no me cae bien. 虫の息である estar a punto de morir
むし 無視 ‖~する ignorar, no hacer caso 《de》
むじ 無地 ‖~の lis*o*(*sa*), sin dibujo
むしあつい 蒸し暑い ‖今日は~ Hoy hace bochorno [un calor sofocante].
むしかく 無資格 ‖~の no titulad*o*(*a*), sin licencia
むしくだし 虫下し vermífugo 男
むじつ 無実 ‖~の inocente
むしば 虫歯 caries (dental) 女 (単複); (歯) diente picado 男
むしばむ 蝕む carcomer, consumir
むじひ 無慈悲 ‖~な despiadad*o*(*a*)
むしぼし 虫干し ‖衣類の~をする airear la ropa
むしめがね 虫眼鏡 lupa 女
むじゃき 無邪気 ‖~な inocente, cándid*o*(*a*)
むじゅん 矛盾 contradicción 女, inconsecuencia 女 ‖~する contradecirse 《con》 ~した contradictori*o*(*ria*), inconsecuente
むじょう 無償 ‖~の gratuit*o*(*ta*)
むじょう 無常 inestabilidad 女, transitoriedad 女
むじょう 無情 ‖~な (冷酷な) cruel; (無慈悲な) despiadad*o*(*a*)

むじょうけん 無条件 ‖~の incondicional ~で incondicionalmente
むしょく 無色 ‖~の incolor*o*(*ra*)
むしょく 無職 ‖~の sin trabajo
むしょぞく 無所属 ‖~の independiente
むしる 毟る arrancar
むしろ ‖AよりB B más bien que A 満足していないというより~悲しんでいる No estoy contento, más bien triste.
むしん 無心 ‖~に inocentemente
むじん 無人 ‖~の desiert*o*(*ta*), inhabitad*o*(*da*)
むしんけい 無神経 ‖~な poco delicad*o*(*a*), desconsiderad*o*(*da*)
むじんぞう 無尽蔵 ‖~の inagotable
むじんとう 無人島 isla desierta 女
むしんろん 無神論 ateísmo 男 ◆無神論者 ate*o*(*a*) 名
むす 蒸す cocer al vapor
むすう 無数 ‖~の innumerable, incontable
むずかしい 難しい difícil; (骨の折れる) dur*o*(*ra*); (複雑な) complicad*o*(*a*) ‖~することは~ ser difícil 〖+不定詞, que +接続法〗
むずかしさ 難しさ dificultad 女
むすこ 息子 hijo 男
むすびつき 結び付き relación 女, lazos 男複
むすびつく 結び付く vincularse
むすびつける 結び付ける unir, vincular
むすぶ 結ぶ atar, ligar; (つなぐ) unir
むずむず ‖~する (…したくて) estar impaciente por 〖+不定詞〗, tener muchas ganas de 〖+不定詞〗
むすめ 娘 hija 女; (若い女性) chica 女
むぜい 無税 ‖~の libre de impuestos; (関税がかからない) libre de derechos aduaneros
むせいげん 無制限 ‖~の ilimitad*o*(*a*)
むせきにん 無責任 ‖~な irresponsable
むせる 噎せる ‖たばこの煙に~ ahogarse con el humo del tabaco
むせん 無線 ‖~の inalámbric*o*(*ca*) ~で por radio ◆無線電信 radiotelegrafía 女
むそう 夢想 (夢) sueño 男; (空想) imaginación 女 ‖~する soñar 《con》
むだ 無駄 ‖~な inútil, van*o*(*na*) 時間を~にする malgastar [perder] el tiempo ~になる resultar inútil, ser
むだぼね 無駄骨 ‖~を折る hacer esfuerzos inútiles
むだん 無断 ‖~で (予告なしに) sin aviso; (承諾を得ずに) sin permiso
むたんぽ 無担保 ‖~で sin garantía
むち 鞭 látigo 男
むち 無知 ‖~な ignorante
むちつじょ 無秩序 desorden 男, caos

むちゃ 【挙】 ‖~な desordena*do(da)*, caóti*co(ca)*
むちゃ 無茶 ‖~を言う decir tonterías
むちゅう 夢中 ‖仕事に～になる estar ensimisma*do(da)* [absor*to(ta)*] en el trabajo 彼女に～だ Está loco [perdido] por ella.
むちんじょうしゃ 無賃乗車 ‖~する viajar sin pagar
むつまじい 睦まじい bien aveni*do(da)* 《con》, íntimo*(ma)*
むてっぽう 無鉄砲 ‖~な temera*rio(ria)*
むてんか 無添加 ‖~の sin aditivos
むとんちゃく 無頓着 ‖~な descuida*do(da)*, indiferente 《a》
むなさわぎ 胸騒ぎ ‖~がする tener un presentimiento extraño
むなしい 空しい vací*o(a)*; (無益な) van*o(na)*
むね 胸 pecho 男; (女性の胸) busto 男, seno 男 ‖彼の言葉に～が一杯になった Sus palabras me conmovieron mucho. ~を打たれる conmoverse ~をなで下ろす respirar alivia*do(da)* ~を張る sacar pecho
むねやけ 胸焼け ‖~する tener ardor de estómago
むのう 無能 ‖~な incompetente, incapaz
むのうやく 無農薬 ‖~の orgáni*co(ca)* ‖~野菜 verduras orgánicas 女 [複]
むひ 無比 ‖~の incomparable; (唯一の) únic*o(ca)*
むひょうじょう 無表情 ‖~な inexpresiv*o(va)*
むふんべつ 無分別 ‖~な indiscre*to(ta)*, imprudente
むほう 無法 ◆無法地帯 zona donde no rige la ley 女 無法者 persona fuera de la ley 女
むぼう 無謀 ‖~な temerari*o(ria)*, imprudente
むほん 謀叛 rebelión 女
むめい 無名 ‖~の desconoci*do(da)*
むめんきょ 無免許 ‖~の sin licencia [permiso]
むやみ ‖~に con imprudencia; (過度に) en exceso; (盲目的に) ciegamente
むゆうびょう 夢遊病 sonambulismo 男
むら 村 pueblo 男; (小さな) aldea 女 ◆村人 aldean*o(na)* 名
むらがる 群がる aglomerarse, amontonarse
むらさき 紫 morado 男; (スミレ色) violeta 女 ‖~の morad*o(da)*; (スミレ色の) violeta
むり 無理 ‖~な (不可能な) imposible; (道理に反した) irrazonable それは～だ Es imposible. あまり～をしないでくれ No fatigues tanto. 彼がその要求を拒否するのも～はない Es natural que rechace la reclamación. ‖~に obligar [[a + 不定詞, a que + 接続法]]
むりなんだい 無理難題 ‖~を言う pedir lo imposible
むりやり 無理やり a la fuerza
むりょう 無料 ‖~の gratui*to(ta)*
むりょく 無力 ‖~な impotente, incapaz
むれ 群れ grupo 男; (獣の) manada 女

め

め 目 ojo 男; (視力) vista 女; (目つき・視線) mirada 女 ‖~がいい tener buena vista 長い～で見れば a la larga ~に余る intolerable ~に見えて notablemente ~をそらす apartar la vista ~を通す mirar por encima, ojear ~をつぶる hacer la vista gorda ▶目には目を, 歯には歯を Ojo por ojo, diente por diente.
め 芽 brote 男 ‖~を出す brotar
めあて 目当て objeto 男, objetivo 男
めい 姪 sobrina 女
めい 銘 (記念碑などの) inscripción 女; (制作者の名) signatura 女 ‖座右の～ lema 男
めいあん 名案 buena idea 女
めいおうせい 冥王星 Plutón 男
めいが 名画 obra maestra 女; (映画) película famosa 女, un clásico del cine 男
めいかい 明快 ‖~な clar*o(ra)*
めいかく 明確 ‖~な exac*to(ta)*, clar*o(ra)*
めいがら 銘柄 marca 女
めいぎ 名義 nombre 男
めいきょく 名曲 buena música 女, obra maestra de la música 女
めいさい 明細 detalle 男
めいさい 迷彩 ◆迷彩服 uniforme de camuflaje 男
めいさく 名作 obra maestra (de la literatura) 女
めいし 名刺 tarjeta (de visita) 女
めいし 名士 personaje 男, persona célebre
めいし 名詞 nombre 男, sustantivo 男 ‖普通 [固有]~ nombre común [propio] 男
めいしゃ 目医者 oculista 男女
めいしょ 名所 lugar famoso [célebre] 男
めいしょう 名称 nombre 男, denominación 女
めいじる 命じる ordenar [mandar] [[+ 不定詞, que + 接続法]]; (任命する) nombrar
めいしん 迷信 superstición 女
めいじん 名人 maestr*o(tra)* 名
めいせい 名声 fama 女, prestigio 男, reputación 女
めいせき 明晰 ‖~な clar*o(ra)*, lúci-

めいそう 瞑想 meditación 囡 ‖～にふける estar absorto(ta) en la meditación
めいだい 命題 proposición 囡
めいちゅう 命中 ‖～する acertar
めいにち 命日 aniversario de la muerte de ...
めいはく 明白 ‖～な claro(ra), evidente
めいぶつ 名物 especialidad de un lugar 囡, producto especial 男
めいぼ 名簿 lista 囡 ◆会員名簿 lista de miembros 囡
めいめい 銘々 cada uno(na)
めいめい 命名 ‖～する denominar, poner nombre (a)
めいよ 名誉 honor 男, honra 囡 ‖～ある honorable, honroso(sa)
めいりょう 明瞭 ‖～な claro(ra)
めいる 滅入る ‖気が～ desanimarse, deprimirse
めいれい 命令 orden 囡; (指示) instrucciones 囡複 ‖～する ordenar [mandar] [[＋不定詞, que＋接続法] ～に従う obedecer una orden ◆命令系統 cadena de mando 囡
めいろ 迷路 laberinto 男
めいろう 明朗 ‖～な jovial, alegre
めいわく 迷惑 molestia 囡, fastidio 男 ‖～な molesto(ta), fastidioso(sa) ～をかける molestar, causar molestias
メイン ‖～ストリート calle mayor [principal] ～ディッシュ plato principal 男, segundo plato 男
めうえ 目上 ‖～の人 mayor 男女
メーカー compañía fabricante 囡, fabricante 男
メーキャップ maquillaje 男
メーター contador 男
メーデー Día del Trabajo 男
メートル metro 男 ‖100メートル走 carrera de los cien metros lisos 囡
メール ◆Eメール correo electrónico 男, (英) e-mail 男
めかくし 目隠し venda 囡; (ブラインド) persiana 囡 ‖～をする vendar los ojos
めかけ 妾 concubina 囡
めがけて 目掛けて ‖的を～ 矢を放つ disparar una flecha al blanco 敵を～ 突っ込む lanzarse contra el enemigo
めかた 目方 peso 男 ‖～を計る pesar
メカニズム mecanismo 男
めがね 眼鏡 gafas 囡複 ‖～をかけている llevar gafas ◆めがね屋 (店) óptica 囡; (人) óptico(ca) 男
メガバイト (英) megabyte 男
メガヘルツ megahercio 男
メガホン megáfono 男
めがみ 女神 diosa 囡 ◆自由の女神像 Estatua de la Libertad 囡
メキシコ México, Méjico ‖～の mexicano(na), mejicano(na)
めきめき ‖～と notablemente; (速く) rápidamente

めキャベツ 芽～ col de Bruselas 囡
めぐすり 目薬 colirio 男 ‖～をさす echarse colirio
めくばせ 目配せ guiño 男 ‖～する guiñar, hacer un guiño
めぐまれる 恵まれる ‖天候に～ tener la suerte de disfrutar de buen tiempo 恵まれた環境 ambiente favorable
めぐみ 恵み (恩恵) bendición 囡, beneficio 男; (慈悲) caridad 囡 ‖～深い caritativo(va)
めぐる 巡る ‖家に塀を～ rodear una casa con un muro
めぐりあう 巡り合う encontrarse 〈con〉; (再会する) volver a encontrarse 〈con〉
めくる 捲る ‖ページを～ pasar una página トランプを～ poner una carta boca arriba
めぐる 巡る recorrer
めざす 目指す ‖(目標を) aspirar 〈a〉
めざましい 目覚ましい notable; (驚くべき) admirable; (すばらしい) magnífico(ca)
めざましどけい 目覚まし時計 despertador 男
めざめる 目覚める despertarse
めし 飯 (米飯) arroz cocido 男; (食事) comida 囡 ‖三度の～より映画が好きだ Lo que más me gusta es el cine. 作家で～が食えない Como escritor(tora) no gano para mantenerme.
めした 目下 inferior 男女; (年下) menor 男女; (部下) subordinado(da) 男
めしつかい 召し使い sirviente(ta) 名, criado(da) 男
めしべ 雌蕊 pistilo 男
めじり 目尻 rabillo del ojo 男
めじるし 目印 marca 囡, señal 囡 ‖～をつける marcar
めす 雌 hembra 囡 ‖～の鷲 águila hembra 囡
めずらしい 珍しい raro(ra), extraño(ña); (普通でない) fuera de lo corriente; (目新しい) nuevo(va) 珍しそうに con curiosidad 珍しがる (…に好奇心を持つ) tener curiosidad 〈por, de〉
めそめそ ‖～するな ¡Deja de lloriquear!
めだつ 目立つ llamar la atención, ser llamativo(va) ‖目立った llamativo(va), notable 彼は目立ちたがり屋だ Le gusta llamar la atención.
めだま 目玉 globo ocular 男 ◆目玉焼き huevo frito 男, (中南米) estrellado 目玉商品 artículo de reclamo 男
メダル medalla 囡 ‖金 [銀, 銅]～ medalla de oro [plata, bronce] 囡
メタンガス gas metano 男
めちゃくちゃ 滅茶苦茶 ‖～な (ばかげた)

メチルアルコール alcohol metílico 男

メッカ (中心地) meca 女

めっき 鍍金 (金めっきの) dorado 男; (銀めっきの) plateado 男 ‖~をする platear 金~がはげる quitarse el dorado

めっきり notablemente, visiblemente

メッセージ mensaje 男, recado 男; (声明) declaración 女

めった 滅多 ‖~に raramente, casi nunca ~に見られない現象 fenómeno muy raro

めつぼう 滅亡 caída 女, hundimiento 男; (絶滅) extinción 女 ‖~する caer

メディア medios de comunicación 男複

めでたい 目出度い (喜ばしい) feliz, dichoso(sa); (お人よしの) demasiado bueno(na)

めど 目処 (見通し) perspectiva 女; (目標) meta 女 ‖~が立つ hay perspectivas (de)

メドレー《音楽》popurrí 男

メニュー menú 男, carta 女

めぬきどおり 目抜き通り calle principal [mayor] 女

めのう 瑪瑙 ágata 女

めばえ 芽生え germinación 女

めばえる 芽生える brotar; (生まれる) nacer

めぼしい 目ぼしい (主要な) principal; (値打ちのある) de valor; (目立つ) notable

めまい 目眩 vértigo 男, mareo 男 ‖~がする sentir [tener] vértigo

めまぐるしい 目まぐるしい vertiginoso(sa)

メモ nota 女, apunte 男 ‖~をする tomar notas, apuntar ◆メモ用紙 (はぎ取り式) bloc de apuntes 男

めもり 目盛り escala 女, graduación 女

メモリー memoria 女

めやす 目安 (見当) cálculo 男; (目標) meta 女

めやに 目脂 legaña 女

めらめら ‖~燃え上がる llamear, flamear

メリーゴーラウンド tiovivo 男, caballitos 男複, 《中南米》 carrusel 男

めりこむ 減り込む hundirse

メリット ventaja 女, mérito 男

メリヤス géneros de punto 男複 ‖~編み punto de media 女

メルヘン cuento de hadas 男

メレンゲ merengue 男

メロディー melodía 女

メロドラマ melodrama 男; (テレビの連続ドラマ) telenovela 女

メロン melón 男

めん 綿 algodón 男 ‖~のシャツ camisa de algodón 女

めん 面 (顔) cara 女; (仮面) máscara 女; (表面) superficie 女, cara 女; (局面) aspecto 男; (側面) lado 男 ‖~と向かって cara a cara, frente a frente

めん 麺 ⇨麺類

めんえき 免疫 inmunidad 女 ‖~があ る ser inmune 《a》

めんかい 面会 entrevista 女 ◆面会時間 horas de visita 女複

めんきょ 免許 licencia 女, 《中南米》 autorización 女 ◆運転免許証 licencia [carné, carnet 男] de conducir

めんくらう 面食らう aturdirse, desconcertarse

めんしき 面識 conocimiento 男 ‖…と~がある conocer 《a + 人》

めんじょ 免除 exención 女, franquicia 女 ‖…を~する eximir de…

めんじょう 免状 diploma 男; (証明書) certificado 男

めんしょく 免職 ‖~にする despedir ◆ 懲戒免職 despido disciplinario 男

メンス menstruación 女

めんする 面する dar 《a》, estar enfrente 《de》

めんぜい 免税 ‖~の exento [libre] de impuestos ◆免税店 tienda libre de impuestos 女

めんせき 面積 superficie 女, extensión 女

めんせつ 面接 entrevista 女 ◆面接試験 entrevista 女; (口頭試問) examen oral 男

めんぜん 面前 ‖…の~で delante de… 公衆の~で en público

めんだん 面談 entrevista 女 ‖~する tener una entrevista 《con》

メンテナンス mantenimiento 男

めんどう 面倒 molestia 女, problema 男 ‖~な molesto(ta), fastidioso(sa) ~なことになる complicarse ~を見る cuidar ご~をおかけして申し訳ありません Siento molestarlo [la, le].

めんどうくさい 面倒臭い molesto(ta); (飽き飽きした) cansado(da) ‖今から出かけるのは~ Me da pereza salir ahora.

めんどり 雌鶏 (鶏の) gallina 女

メンバー miembro 男; (選手) jugador(dora) 男

めんみつ 綿密 ‖~な minucioso(sa), detallado(da) ‖~に minuciosamente

めんもく 面目 honor 男, honra 女, dignidad 女 ‖~を保つ[失う] salvar [perder] el honor

めんるい 麺類 fideos 男複

も

も 喪 luto 男 ‖~に服する ponerse de luto

-も ‖AもBも A y B, tanto A como B 彼はドイツ語~話せる Habla también

alemán. 《会話》私はこの本を読みました－私－です He leído este libro. – Yo también. この本は2万円～した Este libro me ha costado nada menos que veinte mil yenes.

もう (すでに) ya; (また) más ‖～…ない no …más, ya no… お茶をもう一杯いかがですか ¿Quiere usted otra taza de té? ～お金は残っていない Ya no me queda dinero.

もういちど もう一度 otra vez, de nuevo ‖～やってみよう Vamos a intentarlo otra vez.

もうかる 儲かる (利益がある) ser lucrativo(va) [rentable]; (利益をあげる) ganar

もうきん 猛禽 ave rapaz 女

もうけ 儲け ganancia 女, beneficio 男 ‖大～する ganar mucho, hacer una fortuna これは～物だ ¡Es una ganga!／～ 大儲け suerte!

もうける 儲ける obtener ganancias

もうける 設ける establecer ‖一席～ ofrecer un banquete

もうしあわせ 申し合わせ convenio 男; (合意) acuerdo 男

もうしいれ 申し入れ propuesta 女; (抗議) protesta 女 ‖～を行う hacer una propuesta 《a》

もうじき pronto

もうしこみ 申し込み (応募) solicitud 女; (提案) propuesta 女 ◆申込書 solicitud 女, formulario de solicitud 男

もうしこむ 申し込む (応募する) solicitar; (申し出る) proponer; (予約する) reservar

もうしたて 申し立て alegación 女, declaración 女

もうしたてる 申し立てる (主張する) alegar; (述べる) declarar; (上告する) apelar

もうしで 申し出 oferta 女; (要求) petición 女; (提案) propuesta 女

もうしでる 申し出る ofrecer; (提案する) proponer

もうしひらき 申し開き explicación 女, justificación 女

もうしぶんない 申し分ない perfecto(ta), impecable

もうじゅう 猛獣 bestia feroz 女

もうしわけ 申し訳 《会話》遅くなって～ありません Siento mucho haber llegado tarde.

もうしん 盲信 fe ciega 女 ‖～する tener una fe ciega 《en》, creer ciegamente

もうすぐ pronto

もうすこし もう少し ‖《会話》～ゆっくり話してください Hable un poco más despacio, por favor.

もうぜん 猛然 ‖～と con furor, violentamente

もうそう 妄想 manía 女, obsesión 女

もうちょう 盲腸 intestino ciego 男 ◆盲腸炎 apendicitis 女 《単独》

もうどうけん 盲導犬 perro guía [lazarillo] 男

もうどく 猛毒 veneno mortal 男

もうはつ 毛髪 pelo 男, cabello 男

もうふ 毛布 manta 女, 《中南米》cobija 女

もうまく 網膜 retina 女 ◆網膜剥離 desprendimiento de retina 男

もうもく 盲目 ‖～の ciego(ga) ～的に ciegamente

もうれつ 猛烈 ‖～な violento(ta), furioso(sa) ～に violentamente, furiosamente

もうろう 朦朧 ‖～とした confuso(sa); (不明瞭な) indistinto(ta)

もえあがる 燃え上がる arder, llamear

もえさし 燃え差し tizón 男

もえつきる 燃え尽きる quemarse por completo

もえる 燃える arder, quemarse; (炎上する) llamear

モーション (動作) movimiento 男

モーター motor 男 ◆モーターボート motora 女

モーテル motel 男

モード (ファッション) moda 女; 《情報》modo 男

モーリシャス Mauricio ‖～の mauriciano(na)

モーリタニア Mauritania ‖～の mauritano(na)

もがく forcejear, pugnar

もぎ 模擬 ‖～裁判 simulacro de juicio 男

もぎとる もぎ取る arrebatar, arrancar

もぐ ‖木から実を～ coger una fruta del árbol

もくげき 目撃 ‖事故を～する ver [presenciar] un accidente ◆目撃者 testigo presencial 男女

もくざい 木材 madera 女

もくさつ 黙殺 ‖～する ignorar, no hacer caso 《de》

もくじ 目次 índice 男

もくせい 木製 ‖～の de madera

もくせい 木星 Júpiter 男

もくぜん 目前 ‖～の inminente, inmediato(ta) ～に迫っている El examen ya está muy cerca.

もくぞう 木造 ‖～の de madera

もくたん 木炭 carbón vegetal 男

もくちょう 木彫 tallado en madera

もくてき 目的 objeto 男, objetivo 男; (目標) meta 女 ‖～を達成する realizar un objetivo …する～で con el objeto de 《+不定詞, que+接続法》 ◆目的意識 sentido de la finalidad 男 直接[間接]目的語 objeto directo [indirecto] 男 目的地 destino 男

もくどく 黙読 ‖～する leer en silencio

もくにん 黙認 ‖～する aprobar [ad-

mitir] tácitamente;(大目に見る) pasar por alto
もくば 木馬 caballo de madera 男 ◆回転木馬 caballitos 男複, tiovivo 男
もくはんが 木版画 xilografía 女, grabado en madera 男
もくひけん 黙秘権 derecho a guardar silencio 男
もくひょう 目標 meta 女;(目的) objeto 男, objetivo 男 ‖~を達成する alcanzar la meta
もくもく 黙々 ‖~と en silencio
もくようび 木曜日 jueves 男 (単複)
もぐら 土竜 topo 男
もぐる 潜る bucear;(隠れる) esconderse
もくれい 目礼 ‖~する saludar con la cabeza
もくろく 目録 lista 女, catálogo 男;(財産の) inventario 男
もけい 模型 modelo 男, maqueta 女
モザイク mosaico 男
もさく 模索 ‖~する buscar a tientas
モザンビーク Mozambique 男 ‖~の mozambique*ño(ña)*
もし 若し ‖~必要なら si es necesario — 忙しくなければそこへ行くのですが Si no estuviera ocupado, iría allí.
もじ 文字 letra 女 ‖~どおりに literalmente, a la letra, al pie de la letra ◆文字盤 esfera 女
もしかしたら quizá(s) [tal vez] ‖+直説法・接続法 ~その店は今日は休みかもしれない Es posible que la tienda esté cerrada hoy.
もしもし ‖(金話) ~~~、ガルシアさんのお宅ですか Diga. — Oiga, ¿es la casa del Sr. García?
もじに ‖~する vacilar, titubear ~ながら tímidamente
もしゃ 模写 copia 女;(模倣) imitación 女 ‖~する copiar
もじゃもじゃ ‖~の espeso(sa)
もしょう 喪章 crespón 男, brazalete negro 男
もじる 捩る parodiar
モスリン muselina 女
もぞう 模造 ‖~の de imitación, falso(sa) ◆模造品 imitación 女
もだえる 悶える retorcerse
もたせかける 凭せ掛ける apoyar 《en》
もたせる 持たせる ‖息子にスーツケースを~ dar al hijo la maleta para que se la lleve
もたもた ‖~するな Date prisa.
もたらす 齎す traer;(引き起こす) causar, provocar
もたれる 凭れる (寄りかかる) apoyarse 《en》 ‖胃が~ tener el estómago pesado
モダン ‖~な moderno(na)
もち 餅 pastel de pasta de arroz 男;(日) mochi 男

もちあげる 持ち上げる levantar, alzar
もちあじ 持ち味 talento 男;(特性) cualidad 女
もちあるく 持ち歩く llevar consigo
もちあわせ 持ち合わせ ‖いま~がない En este momento no llevo dinero conmigo.
もちいえ 持ち家 casa propia 女
もちいる 用いる usar, emplear ‖あらゆる手段を~ utilizar todos los medios posibles
もちかえり 持ち帰り ‖~用の para llevar
もちかえる 持ち帰る llevar(se)
もちかぶ 持ち株 ‖~会社 (英) holding 男
もちこたえる 持ちこたえる resistir, aguantar
もちこむ 持ち込む llevar
もちさる 持ち去る llevarse
もちだす 持ち出す llevarse, sacar fuera
もちにげ 持ち逃げ ‖金を~する escaparse con el dinero
もちぬし 持ち主 propietari*o(ria)* 男女, dueñ*o(ña)* 名
もちば 持ち場 puesto 男 ‖~を回る ir de ronda
もちはこび 持ち運び ‖~できる portátil
もちはこぶ 持ち運ぶ llevar, transportar
もちもの 持ち物 (所持品) pertenencias 女複;(所有物) propiedad 女
もちろん 勿論 por supuesto, claro, naturalmente
もつ 持つ tener, sostener;(運ぶ) llevar;(所有する) poseer;(負担する) pagar;(持続する) durar ‖病人は夏まで持たないだろう El enfermo no va a llegar al verano. あの会社は彼で持っている Él es el apoyo principal de aquella empresa.
もっか 目下 en este momento, ahora
もっかんがっき 木管楽器 instrumento (musical) de viento de madera 男
もっきん 木琴 xilófono 男
もったいない 勿体無い ser una pena [lástima] ‖時間が~ No se puede desperdiciar el tiempo. この時計は私には~ Este reloj no me lo merezco.
もったいぶる 勿体ぶる darse importancia ‖もったいぶった sentencios*o(sa)*
もっていく 持って行く llevar(se)
もってくる 持って来る traer
もっと más
モットー lema 男;(信条) principio 男
もっとも 最も ‖[定冠詞/所有詞]+形容詞の最上級] (~よ...の) el [la] mejor... ‖~重要なこと lo más importante
もっとも 尤も (ただし) pero, sin embargo ‖~な razonable, lógic*o(ca)* ‖彼が申し出を拒否するのも~だ Es normal que rechace la oferta. ~らしい verosímil, plausible
もっぱら 専ら exclusivamente;(単に) solamente

もつれる 縺れる enredarse ‖彼は舌がもつれた Se le trabó la lengua.
もてあそぶ 弄ぶ jugar《con》.
もてなす 持て成す festejar, obsequiar
モデム módem 男
もてる 持てる ‖…に~(人気がある) ser popular con…
モデル modelo ♦(ファッションモデル) modelo 男女 ◆モデルルーム piso piloto 男
もと 元 origen 男, fuente 女, (原因) causa 女 ‖~の ex[＋名詞] ~は(以前) antes; (最初) originalmente ~が取れる poder recuperar el costo de la inversión ▶元も子もない Lo perderás todo.
もと 基 ‖小説を~に映画を作る adaptar una novela al cine
もと 下・許 ‖彼は叔父の~で暮らしている Vive con su tío.
もどす 戻す devolver; (吐く) vomitar
もとせん 元栓 llave 女
もとづく 基づく basarse《en》; (起因する) deberse《a》‖…に基づいての sobre la base de …
もとで 元手 capital 男, (資金) fondos 男複
もとね 元値 precio de coste [costo] 男
もとめる 求める pedir, exigir; (捜す) buscar; (欲する) querer, desear
もともと 元々 (初めから) desde el principio; (元来) originalmente; (生来) por naturaleza
もどる 戻る volver, regresar, tornar
モナコ Mónaco ‖~の monegasco(ca)
モニター monitor 男
もの 物 cosa 女; (物体) objeto 男; (品物) artículo 男 ‖欲しい~を買っていいよ Puedes comprar lo que quieras. さっぱりした~が食べたい Quiero comer algo ligero.
ものおき 物置 almacén 男, trastero 男
ものおと 物音 ruido 男
ものおぼえ 物覚え memoria 女 ‖~がよい[悪い] tener buena [mala] memoria
ものおもい 物思い ‖~にふける estar ensimismado(da)
ものがたり 物語 historia 女, cuento 男; (小説) novela 女; (寓話) fábula 女
ものがたる 物語る contar; (示す) indicar, mostrar
モノクロ ‖~の blanco(ca) y negro(gra)
ものごい 物乞い mendicidad 女; (人) mendigo(ga) 名 ‖~をする mendigar
ものごと 物事 cosas 女複
ものさし 物差し regla 女
ものしり 物知り persona instruida 女, sabio(bia) 名 ‖~の sabio(bia), erudito(ta)

ものすごい 物凄い terrible, horrible
ものたりない 物足りない no ser satisfactorio(ria)
ものほし 物干し tendedero 男
ものまね 物真似 imitación 女 ‖~をする imitar, remedar
ものもらい (医学) orzuelo 男
モノレール monorraíl 男, (中南米) monorriel 男, monocarril 男
モノローグ monólogo 男
ものわかり 物分かり ‖~のよい comprensivo(va)
モバイル ‖~の móvil
もはや 最早 ‖~これまでだ Todo ha acabado./ Ya no queda ninguna esperanza.
もはん 模範 modelo 男, ejemplo 男 ‖~よい~を示す dar buen ejemplo《a》 ~的な ejemplar ◆模範演技 representación ejemplar 女
もふく 喪服 (ropa 女 de) luto 男
もほう 模倣 imitación 女, copia 女 ‖~する imitar, copiar
もみ 樅 abeto 男
もみじ 紅葉 (カエデの通称) arce 男
もむ 揉む dar masajes
もめごと 揉め事 discordia 女, (話) lío 男
もめる 揉める tener problemas《con》; (論争する) discutir, disputar
もめん 木綿 algodón 男
もも 股・腿 muslo 男
もも 桃 (木) melocotonero 男, (実) melocotón 男
ももいろ 桃色 color rosa 男 ‖~の rosado(da)
もや 靄 neblina 女 ‖~がかかった neblinoso(sa)
もやし (野菜) brotes de soja 男複
もやす 燃やす quemar; (火をつける) encender
もよう 模様 diseño 男, dibujo 男 ‖にわかに空~では por el aspecto del cielo
もよおし 催し (行事) acto 男, (祭り) fiesta 女, (式典) ceremonia 女
もよおす 催す ‖コンサートを~ celebrar [dar] un concierto
もより 最寄り ‖~の más próximo(ma)[cercano(na)]
もらう 貰う (受け取る) recibir; (獲得する) conseguir ‖友達に手伝ってもらった Mi amigo me ayudó. 父から本をもらった Mi padre me dio un libro.
もらす 漏らす dejar salir; (秘密を) filtrar, descubrir ‖小便を~ orinarse
モラトリアム moratoria 女
モラル moral 女
もり 森 bosque 男; (密林) selva 女
もりあげる 盛り上げる ‖パーティーを~ animar la fiesta
もりあわせ 盛り合わせ ‖フルーツの~ frutas variadas 女複
もる 盛る (積み上げる) amontonar ‖皿に料理を~ servir la comida en un plato

モルジブ Maldivas ‖~の maldivo(va)

モルタル mortero 男, argamasa 女

モルドバ Moldavia ‖~の moldavo(va)

モルヒネ morfina 女

モルモット conejillo de Indias 男, cobaya 女 (または (中南米) cuy 男

もれる 漏れる salirse, escaparse

もろい 脆い frágil, débil ▶彼女は涙~ Ella es muy sentimental.

モロッコ Marruecos ‖~の marroquí

もろは 両刃 ‖~の剣 arma de doble filo [dos filos]

もん 門 puerta 女

もん 紋 ⇨紋章

もんく 文句 (不平) queja 女; (語句) palabras 女複, frase 女 ‖~を言う quejarse de... ~なしに indiscutiblemente

もんげん 門限 hora de cierre 女

モンゴル Mongolia ‖~の mongol(gola)

もんしょう 紋章 escudo de armas 男, blasón 男

モンスーン monzón 男

モンタージュ montaje 男 ♦モンタージュ写真 fotomontaje 男, retrato robot 男

もんだい 問題 problema 男, cuestión 女; (設問) pregunta 女 ‖~を起こす causar problemas 数学の~を解く resolver un problema de matemáticas ~にしない no hacer caso 《de》 ♦問題児 niño(ña) problemático(ca) 男 ♦問題集 libro de ejercicios 男

もんばん 門番 portero(ra) 男

もんぶかがくしょう 文部科学省 Ministerio de Educación, Cultura, Deportes, Ciencia y Tecnología 男

や

や 矢 flecha 女 ‖~を射る disparar una flecha ▶光陰矢の如し El tiempo vuela.

-や 〔野菜〕~果物 verduras y frutas 女複

やあ ¡Hola!

ヤード yarda 女

やえい 野営 campamento 男 ‖~する acampar

やおちょう 八百長 tongo 男

やおや 八百屋 (店) verdulería 女; (人) verdulero(ra) 男

やかい 夜会 fiesta nocturna 女, velada 女

やがい 野外 ‖~で al aire libre

やがく 夜学 escuela nocturna 女 ‖~に通う asistir a una escuela nocturna

やかた 館 mansión 女, palacio 男

やがて (まもなく) pronto; (しばらくしたら) dentro de poco [un rato]

やかましい 喧しい ruidoso(sa); (厳しい) riguroso(sa)

やかん 夜間 noche 女 ‖~の nocturno(na), de noche

やかん 薬缶 hervidor de agua 男, (中南米) pava 女

やぎ 山羊 cabra 女; (雄) macho cabrío 男 ♦山羊座 Capricornio 男

やきつけ 焼き付け (写真) positivado 男

やきにく 焼き肉 carne asada [a la brasa] 女 ♦焼き肉屋 asador 男

やきまし 焼き増し (写真) copia 女

やきもち 焼き餅 celos 男複 ‖~をやく [sentir] tener celos 《de》

やきゅう 野球 béisbol 男 ‖~をする jugar al béisbol ♦野球場 campo de béisbol 男

やきん 夜勤 servicio [trabajo] nocturno 男, turno de noche 男 ‖~をする tener turno de noche

やく 焼く quemar; (食べ物を) asar, tostar

やく 役 (役割) papel 男, rol 男; (芝居の) papel 男; (地位) puesto 男, cargo 男 ‖~に立つ útil, práctico(ca) ~に立たない inútil

やく 訳 traducción 女

やく 約 más o menos, aproximadamente, unos [unas] 〔+数詞〕

やぐ 夜具 ropa de cama 女

やくいん 役員 (会などの) miembro de un comité 男, (会社の) directivo(va) 男, ejecutivo(va) 男

やくがい 薬害 efecto nocivo causado por la medicación 男

やくぐち 薬局 farmacia 女

やくご 訳語 palabra equivalente en otra lengua 女

やくざ mafioso 男; (暴力団) mafia 女

やくざい 薬剤 fármaco 男, medicamento 男 ♦薬剤師 farmacéutico(ca) 名

やくしゃ 役者 actor(triz) 名
やくしゃ 訳者 traductor(tora) 名
やくしょ 役所 oficina pública [del gobierno] 女 ♦お役所仕事 burocracia 女

やくしょく 役職 ‖~につく ocupar un puesto administrativo

やくしん 躍進 progreso [desarrollo] rápido 男 ‖~する avanzar [progresar] rápidamente

やくす 訳す traducir ‖英語からスペイン語に~ traducir del inglés al español

やくそう 薬草 hierba medicinal 女

やくそく 約束 promesa 女, compromiso 男; (人に会う) cita 女, compromiso 男 ‖~する prometer, hacer una promesa ~を守る cumplir una promesa ~を破る romper una promesa ♦約束手形 pagaré 男

やくだつ 役立つ ser útil, servir 《para》

やくにん 役人 funcionario(ria) 名;

やくば (官僚) burócrata 男女
やくば 役場 ayuntamiento 男
やくひん 薬品 (医薬) medicamento 男; (化学薬品) productos químicos 男複
やくぶつ 薬物 medicina 女, medicamento 男
やくぶん 訳文 traducción 女
やくみ 薬味 especia 女, condimento 男
やくめ 役目 (任務) deber 男, cargo 男; (役割) papel 男; (職務) función 女 ‖~を果たす cumplir con el deber
やぐら 櫓 torre 女, torreón 男
やくわり 役割 papel 男; (職務) función 女
やけあと 焼け跡 restos de un incendio 男複
やけい 夜景 vista nocturna 女
やけい 夜警 vigilancia [guardia] nocturna 女; (人) vigilante nocturno [de noche] 男女
やけしぬ 焼け死ぬ morir quemado(da)
やけど 火傷 quemadura 女 ‖手に~をする hacerse una quemadura en la mano
やける 焼ける quemarse; (食べ物が) asarse
やこうせい 夜行性 ‖~の nocturno(na)
やこうれっしゃ 夜行列車 tren nocturno 男
やさい 野菜 verdura 女 ◆野菜サラダ ensalada de verduras 女 ◆野菜ジュース zumo de verduras 男 ◆野菜スープ sopa de verduras 女
やさしい 優しい (親切な) amable; (温和な) suave; (思いやりのある) cariñoso(sa) ‖優しく amablemente, cariñosamente 優しさ amabilidad 女
やさしい 易しい fácil; (単純な) simple, sencillo(lla)
やし 椰子 palma 女 ‖~の実 (ココナッツ) coco 男
やじ 野次 abucheo 男, rechifla 女 ‖~を飛ばす abuchear, rechiflar
やじうま 野次馬 mirón(rona) 男女 ◆野次馬根性 espíritu de curiosidad 男
やしき 屋敷 residencia 女, mansión 女
やしなう 養う (扶養する) mantener; (養育する) criar
やしゅう 夜襲 ataque nocturno 男 ‖~をかける atacar al enemigo por la noche
やじゅう 野獣 fiera 女, bestia 女 ‖~のような brutal
やじるし 矢印 flecha 女
やしん 野心 ambición 女 ‖~を抱く tener ambición ~のある ambicioso(sa) 《de》
やすい 安い barato(ta) ‖この時計は安く買った Este reloj lo he comprado barato.

-やすい 易い ser fácil de 〖 I +不定詞〗; (…の傾向がある) ser propenso(sa) 《a》
やすうり 安売り rebajas 女複 ‖~する vender a bajo precio; (値引きする) rebajar, 《中南米》 rematar
やすげっきゅう 安月給 sueldo escaso 男, salario bajo 男
やすっぽい 安っぽい de aspecto barato
やすね 安値 bajo precio 男
やすませる 休ませる descansar
やすみ 休み descanso 男; (休日) día de descanso 男; (休暇) vacaciones 女複 ‖10分の~をとる descansar diez minutos 彼は今日は~です Él descansa hoy. その店は木曜日が~です Esa tienda cierra los jueves. ◆休み時間 recreo 男, hora de descanso 女
やすむ 休む descansar, reposar; (欠席する) estar ausente 《de》, faltar 《a》; (休暇をとる) tomar unas vacaciones
やすらか 安らか ‖~な apacible, tranquilo(la)
やすらぎ 安らぎ paz interior del alma 女
やすり 鑢 lima 女 ‖~をかける limar
やせい 野生 ‖~の salvaje, silvestre
やせい 野性 ‖~的な salvaje
やせおとろえる 痩せ衰える demacrarse ‖痩せ衰えている estar consumido(da)
やせがた 痩せ形 ‖~の delgado(da)
やせがまん 痩せ我慢 ‖彼は本当は寒いのに~している Tiene frío, pero finge no tenerlo.
やせすぎる 痩せすぎる ‖~の flaco(ca)
やせこけた 痩せこけた flaco(ca), demacrado(da)
やせた 痩せた delgado(da); (ほっそりした) esbelto(ta) ‖~土地 tierra pobre [estéril] 女
やせっぽち 痩せっぽち flaco(ca) 男
やせる 痩せる adelgazar ‖3キロ~ adelgazar [perder] tres kilos
やそう 野草 maleza 女, hierba 女
やそうきょく 夜想曲 nocturno 男
やたい 屋台 puesto 男, chiringuito 男
やたら ‖~に demasiado; (手当たり次第に) al azar
やちょう 野鳥 ave silvestre 女
やちん 家賃 alquiler 男
やつ 奴 tipo 男 ‖変な~だ ¡Qué tipo más extraño!
やっかい 厄介 (面倒) molestia 女; (混乱) (話) lío 男 ‖~な fastidioso(sa), difícil 友達の家の~になる quedarse en casa de un amigo ~払いする librarse 《de》
やっきょく 薬局 farmacia 女
やっつけしごと 遣っ付け仕事 chapuza 女
やっつける 遣っ付ける (負かす) derrotar, vencer

やってくる やって来る venir 《a》; (近寄って来る) acercarse 《a》

やってのける realizar

やってみる intentar, probar, tratar [de + 不定詞] ‖なんとかやってみます Lo intentaré.

やっと (ついに) por [al] fin; (かろうじて) a duras penas ‖金誌 ～来たか Por fin has llegado.

やっとこ tenazas 女複

やつれる demacrarse, consumirse

やど 宿 alojamiento 男; (ホテル) hotel 男

やといぬし 雇い主 empleador(dora) 名

やとう 雇う emplear, contratar

やとう 野党 partido de la oposición 男

やどちょう 宿帳 registro del hotel 男

やどなし 宿無し persona sin hogar [techo] 名, vagabundo(da)

やどや 宿屋 hostal 男, posada 女

やなぎ 柳 sauce 男

やに 脂 (木の) resina 女; (たばこの) alquitrán 男, nicotina 女

やぬし 家主 dueño(ña) de una casa

やね 屋根 tejado 男 ‖～伝いに por los tejados 一つの下に暮らす vivir bajo el mismo techo ◆**屋根裏部屋** ático 男, buhardilla 女 **瓦屋根** tejado de teja **トタン屋根** tejado de cinc [zinc] 男

やはり 矢張り (…もまた) también; (否定文で) tampoco; (結局) después de todo; (予想通り) como era de esperar [prever]

やばん 夜半 ‖～に a medianoche

やばん 野蛮 barbarie 女 ‖～な bárbaro(ra), salvaje ◆**野蛮人** bárbaro(ra) 名, salvaje 男女

やぶ 藪 maleza 女, matorral 男 ▶藪から棒に bruscamente, de repente ◆

やぶいしゃ 藪医者 matasanos 男女 [軽蔑]

やぶる 破る desgarrar, rasgar; (負かす) vencer

やぶれかぶれ 破れかぶれ ‖～の desesperado(da) ～になる abandonarse a la desesperación

やぶれる 破れる desgarrarse, romperse; (擦り切れる) gastarse ‖彼の夢は破れた Se han deshecho sus sueños.

やぶれる 敗れる (決勝戦で) ser vencido(da) en la final

やぶん 夜分 ‖～に por la noche

やぼ 野暮 ‖～な (粗野な) tosco(ca); (あかぬけしない) poco elegante

やぼう 野望 ambición 女

やま 山 montaña 女, monte 男 ‖～に登る subir una montaña 仕事が山ほどある tener un montón de trabajo

やまい 病 enfermedad 女 ‖～は気から Las preocupaciones son causa de enfermedades.

やまかじ 山火事 incendio forestal 男

やまごや 山小屋 cabaña 女, refugio 男

やまし 山師 (投機家) especulador(dora) 名; (詐欺師) estafador(dora) 名

やましい 疚しい remorder la conciencia

やまねこ 山猫 gato montés 男

やまのぼり 山登り montañismo 男 ‖～をする hacer montañismo

やまば 山場 clímax 男

やまびこ 山彦 eco 男

やみ 闇 oscuridad 女 ‖事件は～から～に葬られた Echaron tierra sobre el caso. ►十先は闇 ¿Quién puede leer el futuro? ◆**闇市** mercado negro 男 **闇討ち** ataque nocturno 男 **闇取引** comercio clandestino 男

やみくも 闇雲 ‖～に (軽率に) con imprudencia; (でたらめに) al azar

やむ 止む cesar, parar

やむ 病む ponerse [caer] enfermo(ma) ‖…を～ estar enfermo(ma) de…

やむにやまれぬ 止むに止まれぬ ‖～事情 circunstancias inevitables 女複

やむをえず やむを得ず ‖～する a no tener más remedio que [[+ 不定詞]], verse obligado(da) a [[+ 不定詞]]

やむをえない やむを得ない inevitable; (必要な) necesario(ria)

やめる 止める dejar; (一時的に) suspender ‖タバコを～ dejar de fumar 金誌 もうやめてくれ ¡Ya basta, eh!

やめる 辞める dejar; (引退する) retirarse 《de》; (辞任する) dimitir 《de》

やもめ 鰥夫・寡婦 viudo(da) 名

やもり 守宮 salamanquesa 女

やや 稍 (少し) un poco, algo

ややこしい 複雑な complicado(da), complejo(ja)

やり 槍 lanza 女; (スポ) jabalina 女

やりがい 遣り甲斐 ‖～のある que vale la pena

やりかた 遣り方 manera 女, modo 男

やりそこなう 遣り損なう fracasar, fallar

やりとげる 遣り遂げる llevar a cabo [a término], hacer hasta el final

やりなおす 遣り直す hacer otra vez; (再び始める) empezar de nuevo

やりなげ 槍投げ lanzamiento de jabalina 男

やりぬく 遣り抜く llevar a cabo

やる 遣る (行かせる) mandar, enviar; (与える) dar; (する) hacer ‖よくやった ¡Bien hecho!

やるき 遣る気 ‖～満々である estar lleno(na) de energía ～のない sin energía, desanimado(da)

やるせない 遣る瀬ない desgraciado(da), desconsolado(da)

やわらかい 柔らかい blando(da); (肉などが) tierno(na); (穏やかな) suave ‖柔らかくなる ponerse blando(da)

やわらぐ 和らぐ 痛みが～ calmarse el dolor 寒さが和らいだ Ya no hace tanto frío./Ha remitido el frío.
やわらげる 和らげる suavizar, atenuar, calmar
やんちゃ ‖～な travieso(sa)
やんわり ‖～と suavemente, dulcemente

ゆ

ゆ 湯 agua caliente 囡 ‖～をわかす hervir el agua
ゆいいつ 唯一 ‖～の único(ca)
ゆいごん 遺言 última voluntad 囡, testamento 男 ◆遺言状 testamento
ゆいぶつろん 唯物論 materialismo 男 ◆唯物論者 materialista
ゆうい 優位 ‖～に立つ tener superioridad 《sobre》
ゆういぎ 有意義 ‖～な significativo(va); 《有益な》útil
ゆううつ 憂鬱 ‖～な melancólico(ca), deprimido(da) ‖～になる ponerse melancólico(ca)
ゆうえき 有益 ‖～な útil, instructivo(va)
ゆうえつかん 優越感 sentimiento de superioridad 男
ゆうえんち 遊園地 parque de atracciones 男
ゆうが 優雅 ‖～な elegante, distinguido(da)
ゆうかい 誘拐 secuestro 男 ‖～する secuestrar ◆誘拐犯 secuestrador(dora)
ゆうがい 有害 ‖～な nocivo(va), perjudicial
ゆうかしょうけん 有価証券 valores 男複
ゆうがた 夕方 tarde 囡, atardecer 男
ユーカリ eucalipto 男
ゆうかん 夕刊 periódico de la tarde 男, diario vespertino 男
ゆうかん 勇敢 ‖～な valiente ～に valientemente
ゆうき 勇気 valentía 囡, valor 男 ‖～づける animar ～のある valiente
ゆうき 有機 ‖～的な orgánico(ca) ◆有機農業 agricultura orgánica [biológica, ecológica] 囡
ゆうぎ 遊戯 juego 男
ゆうきゅう 有給 ‖～の pagado(da) ◆有給休暇 vacaciones pagadas 囡複
ゆうぐう 優遇 trato de favor 男 ‖～する tratar bien
ゆうぐれ 夕暮れ atardecer 男
ゆうげん 有限 ‖～の limitado(da) ◆有限会社 sociedad limitada 囡
ゆうけんしゃ 有権者 elector(tora) 名, votante 男女
ゆうこう 有効 ‖～な eficaz, efectivo(va); 《法的に》válido(da) 時間を～に使う aprovechar el tiempo ◆有効期間 plazo de validez 男 有効果 voto válido 男
ゆうこう 友好 amistad 囡 ‖～的な amistoso(sa) ◆友好国 país amigo 男 友好条約 tratado de amistad 男
ゆうごう 融合 fusión 囡 ‖～する fusionarse
ユーザー usuario(ria) 名
ゆうざい 有罪 culpabilidad 囡 ‖～の culpable ◆有罪判決 condena 囡
ゆうし 融資 financiación 囡 ‖企業に～する financiar una empresa
ゆうし 有志 voluntario(ria) 男 ‖～ voluntario(ria)
ゆうしきしゃ 有識者 entendido(da) 名; 《専門家》especialista 男女, experto(ta) 名
ゆうしゅう 優秀 ‖～な excelente, sobresaliente
ゆうじゅうふだん 優柔不断 ‖～な indeciso(sa)
ゆうしょう 優勝 victoria 囡 ◆優勝カップ copa del campeonato 囡 優勝者 campeón(ona) 名
ゆうじょう 友情 amistad 囡
ゆうしょく 夕食 cena 囡 ‖～をとる cenar, tomar la cena
ゆうしょくじんしゅ 有色人種 raza de color 囡
ゆうじん 友人 amigo(ga) 名; 《仲間》compañero(ra) 名
ゆうずう 融通 ‖～がきく flexible ～のきかない inflexible
ユースホステル albergue juvenil 男
ゆうせい 優勢 ‖～な superior, predominante
ゆうせい 郵政 ◆郵政民営化 privatización del servicio de correos [postal] 囡
ゆうせん 優先 prioridad 囡 ‖…に～する tener prioridad sobre… ～的に preferentemente
ゆうぜん 悠然 ‖～と tranquilamente
ゆうそう 郵送 ‖～する mandar [enviar] por correo ◆郵送料 porte, franqueo 男
ゆうそう 勇壮 ‖～な heroico(ca), bravo(va)
ユーターン Uターン giro en U 男 ‖～する dar la vuelta en redondo, girar en U
ゆうだい 雄大 ‖～な grandioso(sa), majestuoso(sa)
ゆうだち 夕立 chubasco 男, chaparrón 男
ゆうち 誘致 ‖～する invitar, atraer
ゆうどう 誘導 ‖～する dirigir, guiar
ゆうどく 有毒 ‖～な venenoso(sa), tóxico(ca) ◆有毒ガス gas tóxico 男
ユートピア utopía 囡
ゆうのう 有能 ‖～な competente
ゆうはつ 誘発 ‖～する provocar, inducir

ゆうはん 夕飯 cena 女

ゆうひ 夕日 sol del atardecer 男, sol poniente 男

ゆうび 優美 ‖~な elegante, distinguido(da)

ゆうびん 郵便 correo 男, correspondencia 女 ‖~を配達する repartir el correo ◆郵便受け buzón 男 郵便局 correos, oficina de correos 女 郵便配達人 cartero(ra) 男 郵便番号 código postal 男 郵便ポスト buzón 男

ユーフォー UFO objeto volador no identificado 男《略 ovni》

ゆうふく 裕福 ‖~な rico(ca), adinerado(da) ~に暮らす llevar una vida acomodada

ゆうべ 夕べ atardecer 男

ゆうべ 昨夜 anoche

ゆうべん 雄弁 ‖~な elocuente ◆雄弁家 orador(dora) elocuente 名

ゆうぼう 有望 ‖~な prometedor(dora), con futuro

ゆうぼくみん 遊牧民 nómada 男女

ゆうめい 有名 ‖~な famoso(sa), conocido(da), célebre ◆有名人 famoso(sa) 名; (名士) celebridad 女

ユーモア humor 男 ‖~がわかる tener sentido del humor

ユーモラス ‖~な humorístico(ca), cómico(ca)

ゆうやけ 夕焼け resplandor de la puesta de sol 男

ゆうやみ 夕闇 anochecer 男

ゆうよ 猶予 aplazamiento 男 ‖一刻の~も許されない No hay ni un momento que perder. 5日間の~ prórroga de cinco días ◆執行猶予 suspensión de la ejecución de una sentencia 女

ゆうよう 有用 ‖~な útil, provechoso(sa)

ゆうらん 遊覧 ◆遊覧船 barco de recreo 男 遊覧バス autobús turístico 男

ゆうり 有利 ‖~な favorable, ventajoso(sa)

ゆうりょ 憂慮 ‖~する inquietarse [preocuparse]《por》 ~すべき serio(ria); (重大な) grave

ゆうりょう 有料 ‖~の de pago ◆有料道路 carretera de peaje 女

ゆうりょう 優良 ‖~な superior, excelente

ゆうりょく 有力 ‖~な fuerte; (勢力のある) poderoso(sa) ◆有力者 hombre influyente 男

ゆうれい 幽霊 fantasma 男 ◆幽霊屋敷 casa embrujada [encantada] 女

ユーロ euro 男

ゆうわ 宥和 apaciguamiento 男

ゆうわく 誘惑 tentación 女, seducción 女 ‖~する tentar, seducir

ゆえに 故に luego, por (lo) tanto

ゆか 床 suelo 男

ゆかい 愉快 ‖~な gracioso(sa); (楽しい) divertido(da); (陽気な) alegre

ゆがむ 歪む alabearse; (ねじれる) torcerse

ゆがめる 歪める desfigurar, torcer

ゆき 雪 nieve 女 ‖~が降る nevar ~が1メートル積もっている La nieve tiene un espesor de un metro. ~合戦をする jugar a tirar bolas de nieve ◆雪だるま muñeco de nieve 男 雪解け deshielo 男

ゆきつく 行き着く parar《en》

ゆきづまる 行き詰まる ‖交渉は行き詰った Las negociaciones han llegado a un punto muerto.

ゆきわたる 行き渡る (全員に) alcanzar para todos; (広がる) extenderse

ゆく 行く ⇨ 行(い)く

ゆくえ 行方 ‖~を追う buscar el paradero《de》 ~をくらます desaparecer

ゆくえふめい 行方不明 ‖~の desaparecido(da)

ゆくゆく 行く行く ‖~は algún día, en el futuro

ゆげ 湯気 vapor 男, humo 男 ‖…~が立つ salir humo de …

ゆけつ 輸血 transfusión de sangre 女 ‖~する hacer una transfusión de sangre

ゆさぶる 揺さぶる sacudir; (振る) agitar

ゆしゅつ 輸出 exportación 女 ‖~する exportar

ゆすぐ 濯ぐ enjuagar

ゆすり 強請 chantaje 男

-ゆずり 譲り ‖彼の頑固は父親~だ Ha heredado de su padre la terquedad.

ゆずりあう 譲り合う ‖道を~ cederse el paso mutuamente

ゆずりうける 譲り受ける heredar《de》

ゆする 揺する sacudir, agitar, mover

ゆする 強請る hacer chantaje《a + 人》

ゆずる 譲る ceder, traspasar; (譲歩する) hacer concesiones

ゆせい 油性 ‖~の oleaginoso(sa), oleoso(sa)

ゆそう 輸送 transporte 男 ‖~する transportar

ゆたか 豊か ‖~な rico(ca), abundante ~な土地 tierra fértil 女

ゆだねる 委ねる dejar encargado(da), encargar

ユダヤ ◆ユダヤ教 religión judía 女 ユダヤ人 judío(a) 男

ゆだん 油断 descuido 男 ‖~する descuidarse …に~するな Cuidado con …

ゆたんぽ 湯たんぽ calientapiés 男《単複》

ゆちゃく 癒着 《医学》 adherencia 女; (共謀) connivencia 女

ゆっくり despacio, lentamente; (少しずつ) poco a poco ‖~考えさせてください

ゆでたまご Déjame pensarlo despacio. どうぞ~ Póngase cómodo(da).

ゆでたまご 茹で卵 huevo duro 男; (半熟) huevo pasado por agua 男

ゆでる 茹でる hervir, cocer

ゆでん 油田 yacimiento petrolífero 男, campo de petróleo 男

ゆとり margen 男; (経済的) holgura 女; (気持の) placidez 女, tranquilidad 女

ユニーク ||~な único(ca)

ユニット unidad 女 ◆ユニット家具 muebles de [por] módulos 男複

ユニフォーム uniforme 男

ゆにゅう 輸入 importación 女 ||~する importar ◆輸入品 productos de importación 男複

ゆび 指 dedo 男 ||彼女には一本触れさせない No te permitiré que le toques ni un pelo. ~をくわえて見る mirar con mucha envidia ◆指先 punta del dedo 女

ゆびさす 指差す señalar con el dedo

ゆびわ 指輪 anillo 男; (宝石を載せた) sortija 女 ||~をはめる ponerse un anillo

ゆみ 弓 arco 男

ゆめ 夢 sueño 男 ||~を見る tener un sueño, soñar 私の~がかなった Mi sueño se ha realizado. 彼女と再会できるとは~にも思わなかった Nunca soñé que volvería a verla. ~のような計画 proyecto de ensueño

ゆめごこち 夢心地 ||~の extático(ca)

ゆめみる 夢見る soñar《con》 ||~ような soñador(dora)

ゆめゆめ ||~忘れるな No lo olvides jamás.

ゆゆしい 忌忌しい grave, serio(ria)

ゆらい 由来 origen 男, procedencia 男 ||…~する proceder《de》

ゆり 百合 lirio 男; (シラユリ) azucena 女

ゆりいす 揺り椅子 mecedora 女

ゆりかご 揺り籠 [籃] cuna 女

ゆりかもめ 百合鴎 gaviota reidora 女

ゆるい 緩い flojo(ja); (斜面が) suave

ゆるがす 揺るがす hacer temblar, estremecer

ゆるし 許し perdón 男; (許可) permiso 男 ||~を請う pedir perdón

ゆるす 許す perdonar, disculpar; (許可する) permitir《人+人》[+不定詞, que+接続法]||彼は心を許せる友人だ Es un amigo de confianza.

ゆるむ 緩む aflojar(se); (気が~) relajarse; (油断する) descuidarse

ゆるめる 緩める aflojar; (緊張などを) relajar

ゆるやか 緩やか ||~な suave; (遅い) lento(ta)

ゆれ 揺れ balanceo 男, temblor 男, sacudida 女

ゆれる 揺れる balancear; (震動する) temblar; (ためらう) vacilar

ゆわかしき 湯沸し器 calentador (de agua) 男

よ

よ 世 mundo 男 ||この~ este mundo あの~ otro mundo ~に言う llamado(da) ~に出る hacerse famoso(sa), darse a conocer

よ 夜 noche 女 ||~が明ける amanecer

よあかし 夜明かし ||~する pasar la noche en vela

よあけ 夜明け ||~に al amanecer ~前に antes del amanecer

よあそび 夜遊び ||~をする salir por la noche a divertirse

よい 良い・善い bueno(na) [比較級 mejor]; (すばらしい) estupendo(da), excelente ||…してても poder 君は寝ていた方が~ Es mejor que te quedes en cama. ワインよりビールの方が~ Prefiero la cerveza al vino. この子はまだ~ことと悪いことの区別がつかない Este niño todavía no sabe distinguir entre lo bueno y lo malo.

よい 酔い borrachera 女 ||乗り物~ mareo 男

よい 宵 primeras horas de la noche 女複 ||~の口に a primeras horas de la noche

よいん 余韻 (残響) resonancia 女, reverberación 女 ||~の後の~ sensación que queda después de…

よう 用 asunto 男, quehaceres 男 [主に複] ||明日は一日~がある Mañana estaré ocupado(da) todo el día. この機械は~をなさない Esta máquina ya no sirve.

よう 様 ||~の~ como… いつもの~に como siempre, como de costumbre

よう 酔う emborracharse ||成功に酔っている estar embriagado(da) por el éxito

ようい 用意 preparativos 男, preparación 女 ||~する preparar ~ができている estar preparado(da) [listo(ta)]

ようい 容易 ||~な fácil; (単純な) simple

よういん 要因 factor 男; (原因) causa 女

ようえき 溶液 solución 女

ようかい 溶解 ||~する (液体に) disolver(se); (熱で) derretir(se)

ようがし 洋菓子 pastel 男 ◆洋菓子店 pastelería 女

ようがん 溶岩 lava 女

ようき 容器 recipiente 男, envase 男

ようき 陽気 ||~な alegre, jovial

ようぎ 嫌疑 sospecha 女 ||~の~で bajo sospecha de… ◆容疑者 sospechoso(sa) 名

ようきゅう 要求 exigencia 女; (権利

) reclamación 女 ‖~する exigir, reclamar, demandar
ようぐ 用具 utensilio 男, instrumento 男
ようけい 養鶏 avicultura 女
ようけん 用件 asunto 男
ようご 用語 término 男; [集合的] terminología 女 ◆**専門用語** término técnico 男
ようご 養護 cuidado 男 ◆**養護学校** escuela para niños disminuidos 女
ようご 擁護 ‖~する defender
ようこそ ‖~いらっしゃいました ¡Bienvenido(da)!
ようさい 要塞 fortaleza 女, fuerte 男
ようさん 養蚕 seri(ci)cultura 女
ようし 要旨 (要約) resumen 男; (要点) punto esencial 男
ようし 用紙 formulario 男
ようし 容姿 presencia 女, figura 女
ようし 養子 adoptivo(va) 名 ‖孤児を~にする adoptar a un [una] huérfano(na)
ようじ 用事 asunto 男, quehaceres 男複
ようじ 幼児 niño(ña) 名 pequeño(ña) 名 ‖~の infantil
ようじ 楊枝 palillo 男, mondadientes 男 (単複)
ようしき 様式 estilo 男, forma 女, manera 女
ようしき 洋式 ‖~の de estilo occidental
ようしゃ 容赦 ‖~する perdonar ~なく despiadadamente, sin piedad
ようしょく 養殖 cultivo 男
ようじん 要人 personaje 男, persona importante 女
ようじん 用心 cuidado 男; (警戒) precaución 女 ‖~する tener cuidado 《con》; (信用しない) desconfiar 《de》 ~深い precavido(da), cuidadoso(sa)
ようす 様子 (状態) estado 男, situación 女; (外見) aspecto 男 ‖しばらく~を見よう Por el momento, vamos a ver lo que pasa. この~では en el estado actual 彼の~がおかしい A él le pasa algo.
ようする 要する necesitar, requerir
ようするに 要するに en una palabra, en resumen
ようせい 妖精 hada 女
ようせい 要請 petición 女 ‖~する pedir
ようせい 養成 formación 女 ‖~する formar
ようせき 容積 capacidad 女
ようせつ 溶接 soldadura 女 ‖~する soldar
ようそ 要素 elemento 男; (要因) factor 男
ようたい 容体 estado (de un [una] paciente) 男
ようち 幼稚 ‖~な infantil, pueril ◆

幼稚園 jardín de infancia 男, 《独》 kindergarten 男; (保育園) guardería 女
ようちゅう 幼虫 larva 女
ようつう 腰痛 lumbago 男; (背中を含めて) dolor de espalda 男
ようてん 要点 lo esencial
ようと 用途 uso 男, aplicación 女
ようとん 養豚 porcicultura 女
ようにん 容認 ‖~する admitir, aceptar
ようねん 幼年 infancia 女 ‖~時代 en la infancia
ようばい 溶媒 disolvente 男
ようび 曜日 día de la semana 男 ‖今日は何~ですか ¿Qué día (de la semana) es hoy?
ようひし 羊皮紙 pergamino 男
ようふ 養父 padre adoptivo 男
ようふく 洋服 ropa 女, vestido 男 ◆**洋服だんす** armario 男
ようぶん 養分 alimento 男, nutriente 男
ようぼ 養母 madre adoptiva 女
ようほう 用法 uso 男, instrucciones 女複
ようほう 養蜂 apicultura 女
ようぼう 容貌 facciones 女 (複 のみ), fisonomía 女
ようぼう 要望 petición 女, deseo 男 ‖…の~に応じて a petición de…, por deseo de…
ようもう 羊毛 lana 女
ようやく 要約 resumen 男 ‖~する resumir
ようやく 漸く por fin, finalmente; (かろうじて) por los pelos
ようりょう 要領 (こつ) truco 男 ‖~を得ない poco claro(ra) あいつは~がいい [悪い] Es un tipo astuto [torpe].
ようりょう 容量 capacidad 女
ようりょう 用量 dosis 女 (単複)
ようりょくそ 葉緑素 clorofila 女
ようれい 用例 ejemplo 男
ヨーグルト yogur 男
ヨード yodo 男 ◆**ヨードチンキ** tintura de yodo 女
ヨーロッパ Europa 女 ‖~の europeo(a)
よか 余暇 ocio 男, tiempo libre 男
ヨガ yoga 男
よかん 予感 presentimiento 男
よき 予期 expectativa 女 ‖~する prever ~しない inesperado(da)
よきょう 余興 entretenimiento 男, diversión 女
よきん 預金 depósito 男 ‖~する hacer un depósito ◆**預金通帳** libreta de ahorro [banco] 女
よく 良く・能く・善く bien; (たくさん) mucho; (しばしば) frecuentemente, a menudo ‖~そうだ Eso pasa mucho. 《金語》~言うよ ¿Y tú qué?/ ¡Quién va a hablar!
よく 欲 deseo 男 ‖~の深い ava-

よくあさ 翌朝 la mañana siguiente
よくあつ 抑圧 opresión 囡, represión 囡 ‖~する oprimir, reprimir
よくげつ 翌月 el mes siguiente
よくしつ 浴室 (cuarto de) baño 團
よくじつ 翌日 el día siguiente
よくせい 抑制 control 團, freno 團 ‖~する controlar, frenar
よくそう 浴槽 bañera 囡
よくねん 翌年 el año siguiente
よくばり 欲張り ‖~な avaro(ra) ◆~人 avaro(ra) 名
よくぼう 欲望 deseo 團, apetito 團
よくよう 抑揚 entonación 囡
よくよくじつ 翌々日 dos días después
よくりゅう 抑留 internamiento 團, detención 囡
よけい 余計 ‖~な (余分な) sobrante; (不必要な) innecesario(ria); (過多の) demasiado(da) ～なお世話だ No te metas en lo que no te importa.
よける 避ける esquivar; (別にする) apartar
よけん 予見 previsión 囡 ‖~する prever
よげん 予言 predicción 囡 ‖~する predecir ◆予言者 profeta(tisa) 名
よこ 横 (幅) ancho 團, anchura 囡; (側面) lado 團 ‖~の…に al lado de…
よこうえんしゅう 予行演習 (練習) ensayo 團
よこがお 横顔 perfil 團
よこぎる 横切る atravesar, cruzar
よこく 予告 anuncio previo 團 ‖~する anunciar [avisar] previamente
よごす 汚す ensuciar; (染みをつける) manchar ‖手を～ ensuciarse las manos
よこたえる 横たえる tender, acostar
よこたわる 横たわる tenderse, tumbarse, acostarse
よこむき 横向き ‖~に寝る acostarse de lado
よこめ 横目 ‖~で見る mirar de reojo
よごれ 汚れ suciedad 囡; (染み) mancha 囡
よごれた 汚れた sucio(cia)
よごれる 汚れる ensuciarse; (染みがつく) mancharse
よさ 良さ ventaja 囡; (長所) cualidad 囡 ‖品質の～ buena calidad 囡
よさん 予算 presupuesto 團 ‖~を立てる hacer un presupuesto ‖~をオーバーする exceder el presupuesto ◆予算案 proyecto presupuestario 團 ◆予算委員会 comité presupuestario 團
よじのぼる よじ登る trepar
よしゅう 予習 preparación de las clases 囡 ‖~をする preparar las clases
よじる 捩る torcer, retorcer
よしん 余震 réplica (sísmica) 囡
よす 止す cesar, dejar
よせき 寄席 sala de variedades 囡
よせる 寄せる (AをBに近づける) acercar [arrimar] A a B ‖友人の家に身を～ alojarse en casa de un amigo
よせん 予選 (prueba) eliminatoria 囡 ‖~を通過する pasar la prueba eliminatoria 1次～で敗退する ser eliminado(da) en la primera eliminatoria
よそ ‖~の de otro lugar [sitio]
よそう 予想 expectativa 囡, previsión 囡 ‖~する prever, pronosticar ～どおりに como era de prever ～に反して contra todo pronóstico ～外の imprevisto(ta), inesperado(da)
よそおう 装う vestirse; (振りをする) aparentar, fingir
よそく 予測 previsión 囡, predicción 囡 ‖~する prever, predecir
よそみ よそ見 ‖~する mirar a otro lado
よそもの 余所者 extraño(ña) 名, forastero(ra) 名
よそよそしい frío(a), distante ‖よそよそしくする mostrarse frío(a)
よだれ 涎 ‖~を垂らす babear
よち 余地 sitio 團, lugar 團, espacio 團 ‖…には疑う~はない no caber duda de…
よつかど 四つ角 cruce 團
よっきゅう 欲求 deseo 團 ◆欲求不満 frustración 囡
ヨット velero 團, yate 團
よっぱらい 酔っぱらい borracho(cha) 名 ‖~運転をする conducir borracho(cha)
よっぱらう 酔っ払う emborracharse
よてい 予定 plan 團, proyecto 團 ‖~する planear, hacer un proyecto …する～である pensar [[+不定詞]] ◆出産予定日 fecha prevista de parto 囡 ◆予定表 programa 團; (手帳) agenda 囡
よとう 与党 partido en el poder [gobierno]
よどおし 夜通し toda la noche
よどむ 淀む estancarse
よなか 夜中 noche 囡; (真夜中) medianoche 囡
よのなか 世の中 mundo 團; (社会) sociedad 囡
よはく 余白 espacio 團, margen 團
よび 予備 reserva 囡 ‖~の de reserva ◆予備軍 reserva 囡 ◆予備校 escuela [academia] preparatoria para los exámenes de ingreso en la universidad ◆予備交渉 negociación preliminar ◆予備知識 conocimientos previos 團
よびおこす 呼び起こす despertar, recordar
よびかける 呼び掛ける llamar, dirigir

よびごえ 呼び声 llamada 女
よびもどす 呼び戻す hacer volver
よびもの 呼び物 atracción principal 女
よびりん 呼び鈴 timbre 男
よぶ 呼ぶ llamar ‖助けを~ pedir socorro [auxilio] (会話)タクシーを呼んでください Por favor, llame un taxi.
よぶん 余分 ‖~な sobrante ~に en exceso
よほう 予報 ◆天気予報 pronóstico del tiempo 男
よぼう 予防 prevención 女 ‖~する prevenir ◆予防措置 medidas preventivas 女複 予防接種 vacunación 女
よみあげる 読み上げる leer en voz alta
よみがえる 蘇る・甦る revivir, resucitar
よみとる 読み取る leer, percibir ‖言外の意味を~ leer entre líneas
よみもの 読み物 lectura 女
よむ 読む leer ‖~の心を~ adivinar el pensamiento de ...
よめ 嫁 nuera 女;(妻)esposa 女, mujer 女
よやく 予約 reserva 女;(出版物の)su(b)scripción 女 ‖~する reservar (レストランに)席を~する reservar una mesa ◆予約金 depósito 男
よゆう 余裕(余地)espacio 男;(気持の)calma 女 ‖時間の~をもって con tiempo de sobra 彼はいつも~しゃくしゃくしゃくだ Es un hombre tranquilo y sereno.
-より (場所・時間)de, desde;(…よりも)que ‖私~彼の方が2歳若い Él es dos años más joven que yo.
よりいと 縒り糸 hilo retorcido 男
よりかかる 寄り掛かる apoyarse 《en, sobre》
よりそう 寄り添う arrimarse 《a》‖…に寄り添って junto a...
よりによって ‖~こんな忙しい時に cuando más ocupado(da) estoy
よりみち 寄り道(立ち寄る)acercarse 《a》, pasar 《por》
よる 夜 noche 女 ‖今日の~ esta noche 明日の~ mañana por la noche ~の nocturno(na) ~遅くまで hasta muy tarde por la noche
よる 寄る(近寄る)acercarse 《a》;(立ち寄る)pasar 《por》
よる 因る・依る(次第である)depender 《de》;(起因する)deberse 《a》‖今日の新聞によれば según el periódico de hoy
ヨルダン Jordania ‖~の jordano(na)
よろい 鎧 armadura 女 ◆よろい戸 contraventana 女, persiana 女
よろこばしい 喜ばしい(うれしい)alegre;(幸せな)feliz
よろこばせる 喜ばせる alegrar, agradar
よろこび 喜び alegría 女, placer 男
よろこぶ 喜ぶ alegrarse 《de, por, con》‖喜んで con mucho gusto
よろしい 宜しい ‖これで~ですか ¿Está bien así? タバコを吸っても~ですか ¿Se puede fumar?
よろしく 宜しく ‖この荷物を~ Te encargo este equipaje. お母さんに~ Recuerdos a tu madre.
よろめく tambalearse
よろん 世論 opinión pública 女
よわい 弱い débil, flojo(ja) ‖胃が~ tener el estómago delicado 意志が~ tener una voluntad débil 弱くなる debilitarse
よわさ 弱さ debilidad 女
よわね 弱音 ‖~をはく ser pesimista, quejarse
よわまる 弱まる debilitarse
よわみ 弱み debilidad 女 ‖…の~を握る conocer muy bien el punto flaco de ...
よわむし 弱虫 cobarde 男女,(話)gallina 男女
よわめる 弱める debilitar
よわる 弱る debilitarse;(困る)estar perplejo(ja)
よん 四・4 cuatro ‖~番目の cuarto(ta) ~分の1 un cuarto ~倍の cuádruple
よんじゅう 四十 cuarenta ‖~番目の cuadragésimo(ma)
よんどころない 拠ん所ない inevitable, ineludible

ら

ラード manteca de cerdo 女
ラーメン fideos chinos 男複
らいう 雷雨 tormenta 女
らいうん 雷雲 nubarrón 男
ライオン león 男;(雌)leona 女
らいきゃく 来客 visita 女, visitante 男女 ‖~がある tener una visita
らいげつ 来月 el mes que viene, el próximo mes ‖~の5日に el cinco del mes que viene
らいしゅう 来週 la semana que viene, la próxima semana ‖~の金曜日 el viernes de la semana que viene
らいせ 来世 el otro mundo, la otra vida
ライセンス licencia 女
ライター encendedor 男, mechero 男;(作家)escritor(tora) 名
らいちょう 雷鳥 perdiz blanca 女
ライト (明かり)luz 女;(車の)faros 男
ライトきゅう -級 peso ligero 男
らいにち 来日 ‖~する venir a Japón
らいねん 来年 el año que viene, el

ライバル rival 男女

らいひん 来賓 invitado(da) 名

ライブ concierto en directo 男 ‖~で en directo [vivo]

ライフスタイル estilo de vida 男

ライブラリー biblioteca 女

ライフルじゅう -銃 rifle 男

ライフワーク trabajo de toda la vida 男

ライむぎ -麦 centeno 男

らいめい 雷鳴 trueno 男

ライラック lila 女

らいれき 来歴 historia 女;(起源) origen 男

ラオス Laos ‖~の laosiano(na)

らく 楽 ‖~な cómodo(da), confortable ‖~にしてください Póngase cómodo(da). それを聞いて気が~になった Sentí alivio al oírlo. ►楽あれば苦あり La vida no es un lecho de rosas.

らくいん 烙印 estigma 男 ‖~を押す estigmatizar

らくえん 楽園 paraíso 男

らくがき 落書き《伊》graf(f)iti 男《単複》, grafito 男, pintada 女 ‖~をする pintar [hacer] grafiti, hacer una pintada

らくご 落伍 ‖~する abandonar, retirarse ◆落伍者 fracasad(o/a)

らくさ 落差 diferencia de altura 女;(ギャップ) diferencia 女

らくさつ 落札 ‖~する lograr la adjudicación

らくだ 駱駝 camello 男;(雌) camella 女

らくだい 落第 ‖~する suspender;(留年する) repetir curso

らくたん 落胆 ‖~する desanimarse, desalentarse

らくてん 楽天 ‖~的な optimista ◆楽天家 optimista 男女

らくのう 酪農 industria lechera 女 ◆酪農家 lechero(ra) 名

ラグビー《英》rugby 男

らくよう 落葉 caída de las hojas 女

らくらい 落雷 caída de un rayo 女

らくらく 楽々 ‖~と con mucha facilidad, muy fácilmente

ラケット raqueta 女

ラザニア lasaña 女

-らしい(見える) parecer 〖que + 直説法〗それはいかにも彼~ Eso es muy propio de él.

ラジウム radio 男

ラジエーター radiador 男

ラジオ radio 女 ‖~をつける[消す] poner [apagar] la radio ◆ラジオ局 emisora de radio 女 ポータブルラジオ radio portátil 男

ラジカセ radiocasete 男 ◆CDラジカセ radiocasete con reproductor de CD 男

ラジコン ‖~操作の teledirigido(da)

らしんばん 羅針盤 brújula 女

ラスト ‖~の final, último(ma)

ラズベリー frambuesa 女

らせん 螺旋 espiral 女 ‖~状の espiral ◆らせん階段 escalera de caracol 女

らたい 裸体 cuerpo desnudo 男

らち 拉致 ‖~する llevarse a la fuerza;(誘拐する) secuestrar

らっか 落下 caída 女 ‖~する caerse ◆落下傘 paracaídas 男《単複》

らっかせい 落花生 cacahuete 男

らっかん 楽観 ‖~する ser optimista ◆楽観論 optimismo 男

らっきょう 辣韮 chalote 男

らっこ 猟虎 nutria marina 女

ラッシュアワー hora punta 女

らっぱ 喇叭(軍隊の) corneta 女;(トランペット) trompeta 女 ‖~を吹く tocar la corneta [trompeta]

ラップ papel film transparente 男

ラップタイム《スポ》tiempo cronometrado de una vuelta 男

ラップミュージック música rap 女

らつわん 辣腕 ‖~の hábil, diestro(tra)

ラテン ‖~の latino(na) ◆ラテンアメリカ América Latina ラテン語 latín 男

ラトビア Letonia ‖~の letón(tona)

らば 驟馬 mulo 男;(雌) mula 女

ラブシーン escena de amor 女

ラフ ‖~な(服装が) informal

ラブレター carta de amor 女

ラベル etiqueta 女

ラベンダー lavanda 女

ラム(子羊の肉) cordero 男;(ラム酒) ron 男

ラリー(テニスなどの) peloteo 男;(自動車競技)《英》rally 男

らん 欄(記入欄) espacio 男;(新聞などの) columna 女

らん 蘭 orquídea 女

らんがい 欄外 margen 男

らんかん 欄干 barandilla 女

ランキング clasificación 女,《英》ranking 男

ランク rango 男, categoría 女 ‖第1位に~される clasificarse en primer lugar

らんざつ 乱雑 ‖~な desordenado(da), desarreglado(da)

らんし 乱視 astigmatismo 男 ‖~で ある ser astigmático(ca)

ランジェリー lencería 女

らんそう 卵巣 ovario 男

ランチ comida 女, almuerzo(ligero) 男;(小型船) lancha 女

らんとう 乱闘 refriega 女, revuelta 女

ランドセル mochila (escolar) 女

ランドリー lavandería 女 ◆コインランドリー lavandería automática 女

ランナー corredor(dora) 名

らんぱく 卵白 clara 女

ランプ lámpara 女

らんぼう 乱暴 ‖～な violento(ta), brutal ～する emplear la violencia
らんよう 濫用 abuso 男 ‖～する abusar 《de》

り

リアリズム realismo 男
リアル ‖～な描写 descripción realista
リアルタイム ‖～で en tiempo real
リーグ liga 女
リース arrendamiento, alquiler 男 ‖～する arrendar
リーダー líder 男女
リード ‖2点～する tener una ventaja de dos puntos 《sobre》
リール (釣りざおの) carrete 男
リウマチ reumatismo 男
りえき 利益 ganancias 女複, beneficios 男複 ～を得る obtener ganancia ♦利益率 tasa de beneficios 女
りか 理科 ciencias 女複
りかい 理解 entendimiento 男, comprensión 女 ‖～する entender, comprender ～のある comprensivo(va) ♦理解力 capacidad de entendimiento [comprensión]
りがい 利害 interés 男 ‖～が一致する tener intereses comunes
りきがく 力学 dinámica 女
りきせつ 力説 ‖～する destacar, acentuar
リキュール licor 男
りきりょう 力量 capacidad 女
りく 陸 tierra 女 ‖～の terrestre
リクエスト petición 女
りくぐん 陸軍 ejército (de tierra) 男
りくじょうきょうぎ 陸上競技 atletismo 男 ♦陸上競技選手 atleta 男女
りくつ 理屈 razón 女, (理論) teoría 女 ‖～をこねる (言い訳をする) buscar excusas; (論じる) discutir ～っぽい人 discutidor(dora) 男女
リクライニングシート asiento reclinable 男
りけん 利権 concesión 女; (権利) derecho 男
りこ 利己 ‖～的な egoísta ♦利己主義 egoísmo 男
りこう 利口 ‖～な inteligente; (賢い) listo(ta)
リコール destitución 女; (欠陥商品の) retirada 女 ‖～する destituir; (欠陥商品を) retirar
りこん 離婚 divorcio 男 ‖～する divorciarse 《de》
リサイクル reciclaje 男 ‖～可能な reciclable
リサイタル recital 男
りざや 利鞘 margen (de beneficio) 男
りさん 離散 ‖～する dispersarse
りし 利子 interés 男 ‖5％の～がつく

dar [producir] un interés del cinco por ciento
りじ 理事 director(tora) 名, administrador(dora) 名 ♦理事会 consejo de administración
りじゅん 利潤 ganancias 女複, beneficios 男複
りす 栗鼠 ardilla 女
リスク riesgo 男 ‖～の高い de alto riesgo
リスト lista 女
リストラ reestructuración 女, reducción de plantilla 女
リズム ritmo 男
りせい 理性 razón 女 ‖～的な racional, razonable
りそう 理想 ideal 男 ‖～的な ideal ♦理想主義 idealismo 男 理想主義者 idealista 男女
リゾート centro turístico 男
りそく 利息 interés 男
りち 理知 ‖～的な inteligente, intelectual
リチウム litio 男
りちぎ 律義 ‖～な honrado(da), serio(ria)
りつ 率 tasa 女, índice 男; (割合) proporción 女
りっきょう 陸橋 paso elevado 男
りっこうほ 立候補 candidatura 女 ‖～する presentarse como candidato(ta)
りっしょう 立証 ‖～する probar, demostrar
りっしんしゅっせ 立身出世 ‖～する éxito en la vida 男
りったい 立体 ‖～的な tridimensional
りっちじょうけん 立地条件 ‖その家は～が良い Esa casa está bien situada.
リットル litro 男
りっぱ 立派 ‖～な (すぐれた) excelente; (すばらしい) magnífico(ca); (賞賛に値する) admirable
りっぽう 立法 ♦立法権 poder legislativo 男
りっぽう 立方 ♦立方体 cubo 男 立方メートル metro cúbico 男
りてん 利点 ventaja 女
リトアニア Lituania ‖～の lituano(na)
りとう 離島 isla remota 女
リトグラフ litografía 女
りにゅうしょく 離乳食 comida para bebés 女
りねん 理念 filosofía 女; (考え) idea 女
リネン lino 男
リハーサル ensayo 男
リハビリ rehabilitación 女
りはん 離反 ‖～する separarse 《de》
リビア Libia ‖～の libio(bia)
リヒテンシュタイン Liechtenstein ‖～の liechtensteiniano(na)
リビングルーム sala de estar 女

リフォーム ‖〜する rehacer, reformar
りふじん 理不尽 ‖〜な irrazonable
リフト telesilla 男
リベート reembolso 男; (手数料) comisión 女
リベラル ‖〜な liberal
リベリア Liberia ‖〜の liberiano(na)
リボン cinta 女, lazo 男
リミット límite 男
リムジン limusina 女
リモコン mando a distancia 男, control remoto, telecontrol 男
りゃく 略 ‖〜する omitir
りゃくご 略語 abreviatura 女
りゃくしき 略式 ‖〜の informal
りゃくす 略す omitir
りゃくだつ 略奪 pillaje 男, saqueo 男 ‖〜する saquear
りゆう 理由 razón 女 ‖…の〜で por razones de…, a causa de… 〜もなく sin razón
りゅう 龍 dragón 男
りゅうい 留意 ‖〜する prestar atención 〈a〉
りゅういき 流域 cuenca 女
りゅうがく 留学 ‖スペインに〜する ir a España a estudiar
りゅうかん 流感 gripe 女, influenza 女, (中南米) gripa 女
りゅうこう 流行 moda 女; (病気の) propagación 女 ‖〜する estar de moda; (病気が) propagarse 〜遅れの pasado(da) de moda ◆流行歌 canción popular 女
りゅうさん 硫酸 ácido sulfúrico 男
りゅうざん 流産 aborto 男 ‖〜する abortar
りゅうし 粒子 partícula 女
りゅうしゅつ 流出 fuga 女, flujo 男
りゅうせい 隆盛 prosperidad 女
りゅうせんけい 流線型 ‖〜の aerodinámico(ca)
りゅうちょう 流暢 ‖〜に con soltura, con fluidez
りゅうつう 流通 circulación 女 ‖〜する circular
りゅうどう 流動 ‖〜性の fluido(da), líquido(da) 〜的な fluctuante 〜的である no ser seguro [fijo]
りゅうにゅう 流入 afluencia 女 ‖〜する afluir
りゅうねん 留年 ‖〜する repetir curso
りゅうは 流派 escuela 女
りゅうひょう 流氷 témpano de hielo flotante 男
りゅうほ 留保 ‖〜する reservar
リュックサック mochila 女
りよう 利用 uso 男, utilización 女 ‖〜する usar, utilizar 〜価値のある útil ◆利用者 usuario(ria) 名
りょう 量 cantidad 女 ‖〜より質だ Más vale la calidad que la cantidad.
りょう 漁 pesca 女 ‖〜をする pescar
りょう 猟 caza 女
りょう 寮 (大学などの) colegio mayor 男, residencia de estudiantes 女
りょういき 領域 campo 男, dominio 男
りょうが 凌駕 ‖〜する superar, exceder
りょうかい 了解 consentimiento 男, acuerdo 男 ‖〜する consentir
りょうかい 領海 aguas territoriales 女複
りょうがえ 両替 cambio 男 ‖円をユーロに〜する cambiar yenes en euros ◆両替機 máquina de cambio 女
りょうがわ 両側 ‖〜に a ambos lados
りょうきん 料金 precio 男, tarifa 女 ◆料金所 (道路などの) peaje 男
りょうくう 領空 espacio aéreo 男
りょうこう 良好 ‖〜な bueno(na)
りょうさん 量産 producción en serie 女 ‖〜する producir en serie
りょうし 漁師 pescador(dora) 名
りょうし 猟師 cazador(dora) 名
りょうし 量子 cuanto 男 ◆量子力学 mecánica cuántica 女 量子論 teoría cuántica 女
りょうじ 領事 cónsul 男女 ◆領事館 consulado 男
りょうしき 良識 sensatez 女, sentido común 男
りょうじゅう 猟銃 escopeta (de caza) 女
りょうしゅうしょ 領収書 recibo 男, tique 男
りょうしょう 了承 ‖〜する aprobar
りょうしん 両親 padres 男
りょうしん 良心 conciencia 女 ‖〜的な concienzudo(da); (正直な) honrado(da), honesto(ta)
りょうせい 良性 ‖〜の benigno(na)
りょうせいるい 両生類 anfibio 男
りょうど 領土 territorio 男 ‖〜の territorial
りょうはんてん 量販店 hipermercado 男
りょうほう 両方 los [las] dos, ambos(bas)
りょうめん 両面 los dos lados, ambos lados
りょうよう 療養 (治療) tratamiento médico 男 ‖〜する (治療中である) estar bajo tratamiento médico; (回復する) recuperarse
りょうり 料理 (調理) cocina 女; (食べ物) comida 女; (皿に盛った) plato 男 ‖〜する cocinar ◆料理学校 escuela de cocina 女 料理人 cocinero(ra) 名
りょうりつ 両立 ‖仕事と家庭を〜させる compaginar trabajo y familia
りょかく 旅客 viajero(ra) 名; (乗客) pasajero(ra) 名
りょかん 旅館 hotel tradicional japonés 男
りょくち 緑地 ◆緑地帯 zona verde 女

りょくちゃ 緑茶 té verde 男
りょけん 旅券 pasaporte 男
りょこう 旅行 viaje 男 ‖~する viajar, hacer un viaje　インドを~する viajar por la India　◆旅行案内所 oficina de turismo　◆旅行ガイドブック guía turística 女　旅行者 viajero(ra) 名; (観光客) turista 男女　旅行代理店 agencia de viajes 女
りょてい 旅程 itinerario 男
りょひ 旅費 gastos de viaje 男複
リラックス ‖~する relajarse
りりく 離陸 ‖~する despegar
りりつ 利率 tipo de interés 男
リレー relevos 男複
りれき 履歴 historia personal 女　◆履歴書 (中南米) curriculum vitae 男, currículo 男
りろん 理論 teoría 女 ‖~上 en teoría, teóricamente　◆理論家 teórico(ca) 名
りん 燐 fósforo 男
りんかい 臨界 ‖~の crítico(ca) ~点 に達する llegar al punto crítico
りんかく 輪郭 contorno 男; (概要) idea general 女
りんぎょう 林業 silvicultura 女
リンク (結びつき) vínculo 男; (情報) enlace 男; (スケートの) pista de patinaje 女
リング (指輪) anillo 男; (ボクシングの) (英) ring 男, cuadrilátero 男
りんご 林檎 manzana 女; (木) manzano 男
りんごく 隣国 país vecino 男
りんじ 臨時 ‖~の temporal, provisional　◆臨時ニュース boletín especial de noticias
りんじゅう 臨終 hora suprema 女 ‖~の際 en el lecho de muerte
りんしょう 臨床 ‖~の clínico(ca)
りんじん 隣人 vecino(na) 名; [集合的] vecindad 女
リンス acondicionador 男
りんせつ 隣接 ‖~する limitar [lindar] «con»
リンチ linchamiento 男 ‖~を加える linchar
りんね 輪廻 metempsicosis 女 (単複), metempsícosis 女 (単複)
リンパせん ‐腺 glándula linfática 女
りんり 倫理 ética 女, moral 女 ‖~的な ético(ca), moral　◆倫理学 ética 女

る

るい 類 clase 女, tipo 男 ‖他に~のない sin igual　~類は友を呼ぶ Dios los cría y ellos se juntan./ Cada oveja con su pareja.
るいけい 累計 total 男
るいけい 類型 tipo 男
るいご 類語 sinónimo 男 ‖◆類語辞典 diccionario de sinónimos 男
るいじ 類似 semejanza 女 ‖~の semejante [parecido(da)] «a»
るいしんかぜい 累進課税 imposición progresiva 女
るいすい 類推 analogía 女 ‖~する razonar por analogía
るいせき 累積 acumulación 女
ルーキー (野球の) jugador novato 男
ルーズ ‖~な descuidado(da), relajado(da)
ルーズリーフ cuaderno de hojas sueltas 男; (紙) hoja suelta 女
ルーツ raíz 女, origen 男
ルート ruta 女, vía 女; (平方根) raíz cuadrada 女
ルーペ lupa 女
ルーマニア Rumania ‖~の rumano(na)
ルール regla 女, reglamento 男
ルーレット ruleta 女
ルクセンブルク Luxemburgo 男 ‖~の luxemburgués(guesa)
るす 留守 ‖~である no estar en casa ~中に en ausencia de ... 一番を~する quedarse en casa　◆留守番電話 contestador (automático) 男
るつぼ 坩堝 crisol 男
ルネッサンス Renacimiento 男
ルビー rubí 男
ルポルタージュ reportaje 男
ルワンダ Ruanda ‖~の ruandés(desa)
ルンバ rumba 女

れ

れい 例 ejemplo 男; (先例) precedente 男 ‖こんな事件は~がない Un caso así no tiene precedentes.　~を挙げる dar [poner] un ejemplo　~の件 asunto en cuestión
れい 礼 ‖~を言う agradecer　~をする (お辞儀) hacer una reverencia
れい 零 cero 男
れい 霊 espíritu 男, alma 女 ‖~的な espiritual
レイアウト disposición 女; (印刷の) maqueta 女
レイオフ despido temporal 男
れいがい 例外 excepción 女 ‖~なく sin excepción　~的に excepcionalmente
れいかん 霊感 inspiración 女
れいき 冷気 (aire) frío 男; (涼気) fresco 男
れいぎ 礼儀 cortesía 女 ‖~正しい cortés, educado(da)
れいきゃく 冷却 enfriamiento 男, refrigeración 女 ‖~する enfriar, refrigerar
れいきゅうしゃ 霊柩車 coche fúnebre 男

れいぐう 冷遇 ‖～する tratar mal [con frialdad]
れいけつ 冷血 ‖～な sin corazón
れいこく 冷酷 ‖～な cruel, duro(ra)
れいこん 霊魂 alma 囡
れいじょう 令嬢 ‖～：su hija 囡
れいじょう 礼状 carta de agradecimiento 囡
れいじょう 令状 orden 囡 ◆捜査令状 orden de registro 囡
れいせい 冷静 ‖～な sereno(na), tranquilo(la) ～さを保つ mantener la calma
れいせん 冷戦 guerra fría 囡
れいぞう 冷蔵 ‖～する refrigerar ◆冷蔵庫 frigorífico 男, nevera 囡
れいたん 冷淡 ‖～な frío(a), indiferente
れいだんぼう 冷暖房 climatización 囡
れいとう 冷凍 ‖～する congelar, helar ◆冷凍庫 congelador 男 ◆冷凍食品 alimentos congelados 男複
れいはい 礼拝 culto 男 ‖～する rendir culto, adorar ◆礼拝堂 capilla 囡
れいふく 礼服 traje de ceremonia [etiqueta] 男
れいぼう 冷房 aire acondicionado 男 ‖～がきき過ぎている El aire acondicionado está demasiado fuerte.
レインコート impermeable 男
レーザー láser 男
レース (競走) carrera 囡; (レース編み) encaje 男
レーズン pasa 囡
レーダー radar 男
レート tipo 男, índice 男
レール raíl 男, riel 男
レオタード leotardo 男
れきし 歴史 historia 囡 ‖～の[的な] histórico(ca) 彼の名は～に残るだろう Su nombre pasará a la historia. ▶歴史は繰り返す La historia se repite. ◆歴史家 historiador(dora) 名 ◆歴史小説 novela histórica 囡
れきぜん 歴然 ‖～たる evidente
れきだい 歴代 ‖～の sucesivo(va)
レギュラー ‖～の regular ～メンバー miembro permanente 男
レクリエーション recreo 男, recreación 囡
レコーディング grabación 囡
レコード disco 男 ◆レコードプレーヤー tocadiscos 男[単複]
レジ caja registradora 囡 ◆レジ係 cajero(ra) 名
レシート recibo 男
レシーブ ‖～する recibir
レジスタンス resistencia 囡
レシピ receta de cocina 囡
レジャー ocio 男, tiempo libre 男
レジュメ resumen 男
レストラン restaurante 男
レズビアン lesbiana 囡
レスリング lucha 囡
レソト Lesoto ‖～の lesotense
レタス lechuga 囡
れつ 列 fila 囡 ‖～を作る hacer [formar] cola, ponerse en fila
レッカーしゃ ―車 grúa 囡
れっきょ 列挙 ‖～する enumerar
れっしゃ 列車 tren 男 ‖グラナダ行きの～ tren para [con destino a] Granada
レッスン lección 囡, clase 囡
れっせい 劣勢 ‖～である estar en desventaja
れっせき 列席 ‖～する asistir《a》
レッテル etiqueta 囡
れっとう 列島 archipiélago 男
れっとうかん 劣等感 complejo de inferioridad 男
レトリック retórica 囡
レトロ ‖～な retro
レバー palanca 囡; (肝臓) hígado 男
レパートリー repertorio 男
レバノン Líbano ‖～の libanés(nesa)
レフェリー árbitro(tra) 名, 《中南米》 réferi 男女, referí 男女
レベル nivel 男 ‖～の高い[低い] de alto [bajo] nivel
レポーター reportero(ra) 名
レポート (報告書) informe 男; (学生の) trabajo 男
レモネード limonada 囡
レモン 檸檬 limón 男; (木) limonero 男
れんあい 恋愛 amor 男
れんが 煉瓦 ladrillo 男
れんきゅう 連休 días festivos seguidos 男複
れんきんじゅつ 錬金術 alquimia 囡 ‖～の alquímico(ca)
れんけい 連携 cooperación 囡, colaboración 囡
れんこう 連行 ‖容疑者を警察署に～する llevar a un sospechoso a la comisaría
れんごう 連合 unión 囡, asociación 囡; (同盟) alianza 囡 ‖～する unirse, asociarse, aliarse
れんこん 蓮根 rizoma de loto 男
れんさい 連載 serial 男 ‖新聞に～されて aparecer en serie en un periódico
れんさはんのう 連鎖反応 reacción en cadena 囡
レンジ (電子レンジ) horno microondas 男
れんしゅう 練習 ejercicios 男複, práctica 囡; 《スポ》 entrenamiento 男; (リハーサル) ensayo 男 ‖～する practicar, hacer ejercicios ◆練習試合 partido de entrenamiento 男 練習問題 ejercicios 男複
レンズ lente 囡; (カメラの) objetivo 男
れんそう 連想 asociación de ideas 囡 ‖～させる recordar, evocar
れんぞく 連続 continuación 囡, sucesión 囡 ‖～する continuar 3日～し

て雨だ Lleva lloviendo tres días seguidos. ◆連続殺人 homicidios sucesivos 男複 連続テレビドラマ serie televisiva 女, serial 男
れんたい 連帯 solidaridad 女 ‖～する solidarizarse 〈con〉 ◆連帯保証人 cofia*dor(dora)* 男女
レンタカー coche de alquiler 男
レンタル alquiler 男
レントゲン ‖～の検査を受ける hacerse una radiografía ◆レントゲン写真 radiografía 女
れんぽう 連邦 federación 女 ‖～の federal
れんめい 連盟 liga 女, federación 女
れんらく 連絡 comunicación 女;(接触) contacto 男 ‖～をとる comunicarse 〈con〉, ponerse en contacto [comunicación]〈con〉 ◆連絡係 enlace 男 連絡先(住所) dirección 女 連絡駅 estación de enlace 女
れんりつ 連立 coalición 女 ◆連立政権 gobierno de coalición 男

ろ

ろ 炉 horno 男
ろ 櫓 remo 男
ろう 蝋 cera 女
ろうあしゃ 聾唖者 sordomu*do(da)* 名
ろうか 廊下 pasillo 男, corredor 男
ろうか 老化 envejecer ◆老化現象 síntoma de envejecimiento 男
ろうかい 老獪 ‖～な astu*to(ta)*
ろうがん 老眼 presbicia 女, vista cansada 女 ◆老眼鏡 gafas de présbita 女複
ろうきゅうか 老朽化 ‖～した desgasta*do(da)*
ろうご 老後 vejez 女
ろうごく 牢獄 cárcel 女, prisión 女
ろうさい 労災 accidente laboral 男
ろうし 労使 patronos y obreros 男複
ろうじん 老人 ancia*no(na)* 名 ◆老人ホーム residencia de ancianos 女
ろうすい 老衰 ‖～した decrépi*to(ta)*
ろうそく 蝋燭 vela 女
ろうどう 労働 trabajo 男, labor 男 ‖～する trabajar ◆労働組合 sindicato 男 労働者 traba*jador(dora)* 名, obre*ro(ra)* 名 労働時間 horas de trabajo 女複
ろうどく 朗読 lectura en voz alta 女 ‖～する leer en voz alta, recitar
ろうにんぎょう 蝋人形 figura de cera 女
ろうねん 老年 vejez 女
ろうばい 狼狽 confusión 女 ‖～する alborotarse, aturdirse
ろうひ 浪費 desperdicio 男 ‖～する desperdiciar, malgastar
ろうりょく 労力 trabajo 男;(努力) esfuerzo 男

ろうれん 老練 ‖～な vetera*no(na)*, experimenta*do(da)*
ローカル ‖～な local
ローション loción 女
ロース (豚の) lomo 男
ローストビーフ ternera asada 女, rosbif 男
ロータリー rotonda 女, glorieta 女
ローテーション turno 男, rotación 女
ロードショー estreno 男
ロープ cuerda 女, soga 女
ロープウェー teleférico 男
ローラー (ロードローラー) apisonadora 女 ◆ローラースケート patinaje sobre ruedas 男
ロールキャベツ col rellena 女, repollo relleno 男
ローン préstamo 男 ‖住宅～ préstamo de vivienda 男
ろか 濾過 ‖～する filtrar
ろく 六・6 seis 女 ‖～番目の sex*to(ta)* ～分の1 un sexto
ろく 碌 ‖～でも無い inútil 今日は～なことがなかった Hoy todo me ha salido mal. ◆ろくでなし inútil 男女, vago*(ga)* 男女
ろくおん 録音 grabación 女 ‖～する grabar
ろくが 録画 grabación en vídeo [(中南米) video] 女
ろくがつ 六月 junio 男 ‖～に en junio
ろくじゅう 六十 sesenta ‖～番目の sexagési*mo(ma)*
ろくまく 肋膜 pleura 女 ◆肋膜炎 pleuresía 女, pleuritis 女単複
ロケ(ーション) exteriores 男複
ロケット cohete 男 ‖～を打ち上げる lanzar un cohete
ろけん 露見 descubrimiento 男 ‖～する descubrirse, revelarse
ろこつ 露骨 ‖～な (表現などが) direc*to(ta)*, cru*do(da)*
ろじ 路地 calleja 女, callejón 男
ロシア Rusia ‖～の ru*so(sa)* ～人 ru*so(sa)* 名
ろしゅつ 露出 revelación 女;(写真) exposición 女 ‖～する mostrar, exponer
ロス pérdida 女 ◆ロスタイム (tiempo de) descuento 男
ろせん 路線 línea 女, ruta 女
ロッカー armario 男, 《中南米》《英》 locker 男 ◆コインロッカー consigna automática 女
ロッククライミング escalada (en roca) 女 ‖～する ir de escalada (en roca)
ロックンロール 《英》 rock and roll 男
ろっこつ 肋骨 costilla 女
ろてん 露店 puesto 男
ろば 驢馬 burro 男, asno 男;(雌) burra 女, asna 女
ロビー vestíbulo 男;(圧力団体) 《英》 lobby 男, grupo de presión 男

ロボット 《英》robot 男
ロマンしゅぎ -主義 romanticismo 男
◆ロマン主義者 romántico(ca) 名
ロマンチック ‖～な romántico(ca)
ろめんでんしゃ 路面電車 tranvía 男
ろんぎ 論議 discusión 女
ろんきょ 論拠 argumento 男, fundamento 男
ろんしょう 論証 demostración 女, argumento 男 ‖～する demostrar, argumentar
ろんじる 論じる discutir 《de, sobre》
ろんせつ 論説 artículo 男; (社説) editorial 男
ろんそう 論争 disputa 女, debate 男; (紙上などでの) polémica 女
ろんてん 論点 lo esencial, el punto principal
ろんぴょう 論評 crítica 女, comentario 男
ろんぶん 論文 artículo 男, trabajo 男, estudio 男
ろんり 論理 lógica 女 ‖～的な lógico(ca)

わ

わ 和 (協調) armonía 女; (合計) suma 女
わ 輪 anillo 男; (円) círculo 男 ‖～になって踊る bailar en corro
ワープロ procesador de textos 男
ワールドカップ copa mundial 女
ワイシャツ Yシャツ camisa 女
わいせつ 猥褻 ‖～な obsceno(na), indecente
ワイパー limpiaparabrisas 男 (単複)
ワイヤー alambre 男
わいろ 賄賂 soborno 男 ‖～を贈る sobornar
ワイン vino 男 ‖赤[白, ロゼ]～ vino tinto [blanco, rosado] 男
わおん 和音 acorde 男
わかい 若い ‖彼女は私より2つ～ Ella es dos años más joven que yo. 若くして死ぬ morir joven
わかい 和解 reconciliación 女 ‖～する reconciliarse 《con》
わかがえる 若返る rejuvenecer(se)
わかさ 若さ juventud 女
わかす 沸かす (湯を) hervir; (熱狂させる) enfervorizar
わかば 若葉 hojas nuevas 女(複)
わがまま 我侭 ‖～な egoísta; (気まぐれな) caprichoso(sa); (甘やかされた) mimado(da)
わかもの 若者 joven 男女; (青年) adolescente 男女; [集合的] juventud 女
わからずや 分からず屋 testarudo(da) 名
わかる 分かる entender, comprender; (知っている) saber ‖わかりますか ¿Entiendes? わかりません No (lo) entien-
do./No (lo) sé. どうしたらいいのかわからない No sé qué hacer. わかってるよ Ya lo sé.
わかれ 別れ despedida 女 ‖～を告げる despedirse 《de》, decir adiós
わかれみち 分かれ道 (枝道) ramal 男; (岐路) encrucijada 女
わかれる 別れる despedirse 《de》; (離別する) separarse 《de》
わかれる 分かれる (分離する) dividirse 《en》; (分岐する) divergir, ramificarse
わかわかしい 若々しい juvenil, joven
わき 脇 costado 男, lado 男 ‖～に抱える llevar debajo del brazo ～へ置く poner al lado
わきのした 脇の下 axila 女
わきばら 脇腹 costado 男
わきみち 脇道 desviación 女, desvío 男
わきやく 脇役 papel secundario 男
わく 沸く hervir ‖風呂が沸いた El baño está preparado.
わく 湧く (水などが) brotar, manar; (出現する) surgir
わく 枠 marco 男; (制限) límite 男
ワクチン vacuna 女
わくせい 惑星 planeta 男
わけ 訳 razón 女, motivo 男, causa 女 ‖そういう～で por esa razón ～のわからない incomprensible
わけあう 分け合う compartir 《con》
わけまえ 分け前 parte 女, porción 女
わける 分ける (分割する) dividir, partir; (配る) repartir; (分離する) separar; (分類する) clasificar
ワゴム 輪～ goma 女, 《中南米》 liga 女
ワゴン carrito 男 ◆ワゴン車 furgoneta 女, ranchera 女
わざ 技 técnica 女, arte 男
わざと a propósito, intencionadamente ‖～らしい poco natural, afectado(da)
わさび 山葵 《日》 wasabi 男, rábano verde picante japonés 男
わざわい 災い desgracia 女 ►口は災いの元 Por la boca muere el pez. 災い転じて福となす No hay mal que por bien no venga.
わざわざ expresamente
わし 鷲 águila 女
わしつ 和室 habitación de estilo japonés 女
わずか 僅か ‖～ escaso(sa), poco(ca)
わしょく 和食 comida japonesa 女
わずらわしい 煩わしい molesto(ta), fastidioso(sa)
わずらわす 煩わす molestar, fastidiar
わすれっぽい 忘れっぽい olvidadizo(za)
わすれもの 忘れ物 ‖～をする olvidar; (置き忘れる) dejar olvidado(da)
わすれる 忘れる olvidar, olvidarse 《de》 ‖彼の名前を忘れてしまった No puedo recordar su nombre./Se me

わせい 和声 armonía 女
ワセリン vaselina 女
わた 綿 algodón 男
わだい 話題 tema (de conversación) 男
わだかまり 蟠り animosidad 女, resentimiento 男
わたし 私 yo ‖～の車 mi coche 彼は～にそう言った Él me lo dijo. 彼らは～を待っています Ellos me esperan. ～としては問題ありません Por mí no hay problema.
わたす 渡す entregar, dar
わだち 轍 rodada 女
わたりどり 渡り鳥 ave migratoria 女
わたる 渡る (横断する) cruzar, atravesar, pasar; (移住する) emigrar; (他国から) inmigrar ‖広範囲に～ abarcar un amplio campo
ワックス cera 女
ワット vatio 男
わな 罠 trampa 女 ‖～にかける poner una trampa
わに 鰐 cocodrilo 男
ワニス barniz 男
わび 詫び disculpa 女, excusa 女
わびしい 侘びしい triste; (孤独な) solitario(ria)
わびる 詫びる disculparse 《por, de》
わふう 和風 ‖～の de estilo japonés
わふく 和服 vestido japonés 男, (日) kimono 男
わへい 和平 paz 女 ◆和平交渉 negociaciones de paz 複
わめく 喚く gritar
わら 藁 paja 女
わらい 笑い risa 女; (微笑) sonrisa 女 ‖～をこらえる aguantar [contener] la risa ◆笑い声 risa 女 笑い話 chiste 男
わらう 笑う reír(se); (微笑) sonreír(se) ‖涙が出るほど～ reír hasta más no poder, morirse [partirse] de risa そんなことをしたら人に笑われるよ Se reirán de ti si haces tal cosa.
わらわせる 笑わせる hacer reír ‖彼が正直だって、～なよ ¿Es sincero? ¡Vamos, no me hagas reír!
わり 割 ‖～のいい rentable ～が合わない no compensar
わりあい 割合 proporción 女; (比較的) relativamente
わりあて 割り当て asignación 女, reparto 男
わりあてる 割り当てる asignar《a》
わりかん 割り勘 ‖～にする pagar a escote
わりきった 割り切った práctico(ca), no sentimental
わりこむ 割り込む entrometerse《en》; (さえぎる) interrumpir
わりざん 割り算 división 女
わりだか 割高 ‖～な relativamente caro(ra)
わりに 割に (比較的) relativamente; (かなり) bastante ‖彼は年の～若く見えるParece joven para su edad./Aparenta menos edad de la que tiene.
わりびき 割引 descuento 男, rebaja 女 ‖～する hacer un descuento ◆割引料金 precio reducido 男
わりまし 割り増し ‖～料金を払う pagar un suplemento
わりやす 割安 ‖～な relativamente barato(ta)
わる 割る (分ける) dividir, partir; (壊す) romper ‖1ドルが100円を割った El dólar se ha puesto por debajo de los cien yenes. ウイスキーを水で～ rebajar el whisky con agua
わるい 悪い ‖～の; (有害な) perjudicial, nocivo(va) ‖タバコは健康に～ Fumar es malo para la salud. 今日は昨日より天気が～ Hoy hace peor tiempo que ayer. 私は何も～ことはしていない No he hecho nada malo. 悪く思わないでください No lo tome a mal.
わるがしこい 悪賢い astuto(ta)
わるくち 悪口 maledicencia 女 ‖～を言う hablar mal《de》
ワルツ vals 男 (車複) ‖～を踊る bailar un vals
わるふざけ 悪ふざけ broma de mal gusto 女
わるもの 悪者 malo(la) 名, malvado(da) 名
われめ 割れ目 grieta 女, raja 女
われる 割れる romperse; (分裂する) dividirse ‖割れんばかりの拍手 aplausos atronadores 男複 頭が～ように痛い tener un dolor de cabeza terrible
われわれ 我々 nosotros(tras)
わん 湾 bahía 女; (大きな) golfo 男
わん 椀 cuenco 男, tazón 男
わんがん 湾岸 ‖～戦争 guerra del Golfo 女
わんきょく 湾曲 curva 女, curvatura 女 ‖～した curvado(da)
わんしょう 腕章 brazalete 男, brazal 男
わんぱく 腕白 ‖～な travieso(sa)
ワンピース vestido (de una pieza) 男
ワンマン ‖～の autoritario(ria) ◆ワンマンショー espectáculo de un [una] solo [sola] artista 男
わんりょく 腕力 fuerza del brazo 女; (暴力) violencia 女

付 録

- 役立つ単語集（数字・曜日・月・食材・料理など）
- 動詞活用語尾変化一覧
- 動詞活用表

役立つ単語集
（数字・曜日・月・食材・料理など）

*性数により変化する部分のみイタリック体で示した.

数字 números 男複 ヌメロス

1	（基数詞）uno ウノ	
	（序数詞）primer*o*(*a*) プリメロ(ラ)	
2	（基数詞）dos ドス	
	（序数詞）segund*o*(*a*) セグンド(ダ)	
3	（基数詞）tres トレス	
	（序数詞）tercer*o*(*a*) テルセロ(ラ)	
4	（基数詞）cuatro クワトロ	
	（序数詞）cuart*o*(*a*) クワルト(タ)	
5	（基数詞）cinco シンコ	
	（序数詞）quint*o*(*a*) キント(タ)	
6	（基数詞）seis セイス	
	（序数詞）sext*o*(*a*) セクスト(タ)	
7	（基数詞）siete シエテ	
	（序数詞）séptim*o*(*a*) セプティモ(マ)	
8	（基数詞）ocho オチョ	
	（序数詞）octav*o*(*a*) オクタボ(バ)	
9	（基数詞）nueve ヌエベ	
	（序数詞）noven*o*(*a*) ノベノ(ナ)	
10	（基数詞）diez ディエス	
	（序数詞）décim*o*(*a*) デシモ(マ)	
11	（基数詞）once オンセ	
	（序数詞）undécim*o*(*a*) ウンデシモ(マ)	
12	（基数詞）doce ドセ	
	（序数詞）duodécim*o*(*a*) ドゥオデシモ(マ)	
13	（基数詞）trece トレセ	
	（序数詞）decimotercer*o*(*a*) デシモテルセロ(ラ)	

14	(基数詞)	catorce カトルセ
	(序数詞)	decimocuart*o*(*a*) デシモクワルト(タ)
15	(基数詞)	quince キンセ
	(序数詞)	decimoquint*o*(*a*) デシモキント(タ)
16	(基数詞)	dieciséis ディエシセイス
	(序数詞)	decimosext*o*(*a*) デシモセクスト(タ)
17	(基数詞)	diecisiete ディエシシエテ
	(序数詞)	decimoséptim*o*(*a*) デシモセプティモ(マ)
18	(基数詞)	dieciocho ディエシオチョ
	(序数詞)	decimoctav*o*(*a*) デシモクタボ(バ)
19	(基数詞)	diecinueve ディエシヌエベ
	(序数詞)	decimonoven*o*(*a*) デシモノベノ(ナ)
20	(基数詞)	veinte ベインテ
	(序数詞)	vigésim*o*(*a*) ビヘシモ(マ)
21	(基数詞)	veintiuno ベインティウノ
	(序数詞)	vigésim*o*(*a*) primer*o*(*a*) ビヘシモ(マ) プリメロ(ラ)
30	(基数詞)	treinta トレインタ
	(序数詞)	trigésim*o*(*a*) トリヘシモ(マ)
40	(基数詞)	cuarenta クワレンタ
	(序数詞)	cuadragésim*o*(*a*) クワドラヘシモ(マ)
50	(基数詞)	cincuenta シンクエンタ
	(序数詞)	quincuagésim*o*(*a*) キンクワヘシモ(マ)
60	(基数詞)	sesenta セセンタ
	(序数詞)	sexagésim*o*(*a*) セクサヘシモ(マ)
70	(基数詞)	setenta セテンタ
	(序数詞)	septuagésim*o*(*a*) セプトゥウヘシモ(マ)
80	(基数詞)	ochenta オチェンタ
	(序数詞)	octogésim*o*(*a*) オクトヘシモ(マ)
90	(基数詞)	noventa ノベンタ
	(序数詞)	nonagésim*o*(*a*) ノナヘシモ(マ)
100	(基数詞)	ciento シエント
	(基数詞)	cien シエン
	(序数詞)	centésim*o*(*a*) センテシモ(マ)
1000	(基数詞)	mil ミル
	(序数詞)	milésim*o*(*a*) ミレシモ(マ)
1万		diez mil ディエス ミル
10万		cien mil シエン ミル
100万		millón ミヨン
1000万		diez millones ディエス ミヨネス
1億		cien millones シエン ミヨネス

役立つ単語集

0	cero セロ
2倍	doble ドブレ
3倍	triple トリプレ
1/2	mitad ミタ medio メディオ
2/3	dos tercios ドス テルシオス
2 4/5	dos y cuatro quintos ドス イ クワトロ キントス
0.1	cero punto uno セロ プント ウノ

曜日 día de la semana 男 ディア デ ラ セマナ

日曜日	domingo 男 ドミンゴ
月曜日	lunes 男 ルネス
火曜日	martes 男 マルテス
水曜日	miércoles 男 ミエルコレス
木曜日	jueves 男 フエベス
金曜日	viernes 男 ビエルネス
土曜日	sábado 男 サバド
週	semana 女 セマナ
週末	fin de semana 男 フィン デ セマナ
平日	días entre semana 男 ディアス エントレ セマナ

月 mes 男 メス

1月	enero 男 エネロ
2月	febrero 男 フェブレロ
3月	marzo 男 マルソ
4月	abril 男 アブリル
5月	mayo 男 マヨ
6月	junio 男 フニオ
7月	julio 男 フリオ
8月	agosto 男 アゴスト
9月	septiembre 男 セプティエンブレ
10月	octubre 男 オクトゥブレ
11月	noviembre 男 ノビエンブレ
12月	diciembre 男 ディシエンブレ

果物 fruta 女 フルタ

あんず albaricoque 男 アルバリコケ
いちご fresa 女 フレサ
オレンジ naranja 女 ナランハ

キウイ kiwi 男 キウィ
グレープフルーツ pomelo 男 ポメロ, toronja(中南米) 女 トロンハ
さくらんぼ cereza 女 セレサ
すいか sandía 女 サンディア
梨 pera 女 ペラ
パイナップル piña 女 ピニャ
バナナ plátano 男 プラタノ, banana(中南米) 女 バナナ
パパイヤ papaya 女 パパヤ
ぶどう uva 女 ウバ
プラム ciruela 女 シルエラ
マンゴー mango 男 マンゴ
みかん mandarina 女 マンダリナ
メロン melón 男 メロン
桃 melocotón 男 メロコトン
ライム lima 女 リマ
りんご manzana 女 マンサナ
レモン limón 男 リモン

魚 pez 男, 〔食材〕pescado 男 ペス, ペスカド

いわし sardina 女 サルディナ
かたくちいわし boquerón 男 ボケロン
かつお bonito 男 ボニト
さば caballa 女 カバヤ
舌平目 lenguado 男 レングワド
鮭 salmón 男 サルモン
すずき lubina 女 ルビナ
たい besugo 男 ベスゴ
たら bacalao 男 バカラオ
にしん arenque 男 アレンケ
まぐろ atún 男 アトゥン
ます trucha 女 トルチャ
メルルーサ merluza 女 メルルサ
いか calamar 男 カラマル, sepia 女 セピア
たこ pulpo 男 プルポ
えび gamba 女 ガンバ, camarón 男 カマロン
かに cangrejo 男 カングレホ
ロブスター langosta 女 ランゴスタ
あさり・はまぐり almeja 女 アルメハ
あわび abulón 男 アブロン

かき ostra 囡 オストラ
ほたて vieira 囡 ビエイラ, venera 囡 ベネラ
ムール貝 mejillón 男 メヒヨン

肉 carne 囡 カルネ

牛肉 carne de vaca 囡 カルネ デ バカ
子牛の肉 carne de ternera 囡 カルネ デ テルネラ
豚肉 carne de cerdo 囡 カルネ デ セルド
鶏肉 carne de pollo 囡 カルネ デ ポヨ
羊の肉 carne de carnero 囡 カルネ デ カルネロ
ひき肉 carne picada 囡 カルネ ピカダ
赤身 carne magra 囡 カルネ マグラ
ロース lomo 男 ロモ
リブロース costilla 囡 コスティヤ
ヒレ肉 filete 男 フィレテ
サーロイン solomillo 男 ソロミヨ
タン lengua 囡 レングワ
レバー hígado 男 イガド
鶏のもも肉 pierna 囡 ピエルナ
鶏のむね肉 pechuga 囡 ペチュガ

野菜 verduras 囡複 ベルドゥラス

アーティチョーク alcachofa 囡 アルカチョファ
アスパラガス espárrago 男 エスパラゴ
アボカド aguacate 男 アグワカテ
エシャロット chalote 男 チャロテ
かぶ rábano 男 ラバノ, nabo 男 ナボ
かぼちゃ calabaza 囡 カラバサ
カリフラワー coliflor 囡 コリフロル
キャベツ col 囡 コル
きゅうり pepino 男 ペピノ
グリーンピース guisante(s) 男(複) ギサンテ(ス)
クレソン berro 男 ベロ
ごぼう bardana 囡 バルダナ
さやいんげん judía verde 囡 フディア ベルデ
ズッキーニ calabacín 男 カラバシン
じゃがいも patata 囡 パタタ, papa(中南米) 囡 パパ
セロリ apio 男 アピオ
大根 nabo [rábano] japonés 男 ナボ [ラバノ] ハポネス

玉ねぎ cebolla 囡 セボヤ
とうもろこし maíz 男 マイス
トマト tomate 男 トマテ, jitomate(中米) 男 ヒトマテ
なす berenjena 囡 ベレンヘナ
人参 zanahoria 囡 サナオリア
にんにく ajo 男 アホ
ねぎ cebolleta 囡 セボイェタ, puerro 男 プエロ
パセリ perejil 男 ペレヒル
パプリカ pimentón 男 ピメントン
ほうれんそう espinaca 囡 エスピナカ
ピーマン pimiento verde 男 ピミエント ベルデ
ブロッコリー brócoli 男 ブロコリ
きのこ seta 囡 セタ, hongo オンゴ
マッシュルーム champiñón 男 チャンピニョン
レタス lechuga 囡 レチュガ

食べ物 comida 囡 コミダ

■ Entremeses 男複 (エントレメセス：前菜)
ハム jamón 男 ハモン
生ハム jamón crudo 男 ハモン クルド
ハモン・セラーノ jamón serrano 男 ハモン セラノ
ハモン・イベリコ jamón ibérico 男 ハモン イベリコ
ベーコン beicon 男 ベイコン
ベジョータ jamón ibérico de bellota 男 ハモン イベリコ デ ベヨタ
ソーセージ〔ソーセージ類の総称〕embutido 男 エンブティド
ソーセージ〔細いソーセージ〕salchicha 囡 サルチチャ
サラミ salchichón 男 サルチチョン
チョリソ chorizo 男 チョリソ
ピンチョス〔楊枝にさしたつまみ〕pinchos 男複 ピンチョス
オリーブ aceituna 囡 アセイトゥナ
アンチョビ入りオリーブ aceitunas rellenas de anchoas 囡複 アセイトゥナス レイェナス デ アンチョアス
カナッペ canapé 男 カナペ
クリームコロッケ croqueta casera 囡 クロケタ カセラ
ラ・マンチャのチーズ 〔スペインの代表的な羊乳のチーズ〕 queso manchego 男 ケソ マンチェゴ

■ Sopa 囡 (ソパ：スープ)
ガスパチョ gazpacho 男 ガスパチョ

ニンニクのスープ　sopa de ajo 囡 ソパ デ アホ
チーズ入りニンニクスープ　sopa de queso 囡 ソパ デ ケソ
魚介類のスープ　sopa de mariscos 囡 ソパ デ マリスコス
スペイン風ポトフ　cocido 男 コシド
豚肉とカブなどのスープ　caldo gallego 男 カルド ガイェゴ
シチュー　estofado 男 エストファド, guisado 男 ギサド

■ **Ensalada** 囡 （エンサラダ：サラダ）
ミックスサラダ　ensalada mixta 囡 エンサラダ ミクスタ
白いんげん豆のサラダ　ensalada de judías blancas 囡 エンサラダ デ フディアス ブランカス
にんじんのサラダ　ensalada de zanahoria 囡 エンサラダ デ サナオリア
ポテトサラダ　ensalada rusa 囡 エンサラダ ルサ

■ **Verduras** 囡複 （ベルドゥラス：野菜料理）
野菜の煮込み　pisto castellano 男 ピスト カステヤノ
パプリカのマリネ　pimientos en escabeche 男複 ピミエントス エン エスカベチェ
きのこ炒め　champiñón salteado 男 チャンピニョン サルテアド

■ **Huevo** 男 **y Arroz** 男 （ウエボ イ アロス：卵と米料理）
スペイン風オムレツ　tortilla española 囡 トルティヤ エスパニョラ
パエーリャ　paella 囡 パエヤ

■ **Pescado** 男 （ペスカド：魚料理）
ウナギの稚魚ニンニク炒め　angulas a la bilbaína 囡複 アングラス ア ラ ビルバイナ
小イカのスミ煮　chipirones en su tinta 男複 チピロネス エン ス ティンタ
イカのリングフライ　calamares fritos 男複 カラマレス フリトス
エビの鉄板焼き　gambas a la plancha 囡 ガンバス ア ラ プランチャ
ジャガイモとカツオ[マグロ]の煮込み料理　marmitako 男 マルミタコ
魚介類の煮込み　zarzuela 囡 サルスエラ
マリネ　escabeche 男 エスカベチェ

■ **Carne** 囡 （カルネ：肉料理）
焼肉　asado 男 アサド

ローストチキン pollo asado 男 ポヨ アサド
鶏のチリンドロンソース〔いろいろな野菜と煮た〕pollo al chilindrón 男 ポヨ アル チリンドロン
カツレツ chuleta empanada 女 チュレタ エンパナダ
ポークソテー chuleta de cerdo 女 チュレタ デ セルド
胃袋の煮込み〔牛や羊の〕callos 男複 カヨス

■ Salsa 女（サルサ：ソースの種類）
アリオリソース〔マヨネーズの一種〕alioli 男 アリオリ
サルサ・デ・トマテ〔トマトが主体の辛みのあるソース〕salsa de tomate 女 サルサ デ トマテ
ロメスコソース〔アーモンドや松の実などの入ったソース〕salsa romesco 女 サルサ ロメスコ

■ Dulces 男複（ドゥルセス：菓子）
アイスクリーム helado 男 エラド
カスタードクリーム natillas 女複 ナティヤス
クレープ crepe 女 クレペ
クレマ・カタラーナ〔クリーム・ブリュレ〕crema catalana 女 クレマ カタラナ
米の牛乳プリン arroz con leche 男 アロス コン レチェ
スペイン風フレンチトースト torrija 女 トリハ
チュロス〔スペイン風ドーナツ〕churros 男複 チュロス
トゥロン〔アーモンドなどを蜜で固めたクリスマスの菓子〕turrón 男 トゥロン
パウンドケーキ bizcocho 男 ビスコチョ
ポルボロン〔砂糖菓子〕polvorón 男 ポルボロン
プリン flan 男 フラン
リンゴの揚げ菓子 buñuelo de manzana 男 ブニュエロ デ マンサナ

飲み物 bebida 女 ベビダ

水 agua 女 アグワ
ミネラルウォーター〔ガス入りの〕agua mineral con gas 女 アグワ ミネラル コン ガス
ミネラルウォーター〔ガス抜きの〕agua mineral sin gas 女 アグワ ミネラル シン ガス
炭酸水 agua gaseosa 女 アグワ ガセオサ
コーラ cola 女 コラ
ジュース zumo 男 スモ, jugo 男 フゴ

レモネード limonada 囡 リモナダ
ミルク leche 囡 レチェ
コーヒー café 男 カフェ
アイスコーヒー café helado 男 カフェ エラド
エスプレッソコーヒー espresso 男 エスプレソ
カフェ・コルタード〔ミルクを少量入れたコーヒー〕café cortado カフェ コルタード
カフェオレ café con leche 男 カフェ コン レチェ
カプチーノ capuchino 男 カプチノ
ココア cacao カカオ 男, chocolate 男 チョコラテ
紅茶 té (inglés) 男 テ (イングレス)
アイスティー té helado 男 テ エラド
ハーブティー infusión 囡 インフシオン
ミルクティー té con leche 男 テ コン レチェ
レモンティー té con limón 男 テ コン リモン
アルコール alcohol 男 アルコオル
赤ワイン vino tinto 男 ビノ ティント
白ワイン vino blanco 男 ビノ ブランコ
ロゼワイン vino rosado 男 ビノ ロサド
アニス酒 anís 男 アニス
ビール cerveza 囡 セルベサ
生ビール cerveza de barril 囡 セルベサ デ バリル
ウイスキー whisky 男 ウィスキ
コニャック coñac 男 コニャック
サングリア sangría 囡 サングリア
蒸留酒〔さとうきびの〕aguardiente 男 アグワルディエンテ
テキーラ tequila 男 テキラ
ベルモット vermut 男 ベルム(ット)
ラム酒 ron 男 ロン
カヴァ〔発泡酒ワイン〕cava 男 カバ
シードル sidra 囡 シドラ
シェリー jerez 男 ヘレス
シャンパン champán 男 チャンパン
カクテル cóctel 男 コクテル
食前酒 aperitivo 男 アペリティボ
食後酒 digestivo 男 ディヘスティボ

動詞活用語尾変化一覧

1. 規則変化動詞の活用語尾

時制	主語	単純形		複合形	
		AR動詞	ER・IR動詞	AR・ER・IR動詞	
直説法現在	yo	o	o	he	
	tú	a-s	e-s	ha-s	〔現在完了〕
	él	a	e	ha	
	nosotros	a-mos	e-mos, i-mos	he-mos	+過去分詞
	vosotros	á-is	é-is, ís	habé-is	
	ellos	a-n	e-n	ha-n	
直説法不完了過去	yo	aba	ía	hab-ía	
	tú	aba-s	ía-s	hab-ía-s	〔過去完了〕
	él	aba	ía	hab-ía	
	nosotros	ába-mos	ía-mos	hab-ía-mos	+過去分詞
	vosotros	aba-is	ía-is	hab-ía-is	
	ellos	aba-n	ía-n	hab-ía-n	
直説法完了過去	yo	é	í	hub-e	
	tú	a-ste	i-ste	hub-i-ste	〔直前過去〕
	él	ó	ió	hub-o	
	nosotros	a-mos	i-mos	hub-i-mos	+過去分詞
	vosotros	a-steis	i-steis	hub-i-steis	
	ellos	a-ron	ie-ron	hub-ie-ron	
直説法未来	yo		é	habr-é	
	tú		á-s	habr-á-s	〔未来完了〕
	él	不定詞形+	á	habr-á	
	nosotros		e-mos	habr-e-mos	+過去分詞
	vosotros		é-is	habr-é-is	
	ellos		á-n	habr-á-n	
直説法過去未来	yo		ía	habr-ía	
	tú		ía-s	habr-ía-s	〔過去未来完了〕
	él	不定詞形+	ía	habr-ía	
	nosotros		ía-mos	habr-ía-mos	+過去分詞
	vosotros		ía-is	habr-ía-is	
	ellos		ía-n	habr-ía-n	
接続法現在	yo	e	a	hay-a	
	tú	e-s	a-s	hay-a-s	〔現在完了〕
	él	e	a	hay-a	
	nosotros	e-mos	a-mos	hay-a-mos	+過去分詞
	vosotros	é-is	á-is	hay-á-is	
	ellos	e-n	a-n	hay-a-n	
接続法過去	yo	ara	iera	hub-iera	
	tú	ara-s	iera-s	hub-iera-s	〔過去完了〕
	él	ara	iera	hub-iera	
	nosotros	ára-mos	iéra-mos	hub-iéra-mos	+過去分詞
	vosotros	ara-is	iera-is	hub-iera-is	
	ellos	ara-n	iera-n	hub-iera-n	

2. 語根母音変化動詞

時制	主語	*pensar*	*contar*	*pedir*	*sentir*	*dormir*
直説法現在	yo	**piens**-o	**cuent**-o	**pid**-o	**sient**-o	**duerm**-o
	tú	**piens**-a-s	**cuent**-a-s	**pid**-e-s	**sient**-e-s	**duerm**-e-s
	él	**piens**-a	**cuent**-a	**pid**-e	**sient**-e	**duerm**-e
	nosotros	pens-a-mos	cont-a-mos	ped-i-mos	sent-i-mos	dorm-i-mos
	vosotros	pens-á-is	cont-á-is	ped-ís	sent-ís	dorm-ís
	ellos	**piens**-a-n	**cuent**-a-n	**pid**-e-n	**sient**-e-n	**duerm**-e-n
直説法完了過去	yo	pens-é	cont-é	ped-í	sent-í	dorm-í
	tú	pens-a-ste	cont-a-ste	ped-i-ste	sent-i-ste	dorm-i-ste
	él	pens-ó	cont-ó	**pid-ió**	**sint-ió**	**durm-ió**
	nosotros	pens-a-mos	cont-a-mos	ped-i-mos	sent-i-mos	dorm-i-mos
	vosotros	pens-a-steis	cont-a-steis	ped-i-steis	sent-i-steis	dorm-i-steis
	ellos	pens-a-ron	cont-a-ron	**pid-ie-ron**	**sint-ie-ron**	**durm-ie-ron**
接続法現在	yo	**piens**-e	**cuent**-e	**pid**-a	**sient**-a	**duerm**-a
	tú	**piens**-e-s	**cuent**-e-s	**pid**-a-s	**sient**-a-s	**duerm**-a-s
	él	**piens**-e	**cuent**-e	**pid**-a	**sient**-a	**duerm**-a
	nosotros	pens-e-mos	cont-e-mos	**pid**-a-mos	**sint**-a-mos	**durm**-a-mos
	vosotros	pens-é-is	cont-é-is	**pid**-á-is	**sint**-á-is	**durm**-á-is
	ellos	**piens**-e-n	**cuent**-e-n	**pid**-a-n	**sient**-a-n	**duerm**-a-n
接続法過去	yo	pens-ara	cont-ara	**pid-iera**	**sint-iera**	**durm-iera**
	tú	pens-ara-s	cont-ara-s	**pid-iera-s**	**sint-iera-s**	**durm-iera-s**
	él	pens-ara	cont-ara	**pid-iera**	**sint-iera**	**durm-iera**
	nosotros	pens-ára-mos	cont-ára-mos	**pid-iéra-mos**	**sint-iéra-mos**	**durm-iéra-mos**
	vosotros	pens-ara-is	cont-ara-is	**pid-iera-is**	**sint-iera-is**	**durm-iera-is**
	ellos	pens-ara-n	cont-ara-n	**pid-iera-n**	**sint-iera-n**	**durm-iera-n**
現在分詞		pens-a-ndo	cont-a-ndo	**pid-ie-ndo**	**sint-ie-ndo**	**durm-ie-ndo**

3. 直説法現在・接続法現在の不規則変化動詞

時制	主語	*conocer*	*hacer*	*poner*	*caer*	*traer*
直説法現在	yo	**conozc**-o	**hag**-o	**pong**-o	**caig**-o	**traig**-o
	tú	conoc-e-s	hac-e-s	pon-e-s	ca-e-s	tra-e-s
	él	conoc-e	hac-e	pon-e	ca-e	tra-e
	nosotros	conoc-e-mos	hac-e-mos	pon-e-mos	ca-e-mos	tra-e-mos
	vosotros	conoc-é-is	hac-é-is	pon-é-is	ca-é-is	tra-é-is
	ellos	conoc-e-n	hac-e-n	pon-e-n	ca-e-n	tra-e-n
接続法現在	yo	**conozc**-a	**hag**-a	**pong**-a	**caig**-a	**traig**-a
	tú	**conozc**-a-s	**hag**-a-s	**pong**-a-s	**caig**-a-s	**traig**-a-s
	él	**conozc**-a	**hag**-a	**pong**-a	**caig**-a	**traig**-a
	nosotros	**conozc**-a-mos	**hag**-a-mos	**pong**-a-mos	**caig**-a-mos	**traig**-a-mos
	vosotros	**conozc**-á-is	**hag**-á-is	**pong**-á-is	**caig**-á-is	**traig**-á-is
	ellos	**conozc**-a-n	**hag**-a-n	**pong**-a-n	**caig**-a-n	**traig**-a-n

時制	主語	*salir*	*oír*	*tener*	*venir*	*decir*
直説法現在	yo	**salg**-o	**oig**-o	**teng**-o	**veng**-o	**dig**-o
	tú	sal-e-s	**oy**-e-s	**tien**-e-s	**vien**-e-s	**dic**-e-s
	él	sal-e	**oy**-e	**tien**-e	**vien**-e	**dic**-e
	nosotros	sal-i-mos	o-í-mos	ten-é-mos	ven-i-mos	dec-i-mos
	vosotros	sal-ís	o-ís	ten-é-is	ven-ís	dec-ís
	ellos	sal-e-n	**oy**-e-n	**tien**-e-n	**vien**-e-n	**dic**-e-n
接続法現在	yo	**salg**-a	**oig**-a	**teng**-a	**veng**-a	**dig**-a
	tú	**salg**-a-s	**oig**-a-s	**teng**-a-s	**veng**-a-s	**dig**-a-s
	él	**salg**-a	**oig**-a	**teng**-a	**veng**-a	**dig**-a
	nosotros	**salg**-a-mos	**oig**-a-mos	**teng**-a-mos	**veng**-a-mos	**dig**-a-mos
	vosotros	**salg**-á-is	**oig**-á-is	**teng**-á-is	**veng**-á-is	**dig**-á-is
	ellos	**salg**-a-n	**oig**-a-n	**teng**-a-n	**veng**-a-n	**dig**-a-n

語尾変化一覧

時制	主語	*ir*	*dar*	*saber*	*ver*	*huir*
直説法現在	yo	voy	doy	sé	ve-o	huy-o
	tú	va-s	da-s	sab-e-s	v-e-s	huy-e-s
	él	va	da	sab-e	v-e	huy-e
	nosotros	va-mos	da-mos	sab-e-mos	v-e-mos	hu-i-mos
	vosotros	va-is	da-is	sab-é-is	v-e-is	hu-ís
	ellos	va-n	da-n	sab-e-n	v-e-n	huy-e-n
接続法現在	yo	vay-a	d-é	sep-a	ve-a	huy-a
	tú	vay-a-s	d-e-s	sep-a-s	ve-a-s	huy-a-s
	él	vay-a	d-é	sep-a	ve-a	huy-a
	nosotros	vay-a-mos	d-e-mos	sep-a-mos	ve-a-mos	huy-a-mos
	vosotros	vay-á-is	d-e-is	sep-á-is	ve-á-is	huy-á-is
	ellos	vay-a-n	d-e-n	sep-a-n	ve-a-n	huy-a-n

4. 直説法完了過去・接続法過去の不規則変化動詞

時制	主語	*saber*	*andar*	*estar*	*haber*	*poder*
直説法完了過去	yo	e				
	tú	i-ste	i-ste	i-ste	i-ste	i-ste
	él	ó				
	nosotros	sup-i-mos	anduv-i-mos	estuv-i-mos	hub-i-mos	pud-i-mos
	vosotros	i-steis	i-steis	i-steis	i-steis	i-steis
	ellos	ie-ron	ie-ron	ie-ron	ie-ron	ie-ron
接続法過去	yo	iera	iera	iera	iera	iera
	tú	iera-s	iera-s	iera-s	iera-s	iera-s
	él	iera	iera	iera	iera	iera
	nosotros	sup-iéra-mos	anduv-iéra-mos	estuv-iéra-mos	hub-iéra-mos	pud-iéra-mos
	vosotros	iera-is	iera-is	iera-is	iera-is	iera-is
	ellos	iera-n	iera-n	iera-n	iera-n	iera-n

時制	主語	*poner*	*tener*	*hacer*	*querer*	*venir*
直説法完了過去	yo	e				
	tú	i-ste	i-ste	i-ste	i-ste	i-ste
	él	ó			(hizo)	
	nosotros	pus-i-mos	tuv-i-mos	hic-i-mos	quis-i-mos	vin-i-mos
	vosotros	i-steis	i-steis	i-steis	i-steis	i-steis
	ellos	ie-ron	ie-ron	ie-ron	ie-ron	ie-ron
接続法過去	yo	iera	iera	iera	iera	iera
	tú	iera-s	iera-s	iera-s	iera-s	iera-s
	él	iera	iera	iera	iera	iera
	nosotros	pus-iéra-mos	tuv-iéra-mos	hic-iéra-mos	quis-iéra-mos	vin-iéra-mos
	vosotros	iera-is	iera-is	iera-is	iera-is	iera-is
	ellos	iera-n	iera-n	iera-n	iera-n	iera-n

時制	主語	*decir*	*traer*	*conducir*	*dar*	*ser, ir*
直説法完了過去	yo	e	e	e	i	i
	tú	i-ste	i-ste	i-ste		i-ste
	él	ó	ó	ó	ió	e
	nosotros	dij-i-mos	traj-i-mos	conduj-i-mos	d-i-mos	fu-i-mos
	vosotros	i-steis	i-steis	i-steis	i-steis	i-steis
	ellos	e-ron	e-ron	e-ron	ie-ron	e-ron
接続法過去	yo	era	era	era	iera	era
	tú	era-s	era-s	era-s	iera-s	era-s
	él	era	era	era	iera	era
	nosotros	dij-éra-mos	traj-éra-mos	conduj-éra-mos	d-iéra-mos	fu-éra-mos
	vosotros	era-is	era-is	era-is	iera-is	era-is
	ellos	era-n	era-n	era-n	iera-n	era-n

5. 直説法未来・過去未来の不規則変化動詞

時制	主語	saber	poder	querer	poner	tener
直説法未来	yo	é	é	é	é	é
	tú	á-s	á-s	á-s	á-s	á-s
	él	sabr-á	podr-á	querr-á	pondr-á	tendr-á
	nosotros	sabr-emos	podr-emos	querr-emos	pondr-emos	tendr-emos
	vosotros	é-is	é-is	é-is	é-is	é-is
	ellos	á-n	á-n	á-n	á-n	á-n
直説法過去未来	yo	ía	ía	ía	ía	ía
	tú	ía-s	ía-s	ía-s	ía-s	ía-s
	él	sabr-ía	podr-ía	querr-ía	pondr-ía	tendr-ía
	nosotros	sabr-ía-mos	podr-ía-mos	querr-ía-mos	pondr-ía-mos	tendr-ía-mos
	vosotros	ía-is	ía-is	ía-is	ía-is	ía-is
	ellos	ía-n	ía-n	ía-n	ía-n	ía-n

時制	主語	salir	venir	hacer	decir
直説法未来	yo	é	é	é	é
	tú	á-s	á-s	á-s	á-s
	él	saldr-á	vendr-á	har-á	dir-á
	nosotros	saldr-emos	vendr-emos	har-emos	dir-emos
	vosotros	é-is	é-is	é-is	é-is
	ellos	á-n	á-n	á-n	á-n
直説法過去未来	yo	ía	ía	ía	ía
	tú	ía-s	ía-s	ía-s	ía-s
	él	saldr-ía	vendr-ía	har-ía	dir-ía
	nosotros	saldr-ía-mos	vendr-ía-mos	har-ía-mos	dir-ía-mos
	vosotros	ía-is	ía-is	ía-is	ía-is
	ellos	ía-n	ía-n	ía-n	ía-n

6. 規則的な現在分詞・過去分詞・命令形

動詞	AR 動詞	ER 動詞	IR 動詞
現在分詞	a-ndo	ie-ndo	
過去分詞	a-do	i-do	
命令形 (tú)	a	-e	
命令形 (vosotros)	ad	ed	id

7. 不規則な過去分詞

不定詞	過去分詞	不定詞	過去分詞
abrir	abierto	romper	roto
cubrir	cubierto	ver	visto
escribir	escrito	volver	vuelto
morir	muerto		
poner	puesto	decir	dicho
resolver	resuelto	hacer	hecho

8. 不規則な命令形

不定詞	命令形 (tú)	不定詞	命令形 (tú)
poner	pon	hacer	haz
tener	ten	decir	di
venir	ven	ir	ve
salir	sal	ser	sé

動詞活用表

◆ 次ページ以下の活用表は,直説法の現在の形によって分類し,活用形が似ている動詞をまとめて配列した.

1 (1.1-1.11)	Ar 形規則動詞(つづり字の変化)
2 (2.1-2.7)	Er 形規則動詞(つづり字の変化)
3 (3.1-3.12)	Ir 形規則動詞(つづり字の変化)
4.1〜4.8	語根母音変化動詞 e〜ie(4.7: i〜ie)
5.1〜5.12	語根母音変化動詞 o〜ue(5.8: u〜ue)
6.1〜6.6	語根母音変化動詞 e〜i
7	語根母音変化動詞 e〜ie〜i
8.1, 8.2	語根母音変化動詞 o〜ue〜u
9.1〜9.3	直説法現在 1 人称単数形と接続法に zc が現われる動詞
10.1〜10.12	直説法現在 1 人称単数形と接続法に g が現われる動詞
11.1, 11.2	不規則動詞 huir, argüir
12	不規則動詞 ser
13	不規則動詞 estar
14	不規則動詞 haber
15	不規則動詞 dar
16	不規則動詞 ver
17	不規則動詞 saber
18	不規則動詞 caber
19	不規則動詞 ir
20	不規則動詞 andar

◆ 代表形 (ABC 順)

abrir	3.1	distinguir	3.7	poder	5.12
adquirir	4.7	dormir	8.1	poner	10.7
agorar	5.7	embaucar	1.9	prender	2.2
ahincar	1.10	empezar	4.5	prohibir	3.11
aislar	1.7	enraizar	1.11	proveer	2.3
andar	20	errar	4.6	querer	4.8
argüir	11.2	escribir	3.3	reír	6.6
asir	10.3	estar	13	reñir	6.5
aunar	1.8	fingir	3.6	reunir	3.12
avergonzar	5.6	forzar	5.5	rogar	5.4
averiguar	1.4	gozar	1.3	romper	2.1
bendecir	10.12	haber	14	saber	17
bruñir	3.10	hacer	10.10	salir	10.6
bullir	3.9	henchir	6.4	seguir	6.3
caber	18	huir	11.1	sentir	7
caer	10.1	imprimir	3.4	ser	12
cantar	1	ir	19	tañer	2.7
cocer	5.9	jugar	5.8	tener	10.8
coger	2.5	leer	2.6	tocar	1.1
comer	2	llegar	1.2	traer	10.4
contar	5.1	lucir	9.2	uncir	3.5
continuar	1.6	morir	8.2	valer	10.5
corregir	6.2	mover	5.2	vencer	2.4
criar	1.5	nacer	9.1	venir	10.9
cubrir	3.2	negar	4.4	ver	16
dar	15	oír	10.2	vivir	3
decir	10.11	oler	5.10	volcar	5.3
deducir	9.3	pedir	6.1	volver	5.11
delinquir	3.8	pensar	4.1		
discernir	4.3	perder	4.2		

動詞活用表

不定詞 現在分詞 過去分詞	直説法・現在	接続法・現在	不完了過去	完了過去
[1] **cant-ar** cant-ando cant-ado	cant-o cant-as cant-a cant-amos cant-áis cant-an	cant-e cant-es cant-e cant-emos cant-éis cant-en	cant-aba cant-abas cant-aba cant-ábamos cant-abais cant-aban	cant-é cant-aste cant-ó cant-amos cant-asteis cant-aron
[1.1] **toc-ar** toc-ando toc-ado	toc-o toc-as toc-a toc-amos toc-áis toc-an	**toqu-e** **toqu-es** **toqu-e** **toqu-emos** **toqu-éis** **toqu-en**	toc-aba toc-abas toc-aba toc-ábamos toc-abais toc-aban	**toqu-é** toc-aste toc-ó toc-amos toc-asteis toc-aron
[1.2] **lleg-ar** lleg-ando lleg-ado	lleg-o lleg-as lleg-a lleg-amos lleg-áis lleg-an	**llegu-e** **llegu-es** **llegu-e** **llegu-emos** **llegu-éis** **llegu-en**	lleg-aba lleg-abas lleg-aba lleg-ábamos lleg-abais lleg-aban	**llegu-é** lleg-aste lleg-ó lleg-amos lleg-asteis lleg-aron
[1.3] **goz-ar** goz-ando goz-ado	goz-o goz-as goz-a goz-amos goz-áis goz-an	**goc-e** **goc-es** **goc-e** **goc-emos** **goc-éis** **goc-en**	goz-aba goz-abas goz-aba goz-ábamos goz-abais goz-aban	**goc-é** goz-aste goz-ó goz-amos goz-asteis goz-aron
[1.4] **averigu-ar** averigu-ando averigu-ado	averigu-o averigu-as averigu-a averigu-amos averigu-áis averigu-an	**averigü-e** **averigü-es** **averigü-e** **averigü-emos** **averigü-éis** **averigü-en**	averigu-aba averigu-abas averigu-aba averigu-ábamos averigu-abais averigu-aban	**averigü-é** averigu-aste averigu-ó averigu-amos averigu-asteis averigu-aron
[1.5] **cri-ar** cri-ando cri-ado	**crí-o** **crí-as** **crí-a** cri-amos cri-áis **crí-an**	**crí-e** **crí-es** **crí-e** cri-emos cri-éis **crí-en**	cri-aba cri-abas cri-aba cri-ábamos cri-abais cri-aban	cri-é cri-aste cri-ó cri-amos cri-asteis cri-aron
[1.6] **continu-ar** continu-ando continu-ado	**continú-o** **continú-as** **continú-a** continu-amos continu-áis **continú-an**	**continú-e** **continú-es** **continú-e** continu-emos continu-éis **continú-en**	continu-aba continu-abas continu-aba continu-ábamos continu-abais continu-aban	continu-é continu-aste continu-ó continu-amos continu-asteis continu-aron
[1.7] **aisl-ar** aisl-ando aisl-ado	**aísl-o** **aísl-as** **aísl-a** aisl-amos aisl-áis **aísl-an**	**aísl-e** **aísl-es** **aísl-e** aisl-emos aisl-éis **aísl-en**	aisl-aba aisl-abas aisl-aba aisl-ábamos aisl-abais aisl-aban	aisl-é aisl-aste aisl-ó aisl-amos aisl-asteis aisl-aron
[1.8] **aun-ar** aun-ando aun-ado	**aún-o** **aún-as** **aún-a** aun-amos aun-áis **aún-an**	**aún-e** **aún-es** **aún-e** aun-emos aun-éis **aún-en**	aun-aba aun-abas aun-aba aun-ábamos aun-abais aun-aban	aun-é aun-aste aun-ó aun-amos aun-asteis aun-aron

動詞活用表

接続法・過去 ra 形 (se 形)	未来 (過去未来)	命令 2人称単数 2人称複数
cant-ara (-ase)	cant-aré (-aría)	cant-a
cant-aras (-ases)	cant-arás (-arías)	
cant-ara (-ase)	cant-ará (-aría)	
cant-áramos (-ásemos)	cant-aremos (-aríamos)	cant-ad
cant-arais (-aseis)	cant-aréis (-aríais)	
cant-aran (-asen)	cant-arán (-arían)	
toc-ara (-ase)	toc-aré (-aría)	toc-a
toc-aras (-ases)	toc-arás (-arías)	
toc-ara (-ase)	toc-ará (-aría)	
toc-áramos (-ásemos)	toc-aremos (-aríamos)	toc-ad
toc-arais (-aseis)	toc-aréis (-aríais)	
toc-aran (-asen)	toc-arán (-arían)	
lleg-ara (-ase)	lleg-aré (-aría)	lleg-a
lleg-aras (-ases)	lleg-arás (-arías)	
lleg-ara (-ase)	lleg-ará (-aría)	
lleg-áramos (-ásemos)	lleg-aremos (-aríamos)	lleg-ad
lleg-arais (-aseis)	lleg-aréis (-aríais)	
lleg-aran (-asen)	lleg-arán (-arían)	
goz-ara (-ase)	goz-aré (-aría)	goz-a
goz-aras (-ases)	goz-arás (-arías)	
goz-ara (-ase)	goz-ará (-aría)	
goz-áramos (-ásemos)	goz-aremos (-aríamos)	goz-ad
goz-arais (-aseis)	goz-aréis (-aríais)	
goz-aran (-asen)	goz-arán (-arían)	
averigu-ara (-ase)	averigu-aré (-aría)	averigu-a
averigu-aras (-ases)	averigu-arás (-arías)	
averigu-ara (-ase)	averigu-ará (-aría)	
averigu-áramos (-ásemos)	averigu-aremos (-aríamos)	averigu-ad
averigu-arais (-aseis)	averigu-aréis (-aríais)	
averigu-aran (-asen)	averigu-arán (-arían)	
cri-ara (-ase)	cri-aré (-aría)	crí-a
cri-aras (-ases)	cri-arás (-arías)	
cri-ara (-ase)	cri-ará (-aría)	
cri-áramos (-ásemos)	cri-aremos (-aríamos)	cri-ad
cri-arais (-aseis)	cri-aréis (-aríais)	
cri-aran (-asen)	cri-arán (-arían)	
continu-ara (-ase)	continu-aré (-aría)	continú-a
continu-aras (-ases)	continu-arás (-arías)	
continu-ara (-ase)	continu-ará (-aría)	
continu-áramos (-ásemos)	continu-aremos (-aríamos)	continu-ad
continu-arais (-aseis)	continu-aréis (-aríais)	
continu-aran (-asen)	continu-arán (-arían)	
aisl-ara (-ase)	aisl-aré (-aría)	aísl-a
aisl-aras (-ases)	aisl-arás (-arías)	
aisl-ara (-ase)	aisl-ará (-aría)	
aisl-áramos (-ásemos)	aisl-aremos (-aríamos)	aisl-ad
aisl-arais (-aseis)	aisl-aréis (-aríais)	
aisl-aran (-asen)	aisl-arán (-arían)	
aun-ara (-ase)	aun-aré (-aría)	aún-a
aun-aras (-ases)	aun-arás (-arías)	
aun-ara (-ase)	aun-ará (-aría)	
aun-áramos (-ásemos)	aun-aremos (-aríamos)	aun-ad
aun-arais (-aseis)	aun-aréis (-aríais)	
aun-aran (-asen)	aun-arán (-arían)	

動詞活用表

不定詞 現在分詞 過去分詞	直説法・現在	接続法・現在	不完了過去	完了過去
[1.9] **embauc-ar** embauc-ando embauc-ado	embaúc-o embaúc-as embaúc-a embauc-amos embauc-áis embaúc-an	embaúqu-e embaúqu-es embaúqu-e embauqu-emos embauqu-éis embaúqu-en	embauc-aba embauc-abas embauc-aba embauc-ábamos embauc-abais embauc-aban	embauqu-é embauc-aste embauc-ó embauc-amos embauc-asteis embauc-aron
[1.10] **ahinc-ar** ahinc-ando ahinc-ado	ahínc-o ahínc-as ahínc-a ahinc-amos ahinc-áis ahínc-an	ahínqu-e ahínqu-es ahínqu-e ahinqu-emos ahinqu-éis ahínqu-en	ahinc-aba ahinc-abas ahinc-aba ahinc-ábamos ahinc-abais ahinc-aban	ahinqu-é ahinc-aste ahinc-ó ahinc-amos ahinc-asteis ahinc-aron
[1.11] **enraiz-ar** enraiz-ando enraiz-ado	enraíz-o enraíz-as enraíz-a enraiz-amos enraiz-áis enraíz-an	enraíc-e enraíc-es enraíc-e enraic-emos enraic-éis enraíc-en	enraiz-aba enraiz-abas enraiz-aba enraiz-ábamos enraiz-abais enraiz-aban	enraic-é enraiz-aste enraiz-ó enraiz-amos enraiz-asteis enraiz-aron
[2] **com-er** com-iendo com-ido	com-o com-es com-e com-emos com-éis com-en	com-a com-as com-a com-amos com-áis com-an	com-ía com-ías com-ía com-íamos com-íais com-ían	com-í com-iste com-ió com-imos com-isteis com-ieron
[2.1] **romp-er** romp-iendo roto	romp-o romp-es romp-e romp-emos romp-éis romp-en	romp-a romp-as romp-a romp-amos romp-áis romp-an	romp-ía romp-ías romp-ía romp-íamos romp-íais romp-ían	romp-í romp-iste romp-ió romp-imos romp-isteis romp-ieron
[2.2] **prend-er** prend-iendo prend-ido	prend-o prend-es prend-e prend-emos prend-éis prend-en	prend-a prend-as prend-a prend-amos prend-áis prend-an	prend-ía prend-ías prend-ía prend-íamos prend-íais prend-ían	prend-í prend-iste prend-ió prend-imos prend-isteis prend-ieron
[2.3] **prove-er** prove-yendo provisto	prove-o prove-es prove-e prove-emos prove-éis prove-en	prove-a prove-as prove-a prove-amos prove-áis prove-an	prove-ía prove-ías prove-ía prove-íamos prove-íais prove-ían	prove-í prove-íste prove-yó prove-ímos prove-ísteis prove-yeron
[2.4] **venc-er** venc-iendo venc-ido	venz-o venc-es venc-e venc-emos venc-éis venc-en	venz-a venz-as venz-a venz-amos venz-áis venz-an	venc-ía venc-ías venc-ía venc-íamos venc-íais venc-ían	venc-í venc-iste venc-ió venc-imos venc-isteis venc-ieron
[2.5] **cog-er** cog-iendo cog-ido	coj-o cog-es cog-e cog-emos cog-éis cog-en	coj-a coj-as coj-a coj-amos coj-áis coj-an	cog-ía cog-ías cog-ía cog-íamos cog-íais cog-ían	cog-í cog-iste cog-ió cog-imos cog-isteis cog-ieron

動詞活用表

接続法・過去 ra 形 (se 形)	未来 (過去未来)	命令 2人称単数 2人称複数
embauc-ara (-ase)	embauc-aré (-aría)	
embauc-aras (-ases)	embauc-arás (-arías)	**embaúc-a**
embauc-ara (-ase)	embauc-ará (-aría)	
embauc-áramos (-ásemos)	embauc-aremos (-aríamos)	
embauc-arais (-aseis)	embauc-aréis (-aríais)	
embauc-aran (-asen)	embauc-arán (-arían)	embauc-ad
ahinc-ara (-ase)	ahinc-aré (-aría)	
ahinc-aras (-ases)	ahinc-arás (-arías)	**ahínc-a**
ahinc-ara (-ase)	ahinc-ará (-aría)	
ahinc-áramos (-ásemos)	ahinc-aremos (-aríamos)	
ahinc-arais (-aseis)	ahinc-aréis (-aríais)	
ahinc-aran (-asen)	ahinc-arán (-arían)	ahinc-ad
enraiz-ara (-ase)	enraiz-aré (-aría)	
enraiz-aras (-ases)	enraiz-arás (-arías)	**enraíz-a**
enraiz-ara (-ase)	enraiz-ará (-aría)	
enraiz-áramos (-ásemos)	enraiz-aremos (-aríamos)	
enraiz-arais (-aseis)	enraiz-aréis (-aríais)	
enraiz-aran (-asen)	enraiz-arán (-arían)	enraiz-ad
com-iera (-iese)	com-eré (-ería)	
com-ieras (-ieses)	com-erás (-erías)	com-e
com-iera (-iese)	com-erá (-ería)	
com-iéramos (-iésemos)	com-eremos (-eríamos)	
com-ierais (-ieseis)	com-eréis (-eríais)	
com-ieran (-iesen)	com-erán (-erían)	com-ed
romp-iera (-iese)	romp-eré (-ería)	
romp-ieras (-ieses)	romp-erás (-erías)	romp-e
romp-iera (-iese)	romp-erá (-ería)	
romp-iéramos (-iésemos)	romp-eremos (-eríamos)	
romp-ierais (-ieseis)	romp-eréis (-eríais)	
romp-ieran (-iesen)	romp-erán (-erían)	romp-ed
prend-iera (-iese)	prend-eré (-ería)	
prend-ieras (-ieses)	prend-erás (-erías)	prend-e
prend-iera (-iese)	prend-erá (-ería)	
prend-iéramos (-iésemos)	prend-eremos (-eríamos)	
prend-ierais (-ieseis)	prend-eréis (-eríais)	
prend-ieran (-iesen)	prend-erán (-erían)	prend-ed
prove-yera (-yese)	prove-eré (-ería)	
prove-yeras (-yeses)	prove-erás (-erías)	prove-e
prove-yera (-yese)	prove-erá (-ería)	
prove-yéramos (-yésemos)	prove-eremos (-eríamos)	
prove-yerais (-yeseis)	prove-eréis (-eríais)	
prove-yeran (-yesen)	prove-erán (-erían)	prove-ed
venc-iera (-iese)	venc-eré (-ería)	
venc-ieras (-ieses)	venc-erás (-erías)	venc-e
venc-iera (-iese)	venc-erá (-ería)	
venc-iéramos (-iésemos)	venc-eremos (-eríamos)	
venc-ierais (-ieseis)	venc-eréis (-eríais)	
venc-ieran (-iesen)	venc-erán (-erían)	venc-ed
cog-iera (-iese)	cog-eré (-ería)	
cog-ieras (-ieses)	cog-erás (-erías)	cog-e
cog-iera (-iese)	cog-erá (-ería)	
cog-iéramos (-iésemos)	cog-eremos (-eríamos)	
cog-ierais (-ieseis)	cog-eréis (-eríais)	
cog-ieran (-iesen)	cog-erán (-erían)	cog-ed

動詞活用表

不定詞 現在分詞 過去分詞	直説法・現在	接続法・現在	不完了過去	完了過去
[2.6] **le-er** le-yendo le-ído	le-o le-es le-e le-emos le-éis le-en	le-a le-as le-a le-amos le-áis le-an	le-ía le-ías le-ía le-íamos le-íais le-ían	le-í le-íste le-yó le-ímos le-ísteis le-yeron
[2.7] **tañ-er** tañ-endo tañ-ido	tañ-o tañ-es tañ-e tañ-emos tañ-éis tañ-en	tañ-a tañ-as tañ-a tañ-amos tañ-áis tañ-an	tañ-ía tañ-ías tañ-ía tañ-íamos tañ-íais tañ-ían	tañ-í tañ-iste tañ-ó tañ-imos tañ-isteis tañ-eron
[3] **viv-ir** viv-iendo viv-ido	viv-o viv-es viv-e viv-imos viv-ís viv-en	viv-a viv-as viv-a viv-amos viv-áis viv-an	viv-ía viv-ías viv-ía viv-íamos viv-íais viv-ían	viv-í viv-iste viv-ió viv-imos viv-isteis viv-ieron
[3.1] **abr-ir** abr-iendo abierto	abr-o abr-es abr-e abr-imos abr-ís abr-en	abr-a abr-as abr-a abr-amos abr-áis abr-an	abr-ía abr-ías abr-ía abr-íamos abr-íais abr-ían	abr-í abr-iste abr-ió abr-imos abr-isteis abr-ieron
[3.2] **cubr-ir** cubr-iendo cubierto	cubr-o cubr-es cubr-e cubr-imos cubr-ís cubr-en	cubr-a cubr-as cubr-a cubr-amos cubr-áis cubr-an	cubr-ía cubr-ías cubr-ía cubr-íamos cubr-íais cubr-ían	cubr-í cubr-iste cubr-ió cubr-imos cubr-isteis cubr-ieron
[3.3] **escrib-ir** escrib-iendo escrito	escrib-o escrib-es escrib-e escrib-imos escrib-ís escrib-en	escrib-a escrib-as escrib-a escrib-amos escrib-áis escrib-an	escrib-ía escrib-ías escrib-ía escrib-íamos escrib-íais escrib-ían	escrib-í escrib-iste escrib-ió escrib-imos escrib-isteis escrib-ieron
[3.4] **imprim-ir** imprim-iendo impreso, imprim-ido	imprim-o imprim-es imprim-e imprim-imos imprim-ís imprim-en	imprim-a imprim-as imprim-a imprim-amos imprim-áis imprim-an	imprim-ía imprim-ías imprim-ía imprim-íamos imprim-íais imprim-ían	imprim-í imprim-iste imprim-ió imprim-imos imprim-isteis imprim-ieron
[3.5] **unc-ir** unc-iendo unc-ido	unz-o unc-es unc-e unc-imos unc-ís unc-en	unz-a unz-as unz-a unz-amos unz-áis unz-an	unc-ía unc-ías unc-ía unc-íamos unc-íais unc-ían	unc-í unc-iste unc-ió unc-imos unc-isteis unc-ieron
[3.6] **fing-ir** fing-iendo fing-ido	finj-o fing-es fing-e fing-imos fing-ís fing-en	finj-a finj-as finj-a finj-amos finj-áis finj-an	fing-ía fing-ías fing-ía fing-íamos fing-íais fing-ían	fing-í fing-iste fing-ió fing-imos fing-isteis fing-ieron

動詞活用表

接続法・過去 ra 形 (se 形)	未来 (過去未来)	命令 2人称単数 2人称複数
le-yera (-yese)	le-eré (-ería)	
le-yeras (-yeses)	le-erás (-erías)	le-e
le-yera (-yese)	le-erá (-ería)	
le-yéramos (-yésemos)	le-eremos (-eríamos)	
le-yerais (-yeseis)	le-eréis (-eríais)	le-ed
le-yeran (-yesen)	le-erán (-erían)	
tañ-era (-ese)	tañ-eré (-ería)	
tañ-eras (-eses)	tañ-erás (-erías)	tañ-e
tañ-era (-ese)	tañ-erá (-ería)	
tañ-éramos (-ésemos)	tañ-eremos (-eríamos)	
tañ-erais (-eseis)	tañ-eréis (-eríais)	tañ-ed
tañ-eran (-esen)	tañ-erán (-erían)	
viv-iera (-iese)	viv-iré (-iría)	
viv-ieras (-ieses)	viv-irás (-irías)	viv-e
viv-iera (-iese)	viv-irá (-iría)	
viv-iéramos (-iésemos)	viv-iremos (-iríamos)	
viv-ierais (-ieseis)	viv-iréis (-iríais)	viv-id
viv-ieran (-iesen)	viv-irán (-irían)	
abr-iera (-iese)	abr-iré (-iría)	
abr-ieras (-ieses)	abr-irás (-irías)	abr-e
abr-iera (-iese)	abr-irá (-iría)	
abr-iéramos (-iésemos)	abr-iremos (-iríamos)	
abr-ierais (-ieseis)	abr-iréis (-iríais)	abr-id
abr-ieran (-iesen)	abr-irán (-irían)	
cubr-iera (-iese)	cubr-iré (-iría)	
cubr-ieras (-ieses)	cubr-irás (-irías)	cubr-e
cubr-iera (-iese)	cubr-irá (-iría)	
cubr-iéramos (-iésemos)	cubr-iremos (-iríamos)	
cubr-ierais (-ieseis)	cubr-iréis (-iríais)	cubr-id
cubr-ieran (-iesen)	cubr-irán (-irían)	
escrib-iera (-iese)	escrib-iré (-iría)	
escrib-ieras (-ieses)	escrib-irás (-irías)	escrib-e
escrib-iera (-iese)	escrib-irá (-iría)	
escrib-iéramos (-iésemos)	escrib-iremos (-iríamos)	
escrib-ierais (-ieseis)	escrib-iréis (-iríais)	escrib-id
escrib-ieran (-iesen)	escrib-irán (-irían)	
imprim-iera (-iese)	imprim-iré (-iría)	
imprim-ieras (-ieses)	imprim-irás (-irías)	imprim-e
imprim-iera (-iese)	imprim-irá (-iría)	
imprim-iéramos (-iésemos)	imprim-iremos (-iríamos)	
imprim-ierais (-ieseis)	imprim-iréis (-iríais)	imprim-id
imprim-ieran (-iesen)	imprim-irán (-irían)	
unc-iera (-iese)	unc-iré (-iría)	
unc-ieras (-ieses)	unc-irás (-irías)	unc-e
unc-iera (-iese)	unc-irá (-iría)	
unc-iéramos (-iésemos)	unc-iremos (-iríamos)	
unc-ierais (-ieseis)	unc-iréis (-iríais)	unc-id
unc-ieran (-iesen)	unc-irán (-irían)	
fing-iera (-iese)	fing-iré (-iría)	
fing-ieras (-ieses)	fing-irás (-irías)	fing-e
fing-iera (-iese)	fing-irá (-iría)	
fing-iéramos (-iésemos)	fing-iremos (-iríamos)	
fing-ierais (-ieseis)	fing-iréis (-iríais)	fing-id
fing-ieran (-iesen)	fing-irán (-irían)	

動詞活用表

不定詞 現在分詞 過去分詞	直説法・現在	接続法・現在	不完了過去	完了過去
[3.7] **distingu-ir** distingu-iendo distingu-ido	disting-o distingu-es distingu-e distingu-imos distingu-ís distingu-en	disting-a disting-as disting-a disting-amos disting-áis disting-an	distingu-ía distingu-ías distingu-ía distingu-íamos distingu-íais distingu-ían	distingu-í distingu-iste distingu-ió distingu-imos distingu-isteis distingu-ieron
[3.8] **delinqu-ir** delinqu-iendo delinqu-ido	delinc-o delinqu-es delinqu-e delinqu-imos delinqu-ís delinqu-en	delinc-a delinc-as delinc-a delinc-amos delinc-áis delinc-an	delinqu-ía delinqu-ías delinqu-ía delinqu-íamos delinqu-íais delinqu-ían	delinqu-í delinqu-iste delinqu-ió delinqu-imos delinqu-isteis delinqu-ieron
[3.9] **bull-ir** bull-endo bull-ido	bull-o bull-es bull-e bull-imos bull-ís bull-en	bull-a bull-as bull-a bull-amos bull-áis bull-an	bull-ía bull-ías bull-ía bull-íamos bull-íais bull-ían	bull-í bull-iste bull-ó bull-imos bull-isteis bull-eron
[3.10] **bruñ-ir** bruñ-endo bruñ-ido	bruñ-o bruñ-es bruñ-e bruñ-imos bruñ-ís bruñ-en	bruñ-a bruñ-as bruñ-a bruñ-amos bruñ-áis bruñ-an	bruñ-ía bruñ-ías bruñ-ía bruñ-íamos bruñ-íais bruñ-ían	bruñ-í bruñ-iste bruñ-ó bruñ-imos bruñ-isteis bruñ-eron
[3.11] **prohib-ir** prohib-iendo prohib-ido	prohíb-o prohíb-es prohíb-e prohib-imos prohib-ís prohíb-en	prohíb-a prohíb-as prohíb-a prohib-amos prohib-áis prohíb-an	prohib-ía prohib-ías prohib-ía prohib-íamos prohib-íais prohib-ían	prohib-í prohib-iste prohib-ió prohib-imos prohib-isteis prohib-ieron
[3.12] **reun-ir** reun-iendo reun-ido	reún-o reún-es reún-e reun-imos reun-ís reún-en	reún-a reún-as reún-a reun-amos reun-áis reún-an	reun-ía reun-ías reun-ía reun-íamos reun-íais reun-ían	reun-í reun-iste reun-ió reun-imos reun-isteis reun-ieron
[4.1] **pens-ar** pens-ando pens-ado	piens-o piens-as piens-a pens-amos pens-áis piens-an	piens-e piens-es piens-e pens-emos pens-éis piens-en	pens-aba pens-abas pens-aba pens-ábamos pens-abais pens-aban	pens-é pens-aste pens-ó pens-amos pens-asteis pens-aron
[4.2] **perd-er** perd-iendo perd-ido	pierd-o pierd-es pierd-e perd-emos perd-éis pierd-en	pierd-a pierd-as pierd-a perd-amos perd-áis pierd-an	perd-ía perd-ías perd-ía perd-íamos perd-íais perd-ían	perd-í perd-iste perd-ió perd-imos perd-isteis perd-ieron
[4.3] **discern-ir** discern-iendo discern-ido	disciern-o disciern-es disciern-e discern-imos discern-ís disciern-en	disciern-a disciern-as disciern-a discern-amos discern-áis disciern-an	discern-ía discern-ías discern-ía discern-íamos discern-íais discern-ían	discern-í discern-iste discern-ió discern-imos discern-isteis discern-ieron

動詞活用表

接続法・過去 ra 形 (se 形)	未来 (過去未来)	命令 2人称単数 2人称複数
distingu-iera (-iese)	distingu-iré (-iría)	
distingu-ieras (-ieses)	distingu-irás (-irías)	
distingu-iera (-iese)	distingu-irá (-iría)	distingu-e
distingu-iéramos (-iésemos)	distingu-iremos (-iríamos)	
distingu-ierais (-ieseis)	distingu-iréis (-iríais)	distingu-id
distingu-ieran (-iesen)	distingu-irán (-irían)	
delinqu-iera (-iese)	delinqu-iré (-iría)	
delinqu-ieras (-ieses)	delinqu-irás (-irías)	
delinqu-iera (-iese)	delinqu-irá (-iría)	delinqu-e
delinqu-iéramos (-iésemos)	delinqu-iremos (-iríamos)	
delinqu-ierais (-ieseis)	delinqu-iréis (-iríais)	delinqu-id
delinqu-ieran (-iesen)	delinqu-irán (-irían)	
bull-era (-ese)	bull-iré (-iría)	
bull-eras (-eses)	bull-irás (-irías)	
bull-era (-ese)	bull-irá (-iría)	bull-e
bull-éramos (-ésemos)	bull-iremos (-iríamos)	
bull-erais (-eseis)	bull-iréis (-iríais)	bull-id
bull-eran (-esen)	bull-irán (-irían)	
bruñ-era (-ese)	bruñ-iré (-iría)	
bruñ-eras (-eses)	bruñ-irás (-irías)	
bruñ-era (-ese)	bruñ-irá (-iría)	bruñ-e
bruñ-éramos (-ésemos)	bruñ-iremos (-iríamos)	
bruñ-erais (-eseis)	bruñ-iréis (-iríais)	bruñ-id
bruñ-eran (-esen)	bruñ-irán (-irían)	
prohib-iera (-iese)	prohib-iré (-iría)	
prohib-ieras (-ieses)	prohib-irás (-irías)	
prohib-iera (-iese)	prohib-irá (-iría)	**prohíb-e**
prohib-iéramos (-iésemos)	prohib-iremos (-iríamos)	
prohib-ierais (-ieseis)	prohib-iréis (-iríais)	prohib-id
prohib-ieran (-iesen)	prohib-irán (-irían)	
reun-iera (-iese)	reun-iré (-iría)	
reun-ieras (-ieses)	reun-irás (-irías)	
reun-iera (-iese)	reun-irá (-iría)	**reún-e**
reun-iéramos (-iésemos)	reun-iremos (-iríamos)	
reun-ierais (-ieseis)	reun-iréis (-iríais)	reun-id
reun-ieran (-iesen)	reun-irán (-irían)	
pens-ara (-ase)	pens-aré (-aría)	
pens-aras (-ases)	pens-arás (-arías)	
pens-ara (-ase)	pens-ará (-aría)	**piens-a**
pens-áramos (-ásemos)	pens-aremos (-aríamos)	
pens-arais (-aseis)	pens-aréis (-aríais)	pens-ad
pens-aran (-asen)	pens-arán (-arían)	
perd-iera (-iese)	perd-eré (-ería)	
perd-ieras (-ieses)	perd-erás (-erías)	
perd-iera (-iese)	perd-erá (-ería)	**pierd-e**
perd-iéramos (-iésemos)	perd-eremos (-eríamos)	
perd-ierais (-ieseis)	perd-eréis (-eríais)	perd-ed
perd-ieran (-iesen)	perd-erán (-erían)	
discern-iera (-iese)	discern-iré (-iría)	
discern-ieras (-ieses)	discern-irás (-irías)	
discern-iera (-iese)	discern-irá (-iría)	**disciern-e**
discern-iéramos (-iésemos)	discern-iremos (-iríamos)	
discern-ierais (-ieseis)	discern-iréis (-iríais)	discern-id
discern-ieran (-iesen)	discern-irán (-irían)	

動詞活用表

不定詞 現在分詞 過去分詞	直説法・現在	接続法・現在	不完了過去	完了過去
[4.4] **neg-ar** neg-ando neg-ado	nieg-o nieg-as nieg-a neg-amos neg-áis nieg-an	niegu-e niegu-es niegu-e negu-emos negu-éis niegu-en	neg-aba neg-abas neg-aba neg-ábamos neg-abais neg-aban	negu-é neg-aste neg-ó neg-amos neg-asteis neg-aron
[4.5] **empez-ar** empez-ando empez-ado	empiez-o empiez-as empiez-a empez-amos empez-áis empiez-an	empiec-e empiec-es empiec-e empec-emos empec-éis empiec-en	empez-aba empez-abas empez-aba empez-ábamos empez-abais empez-aban	empec-é empez-aste empez-ó empez-amos empez-asteis empez-aron
[4.6] **err-ar** err-ando err-ado	yerr-o yerr-as yerr-a err-amos err-áis yerr-an	yerr-e yerr-es yerr-e err-emos err-éis yerr-en	err-aba err-abas err-aba err-ábamos err-abais err-aban	err-é err-aste err-ó err-amos err-asteis err-aron
[4.7] **adquir-ir** adquir-iendo adquir-ido	adquier-o adquier-es adquier-e adquir-imos adquir-ís adquier-en	adquier-a adquier-as adquier-a adquir-amos adquir-áis adquier-an	adquir-ía adquir-ías adquir-ía adquir-íamos adquir-íais adquir-ían	adquir-í adquir-iste adquir-ió adquir-imos adquir-isteis adquir-ieron
[4.8] **quer-er** quer-iendo quer-ido	quier-o quier-es quier-e quer-emos quer-éis quier-en	quier-a quier-as quier-a quer-amos quer-áis quier-an	quer-ía quer-ías quer-ía quer-íamos quer-íais quer-ían	quis-e quis-iste quis-o quis-imos quis-isteis quis-ieron
[5.1] **cont-ar** cont-ando cont-ado	cuent-o cuent-as cuent-a cont-amos cont-áis cuent-an	cuent-e cuent-es cuent-e cont-emos cont-éis cuent-en	cont-aba cont-abas cont-aba cont-ábamos cont-abais cont-aban	cont-é cont-aste cont-ó cont-amos cont-asteis cont-aron
[5.2] **mov-er** mov-iendo mov-ido	muev-o muev-es muev-e mov-emos mov-éis muev-en	muev-a muev-as muev-a mov-amos mov-áis muev-an	mov-ía mov-ías mov-ía mov-íamos mov-íais mov-ían	mov-í mov-iste mov-ió mov-imos mov-isteis mov-ieron
[5.3] **volc-ar** volc-ando volc-ado	vuelc-o vuelc-as vuelc-a volc-amos volc-áis vuelc-an	vuelqu-e vuelqu-es vuelqu-e volqu-emos volqu-éis vuelqu-en	volc-aba volc-abas volc-aba volc-ábamos volc-abais volc-aban	volqu-é volc-aste volc-ó volc-amos volc-asteis volc-aron
[5.4] **rog-ar** rog-ando rog-ado	rueg-o rueg-as rueg-a rog-amos rog-áis rueg-an	ruegu-e ruegu-es ruegu-e rogu-emos rogu-éis ruegu-en	rog-aba rog-abas rog-aba rog-ábamos rog-abais rog-aban	rogu-é rog-aste rog-ó rog-amos rog-asteis rog-aron

動詞活用表

接続法・過去 ra 形 (se 形)	未来 (過去未来)	命令 2人称単数 2人称複数
neg-ara (-ase)	neg-aré (-aría)	
neg-aras (-ases)	neg-arás (-arías)	**nieg-a**
neg-ara (-ase)	neg-ará (-aría)	
neg-áramos (-ásemos)	neg-aremos (-aríamos)	
neg-arais (-aseis)	neg-aréis (-aríais)	neg-ad
neg-aran (-asen)	neg-arán (-arían)	
empez-ara (-ase)	empez-aré (-aría)	
empez-aras (-ases)	empez-arás (-arías)	**empiez-a**
empez-ara (-ase)	empez-ará (-aría)	
empez-áramos (-ásemos)	empez-aremos (-aríamos)	
empez-arais (-aseis)	empez-aréis (-aríais)	empez-ad
empez-aran (-asen)	empez-arán (-arían)	
err-ara (-ase)	err-aré (-aría)	
err-aras (-ases)	err-arás (-arías)	**yerr-a**
err-ara (-ase)	err-ará (-aría)	
err-áramos (-ásemos)	err-aremos (-aríamos)	
err-arais (-aseis)	err-aréis (-aríais)	err-ad
err-aran (-asen)	err-arán (-arían)	
adquir-iera (-iese)	adquir-iré (-iría)	
adquir-ieras (-ieses)	adquir-irás (-irías)	**adquier-e**
adquir-iera (-iese)	adquir-irá (-iría)	
adquir-iéramos (-iésemos)	adquir-iremos (-iríamos)	
adquir-ierais (-ieseis)	adquir-iréis (-iríais)	adquir-id
adquir-ieran (-iesen)	adquir-irán (-irían)	
quis-iera (-iese)	**querr-é (-ía)**	
quis-ieras (-ieses)	**querr-ás (-ías)**	**quier-e**
quis-iera (-iese)	**querr-á (-ía)**	
quis-iéramos (-iésemos)	**querr-emos (-íamos)**	
quis-ierais (-ieseis)	**querr-éis (-íais)**	quer-ed
quis-ieran (-iesen)	**querr-án (-ían)**	
cont-ara (-ase)	cont-aré (-aría)	
cont-aras (-ases)	cont-arás (-arías)	**cuent-a**
cont-ara (-ase)	cont-ará (-aría)	
cont-áramos (-ásemos)	cont-aremos (-aríamos)	
cont-arais (-aseis)	cont-aréis (-aríais)	cont-ad
cont-aran (-asen)	cont-arán (-arían)	
mov-iera (-iese)	mov-eré (-ería)	
mov-ieras (-ieses)	mov-erás (-erías)	**muev-e**
mov-iera (-iese)	mov-erá (-ería)	
mov-iéramos (-iésemos)	mov-eremos (-eríamos)	
mov-ierais (-ieseis)	mov-eréis (-eríais)	mov-ed
mov-ieran (-iesen)	mov-erán (-erían)	
volc-ara (-ase)	volc-aré (-aría)	
volc-aras (-ases)	volc-arás (-arías)	**vuelc-a**
volc-ara (-ase)	volc-ará (-aría)	
volc-áramos (-ásemos)	volc-aremos (-aríamos)	
volc-arais (-aseis)	volc-aréis (-aríais)	volc-ad
volc-aran (-asen)	volc-arán (-arían)	
rog-ara (-ase)	rog-aré (-aría)	
rog-aras (-ases)	rog-arás (-arías)	**rueg-a**
rog-ara (-ase)	rog-ará (-aría)	
rog-áramos (-ásemos)	rog-aremos (-aríamos)	
rog-arais (-aseis)	rog-aréis (-aríais)	rog-ad
rog-aran (-asen)	rog-arán (-arían)	

動詞活用表

不定詞 現在分詞 過去分詞	直説法・現在	接続法・現在	不完了過去	完了過去
[5.5] **forz-ar** forz-ando forz-ado	fuerz-o fuerz-as fuerz-a forz-amos forz-áis fuerz-an	fuerc-e fuerc-es fuerc-e forc-emos forc-éis fuerc-en	forz-aba forz-abas forz-aba forz-ábamos forz-abais forz-aban	forc-é forz-aste forz-ó forz-amos forz-asteis forz-aron
[5.6] **avergonzar** avergonz-ando avergonz-ado	avergüenz-o avergüenz-as avergüenz-a avergonz-amos avergonz-áis avergüenz-an	avergüenc-e avergüenc-es avergüenc-e avergonc-emos avergonc-éis avergüenc-en	avergonz-aba avergonz-abas avergonz-aba avergonz-ábamos avergonz-abais avergonz-aban	avergonc-é avergonz-aste avergonz-ó avergonz-amos avergonz-asteis avergonz-aron
[5.7] **agor-ar** agor-ando agor-ado	agüer-o agüer-as agüer-a agor-amos agor-áis agüer-an	agüer-e agüer-es agüer-e agor-emos agor-éis agüer-en	agor-aba agor-abas agor-aba agor-ábamos agor-abais agor-aban	agor-é agor-aste agor-ó agor-amos agor-asteis agor-aron
[5.8] **jug-ar** jug-ando jug-ado	jueg-o jueg-as jueg-a jug-amos jug-áis jueg-an	juegu-e juegu-es juegu-e jugu-emos jugu-éis juegu-en	jug-aba jug-abas jug-aba jug-ábamos jug-abais jug-aban	jugu-é jug-aste jug-ó jug-amos jug-asteis jug-aron
[5.9] **coc-er** coc-iendo coc-ido	cuez-o cuec-es cuec-e coc-emos coc-éis cuec-en	cuez-a cuez-as cuez-a coz-amos coz-áis cuez-an	coc-ía coc-ías coc-ía coc-íamos coc-íais coc-ían	coc-í coc-iste coc-ió coc-imos coc-isteis coc-ieron
[5.10] **ol-er** ol-iendo ol-ido	huel-o huel-es huel-e ol-emos ol-éis huel-en	huel-a huel-as huel-a ol-amos ol-áis huel-an	ol-ía ol-ías ol-ía ol-íamos ol-íais ol-ían	ol-í ol-iste ol-ió ol-imos ol-isteis ol-ieron
[5.11] **volv-er** volv-iendo vuelto	vuelv-o vuelv-es vuelv-e volv-emos volv-éis vuelv-en	vuelv-a vuelv-as vuelv-a volv-amos volv-áis vuelv-an	volv-ía volv-ías volv-ía volv-íamos volv-íais volv-ían	volv-í volv-iste volv-ió volv-imos volv-isteis volv-ieron
[5.12] **pod-er** pud-iendo pod-ido	pued-o pued-es pued-e pod-emos pod-éis pued-en	pued-a pued-as pued-a pod-amos pod-áis pued-an	pod-ía pod-ías pod-ía pod-íamos pod-íais pod-ían	pud-e pud-iste pud-o pud-imos pud-isteis pud-ieron
[6.1] **ped-ir** pid-iendo ped-ido	pid-o pid-es pid-e ped-imos ped-ís pid-en	pid-a pid-as pid-a pid-amos pid-áis pid-an	ped-ía ped-ías ped-ía ped-íamos ped-íais ped-ían	ped-í ped-iste pid-ió ped-imos ped-isteis pid-ieron

動詞活用表

接続法・過去 ra 形 (se 形)	未来 (過去未来)	命令 2人称単数 2人称複数
forz-ara (-ase) forz-aras (-ases) forz-ara (-ase) forz-áramos (-ásemos) forz-arais (-aseis) forz-aran (-asen)	forz-aré (-aría) forz-arás (-arías) forz-ará (-aría) forz-aremos (-aríamos) forz-aréis (-aríais) forz-arán (-arían)	**fuerz-a** forz-ad
avergonz-ara (-ase) avergonz-aras (-ases) avergonz-ara (-ase) avergonz-áramos (-ásemos) avergonz-arais (-aseis) avergonz-aran (-asen)	avergonz-aré (-aría) avergonz-arás (-arías) avergonz-ará (-aría) avergonz-aremos (-aríamos) avergonz-aréis (-aríais) avergonz-arán (-arían)	**avergüenz-a** avergonz-ad
agor-ara (-ase) agor-aras (-ases) agor-ara (-ase) agor-áramos (-ásemos) agor-arais (-aseis) agor-aran (-asen)	agor-aré (-aría) agor-arás (-arías) agor-ará (-aría) agor-aremos (-aríamos) agor-aréis (-aríais) agor-arán (-arían)	**agüer-a** agor-ad
jug-ara (-ase) jug-aras (-ases) jug-ara (-ase) jug-áramos (-ásemos) jug-arais (-aseis) jug-aran (-asen)	jug-aré (-aría) jug-arás (-arías) jug-ará (-aría) jug-aremos (-aríamos) jug-aréis (-aríais) jug-arán (-arían)	**jueg-a** jug-ad
coc-iera (-iese) coc-ieras (-ieses) coc-iera (-iese) coc-iéramos (-iésemos) coc-ierais (-ieseis) coc-ieran (-iesen)	coc-eré (-ería) coc-erás (-erías) coc-erá (-ería) coc-eremos (-eríamos) coc-eréis (-eríais) coc-erán (-erían)	**cuec-e** coc-ed
ol-iera (-iese) ol-ieras (-ieses) ol-iera (-iese) ol-iéramos (-iésemos) ol-ierais (-ieseis) ol-ieran (-iesen)	ol-eré (-ería) ol-erás (-erías) ol-erá (-ería) ol-eremos (-eríamos) ol-eréis (-eríais) ol-erán (-erían)	**huel-e** ol-ed
volv-iera (-iese) volv-ieras (-ieses) volv-iera (-iese) volv-iéramos (-iésemos) volv-ierais (-ieseis) volv-ieran (-iesen)	volv-eré (-ería) volv-erás (-erías) volv-erá (-ería) volv-eremos (-eríamos) volv-eréis (-eríais) volv-erán (-erían)	**vuelv-e** volv-ed
pud-iera (-iese) **pud-ieras (-ieses)** **pud-iera (-iese)** **pud-iéramos (-iésemos)** **pud-ierais (-ieseis)** **pud-ieran (-iesen)**	podr-é (-ía) podr-ás (-ías) podr-á (-ía) podr-emos (-íamos) podr-éis (-íais) podr-án (-ían)	**pued-e** pod-ed
pid-iera (-iese) **pid-ieras (-ieses)** **pid-iera (-iese)** **pid-iéramos (-iésemos)** **pid-ierais (-ieseis)** **pid-ieran (-iesen)**	ped-iré (-iría) ped-irás (-irías) ped-irá (-iría) ped-iremos (-iríamos) ped-iréis (-iríais) ped-irán (-irían)	**pid-e** ped-id

動詞活用表

不定詞 現在分詞 過去分詞	直説法・現在	接続法・現在	不完了過去	完了過去
[6.2] **correg-ir** corrig-iendo correg-ido	corrij-o corrig-es corrig-e correg-imos correg-ís corrig-en	corrij-a corrij-as corrij-a corrij-amos corrij-áis corrij-an	correg-ía correg-ías correg-ía correg-íamos correg-íais correg-ían	correg-í correg-iste corrig-ió correg-imos correg-isteis corrig-ieron
[6.3] **segu-ir** sigu-iendo segu-ido	sig-o sigu-es sigu-e segu-imos segu-ís sigu-en	sig-a sig-as sig-a sig-amos sig-áis sig-an	segu-ía segu-ías segu-ía segu-íamos segu-íais segu-ían	segu-í segu-iste sigu-ió segu-imos segu-isteis sigu-ieron
[6.4] **hench-ir** hinch-endo hench-ido	hinch-o hinch-es hinch-e hench-imos hench-ís hinch-en	hinch-a hinch-as hinch-a hinch-amos hinch-áis hinch-an	hench-ía hench-ías hench-ía hench-íamos hench-íais hench-ían	hench-í hench-iste hinch-ó hench-imos hench-isteis hinch-eron
[6.5] **reñ-ir** riñ-endo reñ-ido	riñ-o riñ-es riñ-e reñ-imos reñ-ís riñ-en	riñ-a riñ-as riñ-a riñ-amos riñ-áis riñ-an	reñ-ía reñ-ías reñ-ía reñ-íamos reñ-íais reñ-ían	reñ-í reñ-iste riñ-ó reñ-imos reñ-isteis riñ-eron
[6.6] **re-ír** ri-endo re-ído	rí-o rí-es rí-e re-ímos re-ís rí-en	rí-a rí-as rí-a ri-amos ri-áis rí-an	re-ía re-ías re-ía re-íamos re-íais re-ían	re-í re-íste ri-ó re-ímos re-ísteis ri-eron
[7] **sent-ir** sint-iendo sent-ido	sient-o sient-es sient-e sent-imos sent-ís sient-en	sient-a sient-as sient-a sint-amos sint-áis sient-an	sent-ía sent-ías sent-ía sent-íamos sent-íais sent-ían	sent-í sent-iste sint-ió sent-imos sent-isteis sint-ieron
[8.1] **dorm-ir** durm-iendo dorm-ido	duerm-o duerm-es duerm-e dorm-imos dorm-ís duerm-en	duerm-a duerm-as duerm-a durm-amos durm-áis duerm-an	dorm-ía dorm-ías dorm-ía dorm-íamos dorm-íais dorm-ían	dorm-í dorm-iste durm-ió dorm-imos dorm-isteis durm-ieron
[8.2] **mor-ir** mur-iendo muerto	muer-o muer-es muer-e mor-imos mor-ís muer-en	muer-a muer-as muer-a mur-amos mur-áis muer-an	mor-ía mor-ías mor-ía mor-íamos mor-íais mor-ían	mor-í mor-iste mur-ió mor-imos mor-isteis mur-ieron
[9.1] **nac-er** nac-iendo nac-ido	nazc-o nac-es nac-e nac-emos nac-éis nac-en	nazc-a nazc-as nazc-a nazc-amos nazc-áis nazc-an	nac-ía nac-ías nac-ía nac-íamos nac-íais nac-ían	nac-í nac-iste nac-ió nac-imos nac-isteis nac-ieron

動詞活用表

接続法・過去 ra 形 (se 形)	未来 (過去未来)	命令 2 人称単数 2 人称複数
corrig-iera (-iese)	correg-iré (-iría)	
corrig-ieras (-ieses)	correg-irás (-irías)	
corrig-iera (-iese)	correg-irá (-iría)	**corrig-e**
corrig-iéramos (-iésemos)	correg-iremos (-iríamos)	
corrig-ierais (-ieseis)	correg-iréis (-iríais)	
corrig-ieran (-iesen)	correg-irán (-irían)	correg-id
sigu-iera (-iese)	segu-iré (-iría)	
sigu-ieras (-ieses)	segu-irás (-irías)	
sigu-iera (-iese)	segu-irá (-iría)	**sigu-e**
sigu-iéramos (-iésemos)	segu-iremos (-iríamos)	
sigu-ierais (-ieseis)	segu-iréis (-iríais)	
sigu-ieran (-iesen)	segu-irán (-irían)	segu-id
hinch-era (-ese)	hench-iré (-iría)	
hinch-eras (-eses)	hench-irás (-irías)	
hinch-era (-ese)	hench-irá (-iría)	**hinch-e**
hinch-éramos (-ésemos)	hench-iremos (-iríamos)	
hinch-erais (-eseis)	hench-iréis (-iríais)	
hinch-eran (-esen)	hench-irán (-irían)	hench-id
riñ-era (-ese)	reñ-iré (-iría)	
riñ-eras (-eses)	reñ-irás (-irías)	
riñ-era (-ese)	reñ-irá (-iría)	**riñ-e**
riñ-éramos (-ésemos)	reñ-iremos (-iríamos)	
riñ-erais (-eseis)	reñ-iréis (-iríais)	
riñ-eran (-esen)	reñ-irán (-irían)	reñ-id
ri-era (-ese)	re-iré (-iría)	
ri-eras (-eses)	re-irás (-irías)	
ri-era (-ese)	re-irá (-iría)	**rí-e**
ri-éramos (-ésemos)	re-iremos (-iríamos)	
ri-erais (-eseis)	re-iréis (-iríais)	
ri-eran (-esen)	re-irán (-irían)	**re-íd**
sint-iera (-iese)	sent-iré (-iría)	
sint-ieras (-ieses)	sent-irás (-irías)	
sint-iera (-iese)	sent-irá (-iría)	**sient-e**
sint-iéramos (-iésemos)	sent-iremos (-iríamos)	
sint-ierais (-ieseis)	sent-iréis (-iríais)	
sint-ieran (-iesen)	sent-irán (-irían)	sent-id
durm-iera (-iese)	dorm-iré (-iría)	
durm-ieras (-ieses)	dorm-irás (-irías)	
durm-iera (-iese)	dorm-irá (-iría)	**duerm-e**
durm-iéramos (-iésemos)	dorm-iremos (-iríamos)	
durm-ierais (-ieseis)	dorm-iréis (-iríais)	
durm-ieran (-iesen)	dorm-irán (-irían)	dorm-id
mur-iera (-iese)	mor-iré (-iría)	
mur-ieras (-ieses)	mor-irás (-irías)	
mur-iera (-iese)	mor-irá (-iría)	**muer-e**
mur-iéramos (-iésemos)	mor-iremos (-iríamos)	
mur-ierais (-ieseis)	mor-iréis (-iríais)	
mur-ieran (-iesen)	mor-irán (-irían)	mor-id
nac-iera (-iese)	nac-eré (-ería)	
nac-ieras (-ieses)	nac-erás (-erías)	
nac-iera (-iese)	nac-erá (-ería)	nac-e
nac-iéramos (-iésemos)	nac-eremos (-eríamos)	
nac-ierais (-ieseis)	nac-eréis (-eríais)	
nac-ieran (-iesen)	nac-erán (-erían)	nac-ed

動詞活用表

不定詞 現在分詞 過去分詞	直説法・現在	接続法・現在	不完了過去	完了過去
[9.2] **luc-ir** luc-iendo luc-ido	luzc-o luc-es luc-e luc-imos luc-ís luc-en	luzc-a luzc-as luzc-a luzc-amos luzc-áis luzc-an	luc-ía luc-ías luc-ía luc-íamos luc-íais luc-ían	luc-í luc-iste luc-ió luc-imos luc-isteis luc-ieron
[9.3] **deduc-ir** deduc-iendo deduc-ido	deduzc-o deduc-es deduc-e deduc-imos deduc-ís deduc-en	deduzc-a deduzc-as deduzc-a deduzc-amos deduzc-áis deduzc-an	deduc-ía deduc-ías deduc-ía deduc-íamos deduc-íais deduc-ían	deduj-e deduj-iste deduj-o deduj-imos deduj-isteis deduj-eron
[10.1] **ca-er** ca-yendo ca-ído	caig-o ca-es ca-e ca-emos ca-éis ca-en	caig-a caig-as caig-a caig-amos caig-áis caig-an	ca-ía ca-ías ca-ía ca-íamos ca-íais ca-ían	ca-í ca-íste ca-yó ca-ímos ca-ísteis ca-yeron
[10.2] **o-ír** o-yendo o-ído	oig-o oy-es oy-e o-ímos o-ís oy-en	oig-a oig-as oig-a oig-amos oig-áis oig-an	o-ía o-ías o-ía o-íamos o-íais o-ían	o-í o-íste o-yó o-ímos o-ísteis o-yeron
[10.3] **as-ir** as-iendo as-ido	asg-o as-es as-e as-imos as-ís as-en	asg-a asg-as asg-a asg-amos asg-áis asg-an	as-ía as-ías as-ía as-íamos as-íais as-ían	as-í as-iste as-ió as-imos as-isteis as-ieron
[10.4] **tra-er** tra-yendo tra-ído	traig-o tra-es tra-e tra-emos tra-éis tra-en	traig-a traig-as traig-a traig-amos traig-áis traig-an	tra-ía tra-ías tra-ía tra-íamos tra-íais tra-ían	traj-e traj-iste traj-o traj-imos traj-isteis traj-eron
[10.5] **val-er** val-iendo val-ido	valg-o val-es val-e val-emos val-éis val-en	valg-a valg-as valg-a valg-amos valg-áis valg-an	val-ía val-ías val-ía val-íamos val-íais val-ían	val-í val-iste val-ió val-imos val-isteis val-ieron
[10.6] **sal-ir** sal-iendo sal-ido	salg-o sal-es sal-e sal-imos sal-ís sal-en	salg-a salg-as salg-a salg-amos salg-áis salg-an	sal-ía sal-ías sal-ía sal-íamos sal-íais sal-ían	sal-í sal-iste sal-ió sal-imos sal-isteis sal-ieron
[10.7] **pon-er** pon-iendo **puesto**	pong-o pon-es pon-e pon-emos pon-éis pon-en	pong-a pong-as pong-a pong-amos pong-áis pong-an	pon-ía pon-ías pon-ía pon-íamos pon-íais pon-ían	pus-e pus-iste pus-o pus-imos pus-isteis pus-ieron

動詞活用表

接続法・過去 ra 形 (se 形)	未来 (過去未来)	命令 2人称単数 2人称複数
luc-iera (-iese)	luc-iré (-iría)	
luc-ieras (-ieses)	luc-irás (-irías)	luc-e
luc-iera (-iese)	luc-irá (-iría)	
luc-iéramos (-iésemos)	luc-iremos (-iríamos)	
luc-ierais (-ieseis)	luc-iréis (-iríais)	
luc-ieran (-iesen)	luc-irán (-irían)	luc-id
deduj-era (-ese)	deduc-iré (-iría)	
deduj-eras (-eses)	deduc-irás (-irías)	deduc-e
deduj-era (-ese)	deduc-irá (-iría)	
deduj-éramos (-ésemos)	deduc-iremos (-iríamos)	
deduj-erais (-eseis)	deduc-iréis (-iríais)	
deduj-eran (-esen)	deduc-irán (-irían)	deduc-id
ca-yera (-yese)	ca-eré (-ería)	
ca-yeras (-yeses)	ca-erás (-erías)	ca-e
ca-yera (-yese)	ca-erá (-ería)	
ca-yéramos (-yésemos)	ca-eremos (-eríamos)	
ca-yerais (-yeseis)	ca-eréis (-eríais)	
ca-yeran (-yesen)	ca-erán (-erían)	ca-ed
o-yera (-yese)	o-iré (-iría)	
o-yeras (-yeses)	o-irás (-irías)	oy-e
o-yera (-yese)	o-irá (-iría)	
o-yéramos (-yésemos)	o-iremos (-iríamos)	
o-yerais (-yeseis)	o-iréis (-iríais)	
o-yeran (-yesen)	o-irán (-irían)	o-íd
as-iera (-iese)	as-iré (-iría)	
as-ieras (-ieses)	as-irás (-irías)	as-e
as-iera (-iese)	as-irá (-iría)	
as-iéramos (-iésemos)	as-iremos (-iríamos)	
as-ierais (-ieseis)	as-iréis (-iríais)	
as-ieran (-iesen)	as-irán (-irían)	as-id
traj-era (-ese)	tra-eré (-ería)	
traj-eras (-eses)	tra-erás (-erías)	tra-e
traj-era (-ese)	tra-erá (-ería)	
traj-éramos (-ésemos)	tra-eremos (-eríamos)	
traj-erais (-eseis)	tra-eréis (-eríais)	
traj-eran (-esen)	tra-erán (-erían)	tra-ed
val-iera (-iese)	valdr-é (-ía)	
val-ieras (-ieses)	valdr-ás (-ías)	val, val-e
val-iera (-iese)	valdr-á (-ía)	
val-iéramos (-iésemos)	valdr-emos (-íamos)	
val-ierais (-ieseis)	valdr-éis (-íais)	
val-ieran (-iesen)	valdr-án (-ían)	val-ed
sal-iera (-iese)	saldr-é (-ía)	
sal-ieras (-ieses)	saldr-ás (-ías)	sal
sal-iera (-iese)	saldr-á (-ía)	
sal-iéramos (-iésemos)	saldr-emos (-íamos)	
sal-ierais (-ieseis)	saldr-éis (-íais)	
sal-ieran (-iesen)	saldr-án (-ían)	sal-id
pus-iera (-iese)	pondr-é (-ía)	
pus-ieras (-ieses)	pondr-ás (-ías)	pon
pus-iera (-iese)	pondr-á (-ía)	
pus-iéramos (-iésemos)	pondr-emos (-íamos)	
pus-ierais (-ieseis)	pondr-éis (-íais)	
pus-ieran (-iesen)	pondr-án (-ían)	pon-ed

動詞活用表

不定詞 現在分詞 過去分詞	直説法・現在	接続法・現在	不完了過去	完了過去
[10.8] **ten-er** ten-iendo ten-ido	teng-o tien-es tien-e ten-emos ten-éis tien-en	teng-a teng-as teng-a teng-amos teng-áis teng-an	ten-ía ten-ías ten-ía ten-íamos ten-íais ten-ían	tuv-e tuv-iste tuv-o tuv-imos tuv-isteis tuv-ieron
[10.9] **ven-ir** vin-iendo ven-ido	veng-o vien-es vien-e ven-imos ven-ís vien-en	veng-a veng-as veng-a veng-amos veng-áis veng-an	ven-ía ven-ías ven-ía ven-íamos ven-íais ven-ían	vin-e vin-iste vin-o vin-imos vin-isteis vin-ieron
[10.10] **hac-er** hac-iendo hecho	hag-o hac-es hac-e hac-emos hac-éis hac-en	hag-a hag-as hag-a hag-amos hag-áis hag-an	hac-ía hac-ías hac-ía hac-íamos hac-íais hac-ían	hic-e hic-iste hiz-o hic-imos hic-isteis hic-ieron
[10.11] **dec-ir** dic-iendo dicho	dig-o dic-es dic-e dec-imos dec-ís dic-en	dig-a dig-as dig-a dig-amos dig-áis dig-an	dec-ía dec-ías dec-ía dec-íamos dec-íais dec-ían	dij-e dij-iste dij-o dij-imos dij-isteis dij-eron
[10.12] **bendec-ir** bendic-iendo bendec-ido	bendig-o bendic-es bendic-e bendec-imos bendec-ís bendic-en	bendig-a bendig-as bendig-a bendig-amos bendig-áis bendig-an	bendec-ía bendec-ías bendec-ía bendec-íamos bendec-íais bendec-ían	bendij-e bendij-iste bendij-o bendij-imos bendij-isteis bendij-eron
[11.1] **hu-ir** hu-yendo hu-ido	huy-o huy-es huy-e hu-imos hu-ís huy-en	huy-a huy-as huy-a huy-amos huy-áis huy-an	hu-ía hu-ías hu-ía hu-íamos hu-íais hu-ían	hu-í hu-iste hu-yó hu-imos hu-isteis hu-yeron
[11.2] **argü-ir** argu-yendo argü-ido	arguy-o arguy-es arguy-e argü-imos argü-ís arguy-en	arguy-a arguy-as arguy-a arguy-amos arguy-áis arguy-an	argü-ía argü-ías argü-ía argü-íamos argü-íais argü-ían	argü-í argü-iste argu-yó argü-imos argü-isteis argu-yeron
[12] **s-er** s-iendo s-ido	soy eres es somos sois son	se-a se-as se-a se-amos se-áis se-an	era eras era éramos erais eran	fu-i fu-iste fu-e fu-imos fu-isteis fu-eron
[13] **est-ar** est-ando est-ado	est-oy est-ás est-á est-amos est-áis est-án	est-é est-és est-é est-emos est-éis est-én	est-aba est-abas est-aba est-ábamos est-abais est-aban	estuv-e estuv-iste estuv-o estuv-imos estuv-isteis estuv-ieron

動詞活用表

接続法・過去 ra 形 (se 形)	未来(過去未来)	命令 2人称単数 2人称複数
tuv-iera (-iese)	tendr-é (-ía)	
tuv-ieras (-ieses)	tendr-ás (-ías)	
tuv-iera (-iese)	tendr-á (-ía)	ten
tuv-iéramos (-iésemos)	tendr-emos (-íamos)	
tuv-ierais (-ieseis)	tendr-éis (-íais)	
tuv-ieran (-iesen)	tendr-án (-ían)	ten-ed
vin-iera (-iese)	vendr-é (-ía)	
vin-ieras (-ieses)	vendr-ás (-ías)	
vin-iera (-iese)	vendr-á (-ía)	ven
vin-iéramos (-iésemos)	vendr-emos (-íamos)	
vin-ierais (-ieseis)	vendr-éis (-íais)	
vin-ieran (-iesen)	vendr-án (-ían)	ven-id
hic-iera (-iese)	har-é (-ía)	
hic-ieras (-ieses)	har-ás (-ías)	
hic-iera (-iese)	har-á (-ía)	haz
hic-iéramos (-iésemos)	har-emos (-íamos)	
hic-ierais (-ieseis)	har-éis (-íais)	
hic-ieran (-iesen)	har-án (-ían)	hac-ed
dij-era (-ese)	dir-é (-ía)	
dij-eras (-eses)	dir-ás (-ías)	di
dij-era (-ese)	dir-á (-ía)	
dij-éramos (-ésemos)	dir-emos (-íamos)	
dij-erais (-eseis)	dir-éis (-íais)	
dij-eran (-esen)	dir-án (-ían)	dec-id
bendij-era (-ese)	bendecir-é (-ía)	
bendij-eras (-eses)	bendecir-ás (-ías)	
bendij-era (-ese)	bendecir-á (-ía)	bendic-e
bendij-éramos (-ésemos)	bendecir-emos (-íamos)	
bendij-erais (-eseis)	bendecir-éis (-íais)	
bendij-eran (-esen)	bendecir-án (-ían)	bendec-id
hu-yera (-yese)	hu-iré (-iría)	
hu-yeras (-yeses)	hu-irás (-irías)	
hu-yera (-yese)	hu-irá (-iría)	huy-e
hu-yéramos (-yésemos)	hu-iremos (-iríamos)	
hu-yerais (-yeseis)	hu-iréis (-iríais)	
hu-yeran (-yesen)	hu-irán (-irían)	hu-id
argu-yera (-yese)	argü-iré (-iría)	
argu-yeras (-yeses)	argü-irás (-irías)	
argu-yera (-yese)	argü-irá (-iría)	arguy-e
argu-yéramos (-yésemos)	argü-iremos (-iríamos)	
argu-yerais (-yeseis)	argü-iréis (-iríais)	
argu-yeran (-yesen)	argü-irán (-irían)	argü-id
fu-era (-ese)	s-eré (-ería)	
fu-eras (-eses)	s-erás (-erías)	
fu-era (-ese)	s-erá (-ería)	s-é
fu-éramos (-ésemos)	s-eremos (-eríamos)	
fu-erais (-eseis)	s-eréis (-eríais)	
fu-eran (-esen)	s-erán (-erían)	s-ed
estuv-iera (-iese)	est-aré (-aría)	
estuv-ieras (-ieses)	est-arás (-arías)	
estuv-iera (-iese)	est-ará (-aría)	est-á
estuv-iéramos (-iésemos)	est-aremos (-aríamos)	
estuv-ierais (-ieseis)	est-aréis (-aríais)	
estuv-ieran (-iesen)	est-arán (-arían)	est-ad

動詞活用表

不定詞 現在分詞 過去分詞	直説法・現在	接続法・現在	不完了過去	完了過去
[14] **hab-er** hab-iendo hab-ido	he has ha (hay) hemos hab-éis han	hay-a hay-as hay-a hay-amos hay-áis hay-an	hab-ía hab-ías hab-ía hab-íamos hab-íais hab-ían	hub-e hub-iste hub-o hub-imos hub-isteis hub-ieron
[15] **d-ar** d-ando d-ado	d-oy d-as d-a d-amos d-ais d-an	d-é d-es d-é d-emos d-eis d-en	d-aba d-abas d-aba d-ábamos d-abais d-aban	d-i d-iste d-io d-imos d-isteis d-ieron
[16] **v-er** v-iendo visto	ve-o v-es v-e v-emos v-eis v-en	ve-a ve-as ve-a ve-amos ve-áis ve-an	ve-ía ve-ías ve-ía ve-íamos ve-íais ve-ían	v-i v-iste v-io v-imos v-isteis v-ieron
[17] **sab-er** sab-iendo sab-ido	sé sab-es sab-e sab-emos sab-éis sab-en	sep-a sep-as sep-a sep-amos sep-áis sep-an	sab-ía sab-ías sab-ía sab-íamos sab-íais sab-ían	sup-e sup-iste sup-o sup-imos sup-isteis sup-ieron
[18] **cab-er** cab-iendo cab-ido	quep-o cab-es cab-e cab-emos cab-éis cab-en	quep-a quep-as quep-a quep-amos quep-áis quep-an	cab-ía cab-ías cab-ía cab-íamos cab-íais cab-ían	cup-e cup-iste cup-o cup-imos cup-isteis cup-ieron
[19] **ir** yendo ido	v-oy v-as v-a v-amos v-ais v-an	vay-a vay-as vay-a vay-amos vay-áis vay-an	i-ba i-bas i-ba í-bamos i-bais i-ban	fu-i fu-iste fu-e fu-imos fu-isteis fu-eron
[20] **and-ar** and-ando and-ado	and-o and-as and-a and-amos and-áis and-an	and-e and-es and-e and-emos and-éis and-en	and-aba and-abas and-aba and-ábamos and-abais and-aban	anduv-e anduv-iste anduv-o anduv-imos anduv-isteis anduv-ieron

動詞活用表

接続法・過去 ra 形 (se 形)	未来 (過去未来)	命令 2 人称単数 2 人称複数
ub-iera (-iese)	habr-é (-ía)	
ub-ieras (-ieses)	habr-ás (-ías)	he
ub-iera (-iese)	habr-á (-ía)	
ub-iéramos (-iésemos)	habr-emos (-íamos)	
ub-ierais (-ieseis)	habr-éis (-íais)	hab-ed
ub-ieran (-iesen)	habr-án (-ían)	
-iera (-iese)	d-aré (-aría)	
-ieras (-ieses)	d-arás (-arías)	d-a
-iera (-iese)	d-ará (-aría)	
-iéramos (-iésemos)	d-aremos (-aríamos)	
-ierais (-ieseis)	d-aréis (-aríais)	d-ad
-ieran (-iesen)	d-arán (-arían)	
-iera (-iese)	v-eré (-ería)	
-ieras (-ieses)	v-erás (-erías)	v-e
-iera (-iese)	v-erá (-ería)	
-iéramos (-iésemos)	v-eremos (-eríamos)	
-ierais (-ieseis)	v-eréis (-eríais)	v-ed
-ieran (-iesen)	v-erán (-erían)	
up-iera (-iese)	sabr-é (-ía)	
up-ieras (-ieses)	sabr-ás (-ías)	sab-e
up-iera (-iese)	sabr-á (-ía)	
up-iéramos (-iésemos)	sabr-emos (-íamos)	
up-ierais (-ieseis)	sabr-éis (-íais)	sab-ed
up-ieran (-iesen)	sabr-án (-ían)	
up-iera (-iese)	cabr-é (-ía)	
up-ieras (-ieses)	cabr-ás (-ías)	cab-e
up-iera (-iese)	cabr-á (-ía)	
up-iéramos (-iésemos)	cabr-emos (-íamos)	
up-ierais (-ieseis)	cabr-éis (-íais)	cab-ed
up-ieran (-iesen)	cabr-án (-ían)	
u-era (-ese)	ir-é (-ía)	
u-eras (-eses)	ir-ás (-ías)	ve
u-era (-ese)	ir-á (-ía)	
u-éramos (-ésemos)	ir-emos (-íamos)	
u-erais (-eseis)	ir-éis (-íais)	id
u-eran (-esen)	ir-án (-ían)	
nduv-iera (-iese)	and-aré (-aría)	
nduv-ieras (-ieses)	and-arás (-arías)	and-a
nduv-iera (-iese)	and-ará (-aría)	
nduv-iéramos (-iésemos)	and-aremos (-aríamos)	
nduv-ierais (-ieseis)	and-aréis (-aríais)	and-ad
nduv-ieran (-iesen)	and-arán (-arían)	

2010年5月10日　初版発行

デイリーコンサイス西和和西辞典

2024年3月10日　第9刷発行

編　者　寺崎英樹（てらさき・ひでき）

　　　　Enrique Contreras
　　　　（エンリーケ・コントレーラス）

発行者　株式会社 三省堂　代表者 瀧本多加志

印刷者　三省堂印刷株式会社

発行所　株式会社 三省堂
　　　　〒102-8371
　　　　東京都千代田区麹町五丁目7番地2
　　　　　　　電　話　(03) 3230-9411
　　　　https://www.sanseido.co.jp/
　　　　商標登録番号 4147735・4596661・521140

〈デイリー西合本・1,344 pp.〉

落丁本・乱丁本はお取り替えいたします。

ISBN 978-4-385-12275-5

> 本書を無断で複写複製することは、著作権法上の
> 例外を除き、禁じられています。また、本書を請
> 負業者等の第三者に依頼してスキャン等によって
> デジタル化することは、たとえ個人や家庭内での
> 利用であっても一切認められておりません。

本書の内容に関するお問い合わせは、弊社ホームページの
「お問い合わせ」フォーム (https://www.sanseido.co.jp/
support/) にて承ります。

Arica
Oruro
L. Poopó
Sucre
Potosí
Iquique
Tarija
PARAGUAY
Calama
Gran Chaco
Antofagasta
San Salvador de Jujuy
Salta
Asunción
San Miguel de Tucumán
Formosa
Pilar
Copiapó
Resistencia
Posadas
Catamarca
Santiago del Estero
Corrientes
Gran Chaco
La Serena
Coquimbo
La Rioja
Córdoba
San Juan
Santa Fe
Paraná
Mendoza
URUGUAY
Valparaíso
Santiago
San Luis
Rosario
Buenos Aires
Punta del Este
Rancagua
La Plata
Montevideo
ARGENTINA
Talca
Chillán
Océano Pacífico
Concepción
Los Angeles
Pampa
Bahía Blanca
Mar del Plata
Río de la Plata
CHILE
Temuco
San Carlos de Bariloche
Valdivia
Osorno
Río Colorado
Río Negro
Puerto Montt
Neuquén
Península Valdés
Océano Atlántico
Patagonia
Comodoro Rivadavia
L. Buenos Aires
L. Viedma
L. Argentino
Islas Malvinas
Río Gallegos
Estrecho de Magallanes
Punta Arenas
Cabo de Hornos
Ushuaia
Andes
Campo Grande
Paraná
Belo Horizonte
Vitória
Campinas
Nova Iguaçu
São Paulo
Rio de Janeiro
Santos
Foz do Iguaçu
Curitiba
Paraguay
Uruguay
Florianópolis
Porto Alegre
0
500
1000km
Isla Pinta
Isla Marchena
Islas Galápagos
Isla San Salvador
Isla Fernandina
Isla Santa Cruz
Isla San Cristóbal
Isla Isabela
Isla Santa María
Isla Española
0
100km
90°
0°
20°
30°
40°
50°
60°
70°
80°
90°